필리버스터

민주주의, 역사, 인권, 자유

필리버스터 민주주의, 역사, 인권, 자유

제340회 국회(임시회) 본회의 회의록 제7호—무제한토론 속기록 전문

초판1쇄찍은날	2016년 3월 9일
초판4쇄나온날	2016년 3월 18일
엮은이	편집부
펴낸이	김미선
펴낸곳	도서출판 이김
등록	2015년 12월 2일
신고번호	제25100-2015-000094
주소	서울시 은평구 진흥로1길 47-3 (역촌동)
도서주문 (팩스)	0303-3447-7878
문의	leekimpress@gmail.com
페이스북	www.facebook.com/leekimpress
ISBN	979-11-956868-0-3 (03300)

값 33,000원

이 도서의 국립중앙도서관 출판예정도서목록(CIP)은
서지정보유통지원시스템 홈페이지(http://seoji.nl.go.kr)와
국가자료공동목록시스템(http://www.nl.go.kr/kolisnet)에서 이용하실 수 있습니다.
(CIP제어번호: CIP2016006422)

필리버스터

민주주의, 역사, 인권, 자유

제340회 국회(임시회) 본회의 회의록 제7호
—무제한토론 속기록 전문

임

* 일러두기

1. 『필리버스터: 민주주의, 역사, 인권, 자유』는 제340회 국회(임시회) 본회의 회의록 제7호 전문으로,
   [국민보호와 공공안전을 위한 테러방지법안] 표결 이후의 내용은 생략했습니다.

2. 국회 회의록은 국회회의록 홈페이지(http://likms.assembly.go.kr/record/)에서 누구나 열람할 수 있습니다.

3. 속기록 특성상 발언자의 발음을 최대한 그대로 기록했으며,
   독자의 편의를 위해 편집부에서 일부 오탈자를 고치고 각주로 달았습니다.

4. 삽입된 이미지는 연합뉴스(11쪽, 422쪽, 1332~1333쪽)와 오마이뉴스(140쪽, 920~921쪽, 1252쪽)의 허가를
   얻어 사용했습니다. 상기 이미지에 한해 무단 전재 및 재배포를 금합니다.

차례

국회 회의록 차례　　6

1일차—2월 23일
00 ｜ 개회　　8
01 ｜ 김광진 의원　　10

2일차—2월 24일
02 ｜ 문병호 의원　　52
03 ｜ 은수미 의원　　66
04 ｜ 박원석 의원　　140
05 ｜ 유승희 의원　　210

3일차—2월 25일
06 ｜ 최민희 의원　　242
07 ｜ 김제남 의원　　280
08 ｜ 신경민 의원　　331
09 ｜ 강기정 의원　　370

4일차—2월 26일
10 ｜ 김경협 의원　　409
11 ｜ 서기호 의원　　439
12 ｜ 김현 의원　　475
13 ｜ 김용익 의원　　506
14 ｜ 배재정 의원　　521
15 ｜ 전순옥 의원　　546

5일차—2월 27일
16 ｜ 추미애 의원　　564
17 ｜ 정청래 의원　　579
18 ｜ 진선미 의원　　656

6일차—2월 28일
19 ｜ 최규성 의원　　712
20 ｜ 오제세 의원　　735
21 ｜ 박혜자 의원　　751
22 ｜ 權垠希 議員　　766
23 ｜ 이학영 의원　　791
24 ｜ 홍종학 의원　　863

7일차—2월 29일
25 ｜ 서영교 의원　　924
26 ｜ 최원식 의원　　969
27 ｜ 홍익표 의원　　1001

8일차—3월 1일
28 ｜ 이언주 의원　　1054
29 ｜ 전정희 의원　　1083
30 ｜ 임수경 의원　　1110
31 ｜ 안민석 의원　　1140
32 ｜ 김기준 의원　　1163
33 ｜ 김관영 의원　　1174
34 ｜ 박영선 의원　　1182
35 ｜ 주승용 의원　　1190
36 ｜ 정진후 의원　　1199

9일차—3월 2일
37 ｜ 심상정 의원　　1243
38 ｜ 이종걸 의원　　1252
39 ｜ 표결　　1324

부록1 ｜ 전자투표 찬반 의원 성명
부록2 ｜ 국민보호와 공공안전을 위한 테러방지법

국회 회의록 차례

제340회국회 (임시회)

국회본회의회의록 (임시회의록) 제7호

국 회 사 무 처

2016년2월23일(화) 오후 6시 [무제한 토론 실시로 2월23일 개의하여 3월2일 산회하였음]

의사일정

1. 국민보호와 공공안전을 위한 테러방지법안
2. 국회법 일부개정법률안
3. 보호소년 등의 처우에 관한 법률 일부개정법률안
4. 법원조직법 일부개정법률안
5. 민사소송법 일부개정법률안(대안)
6. 출입국관리법 일부개정법률안(대안)
7. 공익법무관에 관한 법률 일부개정법률안
8. 조세범 처벌절차법 일부개정법률안
9. 정보통신망 이용촉진 및 정보보호 등에 관한 법률 일부개정법률안(대안)
10. 기초연구진흥 및 기술개발지원에 관한 법률 일부개정법률안
11. 산업교육진흥 및 산학연협력촉진에 관한 법률 일부개정법률안
12. 음악산업진흥에 관한 법률 일부개정법률안(대안)
13. 저작권법 일부개정법률안(대안)
14. 북한인권법안(대안)
15. 지뢰피해자 지원에 관한 특별법 일부개정법률안(대안)
16. 공직선거법 일부개정법률안
17. 정치자금법 일부개정법률안
18. 개인정보 보호법 일부개정법률안(대안)

부의된 안건

 1. 국민보호와 공공안전을 위한 테러방지법안(이철우 의원 대표발의)

(이철우·강석훈·김도읍·김용남·김정훈·김종태·문정림·박대동·박민식·박성호·서상기·신동우·

신의진·심윤조·원유철·이명수·이상일·이재영·이종배·조원진·홍철호·황영철·황인자·황진하 의원 발의)

- 무제한 토론 의원

•김 광 진 의원	•문 병 호 의원	•은 수 미 의원	•박 원 석 의원	•유 승 희 의원
•최 민 희 의원	•김 제 남 의원	•신 경 민 의원	•강 기 정 의원	•김 경 협 의원
•서 기 호 의원	•김 현 의원	•김 용 익 의원	•배 재 정 의원	•전 순 옥 의원
•추 미 애 의원	•정 청 래 의원	•진 선 미 의원	•최 규 성 의원	•오 제 세 의원
•박 혜 자 의원	•權 垠 希 議員	•이 학 영 의원	•홍 종 학 의원	•서 영 교 의원
•최 원 식 의원	•홍 익 표 의원	•이 언 주 의원	•전 정 희 의원	•임 수 경 의원
•안 민 석 의원	•김 기 준 의원	•김 관 영 의원	•박 영 선 의원	•주 승 용 의원
•정 진 후 의원	•심 상 정 의원	•이 종 걸 의원		

 ◦의사진행의 건

 ◦의사일정 추가상정의 건

 3. 보호소년 등의 처우에 관한 법률 일부개정법률안(정부 제출)

 4. 법원조직법 일부개정법률안(임내현 의원 대표발의)

   (임내현·박지원·이개호·홍종학·이미경·김성곤·김동철·강기정·장병완·박혜자 의원 발의)

 5. 민사소송법 일부개정법률안(대안)(법제사법위원장 제출)

 6. 출입국관리법 일부개정법률안(대안)(법제사법위원장 제출)

 7. 공익법무관에 관한 법률 일부개정법률안(정부 제출)

 8. 조세범 처벌절차법 일부개정법률안(정부 제출)

 9. 정보통신망 이용촉진 및 정보보호 등에 관한 법률
   일부개정법률안(대안)(미래창조과학방송통신위원장 제출)

10. 기초연구진흥 및 기술개발지원에 관한 법률 일부개정법률안(정부 제출)

11. 산업교육진흥 및 산학연협력촉진에 관한 법률 일부개정법률안(신성범 의원 대표발의)

   (신성범·강기윤·여상규·박맹우·이에리사·유재중·김재경·김태흠·김을동·박덕흠 의원 발의)

12. 음악산업진흥에 관한 법률 일부개정법률안(대안)(교육문화체육관광위원장 제출)

13. 저작권법 일부개정법률안(대안)(교육문화체육관광위원장 제출)

14. 북한인권법안(대안)(외교통일위원장 제출)

15. 지뢰피해자 지원에 관한 특별법 일부개정법률안(대안)(국방위원장 제출)

16. 공직선거법 일부개정법률안(안전행정위원장 제출)

17. 정치자금법 일부개정법률안(안전행정위원장 제출)

18. 개인정보 보호법 일부개정법률안(대안)(안전행정위원장 제출)

00

개회

(2016년 2월 23일 오후 6시 50분 개의)

● **의장 정의화** 의석을 정돈해 주시기 바랍니다.
성원이 되었으므로 제7차 본회의를 개의하겠습니다.
의사국장으로부터 보고가 있겠습니다.

● **의사국장 장대섭** 보고사항을 말씀드리겠습니다.
이철우 의원 대표발의로 국민보호와 공공안전을 위한
테러방지법안, 서상기 의원 대표발의로 국가 사이버테러
방지 등에 관한 법률안, 박남춘 의원 대표발의로
화재예방, 소방시설 설치·유지 및 안전관리에 관한 법률
일부개정법률안 등 4건의 법률안이 발의되었습니다.
4·16세월호참사 특별조사위원회로부터 4·16세월호참사
초기 구조구난 작업의 적정성에 대한 진상규명 사건의
특별검사 수사를 위한 국회 의결 요청안이 제출되었습니다.
그 밖의 자세한 내용은 회의록에 게재하도록 하겠습니다.
이상으로 보고를 마치겠습니다.
(보고사항은 끝에 실음)

● **의장 정의화** 수고했습니다.
의사일정에 들어가기 전에 제가 한 말씀 올리겠습니다.
의장의 심사기간 지정은 의회민주주의의 아주 예외적인
조처로서 불가피한 경우에 제한되어야 한다는 것이
국회법의 정신이고 저의 소신이기도 합니다. 그동안 저는
여야 간 대화와 타협의 정신으로 국회를 운영해서 합의의
정치 그리고 상생의 정치를 이끌기 위해서 나름대로 노력해
왔습니다.
테러방지법도 지난해 12월부터 십여 차례 여야를
중재하고 설득하면서 합의를 이끌기 위해서 노력해
왔습니다. 그러나 대테러센터를 국무총리실 산하에 둘
것인가, 정보수집권을 국정원에 줄 것인가 등 이 두 가지는
끝내 합의에 이르지 못 했습니다.
그동안 중재 노력을 해 온 의장으로서는 여야 간 합의를
이루는 것이 불가능하다는 결론에 도달할 수밖에 없었고
깊은 고민 끝에 테러방지법의 심사기일을 오늘 오후로
지정하게 된 것입니다.
심사기간 지정의 요건인 국가비상사태에 해당하는지
여부에 대한 법률 자문과 검토를 한 결과 IS 등 국제적 테러
발생과 최근 북한의 도발적 행태를 볼 때에 국민 안위와
공공의 안녕질서가 심각한 위험에 직면한 것으로 볼 수
있다는 판단을 내렸습니다.
현재 우리는 북한의 제4차 핵실험, 장거리 미사일 발사로

국가안보와 국민안전을 심각하게 위협받고 있습니다.
북한이 국가기간시설에 대한 테러, 사이버테러 등 대남
테러 역량을 결집하고 있다는 정부의 발표도 있었습니다.
국제사회의 강력한 제재에 직면한 북한이 각종 테러를
자행할 개연성이 크다는 전문가들의 지적 역시 잇따르고
있습니다.
또한 지난해 IS의 파리 테러 이후에 터키, 인도네시아
등 국경을 초월한 테러가 빈발하고 있는 상황 속에서 세계
각국과의 활발한 인적 교류가 이루어지고 있는 우리나라도
테러의 위험에서 결코 자유로울 수가 없습니다.
이미 IS는 우리나라를 '십자군 동맹국', '악마의
연합국'으로 지목하면서 테러 대상국임을 공언해 왔고 실제
국내에 체류했던 다수의 외국인들이 IS에 가담한 것으로
밝혀진 바가 있습니다.
지금은 국민안전 비상상황입니다. 국민의 생명과
안전보다도 우선하는 가치는 없습니다. 국회는 국민안전과
국가안위를 위협하는 테러에 선제적으로 대비할 책무가
있습니다.
국회가 테러방지법 제정 등 꼭 해야 할 일을 미루는 동안
만에 하나 테러가 발생한다면 우리 국회는 역사와 국민
앞에 더없이 큰 죄를 짓게 되는 것입니다. 북한의 위협은
물론이고 국제 테러리즘을 막기 위한 국제공조 차원에서도
테러방지법 제정은 더 이상 미룰 수가 없습니다.
야당의 우려에 대해 잘 알고 있습니다. 하지만
대테러센터의 소속, 테러 관련 정보수집 권한 등 법의
본질적 취지와는 떨어진 부차적 문제로 법적 장치 마련을 더
이상 미루어서는 안 됩니다.
대테러센터를 총리실 소속으로 두어서 컨트롤타워
기능을 맡기고 국민 인권침해 소지가 없도록 인권보호관을
설치하며 신고자 보호와 무고·날조에 대한 가중처벌 등 이중
삼중의 안전장치를 마련하여 법안에 대한 우려를 최대한
해소하였습니다.
특히 어제 국정원장과의 비공개 면담을 통해서 국정원이
국민들로부터 스스로 신뢰를 회복하기 위한 후속조치를
완전하게 시행할 것을 요구하였고 국정원장으로부터 그에
대한 확고한 약속을 받았습니다.
만약 국정원이 테러방지법 시행 이후에 조금이라도
국민의 오해와 불신을 초래하는 경우에 기관의 존립 자체가
흔들리게 될 것이고 나아가 국가가 제대로 기능하지 못할
것임을 직시해야 합니다. 따라서 테러방지법 제정을 계기로
국정원은 국민들로부터 100% 신뢰를 받는 기관으로
거듭나야 한다는 점을 분명히 말씀드립니다.
존경하는 국민 여러분!
국민적 비상사태에 직면하여 국가안보와 국민안전을
보호하기 위한 의장의 충정을 헤아려 주시기를 바라며
나머지 쟁점법안은 19대 국회 내에 여야 합의로 처리될 수
있기를 간절히 바랍니다.
그러면 국민보호와 공공안전을 위한 테러방지법안을
심의하도록 하겠습니다.

이 법안은 국회법 제85조제1항제2호에 따라 교섭단체대표의원과의 협의를 거쳐서 심사기간을 지정하였습니다. 그럼에도 불구하고 해당 위원회에서 정해진 기간 내에 심사를 마치지 못한바, 국회법 제85조제2항에 따라 정보위원회로부터 중간보고를 듣고 이철우 의원이 대표발의한 국민보호와 공공안전을 위한 테러방지법안을 본회의에 바로 부의하여 오늘 본회의에서 심의하게 된 것입니다.

1. 국민보호와 공공안전을 위한 테러방지법안(이철우 의원 대표발의)(이철우·강석훈·김도읍·김용남·김정훈·김종태·문정림·박대동·박민식·박성호·서상기·신동우·신의진·심윤조·원유철·이명수·이상일·이재영·이종배·조원진·홍철호·황영철·황인자·황진하 의원 발의)

(오후 6시 57분)

● **의장 정의화** 그러면 의사일정 제1항 국민보호와 공공안전을 위한 테러방지법안을 상정합니다.

이철우 의원 나오셔서 제안설명해 주시기 바랍니다.

● **이철우 의원** 존경하는 정의화 국회의장님, 선배·동료 의원 여러분!

경상북도 김천 출신 새누리당 이철우 의원입니다.

테러방지법이 2001년도 발의되어 15년 만에 국회 본회의에 상정되어서 감개가 무량합니다. 오늘 이 법안을 직권상정하신 정의화 의장님께 경의를 표하는 바입니다.

국민보호와 공공안전을 위한 테러방지법안에 대해 제안설명을 드리겠습니다.

지난해 11월 프랑스 파리 테러 참사 이후 지금까지 40개국에서 479건의 테러가 발생해 2630명이 목숨을 잃었습니다. 하루 평균 약 5건의 테러가 발생하고 26명이 목숨을 잃고 있는 실정입니다.

우리나라도 국제 테러단체인 IS가 지목한 62개 테러대상국에 포함되어 있으며 지난 5년간 외국 테러단체와 연계된 불법 체류 외국인 53명을 추방하는 등 더 이상 테러안전국이 아닌 테러위험국이라 할 수 있습니다.

특히 국제 테러단체와 깊이 연계하고 있는 북한이 개성공단 폐쇄 이후 김정은의 지시로 대남 테러를 준비함에 따라 북한과 연계한 국제 테러단체 위험인물이 국내에 잠입해 테러를 기도할 가능성도 제기되고 있습니다. 이에 국민보호와 공공안전을 위한 테러방지법안을 제정하여 국가의 안보 및 공공의 안전은 물론 국민의 생명과 신체 및 재산을 보호하고자 합니다.

법안의 주요 내용은 테러방지를 위한 국가의 책무와 필요한 사항을 명확히 규정하고 테러활동의 개념을 국내 관련 법에서 범죄로 규정한 행위를 중심으로 적시하였고 대테러활동에 관한 중요한 사항을 심의·의결하기 위해 국무총리를 위원장으로 하는 국가테러대책위원회를 구성함과 동시에 실질적 업무 수행을 위해 국무총리

소속으로 대테러센터를 신설하기로 하였습니다.

인권침해 우려를 불식시키기 위하여 대테러센터에 대테러 인권보호관제도를 도입하고 대테러 무고 및 날조에 대한 처벌규정을 신설하여 직권남용 시 가중처벌을 받도록 하였습니다.

한편 국가정보원은 국가정보원법 제3조에 의거하여 대테러 업무를 수행하고 있으나 그동안 통신과 금융정보에 대한 정보수집 권한이 관련 법에 명시되어 있지 않아 테러단체와 테러인물에 대한 예방 차원의 정보수집을 하지 못하였습니다. 이에 본 법률안의 제정을 통하여 특정 금융정보의 보고 및 이용에 관한 법률과 통신비밀보호법을 동시에 개정하여 국가정보원이 테러인물에 대한 금융거래정보와 통신정보를 관련 기관에 요청할 수 있도록 정보수집 권한을 강화하였습니다.

이 경우 국가정보원이 직접 금융정보를 수집하는 것이 아니라 특정 금융정보의 보고 및 이용에 관한 법률에 따라 검찰·경찰 등과 마찬가지로 금융정보분석원으로 서면으로 금융정보를 요청하고 이를 제공받아 열람하는 것이며 통신정보 감청의 경우 현재 국정원에서 대공용의자에 대해 실시하고 있는 것을 테러용의자에 대해서도 실시하게 되는 것이므로 이 또한 통신비밀보호법에 따라 법원에서 사전영장을 청구하는 엄격한 절차에 따라 실시됩니다. 국가정보원에 의한 인권침해와 권력 남용의 문제는 없을 것으로 사료됩니다.

존경하는 정의화 국회의장님, 선배·동료 의원 여러분!

아무쪼록 국민보호와 공공안전을 위한 테러방지법안의 입법취지와 의의를 살펴셔서 심도 있는 논의를 통하여 원안대로 심의·의결하여 주실 것을 부탁드립니다.

감사합니다.

(법률안은 부록으로 보존함)

● **의장 정의화** 수고하셨습니다. 이철우 의원님.

이 안건에 대해서는 주호영 의원 외 156인으로부터 수정안이 발의되어 있습니다.

주호영 의원님 나오셔서 수정안에 대해서 제안설명해 주시기 바랍니다.

● **주호영 의원** 존경하는 정의화 국회의장님, 선배·동료 의원 여러분!

정보위원회의 주호영 위원장입니다.

국민보호와 공공안전을 위한 테러방지법안 수정안에 대해서 제안설명을 드리겠습니다.

테러방지법안 수정안의 내용은 대테러조사와 테러위험인물에 대한 추적을 규정하는 이 법 제9조4항의 테러대책위원회에 의무적으로 보고하는 내용을 추가하는 것입니다.

위 법 원안 제9조4항은 "국가정보원장은 대테러 활동에 필요한 정보나 자료를 수집하기 위하여 대테러조사 및 테러위험인물에 대한 추적을 할 수 있다."라고 규정을 하고

있습니다. 이 규정에 대해서 야당이나 일부 시민단체에서는
국정원이 야당 정치인이나 노동단체, 시민단체의 뒷조사를
위해서 권한을 남용할 것이라고 우려하여 삭제되어야
한다고 주장을 하고 있습니다.

테러방지법안 제2조제8호의 기본개념에 규정되어 있는
정보수집의 방법으로는 현장조사, 문서열람, 시료채취,
임의적인 방법의 자료 제출, 진술 요구를 열거하고 있는데
이를 '대테러조사'로 규정하고 있으며 테러위험인물에
대한 추적은 테러혐의자가 접촉하려고 하는 지원 세력이
누구인지, 은신처가 어디인지, 테러대상이 어디인지를
확인하기 위하여 부득이하게 수반되는 정보수집
행위입니다.

그런데 이러한 행위를 정보수집 방법에서 제외하면
국정원의 대테러 정보수집권은 무력화되거나 형해화될
수밖에 없습니다. 그러므로 국정원에 대해서 이러한
활동은 보장하되 과잉 활동에 대한 일부의 우려를
불식하고 인권침해 소지를 가급적 제거하는 쪽으로 감독을
강화하고자 이러한 경우에는 테러대책위원회에 사전·사후에
반드시 보고하도록 하는 절차를 두어서 대테러조사 및
추적에 보다 신중을 기하려고 하는 것입니다.

아무쪼록 수정안대로 의결하여 주실 것을 당부드립니다.
감사합니다.

(수정안은 부록으로 보존함)

● **의장 정의화** 주호영 의원님 수고했습니다.

이 안건에 대해서는 이종걸 의원 외에 107인으로부터
무제한 토론 요구서가 제출되었으므로 국회법
제106조의2제1항에 따라 무제한 토론을 실시하도록
하겠습니다.

토론에 앞서 2012년 5월 제도 도입 이래 오늘 처음
실시하게 되는 무제한 토론의 운영에 대해서 몇 가지
여러분들의 이해를 돕고자 안내 말씀을 드리겠습니다.

국회법 제106조의2제4항에 따르면 무제한 토론을
실시하는 본회의는 토론 종결 선포 전까지 산회하지
아니하고 회의를 계속하도록 되어 있습니다. 따라서 자정이
경과하여도 차수를 변경하지 아니하고 계속 본회의를
진행하게 됩니다.

또한 국회법 제106조의2제3항에 따라 의원 한 분당
1회에 한정하여 무제한 토론을 하실 수가 있으며 국회법
제102조에 따라 의제 외의 발언은 금지되어 있습니다.

국회법 제106조의2제7항에 따라 더 이상 토론을 신청한
의원이 없거나 같은 조 제6항에 따라 토론의 종결동의가
가결되면 무제한 토론의 종결을 선포하고 해당 안건을 지체
없이 표결하도록 되어 있습니다.

또한 본 회기가 종료되는 때에도 무제한 토론은 종결
선포된 것으로 간주됩니다. 해당 안건은 바로 다음 회기에
지체 없이 표결하도록 되어 있습니다.

그러면 무제한 토론을 실시하도록 하겠습니다.
먼저 김광진 의원 나오셔서 토론해 주시기 바랍니다.

(일부 의원 퇴장)

01

김광진 의원

제19대 국회의원 (비례대표)
더불어민주당

2016년 2월 23일 오후 7시 5분 시작
2016년 2월 24일 오전 12시 39분 종료
발언 시간 5시간 34분

"과연 국가정보원이 테러방지법이
존재하지 않으면 테러라고 하는 것을
막을 수 없는 곳인가, 과연 아무런 권한이
없어서 다른 일을 할 수 없는 것인가,
이것에 대한 진지한 고민이 필요한
것입니다."

(2016년 2월 23일 오후 7시 5분)

● **김광진 의원** 사랑하고 존경하는 국민 여러분!
국회의장님과 선배·동료 의원 여러분!
오늘 저는 테러방지법과 관련해서 무제한 토론을
신청했습니다.
저는 국회 정보위원회의 법안소위 위원입니다.
대한민국의 어떤 누구도 대한민국의 안보와 그리고
테러를 막겠다라고 하는 것에 대해서 반대할 국민은
없을 것입니다. 국민분만 아니라 정치권 누구도 그것을
반대하지는 않을 것입니다.
그러나 대한민국은 민주주의 국가입니다. 국회라고
하는 공간을 통해서 민의를 반영하는 공간이지요. 그리고
그 국회는 상임위원회에서 관련한 논의들을 쭉 해 오고
있습니다.
국회 정보위원회는 테러방지법과 관련해서 네 차례에
걸친 회의를 하고 있는 중이었습니다. 그 과정에 있어서 잠깐
멈추기도 하고 또 이후에 다른 법률의 문제를 제기하기도
했고, 사실 19대 국회 기간 정보위원회의 법안소위는
단 한 차례도 열리지 않고 있었기 때문에 다른 법률과의
연계도, 그동안 쌓여 있었던 정보위원회의 법안들도 같이
논의하는 것이 좋겠다라고 하는 생각들도 많이 있었습니다.
그래서 그런 것들과 함께 논의하자라고 하는 것들에 대한

얘기도 있었고 또 하나는 국정원과 관련한 여러 가지
불신에 대한 문제, 지금 이 테러방지법의 논의가 가장 큰
것이 그것이겠습니다만 국정원에 대한 불신에 대한 문제를
해소하는 것이 여야를 떠나서 국민 모두에게 좋은 일이기
때문에 관련한 것들에 대한 법안도 같이 논의하는 것이
좋겠다라고 하는 논의를 하고 있는 중이었습니다. 그게
정상적인 국회의 운영 방식이라고 저는 생각합니다.
저는 초선의 비례대표 의원입니다. 4년밖에 의정활동을
해 오지 않았습니다만 이 자리에 재선, 3선, 4선, 그보다
더 많은 선수를 하고 계신 선배·동료 의원 여러분도 계신
것을 압니다. 국회의 상임위에서 정상적인 절차를 거쳐서
논의하는 것, 그것이 민주주의의 기본이라고 생각합니다.
그것은 초선인 저도, 누구나 알 수 있는 것입니다.
그런데 오늘 국회가 열렸습니다. 언제나 합리적으로
평가받아 오셨던 정의화 의장께서 테러방지법의 심사기일을
오늘 1시 30분으로 처음 지정하셨고 그리고 의장께서
직권상정으로 본회의에 부의하셨습니다. 박근혜 대통령이
그동안 해 오셨던 일방통행의 불통이 급기야 입법부의
수장인 국회의장에게까지 전달된 것 같습니다.
국회법에 따르면 천재지변이나 전시나 사변 그리고
국가비상사태 혹은 각 교섭단체의 대표가 합의하는 경우만
심사기간을 지정한다고 되어 있습니다. 정 의장께서는
북한의 핵실험 이후에 북한의 테러 위험이 증가했기 때문에
국가비상사태로 간주한다고 하셨습니다. 이에 대한 근거는
국정원으로부터 보고받은 테러 정황과 첩보라고 하셨습니다.
우리나라에서 국가비상사태가 선포된 사례를 보면
10월유신의 서막과 종말을 알렸던 1971년 12월과 1979년
10월 그리고 1980년 5월 광주민주화운동 때의 비상계엄
확대 등으로 세 차례가 발생한 적이 있습니다. 오늘
국가비상사태로 간주해서 직권상정을 하게 된다면 우리는
36년 만에 국가비상사태를 맞이하게 되는 것입니다.
헌법 77조에 따르면 국가비상사태의 경우에 대통령은
계엄을 선포할 수 있도록 되어 있습니다. 지금까지
국가비상사태 선언은 모두 대통령이 계엄령을 선포하기
위해 내려진 조치입니다. 국회의장이 직권상정을 위해서
국가비상사태를 간주한 경우는 헌정 사상 처음입니다.
지금이 통상적인 방법으로 공공의 안녕과 입법 활동이
불가능한 국가비상사태라고 볼 수 있겠습니까? 국민
여러분께서는 그것을 동의하십니까?
국민의 기본권과 자유가 철저히 유린당했던
국가비상사태와 계엄의 시대로 역사의 시계추는 36년
전으로 되돌아가고 있습니다. 정의화 의장의 논리를 그대로
따르자면 이미 북한의 네 차례 핵실험과 여섯 차례의
장거리미사일 발사가 이루어진 상황에서 우리는 상시적인
국가비상사태에 해당하게 됩니다.
다시 말해서 북한의 핵실험이나 미사일 발사의 전후
그리고 국정원의 테러 정황이나 첩보가 있으면 바로
국가비상사태로 간주할 수 있다라고 하는 말입니다. 이는
국정원이 언제라도 정치에 개입할 수 있는 극악한 헌법

유린의 선례를 남기게 되는 것입니다. 또한 북한의 핵실험과 미사일 발사 그리고 국정원의 테러 위험 첩보나 정황을 근거로 언제든지 국회 날치기를 강행할 수 있는 최악의 민주주의 유린 사태로 이어지게 될 것입니다.

새누리당의 테러방지법에 따르면 국정원은 테러 예방과 대응에 관한 제반 활동을 근거로 영장 없이 통신수단에 대한 감청을 할 수 있게 됩니다. 또한 무차별적인 정보수집권은 물론이거니와 대테러활동에 필요한 정보나 자료를 수집하기 위한 조사권도 가질 수 있게 됩니다.

이 부분과 관련해서는 마지막 최종적인 협상에 있어서 의장께서도 과도한 부분이다라고 하는 지적을 하셨고, 이에 새누리당에 수정안을 마련해 올 것을 요구하신 것으로 알려져 있습니다. 그럼에도 하나도 변경되지 않고 있는 상태입니다.

지금은 민주주의의 비상사태입니다. 무소불위의 국정원에 국가비상사태라는 무리수를 두면서까지 무차별적인 정보수집권과 조사권 그리고 감청권을 추가로 부여해 괴물 국정원을 만들려는 의도가 무엇이겠습니까.

더불어민주당은 국회의장의 직권상정을 강력히 규탄합니다. 그리고 본회의 날치기 통과와 같은 이런 행위들에 대해서도 온당한 처사가 아니라고 하는 것을 다시 한 번 지적드립니다.

헌법과 법률을 유린하고 36년 전으로 민주주의를 파괴한 정의화 의장께서는 역사의 준엄한 심판을 면치 못할 것입니다.

많은 분들께서 국가의 정보기관을 믿지 못하면 어떻게 되느냐라고 하는 고민과 말씀들을 많이 하십니다. 저희도 믿고 싶습니다. 믿는 것이 당연한 일이고 상식에 준하는 일입니다. 그러나 그동안 대한민국의 국가정보원이 그러한 믿음을 잘 주지 못했습니다.

먼 과거의 문제만이 아닙니다. 독재시절의 문제만도 아니고 20년, 30년 전의 이야기도 아닙니다. 지난 정부에서부터 있었던 사건만이 문제가 되지도 않습니다. 지금 정부에서도 다양한 고민거리들이 함께 상존하고 있습니다. 그러한 것들을 하나하나 해결해 나가면서 그렇게 이 법이 국민들에게 필요하고 테러를 막기 위한 방식으로 온당하게 사용될 수 있도록 하는 것, 그것이 국회가 해야 될 역할인 것입니다. 그런데 우리는 그 역할을 지금 제대로 하지 못하고 있습니다.

4차에 걸쳐서 법안 심의가 있었고, 물론 그 법안 심의는 이 법 자체에 대한 하나하나의 자구에 대한 문제는 아니었습니다. 큰 틀에 있어서의 고민들이 있었고 이 자리에 함께 계신 새누리당의 정보위원들께서도 함께 참여하시면서 앞서 말씀드린 것처럼 19대 국회에는 정보위원회의 법안소위가 전반기에든 하반기에든 열리지 않고 있었습니다. 그래서 관련한 내용들에 대한 기본적인 공부가 필요하고 또한 이 법과 관련해 테러방지법도 여러 명의 의원들께서 발의를 해 주셨고 연관된 법으로 오늘 새누리당이 연계해서 날치기 처리를 상임위에서 했습니다만 사이버테러 방지법과 관련한 부분들도 여러 의원들께서 법을 내 주셨습니다.

그래서 다양한 법안들을 병합할 것은 병합하고 또 제거해야 될 부분은 제거하고 독소 조항에 대해서는 논의하고라고 하는 과정들이 있었고 정보위원회 행정실과 입법조사처 등을 통해서도 해외의 여러 사례들을 확인하고 있는 과정에 있었습니다.

국민들의 안전과 생명을 담보로 하고 있는 법입니다. 그렇기 때문에 이 법과 관련해서는 사실관계를 확인하고 다양한 사례들, 실제 어떤 문제들이 어떻게 발생할 것인가 그리고 그것을 막을 수 있는 적절한 방법은 무엇인가에 대해서 심도 있는 논의가 필요했습니다. 그러한 과정에 있어서 대통령께서 끊임없이 테러방지법과 관련한 말씀을 주셨고 또 그러한 논의들이 이 법의 진행을 막는 가장 큰 이유가 되기도 했습니다.

여기 계신 분들이 다 동의하시는 것처럼 국민의 안전과 생명을 지키기 위한 테러방지법, 테러를 막기 위한 테러방지법, 그것을 반대하는 사람이 누가 있겠습니까? 그리고 그러기 위해서 이 법이 정말 필요하다면, 꼭 있어야 한다면, 이 법이 있지 아니하고서는 그러한 테러를 막지 못한다면 누구도 이 법에 반대하지 않을 것입니다.

그런데 대한민국은 이미 그러한 규정과 지침을 잘 갖추고 있습니다. 과연 국가정보원이 테러방지법이 존재하지 않으면 테러라고 하는 것을 막을 수 없는 곳인가, 과연 아무런 권한이 없어서 다른 일을 할 수 없는 것인가, 이것에 대한 진지한 고민이 필요한 것입니다. 그러지 않을 것이라고 하는 것은 이 자리에 계신 선배 여러분들께서 더 잘 아실 것입니다.

국가정보원법을 같이 좀 보시겠습니다.

국가정보원법의 제1조(목적)에는 "이 법은 국가정보원의 조직 및 직무범위와 국가안전보장 업무의 효율적인 수행을 위하여 필요한 사항을 규정함을 목적으로 한다." 이렇게 되어 있습니다. 어떤 일을 하는지에 대해서는 제3조에서 규정을 하고 있습니다. 제3조1항입니다. "국정원은 다음 각 호의 직무를 수행한다." 국외 정보 및 국내 보안정보(대공, 대정부전복, 방첩, 대테러 및 국제범죄조직)의 수집·작성 및 배포, 국가 기밀에 속하는 문서·자재·시설 및 지역에 대한 보안 업무, 다만 각급 기관에 대한 보안감사는 제외하도록 되어 있습니다. 형법 중 내란의 죄, 외환의 죄, 군형법 중 반란의 죄, 암호 부정사용의 죄, 군사기밀 보호법에 규정된 죄, 국가보안법에 규정된 죄에 대한 수사. 그 이하의 4항, 5항에 대한 문제는 거론하지 않겠습니다.

1항에 나와 있는 것처럼 이미 국가정보원은 법률에 의해서 국외 정보 및 국내의 보안정보(대공, 대정부전복, 방첩, 대테러 및 국제범죄조직)의 수집·작성 및 배포를 할 수 있는 권한을 가지고 있습니다. '테러방지법이 있지 아니해서 다른 나라의 정보기관과 교류를 할 수 없다'라고 하는 말은 지금 국정원을 스스로 무력화시키는 대통령의 말씀입니다. 대통령이나 정부 여당이 그런 말씀을 하면 되지 않습니다. 잘 아시는 것처럼 국가정보원법 제2조에는 이렇게 되어 있습니다. "국가정보원은 대통령 소속으로 두며, 대통령의 지시와 감독을 받는다." 국정원은 대통령 소속의 기관입니다. 그 기관이 충분히 그 일들을 하고 있고 국제범죄조직의 수집과 네트워크의 역할들을 다 해 오고 있습니다. 그렇게 대한민국이 유지돼 오고 있는 과정입니다. 그럼에도 불구하고 국가정보원이 아무런 일을 할 수 없는 것처럼, 아무 일도 하고 있지 않은 것처럼 말씀하시는 것은 온당한 처사가 아니라고 생각합니다.

앞서 이 자리에 회의가 소집됐던 첫 번째 이유가 있지요. 북한이 테러행위를 할지 모른다라고 하는 첩보가 있기 때문이다라고 하는 것이 국가위기사태라고 하는 것을 국회의장께서 생각하신 가장 큰 이유입니다. 정부 여당인 새누리당이 얘기하는 것처럼 국정원이 그러한 정보 기능과 첩보 기능 이런 것들을 갖추지 아니했다면 어떻게 그런 일들을 할 수 있겠습니까? 지금도 충분히 그 일을 하고 있기 때문에 지금 이 회의를 소집하는 근거를 만드신 게 아닙니까?

그 이후의 상황들도 다 마찬가지인 것이지요. 그동안 항상 거론돼 왔었던 IS 테러에 대한 고민들, 국내에 IS로 의심되는 분이 있다라고 하는 문제가 나올 때마다 국정원이 그리고 경찰이 관련한 내용들을 수사했고 기사화돼서 온 국민이 보게 되었습니다. 출국금지를 매년 몇 명씩 하고 있다라고 하는 것도 국정원이 정보위 회의가 열릴 때마다 밝히고 있습니다. 그 대상자가 어떤 사람이고 그 사람이 어떤 행위로 의심되기 때문에 막고 있다라고 하는 것도 보고하고 있습니다.

다시 말씀드리지만 지금 테러방지법이라고 이름 붙여진 이 법이 존재하지 않더라도 국정원은 충분히 그 역할을 다하고 있고 압수수색도 하고 있으며 출국금지도 내리고 있습니다. 그러한 것을 자랑스럽게 얘기하고 있기도 합니다. 그렇기 때문에 대통령께서 직접 소관하고 계시는 국정원을 이렇게 폄하하시는 것은 국정원 직원들의 사기의 문제도 있기 때문에 온당한 방식이 아니라고 생각합니다. 제대로 일할 수 있도록, 다만 우리가 많이 우려하고 염려하는 것처럼 민간인에 대한 사찰이라든가 국민에 대한 감찰이라든가 이러한 일들이 벌어지지 않도록 대통령께서 잘 관리해 주시고 믿을 수 있는 기관으로서 거듭나게 잘 일할 수 있도록 해 주시면 될 것이라고 생각합니다.

그래도 또 많은 분들이 염려와 걱정을 하실지 모르겠습니다. 국가정보원이 존재한다고 할지라도 혹은 잘 아시는 것처럼 대한민국은 국방부를 통해서 777사령부나 아니면 기무사나 정보본부나 이러한 기관과 기능 등을 통해서 다양한 첩보활동을 해 오고 있습니다. 소위 말하면 휴민트라고 하는 정보를 습득하기도 하고요, 또 SI첩보라고 하는 것처럼 북한의 통신을 감청해서 정보를 획득하기도 합니다. 그러한 일들을 지금도 충분히 해 오고 있고 국회에도 상시적으로 보고해 오고 있습니다.

전혀 두렵지 않습니다. 국민 여러분께서 염려하실 일이 아닙니다. 안보 불안…… 새누리당과, 여당 그리고 정부에

간곡히 부탁드립니다. 국민들을 안심시켜 주시는 것, 그것이 여당의 역할일 것이라고 저는 생각합니다. 정부가 그러한 일들을 잘하고 있지만 그럼에도 불구하고 이러이러한 부분들을 조금 더 추가해서 해야 된다, 이러한 부분들은 미진하다라고 하는 주장을 하는 것은 야당의 역할일 것입니다.

그런데 이상하게도 대한민국은 그 내용들이 바뀌어 있습니다. 정부·여당이 훨씬 더 안보 불안을 야기하고 있고 국민들을 불안에 떨게 합니다.

저는 4년간 의정활동을 하면서 정보위원회라고 하는 곳에를 4년간 있었고…… 아, 정보위원회를 2년 있었고 국방위원회를 4년간 있었습니다. 지금 이 시간에도 65만 명의 장병들이 철책과 해안선에서 대한민국을 지키고 있습니다. 그들을 믿고 있습니다. 그들이 자랑스럽게 일하고 있다고 생각합니다.

다시 논의로 돌아가겠습니다.

그렇게 국정원과 경찰청과 군과 정보본부와 각각의 기관이 여러 가지 논의를, 각자의 역할은 하고 있지만 그럼에도 불구하고 국가적인 상태에서 어떤 논의를 해야 되는 것이 아니냐, 범정부적인 차원의 기구가 필요한 것이 아니냐라고 하는 고민을 하실지 모르겠습니다. 당연히 그러한 논의가 필요하고 그러한 기구가 필요할 것입니다.

대한민국은 세계 11대 경제 강국이기도 할 뿐만 아니라 민주주의를 꽃피운 나라입니다. 법치주의가 성숙돼 있는 나라이기도 하고 국민들께서 의식 수준과 교육 수준도 높은 나라이지요. 그러한 기구가 없을 리가 없습니다. 실제 존재합니다. 대한민국을 그렇게 무시하지 마십시오. 집권 여당이 그 내용을 더 잘 아셔야 되는 것 아니겠습니까?

며칠 전 제가 이 자리에서 국무총리를 상대로 대정부질문을 한 적이 있습니다. 그때 국무총리에게 이와 관련한 질문을 했었지요. "대한민국에 이와 관련한 범정부의 차원의 국가기구가 존재하는 것을 아느냐"라고 하는 질문을 드렸습니다. 황교안 국무총리께서는 "그 기구에 대해서 알지 못한다."라고 말씀하셨습니다. 안타까운 일이지요. 그 기구의 의장이 국무총리입니다.

그 이후에 총리께서 이렇게 말씀하셨습니다. "국가대테러활동지침에 따른 대테러기구의 의장으로서 회의를 소집하거나 주재한 적은 없으나 그 외의 방식을 통해서도 각각의 기관들과 논의를 하고 있고 다양한 전문가들의 의견을 구하고 있다. 그 자문을 다 받고 있다. 꼭 그 회의를 열어서만 테러를 방지할 수 있다고 생각진 않는다."라고 말씀하셨습니다.

맞습니다. 동의합니다. 그렇기 때문에 지금 이 시기에 테러방지법은 굳이 필요한 법이 아니라고 하는 것을 총리께서 말씀하신 것입니다. 물론 이 법은 법률이 아닌 시행령으로 있습니다. 그러나 시행령 또한 지켜져야 하는 것이지요. 있는 규정도 지키지 않고 있지만 그렇지 않아도 대한민국 정부는 NSC를 통해서든, 아니면 총리께서 말씀하셨던 이름을 밝힐 수 없는 어떤 조직을 통해서든

충분히 운영돼 오고 있고 관계기관이 소집되고 있으며 전문가를 초빙해서 관련한 논의를 할 수 있는 상황입니다.

왜 지금 이 법이 필요한 것일까요? 그 내용은 추후에 더 말씀드리겠습니다만 테러방지법에 대한 원문의 내용보다는 부칙 조항에 훨씬 더 많은 관심이 있는 것으로 보여집니다.

아시는 분은 아시겠지만 또 모르시는 분들이 있기 때문에 국민 여러분과 함께 대한민국 정부도 모르고 그 의장인 국무총리도 잘 모르는 국가대테러활동지침에 대해서 같이 한번 들어 주시면 좋겠습니다.

더 황당한 일은 국무총리는 상임위원회의 의장입니다만 이 기관은 다른 곳에 소속되어 있습니다. 어디에 소속되어 있는 것인지 법안의 내용을, 시행령의 내용을 보시면서 같이 꼭 들어 주시면 좋겠습니다.

국가대테러활동지침, 이 법은, 이 시행령은 1982년도에 만들어졌습니다. 그러고는 2015년 1월 23일에 일부 개정됐습니다. 대통령훈령 제337호, 2015년 1월 23일 날 일부 개정됐습니다. 박근혜정부에서 개정된 시행령입니다. 그럼에도 불구하고 관련한 내용을 아무도 모르고 있는 시행령이지요.

'제1장 총칙

제1조(목적) 이 훈령은 국가의 대테러 업무수행을 위하여 필요한 사항을 규정함을 목적으로 한다.

제2조(정의) 이 훈령에서 사용하는 용어의 정의는 다음과 같다.

1. "테러"라 함은 국가안보 또는 공공의 안전을 위태롭게 할 목적으로 행하는 다음 각목의 어느 하나에 해당하는 행위를 말한다.

가. 국가 또는 국제기구를 대표하는 자 등의 살해·납치 등 외교관 등 국제적 보호인물에 대한 범죄의 방지 및 처벌에 관한 협약 제2조에 규정된 행위

나. 국가 또는 국제기구 등에 대하여 작위·부작위를 강요할 목적의 인질억류·감금 등 인질억류 방지에 관한 국제협약 제1조에 규정된 행위

다. 국가중요시설 또는 다중이 이용하는 시설·장비의 폭파 등 폭탄테러행위의 억제를 위한 국제협약 제2조에 규정된 행위

라. 운항 중인 항공기의 납치·점거 등 항공기의 불법납치 억제를 위한 협약 제1조에 규정된 행위

마. 운항 중인 항공기의 파괴, 운항 중인 항공기의 안전에 위해를 줄 수 있는 항공시설의 파괴 등 민간항공의 안전에 대한 불법적 행위의 억제를 위한 협약 제1조에 규정된 행위

바. 국제민간항공에 사용되는 공항 내에서의 인명살상 또는 시설의 파괴 등 1971년 9월 23일 몬트리올에서 채택된 민간항공의 안전에 대한 불법적 행위의 억제를 위한 협약을 보충하는 국제민간항공에 사용되는 공항에서의 불법적 폭력행위의 억제를 위한 의정서 제2조에 규정된 행위

사. 선박억류, 선박의 안전운항에 위해를 줄 수 있는 선박 또는 항해시설의 파괴 등 항해의 안전에 대한 불법적 행위의 억제를 위한 협약 제3조에 규정된 행위

아. 해저에 고정된 플랫폼의 파괴 등 대륙붕상에 소재한 고정플랫폼의 안전에 대한 불법적 행위의 억제를 위한 의정서 제2조에 규정된 행위

자. 핵물질을 이용한 인명살상 또는 핵물질의 절도·강탈 등 핵물질의 방호에 관한 협약 제7조에 규정된 행위

2. "테러자금"이라 함은 테러를 위하여 또는 테러에 이용된다는 점을 알면서 제공·모금된 것으로서 테러자금 조달의 억제를 위한 국제협약 제1조제1호의 자금을 말한다.

3. "대테러활동"이라 함은 테러 관련 정보의 수집, 테러혐의자의 관리, 테러에 이용될 수 있는 위험물질 등 테러수단의 안전관리, 시설·장비의 보호, 국제행사의 안전확보, 테러위협에의 대응 및 무력 진압 등 테러예방·대비와 대응에 관한 제반활동을 말한다.

4. "관계기관"이라 함은 대테러활동을 담당하는 중앙행정기관 및 그 소속기관을 말한다.

5. "사건대응조직"이라 함은 테러사건이 발생하거나 발생이 예상되는 경우에 그 대응을 위하여 한시적으로 구성되는 테러사건대책본부·현장지휘본부 등을 말한다.'

6호와 7호는 삭제되었으며,

'8. "테러경보"라 함은 테러의 위협 또는 위험수준에 따라 관심·주의·경계·심각의 4단계로 구분하여 발령하는 경보를 말한다.

제3조(기본지침) 국가의 대테러활동을 위한 기본지침은 다음과 같다.

1. 국가의 대테러업무를 효과적으로 수행하기 위하여 범국가적인 종합대책을 수립하고 지휘 및 협조체제를 단일화한다.

2. 관계기관 등은 테러위협에 대한 예방활동에 주력하고, 테러 관련 정보 등 징후를 발견한 경우에는 관계기관에 신속히 통보하여야 한다.

3. 테러사건이 발생하거나 발생이 예상되는 경우에는 테러대책기구 및 사건대응조직을 통하여 신속한 대응조치를 강구하여야 한다.

4. 국내외 테러의 예방·저지 및 대응조치를 원활히 수행하기 위하여 국제적인 대테러 협력체제를 유지한다.

5. 국가의 대테러능력을 향상·발전시키기 위하여 전문인력 및 장비를 확보하고, 대응기법을 연구·개발한다.

6. 테러로 인하여 발생하는 각종 피해의 복구와 구조활동, 사상자에 대한 조치 등 수습활동은 재난 및 안전 관리기본법 등 관계법령에서 정한 절차와 체계에 따라 수행함을 원칙으로 한다.

7. 이 훈령과 대통령훈령 제28호 통합방위지침의 적용여부가 불분명한 사건에 대해서는 사건 성격이 명확히 판명될 때까지 통합방위지침에 의한 대응활동과 병행하여 이 훈령에 의한 대테러활동을 수행한다.

제4조(적용범위) 이 훈령은 관계기관과 그 외에 테러예방 및 대응조치를 위하여 필요한 정부의 관련기관에 적용한다.

제2장 테러대책기구

제1절 테러대책회의

제5조(설치 및 구성)입니다.

①국가 대테러정책의 심의·결정 등을 위하여 대통령 소속하에

테러대책회의를 둔다.'

다시 한 번 읽어 드리겠습니다.

'국가 대테러정책의 심의·결정 등을 위하여 대통령 소속하에 테러대책회의를 둔다.

②테러대책회의의 의장은 국무총리가 되며, 위원은 다음 각 호의 자가 된다.

외교통상부장관·통일부장관·법무부장관·국방부장관· 행정자치부장관·산업통상자원부장관·보건복지부장 관·환경부장관·국토교통부장관·해양수산부장관 및 국민안전처장관·국가정보원장·국가안보실장· 대통령경호실장 및 국무조정 실장·관세청장·경찰청장 및 원자력 안전위원회 위원장, 그 밖에 의장이 지명하는 자.

테러대책회의의 사무를 처리하기 위하여 1인의 간사를 두되, 간사는 제11조의 규정에 의한 테러정보통합센터의 장으로 한다. 다만, 제20조의 규정에 의한 분야별 테러사건대책본부가 구성되는 때에는 해당 테러사건 대책본부의 장을 포함하여 2인의 간사를 둘 수 있다.

제6조(임무) 테러대책회의는 다음 각 호의 사항을 심의한다.

1. 국가 대테러정책

2. 그 밖에 테러대책회의의 의장이 부의하는 사항

제7조(운영) 테러대책회의는 그 임무를 수행하기 위하여 의장이 필요하다고 인정하거나 위원이 회의소집을 요청하는 때에 의장이 이를 소집한다. 테러대책회의의 의장·위원 및 간사의 직무는 다음과 같다.

1. 의장

가. 테러대책회의를 소집하고 회의를 주재한다.

나. 테러대책회의의 결정사항에 대하여 대통령에게 보고하고, 결정사항의 시행을 총괄·지휘한다.

2. 위원

테러대책회의의 소집을 요청하고 회의에 참여한다.

소관사항에 대한 대책방안을 제안하고, 의결사항의 시행을 총괄한다.

3. 간사

테러대책회의의 운영에 필요한 실무사항을 지원한다.

그 밖의 회의 관련 사무를 처리한다.

제5조제3항 단서의 규정에 의한 분야별 테러사건대책본부의 장은 테러사건에 대한 종합상황을 테러대책회의에 보고하고, 테러대책회의의 의장이 지시한 사항을 처리한다.

의장이 부득이한 사유로 직무를 수행할 수 없을 때에는 제8조의 규정에 의한 테러대책상임위원회의 위원장이 그 직무를 수행한다.

제2절 테러대책상임위원회

설치 및 구성

관계기관 간 대테러업무의 유기적인 협조·조정 및 테러사건에 대한 대응대책의 결정 등을 위하여 테러대책회의 밑에 테러대책상임위원회를 둔다.

상임위원회의 위원은 다음 각 호의 자가 되며, 위원장은 위원 중에서 대통령이 지명한다.

외교통상부장관·통일부장관·국방부장관 및

국민안전처장관·국가정보원장·국가안보실장 및 국무조정실장·경찰청장.

제9조(임무) 상임위원회의 임무는 다음 각 호와 같다.

1. 테러사건의 사전예방·대응대책 및 사후처리 방안의 결정

2. 국가 대테러업무의 수행실태 평가 및 관계기관의 협의·조정

3. 대테러 관련 법령 및 지침의 제정 및 개정 관련 협의

4. 그 밖에 테러대책회의에서 위임한 사항 및 심의·의결한 사항의 처리

제10조(운영)

상임위원회의 회의는 정기회의와 임시회의로 구분하며, 위원장이 소집한다.

정기회의는 원칙적으로 반기 1회 개최한다.'

다시 한 번 읽어 드립니다.

'정기회의는 원칙적으로 반기 1회 개최한다.' 2008년 8월 18일 날 개정된 내용입니다.

'임시회의는 위원장이 필요하다고 인정하거나 위원이 회의소집을 요청한 때에 소집된다.

4. 상임위원회의 위원장·위원 및 간사의 직무에 대하여는 제7조제2항의 규정을 준용한다.

5. 상임위원회의 운영을 효율적으로 지원하기 위하여 관계기관의 국장으로 구성되는 실무위원회를 운영할 수 있으며, 간사가 이를 주재한다.'

제가 이 내용을 구체적으로 국민 여러분과 선배·동료 의원 여러분께 알려 드리는 이유는 지금 관련해서 논의되고 있는 법안의 기본적인 골자가 이 법률의 이 규정과 거의 대동소이하기 때문입니다.

관련한 내용들은 미리 잘 숙지해 주시고 이후에 제가 이철우 의원께서 발의하신, 그리고 직권상정된 그 법안과 관련되어서 내용을 설명드릴 때 지금 제가 설명드리고 있는 국가대테러활동지침과 어떤 부분이 차이점이 있고 어떤 부분이 잘못되었으며 어떤 부분이 문제일 것인지 같이 고민해 주시면 좋겠습니다.

'제3절 테러정보통합센터

제11조(설치 및 구성) ①테러 관련 정보를 통합관리하기 위하여 국가정보원에 관계기관 합동으로 구성되는 테러정보통합센터를 둔다.

②테러정보통합센터의 장을 포함한 테러정보통합센터의 구성과 참여기관의 범위·인원과 운영 등에 관한 사항은 국가정보원장이 정하되, 센터장은 국가정보원 직원 중 테러 업무에 관한 전문적 지식과 경험이 있는 자로 한다.

③국가정보원장은 관계기관의 장에게 소속공무원의 파견을 요청할 수 있다.

④테러정보통합센터의 조직 및 운영에 관한 사항은 공개하지 아니할 수 있다.'

제12조(임무)입니다.

'테러정보통합센터의 임무는 다음 각 호와 같다.

1. 국내외 테러 관련 정보의 통합관리 및 24시간 상황처리체제의 유지

2. 국내외 테러 관련 정보의 수집·분석·작성 및 배포

3. 테러대책회의·상임위원회의 운영에 관한 지원

4. 테러 관련 위기평가·경보발령 및 대국민 홍보

5. 테러혐의자 관련 첩보의 검증

6. 상임위원회의 결정사항에 대한 이행점검

7. 그 밖에 테러 관련 정보의 통합관리에 필요한 사항'

제13조(운영)입니다.

'①관계기관은 테러 관련 정보(징후·상황·첩보 등을 포함한다), 이러한 정보를 인지한 경우에는 이를 지체 없이 센터장에게 통보하여야 한다.

②센터장은 테러정보의 통합관리 등 업무수행에 필요하다고 인정하는 경우에는 관계기관의 장에게 필요한 협조를 요청할 수 있다.

제4절 지역 테러대책협의회

제14조(설치 및 구성) ①지역의 관계기관 간 테러예방활동의 유기적인 협조·조정을 위하여 지역 테러대책협의회를 둔다.

②지역 테러대책협의회의 의장은 국가정보원의 해당지역 관할지부의 장이 되며, 위원은 다음 각 호의 자가 된다.

1. 법무부·보건복지부·환경부·국토교통부·해양수산부·국민안전처·국가정보원의 지역기관, 식품의약품안전처·관세청·대검찰청·경찰청·원자력안전위원회의 지역기관, 지방자치단체, 지역 군·기무부대의 대테러업무 담당 국·과장급 직위의 자

2. 그 밖에 지역 테러대책협의회 의장이 지명하는 자

제15조(임무) 지역 테러대책협의회의 임무는 다음 각 호와 같다.

1. 테러대책회의 또는 상임위원회의 결정사항에 대한 시행방안의 협의

2. 당해 지역의 관계기관 간 대테러업무의 협조·조정

3. 당해 지역의 대테러업무 수행실태의 분석·평가 및 발전방안의 강구'

제16조(운영)입니다.

'①지역 테러대책협의회는 그 임무를 수행하기 위하여 의장이 필요하다고 인정하거나 위원이 회의소집을 요청하는 때에는 의장이 이를 소집한다.

②지역 테러대책협의회 운영에 관한 세부사항은 제7조의 규정을 준용하여 각 지역 테러대책협의회에서 정한다.

제5절 공항·항만 테러·보안대책협의회

제17조(설치 및 구성) ①공항 또는 항만 내에서의 테러예방 및 저지활동을 원활히 수행하기 위하여 공항·항만별로 테러·보안대책협의회를 둔다.

②테러·보안대책협의회의 의장은 당해 공항·항만의 국가정보원 보안실장(보안실장이 없는 곳은 관할지부의 관계과장)이 되며, 위원은 다음 각 호의 자가 된다.

1. 당해 공항 또는 항만에 근무하는 법무부·보건복지부·국토교통부·해양수산부·국민안전처·관세청·경찰청·국군기무사령부 등 관계기관의 직원 중 상위 직위자

2. 공항·항만의 시설관리 및 경비책임자

3. 그 밖에 테러·보안대책협의회의 의장이 지명하는 자

제18조(임무) 테러·보안대책협의회는 당해 공항 또는 항만 내의 대테러 활동에 관하여 다음 각 호의 사항을 심의·조정한다.

1. 테러혐의자의 잠입 및 테러물품의 밀반입에 대한 저지대책

2. 공항 또는 항만 내의 시설 및 장비에 대한 보호대책

3. 항공기·선박의 피랍 및 폭파 예방·저지를 위한 탑승자와 수하물의 검사대책

4. 공항 또는 항만 내에서의 항공기·선박의 피랍 또는 폭파사건에 대한 초동(初動) 비상처리대책

5. 주요인사의 출입국에 따른 공항 또는 항만 내의 경호·경비대책

6. 공항 또는 항만 관련 테러첩보의 입수·분석·전파 및 처리대책

7. 그 밖에 공항 또는 항만 내의 대테러대책

제19조(운영) ①테러·보안대책협의회는 그 임무를 수행하기 위하여 의장이 필요하다고 인정하거나 위원이 회의소집을 요청하는 때에는 의장이 이를 소집한다.

②테러·보안대책협의회의 운영에 관한 세부사항은 공항·항만별로 테러·보안대책협의회에서 정한다.

제3장 테러사건 대응조직

제1절 분야별 테러사건대책본부

제20조 설치 및 구성입니다.

①테러가 발생하거나 발생이 예상되는 경우 외교부장관은 국외테러사건대책본부를, 국방부장관은 군사시설테러사건대책본부를, 보건복지부장관은 생물테러사건대책본부를, 환경부장관은 화학테러사건대책본부를, 국토교통부장관은 항공기테러사건대책본부를, 국민안전처장관은 해양테러사건대책본부를, 원자력안전위원회의 위원장은 방사능테러사건대책본부를, 경찰청장은 국내일반테러사건대책본부를 설치·운영한다.

②상임위원회는 동일 사건에 대하여 2개 이상의 테러사건대책본부가 관련되는 경우에는 사건의 성질·중요도 등 이것들을 고려하여 테러사건대책본부를 설치할 기관을 지정한다.

③테러사건대책본부의 장은 테러사건대책본부를 설치하는 부처의 차관급 공무원으로 하며, 경찰청은 차장으로 한다.

제21조 임무입니다.

테러사건대책본부의 임무는 다음 각 호와 같다.

1. 테러대책회의 또는 상임위원회의 소집 건의

2. 제23조의 규정에 의한 현장지휘본부의 사건대응활동에 대한 지휘·지원

3. 테러사건 관련 상황의 전파 및 사후처리

4. 그 밖에 테러대응활동에 필요한 사항의 강구 및 시행

제22조 운영입니다.

①테러사건대책본부의 장은 테러사건대책본부의 운영에 필요한 경우 관계기관의 장에게 전문인력의 파견 등 지원을 요청할 수 있다.

②테러사건대책본부의 편성·운영에 관한 세부사항은 테러사건대책본부가 설치된 기관의 장이 정한다.

이 내용을 같이 들어 주시면서 이 관련한 내용이 끝나고

나면 국가비상사태라고 하는 이 상황에서 과연 이 정부는 관련한 규정에 따라 어떠한 일을 하고 있는 것인지 각각 다 고민해 주시고, 관련한 상임위에 계신 분들께서는 그 상임위원회에서는 왜 국가비상사태, 대한민국에서 네 번째 벌어진 국가비상사태 이 상황에서 관련한 어떠한 행위도 벌어지지 않았는지에 대해서 상임위에서 질책해 주시기 바랍니다.

제2절 현장지휘본부

제23조(설치 및 구성) ①테러사건대책본부의 장은 테러사건이 발생한 경우 사건현장의 대응활동을 총괄하기 위하여 현장지휘본부를 설치할 수 있다.

②현장지휘본부의 장은 테러사건대책본부의 장이 지명하는 자로 한다.

③현장지휘본부의 장은 테러의 양상·규모·현장상황 등을 고려하여 협상·진압·구조·소방·구급 등 필요한 전문조직을 구성하거나 관계기관의 장으로부터 지원받을 수 있다.

④외교부장관은 해외에서 테러가 발생하여 정부 차원의 현장대응이 필요한 경우에는 관계기관 합동으로 정부현지대책반을 구성하여 파견할 수 있다.

제3절 대테러특공대

제24조(구성 및 지정) ①테러사건에 대한 무력진압작전의 수행을 위하여 국방부·국민안전처·경찰청에 대테러특공대를 둔다.

②국방부장관·국민안전처장관·경찰청장은 대테러특공대를 설치하거나 지정하고자 할 때에는 상임위원회의 심의를 거쳐야 한다.

③국방부장관·국민안전처장관·경찰청장은 대테러특공대의 구성 및 외부 교육훈련·이동 등 운용사항을 대통령경호안전대책위원회의 위원장과 협의하여야 한다.

제25조(임무) 대테러특공대는 다음 각 호의 임무를 수행한다.

1. 테러사건에 대한 무력진압작전

2. 테러사건과 관련한 폭발물의 탐색 및 처리

3. 요인경호행사 및 국가중요행사의 안전활동에 대한 지원

4. 그 밖에 테러사건의 예방 및 저지활동

(정의화 의장, 이석현 부의장과 사회교대)

제26조(운영) 대테러특공대는 테러진압작전을 수행할 수 있도록 특수전술능력을 보유하여야 하며, 항상 즉각적인 출동 태세를 유지하여야 한다.

제27조(출동 및 작전) ①테러사건이 발생하거나 발생이 예상되는 경우 대테러특공대의 출동 여부는 각각 국방부장관·국민안전처장관·경찰청장이 결정한다. 다만, 군 대테러특공대의 출동은 군사시설 내에서 테러사건이 발생하거나 테러대책회의의 의장이 요청하는 때에 한한다.

②대테러특공대의 무력진압작전은 상임위원회에서 결정한다. 다만, 테러범이 무차별 인명살상을 자행하는 등 긴급한 대응조치가 불가능한 경우에는 국방부장관·국민안전처장관·경찰청장이 대테러특공대에 긴급 대응작전을 명할 수 있다.

③국방부장관·국민안전처장관·경찰청장이 제2항 단서의 규정에 의하여 긴급 대응작전을 명한 경우에는 이를 즉시 상임위원회의 위원장에게 보고하여야 한다.

제4절 협상팀

제28조(구성) ①무력을 사용하지 않고 사건을 종결하거나 후발사태를 저지하기 위하여 국방부·국민안전처·경찰청에 협상실무요원·통역요원·전문요원으로 구성되는 협상팀을 둔다.

②협상실무요원은 협상 전문능력을 갖춘 공무원으로 편성하고, 협상전문요원은 대테러전술 전문가·심리학자·정신의학자·법률가 등 각계 전문가로 편성한다.

제29조(운영) ①국방부장관·국민안전처장관·경찰청장은 테러사건이 발생한 경우에는 협상팀을 신속히 소집하고, 협상팀 대표를 선정하여 사건현장에 파견하여야 한다.

②국방부장관·국민안전처장관·경찰청장은 테러사건이 발생한 경우에 협상팀의 신속한 현장투입을 위하여 협상팀을 특별시·광역시도 단위로 관리·운용할 수 있다.

③국방부장관·국민안전처장관·경찰청장은 협상팀의 대응능력을 향상시키기 위하여 협상기법을 연구·개발하고 필요한 장비를 확보하여야 한다.

④협상팀의 구성·운용에 관한 세부사항은 국방부장관·국민안전처장관·경찰청장이 정한다.

제5절 긴급구조대 및 지원팀

제30조(긴급구조대) ①테러사건 발생 시 신속히 인명을 구조·구급하기 위하여 국민안전처에 긴급구조대를 둔다.

②긴급구조대는 테러로 인한 인명의 구조·구급 및 테러에 사용되는 위험물질의 탐지·처리 등에 대한 전문적 능력을 보유하여야 한다.

③국민안전처장관은 테러사건이 발생하거나 발생이 예상되는 경우에는 긴급구조대를 사건현장에 신속히 파견한다.

제31조(지원팀) ①관계기관의 장은 테러사건이 발생한 경우에는 테러대응활동을 지원하기 위하여 지원팀을 구성·운영한다.

②지원팀은 정보·외교·통신·홍보·소방·제독 등 전문 분야별로 편성한다.

③관계기관의 장은 현장지휘본부의 장의 요청이 있거나 테러대책회의 또는 상임위원회의 결정이 있는 때에는 지원팀을 사건현장에 파견한다.

④관계기관의 장은 평상시 지원팀의 구성에 필요한 전문요원을 양성하고 장비 등을 확보하여야 한다.

국가대테러활동지침이 단순하게 형식적으로 존재하고 있는 것이 아닙니다. 들어서 아시겠지만 실제 대한민국의 안보를 지키기 위해서 관련한 기구와 구조, 기능, 대책, 방식 등을 전체 다 기술하고 있습니다. 이를 통해서 대한민국의 안전이 지켜지고 있는 것입니다.

계속 같이 들어 주십시오.

제6절 대화생방테러 특수임무대

제31조의2(구성 및 지정) ①화생방테러에 대응하기 위하여 국방부에 대화생방테러 특수임무대를 둘 수 있다.

②국방부장관은 제1항에 따라 대화생방테러 특수임무대를

설치하거나 지정하려는 때에는 상임위원회의 심의를 거쳐야
한다.

이 조항은 2012년 2월 9일에 신설되었습니다.

제31조의3(임무) ①대화생방테러 특수임무대는 다음 각 호의
임무를 수행한다.

1. 화생방테러 발생 시 오염확산 방지 및 피해 최소화

2. 화생방테러 관련 오염지역 정밀 제독 및 오염 피해 평가

3. 요인경호 및 국가중요행사의 안전활동에 대한 지원

제31조의4(운영) ①대화생방테러 특수임무대는 화생방테러에
대응하기 위한 전문지식 및 작전수행 능력을 배양하여야 하며
항상 출동태세를 유지하여야 한다.

②국방부장관은 현장지휘본부의 장의 요청이 있거나
테러대책회의 또는 상임위원회의 결정이 있는 때에는
대화생방테러 특수임무대를 사건 현장에 파견한다.

③국방부장관은 대화생방테러 특수임무대의 구성에 필요한
전문요원을 양성하고 필요한 장비 및 물자를 확보하여야 한다.

제7절 합동조사반

제32조(구성) ①국가정보원장은 국내외에서 테러사건이
발생하거나 발생할 우려가 현저한 때에는 예방조치·사건분석
및 사후처리방안의 강구 등을 위하여 관계기관 합동으로
조사반을 편성·운영한다. 다만, 군사시설인 경우
국방부장관(국군기무사령관)이 자체 조사할 수 있다.

②합동조사반은 관계기관의 대테러업무에 관한 실무전문가로
구성하며, 필요한 경우 공공기관·단체 또는 민간의 전문요원을
위촉하여 참여하게 할 수 있다.

제33조(운영) ①합동조사반은 테러사건의 발생지역에 따라
중앙 및 지역별 합동조사반으로 구성하여 운영할 수 있다.

②관계기관의 장은 평상시 합동조사반에 파견할 전문인력을
확보·양성하고, 합동조사를 위하여 필요한 경우에 인력·장비
등을 지원한다.

여기까지는 테러가 발생했을 때에 대한 문제와 조치들에
대한 것이었고요. 많이 염려하고 걱정하시는 것처럼 테러는
발생하고 나면 그것에 의한 후폭풍과 피해가 엄청난 것이기
때문에 예방하는 것이 중요하다라고 하는 걱정과 고민을
하실 것입니다.

국가대테러활동지침에도 관련한 부분들이 있습니다. 그
부분을 같이 보시겠습니다.

제4장 예방·대비 및 대응활동

제1절 예방·대비활동

제34조(정보수집 및 전파) ①관계기관은 테러사건의 발생을
미연에 방지하기 위하여 소관업무와 관련한 국내외 테러 관련
정보의 수집활동에 주력한다.

②관계기관은 테러 관련 정보를 입수한 경우에는 지체 없이
센터장에게 이를 통보하여야 한다.

③센터장은 테러 관련 정보를 종합·분석하여 신속히
관계기관에 전파하여야 한다.

제35조(테러경보의 발령) ①센터장은 테러위기의 징후를
포착한 경우에는 이를 평가하여 상임위원회에 보고하고
테러경보를 발령한다.

②테러경보는 테러위협 또는 위험의 정도에 따라
관심·주의·경계·심각의 4단계로 구분하여 발령하고, 단계별
위기평가를 위한 일반적 업무절차는 국가위기관리기본지침에
의한다.

③테러경보는 국가전역 또는 일부지역에 한정하여 발령할 수
있다.

④센터장은 테러경보의 발령을 위하여 필요한 사항에 대한
세부지침을 수립하여 시행한다.

제36조(테러경보의 단계별 조치) ①관계기관의 장은
테러경보가 발령된 경우에는 다음 각 호의 기준을 고려하여
단계별 조치를 취하여야 한다.

1. 관심 단계 : 테러 관련 상황의 전파, 관계기관 상호간
연락체계의 확인, 비상연락망의 점검 등

2. 주의 단계 : 테러대상 시설 및 테러에 이용될 수 있는
위험물질에 대한 안전관리의 강화, 국가중요시설에 대한
경비의 강화, 관계기관별 자체 대비태세의 점검 등

3. 경계 단계 : 테러취약요소에 대한 경비 등 예방활동의 강화,
테러취약시설에 대한 출입통제의 강화, 대테러 담당공무원의
비상근무 등

4. 심각 단계 : 대테러 관계기관 공무원의 비상근무,
테러유형별 테러사건대책본부 등 사건대응조직의 운영준비,
필요장비·인원의 동원태세 유지 등

②관계기관의 장은 제1항의 규정에 의하여 단계별 세부계획을
수립·시행하여야 한다.

제37조(지도 및 점검) ①관계기관의 장은 소관업무와 관련하여
국가중요시설·다중이 이용하는 시설·장비 및 인원에 대한
테러예방대책과 테러에 이용될 수 있는 위험물질에 대한
안전관리대책을 수립하고, 그 시행을 지도·감독한다.

②국가정보원장은 필요한 경우 관계기관 합동으로 공항·항만
등 테러의 대상이 될 수 있는 국가중요시설·다중이 이용하는
시설 및 장비에 대한 테러예방활동을 관계법령이 정하는 바에
따라 지도·점검할 수 있다.

제38조(국가중요행사에 대한 안전활동) ①관계기관의 장은
국내외에서 개최되는 국가중요행사에 대하여 행사특성에 맞는
분야별 대테러·안전대책을 수립·시행하여야 한다.

②국가정보원장은 국가중요행사에 대한 대테러·안전대책을
협의·조정하기 위하여 필요한 경우에는 관계기관 합동으로
대테러·안전대책기구를 편성·운영할 수 있다. 다만, 대통령
및 국가원수에 준하는 국빈 등이 참석하는 행사에 한하여는
대통령경호안전대책위원회의 위원장이 편성·운영할 수 있다.

제39조(교육 및 훈련) ①관계기관의 장은 대테러 전문능력의
배양을 위하여 필요한 인원 및 장비를 확보하고, 이에 따른
교육·훈련계획을 수립·시행한다.

②관계기관의 장은 제1항의 규정에 의한 계획의 운영에 관하여
국가정보원장과 미리 협의하여야 한다.

③국가정보원장은 관계기관 대테러요원의 전문적인
대응능력의 배양을 위하여 외국의 대테러기관과의 합동훈련
및 교육을 지원하고, 관계기관 합동으로 종합모의훈련을
실시할 수 있다.

제2절 대응활동

제40조(상황전파) ①관계기관의 장은 테러사건이 발생하거나 테러위협 등 그 징후를 인지한 경우에는 관련 상황 및 조치사항을 관련 기관의 장 및 국가정보원장에게 신속히 통보하여야 한다.

②테러사건대책본부의 장은 사건 종결시까지 관련 상황을 종합처리하고, 대응조치를 강구하며, 그 진행상황을 테러대책회의 의장 및 상임위원회의 위원장에게 보고하여야 한다.

③법무부장관과 관세청장은 공항 및 항만에서 발생하는 테러와 연계된 테러혐의자의 출입국 또는 테러물품의 반·출입에 대한 적발 및 처리상황을 신속히 국가정보원장·국민안전처장관 및 경찰청장에게 통보하여야 한다.

제41조(초동조치) ①관계기관의 장은 테러사건이 발생한 경우에는 사건현장을 통제·보존하고, 후발 사태의 발생 등 사건의 확산을 방지하기 위하여 신속한 초동조치(初動措置)를 하여야 하며, 증거물의 멸실을 방지하기 위하여 가능한 한 현장을 보존해야 한다.

②제1항의 규정에 의한 초동조치 사항은 다음 각 호와 같다.

1. 사건현장의 보존 및 통제
2. 인명구조 등 사건피해의 확산방지조치
3. 현장에 대한 조치사항을 종합하여 관련 기관에 전파
4. 관련 기관에 대한 지원요청

제42조(사건대응) ①테러사건이 발생한 경우에는 상임위원회가 그 대응대책을 심의·결정하고 통합 지휘하며 테러사건대책본부는 이를 지체 없이 시행한다.

②테러사건대책본부는 필요한 경우에는 현장지휘본부를 가동하여 상황전파 및 대응체계를 유지하고 단계별 조치사항을 체계적으로 시행한다.

③법무부장관은 테러사건에 대한 수사를 위하여 필요한 경우에는 검찰·경찰 및 관계기관 합동으로 테러사건수사본부를 설치하여 운영하며 테러정보통합센터·테러사건대책본부와의 협조 체계를 유지한다.

제43조(사후처리)

①테러사건대책본부의 장은 제9조의 규정에 의한 상임위원회의 결정에 따라 관계기관의 장과 협조하여 테러사건의 사후처리를 총괄한다.

②테러사건대책본부의 장은 테러사건의 처리 결과를 종합하여 테러대책회의 의장 및 상임위원회의 위원장에게 보고하고 관계기관에 이를 전파한다.

③관계기관의 장은 사후대책의 강구를 위하여 필요한 경우에는 관할 수사기관의 장에게 테러범·인질에 대한 신문참여 또는 신문결과의 통보를 요청할 수 있다.

이후에 관계기관별로 어떤 임무를 하게 되는지에 대해서 제가 여러분께 말씀드릴 것입니다. 관련한 소관 상임위의 내용이 있으시면 잘 보셨다가 앞서 말씀드린 것처럼 지금 국가의 비상사태라고 하는 것이 선언돼서 이 법안이

직권상정 되어 있는데 각각의 부처가 실제 어떤 일들을 하고 있는지 하지 않고 있는지도 파악해 주시기 바랍니다.

제44조(관계기관별 임무) 대테러활동에 관한 관계기관별 임무는 다음 각 호와 같다.

1. 국가안보실
국가 대테러 위기관리체계에 관한 기획·조정, 테러 관련 중요상황의 대통령 보고 및 지시사항의 처리, 테러분야의 위기관리 표준·실무매뉴얼의 관리

2. 금융위원회
테러자금의 차단을 위한 금융거래 감시활동, 테러자금의 조사 등 관련 기관에 대한 지원

3. 외교부
국외 테러사건에 대한 대응대책의 수립·시행 및 테러 관련 재외국민의 보호, 국외 테러사건의 발생 시 국외테러사건대책본부의 설치·운영 및 관련 상황의 종합처리, 대테러 국제협력을 위한 국제조약의 체결 및 국제회의에의 참가, 국제기구에의 가입에 관한 업무의 주관, 각국 정부 및 주한 외국공관과의 외교적 대테러 협력체계의 유지

4. 법무부, 대검찰청을 포함합니다.
테러혐의자의 잠입에 대한 저지대책의 수립·시행
위·변조여권 등의 식별기법의 연구·개발 및 필요장비 등의 확보
다. 출입국 심사업무의 과학화 및 전문 심사요원의 양성·확보
라. 테러와 연계된 혐의가 있는 외국인의 출입국 및 체류동향의 파악·전파
마. 테러사건에 대한 법적 처리문제의 검토·지원 및 수사의 총괄
바. 테러사건에 대한 전문 수사기법의 연구·개발

5. 국방부, 합동참모본부와 국군기무사령부를 포함합니다.
군사시설 내에 테러사건의 발생 시
군사시설테러사건대책본부의 설치·운영 및 관련 상황의 종합처리
대테러특공대 및 폭발물 처리팀의 편성·운영
국내외에서의 테러진압작전에 대한 지원
군사시설 및 방위산업시설에 대한 테러예방활동 및 지도·점검
군사시설에서 테러사건 발생 시 군 자체 조사반의 편성·운영
군사시설 및 방위산업시설에 대한 테러첩보의 수집
테러대책전술의 연구·개발 및 필요장비의 확보
대테러 전문교육·훈련에 대한 지원
협상실무요원·전문요원 및 통역요원의 양성
대화생방테러 특수임무대 편성·운영

6. 행정자치부, 경찰청을 포함합니다.
국내일반테러사건에 대한 예방·저지·대응대책의 수립 및 시행
국내일반테러사건의 발생 시 국내일반테러사건대책본부의 설치·운영 및 관련 상황의 종합처리
범인의 검거 등 테러사건에 대한 수사
대테러특공대 및 폭발물 처리팀의 편성·운영
협상실무요원·전문요원 및 통역요원의 양성·확보
중요인물 및 시설, 다중이 이용하는 시설 등에 대한 테러방지대책의 수립·시행

대테러전술의 연구·개발 및 필요장비의 확보

국제경찰기구 등과의 대테러 협력체제의 유지

7. 산업통상자원부

기간산업시설에 대한 대테러·안전관리 및 방호대책의
수립·점검

테러사건의 발생 시 사건대응조직에 대한 분야별
전문인력·장비 등의 지원

8. 보건복지부

생물테러사건의 발생 시 생물테러사건대책본부의 설치·운영
및 관련 상황의 종합처리

테러에 이용될 수 있는 병원체의 분리·이동 및 각종 실험실에
대한 안전관리

생물테러와 관련한 교육·훈련에 대한 지원

9. 환경부

화학테러의 발생 시 화학테러사건대책본부의 설치·운영 및
관련 상황의 종합처리

테러에 이용될 수 있는 유독물질의 관리체계 구축

화학테러와 관련한 교육·훈련에 대한 지원

10. 국토교통부

건설·교통 분야에 대한 대테러·안전대책의 수립 및 시행

항공기테러사건의 발생 시 항공기테러사건대책본부의
설치·운영 및 관련 상황의 종합처리

항공기테러사건의 발생 시 폭발물처리 등 초동조치를 위한
전문요원의 양성·확보

항공기 안전운항관리를 위한 국제조약의 체결, 국제기구에의
가입 등에 관한 업무의 지원

항공기의 피랍상황 및 정보의 교환 등을 위한
국제민간항공기구와의 항공통신정보 협력체제의 유지

11. 해양수산부

선박·항만시설에 대한 대테러·안전대책 수립 및 시행

해외운항 국적 선박 및 선원에 대한 테러예방·대비 및
대응활동

해양의 안전관리를 위한 국제조약의 체결, 국제기구에의 가입
등에 관한 업무의 지원

11의2. 국민안전처

해양테러에 대한 예방대책의 수립·시행 및 관련 업무 종사자의
대응능력 배양

해양테러사건 발생 시 해양테러사건대책본부의 설치·운영 및
관련 상황의 종합처리

대테러특공대 및 폭발물처리팀의 편성·운영

협상실무요원·전문요원 및 통역요원의 양성·확보

해양 대테러전술에 관한 연구 개발 및 필요장비·시설의 확보

해양경비 안전관련 국제기구 참여 및 국제협약 등에 관한 사항

국제경찰기구 등과의 해양 대테러 협력체제의 유지

긴급구조대 편성·운영 및 테러사건 관련
소방·인명구조·구급활동 및 화생방 방호대책의 수립·시행

대테러 인명구조기법의 연구·개발 및 필요장비의 확보

12. 관세청

총기류·폭발물 등 테러물품의 반입에 대한 저지대책의

수립·시행

테러물품에 대한 검색기법의 개발 및 필요장비의 확보

전문 검색요원의 양성·확보

13. 원자력안전위원회

방사능테러 발생시 방사능테러사건대책본부의 설치·운영 및
관련 상황의 종합처리

방사능테러 관련 교육·훈련에 대한 지원

테러에 이용될 수 있는 방사성물질의 대테러·안전관리

14. 국가정보원

테러 관련 정보의 수집·작성 및 배포

국가의 대테러 기본운영계획 및 세부활동계획의 수립과 그
시행에 관한 기획·조정

테러혐의자 관련 첩보의 검증

국제적 대테러 정보협력체제의 유지

대테러 능력배양을 위한 위기관리기법의 연구발전,
대테러정보·기술·장비 및 교육훈련 등에 대한 지원

공항·항만 등 국가중요시설의 대테러활동 추진실태의
확인·점검 및 현장지도

국가중요행사에 대한 대테러·안전대책의 수립과 그 시행에
관한 기획·조정

테러정보통합센터의 운영

그 밖의 대테러업무에 대한 기획·조정

15. 그 밖의 관계기관 소관 사항과 관련한 대테러업무의 수행
제45조(전담조직의 운영) 관계기관의 장은 제44조의 규정에
의한 관계기관별 임무를 효율적으로 수행하고 원활한
협조체제를 유지하기 위하여 해당기관 내에 대테러업무에
관한 전담조직을 지정·운영하여야 한다.

제6장부터는 보칙입니다만 보칙은 읽지 않겠습니다.

지금 우리가 이 논의를 하고 있는 가장 큰 이유는
무엇입니까? 테러방지법 자체를 막자고 하는 것이 아닙니다.
테러방지법이 그저 싫다고 주장하고 있는 것이 아닙니다.

누차 말씀드리지만 더불어민주당은 그리고 저는
국가안보를 위해서 필요한 일이라면 다양한 기구가 있어야
할 것이고 예산의 지원이 있어야 될 것이고 필요하다면
무기나 시설이 필요하다고 생각합니다.

그에 대해서 국회가 법적으로 필요하다면 법률을 통해서,
예산으로 필요하다면 예산을 통해서 관련한 것을 지원하는
깃도 국회의 역할이라고 생각합니다. 당연한 일입니다.

그런데 우리가 지금 이 시간에 이 토론을 하고 있는
가장 큰 이유는 직권상정되어 있는 대테러방지법,
테러방지법이라고 하는 그 이름이 과연 지금 이 시기에
꼭 필요한 것인가. 이 법이 있지 아니하고서는 대한민국이
테러를 막을 수 없는 것인가라고 하는 것에 대한 본질적인
고민이 있기 때문입니다.

앞서 제가 국가대테러활동지침을 여러분들과 같이 읽어
드렸습니다.

잘 보셨겠지만 대한민국은 이미 오래 전부터 정상적으로
각각의 모든 기관들이, 많은 공무원들이 헌신해서 테러를
막기 위해 불철주야 노력하고 있습니다. 수많은 공무원들과

외교부의 직원들과 경찰들과 장병들이 그 일들을 해내고 있습니다. 정치권이 이들을 무시하거나 폄하해서는 안 될 것입니다. 그들의 기능을 더 잘할 수 있도록 해야 합니다.

그런데 앞서서 말씀드렸습니다만 지금 이 국가비상사태라고 하는 것이 선언되어 있는, 그래서 직권상정되어 있는 이 상황, 1971년 12월과 1979년 10월 그리고 1980년 5월 광주 민주화운동 때 비상계엄 확대 등 단 세 차례 발생했었던 그 국가비상사태라고 하는 것으로 간주해서 직권상정된 이 법안, 제가 국방위원회에서 4년의 일을 하고 있습니다만 국가비상사태로 인해서 워치콘이 격상되었다거나 진돗개가 발령되었다거나라고 하는 내용의 통지를 받지 못하고 있습니다. 심지어 군도 그 비상사태로 인정하고 있지 아니한데 국회만이 유독 비상사태라고 호들갑을 떨고 있습니다. 정상적인 상황일까요?

앞서 우리가 관련한 내용에서 들어 보셨겠습니다만 테러가 발생한다면 그리고 테러가 발생할지 모른다라고 하는 것이 걱정이 된다면 현재 있는 규정에 따라 테러경보를 발령해야 합니다.

혹시 이 자리에 계신 분 중에 테러경보가 현재 어느 단계로 격상되어 있는지 혹은 발령되어 있는지 아시는 분 있습니까?

국가비상사태라고 하는 것을 통해서 직권상정을 하신 정의화 국회의장께서는 현재 테러경보의 단계별 조치사항상 어떤 단계로 조치가 되었는지 국가대테러위기관리센터로부터 보고를 받으셨습니까?

관심단계·주의단계·경계단계·심각단계, 이 4개의 단계로 구분되어 있습니다. 지금처럼 국회가 비상소집되어야 하고 대한민국이 생긴 이래로 네 번째 국가비상사태라고 하는 상황을 초래하려면 최소한 심각단계 혹은 그보다 못하더라도 경계단계는 되어야 할 것입니다.

심각단계가 되려면 대한민국의 상황이 어떻게 되어야 하느냐? 대테러 관계기관 공무원이 비상근무를 시작해야 합니다.

안전행정부에 소속되어 있는 분들께서는 바로 확인해서 알려 주십시오. 관련한 공무원들 중에서 비상근무를 하고 있는 분들이 몇이나 되는 것인지, 그러한 지휘와 결정이 내려진 적이 있는 것인지, 만약 하고 있지 않다면 그 또한 전체 공무원들의 직무유기 아니겠습니까?

또한 테러유형별 테러사건의 대책본부를 마련해야 합니다. 정확히 어떠한 테러가 우려되는지 알지 못합니다. 국회의장께 따로 보고를 했다고 하기 때문에 정보위원입니다만 관련한 내용을 알 수 없습니다. 다만 당정협의에 국정원에서 방문해서 논의를 하는 과정에 '요인에 대한 암살' 이러한 내용들이 포함되어 있던 것으로 압니다. 그래서 몇몇 언론에서 관련한 거론될 수 있을 만한 대상자, 국방부장관·국가안보실장·외교부장관·통일부장관 등의 이름을 거명했다라고 하는 기사가 나기도 했습니다. 그러나 그 기사를 잘 보시면 북한이 그 인사를 말했다라고 브리핑을 한 것이 아닙니다. 추후에 국정원이 꼽아 본

대상자였던 것이지요.

정말 그분들의 안위가 걱정되는 상황이 된다면 그분들의 경호는 지금 어느 단계로 격상되어 있습니까? 통일부장관은 일반적인 공무를 수행하고 있습니까? 확인해 주십시오. 어제와 오늘의 통일부장관의 일정표 확인해 주십시오. 안보단계가 얼마나 격상되어 있고 경호원은 얼마나 더 많이 붙게 되었는지 확인해 주십시오.

군도 위기 상황이라고 격상시키지 않은 상태에서 국회가 지금 비상사태를 선언했습니다. 그렇다면 여당의 대표뿐만 아니라 제1야당의 대표에게도 경호가 붙어야 할 것입니다. 그게 상식적인 선입니다. 그런데 제가 방금 국회에 오는 길에 김종인 저희 당 더불어민주당 위원장께서는 보통 때와 동일하게 국회 현관을 들어오셨습니다. 과연 그렇다면 제대로 경호가 이루어지고 있는 것이고 테러에 대한 위협과 염려가 실제적으로 심각한 단계에 있는 것인지 의문을 갖지 않을 수가 없습니다.

손바닥도 마주쳐야 소리가 날 것이고 짜고 치는 일도 손발이 맞아야 할 것입니다. 그런데 지금 정부와 새누리당이 하고 있는 일들은 국민들의 상식의 선에서 납득되지 않고 있습니다.

대통령은 누차 말씀하십니다. '이 법이 존재하지 않음으로 인해서 국정원이 다른 세계의 기관들과 테러범과 관련한 정보를 공유할 수 없고 그로 인해서 테러를 막지 못한다. 관련한 규정을 빨리 만들어 달라'라고 합니다. 그렇지 않다라고 하는 것을 여러분들이 앞서 국가대테러활동지침의 내용에서 다 확인하셨을 겁니다. 제가 다시 그것을 읽지 않겠습니다.

그러나 처음 국가대테러방지를 위해서 어떤 일들을 하는 것이냐, 테러의 정의를 꼽는 많은 부분에 있어서 십여 개가 넘는 국제협약에 대한 내용들을 설명하고 있습니다. 그리고 그 협약에 관련한 부분들을 끊임없이 시행하고 교류하고 협력하고 교육하고 강화시켜 내야 된다라고 하는 것들을 말하고 있습니다. 국정원뿐만 아니라 다른 기관에서도 유관기관과의 통합적인 행동 그리고 전 세계적인, 범국가적인 차원에서의 교류 이런 것들을 하고 있다라고 하는 것을 끊임없이 말하고 있습니다.

그런데 왜 지금 이렇게 그러한 규정에 의해서 정상적으로 국가가 운영되고 있음에도 불구하고 대통령께서는 되지 않고 있다라고 말씀하십니까? 각각의 부처는 그 역할을 잘하고 있습니다. 앞서 말씀드린 것처럼 법무부, 경찰청, 국민안전처, 국방부, 해양수산부, 관세청, 원자력안전위원회, 국가정보원 이 모든 기관들이 각각의 역할을 잘하고 있습니다. 그렇기에 이 대한민국이 이렇게 운영되고 유지되고 있는 것입니다.

그런데 한 가지 문제가 있지요. 항상 문제가 발생하는 곳이 있습니다. 각각의 기관들은 그 역할들을 충실하게 잘 이행하고 있습니다. 그런데 안 되는 기관들이 몇 군데가 있습니다. 테러대책기구, 제가 이거를 두 번 읽어 드렸는데요. 테러대책기구는 대통령 소속 하에 두도록 되어 있습니다.

아마 대통령께서는 이 내용을 잘 모르시는 것 같습니다.

대통령께서 이런 말씀을 하셨지요. 'IS가 우리가 테러방지법이 없다라고 하는 것을 알아버렸다. 그래서 염려다'라고 하는 걱정의 말씀 하셨습니다. 그런데 실제 더 큰 염려는 대한민국의 행정부의 수반이시고 군통수권자인 대통령께서 그리고 국가정보원을 관리하고 계시는 대통령께서 본인 소속 하에 있는 국가기구, 테러대책기구라고 하는 기구를 모르고 있다라고 하는 것을 이제 IS도 알아 버릴까 봐 그게 더 큰 염려와 걱정입니다.

대통령뿐만 아니지요. 지난번 대정부질문에서 여실하게 보여 줬던 것처럼 국무총리도 본인의 역할을 제대로 다 하고 있지 않고 있습니다. 심지어 이 기구의 존재조차 알지 못하고 있습니다. 얼마나 안타까운 일입니까?

프랑스 파리에 테러가 벌어지고 필리핀에서도 교민이 살해되는 일들이 다수 발생하고 또 정부가 말하는 것처럼 북한의 위협이 상존하고 있는 이 상황에서 관련한 규정에 의해서 테러대책기구는 한 번도 소집되지 않고 있습니다. 국무총리가 그 내용을 모르고 있을 뿐만 아니라 그것의 소집을 요청할 수 있는 권한을 가지고 있는 각 부처의 장관들이 이것을 총리와 대통령에게 요구하고 있지 않기 때문입니다.

심지어 앞서의 규정에 나와 있는 것처럼 상임위원회는 반기에 1회 원칙적으로 열도록 되어 있습니다. 의무 조항입니다. '열 수도 있다'라고 표현하고 있지 않습니다. 원칙적으로 반기에 1회라고 하는 것을 열도록 되어 있습니다.

황교안 국무총리가 취임한 지 8개월이 되었습니다. 그 기간 동안 한 차례도 테러대책회의 상임위원회는 열리지 않았지요. 그렇게 두렵고 염려되고 걱정되는 시기들이 초래하고 있다고 말하지만 테러대책회의를 열지 않았습니다.

황교안 총리가 있는 기간만 열지 않았느냐? 2015년도에도 단 한 차례도 열지 않았다라고 하는 것이 국정원이 스스로 답하고 있는 내용입니다. 얼마나 안타까운 일입니까?

대한민국에 컨트롤타워가 실종된 이 상황, 그래서 저희는 염려하는 것입니다. 있는 규정과 법칙과 조항들과 시설과 기능을 통해서 사용해 봤지만 도저히 어떤 부분이 부족하다, 그래서 이런 부분은 법률로 조금 더 보완이 필요하고 이런 부분은 조금 더 예산이 필요하다라고 하는 논의를 한다라고 하면 충분히 응할 수 있습니다. 그런데 A4로 열다섯 페이지가 넘는 국가 대테러활동지침에 대해서 이것을 관장해야 될 컨트롤타워인 국무총리는 내용을 알지 못합니다. 당연히 이것이 부족하기 때문에 어떤 것을 요구하고 있는 것이 아닙니다.

다시 한 번 부탁드립니다. 일단 이 규정에 맞춰서 업무 역량과 업무 역할들을 충실히 해 주십시오. 그리고 도저히 어떠한 부분이 어렵다, 해결되지 않는다라고 하는 부분이 발생한다면 정보위원회를 통해서 정상적으로 관련한 내용을 말씀해 주십시오.

앞서 말씀드린 이 테러대책회의의 기능 중에서 관련한 법안을 심의하거나 논의할 수 있는 구조가 있습니다. 테러방지법이 발의된 지 꽤 오랜 시간이 지났습니다. 그 기간 동안 이 기구에서 테러방지법을 어떻게 논의하셨는지 알려 주십시오. 테러방지법 관련한 법안이 있다라고 하면 이 기구가 그 법률을 정부 내에서 논의하고 안을 마련하도록 되어 있습니다. 정부의 안을 가지고 오십시오. 그래야 그 이후의 사항을 더 얘기할 수 있을 것 아니겠습니까?

테러방지법이라고 하는 것을 국가정보원의 법이라고 계속 치부하지 마십시오. 법이 논의되는 과정에 있어서든 절차에 있어서든 방식에 있어서든 지금 국무총리께서 이 내용을 모르신다고 하는 것이 그것을 스스로 인정하는 것입니다. 이것은 국무총리의 권한의 내용이 아니고 국무총리가 관여할 내용의 것이 아니라 국가정보원장이 해야 될 역할이다라고 생각하고 계시기 때문에 본인이 해야 될 역할에 대해서 방기하고 계신 겁니다.

다시 촉구드립니다. 테러방지법은 범정부 차원에서 테러를 막기 위해서 어떠한 것들이 부족한 것인지 필요를 요구할 때 논의할 법입니다. 단순히 국가정보원이 필요로 하는 어떠한 기능과 권한과 역할과 방법과 방식들을 위해서 마련할 수 있는 법은 아닌 것입니다. 국무총리께서 조금 더 많은 공부와 학습을 해 주셨으면 좋겠다는 말씀 드립니다.

그리고 아울러 국가정보원은 관련한 테러의 첩보라고 하는 것이 어떠한 범위이고 어떠한 내용인지 알려야 할 사람들에게는 알려 주셔야 합니다.

정보위원회는 비공개로 열립니다. 국방위원회도 필요한 경우에는 비공개로 회의를 진행합니다. 더 필요하다면 개별 보고를 받는 방법도 있습니다. 실제 어떠한 테러의 위협이 상존하고 있고 그게 어떠한 단계까지 있기 때문에 이 법이 지금 이 시기에 직권상정이 되어야 하는 것인지 야당에게도 설득을 할 수 있는 근거를 마련해 주십시오. 대한민국은 정부 여당과 국가정보원만이 운영하고 있는 곳이 아닙니다.

국회도 마찬가지지요. 야당에게도 관련한 내용을 알려 주셔야 합니다. 그래야 판단을 하지 않겠습니까? 왜 아무런 정보를 말해 주지 않습니까? 그 정보에 의해야 국방부가 테러대응센터를 마련해야 할지 해양수산부가 마련해야 할지 경찰청이 마련해야 할지 국민안전처가 마련해야 할지, 그를 위해서 어떠한 기구에 대한 지원을 할 수 있는 것인지 야당이 같이 고민하고 필요하다면 예산을 지원할 수 있지 않겠습니까? 그게 정상적인 국가의 운영 방식입니다. 그렇지 않다면 지금 이 시기에 국가정보원이 말하고 있는 첩보라고 하는 것이 정상적으로 검증된 자료에 의한 내용인 것인지 단순한 첩보에 의한 카더라통신인지는 누구도 알 수 없는 것 아니겠습니까?

다시 한 번 말씀드리지만 실제 어떠한 문제가 있어서 대한민국의 국회가 비상사태가 선포될 정도의 상황이 초래되는 것인지 많은 국민과 국회에 알려 주십시오. 그건 아주 당연한 이야기입니다. 그 내용을 알지 않고서는 왜 우리가 이 법을 정보위원회에서 법안소위가 진행되고 있는 과정에 있고 또 필요하다면 관련한 논의를 계속 하자라고 하는 의견이 있는 상태에서, 또한 19대 국회 정보위원회가 다른 법안들도 쌓여 있는 것들이 많기 때문에 관련한 법을 같이 처리하고 또한 테러방지법이 많은 국민들이 우려하고 염려하는 것처럼 국민의 기본권과 통신에 대한 내용들을 제약할 수 있어서 이를 감시하고 견제할 수 있는 견제장치를 마련하자라고 하는 논의가 여야 간에 지속되고 있는 것 아니었습니까? 그러한 일들을 민주주의국가에서, 민의의 전당인 국회에서, 상임위에서 정상적으로 논의하면 될 일입니다. 충분히 그럴 시간과 여유가 있다고 보입니다.

테러방지법과 관련해서 대통령께서 이런 말씀을 또 하셨습니다. 국회에 오셔서 하신 말씀 중에 'G20 국가 중에서 그리고 OECD에 가입되어 있는 국가 중에서 테러방지법이 없는 나라는 대한민국을 포함해서 4개 국가밖에 되지 않는다'라고 하는 염려를 주셨습니다. 그 내용만 들으면 많은 국민들이 '아, 그러면 그 내용은 좀 잘못된 것이겠다. 우리도 OECD 국가라면 관련한 법안이 필요하겠다'라고 하는 생각을 하실지도 모르겠습니다.

그런데 안보와 관련한 사항에 있어서는, 경제는 기본적으로 예측을 할 수 있는 것일 수 있습니다. 그러나 안보는 말 한마디에 따라, 특히 군통수권자인 대통령의 말 한마디에 따라 수십만의 국민들의 목숨과 재산과 생명이 좌우지될 수 있습니다. 그래서 사실에 근거해서 말씀을 하셔야 합니다.

G20 국가와 OECD 국가에서 4개의 국가를 제외하고는 모두 테러방지법이 있다라고 하는 말씀 제가 국회입법조사처에 관련한 내용을 문의해 봤습니다.

개별 국가들의 법체계에 따라 독립적인 법을 제정하거나 기존 법을 개정하는 등 다양한 방식으로 테러방지법이 있는 국가를 전체, OECD 국가와 G20 국가를 조사해 달라라고 요청을 했습니다.

2월 17일에 회답을 받았습니다. 대통령이 말씀하시는 것은, 우리도 마찬가지입니다마는 형법상에 아니면 항공기와 관련한 어떤 관련한 법률에, 폭발물 관련한 법률에 테러를 방지하고 처벌하는 규정들은 다 갖추고 있습니다. 그렇기 때문에 그것을 테러방지법이라고 말할 수는 없을 것입니다.

해외의 테러방지법의 현황은 어떻게 되는 것이냐? 대통령이 말씀하신 것과는 좀 차이가 있습니다. 물론 법률 제목에 테러방지법을 가지고 있는 나라도 있습니다. 여러분 잘 아시는 것처럼 미국이 대표적인 나라입니다. 미국의 테러방지법은 국제테러법, 종합테러방지법, 애국자법이라고 하는 이름으로 존재하고 있습니다.

1986년에 제정된 국제테러법에 따르면 미국의 국무장관은 6개월마다 국제테러행위를 상·하원의장에게 보고하고 대통령은 국제테러를 지원하고 있는 국가의 명단을 상·하원의장에게 제출하도록 하고 있습니다. 이에 근거해서 국가에 대하여는 원조 중단, 무기 수출 통제, 군사적 기술이나 정보의 제공 금지, 관세 특혜의 배제 등의 조치를 취하도록 하고 있고 그밖에 외교적 조치도 취할 수 있도록 하고 있습니다. 또한 해외공관에 대한 끊임없는 테러 공격의 위협에 대처하기 위해서 테러행위에 관한 정보 제공에 대한 보상금 지급제도 및 국제적 협력 강화를 규정하고 있습니다.

1996년도에 종합테러방지법이라고 하는 것을 제정하기도 했는데요, 이 법은 오클라호마에서 연방청사가 자살폭탄테러사건이 발생하고 나서 대응하는 조치로 만들어진 법입니다.

동법은 자국 내에 테러행위를 연방범죄로 규정하여 연방수사기관 및 연방법원의 관할대상으로 명기하고 연방정부에 대테러수사권을 강화하는 내용입니다. 핵물질에 대한 판매, 소유, 수입 금지 등의 권한을 부여하고 있고 생화학무기와 관련한 테러범죄의 수사에 군사력 지원을 허용하고 있습니다. 자세한 내용들에 대해서는 유엔의 웹사이트에 관련한 내용들이 더 나와 있습니다.

물론 잘 아시는 애국법이라고 하는 이름 지어진 애국법은 2001년 9·11 테러사건이 발생한 이후에 만들어진 법입니다.

미국은 그런 식으로 운영을 하고 있고요, 옆에 있는 일본은 어떻게 되는지 같이 좀 알려 드리겠습니다.

2001년에 9·11 사건이 벌어집니다. 그리고는 유엔 결의에 의거해서 테러대책특별조치법이라고 하는 것이 제정되었는데 이 법은 한시적으로 운영되었습니다. 2003년과 2005년, 2006년에 세 차례 한시법으로 있었고 이것이 연장한 이후에 2007년 11월에 만료되었습니다.

이 법의 후속으로 2008년 1월에 보급지원조치특별법이라고 하는 것이 제정되었습니다. 이 법이 만들어진 이유는 당시 테러대책특별조치법으로 인해서 2001년에 일본의 해상자위대가 함정 세 척을 인도양으로 출항한 적이 있습니다. 이때 미군 함대에 대한 레이더 및 송유 지원을 담당한 적이 있는데 이 부분의 역할을 하기 위해서 보급지원조치특별법이라고 하는 것을 또 한시적으로 적용한 예가 있습니다. 그러나 이조차도 2010년에 일몰되어서 종료되었습니다.

호주가 관련한 테러방지법을 몇 개 갖추고 있는 것은 있습니다. 그런데 그렇게 치면 4개의 테러방지법이 없는 국가라고 하는 것은 이미 다 나와 있는 것인데 나머지 국가들도 다 테러방지법이 있어야 하는 것 아니겠습니까?

그런데 국회입법조사처의 결과는 좀 다르게 나와 있습니다. 국회입법조사처에서 회신해 온 것에 보면 오스트리아, 칠레, 체코, 덴마크, 에스토니아, 프랑스, 핀란드, 그리스, 헝가리, 아이슬란드의 경우에는 2002년에 형법을 개정했을 뿐입니다. 형법의 내용 안에 테러행위나 테러집단에 참여 및 지원에 대한 제재 혹은 벌칙 등을 규정했을 뿐입니다.

칠레의 경우에는 군비통제법이라고 하는 그 법률 안에 테러행위를 규정하고 있을 뿐입니다. 독일의 경우에는 국제테러대응법이라고 하는 법을 2002년에 만들기는 했습니다만 이 법은 기존의 형법과 연계돼서 테러행위 및 지원 등에 대한 벌칙을 규정하고 관련 기관에 대한 제반 권한을 부여하고 있을 뿐입니다.

아일랜드의 경우에는 테러와 관련한 법을 제정 또는 개정하기보다는 반국가 공격행위에 관한 법 혹은 형사법에 테러행위 및 지원 등의 행위에 대한 벌칙을 규정하고 있을 뿐입니다.

이스라엘의 경우에는 기존에 가지고 있었던 국방 규정 그리고 형법에 의거해서 테러행위 및 지원 등에 대한 벌칙을 규정하고 있고 이 밖에 소방법이나 항공법 등에 관련한 조항을 갖추고 있을 뿐입니다.

잘 아시는 것처럼 우리나라도 항공법이나 소방법상에 관련한 내용들은 다 담고 있습니다. 그 유명한 땅콩회항이라고 하는 사건이 있었지 않습니까? 단순하게 비행기를 뒤로 물린 일만 가지고도 이것이 국제적으로도 그리고 국내적으로도 큰 범죄로 작용되고 있습니다. 처벌 받습니다. 당연히 항공기에 대한 테러나 폭발물에 의한 테러 이러한 부분들은 대한민국이 갖추고 있는 법률에 충분히 그 내용들이 담겨 있습니다.

이탈리아의 경우에는 2001년에 법 438호를 바꿔서 시행령을 마련해서 테러 관련 조치를 규정했을 뿐입니다. 덴마크의 경우에도 2002년에 형법을 개정해서 테러리즘 대응 관련 사항을 추가해서 테러 관련한 내용들을 규정했을 뿐입니다.

앞서 누차 말씀드렸습니다만 대통령께서는 사실에 근거한, 진실에 근거한 말씀으로 국민들께 얘기를 해 주셔야 합니다. 테러방지법이 없는 국가가 G20 국가와 OECD 국가 중에 네 곳만 있는 것이 아닙니다. 다른 나라들도 형법상에 관련한 처벌규정을 담고 있을 뿐이고 또 시행령으로 이러한 내용들을 처리하고 있습니다.

앞서 말씀드린 우리의 시행령에도 관련한 내용들은 충분히 포함되어 있고 그것을 통해서도 행정행위를 말할 수 있습니다.

IS라고 하는 국제 테러단체가 많은 부분 국민들을 불안하게 한 것도 사실입니다. 그리고 대한민국의 국민 중에 한 분이 그곳에 참여해서 문제가 발생하기도 했었습니다. 또 이후에 IS에 참여하고 싶다라고 하는 생각을 갖고 출국을 준비했었던 사람도 있었다라고 하는 것이 국정원이 밝히고 있습니다. 그러나 그 인원들에 대해서는 출국금지조치를 다 내렸다라고 하는 내용까지도 보고하고 있지요.

단순하게 국정원이 말하고 있는 혹은 이 법에서 얘기하고 있는 국제 테러단체에 대한 염려, 걱정 이것은 누구나 다 하고 있습니다. 막아야 하는 것입니다. 그런데 항상 염려가 되지요. 혹시 이 법이 다르게 악용되지는 않을까, 물론 그렇지 않기를 간절히 바랍니다만 그런 일들이 혹시나 생기지 않을까라고 하는 생각들이지요.

몇 가지 얘기들을 먼저 드리겠습니다.

이 법과 관련해서 가장 크게 이슈가 됐었고 가장 먼저 이슈가 됐었던 발언이 있지요. 민중 집회가 있었을 때 대통령께서 하셨던 발언입니다. 그것 때문에 많은 분들이

분노했고 어떻게 대한민국 국민들에게 IS와 비교할 정도의 상황으로 말씀하실 수가 있느냐라고 하는 걱정들이 있었습니다.

그때 민중 총궐기를 테러라고 지칭했던 많은 발언들이 있습니다. 몇 가지 발언을 옮겨 보겠습니다.

11월 18일 김무성 대표께서 최고·중진 연석회의에서 이런 말씀 하셨습니다.

"지난 주말 서울 도심 한복판에서 이루어진 공권력에 대한 명백한 폭력을 공권력에 대한 테러라 규정한다. 이들 불법·폭력 시위 세력은 '세상을 엎어라'는 구호에서 알 수 있듯이 반정부, 반국가 색채가 분명한 세력이다. 시위 현장에 쇠파이프와 밧줄, 그리고 시너가 등장했다는 것은 처음부터 불법·폭력 시위로 기획된 것으로 시위의 정당성과 명분도 전혀 없다는 것을 증명하는 것이다."

관련한 자료에서 정갑윤 의원께서도 이런 말씀 주셨습니다.

"지난 13일 수백 명의 사상자가 발생한 프랑스 파리 테러로 세계가 분노하고 있는 가운데 14일 대한민국 수도 한복판에서는 폭동을 넘어선 테러에 온 국민이 경악을 금치 못했다. 이날의 무자비한 폭력 시위로 드러난 진보세력의 반민주적 저급한 민도에 국민들의 분노는 가히 극에 달했다. 시위대는 살상의 목적으로 총과 폭탄 대신에 쇠파이프, 각목, 철제사다리, 새총, 횃불, 돌덩이 등으로 무장했다. 또한 경찰관 폭행도 모자라 시위대에 잡힌 경찰관을 살수차 방향으로 세게 하여 인간방패로 삼기까지 했다. 심지어는 경찰버스 주유구를 열고 방화를 시도하기도 했다. 이는 폭동을 넘어 대한민국 국민을 향한 명백한 테러 범죄이다. 대한민국의 이름으로 국민과 함께 반드시 응징해야 한다. 심지어 일부 언론은 물대포에 맞아 부상당하는 화면을 계속 보여 주며 시위대와 국민을 자극하고 규정을 위반했느니 비판하기에 급급했다. 무자비한 테러에 경찰 113명이 부상당한 것에는 일체 침묵했으며 이 모습을 비춰 주지도 않았다."

이틀 앞에 김을동 최고위원께서는 이런 말씀 하셨습니다.

"대한민국은 민주공화국이며 헌법과 법률은 집회와 시위의 자유를 보장한다. 그러나 국정원 해체, 이석기 석방 등 정치적 구호를 외치며 쇠파이프가 동원된 테러를 방불하게 하는 폭력 시위는 자유가 아닌 방종에 불과하다."

물론 여기서 나오는 테러라고 하는 단어가 실제 테러라고 하는, 우리가 인지하고 있는 그 테러와 동일한 선상으로 말씀하셨을 것이라고 생각하지 않습니다. 정치적 발언이었을 것이라고 생각합니다. 그러셔야 온당한 일일 것입니다.

그런데 이 내용이 상징하는 바는 이것입니다. 테러라고 하는 것을 누가 지정할 수 있느냐, 누가 이것이 테러라고 선언할 수 있느냐라고 하는 문제가 항상 따라올 것입니다.

그 독소 조항을 해결하기 위해서 정보위원회의 법안소위는 여러 차례 논의를 했습니다. 수차례 행정실과 법안이 바뀌고 바뀌는 과정들을 만들어 왔고 그 과정은 끝나지 않은 상태에 있었습니다. 그것은 새누리당의 법안

심의 위원들께서도 잘 아실 겁니다.

어느 정도 합의될 수 있는 범위라고 하는 수준까지 이루어진 것이 아닙니다. 아직 최종안도 제대로 만들어지지 않았고 그 수정안, 병합되어진 수정안을 가지고는 단 한 차례도 회의가 열리지 않았습니다. 지금까지 세 차례, 네 차례 있었던 정보위원회의 법안소위라고 하는 것은 이병석 의원과 그리고 서상기 의원 등이 내셨던 법안들을 병합하는 과정에 이르렀을 뿐입니다. 다 각각의 법안들이 담고 있는 내용들을 하나의 법안으로 만들었을 뿐이고 그것은 각 당의 입장이 다 반영되지 않은 상태에 있었습니다.

다만 똑같은 내용들이 3절에도 있고 다른 법은 4절에도 있고 다른 법은 6절에도 있고 하기 때문에 이 법을 법 원칙에 맞춰서 국회에 있는, 여야의 의원들이 아닌 국회에 국회직으로 있는 국회 직원이 합리적으로 법의 자구만 맞춰 보겠다라고 하는 선에서 수석이 조정하는 과정이 있었을 뿐입니다.

그 안을, 아마 그 안에서 조금 더 후퇴한 내용을 이철우 의원께서 오늘 법안을 발의하시고, 오늘 정보위원회에서 날치기 통과를 하고, 국가비상사태라고 하는 이유로 본회의장에 직권상정이 되어 있는 것입니다.

사실 저도 아직 그 수정안을 제대로 분석할 수가 없습니다. 상임위를 거치지도 않았고 상임위의 법안소위에서도 논의되지 않은 법안입니다. 정보위 법안소위 위원조차 제대로 법의 내용을 하나하나 따져 묻지 못하는 상태에 있기 때문에 여기 계신 많은 의원분들께서는 더 내용을 모르실 거라고 생각합니다. 국민들이 아무것도 모르는 내용의 법안을 동의하라고 국회에 여러분들을 보낸 것은 아닐 거라고 생각합니다.

이 법률에 의해서 기본권이 제약받는 많은 분들이 있습니다. 물론 범죄자들의 기본권이 제약받을 수는 있겠지요. 그러나 범죄자들의 기본권조차도 법률에 의거해서 제약받아야 하는 것입니다. 또한 일반 개인에 대한, 민간인에 대한 피해나 우려, 염려 등은 법률로써 다 구조될 수 있도록 법안에 명시하는 것이 법을 만든다라고 하는 말 그대로 입법부이기도 하고 한 분, 한 분이 헌법기관이라고 하는 국회의 최소한의 의무일 것이라고 생각합니다.

그렇기에 오늘 이렇게 급히 처리할 문제의 것이 아닙니다. 이 법이 이렇게 처리되면 당연히 바로 내일 수정안이 올라올 것입니다. 똑같은 내용에 대한 논의를 또 해야 되는 불상사가 반복됩니다. 20대 국회에서도 또 논의를 하게 되겠지요. 처음에 만들 때 제대로 된 법을 만들어야 합니다. 충분히 그럴 준비가 되어 있고, 더불어민주당에서도 관련한 논의들을 이어 가자라고 하는 말씀을 드리고 있습니다.

마지막 6시에 저희가 본회의장에 들어올 때 국회의장과 새누리당에도 말씀드렸습니다. 기본적인 테러방지법에 대한 내용 중에서도 물론 많은 독소 조항이 있습니다만 정말 국민들이 이 법의 통과를 생각하고 계시다면 거기에 있는 부칙 조항, 이 조항들은 추후에 논의하는 것이 좋겠다, 말 그대로 새누리당도 원법이 중요하다면 부칙 조항에 집착할 필요는 없을 것이다. 부칙 조항이라고 하는 것은, 실제 FIU법이나 통신비밀보호에 관한 법률 등은 관련한 상임위에서 심도 있게 더 논의해서 처리하면 될 것이다라고 하는 것이 더불어민주당의 입장입니다. 아주 합리적이고 정상적인 방식이라고 저는 생각합니다.

왜 아무런 합의와 협의도 응하지 않고 이철우 의원께서 오늘 갑자기 발의하신 그 법을 야당 의원들에게 통지도 없이 정보위를 소집해서 날치기로 통과시키고, 오늘 이렇게 본회의에 또 직권상정을 하게 만듭니까? 그럴 만한 성질의 것이고, 그럴 만한 시기입니까?

국민을 불안에 떨게 하지 마십시오. 국민을 안전하게 하는 것, 그것이 집권당이 해야 될 가장 기본적인 임무입니다. 그 임무와 의무를 방지하지 마십시오.

법안의 내용에 대해서 조금 훑어보겠습니다.

사실 이 논의는 국회에서의 고민보다는 박근혜 대통령이 계속적으로 관련한 말씀들을 하셨기 때문에 계속 부각이 되고 있습니다. IS에 대한 문제 그리고 북한이 후방 공격을 할지 모르니 테러방지법이 필요하다라고 하는 말씀의 문제, 북한이 핵실험을 하니 테러방지법이 필요하다라고 하는 말씀, 북한이 미사일 실험을 하기 때문에 테러방지법이 필요하다라고 하는 흔히 말하는 기승전테러방지법이라고 하는 대통령의 말씀 때문에 지금 이 자리까지 와 있는 것입니다.

국방위원회에서 그리고 대정부질문에서 수차례 얘기 나왔습니다만 국방장관이 스스로 말하고 있는 것처럼 테러방지법은 북한의 핵실험을 막는 데 아무런 직접적인 연관성을 갖지 않습니다. 북한의 핵실험과 북한의 미사일 개발을 막을 수 있다라고 하는 것은 이 법안의 내용에 들어 있지 않습니다.

이철우 의원의 법안뿐만 아니라 원안에도, 처음 서상기 의원이 발의하셨던 그 법안의 내용에도 북한의 핵실험이나 북한의 미사일 발사를 막을 수 있다라고 하는 내용은 등장하지 않습니다. 잘못 인용하고 계시는 겁니다.

북한이 후방을 공격할지 모르니 그래서 테러방지법이 필요하다라고 하는 말씀도 하셨습니다. 그런데 아까 대테러대책기구의 내용에서, 그 규정에서 보셨던 것처럼 북한이 군사적인 공격을 한다라고 하면 그것은 단순히 테러로 규정할 수만은 없을 것입니다. 그것은 군사적인 행동인 것이고, 국가정보원이 아닌 군이 작동해서 그 일을 시행하고 관리하고 책임져야 할 것입니다. 그러한 부분들을 조금 더 대통령께서 진중하게 고민해서 말씀해 주셨으면 좋겠습니다.

박근혜 대통령께서 테러방지법과 관련한 논의를 계속하시기 때문에 실제 국회에서도 이 내용들이 가속화되고 있습니다. 그러나 테러방지법에 대한 제정만을 이야기하기 전에 현재 예방 및 대응 체계에 대한 진단과 평가가 우선되어서 보여져야 할 것입니다.

테러방지법을 제정한다고 테러를 예방할 수 있는 것도 아니고, 테러방지법 없이 테러에 신속하게 대응할 수 없는 것도 아닙니다. 테러방지법은 테러와 관련한 국가기구의 설치와 권한의 배분 및 조정 등 조직법적 수준에서 중대한 변경을 담고 있습니다.

일종의 위기 정부로서의 테러방지기구를 설치하는 법을 제정하기 위해서는 우리나라에 테러의 위협이 존재하거나 테러가 사회질서 혹은 국가안보에 중대한 위험이 될 수 있는 것이거나 테러가 일회성이 아니라 계속 반복되거나 기존의 국가조직 및 치안기구만으로는 이러한 테러 감당이 도저히 불가능하거나 비효율적이어야 할 것입니다.

그러나 테러방지법은 이러한 조건을 만족시키지 못해서 새로운 기구의 창설 혹은 조직의 개편에 반드시 뒤따라야 할 합리적 정당성을 확보하지 못하고 있습니다. 테러방지법상 테러의 개념은 기존의 국내법상의 테러와 범죄와 대비되는 개념으로서의 테러를 특정하지 못하고 있습니다. 그러한 채로 단순히 국내법상에 특별히 규제되고 있다는 이유만으로 이를 하나의 개념으로 통합하고자 하고 있습니다.

그러나 실제 항공기의 납치, 민간항공에 대한 불법적 행위, 국제적 보호인물에 대한 범죄, 인질, 핵물질, 항해 및 해상 플랫폼의 안전, 폭탄테러행위 등은 모두가 이미 존재하는 국내법으로 처벌할 수 있는 범죄입니다.

국제조약이 요구하는 것도 이러한 행위의 특별한 조치가 아니라 현행 우리 법제와 같이 국내법으로 그 행위를 처벌하는 규정을 둘 것을 요구하는 것이 대부분입니다.

앞서 국회입법조사처에서 말씀드렸던, 설명드렸던 내용처럼 많은 국가들이 각 국가의 기본 법률체계 안에서 혹은 형법의 벌칙 조항으로서 혹은 시행령으로서 그러한 유엔의 뜻을 따르고 있습니다.

명확하지 않은 테러의 개념은 국가 권력의 입맛에 따라 무한 확장할 수 있는 위험한 개념입니다. 대테러대책기구의 기능 범위에 대한 규정도 부재합니다. 국가대테러대책위원회, 대테러센터 등을 가동시키게 되는 테러의 범주가 확정되어 있지 않을 뿐만 아니라 그것을 결정하는 과정과 절차에 대한 규정 또한 지금 이 테러방지법이라고 하는 것에는 존재하지 않습니다.

테러방지법안에서는 실질적 그리고 포괄적인 대테러대책기관이 되는 대테러센터를 국가정보장 소속하에 설치하도록 되어 있어서 테러방지라고 하는 것을 빌미로 초법적인 권한을 가지고 있는 국가정보원을 더욱 강화시킬 수 있는 내용을 담고 있습니다.

또한 경우에 따라서는 대책회의의 장이 대통령을 경유하여 군 병력을 동원할 수 있도록 하고 있어서 심각한 우려를 자아내고 있습니다. 이 부분과 관련해서는 정보위원회 법안소위에서 많은 논의가 있었고 또 새누리당에서도 군이 대통령의 군 병력에 대한 동원권을 이 법안 내용에 담지 않겠다라고 말한 바도 있습니다. 물론 현재 대통령께서 필요한 조치가 있다라고 하면 군의 테러조직, 경찰의 테러조직들을 가동할 수 있는 기능과 권한은 갖추고 계십니다.

한국사회의 실정을 고려해 본다면 테러방지법의 제정보다는 광범위한 재난예방 및 재난구조 체계를 구축하는 것이 무엇보다 필요합니다. 그리고 테러방지법이 필요하다면 보다 많은 고민과 토론과 관계자의 입장들이 반영되어야 할 것입니다.

박근혜 대통령께서 11월 24일에 예정에 없던 국무회의를 긴급히 소집하시면서, 주재하시면서 각국은 테러를 방지하기 위한 선제적인 대책들을 세우고 있는 반면에 현재 우리나라는 테러 관련 입법이 14년간이나 지연이 되고 있다. 이렇게 발언하셨습니다. 그러나 왜 14년 동안 테러방지법은 제정되지 않았었는지에 대한 성찰은 없었던 것 같습니다.

14년이라고 하는 기간은 단순히 새누리당이 집권을 하던 기간이나 아니면 저희 민주정부가 집권하던 10년간 이 모든 것들이 서로 교환되면서 다 포함되는 내용입니다. 그런데 왜 이 14년간 시민사회에서는 계속적으로 테러방지법을 반대해 왔고 당시에 야당들은 이 법을 반대했는지에 대해서 대통령의 더 많은 성찰이 필요합니다. 지금 테러방지 및 대응 체계는 어떠한지, 정부는 속수무책 상태라는 것인지에 대해서도 더 많은 설명이 필요합니다.

대통령이 하셔야 될 기본 업무가 되지 않고 있다라고 하는 말씀을 대통령 스스로 하신 것입니다. 오로지 현재 테러방지법, 통신비밀보호법, 사이버테러 방지법 등 국회에 계류된 테러 관련 법안들의 처리에 국회가 나서지 않고 잠재우고 있는데 정작 사고가 터지면 정부에 대한 비난과 성토가 극심하다는 말씀만 있으셨습니다.

안타깝게도 많은 국민들이 알고 있는 것처럼 대한민국은 세월호 참사라고 하는 슬픔을 안고 있습니다. 관련한 법률의 문제, 세월호 참사가 일어난 원인도 테러 관련법을 제정하지 않아서는 아니었지요.

세월호 참사에 대해서는 왜 진상조사와 관련 입법 등의 대응조치가 필요하다고 긴급 국무회의를 소집해 가면서 국회를 질타하지 않는지 궁금합니다. 대통령이 하셔야 될 역할들을 더 하시면 좋겠습니다.

지난 11월 17일 테러방지법과 관련해서 상임위원회인 국회 정보위원회·안전행정위원회·미래창조과학방송통신위원회·정무위원회 등에서 테러방지법 논의를 시작했습니다. 조속한 시일 내에 여야 합의안을 처리하기로 했다는 말들도 있었습니다. 그 당시 프랑스 파리에서 벌어졌던 동시다발 인명살상 사건으로 인해서 논의를 시작하게 된 것도 사실입니다.

그런데 이 테러방지법안들은 2015년 들어서 다시 등장하게 됩니다. 테러예방 및 대응에 관한 법률안, 이노근 의원께서 대표발의하신 법안입니다. 그리고 국민보호와 공공안전을 위한 테러방지법안, 이병석 의원께서 대표발의하셨던 법안입니다.

이 두 개의 법안은 지난 14년간 계속 문제가 있다라고 말해 왔던 문제점들을 고스란히 안고 있고 또한 인권침해적 요소가 가중돼 있는 내용을 발의하셨습니다.

그 법안이 발의됐던 시점은 이때입니다. 한 고등학생이

IS 가입으로 추정됐고 주한미국대사의 피습 사건이 있었던 시기입니다.

사실 직접적인 사건이 아니었음에도 결론은 테러방지법이라고 하는 것으로 귀결되었습니다. 현재의 예방 및 대응 체계에 대한 진단과 평가는 없었습니다. 결국 국가정보원의 권한을 강화하는 권한만을 초래할 뿐이라는 지적에 대해서는 묵묵부답입니다.

누차 말씀드리지만 더불어민주당은 국가정보원으로 권한이 강화되는 것 자체를 반대하는 것이 아닙니다. 현재 있는 법률구조 안에서도 테러예방을 하는 주무부처는 국가정보원이라고 하는 것을 인정하고 있습니다. 다만 이것을 통제할 수 있는 문민통제장치가 연관돼서 같이 이 법안의 내용에 담겨져야 한다라고 하는 말씀을 드리는 것입니다.

테러방지법을 제정한다고 테러를 예방할 수 있는 것도 아니고 테러방지법이 없이 테러에 신속하게 대응할 수 없는 것도 아닙니다. 그렇기 때문에 많은 시민단체와 국민들 그리고 야당에서 테러방지법을 제정하려고 하는 의도가 다른 곳에 있는 것이 아니냐라고 하는 의심을 하는 것입니다.

테러방지법의 현실적인 근거가 부재합니다. 테러방지법은 테러와 관련한 국가기구의 설치와 권한의 배분 및 조정 등 조직법적 수준에서 중대한 변경을 담고 있습니다. 특히 그 변화의 핵심에 국가정보원을 두는 한편 이를 통해서 국가권력의 실질적 통합 가능성을 안고 있는 등 국가조직의 일반원칙과 권력분립을 지향하는 헌법질서의 기본 구도를 벗어나는 양상을 보이고 있습니다.

그러나 테러방지법안은 이러한 구조 변화의 필연성을 담보할 수 있는 국가적 위기에 대한 근거를 제시하지 못하고 있습니다. 모든 법안에 이러한 전제조건을 요청하는 것은 아닙니다. 일종의 위기정부로서의 테러방지기구를 설치하는 법을 제정하기 위해서는 다음과 같은 조건이 먼저 충족되거나 또는 입증되어야 합니다.

첫째, 우리나라에 테러의 위협이 존재한다라고 하는 것이 입증돼야 합니다.

둘째, 테러는 사회질서 혹은 국가안보에 중대한 위협이 될 수 있다라고 하는 테러의 내용이 밝혀져야 합니다.

세 번째, 그 테러라고 하는 것이 일회성이 아니라 계속 반복될 것으로 예상되어야 합니다.

네 번째, 기존의 국가조직 혹은 치안기구만으로는 이러한 테러를 감당하는 것이 불가능하거나 상당히 비효율적이라고 하는 판단이 내려져야 합니다.

다섯째, 이러한 명제는 상당한 개연성으로써 예측 가능해야 합니다.

하지만 이제까지의 수많은 테러방지법안은 이러한 조건에 대해서 아무런 설득력 있는 근거를 내놓지 못하고 있습니다. 새로운 기구의 창설 혹은 조직의 개편에 대해서 반드시 뒤따라야 할 합리적 정당성을 확보하지 못하고 있는 것입니다. 이것은 설명도 없이 초간단한 입법의 취지나 이유에서는 물론 테러의 개념 규정이 모호하고 추상적으로

규정돼 있다든지 테러대응기구의 설계가 단지 지휘체계의 통합에만 집중되어 있다든지 하는 등의 규정방식에서도 잘 나타나고 있습니다.

우리나라에 현존하는 테러의 위협에 대한 구체적이고 증명할 수 있는 인식을 확보하지 못하고 있는 만큼 그에 대한 대응에서도 날림식의 대안만을 제시하고 있는 것입니다.

테러 개념에 대한 문제도 있습니다. 테러방지법안의 테러 개념은 기존의 국내법상의 범죄와 대비되는 개념으로서의 테러를 특정하지 못하고 있습니다. 그리고는 단순히 국제법상에서 특별히 규제되고 있다는 이유만으로 이들을 하나의 개념으로 통합하고자 하는 우를 범하고 있습니다.

앞서서 말씀드렸던 것처럼 현재 항공기 납치나 민간항공에 대한 불법적 행위, 국제적 보호인물에 대한 범죄, 인질, 핵물질, 항해 및 해상플랫폼의 안전, 폭탄테러행위 등은 모두 국내법으로 처벌할 수 있는 범죄입니다.

그렇다면 법안에서 새로운 대테러대책을 확립하기 위해서는 필연적으로 기존의 국내법과 구별되는 별도의 테러 유형, 그 행위태양의 특수성, 범죄 결과의 중대성, 대응방식의 전문성 등이 최소한 일반적 수준에서라도 제시되어야 합니다. 그러나 이제까지 그러한 테러방지법안은 존재하지 않고 있습니다.

오늘 발의된 이철우 의원안에도 기존의 국내법으로서는 도저히 감당할 수 없다라고 하는 별도의 테러 유형이라든가 행위의 특수성이라든가 범죄결과의 중대성이라든가 대응방식의 전문성 등은 나열되어 있지 않습니다.

설령 테러방지법안이 기존의 범죄 중에서 특별히 국제적 관심의 대상이 되는 것을 테러로 규정하고자 한 의도에서 입안되었다라고 하더라도 사정은 마찬가지입니다.

이 경우에는 법안이 필수적으로 제시해야 할 것이 있습니다. 국제적 관심과 더불어서 그 국제적 우려가 우리나라에서 현실화할 가능성이 있는지에 대한 인식과 그 중대성, 지속성, 반복성에 대한 입증입니다.

국제적 우려의 존재와 국제적 위험의 존재는 문언 그대로 상호 다른 영역에 존재합니다. 국내법의 제정에 필요한 조건은 국제적 우려가 아니라 바로 국내적 위험의 존재이기 때문입니다.

또한 테러방지법안은 테러를 규정하면서도 그것을 내국인 범죄, 외국인 범죄의 구분은 물론 개인적·개별적 수준의 범죄, 조직적·집단적 범죄의 구분조차도 제대로 행하지 않고 있습니다.

예컨대 인질 억류는 제삼자, 즉 국가나 정부 간 국제기구, 자연인, 법인 또는 집단에 대해서 인질 석방을 위한 명시적 또는 묵시적 조건으로서 어떠한 작위 또는 부작위를 강요할 목적으로 타인을 억류 또는 감금하여 살해·상해 또는 계속 감금하겠다고 협박하는 행위입니다. 이 경우에 그 반인륜적 해악을 별론으로 하면 그것이 개인적 차원에서 발생하는 경우와 조직적·집단적 차원에서 발생하는 경우는 분명 사회질서와 국가안보의 측면에서는 상당한 차이를 가진다고

할 것입니다.

핵물질의 절도, 민간항공의 안전에 대한 불법적 행위, 예컨대 국제 민간항공에 사용되는 공항에 소재한 자에 대하여 중대한 상해나 사망을 야기하거나 야기할 가능성이 있는 폭력행위를 행한 경우 또는 항해의 안전에 대한 불법행위 등도 마찬가지일 것입니다.

그런데도 테러방지법안은 개인적 수준에서 우발적으로 발생할 수 있는 범죄와 조직적 차원에서 계획적으로 이루어지는 범죄의 차이가 엄청남에도 불구하고 이를 제대로 구분하고 있지 않습니다. 즉 관련한 국제협약이 관심을 갖는 범죄의 특성이나 행위태양에 대한 인식을 구체화하지 못하고 있는 것입니다.

물론 국가안보 또는 공공의 안녕을 위태롭게 하는 행위라는 규정으로 처리하고자 합니다. 여기에서 공공의 안녕, 공공의 안전이라는 개념은 모든 범죄의 무가치성을 판단하는 기준으로 존재하는 것인 만큼 별다른 제약규정이 되지 못한다고 하는 것은 누구나 아는 사실입니다. 그것 자체가 추상적인 개념입니다. 공공의 안전은 모든 형법 규정의 궁극적인 목적일 뿐입니다. 그것으로부터 법 규정의 적용범위를 구체화하기는 힘듭니다.

처음 이병석 의원 외 일흔세 분이 발의하셨던 법안, 그 법안의 대테러활동의 개념을 '테러의 예방 및 대응을 위하여 필요한 제반 활동'으로 정의하고, 테러의 개념을 '국내 관련 법에서 범죄로 규정한 행위를 중심으로 국가안보 또는 국민의 안전을 위태롭게 하는 행위'로 적시하고 있을 뿐입니다.

이노근 의원의 안에서는 아마 미 대사의 피습사건을 좀 고려하신 것 같습니다. 외국인을 테러의 대상에 포함하셨습니다. 동시에 형법상 범죄행위를 되풀이해서 반복하고 있을 뿐입니다.

즉 제2조제1호의 개념, 정의에서 '국가안보 및 공공의 안전을 위태롭게 하거나 공중(외국인을 포함한다)' 이렇게 괄호 안에 명시하셨고요. 공중을 협박할 목적으로 행하는 행위를 전제한 다음 가목에서 '사람을 살해하거나 사람의 신체를 상해하여 생명에 대한 위험을 발생하게 하는 행위 또는 사람을 체포·감금·약취·유인하거나 인질로 삼는 행위', 나목에서 '외교관 등 국제적 보호인물에 대한 범죄의 예방 및 처벌에 관한 협약에서 정의한 국제적 보호인물을 살해·납치 또는 신체나 자유를 위태롭게 하거나 그러한 행위에 가담·지원·기도하는 행위', 이 행위의 내용 안에 '공관과 사저·교통수단에 대한 가해행위를 포함한다'라고 명시하셨습니다. 그렇게 테러 개념에 포함하고 있습니다.

테러라고 하는 개념이 귀에 걸면 귀걸이, 코에 걸면 코걸이 식으로 국가권력의 입맛에 따라서 무한 확장할 수 있는 위험한 개념이라고 하는 것을 여실히 보여 주고 있는 내용입니다.

누차 말씀드리지만 테러방지법이라고 하는 것은 법안의 원 내용보다는 부칙 조항에 훨씬 더 많은 포인트가 맞춰져 있습니다. 상식적이지 않은 일이지요. 어떻게 원

법안의 내용보다 부칙 조항을 훨씬 더 중하게 생각할 수가 있겠습니까?

대테러기구의 본질이 국가정보원이 더 많은 권력을 장악하는 것이 아니냐고 하는 우려가 발생하는 지점이 그것입니다. 그리고 그 내용들이 법안의 기본사항에도 많은 부분 담겨 있습니다.

테러 개념의 추상성, 모호성은 곧장 대테러대책기구의 기능 범위에 대한 규정이 부재하다고 하는 것에서도 나타납니다. 국가대테러대책회의, 대테러센터 등을 가동시키게 되는 테러의 범주가 확정되어 있지 않을 뿐만 아니라 그것을 결정하는 과정과 절차에 대한 규정 또한 존재하지 않습니다.

테러의 개념이 모호하고 추상적임에 덧붙여서 대테러대책기구의 작용대상도 특정되지 않고 있습니다. 이 법안의 어떠한 내용에서도 그 부분을 알 수가 없습니다.

법안의 예정된 범죄들은 개인적 혹은 집단적, 우발적 혹은 계획적, 내국인 혹은 외국인, 정치적 혹은 비정치적, 소규모 혹은 대규모, 일시적 혹은 반복 가능 등 다양한 층위에서 각각 나름의 스펙트럼을 구성하고 있으며 그 각각의 경우에 따른 각각의 대응이 필요합니다. 이게 상식적으로 말할 수 있는 것입니다.

여기서 법안은 어느 경우에, 즉 테러의 강도와 밀도가 어느 정도에 이를 때 대테러기구의 권한이 발동되고 이 권한 발동의 절차와 그에 대한 국민적 감시·감독의 가능성은 어떻게 확보되는지 이에 대한 언급이 전혀 없습니다. 오히려 이 모든 것들을 테러라는 이름으로 통칭하고 그때그때 자의적 판단에 따라 대테러대책이라는 명분하에 국가 권력을 한곳에 집중시키는 위험만을 예정하고 있을 뿐입니다.

그동안 테러방지법안들은 테러에 대응하기 위하여 국가대테러대책회의, 대테러센터 그리고 대테러대책본부 등을 설치하는 것으로 규정하고 있습니다.

그러나 다음과 같은 의문이 제시됩니다.

첫째, 과연 기존의 국가 기구, 행정안전부나 경찰청·법무부·검찰 등과 더불어서 국가정보원, 이러한 기구들은 테러에 대응할 능력이 없는 것인가?

둘째, 만일 그런 능력이 없었다면 당해 기구의 권한과 조직을 변경시킴으로써 그것을 감당할 수는 없는 것인가?

셋째, 그래도 불가능하다면 국무총리의 국정조정권을 보다 강화시킴으로써 행정에 관한 통할권을 가지는 국무총리가 정규적인 대테러기구를 설치할 필요는 없는가 혹은 대테러기구의 주무기관을 국가정보원으로 하는 것이 가장 효율적인가?

넷째, 이상의 기구 설계의 법적 정당성은 확보되어 있는가?

이 부분에 있어서 먼저 지적해야 할 사항은 국가정보원은 현재 대통령 직속의 기관으로 우리 헌법이 예정하고 있는 정상적인 행정 각부에 해당되지 않는다는 점입니다.

즉, 그것은 국회의 동의를 얻어 임명되는 국무총리의

행정통합권에 복종하지 않으며 또한 국가정보원장은 국무위원이 아니라는 점에서 국회의 해임 건의 등 국회가 직접 그 책임을 추궁할 장치를 갖지 못하기 때문에 그에 대한 민주적 통제는 물론 권력분립에 의한 통제조차도 적절하게 마련되어 있지 않습니다.

오로지 대통령에 대하여서만 책임을 지며 다른 어떤 기관에 의한 통제도 불가능한 국가정보원장에게 국가대테러대책회의와 대테러센터를 실질적으로 혹은 법적으로 관할하게 하는 것이 바람직한 것인지에 대한 진지한 고민이 있어야 합니다. 또 이러한 권한을 집중해서 준다고 하면 이것을 통제할 수 있는 장치를 어떻게 마련할 것인가라고 하는 것도 같이 논의하여야 합니다.

이 현재의 법안의 내용만을 가지고 보자면 국가정보원장이 대테러 기능이라고 하는 것을 매개로 여타의 국가 행정 각부를 사실상 통합하는 권력분립의 예외적 현상을 야기할 수 있는 가능성을 의미하고 있습니다.

테러방지법안에서 예정하고 있는 대테러기구의 전체적인 구조는 첫 번째, 실질적·포괄적인 대테러대책기관이 되는 대테러센터를 국가정보원장 소속하에 설치하도록 하고 있고, 두 번째 대테러센터가 주요 행정 각부의 장 혹은 국무조정실장으로 구성되는 국가대테러대책회의를 실질적으로 관할, 행정 각부의 권한·업무·기능을 조정하고 통합하는 방식을 취하고 있습니다.

처음 이병석 의원안에서도 테러통합대응센터의 장은 테러단체의 구성원 또는 테러기도·지원자로 의심할 만한 상당한 이유가 있는 자에 대하여 정보 수집·조사 및 테러우려인물에 대한 출입국 규제·외국환거래 정지 요청 및 통신이용 관련 정보를 수집할 수 있도록 하고 있습니다.

심지어 상임위원회 위원장은 테러를 선전·선동하는 글 또는 그림, 상징적 표현이나 테러에 이용될 수 있는 폭발물 등 위험물 제조법이 인터넷 등을 통해 유포될 경우에 관계기관의 장에 긴급 삭제 등 협조를 요청할 수 있도록 하고 있습니다.

또한 테러통합대응센터의 장은 외국인테러전투원으로 출국하려 한다고 의심할 만한 상당한 이유가 있는 내·외국인에 대하여 일시 출국 금지를 법무부장관에게 요청할 수 있도록 했습니다.

이와 관련한 부분들은 정보위 법안소위에서도 많은 부분 여야가 동의되고 있는 내용이기도 합니다. 필요하다면 형법상에 관련한 규정들을 담는 것도 좋겠다라고 하는 것이 정보위원회에서 충분히 논의되고 있습니다.

예를 들자면 IS에 가담한 요원이 다시 한국으로 돌아왔을 때 이것을 처벌할 수 있는 규정이 있느냐라고 하는 논쟁이 있었습니다. 그러한 부분들이 입법 미비다라고 하는 것이 여야가 동의한 부분이었습니다. 그러한 부분들은 충분히 현재의 형법상에 포함시켜서 벌칙 규정으로 마련하면 된다라고 하는 것도 동의된 사항입니다.

그런 일들을 빨리빨리 처리할 수 있었으면 좋겠습니다. 그것이 정말 필요한 법안들을 하는 내용인 것입니다.

앞서 말씀드린 것을 요약해 보자면 국가정보원에 구성되어지는 대테러센터를 중심으로 해서 위로는 행정 각부의 장에 대한 조정과 통합 기능 그리고 아래로는 대테러대책기구에 대한 조정과 통합의 기능이라는 이중적인 수준에서 대테러센터가 관여할 수 있는 여지를 확보하고 있습니다. 테러방지법안은 테러방지를 빌미로 해서 국가정보원이 국가 권력의 중심부에 올라서도록 하는 내용들이 보여집니다.

다른 한편으로 보면 이러한 것들은 제왕적 대통령의 권한을 더욱 강화할 수도 있다라고 하는 판단과 우려들이 존재합니다. 그건 단순히 국가정보원이 대통령의 직속기관이기 때문만은 아닙니다.

더욱이 테러방지법안은 경우에 따라서 대책회의의 장이 대통령을 경유하여 군 병력을 동원할 수 있도록 하고 있고, 하지만 이러한 군 병력의 동원체제는 조직법상으로도 이중적 낭비에 해당한다라고 하는 것이 법률가들의 지적입니다.

헌법에 의하면 '전시·사변 또는 이에 준하는 국가비상사태에 한하여 병력으로 군사상의 필요에 응하거나 공공의 안녕질서를 유지할 수 있다. 즉 계엄이 선포된 경우에 한해서만 군 병력을 동원할 수 있다' 이렇게 되어 있습니다.

물론 재해가 나거나 또는 비상사태의 경우에 있어서 위수령과 같이 일정한 지역의 경비를 위하여 지방자치단체의 장이 요청을 하는 경우에 있어서는 병력이 출동하는 경우도 있습니다.

하지만 후자의 경우에 위수, 즉 소극적인 경비 목적의 군 병력의 출동이라고 하는 점에서 테러 진압을 위한 특수부대를 설치하고 이를 대테러센터의 장의 관여 아래 처리하는 법안의 내용과는 현저한 차이가 있습니다.

각국에서 반테러법은 비밀정보기관을 비밀경찰로 바꾸는 데 일조하는 법으로 평가할 수 있습니다. 그런데 한국은 이미 국가정보원이 비밀경찰체제로 운영되고 있습니다. 테러방지법 제정은 무수히 많은 인권침해 사건을 일으켰던 국가정보원이 권력의 중심에 설 수 있는 기능이 있다라고 하는 우려를 아직도 벗어나지 못합니다.

많은 사람들의 인명의 피해를 초래할 수 있는 범죄행위를 막고자 한다면 기존의 범죄 대응체계를 점검하는 일부터 시작해야 합니다. 그 과정에서 인권침해 가능성을 줄이려면 무엇보다도 국가정보원이 지금 가지고 있는 수사권한을 정상화해야 할 것입니다. 국가정보원이 순수 정보수집기관으로 바꾸는 것을 전제로 해야만이 테러를 방지하는 대응체계를 다시 만들 수 있을 것이라는 의견들도 많이 있습니다.

만약 현재의 시스템대로 제대로 테러에 대응하지 못한다면 경찰과 검찰 등 관련 기관 등에 책임을 묻는 국정조사를 진행해야 할 것입니다. 대통령은 테러 관련한 법의 제정을 요청하기 이전에 정부의 수반으로서 현재의 대테러 체계가 부실한 까닭에 대한 책임을 지셔야 할 것입니다.

이미 1994년에 유엔은 인간안보라는 새로운 개념을 통해서 세계화와 공공재의 민영화로 인해 점증하는 사회적·개인적 삶에서의 불안성에 대해서 대응하는 방법을 제시했습니다. 테러가 왜 발생하는지에 대해서 한 번이라도 진지하게 생각해 본 사람이라면, 따라서 이제는 국가안보에서 인간안보라고 하는 정책에 초점을 옮겨야 한다라고 하는 주장들도 많이 있습니다. 이와 관련한 논의와 학습 등을 해 주시기를 바랍니다.

오늘날 우리는 조그마한 사건으로서도 큰 재앙에 직면할 수 있는 고도기술사회에서 살고 있습니다. 대도시들은 테러와 그에 준하는 사태가 발생하면 걷잡을 수 없는 혼란에 빠지게 될 것입니다. 누구나 인정합니다.

테러방지법에 반대한다고 해서 세월호 참사와 같은 재난에 대해서 무책임한 것은 절대 아닙니다. 테러방지법과 같은 방식의 대처에 반대한다는 뜻이지 만약의 위험을 예방하고 대처하는 자세는 꼭 필요합니다.

전문가들은 이런 말씀을 또 하십니다. 그 어떤 테러방지법을 동원한다고 할지라도 자살테러는 막을 수 없을 것으로 본다, 9·11 테러는 현재와 같은 고도의 발전된 위험사회가 얼마나 위험한가 하는 것을 분명하게 보여 주고 있습니다.

어떤 사회도 위험과 폭력으로부터 100% 안전할 수는 없습니다. 절대적 안전을 내세우면서 그것을 달성하기 위한 국가의 권한 확대를 시도한다면 이는 국민을 우롱하는 일이자 국민과 인권에 대한 위협이 될 것입니다.

그러므로 다른 방식으로 접근해야 합니다. 한국사회의 실정을 고려한다면 광범위한 재난예방 및 재난 구조체계를 구축하는 것이 무엇보다 필요한 일입니다. 시간과 돈과 인력을 적절하고 필요한 부분에 균형 있게 투입할 수 있는 것이 무엇보다 선행되어야 할 것입니다.

법안과 관련해서 논의되고 있는 관련한 쟁점들에 대해서 몇 가지 분석을 해 보겠습니다. 현재 테러방지법안과 사이버테러 방지법안이라고 하는 2개의 법안이 쌍둥이 법안으로 올라와 있습니다.

실제 대통령께서도 많은 말씀을 하고 계십니다만 사이버테러에 대한 우려와 염려 부분도 존재하는 것이 사실입니다. 급변하는 사회에 있어서 일반적인 폭탄테러보다 더 많은 부분에 있어서 사이버테러의 위협이 존재할 수 있을 것이라고 하는 것도 예단할 수 있습니다.

이 두 가지 법의 쟁점을 몇 가지 분석해 보겠습니다.

법안이 자주 바뀌기 때문에 이철우 의원의 법안과 최종적으로, 완전한 최종이라고 보기는 어렵겠습니다만 정보위원회 수석전문위원께서 검토했고 병합했던 법안을 가지고 내용을 말씀드리겠습니다.

먼저 정의 부분에 있어서에 대한 고민입니다.

테러 행위의 정의와 관련해서 '권한행사의 방해', '의무 없는 일을 하게 함' 등의 개념이 명확하지 않습니다. 자의적인 집행이 가능하도록 되어 있는 것이지요. 그중

가목에 있어서 사람을 살해, 상해, 신체의 위험을 발생하게 하는 등의 행위의 경우에 공무집행방해, 공무집행방해치상 등과 구분이 되지 않고 있습니다. 그렇다면 공무원에 대한 공무집행방해 행위의 상당 부분이 테러로 규정될 수 있습니다.

라목에 있어서 1)~5)에서 열거되고 있는 것들, 이 각 시설 유형들은 그것이 폭발물 등에 의해 폭발되는 것으로 테러가 되는 것이지 각 시설 유형들은 그러한 폭발에 의한 공중의 생명……

다시 하겠습니다.

1)~5)에서 열거되고 있는 각 시설 유형들은 그것이 폭발물 등에 의해서 폭발되는 것으로 테러가 된다라고 하는 것인지 아니면 그러한 폭발에 의해서 공중의 생명, 신체 안전 등에 심각한 위험이 발생되었을 때 테러가 되는 것인지 불분명합니다.

예컨대 공중이 이용하는 버스나 버스정류장에 설치된 바람막이 또는 전기, 가스 시설 등은 단순히 폭발시키는 것에 그치는 경우에 그 행위는 테러가 되는 것인지 아니면 그러한 폭발 행위로 인해서 많은 사람들이 다치거나 혹은 다칠 위험이 발생한 경우에만 테러가 되는지를 분명히 하여야 합니다.

라목의 2)에서 '시설' 부분은 차량 정비시설과 같이 공중이 이용하지 않는 시설도 포함하는지 명확하지 않습니다. '또는 도로, 공원, 역, 그 밖에 공중이 이용하는 시설'이라고 하는 것은 차량의 운행과 관련된 것을 말하는지 아니면 일반적인 도로 등을 말하는 것인지도 분명하지 않습니다.

라목의 3)은 '전기나 가스를 공급하기 위한 시설', 이 말 역시 일반 가정집에 들어가는 분전반 같은 소규모의 시설도 포함하는 것인지 불분명합니다. 4)의 연료 수송·저장의 경우도 마찬가지라 할 것입니다.

요컨대 라목의 경우에 보호 대상이 단순히 시설 그 자체인 것인지 아니면 시설을 중심으로 형성되는 공중의 안전인지가 명확하지 않습니다.

마목의 2)에서의 '부당'이라고 하는 개념은 불명확하거나 부적절합니다. 부당이란 이치에 맞지 않음을 의미하는 것인데 이때 이치의 의미가 명확하지 않기 때문입니다.

제2조제3호에 나와 있는 정의 부분도 마찬가지입니다. '테러위험인물'이라고 하는 경우를 테러를 선전·선동한다고 의심할 만한 상당한 이유가 있어도 테러위험인물이 될 수 있는데 선정·선동의 의미가 매우 불확정적이고 추상적입니다. 또한 테러위험인물을 지정하고 해제하는 절차와 주체도 법에 명시하고 있지 않아서 결국 국정원의 판단만으로 테러위험인물로 분류될 수 있을 것입니다.

제2조제4호의 정의 부분에 있어서 외국인테러전투원이라고 하는 개념 또한 이동 또는 이동을 시도하는 내·외국인으로 규정하는데 이때 이동을 시도한다라고 하는 것의 의미가 불명확합니다. 이동의 예비음모까지 처벌한다고 한다면 지나치게 광범위한 규율이 될 것입니다.

2조제8호의 내용은 대테러조사에 현장조사·문서열람·시료채취 등의 증거수집 행위와 조사 대상자에게 자료제출 및 진술을 요구하는 행위를 포함하도록 하고 있습니다. 이는 단순한 비구속적 행정조사의 수준을 넘어서는 것이어서 강제적·구속적인 행정조사의 수준에 들어가는 것이라고 할 것입니다. 그리고 바로 이 때문에 이러한 대테러조사는 영장주의를 규정하고 있는 우리 헌법의 규정을 정면에서 위반하는 것입니다.

제5조의 점검 및 보고 내용 중에서는 막강한 권한집중이 이루어지는 대테러계획에 대해서 정보위원회에 보고하도록 한다거나 국회의 수정요구권을 갖는다거나 국회의 동의권을 갖는다라고 하는 최소한의 견제장치가 갖추어져야 할 것입니다. 현행 규정에는 이러한 견제장치가 하나도 갖추어져 있지 않습니다.

제6조의 국가테러대책위원회에서는 국가테러대책위원회의 경우 위원은 대통령령으로 정하게 되어 있는데 이러한 법률에서 직접 위원들을 정하지 않고 대통령령에 포괄위임하는 것은 헌법상의 정부조직 법률주의와 포괄위임금지 원칙을 위반하는 것이라고 할 것입니다.

제7조제2항의 전담조직과 구성 부분에 있어서는 관계기관의 대테러 전담조직의 구성과 운영을 대통령령으로 정하도록 하고 있습니다. 과거의 전례에 비추어 보면 대통령령으로 정하면서 사실상 국정원이 주도하도록 할 수 있을 것입니다. 대통령령으로 국정원장이 대테러상임위원장을 맡거나 국정원 산하에 대테러센터를 두어서 정보 수집 이외에 대테러활동의 집행기능까지 수행하고 심지어 군까지 동원하는 것을 통제할 방법이 없을 것입니다. 이는 그동안 테러방지법을 둘러싸고 논란이 돼 왔던 핵심 쟁점들을 모두 대통령령에 포괄적으로 위임하는 것입니다.

제8조에 나와 있는 테러위험인물에 대한 정보수집 부분에 있어서의 문제입니다. 특정 금융거래정보의 보고 및 이용 등에 관한 법률, 통신비밀보호법의 경우에 각 법에서 정한 절차대로 정보를 수집한다라고 하는 의미가 매우 불명확합니다. 각 법에 따르면 굳이 테러방지법에 이를 조항으로 명시할 필요가 없을 것입니다. 다른 법률에서 진행하도록 한다라고 하는 것을 다시 말할 필요는 없는 것이지요.

제4항의 개인정보와 위치정보를 요구할 수 있는 권한에 대해서는 어떠한 절차적 통제를 가하고 있지 않습니다. 제1항의 경우에는 통신비밀보호법의 절차를 준용하거나 이 제4항의 경우에는 단순히 '요구할 수 있다'라고만 명시되어 있습니다. 그럼으로 인해서 영장주의 혹은 그에 준하는 절차통제로부터 완전히 자유로운 상태로 방치하고 있습니다. 또한 추적이라는 개념 또한 모호합니다.

제10조의 테러취약요인 사전제거라고 하는 부분과 관련해서는 제2항에서 '제1항의 사업을 수행하는'이라는 규정을 두고 있는데 제1항에는 사업의 개념이 존재하지

않습니다. 오로지 '테러대상시설 및 테러이용수단의 소유자 또는 관리자'라는 개념만이 존재합니다. 이는 입법상의 개념 불합치입니다.

11조의 테러선동과 선전물 긴급 삭제입니다. 테러선동·선전물의 경우에 테러를 선동·선전한다는 것의 개념이 불명확하므로 기본권 침해를 유발할 수 있습니다.

제12조에 외국인테러전투원에 대한 규제 부분과 관련해서는 외국인테러전투원에 대한 출국금지 조치는 90일로 제한하고 있으나 제2항의 단서에 의해서 이를 연장할 수 있게 하고는 그 연장 횟수를 전혀 제한하고 있지 않습니다. 그래서 경우에 따라서는 법원의 판결도 없이 영구히 출국금지 조치가 지속될 수 있는 가능성을 열어 두고 있습니다.

제16조에 테러단체 구성죄 등과 관련해서는 제3항에 테러단체 가입 권유 또는 선동의 개념이 불명확하고 '권유'라는 개념은 그 의미가 또한 모호할 뿐만 아니라 무한 확장 적용될 가능성이 있습니다. '선동'의 개념은 가입을 촉발시킨다는 것이 되어 그 의미가 불명확하게 될 것입니다. 촉발의 대상은 행동인 것인지 가입이라는 상태가 되는 것인지 명확하게 기술되어야 할 것입니다.

부칙 제2조1항과 관련해서 특정 금융거래정보의 보고 및 이용 등에 관한 법률 개정을 하겠다라고 하는 부분인데요. 이후에 테러방지법안은 부칙을 통해서 특정 금융거래정보의 보고 및 이용 등에 관한 법률 제7조1항을 개정하여 금융정보분석원장으로 하여금 테러인물에 대한 조사업무와 관련이 있다고 생각하는 금융정보를 국정원에 제공하도록 하는데, 이는 바람직한 방법이 아닙니다.

특정 금융거래정보의 보고 및 이용 등에 관한 법률 7조1항에 이미 금융정보분석원장이 공중협박자금 조달행위와 관련된 형사사건의 수사에 필요하다고 인정되는 정보를 검찰총장에게 제공하도록 하고 있습니다. 또한 같은 법 제7조2항은 테러자금 조달행위와 관련된 형사사건의 수사에 필요하다고 인정하는 경우에는 대통령령으로 정하는 특정 금융거래정보를 국민안전처장관과 경찰청장에게 제공하도록 정하고 있습니다. 따라서 국정원이 이 정보를 별도로 받을 필요가 있는지 의문이 듭니다.

게다가 국정원이 요구하는 정보는 테러위험인물에 대한 조사업무라고 하는 것인데 이는 지나치게 모호하고 포괄적이기 때문에 결과적으로 국정원의 제안은 수용하기는 힘듭니다.

시행령 제11조의2는 금융정보분석원장이 정보를 제공하는 기관에 따라 제공하는 정보가 특정되어 있으나 국정원에 제공하는 정보는 특정이 되어 있지 않습니다. 따라서 국정원은 굉장히 광범위한 테러와 전혀 관련이 없는 정보도 포함해서 이러한 정보를 제공받을 수 있을 것으로 판단됩니다.

부칙 제2조3항과 관련해서는 통신비밀보호법 제7조가 개정되면 국가안전보장에 상당한 위험이 예정될 정도가

아닌 테러 위험의 경우에도 통신제한조치를 할 수 있게 됩니다. 현재도 통비법상 국가안전보장에서의 위험이 광범위하게 해석되는데 이 수준에 이르지 않는 테러 위험에 대해서도 통신제한조치가 허용된다면 이는 통신제한조치의 지나친 확대가 이루어질 것이라고 하는 것입니다.

테러방지법과 같이 논의되고 있는, 그래서 오늘 정보위원회에서 같이 통과되었던 사이버테러 방지법도 또 마찬가지입니다.

관련한 내용에 있어서 제6조의 부분, 국가사이버안전센터의 설치 부분에 있어서는 사이버테러 방지법안에 따르면 국정원이 공공·민간의 사이버테러 예방·대응을 상설적으로 담당하고 민·관·군을 지휘하게 되어 있습니다. 이 조항으로 인해서 본래 기획·조정 기능을 가지고 있었던 국정원은 미래부·방통위 등 그간 민간 인터넷을 관리해 온 모든 관의 수장이 될 것입니다. 그리고 지휘를 받게 되는 민에서는 통신사, 포털, 쇼핑몰 등 주요 정보통신서비스제공자가 포함될 것입니다.

이와 관련한 내용들은 사이버테러 방지 및 위기관리 책임기관이라고 하는 것에 대한 기존 법률 규정에 정의되어 있습니다. 이는 사이버계와 사실 다를 바가 없습니다. 지금까지 국정원은 국가사이버안전관리규정에 따라서 국가 차원의 사이버 안전관리업무를 담당해 왔습니다.

그럼에도 사이버테러법이 필요한 이유는 국정원이 민간의 인터넷망까지 관리하기 위해서입니다. 예컨대 사이버 안전을 위한다는 이유로 모든 민간 IP…… 사이버테러 정보라고 하는 규정을 참고해 주시면 더 좋을 거 같은데요. 모든 민간 IP주소까지 실시간 추적시스템을 국정원에 둘 것인지 아닐지 모호한 상태로 있습니다.

제2조에서 사이버테러의 정의 부분과 관련해서는 이 법에서 사이버테러는 해킹·바이러스를 다 포함하고 있습니다. 또 사이버테러로부터 사이버 안전을 지키기 위하여 사실상 모든 활동을 허용하고 있습니다. 즉 인터넷에 바이러스가 퍼지거나 해킹 사고만 일어나도 사이버테러를 주무하는 국정원이 조사하겠다고 나설 수 있습니다. 사고조사라고 하는 법률 항목을 참고해 주시면 좋겠습니다. 심지어 아무 일이 없더라도 방지하고 탐지하겠다라며 인터넷도 상시적으로 감시할 수 있습니다. 민간 인터넷망, 소프트웨어의 취약점 또한 국정원에 모두 공유하여야 하게 되어 있습니다.

국정원 직무 확대에 대한 우려가 있습니다. 이 법은 기본적으로 국정원의 직무가 확대되는 것입니다. 해킹 사건이 일어날 때마다 그 권한이 계속 강화될 것입니다. 이는 국정원의 선거 개입과 국내 정치 개입을 겪어 온 국민들이 바라는 바가 결코 아닐 것입니다. 국회가 국정원의 잘못을 바로잡고 직무를 제한하기는커녕 이것을 확대하는 것은 임무를 방기하는 것이라는 생각마저 듭니다.

이 법이 통과되면 어떠한 기구도 국정원이 사이버 공간에서 그 권한을 오남용하는 것을 통제할 수는 없을 것입니다. 이미 국정원은 한 몸에 수사 기능을, 그리고

집행 기능을, 정보 수집 기능을, 그리고 모든 정보기관에 대한 기획·조정 기능까지 다 갖추고 있습니다. 이런 만능의 정보기관은 사이버테러를 대응하겠다는 다른 어떤 나라에도 존재하지 않습니다.

한쪽에서는 수사를 위한 법원의 영장을 받아서 패킷 감청을 하지만 다른 한쪽에서는 국가안보를 위해서 영장 없이 패킷 감청을 할 수 있는 게 우리나라 국정원의 상황입니다.

결론적으로 아무리 부분적인 조항을 손본다 하더라도 일단 사이버테러에 대해서 법정화하는 것이 제정되면 국정원에서 주무하는 국가사이버안전센터에서 구체적인 시행령을 통해 인터넷을 장악할 것입니다.

우리나라의 민간 사이버 안전은 이미 다른 나라보다 강한 법제도와 규제가 부족함이 없습니다. 그간 계속 발생해 온 디도스 공격과 개인정보 유출사고에 대한 미래창조과학부·방송통신위원회·KISA 등의 대응 경험과 노하우 등도 축적되어 있습니다. 정보기관인 국정원이 그 위에 군림해서 민간 인터넷망에 상시적으로 개입하도록 하는 것은 온당한 방식이 아닙니다.

사이버테러 방지법은 인터넷 이용자인 국민에 대한 일상적인 감시와 사찰을 불러올 수 있을 것입니다. 인터넷 기술발달의 위축을 가져올 수도 있을 것입니다. 이 법이 통과되면 사이버 공간에서 국정원은 국민 위에 군림할 수 있을 것입니다.

테러 관련한 자금 조달을 금지하는 현행 법제를 같이 보시겠습니다.

특정 금융거래정보의 보고 및 이용 등에 관한 법률에 따르면 테러범죄 관련 금융정보를 분석할 수 있는 금융정보분석기구, 흔히 FIU라고 하는 것이 이미 존재하고 있으며 법에 따라서 수사가 필요한 정보는 국민안전처장관과 경찰청장에게 제공하도록 법에 명시되어 있습니다.

또한 공중 등 협박목적 및 대량살상무기확산을 위한 자금조달행위의 금지에 관한 법률에 따르면 금융위원회는 테러자금과 관련하여 테러자금 조달행위가 의심되는 개인과 단체에 대해서 금융거래 제한 대상자로 임의로 지정·고시하여 금융거래를 동결할 수 있으며, 심지어 금융거래 제한 대상자에게 자금과 재산을 모집 혹은 제공하는 행위도 강력하게 처벌하고 있습니다.

범죄수익은닉의 규제 및 처벌 등에 관한 법률은 테러자금의 은닉과 관련해서 예비자, 미수범 등도 모두 처벌하도록 강력하게 규제하고 있습니다.

또 외국환관리법은 우리 정부가 체결한 조약이나 일반적으로 승인된 국제법규에 성실한 이행을 위하여 불가피한 경우뿐만 아니라 국제평화와 안전유지를 위한 국제적 노력에 특히 필요한 경우에 테러 관련자로 의심되는 특정 개인과 단체에 대해서 금융제재를 취할 수 있도록 하고 있습니다.

이는 유엔뿐만 아니라 우방국 등의 요청에 따라서도 테러 관련자로 의심되는 개인과 단체에 대해서 제재를 가할 수

있도록 하고 있는 것입니다. 충분한 국제공조와 협조체계가 마련되어 있으며, 그에 따른 국내법이 다 준비되어 있습니다.

외국환관리법의 하위지침으로 되어 있는 국제평화 및 안전유지 등의 의무 이행을 위한 지급 및 영수허가 지침 역시 유엔 결의에 의한 테러 관련 개인과 단체 외에도 미국 대통령령, 유럽연합이사회가 지명한 개인 및 단체에 대해서 금융제재를 할 수 있도록 되어 있습니다.

또한 이란의 경우에는 이란에 거주하는 개인 또는 이란에 소재하는 단체에 대해서도 금융제재를 할 수 있도록 명시되어 있습니다. 우려하고 있는 IS에 대해서도 이미 지난 3월에 기획재정부는 국제평화 및 안전유지 등 의무 이행을 위한 지급 및 영수허가 지침에 따라서 IS대원 27명을 포함해서 669명을 금융제재 대상자에 포함시켰습니다. 이는 수시로 업데이트되고 있습니다.

이와 같은 현행법을 바탕으로 테러로 의심되는 행위에 대한 자금 조달이나 금융거래를 충분히 통제할 수 있을 뿐만 아니라 이미 지나치게 포괄적인 제재로 인하여 부작용이 나타나고 있습니다.

국정원은 이들 테러자금 규제 관련 기관들의 활동에 대해서 관계기관 회의를 통해 소통할 수 있으며, 국정원이 직접 금융거래정보에 접근하기 위해 테러방지법 제정 및 특정 금융거래정보의 보고 및 이용 등에 관한 법률 개정이 필요한 것이 아닙니다.

국정원은 법안심의 논의 과정에 있어서 '테러방지법상 영장주의 등 적법절차를 적용하겠다'라고 말하고 있습니다. 그러면서 '테러방지법은 통신비밀보호법 등 관련 법률이 정한 영장주의 등 적법절차에 따라 정보를 수집하는 것이고, 통비법상 감청과 통신사실 확인 자료의 경우에 영장주의가 적용돼서 내국인 연계인물 등은 고등법원의 수석부장판사의 허가, 외국인은 대통령의 승인에 따라 시행할 것이다'라고 말하고 있습니다. '기타 출입국, 금융거래, 위치 정보, 개인 정보 등 정보 수집은 타 기관의 정보수집 절차와 동일하게 해당 법률이 정한 절차에 따라서 시행할 것이다'라고 말합니다.

그럼에도 불구하고 현재 관련한 발의된 대표법안에는 이러한 부분들이 구체화되어서 나타나지 않고 있습니다. 이러한 부분에 대한 우려가 희석되고 없어져야 많은 국민들과 야당 그리고 시민단체를 설득할 수 있을 것입니다.

테러방지법은 21세기 들어서 테러의 목적과 양상이 많이 다양해지고 있습니다. 테러의 피해 또한 광범위하고 심각해지고 있어서 이에 대처하기 위해서 필요한 법이다라고 나와 있지요. 그러나 실제 그러한 내용들이 이 법과 연계되는지 누차 말씀드린 것처럼 답을 찾기 어렵습니다.

테러단체에 대한 지정 부분과 관련해서는 정보위원회의 법안심의 과정에서 많은 논쟁들이 있었습니다. 처음 서상기 의원의 안에서는 '유엔이 정한 테러단체와 국정원장이 지정하는 테러단체'라고 하는 것으로 포괄적으로 표현되어 있었습니다. 그러나 이 부분이 너무 광범위하다라고 하는 의견이 있어서 현재 이철우 의원께서 발의하신 법안에는

국정원장이 테러단체를 지정할 수 있는 권한은 삭제되었고 다만 유엔이 정한 기구에 이 내용들이 포함되어 있습니다.

사이버테러법과 관련해서도 더 많은 고민과 깊이 있는 내용들이 국민들이 아셔야 될 사항입니다. 사실 테러방지법과 관련해서는 중요 인물과 요인들 혹은 정치권과 관련된 인사들 혹은 주류를 이루는 어떤 특정한 대상자들이 범위가 될 수 있겠습니다만 이번에 같이 쌍둥이법으로 발의된 사이버테러법과 관련해서는 온 국민이 직접적인 연결 관계와 실제 피해를 입을 수 있는 내용들이 담겨 있기 때문에 사이버테러법과 관련해서 조금 더 설명 드리도록 하겠습니다.

과연 우리나라에 사이버 안전 위협에 대한 대응 법제가 부족한 것인가라고 하는 고민부터 시작해야 할 것입니다. 그 법제가 부족하다면 새로운 법이 필요한 것이겠지요. 그런데 현재 정보통신망 침해행위 등에 대한 금지와 형사처벌 규정에 보면 정보통신망 침해행위 등 사이버 안전을 위협하는 행위를 금지하고 있고 이것을 범죄로 규정하고 있습니다.

정보통신망 이용촉진 및 정보보호 등에 관한 법률, 이하 짧게 정보통신망법이라고 하겠습니다. 이러한 법률에도 관련한 내용들이 다 담겨 있습니다. 벌칙 조항들은 잘 아시는 것처럼 형법상에 내용들이 담겨 있습니다. 정보통신기반 보호법도 이러한 내용을 담고 있을 뿐만 아니라 정보통신서비스 제공자에게 정보통신망 안전성 확보 의무를 부과해서 사이버 안전을 지킬 책임을 부과하고 있는 내용들도 다 담겨져 있습니다.

현재 우리의 정보통신망법에 따르면, 그 법의 48조에 이렇게 명시되어 있습니다. "누구든지 정당한 접근권한이 없이 또는 허용된 접근권한을 넘어서서 정보통신망에 침입하여서는 아니 된다. 누구든지 정당한 사유 없이 정보통신시스템, 데이터 또는 프로그램 등을 훼손·멸실·변경·위조하거나 그 운용을 방해할 수 있는 프로그램(이하 '악성프로그램'이라고 한다), 이것을 전달 또는 유포하여서는 아니 된다. 누구든지 정보통신망의 안정적 운영을 방해할 목적으로 대량의 신호 또는 데이터를 보내거나 부정한 명령을 처리하도록 하는 등의 방법으로 정보통신망에 장애가 발생하게 하여서는 아니 된다." 이게 여러분이 잘 알고 계시는 DDoS라고 하는 공격을 지칭하는 것입니다.

제45조에는 보면 정보통신망의 안정성 확보에 대한 부분이 있습니다마는 이 부분은 조금 더 이후에 말씀드리도록 하겠습니다.

정보통신서비스 제공자에게 정보통신망의 안정적 확보 의무를 부과해서 사이버안전을 지킬 책임을 부과하고 있는데요. 그 법률도 정보통신망의 안정성 확보라고 하는 것이 법 45조에 명시되어 있습니다.

법 45조에는 정보통신서비스 제공자는 정보통신서비스의 제공에 사용되는 정보통신망의 안정성 및 정보의 신뢰성을 확보하기 위한 보호조치를 하여야 한다라고 되어 있습니다.

또한 미래창조과학부장관은 제1항에 따른 보호조치의 구체적 내용을 정한 정보보호조치 및 안전진단의 방법·절차·수수료에 관한 지침 등을 정하여 고시하고 정보통신서비스 제공자에게 이를 지키도록 권고할 수 있도록 했습니다.

정보보호지침에는 여러 가지 내용들이 포함되어 있습니다. 그 각 호의 내용은 제가 읽지 않겠습니다.

앞서 말씀드린 것처럼 보호조치를 할 의무를 다 갖추고 있습니다. 그래서 정보통신서비스 제공자는 정보통신망의 안정성과 정보의 신뢰성을 확보하기 위한 보호조치를 할 의무를 가지고 있고 보호조치의 구체적 내용은 미래창조과학부장관이 정보보호지침으로 정하도록 되어 있습니다. 집적된 정보통신시설의 경우에는 특별한 보호조치를 해야 된다라고 하는 것까지 규정되어 있습니다. 그 의무뿐만 아니라 정보보호 사전점검을 해야 되는 의무도 있고 정보보호의 최고책임자를 지정할 의무 또한 법률에 갖추고 있습니다.

정보보호 관리체계의 수립 및 관리·운영, 정보보호 취약점 분석·평가 및 개선, 침해사고의 예방 및 대응, 사전 정보보호 대책 마련 및 보안조치 설계·구현 등 정보보호의 사전 보안성 검토, 중요 정보의 암호화 및 보안서버 적합성 검토 등의 업무를 담당하는 정보보호 최고책임자를 지정하도록 법에 명시되어 있습니다.

또한 매년 정보보호 안전진단을 받을 의무도 명시하고 있습니다. 정보통신서비스 제공자는 매년 정보보호 안전진단을 받아야 한다라고 규정되어 있고, 안전진단 결과를 미래창조과학부장관에게 제출하여야 한다라고 되어 있습니다. 안전진단의 결과에 따라서 개선 권고, 개선 결과의 제출 의무까지 갖추고 있습니다.

그뿐만 아니라 정보보호 관리체계의 인증제도 또한 우리 규정에 갖추어지고 있습니다. 정보통신망의 안정성 및 신뢰성을 확보하기 위하여 기술적·물리적 보호조치를 포함한 종합적 관리체계를 수립·운영하고 있는 자는 정보보호 관리체계가 제2항에 따라 미래창조과학부장관이 고시한 기준에 적합한지에 관하여 미래창조과학부장관이나 한국인터넷진흥원이 지정한 기관으로부터 인증을 받을 수 있도록 하고 있습니다. 그 외에도 법률에 집적정보통신시설 사업자에 대해서는 긴급대응을 의무규정으로 두고 있습니다.

만약 정보통신침해가 발생할 경우에 이 대응은 미래창조과학부장관이 수행하도록 되어 있습니다.

미래창조과학부장관의 침해사고 대응 업무 수행 규정에 보면 침해사고에 관한 정보의 수집·전파, 침해사고의 예보·경보, 침해사고에 대한 긴급조치, 그 밖에 대통령령으로 정하는 침해사고의 대응조치, 주요정보통신서비스 제공자와 집적정보통신시설 사업자는 침해사고의 유형별 통계, 해당 정보통신망의 소통량 통계 및 접속 경로별 이용 통계 등 침해사고와 관련한 정보를 미래창조과학부장관이나 한국인터넷진흥원에 제공하여야

한다라고 명시되어 있습니다.

한국인터넷진흥원은 정보를 분석하여 미래창조과학부장관에게 보고하여야 합니다. 또한 제공받은 정보는 침해사고의 대응을 위하여 필요한 범위에서만 정당하게 사용하여야 한다라고 규정되어 있습니다.

그뿐만 아니라 정보통신서비스 제공자는 미래창조과학부장관에게 침해사고에 대한 신고를 해야 한다라고 하는 부분도 규정하고 있습니다. 정보통신서비스 제공자는 침해사고가 발생하면 즉시 그 사실을 미래창조과학부장관이나 한국인터넷진흥원에 신고하여야 합니다.

미래창조과학부장관이나 한국인터넷진흥원은 제1항에 따라 침해사고의 신고를 받거나 침해사고를 알게 되면 필요한 조치를 하여야 합니다.

침해사고가 났을 때에 원인 분석과 관련해서는 정보통신서비스 제공자 등 정보통신망을 운영하는 자는 침해사고가 발생하면 침해사고의 원인을 분석해서 피해의 확산을 방지하여야 한다라고 명시하고 있고, 미래창조과학부장관은 정보통신서비스 제공자의 정보통신망에 중대한 침해사고가 발생하면 피해 확산 방지, 사고대응, 복구 및 재발 방지를 위하여 정보보호에 전문성을 갖춘 민·관합동조사단을 구성해서 그 침해사고의 원인 분석을 할 수 있도록 하고 있습니다.

미래창조과학부장관은 침해사고의 원인을 분석하기 위해서 필요하다고 인정하면 정보통신서비스 제공자와 집적정보통신시설 사업자에게 정보통신망의 접속기록 등 관련 자료의 보전을 명할 수 있습니다.

미래창조과학부장관은 침해사고의 원인을 분석하기 위해서 필요하면 정보통신서비스 제공자와 집적정보통신시설 사업자에게 침해사고와 관련한 자료의 제출을 요구할 수 있으며, 민·관합동조사단에게 관계인의 사업장에 출입해서 침해사고 원인을 조사하도록 할 수 있습니다.

미래창조과학부장관이나 민·관합동조사단은 제4항에 따라 제출받은 자료와 조사를 통해서 알게 된 정보를 침해사고의 원인 분석 및 대책 마련 외의 목적으로는 사용하지 못하며, 원인 분석이 끝난 후에는 즉시 파기하여야 한다라고 규정하고 있습니다.

현재 있는 규정과 법률 등 현재 상황들이 부족하다라고 하면 사이버테러 방지법이 필요할 것입니다. 일단 그전에 우리가 지금 갖추고 있는 규정이 어떤 부분이 부족한 것인지를 알아야 하기 때문에 이러한 설명을 드리고 있는 것입니다.

우리 규정에는 단순하게 그 자체만의 보호뿐만 아니라 정보통신의 기반시설에 대한 보호 장치도 다 마련되어 있습니다.

정보통신기반 보호법에 따르면 정보화의 진전에 따라서 주요 사회기반시설의 정보통신시스템에 대한 의존도가

심화되면서 해킹, 컴퓨터 바이러스 등을 이용한 전자적 침해행위가 21세기 지식기반 국가의 건설을 저해하고 국가안보를 위협하는 새로운 요소로 대두됨에 따라서 전자적 침해행위에 대비하여 주요정보통신기반시설을 보호하기 위한 체계적이고 종합적인 대응체계를 구축하기 위해 정보통신기반 보호법이 제정되었다라고 명시되어 있습니다.

그 주요 내용에 보면 주요정보통신기반시설의 보호를 위한 범정부적 대응체계를 구축하기 위하여 국무총리 소속하에 정보통신기반보호위원회를 설치해서 운영하도록 되어 있습니다.

정보통신기반시설이라고 하는 것은 국가안전보장·행정·국방·치안·금융·통신·운송·에너지 등의 업무와 관련해서 전자적 제어·관리시스템 및 정보통신망 이용촉진 및 정보보호 등에 관한 법률 제2조제1항제1호의 규정에 의한 정보통신망이라고 보면 되시겠습니다.

주요정보통신기반시설을 관리하는 기관의 장은 정기적으로 소관 시설에 대한 취약점을 분석·평가해서 이에 따른 보호대책을 수립·시행하고, 주요정보통신기반시설을 관장하는 중앙행정기관의 장은 소관 분야별 주요정보통신기반시설 보호계획을 수립하고 시행하도록 명시되어 있습니다.

미래창조과학부장관과 국가정보원장, 국방부장관은 관리기관에 대하여 주요정보통신기반시설보호대책의 이행 여부를 확인할 수 있도록 하고 있습니다.

미래창조과학부장관과 국가정보원장은 확인을 위하여 필요한 경우에 관계중앙행정기관의 장에게 제출받은 주요정보통신기반시설보호대책 등의 자료 제출을 요청할 수 있도록 했습니다.

미래창조과학부장관과 국가정보원장 등은 확인한 주요정보통신기반시설보호대책의 이행 여부를 관계중앙행정기관의 장에게 통보할 수 있도록 되어 있습니다.

또한 국가안전보장에 중대한 영향을 미치는 도로·지하철·공항·전력시설 등 주요정보통신기반시설의 관리기관의 장은 국가보안업무를 수행하는 기관의 장에게 우선적으로 기술적 지원을 요청하도록 되어 있으며, 금융 정보통신기반시설 등 개인정보가 저장된 정보통신기반시설에 대하여는 국가보안업무를 수행하는 기관의 장이 기술적 지원을 수행할 수 없도록 하고, 그 밖에 주요정보통신기반시설에 대하여는 대통령령이 정하는 국가기관의 장 또는 전문기관의 장에게 기술적 지원을 요청할 수 있도록 하고 있습니다.

중앙행정기관의 장은 정보통신기반보호위원회의 심의를 거쳐서 전자적 침해행위로부터의 보호가 필요하다고 인정되는 정보통신기반시설을 주요정보통신기반시설로 지정하도록 하고 있습니다.

또한 미래창조과학부와 국가정보원장 등은 특정한 정보통신기반시설을 주요정보통신기반시설로 지정할

필요가 있다고 판단되는 경우에는 중앙행정기관의 장에게 해당 정보통신기반시설을 주요정보통신기반시설로 지정하도록 권고할 수 있도록 했습니다.

그리고 이를 위해서 중앙행정기관의 장에게 해당 정보통신기반시설에 관한 자료를 요청할 수 있도록 하고 있습니다.

또한 9조에서 취약점의 분석·평가를 가능하도록 했으며, 10조에서 주요정보통신기반시설 보호지침을 제정하도록 명시하고 있습니다.

11조와 12조에서는 관계중앙행정기관의 장은 해당 관리기관의 장에게 주요정보통신기반시설의 보호에 필요한 조치를 명령 또는 권고할 수 있도록 했고, 주요정보통신기반시설 침해행위 등을 금지하도록 하고 있습니다.

관리기관의 장은 침해사고가 발생하여 소관 주요정보통신기반시설이 교란·마비 또는 파괴된 사실을 인지할 때는 관계 행정기관, 수사기관 또는 인터넷진흥원에 그 사실을 통지하여야 합니다.

정보통신기반보호위원회 위원장은 주요통신기반시설에 대하여 침해사고가 광범위하게 발생한 경우 그에 필요한 응급대책·기술지원·피해복구 등을 수행하기 위한 기간을 정하여 위원회에 정보통신기반 침해사고 대책본부를 둘 수 있도록 하고 있습니다.

금융·통신 등 분야별 정보통신기반시설을 보호하기 위하여 정보공유·분석센터를 구축·운영하여 취약점 및 침해요인과 그 대응방안에 관한 정보를 제공하고 침해사고가 발생하는 경우 실시간 경보·분석체계를 운영하도록 하고 있습니다.

이상이 현재 사이버테러와 관련해서 대한민국이 가지고 있는 규정 등입니다. 이로써 충분히 관련한 내용들을, 사이버테러를 막아 내고 있으며 민간의 사이버테러에 대해서도 국가기관이 보호하고 관리할 수 있는 기능들을 다 갖추고 있습니다.

여기서 용어에 대한 고민을 다시 한 번 같이 해 보시면 좋겠습니다.

사이버테러 방지법이라고 하는 것에 있어서 사이버테러 또는 사이버위협 정보는 무엇이고 사이버안전은 무엇일까라고 하는 것입니다.

사이버테러 또는 사이버위협 정보는 정보통신망법의 위법행위보다도 더 넓은 개념입니다. 제한이 없는 사이버테러와 사이버위협 정보라고 보시면 될 것 같습니다.

사이버테러 방지법은 정보통신에서의 모든 공격행위를 사이버테러로 규정하고 있습니다.

사이버테러는 전자적 수단에 의해서 정보통신시설을 침입 또는 교란 혹은 마비하거나 파괴하는 행위, 정보를 절취하거나 훼손·왜곡전파 하는 등 모든 공격행위를 말한다고 규정되어 있습니다.

사이버위협정보 공유법은 이를 사이버위협으로 정의하고 있습니다. 사이버위협이란 해킹·컴퓨터

바이러스·서비스방해·전자기파 등 전자적 수단을 이용하여 정보통신망과 정보통신기기를 침입·교란·마비·파괴하거나 정보를 절취·훼손·왜곡전파 하는 행위를 말한다고 할 것입니다.

정보통신망에 대한 모든 공격, 정보의 절취·훼손·왜곡전파를 사이버테러나 사이버위협으로 규정하고 있습니다.

정보통신망법에 정보통신망 침해행위도 모두 사이버테러라고 규정하고 있습니다. 정보통신망법의 침해행위보다 사이버테러의 범위가 너무 넓습니다.

사이버테러 방지 및 대응에 관한 법률안과 현재 정보통신망법을 비교해 보자면 사이버테러 방지 및 대응에 관한 법률, 흔히 사이버테러 방지법이라고 하는 것에서는 해킹·컴퓨터 바이러스·서비스방해·전자기파 등 전자적 수단에 의하여 정보통신시설을 침입·교란·마비·파괴하거나 정보를 절취·훼손·왜곡전파 하는 등 모든 공격행위라고 명시되어 있습니다.

그러나 현재의 정보통신망법에 사이버범죄와 관련해서는 구체적인 사항 등을 기록하고 있습니다.

정보통신망법 제48조(정보통신망침해행위 등의 금지) 1항에 보면 "누구든지 정당한 접근권한 없이 또는 허용된 접근권한을 넘어 정보통신망에 침입하여서는 아니 된다.

②누구든지 정당한 사유 없이 정보통신시스템, 데이터 또는 프로그램 등을 훼손·멸실·변경·위조하거나 그 운용을 방해할 수 있는 프로그램을 전달 또는 유포하여서는 아니 된다.

③누구든지 정보통신망의 안정적 운영을 방해할 목적으로 대량의 신호 또는 데이터를 보내거나 부정한 명령을 처리하도록 하는 등의 방법으로 정보통신망에 장애가 발생하게 해서는 아니 된다"

라고 구체적으로 명시하고 있습니다.

사이버테러 방지법과 형법상의 내용의 차이점을 보면 사이버테러법에서는 해킹·컴퓨터바이러스·서비스방해·전자기파 등 전자적 수단에 의해서 정보통신시설에 발생하는 모든 공격행위를 말하고 있습니다만 우리 형법 제314조에 따르면 "컴퓨터 등 정보처리장치 또는 전자기록 등 특수매체기록을 손괴하거나 정보처리장치에 허위의 정보 또는 부정한 명령을 입력하거나 기타 방법으로 정보처리에 장애를 발생하게 하여 사람의 업무를 방해한 자도 제1항의 형과 같다."라고 명시하고 있습니다.

전자적 수단에 의해서 정보통신시설을 침입하는 것을 모두 사이버테러로 규정하고 있는 것입니다. 허용된 접근권한을 넘어서 통신망에 침입하는 것을 금지하고 있는 정보통신망의 침해범위는 모두 사이버테러로 규정될 것입니다.

정보통신시설을 교란하는 것도 사이버테러로 규정하고 있습니다.

'교란'의 의미는 지나치게 포괄적이고 불명확합니다. 이는 정보통신망에 장애가 발생하게 하는 것을 금지하는

정보통신망법이나 정보처리장치의 손괴나 정보처리에 장애를 발생하게 하는 경우를 규제하는 형법보다 훨씬 포괄적인 것이라고 할 것입니다.

정보통신시설의 파괴도 포괄적이고 불명확한 개념입니다. 정보통신망법은 정보의 훼손·멸실·변경·위조와 관련해서도 이를 목적으로 한 악성 프로그램을 전달 또는 유포하는 것만을 금지하고 있습니다. 그런데 사이버테러 대응법은 정보의 절취·훼손·왜곡전파를 모두 사이버테러로 규정하고 있는 것입니다.

사이버테러 방지법의 규정 내용 중에서 문제점들을 조금 더 구체적으로 말씀드려 보겠습니다.

법안의 내용 중에 "해킹·컴퓨터 바이러스·서비스방해·전자기파 등 전자적 수단에 의하여"라고 되어 있는 전자적 수단 부분은 전자적 수단은 정보통신망에서는 물리적 수단을 제외한 모든 것을 지칭하는 것입니다. 또한 "정보통신시설을 침입·교란·마비·파괴하거나"라고 하는 것 또한 지나치게 포괄적이다라고 할 것입니다.

정보를 절취하는 것을 문제 삼고 있으나 정보의 절취를 규제하는 법률은 현재 존재하지 않습니다.

'훼손' 부분과 관련해서도 훼손을 사이버테러로 규정하는 것도 과도한 내용일 것이라고 할 것입니다.

'왜곡전파'라고 하는 부분도 정보의 왜곡전파를 사이버테러로 보는 것은 현행 법제도와도 모순된다고 할 것입니다.

'모든 공격행위'라고 하는 단어 자체가 지나치게 포괄적이라고 하는 것은 기본적인 내용입니다.

결국 사이버테러 방지법이라고 하는 것은 제한이 없는 사이버테러라고 하는 규정을 할 수 있는 내용을 담보하고 있습니다. 이것에 대한 좀 더 구체적이고 명확한 내용들이 법안에 담겨야 할 것입니다. 그러기 위해서라도 국회 정보위원회에서, 관련한 상임위에서 더욱더 심도 있는 논의와 구체적인 방향성 그리고 현재 가지고 있는 입법의 미비, 기존에 우리 법이 가지고 있는 법체계의 문제성, 다른 해외사례에 대한 검토, 이런 일들을 수차례에 걸쳐서 끊임없이 해야 될 것이라고 생각합니다.

그리고 난 이후에 정말 가지고 있는 법률이 부족하다면 새로운 법을 만들어서 그 법이 어떻게 만들어질 것인지에 대한 논의를 하는 것이 정상적인 방식일 것입니다.

앞서 사이버테러에 대한 규정을 설명드렸습니다만 사이버테러법이 말하고 있는 '사이버안전'이라고 하는 용어 또한 광범위하고 특정 지을 수 없는 내용들을 담고 있습니다.

요는 '정보통신시설과 정보를 보호하기 위한 모든 활동이 사이버안전이다'라고 하는 것이 이 법이 담고 있는 내용입니다.

사이버테러로부터 정보통신시설과 정보를 보호하기 위해서 수행하는 관리적·물리적·기술적 수단 및 대응조치 등을 포함한 활동을 사이버안전이라고 규정하고 있습니다.

사이버안전이란 사이버테러로부터 정보통신시설과

정보를 보호하기 위하여 수행하는 관리적·물리적·기술적 수단 및 대응조치 등을 포함한 활동으로서 사이버위기관리를 포함한다고 할 것입니다.

정보통신시설과 정보를 보호하기 위한 모든 활동이 사이버안전이라고 하는 것으로 통칭되어 있습니다.

기존의 정보통신망법이 미래창조과학부장관이 침해사고의 대응 행위를 침해사고 정보 수집, 긴급조치, 침해사고 관련 정보 보고를 받는 것으로 한정한 것과는 대조적이라고 할 것입니다.

법률의 내용으로 봤을 때 사이버테러 방지법에서는 사이버안전이란 사이버테러로부터 정보통신시설과 정보를 보호하기 위하여 수행하는 관리적·물리적·기술적 수단 및 대응조치 등을 포함한 활동으로서 사이버위기관리를 포함이라고 명시돼 있습니다.

그러나 정보통신망법의 침해사고 대응 행위에 있어서는 법률에 구체적인 내용들을 하나하나 다 명시하고 있습니다.

48조의2에 침해사고의 대응과 관련해서 "미래창조과학부장관은 침해사고에 적절히 대응하기 위하여 다음 각 호의 업무를 수행하고, 필요하면 업무의 전부 또는 일부를 한국인터넷진흥원이 수행하도록 할 수 있다."라고 구체적으로 표현하고 있습니다.

그 내용은 이렇게 기술되어 있습니다.

침해사고에 관한 정보의 수집·전파, 침해사고의 예보·경보, 침해사고에 대한 긴급조치, 그 밖에 대통령령으로 정하는 침해사고 대응조치, "다음 각 호의 어느 하나에 해당하는 자는 대통령령으로 정하는 바에 따라서 침해사고의 유형별 통계, 해당 정보통신망의 소통량 통계 및 접속경로별 이용 통계 등 침해사고 관련 정보를 미래창조과학부장관이나 한국인터넷진흥원에 제공하여야 한다."라고 되어 있습니다.

그 이하에 구체적인 사항들은 법률의 내용들을 참고해서 봐 주시면 좋겠습니다.

● **부의장 이석현** 김광진 의원, 네 시간 하셨는데 목이 괜찮겠어요?

● **김광진 의원** 예.

● **부의장 이석현** 다른 의원에게 넘겨도 괜찮을 것 같은데요?

● **김광진 의원** 예, 일단 조금 더 하겠습니다.

그러면 사이버테러 방지법과 사이버위협정보 공유법은 국가정보원에 어떤 권한을 부여하는 것인가라고 하는 부분을 보겠습니다.

앞서 말씀드린 것처럼 현행 국가정보원법의 직무에 보면 제3조에 "국외 정보 및 국내 보안정보(대공, 대정부전복, 방첩, 대테러 및 국제범죄조직)의 수집·작성 및 배포"를 할 수 있다라고 명시되어 있습니다.

사이버테러 방지법안이 창설하는 국가정보원의 새로운 직무는 이렇게 될 것입니다.

그 안의 제6조에 보면, 국가정보원장은 사이버위기를 효율적으로 관리하고 사이버공격 관련정보를 상호 공유하기 위하여 민관 협의체를 구성·운영할 수 있도록 했습니다.

또 8조에 보면, '국가정보원장은 사이버테러 방지 및 대응관련 기본계획을 수립하고 이에 따라서 중앙행정기관의 장은 사이버테러 방지 및 대응관련 시행계획을 작성해서 책임기관의 장에게 배포하여야 한다'라고 되어 있습니다.

또한 10조에는 '사이버테러에 대한 종합적이고 체계적인 예방·대응과 사이버위기관리를 위하여 국가정보원장 소속으로 사이버안전센터를 두도록 한다'라고 되어 있고, 14조에는 '책임기관의 장은 사이버공격 정보를 탐지·분석하는 즉시 대응할 수 있는 보안관제센터를 구축하고 운영하거나 다른 기관이 구축·운영하는 보안관제센터에 그 업무를 위탁하여야 한다'라고 명시되어 있습니다.

15조에 보면 '중앙행정기관의 장은 사이버테러로 인해서 피해가 발생한 경우에는 신속하게 사고조사를 실시하고 피해가 중대할 경우에는 관계 중앙행정기관의 장 및 국가정보원장에게 그 결과를 통보하여야 한다'라고 되어 있습니다.

17조에는 '국가정보원장은 사이버테러에 대한 체계적인 대응 및 대비를 위하여 사이버위기경보를 발령할 수 있으며 책임기관의 장은 피해 발생을 최소화하거나 피해복구 조치를 취해야 한다'라고 명시하고 있습니다.

이를 통해 사이버위협정보 공유법안이 창설하는 국가정보원의 새로운 직무를 보겠습니다.

그 직무는 '국정원장은 국가안보실장, 미래창조과학부장관 등과 협의하여 범정부 차원에서 사이버위협정보를 공유하기 위한 방법과 절차를 마련하도록 하고 국가의 주요 정보와 정보통신망을 관리하는 기관은 사이버위협정보를 수집하고 상호 공유하여야 한다'라고 되어 있습니다.

또한 사이버위협정보 공유를 효율적으로 수행하기 위하여 국정원장 소속으로 사이버위협정보 공유센터를 설치·운영하도록 되어 있습니다.

공유센터의 장은 공유된 사이버위협정보를 종합·분석하고 결과를 사이버위협정보 공유기관 및 관련 업체에게 제공하여야 한다.

안 제7조에 보면 국정원장은 법무부장관 등 국가기관 및 전문가가 참여하는 협의회를 구성하여 사이버위협정보의 남용 방지 대책을 수립하여야 한다.

사이버위협정보를 보유한 사람은 공유센터의 장에게 신고하거나 공유센터의 장이 사이버위협정보의 제공을 요청할 수 있도록 했습니다.

또 9조에 보면 공유센터의 장은 사이버위협정보 공유 활동에 대한 결과를 평가하고 그 결과를 국회에 보고하도록 했습니다.

구체적으로 사이버테러 방지법은 국가정보원에게 어떤 일을 할 수 있을까라고 하는 것이 쟁점이 될 것입니다.

그 내용들을 하나하나 훑어보겠습니다.

첫 번째로 보면 국가정보원은 우리나라 사이버범죄 예방과 대응의 사령탑을 넘어서서 사이버 사찰의 권한을 갖는다라고 보여집니다. 왜냐하면 관련한 규정들을 봤을 때 사이버안전센터의 설치에 대한 조항과 사이버위협정보 공유법에 대한 관련한 규정들이 대단히 광범위하고 구체성을 하나도 담보하고 있지 아니합니다. 또한 국정원에 신설하는 사이버안전센터, 사이버위협정보 공유센터에서 할 수 있는 일, 이 일은 사실상 모든 일을 할 수 있는 것이라고 할 것입니다.

사이버테러의 방지 및 대응 정책을 수립하는 일, 사이버위협정보의 수집과 종합 그것을 종합하고 분석하는 일, 사이버테러 예방을 위한 정보통신망에 대한 감시와 정보수집 그리고 그것을 조사하는 행위, 사이버테러 사고의 조사 권한, 국가정보원의 사이버안전센터는 사실상의 상시감시·정보수집·수사기구의 권한을 갖는 것이라고 할 것입니다.

참고로 기존의 정보통신망법에 의하면 침해사고의 대응 업무를 수행하는 미래창조과학부 혹은 한국인터넷진흥원의 업무는 다음과 같이 아주 제한적으로 하고 있습니다.

미래창조과학부장관은 침해사고에 관한 정보수집·전파, 침해사고의 예보·경보, 침해사고에 대한 긴급조치, 기타 대응조치를 할 수 있음에 반해서 국가정보원장은 사이버안전센터의 정책의 수립, 전략회의와 대책회의의 운영, 사고의 조사 등 광범위한 권한을 부여받고 있습니다.

한편 미래창조과학부장관은 침해사고의 원인 분석 등의 업무도 아래와 같이 제한적으로 규정하고 있습니다.

그 제한의 구체적인 내용들을 조금 더 말씀드리겠습니다.

(이석현 부의장, 정갑윤 부의장과 사회교대)

제48조의4에 보면,

'정보통신서비스 제공자 등 정보통신망을 운영하는 자는 침해사고가 발생하면 침해사고의 원인을 분석하고 피해 확산을 방지하여야 한다.

미래창조과학부장관은 정보통신서비스 제공자의 정보통신망에 중대한 사고가 발생하면 피해 확산 방지, 사고대응, 복구 및 재발 방지를 위하여 정보보호에 전문성을 갖춘 민·관합동조사단을 구성하여 그 침해사고의 원인 분석을 할 수 있다.

③ 미래창조과학부장관은 제2항에 따른 침해사고의 원인을 분석하기 위하여 필요하다고 인정하면 정보통신서비스 제공자와 집적정보통신시설 사업자에게 정보통신망의 접속기록 등 관련 자료의 보전을 명할 수 있다.

④ 미래창조과학부장관은 침해사고의 원인을 분석하기 위하여 필요하면 정보통신서비스 제공자와 집적정보통신시설 사업자에게 침해사고 관련 자료의 제출을 요구할 수 있으며, 제2항에 따른 민·관합동조사단에게 관계인의 사업장에 출입하여 침해사고 원인을 조사하도록 할 수 있다. 다만, 통신비밀보호법 제2조제11호에 따른 통신사실확인자료에 해당하는 자료의 제출은 같은 법으로 정하는 바에 따른다.

⑤ 미래창조과학부장관이나 민·관합동조사단은 제4항에 따라 제출받은 자료와 조사를 통하여 알게 된 정보를 침해사고의 원인 분석 및 대책 마련 외의 목적으로는 사용하지 못하며, 원인 분석이 끝난 후에는 즉시 파기하여야 한다.

⑥ 제2항에 따른 민·관합동조사단의 구성과 제4항에 따라 제출된 침해사고 관련 자료의 보호 등에 필요한 사항은 대통령령으로 정한다.'

'소관 정보통신시설의 안전을 유지할 책임과 권한이 어디에 있느냐'라고 하는 것이 또 논쟁거리가 될 수 있습니다. 소관 정보통신시설의 안전을 유지할 책임은 곧 권한을 의미할 것입니다. 소관 정보통신시설이라고 하는 범위가 모호하게 기술되고 있습니다. 결국 정보통신시설의 안전을 유지할 권한을 모두 갖는 것이라고 할 것입니다.

관련한 법에 나와 있는 보안관제센터에 대해서 조금 더 구체적으로 말씀드리겠습니다.

보안관제센터는 정보통신망에 대한 총체적이고 상설적인 감시 업무를 수행할 수 있는 권한을 부여받게 됩니다.

14조(보안관제센터 등의 설치)의 기능에 보면, '책임기관의 장은 사이버테러정보를 탐지·분석하여 즉시 대응 조치를 할 수 있는 기구를 구축·운영하거나 다음 각 호의 기관이 구축·운영하는 보안관제센터에 그 업무를 위탁하여야 한다'라고 되어 있습니다.

'책임기관의 장은 제1항에 따른 사이버테러 정보와 정보통신망·소프트웨어의 취약점 등의 정보를 관계 중앙행정기관의 장 및 국가정보원장과 공유하여야 한다.

③ 국가정보원장은 제2항의 사이버위협정보의 효율적인 관리 및 활용을 위하여 관계기관의 장과 공동으로 사이버위협정보통합공유체계를 구축·운영할 수 있다.

④ 누구든지 제2항에 따라 공유하는 정보에 대하여는 사이버위기관리를 위하여 필요한 업무범위에 한하여 정당하게 사용 관리하여야 한다.

⑤ 제1항에 따른 보안관제센터와 제3항에 따른 사이버위협정보통합공유체계 구축·운영 및 정보 관리에 관한 사항과 제2항에 따른 사이버테러 정보의 공유에 관한 범위·절차·방법 등에 관한 사항은 대통령령으로 정한다'고 되어 있습니다.

이 이후에 나타나는 사고조사 부분에 관련해서도 사고조사에 관한 권한을 국정원이 갖게 돼서 정보통신망에 대한 총체적·상설적인 감시 업무를 수행할 수 있을 것이라고 보여집니다.

과연 사이버테러라고 하는 규정은 적절한가라고 하는 질문이 또 벌어질 것입니다. 또 사이버테러라는 규정으로 국가정보원의 직무를 넓히지 않으면 안 될 필요가 있는가라고 하는 의문 또한 제기되는 시점입니다.

먼저 사이버테러라는 규정은 적절한가라고 하는 질문에 있어서 현재 많은 법학교수님들의 의견을 취합해 보면 사이버테러라고 하는 규정은 논란이 있는 규정입니다.

사이버 안전, 사이버 시큐리티(security)라고 하는 규정과 달리 법률에서 사이버테러라는 규정을 둘 필요는 희박하다고 할 것입니다.

사이버테러라는 규정으로 국가정보원의 직무를 넓히지 않으면 안 될 필요가 있는 것인가, 국가안보와 관련되는 사이버 위험에 대해서는 현재의 정보통신기반 보호법이나 국가정보원법으로도 충분하다라고 하는 것이 전문가들의 의견입니다.

또한 사이버테러 방지법이나 사이버위협정보 공유법에 사이버테러나 사이버 위협이라는 규정은 국가정보원의 직무 범위를 정하는 것이기 때문에 엄격하게 규율해야 할 것입니다.

결론적으로 현재의 규율체계라도 사이버 안전을 보장하는 데는 특별히 지장이 없다고 할 것입니다. 사이버테러나 사이버 위협이라는 명목으로 정보통신망에 대한 정부의 관여가 이루어지는 것도 사생활 침해, 국가 감시의 우려가 제기되고 있는 실정입니다.

국정원을 믿으면 된다라고 하는 의견들이 많이 있습니다. 중앙행정기관을 믿지 않으면 어떻게 정부를 운영할 수 있을 것이냐라고 하는 고민들도 같이 하고 계신 분들이 많을 것입니다.

그러나 현재 국정원이 그러한 신뢰를 주지 못하고 있다라고 하는 것이 많은 국민들이 동의하는 바이기 때문에 이 법이 처리되려고 하면 누차 말씀드리는 것처럼 국정원에 대한 국회의 통제 기능, 문민통제를 할 수 있는 다양한 방식과 절차들이 함께 논의되어야 할 것입니다.

그리고 말씀드렸던 것처럼 이와 관련해서는 더 많은 심도 있는 정보위 법안심사소위의 논의가 필요합니다. 법안심사소위뿐만 아니라 정보위원회 전체회의에서도 관련한 논의들이 끊임없이 이루어져야 할 것입니다. 그 기간이 필요한 것이고 이렇게 직권상정으로 이 법안을 통과시킬 수는 없는 것입니다.

테러방지법이라고 하는 것을 통해서 다른 나라들은 다 갖추고 있는데 왜 우리는 이렇게 하고 있느냐라고 하는 문제점들을 끊임없이 말씀하고 계십니다.

그러나 영국의 정보기관이나 다른 어떤 나라의 정보기관들도 지금과 같은 규정처럼 하고 있는 곳들은 많지 않습니다. 상식의 범위 안에서 우리가 관련한 논의들을 심도 있게 해야 할 필요성이 있습니다.

지난번에 국회 정보위원회에서 관련한 공청회를 한 적이 있습니다. 찬성과 반대에 대한 다양한 의견들이 있었고 또 그 논의들이 있어 왔는데 그 내용 중 찬성하는 입장의 의견들도 있었습니다. 그렇기 때문에 지금 이 자리에 법안이 올라와 있는 거겠지요.

그 내용들을 조금 기술해 드리겠습니다.

그리고 그것에 대해서 다시 반대의 말씀을 드리도록 하겠습니다.

찬성하는 측의 가장 큰 입장 중의 하나는 이런 것입니다. 테러 대책에서 가장 중요한 것이 사전정보를 파악하는 것인데 사전정보 파악을 국가정보기관 이외에 할 기관이 없다, 새로운 기관을 만들면 옥상옥이 될 것이다라고 하는

의견들이 있었습니다.

또 대테러 업무가 국방부로 가면 국방부가, 경찰청으로 가면 경찰청이 비대해진다, 왜 그쪽으로 가면 비대해지지 않고 이쪽으로 가면 비대해진다고 보는가라고 하는 의문도 있습니다.

'야당의 TF팀 신설 주장은 시간 끌기용이다. 테러 정보를 공유해야 하는데 그 정보원은 보안을 지켜야 한다. 국정원이 대테러센터를 운영할 수밖에 없다. 국정원이 권력을 남용하면 그것을 막을 수 있는 조치도 해 놓았다. 우리의 테러 대응체계 시계는 33년 전에 머물러 있다. 1982년 국가대테러활동지침 내용의 대통령령만 있을 뿐 실제로 우리 정보기관은 내국인 10여 명이 IS를 공개 지지한 사례를 적발했으나 법령 미비로 아직 신원파악조차 못 하고 있는 실정이다. 국민안전처 산하에 컨트롤타워를 두고 준법감시위원회를 설치함으로써 국정원 권한 남용 우려를 일부 해소할 수 있을 것으로 판단한다. 야당은 국정원 권한 집중을 이유로 테러방지법을 무조건 반대하고 있다. 파리테러 참사를 보고도 국정원 힘 빼기나 하려는 야당이 참 답답하다. 국정원의 권한 남용 우려도 이해하지 못할 바는 아니나 구더기 무서워 장 못 담그는 우를 범해서는 안 된다. 분단국가의 특수성과 북한의 지속적 위협 등 한반도의 전반적 안보상황을 고려하면 테러방지법안은 국가와 국민의 보호를 위해 꼭 필요한 안전장치, 이번 정기국회에서 관련 법안을 처리할 수 있도록 해야겠다' 라고 하는 것들이 그동안 새누리당과 집권 정부에서 이야기했던 많은 이유들입니다.

그런데 이 내용들이 실제 아무런 연관성이 없다라고 하는 것을 누차 말씀드려 왔습니다. 현재에도 국정원은 테러와 관련한 사전정보를 탐지하고 있습니다. 그래서 그 정보 등과 관련해 이 회의가 소집된 이유이기도 합니다. 북한이 어떠한 테러를 할 것이다라고 하는 위협에 대한 징후를 감지했다라고 하는 이유로 국정원은 이 법안이 필요하다라고 주장하고 있습니다. 이 법안이 없더라도 충분히 테러행위와 관련한 첩보행위들을 해 오고 있다라고 하는 것들을 스스로 입증하고 있는 것이지요.

'다른 부처로 가면 그 부처가 커지는 것이 아니냐, 왜 그것은 반대하지 않느냐?'라고 하는 질문들이 있습니다. 그 질문과 관련해서는 경찰청이나 국방부는 기본적으로 국회에서 공개적인 검증이 가능한 시스템입니다. 그러나 국정원은 그 활동의 방식뿐만 아니라 사후의 처리 결과와 보고시스템에 있어서도 비공개원칙을 철저하게 준수하고 있는 상태입니다. 그렇기 때문에 국정원으로 갔을 때에 조직이 커지는 것을 문제 삼는 것이 아니라 그 비공개성으로 인해서 발생할 수 있는 많은 우려와 시민들에 대한 기본권 침해 이런 것들을 우려하고 있는 것입니다.

제가 이 자리에서 누차 정보위 법안소위에서 법안을 논의하는 것이 맞다라고 얘기하고 있습니다. 그것은 시간 끌기를 위한 내용이 아닙니다. 실제로 법이라고 하는 것이 만들어지는 과정에 있어서 많은 국민들이 아셔야 하는 내용들처럼 국회 본회의장에서 뚝딱 만들어지는

것이 아닙니다. 상임위원회를 거쳐서 상임위원회 안에서 다양한 논의들이 있고 그 이후에도 다양한 절차들이 있지요. 상임위원회 전체회의에 법안이 상정되면 그것이 상임위 법안소위로 넘어갑니다. 그리고 그 법안소위에서 심도 있게 몇 개월에 걸쳐서 논의하고 수정하고 또 대안을 마련합니다. 그러고 나면 상임위의 전체회의로 또 올라오겠지요. 거기서도 찬성과 반대의견들이 있을 것이고 여야가 동의하면 법사위로 올라갈 것입니다. 법사위에서도 동일한 절차를 거칩니다. 법사위 전체회의를 통해서 그 이후에 법사위 법안심사소위를 거치게 될 것이고요, 법사위 법안심사소위를 거치고 나면 다시 법사위의 전체회의에 올라옵니다.

그렇게 많은 사람의 손과 능력과 관심들이 쌓여서 하나의 법안이 만들어집니다. 그 법들 중에서도 본회의장까지 올라오지 못하는 법이 훨씬 더 많을 것입니다. 다양한 입장들이 있기 때문입니다. 그것은 상임위에서의 입장일 수도 있고 관계기관들의 입장이 반영되지 않아서일 수도 있고 법이 미비하기 때문일 수도 있고 법이 시대보다 너무 앞서가기 때문에 그럴 수도 있을 것입니다. 그리고 지금 시기에 맞지 않는 법이기 때문에 반대하는 법률들도 많이 있을 것입니다.

지금 테러방지법이라고 하는 것이 그러한 상황이라고 하는 것을 다시 한 번 말씀드립니다. 더 많은 내용들이 고민되어야 하고 법안이 성안되어야 합니다. 그러기 위해서라도 더 많은 부분에 있어서 심사할 수 있는 기간과 시간들을 주실 수 있도록 해 주셨으면 좋겠습니다.

사실 테러방지법과 관련해서 가장 중요한 내용은 두 가지입니다. 부칙 조항에 담겨져 있는 사항이지요. 부칙 조항에 담겨져 있는 통신비밀보호법이라고 하는 내용과 그리고 FIU법에서의 문제, 계좌추적을 할 수 있는 기능들 이것을 어떻게 할 것이냐고 하는 것이지요. 그런 상태에서 과연 디지털통신에 나타나는 이런 문제점들을 어떻게 해결할 수 있을 것인지 조금 더 진지하게 고민해 봤으면 좋겠습니다.

잘 아시는 것처럼 통신에 대한 감청 문제는 두 가지의 사건들이 있었습니다. 하나는 RCS 프로그램을 통한 도·감청 문제가 있었던 것이고요. 두 번째는 카카오 사태라고 하는 문제가 있었습니다. 먼저 가카오 사태와 이 테러방지법이 어떻게 연관될 수 있을 것인가, 과연 테러방지법이 만들어지고 나면 이후의 상황은 어떻게 될 것인가라고 하는 것을 논의해 보겠습니다.

카카오 사태라고 하는 것이 결국 디지털통신에 대한 아날로그적 입법을 말하는 것이라고 할 것입니다. 고도의 디지털시대에 부합하지 않는 고전적인 아날로그 입법이 가져오는 총체적인 문제점 이런 것들을 한번 되돌아볼 수 있는 계기를 마련했으면 좋겠습니다. 디지털통신의 본질과 특성에 부합하지 않는 아날로그적인 방식의 자의적 해석이 결국은 전방위적인 사찰의 형태로 악용되고 있음을 보여주는 극명한 사태라고 할 것입니다. 이는 이미 디지털 통신매체의 보급과 함께 진행되어 왔던 공공연한 사회문제로서 비단 카카오 사태만의 문제가 아닐 것입니다. 다만 많은 국민에게 처음 드러난 내용일 뿐이지요.

고전적 의미에서의 감청이라고 하는 것은 통신이 끝나면 휘발되어서 그 통신의 내용이 세상 어디에도 존재할 수 없는 경우를 상정하고 있습니다. 과거 유선전화나 무전기 정도를 생각하면 이해가 좀 쉬우실 것 같습니다. 즉 그 실시간을 놓치게 되면 더 이상 취득 또는 채록할 수 없기 때문에 종래의 감청은 당연히 실시간으로 진행되었고 따라서 굳이 실시간이라는 요건을 법문에다가 명시할 필요성도 없었습니다. 이것이 통신비밀보호법이 상정하고 있는 아날로그적인 마인드이지요.

그러나 요즘의 디지털통신은 저절로 휘발되지 않습니다. 여러분 잘 아시는 것처럼 카카오톡에 대한 내용이나 문자메시지 그리고 음성전화 등은 바로 다 사라지지 않지요. 디지털통신에서의 휘발성은 현재는 이제 옵션일 뿐입니다. 비휘발성, 다시 말하면 저장한다라고 하는 것은 저장이라고 하는 옵션이 선택되는 한에는 디지털통신의 내용은 마치 결재를 위한 서류마냥 차곡차곡 쌓여서 통신이 끝나면 한 권의 책처럼 추려져서 수사기관에 전달될 수 있습니다.

그 결과로 서버로 날아오는 통신데이터를 서버 입구의 앞에서 수집하면 감청, 서버의 뒤에서 수집하면 압수·수색이 된다라고 할 것입니다. 즉 메기라고 하는 것을 봤을 때 보의 앞에서 잡느냐 뒤에서 잡느냐의 차이일 뿐이지 전화를 엿듣느냐 범행도구를 찾느냐의 차이라고 볼 수는 없는 것입니다. 다시 말해서 디지털통신에 있어서는 감청과 압수·수색의 본질은 같다고 할 것입니다. 둘 다 복사본이기 때문입니다.

혹자는 감청과 압수·수색의 구분 기준을 시점으로 판단하기도 합니다. 즉 송수신의 완료 여부를 기준으로 해석할 것이라고 할 것입니다. 감청은 영장의 발부 시점부터 장래의 통신을 대상으로 하고 압수·수색은 과거의 통신을 대상으로 한다고 해석하는 것입니다.

그러나 이러한 해석의 문제점은 긴급감청에서 발생합니다. 긴급감청은 긴급한 사유가 있을 때 일단 감청을 시행하고 사후 영장을 발부받는 제도입니다. 만약 며칠간 저장되는 카카오톡 대화 내용에 대해서 긴급감청을 시행하고 영장을 신청한다면 이는 감청영장이어야 하는지 아니면 과거이므로 압수·수색영장을 신청해야 하는지 논리적 모순을 피할 수가 없습니다. 여기서의 긴급과 사후 영장의 의미는 놓쳐 버릴 수 있는 실시간을 보호하겠다라고 하는 의미입니다. 결국 휘발성을 상정하고 있는 것이지요.

잘 아시는 것처럼 RCS 프로그램이라고 하는 것이 마찬가지의 방식을 추진하고 있습니다. RCS 프로그램은 실시간으로 감청을 하는 것이 아닙니다. 누군가가 옆에서 듣고 있는 전화의 방식을 취하지 않습니다. 전화의 내용과 통화의 내용이 통화가 끝나면 그 내용이 녹음되어서 자동으로 중앙서버장치에 저장되도록 하는 방식을 사용하고 있습니다. 그렇기에 테러방지법에서 부칙 조항으로 말하고 있는 통신비밀보호법과 관련한 감청과 관련한 논의들은 정보위원회에 있는 테러방지법의 부칙 조항으로 단순하게 해결할 수 있는 사항의 문제는 아닌 것입니다.

미방위에서 관련한 논의를 심도 있게 해야 될 사항입니다. 오랜 기간 동안 논의를 하고 있습니다만 그 논의가 정확히 진전되지 않습니다. 다만 몇 가지 문제에 대해서 하나하나 해결점을 찾아 가고 있는 과정이라고 알고 있습니다. 그 논의의 기관들을 충분히 할 수 있도록 보장해 주는 것, 그것이 여야의 원내대표께서 하셔야 될 사항이라고 생각합니다.

또한 사이버테러 혹은 테러방지법에 나와 있는 내용 중에서의 감청 부분과 관련해서는 지속적으로 이것이 패킷감청이냐 아니면 회선감청이냐라고 하는 논쟁도 벌어질 수밖에 없는 구조를 안고 있습니다.

여러분께서 요즘 핸드폰을 써 보시면 아시겠지만 요즘은 거의 대부분의 핸드폰에 음성통화를 제외하고는 모든 데이터통화라고 하는 것이 데이터를 통해서 활용되고 있습니다. 장문의 문자메시지를 주고받는 것 또한 데이터가 사용되지요.

패킷감청이라 불리우는 것은 음성통화를 제외한 모든 데이터통신에 대한 감청을 말하는 것입니다. 쉽게 말하면 네트워크를 사용하는 모든 행위를 포함한다라고 할 것입니다.

무선공유기를 사용하는 사무실에서 근무하는 어떤 이가 패킷감청의 대상이 되면 그 사무실의 모든 사람이 함께 털리는 것을 알고 계십니까? 공유기가 임의로 분배하고 있는 내용들을 수사기관이 알아낼 방도가 없기 때문에 모두 그것이 털릴 수밖에 없습니다. 만약 요즘 유행하는 결합상품이라고 하는 것을 신청한 집이라면 서재에서 옷을 구입하는 엄마의 웹서핑부터 거실에서 IPTV로 보고 있는 아빠의 뉴스 프로그램은 물론이고 핸드폰으로 찍은 셀카를 클라우드에 백업하는 동생의 사진까지 몽땅 털릴 수도 있습니다.

물론 감청영장이 허가하는 대상은 혐의사실과 관련한 사항일 뿐이므로 굳이 의미 없는 패킷들까지 열어 보겠느냐 하는 생각을 하실 수도 있겠습니다. 그런데 일단 맛을 봐야 그게 단맛인지 쓴맛인지 구별할 수 있지 않겠습니까? 일단 털고 난 뒤에 그것을 골라내는 것, 그게 기본적인 수사의 방식이겠지요. 테러방지법이 발생하고 나서 그리고 사이버테러법이 만들어졌을 때 이후에 발생할 상황들을 많은 부분에 있어서 고민할 수밖에 없는 문제점입니다.

그와 관련해서 테러방지법뿐만 아니라 사이버테러 방지법에서의 패킷감청이라고 하는 부분 또한 현재 프로그램의 미숙성과 보안상의 문제점이라고 하는 것을 공개하도록 되어 있는 부분, 이 부분들이 많은 우려와 염려를 안고 있는 것은 지난 RCS 프로그램 사건에 있어서 발생했던 문제 때문에 더더욱 그렇습니다.

여러분 잘 아시는 것처럼, 언론을 통해서 나와 있는 것처럼 RCS 프로그램을 통해서 카카오톡에 대한 감청이 제대로 이루어지지 않았다라고 하는 것이 기사화되었습니다. 그 이유는 소스코드라고 하는 것을 얻어내지 못했다라고 하는 것이었지요.

그런데 현재 사이버테러 방지법에 따르면 특정한 업체에 바이러스가 침투하는 정도의 수준에서도 소스코드를 요구할 수 있습니다. 그리고 보안의 문제점을 스스로 다 밝혀야 되도록 강요하고 있습니다. 그러한 기능들이 과연 정상적인 방식으로 운영되는 것인가라고 하는 것에 대해서 훨씬 더 많은 고민을 해야 한다라고 하는 것이지요.

테러방지법에 있어서 대상자의 범위를 어디까지 할 것이냐라고 하는 문제, 다시 한 번 말씀드리자면 대상자의 범위를 현재는 예비 음모를 하는 것뿐만 아니라 예비 음모가 현저히 우려되는 대상자까지 말하고 있습니다. 과연 그것이 정상적으로 법률에 의거해서 판단할 수 있는 기준인 것이냐라고 하는 문제를 끊임없이 야기하고 있는 것이지요.

예비 음모라는 것도 단정적으로 말하기 어렵다라고 하는 것이 현재의 법률 상황임에도 예비 음모라고 하는 것을 할지 모른다라고 하는, 의심된다라고 하는 것만으로 테러의 대상자로 지목하고 그 사람의 계좌를 보고 또한 그 사람의 핸드폰 감청을 할 수 있도록 하는 것, 이 방식이 과연 적절할 것이냐라고 하는 문제점이 있습니다.

또한 현실적으로 실제 테러를 일으키기 위해서 오는 많은 대상자들이 본인의 이름으로 SK텔레콤이나 LG유플러스에 본인의 주민번호를 넣고 핸드폰을 개통할 것이냐 혹은 테러자금을 받는 계좌를 본인의 주민번호를 넣고 만들어 낼 것이냐라고 하는 문제가 있을 것입니다. 물론 현재도 대포폰이라든가 차명 통장을 막기 위한 다양한 조사의 방식 등이 있을 것입니다. 그러나 이 테러방지법 안에서 그러한 부분들을 어떻게 구체화시켜 낼 것인지에 대한 더 많은 고민이 필요할 것입니다.

정부 여당과 국가정보원이 중심으로 하고 있는 테러방지법의 직권상정 내용에 보면 요는 간단합니다.

첫 번째로는 금융정보의 포괄적인 요청권 그리고 테러 업무를 국가안전보장에 상당한 위협이 예상되는 경우와 같게 취급해서 통신제한 조치를 할 수 있도록 관련 법 개정을 부칙에 담아서 타 법 개정 방식으로 요구하고 있는 것입니다.

두 번째로 보면 국가정보원장이 테러위험인물에 대해서 출입국, 금융거래 및 통신 이용 관련 정보 수집, 개인정보, 위치정보를 요구하는 것입니다.

세 번째는 테러를 선전하는 글이나 그림 등의 인터넷에 대한 긴급삭제 또는 중단을 협조 요청할 수 있는 권한입니다.

여기서 새누리당이 처음 이노근 의원과 이병석 의원 그리고 송영근 의원이 발의했던 법안과 오늘 최종적으로 제시한 최종안을 조금 비교해 볼 필요가 있을 것 같습니다.

처음 세 분이 발의하셨던 법안에는 대테러센터에게 테러업무를 총괄할 수 있는 임무, 즉 다시 말하면 국내외 테러 관련 정보의 수집, 분석, 작성 및 배포의 권한과 테러위험인물에 대한 추적 및 대테러 조사권한이 부여되도록 하고 있습니다. 그와 다르게 여당의 최종 수정안에는 이러한 권한이 삭제되어 있습니다. 그리고 대테러센터는 형식적인 기구로 전락되어 있는 상태입니다.

앞서 말씀드린 것처럼 이 테러방지법은 지난 14년간 정부가 바뀌어 가면서도 많은 시민들이 반대해 왔던 것입니다. 민주정부 10년 기간에도 시민단체들의 반대가 끊임없이 있어 왔고 또 많은 국민들께서 동의하지 못했습니다. 그 악법적 요소 때문에 그렇습니다.

악법적 요소의 가장 첫 번째는 부칙에서 타 법 개정을 통한 금융정보요청권을 요구하고 있다라고 하는 것입니다. 테러방지법 부칙 제2조에 특정 금융거래정보의 보고 및 이용 등에 관한 법률을 개정하도록 하고 있습니다.

즉 국정원은 테러위험인물에 대한 조사 시에 금융회사들이 보고하는 정보, 금융정보분석원장이 금융회사들로부터 보고받은 정보를 정리·분석한 자료 등을 요구할 수 있도록 하고 있습니다. 국가정보원이 금융정보분석원에게서 취합하고 있는 금융정보를 포괄적으로 축적할 수 있고 또한 이 정보를 활용해서 국민 감시 등 사생활침해 그리고 인권침해 행위를 할 수 있다라고 보여집니다. 테러위험인물에 대한 조사업무를 대테러센터가 다 하도록 하고 있지요.

악법적 요소 두 번째 사항은 똑같이 부칙에서 타 법 개정을 통해서 감청정보를 요청하고 있다라고 하는 것입니다. 테러방지법 부칙 제2조에서 통신비밀보호법을 개정해 테러업무도 국가안전보장에 상당한 위험이 예상되는 경우와 같게 취급해서 통신제한조치를 요구하도록 하고 있습니다.

국가안보를 위협하는 테러의 경우에는 현행법에 의해서도, 예를 들자면 통신비밀보호법상에 국가안보를 위한 통신제한조치나 긴급통신제한조치 등이 있을 것입니다. 이러한 제도에 의해서도 통신제한조치 등을 할 수 있기 때문에 테러 관련 업무를 국가안전보장에 대한 상당한 위험이 예상되는 경우와 동일하게 취급할 필요가 있다고 할 것입니다.

또한 테러는 그 중요도가 사안마다 다를 수 있는데 이를 일괄적으로 국가안위에 상당한 위험이 예상되는 경우와 동일시하게 된다면 위험이 예상되는 경우를 자의적으로 판단할 수 있고 그런 경우에 인권을 침해하거나 남용할 소지가 많이 있습니다.

국정원이 권한을 남용할 수 없도록 견제장치를 마련하는 것이 필요합니다. 그것이 더불어민주당이 그동안 계속 요구해 왔던 바입니다. 테러방지법 자체를 반대하고 있는 것이 아닙니다. 테러방지법을 통해서 독소 조항을 여야의 논의를 통해서 제거하고 또 이를 통해서 발생할 수 있는 국민의 우려와 염려를 덜어 내자고 하는 것입니다.

첫 번째로는 독소 조항의 삭제가 필요합니다. 국정원이 금융위원회에 테러위험인물에 대한 조사업무에 대해서 필요한 일반 금융정보를 요청하도록 한 부칙 조항은

삭제해야 합니다. 테러위험인물에 대한 조사업무를 대테러센터가 담당하면 국정원이 요구할 법적 근거가 없어진다고 할 것입니다.

또한 테러업무도 국가안전보장에 상당한 위험이 예상되는 경우 이런 표현과 같게 취급해서 감청 등을 하도록 하는 것은 광범위한 감청 권한 부여로 인권침해 소지가 많아서 이 부칙 조항도 삭제가 필요합니다.

대테러센터에 실질적 권한을 부여하는 것도 필요하다고 생각되어집니다. 총리실 소속으로 대테러센터를 설치하는 것도 하나의 방법일 수 있겠습니다. 현재의 규정에서도 국무총리가 그 의장을 맡고 있는 것처럼 센터장은 국무총리실 소속의 정무직 공무원이 맡도록 하고 그렇게 설치하는 방법도 고민해 볼 수 있을 것입니다.

대테러센터가 테러업무를 총괄할 수 있는 권한, 다시 말하면 국내외 테러 관련 정보의 수집, 분석, 작성 및 배포, 테러위험인물에 대한 추적 및 대테러조사권을 부여하는 것도 필요하다고 할 것입니다.

거듭 중요하다고 말씀드리는 것은 국회에 견제장치가 마련되어야 합니다. 국회가 선출해서 신분이 보장되는 복수의 상설 감독관이 테러업무를 감시하도록 하고 테러 관련 업무 내용을 국회에 보고하도록 하자고 하는 것입니다.

현재 국회 정보위원회는 국회의원들만이 유일하게 관련한 내용을 보고받을 수 있도록 하고 있고 또 대면보고뿐만 아니라 서면보고 그리고 기존의 속기록에 대한 내용도 국회의원만이 직접 받을 수 있도록 되어 있습니다. 다른 상임위에 있어서는 보좌진의 조력을 받을 수 있도록 되어 있습니다만 현재는 국회의원만이 정보위원회의 내용들은 직접 다 하도록 되어 있지요. 그래서 다른 나라에서도, 미국에서도 이와 관련한 제도들을 활용하고 있습니다.

국회 보좌진이라고 하는 것은 그 직위가 불안정성을 갖추고 있기 때문에 국가정보라고 하는 것을 상시적으로 보여 줄 수는 없겠다라고 하는 것에 더불어민주당도 동의합니다. 그렇기 때문에 국회에서 선출하는 상설 감독관이 필요하다라고 하는 것입니다. 그분들을 통해서 국회의원의 업무를 보조하고 평상시에 관련한 내용들을 보고받을 수 있도록 하고 관련 자료를 찾아서 검토하고 또한 예산 등을 볼 수 있도록 하면 되는 것입니다.

지난번 정보위원회 법안소위가 논의되고 있을 때 그 논의의 과정에서 당시 저희 당에 계셨던 문병호 의원께서 관련한 법률을 내시고 이 내용이 받아들여지기를 요구한다라고 하는 조건을 거시기도 했습니다. 그리고 그 논의가 진행되는 과정 중에 있었습니다. 그러다가 다시 또 이렇게 흐지부지 넘어가고 국회의 권한이라고 하는 것은 아무런 논쟁도 하지 못하고 본회의에 직권상정 되어 있습니다. 정상적인 국회의 운영 방식이 아닌 것입니다. 다시 상식의 범위로 국회가 돌아가야 합니다.

테러의 총괄업무를 정보기관이 담당하지 않은 외국의 입법례는 없다라고 하는 국가정보원의 주장이 있습니다. 과연 그 주장이 맞는 것인지 조금 더 고민해 봐야 할

것입니다.

테러업무를 정보기관에서 담당하고 있지 않은 외국 사례는 없다라고 하는 국정원의 주장은 사실과 좀 다릅니다. 주요 선진국의 경우에도 정보기관과 분리된 다른 기관이 담당하고 있기도 합니다. 물론 기본적으로 정보기관이 관장하고 역할하는 것이 바람직할 수 있습니다. 그러나 그 기능들과 구조가 대한민국과 다 동일하지 않기 때문에, 그리고 각 기관에 대한 신뢰가 대한민국과 동일하지 않기 때문에 똑같은 기준점에서 말할 수는 없을 것입니다.

영국 같은 경우에도 관련한 내용들이 대외 위협을 다루는 내용들은 MI6라고 하는 기관에서 다루고 있고요. 또 대테러 총괄 기관 등도 내무장관 산하에 있는 국가안전 및 대테러부에서 통합하고 있습니다. 물론 영국에도 우리의 국정원과 비슷한 역할을 하는 기구들은 있을 것입니다. 그러나 다양한 기구들이 존재한다라고 하는 것도 사실에 근거하는 것이지요. 그러한 부분들에 대해서도 조금 더 구체적이고 사실적인 내용들을 말씀해 주셔야 될 것이라고 판단합니다.

조금 더 원점으로 돌아가자면 사실 국정원을 믿기만 하면 아무런 문제가 없을 것입니다. 국정원이 이 법에 명시돼 있는 것처럼 법 안에서 활동을 다 하는 것이고 또 법에서 어긋나는 부분들은 발생하지 않을 것이라고 하는 것이 신뢰가 든다면 이런 논쟁은 할 필요가 없을 것입니다. 다만 앞서 말씀드린 것처럼 법안의 내용에 있어서의 용어의 문제나 포괄적인 규정에 대한 문제나 이런 것들은 추후에도 더 많이 논의를 해야겠지요.

그러나 아직도 많은 국민들이 국정원을 신뢰하지 못하고 있습니다. 그것은 국민들의 잘못이 아닌 것입니다. 국정원이 그동안 그러한 일들을 죽 해 왔기 때문입니다.

아주 먼 과거의 문제만을 말하지 않습니다. 정보위 회의를 통해서 테러방지법과 관련한 논의가 있을 때마다 국정원장은 이런 말씀을 하십니다. '이제 과거의 국정원이 아닙니다. 정치 개입이라고 하는 것은 다 잊었습니다.'

바로 직전의 국정원장이셨다가 현직 국정원장 신분에서 바로 청와대 비서실장으로 가셨던 이병기 실장도 관련한 말씀을 하셨지요. 비슷한 말씀을. 본인이 국정원장에 취임하면서 '정치 개입이라고 하는 네 글자는 머릿속에서 지워 버렸다'라고 하는 말씀을 하셨습니다.

그럼에도 불구하고 현재 두 가지의 문제점들이 아직도 존재하고 있습니다. 국정원이 새롭게 거듭났다라고 하는 것을 국민에게 보여 주려면 과거의 잘못에 대해서 철저하게 반성하고 그것에 대한 잘못을 한 사람에 대해서 단죄해야 할 것입니다. 그래야 그것을 보고 다른 사람들이 '아, 나도 이런 일을 저지르면 안 되겠다'라고 하는 생각을 하게 되겠지요.

그런데 지금 국정원은 그러한 역할들을 하고 있지 않습니다. 그러한 신뢰를 주지 않고 있습니다. 여러분 잘 아시는 것처럼 지난 대선기간, 그리고 그전부터도 국정원의 댓글사건이라고 하는 것이 있었습니다. 댓글부대 심리전단이라고 하는 것이 운영돼 왔습니다.

실제 국정원이 그것이 잘못된 행위였고 앞으로 그런 일이 없을 것이다라고 하는 것을 국민들에게 설득시키려면 이와 관련해서 범죄에 참여했던 사람들에게 국정원 내에서 할 수 있는 최대한의 징계와 법률적인 징계 등을 다 했어야 합니다. 그러나 현재 재판 상황은 그렇지 않지요.

여러분 잘 아시는 전직 국정원장은 재판을 받고 있습니다. 그런데 실제 댓글부대라고 하는 요원으로 활동했었던 사람, 이 사람들 중에서 재판을 받고 있는 사람은 단 1명 있습니다. 그것도 실제 댓글부대로 밝혀져서 그것 때문에 재판을 받고 있는 것이 아니라 방송을 하시는 어떤 유명한 분의 딸을 성적으로 과도하게 비난하고 왜곡하고 또 욕해 왔던 것이 문제가 되면서 소위 '좌익효수'라고 하는 아이디를 쓰는 그 직원만이 다른 사건과 관련해서 재판을 받고 있습니다.

이와 연계됐던, 국정원의 댓글부대와 연관선상에 있었던 국방부의 사이버사령부는 그래도 그나마 조금 다른 재판의 결과가 진행되고 있습니다. 국방부의 사이버사령부는 11명의 직원이 재판을 받고 또 처벌을 당하기도 하고 전·현직 사령관이 관련해서 구속되기도 하고 했습니다. 물론 이 재판도 온전하게 끝난 것은 아니지요. 여러분 잘 아시는 것처럼 댓글부대를 했던 사이버사령부의 소관은 국방부장관 소속입니다. 그럼에도 국방부장관은 지금 이 시간까지 서면조사조차 받지 않고 있지요. 물론 그렇기에 실체적인 진실이 다 밝혀지지는 않고 있습니다.

그럼에도 불구하고 사이버사령부의 재판과 비교해 보자면 국정원의 현재 재판이라고 하는 것은 정상적인 방식이 아니라고 하는 것입니다.

또한 국정원은 이와 관련해서도 끊임없이 거짓말을 하고 있습니다. 좌익효수와 관련해서 징계를 내렸고 직위해제를 시켰다라고 하는 얘기들을 정보위 회의에서 누차 이야기했습니다. 서류로써 인사발령을 냈을 것이니 관련한 자료를 제출해 달라고 얘기하지만 답이 없었습니다. 그리고는 결국 최종적으로 그동안 국정원이 말했던 것에 대한 사실관계가 잘못됐다라고 하는 것을 인정하기도 했습니다.

이후에 관련한 재판들이 죽 진행되고 있습니다만 재판에 있어서 증인으로 참석해야 될 많은 사람들에 대해서 국정원장은 재판에 참석하지 않도록 하고 있습니다. 국정원장 스스로가 밝히고 있는 것처럼 국정원장이 그것을 지시하고 있습니다. 잘못된 과거를 새롭게 거듭나려고 하려면 그 잘못에 대해서 명확한 단죄를 해야 되는 것이겠지요. 그런데 국정원은 지금 그 일에 아무런 관심이 없습니다.

단재 신채호 선생이 말씀하신 것처럼 '역사를 잃은 민족에게 미래는 없다'라고 하는 말이 있습니다. 역사를 잊었다고 미래가 꼭 없겠습니까? 다만 이 말을 저는 이렇게 해석할 수 있다고 판단합니다. 과거의 잘못된 역사라고 하는 것을 제대로 평가하지 않으면 똑같은 과거의 반복일 뿐일 것이다라고 하는 말이라고 생각합니다.

국정원이 지금 그렇게 활동하고 있습니다.

테러방지법에서 가장 우려하고 염려하고 있는 것처럼 핸드폰 감청 부분에 있어서도 그와 관련한 문제들이 여전히 존재합니다. 잘 아시는 것처럼 RCS 프로그램이라고 하는 문제가 작년에 발생했습니다. 그것도 국회에서 국정감사를 통해서 밝혀지거나 국정원이 어떤 보고를 하다가 밝혀진 것이 아닙니다. 전 세계 어떤 해킹팀에서 관련한 내용들을 공개하면서 이러한 불법적인 행위가 이루어지고 있었다라고 하는 것이 세상에 공개되었지요.

물론 국정원은 지금도 이것이 불법적인 행위가 아니다라고 항변하고 있습니다. 그런데 과연 불법적인 행위가 아니라면 왜 정상적인 국정원의 예산을 보고해서 사용하지 않았을까요?

원래 이 예산은 소프트웨어를 개발하기 위한 프로그램을 도입하기 위한 장비의 비용이었습니다. 그런데 이게 수차례 반복되면서 실제 RCS 프로그램이라고 하는 것을 구입하게 됐지요. 그리고는 그것을 실전에 사용했습니다. 국정원은 북한과 관련한 어떤 우려가 되는 사람들을 상대로 사용했다라고 하는 얘기를 합니다. 잘 아시는 것처럼 대한민국의 법률에는 핸드폰에 대한 감청 부분은 인정하지 않고 있습니다, 현재. 그런데 RCS 프로그램이라고 하는 것을 통해서 그것을 그대로 실제 사용했다라고 하는 것을 인정하고 있는 것이지요.

그리고는 그것에 아무런 처벌도 있지 않습니다. 지금 이 시간까지도 국회 정보위원회에는 그 대상자가 누구인지, 실제 왜 그것이 필요했는지에 대해서도 구체적으로 알려지지 않고 있습니다. 이런 일들은 끊임없이 반복될 것입니다.

지난해 RCS와 관련해서 저희 당에서 대책위원회도 마련했었고, 국정원에 31개의 자료제공을 요청했습니다. 그 내용 중에서 국회 정보위원회에 제대로 답변서가 온 것은 실제 없습니다. 자료를 줄 수 없다라고 하는 내용들만 끊임없이 답변이 왔습니다.

어떤 부분이 어떻게 바뀐 것이고, 실제 어떻게 사용됐는지에 대해서 전문가가 가서 검토해 보자, 같이 검증해 보자라고 하는 야당의 주장이 있었습니다. 그 주장에 대해서도 전혀 응하지 않았습니다. 국회의원들만 와서 보고 알아서 확인해 보면 좋겠다라고 하는 답 외에는 듣지 못했습니다. 실제 진실 규명에 대해서 아무런 뜻도, 의미도 갖고 있지 않는 상태로 있는 것입니다.

그 이후에도 그 문제는 지속적으로 발생합니다. 처음 말씀드린 것처럼 이것은 정보위원회에서 밝혀낸 것이 아닙니다. 국정감사를 통해서 찾아낸 것이 아닙니다. 아마 그 해킹팀이라고 하는 곳이 밝혀내지 않았다면 지금 이 시간에도 그 RCS 프로그램은 돌아가고 있을 것입니다. 아무도 모르게 그 일들은 진행되고 있을 것입니다.

국가안보라고 하는 이유로 법률을 벗어나도 된다라고 하는 것이 국정원의 주장인 것입니다. 테러방지법이라고 하는 것이 염려되는 것이 그 부분이 가장 큰 대목입니다. 국가안보라고 하는 큰 틀의 미명하에 어떠한 일들이 어떻게

일어날 것인지 현재 제대로 알 수가 없습니다.

그러한 것들에 대한 보완장치를 마련하자라고 하는 야당의 주장과 의견이 과도한 것인지 국민 여러분이 조금 더 판단해 주셔야 될 것 같습니다. 그리고 과연 지금 이 시기에 이렇게 진행되는 방식이 옳은 것인지, 그것에 대해서도 국민 여러분이 잘 판단해 주셔야 됩니다.

여러분이 잘 아시는 것처럼 미국의 스노든이라고 하는 사람을 통해서 폭로된 내용들이 있습니다. 그러한 내용들이 대한민국에서는 벌어지지 않았으면 좋겠다라고 하는 생각도 많이 가지고 있습니다. 그러나 아직도 국정원에 대한 염려와 걱정이 큰 것이 사실입니다. 이 부분에 대해서 다시 한 번 정상적인 절차를 통해서 해결해 나가자라고 하는 말씀을 드립니다.

또한 누차 말씀드린 것처럼 대한민국의 정부 구조를 통해서도 현재의 테러방지법과 관련한 논의 등은 막아 낼 수 있습니다. 그 논의를 다시 해야 합니다. 테러에 대한 범주를 어디까지로 볼 것인지 그리고 테러에 대한 대상을 어디로 할 것인지에 대한 고민도 하나도 해결되지 않고 있습니다.

테러의 대상에 북한을 넣을 것이냐 말 것이냐라고 하는 주장이 있는 분도 있고, 당연히 북한이 하는 행위에 있어서도 군사적인 행위가 아닐 때는, 공격이 아닐 때는 테러로 보는 것이 맞다라고 하는 주장을 펴시는 분도 있습니다. 그러한 여러 가지 주장에 대해서도 이 테러방지법의 법률상 안에서 명확하게 규정되어야 합니다.

현재 이철우 의원께서 수정안을 내신 안에 보면 유엔이 정한 단체로만 규정되어 있기 때문에 그 내용상에서 보면 현재 북한의 테러 위협이라고 하는 것을 근거로 이 법이 바로 필요하다라고 하는 것은 법안의 내용과 맞지 않는 내용입니다.

실제 어떠한 테러의 위협과 경고가 있는지 그 부분에 대해서 다시 한 번 많은 국민들에게 솔직하게 말씀해 주시기를 촉구합니다. 정말 왜 지금 이 시기에 이 법이 이렇게 필요한 것인지에 대해서도 더 많은 의견들을 주시면 좋겠습니다.

테러방지법의 문제점에 대해서는 누차 말씀드렸습니다. 아마 이제 국민 여러분들께서도 어떠한 것이 어떻게 달라지는 것인지, 왜 어떤 문제가 있는 것인지에 대해서도 알고 계실 겁니다.

여당이 말했던 테러방지법의 최종 수정안에 대한 내용들을 좀 보자면 저희도 여당이 얘기하는 것에서 반영할 수 있는 부분들은 반영할 수 있다라고 하는 생각을 다시 가지고 있습니다. 그리고 테러방지법이 지금 시기에 필요하다면 이 법을 제정하는 것에 대해서도 큰 틀에 있어서 반대하지 않습니다. 누차 말씀드린 것처럼 부칙 조항에 대한 독소 조항, 이것은 다시 한 번 재논의가 필요하다라고 하는 말씀을 드립니다.

하나하나 최종안에 대해서, 여당의 안에 대해서 더불어민주당의 입장을 조금 정리해서 말씀드리도록 하겠습니다.

여당이 최종적으로 제출한 법안의 명칭은 국민보호와 공공안전을 위한 테러방지법안이라고 되어 있습니다. 저희가 제출했던 법안은 국제 공공 위해 단체 및 위해 단체 행위 등의 금지에 관한 법률안이라고 하는 것인데요.

제1조(목적) 부분에 있어서는 어느 정도 여당 안을 수용 가능하다라고 하는 판단입니다.

제2조(적용 원칙)에 있어서는 저희 당의 안을 수용해 주시기를 바랍니다. 큰 틀에 있어서의 차이는 그렇게 많지 않습니다.

제3조와 제4조 국가 및 지방자치단체의 책무와 다른 법률과의 관계 부분은 양당의 차이가 크지는 않습니다.

제5조(국가테러대책위원회) 그리고 저희 당 안에 보면 제7조로 되어 있는 국가 공공위해 방지위원회라고 하는 것은 일정 정도 여당안의 수용이 가능하다라고 하는 판단은 가지고 있습니다만 앞서 말씀드린 것처럼 실질적인 권한 부여라고 하는 것은 필요하겠다라고 하는 말씀을 드립니다.

제6조에 있어서 대테러센터의 기능은 여당안은 테러 업무를 총괄하는 기능을 갖추고 있지 않습니다. 그렇기 때문에 실제 이 기능이 가능한 범위에서 내용이 수정되어야 할 것이다라고 하는 말씀입니다.

제7조(대테러 인권보호관) 조항은 저희 당이 얘기했던 위해방지활동 감독관실 부분을 조금 더 수용해 주시기를 바랍니다. 그리고 이분을 1인으로 한다라고 하기보다는 복수로 선출해야 할 것이고, 국회의 선출 권한을 보장해 줘야 할 것입니다. 또한 신분 보장에 있어서도 관련한 규정들이 조금 더 추가되어야 할 것입니다. 소속은 위원회 안에 두는 것이 맞을 것이라고 보입니다.

제8조의 전담조직의 구성 부분과 관련해서는 전담조직의 구성은 일정 정도 여당안의 수용이 가능하다라고 하는 입장입니다.

제9조의 테러위험인물에 대한 정보수집과 관련해서는 정보수집 업무는 국정원이 아닌 대테러센터가 담당하는 것이 맞고 또 국회에 보고하는 조항에 대해서는 야당안을 조금 더 받아 주시기를 바랍니다.

제10조(테러예방을 위한 안전관리대책의 수립) 부분에 있어서는 양당의 차이가 크지 않습니다.

제11조(테러취약요인 사전제거), 저희 당 안에 보면 공공위해 취약요인 사전제거라고 되어 있는 이 부분과 관련해서는 양당의 차이는 크게 발생하지는 않고 있습니다만 다만 국회 보고의 조항에 관련해서는 저희 안을 받아들여 주시기를 바랍니다.

12조의 테러선동·선전물 긴급 삭제 등 요청과 관련해서는 이 또한 국회보고조항을 신설해 주시기를 바랍니다.

13조의 외국인테러전투원에 대한 규제 이 부분도 국회보고 부분은 더 반영해 주시기 바랍니다.

이후의 14·15·16·17·18·19조 부분은 크게 차이점들이 많지는 않습니다만 그러한 부분에 있어서도 각 당의 논의가 필요하다고 할 것입니다.

(2월23일 24시 경과)

그렇기 때문에 현재 이 법은 완성된 단계의 법률이라고 볼 수가 없습니다. 아직도 이 법안의 내용에 있어서 여당과 야당이 완벽하게 만족스럽다라고 할 수 있는 법안의 내용을 갖추지 못하고 있고 여당 안에서도 과연 이 법이 실효성 있는 것인지 그리고 최종적인 안인지에 대한 답을 하셔야 할 것 같습니다.

내용 등의 큰 차이 중에 한 가지만 다시 한 번 말씀드리도록 하겠습니다.

사실 가장 큰 차이는 부칙 조항인데요. 국정원이 원하는 것 또한 부칙 조항일 거라고 판단하고 있습니다. 왜 부칙 조항으로만 이 법을 통과시켜야 하는지에 대해서도 가장 잘 알고 있는 것이 국정원일 것입니다. 이제는 정상적인 국회의 방식을 통해서 이 법이 통과될 수 있기를 바랍니다. 그 논의가 필요하고요.

많은 국민들께서 이런 생각을 또 하실지 모르겠습니다. 실제 필요하다면 핸드폰에 대한 감청도 하는 것이 좋지 않겠느냐라고 하는 고민이 있을 수 있겠습니다. 영장에 의해서 그러한 것들이 다 이루어진다라고 하면 어느 정도 또 동의될 수 있는 부분들이 있을 것입니다.

그런데 현재 이 규정과 법률에 의하면 영장이라고 하는 것이 실제 소용되지 않을 수 있다라고 하는 우려가 크게 나타나는 것이고요. 또한 예를 들어 전체 100여 개의 사건이나 조사가 있다라고 할 때 신고되는 내용이 과연 몇 개일 것인가, 50개는 신고되고 50개는 신고되지 않았을 때 그것을 감시하고 총 100개를 했다라고 하는 것을 알 수 있을 만한 방법이 존재하느냐라고 하는 고민이 끊임없이 있는 것입니다. 그것이 RCS 프로그램 사건에서 아직 해결되지 못한 미궁의 문제가 끊임없이 나오기 때문에 그러한 고민들을 할 수밖에 없는 구조인 겁니다.

지금도 국정원이 핸드폰을 감청하려면 다 할 수 있는 것이 아닌가라고 하실 겁니다. 물론 RCS 프로그램이나 특정한 기능 등을 통해서는 핸드폰 감청이 가능하다라고 하는 것이 밝혀지고 있지요. 그게 RCS 프로그램을 통해서 입증되기도 했습니다.

그런데 현재는 막무가내의 감청 혹은 도청이라고 하는 것이 이루어질 수 없는 가장 큰 이유는 기지국에 감청설비라고 하는 것을 갖추고 있지 않기 때문입니다. 그것이 강제 조항이 아니기 때문에 개별 회사들이 그것을 설치하고 있지 않습니다. 그런데 이 테러방지법을 통해서 그것이 의무 조항이 된다라고 하면 통신회사들은 그것을 설치해야 할 것입니다. 물론 비용은 국가가 보전할 수도 있고 아니면 통신회사가 다 댈 수도 있을 것입니다. 법에 의해서.

그러고 났을 때 과연 그 이후의 상황들은 어떻게 될 것이냐라고 하는 고민들도 더 많이 해 보셔야 할 것입니다. 지금은 기술, 기계 자체가 대한민국에 그렇게 많이 존재하지 않기 때문에, 감청설비가 각종의 기지국에 다 마련되어 있지 않기 때문에 하고 싶은 마음이 간절하지만 잘 이루어지지 못하는 내용에 있어서 이후에 이 설비가 다 완료된 이후에는…… 이 내용을 혹시 기억하실 분이 있을지 모르겠습니다만 지난 세월호 사건이 났을 때 유병언과 관련한 수사에 있어서 언론에 많은 부분에 기사가 그렇게 났습니다. '유병언을 잡으려고 하면 핸드폰 감청을 해야 되는데 핸드폰 감청을 하지 못해서 잡지 못하고 있다' 이런 기사들 보셨을 겁니다.

이후에 경찰도 관련한 핸드폰 감청에 대한 권한을 요구할 것이고요. 또 탈세를 막기 위해서도 국세청이 관련한 핸드폰 감청을 하겠다라고 나설 수도 있을 것입니다. 그러한 것들에 대한 기준점과 앞으로의 방향성들을 조금 더 많이 고민해 본 이후에 기지국에 감청과 관련한 시설들을 설치하는 것이 온당한 처사다라고 하는 것이 지금의 입장입니다.

그래서 더 많은 고민이 필요하고, 지금 미방위에서도 범죄와 관련해서 필요하다면 영장에 의해서 그런 것들은 추진할 수 있지 않겠느냐라고 하는 고민들이 논의되고 있는 것으로 알고 있습니다. 필요한 절차와 과정들이 현재 국회의 각 상임위에서 충분히 진행되고 논의되고 구성되고 있기 때문에 그 부분들에 대해서 아무것도 대한민국에 존재하지 않는 것처럼, 대한민국에는 안보와 관련한 어떠한 컨트롤타워도 존재하지 않고 어떠한 기구도 존재하지 않는 것처럼, 이 법이 없으면 국제정보기구와의 교류가 이루어지지 못해서 대한민국만이 혼자 독립된 섬에 떨어져 있는 것처럼 얘기하는 것은 정당한 처사가 아닙니다.

다시 한 번 말씀드리지만 현재 대한민국은 국정원과 경찰청과 군과 국민안전처와 해양수산부와 여러 가지 국가기관 등을 통해서 각각의 역할 등을 잘하고 있습니다. 그래서 지금 이렇게 이 나라가 운영되고 유지되고 있습니다. 부족한 부분은 컨트롤타워의 역할인 것이지요. 본인이 의장인지도 모르고 있는 국무총리의 역할, 본인 소속 기관에 두고 있는 대통령께서 이 내용을 잘 모르시는 것, 그래서 정상적으로 회의 진행을 하지 않는 것, 이런 것들이 가장 큰 문제점일 것입니다.

그러나 그 외에는 현재 대한민국의 법률과 규정을 통해서도 충분히 테러라고 하는 것을 예비하거나 막을 수 있는 기능들을 갖추고 있습니다. 물론 테러를 100% 막을 수는 없습니다 열 사람이 한 도둑 못 막는다는 말처럼 테러라고 하는 것을 100% 장담할 수 없을 것입니다.

그래서 염려되는 부분들이 많이 있는 것도 사실입니다. 하지만 프랑스 테러가 테러방지법이 없었기 때문에 테러가 일어난 것이 아닌 것처럼 대한민국에서도 동일한 생각들을 가져 주시면 좋겠습니다. 테러가 발생하지 않는 사회 환경을 만드는 것도 대한민국의 국회와 정부가 해야 될 역할입니다.

지금 전 세계적으로 테러집단과 관련해서 혹은 테러의 용의 혹은 이후에 테러가 발생할지 모른다라고 하는 대상자라고 하는 사람을 꼽는 것은 '은둔형 늑대'라고 하는 대상자들입니다. 단순하게 실제 테러나 폭파나 아니면 감정적으로 아주 극단적인 관계로 나아가 있는 사람들이 테러를 일으키고 있는 것이 아닙니다. 물론 아직도 종교적인 문제나 이런 것들을 통해서 발생하는 테러 등이 있는 것도 사실입니다만 현재의 현대사회에서의 테러는 그러한 문제점들보다는 은둔형 늑대를 통해서, 사회의 고립을 통해서 발생하는 사회적 테러라고 하는 것들이 훨씬 더 많이 있습니다.

그래서 그 문제를 해결하기 위해서 전 세계가 나서고 있습니다. 대한민국 사회도 그 문제의 고민으로 조금 더 많은 부분에 대한 시간과 예산을 투자해야 합니다. 사회 양극화와 많은 사람들의 갈등, 부의 편중, 일자리를 갖지 못하고 정보의 접근성에 있어서도 많은 부분에 편차가 발생하는 문제, 이럼에 있어서 가정이 파괴되고 또 그 가정환경의 문제로 인해서 제대로 된 교육을 받지 못하고 가난해서 못 배우고 못 배워서 더 가난한 이 악순환의 고리들이 대한민국 사회에도 은둔형 늑대들을 많이 양산하고 있습니다.

이분들에 대한 사회적 시스템을 갖추는 것 그것이 또한 전 세계적으로 현재 용인되고 있고 관리되고 있고 준비되고 있는 테러방지의 가장 큰 수단이기도 합니다. 그런 부분에 있어서 이 자리에 계신 많은 의원들께서 깊은 고민을 함께 해 주시면 좋겠습니다.

마지막으로 테러방지법은 테러방지법을 통해서 테러 자체를 막겠다라고 하는 생각이 있으시다면 더 많은 고민과 법안에 대한 검토가 필요합니다. 지금 이 시간에도 65만 명의 장병들이 다 북한을 막기 위해서 땀 흘리고 밤잠을 자지 못하고 있습니다. 그러한 생각들을 대통령께서도 많이 해 주시면 좋겠습니다.

그리고 또한 테러의 범위를, 대통령께서 말씀하신 것처럼 북한의 후방공격, 후방테러가 우려되기 때문에 테러방지법이 필요하다라고 하는 논의에 있어서의 테러의 규정, 테러의 개념 이 부분에 대해서도 진중하게 생각해 주시면 좋겠습니다.

그리고 많은 국민들이 우려하고 염려하는 것처럼 이 법을 통해서 일반 시민에게, 집회에 참여한 사람들에게 테러 가담자라고 낙인찍지는 않을 것인가라고 하는 것에 대한 국민들이 납득할 수 있을 만한 보완장치와 견제장치를 마련해 주시길 바랍니다. 그런 것들을 통해서 우리는 충분히 얘기할 수 있을 것입니다.

요즘 핸드폰을 다 사용하고 있습니다. 핸드폰에 있는 많은 장치에 개인정보들이 담겨 있습니다. 그 개인정보가 동의되지 않고 사용될 수 있는 것들도 있고 또한 이 정보들이 나도 모르게 사용되고 외부로 유출되고 있는 것들도 많이 있습니다. 이런 것들에 대한 대비태세와 절차를 준수하는 일들도 사이버안보의 가장 큰 개념 중의 하나일 것입니다. 단순하게 해킹이나 바이러스라고 하는 것들을 포괄해서 사이버테러라고 말할 수는 없습니다.

그리고 지금도 국정원에 사이버테러와 관련한 기구들을 갖추고 있고 또 민간 차원에서는 정보통신부에서 관련한 일들을 다 해 오고 있습니다. 그러한 국가기구의 역할들과 기능 등을 충실하게 인정하고 국민들의 불안을 더 이상 확장시키지 않았으면 좋겠다는 말씀을 드립니다.

국민의 불안을 통해서 얻어낼 수 있는 것은 어느

누구에게도 없을 것입니다. 이것은 정치적인 문제도 아닌 것이고 선거의 유불리의 문제도 아닐 것입니다. 국민들에게 안정을 주고 또 그것을 통해서 경제가 발전할 수 있도록 하는 것이 국가의 가장 큰 역할일 것이라고 판단합니다.

테러방지법과 관련해서 누차 말씀드리는 것처럼 지금 이 시기에 과연 국가의 비상사태라고 할 수 있을 만한 정도의 상황인 것인가라는 것에 대해서 다시 한 번 국회의장께서는 답을 주셔야 합니다.

과연 어떠한 근거로 국가비상사태라고 하는 것을 말할 수 있을 정도의 수준이 되는 것인지, 그 비상사태가 되려면 현재의 규정에 의해서 4개의 경고발령 중에 한 가지를 하셨어야 합니다. 지금이 위기 단계인지 심각한 단계인지, 그 단계에 따른 범정부 차원의 국가기구는 어떻게 구성했으며 관련한 공무원들은 현재 어떠한 역할을 수행하고 있는 것인지 국민들에게 솔직하게 말하셔야 합니다. 국가의 기구는 아무런 반응을 하지 않고 있는데 국회만이 국가비상사태라고 말하는 것으로 국민들을 설득할 수는 없을 것입니다.

그리고 그 국민의 비상사태라고 선언이 된다면 앞서의 규정처럼 국회의장께서는 다른 기관들에게도 이것을 통보하셔야 됩니다. 그래서 그 다른 기관들이 관련한 역할들을 다 수행해야 할 것입니다.

그런데 심지어 군조차도 지금 추가적으로 진돗개를 발령하거나 워치콘을 격상하거나 하는 일들을 하고 있지 않습니다. 그런데 어떻게 국회만이 국가비상사태라고 말할 수 있겠습니까? 그래서 대한민국에서 네 번째로 비상사태라고 하는 단어를 사용해서 국회에 오늘 이 법안이 직권상정되는 일이 벌어질 수 있는 것이겠습니까?

이해할 수 없는 일들이 대한민국에 벌어집니다. 이제는 좀 상식의 범위에서 논쟁할 수 있고 논의할 수 있는 상황으로 합리적인 국가로 나아갈 수 있으면 좋겠습니다.

왜 법이 필요한지에 대해서 야당을 조금 더 설득하셔야 합니다. 그리고 국민들을 설득하셔야 됩니다. 그리고 많이 들어 있는 독소 조항과 너무 급조해서 만들면서 아직 법체계도 제대로 갖춰지지 못했던 많은 단어들에 대해서 수정하셔야 하고 그 수정의 시간이 필요합니다.

국회 정보위원회의 법안소위 위원으로서 법안소위를 열자라고 하면 언제든 응할 생각입니다. 다양한 논의를 할 준비가 되어 있습니다.

그리고 19대 국회에는 국회 정보위원회의 법안소위가 이번에 처음 열렸기 때문에 이 법뿐만 아니라 많은 법안들이 쌓여 있습니다. 그러니 빨리 법안소위를 여십시오. 그래서 그동안 묵혀 있었던 많은 문제점들에 대한 법안들을 한꺼번에 같이 논의하는 시간을 가졌으면 좋겠습니다.

그리고 또한 국정원의 댓글사건 이후에 국회에서 국정원개혁특위라고 하는 것을 만들었습니다. 그 성과물도 국민들에게 보여 드렸습니다. 그런데 그 성과물이 하나도 시행되고 있지 않지 않습니까?

국민에게 드렸던 그 약속을 실제 이제는 실행해야 하는

것 아니겠습니까? 그렇게 해서 국민들이 훨씬 더 신뢰할 수 있는 국정원으로 거듭날 수 있도록 하고 또 그것을 통해서 대한민국 국민들이 '아, 국정원이 있기 때문에 우리가 훨씬 더 안전하구나. 국정원이 더 많은 일들을 할 수 있도록 우리가 지원해야 되겠구나'라고 하는 생각을 가질 수 있도록 해 주는 것, 그게 국회의 역할이고 집권당의 역할일 것이라고 생각합니다.

테러방지법이라고 하는 미명으로 그 이름을 통해서 실제 법안의 내용들은 지금 우리가 갖춰져 있었던 국가 대테러규정이라고 하는 내용보다 훨씬 더 간소화되어 있습니다. 구체성은 훨씬 더 결여시켜 놨고 단어는 훨씬 더 포괄적으로 늘려져 있습니다. 각각의 기구들이 실제 어떤 일들을 어떻게 수행할 것인지, 누구의 권한을 가지고 어떤 규정과 절차를 가지고 그것을 해결해 나갈 것인지, 지정에 대한 방식은 어떻게 할 것이고 해제를 할 경우에는 어떻게 할 것인지에 대한 것이 34년 전에 만들어 놨던 그 시행령보다 훨씬 더 못합니다. 최소한 그 시행령 정도의 수준으로서 법안이 제대로 만들어져야 합니다. 그리고 부칙 조항으로 끼워 넣었던 내용들은 각각의 상임위에서 관련한 논의들을 충실하게 하면 되는 것입니다.

지금 이렇게 시행령보다 못한 법안을 내면서 부칙 조항으로 FIU법과 계좌를 볼 수 있는 법률과 통신에 대한 감청을 할 수 있는 법을 끼워 넣기 하겠다라고 하는 내용들이 국민들을 설득하지 못하고 야당을 설득하지 못하는 가장 큰 이유입니다.

대한민국에서 안보를 걱정하지 않는 사람이 누가 있겠습니까? 대한민국에서 테러가 일어나는 것을 환영하고 있는 사람이 누가 있겠습니까? 다 국민의 안전과 생명을 걱정합니다.

그러기 위해서 필요하다면 법률을 만들고 필요하다면 예산을 지원할 생각들을 갖추고 있습니다. 그러나 아직까지 저희들이 판단했을 때 현재 갖추고 있는 규정과 절차 등을 통해서도 테러와 관련한 정보에 대한 수집, 접근 그리고 국제 공유라고 하는 것들은 충분히 가능하겠다라고 하는 논의입니다.

다만 몇몇의 처벌 조항 부분과 관련해서는 앞서 정보위원회에서 많이 논의했던 것처럼 형법의 특정한 부분들을 벌칙 조항으로 집어넣는 것에 대해서는 이견이 없습니다. 그러한 논의는 빨리빨리 진행하셨으면 좋겠습니다. 그렇게 해서 정말 이 법이 국민들에게 필요한 법으로 거듭날 수 있도록 국회가 국회의 역할을 다해 주시기를 바라고요.

누차 말씀드린 것처럼 단순하게 부칙 조항을 통해서 그동안 쌓여 있었던 숙제라고 하는 것을 처리하는 형식처럼 이 법을 직권상정하는 것은 온당하지 않다라고 하는 말씀을 다시 한 번 드립니다.

국회의 역할들을 국회의원 스스로가 방기하지 않도록 제대로 상임위의 결정을 지키고 상임위 스스로가 그 역할을 다할 수 있도록 상임위 중심주의로 국회가 돌아갈 수 있도록 여러분들께서 도와주시면 좋겠습니다. 그 역할을 할 수 있게 해 줄 수 있는 힘도 또 그 역할을 하지 않도록 할 수 있는 힘도 이 자리에 계신 선배님들이 갖고 계신 것입니다. 그러한 역할들을 함께 해 주시고요.

조금 더 말씀드리자면 국회에서 법안심사소위원회의 심사자료가 있을 것 아니겠습니까? 이 법안심사소위원회의 심의자료가 이렇게 두껍게 나옵니다. 각각의 내용들에 대해서 하나의 조항 조항이 어떤 문제점들을 담고 있는 것인지, 어떤 문제가 야기되는 것인지를 다 말하고 있습니다. 한 조항 한 조항마다 전부 검토의견들이, 수석전문위원의 의견들이 딸려 붙고 있습니다. 그만큼 고쳐야 할 사항들이 많고 또 해결해야 될 문제점들이 많습니다. 그러한 것을 이렇게 단순하게 처리할 수 있겠습니까?

여러분들이라면 그저 정치권에서 논의하고 있고 몇몇 분들이 계속적으로 이 발언을 하기 때문에 우리가 이것을 통과시켜야 할까라고 하는 것에 동의할 수 있겠습니까? 그렇지 않지요.

아까 법률에 대한 얘기가 있어서 한두 가지만 조금 더 말씀드리자면 현재 대테러활동과 관련한 현행 법률들은 여러 가지가 갖춰져 있습니다.

첫 번째로 위험물질과 관련해서, 테러 위험물질과 수단과 관련한 부분에 있어서는 원자력안전법, 원자력시설 등의 방호 및 방사능 방재 대책법, 화학물질관리법, 총포·도검·화약류 등 단속법, 고압가스 안전관리법 등에서 명시되어 있고 또한 항공보안법, 항공법, 선박 및 해상구조물에 대한 위해행위의 처벌 등에 관한 법률에서 충분히 다루고 있습니다.

또한 테러자금의 추적과 관련해서는 공중 등 협박목적 및 대량살상무기확산을 위한 자금조달행위의 금지에 관한 법률 그리고 범죄수익은닉의 규제 및 처벌 등에 관한 법률, 특정 금융거래정보의 보고 및 이용 등에 관한 법률 등에서 충분히 다루고 있습니다.

테러위험지역에 체류를 금지하는 것과 관련해서는 재외국민등록법에서 관련한 내용들을 갖추고 있습니다.

대테러기구는 경찰법에서도 관련한 내용들이 포함돼 있고요.

테러정보의 수집과 관련해서는 현재도 국가정보원법상에 충분히 그 내용들이 담겨져 있습니다.

테러위험인물의 활동을 규제하는 법과 관련해서는 출입국관리법과 북한이탈주민의 보호 및 정착지원에 관한 법률 등에서도 관련한 내용들이 있습니다.

처벌 규정은 국가보안법과 형법, 폭력행위 등 처벌에 관한 법률 등에서도 논의가 되고 있고요. 이미 존재하고 있고요.

피해자 보조와 관련해서는 범죄피해자 보호법에서도 명시하고 있습니다. 그렇기 때문에 관련한 내용들이 꼭 대한민국에 존재하지 않는다라고 말할 수는 없을 것이고요. 이러한 규정과 내용 안에서 어떤 것들이 부족한 것인지 그것에 대해서 진솔하게 말씀을 좀 해 주시면 좋겠습니다.

그리고 이 테러방지법이 있으면 실제 어떤 부분이 더 도움이 되는 것인지, 지금 핸드폰에 대한 감청과 또 계좌를 마음대로 볼 수 있는 권한 두 가지를 제외하고 다른 어떤 부분이 이 법을 통해서 테러를 막을 수 있는, 지금 국회의장께서 비상사태라고 할 정도의 상황을 타개할 수 있는 다른 어떤 방안을 마련할 수 있는 것인지 그것에 대해서 국민들께 설득할 수 있는 근거를 말씀해 주셔야 합니다.

그러나 지금 몇 시간 동안 우리가 이 법에 대해서 하나하나, 법 조항에 대해서 뜯어 봤습니다만 이 법 조항은 현재 존재하고 있는 기구와 시행령상에서 논의돼 있었던, 현재 대한민국에 존재하고 있는 기구와 기능들 외에 달라질 것이 하나도 없는 것입니다. 똑같은 내용을 가지고, 테러방지법이라고 하는 이름이 있으면 테러를 막을 수 있고 이 법이 없으면 테러를 막을 수 없다라고 하는 논리를 계속 펴는 것은 우리 스스로가 이해할 수 없는 문제이기 때문에 지속적으로 이 말씀을 드리는 것입니다.

테러방지법의 어떠한 조항이 테러를 막을 수 있는 기준이 되는 것입니까? 그 기준을 국민들께 말씀해 주십시오.

테러단체의 지정과 관련해서 아까도 말씀드렸습니다만 유엔이 정한 기관으로만 할 것이냐 아니면 국정원장이 지정할 수 있는 규정까지 줄 것이냐라고 하는 논쟁들이 있었습니다. 그것과 관련해서 이 제도의 도입 시에 내·외국민의 권리·의무에 상당한 영향을 미치게 될 것이라고 하는 것이 국회의 생각입니다. 국회입법조사처의 생각입니다.

테러단체를 어떻게 지정할 것이냐 그리고 테러 용의자라고 하는 것을 어떻게 규정할 것이냐라고 하는 것이 큰 고민인데요. 운영방식 등에 대해서 신중한 접근이 필요하다라고 하는 검토의견입니다.

테러단체가 지정될 시에 해당 단체 구성원은 테러위험인물에 해당되어서 출입국이나 금융거래, 통신이용 정보의 수집과 대테러 조사의 대상이 되고 출입국 등 규제조치의 대상이 되며 이에 가입하거나 가입을 권유 또는 선동하는 사람은 처벌대상이 되도록 되어 있습니다.

처음 송영근 의원이나 이병석 의원께서 내셨던 안에도 그 방식 외에도 상임위원회의 심의 의결을 통해서 결정하는 방안 등 종합적으로 고려해 볼 필요성이 있겠다라고 하는 논의들도 계속 있어 왔습니다.

주요국의 사례를 조금 더 보자면 이렇습니다.

현재 다른 규정에서는 테러단체라고 하는 것을 어떻게 규정하고 있느냐? 유엔에서는 회원국들의 관련 정보를 수시로 유엔 대테러위원회에 보고하면 대테러위원회가 종합적으로 검토해서 테러단체로 등재하거나 또는 삭제하는 방식을 취하고 있습니다.

미국에서는 국무부장관에게 재무·법무부 장관과 협의하에 해외 소재 단체의 테러활동이 국가안보를 위협한다고 판단할 경우에 테러단체로 지정할 수 있도록 하고 있습니다. 영국은 내무부장관에게 테러단체 지정권한을 부여하고 있습니다. 그렇기 때문에 이 항의 내용에 있어서도 관련한 기준과 절차 등의 내용이 같이 규정될 필요성이 있겠습니다. 또한 지정뿐만 아니라 해제의 방식을 어떻게 할 것이냐, 지정과 해제의 결정 주체가 상임위원회 또는 대책회의라고 하는 점에서 해당 기구의 역할과 지정·해제의 기준·절차 등에 대해서 제도적인 규정의 필요가 있다라고 하는 의견입니다.

또한 단순하게 상임위원회가 지정하거나 해제할 뿐만 아니라 이와 관련해서 이의 제기를 할 수 있는 문제들 그리고 공고의 절차를 어떻게 할 것인가라고 하는 것도 대통령에 위임할 것인지 아니면 관련한 규정들을 법률에 담을 것인지에 대해서도 더한 논의가 필요한 부분입니다.

법안에 테러리스트의 지정·해제에 관한 사항도 규정하는 것에 대해서 검토해 볼 여지가 있습니다. 유엔 안보리의 결의는 테러단체뿐만 아니라 테러리스트를 지정하여 고시하고 있습니다. 자금세탁방지 국제기구도 테러조직과 함께 테러리스트를 지정해서 자금을 동결하도록 하고 있기 때문에 그러한 부분들도 더 많은 고민이 필요합니다.

더불어민주당도 이러한 내용들에 있어서 어찌 보면 새누리당의 요구보다 더 많은 부분을 요구하는 부분들도 있습니다. 필요하다면 더 강한 처벌과 더 강한 규제가 필요하다고 하는 부분에 있어서도 동의하고 있습니다. 그러기 위해서 정보위원회를 열어서 관련한 논의들을 끊임없이 할 수 있도록 했으면 좋겠습니다.

정보 수집과 대테러 조사권이 제정안에 규정된다고 할지라도 휴대폰 감청이 가능하도록 하는 조치가 먼저 선행되어야 합니까. 내외국민의 기본권을 과도하게 침해하는 것은 아닌지 그것에 대한 우려도 충분히 있습니다.

또한 사전 예방활동의 필요성은 인정한다손 치더라도 국정원장 소속의 센터의 장에게 상임위원장이나 상임위원회 보고, 대책회의 보고 등을 거치지 않고 권한을 행사할 수 있도록 하는 것은 다소 과도하다는 의견들도 있습니다.

국정원은 테러 혐의자의 위치정보 및 개인정보 수집 조항의 신설이 필요하다는 의견을 제시하고 있습니다만 테러 범죄의 발생 이전에 테러 위험을 사전 차단하기 위한 테러 혐의자들의 개인정보와 위치정보의 수집은 필수이므로 현행 개인정보 보호법 제2조에 개인정보처리자와 위치정보의 보호 및 이용 등에 관한 법률 제18조에 위치정보사업자에게 테러위험인물의 개인정보 및 위치정보를 요청할 수 있다는 조항의 신설이 필요한 것으로 제시되고 있습니다.

관련한 법률들이 같이 논의되어야 할 것이고 관련한 상임위원회에서도 충분한 의견들이 개진돼야 합니다. 그 내용 중에서 그 4항에 보면, 송영근 의원님 안에 보면 서면주의 원칙을 지키면서도 대책회의의 의장에게 보고하도록 하는 것이 나와 있는데요, 이러한 것은 바람직한 방식이라고는 보여집니다. 그래서 그러한 내용들이 충분히 이 법 안에서 규정될 수 있도록 했으면 좋겠습니다.

아까 논의의 내용에 있어서 쉽게 넘어가 버렸던 사항이 하나 있었는데요, 통합방위법과 관련해서 이 법률이 어떻게

운영될 것이냐라고 하는 문제점들이 있습니다.

당초 안에 보면 테러 대상시설의 한 종류로서 대통령으로 정하는 국가 중요시설의 경우에는 타 법에 이미 제정안의 안전관리 대책에 준하는 대책이 존재하는 경우에 그것으로 대체할 수 있도록 하는 예외를 두는 방안을 검토해 보는 것도 필요하다고 할 것 같습니다.

통합방위법 제2조제13호에 규정된 공공기관 등은 시설로서 동법 제21조제4항에 따라서 국방부장관이 관계 행정기관의 장 및 국가정보원장과 협의하여 지정하도록 하고 있는 국가 중요시설과 중복될 가능성이 큽니다. 동법에 따른 자체 방호계획과 제정안에 따른 안전관리 대책 간 차이가 그다지 없을 것으로 보여집니다.

지금도 잘 아시는 것처럼 국가에 중요한 사건이 있거나 중요한 행사가 있을 때 대테러 업무를 수행합니다. 국군의 날 같은 경우에도 기무사에서 관련한 역할들을 하기도 하고 또 올림픽이나 아시안게임 등이 벌어질 때 국정원이 관련한 보안조치를 하기도 합니다.

그때 나왔던 기사 중의 하나가 생각나는 것이 있는데요, 아시안게임이었던 것 같은데 아시안게임에서 국정원이 전 세계 다른 정보기관과의 협력을 잘 이루어 내서 성공한 아시안게임을 만들었다라고 하는 기사들이 있었습니다. 그럴 정도로 대한민국의 정보기관들은 타국의 정보기관들과 충분한 교류와 정보 공유를 하고 있습니다. 너무 새누리당에서 그 내용들을 불안에 떨지 않으셔도 좋을 것 같습니다.

현행 법령에서 국가 중요행사의 특성에 따라서 대테러, 경호 등 안전업무 운용의 주관 부서를 달리하고 있는 점을 감안해 보자면 법률적 충돌을 방지하기 위해서 몇 가지 단서 조항을 넣을 필요도 있을 것 같습니다.

현행 대통령 등의 경호에 관한 법률 제4조와 국가대테러활동지침 제38조에 따라서 다자간 정상회의 등과 같은 국가 중요행사의 경호대상은 방한하는 외국의 국가 원수 또는 행정수반과 그 배우자, 그 밖에 실장이 경호가 필요하다고 인정하는 국내외 요인으로 대통령경호실이 주관하고 있고 이러한 정상회의를 제외한 국가 중요행사 등 대테러 안전관리 업무는 국가정보원이 주관한다라고 하는 정도로 정리하는 것도 나쁘지 않을 거라고 보여집니다. 그러한 것들을 더 많이 논의해야 되는 것이고요.

테러 취약 요인에 대한 사전 제거 부분에 있어서도 이 조항은 필요성에 있어서 과연 정말 필요한 것인지 재검토도 한번 해 볼 필요성이 있을 것 같습니다. 테러 취약 요인 제거의 노력 의무는 앞서 우리가 많이 말씀드린 것처럼 안전관리 대책에 포함되는 것으로 보여질 것입니다. 그러므로 중복되는 내용이라고 판단됩니다.

화학물질관리법이나 총포·도검·화약류 등의 안전관리에 관한 법률, 고압가스 안전관리법 등 개별 법률에서 위험물질 등에 대한 취급자에게 국민 안전과 국민 건강, 환경, 공공의 안전상 위해가 발생하지 않도록 적절한 시설 그리고 설비를

유지하고 국가 시책에 참여하고 협력할 의무를 부과하고 있습니다.

이러한 것들을 고려해 보면 테러 취약 요인의 사전 제거 의무 조항이 동일 주체에게 중복적인 의무를 부과하지 않도록 할 필요성이 있습니다. 타법에서 이와 같은 의무가 규정되어 있지만 이와 관련한 비용에 대한 보조 규정이 없는 점은 고려해서 법안을 이후에 만들 때 더 참작했으면 좋겠습니다.

테러 발생의 신고 및 보고 체계와 관련해서도 현재 경찰관서에 신고하도록 되어 있습니다만 이것들이 해양에서 발생하는 문제점들이 있기 때문에 해양경비안전서 등을 추가하는 것도 나쁘지 않겠다는 의견도 국회의 검토보고서에 포함되어 있습니다.

이러한 것들처럼 현재 이 법률은 아직 완전한 법이 아닙니다. 더 많은 고민이 있어야 할 것입니다. 그렇기 때문에 지금 이렇게 졸속으로 처리해서 뚝딱 만들어 낼 수 있는 법은 아닌 것입니다.

다시 한 번 말씀드리지만 국가비상사태라고 얘기할 정도의 상황이 왜 초래되는 것인지, 과연 어떤 문제로 대한민국의 국회가 지금 비상상황인 것인지 국민들에게 납득할 수 있는 설명이 필요합니다. 그렇지 않고 이렇게 안보라고 하는 이유를 가지고 비상사태를 선언한다면 앞으로의 국회는 모두 국회선진화법이나 어떠한 법률과도 상관없이 모두 직권상정 할 수 있다라고 하는 선례를 남기게 될 것입니다. 그것은 여당이 됐을 때와 또 여야가 바뀌었을 때도 동일한 상황이 초래될 것입니다.

안보상에 어떤 문제가 발생했기 때문에 상임위에서 논의가 채 끝나지도 않았던 법안을 갑자기 오늘 발의한 법안을 통해서 그것으로 국회의장이 직권상정을 하도록 용인하는 것인지, 그게 과연 정상적인 국회의 운영이라고 받아들여질 수 있는 것인지 여야의 정파적 문제를 떠나서 개별 헌법기관인 국회의원 한 분 한 분의 입장에서 추후에 여야가 바뀌었을 때를 또 고려하고 생각하셔서 합리적이고 상식에 근거한 판단을 해 주시기를 간곡히 호소드립니다.

경청해 주셔서 감사합니다.

(박수 치는 의원 있음)

● **부의장 정갑윤** 김광진 의원 수고하셨습니다.

다음 회의 진행을 위해서 좀 조용히 해 주시기 바랍니다.

다음은 국민의당 문병호 의원 나오셔서 토론해 주시기 바랍니다.

(2016년 2월 24일 오전 12시 39분)

02

문병호 의원

제19대 국회의원 (인천 부평구갑)
국민의당

2016년 2월 24일 오전 12시 40분 시작
2016년 2월 24일 오전 2시 30분 종료
발언 시간 1시간 50분

"국정원 개혁은 국민의 여망이고 지금
시기 우리가 반드시 이루어야 할 시대적
과제입니다."

(2016년 2월 24일 오전 12시 40분)

● **문병호 의원** 존경하는 국민 여러분!

선배·동료 의원 여러분!

국민의당 인천 부평갑 출신 문병호 국회의원입니다.

오늘 이렇게 필리버스터를 신청하고 두 번째로 발언할 수 있게 된 것을 영광으로 생각합니다.

먼저 정의화 의장님께 심각한 유감을 표명합니다.

사실 테러방지법은 직권상정할 요건을 갖추지 못했습니다. 현행 국회법 제85조에 의하면 천재지변의 경우, 전시·사변 또는 이에 준하는 국가비상사태의 경우, 이 두 가지 경우에 한해서 국회의장은 심사기간을 지정하고 직권상정을 할 수가 있습니다. 그런데 지금이 천재지변은 아니지요. 또 전시·사변, 이에 준하는 국가비상사태라고 볼 수가 없다고 본 의원은 생각합니다. 이 부분에 대해서 국회의장께서는 관련 전문가의 자문을 받았다고 하지만 그 자문의 내역을 믿을 수가 없습니다.

우리 정의화 의장께서는 그동안에 박근혜 대통령과 정부의 부당한 압박에 대해서 국회의 권능을 지키기 위해서 노력해 왔다고 평가를 했습니다. 그러나 오늘 이 테러방지법의 직권상정은 그동안 정의화 의장님의 국회의 권능을 보호하기 위한 노력이 물거품이고 헛수고였다는 것이 명백히 드러난 것입니다.

지금이라도 정의화 의장께서는 직권상정을 즉각 취소하시고 다시 정보위에 테러방지법의 심사를 회부해 줄 것을 강력하게 요청하는 바입니다.

테러방지법에 대해서 토론하도록 하겠습니다.

먼저 지금 이 본회의장에 관계 국무위원이 누가 나와 있습니까? 국정원장이 나와 있습니까? 안전행정부장관이 나와 있습니다. 사실 이 법은 국정원이 중심에 있었고 새누리당 의원들께서 낸 법안에 의하면 테러방지의 주무기관으로 국정원을 상정했습니다. 또 오늘도 국회의원님들의 토론 내용을 보면 모두가 다 국정원, 국정원 하고 있습니다. 그런데 정작 국정원장은 눈에 보이지도 않습니다. 이것은 무엇을 말하는 겁니까? 이 법이 애시당초 국정원의 소관이 아니었다는 것을 분명하게 증명하는 것입니다.

한마디로 말하면 이 테러방지법은 정보를 수집하는 법이 아니고 테러를 방지하는 집행에 관한 법입니다. 그런데 이 집행이라는 것은 국가정보원의 업무가 아닙니다. 그것은 행정부의 업무에 소관되는 것이고 집행에 관한 부서가 담당하는 업무인 것입니다.

우리 국정원법을 보면 국정원은 정보를 수집·배포·가공할 수 있는 권한만 있지 그 정보에 기해서 집행을 할 수 있는 권한은 없습니다. 테러방지에 대해서 보더라도 테러방지에 필요한 정보를 수집하고 관계 부처에 그 정보를 통보해 주는 것으로서 국정원장의 임무는 종료되는 것입니다. 그 국정원장이 통보한 정보를 가지고 어떠한 방지 대책을 세우고 집행을 하는가 하는 것은 또 다른 행정부처의 몫이라고 할 것입니다.

예를 들어서 보면 이렇습니다. 지금 테러방지법 제9조에 보면요, 테러방지법 제9조2항에 보면 이렇게 되어 있습니다. "국가정보원장은 제1항의 규정에 따른 정보 수집 및 분석의 결과 테러에 이용되었거나 이용될 가능성이 있는 금융거래에 대해 지급정지 등의 조치를 취하도록 금융위원회 위원장에게 요청할 수 있다." 이렇게 법안이 되어 있습니다.

이것은 명백하게 잘못된 것입니다. 국가정보원장은 정보 수집 및 분석의 결과 테러에 이용되었거나 이용될 가능성이 있는 금융거래가 있다면 그것을 대통령에게 보고하면 되는 것입니다. 그러면 대통령은 국가정보원장으로부터 그 보고를 받고 대통령이 금융위원회 위원장에게 해당 금융거래에 대해서 지급정지할 것을 요청해야 되는 것입니다. 이렇게 하는 것이 국가를 운영하는 권력이 분립된 원리입니다.

왜 국정원장이 정보를 수집하고 그 정보에 기해서 대응하는 조치까지도 하는 것입니까? 저는 국정원에도 묻고 싶습니다. 또 우리 국회의원님들도 이 부분에 대해서는 간과하는 측면이 있습니다. 누차 제가 국정원개혁특위 했을 때부터 강조한 사항이지만 이 국정원은 정보를 수집하고 배포하는 권한밖에 없습니다. 집행권이 없습니다. 그런데 우리 국회의원님들 또 국정원 또 많은 국민들께서는 국정원이 국가안보에 관련된 모든 일을 다 할 수 있다고 생각하시고 계십니다.

이번에 새누리당 의원들께서 테러방지법을 여러 건을

내주셨는데, 그 법을 보면 전부 국정원장이 테러정보 수집도 하고 또 테러정보 수집한 정보에 근거해서 집행하고 군대를 동원하고 경찰을 파견하고 의사와 간호사를 파견하고 민방위를 동원하고, 이런 일을 국정원장이 지시하도록 법을 만들어서 냈습니다. 이것은 대단히 국정원의 역할과 국정원의 업무 범위를 오해한 것에서 비롯되었다고 할 것입니다.

그래서 정보위 법안소위에서 이런 부분을 많이 수정하고 손질을 했습니다. 그래서 가능하면 국정원은 정보를 수집하는 데 그치고 그 수집된 정보에 기해서 테러를 방지하고, 대응하는 조치는 해당 행정부처에서 하도록 법을 많이 바꿨다는 그런 말씀 드립니다.

그렇지만 아직도 현재 정의화 의장께서 직권상정한 법안을 보면 국정원이 많은 집행을 하도록 법안이 되어 있습니다. 이런 부분은 다시 한 번 검토해서 손질을 하고, 국정원은 국정원다운 정보 수집에 그치고 그 정보 수집에 기해서 테러를 방지하고, 대응하는 것은 행정부처, 다른 부처가 하는 것이 올바른 국가 운영이 아닌가 그런 말씀을, 의견을 피력해 봅니다.

그런 점에서 이 법안에는 많은 문제가 있습니다. 사실 이 테러방지법에 대해서는 국민의당도 필요성을 인정합니다. 또 더민주도 필요성을 상당 부분 인정하는 것으로 저는 알고 있습니다. 그래서 사실 이 테러방지법에 대해서는 여야가 조금만 머리를 맞대고 토론을 한다면 합의를 이루지 못할 것이 없습니다.

그런데 문제는 뭐냐 하면 이 거대 양당 체제에서 새누리당은 국정원을 옹호하는 데만 치중하고 있고, 더불어민주당은 국정원이 하는 일이라면 무조건 반대하는 데만 목적이 있습니다. 실제 내용을 들여다보면 얼마든지 여야가 토론하고 수정하고 합의안을 만들 수가 있습니다. 바로 이런 점에서 테러방지법이 통과가 안 되고 이렇게 직권상정까지 이르게 된 것은 정의화 의장님의 국회법의 잘못된 집행도 있지만 거대 여야 양당의 토론 없는, 서로 싸움만 하는 이러한 것이 큰 원인이 되고 있다고 하지 않을 수 없습니다.

저는 앞으로 정보원장이 국회에 출석해야 한다고 생각합니다.

우리나라 정보원장은 두 가지 역할을 하고 있습니다.

첫째는 정보기관의 장으로서 정보를 수집하고 배포하고 가공하는 역할을 하고 있습니다. 그러한 정보기관의 장으로서는 국회에 출석할 의무가 없겠지요. 그래서 정보위라는 특별한 위원회를 만들어서 거기에만 출석하고 보고를 하도록 하고 있습니다.

그러나 우리나라 국정원장은 다른 나라 국정원장과 달리 수사권을 가지고 있습니다. 수사권이라 하는 것은 행정부가 갖고 있는 권능 중에 가장 기본적인 것입니다. 정보기관의 장으로서는 국회에 출석할 의무가 없지만 수사기관의 장으로서는 법사위에 출석하고 본회의에 출석해서 국회의 견제와 감독을 받는 것이 헌법의 원리에도 맞고 행정부와

국회 간의 권력분립의 원리에도 맞는 것입니다.

그런데 우리의 국정원은 권한만 가지고 있지 책임은 지고 있지 않습니다. 정보기관의 장으로서는 일정 부분 국회의 견제로부터 숨을 수 있는 공간이 있겠지만 수사기관의 장으로서는, 국가보안법상 범죄에 대한 수사기관의 장으로서는 국회 법사위와 본회의에 출석해서 국회의 견제와 감독을 받아야 된다, 이것이 헌법 정신에 또 국회와 행정부 간의 권력분립 정신에 맞다 하는 말씀을 드리고, 앞으로 이러한 부분에 대한 국회법의 개정이 있어야 한다고 생각을 합니다.

그리고 늘 저는 국정원이 정보기관으로서 본연의 역할을 제대로 해야 한다고 강조해 왔습니다. 사실 이 테러에 관한 정보수집권도 국정원에 있습니다. 현재 국정원법에 의하면 대테러에 관한 정보수집권을 국정원이 갖고 있습니다.

그런데 과연 국정원이 테러에 대한 정보수집권을 제대로 행사하고 밥값을 했을까요? 저는 그렇지 않다고 생각합니다. 지난 9·11테러부터 최근의 파리테러까지 세계 각국에 수많은 테러가 났습니다. 다행히 우리 대한민국은 테러에서 크게 표적이 되지 않아서 안전지대에 아직까지는 있습니다마는, 그러나 국정원이 과연 그러한 국제적으로 벌어지는 테러가 대한민국에까지 영향을 미칠 것을 대비해서 테러에 관한 정보를 제대로 수집하고 그에 관한 대응책을 제대로 마련했을까요? 그 부분에 대해서는 저는 국정원이 제 역할을 못 했다고 생각합니다.

저는 정보위에서 국정원에 그러한 질의를 했습니다. 지금 대테러 대통령훈령이 있습니다. 그 훈령에 따르면 국무총리를 위원장으로 하는 테러대책기구가 있고, 그 테러대책기구의 간사를 국정원장이 맡고 있습니다. 그런데 그 테러 관련 대책회의를 한 번도 한 적이 없습니다.

법은 없지만 훈령에 테러 관련 대책기구를 두고 있고, 국정원장이 주무기관장으로서 책임을 지고 있는데 그동안에 수많은 국제적인 큰 테러 사건이 났지만 한 번도 테러대책회의를 한 적이 없다, 이것은 국정원이 책임을 방기한 것이라고 하지 않을 수 없습니다.

또 '최근에 IS의 테러가 증가하고 중동지역에 테러 위험인자들이 증가하고 있습니다. 과연 국정원은 중동지역에 정보요원들을 더 증가시키고 예산을 투입하고 또 IS·이슬람국가에 대한 정보요원들을 더 많이 확보하려고 노력을 했느냐'라고 질문을 했습니다. 그러나 국정원은 거기에 대해서 뚜렷한 답변을 하지 못했습니다. 말로는 'IS의 테러 위협이 증가하고 있다. 거기에 대한 대한민국의 대처가 필요하다. 그래서 테러방지법이 필요하다'라고 말은 하고 있지만 실제 말뿐이고 국정원이 대한민국의 테러에 관한 정보를 수집하고 테러를 방지해야 될 중요한 기관으로서 역할을 하고 있느냐에 대해서는 대단히 회의적이라고 지적하지 않을 수 없습니다.

앞으로 국정원은 테러에 대한 정보 수집 주무기관으로서 역할을 제대로 하고, 대한민국이 테러로부터 공격당하지 않도록 만전을 기해 주는 것이 국정원의 가장 할 일이라고

생각하고 이 자리를 통해서 다시 한 번 그 부분을 촉구하는 바입니다.

차제에 국정원의 집행 부분에 대해 다시 한 번 강조를 하겠습니다.

사실 국정원이 정보기관으로서 본연의 업무를 잘해야 되고 역할을 제대로 해야 합니다마는 지금까지 국정원이 국민들로부터 신뢰를 받지 못했습니다. 늘 정치에 개입하고 불법사찰하고, 과거에 고문한 그러한 경력까지 국민들에게는 대단히 신뢰받지 못하는 기관으로 전락한 것입니다.

그 원인은 근본적으로 국정원이 집행권을 갖고 있다는 것에서부터 비롯된다고 생각합니다. 반드시 정보와 집행기관은 분리가 되어야 하는 것입니다. 그래서 정보기관은 정보만 수집해서 그것을 보고하고 그 정보에 기해서 대통령이 판단하고 집행기관에 업무를 부여해야 되는 것입니다.

그러나 국정원이 집행권과 정보권을 같이 갖고 있다 보니까 집행에 관련돼서 정보가 오염되는 측면이 굉장히 많았습니다. 그러다 보니까 제대로 된 정보, 정말 진실하고 국가에 필요한 정보보다는 그것을 왜곡시켜서, 가공해서 국정원의 편의에 또 정권 보위에 유용한 정보를 만들어서 집행을 하곤 했던 것입니다. 거기에서 국정원의 불행한 역사가 싹튼 것이라고 볼 수 있습니다.

그래서 앞으로 국정원은 정보 수집하고 정보를 분석하는 데 국한해야지 집행기능까지 가져서는 국정원 전체가 앞으로도 국민이 바라는 정보기관으로서 본연의 역할을 제대로 할 수 없을 것이라고 저는 감히 주장합니다. 그런 점에서 앞으로 국정원의 권한 분리, 집행과 정보수집권의 권한 분리를 강력하게 주장하는 바입니다.

지난 몇 년 전의 대통령선거 또 그 이후에 댓글사건에서 드러났지만 실제로 국정원이 댓글을 달 권한이 없습니다. 아까도 말씀드렸지만 국정원은 정보를 수집해서 그것을 분석해서 대통령에 보고하면 될 문제지, 국정원이 왜 나서 가지고 대북심리전을 펴고 댓글을 달아서 국민을 계도시키려고 하는 것입니까? 이 자체가 국정원법을 위반한 것이라고 하지 않을 수 없습니다.

이번 테러방지법에 대한 논란과 토론을 보더라도 모든 문제는 여기에서 비롯된다고 생각합니다. 국정원 스스로가 또 새누리당 국회의원님들께서 국가안보에 대해서 국정원에 대해서 너무 많은 집행권을 부여하고 모든 국가안보, 테러방지와 관련된 모든 일을 국정원에 주려다 보니까 이렇게 야당의 반발에 부딪히고 저항에 부딪힌 것입니다.

사실은 애당초 테러방지법을 운영함에 있어서, 테러방지법을 제정함에 있어서 국정원을 중심에 둬서는 안 됐습니다. 그런데 국정원을 중심에 두고 법안을 추진하다 보니까 결국은 국정원의 신뢰도 문제 또 국정원법에 어긋난, 직무 범위를 벗어난 문제 이런 것들이 논란이 돼서 계속 테러방지법이 표류하고 야당의 반대에 부딪히고, 오늘날 이렇게 여야의 대립사태까지 이른 것이라고 하지 않을 수

없습니다.

그래서 앞으로 국정원 스스로도 그렇고 또 새누리당 의원님들이나 국회에서도 국정원에 대한 역할을 부여할 때 정보수집권에 국한된 토론과 임무를 부여하는 것이 대단히 중요한 포인트가 아닌가 생각을 하고 앞으로 그런 방향으로 국회의 토론과 입법이 추진됐으면 하는 바람에서 말씀을 드리고 있습니다.

법안에 대해서 좀 말씀드리도록 하겠습니다.

제1조(목적)입니다.

목적을 보면

"이 법은 테러의 예방 및 대응활동 등에 관하여 필요한 사항과 테러로 인한 피해보전 등을 규정함으로써 테러로부터 국민의 생명과 재산을 보호하고 국가 및 공공의 안전을 확보하는 것을 목적으로 한다",

목적은 뭐 저는 좋다고 생각합니다.

"제2조(정의) 이 법에서 사용하는 용어의 정의는 다음과 같다.

1. "테러"란 국가·지방자치단체 또는 외국정부의 권한행사를 방해하거나 의무 없는 일을 하게 할 목적 또는 공중을 협박할 목적으로 행하는 다음 각 목의 행위를 말한다.

가. 사람을 살해하거나 사람의 신체를 상해하여 생명에 대한 위험을 발생하게 하는 행위 또는 사람을 체포·감금·약취·유인하거나 인질로 삼는 행위

나. 항공기와 관련된 다음 각각의 어느 하나에 해당하는 행위

1) 운항 중인 항공기를 추락시키거나 전복·파괴하는 행위, 그 밖에 운항 중인 항공기의 안전을 해칠 만한 손괴를 가하는 행위

2) 폭행이나 협박, 그 밖의 방법으로 운항 중인 항공기를 강탈하거나 항공기의 운항을 강제하는 행위

3) 항공기의 운항과 관련된 항공시설을 손괴하거나 조작을 방해하여 항공기의 안전운항에 위해를 가하는 행위

다. 선박 또는 해상구조물과 관련된 다음 각각의 어느 하나에 해당하는 행위

1) 운항 중인 선박 또는 해상구조물을 파괴하거나 그 안전을 위태롭게 할 만한 정도의 손상을 가하는 행위

2) 폭행이나 협박, 그 밖의 방법으로 운항 중인 선박 또는 해상구조물을 강탈하거나 선박의 운항을 강제하는 행위

3) 운항 중인 선박의 안전을 위태롭게 하기 위하여 그 선박 운항과 관련된 기기·시설을 파괴 또는 중대한 손상을 가하거나 기능장애 상태를 야기하는 행위

라. 사망·중상해 또는 중대한 물적 손상을 유발하도록 제작되거나 그러한 위력을 가진 생화학·폭발성·소이성(燒夷性) 무기나 장치를 다음 각각의 어느 하나에 해당하는 차량 또는 시설에 배치 또는 폭발시키거나 그 밖의 방법으로 이를 사용하는 행위

1) 기차·전차·자동차 등 사람 또는 물건의 운송에 이용되는 차량으로서 공중이 이용하는 차량

2) 1)에 해당하는 차량의 운행을 위하여 이용되는 시설 또는 도로, 공원, 역, 그 밖에 공중이 이용하는 시설

3) 전기나 가스를 공급하기 위한 시설, 공중의 음용수를

공급하는 수도, 그 밖의 시설 및 전기통신을 이용하기 위한 시설로서 공용으로 제공되거나 공중이 이용하는 시설

4) 석유, 가연성 가스, 석탄, 그 밖의 연료 등의 원료가 되는 물질을 제조 또는 정제하거나 연료로 만들기 위하여 처리·수송 또는 저장하는 시설

5) 공중이 출입할 수 있는 건조물·항공기·선박으로서 1)부터 4)까지에 해당하는 것을 제외한 시설

마. 핵물질, 방사성물질과 관련된 다음 각각의 어느 하나에 해당하는 행위

1) 원자로를 파괴하여 사람의 생명·신체 또는 재산을 해하거나 그 밖에 공공의 안전을 위태롭게 하는 행위

2) 방사성물질 등과 원자로 및 관계 시설, 핵연료주기시설 또는 방사선발생장치를 부당하게 조작하여 사람의 생명이나 신체에 위험을 가하는 행위

3) 핵물질을 수수·소지·소유·보관·사용·운반·개조·처분 또는 분산하는 행위

4) 핵물질이나 원자력시설을 파괴·손상 또는 그 원인을 제공하거나 원자력시설의 정상적인 운전을 방해하여 방사성물질을 배출하거나 방사선을 노출하는 행위

2. "테러단체"란 UN이 지정한 테러단체를 말한다."

이 테러단체까지, 방금 제가 읽은 부분까지는 문제가 없는 조항입니다.

좀 문제가 있는 제3호를 읽겠습니다.

"'테러위험인물'이란 테러단체의 조직원이거나 테러단체 선전, 테러자금 모금·기부 기타 테러예비·음모·선전·선동을 하였거나 하였다고 의심할 상당한 이유가 있는 자를 말한다."

이렇게 되어 있습니다.

이 3호 '테러위험인물'이라는 것은 상당히 문제가 있는 조항이라고 생각합니다. 왜냐하면 '테러단체 조직원이거나 테러단체 선전, 테러자금 모금·기부 기타 테러예비·음모·선전·선동을 하였거나' 여기까지는 좋습니다마는 '하였다고 의심할 상당한 이유가 있는 자를 말한다' 이렇게 해서 상당히 개연성 있는 모호한 조항을 규정을 했습니다.

그런데 이런 테러위험인물에 대해서는 뒤에 보면 통신 감청도 하고 금융자료도 보여 달라고 요구할 수가 있게 되어 있습니다. 쉽게 말해서 기본권 제한을 많이 하고 있는데 이렇게 테러위험인물을 너무 개연성 있게 광범위하게 규정을 했을 때 기본권 침해가 상당히 될 수 있다라는 우려가 제기될 수 있다는 말씀을 드립니다.

네 번째, 외국인테러전투원이라는 조항이 있습니다.

"'외국인테러전투원'이란 테러를 실행·계획·준비하거나 테러에 참가할 목적으로 국적국이 아닌 국가의 테러단체에 가입하거나 가입하기 위해 이동 또는 이동을 시도하는 내·외국인을 말한다.

5. '테러자금'이란 공중 등 협박목적 및 대량살상무기확산을 위한 자금조달행위의 금지에 관한 법률 제2조제1호에서 규정한 '공중 등 협박목적을 위한 자금'을 말한다."

이렇게 4호, 5호가 되어 있습니다. 이것은 큰 문제가

없다고 봅니다.

6호 "'대테러활동'이란 제1호 '테러' 관련 정보의 수집, 테러위험인물의 관리, 테러에 이용될 수 있는 위험물질 등 테러수단의 안전관리, 인원·시설·장비의 보호, 국제행사의 안전확보, 테러위협에의 대응 및 무력진압 등 테러예방과 대응에 관한 제반 활동을 말한다."

이렇게 되어 있습니다.

이 조항을 보면 상당히 의미가 있는데요. 아까 제가 말씀드린 이 법의 중심적인 활동이 대테러활동입니다. 그런데 이 테러활동을 보면 여기에 관련 정보 수집은 단 한 곳밖에 없습니다. 나머지는 전부 '테러위험인물 관리, 위험물질 등 테러수단의 안전한 관리, 인원·시설·장비의 보호, 국제행사의 안전확보, 테러위협에의 대응 및 무력진압 등' 이렇게 되어 있습니다. 그러면 테러 관련 정보 수집 이것만 국정원의 권한이지 나머지에 규정된 내용은 전부가 국정원의 권한이 아니고 다른 행정부처가 해야 할 권한입니다.

여기에서도 드러났듯이 이 법은 결국은 국정원이 할 수 있는 부분은 상당히 적다는 것입니다. 그럼에도 불구하고 마치 테러방지법이 국정원이 모든 것을 다 좌우지하고 국정원을 모든 중심에 두는 이런 것은 아니라는 것을 말씀드리는 것입니다.

그런데 문제는 새누리당 의원님들께서 발의한 초안을 보면, 다섯 분이 테러방지법을 발의했는데 그 초안에 보면 이 모든 것을 다 국정원이 진두지휘하게 해 놓았습니다. 그래서 이것은 국정원에 대한 과잉 임무를 부여한 것이다, 그것을 정보위의 소위원회에서 상당히 손질해서 이렇게 규정했다는 말씀을 드리겠습니다. 다음,

7호, "'관계기관'이란 대테러활동을 수행하는 국가기관, 지방자치단체, 그 밖에 대통령령으로 정하는 기관을 말한다." 이렇게 되어 있습니다.

8호, '대테러조사'란 대테러 활동에 필요한 정보나 자료를 수집하기 위하여 현장조사·문서열람·시료채취 등을 하거나 조사대상자에게 자료제출 및 진술을 요구하는 활동을 말하는 것입니다.

제3조(국가 및 지방자치단체의 책무) ①국가 및 지방자치단체는 테러로부터 국민의 생명·신체 및 재산을 보호하기 위하여 테러의 예방과 대응에 필요한 제도와 여건을 조성하고 대책을 수립하여 이를 시행하여야 한다.

②국가 및 지방자치단체는 제1항의 대책을 강구함에 있어 국민의 기본적 인권이 침해당하지 아니하도록 최선의 노력을 하여야 한다.

③이 법을 집행하는 공무원은 헌법상 기본권을 존중하여 이 법을 집행하여야 하며 헌법과 법률에서 정한 적법 절차를 준수할 의무가 있다.

이렇게 규정되어 있습니다. 이것도 별문제가 없는 조항이라고 생각합니다.

제4조(다른 법률과의 관계) 이 법은 대테러활동에 관하여 다른 법률에 우선하여 적용한다.

제5조(국가테러대책위원회) ①대테러활동에 관한 정책의 중요사항을 심의·의결하기 위하여 국가테러대책위원회를 둔다. ②대책위원회는 국무총리 및 관계기관의 장 중 대통령령으로 정하는 자로 구성하고 위원장은 국무총리로 한다. ③대책위원회는 다음 각 호의 사항을 심의·의결한다.

1. 대테러활동에 관한 국가의 정책 수립 및 평가
2. 국가 대테러 기본계획 등 중요 중장기 대책 추진사항
3. 관계기관의 대테러활동 역할 분담·조정이 필요한 사항
4. 기타 위원장 또는 위원이 대책위원회에서 심의·의결할 필요가 있다고 제의하는 사항

④그 밖에 대책위원회의 구성·운영 등에 관하여 필요한 사항은 대통령령으로 정한다.

이렇게 되어 있습니다.

이것은 앞부분은 문제가 없는데 제4항이 문제가 있다고 봅니다. '대책위원회의 구성·운영 등에 관하여 필요한 사항은 대통령령으로 정한다' 이렇게 해 가지고 대통령령에 너무 많은 것을 위임하고 있습니다. 그래서 대통령이 마음먹기에 따라서는 국정원장에게 이 대책위원회의 주무 역할을 맡길 수도 있는 여지를 남겨 놨다고 봅니다.

그래서 이 법조항에 대해서는 다시 구체적으로 규정을 해야 된다, 그래서 국정원장이 이 대책위원회에 참여하지 않거나 또는 참여하더라도 구성원의 일원으로서 참여하는 그런 조항의 손질을 해야 한다라는 말씀을 드립니다.

다음에 제6조(대테러센터)가 있습니다.

'대테러활동과 관련하여 다음 각 호의 사항을 수행하기 위해 국무총리 소속으로 관계기관 공무원으로 구성되는 대테러센터를 둔다' 이렇게 규정을 하고 있습니다.

그 센터의 임무를 보면, 첫째는 국가 대테러활동 관련 임무분담 및 협조사항 실무 조정
2. 장단기 국가대테러활동 지침 작성 배포
3. 테러경보 발령
4. 국가 중요행사 대테러안전대책 수립
5. 대책위원회 회의 및 운영에 필요한 사무의 처리
6. 그 밖에 대책위원회에서 심의·의결한 사항,

이렇게 되어 있습니다.

2항에 보면 대테러센터의 조직·정원 및 운영에 관한 사항은 대통령령으로 정한다. 이렇게 되어 있습니다.

그런데 이것도 큰 문제가 있는 조항이라고 생각합니다. '대테러센터의 조직·정원 및 운영에 관한 사항은 대통령령으로 정한다' 이렇게 대통령령에 모든 것을 위임해 놔 가지고 이 대테러센터의 조직과 정원과 운영에 관한 사항에 대해서 대통령이 마음먹기에 따라서는 국정원에 상당 부분 역할과 임무를 줄 가능성이 있습니다.

그래서 이 부분도 이렇게 포괄적으로 위임할 것이 아니고 정확하게 내용을 규정해서 국정원이 아까 말씀드린 정보수집권 외에 다른 역할을 하지 않도록 사전에 법에 명확하게 규정할 필요가 있다고 생각을 합니다.

다음, 제7조에 대테러 인권보호관 제도가 있습니다.

①관계기관의 대테러활동으로 인한 국민의 기본권 침해 방지를 위해 대책위원회 소속으로 대테러 인권보호관 1명을 둔다.

②인권보호관의 자격, 임기 등 운영에 관한 사항은 대통령령으로 정한다.

이렇게 돼 있습니다.

대테러 인권보호관에 관한 조항은 좋은 조항이라고 생각하고 있습니다. 그러나 과연 이것이 얼마나 실효성을 가질까는 의문입니다. 그래서 저는 국회의 견제와 감독에 관한 조항을 두어야 한다라고 주장을 합니다.

제가 정보위 2년을 했습니다. 그런데 국정원에 대한 견제와 감독을 할 수가 없는 상황입니다. 왜냐하면 국정원의 업무, 예산, 법 운영, 기관 운영에 관해서는 국회의원 본인만이 자료를 볼 수 있고 보고를 받을 수가 있습니다. 보좌관의 조력을, 지원을 전혀 받을 수가 없습니다.

왜냐하면 국정원은 비밀 엄수라는 것을 이유로 해서 국회의원 본인 외에는 보좌진에게 어떠한 자료도 공개하지 않고 있고요, 어떠한 국정원의 업무 내용에 대해서도 설명을 하지 않고 있습니다.

그래서 국정원에 대한 감독, 예산 심의…… 국정원 업무에 대한 견제를 하기 위해서는 국회의원 본인이 일일이 자료를 다 검토하고 공부하고 그 자료에 기해서 다시 한 번 국정원에 질문하고 또 자료를 요구하고 이렇게 해야 되는 것입니다.

그러나 아시다시피 지금 우리나라 국회 시스템은 정보위가 겸임 위원회로 돼 있습니다. 저 같은 경우도 미래창조방송통신과학위원회에 소속돼 있으면서 정보위원회를 겸임하고 있습니다.

사실 국회의원이 상임위 하나를 하기도 굉장히 벅차고 일이 많은 상황입니다. 그런데 국정원에 대해서 예산 심의나 국정원 업무에 대해서 감독을 하고 싶어도 보좌진의 지원과 조력을 받을 수 없기 때문에 사실상 국정원에 대한 견제와 감독을 제대로 할 수가 없습니다.

그래서 국정원개혁특위에서 새로 제안한 것이 국회의 정보위원회 내에 정보감독지원관 제도를 둬서 그 정보감독지원관이 정보위의 국회의원을 보좌하고 지원을 하고 해서 정보위 국회의원의 국정원에 대한 감독·견제 권한을 제대로 행사할 수 있도록 하자, 이것이 바로 국정원개혁특위의 안이었습니다.

그리고 실제 미국의 상원이나 선진국의 정보위 체제가 그렇게 되어 있습니다. 국회의 정보위 내에 전문위원 또는 감독지원관을 둬서 그 전문위원이나 감독지원관이 정보위의 국회의원의 지시를 받아서 자료도 검토하고 또 국회의원과 상의해서 정보기관의 여러 가지 문제점을 파헤치고 감독을 하고 있습니다.

그런데 우리나라는 그런 제도가 없기 때문에 지금 현재의 국정원에 대한 감독 시스템은 깜깜이 시스템입니다. 국정원이 무슨 일 하고 있고 예산을 얼마 쓰고 있고 어떤 공작을 하는지 전혀 국회의원으로서는 알 수가 없는 것입니다.

그래서 이 법을, 테러방지법을 통과할 때…… 이

테러방지법이 통과가 되면 국정원의 역할이 증가되는 것은 부인할 수가 없습니다. 그렇기 때문에 그에 대응해서 국회가 국정원을 감독할 수 있는 감독권을 더 강화해야 된다 그런 주장을 했습니다.

그래서 국회 정보위에 정보감독지원관 제도를 둬서 그 정보감독지원관을 통해서 국회의 정보위 국회의원들이 국정원에 대해서 더 많은 감독을 할 수 있도록 이렇게 시스템을 바꿔야 한다, 견제 시스템을 강화해야 한다 이렇게 주장을 했습니다마는 그것이 받아들여지지가 않았습니다.

그 대신에 겨우 제7조에 둔 것이 대테러 인권보호관입니다. 과연 이 막강한 국정원의 힘을 빌어서 테러방지 관련 활동을, 테러방지 관련 업무를 국정원이 수행함에 있어서 과연 이 한 사람의 대테러 인권보호관이 얼마나 국정원이 하는 일을 견제할 수 있을까, 또 테러방지를 빙자한 인권 침해를 막는 데 얼마나 효과적인 제도일까에 대해서 저는 회의적이지 않을 수 없습니다. 그래서 이 제도는 나쁜 것이 아니지만 효과가 없다 그런 지적을 하고 싶습니다.

다음, 제8조 전담조직의 설치라는 조항이 있습니다.
①관계기관의 장은 테러예방 및 대응을 위하여 필요한 전담조직을 둘 수 있다.
②관계기관의 전담조직의 구성 및 운영과 효율적 테러대응을 위해 필요한 사항은 대통령령으로 정한다.
이렇게 돼 있습니다.

그런데 사실 이 조항은 독소 조항이 될 가능성이 높습니다. 그리고 지금 대테러방지에 관한 대통령 훈령에도 이러한 조항들이 있습니다.

그런데 그동안 정부나 국정원은 대통령 훈령에 있는, 그러한 규정에 나와 있는 테러방지기구를 전혀 두지를 않았습니다. 훈령에 규정이 되어 있는 것도 하고 있지 않으면서 법에 두면 이것을 뭐 하겠습니까?

그리고 이 법에 따르면 '관계기관의 장은 테러 예방 및 대응을 위하여 필요한 전담조직을 둘 수 있다'고 되어 있는데 자칫 잘못하면 위인설관이 되고 이 법에 따라서 불필요한 전담조직을 또 만들 수도 있는 것입니다.

그리고 모든 관계부처에 다 테러 관련 전담부서를 만들어 놓고 또 국정원이 그 테러 관련 전담부서를 통합하면서 국정 전반에 국정원의 힘을 과시할 수가 있다, 그런 점에서 이 전담조직의 설치는 불필요한 조항으로 삭제되어야 옳다고 저는 생각합니다.

사실 국정원이 지난 댓글 사건, 대통령선거 개입 사건 이후로 지금 정부 내에서 상당히 위축되어 있습니다. 과거에는 국정원이 국정의 한 중심에 서 있었고 무슨 사건이 있으면 관계기관 대책회의를 열었는데 그 관계기관 대책회의의 주재자가 국정원이었습니다.

그러나 국정원의 그러한 무소불위의 권력 남용이 문제가 되고 국민들이 그 부분을 많이 비판하고 불신을 해서 이제 국정원이 서서히 그러한 역할에서 벗어나고 있고 지금 그렇게 가고 있습니다.

그러나 최근의 국정원의 의도는 이 테러방지법을 만들어서 다시 또 국정원이 국가 운영의 중심에 복귀하려는 그러한 의도가 있는 것이 아닌가, 저는 감히 이 부분을 지적하지 않을 수 없습니다.

그래서 이 8조의 전담조직의 설치는 불필요한 조항으로서 삭제하는 것이 옳다고 생각합니다.

제9조 '테러위험인물에 대한 정보수집 등'이란 조항이 있습니다.
①국가정보원장은 테러위험인물에 대하여 출입국·금융거래 및 통신이용 등 관련 정보를 수집할 수 있다. 이 경우 출입국·금융거래 및 통신이용 등 관련 정보의 수집에 있어서는 출입국관리법, 관세법, 특정 금융거래정보의 보고 및 이용 등에 관한 법률, 통신비밀보호법의 절차에 따른다.
②국가정보원장은 제1항의 규정에 따른 정보 수집 및 분석의 결과 테러에 이용되었거나 이용될 가능성이 있는 금융거래에 대해 지급정지 등의 조치를 취하도록 금융위원회 위원장에게 요청할 수 있다.
이렇게 되어 있습니다.

아까도 말씀드렸지만 이 조항은 대단히 잘못된 조항입니다. 국가정보원장은 정보를 수집하고 분석을 해서 테러에 이용될 가능성이 있다고 판단되면 그러한 정보를 대통령에게 보고함으로써 자기 역할이 끝나는 것입니다. 왜 국정원장이 직접적으로 정부기관인 금융위원회 위원장에게 금융거래에 대한 지급정지 등의 조치를 하도록 요구하는 것입니까? 이것은 독소 조항이고 국정원법에도 어긋나는 불법적인 조항이라고 지적하지 않을 수 없습니다.

그래서 이 조항은 수정을 해서 '국가정보원장은 대통령에게 보고한다' 이렇게 하는 것이 옳고, 국정원장이 직접 금융위원회 위원장에게 요청하는 조항은 삭제되어야 한다고 지적하지 않을 수 없습니다.

다음, 국가정보원장은 테러위험인물에 대한 개인정보와 위치정보를 위치정보사업자에게 요구할 수 있다, 이런 조항이 있습니다.

또 국가정보원장은 대테러활동에 필요한 정보나 자료를 수집하기 위하여 대테러조사 및 테러위험인물에 대한 추적을 할 수 있다……

사실 아까도 지적했지만 국정원이 대테러정보 수집기관으로서 제대로 역할을 하지 않았다고 지는 생각하는 이유가 국정원이 정말 그렇게 대테러에 관한 정보 수집을 열심히 했다면 저는 국정원이 이미 필요한 조항이나, 필요한 법조항이나 필요한 법을 만들어 달라고 국회에 요구했을 것이라고 저는 생각합니다.

그런데 국정원이 그동안에 법에 주어진 테러에 관한 정보 수집을 제대로 하지도 않고 그 부분에 대해서 무관심하고 있다가 이제 최근에 와서 테러방지법 논의가 되고 이것이 통과되어야 한다는 그러한 대통령의 압박이 강하게 일어나니까 이런 조항까지도 이 법에 넣어서 국회에 요구하고 있다, 그런 지적을 하지 않을 수 없습니다.

그다음에 제10조(테러예방을 위한 안전관리대책의 수립)

①관계기관의 장은 대통령령이 정하는 국가중요시설과 많은 사람이 이용하는 시설 및 장비에 대한 테러예방대책과 테러의 수단으로 이용될 수 있는 폭발물·총기류·화생방물질, 국가 중요행사에 대한 안전관리 대책을 수립하여야 한다.

이것은 필요하겠지요. 관계기관의 장이 이거 할 필요가 있다고 봅니다.

그다음에 '테러취약요인 사전제거'라는 조항이 있습니다.

①테러대상시설 및 테러이용수단의 소유자 또는 관리자는 보안장비를 설치하는 등 테러취약요인 제거를 위하여 노력하여야 한다.

②국가는 제1항의 사업을 수행하는 소유자 또는 관리자에게 필요한 경우 그 비용의 전부 또는 일부를 지원할 수 있다.

이런 것은 필요한 조항이라고 생각하고 있습니다.

다음, 제12조(테러선동·선전물 긴급 삭제 등 요청)입니다.

①관계기관의 장은 테러를 선동·선전하는 글 또는 그림, 상징적 표현물, 테러에 이용될 수 있는 폭발물 등 위험물 제조법 등이 인터넷이나 방송·신문, 게시판 등을 통해 유포될 경우 해당기관의 장에게 긴급 삭제 또는 중단, 감독 등의 협조를 요청할 수 있다.

이런 조항이 있습니다. 이 조항에 대해서는 필요성도 있지만 또 우려도 있습니다. 왜냐하면 헌법상 보장된 표현의 자유 또 창작의 자유, 예술의 자유를 침해할 수 있는 측면이 있습니다.

그래서 이 부분에 대해서는 필요성도 있지만 상당 부분 표현을 바꾸고 일부 단어는 삭제하는 것이 옳을 것이라고 생각을 합니다.

다음, 제13조가 있습니다. '외국인테러전투원에 대한 규제'가 있습니다.

①관계기관의 장은 외국인테러전투원으로 출국하려 한다고 의심할 만한 상당한 이유가 있는 내·외국인에 대하여 일시 출국금지를 법무부장관에게 요청할 수 있다.

이렇게 되어 있습니다.

②제1항에 따른 일시 출국금지 기간은 90일로 한다. 다만, 출국금지를 계속할 필요가 있다고 판단할 상당한 이유가 있는 경우에 관계기관의 장은 그 사유를 명시하여 그 연장을 요청할 수 있다.

③관계기관의 장은 외국인테러전투원으로 가담한 자에 대하여 여권의 효력정지 및 재발급 거부를 외교부장관에게 요청할 수 있다.

이렇게 조항이 되어 있습니다. 13조 조항은 필요한 조항이라고 생각합니다.

제14조 '신고자보호 및 포상금' 조항이 있습니다.

①국가는 특정범죄신고자 등 보호법에 따라 테러에 관한 신고자, 범인검거를 위해 제보하거나 검거활동을 한 자 또는 그 친족 등을 보호하여야 한다.

②관계기관의 장은 테러의 계획 또는 실행에 관한 사실을 관계기관에 신고하여 테러를 사전에 예방할 수 있게 하였거나, 테러에 가담 또는 지원한 자를 신고하거나 체포한 자에 대하여 대통령령이 정하는 바에 따라 포상금을 지급할 수 있다.

이것은 좋은 조항입니다.

제15조(테러피해의 지원)입니다.

①테러로 인하여 신체 또는 재산의 피해를 입은 국민은 관계기관에 즉시 신고하여야 한다. 다만, 인질 등 부득이한 사유로 신고할 수 없을 때에는 법률관계 또는 계약관계에 의하여 보호의무가 있는 자가 이를 알게 된 때에 즉시 신고하여야 한다.

②국가 또는 지방자치단체는 제1항의 피해를 입은 자에 대하여 대통령령이 정하는 바에 따라 치료 및 복구에 필요한 비용의 전부 또는 일부를 지원할 수 있다. 다만, 「여권법」 제17조제1항 단서에 따른 외교부장관의 허가를 받지 아니하고 방문 및 체류가 금지된 국가 또는 지역을 방문·체류한 자에 대하여는 그러하지 아니하다.

이것은 테러피해의 지원에 관한 조항이기 때문에 필요한 조항이라고 생각이 됩니다.

다음 제16조(특별위로금)이 있습니다.

① 테러로 인해서 생명의 피해를 입은 자의 유족 또는 신체상의 장애 및 장기치료를 요하는 피해를 입은 자에 대해서는 그 피해의 정도에 따라 등급을 정하여 특별위로금을 지급할 수 있다.

제1항의 규정에 따른 특별위로금의 지급 기준·절차·금액 및 방법에 대해서는 대통령령으로 정한다 이렇게 돼 있습니다.

이것은 필요한 사항이라고 봅니다.

제17조(테러단체 구성죄 등)이 있습니다.

테러단체를 구성하거나 구성원으로 가입한 자는 다음 각 호의 구분에 따라 처벌한다.

1. 수괴(首魁)는 사형·무기 또는 10년 이상의 징역

2. 테러를 기획 또는 지휘하는 등 중요한 역할을 맡은 자는 무기 또는 7년 이상의 징역

3. 타국의 외국인테러전투원으로 가입한 자는 5년 이상의 징역

4. 그 밖의 자는 3년 이상의 징역

② 테러자금임을 알면서도 자금을 조달·알선·보관하거나 그 취득 및 발생원인에 관한 사실을 가장하는 등 테러단체를 지원한 자는 10년이하의 징역 또는 1억 원 이하의 벌금에 처한다.

③ 테러단체 가입을 지원하거나 타인에게 가입을 권유 또는 선동한 자는 5년 이하의 징역에 처한다.

④ 제1항 및 제2항의 미수범은 처벌한다.

⑤ 제1항 및 제2항에서 정한 죄를 범할 목적으로 예비 또는 음모한 자는 3년 이하의 징역에 처한다.

⑥ 형법 등 국내법에 죄로 규정된 행위가 제2조의 테러에 해당하는 경우 해당 법률에 정한 형에 따라 처벌한다.

테러단체 구성죄 등에 관해서는 우리 형법에 범죄단체 구성에 관한 조항이 있습니다. 이것을 비슷하게 원용을 했기 때문에 이것은 필요한 조항이라고 할 것입니다.

제18조(무고, 날조) 조항이 있습니다.

① 타인으로 하여금 형사처분을 받게 할 목적으로 제17조의 죄에 대하여 무고 또는 위증을 하거나 증거를 날조·인멸·은닉한

자는 형법 제152조부터 제157조에 정한 형에 2분의1을 가중하여 처벌한다.

② 범죄수사 또는 정보의 직무에 종사하는 공무원이나 이를 보조하는 자 또는 이를 지휘하는 자가 직권을 남용하여 제1항의 행위를 한 때에도 제1항의 형과 같다. 다만, 그 법정형의 최저가 2년 미만일 때에는 이를 2년으로 한다.

이렇게 규정이 돼 있습니다. 이것은 필요한 조항이라고 생각하고 있습니다.

다음, 부칙으로 넘어가겠습니다.

먼저 제1조(시행일)을 보도록 하겠습니다.

이 법은 공포한 날부터 시행한다.

제2조(다른 법률의 개정)가 되겠습니다.

이것 꽝장히 중요한 조항입니다.

원래 '다른 법률의 개정'이라고 해 가지고 부칙에 두는 것은 입법 원칙상 맞지가 않습니다.

이 '다른 법률의 개정'을 보면, 첫째는 정무위가 소관하는 FIU법에 관한 조항이 있고요. 또 미래창조과학방송통신위원회가 소관하는 통신비밀보호법에 관한 조항이 있습니다.

원래 국회의 운영 원칙에 따르면 이 정무위 소관 법률이나 미래창조과학방송통신위 소관 법률은 해당 위원회에서 다루고 그 해당 위원회에서 개정을 하는 것이 원칙입니다. 그런데 이 테러방지법은 부칙에 다른 상임위에 소관된 법률 개정안을 지금 규정하고 있습니다. 이것은 해당 상임위의 권한을 침해하는, 국회법 원칙을 무시한 그러한 규정이라고 하지 않을 수 없습니다.

그리고 여기에 계신 국회의원님들 몇 분, 여러분 계시지만 정무위 위원님들이나 미래창조과학 방송통신위원회 위원님들이 이 부칙 조항에 동의를 하셨습니까? 안 했지요?

(「예」 하는 의원 있음)

원래 이 부칙 조항에서 타 상임위 법안을 다루고, 타 상임위 법안의 내용을 개정할 때는 반드시 해당 상임위의 의견을 묻고 그 해당 상임위의 의견을 존중해서 입법을 하는 것이 원칙입니다.

그런데 이 테러방지법을 심의함에 있어 정보위가 과연 정무위나 미래창조과학방송통신위원회에 이 부칙과 관련된 조항에 대해서 의견을 구하고 그 상임위의 결정을 받았는지, 이것은 받았는지 모르겠습니다. 만약에 안 받았다면 이것은 국회법 위반이고 타 상임위 권한을 침해한 월권행위라고 하지 않을 수 없습니다.

절차상에도 큰 문제가 있고요, 내용상에도 상당히 많은 문제가 있습니다.

첫째, 통신비밀보호법을 보도록 하겠습니다.

우리나라의 헌법이나 관련법의 대원칙은 국민의 통신을 감청할 수 없게 되어 있습니다. 당연한 것이겠지요. 그런데 그 수사의 목적상 검사가 신청하고 판사가 발부한 영장에 의해서만 국민의 통신 자료를 압수수색하거나 감청을 할 수가 있습니다. 아주 예외적으로 인정을 하고 있지요. 그런데 이러한 아주 예외적인 영장주의가—그것을

영장주의라고 합니다—또 여기서 국가 안보라는 목적으로 영장주의가 예외를 인정하고 있습니다. 무슨 말씀이냐 하면 일반적인 사건 수사에 있어서는 검사의 영장청구와 판사의 영장발부로, 영장을 받아 가지고 통신 자료를 압수수색하고 감청을 할 수 있게 되어 있는데요. 예외적으로 통신비밀보호법 제7조에 보면 국가안전보장에 관한 상당한 위험이 예상되는 경우, 국가안전보장이라는 대단히 중요한 가치가 있습니다. 이 국가안전보장에 관한 상당한 위험이 예상되는 경우는 예외적으로 영장을 받지 않아도 됩니다.

그러면 어떤 게 있느냐 하면 영장을 받지 않고 대통령의 승인이나 서울고등법원 부장판사의 승인에 의해서 통신을 감청하고 할 수가 있습니다. 이것은 대단히 예외적으로 인정돼야 합니다. 왜냐하면 국민의 통신을 감청하는 것은 대단한 기본권 침해이기 때문에 예외적으로 영장주의에 의해서만 그것이 인정이 돼야 되는 것입니다. 그런데 여기에 국가안전보장에 관해서는 특별한 예외를 둬서 영장을 받지 않고도 대통령의 승인이나 서울고등법원 부장판사의 승인에 의해서 통신감청을 할 수 있게 되어 있습니다.

그런데 여기에다가 '테러방지에 필요한 경우'를 하나 더 넣자는 것입니다. 이것은 절대 있을 수 없는 일입니다. 국가안전보장이라는 커다란 목표, 국가의 안전에 관한 것이라면 국민의 기본권이 제한되더라도 그것이 헌법상 용인될 수 있겠지만 테러 활동에 필요한 경우까지도 영장주의를 배제하는 것은 헌법상 보장된 기본권을 심각하게 침해하는 것이다 하지 않을 수 없습니다.

이렇게 기본권을 침해하는 경우를 허용하다 보면 그러면 대테러 활동에 필요한 경우도 허용하고 조금 있으면 이제 '살인죄에 필요한, 살인죄 수사에 필요한 경우에도 허용합시다, 납치·유괴 사건에 필요할 때도 허용합시다' 이렇게 범위를 하나하나 확대해 가다 보면 결국은 헌법상 보장된 기본권 보장이 형해화 될 수 있다, 이런 점에서 이러한 부칙 조항은 대단히 독소 조항이다 이렇게 지적하지 않을 수 없습니다. 그래서 이 조항은 삭제되는 것이 옳다고 판단됩니다.

다음에 '특정 금융거래정보 보고 및 이용 등에 관한 법률 일부를 개정한다' 이렇게 되어 있습니다.

이것은 무슨 내용이냐 하면요, 우리가 지금 은행에 가서 많은 금융거래를 하고 있습니다. 은행에 가서 돈을 부치고 찾고 이렇게 하고 있지 않습니까? 그것을 금융위원회가 자료를 관리하고 있습니다. 이 부분에 대해서 수사의 목적으로 또 국세청은 탈세를 적발할 목적으로, 선거관리위원회는 불법 선거자금의 추적을 목적으로, 이렇게 특정한 목적을 위해서는 금융거래정보를 금융결제원장이 제공을 하고 있습니다. 여기에 국정원도 테러방지에 필요한 자금의 흐름을 보기 위해서 이 부분에 대한 금융자료를 국정원도 받게 해 달라 이런 조항을 넣는 것입니다.

그런데 이것은 기본적으로 정무위에서 판단해야 할 사항이라고 생각합니다. 정무위의 소관 법률이고요,

정무위에서 충분한 논의를 거쳐서 이 부분이 판단이 돼야지 정보위에서 이 부분이 판단이 돼서 이 부칙 조항에 살짝 끼워 넣기 식으로 하는 것은 적절치 않다고 봅니다.

또 아까도 말씀드렸지만 지금 국정원은 권한이 너무 많습니다. 권한이 너무 많아서 소화를 못 하고 있을 지경입니다. 예를 들어서 국세청같이 탈세 목적 이거 하나만 한다든지 또 선거관리위원회처럼 선거 관리에 필요한, 불법선거를 적발하기 위한 이렇게 하나의 업무만 수행하고 있는데 국정원은 알다시피 모든 정보를 다 수집하고 있고 또 수사권도 가지고 있습니다. 이렇게 국정원이 어떤 정보를 취득했을 때 그 정보를 여러 각도에서 여러 가지 업무에서 그것을 활용할 수 있다는 문제가 있다는 것입니다. 그래서 다른 어느 기관보다도 훨씬 더 엄격하게 심사가 돼야 되고 엄격하게 제한이 돼야 된다 그런 지적을 하지 않을 수 없습니다.

그래서 이러한 FIU법상의 금융거래정보를 보고받는 것 또 통신비밀보호법상의 영장주의 예외를 인정하는 것 이런 것들은 독소 조항으로서 입법이 돼서는 안 된다라는 지적을 하고요. 이 부분에 대해서 삭제를 할 것을 강력하게 요청하는 바입니다.

이 부분에 관해서 한 번 더 지적을 하고 넘어가고자 합니다.

그동안에 우리 국정원은 국정원의 업무 범위를 벗어난 불법적인 정보활동을 많이 해 왔습니다. 현행 국정원법을 보면 직무 범위에 명확하게 규정이 되어 있습니다.

첫째, 국외 정보에 대해서는 무제한으로 국정원이 정보 수집을 할 수가 있습니다. 그러나 국내 정보에 대해서는 6개 카테고리만 인정을 하고 있습니다.

그 법에 보면 국내 보안정보라고 표현이 돼 있고요. 거기에 "대공, 대정부전복, 방첩, 대테러 및 국가범죄조직" 이렇게 해서 국내 정보 수집에 대해서는 분야를 국한해서 법에 규정을 하고 있습니다.

그런데 국정원이, 중앙정보부가 전신이지요. 중앙정보부가 창설된 1961년 이래 지금까지 국정원은 이 법을 지키지를 않았습니다. 무슨 얘기냐 하면 이렇게 국정원법에 의하면 국내 정보에 대해서는 이 카테고리가 돼 있고 그 분야에 대해서만 정보를 수집할 수가 있습니다.

예를 들어서 이런 것입니다. 어느 지방자치단체가 있다, 또 장관이 있습니다. 장관이 어느 분이 있습니다. 그 장관이나 또는 자치단체장이나 국회의원이 북한의 어떤 공작원과 만나서 무슨 얘기했달지 북한에 있는 친척과 대화를 했달지 전화를 했달지 이렇게 해서 어떤 안보상의 문제 또 간첩에 관련된 문제, 이런 문제에 관련된 것은 조사할 수 있습니다. 정보를 수집할 수가 있습니다. 그러나 그 장관이나 단체장이나 또 국회의원의 업무에 대해서는 조사할 수 없다는 것입니다. 또 사생활에 대해서는 조사할 수가 없습니다.

그런데 어떻습니까? 국정원이 지난 얼마 전까지만 해도 검찰총장의 사생활을 조사하지 않았습니까? 그래서 그 사생활에 대해서 정보를 수집하고 그것을 제공했다는 의혹이 있습니다. 또 이재명 성남시장에 대해서, 이재명 성남시장의 시장으로서의 업무에 대해서 국정원이 정보 수집을 했습니다. 예를 들어서 이재명 시장이 무슨 시장 업무와 관련된 일을 했는데 그 업무에 대해서 국정원이 정보를 수집하고 조사를 했습니다. 이것은 전부가 불법입니다.

그런데 문제는 이러한 국정원의 불법적인 업무 집행이 합법화되어 있다는 겁니다. 국정원 스스로도 국정원법에서 벗어난 국내 정보를 수집하고 있고 또 우리 국회에서도 그런 부분에 대한 견제나 감독이 제대로 되어 오지를 않았습니다.

그래서 차제에 국정원이 이러한 국정원법을 제대로 지키고 국정원법에 정해진 국내 정보 수집의 한계 내에서 정보 수집 활동을 해야 한다는 지적을 합니다.

그렇지 않고 지금도 국정원이 국내 정보에서 모든 분야, 무슨 장관의 업무 관련, 사생활 관련, 무슨 장관이 국회의원이 저녁에 어느 술집을 다니는가 이런 것은 정보 수집을 해서는 안 되는 것입니다. 그것은 불법적인 행위라고 지적하지 않을 수 없습니다.

그래서 이런 점에 대해서 국정원이 많은 불법을 해 왔고 또 업무 범위, 직무 범위를 벗어난 많은 불법적인 업무를 운영해 왔기 때문에 국민들로부터 신뢰를 받지 못하고 오늘날 이렇게 테러방지법을 심의함에 있어서도 국정원에게 마음 놓고 정말 믿을 수 있는 기관으로서 일을 맡기지 못하는 이러한 현실이 안타까울 따름입니다.

테러방지법에 대한 요지를 다시 한 번 제가 지적을 하도록 하겠습니다.

저는 테러방지법의 필요성은 인정을 합니다. 국정원의 정보 수집권도 인정을 합니다. 하지만 테러방지법이 국정원의 권한 강화법 또는 국정원의 권한 남용법이 되는 것은 절대로 반대하는 것입니다.

또한 국정원의 권한이, 역할이 강화되는 만큼 국민 사찰, 정적 사찰, 인권 침해, 정치 개입, 선거 개입 등 국정원의 무소불위의 권한 남용이 더 심각해질 것이기 때문입니다.

어제 이철우 의원께서 대표발의한 테러방지법, 일견 야당의 우려를 조금 반영한 것 같기는 합니다. 그렇지만 국정원의 권한을 강화하려는 새누리당의 의도와 법안의 본질은 전혀 변하지 않았습니다.

새누리당은 법안을 일단 통과시킨 다음 시행령으로 국정원의 권한을 강화하려는 꼼수를 부리고 있습니다. 국무총리가 국가테러대책위원회의 위원장을 맡는 것은 당연하지만 대테러 대책의 핵심기관은 대테러센터입니다.

그런데 테러 대책의 실질적인 집행기관인 대테러센터에 대해 법안은 '대테러센터의 조직·정원 및 운영에 관한 사항은 대통령령으로 정한다'고 규정하고 있습니다. 시행령으로 국정원의 권한을 강화하겠다는 의도가 아니겠습니까?

그리고 6조3항에 보면 '대테러센터 소속 직원의 인적사항은 공개하지 아니할 수 있다'라고 되어 있습니다.

이것은 국정원을 의식한 비밀스러운 조항이 아니고 무엇이겠습니까?

그동안 새누리당의 여러 의원들께서 발의한 테러방지법을 보면 국정원에 설치된 대테러센터가 테러에 관한 모든 직무를 총괄하고 필요한 경우 금융거래 사실, 통신내용 확인 등까지 국정원에 부여하는 것으로 되어 있습니다.

그런데 이것에 대해서 야당이 반대하고 시민단체나 국민들의 반발이 있으니까 지금 직권상정된 이철우 의원 테러방지법은 이것을 시행령으로 하겠다는 것입니다.

그래서 법에는 살짝 국정원 이름을 빼고 시행령에다가 그것을 규정하겠다는 의도가 있다고 생각합니다. 이것이 바로 국정원에게 테러센터의 주무기관을 맡기겠다는 꼼수가 있을 수 있다라는 지적을 다시 한 번 합니다. 그래서 이 법에 그러한 내용을 명확하게, 시행령으로 위임할 것이 아니고 명확하게 내용을 다시 규정해야 한다고 생각합니다.

또 이철우 의원의 테러방지법을 보면 제9조에 '국가정보원장은 테러위험인물에 대하여 출입국 사실, 금융거래 및 통신이용 등 관련 정보를 수집할 수 있다'라고 되어 있습니다. 그런데 제가 아까도 지적했지만 테러위험인물이 너무 광범위하게 설정이 되어 있습니다. 그래서 테러위험인물로 의심이 되기만 해도 개인의 광범위한 사생활 영역인 금융거래 및 통신이용 등 관련 정보를 국정원이 모조리 수집할 수 있게 되어 있는 것입니다. 이러한 부분은 반드시 시정이 되어야 한다고 생각합니다.

다시 한 번 강조합니다.

법안 부칙 2조에 보면 특정 금융거래정보의 보고 및 이용 등에 관한 법률 일부를 개정해서 특정 금융거래정보와 이를 정리하거나 분석한 정보까지 국정원장에게 제공토록 하고 있습니다. 국정원에 엄청난 권한을 주고 있는 것입니다.

국정원은 과거 정보력을 활용해 국내 정치에 개입하는 등 그 직무상의 권한을 남용한 사례가 있습니다. 여기에 국민의 광범위한 개인정보에 해당하는 금융거래정보가 제공될 경우 더 막강한 영향력을 갖게 되는 것입니다. 따라서 국정원의 막강한 권한을 적절히 통제할 장치를 갖지 못하면 우리 국민들의 금융 사생활에 상당한 위협이 될 것입니다.

또 방첩, 대테러, 정보업무 등의 용어는 관점에 따라 천차만별로 다양하게 해석될 수가 있습니다. 국가안보위해범죄에도 중대범죄라 보기 이려운 범죄까지 광범위하게 포함되어 있어 신중한 검토가 필요한 것입니다.

또한 법안 부칙 제2조제2항에서는 통신비밀보호법 일부를 개정해서 국정원장이 국가안전보장을 위한 경우 외에 대테러 활동에 필요한 경우에도 통신제한조치를 취할 수 있도록 하고 있습니다. 이는 전화 감청에 대한 영장주의의 예외를 인정하는 것으로서 국민의 사생활과 인권을 심각하게 침해하는 것입니다. 따라서 테러방지 목적으로 영장 없이 전화 감청을 허용하는 것은 절대로 해서는 안 될 것입니다.

지금도 국정원의 권한은 무소불위입니다. 그런데 테러위험을 빌미로 국정원에 조사권도 주고 사람 추적권도

주고 계좌 추적권도 주고 영장도 없이 전화 감청을 허용하면 국정원의 권한은 지금보다 훨씬 더 비대해질 것입니다. 그리고 국정원의 권한이 비대해지는 만큼 국민사찰, 정적사찰, 인권침해, 정치개입, 선거개입 등 국정원의 무소불위의 권한남용은 더 심각해질 것입니다. 그동안 국정원이 저질러 온 숱한 불법과 일탈행위를 잊어서는 안 될 것입니다.

최근에만 봐도 지난 대선댓글사건, NLL 회담 회의록 유출사건, 채동욱 검찰총장 개인사찰사건, 이재명 시장 개인사찰사건, 간첩증거 조작사건, 해킹프로그램 구입 및 해킹의혹사건 등 불법과 일탈행위가 수두룩합니다. 국정원은 정보수집 권한만 가져야지 대테러 대책의 집행권을 주어서는 안 됩니다. 그래서 미국을 비롯한 대부분의 선진국들도 정보기관의 권력 비대와 통제 불능을 우려해서 정보수집권만 주고 있는 것입니다.

따라서 국정원에 출입국 사실, 금융거래 및 통신이용정보, 각종 개인정보와 위치정보 수집은 물론 조사권과 추적권, 금융거래 지급정지 요청권, 영장 없는 전화 감청권까지 부여하는 것은 너무나 과도하다고 생각합니다.

(정갑윤 부의장, 정의화 의장과 사회교대)

이런 비난과 우려를 피하기 위해 법안 7조에는 대책위원회 소속으로 대테러 인권보호관 1명을 두도록 되어 있습니다. 이것이야말로 생색내기가 아니고 무엇입니까? 인권보호관 한 명이 어떻게 수많은 국민들의 인권침해를 막을 수 있겠습니까? 저는 국회 정보위원회 산하에 정보감독지원관실을 두고 전담직원을 최소한 3~4명은 배치해야 국정원의 일탈행위를 견제할 수 있다고 봅니다. 따라서 국회 정보위에 국회 감독지원관실을 두지 않고 국정원 권한 강화를 절대 해서는 안 된다고 생각합니다.

다시 한 번 지적합니다.

이렇게 테러방지법안의 문제도 심각하지만 저는 국회의장께서 이런 법안을 국회법을 위배해 가면서까지 심사기간을 정하고 직권상정 수순을 밟는 것에 대해서 더 큰 문제라고 지적하고 싶습니다. 국회의장께서 국회법을 준수하셔야지 국회의장께서 나서서 국회법을 위반해서는 안 될 것입니다. 이제라도 정의화 의장께서는 직권상정 절차를 즉각 중단하시고 다시 정보위에 이 법안을 회부하셔서 정보위에서 충분한 토론과 심의를 통해서 여야가 합의안을 만들도록 해 주실 것을 부탁드리겠습니다.

그리고 국정원에 대해서 다시 한 번 말씀드립니다.

저희 국민의당과 저는 국정원에 대해서 국정원이 더 이상 시대착오적이고 무능한 상태를 벗어나고 현대적이고 유능한 정보기관이 되는 것을 바라고 있습니다. 저는 오늘 민주주의와 헌정질서 수호를 위해 이번 기회에 국정원이 반드시 개혁되어야 한다는 점을 다시 한 번 말씀드립니다. 그리고 개혁방향은 시대착오적이고 무능한 국정원을 현대적이고 유능한 정보기관으로 정상화시키는 것임을 강조하고자 합니다.

지금 국정원은 대수술이 필요합니다. 국정원 개혁은

국민의 여망이고 지금 시기 우리가 반드시 이루어야 할 시대적 과제입니다. 지난 총선과 대선시기 국정원은 특정 정치세력의 이익을 위해 조직적이고 광범위하게 정치와 선거에 개입했습니다. 정치와 선거에 개입할 수 없는 국가기관임에도 불구하고 선거개입조직을 만들고 수십 명의 요원과 조력자를 동원해 대내외적으로 선거에 개입한 것입니다. 이번 테러방지법을 심사하고 토론함에 있어 야당이 반대하는 것도 바로 이 때문입니다.

국정원이 과거에 선거에 개입하고 정치에 개입하고 하는 불행한 역사가 있었습니다. 그러나 국정원은 아직도 그런 부분에 대해서 진심어린 반성과 치열한 변화를 거부하고 있습니다. 아직도 당시 댓글사건에 연루된 직원들, 간첩효수 김 모 요원…… 좌익효수 그리고 댓글사건에 연루된 김 모 요원 모두가 다 지금 정상적으로 국정원에서 근무를 하고 있습니다. 또 댓글사건에 관련된 국정원의 직원들이 오히려 징계는커녕 더 좋은 직책에서 일하고 있습니다. 말로는 국정원이 반성했다고 떠들지만 실제 하는 행동을 보면 전혀 반성하지 않고 당시 잘못한 직원과 조직을 옹호하고 있는 것입니다.

이렇게 국정원이 과거를 반성하지 않고 또 다시 불법적인 업무를 계속할 가능성이 높은 상황인데 테러방지법을 통해서 다시 또 국정원에 더 많은 권한과 역할을 부여한다는 것은 이 시대가 요구하는 이 시대가 바라는 것은 아니라고 생각을 합니다.

그래서 테러방지법의 심사와 국회 의결과정에서 국정원의 여러 가지 권한 남용 문제 이런 것들이 제대로 짚어져야 되고 다시는 인권 침해나 기본권 침해가 되지 않는 제도적 장치를 마련해야만이 테러방지법을 심사하고 통과시킬 수 있다고 생각합니다. 그러나 아직도 그런 데 대한 견제장치가 제대로 되어 있지가 않습니다. 그저 인권보호관 한 명 두면 되는 것입니까? 결코 저는 될 수 없는 문제라고 생각합니다.

그리고 아까도 말씀드렸지만 테러방지법의 내용은 테러방지입니다. 한마디로 말해서 행정부의 집행기능이 주 내용으로 된 법안입니다. 그래서 국정원이 테러방지법에서 중심 역할을 하고 또 많은 권한을 다시 부여받는 것은 시대착오적인 것이라고 하지 않을 수 없습니다. 또 국정원도 테러방지법을 통해서 다시 과거의 영화를 되찾으려고 해서는 안 될 것입니다.

지금 우리의 국정원은 인력과 예산에 비해서 별로 유능한 조직이 아니라는 것이 정설입니다. 왜냐하면 국정원이 본연의 임무는 하지 않고 딴짓을 하기 때문입니다. 학생이 공부는 하지 않고 다른 짓을 하는데 좋은 성적이 나올 수 있겠습니까?

그동안 국가정보원은 국민이 주신 막대한 예산과 인력을 가지고 본연의 업무인 정보를 잘 수집하고 국가 안보에 중요한 역할을 해야 함에도 불구하고 제대로 하지를 못했습니다. 최근에 보더라도 미사일 발사나 핵무기, 핵실험에 대해서 사전에 알지도 못하지 않습니까? 우리 국민들이 국정원에 대해서 막대한 예산을 주고 인력을

배치한 것은 그러한 정보를 잘 수집해서 우리 국가 안보를 잘 지키라는 것이었습니다. 그런데 하라는 국가 안보에, 국민 안위에 필요한 정보는 수집하지 않고 다른 데 기웃거리는 것은 국정원이 할 일이 아니라고 생각을 하는 것입니다.

그래서 국정원은 본연의 임무인 국익을 위한 정보나 보안정보 수집기능을 좀 더 강화해야 되고 전문성을 더 발전시켜야 됩니다. 우리 국정원은 세계 정보기관과 비교해 봤을 때 아마추어 조직이다 이런 지적들이 많이 있다는 것을 유념하시기 바라겠습니다.

그래서 국민의당은 우리 국정원이 전문성을 가지고 정말 유능한 정보기관으로서 발전하기를 바라고 있습니다. 거기에 필요한 예산이나 인력 지원은 할 용의가 있습니다.

제가 모두에도 말씀드렸지만 중동국가에서 테러가 발생하고 있고 중동국가에서 일어나는 테러 위험이 대한민국으로 들어올 수 있기 때문에 중동국가에 대한 정보 수집을 더 강화하라는 것입니다. 거기에 필요한 예산이나 인력은 국회에서 얼마든지 드리도록 하겠습니다. 그런데 국정원 스스로가 그러한 노력을 하지 않고 있습니다.

다시 한 번 강조하지만 국정원이 국정원 본연의 임무에 충실할 것을 다시 한 번 촉구를 합니다.

차제에 국정원장에 대한 임기제도 도입하고 또 국회의 동의 절차를 거치는 국회법의 개정도 필요하다고 생각을 합니다.

이번 테러방지법의 심의에 있어서 가장 큰 걸림돌은 역시 국정원에 대한 불신입니다. 국정원에 대한 불신의 가장 핵심적인 요소는 국정원장에 대한 불신입니다. 국정원장이 정치적 중립을 지키고 대통령의 눈치 보지 않고 정말 국가의 안보와 국민의 안위를 위한 정보 수집에만 집중한다면 국정원은 새롭게 국민의 신뢰를 받는 기관으로 태어날 수가 있을 것입니다.

그러나 지금 제도적 장치가 제대로 되어 있지가 않습니다. 미국의 정보기관은 대통령이 여러 번 바뀌어도 정보기관으로서의 직무를 계속 하고 있습니다. 그러나 우리나라는 정권이 바뀔 때마다 국정원장이 바뀝니다. 또 국정원장의 임기도 없습니다. 언제든지 대통령이 마음먹기에 따라서 파리 목숨이 되어 있습니다. 그러다 보니까 국정원장이 정말 국가 안보와 국민의 안위에 관한 정보를 수집하고 정치적 중립을 지키려고 하는 것이 아니고 대통령의 눈치를 보고 대통령의 입맛에 맞는 정보를 수집하고 대통령의 입맛에 맞는 정보를 만들어내고 더 나아가서는 대통령의 입맛에 맞는 업무를 하려고 하는 유혹에 빠진다는 것입니다. 이런 것들을 막기 위해서는 국정원장의 임기제 또 더 나아가서는 국정원장을 임명할 때 국회의 동의를 받는 절차가 필요하다고 하지 않을 수 없습니다.

제가 테러방지법에 대한 국가인권위원회의 의견을 간단하게 소개를 하려고 합니다.

양이 많아서 이것을 다……

제가 국가인권위원회의 견해를 좀 소개하고자 합니다.

국가인권위원회는 테러방지법안에 대해서 이러한 의견을 낸 바가 있습니다.

'테러방지법안은 이 법안의 본질적인 내용들, 즉 테러행위에 대한 개념 규정과 형벌 규정, 절차 규정 그리고 국가 기능의 재편에 관한 규정들이 국제인권법의 기준에 위반하여 인권을 침해하거나 침해할 소지를 내포하고 있습니다. 그런 반면 인권 침해의 대상자들에게 국제인권규약이 정하는 바에 따른 적절한 구제 조치가 제공되지 않습니다.

이 법안은 스스로 내세우고 있는 입법의 전제조건들을 충족시키지 못하고 있습니다. 이 법안은 기존의 대응체계로는 테러에 효율적·체계적으로 대처하기 어렵다고 주장하고 있으나 기존의 대테러 대응체계는 테러행위를 처벌하는 실제법적 규정은 물론 테러조직의 자금을 차단하고 테러행위자를 인도하는 등의 절차적 규정과 각 분야에 걸쳐 일어날 수 있는 다양한 테러에 대응하기 위한 국가기관 사이의 기능 분배와 협력을 담보하는 데 특별히 부족함이 있다고 볼 만한 사정이 없습니다.

한편 국가정보원이 전쟁 수준의 양상을 보이고 있다고 평가하는 테러행위가 한국에서 자행될 위험이 있는지, 있다면 어느 정도인지 알 수가 없습니다. 특히 테러에 대하여 기존의 법과 제도에 의한 관계 국가기관들의 대처능력은 어떠하며 어떤 취약점을 가지고 있는지에 관해서도 아무런 자료를 찾을 길이 없어 설령 테러가 발생하였다 하더라도 국가정보원이 군대를 지휘하거나 테러방지법과 같은 특별 형법을 만들지 않으면 대처할 수 없다는 주장은 논리적 근거가 부족하다고 할 것입니다. 더구나 이 법안이 제정된다고 하더라도 실제로 테러행위를 예방하거나 진압하는데 어떤 효과가 있을지 예측하기 어렵습니다. 오히려 조직의 중복과 인력 및 예산 낭비의 가능성이 크다고 할 것입니다. 위원회가 문제점을 지적한 조항들을 빼면 이 법안은 제정될 필요성을 상실한 것으로 보입니다. 따라서 위원회로서는 이 법안의 제정에 반대하는 의견을 국회에 표명하고자 합니다.'

위원회의 의견에 따르면 첫째, 이 법안은 그 제정을 위한 전제조건이 성립하지 않으며, 둘째 이 법안은 목표를 효율적으로 달성할 수 있을 것으로 예상하기 어렵고, 셋째 기존의 법과 제도, 국가기관의 체계가 대테러대책을 수립하고 집행하는 데 별다른 문제점을 가지고 있지 않고, 넷째 이 법안의 각 조항들이 국제인권법과 헌법이 보장하는 인권을 침해할 가능성이 매우 높기 때문에 그러한 문제점을 전면 제거하지 않는 이상 이 법안을 제정해서는 안 된다고 할 것입니다.

그 대안으로 위원회는 테러행위의 양상이 변화하면서 그에 따른 살상의 규모와 성격이 대규모로 잔혹하게 진행되고 있는 점 등을 고려하여 새로운 테러방지법을 제정할 필요가 있는지, 있다면 그 내용은 어떻게 되어야 하는지에 관한 신중한 조사와 연구 검토를 거칠 것을 제안합니다. 그 조사와 연구는 다음과 같은 내용에 관하여 이루어질 것이며 그 과정에서 관계 국가기관은 물론이고 시민단체와 학술 및 전문가단체, 학자들의 견해를

충분히 들어 인권침해의 소지가 없도록 해 주시기 바랍니다.

첫째, 국제테러리즘의 양상과 원인 주체, 둘째 한국에서 혹은 한국과 관련하여 야기될 위험이 있는 테러의 양상과 원인 주체, 셋째 한국에서 테러위험을 제거하거나 축소시키고 테러를 진압하고 수사 처벌하며 테러 피해를 신속하게 구제하기 위한 법과 제도의 현황과 문제점, 넷째 대테러대책에 관련된 국가기관의 기능과 권한 및 체계 그리고 그 문제점과 대안, 다섯째 대테러대책에 적용되는 국제인권법의 원칙과 내용', 이렇게 국가인권위원회가 테러방지법이라는 의견을 낸 바가 있습니다.

다시 한 번 강조합니다. 우리 국민의당은 테러방지법의 필요성을 인정하고 있습니다. 그렇지만 현재 직권상정된 테러방지법의 내용에 대해서 동의할 수가 없고 또 직권상정 절차가 국회법을 위반했기 때문에 찬성할 수가 없는 것입니다.

앞에서도 얘기했지만 국정원에 대해서는 견제와 감독권을 더 보강해야 한다고 생각합니다. 사실은 지난 국정원개혁특위에서 여야가 국정원에 대한 감독을 강화하기 위해서 국회 정보위원회의 전임위원회화를 합의한 바가 있습니다. 그래서 국회 전임위화를 하기로 합의를 했는데 새누리당의 약속 파기로 이것을 실천하지 못했습니다.

정보위 전임위화라는 것은 정보위의 위원들은 정보위만 감독을 하는 것입니다. 국정원이 그동안에 정치 중립을 위반하고 간첩조작사건 등 여러 가지 불법적인 행태가 많았기 때문에 그것을 시정하기 위해서는 국회의 견제와 감독밖에 없다라는 결론을 내렸고요 국회의 견제와 감독이 제대로 되기 위해서는 국회 정보위가 전임위가 되어야 된다, 지금처럼 다른 상임위도 하고 정보위를 겸임하는 겸임위원회로 해서는 국정원을 제대로 견제·감독할 수가 없다 그런 결론을 낸 바 있습니다.

그래서 국정원개혁특위의 결론으로서 국회 정보위의 전임위원회를 하기로 합의했지만 새누리당의 약속 위반으로 전임위원회를 실천하지 못했다라는 말씀을 드리겠습니다.

또 거기에 덧붙여서 그것이 되지 않을 시는 국회에 정보감독지원관을 둬서 국회 정보감독지원관으로 하여금 정보위원회 소속 위원들을 보좌하고 정보위 소속 국회의원들의 지시를 받아서 국정원의 업무를 감독하는 그러한 시스템을 요구하고 했음에도 불구하고 이것이 제대로 실천되지를 못했습니다.

사실 국정원의 성격을 한마디로 표현하자면 법적으로는 정보기관이지만 정치적으로는 정권보위기관으로서의 성격이 강합니다. 사실 국정원이 태동할 때 중앙정보부로서 태동했습니다마는 그때 중앙정보부라는 성격 자체가 정권을 보위하는 그런 기관으로서의 역할을 담당했다고 하는 것을 지적하지 않을 수 없습니다.

그동안 정권보위기관으로서의 성격은 집행기능, 수사 및 기획조정기능 그리고 국내 정보에 대한 전방위적 수집을 통해서 발현이 되었다고 할 것입니다. 국내 정보 중에서 보안정보를 제외한 정치정보나 경제정보, 사생활에 관한

정보 등에 수많은 국정원법의 직무 범위를 벗어난 불법적인 정보활동이 있었습니다.

국정원은 이제는 양손 가득히 가지고 있는 권한 중에서 집행기능은 내려놓고 정보수집기능은 강화해 주는 것이 옳다고 생각을 하고 있습니다. 그래서 대북 및 해외정보 수집권과 이를 담당하는 조직 및 예산은 보다 더 강화해 줘야 된다라는 지적을 합니다. 그렇지만 국내정보 수집에 있어서만큼은 국내 보안정보에 국한하도록 한 법률을 준수하도록 하고 비대해져 있는 국내 파트의 조직 및 예산을 축소해야 한다는 말씀을 드립니다.

국정원이 가진 정권보위기관으로서의 기능을 분리하는 것이 국정원을 정보기관 본연의 임무에 집중할 수 있도록 하는 요체입니다. 이제는 더 큰 정치적 결단과 입법을 통해서 해결을 해야 할 것입니다.

아까 김광진 의원께서도 지적을 했지만 지금 대통령훈령으로 국가대테러활동지침이라는 지침이 있습니다. 이 지침은 상당히 자세하게 규율이 되어 있습니다. 46조나 되는 조항을 가진 상당히 내용이 방대한 그러한 훈령입니다. 그런데 훈령을 이렇게 만들어 놓고도 이 훈령에 나와 있는 내용을 거의 실천하지를 않았습니다. 한마디로 국정원이 해야 할 본연의 업무를 제대로 하지 않은 것입니다.

국민의당도 국민의 안전과 인권 보장을 위해서 테러 관련 대응방안을 마련하는 기본원칙에는 공감을 하고 있습니다. 지금 새누리당 의원님들이 낸 원래 초안에 의하면 테러대책기구의 컨트롤타워, 주무 부서를 국정원으로 하는 법안을 낸 바가 있습니다. 그러나 야당의 강력한 반대와 정보위에서의 토론을 통해서 국민안전처와 총리실 둘 중의 하나에 두는 그런 안으로 다시 조정이 돼서 오늘 직권상정이 됐습니다. 이 부분에 대해서는 국정원이 주무 부서가 아니라는 것을 명확히 더 해야 한다고 봅니다.

아까도 말씀드렸지만 테러대책위원회나 대테러센터의 구성과 조직과 내용을 대통령령으로 위임했기 때문에 법에는 살짝 피해 간 면이 있습니다. 대통령령으로 위임해 놓고 또 대통령께서 국정원을 주요 기관으로, 주무 기관으로 지정할 가능성이 있기 때문에 이번 법을 통과 내지는 심의함에 있어서 보다 더 명확한 규정을 두어야 한다고 생각합니다.

그러면 말씀드린 것의 결론을 제가 다시 한 번 말씀드리도록 하겠습니다.

국민의당은 테러방지법의 필요성에 대해서는 공감을 하고 있습니다. 그러나 오늘 정의화 의장님의 이러한 직권상정에 대해서는 이것은 국회법을 위반한 위법한 직권상정이라는 것을 다시 한 번 지적하지 않을 수 없습니다.

지금 현재 이 상황을 전시·사변 또는 국가비상사태로 규정할 수는 없는 것입니다. 이러한 직권상정에 있어서 전시·사변, 국가비상사태를 폭넓게 자의적으로 해석한다면 국회 운영은 국회의장이 마음대로 주무를 수 있는 위법 상태로 갈 수밖에 없다는 것을 지적하고자 합니다. 지금이라도 정의화 의장께서는 직권상정 절차를 즉각

중단하시고 테러방지법을 다시 정보위로 회부해 주실 것을 강력하게 요청합니다.

제가 초두에도 말씀드렸지만 이 테러방지법은 지금 여야가 머리를 맞대고 상의를 한다면 충분히 합의를 할 수 있는 그러한 법안입니다. 이렇게 충분한 상의, 토론도 없이 졸속으로 법을 처리해서는 안 될 것입니다.

또 내용을 보더라도 테러대책기구라는 새로운 국가 기구를 만드는 것입니다. 거기에는 많은 부처가 관련이 돼 있고 또 국정원의 역할이 제대로 규정이 돼야 됩니다. 이것에 대해서는 관련 부처나 국정원의 의견을 충분히 들어야 되고요, 우리 국민들이 신뢰할 수 있고 또 가장 효과적인, 효율적인 그러한 기구로 만들어야 할 것입니다. 이러한 점들이 간과되고 졸속으로 심사돼서는 안 될 것입니다.

또한 더 나아가서 테러방지의 목적으로 국민의 기본권이 제한되는 조항들이 많이 있습니다. 처벌 조항도 많이 들어가 있고요, 또 통신 감청을 하는 그러한 조항, 또 국민의 금융 자료를 국정원에 제공하는 그러한 조항들이 있습니다. 이러한 기본권을 제한하는, 기본권을 침해하는 조항이 있는 그런 법안에 대해서는 우리가 정말 신중하게 접근해야 한다고 생각합니다. 그렇지 않고 졸속으로 심사했을 때 차후에 이 법을 통해서 국정원이 또 다른 관계 기관이 테러방지를 목적으로 많은 국민들의 인권을 침해하고 기본권을 침해할 수 있는 소지를, 가능성을 이 법에 남겨 둬서는 안 될 것이라고 생각합니다.

이러한 점들을 좀 더 철저하게 심사하고 토론해서 테러방지의 목적도 달성하고, 또 국가의 기구도 효율적으로 배치를 하고 예산도 절감을 하고 또 국민의 기본권도 부당하게 침해되지 않는 그러한 법을 만들어야 할 것입니다.

정말 테러방지법은 대단히 중요하고 또 많은 문제점들, 많은 이슈들이 내포돼 있는 법안입니다. 이러한 법안을 심사함에 있어서는 충분한 시간을 가지고 충분한 토론을 통해서 입법을 해야 되는 것입니다. 그럼에도 불구하고 여야 간에 충분한 토론도 없이 졸속으로 이 법을 통과시킬 수는 없는 것입니다.

특히 또 새누리당과 더불어민주당이라는 거대 양당의 어떤 정치 게임에 법안 심사가 제대로 되지를 못했습니다. 기본적으로 새누리당은 국정원을 옹호하는 입장에서 국정원이 요구하는 것을 반영하려고 한 반면 더불어민주당은 국정원에 대한 불신, 국정원에 반대하는 입장에서 국정원이 하는 것이라면 일단은 반대를 하는 입장에서 이 법안을 다뤄 왔습니다.

그러나 테러방지법의 내용을 보면 거기에는 우리 국민들이 바라는 테러방지를 달성할 수 있는 여러 가지 필요한 제도들이 있습니다. 필요한 조항들이 있습니다. 또 한편으로는 국민의 기본권이 침해돼서는 안 되는 그러한 것들에 대한 견제 장치를 하고 인권 보호가 담보되는 장치들을 만들어 가야 합니다. 내용에서도 대단히 중요한 포인트들이 많이 있습니다.

또한 다시 한 번 강조하지만 테러방지법이 만들어지면

국정원의 권한과 역할이 일정 부분 확대되는 측면이
있습니다. 그러면 거기에 맞추어서 국회의 국정원에 대한
감독권도 강화돼야 한다고 저는 말씀드리는 것입니다.
그렇지 않아도 지금 국정원에 대한 국회의 감독권이나
견제권이 유명무실해 있습니다. 한마디로 깜깜이 감독,
깜깜이 견제입니다. 이와 같이 국정원에 대한, 정보기관에
대해서 국회가 깜깜이 감독하는 사례가 없습니다. 정말
국회가 이런 부분에 대해서는 보다 더 적극적으로 나서서
국회법을 정비하고 국정원의 업무를 감독할 수 있는 여러
가지 시스템을 스스로가 만들어 나가야 한다고 생각을
합니다.

그러나 그동안에 국정원개혁특위에서도 많은 논의가
있었고 또 국회 정보위 차원에서도 이런 부분에 대한,
국회의 국정원에 대한 견제·감독 기능을 강화해야 한다고
누차 많은 주장을 했습니다마는 새누리당의 반대로 인해서,
국정원의 반대로 인해서 그것이 전혀 한발도 앞으로
나가지를 못하고 있습니다.

이제 새누리당도 국정원의 대변인 역할을 하는 것을
그만두어야 할 것입니다. 무엇이 옳고 그른가 하는 것을,
옳고 그른가 하는 기준으로 이 법안을 심사하고 국정원에
대한 시스템을, 감독·견제 시스템을 만들어 나가야 할
것입니다. 네 편이냐 내 편이냐가 중요한 것이 아닙니다.
국민의 눈높이에서 옳고 그름을 따져서 심사를 하고 토론을
하고 입법을 하는 것이 국회의원 본연의 임무가 아닌가
생각이 됩니다.

오늘 테러방지법의 직권상정을 계기로 해서
국회선진화법에서 도입된 필리버스터를 처음으로 시행을
하고 있습니다. 저도 상당히 오랜 시간 발언을 했습니다.
국정원에 대한 여러 가지 문제점들 또 테러방지법에
대한 여러 가지 문제점들을 많이 지적을 했습니다. 이
부분에 대해서 정의화 의장님께서 충분히 검토하시고
심사숙고하셔서 직권상정을 중지하시고 이 법안을
다시 정보위로 회부해 줄 것을 촉구하면서 제 발언을
마치겠습니다.

경청해 주셔서 감사합니다.

● **의장 정의화** 문병호 의원님 대단히 수고 많았습니다.
푹 쉬시기 바랍니다.
다음은 더불어민주당 은수미 의원 나오셔서 토론해
주시기 바랍니다.

(2016년 2월 24일 오전 2시 30분)

03

은수미 의원

제19대 국회의원 (비례대표)
더불어민주당

2016년 2월 24일 오전 2시 30분 시작
2016년 2월 24일 오후 12시 48분 종료
발언 시간 10시간 18분

"헌법에 보장된 시민, 주인으로서의 국민은 밥만 먹고 사는 존재가 아닙니다. 언론의 자유를 누려야 되고 표현의 자유를 누려야 되며 어떠한 억압으로부터도 자유로울 수 있어야 합니다. 가장 중요한 것은 자기 운명을 자기가 선택할 수 있어야 됩니다."

(2016년 2월 24일 오전 2시 30분)

● **은수미 의원** 존경하는 국민 여러분!

그리고 정의화 국회의장님, 존경하는 선배·동료 의원 여러분!

더불어민주당 성남 중원에서 예비후보로 등록하고 활동하고 있는 은수미입니다.

시계를 보니 자정을 넘겨서 2시 30분인데요. 필리버스터라는 47년 만에 이런 미증유의 사태가 발생한 데 대해서 심한 유감을 표명할 수밖에 없습니다. 우리는 필리버스터라는 제도가 과거에 있었음을 알고 있습니다. 1973년에 폐지되었지요. 그래서 지금 저기 계시는 언론인들께서 일제히 47년 만에 다시 필리버스터가 열렸다라는 기사를 쓰신 것을 알고 있습니다.

그 당시 필리버스터에서는 사실은 제가 존경하는 고 김대중 대통령의 5시간 19분에 걸친 필리버스터(무제한 토론)가 상당히 알려져 있습니다. 제가 그 자료를 좀 가져와 봤습니다. 제목을 보니까 '내가 이 단상에 있는 한 체포 못 한다' 이러한 제목인데요.

(정의화 의장, 이석현 부의장과 사회교대)

아마도 야당 모든 국회의원들께서는 우리가 이 단상을 지키는 한 대테러방지법은 정부 여당 안대로 통과시킬 수 없다라고 생각하실 것입니다.

당시 김대중 대통령께서는 1964년 4월 동료인 자유민주당 김준연 의원의 구속동의안 통과 저지를 위해서 의사진행발언을 했습니다. 공화당 정권이 한일협정 협상 과정에서 일본 자금 1억 3000만 달러를 들여왔다고 폭로한 김준연 의원에 대한 구속동의안이 국회에 상정되자 구명연설에 나섰고, 연설 끝에 회기 종료로 구속동의안 처리는 무산됐습니다.

그렇다면 청와대와 정부가 원하는 대테러방지법, 아니 정확하게 말해서는 전 국민 감시법, 국정원강화법의 향후 행보는 어떻게 될지, 과연 우리가 막아 낼 수 있는 것인지 국민 여러분께서 묻고 있다고 생각을 합니다.

이러한 필리버스터법을 환기하면서 제가 하나 더 지적하고 싶은 것이 있습니다. 당시 박정희 대통령 치하에서 필리버스터가 진행이 되었고, 1973년 박정희 대통령 시대에 이 필리버스터는 폐지되었으며, 그 당시를 우리는 암흑시기라고 부릅니다.

그런데 묘하게도 2016년 박근혜 대통령 치하에서 필리버스터를 진행할 수밖에 없게 되었고, 저희로서는 국민을 보호할 수 있는 유일한 법안 조항이라고 보이는 이 필리버스터가 혹여 박근혜 대통령 시대에 박정희 대통령 시대와 똑같이 폐지되는 것이 아닌가, 그래서 암흑시기로 돌아가는 것이 아닌가 하는 의혹을 혹은 강한 우려를 가지고 있습니다.

다시 한 번 거듭 말씀드립니다. 야당은, 특히 더불어민주당은 어떠한 테러행위도 단호히 반대합니다. 그것은 야당의 기본 정신이었고, 기본 철칙입니다. 왜냐하면 야당의 숱한 사람들 그리고 야당을 지지했던 숱한 사람들이 거의 테러와 같은 행위에 노출되었고, 예를 들어서 성고문, 온갖 고문 이런 것에 노출되었고, 불법적으로 감금되었으며, 심지어 의문사했던 역사를 우리는 알고 있기 때문입니다.

우리가 직접 겪었고 혹은 국민이 직접 겪어 왔었던 것을 똑똑히 지켜봤기 때문에, 더군다나 대한민국은 한국전쟁이라는 아주 비극적인 사태까지를 경험한 나라입니다. 그렇기 때문에 더욱 김대중과 노무현 정신으로 무장한 야당은, 자유와 민주와 평화와 평등과 연대를 사랑하는 야당은 어떠한 테러행위도, 특히 한 사람의 인권이라도 짓밟을 우려가 큰 어떠한 테러행위도 반대합니다.

다만 그 테러행위를 저지한다는 이유로 종종 그 칼끝이, 즉 테러의 칼끝이 테러의 가해자가 아니라 테러의 피해자일 수 있는 국민에게 돌려졌던 역사가 있었기 때문에, 단지 역사만이 아니라 이번 대테러방지법에 바로 그러한 자국민에게 칼끝을 돌리는 독소 조항이 있다는 우려 때문에 진지한 논의와 심도 있는 토론과 국민의 공감대 확산과 그런 기간과 검토를 요구했습니다. 하지만 아쉽게도 직권상정이 되었습니다.

그래서 제가 첫 번째로 말씀을 드리는 것은 정의화 국회의장님의 고뇌를 모르는 바 아니나 혹여 이 직권상정으로 전 국민 대테러방지법이 통과될 경우 그것이 통과와 동시에 국민감시법으로 돌변할 수 있다는 우려가 너무 크고, 그래서 혹여 이것이 지옥의 문을 여는 것이 아닌지, 독재로 회귀를 하는 것이 아닌지에 대한 우려가 너무 크다는 점을 고려하시어 직권상정을 철회해 주시기 바랍니다.

직권상정이 법적으로 무효하다 혹은 법적으로 심각하게 위법적인 요인이 있다, 이러한 이야기는 이미 언론지상에 발표가 되었습니다. 그 발표된 내용부터 간략하게 검토하겠습니다.

"정의화 국회의장이 23일 오후 테러방지법, 정확하게 국민보호와 공공안전을 위한 테러방지법안을 직권상정했다. 더불어민주당 등 야당은 이에 대한 본회의 의결을 막으려고 무제한 토론을 진행하는 중이다. 이에 본지는 국민의 생명과 재산을 보호하고, 국가 및 공공의 안전을 확보하는 것을 목적으로 하는 이 법이 왜 독소 조항이 있는 위험한 법인지를 밝히고자 한다." 이러면서 두 가지 문제를 먼저 제기합니다.

하나는 직권상정 지정요건이 과연 정당하느냐라는 겁니다. 아시겠지만 그리고 김광진 의원과 문병호 의원께서도 이미 지적하셨지만 국회법 제85조에 따르면 직권상정은 세 가지 경우에 가능합니다. 천재지변의 경우, 전시·사변 또는 이에 준하는 국가비상사태의 경우, 세 번째 의장이 각 교섭단체대표의원과 합의하는 경우입니다. 현재 국회에 올라온 직권상정안을 보면 전시·사변 또는 이에 준하는 국가비상사태의 경우에 해당합니다.

우선 이에 대한 민변의 의견부터 보면 민변은 우선 '직권상정이 가능한 전시·사변 또는 이에 준하는 국가비상사태란 그러한 사태가 목전에 발생했거나 발생이 곧 임박해 있거나 그래서 국회 원내교섭단체의 의사협의가 불가능 또는 이를 기다릴 여유가 없을 정도의 급박한 상황을 의미하는 것이지 법안의 내용에서 상정하고 있는 어떤 사태가 예정된다는 것을 의미하는 것이 아님은 너무나도 당연하다, 즉 정의화 의장이 이병기 국정원장으로부터 청취한 것으로 보이는 북한 등으로부터의 구체적인 테러위협정보가 있다는 사정은 테러방지법 제정의 필요성의 논거는 될 수 있을지언정 직권상정이 가능한 전시·사변 또는 이에 준하는 국가비상사태에 해당할 수 없는 것'이라고 말하고 있습니다.

달리 말해서 직권상정이라 함은 전시·사변 또는 이에 준하는 국가비상사태라고 현재가 인정이 되는 경우에 한정되는 것이지 법안의 내용에서 상정하고 있는 어떤 사태가 예정된다, 그런 것은 해당하지 않는다라는 것이 민변의 의견입니다.

그다음 두 번째로 직권상정이 위법할 가능성이 크다라고 하는 요인 중의 하나가 이런 겁니다. 이미 문병호 의원이나 김광진 의원도 말씀하셨지만 테러방지법 제2조제2호는 테러단체를 정의하고 있습니다. 이때 ""테러단체'란 UN이 지정한 테러단체를 말한다."라고 정의하고 있습니다.

여기서 북한은 국제적으로 테러단체 혹은 테러지원국가로 규정되어 있지 않습니다. 그렇다면 테러방지법에 규정돼 있지 않은 북한의 추가도발이 가시화되고 있는 상황을 이유로 테러방지법을 속히 처리해 주기 바란다고 했던 정연국 청와대 대변인의 춘추관에서의 이 요구는 정당하지 않습니다.

테러방지법을 제정해야 할 까닭이 최소한 정연국 대변인은 북한 때문이라고 공언했는데 사실상 테러방지법에는 북한이 없습니다. 왜냐? 우리나라는 지금 휴전상태이기 때문에 사실은 북한의 도발이 일어날 경우 그것은 군사행동으로 대처를 해야 되기 때문입니다. 북한을 이유로 할 수는 없습니다.

그럼에도 불구하고 지난 18일 열린 긴급 안보상황점검 당정협의에서 또 국가정보원은 북한을 써먹습니다. 김정은 북한 국방위원회 제1위원장이 최근 대남테러에 역량을 결집하라고 지시해 정찰총국 등이 대남공격역량을 확충하고 있다. 아울러 납치테러 대상자 명단에 김관진 청와대 국가안보실장 등등 정부 외교안보 핵심 인사들이 포함됐다고 밝혔고 이것을 가지고 추정컨대 여당 및 정의장님의 직권상정을 이끌어 냈다고 보입니다.

하지만 아까도 말씀드린 것처럼 대테러방지법에 있는 테러단체에는 북한이 속해 있지 않습니다. 더 나아가서 저는 사실은 새누리당이나 청와대에서 대부분의 국민이 이 법을 찬성하고 있다라고 주장을 해서서 그리고 국민을 위한 법이다라고 주장을 해서서 국민들의 의견을 지속적으로 듣고 있습니다.

그 의견 중의 하나가 SNS상에 올라와 있어서 우선 소개를 드립니다. 이 역시 국가비상사태인가에 대한 질문입니다. 테러방지법안이 직권상정되었습니다. 국회법 제86조제2항에 근거를 두고 있습니다. 전시·사변 또는 이에 준하는 국가비상사태의 경우에 국회의장이 바로 본회의에 안건을 부의할 수 있게 되어 있습니다. 그렇다면 현재는 전시·사변 또는 이에 준하는 국가비상사태입니다. 이렇게 전시·사변, 그밖에 이에 준하는 비상사태가 발생한 경우 행정기관의 장은 근무상 필요한 조치를 하여야 합니다. 국가공무원 복무규정 제5조제2항에 따른 의무사항입니다.

그러한 필요한 조치로서 국가공무원 당직 및 비상근무 규칙 제29조제1호는 전시·사변 또는 이에 준하는 비상사태가 발생하였거나 발생이 임박하여 긴장이 최고조에 이른 경우 비상근무 제1호를 발령하게 되어 있습니다. 이것은 의무입니다. 이게 발령되었는지를 묻는 겁니다, 국민들은.

또한 같은 규칙 제31조제1항에 의하면 각급 기관의 장은 비상근무의 발령 중에는 청사 등 중요 시설물에 대한 경계·경비를 강화하여야 하고 부득이한 경우를 제외하고는 출장을 억제하고 소속 공무원의 소재를 항상 파악하여야 합니다. '아마 국회도 중요 시설물일 텐데 이러한 경계·경비가 강화되었나요?'라고 제게 질문이 올라왔습니다.

또한 비상근무의 종류별로 휴가를 제한하고 토요일 및

공휴일과 야간에 소속 공무원을 비상근무하도록 하여야 하는데 비상근무 제1호가 발령된 때에는 연가를 중지하고 소속 공무원의 3분의 1 이상이 비상근무를 하여야 합니다.

물론 이것이 의무입니다. 지금 국가비상사태 혹은 그에 준하는 사태라서 직권상정을 할 수밖에 없다면 사실 동시에 이런 의무 역시 지켜져야 됩니다.

국가비상사태인 지금 각종 법률과 규정에 따라서 예비역들께서는 동원소에 집중하고 계시나요? 공무원들 중 3분의 1은 퇴근을 안 하셨겠군요. 야간근무 중이실 거고요. 이게 국민들이 묻는 질문입니다.

다시 한 번 요약을 하겠습니다.

청와대와 국가정보원 그리고 정의화 국회의장님께서는 직권상정의 근거로 준전시상태, 정확하게 전시·사변 또는 이에 준하는 국가비상사태의 경우라고 했다면 지금은 국가비상사태 혹은 그에 준하는 사태가 맞습니다. 단지 직권상정만이 아니라 이에 준하는 긴급동원명령, 경계강화명령이 이루어졌어야 합니다. 과연 그러한가요?

또한 그것을 북한의 추가 도발을 이유로 들었는데 아까도 말씀드린 것처럼 그리고 김광진 의원이나 문병호 의원께서 누누이 지적하고 있는 것처럼 대테러방지법 이것은 북한과는 상당히 거리가 있는 법입니다.

북한의 도발에 대해서는 충분히, 물론 지금까지 불충분한 점도 있었음을 국회에서 계속 지적하고 있지만 어쨌든 다른 법과 제도 등을 통해서, 심지어는 개성공단 폐쇄라는 대통령의 통치행위를 통해서 어쨌든 대응을 하고 있습니다.

그럼에도 불구하고, 즉 직권상정의 요건도 갖추어지지 않음에도 불구하고 직권상정을 한 이유가 뭐냐? 혹여 그것이 국민을 감시하고 국정원을 강화하기 위한 것이 아니냐라는 의혹이 커질 수밖에 없습니다.

그래서 첫 번째로 강조하는 것은……

제 목소리가 너무 작다고 하네요. 조금 키우겠습니다.

그러면 제 얘기를 다시 한 번 정리를 드리겠습니다.

제가 첫 번째로 간절히 호소하는 것은 직권상정을 철회해 달라는 것입니다. 그 이유는 두 가지 때문입니다.

현재 직권상정의 이유가 우선 전시·사변 또는 이에 준하는 국가비상사태라면 실제 그래야 한다는 거지요. 실제 그러냐라고 국민들께서 묻고 있습니다.

만약 그렇다면 국가공무원 복무규정 제5조제2항에 따라서 근무상 필요한 조치를 취해야 합니다. 취하셨습니까?

그러한 필요한 조치로서 국가공무원 당직 및 비상근무 규칙 제29조제1호에 따르면 비상근무 제1호를 발령하게 되어 있는데 그것은 또 어떻습니까?

같은 규칙 제31조제1항에 의하면 각급 기관의 장은 비상근무의 발령 중에는 청사 등 주요 시설물에 대한 경계·경비를 강화하고 출장을 억제하며 소속 공무원의 소재를 항상 파악하는 비상대기 체제를 만들어 놓으셔야 되는데 지금 그것이 이루어지고 있나요?

그다음에 휴가를 제한하고 토요일 및 공휴일과 야간에 소속 공무원을 비상근무 하도록 하여야 하고 지금 전국적으로 그것이 시행되어야 되는데 과연 그렇습니까?

말은 비상사태이지만 사실은 그렇지 않습니다. 그런 점에서 현재 비상사태라고 할 만한 근거가 없다라는 겁니다.

두 번째로는 북한의 추가 도발이 가시화되고 있는 상황인지 아닌지는 정확하게 모릅니다만 그렇다 할지라도 현 법안에서 테러단체에는 북한이 없습니다. 북한이 없는, 북한이 빠진 법을 북한을 근거로 직권상정을 한다는 것은 납득하기 어렵습니다. 그것은 결국 혹여 국민을 감시하고 국정원을 강화시키기 위해서 이 테러방지법을 이렇게 무리하게 위법의 우려까지 혹은 그런 부담까지 지면서 직권상정한 게 아니냐, 혹은 직권상정을 강요한 게 아니냐라는 문제 제기가 있다는 겁니다.

다시 한 번 거듭 말씀드리지만 더불어민주당을 비롯한 모든 야당은 어떠한 테러행위, 특히 국민의 생명과 안전을 위협하는 어떠한 테러행위에 대해서도 반대합니다. 그런 일에 국민이 고통받지 않도록 저를 비롯한 모든 국회의원들은 목숨이라도 걸 겁니다. 그래야 마땅합니다. 왜냐하면 우리는 국가의 주인인 국민을 보호해야 될 헌법적 의무를 지고 있고 그것이 국회와 국회의원의 존재 이유이기 때문입니다.

하지만 이러한 법이 종종 그 칼끝을 테러리스트가 아닌 국민 혹은 정권의 미움을 받는 사람에게로 행해진 경험이 현재진행형이라고 생각하기 때문에 저희는 그런 우려가 있는 법을 위법의 부담을 지면서까지 직권상정해서 통과시키기 전에 더 충분한 토론, 더 충분한 수정 보완 혹은 대안입법 혹은 다른 방식을 찾아 주실 것을 정의화 국회의장님과 새누리당 의원께 간절히 부탁드립니다.

제가 모두말씀에도 말씀을 드렸지만 필리버스터가 박 대통령 시기에 있었고 그때 폐지되었습니다. 그런데 다시 필리버스터가 박 대통령 시기에 부활됐고 이렇게 필리버스터를 할 수밖에 없습니다.

역사는 반복되지 않는다고 믿습니다만 그것은 아무도 모릅니다. 혹여 우리가 암흑이라고 불렀던, 영장도 없이 누군가를 체포하고 영장도 없이 누군가를 고문하고 영장도 없이 누군가를 감금했던 그 역사가 반복되어서 우리의 아이들이 그 희생자가 되는 것이 아닌가 하는 우려가 있습니다. 그 우려는 아무리 작은 것일지라도 저는 검토되어야 마땅하다고 생각하기 때문에 다시 한 번 부탁드립니다. 직권상정을 철회하여 주십시오.

우리가 만약 아이들의 미래의 그림자를 지우는, 지옥의 문을 여는 것이라면 지옥에도 못 갈 겁니다. 그런 부끄러운 일이 벌어지지 않도록 정말 선진국으로 발돋움하는 대한민국답게 다시 한 번 검토해 주시기 바랍니다.

저를 비롯한 모든 야당 의원들 그리고 많은 우려를 표하고 있는 국민들은 우리가 분단국가임을 모르는 게 아닙니다. 그래서 많은 고통과 많은 어려움이 있습니다.

개성공단의 폐쇄로 이미 중소기업들이 엄청난 피해를 받고 있습니다. 그것이 항상 반복되고 있는 우리의 현실입니다.

다만 희망이 있다면 그러한 아픔을 우리의 아이들에게는 결코 물려주지 말자는 간절함일 겁니다. 그런데 만약 이번 직권상정을 통해서 통과된 법이 전 국민 감시법이고 국정원 강화법이 된다면 그것은 우리만이 아니라 우리 아이들의 미래를 암흑으로 집어넣는 것일 수도 있습니다.

우리는, 저 같은 세대는 자신의 운명을 스스로 결정하지 못하는 그런 시대를 겪었습니다. 그렇기 때문에 우리 아이들은 자기의 운명을 자기 스스로 선택할 수 있기를 바랍니다. 하지만 어떻습니까? 지금 우리의 아이들은 자기 운명을 자기가 결정하지 못합니다.

'응팔'이나 '응사'가 그렇게 인기가 있는 이유가 뭐겠습니까? 따뜻함이 필요해서입니다. 혹여 그 어떤 시기에는 우리의 운명을 우리가 스스로 결정할 수 있었던 그런 아주 작은 기간이 있지 않았을까, 그런 간절함 때문에 사람들이 고전을 즐기는 것일지도 모릅니다.

우리 아이들은 일자리조차도 힘겹습니다. 그런 아이들한테 개인정보까지 마구 수집되거나 혹여 그중의 한 명이라도 자칫 잘못, 예전의 막걸리보안법처럼 억울한 일이 발생하는 그러한 암흑시대의 문으로 걸어 들어가게 해서는 안 됩니다. 그래서 한 번이라도, 아니 수없이 더 많이 이런 법은 검토가 돼야 된다고 생각합니다. 그것이 제가 직권상정을 철회해 주실 것을 아주 간절히 요청하는 이유입니다.

두 번째로 제가 아까 박정희 대통령 시대의 필리버스터 때 가장 유명했던 연설이 1964년 4월 20일 5시간 19분 진행되었던 고 김대중 대통령의 의사진행발언이었다고 얘기를 했습니다.

김대중 대통령께서는 참으로 용감하게 평화와 통일과 이 땅의 민주주의를 위해서 맞서셨습니다. 그럼에도 불구하고 노년이 되셨을 때 그분이 하신 말씀이 있습니다. 제가 가장 좋아하는 말입니다.

'우리는 아무리 강해도 약합니다. 두렵지 않기 때문에 나서는 것이 아닙니다. 두렵지만 나서야 하기 때문에 나서는 것입니다. 그것이 참된 용기입니다.'

모 언론에서는 '야당 의원들이 발목 잡는다'라고 아주 쉽게 얘기합니다만 저는 그렇지 않습니다. 그리고 저의 동료 의원들도 그렇게 쉽게 얘기하는 게 아닙니다. 많이 고민하고 많이 힘겹습니다. 하지만 고통받는 국민보다 더 힘이 들지는 않습니다. 그렇기 때문에 우리 선에서 검토하고 점검해서 바로 우리의 주인인 국민의 생명과 안녕을 보장하는 것이 가장 중요하다고 생각합니다. 그것을 위해서라도 이러한 필리버스터 방법으로 국민께 그리고 정의화 국회의장께 그리고 새누리당과 청와대에 호소를 하고자 합니다.

이제부터 저의 호소를 시작해 보겠습니다.

우선 다시 한 번 이 자리에서 헌법을 읽을 수 있음이 저는 영광입니다. 이 헌법은 국민을 위해서 만들어진 겁니다. 국민이 존재하지 않는다면 이 헌법은 존재하지 않습니다. 왜냐 하면 주인인 국민의 권리를 정확하게 적시하고 있기

때문입니다.

제1조는 잘 아실 겁니다. "대한민국은 민주공화국이다. 대한민국의 주권은 국민에게 있고, 모든 권력은 국민으로부터 나온다." 그렇기 때문에 저는 제37조가 있다고 생각을 합니다.

"국민의 자유와 권리는 헌법에 열거되지 아니한 이유로 경시되지 아니한다. 국민의 모든 자유와 권리는 국가안전보장·질서유지 또는 공공복리를 위하여 필요한 경우에 한하여 법률로써 제한할 수 있으며, 제한하는 경우에도 자유와 권리의 본질적인 내용을 침해할 수 없다."

야당이 우려하는 것, 특히 이것이 국민 감시법 혹은 국정원 강화법이 아니냐고 보는 우려는 바로 제1조에서 분명히 하고 있는 주인인 국민의 자유와 권리의 본질적인 내용이 지금 침해받고 있는 것이 아닌가 하는 우려입니다.

항상 국가안전보장이나 공공복리와 국민의 보편적인 자유와 권리 간의 갈등은 있는 일입니다. 그렇기 때문에 항상 현명하고 지혜로워야 되며 끈기 있고 포기하지 말아야 되며 항상 국민에게 헌신하고 봉사하고 진정 국민의 생명과 안전을 위해서 하는 일인가를 고민해야 하는 것이 대리인인 의원의 역할입니다. 저를 비롯한 야당 의원들은 지금 그 고민을 그리고 그 고민의 내용과 결과를 이 필리버스터를 통해서 말씀드리고자 하는 겁니다.

이것이 국민들의 의견과 크게 다르지 않음을, 물론 '몇 %일까요?', '찬반이 어떨까요?'는 있을 수 있습니다. 하지만 단 한 명 혹은 수십만 명 혹은 수백만 명 혹은 모든 국민의 권리의 단 하나도 본질적인 면에 있어서는 제한받아서는 안 된다라는 것이고 만약 그것에 대한 국민의 우려가 있다면 저희들은 적극적으로 검토를 해야 합니다.

그래서 우선 국민의 목소리를 듣고자 했습니다. 야당이 긴급하게 필리버스터를 결정할 수밖에 없었습니다. 사실상 직권상정을 한다고 하고 각종 독소 조항을 빼자, 그러면 어떻게 수정·보완해서라도 통과를 고려해 보겠다는 것이 당 지도부의 의견이었음을 저는 알고 있습니다. 의총에서 그런 당 지도부에 대해서 어쨌든 더 협상을 해 보라는 이야기들도 많이 나왔습니다만 그 모든 협상과정이 사실은 새누리당에 의해서 묵살되었습니다. 그래서 필리버스터는 지금 적극적으로 이루어지기보다는 다른 선택이 없기 때문에 국민의 생명과 안전을 혹 위협할 법이 탄생할지 모른다는 위기의식 속에서 혹 다른 방법이 있는지를 찾았으나 이것밖에 선택의 여지가 없었기 때문에 시작하는 겁니다. 이것으로라도 제발 막아지고 새로운 논의가 이루어지기를 바랍니다.

어쨌든 그런 긴급한 상황이어서 제가 이런 부탁을 국민께 드렸습니다. '자료를 올려 주십시오. 의견을 주십시오. 준비할 시간이 없어 필리버스터를 결정할 수밖에 없었습니다. 여기에 올라온 내용을 받아서 의견으로서 담고 발표하겠습니다. 같이 밤을 샌다 그렇게 생각해 주십시오.'

제가 왜 이렇게 의견을 올렸느냐 하면 이것이 단지 제 개인의 의견이어서는 안 된다고 생각을 했고, 더 나아가서

또한 우리 모두가 개개인들의 의견을 들어 볼 필요가 있다고 생각을 했기 때문입니다. 그냥 댓글이 3시간 정도 만에 한 680개 정도 오른 것을 보고 왔는데 지금은 좀 더 올라 있을 것 같습니다. 그중의 일부를 뽑아 왔습니다.

아마 이 의견이 제가 말하고자 하는, 제가 우려하고자 하는 상당 부분을 반영하고 있기 때문에 이 의견들을 말씀을 드리고 그 의견들에서 지적하고 있는바, 예를 들어서 국정원을 강화시키는 것 아니냐라는 두려움, 이런 것에 대해서 조목조목 또한 저의 의견 혹은 전문가들의 견해를 밝혀 보도록 하겠습니다.

우선 국민들께서 주신 의견입니다.

'테러방지법이 원하는 것은 국민에 대한 테러가 아닐까요? 테러방지법이 필요하다는 것은 기존의 법률로 국가의 테러를 막을 수 없을 정도로 정부와 경찰, 군대가 무능력하다는 것을 의미하는데 과연 그렇습니까? 저는 그것을 믿기가 어렵습니다. 만약 이게 사실이라면 그동안 국민의 소중한 세금을 낭비하는 직무유기 아닙니까? 그 문제부터 검토해야 되는 것 아닐까요?'

두 번째는, 사실은 이 의견들은 대부분 실명으로 올리셨습니다. 이름은 빼고요 말씀을 드리겠습니다.

'국정원의 역사를 짚어 보면 반성과 경계가 앞서야 하는 것이 아닌가 싶은데 이 법에는 그런 것이 보이지 않습니다.'

세 번째, '대한민국은 민주공화국이다, 대한민국의 주권은 국민에게 있고 모든 권력은 국민으로부터 나온다라는 사실을 헌법 위에 있는 것처럼 보이는 분들께 필리버스터를 통해서 알려 주시기 바랍니다.'

네 번째, '사실 핵심에는 국정원의 제어되지 않는 수없이 많은 행태가 문제지요. 그런데 그런 문제를 해소하는 것이 아니라 오히려 이런 국정원이 문제가 있다는, 제어가 되지 않는다는 문제 제기 자체를 더 지워 버리려는 기획을 위한 법 개정이 아닌가 의심스럽습니다. 부정선거가 있지 않았을까, 언론 장악이 있지 않았을까, 세월호 사태는 왜 벌어졌을까, 이런 수없이 많은 의혹들과 맞물려서 또 하나의 의혹을 더 만들어 가야 할까요?'

다섯 번째는 '국정원이 외국 공문서까지 위조해서 간첩사건을 조작하려고 할 때', 아마 이것이 유우성 씨인가요? 그 간첩조작 사건 때문에 이런 말씀을 하신 것 같은데 '간첩사건을 조작하려고 할 때 진심으로 그 피해자에게 국정원이 사과한 적이 있습니까? 새누리당은 탈북자를 위하는 척, 북한 인권을 위하는 척 하지만 과연 그런 자격이 있지요? 분단 체제에서 가장 약자인 탈북자를 정치적 목적에 따라 간첩으로 위조했다는 그런 의혹이 국정원에 있고 이를 비호하는 게 새누리당 아닙니까? 대한민국의 주권자의 자리에 국민이 아닌 국정원을 앉히는 테러방지법은 국정원 강화법일 뿐 결코 방지법이 될 수 없다 이렇게 말씀해 주십시오.'

여섯 번째 의견입니다.

'의원님, 그동안 불법 도청으로 인한 폐해 사례가 굉장히 많습니다. 그것을 모두 모아서 하나씩 말씀해 주십시오. 왜 국정원을 강화시키면 안 되는지 모든 국민이 알아야 되지 않겠습니까?'

일곱 번째는 이런 겁니다.

'간첩 조작과 민간인 댓글 테러를 일삼아 온 국정원에 왜 무기를 더 줘야 되는 겁니까? 이것은 국민들이 신뢰할 때만이 가능합니다. 테러방지법이 아니라 이것은 주권방지법, 국민감시법이고 만약 테러방지법이 통과되면 국민의 기본권은 보호받지 못할 것입니다. 목숨 걸고 막아 주세요.'

그다음에 '독재정권 때 우리가 어떤 대접을 받았었는지 의원님은 아시지 않습니까. 그런데 이제 이 법으로 인해 우리 자녀들이 어떤 대접을 받게 될지를 알려 주시오.'

다음으로 '국정원은 아니라고 주장하지만 국정원은 이미 지난 대선에 개입을 했고 원세훈 재판 등만으로도 혐의를 벗지 못하고 있습니다. 그러한 기관에 테러를 빙자해서 국민 감시 기능을 강화하는 것은 불법을 방조함과 동시에 국민의 인권마저 심각하게 유린할 우려가 있음을 말해 주시기 바랍니다.'

다음으로 '테러방지법이 혹시 제2의 국가보안법이 되는 것은 아닐까요? 그렇게 악용되는 것은 아닐까요? 만약 국정원에서 시민사회단체를 테러 징후 예상 단체로 몰아 감시하고 공작하는 것은 불가능한 겁니까? 도둑들에게 사다리 놓아 주는 꼴 아닐까요?'

다음으로 '테러방지법은 지금의 시점을 정확하게 1980년 이전의 유신시대로 되돌리는 일입니다. 30여 년간 키워 왔던 민주주의가 불과 3년 만에 30년 전으로 돌아가고 있는 것일까요?'

다음, 이것은 김광진 의원님께서도 말씀하셨던 내용인데 이분도 이런 의견을 주셨습니다.

'현재 우리나라에는 테러를 방지하기 위한 행정입법 및 행정규칙이 엄연히 존재하고 있는데 이러한 기구를 보완하는 방식으로 가야지 전능한 권한을 국정원에게 부여해서는 안 된다고 생각합니다. 왜냐하면 간첩 조작이나 국내 정치 개입을 그동안 국정원은 일삼아 왔기 때문입니다.'

제가 추후에 국정원이 어떻게 간첩을 조작했고 국내 정치 개입을 했는지 일지를 발표를 해 드리겠습니다. 그리고 그것이 무죄가 되었던 것도 알려 드릴 생각입니다.

다음, '현재까지 국정원이 한 일만을 나열해 봐도 답이 보입니다. 테러방지법안이 아니라 지금은 국정원의 음모·조작 방지법안을 만들어야 할 때라고 생각합니다.'

다음, '테러 정황이 포착되었다는데요, 어떻게 테러방지법 없이 포착이 되지요? 지금 그러면 테러가 일어날 수 있다는 겁니까? 방지법 없이도 조치를 취할 거잖아요. 테러 정황이 있을 때마다 어쨌든 대응은 한 것으로 알고 있는데요, 한 번도 전시나 사변 사태라고 한 적은 없었습니다. 왜 갑자기 사변 사태라고 하는 걸까요?'

다음, 이분은 아주 간단하게 의견을 주셨습니다. '그냥 진실을 말씀해 주십시오. 국민은 진실을 듣고 싶습니다.'

다음, '테러방지하고는 아무 상관이 없는 법안을

테러방지법이라고 부르는 것 자체가 문제입니다. 이것은 사기라고 생각합니다. 테러방지법이 지금 직권상정할 정도로 급합니까? 이것 없이는 테러를 방지할 수가 없나요? 그렇다면 지금까지 대한민국에서 테러방지법이 없었어도 테러사건이 발생하지 않은 것은 무엇으로 설명합니까? 거꾸로 프랑스는 테러방지법이 있는데도 테러가 발생한 것을 어떻게 설명을 하지요? 우리 법은 테러에 대항해서 적절히 대응할 수 있도록 만들어져 있는 것으로 알고 있습니다. 필요하다면 그런 부분을 보완하면 될 것입니다. 그런데 국정원이 국정원법의 취지에 맞지 않게 엉뚱하게 대선 개입이나 하고 댓글부대나 양성하는 그런 쓸데없는 인력과 자금을 낭비하는 것 아니겠습니까? 그것만 안 해도 테러방지는 충분히 할 수 있을 거라고 생각합니다.'

다음 의견은 '국정원의 대선 개입 사례를 들어서 법원 판결문과 댓글요원들이 남긴 댓글들, 좌익효수의 댓글 등을 읽어 주십시오. 다들 잊어버리신 모양입니다.' 이건 제 다음에 발표하실 의원들께서 준비해 주셔도 좋을 것 같습니다.

또 '국정원 관련 법과 국정원에게 왜 권한을 주면 안 되는지를 말해 주는 과거 국정원의 문제점들과 관련된 판결문 또는 기사를 그냥 읽어 주십시오. 필리버스터는 무제한이라니 이제 우리도 공부 좀 하겠습니다.'

다음, '비상사태가 선언된 때가 있었습니다. 박정희 대통령의 비상사태 선언 후 유신헌법 제정, 긴급조치 만행이 있었습니다. 그에 대한 역사적 진실을 밝혀 주시고, 국가비상사태는 어떤 때 하는 것이며 만약 자칫 국가비상사태를 잘못 선언했을 경우 어떤 문제가 생기는지도 적시해 주세요.'

다음, '국정원의 간첩조작 사건의 발단, 경과, 결과 이것을 연대순으로 세부적으로 해 주십시오. 왜 국정원에게 이러한 강력한 권한을 주면 안 되는지를 알려 주십시오.'

다음, '이 법이 통과되면 혐의자의 휴대폰을 감청할 수 있습니다. 그러면 그 혐의자의 연락처나 카톡 내용을 뒤져 보겠지요. 공범이 있는지 그 사람의 아버지, 어머니, 이모, 삼촌, 이모부, 고모부, 초등 동창, 중등 동창, 고등 동창, 전 직장 동료, 현 직장 동료, 내 자동차보험 담당자, 생명보험 담당자, 헬스클럽 담당자, 클럽에서 안 사람, 같은 반 학부모까지 그냥 동네 사람들 모두…… 그런 사람들이 용의자가 될 수 있는 것 아니겠습니까? 이렇게 줄줄이 감청을 하고 뒤져 보고 나서 혹 테러범 용의자가 나오면 그 처음부터 그 마지막까지 모두 엮어서 조작을 하는 게 유신 때의 방법이었습니다. 이걸 다시 하겠다는 것은 아닌지, 바로 그런 짓을 했던 국정원의 전신이 있는데 이제 국정원에게 맡기는 것은 아닌지 우려스럽습니다.'

다음, '국정원이 자행한 선거부정을 처벌도 못 하고 있습니다. 그 기관에다가 감청 권한, 모든 권한을 주면 독재로 직행하겠지요. 대선 개입 댓글 조작을 아예 대놓고 하라는 걸까요?'

다음, '테러방지법으로 우려되는 심각한 개인의 사생활 침해 및 그 대상이 불분명한 점들을 과거 국정원의 대선 개입에 비추어서 설명을 좀 해 주십시오.'

그래서 제가 아까도 읽어 드렸습니다. 제37조 국가안전보장 등에 필요한 경우에 한하여 법률로써 국민의 모든 자유와 권리를 제한할 수 있지만 제한하는 경우에도 자유와 권리의 본질적인 내용을 침해할 수 없다. 그렇다면 이 법이 본질적인 침해하는 것인지 아닌지조차도 제대로 검토가 되지 않은 것은 심각한 위헌적 요소라고 생각을 하고 있습니다, 저는.

다음, '대한민국의 법치주의를 송두리째 흔드는 행위이며 이것은 명백한 권력의 횡포이자 월권입니다. 동시에 직권상정은 날치기입니다. 여전히 체육관선거의 DNA를 버리지 못한 걸까요? 민주주의가 유린당하고 이토록 후퇴할 때 우리는 헌법에 보장된 권리인 저항권을 사용할 수 있습니다. 민주주의와 법치에 대한 명백한 도전이라고 생각합니다. 저는 참을 수 없는 게요, 테러방지법과 노동악법과 기타 쟁점 법안과 선거구 획정까지를 연결시켜서 무소불위의 권력을 휘두르는 정부·여당의 무책임한 태도입니다. 노동관계법, 특히 손배가압류법 등으로 인하여 소중한 생명들이 사라지고 있고 심지어는 노조가 용역깡패들의 테러에 의해서 무너지고 있는데 도대체 이런 것에 대해서는 어떻게 지금 막고 있는 것인지, 어떻게 할 것인지 제발 질의 좀 해 주십시오.'

다음, '국정원의 잘못된 개입으로 구속되고 무죄 판결받기까지 수십 년 걸린 사람들이 굉장히 많습니다. 그분들의 이야기를 해 주십시오. 그러한 기억을 복원하면 우리의 아이들한테, 우리의 미래에게 다시는 그런 역사를 물려주면 안 되겠다는 생각이 들 겁니다. 대테러방지법 반대 서명한 사람들 이름과 내용, 아예 1명씩 불러 주십시오. 그 사람들 모두 국민입니다. 밤새도록 응원하겠습니다.'

또 다음, 아주 간단하게 이런 말씀을 주신 분도 있습니다. '필리버스터를 해야 하는 현실이 무척 아픕니다. 지금 새누리당 의원분들이 '테러방지법은 국민의 요구'라는 카드를 들고 계시던데, 경기도 성남시에 거주하는 20대 국민 중 하나인 저는 그런 법을 날치기 통과해 달라고 요구한 적 없다고 대신 좀 전해 주십시오.'

다음, '표현을 못 하는 혹은 할 수 없는 혹은 두려운 많은 국민들이 분명히 있습니다. 야당다운 야당 모습 보여 주십시오. 테러방지법과 유사한 정보감찰법 통과를 둘러싸고 벌어지는 SF스릴러 영화인 '에너미 오브 스테이트(Enemy Of The State)'라는 영화가 있습니다. 이것이 대한민국에서도 현실로 벌어질 모양입니다.'

다음, '테러방지법에 대해서 초등학생들도 알 수 있도록 좀 쉽게 풀어서 설명해 주세요. 테러방지와는 전혀 상관없이 국민의 사생활과 인권만 침해하게 될 법안이라는 것, 박근혜 통치 이후 이 나라가 민주적으로 얼마나 후퇴했는지, 새누리가 그동안 날치기로 터무니없이 처리한 법안들이 얼마나 많았는지 등등에 대해서 제발 좀 자세하게 얘기해 주십시오. 국민들이 더불어 행복한 세상에 살 수 있도록 힘써 주시는 모든 의원님들께 감사드립니다. 방법의 문제도 지적해 주세요. 정말 새누리당이 당당하고 정말로 필요하다고 생각한다면 왜 이렇게 매번 치졸한 방법을 사용하시는지 따져 주십시오. 국가권력기구를 이렇게 초등학교 반 소풍 투표만도 못 하게 만드는지…… 그러라고 준 권력이 아닙니다. 그저 뒤에서 오간 이야기만으로 법이 뚝딱 만들어지는 나라가 우리나라였습니까?'

책을 하나 소개해 주신 분도 있습니다. "더 이상 숨을 곳이 없다. 스노든, NSA, 그리고 감시국가'라는 책은 미국 탐사저널리스트 글렌 그린왈드가 국가 감시와 프라이버시에 관한 전 세계적인 논쟁에 불을 당긴 에드워드 스노든의 2013년 NSA 기밀 폭로에 관한 세부 내용을 담은 책입니다. 그 내용을 언급해 주실 수는 없을까요?'

다음, '테러방지법이 그렇게 급하답니까? 언제는 노동법이 급하다고 우겼잖아요. 저들은 어디까지 악해지고 싶은 걸까요?'

다음은 아픈 얘기를 담아 주셨습니다. '세월호 참사가 발생한 지 오늘 679일입니다', 맞습니다. 세월호 참사 발생 679일째 되는 날 제가 필리버스터를 하고 있는 것을 저 역시 기억하고 있습니다. '세월호 사건에 대한 진상규명과 세월호특조위 활동을 방해하는 정부, 그런 정부가 국민의 생명과 안전을 위해서 법을 직권상정한다는 것이 말이 되나요?'

다음, '테러방지법이 아니라 국민사찰법이겠지요. 테러방지법을 만든다고 하는데 우리나라는 테러대책기구가 있습니다. 그리고 테러를 방지하기 위해서 더 법을 보완해야 한다고 하면서 왜 국정원에게 전능한 권한을 다 줘서 국민을 감시하게 하는데요? 계좌를 마음대로 추적할 수 있고 카톡도 마음대로 열람할 수 있으며 의심이라는 게 가는 사람이면 영장 없이 잡아갈 수 있는 거 아닌가요? 이게 민주주의 국가에서 나올 수 있는 발상입니까?'

다음, '이 법이 통과되면 모든 시민들이 받게 될 불법들을 저를 대신해서 한번 예를 들어가면서 말해 주세요. 예를 들어 폰 감청, 구속, 시위 시의 폭압, 국정원의 의도, 은행 개인계좌 등등 등등. 국정원의 조작으로 간첩사건이 무죄로 판결되었는데 판결되기까지 당사자는 엄청난 고통을 받았습니다. 심지어는 아이와 친척들까지 고통을 받았습니다. 과거에도 그러했는데 이번 테러법은 평범한 국민을 이처럼 내몰 수 있는 그러한 사례를 더 많이 만들게 하자는 법 아닐까요?'

다음, 이분도 에너미 오브 스테이트(Enemy Of The State)를 말씀해 주셨습니다.

'1999년 윌스미스 주연의 영화 에너미 오브 스테이트가 현실화됩니다. 막강해진 국가안보국의 무자비 도·감청과 개인의 뒷조사가 이루어지고, 엉뚱한 사람도 나쁜 사람 만들 수 있는 거 아닌가요? 이런 법이 과연 테러범에게만 적용되나요? 정치적으로 이용하자면 야당 인사들, 사회운동가 또는 국책사업 반대자, 대통령 의견 반대자들에 대한 도·감청과 뒷조사가 일어날 게 뻔합니다. 의원님은

당신의 휴대폰이 감청되지 않고 있다고 자신 있게 말하실 수 있나요? 그런데 이제는 이것을 합법적으로 하자는 것 아닌가요?'

다음, '광범위한 정보들을 수집해서 국가안보라는 미명하에 주요 인사들을 탄압하고 결국에는 제2의 유신시대를 맞게 될 겁니다. 왜냐하면 지금도 이 법을 통과시킨다고 비상사태라고 하지 않습니까? 법 통과를 위해서 비상사태면 법이 통과된 이후는 그러면 무슨 사태가 되는 겁니까? 국회라도 해산이 되는 건가요?'

다음, '팩트TV 시청 중입니다. 세월호, 테러방지법, 위안부 합의, 건국절, 쉬운 해고, 민간사찰, 국정교과서, 교과서 국정화, 사드 문제, 무상복지, 이재명 성남시장에 대한 사찰, 박원순 서울시장에 대한 사찰, 복면방지법, 합법시위 탄압, 선거 조작, 이게 다 일련의 엮여진 것 아닌가요?'

다음 분은, 아마 모 교수님께서 이런 트윗을 올리셨나 봅니다. 그 트윗을 그냥 저한테 보내 주셨습니다. '나치의 유대인 감금 학살도 일제의 관동대학살도 모두 테러방지라는 명분하에 자행되었습니다. 국가권력이 범죄를 저지를 때는 언제나 테러방지라는 가면을 썼습니다. 이 말만은 꼭 읽어 주십시오'라고 보내셨습니다.

다음, '국가권력이 국민의 개인정보와 자유를 제한할 수 있는 여지가 조금이라도 있는 법안이라면 심의와 의결 과정에서 국민과 관계기관 공무원, 국회의원 등 사회구성원 간의 긴밀한 협의가 더욱이 필요합니다. 법을 제정하고 시행함에 앞서 그 대상이 되는 국민의 여론을 수렴하고 반영하는 것은 고등학생인 저도 수업시간에 배워 알고 있는 내용입니다. 아울러 법률이라고 하는 것은 가능한 국민 모두가 쉽게 이해하고 받아들일 수 있도록 명확한 기준을 제시하기 위해 끊임없는 노력을 아끼지 않아야 한다고 생각합니다', 고등학생이시네요.

계속 읽을게요.

'모호하고 불명확한 주체와 방식, 즉 기준으로 얼룩진 이 법은 언론플레이용 이름으로 본질적 내용의 흠집을 가려 보려는 것 아닌가 싶습니다. 의원님, 헌법에서 보장하고 있는 국민의 권리와 국가권력의 의무에 대해서 꼭 언급해 주시고, 이 법이 얼마나 위험한 발상으로 얼룩져 있는지 그것을 이야기 좀 해 주십시오. 저 같은 사람도 위험하다는 생각이 듭니다.'

이분은 좀 비관적인 얘기를 써 주셨어요. '정당한 절차 없이 날치기로 법을 통과시킨다 해도 국민은 결국은 받아들이지 않을 것입니다. 4·19, 5·18 등을 통해서 우리 국민은 결국은 그 어떤 외압에도 절대 굴하지 않았습니다. 우리 국민은 바보가 아닙니다. 국민의 동의 없이는 절대로 악법은 통과될 수 없으며, 또한 법이 통과되더라도 그 법은 결국 폐지될 것입니다. 대한민국을 믿습니다', 비관은 아니네요, 끝부분을 보니.

다음, 이분은 꽤 길게 얘기를 하셨습니다.

'국회의장님을 국가정보조직의 수장이 만난 것

혹은 만났다고 추정되는 것은 그 어떤 내용을 떠나서 국회입법권을 침탈하고 헌법을 파괴하는 시도가 아닌가요? 만일 법률안 내용에 유관기관 등의 협력을 핑계로 검찰 등을 지휘·감독하도록 되어 있다면 사안에 따라 행정부의 인권 수호기관이며 준사법조직인 검찰의 사실상 상급기관이 국정원이 되는 것 아닌가요? 대북 관련 문제는 국가 전체의 안보의 문제이고 우리나라의 명운이 달린 문제이지 정치적 목적 달성을 위한 것은 아닙니다. 따라서 대북 관련 문제라면 군과 경찰 등의 역할 그리고 그것을 보조하는 국정원의 역할에 의해 이미 충실하게 예방되고 있다고 믿습니다. 정부가 매번 믿으라고 하는 것 아닙니까? 파리 테러에서 보듯이 테러법이 테러 자체를 방어하지 못합니다. 그건 분명하고요. 또 하나 분명한 건 불특정 다수의 시민에 대한 감시는 물론 전 국가기관에 대한 국가정보원의 장악이라는 결과를 초래하는 것은 아닐까요? 테러법안이 중요하다면 의회 내 절차적 정당성을 먼저 확보해야 함에도 천재지변·국가비상사태로 보기도 어려운 시점에 직권상정한 것을 뭐라고 봐야 할까요? 현재 국정원의 기능뿐만 아니라 각종 제도를 통해서 테러를 예방할 수 있다고 믿습니다. 정부가 그렇게 얘기해 왔으니까요. 그런데 만일 테러법이 없어서 테러를 예방할 수 없다고 한다면 그러면 그런 것을 담당하는 국정원은 직무유기고 해체시켜야 되는 것 아닙니까? 새로운 조직을 만들어야지요. 국정원의 정치 개입이 이미 그 도를 넘어섰는데 그런 정치 개입을 하는 국정원에게 이제는 칼에 이어서 도끼까지 쥐어 주는 건가요? 대선 개입, 간첩 조작 등으로 대대적인 개혁의 대상인 국정원이 오히려 비정상적으로 권한을 강화하려는 것은 헌법 유린 아닌가요? 혹은 이것을 정상이라고 보는 걸까요?' 이런 의견을 주셨고요.

다시 또 하나, 이런 의견도 있습니다. '저는 지금 이 테러방지법을 급작스럽게 직권상정한 이유에 대해 생각해야 한다고 봅니다. 그간의 과정을 본다면 경제 실패를 이 이슈로 덮고자 하는 것 아닌가요? 저는 지금의 이 법이 여러 가지 정권의 무능함, 그런 이슈를 다른 이슈로 돌리려는 전략같이 보입니다. 의원님께서는 경제 실패, 한미 비밀협정 혹은 노동법 개악 등등의 문제를 필리버스터와 함께 다뤄 주십시오. 이것은 분명히 관련이 있고요.'

다음, '직권상정이라는 것이야말로 민주주의를 역행하는 겁니다. 직권상정으로 법이 통과된다는 것은 민주주의 국가로서 수치스러운 일입니다. 기존에도 수많은 테러방지법들이 있음에도 불구하고 문제가 있다면 보완 개정을 하면서 정책을 입법해야 하는데 그런 입법기관이 직권상정으로 집권당의 하수인 국정원의 막강한 권한만 강화시키는 그런 법을 통과시켜 주는 것이 국민에게 어떠한 이익이 되는지요. 국민에게 이익이 되는 어떠한 조항이 있는지 아무리 살펴봐도 잘 모르겠습니다. 오히려 모든 국민을 잠정적으로 테러범 용의자로 보는 건 아닐까요?'

다른 분이 이런 얘기를 주셨습니다.

'새누리당 의원님들처럼 정말 많이 배운 분들이 어처구니없는 일을 하지는 않을 거라고 생각됩니다. 그런데 왜 하시는 걸까요? 오히려 그래서 선거 때문이다라는 얘기가 많이 주변에서 돌아다닙니다. 만약 사실이라면 거기의 제일 피해자는 국민일 거고요. 야당은 이길 방법이 없습니다. 벤자민 프랭클린의 이 글을 반드시 읽어 주십시오. 어떠한 사회든지 약간의 안전을 위해 약간의 자유를 버리는 사회는 어떤 것도 가질 자격이 없으며, 둘 다 잃게 될 것이다.'

다음, '최근 국정원이 보여준 간첩 조작이나 댓글 공작, 중대한 북한 동향 파악 실패 등등 각종 직무유기를 볼 때 이런 무능한 기관의 근본 개혁이 우선되지 않고서는 국민의 기본권을 임의로 침해할 수 있는 중대한 권한을 받을 자격이 국정원에는 없다고 생각합니다.'

다음, '국정원의 2건의 간첩 조작 사건에 대한 해명, 지난 대선의 댓글 개입에 대한 책임자 처벌과 재발 방지, 김무성 대표의 찌라시 유출 경로에 대한 해명 및 책임자 처벌 등등 그 무엇 하나 제대로 된 것이 없습니다. 그러면 책임도 물어야지요. 이득을 보는 자가 범인이 아닙니까?'

격려의 말도 좀 있었습니다.

'장기전이니까 체력 안배 잘 하세요. 역사의 한 순간이기도 하지만 치욕적인 날이기도 합니다. 혼용무도의 끝은 어디일까요?'

다음, '테러방지라는 거짓말로 모든 구성원을 합법적으로 감시하겠다는 반민주적 발상 아닐까요? 제가 시간만 되면 그러한 실례들을 의원님께 발표해 달라고 건네 드릴 텐데요. 제가 듣고 싶은 건 국정원에 권한을 더 맡길 수 없다, 결국 이 법안은 국민들만 감시하는 법안이다라는 의혹에 대해서 어떻게 생각하시는가입니다. 그리고 국민을 감시할 때 조지 오웰의 소설 1984년처럼 된다고 생각합니다.' 이런 의견도 있으셨습니다.

'더민주의 입장이 테러방지법을 완전히 반대하는 것이 아니라 일부 독소 조항들이 악용될 우려 때문이라는 것을 피력해 주셨으면 합니다. 가령 불과 작년 7월에 밝혀졌던 국정원의 불법 해킹프로그램 구입과 활용에 대한 의혹이 하나도 해소되지 않았는데 그 당시 문제시됐던 부분들이 이제 테러방지법이 통과되면 그것을 법 테두리 안에서 악의적으로 행할 수 있는 것 아니겠습니까?'

에드워드 스노든에 대해서 얘기하신 분도 계십니다.

"국가 감시는 국민의 자유를 지키는 정당한 수단인가라는, 국가가 감시하는 것이 국민의 자유를 지키는 정당한 수단인가라는 논제가 전 세계적 이슈가 됐던 적이 있습니다.

그 유명한 에드워드 스노든의 폭로로 인해 국가 감시의 정당성과 그 범위에 대해서 전문가들, 정상급 논객들이 토론을 벌였지요.

국가 감시가 국민의 자유를 지키기 위한 정당한 수단이라고 주장한 마이클 헤이든 전 NSA 국장은 '테러범의 이메일이 여러분과 제 이메일과 함께 지메일에 공존하고 있습니다. NSA가 여러분을 계속 안전하게 지켜 주기를 바란다면 정보기관의 업무에는, 즉 정보기구가 할 일에는 여러분의 데이터가 저장된 공간에서 접근하는 일도 포함되어야 합니다'라고 헤이든 국장은 말했습니다.

하지만 법원에서는 'NSA의 대량 메타 데이터 수집·분석이 실제로 테러공격을 중단시킨 예를 단 한 건도 제시하지 않는다'고 말했습니다. 이를 보더라도 국가 감시와 테러와의 높은 연관성을 찾기 어렵다고 할 수 있습니다.

또한 NSA에서는 '전부 수집하라'를 모토로 모든 정보를 얻기 위해 노력했습니다. 결국 이 말은 테러와 직접적인 관련이 없다 하더라도 1차적으로 수집의 대상이 될 수도 있다는 뜻인데요. 이번 법도 그렇지 않습니까? 너무도 답답한 마음에 댓글을 남깁니다.

테러방지법은 국민들의 정당한 시위마저 테러로 몰아갈 수 있는 것 아닌가요? 무엇보다 정치의 가장 기본이 되고 바탕이 되어야 하는 헌법 위에 테러방지법이 놓여지게 돼요. 즉 헌법 위에 테러방지법이 있어서 군사 동원까지 합법화시키는 것 아닌지 정말 염려가 됩니다.

정작 국민들의 인권을 침해하며, 우리의 개인정보를 정부가 볼 수 있게 되고 헌법을 무력화시킨다는 사실, 이게 사실인지 아닌지 알고 싶습니다.'

제가 지금까지 읽어 드린 내용은 국민들께서 저한테 보내 온 내용의 한 20%, 30% 정도일 거라고 예상을 하고 있습니다. 지금도 아마 수없이 많은 댓글들이 달려 있는데요.

제가 이런 의견들을 들으면서 처음에 놀란 건 국민들께서 정말 엄청나게 똑똑하시다는 겁니다. 온갖 자료를 보고 비교 검토하고 분석하고 서로 의견을 교환하고 있습니다. SNS가 활성화된 이런 시대에서는 가능하지요.

하지만 똑똑한 국민을 누군가는 싫어합니다. 국민이 아는 것을 무서워하는 사람들도 있습니다. 혹여 저는 이러한 국민들의 활발한 소통과 논의와 의견 개진과 이런 모든 것들이 만약 테러 혐의, 의혹, 사전모의 혐의만으로도 실제로 차단될 수 있는 것 아닌지라는 우려를 갖고 있습니다.

두 번째로, 대부분의 글에서 혹은 의견에서 드러나는 건 국정원에 대한 우려입니다.

'왜 국정원한테 줘야 되지요? 테러방지, 필요합니다. 하지만 그게 왜 국정원인가요?'라고 끊임없이 묻고 있습니다.

70년대, 80년대, 90년대, 2000년대, 2010년대, 국민은, 사람은 바뀔지 모르지만 그리고 국정원도 이름을 바꿔 왔지만 인권 침해를 겪고 있고, 인권 침해가 아이엔지(ing)이기 때문입니다.

그런 인권 침해를 실제로 자행하고 있을 뿐만 아니라 종종 그것이 밝혀지기까지 하는데, 그런데 그런 기관에 국민의 모든 정보를 넘겨준다? 굉장히 우려스러운 일입니다.

그래서 제가 국민들 의견을 충분히 전달했습니다만 그 의견에서 나타난 주요한 내용들에 대해서 왜 국민들께서 이런 우려를 표명하시는지, 왜 국정원이면 안 되는지, 그리고 왜 국정원한테 국민의 인권을 침해할 권리를 주는 것이 아니냐라는 의혹이 있는지를 이제는 하나하나 살펴보도록 하겠습니다.

우선은 국정원에 대해서 간략하게 말씀을 좀 드리겠습니다.

우선 그동안 국정원이 했던 조작 사건, 그중에 무죄로, 대법원 무죄나 배상 판결로 나왔던 대표적인 사건들만 몇 개 보겠습니다.

1958년 간첩 누명을 쓰고 사형당한 조봉암, 24억 배상 판결이 났습니다.

1961년 조용수 민족일보 사건, 조용수 등 2명이 사형됐습니다. 하지만 사형된 이후에 꽤 오랜 시간이 걸려서 무죄 판결이 났습니다.

물론 이런 역대 간첩 조작이나 이런 사건을 몽땅 국정원 혹은 그와 유사한 기관들이 했던 겁니다. 이름이 바뀌어져 왔거나 역할이 바뀌어져 왔기 때문에 양해를 구합니다.

이것은 국정원이 전부…… 제가 아까 한 발언 중에 국정원이 전부 한 게 아니라 국정원의 전신, 끝없이 변신해 온 국정원의 전 과거와 현재가 해 왔던 일이라고 봐도 무방할 것 같습니다.

1964년 1차 인혁당 사건입니다. 이것 역시 28억 배상 판결이 났습니다.

1967년 간첩 누명으로 21년간 복역한 이수근의 처조카 배모 씨, 68억 배상 판결이 났습니다.

1967년 납북어민 서창덕 씨, 41년 만에 간첩 누명을 벗었는데요, 10억 배상 판결이 났습니다.

1968년 태영호 간첩 사건, 무죄.

1969년 동백림 사건, 43년 만에 무죄.

1973년 간첩 누명을 쓰고 조사 중 의문사한 최종길 서울대 교수, 돌아가셨지요. 18억 배상 판결.

1974년 민청학련사건, 이철 등 12명은 재심에서 무죄.

1974년 문인간첩단 조작 피해자, 37년 만에 무죄.

1975년 김용준 간첩사건, 무죄.

같은 해 형제간첩 조작사건, 유족에게 20억 배상 판결.

같은 해 2차 인혁당 사건, 8명이 사형을 당했지요. 무죄.

1977년 재일교포 유학생 간첩단 조작사건, 무죄.

1979년 크리스천 아카데미 사건, 무죄.

1979년 납북 귀환어부 간첩사건, 무죄.

1980년 김대중 내란음모사건, 무죄.

1980년 일가족 4명 간첩사건 조작.

1980년 신귀영 일가 간첩사건, 무죄.

1980년 간첩 누명 재일교포 이종수 씨, 재심에서 무죄.

1980년 간첩 누명 김기삼 씨, 29년 만에 무죄.

1981년 부림사건, 이것은 영화 변호인에서 나오지요.

1981년 간첩 누명 재일교포 이헌치 씨, 무죄.

1981년 아람회 사건, 무죄.

1981년 석달윤 등 간첩사건, 무죄.

1982년 오송회 사건, 26년 만에 무죄.

1982년 간첩사건, 무죄.

1983년 간첩 누명 최양준 씨, 28년 만에 무죄.

1983년 납북 이상철 씨 간첩 조작, 국가 사과 권고.

1985년 증거조작 모자간첩 피해자, 20억 배상.

1985년 이장형 간첩사건, 무죄.

1986년 정상금 간첩사건, 무죄.

1986년 간첩 누명 고문 사망자, 26년 만에 배상 판결.

1986년 간첩사건 강희철 씨, 재심에서 무죄.

1986년 간첩 누명 김양기 씨, 23년 만에 무죄.

1986년 간첩 혐의 납북어부, 26년 만에 무죄.

1987년 수지김사건, 무죄.

1991년 유서대필사건, 23년 만에 무죄.

그리고 또 최근에도 있습니다. 2013년 서울시공무원 남매간첩사건, 무죄.

그런데 최근에는, 이것은 중앙정보부 혹은 안기부 때 있었던 일들인데요. 최근에는 좀 바뀌긴 했습니다. 하지만 어쨌든 과거에 있었던 일들을 조금은 더 살펴볼 필요가 있을 것 같습니다.

그다음이 고문입니다. 고문이나 강간 등을 했었지요. 읽어 보겠습니다.

고문에 대한 최초의 정의는 1975년 12월 유엔의 고문방지협약 선언과 1975년 세계의사회의 도쿄선언에서 이루어졌습니다. 뒤이어 1985년의 국제사면위원회와 1987년 유엔에 의해 수정·재정립되었습니다.

그에 따르면 고문이란 개인이나 집단이 상부의 지시나 자의에 의해 당사자 또는 제3자로부터 강제로 정보나 자백을 얻어 내기 위해 또는 여하의 이유로 인해 도의적으로나 제도적으로 또는 상대방의 감정이나 인권을 고려하지 않은 상황에서 신체적·정신적 고통을 가하는 것으로서 직접적이거나 간접적으로 공권력을 개입해 개인에게 신체적·정신적 고통을 주는 것과 그러한 행위의 고의성입니다.

이와 같은 고문은 그 방법에 따라 크게 신체적 고문과 심리적 고문으로 나뉘며 대개는 양자가 함께 행해집니다. 신체적 고문에는 온갖 종류의 구타, 마취도 시키지 않고 치아를 빼거나 부러뜨리는 치아고문, 매달기, 전기고문, 물고문 등의 질식고문, 성기에 이물질을 집어넣는 것에서부터 강간까지 포함하는 성고문, 약물고문, 절단, 화상 등이 있습니다. 또한 심리적 고문은 외부와의 고립이나 수면박탈, 즉 잠 안 재우기 등의 박탈, 타인 고문의 목격이나 고문 참여를 강요하는 것 그리고 고문 대기 등이 포함됩니다.

고문 대기가 왜 고문이냐? 인터뷰 내용을 보면, 고문을 하는 기술자들을 인터뷰한 결과 전 세계적으로 '5분이 매우 중요하다'라는 얘기를 한다고 합니다. 고문하기 직전의 5분간, 이 고문 대기가 가장 극심한 공포를 불러일으키기 때문에 얼마나 효과적으로 고문 대기를 시키느냐가 고문기술자의 전문성을 검증하는 것이라고 합니다.

그리고 고문과 고문도구는 나라마다 고유의 이름을 갖고 있어서 한국에서는 고문대를 칠성판으로, 담요를 덮어씌워 무차별 구타하는 것을 멍석말이 고문으로, 기존 안기부, 즉 현재 국정원의 고문실을 남산특급호텔로 부르기도 했습니다.

한국에서의 고문을 보면 한국에서의 고문의 강도와 유형은 시기적으로 바뀌어 왔습니다. 7, 80년대에는 무차별 구타, 전기고문, 물고문, 성고문 등의 신체적 고문이 주류를 이루었다면 90년대부터는 외부와의 격리, 잠 안 재우기 등의 심리적 고문으로 바뀌었지만 최근까지도 육체적·신체적 고문과 함께 자행된 사례가 있습니다.

그래서 1996년 9월 12개 한국인권단체협의회에서 고문, 기타 잔혹한, 비인도적 또는 굴욕적 처우나 형벌금지협약 제19조에 따라 대한민국 정부에 반박서한을 보냈습니다.

여기서 소개한 고문피해자 29명에 대한 고문사례를 보면, 29명이 경험한 총 고문수는 52건입니다. 피해자 1인이 1.8회 이상의 고문을 경험하였고 심리적 고문보다 신체적 고문의 비중이 높습니다. 물고문과 전기고문에서부터 회칼로 위협하기, 모의 사형집행 등 온갖 고문행위가 자행되었음이 확인됩니다.

민주화운동기념사업회가 최근 조사한 1970년대 민주화운동 참여자 실태조사도 고문의 실상을 간접적으로 시사해 주고 있습니다. 250여 명의 응답자 중 209명이 구속이나 구금을 경험하였고 이 중 91.9%인 192명이 고문이나 그와 유사한 위해를 당한 것으로 나타났습니다. 이들 가운데 모욕·협박이 97.4%이나 구타 82.8%, 잠 안 재우기 59.4%, 물고문도 25%나 당했습니다.

전기고문 9%, 10명 중 1명은 전기고문을 당했다는 거지요. 거꾸로 매달기, 고춧가루 고문, 냉동고문 등을 당했다는 사람도 9% 정도 있었습니다.

또 세 가지 이상의 고문을 당한 사람이 57.3%에 이르는 등 평균 2.8가지의 고문을 겪은 것으로 나타났습니다.

그중 88명, 즉 45.8%는 이에 따른 후유증을 겪고 있고, 전기고문을 당한 사람은 10명 가운데 7, 8명꼴로 온갖 종류의 질병, 불안, 수면장애, 우울증과 정신병, 악몽 등의 후유증이 있으며 사회부적응으로 오랜 기간 고통을 받을 뿐만 아니라 생존자로서의 죄책감과 수치심에 시달린다는 것이 2003년 연구 결과입니다.

대표적 예를 좀 들어 보면요, 1975년 2차 인혁당 사건으로 구속되어서 사형당한—무죄 판결을 받았지요—어쨌든 사형당한 이수병 등의 시신에는 전기고문의 흔적이 완연히 남아 있었으며 가족들은 그 시신조차 받지 못하였습니다.

왜냐하면 이수병을 비롯하여 당시 함께 사형당한 8명의 온몸을 만신창이로 만든 고문 흔적을 없애기 위해서 당시 정권은 이 주검을, 즉 박정희 정권은 이 주검을 크레인에 의해 화장장으로 보내 버렸기 때문입니다.

1985년 당시 민청련 의장이었던 김근태 씨에게 가해진 고문 역시 유례없는 잔인함을 보여 줍니다.

1985년 9월 6일부터 10일까지 남영동 안기부 밀실에서 고문을 받는 동안 김근태 씨는 고문당하는 사람들의 비명소리를 끊임없이 들어야 했으며 스스로도 물고문과 전기고문을 번갈아 가면서 당했습니다.

김근태 위원장은 저의 대선배이기도 하고 의원이시기도 했으며, 사실 고문 후유증이 굉장히 심하셨습니다.

제가 연구 조사한 내용물들을 검토해 보니 사실은 엄청난 고문 후유증에 시달리셨을 것으로 예상을 하지만 측근들에 따르면 본인은 그런 얘기를 거의 안 하셨습니다. 어쨌든 계속 읽어 보겠습니다.

물고문과 전기고문을 번갈아 가면서 당했는데 팬티마저 벗겨진 알몸 상태에서 칠성대 위에 꽁꽁 묶인 채 새끼발가락과 그다음 발가락 사이에 전기 접촉면이 끼워지고 온몸 전체에 물이 들이부어진 상태에서 시작된 전기고문으로 발등의 살가죽이 타들어 갔습니다.

단근질한 뜨거운 불 인두로 지져서 바싹 말라 바스라뜨리고 돌돌 말려서 불에 튀겨지는 고통을 겪었으며, 핏줄을 뒤틀어 놓고 신경을 팽팽하게 잡아당겨 마침내 마디마디 끊어 버리는, 그래서 죽음의 그림자가 독수리처럼 날아와 파고드는 공포를 체험한 것입니다.

1986년 10월 노동단체 사건으로 구속된 사람들의 고소장을 보면 또한 당시의 잔인한 고문 실상이 기록되어 있습니다. 당한 고문입니다

날개 꺾기, 무릎을 꿇린 상태에서 2명이 다리를 학의 날개처럼 양쪽으로 잡아 당겨 복사뼈가 다른 형사들은 위에서 몸을 누르거나 허벅지를 구둣발이나 무릎으로 짓이기는 고문 방식, 무릎 관절이 부서지는 특징이 있다.

관절꺾기, 앉아있는 상태에서나 매트리스 위에 몸을 엎어 놓은 후 몸 위에 올라타서 팔목관절·어깨관절·발목관절·무릎관절·목관절 등을 비틀고 꺾고 뒤틀리게 하는 방식.

통닭구이, 양손에 수갑을 채우고 수갑이 채워진 양손 사이에 무릎을 집어넣고 양손과 무릎 사이로 쇠파이프를 넣어 대롱대롱 매달아 놓는 고문 방식, 매달려 있는 사람을 뱅글뱅글 돌리거나 물이나 고춧가루를 들이붓기도 한다.

고춧가루 물고문, 수건에 물을 적셔 입과 코를 틀어막고 물을 먹이거나 고춧가루를 코에 가득 넣고 물을 붓는 방식.

지금 새누리당 대구 예비후보이시지요, 김문수 씨의 증언도 나와 있습니다. 김문수 씨의 증언에 따르면 1986년 5월 서노련 활동가들은 민간인이었는데도 불구하고 당시는 국군보안사령부에서 수사를 받았습니다. 보안사 군인들이 한꺼번에 20여 명이 몰려들어서 방의 전깃불을 끈 채 무차별 구타를 가하고 물고문·전기고문을 자행하였습니다. 소변에는 피가 섞여 나오고 배에는 전기고문으로 붉은 반점이 수십 개씩 생기고 모든 살갗이 터져 앉지 못하고 눕거나 엎드려 있어야 했습니다.

게다가 86년 6월 연행된 권인숙 씨는 팔이 뒤로 돌려진 자세에서 의자로 묶인 채 집단구타를 당한 후 뒤이어 성고문을 당했습니다. 이 사실은 피해자가 용감하게 밝혔습니다. 그리고 수기를 썼기 때문에 이것은 수기의 내용입니다.

권인숙 씨의 수기에 따르면 문귀동 씨는 고문기술사지요, 권인숙의 티셔츠와 브레이저를 위로 올리고 팬티를 벗긴 후 가슴을 주무르고 국부를 만지다가 책상에 엎드리게 해 자신의 성기를 권인숙의 국부에 반복적으로 갖다 대는 행위까지 서슴지 않았으며 심지어 자신의 성기를 권인숙 씨 입에 넣으려까지 하였다고 합니다, 수기에서.

권인숙 씨는 문의 얼굴만으로도 사지가 뒤틀리던

꿈속에서의 나의 몰골, 수치심과 악몽, 자학과 절망, 밥을 먹고 잠을 자고 손을 움직여도 알맹이는 생기지조차 못하는 껍데기만의 삶, 젊어도 젊은 것이 아니고 웃어도 웃는 것이 아닌 삶을 살지도 모른다는 고통에 폭로를 결심했다고 고백했습니다.

그런데 인터뷰에 따르면 이와 같은 성적 고문은 민주화운동에 투신했던 많은 여성들이 겪었던 끔찍한 고통이었습니다.

인터뷰 했던 한 분이 이런 말을 했습니다. '그래도 권인숙 씨는 자신이 당한 성적 고문을 폭로하였기 때문에 정신적으로 심리적으로 일정한 해방이 가능했을 것입니다, 하지만 제 여자 동기는 그보다 더한 성적 고문을 당하였음에도 결국 입을 다물었어요. 무척 착했던 그 친구가 오랫동안 고통스러워하는 것을 옆에서 지켜 볼 수밖에 없었던 무력감 지우고 싶습니다.'

또 다른 인터뷰어는 이런 얘기를 합니다. '안기부에서 결국 묵비권을 포기한 것은 술 취한 수사관들을 들여보냈을 때였습니다. 3명의 건강한 술 취한 남자들이 제 머리를 잡고 짓찧으며 등과 가슴을 함부로 만지고 옷을 벗기는데 정말 두려웠어요, 세상에 사람이 그렇게 약하더라고요, 무너졌지요.'

이러한 반인간적 고문 실태는 1987년 박종철이 반복적인 물고문 끝에 살해된 사건을 통해서도 알려졌지만 90년에 들어서도 그 강도가 약화되긴 했지만 계속된 것으로 확인됩니다.

법정 진술에 따르면 '남산 안기부에 도착하여 지하실로 끌려가는데 건강한 남자에 의해 양손이 잡힌 상태에서 뒤로부터 다른 안기부원에 의해 발길질을 당해서 구속되었던 내내 허리 통증으로 앉을 수도 누울 수도 없는 고통이 계속되었고, 잠 안 재우기, 성적 폭력, 무차별 구타, 동료가 고문받는 모습을 보게 하는 등 이런 고문이 반복적으로 자행되었고 결국 건강이 악화되자 하루에 두 번씩 의사가 진찰을 하러 왔습니다.'

1995년, 1996년 등등에도 유사한 고문이 있었던 것으로 알려져 있습니다. 하지만 이상하게도 한국에서는 고문 및 그 후유증에 대한 기초조사조차 제대로 이루어져 있지 않습니다. 누가 고문을 했는지도 알려져 있지 않습니다. 고문이 끼친 효과 그것이 한 사람을 어떻게 짐승으로 만들어 가는지에 대한 분석은 더더군다나 존재하지 않습니다. 영화로도 거의 없습니다.

외국에서는 그렇지 않습니다. 조사가 돼 있습니다. 외국의 사례에 따르면 고문이 개인 및 사회에 끼치는 부정적 효과는 상상 이상으로 큽니다. 피해자들은 자신이 완전히 변해서 더 이상 굳세거나 당당하다고 느끼지 못하며 타인과 자기 자신에 대한 신뢰를 잃게 됩니다. 동료들이 고문을 받는 동안 혹은 그런 동료가 죽어가는 동안 자신만 살아남았다는 단순한 사실 때문에 또 자신이 동료를 해칠지도 모르는 정보를 제공했다는 생각 때문에 깊은 죄책감과 수치심에 빠집니다.

장기간 구속된 고문 피해자들은 석방 후 직업을 구하기 어렵기 때문에 경제적으로 곤궁할 수밖에 없습니다. 더군다나 대다수 고문 피해자들이 영구적인 신체불구와 뇌외상으로 인한 인지장애, 외상 후 스트레스 장애, 우울증 등으로 사회적 장애를 겪어야 됩니다. 충동적이고 불안하기 때문에 인간관계에 문제가 발생합니다. 그러나 한국에서는 이와 같은 사실이 부분적으로만 드러나고 있으며 아직도 전모가 밝혀지지 않았습니다. 게다가 그조차도 극히 개인적인 사례 조사에 그치고 있습니다.

할프단 라스무센(Halfdan Rasmussen)이라는 시인은 고문에 대해서 다음과 같이 말합니다. '나를 두렵게 하는 것은 고문 가해자도 다시 일어날 수 없는 신체도 아니다, 죽음을 가져오는 라이플의 총신도 벽에 드리운 그림자도 땅거미 지는 저녁도 아니다, 마지막으로 희미하게 빛나는 고통의 별들이 달려들 때 나를 두렵게 하는 것은 무자비하고 무감각한 세상의 눈먼 냉담함이다.'

사실은 한국은 숱하게 많은 고문 피해자들이 있습니다. 최근까지도 존재하지만 냉담합니다. 그 주요한 이유 중의 하나가 그것이 국가기관에 의해서 자행된 고문이었고 그것을 숨기고자 하기 때문입니다.

바로 그러한 국가기관인 국정원에게 최고의 정보권, 수사권, 온갖 종류의 권한을 준다는 것에 대해서 두려워하는 게 정상입니까, 괜찮다고 하는 게 정상입니까?

또한 국정원은 이런 일만 했던 것이 아니지요. 최근 국정원의 해킹 사건에 대해서 그리고 대선 개입 사건에 대해서 자료가 여전히 세계적으로는 관심이 많던데 한국에서는 벌써 잊혀진 것 같아서, 이것은……

이것은, 시티즌 랩 아시지요? 한국 국정원의 해킹팀 RCS 사용에 대한 연구조사보고서를 시티즌 랩에서 공개했습니다. 이게 지금 떠 있는데요. 영어로 되어 있습니다. 일부 요약본 일부 내용만 한글로 되어 있어서 제가 충분히 준비할 수 있다면 이것을 번역을 좀 해서 가져왔을 텐데 그냥 요약본에 의존하겠습니다.

'본 연구노트는 한국 국정원의 해킹팀 RCS', RCS는 리모트 콘트롤 시스템(remote control system)입니다—그러니까 원거리 통제시스템이지요—'해킹팀 RCS 사용에 관해 저희가 알고 있는 것을 개략적으로 기술한 것입니다. 노트에는 공개적으로 유출된 자료와 저희의 연구를 통해 발견된 정보가 함께 포함되어 있습니다. 중요한 것은 유출된 해킹팀 파일에서 발견된 자료에는 국정원이 한국과 관련 있는 개인, 즉 민간인들을 사찰하는 데 관심이 있었다는 정황적 증거들, 사례에 한국에서 대중적인 소프트웨어나 앱을 사용하는 한국어 사용자 또는 삼성의 내수용 스마트폰 이런 것들이 포함되어 있다는 점입니다. 하지만 유출된 자료만으로는 국정원이 대상으로 삼은 특정인의 신원을 알 수 없으며 해당 기술이 악용되었는지도 정확하게 증명할 수가 없습니다. 이를 확인하기 위해서는 추가적인 조사와 연구가 필요합니다.'

이건 전 세계적으로 떠 있는 글입니다.

전 세계적으로 한국의 국정원에 대해서 추가적인 조사와 연구가 필요하다고 하고 있지만 한국의 어느 누구도 그럴 권한이 현재 없는 것 같습니다. 혹은 접근조차가 불가능한 것 같습니다.

'또한 침입소프트웨어·해킹프로그램이 존재한다고 하여 악용되었을 것이라고 반드시 단정하기는 어렵습니다. 왜냐하면 정보기관이나 법 집행기관이 이러한 프로그램을 적법한 절차와 민주적 원칙에 따라 사용할 수도 있기 때문입니다'만 이조차도 알 수가 없습니다.

'저희는 한국에서의 해킹팀 사용에 대한 추가적인 조사와 연구를 돕고자 본 보고서를 공개합니다. 한국에서의 타깃들?' 타깃츠 인 사우스 코리아(Targets in South Korea)라고 되어 있네요. '유출된 해킹팀 파일에서 발견된 데이터는 국정원이 한국과 관련된 민간인들을 사찰하는 일에 관심이 있었음을 보여 주는 정황적 증거를 제공합니다. 하지만 요약본에서 말하는 것처럼 정확한 타깃이 누구인지를 확실히 알려 주지는 않습니다. 하지만 중요한 것은 내수용 휴대폰을 타깃으로 하는 일에 매우 관심이 있었다는 것입니다.'

'이 고객은 이메일 계정을 이용해 해킹팀과 교신을 나눴습니다. 예를 들어서 devilangel1004는 2012년 8월과 9월에 SHW-M 시리즈 삼성 휴대폰을, 또 다른 한 경우에는 중국 모델 갤럭시 S3의 통화기록에 대한 지원을 요구하는 신청서를 수차례 제출했습니다. 나나테크 또한 한국 에디션 갤럭시 3 휴대폰의 음성녹음에 대한 지원을 요구하며 해킹팀에 연락했습니다. 2013년 1월 나나테크는 한국 에디션 갤럭시 3 휴대폰을 해킹팀에 보내 통화녹음에 대한 지원을 요청했습니다. 2013년 8월에는 이메일로 해킹팀에 한국 에디션 휴대폰에 대한 안드로이드 해킹을 테스트해 줄 것을 요청했습니다. 또한 한국의 소프트웨어, 카카오톡과 안랩 안티바이러스를 타깃으로 삼는 일에 관심이 있었습니다.'

'devilangel은 한국 회사 안랩의 안티바이러스 프로그램 최신판 그리고 중국에도 일부 타깃이 있다며 인기 높은 몇몇 중국 안티바이러스 프로그램을 대상으로 해킹을 테스트해 줄 것을 요청했습니다.'

'2014년 3월 24일 한국의 고객을 방문한 해킹팀 직원이 작성한 여행보고서에 따르면 이 고객은 자기 나라에서 아주 일반적으로 사용된다고 말하며 카카오톡의 진전 상황에 관해 물었습니다. 이 보고서의 핵심적 성과물의 하나는 카카오톡이, 한국군이라는 약자로 국정원인데요, 카카오톡이 SKA가 강조하는 것이라는 사실이었습니다.' 즉 국정원이 카카오톡을 강조하고 있다는 것이지요. '그 고객은 또한 카카오톡과 라인—즉 일본에 기반을 둔 회사 라인사가 개발한 카카오톡과 흡사한 채팅앱입니다—라인의 PC판 음성과 메시지 녹음에 대한 지원을 요청했습니다.'

(이석현 부의장, 정갑윤 부의장과 사회교대)

'카카오톡은 한국기업인 다음카카오가 개발하고 소유한

채팅프로그램입니다. 2015년 5월의 한 기사는 카카오톡이 한국에서 이용되고 있는 가장 대중적인 채팅앱이며 5000만 한국 인구의 70%에 해당하는 3500만 명의 사용자를 보유하고 있다고 전했습니다.' 바로 이런 카카오톡에 국정원이 관심을 갖고 있는 것입니다.

'카카오톡은 전에도 정부 압력 행사의 표적이 된 바 있습니다. 2014년 박근혜 대통령은 세월호 전복사고에 대해 박근혜정부가 대응한 방식을 두고 비난 받은 후 온라인상에 루머가 퍼지는 것을 엄중 단속하겠다고 발표했습니다.' 제 얘기가 아닙니다. 시티즌 랩의 연구보고서입니다. '이러한 단속의 일환으로 세월호 사건에 대한 토론과 시위에 연루된 한 한국 학생과 야당 정치인은 경찰이 자신들의 카카오톡 계정에 있는 자료를 빼내 갔다는 통지를 받았습니다. 또한 OTA 업데이트와 무선네트워크를 통한 스파이웨어 설치에도 관심이 있었습니다. 나나테크 또한 타깃이 알지 못하게 또는 타깃의 협조를 구하는 일 없이 은밀한 방식으로 타깃의 장비에 스파이웨어를 원격으로 강제로 심기를 원했다고 말하며 OTA, 새로운 소프트웨어나 데이터를 휴대폰 혹은 태블릿에 무선으로 보내는 것인데요. 이러한 OTA와 와이파이 감염에 대해 두 번 문의했습니다.

그 한국 고객은 와이파이 네트워크를 뚫고 들어가 그 네트워크의 일원이 되어 원하는 타깃을 확인하고 RCS 에이전트를 심는 데에 필요한 모든 것을 제공하는 휴대용 컴퓨터인 해킹팀의 TNI 즉 전략적 네트워크 주입기에 관심을 표했습니다. 전략적 네트워크 주입기인 TNI는 또한 가짜 무선네트워크를 만들 수 있으며 심지어 주어진 특별한 접근 하부구조가 마련되어 있다면 유선네트워크에도 작동할 수 있습니다. 한국 고객은 2014년 4월부터 7월까지 TNI를 실험했지만 휴대폰에 대한 신뢰를 할 만한 지원이 없다는 점 등의 문제들을 언급하면서 결국 TNI를 구매하지 않기로 했습니다.

다음으로 한국어 미끼콘텐츠를 사용했습니다. 우리는 한국의 고객이 한국어로 쓰여진 혹은 한국을 주제로 한 미끼콘텐츠를 사용하는 몇몇 사례들을 확인했습니다.

우리는 '무료 한국영화'라는 미끼파일을 사용한 2014년의 드라이브 바이 다운로드, 다운로드를 통한 바이러스 감염인데요. 드라이브 바이 다운로드 공격을 보았습니다. 유출된 파일에서 우리는 캘리포니아 남부에 거주하는 서울대학교 동문들의 이름과 전화번호를 적은 파일과 한국 천안함 침몰과 관계된 정보 파일이 들어있는 미끼콘텐츠를 찾아냈습니다. 한 미끼콘텐츠 링크는 2015년 서울 금천 하모니 벚꽃축제 일정을 보여주는 사진을 가지고 있었고 또 다른 하나는 한국 음식점들의 떡볶이 요리에 대한 리뷰를 실은 블로그들의 링크를 포함하고 있습니다. 한 미끼콘텐츠 링크는 구글 한국어 입력이라는 구글 플레이스토어에 있는 구글 앱 링크를 포함했습니다.

이런 다운로드를 통한 바이러스 감염 즉 드라이브 바이 다운로드 샘플의 역추적, 유출된 해킹팀의 이메일은 우리가 이전에 관찰했던 해킹팀의 RCS 스파이웨어의

몇몇 샘플이 어디에서 왔는지 역추적할 수 있는 기회를 제공했습니다. 샘플에 사용된 커맨드 앤드 컨트롤 서버는 hulahope.mooo.com이고 이것은 해킹을 준비하며 데블엔젤이 해킹팀에 제출한 수많은 안드로이드 샘플을 위한 커맨드 앤 컨트롤, C&C서버와 일치합니다. 이 샘플은 2014년 7월 21일에 바이러스토탈에 제출됐고 다음 달에도 한국으로부터 두 차례를 포함해 총 여덟 차례에 걸쳐 바이러스토탈에 추가로 제출됐습니다. 이 샘플은 'x.js:' 파일을 포함하며 드라이브 바이 다운로드 방법을 통해 작동한 것으로 보입니다. 그 자체로 스크립트는 인터넷 익스플로러 사용자가 액티브 엑스 컨트롤을 허용할 것인지 묻는 팝업을 보도록 만듭니다. 만약 그 컨트롤을 허용하면 이어서 스파이웨어가 다운로드되고 실행됩니다.

우리는 또한 다음 샘플을 찾았습니다.

샘플은 2014년 9월 12일 바이러스토탈에 한 번 제출됐고 같은 드라이브 바이 다운로드 자바스크립트 방법에 의해 적용하는 것으로 보입니다. C&C 서버 역시 hulahope.mooo.com입니다.

해킹 서버 로그 파일.

유출된 해킹팀 데이터에는 Exploit_Delivery_Network_android 어쩌고 저쩌고와 Exploit_Delivery_Network_windows 어쩌고 저쩌고가 나와 있으며 이들은 2015년 5월과 6월 동안의 고객의 요청에 따라서 해킹팀이 각각 만든 해킹 링크나 문서에 관한 자세한 정보뿐만 아니라 어떤 IP주소가 각 링크를 클릭했는지 혹은 각 문서를 열었는지, 해킹팀이 성공했는지 여부, 해킹 링크가 있는 경우라면 어느 웹사이트가 개개의 방문객을 해킹 링크로 유도했는지, 안드로이드 해킹의 일부 사례에서처럼 휴대폰의 언어와 모델에 대한 자세한 내용을 담고 있는 것으로 보입니다. 로그 정보는 어쩌고 저쩌고에 들어 있으며 여기에서 ID는 해킹팀에 의해 해킹에 부여된 여섯 개의 글자와 숫자로 된 아이디입니다.

우리는 안드로이드 해킹 링크를 클릭한 모두에 대한 자세한 정보를 아래에 소개합니다.

해킹팀의 안드로이드 해킹은 타깃의 폰으로 보내진 링크와 연관됩니다. 만약 그 타깃이 폰에 내장된 안드로이드 웹브라우저 앱에 있는 그 링크를 열었다면 아마 이로써 해킹팀의 RCS가 그들의 폰에 설치됐을 수도 있습니다.

데이터는 한국 IP주소를 가진 안드로이드폰의 두 번의 성공적인 해킹을 보여 줍니다. 하나는 SK텔레콤 IP주소를 가지고 있으며 한국어로 설정된 SK텔레콤 갤럭시노트2이고, 다른 하나는 SK텔레콤 IP주소를 가지고 있으며 영어-필리핀어로 설정된 갤럭시노트2 해외판입니다. 또 하나의 유일한 성공적인 해킹은 2015년 5월과 6월에 있었습니다. 그것은 러시아 IP주소를 가지고 있으며 러시아어로 설정된 갤럭시S3 미니였습니다.

우간다 IP주소를 가진 한 명과 독일 IP주소를 가진 한 명이 한국어로 설정된 링크를 클릭했습니다.

또한 커맨드 앤 컨트롤 그리고 해킹 하부구조를 살펴보면

해킹 서버 로그의 조회인 URL 및 한국인 고객의 악성코드 샘플에서 발견된 도메인 네임과 IP주소를 사용하여 우리는 해킹팀의 하부구조를 특정할 수 있었습니다.'

이게 꽤 길어서 제가 계속 읽을 텐데요 이게 시티즌 랩의 보고서입니다. 떠 있으니까 다운로드 받으시면 됩니다.

'우리는 해킹 로그의 조회인 URL에서 사용된 도메인 네임 dns.cdc-asia.org로부터 시작합니다. 우리는 한국인 고객이 이 도메인을 통제했다고 여기는데 왜냐하면 이 URL이 해킹팀에 요청한 해킹에 연관되고 해킹팀이 고객에게 보냈던 것이 아니었기 때문입니다.

우리는 더 나아가 고객이 도메인 네임을 통제했다고 보는데 도메인 등록일이 도메인으로 클릭된 해킹을 데블엔젤이 요청한 날짜와 일치하기 때문입니다. 그리고 그와 관련된 다음과 같은 등록 정보를 발견했습니다.'라고 하고 정보를 공개하고 있습니다.

'이 네임 서버는 도메인이 비트코인을 이용한 도메인 네임 구입과—이게 영어가 정확한지는 잘 모르겠네요—웹호스팅 서비스인 ititch.com으로 등록됐음을 보여 줍니다.

우리는 두 개의 다른 도메인이 같은 등록자 이메일로 등록된 것을 발견했습니다.

우리는 같은 IP주소를 사용하는 다른 도메인들을 찾기 위해 패시브토탈에 이 도메인뿐만 아니라 여러 가지 도메인들을 입력했습니다. 패시브토탈은 보안 연구를 위해 개발된 하부구조 분석 도구입니다. 우리는 이 도메인의 IP주소가 180.235.132.45이며 다른 두 웹사이트의 IP주소도 동일한 것을 발견했습니다.

두 도메인에 대한 초기 등록자 정보를 다음과 같이 공개합니다.

이 네임 서버는 도메인이 Bitcoin을 이용한 도메인 네임 구입과 웹호스팅 서비스인 domains4bitcoins.com으로 등록했음을 보여 줍니다.

등록자 이름 레오나드 프리맨이 이전 세 도메인의 등록자 이름인 크리스탈 프리맨과 같은 성인 프리맨을 사용하는 것에 주목해야 됩니다. 두 도메인에 등록된 이메일 주소는 해킹팀 유출 사건 이후 2015년 7월 8일에 다음과 같이 업데이트됐습니다.

우리는 또한 패시브토탈에 이러저러한 도메인들을 입력했고 이들의 IP주소가 95.215.46.224인 것을 발견했습니다. 우리는 같은 IP주소를 가진 몇몇 다른 도메인들도 발견했습니다. 우리는 또한 등록지 이메일 주소와 전화번호를 체크해서 추가 도메인들을 발견했습니다.

데블앤젤이 안드로이드 해킹을 play.mob.org로 전송되도록 요청한 후 하루 뒤인 2015년 4월 8일 이 도메인이 등록된 것에 주목합니다. 우리는 위의 도메인 이름과 더불어 데블앤젤이 해킹팀에 제출한 RCS 샘플 또 바이러스토탈에서 해킹팀이 찾아냈고 같은 고객의 것으로 역추적되는 RCS 샘플에 있는 도메인 이름을 포함해 한국 고객과 연관된 것으로 추정되는 도메인 이름들의 명단을 아래에 제공합니다.

위의 도메인 이름들은 다음 이메일 주소와도 연관되어 있고 그 주소를 아래와 같이 공개합니다.

우리는 또한 다음 IP주소가 한국 고객의 하부구조와 연결된 것을 발견했습니다. 또한 한국 고객의 해킹 장치는 해킹팀이 소유하고 있을 것으로 보이는 아래의 IP주소들을 사용했으며 따라서 해킹팀의 다른 고객들의 해킹을 위해서도 사용됐습니다.

우리의 2014년 보고서 「해킹팀의 추적 불가능한 스파이웨어 발견」에서 우리는 한국 고객과 관련된 다음 IP주소를 발견했습니다.

결론 그리고 앞으로의 조사.

우리는 국정원이 한국 링크를 가진 타깃에 관심이 있었다는 점 그리고 두 차례에서는 감염된 휴대폰이 한국 내 실제 타깃의 것이었음을 암시하는 정황적 증거를 제시했습니다. 하지만 유출된 데이터 자체로는 특정 타깃을 확인할 수는 없었습니다. 그러므로 우리는 국정원의 해킹팀 RCS의 C&C, 커맨드 앤 컨트롤 하부구조와 관련된 몇몇 기술적인 데이터를 제시했으며 이는 앞으로의 연구에 유용하게 쓰일 수 있을 것입니다.

우리는 앞으로의 조사를 위한 몇몇 가능성 있는 방안들을 간략히 서술하기로 합니다.

첫째로 두 도메인 뭐, 뭐와 관련된 지난해의 DNS 로그 파일을 입수하는 것은 매우 유용할 것이며 이것은 감염된 도구들의 IP주소를 밝혀 줄 수 있을 것입니다.

둘째로 침입발견시스템을 운영하는 조직이나 기관들은 여기에 제시된 IPTV 주소나 도메인 이름을 클릭했는지 자신들의 로그파일을 확인해야 합니다.', 국회도 확인을 해 봐야 되겠네요.

'셋째로 테스트에 초점을 두고 있는 그룹들은 잠재적인 타깃의 이메일 계정과 그들의 SMS 로그, WAP 푸시 메시지 로그 그리고 다른 모든 핸드폰 메시지 앱의 로그, 우리가 찾아낸 도메인 이름을 포함하고 있는 모든 이메일이나 메시지들 그리고 해킹팀의 해킹 또는 스파이웨어와 매치되는 모든 첨부파일들을 스캔해야 합니다.

마지막으로 만약 국정원이 초기에 그들의 비트코인 도메인 주소 구매를 위해 단일 주소를 사용했다면 도메인과 연관된 등록 시기를 이용해 블록체인(blockchain)을 조사한다면 비트코인 주소를 추적하는 것이 가능할 수 있습니다.', 아마 전문적인 용어인 모양이지요.

'국정원의 비트코인 주소를 추적하는 것은 국정원의 C&C 구조와 연관된 추가적인 요소를 밝히는 계기가 될 것입니다.'라고 시티즌 랩이 한국 국정원 해킹팀 RCS 사용에 대한 연구조사보고서를 공개했습니다마는 국정원도 그리고 국회도 한국 내에서는 추후 연구조사보고서 같은 것이 제대로 나오지 못했습니다.

우선 국회는 아시다시피 사실은 정보에 접근하기가 어려웠고요 국정원은 정보 접근을 막았습니다. 그리고 한 사람의 잘못으로 몰아갔고 어쨌든 그분은 현재 살아 계시지 않습니다.

따라서 이러한 국정원의 최근의 해킹 우려를 보고 그리고 그 연구조사보고서를 보고 있노라면 여전히 국정원은 하고 있는 게 아닐까라는 국민들의 우려에 저희도 제대로, 국회도 제대로 답변을 못 합니다.

문제는 그 상황에서 국정원한테 엄청난 권한을 줘야 한다는 겁니다. 그런데 이것만 있는 게 아니지요. 얼마 전 민변이…… 얼마 전은 아니네요. 2013년이지요. 여기에서 대선개입사건 십문십답을 했었는데요 사실은 이것도 많이 잊혀졌습니다. 하지만 해결이 안 된 것들이 여전히 있어요. 무죄로 판명이 됐거나, 그래서 그 당시 주요한 주제가 무엇이었는가를 다시 한 번 떠올려 볼 필요가 있을 것 같습니다.

이것은 청문회 때 정리한 십문십답입니다.

첫 번째, '몇몇 언론사에서 보도하는 내용과 새누리당 주장에 따르면 지난 대선 때 국정원 직원들이 직접 작성한 게시글이 몇 개 안 된다고 합니다. 사실인가요?', 여전히 지금 쟁점이지요.

'사실이 아닙니다. 다음 아고라 등 일반 포털의 게시판에서는 네티즌이 작성한 게시물을 삭제하고 탈퇴하면 삭제된 게시물을 더는 확인할 수가 없을 뿐입니다. 국정원 직원 김 모모 씨가 대선에 개입된 정황이 드러난 2012년 12월 11일 이후 국정원 직원들이 사용한 것으로 의심되었던 아이디들은 위와 같은 포털사이트에서 선거 시기 작성한 글들을 모두 삭제한 후 탈퇴했습니다. 따라서 검찰은 다음 등 일반 포털 게시판에서 국정원 직원들이 작성한 선거 관련 게시물을 확인할 수 없었습니다. 다만 국정원 직원들의 활동이 최초로 발각된 오늘의 유머 사이트의 경우 게시물을 삭제한 후 탈퇴를 하더라도 삭제된 글이 외부에서 검색이 안 될 뿐 서버의 다른 영역으로 옮겨지도록 시스템이 설계되어 있어 민변 소속 변호사들이 국정원 직원들이 작성한 선거 관련 게시물과 댓글을 복원하여 검찰에 제출할 수 있었습니다.'

문2. '확인된 선거 관련 게시물과 댓글 숫자가 적은 것은 사실인데 이것만으로 국정원이 원세훈 전 국정원장의 지시에 따라서 조직적으로 선거에 개입했다고 볼 수 없지 않나요?'

'그렇지 않습니다. 우선 검찰이 국정원의 선거 개입 여부를 직원들이 직접 작성한 선거 관련 게시물과 댓글만 가지고 판단한 것은 아닙니다. 국정원 직원들은 여러 사이트의 특성을 분석해 각 사이트의 특성에 맞게 활동했기 때문에 국정원 직원들의 활동을 전체적으로 고려해 판단한 것입니다.

4월 22일 자 한겨레 보도를 보면 경찰은 작년 12월 인터넷 댓글 작성 등을 통한 대선 여론 조작 혐의를 받은 국정원 직원 김 모모 씨의 컴퓨터 하드디스크를 살펴보는 과정에서 오늘의 유머 사이트 운영 방식을 분석한 메모를 찾아냈다고 합니다. 김 씨는 국정원 업무를 하면서 상부 보고용이나 업무 참고용 등으로 이 메모를 작성한 것으로 보이는데 이 메모에는 반대가 4회 이상인 게시글은 많은

사람이 볼 수 있는 베스트 게시판으로 갈 수 없고 반대가 10회 이상이면 베스트 오브 베스트 게시판으로 갈 수 없다는 내용이 담겨 있었다고 합니다.'

실제 그렇지요? 어쨌든 자세한 메모가 있었다는 거고요.

'이 메모를 보면 알 수 있듯이 국정원 직원들은 오늘의 유머 사이트에서 굳이 대선 후보를 직접 거론한 글을 쓰기보다는 박근혜 후보에게 불리한 글과 다른 후보들에게 유리한 게시물에 반대하는 등등의 행위를 해서 베스트 오브 베스트 게시판으로 못 가게 하는 등 국민들이 이를 보지 못하게 하는 것을 통해서 선거에 영향을 미치기도 했습니다.

실제로 국정원 직원들은 오늘의 유머 사이트에서 박근혜 후보에게 불리한 게시글과 다른 후보들에게 유리한 게시글에 대하여 대대적인 반대활동을 전개하였습니다. 이들이 집중적으로 반대한 게시물 중 대표적인 것들……'

'박근혜 후보의 역사인식 논란, 안철수에 대한 협박과 사찰, 박근혜 후보는 '5·16 혁명 없었으면 우리는 공산당의 밥'이었다고 했다는 글.

'사형당한 8명', 인혁당 사건이지요. 이정현, '박정희 시절 전체에 대한 역사를 다시 진단해야', 주진우 기자의 촌철살인, 박근혜 캠프 인디밴드 이 군 발언 논란, 3대 새누리당 대국민 공약, 조현오는 불구속 기소, 의혹 부풀린 방송 3사는 왜?

여, '박근혜, 인혁당 피해자 아픔 깊이 이해한다'는 그네 생각, 솔직히 말해 박근혜가 부럽다. 문재인 화면 잘 받는다, 문재인과 안철수 모두에게 드는 신뢰감'……

이것은 제가 지금 말하고 있는 게 아니라 제목입니다. 이러한 제목들이 달려 있는 글에 대해서 집중적으로 반대를 했다는 겁니다.

'윗글들을 보면 분명히 알 수 있지만 북한의 위협을 차단한다거나 소위 종북 세력과도 전혀 관계없이 단지 박근혜 후보에게 불리하거나 다른 후보들에게 유리하다는 이유만으로 반대했다는 것을 알 수 있습니다. 이렇게 윗글들을 포함하여 국정원 직원들이 반대한 오늘의 유머 게시물은 명백히 박근혜 후보에게 불리하고 다른 후보들에게 유리한 것들입니다.'

국정원은 자신들의 이와 같은 행위가 북한이나 종북세력과 관련된 정상적인 업무활동이라고 보지만 아래와 같이 '문재인 후보가 TV 화면에서 잘 나온다'는 내용의 게시물에 반대하여 일반 국민들이 이를 보지 못하게 하는 것이 과연 북한의 위협을 차단하는 것과 어떤 연관이 있는지 이해하기 어렵습니다.

그러면서 문재인 후보가 TV 화면에서 잘 나온다, 단지 이 내용임에도 불구하고 5개의 반대를 받아 베스트 게시판으로 가지 못했는데 5개의 반대 모두가 국정원 직원들이 사용한 아이디로 의심된 아이디에 의해서 이루어졌습니다.

또한 단일화 논의 과정을 보니 불안한 감은 있지만 그래도 문재인·안철수 두 후보에게 인간적인 신뢰감이 든다는 내용인데 6개의 반대를 받아 베스트 게시판으로 가지 못했습니다. 그런데 그중 5개의 반대 모두가 국정원

직원들이 사용한 아이디로 의심된 아이디들에 의해 이루어졌습니다.

문재인·안철수 두 후보에게 인간적인 신뢰감이 간다는 것이 북한 차단과 무슨 연관이 있는 건지는 알 수가 없습니다.

또한 박근혜 후보의 어린 시절 등이 부럽다식의 풍자글도 있었는데 5개의 반대를 받아 베스트 게시판으로 가지 못했습니다. 5개의 반대 모두가 국정원 직원들이 사용한 아이디로 의심되는 아이디들에 의해 이루어졌습니다.

실제로 국정원 직원들이 오늘의 유머 게시판에서 반대행위를 했던 게시글 중 북한과 관련된 것으로 볼 수 있는 것은 단 3건에 불과합니다. 북한의 위협을 차단하기 위한 것이었다는 것은 국정원의 일방적인 주장일 뿐 사실과 다르다는 것을 알 수 있습니다.

따라서 국정원 직원들이 작성한 게시글이나 댓글의 개수가 적어 선거 개입이 아니라는 주장은 이러한 국정원 직원들의 행태에 비추어 보면 타당하지 않습니다.

다음 아고라 등 대형 포털에서 국정원 직원들이 작성한 게시글이나 댓글은 이미 삭제되어 검찰이 확인할 수 없었으나, ① 국정원 직원들이 대선 시기에 위 사이트들에서도 지속해서 활동했다는 점, ② 국정원 직원 김 모모 씨가 발각되자 동시에 작성한 글들을 삭제하고 탈퇴하였다는 점 등을 고려하면 오늘의 유머 사이트에서와 마찬가지로 다른 사이트들에서도 대선 관련 게시글 및 댓글의 작성이 이루어졌을 것이라고 보는 것이 오히려 합리적입니다. 검찰은 바로 이러한 점을 고려한 것입니다.

'정보기관인 국정원이 국정 홍보를 하는 것은 직무상 가능한가요?', 이런 질문 굉장히 많이 나왔지요.

답, 가능하지 않습니다.

국가정보원법이 정하고 있는 국정원의 업무범위를 살펴보면 국정 현안에 대해 홍보할 수 없다는 것을 분명히 알 수 있습니다.

국가정보원법 제3조(직무)에 따르면 "① 국정원은 다음 각 호의 직무를 수행한다."

"1. 국외 정보 및 국내 보안정보[대공(對共), 대정부전복(對政府顚覆), 방첩(防諜), 대테러 및 국제범죄조직]의 수집·작성 등 보안정보의 수집·작성 및 배포", 대테러 업무를 하고 있지요.

"2. 국가 기밀에 속하는 문서·자재·시설 및 지역에 대한 보안 업무. 다만, 각급 기관에 대한 보안감사는 제외한다."

"3. 형법 중 내란(內亂)의 죄, 외환(外患)의 죄, 군형법 중 반란의 죄, 암호 부정사용의 죄, 군사기밀 보호법에 규정된 죄, 국가보안법에 규정된 죄에 대한 수사"

"4. 국정원 직원의 직무와 관련된 범죄에 대한 수사"

"5. 정보 및 보안 업무의 기획·조정"

이렇게 되어 있습니다.

국정원 등은 위 규정 중 국내 보안정보의 수집·작성 및 배포 권한을 국정 홍보가 가능하다는 근거로 들기도 합니다. 그러나 국가정보원법 제3조제1항제1호에서는 직무의

범위를 "국외 정보 및 국내 보안정보(대공, 대정부전복, 방첩, 대테러 및 국제범죄조직) 등 보안정보의 수집·작성 및 배포"라고 규정하면서 국외 정보와 달리 국내 보안정보에 관하여는 별도의 괄호를 명시하여 '대공, 대정부전복, 방첩, 대테러 및 국제범죄조직'에 관련된 정보의 수집·작성 및 배포만을 한정하고 있는 것을 알 수 있습니다.

이는 국가정보원의 전신인 중앙정보부와 안기부에 이르기까지 과거 위 기관이 조직적인 국내 정치 개입이나 선거에 관여하는 것을 방지하기 위해 국외 정보와 다르게 국내 정보의 수집은 한정적으로 열거하여 그 외의 국내 보안정보에 대하여는 엄격히 그 수집·작성 및 배포를 금지하여 정치적 중립을 지키고 본래 국정원의 설립 목적대로 국민의 생명과 안전, 국가 존립의 보장과 국익 증진에 충실하도록 본연의 직무를 명확히 한 규정입니다.

더군다나 이번 사건에서는 국정원 직원들이 마치 일반인처럼 가장해서 국민들이 생각하는 바에 영향을 미치려고 하였는데 이런 활동이 '대공, 대정부전복, 방첩, 대테러 및 국제범죄조직'에 대한 정보 수집이라고 할 수 없을 뿐만 아니라 이를 정당화하는 규정도 없습니다.

따라서 이번에 밝혀진 국정원의 조직적인 정치 및 대선 개입은 명백히 국내 보안정보와는 무관한 것이며 그 직무범위를 벗어난 것으로 위법하다고 할 것입니다.

네 번째 질문, '원세훈 전 국정원장의 지시에 따라서 국정원 직원들이 선거에 영향을 미치게 하려고 했던 행위가 구체적으로 공직선거법의 어느 조항에 어긋나나요?'

답, 공직선거법 제85조제1항에 위배됩니다.

검찰도 원세훈 전 국정원장에 대하여 공직선거법 제85조제1항을 적용하였습니다. 공직선거법 제85조제1항은 "공무원은 그 지위를 이용하여 선거운동을 할 수 없다"고 명시하고 있습니다. 여기서 선거운동이라 함은 특정인을 당선되거나 되게 하거나 되지 못하게 하기 위한 행위를 말합니다.

원세훈 전 국정원장은 아래와 같이 정부에 대해 비판적인 세력과 사람을 종북세력으로 인식하고 이러한 사람이나 세력이 국회 등 정치 영역에 진출하는 것을 막아야 한다고 지시하였습니다.

'금년에도 여러 가지 대선이 있는데, 종북좌파들이 한 40여 명이 여의도에 진출했는데 우리나라의 정체성에 대해 계속 흔들려고 할 거고, 우리 국정원 공격도 여러 방법으로 할 거다'라고 2012년 4월 20일 날 발언하며 지시했습니다.

국정원 심리전단 산하 사이버팀 소속 직원들은 위와 같은 원세훈 전 국정원장의 지시에 따라 박근혜 후보가 당선되게 하려고 게시글과 댓글을 작성하고, 찬반 클릭 행위를 하였던 것입니다.

문5, 다섯 번째 질문입니다.

'검찰은 원세훈 전 국정원장을 제외한 나머지 국정원 직원들은 모두 기소유예를 하였는데 타당한가요?'

타당하지 않습니다.

국민에 대한 봉사자로서의 지위를 가지고 있는 공무원은

위법한 상관의 명령을 따를 의무가 없고 오히려 이를 거부하는 것이 타당합니다. 대법원 역시 이러한 원칙을 여러 차례 확인한 바 있습니다. 특히 대법원은 대통령선거를 앞두고 국가안전기획부의 직원이 상관의 명령으로 특정 후보에게 유리한 환경을 조성하기 위하여 허위의 사실이 담긴 인쇄물을 배포한 사안에 대해 다음과 같이 판단한 바 있습니다. 공무원이 그 직무를 수행함에 즈음하여 상관은 하관에 대하여 범죄행위 등 위법한 행위를 하도록 명령할 직권이 없는 것이며, 또한 하관은 소속 상관의 적법한 명령에 복종할 의무는 있으나 그 명령이 대통령 선거를 앞두고 특정 후보에 대하여 반대하는 여론을 조성할 목적으로 확인되지도 않은 허위의 사실을 담은 책자를 발간·배포하거나 기사를 게재하도록 하라는 것과 같이 명백히 위법 내지 불법한 명령인 때에는 이를 벌써 직무상의 지시명령이라 할 수 없으므로 이에 따라야 할 의무가 없습니다.

또한 검찰 스스로도 총리실 민간인 불법 사찰사건에서 상관의 지시에 따라 증거를 인멸한 장 모모 씨, 전 주무관에 대해서 상관의 명령에 따른 행위일 뿐이라는 장 전 주무관의 주장을 받아들이지 않고 기소한 바도 있습니다. 그럼에도 국정원 직원들을 모두 기소유예한 것은 국정원장이 위법한 명령을 하더라도 하관은 무조건 따르라는 것밖에 되지 않는다고 할 것입니다.

제2차 세계대전 당시 독일에서 일어난 홀로코스트가 나치의 명령에 대해 거부하지 않고 충실히 그 임무를 수행한 공무원 탓이라는 평가가 있습니다. 한나 아렌트라는 정치철학자가 그렇게 얘기했지요. 명령이어서, 내 직무여서 여덟 살, 열 살짜리 소녀를 아우슈비츠에 보냈다.

이런 공무원들이 적법하지 않은 상관의 명령에 따르면 법 위반이 아닐까요? 그리고 상관의 명령에 대해 저항할 수 있도록 하는 것은 국가권력에 의한 불법한 인권침해를 막기 위한 것입니다. 이번 검찰의 수사 결과 중 국정원 직원 등에 대한 부분은 이것을 완전히 부인한 것입니다. 결과적으로 검찰의 수사 결과는 국정원의 대선 개입에 대한 면죄부를 주었을 뿐 아니라 앞으로 이런 일들이 계속 반복될 여지를 주었다고 생각할 것입니다.

저도 사실은 이런 상관의 불법한 명령에 복종할 수밖에 없었다는 이유로 기소유예를 준 검찰의 판단은 굉장히 놀라왔습니다.

이 민변도 독일을 언급하고 있는데요. 독일의 사례는 현재까지도 계속 거론이 되고 있고, 인간을 악마로 만들지 않기 위해서 영화로도 만들어지고 있습니다. 한나 아렌트와 같은 정치철학자가 다루고 있을 뿐만 아니라 '책 읽어주는 남자'라는 유명한 소설로도 나왔고요. '더 리더'라는 이름으로 영화화되기도 했습니다.

그 내용이 뭐냐면 문맹의 한 여성이 나치에 복무를 합니다. 문맹이고, 약자지요. 나치에 복무를 합니다. 먹고살아야 했습니다, 혼자였기 때문에. 그런데 이 여성에게는 자기가 문맹인 걸 숨겨야 한다라는 열등감과 다른 한편으로

책을 읽고 싶은 욕망이 있었습니다. 그래서 책 읽어 주는 아이들이 필요했던 거고, 아우슈비츠의 감독관으로 있으면서 그곳에 보내진 유대인 소녀들에게 책을 읽힙니다. 그리고 그 책을 읽다가 순번대로 보내요.

또한 이 여성은 이런 일도 합니다. 유대인들을 쭉 대오를 형성해서 이동을 하다가 연합군의 폭격을 맞습니다. 이동을 하다가 교회에서 숙박을 하는데 연합군의 포격을 받습니다. 그런데 이 여자는 교회 문을 걸어 잠가버려요. 그래서 결국 그 폭격에서 대부분이 죽었고, 문만 열어 줬어도 살았을 텐데, 그중에 드물게 살아남은 사람들이 이 여자를 나치 부역 혐의로 고소를 합니다.

그런데 사실은 책에 따르면 이 여자에게는 약간의 억울함이 있었습니다. 왜냐하면 주범이 아니라 종범인 거예요. 전체 아우슈비츠의 감독관이긴―혹은 우리나라 말로 하면 교도관 정도 될 것 같은데요―했으나 명령을 받는 처지에 있었지 명령을 하는 처지는 아니었습니다. 그 이유가 뭐냐면 문맹이었거든요. 서류에 사인을 하거나 하는 그런 일을 할 수가 없습니다.

그런데 그 여자는 이상하게도 문맹임을 극히 숨기고 싶었던 거지요. 그래서 자기가 그 모든 일을 주도했음을 인정합니다. 사실은 그 재판 과정을 어떤 한 사람이 지켜보는데 그 사람만은 그 여자가 문맹임을 알고 있습니다. 그래서 그 사람은 고민에 빠집니다, 저런 범죄자를 위해서 그 사람이 문맹이기 때문에 서류에 사인할 리 없다라는 얘기를 해야 되는가. 그래서 그 사실을 알고 있는 남자가 아우슈비츠까지 또 찾아가는 과정이 있습니다.

그런데 그 과정에서, 이건 책에 나오는지 영화에 나오는지 잘 모르겠는데 타고 가는 택시 운전사가 역시 나치에 약간 부역을 했던 사람으로 나옵니다. 그런데 그 택시 운전사가 그렇게 얘기를 합니다. 먹고살기 위해서, 내 아이들과 내 가족을 위해서 어쩔 수 없었노라고 얘기를 합니다. 그리고 거기서 돌아와서 그 남자는 증언을 해 주지 않습니다. 그래서 그 여자 분이 아마 굉장히 오랜, 무기징역이었는지 하여튼 꽤 긴, 사형은 아니고 무기징역을 받습니다.

그런데 그 남자가 그 여자한테 고전, 아주 좋은 소설들을 자기 목소리로 읽고 그 테이프를 매번 교도소로 보내 줘요. 그리고 그 여자 분은 그것을 들으면서 글을 깨칩니다. 그리고 워낙 충실한 교도소 생활을 해서 감형이 되지요. 그런데 감형이 되기 전날 그 여자는 자살을 합니다.

거기서 두 가지 얘기가 나오는 거지요. 하나는 문맹이어서 좀 몰라서라고 얘기할 수 있었던 사람이 이제 글을 읽어서 알게 되었을 때 선택할 수 있는 것은 자기 목숨을 끊는 것밖에 없었습니다. 다음으로 그 남자는 사실은 알게 만든 거지요. 그리고 스스로 선택할 수 있도록 만든 겁니다. 아마 문맹이었기 때문이다, 정말 몰랐기 때문이다, 무슨 서류에 사인하는지도 몰랐기 때문이다, 이런 얘기를 하고 싶었던 것 같습니다.

그래서 제가 물어보는 것은 그러면 국정원 댓글을 달았던 국정원 직원들은 문맹이었나요? 불법함을 몰랐을까요? 내가

무슨 댓글을 다는지 몰랐을까요? 수없이 반복해서 차마 입에 담기도 어려운 그런 막말과 욕설을 댓글로 다는 것을 몰랐을까요? 첫 번째.

두 번째, 몰랐다면 알려 줬지 않습니까? 청문회를 통해서 국민들이 직접 그것은 불법한 일이다, 위법한 일이다, 그런데 그 모든 것이 덮어졌습니다, 상관의 명령에 복종할 수밖에 없었노라고.

그럼 나치도 용서할 수 있는 게 대한민국입니다. 일제도 용서할 수 있지요. 일제에 부역했던 모든 사람들을 용서할 수 있습니다. 먹고살기 위해서 누군가를 고문했고 먹고살기 위해서 누군가를 강간했고 먹고살기 위해서 누구를 정신적으로 죽일 수 있는 댓글을 달았고.

굉장히 유명한 고문기술자인 이근안 씨가 그런 얘기를 하셨습니다. '나는 애국자다. 왜? 국가가 시키는 대로 했으니까'.

나치도 그렇게 얘기를 했습니다. 그래서 나치가 종결되고 나서 독일에서 가장 커다란 논쟁이 뭐였느냐면 전범들을 처단해야 된다는 게 논쟁이 아니었습니다. 독일은 지금도 그 역사에 대해서 반성을 하고 처단을 하고 있습니다.

문제는 합법적인 법률에 의해서 나치정권이 수립되었다는 사실입니다. 법에 의해서 됐습니다, 법에 의해서. 그러니까 국민을 죽이는 법이 있었던 거고요. 그 법에 의해서 학살이 일어난 겁니다.

그래서 법학자들이 다들 물어봤다고 해요. 그러면 합법적으로 일어난 범죄에 대해서 우리는 무엇이라고 해야 되느냐? 이것은 제가 법학자는 아니기 때문에 아주 정확하게 알지는 못하지만 제가 대략적으로 본 바에 따르면 사회가 감당할 수 있는 혹은 견뎌낼 수 있는 혹은 인내할 수 있는 무엇인가가 있다, 그런 가이드라인을, 그런 기준을 넘어섰다, 그래서 나치를 처단할 수 있었다고 합니다.

한국은 뭘까요? 사실은 어떻게 보면 독일은 지금까지도 나치에 의한 인권유린의 역사를 없애기 위해서 악법은 법이 아니다라는 근거를 만들어 냈는데 한국은 그러한 논쟁조차도 잘 용인되지 않습니다.

물론 한국은 분단국가입니다. 여전히 휴전상태이고 여전히 불안합니다만 누구나, 누구나는 아닐지라도 저는 그것이 민주주의와 인권을 강화시키는 것만을 통해서 넘어설 수 있다고 생각을 합니다.

그래서 이렇게 반복적으로 오랫동안 범죄를 저질러 왔다는 혐의를 받고 있고 지금도 범죄를 저지를 가능성이 크며 앞으로도 국민을 상대로 범죄를 저지를 의혹이 있는 이러한 국정원에게 왜 국민의 목숨과 같은 사생활 비밀을 관장할 수 있는 힘을 주느냐라고 묻고 있는 것입니다.

그게 우리 세대로 끝나면 괜찮겠습니다만 이것은 우리의 아이들, 미래에게 적용됩니다. 저는 미래 세대에게 국정원이 혹은 의혹을 받는 국정원이 위해를 끼칠 수 있다는 약간의 의혹만 있다 하더라도 엄격하게 점검해야 된다고 생각을 합니다.

다음 여섯 번째, 공직선거법을 위반한 행위는 시효가 6개월이어서 이번 사건의 경우 6월 19일로 시효가 완성되었는데 19일 이후에는 재판도 진행하지 못하는 것인가요?

그렇지 않습니다. 공소시효란 공소 즉 검찰의 기소에 관한 것으로 시효로 정해진 기간 내에 공소를 제기하라는 것뿐입니다. 따라서 그 기간 내에 검사가 공소를 제기하기만 하면 이후 소송이 진행되는 데에는 아무런 문제가 없습니다. 이번 사건의 경우도 19일 이전에 검사가 공직선거법 위반으로 기소를 하였기에 시효와 관련된 문제는 발생하지 않습니다.

일곱 번째, 국정원 직원들에 대해 검찰이 기소유예한 것에 대해 민주당은 재정신청을, 민변 등은 항고를 하였다고 하는데 이것은 무엇을 의미하나요?

검사의 결정에 대한 불복방법을 의미합니다. 형사소송법은 검찰이 기소유예 등 기소를 하지 않는다는 불기소처분을 하면 고소인이나 고발인은 재정신청이나 항고의 방법으로 검찰의 불기소처분에 대해 다툴 수 있도록 하고 있습니다.

또한 공직선거법 제273조는 공직선거법을 위반하였다고 고발을 한 후보자와 정당 및 해당 선거관리위원회로 하여금 해당 검사 소속의 지방검찰청 소재지를 관할하는 고등법원에 불기소처분의 당부에 관한 재정신청을 할 수 있도록 정하고 있습니다. 이 재정신청은 사전에 항고할 필요가 없습니다. 그래서 민주당은 정당이기에 항고하지 않고 공직선거법 제273조에 따른 재정신청을, 민변 등 시민단체들은 정당이 아니기에 형사소송법에 따라 항고를 한 것입니다.

다음 문8인 모양입니다. 재정신청이나 항고 등 공직선거법은 공직선거법 위반죄에 대한 공소시효를 6개월로 정해 놓았기에 결국 공소시효가 완성되어서 기소가 안 되는 것은 아닌가요?

그렇지 않습니다. 형사소송법 제253조제2항은 공범의 1인에 대한 공소제기로 공소시효가 정지되면 그 효력은 다른 공범자에 대하여 미친다고 규정하고 있습니다. 이 사건은 원세훈 전 국정원장의 지시에 의하여 국정원 직원들이 조직적으로 선거에 개입하여 공직선거법을 위반한 사건으로 순차적으로 공모하여 범행을 저지른 것에 해당하여 관련자는 모두 공범에 해당합니다. 따라서 공소시효가 정지되었다고 볼 수 있습니다. 또한 공직선거법은 공직선거법에 의한 재정신청이 있게 되면 공소시효의 진행을 정지시키도록 하고 있는데 위에서 본 바와 같이 민주당이 공직선거법에 따라 재정신청을 하였기에 재정신청 대상자들에 대한 공소시효는 이것에 의하여도 중지되었다고 보아야 합니다.

아홉 번째, 만일 원세훈 전 국정원장이 공직선거법 위반으로 처벌을 받게 된다면 지난 대선의 결과에 대해 문제 제기를 할 수 있나요?

답, 어렵습니다. 선거나 당선의 효력에 대해 다툴 방법은 크게 두 가지입니다.

첫 번째는 선거에 관한 소청이나 소송을 제기하는 방법입니다. 지방의회의원 및 지방자치단체장의 선거에 관해서 문제를 제기하고 싶으면 선거소청이라는 행정심판을 해당 선거관리위원회에 제기하고 국회의원선거나 대통령선거에 대해서 문제를 제기하고 싶으면 법원에 소송을 제기하게 되어 있습니다.

선거에 관한 소송에는 1. 선거에 관한 규정의 위반이 있고 이로 인해 선거의 결과에 영향에 미쳤다고 주장하는 때에 제기하는 선거소송과 2. 선거의 진행이 유효했다는 것을 전제로 당선인의 위법행위로 인한 당선의 효력에 관하여 제기하는 당선소송이 있습니다. 이러한 선거에 관한 소청이나 소송은 선거일로부터 30일 이내에만 제기할 수 있습니다.

두 번째는 공직선거법에 정하고 있는 당선 무효화입니다. 즉 공직선거법은 당선인이 공직선거법을 위반하여 벌금 100만 원 이상의 벌금형을 선고받은 때에는 그 당선을 무효로 하고 있습니다.

현재는 선거일로부터 30일이 훌쩍 지났기에 선거에 대한 소송을 제기할 수는 없습니다. 그리고 대통령은 헌법 제84조에 의하여 재임시절 형사상 소추를 당하지 않기에 공직선거법을 위반하였다는 이유로 벌금형을 받을 수도 없습니다. 따라서 원세훈 전 국정원장이 공직선거법 위반으로 처벌된다고 하여도 제18대 대통령선거의 무효를 다투기는 어렵습니다.

그러나 국정 최고 운영자로서 국가정보기관이 대통령선거에 개입한 것 자체에 대하여 정치적 또는 도의적 책임이 있다면 응당 책임을 져야 하는 것은 당연하겠습니다. 도의적 혹은 정치적으로 응당 책임을 져야 한다 이것은 아마 민변의 바람인 것 같습니다.

문10, 국정원 선거개입을 막을 방법은 없나요?

재발방지를 위한 제도개선이 필요합니다. 현재 국정원장은 국회 인사청문회를 거쳐 임명하도록 규정되어 있으며 국정원법은 정치개입 금지를 명문화하고 있습니다. 그럼에도 이처럼 정보기관이 조직적으로 선거에 개입했다는 것은 민주주의 근본을 흔드는 매우 중차대한 사건입니다.

앞으로 국정원법을 개정하여 국정원 업무를 대외정보 수집 등으로 한정하고 국내정치에 개입할 소지를 없애야 됩니다. 또한 국정원 업무와 관련하여 국회에서의 감사를 철저히 하고 내부비리 제보자에 대한 보호제도를 강화하며 조직이 자체적으로 정화될 수 있도록 하는 방안을 추진해야 합니다.

즉 국정원을 개혁해서 다시는 이러한 국내정치에 개입하는 일이 없도록 만들어야 된다라는 것이 국정원 대선개입 사건에서 우리가 배운 교훈임에도 불구하고 국회에서는 그것을 제대로 처리하지 못하였을 뿐만 아니라 이제는 직권상정을 통해서 그런 불법 의혹이 가득한 혹은 불법을 실제로 행한 국정원에게 엄청난 권력을 넘겨주려 하고 있습니다.

도대체 왜 국정원에게 이런 엄청난 권력을 넘겨주려고

할까요, 그것도 위법할 가능성이 있는 혹은 위법하다고 판단되는 직권상정을 통해서? 그것에 대해서는 좀 더 천천히 살펴보도록 하고요. 이번에는 지금 쟁점이 되고 있는 법에 대한 이야기를 좀 드리겠습니다.

우선 2016년 2월 23일―이게 최종안하고 약간 다른 점이 있기는 있던데 거의 비슷해서요―민변, 민주주의법학연구회, 인권운동공간 활, 인권운동사랑방, 진보네트워크센터, 참여연대에서 제출한 국회의장 직권상정안에 대한 긴급의견서입니다.

이것은 더불어민주당 의견과 일치하지 않는 점도 있습니다. 하지만 어쨌든 시민사회의 의견은 경청해 볼만하고 또한 국민의 대리인으로서 국회에서는 이러한 것을 광범위하게 검토해 볼 필요가 있을 것 같아서, 왜 이 사람들이 국회의장 직권상정안을 검토해 본 결과 여러 가지 독소 조항이 발견되었고 이러한 반인권적 법안을 국회의장이 직권상정하는 것은 최악의 법에 대한 최악의 처리조치라고 얘기했는지, 이것은 제 말이 아닙니다. 긴급의견서에 나온 말입니다.

우선 가장 심각한 문제점을 이렇게 봤습니다.

이게 제가 법안하고 보면서 해야 되니까요.

김광진 의원이나 문병호 의원께서 법안을 계속 얘기를 했기 때문에, 그래도 보겠습니다.

제2조(정의) 규정 3항을 보면 테러위험인물의 정의를 다음과 같이 하고 있습니다.

'"테러위험인물"이란 테러단체의 조직원이거나 테러단체 선전, 테러단체 자금 모금·기부 기타 테러예비·음모·선전·선동을 하였거나 하였다고 의심할 상당한 이유가 있는 자를 말한다.'

이런 테러인물의 정의가 매우 문제가 있다고 보는 겁니다. 왜냐하면 기타 테러예비·음모·선전·선동이 만약 포괄적으로 해석된다면 어떻게 될 건가. 기타 테러가 앞에서 말한 위해단체 조직원이나 위해단체의 예비·음모·선전·선동 활동에 해당하는 것인지 아니면 그 외의 테러행위들에 해당하는 것인지도 해석이 굉장히 모호합니다.

또한 테러위험인물을 지정하고 해제하는 절차와 주체가 없습니다. 테러위험인물이라고 그냥 정했어요, 국정원의 판단으로.

해제는 누가 합니까? 국정원이 합니다. 그러니까 '국정원의 판단만으로 테러위험인물로 분류될 수 있는 위험이 있다'라고 민변은 생각한 거고 더불어민주당은 '위험이 없다고?'라고 질문을 해 왔습니다.

다음으로 테러위험인물에 대한 정보수집이 있습니다. 이것이 9조가 맞는지를 볼게요. 맞습니다.

9조를 보겠습니다.

테러위험인물에 대한 정보수집 등, '1. 국가정보원장은 테러위험인물에 대하여 출입국·금융거래 및 통신이용 등 관련 정보를 수집할 수 있다. 이 경우 출입국·금융거래 및 통신이용 등 관련 정보의 수집에 있어서는 출입국관리법, 관세법, 특정 금융거래정보의 보고 및 이용 등에 관한 법률, 통신비밀보호법의 절차에 따른다.

2. 국가정보원장은 제1항의 규정에 따른 정보수집 및 분석의 결과 테러에 이용되었거나 이용될 가능성이 있는 금융거래에 대해 지급정지 등의 조치를 취하도록 금융위원회 위원장에게 요청할 수 있다.

3. 국가정보원장은 테러위험인물에 대한 개인정보와 위치정보를 위치정보사업자에게 요구할 수 있다.

4. 국가정보원장은 대테러활동에 필요한 정보나 자료를 수집하기 위하여 대테러조사 및 테러위험인물에 대한 추적을 할 수 있다.'

이에 대해서 뭐라고 했느냐면 첫째, 아까도 말한 것처럼 테러위험인물의 정의는 굉장히 모호합니다. 매우 포괄적이지요. 모금·기부 기타 테러예비·음모·선전·선동을 하였거나 하였다고 의심할 상당한 이유가 있는 자면 그냥 테러위험인물이 되는 겁니다.

하지만 정보수집이나 제재의 프라이버시 침해의 기타 추적 등에 대한 국정원의 권한은 또한 매우 포괄적이어서, 원래 우리나라는 영장주의에 입각해 있습니다만 영장주의의 예외인 독소 조항을 다수 포함하고 있습니다.

왜냐하면 그렇게 위험인물로 규정되면 영장 없이 추적하고 계좌 추적하고 정보 수집하고 제재하고 프라이버시 침해하고 할 수 있는 것 아니냐라는 의혹이 있는 것이지요.

그리고 또한 통비법의 경우 각 법에서 정한 절차대로 정보를 수집한다는 의미가 매우 불명확하다, 각 법에 따른다면 굳이 테러방지법에 이를 조항으로 명시할 필요가 전혀 없다, 아마 이것이 저희들의 판단으로는 부칙이라고 생각을 합니다.

부칙 제2조에 따르면 특정 금융거래정보의 보고 및 이용 등에 관한 법률 일부를 개정하는 것으로 나와요. 개정해서 금융감독 업무…… 그러니까 '금융감독 업무'를 '금융감독업무, 테러위험인물에 대한 조사업무'로 일단 추가를 하고 '금융위원회'를 '금융위원회와 더불어 국민보호와 공공안전을 위한 테러방지법 제8조에 따른 국가정보원장으로 한다'라고 해서 금융위원회하고 국가정보원장을 동격으로 만들어 버립니다. 그러면 동격이 된 국가정보원장은 테러위험인물이라고만 하면 영장 없이 모든 것이 가능해지도록 되어 있습니다.

따라서 민변은 '매우 불명확하고 각 법에 따른다면 굳이 테러방지법에 이들 조항을 명시할 필요가 전혀 없었다', 결국 부칙으로 희한하게 또 이런 법률이 있는 것이지요. A라는 법률이 B라는 법률의 개정을 요구하는 방식으로 법률을 가져온 겁니다.

즉, 이 국정원강화법을 만들기 위해서 국정원장을 금융위원회하고 동급으로 만드는 통비법의 개정을 요구하는 희한한 법안을 가져온 것이라고 보시면 됩니다.

또한 개인정보와 위치정보를 요구할 수 있는 권한에 대해서는 어떠한 절차적 통제를 가하지 않고 그렇게 돼 있습니다. 단순히 '요구할 수 있다'로만 돼 있습니다.

그러면 영장에 이유 없이, 영장주의 혹은 그에 준하는 절차 통제로부터 완전히 자유롭습니다. 그러니까 개인정보나 위치정보를 국가정보원장은 테러위험인물이라고 규정만 하면, 그것 입증할 필요도 없습니다. 알아서 판단하고 분류하면 그러면 다 이용할 수가 있습니다.

그다음에 국가테러대책위원회의 문제점을 여기는 지적하고 있습니다. 국가테러대책위원회가 지금 몇 조냐…… 대책위원회는, 지금 이것하고 제가 최종안이 같은지를 계속 봐야 돼요. 다른 변화가 없는 걸로 알고 있는데, 그래도 잠깐만……

여기 있네요. '대책위원회는 국무총리 및 관계기관의 장 중 대통령령으로 정하는 자로 구성하고 위원장은 국무총리로 한다'입니다.

여기에 대해서 뭐라고 민변 등은 우려를 나타냈냐면 법안 제5조에서 국가테러대책위원회의 위원은 대통령령으로 정하게 되어 있는데 이렇게 법률에서 직접 위원들을 정하지 않고 대통령령에 포괄 위임하는 것은 헌법상의 정부조직 법률주의와 포괄위임, 특히 백지 위임 금지의 원칙을 위반하는 것이라고 봅니다.

즉 '대통령령으로 정하는 자로 구성한다' 함은 결국은 국정원을 더 국내 정보 개입이나 선거 개입에 활용할 수 있는 여지를 둔다라고 보고 있는 것이지요.

그다음에 대테러센터의 문제입니다. 대테러센터의 조직·정원 및 운영에 관한 사항은 역시 대통령령으로 정하고 대테러센터 소속 조직원의 인적사항은 공개하지 아니할 수 있다, 공개할 수도 있고.

법안 제6조에서 대테러센터의 조직·정원 및 운영에 관한 사항은 대통령령으로 정하게 돼 있는데 이 역시 매우 포괄위임하는 것입니다라고 보고 있는데, 지금 제대로 안 나왔네.

그리고 헌법상의 정부조직 법률주의와 포괄위임, 특히 백지 위임 금지의 원칙을 위반하는 것과 또한 대테러센터 소속 직원의 인적사항을 공개하지 않는 것 역시 민주적 통제를 벗어난 과도한 위임입법이 아니냐라고 문제를 하고 있습니다.

동시에 테러의 정의에 대해서도 문제를 삼고 있습니다. 테러행위의 정의와 관련하여 권한행사 방해, 의무 없는 일을 하게 함 등의 개념이 명확하지가 않아서 자의적인 집행이 가능합니다.

테러의 정의가 매우 모호하다라는 얘기는 이런 대테러방지법이 이때며, 19대 국회에만 있었던 게 아닙니다. 16대·17대·18대 다 쟁점이 됐었고 그걸 소개를 할 텐데요. 어쨌든 그때도 동일한 쟁점이었습니다. 너무 모호하다, 자의적 집행이 가능하다.

그다음에 테러행위에 대해서 사람을 살해, 이런 얘기가 있어요. '살해하거나 사람의 신체를 상해하여 생명에 대한 위험을 발생하게 하는 행위 또는 사람을 체포·감금·약취·유인하거나 인질로 삼는 행위'라고 한다면 공무집행방해, 공무집행방해치상 등과 구분이 되지 않을 수 있습니다. 그렇다면 공무원에 대한 공무집행방해행위의 상당 부분이 테러로 규정될 수 있는 게 아닌가라고 의문을 표시하고 있습니다.

그다음에 법안 제2조1호 라목에서 열거하는 각종 시설 그게 뭐냐면요. '사망·중상해 또는 중대한 물적 손상을 유발하도록 제작되거나 그러한 위력을 가진 생화학·폭발성·소이성 무기나 장치를 다음 각각의 어느 하나에 해당하는 차량 또는 시설에 배치 또는 폭발시키거나 그 밖의 방법으로 이를 사용하는 행위' 그래서 기차·전차·자동차 등등 이런 얘기가 있는데 여기에 대해서 민변은 뭐라고 얘기를 했냐 하면 그것이 폭발물 등에 폭발되는 것으로 테러가 되는 것인지, 왜냐하면 '시설에 배치 또는 폭발시키거나 그 밖의 방법으로 이를 사용하는 행위'라고 돼 있기 때문에, 아니면 그러한 폭발에 의하여 공중의 생명·신체 안전 등에 심각한 위협이 발생됐을 때 테러가 되는 것인지 등등등등 여러 가지가 포괄돼 있어서 이것 역시 분명하게 할 필요가 있다라는 얘기를 하고 있습니다.

또한 시설이 차량 정비 시설과 같은 공중이 이용하지 않는 시설도 포함하는지 안 하는지도 애매하고, 어쨌든 이러저러한 문제가 있다라고 얘기하고 있습니다.

또한 외국인테러전투원의 정의에 있어서도 전투원의 개념에서 '이동 또는 이동을 시도하는 내·외국인'으로 규정하는데, 2조4호를 좀 보겠습니다.

2조4호를 보면 '외국인테러전투원이란 테러를 실행·계획·준비하거나 테러에 참가할 목적으로 국적국이 아닌 국가의 테러단체에 가입하거나 가입하기 위해 이동 또는 이동을 시도하는 내·외국인을 말한다.'라고 되게 포괄적으로 돼 있는데 도대체 이 의미가 뭐냐, 너무 광범위한 것이 아니냐, 그것도 국정원이 이동 또는 이동을 시도한다라고 하면 그냥 외국인 테러전투원이 되냐? 이런 질문을 하고 있습니다.

또한 법안 제2조8호에 보면 '대테러조사란 대테러 활동에 필요한 자료를 수집하기 위하여 현장조사·문서열람·시료채취 등을 하거나 조사 대상자에게 자료 제출 및 진술을 요구하는 활동'인데 요구라는 것이 도대체 뭐냐라는 얘기를 또 합니다.

이는 단순한 비구속적 행정조사의 수준이냐, 아니면 그것을 넘어서는 강제적·구속적 행정조사의 수준이냐 때문에 문제가 되는데요, 사실은 만약 그것이 강제적·구속적인 행정조사의 수준에 들어가는 것이라고 한다면, 아마 그렇게 해석이 되는 것으로 보이고요. 바로 이 때문에 대테러 조사 역시 영장주의를 규정하고 있는 우리 헌법의 규정과는 배치되는데 이 역시 굉장히 광범위한 것 아니냐라는 얘기가 있고요.

그다음에 법안 제5조를 보면 대테러 기본계획이 나오는데 이러한 대테러 기본계획에 대해서 대책위원회는 다음 각 호의 사항을 심의·의결한다. 대테러 활동에 대한 국가의 정책 수립 및 평가, 대테러 기본계획 등 중장기 대책 추진사항, 이런 것들인데 이렇게 막강한 권한 집중이 이루어지는 대테러 기본계획에 대해 국회의 수정요구권과 동의권 등 보다 강력한 견제장치가 전혀 없다. 그러면 이건 누가 도대체 견제를 할 수 있는 것이냐라는 질문이고요.

또한 테러선동, 선전물의 경우 이때 테러를 선동·선전한다는 것의 개념이 뭐냐, 예를 들어서 박근혜 대통령께서는 지난번에 집회 참석조차도 일종의 테러라는 식으로 비유를 하셨는데 그러면 이러한 일반적인 집회도 선전·선동이냐라는 질문을 하고 있는 겁니다.

혹은 저 같은 경우, 저는 개인적으로 그런 질문이 있어요. 저한테 끊임없이 댓글을 통해서 제가 집회에 참석해서 불온 유인물을 뿌렸다, 이런 트윗이 계속 올라오고 있어요. 그러면 저로서는, 이것이 저에게는 명예훼손일 뿐만 아니라 잘못된 것이지만 또한 이런 트윗이 계속되는 것은 사실상 이렇게 해, 의원들도 테러를 선전·선동한다라고 혹은 하고 있다라고 지금 얘기하는 것이라면 이것은 좀 심각한 문제가 아닌가라고 만약 제가 생각한다면 그런 잘못된 트윗도 테러를 선전·선동하는 개념이 될까요? 혹은 좀 심각한, 예를 들어서 잘못된 위해적 표현 등이 있는데 어쨌든 하여튼 그런 것의 개념이 불명확하므로 기본권 침해를 유발하는 것이다입니다.

그다음에 여기서도 당연히 부칙 제2조1항을 거론했습니다. 일부 부칙을 통해서 특정 금융거래정보의 보고 및 이용 등에 관한 법률을 개정해서 금융정보분석원장으로 하여금 테러위험인물에 대한 조사업무에 필요하다고 인정되는 금융정보를 국정원에 아예 제공하도록 할 뿐만 아니라 부칙 제2조에 따르면 아예 법을 바꿔서……

다시 한 번 하겠습니다.

특정 금융거래정보의 보고 및 이용 등에 관한 법률 일부를 다음과 같이 개정한다, 제7조제1항 '금융감독 업무'라고 되어 있는 것을 '금융감독 업무 그리고 테러위험인물에 대한 조사업무'로 하고 '금융위원회'를 '금융위원회 그리고 국민보호와 공공안전을 위한 테러방지법 제8조의 규정에 따른 국가정보원장'으로 하고, 그래서 이렇게 하면 결국 국가정보원장은 금융위원회와 똑같은 격으로 정보를 받을 수 있습니다.

지금 국정원은 거의 테러위험인물 혹은 예비 혹은 상당한 이유가 있다라고 국정원이 스스로 분류하기만 하면 금융정보 자료를 무조건 사용할 수가 있습니다. 그리고 그것에 대해서 어떠한 견제장치도 없다, 이것이 이번 법의 가장 큰 문제라고 지적하는 시민사회의 의견이 있습니다.

이에 대해서 하나하나 따져 보려면 역사를 좀 살펴볼 필요가 있을 것 같습니다. 어떤 역사? 테러방지법이 계속 논란이 되어 왔었어요. 그래서 그 논란이 되어 왔던 테러방지법안에 대한 국가인권위원회의…… 아까 문병호 의원께서 일부만 보셨는데 이것은 굉장히 중요한 거라서요.

그때가 언제냐 하면 9·11 테러가 일어난 이후입니다. 2001년 9월 11일 미국에서 일어난 테러행위에 대하여 이후에 2001년 11월 28일 국가정보원이 발의한 테러방지법안이라는 것이 국회에 제출됐습니다. 그것에 대해서 국가인권위원회가 의견을 발표했습니다. 이때의 테러방지법은 지금보다 더 심각한 사안들을 담고 있기는 하지만 기본 기준에 대해서 매우 중요한 지점들이 있어서 그냥 쭉 살펴보겠습니다.

우선 국가인권위원회가 이것을 검토한 배경이 있습니다. 국가정보원이 발의한 테러방지법안이 2001년 11월 28일 정부에 의하여 국회에 제출되어 현재 국회 정보위원회에서 의안번호 161251호로 심의를 받고 있습니다.

법안은 테러를 예방·방지하고 테러사태에 신속하게 대응하기 위하여 테러대책기구의 구성, 테러의 예방, 테러사건의 발생에 따른 구조활동, 테러범죄에 대한 수사 및 처벌 등에 관하여 필요한 사항을 규정함으로써 국가의 안전을 확보하고 국민의 생명과 재산을 보호하는 것을 목적으로 하고 있습니다.

이 법안이 목적으로 삼고 있는 것은 국민의 생명과 재산을 보호하는 것은 말할 것도 없고 목적 달성을 위한 수단으로 삼고 있는 테러대책기구의 구성, 테러의 예방, 테러사건의 발생에 따른 구조활동, 테러범죄에 대한 수사 및 처벌 역시 인간의 존엄과 가치 및 자유와 권리에 직접 또는 간접적으로 밀접하게 관련되어 있습니다. 2001년에 이미 '테러대책기구의 구성이나 예방 역시 인간의 존엄과 가치 및 자유와 권리에 직접 또는 간접적으로 밀접하게 관련되어 있어서 검토하겠노라'라는 의견이 있는데 어떻게 15년이 지나서 인권위원회는커녕 국회에서조차도 인간의 존엄과 가치 및 자유와 권리에 직접 또는 간접적으로 밀접하게 연관되어 있는지조차 검토할 수 없는 방식으로 직권상정이 되는지 심히 우려스럽습니다.

'4. 국가인권위원회법 제19조제1호는 인권에 관한 법령·제도·정책 관행의 조사와 연구 및 그 개선이 필요한 사항에 관한 권고 또는 의견의 표명을 국가인권위원회의 업무로 규정하고 있는바, 법안은 국가인권위원회법 제19조제1호에서 말하는 인권에 관한 법령안에 해당한다는 데 의문의 여지가 없습니다.

위원회는 국가인권위원회법 제19조제1호에 따른 임무를 수행하기 위하여 이 법안을 심의하고 있는 국회에 이 법안에 대한 의견을 표명하기로 하고 이 법안에 대하여 검토·연구하면서 다음과 같은 절차를 거쳤습니다.

가. 2001년 11월 30일 국회의장 및 국회정보위원회에 공청회 등 신중한 절차에 따라 이 법안을 심의하도록 권고하고

나. 2001년 12월 6일 이 법안을 발의한 국가정보원의 실무 책임자로부터 의견을 청취하며

다. 2001년 12월 7일 청문회를 열어 국가정보원, 국방부, 경찰청, 새천년민주당, 한나라당, 대한변호사협회 및 시민단체와 학계 전문가 의견을 청취하고

라. 한국헌법학회 및 국제인권법학회의 의견을 조회했습니다. 그래서 위와 같은 연구검토 및 정부기관, 시민단체, 학술단체 및 전문가의 의견청취와 조회를 거쳐 위원회는 이 법안에 대한 의견을 다음과 같이 표명하니 법안의 심사과정에서 참고하시기 바랍니다.'

사실 2001년 9·11 테러는 전 세계에 혹은 인류에 굉장한 충격을 주었지요. 그래서 전 세계적으로 여러 가지 법들이 발의된 것은 맞습니다. 한국도 그러한 법들이 발의가 됐었고 또한 분단국가라는 특수성 때문에도 아마 이런 법들이 발의가 되었는데 그때는 국가기관들이 제대로 작동을 한 거지요. 그래서 인권위원회에서도 검토를 한 겁니다.

두 번째 절로 넘어가서 인권위원회는 국가정보원의 테러방지법 제안 이유와 내용을 다음과 같이 적습니다. '정부가 이 법안을 제안한 이유는 최근 발생되는 테러가 무차별·극단적으로 자행되는 전쟁 수준의 양상을 보이고 있어 기존의 대응체제로는 테러에 효율적·체계적으로 대처하기 어려우므로……' 그때도 굉장히 비슷했던 것 같습니다. 기존의 대응체제로는 테러에 효율적·체계적으로 대처하기 어렵다, 지금도 그 얘기를 하고 있는 거지요. '테러대책기구의 구성, 테러의 예방, 테러사건의 발생에 따른 구조활동, 테러범죄에 대한 수사 및 처벌 등 테러의 예방·방지와 신속한 대응이 필요한 사항을 정함으로써 테러로부터 국가의 안전을 확보하고 국민의 생명과 재산을 보호하려는 것임.' 그래서 '법안은 먼저 테러 및 테러단체의 개념을 정의하고 테러 관련 범죄를 처벌하는 조항들을 두었으며 테러범죄 혐의자에 대한 특별한 조치를 규정하고 있습니다. 또 최근 국제사회의 추세에 맞추어 테러자금에 대한 규제를 정하고 있으며 국가정보원을 중심으로 테러대책기구를 설치한 다음 테러에 대한 진압 등을 위하여 수사권은 물론 군 병력과 특수부대에 대한 통제권을 부여하고 있습니다.'

3장 테러방지법(안)에 대한 평가의 원칙, 우선 이제 원칙부터 정합니다.

테러행위에 대한 국가의 책임과 의무 부분에서 인권위원회는 다음과 같은 의견을 밝힙니다. '1999년 12월 17일 유엔총회의 결의가 규정한 바와 같이 테러리즘은 인권과 기본적 자유 그리고 민주주의를 파괴하며 국가의 영토적 통일성과 안전을 위협할 뿐 아니라 정부의 안정을 침해하고 다원적인 시민사회 기초를 훼손하며 경제·사회적 발전을 저해하는 행위입니다.' 저도 같은 생각입니다.

'나아가 2001년 9월 11일 미국에서 일어난 테러행위에 대하여 같은 달 28일 유엔 안전보장이사회가 채택한 결의가 규정한 바와 같이 대량살상을 수반하는 일련의 테러행위는 유엔헌장에 규정한바 국제 평화와 안전에 대한 위협을 구성하고 있습니다.

국가는 이와 같은 테러행위를 예방하고 테러행위를 진압하며 테러행위로 인한 피해를 신속하게 구제함으로써 모든 사람의 생명과 신체의 안전 및 재산을 보호할 의무가 있으며 그 의무를 효율적·체계적으로 수행하기 위하여 국내에서는 물론 국제적으로 필요한 조치를 취할 책임이 있습니다.

테러행위로부터 모든 사람의 생명과 신체의 안전 그리고 재산을 보호하기 위하여 필요한 조치를 취할 국가의 책임은

단지 테러행위를 범죄로 규정하고 사법기관 및 군대를 통하여 이를 처벌 또는 진압하는 것에 한정해서는 안 됩니다. 마약 통제 및 범죄 예방을 위한 유엔사무소의 테러예방국에 의하면 테러를 예방하고 진압하기 위한 국가의 조치는 다음과 같은 영역에 걸쳐 체계적·종합적으로 이루어질 수 있습니다.

첫째, 테러행위를 유발할 수 있는 정치적 불안요인을 해소하고 분쟁을 평화적으로 해결할 수 있는 제도를 도입하는 등의 정치적 조치', 이것이 유엔사무소의 테러예방국의 지금 기준입니다. 어떠한 조치, 그러니까 단지 테러행위를 처벌하고 보복하는 것을 넘어서서 하라는 거지요. 정치적인 분쟁을 평화적으로 해결하라. 지금 우리는 그걸 하고 있을까요?

두 번째, 고용의 확대, 차별 방지를 위한 제도 도입, 빈곤퇴치 정책, 테러행위에 대한 자금조달 수단의 차단 등과 같은 사회경제적 조치를 취하라.

사실 놀라운 게 좀 이런 겁니다. 아니, 웬 테러행위로부터 모든 사람의 생명과 신체의 안전 그리고 재산을 보호하기 위해 필요한 조치에 고용의 확대, 차별 방지를 위한 제도 도입, 빈곤퇴치 정책 같은 사회경제적 조치를 취하라고 유엔사무소의 테러예방국이 얘기하느냐라는 거지요.

그런데 사실 이건 테러예방국만 얘기하는 건 아닙니다. 이게 매우 보편적인 인식인데, 마침 교황께서 그런 말씀을 하셔서 제가 교황의 얘기를 잠시 가져 왔습니다.

이건 그냥 언론에 난 얘기입니다. 아프리카 3개국을 순방 중인 프란치스코 교황은 2015년 11월 25일 케냐 나이로비의 국회의사당에서 우후루 케냐타 케냐 대통령 및 정부 관계자와 외교사절이 참석한 가운데 연설을 했습니다. 프란치스코 교황은 이날 "건국의 바탕이 된 정신적 가치를 확고히 믿고 정직하게 증언할 수 있는 모든 이들이 평화와 번영의 적에 맞서 싸워야 한다."라고 말하면서 강조하시기를 "우리가 겪고 있는 경험을 보면 폭력과 분쟁, 테러는 가난과 좌절에서 비롯된 공포와 불신, 절망을 먹고 자란다", 즉 가난에 따른 절망을 먹고 자라기 때문에 이것을 유엔사무소의 테러예방국은 사회경제, 고용 확대, 차별 방지를 위한 제도 도입, 빈곤 퇴치 정책 등의 사회경제 정책을 취하라라고 얘기를 했고요.

많은 사회가 각종 분쟁…… 아니, 각종 분열, 예를 들어서 인종·종교·경제적 분열, 우리나라는 국토 분열을 겪고 있지요. 이런 상황에서 모든 선한 의지를 가진 자에게는 화해와 평화와 용서와 치유를 위해 노력해야 한다는 소명이 있다고 전제하면서 "건강한 민주적 질서를 세우고 화합과 통합, 타인에 대한 존중과 관용을 강화하는 과정에서 가장 우선돼야 하는 것이 공동선을 추구하는 것이다."입니다. 바로 이러한 교황의 말씀은 매우 일반적인 얘기라는 거지요.

그래서 유엔사무소의 테러예방국에서도 사회경제적 조치를 취하고,

셋째, 인권을 존중하는 가치관의 보급과 교육, 불만집단에 대한 표현의 자유 보장, 오히려 불만집단에 대해서 표현의 자유를 보장해라. 테러 반대 캠페인과 같은 심리·교육적 조치를 취하고,

넷째, 테러행위를 진압하기 위한 군사적 조치,

다섯째, 테러 예방과 수사 처벌을 위한 입법 및 사법적 조치,

여섯째, 경찰과 행형기관의 테러대책 능력 강화,

일곱째, 대테러 정보수집 기술과 방법의 향상 및 정보 교환, 조기경보체계 구축 등 정보 관련 조치 등등을 얘기합니다.

저는 이게 대체적으로 한 일곱 가지 정도의 기준인데, 그 기준에서 사실은 직권상정을 하려고 하는 정부·여당에게 좀 묻고 싶습니다. 고용의 확대, 차별 방지를 위한 제도 도입, 빈곤 퇴치 정책, 인권을 존중하는 가치관의 보급과 교육, 불만집단에 대한 표현의 자유 보장이 유엔의 기준인데, 테러방지를 예방하기 위한 도대체 어떤 조치를 취했는가를 물어보고 싶습니다.

가장 문제가 되는 게 노동법입니다. 사실상 박근혜 대통령 혹은 새누리당은 그전까지는 노동법이 긴급하다라고 얘기를 했습니다. 심지어는 언제나 대테러방지법 위에 뒀어요. 그래서 무려 최소 제가 확인한 것만 40억을 썼고 그 이후에는 얼마를 썼는지 모릅니다. 그것이 작년, 제가 확인한 게 11월 정도에 확인한 거니까. 지금도 광고를 해요. 영화관에서도 광고를 하고 기차간에서도 광고를 합니다. 노동법을 개정해라. 심지어는 이것을 위해서 재벌총수와 손을 잡고 서명운동까지 하셨습니다.

이에 대해서 환노위에서, 법안소위에서, 상임위에서, 특히 법안소위에서 우리는 조항별로 다른 법안, 이미 오래전에 제출된 법안은 제대로 검토를 못 했지만 박근혜 대통령이 요구하는 5개 법안은 정말 조문별로 체계적으로 하나하나 다 검토를 했습니다. 검토를 하면서 수없이 많은 문제점을 지적을 했고, 대개의 경우 지금까지는 법안소위에서 수백 가지의 문제점이 지적이 되면 그중의 일부라도 고쳐서 보완을 해서 일부 조항만을 통과시키는 방식이 지금까지의 방식이었습니다.

그런데 그렇게 많이, 수치상으로도 그렇고 여러 가지 정책·예산, 모든 면에 있어서 그렇게 많은 문제가 있었다는 법안에 대해서 정부·여당, 특히 정부가 한 대답은 일관됩니다. 패키지로 처리해야 된다, 한 글자 한 조항도 못 고친다……

예를 몇 가지 들어 보겠습니다.

다섯 개 법안 중에 그래도 쟁점이 없었던 것이 산재법입니다. 즉 출퇴근 시 산재 적용, 이것은 상당히 필요한 법안이고요. 세 모녀 사건을 기억하실지 모르겠지만 세 모녀 사건에서 가정해서 출퇴근 산재를 당했는데 산재 적용만 됐다 하더라도 이 세 모녀는 그렇게 비참하게 죽어가지 않았을 가능성이 있습니다. 지원을 받았을 거니까요. 사실은 이것은 굉장히 중요한 법안입니다. 그리고 여야가 큰 이견이 없었어요.

그런데 단 하나의 쟁점이 뭐였느냐 하면 시행 시기입니다.

2015년에 법안을 검토 중인데 2016년 1월 1일도 아니고 2017년 1월 1일에 대중교통으로 출퇴근한 경우에만 한정해서 2017년 1월 1일에 시행을 하고 나머지 자가용 출퇴근 산재의 경우는 제 기억이 정확하다면 2020년 1월 1일—이 정부 끝나고입니다—하겠다는 거였습니다.

그래서 제가 그 당시에 뭐라고 얘기를 했느냐 하면 '준비를 위한 기간 때문에, 그게 그렇게 준비가 필요한지는 모르겠으나 준비를 위한 기간 때문에 2017년 1월 1일이라는 얘기는 받아들일 수 있다. 그런데 왜 대중교통 산재와 자동차 출퇴근 산재가 3년이나 차이가 나냐? 대중교통으로 출퇴근하는 사람도 많지만 한국의 직업인들은 상당수가 자가용으로 출퇴근을 하는데 그 사람들이 출퇴근 중에 산재를 당했을 경우 왜 그것은 2020년에 적용을 한다는 거냐? 이것을 조금 앞당길 수 없냐?' 이렇게 물어봤습니다.

답은 '돈이 들어서요'인데, 그래서 이렇게 얘기를 했지요. '어차피 들 돈이고 사실은 국가가, 외국에서는 대부분 이 출퇴근 산재가 되어 있기 때문에 국가가 어차피 부담해야 되는 돈이고 지금 굉장히 많이 산재기금도 있고, 그러면 당길 수 있는 것 아니냐? 없는 돈 내놓으라는 것도 아니고 있는 돈 내놓는 거니까 2017년으로 한꺼번에 좀 하자'.

그다음에 두 번째로 '돈 문제도 그렇다. 지금 산재기금은 꽤 많이 남아 있는데, 산재보험금으로 쌓여 있는 것. 그런데 사실은 많은 재벌대기업들이 산재 은폐를 통해서 연간 1조에서 2조 정도의 돈을 그냥 꿀꺽한다. 그러니까 재벌대기업들이 온갖 방식을 통해서 돈을 벌지만 산재로도 돈을 번다. 사람 죽는 걸로 돈을 버는 일은 없어야 되지 않겠느냐? 그래서 그건 좀 없애면 산재기금도 늘어나지 않겠습니까?' 이런 얘기를 드렸어요.

그러면 대개의 경우는 사실은 수정해서 가져옵니다. 그러면 산재법안은 통과될 수 있는 거예요. 그런데 그때도 들은 얘기는 '패키지로 통과를 해야 되고 한 조항도, 일자일획도 못 바꾼다'는 거였습니다. 정부의 태도는. 그러니까 보완할 자료를 안 가져와요. 이게 산재법안은 그랬습니다.

그다음에 두 번째로 또 합의를 좀 해서 통과시켜 볼까 했었던 법안이 실업급여예요. 실업급여법안은 어쨌든 급여를 받을 수 있는 기간도 좀 늘려 주고, 실업 액수도 좀 늘려 주는 거여서 사실은 좀 긍정적으로 처음에 봤습니다. 그런데 최악의 문제점이 숨겨져 있었던 것이 뭐냐 하면, 실업급여의 가장 1순위는 사각지대를 없애는 겁니다. 사각지대를 없앤다 함은 일을 했는데도 실업급여·고용보험의 대상자가 아니거나 고용보험 대상자여도 실업급여를 받지 못하는 사람들을 줄이는 겁니다. 그래서 실직 때문에 갑자기 기초생활수급자가 되거나 자살을 해 버리는, 우리나라가 자살 1위고 경제난 자살·생활고 비관 자살이 가장 많기 때문에 그것을 줄이는 게 가장 큰 문제입니다. 그런데 정부 여당이 가져온 실업급여법안은 이런 사각지대, 실업급여 못 받는 사람을 줄이는 게 아니라 실업급여 못 받는 사람을 늘리는 거였습니다. 그러니까 실업급여법안이 이런 구멍이면

갑자기 이만한 구멍을 만들겠다는 법안이었습니다.

그래서 제가 처음에는 관련 통계치를 다 달라고 그랬습니다. '정부법안이 통과될 경우 몇 명이 실업급여를 받지 못할까요?' 이 질문을 했고, 통계수치를 달라고 그랬는데 너무너무 많이 안 줘서 결국은 제가 대충 돌려봤습니다. 돌려 본 결과 뭐냐 하면 실업급여 신청하는 사람들 중에서는 6만 명이 신청을 못 하게 됩니다, 이 법안이 통과가 되면 6000명도 아니고 6만 명. 그러면 기존에 실업급여 받았던 사람의 경우는 10만 명 이상이, 제 추정은 약 15만 명이었는데요. 어쨌든 이 수치는 고용부가 주지 않았습니다. 15만 명 이상이 받지를 못합니다.

더 나아가서 실업급여 받았든, 고용보험을 가입을 했든 안 했든 간에 일을 하는 사람에게는 수급권이 있기 때문에 이 수급권을 박탈하는, 왜냐하면 일을 해도 실직을 안 하면 실업급여 안 받으면 되니까 어쨌든 실직을 해서 직장을 곧바로 얻지 못할 경우 실직 상태로 떨어지는 이러한 모든 사람을 수급권자라고 합니다. 몇 명이 박탈이 됐느냐 하면 약 126만 명의 수급권을 박탈하게 되어 있습니다. 그래서 '사각지대를 확대시키는 그런 실업급여안은 곤란하니 수정을 해 달라' 이게 첫 번째 요구였고요.

두 번째 요구는 이것 워낙 정부가 자랑을 했었습니다. 자랑이라고 했는데, 자발적 이직자라고 해요. 그러니까 우리나라는 강제로 사직된 경우만, 그러니까 원하지 않아서 해고가 된 경우라든가 회사의 사정 때문에 불가피하게 그만둔 경우만 실업급여를 받을 수 있습니다만 외국은 그렇지 않습니다. 외국은 어쩔 수 없는 자기의 이유로 그만두게 된 경우도 3개월 정도 유예를 두고 자발적 이직자에게 실업급여를 줍니다. 그 경우 실업급여를 줄 경우는……

(「부의장님, 지금 토론자가 테러방지법과 관련이 없는 주제를 가지고 하는데 그것에 대한……」 하는 의원 있음)

열심히 잘 들어 보세요.

● **부의장 정갑윤** 은수미 의원님.

(「제재가 있어야 될 것으로 생각을 하는데……」 하는 의원 있음)

● **은수미 의원** 제대로 들어 보십시오. 왜냐하면 제가 이렇게 얘기를 했습니다.

(「제대로 듣고 있는데요. 그것에 대한 확실한 제한을 해 주시기 바랍니다!」 하는 의원 있음)

(「들어 보세요!」 하는 의원 있음)

유엔사무소 테러예방국에 의하면 테러를 예방하고 제어, 진압하기 위한 국가의 조치는 일곱 가지가 있습니다. 그중에 둘째가 고용의 확대·차별 방지를 위한 제도 도입, 빈곤 퇴치 정책 등이라고 유엔사무소의 테러예방국이 얘기를 하고 있고……

● **부의장 정갑윤** 자, 은수미 의원님.

● **은수미 의원** 그것은 국가인권위원회에서 인권보고서를 담고 있습니다. 그러면 국제적 유엔 기준에 따라서……

● **부의장 정갑윤** 자, 은수미 의원님 잠깐만 좀, 잠깐만.

　(장내 소란)

　잠깐만, 잠깐만.

　국회법 제102조에 따라 의제 외 발언은 금지되어 있으므로 직접적으로 관련이 없는 의제 외 발언은 가능하면 삼가 주시기 바랍니다.

　계속해 주세요.

● **은수미 의원** 아니 잠깐만 의장님, 이건 직접적으로 관련이 있습니다.

● **부의장 정갑윤** 그래서 그게 너무 기니까 지금 저런 항의가 들어오잖아요. 긴 그런 부분은 간단간단하게 해 주고 그다음 하시라고. 또 못 들어가고 기니까 저런 항의 들어오잖아요.

● **은수미 의원** 그러면 빨리 마무리를 짓겠습니다.

　(「그냥 하세요」 하는 의원 있음)

　(● 홍철호 의원 의석에서 ─ 의제에……)

　제가 말하겠습니다.

　(「조용히 하세요, 발언 중이잖아요」 하는 의원 있음)

　(「앉아 계세요」 하는 의원 있음)

● **부의장 정갑윤** 자, 가만히 계셔 주세요.

● **은수미 의원** 제가 말하겠습니다.

● **부의장 정갑윤** 아니, 의제에 관련된 얘기를 하도록 놔두세요.

　(● 홍철호 의원 의석에서 ─ 의제와 관련된 내용을 하시고……)

　(「의제와 관련되어 있는 거라지 않습니까」 하는 의원 있음)

　(● 홍철호 의원 의석에서 ─ 국민들이 보고 있다는 사실을 토론하는 의원님들이 알고 하시는 게 좋다는……)

● **은수미 의원** 제가 말하겠습니다, 의원님.

　(「발언 방해하지 마세요」 하는 의원 있음)

　제가 말하겠습니다, 의원님.

　(「의제와 관련 있어요」 하는 의원 있음)

　(「그냥 무시하고 하세요」 하는 의원 있음)

　(● 홍철호 의원 의석에서 ─ 국민들이 보고 있다는 사실을 아시고 정확하게 내용을……)

　(「알고 있으니까 앉으세요」 하는 의원 있음)

　(● 홍철호 의원 의석에서 ─ 테러방지법과 관련 있게 하시는 게 좋다 하는 지적을 하는 거지 제가 하시라, 마시라 얘기하는 게 아닙니다.)

　(「알겠으니까 앉으세요」 하는 의원 있음)

　(● 이종걸 의원 단상 앞에서 ─ 아니, 의장님, 제재해

주시고 무제한 토론의 취지에 어긋나는 개입은 절대로 하지 마십시오.)

● **부의장 정갑윤** 그럽시다. 안 하지요.

　(● 이종걸 의원 단상 앞에서 ─ 제재하세요. 주의 주세요.)

　(「퇴장 시키세요」 하는 의원 있음)

● **은수미 의원** 좀 놀라운 일인데요. 저는 필리버스터를 하고 있는데 동료 의원께서 자리에서 일어나서 거의 소리를 지르면서 문제 제기를 하는 경우도, 참 필리버스터도 저는 처음 하지만 이런 경우도 처음 겪습니다.

　어쨌든 다시 하겠습니다.

　(● 홍철호 의원 의석에서 ─ 똑같이 처음 겪었는데……)

　(「그만 하세요」 하는 의원 있음)

● **부의장 정갑윤** 홍철호 의원, 좀 조용히 해 주시고요. 조용해 주시고, 우리 발언하시는 은수미 의원께서도 의제와 관련 없는 얘기는 가능하면 간략하게 해서 의제와 관련 있는 발언을 계속해 주시기 바랍니다.

　자, 조용해 주세요, 다.

● **은수미 의원** 제가 의제와 관련이 있다고 얘기를 다시 드리겠습니다.

　테러방지법에 대한 국가인권위원회 의견서에 따르면 테러행위로부터 모든 사람의 생명과 신체의 안전 그리고 재산을 보호하기 위해 필요한 조치를 취할 국가의 책임은 단지 테러행위를 범죄로 규정하고 사법기관 및 군대를 통하여 이를 처벌 또는 진압하는 것에 한정하지 말라고 되어 있다는 겁니다.

　그러면서 유엔사무소의 테러예방국에 의하면 테러를 예방하고 진압하기 위한 국가의 조치가 뭐가 있느냐, 첫째, 테러행위를 유발할 수 있는 정치적 불안 요인을 해소하고 분쟁을 평화적으로 해결할 수 있는 제도를 도입하는 등의 정치적 조치를 해라, 한국으로 말하면 평화 통일을 위한 노력을 하라는 얘기일 수도 있습니다.

　둘째, 고용의 확대, 차별 방지를 위한 제도 도입, 빈곤 퇴치 정책 등과 같은 사회경제적 조치를 하라고 되어 있습니다.

　그래서 제가 이것은 유엔사무소 테러예방국이나 한국의 과거 국가인권위원회뿐만 아니라 교황께서도 말씀을 하셨다, '폭력과 분쟁과 테러는 가난에 따른 절망을 먹고 산다', 그런데 도대체 고용의 확대, 차별 방지를 위한 제도 도입, 빈곤 퇴치 정책을 뭘 했느냐라는 의문이 국민들로부터 제기되고 있다, 그래서 산재법이 그러저러하게 문제가 됐는데 이상하게 더 좋게 만드는 게 아니라 나쁘게 만들고 있고 실업급여 같은 경우는 약 120만의 수급권을 박탈하는 방식으로까지 하면 국제기준에도 안 맞고 국가인권위의 조치사항도 안 맞고 교황의 말씀에도 안 맞는데, 왜 고용의 확대, 차별 방지를 위한 제도 도입, 빈곤 퇴치 정책, 인권을

존중하는 가치관의 보급과 교육, 불만집단의 표현의 자유 보장과 같은 유엔사무소 테러예방국이 제안하고 있는 기준 같은 것에 대해서는 전혀 관심이 없는지 궁금하다, 특히 재벌에게 퍼주거나 불평등을 악화시키거나 노동을 악화시키는 이러저러한 수많은 법률들을 왜 테러방지법과 더불어 함께 통과시키려고 하느냐, 적어도 테러방지법을 통과시키려고 한다면 불평등을 해소하고 고용을 확대하고 청년에게 일자리를 주는 것 같은 그런 법들을 통과시켜야 되는 것 아니냐라는 질문이 있다는 말씀을 드렸습니다.

그다음……

(「의제하고 딱 맞는 얘기예요. 의장님께서는 잘 들어 보지도 않고 지적을 하십니까?」하는 의원 있음)

(「잘하고 있어. 의제하고 딱 맞는 얘기야」하는 의원 있음)

다음으로 앞서 본 국가인권위원회 의견서를 다시 말씀드리겠습니다.

앞서 본 유엔안전보장이사회의 결의는 테러행위에 대하여 각국에 다음과 같은 조치를 취할 것을 요구하고 있습니다.

테러행위에 대한 자금 조달을 못 하게 하는 조치, 테러집단의 충원 등 테러행위에 개입된 단체나 개인을 지원하는 일체의 행위 금지, 테러행위에 대한 정보교환 등 국제협력, 테러 관련 국제조약과 의정서의 비준 및 이행, 그거는 준수되어야 한다고 하면서 동시에 국가인권위원회는 테러의 예방과 진압, 수사와 처벌을 위한 국가의 조치는 필연적으로 그 대상이 되는 사람은 물론 일반인들에 대하여 직접 또는 간접으로 국가권력을 행사하게 되며 그 과정에서 인권을 침해할 가능성을 내포하고 있습니다.

특히 유엔의 테러와 인권에 관한 특별보고관의 보고에 의하면 테러는 무고한 민간인을 향한 무차별적인 살상이나 인권침해를 동반하는 경우가 많아 일반 대중에게 공포와 두려움을 갖게 하며, 국가권력 역시 테러에 대응하는 과정에서 과도한 물리력을 사용하여 인권을 침해하게 되는 경향을 나타내고 있습니다.

때로는 테러를 저지르는 측에서 국가의 과민한 반응과 인권침해를 일으키도록 유도함으로써 테러와 인권침해가 악순환을 일으키면서 상승작용을 하여 대규모 인권침해를 야기하는 경우도 드물지 않습니다라고 지적합니다.

그래서 유엔인권위원회가 국가의 대테러대책은 국제인권법에 엄격하게 일치해야 한다고 거듭 선언한 것처럼 국가는 테러행위를 예방하고 진압하며 처벌하는 과정을 포함하여 국가권력을 행사하는 과정에서 세계인권선언과 시민적 및 정치적 권리에 관한 국제규약 등 국제인권법이 보장한 실체적 및 절차적 인권을 보장해야 할 책임이 있습니다.

국제규약 제2조제1항은 규약의 당사국에 대하여 그 관할권하에 있는 모든 개인에 대하여 어떠한 종류의 차별도 없이 국제규약에서 인정되는 권리들을 보장하고 존중하고 확보할 의무를 부과하고 있습니다라고 하고 있는데 여기서 저희가 우리나라에서 지금 현재 이 법을 직권상정하는 것에 대한 문제를 다시 한 번 제기하지 않을 수 없습니다.

제가 그것을 맨 처음에 제시를 조금 했었는데 다시 한 번 강조를 하겠습니다.

즉 유엔인권위원회는 국가권력을 행사하는 그러저러한 과정에서 시민적 및 정치적 권리에 관한 국제규약 등 국제인권법이 보장한 실체적 및 절차적 인권을 보장해야 한다라고 한다면 국내법을 지키는 것은 반드시 필요한 일일 것입니다.

그래서 다시 한 번 제가 직권상정이 위법성의 논란이 있다라는 문제를 언급하지 않을 수가 없습니다. 이런 테러행위를 방지하는 것이 항상 인권 문제와 연결이 되어 있기 때문에 깊이 있는 검토가 필요합니다.

그럼에도 불구하고 지금 국회, 새누리당, 정부 여당은 직권상정이라는, 시민들께서는 이것을 날치기 통과라고도 얘기를 하고 계십니다만 어쨌든 직권상정이라는 그러한 조치를 통해서 이것을 통과시키려고 하고 있습니다.

직권상정은 세 가지 경우에 합니다. 천재지변, 전시와 같은 비상사태 혹은 그에 준하는 사태, 세 번째로 여야가 합의한 경우, 그런데 정의화 국회의장께서는 이것을 여야가 합의한 경우나 천재지변은 아니고 국가비상사태에 준하는 사태라고 얘기를 하고 있습니다. 그래서 두 가지 말씀을 다시 드리겠습니다.

지금이 비상사태입니까? 아까도 말씀드렸지만 비상사태를 하려면, '현재는 전시·사변 또는 이에 준하는 국가비상사태입니다.' 이렇게 전시·사변, 그 밖에 이에 준하는 비상사태가 발생한 경우 행정기관의 장은 근무상 필요한 조치를 해야 되는데, 국가공무원 복무규정 제5조제2항에 따른 의무사항입니다.

그 의무사항으로서 국가공무원 당직 및 비상근무 규칙 제29조제1호는 전시·사변 또는 이에 준하는 비상사태가 발생하였거나 발생이 임박하여 긴장이 최고조에 이른 경우 비상근무 제1호를 발령하게 되어 있습니다. 그래서 발령을 하셨느냐?

같은 규칙 제31조제1항에 의하면 각급 기관의 장은 비상근무의 발령 중에는 청사 등 중요 시설물에 대한—국회도 중요 시설물이겠지요—경계·경비를 강화하여야 하고, 부득이한 경우를 제외하고는 출장을 억제하고 소속 공무원의 소재를 항상 파악해야 된다, 이런 비상체계를 갖추었느냐?

비상근무의 종류별로 휴가를 제한하고 토요일 및 공휴일과 야간에 소속 공무원을 비상근무하도록 하여야 한다, 비상사태니까, 그러냐?

그래서 지금 공무원들이 무지하게 피곤해야 되는데, 그런 조치가 취해졌고 공무원들이 무지하게 피곤하냐? 그런 걸 보면 비상사태인지 아닌지를 알 수 있습니다.

이게 첫 번째 문제입니다. 비상사태에 따른 조치를 전혀 취하지 않았으면서 비상사태라고 직권상정을 한 겁니다. 이게 첫 번째 문제고요.

두 번째, 또한 신문 발표나 혹은 새누리당, 국가정보원에 따르면 북한의 추가 도발 가능성을 언급했습니다만 앞에서

김광진 의원님이나 문병호 의원님이 누누이 말했듯이
대테러방지법은…… 북한은 테러단체가 아닙니다. 그런데 왜
북한을 근거로 삼느냐는 거지요.

그것은 사실은 두 가지 가능성이 있습니다. 그냥 근거로
항상 삼아 왔으니까, 또 하나는 법조문에는 없지만 아주
세밀하게 북한을 근거로 해서 국민을 혹세나 감시할 수 있는,
과거에도 진행됐고 현재에도 진행되고 있다는 의혹이 있는
그러한 조치를 취할 수 있기 때문에 은연중에 내심을 다
밝힌 거다라고도 할 수 있습니다. 어쨌든 둘 중에 하나든 둘
다이든 간에 현재 직권상정은 위법하다, 혹은 위법할 소지가
매우 큽니다.

(정갑윤 부의장, 정의화 의장과 사회교대)

그렇다면 유엔인권위원회가 국가의 대테러대책, 인권법에
엄격하게 일치해야 된다라는 권고는 전혀, 국제법은커녕
국내법도 안 따르고 있습니다. 이런 식으로 하는 것에
대해서 굉장한 문제가 있다고 유엔뿐만 아니라
국가인권위원회도 이미 얘기를 했다라고 말씀을 드리고요.

다시 국가인권위원회는 뭐라고 얘기하느냐 하면 유엔은
이처럼 국제규약에 인정되는 권리들을 존중하고 확보할
의무를 부과하고, 이런 대테러방지법이나 방지 대책을 할
경우 동시에 현행의 입법 조치 또는 기타 조치에 의하여
아직 규정되어 있지 아니한 경우 이 규약에서 인정되는
권리들을 실현하기 위하여 필요한 입법조치 또는 기타
조치를 취하기 위하여 자국의 헌법상의 절차 및 이 규약의
규정에 따라 필요한 조치를 취할 의무를 부과하지요.

(휴대전화 벨소리)

제가 알람을 맞춰 놔서요. 죄송합니다.

그러면, 제가 아까도 말씀을 드렸습니다. 여러 가지
문제가 있는데 그중에 테러위험인물이라는 정의는 누가
하느냐? 국정원장이. 입증할 수 있느냐? 아니고요. 해제도
하냐? 아니에요. 국정원장 마음대로 한다, 그러면 만약 잘못
판단을 했을 경우 어떻게 인권을 보장하느냐라는 우리 당의
문제 제기에 대해서 이미 국가인권위원회도 그렇고 유엔도
필요한 입법조치 또는 기타의 조치를 취하기 위하여 자국의
헌법상의 절차 및 이 규약의 규정에 따라 그런 필요한
조치를 취할 의무를 부과하고 있다, 이러면 안 따른다는
거지요. 안 한다……

그리고 제3항은 국제규약에서 인정되는 권리 또는 자유를
침해당한 사람에 대하여, 그런 사람이 있다라고 제가
말씀을 드렸습니다, 국정원 혹은 국정원의 전신이 어떻게
간첩 조작을 했고 누구를 죽였고.

그러면 침해당한 사람들에 대하여 그러한 침해가
공무 집행 중인 자에 의하여 자행된 것이라 할지라도
효과적인 구제조치를 받도록 확보하고, 그랬느냐? 그래도
간첩사건이라는 아주 커다란 사건이고 그나마 버틸 힘이
있는 아주 소수의 사람만이 배상 판결을 23년, 27년, 35년,
이렇게 걸려서, 심지어는 유족이 무죄 판결을 받거나 좀 더
하면 배상 판결을 받았습니다.

그러면 사람이 죽었는데 무죄 판결을 하면 그만인가요?

효과적인 구제조치라는 것이 도대체 무엇일까?

예를 들어서 이번 테러법이 통과가 된다 하더라도 그에
대한 부작용은 있을 수밖에 없기 때문에 야당은 부작용이
아예 법을 지배할 수도 있다 이렇게 생각을 하고 있습니다.
그래서 이것은 대테러방지법이 아니라 국정원 강화법이거나
국민감시법으로 바뀔 수 있다, 그럴 거다라는 그런 의견들을
제시했습니다. 어찌됐든 간에.

효과적인 구제조치를 받도록 확보하는 것이 국제사회의
일원으로서의 의무입니다. 여기에는 어떠한 예외도 없습니다.
그런데 그것도 없고……

구제조치를 청구하는 개인에 대하여 권한이 있는
사법·행정 또는 입법당국 또는 당해 국가의 법률제도가
정하는 기타 권한 그리고 기타 권한이 있는 당국에 의하여
그 권리가 결정될 것을 확보하고 또한 사법적 구제조치의
가능성을 발전시키며, 한국에는 없지요. 발전시킨 사례가
없습니다. 오히려 국정원한테 엄청난 권한을 주거나
원세훈의 명령에 복종한 것밖에는 다른 이유가 없다는
이유로 국정원 직원에 대해서 기소유예를 취하거나 그리고
그동안 댓글로 피해를 받은 사람들에 대해서는 아무런
조치를 취하지 않았지요.

그리고 구제조치가 허용되는 경우 권한 있는 당국이
이를 집행할 것을 확보할 의무를 부과하고 있습니다. 그런데
국정원에게 무소불위의 권한을 줄 경우 도대체 구제조치를
누가 집행을 하겠습니까? 따라서 국가는 대테러대책의
수립에서부터 집행에 이르기까지 모든 과정에서 첫째,
불합리한 차별을 해서는 안 되며 둘째, 입법·사법·행정의
모든 조치를 통하여 국제인권법에 정한 실체적 및 절차적
인권을 보장하여야 하며 셋째, 권리침해에 대하여 사법적
구제조치를 중심으로 한 효과적인 구제조치를 제공할
의무가 있다, 이것을 단 한 가지라도 했느냐라고 묻고
싶습니다. 없다는 것이지요. 아까도 말씀드렸지만 이게 가장
큰 독소요인입니다, 이런 기준에 입각해 보면.

국정원장이 테러혐의자라고 그냥 해요. 상당한 이유가
있는지 없는지는 아무도 검증할 수가 없습니다. 그러면
금융위원회하고 똑같이 그 사람 모든 신상을 다 털 수
있습니다, 영장 없이. 그리고 만약 아니면, 아니면 말고.

그러니까 어떻게 법에서 가능하냐, 그것도 사람의
문제인데, 아무리 테러 문제라 하더라도 다시 한
번 말씀드리자면 불합리한 차별을 해서는 안 되고
국제인권법에 정한 실체적 및 절차적 인권을 보장해야
하며 권리침해에 대하여 사법적 구제조치를 중심으로 한
효과적인 구제조치를 제공할 의무가 있는 것이 국가입니다.

다시 말하면 테러행위와 관련된 국가의 책임과 의무는
적극적인 측면과 소극적인 측면에 걸쳐 다양한 내용을
포함하고 있으며 이 두 가지 측면 모두에 걸쳐 국내법은
물론 국제법에 의한 규제를 받고 있습니다.

먼저 적극적인 측면은 테러행위를 예방하고
진압·처벌함으로써 모든 사람의 인권을 보호하는
것을 말하며, 소극적인 측면은 적극적인 측면의

입법·사법·행정권의 행사 과정에서 국제인권법이 정한 바에 따라 인권을 보장하고 인권이 침해된 경우 효과적인 구제조치를 제공하는 것입니다.

특히 유엔의 특별보고관이 지적한 것처럼 국가의 대테러대책은 인권을 침해하는 방향으로 권력을 남용하는 경향이 있기 때문에 인권침해로부터 구제받을 수 있는 효과적인 구제조치를 제공하는 것이 매우 중요한 문제로 제기됩니다.

이와 같은 위원회의 문제의식은 선진 각국이 이 법안의 유사한 내용의 테러 관련법을 제정하는 과정에서 검토하는 원칙 또는 조건과도 일치하고 있습니다.

다시 한 번 묻겠습니다.

직권상정까지 된 이 법은 이러한 원칙 또는 조건을 한 번이라도 점검해 본 적 있습니까? 예컨대 영국의 테러방지법에 관하여 검토한 젤리코보고서는, 그러면 역으로 우리는 새누리당 혹은 정부·여당의 테러방지법에 관하여 검토한 보고서라든가 이번의 직권상정 안에 대하여 검토한 보고서라도 있습니까? 어쨌든 영국의 테러방지법에 관하여 검토한 젤리코보고서는 테러방지법과 같은 법률이 정당화되기 위해서는 첫 번째, 그 법률이 실효적일 것, 2. 그 법률의 목적이 일반 법률에 의하여 달성될 수 없을 것, 즉 일반 법률에 의해서 다 달성될 수 있는 것은 법률로 하지 않는다라는 얘기입니다. 그 법률이 시민적 자유를 부당하게 침해하지 않을 것, 아까도 김광진 의원도 그렇고 문병호 의원도 그렇고 저도 그렇고 부당한 침해의 가능성을 계속 얘기하고 있습니다.

그런데 기준은 어쨌든 그 법률이 시민적 자유를 부당하게 침해하지 않을 것, 그 법률의 악용 가능성을 최소화할 수 있는 실효적 보장 장치를 완비할 것을, 조건이 갖춰져야만 한다고 하고 있는바, 국가인권위원회가 검토하는 이 법안 역시 이상과 같은 조건을 충족하고 있어야만 입법이 정당화될 수 있을 것입니다.

우리는 요즘 국가인권위에서 이런 검토도 하지 않고 있을 뿐만 아니라, 국가인권위원회를 굳이 따지지 않겠습니다. 우리 국회 내에서도 이런 기준에 입각해서 이런 테러대책이나 테러법에 대한 검토를 저는 한 바가 없었던 것으로 알고 있습니다. 개인들이 얘기를 하거나 당에서 일부 검토를 하는 것 정도가 아닌가 싶습니다.

다음으로 테러방지법과 관련된 국내법과 제도, 이 법안의 제정 필요성을 검토하기 위하여 반드시 고려해야 할 것은 테러 대책과 직접 또는 간접으로 관련된 행정 정보 경찰 형사 사법 및 군사에 관한 국내법과 제도의 현황입니다.

관련 법령에 의하면 치안의 유지 및 범죄에 대한 수사와 기소를 통하여 테러행위를 예방하고 수사·진압 및 처벌하는 일반적 기능을 가진 경찰과 검찰 외에 다음과 같이 다양한 국가기관이 테러대책을 수립·집행할 책임과 권한을 가지고 있습니다.

대검찰청, 국제테러범죄 조직과 연계된 위해사범 및 방해 책동의 사전 차단

법무부 출입국관리국, 출입국 관련 대테러 및 경호안전 대책 지원

건설교통부 항공국―그 당시에는 건설교통부였어요― 항공기 피랍대책 및 대테러 예방대책 수립

관세청, 총기류·폭발물 등 테러 관련 물품의 반입 방지

해양경찰청 경비구난국, 해상에서의 테러예방 및 진압

경찰청, 테러예방 및 진압대책의 수립·지도

국가정보원, 테러조직에 관한 국내의 정보수집 작성 및 배포, 이렇게 수많은 관계 법령과 관계 기관들이 있습니다.

2002년 월드컵축구대회지원법 제23조와 동법 시행령 제20조는 월드컵대회를 위한 안전조치를 규정하고 있으며 이에 따른 안전대책위원회를 설치·운영하도록 하면서 위원장은 국가정보원장이 겸하도록 임시적으로 한 적도 있고요, 시행령에서. 한편 군대도 관련 법령에 의하여 테러예방과 진압을 위하여 필요한 기능을 수행할 권한을 가지고 있으며 필요한 조치를 할 수 있도록 조직화되어 있습니다.

먼저 국군기무사령부는 군사보안 및 군방첩에 관한 사항, 군사법원법 제44조제2호에 규정된 범죄의 수사에 관한 사항과 군 및 군과 관련 있는 첩보의 수집·처리에 관한 업무를 수행하는 과정에서 대테러에 관한 업무도 수행할 권한을 가지고 있습니다.

통합방위법은 이 법안이 대상으로 하고 있는 테러행위를 포함하는 것으로 해석되는 통합방위 사태에 대응하기 위한 군과 경찰, 국가기관과 지방자치단체, 향토예비군, 민방위에 대해 일정한 범위의 직장 등 국가의 모든 방위요소를 통합하여 관리할 수 있도록 체제를 구축하고 권한을 부여하고 있습니다.

즉 조직적으로는 중앙, 지역, 그다음에 직장 그런 방위협의회를 설치·운영하는 동시에 통합방위본부, 통합방위지원본부 등을 설치하고 통합방위 사태가 선포될 경우 지상·해상·공중에서 통합방위작전을 수행할 수 있게 하며, 통제구역 설정, 대피명령, 국가중요시설의 경비·보안 및 방호, 보도 통제, 취약지역 관리, 검문소의 운영 등의 조치를 할 수 있도록 정하고 있습니다.

특히 거동수상자를 검문·검색할 수 있는 권한을 부여했을 뿐만 아니라 필요시 동행요구권을 행사할 수 있게 하는 등 광범위한 권한을 일반 법령에 다 담고 있습니다.

또한 테러행위를 처벌하기 위한 기준은 형사법 역시 다수가 존재합니다. 각종 테러를 범한 자는 형법, 폭력행위 등 처벌에 관한 법률, 군형법, 항공법, 항공기운항안전법, 철도법, 유해화학물질관리법, 원자력법, 전기통신사업법, 군사시설 보호법 등 관계 법률에 규정된 형에 처하도록 돼 있습니다.

구체적인 규정은 형법 제107조(외국원수에 대한 폭행 등), 제108조(외국사절에 대한 폭행 등), 제136조(공무집행방해), 제172조(폭발성물건파열), 제172조의2(가스·전기등 방류), 제173조(가스·전기등 공급방해), 제179조(일반건조물등에의 일수),

제185조(일반교통방해), 제186조(기차, 선박등의 교통방해), 제192조(음용수의 사용방해), 제193조(수도음용수의 사용방해), 제258조제1항 중상해, 제259조제1항 상해치사, 제261조(특수폭행), 제262조(폭행치사상), 제278조(특수체포, 특수감금), 제281조제1항 체포·감금등의 치사상, 제284조(특수협박), 제289조 국외에 이송을 위한 약취, 유인, 매매 및 제367조(공익건조물파괴) 내지 제369조 특수손괴의 죄, 군형법 제54조(초병에 대한 폭행·협박) 내지 제58조(초병에 대한 폭행치사상)의 죄, 항공법 제156조 항공상 위험 발생 등의 죄, 항공기운항안전법 제111조 항공기운항저해죄, 철도법 제80조 신호기 등에 대한 벌칙, 제81조 직무집행방해에 대한 벌칙 및 제85조 발포하거나 돌 등을 던진 자에 대한 벌칙의 죄, 유해화학물질관리법 제45조 벌칙의 죄, 원자력법 제115조 벌칙의 죄, 전기통신사업법 제69조제2호 벌칙의 죄, 군사시설보호법 제14조 벌칙 등에서 이미 규정을 하고 있습니다.

범죄수익은닉의 규제 및 처벌 등에 관한 법률은 테러행위와 관련된 범죄로 인한 수익의 은닉·가장·수수 등을 적발 처벌할 수 있게 하고 있으며 특정 금융거래정보의 보호 및 이용 등에 관한 법률은 역시 테러행위와 관련된 금융거래의 정보를 추적하여 처벌할 수 있게 하기 위하여 금융정보분석원을 설치하는 등 테러행위자나 단체자금을 차단하기 위한 조치를 하고 있습니다.

또 범죄인 인도법은 위에서 본 모든 종류의 테러범죄에 대하여 외국으로부터 범죄인의 인도 청구가 있을 경우 법원의 인도심사 절차를 거쳐 인도할 수 있게 함으로써 테러행위자의 수사와 처벌을 위한 국제협력 체계를 건설하고 있습니다.

이상에서 본 바와 같이 현행법과 제도는 테러행위에 관한 정보의 수집·분석·배포에서부터 테러행위의 예방과 진압, 수사와 처벌을 위하여 다양한 국가기관의 전문적 기능을 부여하고 있을 뿐 아니라 중대한 테러 사태에 대비하여 군을 포함한 국가기관 및 지방자치단체, 경찰, 향토예비군, 민방위대, 직장 등을 포괄한 통합적인 체제를 구축하고 광범위한 권한을 부여하고 있습니다.

그런가 하면 형사법들은 다양한 종류의 테러행위를 범죄로 규정하여 형사처벌하게 하면서 테러행위로 인한 범죄수익은 물론 테러 행위자나 단체의 금융거래 등을 조사하여 그 자금을 봉쇄할 수 있는 제도를 마련하고 있을 뿐만 아니라 국제협력을 위한 제도로 마련하고 있습니다.

반면 테러행위를 예방·진압 및 처벌하기 위한 국가 권력을 행사하는 과정에서 인권을 보호하고 침해된 인권을 구제하기 위한 국내법과 제도는 전반적으로 국제인권법이 정한 수준에 미치지 못하는 것으로 평가됩니다.

그 중요한 내용은 첫째, 경찰력의 행사가 전반적으로 과도하여 국제인권규범에 위반되며 이게 2001년에 검토된 것인데 2016년에도 이런 검토가 있었더라면 아마 똑같은 얘기가 나왔을 것입니다.

둘째, 범죄피의자에 대한 구속수사 기간이 지나치게 장기간이고 제가 생각하기에는 국내법과 제도는 여전히 이와 똑같을 것 같습니다.

셋째, 범죄수사 과정에서 변호인 접견권 등의 보장 등 피의자 인권보호 장치가 미흡하며, 넷째 국가보안법 등 국제인권조약이 보장한 인권을 침해한 내용들이 포함된 형사법이 다수 있다는 것입니다.

이러한 내용들은 시민적 및 정치적 권리에 관한 국제규약에 따라 설치된 인권이사회의 의견, 고문 및 그 밖의 잔혹한 비인도적인 또는 굴욕적인 대우나 처벌의 방지에 관한 협약에 의하여 설치된 고문방지위원회 등의 국제기관이 대한민국 정부가 제출한 국가보고서를 심사한 후 발표한 의견들에서 인정된 바 있습니다. 따라서 한국정부는 이러한 권고에 따라 국내법과 제도 관행을 국제인권조약이 정한 수준으로 개선할 책임을 부담하고 있습니다. 다른 말로 말해서 그동안 국정원이 취한 범죄 혹은 범죄 의심행위에서부터 시작해서 과도한 형법이나 그러한 조치들이 시민권을 훼손하지 않게 개선을 하는 것과 테러 대응을 하는 것은 병행되어야 된다라는 얘기입니다.

하지만 한국에서는 전자는 없고 오직 국정원에게 그동안 숱한 의혹을 혹은 조작 혹은 고문 행위를 해 왔던 국정원 그리고 현재진행형이라고 의심이 되는 국정원에게 과도한 권한을 넘기는 것 외에 어떠한 시민적, 인권적 조치도 취하지 않음으로써 유엔의 기준 및 과거 국가인권위원회의 이러한 의견서에 반한다고 볼 것입니다.

다음으로 당시 테러방지법안을 평가하는 위원회의 원칙과 전제를 다음과 같이 기술합니다. 앞에서 본 바와 같이 국가인권위원회법은 위원회로 하여금 인권에 관한 법령·제도·정책·관행의 조사와 연구 및 그 개선이 필요한 사항에 관한 권고 또는 의견을 표명할 임무를 부여하면서 인권의 개념에 관하여 '헌법 및 법률에서 보장하거나 대한민국이 가입·비준한 국제인권조약 및 국제관습법에서 인정하는 인간으로서의 존엄과 가치 및 자유와 권리를 말한다'라고 규정하고 있습니다.

따라서 위원회는 대한민국 헌법과 법률뿐 아니라 대한민국이 가입·비준한 국제인권조약 및 국제관습법을 토대로 하여 이 테러방지법안을 평가해야 할 책임이 있습니다. 따라서 위원회는 다음과 같은 문제의식에 근거하여 이 법안을 평가하였습니다.

첫째, 법안 제정이유·타당성, 이것은 세 가지입니다.

하나는 '이 법안이 예정하고 있는 테러의 발생 가능성이 어느 정도인가' 이런 질문을 우리가 법안심사 과정에서 서로 나누고 소통할 수 있었다면 얼마나 좋았을까요? 그런데 지금은 그냥 국정원이 '가능성이 높아요'라고 얘기하면 높은 것으로 알아야 하는 것이 현실입니다.

두 번째, 테러에 대응하기 위한 기존의 법체계가 테러에 효율적·체계적으로 대처하는 데 어떤 문제점을 가지고 있는가, 당연히 검토를 해야지요. 기존의 법체계로 왜 안 되는가.

세 번째, 이 법안은 테러 행위를 예방·진압 및
처벌함으로써 모든 사람의 생명과 신체의 안전 및 재산을
보호하는 국가의 의무를 효과적으로 달성할 수 있는가……

법안은 효과적이어야 됩니다. 그러지 않은 법을 왜
만들겠습니까? 이것이 법안제정 이유 타당성이고.

둘째, 법 집행 과정의 인권보장입니다.

테러 대책의 수립과 집행 과정에서 인권을 보장하고
인권침해를 일으키지 않도록 충분한 예방조치가 마련되어
있는가, 인권침해에 대하여 충분한 구제조치를 제공하고
있는가, 그래서 테러방지법안을 점검을 합니다.

우선 테러와 테러단체의 개념 규정, 이 법안은 테러의
개념을 정의하고 있는바 이 법안에 의한 테러가 되기
위해서는, 그때는 굉장히 심했어요. 각 호에 해당하는
행위 심지어는 종교적, 이념적 또는 민족적 목적을 가진
개인이나 집단까지도 있었기 때문에. 그리고 나머지는
비슷합니다. '중대한 사회적 불안을 야기하여' 그러니까
굉장히 포괄적이었던 것이지요. 그다음에 이것은 좀 비슷한
점이 있어요. 대통령령이 정하는 국가요인 등등에 대한
폭행·상해·약취·체포·감금·살인 이것은 살아있는 것으로
보여지고요.

그다음에 국가중요시설에 대한 방화·폭파,
항공기·선박·차량 등의 문제, 폭발물·총기류 문제 혹은
대량으로 사람과 동물을 살상하기 위한 유해성 생화학물질
또는 방사능 물질, 우리 법안하고 지금 올라온 법안하고
비교를 해 보면 유사한 것도 있고 그렇지 않은 것도 있는데
대략적으로 살아 있는 것으로 보여집니다.

제가 법안을 잠시 어디다 뒀는지 좀 찾아보겠습니다.

여기 있네요.

그리고 또한 이 법안은 테러단체에 관하여 이것은 훨씬
더 지금보다 광범위했습니다. '국내외의 결사 또는 집단을
말한다'라고 규정했고요.

이 법안의 가장 큰 특징은 국제사회의 오랜 연구와
논쟁에도 불구하고 여전히 합의된 규정에 실패하고
있는 테러행위에 대하여 포괄적인 정의를 내리고 있다는
점입니다. 이것은 여전히 같습니다. 테러위험인물,
테러행위에 대해서 매우 포괄적인 정의를 가지고 있다는
것은 민변의 검토안을 통해서도 얘기가 됐고 언론에서도
보도가 되었습니다.

예를 들어서 테러위험인물의 정의, '테러위험인물이란
테러단체의 조직원이거나 테러단체 선전, 테러자금
모금·기부 기타 등등을 하였거나 하였다고 의심할
상당한 이유가 있다' 이것을 국정원이 판단을 하지요.
굉장히 포괄적이라는 얘기가 나왔습니다. 더군다나
테러위험인물을 지정하고 해제하는 절차와 주체도 없어서
결국 국정원의 판단만으로 테러위험인물이 될 위험성이
있다.

그다음에 또 비슷한 게 구속 요건, 그 당시는 구속
요건까지 있었던 모양이에요. 구속 요건 등등이 있고요.

어쨌든 그다음에 테러단체의 활동에 대해서의 문제가

있었습니다, 판단 절차는 뭔지. 그래서 거기에 대해서
인권 침해 가능성이 높은 실체법적 조항들이 있다라고
판단합니다.

아마 민변 의견서나 변협 의견서 같은 것들에 들어
있는 내용이 지금의 법에서는 그렇게 있습니다만 당시에
국가인권위원회는 뭐라고 얘기를 했느냐 하면 법안
제77조가 규정한 테러행위들은 기존 법률 즉 형법,
폭력행위 등 처벌에 관한 법률, 군형법, 항공기운항안전법,
철도법, 유해화학물질관리법, 원자력법, 군사시설 보호법
등 규정에 의해 이미 범죄로 규정되어 형사처벌하는
행위들로써, 그렇지요? 이 법안은 그 형을 가중하고
있습니다.

그러나 기존의 법률에 의하여 이미 형사처벌하는 일련의
행위에 대하여 형을 가중하는 이유가 무엇인지를 이해하기
어렵습니다.

이 법안이 정당성을 가지려면 기존 형벌 법규의 법정형이
범죄의 질에 비하여 너무 낮을 뿐 아니라 그로 인하여
문제된 범죄행위를 예방 또는 처벌하는 데 효과를 거두지
못하고 있다, 즉 그 당시의 법에는 가중처벌, 기존의 법으로
처벌이 된다는 것을 인정한 상황에서 가중처벌을 하는
것을 목표로 했기 때문에 이런 얘기가 많이 나왔던 것
같습니다.

그런데 이번 법안은 주로 개인을 이렇게 뒤지는 것이 훨씬
더 많이 들어가 있어서 약간의 차이는 있습니다.

두 번째 법안 제21조는 테러를 미연에 방지할 수
있음에도 불구하고 방치하여 테러를 발생하게 하는 경우
그 당시에 테러범죄미신고죄로 형사처벌하고 있는 조항도
있었던 모양입니다. 이것은 안 된다 등등을 얘기를 했고요.

그다음에 인권 침해 가능성이 높은 절차법적 조항들을
얘기하고 있는데요. 여기 상당한 이유가 있는 사람에 대하여
그 소재지·국내체류동향 등을 확인할 수 있으며, 확인할 수
있지요, 우리도 지금 이 법에 따르면?

확인 결과 테러를 할 우려가 있다고 판단되면 이러저러한
조치를 하게 되어 있습니다. 우리는 지금 의심만 해도 모든
정보를 다 뒤질 수가 있는 그런 법을 가지고 있는 거고요.

그다음에 출국조치 이러저러한 문제점들이 있습니다.
그래서 약간의 차이가 있으니……

그다음에 세 번째로 실효성·법안의 절차성, 절차법적
요소·실효법적 요소를 살펴본 다음에 국가조직체계 재편성
문제하고도 문제 제기를 합니다.

첫째, 대통령 소속하에 국가대테러대책회의를 두고 이를
정점으로 하여 국가기관은 물론 지방자치단체에 이르기까지
모든 기관을 일련의 조직체계로 편성하고, 우리도 거의
가능하지요. 둘째, 테러의 진압 등을 위하여 계엄을 통하지
않는 방법으로 치안유지활동에 동원될 수 있는 길을
열고 셋째, 이 모든 국가체계 재편성에서 국가정보원이,
이것은 변하지 않지요, 핵심적인 기능을 맡게 됨으로써
국가정보원에서 규정한 기능과 권한을 크게 확대하고
있습니다.

그리고 법안에 의하면 대테러대책에 관한 중요사항을, 이것은 거의 살아 있습니다, 심의 의결하기 위하여 국무총리를 위원장으로 하는 국가대테러대책회의를 대통령 소속하에 설치하고 국가대테러대책회의에 등등을 어떻게 둔다는 얘기가 있고요. 하나의 조직체계로 통합된다.

다음으로 이렇게 강력하게 재편성된 국가권력체계가 국민의 감시로부터 은폐된 비밀조직의 성격을 가지고 운영될 수밖에 없습니다. 우선 대테러대책의 핵심적인 역할을 하는 대테러센터는 그 자체 조직과 정원이 공개되지 않지요. 여기도 공개하지 아니할 수 있다라고 해 놓았습니다. 그리고 국가정보원에 두지요. 대테러센터의 조직 및 정원을 공개하지 않을 수 있게 하고, 그때도 '않을 수 있게 하고'는 같았던 모양이에요, 등등 때문에 공개행정의 원칙에 위반될 위험이 있습니다.

그다음에 이런 조항들은 헌법에 위반될 가능성이 있습니다. 헌법은 군과 경찰의 기능을 분리한 다음 전시, 사변 또는 이에 준하는 국가비상사태에 있어서 병력으로써 군사상의 필요에 응하거나 공공의 안녕질서를 유지할 필요가 있을 때에는 법률이 정하는 바에 의하여 대통령이 계엄을 선포할 수 있게 하고 계엄을 선포한 때에는 지체 없이 국회에 통고하되 국회가 재적의원 과반수의 찬성으로 계엄의 해제를 요구한 때에는 계엄을 해제하도록 정하고 있습니다만 위에서 본 법안의 조항들은 헌법이 정한 이런 계엄이나 이런 것에 의하지 않고 군 병력을 민간에 대한 치안유지의 목적으로 동원할 수 있게 되어 있습니다. 또한 국가정보원의 판단에 따라서 그렇게 할 수 있습니다.

그리고 어쨌든 이러저러한 헌법에 위반되는 조항들을 쭉 얘기를 합니다. 그러나 어쨌든 이 법안 및 이 법안을 뒷받침하는 자료를 통해서는 이러한 국가기능 재편성을 정당화할 수 있는 이유를 발견하기 어렵습니다.

첫째, 기존의 국가기능의 분담체계에 어떤 문제가 있느냐? 여기에 답을 못 하고 있습니다. 둘째, 국가정보원이 테러에 관한 정보의 수집·작성·배포를 넘어 직접 다른 국가기관들의 기능에 대하여 기획·지도 및 조정을 해야만 된다면 그래서 대테러대책을 올바르게 수립하고 집행할 수 있는 특별한 이유가 있느냐? 우리도 대테러대책을 세우게 되어 있지요.

셋째, 국가정보원이 국가기관 및 지방자치단체의 행정에 개입하지 않고 효율적으로 테러방지대책에만 국한해서 업무를 수행할 수 있다고 판단하기는 어렵다. 틀림없이 개입할 것이다라는 것이고요.

더구나 공개행정의 원리에서 벗어나 그 조직과 정원 및 활동을 비밀로 하여 운영되는 정보기관이 공개의 원칙에 따라 운영되어야 하는 수사기능과 일반 행정에 대한 감독 및 집행기능에 개입하거나 직접 수행하는 것은 그 자체 국가권력의 구성원리에 어긋날 뿐 아니라 그 상대방이 되는 국민의 인권을 심하게 침해할 가능성을 내포하고 있습니다.

이런 긴 22쪽의 보고서를 쓴 다음 국가인권위원회는 다음과 같이 결론을 내립니다.

이상에서 본 바와 같이 테러방지법안은 이 법안의 본질적 내용들, 즉 테러행위에 대한 개념규정과 형벌규정, 절차규정 그리고 국가기능의 재편에 관한 규정들이 국제인권법의 기준에 위반하여 인권을 침해하거나 침해할 소지를 내포하고 있습니다. 그런 반면 인권침해의 대상자들에게 국제인권규약이 정한 바에 따른 적절한 구제조치가 제공되지 않고 있습니다.

이 법안은 스스로 내세우고 있는 입법의 전제조건들을 충족시키지 못하고 있습니다. 이 법안은 기존의 대응체계로는 테러에 효율적 체계적으로 대처하기 어렵다고 주장하고 있으나 기존의 대테러대응체계는 테러행위를 처벌하는 실증법적 규정은 물론 테러조직의 자금을 차단하고 테러행위자를 인도하는 등의 절차적 규정과 각 분야에서 일어날 수 있는 다양한 테러에 대응하기 위한 국가기관 사이의 기능분배와 협력을 담보하는 데 특별한 부족함이 있다고 볼만한 사정이 없습니다.

(「더 크게 말씀하세요. 의미 전달이 잘 안 됩니다」 하는 의원 있음)

아, 그래요?

한편 국가정보원이 전쟁 수준의 양상을 보이고 있다고 평가하는 테러행위가 한국에서 자행될 위험이 있는지, 있다면 어느 정도인지를 알 수가 없습니다. 특히 테러에 대하여 기존의 법과 제도에 의한 관계 국가기관들의 대처능력은 어떠하며 어떤 취약점을 가지고 있는지에 관하여도 아무런 자료를 찾을 길이 없어 설령 테러가 발생하였다 하더라도 국가정보원이 테러방지법 같은 특별형법을 만들지 않으면 대처할 수 없다는 주장은 논리적이지 않거나 근거가 부족하다고 할 것입니다. 더구나 이 법안이 제정된다고 하더라도 실제로 테러행위를 예방하거나 진압하는 데 어떤 효과가 있을지 예측하기 어렵습니다. 오히려 조직의 중복과 인력 및 예산낭비의 가능성이 크다고 할 것입니다.

위원회가 문제점을 지적한 조항들을 빼면 이 법안은 제정될 필요성을 상실할 것으로 보입니다. 따라서 위원회로서는 이 법안의 제정에 반대하는 의견을 국회에 표명하고자 합니다. 이것은 당시 국가인권위원회가 반대하는 의견을 국회에 표명한 겁니다.

위원회의 의견에 따르면 첫째, 이 법안은 그 제정을 위한 전제조건이 성립하지 않으며…… 다시 전제조건을 뭐라고 했는지를 다시 한 번 살펴보겠습니다.

원칙과 전제로서 법안 제정의 이유 타당성, 이 법안이 예정하고 있는 테러발생 가능성이 어느 정도인지 알 수 있는지 그에 대한 판단, 테러에 대응하기 위한 기존의 법체제가 테러에 효율적 체계적으로 대처하는 데 기존의 법체제로는 안 되느냐. 그다음 이 법안은 테러행위를 예방, 진압 및 처벌함으로써 실제로 사람의 생명과 신체안전 및 재산을 효과적으로 이 법을 가지고 보호할 수 있느냐라는 것이 전제였습니다. 그다음 전제가 인권침해를 일으키지 않도록 충분한 예방조치가 있느냐, 인권침해에 대해 충분한 구제조치를 하고 있느냐였는데 전제조건이 성립하지 않는다라고 판단을 했고요.

둘째, 이 법안의 목표를 효율적으로 달성할 수 있느냐라고 예상하기도 어렵고 효과적이지도 않고 기존의 법과 제도, 국가기관의 체계가 대테러대책을 수립하고 집행하는 데 어떤 문제점을 가지고 있어서 이런 특별형법을 만들려고 하는지에 대해서도 나타나 있지 않으며, 이 법안의 각 조항들이 국제인권법과 헌법이 보장한 인권을 침해할 가능성은 있는데 그것을 제거하거나 그에 대한 구제조치를 취하는 것은 없다.

이것은 저는 굉장히 중요한 지적이라고 생각을 합니다. 부작용을 작게 보든 크게 보든 인권침해의 소지는 상당 혹은 어느 정도 있다라는 것에 대해서는 모두가 동의를 합니다. 이것을 반대하는 사람이 없습니다. 그러면 그것에도 불구하고 이 법을 시행해야 될 효과성이 있느냐 그럼에도 불구하고 인권을 구제할 조치가 담겨 있느냐가 없습니다. 그런데 직권상정을 통해서 이 법안을 처리하자고 하는 거지요.

그래서 그 대안으로 위원회는 테러행위의 양상이 변화하면서 그에 의한 살상의 규모와 성격이 대규모로 잔혹하게 진행되고 있는 점 등을 고려하여 새로이 테러방지법을 제정할 필요가 있는지, 있다면 그 내용은 어떻게 되어야 하는지에 관한 신중한 조사와 연구, 검토를 거칠 것을 제안합니다.

지금 이게 2001년이니까 15년이 지났는데 그렇다면 신중한 조사와 연구, 검토를 거쳤습니까? 안 거쳤습니다.

그 조사와 연구는 다음과 같은 내용에 관하여 이루어질 수 있을 것이며 그 과정에서 관계 국가기관은 물론 시민단체, 학술 및 전문가단체, 학자들의 의견을 충분히 들어 인권 침해의 소지가 없도록 해 주시기 바랍니다.

첫째, 국제 테러리즘의 양상과 원인, 주체.

둘째, 한국에서 혹은 한국과 관련하여 야기될 위험이 있는 테러의 양상과 원인, 주체.

셋째, 한국에서 테러의 위험을 제거하거나 축소시키고 테러를 진압하고 수사·처벌하며 테러의 피해를 신속하게 구제하기 위한 법과 제도의 현황과 문제점.

넷째, 대테러대책에 관련된 국가기관의 기능과 권한 및 체계 그리고 그 문제점과 대안.

다섯째, 대테러대책에 적용되는 국제인권법의 원칙과 내용들을 반드시 포함해서 신중한 조사와 연구, 검토를 거칠 것을 2001년에 한국 국가인권위원회는 이미 매우 선진적으로 제안을 한 바 있습니다. 하지만 2016년 현재 이러한 조사보고서는 없습니다.

예를 좀 들어 보겠습니다.

한국에서 테러 위험을 제거하거나 축소시키고 테러를 진압하고 수사·처벌하며 테러의 피해를 신속하게 구제하기 위한 법과 제도의 현황과 문제점에 반드시 들어가야 될 것이 하도급법입니다. 테러방지법에 웬 하도급법? 이런 얘기를 하실 텐데 예를 들어서 이번 테러방지법에도 항공과 같은 시설을 굉장히 중시합니다. 당연하지요. 그런데

희한하게도 항공사 혹은 인천국제공항 같은 데서 근무를 하시는 분은 바로 그것이 국민의 생명과 안전을 위협한다는 이유로 파업을 못 합니다. 헌법 제33조에 보장된 단결권, 단체교섭권, 단체행동권을 제대로…… 단결권은 가능한데 단체행동권을 누리지 못합니다.

그런데 대신 노동자들은, 일하시는 분들은 헌법에 보장된 권리를 국민의 생명과 안전을 위해서 헌납했지요. 반면 경영자의 재산권 같은 것은 헌법상의 권리가 아닙니다. 그런데 바로 그렇게 위험한 지역, 보안존이라고 얘기합니다. 보안존에서 예를 들어서 경비를 서거나 혹은 검색을 하거나 혹은 엘리베이터를 고치거나 수송·이동과 관련된 이러한 업무의 대부분이 하청입니다. 비정규예요. 그래서 87%가 비정규입니다.

국민 여러분께서는 잘 모르시겠지만 인천국제공항에 가서 여러분들은 정규직을 거의 볼 수 없습니다. 베레모 쓰고 돌아다니는 경비하시는 분들조차도 비정규직입니다. 하청입니다. 그리고 보안존에 계시는 분들도 기간제이거나 하청입니다.

그러면 셋째, 한국에서 테러의 위험을 제거하거나 축소시키고 테러를 진압하고 수사·처벌하며 테러의 피해를 신속하게 구제하기 위한 법과 제도의 현황과 문제점이 뭐냐라고 묻는다면 반드시 하도급법 같은 것이 들어갔어야 되겠지요.

제가 이것을 외국 학자들로부터 질문을 받았습니다. 의원이 되기 전에 프랑스·영국 이런 학자들과 같이 심포지엄을 했을 때 학자들이 물은 게 있습니다. '너희 나라는 굉장히 신기하다. 민간 항공센터도 아니고 이게 인천국제공항 같은 공공 부분인데 어떻게 그렇게 비정규직이 많냐? 한국은 테러 문제에 대해서 아주 자신이 있나 보다. 그러니 이렇게 87%나 거의 모두를 비정규직으로 쓰지. 그러지 않으면 이런 용기 없다' 이런 대답을 들은 적도 있습니다.

그래서 저는 다시 한 번 촉구합니다.

2001년 국가인권위원회의 보고서이기는 하지만 그 대안으로 신중한 조사·연구·검토를 거칠 것을 제안하고, 거기에 국제 테러리즘의 양상과 원인·주체, 둘째 한국에서 혹은 한국과 관련하여 야기될 위험이 있는 테러의 양상과 원인·주체, 셋째 한국에서 테러의 위험을 제거하거나 축소시키고 테러를 진압하고 수사·처벌하며 테러의 피해를 신속하게 구제하기 위한 법과 제도의 현황과 문제점, 넷째 대테러대책에 관련된 국가기관의 기능과 권한 및 체계 그리고 그 문제점과 대안, 다섯째 대테러대책에 적용되는 국제인권법의 원칙과 내용들을 기준으로 해서 신중한 검토를 합시다. 그래서 정말 제대로 된 새로운 테러방지법을 만드는 것이 필요하다면 그렇게 해야 되겠지요, 국제인권법의 규정과 헌법 및 각종 법률에 위배되지 않는 선에서. 특히 국민의 인권과 존엄함의 가치를 훼손하지 않는 선에서 저는 검토를 해야 된다고 봅니다.

그리고 누누이 지적하듯이 이제는 누가 어떻게 어떤

내용으로 지적하는가를 얘기를 드릴 건데요, 지적하듯이 현재의 테러방지법은 크게 인권 침해 요소가 너무 많고, 두 번째 효과적이지도 않으며, 세 번째 심지어는 심하게 말해서는 범죄집단이 아니냐라는 의혹을 받고 있는 국정원의 그런 의혹조차도 해소를 시키지 않은 상황에서 엄청난 권한을 준다라는 점에서 상당히 문제가 있습니다.

이런 내용에 대해서 얘기를 해 주신 분들이 굉장히 많습니다. 우선 아주대학교 법학전문대학원 오 교수님의 의견을 제가 좀 말씀을 드리겠습니다.

이분은 단정적으로 '테러를 방지할 수 있는 법은 없고 현재의 테러방지법도 그러하다' 이렇게 말씀을 하고 있습니다. 다른 나라 사람일지언정 대규모 범죄 희생자들을 애도하는 것은 너무 당연하다. 그렇다면 자국의 범죄 희생자들을 애도하는 것은 너무너무 자연스러운 현상인데 자신을 대표로 뽑아 준 사람들이 죽어 가고 있는 것을 외면한 게 아니냐. 예를 들어서 국가적인 범죄라고도 할 수 있는 행위로 인해서 억울하게 죽은 세월호 참사의 희생자들에 대한 애도와 그에 상응하는 진상조사와 대책 및 관련 법을 요청하는 울부짖음을 깔아뭉개면서 그러면서 범죄를 없애겠다, 테러를 없애겠다라고 얘기하는 것은 문제가 아닌가라고 우선 지적을 합니다.

다시 말씀드리지만 오늘 2월 24일은 세월호 발생 679일째입니다. 아직 9명의 희생자들이 돌아오지 않았습니다. 아직 많은 부모들이 내 자식이 왜 죽었는지 알려 달라고 말씀하고 계십니다. 그런데 그조차도 규명을 못 하고 있는 상황이라는 점은 지적이 되어야 마땅합니다.

어쨌든 박근혜 대통령께서는 지난 11월 24일 예정에 없던 국무회의를 긴급히 소집하여 주재하면서 각국은 테러를 방지하기 위한 선제적인 대책들을 세우고 있는 반면에 현재 우리나라는…… 그러니까 11월 24일 날 하셨으니까 12월 24일, 1월 24일 한 두 달 남짓 만에 직권상정까지 오는 굉장히 놀라운 추진력을 갖는 법안입니다.

어쨌든 각국은 이러한 테러를 방지하기 위한 선제적인 대책들을 세우고 있는 반면에 현재 우리나라는 테러 관련 입법이 14년간이나 지연이 되고 있다라고 발언을 하셨습니다. 그러나 왜 14년 동안 시민사회에서 테러방지법에 대해서 그렇게 논의를 하면서도 찬성을 하기 어려웠는지, 다른 나라 테러방지법의 내용과 우리에게 부족한 것은 무엇인지에 대한 성찰은 대통령의 발언에는 없었습니다.

지금 테러방지 및 대응체계는 어떠한지, 그렇다면 지금 대한민국은 테러라고 부르는 범죄행위들에 대해 속수무책 상태라는 것인지, 그래서 박근혜정부가 무능하다는 것에 대한 고백인지 어느 하나 제대로 설명하지 않았습니다. 오로지 현재 테러방지법, 통신비밀보호법, 사이버테러 방지법 등 국회에 계류된 테러 관련 법안들의 처리에 국회에서 나서지 않고 잠자고 있는데 정작 사고가 터지면 정부에 대한 비난과 성토가 극심하다, 변명만 있었다.

도대체 무슨 사고에 대해서…… 제가 기억하는 사고는

메르스, 세월호 등등과…… 물론 사고들이 있었습니다, 북한과의 관계에 있어서. 그런데 그것이 테러방지법이 없어서 그렇다라고 할 만한 이유가 있는지는 그것은 법안을 통과시킬 새누리당, 정부 여당이 입증을 하셔야 됩니다.

세월호참사가 일어난 원인도 해난사고방지법을 제정하지 않아서였는지, 정부는 세월호특별조사위원회에 관련해서 왜 그렇게 일을 할 수 없게 만드는지, 그래서 세월호참사에 대한 진상조사와 관련 입법 등 대응조치가 필요하다고 긴급국무회의를 소집해 가면서 자책하고 관련자들을 문책하면서 국회에 읍소하지는 않는지를 묻습니다, 오 교수님의 논문은.

한편 새누리당이 테러방지법안으로 내세운 법안은 12개에 이른다. 국가 대테러활동과 피해보전 기본법, 국민보호와 공공안전을 위한 테러방지법안, 테러예방 및 대응에 관한 법률안, 국가 사이버안전관리에 관한 법률안, 국가 사이버테러 방지에 관한 법률안, 사이버테러 방지 및 대응에 관한 법률안, 사이버위협정보 공유에 관한 법률안, 출입국관리법안, 항공보안법 개정안, 항공보안법 또 다른 의원님의 개정안, 특정금융거래정보의 보고 및 이용 등에 관한 법률, 통신비밀보호법 개정안.

그런데 국가정보원이 테러방지법을 만들어야 한다고 주장한 지 14년이 지나도록 도대체 어떤 일이 있었는가? 법이 없어서 테러를 방지할 수 없다면 벌써 테러가 난무해야 했을 것인데 그렇지는 않고. 2015년 등장한 테러방지법안들은 제목만 다를 뿐 과거 법안들과 거의 다를 바 없다. 약간의 차이는 있다. 예를 들어서 외국인 테러 문제나 이런 것들을 조금씩 넣은 것이겠지요.

하지만 기존의 테러 예방 및 대응체계에 대한 진단과 평가는 14년 동안 한 번도 없었다.

그러니까 기존의 체계, 무엇이 문제인지, 어느 정도의 테러 위험성이 있는 것인지 등등에 대한 어떠한 평가도 없었고 더 나아가서 이 법안이 어느 정도나 효과적인지, 어느 정도나 인권을 침해하는지, 이를 위해서 무슨 구제를 해야 되는지 등등에 대한 평가도 없었습니다. 그냥 두 달 혹은 세 달 만에 직권상정으로 여기까지 왔습니다.

엄청난 권한을 국가정보원한테 쥐어 주고 더 나아가서 그 이상의 인권침해를 일으킬 수 있는 가능성, 혹은 의혹이 있다고 이렇게 반대를 하거나 혹은 우려를 표명하고 수정·보완을 하자고까지도 얘기를 하는데 아무것도 하지 않습니다, 사실상 정부 여당은.

테러방지법을 한번 들여다보기만 하면 누구나 한눈에 알 수 있다. 테러방지법을 제정한다고 테러를 예방할 수 있는 것도 아니고 테러방지법 없이 테러에 신속하게 대응할 수 없는 것도 아니라는 것을.

조직이 어떻게 작동할까의 문제가 핵심인 것 같다. 그렇다면 박근혜정부는 먼저 새로운 법을 만들지 않으면 안 될 정도로 대한민국이 얼마나 테러에 무능한지를 먼저 고백해야 합니다. 또한 국가정보원이 국가 권력의 핵심에 똬리를 틀지 않으면 안 되는 이유가 무엇인지도 밝혀야 한다. 남의 나라 테러로부터 배우기보다 우리나라 세월호 참사부터 찬찬히, 깊숙이 들여다보는 것도 한 가지 방법이다.

그러면서 미국에서 9·11 테러는 여러 가지 면에서 많은 변화를 초래하였다. 긍정적인 변화도 있었지만 부정적인 변화도 있었다. 인권침해의 위험성이다. 자타가 선진국으로 인정하는 미국에서조차 테러와의 전쟁을 수행하는 과정에서 CIA가 2003년 3월 중순부터 포로들에게 멱살잡이, 손바닥으로 때리기, 복부 가격, 오래 세워 놓기, 냉방고문, 물고문 등의 방법을 활용했음이 밝혀졌기 때문이다.

제가 한 몇 시간 전에도 신체적 고문과 정신적 고문, 종류, 다양성, 한국에서 자행된 온갖 고문들의 형태, 그에 대한 인터뷰 등을 했는데 거기도 나오는 거지요, 냉방고문, 물고문.

그리고 손바닥으로 때리거나 복부 가격은 사실은 한국에서는 매우 가벼운 행위, 혹은 일상적인 행위라고까지 되는, 그래서 고문으로 안 들어가는 고문행위라고까지 되어 있는데 어쨌든 이걸 했다. 그래서 유엔 고등판무관실의 테러리즘 대처와 인권과 자유의 관계에 관한 특별보고는 국제적인 대테러 행동 속에서 나타나는 다섯 가지 경향을 다음과 같이 소개했다.

첫째, 각국 정부는 마음에 들지 않는 정치·인종·지역 세력들에 테러리스트 혐의를 씌워 탄압하고 있다. 이건 경향입니다, 그냥. 국제사회는 이런 경향에 무관심할 뿐 아니라 사실상 이러한 반인권적 정부들을 지원하고 있다.

둘째, 테러 혐의자들을 조사하는 과정에서 고문과 잔혹행위 등이 빈번히 사용되면서 이러한 반인권적 행위를 금지하는 국제협약들의 근간이 무너지고 있다. 이는 가장 위험한 경향이다.

셋째, 테러리즘을 옹호하거나 찬양하는 내용뿐만 아니라 테러행위에 사용될 가능성이 있는 모든 정보의 배포도 금지되고 있다. 즉 테러리즘이라고 확대 해석되면 그것은 그냥 금지되거나 무고한 사람들의 희생이 늘어날 수밖에 없는데 실제 늘어나고 있다.

넷째, 각국이 출입국 통제를 강화하고 있으며 그 결과 인종차별이 심화되고 있다.

다섯째, 테러행위의 조사와 예방이 경찰권 확대 내지 남용의 근거가 되고 있다. 이건 정확하게 한국에 대체적으로 맞는 경향이 아닌가. 우선 테러행위의 조사와 예방이 경찰권 확대 내지 남용의 근거로 지금 사용되고 있지요, 국정원한테 주자는 거니까.

혹은 테러행위에 사용될 가능성이 있는 모든 정보의 배포의 금지, 예를 들어서 그냥 일반 시민집회를 복면 쓴 IS하고 비교를 한다든지 하는, 이것이 실제로 실현되면 굉장히 무서운 일이 벌어진다는 거지요.

과거 많은 테러 관련 법안이 제출되었지만 국회를 통과하지 못했다. 테러 개념의 불명확성은 물론이고 과연 법률 제정으로 테러의 예방과 테러에 대한 신속한 대응이 가능할까 하는 의구심 때문이었다. 오히려 정보기관의 권한만 확장함으로써 국민의 인권이 위험에 빠질 것이라는 시민사회의 비판이 있었기 때문이었다. 과거 시민사회에서 테러방지법에

반대하는 목소리를 높였던 것은 테러를 용인하거나 테러방지 자체의 의미를 부정하기 때문이 아니라 테러방지라는 미명 아래 국가의 경찰권력, 정보권력을 강화하고 국민의 인권을 침해하거나 제한하는 일이 일어날 수 있다고 우려했기 때문이었다.

그렇다면 테러방지법을 제정해야 한다고 밀어붙이기보다는 현행 제도에 대한 보다 철저한 분석 및 평가가 선행되어야 하고, 그에 따라 어떻게 테러 대응 기구를 개혁할 것인지를 논의해야 한다.

더욱이 반테러 활동은 전통적으로 경찰 및 형사소추기관의 고유한 임무였다. 국정원이 이 임무와 관련하여 정보 수집을 하기 시작한 것은 1990년대 중반 이후부터이다. 경찰 및 형사소추기관의 고유한 임무 영역에 정보기관이 개입하게 되면—이때가 1994년 2월 안기부법 개정이 됐거든요—어쨌든 임무 영역에 정보기관이 개입하게 되면 보안기관 사이에 마찰 및 커뮤니케이션에서 문제가 생길 수 있으며 사후에는 책임 소재가 불분명해질 수 있다.

따라서 대테러 역량의 강화는 새로운 법률 제정 또는 국가정보원의 직무를 확대하고 그 권한을 확장하는 데 있지 않다. 즉 국가정보원한테 권력을 주는 데 있지 않다.

과거 테러 관련 법안은 국정원을 중심으로 인적·물적으로 상호 중첩된 다수의 조직 및 인력이 결합하는 조직 구성 방식을 취하고 있으나 지나치게 비대한 조직 외연으로 인하여 테러방지 업무에 대한 효율성이 현재보다 더 떨어질 수 있다.

또한 일단 테러가 발생한 이후에 필요한 조치들, 테러의 사후 진압 같은 것은 테러방지법이 예정하고 있는 복잡하고 혼란스러운 조직과 기구가 아닌 일상적인 경찰 및 행정기구들로도 충분히 그리고 보다 효율적으로 대응이 가능하다.

테러방지법안은 다음 위헌 주장에 대해서 합헌을 입증해야 한다라는 주장을 하고 있습니다.

테러방지법은 테러와 관련한 국가기구의 설치와 권한의 배부 및 조정 등 조직법적 수준에서 중대한 변경을 담고 있다. 특히 그 변화의 핵심에 국가정보원을 두는 한편, 이를 통하여 국가권력의 실질적 통합 가능성을 안고 있는 등, 즉 국정원을 정점으로 해서 국가조직을 통합시키겠다라는 가능성을 보이고 있어서 국가조직의 일반원칙, 예를 들어서 음지에 있으면서 양지를 지향하는 기관과 양지에 있는 기관은 분리한다라는 것과 같은 일반원칙과 권력분립, 삼권분립을 지향하는 헌법 질서의 기본 구도를 벗어나는 양상을 보이고 있다, 이런 지적이나 우려는 굉장히 중요하다고 생각을 합니다.

그렇기 때문에 혹시 이것이 혹여나 장기 집권 전략, 독재로의 회귀 이런 게 아니냐라는 의혹이 생기는 겁니다, 국정원을 정점으로 통합을 하고 권력분립이 아닌 권력을 하나로 집중시키는 방식이기 때문에.

그러나 그 어떤 테러방지법안도 이러한 구조 변화, 민주주의나 인권의 가치를 근본적으로 훼손하는 구조 변화의 필요성을 담보할 수 있는 국가적 위기에 대한 근거를 제시하고

있지 않다.

그래서 다음과 같은 질문에 답해야 된다.

첫째, 형법이나 특별형법으로 방지하거나 대응할 수 없는 범죄행위로서 테러라는 게 도대체 뭐냐. 우리나라는 무수한 법안을 통해서 테러에 대응을 하고 있다. 지금까지 해 왔고. 그런데 그걸로 안 되는 범죄행위로서의 테러가 뭐냐. 이것은 유엔의 기준이기도 해요. 유엔에서도 이런 질문을 합니다. 반드시 답을 해야 된다.

둘째, 과거와 다른 테러가 발생한 한국사회의 환경요인이 뭐냐. 도대체 지금까지의 테러 체계로 안 되는 것이 과거라면 현재 혹은 미래의 테러라는 건 도대체 뭐냐. 경찰로써 안 되는 게 뭐가 있고, 형법이나 다른 여타의 법률, 심지어는 국가보안법까지 있는데 그걸로 안 되는 게 뭐가 있냐.

셋째, 혹시 분단 상황이나 북한의 존재 때문이라면, 그러면 국가보안법 같은 것 등은 지금 어떤 문제가 있는 건가.

넷째, 한국사회에 어느 정도의 테러 위협이 존재하는가. 아까도 말씀드린 것처럼 공항공사를 87% 비정규직을 그대로 놔두는 걸 보면 변화가 없는 것 같은데, 비정규직 비중은 더 늘었는데 어떤 변화가 있다는 건가.

다섯째, 테러가 사회질서 혹은 국가 안보에 어느 정도로 위협이 될 수 있는가.

여섯째, 테러가 이례적이지 않고 계속 반복될 거라고 예상하고 있는 건가. 그렇다면 그 근거는 뭔가.

일곱째, 기존의 국가조직 혹은 치안기구만으로 이러한 테러를 감당하는 것이 어느 정도로, 무엇 때문에 불가능한 건가.

여덟째, 이상의 일곱 가지 질문에 답할 정도로 한국사회에서 테러 위험성을 상당히 개연성으로서 예측한 보고서—굳이 우리나라 것이 아니라 하더라도—그런 게 있는가.

마지막으로 아홉째, 테러방지법 제정을 전제로 하여 각계 전문가 의견을 들어 정부가 마련한 테러방지 및 대응의 구체적 매뉴얼은 도대체 또 뭔가.

이제까지의 수많은 테러방지법안은 이런 질문에 대하여 아무런 답을 내놓지 못했다. 새로운 테러에 응하기 위해 새로운 법과 새로운 조직이 필요하다면 그에 합당한 설명을 해야 한다. 테러방지법안의 테러 개념은 기존 국내법상의 범죄와 대비되는 개념으로서의 테러를 특정하지 못한 채 단순히 국제법상에서 특별히 규제하고 있다는 이유만으로 이들을 하나의 개념으로 통합하고 있다.

이게 첫 번째예요.

형법에 포괄되고 있는 범죄 외의 테러라는 게 뭐냐, 범죄의 하나로서 테러로 틀림없이 현행 법 체계상에 들어가 있는데 그것 말고의 테러라는 게 뭔가.

항공기 납치, 민간항공에 대한 불법적 행위, 국제적 보호인물에 대한 범죄, 인질, 핵물질, 항해 및 해상 플랫폼의 안전, 폭탄 테러행위 등은 모두 국내법으로 처벌 가능한 범죄이다. 외국인이나 국제 범죄조직이 그러한 범죄를 저지른다면 경찰이나 검찰 등이 대응할 수 있다. 이게 첫 번째 문제라는 겁니다. 기존 법 체계상으로 다 할 수 있는 테러 외의

테러라는 게 뭔가.

다음으로 테러방지법안은 테러행위에 대해 내국인 범죄 또는 외국인 범죄의 구분은 물론 개인적·개별적 수준의 범죄 또는 조직적·집단적 범죄의 구분조차도 하지 않았다. 예컨대 인질 억류는 제삼자 즉 국가, 정부 간 국제기구, 자연인, 법인 또는 집단에 대해 인질 석방을 위한 명시적 또는 묵시적 조건으로서, 무엇을 할 것을 강요할 목적으로 타인을 억류 또는 감금하여 살해·상해 또는 계속 감금하겠다고 협박하는 행위이다.

이때 개인이 그렇게 하는 경우, 개인이 인질극을 벌이는 경우, 조직적·집단적 차원에서 발생하는 경우, 분명 사회질서와 국가 안보의 측면에서 상당한 차이가 있는데 이런 구분조차 제대로 없다. 민간항공 안전에 대한 불법적 행위, 예컨대 국제민간항공이 사용하는 공항에 근무하는 자에 대해 중대한 상해나 사망을 야기하거나 야기할 가능성이 있는 폭력행위를 하는 경우도 개인이냐 조직이냐 집단이냐, 굉장히 다르다 라는 얘기를 하는 겁니다.

이병석 법안은 대테러활동의 개념을 테러의 예방 및 대응을 위하여 필요한 제반활동으로 정의하고, 테러의 개념을 국내 관련법에서 범죄로 규정한 행위를 중심으로 국가 또는 국민의 안전을 위태롭게 하는 행위로 적시하고 있을 뿐입니다.

그다음에 이노근 법안은 미 대사의 피습사건을 고려한 듯이 외국인을 이러저러한…… 그래서 특징들은 있다. 하지만 구분을 하고 있지 못한 것은 마찬가지고, 현행 직권상정된 법도 마찬가지다.

유럽의 일명 베니스위원회는 안보기관의 민주적 감동에 대한 보고서를 발간했고 몇 가지 개략적 원칙을 제시했는데,

첫째, 국가의 대내적 및 대외적 안보 유지는 다른 가치 및 국익의 보호를 위하여 매우 중요하고 본질적이다, 국가는 효과적 정보와 안보기관을 필요로 한다.

둘째, 정보기관의 활동에 대한 외부적 제한뿐만 아니라 내부적 제한이 있어야 하는 것이 중요하다.

한국은 이 두 가지가 없어요, 국정원에 대해서.

셋째, 9·11 이후 테러리스트 위협은 새로운 안보 위험을 가져왔다. 무엇보다도 업무와 권한의 집중이 아니라 기관 간 협력이 강화되어야 된다. 더 강력한 민주적 통제와 다른 유형의 통제가 오늘날 필요하다.

넷째, 안보기관은 권력기관의 잠재적 남용 가능성, 국가권력의 잠재적 남용 가능성을 안고 있다. 국가안보 개념의 주관성 및 유연성은 국가에 대한 그것의 핵심적 중요성과 결합하여 정부가 이 분야에서 광범위한 활동 여지를 가지고 있다. 따라서 당국에 효과적 통치 권한을 주면서도 정치적 남용을 막기 위한 기제를 수립할 필요가 있다.

다섯째, 안보 업무는 담책성, 담책성이라 함은 활동에 대하여 해명 또는 설명을 하도록, 그러니까 책임을 담보할 해명 또는 설명을 하도록 책임을 지우고, 만약에 실수가 있었다는 것이 드러나면 적절한 곳에서 그 결과를 수용하도록 하고, 비판을 받거나 사태를 수습하도록 하게 함을 의미한다.

우리나라 국정원을 떠올려 보면 이런 게 없지요. 그래서 몇 시간 전에 제가 시티즌랩의 최초의 보고서를 그냥 쭉 읽어

드렸는데 이런 보고서조차도 한국에서는 국정원을 상대로 해서 내거나 국정원에 제한조치를 취할 수가 없습니다.

그다음에 여섯째, 이렇게 책임을 지우는 담책성에는 네 가지 다른 형태가 있다. 의회에 대한 책임, 사법적 책임, 전문적 책임, 진정을 통한 구제제도. 의회에 대한 책임과 사법적 책임이 가장 우선이고, 전문적 책임이나 진정을 통한 구제제도는 보완 수단이다.

그래서 이 글은

테러방지법안보다 국가정보원의 권력남용방지법안이 먼저다. 테러 개념의 추상성·모호성은 곧장 대테러대책기구의 기능 범위에 대한 규정이 없는 것에서도 나타난다. 국가대테러대책회의, 대테러센터 등을 가동하는 테러 범주를 확정하지 않았을 뿐 아니라 그것을 결정하는 과정과 절차에 대한 규정 또한 존재하지 않는다. 테러의 강도와 밀도가 어느 정도인지, 어느 정도에 이를 때 대테러기구의 권한을 발동하는지, 그 전에는 경찰이 맡는 건지, 그 권한의 발동 절차는 무엇인지, 아무 때나 그냥 발동하겠다고 하면 되는 건지 그리고 그에 대한 국민적 감시·감독의 가능성은 어떻게 확보할 수 있는지에 대한 규정이 전혀 없다.

이런저런 테러 관련 조약들을 뭉뚱그려 그러모은 행위에 대해 테러의 이름표를 붙이고 법만 만들어 주면 알아서 잘할 테니 권력을 모아 달라는 말밖에 되지 않는다. 그때그때 자의적 판단에 따라 대테러대책이라는 명분하에 국가권력을 한곳에 집중시키는 위험만을 담고 있다. 그래서 대테러방지법은 국민을 허수아비로 만든 거다. 정확하게는 주인의 자리에서 국민을 내쫓고, 그 자리에 국정원을 앉힌 거다라고 얘기할 수도 있습니다.

테러방지법안에서 예정하고 있는 대테러기구의 전체적인 구조는 실질적, 포괄적인 대테러대책기관이 되는 대테러센터를 국가정보원장 소속하에 설치하며, 대테러센터가 주위의 행정각부의 장 및 국무조정실장으로 구성되는 국가대테러대책회의를 실질적으로 관할 행정각부의 권한, 업무 기능을 조정·통합하는 방식을 취하고 있다. 그래서 테러방지법안은 국가정보원에 구성되는 대테러센터를 중심으로 위로는 행정각부의 장에 대한 조정·통합 기능과 아래로는 대테러대책기구에 대한 조정·통합의 기능이라는 이중적인 수준에서 대테러센터가 관여할 수 있는 여지를 확보한다.

이렇게 국정원을 정점으로 해서 모든 조직을 통합하는 방식이기 때문에 긴급조치를 때리지 않고도 긴급조치와 유사한 정도의 통치행위를 할 수 있는 게 아니냐는 의혹이 있습니다. 테러방지법안에는 테러방지를 빌미로 하여 국가정보원이 국가권력의 중심부에 똬리를 틀고자 하는 목적만이 존재한다는 비판이 있는 이유도 이 때문이다.

이런 의혹을 불식하고자 한다면 테러에 대응하기 위하여 설립하겠다는 국가대테러대책회의, 대테러센터, 대테러대책본부 등의 기구에 대해서 다음과 같은 질문에 답할 수 있어야 한다.

첫째, 과연 기존의 국가기구, 행정자치부·경찰청· 법무부·검찰·국가정보원 등은 테러방지법이 예정하고 있는 테러에 대응할 능력이 없는가? 대테러 대응 역량에 대한 조직진단을 해 봤나? 가끔씩 언론을 통해 공개했던 대테러훈련은 무용지물이었나?

둘째, 현재 대테러대응기구들이 대응능력이 없다면 그 막강한 권력을 가진 기구들의 무능력은 도대체 어디서 기인하는가? 당해 기구의 조직과 권한을 변화시킴으로써 감당할 수 없을 정도로 무능한 것인가? 조직의 변화를 통해서는 도저히 감당할 수 없을 정도로 무능한 그런 조직들이냐, 행정자치부·검찰청·경찰청·법무부·국가정보원이?

셋째, 테러에 대응하기 위해 국가정보원을 중심으로 전혀 새로운 대테러조직을 짜야 한다면 미국처럼 별도의 행정각부로서 국토안보부를 설치하여 국무총리 통할 아래 모든 정보기관을 통합 또는 재배치하는, 근본적인 정부조직 변화를 꾀해야 하는 것 아닌가? 아예 행정각부로서 설치하는 방식, 그러면 함부로 통합을 하게 되지는 않으니까요.

마지막으로 국민들이 국가정보원을 신뢰하고 있지 않음을 고려하여 국가정보기관을 해외정보기관, 사이버정보기관, 대북정보기관으로 분리하고, 대테러 정보업무를 공유하도록 하는 방안을 꾀할 수는 없는 것인가?

사람들은 유신독재 회귀를 말하고 있는데 대통령에 대해서만 책임을 지며, 다른 어떤 기관에 의한 통제도 불가능한 국가정보원장에게 국가대테러대책회의와 대테러센터를 실질적으로 혹은 법적으로 관할하게 하는 것이 과연 바람직한가? 국가정보원장이 대테러 기능을 매개로 하여 여타의 국가 행정각부를 사실상 통합하는, 권력분립의 예외적 현상을 야기할 수 있다는 의문에 대해 어떻게 답할 것인가? 그럼에도 불구하고 아무런 응답도 없이 테러방지법안만 만들면 된다는 식의 독재국가적 태도는 무엇 때문인가? 그냥 직권상정을 하면 된다라고 이제는 답한 것 같아요.

사실 테러방지법안은 과거 독재정권 못지않게 제왕적 대통령의 권력을 강화하는 내용을 담고 있다. 국가정보원은 대통령 직속기관이기 때문이다. 더욱이 테러방지법안은 경우에 따라서는 대책회의의 장이 대통령을 경유하여 군 병력을 동원할 수 있도록 하고 있다. 하지만 이러한 군 병력의 동원체제는 헌법 위반의 혐의가 있을 뿐만 아니라 조직법상으로도 이중적 낭비다. 헌법은 전시·사변 또는 이에 준하는 국가비상사태에 한하여 병력으로 군사상의 필요에 의하거나 공공의 안녕질서를 유지할 수 있기 때문이다. 즉 헌법은 계엄을 선포한 경우에 한해서만 군 병력을 동원할 수 있도록 허용하고 있다. 군복을 입지 않은 민간인에 의한 군사독재 부활 또는 평시 군사독재 아니냐는 의심을 벗기 어렵다.

그래서 국가안보보다 인간안보로, 사람안보로 접근하자라는 것이 주장입니다.

각국에서 다투어 제정한 반테러법이 비밀정보기관을 비밀경찰로 바꾸는 데 일조하는 법이라는 평가도 있다. 국가정보원은 수사권을 가지고 있기 때문에 이미 비밀경찰체제라는 주장이 있다. 그렇기 때문에 테러방지법 제정이 결국은 무수히 많은 인권침해사건을 일으킨 국가정보원이 권력의 중심에 서고자 하는 프로젝트라는 의견이 지배적이다.

많은 사람들의 인명피해를 초래할 수 있는 범죄행위를 막고자 한다면 기존의 범죄대응체계를 점검하는 일부터 시작해야 한다. 경찰과 검찰 등…… 그러니까 이런 거지요. 도둑을 계속 맞고 있으면 왜 도둑을 맞는지 원인규명을 해야 되는데 그 옆에 서 있는 사람 혹은 지키고 있는 사람을 바꿔서 될 문제냐라는 질문인 거지요.

그래서 대통령은 테러 관련 법 제정을 요청하기 이전에 정부의 수반으로서 현재의 대테러 체계가 부실한 까닭에 대해 책임을 져야 한다. 대응능력 부재의 원인을 제대로 진단해야 올바른 해법을 낼 수 있다. 기존 대응체계의 무능력이 명백하게 드러나는 경우에 한하여 테러방지법을 제정하는 일이 설득력을 가질 것이다.

그러나 그렇다고 대테러 담당의 중심 역할을 국가정보원이 맡는 것은 헌법적으로 인정하기 어렵다. 무엇보다도 국가정보원의 수사권한을 제거해야 한다. 국가정보원을 순수 정보수집기관으로 바꾸고 해외정보수집기관과 국내정보수집기관을 분리하는 것을 전제로 해야 한다. 그 이후에 테러를 방지하고 대응하는 체계를 다시 만드는 일을 할 수 있다.

1994년 유엔은 휴먼 시큐리티(human security), '인간안보'라는 새로운 개념을 통해 세계화와 공공재의 민영화로 인해 점증하는 사회적·개인적 삶에서의 불안정에 대응하는 방법을 제시했다. 테러가 왜 발생하는지에 대해 한 번이라도 진지하게 생각해 본 사람이라면 따라서 이제는 국가안보에서 사람안보, 인간안보로 정책의 초점을 옮겨야 한다는 주장에 공감할 것이다.

오늘날 우리는 조그만 사건으로도 큰 재앙에 직면할 수 있는 고도기술사회에 살고 있다. 대도시들은 테러와 그에 준하는 사태가 발생하면 걷잡을 수 없는 혼란에 빠지게 될 것이다. 테러방지법에 반대한다고 해서 세월호 참사와 같은 재난에 대해 무관심한 것은 절대 아니다. 테러방지법과 같은 방식의 대처에 반대한다는 뜻이지 만약의 위험을 예방하고 대처하는 자세는 절대적으로 필요하다.

전문가들은 그 어떠한 테러방지법을 동원하더라도 자살테러는 막을 수 없을 것으로 본다. 9·11 테러는 현대와 같은 고도의 발전된 위험사회가 얼마나 위험한가 하는 것을 분명하게 보여 주었다. 어떤 사회도 위험과 폭력으로부터 100% 안전할 수는 없다. 절대적 안전을 내세우면서 그것을 달성하기 위한 국가의 권한 확대를 시도한다면 이는 국민을 우롱하는 일이자 국민과 인권에 대한 위험이 될 것이다.

그러므로 다른 방식으로 접근해야 한다. 한국 사회의 실정을 고려한다면 광범위한 재난예방 및 재난구조 체계를 구축하는 것이 무엇보다도 필요하다. 고도기술사회가 갖고 있는 그 자체의 위험에 대처하기 위해 국가의 예산을 어디에 쓸 것인가 하는 부분은 매우 중요한 정책적인 판단이다. 시간과 돈의

인력을 적절하고 필요한 부분에 균형 있게 투입할 수 있는 지혜를 모아야 한다.

4·16세월호참사 특별조사위원회가 세월호 참사의 진상과 원인을 규명하고 세월호 참사에 대처하지 못한 국가 무능력을 진단·평가하며 국회와 함께 대형재난에 대한 예방 및 대응 체계를 마련하는 입법 활동을 하는 과정에서 우리는 테러에 대한 해법도 어느 정도는 찾을 수 있을 것이라고 믿는다.

이것이 첫 번째고요.

그다음에 두 번째, 변호사의 견해인데 사이버테러 방지법 때문에 그렇습니다. 그래서 이런 사이버테러 방지법 역시도 전면적인 국가사이버감시법이다라고는 하고 있는데 어쨌든 이것은 조금 나중에 말씀을 드리고요.

지금까지 오 교수님의 발언은 이런 것입니다.

국가안보에서 사람안보로 가자. 이제는 국가기구를 확대하는 것이 아니라 사실은 테러와 같은 재난이 왜 발생하며 예를 들어서 심지어는 빈곤·고용불안·불평등·가난, 교황께서는 가난의 절망이 테러와 폭력과 분쟁을 낳는다라고 말씀을 하셨는데 이러한 사회·경제적 문제까지도 다 검토를 해서 이제 사람안보로 간다. 그런데 그 사람안보로 가기 위해서도 국정원은 곤란하다. 국정원은 바뀌어야 된다라는 얘기를 하고 있어서 우선 적어도 우리가 대응체제의 마련을 위해서, 그러니까 테러에 대한 적극적인 대응, 검토를 위해서도 국정원을 어떻게 바꿀 것인가, 그래서 국가안보가 아니라 사람안보로 가는 방법이 뭔가를 우선 검토를 해 봐야 된다 고 생각을 합니다.

그래서 계속적으로 제가 국정원이 했었던 일들에 대해서 얘기를 했지만 어쨌든 국가정보기관 권력의 현황과 정치적 중립화를 위한 과제 같은 것이 필요할 것 같아서 이 문제를 우선 첫 번째로 검토를 해 보겠습니다.

국가기관은 구성원인 국민의 의사로부터 국민에 의해 그리고 국민을 위해 설립되어야 그 존재의 정당성을 갖게 된다. 어떠한 국가기관도 국가의 구성원인 국민으로부터 또 국가의 규율 내지 작동기제인 법 또는 법치의 영역으로부터 자유로울 수 없다. 국가의 안위를 위한 정보활동이 주 업무영역인 국가기관도 그 존립에 있어서 정당성과 그 작동에 있어서 실질적 법치주의의 기반을 명료하게 보유하고 있지 않다면 실제 활동을 위한 권한 행사에 있어서 권력남용의 유인에 쉽사리 굴복할 가능성이 커지게 된다.

대한민국의 현행 국가정보원은 정부조직법과 국가정보원법에 그 법적 근거를 두고 있기에 근거법률이란 법형식의 관점에서는 국민의 대표기관인 국회가 제정한 법률에 의해서 존립의 정당성을 갖지만 그러나 우리 헌정사를 돌이켜볼 때 국정원이 사실은 국회를 감시하거나 혹은 국회를 통제하려고 하는 것이 아닌가라는 의혹도 있지요.

지난 우리 헌정사를 돌이켜 볼 때 국정원이 우리 공동체를 위한 실질적 법치주의의 구현이라는 차원에서도 전적으로 정당화될 수 있는 공적 활동이란 것을 어느 정도나 했을까? 우리가 익히 언론을 통해서 알고 있는 국정원의 수많은

권한남용 사례들이 그 의문을 형성하는 데 기여해 왔다.

또한 국정원을 회고해 보면 역대 국정원장들 중 사법처리되지 않은 원장이 도대체 몇인가 하고 직관적인 생각도 드는 것이 사실이다. 우리의 유일한 국가정보기관에 대해 엄연히 존립의 근거가 되는 법률이 존재하며 그 권한의 범위 역시 법으로 규정돼 있음에도 불구하고 지금까지 국정원은 법이 부여한 본래의 임무를 충실히 수행하지 못하는 대신 권력기관의 속성을 강하게 띠면서 본래의 규정은 권한 이상으로 그 권한을 남용해 온 경향이 강하다.

국정원의 권한 남용의 본질적 이유가 어디에 있을까? 왜 이럴까? 국민의 대표자인 의회가 아니라 대통령 직속 기관이라서 그런가, 아니면 국가정보활동의 본질적 속성이 그런가? 그래서 한번 살펴보겠다.

우리나라 국가정보기관의 설치 연혁부터 보면, 현재 국정원의 전신은 5·16 군사정변 직후 창설된 중앙정보부로 거슬러 올라간다. 5·16 군사정변 직후의 최고 권력기관인 국가재건최고회의 직속으로 현대적인 의미, 국가정보기관인 중앙정보부가 창설되었다. 국가재건최고회의는 국가재건최고회의법 제18조제1항에서 공산세력의 간접침략과 혁명과업 수행의 장애를 제거하기 위하여 국가재건최고회의에 중앙정보부를 둔다고 규정하였는데, 창설의 근거 법률의 명문으로부터 이 당시 국가정보기관의 존립이 한편으로는 냉전시대를 배경으로 하여 체제에 대한 방어를 주안점으로 삼기 위한 것이면서도 다른 한편으로는 군사 쿠데타로 출범한 집권세력의 정치적 무기역할을 기대하여 이루어진 것이라고 추정할 수 있다.

권위주의적 대통령제의 대표적 일례였던 유신정권이 정권내부의 알력에 의해 종말을 고한 1979년 10월 26일의 박정희 대통령 시해사건은 그 범행의 주체가 당시 중앙정보부장이었던 김재규였으므로 중앙정보부의 위상변화에도 상당한 영향이 있었다. 12·12 쿠데타로 권력을 장악한 신군부는 중앙정보부 산하의 부서들을 축소하고 인력을 감축시키면서 기관의 명칭 역시 국가안전기획부, 안기부로 변경했다.

법규범의 측면에서 주목할 부분은 당시 국가안전기획부법 제2조에서 안기부의 직무범위를 규정하였는데 이는 현행 국가정보원법 제3조상의 직무범위와도 상당히 유사점을 갖는다. 특히 당 조 제5호가 규정하는 '정보 및 보안 업무의 기획·조정'은 안기부법 이전의 중앙정보부법이 규정하던 정보 및 보안 업무의 조정 감독에서 감독을 누락시킨 것으로 현재 국정원 업무 권한 범위가 안기부 시절부터 축소된 상태로 형성된 점을 주목해야 된다. 그러니까 지금 이것을 확대하겠다는 게 이번 법이겠지요.

1998년에 출범한 김대중 정부는 집권자가 역대 정보기관으로부터 핍박을 받던 경험이 있었고, 따라서 정권의 근본 성격상 안기부 개혁의 바람은 선명하게 불었다고 평가할 수 있다. 법규범의 측면에서 보면 1999년 국가정보원법이 제정되면서 비록 구 안기부의 직무범위와 대동소이하였지만 안기부법과는 달리 정치관여 금지 및 직권남용 금지 등 규범의

실현은 별론으로 하더라도 최소한 표면상으로는 강력한 통제 조항이 법 규범화되었다. 최소한 1998년 김대중 정부 때는.

국정원법은 국회에 대해서도 견제장치를 부여하였는데 제12조제4항을 통해 국정원은 국회 정보위원회에 국정원의 예산에 관한 실질심사에 필요한 세부자료를 제출하여야 한다고 하였고, 제13조를 통해서 국정원장으로 하여금 소명하지 않는 한 국회의 증언·답변 거부를 하지 못하도록 규정하였다.

2002년에 출범한 노무현 정부에서는 국정원에 대한 과거사건 진실규명을 통한 발전위원회가 가동되었는데 과거 중앙정보부와 안기부 시절에 행해졌던 각종 의혹들에 대한 조사가 행해졌고 이는 정보기관의 역사적 과오에 대한 과거 청산이라는 점에서 상당히 부각이 되는 일이었다. 그럼에도 불구하고 이런 공식적 과거 청산의 기회는 우리의 국가정보기관이 그동안 얼마나 많은 권한 남용을 해 왔는지 알리는 하나의 계기가 되었음이 명백하나 관련되는 명료한 성과물을 기본적 관점에서 산출하지 못했다는 한계도 있다.

(정의화 의장, 이석현 부의장과 사회교대)

우리가 사는 정치생활공동체인 대한민국이 추구하고 있는 자유민주주의 체제의 수호는 이 땅에 사는 주권자인 모든 국민의 궁극적 지향점 내지 목표일 거다. 따라서 국가정보기관 역시 그 존재의 의의나 필요성과 관련하여 체제 수호라는 관점에서 탐색을 시작하여야 한다. 현대국가의 기능이 날로 확대됨과 동시에 각종 이익을 둘러싼 국가 간 분쟁 또는 적성 내지는 이적단체, 심지어 테러집단과의 분쟁 등 다양한 형태의 대립이 늘어나면서 국가체제 전체에 대한 공격도 다양한 모습을 취하게 되었다.

국가정보기관은 자유민주주의, 헌정질서 파괴를 위한 공격의 책동에 대해 효율적으로 대응할 수 있어야 하고 동시에 평상시의 역할 수행도 해야 한다. 어떤 이유로도 결코 국가정보기관 자체의 존립까지 부인하지는 못할 거다. 국가정보기관 본연의 필요한 공적 역할 수행자로서의 기능은 타 기관이 아니라 설립의 법적근거를 갖고 있는 정보기관 스스로에게 기대해야 한다. 중요한 점은 국가정보기관을 존치시킬 것인가 아니면 없앨 것인가의 존립의 문제가 아니라 체제 수호라는 역할을 위해 국가정보기관이 그 권한을 남용하지 않으면서 적절한 범위 내에서 임무를 수행하고 있는지 여부이다.

현행 우리 국가정보기관인 국정원은 헌법상 독립된 국가기관은 아니지만 국가정보원법과 정부조직법상의 설치 근거를 갖는 법률상 국가기관으로서의 법적 지위를 보유하고 있다. 현재로서는 대통령 직속기관이고 행정부 소속이며 예산 등 부분적으로 국회의 통제를 받음에도 불구하고 정보기관 특유의 성격상 조직 명칭이나 인적 구성, 업무범위 등이 대외적으로 불명료하게 알려져 있다. 특정한 사건이 대외적으로 벌어지지 않는 한 실체가 잘 드러나지 않는 특수한 국가 권력기관으로서의 지위를 갖는다.

그렇다면 권한 남용의 원인이 어디에 있는가? 첩보활동을 하는데 첩보활동은 필연적으로 감시나 미행, 위장, 은닉, 비밀

촬영 또는 녹음 등을 한다. 그러나 잠행성 또는 밀행성은 철저히 대외적인 관계에서 우리의 국익을 보전하기 위한 수단으로 활용되어야 할 수단적 특성에 불과하지 이러한 특수성을 국내 정치 관여의 목적이나 인권침해의 도구로 활용해서는 안 된다.

잠행성 또는 밀행성이 일정하게 활용될 분야로는 철저히 국익 보호 차원의 대외적 영역으로 한정해야 하는데 그 주된 이유는 이런 특수성이 적절한 통제장치가 결여된 채 나타날 경우, 특히 대내적 영역에서 심각한 결과

—인권침해이지요. 간첩으로 조작하거나 고문하거나 혹은 선거에 개입을 하거나 이런 거겠지요.

대외적 영역의 경우 적절한 목적하의 밀행에 대해서는 만일 발각될 경우 국제적 관례에 어긋나서 망신을 사거나 외교 문제로 비화하게 될 정도의 큰 사건으로 화하지 않는다면 목적의 정당성이 절차적 문제점들을 일응 상쇄시킬 수 있을지는 모르지만 그것도 철두철미한 연습이 필요하다.

그러나 대내적 영역에서 정보기관 종사자 업무의 잠행적 또는 밀행적, 비밀리 한 성격에 더하여 절차적 측면에서 효과적인 통제를 할 수 있는 규범장치가 없다면 그러면 당연히 권한 남용의 유인을 작동시킬 수 있다. 즉 한편으로 비밀리 한 활동을 한다라는 것 자체가 권한남용의 필수조건이라면 그 충분조건은 통제장치가 없다, 그러니까 모든 국가정보기관이 다 그렇게 무지막지하게 권한남용을 하는 것은 아니다라는 거지요.

국정원에서 하급직원에 대한 임무를 부여함에 있어서 조직적으로 국내 정치에 관한 인터넷 댓글을 다는 형식으로 정치개입을 시도하거나 국정원 조직원들을 가동하여 민간인에 대한 사찰을 시도하는 등 이러한 형식의 공작에 기인한 기본적 인권침해는 잠행성·밀행성의 기관의 권한남용을 위한 도구로 사용되어 대내적으로 심각한 폐해를 양산한다.

한편 정보기관이 다루는 정보 자체의 전문성 또한 권한남용의 요인이 될 수 있다. 국가정보기관이 다루는 국가안보와 직결된 정보들은 기본적으로 일반정보와는 다른 수준의 높은 전문성을 가지고 있다.

예를 들어 핵미사일 발사기술에 관한 정보 등은 단순히 산업용으로의 자원을 개발하고 사용하기 위해 알아야 하는 정보와는 그 수준과 중요성에 있어서 차원이 다를 수밖에 없습니다. 그렇다면 이러한 고급정보는 출처 등의 비밀성과 신뢰성을 더욱 강조하게 되고 따라서 시중에 이미 공개된 정보 출처의 활용도는 현저히 낮아지게 되며 결국 정보의 독점적 지위에 집착하게 된다.

따라서 국가정보기관이 유용한 정보 획득을 위한 민간 부분과의 협동작업 등을 고려하지 않고 일방적 권한 행사로 진행시킬 가능성이 커지고, 이는 곧 정보 자체의 전문성이 정보를 취급하는 기술 혹은 기관의 권한남용의 가능성을 조장하게 만드는 것에 해당합니다.

또한 정보수집 활동의 신속성과 효율성도 정보기관의 업무 처리의 고유한 특성이라 할 것인데 특히 국가안보 및 공동체 안전과 관련되는 경우 신속하게 대처를 해야 된다고

하다 보니 그런 관련 상황이 예를 들어서 목전에 테러에 의한 다수의 인명피해가 긴급하게 예측되거나 타격지점을 포착하고 발사를 서두르고 있는 미사일처럼 공동체 존망과 직결되는 수준의 간절성을 띠지 않는 한 설령 정보기관의 효율성이 다소 저해되고 지연되는 한이 있다 하더라도 정보기관 활동의 근저가 되는 민주주의적 가치는 절대적으로 존중돼야 된다, 왜냐하면 기본적으로 남용할 수밖에 없어서요.

자유민주주의 국가에서 정보기관은 국민적 차원의 신뢰와 지지라는 기반을 결여한 채 즉 국민이 믿지 않는 그런 정보기관은 존립할 수 없고 존립해서도 안 될 것이다. 정보기관 업무 처리의 신속성과 효율성이라는 고유의 특성이 기관이 행사할 수 있는 권한남용의 요인이 되는 것을 방기해서는 안 될 것이고 또한 기관 자체의 존립의 배경이 되는 가치의 민주성을 망각시키는 수준에 이르러서도 안 될 것이다.

그러면 우리의 국가정보기관이 연루된 과거 사안들과 권한남용은 어떠한 거였는가? 정치 분야, 현행 국정원법이 정치관여 금지를 규정하고 있음에도 불구하고 우리의 국가정보기관은 본질적인 금기영역을 마치 본래의 임무범위인 양 유유하게 헤엄치고 돌아다녔습니다.

대표적으로 야당 정치인과 반정부 인사에 대한 사찰과 탄압인데 김대중 납치사건과 김형욱 실종사건이 대표적입니다.

김대중 납치사건은 당시 중앙정보부장 이후락의 지시에 의해 중앙정보부가 조직적으로 실행한 야당 인사에 대한 불법 납치사건임이 밝혀졌고, 김형욱 실종사건은 역대 중앙정보부장 최장의 임기를 지냈지만 73년 망명 후 유신정권에 대한 반체제 활동을 했다는 이유로 갑자기 실종된 김형욱에 대해 당시 중앙정보부가 깊이 관여하였다는 내용이다. 그 외에도 정치 분야에서 이러저러한 낙선운동, 선거시기 조정 및 선거 총괄지휘의 관제야당 창립 등등 굉장히 광범위하게 관여를 해 왔다, 당연히 2012년 대선에도 관여를 했고 이번 총선에도 관여를 하는 것이 아닌가라는 의혹이 굉장히 큽니다.

사법 분야, 국가정보기관이 특히 공안사건을 담당하는 사법부 구성원에 대해 어떤 형식으로 관여를 하였는지에 대해 국정원 진실위는 정보기관이 검찰에 대한 안보수사조정권을 행사, 법관 인사에 대한 개입, 교육을 시킨다고 하지요. 변호인 활동에 대한 압력 등의 형태로 전방위 관여를 하되 외부에는 잘 드러나지 않는다고 합니다.

검찰 및 법원에 조정관이 파견되어 동향을 파악하면서 비협조 시 인사상 압력을 넣는 등의 행태가 있었다고 하는데 이는 우리 헌법이 규정하는 주된 가치 중 하나인 사법부 독립의 정신이 국가정보기관에 의해 침해된 것에 해당합니다.

이와 관련하여 주목할 만한 사건으로 유신체제 반대를 위한 학생운동의 배후에 북한의 지령을 받아 국가 변란을 획책하였던 인민혁명당의 재건위원회가 있다고 당시 중앙정보부가 발표하였지만 후일 사법부의 재심으로 당시 고문에 의해 혐의가 조작되었으며 재판 종료 후 즉각 사형이

집행된 8인은 무죄라고 판단한 새롭게 내려진 인혁당 및 민청학련 사건이 있습니다.

이 역시 국가정보기관에 의한 사건을 조작한 인권 침해가 결과적으로 소위 사법살인의 수준에까지 이르게 될 정도로 정보기관의 권한남용에 의한 희생이 지나치게 컸던 사안이라고 할 수 있겠습니다.

언론·노동 분야, 헌법상 언론의 자유에 따르면 국가정보기관에 의한 민간 언론사의 통제는 당해 언론사가 국가 안보에 관한 기밀을 공공연히 유포하는 등 국익에 반하는 행위를 하지 않는 한 발생할 수 없는 일입니다. 그러나 우리의 국가정보기관은 언론사에 대한 유·무형의 압박, 언론사에 대한 기관원의 출입, 언론인의 연행 및 사찰, 언론노조원 등 탄압, 보도지침 강제 등의 행태를 보였다고 합니다.

관련해서 주목할 만한 사안으로 부일장학회 헌납 및 경향신문 매각 사건이 있었는데 5·16 장학회 설립을 위한 재원 마련과 언론사 장악을 의도로 원래의 소유주들로 하여금 재산을 강제로 헌납 또는 매각시킨 사건에 국가정보기관이 어느 정도 개입하였는가 초점이 되는 사안입니다.

노동분야 역시 국가정보기관이 이미 60년대부터 한국노총의 조직 구축 및 노조 간부 선거 등에 개입하였다고 하고 안기부 시절까지 이어 내려온 노동대책회의를 통해 국가의 노동계 통제정책의 집행에 주도적으로 관여하였다고 하는데 이 역시 국가 안보를 위협하는 정도의 간절성·긴박함을 갖추지 않는 한 원천적으로 국가정보기관이 관여해서는 안 되는 영역입니다.

기타 분야, 과거를 돌이켜 보건대 국가정보기관이 대학에 정보망을 두고 학생운동 동향을 파악하고 나아가 교육정책과 학사행정 등에 개입한 흔적도 찾아볼 수 있는데 이 역시 신성시되어야 할 헌법상 기관 중, 기본권 중 하나인 학문의 자유가 온전히 보장받아야 할 공간에 대해 국가정보기관이 정보 수집을 빌미로 권한남용을 시도한 것으로 보입니다.

한편 분명히 국가정보기관 본연의 업무 중 하나이지만 일부 간첩사건에서는 장기 구금과 고문 등으로 인한 혐의사실의 조작 등이 시간이 지나면서 밝혀진 경우도 있는데 이는 권한남용의 차원에서도 접근할 수 있겠지만 아예 주어진 권한 수행조차 제대로 못 해낸 기능상의 흠결로도 분류할 수 있을 것입니다.

그다음에 국가정보기관의 활동과 조직, 구성상의 문제점을 이상에서 살펴보았듯이 우리 국가정보기관의 활동범위는 단순히 국익을 위한 정보 수집 활동범위를 넘어 국내 정치·사법·언론·노동·학교 등 영역에까지 전방위로 권한을 확장하여 개입해 왔습니다. 이는 기본적으로 근거 법률에 규정한 업무범위를 지나치게 확장해서 해석하고 있거나 혹은 법적 통제장치를 자의적·전횡적으로 무시함으로써 실제로는 국가정보기관이 법치주의적 통제영역 바깥에 위치해 있음을 뜻합니다.

물론 그간의 정보기관의 부정적 행적 때문에 다소 과장된 의혹을 받는 경향도 있지만 이는 정보기관 스스로 직무범위의 확장에 실패한 채로 정권의 심복이 되어 무소불위로 인한 행사의 권한을 넓혀 왔던 사실에 기인하며 한편으로는 직무 수행의 특성상 공개적인 처리가 이루어지지 않는 그런 비밀적인 활동 뒤에 의도적으로 숨어 불법적 관행 행사까지도 은폐해 온 데 기인합니다.

법 규범적 측면에서는 현행 국가정보원법이 구 안기부법과 다르게 국내 보안정보의 범위를 열거적으로 기술하였음에도 불구하고 대공·대정부 전복·방첩이라는 제한의 범위는 국가안보 관련 사항이라는 명목하에 지나치게 넓게 확장 해석될 소지가 크다는 점에 주목될 필요가 있습니다.

이런 대공, 대정부 전복, 방첩이라는 굉장히 광범위한 활동은 이 법에도 지금 들어가 있지요. 기능상 최적화 및 전문성 미흡, 국가정보기관이 설립 초부터 국익 보존과 체제 수호를 위한 정예 인력을 제대로 된 교육하에 양성하였다면 기관 창설 50년이 지난 지금에도 여전히 군 출신 국정원장이 임명되는 일이 반복될 수 있을 것인가에 대해서도 생각해 보아야 할 것입니다.

국가정보기관의 위상이 제대로 서기 위해서는 기관 내부에서 장차 정권의 심복으로 양성하기 위함이 아니라 확고한 국가관을 갖고 사명감을 고취시킬 수 있는 올바른 교육과 전문적 경험을 쌓은 인사가 최종적으로 발탁되어 정보기관을 지휘할 수 있는 여건이 조성돼야 할 것입니다.

그러기 위해서는 정밀한 교육훈련 프로그램의 운영을 통해 소속 구성원의 전문성 제고와 이를 근간으로 조직의 기능상 최적화를 시도해야 하겠습니다. 교육훈련의 프로그램 운영에 있어서도 인권지침에 대한 매뉴얼 등이 포함되면 좋겠고 외부 전문가 풀을 구성하여 법률 자문 등을 받는 절차도 공개적으로 확립시키면 바람직하겠습니다.

조직체계상의 문제, 전체 정부조직의 구도 안에서 국가정보기관의 지위를 본다면 대통령 직속기관으로 위치함으로써 권력기관으로서의 정치 지향적 속성을 띤 채 집권자의 사적 전유물처럼 이용되어 온 측면을 부인할 수 없습니다. 독립적 인사의 임명과 독립적으로 직무를 수행할 수 있는 여건의 조성은 조직체계의 위치 선정을 어떻게 해야 하는지와도 밀접한 관련성이 있습니다.

게다가 일반 행정 각부와 같은 일원의 지위라면 권력분립의 원칙에 의거한 공식적 권한 통제장치가 작동할 수 있을 테지만 항상 국가안보를 위한 비밀직무를 수행하는 기관이라는 점을 앞에 내세우기 때문에 의회나 사법부의 통제가 적절하게 미치지 못하고 있는 점이 분명히 존재합니다.

한편 현재 국정원이 대내적 조직 기구상의 명명 역시 비밀정보를 다룬다는 차원에서 정확하게 표시하지 않고 1과, 2과, 3과 식의 명칭을 붙이고 있는데 업무분장 사항까지 보안에 부쳐 두어도 이미 직무상 관련자들은 업무분장과 조직의 활동사항 등에 대해 알고 있기에 차라리 명확하게 표현하여 비밀스러움의 폐해를 완화시키는 방안에 대해서도 생각해 볼 필요가 있습니다.

그래서 과제를 이제부터 보면 현행 국가정보기관의 개혁의 필요성과 방식……

● **부의장 이석현** 은수미 의원, 지금 여섯 시간을 방금 넘겼는데 괜찮겠어요?

● **은수미 의원** 예.

● **부의장 이석현** 남들이, 짐을 나누어 져도 되니까 무리하지 마세요.

● **은수미 의원** 정권이 바뀔 때마다 등장하는 국가정보기관의 개혁은 이제는 진부하리만치 반복이 되어 왔음에도 불구하고 민주시민의 시각으로 볼 때 우리의 국가정보기관의 개혁은 매우 미흡하다고 봅니다. 단순한 인적 구성의 쇄신만으로는 정보기관 조직의 총체적 개혁을 가져오지 못했음도 우리는 경험했습니다.

공식적으로 과거사를 반성하게 하고 이에 기초한 제언들을 했음에도 언제 그랬냐는 듯이 원점으로 돌아가서 전보다 더 심하게 다른 차원의 개입이나 비밀공작을 하고 있습니다. 다른 차원의 비밀공작뿐만 아니라 대단한 일도 하셨지요.

국정원의 원훈이 '음지에서 일하고 양지를 지향한다'는, 일종의 스파이잖아요. 스파이분들께서 대성명 발표도 하신 적 있지요. 이게 제가 알기로는, 제가 그 당시 검토했을 때는 전 세계적으로 유례없는 일이라고 합니다. 007, 006, 005들이 쫙 모여 가지고 '우리는 해킹 안 했어요' 이런 대성명 발표를 하는 일도 하십니다.

그러니까 여기에 지금 다른 차원의 정치 개입은 성명 발표, 예를 들어서 재벌과 대통령께서 손잡고 서명운동 하는 것도 굉장히 드문 일이지만, 매우 창조적인 일이지만 국정원의 원훈이 '음지에서 일하고 양지를 지향한다'인데 바로 그런 사람들이 양지에서, 그렇게 얼굴 알려지면 안 되고 신분 알려지면 안 된다는 사람들이 성명 발표를 한다라는 창조적인 일도 사실은 하셨습니다.

국정원 원훈이 '음지에서 일하고 양지를 지향한다'에서 '정보가 국력이다'로, 또 '자유와 진리를 향한 무명의 헌신', 요즘은 성명서로의 헌신이라고 생각을 하시는 모양입니다. 어쨌든 무명의 헌신으로 그 모양새를 바꾸었어도 크게 달라진 것은 없었다……

다른 나라 정보기관의 현황을 보면 지리적으로 가까운 중국의 경우만 해도 미국의 국가안전보장회의를 본뜬 국가안전위원회 창설을 추진하여 대내안보와 대외안보를 총괄하고 아울러 군과 공안, 외교, 정보 분야를 총괄하는 서열 5위의 공식 국가기구로 창설을 추진함으로써 정보 역량을 결집시키고 있다고 하고 러시아의 경우는 과거와 달리 해외 군사·정치 관련 정보수집 활동보다는

경제·산업·기술 기밀 분야 정보수집 활동에 치중하고 있다고 한다. 탈냉전시기 이후 국가안보의 초점은 경제·산업·기술·사이버 안보 위주로 바꾸어 감이 대세적 경향인데 언제까지 국내 정치 개입에 우리의 정보기관이 전력을 쏟아야 하는지 우려스럽다. 이것은 국정원만의 문제는 아닙니다. 정부기관의 상당수가 정치 개입을 하지요.

예를 들어서 고용부는 최저임금 미만자를 없애기, 그러니까 최저임금 미만 사업주를 적발하고 그 원인을 캐서 최저임금 이상을 받게 하는 것보다는 노사관계 동향 파악에 훨씬 더 많이 주목하고 있습니다. 노사관계 동향 파악이라는 것 자체가 일종의 준 정보수집 업무로서 예전서부터 해 왔던 일입니다.

그리고 예전에는 그렇게 동향 파악을 직접 안기부가 하기도 했고 국정원이 하기도 했고 요즘도 그런 징후들이 보이기는 한데, 어쨌든 지금 항상적으로는 고용부가 하고 그 정보는 당연히 국정원이 공유하는 방식을 취하고 있습니다. 그런 것을 보면 단지 국정원만이 아니라 대체적으로 우리의 정부기관들이 이런 국내 정치 개입을 하고 있는 게 아니냐라는 우려가 큽니다.

어쨌든 국가 안위에 관계되는 국외 정보수집 등 본연의 임무는 등한시하고 여전히 민간인 사찰이나 대선후보 비방을 위한 인터넷 댓글 작성 사건에 연루되는 등 지리멸렬한 구태만 반복되고 있습니다.

진정 이제는 간단한 상처에 대한 치료 차원이 아니라 조직 전체가 갖고 있는 작동 오류나 기능상의 이상 징후에 대해 전면적인 수술 차원의 방책이 반드시 필요하다고 봅니다.

그러면 이러한 대규모 개혁을 도대체 어디서부터 손을 대고 시작해야만 국정원이 진정 국민을 위한 무명의 봉사를 할 수 있을까요?

국가정보기관의 권한남용 중 가장 큰 문제가 되는 바는 법이 명문으로 금하고 있음에도 불구하고 공공연하게 자행되어 온 국내 정치 관여의 부분으로 진단되며 여기서 한마디를 더하면 바로 이게 문제가 되니까 이제는 법을 만들어서 합법화시키려고 한다라는 의혹이 있는 거지요. 정보기관의 정치적 중립화는 여타 항목에 비해 개선의 파급력이 큰 분야에 해당되고 있다고 생각합니다. 그래서 규범적 차원의 개선을 여기서는 좀 생각을 해 보겠습니다.

참, 이 의견은 저나 혹은 더불어민주당의 의견은 아닙니다만 어쨌든 국정원 개혁, 이제는 더 이상 미룰 수도 없고 테러로부터 국민을 보호하기 위해서도 국정원을 개혁해야 된다라는 게 분명해진 것 같습니다. 왜냐하면 국정원이 실제로 대테러업무를 해야 됨에도 불구하고 그건 하지 않고 국내 정치에 개입을 하고 혹은 그 권한을 확대해 달라는 요구를 하고 있는 것을 보면 사실은 국정원을 좀 더 개혁해서 대테러업무를 제대로 하게 할 뿐만 아니라 그것만으로 부족하다면 전혀 다른 방식의 대테러법안 이런 것들을 또한 심도 있게 연구·조사는 해 볼 필요가 있다고 보이기 때문입니다.

그래서 현행 정부조직법상 국정원의 관리·통할 책임은

대통령에게 있습니다. 문제의 시발점이 이겁니다. 대통령 직속기관으로서의 지위는 국가정보기관이 정권의 사유물로 전락될 가능성을 높게 만듭니다. '일반적인 행정각부의 하나로서 우리 헌정체제가 대통령제로서는 이례적으로 도입하고 있는 국무총리의 통할하에 둔다면 국가정보기관으로서의 효율성이 과연 저해될까요?'라는 질문을 합니다.

'일찍이 헌법재판소의 변정수 재판관은 이러한 내용의 조직구성적 접근도 시도를 한 적이 있는데 경청의 필요성이 있다고 생각한다. 그의 안전기획부 업무분장과 조직에 대한 제안은 아래와 같다.'

'안전기획부가 정보수집 업무뿐만 아니라 정보 및 보안업무의 기획조정 및 범죄수사권 등 광범위한 직무권한을 가지고 있는 중앙행정기관임에도 불구하고 행정부로 아니하고 대통령 직속하에 둔 것은 국무총리, 국무회의 및 국회의 통제 밖에 두어 대통령 한 사람에게만 책임을 지게 함으로써—지금 그렇지요—국민 전체의 이익과 인권옹호보다는 오직 대통령……' 과거에도 대통령, 현재에도 대통령, 앞으로도 대통령, 그래서 바로 그러한 대통령의 비서실역이 아니냐라는 계속적인 문제 제기를 받고 있지요. 그래서 대통령 1인의 개인적 신뢰와 이익을 국민의 이익이나 국익보다 우선하고 그에게 충성하도록 하기 위한 것이었다고 볼 수 있습니다. 또한 과거의 권위주의 정권하에서 그와 같이 활동해 온 것도 사실입니다.

'그러므로 안전기획부는 이를 폐지하여 그의 업무를 내무부와 법무부로 하여금 맡도록 하는 것이 가장 좋고 안전기획부를 존치시키려면 담당 업무를 오로지 정보수집에 한정하고 보안업무나 범죄수사권 등을 완전히 배제시켜 권력남용 및 인권침해의 요소를 없애든가 아니면 행정각부의 하나로 하여 국무총리 통할하에 두어야 할 것입니다. 안기부를 행정각부의 하나로 하면 안기부장도 국무위원 중에서 임명하게 되어 안기부장의 중요한 업무가 당연히 국무회의의 심의 대상이 될 것이고 안기부장도 국회의 요구에 따라 출석, 답변할 의무를 지게 되고 안기부장도 국회의 해임건의에 따라 해임될 수 있을 것이며 국회의 탄핵소추 대상이 될 수 있을 것이다. 이렇게 되어야만 막강한 안전기획부장의 권력행사에 대한 헌법적 통제가 가능하여 권력남용과 대공 업무를 빙자한 국민의 기본권 침해를 예방할 수 있을 것이며 문민정부의 개혁 위상에도 맞게 될 것이다.'

정보기관의 수장 신분으로서 대통령과 독대를 하면서부터 이미 권력의 심부름꾼으로 전락하게 되는 경향은 수많은 전직 국정원장들이 사법처리가 된 실제 사례들을 보아도 부인할 수 없습니다.

따라서 조직법적 차원에서 국무총리의 통할하로 기관의 지휘체계를 바꾸는 것도 장점이 있다고 봅니다. 특히 이러한 변화는 국가정보기관으로 하여금 국무회의라는 행정부 내부의 자체적 심의를 경유하게 만들며 국회 출석·답변 및 해임건의, 탄핵소추 등 현행 헌법하에서 국회가 행사할 수

있는 차원의 권력통제 기제를 작동시키게 만드는 장점을 갖습니다. 그렇게 되면 함부로 선거 개입을 하거나 댓글을 달거나 개인의 정보를 마구 취합을 하거나 혹은 그것을 가지고 어떤 위험을 할 수 있는 무기로 삼거나 하는 일은 없을 수 있습니다.

물론 이에 대해 정보수집 업무의 효율성 차원에서 이의제기를 할 수도 있겠지만 국무총리 통할하로 조직체계 변경 시 발생할 수 있는 비효율성의 근거는 도대체 무엇일까요?

한편 현재의 체계를 유지하되 감사원과 같은 형태로 직무에 관여하는 독립된 지위를 가진다는 규정을 부과함으로써……

(● 백재현 의원 의석에서 — 빨리 얘기해서 의사전달이 잘 안 되고 있습니다.)

아, 천천히 해요?

(● 윤관석 의원 의석에서 — 천천히 해요, 천천히.)

행정부 소속이지만 독립적으로 업무를 수행하는 독립기관으로서의 지위 부여도 고려를 할 수 있겠고 아예 독립된 합의제 기관으로서 국가정보기관을 자리매김시키는 법도 앞으로 연구 여지는 있다고 봅니다.

또한 국민이 선출한 대통령이 민주적 정당성을 갖는 국가기관임에는 틀림없지만 또 하나의 축인 국회도 강력한 민주적 정당성을 보유함에도 불구하고 국가정보기관에 대해서는 대통령과 달리 예산 등의 일부 통제에 그칠 뿐 직접 국회의 산하에 두고 주된 영향력을 발휘하고 있지는 않은데, 조직법적 구성의 차원에서 이 부분에 대한 검토도 가능한지 앞으로 더 연구해 볼 필요도 있다고 봅니다.

국가정보기관은 국가기관으로서의 지위에 대한 조직법적 구성과 관련하여 마지막으로 하나 더 검토해야 할 부분으로 국가정보기관의 장의 임기보장이라는 면에 대해서도 새로운 관점의 접근이 필요하다고 봅니다.

이상적 상황이기는 하지만 국내 정치 개입과 같은 권한 남용적 요소를 척결하고 완전히 정치적으로 중립을 유지하는 국가정보기관의 장이라면 당연히 임기는 보장되어야 오히려 국가정보기관의 지위의 독립성을 기하게 될 것입니다. 이는 또한 최소한 직무상으로는 대통령으로부터의 완전한 독립이 선결적 전제가 되어야 하는 조건을 갖고 있습니다.

다음으로 이제는 다양한 작용의 측면에서의 개선방안이 뭐냐인데요.

최근에 국가정보기관은 단순히 군사적 차원의 위험뿐만 아니라 다양한 측면에서 파생하는 신개념의 안보 위협에 대처할 수 있는 역량을 당연히 갖추어야지요.

그래서 전통적인 군사안보나 외교 차원을 떠나서 경제·산업·에너지·환경·사회·문화 요소에 이르기까지 위협 요소들은 더욱 다양해지고 복잡해졌는데 현행 국가정보기관의 직무 범위는 우선순위도 잘 드러나지 않고 혼재되어 있으며 열거적으로 보입니다. 또한 상당히 포괄적이기도 합니다.

국가안보의 개념은 본시부터 목적의 효율적 달성을 위해 광범성과 불명료성을 내포할 수 있으며 이는 시대 상황의 변화에 따라 유효하고 적절한 통제가 충분히 미칠 수 없도록 개념 스스로 진화를 거듭하는 속성까지 있습니다.

결국 국가안보가 뭐냐? 대통령 안보인지, 국민의 안보인지, 사람에 대한 안보인지 혹은 정치적 정적 제거인지, 선거 개입인지, 모든 걸 다 국가안보라고 얘기할 수도 있기 때문에 이렇게 스스로 변한다는 거지요. 이는 곧 국가안보의 개념이 일단 확정되더라도 그 뜻이 빈번하게 변해서 규정해 봤자 불필요한 이런 일도 있을 수 있습니다.

그래서 오히려 국가안보란 무엇인가를 규정하기보다는…… 아니, 개념 설정을, 무엇인가라는 개념 설정을 병행하면서도 기존 관련 법률의 규정을 개선시키는 소폭, 이건 소폭 정도의 개선 방안을 좀 만들 필요는 있겠고.

둘째, 기존의 법을 대체할 수 있을 정도의 전면적인 개정도 좀 고민을 해 봐야 되겠다라는……

그러면 소극적 방안과 관련하여 기존 국가정보원법상 직무범위 조항이 시대적 조류를 반영하여 보다 구체적인 직무범위를 규율할 수 있도록 개정하는 방안이 있습니다. 이를 위해서는 국가정보기관이 그 업무의 궁극적 목표로 지향하는 국가안보의 개념을 구체적으로 무엇이라고 해야 하느냐, 그걸 명료하게 설정함과 동시에 국가기관의 정보활동 영역을 분류하여 우선도를 부여하는 작업부터 수행하여야 할 것입니다. 즉 국가정보기관의 업무 영역을 최종적 목적을 전제로 재분류하는 작업을 통해 바람직한 입법 기초모델을 구성하고, 이를 실제 법 규범에 반영하는 작업으로 연결시켜야 하겠습니다.

법률의 총칙 조항의 형식으로는 국가안보의 개념부터 규정하는 작업이 먼저 시도되어야 할 것입니다. 현행 국가정보원법은 제1조에서 '국가안전보장 업무의 효율적 수행을 위해 필요한 사항을 규정함을 목적으로 한다'고만 하면서 정작 국가안전보장이란 무엇을 의미하는지에 대한 정의 규정을 결여하고 있습니다.

미국의 경우 우리와 법령상 체계가 다소 다르지만 국가안보(national security)가 무엇인지 개념 규정부터 먼저 명확하게 하고 있습니다. 나아가 입법 배경 등까지도 상세히 기술함으로써 이걸 법 집행기관이나 안보기관, 기관 모두로 하여금 혼란에 빠지지 않도록 하는 입법 태도를 취하고 있습니다.

그래서 여기서 제안을 한번 해 보면, 국가정보기관의 업무영역 범위는 국가정보기관이 꼭 관여해야 할 영역, 관여하지 말아야 될 영역, 관여·불관여의 중간지대, 국가정보원이 관여하지 않아도 무방한 영역 정도가 있을 거고, 이렇게 네 가지로 해서 물론, 각 분류를 해 봐서 규범화를 한번 해 봅시다.

첫째, 국가정보기관이 반드시 관여를 해야 하는 영역. 전통적인 군사안보 및 외교 영역이 있는데, 최근 중요성이 부각되고 있는 산업·경제 영역과 자원·에너지 분야 등까지 포함할 수 있습니다. 주력 기업들에 대해 외국의 산업스파이

등이 업무상 기밀을 빼 가거나 대외 무역 관련 정보전에서 우월적 지위를 선점하기 위해 우리의 자원 및 에너지 개발 정보 등을 입수하는 것에 대해서 국가정보기관 차원에서 국익 보존을 위한 조직적인 대처를 시도하는 것이 적어도 방법론적으로 효율적일 수는 있습니다.

물론 지금까지 국가정보기관이 법적으로 부여된 권한 이상의 불필요한 남용을 감행함으로써 특히 국내 정치 영역 등에서 많은 부작용을 양산해 왔기에 이렇게 새롭게 정보활동의 수요가 생겨나는 분야 역시 정보기관의 권한이 불필요하게 비대화되지 않도록 신중하게 해야 합니다.

한편 전통적인 군사안보 영역은 그 구체적 요건으로서의 대상을 원칙적으로 대외적인 정보에 한정시켜야 할 것인데, 그 이유는 우리의 국가정보기관의 기존 활동이 시사하듯 국가안보라는 미명하에 행해지는 각종 대내적 정보수집 활동과 혼동되어 결국 정보기관이 국내 정치 개입의 도구로서 활용되는 상황을 방지하기 위함입니다.

대외 정보에 초점을 맞출 경우 대북한 사항과 관련하여 탈북자 등 북한체제 이탈자의 보호에 대한 절차적 문제에 국가정보원이 어느 정도 관여할 것인가의 문제와 현재 국정원 산하 대북 부서가 행하는 기존 업무의 범위를 어떻게 재확정할 것인가 등 구체적인 문제점이 후속적으로 있습니다.

다음으로 국정원이 반드시 관여를 해야 하는 영역을 특히 대외 정보로 국한을 시키고 국내 보안정보 부분을 전면적으로 배제시킨다면 국내 보안정보를 전담하는 새로운 기관이 설립되지 않는 한 필연적으로 이 부분을 경찰이 인수인계하게 될 수밖에 없는 점도 경찰 권력의 제한 방안과 관련하여 숙고를 요합니다.

현행 국가정보원법 제2조의 직무범위에 규정된 정보수집권이 국내 보안정보의 범위에 대해 '대공, 대정부전복, 방첩, 대테러 및 국제범죄조직'이라는 열거적 표현을 명문으로 갖고 있음에도 불구하고 여전히 광범성을 띠면서 국정원의 무차별적 국내정보 수집의 관행에 대한 법적 근거를 제공하고 있는 점도 아울러 검토를 요하는 지점입니다.

대외 정보에 대한 전담 및 관여 권한을 국정원에 일임하는 식으로 한다면 국내 보안정보 부분 역시 새로운 틀로 재편성이 되어야 하겠고, 따라서 기존의 다른 국가기관의 업무분장 사항 등을 검토하거나 새로운 기관의 신설 방안들을 고려해서 국정원은 대외 보안업무, 그리고 타 기관으로 국내 업무를 전담하게 하는 것이 맞다고 봅니다.

둘째, 국가정보기관이 관여를 절대 하지 말아야 할 영역은 국내정치 개입 또는 정치사찰 및 민간인 사찰—지금까지 국정원이 해 왔던 업무지요, 불법적으로 해 왔던—업무는 절대로 개입하지 말아야 될 영역이고, 또한 국가안보를 빙자한 기본적 인권 침해 사안입니다.

이 영역들에 대해 우리 국가정보기관은 설립 초기부터 정권의 심부름꾼처럼 관여해 왔는데 정치 개입이나 권한 남용에 대해서는 현행 국가정보원법에 명문으로

금지사항으로 이미 규정되어 있음에도 불구하고 여전히 지켜지지 않고 있습니다.

또한 현행 국가정보원법 제2조의 직무범위에 규정된 수사권 및 정보 및 보안업무의 기획·조정권은 국정원이 관여를 절대 하지 말아야 할 영역에 대해 비집고 진입해 들어오는 도구로써 실제적으로 활용되고 있음을 염두에 두어야 합니다.

이 두 가지 권한들은 경찰과 검찰 등 기존의 수사기관이 수행할 수 있는 여지가 충분히 있음에도 불구하고 국가정보원법에 의거 국정원의 권한으로 되었는데 문제는 국정원이 이 수사권들을 오용·남용하여 당해 권력기관의 권한 팽창의 기회로 삼고 혹은 대통령을 모시는 기회로 삼는다는 것입니다. 동시에 국내 정치 개입이나 인권 침해 등 국민의 입장에서 결코 바람직하지 못한 결과를 유발시키기도 합니다.

또한 직무의 밀행성, 즉 비밀스럽게 직무를 할 수밖에 없는 요소를 십분 고려한다 하더라도 국정원 직원의 직무와 관련된 범죄에 대한 수사권을 국정원 스스로에게 부여하고 있는 부분, 즉 도둑질을 한 사람을 도둑놈이 또한 수사하게 하고 있는 거나 마찬가지가 되어 버리는 그런 양상이니까 범죄에 대한 수사권을 국정원 스스로에게 부여하고 있는 부분도 자기 모순적 요소가 상당히 강한 조항임을 주목해야 하겠습니다.

관여하지 말아야 할 영역에 대한 관여에 대해서는 법적인 책임 추궁을 반드시 할 수 있어야 하기에 이에 대해 단순히 조직 내부에서 자체 수사권을 발동시키는 것은 절차적 투명성과 수사 결과의 신뢰성 모두를 결코 확보시킬 수 없는 방안이라고 생각합니다.

예를 들어서, 이건 정말 예를 들어서 댓글 개입 사건 같은 것이 계속 상부와 연관이 되어 있다면 그러면 그것을 국정원 내에서 어떻게 수사를 하겠습니까? 불가능하지요. 그런 점을 지적하고 있는 겁니다.

그래서 국정원 직원 역시 행정부 소속의 공무원 신분이고, 직무상 범죄에 대해서는 일반 형법과 형사소송법의 절차에 따라 기본 수사기관인 경찰과 검찰이 그 처리를 맡는 방안도 있다는 것을 생각해 봐야 합니다.

셋째, 관여와 불관여의 중간지대적 성격을 다소 내포하고 있어서 보다 심도 깊은 연구가 더 필요한 영역이 존재합니다.

국내외 사회 혼란을 조장하는 표현의 자유는 헌법에서 어느 범위까지 한계를 인정해 주어야 하는 것인가도 관련하여 문제될 수 있겠고 전쟁 위협에도 결코 흔들리지 않는 우리 체제의 건강성 내지 면역성을 고려한다면 일부 북한의 정치체제를 맹신한 이들에 대한 헌법 수호의 관점에서 국가정보기관이 어느 정도까지 관여할 수 있을 것인가 등이 문제가 될 수 있는 지점이 있습니다.

우리 한국 사회는 과거 권위주의적 정치체제를 거치면서 표현의 자유와 관련하여 억압과 질곡의 시기를 겪었던 적이 있으며 이에 따른 상흔을 가지고 있다고 해도 과언이 아닙니다. 정치적 민주화가 상당히 달성된 현시점에는

헌법상 기본권의 행사 차원에서 표현의 자유에 대해 과거보다 더 나은 차원의 보장이 있어야 할 것입니다.

그러나 모든 다른 기본권과 마찬가지로 표현의 자유 역시 헌법에 명시된 사항인 기본권 제한의 규정으로부터 완전히 자유롭지는 않습니다. 즉 표현의 자유도 헌법 제37조제2항에 규정된 국가안전보장, 질서유지, 공공복리라는 목적의 한계 내에서 행사되어야 합니다. 하지만 물론 그런 제한조차도 근본적인 제한은 안 된다라는 점도 반드시 검토를 해야 되고요.

어쨌든 이 표현의 자유, 특히 국가안전보장이라는 목적은 국가정보기관이 표현의 자유 제약을 위해 실제 사안에서 사용을 하고 있기 때문에 굉장히 우려스러운 지점이 있는 표현입니다. 물론 국가정보기관이 표현의 자유영역에 무작정 개입해서 국가안보를 빌미로 수사권을 남용하는 식의 권한 남용은 권위주의 정권체제 유지를 위해 심복 역할을 수행했던 과거로의 회귀에 지나지 않습니다.

한편으로 미국에서 일어났던 실제 사안의 경우처럼, 이게 뭐냐면요. 정치적 반대의 의사표시로서 성조기를 소각한 자가 국기모독행위를 금지하는 텍사스주법 위반으로 유죄판결을 받은 데 대해 미국 연방대법원은 수정헌법 제1조에 비추어 정부가 특정 표현에 대해 단지 그것이 정부를 비판하거나 정부의 의사에 배치된다는 이유만으로 규제하는 것은 용납할 수 없으므로 텍사스주법은 연방헌법에 반한다고 판결한 그 내용을 얘기하는 겁니다. 이렇게 미국에서 실제 일어났던 사안처럼 정치적 의사표현을 위해 성조기를 불태워도 미국 수정헌법 제1조의 보호대상이 된다는 식의 헌법의 해석이라든지 서로 다른 정치이념과 이를 보유한 상대진영에 대한 사후적 차원의 관용 등은 앞으로 우리도 표현의 자유에 있어 좀 더 융통성과 탄력성을 가져야 한다는 당위적 관점은 별론으로 한다 쳐도 여전히 남북으로 분단되어 대치 중에 있는 우리 특유의 국가 안보현실을 고려하건대 자리 잡게 하는, 뿌리내리게 하기는 쉽지 않을 것입니다.

과연 표현의 자유가 우리의 자유민주주의적 기본질서에 도전하여 국가를 위험한 상황에 빠뜨릴 수 있을 정도에 이를 수 있는가의 문제점이나 표현의 자유와 헌법 수호 그리고 국가정보기관의 역할이라는 주제에 대해서는 더욱더 많은 연구를 요하는 영역이라고 봅니다.

넷째, 새롭게 중요성이 부각되고 있음에도 불구하고 국가정보기관이 관여하지 않아도 무방하다고 생각되는 영역은 보건 및 환경영역이라고 할 수 있습니다.

이러한 영역에 대해서 정보기관이 국가 안위와 관계되는 정보가 존재하기에 관여할 수 있다는 주장보다는 차라리 기존 업무처리와 관련 있는 소관부처들에 힘을 실어주고 정보기관은 보충적 지위에 서 있는 것이 더 설득력 있고 합리적이라고 봅니다.

이런 네 가지의 분류를 통해서……

잠깐만, 제가 이것 때문에 좀 알려야 될 사안이 있습니다. 우리 의원님들이 도와주셔야 되고 이번 대테러방지법

때문에 생긴 건데요.

저한테 온, 이름은 나중에…… 김 모모라는 31살 청년이고요. 그다음에 윤 모모라는 32살 여자이며 확실한 사람들입니다. 나눔문화라는 곳에서 일을 하고 있는데 어제 오후 1시에 국회 본관 입구에서 나눔문화연구원 2인이 테러방지법 반대를 위한 1인 시위 중에 피켓을 빼앗기고 집회 및 시위에 관한 법률 위반으로 현행범으로 체포되었습니다. 1인 시위 시간은 3분이었고요, 테러방지법에 반대한다는 구호 1회, 그러니까 남자분이 구호를 하신 거예요. 동행한 여자 연구원은 근처에서 사진만 찍었는데 같이 체포되었습니다. 현재 두 사람은 영등포경찰서 지능수사팀에서 조사를 받고 있는 상황인데 테러방지법에 반대한다고 1인 시위를 한 사회단체 활동가들을 체포한 최초 사례입니다.

그래서 제가 이게 그런 1인 시위라서 풀려날 것으로 예상을 하고 알려 달라고 했더니 '지금 현재—밤중에 온 건데요, 연행된 연구원들은 담당검사가 보내지 말라고 해서 경찰서 유치장에 구금되어 있습니다. 아침 9시에 면회는 가능하다고 합니다'라는 일이 벌어지고 있다는 사실을 알려 드립니다.

그러니까 1인 시위를 했다는 이유로, 대테러방지법에 반대하기만 했다는 이유로도 신분이 확실한 사람들이 구금되는 그리고 풀려나지 못하는 일이 벌어지고 있다는 점을 다시 한 번 환기시키면서 사실은 대테러방지법이 얼마나 위험한 것인지 그리고 특히 정말 테러리스트를 방지하기 위해서라도 국정원을 개혁해야 된다는 점을 강조하고 싶습니다.

다시 돌아가서요.

어쨌든 기존 국가정보기관의 업무범위를 새롭게 재편하는 데 성공한다면 보다 정확하게 국정원이 해야 할 임무영역과 하지 말아야 할 영역에 대한 구분이 앞으로 생성될 것이고 또 적극적으로 규범화될 수 있을 것으로 예측합니다.

한편 국가정보기관의 임무가 비밀스럽다는 특성과 관련하여 현행 국정원법은 법적 근거를 부여하고 있지 않은데 이에 대해서도 법적 근거를 부여하여 임무수행에 대해 국민이 공감할 수 있는 최소한의 투명성을 확보하고, 나아가 정당한 임무수행인가의 여부를 판단할 수 있는 기준까지도 설정함으로써 정보기관 임무의 공정성까지 담보할 수 있는 방안에 대해서도 추가하여 생각해 보아야 할 것입니다.

역사적으로 여러 시행착오를 겪으며 확립되어 온 법치주의의 견고한 틀하에서 국민의 의사와 민주성에 기반을 둔 합의를 담보할 수 있는 도구는 바로 법규범이기 때문에 이러한 법규범의 명확한 확정은 언제나 논의의 출범부터 가장 먼저 심사숙고를 요하는 작업임도 간과하지 말아야 할 것입니다.

두 번째로는 현행 국가보안법…… 아까는 좀 더 소극적 또는 보완적 수정안이었다면 두 번째는 전면 개정안,

예를 들어서 여기서 통일해외정보원법 같은 입법례도 있을 수 있겠다라고 제안을 합니다. 이 법안은 사실 이미 우리 당에서 발의한 의원이 있지요? 제가 대신 소개를 하겠습니다.

지난 2013년 3월에 현 민주당의 진성준 의원과 진선미 의원에 의해 국가정보원법 전부개정 청원안에 대한 소개가 이루어진 안입니다. 국정원의 수사권 분리 및 이관과 정치기획 관련 국내 보안정보 수집권한의 원칙적 폐지, 정보 및 보안 업무의 기획조정 권한의 폐지를 주된 내용으로 하고 있습니다.

이 법안은 국가정보원의 권한과 직무조정 범위를 위해 국가정보원의 명칭부터 통일해외정보원으로 바꾸고 있는데 정보기관이 수사권까지 보유함은 권력의 비대화와 인권침해의 소지가 있음을 지적하면서 국가정보원의 수사권이 타 기관으로 분리·이관되더라도 국가정보원은 수집한 정보만을 제공하도록 업무분장을 하자고 주장하고 있습니다.

국내 보안정보의 수집·작성 및 배포 권한은 정보기관이 정치에 관여하는 직접적인 근거가 되어 왔으므로 이 권한을 배제하고 국외 정보와 대북 정보만을 전담하는 조직으로 재편하되 국내 보안정보는 해외 정보와의 관련성을 보유한 정보일 경우에만 제한적으로 정보수집을 허용하자는 내용이며 국가정보원의 정보 및 보안 업무의 기획조정 권한은 정보기관이 타 행정부처의 상급감독기관처럼 군림하는 데 일조해 왔으므로 이를 폐지하고 대신 국가안전보장회의의 사무처로 기획조정 권한을 이양함으로써 비공개성과 은폐성을 털어 버리고 정부 조정에 따른 책임 소재를 명확히 하자는 내용을 갖고 있습니다.

나아가 이 법안은 국회의 정보기관 통제에 관한 내용을 더욱 강화하여 담고 있는데 정보기관의 원장이 직무수행에 있어서 헌법이나 법률을 위반한 때에는 국회가 탄핵소추를 의결할 수 있도록 하고 예산 실질심사에 필요한 세부자료 제출대상 범위확대, 전용비 이유 명세서 제출, 회계 사업집행 예산에 관한 보고서 등의 제출, 비밀활동비 폐지 등 정보기관 예산 부분에 대한 강력한 통제의 내용을 포함하고 있습니다.

한편 국정원 개혁과 관련하여 같이 제출된 국회법 일부개정 청원안은 국회 통제의 강화를 위해 기존 정보위원회의 감독 권한을 실질화하고 감찰, 조사, 감사 등 합동 감독활동의 상설적 수행을 위해 정보위원회 내에 민간 참여가 허용되는 정보감독위원회를 신설하여 국가정보기관 감독의 효율성을 제고하자는 내용을 담고 있습니다.

국회의 정보기관 통제에 관한 내용은 외국의 입법례에서는 분리하여 독립된 법률로 제한되기도 합니다. 현재 우리의 국가정보원법이 예산 등을 통한 간접적 통제방안을 갖고 있기는 하나 그마저도 제대로 된 통제 역할을 수행하고 있는가에 대해서는 면밀한 검토를 요합니다. 따라서 국회의 정보기관에 관한 통제의 내용은

기존의 국가정보원법 규정에 추가시킬 수도 있겠지만 해외 입법례를 따른 독립된 법률의 설치도 검토를 요합니다.

독일의 경우는 정보기관 등의 활동에 대한 의회통제 법률을 제정하였는데 연방 차원의 정보기관을 통제하기 위한 독립 법률로 통제범위와 통제위원회의 구성 및 권한, 인적·물적 설비지원 사항, 직무상 협조 의무, 연방정부의 보고 의무, 전문가 위임, 심의절차 등의 내용을 규정하고 있습니다.

미국의 경우는 1947년 제정된 국가안전보장법에 근거를 두고 중앙정보국이 설립된 직후 초기에는 중앙정보국의 조직 및 운영과 정보용 교육활동 및 자금 등에 관한 조항들을 규정한 1949년의 중앙정보국법에서 알 수 있듯이 국가안보에 중점을 두어 중앙정보국의 활동 및 예산에 대한 의회의 관여는 특수하고 한정적인 상황에 한하였습니다.

그러나 추후 중앙정보국에 대한 의회의 통제기구로서 상원 정보위원회와 하원 정보위원회가 설치·운영되면서 정보기관에 대한 의회의 종합적인 통제가 가능하게 되었는데 1978년의 대외정보감시법은 해외 정보수집을 목적으로 전자감시를 수행하는 데 대한 수권 조항을 창설함과 동시에 모든 전자감시에 대해 상하 양원 정보위원회에게 정기적인 보고를 하도록 규정하였고, 1980년에 제정된 정보감독법에 따르면 상하 양원 정보위원회는 중앙정보국의 정보활동 결과에 대해 모든 예상되는 정보활동을 포함하여 현 상황을 그대로 종합적으로 보고하도록 규정하고 있습니다.

그밖에도 1980년의 기밀정보 절차법, 1982년의 정보보호법도 정보기관의 임무 수행에 대한 종합적 보고를 의회에 하도록 요구하는 내용을 포함하고 있습니다.

앞서 소개한 최근의 현황, 현행 국가정보원법의 전면개정안은 우선 법 명칭부터 통일해외정보원법으로 바꾸면서 조직과 업무 범위를 재편하는 내용을 담고 있고 기존에 나왔던 국정원 개혁방안들의 일부 내용들과 시민단체들의 목소리까지도 망라하여 포괄하고 있지만 다소 아쉬운 점들도 눈에 띕니다.

첫째, 이 전면개정안 역시 여전히 국가안보 개념에 대한 정의 규정을 결여하고 있기에 국가안보라는 불확정 개념의 미명하에 국가정보기관이 그 권한을 남용할 가능성을 원천적으로 배제시키지 못하고 있습니다.

둘째, 조직체계상의 법적 지위에 대해서는 여전히 대통령 소속하에 두며 대통령의 지시와 감독을 받는다고 규정함으로써 기존의 국정원법에서 크게 달라진 바가 없습니다.

이 법안이 국가정보기관을 국무총리 통할하에 둠으로써 일반 행정 각부와 같은 지위에 두거나 국회 예하 소속 또는 헌법상 독립기관으로의 설치 등에 대한 제안이 있었더라면 기존의 내용상 유사한 여러 국정원 개혁방안과 현격하게 차별화를 가져오는 법안이 되었을 것입니다.

셋째, 기존의 국정원법이 국내 보안정보의 범위에 대해 '대공, 대정부 전복, 방첩, 대테러 및 국제범죄조직'이라고

열거적으로 규정하였으나 그 열거된 범위의 광범성 때문에 자의적으로 권한 범위를 해석할 수 있었는데 이에 대해 개선이 이루어지지 않았고 오히려 '국가안보와 남북통일을 위한 국내 보안정보'라 하여 광범위한 해석을 더 부추길 수 있는 표현이 추가되었습니다.

즉, 해외 정보의 관련성을 보유한 국내 정보의 경우에만 제한적으로 수집을 허용하자는 원래의 의도가 국가안보와 남북통일이라는 불확정 개념의 추가에 의해 제대로 반영되지 않을 수 있다는 겁니다.

넷째, 직무 범위에 있어서 정보수집 권한만을 남기고 수사권에 대해 삭제를 시켰지만 이로 인해 전통적 수사기관임에는 틀림없으나 개혁이 필요한 국가권력기관들인 경찰 및 검찰의 권한을 반사적으로 확대시킬 수도 있다는 점에 대한 고려가 미흡합니다.

다섯째, 직무 범위에 있어서 국정원의 정보 및 보안 업무 기획·조정 권한을 삭제시켰지만 대신 이 권한을 국가정보원, 국가안전보장회의사무처로 이양시킨다는 내용은 현실적으로 대통령의 자문기관으로서 국가안전보장회의 소집이 이루어지며 부속기관인 사무처의 주된 업무 범위는 이에 대한 조력에 있음을 고려하건대 기관 설립의 취지에 맞지 않는 업무 이양이 될 것 같습니다.

● **부의장 이석현** 은수미 의원님, 잠깐만 한 말씀 할게요.

아까 말씀하신 테러방지법을 반대하는 1인 시위를 국회의 정문 앞에서 하다가 경찰서에서 연행해 갔다고 한 데 대해서는, 지금 여기 행정자치부장관이 나와 계시지요? 행정자치부장관이 어떻게 된 일인지 파악을 해서 저에게 말씀해 주시기 바랍니다.

원래 국회 앞에서는 우리가 실명으로 의원을 비난하는 피케팅을 해도 허용하고 있습니다. 왜냐하면 국회라고 하는 것은 민의의 전당이기 때문에 누구라도 국회 앞에 와서 의사표현을 할 수 있게 되어 있어요. 그런데 테러방지법을 반대하는 피케팅을 했다고 해서 체포해 갔다면 보통 일이 아니에요.

행자부장관께서는 파악을 해 주기 바랍니다.

말씀 계속하세요.

● **은수미 의원** 부의장님 정말 감사합니다. 아직 31살, 32살의 젊은 활동가들이고 해서 사실은 걱정을 많이 하고 있었는데 제가 필리버스터 끝나고 나서 가 볼 생각이었는데 감사합니다.

다시 보면 세계의 시대적 상황이 변하고 정보의 내용이나 수집 방식, 비밀업무 수행 양상이 다소 달라졌음에도 불구하고 각국의 국가정보기관은 계속해서 존재해 왔고 저마다 나름의 기능을 해 왔던 부분도 부인할 수 없겠습니다.

그러나 유독 우리나라에서 국가정보기관은 지나친 국내 정치 개입과 권력의 하수인으로서의 활동을 통해 기관의 존폐 논란도 있었고 국가보안법 관련 수사권에 대한 논란이나 정보수집권의 범위 등에 대해서도 많은 공론화가

진행되어 왔습니다. 물론 학계나 시민사회 등 각계의 다양한 개선안도 근거 법률 및 관련 조항에 대한 개정안 등의 형태로 상당히 많이 개진되었습니다.

그러나 문제는 항상 국가정보기관 개혁방안에 대한 의견들이 제대로 수렴되고 반영되었는지, 소귀에 경 읽기 식에 지나지 않았는지, 정보기관 개혁의 실천 의지를 기관 스스로가 제대로 보유하고 있는지 여부입니다.

국가정보기관은 기본적으로 국익을 위한 정보활동을 충실히 수행하면서 그 권한이 남용되지 않도록 주권자인 국민의 감독과 통제에 따른 제약을 받아야 합니다.

민주화가 이루어진 현재의 우리 정치체제하에서 국민은 더 이상 국가정보기관에 대해 막연한 공포심을 가질 필요가 없겠고 에둘러 반대를 위한 비판만 하거나 침묵으로 방치만 해서도 안 될 것입니다.

오히려 국민들이 나서서 적극적으로 지속적인 감시와 통제를 행함으로써 정보기관의 속성 깊이 내재해 있는 권한남용의 요인을 효과적으로 차단시키고 기관 본연의 중요한 정보영역의 임무를 수행할 수 있도록 법적·제도적 장치를 계속 정비해 나아가야 할 것입니다.

우리의 헌정체제가 이념적 측면에서는 자유민주주의를 채택하고 있고 통치구조에 있어서는 대의제를 채택하고 있으므로 자유민주주의 수호라는 이념적 진보에 반하지 않는 범위 내에서 정보기관의 권한남용에 대한 국회에 의한 제한이라는 방식 역시 법·제도적 측면에서 보다 심도 깊은 검토를 요하는 영역이라 할 것입니다.

또한 상황에 따라서 국가정보기관의 업무영역을 충분히 공유할 수 있는 또 다른 국가권력기관인 경찰 및 검찰 등의 개혁방안과 연계하여 종합적인 고찰을 병행하여 국가정보기관의 권한남용에 대한 개혁방안 역시 공염불에 그치지 않고 보다 효율적인 대안 제시로 귀결될 수 있을 것입니다.

우리에게 있어서 국정원의 개혁은 국민과 국가기관의 관계를 재검토하고 재설정하는 지극히 복잡하고 지난한 작업임에는 틀림없지만 권위주의적 정치체제를 종식시키고 민주화를 차근차근 진행시켜 온 우리의 특유한 과거의 역사적 교훈을 되새겨 보건대 응당 지속적으로 유의미한 작업이기에 절대 끈을 놓아서도, 놓쳐서도 안 되는 과제임을 항상 주지해야 할 것입니다.

이미 2007년도에 나온 국정원진실위원회의 보고서에서는 국정원의 과거사를 반성하면서 정치불개입을 주문하는 권고방안이 있었습니다. 그러나 지난 정부 들어서 대규모의 민간사찰이라든지 국정원장의 정치 개입 등 여전히 구태가 반복되었고 국가정보기관임에도 불구하고 최근 검찰에 의한 강제압수수색의 대상까지 이르게 되었습니다. 우리에게 유일한 국가정보기관의 위상이 땅에 떨어진 상황입니다.

그럼에도 불구하고 우리의 산업기밀 수호와 북한이탈주민의 이송 등 보안성과 비밀성을 바탕으로 국가와 국익을 위해 본연의 임무를 세계 각지에서 수행하고 있는 국정원 직원들도 있을 것으로 기대합니다. 있겠지요. 본연의 고유한 임무를 수행하는, 정말 그런 분들이 계신다고 믿습니다. 이들의 노력에 대해서는 필자도 일방적 매도로 해석되지 않기를 진심으로 희망합니다. 저 역시 그렇습니다.

제가 이러저러한 이유로 국정원은 아니지만 안기부 직원을 만나 뵌 적이 있습니다. 그런데 꽤장히 많은 노력을 하고 있었고 혹은 그런 모습을 보여 주어서 저로서는 꽤장히 힘든 상황이었으나 그 당시 '그래, 애국이라는 건, 또 그분들도 애국이라고 생각을 하니 서로 존중할 수 있는 민주사회가 되면 좋겠다'라고 생각을 하는데 요즘은 전혀 그렇지 않습니다.

저는 요즘의 국정원의 행위에 대해서는, 사실 드러나는 행위일 뿐이기는 하지만 어쨌든 이러한 정치 개입에 대해서는 어떠한 존경이나 존중을 담을 수도 없지만 그렇다 하더라도 남모르게 대한민국을 위해서 정말 정치 개입이나 혹은 누구의 하수인이 아니라 국민을 위해서 일하시는 분들이 있을 것으로 저는 믿습니다.

어쨌든 앞으로는 국가정보기관 차원에서도 실질적 법치주의가 적극 구현되기를 기대하며 정치적 중립화를 위한 국가정보의 위상 제고를 다시 한 번 촉구하면서 이 글을 갈음하고자 합니다.

지금 아직 제가 하고자 하는 것의 60% 정도밖에 못 했으니 한 번 더 해 보면서…… 우선 얘기를 좀 해 보겠습니다.

우선 제가 이 자리에 서면서 저희 더불어민주당 선배·동료 의원분들께 참으로 많은 감사를 드립니다.

사실은 더불어민주당 내에서도 수정·보완을 할 것인지 아니면 반대를 할 것인지에 대한 여러 가지 다른 의견들이 있습니다. 그리고 또한 선거를 앞두고 있는 상황이기 때문에 필리버스터를 결정한다는 것은 꽤장히 어려웠고요.

그 과정에서 다른 방식, 새누리당 그리고 정의화 국회의장님과 더 협상을 할 수 있는, 조율을 할 수 있는 시간을 얻고자 무지막지하게 노력을 많이 하시는 모습을 뵀습니다. 그리고 그런 과정을 통해서 결국 선택의 여지가 없구나라고 했을 때 필리버스터가 결정이 됐고요.

제가 그러한 동료·선배 의원 여러분들 그리고 지도부를 뵈면서, 특히 필리버스터를 상당히 강하게 주장하셨던 이종걸 원내지도부까지를 뵈면서 우리가 국민의 생명과 안전을 위해서, 그리고 사람을 위해서 정말 함께하고 있는 동료이고 또한 선배님들이시구나라는 생각이 들었습니다.

그럼에도 불구하고 저한테 사실은 당신의 전문영역이 아닌…… 저는 아시겠지만 환경노동위원회에 있고요. 주로 경제와 일자리 문제를 가지고 연구를 하거나 오히려 요즘 페북에 게시하는 것처럼 '재벌이 말하지 않는 21가지 돈 버는 비법' 이런 것들을 시리즈로 게시하는 것이 더 적당합니다. 아니, 혹은 더 적당하다고 판단을 하는데 왜 당신이 이 어려운 필리버스터에 섰느냐라는 겁니다.

그래서 이런 말씀을 좀 드리겠습니다.

저는 어릴 때부터 집에서 '애국이 뭔가?' 이런 얘기를 참 많이 들었습니다. 왜냐하면 저는 국가유공자 가족입니다. 전쟁 얘기를 별로 한 적은 없으나 애국이 뭐고 그리고 가짜 애국이 뭐고 진짜 애국이 뭔가, 그리고 나는 애국자인가 그런 얘기들이 스스럼없이 가끔씩 오가는 그런 집이었습니다.

그런데 돌아가신 아버님께서 돌아가시기 전에 저한테 '수미야, 너는 애국자다' 이런 얘기를 하셨던 이유는 이런 거였던 것 같아요. 군인이 전선에서 나라를 지킬 때 후방이 불안해지면 지킬 수가 없다, 그런데 그 후방의 안전이라는 게 도대체 뭐냐라고 했을 때 가장 중요한 게 불평등이었고 누군가 아침마다 일어나서 도대체 내가 먹고 살 수 있는지에 대한 고민이 없고, 적어도 청년이면 청년답게 꿈을 품을 수 있고 그렇게 살면 정말 후방이 안정되어 있으니 내 자식, 혹은 내 부인, 혹은 내 누이, 내 친구 다 잘 지낼 거라고 믿고 헌신할 수 있다, 그런 면에서 불평등을 없애고 민주화를 하려는 사람도 애국자고 국방의 의무를 다하고 전선을 지키는 사람도 애국자고 그런 것 같다라는 말씀을 했습니다.

그런 말씀의 연장선에서 교황님도 말씀하셨고 유엔도 그렇게 얘기하고 국가인권위원회도 얘기하듯이 테러리스트를 방지, 테러를 방지한다는 것은 테러행위를 처벌하고 그것에 대응하는 것뿐만 아니라 그런 테러행위가 나타날 수밖에 없는 원인, 예를 들어서 빈곤, 불평등, 가난, 불만, 복지 부재, 이런 조치가 같이 이루어질 때에만 한 나라, 혹은 지구촌이 평온하다고 믿습니다.

그래서 1944년 '노동은 상품이 아니며 한 곳이 빈곤하면 전체가 빈곤해지고 한 명의 아이는 우리 모두의 아이'라는 취지의 필라델피아선언을 했을 것입니다. 그리고 1948년 그것이 파리인권조약으로까지 확대가 되었을 것으로 봅니다.

그러한 조약들이 맺어진, 그러면서 복지국가가 만들어진 동기는 사실은 최대의 테러행위인 전쟁 때문이었던 겁니다. 그러니까 1·2차 세계대전이 다른 때의 전쟁과 달랐던 것은 그 전의 전쟁에 대해서 인간은 자기가 죽이는 상대를 야만인이라고 생각을 했습니다. 어쨌든 그렇게 죽이는 게 편했는데 1·2차 세계대전은 처음으로 문명인이 문명인에게 가한 최대의 대규모 살육행위입니다.

저는 그때를 겪었던 사람들이 도대체 어떻게 살아남았는지 잘 모르겠고, 동시에 한국에서 한국전쟁과 베트남 참전을 다 겪은 어르신들이 도대체 어떻게 버텨냈는지 잘 모르겠습니다.

어쨌든 이러한 대규모 전쟁의 근원에는 다양한 이유가 있지만 그중에는 경제적 불평등, 복지 부재, 혹은 기업의 지나친 탐욕이 굉장히 심각하다라는 것을 인류는 알았던 겁니다. 그래서 1944년 필라델피아선언도 했고 1948년 프랑스인권선언도 했고 그리고 복지국가를 만들었습니다.

그런데 최근 분쟁이 심화된 것이 저는 개인적으로 복지국가의 후퇴와 아주 긴밀한 연관이 있다고 생각합니다.

지구촌의 어떤 아이는 태어날 때부터 죽고 죽이는 현장만 봅니다. 그것도 끔찍하지만 한국처럼 한국에서 태어난 청년들이 항상 누군가를 밟거나 혹은 누군가에게

밟히는 경험만을 하면서 20대, 30대를 보내야 하는 것 역시 끔찍합니다. 그리고 이러한 불안감이 사실은 사회의 폭력이나 분쟁, 심지어 테러의 징후까지를 가능하게 한다고 저는 생각합니다.

그렇다면 제 생각에는 혹여 테러방지법이 필요하다 하더라도, 혹여 필요하더라도 사회복지와 경제적 불평등을 해소하고 인권적 침해를 최소화하는 조치와 같이 가는 것이 일국의 여당이자 일국의 대통령으로서 마땅한 태도입니다.

우리가 단 한 번 살 것이 아니고 우리가 만들어 온 나라 우리가 물려주고 싶다면, 60년대는 '산업역군'이라는 그런 이름으로 대한민국을 만든 국민입니다. 80년대, 90년대는 '민주화'라는 이름으로 대한민국을 바꾼 사람들입니다. 이 정도 대가를 치렀으면 이제 대한민국의 국민은 '이제 대한민국은 나다'라고 얘기할 수 있어야 하지만 아무도 그렇게 얘기하지 않습니다.

가진 사람은 가진 사람대로 대한민국을 무시하고, 못 가진 사람은 못 가진 사람대로 대한민국을 탈출하고 싶어 합니다. 돌아갈 곳이 없다는, 그리고 바로 앞이 절벽이라는 그런 절망감을 가진 국민들을 저는 수없이 많이 봅니다. 그럼에도 불구하고 희망을 찾으려는 사람들이 있습니다. 그런 사람들에게 '테러방지법을 우선해야 된다', 더 나아가서 '노동개악을, 즉 경제적 불평등이나 복지 축소를 의미하는 노동개악 같은 것을 긴급하게 해야 된다'라고 얘기하는 대통령을 저는 도저히 납득할 수가 없습니다.

그리고 그러한 경제적 불평등 곪고 곪는 것을 혹여 통제로, 정보로 막아서 통치를 하시려는 것이 아닌가 하는 의혹이 실제로 듭니다. 납득할 수가 없기 때문입니다.

사람들이 고통을 받는 것은 생활의 문제인데 왜 대통령께서는 11월 달서부터 대테러방지법만 얘기할까요? 사람이 대한민국을 발전시키려면 어떻게든 국민의 생명과 안전을 보장하고 평화통일 체제를 정착시키기 위한 방법을 써야 되는데 왜 대통령께서는 영국과 중국의 대리전을 한반도에서 치르라고 명하실까요?

사드 배치에 대해서는 긴말을 하지 않겠습니다만 사드는 우리나라에 필요가 없다는 것 사람들이 알고 있습니다, 그리고 그것이 중국을 자극할 거다. 중국에 대한 무역의존도가 25%인데 중국을 자극해서 도대체 한국이 경제적으로, 사회적으로, 복지적으로 얻을 수 있는 게 뭔가? 그런데 대통령께서는 전면전을 하시겠다고 합니다.

아무리 필리버스터를 해도 막지 못할 수도 있습니다. 하지만 분명한 것은 이러한 일방적 혹은 독재적으로 보여지는 정치는 결코 길게 갈 수 없습니다.

제가 과거 얘기를 잘 안 하는데요. 저는 사실은 86년까지만 해도 민주화가 일어날 거라고, 그러한 물결이 있을 거라고 믿지 않았습니다. 그래도 민주화가 돼야 된다고 생각하기 때문에 했습니다만, 어느새인가 국민들께서 움직이실 정도로 우리의 국민들은 대한민국을 만들고 바꿔 온 주인입니다.

주인은 주인 대접을 받아야 됩니다. 주인에게

대테러방지법이라는 이유로 개목걸이를 채우려는 시도에 대해서 저는 결코 동의할 수 없습니다. 못 막는다 하더라도 끝까지 이렇게라도 버틸 수밖에 없습니다.

다음으로 지금 제가 준비한 내용 중에 우선…… 잠깐만, 자료가 헷갈리네요.

(「천천히 찾으세요」 하는 의원 있음)

예, 천천히 좀 찾겠습니다.

워낙 많아 가지고…… 여기 있네요.

우선 이제는 언론 등등에서 이 대테러방지법에 대한 우려나 이런 목소리들이 꽤 많습니다. 이미 정리된 내용들을 꽤 많이 말씀을 하셨더라고요.

그런데 제가 처음 시작을 할 때 그런 얘기를 했습니다. 제 페북에 게시글, 긴급 부탁을 올렸더니 한 3시간 정도 만에 680건 정도의 댓글이 달렸다. 그리고 제안을 했는데 지금 보니까 댓글이 1091개가 달렸습니다.

그리고 댓글의 내용 일부를 제가 읽어 드렸습니다. 국정원에 대한 의혹이 가장 많았고요, 우려가 가장 컸고. 그다음에 '대테러방지법이 헌법에 위반되는 것 아닌지 제발 좀 헌법을 가지고 비교를 해 달라'라는 얘기를 좀 많이 해서 사실은 헌법의 문제를 다시 한 번, 이것은 국민들께서 요구하신 것이기도 하다고 판단해서 말씀을 드리겠습니다.

헌법은 국민을 위해서 있는 겁니다. 주인인 국민의 권리를 보장 혹은 규정하고 있는 거지요. 그래서 제1조는 모두가 알다시피 대한민국은 민주공화국입니다. 그리고 대한민국의 주권은 국민에게 있고, 모든 권력은 국민으로부터 나옵니다.

누구는 의원을 '머슴'이라고 하고 누구는 '대리인'이라고 하는데 맞습니다. 뭐라고 불러도 괜찮습니다. 국회는 대리인들의 모임이라고 보는 게 맞습니다. 그래서 자기가 생각하는 대리인, 각자가 좀 대리인이 다를 수 있습니다. 그 대리인들의 의사를 정확하게 반영시키고 관철시키려고 노력을 해야 하고, 그것 때문에 국회는 사실은 의견이 상당히 다릅니다. 하지만 주인인 국민에게 주권이 있다라는 명문적인 규정과 실제 굉장히 차이가 있다는 것을 국민들은 아십니다.

여기서 지금 이렇게 사진을 찍고 계시는 분도 아마 연봉도 다를 거고 나이도 다를 거고 취향도 다를 거고, 그런 사람들에게 '정치란 무엇이냐?'라고 묻는 경우가 있습니다. '정치란 무엇이냐?'라는 데에 아마 각자의 답들이 계시겠지만 저는 이렇게 대답을 합니다. 정치는 경쟁·효율성·성과만을 따지는 정글, 동물의 왕국으로부터 존엄, 장애이든 아니든 누구한테서 태어났든 성별·국적·종교와 무관하게…… 이게 헌법의 내용이지요.

사람은, 대한민국 사람은 태어나서 죽을 때까지 존엄하다는 것을 보장하는 것이 정치라고 저는 생각을 합니다. 동물의 왕국을 맴도는 상황이면 사회는 정치가 없지요. 그건 정치가 불신이 아니라 정치가 없는 겁니다.

대다수의 주인들이 내가 지금 효율성과 경쟁과 이런 것에 짓눌리고, 심지어는 아무리 스펙을 쌓아도 죽어도 좋은 직장 못 갖고 결혼 못 하겠다라고 판단하는 곳이라면,

그래서 내가 갈 곳이 없어서 도망가기 아니면 죽기밖에 없다라고 판단한다면 저는 그것은 동물의 왕국이라고 생각합니다. 정치가 없는 거지요.

정치라 함은 모름지기 사람의 존엄함을 보장해 주는 강력한 권력입니다. 그래서 저는 개인적으로 여야를 불문하고 보수·진보를 불문하고 정치는 약자를 위한 것이라고 생각합니다.

강한 사람은 충분히 살아남을 수 있습니다. 하지만 민주공화국의 최대의 가치, '대한민국의 주권은 국민에게 있다', 그 국민을 만들려면 강자는 그냥 국민이 될 수 있을지 몰라도 약자는 보호하고 응원하고 격려하고 차별받지 않도록 배려하지 않는 한 결코 국민이나 시민이 될 수가 없습니다. 그래서 언제나 약자가 모든 권리를 가질 수 있는 그런 이상을 저는 꿈꾸게 된다고 생각합니다.

그래서 여야를 무론하고, 보수와 진보를 무론하고 정치는 약자를 위해서 있는 것이고 그 약자를 다른 모든 사람과 동등하게 시민으로 만드는 것이 정치고, 그런 점에서 동물의 왕국을 사람 세상으로 바꾸는 게 저는 정치라고 생각합니다. 그리고 그것을 담고 있는 것이 헌법이기 때문에 이 헌법의 정신은 보편적으로든 혹은 특정 개인에 있어서든 저는 반드시 지켜져야 된다고 생각합니다.

성경 말씀에 왜 예수께서 길 잃은 양 하나에도 그렇게 애달파하셨는지, 그 길 잃은 양이 와야지 완성이 되니까요. 그렇게 생각을 합니다. 바로 이러한 헌법적 정신에 입각해서 볼 때 사실은 테러방지법은 굉장히 심각한 문제점을 가지고 있는 게 아닌가라는 생각을 가지고 있습니다.

우선 제37조를 보면, 제가 언제나 말씀을 드리는 헌법 제37조 "국민의 자유와 권리는 헌법에 열거되지 아니한 이유로 경시되지 아니한다.", 헌법에 없다고 해서 국민의 권리가 없는 게 아니다, 국민의 권리가 존재하고 그중의 일부가 헌법에 반영돼 있는 것뿐이다라고 저는 봅니다.

국민의 모든 자유와 권리는 국가안전보장, 질서유지 또는 공공복리를 위하여 필요한 경우에 한하여 법률로써 제한할 수는 있지만 제한하는 경우에도 자유와 권리의 본질적인 내용을 침해할 수 없다, 그래서 첫 번째 질문이 '침해하는 것 아니냐?', 왜냐하면 부작용에 대해서 반대하는 사람은 아무도 없습니다. 그것이 크다 적다, 강도가 어떻다는 아나, 왜냐하면 부작용을 우리는 모두 경험하였습니다. 그것을 부작용이라고 하든…… 그런 차이는 있지요. '국가정보원의 기능이 원래 댓글 다는 거야'라고 생각할 수도 있고요. '국가정보원의 기능은 그게 아냐'라고 생각할 수는 있지만 어쨌든 그것 때문에 심각한 왜곡현상이 일어난 것은 맞습니다. 그리고 그 왜곡현상이 사실은 아주 구체적으로 담뱃값을 인상할 건가 말 건지, 소줏값을 올릴 건지 말 건지까지 사실은 영향을 끼치고 있는 겁니다. 그런 점에서 저는 자유와 권리의 본질적인 내용을 결코 침해해서는 안 된다라는 점에 기초해서 볼 때 이 법안은 침해하고 있다라고 봅니다.

두 번째로 "모든 국민은 인간으로서의 존엄과 가치를

가지며, 행복을 추구할 권리를 가진다. 국가는 개인이 가지는 불가침의 기본적 인권을 확인하고 이를 보장할 의무를 진다."가 10조입니다. 제가 가장 좋아하는 헌법 조항인데요.

그러면 이런 기본적 인권에 입각해서 법을 한번 검토해 봤는지, 왜냐하면 아까도 말씀드렸지만 대테러방지법은 15년, 16년씩 계속 같은 논쟁을 반복하고 있고 전 세계적으로도 반복되고 있습니다. 인권의 가장 민감한 영역이기 때문입니다. 누구를 직접적으로 통제하는 법이기 때문입니다. 영장도 없이 법치주의의 그런 원칙도 없이 이 사람이 테러 의심자다라고 규정되는 그 순간, 그것을 우리나라에서 이 법에서는 국정원장이 규정하는 그 순간 영장도 없이 모든 것이 가능합니다.

그러면 이 사람은 국민이 아니게 되잖아요. 그렇다고 죄인인가요? 그렇지도 않거든요. 그렇기 때문에 항상 권력을 가진 사람들은 국민이라고 불려지는 사람들을 통제하고 싶어 하고요. 국민은 권력을 가진 사람을 경계하면서 그 권력이 제발 동물의 왕국에서 사람 세상으로 바뀌는 힘으로 발현되기를 원합니다.

언제나 국민의 입장과 지배, 지도, 그러니까 권력을 가진 사람의 입장에는 갈등이 있고 그 갈등의 최첨단에 있는 것이 이 법입니다. 그것 때문에 끊임없이 논쟁이 있을 수밖에 없습니다.

효과성이 있는지, 인권을 침해하는 만큼 테러행위라도 방지를 하는지, 어느 정도의 테러행위가 있는지, 어떤 위험이 있는지, 이렇게 인권이 침해될 가능성이 있을 경우 무슨 구제조치가 있는지, 국정원장이 위험분자라고 분류를 했어. 그 분류의 입증은 누가 해야 되는지, 견제는 누가 하는지, 그러면 해제조치는 누가 하는지, 그때 입을 피하는 어떻게 되는지, 과거에는 간첩으로 모의하거나 고문을 했어요. 그래서 '너 빨갱이야'라든가 불순분자를 토해 내게 만들었어요. 그리고 이걸 격리조치를 했다면 요즘은 좀 바뀌었지요.

하지만 그 고통이 고문을 받는 고통보다 덜하다고 저는 생각하지 않습니다. 저는 고문을 받은 사람들을 수없이 봤고 그 사람들이 얼마나 오랫동안 후유증을 겪는지도 봤습니다. 한국은 참 희한하게도, 희한한 건 아니지만 외국 같은 경우, 유럽의 경우는 고문이나 세월호 참사 같은 참사의 영향으로 심각한 정신적인 고통을 받고 있는 사람들에 대한 국가적 지원과 체계적 프로그램이 있습니다.

그건 오랫동안, 그러니까 오히려 육체에 난 상처는 수술을 하거나 꿰매거나 해서 회복할 수 있을지 모르지만 정신에 난 상처는 회복이 안 됩니다. 그게 인간입니다. 그런데 바로 그런 인간을 통제하겠다는 법입니다. 그래서 그런 법에서 항상 고려해야 하는 것이 "국가는 개인이 가지는 불가침의 기본적 인권을 확인하고 이를 보장할 의무를 진다.", 12월 24일 날 국무회의에서 박근혜 대통령께서 14년간 통과가 안 된 대테러방지법을 통과시켜야 된다라고 했을 때 한 번이라도 이런 고려를 해 봤습니까? 대통령은 선서를 하신

것 아닙니까, 국민을 보호하겠노라고?

다음으로 모든 국민은 신체의 자유를 가집니다. 누구든지 법률에 의하지 아니하고는 체포·구속·압수·수색 또는 심문을 받지 아니하며 법률과 적법한 절차에 의하지 아니하고는 처벌·보안처분 또는 강제노역을 받지 아니합니다. 하지만 이제 예외가 생겼습니다. 이 법이 통과되면, 그래서 위험분자로만 분류가 되면 어쨌든 주변을 다 털릴 수 있거나 신체의 자유를 잃어 버릴 수 있습니다.

그런 이런 헌법과 배치될 정도의 상황이 지금 벌어진 건지, 그렇다면 그것은 일시적인 건지, 지속적인 건지 분명히 말씀을 하셔야 됩니다.

"모든 국민은 고문을 받지 아니하며, 형사상 자기에게 불리한 진술을 강요당하지 아니한다.", 우리나라에서 고문이 없었을까요? 저는 그렇지 않다고 생각합니다.

고문은 제가 아까도 말씀드렸듯이 신체적 고문과 정신적 고문이 있습니다. 정신적 고문이 끼치는 영향은 엄청납니다. 위협, 협박 이런 것도 고문이 실제로 됩니다. 온갖 방법의 정신적 고문이 있습니다. 그런데 이런 고문조차도 가능한 대규모 어떤 권력기관을 만들려는 게 아닌가?

제17조 "모든 국민은 사생활의 비밀과 자유를 침해받지 아니한다." 이것도 무시해야 될 만한 상황인가?

제18조 "모든 국민은 통신의 비밀을 침해받지 아니한다." 그것까지도 제한할 국가안전보장상 어떤 문제인가에 대해서 의원에게 조차도 설명을 하고 있지 않습니다.

더군다나 "모든 국민은 언론·출판의 자유와 집회·결사의 자유를 가진다."고 되어 있습니다. '언론·출판에 대한 허가나 검열과 집회·결사에 대한 허가는 인정되지 아니하며, 통신·방송의 시설기준과 신문의 기능을 보장하기 위해 필요한 사항은 법률로 정하고……' 바로 이러한 기본적인 권리를 제한할 수는 있지만 자유와 권리의 본질적인 내용을 침해할 수는 없습니다.

100명 중에 혹은 1000명 중에 단 한 명이라도 본질적으로 자신의 권리를 제한받는다면 그것은 제한이 있는 겁니다. 그것 때문에 이미 여러 가지 문제 제기들이 언론 지면에 있더라고요, 제가 정리하지 않아도.

우선 한번 읽어 보겠습니다.

"김영우 새누리당 대변인은 '야당이 주장하는 것과 다르게 이미 인권침해를 막기 위한 제도적 뒷받침도 모두 들어가 있다'라고 주장했다. 김 대변인 말대로 테러방지법 내용이 일부 달라지기는 했다. 앞서 야당은 '간첩조작 사건 등 신뢰성이 떨어진 국정원에 과도한 권한을 부여하고 있다'며 테러방지법을 반대했다. 이에 새누리당은 대테러 활동의 컨트롤타워를 국정원에서 국무총리실로 바꿨다. 이 밖에도 관계기관의 대테러 활동으로 인한 국민의 기본권 침해 방지를 위해 국가테러대책위원회 소속의 대테러 인권보호관 1인을 배치하도록 했다. 아울러 관련 협의를 무고·날조한 경우 등으로 제한했다. 그러니까 무고·날조한 경우엔 관련 헌법보다 가중처벌하도록 했다.

하지만 조삼모사다. 일단 테러위험인물에 대한

출입국·금융거래 및 통신 이용 등 관련 정보를 수집·조사할 실질적 업무 권한은 여전히 국정원에 있다. 무엇보다 테러위험인물 등에 대한 모호하고 추상적인 규정은 인권침해 가능성이 있는 독소 조항이다.

　　우선 테러방지법은 '테러위험인물'로 '테러단체의 조직원이거나 테러단체 선전, 테러자금 모금·기부 기타 테러예비·음모·선전·선동을 하였거나 하였다고 의심할 상당한 이유가 있는 자'로 규정하고 있다."

이미 저도 이것은 얘기를 했지만 민변에서는 '선전·선동의 의미가 매우 불확정적이고 추상적이다. 그래서 국정원만의 판단으로 테러위험인물로 분류할 수 있다'…… 이것에 아니다라고 답할 수 있는 사람은 없습니다.

　　"민변 등은 '국정원장은 테러위험인물에 대해 출입국·금융거래 및 통신 이용 등 관련 정보를 수집할 수 있다' 등 테러위험인물에 대한 정보수집을 명시한 9조에 대해서도 테러위험인물의 정의가 모호한 반면 정보 수집, 제재, 프라이버시 침해, 기타 추적 등에 대한 국정원의 권한이 지나치게 포괄적이고 영장주의 예외인 독소 조항을 다소 포함하고 있어 심각한 인권 침해가 우려된다고 비판했다.

　　결국 인권침해의 우려를 사고 있는 알맹이는 그대로인데 컨트롤타워란 포장만 바꾼 꼴이다. 실제로 미국은 9·11 테러 직후 테러방지법인 애국자법을 제정했지만 외국인·자국민에 대한 무차별적인 도·감청 및 통신기록 수집 허용 사실 등이 드러나면서 2015년 6월 이를 폐기하고 미국자유법으로 대체했다.

　　게다가 테러방지법이 현재 우리나라에 반드시 필요한지도 의문이다. 박근혜 대통령은 지난해 12월 8일 '우리나라가 테러를 방지하기 위해서 이런 기본적인 법체계조차 갖추지 못하고 있다는 것을 IS도 알아 버렸다'라면서 테러방지법 처리를 촉구했다. 지난 1일 대국민담화에서도 '현재 OECD, G20 회원 국가 중에 테러방지법이 없는 나라는 우리나라를 포함한 4개국에 불과하다'고 강조했다.

　　그러나 이 같은 박근혜 대통령의 주장은 사실이 아니었다. 우리나라는 1982년부터 국무총리를 의장으로 하는 국가 테러대책회의가 존재한다. 정부는 지난해 IS의 파리 테러가 발발했음에도 이 회의를 한 차례도 열지 않았다. 있는 기구를 쓰지도 않으면서 새로운 법을 만들려 한 셈이다."

이것은 김광진 의원께서 매번 얘기를 하고 있지요. 국가테러대책회의가 있는데 그 난리 난 파리 테러 때도 왜 안 하시면서 테러방지법 만들어 달라고만 말씀을 하시나?

　　"실제로 국가테러대책회의 의장인 국무총리조차 이 기구를 제대로 인지하지 못했다."

역시 김광진 의원 질문이었지요,

　　"황교안 총리는 지난 18일 국회 대정부질문 당시 '국가테러대책회의 의장이 누구인지 아느냐?'는 김광진 의원 질문에 제대로 답하지 못하는 굴욕을 겪었다."

관심이 없어요, 테러대책회의에.

그런데 왜 테러방지법을 그렇게 원할까요? 테러리스트 방지 때문은 아닌 것 같습니다.

"심지어 국정원은 지금 존재하는 법령만으로도 테러 정보를 충분히 수집할 수 있다. 국가정보원법 3조에는 국외 정보 및 국내 보안정보의 수집·작성 및 배포가 국정원의 직무로 규정돼 있다. 이와 관련, 참여연대는 테러를 방지하기 위해 통합방위법, 비상대비자원관리법, 대테러특공대, 국가테러대책회의 등 많은 제도적인 장치들이 마련돼 있으며 사이버 안전을 위해서도 국가사이버안전규정, 미래부 사이버안전센터 등이 존재한다라면서 문제는 테러방지법 제정이 아니라 기존 제도를 얼마나 잘 활용하는가에 달려 있다고 꼬집었다. OECD, G20 회원 국가 중 테러방지법이 없는 나라는 우리나라를 포함한 4개국이라는 박 대통령의 주장도 마찬가지다. 국회 입법조사처 조사에 따르면 오스트리아, 칠레, 덴마크, 핀란드, 체코, 헝가리, 아이슬란드에는 형법에 테러 행위에 관한 벌칙조항이 있을 뿐이라고 밝혔다."

제가 여기서 한 가지를 덧붙인다면 OECD 국가 중에서 그 중요한 공항공사에 하청을 87% 쓰는 국가가 있을까요? 그렇게 테러의 위험이 있다면서 보안종까지 완전 하청으로 뒤덮는 국가가 있을까요? 오히려 외국전문가들은 제게 '당신 나라는 테러로부터 안전한가 보다. 그렇지 않으면 어떻게 공항공사를 그렇게 비정규직으로 채울 수 있느냐'라고 묻습니다.

그다음에 언론 문제와 관련해서, 이것은 제가 보니까 시사인에서 나온 건데요, 외국의 사례들을 좀 소개를 해 드리겠습니다.

● **부의장 이석현** 잠깐 양해 구하겠습니다.

지금 우리 국회가 국민의 안전과 정보 보호에 대해서 심각한 토론을 진행하고 있습니다. 그런데 의원님들 의석이 너무 많이 비어 있어요. 특히 여당 의원님들, 야당 국회부의장이 의사봉을 쥐고 있는 상황에서 어떻게 이렇게 방심할 수가 있는지 모르겠어요.

전부 빨리 입장들 하시도록 권유도 해 주기 바랍니다. 그냥 하는 얘기가 아닙니다.

말씀 계속하세요.

（「토론 중단하고 표결해 버립시다」 하는 의원 있음）

（「표결하세요」 하는 의원 있음）

● **은수미 의원** 그럴까요, 토론 중단하고 표결할까요? 그것도 한 가지 방법일 것 같습니다. 토론 중단하고 표결하는 것도 한 가지 방법일 수는 있겠습니다. 신호만 주십시오. 제가 중단할 수 있습니다.

'반테러법은 언론 탄압의 족쇄'라는 내용인데요.

"'저널리즘은 테러리즘이 아니다', 2014년 제66차 세계신문협회 총회에서 토마스 브루네가드 회장이 개막 연설을 통해 한 말이다. 그가 이렇게 강조했던 이유는 제3세계 언론인 보호 차원에서 제정된 황금펜상을 에티오피아의 에스킨더 네가 기자가 수상했기 때문이다.

　　네가 기자는 에티오피아의 반테러법을 비판하다 2011년 9월에 체포되었다. 다음해 1월에는 반테러법으로 18년형을 선고받았다. 이전엔 '아랍의 봄' 관련 보도와 정부 비판 기사 등으로 인해 구금되기도 했다. 당시 판사는 '네가는 표현의 자유를 가장해 폭력을 선도하고 헌정을 전복하려 했다'라며 중형을 선고한 이유를 밝혔다. '아랍의 봄'이라는 표현 자체에 에티오피아의 안보를 해치고 헌정을 전복하려는 의도가 숨어 있었다는 이야기다.

에티오피아에서는 내외신 언론인이 유죄판결을 받는 경우가 비일비재하다. 2011년 12월에는 에티오피아의 분리독립 단체를 취재하기 위해 불법 입국한 스웨덴 언론인 2명이 징역 11년형을 받았다. 모두 2009년 도입된 반테러법을 위반한 혐의다.

이집트에서도 반테러법 때문에 언론이 제 목소리를 내기 힘들다. 테러 사건 관련 오보나 정부 발표 이외의 내용을 보도했다간 20만~50만 이집트 파운드의 벌금형에 처해질 수 있다. 원래는 최소 2년의 징역형을 부과하려 했는데 언론기관과 시민단체의 거센 반발로 그나마 벌금형으로 바뀐 것이다. 한 달에 고작 한국 돈으로 수십만 원을 버는 절대다수의 이집트 기자들로서는 감당할 수 없는 큰 금액이다. 이집트의 한 인권활동가는 '반테러법을 이용한 언론 길들이기다. 언론매체가 정부에 불리한 내용을 보도하지 못하도록 사전 차단하는 것'이라고 했다.

이집트의 언론 자유는 2014년 엘시시 전 국방장관이 대통령이 된 뒤 더욱 후퇴했다는 평가다. 시위와 집회를 철저히 차단하는 동시에 반정부 성향의 인사나 언론인들을 대거 체포하고 있기 때문이다.

이처럼 반테러법에서 가장 큰 부작용은 바로 언론 자유의 위축이다. 정부는 언제든 불리한 언론 기사에 대해 국가안보를 근거로 반테러법을 적용할 수 있다. 그러나 법조문만 보면 언론행위 가운데 어디까지가 저널리즘이고 어디부터가 테러리즘인지 대단히 모호하다. 반테러법은 이런 모호한 사각지대를 비집고 언론 자유를 얼마든지 침해할 수 있다.

2013년 전직 미국 중앙정보국(CIA) 직원 에드워드 스노든은 영국의 진보성향 매체인 가디언 지면을 통해 미국 국가안보국(NSA)의 불법적 정보수집 활동을 폭로했다. 영국 정부 관계자는 가디언 사무실로 찾아가 하드디스크 파기를 요구했다. 경찰은 스노든 관련 기사를 담당한 글렌 그린월드 기자의 동성 연인을 히드로공항에 장시간 구금하기도 했다. 이처럼 언론 선진국이라는 영국에서도 스노든 파문 이후 언론인 다수가 체포되거나 기소되었는데 그 법적 근거는 모두 자국의 반테러법이었다."

그렇다면 이것은 언론만 위축이 될까요?
'귀사의 전부를 감시하겠습니다'라는 제목의 기사를 한번 읽어 드리겠습니다.

"파리 테러를 계기로 사이버테러 방지법 논의가 급물살을 타고 있다. 정부와 여당이 테러방지법과 더불어 이 법안을 강하게 밀어붙이고 있다. 야당도 여당과 합의해 처리할 태세다."
그것은 처리할 태세는 아니었습니다. 어쨌든 여기에 그렇게 써 있네요.

"내년 1월 8일까지 열리는 임시국회에서 법안 통과가……"

될까? 어쨌든 이것은 작년 12월 16일 날 쓰여진 겁니다. 그냥 읽어 보겠습니다.

"사이버테러 방지법은 우리 기업에 어떤 영향을 줄까? 결론부터 말하면 회복이 쉽지 않을 정도로 심각한 타격을 입을 것이다. '설마, 우리 기업은 테러랑 아무 상관도 없는데 무슨 말이야'
흔히 사이버테러 방지법은 테러리스트 관련 법이리라 짐작한다. 그러나 이 법은 사이버테러 방지법이 아니다. 제대로 법 이름을 만든다면 '사이버안전법'이나 '사이버보안관제법'이다.
정보통신을 활용하는 기업이라면 반드시 이 법을 꼼꼼히 읽어 보길 권한다. 이 글을 덮고 법안만 봐도 되지만 이 글을 읽으면 법안을 이해하기 쉬울 것이다. 필자의 말이 과장인지 아닌지 금방 판단할 수 있다.
사이버테러 방지법은"……

● 부의장 이석현 은수미 의원님, 미안합니다만 제가 교대 시간이 돼 가지고……

● 은수미 의원 예.

● 부의장 이석현 아까 행자부장관에게 피케팅한 사람에 대해서 왜 연행했나 알아봐 달라고 했어요. 지금 얘기를 들어 보니까 국회 경내에 피켓을 들고 들어오다가 제지당했고 연행했다 그럽니다.
그래서 말씀인데, 국회 경내나 국회 정문 앞에서 일어난 일에 대해서 되도록 의사표시를 위한 방법 이상의 것이 아니었으면 훈방해 주실 것을 제가 국회를 대표해서 권유드립니다.
수고했습니다.

● 은수미 의원 감사합니다.
(이석현 부의장, 정갑윤 부의장과 사회교대)
"사이버테러 방지법은 전산망에 침해 사고가 발생할 경우 국가정보원이 조사할 수 있게 돼 있다. 공공기관에 정보통신망 침해가 있을 때뿐만 아니라 민간기업의 정보통신망 침해도 국정원이 직접 조사하게 되는 것이다.
경찰청 통계를 보면 2013년 1년 동안 정보통신망 침해 사고는 1만 407건 발생했다. 이 많은 사고를 국정원이 조사할 수 있게 된다는 의미다. 더구나 사고 조사는 수사가 아니기에 영장주의 같은 형사소송법의 절차 규정도 적용하지 않는다. 어느 날 국정원 직원이 영장도 없이 우리 기업을 방문해 조사할 게 있다고 말할 수도 있다.
예를 들어 보자. 네이버, 다음, 카카오톡 등 정보통신 서비스 제공업체나 통신사, 금융기관, 언론사, 정당 등 어디서나 전산망·전자우편·홈페이지 게시판에 바이러스가 퍼지거나 해킹으로 개인정보가 유출될 수 있다. 지금까지 이러한 침해 사고에 국정원은 수사든 조사든 관여할 수 없었다. 간첩이 관여했다는 상당한 증거가 있어서 법원에서 영장을 발부받아 수사를 하는 게 아니라면 말이다.

그러나 사이버테러 방지법이 제정된다면 국정원이 그 상황을 국가안보나 이익에 중대한 영향을 미치는 상황으로 판단하면 그만이다. 언제든 민간기업을 조사할 수 있다. 기업들은 국정원의 조사를 막을 어떤 법적 근거도 방법도 없을 것이다.

사이버테러 방지법은 국정원이 사고 조사를 한다고 하면 조사를 완료할 때까지 민간기업이 정보통신망 침해와 관련된 자료를 임의로 삭제·훼손·변조하지도 못하게 해 놓았다.

심지어 국정원은 그 기업에 알리지 않고 그 기업의 보안관제 서비스를 담당하는 보안서비스업체를 조사할 수도 있다. 이런 식으로 국정원은 무엇을 얼마나 알게 될까? 아마도 그 기업의 보안서비스 담당 업체가 알고 있는 정보를 포함해 그 기업의 전산화된 정보를 모두 알 수도 있다.

최근 보안관제 솔루션의 눈부신 발전을 감안하면 충분히 가능하다. 모든 정보, 즉 전수 트래픽 데이터를 보관하는 것은 보통이고 보안관제 서비스 담당자를 통해 은밀히 기업 데이터로 접근하는 것도 가능하니 말이다.

그러니 국정원은 어떤 공정거래법을 위반했는지, 세법을 위반했는지 내부 자료를 은밀히 조사하거나 엿볼 수 있고, 법무법인·회계법인과 주고받은 의견서는 물론 내부 경영전략 등 기밀 자료까지 다 조사하거나 엿볼 수 있다. 고객의 모든 정보도 마찬가지다. 사이버테러 방지법은 기업 입장에서는 심장을 콩알만 하게 만드는 법이다.

사이버테러 방지법은 여기서 그치지 않는다. 국정원에 우리나라 정보통신망의 안전과 보안을 책임질 수 있도록 사실상 모든 권한을 준다. 국정원은 앞으로 우리나라 정보통신망 보안산업정책을 결정하고 시행령과 고시를 만들 것이다. 보안 표준을 정하는 것도 국정원이고 보안관제 서비스의 기준, 보안관제센터의 기준, 보안관제 프로그램의 조건도 국정원이 결정할 것이다. 국정원 산하에 둘 사이버안전센터 보안관제센터는 그 집행기관이 될 것이다. 이미 국정원과 국가보안기술연구소는 우리나라 보안관제 솔루션 인증을 통해서 소스코드까지 제공받고 솔루션의 모든 기능을 파악하고 있다. 그 보안관제 솔루션은 대부분 정보통신망의 모든 트래픽을 별도의 공간에 저장해 놓도록 하고 있고, 실시간으로는 트래픽의 특정 정보를 추출할 수 있는 기능을 가지고 있다. 다른 말로 하면 도청 기능이다.

사이버테러 방지법이 제정되면 국정원은 시행령이나 고시로 민간기업의 중요 통신망에 특정한 기능을 갖춘 보안장비 설치의무를 부여할 수도 있다. 정보통신망의 안정성과 신뢰성을 보장하기 위해 영장 없는 도청이 이루어지는 것이 보안관제인데 심지어 사이버테러 방지법에서는 국정원이 직접 보안관제센터를 세워 전문 보안관제 서비스를 위탁으로 제공하겠다고 한다. 공공기관, '정부나 지방자치단체와 공기업, 심지어 모든 초·중·고나 대학교도 포함된다'에 국정원이 정보통신망 보호와 보안관제센터 역할을 담당하고 있어 은밀한 감시라는 논란이 있어 왔다. 사이버테러 방지법은 국정원의 이 역할을 민간기업에까지 확장하겠다는 속셈이다.

사이버테러 방지법은 테러를 막자는 것이다. '테러정보에 대해서만 대응하는 것이겠지'라고 생각할지 모른다. 아니다.

사이버테러 방지법의 사이버테러는 그냥 정보통신망 침해를 말한다. 게다가 테러정보와 일반정보를 미리 구별하기도 어렵다. 이건 마치 교통수단을 통해서 테러가 일어날 수도 있으니 교통망을 국정원이 관할하겠다는 것이나 다름없다.

사이버테러를 방지하려면 어쩔 수 없는 것 아닐까? 결코 그렇지 않다. 실제 해외에서도 유례가 없다. 국가정보기관이 수사기관보다 더 무서운 조사권을 가지고 정보통신망 침해를 예방·대응할 권한을 갖고 보안관제까지 맡게 되는데 민간기업이 괜찮을 리 있겠는가. 민간기업은 항상 국정원으로부터 뒷조사를 당할 걱정은 물론이고 이중 삼중의 과도한 중복규제에 시달릴 것이다.

그러면서도 이용자들로부터는 이용자의 개인정보를 국정원에 팔아넘긴 것이 아니냐는 오해를 살 것이 분명하다. 국정원이 정보통신망 침해 사고 조사를 할 수 있다는 사실이 이용자들에게 알려지면 이용자들은 국정원으로부터 안전한 구글이나 텔레그램, 페이스북 같은 해외 사업자의 서비스로 썰물처럼 빠져나갈 것이 불을 보듯 뻔한 일이다. 국가정보기관이 정보통신망을 관장할 경우 활력 있는 산업발전이 이루어질 수 없다는 것도 두말할 필요가 없다.

민간의 정보통신망 침해나 그 정책에 대해서는 국정원이 아닌 미래창조과학부장관이나 한국인터넷진흥원, 개인정보보호위원회가 업무를 맡는 것이 바람직하다. 국정원의 과욕은 우리나라 정보통신망에 찬바람을 몰고 올 것이다. 국정원이 은밀하게 기업들을 조사할 수 있는 상황에서 어떻게 기업들이 안심하고 사업을 할 수 있겠는가. 국정원은 지금 테러방지라는 명목으로 사이버테러 방지법을 이념논쟁의 구도로 보이게 만들어 규제의 영토를 확장하려 한다. 그 대가로 우리는 영영 정보통신 후진국으로 전락할 수 있다. 법안을 읽어 보면 민간의 자율성을 옹호하는 모든 언론과 기업, 민간영역에서 함께 나서서 반대해야 할 일이다."

그러니까 이번 대테러방지법이 사실은 사이버테러 방지법까지 확장이 되는 수밖에 없고요, 그렇게 되면 언론·기업까지도 안심할 수 없다. 조지 오웰의 '1984년'이 실제 구현되는 걸 한국은 볼지도 모릅니다.

그다음 또 나와 있는 글이 있습니다. '독재자의 무기가 되고 있는 반테러법'이라는 글인데요.

"지난해 12월 18일 에티오피아 수도 아디스아바바 서쪽 60㎞ 지점에 있는 월렌코미에서 시민들이 대정부 항의 시위를 벌이고 있었다. 에티오피아 최대 부족인 오로모족이 살고 있는 지역들을 수도 아디스아바바에 편입한다는 정부 방침 때문이었다. 한 달여 동안 시위가 이어져 왔던 이날 정부군과 경찰은 문자 그대로 살인 진압에 나섰다. 시위대에게 발포한 것이다. 최소 75명이 사망하고 시위대 상당수가 부상당했다.

이날 군경의 발포는 에티오피아 법률상 합법이었다. 반테러법 덕분이다. 이 법은 1991년 군사정권을 축출한 뒤 장기집권을 하던 고 멜레스 제나위 총리의 작품이다. 생전 박정희 전 대통령을 가장 존경하며 한국의 경제개발에 지대한 관심을 가졌던 그가 2009년 도입했다. 에티오피아 정부는 이 법안을 빌미로 반체제 인사와 정부 비판 성향 언론을 탄압한다는 국제적 비난을 받아 왔다.

에티오피아 정부의 발표로 수십 명이 사망하자 국제 인권단체들은 반테러법을 이용해 평화 시위를 무력으로 진압했다며 비판에 나섰다. 에티오피아의 한 인권단체 인사는 '자기 땅을 정부에 빼앗기지 않으려고 시위한 것이 테러는 아니다. 이 법이 제정된 뒤 정부에 반대하면 무조건 반테러법 위반이고 시위대를 향해 발포해도 합법적인 것이 되어 버렸다'라고 말했다.

국제적인 비난에도 불구하고 제타체우 레다 정부 대변인은 '시위대는 폭력적 방식으로 시민들을 위협했다. 반테러법에 의거한 발포는 정당했다'라고 말했다.

이집트에서도 반테러법은 군과 경찰에 자유로운 무력 사용권을 부여했다.

지난해 8월 카이로 동부 나사르시티의 한 주택에 이집트 대테러 부대가 출동했다. 그들은 일방적으로 총기를 난사해 집안에 있던 대학교수 등 일가족을 몰살시켰다. 살해당한 가족은 모두 비무장 상태였다. 이집트 정부의 대테러 부대가 왜 이들을 죽였는지 아는 사람은 아무도 없었다.

이집트 반테러법은 지난해 6월 29일 히샴 바라카트 검찰총장이 출근길에 폭탄 테러로 숨지자 압델 파타 엘시시 이집트 대통령이 불과 두 달 만에 만들었다. 이 법안으로 테러단체를 만들거나 주도하면 사형이나 종신형, 그리고 테러단체에 자금을 대거나 합류하면 각각 징역 25년 형, 10년 형을 받을 수 있다. 이 법안은 엘시시 대통령에게 무소불위의 힘을 안겨 주었다.

엘시시의 정적인 무르시 전 대통령 지지세력인 무슬림형제단을 테러조직으로 규정했다. 누구든 무슬림형제단에 가담하거나 기부하면 이 법에 의해 징역 10년 이상을 받게 된다. 엘시시에게 반테러법은 정적 제거용으로 안성맞춤이다.

새해 벽두인 지난 1월 2일 사우디아라비아는 저명한 시아파 지도자를 포함한 사형수 47명을 테러 혐의로 집단 처형했다. 알카에다 관련 테러에 가담한 혐의였다. 처형의 법적 근거는 반테러법이다. 사우디아라비아의 시아파 지도자 알님르도 이날 처형당했다. 사우디 내 시아파 진영이 격분했다. 중동의 시아파 종주국인 이란 역시 거세게 반발하면서 사우디·이란 관계는 외교 단절로 치달았다.

사우디의 한 인권운동 관계자는 '이번에 처형된 이들은 반테러법의 희생양이다. 나는 이들이 사우디 왕실에 대한 위협 세력이지 테러리스트는 절대 아니라고 생각한다'고 말했다.

반테러법의 효시는 9·11 이후 미국의 '애국법'이다. 반테러법은 말 그대로 테러를 반대한다는 법이다. 하지만 이를 악용하면 정권을 유지하기 위해 인권을 침해할 수 있는 양날의 검이다. 9·11테러가 일어난 후 10년간 테러 혐의로 체포된 사람만 세계적으로 모두 11만 9044명에 달한다. 이 중 3만 5117명이 유죄 판결을 받았다. 중국에서만 7000여 명이 테러 혐의로 구금됐고 터키에서는 쿠르드족 분리독립 운동가들이 테러 혐의로 대거 기소됐다. 시리아를 비롯한 아랍의 몇몇 독재정권은 반테러법을 근거로 '아랍의 봄'이라는 민주화 혁명을 짓밟았다.

반테러법의 효시는 미국이다. 2001년 9·11테러 이후 애국법(Patriot Act)라는 테러방지법을 제정했다. 미국 의회는 연방수사국 등 수사기관의 대테러 활동을 강화하고 감청 및 수색 절차를 대폭 간소화하는 법안 마련에 착수해 2001년 10월 25일 통과시켰다. 법안은 조지 부시 대통령이 서명한 그날 바로 발효됐다. 보통 수개월씩 걸린다는 미국 입법기관이 이 법안에서는 불과 한 달 보름으로 단축된 것이다. 테러 용의자를 색출한다는 명목으로 수사기관의 유선, 구두 통신 및 이메일 감청을 대폭 확대하고 테러 혐의를 받는 외국인의 기소 전 구금기간을 48시간에서 최고 7일까지 늘렸다.

캐나다에서도 지난해 5월 캐나다 보안정보국 권한을 대폭 강화한 대테러법 개정안이 의회를 통과했다. 이 법안은 정보기관이 테러 용의자들을 감청 등으로 감시할 수 있으며 기소 없이도 체포·구금할 수 있도록 했다. 2014년 10월 국회의사당을 포함해 수도 오타와 도심 3곳에서 무장 괴한이 총기를 난사한 사건이 터진 뒤 캐나다 정부가 만든 것이다.

프랑스 역시 강력한 반테러법을 시행해 왔다. 2008년 미국 외교 전문지 '포린 폴리시'는 테러리스트가 머물기에 최악인 국가로 러시아·싱가포르·이집트·요르단과 함께 프랑스를 선정했다.

프랑스인들은 역사적으로 테러에 매우 민감하다. 1950년대의 알제리전 기간에 벌어진 테러 공격에 대한 역사적 기억 때문이다. 프랑스에서는 사법권까지 지닌 특수부대가 테러리스트의 체포·수사를 진행하며 영장 없이 용의자를 구금할 권한도 가지고 있다.

이런 프랑스조차 테러를 피해 가지는 못했다. 지난해 1월의 시사 풍자 주간지 샤를리 에브도 사건과 11월의 파리 테러사건을 두고 봤을 때 강력하다는 프랑스의 반테러법이 어떤 효력을 발휘했는지 의심스럽기조차 하다. 그럼에도 불구하고 최근 프랑스 하원은 테러방지 목적에 한정해 국가정보기관이 판사의 사전승인 없이도 테러 용의자를 감시하고 전화 감청이나 이메일·메신저를 감시할 수 있도록 하는 등 더 강화된 반테러법을 통과시켰다. 이 법안은 미국의 애국법 내용과 비슷해 프랑스판 애국법으로 불린다.

프랑스의 인권단체와 인터넷 업계 등은 강력히 반발하고 있다. 피에르 올리비에 쉬르 프랑스 변호사협회 회장은 '테러로부터 프랑스를 보호하는 내용이 아니라 국민 개개인의 활동에 영향을 미치기 때문에 반대한다'라고 말했다. 테러전문 판사 마르크 트레비디크 판사도 통상적인 사법적 감시가 빠진 위험한 법안이라고 반대 의사를 밝혔다. 이 법안에 따른 가장 큰 피해자는 인터넷 업계다. 웹호스팅, 소프트웨어 개발, 전자상거래 등 800개 이상의 인터넷 업체는 인터넷에서 대규모 감시가 이루어져 경제활동이 위축된다는 이유로 극렬하게 저항했다. 하지만 마뉘엘 발스 프랑스 총리는 '테러공격을 예측하고 찾아내 예방하기 위한 감시수단은 엄격하게 제한돼 사용될 것이다'라며 여론을 달래는 중이다.

프랑스 인터넷 업계가 프랑스판 애국법의 경각심을 갖게 된 것은 2013년 6월 벌어진 에드워드 스노든 사건 때문이다.

전 중앙정보국 직원이었던 스노든은 미국 국가안보국이 국내 테러분자를 색출한다는 명분으로 무차별 감청 등 국민 사생활을 광범위하게 침해했다고 폭로했다. 이를 계기로 애국법에 근거해 전 세계를 유리온실 보듯 도·감청해 들여다봤다는 프리즘 시스템이 알려졌다. 이 때문에 마이크로소프트·애플·구글 등 미국의 대표 기업들이 난처해졌다. 정부에 협조하면 고객의 사생활을 누출해야 하고 협조하지 않으면 법안에 위배될 수도 있기 때문이다.

가장 큰 문제는 애국법으로 막강한 권한을 갖게 된 NSA였다. NSA는 테러라는 이름으로 무소불위의 수사를 했으며 도·감청으로 방대한 데이터를 모았다. 마침내 2014년 12월 미국연방 1심 법원인 워싱턴 지방법원은 시민단체가 정부를 상대로 제기한 위헌소송에서 NSA의 정보 수집은 시민에 대한 부당한 압수수색을 금지한 미국 수정헌법 4조를 위배하는 것이라고 판시했다. 애국법이 사실상 폐지 순서를 밟게 된 것이다.

이를 대체하기 위해 버락 오바마 대통령은 미국 자유법안(USA Freedom Act)을 통과시켰다. 이 법안에는 NSA가 미국 시민들에 대한 전화 통화 내용을 수집하는 것을 원칙적으로 금지하며 국가 안보를 위해 필요하다고 판단되면 법원의 허가를 받도록 명시되었다.

새해 첫날부터 중국에서도 반테러법이 발효되었다.

지난해 12월 27일 전국인민대표대회가 중국 내외에서 일어나는 모든 테러에 적극 대응한다는 명목으로 전격 통과시켰다. 총 10장 97조로 구성된 중국의 반테러법은 통신·인터넷 기업은 공안 당국의 테러 수사에 협조해야 하고 데이터 접속하고 암호 해제 등에 대한 기술적 자원을 제공해야 한다라고 규정했다. 인터넷 사용자의 개인정보 유출과 IT 기업의 지식재산권 침해가 우려된다는 국제적인 비판이 이어지고 있다.

또 소셜 미디어 등에 테러 현장의 사진을 올리는 것이 금지된다. 신장이나 티베트 같은 지역에서 민족적 혹은 종교적 갈등이 생겨도 이 법안으로 인해 세상에 알려지기가 쉽지 않게 되었다. 파이낸셜 타임즈는 '반테러법이 중국 내 독립세력을 탄압하는 수단이 될 수 있다'라고 보도했다. 신장 지구에서 활동하는 시민단체 간부는 '이제 우리는 고립된 것이나 마찬가지다, 외부에 우리 상황을 알릴 마지막 끈이 끊어진 것'이라고 한탄했다.

중국의 반테러법 중 가장 눈에 띄는 것은 해외 테러 현장에 중국군을 파병한다는 조항이다. 중동이나 아시아 등지에서 테러가 일어나면 중국군을 손쉽고 빠르게 파병할 수 있다는 이야기이다. 이에 대해 홍콩의 한 테러 전문가는 '중국군이 해외에서 전쟁을 치를 가능성이 열린 것이다. 그러나 이는 테러의 씨앗을 중국으로 불러들이는 결과로 이어질 수도 있다, 미국이 그랬듯이 말이다'라고 우려했다."

사실 전 세계가 테러의 위험에 노출되어 있는 게 아닌가 하는 우려가 있습니다. 이런 것을 보면 사형제도하고 굉장히 비슷한 것 같아요. 사실은 사형제도가 살인을 막는 효과는 없다는 연구보고들이 꽤 있습니다. 왜냐하면 아주 강력한

처벌을 하는 것만으로는 살인을 막지 못하는 다른 요인들이 있기 때문입니다.

그래서 저는 그런 고민을 하시는 분이 프란치스코 교황이시라고 생각합니다. 그래서 요즘 교황께서 테러 문제에 대해서 왜 이런 발언을 계속, 혹은 이런 얘기들을 하시는지 제가 궁금해질 때가 있는데요, 제가 처음 발언을 시작할 때 아마 이것을 읽어 봤을 텐데 다시 한 번 하나하나 소개를 해 보겠습니다.

전 세계가 테러 문제 때문에 상당히 앓고 있습니다. 그러면 테러는 왜 발생하는 걸까요? 그냥 폭력적인 사람들이 늘어난 걸까요, 혹은 종교적인 갈등 때문일까요?

여기에 대해서 아프리카 3개국을 순방 중인 프란치스코 교황은 2015년 11월 25일 케냐 나이로비의 국회의사당에서 우후루 케냐타 케냐 대통령 및 정부 관계자와 외교사절이 참석한 가운데 연설했어요. 그래서 폭력과 테러와 같은 평화와 번영의 적에 맞서 싸워야 한다. 어떻게? 그에 대해서 우리가 겪고 있는 경험을 보면 폭력과 분쟁, 테러는 가난과 좌절에서 비롯된 공포와 불신, 절망을 먹고 자란다.

교황께서는 많은 사회가 인종, 종교, 경제적 혹은 이념적 분열을 겪고 있는 상황에서 모든 선한 의지를 가진 자에게는 화해와 평화, 용서와 치유를 위해 노력해야 한다는 소명이 있다고 전제한 뒤 건강한 민주적 질서를 세우고 화합과 통합, 타인에 대한 존중과 관용을 강화하는 과정에서 가장 우선되어야 하는 것이 공공의 선을 추구하는 것이다.

저는 사실은 박근혜 대통령이나 새누리당에게 화해와 평화, 용서와 치유를 위한 노력을 함께하라고 부탁하고 싶지는 않습니다. 오히려 제가 부탁하고 싶은 것은 의견이 좀 다른 사람들이 이 사회에는 있습니다. 그런 사람들의 존재를 존중하고 소통을 하고 논의를 하는 것이 저는 정말 사람다운 사회라고 생각합니다.

위법한, 직권상정을 통해서 두 달여 만에 국민의 모든 헌법적인 가치를 다 침해할 소지가 있는 법을 통과시키는 그것은 의견이 다른 사람, 상당수의 국민을 같은 눈높이에서 보지 않는 겁니다. 같은 사회 구성원으로 보지 않는 겁니다. 그래서 저는 오히려 박근혜 대통령께 다른 사람이 존재한다는 것을 그냥 인정해라. 인정하십시오. 이게 맞다고 봅니다.

오히려 그렇게 다른 생각을 가진 사람을 존중하는 분들에게는 또한 교황의 말씀이 맞는 것 같습니다. 모든 선한 의지를 가진 자에게는 화해와 평화, 용서와 치유를 위해 노력해야 한다는 소명이 있습니다. 정치인도 예외는 아니라고 합니다.

다음으로 2015년 12월 25일 성탄 메시지였지요. 성탄 메시지 전문을 제가 좀 찾아보려고 했는데, 여기에서는 평화 얘기를 많이 하셨습니다.

분쟁 지역 많지요, 평화 싹트면 증오가 사라진다라는 내용으로 기도를 하셨습니다. 프란치스코 교황은 프랑스 파리에서 발생한 잔혹한 테러행위와 아프리카, 중동, 우크라이나 등의 분쟁을 언급하며 평화가 싹트면 증오와

전쟁이 발 붙이지 못한다고 강조했습니다.

프란치스코 교황은 이날 바티칸 성베드로성당에서 전통적인 크리스마스 메시지인 우르비 엣 오르비(Urbi et Orbi)—이게 '로마와 온 세계'라는 아마 라틴어인 것 같습니다—를 통해 예수가 태어난 중동은 여전히 긴장과 폭력이 계속되고 있다면서 이스라엘과 팔레스타인이 직접 대화를 재개해 분쟁을 극복하고 두 민족이 함께 평화롭게 살 수 있는 합의를 이루어야 한다며 이같이 강조했다고 바티칸 라디오가 보도했습니다.

프란치스코 교황은 또 국제사회는 시리아와 리비아는 물론 수많은 희생자가 발생한 이라크, 예멘, 사하라사막 이남, 아프리카 등에서의 잔혹한 행위를 중단하는 데 함께 노력해야 한다면서 여기에는 역사적·문화적 유물 파괴 행위는 물론 이집트, 베이루트, 파리, 튀니지 등에서의 잔인한 테러행위도 있다면서 간접적으로 극단주의 무장세력 이슬람국가—IS지요—를 겨냥했습니다.

프란치스코 교황은 또 콩고민주공화국, 부룬디, 남수단에도 대화를 통한 평화와 안정이 필요하다면서 이번 크리스마스가 무력충돌로 고통받는 우크라이나에도 평화를 가져오기를 바란다고 말했습니다.

난민 문제에 대해 프란치스코 교황은 수많은 난민을 수용하고 안정된 미래를 설계하며 사회에 적응할 수 있게 지원하는 개인이나 국가들을 하느님이 보상해 주실 것이라며 그러나 오늘도 아직도 수많은 사람이 인간적 고귀함을 상실한 채 추위와 가난, 폭력, 마약, 소년 징병, 인신매매에 시달리고 있다고 지적했습니다.

프란치스코 교황은 이어 오늘같이 좋은 날에 신은 일자리가 없는 사람들에게 희망을 불어넣어 주실 것이라며 정치·경제적 책임이 있는 사람들은 공동의 이익을 추구하고 인간의 존엄성을 보호하도록 온 힘을 기울여 달라라는 것이 분쟁과 폭력이 많은 지역에 대한 교황의 말씀이십니다.

제가 교황만 언급을 하니까 특정 종교 편중 아니냐 하는데, 제가 스님으로부터 금강경 해제를 받고 조금씩 읽고 있는데 그것은 읽으면서 해야 돼서 도저히…… 필리버스터 준비를 만약 좀 길게 할 수 있었다면 성경과 불경을 다 가지고 왔을 텐데요. 굉장히 좋은 얘기도 많고 어떻게 보면 대테러방지법과 같은 아주 일방적인, 저로서는 국민의 인권, 인권의 가치, 사람의 존엄함을 파괴시키는 행위와 같은 일이 벌어질 때마다 끈질기게 맞서면서 국민과 함께하기 위한 어떤 저의 무기로서 불경과 성경이 저한테는 도움이 많이 됐습니다.

마지막으로 교황께서 쿠바에서, 이게 2016년 2월 12일 날 쿠바에서 한 포옹인데요. 가톨릭교회하고 러시아정교회는 예전에는 뿌리가 같았다가 분리된 것으로 저는 알고 있습니다만, 그렇게 분리되어서 그 정교회와 가톨릭교회 수장이 포옹을 한 게 920년 만이랍니다. 그래서 920년 만의 포옹 그것을 쿠바에서 하셨습니다.

"프란치스코 교황과 러시아정교회 수장인 키릴 총대주교는 쿠바의 수도 아바나에서 역사적인 만남을 가졌다. 이 만남은 중동에서 벌어지고 있는 그리스도교 박해에 대한 시급한 해결책을 찾기 위한 요구에 응한 것이다. 두 지도자는 가톨릭교회와 러시아정교회의 새로운 관계를 시작하는 것을 상징하는 공동선언에 서명을 하면서 아바나 국제공항에서의 두 시간에 걸친 비공개 간담회 회담을 마쳤다. 30쪽에 달하는 선언에서 교황과 총대주교는 오랜 시간에 걸친 로마와 모스크바의 갈등을 마무리하려는 노력을 표현하였다. 최측근과 통역만을 대동한 비공개 회담을 마친 뒤 프란치스코 교황은 주교이자 세례성사를 받은 형제로서 이야기를 나누었다고 밝혔다. 교황은 공동의 노력을 경주하여 일치를 이룰 수 있을 것이라고 강조하면서 교황과 총대주교가 1054년 동서 교회의 분열 이후 지속되고 있는 장애에도 불구하고 실현 가능한 것들에 대해 어떻게 시작할 수 있을지 논의하였다고 전했다. 공동선언에서 두 사람은 자신들의 쿠바에서의 만남이 동서와 남북 간의 교차로가 될 수 있기를 희망하고 그리스도인들 사이의 일치를 재확립할 수 있는 데 기여할 수 있기를 희망하였다. 선언문에서는 많은 부분을 중동과 북아프리카에서 벌어지고 있는 그리스도교와 다른 신앙인들에 대한 박해와 교회가 파괴되고 가정과 마을과 도시가 붕괴되고 있는 상황에 대하여 언급하였다. 특히 시리아와 이라크의 분쟁에 대하여 언급하면서 국제사회가 합심하여 폭력과 테러를 종식시키고 그리스도교인들이 그 지역에서 추방당하는 것을 저지하는 데 노력해 줄 것을 호소하였다. 교황과 총대주교는 종교 간 대화의 중요성을 강조하고 함께 테러리즘에 대항하여 책임 있고 신중하게 행동해 줄 것을 요청하였다. 가톨릭과 정교회가 공산주의사회에서 무신론을 주장했던 지난 세기 형태뿐만 아니라 유럽과 세계적으로 퍼지고 있는 세속주의에 의한 박해도 함께 염려하고 있음을 종교 자유에 대한 심각한 위협이 있다고 선언문을 통해 밝혔다. 선언문은 또한 부유한 국가들의 소비주의로 지구의 천연자원이 위협받고 있고 이로 인해 고통받고 있는 국가의 가난한 이들과 이민자들에 대하여서도 언급하였다. 교황과 대주교는 가정과 결혼은 남녀 간의 자유로운 사랑행위이며 사회 기초를 이루는 것이라는 데 동의하였다. 태아의 권리와 더불어 노인과 병자의 권리를 옹호하고 젊은 그리스도인들이 자신들의 복음적 삶의 가치를 드러내는 데 두려워하지 않기를 요청하였다. 수많은 부상자와 사망자를 낳고 심각한 인도주의와 경제위기를 불러온 우크라이나 사태에 대하여서도 언급하였다. 자신들의 만남이 그리스 가톨릭과 정교회 간의 긴장을 해소시키는 데 기여할 수 있기를 희망하면서 모든 교회의 구성원들이 함께 전쟁을 종식시키고 평화로 나아갈 것을 호소했다."

제가 요즘 이런 교황의 강론 등을 일부라도 간혹 이렇게 보게 되는 건, 여러분도 느끼시겠지만 말이 참 중요한 것 같아요. 정치는, 지금 이 필리버스터도 계속 읽고 어찌하든 간에 말을 하고 있는 건데요. 말이 형식인 것 같기는 하지만 그 사람을 표현하기도 합니다. 저는 좋은 말, 따뜻한 말이 좋아요. '사랑하다, 평화롭다, 통일을 한다, 해소시킨다, 완화한다, 평등하게 바꾼다' 혹은 '희망이 있다, 절망은 이제 끝냈다', 약간의 희망이라도 '낙관, 기대, 꿈, 열정' 굉장히 좋은 말이 많습니다.

그런데 어느 순간 정치를 둘러싼 곳에서, 국회에서도 많이 그렇지만, 좋은 말은 거의 없어요. 제가 많이 듣는 말이 '피를 토하다, 진돗개의 모가지를 물다' 이런 말들을 많이 들어요. '단호하게, 끝장' 혹은 '절대, 빨갱이', 심지어는 저는 새누리당 모 의원께서 '그러려면 월북해라'라는 얘기를 하는 것도 들었습니다. 저한테 한 얘기는 아니에요. 모 의원이 발언을 하는데, 대정부질문을 하고 있는데 여기 서서 그런 말씀을 합니다.

저는 정치인이 국민의 대리인이라면, 국민도 힘든데, 사실은 요즘 정말 절벽에 서 있는 사람들도 많은데 어떻게 하면 그분들을 응원하고 그 절벽으로부터 한 발이라도 뒤로 물러나게 할까를 생각해야 되는데 그 정치인들이 '피를 토하고, 모가지를 물고, 절대 안 되고, 임금을 삭감하고, 테러방지법 직권상정하고' 이런 말들만 하면 사실은 절벽으로 떨어지라는 얘기입니다, 국민들에게. 저는 박근혜 대통령과 청와대와 새누리당이 왜 그렇게 격렬하게 정말 피를 토한다는 표현만을 쓰는지 이해할 수가 없습니다. 성경이나 불경만을 보아도 좋은 얘기가 굉장히 많습니다.

물론 어렵지요. 용서하고 화해하고 길을 열고 평화를 꾀한다는 것, 무척 끈질기고 포기하지 않는 용기가 필요합니다. 오히려 싸우는 것보다 더 큰 용기는 정말 끈질기게 평화를 추구하는 거라고 저는 생각합니다. 그것 때문에 목숨을 걸어야 할지도 모르는 상황들이 있었습니다, 과거 인류의 역사에.

하지만 어쨌든 수많은 전쟁의 포화 속에서 사람은 끊임없이, 그리고 훌륭한 리더·지도자들은 끊임없이 시민들의 평화와 안위와 행복을 추구했고 그것을 이루었습니다. 그런 사람들이 역사적으로 남지요.

그런데 어떻게 한국의 대통령께서는 그렇게 격렬한 말을 사용하면서 국회를 재촉하고 불법적으로 직권상정을 할까라는 생각을 요즘 참 많이 합니다. 왜 그런지는 잘 모르겠다, 이왕이면 좋은 말을 좀 더 했으면 좋겠습니다.

물론 이것은 저에게도 하는 이야기입니다. 아까도 말씀드렸지만 제가 이 자리에 서 있는 이유는 약자들 때문입니다. 비정규직, 장애인, 상대적으로 약한 여성들, 어르신들, 아이들 이런 사람들이 사실은 강압적인 행위에 가장 약합니다. 그런 분들 중에 어느 누구라도 자신의 자유와 인권이 훼손되지 않도록, 그게 제가 서 있는 이유이기도 합니다. 그러다 보니 가끔 저도 얼굴을 붉힐 때는 있습니다. 하지만 가급적이면, 가급적이면 그렇게 대통령과 같은 격한 말, 과격한 반응을 하지 않으려고 노력을 합니다.

이제 다시 시민사회의 의견 혹은 그런 것들을 좀 알려 드리겠습니다.

"11월 24일 국무회의에서 박근혜 대통령은 테러방지법 통과를 국회에 강한 어조로 촉구했다. 대통령은 국회에 계류된 테러 관련 법안 처리에 국회가 나서지 않고 잠재우고 있다라고

말했다.

김대중 정부 말기인 14년 전 처음 발의된 이래 테러방지법은 큰 사건이 터질 때마다 수면 위로 올라왔다. 2011년 9·11 테러사건, 2004년 김선일 씨 피랍사건, 2005년 7월 7일 런던테러 등 국제 테러사건이 터졌을 때가 대표적이다. 지난 3월 마크 리퍼트 주한미국대사가 피습되었을 때도 새누리당은 이를 테러로 규정하고 테러방지법을 추진했다. 그럼에도 테러방지법이 14년간 국회를 통과하지 못한 이유는 독소 조항 논란 때문이다.

참여정부 시절인 2003년에는 국가인권위원회, 대한변호사협회가 공식적 반대의견서를 국회에 제출했다. 민주사회를 위한 변호사모임, 참여연대, 국제앰네스티 한국지부 등 98개 시민단체가 공동으로 반대성명을 발표하기도 했다.

현재 새누리당이 입법을 추진하는 테러방지법안은 당시 지적된 독소 조항을 그대로 담고 있다. 심지어 당시 여야 논의 끝에 수정 또는 삭제된 조항도 되살려 발의했다. 테러단체 구성죄와 가중처벌 조항이다. 2002년 당시 민변은 국회에 제출한 의견서에서 '테러단체 구성죄는 형법상의 범죄단체 조직죄로 충분히 처벌이 가능하다. 이는 결국 현행법으로도 테러범을 처벌하는 데 어떠한 결함이나 공백도 존재하지 않음을 방증하는 것이다'라고 비판했다.

결국 국정원은 2003년 11월 19일 허위신고 처벌 조항을 제외한 모든 처벌 조항을 삭제한 수정안을 제출한다. 당시 국회에 출석한 김주현 행정자치부차관은 테러 관련 국제협약 이행법률이 입법되어 테러범죄에 대한 처벌규정이 마련되었으므로 허위신고 이외의 처벌 조항은 모두 삭제하여 인권침해 소지를 최소화했다라고 말했다.

그런데 이번에 새누리당 의원 73명이 공동발의한 '국민보호와 공공안전을 위한 테러방지법안'에는 이 처벌 조항들이 모두 부활되었다. 새누리당 안은 테러 대응의 실무적 권한을 국정원에 맡겼다. 국무총리가 의장을 맡는 국가테러대책회의를 신설하고 그 아래 테러대책상임위원회를 두었다. 상임위원장은 국정원장이 맡는다. 상임위원회는 테러사건 발생 시 정부의 대응 방향을 결정하며 테러단체의 지정 및 해제 권한을 갖는다. 결국 어떤 단체가 테러단체인지 결정하는 기구를 국정원장이 이끌게 된다. 상임위원장은 테러를 선전·선동하는 글·그림, 상징 표현물 등이 인터넷이나 방송·신문에 유포될 경우 관계기관의 장에게 긴급 삭제 또는 중단을 요청할 수 있다. 미디어 검열권을 갖는 것이다. 참여정부는 비판을 수용해 상임위원회 위원장을 국무총리가 지명하도록 국회에 수정제안한 바 있다.

현 새누리당 안은 이를 되돌려 국정원에 힘을 더 실어 줬다. 새누리당 안에서는 실무기관인 테러통합대응센터도 국정원장 산하다. 테러통합대응센터는 테러단체의 구성원으로 의심할 만한 상당한 이유가 있는 자의 출입국·금융거래·통신이용 정보 등을 수집·조사할 수 있다.

부칙을 보면 통신비밀보호법을 일부 개정해 대테러 활동에 필요한 통신제한조치도 가능해질 예정이다. 참여연대

행정감시센터는 11월 19일 논평을 통해 감독과 통제의 사각지대에 놓여 있는 국가정보원에게 과도하게 권한을 집중시키고 있어 우려스럽다라고 밝혔다. 특히 통신검열을 허용한 제16조는 10년 전에도 독소 조항으로 지적되었던 부분이다. 이 조항은 2005년 여야 의원 21명이 공동발의한 테러방지 및 피해보전 등에 관한 법률안 제11조와 거의 일치한다. 당시 이 조항은 테러단체 구성원으로 의심할 만한 상당한 이유를 오로지 국정원의 자의적 해석에 맡긴 대표적인 독소 조항이다. 2006년 2월 허상구 검사는 해외연수 때 쓴 논문에서 이 규정에 의한 인권침해와 권한남용이 현실화될 가능성이 농후하다라고 말했다.

인권침해 조항도 남아 있다. 테러통합대응센터장이 테러를 할 우려가 있다고 판단되는 내외국인의 출입국 규제를 요청할 수 있다는 내용은 14년 전 김대중 정부안부터 국제인권조약에 어긋난다는 지적을 받아 왔다. 2002년 당시 국가인권위원회는 미국·영국의 유사한 법과 달리 출국절차 및 그 대상의 인권보호를 위한 구제절차를 전혀 마련하지 않고 있다라고 지적했다.

같은 해 국제앰네스티 역시 '테러와 관련되었다는 의심만으로 난민신청에 대한 어떤 심사가 있기도 전에 강제송환 당할 위험성을 내포하고 있다. 한국은 강제송환 금지원칙을 규정한 유엔난민조약과 고문방지조약의 당사국이다'라고 지적했다.

새누리당 안의 제안취지에서 언급한 유엔안전보장이사회의 외국인 테러 전투원 규제를 위한 결의 역시 각국은 국제인권법을 포함한 국내법·국제법상의 의무와 조화를 이루는 테러방지행동을 취하라고 명시하고 있다.

대통령이 국무회의에서 국회를 압박한 11월 24일 새누리당과 새정치민주연합은 이번 정기국회에서 테러방지법을 통과시키기로 합의했다. 다만 새정치민주연합은 테러통합대응센터를 국정원이 아닌 청와대 국가안전보장회의에 설치하자고 주장한다. 11월 27일 열린 국회 정보위 법안소위에서 여야는 테러방지법을 두고 논쟁했으나 결론을 내리지 못했다. 14년간을 거꾸로 간 법안의 같은 공방이 반복되고 있다.

다음으로 테러방지법이라고 다 같은 게 아니다라는 건데요. 최근에 애플이 미국 샌버나디노 지역 총기살해범의 아이폰에 대한 FBI 협조요청을 거절했다. 보통 영장은 범죄발생 및 연관의 개연성이 있으면 발부되는데 이 사건은 이미 흉악한 범죄를 저지른 사람이고 IS와의 연관성도 밝혀져 이 아이폰에는 앞으로의 미국 내 테러 시도를 막을 수 있는 정보 다수가 있을 개연성이 높다. 법원은 이에 따라 당연히 협조명령을 내렸지만 애플은 거부하고 있다. 애플의 아이폰 정보를 빼 달라는 것도 아니고 FBI가 합법적인 암호 풀기 시도를 할 수 있게 도와 달라는 정도의 협조명령인데도 애플은 이를 거부하고 있는 것이지만 소송에나 가야 해결될 판국이다. 미국은 9·11을 거치며 테러방지법에 해당하는 애국자법을 통과시켰음에도 인권과 테러방지의 균형을 제도적으로 유지하고 있는 것이다.

테러방지법 통과를 주장하는 사람들의 가장 중요한 논거는 다른 나라도 테러방지법을 가지고 있다는 것이다. 하지만 우리나라에서 여당이 통과시키려고 하는 테러방지법은 외국의 그것과 다르다.

우리나라 테러방지법의 문제는 첫째, 대외 정보 수사기관인 국정원에 대테러 수사 권한을 준다는 것이고 대테러 수사에 대한 인권보호 규제들을 위험한 수준으로 완화한다는 것이다."

저는 이것은 매우 정확한 표현이라고 생각합니다. 대외 정보 수사기관인 국정원에 대테러 수사 권한을 준다는 것이고 그것도 이유 없이, 그렇게 국내 정치 개입을 많이 하고 과거에는 고문으로, 최근에는 국민에 대한 사이버테러를 하고 있는 것으로 보이는 국정원에게 대테러 수사권을 준다는 것이고, 둘째는 대테러 수사에 대한 인권보호 규제들이 거의 없습니다. 이것도 규제 완화의 물에 빠뜨려서 필요한 것들만 건져내는 것일까요, 박근혜 대통령의 표현에 따르면? 세월호 참사를 겪은 지도자가 '물에 빠진다'라는 표현을 한다는 것은 참 놀랍기는 했었습니다.

어쨌든,

"국정원에 대테러 수사 권한을 준다는 것은 국정원 산하에 테러통합대응센터를 신설하고 이 센터가 국내 정보 수집 활동을 할 수 있게 한다는 것이다. 테러는 정의상 외국인이 아니라 국내인도 항상 저지를 수 있기 때문이다.

국정원이 국내 활동을 하지 못하도록 하는 가장 큰 이유는 국정원이 원활하게 국가안보를 지키는 대외활동을 할 수 있도록 비밀성과 예산을 보장해 주었는데 그 비밀성과 예산을 국민을 상대로 남용해서는 안 되기 때문이다.

미국의 CIA도 대외정보 수집만을 하도록 돼 있고 애국자법이 이 측면에서 달라진 것은 없다. 부시 정부의 법은 2015년 위헌 판정을 받았다. 샌버나디노 수사도 예산과 통제가 불분명한 CIA가 아닌 국내 수사기관인 FBI가 진행하고 있다.

또 애국자법이 프리즘 프로그램 등을 만들어내긴 했지만 이 역시 영장주의 절차를 거친 것으로서 인권보호 절차들이 쉽사리 무효화되지는 않는다. 심지어 위헌 판정을 받은 무작위 통신사실 확인자료 취득도 형식적으로 외국첩보법원의 승인을 받은 것이었다.

우리나라 테러방지법은 테러통합대응센터의 장은 긴급을 요할 때에는 전화 또는 전산망을 통해 약식으로 설명하고 서면으로 통보함으로써 통신비밀보호법상의 절차 등을 밟아 정보수집 및 조사를 하도록 하고 있다. 그 뜻은 불분명하지만 현행 통비법의 절차가 엄연히 있는데 테러방지법에서 다시 긴급하면 전화로 설명하여 처리할 수 있다고 정한 이유에 대해 의구심을 가지지 않을 수 없다.

특히 테러방지법에 끼워서 여당이 통과시키려는 감청설비 의무화법은 모든 전기통신사업자에게 감청설비를 의무화하는 내용을 담고 있다. 카카오톡이나 네이버와 같은 인터넷 업체들에도 모두 적용한다는 것인데 세계에서 유일한 법률이 될 것이다. 외국에서 감청설비 의무는 도로 위아래의 전봇대,

터널 등의 국가기간시설을 직접 이용하고 있는 망사업자들에 반대급부로 부과될 뿐이다.

다양한 통신 소프트웨어를 개발해 그 망을 이용하는 인터넷 업체들에는 그런 의무를 부과할 헌법적 정당성이 없기 때문이다. 이것은 마치 학교 교회 동창회 등의 홈피를 운영한다고 해서 국가감청요원이 될 의무를 부과할 수 없는 것과 마찬가지다. 또 인터넷 업체들에 감청설비의무란 이용자가 안심할 수 있는 암호화 통신을 무력화한다는 것과 동일한 의미다. 결국 수사기관에 복호화키를 주거나 사업자들이 복호화해서 내용을 넘겨주는 수밖에 없는데 사업자들이 이용자들의 통신 내용을 들여다봐야 하는 후자의 선택을 하지는 않을 것이기 때문이다. 바로 지금 애플과 미국 정부가 벌이고 있는 공방 자체가 나올 수 없게 돼요."

그다음에 '테러방지법, 국정원에 날개를 달아줄 것이다'라는 기고문이에요. 이것도 지난해 12월 9일 자인데요.

"2001년 9월 미국에서 발생한 9·11 테러 이후 한국에서 테러방지법을 제정하고자 하는 시도는 14년째 계속되고 있다. 그러나 이 법은 늘 논란을 불러왔으며 이전 국회에서 답을 찾지 못한 채로 결국 임기만료로 폐기된 법률이다. 같은 내용의 법안이 이번 프랑스 파리 테러 사건을 이유로 다시 불거진 것이다.

그 14년 동안 테러방지법을 둘러싼 입법환경은 전혀 바뀌지 않았다. 즉, 여전히 테러방지법은 만들어서는 안 되는 악법이다. 테러방지법은 테러의 예방이나 대응과는 본질적으로 무관하며 국가정보원에 무소불위의 날개를 달아줄 뿐이기 때문이다.

흔히 테러방지법이 테러의 예방이나 대응을 위한 것이라고 생각할 수 있지만 테러의 개념을 어떻게 규정하는지에 따라 수많은 논의가 있을 수 있다. 항공기 납치, 폭탄 테러, 인질, 핵물질, 국제범죄조직 등은 현행 국내법으로도 모두 처벌할 수 있다. 그런데 테러방지법에는 새로운 유형의 테러 개념은 전혀 없다.

한국에 테러의 위험이 갑작스럽게 커졌다는 근거도 전혀 없다. 파리에서 발생한 총격 사건은 과거 미국이 벌인 이라크 전쟁이나 이스라엘-팔레스타인 간의 분쟁과 궤를 같이하는 것이며 그와 같은 위협은 수십 년 전부터 계속되어 왔다.

분단국가인 대한민국은 강력한 군대와 경찰 국정원 기무사 검찰 등 국가기관이 존재한다. 통합방위법 등 30여 개의 법령이 테러에 대한 대응을 명시하고 있다. 즉, 기존의 조직과 기존의 법령으로도 테러에 대한 대비는 충분하다. 만약 그렇지 않다면 이는 국가기관의 직무유기에서 비롯된 결과일 따름이다.

시민사회단체는 국가기관이 아니기 때문에 기존의 조직과 법령으로 테러에 대한 대비가 충분하다는 것을 실증적으로 증명하기는 어렵다. 그러나 이는 시민사회의 몫이 아니다. 정부가 테러방지법을 만들고자 한다면 기존의 조직과 법령으로 테러에 대비가 불충분해서 반드시 테러방지법을 만들어야 한다는 점에 대한 입증책임과 설명책임을 이행해야 할 것이다.

본질적으로 테러를 100% 방지한다는 것은 불가능하다. 예컨대 자살테러는 제아무리 테러방지법을 촘촘하게 만들어 놓더라도 막을 수 없다는 것이 전문가들의 진단이다. 테러의 발생 원인을 성찰하여 이를 제거하는 것이 더 중요하다.

무엇보다도 그 14년 동안 국가정보원은 아무것도 바뀌지 않았다. 막강한 수사권을 그대로 보유하고 있고 국내 정보에 대한 수집권도 갖고 있다. 국회 등을 통한 통제는 이루어지지 않고 있다. 국정원은 여전히 정치에 개입하거나 간첩을 조작하고 있다. 결국 국정원은 비밀 정보기관으로서의 역할을 방기하고 있다.

국정원이 정보기관으로서의 본연의 역할을 하지 못함에 따라 국민의 안전과 생명이 위협당하고 있는 것이다. 국정원이 제 역할을 못 하기 때문에 테러의 위험도 커지는 것이다. 국정원이 제대로 된 정보기관으로 개혁되어야만 진정한 의미에서의 테러방지가 가능하다. 테러방지법에 대한 가장 효과적인 대안이 국정원 개혁이 되는 것이다.

국가정보원은 이미 2013년 12월부터 국정원 내에 대테러상황실을 설치·운용하고 있다. 상황실에는 국가정보원 직원 외에 경찰청 행정자치부 국방부에서 파견된 인력들이 합동으로 근무하고 있다. 사이버테러 대응 단위도 운용하고 있다. 여기에서 더 나아가 법률에 의거 대테러센터를 만들어서 국정원에 무소불위의 권력을 쥐어줄 이유가 없다.

국정원 개혁이 이루어지지 않음으로써 국정원은 현재로서도 매우 위험한 존재이다. 진정으로 테러를 방지하고 싶다면, 테러방지법을 만들고 싶다면 국정원부터 개혁해야 한다.

테러방지법이 제정되면 국정원이 '테러'라는 명분으로 민간단체를 테러단체로 규정하고 휴대전화를 감청하고 금융정보를 마음대로 들여다 볼 수 있는 세상이 될 것이다. 국정원은 법을 지키겠다고 하지만 누가 이를 믿을 수 있겠는가.

테러방지법은 결코 한국적 상황에서 테러방지의 효과적인 대안이 될 수 없다. 설사 백 보를 양보하여 필요성을 인정한다 하더라도 국정원이 중심이 되는 테러방지법은 그 필요성에 비해 인권과 민주주의의 후퇴에 대한 우려가 크고도 명백하다."

그다음에 국정원 강화법 아니냐라는 겁니다.

"최근 쟁점이 되고 있는 소위 '테러방지법'에 대한 법조계의 의문 제기가 잇따르고 있다. 특히 테러방지법안으로 분류된 7개의 법안과 더불어 더불어민주당이 지난 1월 제출한 국제 공공 위해 단체 및 위해 단체 행위 등의 금지에 관한 법률안에 대해서 민주사회를 위한 변호사모임이 낸 의견서가 주목된다. 이 의견서에는 해당 법안들의 문제점을 조목조목 지적하고 있다.

국회 정보위원회 여당 간사인 이철우 새누리당 의원이 지난달 26일 서울 여의도 국회 정론관에서 테러방지법의 조속한 처리를 촉구하는 기자회견을 하고 있고, 또한 오프라인상 테러방지법안에 대해서는 파리 테러, 북한 핵실험·장거리 로켓 발사 등을 빌미로 한 국정원 권한 강화법안으로 개념이 모호하고 과도한 위임입법으로서 시민의 기본권을 침해할 가능성이 매우 높다는 것이 민변의 입장이다. 또한 이병석 의원이 지난해 2월 발의한 국민보호와 공공안전을 위한 테러방지법안에서는 국정원장 소속하에 테러통합대응센터를 두고 테러방지활동에 관한 권한을 부여하고 있었다. 최종안에서는 국정원이 국가 대테러 업무 수행 실태를 국회에 보고하고 테러위험인물에 대한 정보수집 권한을 갖도록 정하고 있다.

민변은 역사적으로 국정원의 권한 강화는 권력에 의한 비판자 사찰과 탄압, 선거 개입 등 국기 문란으로 연결됐는데도 불구하고 대통령은 테러가 일어나면 야당이 책임지라는 등의 언사로 국회를 겁박하고 쟁점법안이라는 이름으로 국회 통과를 강하게 추진하고 있다고 비판했다. 초안 내용만 살피더라도 테러를 빌미로 국정원을 강화하고자 하는 안임을 보여주고 있다는 지적이다.

이어 테러방지법안을 마련하기 위해서는 테러 발생의 개연성, 가능성에 대한 입증이 있어야 하지만 테러 관련 이슈에 대한 아전인수만 있을 뿐이라면서 일어나지도 않은 테러를 야당책임론으로 연결해 국민의 테러에 대한 공포심을 불러일으킬 수 있다고 꼬집었다.

또한 참여연대 등 테러방지법 제정에 반대하는 시민사회 회원들도 30일 오전 서울 여의도 국회의사당 앞에서 테러방지법 제정 반대 긴급 기자회견을 열고 국정원에게 과도한 권한을 주면서 이를 민주적으로 통제할 방안은 전혀 제시하지 않는다고 밝혔다.

민변은 테러의 발생은 정치적·역사적 원인을 동반하고, 계획 및 실행은 극도로 은밀해 사전 예방이 불가능하다면서 관건은 테러 가능성을 줄여 나가는 국제 정치적·외교적 노력을 경주하고 테러 계획에 대한 정보수집 및 신속한 대응이라고 설명했다. 그러면서 정부는 최근 개성공단을 전면 중단시켜 남북관계 긴장을 고조시키고 북핵과 무관한 사드를 도입해 중국 러시아와 외교적 대립을 심화시켜 테러 위험성을 스스로 고조시키는 모순적 행태를 보이고 있다고 지적했다.

기존 법률들을 살펴보면 테러방지법안의 현실적 필요성은 더욱 낮아진다. 테러방지법안이 정하고 있는 항공기 납치, 민간항공에 대한 불법행위, 폭탄테러행위 등의 테러행위는 모두 형법 국가보안법 등으로 처벌할 수 있는 범죄이다. 상황 발생 시 대처할 수 있는 근거 법령도 마련되어 있다. 기존 법제로 충분한데도 테러방지법안을 마련하는 것이 과연 테러방지 목적을 위한 것인지 의구심을 갖게 한다는 지적이다.

더불어민주당이 발의한 국제 공공 위해 단체 및 위해 단체 행위 등의 금지에 관한 법률안에 대해서도 국정원 강화로 연결된다는 의견이 나왔다. 민변은 공공위해 대응 센터는 테러통합대응센터가 국정원 강화로 연결된다는 지적에 이름과 소속만 달리한 것이라면서 국정원은 각 행정부처에 대한 기획 및 조정권한을 가지기 때문에 국정원에 의해 사실상 장악될 수 있는데 이를 방지할 수 있는 장치는 찾기 어렵다고 지적했다. 이어 기존 테러방지법안의 문안들을 수정하는 데 그친 더불어민주당의 법안에 대해서도 이러저러한 비판을 했다.

청년광장과 참여연대 등 청년노동인권시민단체 회원들이 지난달 14일 오전 서울 종로구 청운동 주민센터 앞에서 기자회견을 열고 박근혜 대통령의 대국민담화를 규탄하고

있다. 이들은 박 대통령의 담화가 북핵위기 빌미로 국회에 악법 처리 압박 및 노동 민생 파탄책을 강요했다고 밝혔다. 국가 사이버테러 방지에 관한 법률안 등 사이버테러 관련 법안도 국정원 권한 강화 법안이라는 게 민변의 지적이다.

국정원이 사이버테러 예방 및 대응을 상설적으로 담당하면서 민관군을 지휘하는 게 법안의 골자인데 이는 결국 국정원이 민간 인터넷망까지 관리하기 위한 의도라는 것이다. 국정원이 국가 차원의 사이버안전관리업무로 나아가 통신사 포털 등 주요 정보통신서비스 제공자도 지휘하게 되기 때문이다.

사이버테러에 해킹, 바이러스가 포함돼 사이버안전을 지킨다는 명목으로 국정원의 광범위한 사찰도 가능해질 수 있다. 민변은 '국정원에 의한 상시적인 사이버 사찰을 가능케 하는 사이버상의 국가보안법이자 사이버 계엄령 단행'이라고 강하게 비판했다. 방지, 탐지 명목으로 국정원의 상시적인 인터넷 감시가 가능하지만 정작 국정원에 대한 견제 통제는 불가능하다는 점도 우려를 더했다.

앞서 지난 12월 민변과 민주주의법학연구회, 인권운동공간 활, 인권운동사랑방, 진보네트워크센터, 참여연대 등은 '테러방지법안과 사이버테러 방지법안 쟁점 분석'을 통해 각 법안의 문제점을 분석했다. 이들은 보고서를 통해서 법안에 쓰인 개념의 모호성, 하위법령으로의 지나친 위임 등의 문제점을 지적한 바 있다."

그다음에 이제 이것은 김기식 의원, 남인순 의원, 박홍근 의원, 이학영 의원 같은 더불어민주당 의원님과 인권시민사회단체들이 '우리가 테러방지법 제정에 반대하는 이유'를 하신 건데요 잠깐 읽어 보면 이렇습니다. 기자회견이 12월 10일 날 있었던 겁니다.

"임시국회 시작을 기해 새정치민주연합─그때는 새정치민주연합이었던가요─김기식 의원, 남인순 의원, 박홍근 의원, 이학영 의원과 인권시민사회단체들, 예를 들어서 민주사회를 위한 변호사 모임, 민주주의법학연구회, 인권운동공간 활, 인권운동사랑방, 진보네트워크센터, 참여연대는 국회 정론관에서 테러방지법, 사이버테러 방지법 등 테러 관련 법안의 제정을 반대하기 위해서 공동 기자회견을 개최했다.

기자회견에 함께한 의원들과 인권시민사회단체는 테러 관련 법안들이 국정원에 무소불위의 권한을 줌으로써 시민들의 인권을 침해하고 민주주의를 훼손할 수 있다는 점을 지적하며 법 제정을 강력히 반대한다는 뜻을 명백히 밝혔다.

지난 11월 13일 프랑스 파리에서 발생한 민간인에 대한 무장공격행위를 계기로 테러방지법 제정 논의가 가속화되고 있다. 박근혜 대통령까지 나서서 IS도 테러방지법이 없다는 것을 알아 버렸는데 천하태평이라며 연일 테러방지법 처리를 압박하고 있다.

그러나 현재 심사 중인 테러방지법안은 테러 위협을 해소할 수 있는 근본적인 대책이 될 수 없으며 국정원과 검경에게 지나치게 많은 권한을 이양하고 있어 인권침해와 민주주의 훼손 우려가 있어서 지난 14년간 처리되지 못했던 법안이다.

이에 기자회견에 참석한 김기식·남인순·박홍근·이학영 의원과 인권·시민사회단체들은 이름만 다를 뿐 우리나라에는 이미 G20 국가들 중 가장 촘촘한 테러방지 제도를 운영하고 있을 뿐만 아니라 국무총리가 주관하는 테러대책회의가 10년째 활동을 해 오고 있다고 지적했다. 오히려 걱정해야 될 것은 국가안보와 공공안전을 명분으로 도입한 제도들의 남용으로 인해 인권침해가 이미 심각한 수준으로 치닫는 현실이라고 밝혔다. 또한 법률상 모호한 개념의 테러 행위를 예방한다는 명분 아래 국정원 등 국가기관에게 과도한 권한을 부여하려는 테러방지법안은 지금 당장 폐기되어야 한다고 주장했다.

마지막으로 기자회견 참석자들은 가장 시급한 것은 공안 기구들의 권한을 강화하는 일이 아니라 미국 주도의 테러와의 전쟁에 협력해 온 지난 14년간 우리의 대외정책을 돌아보고 국정원을 개혁하여 각종 사회적·자연적 재난으로부터 시민의 안전을 지킬 수단과 정책을 개발하는 일임을 분명히 했다."

이외에도 약간의 신문기사들을 좀 보면서······

(「몇 %쯤 했어요?」 하는 의원 있음)

한 70%쯤 된 것 같아요.

왜 대테러방지법에 대해서 그렇게 또한 의문을 갖느냐 하면 실제로 테러까지는 아니지만 폭력에 노출되어 있는 사람들이 한국 사회에는 꽤 많습니다. 그리고 국회에서는 그 문제를 지난 4년간 지속적으로 논의를 해 왔습니다만 사실은 정부는 이런 폭력에 노출된 민간인들, 시민들에 대한 어떠한 조치도 취하지 않았습니다.

예를 들어서 이런 겁니다. 유성기업이라는 곳이 있습니다. 그곳에서, 이게 2012년인데요, 2012년 금속노조 유성지회라는 곳이 있었습니다. 작년 말에 저와 유성지회가 밝힌 바에 따르면 현대자동차가 하청업체인 유성기업주에게 직접적으로 노조 파괴를 지시한 확실한 증거—이런 것이 폭력입니다—를 발견을 해서 기자회견도 했었습니다.

그러면 이 사람들이 어떤 짓을 당했느냐? 유성지회에 쳐들어온 용역—고용이 된 거겠지요—경비들이 소화기를 던지며 조합원들한테 했던 말, 이게 참 여기서 하기가 그렇지만 이게 국민들이 듣고 있는 말이라고 생각해서 그냥 하겠습니다. '뱃대지를 찢어 버려라' '창자를 도려내 버려라' 이게 동영상으로도 찍혀 있었습니다. 이런 말들을 했습니다. 공장에서 사용하는 금속제 용품들을 던지고 폭력을 휘둘러서 조합원들이 머리가 깨지고 광대뼈가 함몰되는 그러한 사진들도 다 국회에서도 게시를 했습니다.

또한 5월 18일 용역 1명이 승합차를 타고—대포 승합차라는데 자기 차가 아닌 거지요—라이트를 끈 채 조합원들을 향해서 그냥 돌진을 해 버렸습니다. 그래서 13명에게 부상을 입히고 그대로 달아났습니다. 12시간 만에 자수한 그 용역 경비원은 단순······

(● 김용남 의원 단상 앞에서 — 부의장님, 지금 안건하고 전혀 상관없는 무슨 뭐······)

(「조용히 하세요」 하는 의원 있음)

교통사고 혐의로 불구속 처리가 됐습니다.

(● 김용남 의원 단상 앞에서 — 지금 상관없는 얘기를 하는데 좀 중단을 시켜 주시고 계속 하면 퇴장을 좀 시켜 주십시오)

(장내 소란)

유성기업은 탄탄한 민주노조를 자랑하는 곳이었습니다. 그를 통해······

(● 김용남 의원 단상 앞에서 — 지금 테러방지법하고 아무 상관없는 얘기를 계속 몇 시간째 하고 있잖아요. 이게 지금 테러방지법하고 무슨 상관이 있습니까?)

주야 3교대를 폐지하고 주간 연속2교대제 시행을 주장해 2011년 시행을 목표로······

(「조용히 하세요!」 하는 의원 있음)

● **부의장 정갑윤** 자, 좀 조용히 해 주세요.

김용남 의원, 앉으세요. 앉으세요. 앉으시고 그쪽도 좀 조용히 해 주세요.

● **은수미 의원** 2009년 단체협약에 상정됐습니다. 하지만 이러한 성과도 잠시······

(● 김용남 의원 의석에서 — 아니, 쓸데없는 얘기······ 하고 있잖아!)

사측은 단협을 체결하고······

(● 김용남 의원 의석에서 — 지금 테러방지법하고 무슨 관계가 있어요!)

(장내 소란)

● **부의장 정갑윤** 은수미 의원님!

자, 좀 조용히 하세요.

(「새누리당 국회의원들은 왜 아무도 없어요!」 하는 의원 있음)

조용히 하세요, 조용히.

(● 김용남 의원 의석에서 — 아니, 말 같은 얘기를 해야 듣고 앉아 있을 것 아닙니까!)

(「무슨 소리야, 당신이야말로!」 하는 의원 있음)

(「동료 의원한테 하는 소리가······」 하는 의원 있음)

은수미 의원님, 시간을 얼마든지 드릴 테니까 의제에 관련 없는 얘기는 좀 줄여 주시기를 바랍니다. 시간은 몇 날 며칠이라도 드릴 테니까 걱정하지 마시고.

● **은수미 의원** 아니요, 그게 아니라 의제에 관련······

(장내 소란)

● **부의장 정갑윤** 자, 우리······

● **은수미 의원** 잠깐만요. 제가 말씀······

● **부의장 정갑윤** 우리 의원님들 좀 조용히 해 주시기 바랍니다.

● **은수미 의원** 의제에 관련 없다는 판단을 어떻게 새누리당 의원 혼자서 하십니까? 제가 의제에 관련 있다고 말을 했습니다.

(● 김용남 의원 의석에서 — 혼자만 그렇게 생각하는 거지……
테러방지법하고……)

(「혼자 하는 겁니다, 이것은」 하는 의원 있음)

그리고 삿대질은 하지 마십시오.

(「질의응답이 아니에요」 하는 의원 있음)

제가 의원님한테 직접적으로 뭐라고 한 적이 없습니다.
그런데 왜 삿대질을 하십니까?

(「그냥 하세요」 하는 의원 있음)

왜 소리를 지르고 삿대질을 하십니까?
제가 다시 한 번 설명을 드리겠습니다.

● **부의장 정갑윤** 은수미 의원님!

● **은수미 의원** 제가 가져온 자료에 따르면……

● **부의장 정갑윤** 은수미 의원님!

● **은수미 의원** 왜 정부가 대테러방지법에는 그렇게 관심을
가지면서 실제 폭력에 노출되어 있는 시민들에게는 아무런
조치를 취하지 않느냐……

● **부의장 정갑윤** 그러니까 은수미 의원님!

● **은수미 의원** 그렇다면 정부의 대테러방지법은 결국은……

(「아니, 부의장님! 의원 발언에 대해서 그렇게 검열을 하시면 안
되지요」 하는 의원 있음)

● **부의장 정갑윤** 가만 계세요.
은수미 의원님!

● **은수미 의원** 어쨌든 이것 설명만 드리고 끝낼게요. 아니,
왜냐하면……

● **부의장 정갑윤** 예, 그러니까 시간을 얼마든지 드릴 테니까
의제 관련 있는 발언만 해 주시기를 바랍니다.

● **은수미 의원** 아니, 잠깐만요. 삿대질까지 하시면서 소리를
지르시는 것으로 봐서는 뭔가 단단히 오해를 하신 것
같아서요.

● **부의장 정갑윤** 좀 조용히 하세요, 조용히.

● **은수미 의원** 제가 좀 말씀을 드리겠습니다.
저는 동료 의원에게 그렇게 삿대질하는 이유를 잘
모르겠습니다, 아무리 당을 달리한다 하더라도.
그래서 어쨌든 의혹이 있다는 겁니다. 실제 폭력에
노출되어서 거의 죽음 직전에 가 있는 사람도, 우리는
이것을……

(● 김용남 의원 의석에서 — 그런다고 공천 못 받아요)

방금 뭐라고 그러셨습니까?

(「김용남 발언을 용납 못 하겠구먼」 하는 의원 있음)

방금 김용남 의원이 저한테 뭐라고 말씀을 하셨냐면……

(장내 소란)

아니, 그대로…… 저는 이것은 사과를 받아야 되겠습니다.

(「퇴장시켜 주세요」 하는 의원 있음)

(「주의 주세요」 하는 의원 있음)

방금 김용남 의원이 저한테 삿대질을 하면서 "그런다고
공천 못 받아."라고 소리를 치셨습니다. 이것은 동료
의원에 대한 명예훼손입니다. 사과하십시오.

(「사과하십시오」 하는 의원 있음)

(「빨리 사과하세요」 하는 의원 있음)

(「사과해요, 사과」 하는 의원 있음)

김용남 의원님은 공천 때문에 움직이시는지 모르지만
저는 그렇게 움직이지 않습니다.

(「본인이 그러니까 도둑이 제 발 저리는 거지」 하는 의원 있음)

(「적반하장!」 하는 의원 있음)

사과하십시오.

(「사과할 때까지 기다리세요」 하는 의원 있음)

사과하십시오.

(「은수미 의원, 그냥 계속하세요」 하는 의원 있음)

(「사과할 필요 없습니다, 김 의원」 하는 의원 있음)

(「사과하세요」 하는 의원 있음)

삿대질에, 소리치기에, 거기다가 동료 의원을 명예훼손을
했습니다.

(「국회윤리위에 제소합시다」 하는 의원 있음)

우리끼리라도 이러지는 맙시다. 의견이 다른 사람들이
있는 겁니다. 의견이 다른 사람들께 소리를 질러서
억압하지 마세요. 그렇게 해서 어떻게 사회가 통합이
이루어지겠습니까?

(「지금 이게 사회 통합을 위한 행위입니까, 지금 이게?」 하는
의원 있음)

(「의장님, 퇴장시켜 주세요!」 하는 의원 있음)

사회 통합을 위해서 민주주의적 절차를 다 지키고
있습니다.

(「의장님, 방해하는 사람 퇴장시켜 주세요」 하는 의원 있음)

직권상정은 벌써 불법적인 요인이 많다고 하지만 적어도
필리버스터가 불법적이라는 얘기는 전혀 거론조차 되고
있지 않습니다.

(「의제와 상관없는 발언입니다」 하는 의원 있음)

(「의장님, 저 발언 좀 자제시켜 주세요」 하는 의원 있음)

(「국회법에도 나와 있습니다」 하는 의원 있음)

(「계속하세요, 대구하지 마시고 계속하세요」 하는 의원 있음)

● **부의장 정갑윤** 자, 똑같습니다, 똑같아. 가만 좀 계세요,
그래.
자, 우리 김용남 의원님! 김용남 의원님, 좀 조용히 해
주시고 우리 은수미 의원께서도 시간은 얼마든지 드릴
테니까 걱정하지 마시고 가능하면 의제에 관련된 발언을 해

주시기를 바랍니다.

　계속해 주세요.

● **은수미 의원** 아니, 부의장님께도 죄송하지만 한 사람은 의제에 관련이 없다고 그러고 한 사람은 의제에 관련이 있다고 하면……

● **부의장 정갑윤** 아, 글쎄요……

● **은수미 의원** 적어도 사회를 보시는 분으로서 판단을 내려 주십사 하고 부탁을 드립니다. 그러지 않아도 대테러방지법에 대해서는……

● **부의장 정갑윤** 의제에 관련 있는 발언만 해 주시기 바랍니다.

● **은수미 의원** 의견이 굉장히 다르지 않습니까?

● **부의장 정갑윤** 그건 은수미 의원 판단이시고……

● **은수미 의원** 저의 판단입니다, 그렇습니다.

● **부의장 정갑윤** 예를 들어 아까 오전에……

● **은수미 의원** 저의 판단과 김용남 의원의 판단이 다른 겁니다.

● **부의장 정갑윤** 예를 들어도 간단하게 예를 들어 주시라 이 얘기입니다.

● **은수미 의원** 바로 그런 다름 때문에 지금 생겨나는 것을, 충돌이나 이런 게 아니라 대화를 해 보면서 풀어 보자고 하는 것 아닙니까?

　(「계속하세요. 대꾸하지 마세요」 하는 의원 있음)

　그래서 이제 그동안 대통령께서도 14년간 이런 일이 계속됐다고 하는데 사실은 14년간 그런 것만 있었습니다.

　국민의 인권을 침해할 소지가 굉장히 큰 대테러방지법을 누구는 계속 올리고 그렇지 않으면 그것을 반대할 수밖에 없는 상황이었습니다. 그래서 저는 아까 발표 때도 말했지만 국가인권위원회가 이미 14년 전에 제안을 했습니다.

　인권침해의 요소가 아주 심각할 수 있는 법안이기 때문에, 하지만 그것이 만들어져야 될 필요성이 있다라는 의견도 있으니 우선 같이 심사숙고해서 연구를 하되 이러저러한 한 다섯 가지의 기준, 예를 들어서 인권침해 요인이 있는지, 어느 정도인지, 테러 발생이 될 건지, 그렇다면 그것은 어느 정도인지, 국제기준 이런 것에는 맞는 건지, 이런 것까지를 다 해서 심사숙고를 위한 토론 및 연구를 해 보자는 얘기를 했습니다.

　그래서 좀 찾아봤는데요 많지는 않더라고요, 그냥 경과를 설명한 것이라서.

　이건 제가 보기에는 테러방지법을 제정해야 된다라는

입장에서, 하지만 그것을 인권침해의 요소를 매우 줄인 상황에서 해 보자라는 의견인 것 같고요. 민변 등에서는 또한 제가 계속 발표한 것처럼 테러방지법은 필요가 없고 지금 현재의 법만으로 충분하다, 만약 필요하다면 최소한 국가인권위원회가 제안한 정도의 숙고를 해 달라라는 정도인 것 같습니다.

　그래서 필요한 부분들을 좀 이것도 소개를 해 보겠습니다. 여러 가지 안을 가지고 소개를 하고 심사숙고를 할 수 있는 기회가 있었으면 해서 그렇습니다. 그냥 직권상정으로 끝내 버리고 국민의 인권을 무시하고 결국 언젠가는 다시 충돌이 일어나는 이런 일이 반복되지 않았으면 해서입니다.

　87년 민주화는 필요한 거였습니다. 하지만 그런 갈등이 다시 반복되는 것을 저는 그다지 바라지는 않습니다. 왜냐하면 우리 청년들, 우리 아이들이 꿈꿀 미래는 좀 다른 것이었으면 하기 때문입니다.

　그래서 제발 직권상정이 철회되고 좀 더 심사숙고할 기회를 가질 수 있었으면 하는 마음으로 그런 의견을 다시 한 번 얘기를 해 보겠습니다.

　이 입장은 테러방지법이 필요하지만 여러 가지 조치가 좀 돼야 되는 게 아니냐라는 의견에서 나온 겁니다.

　제가 체력이 되는 한 하고 도저히 안 되겠으면 내려갈게요. 너무 걱정하지 마세요.

　(「파이팅!」 하는 의원 있음)

　예.

　'1990년대 공산진영이 붕괴된 이후 테러는 인권·빈곤 문제 등과 함께 국제평화를 위협하는 주요 이슈로서 주목을 받았다.'

　최근 들어서는 2001년 미국 9·11 테러에서 보듯이 테러의 양상이 예전과 달리 전쟁 수준으로 변화됨과 함께 무고한 사람들의 생명과 재산을 빼앗아 가고 있습니다. 테러가 특정 지역적인 문제가 아닌 전 세계적인 공포의 대상으로 부상함에 따라 테러방지는 어느 한 국가만의 문제가 아닌 국제적 사회의 문제가 되었습니다.

　이에 따라 유엔을 비롯한 국제사회는 테러방지를 위한 국제협약을 체결하고 각국으로 하여금 테러방지를 위한 법적·제도적 장치를 강구하도록 권고하고 있고 상당수의 나라가 이에 따르고 있습니다. 우리나라도 테러방지를 위한 포괄적인 법률의 제정 노력을 계속했지만 국회에서 의결하지는 못했습니다.

　반대 이유는 여러 가지가 있지만 그 핵심은 과거 독재정권 시대에 암울하게 드리워진 정보기관에의 불신이 법률 제정의 장애물로 작용한 것으로 보입니다. 테러방지의 주무 기관으로 국가정보원이 자리매김하면 국가정보원의 권한이 강화되어 예전과 같은 인권침해가 이루어질 것이라는 우려가 그것입니다.

　이에 대해서는 이미 누누이 설명을 드렸습니다.

　국정원의 인권침해는 현재 진행형이기 때문에, 그리고 그것에 대한 정확한 법적인 어떤 범법 행위로서 처벌을 받고 있지도 않을 뿐만 아니라 현재 그리고 미래에도 견제장치가 없다는 점이 가장 큰 문제겠지요. 어쨌든 그런 인권침해가 이루어질 것이라는 우려가 14년간 계속돼 왔던 것입니다.

'그러나 테러라는 국가적인 재앙 앞에서 국민의 안전을 보장해야 된다고 보고는 주장한다. 그래서 16대 국회부터 17대 국회까지 논의되었던 테러방지 관련 법률안의 내용을 종합 분석해서 18대 국회의 테러방지법안 심의 시 참고자료로 했으면 좋겠다.'

'미국이나 서구 국가들과 마찬가지로 우리나라도 1980년대까지만 해도 주로 테러리즘은 치안의 문제로 치부됐다', 이게 무슨 얘기냐 하면 예를 들어서 시위 이런 것들을 테러로 치부했다는 겁니다.

정부가 국가대테러 체계를 구축하기 시작한 것은 그래도 1981년, 88올림픽 유치를 하겠다라고 결정을 하고 그러면서 나왔고요. 특히 82년 1월 대통령 훈령으로 국가대테러활동지침을 제정했습니다.

9·11테러 이후 대테러활동에 대한 법적 근거를 마련하고자 16대 국회, 17대 국회에서 입법 논의가 이루어졌지만 자동 폐기됐습니다. 이유는 인권침해 등의 문제에 대한 대책이 없었기 때문입니다.

우선 테러활동, 대테러활동 내지 대테러 대응책은 좀 더 방어적인 안티테러리즘(antiterrorism) 그러니까 '테러에 반대한다'에서 좀 더 공격적인 카운터테러리즘(counterterrorism) '테러에 맞선다'로 나눌 수 있습니다.

테러에 반대한다라는 안티테러리즘이라 함은 대테러 방안 중에서 사전에 취해지는 예비책으로 수동적 의미에서의 테러 대응책을 말한다면 카운터테러리즘은 범행이 발생한 상황에서 어떻게 대처할까를 다루는 것으로써 능동적이고 구조를 하는 구조작전의 측면에 관한 것으로 볼 수 있습니다.

미국의 경우도 대테러활동이 무엇인지 명확하게 규정하고 있는 법률이 없습니다. 다만 법률의 내용에 비추어 대테러활동의 내용을 유추해 볼 수 있는 법들은 있습니다. 국토안보부 설치에 관한 법률이라든가 여러 가지 법률이 있는데 거기서 보면 미국 내에서의 국토안보부의 임무로 명시하고 있는 것은 미국 내에서 테러 예방, 테러 공격에 대한 취약점 보강, 테러 공격으로 발생한 피해의 최소화 조치 및 복구를 대테러활동으로 볼 수 있다 또한 외국법은 입법 목적이 미국과 전 세계에 걸친 테러 행위의 저지, 처벌 및 수사기관의 수사능력 보강이고 주요 내용은 국내 대테러 역량 강화를 위한 연방예산 및 FBI 조직의 확대, 대통령 권한 강화, 테러행위에 대한 감시 강화, 테러자금 차단, 국경관리 강화, 수사활동 장애요소 해소, 정부기관 간 테러정보의 공유 강화, 테러범 처벌 강화 등이다. 이러한 규정에 비추어 보건대 외국법이 상정하고 있는—이 외국법은 지금 오바마에 의해서 미국자유법으로 바뀌었습니다—대테러활동은 테러 예방을 위한 테러혐의자 입국 금지 및 감시, 테러자금의 차단, 테러범의 처벌 그리고 이런 활동을 수행할 국가 역량의 강화로 볼 수 있을 것입니다.

우리나라의 경우 입법이 성사되지는 않았지만 제16대 국회인 2001년에 정부가 입법을 추진하였던 테러방지법안은 그 입법예고안에서 대테러활동을 국내외 테러 예방과 방지, 테러 현장에서의 인명구조 및 주민보호 등등으로 하고 있습니다.

그러나 2001년 1월 28일 국회에 제출된 법안에서는 그런 인명구조 등등의 제반활동이라고 정의하고 테러범 수사 관련 부분을 제외함으로써 미국의 국토안보부 설치에 관한 법률과 유사한 개념을 상정하였습니다. 대테러활동이 무엇이냐에 따라서 그 활동을 뒷받침하는 법률제도의 내용과 범위가 달라지므로 이는 중요한 사항입니다.

미국의 법제와 우리나라에서 입법 추진 중인 법률안의 내용을 종합할 때 대테러활동으로 1. 테러관리 정보의 수집 2. 테러단체 구성원의 입국 금지 및 국외 추방 또는 기소 3. 테러에 이용될 수 있는 총포·화약류·도검 등 무기와 사제 폭발물 제조에 이용될 수 있는 위험물질 안전관리 및 테러자금의 차단, 테러의 대상이 될 수 있는 시설장비의 보호 및 국제행사 안전 활동, 요인 경호, 인명구조, 사건진압 등 테러사건의 사후처리 그밖에 정부 및 민간 분야의 대테러 역량 강화 활동을 들 수 있습니다.

대테러 정보 수집, 우리나라의 테러정보 수집에 관한 법률로는 국가정보원법이 있습니다. 1994년 1월 5일로 개정됐는데요. 국내 보안정보 그러니까 국외 정보 및 국내 보안정보의 수집·작성 및 배포를 명시하고 국내 보안정보는 대공, 대정부전복, 방첩, 대테러, 국제범죄조직에 관한 정보라고 규정하고 있습니다.

또한 국외정보는 외국의 정치·경제·사회·문화· 군사·과학 및 지리 등 각 부분에 관한 것으로 정의하고, 이것은 정보및보안업무기획·조정규정이라는 시행령에 따르면 구체적으로 한 것이지요.

국내 보안정보는 간첩 기타 반국가 활동세력과 그 추종 분자의 국가에 대한 위해행위로부터 국가의 안전을 보호하기 위해 취급되는 정보, 그런데 여기에 문제가 있습니다. '간첩 기타 반국가 활동세력과 그 추종 분자의 국가에 대한 위해행위'를 뭐라고 볼 것인가의 문제입니다. 이 경우 국가보안법에서 규정하고 있는 반국가단체의 목적 수행을 위한 활동으로 본다면 테러가 국가보안법상의 반국가단체 활동에 해당되지 않아야 하거든요. 그러니까 테러에 대한 정보 수집을 별도로 하는 것이니까요.

따라서 반국가활동의 의미가 무엇이냐라는 것이 법 자체에 있거나 혹은 기존에 있는 법 자체에서도 도대체 테러 정보, 테러란 무엇인지 테러 정보란 무엇인지가 충돌하고 있고요. 그 외에서 다시 테러방지법을 만들려니 또 충돌을 하는 3중 충돌 사태가 벌어지고 있습니다.

또한 테러는 국가안보에 대한 위협도 되지만 휴먼 시큐리티(human security), 사람 안보, 사람이 편안하고 안전한가 측면이 강한 점이 있습니다.

이런 점에 비추어 본다면 동 규정은 상위법인 국가정보원법의 취지를 제대로 살리지 못한 규정이라고 볼 수 있어서 여러 가지 개선이 필요다라는 의견을 여기서는 제시를 하고 있습니다.

다음, 테러 예방을 위해 인적 취약요소, 즉 테러분자의 활동을 규제하는 방안은 크게 두 가지로 나뉘어집니다.

첫째, 그 신분이 알려진 직업적 테러리스트에 대해 국경 통제를 통한 입·출입국의 제한, 입국 금지, 강제 출국 또는 추방 등 공동체를 테러로부터 보호하기 위하여 테러분자의 진입을 차단하는 것.

둘째, 그 신분이 알려지지 않은 테러분자를 색출하거나 잠재적 그런 사람을 관리하는 활동입니다.

여기도 문제가 있습니다. 우선 잠재적 테러분자를 뭐라고 규정할 것인가 등등에 있어서 법률상으로 약간씩의 충돌들이 있다는 얘기입니다. 예를 들어서 출입국관리법 제11조는 '총포·도검·화약류 단속에서 정하는 총포·도검·화약류 등을 위법하게 소지한 외국인은 입국을 금지시킬 수 있다' 이렇게 되어 있습니다. 테러분자에 대해서는 입국을 금지해야 된다는 명시적 표현은 없는데 테러범의 입국은 금지할 수 있다 이런 얘기가 있다 보니까 그런 질문이 나온다고 합니다.

대한민국의 이익이나 안전을 해할 염려가 전혀 없는 테러범에 대해서 입국을 금지할 수 있는가 하는 논란도 있고요. 그다음에 이런 것을 가지고 테러분자 입국을 효과적으로 차단할 수 있느냐라는 논란도 있어 왔다고 합니다.

그리고 출입국관리법 제80조와 제81조는 출입국관리공무원과 대통령령이 정하는 관계 기관 소속 공무원은 외국인이 출입국관리법과 이 법에 의한 명령에 따라 적법하게 체류하고 있는지 여부 등 동향을 조사할 수 있도록 하고 있다. 이때 조사의 대상은 해당 '외국인, 고용자, 소속단체 또는 소속단체의 대표자, 숙박시킨 자' 등으로 정했다고 합니다.

그다음, 테러 수단의 안전관리인데 테러 수단이란 테러 공격에 이용되는 무기입니다.

오늘날에는 과학기술의 발달로 모든 문명의 이기가 테러의 수단이 될 수 있다는 것이지요. 그래서 12개 테러 관련 협약들이 있습니다.

현재까지 테러 수단을 종합해 보면 폭발성·소이성을 가진 무기 또는 물질, 치명적 장치인 총포류, 생물학적 변형체 및 독성·유독성 화학물질, 방사성 물질, 핵물질, 테러자금 등으로 분류를 해서 법적으로 다 규정을 해 놓았습니다.

테러의 대상이 되는 시설은 아직 특정돼 있지는 않습니다마는 모든 시설물과 장비가 테러의 대상이 될 수 있기 때문입니다.

미 국무부는 군사시설, 정부시설, 외교시설, 민간시설, 기타 등으로 분류하고 있습니다.

필자는, 이 글을 쓴 분은 여러 가지를 고려해서 첫째, 국가 중요시설, 국가안보 및 국민생활에 심대한 영향을 미칠 수 있는 국가 중요시설. 대중이 이용하면서도 이동성을 가진 특성으로 인해 테러의 대상이 돼 왔던 항공기·선박·철도 등 대중교통 수단과 관련된 시설. 셋째, 테러 발생 시 막대한 인명 피해로 인하여 극도의 공포감과 사회적 불안감을 확산시키는 다중이용시설. 공연장 같은 데이지요? 넷째, 상징성으로 인해 테러의 대상이 되고 있는 외국공관·관저·국제기구·청사 등이 있을 수 있다고 얘기합니다.

먼저 국가 중요시설은 주요 산업시설까지 포함하는 개념이라고 합니다. 그래서 이미 통합방위법에 따라서 시설의 소유자 또는 관리자가 경비·보험책임을 지도록 돼 있습니다. 통합방위법·보안업무규정·경비업법 이런 것에 다 규정이 돼 있는 것이고요.

둘째, 항공기·선박·철도 등 대중교통 수단과 관련 시설에 대한 테러 대비 법령 역시 꽤 정리되어 있다라고들 합니다.

철도법, 도선법, 항공법, 항공안전 및 보안에 관한 법률, 선박 및 해상구조물에 대한 위해행위의 처벌 등에 관한 법률로 이미 굉장히 많이 법령화돼 있고요, 그다음에 테러 발생 시 막대한 인명 피해로 인한 공포감 등등을 조성하는 다중이용시설에 대해서도 소방법, 재난 및 안전관리 기본법 등이 있습니다.

상징성 있는 외국공관·관저에 대한 실정법은 별도로 존재하지는 않지만 외교관계에 관한 비엔나 협약, 영사관계에 관한 비엔나 협약 등이 있어서 이것을 가지고 대체적으로는 할 수 있다. 하지만 국내법이 정하는 방법과 수단으로 보호활동을 해야 되고요.

그다음에 요인경호에 관한 실정법은 대통령 등의 경호에 관한 법률이라고 합니다.

대통령경호실은 경호의 수단·방법으로 경호 대상을 지정하고 경호활동이 이루어지도록 구역을 지정하고 정부기관으로부터 인적·업무적 지원을 받을 수 있도록 하고 현장에서 경호활동을 담당하는 공무원에게 사법경찰과 무기 휴대를 하고 있는 등 요인경호에 대해서는 이 법안으로 규율을 하고 있고요.

테러사건 사후처리, 인명구조, 피해복구, 테러범 추적수사, 피해보상 등이 있는데요, 이것은 재난 및 안전관리법에서 그 근거를 찾을 수 있고요.

테러범 추적수사는 형사소송법에 따라 범인을 추적수사하고 형사 기타 형사특별법으로 범죄 구성요건에 맞춰서 기소도 할 수 있다라고 얘기합니다.

그러면 여기까지를 보면 요인경호, 테러사건 사후처리, 테러 시설장비 보호, 테러 수단 안전관리 그다음에 테러분자에 대한 활동규제 혹은 테러정보의 수집 등에 대한 법률 등은 이미 존재하고 있으며 다만 법적인 약간의 충돌이나 약간의 빈공간이 있다는 얘기를 여기에서는 하고 있습니다.

또한 국제협약에 따른 국내 입법조치도 있는데요. 우리나라가 가입한 국제협약에 따른 국내 입법조치 1안으로 제정된 것으로는 1974년 12월 26일에 제정된 항공기운항안전법 그다음에 2003년 5월 27일에 선박 및 해상구조물에 대한 위해행위의 처벌 등에 관한 법률 또 2003년 5월 15일 원자력시설 등의 방호 및 방사능 방재 대책법, 1996년 8월 16일에 화학무기의금지를위한특정화학물질의제조·수출입규제등에관한법률 등입니다. 국제형사사법 공조법 등도 있고요. 범죄인 인도법도 있습니다.

2004년 6월 9일 국회가 서명·비준한 테러자금 조달의 억제를 위한 국제협약의 이행을 위한 법률로는 공중 등 협박목적을 위한 자금조달행위의 금지에 관한 법률이 있고요. 특정 금융거래정보의 보고 및 이용 등에 관한 법률이 있습니다. 그밖에도 전염병예방법, 검역법 등에서 테러 관련 법조항을 반영하고 있습니다.

하지만 이 중에서 지금 이 논문이 주장하는 것은 일부 반영되고 있는 것도 있고 통과가 안 된 법도 있기 때문에 법률을 좀 더 정비할 필요가 있다라고 주장을 하고 있는 겁니다. 그러니까 국제협약이 요구하는 입법조치 정도의 수준에서는 해야 되는 게 아니냐라는 입장을 가지고 있습니다.

다음으로 16대·17대 국회에서 테러방지법 제정 추진경과를 보면 우리나라 테러방지법 제정 노력은 9·11 테러 직후 2001년 9월 21일 국무총리 주재로 열린 관계장관회의에서 국내의 테러사건에 효과적으로 대처하기 위한 테러방지법의 조속한 필요성이 제기되었습니다. 이게 2001년 9월 21일입니다. 그래서 11월 12일부터 20여 일간 입법예고 거치고 28일 날, 두 달 좀 남짓해서 국회에 제출되었습니다. 그런데 위원회 회부 다음날에 김홍신 의원 소개로 법안에 대한 반대청원이 또한 위원회에 회부되었습니다. 그리고 2002년에 들어서자 대한변호사협회와 그다음에 국가인권위원회 등에서 동 법안에 대한 반대의견이 제출되었습니다. 그러니까 9월 21일 회의를 했고 11월 28일 국회에 제출되고 그리고 한 두 달 동안에 계속 반대의견들이 제출됐다는 겁니다.

2월 26일 국회 정보위원회에서 정부가 제출한 테러방지법안과 김홍신 의원이 소개한 테러방지법 제정 반대에 관한 청원에 대한 제안설명 등등을 들은 후에 어쨌든 외부의견 수렴절차를 보완하기로 결정했습니다. 이에 따라 3월 11일 날 정보위원회에서 여야가 추천한 각 1인의 전문가를 참고인으로 채택해서 어떻게 합의를 했느냐면 테러 개념의 명료화, 그 범위의 축소, 처벌 조항 재검토 등 여야 합의로 개선된 새로운 수정안을 마련하기로 하였습니다. 그러다가 2003년 8월 14일 새천년민주당 함승희 의원 외 5인의 수정안 발의로 급물살을 타기 시작했고 국회 공청회까지를 쭉 거쳐서 11월 10일자로 재수정되고 재수정안은 1년 만에 국회 정보위에서 만장일치로 통과가 되었습니다. 하지만 법제사법위원회에서 통과가 되지 않아 자동폐기 되었다고 합니다.

그다음에 17대 국회에 들어와서 한나라당 의원들이 발의를 한 법률안이 테러대응체계의 확립과 대테러 활동 등에 관한 법률안입니다. 이것과 열린우리당 조성태 의원 등 21인이 발의한 테러방지 및 피해보전 등에

관한 법률안이 같이 회부가 되었습니다. 그리고 나서 또 하나의 테러방지법안인 테러예방 및 대응에 관한 법률안, 이렇게 3개의 법률안이 상임위에 올라왔고요. 그래서 법안심사소위를 거쳤습니다. 2005년에 제출됐는데 법안심사는 2년 정도 지난 11월 15일, 11월 21일 됐고요. 결국은 대안을 제시하기로는 했습니다만 본회의에 상정은 되지 못했습니다. 결국 16대 때도 한 1년, 1년이 채 안 되지요. 17대 때 1년 정도 걸쳐서 합의된 내용이 있기는 했으나 본회의를 통과하지는 못한 것으로 나오고 있습니다.

(정갑윤 부의장, 정의화 의장과 사회교대)

반면 이번 직권상정 법안은 굉장히 빠른 편이네요. 그리고 보니? 어쨌든 테러방지 및 피해보전 등에 관한 법률안을 보면 제안이유는 이렇습니다.

2001년 9월 11일 테러 이후 테러단체의 활동양상이 특정 국가와 지역을 초월하여 전 세계적으로 확산되고 있고 테러의 유형이 무고한 불특정 다수의 민간인을 대상으로 변화되고 있습니다. 따라서 국가가 테러로부터 국민을 보호하기 위해 모든 힘을 동원해야 함은 물론 범정부 차원의 효율적인 대테러 대응활동의 필요성이 더욱 커지고 있습니다.

그러나 이미 유엔에서 9·11 이후 테러 근절을 위해 국제공조를 결의하고 테러방지를 위한 국제협약 가입과 법령 제정 등을 권고하고 있음에도 아직까지 국내에서는 테러방지활동의 명확한 법적 근거조차 마련되어 있지 못합니다.

이에 테러방지를 위한 국가 등의 책무, 국가대테러기본계획의 수립, 국가테러대책회의 및 대테러센터의 설치, 테러정보의 수집과 공유, 전문인력의 양성, 테러 위해요소의 차단 및 제거, 해외 유관기관과의 테러대응 공조 및 협조체제 강화, 테러로 인한 국민의 피해보전 근거 등을 규정함으로써 국민의 생명과 재산, 국가의 안보 및 공공의 안전을 확보하려는 것입니다.

주요내용을 보면 테러의 개념을 우리나라가 비준하고 국제적으로 승인된 테러 관련 국제협약에서 범죄로 규정한 행위를 중심으로 정의했고요. 국가 및 지방자치단체가 테러의 예방과 대응에 필요한 제도와 여건을 조성하고 대책을 수립하는 것으로 했습니다.

또한 '정부는 국가대테러기본계획을 매 5년마다 수립·시행하고 기본계획을 수립한 때에는 지체 없이 국회에 보고하도록 함, 국회 정보위원장은 국가 대테러업무 수행실태를 점검·평가하며 중요사항에 대하여 국회 정보위원회에 보고하도록 함, 대테러 활동에 관한 정책의 중요사항을 심의 의결하기 위하여 대통령 소속 하에 국가대테러대책회의를 두고 대책회의 소관사항 중 신속한 결정이 필요하거나 위임된 사항을 처리하기 위하여 상임위원회를 둠, 대테러 활동과 관련하여 국내외 정보의 수집·분석·작성·배포, 대테러 활동의 기획조정, 테러단체의 지정·해제, 테러위험인물에 대한 정보수집 등 업무를 수행하기 위하여 국가정보원장 소속 하에 국가대테러센터를

설치하도록 함, 대테러센터의 장은 테러단체의 구성원으로 의심할 만한 상당한 이유가 있는 자에 대하여 출입국·금융거래 및 통신이용 등 관련 정보를 수집할 수 있도록 함, 테러사건이 발생하거나 테러 관련 정보를 알게 된 자는 지체 없이 대테러센터·지방자치단체·경찰관서 등에 신고하도록 함, 대책회의 의장은 경찰만으로 국가 중요시설과 많은 사람이 이용하는 시설 등을 테러로부터 보호하기 어렵다고 판단되는 급박한 상황의 경우에는 시설의 보호 및 경비에 필요한 최소한의 범위 안에서 군 병력 또는 향토예비군의 지원을 대통령에게 건의할 수 있고 대통령은 군 병력 등을 지원한 후 국회에 통보하고 국회가 군 병력 등의 철수를 재적의원 과반수의 출석과 출석의원 과반수의 찬성으로 요청한 때에는 지체 없이 이에 응하도록 함, 테러로 인하여 신체 또는 재산에 피해를 입은 국민은 관계기관에 신고하도록 하고 피해를 입은 자에 대하여 국가 또는 지방자치단체는 치료 및 복구에 필요한 비용의 전부 또는 일부를 지원할 수 있도록 하고 의료지원과 특별위로금·장례비 등을 지원할 수 있도록 함, 국가는 테러예방 대응과 관련된 연구를 진흥하고 전문가 양성을 위하여 필요한 시책을 강구하며 국제기구 또는 외국 및 국제단체와 협력을 증진하기 위한 각종 사업을 수행할 수 있도록 규정함, 대테러센터의 장은 테러예방 및 대응 업무의 수행과 관련하여 필요하다고 인정되는 경우 관계기관에게 테러예방조치와 진압장비 및 인력동원·자료제공에 관하여 협조를 요청할 수 있도록 함' 이런 안들이 16대·17대 국회에서 어쨌든 제출이 됐고, 이제 18대 국회에 접어들었습니다.

18대 국회에 들어 한나라당 공성진 의원 등 23인이 발의한 국가 대테러활동에 관한 기본법안이 10월 28일 국회에 제출되었고요. 10월 31일 정보위원회에 회부되었습니다.

그런데 주요쟁점이 뭐였는가를 보면 사실은 지금과 쟁점이 굉장히 비슷합니다.

첫째, 테러방지법의 제정 목적이 정권이 교체될 때마다 제기되는 국가정보원, 국정원의 조직개편 혹은 확대에 관한 대비책의 마련이라는 불순한 목적에서 비롯되고 있다는 것입니다. 그리고 테러방지라는 명분 아래 국가의 경찰권력·정보권력을 강화하고 국민의 인권을 침해하거나 제한하는 일이 일어날 수 있다고 우려합니다. 테러방지법이 제2의 국가보안법이 되거나 국가정보원의 권한을 강화시키는 나쁜 전례가 될 수 있다는 염려도 있습니다. 따라서 인권침해의 소지를 불식할 국가정보원의 개혁이 이루어진 다음에 법 제정 여부를 논의하자는 의견이 있습니다.

둘째, 우리나라가 테러 공격 가능성이 높은 나라 중 하나인 까닭이 이라크 파병규모 면에서 미국·영국에 이어 3대 파병국이라면 오히려 정부가 파병으로 인한 테러위협 노출에 대한 책임을 지고 파병을 철회해야지 테러위협을 없애는 것 아니냐라는 주장이 있습니다.

셋째, 기존의 시스템과 대처방식으로도 뉴 테러리즘, 새로운 테러리즘에 얼마든지 대처할 수 있고 우리에게는 군대와 같은 전투경찰이 있으며 이미 기존의 법 시스템 하에서도 일상적인 불심검문, 전화 및 기타 통신매체에 대한 감청, 광범위한 정보수집이 이루어지고 있다는 점 등으로 제한되고 있고 특히 최근 서구 각국에서 추진하고 있는 반테러 법안들은 이미 한국에서는 시행되고 있다라는 주장입니다.

다음으로 테러방지법이 테러를 방지하기 위한 적합한 수단이라는 것을 입증해야 하는데 그게 아직 안 되고 있다는 주장입니다. 첩보 수준의 정보와 그에 근거한 안보위협론·유비무환론만을 내세울 게 아니라 테러방지법을 제정하여야 할 입법의 필요성을 분명하게 제시해야 한다, 각 행정기관이 분업망 식으로 결합되어 테러를 방지하는 체계에 문제가 있다면 그것이 무엇인지, 개선의 여지는 없는 것인지를 국회에 입증해야 된다. 즉 인권침해 가능성이 있고 헌법상 권력분립 원리에 반하는 내용의 테러방지법을 제정하려면 과연 그 필요성과 정당성이 있는지, 혹시 그것이 과잉금지 원칙에 반하는 것은 아닌지를 입법자는 입증을 해야 됩니다. 또한 테러위협이 얼마나 심각한지도 국민들에게 알려야 합니다.

다섯째, 테러방지법 오남용에 따른 위험입니다. 정치적 소수자들의 위법행위 혹은 그에 미치지 않는 가벼운 범법행위도 테러행위로 체포되고 수사받을 수 있습니다.

반면에 찬성론자들의 주장은 다음과 같습니다.

첫째, 현재 반테러 업무는 대통령훈령인 국가대테러활동지침으로 규율하고 있으나 이는 법치주의 요구에 배치된다, 왜 지침이냐, 법이어야 되는 게 아니냐라는 얘기고요.

두 번째, 국제사회에서 테러를 추방하는 요구는 당연한 것 아니냐, 거기에 발맞추자라는 거고요.

김선일 씨 참수 등 이라크 파병 이래 우리 국민에 대한 테러위협이 커지고 있다는 것이 또 하나의 이유이고.

그다음에 대테러활동 영역의 복잡·다양성으로 인해 어느 부처가 독자적으로 이를 수행하는 것은 불가능하므로 이런 업무의 기획·조정 기구로서 국정원의 기능과 노하우를 활용하여야 하므로 국정원이 중심이 되는 대테러 업무의 수행은 불가피하다라는 것입니다. 어쨌든 이러한 논쟁이 있었습니다.

우선 입법의 필요성을 주장하는 사람들과 그렇지 않은 사람들이, 일단 예를 들어 손동권 교수 같은 경우는 테러범죄를 직접적으로 규율하는 법률 차원의 입법이 꼭 필요하다, 그래야지 제대로 처벌이 가능하다라고 얘기를 하는 거고요.

그것에 대해서 우려를 표현하는 사람은 실제 실효성이 있는가와 더불어서 인권침해의 소지가 아주 큰 데 거기에 국정원 개혁을 결합시켜야 되는 것 아니냐 등등의 얘기가 16대·17대·18대·19대 그대로 계속되고 있고 사실은 실제 연구보고서, 구체적인 조사 이런 것들은 좀 덜 이루어졌던 게 아닌가 싶습니다.

그래서 구체적으로 문제를 보면 제16대 국회의 테러방지법안 심사 시 가장 논란이 되었던 부분이 테러 및 테러단체의 개념이었습니다. 국가인권위원회 2002년 2월 20일 국회 정보위원회에 보낸 의견서에서 당시 법안의 가장 큰 특징으로써 '국제사회의 오랜 연구와 논쟁에도 불구하고 여전히 합의된 개념 규정에 실패하고 있는 테러행위에 대해서 포괄적인 정의를 내리고 있는 것은 문제다' 이렇게 테러와 테러행위에 대한 정의가 포괄적이면 사실은 이 법 자체가 상당한 인권침해를 가져올 수 있다라는 것이 주장인 거지요.

또한 이외에도 테러범 수사 처벌 등 인권침해 소지가 있는 사항은 입법 목적에서 제외하고 재난관리법 등 현행 실정법으로 대응이 가능한 사후처리 부분을 삭제해서 다른 법률과의 충돌을 막아야 된다라는 의견도 있었고요.

어쨌든 그런 것 때문에 16대 국회 이후에 사실상 테러 및 테러단체의 개념은 많이 정리를 하려고 노력을 해 왔다라는 거고요.

두 번째로 국가정보원이 중심이 되는 대테러 조직의 문제에 대한 것 역시 그 당시든 지금이든 똑같이 논란이 됐었던 것 같습니다.

제16대 국회에서의 법안심사 시 법안 제정 반대론자들이 주력을 기울였던 테러, 테러행위, 테러단체 등 자의적 해석 가능성이 있는 조항들의 문제점들이 국회 심사 과정에서 상당 부분 정비되면서, 즉 두 번째 비판의 초점을 어떻게 할 거냐, 국가정보원에 두는 대테러센터의 설치 문제 등입니다.

첫째, 국가정보원이 정보 권한과 수사 권한을 동시에 갖고 있는 한 언제라도 권력남용 및 인권침해의 유혹을 받게 된다, 비밀스러움을 속성으로 하는 정보기관이 수사권까지 보유하면 권력의 비대화와 인권침해의 결과를 낳는다, 정보기관이 수사권을 보유할 경우 인권보장을 준수해야 하는 적법절차에 대한 통제가 사실상 불가능하기 때문이다.

미국의 CIA, 영국의 MI6, 독일의 BND, 이스라엘의 모사드 등 주요 국가의 정보기관은 수사권을 보유하고 있지 않습니다. 특히 독일의 경우 수사권을 보유했던 과거 나치정권 정보기관의 폐해를 경험삼아 BND는 수사권은 두지 않고 필요한 경우 경찰과 협조하여 자료를 받는 등 상호 긴밀히 협조하고 있으며 이는 성공적으로 운영되고 있다는 평가를 받고 있습니다. 이 독일 사례는 저는 굉장히 관심 있게 보는 사례입니다.

국정원의 수사권 폐지는 국정원의 탈권력화의 첫걸음이 될 것이고 국정원의 수사권이 폐지된다 하더라도 국정원이 수집한 정보를 제공한다면 전혀 문제가 되지 않습니다. 보안 문제는 외국의 사례에서 보듯 정보 공유가 책임 공유로 인식됨으로써 철저히 비밀이 유지되고 있기 때문에 충분히 가능한 게 아니냐라는 게 이 글의 주장입니다.

둘째, 국가정보원에 대테러센터를 두면 국가정보원이 그 권한을 이용하여 행정기관을 장악하게 되므로 필연적으로 다른 기관의 업무영역을 침범하게 되는데 현재 국정원은

국가정보원법 제3조제1항에 따라서 국외 정보 및 국내 보안정보의 수집·작성 및 배포 권한을 갖고 있습니다.

국내 보안정보의 수집·작성 및 배포 권한은 정보기관이 정치에 참여하는 직접적인 근거가 되어 왔습니다. 2005년 불거진 불법감청은 그 유력한 수단이었다고 할 것입니다. 국가정보원의 고질적 병폐로 지적되어 온 국내 정치 개입을 차단하기 위한 최선책은 국가정보원법을 개정하여 국내 보안정보 수집권을 폐지하고 국정원의 정보 수집 범위를 대북, 국외로 한정하는 것이 필요합니다.

그밖에도 송호창 변호사는 테러대책기관의 대테러센터로의 통합으로 인한 문제점을 지적하기도 합니다. 테러방지법상의 조직체계에 따르면 국가기관과 광역지방자치단체 그리고 공항과 항만뿐 아니라 주요 관계기관별로 테러 관련 협의회나 대책본부가 설치되어 국가의 주요 기관들이 대테러대책의 이름으로 하나의 조직체계 속에 강력하게 통합되는 양상을 나타내게 됩니다.

우선 이러한 국가체계 재편성은 국가기관 간의 견제와 균형을 무너뜨리고 국가권력을 통합하게 하여 국가권력을 남용하고 인권을 침해하는 방향으로 작용할 가능성이 높아진다는 주장입니다.

다음, 이렇게 강력하게 재편성된 국가권력체계가 국민의 감시로부터 은폐된 비밀조직의 성격을 가지고 운영됨에 따른 문제점도 있습니다.

대테러대책의 핵심적인 역할을 하는 대테러센터는 그 자체 조직과 정원이 공개되지 않는 국가정보원에 둘 뿐만 아니라 대테러센터의 조직 및 정원을 공개하지 않을 수 있게 하고 테러 진압을 위한 특수부대의 운영·훈련 등에 관한 사항을 공개하지 아니하므로 결국 재편성된 국가행정체계의 가장 핵심적인 부분이 국민의 감시로부터 은폐된 가운데 운영되게 되어 공개행정원칙에 위반될 위험이 있습니다.

2005년 발의 테러방지법안에 관한 국방위원회의 검토의견에서도 반대 위원은 국가정보원의 권한 강화 및 남용을 우려하였습니다. 찬성 위원은 테러예방 단계의 대응을 주요 임무로 하는 대테러센터는 국가정보원장의 소관으로 하는 것이 타당하며 그 논거로 다음과 같은 이유를 들었습니다.

첫째, 대테러정보를 국가정보원에서 총괄하는 상황에서 타 정부기관에서 대응업무를 관장하게 되면 대응의 통합성·보안성이 결여되어 효과적인 대응의 제한이 발생한다는 것입니다.

둘째, 테러가 가시화될 때까지 대테러 대응임무를 국가정보원에 부여함으로써 대외보안기구로서의 국정원의 위상을 정립할 필요가 있다는 것입니다.

이런 식으로 지금 찬성 위원과 반대 위원이 나뉘고 있는 거라고 생각하시면 됩니다. 똑같은 얘기가 계속 반복되어 왔고요.

그다음에 군병력 지원도 여전히 논란이 되고 있는 쟁점으로 보여집니다.

테러 개념의 모호성 등과 함께 논란을 불러일으키고 있는

부분은 군병력의 지원에 대한 것입니다.

군병력 지원을 반대하는 입장에서는 헌법의 위임이 없는 군병력의 출동은 위헌의 소지가 있다고 주장합니다.

우리 헌법이 인정하고 있는 군병력의 동원은 헌법 제5조제2항의 국가의 안전보장과 국토방위의 수행을 위한 경우에 가능하며 구체적인 사안으로서 헌법 제77조는 계엄을 명시하고 있으므로 계엄이 아닌 평상시 상황에서의 군병력 동원은 위헌이라는 것입니다.

이런 주장에 대해 반대론자 중에서도 출동으로서의 성격을 갖지 않는 것은 헌법의 개별적인 위임이 없더라도 가능하다는 견해도 있습니다.

군대 장비를 통한 기술적인 도움의 범위를 어디까지로 잡을 것인지에 관해서는 다툼이 있다고 합니다. 따라서 시설의 보호 및 경비가 출동과 구별되는 기술적인 도움에 해당하는지 여부에 관해서는 신중한 검토가 있어야 한다는 것입니다.

또한 경찰만으로 국가중요시설, 다중이용시설 등을 테러로부터 보호하기 어려운 경우 대책회의 의장이 군병력의 지원을 군 통수권자인 대통령에 건의할 수 있도록 하고 있는데 어느 정도가 되면 테러로부터 보호하기 어려운 경우에 해당할 것인가는 모호하다는 것입니다.

생각건대 계엄 상황이 아닌 평시 군병력 지원의 위헌성에 대해서는 계엄제도를 헌법에 규정하면서 그 사유 및 권한 행사를 제한하고 있는 것으로 군병력의 동원 그 자체보다 계엄 상황에서 행정사무, 사법사무를 계엄사령관이 관장함으로써 국회를 통과한 법률이 아닌 계엄사령관의 조치로 국민의 기본권을 제한할 수 있기 때문에 이를 통제하기 위한 것이라고 보아야 할 것입니다.

그리고 테러도 국가의 안전보장을 위협하는 경우가 있는바 이 경우에는 군사병력의 동원 사유인 국가의 안전보장에 해당하기 때문에 이것에 동의한다라는 의견도 있고요.

그런데 당연히 만약 이런 식으로 계엄이 아님에도 불구하고 헌법의 위임이 없는 군병력이 출동을 해서 위헌일 뿐만 아니라 인권 침해가 이루어진 부분은 또 어떻게 하겠느냐, 그것도 계엄 상황이 아닌 일상적인 상황에서라는 문제가 있습니다.

그다음에 외국인에 대한 감시·차별 강화 문제도 있습니다. 외국인의 소재지, 국내 체류 동향 등의 확인과 수사기관의 출국조치 요청, 그리고 부칙의 통신비밀보호법 개정을 통해 법안에서 규정하고 있는 범죄를 통신제한조치 허가 및 긴급처분 범죄에 포함시키고 외국인에 대하여는 긴급처분 기한을 내국인과는 달리 7일로 연장하는 데 대하여 반대의견들이 굉장히 당연히 클 수밖에 없습니다.

그 반대의견을 보면 통비법상의 감청행위는 허용기간이 길고 또 기간 연장이 가능한데도 그 적법절차조차 지키지 않아 기본권을 침해한 허다한 사례가 있는데 그에 대한 통제도 현실적으로 어려운 실정이므로 그 허용대상과 절차를 엄격히 해야지 이런 식으로 풀어 주면 안 된다는

겁니다.

특히 법령에 따라 적법하게 입국 체류 중인 외국인에 대하여 차별적인 특별 관리를 하거나 비례의 원칙에 위반하는 통신상의 긴급처분을 허용하고 수사기관의 판단에 따라 테러 우려라는 불명확한 사유로 출국조치하도록 한다는 것은 부당하다는 것입니다.

즉 범죄에 대하여는 국민과 외국인을 차별하여 규정할 이유가 없고 관계 법령에 따라 규율하면 되는 것이지 차별적인 규정을 두어서는 아니 되는데도 외국인을 국민 다르게 차별대우를 하고 있어 외국인의 인권 침해 우려가 있다는 것이 그동안의 반대의견이었습니다.

또한 기존 법제기구와의 중복 문제도 있습니다.

테러방지법 제정을 반대하는 입장에서는 현행 국가정보원법에 의해서도 국가정보원의 대테러 업무수행에 지장이 없다고 주장을 합니다.

예를 들어서 1997년에 제정된 통합방위법이라는 것이 있고요. 통합방위법에 따르면 통합방위법에는 테러행위를 포함하는 것으로 해석되는 통합방위사태에 대응하기 위해 군과 경찰, 국가기관과 지방자치단체, 향토예비군, 민방위대, 일정한 범위의 직장인 등 국가의 모든 방위요소를 통합하고 지휘체계를 일원화하여 관리할 수 있도록 하기 위한 체제 구축 및 권한 부여를 위해서 마련된 법률이다.

둘째, 현행 체계하에서 테러에 이용될 가능성이 있는 위험물질을 관리하지 못한다고 하는데 대표적 위험물질인 핵의 경우는 이미 원자력법 등등 유해화학물질관리법, 총포·도검·화약류 등 단속법, 고압가스 안전관리법 등에서 테러에 사용될 수 있는 위험물질에 관해서 별도로 규정하고 있다라는 얘기를 하고 있습니다.

또 테러자금 추적이나 통신제한조치는 테러단체 및 인물 동향을 파악하기 위한 조치로 대테러 및 국제범죄조직에 대한 정보의 수집·작성은 국가정보원의 고유직무로써 이미 국가정보원에서 수행하고 있으므로 별도의 테러방지법은 불필요합니다.

혹 그 필요성이 테러자금의 추적에 있다면 범죄수익은닉의 규제 및 처벌 등에 관한 법률, 특정 금융거래정보의 보고 및 이용 등에 관한 법률에서 이미 금융기관 등에 범죄수익에 대한 신고의무를 부과하고 금융정보분석원을 설립하여 외국금융정보분석기구와 정보교환을 할 수 있도록 하고 있습니다.

통신제한조치에 관하여는 통신비밀보호법에서 범죄수사를 위한 통신제한조치, 국가안보를 위한 통신제한조치에 대해 명백한 규정을 두고 있고, 나아가 긴급한 경우에는 법원의 허가 없이 통신제한조치를 취할 수 있는 긴급통신제한조치에 대한 규정도 갖추고 있다는 겁니다.

넷째, 화생방 및 원전테러 등 대규모 테러 발생 시 필요한 군병력을 활용할 수 없다고 하는데 경찰병력만으로 치안을 유지할 수 없을 정도의 사안이어서 군병력을 동원해야 한다면 국가비상사태에 해당하게 될 것이므로

가능하다라는 것이 테러방지법을 굳이 만들 필요가
없다라는 의견이고요.

다섯째, 국민이 테러위험지역에 체류하는 것을
제한하기가 어렵다라는 것도 체류지에서 대피명령을
위해서는 재외국민등록법 등에서 규정을 신설하는,
그러니까 테러방지법을 만드는 게 아니라 규정을 신설하면
될 거다라는 얘기를 하고 있습니다.

또한 이에 반해서 찬성을 하시는 분은 테러의 결과물은
살인과 방화 등이므로 형법 등으로 테러범을 처리할 수
없다라고 얘기하고 있습니다.

특히 테러리즘에 대한 대처 단계는 크게 예방 및 대응,
처벌, 사후상황 수습으로 나눌 수 있는데 예방 및 대응과
사후상황 수습 단계는 행정조직·작용 및 구제법의 성격을
띠고 처벌 단계는 형사법의 특징을 갖기 때문에 완벽하게
대응을 하려면 이런 특별법의 형태를 만들어야 된다라는
얘기를 하고 있고요.

그다음에 국가대테러활동지침에 대해서, 우리나라는
한국전쟁과 남북 대치상황을 겪으면서 전쟁에 대비한
법률적 제도는 상당한 수준으로 구축되어 있습니다.
그러나 새로운 안보 위험요인으로 등장한 테러에 관하여
통일적으로 규정하고 있는 법률은 없습니다.

현재 정부는 국가대테러활동지침에 근거해서 관계기관
간 업무를 분담하고 있는데 사실은 당초에 이것은 대외
비밀이었다가 2008년 8월에 비밀 지정이 해제되었습니다.
동 지침에 따르면 대통령 산하에 국무총리를 위원장으로
하는 국가테러대책회의를 구성하고 테러대책상임위원회를
신설하는 등등이 있습니다.

그런데 대통령훈령이 법규로써의 효력을 가지느냐에
관해서는 학설이 대립하고 있는데 현실에서는 확실히
효력을 가지지요. 왜냐하면 이번 19대 박근혜정부의 특징은
시행령 정치를 하거든요. 모법의 위임을 받지 않는 시행령을
만들기도 하고 그러면서 사실은 시행령으로 강제하는
방식을 쓰고 있는 걸로 봐서는 법규로써의 효력을 가진다고
현실에서는 봅니다. 하지만 학설에서는 이 시행령 통치를
굉장히 위험하게 본다라는 거지요. 그렇기 때문에 오히려
지침으로 있는 대테러방지지침을 법 수준으로 올리자라는
얘기가 있다는 주장입니다.

그다음에 제가 좀 드리고 싶은 것은……

수사권을 전혀 갖지 않은 지금 독일의 사례가 여기 나와
있는지 모르겠네. 수사권을 갖지 않는 독일의 사례는 여기서
나와 있지 않군요.

제가 너무 많이 가져와서……

(「천천히 해요」하는 의원 있음)

아니요, 이제 거의 뭐…… 제 뒤에도 계속이실 테니까
그걸 믿고 말씀을 좀……

(「박원석 의원님 기다린대요」하는 의원 있음)

뒤에요?

(「신경쓰지 말고 하세요」하는 의원 있음)

(「정리를 한 20분만 하세요, 정리를」하는 의원 있음)

(「그만하면 충분하십니다. 충분히 하셨어요」하는 의원 있음)

(「몸은 괜찮아요? 평소에 체력 단련을 많이 해 봐서……」하는
의원 있음)

예.

이제 저도 정말 슬슬 정리 모드로 들어가 보겠습니다.
통지를 해 드려야지 그다음 분이 오실 수 있지요.

제가 처음 시작을 하면서 김대중 대통령 말씀을
드렸습니다.

김대중 대통령께서 1964년 4월 20일인가요? 4월 20일
날 필리버스터를 써서 동료 의원이 구속되는 걸 막으셨지요.
대통령께서는 막으셨습니다. 그렇게 막고 그 이후로도 계속
평화와 민주주의를 위해서 싸우셨지요.

그래서 저는 제가 정치를 하기 전에는 김대중 대통령께서
매우 용감한 사람일 거라고 상상을 했었어요. 상상을 했고,
'그러니까 저렇게 용감하게 하겠구나'라고 했는데 노년이
되어서 말씀하신 내용, 이거지요. 제가 항상 강의를 하다가,
정치 강의를 하면 이걸 씁니다.

(자료를 들어 보이며)

이게 아마 71년도 장충단공원이고요, 이건 나이 드신
것일 텐데……

저와 김대중 대통령님의 유일한 인연은 1971년이었던 것
같아요. 그 수만 명이 모였던 장충단 연설 때 저는 아주 아기,
작았는데 어쨌든 저는 거기에 있었습니다.

그리고 제가 그냥 기억나는 것은 사람이 너무너무 많았고
너무 덥고 죽을 것 같이 힘들었다라는, 나중에서야 제가
거기에 갔었던 것인 걸 아는데, 그래서 정치인이 되고 나서는
가끔 그분, 고 김대중 대통령을 떠올리게 돼요, 그냥.

참 그 오랜 세월을, 그리고 고문과 불안함과 앞을 알 수
없는 과정에서 어떻게 그렇게 오랫동안 정치를 하셨을까,
그분이 정치를 하게 된 동력은 뭘까, 이분은 그렇게 얘기를
하셨다고 제가 말씀을 드렸는데

'우리는 아무리 강해도 약합니다. 두렵지 않기 때문에……
우리는 아무리 강해도 약합니다. 두렵지 않기 때문에
나서는 것이 아닙니다. 두렵지만 나서야 하기 때문에 나서는
것입니다. 그것이 참된 용기입니다'

당신께서 참된 용기를, 그러니까 참된 용기를 가진다는
것과 또한 그 참된 용기를 왜 가지게 됐는지는 저는
정치인한테는 매우 중요한 질문이라고 생각합니다. 특히
저 같은 초선 비례의원에게는 내가 이 자리에 서야 되는지,
혹은 내가 더 용기를 내야 되는지에 대한 항상적인 질문을
합니다.

그래서 내린 결론은 20대 때 간절한 것 이상으로
간절하다는 사실입니다. 더 이상 청년들이 누구를 밟거나
누구에게 밟힌 경험만으로 20대를 살아가지 않기를
원합니다.

제가 네이버 검색을 해 봤더니, '청년'을 넣고 네이버
검색을 하면 검색어 1위가 저는 '알바'일 거라고 사실은
추정을 했는데 '글자수 세기'예요. 20대 청년들한테 그
얘기하면 다들 웃습니다. 한 번 이상 혹은 열 번쯤 글자수

세기 프로그램을 했어야 했기 때문에, 열 번쯤 어플라이, 그러니까 회사에 지원을 하는데 그 회사에서 1000자 이내로 소개서를 써라, 2000자 이내로 소개서를 써라, 그것 때문에 이 친구들은 보통 글자수 세기 프로그램을 돌립니다. 청년 하면 떠오르는 처음이 젊음도 아니고 정열도 아니고 축제도 아니고 사랑도 아니고 욕망도 아니고, 그런 모습으로 살게 해서는 안 된다, 특히 자기의 인권과 권리를 보장받지 못한 사람은 그것이 얼마나 중요한지도 모를 뿐만이 아니라 타인의 권리를 보장하기도 어렵습니다.

우리의 미래가 그렇게 돼서는 안 된다, 왜? 저도 어쨌든 대한민국을 바꿔 온 어떠한 흐름을 해 봤습니다. 그런데 그렇게 저 역시 젊은 시절에 대한민국을 바꾸겠다고 생각을 했을 때는 제가 나이가 들면 우리의 아이들이 저보다 훨씬 더 찬란한 세상을 향해 날아갈 것이라고 믿었기 때문입니다.

제가 대학에 처음 들어갔을 때 봤던 것은 전경이었는데, 전경으로 대표되는 독재였는데, 그리고 2학년이 되면서 들려오는 소문은 '누가 죽었다더라. 누가 강간을 당했다더라' 이런 것이었는데 '그것을 넘어서서 그런 경험하지 않고 더 나은 미래가 열릴 거다'라고 믿었습니다.

그런데 제가 가장 가슴 아팠던 것은 2007년이 1987년 되기, 그러니까 20주년 기념식이 있었던 때였는데, 그때 제 기억으로 세종문화회관에서 기념식이 있었습니다. 그때 저는 그 건너편에서 비정규 노동자들하고 모임을 갖고 있었어요. 그러다가 그 기념식 현수막을 보면서 문득 이런 생각이 들더라고요. '여기 지금 나하고 같이 있는 비정규직 노동자들, 힘든 분들에게 도대체 1987년은 어떤 의미일까? 그 친구의 어머니나 아버지가 거기 있을 수도 있고 그분들이 거기에 있었을 수도 있는데……

이제 끝나가서 그렇습니다.

그래서 그제서야 참으로 많이 반성을 했습니다. '나는 어쨌든 세상이 민주화되는 데 좀 기여를 했고, 할 만큼 했노라 했는데 그렇지 않구나'.

그 민주화된 세상에서 누구는 비정규직으로 살고 누구는 청년실업자로 살고 누구는 자살해야 하고, 그래서 세상을 바꾸어야 되겠다라는 생각이 들었습니다.

제가 왜 대테러방지법을 얘기하면서 이 얘기를 굳이 드리냐면 사람은 밥만 먹고 사는 존재가 아닙니다. 밥 이상의 것을 배려해야 하는 것이 사람입니다. 그래서 헌법이 있습니다.

왜 헌법에 일자리, 노동, 복지 제공한다는 것 이상의 언론의 자유, 집회의 자유, 불가침의 인권, 행복할 권리 같은 것이 있겠습니까? 인간은 그런 존재입니다. 어떤 사람도 탄압받아서는 안 되고……

(「물 조금 드세요」 하는 의원 있음)

(「파이팅!」 하는 의원 있음)

(「심호흡하고」 하는 의원 있음)

제가 좀 지쳤나 봐요.

누가 그래요. '대테러방지법 돼도 사람들이 밥은 먹고 살겠지'. 다시 말씀드리지만 헌법에 보장된 시민,

주인으로서의 국민은 밥만 먹고 사는 존재가 아닙니다. 언론의 자유를 누려야 되고 표현의 자유를 누려야 되며 어떠한 억압으로부터도 자유로울 수 있어야 합니다.

가장 중요한 것은 자기 운명을 자기가 선택할 수 있어야 됩니다. 그런 것을 못 하게 할 수 있는 법이라고, 그런 의혹이 있는 법이라고 그렇게 누차 얘기를 하고 있는데, 끊임없이 주장을 하는데, 제발 다른 목소리를 들어 달라고 얘기하고 있는데……

'박근혜 대통령이, 예를 들어서 국민을 위해서 일한다. 부정하지 않겠다. 내가 국민을 위해서 일한다라고 하는 다른 방향이 있다. 그러니 나와 박근혜 대통령이 다름을 인정하거나 여당과 야당이 다름을 인정하고 제발 얘기를 해보자. 어떻게 하면 사람이 사람답게 단 한 명도 인권을 훼손당하지 않으면서 자기 운명을, 자기 삶을 스스로 선택할 수 있는 존재가 될 수 있는지?' 그렇게 2012년 이후에 박근혜정부에 요구했다고 생각을 합니다, 대테러방지법에서부터 모든 법안에 대해서.

그런데 박근혜 대통령은 유능하고 저는 무능한 탓에 항상 발목을 잡는 것처럼 소개가 되지요. 하지만 저는 포기하지 못합니다. 왜냐하면 저의 주인이신 국민이 살아가야 되니까요. 그분들은 포기를 할 수가 없는 존재입니다.

저는 돌아설 수 있는 자리가 있는 사람일지 모르지만 그분들은 그런 자리가 없습니다. '헬조선'을 외치는 청년들은 도망치는 것 외에는 둥지가 없는 사람들입니다.

그래서 저는 정치도, 정치를 하는 사람도 자기 둥지를 부숴야 된다고 생각을 합니다. 그리고 고 김대중 대통령께서는 그렇게 자기 둥지를 부수고, 고 노무현 대통령도 둥지를 부수면서 같이하려는 노력을 해 왔다고 생각합니다.

어쨌든 제가 이렇게 좀 버틴 게 당에 도움이 됐는지 모르겠네요. 어쨌든 저로서는 최선을 다했고요.

제발 다시 한 번 부탁드립니다. 물론 저는 대한민국 국민을 믿습니다. 이 법이 통과된다 하더라도 언젠가는 바꿀 수 있을 거라고 생각합니다. 하지만 그러기 위해서 또 누군가 고통을 당해야 될지도 모릅니다. 단 한 사람이라도 덜 고통을 당할 수 있는 방법을, 좀 덜 고통받는 방법을 제발 정부 여당은 좀 찾읍시다.

이것은 저는 사람을 위하는 것은, 약자를 위한 정치는……

● **의장 정의화** 은 의원, 너무 무리하지 마세요, 건강도 생각하시고.

● **은수미 의원** 예.

여당도 야당도 없고 보수도 진보도 없다고 생각합니다. 오직 국민을 위해서 생각하고요.

'박근혜 대통령이 청와대에서 생각하시는 국민과 제가 현장에서 직접 뵙는 국민이 다르다. 그러면 이렇게 다른데 어떻게 하면 같이 살까 이 생각 좀 하자. 제발 피를 토한다든가 목덜미를 문다든가 이런 날 선 표현들 말고

어떻게 하면 화해하고 사랑하고 함께할 수 있는지, 어떻게 하면 응원하고 격려하고 힘내게 할 수 있는지 좀 생각했으면 좋겠다'라는 얘기를 끝으로 저의 필리버스터를 끝냅니다.

감사합니다.

(박수 치는 의원 있음)

● **의장 정의화** 부축 좀 해 드리시지요. 아마 다리가 힘들 거예요. 수고했어요. 가서 조금 누워 쉬도록 하시지요.

다음은 정의당의 박원석 의원 나오셔서 토론해 주시기 바랍니다.

(2016년 2월 24일 오후 12시 48분)

04

박원석 의원

제19대 국회의원 (비례대표)
정의당

2016년 2월 24일 오후 12시 49분 시작
2016년 2월 24일 오후 10시 18분 종료
발언 시간 9시간 29분

"이 법이 갖고 있는 부작용, 이 법이 갖고
있는 위험성에 여당·야당, 진보·보수
따로 있지 않습니다. 이것은 국민의 아주
기본적인, 자유와 시민권에 관련된 그런
문제입니다."

(2016년 2월 24일 오후 12시 49분)

● **박원석 의원** 은수미 의원님 고생하셨습니다.
존경하는 국민 여러분!
정의당의 박원석 의원입니다.
어제 오후 7시경 시작된 테러방지법에 대한 무제한 토론이
18시간이 넘도록 진행이 되고 있습니다.
앞서 토론을 진행하신 김광진 의원님, 문병호 의원님
그리고 조금 전 막 토론을 마치신 은수미 의원님 수고
많으셨습니다.
아울러 번갈아 가면서 의장석을 지키고 계신 의장단께도
수고하신다는 말씀드리겠습니다.
또한 밤을 꼬박 새워 가면서 동료 의원들의 토론을 경청해
주신 의원님들께도 감사드립니다.
사무처 직원들, 특히 속기사 여러분께 감사드립니다.
아울러 지금 국회 정문 앞에서는 이곳 원내에서의
필리버스터와 동시에 시민 필리버스터가 진행이 되고
있습니다. 많은 시민들이 밤을 새 가면서 테러방지법의
문제점을 다른 동료 시민들께 알리는 연설회를 진행을
하고 계십니다. 그분들께도 수고 많으시고 감사하다는
말씀드리겠습니다.
많은 언론들이 47년 만에 필리버스터가 부활됐다는 데
초점을 맞춰서 보도를 하고 있습니다.
19대 국회가 시작하면서 적용된 국회법에 이 제도가

포함됐지만 19대 국회에서 무제한 토론을 하리라고는
전혀 예상하지 못했습니다. 결국 이런 순간이 오게 돼서
유감입니다.
대한민국의 자유와 인권 그리고 역사에 오점을 남길 수
있는 국회가 되지 말아야 한다는 신념으로 오늘 토론 자리에
섰습니다.
어제 국회의장께서는 테러방지법을 직권상정하면서
국회법상의 직권상정 요건의 하나인 국가비상사태를
언급하셨습니다.
개성공단을 전면 중단하고, 위기 앞에 국민적 단결을
호소하면서 얼마 전에 국회에서 연설을 하셨던 박근혜
대통령의 인식과 맥을 같이합니다.
그런데 과연 무엇이 국가비상사태입니까?
국가비상사태라고 느끼는 국민들이 얼마나 있습니까?
저는 이해할 수 없는 국가비상사태라는 주장을 접하며
46년 전 국가비상사태를 선포했던 담화문이 떠오릅니다. 그
담화문의 내용을 소개하면서 제 토론을 시작하겠습니다.
'국가비상사태 선언 및 특별담화.'
'친애하는 국민 여러분!
나는 국가를 보위하고 국민의 자유를 수호할 대통령의
책임으로서 최근의 국제 정세와 북괴의 동향을 면밀히 분석,
검토, 평가한 결과 지금 우리 대한민국의 안전보장은 중대한
위기에 처해 있다고 판단되어 오늘 전 국민에게 이를 알리는
국가비상사태를 선언하였습니다.
최근 급변하는 국제 정세는 우리의 안전보장에 중대한
영향을 미치고 있습니다. 국제 사회의 일반적 조류는 확실히
대결에서 협상으로, 이른바 평화 지향적인 경향으로 흐르고
있다 하겠습니다.
그러나 이것은 어디까지 핵 전쟁의 교착상태하에서
강대국들이 주도하려는 현상 유지의 양상일 뿐 우리 한반도의
정세는 결코 이러한 흐름과 병행하여 발전되고 있는 것은
아닙니다.
오히려 한반도의 국지적 사정은 핵의 교착상태로 인해
강대국들의 행동이 제약받게 되는 일반적 경향을 역이용하여
침략적인 책동을 멈추지 않고 있는 북괴의 적화통일 야욕
때문에 긴장은 더욱 고조되고 있다는 사실을 우리는 똑똑히
인식해야 하겠습니다.
지구의 한 모퉁이에 있는 이 한반도의 국지적 긴장은
현상유지라는 열강 위주의 차원에서 볼 때에는 대수롭지 않게
생각하는지도 모르겠습니다.
그러나 국지적인 긴장 속에 살고 있는 것이 바로 우리
민족일진대 이 국지적 긴장은 곧 우리들의 사활을 가름하는
초중대사라 아니할 수 없습니다.
우리 민족에게는 영원히 잊을 수 없는 비극의 6·25 동란
때 북괴를 도와서 남침 가담하였던 중공, 그 중공이 이제는
유엔에 들어가서 안보 이사국이 되었습니다.
그들이 앞으로 유엔에서 과연 무엇을 할 것인지는 두고
보아야 할 일이지만 지난번 중공 대표가 유엔에서 한 첫
연설에는 우리가 그냥 듣고만 넘길 수 없는 여러 가지 대목들이

들어 있었던 것을 알고 있습니다.

대한민국 정부가 한반도에서 유일한 합법정부라는 유엔 결의나 북괴와 중공을 침략자로 규정한 유엔 결의 등을 처음부터 부정하고 드는 부정적인 태도라든가, 대한민국을 공산 침략으로부터 수호하기 위하여 유엔 결의로서 창설된 유엔군이나 국제연합 한국통일부흥위원단도 당장 해체하라는 등, 북괴가 늘 주장하던 것을 그대로 대변하고 있는 것을 보더라도 앞으로 우리의 안보상에는 중대한 시련을 예측해야 할 것입니다.

또 우리 우방, 미국의 사정을 살펴볼 때 미국도 우리가 언제까지나 우리의 안보를 종전과 같이 의지하거나 부탁하기에는 어려운 실정에 있는 것입니다. 미국 의회에서 외교 법안을 둘러싸고 거듭된 논란은 외교 국가들의 자주 안보를 촉구하는 신호라 아니할 수 없으며 주한미군의 추가 감축 문제도 이미 논의 중에 있는 것으로 보입니다.

인접 우방, 일본도 중공 및 북괴와의 접촉을 더욱 잦게 하기 시작했으며 아시아에서의 공산주의 위험이 얼마나 심각한 것인가 하는 것은 직접 경험해 본 우리들이 아니고서는 역시 실감 있게 느끼지 못하는 것 같습니다.

이러한 국제 정세의 변동에 더하여 북괴의 움직임을 면밀히 살펴볼 때 우리의 국가 안보는 실로 중대한 차원에 이르고 있는 것입니다.

북괴는 김일성 유일사상의 광신적 독재체제를 구축하여 북한 전역을 요새 병영화하고 전쟁무기 양산에 광분하고 있습니다. 또 50만의 현역군 외에도 즉각 전쟁에 동원할 수 있는 140만의 노농적위대와 70만의 붉은청년근위대를 만들어 현역군 못지않은 장비와 훈련으로서 남침 준비를 끝내고 있으며 이들의 노농적위대는 연간 500시간 이상의 군사훈련을 의무적으로 받고 있습니다. 또한 그들은 나어린 중학생과 심지어는 연약한 부녀자 및 노인들에게까지도 사격훈련을 강요하고 있습니다.

한편 북괴는 우리 대한적십자사가 제의한 남북가족찾기운동에 응해 오면서 한쪽에서는 회담이 진행 중인데도 한쪽으로는 무장간첩의 남파를 더욱 격화하고 있으며, 그 방법 또한 전에 없이 더 악독해지고 있습니다.

국민 여러분!

이렇듯 외부로부터의 위협이 절박한 이때 과연 우리의 내부사정은 어떠한지 냉엄하게 살펴봅시다.

향토예비군이나 대학 군사 교련마저도 그 시비가 분분할 뿐 아니라 진정으로 국가를 위하는 안보론보다는 당리당략이나 선거 전략을 위한 무원칙한 안보론으로 국민을 현혹시키고 있으며, 또한 혹세무민의 일부 지식인들은 언론의 자유를 빙자하여 무책임한 안보론을 분별없이 들고 나와 민심을 더욱 혼란케 하고 있는 것이 오늘의 실정입니다.

이와 같은 무절제한 안보 논의는 국민의 사기를 저하시킬 뿐 아니라 국민의 단결과 국론의 통일을 저해하고 나아가서는 국가 안보에도 크게 유해로운 결과를 가져 오는 것입니다.

지금 이 시각에도 100리 북쪽에 공산 마수가 도사리고 있다는 사실을 잊어버리고 태평 무드에 젖어 있는 오늘의 우리 사회의 단면을 눈여겨 볼 때 나는 6·25 사변의 전야를 회상하지 않을 수 없습니다.

6·25의 쓰라린 경험을 벌써 잊어버린 국민들이 많은 것 같습니다. 설마설마 하다가 당한 6·25의 그날을 되새겨 볼 때 오늘의 해빙이니 평화 무드니 하는 이들 유행어는 다시 우리들에게 설마설마 하는 소리의 고개를 쳐들게 하지 않을까 나는 심히 걱정하는 바입니다

국민 여러분!

나는 우리의 자유민주체제가 공산독재체제보다는 훨씬 우월하고 더 능률적인 제도라는 신념을 갖고 있습니다. 또 공산체제에 대응할 최선의 체제가 바로 민주체제임을 나는 굳게 믿고 있습니다. 그러나 오늘의 이 비상사태에 비추어 볼 때 우리의 현 평화체제에는 적지 않은 취약점을 내포하고 있습니다.

민주주의가 우리에게 가장 소중한 것이라면 이 소중한 것을 강탈하거나 말살하려는 자가 우리 앞에 나타났을 때 우리는 과연 어떻게 해야 하겠습니까? 침략자의 총칼을 자유와 평화의 구호만으로 막아 낼 수 없는 것입니다. 이것을 수호하기 위하여는 응분의 희생과 대가를 지불해야 합니다. 필요한 때는 우리가 향유하고 있는 자유의 일부마저도 스스로 유보하고 이에 대처해 나가겠다는 굳은 결의가 있어야 합니다.

국민 여러분!

이러한 급박한 국내외 정세를 예의 검토하고 심사숙고를 거듭한 끝에 우리의 국가안보와 우리의 생명인 민주주의의 영구 보전을 위하여 나는 오늘 국가비상사태를 선언하여 이 비상사태를 국민에게 알리고, 국민과 정부가 함께 걱정하고 함께 노력하여 혼연일체의 태세로써 이 비상사태를 극복해 나아가야 하겠다는 결심을 하였습니다.

대통령의 직책 중에 무엇보다 우선해야 할 일이 곧 국가의 안전보장인 것입니다. 이 책임은 누구에게도 위임할 수 없으며 전가할 수도 없습니다. 따라서 국가안보상 위험도의 측정은 전적으로 나에게 주어진 의무인 것입니다. 또한 위험도 측정에 따라 적절한 조처를 적시에 강구하여야 할 책임도 바로 나의 안보상의 일차적인 책임일 것입니다.

우리가 사태를 정확히 직시할 줄 알고 또 이를 인식할 줄 안다면 우리는 능히 뭉쳐서 어떠한 난국도 타개해 나갈 수 있는 역량을 가진 국민임을 나는 자부합니다.

국민 여러분의 이해와 협조로써 우리의 안보태세 확립 촉진에 다 같이 이바지해 주시기를 간곡히 당부하며, 우리 다 같이 이율곡 선생의 경고를 받아들이지 않았던 그때 우리 조상들의 과오와 우를 다시 범하지 않을 것을 다짐합시다. 그리하여 우리 다 함께 뭉쳐 이 비상사태를 슬기롭게 극복해 나갑시다.

1971년 12월 6일 대통령 박정희'

그렇습니다. 45년 전 박정희 전 대통령의 국가비상사태 선포 담화문입니다.

국민 여러분, 어떻게 느껴지십니까? 최근 박근혜 대통령의 국회 연설 내용과 논리구조가 놀랍도록 유사합니다. 냉전의 부활, 유신의 부활, 독재의 부활을 우려하지 않을 수 없는 상황입니다.

북한이 4차 핵실험을 하고 우주 궤도에 인공위성을 올리는 로켓 발사를 했습니다. 그로 인해 국제사회의 큰 우려와 비판을 사고 있고 유엔과 각국 정부의 제재에 직면해 있습니다. 심각한 도발행위이며 비판과 제재를 받아 마땅한 행위입니다.

그러나 북한 핵실험과 인공위성 발사가 이번이 처음입니까? 왜 이번 상황에만 헌법과 법률의 절차마저 위반하면서까지 124개 기업의 경제활동을 하루아침에 중단시켜 국민의 재산권을 침해하는 개성공단 전면 중단 조치를 취하고, 마치 북한과의 무력 충돌이나 전쟁이 임박한 듯한 과장된 공포를 조성하는 것입니까?

과거의 핵실험이나 미사일 발사와 이번 핵실험이나 로켓 발사가 차원이 다른 것입니까, 아니면 이에 대응하는 우리 정부가 현시점에서 다른 정치적 의도를 가졌기 때문입니까?

더 이해할 수 없는 것은 테러에 대한 억지스러운 공포를 조장하는 것입니다. 국제적으로 IS와 같은 극단주의 테러집단이 준동하고 있고 파리 한복판에서의 테러 사건 등이 있었지만 대한민국에 과연 그처럼 현존하는 테러 위협의 근거가 지금 이 시점에 존재합니까?

얼마 전부터 보수언론과 종편에서는 북한 김정은이 대남테러 역량을 총결집하라고 지시했다는 국정원발 정보 한마디로 마치 수도 서울 한복판에서 북한에 의한 대한민국 요인 암살이나 주요 기반시설에 대한 공격이 즉시라도 발발할 듯한 공포 캠페인, 조작된 공포의 캠페인을 연일 이어 가고 있습니다.

바로 이 시점에 지난 2001년 최초로 발의됐으나 그간 학계와 법조계, 시민사회의 숱한 우려 속에 도입되지 못했고 지금까지도 그 핵심적 우려를 해소하지 못하고 있는 테러방지법 강행 통과가 바로 어제부터 이곳 본회의장에서 시도되고 있는 것입니다.

저와 정의당은 모든 테러행위에 대해서 반대합니다. 또한 테러행위를 예방하고 피해를 최소화하기 위한 합리적 방안들이 마련된다면 그것이 정부 여당에 의한 제안이든 야당에 의한 제안이든 누구에 의한 제안이든 적극적으로 수용하고 찬성할 것입니다.

그렇지만 지금 박근혜정부와 새누리당이 제안하는 테러방지법은 국가정보원의 권한만 확대하는 테러빙자법입니다. 문제의 핵심은 여전히 국정원입니다. 국가정보원에 대한 근본적인 개혁 없이 국가정보원에 또 다른 무소불위의 권한을 주는 테러방지법은 고양이에게 생선을 맡기는 것과 다르지 않습니다. 때문에 국가정보원의 문제가 무엇이었고 무엇을 개혁해야 하는지에 대해서 제 연설의 초점을 두고자 합니다.

국가정보원 문제를 얘기해 보겠습니다.

국가정보원은 정보수집기관이자 특별수사기관입니다. 1999년 1월 22일 안기부의 개편으로 출범했습니다. 그 전신은 1960년 창설된 중앙정보연구위원회, 시국정화운동본부 그리고 중앙정보부에서 찾을 수 있습니다.

국정원은 국내외 정보·정세 수집 및 해외 각국과 북한 등에 대한 자료를 수집·분석하고 간첩 등에 대한 특별수사, 조사 등의 기능을 담당합니다.

국정원의 조직, 소재지 그리고 인력은 국가정보원법 6조에 의해서 공개되지 아니하고 원장, 차장, 기획조정실장 등 일부만 공개가 됩니다. 예산 규모도 국가정보원법 12조5항에 의하여 비공개로 처리됩니다.

그렇다면 이런 국정원의 권력의 핵심이 무엇이겠습니까? 국정원의 권력의 핵심은 정보에 있습니다. 그중에서도 대통령의 관심을 끄는 정보는 핵심 중의 핵심입니다. 아무리 많은 정보를 갖고 있다고 하더라도 대통령이 관심을 보이지 않으면 무용지물이 될 가능성이 매우 큽니다. 지난 경험 속에서 이미 우리가 파악하고 확인한 사항입니다. 그러므로 국정원의 권력은 대통령의 관심과 지지에 의해서 크게 좌우되는 특성을 가질 수밖에 없습니다.

일례로 중앙정보부를 창설한 박정희 대통령의 경우 중정의 보고를 단순히 청취하는 데 그치지 않고 통치 전반에 중정을 적극 개입시켜 활용했습니다. 이로 인해 중정은 대한민국 정부 최고의 권력기관으로 부상할 수 있었습니다.

전두환·노태우 전 대통령도 그러한 기조를 그대로 유지했습니다. 김영삼 대통령은 안기부를 능동적으로 활용하지는 않았지만 주례 독대보고만큼은 챙겼는데 대통령의 관심과 지지가 줄어들자 안기부의 권력은 그 시기에 다소 약화된 측면이 있었습니다.

그러나 정도의 차이가 있었을 뿐 박정희 정부부터 김영삼 정부까지 35년 동안 대통령이 국가정보기관을 사유화했다는 점에서는 공통점을 갖고 있습니다. 즉, 국가정보기관을 사적으로 이용하는 제왕적 대통령들의 시대였던 것입니다. 그렇다면 그것이 왜 문제고 무엇이 문제가 되겠습니까? 이에 대한 노무현 전 대통령의 회고는 꽤 참고할 만한 자료가 됩니다.

노무현 대통령의 말씀을 인용해 보겠습니다.

"대통령이 국가정보기관장의 독대보고를 받으면 대통령은 스스로 제왕이 된다. 정보기관의 보고는 안보정책과 대북정책은 물론, 정치·정부·사회·문화·언론·기업 등 방대한 정보를 담고 있다. 대통령이 정보기관장과 독대해서 은밀한 정보를 보고받는다고 알려지면 정보기관의 정보 수준은 더욱 높아지고 권력은 더욱 강화된다.

장관들의 업무성과와 주요 정책 그리고 그에 대한 평가가 보고에 포함될 경우 부처의 고위공무원들은 그 보고 내용을 좋게 만들기 위해서 자진해서 정보기관 조정관에게 비공개 정보를 제공하게 된다. 장관들은 자신이 어떤 평가를 받는지 몰라 불안하고, 대통령이 자기보다 더 많은 것을 안다고 생각해 불안해한다. 그에 따라 정책의 옳고 그름을 따지기보다는 대통령의 심기를 헤아리는 데 골몰하게 되고, 보고를 할 때는 대통령의 눈치를 살피게 된다. 이렇게 되면 정보기관은 독대보고를 지렛대 삼아서 더욱 넓고 더욱 깊게 정보를 수집한다.

정보기관의 보고서는 다른 보고서보다 월등한 보고서가 되고, 대통령은 점점 더 정보기관의 보고에 의존하게 된다. 나중에는 정보기관이 정보의 힘으로 대통령을 움직이는 주객전도의 상황이 연출되기도 한다. 그런데 정보기관의 판단이 항상 옳을 수는 없고 왜곡된 정보가 보고될 수도 있어서 대통령의 판단이 흐려질 수도 있다. 그럴 경우 민주공화국은 엉뚱한 방향으로 끌려갈 위험이 커지는데 정보기관의 독대보고의 부작용은 이때 가장 심각하게 나타난다."

노무현 전 대통령의 회고를 통해서 본 정보기관의 정보의 사적 이용의 부작용입니다.

바로 이와 같은 이유로 김대중 전 대통령께서는 국정원을 국내정치에 활용하지 않고 국가적으로 필요한 정보와 해외정보를 수집하는 데 전념하도록 정보기관 활용법 패러다임을 전환하고자 시도했습니다. 그 의도만큼 순수하게 목적이 실현되었는지에 대해서는 논란이 있지만 안기부를 국정원으로 개칭하고, 주례 독대보고를 멀리하려 했던 점 등은 평가할 만합니다. 노무현 대통령 또한 국정원장의 독대 정보보고는 받지 않았습니다.

그러나 이명박 대통령 집권 시기부터 그와 같은 전직 정부들의 관행이 깨지고 달라졌습니다. 이명박 대통령은 국정원의 주례 독대보고를 꼬박꼬박 챙긴 것은 물론, 국정원을 다시 사유화했습니다. 대통령 최측근 인사, 바로 원세훈 씨를 4년간 국정원의 원장으로 두고 정치인과 반정부인사 뒷조사를 하는가 하면, 민주주의 근간을 훼손하는 일에도 개입해서 박근혜정부 들어서자마자 국정원이 정치쟁점으로 부상하게 됐습니다.

존경하는 의원 여러분!

대한민국에서 국정원이 어떤 조직입니까? 국정원이 단지 정치의 중립적인 일반 행정조직에 불과한 조직입니까? 과연 그렇습니까?

저는 정부와 새누리당이 제안하고 있는 테러방지법을 보고 있자면 마치 국정원이 대한민국의 모든 핵심적인 정보를 한 손에 쥐고 있는 그런 정보기관이 아니라 정치적으로 중립적인, 그 어떤 정치적 의도도 없는 일반 행정조직의 하나로 국정원을 보고 있는 게 아닌가, 그렇게 착각하고 있는 게 아닌가, 아니면 그렇게 주장하려 하고 있는 게 아닌가 하는 의심을 갖지 않을 수 없습니다.

그동안 국정원이 벌였던 각종 사건 사고들에 대해서 살펴보겠습니다.

이명박 정부 시절에 있었던 논란들부터 살펴보겠습니다.

불법사찰 논란이 있었습니다. 그중에도 정치인 사찰이 있었습니다. 우리 모두가 다 알고 있는 사실입니다. 이명박 정부 이후 국가정보원이 정치인 사찰에 나섰다는 주장은 수차례 반복됐습니다. 특히 야당 의원에 대한 사찰보다는 여당 의원이 사찰의 대상이 되었다는 주장이 많았던 것도 흥미롭습니다.

실제로 어느 정도의 사찰이 이루어졌는지 그 내역을, 그 내막을 속속들이 알 수는 없지만 권력 투쟁의 과정에서 여당 내 반대파 등에 대한 감시가 있었던 것으로 보입니다.

다른 한편으로는 야당 의원보다 여당 의원에 대한 사찰이 더 많아서가 아니라 여당 의원이 권력기관에 대한 정보 접근이 더 쉽기 때문에 그런 사실이 외부로 더 알려졌는지도 모르겠습니다.

2010년 8월 16일 정태근 당시 한나라당 의원은 평화방송 라디오 '열린 세상 오늘, 이석우입니다'와의 인터뷰에서 국제회의 위탁운영 업체의 부사장으로 재직 중인 자신의 부인이 국가정보원으로부터 사찰을 받았다고 주장했습니다.

정 의원은 국가정보원이 사찰의 주체라는 사실을 청와대 민정수석실로부터 확인했고, 국가정보원은 부인의 회사와 거래처 등을 탐문하고 국회의원의 지위를 이용해 부인 회사의 사업에 압력을 행사하였는지 캐고 다니는 것을 확인했다고 합니다.

정 의원이 사찰 사실을 알고 청와대 민정수석실에 항의하자 민정수석실 관계자가 '자신들은 전혀 관계가 없고 국가정보원에 알아보니까 국가정보원 직원의 사찰이 있어서 바로 중단시켰다. 자신들—즉 민정수석실—은 보고서고 뭐고 아무것도 관여된 바가 없다'고 변명을 한 바 있다고 말했습니다.

정태근 전 의원에 대한 이런 사찰은 지난 2008년 총선 전 이명박 대통령의 형인 이상득 의원에게 총선 불출마 및 2선 후퇴를 요구한 것과 관련된 것으로 알려졌습니다. 이 전 의원의 정치적 반대자로 판단하고 이른바 영포라인이 2009년 정 의원을 사찰한 것으로 알려졌습니다.

박근혜 당시 새누리당 비상대책위원장에 대한 사찰도 있었습니다. 2010년 12월 이석현 당시 민주당 의원은 박근혜 전 대표가 방문한 일식집의 종업원들과 여주인을 국가정보원에서 당시 청와대의 기획조정비서실에 행정관으로 파견된 이창화 씨가 내사했다고 밝혔습니다.

이창화 행정관은 박근혜 위원장의 주변 외에도 정두언 당시 한나라당 의원, 정 의원 부인이 운영하는 갤러리를 박영준 비서관의 지시로 사찰했으며, 정태근 전 의원, 친박계 전 이성헌 의원 등이 사찰을 당했다고 알려졌습니다.

국가정보원의 직원에 의해서 국가정보원장이 사찰을 당했다는 의혹도 있습니다. 국가정보원을 비롯한 권력의 사유화를 확인할 수 있는 매우 결정적인 사례입니다.

민주당 이석현 의원은 국가정보원으로부터 청와대로 파견된 이창화 행정관이 국가정보원장과 국가정보원 고위간부 부인 등에 대한 사찰이 있었다고 폭로했습니다. 조선일보 2010년 11월 19일 자가 이 같은 사실을 보도했습니다.

정두언 의원이 2008년 6월 박영준 당시 기획조정비서관을 권력 사유화의 장본인으로 지목한 이후 이 행정관에 대한 인사 조치를 요구했고 이 행정관이 청와대에서 총리실로 전출되었는데 국가정보원이 아닌 총리실로 옮긴 이유가 당시 김성호 원장이 자신을 사찰한 사람을 받아들일 수 없다며 반대했기 때문이라고 합니다. 이후 김성호 국가정보원장에서 원세훈 국가정보원장으로 조직의 수장이 바뀌자 바로 이창화 행정관은 2009년 3월 국가정보원으로 복귀했습니다.

2010년 7월 22일 오마이뉴스 기사에 따르면, 당시 민주당 최재성 의원은 이해찬 국무총리 시절 이강진 전 총리실 공보수석과 그의 부인에 대한 광범위한 감청이 이루어졌다고 폭로한 바 있습니다.

국가정보원은 북한의 흑금성 간첩사건을 조사하던 중 2007년 이해찬 전 총리가 방북 당시 북경에서 접촉한 북한 인사가 흑금성의 북측 파트너인 리호남이었다는 이유로 이강진 전 공보수석에 대해서 광범위하게 조사를 했고 휴대전화의 위치 및 착·발신 이력 추적, 음성과 문자메시지 확인, 부인 명의의 집전화 감청, 모든 우편물 열람, 이메일 내용 전부 열람, 아이피 추적을 통한 로그인 내역 열람, 타인과 나눈 대화 감청 및 녹음 확인 등이 이뤄졌습니다.

최재성 의원은 국가정보원이 대북 관련 조사를 핑계로 참여정부 인사에 대한 표적수사를 위해 광범위한 감시와 사찰에 나선 것은 아닌지 의심된다고 밝혔습니다.

국가정보원 측이 내사가 끝난 후 본인에게 압수수색 영장을 보여 줘 이 같은 사실이 알려졌으며 수사기간은 2009년 2월부터 6월까지 4개월간이었던 것으로 확인됐습니다.

정치인에 대한 사찰만이 있었던 것이 아닙니다. 법원과 검찰의 특정사건에 관한 압력을 행사하기도 했습니다. BBK 사건에 개입했던 것이 대표적인 사례입니다.

2008년 7월 3일자 언론보도에 따르면, 국가정보원 요원이 이명박 대통령이 한겨레신문사를 상대로 낸 손해배상청구소송을 맡은 판사에게 전화해서 재판상황을 확인하고 재판을 참관하다가 판사에게 적발됐던 사실이 보도가 됐습니다.

2008년 7월 3일 서울중앙지법 민사 72단독 김균태 판사 심리로 열린 이날 재판에서 국가정보원 직원 김 모 씨를 법대 앞으로 불러서 국정원 연락관이라고 했는데 대통령 개인사건에 국정원이 전화를 하는 것은 적절하지 않다고 경고했습니다.

국정원 직원 김 모 씨는 당시 5월 말 첫 변론기일 이후 김 판사에게 전화를 해서 진행상황을 물었고 김 판사가 관련 내용을 전달하는 것에 난색을 표하며 전화번호를 묻자 전화를 끊었다고 합니다.

7월 3일 재판에서도 재판시작 10여분 뒤 법정에 들어왔다가 '어떻게 오셨냐?'고 묻자 머뭇거렸고 '기자냐?'는 질문에도 '그렇다'고 답했으나 김 판사가 신분증 제시를 요구해 국가정보원 직원임이 드러났습니다.

이후 2009년 2월 6일 김균태 판사는 이명박 대통령이 BBK 의혹 보도로 명예를 훼손당했다며 한겨레신문을 상대로 낸 손해배상청구소송에서 한겨레는 이명박 대통령에게 3000만 원을 배상하라고 판결했습니다.

전직 대통령 수사에도 개입을 했습니다.

조선일보의 2009년 5월 7일 자, 같은 날 오마이뉴스 기사에 따르면 원세훈 국가정보원장이 검찰 고위 간부에게 국가정보원 직원을 보내서 원세훈 국가정보원장의

뜻이라며 노무현 전 대통령에게 구속영장을 청구하지 말고 불구속 기소하는 선에서 신병처리를 마무리 짓는 게 좋지 않겠느냐고 전달한 것으로 알려졌습니다.

물론 이 같은 사실에 대해서 국정원은 보도자료를 통해 전면 부인했습니다.

검찰과 법원에 압력을 행사한 것뿐만 아니라 언론사에도 관여를 했습니다.

2008년 10월 28일 자 조선일보와 오마이뉴스 기사에 따르면 당시 국가정보원 제2차장인 김회선은 8월 11일 오전 KBS 후임 사장 논의를 비롯한 언론대책 논의를 위한 조찬모임에 참여했습니다.

여기에 대해서 야당 의원들은 8월 11일이 정연주 KBS 사장을 해임하고 이를 결재한 시점임을 감안해서 방송통신위원회 국정감사에서 이를 비판했고, 10월 28일 민주당 전병헌·이춘석 의원은 서울중앙지검에 김 차장을 국가정보원법 위반으로 고발했고 검찰은 증거불충분을 이유로 무혐의 결정을 내렸습니다.

이후에 김성호 국가정보원장은 10월 28일 국회 정보위원회에 출석해서 김 차장의 언론대책회의 참석에 의해서 불거진 정치사찰 논란에 대해서 재발을 방지하겠다며 사과를 한 바 있습니다.

기자를 사찰했던 적도 있습니다.

신동아와 오마이뉴스 기사에 따르면—2010년 10월호, 그리고 오마이뉴스 2010년 10월 20일 자입니다—김정은의 후계 논의, 화폐개혁 등 다수의 북한 발 특종 기사를 써서 연례 기자상을 줄줄이 수상했던 최선영 연합뉴스 기자를 국가정보원이 사찰했다는 것입니다. 이 최선영 기자는 탈북자 출신의 기자입니다.

96년 아프리카 잠비아 주재 북한대사관 3등 서기관으로 근무하던 남편 현성일 씨와 함께 한국으로 망명을 했으며, 망명 뒤에 평양에서 기자로 일했던 경험을 인정받아 연합뉴스에 채용되어서 기자로서 일을 하고 있었습니다. 남편 현 씨는 국가정보원 산하 사단법인 국가안보전략연구소에서 일했습니다.

최 기자는 북한 현지 소식통을 인용해 김정은 후계 논의, 화폐개혁 등 다수의 북한 발 특종 기사를 써서 연례 기자상을 수상한 바 있습니다.

그러나 2010년 5월초 북한 관련 데이터베이스 부서로 발령을 받습니다. 형식은 승진이었지만 비취재부서였기 때문에 사실상 좌천이었습니다. 최 기자가 취재부서로의 재배치를 요구했지만 받아들여지지 않았고 결국 2010년 5월 휴직계를 내고 휴직을 했습니다. 그 이후 2010년 7월 남편 현 씨가 국가정보원에 부부동반 여행을 위한 출국 보고를 하자 국가안보전략연구소장 남성욱 씨는 어차피 최 기자가 국정원 내사를 받고 있어서 출국이 어려울 것이라고 말했으며, 비슷한 시기 최 기자가 취재부서로의 복직을 요구했지만 연합뉴스 간부가 '조만간 국정원 최고위 측의 인사 변동이 있을 듯한데 이것만 마무리되면 복직이 가능할 것이므로 잠시만 기다리면 된다'고 이야기했다고 언론은

보도하고 있습니다.

정보기관의 보고보다 언론기관의 보도를 통해서 먼저 북한의 주요 정보가 보도되자 청와대와 국회 정보위의 질타를 꺼려하는 국가정보원이 압력을 행사했다는 것입니다.

노동조합에 대한 국가정보원의 사찰 사건도 여러 건 있었습니다.

2009년 10월 국가정보원은 양천구청의 양성윤 당시 통합공무원노동조합 위원장 후보에 대해 징계하라고 압력을 행사했습니다. 언론보도를 통해서 이와 같은 사실이 확인이 되었습니다.

양 후보는 2009년 7월 서울에서 열린 시국대회에 참가해 공무원법상의 집단행위 금지 규정과 성실·복종·품위유지 의무를 위반했다는 이유로 징계위에 회부되었고, 양천구청은 양성윤 위원장 후보에 대해서 서울시에 중징계를 요청한 바 있습니다.

양 후보에 따르면 노조 차원에서 담당 부서에 중징계를 요구한 이유에 대해서 묻자 '국정원 등 각종 기관에서 압력이 들어와 버틸 수 없었다'라고 답을 했다고 합니다.

양 후보는 국정원 감사원 행안부 서울시 검찰 등에서 직무감찰을 하겠다, 행정적·재정적 불이익을 주겠다며 본인에 대한 중징계를 요청했다고 들었다고 주변에 말한 것으로 알려지고 있습니다.

국가정보원이 통합공무원노동조합의 설립과 위원장 선출에 관련한 정보를 수집하거나 관여하려 했다면 이는 명백히 직무범위 위반에 해당하는 법률 위반입니다.

(정의화 의장, 이석현 부의장과 사회교대)

그 밖에도 기룡전자 노동조합 탄압 과정에서의 국가정보원의 개입, 경북지역의 금속노조 KEC지회, 경주 발레오만도지회, 상신브레이크지회 등에 대한 노동조합 사찰 과정에서도 국정원의 개입이 폭로되었거나 확인된 바 있습니다.

시민사회단체에 대한 사찰도 있었습니다.

2008년 10월 언론보도에 따르면 국가정보원은 2008년 9월 모 공기업에 최근 3년간 집행된 시민단체 후원내역 일체를 제출하라고 요구해서 제공받았습니다. 그동안 얼마의 후원금을 어떤 방식으로 입금했는지를 묻고 관련 내용을 문의했습니다. 부담을 느낀 공기업의 담당자는 꼭 제출해야 될 의무가 있는 것이 아님에도 불구하고 제출을 요구한 것이 다름 아닌 국가정보원이었기 때문에 자료를 제출한 것으로 알려졌습니다.

심지어 국가정보원은 또 다른 공기업에 대해서 환경운동연합과 환경재단에 그동안 얼마의 후원금을 어떤 방식으로 입금했는지를 묻고 관련 내용을 서류로 만들어서 제출해 달라고 요구했던 사실도 확인이 되었습니다.

시민사회단체 활동과 사찰 및 시민사회단체 활동가에 대한 후원기업을 압박했던 그런 사례도 있습니다.

2009년 6월 18일 자 경향신문은 박원순 당시 희망제작소 이사의 인터뷰를 통해서 '희망제작소는 하나은행과 소기업 창업을 지원하는 마이크로크레디트 사업을 합의했지만 2009년 1월에 하나은행 측의 일방적인 결정으로 무산된 바 있다. 박원순 희망제작소 상임이사의 말에 따르면 국가정보원 직원들이 하나은행 측에 연락을 하고 위 사업에 개입함으로써 하나은행으로 하여금 희망제작소와의 협력관계를 중단하도록 하였다고 한다'.

박원순 당시 희망제작소 상임이사의 2009년 9월 17일 기자회견문을 보면, 친환경 자선단체인 아름다운가게도 2009년 4월 모 대학 카페 오픈식이 끝난 이틀 뒤 국가정보원 직원이 그 대학 총무과를 찾아가 아름다운가게가 좌파 단체들의 자금줄이며 운동권 출신 직원들이 대다수인 아름다운가게를 후원한 사유가 무엇인지에 대해 문의하였고, 2009년 6월 국가정보원 직원이라고 밝힌 사람이 특정 프로젝트를 몇 년째 공동 추진하던 모 은행 담당자에게 전화해서 '아름다운가게와 무슨 관계가 있기에 오랜 시간 많은 돈을 지원했느냐?'라고 문의한 바 있으며, 2009년 5월 경기지역 모 시의 평생학습관 공동행사와 미팅을 할 때 관련자가 '국정원에서 전화를 받았다. 아름다운가게의 행사를 하지 말라고 하더라'고 하는 등 곳곳에서 국가정보원의 활동 개입이 드러났습니다.

물론 이번에도 국가정보원은 보도자료를 내고 해당 사실 일체를 부인하였고 법적 검토를 추진해서 국가를 상대로 한 명예훼손 혐의, 손해배상금 2억 원을 청구하는 소송을 진행한 바 있습니다.

당시 언론보도에 따르면 재판에서 서울고법 민사13부는 2011년 12월 2일 국가정보원 및 정부의 명예를 훼손했다며 국가가 국정원의 민간인 사찰 의혹을 폭로한 박원순 서울시장을 상대로 낸 소송에서 1심과 같이 박 시장의 폭로는 의도적 명예훼손에 해당하지 않는다고 판결했습니다. 대법원은 지난 2012년 4월 6일 원심을 확정한 바 있습니다.

그 밖에도 불교계와 예술계의 문화행사를 탄압했던 사례, 환경영화제의 개최를 방해했던 사례, 셀 수 없는 국정원의 시민사회단체 내지는 민간인에 대한 사찰과 탄압 사례들이 확인이 되었습니다.

또 하나 굉장히 국제적인 논란거리가 됐던 사례가 있었습니다.

2010년 5월에 유엔 의사표현의 자유 특별보고관 프랭크 라뤼가 방한했을 때 5월 4일 서울 명동의 한 호텔 앞에서 프랭크 라뤼 유엔 의사표현의 자유 특별보고관을 몰래 촬영하던 사람들이 탄 승용차가 목격된 사실이 있습니다.

이후 한국일보에 의해서 이 차량이 국가정보원 소유 부지의 공터, 서울 서초 구룡산 정상에 주소를 둔 유령회사의 것으로 밝혀지면서 국가정보원 사찰 의혹으로 확산됐습니다. 유엔사무총장을 배출한 국가에서 유엔 특별보고관을 국가기관이 사찰했다는 의혹이 제기됐던 것입니다.

프랭크 라뤼 유엔 의사표현의 자유 특별보고관은 5월 17일 기자회견에서 국가정보원의 사찰에 대해 그것은 사실이라며 미행과 사찰을 받았음을 폭로했습니다. 그는

5월 15일 연세대학교 강연에서도 본인의 모국에서도 그런 일이 있었지만 조사활동을 위축시킬 수 없었다며 이번에도 전혀 두려워하지 않는다라고 밝히기도 했습니다.

그 밖에도 국정원법상의 직무 범위를 넘어선 여러 가지 불법 행위들에 대해서는 셀 수 없는 사례들이 있습니다.

이 같은 사실들을 종합해 볼 때 이명박정부 출범 이후 국가정보원의 불법 사찰은 광범위하게 이루어졌으며 정권의 반대자에 대한 정보 수집과 탄압의 성격이 매우 강하다는 것을 확인했습니다. 그 같은 사실은 박근혜정부 들어서도 변함없이 진행이 되고 있습니다.

국가정보원의 민간인 불법 사찰과 직권남용 의혹은 이명박정부가 출범한 이후로 매우 빈번하게 제기된 바 있습니다. 그와 같은 활동이 가능한 배경은 국가정보원에 국내 보안정보 수집 권한이 부여되어 있고 이를 빌미로 정치인·민간인에 대한 정보를 일상적으로 광범위하게 수집하고 있기 때문입니다. 그 밖에도 국회와 법원, 검찰과 같은 국가기관에 대한 개입도 빈번하게 일어났습니다.

이는 보안 업무의 기획·조정 권한에서 기인한다고 할 수 있습니다. 국가정보원은 기획·조정 권한을 핑계로 정부 부처를 비롯한 각종 공공기관에 출입하고 있습니다. 또 국정감사를 비롯한 국가기관의 업무에 관여하고 상급기관으로 군림하고 있습니다.

국가정보원의 민간인 사찰과 국가기관의 사찰을 차단하기 위해서는 국가정보원법이 허용하고 있는 국내 보안정보 수집과 정보 및 보안 업무의 기획·조정 기능이 더 엄격하게 행사되거나 권한을 제한해야 합니다. 그럼에도 불구하고 정부와 여당이 제한하고 있는 테러방지법은 축소시켜야 마땅할 국가정보원의 권한을 더 확대함으로써 그야말로 국가정보원을 무소불위의 권력기관으로 만들겠다는 그런 제안이 아닐 수 없습니다.

이렇게 국내 정치 사찰, 시민사회단체의 사찰을 진행했던 국가정보원이 정작 고유의 업무인 정보 업무에서는 매우 무능한 모습을 보였습니다. 이명박정부가 들어선 이후에 국가정보원이 주요 정보 수집에 실패하거나 정보 수집 과정에서 물의를 빚는 여러 사건들이 일어났습니다.

특히 국가정보원의 정보 수집 실패 사건이 사회적으로 널리 알려지게 된 계기로는 인도네시아 특사단 상대의 정보 수집이 실패한 사건과 김정일 사망 시기에 대한 정보 획득을 실패한 사건을 들 수 있습니다.

인도네시아 특사단 상대 정보 수집 실패와 관련해서 말씀을 드리겠습니다.

2011년 3월 16일 국가정보원 소속 직원이 소공동 롯데호텔의 인도네시아 대통령 특사단 숙소에 잠입해서 노트북을 뒤지다가 발각되어 절도 등의 혐의로 경찰에 신고되었습니다. 당시 언론보도에 따르면 정부의 고위 관계자는 국정원 직원들이 국익 차원에서 인도네시아 특사단의 협상 전략 등을 파악하려 했던 것이라며……

(「주제에서 벗어나고 있습니다」 하는 의원 있음)

주제와 관련이 있습니다. 국가정보원의 권한을 강화하는

테러방지법을 반대하고 있기 때문에……

(「테러방지법은 그것하고 관계없습니다」 하는 의원 있음)

국가정보원이 그동안 저질렀던 여러 가지 정치·사회적인 물의에 대해서는 주제와 직결된 얘기입니다.

(「들어 보세요」 하는 의원 있음)

(「주제와 관계없습니다」 하는 의원 있음)

관계있습니다. 그것은 의원님 주장이시고요.

(「기승전결을 보세요. 시작을 했으면 끝을 봐야지」 하는 의원 있음)

정부 고위관계자는 또 직원들이 발각된 것은 뜻하지 않은 실수라고 했습니다. 당시에 국가정보원 팀은 오전 9시쯤 롯데호텔 19층 인도네시아 특사단 방에 들어가서 노트북을 만지다가 인도네시아 직원과 맞닥뜨리자 노트북을 돌려주고 자취를 감췄습니다. 당시 경제조정장관 등 장관급 6명을 포함한 인도네시아 특사단 50여 명은 이명박 대통령을 만나기 위해 청와대로 떠난 직후였습니다.

어떻게 보면 일국의 정보기관으로서 외국의 경제특사단이 방문을 해서 묵고 있는 숙소에 들어가서, 정보를 파악한다는 그런 명분으로 사실상의 절도 행각을 하다가 정말 외교적으로 커다란 망신을 당한 것이고, 과연 이런 것이 국가정보원이라는 조직이 행해야 될 고유 업무에 대해서 국가정보원이 보여 주고 있는 능력인가, 국내 정치사찰에서는 그토록 기민하고 그토록 유능했던 국가정보원이 고유 업무에서는 왜 이런 정도의 역량밖에 보여 주지 못하는가, 그것은 바로 본말이 전도됐기 때문이다 저는 이렇게 생각을 합니다.

김정일 사망 시기 정보획득 실패도 마찬가지입니다. 원세훈 국가정보원장, 2011년 12월 20일 긴급 소집된 국회 정보위원회 전체회의에 출석해서 북한의 발표 전에 김 위원장 사망 사실을 몰랐느냐는 위원들의 질문에 몰랐다고 답을 했습니다. 원세훈 원장은 북한 내부에서도 몰랐다며 19일 날 훈련에 나간 각 군부대가 오전에 미사일을 발사했는데 낮 12시 보도 이후 예정된 미사일 발사를 취소하고 부대 복귀 명령을 내린 점 등을 볼 때 북한 내부에서도 극소수 측근 세력만 알았을 것이라고 설명했습니다. 원세훈 원장의 설명에 따르면 국가정보원은 12월 19일 북한 조선중앙TV방송을 통한 발표 전까지 모르고 있었던 것으로 김정일 국방위원장 사망 후 51시간가량 파악하지 못한 것입니다.

당시 여야 국회의원들은 대북 정보력의 부재를 비판했고 외통·국방·정보위에서 책임론을 제기했습니다. 한나라당 의원들도 그에 대해서는 당시 한목소리를 냈습니다. 한나라당 구상찬 의원께서는 '정부 당국의 대북 정보 수집력이 해도 해도 너무한다, 사태가 마무리되면 반드시 책임을 물어야 된다' 이런 주장을 했습니다. 정몽준 전 대표, '우리의 정보 수준이 이 정도라면 정말 걱정이다. 무력 도발이 발생해도 모르고 있으면 어떻게 할 건지 국민이 걱정하고 있다' 이렇게 비판을 했습니다.

국정원의 정보수집 실패 이유로는 김대중·노무현

정부에서 대북 휴민트를 책임지던 대북 파트의 소외로 붕괴됐다는 주장이 있습니다. 이명박 정부 출범 전후로 소위 대북 휴민트가 와해됐고, 그 이유는 이명박 음해세력으로 규정됐기 때문이라는 것입니다. 또는 이명박 정부 들어서서 국정원이 국내 정보기능을 강화하면서 대북 정보기능을 대폭 축소한 탓이 크다는 지적도 있었습니다. 어느 쪽이 사실이든 간에 북한을 상대로 한 휴민트 수집체계는 붕괴가 됐고, 그 이유는 인사 농단에 있다라는 진단이 매우 신빙성 있게 제기된 바 있습니다.

인권 침해적인 수사, 강압적인 수사로 인한 논란도 여러 가지가 있었습니다. 대표적인 사례만 몇 가지 제시해 보겠습니다. 소위 왕재산 사건, 2011년 7월 4일 국가정보원은 반국가단체 구성혐의 등으로 이른바 왕재산 조직의 총책을 체포하고 조직 총책을 포함한 조직원들에 대한 압수수색을 실시했습니다. 조직원 혐의로 5명이 구속되었고 5명에 대해서는 불구속수사를 진행했습니다. 그 이후 12월 불구속 수사 중인 1인을 추가 구속했습니다. 소위 왕재산 조직 사건과 유관되어 있다는 이유로 민족21 안영민 편집주간, 아버지인 안재구 박사 자택의 압수수색과 정 모 편집국장의 자택과 사무실 압수수색이 이어졌고, 한국대학교육연구소 압수수색 등이 이루어졌습니다. 구속·체포된 5명에 대한 국가정보원 조사 과정에서 변호사의 면회권·동행권이 침해된 정황이 있으며, 피의자들이 국가정보원 수사에 대한 불출석 소견서를 제출하고 묵비권 등을 행사했으나 국가정보원 수사관들은 피의자들을 강제로 인치하여 반말과 욕설로 위협하고, 신문·조사가 없는 날에도 조사실에 인치해서 묵비권 행사 철회를 강요했던 사실이 변호인들을 통해서 확인됐습니다. 이에 항의하는 피의자들의 단식농성을 두고도 단식농성의 중단을 노골적으로 강요하기도 하였다고 합니다.

당시 8월 12일 한상대 검찰총장이 취임하면서 종북·좌익세력과의 전쟁을 언급했고 이어서 8월 25일 검찰은 구속 피의자 5인에 대해 반국가단체 구성 및 가입, 특수잠입·탈출 등 간첩혐의로 기소하면서 왕재산 조직이 인천지역의 폭력 혁명의 거점으로 2014년에 군부대 등을 폭파할 계획을 지녔으며 이들이 소위 야권연대에 대한 북한의 지령을 수수했다고 발표한 바 있습니다.

재판이 시작되기도 전에 검찰의 무분별한 혐의사실 공표로 인해서 소위 왕재산 조직사건 피의자들은 종북·좌익세력, 국가반란세력으로 낙인찍히게 됐습니다. 재판이 시작된 이후에 국가정보원은 왕재산 조직과 유관 혐의 130명에게 참고인 소환을 요청하여 과잉수사 논란을 일으켰습니다. 출석을 강요하는 언동으로 참고인 소환을 요청받은 사람들에게 정신적·심리적 피해를 줬습니다. 국정원의 수사는 그 뒤로도 계속됐고, 2012년 2월 8일 평화와 통일을 여는 사람들이라는 단체에 대해 왕재산 관련 언급을 하며 압수수색을 벌였습니다.

(「주제에서 너무 많이 벗어나지 마세요」 하는 의원 있음)

2012년 2월 23일 재판부는 1심 판결을 통해 소위 왕재산

사건에 대한 공소사실 중 핵심적인 반국가단체 결성 및 가입 부분에 대해서 무죄를 선고했습니다. 2012년 6월 현재까지 소위 왕재산 조직과 유관되었다는 혐의으로 압수수색받았던 단체들에 대한 기소는 이루어지지 않았습니다.

(「국가보안법 하는 게 아닙니다」 하는 의원 있음)

전형적으로 국가정보원에 의한 과잉수사이고 강압수사였습니다.

(「테러법을 하는 거지 국가보안법이 아니라고」 하는 의원 있음)

그 밖에도 여러 재야단체, 시민·사회단체들에 대한 국가보안법 위반사건에서도 국가정보원은 동일한 문제점들을 보였습니다.

(「주제에서 너무 벗어나지 마세요」 하는 의원 있음)

주제와 관련이 있습니다.

자, 그러면 왜 이렇게 국가정보원의 권력남용, 인권침해, 강압수사, 그리고 본말이 전도된 그런 조직의 행태가 나타나는지에 대해서 좀 구조적인 측면에서 문제점을 제기해 보겠습니다.

국가정보원의 정치개입, 수사 과정에서의 권한남용에도 불구하고 사실상 외부에서 국정원을 통제할 수 있는 수단이 거의 없습니다. 정보기관에 대한 외부통제 기제는 일반적으로 최고 정책결정자, 언론과 시민단체, 사법부, 그리고 국회로 구분할 수 있습니다. 최고 정책결정자는 인사권과 조직개편권, 행정명령 등의 방법을 쓸 수 있지만 그 자신이 정보활동의 가장 큰 수혜자가 될 수 있다는 점에서 실효성을 기대하기가 어렵습니다.

언론과 시민단체는 비밀권력의 남용을 폭로하거나 국민여론을 조성할 수 있지만 정보기관의 활동이 비밀리에 이루어지고 있기 때문에 지속적인 감시와 통제가 어렵습니다.

사법부의 경우 국가정보원의 정보수집 활동이 국민의 기본권을 침해한 경우 수집된 증거의 법적 효력을 부인하거나 손해를 입은 국민에게 민사 구제를 통해 배상받을 기회를 부여할 수는 있습니다. 하지만 국가정보원의 정보활동이 비밀리에 이루어지기 때문에 각 개인이 사신의 권리침해 사실을 입증하기 어렵다는 점, 사후적 통제의 성격을 가진다는 점, 법원에 의한 재판이 진행되면 그 사안에 대한 공개가 불가피하기 때문에 법원이 정보기관의 비밀성을 우선하기 쉽다는 점에서 한계가 있습니다.

이에 비해 국회는 견제와 균형의 원리에 근거해서 행정부를 견제할 법률적 권한을 헌법으로부터 부여받고 있는 점에서 국가정보기관에 대한 유효한 통제기구가 될 수 있습니다. 또한 국회의원은 대통령과 달리 국가정보원의 정보활동의 수혜자가 아니라는 점에서도 국가정보원에 대한 외부적 통제가 가능한 토대가 됩니다. 특히 지난 1994년 국회법 개정으로 국회 상임위로 정보위원회가 신설됨으로써 국가안전기획부의 소관 상임위가 국방위원회에서 정보위원회로 변경됐습니다. 국가정보원에 대해 국회가 행사할 수 있는 권한으로는 법안 처리 등의 입법권의

행사, 국가정보원의 예결산 심의 및 승인, 국가정보원장 인사청문회를 통한 대통령의 인사권 견제, 국정감사와 현안보고를 통한 자료 확보 등이 있습니다. 그러나 지난 18대 국회, 그리고 이번 19대 국회에서도 국회 정보위원회의 활동을 통한 국가정보원의 민주적 통제는 거의 이루어지지 않았습니다.

법률안 처리 건수를 살펴보겠습니다.

국가정보원의 활동을 민주적으로 통제하기 위한 방법으로 국가정보원 권한의 한계를 규정하는 국가정보원법, 국가정보원직원법 등 소관 법률을 개정하는 방법이 있습니다. 그러나 18대 국회의 정보위원회에서는 의원발의 13건, 위원회 대안 2건, 정부안 4건 등 총 19건의 법안이 발의되었고 이 가운데 통과된 법안은 의원발의 1건, 위원회 대안 2건, 정부안 2건 등 총 5건이 원안 가결되었고 나머지는 대안 폐기되었거나 임기 만료로 폐기됐습니다. 다른 상임위와 비교를 해 본다면 접수된 법안 자체도 적고 처리된 법안도 지극히 적습니다. 정보위원회가 상설상임위가 아닌 겸임위원회라는 점을 감안하더라도 다른 상임위나 여성위와 같은 겸임위원회에 비할 때도 지나치게 낮은 수준입니다. 가결된 법안의 내용들도 매우 행정적인 내용에 불과했으며 국가정보원이 갖고 있는 여러 가지 문제점을 견제하는 그런 내용들의 법안 처리는 없었습니다.

예결산 통제 측면에서 보겠습니다.

국정원 관련 예산, 아시다시피 공식적인 본예산 이외에 기획재정부 예비비에 숨겨져 있는 예산이 있습니다. 그리고 이른바 특수활동비라고 불리는 비밀활동비로 나뉘어져 있습니다. 하지만 국가정보원의 예산은 본예산 이외에 구체적으로 알려진 것이 전혀 없습니다. 예비비와 특수활동비는 정부지출 중에서 가장 투명성이 미흡한 항목으로 그 사용 용도나 내역을 추적해 내기가 힘듭니다. 국가정보원 본예산의 경우에는 그 관행을 국가정보원비와 정보비로 해서 총액으로 요구하고 산출내역과 예산안의 첨부서류를 제출하지 않을 수 있게 되어 있습니다. 또한 기획재정부의 예비비로 계상된 부분에 대해서도 예비비의 사용신청과 결산을 총액으로 합니다.

결국 국가정보원의 예산에 대해서는 기획재정부의 예산편성 단계나 예산결산특별위원회의 심사는 사실상 생략되는 것이나 마찬가지고 국회 정보위의 심사가 유일한 검증장치입니다. 그런데 국회 정보위의 경우에도 부실한 자료제출, 촉박한 시한으로 인해서 제대로 심사가 이루어지지 않고 있습니다. 국가정보원이 자료를 불성실하게 낸다, 마땅히 제재할 수단이 없습니다.

또한 정보위 예산심의 비공개로 하고 있지요. 정보위원회 위원에게는 국가정보원의 예산내역을 공개하거나 누설하지 못하도록 비밀유지의무가 정해져 있습니다. 결국 정보위에서 국가정보원의 예결산 심사를 할 수 있다고 하지만 실질적인 심사가 이루어지지 않고 있는 것입니다. 때문에 수천억 원에 달하는 국가정보원의 예산안이 항상 무수정으로 통과되는 등 국회를 통한 국가정보원의 통제가

실효성을 거두지 못하고 있습니다.

17대 국회 당시에는 현재 야당이 여당이었던 국회였습니다. 2006년도 예산심의에서는 국가정보원의 예산 원안에서 215억 원을 삭감함으로써 정보위원회 출범 이후 가장 많은 규모의 예산이 삭감되었습니다. 특히 국내 정보업무 분야 예산에서 150억 원 정도가 삭감되면서 정치사찰 비판을 받아 왔던 국내 정보활동비가 가장 큰 규모로 감액됨으로써 국가정보원의 국내 활동을 축소하려는 국회의 의도가 반영되었다는 그런 평가를 받기도 했습니다. 그러나 18대 국회에서는 정부가 제출한 예산안이 매년 거의 원안 가결되었습니다.

회계검사와 관련해서 국가정보원장의 책임하에 소관 예산에 대한 회계검사와 직원의 직무수행에 대한 감찰을 행하고 그 결과를 대통령과 국회 정보위원회에 보고해야 한다고 국가정보원법 14조는 규정하고 있지만 그 규정에 따른 회계검사는 전적으로 국가정보원의 내부통제에 맡겨 두고 있습니다.

국정감사를 통해서 국가정보원을 견제하고 감시할 수 있는 수단도 국회 정보위가 갖고 있습니다. 1994년 정보위원회 출범 당시부터 정보기관에 대한 국정감사를 진행해 오고는 있습니다. 그러나 국정감사회의록, 결과보고서, 전혀 공개되지 않고 있습니다. 국민들은 국회 정보위원회에서 국정원에 대한 국정감사가 도대체 어떤 내용으로 이루어지고 있고 무엇이 국정원의 문제인지를 알 도리가 없습니다. 그나마 의원들을 통해서 언론을 통해 보도되는 일부 사실만으로 국정감사에서 국정원에 대해서 지적한 사실들이 알려지고 있는 정도입니다.

일상적으로 국회 정보위에서 업무보고를 합니다. 대부분 대북 관련 사안인 것으로 알고 있습니다. 물론 경우에 따라서는 핵 문제, 테러 문제 이런 상황에 대한 보고도 진행이 되기도 합니다. 18대 국회부터는 보고 사항만 공개하고 보고 내용을 공개하지 않고 있습니다. 이에 따라서 국가정보원이 국회 정보위에서 어떤 보고를 하는지 정보위원이 기억을 통해 언론에 공개하는 단편적인 내용 이외에는 알려져 있지 않습니다.

국회가 국가정보원의 활동을 효율적으로 통제하기 위해서는 정보위원회가 일상적으로 충분한 자료를 제공받아야 합니다. 그러나 국가정보원장은 국가기밀에 속하는 사항에 관한 자료와 증언 또는 답변에 대하여 이를 공개하지 않을 것을 요청할 수 있다는 국가정보원법 13조3항의 규정에 따라 정보공개의 수준을 국가정보원장의 판단에 맡김으로써 국가정보원의 자료공개 거부를 용이하게 하고 있습니다.

그 밖에 인사청문회 또 공청회 등을 통해서 국회 정보위원회가 국가정보원의 업무에 대해서, 국가정보원의 활동에 대해서 통제할 수 있는 장치가 있기는 합니다만 앞서 말씀드렸던 여러 가지 문제들과 마찬가지로 사실 국가정보원에 대한 효율적인 통제는 이루어지지 않고 있습니다.

그 핵심적인 원인은 정보 업무가 갖는 밀행성이라는 특수성을 인정합니다. 그러나 그런 정보기관의 비밀주의도 시대에 따라서 저는 달라져야 되고 시대에 따라서 변화해야 한다고 생각합니다.

그러나 지금 이 시대에조차도 과거와 같은 그런 완고한 비밀주의, 국가정보원의 예산 총액이 얼마인지조차도 공개하지 않는 그런 비밀주의를 유지한다는 것이 과연 민주정치 체제의 정보기관으로서 합당한 것인지에 대해서 질문을 하지 않을 수 없고, 여전히 국회에 의해서마저도 제대로 통제되지 않는 국가정보원은 그야말로 무소불위의 권력기관으로서 점점 더 괴물이 되어 가고 있는 것이 아닌가 이런 생각이 듭니다.

그런데 이렇게 이미 괴물이 되어 버린 국가정보원에 테러방지법을 통해서 대테러 업무의 총괄지휘권을 준다는 것은 그야말로 국가정보원을 괴물에서 더 나아가 민주주의의 적으로 만들겠다는, 저는 그런 발상에 다름 아니라고 생각합니다. 결코 동의할 수 없습니다.

특히 테러방지법 문제와 관련해서 가장 핵심적인 이슈라고 할 수 있는 통제받지 않는 감청 문제, 지적하지 않을 수 없습니다.

대한민국헌법 제18조는 "모든 국민은 통신의 비밀을 침해받지 아니한다." 규정하고 있습니다. 통신의 비밀은 개인이 그 의사나 정보를 우편물이나 전기통신 등의 수단에 의해서 전달 또는 교환하는 경우에 그 내용 등이 본인의 의사에 반하여 공개되지 아니할 권리를 말하며 통신의 자유라고도 합니다.

국가안보 및 범죄수사 등 공공의 안전을 위한 감청은 최후적 수단으로 사용되어야 합니다. 또한 그 내용과 절차에 엄격한 사전·사후 통제장치를 마련해서 국민의 통신의 자유와 사생활의 비밀 그리고 자유에 대한 제한을 최소화시키는 것이 바람직합니다. 통신비밀보호법 또한 통신 및 대화의 비밀과 자유에 대한 제한을 할 때 그 대상을 한정하고 엄격한 법적 절차를 거치도록 함으로써 통신비밀을 보호하고 통신의 자유를 신장함을 목적으로 제정되었습니다.

그러나 감청 집행의 압도적 다수를 일반 범죄수사와 관련 기관이 아닌 국가보안법 수사와 국가정보원이 차지하는 실태는 헌법과 통신비밀보호법의 제정 취지대로 국민의 통신비밀이 지켜지고 있는지에 대한 의구심을 끊임없이 불러오고 있습니다.

국가정보원의 감청 현황을 한번 보겠습니다.

현행 통신비밀보호법에서는 동법에 의한 우편물의 검열 또는 전기통신의 통신제한조치, 즉 감청이 범죄수사 또는 국가 안전보장을 위하여 보충적인 수단으로 이용되어야 하며 국민의 통신비밀에 대한 침해가 최소한에 그치도록 노력하여야 한다는 점을 명시하고 있습니다. 또한 사이버 공간에서의 표현행위는 일반적인 언론의 자유보다 더 강하게 보장되어야 하므로 익명의 보장과 접속에 있어서 추적당하지 않을 권리가 강하게 보장되어야 합니다.

그러나 실제로는 일반 범죄수사와 관련이 없는 국가정보원이 일반 국민을 상대로 매우 광범위하게 감청을 집행해 왔고 그 침해의 정도가 매우 큽니다. 국가정보원의 감청은 전체의 감청 건수의 94~99%에 달하는 압도적인 비중을 차지해 왔습니다.

구 정보통신부와 방송통신위원회가 통신비밀보호법에 의해 사업자로부터 제출받아 공개한 자료를 살펴보면 2005년도 8535건의 통신제한조치가 있었는데 그중에 검찰이 100건, 경찰이 241건, 국가정보원이 8082건, 군 수사기관이 112건이었습니다. 국가정보원 비율이 94.7%였습니다. 2007년에는 총 8803건의 통신제한조치 통계가 있었는데요, 검찰이 41건, 경찰이 95건, 국가정보원이 8628건, 군 수사기관이 39건, 총 98%가 국가정보원이 신청한 것이었습니다. 2010년에는 총 8670건의 통신제한조치 중 검찰 4건, 경찰 227건, 국가정보원 8391건, 군 수사기관 48건으로 96.8%가 국가정보원에 의한 것이었습니다. 2011년도에는 총 7167건의 감청 신청이 있었는데 검찰 3건, 경찰 263건, 국가정보원 6840건, 군 수사기관 61건으로 95.4%가 국가정보원에 의한 감청이었습니다. 이마저도 정보수사기관이 보유하고 있는 감청장비를 이용해서 직접 감청하는 경우의 사례는 여기에 포함되지 않은 것입니다.

그런 점에도 불구하고 통신 감청의 많은 부분이 비밀에 싸여 있는 국가정보원의 감청 비율이 지나치게 높게 나타난다는 사실은 감청의 오남용 가능성이 크다는 점에서 우려하지 않을 수 없습니다. 이는 테러방지법에 있어서도 마찬가지의 우려입니다. 일반 범죄 수사와 관련이 없는 정보기관이 불법 감청을 실시하는 것은 정치적 반대자들을 감시하고 억압하는 목적으로 사용될 수 있기 때문입니다.

몇 가지 사례를 보겠습니다.

2009년에 국가정보원이 국가보안법 수사 과정에서 1990년대 말경부터 인터넷 회선 전체를 대상으로 감청하는 패킷감청을 집행해 왔다는 사실이 알려져 우리 사회에 큰 충격을 준 바 있습니다.

피의자의 주거지와 직장에서 사용하는 인터넷 회선 전체에 대한 감청을 허가한 패킷감청은 그 범위가 너무 광범위해서 대상자와 대상 통신 내용을 특정할 수 없어 기본권 제한의 정도가 매우 큽니다.

패킷감청을 이용하면 대상자가 인터넷을 통해 접속한 사이트 주소와 접속 시간, 대상자가 입력하는 검색어, 전송하거나 수신한 게시물이나 파일의 내용을 모두 볼 수 있습니다. 이메일과 메신저의 발송 및 수신 내역과 그 내용 등 통신 내용 일체도 마찬가지로 볼 수 있습니다.

2009년 국정감사에서 국정원이 보유한 패킷감청 장비가 31대라는 사실이 알려졌고 그중에 이명박 정부가 들어서면서 구입한 장비가 23대에 달하는 것으로 확인이 됐습니다.

패킷감청에 대해서는 헌법소원이 제기돼서 현재 심사 중인 것으로 알려졌습니다. 국가정보원은 이 헌법소원에 대한 답변서에서 지메일 등 외국계 이메일을 감청하고 있으며, 이를 감청하기 위하여 패킷감청이 필요하다는 사실을 매우 강하게 주장해 왔습니다.

국가정보원이 매우 장기간에 걸쳐 감청을 집행해 왔다는 사실도 문제로 불거졌습니다. 통상의 감청 기간은 2개월을 초과하지 못하도록 하고 그 연장은 2월에 한해서 이루어진다고 해석이 돼 왔습니다. 그런데 2010년 조국통일범민족연합 활동가에 대해서 통신제한조치 허가 청구가 2월씩 14차례에 걸쳐서 연장이 됐고, 그동안 대상자에게는 어떠한 수사 통보나 감청 통보가 이루어지지 않았던 것이 확인이 됐습니다. 이 사건은 통신비밀보호법상 감청 조항이 국정원의 저인망식 감시와 정치 사찰에 악용되고 있음을 보여줬습니다.

관련 조항에 대해서 위헌법률심판이 제청되어 결국 헌법재판소로부터 한정위헌을 2010년 12월 28일 날 받았습니다. 헌법재판소는 결정문에서 "통신제한조치가 내려진 피의자나 피내사자는 자신이 감청당하고 있다는 사실을 모르는 기본권 제한의 특성상 방어권을 행사하기 어려운 상태에 있으므로 통신제한조치 기간의 연장을 허가함에 있어 총 연장 기간 또는 총 연장 횟수에 제한이 없을 경우 수사와 전혀 관계가 없는 개인의 내밀한 사생활의 비밀이 침해당할 우려도 심히 크기 때문에 기본권 제한의 법익 균형성 요건도 갖추지 못했다."라고 설시하였습니다.

감청에 대한 민주적 통제도 부족합니다. 현행 통신비밀보호법은 정보기관에 대해서 영장주의의 예외를 인정합니다. 먼저 정보기관이 외국인을 감청할 때는 법원의 허가가 아닌 대통령의 승인만으로 가능하도록 규정하고 있습니다. 또한 국가 안보를 위협하는 음모행위, 직접적인 사망이나 심각한 상해 위험을 야기할 수 있는 범죄 또는 조직범죄 등 중대한 범죄의 계획이나 실행 등 긴박한 상황에 있고, 규정에 의한 절차를 거칠 수 없는 긴급한 사유가 있는 때에는 법원의 허가 없이 감청을 할 수 있도록 하고 있습니다.

이런 규정들은 영장주의를 우회할 수 있는 방법을 제공함으로써 편법적이거나 불법적인 통신 감청으로 이어질 수 있다는 우려를 낳고 있고, 그런 사례들이 발생해 왔습니다.

무엇보다 우리 사회에는 국가정보원의 외부에서 감청을 감독하는 제도가 전무하다고 할 수 있습니다.

일차적으로 영장심사과정을 통해 통신 감청의 실태를 감독해야 될 법원이 그 기능을 제대로 하지 못하고 있습니다. 법원은 허가서 한 장으로 우편물 검열과 유선전화, 휴대전화, 인터넷 메일에 대한 감청은 물론 인터넷 회선 전체와 대화에 대한 감청까지 한 번에 모두 실시하는 저인망식 감청을 허용해 왔습니다. 2010년 12월 28일 헌법재판소의 한정위헌결정으로 그 관행이 중지되기 전까지 무제한 감청도 제지하지 못해 왔습니다.

감청의 집행 재량 또한 정보기관에 부여되어 있습니다. 물론 통신비밀보호법은 "통신기관 등은

통신제한조치허가서 또는 긴급감청서 등에 기재된 통신제한조치 대상자의 전화번호 등이 사실과 일치하지 않을 경우에는 그 집행을 거부할 수 있으며, 어떠한 경우에도 전기통신에 사용되는 비밀번호를 누설할 수 없다"고 규정하고 있습니다.

그러나 감사원 등 여러 기관에서 지적해 왔듯이 정보수사기관과 통신기관의 권력적 위계 관계를 비추어 봤을 때 통신기관이 불법 감청·감독 및 견제의 권한을 발휘할 것을 기대하는 것은 무리입니다. 국회 역시 국가정보원의 감청을 감독하고 있지 못합니다.

이와는 달리 외국의 사례는 정보기구의 외부에 정보기관의 감청을 감독할 수 있는, 견제할 수 있는 그런 기구를 두고 있습니다. 독일 G-10 위원회, 영국의 통신 감청 커미셔너, 프랑스 국가보안감청감독위원회 등의 예에서 볼 수 있다시피 외국에서는 정보기관의 감청을 감독하는 기구를 독립적으로 두고 있습니다. 또한 캐나다 통신보안국, 영국 국가통신본부, 호주 방위통신대, 뉴질랜드 국가통신보안국 등 신호정보기관을 일반 정보기관과 따로 두어 정보기관의 권력 집중을 견제하고 있다는 사실도 우리가 참고해야 할 중요한 사실이라고 생각합니다.

특히 감청 현장에서의 감독이 매우 중요합니다. 발부된 감청허가서의 취지대로 실제 감청이 집행되는지 왜곡이나 오염 없이 감청 내용이 기록되는지에 대한 감독이 필요합니다. 특히 감청 대상자의 경우에도 자신에 대한 감청 기록을 열람하여 공소사실 등과 비교할 수 없다는 사실은 이들의 방어권 행사를 매우 어렵게 하고 있습니다.

많은 국가들에서 도입하고 있는 감청 입회 및 기록 제도를 우리가 앞으로 참고해야 할 것입니다.

대만의 경우에는 감청 집행기관은 통신 감청 후 매월 영장발부인에게 집행 상황을 보고해야 하며 법원은 직원을 감청 집행 장소에 파견해서 집행 상황을 감독하도록 하고 있습니다. 또한 감청으로 취득한 자료는 밀봉 또는 기타 표식을 하고 집행기관의 직인을 찍어서 완전한 상태로 보존해야 하며 첨삭 수정을 못 하도록 하고 있습니다.

일본의 경우 감청의 실시를 하는 때에는 통신기관 직원이나 지방공공단체의 직원을 입회시켜 의견을 제시할 수 있도록 하고 있습니다. 감청의 이유 또는 필요가 없어진 때에는 즉시 감청을 종료토록 하고 검찰관 또는 사법경찰원은 감청의 실시 종료 후 지체 없이 영장발부 판사에게 제출하도록 하고 있습니다.

독일의 경우에도 통신제한조치는 판사의 자격을 가진 직원의 감독하에 처분을 신청한 기관이 책임지고 집행하도록 하였음은 물론 이러한 감독하에 조치가 더 이상 필요하지 않거나 처분의 요건이 더 이상 존재하지 않는 경우 감청을 지체 없이 종료하도록 하고 있습니다.

정보기관의 감청에 대해서 적절한 민주적 통제가 이루어지지 못하고 있다는 사실은 큰 문제입니다. 이런 상황에서 테러방지법에 국정원의 권한이 더해지게 된다면 그야말로 전 국민의 사생활이 속속들이 국정원의 정보수집

범위 내로 들어가게 되는 그런 우려할 만한 사태, 빅브라더의 시대가 도래할지도 모릅니다.

우리 존경하는 여당 의원님들!

여당 의원님들은 여기서 예외가 될 것 같습니까? 그렇지 않습니다. 여야가 없습니다. 과연 정보기관에게 국민들의 사생활까지 속속들이 들여다볼 수 있는 그런 권한을 주겠다는 이 법을 어떻게 우리가 국회에서 국민의 안전이라는 이름으로 제정할 수가 있단 말입니까?

정보기관의 감청에 대한 민주적 통제, 매우 절실합니다. 국가정보원의 국내 수사권을 분리해서 그에 따른 통신제한조치 권한을 폐지해야 합니다. 국가안보를 위한 통신제한조치 역시 국가의 존립에 현실적이고 상당한 위협을 가할 것으로 예상되는 경우에 한하여 시행하도록 요건을 강화해야 합니다.

대통령의 승인을 얻어야 하는 통신제한조치와 긴급통신제한조치를 삭제해서 무영장주의를 없애야 합니다. 통신제한조치를 집행하거나 통신 자료를 제공받은 경우에 처분 여부와 관계없이 일정 기간 내에는 모든 대상자에게 빠짐없이 통지하도록 해야 합니다.

무엇보다 감청 집행 시에 법원 등에서 입회를 해 실제 감청이 발부된 영장대로 집행되도록 감독하고 감청 결과는 봉인 후에 법원에서 관리하여 필요시 당사자 등이 청구해서 열람할 수 있도록 하는 방안이 강구될 필요가 있습니다.

그다음으로 패킷감청과 같은 인권침해적인 기법의 사용은 국가기관과 통신사업자 모두에게 중단시켜야 합니다.

지금은 테러방지법을 제정해야 될 상황이 아니라 이처럼 무분별하게 이루어져 왔던 통신감청에 대한 합리적인 제한과 규제장치를 마련하는 것이 우선되어야 됩니다. 아울러서 국가정보원법 개정을 통해서 국정원이 갖고 있는 무소불위의 권한과 인권침해적인 요소들을 축소하는 것이 우선되어야 될 그런 상황입니다.

국정원 개혁이 우선되지 않고서 테러방지법을 통해서 또 다른 권한이 국정원에게 주어진다면 그것은 우리 전 국민의 자유와 인권을 국정원의 손아귀에 내주는 그런 결과 이상도 이하도 아니라고 생각합니다.

대한민국 국회에서 어떻게 이것을, 테러에 대비한 국민의 안전이라는 이름으로 이런 법을 통과시킬 수가 있겠습니까? 어떻게 이런 법이 근거도 없는 국가비상사태라는 이름으로 국회에서 직권상정이 될 수 있단 말입니까?

저는 당을 떠나서 우리 정의화 국회의장님을 의회주의자로서 매우 존중해 왔고 존경해 왔습니다. 그런데 이번 테러방지법의 직권상정은 너무도 실망스럽습니다. 그동안에 우리 국회의장님께서 보여 주셨던 의회주의자로서의 원칙과 소신, 면모와는 너무도 다른 모습이었기 때문에 실망과 유감의 뜻을 다시 한 번 밝히지 않을 수 없습니다.

다시 국정원으로 돌아오겠습니다.

지난 2007년에 국가정보 진실과 발전을 위한 위원회가 보고서를 냈습니다. 그 보고서에 국가정보원의 그동안의

수사의 문제점 그리고 국정원이 제대로 된 정보기관으로서 발전해 나가기 위해서 받아들여야 될 그런 권고의 내용들이 포함되어 있습니다.

그 내용과 관련돼서 이 자리에서 몇 가지 짚어보겠습니다.

국정원발전위는 2004년 11월 2일 출범해서 2007월 8월 30일 마지막 회의를 개최했습니다. 민간위원 10명, 국정원 기조실장을 비롯한 과거사건 관계 부서장 5명 그리고 2개의 조사팀 그리고 조사지원팀으로 실무인력을 구성해서 활동했고 7대 의혹 사건과 6개 분야를 중심으로 조사를 했습니다.

그에 대한 조사 결과를 바로 이 보고서를 통해서 발표했습니다. 그리고 그 모든 활동을 담아서 국정원발전위 보고서와 '과거와 대화, 미래의 성찰'이라는 그런 책자를 발간했습니다.

(책자를 들어 보이며)

바로 이 책자가 국정원발전위가 낸 '과거와 대화, 미래의 성찰'이라는 국정원 진실위원회의 보고서입니다.

국정원발전위원회는 몇 가지 조사대상 사건 선정기준을 통해서 7대 주요 의혹 사건을 선정했습니다. 그 기준은 첫째로 국민과 사회적으로 관심이 집중된 사건, 두 번째로 시민단체 및 유가족 등이 지속적으로 의혹을 제기한 사건, 세 번째로 위원회가 조사를 통해 진실규명이 가능하다고 판단된 사건 이렇게 세 가지를 기준으로 7대 의혹 사건을 조사했습니다.

그 7대 의혹 사건 하나하나를 살펴보겠습니다.

첫 번째 부일장학회 헌납 및 경향신문 매각 사건, 간략한 개요를 보자면 5·16 이후 군사정권이 사유재산과 언론기관을 강제로 탈취했고 여기에 당시의 중앙정보부가 주도적으로 개입했다는 의혹을 갖고 있는 사건입니다.

두 번째, 64년 8월의 인민혁명당 및 74년 4월의 민청학련 사건입니다. 유신체제에 대한 저항을 잠재우기 위해 피해자들에 대한 고문과 사실 왜곡 그리고 조작을 한 의혹을 받는 사건입니다.

세 번째 동백림 사건, 67년 7월에 일어났던 사건입니다. 67년 선거 당시 중앙정보부가 공안정국을 조성하고자 사건의 실체를 조작했다는 의혹을 조사했습니다.

네 번째 김대중 납치사건, 73년 유신체제에 반대하며 일본에 체류 중이던 야당 지도자 김대중을 납치한 사건으로 이후락 전 중앙정보부장이 주도적으로 개입했다는 의혹에 대해서 조사를 했습니다.

다음, 다섯 번째 김형욱 실종사건, 김형욱 전 중앙정보부장이 해외에서 박정희 전 대통령에 반대하는 활동을 벌이다가 파리에서 실종된 사건으로 중앙정보부가 살해했다는 의혹을 받는 사건입니다.

여섯 번째 KAL 858기 폭파 사건, 87년 대통령선거 국면을 유리하게 이끌기 위해 안기부가 KAL 858기 폭파를 자작했다는 그런 의혹에 대해서 조사했습니다.

일곱 번째 남한조선노동당 사건, 안전기획부가 1992년 대선을 앞두고 고문을 통해 사건의 실체를 조작·과장했다는

의혹에 대해서 조사했습니다.

이 사건들에 대해서 국정원발전위는 KAL 858기 폭파 사건과 남한조선노동당 사건을 제외한 나머지 5개 사건에 대해서 중앙정보부와 안기부가 다양한 불법행위와 인권침해를 저질렀음을 밝혀냈습니다.

그 각각의 조사결과에 대해서 몇 가지 말씀을 드리도록 하겠습니다.

첫 번째, 부일장학회 헌납 및 경향신문 매각 사건입니다.

부일장학회 등 헌납에 따른 의혹 사건은 1962년 김지태가 석방의 대가로 자신이 소유하고 있던 부산일보, 한국문화방송, 부산문화방송의 주식과 부일장학회 장학사업을 위해 준비해 둔 토지 10만 147평을 강압적으로 국가에 기부토록 한 사건으로 박정희 정권은 기부받은 재산을 토대로 5·16장학회를 설립하였습니다.

경향신문 매각에 따른 의혹 사건은 언론장악을 기도해 온 박정희 정권이 65년에서 66년에 걸쳐 중앙정보부를 내세워 경향신문 이준구 사장을 간첩사건 연루 혐의로 구속한 상태에서 은행대출금 회수 압력을 행사해서 강제로 공매처분한 사건으로 알려져 있습니다.

핵심 의혹은 이렇습니다.

부일장학회 사건은 재산 헌납 과정에서의 과연 강제성이 있었느냐, 그리고 구속 과정이 적법하고 타당했느냐, 박정희 당시 최고회의 의장의 지시 여부나 헌납 재산의 5·16장학회로의 이전 경위가 무엇이냐 등입니다.

두 번째로 경향신문 매각 사건은 경향신문의 강제매각 추진 배경과 박정희 대통령의 지시 여부, 구속 과정의 적법 타당성 여부 및 금융기관에 대한 대출금 회수 압력 행사 여부 등이 핵심 의혹이었습니다.

조사 결과는, 김지태는 부산의 대표적인 기업인이자 언론인으로 조선견직 등 기업체와 부산일보·한국문화방송·부산문화방송 등의 언론사를 보유하고 제2대와 제3대 국회의원을 지냈으며 1958년 11월 부일장학회를 설립해서 4년간 총 1만 2346명에게 17억 7032만 환의 장학금을 지급하였고 부일장학회와는 별도로 모교인 부산상고에도 부상장학회를 설립하는 등 육영사업을 벌였으며, 61년 5월 28일 국가재건최고회의가 발표한 부정축재처리요강에 의해 이병철 등 기업인 15명과 함께 구속되었다가 61년 6월 30일 석방되었습니다.

박정희 최고회의 의장의 지시 여부와 관련해서 국정원 진실위원회가 밝힌 조사 결과를 말씀드리겠습니다.

5·16 직후 부정축재와 관련하여 처분을 받은 기업인 중에서 재구속되어 재산을 내놓게 된 경우는 김지태가 유일합니다.

'김지태 수사에 대한 박정희 의장의 지시 여부에 대해서는 중앙정보부 부산지부장 박 모는 박정희 의장으로부터 직접 지시를 받았다고 주장한 바 있고, 당시 중앙정보부 부산지부 수사요원들은 쿠데타 직후 사회악 일소 차원에서 비리사범 정보를 수집하던 중 김지태의 비위 첩보를 입수하여 수사에 착수하였다고 주장하고 있으나 박 모 지부장이 박정희

의장으로부터 지시를 받기 직전에 작성된 부산지부의 정치인 실태보고서에서는 김지태에 대해 긍정적으로 평가하고 있는 것으로 보아 박 의장의 지시에 의해 수사 대상이 구속되었다고 봄이 타당할 것이다.'

김지태의 혐의와 구속에 대한 조사 결과입니다.

'중앙정보부 부산지부는 일본에 체류 중이던 김지태의 귀국을 압박하기 위해 62년 3월 27일 부산일보 전무 윤우동 등 임직원 10명을 외국환관리법 등의 혐의로 구속한데 이어 4월 초순에는 그의 처 송혜영을 밀수 혐의로 구속하고 부산일보 주필 황용주의 권유에 따라서 62년 4월 20일경 귀국한 김지태를 체포하여 부산으로 압송, 4월 24일 부정축재처리법 등 9개의 법률 위반 혐의로 구속하였으며 군검찰은 5월 24일 국내재산 도피 방지법 등 4개 혐의를 적용하여 징역 7년을 구형하였음.'

'김지태는 구형을 받은 다음 날인 62년 5월 25일 최고회의 법률고문인 신직수에게 재산포기각서를 제출하였다고 하고, 6월 22일 군수기지사령부 법무관실에서 법무부장관을 지낸 고원증이 작성해 온 기부승낙서에 서명날인하였으며 고원증의 건의를 받아들인 의장의 지시로 6월 22일 공소 취소로 석방되었음.'

'한편 김지태는 처음부터 언론 3사와 부일장학회 명목의 토지를 자진헌납할 의사가 없었고 강압적으로 탈취당했다고 생각하여 석방 이후 62년 7월 김유택 경제기획원장을 만나 재산반환을 주장하는 등 기회가 닿는 대로 재산을 찾기 위해 노력하였음.'

'김지태의 재산헌납은 표면상 자발적으로 기부된 것으로 보이나 구속수감 중인 상태에서 강압적으로 이루어진 것으로 판단됨.'

즉 5·16 세력에 의해서 자발적이 아닌 강압적인 방식으로 개인의 사유재산이 강탈됐다는 그런 조사 결과를 냈습니다.

기부승낙서의 위·변조 의혹과 관련된 조사위원회의 조사 결과입니다.

'김지태가 62년 6월 구속 상태에서 작성한 기부승낙서에 대해 여러 언론에서 기부 날짜가 원래의 6월 20일에서 6월 30일로 변조되었다는 의혹을 제기함에 따라 국립과학수사연구소에 의뢰하여 김지태 명의의 기부증서 등 문건 7건 원본에 대한 필적 동일성과 기부일자 변조 여부를 감정한 결과 기부승낙서는 김지태 본인을 포함한 3명이 서명을 하였고 기부승낙서상의 날짜도 한자 6월 20일에 한 획을 가필하여 30으로 변조한 것이라는 사실을 확인하였음.'

강제헌납 재산과 관련된 조사 결과입니다.

'김지태가 중앙정보부에 구속된 상태에서 강제헌납한 재산은 8527만 279원',

당시의 화폐 가치입니다, 62년도. 지금으로 생각하지 마시고요.

'주식 총 5만 3100주, 평가액 3487만 6096원. 부산일보 지분 100%, 2만 주, 평가액 1928만 5649원. 한국문화방송 지분 100%, 2만 주, 평가액 1044만 6342원. 부산문화방송 지분 65.5%, 1만 3100주, 평가액 514만 4105원. 그 이외에 부동산,

부일장학회 기본재산 명목 토지 10만 147평, 평가액 5039만 4183원'

'헌납된 김지태의 재산 중 부산 시내에 있는 토지 10만 147평은 58년 11월 설립된 부일장학회의 기본재산이었으나 5·16장학회는 이 토지를 기본재산으로 보유하지 않고 63년 7월 25일 국방부에 양도하였으며, 국방부는 63년 10월 21일 김지태에게 62년 4월 11일 부일장학회 이사진의 결의로 정부에 토지를 기부 출원한 데 대한 감사공문을 보냈다' 라는 조사 결과를 밝혔습니다.

언론 관련 재산을 헌납한 경위입니다.

김지태가 구속된 뒤 석방을 위해 중재 역할을 한 사람은 박정희 의장의 대구사범 동기이며 부산일보 주필인 황모모였습니다. 황용주는 수감 중이던 김지태에게 '생사 업체는 해야 할 것이고 부일장학회는 재산 내놓고 이사장 맡으면 공익사업한 것과 마찬가지 아니냐. 그러니 생사 부문은 살아야 되고 언론 부문은 내놔야 안 되겠나'라며 언론 관련 재산 포기를 종용했다고 합니다.

이에 김지태는 헌납을 계속 거부할 경우 한국생사 등 자신이 소유하고 있는 다른 기업의 경영이 어려워질 우려가 있고 일단 실형을 모면하고 싶은 마음에다 강제 헌납된 재산을 곧 되찾을 수 있을 것이라는 기대 때문에 기부승낙서에 날인한 것으로 추정됩니다. 재산의 헌납과 5·16장학회의 설립에 관한 국정원 진실위원회의 조사 결과입니다.

5·16장학회의 기본재산은 전적으로 김지태로부터 헌납받은 재산으로 이루어졌으며 그중 평가액상 절반 이상을 차지하는 토지는 국방부에 무상으로 양도됐습니다.

박정희 의장은 기부받은 재산이 자꾸 유실된다는 보고를 받고 고원증에게 5·16장학회의 설립을 지시하고 장학회 설립 이후에는 이사진을 직접 선임하는 등 장학회 운영에도 영향력을 행사했습니다.

이후 장학회 이사진과 장학회 소유 언론 3사의 사장에 주로 대구사범 출신 측근들과 친인척들을 임명하였고 박 대통령 사후에도 유족들이 영향력을 지금까지 행사하고 있습니다.

자, 그러면 중앙정보부 등 국가기관 개입에 관한 국정원 진실위원회의 판단 결과입니다.

'이 사건은 중앙정보부와 국가재건최고회의 등 국가 주요기관이 조직적으로 개입하였는데 중앙정보부는 수사권을 남용하여 재산 헌납을 강요할 수 있는 여건을 만드는 등 재산 헌납 과정에 개입하였고 국가재건최고회의 관련자 신직수, 고원증 등은 박정희 의장의 지시로 헌납받은 재산을 5·16장학회로 이전하였음.'

여기까지가 부일장학회의 사건과 관련된 국정원 진실위원회의 조사 결과입니다.

앞서서 설명드렸듯이 이 사건과 관련된 진실은 명확합니다. 5·16 이후에 언론사 사주이던 개인의 재산을 당시에 국가재건최고회의와 정보기관인 중앙정보부가 중심이 되어서 사실상 강탈했고 그리고 개인에게는 그것을

마치 국가에 자발적으로 헌납한 것인 것처럼, 기부한 것인 것처럼 조작하고 꾸민 사건이라는 것이 이 사건과 관련된 결론입니다.

두 번째, 경향신문 매각에 따른 의혹 사건입니다.

먼저 이 사건의 배경을 알기 위해서 박정희 정권과 언론 간의 관계에 대해서 진실위원회는 다음과 같이 언급했습니다. 64년 8월 박정희 정권은 정국의 혼란은 일부 언론의 무책임한 선동 때문이라며 언론을 규제하기 위해 언론윤리위원회법안을 마련하여 언론계와 마찰을 초래했습니다.

정부는 8월 31일 임시 국무회의를 열어 언론윤리위원회법에 끝까지 반대하는 4개의 언론사에 대해서 정부 광고 중단, 신문용지 배급과 은행융자의 제한, 출입기자의 관청 출입금지, 언론인 사생활 정보 수집은 물론 나아가 정간 또는 폐간 조치 등을 취하기로 의결했습니다.

64년, 시행이 보류된 것으로 끝난 언론윤리위원회법 파동은 표면상 언론계의 승리로 끝났으나 그 후 박정희 정권은 더욱 효과적인 언론 대책을 준비하였고 이로 인해서 1965년 경향신문 사건이 야기된 것으로 보인다.

두 번째, 경향신문 탄압의 배경입니다.

당시 많은 언론사들 중에서 왜 경향신문이 정권의 언론공작에서 우선적인 대상이 되었는가를 살펴보면, 첫째 경향신문의 논조, 경향신문은 자유당 시절 독재정권을 강도 높게 비판하다가 폐간된 전력이 있는 신문으로 한일회담과 언론윤리위원회법 반대를 주도하고 '허기진 군상' 시리즈를 통해 정부의 경제정책을 날카롭게 비판하였고 1963년 대통령 선거 당시에는 박정희 후보의 남로당 연루 자료를 보유하며 야당의 윤보선 후보가 활용할 수 있도록 하였던 데다 황태성 간첩단 사건 보도 등을 통해 박정희 후보의 사상 문제를 부각시켰습니다.

이런 이유들이 경향신문이 찍히게 된 배경이 됐다는 것이 국정원진실위원회의 분석이었고요.

두 번째, 박정희 대통령의 경향신문 인수 추진입니다. 박정희 국가재건최고회의 의장은 천주교 유지재단이 1962년 경향신문의 매각을 추진하자 자신과 친분이 돈독한 시인 구상을 내세워 경향신문 인수를 추진하여 매매계약까지 체결하였으나 천주교 측은 자금원이 박 의장이라는 사실이 밝혀지자 계약금 3억 환을 돌려주고 계약을 파기한 사실이 있습니다.

사건의 경과에 대해서 보겠습니다.

필화사건입니다. 경향신문은 64년 2월 1일 삼분폭리의 내막을 파헤쳐 정치 쟁점화시킨 데 이어 64년 5월 9일 '허기진 군상' 제하의 연재물을 통해 가난한 농촌과 영세민들의 궁핍한 삶을 생생하게 고발하여 화제를 불러일으켰으나 이와 같은 비판은 경향신문과 박정희 정권의 관계를 더욱 불편하게 만들었습니다.

64년 5월 15일 '정일권 내각에 바란다' 기사에서 '지금처럼 구호에만 그치는 대책밖에 없다면 북한에서 주겠다는 200만 석이나 받아 배급해 달라'고 정부를

비판하는 내용의 기사가 문제되어 경향신문 관계자 10명이 반공법 위반으로 구속됐습니다.

이어 한일회담 반대 시위가 격화되어 6월 3일 계엄령이 선포된 직후 당국은 '허기진 군상' 시리즈 등의 폭로기사와 르포 기사가 북의 신문·방송에 인용됨에 따라 북측을 이롭게 했다는 등의 이유로 경향신문 이준구 사장 등 3명을 반공법 위반 혐의로 구속했습니다.

한편 박 정권은 사장 이준구를 구속했다가 풀어줌으로써 신문의 논조 변화를 기대했으나 경향신문의 비판적인 논조는 변화하지 않았고 오히려 한국신문발행인협회 회장이었던 이준구는 언론윤리위원회법 파동 당시 경향신문으로 하여금 강도 높게 정부를 비판하도록 했습니다.

이에 김형욱 중앙정보부장은 박정희 대통령으로부터 경향신문에서 이준구가 손을 떼게 하라는 지시를 받고 경향신문 강제 매각을 추진하게 된 것입니다. 김형욱의 중앙정보부는 65년 4월 8일 경향신문 체육부장 이형백이 연루된 무전간첩사건과 경향신문 동경지사장 윤우현이 월북한 사실을 발표하였고, 5월 8일에는 사장 이준구와 그의 처남인 업무부국장 홍화수 등을 이 사건과 연관시켜 국가보안법, 반공법 위반으로 구속했습니다.

윤우현은 동경 소재의 마루우치상사 사장과 경향신문 동경지사장 등을 역임하다가 64년 12월 25일 제121차 북송선을 타고 가족과 함께 북한으로 갔는데 중앙정보부는 윤우현이 경향신문 동경지사장 신분으로 국내에 들어와 경향신문 사장 이준구와 자신의 고종사촌 정 모 등을 활용, 각종 정보자료 수집 그리고 간첩 침투를 위한 공작을 전개하다가 입북하였다고 발표했습니다.

중앙정보부는 윤우현의 실체가 확실하지 않다는 주일 파견관의 보고를 받았음에도 이준구 경향신문 사장을 압박하기 위해 윤우현을 이형백 사건에 연계시켰습니다.

자, 그러면 이형백 간첩 사건은 무엇인가? 중앙정보부는 65년 4월 8일 언론기관을 배후 조정하라는 지시를 받고 난파된 북한 간첩 이문백에 의해 포섭되어 활동한 경향신문 체육부장 이형백 등 무전간첩 4명을 검거하였다고 발표한 바 있습니다. 이문백은 이형백의 친동생으로 58년 5월 남파된 뒤 이형백과 접선 후 서울에서 활동하다가 58년 6월 15일 북으로 복귀했고 60년 8월 다시 남파되어 국내 정보 등을 수집한 후 68년 9월 북으로 복귀했습니다. 중앙정보부는 이형백이 이준구를 포섭 대상으로 삼고 농촌의 참상을 과장 보도케 했다고 발표했습니다. 65년 9월 검찰은 윤우현·이형백 사건과 관련해서 경향신문 사장 이준구에게 사형을 구형했고 1심 재판부는 징역 3년을, 2심 재판부는 무죄를 선고했습니다.

이형백은 66년 9월 대법원에서 국가보안법의 불고지죄 및 방조죄를 위반한 혐의로 징역 15년, 자격정지 10년을 선고받았고 또 다른 관련자 송택봉·유익재는 사형을 언도받고 그 사형이 집행됐습니다.

이를 종합해 볼 때 중앙정보부는 남파간첩 이문백과 연계된 이형백 등이 적발되자 경향신문 체육부장 이형백 간첩사건과 경향신문 동경지사장 윤우현 월북사건을 한데 묶어 발표함으로써 국민들에게 사장 이준구는 간첩들에 의해 포섭된 인물이라는 인상을 주는 한편 이준구에게 경향신문 경영권을 포기토록 압박하려 한 것으로 판단됩니다.

경향신문 매각 과정을 살펴보겠습니다.

당시 경향신문의 재무상태는 한일은행에 2207만 원, 서울은행에 1470만 원, 제일은행에 950만 원 등 총 4627만 원의 은행 빚을 지고 있었는데 당시 비슷한 수의 독자층을 가진 중앙 일간지들이 각각 1억 3700만 원, 1억 2600만 원, 1억 원의 부채를 지고 있던 것에 비교하면 경향신문의 재정상태는 비교적 양호했다는 전제에서 매각 과정을 살펴본 것입니다.

65년 7월 3일 제일은행과 한일은행 그리고 7월 5일에는 서울은행이 각각 경향신문사로 대출금 상환 통지장을 보내 대출금을 상환할 것을 요구하였는데 각 은행은 언론사 대출금에 대해서는 상환일을 관례적으로 자동연기 해 주었는 데 반해서 경향신문에 대해서는 만기일을 불과 2~3일 남겨 놓고 상환을 통보한데 이어 7월 9일부터 법원에 경향신문 부동산에 대한 경매를 신청하였고 법원은 9월 7일 부동산 경매 개시를 결정했습니다. 다시 말해서 매우 이례적으로 은행의 채권 회수가 즉각적이고 신속하게 경향신문을 상대로만, 경향신문을 표적으로만 이루어졌다는 것을 말하고 있습니다.

이준구의 처 홍연수가 66년 1월 25일로 예정됐던 경향신문에 대한 경매에 응찰하기 위해 국민은행에 예치됐던 소공동 부지 매각대금 800만 원을 1월 24일 찾으려 하자 중앙정보부는 조총련 연계 자금이라며 지불을 정지시켜서 경매 응찰을 방해했습니다.

66년 1월 25일 실시된 경향신문에 대한 경매는 박정희 대통령과 동향으로 단독 입찰한 기아산업 사장 김철호에게 2억 1807만 4850원에 낙찰됐습니다.

당시 기아산업은 산업은행의 법정관리를 받고 있어서 사실상 경향신문을 인수할 여력이 없었습니다.

강제매각에 대한, 권력의 개입 의혹에 대한 국정원 진실위원회의 조사 결과를 살펴보겠습니다.

첫째, 강제적인 주식 양도.

김형욱 등 중앙정보부 간부들은 이준구를 구속시킨 후 홍연수에게 부산일보 김지태가 징역 7년을 구형받자 5·16장학회에 재산을 헌납했던 사례를 들어가며 빨리 신문사를 넘길 것을 종용했습니다. 그러나 이준구·홍연수 부부는 이준구가 간첩죄로 사형을 구형받은 상황에서도 신문사를 포기하지 않았고 경향신문의 법적인 매각이 이루어진 66년 1월 25일 이후에도 주식을 양도하지 않았습니다.

중앙정보부는 이형백·윤우현 사건만으로는 이준구 부부를 굴복시킬 수 없자 이준구에게 다른 혐의를 적용하거나 당사자들을 협박하고 주변 인물들을 압박하는 등의 방법으로 압력을 가했습니다. 홍연수에 따르면 신문사 매각에 관한 압력은 주로 김형욱 부장과 이준구의 구속수사를 담당하는 부국장 길 모 씨가 주도했다고 증언하고 있습니다. 특히 길 모는 홍연수에게 경향신문사 포기할 것을 강요하면서 '이준구를 사형시킨 후에야 정신을 차리겠느냐, 죽여버리겠다, 우리가 하라는 대로 따르지 않으면 징역 가고 신문사도 운영 못 하고 두 가지 모두를 잃을 것'이라고 하는 등 협박하다가 이를 녹음 당하고 66년 2월 14일 김상현 의원이 국회에서 이를 폭로함으로 인해서 경질됐습니다.

경향신문이 매각된 뒤에도 홍연수 측이 주식을 양도하지 않자 중앙정보부장 김형욱은 이미 박정희 대통령에게 보고되었다면서 '이렇게 주식을 안 주면 어떡하냐'고 말했고 홍연수는 '남편을 무죄로 석방해 준다면 주식을 양도하겠다'고 했으며 이에 김형욱은 '먼저 주식을 넘겨주면 석방해 주겠다'고 승강이를 하여 4개월여를 끌게 됐습니다. 이 기간 기존에 김형욱 부장과 수사국 이외에 서울분실, 감찰실 등 중앙정보부 내의 다양한 부서가 동원되어 전방위적인 압박을 가했습니다.

이준구 부부는 국가 권력에 맞서 1년 가까이 신문사를 포기하지 않았지만 병원에 입원했던 이준구의 건강이 극도로 악화되는 등 고립감에 빠져 더 이상 신문사를 지킬 수 없다고 판단하고 66년 4월 초순경 김형욱에게 주식을 양도했습니다. 이에 김형욱은 이준구를 다음 공판기일인 4월 19일에 맞춰 석방하겠다고 약속했는데 국가보안법, 반공법 부분은 무죄로 해 주겠지만 중앙정보부도 체면이 있으니 외환관리법은 선고유예로 하겠다고 약속을 했다 합니다. 이준구는 실제로 이날 벌어진 2심에서 김형욱이 약속한 대로 판결을 받고 석방이 됐습니다.

중앙정보부는 경향신문 사태가 장기화되자 이형백·윤우현 간첩사건만으로는 충분하지 않다고 판단해서 이준구의 여죄에 대한 정보 수집에 나서서 이준구가 1950년 전쟁 발발 직후 금전출납 군인을 살해하고 거액을 탈취했다는 첩보를 입수하고 수사에 착수하였으나 홍연수가 주권을 양도하자 66년 4월 22일 수사를 돌연 종결했습니다. 김형욱은 이준구 부부가 해외에 체류하는 것을 전제로 경향신문 경매낙찰가격에 상응하는 금액을 이준구 부부에게 지급했습니다.

경향신문 낙찰을 받은 김철호는 66년 4월 주식을 양도받은 이후 박정희 대통령의 요구로 제헌국회의원이자 1950년대 부산일보 사장을 지낸 박찬현에게 경영을 맡겼고 주식도 50%를 박정희 대통령에게 바쳤으며 69년 1월에는 신진자동차 측에 소유권을 넘기라는 이후락 비서실장의 요구를 받아 주식을 양도하였고 이후 경영난이 심화되자 74년 박정희 대통령이 문화방송 사장 이환의에게 경향신문과 통합할 것을 지시함으로써 결국 경향신문도 5·16장학회의 소유가 됐습니다.

박정희 대통령의 지시 여부에 대한 판단입니다.

중앙정보부장 김형욱, 서울분실장 백 모 등 사건에 깊숙이 개입한 당시 중앙정보부 간부들이 모두 박정희 대통령으로부터 경향신문 문제에 대해 지시를 받았다고 회고록에서 밝히고 있고 홍연수는 김형욱 등이 매각 압력을 가할 때마다 박정희 대통령의 지시임을 내세웠다고 했으며 또 김형욱이 박정희 대통령이 당장 가져오라고 해서 그것 빼앗아 5·16장학회에 다 갖다줬다고 말하였다고 진술했다 합니다. 길 모 부국장 협박내용을 국회에서 폭로한 김상현 전 의원도 당시 테이프에 길 모가 '내 뜻이 아닙니다. 청와대의 뜻입니다'라고 말했다고 증언했습니다.

당시 중정 직원들도 사건 정황상 박정희 대통령 지시로 중정의 전 부서가 동원되어 처리한 것이라고 진술해 온 점으로 미루어 경향신문 매각에 대한 박정희 대통령의 지시가 있었던 것으로 판단됩니다.

중앙정보부의 조직적 개입 여부에 대한 판단입니다.

"65년·66년 당시 자료와 중정 직원들과의 면담을 통해 김형욱 부장의 지시에 따라 대공활동국, 서울분실, 감찰실 등 주요 부서들이 경쟁적으로 경향신문 매각에 개입한 사실을 확인하였음. 홍연수는 65년 5월 이준구 구속 이후에는 주로 사건수사를 담당한 길 모 부국장이 갖은 협박을 하는 등 주도적으로 관여했고 66년 2월 녹음협박 폭로로 길 모가 경질된 이후에는 방 모 감찰실장이 자신과 주변에게 폭력과 고문, 협박 등의 방법을 사용하여 신문사의 매각을 강요하였다고 주장했습니다.

금융권에 대한 압력도 현재 중앙정보부의 개입을 증명하는 문서는 남아 있지 않지만 당사자들의 증언과 당시 정황을 종합해 볼 때 대출금 회수 압력은 중앙정보부에 의해서 이루어졌다고 판단될 개연성이 상당함. 이형백 사건과 윤우현 입국 등을 빌미로 이준구에게 간첩혐의를 적용한 것이나 추후 조총련 자금 유입설에 대한 수사 그리고 이준구 측의 저항이 장기화되자 살인혐의와 부역죄까지 씌우려 했던 여죄 수사 등으로 미루어 중앙정보부가 언론탄압을 위해 공안사건을 확대하는 등 대공수사권을 남용한 사실을 확인함"

결론과 의견 부분입니다.

결론입니다.

"국정원 과거사건 진실규명을 통한 발전위원회의 우선 조사대상으로 선정된 부일장학회 등 헌납 및 경향신문 매각에 따른 의혹사건은 5·16 쿠데타 이후 당시 군사정권이 중앙정보부 등 국가기관을 동원하여 사유재산과 언론기관을 강탈하였다는 의혹이 지속적으로 제기되어 왔는데 당시 군사정부가 5·16의 정당성 홍보와 국가통제를 용이하게 하기 위해 언론기관을 확보하고 비판적인 언론사를 제거하려는 의도에 따라 강압적으로 재산 헌납 및 매각을 추진한 것으로 판단되며 두 사건 모두 헌납 또는 매각된 대상이 언론사이고 박 대통령의 지시에 의해 5·16장학회 소유가 되었다는 공통점이 있다.

이 두 사건은 40여 년 전 발생한 오래된 사건으로 당시의 정황을 명확히 확인할 수 있는 자료가 부족하고 더욱 관련자 진술도 서로 엇갈리는 등 진실규명에 어려움이 많지만 부일장학회 등 헌납에 따른 의혹사건은 박정희 정권이 중앙정보부에 지시하여 부산일보, 한국문화방송, 부산문화방송 등 언론사를 소유하고 있던 김지태를 구속한 뒤 처벌을 면해 주는 조건으로 언론 3사의 주식과 부일장학회 기본재산 명목의 토지 10만 147평을 헌납 받았고, 당시 중앙정보부는 헌납의 계기가 된 수사를 담당한 것은 물론 헌납된 재산 중 특히 토지의 처리과정에 주도적으로 개입함으로써 국가정보기관 본연의 사명을 저버리고 언론장악과 사유재산권 침해에 앞장섬.

결국 동 사건은 당시 최고권력자였던 박정희 의장의 언론장악 의도에 의해 발생한 것으로써 이는 자유민주주의 기본질서의 핵심인 언론의 자유와 사유재산권이 최고권력자의 자의와 중앙정보부에 의해 중대하게 침해당한 사건으로 조사되었음.

경향신문 매각에 따른 의혹사건은 당시 중앙정보부가 쿠데타 이후 대정부 비판논조를 지속해 왔던 경향신문을 탄압하기 위해 이준구 사장에게 국가보안법 위반 등의 혐의를 적용하였고 특히 경향신문 처리과정에서 김형욱 중앙정보부장의 지시에 의해 대공활동국, 서울분실, 감찰실 등 주요 부서들이 동원되어 부당한 압력을 행사하였던 것으로 평가되며 관계자들의 진술과 국정원 등이 보유하고 있는 자료들을 종합적으로 검토할 때 박정희 대통령의 지시에 의해 추진되고 실행되었던 것으로 판단됨"

이에 관한 국정원 과거사진실규명위원회의 의견입니다.
"부일장학회 및 부산일보·부산문화방송·한국문화 방송과 경향신문이 중앙정보부의 강압에 의해서 헌납 또는 매각됐다는 사실이 확인됐으므로 이에 합당한 시정조치가 필요함.

부일장학회 등의 헌납에 따른 의혹사건은 김지태가 부일장학회를 설립하여 재산의 환원 의지를 실천에 옮기고 있었으나 62년 4월 국내재산도피방지법 위반혐의 등으로 구속되어 수사를 받자 석방을 조건으로 소유재산을 공익 목적에 사용하도록 헌납하고 대신 처벌을 면하도록 하라는 제의를 수용, 그에 따라 그가 소유하고 있던 재산 가운데 부일장학회·부산일보·부산문화방송·한국문화방송 등 공익적 성격의 재단을 국가에 헌납하게 되었음.

따라서 김지태가 헌납한 재산은 당연히 공적으로 관리되고 운영되어야 하나 실제로는 5·16장학회를 거쳐 정수장학회로 이어져 왔으며 그 과정에서 사유재산처럼 관리되어 왔고 장학회 이름에서도 특정한 집단이나 개인을 내세웠으며 그동안 이사진도 대체로 박 대통령에 의해 선임되었고 그 사후에도 유족을 중심으로 운영되어 왔으므로 이러한 문제점을 시정하는 한편, 관련자들의 피해를 구제하고 명예를 회복시키기 위해서 사유재산처럼 운영돼 왔던 정수장학회를 재산의 사회환원이라는 김지태의 유지를 되살릴 수 있도록 쇄신해야 하며 이를 위해 사회적 공론의 장이 마련될 필요가 있음.

경향신문 매각에 따른 의혹사건은 경향신문이 1950년대 대표적인 비판 언론이었지만 이승만 정권에 의해 폐간되었다가 4·19 이후 복간되어 과거 비판적 언론으로서의 논조를

강화해 나가던 중 박정희 군사정권이 중앙정보부를 내세워 강제 매각시켰음. 경향신문은 기아산업에 인수되었다가 1969년 소유권이 신진자동차로 이전되었고 74년 문화방송에 통합됨으로써 5·16장학회 소유가 되었음. 당시 군사정권을 비판하다가 정권의 탄압을 받아 매각당한 경향신문의 언론활동을 재평가하는 한편 그 과정에서 피해를 입은 언론인들의 업적을 높이 평가하고 명예를 회복하도록 하는 조치가 필요함.

또한 신문사 건물과 부지를 보유하여 경영상 큰 어려움이 없었던 경향신문사가 강제매각과 통폐합 과정에서 심각한 적자에 이름으로써 매달 사옥의 토지임대료를 지불해야 하는 등 큰 손실을 입어 왔으므로 그와 같은 손실을 보전할 방안을 강구해야 할 사회적 공론화도 필요하다고 봄.
국가정보원은 지난날의 과오를 되풀이하지 않도록 철저한 자기반성과 함께 필요한 조치를 취해 나가야 하며 향후 모범적인 정보기관으로써 국민의 신뢰를 받아 충실히 봉사할 수 있는 기틀을 세워야 할 것임"

부일장학회사건과 경향신문 매각사건에 대한 국정원 진실규명위원회의 조사결과보고서를 제가 이렇게 장황하게 읽어 드린 이유는 대한민국 국정원이라는 조직은 그 출발에서부터, 그 DNA에서부터 정보기구의 권력을 활용해서 개인의 사유재산을 침해하고 언론을 사유화하고 그로 인해서 권력을 사유화하는 데 앞장섰던 조직이라는 점을 다시 한 번 환기시키기 위함입니다.

이 보고서에서 마지막에 국정원은 그와 같은 점을 반성하고 미래의 정보기관으로서 거듭날 것을 권고했음에도 불구하고, 그리고 국정원에게 그렇게 거듭날 수 있는 기회가 있었음에도 불구하고 지금까지 대한민국의 국정원은 거듭나기는커녕 오히려 뒷걸음질 치고 있습니다. 80년대 군사독재정권의 안기부로, 그리고 유신시대의 중앙정보부로 뒷걸음질 치고 있습니다.

그런데 이런 국정원에게 대테러 업무를 총괄·지휘할 수 있는 권한을 준다는 것은 다시 한 번 말씀드리지만 대한민국의 정보기구인 국가정보원을 민주주의의 적으로 만드는 조치이며 국민의 자유와 인권을 박탈시키는 그런 조치라 하지 않을 수 없습니다. 결코 용납할 수 없는 상황입니다.

관련해서 국정원의 진실규명위원회가 조사했던 또 다른 사건에 관해서 사건발표문을 이 자리에서 요약해서 말씀을 드리겠습니다.

인민혁명당 및 민청학련 사건의 발표문입니다. 이미 언론을 통해서도 많이 알려진 사건입니다.

이 사건은 추후에 결론 부분에 나오겠지만 그 발단부터 그리고 그 전개까지 그리고 그 종결까지 철저하게 중앙정보부에 의해서 조작되고 중앙정보부에 의해서 만들어진 사건이라는 점이 이 조사를 통해서 확인이 됐습니다.

사건의 개요와 의혹 사항을 말씀드리겠습니다.
"1964년에 인민혁명당(이하 인혁당) 사건은 박정희 정권이

1964년 6·3사태라 불리는 한일회담 반대 데모로 인하여 큰 위기에 빠져 계엄령까지 선포한 상황에서 8월 14일 중앙정보부가 북괴의 지령을 받고 국가변란을 기도한 대규모 지하조직 인혁당을 적발하였다고 하면서 한일회담을 반대한 학생 데모는 이들 인혁당 관련자들이 북괴의 지령으로 배후 조종했다고 발표한 사건이다.

나. 민청학련 사건(전국민주청년학생총연맹 국가변란 기도사건)은 1972년 10월 박정희의 탈법적 유신 선포 이후 1973년 10월 서울대 문리대생들의 데모를 기점으로 유신반대 운동이 거세게 일고 있는 가운데 전국 각 대학 학생들이 1974년 4월 3일을 기해 유신헌법 철폐 등을 주장하며 전국적인 연합시위를 준비하자 박정희 정권은 초헌법적인 긴급조치를 발동하고 민청학련이 조총련, 인혁당 재건위 등의 배후 조종을 받으면서 국가변란을 기도하였다고 주장하면서 1034명을 검거하여 253명을 구속하고 7명에게 사형, 7명에게 무기징역, 12명에서 징역 20년을 선고하는 등 중형을 남발한 사건이다.

다. 세칭 '인혁당 재건위 사건'은 1974년 4월 3일 박정희 대통령이 민청학련 관련 담화문에서 민청학련이라는 불법단체가 반국가적 불순세력의 배후 조종하에 인민혁명을 획책하고 있다고 발표한 뒤 중앙정보부는 민청학련의 배후로 과거 공산계 불법단체인 인민혁명당 조직이 있다며 도예종 등 1964년 1차 인혁당 사건 관련자들을 구속 수사하였고, 도예종 등 사건 관련자들은 인혁당을 재건하려는 지하비밀조직을 만들어 학생 데모를 배후 조종하는 등 국가변란을 획책했다는 혐의로 1·2심 군사법정을 거쳐 1975년 4월 8일 7명이 사형, 8명이 무기징역, 4명이 징역 20년, 3명이 징역 15년을 선고받았는데 인혁당 재건위 사건으로 사형을 선고받은 7명과 민청학련 관련자 여정남 등 총 8명에 대해서는 대법원에서의 형 확정 18시간 만인 다음날 새벽 4시 55분경부터 전격적으로 사형이 집행되었다.

이들 사건은 박정희 정권이 학생 데모로 위기에 몰린 상황에서 발생한 대형 공안사건으로서 학생 시위의 배후에 공산계 불순세력이 있다는 중앙정보부 발표의 진위, 고문 조작 논란 등을 둘러싸고 끊임없는 논란이 벌어져 왔다."

조사 결과를 말씀드리겠습니다.

인민혁명당 사건, 1964년 사건입니다.

당시의 중앙정보부 등 공안기관의 발표 내용을 먼저 말씀드리겠습니다.

"1964년 8월 14일 중앙정보부는 북괴의 지령을 받고 국가변란을 기도한 대규모 지하조직 인혁당을 적발하여 관련자 57명 중 41명을 구속하고 나머지 16명은 수배 중에 있다고 발표했습니다.

김형욱 중앙정보부장의 발표에 따르면 인혁당은 1962년 1월 우동읍의 집에서 남파간첩 김영춘의 사회로 우동읍, 김배영, 김영광, 김금수, 도예종, 허작, 김한득, 박현채 등이 창당발기인 모임을 갖고 북괴 로동당 강령·규약을 토대로 인민혁명당의 신강령과 규약을 채택하여 발족한 1962년 5월 중순 북괴간첩 김영춘이 월북하여 북괴 로동당에 인혁당 창당

결과를 보고했고, 62년 10월에는 교양위원인 김배영이 당 자금 수령 차 일본을 경유하여 월북하였으며, 도예종은 전국의 당 조직 건설에 착수하여 박현채 등 50여 명을 포섭하고 전국의 군·면민과 군소 직장 내의 세포조직을 부식하여 오던 중 1964년 2월 북괴 중앙당의 지령을 받고 한일회담 반대를 4·19와 같은 혁명으로 발전케 함으로써 현 정권을 타도할 것을 결의하고 중앙당 시위 지도부는 시위의 방향과 구호를 통일하도록 전국학생조직에 지령함과 동시에 현 정권이 타도될 때까지 학생 데모를 조종함으로써 북괴가 주장하는 노선에 따라 남북평화통일을 성취할 것을 목표로 투쟁하다가 검거되었다는 것이다."

이 사건의 처리에 대해서 말씀드리겠습니다.

중앙정보부는 이 사건을 수사해서 서울지검으로 송치했고 사건을 맡은 서울지검 공안부는 이용훈 부장검사의 지휘 아래 20여 일간 이 사건에 대한 조사를 실시했지만 이용훈 부장검사와 당시 검사, 공안부 검사들은 고문 의혹을 받고 있는 자백 이외에 혐의를 입증할 별다른 증거를 찾을 수 없자 '양심상 도저히 기소할 수 없으며 공소를 유지할 자신이 없었다'고 기소장에 서명할 것을 거부했습니다.

그러자 검찰총장 신직수, 서울지검장 서주연 등 검찰 수뇌부는 사건을 수사하지도 않은 당직검사를 시켜서 26명을 국가보안법 위반 혐의로 기소했고 이용훈·김병리·장원찬 검사는 자신들의 불기소 의견이 받아들여지지 않고 무리한 기소가 이루어지자 이에 반발해서 사표를 제출했습니다.

검사들의 항명 파동에 이어서 이 사건에 대한 고문 의혹이 광범위하게 일어나자 검찰은 이 사건에 대한 재수사에 착수하지 않을 수 없었습니다. 인혁당 사건을 재수사한 서울고검 한옥신 검사는 기소된 26명 중 14명은 공소를 취하, 석방하고 12명은 당초 국가보안법상 반국가단체 구성 혐의를 적용한 공소장을 이례적으로 변경하여 반공법 제4조1항 위반 혐의로 다시 기소를 했습니다.

사법부는 결국 인혁당 사건에 대해서 1965년 1월 20일 1심 재판을 통해 이들이 서클을 구성한 적이 있었음은 인정할 수 있지만 북괴에 동조한 사실을 인정할 수 없다고 판시하고 피고 13명 중 도예종은 징역 3년, 양춘우는 징역 2년을 선고하고 나머지 11명은 무죄를 선고했고, 1965년 6월 29일 항소심에서는 1심 판결을 취소하고 도예종에게 징역 3년, 박현채 등 6명에게 징역 1년, 이재문 등 6명에게 징역 1년, 집행유예 3년 등 전원 유죄 판결했으며, 대법원은 1965년 9월 21일 항소심의 형량을 그대로 확정했습니다.

세상을 매우 떠들썩하게 만들었지만 인혁당 사건은 중앙정보부가 부풀려서 발표했던 것과는 다르게 학생운동의 배후에 있는 대규모 지하 반국가 단체가 아니라 반공법상의 단순한 고무·찬양죄만으로 유죄를 선고받은 사건이었습니다.

이와 관련된 의혹과 쟁점사항들에 대해서

말씀드리겠습니다.

"첫 번째, 소위 인혁당은 실재했는가?

중앙정보부는 관련자들이 강령·규약을 채택하고 당명을 '인혁당'으로 정했으며 국가 변란을 기도하기 위한 지하정당으로 반국가단체라고 규정했으나 과연 인혁당이 당명과 강령·규약을 공식적으로 채택한 지하정당으로 실재하였는가에 대해서는 끊임없는 의문이 제기되어 왔습니다.

국정원 진실위의 조사 결과 이들 관련자들 가운데 일부가 당시 사법 당국이 판단한 것처럼 당 수준에 이르지 못한 서클 형태의 모임을 가져온 것에 지나지 않았으며 '인민혁명당'이라는 명칭은 여러 명칭 중의 하나로 언급되었을 뿐이며 강령·규약도 일부 구성원 사이에서 논의된 적은 있으나 정식으로 채택되지는 않았다.

소위 인혁당은 5·16 군사쿠데타로 사회단체의 정치활동이 전면 금지되자 혁신계의 주요 인물들이 장차 합법화될 혁신정당 활동에 대비하여 혁신계 청년들의 통합을 논의해 오던 활동이 드러난 것으로 국가 변란을 기도한 반국가단체로 실재했다고 할 수 없다."

이것이 국정원 진실위원회의 인혁당 실재와 관련된 결론입니다.

두 번째 쟁점, 인혁당은 북한의 지령에 의해 조직되고 활동하였는가?

"중앙정보부는 인혁당이 북의 지령에 의해 조직되고 활동한 근거로 창당을 주도한 남파간첩 김영춘과 창당에 참여한 뒤 월북했다가 1967년 남파된 김배영의 존재를 들고 있다.

남파간첩 김영춘에 관한 의혹.

중앙정보부의 여러 내부 문건과 검찰의 공소장변경신청서를 보면 중앙정보부가 남파간첩 김영춘이라 발표한 인물은 경남 고성 출신으로 4·19 후 사회대중당 후보로 고성에서 민의원에 출마하였다가 낙선한 전 동아대 철학과 교수 김상한이다.

김상한이 중앙정보부의 발표처럼 월북한 것은 사실이지만 김상한 월북사건 진상조사 보고 등 중정 내부 문건에 따르면 김상한은 남파간첩으로서 북으로 귀환한 것이 아니라 남한의 다른 대북정보기관으로부터 특수공작 임무를 받고 북파된 것이다.

대북정보기관은 과거 좌익 활동 경력 소지자로서 북파 후에 북괴에서 신뢰를 득할 수 있는 자를 물색 중 교수 출신 김상한의 개인적인 약점을 이용하여 월북시키면서 공작 성과가 기대된다며 김상한을 북파공작원으로 선발한 것이다.

1964년 8월 14일 중앙정보부가 인혁당 사건에 대해 발표할 당시 중앙정보부는 김상한이 대북정보기관에 의해 북파된 사실은 몰랐지만 적어도 그가 남파간첩이 아니라는 점은 파악하고 있었다.

그럼에도 중앙정보부가 허위사실을 발표하여 학생시위의 배후에 남파간첩이 있는 듯한 인상을 주려 한 것은 중앙정보부가 스스로 권력의 시녀 노릇을 한 것이라 아니할 수 없다."

두 번째로 남파간첩 김배영 문제입니다.

"1964년 8월 14일자 중앙정보부 발표문에 따르면 인혁당 창당위원 김배영은 당 지도부에 의해 약정된 암호방식에 의하여 당 자금 수령차 1962년 10월 일본을 경유해서 월북한 것으로 되어 있다.

그러나 김배영이 월북한 것은 국내에서 인혁당 사건이 발표되고 난 뒤 3개월 후인 1964년 11월의 일로 1964년 8월에 중앙정보부가 김배영의 소재를 확인하지도 못한 상태에서 김배영이 월북하였다고 발표한 것은 학생시위의 배후에 친북세력이 있는 것처럼 보이게 하기 위해 허위사실을 유포한 것으로 보인다.

김배영은 1967년 10월 공작원으로 남파되었다가 검거된 후 1971년 사형에 처해졌기 때문에 중앙정보부는 1974년 인혁당 재건위 사건 당시에도 김배영 문제를 들어서 과거 인혁당이 북괴와 연계를 가진 사실을 증명하는 유력한 근거라고 주장했다. 그러나 1964년 11월에 비로소 월북한 김배영이 1964년 8월에 적발된 인혁당 조직의 대북 연계성을 증명하는 근거가 될 수 없다."

세 번째, 1964년의 학생시위는 북괴의 지령 또는 인혁당의 배후조종에 의한 것인가에 관해서 살펴보겠습니다.

"중앙정보부는 전국적으로 확산되던 한일회담 반대데모의 배후에 북괴의 지령을 받은 인혁당이 있다고 발표하였는데 이는 박정희 정권이 정치적 위기를 모면하기 위해 조작한 것이라는 의혹이 끊임없이 제기되어 왔다.

그러나 중앙정보부에 의해 인혁당과 학생운동의 연결고리로 지목된 오병철 등은 학생 데모가 전국에 파급된 것은 대일굴욕외교에 대해 학생들이 의분에 못 이겨 한 행동이지 어떠한 세력의 지령이나 선동에 의하여 일어난 것이 아니라고 진술하고 있으며, 중앙정보부는 학생 데모가 북한은 물론이고 인혁당의 지령이나 조종을 받은 구체적인 증거를 전혀 제시하지 못했으며, 학생지도책으로 발표된 김경희는 중앙정보부의 조사과정에서 학생 데모와 관련된 부분은 전혀 조사받지 않았다고 밝히고 있는 등 64년 한일회담반대 학생 데모가 인혁당사건 관련자들의 조종으로 발생되고 진행되었다고 볼 수 없을 뿐만 아니라 이것이 북괴의 지령에 의한 것이라고도 볼 수 없다."

세 번째, 인혁당사건의 수사과정에서 고문 등 불법수사가 자행되었는가에 관해서 국정원 진실위원회 조사결과를 살펴보겠습니다.

인혁당사건은 담당 공안검사들이 자백 이외의 증거가 없다는 이유로 기소를 거부하여 파문이 일어난 데 이어, 민정당 박한상 의원이 인권옹호협회 이름으로 피의자들의 고문 사실을 폭로하여 사회적 논란을 불러 일으켰는데, 특히 제일은행원 이종배는 현장검증을 다녀오는 과정에서 또다시 고문당할 것을 두려워하여 투신하여 척추골절상을 입고 전신마비의 중증장애인으로 지내던 중 1970년 고문장애로부터 회복될 수 없음을 비관하여 자살하였으며, 허작은 수사기관에서의 고문을 견디지 못하고 안경알로 자해를 하여 중상을 입은 사실이 있는 등 인혁당사건 관련자 다수가 고문으로 피해를 입었다.

신직수 검찰총장도 의혹이 증폭되자 고문에 대한 수사를

지시했고, 서울지검 형사부 정태균 부장검사가 수사에
착수하여 피의자 전원을 개별 면접하여 피해상황을 조사하고
수사관의 명단을 작성하였고, 국회에서도 심각한 문제로
토론되어 국회 법사위 국정감사반이 조사에 착수한 결과
피의자들의 고문 상처를 확인하는 등 고문의 증거를 찾아내어
국회에 보고하였으며, 국회전문위원 문상익도 조사결과
고문의 혐의가 농후하다고 보고하였다.

이상 당시 신문보도와 취재 내용, 박한상 의원 등의
조사결과 발표, 국회 법사위 국정감사반의 조사 내용에 대한
보도, 제45대 국회 법사위 회의록 10호와 21호 기록, 진실위
면담내용에서 확인되는 물·전기고문, 구타, 강압수사에 대한
진술이 구체적이면서 일관되고 수사에 참여한 장원찬 검사도
의문사위원회에서 도예종에게서 고문의 상처를 확실히
확인하였다고 진술하였고, 검찰이 이례적으로 신속하게
고문의혹 수사에 착수하였으며 당시 고문 문제로 궁지에
몰려 있던 수사기관이 수사한다고 공언하고 수사했음에도
불구하고 고문이 없었다는 수사결과를 발표하지 않았고, 일부
인혁당 사건 관련자들의 경우에는 고문을 당하지 않았음에도
공판투쟁의 일환으로 동료들의 주장에 편승해 고문당했다고
주장하거나 자신이 당한 가혹행위의 정도를 부풀려 진술한
정황도 살필 수 있으나, 검찰이 고문의혹이 제기된 중앙정보부
수사를 백지화하고 원점에서 다시 사건을 수사한 점 등에
비추어 볼 때 중앙정보부의 인혁당 사건 수사과정에서의
고문이 자행되었음은 부인할 수 없을 것이다.

두 번째, 민청학련 사건을 살펴보겠습니다.

**당시 중앙정보부 등 공안기관의 발표 내용을 먼저
말씀드리겠습니다.**

1974년 4월 3일 오전 10시, 11시를 기해 서울대, 이화여대,
성균관대 등 서울시 내 각 대학에 전국민주청년학생총연맹
명의로 '민중·민족·민주 선언', '민중의 소리' 등의
유인물이 배포되면서 시위가 발생하였는데 이날
밤 10시 박정희 대통령은 특별담화를 통해 첫째,
전국민주청년학생총연맹(이하 민청학련)이라는 불법단체가
불순세력의 배후 조종하에 그들과 결탁하여 인민혁명을
수행하기 위한 상투적 방편으로 둘째, 통일전선의 초기 단계적
지하조직을 우리 사회 일각에 형성하고 반국가적 불순한
활동을 전개하기 시작했다는 확증을 포착했다면서 이러한
불순세력을 발본색원하기 위해 긴급조치 제4호를 발동한다고
발표하였다.

긴급조치 제4호는 전국민주청년학생총연맹과 이에 관련되는
제 단체를 조직하거나 이에 가입하거나 그 구성원과 회합
또는 통신, 기타 방법으로 연락하는 등 일체의 행동을 금할 뿐
아니라 학생들이 이유 없이 출석이나 수업, 시험을 거부하거나
학내외에서 집회, 시위, 농성 등을 할 때 사형, 무기 또는 5년
이상의 징역형에 처하도록 하고 있었고 문교부장관은 이 조치
위반자가 소속된 학교에 폐교처분을 할 수 있도록 되어 있었다.

1974년 4월 25일 중앙정보부장 신직수는 민청학련 사건
수사상황 발표에서 민청학련은 공산계 불법단체인 인민혁명당
조직과 재일조총련계의 조종을 받은 일본인 공산당원 및 국내

좌파혁신계 등이 복합적으로 작용한 것으로서 민청학련을
조직, 국가변란을 획책한 학생들은 그들의 사상과 배후 관계로
보아 공산주의자임이 분명하고 폭력으로 정부 타도를 기도한
이들의 행동은 폭력혁명을 부르짖는 공산주의자들의 주장과
일치한다고 강조했다.

1974년 5월 27일 비상군법회의 검찰부는 민청학련 및
인혁당 사건을 추가 발표하면서 민청학련 사건은 이철, 유인태
등 평소부터 공산주의 사상을 가지고 있던 몇몇 불순학생이
핵심이 되어 작년 12월경부터 폭력으로 정부를 전복하기
위한 전국적인 봉기를 획책한 것으로 서도원, 도예종 등을
중심으로 한 인민혁명당계 지하 공산세력, 재일조총련 계열,
과거 불순학생운동으로 처벌받은 조영래 등 용공·불순세력,
일부 종교인 등 반정부세력과 결탁하여 반정부연합전선을
형성, 유혈 폭력혁명으로 정부를 전복, 공산정권을 수립코자
한 국가변란 기도사건이라고 규정하였으며, 1974년 7월 13일
비상보통군법회의는 민청학련 관련자 32명에 대해 유인태,
이철 등 7명 사형, 무기징역 7명, 징역 20년 12명, 징역 15년
6명을 선고하였고 74년 9월 7일 비상고등군법회의 항소는
기각하고 75년 4월 8일 대법원은 피고인 측 주장에 대해 이유
없다며 상고를 기각하고 민청학련 사건 관련자들의 형량을
최종 확정하였음.

의혹과 쟁점 부분을 살펴보겠습니다.

첫 번째, 민청학련은 실제로 존재하는 반국가단체였는가?

민청학련이라는 명칭은 1974년 3월 27일 서울 삼양동
김병곤의 방에서 이철, 김병곤, 정문화, 황인성 등이 모여
유인물을 제작하는 과정에서 유인물의 신뢰도를 높이기 위해
황인성의 제안으로 붙인 명칭으로 연세대, 성균관대, 동국대,
경희대, 경북대 등은 각각 민청학련 명의의 선언문 대신 각
대학이 스스로 정한 반독재투쟁위원회 등의 명칭을 사용했고
당시 학생들 사이에는 전국적인 연합 시위를 하기 위한
연락망은 있었지만 단일한 명칭과 강령, 규약을 가진 정치적
결사체도 아니었고 국가변란을 기도할 만한 실행력을 지닌
하부조직을 가진 것도 아니었으며 과도정부를 구성할 만한
준비는 더더욱 없었다. 따라서 민청학련은 중앙정보부의 발표와
같이 국가변란을 목적으로 조직된 반국가단체가 아니라
반유신 투쟁을 위한 학생들의 연락망 수준의 조직이 유인물에
표기한 조직 명칭에 불과한 것이다.

(이석현 부의장, 정갑윤 부의장과 사회교대)

두 번째, 민청학련은 용공·이적단체였는가?

중앙정보부 등 수사당국은 민청학련의 투쟁 목표가 정부
전복 후 노동정권을 세워 공산주의에 입각한 새로운 정치
질서의 확립에 있으며 그 유인물 및 선전 내용이 북한 방송
및 간첩지령과 일치하고 있어 순수한 학생운동이라 할
수 없다고 주장했으나 수사도 하지 않은 상황에서 발표된
대통령의 담화문에서 이미 민청학련을 공산주의자와
결탁하여 인민혁명을 수행하는 조직이라고 규정하였기
때문에 중앙정보부의 수사 방향은 처음부터 민청학련 주요
관련자들이 공산주의 사상을 갖고 있다는 것을 입증하는
것으로 설정되었는데, 한 예로 74년 4월 21일자 수사상황

보고에 따르면 수사의 초점은 관련자 특히 주동자는 공산주의 사상의 보유자임을 입증하는 것으로 이를 위해서 신원조사와 환경수사에서는 첫째, 가족 중 부역자, 혁신계, 월북자, 행방불명자, 전과자를 찾아내고 둘째, 본인의 평소 탐독한 공산서적, 북괴 대남방송 청취 사실 등을 파악하라고 되어 있으며 민청학련의 투쟁 방법과 목표에 대한 수사지침은 적화통일 전략전술인 인민민주의 혁명 완수를 위해 민족통일전선전술에 따라 학생과 노동자, 농민, 영세시민을 선동·폭도화하여 폭력으로 우리 정부를 타도하고 과도정부를 거쳐 종국에 가서는 사회주의 정부를 수립하는 데 있다는 것을 입증하라고 되어 있으며 배후 관계와 관련해서는 간첩의 지령에 의한 것이다. 재일조총련의 지령이다, 국내 혁신세력의 조종하에 움직이고 있다, 북괴 대남방송을 청취하고 그대로 행동했다라는 진술을 받아내라는 지침을 내리고 있어 수사 이전에 미리 발표된 대통령의 담화문 내용과 수사결과가 일치되도록 만드는 전형적인 짜맞추기 수사가 진행되었음을 보여 준다. 또 수사당국이 민청학련 관련자의 친북·용공성을 입증하는 증거로 내세운 학생들이 북한의 혁명가요를 불렀다는 것도 사실은 분단 이전인 1920년대부터 불리던 독립군 추도가를 부른 것으로서 이 노래는 남쪽에서 간행된 독립군가집에도 수록되어 있는 노래였다.

이상을 종합해 볼 때 민청학련의 이름으로 추진된 학생시위의 목적은 수사당국의 주장과 같이 노농정권 수립을 통한 사회주의 정부 건설을 목표로 한 것이 아니라 유신정권 타도를 통한 민주정부 수립을 위한 것이라 하겠다.

세 번째 쟁점, 민청학련은 이른바 인혁당 재건위의 배후조종을 받았는가?

당시 중앙정보부와 비상보통군법회의 검찰부는 민청학련이 이른바 인혁당 재건위의 배후조종을 받은 것으로 발표하여 민청학련의 배후에는 공산주의자들이 도사리고 있는 듯이 설명했으나 당시 수사에 참여한 중앙정보부 직원이나 경북도경 소속 경찰관들은 의문사진상규명위원회에서의 진술과 국정원 진실위원회의 면담조사에서 여정남 진술 이외에는 민청학련과 인혁당 재건위의 연계성을 입증할 증거는 없으며, 민청학련은 유인태 등 서울대생들이 총괄기획하여 인혁당 재건위가 배후조종을 할 여지가 없었고, 일부 수사관들은 인혁당 재건위가 민청학련을 배후조종했다는 수사 발표에 반발하기도 했다고 진술했으며, 민청학련 관련자들 모두 여정남과의 교류는 인정하지만 지방에서 갓 올라온 여정남이 모든 학생운동을 배후조종하는 것은 있을 수 없는 일이라고 일관되게 부인하고 있다.

인혁당 재건위가 민청학련의 배후조종으로서 4·3 학생시위의 준비 등 주요 활동을 조직적이고 지속적으로 배후조종하였다는 증거는 어디서도 찾을 수 없다.

네 번째, '민청학련은 조총련 또는 일본공산당원 등 국외 공산계열의 배후조종을 받았는가?'와 관련된 쟁점입니다.

중앙정보부는 유인태, 이철 등 민청학련 지도부가 일본공산당이었던 하야가와의 소개로 조총련 비밀조직원인 곽동의의 지령을 받고 학생들에게 접근한

다찌가와 등과 접촉하면서 이들로부터 폭력혁명 선동과 자금 제공을 받았다고 발표했는데, 당시 중앙정보부의 수사상황보고에 첨부된 '민청학련 사건 관련 일본인에 대한 수사지침'이라는 문건에 의하면 초기수사단계에서 조서에 올린 사항으로서 범죄요건에 배치되거나 일본인의 관여 사실을 부정하게 될 자료로 쓰일 수 있는 부분, 전후 모순된 부분은 삭제하라고 하고, 조서를 정리할 때 경력·모의과정·목표배후·자금·활동·조직 등 상황은 지난번 부장님의 수사상황발표문을 참조하여 거기에 맞도록 체제를 갖추어 정비하고, 다찌가와·하야가와 등이 7500원을 유인태에게 준 것을 '취재에 대한 사례비조로 7500원을 받았다'고 표현하는 것은 진실에 반하는 것이니 '폭력혁명을 위하여 애쓰고 있는데 자금이 없어 라면으로 연명하고 있는 실정이고 교통비도 없다는 사정을 말했더니 나도 같은 사상이라면서 사회주의 혁명이 성공되어 사회주의 국가가 건설되기를 희망한다. 적은 돈이지만 폭력혁명을 수행하는 자금에 보태어 쓰라고 하면서 주기에 처음에는 거절하였으나 되풀이하여 하야가와와 함께 전해 주기에 마지못하여 받았습니다'라고 표현키로 하고, '같은 사상이라고 한 것도 정부 타도에 공감한다는 것으로 알았습니다'와 같은 표현은 내란 선동의 표현으로 되지는 않으니 다찌가와·하야가와는 7500원을 주면서 '우리도 같은 사상을 가지고 있다. 우리는 한국에서 학생이 주동하는 폭력혁명이 일어나 사회주의 정권이 지배하기를 바라고 있다'는 것을 선동하는 것은 뚜렷이 표시하도록 했다.

또한 당시 통역으로 참여한 조 모는 이 사건이 종결된 후 중앙정보부 직원으로 특채되었는데 그에 대해서는 '참고인 진술조서를 완벽하게 작성하여 증거보전 신청을 하여 조서의 증거능력을 굳히기로 하였음'이라며 중앙정보부는 그의 진술조서에 반드시 나타나야 할 점으로, 첫째 두 일본인이 이철·유인태에게 기자로서 인터뷰한 것이 아니고 폭력혁명을 선동·사주·방조하였다는 점, 둘째 다찌가와·하야가와는 물론이고 이철·유인태가 공산주의자였다는 점, 셋째 다찌가와·하야가와 등이 이철·유인태 등 학생운동가들을 만나기 위하여 집요하게 조 모와 접근한 상황이었으며, 넷째 다찌가와가 이철·유인태 등에게 농촌계몽을 가장한 농촌침투, 사회사업을 위한 농촌계몽 등의 방법을 쓰는 것이 당국에 발견되지 않고 좋을 것이라고 하는 등으로 반정부 투쟁방법을 소상히 교시하였고, 이철·유인태 등이 이에 적극 찬동하였다라고 하는 등 사항에 대한 진술을 완전히 수록함으로써 다찌가와·하야가와 등이 정부 전복을 위한 내란음모를 하였다는 움직일 수 없는 증거보전을 확보하도록 지시하는 등 일본인들의 진술을 어떤 방식으로 삭제, 왜곡하고 중앙정보부에 협조적인 통역으로부터 어떤 진술을 받아내어 내란음모의 증거로 삼을 것인가를 상세히 지시하였고, 중앙정보부가 조총련 비밀조직원으로 지목한 곽동의는 당시 일본에서 벌어지고 있던 김대중 구출운동의 핵심인물로서, 곽동의와 다찌가와는 서로의 관계가 취재원과 기자 이상의 관계는 아니었다고 일관되게 주장하고 있고, 이들 일본인들이

유인태 등과의 접촉 과정에서 '무장' 운운하는 발언을 한 사실은 있지만 중앙정보부가 조총련이나 일본공산당이 민청학련의 배후라고 한 발표는 아무런 근거가 없이 조작된 것이다.

다섯 번째 쟁점입니다.

'민청학련 사건 수사과정에서 고문, 인권침해가 있었는가?'에 대한 국정원 진실위원회의 조사 결론입니다.

민청학련 관련자들의 수사과정에서 상당수의 학생들에게 구타와 물고문·잠 안 재우기·모욕과 협박 등의 가혹행위가 관행적으로 가해졌다. 당시 수사에 참여한 전직 중앙정보부 직원 중에서 고문 사실을 인정하거나 고백한 사람은 없지만 사건 관련자들의 고문 관련 주장은 구체적인 고문상황과 방법 등에 대한 설명에서 일관성을 유지하고 있고, 가해자나 피해자가 아닌 중립적인 인사들 역시 고문 사실을 확인해 주고 있다.

고문이 있었다는 거지요.

여섯 번째 쟁점, '재판과정에서 피고인들의 방어권은 보장되었는가?'입니다.

민간인인 민청학련 사건 관련자들이 전시나 계엄 상황이 아니었음에도 불구하고 긴급조치에 의해 군사법정인 비상 군법회의에서 재판을 받아야 했다는 점 자체가 곧 유신독재의 폭력적 인권침해의 적나라한 실상을 나타내고 있다.

특히 2심인 비상고등군법회의에서는 민청학련, 인혁당 관련 피고인 48명에 대해 인정신문만을 한 뒤 '피고인의 권리를 옹호한다'는 어불성설의 이유를 들며 법정심리, 변호인의 반대심문, 피고인의 최후진술 등의 기회를 봉쇄한 채 대부분의 피고인들의 항소를 기각하였고, 김지하 등 11명의 변호를 맡은 강신옥 변호사가 애국학생에 대하여 검찰 측이 사형과 무기를 구형한 것은 사법살인행위로서 직업상 변호인석에 있으나 차라리 피고인들과 뜻을 같이해 피고인석에 앉고 싶은 심정이라고 하자 그를 긴급조치 위반으로 구속하였다. 군사재판은 유신체제하의 군법회의법조차 '변호인은 재판에 관한 직무상의 행위로 인하여 어떠한 처분도 받지 아니한다'라고 규정하고 있었음에도 불구하고 강 변호사에게 비상보통군법회의에서 징역 10년 형을 선고함으로써 변론권을 짓밟았다.

변호인조차 재판과정에서의 변론이 문제가 되어 구속되는 사법사상 초유의 일이 발생하는 군사법정에서 피고인들의 방어권이 보장되었는가를 묻는 것은 의미 없는 일이라고 할 것이다.

민청학련 피고인들의 방어권은 보장되지 않았다는 결론입니다.

관련된 사건으로 이른바 인혁당 재건위 사건에 대한 조사 결과를 살펴보겠습니다.

당시의 박정희 대통령 특별담화와 수사당국의 주장입니다.

1974년 4월 3일 박정희 대통령은 특별담화에서 민청학련이라는 불법단체가 반국가적 불순세력의 배후조종하에 '인민혁명'을 수행하려 하고 있다고 지적했습니다.

1974년 4월 25일 중앙정보부장 신직수는 민청학련 사건 수사상황 발표에서 '민청학련은 과거 공산계 불법단체인 인민혁명당 조직, 재일 조총련계의 조종을 받은 일본공산당원, 국내 좌파혁신계 인사가 복합적으로 작용하였으며 민청학련의 배후 인물들은 모두 공산주의자이거나 공산주의 활동을 했던 경력이 있다'고 주장하였고, 74년 5월 27일 비상군법회의 검찰부는 인혁당 재건위 사건 추가 발표에서 서도원·도예종 등은 1969년에서부터 지하에 흩어져 있는 인혁당 잔재세력을 규합, 인민혁명당을 재건하고, 대구 및 서울에서 반정부 학생운동을 배후에서 사주했다고 발표하였으며, 민청학련과 인혁당 재건위 사건에 대한 공판은 군법회의에서 일사천리로 진행되어 1974년 7월 11일과 13일 서도원·도예종 등 인혁당 관련자 7명, 이철·유인태·김지하 등 민청학련 관련자 7명에게 각각 사형이 언도되었으며, 비상고등군법회의는 1974년 9월 7일 2심 판결을 내렸고 대법원은 75년 4월 8일 인혁당 사건 관련자들의 상고를 기각했고, 도예종·서도원 등 8명은 대법원에서 사형이 확정되자마자 18시간 만에 전격으로 사형이 집행되어 사법살인이라는 비난이 고조되었다.

의혹 및 쟁점 부분을 살펴보겠습니다.

인혁당 재건위라는 조직이 과연 실재했는가?

박정희 대통령의 4·3 특별담화에 '인민혁명'이라는 용어가 적시된 상태에서, 여정남 등 민청학련 관련자들의 조사 과정에서 이들이 도예종 등 1964년에 인혁당 사건 관련자들과 교류한 정황이 포착되어 수사가 이루어진 사건인데 중앙정보부 등 수사당국은 인혁당 재건위를 조직 재건이 완료된 하나의 실체로 간주했지만 서로 잘 알고 있는 사건 관련자들이 대구와 서울 등지에서 여러 차례 만난 것을 인혁당 재건위 경북지도부, 서울지도부, 서울지도부와 같은 조직이라고 수사 과정에서 이름을 붙인 것으로 재판 과정에서 단일조직의 결성 사실을 입증하지 못함으로써 경북지도부, 서울지도부, 서울지도부와 같은 단체 등 모두 3개의 서로 다른 조직이 대법원에서 인혁당 재건단체라는 모호한 명칭으로 성격 규정이 된 것일 뿐 인혁당 재건위원회라는 단체의 실재를 입증하거나, 입증할 증거나, 재판에 회부된 사람들이 인혁당을 재건하려는 시도를 하였다는 증거는 자백 이외에는 전혀 존재하지 않았다.

따라서 8명의 관련자를 사형에 처한 세칭 '인혁당 재건위'라는 단체는 중앙정보부와 군사법정 검찰부가 검찰 송치 직전에 수사 편의상 붙인 명칭일 뿐 실제로 존재한 지하조직의 정식 명칭은 아니었다. 인혁당 재건위란 중앙정보부가 발표한 사건의 명칭으로서만 존재할 뿐 실재했던 조직이 아니었다.

인혁당 재건위는 국가 변란을 기도했는가의 쟁점과 관련돼서 국정원 진실위의 판단을 살펴보겠습니다.

1971년 8월에 남북 적십자회담, 72년 1월에 닉슨 미국 대통령의 중국 방문 등에 이어 72년 7월 4일 남북공동성명이 발표되는 등 남북관계와 한반도 주변 정세의 큰 변화가 예상되자 서울지역의 혁신계 인사들과 함께 5·16 쿠데타 이래로 침체된 혁신세력의 활로를 모색하는 등 7·4

남북공동성명의 발표와 유신체제 등장 이후 대구와 서울의 혁신계 인사들이 민주주의와 통일을 위해 반유신운동에 적극적으로 나선 것으로 인혁당 재건위 사건에 연루된 혁신계 인사들의 활동이 반박정희 활동 내지 반정부 활동일 수는 있어도 체제 전복이나 국가 전복 기도행위로 볼 근거를 찾을 수는 없었다.

자, 그러면 인혁당 재건위가 민청학련을 배후 조정했는가?

인혁당 재건위 사건 관련자 중 서도원 등 대구에 거주하는 일부 인사들이 1973년 11월과 74년 3월 경북대학교에서 발생한 반유신시위 선언문의 초안을 작성하여 여정남 등에게 주는 등 경북대학교 학생운동에 깊이 관계하였고, 서도원·하재완 등이 여정남을 서울의 이수병에게 보내 서울지역 학생운동과의 연계를 도모하였으며, 여정남이 이철, 유인태 등 민청학련을 주도한 학생들과 몇 차례 교류를 한 것은 사실이지만 여정남 외에 인혁당 관련자들이 민청학련과 연결된 적은 없으며 당시의 수사 관련자들도 국정원 진실위원회와의 면담에서 여정남이 민청학련을 배후 조종하였다고 볼 수는 없다고 진술하는 등 인혁당 재건위가 민청학련의 배후세력이라는 중앙정보부를 비롯한 수사당국의 주장은 충분한 근거를 갖고 있지 못하다.

'인혁당 재건위 사건은 고문을 통해 조작되었는가?' 부분을 살펴보겠습니다.

피의자들이 중앙정보부에서 고문을 당했다는 주장은 피의자들을 비롯해서 피의자 가족, 변호인, 교도관, 파견경찰, 서울구치소 수감자 등에 의해 광범위하게 제기되었다. 인혁당 재건위 사건 피고인들은 항소 및 상고이유서를 통해 구타, 물고문, 전기고문 등 다양한 유형의 고문을 당하였다는 점을 주장하고 있고 도예종, 김용원, 하재완, 송상진, 여정남 등은 고문일시, 고문방법, 고문으로 인한 상처 및 후유증, 고문수사관 이름 등을 구체적으로 진술하였으며 서울성북서 파견경찰 전재팔은 인혁당 재건위 사건 수사를 담당한 파견경찰이 중앙정보부에서 전기고문하는 장면을 목격하였는데 수사관이 군용전화 손잡이를 잡고서 기대하는 이야기가 나오지 않으면 손잡이를 돌렸다고 국정원 진실위와의 면담에서 진술하였음.

당시 담당검사 송 모를 비롯하여 중앙정보부의 이 모, 윤 모, 파견경찰 손 모, 박 모, 신 모 등은 자신들이 고문을 하거나 고문수사에 개입한 사실을 부정하고 있지만 고문을 당했다는 피해자들의 진술이 일관성과 구체성을 갖고 있고 고문의 가해자나 피해자가 아닌 제3자적 위치에 있는 교도관이나 성북서 파견경찰 등 목격자들이 고문에 대해 증언하고 있으며 이런 사실들을 통해 본 진실위는 인혁당 재건위 사건 조사 과정에서 고문이 행해졌다는 정황을 확인하였다.

여섯 번째 쟁점, '공판조서는 변조되었는가?' 부분을 살펴보겠습니다.

민청학련에서와 마찬가지로 인혁당 재건위 사건의 공판 과정에서 피고인들은 반대신문 기회와 증인신청의 봉쇄, 진술기회의 제한, 가족접견 금지 등 방어권을 중대하게 침해당하였다. 인혁당 재건위 사건의 경우 단순방어권의 침해를 넘어 공판조서가 실제 답변 내용과 다르게 작성되었다는 의혹이 제기되었는데 국정원 진실위원회는 그 같은 사실을 확인할 수 있었다.

1977년 12월 29일 작성된 '인혁당 사건 공판조서 변조 발설자 내사 결과 보고'라는 문건에 의하면 중앙정보부는 공판조서 변조 의혹을 제기했다는 이유로 조승각, 김종길 변호사와 관련 가족 15명 대표 임인영 등을 중앙정보부에 연행조사하였는데 연행조사의 목적이 이들이 향후 다시는 이런 주장을 펼치지 못하도록 하는 데 있었으며 공판조서 변조 의혹의 진원지는 공판조서를 열람한 두 변호사로서, 특히 조승각 변호사는 1975년 2월, 공판조서 중 피고인들의 진술이 법정에서의 실제 답변과 다르게 기록된 부분에 밑줄을 치거나 엑스 표시를 하여 이들을 복사하여 피고인들 가족들에게 교부하였으며 조승각, 김종길 변호사는 중앙정보부의 강요로 공판조서가 변조된 것은 아니라는 진술서를 작성하였지만 진술서의 내용에서는 공판조서가 실제 답변과 다르게 작성된 부분이 있다는 주장을 굽히지 않았다.

즉, 중앙정보부의 1977년 조사보고서는 공판조서가 변조된 것은 아니라고 결론을 내리고 있지만 그 내용은 실제 답변과 다르게 기재되었다는 점을 인정하는 내용을 담고 있는 것이다. 두 변호사가 공판조서가 실제 답변과 다르게 작성되었다고 지적한 부분은 공산주의 국가 건설을 목적으로 공산비밀조직을 구성하자는 회합 결의를 한 사실 등 반국가단체 결성과 관련하여 유일한 증거로 제출된 피고인들의 자백과 관련된 부분으로 대법원은 반국가단체 결성의 증거가 피고인들의 자백 외에는 존재하지 않는 상황에서 피고인들의 검찰 신문조서 진술의 임의성을 판단할 때 검찰 신문조서에 기재된 내용을 피고인들이 공판에서도 인정하였다면서 1심 공판조서를 판결문에 인용하였다.

그러나 조승각 변호사가 예로 제시한 공판조서의 변조된 내용의 상당 부분이 대법원의 판결문에 인용되고 있다는 사실은 실제 답변과 정반대로 작성된 공판조서가 대법원에서의 사형 확정 판결에 실제 결정적인 영향을 미쳤다는 점을 보여 준다.

다음으로 사형 집행을 둘러싼 의혹에 관한 국정원 진실위원회의 의견입니다.

대법원에서 인혁당 재건위 사건 관련자 8명에 대한 상고 기각 결정이 내려진 4월 8일에는 대통령긴급조치 제7호가 발동하였는데, 이 조치는 군을 동원해서 고려대학교에 대한 휴교를 명하는 것이었다. 1개 대학의 휴교 조치를 대통령이 긴급조치를 발동하여 지시할 정도로 유신정권은 이성을 잃고 있었다.

같은 날 공화당과 유신정우회의 합동의원총회는 한반도가 사실상 전쟁 상태라면서 인도차이나 정세가 충격을 주고 있는데 일부 지도급 인사들의 망국적 언동은 계속되고 있다면서 대통령에게 현행법상의 모든 권한을 행사하고 필요한 모든 조치를 신속히 취해 줄 것을 건의하는 결의문을 채택했다.

지금 돌아가는 상황과 매우 유사한 그런 상황이 아니었나 싶습니다.

인혁당 재건위 관련자들은 대법원 상고에서 상고가 기각되어 형이 확정된 지 18시간 만인 9일 새벽 4시 55분부터 사형이 집행되었는데, 사형수에 대한 형 집행이 통상 형 확정 이후 1년 이상 경과한 후에 이루어지는 것에 비하여 전례가 없는 일로써 피고인들의 재심 기회마저 박탈한 것으로써 국제법률가협회로부터 '사법사상 암흑의 날'이라는 비난을 받게 된다.

전격적인 사형 집행과 관련하여 박정희 대통령의 지시로 사형이 전격적으로 집행되었다는 사실을 확인해 줄 문서나 증언을 찾을 수는 없겠지만 사전에 국방부 법무부 등의 긴밀한 협조와 준비가 있어야만 사형이 집행될 수 있다는 점에 비추어 볼 때 대법원의 '형 확정 즉시 처형한다'는 방침은 이미 청와대 선에서 정해져 있었던 것으로 무리 없이 판단할 수 있다.

고문흔적 은폐를 위해서 시신을 탈취했는가 여부를 살펴보겠습니다.

경찰은 사형 집행 다음 날인 4월 10일 송상진과 여정남의 시신을 가족의 동의 없이 벽제 화장터에서 강제 화장하였는데, 송상진·여정남의 시신이 강제로 화장 처리된 것은 고문상처의 은폐보다는 응암동 성당 등에서 합동으로 장례를 치를 경우 전격적 사형 집행에 대한 비난 여론이 표출되는 사태를 예방하기 위한 조치로 보이지만 국가기관이 가족의 의사에 반해 크레인까지 동원하며 시신의 화장 처리를 강행한 것은 인도적으로 묵과할 수 없는 행위였다.

인혁당 재건위 사건과 관련된 소결론을, 국정원 진실위원회의 소결론을 살펴보겠습니다.

인혁당 재건위 조직 결성 여부와 관련해서 조직 결성을 뒷받침할 물증이 부족하고 지역 지도부 간의 위상 및 관계를 설명하지 못해 인혁당을 재건하고 민중봉기를 통해 국가변란을 기도했다는 정부당국의 발표는 증명 불가능하다.

다만 당시 혁신계 인사들이 국내외 정세 토론과 학생운동에 대한 대응책을 마련하기 위해 서클 형태의 모임을 가졌음은 여러 증언을 통해 확인했다.

인혁당 재건위가 북한과 연계되어 있다는 중정의 주장은 하재완 노트에 불과하고, 평양방송의 내용을 지령으로 인식했다는 주장 역시 과도한 해석이다.

인혁당 재건위 사건 수사 과정에서 고문, 강압적 수사 등 관행적이고 폭넓은 인권 침해행위가 자행되었음을 부정하기 힘들고, 중앙정보부 초기부터 인혁당 재건위를 인지하고 조직사건을 만들려는 의도를 가졌던 것으로 보이지는 않으나 중앙정보부의 수사는 다분히 임기응변적이어서 수사 종결 시까지 혐의와 증거의 불일치를 극복하지 못했다.

유신정권과 사법부는 관련자들을 부당한 군사법정에서 강압적인 수단으로 정권의 요구에 따라 처단한 것은 무엇보다 가장 용납할 수 없는 국가 폭력행위이다. 공판 과정에서 피고인의 반대신문 차단, 피고인들의 증인신청 기각, 발언 저지 등 재판의 공정성을 의심할 수 있는 조치가 있었는데 공판조서는 신문 내용과 다르게 작성되었고, 군법회의법을

근거로 피의자들에 대한 접견금지명령을 내려 피의자의 가족 및 변호인 접견권을 침해하였다.

확정 판결 18시간 만에 사형 집행이 이루어진 것과 관련해서 대법원에서 상고가 기각되면 집행명령을 내리라는 대통령의 지시가 이미 전달되어 있었다는 의혹이 증언을 통해 제기되었고 또 여러 정황으로 미루어 그렇게 판단하는 것이 충분히 가능하며, 조작된 최후진술이 사형수들의 용공성 부각 등 언론의 여론 조작에 동원됐다.

자, 종합적인 결론과 의견 부분을 살펴보겠습니다.

1964년의 인혁당 사건과 1974년의 민청학련 사건, 인혁당 재건위 사건은 박정희 정권이 각각 민정이양 직후와 유신체제 출범 직후에 학생들의 거센 저항에 직면한 가운데 발표한 대형 공안사건으로서 다양한 반독재운동의 여러 활동들 가운데 가장 치열하거나 또는 진보적인 입장을 견지한 경우에 북과 직접 연결되거나 조총련 등 국외 공산계열의 배후조종을 받는 반국가단체로 몰고 간 사건들이었다.

이들 사건은 학생시위로 인한 정권의 위기상황 속에서 제대로 수사도 하지 않은 상태에서 대통령과 중앙정보부장에 의해 사건의 실체가 매우 과장된 채 발표되었고, 일단 대통령이나 부장의 발표에서 규정된 인혁당이나 민청학련의 성격은 그대로 수사지침이 되어 짜 맞추기가 진행됐고 이들 단체를 무리하게 반국가단체로 만들어 간 것이며, 이 과정에서 불리한 진술을 강요하는 과정이나 핵심인물들의 소재를 찾기 위해 고문이나 가혹행위가 자행되었던 것이다.

1964년 1차 인혁당 사건의 경우는 서울지검 공안부 검사들이 증거 불충분을 이유로 불기소처분을 주장하다가 사표를 쓸 정도로 파문이 컸으나 중앙정보부 차장 출신의 신직수 검찰총장 등 검찰 수뇌부가 기소를 강행한 사건으로 검찰의 독립성이 정권과 중앙정보에 의해 중대하게 훼손당하는 전기를 이룬 사건이고, 민청학련 사건은 학생들의 반정부시위를 대통령이 직접 나서 공산주의자들의 배후조종을 받는 인민혁명 시도로 왜곡하여 1000여 명을 영장 없이 체포·구금하여 253명을 군사법정에 세워 7명에게 사형을 선고하고 수십 명을 무기와 10년 이상의 장기형에 처한 대한민국 최대의 학생운동 탄압 사건이며, 인혁당 재건위 사건은 학생들의 유신체제에 대한 거센 저항에 직면한 박정희 정권이 학생데모의 배후에 북괴와 연결된 공산주의자들이 있다는 인상을 심어 주기 위해 이용한 사건으로 대법원의 확정판결 18시간 만에 8명의 사형을 집행하여 국외로부터 사법살인이라는 비판을 듣게 된 최악의 공안사건이며, 국가보안법상의 반국가단체 개념을 서클 수준의 조직에까지 적용하여 1980년대 국가보안법으로 수많은 조직을 만들어내 민주화 운동 탄압이 가능하도록 한 역할을 했다. 또한 인혁당 재건위 사건과 민청학련 사건의 경우 긴급조치에 따라 다수의 시민과 학생들이 법관의 영장 없이 체포, 구금되어 군법회의에서 1심과 2심 재판을 받았는데 이는 당사자의 인권을 중대하게 침해했을 뿐만 아니라 삼권분립이라는 사법부 존립의 의미를 중대하게 침해한 것이라 아니할 수 없다.

인혁당 재건위 사건의 경우 북한방송을 녹취한 노트를

돌려본 행위는 분명 당시에 실정법 위반이겠지만 그 처벌은 반공법으로 엄격하게 의율한다 해도 최고 징역 1년, 2년 정도에 그치는 것이 마땅하다 할 것이다. 그럼에도 사건을 조작하여 8명이나 사형에 처한 조치는 분명 국가형벌권의 남용이며, 이는 정당성을 결여한 독재정권의 유지를 위한 공포분위기 조성의 필요성 때문이었다고 결론짓지 않을 수 없다.

이에 관한 의견으로 국정원 진실위원회는, 피해자들의 피해 회복을 위한 국가 차원의 적절한 조치가 신속하게 이루어져야 할 것이다. 과거 권위주의 시절에 국가안보의 이름 아래 국가보안법을 이용해 시민들의 헌법적 권리를 중대하게 침해해 왔는데 이제 이러한 과거와 결별하는 국가 차원의 결단이 필요하다. 인혁당 사건, 민청학련 사건, 인혁당 재건위 사건 등은 중앙정보부의 책임 아래 수사가 진행된 사건이지만 정권 차원의 위기 상황에서 권력자의 자의적 요구에 따라 수사의 방향이 미리 결정되어 집행됨으로써 국가 최고정보기관으로서의 독립성, 자율성이 중대하게 침해된 사건이기도 했다. 국가 최고정보기관이 국가 차원이 아닌 정권 차원의 정치적 필요성에 의해 흔들리는 일이 재발하지 않도록 국정원은 부단한 자기반성의 노력을 해야 할 것이다.

두 번째, 인혁당 사건, 민청학련 사건 그리고 인혁당 재건위 사건에 대해서도 국정원 진실위원회의 조사결과 보고서를 인용해서 비교적 긴 시간 제가 설명을 드렸습니다.

이 마지막 결론 부분에도 나오듯이 국가 최고 정보기관으로서의 독립성과 자율성이 중대하게 침해된 사건이었고, 비단 그런 사건은 민청학련이나 인혁당 사건뿐만 아니라 그 뒤에 수많은 공안사건에서 보여진 국정원의 문제점이었습니다. 그렇기 때문에 지금은 국정원의 권한을 강화하는 테러방지법을 제정할 시점이 아니라 오히려 국정원이 권력에 의해서 휘둘리는, 권력의 정치적 목적을 추종하고 혹은 그것을 이용하는 그런 정보기관이 아니라 본연의 업무에 충실한 정보기관으로서 개혁하고 혁신하는 일이 우선되어야 한다는 점을 다시 한 번 지난 사건을 통해서 확인하고 강조드립니다.

이어서 동백림 사건과 관련돼서 국정원 진실위원회가 발표한 내용을 다시 한 번 개괄적으로 살펴보겠습니다. 당시 중앙정보부가 발표한 수사 경과부터 확인해 보겠습니다.

1967년 5월 14일, 조선일보는 서독주재의 이기양 특파원이 체코에 취재차 입국한 이후 실종되었다고 보도했습니다.

임석진 교수는 이 기자의 실종사건을 계기로 독일 유학 당시 북한 측과 접촉했던 사실이 드러날까 우려해서 평소에 알고 지내던 박 대통령의 처조카인 홍 아무개를 통해 5월 17일 박정희 대통령을 면담하고 대북접촉 사실을 고백했습니다.

박 대통령의 지시에 따라 5월 22일부터 31일경까지 임 교수를 조사한 중앙정보부는 유학생을 비롯하여 수십여 명의 한국인이 동독 주재 북한대사관 측과 접촉하였다는 제보 내용을 바탕으로 동백림 사건 수사계획을 수립하였고,

6월 7일에는 해외 혐의자를 국내로 연행하기 위한 GK-공작계획을 수립하였다.

6월 10일부터 특수공작팀 39명이 해외 혐의자 체포를 위해 서독, 프랑스 등에 파견된 뒤 6월 18일에 대부분의 혐의자를 연행하여 독일 주재 한국대사관에 집결시켜 6월 20일부터 국내로 이송하였으며, 해외 5개국에서 총 30명이 연행되었다.

중앙정보부를 중심으로 검찰·경찰·군방첩대가 참여하는 동백림 사건 합동수사본부가 발족되어 피의자 조사를 하였으며, 그 결과 중정은 23명에게 간첩죄를 적용한 것을 포함 총 66명을 국가보안법, 반공법, 형법 등의 위반 혐의로 검찰에 송치했다.

검찰 수사와 재판 결과, 서울지검은 총 66명 가운데 41명을 기소하고 1명을 군 검찰에 이첩했으며, 특히 23명에게 간첩죄를 적용하였다. 서울형사지법은 검찰에서 기소된 41명을 동백림 사건과 민비연 사건으로 나누어 심리를 하였는데 동백림 사건은 일부 피고인에 대해 재상고심까지 진행하여 34명 중 실형 15명, 집행유예 15명, 선고유예 1명, 형면제 3명이 최종 선고된 한편 피고인 가운데 누구도 간첩죄가 적용되지 않았으며, 민비연 사건은 7명 전원이 최초 공소제기 내용인 반국가단체구성·가입죄에 대해 무죄 판결을 받았고, 다만 이적단체구성예비음모죄로 황성모·김중태에게 징역 2년, 현승일에게 징역 1년 6개월이 선고되었고, 독일 유학생 출신인 황 교수에 대해 적용된 간첩죄 혐의는 사실관계가 인정되지 않아 무죄 판결되었다.

정부에서는 서독 등과 외교 정상화를 위해 최종심 판결을 앞둔 1969년 2월부터 3월 사이에 1차로 윤이상·이응로 등을 형집행정지로 석방하였고, 1970년 12월에는 사형 선고자를 포함 모두 석방하였다.

주요 의혹과 쟁점별 조사 결과를 살펴보겠습니다.

이 동백림 사건이 정치적으로 기획된 사건인가와 관련해서 국정원 진실위는 다음과 같은 견해를 밝혔습니다.

1967년 6월 8일 총선 직후 학원과 야당을 중심으로 총선이 부정선거라는 비판 여론과 시위가 급속히 확산되고 있었던 것과 관련해 박정희 정권이 부정선거 시비를 무마하기 위해 동백림 사건을 기획·조작했다는 의혹이 제기되었다.

그러나 당시 수사계획 등을 검토한 결과 기획·조작설과는 달리 중앙정보부가 임석진의 자수에 따라 선거 이전에 계획을 수립, 수사에 착수한 것으로 밝혀졌다.

다만 중앙정보부가 당시의 대표적 학생조직이었던 민비연으로 무리하게 수사를 확대하고 관행과 달리 이례적으로 수사 도중에 10일 동안 일곱 차례에 걸쳐 사건을 대대적으로 발표한 것은 이 사건을 6·8 부정선거 규탄시위를 무력화하기 위해 정치적으로 이용하려 한 것으로 판단된다.

두 번째로 동백림 사건은 조작 사건인가?

동백림 사건이 조작 사건이라는 일부 세간의 의혹과 달리 동백림 사건 관련자들은 당시 수사 결과와 마찬가지로 동백림—여기서 동백림은 동베를린입니다—및 북한 방문, 금품수수, 특수교육 이수, 북측 요청사항 이행 등 실정법을

위반한 것으로 확인되었다.

그러나 특수교육의 경우 강요된 측면이 강하고 귀국자들에 대한 북한의 지하조직 구축 등 지령사항의 경우에도 대부분 지령사항을 이행하지 않았고 3~4명만이 호기심과 보복에 대한 두려움 등으로 안착신호를 발송하고 A-3방송을 1~2회 청취하는 등 귀국 후 국내 활동은 그 위반의 정도가 약한 편이었다.

그럼에도 불구하고 이들의 행위에 대한 법리적 해석의 차이는 논외로 치더라도 중앙정보부는 관련자들의 단순한 대북 접촉 및 동조행위까지도 국가보안법 2조 및 형법 98조의 간첩죄를 무리하게 적용하였으며 그 결과 단순 대북 접촉자까지도 일반 국민들에게 간첩으로 확대 오인시키게 되었다.

중앙정보부는 관련자 203명 중 66명을 검찰에 송치하면서 23명에 대해 간첩죄를 적용했고 검찰도 23명을 간첩죄와 간첩 미수죄로 기소했지만 최종심에서 간첩죄를 적용받은 피고인은 한 명도 없었다.

이 밖에도 중앙정보부는 혐의가 미미하고 혐의가 없었던 사람에 대해 범죄혐의를 확대하고 귀국 후 대북 접촉 활동을 과장하고 특정 사실 적용을 왜곡하는 등 사건의 외연과 범죄 사실을 확대 발표하였다.

그 대표적인 예가 잘 알려진 천상병 시인의 경우로 중앙정보부는 천상병의 대학 친구인 강빈구로부터 그가 동백림을 다녀온 사실을 들은 것을 암약 중인 간첩이라는 사실을 알았다는 식으로 확대하여 전기고문 등을 통해 허위 자백을 받아 송치했다.

해외 거주 관계자들의 연행에는 절차상으로 문제가 없었나 하는 쟁점에 관해서 살펴보겠습니다.

독일 등 해외 거주 관계자 30명의 연행과 관련해 폭력·마취제 등의 강제수단이 사용되었고 해외 관계당국 기관과의 협조하에 연행 작전이 수행되었다는 의혹이 제기돼 왔다.

동백림 사건을 접하고 중정이 국가정보기관으로 국가안보의 위협이 되는 실정법 위반자들을 사법처리 해야 되겠다고 나선 것은 이해하지만 해외 연행은 해당국의 주권을 침해한 불법행위였다.

이 같은 해외 연행이 박정희 대통령의 직접 지시에 의한 것이라는 기록이나 증언은 없다. 대신에 철저한 수사를 지시한 증언은 있는바 이 같은 철저수사 지시에 의해 중정 차원에서 결행된 것으로 추정된다.

하지만 주요 우방들과의 주권침해 시비를 가져올 해외 연행을 최소한 박 대통령에게 보고·승인받지 않고 중정이 독자적으로 추진했을 가능성은 희박하다고 볼 수 있다.

당시 연행을 위한 GK-공작계획에 따르면 중정은 해외 연행을 위해 해당국 기관과의 협조까지 고려했으며 필요한 경우 강압 수단을 사용한 강제 연행도 계획했다.

그러나 실제 연행 과정은 보전되어 있는 기록에 의하면 서독 지역 연행자 전원이 자진 귀국한 것으로 되어 있고 여러 증언들도 형식상 임의동행 형식을 취한 것으로 나타나고 있다.

다만 연행 대상자들의 증언에 따르면 국내 초청, 식사 초대 등의 거짓말로 대사관으로 유인된 뒤 일부는 폭력 등 강압적인 분위기 속에서 불가피하게 한국행에 동의한 것으로 확인되었다.

해외 기관과의 협력 의혹의 경우 독일 및 프랑스 기관과의 협력설은 사실무근으로 확인되었다.

수사과정에서 고문이나 가혹 행위가 없었는가, 이 사건은 특히 천상병·윤이상을 비롯한 관련자들에 대한 고문·가혹 행위에 대한 문제가 끊임없이 제기되었던 사건입니다.

수사 관련자들은 '사건의 실체가 분명했고 충분했기 때문에 피의자들이 순순히 자백을 했고 가혹행위를 할 필요가 없었다' 이렇게 부정을 하고 있습니다.

반면에 기소자 41명 중 8명이 재판과정에서 신체적 가혹행위를 당했다고 주장했고 2명이 변호사 접견 시 가혹행위를 언급했고 그리고 위원회 면담에서도—위원회라 함은 국정원 진실위원회입니다—면담자 중 절반인 11명이 가혹행위를 당했다고 주장했습니다. 구체적인 가혹행위 유형은 구타 외에 전기고문, 물고문, 비행기 타기를 당했다고 주장하고 있습니다.

이렇게 주장이 엇갈리는 상황에서 40년 전 사건에 대해서 결정적인 증거를 찾기 어렵지만 진술의 구체성과 일관성 등으로 미루어 볼 때 고문을 당했다는 주장 중 최소한 열네 명의 주장은 사실일 가능성이 높은 것으로 보인다.

그 대표적인 예가 천상병 시인의 전기고문 주장으로 여기에 대해서는 천 시인의 진술 외에도 사건 관련자, 담당 변호사, 가족의 증언들이 이를 뒷받침해 주고 있다. 그런 점으로 비추어 봤을 때 수사 과정에서 구타, 물고문, 전기고문 등 가혹행위도 행사되었던 것으로 추정된다

라는 것이 국정원 진실위원회의 의견입니다.

재판의 공정성과 관련해서는 당시에 중앙정보부가 또 재판에 개입해서 공정한 재판을 저해했다 이런 의혹이 제기되어 왔었는데요, 조사 결과 그 성격상 여러 관련국들이 관심을 갖고 참관한 사건이었기 때문에 공판마다 다른 나라 정부 관계자들도 참여해서 재판 절차에 방청을 했기 때문에, 그리고 그로부터 어떤 이의 제기가 없었기 때문에 나름대로 공정성을 유지한 것으로 보인다라는 견해입니다.

다만 흥미로운 것은 내부 문서에서 중앙정보부가 재판 진행 과정 중에 검찰과 재판부에 금품을 제공하려고 했던 사실이 확인이 되었다. 이 계획이 실제 집행되었는지는 알 수 없지만 대법원이 증거 없이 사실을 인정하였다는 취지로 원심을 파기 환송한 이후 자백 이외의 물증을 제시하기 어려웠던 중정이 일정한 금품을 통해 검찰과 재판부에 영향력을 행사하려고 시도한 것으로 판단된다.

이 사건과 관련된 결론입니다.

1950년대 후반부터 독일 등 유럽 거주 한국인들의 동·서독 간 교류 분위기 속에서 현지 대사관의 관심 부족과는 대조적으로 동백림을 거점으로 한 북한 공작단의 유인에 의해 동백림 및 북한 방문, 금품 수수, 특수교육 이수, 주변인물 근황 제보, 대북접촉 주선 등 실정법을 위반했고 이 중 삼사 명은 국내 귀국 후 안착신호를 북한에 발송하고 A-3 방송을 1~2회

청취했다.

당시의 남북 간의 대립 상황을 고려할 때 중앙정보부가 이를 국가 안보에 대한 심각한 위협으로 인식하고 사건 조사에 적극적으로 나선 것은 충분히 이해할 수 있지만, 독일 프랑스 미국 오스트리아 등 외국으로부터 30명의 용의자들을 연행해 온 것은 해당국의 주권과 국제법을 무시한 불법행위로 이 사건이 처음부터 잘못된 사건임을 보여 준다.

주권침해 등 현실적인 문제를 고려할 때 해외 거주 관련자들의 경우 사법적 처벌보다는 관련자 협조에 기초한 현지 공관의 자체조사를 통해 실상을 파악하는 한편, 교포 사회에 이 같은 접촉의 불법성을 알리고 앞으로의 유사한 행위를 예방하는 방향으로 사건을 해결해 가는 것이 합리적인 방안이었지만 그렇게 하지 못했다. 그리고 결국 이 같은 불법 연행은 독일 등 해당 국가와의 외교 문제를 초래했고 해외연행자 수를 무리하게 확대함으로써 문제를 더욱 악화시킨 것으로 평가된다.

뿐만 아니라 중앙정보부는 6·8총선의 부정선거 반대 분위기를 무마하기 위해 의도적으로 동백림 사건을 기획·조작했다고 볼 수는 없지만 피의자들에게 간첩죄를 무리하게 적용하고 사건의 외연과 범죄사실을 확대·과장했으며 수사 과정에서 심리적 위협은 말할 것도 없고 신체적인 가혹행위도 행사하였고.

당시 정권의 발등의 불이었던 6·8 부정선거 비판 분위기를 반전시키기 위해 이례적으로 수사 중인 사건에 대해 열흘 동안 무려 일곱 차례에 걸쳐 대대적으로 수사 내용을 발표하고, 특히 정권의 심각한 위협으로 부상한 학생들의 부정선거 규탄시위를 북한의 지령에 따른 국가전복행위로 몰고 가기 위해 1960년대의 대표적인 학생조직이었던 민비연을 무리하게 동백림의 공작단의 일원으로 확대·왜곡하는 등 불행하게도 동백림 사건을 정치적으로 이용한 것으로 판단된다. 이 사건의 파급 효과에 대해서 몇 가지 의견을 또 냈습니다.

박정희 정권은 동백림 사건을 이용해 삼선개헌을 통한 장기집권의 중요한 분기점이었던 67년 6·8선거에 대한 대학생들의 부정선거 규탄시위 등 야당의 규탄운동을 침묵시킴으로써 궁극적으로 삼선개헌과 장기집권의 초석을 만들 수 있었다.

국가적인 차원에서 볼 때 이 사건은 국민의 반공의식을 더욱 강화시키는 한편, 동백림을 거점으로 북한의 대남 공작의 실상을 국제적으로 폭로함으로써 유럽지역에서 북한의 대남 공작을 견제할 수 있는 기반을 만들 수 있었지만 독일, 프랑스 등으로부터 주권 침해 공세에 시달리면서 국제사회에서 국가 신인도가 추락하고 윤이상, 이응노 등을 위한 국제사회의 탄원운동 등으로 인권 후진국이라는 오명을 자초했다.

중앙정보부라는 조직의 차원에서 당시 부장이었던 김형욱의 위상 강화와 맞물려 국가정보기관으로서의 중정의 위상과 정보활동 기반이 크게 강화되었지만 대외활동 인프라 훼손, 해외 방첩기관으로부터의 집중 견제, 해외 교민사회 내 반정부인사 양산 등 전반적인 해외 정보력의 위축을 초래했다.

박정희 정권은 동백림 사건에 대한 사법부 판결에 불만을 품고 사법부 길들이기에 들어가는바 71년 법관에 대한 구속영장 신청으로 야기된 판사들의 집단 사표 제출이라는 사법부 파동이 하나의 단적인 예이며, 이후 유신과 함께 법관 재임용제 도입 등을 통해 사법부는 그 독립성을 상당히 상실하게 된다. 이 점에서 동백림 사건의 최대 피해자 중의 하나는 역설적이게도 동백림 사건 판결에서 상당한 자율성을 보장한 사법부라 할 수 있다. 이런 의견을 냈습니다.

이 사건도 앞선 사건들과 큰 맥락에서 유사한 그런 문제점들을 가지고 있습니다. 당시에 해외에 거주하던 교포 내지는 한국인들이 실정법 위반의 흔적은 있었지만 이렇게 간첩단 사건으로 23명씩 기소할 만한 사건의 실체가 아니었음에도 불구하고 일단 간첩단 사건으로 기소해 놓고 그게 법원에 가서 판결을 받지 않아도 '아니면 말고' 식의 그런 수사 관행이 여전히 지금 이 21세기 대한민국의 국가정보원 그리고 대한민국의 수사 당국에 없다고 얘기하기 어려운 것이 현실입니다.

이런 상황에서 거듭 강조하지만 지금 테러방지법으로 국정원을 더 강화시키고 국정원에 더 많은 권한과 더 많은 힘을 줄 것이 아니라 오히려 국정원이 본연의, 정보기관 본연의 업무를 수행할 수 있도록 본연의 업무 이외에 나머지, 국내 정치에 대한 사찰이나 이런 것들을 하지 못하도록 국정원법을 개혁하는 등 제도 개혁을 통해서 국정원이 국민의 정보기관으로, 대한민국의 정보기관으로, 권력의 정보기관이 아닌 대한민국의 정보기관으로 거듭나는 것이 무엇보다 선행되어야 되고 우선되어야 될 조치라고 저는 생각합니다.

나머지 일곱 가지 의혹 사건들이 더 있습니다. 그러나 이 사건들과 관련되어서 제가 다 이 사건들에 관한 국정원 진실위원회의 조사 결과 내용을 이 자리에서 요약해서 발표하지는 않겠습니다.

다만 이 사건이 굉장히 오래된 사건들부터 90년대에 있었던 사건들까지 포함을 하고 있고, 이 중에 국정원의 직접적인 개입과 조작이라는 그런 판단이 내려진 사건이 다섯 건임에도 불구하고 여기에 대해서 국정원은 지금까지 그 어떤 공식적인 입장 발표도, 공식적인 사과도, 피해자들에 대한 원상회복 조치도, 그리고 다시는 이런 일이 재발되지 않도록 하는 그런 구조적인 개혁도 하지 않고 있습니다.

이런 상황에서 오늘 이 자리에서 우리가 테러방지법 토론을 하고 있습니다만 테러방지법이 중요한 것이 아니라 정말 국정원 개혁이 무엇보다 중요한 시점이고, 이 당시의 국정원이나 지금의 국정원이나 크게 다를 바가 없고, 지금의 국정원 역시도 국민의 안전과 국가의 이익을 위해서 활동하는 기관이라기보다는 정권의 안정과 정권의 이익을 활용하는 그런 기관으로서 국민적 불신을 사고 있기 때문에 국정원이 거듭나는 것이 먼저라는 점을 다시 한 번 말씀을 드리겠습니다.

이어서 국정원 진실위원회가 발표한 내용과 관련되어서 국가정보원에 권고한 내용에 관해서 말씀을 좀 드리겠습니다.

중앙정부부와 국가안전기획부를 승계한 국가정보원은 과거 권위주의 정권 시절 중앙정보부와 국가안전기획부가 국민과 사회 제 분야 그리고 행정부·입법부·사법부에 대하여 행한 일부 월권적 행위에 대하여 진심에서 우러나온 유감을 표시하여야 한다.

중앙정보부와 국가안전기획부는 국민들에게 신뢰와 사랑이 아닌 공포의 대상이 되었고 국가 위의 국가로 군림하였다. 이는 중정과 안기부가 국가 최고 정보기관으로서 국익과 국가안보를 수호함으로써 국민과 국가에 봉사하기보다는 권위주의 정권의 정권 안보를 위해 일한 결과였다. 권위주의 정권하에서 정보기관은 일부 정치인의 개인 사생활에 대한 사항을 수집하기도 하고 이러한 과정에서 인력과 예산을 불필요하게 낭비하기도 하였다. 또한 정권 유지를 위하여 사회 각 분야에 위력을 행사하였을 뿐 아니라 행정부·입법부·사법부의 고유 업무에 월권적 개입하여 부당한 영향력을 행사함으로써 개인의 인권과 민주주의에 제한을 가한 측면이 있다.

국정원 발전위원회는 조사 활동을 통해 그 대표적인 사례들을 밝힌 것이다. 국가정보원은 이 같은 조사 결과를 바탕으로 지난 중정과 안기부 시절 야기했던 잘못을 국민들께 진심으로 고백함으로써 새로운 미래 도약의 발판으로 삼아야 한다.

국가정보원은 정치적 중립성의 유지만이 국가 최고 정보기관으로서 국민의 사랑과 신뢰를 받을 수 있다는 것을 명심하고, 기관 운영에서는 물론 기관 한 사람 한 사람이 오해를 사는 일이 없도록 정치 불개입의 원칙을 지켜 나가야 된다. 국가와 국민은 국가정보원의 중립을 보장하기 위한 감시·감독을 지속적으로 전개하여야 한다.

지난 시기 중정·안기부가 최고 권력자의 손발이 되어 정치에 개입함으로써 국민들도 불행해졌을 뿐만 아니라 국가 최고 정보기관도 본연의 정보 활동보다는 정치인의 약점을 캐기 위해 신상정보를 수집하거나 정권 유지를 위한 첨병 역할을 수행함으로써 그 권위와 국민들의 신뢰를 스스로 저버렸다.

민주화가 진행됨에 따라 문민정부 출범 이후 안기부를 개혁하는 일이 중대한 국정과제로 제기되었다. 참여정부에 들어와서는 노무현 대통령이 국가정보원의 탈정치화를 천명하고 국가정보원으로부터 국내 정치 관련 정보 보고를 받지 않는 등 고강도 개혁을 실천해 오고 있다.

하지만 아직도 한편으로 과거의 업보로 인하여, 다른 한편으로는 안팎의 크고 작은 이해관계 상충 속에서 국가정보원은 정치적 시비에 휘말리곤 했다. 국가 최고 정보기관이 국내 정치 문제로 시비의 대상이 되는 것은 불행한 일이다.

이게 2007년도에 나왔던 국정원 진실위원회의 보고서입니다. 2007년도의 이 보고서의 결론 부분에 국내 정치에 국정원이 이렇게 개입되는 것은, 거론되는 것은,

그리고 휘말리는 것은 불행한 일이라고 했는데, 사실은 그 뒤로 이명박 정부가 시작되면서 그리고 박근혜정부로 이어지면서 국정원은 정치적 시비에 휘말리는 정도가 아니고 어떻게 보면 정치의 중심에 들어와 있는 게 아닌가 그런 생각이 듭니다.

계속해서 보고서 결론 부분을 말씀드리겠습니다.

이를 미연에 방지하기 위해서 국가정보원의 역할과 직무 범위에 관한 법 규정을 분명히 하는 한편, 국가정보원의 예산, 인사와 활동에 대한 국회의 통제를 강화해야 한다.

국가정보원의 독립성과 전문성을 강화하고 이를 제도적으로 뒷받침하기 위해서는 국가정보원장의 임기제 도입을 비롯한 다양한 방안을 적극적으로 검토해야 한다.

국가정보원은 보유하고 있는 역사 관련 자료들을 정리하여 이를 정부 유관 부처와 학계, 국민들이 활용할 수 있도록 공개하는 방안을 강구해야 한다. 1961년 중정 창설 이래 중정·안기부·국정원은 국가 최고 정보기관으로서 다양한 정보를 수립해 왔으며 현재 방대한 양의 자료를 보존하고 있다. 이 자료의 대부분은 사장되고 있다고 해도 과언이 아니다. 이 자료들은 과거사 진실규명의 소중한 자료로 확인되어야 할 뿐만 아니라 우리 현대사의 중요한 기록유산으로 관리되고 이용되어야 한다.

긍정적인 의미든 부정적인 의미든 중정·안기부는 지난 시기 국가 위의 국가, 정부 안의 정부로 치부되었다. 또한 중정·안기부가 특권적으로 행사했던 조정권한은 각 부처의 다양한 이해관계를 조정하여 강력한 추진력을 부여하는 역할을 수행했다. 따라서 국정원 존안자료는 대한민국의 발전 과정과 정부 운영의 메커니즘을 이해하는 데에서 매우 중요한 자료가 된다.

과거사진실규명위원회의 활동은 그 작업의 성격상 중정·안기부의 부정적 측면을 중점적으로 부각시킬 수밖에 없었지만 국정원 존안자료를 통해 지난 시기 중정·안기부의 활동상을 총체적으로 고찰한다면 이들 기관과 그 구성원들이 음지에서 일해 온 긍정적인 면들도 충분히 부각될 수 있을 것이다. 국가정보원은 국정원 진실위원회의 활동 과정에서 축적된 자료뿐 아니라 국정원 존안자료의 공개 절차와 관리 및 활용 방안을 적극적으로 검토해야 한다.

2007년 4월 개정된 공공기록물 관리에 관한 법률은 국정원 소관 비공개 기록물에 대하여는 일반 공공기관의 30년에 비해 50년 또는 그 이상 공개를 하지 않아도 될 수 있도록 하고 있으나, 과거사 진실규명을 통해 과거의 잘못을 이미 스스로 고백한 마당에 국가정보원 관련 기록물의 보존기간을 굳이 50년 또는 그 이상으로 늘려 잡을 필요는 없을 것이다.

국가정보원은 대국민 정보서비스 기능을 확대·강화해야 한다. 민주주의 시대의 국가정보원은 국민을 위해 봉사하는 정보기관이 되어야 한다. 갈수록 고급 정보들이 생산되고 공개·활용되는 새로운 정보환경 속에서 국가정보원은 정보의 수집과 생산 기관인 동시에 주요 정보의 집결지이자 매개기관으로서의 역할을 강화해야 한다.

특히 국가정보원이 수집·분석·생산한 정보는 일부

특수자료를 제외하고는 기본적으로 정부 각 부처는 물론이고 민간기업과 연구소, 대학, 유관 시민단체에 더 많이 제공되어야 한다. 민과 관의 원활하고 긴밀한 정보협력 네트워크 구축은 국가정보원의 대국민 정보서비스 향상에 그치지 않고 국가정보원의 정보 수집과 분석 능력 또한 크게 향상시킬 것이다.

국가정보원은 교류와 협력의 시대에 부응하는 정보수집체계를 구축하여 21세기 세계화 시대에 걸맞은 선진 정보기관으로 거듭나야 한다. 과거 정보기관이 고유 업무보다는 정권 안보를 위해 활동하던 시절, 수사권의 남용은 국민과 국가 최고 정보기관의 사이를 멀어지게 만든 가장 중요한 요인으로 작용했으며, 오늘날 국가정보원 과거사건 진실규명을 통한 발전위원회의 설치를 불가피하게 만들었다. 국정원과 그 직원 모두는 과거의 권한 남용이 초래한 이러한 불행한 결과를 명심하면서 과거의 경직되고 권위주의적인 분위기를 일신해야 하며, 국정원이 전문적인 선진 정보기관으로 거듭나기 위해서는 새로운 정보환경에 상응하는 유연한 조직 구조와 문화를 갖춰야 된다.

과거 권위주의 정권 시대의 중정·안기부는 피의자 수사와 더불어 미행과 도청, 우편 검열 등을 통해 정보를 수집하였다. 그러나 정보환경의 급격한 변화뿐 아니라 한반도를 둘러싼 안보환경의 변화 그리고 한국사회의 민주주의적 발전은 지난날과 같은 방식의 정보수집을 용납하지 않게 된 지 이미 오래이다.

21세기는 교통·통신·민주주의의 발전 그리고 생활수준의 향상에 따라 여러 면에서 국경의 담장이 낮아진 시대가 되었다. 하지만 여전히 각 국가들은 치열하게 국익을 추구하고 있다. 또 민주주의 발전에 따라 무엇이 국익인지, 그리고 무엇이 국익에 봉사하는 고급 정보인지에 대한 기준도 크게 변화하였다.

민주주의의 이행 과정에서 안기부, 국정원은 여러 차례 조직개편을 겪었는데 그 상당 부분은 국정원 정치 개입 의혹을 야기할 수 있는 부서의 개편 또는 축소와 관련된 것이었다. 그러나 이제는 정치적인 고려보다는 국제환경, 안보여건, 정보개념 등의 변화에 맞춰 전문성과 독립성을 갖춘 선진 정보기관으로 자리 잡을 수 있도록 기구를 개편하고 조직을 관리하기 위한 대책이 적극적으로 마련되어야 된다.

한반도를 둘러싼 안보환경은 이제 남과 북이 적대적인 대결을 끝내고 화해·협력·공동번영을 추구하는 방향으로 나아가야 한다. 냉전의 붕괴 이후 더욱 치열해진 국제경쟁 속에서는 동맹과 우방 사이라 하더라도 산업 분야의 경우 첨예한 첩보전이 전개되고 있다. 이제 냉전시대의 형법이나 국가보안법처럼 간첩개념을 적국 또는 반국가단체를 위해 군사기밀 또는 국가기밀을 제공한 자로 규정하면 충분하다고 여겼던 시대는 지나갔다. 지금은 인접국·우방국의 산업스파이가 첨단기술을 빼내어 막대한 국부를 유출하는 것이 국가의 이익 분야에 더 큰 위협이 될 수도 있는 상황인 것이다. 그러나 국가정보원의 조직 편제와 행동양식, 사고방식에는 아직도 과거 냉전시대, 남북 대결시대의 분위기가 불식되지 않고 남아 있다.

물론 남북 간에 완전한 화해·협력시대가 도래하지 않은 상황에서 성급하게 국정원의 변화만을 촉구할 수는 없을 것이다. 그렇지만 분명한 것은 국가정보원이 냉전시대의 잔재를 떨쳐 버리고 선진 정보기관으로 거듭나야 한다는 것이고, 이를 위해서는 국가정보원이 21세기의 새로운 안보환경, 정보환경 그리고 통일한국에 대비해 스스로의 기구 개편, 발전 방안을 적극 모색해야 한다.

국가정보원 발전위 보고서를 통해서 본 국가정보원의 개혁·발전 방향에 관한 권고입니다.

사실은 국정원법 개혁안이 지금 국회에도 여러 자료들이 올라와 있고 그동안에 국정원 개혁에 관한 논의들이 오랜 기간 이루어졌습니다만 이렇다 할 진전이나 성과를 거두지 못하고 있습니다. 그런 가운데 이 테러방지법처럼 국정원이 갖고 있던 기존의 문제점에 대한 우려를 더 증폭시키는 이런 법이 도입되는 것은 전혀 바람직하지 않다는 생각이 들고요.

제가 거듭해서 강조해서 말씀드립니다만 테러방지법 필요성 자체를 부정하지 않습니다. 실효성이 있고, 그리고 합리적인 방향의 테러방지법이라면 저희 정의당은 얼마든지 수용할 수 있습니다. 그러나 현재 정부 여당이 추진하고 있는 테러방지법은 대테러업무의 지휘권한을 국정원으로 주고 있고 그로 인해서 국정원의 권한을 더 강화시킬 수 있고 국정원이 그동안 야기해 왔던 여러 가지 그런 정치적 문제점들을 어떻게 보면 더 증폭시킬 수 있는 그런 안이기 때문에 반대하고 이 자리에서 반대토론을 하고 있는 것입니다.

제가 거듭 강조해서 말씀드리지만 지금은 테러방지법 제정도 필요성이 있겠지만 테러방지법 제정보다는 국정원 개혁이 우선돼야 될 과제라고 생각합니다. 그런 관점에서 제가 정의당과 함께 대표발의했던 국가정보원법 전면개정안에 관해서 그 내용을 좀 말씀드리고자 합니다.

제안이유는 앞서 국정원 진실위원회가 권고했던 것과 거의 동일한 내용이라고 할 수 있습니다. 국가정보원의 직무범위를 국외정보의 수집·작성·배포로 제한해서 국내정치 등에 개입할 수 없도록 하고, 직무범위 제한에 따라 조직의 명칭을 해외정보원으로 변경하고—국가정보원이 아닌 해외정보원으로 변경을 하자는 거지요—수사권을 폐지함과 아울러 국가정보원의 권한 남용을 방지하기 위해서 국가정보원에 대한 국회의 예산결산 감독을 강화함으로써 국가정보기관으로서의 위상을 재정립하자는 것입니다.

먼저 주요 내용은,

가. 이 법의 제명을 국가정보원법에서 해외정보원법으로 함.

나. 이 법은 정치적 중립, 인권존중, 법률 준수의 원칙에 따라 해외정보원의 조직 및 직무범위와 국외정보 수집·작성 및 배포업무를 수행하는 데 필요한 사항을 규정함.

다. 해외정보원은 국외정보 수집·작성 및 배포업무를 그 직무로 하고 이를 위하여 필요한 사항은 대통령령으로 정하도록 함.

라. 해외정보원의 원장·차장 및 기획조정실장과 그 밖에 필요한 직원을 두도록 함.

마. 해외정보원이 특정 정당이나 정치·사회단체 및 그 구성원의 정치활동에 관한 정보를 수집·제공하거나 이에 관한 대책을 수립하는 등 정치 관여 행위를 금지하도록 함.

바. 해외정보원의 세출예산의 요구는 조직의 정원·소재지 등 조직비밀에 관한 비용과 미리 기획하거나 예견할 수 없는 비밀활동비에 한하여 그 관항을 해외정보원비와 정보비로 하여 총액으로 하도록 함.

사. 국회 정보위원회와 국회 예산결산특별위원회의 예산결산심사소위원회는 해외정보원의 예산결산심사를 비공개로 하여야 하며, 그 소속 위원은 이를 공개하거나 누설하여서는 아니 되도록 함.

아. 해외정보원이 국회로부터의 자료제출 또는 증언을 요구받은 경우에는 군사·외교·대북관계의 국가기밀에 관한 사항으로서 그 발표로 말미암아 국가안위에 중대한 영향을 미치는 사항에 관하여 그 사유를 소명하고 자료의 제출, 증언 또는 답변을 거부할 수 있도록 함.

국가정보원법 전부개정법률안의 내용에 관해서 구체적인 설명을 좀 드리겠습니다.

일단 법안의 명칭을 해외정보원법으로 하고,

제1조(목적) 이 법은 정치적 중립, 인권존중. 법률 준수의 원칙에 따라 국가안보를 위한 해외정보원의 조직 및 직무범위와 국외정보 수집·작성 및 배포업무를 수행하는 데 필요한 사항을 규정함을 목적으로 한다.

제2조(정의) 이 법에서 사용하는 용어의 뜻은 다음과 같다.

1. "국가기밀"이란 국가의 안전에 대한 중대한 불이익을 피하기 위하여 한정된 인원만이 알 수 있도록 허용되고, 다른 국가 또는 집단에 대하여 비밀로 할 사실·물건 또는 지식으로서 국가기밀로 분류된 사항만을 말한다.

2. "자유의 박탈"이란 모든 형태의 유치, 구금 혹은 국가기관의 명령에 의해 자유 의지로 떠나는 것이 허락되지 않는 공적 또는 사적 구금 공간에 사람을 유치하는 것을 뜻한다.

3. "직권남용"이란 형식적, 외형적으로는 법률에 근거한 행위로 보이나 실질적으로는 법률이 정하는 권한 이외의 행위를 하는 경우를 말한다.

4. "직원"이란 고용 형태와 상관없이 해외정보원의 직무를 수행하는 모든 사람을 말한다.

제3조(지위) 해외정보원은 대통령 소속으로 두며, 대통령의 지시와 감독을 받는다.

제4조(직무) ① 해외정보원은 국외정보 수집·작성 및 배포의 직무를 수행한다.

② 제1항의 직무수행을 위하여 필요한 사항은 대통령령으로 정한다.

제5조(직무수행의 원칙) ① 해외정보원은 제4조제1항의 직무를 수행함에 있어 정치적 중립성, 인권 존중, 적법절차 준수 및 공정성을 반드시 준수하여야 한다.

② 해외정보원은 국내 정치활동 개입·관여 또는 이를 목적으로 하는 일체의 정보활동을 하여서는 아니 된다.

제6조(조직) ① 해외정보원의 조직은 해외정보원장이 대통령의 승인을 받아 정한다.

② 해외정보원은 직무 수행상 특히 필요한 경우에는 대통령의 승인을 받아 특별시·광역시·도 또는 특별자치도에 지부를 둘 수 있다.

제7조(직원) ① 해외정보원에 원장·차장 및 기획조정실장과 그 밖에 필요한 직원을 둔다.

② 직원의 정원은 예산의 범위 안에서 대통령의 승인을 얻어 원장이 정한다.

제8조(조직 등의 비공개) 해외정보원의 조직·소재지 및 정원은 국가안전보장을 위하여 필요한 경우에는 그 내용을 공개하지 아니할 수 있다. 다만, 국회 정보위원회의 요구가 있을 경우 해외정보원의 시설·장비·문서 등을 공개하여야 한다.

제9조(원장·차장·기획조정실장) ① 원장은 국회의 인사청문을 거쳐 대통령이 임명하며, 차장 및 기획조정실장은 원장의 제청으로 대통령이 임명한다.

② 원장은 정무직으로 하며, 해외정보원의 업무를 총괄하고 소속 직원을 지휘·감독한다.

③ 차장은 정무직으로 하고 원장을 보좌하며, 원장이 부득이한 사유로 직무를 수행할 수 없을 때에는 그 직무를 대행한다.

④ 기획조정실장은 별정직으로 하고 원장과 차장을 보좌하며, 위임된 사무를 처리한다.

⑤ 원장·차장 및 기획조정실장 외의 직원 인사에 관한 사항은 따로 법률로 정한다.

⑥ 원장이 직무를 집행하면서 헌법이나 법률을 위배하였을 때에는 국회는 탄핵 소추를 의결할 수 있다.

제10조(겸직 금지) 원장·차장 및 기획조정실장은 다른 직을 겸할 수 없다.

제11조(정치 관여 금지) ① 원장·차장과 그 밖의 직원은 정당이나 정치단체에 가입하거나 정치활동에 관여하는 행위를 하여서는 아니 된다.

② 제1항에서 정치활동에 관여하는 행위란 다음 각 호의 어느 하나에 해당하는 행위를 말한다.

1. 정당이나 정치·사회단체의 결성 또는 가입을 지원하거나 방해하는 행위

2. 그 직위를 이용하여 특정 정당이나 특정 정치인에 대하여 지지 또는 반대 의견을 유포하거나, 그러한 여론을 조성할 목적으로 특정 정당이나 특정 정치인을 찬양하거나 비방하는 내용의 의견 또는 사실을 유포하는 행위

3. 특정 정당이나 특정 정치인을 위하여 기부금 모집을 지원하거나 방해하는 행위 또는 국가·지방자치단체 및 공공기관의 운영에 관한 법률에 따른 공공기관의 자금을 이용하거나 이용하게 하는 행위

4. 특정 정당이나 특정인의 선거운동을 하거나 선거 관련 대책회의에 관여하는 행위

5. 특정 정당이나 정치·사회단체 및 그 구성원의 정치활동에 관한 정보를 수집·제공하거나 이에 관한 대책을 수립하는 행위

6. 소속 직원이나 다른 공무원에 대하여 제1호부터 제5호까지의 행위를 하도록 요구하거나 그 행위와 관련한 보상 또는 보복으로서 이익 또는 불이익을 주거나 이를 약속 또는

고지하는 행위

제12조(직권 남용의 금지) 원장·차장과 그 밖의 직원은 그 직권을 남용하여 법률에 따른 절차를 거치지 아니하고 사람을 체포 또는 감금하는 등의 자유의 박탈 및 비인도적인 또는 굴욕적인 대우를 하거나 다른 기관·단체 또는 사람으로 하여금 의무 없는 일을 하게 하거나 사람의 권리 행사를 방해하여서는 아니 된다.

제13조(도청의 금지) ① 원장·차장 및 그 밖의 직원은 통신비밀보호법에 따르지 아니하고 전기통신의 감청 또는 공개되지 아니한 타인 간의 대화를 녹음하거나 청취하여서는 아니 된다.

② 원장은 통신비밀보호법 제7조 및 제8조에 따라 해외정보원이 실시한 통신제한조치에 대한 다음 각 호의 사항을 6개월마다 국회 정보위원회에 보고하여야 한다.

1. 통신제한조치 대상자의 인적사항

2. 통신제한조치 사유와 기간

3. 통신제한조치 내용

③ 제2항은 통신비밀보호법 제13조의4에 따라 해외정보원이 통신사실 확인 자료를 제공받은 경우에도 준용한다.

④ 원장은 국회 정보위원회 위원 과반 이상의 요구가 있는 경우에는 제3항의 보고 주기에도 불구하고 제2항 각 호의 사항을 국회 정보위원회에 보고하여야 한다.

제14조(예산회계) ① 해외정보원은 국가재정법 제40조에 따른 독립기관으로 한다.

② 해외정보원은 세출예산을 요구할 때 조직의 정원·소재지 등 조직구성 및 운영에 소요되는 비용과 미리 기획하거나 예견할 수 없는 비밀활동비에 한하여 관·항을 해외정보원비와 정보비로 하여 총액으로 요구하며, 그 산출내역과 국가재정법 제34조에 따른 예산안의 첨부서류는 제출하지 아니할 수 있다.

③ 해외정보원은 제2항에도 불구하고 국회 정보위원회와 국회 예산결산특별위원회 예산·결산심사소위원회에 해외정보원의 모든 예산·결산에 관하여 실질심사에 필요한 세부 자료를 제출하여야 한다.

④ 국회 정보위원회와 국회 예산결산특별위원회 예산·결산심사소위원회는 해외정보원의 예산심의를 비공개로 하며, 국회 정보위원회와 국회 예산결산특별위원회의 위원은 해외정보원의 예산·결산 내역을 공개하거나 누설하여서는 아니 된다.

제15조(예산의 목적 외 사용금지와 예산이체)입니다. 원장은 세출예산이 정한 목적 외에 경비를 사용하거나 예산이 정한 각 기관 간, 각 장·관·항 간에 상호 이용할 수 없다. 다만, 예산집행상 필요에 따라 미리 예산으로써 국회의 의결을 얻었을 때에는 이용할 수 있다.

제16조(예산의 전용 등)입니다.

① 원장은 각 세항 또는 목의 금액을 전용할 수 있다.

② 원장은 제1항에 따라 전용을 할 때에는 전용을 한 과목별 금액 및 이유를 명시한 명세서를 국회 정보위원회에 제출하여야 한다.

③ 제1항 또는 제2항에 따라 전용한 경비의 금액은 세입세출결산보고서에 이를 명백히 하고 그 이유를 기재하여야 한다. 세출예산을 이월한 경우에도 같다.

제17조(국회에서의 증언 등)에 관한 사항입니다.

① 원장은 국회 예산결산 심사 및 안건 심사와 감사원의 감사가 있을 때에 군사·외교·대북관계의 국가 기밀에 관한 사항으로서 그 내용이 공개되는 경우 국가안위에 중대한 영향을 미치는 사항에 대하여서는……"

(● 신동우 의원 의석에서 ─ 의장님! …… 문제랑 관계가 없어요. 예산 관계 조항일 뿐인 거를 왜……)

국가정보원법 대안에 관한 사항이기 때문에 조문을 일부러 읽는 겁니다. 관련이 있는 내용이에요.

"그 사유를 밝히고 자료의 제출 또는 답변을 거부할 수 있다. 다만, 원장은 거부한 자료 또는 답변의 내용에 대하여 국회 정보위원회 위원 과반 이상의 요구가 있는 경우에는 국회 정보위원회에 보고하여야 한다."

(● 신동우 의원 의석에서 ─ 그게 테러방지법 반대 이유랑 무슨 관계가 있습니까?)

테러방지법을 반대하는 게 국가정보원 개혁이 먼저이고요, 국가정보원 개혁의 방향과 내용을 설명하는 거잖아요.

(● 신동우 의원 의석에서 ─ 지금 조항이 개혁 대상하고 무슨 관계가 있습니까?)

국가정보원법 대안이잖아요, 이게. 그게 어떻게 관계가 없어요?

(● 신동우 의원 의석에서 ─ 지금 읽으신 거는 다 아는 행정사항 아닙니까?)

(「아니, 의사진행 방해하는 거예요, 뭐예요」 하는 의원 있음)

들으시기 싫으면 나가세요.

(● 신동우 의원 의석에서 ─ 관계있는 얘기를 해 주셔야 듣지요, 듣는 사람도)

그러면 들으세요.

(● 박홍근 의원 의석에서 ─ 저 법이 원래 국정원에서 청구한 법안 아닙니까?)

② 원장은 국가 기밀에 속하는 사항에 관한 자료와 증언 또는 답변에 대하여 이를 공개하지 아니할 것을 요청할 수 있다.

제18조(회계검사 및 직무감찰의 보고) ① 원장은 그 책임하에 소관 예산에 대한 회계검사와 직원의 직무수행에 대한 감찰을 하고, 그 결과를 대통령과 국회 정보위원회에 보고해야 한다.

② 감사원장은 국회 정보위원회가 의결로서 요청하는 경우 해외정보원의 소관 예산에 대한 회계검사와 직원의 직무수행에 관한 감찰을 행하고 그 결과를 국회 정보위원회에 보고해야 된다.

제19조(결산보고서 등의 작성 및 제출) ① 원장은 매 회계연도마다 그 소관에 속하는 세입세출의 결산을 대통령의 승인을 얻어 다음 회계연도 6월 말일까지 국회 정보위원회에 제출해야 한다.

② 원장이 제출하는 세입세출결산에는 계속비결산보고서, 국가의 채무에 관한 계산서 및 감사원의 검사를 거친 결산검사보고서 등 결산 첨부서류를 포함한다.

제20조(회계보고와 사업보고) ① 원장은 회계에 관한 보고서를 6개월마다 종합하여 국회 정보위원회에 제출하여야 된다.

② 원장은 6개월마다 사업집행보고서와 그 밖의 예산에 관한 보고서를 국회 정보위원회에 제출하여야 한다.

③ 국회 정보위원회는 제2항에 따른 보고서의 내용을 분석하여 필요한 경우에는 적절한 조치를 취할 수 있다.

제21조(국회에의 정보활동 보고 등) ① 대통령은 국회 정보위원회가 해외정보원의 모든 정보활동에 대하여 보고받을 수 있도록 협조하여야 한다. 다만, 다음 각 호에 해당하는 경우는 그러하지 아니하다.

1. 정보의 출처, 협조자 및 공작방법 등의 내용이 확인되거나 유출될 수 있는 정보

2. 각 정보기관이 고유 업무의 수행을 위하여 과거에 추진하였거나 현재 추진하는 공작 또는 미래에 추진 예정인 특정한 공작에 관한 정보

3. 외국정부 또는 외국 정보기관이 제공한 것으로서 제공자가 제공 내용의 공개에 동의하지 않는 정보

② 대통령은 해외정보원의 불법적인 정보활동과 이와 관련한 시정조치에 대하여 즉시 국회 정보위원회에 통보해야 한다.

제22조(대통령의 재가) ① 대통령의 정보기관에 대한 지시나 결정, 특정 정보활동 요구는 재가문서로 이루어져야 한다.

② 긴급성이 요구되어 문서로 작성할 수 없는 경우에 이루어진 대통령의 지시나 요구는 즉시 문서로 기록되어야 하며, 48시간 이내에 그 사유 등을 기재한 별지와 함께 재가문서에 포함되어야 한다.

③ 대통령의 재가문서는 별도로 보관·관리되어야 한다.

④ 대통령은 국회 정보위원회의 요구가 있을 때에는 재가문서 사본을 제출하여야 한다.

⑤ 재가문서의 국회 제출 방법 등에 관하여는 대통령령으로 정한다.

제23조(국가기관 등에 대한 협조 요청) 원장은 이 법에서 정하는 직무를 수행할 때 필요한 협조와 지원을 관계 국가기관 및 공공단체의 장에게 요청할 수 있다.

제24조(겸직 직원) ① 원장은 현역 군인 또는 필요한 공무원의 파견근무를 관계 기관의 장에게 요청할 수 있다.

② 겸직 직원의 원 소속 기관의 장은 겸직 직원의 모든 신분상의 권익과 보수를 보장하여야 하며, 겸직 직원을 전보 발령하려면 미리 원장의 동의를 받아야 한다.

③ 겸직 직원은 겸직 기간 중 원 소속 기관의 장의 지시 또는 감독을 받지 아니한다.

④ 겸직 직원의 정원은 관계 기관의 장과 협의하여 대통령의 승인을 받아 원장이 정한다.

제25조(무기의 사용) ① 원장은 직무를 수행하기 위하여 필요하다고 인정할 때에는 소속 직원에게 무기를 휴대하게 할 수 있다.

② 제1항의 무기 사용에 관하여는 「경찰관직무집행법」 제10조의4를 준용한다.

제26조(정치 관여죄) ① 제11조를 위반하여 정당이나 그

밖의 정치단체에 가입하거나 정치활동에 관여하는 행위를 한 사람은 10년 이하의 징역과 10년 이하의 자격정지에 처한다.

제27조(직권남용죄) ① 제12조를 위반하여 사람을 체포 또는 감금하는 등의 자유의 박탈을 한 자는 7년 이하의 징역과 10년 이하의 자격정지에 처한다.

② 제12조를 위반하여 자유를 박탈당한 자에게 비인도적인 또는 굴욕적인 대우를 하거나 다른 기관·단체 또는 사람으로 하여금 의무 없는 일을 하게 하거나 사람의 권리 행사를 방해한 사람은 5년 이하의 징역과 10년 이하의 자격정지에 처한다.

제28조(도청죄) ① 제13조를 위반하여 도청을 한 자는 7년 이하의 징역과 10년 이하의 자격정지에 처한다.

제29조(회계검사 및 직무감찰 방해죄) 위계 또는 위력으로 제18조제2항이 규정하고 있는 감사원의 회계검사 및 직무감찰을 방해한 자는 5년 이하의 징역과 5년 이하의 자격정지에 처한다.

제30조(미수범) 제26조, 제27조, 제28조, 제29조에 규정된 죄의 미수범은 처벌한다."

부칙 사항들도 포함이 되어 있습니다만 부칙 사항들은 구체적으로 여기에서 말씀으로 드리지는 않겠습니다.

아무튼 국가정보원의 전면적인 개혁 없이, 국가정보원의 전면적인 개혁이 전제되지 않는 그 어떤 국정원의 권한 강화도 반대합니다.

그것은 밑 빠진 독에 물을 붓는 격이고 고양이에게 생선 가게를 맡기는 것입니다. 국정원 전면 개혁이 전제되지 않는 테러방지법은 정권교체 방지법이고 테러빙자법이며 국정원 강화법이고 전 국민 사생활 감시법입니다.

테러방지법에 반대한다 그래서 테러를 용인하거나 테러방지 자체를 반대하는 것은 아닙니다. 정부와 새누리당의 그런 식의 겁박에 전혀 동의할 수 없습니다. 테러방지라는 미명 아래 무수한 전과를 가지고 있는 국정원이라는 정보기관이 국민의 인권을 너무나 쉽게 침해하거나 제한하는 일이 또 다시 그리고 더 확대돼서 일어날 것을 우려하는 것입니다.

앞서 토론을 하신 많은 의원님들께서 말씀을 하셨던 것처럼 이미 대한민국은 테러방지기구와 대책을 마련해서 운영 중에 있습니다. 대통령훈령으로 제정된 국가대테러활동지침에 따라서 대통령 소속으로 국무총리를 위원장으로 하는 국가테러대책회의가 1982년부터 설치되어 운영되고 있습니다.

여기에는 외교부 통일부 법무부 등 11개 부처 장관뿐 아니라 국가정보원 경찰청 등 대테러 관련 정부기관이 모두 참여하고 있습니다. 그런데 이 국가테러대책회의는 제대로 운영하지 않으면서 도대체 테러방지법이 왜 필요한 것입니까? 저는 그 이유를 납득할 수가 없습니다.

대통령훈령으로 제정된 국가대테러활동지침이 얼마나 광범위한지 제가 말씀드리겠습니다.

제1조(목적) 조항을 보겠습니다.

"이 훈령은 국가의 대테러업무 수행을 위하여 필요한 사항을

규정함을 목적으로 한다.

제2조(정의) 이 훈령에서 사용하는 용어의 정의는 다음과 같다.

1. "테러"라 함은 국가안보 또는 공공의 안전을 위태롭게 할 목적으로 행하는 다음 각목의 어느 하나에 해당하는 행위를 말한다.

가. 국가 또는 국제기구를 대표하는 자 등의 살해·납치 등 외교관 등 국제적 보호인물에 대한 범죄의 방지 및 처벌에 관한 협약 제2조에 규정된 행위

나. 국가 또는 국제기구 등에 대하여 작위·부작위를 강요할 목적의 인질억류·감금 등 인질억류 방지에 관한 국제협약 제1조에 규정된 행위

다. 국가중요시설 또는 다중이 이용하는 시설·장비의 폭파 등 폭탄테러행위의 억제를 위한 국제협약 제2조에 규정된 행위

라. 운항 중인 항공기의 납치·점거 등 항공기의 불법납치 억제를 위한 협약 제1조에 규정된 행위

마. 운항 중인 항공기의 파괴, 운항 중인 항공기의 안전에 위해를 줄 수 있는 항공시설의 파괴 등 민간항공의 안전에 대한 불법적 행위의 억제를 위한 협약 제1조에 규정된 행위

바. 국제민간항공에 사용되는 공항 내에서의 인명살상 또는 시설의 파괴 등 1971년 9월 23일 몬트리올에서 채택된 민간항공의 안전에 대한 불법적 행위의 억제를 위한 협약을 보충하는 국제민간항공에 사용되는 공항에서의 불법적 폭력행위의 억제를 위한 의정서 제2조에 규정된 행위

사. 선박억류, 선박의 안전운항에 위해를 줄 수 있는 선박 또는 항해시설의 파괴 등 항해의 안전에 대한 불법적 행위의 억제를 위한 협약 제3조에 규정된 행위

아. 해저에 고정된 플랫폼의 파괴 등 대륙붕상에 소재한 고정플랫폼의 안전에 대한 불법적 행위의 억제를 위한 의정서 제2조에 규정된 행위

자. 핵물질을 이용한 인명살상 또는 핵물질의 절도·강탈 등 핵물질의 방호에 관한 협약 제7조에 규정된 행위

2. "테러자금"이라 함은 테러를 위하여 또는 테러에 이용된다는 점을 알면서 제공·모금된 것으로서 테러자금 조달의 억제를 위한 국제협약 제1조제1호의 자금을 말한다.

3. "대테러활동"이라 함은 테러 관련 정보의 수집, 테러혐의자의 관리, 테러에 이용될 수 있는 위험물질 등 테러수단의 안전관리, 시설·장비의 보호, 국제행사의 안전확보, 테러위협에의 대응 및 무력 진압 등 테러예방·대비와 대응에 관한 제반활동을 말한다.

4. "관계기관"이라 함은 대테러활동을 담당하는 중앙행정기관 및 그 소속기관을 말한다.

5. "사건대응조직"이라 함은 테러사건이 발생하거나 발생이 예상되는 경우에 그 대응을 위하여 한시적으로 구성되는 테러사건대책본부·현장지휘본부 등을 말한다.

6호와 7호는 삭제가 됐고요.

8. "테러경보"라 함은 테러의 위험 또는 위험수준에 따라 관심·주의·경계·심각의 4단계로 구분하여 발령하는 경보를 말한다.

제3조(기본지침) 국가의 대테러활동을 위한 기본지침은 다음과 같다.

1. 국가의 대테러업무를 효율적으로 수행하기 위하여 범국가적인 종합대책을 수립하고 지휘 및 협조체제를 단일화한다.

2. 관계기관 등은 테러위협에 대한 예방활동에 주력하고, 테러 관련 정보 등 징후를 발견한 경우에는 관계기관에 신속히 통보하여야 한다.

3. 테러사건이 발생하거나 발생이 예상되는 경우에는 테러대책기구 및 사건대응조직을 통하여 신속한 대응조치를 강구한다.

4. 국내외 테러의 예방·저지 및 대응조치를 원활히 수행하기 위하여 국제적인 대테러 협력체제를 유지한다.

5. 국가의 대테러능력을 향상·발전시키기 위하여 전문인력 및 장비를 확보하고, 대응기법을 연구·개발한다.

6. 테러로 인하여 발생하는 각종 피해의 복구와 구조활동, 사상자에 대한 조치 등 수습활동은 재난 및 안전 관리기본법 등 관계법령에서 정한 체계와 절차에 따라 수행함을 원칙으로 한다.

7. 이 훈령과 대통령훈령 제28호 통합방위지침의 적용여부가 불분명한 사건이 발생한 경우에는 사건 성격이 명확히 판명될 때까지 통합방위지침에 의한 대응활동과 병행하여 이 훈령에 의한 대테러활동을 수행한다.

제4조(적용범위) 이 훈령은 관계기관과 그 외에 테러예방 및 대응조치를 위하여 필요한 정부의 관련기관에 적용한다.

제2장 테러대책기구

제1절 테러대책회의

제5조(설치 및 구성)

① 국가 대테러정책의 심의·결정 등을 위하여 대통령 소속하에 테러대책회의를 둔다.

② 테러대책회의의 의장은 국무총리가 되며, 위원은 다음 각 호의 자가 된다.

1. 외교통상부장관·통일부장관·법무부장관·국방부장관·행정안전부장관·지식경제부장관·보건복지부장관·환경부장관 및 국토해양부장관

2. 국가정보원장

3. 국무총리실장

3의2. 원자력안전위원회위원장

4. 대통령실 경호처장·대통령실 외교안보수석비서관·관세청장·경찰청장·소방방재청장 및 해양경찰청장

5. 그 밖에 의장이 지명하는 자

③ 테러대책회의의 사무를 처리하기 위하여 1인의 간사를 두되, 간사는 제11조의 규정에 의한 테러정보통합센터의 장으로 한다. 다만, 제20조의 규정에 의한 분야별 테러사건대책본부가 구성되는 때에는 해당 테러사건대책본부의 장을 포함하여 2인의 간사를 둘 수 있다.

제6조(임무) 테러대책회의는 다음 각 호의 사항을 심의한다.

1. 국가 대테러정책

2. 그 밖에 테러대책회의의 의장이 부의하는 사항

제7조(운영)

① 테러대책회의는 그 임무를 수행하기 위하여 의장이 필요하다고 인정하거나 위원이 회의소집을 요청하는 때에 의장이 이를 소집한다.

② 테러대책회의의 의장·위원 및 간사의 직무는 다음과 같다.

1. 의장

가. 테러대책회의를 소집하고 회의를 주재한다.

나. 테러대책회의의 결정사항에 대하여 대통령에게 보고하고, 결정사항의 시행을 총괄·지휘한다.

2. 위원

가. 테러대책회의의 소집을 요청하고 회의에 참여한다.

나. 소관사항에 대한 대책방안을 제안하고, 의결사항의 시행을 총괄한다.

3. 간사

가. 테러대책회의의 운영에 필요한 실무사항을 지원한다.

나. 그 밖의 회의 관련 사무를 처리한다.

다. 제5조제3항 단서의 규정에 의한 분야별 테러사건대책본부의 장은 테러사건에 대한 종합상황을 테러대책회의에 보고하고, 테러대책회의의 의장이 지시한 사항을 처리한다.

③ 의장이 부득이한 사유로 직무를 수행할 수 없는 때에는 제8조의 규정에 의한 테러대책상임위원회의 위원장이 그 직무를 수행한다.

제2절 테러대책상임위원회

제8조(설치 및 구성) ① 관계기관 간 대테러업무의 유기적인 협조·조정 및 테러사건에 대한 대응대책의 결정 등을 위하여 테러대책회의 밑에 테러대책상임위원회를 둔다.

② 상임위원회의 위원은 다음 각 호의 자가 되며, 위원장은 위원 중에서 대통령이 지명한다.

1. 외교안보정책조정회의 상임위원(외교통상부장관·통일부장관·국방부장관·국가정보원장· 국무총리실장·대통령실 외교안보수석비서관) 및 행정안전부장관

2. 경찰청장

3. 그 밖에 상임위원회의 위원장이 지명하는 자

③ 상임위원회의 사무를 처리하기 위하여 1인의 간사를 두되, 간사는 제11조의 규정에 의한 테러정보통합센터의 장으로 한다.

제9조(임무) 상임위원회 임무는 다음 각 호와 같다.

1. 테러사건의 사전예방·대응대책 및 사후처리 방안의 결정

2. 국가 대테러업무의 수행실태 평가 및 관계기관의 협의·조정

3. 대테러 관련 법령 및 지침의 제정 및 개정 관련 협의

4. 그 밖에 테러대책회의에서 위임한 사항 및 심의·의결한 사항의 처리

제10조(운영)

① 상임위원회의 회의는 정기회의와 임시회의로 구분하며, 위원장이 소집한다.

② 정기회의는 원칙적으로 반기 1회를 개최한다.

③ 임시회의는 위원장이 필요하다고 인정하거나 위원이 회의소집을 요청하는 때에 소집된다.

④ 상임위원회의 위원장·위원 및 간사의 직무에 대하여는 제7조제2항의 규정을 준용한다.

⑤ 상임위원회의 운영을 효율적으로 지원하기 위하여 관계기관의 국장으로 구성되는 실무회의를 운영할 수 있으며, 간사가 이를 주재한다.

제3절 테러정보통합센터

제11조(설치 및 구성) ① 테러 관련 정보를 통합관리하기 위하여 국가정보원에 관계기관 합동으로 구성되는 테러정보통합센터를 둔다.

② 테러정보통합센터의 장을 포함한 테러정보통합센터의 구성과 참여기관의 범위·인원과 운영 등에 관한 세부사항은 국가정보원장이 정하되, 센터장은 국가정보원 직원 중 테러 업무에 관한 전문적 지식과 경험이 있는 자로 한다.

③ 국가정보원장은 관계기관의 장에게 소속공무원의 파견을 요청할 수 있다.

④ 테러정보통합센터의 조직 및 운영에 관한 사항은 공개하지 아니할 수 있다.

제12조(임무) 테러정보통합센터의 임무는 다음 각 호와 같다.

1. 국내외 테러 관련 정보의 통합관리 및 24시간 상황처리체제의 유지

2. 국내외 테러 관련 정보의 수집·분석·작성 및 배포

3. 테러대책회의·상임위원회의 운영에 대한 지원

4. 테러 관련 위기평가·경보발령 및 대국민 홍보

5. 테러혐의자 관련 첩보의 검증

6. 상임위원회의 결정사항에 대한 이행점검

7. 그 밖에 테러 관련 정보의 통합관리에 필요한 사항

제13조(운영) ① 관계기관은 테러 관련 정보(징후·상황·첩보 등을 포함한다)를 인지한 경우에는 이를 지체 없이 센터장에게 통보하여야 한다.

② 센터장은 테러정보의 통합관리 등 업무수행에 필요하다고 인정하는 경우에는 관계기관의 장에게 필요한 협조를 요청할 수 있다.

제4절 지역 테러대책협의회

제14조(설치 및 구성) ① 지역의 관계기관 간 테러예방활동의 유기적인 협조·조정을 위하여 지역 테러대책협의회를 둔다.

② 지역 테러대책협의회의 의장은 국가정보원의 해당지역 관할지부의 장이 되며, 위원은 다음 각 호의 자가 된다.

1. 법무부·보건복지부·환경부·국토해양부·국가정보원의 지역기관, 원자력안전위원회·관세청·대검찰청·경찰청·소방방재청·식품의약품안전처·해양경찰청의 지역기관, 지방자치단체, 지역 군·기무부대의 대테러업무 담당 국·과장급 직위의 자

2. 그 밖에 지역 테러대책협의회의 의장이 임명하는 자

제15조(임무) 지역 테러대책협의회의 임무는 다음 각 호와 같다.

1. 테러대책회의 또는 상임위원회의 결정사항에 대한 시행방안의 협의

2. 당해 지역의 관계기관 간 대테러업무의 협조·조정

3. 당해 지역의 대테러업무 수행실태의 분석·평가 및 발전방안의 강구

제16조(운영) ① 지역 테러대책협의회는 그 임무를 수행하기
위하여 의장이 필요하다고 인정하거나 위원이 회의소집을
요청하는 때에는 의장이 이를 소집한다.
② 지역 테러대책협의회의 운영에 관한 세부사항은 제7조의
규정을 준용하여 각 지역 테러대책협의회에서 정한다.
제5절 공항·항만 테러·보안대책협의회
제17조(설치 및 구성) ① 공항 또는 항만 내에서의 테러예방
및 저지활동을 원활히 수행하기 위하여 공항·항만별로
테러·보안대책협의회를 둔다.
② 테러·보안대책협의회의 의장은 당해 공항·항만의
국가정보원 보안실장이 되며, 위원은 다음 각 호의 자가 된다.
1. 당해 공항 또는 항만에 근무하는 법무부·복지부·국토해양
부·관세청·경찰청·소방방재청·해양경찰청·국군기무사령부 등
관계기관의 직원 중 상위의 직위자
2. 공항·항만의 시설관리 및 경비책임자
3. 그 밖에 테러·보안대책협의회의 의장이 지명하는 자
(정갑윤 부의장, 정의화 의장과 사회교대)
제18조(임무) 테러·보안대책협의회는 당해 공항 또는
항만 내의 대테러 활동에 관하여 다음 각 호의 사항을
심의·조정한다.
1. 테러혐의자의 잠입 및 테러물품의 밀반입에 대한 저지대책
2. 공항 또는 항만 내의 시설 및 장비에 대한 보호대책
3. 항공기·선박의 피랍 및 폭파 예방·저지를 위한 탑승자와
수하물의 검사대책
4. 공항 또는 항만 내에서의 항공기·선박의 피랍 또는
폭파사건에 대한 초동 비상처리대책
5. 주요인사의 출입국에 따른 공항 또는 항만 내의 경호·경비
대책
6. 공항 또는 항만 관련 테러첩보의 입수·분석·전파 및
처리대책
7. 그 밖에 공항 또는 항만 내의 대테러대책
제19조(운영) ① 테러·보안대책협의회는 그 임무를 수행하기
위하여 의장이 필요하다고 인정하거나 위원이 회의소집을
요청하는 때에 의장이 이를 소집한다.
② 테러·보안대책협의회의 운영에 관한 세부사항은
공항·항만별로 테러·보안대책협의회에서 정한다.
제3장 테러사건 대응조직
제1절 분야별 테러사건대책본부
제20조(설치 및 구성) ① 테러가 발생하거나 발생이
예상되는 경우 외교통상부장관은 국외테러사건대책본부를,
국방부장관은 군사시설테러사건대책본부를,
보건복지부장관은 생물테러사건대책본부를, 환경부장관은
화학테러사건대책본부를, 국토교통부장관은
항공기테러사건대책본부를, 원자력안전위원회위원장은
방사능테러사건대책본부를, 경찰청장은 국내
일반 테러사건대책본부를, 해양경찰청장은
해양사건테러대책본부를 설치·운영한다.
② 상임위원회는 동일 사건에 대하여 2개 이상의
테러사건대책본부가 관련되는 경우에는 사건의 성질·중요도

등을 고려하여 테러사건대책본부를 설치할 기관을 지정한다.
③ 테러사건대책본부의 장은 테러사건대책본부를 설치하는
부처의 차관급 공무원으로 하되, 경찰청과 해양경찰청은
차장으로 한다.
제21조(임무) 테러사건대책본부의 임무는 다음 각 호와 같다.
1. 테러대책회의 또는 상임위원회의 소집 건의
2. 제23조의 규정에 의한 현장지휘본부의 사건대응활동에
대한 지휘·지원
3. 테러사건 관련 상황의 전파 및 사후처리
4. 그 밖에 테러대응활동에 필요한 사항의 강구 및 시행.
제22조(운영) ① 테러사건대책본부의 장은
테러사건대책본부의 운영에 필요한 경우 관계기관의 장에게
전문인력의 파견 등 지원을 요청할 수 있다.
② 테러사건대책본부의 편성·운영에 관한 세부사항은
테러사건대책본부가 설치된 기관의 장이 정한다.
제2절 현장지휘본부
제23조(설치 및 구성) ① 테러사건대책본부의 장은 테러사건이
발생한 경우 사건현장의 대응활동을 총괄하기 위하여
현장지휘본부를 설치할 수 있다.
② 현장지휘본부의 장은 테러사건대책본부의 장이 지명하는
자로 한다.
③ 현장지휘본부의 장은 테러의 양상·규모·현장 상황 등을
고려하여 협상·진압·구조·소방·구급 등 필요한 전문조직을
구성하거나 관계기관의 장으로부터 지원받을 수 있다.
④ 외교통상부장관은 해외에서 테러가 발생하여 정부
차원의 현장 대응이 필요한 경우에는 관계기관 합동으로
정부현지대책반을 구성하여 파견할 수 있다.
제3절 대테러특공대
제24조(구성 및 지정) ① 테러사건에 대한 무력진압작전의
수행을 위하여 국방부·경찰청·해양경찰청에 대테러특공대를
둔다.
② 국방부장관·경찰청장·해양경찰청장은 대테러특공대를
설치하거나 지정하고자 할 때에는 상임위원회의 심의를 거쳐야
한다.
③ 국방부장관·경찰청장·해양경찰청장은 대테러특공대의
구성 및 외부 교육훈련·이동 등 운용사항을
대통령경호안전대책위원회의 위원장과 협의하여야 한다.
제25조(임무) 대테러특공대는 다음 각 호의 임무를 수행한다.
1. 테러사건에 대한 무력진압작전
2. 테러사건과 관련한 폭발물의 탐색 및 처리
3. 요인경호행사 및 국가중요행사의 안전활동에 대한 지원
4. 그 밖에 테러사건의 예방 및 저지활동
제26조(운영) 대테러특공대는 테러진압작전을 수행할 수
있도록 특수전술능력을 보유하여야 하며, 항상 즉각적인 출동
태세를 유지하여야 한다.
제27조(출동 및 작전) ① 테러사건이 발생하거나 발생이
예상되는 경우 대테러특공대의 출동 여부는 각각
국방부장관·경찰청장·해양경찰청장이 결정한다. 다만,
군 대테러특공대의 출동은 군사시설 내에서 테러사건이

발생하거나 테러대책회의의 의장이 요청하는 때에 한한다.

② 대테러특공대의 무력진압작전은 상임위원회에서 결정한다. 다만, 테러범이 무차별 인명살상을 자행하는 등 긴급한 대응조치가 불가피한 경우에는 국방부장관·경찰청장·해양경찰청장이 대테러특공대에 긴급 대응작전을 명할 수 있다.

③ 국방부장관·경찰청장·해양경찰청장이 제2항 단서의 규정에 의하여 긴급 대응작전을 명한 경우에는 이를 즉시 상임위원회의 위원장에게 보고하여야 한다.

제4절 협상팀

제28조(구성) ① 무력을 사용하지 않고 사건을 종결하거나 후발사태를 저지하기 위하여 국방부·경찰청·해양경찰청에 협상실무요원·통역요원·전문요원으로 구성되는 협상팀을 둔다.

② 협상실무요원은 협상 전문능력을 갖춘 공무원으로 편성하고, 협상전문요원은 대테러전술 전문가·심리학자·정신의학자·법률가 등 각계의 전문가로 편성한다.

제29조(운영) ① 국방부장관·경찰청장·해양경찰청장은 테러사건이 발생한 경우에는 협상팀을 신속히 소집하고, 협상팀 대표를 선정하여 사건현장에 파견하여야 한다.

② 국방부장관·경찰청장·해양경찰청장은 테러사건이 발생한 경우에 협상팀의 신속한 현장투입을 위하여 협상팀을 특별시·광역시·도 단위로 관리·운용할 수 있다.

③ 국방부장관·경찰청장·해양경찰청장은 협상팀의 대응능력을 향상시키기 위하여 협상기법을 연구·개발하고 필요한 장비를 확보하여야 한다.

④ 협상팀의 구성·운용에 관한 세부사항은 국방부장관·경찰청장·해양경찰청장이 정한다.

제5절 긴급구조대 및 지원팀

제30조(긴급구조대) ① 테러사건 발생 시 신속히 인명을 구조·구급하기 위하여 소방방재청에 긴급구조대를 둔다.

② 긴급구조대는 테러로 인한 인명의 구조·구급 및 테러에 사용되는 위험물질의 탐지·처리 등에 대한 전문적인 능력을 보유하여야 한다.

③ 소방방재청장은 테러사건이 발생하거나 발생이 예상되는 경우에는 긴급구조대를 사건현장에 신속히 파견한다.

제31조(지원팀) ① 관계기관의 장은 테러사건이 발생한 경우에 테러대응활동을 지원하기 위하여 지원팀을 구성·운영한다.

② 지원팀은 정보·외교·통신·홍보·소방·제독 등 전문 분야별로 편성한다.

③ 관계기관의 장은 현장지휘본부의 장의 요청이 있거나 테러대책회의 또는 상임위원회의 결정이 있는 때에는 지원팀을 사건현장에 파견한다.

④ 관계기관의 장은 평상시 지원팀의 구성에 필요한 전문요원을 양성하고 장비 등을 확보하여야 한다.

제6절 대화생방테러 특수임무대

제31조의2(구성 및 지정) ① 화생방테러에 대응하기 위하여 국방부에 대화생방테러 특수임무대를 둘 수 있다.

② 국방부장관은 제1항에 따라 대화생방테러 특수임무대를

설치하거나 지정하려는 때에는 상임위원회의 심의를 거쳐야 한다.

제31조의3(임무) ① 대화생방테러 특수임무대는 다음 각 호의 임무를 수행한다.

1. 화생방테러 발생 시 오염확산 방지 및 피해 최소화
2. 화생방테러 관련 오염지역 정밀 제독 및 오염 피해 평가
3. 요인경호 및 국가 중요행사의 안전활동에 대한 지원

제31조의4(운영) ① 대화생방테러 특수임무대는 화생방테러에 대응하기 위한 전문지식 및 작전수행 능력을 배양하여야 하며 항상 출동태세를 유지하여야 한다.

② 국방부장관은 현장지휘본부의 장의 요청이 있거나 테러대책회의 또는 상임위원회의 결정이 있는 때에는 대화생방테러 특수임무대를 사건 현장에 파견한다.

③ 국방부장관은 대화생방테러 특수임무대의 구성에 필요한 전문요원을 양성하고 필요한 장비 및 물자를 확보하여야 한다.

제7절 합동조사반

제32조(구성) ① 국가정보원장은 국내외에서 테러사건이 발생하거나 발생할 우려가 현저한 때에는 예방조치·사건분석 및 사후처리방안의 강구 등을 위하여 관계기관 합동으로 조사반을 편성·운영한다. 다만, 군사시설인 경우 국방부장관이 자체 조사할 수 있다.

② 합동조사반은 관계기관의 대테러업무에 관한 실무전문가로 구성하며, 필요한 경우 공공기관·단체 또는 민간의 전문요원을 위촉하여 참여하게 할 수 있다.

제33조(운영) ① 합동조사반은 테러사건의 발생지역에 따라 중앙 및 지역별 합동조사반으로 구분하여 운영할 수 있다.

② 관계기관의 장은 평상시 합동조사반에 파견할 전문인력을 확보·양성하고, 합동조사를 위하여 필요한 경우에 인력·장비 등을 지원한다.

제4장 예방·대비 및 대응활동

제1절 예방·대비활동

제34조(정보수집 및 전파) ① 관계기관은 테러사건의 발생을 미연에 방지하기 위하여 소관업무와 관련한 국내외 테러 관련 정보의 수집활동에 주력한다.

② 관계기관은 테러 관련 정보를 입수한 경우에는 지체 없이 센터장에게 이를 통보하여야 한다.

③ 센터장은 테러 관련 정보를 종합·분석하여 신속히 관계기관에 전파하여야 한다.

제35조(테러경보의 발령) ① 센터장은 테러위기의 징후를 포착한 경우에는 이를 평가하여 상임위원회에 보고하고 테러경보를 발령한다.

② 테러경보는 테러위협 또는 위험의 정도에 따라 관심·주의·경계·심각의 4단계로 구분하여 발령하고, 단계별 위기평가를 위한 일반적 업무절차는 국가위기관리기본지침에 의한다.

③ 테러경보는 국가전역 또는 일부지역에 한정하여 발령할 수 있다.

④ 센터장은 테러경보의 발령을 위하여 필요한 사항에 대한 세부지침을 수립하여 시행한다.

제36조(테러경보의 단계별 조치) ① 관계기관의 장은 테러경보가 발령된 경우에는 다음 각 호의 기준을 고려하여 단계별 조치를 취하여야 한다.

1. 관심 단계 : 테러 관련 상황의 전파, 관계기관 상호간 연락체계의 확인, 비상연락망의 점검 등
2. 주의 단계 : 테러대상 시설 및 테러에 이용될 수 있는 위험물질에 대한 안전관리의 강화, 국가중요시설에 대한 경비의 강화, 관계기관별 자체 대비태세의 점검 등
3. 경계 단계 : 테러취약요소에 대한 경비 등 예방활동의 강화, 테러취약시설에 대한 출입통제의 강화, 대테러 담당공무원의 비상근무 등
4. 심각 단계 : 대테러 관계기관 공무원의 비상근무, 테러유형별 테러사건대책본부 등 사건대응조직의 운영준비, 필요장비·인원의 동원태세 유지 등

② 관계기관의 장은 제1항의 규정에 의하여 단계별 세부계획을 수립·시행하여야 한다.

제37조(지도 및 점검) ① 관계기관의 장은 소관업무와 관련하여 국가중요시설·다중이 이용하는 시설·장비 및 인원에 대한 테러예방대책과 테러에 이용될 수 있는 위험물질에 대한 안전관리대책을 수립하고, 그 시행을 지도·감독한다.

② 국가정보원장은 필요한 경우 관계기관 합동으로 공항·항만 등 테러의 대상이 될 수 있는 국가중요시설·다중이 이용하는 시설 및 장비에 대한 테러예방활동을 관계법령이 정하는 바에 따라 지도·점검할 수 있다.

제38조(국가중요행사에 대한 안전활동) ① 관계기관의 장은 국내외에서 개최되는 국가중요행사에 대하여 행사특성에 맞는 분야별 대테러·안전대책을 수립·시행하여야 한다.

② 국가정보원장은 국가중요행사에 대한 대테러·안전대책을 협의·조정하기 위하여 필요한 경우에는 관계기관 합동으로 대테러·안전대책기구를 편성·운영할 수 있다. 다만, 대통령 및 국가원수에 준하는 국빈 등이 참석하는 행사에 관하여는 대통령경호안전대책위원회의 위원장이 편성·운영할 수 있다.

제39조(교육 및 훈련) ① 관계기관의 장은 대테러 전문능력의 배양을 위하여 필요한 인원 및 장비를 확보하고, 이에 따른 교육·훈련계획을 수립·시행한다.

② 관계기관의 장은 제1항의 규정에 의한 계획의 운영에 관하여 국가정보원장과 미리 협의하여야 한다.

③ 국가정보원장은 관계기관 대테러요원의 전문적인 대응능력의 배양을 위하여 외국의 대테러기관과의 합동훈련 및 교육을 지원하고, 관계기관 합동으로 종합모의훈련을 실시할 수 있다.

제2절 대응활동

제40조(상황전파) ① 관계기관의 장은 테러사건이 발생하거나 테러위협 등 그 징후를 인지한 경우에는 관련 상황 및 조치사항을 관련 기관의 장 및 국가정보원장에게 신속히 통보하여야 한다.

② 테러사건대책본부의 장은 사건 종결 시까지 관련 상황을 종합처리하고, 대응조치를 강구하며, 그 진행상황을 테러대책회의의 의장 및 상임위원회의 위원장에게 보고하여야 한다.

③ 법무부장관과 관세청장은 공항 및 항만에서 발생하는 테러와 연계된 테러혐의자의 출입국 또는 테러물품의 반·출입에 대한 적발 및 처리상황을 신속히 국가정보원장·경찰청장 및 해양경찰청장에게 통보해야 한다.

제41조(초동조치) ① 관계기관의 장은 테러사건이 발생한 경우에는 사건현장을 통제·보존하고, 후발 사태의 발생 등 사건의 확산을 방지하기 위하여 신속한 초동조치를 하여야 하며, 증거물의 멸실을 방지하기 위하여 가능한 한 현장을 보존하여야 한다.

② 제1항의 규정에 의한 초동조치 사항은 다음 각 호와 같다.

1. 사건현장의 보존 및 통제
2. 인명구조 등 사건피해의 확산방지조치
3. 현장에 대한 조치사항을 종합하여 관련 기관에 전파
4. 관련 기관에 대한 지원요청

제42조(사건대응) ① 테러사건이 발생한 경우에는 상임위원회가 그 대응대책을 심의·결정하고 통합지휘하며, 테러사건 대책본부는 이를 지체 없이 시행한다.

② 테러사건대책본부는 필요한 경우에는 현장지휘본부를 가동하여 상황전파 및 대응체계를 유지하고, 단계별 조치사항을 체계적으로 시행한다.

③ 법무부장관은 테러사건에 대한 수사를 위하여 필요한 경우에는 검찰·경찰 및 관계기관 합동으로 테러사건수사본부를 설치·운영하며, 테러정보통합센터·테러사건대책본부와의 협조체제를 유지한다.

제43조(사후처리) ① 테러사건대책본부의 장은 제9조의 규정에 의한 상임위원회의 결정에 따라 관계기관의 장과 협조하여 테러사건의 사후처리를 총괄한다.

② 테러사건대책본부의 장은 테러사건의 처리결과를 종합하여 테러대책회의의 의장 및 상임위원회의 위원장에게 보고하고, 관계기관에 이를 전파한다.

③ 관계기관의 장은 사후대책의 강구를 위하여 필요한 경우에는 관할 수사기관의 장에게 테러범·인질에 대한 신문참여 또는 신문결과의 통보를 요청할 수 있다.

제5장 관계기관별 임무

제44조(관계기관별 임무) 대테러활동에 관한 관계기관별 임무는 다음 각 호와 같다.

1. 대통령실
가. 국가 대테러 위기관리 체계에 관한 기획·조정
나. 테러 관련 중요상황의 보고 및 지시사항의 처리
다. 테러 분야의 위기관리 표준·실무 매뉴얼의 관리
2. 금융위원회
가. 테러자금의 차단을 위한 금융거래 감시활동
나. 테러자금의 조사 등 관련 기관에 대한 지원
4. 외교통상부
가. 국외 테러사건에 대한 대응대책의 수립·시행 및 테러 관련 재외국민의 보호
나. 국외 테러사건의 발생 시 국외테러사건대책본부의

설치·운영 및 관련 상황의 종합처리

다. 대테러 국제협력을 위한 국제조약의 체결 및 국제회의에의 참가, 국제기구에의 가입에 관한 업무의 주관

라. 각국 정부 및 주한 외국공관과의 외교적 대테러 협력체제의 유지

5. 법무부

가. 테러혐의자 잠입에 대한 저지대책의 수립·시행

나. 위·변조여권 등의 식별기법의 연구·개발 및 필요장비 등의 확보

다. 출입국 심사업무의 과학화 및 전문심사요원의 양성·확보

라. 테러와 연계된 혐의가 있는 외국인의 출입국 및 체류동향의 파악·전파

마. 테러사건에 대한 법적 처리문제의 검토·지원 및 수사의 총괄

바. 테러사건에 대한 전문수사기법의 연구·개발

6. 국방부(합동참모본부·국군기무사령부를 포함한다)

가. 군사시설 내에 테러사건의 발생 시 군사시설테러사건대책본부의 설치·운영 및 관련 상황의 종합처리

나. 대테러특공대 및 폭발물 처리팀의 편성·운영

다. 국내외에서 테러진압작전에 대한 지원

라. 군사시설 및 방위산업시설에 대한 테러예방활동 및 지도·점검

마. 군사시설에서 테러사건 발생 시 군 자체 조사반의 편성·운영

바. 군사시설 및 방위산업시설에 대한 테러첩보의 수집

사. 대테러전술의 연구·개발 및 필요 장비의 확보

아. 대테러 전문교육·훈련에 대한 지원

자. 협상실무요원·전문요원 및 통역요원의 양성·확보

차. 대화생방테러 특수임무대 편성·운영

7. 행정안전부(경찰청·소방방재청을 포함한다)

가. 국내일반테러사건에 대한 예방·저지·대응대책의 수립 및 시행

나. 국내일반테러사건의 발생 시 국내일반테러사건대책본부의 설치·운영 및 관련 상황의 종합처리

다. 범인의 검거 등 테러사건에 대한 수사

라. 대테러특공대 및 폭발물 처리팀의 편성·운영

마. 협상실무요원·전문요원 및 통역요원의 양성·확보

바. 중요인물 및 시설, 다중이 이용하는 시설 등에 대한 테러방지대책의 수립·시행

사. 긴급구조대 편성·운영 및 테러사건 관련 소방·인명구조·구급활동 및 화생방 방호대책의 수립·시행

아. 대테러전술 및 인명구조기법의 연구·개발 및 필요장비의 확보

자. 국제경찰기구 등과의 대테러 협력체제의 유지

8. 지식경제부

가. 기간산업시설에 대한 대테러·안전관리 및 방호대책의 수립·점검

나. 테러사건의 발생 시 사건대응조직에 대한 분야별

전문인력·장비 등의 지원

9. 보건복지부

가. 생물테러사건의 발생 시 생물테러사건대책본부의 설치·운영 및 관련 상황의 종합처리

나. 테러에 이용될 수 있는 병원체의 분리·이동 및 각종 실험실에 대한 안전관리

다. 생물테러와 관련된 교육·훈련에 대한 지원

10. 환경부

가. 화학테러의 발생 시 화학테러사건대책본부의 설치·운영 및 관련 상황의 종합처리

나. 테러에 이용될 수 있는 유독물질의 관리체계 구축

다. 화학테러와 관련한 교육·훈련에 대한 지원

11. 국토해양부(해양경찰청을 포함한다)

가. 건설·교통 분야에 대한 대테러·안전대책의 수립 및 시행

나. 항공기테러사건의 발생 시 항공기테러사건대책본부의 설치·운영 및 관련 상황의 종합처리

다. 항공기테러사건의 발생 시 폭발물처리 등 초동조치를 위한 전문요원의 양성·확보

라. 항공기의 안전운항관리를 위한 국제조약의 체결, 국제기구에의 가입 등에 관한 업무의 지원

마. 항공기의 피랍상황 및 정보의 교환 등을 위한 국제민간항공기구와의 항공통신정보 협력체제의 유지

바. 해양테러에 대한 예방대책의 수립·시행 및 관련 업무 종사자의 대응능력 배양

사. 해양테러사건의 발생 시 해양테러사건대책본부의 설치·운영 및 관련 상황의 종합처리

아. 대테러특공대 및 폭발물 처리팀의 편성·운영

자. 협상실무요원·전문요원 및 통역요원의 양성·확보

차. 해양 대테러전술에 관한 연구개발 및 필요장비·시설의 확보

카. 해양의 안전관리를 위한 국제조약의 체결, 국제기구에의 가입 등에 관한 업무의 지원

타. 국제경찰기구 등과의 해양 대테러 협력체제의 유지

11의2. 원자력안전위원회

가. 방사능테러 발생 시 방사능테러사건대책본부의 설치·운영 및 관련 상황의 종합처리

나. 방사능테러 관련 교육·훈련에 대한 지원

다. 테러에 이용될 수 있는 방사성물질의 대테러·안전관리

12. 관세청

가. 총기류·폭발물 등 테러물품의 반입에 대한 저지대책의 수립·시행

나. 테러물품에 대한 검색기법의 개발 및 필요장비의 확보

다. 전문 검색요원의 양성·확보

13. 국가정보원

가. 테러 관련 정보의 수집·작성 및 배포

나. 국가의 대테러 기본운영계획 및 세부활동계획의 수립과 그 시행에 관한 기획·조정

다. 테러혐의자 관련 첩보의 검증

라. 국제적 대테러 정보협력체제의 유지

마. 대테러 능력배양을 위한 위기관리기법의 연구발전,

대테러정보·기술·장비 및 교육훈련 등에 대한 지원

바. 공항·항만 등 국가중요시설의 대테러활동 추진실태의 확인·점검 및 현장지도

사. 국가중요행사에 대한 대테러·안전대책의 수립과 그 시행에 관한 기획·조정

아. 테러정보종합센터의 운영

자. 그 밖의 대테러업무에 대한 기획·조정

14. 그 밖의 관계기관 소관 사항과 관련한 대테러업무의 수행
제45조(전담조직의 운영) 관계기관의 장은 제44조의 규정에 의한 관계기관별 임무를 효율적으로 수행하고 원활한 협조체제를 유지하기 위하여 해당기관 내에 대테러업무에 관한 전담조직을 지정·운영하여야 한다."

제가 지금까지 좀 길지만 낭독해 드린 내용이 대통령훈령으로 정해져 있는 국가대테러활동지침입니다. 이 국가대테러활동지침은 굉장히 광범위한 테러에 관한 국가 비상시기의 대응책을 담고 있고 그리고 거의 모든 정부 부처를 포괄하고 있습니다.

국가테러대책회의 의장은 국무총리입니다. 국무총리는 의장으로서 결정사항을 대통령에게 보고하고 시행사항을 총괄해야 합니다. 그런데 얼마 전 대정부질문에서도 확인이 된 사실이지만 황교안 국무총리는 자신이 국가테러대책회의 의장인 사실도 모르고 있고 정기적으로 소집·주재해야 될 회의조차 전혀 하지 않았습니다.

법규에 따라 이미 스스로에게 주어진 최소한의 임무조차 수행하지 않으면서 새로운 법률이 필요하다고 생떼를 쓰고 있는 것이 지금 바로 정부의 주장입니다.

국가정보원에 도청, 감청권, 개인정보와 위치추적권뿐만 아니라 계좌열람, 지급정지권까지 허용하자고 합니다. 그러면서 법률에 국가정보원의 권한남용을 막을 강력한 장치가 마련되어 있기 때문에 문제가 없다고 합니다.

그런데 저는 아무리 눈을 씻고 봐도 테러방지법안에 국가정보원의 권한남용을 막을 강력한 장치를 전혀 찾을 수가 없었습니다. 또한 강력한 장치가 있다고 그것이 국가정보원의 권력 남용을 막을 수 있습니까?

그렇다면 지난 대통령선거 당시의 국가정보원의 선거 개입이나 각종 불법 사찰에 개입했던 그동안의 국가정보원의 불법행위를 방치할 수 있는 장치가 기존의 법에 없었습니까? 그렇지 않습니다. 국가정보원의 정치 개입은 엄격히 금지되어 있고 처벌받도록 되어 있습니다.

그럼에도 국정원은 불법행위를 저질러 왔고 이런 무소불위의 국정원에, 이런 안하무인의 국정원에 또 다른 권한을 주는 테러방지법은 거듭 말씀드립니다만 고양이에게 생선가게를 맡기는 일이고 우리 국민의 자유와 인권을 크나큰 위험 앞에 내놓는 꼴이라고 생각합니다.

국정원법에는 테러정보 수집 및 작성에 관한 규정이 있습니다.

제3조(직무) 사항에 "국정원은 다음 각 호의 직무를 수행한다." 하고서 "국외 정보 및 국내 보안정보(대공, 대정부전복, 방첩, 대테러 및 국제범죄조직)의 수집·작성 및

배포", 이미 국정원법으로 테러정보의 수집, 그리고 작성에 관한 권한을 국정원이 갖고 있습니다. 그런데 테러방지법을 통해서 그 권한을 더욱 막강한 권한으로 만들어 주자는 것이 지금 박근혜 대통령과 정부 여당의 주장인 것입니다.

테러방지법안의 테러 개념에 관한 항공기 납치, 민간항공에 대한 불법적 행위, 국제적 보호 인물에 대한 범죄, 인질, 핵물질, 항해 및 해상 플랫폼의 안전, 폭탄 테러행위 등은 모두 이미 존재하는 국내법, 형법이나 국가보안법으로 처벌할 수 있는 범죄들입니다.

국제조약이 요구하는 것도 이런 행위들에 대해서 특별한 조치가 아니라 현행 우리 법제와 같이 국내법으로 그 행위를 처벌하는 규정을 둘 것을 요구하는 것이 대부분입니다. 국제조약이 요구하는 것이 별도의 테러방지법을 만들라는 그런 권고가 아닙니다.

또한 적의 침투 도발이나 그 위험에 대응하기 위해서 각종 국가방위 요소를 통합하여 동원하는 통합방위법, 그리고 이를 뒷받침할 비상대비자원 관리법을 제정해서 이미 시행하고 있습니다.

통합방위 사태가 선포되면 국무총리가 총괄하는 중앙통합방위협의회가 각 지역 행정조직과 경찰조직, 군과 예비군, 그리고 국정원 등 정보기구를 통합적으로 운영할 수 있습니다. 통합방위 사태는 대통령이 국무회의의 심의를 거쳐서 선포하고 통제구역을 설정하게 됩니다.

기타 시민들의 대피, 구조·구난 활동을 체계적으로 수행하기 위해서 2014년 세월호 참사 이후에 국민안전처도 신설이 되어 있습니다.

육해공군과 해병대, 그리고 경찰과 해경은 제각각 대테러특공대를 구성해서 이미 운영 중에 있습니다.

대한민국이 지닌 대테러 능력에는 한미연합사가 지닌 정보작전 능력도 포함되어야 됩니다. 한국과 미국 간에는 군사정보를 공유하는 군사비밀보호협정이 체결되어 있습니다. 한국 국방부는 주한미군을 비롯한 미군의 정보 자산으로부터 도움 받고 있고 매년 정기적으로 한미 대테러 훈련도 갖고 있습니다.

테러에 관한 관계기관의 신속한 대응에 관여하는 제도로 국가 대테러활동 지침이 시행 중이고, 제가 앞서 설명을 드렸었지요? 실제 다양한 국제행사에서 관계 당국의 완벽한 공조로 대테러 대응을 빈틈없이 수행하면서 그런 국제행사에 참석했던 다른 나라의 칭찬, 부러움을 받아왔습니다.

예를 들어서 2005년 APEC 정상회의의 경우에 조지 부시 미 대통령이 감사의 인사를 건넬 정도로 안전하고 성공적이었다는 평가를 받았고 관련해서 언론은 그 원인으로 안전에 관한 한 한 치의 오차도 허용할 수 없다는 각오로 빈틈없는 준비를 해 온 관계 부처·기관들의 완벽한 대테러활동을 원인으로 들었습니다.

기존 여당안에 대해서 국회 정보위원회에서 검토하는 과정에서 상당수 법안 내용의 변경들도 있었습니다. 따라서 정보위 차원의 최종 검토안은

이미 존재하는 국가정보원법과 중복되거나 기존의
국가대테러활동지침보다 내용이 오히려 축소되어서 테러에
대응하는 관계기관의 효율적인 대응을 저해하는 측면도
있습니다.

그런 의미에서 기존 법제 이외의 별도 입법은
불필요하거나 오히려 테러 대응에 미비점을 초래할
가능성이 높다는 점을 분명하게 말씀드리고 싶습니다.

다시 한 번 강조하고 싶습니다.

이미 테러를 방지하거나 대응할 수 있는 여러 법들이
있습니다.

대한민국은 전 세계적으로 매우 호전적이라 평가받고
있는 북한과 수십 년간 휴전 상태로 대치하고 있는
나라입니다. 우리 사회의 많은 시스템이 이미 전쟁을
대비하고 있고 전쟁에 준하는 물리적 충돌에 대비하는
시스템입니다.

지난 대통령선거 당시 국가정보원의 선거 개입이나 각종
불법 사찰에 개입했던 국가정보원의 지난 역사, 그럼에도
불구하고 국정원의 권한을, 국정원의 컨트롤타워로서의
역할을 더욱 높이는 테러방지법 절대로 안 됩니다.

국가테러대책위원회 소속으로 1명의 대테러인권보호관을
둬서 국민의 기본권 침해를 예방하겠다고 합니다.
말이나 되는 얘기입니까? 국회도 국정원을 견제하지
못했습니다. 국회도 국정원에 의한 국민의 기본권 침해를
예방하지도 못했고 견제하지도 못했습니다. 그런데
1명의 대테러인권보호관을 둬서 국민의 기본권 침해를
예방하겠다? 지나가던 소도 웃을 일입니다.

인원뿐만 아니라 자격과 권한에 관한 모든 것을
대통령령으로 위임하고 있어서 있으나마나한 제도에 불과할
것이고 그런 제도로 전락할 것이라고 생각합니다.

대한민국 헌정사에 오점을 남기는 19대 국회가 되지
않기를 바라면서 동료 의원 여러분께 이어서 말씀을
드리겠습니다.

9·11 테러가 2001년에 발생한 이후에 미국은 애국법을
제정해서 테러리스트로 추정되는 또는 의심되는 외국인에
대해서 최장 60일까지 구금하고 통신 감청은 최장 1년간,
그리고 감청 대상은 모든 통신으로 확대한 바 있습니다.

그런데 2013년 에드워드 스노든 전 CIA 직원이자
국가안보국 직원이 이 미국의 애국법이 정보기관에 의해서
얼마나 악용되었는지를 전 세계를 향해서 폭로했습니다.
그리고 미연방 1심법원은 애국법이 위헌이라고
판결했습니다.

이와 관련해서 잠시 법을 연구하시는 연구자가 테러와
인권에 대해서 쓰신 글을 인용해 보겠습니다.

'미국에서 9·11 테러는 여러 가지 면에서 많은 변화를
초래했습니다. 그중 부정적 영향은 인권 침해의 위험성입니다.
자타가 선진국으로 인정하는 미국에서조차 테러와의
전쟁을 수행하는 과정에서 CIA가 2003년 3월 중순부터
포로들에게 멱살잡이, 손바닥으로 때리기, 복부 가격, 오래
세워 놓기, 냉방고문, 물고문 등의 방법을 활용했음이 밝혀졌기

때문입니다.'

유엔고등판무관실의 테러리즘 대처와 인권과 자유의
관계에 대한 특별보고는 2005년 발표한 국제적인 대테러
행동 속에서 나타나는 다섯 가지 경향을 다음과 같이
소개했다고 합니다.

첫째, 각국 정부는 마음에 들지 않는 정치·인종·지역
세력들에게 테러리스트 혐의를 씌워 탄압하고 있습니다.
국제사회는 이런 경향에 무관심할 뿐 아니라 사실상 이러한
반인권 정부들을 지원하고 있습니다.

둘째, 테러 혐의자들을 조사하는 과정에서 고문과
잔혹행위 등이 빈번히 사용되면서 이러한 반인권적 행위를
금지하는 국제협약들의 근간이 무너지고 있습니다. 이는
가장 위험한 경향입니다.

셋째, 테러리즘을 옹호하거나 찬양하는 내용뿐 아니라
테러행위에 사용될 가능성이 있는 모든 정보의 배포도
금지되고 있습니다. 이렇게 테러리즘에 대한 해석이
확대되면서 무관한 사람들의 희생이 늘어나고 있습니다.

넷째, 각국이 출입국 통제를 강화하고 있으며 그 결과
인종차별이 심화되고 있습니다. 개별 국가들이 양자협정을
맺어 테러리스트 혐의자들의 신상정보를 비밀리에 주고받고
있으며 테러리스트 혐의자 수용소를 비공개적으로 운영하고
있습니다. 이것은 분명한 국제법 위반입니다.

다섯째, 테러행위 조사와 예방이 경찰권 확대 내지
남용의 근거가 되고 있습니다. 과거 많은 테러 관련
법안이 제출됐지만 국회를 통과하지 못했습니다. 테러
개념의 불확실성은 물론이고, 과연 법률 제정으로 테러의
예방과 테러에 대한 신속한 대응이 가능할까라는 의구심
때문이었습니다. 오히려 정보기관의 권한만 확장함으로써
국민의 인권이 위험에 빠질 것이라는 비판이 있었기
때문입니다.

전문가들 사이에서, 시민사회에서 테러방지법에 대해
반대하는 목소리가 높았던 것은 테러를 용인하거나
테러방지 자체의 의미를 부정하기 때문이 아닙니다. 저희
정의당도 마찬가지입니다.

테러방지라는 미명 아래 국가의 경찰권력·정보권력을
강화하고 국민의 인권을 침해하거나 제한하는 일들이
일어날 수 있다고 우려했기 때문이고, 그리고 비단
대한민국에서뿐만 아니라 2001년 9·11 테러 이후 조성된
전 세계적인 공안정국에서 테러방지라는 명분으로 이 같은
일들이 일어났기 때문입니다.

그렇다면 테러방지법을 제정해야 된다고
밀어붙이기보다는 현행 제도에 대해서 보다 철저한 분석과
평가가 선행되어야 하고 그에 따라서 어떻게 테러대응기구를
개혁할 것인가를 논의하는 것이 보다 더 합리적이고 타당한
해법이라고 생각합니다.

반테러 활동은 전통적으로 경찰과 형사소추기관의
고유한 임무였습니다. 국정원이 이 임무를 하기 시작한 것은,
이 임무와 관련해서 정보수집을 하기 시작한 것은 90년대
중반 이후부터입니다.

경찰 및 형사소추기관의 고유한 임무 영역에 정보기관이 개입을 하게 되면 보안기관 사이에 마찰과 소통에서 문제가 생길 수 있고 사후에는 책임이 불분명해질 수가 있습니다. 따라서 대테러 역량의 강화는 새로운 법률 제정이나 국정원의 직무를 확대하고 그 권한을 확장하는 데 있지 않습니다.

과거 테러 관련 법안은 국정원을 중심으로 인적·물적으로 상호 중첩된 다수의 조직과 인력이 결합하는 조직 구성 방식을 취하고 있지만 지나치게 비대한 조직 외연으로 인해서 테러방지업무, 특히 테러의 사전 예방에 관한 효율성이 현재보다 오히려 더 떨어질 수가 있습니다.

또한 일단 테러가 발생한 이후에 필요한 조치들, 테러의 사후적인 대처 혹은 사후적인 진압의 경우에는 테러방지법이 예정하고 있는 복잡하고 혼란스러운 그런 조직과 기구가 아닌 일상적인 경찰 그리고 행정기구들로도, 그리고 현장에 밀착해 있는 이런 기구들로 충분히 그리고 보다 효율적으로 대응이 가능할 것입니다.

테러방지법안이 위헌이라는 주장이 연구자들 사이에서 많이 나오고 있습니다. 그렇다면 이 테러방지법안이 위헌이라는 것에 대해서 정부나 새누리당은 합헌임을 입증해야 합니다.

테러방지법은 테러와 관련한 국가기구의 설치와 권한의 배분, 조정 등 조직법적 수준에서 중대한 변경을 담고 있습니다. 특히 그 변화의 핵심에 국가정보원을 두는 한편, 이를 통해서 국가 권력의 실질적인 통합 가능성을 안고 있는 등 국가조직의 일반원칙과 권력분립을 지향하는 헌법질서의 기본구도를 벗어나는 양상을 보이고 있다라는 지적이 있습니다.

그렇지만 그 어떤 테러방지법안도 이와 같은 구조 변화의 필연성을 담보할 수 있는 국가 위기에 대한 근거를 제시하지 않고 있습니다. 지금 이 순간까지도, 법안을 국회법에 따라서 직권상정한 이 순간까지도 무엇이 국가적 위기이며 무엇이 비상사태인지를 제시하지 않고 있습니다. 제발 좀 제시해 주십시오.

어제오늘의 일이 아니지만 주먹구구식의 입법 아닙니까? 이 법의 필요성 그리고 효율성보다 국가정보원이라는 기구의 권한을 확장하고 기구를 확장하는 목적 그리고 그에 관한 권력자의 정치적 의지가 더 우선하는 법안 아닙니까?

엉터리 입법을 방지하기 위해서는 다음과 같은 질문에 대답해야 됩니다.

첫째, 형법이나 특별형법으로 방지하거나 대응할 수 없는 범죄행위로서의 테러는 무엇입니까? 여기에 대해서 답을 해야 됩니다.

두 번째, 과거와 다른 테러가 발생한 한국사회의 환경요인이 무엇입니까? 과거와 달리 테러로부터의 위협이 어떻게 달라졌습니까? 무엇이 달라졌습니까? 여기에 답을 할 수 있어야 됩니다.

셋째, 혹시 분단 상황이나 북한의 존재가 문제라면 어떤 변화가 있었고 국가보안법에는 어떤 문제가 있었는지, 왜 국가보안법으로는 안 되는지 얘기할 수 있어야 됩니다.

넷째, 한국사회에 어느 정도의 현존하는 테러의 위협이 있는지 입증하고 근거를 제시해야 합니다.

다섯째, '테러가 사회질서 혹은 국가안보에 어느 정도로 위협이 될 수 있는 것인가?'라는 질문에 답할 수 있어야 됩니다.

여섯째, 테러가 일회적이지 않고 계속 반복될 것으로 예상하는가? 그렇다면 그런 예상의 근거는 무엇인가 답해 주십시오.

일곱째, 기존의 국가조직 혹은 치안기구만으로 그와 같은 테러를 감당하는 것이 어느 정도로 불가능하고 무엇 때문에 불가능하고, 그리고 어느 정도로 무엇 때문에 비효율적인지 답해 주십시오.

여덟째, 이상의 일곱 가지 질문에 답을 할 정도로 한국사회에서 테러의 위험성을 상당한 개연성으로 예측한 보고서가 있으면 제시해 주십시오. 국제기구의 보고서여도 좋고 국내 연구기관의 보고서여도 좋습니다. 단, 종편 찌라시는 사양합니다.

마지막으로 아홉째, 테러방지법 제정을 전제로 해서 각계 전문가의 의견을 들어 정부가 마련한 테러방지 및 대응의 구체적 매뉴얼이 무엇입니까? 그것도 밝혀 주십시오.

이런 질문들에 대한 답이 있어야 테러방지법 제정과 관련된 논의가 합리적인 논의가 될 수 있는 겁니다.

지금처럼 '대통령이 하라면 해라. 청와대가 하라면 해라' '대통령과 정부가 국가비상사태이고 위기라면 그렇게 알아야 된다'…… 이게 어떻게 테러방지법과 같은 중차대한 법을 만드는 데 있어서 논의의 베이스가 될 수 있습니까? 대한민국이 도대체 민주공화국이 아니고 그러면 뭡니까? 이게 무슨 체제입니까?

이제까지의 수많은 테러방지법들, 앞서 열거했던 그런 질문에 대해서 아무런 답을 내놓지 못하고 있습니다.

새로운 테러에 응하기 위해서 새로운 법과 새로운 조직이 필요하다면 그에 합당한 설명을 해 주십시오.

국민들에게 설명해야 됩니다. 국회의 다수당이라고 그래서, 정권을 가졌다 그래서 대강 설렁설렁하고, 그거 국민들로부터 용납되지 않습니다.

낡은 조직과 낡은 대응체계에 새로운 상표만 덧붙인다 그래서 그게 새로운 상품이 될 수 있는 것도 아니고 테러방지의 실효성 있는 대책이 될 수 없다고 생각합니다.

테러방지법안의 테러 개념과 관련해서도 문제 지적을 하지 않을 수 없습니다. 기존 국내법상의 범죄와 대비되는 개념으로서의 테러를 특정하지 못한 채 단순히 국제법상에서 특별히 규제하고 있다는 이유만으로 이걸 하나의 개념으로 뭉뚱그려서 통합하고 있습니다.

항공기 납치, 민간항공에 대한 불법적인 행위, 국제적 보호인물에 대한 범죄, 인질, 핵물질, 항해 및 해상플랫폼의 안전, 폭탄테러행위 이거 국내법으로 처벌할 수 없는 범죄입니까? 모두 다 국내법으로 처벌할 수 있는 범죄입니다.

외국인이나 국제범죄조직이 그런 범죄를 저지르면

우리 여기에 아무런 대응 못 합니까? 대한민국이 그런 나라입니까? 경찰이나 검찰이 대응할 수 있습니다.

테러방지법안은 테러행위에 대해서 내국인 범죄 또는 외국인 범죄의 구분은 물론이고, 개인적·개별적 수준의 범죄 또는 조직적·집단적 범죄의 구분조차도 하지 않았습니다.

예컨대 인질 억류는 제3자, 즉 국가, 정부 간 국제기구, 자연인, 법인 또는 집단에 대해서 인질 석방을 위한 명시적인 또는 묵시적인 조건으로서 어떠한 작위 또는 부작위를 강요할 목적으로 타인을 억류 또는 감금해서 살해, 상해 또는 계속 감금하겠다고 협박하는 행위입니다.

그런데 이런 인질극에서 개인적 차원에서 발생하는 경우와 조직적·집단적 차원에서 발생하는 경우는 분명 사회질서와 국가안보의 측면에서 상당한 차이가 있습니다. 무슨 얘기냐 하면 개인적인 범죄로서도 이런 인질극들은 일어납니다. 그런데 현재의 테러방지법에 의하면 그런 범죄조차도 테러방지법에 따라 테러로 볼 수 있는 그런 개연성을 갖고 있다는 얘기입니다.

민간항공의 안전에 대한 불법적 행위, 예를 들어서 국제민간항공이 사용하는 공항에 근무하는 자에 대한 중대한 상해나 사망을 야기하거나 야기할 가능성이 있는 폭력행위를 한 경우도 마찬가지입니다. 여기에 대해서도 뚜렷한 기준과 구분을 갖고 있지 않습니다.

유럽에 일명 베니스위원회, 앞선 의원님들 토론에서도 나왔습니다만 안보기관의 민주적 감독에 대한 보고서를 발간했습니다. 몇 가지 개략적 원칙을 참고해 볼 수 있습니다.

첫째, 국가의 대내적·대외적 안보의 유지는 다른 가치 및 국익의 보호를 위하여 매우 중요하고 본질적입니다. 국가는 효과적인 정보와 안보기관을 필요로 합니다.

둘째, 정보기관의 활동에 대한 외부적 제안뿐 아니라 내부적 제안이 있어야 하는 것이 중요합니다.

셋째, 9·11 테러 이후 테러리스트의 위협은 새로운 안보위협을 가져왔습니다. 무엇보다도 업무와 권한의 집중이 아니라 기관 간 협력이 강화돼야 합니다. 더 강력한 민주적 통제와 다른 유형의 통제가 오늘날 필요합니다.

넷째, 안보기관은 국가권력의 잠재적 남용 가능성을 안고 있습니다. 국가안보 개념의 주관성·유연성은 국가에 대한 그것의 핵심적 중요성과 결합해서 정부가 이 분야에서 광범위한 활동 여지를 가지고 있습니다. 따라서 당국에 효과적 통치권한을 주면서도 정치적 남용을 막기 위한 기제를 수립할 필요가 있습니다.

다섯째, 안보업무는 답책성이 있어야 합니다. 답책성의 개념 정의는 활동에 대하여 해명 또는 설명을 하도록 책임을 지우고, 만약에 실수가 있었다는 것이 드러나면 적절한 곳에서 그 결과를 수용하도록 하고 비판을 받거나 사태를 수습하도록 하게 함을 의미합니다.

여섯째, 답책성에는 네 가지 다른 형태가 있는데 의회에 대한 책임, 사법적 책임, 전문적 책임, 진정을 통한 구제…… 뒤의 두 가지 형태는 처음 두 가지 책임 형태, 즉 의회에 대한 책임과 사법적 책임이 보다 중요하고 그것에 대한 보완적

또는 대체 수단이라고 할 수 있을 것입니다.

누누이 말씀드리지만 테러방지법안보다 국가정보원의 권력남용 방지 법안이 먼저입니다.

지금 테러 개념의 이 추상성·모호성으로 인해서 대테러 대책기구의 기능 범위에 대한 규정조차도 현재 테러방지법은 불분명합니다. 국가 대테러 대책회의, 대테러센터 등을 가동하는 테러의 범주를 확정하지도 않았을 뿐만 아니라 그것을 결정하는 과정, 절차에 대한 규정도 존재하지 않습니다.

테러의 강도와 밀도가 어느 정도에 이르렀을 때 대테러기구의 권한을 발동하는지, 그 권한 발동의 절차는 무엇인지 그리고 그에 대한 국민적 감시·감독의 가능성은 어떻게 확보할 수 있는지, 이런 규정들이 마련돼 있지 않습니다. 불비합니다.

이런저런 테러 관련 조약들을 뭉뚱그려 모은 그런 것에 대해서 테러 이름표를 붙이고 '법안만 만들어 주면 우리가 알아서 잘 할 테니 법 만들어서 권력을 모아 달라' 이런 말밖에 되지 않습니다. 그때그때 자의적인 판단에 따라서 대테러 대책이라는 명분하에 국가권력을 한곳으로 집중시키는 위험만을 담고 있습니다. 때문에 테러방지법안은 우리 국민들을 허수아비로 만들고 우리 국민의 자유와 인권을 신장시키기보다는 축소시키고 국민주권에 역행하는, 반하는 그런 법안이라고 생각합니다.

국가테러대책위원회, 대테러센터 이 기구들에 대해서 마찬가지로 질문들에 답을 할 수 있어야 됩니다.

첫 번째, 과연 기존의 국가기구인 행정자치부·경찰청·법무부·검찰·국가정보원 이런 기구들은 테러방지법안이 예정하고 있는 테러에 대응할 능력이 없느냐? 그동안에 대테러 대응역량에 대한 점검, 진단 이런 것을 해 보지는 않았는가?

간혹 보면 대테러훈련 한다고 뉴스에 나오지 않습니까? 그런데 그것은 그러면 그냥 하는 시늉만 한 거야?

기존에 이런 기구들이 다 있는데, 그리고 그 기구들 간에 공조체제가 있는데 국가대테러대책위원회, 대테러센터 이것이 별도로 필요한 이유가 뭐냐, 여기에 답을 할 수 있어야 됩니다.

두 번째, 만약에 현재 대테러 대응 기구들이 테러 대응능력이 없다, 그것도 매우 심각한 문제입니다. 그런 막강한 권한을 가지고 막강한 예산을 쓰면서 테러에 대응할 수 있는 그런 역량을 못 갖춘다는 것은 한마디로 그런 기구들의, 경찰·검찰·국정원·법무부 이런 기구들의 무능력의 다른 말이라고 하지 않을 수 없습니다. 그러면 이 무능함에 대해서는 어떻게 해결할 거냐, 이 문제에 대해서도 답을 할 수 있어야 됩니다.

세 번째, 테러에 대응하기 위해서 국가정보원을 중심으로 전혀 새로운 대테러조직을 짜야 된다, 미국처럼 별도의 행정부로서 국토안보부를 설치해서 국무총리 통할 아래 모든 정보기관을 통합·재배치하고 근본적인 정부조직 변화 수준의 그런 대응이 오히려 필요한 게 아닙니까? 기존의

국정원에다가 이것저것 갖다 붙여 가지고, 국정원이 갖고 있는 여러 가지 우려들이 있는데 그런 방식의 대증요법이 아니고 근본적으로 미국의 국토안보부…… 현재 있는 기구들이, 현재 있는 어떤 정부조직도 혹은 그 정부조직 간의 공조체제도 테러에 대응할 수 없다면 미국의 국토안보부와 같은 새로운 조직을 만드는 것이 국정원에 이것저것 갖다 붙이는 것보다 국민적 우려도 덜고 보다 더 근본적인 해법이 아니냐, 이 질문에 답을 해 주십시오.

끝으로 국민들, 국가정보원 신뢰하지 않습니다. 무서워는 하고 의식은 하겠지만 전혀 신뢰하지 않습니다.

그래서 앞서 제가 국가정보원법 전면 개정안에서 국내 업무를 완전히 폐지하고 본연의 업무라고 할 수 있는 해외정보업무에만 주력할 수 있는 해외정보원으로 재편하는 그런 대안을 제출한 것입니다. 공작정치의 대명사, 용공조작의 대명사, 이제는 도감청과 사생활 침해의 대명사가 돼 버린 국정원의 오명을 벗기 위해서 부분적인 개혁이 아니라 전면적인 개혁으로 가고, 그 전면적인 개혁은 해체 수준으로 국정원을 다시 조직하는 그런 과감한 방향이 되어야 된다고 생각합니다.

그런 차원에서 국정원을 해외정보업무를 담당하는 해외정보기관 그리고 온라인정보를 담당하는 사이버, 온라인정보기관 그리고 우리에게 매우 중요한 대북정보업무를 담당하는 대북정보기관으로 분리하고 테러정보업무를 공유하도록 하는 그런 방안을 꾀할 수 없는 것인가, 국정원의 근본적 재편을 통한 개혁방안은 검토할 수 없는 것인가라는 점에 대해서 답을 해 주십시오.

대통령, 청와대, 정부 여당, 이것 답할 수 있어야 됩니다. 이런 것 답하지 않고서 얼렁뚱땅 내친 김에 뭐라고 '직권상정 됐으니까 그냥 가자', 반드시 필연적으로 가까운 시일 내에 그 후과는 부메랑이 돼서 돌아올 거라고 생각합니다.

존경하는 새누리당 의원님들, 이 자리에 두 분밖에 안 계시지만 국정원의 도감청 권한이 막대하게 강화되면 그 피해자는 야당 의원들만 되겠습니까? 정말 그렇게 생각하세요? 우리 국민들 모두가 피해자 아닙니까? 그런데 왜 앞서 제가 제기드린 이런 질문에 대해서 제대로 된 답변 하나 없이 이렇게 최근의 안보상황을 마치 기다렸다는 듯이 지난 14년간 이성적 반대에 부딪혀서 국회 문턱을 못 넘고 있던 테러방지법을 이렇게 밀어붙이는 겁니까?

저는 국회가 여기에 무릎 꿇은 것도 참 국회의원의 한 사람으로서 부끄럽고 19대 국회에서 이 직권상정이라는 비정상적인 절차가 정말 없기를 바랐는데 있는 것에 대해서도 참 굉장히 아픕니다.

사람들은 '유신독재로 회귀하고 있다' 이런 우려를 하고 있어요. 그런데 대통령 한 사람에게만 책임을 지고 다른 어떤 기관에 의해서도 통제가 불가능한 국가정보원장에게 국가대테러대책회의와 대테러센터를 실질적으로, 법적으로 관할할 수 있도록 하는 게 맞습니까?

권력이라는 것은 견제와 균형의 가운데에 있어야 됩니다. 그런데 지금 대한민국의 국정원장은 대통령 권력만을 의식하고, 더 심각하게는 대통령 권력만을 위해서 존재하는 듯한 그런 기구로 보여집니다. 그런데 여기에다가 국가대테러업무의 모든 권한을 집중시키는 것이 과연 이것이 맞는 대책인지 묻지 않을 수 없습니다. 국가정보원장이 대테러 기능을 매개로 여타 국가의 행정각부를 사실상 개입하고 간섭하고 더 나아가서 통합하는 권력분립의 새로운 상황, 권력분립의 새로운 발명이 어쩌면 나올지도 모르는 그런 상황이 아닌가 싶습니다.

그럼에도 불구하고 이 숱한 물음들에, 숱한 질문들에 아무런 응답도 하지 않고 테러방지법만 만들면 모든 것이 해결된다는 식의, 그런 안하무인식의 독재적 발상과 독재적 태도, 도저히 이것은 야당으로서는 용납할 수도 없고 수용할 수 없습니다.

법률이라는 것은 법률의 정당성, 타당성 내지는 실효성, 이런 것들을 우리가 국회에서 만들 때 다 고려를 하지 않습니까? 그 어느 하나라도 부족하면 그것이 여야 간에 합의가 이루어지기가 어렵고 법이 만들어지기가 어렵습니다.

그런데 이런 것들을 고려하지 않고서 정권의 입맛에 따라서 제정된 법률이 민주주의와 인권에 얼마나 큰 상처를 주는지, 앞서 미국의 애국법도 저는 그런 사례라고 생각합니다.

우리한테는 그런 전례가 없었습니까? 우리 역사에는 그런 일이 없었습니까? 수많은 양심수, 수많은 희생자 양산했던 박정희 군부독재 시기의 긴급조치에 대해서 우리 헌법재판소는 위헌이라고 이미 판결을 한 바 있습니다. 그리고 그 피해, 아직도 가시지 않고 남아 있습니다.

잘못 만들어진 법률, 잘못 만들어진 정책, 권력에 의해서 잘못 내려진 어떤 조치, 이런 것들 때문에 피해자들에게는 잊지 못하고 지워지지 않고 영원히 남게 되는 그런 상처가 만들어질 수 있습니다.

우리 세월호 참사를 보십시오. 정부의 그토록 무기력하고 무능했던 대응이 그런 참사를 불러왔고 수많은 사람들에게 정말 지워질 수 없는, 지울 수 없는, 잊을 수 없는 그런 상처를 만들었습니다.

세월호 특별법 문제도 마찬가지입니다. 세월호 특별법을 만들어서 피해자들을 치유하고 보상하는 데 주력해야 마땅한데 그 세월호 특별법 만들면서 얼마나 여기서 진을 뺐습니까?

테러방지법도 마찬가지입니다. 이 법 한번 잘못 만들어지면요, 비가역적입니다. 못 돌려요. 이미 국가정보원이라는 그런 막강한 권력기관에 또 다른 권력을 줬는데 그것 뺏는 것 불가능한 얘기입니다.

저는 제발 그래서 우리 여당 의원님들, 잘 좀 생각해 주셨으면 좋겠어요. 나중에 그런 시대가 와서, 평생 여당 하실 것 아니잖아요. 어떻게 하시려고 그러세요?

제가 외국 사례 한 가지만, 언론에서 보셨겠지만 더

말씀드리겠습니다.

지금 미국에서 애플사의 아이폰 잠금해제 문제, 이것 논란이 되고 있습니다. 쟁점은 하나입니다. 정보기관의 수사편의성, 시민의 자유, 이 두 가지 가치가 지금 부딪치고 있는 겁니다. 테러방지법의 쟁점하고 어떻게 보면 거의 정확하게 저는 일치한다고 보고 있습니다.

정부 협조요청에 대해서 애플사의 팀 쿡 CEO, '아이폰 잠금장치 해제 협조는 궁극적으로 아이폰에다가 뒷문을 만드는 거다, 개인정보와 사생활을 위협해서 시민의 자유와 인권을 한순간에 사라지게 할 것이기 때문에 협조할 수 없다', 거부했습니다. 대한민국에서는 불가능한 일일 거예요. 아마 그랬으면 잡혀갔거나 곧 가거나 이런 상황일 텐데, 아무튼 거부했습니다.

팀 쿡 CEO가 테러를 찬성하고 테러로 인한 시민들의 피해에 무감각해서 정부의 요청을 거부했을까요? 저는 그런 것은 아니라고 생각합니다.

애플 CEO 팀 쿡이 정부 협조요청에 대해서 거부하면서 작성한 공개서한이 있습니다. 대한민국 국회가 테러방지법을 직권상정한 지금의 상황과 매우 유익한 그런 비교가 되고 유익한 함의를 줄 수 있다는 생각이 들어서 제가 이 서한을 좀 읽어 보겠습니다.

"고객들에게 드리는 글.

2016년 2월 16일.

미국 정부는 우리 고객의 보안을 위협하는 전례 없는 조치를 취할 것을 애플에 요구했습니다. 우리는 법적 문제 그 이상의 의미가 담겨 있는 이런 명령을 거부합니다.

지금은 이 문제에 대한 공공의 논의가 필요한 시점이며, 우리는 지금 위험에 처한 문제가 무엇인지 우리 고객들과 국민들에게 알리고자 합니다.

아이폰을 비롯한 스마트폰은 우리 삶의 필수적인 부분이 되었습니다. 사람들은 스마트폰에 엄청난 양의 개인정보를 저장합니다. 사적인 대화부터 사진, 음악, 노트, 일정, 연락처, 금융 정보, 헬스 데이터, 심지어 우리가 어디에 있고 어디로 가는지에 대한 정보까지 말이지요. 그 모든 정보들은 여기에 접근해 훔치고 우리의 인지나 허가 없이 사용하려는 해커나 범죄자들로부터 보호되어야 합니다.

이용자들은 애플과 다른 기업들이 모든 노력을 다해 자신들의 개인정보를 보호해 주기를 기대하고 있으며 애플에 있는 모든 사람들은 여러분들의 데이터를 안전하게 보호하는 것을 최우선 목표로 삼고 있습니다.

개인정보 보안에 대한 타협은 결국 우리 개인의 안전을 위협하게 됩니다. 암호화가 우리 모두에게 중요한 건 바로 그 이유입니다.

오랫동안 우리는 암호화를 통해 이용자들의 개인정보를 보호해 왔습니다. 개인정보를 보호하는 유일한 방법이 바로 그것이라고 믿기 때문입니다. 심지어 우리는 정보를 우리 애플도 접근할 수 없도록 만들었습니다. 당신 아이폰에 담긴 정보는 우리의 관심사가 아니기 때문이지요.

우리는 지난 12월 샌버나디노에서 발생한 끔찍한 테러행위에 충격과 분노를 느꼈습니다. 우리는 희생자들을 애도하며 그들을 위한 정의가 실현되기를 바랍니다.

FBI는 사건 발생 이후 우리에게 도움을 요청했고 우리는 이 끔찍한 사건을 해결하려는 정부의 노력을 돕기 위해 애썼습니다. 우리는 테러리스트들에 대한 어떠한 연민도 가지고 있지 않습니다. 우리가 보유하고 있는 정보를 FBI가 요청했을 때 우리는 그걸 제공했습니다. 애플은 유효한 소환장이나 수색영장에 응하며 샌버나디노 사건에서도 마찬가지였습니다. 또 우리는 애플의 엔지니어들이 FBI에 조언을 제공하도록 했으며 여러 수사 옵션에 대해 최선의 아이디어를 전달했습니다.

우리는 FBI의 당국자들에 대한 깊은 존경심을 가지고 있으며 그들이 선한 의도로 이런 요청을 했다고 믿습니다. 지금까지 우리는 우리가 할 수 있고 또 법의 테두리 안에 있는 모든 것들을 다해 그들을 도왔습니다. 그러나 지금 미국 정부는 우리가 전혀 가지고 있지 않으며 만들기에 너무 위험하다고 여기는 것을 우리에게 요구하고 있습니다. 아이폰에 대한 백도어(back door)를 요구하고 있는 것입니다.

구체적으로 FBI는 몇몇 중요한 보안장치들을 피할 수 있는 새 아이폰 운영체제를 만들 것을 우리에게 요구하고 있습니다. 수사과정에서 취득된 아이폰에 설치할 수 있도록 말이지요. 잘못 사용될 경우 현재는 존재하지 않는 이 소프트웨어는 누군가 취득한 모든 아이폰의 잠금을 해제할 수 있게 될 것입니다.

FBI는 이 도구를 다른 식으로 표현할 수도 있겠습니다만 이건 분명합니다. 명백한 백도어를 만들어 보안장치를 건너뛸 수 있는 iOS의 또 다른 버전을 만들라는 것입니다. 정부는 이 도구가 제한적 용도로 사용될 것이라고 말하겠지만 그런 식의 통제가 이루어질 거라는 장담은 어디에도 없습니다.

어떤 사람들은 단 하나의 아이폰에 대한 백도어를 만드는 것이 간단하고 깔끔한 해결책이라고 말할지도 모르겠습니다. 그러나 그건 디지털 보안의 기본과 이번 사건에서 정부가 요구하고 있는 것이 어떤 의미를 담고 있는지에 대한 몰이해에서 나오는 주장입니다.

오늘날 디지털 세계에서 암호화 시스템에 데이터 잠금을 해제하는 키는 작은 정보이며 그건 그저 키를 둘러싼 다른 보호장치들만큼만 안전할 뿐입니다. 일단 그 정보가 알려지거나 코드를 회피할 수 있는 방법이 공개될 경우 그 정보를 알고 있는 누구라도 암호화를 무력화할 수 있습니다. 정부는 이 도구가 오직 한 대의 아이폰에만 단 한 번 사용될 것이라고 말합니다.

그러나 그건 전혀 사실이 아닙니다. 한번 만들어지면 그 기술은 얼마든지 몇 번이고 어떤 기기에 다시 사용될 수 있습니다. 물리적으로 레스토랑에서부터 은행, 상점, 집까지 수천, 수백만 개의 잠금장치를 해제할 수 있는 마스터키와 같은 것에 비유할 수 있습니다. 이런 것을 받아들일 수 있는 사람은 없습니다.

정부는 애플에게 이용자들을 해킹하고 정교한 해커들과 범죄자들로부터 우리의 고객들을 보호해 온 지난

수십년간의 보안기술의 발전을 약화시킬 것을 요구하고
있습니다. 이용자들을 보호하기 위해 강력한 암호화 기술을
개발하는 엔지니어가 아이러니하게도 그 보호를 약화시키고
이용자들을 덜 안전하게 하라는 지시를 받을 수 있게 되는
것입니다. 미국의 기업이 고객들을 더 큰 위험으로 빠뜨리도록
강요받았던 전례를 우리는 찾을 수 없습니다.
(정의화 의장, 이석현 부의장과 사회교대)

오랫동안 암호학자들과 보안 전문가들은 암호화를
약화시키는 것의 위험성을 경고해 왔습니다. 그건 애플 같은
기업들이 자신들의 데이터를 지켜 주기를 기대하는 선량하고
법을 준수하는 시민들을 해칠 뿐입니다. 설령 아이폰의
암호화를 해제하는 방법을 만들어 낸다 하더라도 범죄자들은
활용 가능한 모든 수단을 동원해서 계속해서 자신들의 정보를
암호화할 것입니다.

의회에 입법을 청원하는 대신에 FBI는 1789년에 '올 릿츠
액트(All Writs Act)', '모든 영장법'을 활용해 권한남용을
정당화하는 전례 없는 조치를 취하고 있습니다.

정부는 우리에게 보안장치를 해제하고 전자기기를 이용해
무제한으로 잠금해제 비밀번호를 입력할 수 있도록 하는
새로운 기능을 운용체제에 넣을 것을 지시할 것입니다. 이렇게
되면 현대 컴퓨터 기술의 성능에 힘입은 수천, 수백만 개의
비밀번호 조합을 입력하는 무차별 대입공격을 통해 아이폰의
잠금을 쉽게 해제할 것입니다.

정부의 이런 요청에는 등골이 오싹할 만한 의미가 담겨
있습니다.

정부가 '모든 영장법'을 아이폰의 잠금을 더 쉽게 해제하는
데 활용한다면 그건 모든 사람들의 거기에 담긴 개인정보에
접근할 권력을 갖게 되는 것과 같습니다. 프라이버시를 저버린
채 당신의 메시지나 건강 정보, 개인금융 정보, 위치추적
정보를 가로채고 심지어 당신도 모르게 당신의 아이폰
마이크와 카메라에 접근할 수 있는 감시 소프트웨어를 정부가
애플에 요구하는 데까지 나아갈 수 있습니다.

이 명령에 거부하겠다는 결정은 결코 가볍게 내려진
것이 아닙니다. 우리는 미국 정부의 도를 넘는 이런 요청에
대해 목소리를 높여야 한다고 판단했습니다. 우리는 미국
민주주의에 대한 깊은 존경과 애국심을 바탕으로 FBI의
요청에 맞서겠습니다. 한 발 물러서서 이것의 의미를
심사숙고하는 것이 모두의 이익에 부합하는 것이라고
믿습니다.

FBI의 선의를 믿지만 정부가 우리 제품에 대한 백도어를
만들 것을 우리에게 강요해서는 안 될 것입니다. 궁극적으로
우리는 이러한 요청이 우리의 정부가 보호해야 하는 완전한
자유와 해방의 가치를 퇴색시킬 수 있다는 점에 대해 우려를
표명합니다.

자, 팀 쿡은 기업인입니다, 이분이 무슨 정치인도 아니고
관료도 아니고. 그럼에도 불구하고 개인들의 사생활과
인권과 그리고 정보의 보호에 대해서 이런 책임 있는, 물론
애플이라는 글로벌 기업의 사회적 책임이 따르겠지만,
그리고 개발자로서의 책임이 따르겠지만 미국 정부의

이런 거의 강압에 가까운 요구를 당당하게 거부하면서 그
정당성을 설명하고 있습니다.

그 사람이 테러에 동의하거나 혹은 테러로 인한 피해를
받은 사람한테 무감각해서 미국 정부의 이런 요구를
거부하고 있는 것이 아닙니다. 국민의 자유와 인권이라는
것은 그만큼 한번 침해가 이루어지면 회복하기가 어렵고
그것이 개개인들의 문제가 아니고 보다 우선하는 그런
가치이기 때문에 그런 것입니다.

개인의 정보와 자유에 대한 침해를 넘어서 무차별적으로
시민들을 감시하고 시민의 일거수일투족을 실시간으로
확인함으로써 사실상 자유와 인권, 민주주의가 사라지는
그런 판옵티콘과 같은 세상이 돼서는 안 되기 때문입니다.

기왕 이 서신을 읽어 드린 김에 애플 CEO인 팀
쿡이 직원들에게 보낸 이메일 전문 역시 현 테러방지법
직권상정과 유의미한 그런 비교와 함의가 있을 것 같아서
마저 읽어 드리겠습니다.

"팀원 여러분!
지난주 우리는 우리나라가 직면하고 있는 중요한 이슈에
대한 공적인 대화의 장에 참여할 것을 우리 고객들과
시민들에게 요청한 바 있습니다.

그 편지 이후 저는 우리가 듣고 읽은 생각과 논의들 그리고
미국 전역에서 쏟아져 들어온 지지에 감사한 마음이었습니다.

개인으로서 또 기업으로서 우리는 테러리스트들에 대한
어떠한 아량이나 연민도 가지고 있지 않습니다. 그들이
샌버나디노에서 이루 말할 수 없이 비극적인 공격을 저질렀을
때 우리는 희생자들을 위한 정의가 실현될 수 있도록
관계당국을 도왔습니다. 우리가 한 게 바로 그것입니다.

이번 일은 하나의 폰이나 하나의 수사보다 훨씬 더 큰
문제이며, 따라서 정부의 요청을 받았을 때 우리는 이 문제에
대해 공개적으로 발언해야 한다는 것을 알았습니다. 이것은
법을 준수하는 수백, 수천만 명의 데이터 안전과 우리
모두의 시민적 자유를 위협하는 위험한 선례를 만드는 것의
문제입니다.

여러분도 아시는 것처럼 우리는 고객들을 보호하기
위해 암호화 기술을 사용합니다. 우리는 우리가 내는 모든
소프트웨어의 보안성을 향상시키기 위해 부단히 노력합니다.
언제나 위협은 점점 더 빈번해지고 복잡해지고 있기
때문입니다.

정부의 명령을 지지하는 몇몇 동조자들은 우리가 데이터
보호 수준을 2013년 9월에 배포했던 iOS7으로 되돌리기를
원합니다. iOS8부터 우리는 아이폰 스스로도 이용자의
비밀번호 없이는 읽을 수 없는 방식으로 데이터를 암호화하기
시작했습니다. 만약 기기를 분실하거나 도난 당했을
경우 우리의 개인정보, 대화, 금융 및 건강정보는 훨씬 더
안전해졌습니다. 그 진보의 시계를 되돌리는 건 끔찍한 생각이
될 것이라는 점을 우리 모두는 알고 있습니다.

우리의 시민들도 그 점을 알고 있습니다. 지난주 저는 50개
주 모두에서 메시지를 받았고 압도적인 다수는 강력한 지지
의견이었습니다. 13세의 한 앱 개발자는 '모든 미래 세대를

위해서 나서 줘서 고맙다'고 적었습니다. 30년 베테랑 군인은 저에게 이렇게 말했습니다. '나의 자유와 마찬가지로 나는 내 프라이버시를 항상 보물처럼 여길 겁니다' 또 저는 여러분의 의견을 들었고 특별히 여러분의 지지에 감사드립니다.

많은 사람들은 여전히 이 사건에 대해 의문을 가지고 있으며 우리는 그들이 꼭 팩트를 이해하길 원합니다. 이에 따라 오늘 우리는 이 문제에 대한 더 많은 정보를 제공하기 위해 apple.com/customer-letter/answers/에 답변을 올려놓았습니다. 여러분도 함께 읽어 보시길 바랍니다.

애플은 독자적인 미국 회사입니다. 자유와 해방이 핵심인 사건에 있어서 그것들을 지켜져야 할 것으로 간주되는 정부와 반대편에 선다는 것이 올바른 상황인 것 같지는 않습니다.

우리는 함께할 때 가장 강력했습니다. 최선의 해결 방안은 정부가 모든 영장법에 의한 요청을 포기하고 의회 일각에서 제안했던 것처럼 위원회나 첩보, 기술, 시민권 전문가들로 구성된 위원단을 구성해 법 집행과 국가안보, 프라이버시 그리고 개인의 자유에 대한 의미와 영향에 대해서 논의하는 것이라고 생각합니다. 애플은 그런 노력에 기쁘게 참여하겠습니다.

사람들은 애플이 자신의 데이터를 지켜 줄 것이라고 믿으며 그 데이터는 모두의 삶에서 점점 더 중요해지고 있습니다. 여러분들은 그것을 보호하기 위한 기술을 우리가 설계한 제품에 담아내는 데 있어서 엄청난 일을 하고 있습니다.

고맙습니다."

제가 지금 애플이나 팀 쿡을 홍보하려고 이 서신을 읽어 드린 것이 아닙니다. 저는 그들의 정보에 대한, 그리고 프라이버시에 대한, 그리고 인권과 민주주의에 대한 정신과 감수성을 홍보하고자 이 말씀을 드린 겁니다.

검찰, 경찰, 정보기관의 효율성과 편의성만을 생각하는 박근혜정부, 여당한테는 낯설고 듣기 싫은 얘기겠지만 우리는 애플의 이번 결정이 민주주의와 인권에 미치는 아주 중요한 가치를 저는 경청해야 할 것이라고 생각합니다.

이 애플 발표 소식에 대해서 최근의 한 언론에서 분석 기사를 실었습니다. 그 분석 기사도 우리한테 많은 시사점을 주는 것 같습니다.

애플의 이번 발표 소식을 접한 한국 시민들의 반응은 대체로 같은 방향으로 수렴되는 듯하다, '만약 한국이었다면'. 사람들이 가장 많이 떠올린 사건이 뭐였을까요? 2014년도에 있었던 카톡 감청 논란 사태가 아닐까 싶습니다.

당시에 다음카카오의 대응은 애플하고 비슷했습니다. 이석우 다음카카오 공동대표, 당시 공동대표지요. 이른바 사이버 검열 논란이 벌어지던 와중에 기자회견을 열어서 감청영장 집행 거부를 선언했습니다. 미숙했던 초기대응으로 논란이 커지자 서둘러 진화에 나선 것이기는 했지만 그 기자회견 석상에서의 발언의 수위는 매우 높았습니다. 이유도 비슷했습니다. 기술적으로 감청이 불가능하다…… 그동안에는 실시간 감청설비가 없음에도 서버에 저장된, 메시지가 남아 있을 경우 사후에 이를

수사당국에 제공해 감청과 비슷한 효과를 얻을 수 있었다, 이러한 설명도 그 자리에서 했습니다.

엄밀히 따지면 그것은 감청은 아닌 거지요, 사후적인 영장을 통한 자료요청 그리고 자료제공인 거지요. 그렇기 때문에 감청영장을 거부해도 법적인 문제는 없다, 이렇게 판단을 하고 해석을 했던 것이었습니다.

우리 현행법도 그런 해석을 뒷받침합니다. 사업자가 실시간 감청을 가능케 하는 장비를 서버 등에 설치하도록 강제할 수 있는 규정은 현재 없습니다. 감청에 대한 법적해석이나 판례도 다음카카오에게 유리했던 것으로 당시에 알려졌습니다. 감청영장 집행에 응하지 않았을 경우에 대한 처벌규정도 그다지 그렇게 센 처벌규정이 없었고, 아마 법률자문을 받았을 텐데 법조계에서도 '별문제 없다', 이런 법률자문을 받았던 것으로 알고 있습니다.

그런데 우리 모두는 다 알고 있습니다, 그 이후에 어떤 일이 전개됐는지. 법을 무시하겠다는 거냐, 범죄자를 비호하겠다는 뜻이냐, 이런 엄포가 정부와 정치권 안팎에서 쏟아졌고 언론은 그것을 그대로 옮겨 적었습니다. 여론은 그에 따라서 순간순간 미묘하게 엇갈렸고 이석우, 당시의 다음카카오 대표가 업계에서 이것을 공동대응을 해 보겠다 했는데 그런 공동대응은 나타나지 않았습니다. 업계가 이런 싸늘한, 정부나 정치권의 눈치를 보느라고 감히 그런 공동대응에 아마 나설 수 없었을 겁니다.

다음카카오는 그 뒤에 많은 일들이 있었습니다. 그해 연말 이석우 공동대표, 아청법 위반 혐의로 소환조사받았습니다. 2015년 여름, 작년 여름이지요. 국세청, 다음카카오에 대해서 세무조사 착수했습니다.

아마 그전에 수사기관의 감청 요청에 대해서 그런 어떤 거부나 이런 일이 없었더라면 통상적인 아청법 위반에 따른 소환, 통상적인 세무조사 이렇게 이해하고 넘어갔을 수도 있었을 겁니다. 그런데 그런 일들이 있었기 때문에 이게 예사로운 소환이거나 예사로운 세무조사로 볼 수 없었던 겁니다. 당연히 표적수사 의혹이 불거졌고 표적수사 논란이 나왔습니다.

몇 달 뒤인 10월에 카카오에서는 익명감청 방식으로 검찰수사 협조에 요청하기로 했다, 이석우 공동대표는 검찰에 기소된 이후인 11월, 회사를 떠났습니다. 물론 이 사건들 사이의 연관성은 분명하지 않고 의혹은 밝혀진 적이 없습니다.

우리한테 미국은 굉장히 익숙한 나라지요, 그리고 우리 사회의 많은 부분이 미국식 제도를 이식해 온 것이기도 하고. 그런데 프라이버시라든지 개인의 자유와 인권이라든지 그런 것은 미국 사회를 혹은 미국의 법규를, 미국의 제도를, 미국의 시스템을 배울 생각이 없는가 봐요.

다음카카오는 이렇게 용감하게 나섰다가 정확하게 그 인과관계는 모르겠지만 여하튼 안 좋은 일들이 있었고 결국 애초에 공언했던 그런 가치도 못 지켰는데, 애플은 어떻게 할 수 있었던 거냐, 이 차이가 뭐냐? 저는 거기에는

이렇게 애플이 거부하고 나와도 그로 인해서 정치적 보복을 당하지 않을 거라는 확고한 믿음이 있기 때문에 거부할 것은 거부하고 했던 게 아닌가 이런 생각이 듭니다.

자, 이제 우리 상황으로 좀 돌아와 보지요. 지금 정부와 새누리당에서는 통신사 설비에 감청장비를 의무적으로 설치하도록 하는 그런 내용을 담은 법을 추진하고 있습니다. 뭉뚱그려져서 테러방지법입니다.

지금 우리 국내 정보기관의 정보수집능력이 굉장히 약하다, 약한 것 사실입니다. 그런데 그게 테러방지법 제정의 필요성, 테러방지법 제정의 이유는 될 수 없다고 생각합니다. 테러방지법이 제정된다고 그래서 취약했던 그런, 해외로부터의 정보수집능력이 갑자기 개선이 되거나 국정원이 CIA라든지 세계 유수의 정보기관들과 대등한 수준의 정보력을 갖게 될까요? 지금 못 하면 그때도 못 하는 겁니다.

그리고 앞서도 거듭해서 지적했지만 실체가 없는, 현존하지 않는 테러의 위협, 너무 과장하지 마십시오. 지금 당장이라도 IS에 의한 테러가 대한민국에서 일어날 것 같은 그런 호들갑, 남한에 대한 대남테러 역량을 결집하라고 했다는, 사실은 그 말의 신빙성, 그 소스의 신빙성조차 믿기 어려운 그런 말 한마디를 가지고서……

일부 언론들을 보십시오. 대한민국 한복판에서 내일이라도 요인암살이 일어날 것 같은 그런 허구의 조작된 공포분위기를 조장하고 있고, 마치 테러방지법 제정을 이 기회에 밀어붙여서 국회에서 통과시키겠다는 목적하에 그런 얘기들을 하고 있는 것 같은 모습을 보이고 있습니다.

테러방지법에 대해서 헌법적, 그런 지적을 하는 전문가의 견해 하나를 소개해 드리겠습니다.

기존의 시스템과 대처방식으로도 이른바 뉴테러리즘에 얼마든지 대처할 수 있다고 한다면 현재의 테러방지법안은 비례의 원칙의 한 내용인 필요성의 원칙에 반하는 입법안이 된다. 국가의 행위를 통제하는 중요한 법원칙, 헌법상의 원칙인 필요성의 원칙에 따르면 국가는 그 목적을 달성하기 위하여 선택 가능한 여러 수단 중에서도 관계자에게 가장 적은 부담을 주는 수단을 선택하여야 된다. 필요성의 원칙은 최소침해의 원칙이라고도 한다. 테러 행위를 예방하고 처벌할 법률이 필요하다면 먼저 기존의 각종 경찰 법제와 형법으로 대처할 수 없는 부분을 정확히 논의하는 것이 순서일 테인데 그 부분에 대한 제대로 된 논의도 없이 테러방지법을 제정하는 것은 잘못이라는 얘기다.

또한 이미 검토한 것처럼 기존의 법규칙들만으로 국민의 기본권은 상당히 제약되고 있는데, 여기서 더 나아가서 국정원에게 테러범죄의 수사권을 주는 법률안이 통과된다면 국민의 기본권은 필요 이상으로 제약될 것이다. 그래도 굳이 테러방지법을 제정해야 한다면 그 제정 필요성에 대해 정부는 충분히 설명해야 할 의무가 있다.

우리 국민 대다수는 세계 각국의 테러가 어떻게 해서 발생하게 되었는지 아직까지 제대로 알지 못한다. 문제가 생기면 테러방지법에 반대하는 야당이 책임질 거냐 하는

식으로 국민을 몰아붙여서는 안 된다. 정부가 입안한 테러방지법이 실제로 테러를 방지하고 위험을 감소시키며 국민들에게 보다 안전한 생활을 가져다 줄 것인가, 아니면 테러방지라는 명분 아래 국민의 자유를 한층 더 제한하게 될 것인가, 이러한 질문에 대한 답변의 의무는 국민들에게 있는 것이 아니라, 야당에게 있는 것이 아니라 정부에게 있습니다.

다시 말해 안전을 강화한다는 이유로 자유를 제한하고자 하는 자들에게 이 질문에 대한 답변의무, 입증책임이 있다는 얘기입니다.

자, 저는 그래서 여기 국회의장과 국회의원들이 저 청와대와 국정원 그리고 정부의 강압에 떠밀려서 이 법안을, 이토록 쟁점이 많은 법안을, 이토록 논란이 큰 법안을 직권상정하고 지금 이틀째 국회에서 이렇게 잠을 못 자고 필리버스터를 하고 있는 이 상황이 너무도 사실은 안타깝고 부끄럽습니다.

국민의 대표이고 헌법상의 입법기관인 국회와 국회의원으로서 보여야 될 모습은 사라지고 대통령의 지시와 눈치를 보면서 춤추는 꼭두각시, 대통령의 오더에 따라서 움직이는 그런 국회, 그런 정부 여당, 부끄럽지 않습니까?

자, 이 무제한 토론, 언제까지 할 수 있을지 모르겠는데요, 언젠가는 끝나게 되겠지요. 그러면 국회법에 따라서 회기가 남아 있다면 표결 처리를 아마 하게 될 겁니다.

우리 새누리당 의원님들, 이 자리에 다 나가고 안 계시지만 정말 다시 한 번 생각해 주십시오. 테러방지법은 정략적 판단이나 정치적 이해관계에 따라서 만들 문제가 아닙니다. 이것 한번 만들어지면 다시 돌리기 어렵습니다. 국민의 안전과 생명, 민주주의와 인권이라는 가치를 최우선으로 판단해야 될 그런 법입니다.

이 법이 갖고 있는 부작용, 이 법이 갖고 있는 위험성에 여당·야당, 진보·보수 따로 있지 않습니다. 이것은 국민의 아주 기본적인, 자유와 시민권에 관련된 그런 문제입니다.

혹여라도 이 법 가지고서 국정원 권한 강화해서 앞으로 있을 선거정치에서 지금의 현재 여당이 조금이라도, 좀 더 재미를 볼 수 있겠다 이런 어떤 기대에서 이 법을 추진한다면 정말 어리석은 일입니다. 그보다 몇 배, 몇십 배, 몇백 배 더 큰 그런 위험한 후과가 따를 수 있는 그런 법이기 때문에 제발 이 법 제정을, 그리고 지금과 같은 방식의 강행 처리를 재고해 달라고 저는 다시 한 번 호소를 드리고 싶습니다.

저는 박근혜 대통령이 왜 이렇게 국정원 정치를 하고 싶어 하시는지 모르겠어요. 여당이 있고 국민들이 있고 그리고 국회가 있고 야당도 있는데 왜 이렇게 국정원 정치를 하시려는지 모르겠습니다. 이것은 국정원 정치입니다.

성공회대 김동춘 교수가 쓰신 논문 한 편 소개해 드릴게요. 제목이 '박근혜 정권의 국정원 정치'입니다. 한번 들어 보시고, 우리가 생각해 볼 얘기들이 있는 것 같습니다.

"지난 박근혜정부 1년 동안 대통령이나 여야 정당 대신에 비밀리에 활동하는 정보기관인 국정원이 정치의 가장

중심적인 주체로 떠올랐다. 국정원과 국방부, 국가보훈처가 이명박 정권 시절은 물론 2012년 대통령선거 당시 대북심리전의 이름으로 개입한 사실이 드러났으며, 여기서 인터넷 댓글, 트위터 등 최신의 정보매체가 적극적으로 활용된 사실이 확인되었다. 경찰은 수사를 축소하며 사건을 은폐하려 했으며, 청와대의 개입하에 국정원이 담당 검사를 자리에서 물러나게 하는 일에도 가담했다.

이처럼 수사정보기관이 조직적으로 선거에 개입한 사실이 드러나자 국정원은 이 사건과 전혀 관계가 없는 국가기밀사항, 즉 노무현 전 대통령의 김정일 전 국방위원장과의 NLL 관련 대화 중 발언을 전격 공개하여 공격적인 태도를 보였다.

그러나 국내 주요 신문과 방송은 이러한 사실을 충분히 보도하지 않았다. 자유 민주주의의 가장 중요한 보루라고 할 수 있는 선거정치와 의회정치가 정보기관의 불법 선거개입과 자기 방어적 정치행동에 의해 거의 무력화된 것이다.

여당과 국정원, 국방부 등 탈법적인 정치개입과 선거개입의 주체는 이들의 선거개입을 비판하는 사회인사들을 종북 좌익, 즉 국가의 적으로 규정했다. 이들은 이명박 정부 이후 4대강 등 각종 정치현안에 대한 비판적인 여론을 희석시킨 것이나 대선 국면에서 노골적인 선거개입을 한 행위가 적을 향해서 심리전을 펴는 것과 같은 것이라고 정당화했다.

선거는 전쟁이 되었고 야당 후보는 적이 되었으며 그를 지지하는 국민 역시 잠재적 적, 선무공작의 대상이 된 셈이다. 정치는 적과 나를 구분하는 것이라는 사실을 확인시켜 주었다.

선거정치, 정당정치, 사법부의 독립이 헌법상 보장되고 있음에도 불구하고 실제로 민주주의의 원칙이 심각하게 훼손되고 대통령과 그 직속 정보기관이 이렇게 국가안보의 이름으로 정치에 개입하는 현상을 우리는 어떻게 설명할 것인가? 이것은 과연 새로운 것인가? 1987년 이후 한국이 민주화되었다는 통념은 사실 의문시될 수 있는 것일까, 아니면 한국이 처한 분단 상황이나 한반도에 직접적 영향을 발휘하고 있는 미국의 헤게모니 또는 1990년대 이후 금융자본의 지구화와 같은 조건들이 민주주의의 공고화를 사실상 좌초·굴절시킨 배경으로 작용한 것인가?

분명한 사실은 그동안 권위주의에서 민주주의로의 이행과정을 설명해 온 주요 이론인 민주주의 공고화론 혹은 포스트 민주주의론 등이 현재의 한국 정치상황에 매우 제한적으로만 적용될 수 있다는 것이다.

뿐만 아니라 질 높은 민주주의에 대해 오랫동안 모색해 왔음에도 불구하고 실제로 이러한 절차적 민주주의는 얼마든지 역전될 수 있으며, 이에 따라 민주주의라는 제도나 장치도 무기력한 것이 될 수 있음이 확인되고 있다.

북한 사회주의 '적'과 만성적으로 대치하면서 상대를 절멸시키려는 냉전이념과 군사적 준비 상태에 놓인 1948년 이후의 남한은 미국보다 훨씬 더 강한 파시즘의 조건을 갖추고 있었다.

1948년 정부 수립과 자유 민주주의 헌법 제정에도 불구하고 곧이어 발생한 여순 반란 사건, 제주 4·3봉기와 같은 준내전이 지속되었고 1950년 6·25 이후 3년간의 전면전을 겪었다.

한국의 자유 민주주의 헌법은 출발부터 국가보안법이라는 국가안보 관련법에 종속되었으며, 국가보안법과 반공법의 규율체제가 실질적 헌법의 기능을 했다. 게다가 1968년 이후 북한이 남조선 혁명 노선의 일환으로 게릴라를 침투시키자 남북한의 준군사적 대치와 적대는 만성화되었다……"

너무 학술적인 내용은 건너뛰겠습니다.

"미국의 자유주의와 반공주의의 직접적 영향권에 있던 한국의 이승만 정권은 그냥 문민독재 체제로 그쳤으나 일제 군국주의와 국가주의의 감화를 받은 일본군 출신 박정희가 집권함으로써 파시즘적 요소는 더욱 강화되었다.

군사정권 기간 한국에는 청와대와 그 직속기관인 중앙정보부가 국민의 생명권, 신체의 자유, 표현의 자유까지 심각하게 제한했다. 그중 1972년에서 1979년까지의 유신체제는 구조적 파시즘이 대통령 선거권 폐지, 입법부를 거치지 않은 각종 긴 급조치의 발표, 국민개조운동의 전면화 등을 통해 실제 파시즘 혹은 유사 파시즘으로 전환된 시기였다.

박정희의 유신체제는 군, 중앙정보부, 법원과 검찰, 언론을 국가 단일체제하에 일체화시키고 온 국민들에게 하나의 사고만 가질 것을 강요한 일제 말의 국방국가와 유사한 지배질서였다.

그러나 1987년 전두환 정권의 붕괴는 한국 지배체제에서 가장 뚜렷한 전기를 이룬다. 87년 이전에는 중앙정보부, 안기부, 방첩대, 특무대, 보안사가 실제 국가 위의 국가로 군림했고 대통령은 이런 기관을 동원한 정치를 실시하다가 정권이 위기에 빠지면 군과 경찰을 동원해서 물리적인 폭력을 행사했다.

당시 입법·사법의 자율성은 극도로 제한되어 있었다. 그러나 1987년 이후에는 입법·사법부가 나름대로의 자율성을 가지기 시작했고, 수사정보기관의 정치적 역할은 배후로 은퇴했다. 그리고 제1야당의 활동은 물론 진보적인 정당의 활동도 어느 정도로 허용되었다.

이명박 정권 이후 정보기관이나 공안검찰이 대통령과 정부의 정책에 반대하는 세력이나 노동자들을 사실상 국가(경제)의 적 또는 친북세력으로 지목하여……"

(「지금 의제하고 상관없는 발언을 하는데 의장은 뭐하고 있어요?」 하는 의원 있음)

관련 있는 내용이에요. 조용히 하세요. 관련 있는 내용이에요. 관련 있는 내용이라고요.

(「아니, 의제하고 상관없는 얘기를 계속하고 있어요!」 하는 의원 있음)

의제하고 상관있어요.

● **부의장 이석현** 조용히 하시고, 조 의원님 좀 양해하시고 듣기 바랍니다. 모든 일이 다 연관이 됩니다.

(「아니, 들어 보세요. 의제하고 상관있는 얘기를 해야 될 것 아닙니까?」 하는 의원 있음)

● **박원석 의원** 상관있습니다.

● **부의장 이석현** 조 의원님, 잠깐 앉아 주세요.

　우리가 지난 시대의 아픈 역사를 왜 들추느냐고들 하는데 그런 아픈 역사가 다시 부활하지 않도록 하기 위해서 그걸 돌무덤 속에 묻기 위해서 그런 얘기를 하는 겁니다.

　(「그게 테러방지법하고 상관있는 겁니까?」 하는 의원 있음)

● **박원석 의원** 상관있습니다.

● **부의장 이석현** 그렇기 때문에 그런 얘기가 좀……

● **박원석 의원** 테러방지법으로 국정원 강화하자는데 그것 반대하니까 상관있습니다.

● **부의장 이석현** 예, 좀 들어 보세요.

　연관성이 있는 거니까 좀 참고 들어 보세요.

● **박원석 의원** 상관있어요.

　좀 앉으세요. 지금 발언 중이잖아요.

● **부의장 이석현** 발언하세요, 박원석 의원님.

　(「의장께서 상관있다고 판단하시잖아요. 조원진 수석!」 하는 의원 있음)

　박원석 의원님 발언하세요.

● **박원석 의원** 예.

　"여러 가지 점에서 박근혜정부는 아버지 박정희의 유신통치를 답습하고 있다. 이명박 정부에서는 국정원을 동원하는 과거식의 정치 개입이나 사찰이 어려워지자 총리실을 통해 불법 사찰을 실시하는 정도에 그쳤으나 박근혜정부가 들어선 후에는 군 출신을 국정원장으로 앉힌 다음 정치의 전면에 등장시켰고……"

　(「의장님, 의제하고 관련 없는 얘기를 한다고 말씀드렸습니다」 하는 의원 있음)

● **부의장 이석현** 조 의원님, 이런 일은 과거를 되돌아봐서 앞으로 그런 문제가 안 생기게 하자 하는 취지이기 때문에 연관성이 다 있는 것입니다. 이걸 자꾸 연관성이 없다고 하시면 어떻게 됩니까? 지금 의장 사회를 보고 있는 사람은 납니다. 좀 앉아 주세요.

● **박원석 의원** 앉으세요.

　의장님이……

　(「상관이 없다고 말씀드리잖아요」 하는 의원 있음)

　그것은 의견이시고요……

　(「왜 동료 의원이 발언하는데…… 입장이 있지 않습니까? 앉아 주세요」 하는 의원 있음)

　아니, 조원진 의원이 주장하면 그걸 다른 사람이 다 받아야 돼요?

　앉으세요.

　(「퇴장시키세요, 의장님」 하는 의원 있음)

● **부의장 이석현** 말씀하세요.

● **박원석 의원** "박근혜정부가 들어선 후에는 군 출신을 국정원장으로 앉힌 다음 정치의 전면에 등장시켰고, 여당인 새누리당이 지난 대선 국면에서 대북심리전의 이름으로 대선 시기 댓글 공작을 한 국정원을 비호하고 있다.

　국정원 불법 대선개입 수사를 진행하는 검찰 지휘부나 담당 검사를 자리에서 밀어내고, 공영언론은 물론 사기업인 방송과 신문까지 국가가 간섭과 통제를 하게 되고, 일부 인터넷 사이트도 접근을 금지했으며, 국사교과서까지 국가이념을 주입하는 통로로 삼고자 하고 있다.

　박근혜 정권의 국정원 정치는 김영삼·김대중·노무현 정부 시기 보수세력의 위기 국면에 언론과 검찰이 주도했던 일시적인 반공·반북 히스테리가 이제 집권이라는 유리한 조건에 힘입어 다른 형태로 나타난 것으로 볼 수 있다."

　(「남의 얘기 하지 마시고 본인 얘기 하세요」 하는 의원 있음)

　"물론 박근혜 정권이 이 정권의 위기를 빌미로 긴급조치, 계엄령 등 비상을 선포하거나 비상입법을 시도하지 않는 점, 사법부 특히 개별 법관의 판결이 권력자 입김하에 있지는 않으며, 비판적인 언론의 공간이 존재하는 점에서 과거 유신체제나 통상적 의미의 파시즘과는 거리가 멀다.

　그러나 법원의 집행정지 결정이라는 반격을 받아 아직 관철되지는 못했지만 전교조를 법외노조라고 통보한 것이나 철도파업 주동자 체포를 위해 민주노총 사무실에 공권력을 투입하여 압수 수색한 것은……"

　(「의장님! 이것은 의제하고 상관없는 얘기입니다!」 하는 의원 있음)

　"과거 레이건이나 대처의 강경 대노조 정책보다 한걸음 더 나아간 것이다."

　(「아니, 의제하고 상관없는 웬 노조 얘기를 계속 이렇게 들으실 겁니까?」 하는 의원 있음)

　국정원 얘기하는 거예요.

　(「아니, 이것은 의제하고 상관이 없는 얘기입니다」 하는 의원 있음)

　(「합법적인 의사를 왜 방해합니까, 왜?」 하는 의원 있음)

● **부의장 이석현** 들어 보세요.

　(● 조원진 의원 의석에서 걸어 나오며 ─ 의장님, 의제하고 상관없는 얘기니까 주의를 주세요)

　(● 심상정 의원 의석에서 걸어 나오며 ─ 아니, 왜 합법적인 걸 방해해요?)

　들어 보세요.

　(● 조원진 의원 단하에서 ─ 의장님, 주의를 주세요, 주의를!)

　조 의원, 들어 보세요.

● **박원석 의원** 국정원하고 관련 있는 거예요. 들어가세요.

● **부의장 이석현** 모든 길은 로마로 통한다고 했는데 이런 우리 역사적인 맥락에서 의제와 다 연결이 되는 얘기입니다. 좀……

　　(● 조원진 의원 단하에서 — 의제하고 상관없는 얘기인데 주의를 주세요. 허위사실도 있는 겁니다. 허위사실도)

● **박원석 의원** 허위사실이 어디 있어요?

　　(● 심상정 의원 단하에서 — 의장 얘기를 들으세요, 의장 얘기를. 회의를 방해하지 마세요)

● **부의장 이석현** 우리가 동료 의원 간에 입장이 달라도 그래도 좀 참고 인내하고 경청하는 그런 태도를 좀 보여 주시면 감사하겠습니다.

　　(● 조원진 의원 단하에서 — 지금 의제하고 상관이 없는 얘기를 몇 번 하고 있습니까, 지금?)

　　(● 심상정 의원 단하에서 — 소수 정당이라고 무시하는 겁니까, 지금?)

　　(「의장님, 퇴장을 명해 주세요」 하는 의원 있음)

　　(● 심상정 의원 단하에서 — 퇴장을 명해 주세요, 퇴장을)

아니, 조 의원 좀 앉으시고, 박원석 의원 발언 계속하세요.

● **박원석 의원** 예.

　　(● 조원진 의원 단하에서 — 아니, 그러니까 의제하고 상관없는 얘기를 자제하도록 주의를 주세요)

　　(● 심상정 의원 단하에서 — 아니, 정당한 필리버스터를 방해하는 사람은 퇴장시켜 주세요)

　　(● 조원진 의원 단하에서 — 의제하고 상관없는 얘기를 자제하도록 주의를 시켜 주세요)

● **부의장 이석현** 세상 일이 연관이 다 있습니다.

● **박원석 의원** 들어가십시오. 왜 의사진행을 방해하세요?

● **부의장 이석현** 과거를 돌아봐서 그런 불행한 일이 다시 안 생기게 하자는 게 오늘밤 우리가 이렇게 지금 고단한 토론을 하는 목적 아닙니까? 그러니까 좀 듣고 계세요.

　　(● 조원진 의원 단하에서 — 의제하고 상관있는 얘기를 해 달라는 겁니다)

　　(● 심상정 의원 단하에서 — 다 의제하고 상관있습니다. 귀 기울여 들어 보세요)

● **박원석 의원** 의제하고 상관있어요.

　　(● 심상정 의원 단하에서 — 들어 보지도 않고 무슨 의제하고 상관없다고 그래요?)

● **부의장 이석현** 조 의원 좌석으로 돌아가세요. 박 의원 발언 계속하세요.

　　(● 조원진 의원 단하에서 — 너무 일방인 얘기를 지금 하고 있는 것 아닙니까?)

　　(● 심상정 의원 단하에서 — 퇴장시켜 주세요. 의사진행을 방해하는 분은 퇴장시켜 주세요)

두 분 다 들어가세요. 두 분 다 좌석으로 돌아가시고, 서로 예의를 갖춰서 동료 의원이 발언할 때는 좀 서로 경청해 주시기 바랍니다.

● **박원석 의원** 자, 들어가십시오. 제가 이 논문을 인용해서……

　　(● 조원진 의원 단하에서 — 의제하고 상관있는 얘기를 하도록 주의를 좀 달라고 말씀드리지 않습니까?)

　　(● 심상정 의원 단하에서 — 의장님, 의장님, 퇴장시켜 주세요)

　　(● 조원진 의원 단하에서 — 의장님, 제가 원내수석부대표로서 말씀드리는 거예요. 의제하고 상관이 있는 얘기를 하도록 주의를 좀 달라는 것 아닙니까?)

의제하고 상관있습니다. 들어가십시오, 의사진행 방해하지 마시고.

● **부의장 이석현** 내가 회의를 주재하고 있는 의장으로서 판단하는데, 의제와 연관성이 있습니다. 더 말할 생각이 없습니다.

● **박원석 의원** 들어가십시오.

제가 말씀드리고자 하는 핵심은 이겁니다.

이 논문을 제가 굳이 인용했던 이유는 박근혜정부, 내일 취임 3주년이시잖아요, 대통령. 그런데 이 테러방지법 사태에 직면해서 대통령께서 여당과 정치를 하시고 국회와 정치를 하시고 야당과 정치를 하셔야지 국정원 정치 하지 말라는 얘기입니다. 지금 가뜩이나 국정원이……

　　(「국정원 정치 하는 것 아니라고 하는데 왜 자꾸……」 하는 의원 있음)

이 정부 들어와서, 뿐만 아니라 지난 정부 때 그리고 지난 역사적 과정에서 우리 민주주의와 인권과 그리고 대한민국의 정상적인 발전에 역행하고 일탈하는 그런 여러 가지 행위들을 해 왔는데, 그 국정원에다가 테러 위협이 있다는 과장된 그런 현실을 동원해서 대테러 활동의 모든 지휘권한을 주겠다는 이 법률, 도저히 이것은 받아들일 수 없고, 이게 바로 또 다른 의미에서 국정원 정치를 하겠다, 국정원 정치를 더욱 강화하겠다 그런 정치적 의도로밖에 보이지 않는다고 생각합니다.

그런 점에서 제가 이 자리에서 지금까지 누누이 말씀드렸듯이 이 법은 한번 이렇게 통과되고 나면 그 후과, 얼마나 큰 부정적 후과가 있을지 모르는 그런 법입니다. 정부 여당에서도 신중하게 생각해 보십시오.

우리가 경제활동하고 밥만 먹고 사는 것 아닙니다. 자유라는 가치, 민주주의라는 가치, 인권이라는 가치, 평화라는 가치 그것은 안보나 혹은 대테러나 공권력이나 그런 가치들 이상으로 중요한 국민의 기본권에 관련된 사항입니다.

이 테러방지법에는 국민의 기본권을 후퇴시키고 제약하고

훼손할 수 있는 그런 독소 조항들이 담겨 있음에도 불구하고, 그리고 가장 핵심적인 내용이 그런 무소불위의 권한을 휘둘러 왔던 국정원에게 또 다른 권한을 주겠다는 그 내용임에도 불구하고 당장 눈앞에 존재하지도 않는 위협을 이유로 있지도 않은 국가비상사태를 들이밀어서 이 법을 통과시키겠다는 그런 의도, 지금 지난 이틀간 우리 국민들이 이곳 국회의사당에서, 의정 단상에서 야당 의원들이 목에 피가 나도록 외치고 있는 이 내용들을 듣고 계시리라고 생각합니다.

국민 여러분, 판단해 주십시오.

과연 이 테러방지법이 우리 국민들 민생에, 먹고 사는 문제에, 당장에 우리 청년들의 실업문제에, 우리 어르신들의 노후문제에 무슨 도움이 되는 문제입니까? 정부 여당이 이걸 가지고 목을 매야 될 이유가 뭐가 있습니까? 이것 안 하면 당장이라도 이슬람 국가에 의한 테러가 대한민국 한복판에서 발생합니까?

그런 증거를 갖고 있지도 않으면서 그리고 이 법의 위험성에 대한 여러 가지 반론들에 대한 제대로 된 답변 하나 하지 못하면서 힘으로만, 오직 숫자의 논리로만 이 법을 밀어붙이겠다는 박근혜정부의 태도는 민주공화국 정부의 태도가 아닙니다. 총, 칼 들어야 독재입니까? 그런 점에서 저는 이 테러방지법은 어떤 희생이 따르더라도 이런 방식으로 국회에서 날치기 통과되는 것을 결코 좌시할 수 없다는 점을 다시 한 번 말씀드리겠습니다.

자, 테러방지법의 입법사례를, 여러 사례를 찾다가 굉장히 유의미한 논문 하나를 발견했습니다. 제목이 '테러방지입법의 합헌적 기준'입니다. 고려대학교에서 2015년에 한 연구자가 쓴 논문입니다. 이 논문을 제가 좀 여러분께 소개를 해 드리려고 합니다.

저자는 이 논문에서 자유와 안전을 양쪽에 올려놓은 저울은 안전으로 크게 기울었다면서 헌법 안에서 이 안전기구가 어떻게 작용을 해야 되는지, 헌법은 안전과 자유를 어떻게 해석하고 있는지 이 점에 대해서 우리가 주목할 만한 그런 토론을 하고 있습니다.

우리가 테러방지법 제정을 논의하기에 앞서서 살펴볼 여지가 있다고 판단해서 논문의 주요내용을 여러분께 말씀드리고 함께 생각을 해 봤으면 좋겠습니다.

(「읽지 말고 소화한 뒤에 말씀하세요」 하는 의원 있음)

그건 제 마음이에요. 그런 것까지 신경 쓰지 마세요. 이건 제 토론이지 의원님 토론이 아니에요.

"민간항공기가 테러리스트에 의해 공중 납치됐다면, 민간항공기 안 수백 명의 무고한 민간인이 희생되어도 격추하라는 법률이 제정되었고, 테러공격을 막기 위해서라면 고문할 수 있다는 법학적 논쟁에 불이 붙었으며, 테러와 관련 있는 자에게 그 어떤 절차적 권리도 인정하지 않으면서 무기한 구금하였다. 게다가 이들은 수사나 재판과정에서 정상적인 형사·수사 절차를 보장받지 못했다. 테러로부터의 안전은 헌법적으로 설명할 수 없는 법률과 조치들을 정당화했으며, 자유를 통제할 수 있는 특별하게 중요한 확실한 가치가

되었다. 자유와 안전을 양쪽에 올려 놓은 저울은 안전으로 크게 기울었고, 예방적인 조치들에 맞춘 새로운 수단들을 어렵지 않게 정당화하였다. 그리고 이러한 조치들은 점차 일상화되었다.

2001년 9월 이후 자유와 안전을 둘러싸고 벌어지기 시작한 보편적인 현상에 이 논문은 주목하였다. 2001년 9월 미국에 대한 테러공격 이후에 미국뿐만 아니라 유럽, 중국, 러시아, 호주, 캐나다, 일본, 인도 등 많은 국가들이 상상하기 어려울 정도로 기본권을 침해하는 테러방지법을 만들었다. 이러한 테러방지법과 이 법에 의해 부여된 강력한 권한들은 오직 고도로 위협적인 테러범과 테러단체만을 겨냥하고 있으며 그 덕분에 위험한 고비를 수차례 넘기기도 했다고 하지만 이런 법률이 가지는 의미와 영향은 우려했던 바대로 내외로 확산되었다.

테러방지법은 소수민족을 탄압하기 위해서 혹은 허용되지 않은 영역에서 군사력 확장을 위해서 이용되었고, 21세기 자유민주주의 국가에서 강화되고 책임지지 않은 권한으로 무장하면서도 전혀 감독받지 않는 거대한 안전기구를 탄생시켰다. 이 안전기구가 자유민주주의 국가와 헌법 안에서 어떻게 존재해야 하고, 어떤 방식으로 그 정당성을 확보할 것인가 그리고 극단적인 위험이 일상화된 시대에 헌법은 자유와 안전은 어떻게 해석하고 형량해야 할 것인가가 중대한 문제가 되었다."

국가의 가장 중요한 문제는 국민들의 안전을 어떻게 지키느냐 하는 문제입니다. 세월호 침몰사건에서도 알 수 있듯이 우리에게 만약 제대로 된 안전체계가 있었다면 그런 정말 가슴 아픈 희생은 없었을 수도 있을 겁니다.

9·11 테러가 난 이후에 전 세계적으로 각국은 자유와 안전 중에서 안전에 더 방점을 두는 그러한 경향을 보여 왔습니다. 2001년 9·11 테러 이후에 세계 각국에서 유행처럼 테러와의 전쟁 내지는 테러방지법과 유사한 그런 반테러 입법들이 등장을 하면서 전 세계적인 공안정국이다, 이런 얘기가 등장했을 정도로 자유와 안전의 가치 중에 안전으로 보다 기우는 듯한 그런 모습을 보여 왔습니다.

그런 점에서 범죄의 위험에 대한 국가의 역할이 어떻게 변해 왔는지 이 논문을 통해서 살펴보겠습니다.

"과거에 국가가 관심을 갖지 않아도 되었던, 온갖 위험을 예측하고 그 실현을 막아야 할 임무를 가지게 된 현대국가가 전통적인 임무였던 범죄위험의 방지와 관련해서는 더욱 당연하고 견고한 임무를 부여 받았다. 보호자이면서 침해자라는 국가에 대한 과거의 이중적 관점은 '범죄위험 대비'라는 국가의 최소한의 그러나 막중한 임무를 수행해야 하는 현대국가에 적용되지 않기 시작했으며 각종 범죄위험의 방어를 위하여 요청되어 도입된 기술은 거의 제한되지 않고 사용되고 있다.

지난 2011년에서 2013년 사이에 수사기관이 통신사업자에게 요청서를 제시하고 수사대상자의 인적사항을 요청하는 '통신자료 제공요청'과 수사 대상자의 통신기록을 확인할 수 있는 '통신사실 확인'이 각각 한해 평균 66만 명, 20만 명에

대해서 이루어졌는데, 이러한 집행 이후에 당사자에게 통지한 평균 비율은 36.5%에 불과한 것으로 나타났다. 범죄 사실을 인지하고 수사하기 위한 여러 기술들이 개인의 사생활과 같은 권리를 거의 인식하지 않고 사용되고 있으며, 이러한 기술 사용에 대한 저항도 크지 않음을 알 수 있다.

국가가 범죄의 위험으로부터 국민을 보호하는 전통적이고 기초적인 의무를 수행하는 데 있어 침해자가 될 수 있다는 헌법상의 중요한 관점은 점차 사라지고 있으며, 침해자로서의 국가를 상정하고 만들어진 형사 사법체계가 흔들리고 있는 변화를 감지할 수 있다."

자, 테러에는 굉장히 다양한 형태가 있습니다. 최근에 IS를 위시로 한 그런 이슬람 극단주의 세력의 테러들이 여러 차례 세계적으로 일어나고 있고 또 그 실상이 공개되면서 여러 가지 우려를 낳고 있는 것이 사실인데요, 그런데 테러의 유형은 그동안의 시대상황에 따라서 많이 변해 왔던 것 같고 또 그 유형이나 주체들이 달라져 왔던 것 같습니다.

테러가 어떻게 변해 왔고, 현실의 테러는 어떤 유형인지 아는 것이 올바른 테러방지법을 논의하는 데 있어서 중요한 전제일 것 같아서 그것 관련해서 이 논문이 소개하고 있는 부분을 한 번 공유를 해 보겠습니다.

과거 테러리즘의 성격 관련해서 몇 가지를 제시하고 있습니다.

"첫 번째는 '혁명에서 권력의 남용으로'라는 제목으로 '테러리즘' '테러'라는 용어가 '공포'라는 순수한 문언적인 의미를 넘어서서 정치전략과 같은 특별한 의미를 갖게 된 시기에 대해서 이론가들은 프랑스 혁명정부를 주목한다.

프랑스 혁명 무렵이던 1789년 바스티유 감옥 습격사건은 각종 봉기와 시위의 출발점이 되었는데, 이 무정부 상태를 수습하고 질서를 확립하기 위해서 1793년부터 1794년 사이 막시밀리엥 로베스피에르(Maximilien Robespierre)는 공포체제를 세웠다.

그는 민주주의를 달성하고 이에 반대하는 반혁명 세력에게 위력을 보이고 새 정부의 힘을 공고히 하기 위해 테러, 즉 공포를 주는 전략을 사용하였다. 따라서 당시의 테러리즘은 현재의 이미지와는 달리 혁명·쇄신과 같은 긍정적인 의미를 함축하고 있었다."

두 번째, 반국가세력에 대한 저항운동으로서의 테러리즘이 있을 수 있는 것 같습니다.

"1800년대부터 테러리즘은 국가권력이 아닌 민간세력에 의해서 수행되기 시작하였다. 이때부터 테러리즘은 주로 비대칭적인 수단을 가진 세력이 국가를 전복하거나 공권력에 항의하기 위해서 혹은 정치적 목적을 달성하기 위해서 시작하는 폭력을 의미하기 시작했다.

특히 1800년대 초반에는 테러리즘이 민족주의나 무정부주의와 같은 주장을 담았고, 수단으로는 폭발물을 사용했다. 대개의 테러조직은 공격의 목표물을 신중하게 선택했고 공격을 수행하는 과정에서 생기는 의외의 희생자가 생기는 것을 극도로 피했다. 상징적인 목표물을 공격하는 도중에 무고한 피해자가 생기는 경우 테러단체가 주장하는

정치적인 주장이 힘을 잃고 비난받을 가능성이 커졌기 때문이다.

그러나 모든 테러조직이 신중하고 선택적인 공격만 한 것은 아니었다. 영국과 미국을 기반으로 하는 아일랜드 출신 테러조직은 영국의 철도역을 연쇄적으로 폭파하는 공격을 자주 감행했다.

이들의 목표는 기간산업을 폭파하고 대중교통시설 이용을 못 하도록 공포를 조성함으로써 영국 경제의 숨통을 막고 혼란을 유도하여 자신들의 명분을 극적이고 충격적인 방식으로 드러내는 것을 목적으로 하였다. 무고한 사람들의 희생에 관대했던 이 테러행위는 1887년까지 계속됐으며 강화된 영국 경찰의 감시와 국경 통제, 국제적 협력을 통해 겨우 잠재울 수 있었다.

(3) 독재국가 전술로서의 테러리즘", 다른 의미로는 국가테러라고 할 수 있을 것 같습니다.

● **부의장 이석현** 박원석 의원님, 참고로 12시 49분에 시작했으니까 지금 7시간을 넘겼는데 너무 강행군하시는 것 아닙니까? 너무 무리까지 할 필요는 없을 것 같은데요.

● **박원석 의원** 제가 힘들면 그만하겠습니다.

1900년대 들어서 1800년대 기승을 부렸던 테러리즘의 영향이 결국에는 1차 대전의 불씨로 나타났습니다. 1914년에 보스니아의 젊은이들이 만든 조직의 한 일원이 합스부르크 대공을 살해하고 이 사건이 연쇄반응을 일으켜서 결국 1차 대전의 불씨가 됐는데, 전쟁의 여파로 피폐해지고 혼란이 지속되면서 1930년대 유럽에서는 나치 독일, 파시스트 이탈리아, 스탈린 러시아, 이런 체제들이 권력을 잡고 공포와 강압으로 국민을 통제하고 감시하고 살인을 일삼았습니다.

민간세력에서 힘이 센 국가권력에 대항하는 의미로서, 그 수단으로서 사용하던 테러리즘이 다시 국가권력의 수단과 전술로 바뀐 겁니다.

네 번째로 비대칭적 수단으로서의 테러리즘이 있습니다.

"1960, 70년대에는 비대칭적 전쟁의 주요 수단이라는 현재 테러리즘의 가장 중요한 특징을 완성한 시기라고 볼 수 있다. 이 시기의 테러리즘은 식민주의로부터의 해방이라는 틀에서는 벗어났지만 민족주의, 분리주의, 좌익·우익, 극단주의로 동기화된 명분과 조직들에 의해 수행되었고 세속적인 동기, 정치적 목적과 더불어 여전히 혁명이라는 맥락을 유지하면서 국가·자본주의에 대항해 변변한 무기가 없는 상태에서 싸울 수 있는 훌륭한 전략·전술로 채택되었다.

그리고 다섯 번째로 국가지원 테러리즘과 종교 극단주의 테러리즘", 아마 우리가 요즘 시대에 가장 많이 볼 수 있는 그 테러의 유형이 아닌가 싶습니다.

80년대 중반에 자살테러 공격이 중동에 있는 미국의 외교시설 또 군사시설 이런 데 집중되면서 이란·이라크·리비아·시리아 같은 국가가 지원하는 테러리즘의 개념이 추가가 되었고, 테러리즘을 행하는

주체에 대한 인식이 과거와 같은 좌익공산테러단체가 아니고 중동의 불량국가 후원의 테러단체로 바뀌었습니다.

그래서 테러리즘의 의미도 군사력이 약한 국가가 훨씬 강한 국가를 상대로 보복의 위험 없이 벌이는 비밀전 혹은 대리전의 양상을 띠게 됐습니다.

이런 종교가 테러리즘의 주요 동기로 작동하기 시작하면서, 특히 이슬람 원리주의 테러단체에 의한 테러 공격이 빈번해지면서 종교가 테러단체를 설명하는 특징으로 이렇게 대두가 됐습니다.

90년대 후반부터는 테러리즘을 요구하는 종교의 명령이 오늘날 테러리즘의 가장 중요한 특징이라고 그렇게 단언되고 있고, 많은 연구들도 종교를 테러리즘의 가장 큰 원동력으로 평가를 하고 있습니다.

그렇다면 이런 테러들에 대한 대응방식이 과거에는 어땠고 지금은 어떤가, 이 점에 대해서 한번 짚어 보겠습니다.

9·11 테러 공격 이전 각국의 대테러 방식은 기본적으로 형사범죄화에 의존을 했습니다. 국내법으로 범인을 체포하고 기소하는 것은 테러리스트와 테러조직에 대한 공권력의 우위를 의미하는 것이었습니다.

테러 위협에 상시적으로 노출됐던 많은 나라들에서 이런 대응을 했는데, 앞서도 말씀드렸듯이 아일랜드 공화군(IRA)의 테러 공격으로 오랫동안 시달렸던 영국의 경우 폭탄 테러에 대해서 형사범죄로 대처를 했고 관련 법이 2000년까지 개정을 반복하면서 존속했고 그랬습니다.

이런 방식이 80년대부터 조금씩 변해 왔다 이런 경향을 보여 준다고 하는데요. 상징적인 사건이 아마 비행기 폭발 같은 그런 대규모 테러를 통해서 그런 것들이 변해 온 것 같습니다.

88년에 Pan Am Flight 103 폭발 사건에서 259명이 비행기에서 사망하고 지상에서 11명이 사망했을 때 당시의 조지 부시 행정부는 용의자들을 체포해서 미국 법정에 세우는 문제로 다루었지만 88년 나이로비-케냐, 다르살람, 탄자니아에서 대사관 폭발로 12명의 미국인과 200명의 케냐인과 탄자니아인이 사망했을 때 미국은 즉각 군사보복 공격을 감행했고 15명의 용의자를 체포했습니다. 군사적 대응과 법 집행 대응이 함께 이루어진 경우였지만 이때까지만 해도 법 집행에 기반을 하고 있었다 이렇게 볼 수 있을 것 같습니다.

문제는 9·11이 준 쇼크로 인해서 테러리즘에 대응하는 대응양식이 그 뒤로 많이 변화했고 또 테러리즘의 성격도 변화했는데요.

기존의 테러리즘이,

"9·11 테러 공격 이후의 테러리즘이 기존의 과거에 이해하던 그런 테러리즘하고 다른 점을 비교하면 다음과 같다.

기존의 테러리즘이 정치적인 명분에 타격을 입힐 수 있는 잉여의 희생을 주저했고, 그래서 공격이 추구하는 시대적인 정치적 목표와 범위와 강도가 잘 조준되어 있고 비례적이었다면 9·11 테러 공격을 전환점으로 하는 새로운 테러리즘은 가능한 한 많은 사상자를 내려 하고 정치 협상에는

관심이 없는 것으로, 그런 경향으로 나타나고 있다.

9·11 테러는 이제 테러리스트들이 가능한 최대의 사상자를 낼 수 있는 무기, 예를 들어 생물학·화학·핵·방사능 무기와 같은 대량살상무기를 주저하지 않고 사용할 것임을 짐작게 했고, 테러리스트들이 정치적이거나 이념적인 것보다는 사회의 파괴 및 다수 생명의 죽음이라는 비상식적인 목적을 겨냥하고 있다는 것을 보여 주었다.

9·11 테러 공격을 국민의 안전을 보장하려는 국가의 능력과 국가의 정통성을 의도적으로 위협하는 분쟁의 최상위 성격인 전쟁으로 파악한 미국의 부시 대통령은 이 테러 공격을 수행한 테러단체를 새로운 악이라고 명명을 했고 테러와의 전쟁을 선언했다.

이 선언은 상징적인 레토릭처럼 보였지만 실제로 미국 의회는 대통령에게 국제 테러를 막기 위한 필요하고도 적절한 모든 군사력 사용을 허가하는 군사력 사용 승인 결의안을 채택하였다.

그로부터 2개월 뒤 부시 대통령은 테러와의 전쟁과정에서 미국 국민의 보호를 위해 미국 군대가 개입할 것이며 이 과정에서 생포한 자들의 억류, 처우, 재판은 특별한 관리와 절차를 밟을 것임을 발표하였다.

실제로 미국·영국 연합군이 아프가니스탄 주변을 공습해서 아프가니스탄 전역을 점령하고 반탈레반 과도정부를 수립했고 테러를 위한 대량학살무기를 보유하고 있다는 이유로 이라크 전쟁을 일으켰고 9·11 테러 직후 체포·구금된 1200명의 사람들에 대해서—관타나모 수용소 같은 게 대표적이지요—전쟁 포로로서 가지는 지위나 권리조차 인정하지를 않았습니다.

9·11 테러 이후에 테러리즘과 그에 대응하는 반테러리즘의, 대테러 대응의 양상이 그 이전의 테러리즘이나 대테러 대응의 양상과는 전혀 달라졌다.

그 이전이 어떻게 보면 어떤 정치적 명분을 가지고 하는 그런 제한적 테러였고 그에 대한 대테러 수단은 국내법적인 수단들을 가지고 주로 법정에 세우는 이런 경향이었다면 9·11 이후는 정말 목적 없는 살상을, 그것도 대량 살상을 목표로 하는 그런 테러리즘이 등장을 했고 그에 대한 대응은 군사적 대응까지를 포함하는 그런 대응으로 확산됐다."

이렇게 정리를 할 수 있을 것 같습니다.

자, 중간에 지나치게 학술적인 내용들은 좀 건너뛰고요. 9·11 이후에 많은 나라들에서 대테러법들이 등장을 했고 우리도 언론보도나 이런 것을 통해서 간간이 그런 대테러법을 둘러싼 여러 가지 갈등들이나 이런 것들을 목격을 한 바 있는데요, 이 논문이 소개하고 있는 각국들의 대테러법의 주요 내용은 어떤 것이 있었는지 한번 논문의 소개를 통해서 보도록 하겠습니다.

"9·11 테러 이후에 많은 국가가 대테러법을 제정하거나 개정하였다.

대개 대테러법은 대테러법으로 다룰 테러의 공격의 범위를 정하고 정보기관에 테러와 관련한 정보수집 권한을 부여하고 감시기술의 사용을 크게 허용하였다.

또 외국인을 추방하거나 입국을 거절하고 구금하는 절차를 바꾸었고 처벌을 강화하였다."

영국의 테러 대응 법률에 관해서 소개를 하고 있습니다. "영국은 2001년 9·11 테러 공격이 벌어지기 직전인 2000년에 한시적으로 만들어졌으나 연장되어 사용되었으며 적용 대상이나 지역이 IRA나 북아일랜드로 고정되어 있던 기존의 테러 관련 법률들을 정리해서 종합적인 대테러법을 도입했다.

Terrorism Act 2000은 이전의 테러 관련 법률들을 폐지하고 영국 전체에 적용되는 보편적이고 일반적인 테러대응법이 되었다.

그러나 2001년 9월 사건 직후 테러리즘이 완전히 새로운 차원의 위험이라고 생각하는 영국 정부는 새로운 테러 대응 법률을 제정하고 강화하기 시작했는데 2001년 9월 이후 영국에서 만들어진 주요 법률들은 Anti-Terrorism, Crime and Security Act 2001, The Prevention of Terrorism Act 2005 and the Terrorism Act 2006이다.

이와 더불어 테러리스트를 다루는 문제를 중대하게 고려한 Criminal Justice Act 2003은 영국의 형사법 시스템에 상당한 변화를 가져왔다."

이 개별 내용들에 대해서는 설명을 드리지 않겠습니다.

프랑스도 얼마 전에 파리 테러가 있어 가지고 프랑스의 대테러 법제에 대해서 좀 궁금하기도 했었는데요.

프랑스도 2001년 9월 11일, 9·11 테러 공격 이후에 2001년, 2003년, 2004년, 2006년 법률을 개정하거나 제정함으로써 테러에 대한 대응체계를 만들었고 2015년 1월 초 발생한 유명한 샤를리 에브도 테러에 대한 대응으로 미국의 애국법과 유사한 방식으로 안전기관에 의한 전자감시를 광범위하게 확대하는 그런 법률을 추진 중에 있다고 합니다.

대표적인 게 미국의 대테러 법률인데요, 9·11 테러의 당사자고 또 그런 비극을 목격했기 때문에 당연히 그 상황에서 비상사태가 선언이 됐고 예비군과 군대를 소집하는 그런 소집령이 발동이 됐지요.

앞서도 말씀드렸듯이 USA Patriot Act, 애국법이라는 법이 제정이 됐고요. 미국과 전 세계에 테러행위를 저지하고 처벌하고 법집행기관의 조사수단을 향상하기 위해서 미국의 법집행기관과 정보기관의 권한을 강화하는 것을 목적으로 하는 그런 법이 만들어졌습니다. 지금의 우리 테러방지법 추진을 하는 것과 아마 유사한 그런 논리구조를 갖고 있는 이 법이 당시에 만들어졌던 거지요.

당시 미국은 뉴욕 한복판에서 쌍둥이빌딩이 무너지는 그런 비상사태에 직면했기 때문에 이런 법이 통과될 수 있는 그런 비상사태였지만 이게 USA Patriot Act, 그러니까 애국법이라는 것과 지금 우리 테러방지법의 그런 정보기구의 권한을 획기적으로 강화하는 그런 법이 내용이 비슷한데 우리는 어떤 합리성이 있는지 저는 여전히 이해를 할 수가 없습니다.

그 밖에도 여러 가지 Patriot Act, 그러니까 애국법과 연동된 여러 가지 테러관련 법들이나 조치들이 강화가

됐고요.

독일에서도 기존 법률들을 좀 수정하거나 새로운 법률들을 제정하는 그런 대응들이 있었다고 합니다.

아무튼 전 세계적으로 9·11이라는 게 워낙 큰 충격이었고 그리고 그 충격으로 각국이 테러로부터의 어떤 안보·안전 이것들을 확보하기 위해서 기존에 있던 법률을 정비하거나 새로운 법률을 제정하거나 이런 대응들을 했던 것은 맞는 것 같은데 그 과정에서 여러 가지 논란, 부작용 이런 것들이 좀 나오고 있는 것이 아닌가 싶습니다.

테러 대응 법률들이 갖고 있는 몇 가지 공통된 특징들을 이 논문에서 소개를 하고 있습니다.

첫 번째는 정보수집 권한입니다.

테러를 예방하기 위해서 가장 기본적인 작업이 테러음모나 테러계획이 있다는 것을 대테러기구가 알아내는 것이 가장 중요하겠지요.

"그런 점에서 가장 기본적인 작업은 테러 음모를 감지하고 사전에 사태를 막기 위해서 정보를 수집하는 것이다.

각국의 정보기관은 의심스러운 사람을 구별하고 추적하며 테러단체 움직임을 주시하는 작업에 열중하고 있다.

미국의 경우 지난 2013년 전직 CIA 요원이 미국 NSA (국가안보국)이 페이스북, 구글, 유튜브, 야후, AOL 등 인터넷 기업 등을 통해 사용자들의 검색기록, 이메일, 채팅, 파일 전송 등을 추적할 수 있는 PRISM이라는 데이터 마이닝 프로그램으로 수년 동안 국내외를 막론하고 감시해 왔다는 사실을 폭로함으로써 미국이 테러방지 목적으로 얼마나 광범위한 정보수집을 하고 있는지 밝혀졌다.

PRISM은 2008년에 해외정보감시법을 개정함으로써 가능해진 것이었는데 이 프로그램에 의하면 미국 정보기관, NSA·FBI·CIA·DIA는 원한다면 전화내용, 이메일, 문서를 포함해서 무엇이든 법원의 영장 없이 찾아볼 수 있다.

미국 정보기관은 감시해야 될 대상들을 찾기 위해서 개인들이 검색이나 소셜 네트워크를 이용하는 과정에서 생겨나는 모든 작은 조각 정보들을 모아서 정보를 추측하는 빅데이터 분석과정을 거쳤다.

미국 정부는 논란이 크게 일자 개인의 사생활을 침해하지 않는 메가데이터만 수집했다고 주장하고 이러한 작업이 실제로 미국인들이 깜짝 놀랄 만한 대규모 테러 공격을 수차례 무산시켰으며, 보스턴 마라톤대회 테러 사건의 용의자를 사흘 만에 색출할 수 있었던 데에도 이러한 기술적 지원 없이는 절대 불가능했을 것이라고 역설했다.

실제 보스턴 사건 이후 미국의 대테러 기구는 현장 주변의 600여 대의 CCTV 영상과 SNS 기록까지 영화 1만 편 분량인 10TB의 데이터를 분석하여 데이터를 재구성함으로써 범인을 찾아냈다.

개인의 사소한 정보까지 제공받을 수 있는 규정을 두어 도서대출 현황, 의료 기록, 자동차 대여 기록, 신용카드 사용 내역과 같은 개인정보들을 해당 기관에 요청할 수 있는 규정을 만들었으며, 전화나 인터넷·이메일 서비스 제공자들의 고객 이름, 주소, 전화 연결 기록 등을 시각과 시간, 서비스의 총길이,

지불내역을 신용카드 번호와 은행계좌 번호를 포함해 얻기 위하여 집행 소환장을 사용할 수 있도록 하고 미국에 유학하고 있는 외국인들의 신원, 주소, 입국정보 등을 운용하도록 했다."

그러니까 어떻게 보면 정보 수집을 굉장히 강화했고 그런 정보 수집을 특별한 제한 없이 테러감시기구들이 할 수 있는 그런 제도적 기반이 만들어졌다 이런 의미인 것 같습니다. 지금 우리 테러방지법에도 그렇게 정보 수집 권한이 강화된 그런 내용들이 포함이 되어 있어서 마찬가지이고요.

독일도 보니까 비슷한 제도를 만들었다고 합니다.

"9월 11일 테러 공격 이후에 국제 테러리즘 대책법을 만들어서 정보 수집을 강화하여 일반 범죄에 대한 정보와 개인 데이터를 포함한 정보를 취급할 수 있도록 함으로써 연방기관의 테러 관련 정보 수집 권한을 강화하였다.

9·11 테러 공격 이후에 독일은 잠재적 테러범을 찾기 위해서 기준을 설정하고 그 기준에 따라서 피수색자를 선별하는 작업을 실시하였다. 19세부터 40세 이하 이슬람계 출신 공학 전공과 같은 표지를 이용하고, 대학교·공공기관·민간기업·건축조합과 같은 곳의 정보를 대조하여 수색하였다.

개인이 인터넷을 사용하면서 생기는 정보를 수집할 수 있는 온라인 수색조항이 생겼으며 감시카메라를 이용하여 무작위로 차량의 정보 수집을 가능하게 하였다. 차량번호를 자동으로 녹화되게 함으로써 특정 데이터와 비교할 수 있도록 권한을 부여하였는데 만약 이런 데이터가 익명으로 유지된다면 자기결정권 침해가 아니라는 연방헌법재판소의 결정도 있었다."

두 번째 특징은, 아까 정보의 수집이었고 두 번째는 정보의 교환을 얘기하고 있습니다.

방금 소개했던 독일은

"국제 테러리즘 대책법을 통해서 국가정보기관의 활동영역을 확대하고 권한을 강화했고 각 기관이 정보를 공유할 수 있도록 하였다. 미국은 9·11 테러 공격 이후 법무부를 비롯한 모든 법집행기관과 정보기관이 정보를 제한 없이 교환하고 취합할 수 있게 되었는데 테러범죄와 관련하여 연방공무원은 전화 등 통신기록에 관한 자료, 금융비밀법에 의해 보호되는 개인금융 자료 등을 관련 기관에 청구할 수 있는 규정을 두었으며, 도청법 규정으로 확보할 수 있는 전신·구두·전자통신으로부터의 정보는 모두 연방기관 사이에 공유할 수 있도록 하고 있다."

테러에 대한 구체적인 경험이 없는 우리 같은 경우에도 그동안에 나왔던 테러방지법들이 테러 관련 정보의 수집·작성·교환을 위한 권한을 내용이나 절차의 제한 없이 이렇게 부여를 하고 있는데요. 특히 외국 정보기관이나 수사기관과의 정보 협력을 거의 모든 법안에서 규정을 하고 있지요. 그래서 광범위하게 교환되는 이런 개인정보가 얼마나 효율성이 있는지, 얼마나 정확성이 있는지 이런 점들에 대한 판단이 좀 따라야 되는 것이 아닌가 이런 생각이 듭니다.

그리고 세 번째로 감시 권한과 수색 권한이 강화된 겁니다. 그래서 앞서도 미국 애국법 예를 들었듯이 영장 없이 잡아들일 수 있는 기관도 늘리고 또 감청할 수 있는 기관도 늘리고 이런 조치들이 강화가 된 것이지요.

"미국은 애국법을 이용해서 국내외 개인들에 대한 감시를 강화할 수 있는 광범위한 권한을 정보기관에 부여하였다. 테러 공격의 위험은 사전에 통제 없이 집과 사무실을 수색할 수 있는 권한, 전화 대화를 엿들을 수 있도록 도청을 할 수 있는 권한, 컴퓨터와 이메일 메시지를 모니터할 수 있는 권한, 심지어는 변호사와 의뢰인 사이의 대화를 엿들을 수 있는 정도의 권한까지를 정보기관과 법집행기관에 부여하였다.

만약 의회에서 정보기관의 정보활동을 감독하기 위하여 문서 제출을 요구할 경우 대테러리즘 활동에 참여하고 있는 관료들이나 요원들의 활동에 방해가 될 수 있다고 확인되면 특정한 기간까지 의회에서 요구한 정보문서의 제출을 연기할 수 있도록 하고 있다. 이 제출 연기의 시한은 거의 무기한인데, 행정부가 의회의 감독 사안을 스스로 결정할 수 있게 한다.

한편 국내외의 정보 수집을 조정하는 권한을 법무부에서 CIA로 이관함으로써 CIA가 미국 시민과 거주자들에 대한 정보를 포함해서 국내 문제에 대한 기밀정보를 수집하고 사용할 권한을 주었다. 이 권한으로 CIA는 법무부와 FBI에 대해 현저하게 우월한 지위를 허락받았으며 미국 시민에 대한 감시를 할 수 있게 되었다."

어쨌든 감시를 굉장히 강화했다라는 것이고요.

두 번째는 포괄적 감청을 허용했다는 것입니다.

"테러 관련자에 대한 감청을 실시할 때 포괄적인 감청 명령을 받아서 대상자가 사용하고 있는 모든 통신에 대해 감청할 수 있다. 수사 대상자가 공중전화를 사용하든 휴대폰을 계속 바꾸면서 사용하든 언제든지 감청을 할 수 있다.

미국의 형사법은 원칙적으로 범죄가 행해졌거나 행해질 것이라는 점에 대해 상당한 이유가 있어야 하고, 다른 방법에 의한 수사가 이미 실패했거나 성공할 가능성이 없는 경우 당해 감청으로 증거 획득의 가능성이 있어야 법원의 영장을 받아 감청할 수 있었고 감청할 통신기기가 특정되어야 했다. 그런데 이 감청 권한은 포괄영장이므로 미국 수정헌법 4조에 위반한다는 주장이 있었으나 합헌이라고 선언을 했고 2011년 5월 26일 동 조항이 재연장되었다."

그리고 또 한 가지가 비밀 수색입니다.

애국법은 합리적인 필요만 있으면 영장을 발부받을 수 있고 영장을 받고 수색을 한 이후에는 합리적인 시간까지 최대 90일간 수색을 한 사실조차 밝히지 않을 수 있는 그런 내용을 담고 있었습니다.

또 하나가 온라인 수색이 강화된 것이고요, 그리고 외국인에 대한 차별, 권리박탈, 외국인에 대한 처우 변화가 대테러대응법으로 인한 중요한 변화 중의 하나로 특징화하고 있습니다.

"테러대응법은 대부분 출입국 관리를 강화하고 체류 거부사유를 완화하고 추방 시 이의 절차를 없애고 권리를 부여하지 않는 방법으로 외국인을 배제하고 차별했다. 미국 대법원은 수정헌법 제5조와 제6조의 적법절차의 권리는 미국시민이 아니라 하더라도 부여된다고 판결해 왔다.

수정헌법 제5조의 목적을 위한 인간이라는 범위에서 거주민, 일시체류 외국인이 제외되지 않는다고 판결했고 심지어 불법 이민자라 하더라도 수정헌법 제5조와 제6조의 적법절차의 보호를 받을 자격이 있다고 판단해 왔다. 그러나 미국 행정부는 미국이 전면적인 통제권을 보유하는 관타나모에서 외국인들의 적법절차의 권리들을 완전히 박탈하였다.

9·11 테러 공격은 미국에 있는 외국인 혹은 이민자의 법적 지위를 변화시켰다. 대테러기구가 이민자 업무를 다루었고 법무부는 아예 합리적인 이유가 없는 경우에도 법집행기관이나 정보기관이 필요에 따라 외국인을 구금할 수 있는 권한을 요구했다.

실제로 미국의 안보를 위협하는 활동에 개입하였다고 믿을 만한 합리적 근거가 있는 외국인을 법무장관이 영장 없이 7일 동안 구금할 수 있도록 규정하고 만약 그 기간 동안 기소하거나 추방 절차를 시작하지 않으면 석방할 수 있도록 규정했는데, 법무장관이 국가안보가 위험하다는 것을 6개월마다 확인해 주는 경우 구금기간을 연장할 수 있도록 함으로써 결국 영장 없는 무기한 구금이 사실상 가능하였다."

우리 테러방지법안도 외국인의 출입국 관리를 테러방지의 중요한 절차로 보고 있는데요, 그런데 여전히 지금 현재 수정안 법안에도 외국인 전투원과 관련된 규정들이 모호하고 또 그것이 차별적인 요소를 담고 있을 수 있는 문제가 있습니다. 그 부분은 제가 나중에 다시 설명을 좀 드리도록 하겠고요.

그 이외에 여러 가지 특징들이 있습니다. 그렇다면 한국적 관점에서는 대테러리즘을 어떻게 이해하는 것이 바람직할지 논문이 소개하고 있는 바를 좀 공유를 하겠습니다. 우리 테러 공격의 경험과 역사를 기술을 했는데요.

"2001년부터 테러 공격으로 인해 한국인이 살해되거나 다치는 사건들이 여러 차례 있었다. 공격은 대개 국외에서 발생했고 인질, 납치, 살해, 자살 공격과 같은 유형으로 일어났다. 그러나 2001년 이전에도 한국이나 한국민을 대상으로 하는 테러 공격은 다수 있었다."

한국의 대테러리즘은 2001년 이전의 과거의 테러 경험으로부터 많은 영향을 받고 있는데, 과거의 경험과 관련해서 몇 가지 좀 고찰을 해 보겠습니다.

"1953년 한국전쟁이 끝난 시점을 기준으로 50년대 말 항공기 납치사건으로 시작해 남한을 상대로 한 다양한 북한의 테러 행위가 있었다. 가장 충격적인 공격은 청와대 기습사건으로, 북한은 1968년 청와대를 기습하려는 목적으로 무장한 특수대원 32명을 남파했는데 청와대로 가는 중 발각된 북한의 특수부대원들은 시내버스 4대를 수류탄으로 폭파시키고 저항하다가 대부분 사살당했다.

1969년에는 강릉에서 출발한 민간 항공기를 납치해서 승객 47명과 승무원 4명을 북으로 끌고 갔으며, 70년 6월 22일 현충원 참배를 하는 대통령과 정부 요인을 암살하기 위한 현충문 폭탄을 설치했으나 미수에 그쳤다.

1983년 해외 순방 중이던 한국 대통령을 암살하기 위해 벌였던 버마 아웅산 암살 폭파사건으로 정부 요인 17명이

사망했으며, 87년 11월에는 이라크 바그다드를 출발한 대한항공 858기가 북한 공작원에 의해 공중 폭파되어 승객 95명과 승무원 20명 전원이 사망하였다.

거의 전형적인 테러 행위라고 보이는 위의 행위와는 달리 현저히 준전쟁행위라고 보이는 공격사건들도 거듭 발생했다. 67년의 해군 56함 피침사건, 68년 미국 푸에블로호 납치사건, 74년 해경 863호 경비정 공격사건, 99년·2002년 NLL 교전, 2010년 연평도 포격과 같은 충돌은 만에 하나라도 확전의 가능성을 갖고 있는 충돌이었다.

항공기를 폭파하거나 정부 주요 인사들을 살해하는 등 과거 북한에 의한 다양한 형태의 공격을 경험한 한국은 북한을 테러 공격의 잠재적인 주요 주체로 이해하고 있으며 한국의 대테러리즘을 구성하는 데 영향을 미치고 있다.

남한과 북한이 군사적으로 대치 상태를 유지하고 있고 북한을 국가로 인정하면서 위와 같은 공격 행위를 테러리즘으로 혹은 테러 공격으로 이해하기 위해서는 국가지원 테러리즘과 국가 테러리즘에 대한 검토가 필요하다.

테러리즘에 대한 배타적인 정의가 없듯이 국가지원 테러리즘과 국가 테러리즘을 구별할 수 있는 분명한 기준이나 정의가 있는 것은 아니지만 국가지원 테러리즘과 국가 테러리즘은 대체로 구별해서 사용하고 있다.

국가 테러리즘은 국가가 테러의 행위자로서 주로 정권 및 국가기관이 정부에 대한 국민들의 저항을 무력화할 목적으로 국민들에게 공포심을 조성시켜 정책 집행의 순응을 확보하는 데 사용하는 폭력을 지칭한다. 국가 테러리즘으로 분류되는 사례는 히틀러, 스탈린, 아르헨티나 독재정권의 사례를 들 수 있다.

이러한 분류에 따른다면 북한이 전투원이 아닌 민간인을 대상으로 대남 공격 행위를 하는 것은 국가지원 테러리즘 중 테러 행위를 적극적으로 지원하고 조종하고 지시하는 단계로 분류할 가능성이 있다."

테러리즘에 대한 한국의 특수한 이해가 필요하다는 주장이 있습니다.

"위험의 산정과 대중의 위험 수용은 일치하지 않으며 위험의 인식은 전문가의 위험 평가가 아니라 특정 사건에 대해 개인이 경험하는 위험의 크기와 속성에 의한다는 위험의 구성적 인식은 한국 사회가 테러리즘을 인식하는 방식이 서구 사회가 인식하고 있는 테러리즘과 다른 이유를 설명한다.

북한에 의한 수차례의 공격의 경험이 테러리즘에 대한 한국 사회 구성원들의 인식에 영향을 미쳐 테러리즘은 일종의 군사적 도발, 국가안보의 문제로 인식되고 관성적으로 군사적 조치가 고려된다.

한국에서 대테러업무를 수행할 수 있는 가장 거시적인 법률로 주목받고 있는 법률이 통합방위법이라는 사실은 한국의 테러리즘의 인식을 가장 분명하게 보여 준다.

통합방위법은 적의 침투·도발을 전제로 국가가 총력전을 수행하는 것을 목적으로 하는 법률인데, 통합방위법 제정 당시 국방백서에는 주적인 북한의 현실적·군사적 위협뿐 아니라 우리의 생존권을 위협하는 모든 외부의 군사적 위협이라고 적 개념을 정의하며 오로지 군사력을 중심으로 대응한다.

물론 9·11 테러 공격이 제공한 극적인 공개 참수의 보편적 경험은 한국인들의 테러리즘에 대한 이해의 지평을 넓혔다. 한국과 한국인에 대한 무력 공격은 오직 북한에 의해서만 일어날 수 있는 것도 아니고 외롭고 반사회적인 개인이나 IS와 같은 이슬람 무장단체에 의해서도 일어날 수 있다는 인식이 공유되었다. 실제로 2001년 이후 이슬람 무장단체에 의한 한국인 개인에 대한 공격이 수차례 있었고, 최근에는 IS에 한국인 청소년이 용병으로 지원하는 사건도 있었다.

한국에 있어 테러리즘은 한편으로는 미국의 테러와의 전쟁과 비교할 수 없는 진짜 전통적 의미의 국가 간 전쟁을 의미할 수 있으며, 한편으로는 무고한 시민의 생명과 신체를 노리는 외국인의 악질적인 공격이나 정서적으로 이해되지 않는 개인의 대형 범죄로 이해될 수 있다. 한국에서의 테러리즘의 이해는 너무 복합적이고 상황에 의존하며 그 유형의 편차가 크다."

그러면 우리는 과거의 테러에 어떻게 대응했는지를 이 논문을 통해서 살펴봤습니다.

"과거 테러에 대한 대응.

첫째, 비상전시 대응.

테러 사건의 대부분이 북한에 의한 정치적 의도를 가진 군사적 도발로 해석되는 상황에서 테러에 대한 한국의 대응태세는 국가안보와 직결되었다.

1968년 1월 21일 청와대 습격사건이 있었을 때 한국 정부는 국방력 강화, 향토예비군 창설, 방위산업공장 설립으로 대응했고, 사건 직후 미국과 안전보장 공동성명을 통해 방위조약을 맺고 1억 달러의 군비 원조를 받으면서 이것을 계기로 한미국방장관회의가 연례적으로 이루어지게 되었다. 또한 특수부대를 편성하고 휴전선에 155마일의 철책을 세웠으며 제1야전군사령부에서 중앙통합방위회의를 열었다.

1월 21일 청와대 습격은 1971년 국가보위 특별조치법안의 제안 이유가 되기도 하였다. 한국 정부의 대응은 일종의 비정규전이었으며 따라서 자연히 비상사태가 유지되었다. 실제로 1·21 청와대 습격사건 이후에 정부는 전격 인사를 통해 내무차관과 기획관리실장을 군 지휘관 출신으로 교체하고 군 합동작전이 가능하도록 시스템을 만들도록 했으며 긴장사태, 경찰의 전투태세를 유지할 것을 요구했다. 그리고 시민이 검문에 불응하는 경우 발포하라는 명령을 내리고 검문 시 미리 총을 겨누도록 하였으며 체신부와 같은 정부의 각종 시설의 경비원은 총을 메고 근무하도록 했다. 심지어는 교통순경이 칼빈이나 M2와 같은 총을 메고 교통 근무를 하도록 하였다.

한국은행은 준전시체제하의 대책을 준비하였고 일반 주택에 방호시설을 권장하는 법을 추진했으며, 불시에 간첩 색출을 목적으로 숙박업소와 유원지를 덮쳐서 1만 7000명을 연행하는 작전을 펼치기도 했다.

이러한 대응은 두 가지 패러다임에 의존하고 있었는데 하나는 국가 안보의 관점에서 법, 군, 정치·경제 체제, 외교 관계를 장기적으로 조정하고 확립하는 것이고, 다른 하나는 비상 상황을 매개로 과도한 자유 침해적인 조치의 승인을 얻어내는 것이었다.

이 두 가지 패러다임은 서로 영향을 주고 명분을 강화하면서 좀 더 강력하고 효율 중심적인 대응 방안을 가능하게 하였다. 비상사태는 전시 상태를 의미하게 되었고 전시 상태를 전제하는 비상사태에서 정부의 권한 행사는 거의 완전한 정당성을 얻을 수 있었다.

1·21 습격사건 이후에 전면 개정된 향토예비군 설치법은 국방부장관의 필요·인정만으로 주민의 소개·피난 또는 교통·조명·출입 제한 등을 명령하거나 주민의 재산을 제거할 수 있을 뿐만 아니라 임무를 위임받은 군부대의 장과 함께 경찰을 감독하고 지시할 수 있다.

헌법이 비상사태와 관련한 까다로운 절차를 규정하고 있지만 향토예비군 설치법만으로도 비상사태의 특별권한은 대부분 행사될 수 있었다. 이 법의 개정에 대해 당시 신민당 당수였던 유진오 박사는 향군 무장은 전 국민을 전체주의적 조직에 몰아넣는 것이라면서 위 법의 제정을 반대했다.

전형적인 해외 테러 사건인 1983년 아웅산 폭파사건 이후에도 한국 정부는 미국과의 안보 협력을 강화하고 군의 공세적 방어 패러다임을 정립하여 비정규전 형식의 북한 공격에 대한 대비 방식을 구축하였다. 국방부는 대간첩대책본부를 만들어 비정규전 대비 활동을 하고 국가안전기획부는 테러조직 관련 정보 활동을 담당하고 법무부와 관세청은 출입국 심사를 강화하였다. 한국 정부의 대테러는 오직 북한과 이념적으로 군사적으로 대립 체제인 자유민주주의 국가 체제의 안전, 즉 국가 안전을 목적으로 하였다."

두 번째, 국가대테러활동지침에 대한 비판과 그 외에 대한 비판입니다.

"2001년 9·11 테러 사건 이전에 한국은 독자적인 대테러 법률은 없었지만 88년 올림픽을 겨냥한 테러 공격에 방어하기 위해 만든 국가대테러활동지침이라는 대통령 훈령이 있었다. 현재 이 훈령은 여러 차례의 개정을 거쳐 지금도 존재하고 있는데 이 지침은 훈령이기 때문에 대외적 구속력을 갖지 못하여 국가가 긴급 상황에 대처하는 데 한계가 있다는 비판을 받아 왔다.

그러나 국가대테러활동지침이 대외 구속력을 갖지 못하기 때문에 효율성이 떨어진다는 지적보다 이 지침이 행정규칙의 성격을 갖고 있음에도 대외적 구속력이 있는 법률처럼 권리 침해의 가능성을 가지고 있다는 점이 우선 지적되어야 한다.

예를 들어 국가대테러활동지침 제11조와 제12조에 의하면 테러 관련 정보를 통합·관리하기 위하여 국가정보원의 관계기관 합동으로 구성한 테러정보통합센터가 국내외 테러 관련 정보를 통합·관리하고 테러 관련 정보의 수집·분석·작성 및 배포할 수 있도록 하고 있는 점, 제24조와 25조에서 대테러특공대를 조직하고 테러 무력 진압과 예방 및 저지 활동을 하도록 하는 규정은 지침으로 정할 사안들이 아니다.

한편 국가정보원을 비롯해서 외교부장관, 통일부장관, 법무부장관, 국방부장관, 행정자치부장관, 산업통상자원부장관, 복지부장관, 환경부장관, 국토교통부장관, 해양수산부장관 및 국민안전처장관까지 사실상 모든 국가기관이 관련 정보 수집을 비롯해 테러의

예방·대비·대응 활동을 하고 테러 관련 업무에 대해
국가정보원의 지시와 감독을 받으며 일사불란하게 보고하며
대응하도록 되어 있는데 테러 공격이 특정한 국가기관의
업무와 관련이 있다면 이에 대한 업무가 분장되거나 협조가
되는 것이 당연하겠지만 치안 업무와 관련이 없는 모든 기관이
테러 공격이 발생하기 전부터 대테러 활동을 하도록 업무
분장이 되어 있다는 점은 유의해 보아야 된다.

이 지침은 테러 발생 시 국가의 업무 수행을 위해 위원회를
구성한다는 내용만 있는데 훈령상에 의결기구를 정해 놓은 것
이외에 이렇다 할 내용이 없을 뿐만 아니라 대테러 활동에 거의
필수적으로 수반되는 기본권의 제한, 강력력에 대해 어떠한
구체적인 규정도 없다.

국가대테러활동지침은 전체적으로 한국의 대테러 관점을
보여 주고 있는 셈인데 테러 공격을 치안의 문제로 파악하는
것이 아니라 일종의 국가 안보에 대한 위해 상태로 판단하기
때문에 국가의 모든 기관을 동원하는 것이 허용되고 테러와
비상사태를 연동하기 때문에 헌법의 테두리를 벗어나는
예외적 규범 행사를 가능하게 한다.

북한에 의한 테러 공격이 국가 안보 상황을 거듭 위협하고
있다는 전제 아래에서 대외적 구속력을 가지지 않은 지침의
권리 침해나 모든 국가기관의 치안 기관화가 가능했을 것으로
보이지만 보다 정교하고 섬세한 관리 체계가 입법부에 의해
고안된 대외적 구속력이 있는 법률로 만들어져야 한다.

2. 한국의 테러 대응 법률안 제정 내용.

한국은 9·11 테러 공격 이후 두 달 남짓 지난 2001년 11월
12일에 국가정보원이 테러방지법안을 만들어 10일 간의
입법예고기간을 두고 발표되었다. 그러나 테러방지법안에
대한 위헌적 규정들 때문에 이 법에 대한 비판이 많이 있었고
이후에 2013년까지 테러방지법안이 계속 의회의 문을
두드렸으나 아직 테러방지법안은 만들어지지 않고 있다.

대부분의 테러방지법안이 대동소이한 내용을 가지고 있는데
이하에서는 2001년·2005년·2013년 테러방지법률안을
중심으로 내용을 검토하겠다.

우선 2001년·2005년·2013년 테러방지법률안은
국가정보원의 개입이 유지되는 기관을 구성하여 대테러 정보
활동에 권한을 부여한다. 테러의 징후를 탐지하기 위하여
국내외 정보를 수집·작성·배포·수사, 외국 정보기관과의 정보
및 수사 협력을 규정하고 있으며 테러 자금의 흐름을 감시하기
위해서 금융기관에 각종 정보를 요청할 수 있고 요청 사항을
이행한 금융기관에 책임을 면제해 주기도 한다.

외국인의 동향을 관리하기 위해서 불심검문을 하거나 체류
동향을 확인할 수 있으며, 테러를 범할 우려가 있을 때 출국
명령을 법무부장관에게 요청할 수 있다. 실제 테러 공격을
감행하지 않았더라도 테러단체의 수괴라면 사형을 받을 수
있으며 테러 단체에 가입을 권유하거나 선동하면 실형을 받을
수 있고 테러 단체를 구성하려거나 가입하려다 실패한 미수
행위뿐만 아니라 예비나 음모까지도 처벌한다.

불고지죄를 처벌하는 규정을 두기도 하였다. 한편 테러
진압을 위해서 특수부대를 설치한다든가 군 병력을 동원하는

규정이 있었으며 무기를 사용할 수 있는 권한도 부여하였다.

테러사건이 발생한 경우 합동수사본부를 만들고 외국
정보기관 제공의 정보에 대해 증거 능력을 인정하는 규정을
두었다.

2015년 초 주한미국대사 피습사건을 계기로 다시
테러방지법을 만들어야 된다는 목소리가 커지고 있고
2015년 2월 국민보호와 공공안전을 위한 테러방지법안이
발의됐다. 2015년 법률안 역시 국가정보원의 개입이 유지되는
테러대응센터를 만들어서 테러 정보에 대한 광범위한 권한을
부여하고 위험 인물을 추적하게 하는 등의 권한을 부여하고
테러 발생 시 혹은 발생할 우려가 현저한 경우 합동조사반과
합동수사를 하고 외국인 테러전투원의 출입국을 제한하고
테러선전물을 삭제하며 테러단체를 구성하거나 조직에
가입하면 처벌하는 규정을 두었다. 이 규정들은 이전의
법률안들과 크게 다르지 않다. 다만 외국인에 대한 동향
관리나 출입국 관리와 관련하여 외국인 전투원으로 그 대상을
바꾼 차이가 있다.

한국의 테러대응 법률안에 대한 비판.

첫 번째, 예방목적 정보 수집조항의 문제.

테러를 예방하기 위해 정보를 수집하고 용의자를 감시하는
것은 국가정보기관이 기본적으로 수행하고 있는 임무이다.
문제는 이 권한이 주어지는 방식인데 한국 대테러 법률안들은
대개 이러한 권한을 수행할 수 있는 절차규정을 전혀 두고
있지 않다. 한국의 대테러 법률안은 거의 모든 권한을
직무규정 형식으로 규정하는데 보다 분명한 대조를 위해서
미국의 애국법과 비교를 해 본다. 애국법은 정보기관이 테러
관련 수사 표적의 모든 기록과 유형물을 누구에게나 요구할 수
있도록 하고 있다. 2001년 애국법 제정 당시 기록과 유형물을
요구하기 위해 필요한 법원의 제출명령을 너무 쉽게 받을 수
있도록 입증요건을 간소화해 엄청난 비판을 받았다. 이후에
법률 개정을 통해서 해당 정보가 수사와 관련이 있다는
합리적으로 믿을 만한 근거를 입증하도록 요건을 강화하였다.

한편으로 정보를 제공한 주체는 협조요구에 응한 사실을
공개해서는 안 되는 함구령이 내려지는데 이것이 표현의
자유를 침해하고 이의절차를 두지 않은 과도한 조치라는
비판을 받자 2006년 개정을 통해 비공개 의무에 대한
이의절차를 규정하였다. 한편 2006년의 개정안은 의회의
감시기능을 강화하여 법무장관으로 하여금 이 권한의
사용에 대한 보고서를 구체적으로 제출하도록 하여 제출명령,
신청횟수, 거부횟수 등을 게시하게 하였고 도서대출 기록이나
교육 기록, 소득신고 기록과 같은 민감한 정보에 대해서는
별도로 내용을 명시하게 하였다. 그리고 이 정보를 다루는
기관의 내부통제 절차를 강화하여 상호통제를 강화하였고,
수집한 정보의 보유와 교환을 최소화하기 위하여 구체적인
절차와 기준을 둘 것을 규정하였다.

그럼에도 이 권한은 수사대상자에 대한 구체적인 혐의가
없는 상태에서도 정보기관에 의한 개인의 민감한 정보 수집을
가능하게 하고, 함구령으로 인해 수사대상자는 자신의 정보가
제공되는지 알 수 없어 제출명령이 위법한지 확인할 수 없으며,

개인의 도서관 대출목록과 같은 정보를 취함으로써 의미 있는 표현의 자유가 위축될 수 있다는 비판을 받았다.

한편 국가안보 관련 수사 시에 통신사업자나 금융기관으로 하여금 정보를 제출하도록 명령할 수 있는 권한이 정보기관에 주어졌는데, 특히 수사대상자의 국제테러 관련성을 입증할 만한 충분한 근거도 없이 정보 제출명령을 할 수 있게 함으로써 수사와 관련이 없는 개인의 정보까지 상세하게 수집될 수 있도록 하고 역시 함구령을 규정하였다. 후에 이 규정은 두 번의 개정으로 함구령에 대해 이의를 제기할 수 있는 절차를 만들었고 이의절차의 사유, 신청기간, 절차 등을 상세하게 규정하였다. 그럼에도 불구하고 법원은 절차적 보호조치가 충분하지 않고 비교적 장기간인 비공개 의무기간에 대해 여전히 수정헌법 1조를 위배한다고 판단하였다

그에 반해서 한국의 대테러 법률안은 정보 수집과 감시에 대해서 오직 테러의 징후를 탐지하기 위하여 국내외 정보를 수집·작성·배포·수사, 외국 정보기관과의 정보 및 수사 협력을 할 수 있다고 규정하고 있으며, 테러자금을 감시하기 위해서 금융기관에 각종의 요청을 할 수 있고, 요청사항을 이행한 금융기관의 책임을 면해 주겠다는 규정만 존재한다. 한국의 대테러 법률안들은 모두 위헌 소지를 이유로 엄청난 비판을 받은 애국법의 초기 규정만큼도 절차와 요건에 대해 정해 놓지 않고 있으며, 더구나 애국법의 개정된 내용과 비교해 보면 그 격차는 더욱 심해진다. 한국의 대테러 법률안은 2015년까지 거의 변함없이 정보기관에게 정보 수집과 배포의 권한을 부여하는 직무규정만 간단하게 두고 있을 뿐이다. 이러한 규정은 너무 내용이 없어 제대로 대테러 업무를 수행할 수 없도록 만들거나 반대로 너무 과도한 조치를 취하게 만들 가능성이 있다.

예를 들어 2010년 G20 정상회의 경호안전을 위한 특별법은 극도로 단순한 9개의 추상적인 직무규정만으로, 정상회의 중에 주변 상인의 영업을 완전히 폐쇄하였고, 회담장 주변 도로에 철제 방어벽과 바리케이드를 설치하여 일반인의 출입을 봉쇄했으며, 지하철은 정차 없이 지나가게 하였다. 회의장 안팎에는 경찰을 1000여 명을 배치하고 200여 개의 경찰부대를 동원해 행사장 집단진출과 기습시위에 대비하는 한편, 차단선도 구축함으로써 사실상 모든 종류의 형태의 수상한 움직임을 봉쇄하였다.

한국의 대테러 법률안은 정보 수집과 감시기술이 정보기관에 의해서 어떤 방식으로 수행될 것이며 정보 수집과 감시에 실수가 있거나 불법이 있을 때 어떤 절차를 통해서 이의를 제기할 수 있는지 전혀 규정하지 않고 있다. 이러한 규정 방식은 대테러 업무를 담당하는 공무원의 활동 근거와 절차를 마련하지 않아 효율적인 테러 대응을 할 수 없도록 만들면서도 만약 이러한 규정을 가지고 대테러 업무를 해야 할 때에는 오히려 과장된 상황을 설정하고 과도한 조치를 취할 수밖에 없게 만든다. 한국의 대테러 법률안이 테러 관련 정보 수집에 있어 현재와 같은 입법의 방향을 고수한다면 아예 대테러 활동을 하기 어렵거나 아무런 제한과 감독절차 없이 정보기관의 자의대로 운영될 가능성이 있다.

두 번째, 군 병력 동원조항, 무기 사용조항에 대한 비판.

한편 2001년 테러방지법안, 2005년 테러대응체계의 확립과 대테러활동 등에 관한 법률안, 2013년 국가대테러활동과 피해보전 등에 관한 기본법안은 각각 테러가 발생했을 때 군 병력을 동원할 수 있는 규정을 두고 있다. 가장 문제가 많은 2001년 테러방지법안을 보면 경찰만으로는 국가 중요시설, 다중이용시설 등을 테러로부터 보호하기 어려운 경우 현장보호 및 경비에 필요한 최소한의 범위 내에서 국방부장관에게 군 병력의 동원을 요청할 수 있고, 국방부장관은 제1항의 규정에 의거해서 군 병력을 동원할 경우 사전에 국회에 통보해야 하는데 동원된 군 병력은 현장보호 및 경비의 임무의 범위 내에서 경찰관 직무집행법 제3조 내지 제7조에 의한 경찰관으로서의 권한과 의무를 갖는다고 규정하고 있다.

한국 헌법은 비상시에 군 병력을 동원하기 위한 일응의 기준, 즉 대통령이 계엄을 선포하고 국회에 통고하고 국회 재적 과반수의 해제요구가 있으면 이를 해제하는 엄격한 기준을 가지고 있다. 계엄과 관련한 헌법 77조는 군 병력을 동원하기 위한 헌법적 조건으로서 계엄 선포 시에 특별한 조치의 대상이 될 수 있는 제도와 권한 등을 규정해 놓았다. 그러나 2001년 테러방지법안은 대통령에 의한 계엄의 선포도 없이 대책회의의 요청만으로 군 병력을 동원할 수 있도록 하고 있고, 심지어는 군사력이 동원된 상황을 종결시키기 위한 절차규정도 존재하지 않는다. 이후에 대테러 법률안들은 조금씩 헌법적 기준에 가까워지도록 규정이 이루어졌으나 여전히 헌법상의 기준에 부합하지 못했다.

한편 무기를 사용할 수 있는 권한에 관한 규정도 상황이나 절차에 관한 조건을 전혀 설시하지 않고 권한만 부여하고 있다. 2001년 무기사용 권한 규정은 항공기나 선박, 차량을 대상으로 무기를 사용할 수 있도록 한 것으로 사실상 독일의 항공안전법이 국방부장관에게 비상시에 민간 항공기를 격추할 수 있도록 한 권한과 유사한 것이다. 따라서 무고한 생명이 희생될 가능성이 있는데도 이 무기가 구체적으로 언제 사용돼야 하는지, 사용된다면 누구의 최종적인 판단을 받는지, 경찰의 무기사용인지 군대의 무기사용인지에 대해서 전혀 규정하지 않고 있으며 어떤 종류의 무기가 사용될지에 대해서도 알려 주지 않는다.

독일에서 위헌 판단을 받았던 항공안전법 제14조3항은 민간 항공기가 사람의 생명을 해치기 위한 무기로 사용되려는 정황이 인정되고 이러한 위험이 명백하고 현존하며 직접적인 무력만이 유일한 해결 방법인 경우에 국방장관이 직접적인 무력사용을 명령할 수 있다고 규정했었다. 그럼에도 불구하고 이 두 조항은 두 번의 연방헌법재판소의 판단을 받게 되었고 연방헌법재판소는 과연 결말을 알 수 없는 상황, 즉 가상적인 상황에서 비행기를 격추하는 것이 선택할 수 있는 수단인지에 대한 의구심을 표명하고, 비행기에 탄 사람들이 죽는다는 것만은 확실하지만 이 격추를 통해서 사람들을 살릴 것이라고 하는 가정은 투기적이라고 말했다.

우리 헌법재판소는 우리 헌법이 37조2항에서 국민의 모든

자유와 권리는 국가안전보장·질서유지 또는 공공복리를 위하여 필요한 경우에 한해 법률로써 제한을 할 수 있도록 규정하고 있기 때문에 어느 개인의 생명권에 대한 보호가 곧바로 다른 개인의 생명권에 대한 제한이 될 수밖에 없거나, 특정한 인간에 대한 생명권의 제한이 일반 국민의 생명의 보호나 이에 준하는 매우 중대한 공익을 지키기 위하여 불가피한 경우에는 비록 생명이 이념적으로 절대적 가치를 지닌 것이라고 하더라도 생명에 대한 법적 평가가 예외적으로 허용될 수 있다고 판단하는데, 이와 같은 판단에 따르면 급박하고 긴급 피난적 상황에 무기를 사용할 수 있는 가능성은 있다. 그러나 중대한 기본권을 침해할 수 있는 법률이기 때문에 언제, 누가, 어떤 목적으로 무기를 사용할 수 있는지 상세하게 규정해야 하고 남용을 방지할 수 있는 장치도 엄격하게 규정해야 한다.

세 번째, 증거인정 조항.

2001년 테러방지법안 제28조는 외국의 정보기관에서 작성·제공한 정보자료는 국내외 반테러활동을 담당하는 공무원이 제공기관, 입수경위를 밝혀 그 내용을 인증할 때에는 증거능력이 있다고 규정하고 있다. 국가가 테러방지를 위해 임무를 수행하면서 무고한 사람에 대하여 대테러 조치를 부과하였을 때 효과적인 구제조치를 취하는 유일한 절차가 재판이다. 이러한 구제조치의 최후의 보루인 재판 과정에서 변호인의 조력을 받을 권리를 차단한다든가 증거인정에 차별을 두는 등의 공정한 재판을 받을 권리를 침해하는 것은 기소된 사람을 단지 절차의 개체로 전락시키는 것이다. 모든 상황이 끝나고 범인을 사법 심사하는 과정에서 안전을 고려하는 공간이 존재해서는 안 된다. 따라서 테러 혐의로 피의자가 된 자가 재판을 받을 때 그에 대한 외국의 정보 및 수사기관이 제공한 정보에 대해 공무원의 확인만으로 증거능력을 준 규정은 위헌의 소지가 매우 크다.

헌법 제27조1항은 모든 국민은 헌법과 법률이 정한 법관에 의하여 법률에 의한 재판을 받을 권리를 가진다고 규정함으로써 모든 국민에게 적법하고 공정한 재판 받을 권리를 보장하고 있다. 이 공정한 재판을 받을 권리 속에는 신속하고 공개된 법정의 법관 면전에서 모든 증거자료가 조사·진술되고 이에 대하여 피고인이 공격·방어할 수 있는 기회가 보장되는 재판, 즉 원칙적으로 당사자주의와 구두변론주의가 보장되어 당사자가 공소사실에 대한 답변과 입증 및 반증을 하는 등 공격·방어권이 충분히 보장되는 재판을 받을 권리가 포함되어 있다. 증거능력의 특례조항은 이러한 공정한 재판을 받을 권리를 제한하고 있는 것으로 그 제한이 헌법적 한계를 벗어나는지 살펴보아야 한다.

테러리즘이 국제적인 네트워크를 통해서 조직되고 음모되고 실행된다는 점에서 국내에서의 재판 과정에서 사실상 테러범죄에 대한 기소를 유지하고 유죄를 증명하기에 충분한 증거를 획득할 수 없다는 것에서 그 목적의 정당성이 인정될 수는 있겠으나, 심대한 정보 수집의 권한을 가지고 있는 정보기관과 수사기관과 비교해 볼 때 이미 막대한 무기의 불평등을 겪고 있는 피의자에게 재판 과정에서 공정한 절차를 보장하지 않는 것은 국가권력이 대테러 의무를 수행하는 것을 넘어 개인의 안전을 침해하는 것이라고 판단된다. 증거의 증거능력 유무는 재판의 결과를 좌우할 수 있는 사안인데도 불구하고 최소한의 내용의 진실성에 대한 확인도 없이 담당 공무원이 입수경위만 확인하면 부여하는 증거능력은 헌법이 보장한 공정한 재판을 받을 권리와 적법절차의 원칙으로부터 요청되는 최소한의 공정성과 절차적 정의를 완전히 부정하는 것이다. 따라서 증거능력 특례조항의 입법 목적의 중대성을 감안하더라도 그 제한을 정당화할 만한 부득이한 사정이 있다거나 입법 목적의 달성을 위한 합리적이고 적절한 수단이 된다고 보기 어렵다.

(이석현 부의장, 정갑윤 부의장과 사회교대)

네 번째, 조직확장법 그리고 기관확장법.

2001년 이후 2015년까지 15년 동안 의회의 통과를 시도하였던 여러 건의 테러방지 법률안들은 정부의 대테러 계획 수립, 지방자치단체의 협조, 테러대책회의 구성, 위원회의 설치, 테러센터 구성과 운영, 실무회의 및 협의회 설치 구성, 대책본부 구성과 같은 조직을 구성하는 데 규정의 반 이상을 할애한다. 이러한 테러방지 법률안에 의하면 컨트롤 타워가 어디인지 분명하지가 않아 효율성을 기대할 수 없으며 대테러센터를 구성할 때 대개 합동부처로 구성되기 때문에 책임소재도 불분명하다.

테러 예방을 위한 어떤 법적 수단이 사용되고 그 절차는 무엇이며 행사자는 누구인지에 대한 분명한 규정이 없으며, 특히 위험이 임박했을 때 바로 투입되어 위험을 방어할 수 있는 시스템이나 방법, 그에 대한 사후 승인절차와 명령구조가 존재하지 않는다."

지금까지 살펴봤지만 테러 대응 관련된 법률의 필요성을 근본적으로 부정하기 위해서 우리가 오늘 무제한 토론을 하고 있는 것은 아닙니다. 하지만 테러방지법이 남용되지 않고 또 무차별적으로 인권을 침해하지 않는 범위 내에서 그리고 헌법과 충돌하지 않는 그런 범위 내에서 만드는 것이 바람직하다고 보고요. 어떻게 하면 그런 법률들을 만들 수 있을지 테러 대응 법률의 필요성 또 그 법률이 갖고 있는 특수성에 대해서도 마저 이 논문의 내용을 소개하는 것으로 하겠습니다.

"2001년 9월 28일 유엔안전보장이사회는 회원국으로 하여금 테러리즘에 관련된 모든 국제회의에 참가하고 본 협정을 시행하기 위해 필요한 국내법을 제정하라고 요구하는 결의문을 채택하였다. 이후 테러리즘방지위원회는 국제협약을 비준하고 집행하는 데 필요한 국내법안을 제정하라고 각 정부에 압력을 가하였고 테러방지를 위한 전 세계적인 법적 인프라를 구축하기 위해 애쓰고 있다.

헌법재판소는 2007년 전시증원연습 등 위헌확인 헌법소원 사건에서 '헌법 전문 및 제1장 총강에 나타난 평화에 관한 규정에 의하면 우리 헌법은 침략적 전쟁을 부인하고 조국의 평화적 통일을 지향하며 항구적인 세계평화의 유지에 노력하여야 함을 이념 내지 목적으로 삼고 있음은 분명하다. 따라서 국가는 국민이 전쟁과 테러 등 무력행위로부터 자유로운 평화 속에서 생활을 영위하면서 인간의 존엄과 가치를 지키고 헌법상 보장된 기본권을 최대한 누릴 수 있도록 노력하여야 할 책무가 있음은 부인할 수 없다'라고 판단하고 테러방지 의무를 언급한다.

한편 테러방지를 위한 수단과 관련하여 마약 통제 및 범죄 예방을 위한 유엔사무소의 테러예방국에 의하면 테러행위를 예방하고 진압하며 피해를 신속하게 구제함으로써 모든 사람의 생명과 신체의 안전 및 재산을 보호할 국가의 의무는 테러의 예방과 수사, 처벌을 위한 입법 및 사법적 조치, 테러행위를 진압하기 위한 군사적 조치, 경찰과 행형기관의 테러대책 능력의 강화, 대테러 정보수집 기술과 방법의 향상 및 정보 교환, 조기경보체계의 구축 등 정보 관련 조치들을 통해서 이루어질 수 있다고 말한다.

무고한 시민의 생명과 신체를 위협하고 민주주의와 법치주의 시스템을 공격하여 지속가능한 삶을 위협하고 인간의 권리를 짓밟는 테러공격은 저지되고 처벌되어야 한다. 다만 목숨을 걸고 공개참수 방식의 대량살상과 불가역적인 손해를 목적으로 하는 현대 테러공격의 본질적 특성 때문에 구체적 위험을 전제로 하는 경찰작용은 불충분하고, 국가 내 형사 사법적 사후 대응방식은 효과가 없다.

대테러법은 현대 테러리즘의 본질적 특성을 고려하면서도 법치국가적 한계를 지켜야 하는 딜레마에 있다. 테러방지법안에 대한 국가인권위원회의 의견서에서 인용된 젤리코보고서는 테러방지법과 같은 법률이 정당화되기 위해서는, 첫째 그 법률이 실효적일 것, 둘째 그 법률의 목적이 일반 법률에 의해서 달성될 수 없을 것, 셋째 그 법률이 시민적 자유를 부당하게 침해하지 않을 것, 넷째 그 법률의 악용 가능성을 최소화할 수 있는 실효적인 보장 장치를 완비할 것의 조건을 제시하고 있지만 이러한 조건이 갖추어지기 위해서는 구체적인 요건의 분류가 필요하다."

중간에 좀 건너뛰고, 대테러 대응 법률의 헌법적 근거와 관련해서 논문의 견해를 좀 말씀드리겠습니다.

"대테러 대응 법률의 헌법적 근거는, 첫째 테러공격으로부터 국민을 보호해야 할 국가의 의무, 국가는 국민의 생명과 신체 그리고 재산과 같은 기본적인 이익을 보호하기 위해서 존재한다. 국가의 권력 독점은 이러한 목적을 달성하기 위해 정당화되며 국민 자유의 일부 양도와 자력구제권의 포기는 바로 이 목적 때문에 설득된다. 국가는 생래적이고 양도할 수 없고 소멸할 수 없는 권리로서의 안전을 위해 성립하고 존재한다. 국가 존립 목적으로서의 핵심적인 의무로서 생명과 신체, 재산에 관한 국가의 보호 의무는 헌법의 기본권을 비롯한 여러 제도와 체계에 녹아 있다. 국가의 안전보장의무, 질서유지의무, 국군의 의무, 대통령의 국가보위의무, 국회와 사법부의 역할, 재난으로부터의 보호의무, 보건의무, 국가긴급권의 발동은 국가가 핵심적인 국민의 안전을 보호하기 위해서 만들어 놓은 장치들이며 테러공격으로부터 국민의 생존을 보호하는 것은 국가의 원초적이고 핵심적인 존립 목적으로서의 보호의무에 속한다.

테러공격으로부터 국민을 보호해야 하는 국가의 의무는 기본권 보호의무로부터 도출할 수 있다. 국가에게는 국민의 기본권 보장을 위해서 스스로 침해자가 되지 말아야 할 의무가 있고 기본권을 적극적으로 실현할 수 있도록 할 의무가 있으며 사인에 의한 기본권 침해를 막아야 할 기본권 보호의무도 갖는다. 사인에 의한 기본권 침해 시 보호의무의 일차적인 수범자인 입법자는 과소보호금지의 원칙이라는 한계를 지켜 의무를 이행해야 한다. 그러나 보호되어야 하는 기본권의 중요성과 그 침해의 정도, 그리고 다른 관련 가치의 중요성을 고려해 봤을 때 국민의 생명·신체와 같은 중대한 법익의 보호와 관련해서는 최소한의 보호 수준이 강화되어야 하고 그만큼 입법자의 입법형성의 의지도 축소된다.

테러공격으로부터 국민의 중요한 기본권을 보호해야 하는 국가의 의무는 따라서 국가목적으로서의 안전, 기본권 보호의무에서 비롯되는 안전의무에서 도출할 수 있다.

두 번째, 기본권 제한의 헌법합치를 위한 기준, 기본권은 헌법이 명시한 목적에 근거하여 헌법이 명시한 방법에 따라 헌법의 한계 안에서만 제한될 수 있다. 헌법 37조제2항은 기본권 제한의 기준을 정하고 있는데 기본권은 법률에 의해서만 제한이 되고 국가안보장, 질서유지, 공공복리의 엄격한 목적이 있어야 하며, 법률이 실질적 법치주의에 따라 기본권 보장의 이념과 합치해야 하며 본질적인 내용을 침해하지 않아야 한다

헌법 제37조2항은 기본권 제한의 입법의 수권 규정이기도 하지만 동시에 기본권 제한 입법의 한계규정이기도 하기 때문에 기본권 제한의 성격과 기본권 보장의 성격을 모두 가지고 있다. 기본권 제한 입법은 공익의 목적을 달성하기 위하여 최소한의 범위 내에서 허용되고 보호하려는 이익과 제한되는 기본권 사이에서 합리적인 비례관계가 성립되어야 하는데 헌법재판소는 목적의 정당성, 방법의 적정성, 피해의 최소성, 법익의 균형성을 요구한다. 기본권을 제한하는 테러 대응 수단들은 이러한 엄격한 요건을 갖추어야 헌법 합치성을 인정받을 수 있다.

테러 발생 임박시점을 기준으로 그 이전의 테러대응 수단과 그 이후의 테러대응 수단은 그 작용의 목적이 다르고 침해하는 기본권의 종류나 그 제한의 정도도 다르다. 또한 각각 긴급성과 필요성, 구체적 위험상황 역시 같지 않다. 이러한 점을 감안하여 테러대응 수단을 테러 발생 임박시점을 기준으로 그 전과 후를 기능적으로 대별한다면 그 이전의 수단들은 주로 감시, 정보수집에 집중하기 때문에 감시대상자의 사생활에 관련된 기본권이 주로 제한된다.

예방을 목적으로 하는 테러대응 수단은 일반적이고 광범위한 감시와 정보수집을 병행하기 때문에 대상이 테러범에 한정되는 것이 아니라 거의 모든 공동체의 구성원을 향하고 사실상 국가와 개인의 양자 사이의 일반적이고 추상적인 기본권 제한 문제로 귀결된다.

반면에 테러 발생 임박시점 이후의 테러대응 수단은 범인에 대한 조속한 체포, 테러공격에 대한 실제적인 대응, 후속공격의 대비와 같은 긴급한 상황을 전제로 평상시에 허용되지 않는 효율성이 강조된 수단을 허용하게 되고 권한을 고도로

집중시키게 된다.

이 수단은 사생활에 관련한 기본권뿐만 아니라 때때로 범인 또는 무고한 사람의 신체 생명 재산과 같이 고도의 핵심적인 기본권을 제한하게 될 것이다. 상황에 따라 군에 의한 병력 지원이 이루어질 가능성이 높으며 테러공격의 진압 과정에서 무고한 희생의 높은 개연성을 염두에 두고 작전을 수행한다.

테러대응 수단의 합헌성 여부는 결국 사용된 수단이 보호하려는 이익과 이 수단으로 제한된 기본권 사이에 전자가 크거나 적어도 양자 간의 균형을 유지하고 있는가에 달려 있다.

예방을 목적으로 하는 테러대응 수단이 합헌적이기 위해서는 헌법 제37조2항의 과잉금지의 원칙을 준수해야 하는 것은 분명하다. 예를 들어 테러에 관한 정보를 얻기 위해서 개인의 인터넷 검색, 도서관 대출, 여행, 물품 구매, 통신 정보 등을 수집해야 한다면 정보수집이나 감시의 대상이 된 사람의 사적인 생활의 비밀을 유지할 자유보다 큰 안전이익을 위한 것이어야 하며 적절한 방법과 수단을 이용하면서 이루어져야 한다. 그리고 개인의 사적인 생활에 관한 권리의 본질적 내용은 침해하지 말아야 될 의무도 있다.

그러나 예방을 목적으로 하는 테러대응 수단은 평상시에 일반적이고 추상적으로 적용되는 것이기 때문에 오용되거나 남용될 가능성은 매우 높다. 따라서 테러대응 수단에 의한 기본권의 제한이 합헌적 균형을 유지하기 위해서는 다른 구조적인 수단들도 구비되어야 한다.

즉 정보를 수집하는 권한을 부여하는 데서 그치는 것이 아니라 감시대상을 정하는 절차와 조건을 명확히 규정하고 국가안전기관이 권한을 남용하지 않도록 헌법기관에 의한 감독·통제구조를 마련하면 37조2항의 기본권 제한의 법치국가적 요소를 충족할 수 있다.

한편 테러 임박 상황을 앞둔 시점부터 사용되는 수단들은 그 합헌의 기준을 구하는 것이 쉽지 않다. 우리 헌법에서는 긴급명령이나 비상계엄 선포와 같은 예외적인 상황을 위한 헌법 규정을 이미 두고 있기 때문에 이러한 규정에 의존하지 않고 예외적인 상황을 설정하고 예외적인 기본권 제한을 허용할 수 없기 때문이다. 테러공격이 임박했다는 위험 평가가 이루어졌을 때 병력이 동원된다거나 항공기나 선박에 치명적인 무기를 사용하거나 일시적인 구금을 하거나 영장 없는 감청이나 체포를 하거나 하는 수단들이 헌법 제37조2항의 요건을 충족하기는 어려워 보이고 그렇다고 해서 헌법 제76조나 77조에 포함되는 것으로도 보이지 않기 때문이다.”

'긴급상황과 관련된 헌법 개정의 제안' 이 논의는 헌법 개정을 제안하는 내용이기 때문에 논의의 범주를 좀 벗어나는 것 같아서 넘어가겠습니다.

“4. 테러대응의 헌법적 한계로서의 인간의 존엄

헌법적인 한계를 시험하는 테러대응 수단들은 주로 테러공격이 눈앞에 있다는 결정이 내려졌을 때에 이행되는 조치들일 것이다. 고문을 허용해야 한다는 주장은 대도시의 어딘가에 엄청난 인명피해를 겨냥한 폭탄이 설치되어 있다는 시나리오를 전제로 전개되었고, 독일의 항공안전법의 민간항공기 격추 조항은 공중납치된 민간항공기가 중요

시설을 향해 추락·공격하는 무기로 사용된다는 전제에서 채택되었다.

테러 혐의자에 대한 무기한 구금은 상황은 약간 다르지만 이들을 구금해서 테러단체에 대한 정보도 캐내고 다시 테러단체에 들어가는 활동을 막겠다는 목적이 있었음을 추측할 수 있다.

이러한 테러대응 수단들은 그동안 현실적으로 절대 이루어질 수 없는 가정을 전제로 한 작용이라거나 지나친 결과주의적 형량만 했다는 논거로 비판을 받았고 이러한 비판은 충분히 타당했다.

그러나 이러한 비판들이 국가에 의한 고문과 민간항공기 격추, 무기한 구금에 대한 법적 허용을 완전하게 단념시키지는 못했다. 계속되는 테러의 공포가 이러한 극단적인 수단들의 고려를 지속시키고 있기 때문이다. 따라서 이러한 수단들에 대한 헌법적인 사고, 법치주의적인 한계에 대한 고민은 계속될 것이다.

비현실적 가설에 의존하고 있다 하더라도 테러리즘 문제와 관련하여 제기되는 고문이나 항공기 격추, 무기한 구금과 같은 문제들은 여전히 테러공격이라는 위협 앞에 유혹적인 기술이 되었으며 그 자체로 고문이 절대로 금지되어야 하는 것인가, 소수는 다수를 위해 희생되어서는 안 되는가에 대한 헌법적 확신을 시험하고 있기 때문이다.

만약 이러한 수단들이 국가가 국민과 헌법을 수호하기 위해서 취할 수밖에 없는 수단이라면, 그리고 수적인 계산에 있어서 희생된 수에 비해 살린 생명의 수가 압도적으로 많아서 정당화된다고 주장한다면 마지막으로 이 기본권 제한수단이 기본권의 본질적 내용을 형해화하고 있지 않은가에 대해 검토해 봐야 한다. 기본권 제한 법률은 기본권의 본질적인 내용을 침해할 수 없다는 한계를 여전히 지켜야 하기 때문이다. 그러나 본질적인 내용은 정해져 있는 것이 아니고 이익을 평가하고 형량함으로써 비로소 확정되는 상대적인 것이라고 보는 경우에 본질적 내용을 침해하지 말라는 헌법적 명령은 다시 아무런 효력도 갖지 못하게 된다.

기본권의 본질적인 내용을 인간의 존엄으로 보든지, 본질적인 내용으로 보지 않는다 하더라도 인간의 존엄을 법치주의의 한계라고 설정하는 그런 관점이 고려되어야 한다.

독일 연방헌법재판소가 항공안전법상의 민간항공기 격추 허용 조항이 생명 대 생명의 교량을 금지하는 헌법적 명령을 어기고 인간을 주체가 아닌 객체로 다루어 인간의 존엄을 침해했다고 결정할 때 생명권의 논리가 아니라 오직 존엄성 조항에 대해서만 논리구성을 한 것은 결과주의적 형량을 견제할 수 있는 유일한 논거가 형량할 수 없는 인간의 존엄이었기 때문이었다.

물론 인간의 존엄성에 대한 형량 불가라는 기존의 이론에도 금이 가기 시작하였지만 고문, 무기한 구금, 생명의 수적 교량과 관련한 문제에 대해 인간의 존엄이라는 법치주의적 한계는 반드시 고려되어야 한다. 이러한 고려는 테러방지법률에 반영되어야 할 것이다.”

뒤의 내용들은 더 구체적으로 발제를 하지 않아도,

테러방지법 입법의 합헌적 기준이 어떤 범위에 있는지에 대해서 이 논문을 통해서 몇 가지 말씀을 드렸습니다.

지금 현재 우리 테러방지법이 여러 가지 모호성들로 인해서 그리고 국가정보원이라는 그런 기구를, 국가정보원이 중심이 된 기구를 확장하는 그런 법안의 강조점으로 인해서 지금 이 논문에서 얘기하고 있는 좀 더 합헌적이고 좀 더 안정적인 그런 대테러 제도로서는 여러 가지 미흡함과 혹은 포함되어서는 안 되는 그런 조항들이 포함되고 있다는 지적을 하지 않을 수 없습니다.

앞서 은수미 의원께서 테러방지법에 대한 국가인권위원회의 의견서를 죽 소개를 해 주셨는데요, 그 국가인권위의 의견서도 사실은 같은 맥락에서 지금 2001년 이후로 소개된 테러방지법의 문제들을 지적을 하고 있는 것이라고 보여지고요.

이제 얼추 시간이 되었기 때문에 저도 좀 결론을 내고자 합니다.

끝으로 지금까지 이야기한 내용을 기초로 어제 직권상정으로 올라온 테러방지법의 주요 내용들, 그것이 가지고 있는 문제점들에 대해서 말씀을 좀 드리겠습니다.

어제 오후 늦게 직권상정한 테러방지법안이 국회 본회의에 상정되었는데요. 이철우 의원이 대표발의한 국민보호와 공공안전을 위한 테러방지법안이 상정되어 논의되기 직전에 주호영 의원 외 156인의 의원이 발의한 수정안이 제출되었습니다.

새누리당은 본회의 전 정보위원회를 단독으로 열어서 이 수정안을 처리해서 본회의에 제출을 했는데요. 주호영 의원은 수정이유나 수정 주요내용을 몇 가지를 밝혔습니다. 일단 수정이유와 수정 주요내용으로 "테러위험인물이 아닌 자에 대해서 조사 또는 추적을 할 경우 인권침해의 우려가 제기되고 있으므로 이런 우려를 해소하기 위해서 대테러조사 또는 테러위험인물에 대한 추적을 할 경우 국무총리인 대책위원회의 위원장에게 사전 또는 사후에 보고하도록 하여 대테러조사·추적활동에 신중을 기하려 하는 것이다." 이것이 수정이유이자 수정 주요내용인데……

세부 수정안을 보면 그렇습니다. "국민보호와 공공안전을 위한 테러방지법안 일부를 다음과 같이 수정한다. 안 제9조제4항에 후단을 다음과 같이 신설한다. 이 경우 사전 또는 사후에 대책위원회의 위원장에게 보고하여야 한다."

그런데 이 수정안은 원안의 수많은 문제점들에 대해서 대안을 제시하는 그런 수정안이 아닌 것이지요. 그냥 '사전 또는 사후보고'라는 그런 조항을, 그런 문구를 추가해서 인권침해의 우려를 줄일 수 있다고 주장하고 있는 것입니다. 사실 수정안은 원안과 내용상으로 별다를 것이 없는 그런 테러방지법안이라고 보여지고요.

제가 직권상정된 원안하고 주호영 의원이 대표발의한 수정안을 검토해 본 결과 여러 가지 인권침해적인 독소 조항들이 발견이 되었습니다. 대한민국 국회가 이런 법안을 국가비상사태라는 허구적인 그런 논리에 근거해서 직권상정이라는 방식으로 처리하는 것은 정말 최악의 법을

최악의 방식으로 처리하는 것이라는 점에서 저는 역사의 오명에 남을 일이다라고 생각을 합니다.

그런 점에서 테러방지법안의 본회의 가결은 절대 있어서는 안 된다 이런 입장에서 테러방지법안의 법률적 문제점에 대해서 좀 구체적으로 말씀을 드려보겠습니다.

일단 많은 전문가들이나 많은 시민사회단체의 의견서들이 지적을 공통되게 하고 있는데요. 테러방지법안의 가장 심각한 문제점은 테러위험인물의 정의와 관련된 것입니다.

새누리당 주호영 의원 외 156인 의원이 발의한 테러방지법에 대한 수정안 제2조3항의 내용을 보면 이렇습니다.

"2조(정의) 이 법에서 사용하는 용어의 정의는 다음과 같다.
3. '테러위험인물'이란 테러단체의 조직원이거나 테러단체 선전, 테러자금 모금·기부 기타 테러예비·음모·선전·선동을 하였거나 하였다고 의심할 상당한 이유가 있는 자를 말한다."

그런데 이 조항은 심각한 문제가 있습니다. 기타 테러예비·음모·선전·선동이 지나치게 포괄적으로 해석될 여지가 있습니다. '기타 테러'가 앞에서 말한 위해단체의 조직원이나 위해단체의 예비·음모·선전·선동 활동에 해당하는 것인지, 아니면 그 외의 테러 행위들에 해당하는 것인지에 대한 모호한 해석으로 인해서 사실 이것이 남용될 가능성이 굉장히 크고요.

또 테러위험인물을 지정하고 해제하는 절차나 주체도 없습니다, 이 법에 따르면. 그러면 이것이 아마 시행령 이런 것으로 다 유보가 되어 가지고 결국에는 국정원의 판단으로 테러위험인물로 지목이 되고 또 국정원의 판단에 의해서만 테러위험인물에서 해제가 되는 그런 어처구니없는, 결국 이것은 상당한 기본권에 대한 침해이자 제약이 될 수 있는 이런 내용을 법률에 명기하지 않고 이렇게 모호하게 했다는 것은 심각한 결함을 갖고 있는 것이라고 보여지고요.

두 번째, 테러방지법안의 또 다른 문제점은 테러위험인물에 대한 정보수집과 관련된 것입니다.

새누리당의 수정안 제9조의 내용을 보면,
"9조(테러위험인물에 대한 정보수집 등) ① 국가정보원장은 테러위험인물에 대하여 출입국·금융거래 및 통신이용 등 관련 정보를 수집할 수 있다. 이 경우 출입국·금융거래 및 통신이용 등 관련 정보의 수집에 있어서는 「출입국관리법」, 「관세법」, 「특정 금융거래정보의 보고 및 이용 등에 관한 법률」, 「통신비밀보호법」의 절차에 따른다.
② 국가정보원장은 제1항의 규정에 따른 정보수집 및 분석의 결과 테러에 이용되었거나 이용될 가능성이 있는 금융거래에 대해 지급정지 등의 조치를 취하도록 금융위원회 위원장에게 요청할 수 있다.
③ 국가정보원장은 테러위험인물에 대한 개인정보와 위치정보를 「개인정보 보호법」 제2조의 '개인정보처리자'와 「위치정보의 보호 및 이용 등에 관한 법률」 제5조의 '위치정보사업자'에게 요구할 수 있다.
④ 국가정보원장은 대테러활동에 필요한 정보나 자료를

수집하기 위하여 대테러조사 및 테러위험인물에 대한 추적을 할 수 있다."

그런데 테러방지법안 9조는 영장주의의 예외인 독소 조항을 다수 포함하고 있어서 심각한 인권침해의 우려가 있습니다. 테러위험인물의 정의가 모호한 반면에, 앞서 저희가 살펴보았듯이 테러위험인물에 대한 정의는 모호한데 정보수집, 제재, 프라이버시 침해, 기타 추적 등에 관한 국정원의 권한은 지나치게 포괄적이고 영장주의의 예외인 독소 조항을 다수 포함하고 있어서 이것이 심각한 인권침해 요소가 될 수 있다 이렇게 보여지고요.

정부와 새누리당에서는 헌법 12조의 내용을 좀 되새겨 봤으면 좋겠습니다.

헌법 12조3항은 "체포·구속·압수 또는 수색을 할 때에는 적법한 절차에 따라 검사의 신청에 의하여 법관이 발부한 영장을 제시하여야 한다. 다만, 현행범인인 경우와 장기 3년 이상의 형에 해당하는 죄를 범하고 도피 또는 증거인멸의 염려가 있을 때에는 사후에 영장을 청구할 수 있다." 이 내용을 좀 신중하게 되새겨 보셔야 될 것 같고요.

그리고 특정 금융거래정보의 보고 및 이용 등에 관한 법률, 통신비밀보호법의 경우 각 법에서 정한 절차대로 정보를 수집한다는 내용은 이것도 의미가 뭔지 매우 불명확합니다. 언급된 각 법에 따른다면 굳이 테러방지법에 이런 내용들을 포함할 이유가 혹은 그 필요가 뭔지 모르겠고요.

개인 정보와 위치 정보를 요구할 수 있는 권한에 대해서 어떤 절차적인 통제를 가하고 있지 않습니다. 단순히 '요구할 수 있다' 이렇게만 규정함으로써 영장주의 혹은 그에 준하는 절차적 통제로부터 자유로운 상태, 무방비 상태로 방치하고 있는 거 아니냐 이렇게 보여지고요.

또한 여기 보면 '추적'이라는 개념이 있는데요, 이 '추적'이라는 개념도 좀 모호해서 인권침해 소지가 있다. 마찬가지로 이게 우리 헌법의 그런 기본권 조항들과 충돌할 요소가 있다 이렇게 생각이 되고요.

세 번째, 테러방지법의 또 다른 문제점은 국가테러대책위원회 관련된 겁니다. 이게 오늘 나온 수정안 5조에 포함이 됐는데요. 법조문이 이렇게 돼 있습니다.

"제5조(국가테러대책위원회) ① 대테러활동에 관한 정책의 중요사항을 심의·의결하기 위하여 국가테러대책위원회를 둔다.
② 대책위원회는 국무총리 및 관계기관의 장 중 대통령령으로 정하는 자로 구성하고 위원장은 국무총리로 한다.
③ 대책위원회는 각 호의 사항을 심의·의결한다.
1. 대테러활동에 관한 국가의 정책 수립 및 평가
2. 국가 대테러 기본계획 등 중요 중장기 대책 추진사항
3. 관계기관의 대테러활동 역할 분담·조정이 필요한 사항
4. 기타 위원장 또는 위원이 대책위원회에서 심의·의결할 필요가 있다고 제의하는 사항
④ 그 밖에 대책위원회의 구성·운영 등에 관하여 필요한 사항은 대통령령으로 정한다."

그런데 이 법안 5조는 국가테러대책회의의 경우에

위원은 대통령령으로 정하게 돼 있는데, 법률에서 직접 위원들을 정하지 않고 대통령령에 위임하는 것이 헌법상의 정부조직법률주의나 포괄위임금지의 원칙을 위반하는 것이기 때문에 위헌 소지가 있다, 이런 지적이 있습니다. 이 부분도 충분히 검토가 돼야 될 것 같고요.

네 번째로 테러방지법안의 또 다른 문제점으로 대테러센터와 관련된 문제가 있습니다. 이것은 법안 6조에 있는데요.

그 조문을 보면,
"제6조(대테러센터) ① 대테러활동과 관련하여 다음 각 호의 사항을 수행하기 위해 국무총리 소속으로 관계기관 공무원으로 구성되는 대테러센터를 둔다.
1. 국가 대테러활동 관련 임무분담 및 협조사항 실무 조정
2. 장단기 국가대테러활동 지침 작성 배포
3. 테러경보 발령
4. 국가 중요행사 대테러안전대책 수립
5. 대책위원회 회의 및 운영에 필요한 사무의 처리
6. 그 밖에 대책위원회에서 심의·의결한 사항
② 대테러센터의 조직·정원 및 운영에 관한 사항은 대통령령으로 정한다.
③ 대테러센터 소속 직원의 인적사항은 공개하지 아니할 수 있다."

자, 이것도 비슷한 맥락인데요. 법안 6조에서 대테러센터의 조직·정원 및 운영에 관한 사항은 대통령령으로 정하게 돼 있는데, 이 역시 대통령령으로 이렇게 포괄적으로 위임하는 것으로 헌법상의 정부조직법률주의나 포괄위임금지의 원칙을 위반하는 것으로 위헌 소지가 있다는 지적이 있습니다. 이 점에 대해서는 심도 있는 검토가 좀 필요하다는 생각이 들고요.

또 대테러센터 소속 직원의 인적사항을 공개하지 않는 것, 물론 현재의 국가정보원법에서도 유사한 이런 조항들이 있기는 합니다만 이것 역시도 민주적 통제의 범위에서 벗어난 과도한 위임입법이라는 비판, 지적이 있습니다.

자, 다섯 번째로 테러방지법의 또 다른 문제점은 테러의 정의에 관한 것입니다. 이게 법 2조에 돼 있는데요.
"제2조(정의) 이 법에서 사용하는 용어의 정의는 다음과 같다.
1. '테러'란 국가·지방자치단체 또는 외국정부(외국지방자치단체와 조약 또는 그 밖의 국제적인 협약에 따라 설립된 국제기구를 포함한다)의 권한행사를 방해하거나 의무 없는 일을 하게 할 목적 또는 공중을 협박할 목적으로 행하는 다음 각 목의 행위를 말한다.
가. 사람을 살해하거나 사람의 신체를 상해하여 생명에 대한 위험을 발생하게 하는 행위 또는 사람을 체포·감금·약취·유인하거나 인질로 삼는 행위
나. 항공기와─이 '항공기'는 항공법 제2조제1호의 '항공기'를 말하는데요─관련된 다음 각각의 어느 하나에 해당하는 행위
1) 운항 중인 항공기를 추락시키거나 전복·파괴하는 행위, 그 밖에 운항 중인 항공기의 안전을 해칠 만한 손괴를 가하는 행위

2) 폭행이나 협박, 그 밖의 방법으로 운항 중인 항공기를 강탈하거나 항공기의 운항을 강제하는 행위

3) 항공기의 운항과 관련된 항공시설을 손괴하거나 조작을 방해하여 항공기의 안전운항에 위해를 가하는 행위

다. 선박 또는 해상구조물과 관련된 다음 각각의 어느 하나에 해당하는 행위

1) 운항 중인 선박 또는 해상구조물을 파괴하거나 그 안전을 위태롭게 할 만한 정도의 손상을 가하는 행위

2) 폭행이나 협박, 그 밖의 방법으로 운항 중인 선박 또는 해상구조물을 강탈하거나 선박의 운항을 강제하는 행위

3) 운항 중인 선박의 안전을 위태롭게 하기 위하여 그 선박 운항과 관련된 기기·시설을 파괴 또는 중대한 손상을 가하거나 기능장애 상태를 야기하는 행위

라. 사망·중상해 또는 중대한 물적 손상을 유발하도록 제작되거나 그러한 위력을 가진 생화학·폭발성·소이성(燒夷性) 무기나 장치를 다음 각각의 어느 하나에 해당하는 차량 또는 시설에 배치 또는 폭발시키거나 그 밖의 방법으로 이를 사용하는 행위

1) 기차·전차·자동차 등 사람 또는 물건의 운송에 이용되는 차량으로서 공중이 이용하는 차량

2) 1)에 해당하는 차량의 운행을 위하여 이용되는 시설 또는 도로, 공원, 역, 그 밖에 공중이 이용하는 시설

3) 전기나 가스를 공급하기 위한 시설, 공중의 음용수를 공급하는 수도, 그 밖의 시설 및 전기통신을 이용하기 위한 시설로서 공용으로 제공되거나 공중이 이용하는 시설"

그리고 조금 생략하고, '마' 항목에 핵물질이 있습니다.

"마. 핵물질, 방사성물질 또는 원자력시설(「원자력시설 등의 방호 및 방사능 방재 대책법」 제2조제2호의 원자력시설을 말한다.)과 관련된 다음 각각의 어느 하나에 해당하는 행위

1) 원자로를 파괴하여 사람의 생명·신체 또는 재산을 해하거나 그 밖에 공공의 안전을 위태롭게 하는 행위

2) 방사성물질 등과 원자로 및 관계 시설, 핵연료주기시설 또는 방사선발생장치를 부당하게 조작하여 사람의 생명이나 신체에 위험을 가하는 행위

3) 핵물질을 수수·소지·소유·보관·사용·운반·개조·처분 또는 분산하는 행위

4) 핵물질이나 원자력시설을 파괴·손상 또는 그 원인을 제공하거나 원자력시설의 정상적인 운전을 방해하여 방사성물질을 배출하거나 방사선을 노출하는 행위"

테러의 정의와 관련된 법안 제2조1호의 문제는 테러 행위의 정의와 관련해서 '권한행사의 방해 또 의무 없는 일을 하게 함' 등의 개념이 명확하지가 않아서 자의적인 집행이 가능하도록 되어 있다는 것입니다.

법안 제2조1호가목에서 언급된 사람을 살해, 상해, 신체의 위험을 발생하게 하는 등의 행위의 경우 공무집행방해 또는 공무집행방해치상과 구분이 잘 안 될 수 있다, 이런 문제가 지적되고요. 자칫하면 공무원에 대한 공무집행방해행위의 상당 부분이 이 법에 의해서 테러로 규정될 수 있는 그런 혼선 내지는 우려들이 있습니다.

또 법안 제2조1호라목2에서의 '시설'이라는 것은 차량정비시설과 같은 공중이 이용하지 않는 시설도 포함되는지 이게 명확하지 않고요. '또는 도로, 공원, 역, 그 밖에 공중이 이용하는 시설'은 차량의 운영과 관련되는 것을 말하는지 아니면 일반적인 도로 등을 말하는 건지 이것도 좀 분명하지가 않습니다.

또 법안 제2조1호라목3의 '전기나 가스를 공급하기 위한 시설' 역시 일반 가정집에 들어가는 그런 소규모 시설도 포함하는 건지 이게 좀 불분명합니다.

법안 제2조1호라목4의 '연료 수송·저장'의 경우도 마찬가지입니다. 요컨대 라목의 경우 보호 대상이 단순한 시설 자체인지 아니면 시설을 중심으로 형성되는 공중의 안전인지 이런 게 명확하지가 않습니다.

또 법안 제2조1호마목2에서 부당의 개념이 불명확하거나 부적절합니다. 부당이란 이치에 맞지 않는 것을 부당이라고 하는데 그 의미가 좀 명확하지 않다 이런 거고요.

여섯 번째 문제점은 테러방지법의 또 다른 문제점으로 외국인테러전투원의 정의와 관련된 겁니다. 이것은 이전부터 지적이 되어 왔던 건데요. 2조(정의) 규정의 4호에 이게 있는데요. "외국인테러전투원이란 테러를 실행·계획·준비하거나 테러에 참가할 목적으로 국적국이 아닌 국가의 테러단체에 가입하거나 가입하기 위해 이동 또는 이동을 시도하는 내·외국인을 말한다." 이렇게 되어 있어요.

결국에는 '이동 또는 이동을 시도하는 내·외국인' 이렇게 규정을 하는데 이동을 시도한다는 게 어디까지 이동을 시도한다는 걸로 봐야 되는 건지, 보따리 싸면 이동을 시도하는 건지 아니면 어디까지를 이동을 시도하는 것으로 봐야 되는 건지 그 의미가 불명확합니다. 자칫하면 이게 이동하려고 준비한 것, 이동의 예비·음모까지 처벌한다고 나서면 지나치게 광범위한 규율로 이게 인권 침해의 소지가 크다 이런 지적을 하지 않을 수 없고요.

일곱 번째는 대테러조사와 관련된 겁니다. 이것도 정의 규정의 8호에 나와 있는데 "대테러조사란 대테러 활동에 필요한 정보나 자료를 수집하기 위하여 현장조사·문서열람·시료채취 등을 하거나 조사대상자에게 자료제출과 진술을 요구하는 활동을 말한다." 이렇게 되어 있습니다.

대테러조사에서는 현장조사 문서열람 시료채취 등의 증거수집행위하고 조사대상자에게 자료제출과 진술을 요구하는 행위 이렇게 포함을 하고 있는데 이게 단순한 비구속적인 행정조사 수준이 아니고 거의 강제적·구속적인 행정조사 수준에 해당하는 것이라고 보여지거든요.

그리고 이것 때문에 이 대테러조사라는 게 영장주의를 규정하고 있는 우리 헌법의 규정을 전면 위반하는, 그것과 정면충돌하는 것 아니냐 이런 지적을 하지 않을 수 없고요. 이 점에 대해서는 다시 한 번 검토가 좀 필요하고.

여덟 번째로 테러방지법의 또 다른 문제점은 점검·보고와 관련된 겁니다. 이게 5조3항2호에 이렇게 되어 있는데요.

"대책위원회는 다음 각 호의 사항을 심의·의결한다.

2. 국가 대테러 기본계획 등 중요 중장기 대책 추진사항"
그런데 이 법안 5조3항2호는 막강한 권한이 집중이 되는 대테러기본계획에 대해서 국회가 수정을 요구하거나 동의를 요구하거나 이런 권한이 없어요. 그래서 그런 강력한 견제장치가 있어야 된다고 보고.

아홉 번째로 테러취약요인 사전제거와 관련된 문제점도 지적이 됩니다. 이게 11조에 나와 있는데요. 11조 조문을 보면 "(테러취약요인 사전제거) ① 테러대상시설 및 테러이용수단의 소유자 또는 관리자는 보안장비를 설치하는 등 테러취약요인 제거를 위하여 노력하여야 한다.

② 국가는 제1항의 사업을 수행하는 소유자 또는 관리자에게 필요한 경우 그 비용의 전부 또는 일부를 지원할 수 있다.

③ 제2항의 규정에 따라 지원되는 비용의 대상·기준·방법 및 절차 등 필요한 사항은 대통령령으로 정한다." 이렇게 되어 있습니다.

그런데 법안 11조2항에서 '제1항의 사업을 수행하는'이라는 규정을 두고 있는데 제1항에는 사업의 개념이 없는 것 같아요. 그래서 '테러대상시설 및 테러이용수단의 소유자 또는 관리자' 이런 개념만 있는데, 이게 바로 1항의 사업을 수행하는 소유자 또는 관리자 이렇게 되어 있는데 사업은 없고 소유자 관리자 이런 개념만 있어서 이게 뭔가 개념상의 불일치가 좀 있다, 좀 작은 문제이기는 합니다만.

그리고 테러선동·선전물 긴급 삭제와 관련된 내용도 문제가 있습니다. 12조에 있는데요.
"(테러선동·선전물 긴급 삭제 등 요청) ① 관계기관의 장은 테러를 선동·선전하는 글 또는 그림, 상징적 표현물, 테러에 이용될 수 있는 폭발물 등 위험물 제조법 등이 인터넷이나 방송·신문, 게시판 등을 통해 유포될 경우 해당기관의 장에게 긴급 삭제 또는 중단, 감독 등의 협조를 요청할 수 있다.
② 제1항의 협조를 요청받은 해당기관의 장은 필요한 조치를 취하고 그 결과를 관계기관의 장에게 통보하여야 한다."

그런데 이 법안 12조 내용 중에 테러선동·선전물의 경우 테러를 선동·선전한다는 것의 개념이 뭐냐, 어디까지를 테러의 선동·선전으로 볼 거냐, 그것은 누가 판단할 거냐, 이런 내용들을 법에 규정하지 않고 있어요. 이게 자칫하면 상당한 기본권 침해를 유발할 것으로 우려되기 때문에, 전체적으로 너무 법이 좀 앞뒤도 안 맞고 말이 안 되고 엉성하고 또 이게 위헌적인 요소들이 너무 많다 이렇게 보여지고요.

또 한 가지 문제는 외국인테러전투원에 대한 규제와 관련된 겁니다. 13조에 나와 있는데 조문을 보니까
"관계기관의 장은 외국인테러전투원으로 출국하려 한다고 의심할 만한 상당한 이유가 있는 내·외국인에 대하여 일시 출국금지를 법무부장관에게 요청할 수 있다.
② 제1항에 따른 일시 출국금지 기간은 90일로 한다. 다만, 출국금지를 계속할 필요가 있다고 판단할 상당한 이유가 있는 경우에 관계기관의 장은 그 사유를 명시하여 연장을 요청할 수

있다.
③ 관계기관의 장은 외국인테러전투원으로 가담한 자에 대하여 여권의 효력정지 및 재발급 거부를 외교부장관에게 요청할 수 있다."
이렇게 되어 있는데.

이 외국인테러전투원에 대한 출국금지조치를 90일로 제한을 하고 있는데 2항 단서에 의해서 이것을 연장할 수 있도록은 했는데 그 연장 횟수를 제한을 안 하고 있어요. 그래서 경우에 따라서는 이게 법원 판결 없이도 출국금지조치가 계속될 수 있는 이런 상황이 올 수도 있는 것 아니냐, 이렇고요.

그리고 테러단체 구성죄 관련된 것도 이게 법안 17조에 있는데요.
"① 테러단체를 구성하거나 구성원으로 가입한 자는 다음 각 호의 구분에 따라 처벌한다.
1. 수괴는 사형·무기 또는 10년 이상의 징역
2. 테러를 기획 또는 지휘하는 등 중요한 역할을 맡은 자는 무기 또는 7년 이상의 징역
3. 타국의 외국인테러전투원으로 가입한 자는 5년 이상의 징역
4. 그 밖의 자는 3년 이상의 징역
② 테러자금임을 알면서도 자금을 조달·알선·보관하거나 그 취득 및 발생원인에 관한 사실을 가장하는 등 테러단체를 지원한 자는 10년 이하의 징역 또는 1억 원 이하의 벌금에 처한다.
③ 테러단체 가입을 지원하거나 타인에게 가입을 권유 또는 선동한 자는 5년 이하의 징역에 처한다.
④ 제1항 및 제2항의 미수범은 처벌한다.
⑤ 제1항 및 제2항에서 정한 죄를 범할 목적으로 예비 또는 음모한 자는 3년 이하의 징역에 처한다.
⑥ 형법 등 국내법에 죄로 규정된 행위가 제2조의 테러에 해당하는 경우 해당 법률에 정한 형에 따라 처벌한다."
되어 있습니다.

그런데 법안 제17조3항 중 테러단체 가입을 권유 또는 선동의 개념이 불분명합니다. '권유'라는 개념은 정말 의미가 모호해서 무한 확장 적용될 가능성이 있고요. '선동'의 개념은 가입을 촉발시킨다는 것이 되어 그 의미가 더 불명확하고요. 촉발의 대상은 행동이지 가입이라는 상태가 아니기 때문에 이것도 어떻게 보면 상당히 모호함으로 인해서 혼란과 악용의 소지가 크다라고 보여지고요.

그리고 부칙 문제도 있습니다. 부칙에 보면 이렇게 되어 있습니다.
"제2조(다른 법률의 개정) ① 특정 금융거래정보의 보고 및 이용 등에 관한 법률 일부를 다음과 같이 개정한다.
제7조제1항 각 호 외의 부분 중 '금융감독 업무'를 '금융감독업무, 테러위험인물에 대한 조사업무'로 하고 '금융위원회'를 '금융위원회, 국가정보원장'으로 한다.
제7조제4항 중 '금융위원회'를 '금융위원회, 국가정보원장'으로 한다.

② 통신비밀보호법 일부를 다음과 같이 개정한다.

제7조제1항 각 호 외의 부분 중 '국가안전보장에 대한 상당한 위험이 예상되는 경우'를 '국가안전보장에 상당한 위험이 예상되는 경우 또는 국민보호와 공공안전을 위한 테러방지법 제2조제6호의 대테러활동에 필요한 경우'로 한다.

③ 특정범죄신고자 등 보호법 일부를 다음과 같이 개정한다.

제2조제1호에 바목을 다음과 같이 신설한다.

바. 국민보호와 공공안전을 위한 테러방지법제17조의 죄"

이 법안의 부칙을 통해서 특정 금융거래정보의 보고 및 이용 등에 관한 법률을 개정해서 금융정보분석원장으로 하여금 테러위험인물에 대한 조사업무에 필요하다고 인정되는 금융정보를 국정원에 제공하도록 하고 있는데 이게 바람직한가, 바람직하지 않다고 보여집니다.

특정 금융거래정보의 보고 및 이용에 관한 법률 7조1항에 이미 금융정보분석원장이 공중협박자금조달행위와 관련된 형사사건의 수사에 필요하다고 인정되는 정보를 검찰총장에게 제공하도록 하고 있습니다.

또 같은 법 7조2항은 공중협박자금조달행위와 관련된 형사사건의 수사에 필요하다고 인정하는 경우에는 대통령령으로 정하는 특정금융거래정보를 국민안전처장관과 경찰청장에게 제공하도록 정하고 있습니다.

따라서 국정원이 굳이 이 정보를 별도로 받을 필요가 없다, 게다가 국정원이 요구하는 정보는 테러위험인물에 대한 조사업무라는 것인데 이것은 굉장히 모호하고 포괄적이다, 어떻게 보면 이게 굉장히 꼼수가 돼서 금융정보들까지 다 국정원으로 넘어가는 그런 문제점을 안고 있을 수 있기 때문에 이 점은 바람직하지 않다라는 점을 분명하게 지적을 하겠습니다.

그 밖에도 꼼꼼히 봐야 될 것들이 많이 있는데요. 이런 개별 조문 문제를 넘어서 오늘 이 자리에서 무제한 토론을 하면서 앞서 토론하셨던 많은 의원들도 지적을 하셨고 저도 마찬가지 입장입니다만 지금 당을 떠나서 대한민국 국회의 모든 구성원들이 테러에 대해서는 누구도 추호도 조그마한 관용도 베풀 생각이 없습니다.

다만 그것이 테러방지법이 없어서 문제냐? 테러방지법이 안 되고 있는, 지난 14년 동안 법안이 최초로 제출된 이후에 몇 번 그 법안의 내용과 형태를 바꿔 가면서도 국회에서 법안이 통과되지 않았던 것은 단지 그게 야당이 반대해서가 아니라 이 법안이 갖고 있는 여러 가지 기본권 침해 우려 또 국정원이라는 그런 기구의 권한을 비대하게 강화시킴으로 인해서 국민들의 자유나 인권을 축소시킬 그런 우려 또 국내 정치에 지나치게 국정원이 개입하고 또 개개인들의 사생활까지 속속들이 사찰하게 될 그런 위험성에 대한 우려 이런 것들로 인해서 이 법이 제한이 되어 있었던 겁니다.

그런데 지금 이 시점에 북한의 핵실험이라는 그리고 그로 인해서 한반도에서의 긴장이 좀 격화된 그런 정세의 변화가 있었지만 북한이 핵실험 한 게 이번 처음 아니지 않습니까?

그런데 왜 이번에만 국가급변사태 내지는 국가비상사태 이런 사실은 가공된, 조작된 공포와 상황 인식을 동원해서 이 법을 밀어붙이고 있느냐는 거지요. 여기에 대해서 과연 우리 국민들이 얼마나 그 필요성을 공감하고 있고 그 필요성을 체감하고 있고 이게 우리 국민의 실생활에 꼭 필요한 법이다 이렇게 생각하고 있는지 심각한 의문입니다.

게다가 이 법은 내용상의 이견이 워낙 크기 때문에 여야가 계속 국회에서 논의를 해 가면서 지난 14년 동안 이 법이 여러 가지 내용적인 손질을 거쳐 왔듯이…… 제가 조금 전에도 말씀드렸듯이 기술적인 법조문들부터 여러 가지 엉성한 법입니다, 앞뒤도 안 맞고. 그런 이 엉성함들을 보완하기 위해서 앞으로 시간을 갖고 더 토론을 하면 되는데 굳이 국회의장이 직권상정이라는 방식으로 19대 국회에서 한 번도 없었던 이런 오명을 써 가면서 이걸 통과시키려고 하는지 도무지 저는 이해를 할 수가 없습니다.

그런 점에서 저는 국회의장께도 직권상정을 취소해 주실 것을 호소를 드리고 새누리당 여당 의원님들께도 과연 이 법이 이렇게 서둘러서 급하게 밀어붙여서 처리할 법인지, 그로 인해서 여야 관계가 이렇게 경색되고 또 이에 대한 다양한 국민들의 이견으로 인해서 갈등이 발생하는 그런 상황을 만드는 것이 바람직한지에 대해서 다시 한 번 파악해 주실 것을, 다시 한 번 생각해 주실 것을 저는 간곡하게 호소를 드립니다.

사실은 지금 20대 총선을 바로 눈앞에 두고 있고 국회가 열릴 날이 이제 며칠 남지 않았기 때문에 그에 대해서 정부도 마음이 급하고 여당도 마음이 급한 것은 알지만 때로는 어떤 법안은 하지 않는 것이 하는 것보다 훨씬 더 좋은 결과를 내지는 이렇게 하는 것이 가만히 있는 것보다 더 나쁜 결과를 낼 수 있는 법안들이 있다고 봅니다. 저는 테러방지법이 딱 그렇다고 생각을 해요.

이걸 통해서 얻을 수 있는 어떤 득, 장점 이게 없습니다. 국민들 입장에서 봐서도 없고 또 국가안보라는 측면에서도 내지는 국민의 안전이라는 측면에서도 이게 과연 지금보다 어떤 구체적인 국민안전이라는 측면에서 실익이 있고 실효성이 있고 또 국민들의 안전을 증진시키는지도 전혀 지금 사실은 납득이 안 되는 그런 법안입니다.

그렇다면 이렇게 이견이 많고 쟁점이 많은 법안은 좀 뒤로 미뤄 놓고, 예를 들어서 지금 경제 살리기 입법이라든지 노동법이라든지 이런 법안들은 내용상에 이견이 있는 법들이 있지만 또 의견이 근접한 법들도 있고 한편에서는 그 법이 가져오는 부정적 효과 또 한편에서는 긍정적 효과 이런 것들을 가지고 서로 인식이 다른 그런 법이지만 테러방지법은 그런 차원의 법이 저는 아니라고 생각해요. 이걸 통해서 과연 우리 국민들이 얻을 게 뭐가 있냐, 얻을 게 없다라고 저는 보여집니다. 국정원은 얻을 게 있겠지요.

이런 법을 왜 해야 되는지 저는 도무지 납득할 수가 없어서 다시 한 번 여당 의원들께 그런 점에 대해서 재고하실 것을 호소를 드리고 싶습니다.

박근혜 대통령께서 '테러방지법이 통과가 안 되면

테러에 대비한 국제 공조도 제대로 할 수가 없고 다른
나라와 정보교환도 할 수 없다' 그런데 실제 그렇지 않지
않습니까? 이 법이 없다 그래서 국제 공조가 안 되는 것도
아니고 정보교환이 안 되는 것도 아니잖아요. 더군다나
우리처럼 이렇게 테러에 관한 기본 콘셉트가 북한의
테러 위협으로부터 잡혀 있는 이런 상황에서는 사실은
한미군사동맹이라는 게 무엇보다 든든한 공조이고 무엇보다
든든한 정보 네트워크인데 이런 말씀을 하시는 것은 좀
이해를 하기가 어렵습니다.

지금 제가 자료를 보니까요 국제 공조나 정보교환이
활발하게 이루어지고 있어요. 제가 말씀드렸듯이 한미
간 군사비밀보호협정이 체결돼 있고 연례적인 대테러
군사훈련, 살상무기 확산 방지 훈련 이것 실시하고 있고요.
미국의 국가안보국이 전 세계와 자국민을 무차별적으로
사찰하고 감청해 왔던 사실을 폭로한 에드워드 스노든이
한국 언론과 화상대화에서 밝힌 바에 따르면 '최소한 한미
정보당국 간에는 국방 측면의 정보 공유가 일상적으로 있다'
이런 사실이 확인이 되고 있고요.

테러 관련 자금 추적을 위한 국제 정보교환과 공조도
별문제 없이 이루어지고 있습니다. 우리가 2015년 7월부터
1년 동안 국제자금세탁방지기구 의장국을 맡고 있습니다.
신제윤 전 금융위원장이 여기 의장으로 가셨지요? 유엔
협약이나 유엔 안보리 결의 관련 금융조치를 이행하는
태스크포스가 바로 이 기구입니다. 금융시스템을 이용해서
자금세탁과 테러, 대량 살상무기 확산 관련 자금조달을 막는
역할을 하고 있는 것이지요.

이미 시행 중인 공중 등 협박목적 자금조달 금지법, 일명
테러자금조달 금지법은 유엔의 요청뿐만이 아니고 미국이나
우방국의 요청만 있으면 위험인물로 지목된 개인과 단체의
금융거래를 동결하고 해당 자금의 조성과 은닉에 관련된
이들을 처벌할 수 있도록 하고 있습니다.

또 외국환거래법 보면 역시 유엔과 우방국 간의
긴밀한 정보교류와 공조 속에서 시행이 되고 있어요. 그
외국환거래법의 하위 지침인 국제평화 및 안전유지 등의
의무이행을 위한 지급 및 영수허가지침 이것에 따르면
유엔 결의로 제재를 결정한 개인이나 단체 외에도 미국의
대통령령, 유럽연합 이사회가 지명한 개인 및 단체에
대해서는 우리 기획재정부가 금융제재를 할 수 있도록 돼
있습니다.

지난 3월 기획재정부는 IS대원 27명을 포함해서 669명을
이 관련한 금융 제재 대상으로 포함시키고 수시로 이것을
업데이트하고 있어요. 국제 공조를 금융 분야에서도 하고
있는 것이지요.

그런데 우리가 우방국과의 과도하고 어떻게 보면 좀
시야가 좁은 그런 협력이 문제가 되는 경우도 오히려 반대로
있습니다. 이란 제재 같은 게 대표적인 사례예요.

2010년 9월이었던가요? 이명박 정부에서 이란
핵프로그램에 대한 미국 제재 요청을 받아들여서 102개
단체 그리고 개인 24명 이것을 금융 제재 대상으로 지정을

했습니다. 그런데 문제는 여기에 이란과 교역하는 우리
기업들의 결제은행인 이란 국영 멜라트 은행도 포함이 돼
있었어요.

유엔 안보리 결의안에 따르면 이란의 40개 단체하고 개인
1명을 제재 대상으로 지정했고 '이 결의안의 어떤 조항도
국가들이 이 결의안의 범주를 넘어선 조치나 행동을 취할
것을 강요하지 않는다는 점을 강조한다' 이렇게 밝히고
있는데 우리의 이란 제재는 오히려 유엔보다 더 세게 간
거지요. 미국 국내법에 따라서 이란을 제재하다 보니까
유엔 안보리 결의보다는 더 세게 가고 유엔 안보리 결의를
위배하는 그런 제재라는 해석이 가능합니다. 어떻게 보면
이로 인해서 이란과의 교역 단절로 굉장히 큰 손실을 봤던
그런 측면도 있습니다.

그래서 저는 지금 테러를 방지하는 데 우리가 부족한 게
아예 없느냐? 그렇지 않습니다. 부족한 게 있습니다. 그런데
그게 테러방지법이냐? 그것은 아니라는 거지요. 취약한
구석이 뭐냐 하면 국가정보원의 해외정보 수집능력입니다.
박근혜 대통령이 앞서 강조 계속하셨다고 제가 말씀드린
국제정보의 교류 및 공조 강화를 위해서도 이 해외정보
수집과 분석에 집중하도록 국정원을 개혁해야 됩니다.

우리나라 국가정보원이, 다른 해외 정보기관들하고
제가 모두 다 비교를 해 보지는 않았지만 그렇게 덩치가
작은 정보기구가 아닙니다. 그리고 권한도 막강한 권한을
갖고 있어요. 그런데 독자적인 해외정보 수집능력이 지극히
부족합니다. 이게 대북·해외·국내정보 수집을 독점하고
기획조정이라는 이름으로 각급 정부부처와 기관들을
쥐락펴락하고 대내 심리전을 빙자해서 민간인들
사찰하거나 정치에 개입하는 그런 불필요한 일에 시간과
인력을 낭비하고 있기 때문에 국정원의 본연의 업무라고
할 수 있는, 어떻게 보면 전략적으로 앞으로 정보기구가
주력하고 나아가야 될 그런 영역이라고 할 수 있는 해외정보
능력이 지극히 취약한 거예요.

최근 수년간 일어났던 국정원의 민간인 사찰, 대선개입
사건, 불법 해킹…… 오늘 제가 그 불법 해킹 얘기는
아까 다른 것을 하느라고 시간이 없어서 못 했는데, 또
중국 동포 간첩 조작 사건 이런 국정원의 일탈행위들만
없었더라면 저는 지금 테러방지를 위해서 국정원이 충분한
그런 해외정보를 수집할 수 있는 능력을 가지고 있고
국제 공조에도 훨씬 더 역량을 발휘할 수 있었을 거라고
생각합니다. 결국 자기 일에 신경을 안 쓰고 다른 일 하다
보니까, 본연의 역할과 임무에 신경을 안 쓰고 다른 일을
하다 보니까 이런 상황이 발생한 것이 아닌가……

지금 IS 같은 경우에 세계적으로 가장 큰 테러위협이
되고 있는 그런 무장집단이고 극단주의 세력인데 대한민국
국정원이 IS에 대한 정보능력이 어느 정도일까? 저는 뭐 거의
바닥일 거라고 생각합니다.

비근한 예로 2003년에 이라크 파병 당시에 국정원은
'석유자원 확보와 안전 등을 고려할 때 이라크 북부가
파병지로 바람직하다' 이런 의견을 내놓았어요. 그래서 첫

파병지로 거론된 게 이라크 북부의 모술이었습니다.

군하고 국정원에서 '모술이 안전하다' 이렇게 주장을 했고 군이 주도한 현지조사단 정부 측 참가자들도 현지 군부대 등을 시찰한 이후에—물론 그게 얼마나 면밀한 시찰이었는지, 대충 건성건성 다닌 건지 모르겠지만—'모술이 안전하다' 이렇게 얘기를 했습니다. 그런데 민간 연구자로서 현지조사단에 참여했던 박모 교수만 유일하게 모술이 안전한 파병지라는 것에 대해서 이견을 표명했어요. 왜냐하면 그 조사단 일정이 실제조사를 포함하지 않았다라는 거지요.

그런데 유엔이라크지원단이 타전하는 일일보고서에서는 모술이 이라크에서 종족 간 무장 갈등이 가장 심한 곳의 하나로 보고가 됐습니다. 모술이 위험한 지역이라는 정보를 국내에 제공한 것은 국정원이 아니고 유엔을 모니터하던 국내의 시민단체들이었던 거예요. 그래서 우여곡절 끝에 이라크 북부의 아르빌에 자이툰부대를 파견하기로 했는데 한국 정부는 아랍어 통역병을 모집해서 현지로 파견을 했는데 현지에 도착해서 보니까 아르빌 지역은 아랍어가 아니고 쿠르드어를 쓰는 지역이었던 거지요. 이게 당시 대한민국 국정원을 비롯한 우리 정부의 해외정보력의 수준이었는데 과연 이런 것이 지금은 얼마나 개선되었느냐? 저는 지금도 마찬가지 수준일 거다……

지금 모술 인근 지역은 IS가 점령한 상태이고 IS가 '대한민국도 테러의 예외 대상이 아닐 수 있다. 자기들의 공격의 예외 대상이 아닐 수 있다' 이런 얘기를 했다는데 우리 국정원은 과연 IS에 대해서 정말 어느 정도의 정보와 파악을 하고 있을까 이런 점에서 오히려 염려스러운 것은 테러방지법이 없어서가 아니라 국정원의 취약한 해외정보 능력이다. 그리고 그것은 테러방지법을 만든다고 해결이 될 것이 아니고 국정원에 대한 구조적인 개혁을 해야된다, 국정원이 국내 정치에 개입하고 국내 사찰하고 그런 불법적인 행동하고 이런 것 못 하도록 하고 본연의 업무에 정보기관으로서 주력해야 된다라는 점을 좀 말씀을 드리고싶습니다.

관련해서 지금 국정원에서 사이버테러 방지법, 이것 일종의 숙원사업인데요. 해외정보 수집 기능을 강화하기보다는 국내정보 수집·조사와 수사 또 정책 조정, 작전 기능 이런 것들이 더 강화될 수 있는, 어떻게 보면 국정원의 국내 정치에 대한 개입과 장악이 더 커질 수 있는 그런 법이라는 점에서 위험성이 크다는 거지요.

그래서 저는 이런 점들을 감안했을 때 이 법안은 좀 총체적인 재고가 필요하다, 이렇게 서둘러서 만들 법안도 아니고 한 번 만들어 놓으면, 그리고 그 시스템이 구조화되면 이게 비가역성이 있기 때문에 그로부터 발생할 수많은 문제점들을 고치기도 어렵고 감당하기도 어렵습니다.

그래서 저는 국정원 개혁이 우선이고 지금 테러방지법, 국정원에 무소불위의 권한을 얻어 주는 테러방지법 제정은 정말 하등의 도움도 되지 않는 법이라는 점을 다시 한 번 말씀을 드리겠습니다.

많은 분들이 국가안보보다 이제는 인간안보로 접근해야 된다 이런 말을 합니다. 각국에서 다투어 제정한 테러방지법이 비밀정보기관을 비밀경찰로 바꾸는 데 일조하는 그런 법이었다는 평가도 있습니다.

국가정보원은 수사권을 가지고 있기 때문에 이미 비밀경찰 체제라는 주장도 있습니다. 그렇기 때문에 테러방지법 제정이 결국은 무수히 많은 인권침해 사건을 일으킨 국가정보원이 권력의 중심에 서고자 하는 프로젝트라는 그런 의견이 지배적입니다.

많은 사람들의 인명피해를 초래할 수 있는 범죄행위를 막고자 한다면 기존의 범죄 대응 체계를 점검하는 일부터 시작하는 것이 타당합니다. 경찰과 검찰, 관련 기관들의 책임을 묻는 국정조사를 진행하는 것이 우선되어야 합니다.

대통령은 테러 관련 법 제정을 요청하기 이전에 정부수반으로서 현재의 대테러 체계가 부실하다면 그에 대해서 오히려 먼저 책임을 져야 합니다. 대응능력 부재의 원인을 제대로 진단해야 올바른 해법을 낼 수가 있습니다.

지금은 테러방지법이 필요한 것이 아니라 국정원의 취약한 해외정보 수집능력을 보완하고 그리고 그것을 위해서는 국정원을 구조적으로 개혁하는 것이 이 문제를 풀어내는 해법이라고 생각합니다.

기존 대응 체계의 무능력이 명백하게 드러나고 그리고 테러방지법이라는 이런 새로운 법 제정의 불가피성이 확인된다면 저는 그때야 이게 설득력을 가질 수 있다고 봅니다. 그러나 그렇다고 해서 대테러 담당의 중심 역할을 국가정보원이 맡는 것은 헌법적으로 인정하기 어렵습니다.

무엇보다 국가정보원의 수사권을 제거해야 합니다. 국가정보원을 순수한 정보 수집기관으로 바꾸고 해외정보 수집기관과 국내정보 수집기관을 분리하는 것을 전제로 해야 합니다. 그 이후에 테러를 방지하고 대응하는 체계를 다시 만드는 일을 할 수 있습니다.

관련해서 정의당은 이미 국가정보원법을 해외정보원법으로 전면 개정하는 개정안을 국회에 제출한 바 있습니다.

1994년에 유엔은 인간안보라는 새로운 개념을 통해서 세계화와 공공재의 민영화로 인해 점증하는 사회적·개인적 삶에서의 불안정에 대응하는 방법을 제시했습니다. 테러가 왜 발생했는지에 대해 한 번이라도 진지하게 생각해 본 사람이라면 따라서 이제는 국가안보에서 인간안보로 정책의 초점을 옮겨야 한다는 주장에 공감할 것입니다.

오늘날 우리는 조그만 사건으로도 큰 재앙에 직면할 수 있는 발전된 고도의 기술사회에서 살고 있습니다. 대도시들은 테러와 그에 준하는 사태가 발생하면 걷잡을 수 없는 혼란에 빠지게 될 것입니다.

테러방지법에 반대한다고 해서 세월호 참사와 같은 그런 국가적 재난에 무관심한 것이 절대 아닙니다. 테러방지법과 같은 방식의 대처에 반대한다는 뜻이지 만약의 위험을 예방하고 대처하는 그런 태도는 모두에게 절대적으로 필요하다고 생각합니다.

전문가들은 그 어떤 테러방지법을 동원하더라도
자살테러와 같은 극단적인 테러행위는 막을 수 없을 것으로
보고 있습니다.

　9·11 테러는 현대와 같은 고도의 발전된 기술사회가
얼마나 위험한 것인가 하는 것을 분명하게 보여 줬습니다.
어떠한 사회도 위험과 폭력으로부터 100% 안전할 수
없습니다. 절대적인 안전을 내세우면서 그것을 달성하기
위한 국가의 권한 확대를 시도한다면 이는 국민을 우롱하는
일이자 국민의 자유와 인권에 대한 위협이 될 것입니다.
그렇기 때문에 다른 방식의 접근이 필요합니다.

　한국사회의 실정을 고려한다면 광범위한 재난 예방과
재난구조체계를 구축하는 것이 무엇보다 우선되어야
합니다. 그것이 고도의 기술사회가 갖고 있는 위험에
대처하기 위해서 국가가 어디에 정책의 우선순위를 두고
어디에 재정의 우선순위를 둘 것인가에 대한 중요한 판단의
기준이 되어야 한다고 생각합니다. 시간과 돈과 인력을
적절하고 필요한 부분에 균형 있게 투입할 수 있는 지혜를
모아야 됩니다.

　4·16 세월호참사특별조사위원회가 세월호 참사의 진상과
원인을 규명하고 세월호 참사에 대처하지 못한 문제점들을
진단·평가하며 국회와 함께 대형 재난에 대한 예방과
대응 체계를 마련하는 그런 사후적인 과제를 해결해 가는
과정에서 우리는 테러에 대한 해법도 어느 정도 찾을 수
있을 것이라고 생각합니다.

　장시간 경청해 주셔서 감사합니다.

　마치겠습니다.

　(박수 치는 의원 있음)

● **부의장 정갑윤** 박원석 의원 수고하셨습니다.

　다음은 더불어민주당 유승희 의원 나오셔서 토론해
주시기 바랍니다.

(2016년 2월 24일 오후 10시 18분)

05

유승희 의원

제19대 국회의원 (서울 성북구갑)
더불어민주당

2016년 2월 24일 오후 10시 20분 시작
2016년 2월 25일 오전 3시 40분 종료
발언 시간 5시간 20분

"아이들이 공부 안 하고 한눈팔고
딴생각하고 하면 부모님들이 뭐라고
합니까? 매를 들어서라도 공부에 집중할
수 있도록 해야 되는 것 아닙니까? 박근혜
대통령께서는 국정원이 할 일을 제대로
할 수 있도록 대한민국의 수장으로서,
국정원이 관습에 매어서 민간인을
사찰하고 정치에 개입하는 그 습성을
버리도록 해야 될 것입니다."

(2016년 2월 24일 오후 10시 20분)

● **유승희 의원** 존경하는 국민 여러분!

성북갑 국회의원, 국회 여성가족위원장 유승희입니다.

그리고 존경하는 정갑윤 부의장님을 비롯해서 여야 동료 의원 여러분들께 감사의 말씀을 드립니다.

테러방지법에 대한 반대토론에 앞서서 존경하는 국민 여러분께 분명하게 말씀드립니다.

저와 또 더불어민주당 그리고 여기 계신 여야 국회의원님들 그리고 많은 국민 여러분들께서는 어떤 종류의 테러도 반대한다는 점에 있어서는 같을 거라고 봅니다. 우리 국민의 생명과 재산을 위협하는 모든 종류의 테러, 그리고 그러한 테러를 기획하고 조직하는 단체에 대해서 분명하게 반대합니다. 테러를 기획하고 조직하고 실행하는 개인과 단체는 법에 따라 엄중하게, 준엄하게 심판받고 처벌받아야 합니다.

이러한 테러를 방지하기 위한 제도와 정책이 필요하다면 국회가 앞장서서 논의하고 마련해야 합니다.

여당의 테러방지법을 반대하는 이유는 자유민주주의의 체제 수호를 위한 북한의 안보 위협, 무장테러단체,

테러리스트의 인명살상에 대한 대처를 소홀히 하자는 게 아닙니다. 우리가 북한이나 테러리즘으로부터 지켜 내고자 하는 국민의 자유와 인권 그리고 자랑스러운 대한민국의 자유민주주의를 부정하는 것을 반대하려고 하는 것입니다.

남북 분단의 특수상황에서 무엇보다 안보를 튼튼히 해야 합니다. 테러방지법은 IS 같은 테러단체와 이에 동조하는 테러리스트의 인명살상 행위를 방지하자는 데 일차적인 목표가 있습니다. 그러나 테러방지를 구실로 국정원이 아무나 감시하고 사찰할 수 있는 권한을 주는 것은 우리가 북한 공산주의의 위협으로부터 지키고자 하는 자유민주주의 자체를 부정하는 결과가 될 것입니다.

우리가 북한이나 테러리스트로부터 지켜 내고 테러로부터 우리 국민을 보호할 법안이 아니라 국민을 테러방지법의 피해자로 만들 것이라고 하는 우려가 있기 때문에 우리는 여당이 제출한 테러방지법을 반대하고 있는 것입니다.

또한 법안이 상정된 절차 그리고 법안의 실체적 내용, 법안이 성안되기까지의 민주적 정당성, 국민의 공감과 동의, 이 모든 면에서 이 테러방지법은 심각한 하자를 갖고 있습니다.

국회의장의 테러방지법 직권상정은 교섭단체 간의 합의 없이 진행된 직권상정을 금지한 국회법을 정면으로 위반한 것입니다. 국회법이 구체적으로 정한 요건과 전면 배치됩니다. 직권상정을 금지하고 예외적으로 허용한 국회법의 입법취지와도 정면 배치됩니다.

존경하는 우리 정의화 의장님께서 국회의 독립적인 입법권한을 지키는 것은 우리 국민의 권리를 지키는 바로 그 일이기 때문에 열심히 버티셨는데 왜 마음이 변하셨는지 모르겠습니다.

국회법은 정당한 회의가 되기 위한 요건과 절차를 정해 둔 절차법입니다. 따라서 명문화된 절차를 정면으로 위반한 이번 테러방지법의 국회의장 직권상정은 원천적으로 무효입니다. 원천적으로 무효인 상태로 상정된 이 법안이 형식적으로 만약에 본회의를 통과한다고 해도 그 효력은 원천적으로 무효라고 볼 수밖에 없습니다. 국회법은 국회의장의 직권상정을 금지시켜 놓고 예외적으로 단 세 가지 경우에 한해서 직권상정을 가능하도록 규정하기 때문입니다.

그동안 이 직권상정을 국회법으로 반대하는 이유가 무엇이겠습니까? 지난 18대 국회까지 항상 반복되던 다수당의 횡포, 누가 다수당이 되든지 의회주의 말살을 방지하기 위해서 18대 국회 후반기에 여야가 합의해서 국회의장의 직권상정을 금지했습니다.

국회의장의 직권상정 금지에 대해서 여야 누구 하나 이의를 제기하지 않았고 우리 국회가 국민 앞에서 의회주의가 살아 있는 국회, 민주주의가 살아 있는 국회, 자유로운 토론이 살아 있는 국회, 국민이 믿고 따를 수 있는 국회를 만들기 위해서 여야 모두가 국민들의 뜻을 받들어서 정치적 결단을 위해서 만든 훌륭한 제도이며 법입니다.

국회법에 의장의 직권상정을 예외적으로 허용한 조항이 있습니다.

읽어 드리겠습니다.

국회법 제85조(심사기간)에 대한 것입니다.

'의장은 다음 각 호의 어느 하나에 해당하는 경우에는 위원회에 회부하는 안건 또는 회부된 안건에 대하여 심사기간을 지정할 수 있다. 이 경우 제1호 또는 제2호에 해당하는 때에는 의장이 각 교섭단체대표의원과 협의하여 해당 호와 관련된 안건에 대하여만 심사기간을 지정할 수 있다.

1. 천재지변의 경우

2. 전시·사변 또는 이에 준하는 국가비상사태의 경우

3. 의장이 각 교섭단체대표의원과 합의하는 경우

제1항의 경우 위원회가 이유 없이 그 기간 내에 심사를 마치지 아니한 때에는 의장은 중간보고를 들은 후 다른 위원회에 회부하거나 바로 본회의에 부의할 수 있다.'

이렇게 되어 있습니다.

이 조항을 간단하게 말씀드리면, 첫 번째 천재지변의 경우, 두 번째 전시·사변 또는 이에 준하는 국가비상사태의 경우, 세 번째 교섭단체 간 합의가 있는 경우에 한하여 극히 예외적으로 국회의장의 직권상정을 허용하고 있습니다.

지금이 천재지변의 상황입니까? 전시·사변 또는 이에 준하는 국가비상사태의 경우입니까? 전쟁이 지금 일어난 전시사태입니까?

우리 국어사전에는 '사변'에 대해서 다음과 같이 세 가지로 정의하고 있습니다.

'첫째, 사람의 힘으로는 피할 수 없는 천재나 그 밖의 큰 사건. 둘째, 전쟁에까지 이르지는 않았으나 경찰의 힘으로는 막을 수 없어 무력을 사용하게 되는 난리. 셋째, 한 나라가 상대국에 선전포고도 없이 침입하는 일.'

지금 우리나라의 상황이 어느 하나에도 해당하지 않습니다. 역시 사변의 상황도 아닙니다.

인터넷 사전에는 또한 국가비상사태에 대하여 '나라가 천재·사변·폭동 따위가 일어나서 경찰력으로는 공공의 안녕 및 질서유지가 불가능할 정도로 사회가 혼란에 빠진 상태' 이렇게 정의하고 있습니다.

우리 국회법이 국회의장의 직권상정을 원칙적으로 금지하고 있기 때문에 이 두 가지 예외 상황에 대해서는 매우 엄격하게 해석해야 합니다. 지금은 그 어떤 기준으로도 전시·사변 또는 전시와 사변에 준하는 국가비상사태 상황이 아닙니다. 상식을 가진 국민의 눈으로 볼 때 지금이 어떻게 전시·사변 또는 이에 준하는 국가비상사태라는 말입니까?

국회의장님께 묻고 싶습니다.

대체 누구의 기준으로 지금이 전시·사변 또는 이에 준하는 국가비상사태입니까?

국민들은 국회의장이 대통령의 눈치를 살피고 있다고 우려하고 있습니다. 대통령이 나서서 테러방지법의 국회통과를 주문하니 국회의장이 소위 총대를 메고 테러방지법 직권상정에 나선 것 아니냐 이렇게 의구심을 가지고 있습니다.

국회의장은 이미 당적도 없습니다. 공명정대하게 국회를 이끌어야 하고 국회법의 그 입법 취지까지도 안전하게 구현되도록 앞장서서 노력해야 할 분이 바로 국회의장이고 제가 조금 전 말씀드렸듯이 우리 정의화 국회의장님께서는 그 입법 취지를 지금까지 잘 이끌어 오셨는데 왜 지금 그동안의 노력이 물거품이 되도록 하는지 알 수가 없습니다.

국회의장이 대통령의 요구에 굴복해서, 청와대의 압박에 굴복해서 국회법을 정면으로 어기고 테러방지법을 직권상정했다고 한다면 국회법의 절차 규정을 위반한 위법적 행위임은 물론이고 국회의장 스스로가 입법부의 고유 권한을 침해한 위헌적 행위를 하신 겁니다. 그래서 더 안타깝습니다.

국회의장이 스스로의 권한과 권위를 부정한 것입니다. 국회의장이 삼권분립이라는 우리 헌법의 정신과 원리를 무너뜨린 것입니다. 국회의장이 행정부를 견제하라는 준엄한 헌법의 명령을 깨뜨리고 있는 것입니다.

국회의장이 입법부의 수장이십니다. 그런데 왜 행정부의 시녀로, 행정부의 발 아래로 들어가려 하십니까?

지금 국회의장님이 국회법을 휴지 조각으로 만들고 사문화시키고 있습니다. 이것은 국회의장 본인의 명예는 물론이고 국회 전체의 명예를 지금 끝도 없이 추락시키고 있는 것입니다.

다시 한 번 분명히 말씀드립니다.

오늘 국회의장님께서 국회법을 무시하고 테러방지법을 직권상정한 것은 원천적으로 무효입니다. 만약 끝내 여당이 국회의 뜻을 거스르면서 테러방지법을 일방적으로 통과시킨다면 형식적으로 국회 본회의를 통과한다 하더라도 그 효력은 우선 국민들 마음으로부터 지워질 것입니다.

이번 테러방지법의 국회 본회의 직권상정의 부당성에 대해서 지적을 했습니다.

저는 테러방지법에 대한 문제점을 지적하기에 앞서서 잠시 우리 국회가, 입법부가 과연 입법을 하면서 지켜야 할 최소한의 원칙에 대해서 먼저 말씀드리고자 합니다.

입법 과정은 단순히 법의 제정과 개정 과정을 포괄하는 것은 아닙니다. 입법 자체가 정치 과정이고 또한 그것은 정책결정의 과정입니다. 따라서 입법 과정에서는 입법에 대한 국민의 의견 형성부터 국회의 최종 의사결정까지 일련의 과정이 실체 및 절차 면에서 모두 민주적으로 운영되어야 합니다.

그런데 테러방지법의 논의 과정은 어떻습니까? 실체 및 절차 모든 면에서 지금 통째로 비민주적으로 운영되고 있습니다. 법의 논의와 결론을 내리는 과정에서 민주적 정당성이 전혀 확보되지 못하고 있는데 과연 어떻게 실효성 있는 법집행이 가능하겠습니까?

입법 과정은 단순히 법률을 제정하는 과정 이상으로 국민들의 의견을 조정 조화하는 사회 통합의 의미를 갖습니다. 테러방지법은 국민들의 다양한 의견이 조정되는 과정을 거쳤습니까? 국민들의 우려를 제대로 해소하고 있습니까?

뿐만 아닙니다. 테러방지법은 우리 헌법상 법률제정 원칙의 많은 부분을 위반하고 있습니다.

먼저 헌법 제37조가 명시적으로 규정하고 있는 내용을 말씀드리겠습니다.

제37조는

"국민의 자유와 권리는 헌법에 열거되지 아니한 이유로 경시되지 아니한다. 국민의 모든 자유와 권리는 국가안전보장·질서유지 또는 공공복리를 위하여 필요한 경우에 한하여 법률로써 제한할 수 있으며, 제한하는 경우에도 자유와 권리의 본질적인 내용을 침해할 수 없다."

이렇게 되어 있습니다.

국민의 모든 자유와 권리는 국가안전보장 질서유지 또는 공공복리를 위하여 필요한 경우에 한하여 법률로써 제한할 수 있으나 자유와 권리의 본질적인 내용은 침해할 수 없는 것입니다.

우리 테러방지법안은 어떻습니까? 자유와 권리의 본질적인 내용을 과연 침해하지 않고 있습니까? 학자들, 전문가들, 시민단체 그리고 많은 국민들은 이번 테러방지법안이 국민의 자유와 권리의 본질적인 내용을 침해하고 있다 이렇게 우려를 제기하고 있습니다.

우리 헌법에 내재된 법률제정 원칙을 간략하게 말씀드리겠습니다.

첫 번째, 법률유보의 원칙입니다.

이것은 헌법에서 보장하는 국민의 기본권이나 제도, 통치기구의 본질적인 사항은 반드시 국민의 대의기관인 국회에서 제정하는 법률로 정해야 한다는 원칙을 말합니다.

헌법 제40조에서 "입법권은 국회에 속한다." 이렇게 규정하고 있는데 이 역시 같은 맥락입니다. 헌법에서 직접 법률로 정하도록 규정하고 있거나 국민의 기본권 제한, 국민의 권리와 의무의 형성, 국가의 통치조직과 작용에 관한 사항 중 중요한 사항은 국회가 직접 법률로 정해야 하는 대상인 것입니다.

테러방지법은 어떻습니까? 국민의 기본권을 제한하는 많은 내용이 법률이 아니라 대통령에 위임되어 있다면 이것은 바로 법률유보의 원칙에 직접적으로 반하는 것입니다.

둘째, 포괄위임금지의 원칙입니다.

행정부의 전문성 활용과 입법 수요의 신속한 대응을 위해서 아주 한시적으로 행정입법이 허용됩니다. 그러나 다 아시다시피 행정입법으로 국민의 권리·의무에 관한 사항이나 법률을 보충하는 새로운 내용을 규정하려면 반드시 법률의 명시적 수권이 있어야 합니다. 법률에서 행정입법으로 위임할 사항을 구체적으로 정하지 않고 포괄적으로 위임하게 되면 법률의 수혜자인 국민은 행정부가 어떠한 사항을 행정입법으로 규정할지를 예측하기 어렵게 됩니다.

따라서 법률에서 행정입법으로 위임할 때는 누구라도 행정입법으로 규정될 사항을 예견할 수 있도록 구체적으로 그 위임 대상을 아주 명확하게 특정해야 한다는 것입니다.

테러방지법은 국민의 기본권 많은 부분을 제한하고 있는데 구체적이고 명확하게 하위 법령에 위임하지 않는다면 포괄위임금지 원칙을 또한 반하게 되는 것입니다.

셋째, 명확성의 원칙입니다.

이것은 입법자가 법률을 제정할 때 명확한 용어로 규정해야 한다는 원칙입니다. 이는 수범자로 하여금 무엇이 금지되는 행위이고 무엇이 허용되는 행위인지 미리 알 수 있도록 함으로써 자의적인 법집행을 예방하고 법적 안정성과 예측 가능성을 확보하기 위한 것입니다.

특히 명확성의 원칙은 정신적·정치적 기본권을 제한하는 법률, 부담적 성격을 가지는 법률의 경우에 있어서는 매우 엄격하게 지켜져야 합니다.

테러방지법은 어떻습니까? 정신적·정치적 기본권을 제한하는 내용이 대다수인데 명확한 용어로 규정되어 있습니까? '테러'라고 하는 용어부터, 그 개념부터 명확하지 않다는 전문가들의 우려가 큽니다.

네 번째, 적법절차의 원칙입니다.

적법절차의 원칙은 입법, 행정, 사법 등 모든 국가작용은 정당한 법률을 근거로 하고 정당한 절차에 따라 이루어져야 한다는 원칙입니다. 이 원칙은 형식적인 절차뿐만 아니라 법률의 실체적인 내용이 합리성과 정당성을 갖추어야 한다는 실질적 의미를 포함합니다. 신체의 자유에 대해서만 적용되는 것이 아니라 신체적·정신적 그리고 재산상 불이익이 되는 모든 제재에 대해서 이 원칙은 적용됩니다.

우리 헌법재판소는 적법절차 원칙에서 도출할 수 있는 중요한 절차적 요청으로 당사자에게 적절한 고지를 행할 것과 의견 및 자료 제출의 기회를 부여할 것을 들고 있습니다.

테러방지법은 그렇게 되어 있습니까? 법의 실체적 내용이 국민의 기본권 제한인데 적법절차의 원칙이 과연 보장될 수 있습니까?

국가정보원의 자의적 판단에 따라 테러위험자에 대한 사실상의 압수수색과 구인까지 허용이 되는데 이것은 영장주의 위반은 물론이고 적법절차가 근본적으로 지켜지기 힘든 것입니다.

다섯째, 과잉금지의 원칙입니다.

과잉금지원칙은 헌법 제37조제2항에 근거를 둔 것으로 입법자가 기본권을 제한하는 법률을 제정할 경우에 기본권을 제한함으로써 얻을 수 있는 이익과 기본권의 제한 정도가 비례 관계에 있어야 한다는 것입니다. 비례의 원칙이라고도 합니다.

과잉금지원칙에 위반되지 않기 위해서는, 첫째 기본권을 제한하는 목적이 정당해야 하고, 둘째 기본권을 제한하는 방법이 목적과 합리적인 관련이 있으면서 그 목적 달성에 도움이 되어야 하고, 셋째 기본권의 제한 정도가 가장 적은 선택을 해야 합니다. 그것은 피해의 최소성의 원칙에 입각해야 하기 때문입니다. 넷째, 기본권을 제한하는 목적과 기본권의 제한 정도가 적정한 비례 관계에 있어야 합니다. 법익의 균형성의 원칙입니다.

테러방지법은 어떻습니까? 테러방지를 명분으로 여당이 지금 발의한 그 법 자체가 국민의 기본권과 자유를 심각하게 근본적으로 침해하는 것은 아닌지 근본적으로 짚어봐야 합니다.

많은 분들께서 앞서서 지적하셨지만 내용적으로 가장 큰 문제는 국가정보원에게 광범위한 권한을 부여하면서 테러방지에 있어서 국가정보원을 핵심적인 기관으로 규정하고 있다는 점입니다.

국가정보원은 금융정보 포괄 요청 권한을 갖게 됩니다. 국가정보원장이 테러위험인물에 대한 출입국, 금융거래 및 통신이용 관련 정보 수집, 개인 위치정보를 요구하는 권한을 갖도록 합니다. 또한 테러를 선전하는 글, 그림 등의 인터넷을 긴급 삭제 또는 중단하도록 협조 요청하는 조항까지 있습니다.

이미 국가정보원이 가진 권한이 굉장히 막강한데 테러방지에 대해서까지 국가정보원이 핵심적 역할을 하도록 규정한 것은 그 자체만으로도 대단히 위험합니다. 고양이에게 생선을 맡긴 꼴이지요. 권한의 남용은 물론이고 권력의 과대한 집중은 필연적으로 부작용을 수반할 수밖에 없습니다.

주요 선진국의 경우에는 대테러업무를 담당하는 기관과 정보기관은 분리되어 있습니다. 영국의 경우도 정보기관이 아닌 내무장관 산하에 국가안전 및 대테러부인 OCST가 테러 업무를 총괄하고 있습니다. 영국은 정보기관의 경우에도 대외 위협을 다루는 곳과 대내 위협을 다루는 곳을 분할해서 정보기관의 거대화를 원천적으로 막고 있습니다. 또한 일상적인 대테러활동은 런던경찰국이 담당하고 있고 런던경찰국이 대테러활동의 조율과 통솔을 담당합니다.

미국의 경우에도 국가대테러센터(NCTC), 2004년에 만들어진 기관인데 그곳이 담당합니다. NCTC는 CIA 등 총 16개의 정보기관을 총괄하는 기관인데 CIA 소속이 아니라 국가정보국장 직속 대테러기관입니다. 즉 정보기관인 CIA 이외의 별도의 기구가 담당하고 있다는 말씀입니다.

미국 CIA는 한때 미국 정보공동체를 총괄하는 기관이었지만 현재는 그 권한을 더 이상 가지고 있지 않습니다. 대테러 대응활동의 경우 하나의 정보기관이 담당하는 것이 아니라 여러 미국 정보기관들이 역할을 나누어서 담당합니다.

특히 미국은 NSA의 대규모 불법 정보 수집활동이 폭로되면서 2013년 6월 대통령자문위원회는 NSA 활동 규모 축소를 포함해서 마흔여섯 가지 개선안을 담은 보고서를 12월 18일에 발표한 바도 있습니다.

독일 역시 마찬가지입니다. 연방총리청 소속 해외 정보기관인 연방정보부와 연방내무부 소속 국내 정보기관인 연방헌법보호청에 있는데 연방내무부 소속 연방헌법보호청이 국민의 안전을 위협하는 국내의 내·외국인 테러리스트들의 동향에 관한 정보 수집업무를 총괄하고 있습니다.

적어도 국내의 정보 수집 기구를 별도로 나누었고 테러 동향에 대한 정보 수집은 국내 정보파트에 맡겨서 이 또한 권한이 한 기관에 집중되지 않도록 하자는 겁니다.

독일의 연방 정보기관들은 수집한 정보를 연방총리청과 연방하원에 제공하여 구체적인 위협상황이 감지되었을 때는 연방경찰과 연방범죄수사국을 비롯한 여러 부처가 공동으로 테러에 대응합니다.

특히 독일 연방 정보기관은 정보 수집에 필요한 다양한 권한은 가지고 있지만 체포권 등 경찰이 가지는 수사권은 없습니다. 한마디로 요약하자면 주요 선진국들의 경우 정보기관의 권한이 분산되어 있음은 물론 테러방지활동 역시 정보기관이 중심이 아니라 다른 유관기관이 공동으로 대응하는 구조입니다.

반면 새누리당의 테러방지법은 이미 정보 수집에 대한 독점적 권한을 보장받고 있는 국가정보원에게 또 다른 백지수표 또 다른 요술 방망이를 부여하고 있는 것입니다. 이것은 상식적으로도 맞지 않습니다.

기본적으로 국가기관의 역할 규정은 견제와 균형의 원리가 작동되어야 합니다. 권력의 독점은 필연적으로 독재를 가져오고 권력의 오남용을 반드시 수반하게 되어 있습니다.

법 개정의 형식에 있어서도 근본적인 문제가 있습니다.

테러방지법은 부칙에서 특정 금융거래정보의 보고 및 이용 등에 관한 법률, 일명 FIU법인데, 그리고 통신비밀보호법의 핵심 내용 개정을 규정하고 있습니다. 이것은 법 개정 원칙에 반합니다. 소위 다른 법률의 개정 한계를 벗어나는 것입니다.

FIU법이나 통신비밀보호법 개정이 필요하다면 이 법안들에 대한 개정안이 제출되어야 하고 이 법안의 소관 상임위원회 논의를 통해서 법 개정이 되어야 합니다.

떡 본 김에 제사 지낸다고 한꺼번에 테러방지법에 우려 넣어서 일타삼피로 지금 가려고 하고 있습니다.

국정원이 테러 위험이 있다고 판단만 하면 법원에 영장도 없이 감청을 허용하는 심각한 기본권 제한 내용을 입법하면서 통신비밀보호법의 개정을 거치지 않은 것은 그 자체로 심각한 위법성이 있는 것입니다.

지금 여당석에는 미방위 소속의 위원님들도 계시는데 과연 그 내용을 어떻게 판단하고 계시는지 궁금합니다.

부칙을 통해 FIU법과 통신비밀보호법의 핵심 내용을 개정하도록 한 그 내용이 또한 심각합니다.

FIU법의 개정을 통해서 국정원은 테러위험인물에 대한 조사업무 시 금융회사들이 보고하는 정보, 금융정보분석원장이 금융회사들로부터 보고받은 정보를 정리 분석한 자료 등을 요구할 수 있도록 하고 있습니다.

이것은 국가정보원이 금융정보분석원에서 취합하고 있는 금융정보를 아예 통째로, 포괄적으로 축적할 수 있고 또 이 정보를 활용해서 국민 감시 등 사생활 침해 및 인권 침해행위를 할 수 있는 새로운 길이 열린 것입니다. 이 부분에 있어서는 여야 의원 어느 누구도 자유로울 수 없고 특히 여당 의원님들께서 제가 볼 때는 더 심각하게 생각해야 될 조항으로 알고 있습니다.

테러방지법 부칙 제2조에서 통신비밀보호법을 개정해 테러업무도 국가안전보장에 상당한 위험이 예상되는 경우와 같게 취급하여 통신 제한조치를 요구하도록 규정하고 있습니다.

테러는 그 중요도가 사안마다 다를 수 있습니다. 이것도 또한 일괄적으로 국가 안위에 상당한 위험이 예상되는 경우와 동일하게 취급해서 감청을 더 쉽게 하도록 하고 있습니다. 이것은 기존의 통신비밀보호법의 엄격한 제한까지도 무력화시키는 것입니다. 국민의 기본권을 제한하는 국정원의 권한을 더욱 크게 키워 준 것입니다.

사실 국가정보원의 국민에 대한 통신 감시 권한 확대 시도는 하루 이틀의 일이 아닙니다.

18대 국회 그리고 또한 저희 당이 여당일 때도 국회에서 감청권한 확대 시도는 있었습니다. 제가 그 당시에 과학기술정보통신위원회의 위원이었고 마지막 하반기에는 과기정위 간사를 역임했기 때문에 이 사실을 알고 있었습니다.

그리고 그 당시에 국가정보원 차장이 찾아와서 감청권한을 통과시킬 수 있도록 해 달라고 간청을 한 적도 있습니다. 그러나 저는 절대로 용납할 수 없다는 점을 말씀을 했고 또한 이 부분에 대해서는 당시 여당의 의원도 함께 반대를 했습니다. 그 당시 야당 의원이지요.

19대 국회에서도 끊임없이 때만 되면 시시때때로 통신사업자에게 감청설비 구축을 의무화하도록 규정해서 국정원이 휴대전화 감청을 허용하도록 하는 법안이 다수 발의되어 있습니다.

서상기 의원, 박민식 의원이 발의한 법안 내용을 보면 전화·인터넷·SNS 등 대통령령으로 정한 통신서비스 역무를 담당하는 전기통신사업자가 합법적 통신 제한조치의 집행에 필요한 장비·시설·기술 및 기능 등을 갖추고 운영하는 감청협조 설비를 의무적으로 구비하도록 강제하고 있습니다.

이 법안에 대해서도 많은 전문가들, 학자들, 시민단체에서는 국정원이 국민을 감시·통제하고 정부 정책에 반대의견을 가진 개인이나 집단을 상시적으로 감시할 수 있는 권한을 합법적으로 확대시켜 주는 것이라고 우려를 제기한 바 있고 국회 차원에서도 많은 의원님들이 상시 감청에 대해서는 반대 입장을 분명히 하고 있습니다.

(정갑윤 부의장, 정의화 의장과 사회교대)

특히 이러한 법안들은 유선·무선전화뿐만 아니라 대통령령으로 정한 인터넷망 그리고 앞으로 등장할지도 모르는 미래의 모든 통신수단에 대해서 감청설비 구비를 의무화하고 있습니다.

과거 개정안에서 적어도 명목상으로는 간접감청, 즉 통신사를 통한 감청을 의무화해서 투명하게 집행하겠다는 구실이라도 붙였지만 이번 개정안은 아주 노골적으로 그러한 제한조차 없습니다. 너무 뻔뻔스러운 법입니다. 이미

국정원은 간접감청에서는 타 수사기관을 제치고 전체의 95% 이상을 차지하고 있습니다.

직접감청 통계는 사실 그 실태를 제대로 파악할 수 없습니다. 정보위에만 국정원이 보고를 하고 있기 때문에 지금 미방위라든지 이런 일반 상임위원회에서는 국정원의 감청이 어떻게 이루어지고 있는지 직접감청 통계는 아직 파악을 못 하고 있습니다.

(「뒤에 인사해요. 인사. 국회의장님 오셨어요」 하는 의원 있음)
국회의장님 오셨습니까?
다시 인사하고 해야 됩니까?
(「의장님, 인사 받으세요」 하는 의원 있음)

●의장 정의화 수고하십니다.

●유승희 의원 국정원이 중심이 되는 대테러조직의 문제에 대해서는 이미 국회 법제실에서 2008년도에 문제를 지적한 바가 있습니다. 제정을 반대하는 입장에서, 즉 대테러업무를 국정원이 포괄적으로 위임받아서 하는 이 법의 제정을 반대하는 입장에서 다음과 같은 치명적인 문제점이 발생한다고 보기 때문입니다.

첫째, 국가정보원이 정보권한과 수사권한을 동시에 갖고 있는 한 언제라도 권력 남용 및 인권 침해의 유혹을 받게 된다, 밀행성을 속성으로 하는 정보기관이 수사권까지 보유하면 권력의 비대화와 인권 침해의 결과는 불 보듯 뻔하다입니다. 정보기관이 수사권을 보유할 경우 인권 보장을 위해 준수해야 하는 적법절차에 대한 통제가 사실상 불가능하기 때문입니다.

미국의 CIA, 영국의 대테러 담당 업무를 하고 있는 조직 그리고 독일의 BND 그리고 이스라엘의 모사드 등 주요 국가의 정보기관은 수사권을 보유하고 있지 않습니다. 특히 독일의 경우에는 수사권을 보유했던 과거 나치정권 정보기관의 폐해를 경험삼아서 BND는 수사권을 두지 않고 필요한 경우 경찰과 협조해서 자료를 받는 등 상호 긴밀히 협조하고 있으며 이는 성공적으로 운영되고 있다는 평가를 듣고 있습니다.

국정원의 수사권 폐지는 국정원의 탈권력화의 첫걸음이 될 것입니다. 국정원의 수사권이 폐지된다 하더라도 국정원이 수집한 정보를 제공한다면 전혀 문제되지 않습니다. 보안 문제는 외국의 사례에서 보듯이 정보 공유가 책임 공유로 인식됨으로써 철저한 비밀이 유지되고 있기 때문에 충분히 가능합니다.

둘째, 국가정보원에 대테러센터를 두면 국가정보원이 그 권한을 이용하여 행정기관을 장악하게 되므로 필연적으로 다른 기관의 업무영역을 침범하게 됩니다.

현재 국정원은 국가정보원법 제3조제1항에 따라 국외 정보 및 국내 보안정보의 수집·작성 및 배포 권한을 갖고 있습니다. 국내 보안정보의 수집·작성 및 배포 권한은 정보기관이 정치에 관여하는 직접적인 근거가 되어 왔습니다. 2005년 불거진 불법감청은 그 유력한

수단이었다고 할 것입니다.

국가정보원의 고질적 병폐로 지적되어 온 국내 정치 개입을 차단하기 위한 최선책은 국가정보원법을 개정해서 국내 보안정보 수집권을 폐지하고 국정원의 정보 수집범위를 대북, 국외로 한정하는 것이 필요하다고 그때 불법감청사건 이후에 공공연하게 전문가집단뿐만 아니라 시민단체, 국회에서 이미 공감대를 형성하고 있는 점입니다.

테러대책기관의 대테러센터로의 통합으로 인한 문제점을 지적한다면 테러방지법상의 조직체계에 따르면 국가기관과 광역지방자치단체 그리고 공항과 항만뿐 아니라 주요 관계기관별로 테러 관련 협의체나 대책본부가 설치되어 국가의 주요 기관들이 대테러대책의 이름으로 하나의 조직체계 속에 강력하게 통합되는 양상을 나타내게 됩니다. 이것은 거의 국가체계의 재편성에 가까운 것입니다.

국정원이 그야말로 중앙정부와 지방정부 간의 견제와 균형조차 무너뜨리고 국가권력을 통째로 통합해서 모든 중앙부처, 지방자치단체 위에 국정원이 군림하게 되는 양태로 옛 소련의 정보기관과 다를 바가 없이 되는 것입니다. 국가권력을 남용하고 인권을 침해하는 방향으로 이렇게 국정원의 권력이 비대해지게 되면 이 또한 인권 침해로 이어질 가능성이 높아지게 되어 있습니다.

대테러대책의 핵심적인 역할을 하는 대테러센터는 그 자체 조직과 정원이 공개되지 않는 국가정보원에 둘 뿐만 아니라 대테러센터의 조직 및 정원을 공개하지 않을 수 있게 하고 테러 진압을 위한 특수부대의 운영·훈련 등에 관한 사항을 공개하지 아니하므로 결국 재편성된 국가 행정체계의 가장 핵심적인 부분이 국민의 감시로부터 은폐된 가운데 운영되게 돼서 공개행정의 원칙에도 위반되는 겁니다.

테러방지법에 대한 개괄적인 문제점을 살펴봤는데 많은 분들께서 말씀을 하셨지만 조문을 다시 한 번 살펴보도록 하겠습니다.

새누리당에서 주호영 의원님 외에 백오십육 분의 의원님께서 발의하신 국민보호와 공공안전을 위한 테러방지법안의 내용을 보면, 제1조(목적)을 보면 "이 법은 테러의 예방 및 대응 활동 등에 관하여 필요한 사항과 테러로 인한 피해보전 등을 규정함으로써 테러로부터 국민의 생명과 재산을 보호하고 국가 및 공공의 안전을 확보하는 것을 목적으로 한다." 이렇게 되어 있습니다. 국민의 생명과 재산을 보호하기 위한 것이 이 법의 목적인데 과연 이 법이 국민의 생명과 재산 보호에 어떻게 기여할 것인지 우려하고 있습니다.

제2조(정의)에서 "이 법에서 사용하는 용어의 정의는 다음과 같다." 이렇게 되어 있습니다.

"'테러'란 국가·지방자치단체 또는 외국정부(외국지방자치단체와 조약 또는 그 밖의 국제적인 협약에 따라 설립된 국제기구를 포함한다)의 권한행사를 방해하거나 의무 없는 일을 하게 할 목적 또는 공중을 협박할 목적으로 행하는 다음 각 목의 행위를 말한다.

가. 사람을 살해하거나 사람의 신체를 상해하여 생명에 대한 위험을 발생하게 하는 행위 또는 사람을 체포·감금·약취·유인하거나 인질로 삼는 행위

나. 항공기('항공법」제2조제1호의 항공기를 말한다.(이하 이 목에서 같다)와 관련된 다음 각각의 어느 하나에 해당하는 행위" 이렇게 되어 있습니다.

"1) 운항 중('항공보안법」제2조제1호의 운항중을 말한다. 이하 이 목에서 같다)인 항공기를 추락시키거나 전복·파괴하는 행위, 그 밖에 운항 중인 항공기의 안전을 해칠 만한 손괴를 가하는 행위

2) 폭행이나 협박, 그 밖의 방법으로 운항 중인 항공기를 강탈하거나 항공기의 운항을 강제하는 행위

3) 항공기의 운항과 관련된 항공시설을 손괴하거나 조작을 방해하여 항공기의 안전운항에 위해를 가하는 행위"

2조의 이하는 조문을 생략하고 넘어가도록 하겠습니다.

그래서 이렇게 제2조에 여러 가지 용어의 정의에 대해서 규정을 하고 있습니다. 이 2조에서 테러의 정의에 대해서 다양한 행위를 나열하고 있으나 여전히 테러의 정의가 너무나 광범위하다 이렇게 우려를 하고 있습니다. '권한행사의 방해나 의무 없는 일을 하게 함' 등의 개념이 도대체 무엇이냐? 자의적 법집행의 개연성이 크다, 이런 우려를 제기하고 있습니다. 특히 이 조항에서 구체적으로 나열하고 있는 각종 범죄에 대해서는 이미 형법이나 국가보안법 등에 의해서 처벌할 수 있는 범죄입니다.

'테러단체'란 UN이 지정한 테러단체를 말하고, '테러위험인물'이란 테러단체의 조직원이거나 테러단체 선전, 테러자금 모금·기부, 기타 테러예비·음모·선전·선동을 하였거나 하였다고 의심할 상당한 이유가 있는 자' 이렇게 되어 있습니다.

여기서도 봤을 때 '의심할 만한 상당한 이유가 있는 자' 역시 굉장히, 대단히 모호하고 추상적인 내용으로서 의심하는 주체, 의심하는 주체가 누구이겠습니까? 즉 국가정보원의 판단에 따라 테러위험인물로 지적되는 위험을 내포하고 있습니다. 이는 우리 헌법이 정하는 명확성의 원칙에도 위배될 소지가 큽니다.

또한 선전·선동의 경우 구체적으로 무엇을 의미하는지, 우리 헌법이 보장하는 집회의 과정에서 벌어지는 정치적 구호까지도 선전·선동으로 해석하는 것 아니냐는 우려가 큰 것입니다. 가장 큰 문제는 이것을 판단하는 주체가 국정원이기 때문에 모든 것이 국정원의 판단이라는 지극히 주관적 기준에 따라 국민의 기본권이나 정치적 활동마저 심각하게 침해될 개연성이 있습니다.

옛날에 모든 길은 로마로 통한다고 했는데 이제는 모든 길은, 모든 해석은 국정원으로 통한다 이렇게 되는 것입니다. 그렇기 때문에 새누리당 의원님들께서 제출하신 이 테러방지법은 헌법의 법률제정 원칙에 위반될 소지가 크다고 누누이 지적하는 것입니다.

"'외국인테러전투원'이란 테러를 실행·계획·준비하거나 테러에 참가할 목적으로 국적국이 아닌 국가의 테러단체에

가입하거나 가입하기 위해 이동 또는 이동을 시도하는 내·외국인을 말한다."라고 되어 있습니다만 이 이동을 시도하는 것까지 외국인테러전투원으로 규정하고 있는데 이동을 시도하는 것이 도대체 무엇인지 이해하기 어렵습니다.

다섯 번째, "'테러자금'이란 「공중 등 협박목적 및 대량살상무기 확산을 위한 자금조달행위의 금지에 관한 법률」 제2조제1호에서 규정한 '공중 등 협박목적을 위한 자금'을 말한다."

6. "'대테러활동'이란 제1호 '테러' 관련 정보의 수집, 테러위험인물의 관리, 테러에 이용될 수 있는 위험물질 등 테러수단의 안전관리, 인원·시설·장비의 보호, 국제행사의 안전 확보, 테러위협에의 대응 및 무력진압 등 테러예방과 대응에 관한 제반 활동을 말한다."

이렇게 법조문에 되어 있지요? 그리고 "'관계기관'이란 대테러 활동을 수행하는 국가기관, 지방자치단체, 그 밖에 대통령령으로 정하는 기관"

여덟 번째, "'대테러조사'란 대테러 활동에 필요한 정보나 자료를 수집하기 위하여 현장조사·문서열람·시료채취 등을 하거나 조사대상자에게 자료제출 및 진술을 요구하는 활동을 말한다." 이렇게 되어 있습니다.

그런데 대테러 조사의 내용은 강제적·구속적 행정조사에 가까운데 이것은 우리 헌법이 규정하고 있는 영장주의를 정면으로 위반할 소지가 크다는 것입니다. 법원이 판단하지 않고 행정기관이 자의적으로 대테러조사를 명분으로 해서 사실상의 압수수색을 하고 구인까지 허용하는 것은 기본권의 핵심적인 내용을 심각하게 침해할 수 있습니다. 무소불위의 권력을 가지게 되는 것입니다.

제3조에 보면 '국가 및 지방자치단체의 책무'가 있습니다. "국가 및 지방자치단체는 테러로부터 국민의 생명·신체 및 재산을 보호하기 위하여 테러의 예방과 대응에 필요한 제도와 여건을 조성하고 대책을 수립하여 이를 시행하여야 한다."

3조2항에 "국가 및 지방자치단체는 제1항의 대책을 강구함에 있어 국민의 기본적 인권이 침해당하지 아니하도록 최선의 노력을 하여야 한다." 또 3조3항 "이 법을 집행하는 공무원은 헌법상 기본권을 존중하여 이 법을 집행하여야 하며 헌법과 법률에서 정한 적법절차를 준수할 의무가 있다."

제4조(다른 법률과의 관계) "이 법은 대테러활동에 관하여 다른 법률에 우선하여 적용한다."

제5조(국가테러대책위원회) 조항이 있습니다. 거기 1항에 보면 "대테러활동에 관한 정책의 중요사항을 심의·의결하기 위하여 국가테러대책위원회를 둔다." 2항 "대책위원회는 국무총리 및 관계기관의 장 중 대통령령으로 정하는 자로 구성하고 위원장은 국무총리로 한다." 이렇게 되어 있습니다. 막강한 권한을 가진 대책위원회 구성을 대통령령으로 포괄적으로 위임하는 것 역시 헌법상 포괄위임 금지원칙에 위반한다는 견해가 많이 있습니다.

6조에는 '대테러센터'에 대한 조항이 있고, 제7조에는 '대테러 인권보호관' 규정이 있습니다.

제7조제1항 "관계기관의 대테러활동으로 인한 국민의 기본권 침해 방지를 위해 대책위원회 소속으로 대테러 인권보호관(이하 '인권보호관'이라 한다) 1명을 둔다." 이렇게 되어 있습니다.

"인권보호관의 자격·임기 등 운영에 관한 사항은 대통령령으로 정한다." 이렇게 되어 있습니다.

인권침해에 대한 우려를 해소하기 위해서 형식적으로 인권보호관 1명을 둔다고 규정하고 있는데 인권보호관의 권한 그리고 그 권한의 행사를 위한 구체적인 인력지원 등에 대해 법률에 규정이 없어서 인권보호 취지가 무력화될 우려가 큽니다. 그야말로 구색 맞추기로 인권보호관 관련한 조항을 두었는데 '인권보호관 1명을 둔다' 바로 이렇게 되어 있습니다.

제8조(전담조직의 설치) 그리고 제9조(테러위험인물에 대한 정보수집 등)에 대한 조항이 죽 있습니다.

그런데 9조 '테러위험인물에 대한 정보수집 등' 이 조항이 가장 중요한 조항이고 문제가 되는 조항이라고 하는 점을 다시 한 번 강조해서 또 말씀드리지 않을 수 없습니다.

제9조1항에 보면 이렇게 되어 있습니다. "국가정보원장은 테러위험인물에 대하여 출입국·금융거래 및 통신이용 등 관련 정보를 수집할 수 있다. 이 경우 출입국·금융거래 및 통신이용 등 관련 정보의 수집에 있어서는 출입국관리법, 관세법, 특정 금융거래정보의 보고 및 이용 등에 관한 법률, 통신비밀보호법의 절차에 따른다."

2항 "국가정보원장은 제1항의 규정에 따른 정보 수집 및 분석의 결과 테러에 이용되었거나 이용될 가능성이 있는 금융거래에 대해 지급정지 등의 조치를 취하도록 금융위원회 위원장에게 요청할 수 있다."

3항 "국가정보원장은 테러위험인물에 대한 개인정보(개인정보 보호법상 '민감정보'를 포함한다)와 위치정보를 개인정보 보호법 제2조의 개인정보처리자와 또한 위치정보의 보호 및 이용 등에 관한 법률 제5조의 위치정보사업자에게 요구할 수 있다." 이렇게 되어 있습니다. 그리고 제4항 "국가정보원장은 대테러활동에 필요한 정보나 자료를 수집하기 위하여 대테러조사 및 테러위험인물에 대한 추적을 할 수 있다. 이 경우 사전 또는 사후에 대책위원회 위원장에게 보고하여야 한다."

국가정보원이 자의적으로 판단할 수 있는 테러위험인물에 대하여 출입국·금융거래·통신이용 정보에 대해서…… 사실상 이 조항이 국정원에 무제한적인 권한을 부여하는 대표적인 오남용의 우려가 큰 바로 그 조항인 것입니다. 절차 역시 '관련 법률에 따른다'로 막연하게 위임하고 있어서 영장주의 위반 등의 논란 요소가 또한 매우 큽니다.

제12조(테러선동·선전물 긴급 삭제 등 요청)를 다시 한 번 읽어 보면 제1항에 "관계기관의 장은 테러를 선동·선전하는 글 또는 그림, 상징적 표현물, 테러에 이용될 수 있는 폭발물 등 위험물 제조법 등이 인터넷이나 방송·신문, 게시판 등을 통해 유포될 경우 해당기관의 장에게 긴급 삭제 또는 중단,

감독 등의 협조를 요청할 수 있다." 이렇게 되어 있습니다.

그리고 제12조2항에 보면 "제1항의 협조를 요청받은 해당기관의 장은 필요한 조치를 취하고 그 결과를 관계기관의 장에게 통보하여야 한다." 이렇게 되어 있습니다.

물론 테러에 이용될 수 있는 폭발물 등 위험물 제조법 등이 인터넷이나 방송·신문, 게시판 등을 통해서 유포될 경우에 삭제되어야 된다고 생각합니다. 그러나 테러를 선동·선전하는 글 또는 그림, 상징적 표현물 이런 부분들에 대해서 그것이 너무나 포괄적으로 규정되어 있고 여기에서 얘기하는 테러의 개념이 적확하게 구체적으로 명시되어 있지 않은 상황에서 '그림이나 표현물, 인터넷 게시물까지 삭제할 수 있다' 이렇게 한 것은 그야말로 자칫 표현의 자유에 대한 근본적인 침해의 우려가 이 조항에 있고 또한 오남용의 소지를 이 조항이 담고 있습니다.

제13조는 '외국인테러전투원에 대한 규제'입니다. 여기서 보면 "관계기관의 장은 외국인테러전투원으로 출국하려 한다고 의심할 만한 상당한 이유가 있는 내국인·외국인에 대하여서 일시 출국금지를 법무부장관에게 요청할 수 있다." 이렇게 되어 있습니다. 제13조2항에는 "제1항에 따른 일시 출국금지 기간은 90일로 한다. 다만 출국금지를 계속할 필요가 있다고 판단할 상당한 이유가 있는 경우에 관계기관의 장은 그 사유를 명시하여 연장을 요청할 수 있다." 이렇게 되어 있습니다. 연장을 요청할 수 있으나 연장횟수에 제한이 없기 때문에 법원의 판결도 없이 영구적으로 출국금지 조치가 지속될 수 있습니다.

그리고 아까 말씀드렸듯이 부칙에 문제가 있습니다.

제2조(다른 법률의 개정)를 아까 말씀드린 것처럼 일괄적으로, 포괄적으로 특정 금융거래정보의 보고 및 이용 등에 관한 법률 개정, 통신비밀보호법에 관련된 법률 개정, 특정범죄신고자 등 보호법 일부 개정, 아까 말씀드렸듯이 한꺼번에 그것도 부칙으로 세 가지 법을 개정할 것을 이 법이 담고 있습니다. 정말 아주 오만한 법입니다.

그런데 우리 국민들의 가장 큰 걱정은 이 국정원이 과연 테러방지법이 부여하는 막강한 권한을 행사할 자격이 있느냐 하는 것입니다. 국정원에게 국민 감시, 국민 기본권 제한의 백지수표를 줬을 때 과연 그것이 국민들에게 줄 그 폐해가 얼마나 클지, 그 오남용으로 인한 정치적 악용은 없겠는지 또한 무엇보다도 우려되는 바는 인권침해의 상당성 부분입니다.

지금 새누리당이 추진하고 있는 이 테러방지법은 이렇게 개혁의 대상일 수도 있는 국정원에게 오히려 날개를 달아 주는 법이기 때문에 이것은 국민 정서상으로도 용납될 수 없습니다. 지금까지만 해도 헌정질서까지 유린한 국가정보원은 선거개입에 있어서 대통령선거 개입은 물론이고 그 위에 위법적 행위를 수도 없이, 정말 헤아릴 수 없이 지속적으로 보여 온 점이 우리 역사 속에서 낱낱이 지적되어 왔습니다.

정치인사에 대한 사찰, 법원·검찰에 대한 압력 행사, 언론에 대한 관여, 노동조합에 대한 사찰, 시민단체에 대한

탄압, 게다가 국제기구 관계자까지 감시하는 그야말로 초법적인 권력을 행사해 왔습니다. 또한 종교단체까지도 감시하고 있다 이런 논란이 끊임없이 있었습니다.

그런데 중요한 것은 국정원이 가장 중요하게 수행해야 될 업무, 해외정보 수집의 실패 사례가 너무나 많다는 것입니다. 인권침해적 수사 사례도 많이 보고되고 있습니다. 그런데 이렇게 국정원의 오만함과 또한 국정원의 인권침해에 대해서 국회 정보위를 통해 국가정보원을 통제하는 권한이 형식적으로는 있지만 그 실효성이 없다는 점이 우리로서는 더욱더 안타까운 현실이라는 점입니다.

국정원이 실질적으로 해외정보의 수집에 실패를 했고 국정원의 본연의 업무가 제대로 실행되지 않고 있다라고 하는 점은 바로 2015년 국정원이 이탈리아의 해킹팀으로부터 프로그램을 구매해서 우리 국민들의 일상을 감시한 정황이 포착된 사례로도 증명이 되고 있습니다.

시티즌랩이 공개한 국정원의 RCS 사용에 대한 연구보고서의 요약문을 잠깐 언급해 보면 국정원이 얼마나 집요하게 국민의 일상을 감시해 왔는지도 알 수 있습니다.

한국 국정원이 해킹팀 RCS를 사용한 것에 대한 조사에 대한 번역문인데, 이것은 뉴스프로의 번역 결과물입니다.

짧지는 않지만 읽어 보도록 하겠습니다.

시티즌랩이 공개한 국정원 해킹팀 RCS, 이 RCS는 뭐의 약자냐, Remote Control System입니다. 이 RCS 사용에 관해서 개략적으로 기술한 노트에 공개적으로 유출된 자료와 또한 연구를 통해서 발견된 정보가 함께 포함되어 있다는 것입니다.

중요한 것은 유출된 해킹팀 파일에서 발견된 자료에는 국정원이 한국과 관련 있는 개인, 민간인들을 사찰하는 데 관심이 있었다는 정황적 증거들, 즉 한국에서 대중적인 소프트웨어나 앱을 사용하는 한국어 사용자 또는 삼성의 내수용 스마트폰 등이 포함되어 있다는 점입니다.

유출된 자료만으로는 국정원이 대상으로 삼은 특정인의 신원을 알 수 없으며 해당 기술이 악용되었는지도 증명할 수 없습니다. 이를 확인하기 위해서는 추가적인 조사와 연구가 필요합니다.

또한 침입소프트웨어/해킹프로그램이 존재한다고 하여 악용되었을 것이라고 단정하기 어렵습니다. 정보기관이나 법 집행기관이 이러한 프로그램을 적법한 절차와 민주적 원칙에 따라 사용할 수도 있기 때문입니다. 저희는 한국에서의 해킹팀 사용에 대한 추가적인 조사와 연구를 돕고자 본 보고서를 공개합니다.

'한국 국내의 타깃', 유출된 해킹팀 파일에서 발견된 데이터는 국정원이 한국과 관련된 민간인들을 사찰하는 일에 관심이 있었음을 보여주는 정황적 증거, 예를 들어 한국에서 인기 있는 소프트웨어나 앱 또는 삼성의 내수용 스마트폰을 사용하는 한국어 사용자들인 사실 등을 제공해 주고 있습니다. 하지만 유출된 자료는 대상이 된 타깃이 누구인지 또는 이들 타깃이 한국 국내에 있었는지, 국외에

있었는지는 확실히 알려주지 않고 있습니다.

한국 내수용 휴대폰을 타깃으로 하는 일에 관심이 있었다는 것을 또한 보여주고 있습니다.

나나테크, 문제가 된 나나테크인데 나나테크 또한 한국 에디션 갤럭시 3 휴대폰의 음성녹음에 대한 지원을 요구하며 해킹팀에 연락을 했습니다. 2013년 1월 나나테크는 한국 에디션 갤럭시 3 휴대폰을 해킹팀에 보내 통화 녹음에 대한 지원을 요청했습니다. 2013년 8월에는 이메일로 해킹팀에 한국 에디션 휴대폰에 대한 안드로이드 해킹을 테스트해 줄 것을 요청하고 있습니다.

한국어 소프트웨어, 즉 문제가 된 카카오톡, 안랩 안티바이러스를 타깃으로 삼는 일에 관심이 있었습니다.

2014년 3월 24일 한국의 고객을 방문한 해킹팀 직원이 작성한 여행보고서에 따르면 이 고객은 '자기 나라에서 아주 일반적으로 사용된다고 말하며 카카오톡의 진전 상황에 관해서 물었다'고 되어 있습니다.

이 보고서의 핵심적 성과 중의 하나가 카카오톡이 SKA—이것은 한국군이라는 약자로 주로 국정원을 가리키고 있습니다. SKA가 강조하는 것이라는 사실입니다. 그 고객은 또한 카카오톡과 라인(즉 라인은 일본에 기반을 둔 회사 라인사가 개발한 카카오톡과 흡사한 채팅 앱)의 PC판의 음성과 메시지 녹음에 대한 지원을 요청했습니다.

카카오톡은 한국 기업인 다음카카오가 개발하고 소유한 채팅 프로그램입니다. 2015년 5월의 한 기사는 카카오톡이 한국에서 이용되고 있는 가장 대중적인 채팅앱이며 5000만 한국 인구의 70%에 해당하는 3500만 명의 사용자를 보유하고 있다고 전했습니다.

카카오톡은 전에도 정부 압력 행사의 표적이 된 바 있습니다. 2014년 박근혜 대통령은 세월호 전복 사고에 대해 박근혜정부가 대응한 방식을 두고 비난받은 후 온라인상에 루머가 퍼지는 것을 엄중 단속하겠다고 발표했습니다. 이러한 단속의 일환으로 세월호 사건에 대한 토론과 시위에 연루된 한 한국 학생과 야당 정치인은 경찰이 자신들의 카카오톡 계정에 있는 자료를 빼내 갔다는 통지를 받은 바 있습니다.

OTA 업데이트와 무선 네트워크를 통한 스파이웨어 설치에 관심이 있었다는 점입니다.

나나테크 또한 타깃이 알지 못하게 또는 그 타깃의 협조를 구하는 일 없이 은밀한 방식으로 타깃의 장비에 스파이웨어를 원격으로 강제로 심기를 원한다고 주문을 한 것입니다. 그리고 오버 디 에어(OTA), 이것은 새로운 소프트웨어나 데이터를 휴대폰 혹은 태블릿에 무선으로 보내는 것을 말합니다. 오버 디 에어와 와이파이 감염에 대해 두 번 문의했습니다.

그 한국 고객은…… '그 한국 고객'은 누구를 말하겠습니까? 그 한국 고객은 와이파이 네트워크에 뚫고 들어가 그 네트워크의 일원이 되며 원하는 타깃을 확인하고 RCS 에이전트를 심는 데에 필요한 모든 것을 제공하는 휴대용 컴퓨터인 해킹팀의 TNI, 전략적 네트워크 주입기에 관심을 표했습니다.

TNI는 또한 가짜 무선 네트워크를 만들 수 있으며 심지어 주어진 특별한 접근 하부구조가 마련되어 있다면 유선 네트워크에도 작동할 수 있다. 한국 고객은 2014년 4월부터 7월까지 TNI를 실험했지만 휴대폰에 대한 신뢰할 만한 지원이 없다는 점 등의 문제들을 언급하면서 결국 TNI를 구매하지 않기로 결정했다는 것입니다.

우리는 한국의 고객이 한국어로 쓰인 혹은 한국을 주제로 한 미끼 콘텐츠를 사용하는 몇몇 사례들을 확인했다고 되어 있습니다.

'무료 한국영화'라는 미끼 파일을 사용한 2014년의 '드라이브 바이 다운로드'—다운로드를 통한 바이러스 감염인데 거기의 공격을 보았다 이렇게 나와 있고, 참고로 '드라이브 바이 다운로드' 샘플들의 역추적이 아래에 있다 이렇게 되어 있습니다.

유출된 파일에서 캘리포니아 남부에 거주하는 서울대학교 동문들의 이름과 전화번호를 적은 파일과 한국 천안함 침몰과 관계된 정보 파일, 그리고 기계 학습에 대한 컴퓨터 과학 발표 자료 등이 들어 있는 미끼 콘텐츠를 찾아냈다 이렇게 되어 있습니다.

한 미끼 콘텐츠 링크는 2015년 서울 금천 하모니 벚꽃 축제 일정을 보여주는 사진을 가지고 있었고, 또 다른 하나는 한국 음식점들의 떡볶이 요리에 대한 리뷰를 실은 블로그의 링크를 포함하고 있었습니다. 또한 한 미끼 콘텐츠 링크는 '구글 한국어 입력'이라는 구글 플레이 스토어에 있는 구글 앱 링크를 포함하고 있습니다.

유출된 해킹팀의 이메일은 우리가 이전에 관찰했던 해킹팀의 RCS 스파이웨어의 몇몇 샘플이 어디에서 왔는지 역추적할 수 있는 기회를 제공했다 이렇게 되어 있습니다.

샘플에 사용된 커맨드 앤 컨트롤(C&C) 서버는 hulahope.mooo.com이고 이것은 해킹을 준비하며 데블엔젤이 해킹팀에 제출한 수많은 안드로이드 샘플을 위한 C&C 서버와 일치하는 것입니다.

이 샘플은 2014년 7월 21일에 바이러스토탈에 제출됐고 다음 달에도 한국으로부터 두 차례를 포함해 총 여덟 차례에 걸쳐 바이러스토탈에 추가로 제출되었습니다. 이 샘플은 'x.js:' 파일을 포함하며 드라이브 바이 다운로드 방법을 통해 작동한 듯 보인다 이렇게 되어 있습니다.

그 자체로 스크립트는 인터넷 익스플로러 사용자가 액티브 엑스 컨트롤을 허용할 것인지 묻는 팝업을 보도록 만든다, 만약 그 컨트롤을 허용하면 이어서 스파이웨어가 다운로드되고 실행된다 이렇게 되어 있습니다.

그래서 또한 다음 샘플을 찾았다 이렇게 보고서는 이야기하고 있습니다.

샘플은 2014년 9월 12일 바이러스토탈에 한 번 제출됐고 같은 드라이브 바이 다운로드 자바스크립트 방법에 의해 작용하는 듯 보였다. C&C 서버는 역시 hulahope.mooo.com이다 이렇게 되어 있습니다.

유출된 해킹팀의 데이터에는 'Exploit_Delivery_

Network_android.tar.gz.' 이렇게 되어 있습니다. 그래서 이들은 2015년 5월과 6월 동안의 고객의 요청에 따라 해킹팀이 만든 각각의 해킹 링크나 문서에 관한 자세한 정보뿐만 아니라 어떤 IP 주소가 각 링크를 클릭했는지 혹은 각 문서를 열었는지, 해킹이 성공했는지의 여부, 해킹 링크가 있는 경우라면 어느 웹사이트가 개개의 방문객을 해킹 링크로 유도했는지, 안드로이드 해킹의 일부 사례에서처럼 휴대폰의 언어와 모델에 대한 자세한 내용을 담고 있는 듯 보인다 이렇게 되어 있습니다.

로그 정보는 'var/www/files/[ID]/log.jsonl'에 들어 있으며 여기에서 '[ID]'는 해킹팀에 의해 해킹에 부여된 여섯 개의 글자와 숫자로 된 아이디라는 겁니다.

여기 연구보고서에서 나온 것은 안드로이드 해킹 링크를 클릭한 모두에 대한 자세한 정보를 아래에 소개한다 이렇게 되어 있고 이 기간 동안 해킹팀이 요청한 윈도우 해킹에 대해서는 밝히지 않고 있습니다.

해킹팀의 안드로이드 해킹은 타깃의 폰으로 보내진 링크와 연관되어 있고 만약 그 타깃이 폰에 내장된 안드로이드 웹브라우저 앱에 있는 그 링크를 열었다면 아마 이로써 해킹팀의 RCS가 그들의 폰에 설치될 수도 있다라고 하는 겁니다. 중요한 사실은 아래 리스트에는 링크를 클릭하지 않은 개인은 제외된다는 것입니다. 왜냐하면 해킹팀이 이 경우 로그를 기록할 수 없기 때문입니다.

데이터는 한국 IP 주소를 가진 안드로이드 폰의 두 번의 성공적인 해킹을 보여주고 있다 이렇게 되어 있습니다.

하나는 SK 텔레콤 IP 주소를 가지고 있으며 한국어-한국어로 설정된 SK 텔레콤 갤럭시 노트 2이고, 다른 하나는 SK 텔레콤 IP 주소를 가지고 있으며 영어-필리핀어로 설정된 갤럭시 노트 2 해외판이다 이렇게 되어 있습니다.

또 하나의 유일한 성공적인 해킹은 2015년 5월과 6월에 있었다 이렇게 되어 있습니다. 그것은 러시아 IP 주소를 가지고 있으며 러시아어-러시아어로 설정된 갤럭시 S3 미니였다 이렇게 되어 있습니다.

우간다 IP 주소를 가진 1명과 독일 IP 주소를 가진 1명이 한국어-한국어로 설정된 링크를 클릭했다 이렇게 되어 있습니다.

해킹 서버 로그의 조회인 URL 및 한국인 고객의 악성코드 샘플에서 발견된 도메인 네임과 IP 주소를 사용하여 우리는 해킹팀 하부구조를 특정할 수 있었다 이렇게 보고서는 이야기하고 있는 것입니다.

우리는 해킹 로그의 조회인 URL에서 사용된 도메인 네임 dns.cdc-asia.org, organization이지요, org로부터 시작한다. 우리는 한국인 고객이 조금 전에 얘기했던 dns.cdc-asia.org를 통제했다고 여기는데, 왜냐하면 이 URL이 해킹팀에 요청한 해킹에 연관되고 해킹팀이 고객에게 보낸 것이 아니었기 때문입니다.

우리는 더 나아가 고객이 도메인 네임 cdc-asia.org를 통제했다고 보는데 도메인 등록일 2015년 6월 3일이 바로

전에 얘기했던 dns.cdc-asia.org 도메인으로 클릭된 해킹을 데블엔젤이 요청한 날짜와 일치하기 때문이다.

그래서 cdc-asia.org에 대해서 다음과 같은 등록 정보를 발견했다.

중략하고 결론 부분을 읽어 드리겠습니다.

앞으로의 조사를 보면 우리는 국정원이 한국 링크를 가진 타깃에 관심이 있었다는 점, 그리고 두 사례에서는 감염된 휴대폰이 한국 내 '실제 타깃'의 것이었음을 암시하는 정황적인 증거를 제시했다는 것입니다.

유출된 데이터 자체로는 특정 타깃을 확인할 수 없다. 그러므로 우리는 국정원의 해킹팀 RCS의 C&C 하부구조와 관련된 몇몇 기술적인 데이터를 제시했으며 이는 앞으로의 연구에 유용하게 쓰일 수 있다.

우리는 앞으로의 조사를 위한 몇몇 가능성 있는 방안들을 간략히 서술하기로 한다 이렇게 되어 있습니다.

첫째로, 두 도메인 publiczone.now.im과 hulahope.mooo.com과 관련된 지난해의 DNS 로그 파일을 입수하는 것은 매우 유용할 것이며 이것은 감염된 도구들의 IP 주소를 밝혀 줄 수 있을 것이다.

둘째로, 침입 발견 시스템을 운영하는 조직이나 기관들은 여기에 제시된 IP 주소나 도메인 이름들을 클릭했는지 자신들의 로그 파일을 확인해야 한다는 것입니다.

셋째로, 테스트에 초점을 두고 있는 그룹들은 잠재적인 타깃의 이메일 계정과 그들의 SMS 로그, WAP 푸시 메시지 로그, 그리고 다른 모든 핸드폰 메시지 앱의 로그, 우리가 찾아낸 도메인 이름을 포함하고 있는 모든 이메일이나 메시지들, 그리고 해킹팀의 해킹 또는 스파이웨어와 매치되는 모든 첨부파일들을 스캔해야 한다, 이렇게 보고하고 있습니다.

만약 국정원이 초기에 그들의 Bitcoin 도메인 주소 구매를 위해서 단일 주소를 사용했다면, 도메인과 연관된 등록 시기를 이용해서 Blockchain을 조사한다면 국정원의 Bitcoin 주소를 추적하는 것이 가능할 수 있다는 보고를 하고 있습니다.

국정원의 Bitcoin 주소를 추적하는 것은 그들의 C&C 구조와 연관된 추가적인 요소를 밝힐 수 있다는 것입니다.

이처럼 국정원의 다양한 방식으로의 권한의 오남용 사례라든지 위법적 행태가 지속되어 왔기 때문에 많은 전문가들은 국정원 개혁의 필요성을 역설해 왔습니다.

여러 가지 방안들이 있으나 국정원의 임무를 전문적인 정보수집기관으로 명확하게 하는 것이 국내 정치에 관여하는 것을 근본적으로 금지하는 것이 된다라고 하는 것이 현실적이라고 하는 평가가 많이 있습니다.

국가정보원의 개혁 방안에 대한 전문가들의 제안이 다양하게 있습니다. 간략하게 국정원의 개혁 방안에 대해서 말씀을 드리도록 하겠습니다.

국가정보원에 대한 개혁 과제는 대통령선거를 비롯한 정권교체기에 어김없이 제기되었던 이슈이지만 정작 근본적인 개혁은 이루어지지 않았다. 이런저런 이유로

국가정보원을 활용하려는 유혹을 이겨내기 어렵고 국가정보원의 저항도 만만치 않았기 때문입니다.

무한경쟁의 국제화 시대에 국가정보기관의 경쟁력을 강화한다는 것은 국익을 위해서 필연적인 것이다, 냉전이 종식된 이후 경제·환경·에너지 등 모든 분야에서 정보 전쟁이 더욱 첨예해지고 치열해지고 있습니다.

그러나 국가정보원은 이런 시대적 요청에 부응하기보다는 기득권 유지 또는 확대에만 몰두함으로써 한마디로 지지부진함을 벗어나지 못하고 있다, 이렇게 전제로 해서 국가정보원을 통일해외정보원으로 개혁하자고 하는 주장이 있습니다.

기존의 해외정보원을 통일 관련 정보를 주관 업무로 하되 반면 국내 정치에 대한 관여나 국가보안법 등에 대한 수사권을 철저하게 근절해야 한다, 국가정보원을 전문적인 정보기관으로 거듭나게 해야 한다, 아울러서 국가정보원에 대한 국회 등의 감시를 강화할 필요성에 대해서 기존의 연구들은 제시를 하고 있습니다.

국가정보원의 개혁 과제로서는 지금 테러방지법에서 나온 것과는 정반대로 수사권의 분리를 일관되게 주장하고 있습니다. 수사권의 분리 자체가 국가정보원 탈권력화의 필수 전제이기 때문입니다.

이 수사권의 분리에 대한 법률적 근거 및 운영 실태에 대해서 말씀을 드리도록 하겠습니다.

국가정보원은 국가정보원법에 의해서 대공수사권을 보유하고 있으며 외사방첩, 국제범죄 등에 대해서는 관련 정보를 수집해 검찰 및 경찰을 지원하고 있습니다.

1994년 당시 안기부법 개정으로 수사권의 범위에서 군형법 중 이적의 죄, 군사기밀 누설죄, 국가보안법에 포함된 제7조(찬양·고무등), 제10조(불고지)죄를 삭제하였으나 1996년 다시 국가보안법과 관련하여 수사권이 종전대로 환원된 바 있다고 되어 있습니다.

그래서 수사권 분리의 필요성을 주장하는 것은, 밀행성을 속성으로 하는 정보기관이 수사권까지 보유하고 있는 것은 권력의 비대화와 인권 침해의 소지가 있기 때문입니다.

그래서 헌법재판소에서는 다음과 같은 견해를 이야기하고 있습니다.

"정보기관은 그 업무의 밀행적 속성으로 인하여 일반 국민이 그 존재 자체를 국민의 헌법상 보장된 기본권, 특히 사생활의 비밀을 비롯한 자유권에 대한 잠재적 위협으로 받아들일 가능성이 있고, 이와 같은 정보기관이 수사권마저 함께 가질 때 국민이 느끼는 기본권 침해에 대한 의구심은 더욱 증폭될 수밖에 없으며, 실제 일반인의 이러한 의구심이 반드시 기우가 아니었음은 역사상 정보기관에 관한 국내에 있어서의 여러 가지 경험이 우리에게 가르쳐 준 바이기도 하다."

이렇게 헌법재판소의 견해가 드러나고 있습니다.

또한 소수의견의 하나로는

"안전기획부가 정보 수집 업무뿐만 아니라 정보 및 보안 업무의 기획·조정 및 범죄수사권 등 광범위한 직무 권한을 가지고 있는 중앙행정기관임에도 불구하고 행정 각부로 아니하고 대통령 직속하에 둔 것은 국무총리, 국무회의 및 국회의 통제 밖에 두어 대통령 한 사람에게만 책임을 지게 함으로써 국민 전체의 이익과 인권 옹호보다는 대통령 일인의 개인적인 신뢰와 이익을 보호하고 그에게 충성하도록 하기 위한 것이었다고 볼 수 있고, 또한 과거의 권위주의 정권하에서 그와 같이 활동해 온 것이 사실이다.

그러므로 안전기획부는 이를 폐지하여 그의 업무를 내무부와 법무부로 하여금 맡도록 하는 것이 가장 좋고, 안전기획부를 존치시키려면 그의 담당 업무를 오로지 정보 수집에 한정하고 보안 업무나 범죄수사권 등을 완전히 배제시켜 권력 남용 및 인권 침해 요소를 없애든가 아니면 행정 각부의 하나로 하고 국무총리의 통할하에 두어야 할 것이다."

이렇게 헌법재판소의 견해에서 정보기관으로서의 수사권을 보유할 경우에 인권 보장을 준수해야 되는 적법절차에 대한 통제가 사실상 불가능하다는 점을 지적하고 있습니다.

그래서 지금 국가정보원의 개혁에 대한 제안 등이 여러 가지로 전문가라든지 학자에 의해서 나오고 있지만 실질적으로 가장 중요한 입장은 이렇게 헌법재판소에서 이미 국정원에 대한 수사권의 분리가 필요하다고 하는 점을 강조하고 있다는 점입니다.

다시 말씀드리면 정보기관이 수사권을 보유할 경우에는 인권 보장을 위해서 준수해야 할 적법절차에 대한 통제가 실제적으로는 불가능하다라고 하는 것을 전제로 하기 때문에 이런 지점을 바로 국가정보원의 국내에 대한 정보 수집 등의 권한은 원천적으로, 원칙적으로 폐지되어야 된다라고 하는 그런 근거로 말씀드릴 수 있습니다.

그렇기 때문에 그동안에 역사적으로 십수년 동안 국가정보원에 대해서는 법률적 근거와 헌법의 근거에 의해서 국가정보원이 정보수집의 권한을 과도하게 갖는 것에 대해서 절대적으로 그 권한을 폐지하든지 또는 축소하든지 하는 주장들을 계속해서 담보하고 있는 것입니다.

(2월 24일 24시 경과)

특히 국정원이 해외·대북정보부문과 국내정보부문을 분리해야 된다는 점은 이미 기존의 연구 논문에서도 계속적으로, 그리고 국회에서도 지속적으로 논의되어 온 주장입니다.

그리고 앞서도 말씀을 드렸지만 외국의 많은 사례에서도 해외정보업무와 그리고 국내에 대한 보안·방첩업무 등은 분리가 되어 있습니다.

다 아시겠지만 다시 말씀드리면 미국의 경우에도 해외정보업무는 CIA에서, 그리고 국내 보안과 방첩에 대한 부분은 미국의 FBI에 양분이 되어 있습니다.

원칙적으로 국가정보원으로부터 국내정보 수집기능을 분리하는 것이 타당하다는 것이 일반적인 속설이라고 봐도 과언이 아니라고 볼 것입니다.

국가정보원은 해외·대북 정보와 관련성 있는 국내정보만을 제한적으로 수집하는 것이 올바른 방향이라고 할 것입니다.

국가정보원의 국내정보기능을 분리해서 기존에 정보수집활동을 해 왔던 경찰에 넘기는 방안이라든지 아니면 별도의 국내정보부문 정보기관을 신설하는 방안 이러한 여러 가지 방안들이 모두 지향하고 있는 바는 국가정보원의 정보업무의 독점을 반드시 척결해야 된다라고 하는 것을 다 적시하고 있는 점입니다.

앞서서 국가정보원의 수사권이라든지 정보수집권이라든지 기능에 집중화된 부분에 대해서는 문제점으로 계속해서 지적을 해 왔기 때문에 다시 중복해서 말씀드리지는 않겠습니다.

그러나 이 부분은 좀 더 말씀을 드리도록 하겠습니다. 의회의 통제에 대한 강화 부분입니다.

국가정보원에 대해서 19대 국회에서도 그렇고 이미 17대부터 의회의 통제 강화에 대한 논의는 계속해서 되어 왔습니다.

미국의 경우에는 이란-콘트라게이트 등의 경험을 통해서 국가정보기관의 장은 정보 관련 문제에 대해서 국회에 완전하게 그 내용을 통보해야 한다는 원칙이 확립되어 있습니다. 이것은 의회와 정보기관 간의 상호신뢰에 근거한 통제를 행사하고 있습니다.

독일의 경우에도 의회의 니드투노(need to know) 정보에 대해서는 제한 없는 보고가 이루어지고 대신에 비밀유지를 부여하고 이를 어길 시 형사소추가 가능하도록 되어 있습니다.

즉 정보공유를 책임공유로 인식함으로써 보고된 사항에 대해서는 국가의 안위를 위해서 상호간에 철저하게 비밀이 유지되고 있고, 특히 공작사항이나 출처보호원칙이 철저하게 지켜지고 있습니다.

한편 독일의 경우 정보위원회 소속 위원들은 의회 과반수의 찬성에 의해서 임명되기 때문에 정당을 대표한다기보다도 의회를 대표하도록 조치를 취하고 있습니다.

국가정보원의 예산은 국가기밀이라고 하는 이유로 예산편성부터 결산에 이르기까지 각종 특례조항으로 점철되어 있고 지금 국가회계 중에서는 가장 투명성이 떨어지는 영역으로 되어 있습니다.

우리 국회에서도 끊임없이 국가정보원의 예산현황을 투명하게 하기 위해서 정보위원회에서 많은 노력을 하고 있는 것으로 되어 있습니다마는 아직도 국가정보원의 예산구조가 다른 부처에 비해서 굉장히 복잡하게 이루어져 있기 때문에 이 부분에 대해서 지금 우리 국회가 완벽하게 통제하거나 파악하고 있지 못하고 있는 상황이고, 이 부분에 대해서 국회 안의 정보위원회에서 국가정보원의 예산의 투명성을 확보하기 위한 노력들을 끊임없이 계속해 나가고 있는 상황에 있다는 점은 무엇보다도 의원님들께서 잘 알고 계시리라고 봅니다.

그래서 국가정보원의 예산에 대해서도 예산심사 및 회계검사의 기능을 강화하고 예산회계에 대한 특례법을 폐지해야 되는 개선방안에 대해서 꾸준하게 끊임없이

국회 차원에서 논의가 되고 있고 상당 부분은 어떻게 보면 여야가 접근한 부분들이 상당히 많이 있습니다.

그럼에도 불구하고 그동안에 국회의 노력과 또 많은 시민단체라든지 민간단체에서 국가정보원의 개혁을 위한 논의와 여러 가지 방안이 추진되어 오고 있고 그런 상황에서 국회법이 개정되는 방안이 의원님들 간에도 심도 있게 논의되고 있는 상황에서 테러방지법이 다시 발의가 되고 이를 통해서 본격적으로 국정원이 과도한 권한을 갖는 상황이 되었고 이것이 또 의장에 의한 직권상정으로까지 지금 굉장히 안타까운 상황, 그리고 어떻게 보면 서로 간에 입법권한을 가지고 있는 우리 국회에서 곤혹스러운 상황에 지금 놓여 있습니다.

국내 주요 언론사들도 보면 진보 보수를 가리지 않고 적어도 국민적인 공감대로 형성되어 있는 부분들은 국정원은 개혁이 되어야 한다라고 하는 지점이고, 그다음에 국정원에 권력과 권한이 집중되면 안 된다라고 하는 것은 진보 보수를 가리지 않고 그동안 일정한 공감대를 형성해 온 부분들인데 그런 대화와 타협을 통해서 국가의 발전, 국가기관의 발전 방향에 대한 논의가 한꺼번에 이렇게 무산될 위기에 처해 있는 작금의 현실이 굉장히 착잡한 상황입니다.

조선일보조차도, 제가 '조차도' 이렇게 얘기해서 좀 유감일 수도 있겠습니다만 2014년 1월 2일 사설을 보면 이렇게 되어 있습니다.

국회가 1일—2014년 1월 1일이겠지요—국가정보원 개혁 관련 7개 법안을 통과시켰다. 앞으로 국정원 직원이 인터넷·트위터 등을 이용해서 정치활동에 관여하면 7년 이하 징역의 중벌을 받게 된다.

국정원 정보관, 이게 영어로는 인텔리전스 오피서(Intelligence Officer)라고 되어 있습니다. 국정원 정보관이 국가기관·정당·언론사를 상시 출입하며 정보를 수집하는 활동도 법률과 국정원 내부규칙의 규제를 받는다. 국정원 직원이 상사로부터 정치 관여 행위를 지시받을 경우 이를 거부할 수 있고, 해당 직원이 이런 내용을 수사기관에 신고하면 공익신고자로 보호받게 된다. 정치 관여죄 공소시효도 7년에서 10년으로 늘어나서 정권이 두 번 바뀌어도 처벌이 가능하게 됐다.

국정원은 지난 1년여 대선의 댓글 사건으로 정치 논란의 한복판에 서 있었다. 결국은 스스로 개혁할 기회를 놓치고 국회의 손에 환부를 수술받는 처지가 됐다. 국정원법은 1961년도, 중앙정보부였지요. 지금은 우리가 국정원이라고 얘기하지만 더욱더 귀에 익은 이름은 중앙정보부입니다. 말하는 걸 조심하지 않으면 정보부에, 중정에 끌려간다 이렇게 예전에 어르신들이 많이 말씀을 하셨지요. '1961년 중앙정보부 창설 이래 열다섯 차례 개정됐지만 이번처럼 외부 압박에 떠밀려 큰 손질을 당한 것은 52년 만의 일이다. 국가 최고 정보기관의 명예가 땅에 떨어졌다고 해도 할 말이 없게 됐다'
이렇게 조선일보의 사설에서 비판을 하고 있습니다.

'그러나 과거에도 법이 없어서 국정원이 정치에 개입했던 게 아니다. 상관이 별 고민 없이 정치 개입을 요구하고, 이런 지시를 그대로 따르는 국정원 내부 문화와 구성원들의 사고가 바뀌지 않는 한 국정원의 일탈은 언제든 재발할 수 있다. 대통령을 비롯한 정권 책임자들로부터 다시는 정보기관을 정치적으로 악용하지 않겠다고 하는 다짐과 입장을 밝힐 필요가 있다'

이렇게 조선일보 2014년 1월 2일 사설에서 밝히고 있습니다.

'국정원은 장성택 숙청 사실을 먼저 파악했지만 북한 핵실험과 장거리미사일 발사, 천안함·연평도 도발 등에선 결정적 증거들을 번번이 놓쳤다. 국민이 가장 걱정하는 것도 국정원이 정치 논란에 휘둘리면서 대북 정보 역량까지 약화되는 것은 아닌가 하는 점이다. 2월 말까지 활동하게 될 국회 국정원개혁특위는 국정원의 대북 역량을 종합적으로 진단·평가하고, 어떤 보완조치가 필요한지 찾아내야 한다. 그것이 국정원 개혁의 핵심이자 종착점이다'

이렇게 이야기하고 있습니다.

2015년 8월 19일에 사설이 또 있습니다. 국민일보 사설입니다, '국정원 개혁, 여야가 머리 맞대야 가능하다.' 국정원 개혁에는 여야가 없다 이 이야기겠지요. 그런데 오늘 이 자리에는 국정원 개혁에 대한 여야의 입장을 너무 멀리하고 있는 이 테러방지법 때문에 필리버스터, 무제한 토론이 진행되고 있는 현실입니다.

'국가정보원은 박근혜정부 출범 이후 끊임없이 정치적 논란에 휩싸였다. 대선개입 의혹, 서울시 공무원 간첩조작, 민간인 해킹의혹 사건 등으로 국가 최고 정보기관으로서의 이미지에 큰 손상을 입었다. 창설된 지 54년이 지났음에도 여전히 정치로부터 독립하지 못했음을 뜻한다. 그동안 정치권이 국정원 신뢰 회복을 위한 제도 개혁을 여러 차례 시도했으나 별 성과를 거두지 못했다. 현상유지를 고집하는 집권세력과 대대적 수술을 강조하는 야당이 한 치의 양보도 없이 맞섰기 때문이다.

하지만 국정원 개혁은 더 이상 미룰 수 없는 국정과제가 됐다. 최근의 해킹의혹 논란에서 확인된 것처럼 국정원이 정치에 매몰될 경우 직접 국익을 해치게 된다. 국가안보를 지키는 명실상부한 정보기관으로서의 위상을 구축하려면 정치권 전체로부터 독립하지 않으면 안 된다. 그것을 위한 제도적·법적 장치 마련이 시급하다. 새정치민주연합이, 지금 현 더불어민주당인데 개혁을 위해 다양한 아이디어를 내놓고 있는 시점에 새누리당이 개혁 방안을 공동으로 마련할 것을 제의한 것은 그나마 다행이다'

이렇게 되어 있습니다.

이것이 바로 2015년 8월 19일 자 사설의 내용이기 때문에 새누리당도 '국정원의 개혁 방안을 공동으로 마련하자' 이렇게 제의했다는 사실을 알고 계시겠지요.

여기 사설에서 얘기하는 것처럼 '양당이 생각하는 개혁의 의도와 방향은 적잖이 다르지만 국정원을 정상 궤도에 올려놓기 위해 머리를 맞대는 것 자체가 각별한

의미를 갖는다' 이렇게 되어 있습니다. '박근혜 대통령과 여야 지도부가 앞장서서 논의를 독려해야겠다' 이렇게 돼 있습니다.

'논의 기구에 국회의원 이외에 민간 전문가를 다수 참여시킬 필요가 있다' 이렇게 사설에 쓰고 있습니다. 개혁의 핵심 과제가 정치권 독립이기 때문입니다. 정치권으로부터의 독립 그것이 개혁의 핵심 과제다…… '국정원이 대통령 직속기관이기는 하지만 원장과 모든 직원은 어느 정파에도 휘둘리지 않고 묵묵히 일할 수 있어야 한다. 그걸 위해서 원장 임기제를 도입하되 임명 시에 국회 동의를 의무화하는 방안을 검토해야 한다. 정치적으로 중립적인 유능한 인사가 원장을 맡아 정권교체와 상관없이 소신껏 직무를 수행하는 문화를 조성하는 게 중요하다.'

이 사설에서는 '야당 일각에서 국내 정보와 해외 정보 기능을 독립기관으로 분리하는 방안, 범죄수사권을 회수하는 방안 등을 거론하고 있으나 분단체제의 특수성을 고려할 때 시기상조라고 판단된다. 국정원의 힘을 빼기 위한 정략에서 비롯됐다는 여당의 주장은 일리가 있다'라고 얘기하면서도 '협상 테이블이 마련되면 이런 문제까지 폭넓게 논의할 수 있을 것이다' 이렇게 국민일보는 이야기하고 있습니다.

또한 지금까지는 일정하게 보수적인 사이드의 사설에서 국정원에 그래도 개혁이 필요하다라고 하는 것, 정치권의 입김으로부터 독립해서 독립성을 강화하고 그 전문성을 강화해야 된다는 지점에서는 동일하게 지적을 하고 있는 사설을 말씀드렸습니다.

한국일보 2015년 10월 29일 사설에 보면 그 당시에 서울시 공무원 간첩 사건 유우성 씨가 대법원에서 무죄를 선고받았는데 이 선고받은 사건을 계기로 해서 국정원에 개혁이 필요하다 이 주장을 하고 있습니다.

'대법원은 유 씨의 국가보안법 위반 혐의를 무죄로 판단하고, 여권법 위반과 사기 혐의 등만 인정해 집행유예를 내렸다. 반면 유 씨를 간첩으로 만들기 위해 증거조작에 가담한 국가정보원 직원과 협조자들은 모두 유죄판결을 받았다. 결국 국정원이 멀쩡한 사람을 간첩으로 둔갑시킨 사실이 최종 인정된 셈이다. 이미 검찰 수사에서 드러났듯 국정원은 유 씨가 1심에서 무죄 판결을 받자 재판 결과를 뒤집어보려고 증거를 조작했다', 유 씨의 중국·북한 출입 관련한 기록을 위조했다가 민주사회를 위한 변호사모임이 중국으로부터 위조됐다는 회신을 그 당시에 받아냈지요. 그래서 간첩조작 사실이 밝혀졌다. '증거 조작은 재판부가 밝힌 대로 국가의 형사사법 기능을 심각하게 방해한 국기문란 범죄다. 국가 최고 정보기관이 형사사건의 증거를 조작했다는 것은 씻기 어려운 불명예다. 국정원의 불법행위를 견제하지 못하고 방조한 검찰의 책임도 그에 못지않다. 이 사건에 대한 최종 법적 판단이 완료된 만큼 국정원과 검찰은 책임을 어떻게 질 건지 납득할 만한 조치를 내놔야 한다.

국정원은 박근혜정부 출범 이후 끊임없이 정치적 논란에 휩싸였다. 대선 개입 의혹, 간첩조작 사건에 이어 민간인

해킹의혹 사건 등으로 이미지에 큰 손상을 입었다. 그때마다 국정원은 정치 관여 금지를 다짐했지만 약속을 제대로 지켰다고 믿는 국민은 거의 없다. 정부도 말로는 국정원의 철저한 개혁을 다짐했지만 아직까지 이렇다 할 안을 내놓지 않고 있다. 국정원 개혁은 이제 더 이상 미룰 수 없는 국가적 과제가 됐다. 오직 국가안보에 충실한 명실상부한 국가정보기관으로서의 위상을 구축하려면 제도적·법적 장치 마련이 시급하다.

현재로서는 이런 역할을 맡을 주체는 정치권밖에 없다. 다행히 해킹의혹 사건 이후 여야에서 국정원 개혁에 대한 논의가 제기된 것은 바람직하다. 지난 8월 야당은 국회의 국정원 감시 기능 강화, 국정원 임명 시 국회 동의권 신설 등을 골자로 한 개혁 방안을 제시했고, 여당도 국정원 제도 개혁에 공감한다는 입장을 밝힌 바 있다. 국회의 정보기관 통제 강화와 관련, 미국의 경우 정보기관을 감시하기 위한 정보특별위원회가 상원과 하원에 각각 설치돼 있다. 독일, 영국, 프랑스도 상설 특위 형태의 의회통제위원회가 구성되어 정보기관 관리 감독 역할을 수행하고 있다. 내년 총선과 후년의 대선을 앞두고 국정원의 정치개입을 근절할 수 있는 개혁안이 하루빨리 나와야 한다. 박근혜 대통령과 여야 지도부가 앞장서서 논의를 독려해야 된다'

는 것이 바로 작년, 2015년 10월 29일 자 한국일보 사설의 내용입니다.

이어서 한겨레의 어제 사설을 참고로 말씀을 드리면 이렇게 되어 있습니다.

'국가정보원에 지금보다 훨씬 큰 권한을 주는 것을 뼈대로 한 테러방지법이 23일 국회의장 직권상정으로 본회의에 넘겨졌다. 정의화 국회의장과 여당이 안보 비상사태라며 야당의 반대를 뿌리치고 절차도 건너뛰며 밀어붙인 결과다. 정작 테러방지의 실효성은 의심되는데, 국정원의 정치 개입과 민주주의·인권 위협 가능성은 한층 커졌다. 개혁의 대상이어야 할 국정원이 테러 위험을 핑계로 되레 힘을 부풀린 괴물로 되돌아온 것이다.

테러방지법 제정이 오롯이 국정원의 권한과 기능 강화로 이어질 것은 분명하다. 민주화 진전으로 존재 의의를 의심받게 된 국정원이 테러 위험을 내세워 권력 유지를 시도한 지는 꽤 오래됐다. 이번 법 제정에도 핵실험 이후 북한의 테러 위협이 명분이 됐다. 하지만 국정원이 흘린 정보 외에 북한이 실제 테러를 준비한다는 구체적인 근거는 공개된 게 전혀 없다. 만약의 테러 가능성에 대한 대비도 지금의 시스템과 법규로 충분하다. 지금 상황이 전시·사변 또는 이에 준하는 국가비상사태에 해당한다고 보기 어려우니 직권상정 요건도 갖추지 못했다. 그런데도 청와대와 여당은 국정원에 지금 당장 무차별적인 정보수집권과 감청권, 조사권을 주지 않으면 금방이라도 국가비상사태가 올 것처럼 기만하고 겁박하고 있다. 여야 합의의 원칙을 무시한 이런 초법적인 시도가 무엇을 위한 것인지 묻지 않을 수 없다.

테러방지법의 내용은 더욱 우려스럽다. 법안이 그동안의 여야 협상을 반영했다고 하지만 시늉일 뿐, 위험은 그대로다. 애초 국정원에 두기로 한 대테러방지기구를 국무총리 산하로 옮겨 위원회 형태로 뒀다지만, 위원회는 기획·조정 업무만 맡을 뿐이다. 통신비밀 수집과 감청, 계좌 추적과 금융거래 정지 요청, 출입국 정보 수집 등 실질적인 권한은 국정원장이 쥔다. 인터넷상 글에 대한 긴급삭제 요청, 테러 위험이 있는 내국인·외국인 출국금지 등 다른 목적으로 악용될 수도 있는 권한도 주어졌다.

그렇게 국정원의 권한이 넓어진 데 반해, 이를 감시하고 통제할 장치는 턱없이 빈약하다. 국정원의 탈법행위를 감시하기 위한 인권보호관을 두기로 했다지만, 실제 어느 정도 구실을 할 수 있을지 의문이다. 권한에 맞춤한 견제를 받지 않는 조직이 오염되고 일탈되기 쉽다는 것은 국정원의 지난 역사가 웅변한다. 테러방지법의 날치기 처리는 그런 민주주의의 파괴의 역사로 되돌아가겠다는 것이다'

이렇게 테러방지법의 내용에 대해서 우려스러움을 지금 한겨레 사설을 통해서 이야기된 내용들을 말씀드렸습니다.

(정의화 의장, 이석현 부의장과 사회교대)

한 내용을, 이 많은 분들이 공감한 국정원 개혁의 필요성에 대한 기고문도 하나 소개해 드리려고 합니다.

제가 이렇게 여러 분들의 이야기들을 소개시켜 드리는 이유는 다 아시겠지만 우리가 지금 테러방지법을 반대하고 있는 것에 대해서 마치 이 테러를 방치하자고 하는 것으로 많이 호도를 하고 있기 때문에, '왜 테러방지법 제정이 문제인지 이 부분에 대해서 아무리 강조를 해도 지나치지 않다' 이렇게 생각을 하고 있기 때문에 말씀을 드리는 겁니다.

지금 대통령이…… 이것은 참여연대에서 나온 글인데요, 이태호 사무처장의 글입니다. 오랫동안 국정원 개혁에 대해서 시민운동 차원에서 활동을 해 왔기 때문에 이 글이 조금은 길지만 그래도 도움이 될 거라고 봅니다.

"지금 대통령이 테러방지법 제정을 압박하고 있다. 우리나라가 테러를 방지하기 위해서 기본적인 법체계조차 갖추지 못하고 있다는 것을 IS, 이슬람국가지요? IS도 알아 버렸다. 이런데도 천하태평으로 테러방지법을 통과시키지 않을 수 있겠나?"

테러방지법이 통과되지 못하면 테러에 대한 국제공조도 제대로 할 수가 없고 다른 나라와 정보교환도 할 수 없다며 긴급명령을 발동해서라도 법을 제정하겠다고 지금 대통령께서 주먹을 불끈 쥐시고 또 책상을 몇 번 치면서 말씀하신 그 내용이지요.

원유철 새누리당 원내대표 역시 지난 화요일 원내대책회의에서 '테러가 일어나면 야당 책임이다' 이렇게 또 대통령과 함께 한목소리를 내면서 윽박질렀다, 이렇게 이 글에서 얘기를 하고 있습니다.

G20 국가 중에서 테러방지법이 제정되지 않은 곳은 우리나라를 포함해 단 세 곳뿐이다라고 하고 있는데 이 법 제정에 의문을 제기하는 것 그 자체가 아주 무책임하고 불순한 것으로 간주된다.

'테러 나면 니가 책임질래?' 하면서, 이 표현은 여기에 쓰인 글대로 제가 말씀을 드리는 겁니다. '그렇게 눈을 부라리는 앞에서 누가 감히 그게 과연 필요하냐고 따져 물을 수

있겠느냐.'

그렇습니다. 지금 테러방지법을 반대한다고 하면 마치 테러를 찬성하는 것으로 몰아붙이고 있기 때문에 지금 이렇게 무제한 토론, 필리버스터를 통해서 국회에서 이런 논의를 하게 된 것이 그나마 다행이라고 생각을 합니다.

그런 의미에서 좀 중복되는 내용이 있고 중복되는 글들이 또 누차 거론된다 한들 국민들에게 올바른 정보와 올바른 내용들을 전달할 의무에 있어서 반드시 필요하다고 봅니다. 그런 의미에서 그래도 직권상정한 이 안에 대해서 이런 무제한 토론, 필리버스터를 통해서 우리가 이 문제를 논의할 수 있는 이런 장이 마련된 것은 그나마 다행이라고 생각을 합니다.

이 자리에는 안 계시지만 그래도 이렇게 필리버스터를 밀어붙여서 밤샘을 통해서 이 악법이 그대로 통과되지 않도록, 브레이크를 거는 역할을 할 수 있도록 장이 마련되는 데 역할을 해 준 우리 당의 이종걸 원내대표에게도 이 자리를 빌려서 감사한다는 말씀을 또 드리고 싶습니다.

그래서 여기 이태호 사무처장의 글에서는 이렇게 윽박지르는 논리, '그분들이 말하지 않는 것이 있다' 이렇게 얘기하고 있습니다. 그들이 말하지 않는 진실, 이게 되는 셈입니다. 그 진실이 뭐냐? 테러방지에 관한 한 우리나라는 G20에 속한 어느 나라보다도 강력한 기구와 제도를 운용하고 있다는 사실이라는 것입니다.

"우리나라는 식민지와 냉전시대를 거치면서 시민통제에 관한 한 G20 나라 중 최고의 안보국가로 정평이 나 있다. 이미 통제가 지나쳐 과도하게 시민의 인권을 침해하고 있는 지점이다.

G20 중에 우리나라처럼 온·오프라인 모든 면에서 광범위하게 시민들의 사생활과 일거수일투족을 정부가 환히 들여다볼 수 있는 나라가 몇이나 되겠는가? G20 중 어느 나라 검찰이 기소권, 수사권을 독점한 채 강력한 권한을 행사하고 있는가? 우리나라 검찰은 세계 최고 수준의 막강한 권한을 가지고 있다. 과연 G20 중 출입국제도, 주민등록제도가 우리나라처럼 촘촘한 나라가 또 있는가? G20 중 우리나라 국정원처럼 국내외 정보수집 기능, 비밀경찰 기능(수사 기능), 정책기획 기능, 나아가 작전 및 집행 기능에 이르기까지 무소불위의 권한을 지닌 정보기구를 두고 있는 나라가 또 있는가? 과연 G20 나라 중 우리나라만큼 많은 수의 군대와 경찰을 두고 있는 나라가 몇이나 있는가? 심지어 치안한류라는 이름으로 이를 해외에 자랑하고 파견하고 있다. 이런 나라에서, 이런 대한민국에서 정부와 정치권이 나서서 '테러 나면 니가 책임질래?'라며 공포 분위기를 조성하는 것이야말로 무책임한 것이 아닌가?

테러방지법이 없다는 주장도 사실이 아니다. 테러방지법이라는 이름의 법이 없을 뿐이다. 식민지시대와 분단을 거치면서 테러라는 용어가 정치적으로 악용되어 왔고 전 세계적으로 비슷한 현상이 일어나고 있어 이 용어를 쓰지 않고 있을 뿐, IS에 의해 파리에서 일어난 민간인에 대한 무차별 공격과 유사한 인질사태 또는 무장공격행위를 예방하고 대응하기 위한 법과 제도는 무수히 많다.

사실 많은 나라에서 테러방지법이란 하나의 법이 아니라 여러 가지 개별법들의 묶음을 말한다. 같은 맥락에서 볼 때 우리나라는 이미 수많은 테러방지법을 가지고 있다고 볼 수 있다. 우선 테러에 직접 대응하는 대비태세를 갖추기 위한 각종 법령과 기구가 이미 마련되어 있다. 적의 침투, 도발이나 그 위협에 대응하기 위하여 각종 국가방위요소를 통합하여 동원하는 통합방위법, 그리고 이를 뒷받침할 비상대비자원 관리법을 제정하여 시행하고 있는 것이다.

통합방위사태가 선포되면 국무총리가 총괄하는 중앙통합방위협의회가 각 지역 행정조직과 경찰조직, 군과 예비군 그리고 국정원 등 정보기구를 통합적으로 운용할 수 있다.

통합방위사태는 대통령이 국무회의의 심의를 거쳐 선포하고 통제구역을 설정한다. 기타 시민들의 대피, 구조·구난활동을 체계적으로 수행하기 위해서 국민안전처도 2014년 세월호 참사 이후 신설됐다. 육해공군과 해병대 그리고 경찰과 해경은 제각각 대테러특공대를 구성해 운영하고 있다. 쌍용차 노조파업 진압에 경찰 대테러특공대가 동원되어 구설수에 오른 바 있지 않은가? 게다가 한국이 지닌 대테러 능력에는 한미연합사가 지닌 정보작전능력도 포함해야 한다." 이렇게 주장하고 있습니다.

"한국과 미국 간에는 군사정보를 공유하는 군사비밀보호협정이 체결되어 있고, 한국 국방부는 주한미군을 비롯한 미군의 정보자산으로부터 도움을 받고 있고 매년 정기적으로 한미 대테러훈련도 실시하고 있다. 그 밖에 국가대테러활동지침에 따라 국무총리가 주관하는 국가테러대책회의도 오래전부터 운영해 오고 있다.

사이버 안전을 위해서 이미 정보통신기반 보호법, 전기통신사업법, 통신비밀보호법상의 비밀보호 예외조항 등 다양한 법제도가 도입되어 시행되고 있고, 이미 시민들의 통신기록을 무단으로 대량 수집하고 있어 도감청까지 하고 있는 갈등을 빚고 있다.

공안 당국은 카카오톡을 비롯한 SNS를 임의로 감청하고 테러단체도 아닌 평범한 시위대를 추적할 목적으로 통신사업자의 기지국 통신자료를 통째로 가져가는 것을 비롯해 영장 없이 가입자 정보, 통신사실 확인자료, 위치 정보 등을 광범위하게 수집하고 있다.

국경 없는 기자회는 2009년 이래 우리나라를 인터넷 감시국으로 분류하고 있다. 영국의 경제지인 이코노미스트는 지난해 2월에 게재된 '한국이 인터넷 공룡인 진짜 이유'라는 제목의 기사에서 한국인들이 광속 인터넷 환경을 누리고 있지만 자유로운 인터넷 사용은 허용되지 않고 있다고 분석하고 한국은 암흑시대에 머물러 있다고 비꼬았다."

그러면서 테러 관련 자금추적장치, 굉장히 촘촘하다는 점을 얘기하고 있습니다. 범죄에 사용되는 자금을 추적할 수 있는 자금세탁 방지제도인 범죄수익 은닉 규제법, 금융거래정보보고법 등 이런 법들이 참여연대를 비롯한 시민단체의 노력으로 제정되었는데 이것이 G20 최고 수준이라는 평가를 듣고 있습니다.

그 밖에 공중 등 협박목적자금조달 금지법, 이것이 바로 일명 테러자금 조달금지법인데 이것이 2008년도에 제정되어서 유엔뿐만 아니라 미국, EU 등에서 요청한 개인과 단체의 자금을 세밀하게 이미 추적하고 있다는 점들을 지적을 하고 있습니다.

이 법에 의해서도 테러 관련 자금이라고 의심되면 실질적으로 영장 없이 금융거래를 동결하고 수사에 필요한 정보는 이미 이 법에서 검찰총장, 경찰청장 그리고 국민안전처장에게 제공된다는 것입니다. 외국환관리법에서도 해외금융거래에 대해서 유사한 통제장치를 이미 가지고 있습니다.

그런데 이번에 낸 테러방지법에는 이런 각계의 법들을 총괄적으로 국가정보원에서 부칙상으로 지금 개정 요구를 하고 있기 때문에 무소불위의 권한을 국가정보원이 개별법의 우위에 서서 또 정부부처의 우위에 서서 그 권한을 행사하겠다고 하는 지점이기 때문에 문제가 있는 것입니다.

그리고 지금 제출한 테러방지법에 보면 테러위험인물의 출입과 동선에 대한 것들이 되어 있는데 이미 이 동선을 추적하기 위해서 출입국 관리제도가 있고 이것이 다른 나라보다도 통제가 굉장히 심하기 때문에 오히려 인권침해가 빈발하게 일어나고 있어서 악명을 떨치고 있을 정도라고 합니다. 그야말로 강력한 법이 있다는 이야기입니다.

예를 들어서 2010년도 신문지상에서도 많이 아셨겠지만 G20 정상회담을 앞두고 경찰청은 중동·아프리카·동남아시아의 이슬람권 57개국에서 입국한 5만 명의 국내 체류 상황을 조사해서 그 행적이 의심스러운 외국인 99명을 특별 관리한 바가 있고 또한 경찰청도 법무부와 국가정보원 등도 테러 용의자 명단을 확보해서 입국금지 대상에 포함하고 있고 현재 입국이 금지된 테러 혐의 외국인은 5000명에 달한다, 이렇게 경찰청이 이미 발표한 바가 있기 때문에 이 명단으로 인해서 시민단체의 G20 관련 학술회의에 참가할 예정이었던 파키스탄 여성단체 대표 칼리크 부슈라 그리고 네팔노총 사무총장 우메쉬 우파댜 그리고 국제농민단체 비아 캄페시나 대표인 인도네시아의 헨리 사라기 등 6명의 비자가 거부되었고, 필리핀 소재 개발원조단체인 이본 인터내셔널의 폴 퀸토스 부장을 비롯한 8명의 필리핀 활동가들은 비자를 받고도 공항에서 무더기로 입국불허 통지를 받아야 하는 사실들이 있었습니다.

그래서 이 사실들을 들어서 지금의 그야말로 여기서 얘기하는 것은 시민단체 활동을 하고 또 여성단체 활동을 하고 그 사회에서 또 민주화 운동을 하는 그런 여러 분들을 테러위험인물로 추적을 해서 입국을 불허하는 이런 정도의 강력한 외국의 인물들 출입국에 대한 추적을 하고 있는데 지금 제출된 테러방지법이 국정원이 이런 업무들을 총괄적으로, 통괄적으로 하겠다라고 하니 이 부분에 대해서 정말 우려가 되는 지점들을 지적한 것입니다.

그러니까 지금 테러방지법이 없어도 우리나라는 강력한

이런 인권침해가 빈발할 정도의 의구심을 외국에서 받을 정도로 이미 강력한 통제를 기존의 법과 기존의 정부부처에서 이미 하고 있다는 점을 지적을 한 건데 옥상옥으로 국정원에서 이런 업무를 다시 강화하고 권한을 부여받겠다라고 하는 지점에 대해서 문제제기를 하는 것입니다.

이미 테러방지법이 없었을 때에도 이렇게 강력한 조치들이 취해졌는데 박근혜 대통령께서는 테러방지법이 제정되지 않으면 국제공조도 못 하고 정보교환도 제대로 할 수 없다, 이렇게 강변을 하신 것에 대해서 그렇지 않다라고 하는 점을, 반론을 제기하고 있는 것입니다.

즉 국제 정보 공조는 테러방지법 제정과 거의 상관관계가 없고 그것 없이도 현재도 국제공조와 정보교환은 활발히 이루어지고 있다라고 하는 점을 지적하고 있는 것입니다. 박근혜 대통령께서 이런 연구논문을 좀 보셨으면 좋겠습니다. 아니면 그 실무자들이 보고체계를 제대로 갖추어서 이 테러방지법이 제정되지 않으면 아무것도 할 수 없는 것처럼 대통령께서 말씀하시지 않도록 좀 했으면 좋겠습니다.

그리고 보면 이 글에서, 지금 참여연대의 이태호 사무처장의 글을 제가 죽 보면서 말씀을 드리고 있는데 한미 간에 군사비밀보호협정이 체결되어 있고 연례적인 대테러 군사훈련, 대량살상무기 확산방지 훈련을 실시하고 있는데 미국 국가안보국(NSA)이 전 세계와 자국민을 무차별로 사찰하고 감청해 온 사실을, 미국도 이렇게 하고 있다라고 하는 것이 폭로가 됐지 않았습니까? 에드워드 스노든이 폭로를 했는데 한국 언론과의 화상대화에서 밝힌 바에 따르면 한미 정보당국 간에는 최소한 국방 측면의 정보 공유가 일어나고 있다라고 하는 점입니다.

그러니까 테러 관련해서 자금 추적을 위한 국제 정보교환과 공조 역시 활발할 뿐만 아니라 이렇게 국방 측면의 정보공유가 이미 일어나고 있다는 겁니다.

한국이 2015년 7월부터 1년간 국제자금세탁방지기구(FATF)의 의장국을 맡고 있습니다. 지금 의장이 신제윤 전 금융위원장이라고 하는데, 유엔 협약 및 유엔 안보리 결의 관련해서 금융조치를 이행하는 태스크포스인 FATF는 금융시스템을 이용한 자금세탁과 대테러, 대량살상무기 확산 관련 자금 조달을 막는 역할을 하고 있습니다.

그러니까 이미 시행 중인, 테러자금조달 금지법으로 일명 얘기되고 있는데, 이미 이 법에 의해서 유엔의 요청뿐만이 아니라 미국 그리고 우방국의 요청이 있으면 위험인물로 지목된 개인이나 단체의 금융거래를 동결하고 해당 자금의 조성과 은닉에 관한 이들을 처벌할 수 있게 하고 있다는 것이지요.

그러니까 이렇게 지금 있는 법으로 박근혜 대통령께서 굉장히 우려를 하고 계시는, 이런 여러 가지 국제공조라든지 정보교환이 지나치게 지금 사실은 활발하게 되고 있는 것입니다.

외국환 관리법 역시 유엔과 우방국과의 긴밀한

정보교류와 공조 속에서 시행되고 있고, 외국환 관리법의 하위지침인 국제평화 및 안전유지 등의 의무이행을 위한 지급 및 영수 허가지침에 따르면 유엔 결의로 제재를 결정한 개인이나 단체 외에도 미국 대통령령, 유럽연합이사회가 지명한 개인 및 단체에 대해서 기획재정부가 금융제재를 할 수 있도록 되어 있다는 것입니다.

그래서 기획재정부가 이미 지난 3월에, 작년 3월이 되겠지요, IS 대원 27명을 포함해서 669명을 금융제재 대상자에 포함시키고 있고 수시로 업데이트하고 있습니다.

우리나라의 정부부처의 조직이 이렇게 잘 되어 있습니다. 그리고 굉장히 유능합니다. 그리고 실력이 있고 능력이 있습니다. 그런데 박근혜 대통령께서는 왜 우리나라에 기존에 있는 이 기재부, 모든 우리 대한민국의 엘리트들이 집중되어 있는 이 기재부의 능력을 왜 못 믿습니까?

오히려 과도하고 근시안적인 협력이 문제가 된다는 점을 지적하고 있을 정도로 지금 이미 이루어지고 있는 국제공조에 대해서 말씀을 드렸지요.

2010년도, 이것은 이명박 정부 때의 이야기이기는 하지만…… 기억 다 하시겠지만 이란의 핵 프로그램에 대한 미국의 제재요청을 우리나라가 받아들인 적이 있습니다. 그때 굳이 그것을 받아야 되느냐라고 하는 비판의 여론도 있었습니다마는, 102개 단체와 24명의 개인을 금융제재 대상자로 지정을 했는데 여기에 이란과 교역하는 우리 기업들의 결제은행인 이란 국영 멜라트은행도 포함이 되어 있었고, 유엔 안보리 결의안 1929호는 이란의 40개 단체와 1명의 개인만을 제재 대상으로 지정을 하였고, 이 결의안의 어떠한 조항도 국가들이 이 결의안 범주를 넘어선 조치나 행동을 취할 것을 강요하지 않는다는 점을 강조한다고 밝히고 있는데 한국의 이러한 제재는 미국 국내법에 따른 것으로서 오히려 유엔 안보리 결의를 위배하는 해석이 가능할 정도로 좀 오버를 한 거지요, 오버.

한국 정부가 유엔 안보리 결의를 위배하면서까지 미국의 요청에 따라서 결과적으로 그 당시에 이란과의 교역 단절이 이루어졌고 엄청난, 막대한 손실을 초래한 점을 다 기억하시리라 봅니다.

좀 더 보시면, 우방국과의 잘못된 국제공조 중에 최악의 사례가 있는데 그것이 바로 다 아시겠지만 파병 문제입니다, 파병 문제. 이라크 전쟁 파병 문제인데, 17대 국회에서 저는 이라크에 우리나라의 국군이 파병이 되었을 때 철군을 요청을 했고 재파병을 더 이상은 하지 말아야 된다라고 하는 주장을 했었습니다. 그 당시에 또 재파병 반대서명도 거의 60명이 넘는 서명을 받아서 제출한 바도 있고, 그런 기억이 새롭습니다마는……

한국 정부가 이라크 후세인이 핵을 개발하고 있고 테러세력과 연관되어 있다고 하는 미국의 일방적인 주장을 받아들여서 유엔이 승인을 하지 않았는데 그 이라크 전쟁에 한국군을 파견을 했습니다.

그래서 이라크에 자이툰부대를 만들어서 많은 군인들이 가 있었고, 저도 그 당시 17대 때 자이툰부대를 방문을 직접 했었습니다.

한국은 그 당시 영국 다음으로 많은 세계 3위의 규모, 3600여 명의 군대를 파견을 했습니다.

그런데 점령 직후에 '이라크에 핵 프로그램이 없다' 그리고 또한 '후세인 정권과 테러집단과는 관련이 없다'라고 하는 사실이 재확인되었고, 미국 정부조차도 그것을 인정하지 않을 수가 없었던 거지요. 미국 정부로서는 굉장히 치명적인 치부를 드러낸 것입니다.

그 끔찍한 9·11 사건을 예측하지 못한 데 이어서 미국으로서는, 정보 대강국 미국의 치명적인 정보 실패였던 셈입니다.

그런데 미국과 그 동맹국들의 이라크 불법 점령 이후에 결국 이라크는, 그 전쟁의 어떻게 보면 후과라고 볼 수도 있고, 그 전쟁 이후에 이라크는 이슬람 극단주의자들을 불러 모으는 지하드의 성지가 되어 버렸습니다.

이라크 내부 저항세력의 끈질긴 게릴라전을 소탕하는 과정에서 무고한 민간인이 다수 희생 당했고, 특히 좀 오래된 일이기는 하지만 관타나모 수용소, 미국령 쿠바에 있는데 거기 관타나모 수용소 그리고 아프간에 있는 바그람기지 수용소 그리고 이라크 안에 있는 아부그라이브 교도소 등 해외 수용시설에서 미군이 적 전투원으로 의심된다는 이유로 증거도 없이 수감된 민간인들을 고문·학대했다는 사실이 전 세계에 알려지면서 미국이 주도한 테러와의 전쟁이 결국은 전 세계에 오히려 아이러니컬하게 테러리즘을 확산하는 그런 자양분이 되고 말았다는 점입니다. 결국은 테러가 테러리즘을 더욱더 확산시키고, 증폭시키는 그런 자양분이 된 것입니다.

최근에 수많은 무고한 인명을 앗아갔던 파리 테러를 주도한 IS도 이즈음 이라크를 기반으로 해서 자생적으로 일어났다고 합니다. 물론 여기 글에서도, 이 주장에서도 '테러를 방지하는 데 부족한 것이 없냐? 그렇지는 않다. 취약한 구석이 있다. 그게 뭐냐? 우리나라 국가정보원의 가장 취약한 지점이 뭐냐?' 국가정보원의 해외정보 수집능력이라는 점입니다.

박근혜 대통령께서 강조하시면서 지금 주장을 하시는바, 국제정보 교류 및 공조의 강화를 위해서도 국정원이 한눈을 팔아서는 안 된다는 점을 여기서 지적하고 있는 겁니다. 국내정치에 과도하게 개입하고 사찰하고 댓글 달고 이런 일을 하지 말아야 된다는 겁니다. 그래야 국정원이 대한민국의 국정원답게 실력 있는 국정원으로 거듭나려면, 해외정보 수집과 분석에 집중하도록 권력자의 손아귀에서 이 국정원을 놓아 줘야 된다는 그 결단을 하셔야 대통령이 손을 불끈 쥐고 주장하시는 국제정보 교류 및 공조의 강화가 가능하다는 점을 말씀드리고 싶습니다.

여기서도 지적하듯이 우리나라 국가정보원이 그 덩치나 무제한의, 무소불위의 권한을 가지고 있는데 왜 이렇게 해외정보 수집능력이 부족합니까? 대북, 해외, 국내정보 수집을 독점하고 기획조정이라고 하는 이름으로 각급 정부부처와 기관들을 쥐락펴락하면서 대내심리전을 빙자해서 민간인들을 사찰하고 정치에 개입하는 등 불필요한 일에 시간과 인력을 낭비하고 있기 때문이라고 지적을 하고 있습니다. 한눈을 팔고 있기 때문입니다. 집중력이 없는 것입니다.

아이들이 공부 안 하고 한눈팔고 딴생각하고 하면 부모님들이 뭐라고 합니까? 매를 들어서라도 공부에 집중할 수 있도록 해야 되는 것 아닙니까? 박근혜 대통령께서는 국정원이 할 일을 제대로 할 수 있도록 대한민국의 수장으로서, 국정원이 관습에 매여서 민간인을 사찰하고 정치에 개입하는 그 습성을 버리도록 해야 될 것입니다.

해외정보를 수집하는 일, 쉽지 않습니다. 그러나 국정원에 수많은 유수 대학을 졸업한 실력 있는 직원들이 많이 있습니다. 이 직원들의 자존심을 왜 국정원이 정치사찰을 통해서 짓밟는 것입니까? 국정원의 자존심을 세우는 일, 그것이 바로 박근혜 대통령께서 하실 일 아닙니까? 그럴 만한 능력이 우리나라 대한민국 국정원의 직원들에게 이미 있다고 저는 보고 있습니다. 그런데 끊임없이 국정원을 국민의 지탄을 받는 그런 조직으로 전락시키고 있는 것이 바로 누구입니까? 테러방지법이라고 하는 것이 오히려 국정원의 위상을 떨어뜨리고 국정원에 대한 국민들의 불신의 시각을 더 강화하는 것 아닙니까?

최근 수년간 일어난 국정원의 민간인 사찰, 대선 개입, 아까 앞부분에서 불법 해킹 사건에 대해서 제가 좀 길게, 복잡하게 보고서를 읽었습니다마는 불법 해킹 사건, 중국동포 간첩조작 사건, 이런 것들이 다 국정원의 일탈행위입니다. 이렇게 국정원이 일탈하면서 결국은 무능으로 치닫게 되는 겁니다. 그러니 아이들이 공부 안 하고 자꾸 한눈팔고 딴짓 하면 일탈행위하게 되고 그렇게 되면 본분을 망각하게 되는 거나 마찬가지인 것입니다.

2003년 이라크 파병 당시 국정원이 석유자원 확보와 안전 등을 고려할 때 이라크 북부가 파병지로 바람직하다고 하는 의견을 내왔는데 이것이 바로 국정원의 무능을 그대로 보여주는 사례라고 합니다. 첫 파병지로 거론된 곳이 바로 이라크 북부의 모술이었는데 이것은 바로 군과 국정원이 모술이 안전하다고 주장한바, 군이 주도한 현지조사단의 정부 측 참가자들은 현지 군부대 등을 건성으로 시찰한 후 모술이 안전하다, 이렇게 보고했다는 것입니다.

그런데 가장 안전하다고 하는 파병지 모술은 이라크에서 종족 간에 무장 갈등이 가장 심한 곳 중의 하나였던 것입니다. 그런데 모술이 위험하다, 이것을 정보로 국내에 제공한 것이 누구냐? 국정원이 아니라 유엔을 모니터하던 시민단체 참여연대였다는 사실입니다.

우여곡절 끝에 이라크 북부의 아르빌에 자이툰부대를 파견하기로 한 한국 정부는 아랍어 통역병을 모집해서 현지로 파견했는데 현지에 도착해서 그 아르빌 지역이 아랍어가 아닌 쿠르드어를 사용한다는 사실을 확인했다는 겁니다. 이것은 이라크의 역사와 이라크의 쿠르드족이 중동지역을 떠돌면서 이라크 한 지역에 동일한 동족으로, 유랑민으로서 그곳에 군집해서 살고 있다는 그 자체도

파악을 하지 못했고 그들은 그들 종족의 고유한 언어인 쿠르드어를 사용하고 있다는 사실조차도 파악을 하지 못했다는 겁니다. 이것이 당시 우리나라 해외정보력의 수준이었다는 겁니다.

지금 모술 인근 지역에는 IS가 점령을 해서 쿠르드족, 투르크족, IS 이렇게 삼파전으로 무장 갈등이 지속되고 있다고 합니다. 참 안타까운 일입니다. 저도 아르빌에 있는 자이툰부대에 직접 가 보고 그 지역에 사는 아이들과 또 그 지역의 주민들을 군부대의 보호를 받으면서 방문해서 본 입장으로서는 참 안타깝습니다.

국정원도 군도 외교부도 한국의 이라크 파병이 이라크, 특히 우리가 파병했던 이라크 북부지역의 평화와 재건에 과연 긍정적인 역할을 얼마큼 미쳤는지 어떠한 모니터 보고서도 내놓지 않고 있습니다. 이 부분에 대해서는 참여연대가 매년 국회를 통해서 자료를 요청하고 있다고 이 글에 쓰고 있습니다. 단 한 번도 국회에 공개된 바도 없습니다.

그런데 이것도 이명박 정부에 대한 얘기기는 하지만 이라크 상황에 대한 평가나 정보가 부족한 상태에서 이명박 정부는 자원외교라고 하는 이름으로 이라크 만수리아와 아카스 가스전 개발에 투자했는데 IS와 이라크 정부 간에 내전이 격화돼서 2014년 6월부터 현장 작업이 중단된 상태라고 합니다. 20조 이상의 손실을 나은 자원외교 중의 하나입니다.

물론 이 자원외교의 실패는 여러 가지 원인이 있겠지만 국정원의 입장에서 본다면, 국정원을 평가하는 입장에서 본다면 국정원이 제대로 해외정보 파악을 못 했기 때문 아니겠습니까? 그런데 이러한 국정원에게 테러방지법을 던져 준다 한들 제대로 일할 수 있겠느냐라고 하는 점을 지적하고 있는 것입니다.

박근혜정부의 국정원에서 북한 담당 기획관으로— 1급입니다—일했던 구해우 미래전략연구원 원장은 신동아와의 인터뷰에서 이렇게 얘기를 했습니다. 국정원은 정권안보기구로 출범했다는 태생적·체질적 한계를 극복하지 못했다—중앙정보부 시절의 그 추억을, 고문과 민간인 사찰과 이런 그 당시의 추억을 잊지 못하고 있다 이런 얘기가 되겠지요—국가 안보보다 정권 안보를 중시하는 체질, 그래서 국정원에서 정치권력에 줄 대는 행태가 나타났다고 혹평하고 있습니다.

정보기관 요원들이 댓글 공작 그다음에 북한과 관련해서 소설 같은 이야기를 흘리는 언론플레이 이것을 왜 하겠느냐, 그렇게 해서 줄 서기 잘해야 출세할 수 있고 국장 될 수 있고 차장 될 수 있고 국정원의 원장까지 될 수 있기 때문에 그렇게 정치권력에 줄 대는 행태로 날 새는 줄 모르고 끊임없이 사찰하다 보니 해외 정보를 수집하는 데는 아주 무능한 그런 국정원이 됐다는 이야기입니다. 그래서 해외 및 북한 파트와 국내 파트를 분리하는 것을 포함한 구조개혁을 단행해야 한다 이렇게 주장하고 있는 것입니다.

구해우 씨가 주장할 때 정권안보기구로서의 성격이 강한

국정원뿐 아니라 검찰 또한 과도한 권력 집중 및 정치화의 병폐를 갖고 있다면서 국정원의 국내 분야는 경찰의 수사 기능과 합쳐 미국 연방수사국(FBI)과 비슷한 형태의 중앙수사국(KFBI)으로 통합하고, 검찰은 수사 기능을 KFBI에 넘기고 미국식 공소 유지 전담기구로 재편하며, 국정원은 해외 및 북한을 담당하는 독립 정보기구로 개혁할 것이라는 제안을 구해우 씨는 하고 있습니다.

이렇듯 국정원이 오남용해 온 과도한 권한과 기능, 즉 국내 정보 수집 기능, 수사 기능 그리고 기획 조정 기능—조금 더 하면 조작 기능까지 할 수 있겠지요— 이런 것들을 없애고, 해외와 북한 관련 정보 수집을 전담하게 해야 한다는 것은 일부 진보인사만의 주장이 아니라는 점을 얘기하고 있습니다.

바로 지금 현재 박근혜정부의 국정원 북한 담당 기획관으로 일했던 구해우 씨의 이야기를 통해서 봤을 때 보수·진보를 넘어서 이 정보개혁은 대한민국의 발전을 위해서 꼭 해야 되는 필수조치라고 하는 점을 지적하고 있는 점입니다.

박근혜 대통령께서는 이 지점을 알고 계시리라고 저는 믿습니다. 해외정보국으로서의 개편, 국정원이 국민의 안전에 지금보다 훨씬 더 기여할 수 있는 것은 바로 그것이다라고 하는 점을 박근혜 대통령께서 아시리라고 보고, 그 지점을 용기 있게 새누리당 의원님들이 말씀하셔야 된다고 봅니다. 왜 꿀 먹은 벙어리가 되어 있는지 알 수가 없습니다.

그런데 지금 밀어붙이고 있지요, 테러방지법, 사이버테러 방지법. 그것은 지금 박근혜정부의 인사조차 그리고 일부 새누리당의 많은 합리적인 국회의원님들께서 평소에 주장하던 바와 불행히도 역방향으로 가고 있다는 것입니다.

이 법안은 사실은 무늬가 테러방지법일 뿐이지 사실상은 국정원을 통한 국내 사찰을 강화하겠다, 국내 정보 수집과 조사와 수사, 정책 조정, 작전 기능, 사찰 기능, 정치 개입을 강화하겠다 하는 법안입니다.

정보기관은 이렇게 정보 수집의 욕구, 욕망을 통해서 끊임없이 국민을 사찰하고 국민을 통제하고 국민을 지배하려고 하는 그런 유혹에 늘 휩싸여 있습니다. 그것은 정보기관의 본질이고 그 DNA가 그렇습니다. 그렇기 때문에 그 DNA를 떼지 않는 한 그 유혹으로부터, 그 망상으로부터 벗어날 수가 없는 것입니다.

그래서 시시때때로 때만 되면, 특히 국회가 끝날 때쯤 되면, 국회의원들이 최고로 바쁠 때쯤 되면 국정원이 끊임없이 정보 개입을 하고 수사권을 강화하려고 하는 그런 요구를 계속해서 하고 있는 것입니다.

국정원의 비효율과 무능을 극대화하고 인권 침해만을 가중시키고 있는, 지금 새누리당이 내놓고 있는 테러방지법, 이것은 테러방지법이 아닙니다. 바로 테러방지법을 무늬로 내세워서, 포장해서 국정원의 권한을 극대화시키려고 하는 국정원의 본질에, 본령에 도달하려고 하는 그런 획책일 뿐이다라고 하는 지점을 말씀드리지 않을 수 없습니다.

모두에도 말씀드렸지만 국회에 제출된 테러방지법안, 우리 존경하는 정의화 의장님께서 그동안 잘하셨는데 아까도 말씀드렸지만 왜 마음이 변하셨는지 이걸 직권상정한, 이 테러방지법안은 결국은 테러행위를 예방한다는 명분으로 국정원 등 국가기관에 과도하고 아주 포괄적인 권한을 부여하는 것입니다.

여기 요약을 아주 잘해서 그대로 읽으면, 이 테러방지법안은 국정원에게 테러 및 사이버테러 정보를 수집·분석할 뿐만 아니라 정부부처의 행동계획을 수립하고, 나아가 대응을 직접 지휘하면서 필요시에 군을 동원하는 등 집행 기능까지 수행하는 광범위한 권한을 부여하고 있다, 예를 들면 국정원 산하에 대테러센터를 두어 정보를 집중하고 국무총리가 주관하고 정부 유관부처가 참여하는 국가테러대책회의를 두되, 그 산하 대테러상임위원회의 의장 역시 국정원장이 담당한다는 것이다, 지역과 부문의 테러 대응협의체도 해당 지역과 부문의 국정원 담당자들이 주관한다, 국정원에 의한, 국정원을 위한, 국정원의 테러방지법인 것이다 이렇게 지적을 하고 있습니다.

미국에서조차도 소위 얘기하는 미국의 CIA 그리고 DIA, FBI 이런 정보 관련한 부처의 기능을 어떻게 분산시킬 것이냐, 어떻게 나눌 것이냐라고 하는 논의가 굉장히 오랫동안 진행이 되어 왔었습니다.

미국의 경우에 참고가 될 만한 내용이어서 조금 더 소개를 해 드리면, 9·11 사건 직후에 패키지 테러방지법인 애국자법—The USA Patriot Act of 2001입니다—이것을 제정했는데, 이 법이 제정되자마자 그 비효율성과 부작용에 대한 비판에 직면해서 2006년도에 대폭 개정이 되었고, 이게 독소 조항에 대한 논란 때문에 2015년 6월 2일 폐기가 되었습니다. 그래서 미국자유법으로 됐습니다. The USA Freedom Act로 되어 있습니다.

그 대표적인 독소 조항의 하나가 애국자법 215조인데, 215조에 NSA가 외국인과 자국민에 대해서 무더기로 도청·감청하고 통신기록을 수집할 수 있도록 허용해서 인권 침해 논란을 빚었던 것입니다.

아시겠지만 2004년도 조지 W. 부시 대통령이 구성했던 대통령 직속의 사생활보호 및 시민자유 검토위원회(The President's Privacy and Civil Liberties Oversight Board)입니다. NSA의 통화기록 프로그램이 대테러 조사활동에 가시적인 성과를 냄으로써 미국에 가해지는 위협을 개선했다는 어떤 증거도 없다고 비판했지만 2006년 이 법을 대폭 개정한 후에도 이 독소 조항은 사라지지 않았다, 그래서……

이 계기가 있습니다. 폐기가 된 계기가 다 아시겠지만 그 유명한 에드워드 스노든 폭로 사건인데, 다 기억하시겠지만 2013년도에 전 세계를 떠들썩하게 했지요. 전 NSA 직원 에드워드 스노든이 미국 정부가 전 세계와 자국민을 상대로 무차별 도·감청을 자행해 왔다고 하는 사실을 폭로했습니다.

그래서 이 독소 조항의 개폐가 정부와 의회에서 진지하게 논의가 되었고, 이 법이 폐기가 되지 않으면 국제사회에서 미국의 위상이 크게 흔들리고 신뢰가 깨지기 때문에 결국은 이 법이 폐지가 되었고 미국자유법으로 대체가 되었습니다. 그래서 NSA의 외국인과 자국민에 대한 무차별 도청·감청 그리고 무더기 통신기록 수집을 금지하고, 대신 자국민에 대해서는 영장을 받은 선별적 감청만 가능토록 했습니다.

그래서 지금 미국의 대통령 후보로 나와 있는 버니 샌더스 같은 경우도 이 법의 폐지와 자유법을 위해서 굉장히 애쓴 걸로 알고 있습니다만 지금 국회에 제출되어 있는 테러방지법안과 사이버테러 방지법안들은 미국에서 이미 폐기되거나 제한되고 있는 것을 국정원과 검찰, 경찰에게 부여하는 독소 조항을 가득 담고 있다 이런 겁니다. 그래서 이 법안이 통과되어서는 안 된다는 것입니다.

절대로 통과되어서는 안 됩니다. 지금 이렇게 10시간씩 나와서 필리버스터하고 하는 이유가 이 법이 통과돼서는 안 되기 때문입니다. 이게 통과되면 불가역적, 되돌이킬 수 없는 그런 사태가 발생하고, 바꿀 수 없기 때문에 힘들지만 지금 이렇게 하는 것인데, 박근혜 대통령께서 우리 야당의 목소리라고만 치부하지 마시고 국민의 목소리 그리고 국민을 위한 이야기로 보고 우리 국회에 좀 귀를 기울여 주셨으면 감사하겠습니다.

미국이나 영국, 스페인, 러시아, 프랑스 등 지금 이슬람 극단주의 단체로부터 표적이 되고 있고 무장공격을 당하고 있습니다. 전 세계에서 최고로 복지가 잘되어 있고 민주주의가 최고로 잘되어 있는 선진 민주국가 그리고 잘사는 나라 이러한 선진국가에서 무장공격을 왜 당했느냐, 테러방지법이 없어서 당한 것이 아닙니다. 이들 나라의 대외정책이 결국은 그 해당 지역의 주민들에게 불행을 안겨 주었다 이렇게 보기 때문에 극단주의 세력의 표적이 된 것입니다. 테러는 바깥으로부터 오는 것이 아니라 바로 안으로부터 오는 것입니다.

IS는 우리나라가 미국을 도와 파병했던 이라크에서 사실상 시작되었습니다. 우리나라가 만약에 IS 테러의 표적이 되었다고 한다면—그렇게 표적이 되었다고 하는 구체적인 실증이나 이런 것이 아직 지금 나와 있지 않습니다만—그것은 왜인지 곰곰이 따져 보고 생각해야 될 지점이라고 생각합니다.

그래서 지금 가장 시급한 대책은 국정원을 개혁해서 정보 수집에 집중하게 함으로써 국민이 준 세금이 아깝지 않게 하는 일이라고 말씀드릴 수 있습니다.

이처럼 보수언론 그리고 진보진영의 언론까지 망라해서 그리고 수많은 전문가, 언론, 시민단체에서 국정원의 개혁을 주장하고 있음에도 불구하고 테러방지법은 국정원에게 막강한 권한을 더 부여하고 있는 것입니다.

사실 국회가 입법과정에서 전문가그룹 그리고 시민사회, 일반 국민들의 의견을 최대한도로 경청하고 좋은 안은 반영하고 또 해소하는 적극적인 노력을 할 의무가 있습니다.

그런데 지금 그런 과정을 거치지 않고 직권상정으로 법안이 표결 직전에 있기 때문에 우리가 그나마 한정된 시간 안에 테러방지법은 정말 통과되어서는 안 되는 법이라고 하는 그 사실에 대해서 저희가 이렇게 계속해서 확인을 하고 있는 것입니다.

그래서 박근혜 대통령께서 11월 24일에, 작년이지요. 예정에 없던 국무회의를 긴급히 주재하시면서 테러방지법 제정을 강력하게 주문을 하셨습니다. 각국은 테러를 방지하기 위해서 선제적인 대책들을 세우고 있는데 우리나라는 테러관련 입법이 14년간이나 지연되고 있다고 발언을 하셨지요. 그런데 왜 14년 동안 그러면 테러방지법이 반대되었는지 이 성찰은 없습니다.

테러방지 및 대응체계가 어떠한지, 정부는 속수무책 상태라는 것이 무엇인지에 대한 설명이 없고 오로지 현재의 테러방지법, 통신비밀보호법, 사이버테러 방지법 등 국회에 계류된 테러 관련 법안들이 처리돼야 된다, 왜 국회가 나서지 않고 잠재우고 있느냐 이렇게 되어 있습니다.

11월 17일 여야 테러방지법 관련해서 조금 복기를 해 보면, 의원님들이 많이 안 계시지만…… 테러방지법 관련된 상임위가 여러 개가 있습니다. 정보위도 있지만 안전행정위, 미래창조과학방송통신위원회, 저도 이 상임위원회에 속해 있습니다. 정무위 등에서 테러방지법 논의를 시작했습니다. 프랑스 파리에서 벌어진 동시다발 인명 살상 사건이 있었고, 그런데 이런 것들이 이렇게 논의되는 과정에서 지금 최근에 강력하게, 테러방지법의 제정이 굉장히 강하게 대통령이 직접 나서셔서 추진이 되고 있는 상황에 지금 국회가 대통령과 함께 이렇게 마주 보고 있습니다.

그래서 이 테러방지법이, 새누리당 의원님들 여러 개 안이 지금 나와 있는데 이노근 의원 외 몇 분의 의원님들에 의해서 테러예방 및 대응에 관한 법률안도 나오고 국민보호와 공공안전을 위한 테러방지법안도 나오고 이병석 의원 등, 그리고 지금 그것이 그 외에 몇 가지 법안이 나오면서 거의 당론화해서 새누리당 전원에 가까운 의원님들이 서명을 해서 법안이 지금 여기 직권상정 되어 있는 상황입니다.

그래서 의원님들이 앞다투어서 내놓으신 테러방지법안들 이것에 대해서 일일이 다 말씀드리지는 않겠습니다. 그러나 이 공통된 지점은 하여튼 간에 상당히 앞다투어서 냈다는 점과 그다음에 그 법은 국가정보원이 권력의 중심에 서고자 하는, 어떻게 보면 그런 내용을 오롯이 담고 있다고 하는 점에서는 공통점이 있다고 하겠습니다. 그렇기 때문에 일일이 내용을 지적하면서 말씀드리지 않겠지만 다 같이 인권침해 가능성이 있다, 그 부분에 대해서 어떻게 그것을 줄이려고 하냐고 하는 것에 대한 고심의 흔적은 찾기가 어렵다고 말씀드리지 않을 수 없습니다.

그래서 지금 아쉬운 점은 의원님들께서 이 법안을 발의하시면서 국정원에 백지위임장을 제공하는 것이 아니라 기존의 정보기구에 대해서 어떻게 민주적 통제수단을 마련할지, 투명하고 효율적으로 일하게 할지, 시민의 안전과 복지를 위해서 어떻게 할지 이런 국가적 차원에서의 고민을 조금 더 수렴시키셨으면 하는 그런 아쉬움이 있습니다.

지금 현재 여당이 발의한 여러 가지 테러방지법의 문제점에 대해서는 죽 얘기를 했습니다. 했고, 여러 분들이 정말로 이게 왜 문제인지에 대해서 아주 조목조목 말씀들을 많이 하고 있습니다. 몇 가지만 간단간단하게 좀 짚고 넘어가는 것으로 하겠습니다. 상당히 많은 내용들을 담고 있습니다마는 지금 오동석 아주대학교 교수께서 국회 토론회에서 발표한 '테러방지법, 무엇이 문제인가'라고 하는 글을 통해서 봤을 때 무엇이 문제인지 다시 한 번 좀 정리를 하겠습니다.

여기서 이렇게 얘기하고 있습니다. 테러방지 및 대응체계가 지금 어떠한지, 그러니까 이 얘기는 그것입니다. 대통령께서 다른 나라는 테러를 방지하기 위해서 선제적인 대책들을 세우고 있는데 우리나라는 테러에 관련된 입법이 14년이나 지연이 되고 있다 이렇게 얘기를 했는데, 그것은 14년 동안 테러방지법에 문제가 있어서 계속해서 반대를 넘어설 만한 그런 새로운 대안이 나오지 않았다고 하는 점도 있기 때문에 구체적으로 그런 부분들에 대한 성찰이 없었다고 하는 것이 가장 지적된 내용의 전제라고 할 수 있습니다.

그런데 왜 대한민국이 테러, 이렇게 불리는 범죄행위들에 대해서 속수무책 상태라고 하는 것인지라고 얘기를 했다면 그것은 우리 정부가 거기에 대해서 결국은 무능하다고 하는 것을 자백한 것이나 다름없지 않느냐고 하는 겁니다.

그러면 왜 그렇게 속수무책 상태로 있는지, 그 부분에 대해서 그저 그냥 테러방지법, 통신비밀보호법, 사이버테러 방지법 등등 해서 이 법안들이 국회에서 처리되지 않고 계류되어 있기 때문에 결국은 속수무책으로 있다. 모든 책임을 국회에다가 지금 뒤집어씌우기를 하고 있는 것입니다.

그렇다고 한다면 거꾸로 이렇게 물어볼 수 있습니다. 그러면 세월호 참사가 왜 일어났느냐? 해난사고방지법을 제정하지 않아서였는지 어떤 것 때문인지, 이런 문제들에 대한 원인을 다시 되짚어서 얘기를 해 보면 과연 그런 건지 우리는 또 되묻지 않을 수 없습니다.

그리고 대통령께서 그런 발언을 하시면서, 봤을 때 새누리당이 테러방지법안으로 내세운 법안이 한 12개 정도 이렇게 되는 것으로 정리가 되어 있습니다. 그런데 사실은 여러 가지 법안이 제목이 다 다른데 거의 내용은 대동소이하다고 볼 수 있습니다. 그러니까 국가정보원이 너무 약해서 그렇다, 그러니 국가정보원을 강화해야 된다고 하는 것.

그러면 국가정보원의 그 법이, 그 기능이 강화되어야만 테러에 대해서 대응을 할 수 있고, 그러면 그동안은 법이 없었고 법이 계속해서 지연되었기 때문에 무능할 수밖에 없는지, 이 부분에 대해서 그 책임을 누가 일차적으로 가져야 되는지, 이런 부분은 다시 곰곰이 좀 생각을 해 볼 문제라고 봅니다.

그리고 또 다른 의견, 비슷한 의견이기는 하지만 여러 가지 법안에 대한 평가가, 실질적으로 전문가들이 다 분석을 해 놨기 때문에 이 법안을 발의하신 의원님들께서도 자료가

많이 있습니다. 왜 야당에서 반대하는지 문제가 뭔지 같이 좀 소통을 하셨으면 좋겠고요.

또 의원님들부터 그런 소통을 해야만 박근혜 대통령과 좀 더 더 소통구조가 생길 수 있다고 생각을 합니다. 너무 멀리 있습니다. 대통령과의 그 간극을 여당 의원님들께서 도와주셔서 좀 가까이, 조금 더 가까이 이렇게 좀 해 주셔야 되는데 왜 이런 법을 갖다가 앞다투어서 그렇게 많이들 내셔 가지고 대통령과 야당과 또 국민과의 이 간극을 왜 이렇게 자꾸 벌려 놓는지 좀 답답합니다.

그리고 필리버스터 하는데 오셔 가지고—지금은 아니지만—소리소리 지르시면서 관계없는 발언한다고 또 말씀하시는 그런 모습을 보면서 왜, 국회가 이렇게 여야 간에 의견이 다를지라도 서로 존중을 좀 하면서 하면 안 될지……

이 기회가, 필리버스터의 기회가 야당한테만 주어지는 기회가 아니라 여당 의원님들도 나와서 얘기를 하십시오. 왜 찬성하는지 얘기를 하셔야 됩니다. 물론 이것은 의사진행, 이 법안의 통과를 반대하는 것을 목적으로 하기 때문에 찬성하는 분들이 나와서 이야기하는 것은 좀 법의 취지에 맞지 않는다고도 할 수 있겠지만 그러나 의사를 방해하지는 말아야 된다고 생각을 합니다.

그리고 이것은 조금 더 적나라하게…… 지금의 테러방지법이 만약에 시행된다고 한다면 어떤 시나리오가 가능하냐, 이걸 갖다가 또 추적해서 쓴 글도 있습니다. 그러나 이런 글은 무슨 공상과학소설가가 쓴 글이 아니라 실질적으로 분석을 해서 쓴 글이기 때문에 상당히 설득력이 한편으로는 또 있는 부분이 있습니다.

예를 들면 이런 겁니다. 지금 이 법대로 가면 국정원이 사이버테러 방지라는 미명하에 포털, 통신사, 은행, 언론사의 해킹 사고를 조사할 권한을 가지고 또 그것을 통해서 기업을 뒷조사하지 않는다는 보장이 어디 있느냐. 그리고 이 뒷조사를 통해서 알게 된 해킹 정보를 가지고 민간기업에 대해서 정보 수집을 위한 압박 수단으로 활용할 수 있지 않겠느냐고 하는 지점입니다.

사실은 이 법이 없어도 국정원이 민간사찰을 하고 있다, 기업에 대한 정보도 다 가지고 있다, 정치인에 대한 모든 정보를 가지고 있다고 하는 것은 암묵적으로, 굳이 이 법이 아니어도 암묵적으로 동의하고 있는 지점에 있습니다.

그러나 그것이 편법적이고 불법적으로 이루어지고 있다고 하는 점, 그래서 그러면 안 된다고 하는 공감대가 있는데 이 법은 아주 노골적으로 그런 국정원의 무소불위한 민간사찰이라든지 정보 수집이라든지 수사권 확대라든지 하는 것을 보장하고 있고 담보하고 있기 때문에 이런 시나리오가 가능하다는 것입니다.

그리고 국정원은 정보통신망의 안전보호라는 미명 아래 치밀한 보안관제 서비스를 이용해서 대량 감시를 할 수 있다. 국정원은 사이버테러 방지법이 제정되면 정보통신망의 안전보호 책임을 맡게 되며 정보통신망의 안전보호라는 미명하에 치밀한 보안관제 서비스를 악용할 수 있다.

바로 이것은, 그렇다고 한다면 법원에서 영장 발부를 받아서 감청도 하고 그렇게 해야 되는데 그런 제어장치 없이 그대로 국정원의 임의적인 판단에 의해서 그대로 광범위한 민간사찰을 수행할 수 있다고 하는 겁니다.

국정원에 집중된 그런 권한으로 결국은 국정원이 민간기업에 대해서 적법 절차를 생략하고 그야말로 흔적이 남지 않는 감시체제를 작동을 시켜서 국정원은 무소불위의 그야말로 감시기관, 명실상부한 감시기관이 된다는 것입니다.

누가 그런 걸 바라겠습니까? 우리 국민 중에, 대한민국 국민 중에 상식적인 수준에 있는 분들이 어떻게 국정원이 그런 무소불위의 감시기관이, 법적으로 보장된 감시기관이 되는 것을 동의하겠습니까?

제가 오늘 이 무제한 토론에 나선다는 사실을 알리고 또 저를 굉장히 지지하고 걱정하시는 분이 대부분의 경우에는 정말 격려와 응원을 해 주시지만 우려하시는 분도 있었습니다. 연세가 많이 드시고 굉장히 보수적인 그런 시국관을 가지고 계시지만 그럼에도 불구하고 그런 분들의 이야기도 '국정원의 기능이 비대화되는 것, 권한이 강화되는 것은 반대해야 된다'라고 말씀을 하시면서 '국가의 안보 이런 문제를 우리가 반대하는 것이 아니니 안보체제에 이게 상치되는 주장이 아니라고 하는 점을 좀 더 분명하게 이야기를 해 주면 좋겠다. 기우일지 모르지만 그것을 좀 명심해 달라' 이런 당부의 말씀이 있으셨습니다.

저는 그런 분들의 말씀이 정말 귀중한 말씀이라고 생각을 합니다. 국정원의 권한이 강화되는 것을 반대하는 것은 무슨 진보적인 이념 때문이 아닙니다. 그야말로 헌법에 보장되어 있는 인간의 존엄성, 지켜져야 될 인권의 문제이기 때문에 이렇게 주장을 하고 있는 것입니다.

대한민국헌법을 보면 정말 우리나라 헌법이 참 귀중한 철학을 다 담고 있습니다. 헌법에 보면 '유구한 역사와 전통에 빛나는 우리 대한민국은' 이렇게 돼 있습니다. 이런 헌법을 가지고 있는 저는 너무나 자랑스럽고, 우리나라가 자랑스럽고 정말 자부심을 느낍니다.

"3·1운동으로 건립된 대한민국임시정부의 법통과 불의에 항거한 4·19민주이념을 계승하고, 조국의 민주개혁과 평화적 통일의 사명에 입각하여 정의·인도와 동포애로써 민족의 단결을 공고히 하고, 모든 사회적 폐습과 불의를 타파하며, 자율과 조화를 바탕으로 자유민주적 기본질서를 더욱 확고히 하여 정치·경제·사회·문화의 모든 영역에 있어서 각인의 기회를 균등히 하고, 능력을 최고도로 발휘하게 하며, 자유와 권리에 따르는 책임과 의무를 완수하게 하여, 안으로는 국민생활의 균등한 향상을 기하고 밖으로는 항구적인 세계평화와 인류공영에 이바지함으로써 우리들과 우리들의 자손의 안전과 자유와 행복을 영원히 확보할 것을 다짐하면서 1948년 7월 12일에 제정되고 여덟 차례에 걸쳐서 개정된 헌법을 이제 국회의 의결을 거쳐 국민투표에 의하여 개정한다." 이게 1987년도에 전부개정된 것 아닙니까? 87년도 6월 항쟁 이후 대한민국의 헌법이 이렇게 개정되었습니다. 국민의 투표에 의해서 개정되었습니다.

대한민국 국민의 권리와 의무에 대해서 제10조에 우리나라 대한민국, 자랑스러운 우리 대한민국헌법의 제10조에 보면 "모든 국민은 인간으로서의 존엄과 가치를 가지며, 행복을 추구할 권리를 가진다. 국가는 개인이 가지는 불가침의 기본적 인권을 확인하고 이를 보장할 의무를 진다." 국가는 개인이 가지는 어떤 인권입니까? 불가침의 기본적 인권입니다.

인권천부설이라는 얘기도 있지만 어느 누구도 개인이 가지고 있는 이 불가침의 영역, 이런 인권을 국가가 그것을 확인해야 된다는 겁니다. 컨펌 한다는 겁니다. 보장해야 된다는 겁니다. 사찰해야 된다고 나와 있지 않습니다. 그리고 이를 보장할 의무를 진다, 그래서 국가가 필요한 겁니다.

그런데 이 테러방지법은 헌법에 완전히 위배되는 내용을 담고 있습니다. 국가가 각 개인의 이 불가침적인 기본적 인권을 사찰하는 것으로 그렇게 되어 있습니다. 그렇기 때문에 위헌적인 테러방지법이라고 이야기하지 않을 수 없습니다.

"모든 국민은 신체의 자유를 가진다."고 돼 있습니다. 어떤 혐의가 있으면, 테러의 혐의가 있으면 국정원의 판단에 의해서 곧바로 수사를 합니다.

그러나 헌법에 의하면 신체의 자유를 가지기 때문에 "누구든지 법률에 의하지 아니하고는 체포·구속·압수·수색 또는 심문을 받지 아니하며, 법률과 적법한 절차에 의하지 아니하고는 처벌·보안처분 또는 강제노역을 받지 아니한다." 이렇게 돼 있습니다. "모든 국민은 고문을 받지 아니하며, 형사상 자기에게 불리한 진술을 강요당하지 아니한다." 이렇게도 돼 있습니다.

은수미 의원이 10시간 동안 왜 무제한 발언, 필리버스터를 했겠습니까? 은수미 의원이 소위 사노맹사건으로 구속되어서 7년 동안을 구속·구금되고 그 이후에 노동 전문학자로 일을 하게 되었습니다.

다 우리가 여기에 나와서 이렇게 소리 지르는 이유는, 박근혜 대통령님께 정말 하소연 드리고 싶습니다. 같은 시대를 살아오지 않았습니까? 박근혜 대통령님도 70년대에 대학을 다니셨습니다. 동시대인입니다.

그렇기 때문에 충분히 소통을 하면 서로 다른 실존적 영역 속에서 다른 경험을 가지고 있지만 동 시대에 살고 있기 때문에 공감할 수 있는, 사회적 존재로서의 공유할 수 있는 지점이 있다고 생각을 합니다. 박근혜 대통령께서 제발 소통해 주시기 바랍니다.

헌법 제17조 "모든 국민은 사생활의 비밀과 자유를 침해받지 아니한다."…… '모든 국민은' 바로 이 지점입니다. 통신비밀보호법이 왜 있습니까? 헌법 18조에 "모든 국민은 통신의 비밀을 침해받지 아니한다.", 우리가 지금 정보통신이 최고로 발달된 대한민국에 살고 있지만 그러나 이 정보망·통신망은 세계 최고의 망의 기반을 가지고 있음에도 불구하고

우리는 통신의 비밀의 영역에 있어서는 매우 상당히 후진국 상태로 있다고 하는 지점을 많은 국제사회에서

지적을 하고 있습니다.

그런데 지금 대테러방지법을 비롯해서 통신비밀보호법에 관련된, 많은 여당 의원님들께서 내신 통신비밀보호법에 대한 개정안이 이 헌법과 배치되는, 시대와 역행하는, 국민의 통신의 비밀을 침해하는 방향으로 나가고 있다는 지점을 말씀드리지 않을 수 없습니다.

모든 국민은 양심의 자유를 가집니다. 양심의 자유를 가진다는 게 무슨 말입니까? 서로 다른 의견을 가질 수 있습니다. 인간의 마음, 양심…… 그렇기 때문에 그 양심은 자유로운 겁니다. 자유로울 수 있습니다. 그래서 종교의 자유도 갖게 되고 종교와 정치는 분리될 수 있는 것입니다.

이렇게 국정원의 권력 강화를 기도하는 법안은 위헌입니다. 절대로 통과되어서는 안 됩니다.

사이버테러 방지법도 마찬가지입니다. 지금 테러방지법이 하나로 축약되어서 새누리당 당론으로 나왔지만 그 법안의 흐름을 다 담보하고 있는, 새누리당에서 발의한 12개의 법안이 있고 그중에 4개의 법안이 사이버테러 방지법안입니다. 파리 테러 이후에 급물살을 타면서 떡 본 김에 제사 지내는 건 아닌지, 그래서 국정원이 이 비극적인 사건을 자기 기관의 욕망을 채우기 위해서 악용하는 것은 아닌지, 오비이락처럼 상당히 우려가 되지 않을 수 없습니다. 이런 지점들을 또 전문가들이 지적을 하고 있습니다.

사이버테러 방지법안들도 하나같이 국정원이 민간 인터넷서비스에 대해서 지휘하고 감독권을 가져야 된다 이렇게 주장하고 있습니다. 정말 대놓고 위헌적인 주장을 하고 있는 겁니다. 아까 말씀드렸습니다. 대한민국헌법 제18조에는 "모든 국민은 통신의 비밀을 침해받지 아니한다." 이렇게 되어 있습니다.

우리가 미방위에서 클라우드 컴퓨팅법에서도 국정원이 개입하는 부분에 대해서, 관장하는 부분에 대해서 문제제기를 했고 그 부분에 대한 지속적인 문제제기가 처음부터 끝까지 있었습니다. 그런데 이것은 아주 대놓고, 사이버테러 방지법이라고 하는 이유로 민간 인터넷서비스에 대한 지휘·감독권을 요구하고 있는 것입니다. 국정원은 이미 국가사이버안전규정에 따라서 국가망을 관리해 오고 있습니다. 국가망을 관리해 오고 있습니다. 그런데 아예 민간 인터넷까지 관리하겠다 한 겁니다. 국영기업체도 민영화하는 이 마당에, 너무 민영화해서 문제가 되는 지적들이 있기는 하지만, 이제는 사이버테러를 방지하기 위해서 민간 인터넷망까지 관리하겠다 지금 이렇게 나서고 있는 겁니다.

국정원 산하에 설치되는 국가사이버안전센터에 대한 내용들이 나와 있습니다. 거기에는 민·관·군을 아울러서 지휘 감독하는 것으로 돼 있습니다. 국정원의 지휘 감독을 받게 될 민간에는 정보를 집적하는 집적정보통신시설사업자, 즉 IDC, 그리고 주요 정보통신서비스제공자─소위 세칭 통신사라고 얘기합니다─그리고 포털, 그리고 쇼핑몰 등이 다 포함되는 겁니다. 왜? 사이버테러를 예방하고 대응하기 위해서 상시적으로 해야 된다는 겁니다.

그러면 사이버테러가 무엇입니까? 이 법안에 따르면 해킹, 컴퓨터 바이러스, 서비스 방해, 전자기파 이런 전자적 수단에 의해서 정보통신망을 공격하는 행위 이런 것들을 얘기하는데 인터넷에서 해킹, 너무나 국민적으로 다 알고 있는 상식에 속하고 있습니다. 안전지대가 없습니다. 바이러스 유포, 우리 핸드폰에 다 바이러스를 치유할 수 있는 프로그램 하나씩, 하나가 아니지요, 수십 개가 있습니다. 우리는 늘 바이러스와 함께 살고 있습니다. 그런데 국정원이 상시적으로 민간 인터넷서비스에 개입하겠다 이러고 아주 노골적으로 나서고 있습니다.

사이버테러 사고가 일어날 때 그러면 어떻게 개입을 하려고 하느냐? 사고가 일어나면 그 조사결과를 보고받은 국정원이 해당 인터넷서비스에 특정한 조치를 요구할 수 있고, 서비스제공자는 특별한 사유가 없는 한 이에 따라야 한다, 그리고 국정원은 사고 발생 때문만 아니라 이를 예방하기 위해서 많은 일을 할 수가 있는 것입니다. 국정원이 인터넷서비스 기관들로부터 인터넷망, 소프트웨어의 취약점을 보고받는데 만약에 보고하지 않으면 어떻게 하느냐? 형사처벌을 한다는 겁니다.

그래서 카카오톡 취약점을 몰라서 카카오톡 해킹을 못 했다면 앞으로는 보고된 그 취약점을 활용할 수 있는데, 그게 뭐냐? 바로 몰래 보는 겁니다. 인터넷망에 대해서 상시적으로 엿보는 겁니다. 정말 소름이 끼치는 일입니다, 이것은. 국정원은 사실 지금도 국가보안법 수사를 위해서 패킷감청 기법으로 인터넷 회선에 대해서 감청을 하고 있습니다. 그런데 만약에 테러방지법이 제정이 되면 일일이 영장 발부 없이 상시적으로 패킷감청을 한다는 겁니다. 상시적으로 늘 감청을, 패킷을 끼워서 하는 기법으로 한다는 것입니다. 만약에 이 법이 만들어지면 시행령을 통해서 더 많은 것들을 요구할 수 있을 것입니다.

다른 나라에도 사이버테러법이 있다고 하는데 이미 우리나라는 사이버테러에 대응해 왔고 수많은 개인정보 유출사고라든지 해킹사고, 디도스 공격을 이미 해서 대형 금융회사들이 다 털린 적도 있습니다. 해킹당한 적 있습니다. 그래서 그때마다 정부부처가 앞다투어서 이 해킹에 대해서 감시 감독하고 관리 감독하는 것은 우리 부처의 업무다, 서로 앞을 다투어서 민간 인터넷을 관리해 왔습니다. 미래창조과학부, 한국인터넷진흥원이 해 왔고…… 그래 왔습니다.

미래창조과학부 사이버안전센터 운영규정에서는 사이버 공격이란 해킹, 컴퓨터 바이러스, 서비스 방해, 전자기파 등 전자적 수단에 의하여 정보통신망을 침입·교란·마비·파괴하거나 정보통신망을 통해서 보관·유통되는 전자문서, 전자기록물을 위조·변조·유출·훼손하는 일체의 공격행위를 말한다고 정리하고 있습니다. 사이버테러 방지법안에서 규율하려는 행위와 다를 바 없는, 대상들을…… 이미 미래창조과학부가 규율해 오고 있고 늘 우리 상임위원회에서는 미래창조과학부, 정부부처가 규제의 범위를 어디로 할 것이냐고 하는 규제정책에 대해서 늘 논의해 온 주제입니다. 그런데 왜 갑자기 이 비밀정보기관이, 국정원이 나서서 이를 관리해야 된다고 하는지, 그 이유가 무엇인지 설명이 없습니다. 갑자기 나타나서 아이를 키우고 있는데, 뜬금없이 나타나서 이 아이는 자기의 아이니까 내 달라, 내놔라, 아닌 밤에 홍두깨 식으로 그런 것입니다. 정말 뻔뻔스러운 법이고 번지수가 없는 법입니다.

지난해 반테러 보고관이 유엔총회에서 경고했듯이 디지털 환경에서 정보기관들의 정보 수집이 통제되지 않으면 국민들의 프라이버시는 말살될 것이다. 그렇기 때문에 헌법 제17조 "모든 국민은 사생활의 비밀과 자유를 침해받지 아니한다." 헌법에 있듯이 결국은…… 인터넷에 있어서의 사이버테러 방지법은 완전히 헌법을 그냥 모르쇠 하고 있는 것입니다, 이것 또한.

그리고 지금 인터넷 회선이 있으면 그 전체를 확 훑는, 전체에 있는 그것을 이렇게 오가는 패킷을 들춰 보는 기술은 비밀이 아니고 지금 사실은 굉장히 남용되고 있습니다. 좀 이따가 제가 말씀을 드리겠습니다, 어느 정도 남용되는지.

인터넷 회선 사업자가 웹하드 서비스를 차단하기 위해서나 이동통신사가 보이스톡 같은 것을, 그것을 mVoIP라고 그러는데…… VoIP, 보이스아이피라고 합니다. 그래서 이 서비스를 차별화하는 데도 사용되고 있습니다. 그런데 하물며 디지털 시대에 국가 감시가 과거보다 더 은밀하게, 대규모로, 손쉽게, 그리고 아주 저렴한 가격으로 엿볼 수 있는 수준이기 때문에 인터넷에 올라온 정보를 수집해서 그것을 분석하면 정말 그거야말로 오프라인에서의 사찰의 수준 가는, 완전히 차원을 달리하는, 실시간 모든 사생활에 대한 침해와 정보 파악이 가능하게 되는 것입니다.

그래서 우리나라 국정원이 정말 가면 갈수록 비대해지고 있고 국내 파트, 해외 파트, 수사, 정보, 기획, 조정 이것을 다 한 몸에 가지고 있고, 영장을 가지고 감청하고 대통령 승인만으로 감청할 수 있는데 그것도 이제 무소불위로 국정원이 다 자의적으로 판단해서 감청을 하겠다는 그런 것입니다.

국제사회 기준에서는 이미, 유엔 자유권위원회라고 있습니다. 여기서 이미 국정원의 통신 수사를 감독할 수 있는 기제를 도입해야 한다고 한국 정부에 권고를 했습니다. 그런데 한두 명의 감독관제를 도입한다고 해서 국정원에 대한 감독이 가능하겠느냐라고 하는 부분에 대해서는 전문가들도 지금 회의를 표명하고 있습니다.

그래서 국회가 지금 이 시점에 국민들의 실망과 불신에 대응할 수 있는 그런 지점에 와 있고, 그래서 지금 이 무제한 토론을 통해서, 시간에 제한받지 않는 이 토론을 통해서, 위헌적인 이 테러방지법을 어떻게든지 막아 내야 되는 역사적 책무의 한 도상에서 이 토론이 진행되고 있는 것입니다.

그리고 테러방지법은 실질적으로는 국정원에 날개를 달아 줄 뿐이다라고 하는 법조인들의 우려도 있습니다. 그래서

국정원이 정보기관으로서의 본연의 역할을 하지 못함에 따라서 해외정보 수집도 제대로 하지 못하고 엉터리 정보 수집을 하기 때문에 국민의 안전과 생명이 위협당하고 있다 이렇게 오히려 역으로 문제제기를 할 수 있는 것입니다. 국정원이 제 역할을 못하기 때문에 테러 위험도 커지는 것이다. 국정원이 제대로 된 정보기관으로 개혁되어야만이 진정한 의미에서 테러방지가 가능하다는 것입니다.

국가정보원은 이미 2003년도 12월부터 국정원 내에 대테러상황실을 설치·운영하고 있는데 상황실에는 국가정보원 직원 외에 경찰청, 행정자치부, 국방부에서 파견된 인력들이 합동으로 근무하고 있습니다. 사이버테러 대응 단위도 운영되고 있고 여기에 더 나아가서 법률에 의거해서…… 그럼에도 불구하고 이것이 이미 다 기존에 존치돼 있는데 대테러센터를 만들어서 국정원에 무소불위의 권력을 쥐어 주려고 하는 것이 바로 지금 테러방지법입니다.

결국은 이 테러방지법이 테러의 방지에 효과적인 대안으로서의 기능보다는 이미 테러를 방지할 수 있는 수많은 조치와 또 지금의 여러 가지 대응방식과 이런 것들이 있음에도 불구하고, 그리고 헌법에 준해서 그런 정보기관의 권한을 무제한으로 확대하려고 하는 것을, 그래도 법안을 통해서 여러 가지 각계 부처에 기능을 분담하고 서로 역할 분담해서 집중화되고 있는 것을 막고 있는 이 상황에, 그것으로도 충분히 기능을 제대로 할 수 있음에도 불구하고 테러방지법을 만들려고 하는 것은 결국은 인권과 민주주의의 후퇴를 불러올 것이라고 하는 것은 조금만 들여다보면 삼척동자도 다 알게 되는 것입니다. 그래서 한 학자는 이것은 바로 국정원의, '테러방지법은 국정원의 빅브라더의 욕망이다' 이렇게 우려를 제기를 하고 있는 것입니다.

그래서 문제점이나 이런 이야기들을 많이 했는데, 아주…… 테러방지법이 가지고 있는 또 상당히 심각한 결과적 폐해가 있습니다.

그런데 참 유감인 것은, 대통령께서 18대 대통령선거 공약으로 '세상을 바꾸는 약속, 책임 있는 변화'에 보면 국민행복 10대 공약에, 이게 284쪽에 보면 나와 있습니다. 개인정보 보호 및 사이버 보안 관련 법제도를 개정을 하겠다라고 하는 것인데, 이것은 망 중립성 그리고 플랫폼 중립성, 단말 중립성 등 이용자 중심의 인터넷 서비스 원칙을 기반으로 하고 모든 국민이 차별 없이 자유롭게 지식과 정보를 얻고 소통할 수 있는 인터넷 공간을 구현하겠다라고 하는 것과 함께 지금 글로벌 경쟁력 확보의 핵심으로 보고 있기 때문에 이렇게 개인정보 보호 및 사이버 보안 관련 법과 제도를 개정을 하겠다…… 이것을 사이버테러법 같은 거라든지 테러방지법이라든지 이런 것을 통해서 국정원의 기능을 무한대로 확대하겠다라고 누가 해석을 했겠습니까? 이것은 박근혜 대통령을 지지하는 사람들뿐만 아니라 많은 사람들이 반드시 모든 국민의 사생활의 비밀과 자유를 침해받지 않고 모든 국민은 통신의

비밀을 침해받지 아니한다는 헌법상의 조항에 근거해서 국민이 행복할 수 있는 10대 공약 이것을 내걸었다고 보고, 박근혜 대통령이 늘 말씀하셨듯이 약속을 지킬 거라고 우리는 봤습니다.

그리고 제가 얼마 전에 들은 얘기입니다마는, 지금 우리도 선거 준비를 해야 되고 그래서, 그러면 카피를 어떻게 할 것이냐 이런 논의를 많이 하는데 가장 근래에 기억에 남는 카피는 박근혜 대통령의 약속을 지키는 사람, '박근혜는 약속을 지킵니다' 바로 그게 가장 기억에 남는 카피였다고 합니다.

박근혜 대통령께서 약속을 지키셨으면 좋겠습니다. 약속을 지키셔야 됩니다. 그런데 사이버테러 방지법이라든지 테러방지법이 통과가 되면 대통령의 약속은 물거품처럼 사라지게 됩니다. 게다가 테러방지법, 사이버테러 방지법, 이런 법으로 인해서 결국은 인터넷뿐만이 아니라 표현의 자유가 심각하게 훼손이 된다는 점입니다.

그리고 여기 나와 있습니다, 289쪽에. 이것도 마저 봐야 되는데요. 인터넷 표현의 자유를 증진하겠다, 아까 조금 전에 공약 사항에서 개인정보 보호 및 사이버 보안 관련한 법제도를 개정을 하는데 국정원의 권한을 강화하겠다라고 볼 수 없는 것은 바로 그 뒷장에, 289쪽에 보면 '인터넷 표현의 자유가 통신 심의의 남발과 인터넷 포털사의 임시조치 남용으로 인해서 표현의 자유가 위축이 되고 있다', 통계까지 적시를 했습니다. 2011년 인터넷 포털사 임시조치 건수가 2008년 대비해서 약 120% 증가했다, 개인권리 침해 정보에 대한 통신 심의를 대폭 축소하고 임시조치제도를 개선해서 정보 게재자의 표현의 자유를 보장하겠다…… 물론 반사회적·반국가적 범죄에 한하여 통신심의제도를 유지하는 것은 여야가 다 공히 공감하는 바이지요.

● **부의장 이석현** 유승희 의원님, 10시 20분부터 하셨으니까 4시간 넘게 하셨는데, 길게 하실 거면 좀 목운동도 하시고 다리도 풀면서 쉬엄쉬엄 하십시오.

● **유승희 의원** 제가 부의장님이 사회를 보고 계신 줄 몰랐고, 인사를 잠깐 드리겠습니다.

● **부의장 이석현** 열심히 하세요.

● **유승희 의원** 그래서 심각한 인권 피해의 양상이 바로 표현의 자유의 위축으로 나타나게 되어 있고 민주주의 후퇴로 가게 되어 있는 것입니다.

실제로 조금 전에 말씀드렸듯이 최근에 10년간 인터넷 패킷감청설비가 몇 배가 늘었느냐, 무려 9배가 증가했습니다. 제가 2014년도 국정감사에서 밝힌 사실인데 정부의 이메일, 메신저 등 인터넷 감시를 위한 패킷감청설비 인가가 최근 10년간 9배가 폭증했다, 2005년까지는 9대에 불과했던 패킷감청설비가 10년 동안에 80대로 증가했다, 이게 미래창조과학부의 감청설비 인가 자료를 분석해서 나온

자료입니다. 특히 2008년도 이후에 새롭게 인가된 전체 감청설비는 총 73대인데 이 중 2대를 제외한 71대, 97%가 인터넷 감시 설비로 정부가 인터넷 감시에 얼마나 주력하고 있는가를 보여 주고 있는 것입니다.

그런데 이 통계는 사실상 우리 사회 전반을 사찰하고 있는, 사찰하고 있다고 생각되어지는 국정원이 보유하고 있는 인터넷 감시장비가 포함되어 있지 않다는 점입니다. 그래서 국정원이 보유하고 있는 장비를 감안할 경우에는 정부의 인터넷 감시라든지 사찰 인프라는 충격적인 수준에 이를 것으로 전망됩니다.

국정원 장비는 법에 의해서, 통신비밀보호법에 규정한 대로 국회 정보위원회에 통보하도록 되어 있기 때문에 저희 상임위원회에서 이것이 파악되지 않은 채로…… 제가 그때 얘기되었습니다.

2014년도 국가기관 보유 감청설비가 394대인데—국가기관이 보유한 감청설비입니다—이것이 경찰이, 조금 전에 얘기한 것은 인가된 감청설비를 얘기한 것이고 지금은 매년 인가가 새롭게 되기 때문에 총 국가기관이 보유한 감청설비가 몇 개냐 이 얘기입니다. 그렇게 됐을 경우에 394대, 이 중에서 경찰청이 197대, 대검찰청이 175대, 국방부가 17대, 관세청이 4대, 해양경찰청이 1대, 이렇게 되어 있고 이 역시 국정원은 몇 대를 가지고 있느냐 이것은 제외되어 있습니다.

대검찰청은 레이저를 통해서 유리창의 진동을 측정해서 대화 내용을 감청하는 레이저 장비, 특정 장소의 대화를 감청하여 무선으로 통신하는 무선 송수신기 등 첨단 장비도 65대나 보유하고 있다고 합니다. 이 통계는 일반전화, 팩스, 특정 장소의 대화, 인터넷 등 감청의 종류와 상관없이 각 국가기관이 2014년 9월 현재 시점 보유 중인 모든 감청 장비의 숫자를 말하는 것입니다.

(이석현 부의장, 정갑윤 부의장과 사회교대)

특정 장소 대화 감청은 주로 대화 장소로부터 근거리에 감청 장비 차량을 정차시켜 놓고 그 대화를 탐지하는 방식으로 이루어집니다.

2008년 이후 인가된 그 감청설비 97%가, 2008년도 이후에는…… 인터넷 패킷 감청 장비라고 하는 것인데, 그것은 결국 정부가 이메일, 메신저 등 우리 국민의 인터넷 활동에 대한 감시와 사찰이 얼마나 심각한지, 그다음에 얼마나 집착하고 있는지를 보여 주는 것입니다.

국민의 표현의 자유와 통신비밀 보호를 위해서 대대적인 수술이 필요하고, 법원의 영장 집행은 물론이고 미래부의 감청 장비 인가 단계로부터 엄격한 제재와 심의가 필요하다라고 하는 것을 제가 국정감사에서 이미 지적한 바입니다.

이게 보면 다른 정부랑 비교를 해 봐야 알겠는데, 국민의 정부에서는 신규 인가 설비가 연도 말 누적이 5대, 그런데 참여정부에서도 신규 인가 설비 4대, 누적된 것이 9대 이렇게 되어 있지요. 그런데 이명박 정부에 들어서 폭증을 하게 되는 겁니다. 그래서 1차 사이버 망명사태가 일어나고

이어서 박근혜정부에 2차 사이버 망명사태가 일어나게 되었습니다.

참고로 감청이 뭐냐, 통신비밀보호법 정의에 따를 경우 당사자의 동의 없이 전자장치·기계장치 등을 사용하여 통신의 음향·문언·부호·영상을 청취·공독하여 그 내용을 지득 또는 채록하거나 전기통신의 송수신을 방해하는 것으로, 법원의 영장 발부에 따라 집행되므로 형식적으로는 합법적인 법집행입니다. 그런데 법적 절차를 거치지 않고 하는 것이 바로 도청으로 바뀌는 것이지요.

감청설비는 통신비밀보호법 정의에 따를 경우에는 대화 또는 전기통신의 감청에 사용될 수 있는 전자장치·기계장치, 기타 설비를 말합니다. 그리고 감청설비 인가는 감청설비를 제조·수입·판매·배포·소지·사용하거나 이를 위한 광고를 하고자 하는 자는 미래창조과학부장관의 인가를 받아야 됩니다. 그런데 여기서 국가기관은 예외로 되어 있지요. 그래서 국가기관 보유 감청설비의 신고는 국가기관······ 그런데 여기서도 정보·수사기관은 제외됩니다. 국정원은 제외되는 겁니다.

그래서 국가기관이 감청설비를 도입하는 때에는 매 반기별로 그 재원 및 성능 등 대통령령이 정하는 사항을 미래창조과학부장관에게 신고하여야 하고 정보기관은 국회 정보위원회에 통보를 하게 되어 있는 겁니다. 이것이 통신비밀보호법 제10조의2 2항에 적시되어 있습니다.

그래서 이것도 근본적인 대책이 필요하고 법원의 영장 발부가 신중하게 되어야 하나 감청설비를 인가하는 장관이 인가 권한을 보다 엄격하게 행사하여야 된다 이렇게 지적을 했지만, 현행법에 의해서도 국가정보원(국정원)의 감청설비에 대해서는 통계에서도 제외되고 정보위원회에서만 보고하는 것으로 되어 있고, 설비를 했다 할지라도 보고를 미래부장관에게 보고하게 되어 있지 않습니다.

지금도 이렇게 무소불위하게 언제 어디서나 누구든지 사찰을 작정하면 할 수 있게 되어 있습니다. 그런데 이제 이 법을 통해서 아주 대놓고 하자 이런 것입니다.

그런데 아까 제가 모두에 좀 복잡하게 연구보고서를 읽어 드렸지만 간단하게 얘기하면 그렇습니다. RCS에 대해서 말씀을 드리면, 국정원이 정보보호 제품 인증정보를 말하자면 해킹 프로그램을 만드는 데 제공을 한 것입니다. 그러니까 국가 정보보안 기본지침에 따라서 정보보안 제품을 국가 공공기관이나 국외에 수출하기 위해서는 정보보호 시스템 공통평가기준 인증 또는 보안적합성 검증, 암호모듈 검증을 받도록 되어 있습니다.

정보보호 시스템 공통평가기준이 2014년 10월에 미래부에 이관되었는데 나머지 인증은 모두 국가정보원이 담당을 하고 있습니다. 그래서 국정원이 이런 인증 권한을 갖고 있기 때문에 국내 모든 보안 프로그램에 대한 구조와 약점을 아주 잘 알고 있습니다.

그래서 국정원이 이런 지위와 정보를 이용해서 지난 6월 3일에—그러니까 작년이지요—국민 보안 프로그램이라고

우리가 얘기하고 있는 안랩의 V3 모바일을 거꾸로 이탈리아 해킹팀에 보내 가지고 리모트 컨트롤 시스템(Remote Control System), 아까 말씀드린 RCS에 대한 보안 방어막을 뚫어 달라고 요구를 한 것입니다.

그러니까 이것은 어떻게 보면 그냥 통째로 우리의 기밀을 다른 나라에 주어서 보안 프로그램을 어떻게 뚫어야 될지 그것을 알려 달라, 그것을 연구해 달라 이렇게 된 겁니다. 그래서 국민 보안 프로그램을 넘긴 겁니다.

'이게 국가정보원입니까? 대한민국 국가정보원입니까? 이적단체입니까?' 이렇게 국정감사에서 지적이 되었고, 여러 위원님들이 지적을 했습니다.

국정원의 V3 정보 유출이 이게 법 위반도 위반이지만 결국은 미래부도 국정원의 이런 법 위반 사실을 알고도 쉬쉬하고 있었고, 이 부분에 대해서 문제가 있다는 것을 알고 있지만 불가항력적으로 있을 수밖에 없는 그런 상황이었습니다.

그래서 이 RCS에 대한 보안 방어막을 뚫어 달라고 해서 우리나라의 보안 프로그램을 통째로 갖다가 이탈리아 해킹팀에 보냈으니 이것은 전방 지키는 군인들의 군사 기밀을 통째로 넘겨준 것과 마찬가지다, 국가 이적행위 아니냐라고 하는데도 할 말이 없는 겁니다.

박근혜정부의 인터넷 검열과 감시가 아까 말씀드린 것처럼 감청설비 인가가 계속 증가하고, 공약과는 달리 인터넷 자유가, 개인정보 보호가 전혀 되지 않고 있는, 약화되고 있는 그런 상황에 있습니다.

좀 더 RCS에 대해서 말씀을 드리면, 국정원이 RCS 감청설비에 대해서 신고를 하지 않았습니다. 그런데 사실은 이것에 대해서, 그러니까 나나테크라고 하는 민간 업체를 통해서 RCS 제품에 대해서, 그러니까 그런 감청설비를 제조·수입·판매·배포·소지·사용하게 되어 있는데 통신비밀보호법 제10조에 따라서 미래창조과학부의 인가를 받아야 되는 겁니다. 이게 소프트웨어, 해킹 프로그램도 사실은 통비법상 감청설비라고 볼 수 있겠습니다. 국민의 통신과 인터넷을 해킹하고 도·감청하는 그런 기능을 하는 것입니다.

그래서 국정원이 구입한 RCS 제품이 스파이웨어를 기반으로 해서 PC나 모바일기기를 공격해서 인터넷 사용 내역과 파일, 이메일 내용, 현재 위치, 카메라폰 및 마이크 등의 작동 내용을, 그것을 해킹할 수 있는 것입니다.

그래서 미래부장관의 인가를 받은 사실이 없는 나나테크의 RCS 프로그램을 수입하고 판매하는 그것 자체가 이게 위법일 뿐더러 감청설비이기 때문에 이것은 실정법 위반인데, 이런 것들이 법적으로 지금 굉장히 불명확하고 사각지대에 있기 때문에 이런 문제들이 결국은 국정원의 무소불위의 정보 수집이라든지 인터넷상에 있어서의 사찰까지도 광범위하게 자행할 수 있는 그런 사안들이고 이런 것들이 국정감사에서 이미 지적이 된 바가 있습니다.

그리고 아까 말씀드린 것처럼 결국은 국가기관에 대한

감청설비는 미래부가 하고 있지만 정보·수사기관에 대한 감청설비는 그냥 무소불위의 상황으로 국정원이 알아서 하게 되어 있는데 다행히 국회 정보위원회에 보고하는 절차는 있습니다.

그럼에도 불구하고 이것이 국회에 그냥 보고사항으로만 그치게 되어 있는데, 이런 것들도 관리를 일원화해야 된다라고 하는 것은 지금 논의가 국회 차원에서 되고 있는 상황인데 국회에서 나온 법은 그동안에 상임위별로 논의된 여러 가지 인터넷상에 있어서의 개인정보 보호라든지 프라이버시를 보호하는 것이라든지 하는 그런 일관된 맥락에 있는 논의와 완전히 궤를 달리하는 그야말로 법상의 사생아가 지금 불쑥 튀어나온 겁니다.

그래서 지금 인터넷상에 있어서의 테러방지법 이런 것들이 결국은 표현의 자유를 위축시키게 되고 민주주의를 후퇴하게 한다고 하는 그런 것을 말씀을 드렸는데, 실질적으로 지금 이런 이야기가 돌고 있습니다. 테러방지법, 사이버테러 방지법 그것은 결국 국민을 감시하고자 하는 국정원의 스토킹법 아니냐 이런 이야기들이 온라인상에서 지금 돌고 있습니다. 국정원에 과도한 권한을 부여하게 되면 그야말로 당연히 국민의 표현의 자유가 위축될 수밖에 없습니다.

그래서 제가 말씀을 드리고자 하는 것은, 제가 우리 당의 표현의자유특위 위원장으로서 죽 활동하면서 지난 3년, 4년간 표현의 자유에 대한 집중적인 연구와 또 제도 개선과 법안 발의 등을 해 왔습니다.

그런데 보면 우리나라가 표현의 자유가 완전히 후퇴를 했습니다. 그래서 국제인권단체인 프리덤하우스라든지 국경 없는 기자회 등에서 발표를 했는데, 이명박 정부와 박근혜정부 들어서 표현의 자유와 관련한 대한민국의 국제사회에서의 신인도가 엄청나게 추락했고 우리나라가 특히 언론의 자유에서 완전 자유국이었는데 이명박 정부 이후에 부분적 자유국으로 강등되었습니다. 그런데 이 신인도가 계속해서 나아질 기미를 보이지 않고 더 낮아지고 있습니다.

유엔 표현의 자유 특별보고관 프랭크 라뤼가 와서 국내에서 우리나라의 표현의 자유, 언론의 자유에 대한 평가보고서를 쓰기 위한 실사를 하는데 국정원이 또 이 유엔의 보고관에 대한 사찰, 뒷조사를 했다는 보고도 있습니다.

여기 라뤼의 2011년 대한민국 표현의 자유 보고서에 보면 대한민국에서의 표현의 자유 영역은 최근 몇 년간, 특히 2008년의 촛불시위 이후로 줄어들고 있음을 주목한다고 밝힌 바 있습니다. 그런데 그 이후에 상황이 전혀 나아지지 않고 오히려 악화되었다 이렇게 보고를 하고 있습니다.

박근혜정부에 들어와서 표현의 자유가 얼마만큼 그러면 후퇴를 하고 침해를 당하고 있느냐라고 하는 것은 아까 조금 전에 말씀드린 것처럼 국제사회의 신인도 추락에서 극명하게 드러나고 있다고 볼 수 있습니다.

특히 표현의 자유 및 언론의 자유를 결과적으로 억압하게

되는 것인데, 방송통신심의위원회의 정보통신에 관한 심의규정을 무단으로 개정을 하고, 지금 방송통신위원회의 방송평가규칙 등도 개정을 일방적으로 하고 있습니다. 특히 2015년 9월 24일 방송통신심의위원회는 그동안 당사자 혹은 대리인만 가능했던 인터넷상 명예훼손성 게시물 심의를 제3자의 요청 또는 직권으로 개시할 수 있는 개정안을 추진을 했습니다.

그래서 이렇게 대통령께서 공약사항으로 인터넷상에 있어서의 표현의 자유를 지키겠다, 정보통신사가 무단으로 또는 포털사가 무단으로 임의조치를 취하는 그런 권한을 규제하겠다라고 하는 것과는 반대로 심의규정을 강화하고 특히 임의적으로, 직권으로 인터넷상에 있어서의 명예훼손을 이유로 해서 게시물을 심의·삭제하는 그런 법을 개정을 하고 있는데, 이런 모든 조치들이 결국은 지금 국가정보원의 수사권을 확대한다든지 온라인상에 있어서의 그런 정보를 취득하는 데 무소불위한 권한을 확대하도록 한다는 것과 다 궤를 함께하고 있는 것입니다.

그리고 지금 우리나라 한국의 언론자유지수를 좀 구체적으로 말씀드리면, 박근혜정부 출범 이후에 그냥 그대로 있는 것도 아니고 2013년도에 50위였는데 15년도에 60위로 추락이 됐습니다. 계속적으로 지금 떨어지고 있습니다. 한국의 언론자유지수가 2002년에 39위로 출발해서 2006년도에 31위로 올라갔다가 이명박 정부 이후에 다시 69위로 추락을 하면서 오르락내리락하고 있으면서 60위로 드디어 완전히, 최하위인 69위로 추락했다가 조금 올라가는가 했는데 다시 60위로 추락해 있는 그런 상황에 있습니다.

그래서 유엔인권위원회에서 대한민국과 관련해서는 그동안 국가보안법이라든지 양심적 병역거부자의 문제가 거론됐는데 이번에는 프라이버시와 표현의 자유 침해 상황에 대해서 굉장히 강력한 권고를 내리게 된 것입니다.

그뿐만이 아니라 여러 가지 표현의 자유와 언론의 자유를 계속해서 후퇴시키고 결과적으로 민주주의를 약화시키는 그런 박근혜정부의 여러 가지 조치들이 있었습니다마는 그중의 하나가, 결국은 그것의 모든 결정판이 지금 테러방지법으로 집중화되고 있는 것입니다. 완전히 완결판입니다, 완결판. 그래서 집회·시위에 대한 자유를 억압하는 것에서부터 시작해서 지금 인터넷상에 있어서의 표현의 자유까지 도대체가 좋아질 기미를 보이지 않고 있어서 대통령께서 몇 년 전 후보 시절에 했던 그 표현의 자유에 대해서 기억을 하고 계시는 건지 여쭙고 싶습니다.

그리고 통신 도·감청 이것 자체가 결국은 표현의 자유를 침해하게 되는 직접적인 원인이 되는 겁니다. 좀 전에 감청설비 보유대수가 급증한 것으로 말씀을 드렸습니다마는 지금 전자메일 수·발신 내용과 휴대전화 통화내용을 도·감청하고 SNS에서 주고받은 대화를 실시간으로 사찰하는 권력기관, 인터넷을 통제하기 위해 포털에 대한 광범위한 사찰을 자행하고 명예훼손과 허위사실 유포라는 굴레를 씌워서 국민의 입을 봉하는 정부,

합법적 집회를 강제진압하고 채증이라고 하는 명목하에 시민들을 강제 촬영하는 그런 나라에서 우리가 지금 살고 있다, 이런 한숨이 지금 여기저기에서 들리고 있는 것입니다. 그리고 아까 패킷감청이라든지 이런 것에 대해서는 죽 말씀을 드렸고요.

지금 그래서 우리나라가 결국은 이런 표현의 자유가 엄청나게 억압당하고 민주주의가 후퇴하는 이런 상황에 있음에도 불구하고 이것이 조금도 나아지지 않은 상태로 있는데 테러방지법이 본령을 이루면서 지금 나타난 것입니다.

무제한 발언을 하겠다고 하니까 페이스북에 많은 국민들이 글을 올려 주셨습니다. 몇 가지만 좀 말씀을 드리면, '형법·국가보안법·국정원법에 테러 관련 조항이 이미 존재하는데 국정원에 추가로 무제한 도·감청권, 조사권, 수사권을 부여하는 법이 바로 테러방지법이다', '문제는 국정원에 대한 체계적인 외부통제가 작동하지 않아서 국정원의 불법활동과 정치개입이 계속되고 있는 것인데, 중요한 총선과 대선을 앞두고 이러한 테러방지법이 상정이 되니 이 테러방지법이 국정원의 선거개입용이라고 비난을 받는 것', '국가안보를 명분으로 한 국가기관의 선거개입은 민주주의를 흔드는 국가범죄이며 엄단해야 할 위헌·위법이다' 이렇게 페이스북에 피드백이 왔습니다.

한 분은 '테러방지법을 중정·안기부 부활법으로 바꿔 부르는 것부터 얘기해 주십시오', 왜냐하면 테러방지법이기 때문에 헷갈린다는 겁니다. 테러방지법이라고 하지 말고 확실하게 성격적으로 봤을 때 이것은 중정·안기부 부활법이다 이렇게 불러 달라는 겁니다. '응원합니다' 이렇게 나왔어요.

그리고 또 하나는 새누리당에게 좀 물어봐 달라고 하는 건데요. 이것 답변하실 필요는 없으실 것 같은데, '정권이 만약에 바뀐다면 새누리당에서 제일 먼저 폐지시킬 법을 왜 만들려고 하는지 물어봐 주세요. 국회선진화법도 인사청문회법도 거기에서 만들었는데 또 폐지하자고 주장하던데 불가역적인가요?' 이렇게 했습니다.

그리고 '위키리크스에 대한 이야기도 해 달라', '줄리안 어샌지와 스노든의 폭로와 같은 것이 우리나라에서도 일어날 것이다', 그리고 '최근의 유엔 사무총장 반기문과 메르켈의 대화를 NSA가 도청한 이것도 얘기를 좀 해서 환기시킬 필요가 있지 않냐' 이렇게 나와 있습니다.

그리고 '수지 김 사건부터 국정원의 역대 간첩 조작 사건 관련 각 자료들을 좀 줄줄이 읽어 주세요', 누구나 간첩으로 조작된 후에 사법적 보복을 당할 수 있다는 사실, 북풍공작으로 이용당할 수 있는 일, 일반 국민인 당신도 그렇게 될 수 있다는 점…… '다른 나라에서 테러방지법과 유사한 법을 적용하다 생긴 부작용의 사례를 하나씩 짚어 주셨으면 합니다', 이렇게 페이스북에서 다 피드백이 오고 있습니다.

그리고 페이스북 팔로워가 또 거의 논문을 하나 써서 보내 주셨어요. 미국에서 지금 공부를 하고 있는데 그 공부하기도

바쁠 텐데 이렇게 보내왔습니다.

지난 7월이라고 하는 것은 이제, 이게 2015년도 8월에 이미 쓴 글이기는 합니다마는 이것을 보내 주셨어요. 다시 한 번 상기하라고 보내 준 겁니다.

아까 이미 얘기한 것이기는 하지만 '국가정보원, 국정원이 해킹팀이라고 하는 이탈리아 해킹업체로부터 인터넷과 휴대폰 도감청이 가능한 프로그램을 도입해서 국내 도감청을 목적으로 사용한 정황이 드러났는데 이 이슈가 어느 순간에 SNS에서 종적을 감췄다. 전염병에 대한 국가 방역체계에 구멍이 나서 분노가 끓어올라도, 국가가 불법적이고 무차별적으로 개인정보를 수집하는 것이 알려져도 이런 것들이 근본적으로 해결되지 못한 채로 남아 있어서 이런 문제들이 늘 데자뷰처럼 반복이 된다' 이런 이야기들을 하고 있습니다.

정부기관의 감시가 외부의 적이 아닌 국민을 대상으로 한다는 것, 다시 말해서 국가의 안보가 외부의 적이 아닌 내부의 국민으로부터 지켜져야 한다는 말인데 누구를 위한 안보인가 이런 문제가 제기될 수밖에 없지 않냐라고 하는 것입니다.

그래서 국가안보의 명분하에 자행되는 무분별한 정부의 감시 속에서 국민들이 어느새 감시 대상으로 전락되어 버리니 의사표현, 표현의 자유가 제한받고 위축되어 버린 개개인의 일상 속에서 결국 민주주의의 근간은 흔들리고 있다. 너무 절망스럽다 이런 얘기입니다.

중복되는 내용이 많아서 조금 발췌를 해서 한 가지 읽어 드리면, 미국에서 자유법이 통과된 과정을 보면 국가안보와 시민의 자유 보호 사이에 절충안을 두고 의원들 간에 분열 양상이 나타났다고 합니다. 자유법에 대해서 다수 민주당 소속 의원들과 오바마 대통령이 적극적인 지지 입장을 나타내고 공화당 지도부에서 강경한 반대 입장을 보이기는 했지만 상원과 하원 모두 공화당이 다수를 차지하고 있는 미국 현실에서 이 법안이 통과되었다는 것은 공화당 내부에서도 법안에 대한 지지 입장이 적지 않았다는 반증입니다.

정보 감시에 대해서 민주당과 공화당, 미국이지요. 어떠한 공식입장도 낸 적이 없으며 자유법에 대한 논의는 미국 양당의 대립구도에서 나타났다기보다는 당파를 초월해서 다양한 입장을 표명하는 개별 의원들에 의해 정보기관의 감시 역량을 훼손하지 않으면서 미국 시민의 자유를 보호하는 데 포커스를 맞춰서 진행돼 왔다고 보는 것이 맞습니다. 예를 들어서 공화당의 랜드 폴 상원의원은 NSA가 미국 시민들을 감시해 온 것은 미국인들을 상습범 취급하는 것이라고 비판하며 안전한 미국을 만들어야 하지만 감시국가가 미국인들의 삶과 자유를 보호해 주지는 않는다는 입장하에 애국법이든 자유법이든 그 어떠한 형태의 감시에 대해서도 반대하는 입장을 분명히 하고 있습니다. 그런데 이것이 공화당에서 이런 의원들이 있는 겁니다.

그런데 같은 당에 또 댄 코츠 상원의원은 NSA가

테러방지를 위해 모든 수단과 방법을 동원해야 한다는 미국인들의 요구를 정확하게 반영해서 합법적인 임무를 수행하고 있다고 주장하고, 절대 9·11 이전의 체계로 복귀해서는 안 된다 이런 입장도 있는 것입니다.

민주당 의원들 사이에서도 입장 차이가 있습니다. 현재 민주당 대통령 경선에 참여 중인 버니 샌더스는 2001년, 2006년, 2011년 세 차례에 걸쳐서 애국법 시행과 연장에 반대하고, 2013년 NSA와 FBI의 감시 활동을 제한하는 법률을 발의하는 등 국가안보를 위한 정부 활동이라고 할지라도 기본권을 침해하지 않는 범위 내에서 이루어져야 하며 비합법적 수색은 거부해야 한다는 입장인 반면, 국무장관 출신의 또 다른 민주당 대통령 경선 후보 힐러리 클린턴은 상원의원으로 활동하며 NSA 감시 활동에 찬성표를 해 왔으나 최근 미국의 시사월간지 더 애틀랜틱(The Atlantic)에 실린 인터뷰에서는 NSA가 좀 더 투명하고 합법적으로 활동해야 하며 국가안보와 개인의 자유 사이에 보다 나은 절충점을 찾아야 한다는 입장을 보이고 있다고 합니다.

이렇게 제가 이것을 미국의 자유법과 애국법 사이에 상당한 간극이 존재하지만 결국은 공화당에서조차도 이 애국법이 가지고 있는 NSA의 무소불위한 정보기관의 권력 확대, 권력 비대, 수사권의 남용 내지는 정보 취합의 남용 이런 부분에 대해서 문제인식을 같이하고 결국은 미국 국민의 프라이버시, 미국 국민 개인의 자유, 국가가 보호해야 될 개인의 자유·인권 이런 부분에 대해서는 절충점이 이루어진 거라고 봅니다.

저는 그런 면에서 정말 새누리당 의원님들도 테러방지법에 대해서 이 테러방지법이 가지고 있는 독소적인 요소, 조항을 잘 아시리라고 보고 이런 부분에 대해서 같이 공감대를 형성해서 대화가 가능할 수 있다고 저는 보고 있습니다.

그래서 새누리당 의원님들이 박근혜 대통령께 '공약에서도 국민들의 표현의 자유, 인터넷상에서의 표현의 자유 이런 것들을 공약으로 내걸었으니 이것이 이 공약의 방향과 그 표명과 지금 대통령께서 강력하게 추진하려고 하는 이 테러방지법과는 상호 충돌한다' 이런 문제들을 말씀하셔서 중간지대가 형성이 돼야 됩니다.

저는 박근혜 대통령이 진짜 잘하셨으면 좋겠습니다. 그리고 임기가 아직 많이 남아 있기 때문에 정말 국민에게 좋은 대통령으로, 이제라도 다시 그 기대를 가질 수 있는 대통령으로 가셔야 된다고 봅니다. 그런 면에서는 '이 테러방지법 이것만은 안 된다. 국가정보원을 다시 중앙정보부, 안기부로 부활시키는 거다' 이런 얘기를 말씀하셔야 됩니다.

그래서 미국인이라서 이렇게 되는 것이 아니라, 미국사회라서 이렇게 되는 것이 아니라 이제 민주의 사회로…… 우리나라는 정말 벌써 평화로운 정권교체를 만들고, 대통령 직선제를 통해서 민주주의를 지금 시행한 지 벌써 몇 년째입니까? 거의 이제, 몇 년째입니까? 30년이

지나고 있지 않습니까? 긴 세월도 아니지만 또 짧은 세월도 아닙니다. 다시 과거로 회귀할 수는 없는 일입니다.

미국에서 공부하는 우리 자랑스러운 대한민국의 아들딸들이 대한민국의 민주주의를 걱정하고 대한민국의 미래를 걱정을 해서 그 바쁜 와중에 이렇게 긴 글을 쓰면서 미국사회에 있어서의 이 국가정보원에 대한 논쟁의 최신판을 소개해 주면서 우리가 가야 될 길이 어디인지를 고민하는 그 내용들을 이렇게 전달을 해 주고 있습니다. 이런 것 자체가 저는 정말 우리나라의 미래에 희망이 있다라고 하는 증거로 제가 말씀을 드리고 싶습니다.

프라이버시, 개인의 자유권 그리고 자유민주주의, 우리가 지켜 온 자유민주주의, 이 부분은 미국에서 공부하고 있는 우리의 자랑스러운 학생분들에 의해서 얘기되어지는 이야기를 말씀을 드리면 정권 유지가 아닌 국가의 안보와 미래라는 명확한 방향성 아래 신뢰를 회복한 정보기관이 적법한 활동으로 정보역량을 강화하는 한편 정보기관이 불법활동을 반복하지 않도록 체계적으로 감시를 지속할 때만이 국가 안보를 지키며 기본권을 침해당하지 않을 것이다, 이렇게 보였습니다.

그러니까 국가의 안보와 미래라고 하는 명확한 방향성 아래 그걸 전제로 해서 해야 된다, 얼마나 귀중한 얘기입니까? 우리가 테러방지법을 반대하는 이유가 국가의 안보, 자유민주주의를 지키려고 하는 이 지향과 이것이 충돌되는 것이 아니라 오히려 굉장히 적합하고 부합하다라고 하는 점입니다.

국가가 개인의 자유를 지키는 의무를 다하고 책무를 다하는 것이 바로 오히려 우리 국가의 안보를 든든히 하고, 또 정보기관이 불법활동을 하지 않고 정치에 개입하지 않고 무소불위한 권력을 가지지 않는 것이 오히려 국정원의 역량을 강화하고 대한민국 안보의 벽을 든든히 한다라고 하는 것을 우리 대한민국의 아들딸들이 이렇게 분명하게 주장을 하고 있는 것입니다.

박 대통령께서 책상을 십여 차례 쿵쿵 치면서 국회를 비판했다고 합니다. 야당의 필리버스터로 처리가 지연되고 있는 테러방지법에 대해서도 '많은 국민이 희생을 치르고 나서 통과를 시키겠다는 얘기인지, 이것은 정말 그 어떤 나라에서도 있을 수 없는 기가 막힌 현상들이라고 생각한다'고 지적하셨다고 합니다.

과거 박근혜 대통령께서 당 총재로 계셨을 때는 어떠하셨습니까?

제가 기록이 있는지 확인은 못 했습니다만 야당 할 때는 '국정원에 감청 권한을 주는 것 안 된다' 이렇게 하시다가 이제 와서 협박조로 야당을 몰아붙이는 것, 정말 너무 위선적입니다.

오바마 대통령이 야당 의원들에게 전화도 하고 개별적으로, 집단적으로 미팅도 하고 대화와 협상을 통해서 입법을 하려는 것과는 너무나 대조적인 권위주의적인 대통령의 모습, 중앙정보부를 통해서 그야말로 대국민테러를 자행하고 야당 지도자들에 대해서 테러를

자행했던 우리 박근혜 대통령의 아버지이신 고 박정희 대통령과 너무나 닮아가는 모습이 아닌지, 정말 가슴이 먹먹합니다.

중앙정보부 후신인 국정원, 대선 개입을 하고도 제대로 반성도 하지 않은 국정원에 국민과 야당을 사찰할 권한을 주어서는 절대 안 되겠다고 하는 생각을 더 하게 됩니다.

최근에 여당에서 활동을 하셨던 인 목사님께서 박 대통령의 3년을 한마디로 너무 무서웠다, 인자한 리더십을 기대했는데 과거 어느 정권보다도 찬바람이 분다, 북한 못지않게 국민들이 무서워하는 게 혹여 박근혜 대통령이 겨울 찬바람처럼 쌩쌩 부는 이 공포스러운 정치는 아닌지, 이런 발언을 바로 자당의 윤리위원장을 했던 분이 최근의 인터뷰에서 한 말씀입니다.

'집안에서도 아버지가 화를 내면 집안 분위기가 썰렁하고 다 겨울공화국이 되잖아요' 이렇게 말씀하셨습니다. '박근혜 대통령께서 너무 자주 화도 내시고 역정을 내시고 또 꾸중도 하시고 또 얼마 전에는, 저희도 다 봤습니다마는 국회까지 오셔서 국회의원들을 참으로 나무라시고 그리고 또 특별히 지목해서 미워하시기도 하고' 이렇게 얘기를 하셨습니다.

물론 그럴 만한 이유가 있어서 그러는 거기는 하겠지만 이런 모습을 보면서 이게 나라가 전부 썰렁해지고 괜히 아무 잘못도 없는, 말씀하시는 당사자 그분까지 '나도 이게 무서웠어요' 이렇게 얘기를 하십니다.

그랬더니 사회자가 '아니, 잘못도 없는데 왜 떠셨어요?' 그렇게 얘기를 물어봤습니다. '사실은 우리가 여성 대통령, 일본도 미국도 중국도 한 번도 가져 보지 못한 여성 대통령을 이번에 모셨잖아요. 그런 여성 대통령이니까 우리가 보통 기대하는 건 온화하고 어머니 같은 아주 자애로운 마음으로 국민들을 보살피고 특별히 어머니가 자식 중에도 어려운 자식을 더 보살피잖아요' 이렇게 말씀하셨습니다.

사실 저도 지역에서 박근혜 대통령을 찍으신 많은 분들을 알고 있습니다. 그리고 저랑 상당히 친하게 지내시기 때문에 평소 때는 얘기를 못 하시다가 요즘 와서 많이 말씀을 하십니다, 사실 박근혜 대통령을 찍었다고. 왜? 많은 분들이 보수냐 진보냐를 떠나서 일반 서민들, 보통 사람들이 누가 그렇게 진보와 보수에 선을 그어 가면서 살겠습니까? 어떤 때는 보수가 됐다가 어떤 때는 진보가 됐다가 그러지 않습니까? 그리고 많은 분들은, 그리고 특히 어르신들께서는 대통령께서 20만 원 공약하셨지만 지금 다 지키지 못해서 서울시 같은 경우도 60%의 노인분들밖에는 20만 원을 수령 못 하십니다. 그래도 그분들은 나라가 돈이 없다는데 어떻게 하겠느냐, 그렇게 말씀하십니다. 그래도 대통령 욕하지 말아라, 이렇게 저한테 당부하십니다.

많은 분들이 박근혜 대통령을 찍고 또 좋아한 것은 왜냐? 아버지 대통령보다는…… 저는 그렇게 생각합니다. 제 나름대로의 해석일지 모르지만, 주관적인 해석일지 모르지만 어머니 육영수 여사에 대한, 그 인자한 모습에

대한 추억 때문이라고 저는 생각을 하고 있습니다.

저는 정말 박근혜 대통령께 부탁드리고 싶습니다. 박근혜 대통령의 정치 행태가 박정희 대통령에 대한 추억보다는 육영수 여사에 대한 추억을 다시 불러일으킬 수 있는 그런 행태가 되었으면, 정말 인자한 정치를 하셨으면 좋겠다는 말씀을 다시 한 번 드리고 싶습니다.

왜 같은 당의 윤리위원장 하셨던 분조차 이렇게 '무섭다'라고 하는 그런 정치를 하셔야 되는지 안타깝습니다. '박근혜정부만큼 찬바람이 쌩쌩 나는 한겨울 같은 그런 느낌을 가져 본 적이 없어요. 다른 사람은 모르지만 저는 그런 느낌이 들었던 3년이었습니다'라고 얘기했는데, 저는 우리나라의 다른 당이고, 저랑 입장도 다르고, 제가 지지하지 않았지만 새누리당에서, 집권 여당이고……

박근혜 대통령, 우리나라 대한민국 최초의 여성 대통령으로서 소통하고 국민들을 보살피고 국민들의 지금의 고통스러운 상황을 껴안고 같이 울고 보듬는 그런 인자한 측은지심의 정치를 하시는 모습을 한 번이라도 보여 주신다면 국민들은 마음이 다시 돌아설 것이라고 저는 봅니다.

그런 의미에서 국가정보원에 무소불위의 권한을 주는 이 테러방지법을 왜 통과시키지 않느냐고 그렇게 책상을 치면서 국회를 비판하시는…… 대통령의 좀 다른 모습을 기대해 봅니다.

우리나라 최초의 여성 대통령이고, '100% 국민통합과 행복시대를 열어 나가겠다. 경제민주화를 하겠다' 사실 많은 사람들이 이 약속이 지켜질 거라고 믿은 것 같고 아직도 100% 포기하지는 않았다고 봅니다. 그러니 '박근혜는 약속을 지킵니다' 이것을 가장 명백하게 지금까지도 기억하고 있는 국민의 카피입니다.

이분 말씀대로 '우리가 믿어 왔고 신뢰의 정치인이 박근혜 대통령이다'라고 한 것처럼 대통령께서 말씀하신 공약을 지키는 그런 대통령이 되셨으면 좋겠다.

그리고 이렇게 말씀하셨습니다, 이분이. '국민을 믿으세요. 믿을 건 국민밖에 없습니다. 그러려면 따뜻한 마음을 가지고 혹시 마음에 안 드는 사람이 있다 하더라도 또 반대하는 사람이 있다 하더라도 껴안으시고요. 40%만 믿지 마시고 국민 전부를 믿으셔서 국민 모두의 대통령이 되셔야 합니다.'

그렇습니다. 테러방지법, 100% 모든 국민이 찬성하는 것도 아니고, 100% 모든 국민이 반대하는 것도 아닙니다. 팽팽합니다. 그것이 엄연한 현실입니다.

그러니 테러방지법을 무조건 칭송하고, 무조건 따라가는 분들과 '아, 이렇게 국가정보원이 옛날의 중앙정보부 그리고 안기부로 부활하는 것 아니냐?'라고 하는 의구심을 가지고 있는 국민들, 이 국민들의 마음도 들여다보시고 그런 국민들과도 대화를 하셔야 됩니다. 그 국민들을 대변하고 있는 사람들이 바로 또 이 자리에 서 있는 많은 국회의원들, 이 자리에 함께 계시는 국회의원, 야당 국회의원들입니다.

저는 어렸을 때 삼청동에, 청와대 옆에 있는 곳에서 살았습니다. 박근혜 대통령도 동시대에 청와대에서

사셨습니다. 김신조가 넘어 왔을 때 총성 소리도 바로, 너무나 선연하게 들었고, 그래서 할머니가 아이들 다칠까 봐 요로 우리들을 다 덮어씌우던 그런 기억도 갖고 있습니다. 한여름에는 돗자리를 가지고 나가서 청와대 앞에서 놀았습니다. 그리고 거기에 있는 경위 아저씨들과 같이 이 얘기 저 얘기도 나누었습니다. 아주 어린 시절이었습니다. 그 이후에 독재가 강화되면서 청와대가 너무 멀어졌던 것으로 기억됩니다. 철옹성 같은 경비로 접근조차 어려워지기도 했습니다. 저는 대통령께서 반대를 하는 사람이 있으면 왜 반대하는지 마음을 좀 열어 주셨으면 좋겠습니다.

얼마 전, 예전에 제가 대학에서 학생운동을 통해서 기독학생운동을 했습니다. 저는 기독교 신앙을 기반으로 해서 그 당시에 학생운동을 했습니다마는, 민주화운동에 참여를 했고 또 그 이후에 구로공단에서 10년 이상 노동자들과 함께 생활을 했습니다.

그 당시에 함께 일했던 후배가 결혼하면서 캐나다로 이주해 갔는데, 결혼하고 애 낳고 한 20년 됐는데 1월 31일에 50세에 세상을 떴습니다. 캐나다는 우리나라보다 복지시스템도 너무나 잘 돼 있고 참 살기 좋은 나라라고 알려져 있습니다. 그래서 우리가 그때 같이 활동했던, 같이 또 생활을 했던, 구로공단에서 같이 했던 모든 친구들, 선후배들 그리고 그 당시에 또 공장에서 일했던 노동자 친구들 다 모여서 추모예배를 드렸습니다.

'만약에 한국에 있었다면 살아 있었을 텐데', 그렇게 얘기들을 다 했습니다. 왜? 여러 가지 이렇게 정치적으로 표현의 자유가 위축되고 민주주의가 후퇴하고 국정원의 무소불위의 권한을 강화시켜서 안기부와 중앙정보부를 부활시키는 그런 두려움이 있고 그렇다 하더라도, 그래도 대한민국은 자유민주주의 국가로서 대한민국의 우리 국민들은 열심히 대한민국의 미래를 위해서 희망을 위해서, 서로 다른 의견을 갖는다 하더라도 같이 함께 소통하고 이야기하고 싸우기도 하고 그럴 수 있는 나라이기 때문에 그래도 대한민국에 있었다고 한다면, 한국 땅에 있었다고 한다면 그 친구가 그렇게 외롭게 쓸쓸하게 고독하게 혼자서 가지는 않았을 거다, 이런 이야기들을 했습니다.

저는 대학 시절 나치즘하에 형장의 이슬로 사라진 본회퍼 목사의 옥중서간이라고 하는 책을 읽으면서 '왜 내가, 다른 사람들 모두가 하지 않는데 나는 왜 학생운동을 해야 되느냐? 내가 이것을 왜 해야 되느냐?'라고 하는 고민을 하면서 그 책에서 해답을 찾은 기억이 납니다.

그리고 또 구로공단과 이런 데 가서 노동자들과 함께 활동을 하면서도 '내가 왜, 다른 사람은 안 하는데 나는 왜 이 일을 해야 되느냐?'라고 하는 고민을 하면서 전태일 열사의 평전을 읽으면서 나보다 훨씬 더 힘들고 어렵고 가난하지만 그래도 같이 미싱을 하는, 재단사로서 미싱하는 어린 여성 노동자들을 위해서 자기가 동생에게 주어야 되는 그 풀빵을, 동생에게 주기 위해서 사놓은 풀빵을 그 어린 여성 노동자들에게 나누어 주는 그 이야기가 있는 그 전태일 평전, 그리고 지금 이 자리에서도 나를 보고 있겠지만, TV를

통해서 보고 있을지 모르겠지만 '자기는 자기보다 어려운 이웃이 있는 한, 이웃이 있다면 그래도 우리가 이런 일을 하는 것이 의미가 있지 않겠느냐? 그래서 나는 한다'라고 하는 그런 말 한마디가 저를 소위 얘기하는 민주화운동을 하는 동력으로 작동을 했습니다.

그리고 그 이후에 1995년도에, 저는 한번도 정치를 할 것이라고 생각을 한 적이 없었지만 지방의원으로 출마를 했을 때 내가 왜 이 일을 해야 되느냐를 생각했을 때 함석헌 선생의 '뜻으로 본 역사'에 나오는 연꽃을 피우기 위해서는, 그 연꽃이 바로 진흙탕에서 아름다운 연꽃이 핀다는 그 글을 읽으면서 '그래, 정치를 하는 것은, 제도권에 가는 것은 바로 그런 의미가 있겠구나' 이렇게 생각을 하면서 정리를 했던 기억이 납니다.

제가 이 말씀을 드리는 이유는 저는 박근혜 대통령을 미워하지 않습니다. 그리고 국민을 위해서 같이 대화하고 싶습니다. 소통하고 싶습니다. 테러방지법을 왜 반대하는지, 이 사람들이 과격한 사람들이라서 진보진영의 이념에 연마된 사람이라서 거기에 경도된 사람이라서, 그런 집단으로 보지 마시기를 바랍니다.

인간에 대한 근본적인 사랑, 인간은 비인간화되면 안 된다는 그 사실 그 지점에서 그리고 동시대를 살아온 그 역사의 큰 테두리 안에서 박근혜 대통령도 계시는 것입니다.

마음을 좀 열어 주셨으면 좋겠습니다. 왜 반대하는지 좀 귀를 기울여 주셨으면 좋겠습니다.

정리를 하겠습니다.

대한민국을 사랑하는 국민들은 박근혜 대통령이 국민을 더 사랑하고 국민 약속을 지키고 국민과 더 소통하시기를 바랍니다.

테러방지는 국민의 국가에 대한 사랑과 희망이 넘칠 때, 그 에너지가 있을 때 테러가 숨 쉴 틈이 없다고 생각합니다. 테러는 더불어 사는 평화의 숲을 넘지 못합니다. 테러방지는 국정원의 무소불위한 권한으로부터 가능하지 않다는 것을 박근혜 대통령이 아셨으면 좋겠습니다. 박근혜 대통령께서 테러방지법 억지로 통과시키는 데 힘쓰지 마시고 국민 소통과 국민 화합에 힘써 주시기를 정말로 간곡히 바랍니다.

사랑하는 국민 여러분!

존경하는 선배·동료 의원 여러분!

장시간 귀 기울여 주셔서 감사합니다.

반대토론을 시작할 때도 말씀드렸습니다만 저와 더불어 우리 더불어민주당은 그리고 또 많은 국민들이 어떤 종류의 테러도 반대합니다. 아니, 여기 계신 모든 분들, 새누리당의 의원님들도 다 어떤 종류의 테러도 반대합니다. 우리 국민의 생명과 재산을 위협하는 모든 종류의 테러 그리고 그러한 테러를 기획하고 조직하는 단체에 대해서 반대합니다. IS에 대해서 반대합니다. 있을 수가 없는 일입니다. 테러를 기획하고 조직하고 실행하는 개인과 단체는 법에 따라서 엄중하게 준엄하게 심판받고 처벌받아야 합니다.

이러한 테러를 방지하기 위한 제도와 정책이 필요하다면 국회가 앞장서서 논의하고 마련해야 합니다. 그러나 지금

본회의에 상정된 테러방지법안은 심각한 문제를 안고 있습니다. 테러로부터 우리 국민을 보호할 법안이 아니라 우리 국민이 테러방지법의 피해자가 될 것이라고 하는 우려가 큽니다.

우리 헌법은 국민의 모든 자유와 권리는 국가안전보장, 질서 유지 또는 공공복리를 위해서 필요한 경우에 한해서 법률로써 제한할 수 있으며 제한하는 경우에는 자유와 권리의 본질적인 내용을 침해할 수 없다고 분명히 규정하고 있습니다.

많은 국민들, 전문가들, 이번 테러방지법안이 국민의 자유와 권리의 본질적 내용을 침해할 수 있다, 인권을 침해할 수 있다고 우려합니다. 무엇보다도 대통령선거 개입 등 불법적인 국내정치 개입과 공작 활동으로 인해서 국민의 신뢰를 잃은 국정원이 거듭나기를 바라고 이 테러방지 업무의 핵심에 국정원이 다시 오만하게 본령에 서 있다는 점에 대해서 국민들은 우려하지 않을 수 없습니다.

개혁을 더 해야 하는 국가정보원이 더 막대한 권한을 가져서는 안 됩니다. 그 유혹을 국정원 스스로 떨쳐 버려야 합니다. 국정원 스스로가 제대로 개혁하도록 해 주셨으면 좋겠습니다. 국정원은 대북정보, 해외정보 수집에 열중하고 그 업무를 제대로 하시기 바랍니다.

현행 국정원법을 개정해서 국내정보 수집 업무를 제약하는 것이 오히려 문제의 본질이라고 봅니다. 이미 우리 국정원은 무소불위의 권력으로 국민 앞에 있습니다. 국정원 대선개입 사건을 진두지휘하던 검찰총장이 물러난 바 있습니다. 국정원의 예산과 활동에 대해서 국회의 감독도 제대로 이루어지지 않고 있습니다. 국정원의 예산과 활동에 대한 언론의 감시도 가능하지 않습니다. 국정원에 대한 국회의 통제 강화가 오히려 시급합니다.

이미 국정원의 권한은 차고 넘칩니다. 이미 국민의 전화와 이메일, 카카오톡에 대한 감시는 차고 넘칩니다. 테러방지법이 새로 필요하지 않습니다. 기존의 테러방지 체제를 잘 가동하면 됩니다.

존경하는 국민 여러분!

테러방지법이 민주주의를 테러하는 일이 벌어져서는 안 됩니다. 국정원이 온 국민을 24시간 감시하고 사찰하는 일이 있어서는 안 됩니다. 테러방지라고 하는 명목으로, 테러 의심 대상이라고 하는 주관적 판단만으로 헌법으로 보장된 국민의 기본권과 사생활이 파괴될 수는 없습니다. 국가가 개인의 자유를 보장해 주셔야 합니다.

16대 국회에서 최초 발의된 테러방지법이 폐기된 이유가 그래서 있는 것입니다. 17대 국회에서도 발의된 테러방지법이 폐기된 이유가 바로 헌법에 있는 것입니다. 18대 국회에서 발의된 테러방지법이 폐기된 이유도 바로 우리 대한민국의 자랑스러운 헌법 안에 있는 것입니다. 그래서 19대 국회에서도 테러방지법은 반드시 폐기되어야 합니다.

온 국민 24시간 사찰법이자 국정원 날개 달아주는 법 테러방지법, 국민의 힘으로 막아 주십시오.

감사합니다.
(박수 치는 의원 있음)

● **부의장 정갑윤** 유승희 의원 수고하셨습니다.
다음은 더불어민주당 최민희 의원 나오셔서 토론해 주시기 바랍니다.

(2016년 2월 25일 오전 3시 40분)

06

최민희 의원

제19대 국회의원 (비례대표)
더불어민주당

2016년 2월 25일 오전 3시 41분 시작
2016년 2월 25일 오전 9시 2분 종료
발언 시간 5시간 21분

"잘못된 것은 완성되기 전에 바로잡아야
합니다. 일단 법이 통과되고 나면 그
법으로 인해 누군가 고통 받고 누군가
피를 흘리고 누군가 쓰러져도 아무
소용이 없습니다. 민주 회복을 위해,
잘못된 테러방지법을 막기 위해 담벼락에
낙서라도 하고 욕이라도 하고 풀이라도
같이 뽑아 주시겠습니까?"

(2016년 2월 25일 오전 3시 41분)

● **최민희 의원** 존경하는 국민 여러분!
의장님, 그리고 선배·동료 의원 여러분!
더불어민주당 국회의원 최민희입니다.

제 앞에 무제한 토론을 해 주신 김광진 의원, 문병호
의원, 은수미 의원, 박원석 의원, 유승희 의원님 정말
수고 많으셨습니다. 특히 국회에서 제일 막내인 김광진
의원의 차분한 토론을 보고 정말 많은 것을 느꼈습니다.
그리고 은수미 의원 최초 신기록 세운 것 존중하고 이번
필리버스터에 은수미 의원의 기록이 최장기록으로 남기를
바랍니다.

저는 방금 전 열일곱 살 소녀의 메시지를 받고
들어왔습니다. 그 메시지는 자신의 꿈은 국회의원인데
국회의원이 되겠다고 하면 친구들이 놀린다는 것입니다.
그런데 이번에 국회에서 필리버스터를 하는 것을 보며
자기는 정말 좋은 꿈을 가졌구나 이런 생각을 했다는
것입니다. 이 훈훈한 소식 함께 나누면서 제 토론을
시작하도록 하겠습니다.

존경하는 의장님, 선배·동료 의원 여러분!
이름만 테러방지법, 사실상 국정원 강화법, 중정 부활법,
공작정치 합법화법, 국민사찰법, SNS와 댓글 탄압법이 될
여당의 국민기본권 말살법에 반대하고 진정한 테러방지법
제정을 촉구하기 위해 저는 이 자리에 섰습니다.

한편 저는 이 자리에 서서 저희 당의 생각을 국민께 직접
말씀드릴 수 있게 된 것을 불행 중 다행으로 생각합니다.

50도 기울어진 운동장, 아무리 골대를 향해 골을 넣어도
미끄러지고 또 미끄러지기만 하는 여론지형, 단 한 번도 저희
당의 생각을 속절없이 국민께 보고드릴 기회가 없었습니다.
보수 신문의 여론 독과점 90%, 2009년 미디어법 날치기
통과, 이명박 정부의 방송 장악으로 방송 여론 독과점
95%, 이것이 더민주가 처한 현실이며 우리 사회의 왜곡된
여론지형을 만드는 기본조건입니다.

이런 언론환경은 흰 것을 검게 만들고 정의를 부정의로
만들며 거짓말을 진실로 둔갑시킵니다. 박근혜정부의
실정은 철저히 은폐되고 국민의 팍팍한 살림살이는
어불성설 야당 심판론으로 둔갑되는 지경입니다.

테러방지법을 꼼꼼히 들여다보았습니다. 저는 이 법이
대테러용이라고 도무지 생각할 수가 없었습니다. 앞서
말씀드린 것처럼 국정원 강화법, 공작정치·사찰정치
합법화법이었습니다. 그런데 왜 정부 여당은 이 법에 이토록
집착할까, 총선을 앞두고 야당이 이렇게까지 반대하는데
왜 밀어붙이려 할까 찬찬히 살펴보았습니다. 그리고
미방위원으로서 저는 나름의 하나의 결론에 도달했습니다.

저는 이번 법안의 목표가 여론 장악 100% 상태를 만들기
위한 것이라고 생각합니다. 인터넷, SNS 댓글, 팟캐스트까지
들여다보고 통제하겠다는 것이라 생각합니다.

이미 새누리당은 포털장악법을 발의하고 통과시키려고
여러 번 시도했습니다만 미방위에서 저희 당의 저항으로
번번이 실패했습니다. 이번 법안의 부칙, 통신비밀보호법
개정을 여당이 그토록 고집하는 것은 뉴미디어 참여정치를
말살하겠다는 것에 다름 아닙니다. 한마디로 99섬
가진 자가 1섬 채워 100% 친여 여론 환경을 만들겠다,
그 상태에서 총선·대선 치러 개헌 가능 의석 얻어
영구집권하겠다 하는 것이 아닌가, 저는 의구심을 가지고
있습니다.

국민 여러분!
다시 한 번 확인해 드립니다. 이 법은 테러방지법이
아닙니다.

만일 우리가 정상적인 상태였다면 국회는 이 법을 놓고
진지한 고민을 해야 합니다. 그것은 뭐냐 하면 국가의
안위라는 중요한 가치, 국민의 신체를 보장해야 한다는
헌법적 가치와 국민의 사생활을 지켜야 한다는 프라이버시
가치가 충돌하고 있기 때문입니다. 정상적인 상황이라면.
만일 정부 여당이 진정으로 국가의 안위, 국민의 신체를
보호하기 위해서 이 법안을 냈다면 국회는 정말 진지한
고민을 해야 할 것입니다. 그러나 저는 이 법이 그런
정상적인 사고 과정을 통해서 생산된 법이라고 생각하기가
어렵습니다.

저는 국정원에 국민 사찰권까지 몰아주어 사생활을

침해하고 SNS까지 통제해 뉴미디어 참여정치의 숨통을
끊으려는 정부 여당의 시도에 반대하기 위해서 이 자리에
섰음을 분명히 합니다.

저는 북한에 경고합니다. 북한의 핵실험은 한반도
비핵화의 위반입니다. 총선을 앞둔 북한의 도발이 지금
어떤 결과를 초래하고 있는지 북한은 똑똑히 알아야 합니다.
도대체 누구를 위한 총선 앞 도발이라는 말입니까?

아울러 저는 우리 정부의 총체적 외교 실패를 지적하지
않을 수 없습니다. 저는 박근혜정부 국정원에 묻고 싶습니다.
국정원은 정말로 북한의 이번 핵실험과 미사일 도발을 사전
인지하지 못한 것입니까? 미국과 북한이 평화협정 논의를
시작한 것을 진정 모르고 있다가 뒤통수 맞으신 것입니까?

캐리 미 국무장관은 중국 왕이 외교부장관과 만난 뒤
북한이 일정 기간 비핵화에 동의하면 한국전쟁 이후 조성된
북한과의 적대적 관계를 종식할 수 있는 공식적 평화협정
논의를 할 준비가 되어 있다고 이야기했습니다.

이런 중요한 외교사안도 확인하지 못한 것으로 보이는
국정원, 댓글 사건에서 드러났듯이 국정원법을 어기고
대선에 관여해 법적 처벌을 받아야 하는 국정원입니다. 지금
국정원은 권력의 상을 받을 처지가 아니라 단죄를 받아야
할 대상입니다. 대한민국은 민주공화국이며 모든 권력은
국민으로부터 나옵니다. 권력이 국정원으로부터 나오게
해서는 절대로 안 됩니다.

다음으로 저는 19대 국회가 마무리되기 전에 꼭 하고
싶은 일이 있었습니다. 그것은 이 자리에서 헌법을 읽는
것입니다. 그런데 헌법 전문은 조금 아까 존경하는 유승희
의원께서 읽으셨기 때문에 저는 헌법 제1장 그리고 제2장을
낭독하도록 하겠습니다. 제가 헌법 1장, 2장을 낭독하는
의미는 우리가 가짜 테러방지법을 논의함에 있어 기준은
헌법밖에 없기 때문입니다.

"제1장 총강

제1조 ① 대한민국은 민주공화국이다.

② 대한민국의 주권은 국민에게 있고, 모든 권력은
국민으로부터 나온다.

제2조 ① 대한민국의 국민이 되는 요건은 법률로 정한다.

② 국가는 법률이 정하는 바에 의하여 재외국민을 보호할
의무를 진다.

제3조 대한민국의 영토는 한반도와 그 부속도서로 한다.

제4조 대한민국은 통일을 지향하며, 자유민주적 기본질서에
입각한 평화적 통일 정책을 수립하고 이를 추진한다.

제5조 ① 대한민국은 국제평화의 유지에 노력하고 침략적
전쟁을 부인한다.

② 국군은 국가의 안전보장과 국토방위의 신성한 의무를
수행함을 사명으로 하며, 그 정치적 중립성을 준수한다.

제6조 ① 헌법에 의하여 체결·공포된 조약과 일반적으로
승인된 국제법규는 국내법과 같은 효력을 지닌다.

② 외국인은 국제법과 조약이 정하는 바에 의하여 그 지위가
보장된다.

제7조 ① 공무원은 국민 전체에 대한 봉사자이며, 국민에

대하여 책임을 진다.

② 공무원의 신분과 정치적 중립성은 법률이 정하는 바에
의하여 보장된다.

제8조 ① 정당의 설립은 자유이며, 복수정당제는 보장된다.

② 정당은 그 목적·조직과 활동이 민주적이어야 하며, 국민의
정치적 의사형성에 참여하는 데 필요한 조직을 가져야 한다.

③ 정당은 법률이 정하는 바에 의하여 국가의 보호를 받으며,
국가는 법률이 정하는 바에 의하여 정당운영에 필요한 자금을
보조할 수 있다.

④ 정당의 목적이나 활동이 민주적 기본질서에 위배될 때에는
정부는 헌법재판소에 그 해산을 제소할 수 있고, 정당은
헌법재판소의 심판에 의하여 해산된다.

제9조 국가는 전통문화의 계승·발전과 민족문화의 창달에
노력하여야 한다.

제2장 국민의 권리와 의무

제10조 모든 국민은 인간으로서의 존엄과 가치를 가지며, 그
행복을 추구할 권리를 가진다. 국가는 개인이 가지는 불가침의
기본적 인권을 확인하고 이를 보장할 의무를 진다.

제11조 ① 모든 국민은 법 앞에 평등하다. 누구든지 성별·종교
또는 사회적 신분에 의하여 정치적·경제적·사회적·문화적
생활의 모든 영역에 있어서 차별을 받지 아니한다.

② 사회적 특수계급의 제도는 인정되지 아니하며, 어떠한
형태로도 이를 창설할 수 없다.

③ 훈장 등의 영전은 이를 받은 자에게만 효력이 있고, 어떠한
특권도 이에 따르지 아니한다.

제12조 ① 모든 국민은 신체의 자유를 가진다. 누구든지
법률에 의하지 아니하고는 체포·구속·압수·수색 또는 심문을
받지 아니하며, 법률과 적법한 절차에 의하지 아니하고는
처벌·보안처분 또는 강제노역을 받지 아니한다.

② 모든 국민은 고문을 받지 아니하며, 형사상 자기에게 불리한
진술을 강요당하지 아니한다.

③ 체포·구속·압수 또는 수색을 할 때에는 적법한 절차에
따라 검사의 신청에 의하여 법관이 발부한 영장을 제시하여야
한다. 다만, 현행범인인 경우와 장기 3년 이상의 형에 해당하는
죄를 범하고 도피 또는 증거인멸의 염려가 있을 때에는 사후에
영장을 청구할 수 있다.

④ 누구든지 체포 또는 구속을 당한 때에는 즉시 변호인의
조력을 받을 권리를 가진다. 다만, 형사피고인이 스스로
변호인을 구할 수 없을 때에는 법률이 정하는 바에 의하여
국가가 변호인을 붙인다.

⑤ 누구든지 체포 또는 구속의 이유와 변호인의 조력을 받을
권리가 있음을 고지받지 아니하고는 체포 또는 구속을 당하지
아니한다. 체포 또는 구속을 당한 자의 가족 등 법률이 정하는
자에게는 그 이유와 일시·장소가 지체없이 통지되어야 한다.

⑥ 누구든지 체포 또는 구속을 당한 때에는 적부의 심사를
법원에 청구할 권리를 가진다.

⑦ 피고인의 자백이 고문·폭행·협박·구속의 부당한 장기화
또는 기망 기타의 방법에 의하여 자의로 진술된 것이 아니라고
인정될 때 또는 정식재판에 있어서 피고인의 자백이 그에게

불리한 유일한 증거일 때에는 이를 유죄의 증거로 삼거나 이를 이유로 처벌할 수 없다.

제13조 ① 모든 국민은 행위시의 법률에 의하여 범죄를 구성하지 아니하는 행위로 소추되지 아니하며, 동일한 범죄에 대하여 거듭 처벌받지 아니한다.

② 모든 국민은 소급입법에 의하여 참정권의 제한을 받거나 재산권을 박탈당하지 아니한다.

③ 모든 국민은 자기의 행위가 아닌 친족의 행위로 인하여 불이익한 처우를 받지 아니한다.

제14조 모든 국민은 거주·이전의 자유를 가진다.

제15조 모든 국민은 직업선택의 자유를 가진다.

제16조 모든 국민은 주거의 자유를 침해받지 아니한다. 주거에 대한 압수나 수색을 할 때에는 검사의 신청에 의하여 법관이 발부한 영장을 제시하여야 한다.

제17조 모든 국민은 사생활의 비밀과 자유를 침해받지 아니한다.

제18조 모든 국민은 통신의 비밀을 침해받지 아니한다.

제19조 모든 국민은 양심의 자유를 가진다.

제20조 ① 모든 국민은 종교의 자유를 가진다.

② 국교는 인정되지 아니하며, 종교와 정치는 분리된다.

제21조 ① 모든 국민은 언론·출판의 자유와 집회·결사의 자유를 가진다.

② 언론·출판에 대한 허가나 검열과 집회·결사에 대한 허가는 인정되지 아니한다.

③ 통신·방송의 시설기준과 신문의 기능을 보장하기 위하여 필요한 사항은 법률로 정한다.

④ 언론·출판은 타인의 명예나 권리 또는 공중도덕이나 사회윤리를 침해하여서는 아니된다. 언론·출판이 타인의 명예나 권리를 침해한 때에는 피해자는 이에 대한 피해의 배상을 청구할 수 있다.

제22조 ① 모든 국민은 학문과 예술의 자유를 가진다.

② 저작자·발명가·과학기술자와 예술가의 권리는 법률로써 보호한다.

제23조 ① 모든 국민의 재산권은 보장된다. 그 내용과 한계는 법률로 정한다.

② 재산권의 행사는 공공복리에 적합하도록 하여야 한다.

③ 공공필요에 의한 재산권의 수용·사용 또는 제한 및 그에 대한 보상은 법률로써 하되, 정당한 보상을 지급하여야 한다.

제24조 모든 국민은 법률이 정하는 바에 의하여 선거권을 가진다.

제26조 ① 모든 국민은 법률이 정하는 바에 의하여 국가기관에 문서로 청원할 권리를 가진다.

② 국가는 청원에 대하여 심사할 의무를 진다.

제27조 ① 모든 국민은 헌법과 법률이 정한 법관에 의하여 법률에 의한 재판을 받을 권리를 가진다.

② 군인 또는 군무원이 아닌 국민은 대한민국의 영역 안에서는 중대한 군사상 기밀·초병·초소·유독음식물공급·포로·군용물에 관한 죄 중 법률이 정한 경우와 비상계엄이 선포된 경우를 제외하고는 군사법원의 재판을 받지 아니한다.

③ 모든 국민은 신속한 재판을 받을 권리를 가진다. 형사피고인은 상당한 이유가 없는 한 지체 없이 공개재판을 받을 권리를 가진다.

④ 형사피고인은 유죄의 판결이 확정될 때까지는 무죄로 추정된다.

⑤ 형사피해자는 법률이 정하는 바에 의하여 당해 사건의 재판절차에서 진술할 수 있다.

제28조 형사피의자 또는 형사피고인으로서 구금되었던 자가 법률이 정하는 불기소처분을 받거나 무죄판결을 받은 때에는 법률이 정하는 바에 의하여 국가에 정당한 보상을 청구할 수 있다.

제29조 ① 공무원의 직무상 불법행위로 손해를 받은 국민은 법률이 정하는 바에 의하여 국가 또는 공공단체에 정당한 배상을 청구할 수 있다. 이 경우 공무원 자신의 책임은 면제되지 아니한다.

② 군인·군무원·경찰공무원 기타 법률이 정하는 자가 전투·훈련 등 직무집행과 관련하여 받은 손해에 대하여는 법률이 정하는 보상 외에 국가 또는 공공단체에 공무원의 직무상 불법행위로 인한 배상은 청구할 수 없다.

제30조 타인의 범죄행위로 인하여 생명·신체에 대한 피해를 받은 국민은 법률이 정하는 바에 의하여 국가로부터 구조를 받을 수 있다.

제31조 ① 모든 국민은 능력에 따라 균등하게 교육을 받을 권리를 가진다.

② 모든 국민은 그 보호하는 자녀에게 적어도 초등교육과 법률이 정하는 교육을 받게 할 의무를 진다.

③ 의무교육은 무상으로 한다.

④ 교육의 자주성·전문성·정치적 중립성 및 대학의 자율성은 법률이 정하는 바에 의하여 보장된다.

⑤ 국가는 평생교육을 진흥하여야 한다.

⑥ 학교교육 및 평생교육을 포함한 교육제도와 그 운영, 교육재정 및 교원의 지위에 관한 기본적인 사항은 법률로 정한다.

제32조 ① 모든 국민은 근로의 권리를 가진다. 국가는 사회적·경제적 방법으로 근로자의 고용의 증진과 적정임금의 보장에 노력하여야 하며, 법률이 정하는 바에 의하여 최저임금제를 시행하여야 한다.

② 모든 국민은 근로의 의무를 진다. 국가는 근로의 의무의 내용과 조건을 민주주의원칙에 따라 법률로 정한다.

③ 근로조건의 기준은 인간의 존엄성을 보장하도록 법률로 정한다.

④ 여자의 근로는 특별한 보호를 받으며, 고용·임금 및 근로조건에 있어서 부당한 차별을 받지 아니한다.

⑤ 연소자의 근로는 특별한 보호를 받는다.

⑥ 국가유공자·상이군경 및 전몰군경의 유가족은 법률이 정하는 바에 의하여 우선적으로 근로의 기회를 부여받는다.

제33조 ① 근로자는 근로조건의 향상을 위하여 자주적인 단결권·단체교섭권 및 단체행동권을 가진다.

② 공무원인 근로자는 법률이 정하는 자에 한하여 단결권·단체교섭권 및 단체행동권을 가진다.

③ 법률이 정하는 주요방위산업체에 종사하는 근로자의 단체행동권은 법률이 정하는 바에 의하여 이를 제한하거나 인정하지 아니할 수 있다.

제34조 ① 모든 국민은 인간다운 생활을 할 권리를 가진다.

② 국가는 사회보장·사회복지의 증진에 노력할 의무를 진다.

③ 국가는 여자의 복지와 권익의 향상을 위하여 노력하여야 한다.

④ 국가는 노인과 청소년의 복지향상을 위한 정책을 실시할 의무를 진다.

⑤ 신체장애자 및 질병·노령 기타의 사유로 생활능력이 없는 국민은 법률이 정하는 바에 의하여 국가의 보호를 받는다.

⑥ 국가는 재해를 예방하고 그 위험으로부터 국민을 보호하기 위하여 노력하여야 한다.

제35조 ① 모든 국민은 건강하고 쾌적한 환경에서 생활할 권리를 가지며, 국가와 국민은 환경보전을 위하여 노력하여야 한다.

② 환경권의 내용과 행사에 관하여는 법률로 정한다.

③ 국가는 주택개발정책 등을 통하여 모든 국민이 쾌적한 주거생활을 할 수 있도록 노력하여야 한다.

제36조 ① 혼인과 가족생활은 개인의 존엄과 양성의 평등을 기초로 성립되고 유지되어야 하며, 국가는 이를 보장한다.

② 국가는 모성의 보호를 위하여 노력하여야 한다.

③ 모든 국민은 보건에 관하여 국가의 보호를 받는다.

제37조 ① 국민의 자유와 권리는 헌법에 열거되지 아니한 이유로 경시되지 아니한다.

② 국민의 모든 자유와 권리는 국가안전보장·질서유지 또는 공공복리를 위하여 필요한 경우에 한하여 법률로써 제한할 수 있으며, 제한하는 경우에도 자유와 권리의 본질적인 내용을 침해할 수 없다.

제38조 모든 국민은 법률이 정하는 바에 의하여 납세의 의무를 진다.

제39조 ① 모든 국민은 법률이 정하는 바에 의하여 국방의 의무를 진다.

② 누구든지 병역의무의 이행으로 인하여 불이익한 처우를 받지 아니한다."

헌법전문과 헌법총강 그리고 2장은 국민의 권리와 의무를 규정한 가장 핵심적인 조항입니다.

(자료를 들어 보이며)

다음으로 저는 오늘 제가 국민 여러분과 함께 나눌 필리버스터 내용을 일목요연하게 보여 드리겠습니다.

'필리버스터 낭독용 원고 씽크플로우 초안' 이것은 제가 만든 게 아닙니다. 저는 필리버스터를 하게 되면서 제 트위터와 페북 그리고 여러 가지 경로를 통하여 시민들의 의견을 구했습니다. 한 마디로 이것은 소통으로 만들어진 초안입니다.

첫째, 저는 현재 상황을 소개할 겁니다. 필리버스터까지 왜 이르게 됐는지, 필리버스터가 무엇인지 등등 같이 나누어

보도록 하겠습니다.

두 번째, 직권상정이 왜 부당한가 살펴보도록 하겠습니다.

세 번째, 테러방지법에 대하여 구체적으로 살펴보도록 하겠습니다.

네 번째, 왜 우리는 국정원에 권력을 몰아주는 것을 반대하는가, 국정원에 대하여 하나하나 살펴보겠습니다. 국정원이 얼마나 많은 간첩조작사건을 벌였으며 국정원의 대선개입사건에 대해서 살펴보겠습니다.

무늬만 테러방지법의 독소 조항에 관하여 살펴보겠습니다.

그리고 국민감시법에 대한 국민들의 비판의 목소리를 전할 수 있는 만큼 전해 드리겠습니다.

국민 여론에 관하여 살펴보겠습니다.

저는 새누리당을 비판할 겁니다.

마지막으로 지금 우리가 무엇을 해야 하는지 함께 생각해 보도록 하겠습니다.

가장 먼저 왜 우리는 필리버스터를 하게 되었는가? 앞서 많은 의원들이 말씀하셨습니다. 정상적인 상태라고 가정하더라도 테러방지법을 만들 때에는 정말 그 과정이 민주적 절차에 합당해야 합니다. 왜냐하면 테러라는 악을 방지하기 위해서 이 법이 잘못되면 국민의 기본권을 훼손할 수 있기 때문입니다. 헌법이 보장한 기본권끼리 충돌할 때 우리 국회 그리고 청와대는, 정부는 정말 진지하게 법안 하나하나를 살펴보아야 합니다.

그리고 국회의장께서 직권상정하기 전까지 이것은 해당 상임위인 정보위원회에서 네 차례에 걸쳐서 숙의되고 있었습니다. 숙의에 시간이 걸린다고 해서 갑자기 직권상정을 해 버리면 이렇게 중요한 법이 절차적 정당성을 얻지 못하기 때문에 야당은 물론 국민적 동의도 얻지 못하게 됩니다.

그러나 어쨌든 국회의장께서 직권상정을 하셨습니다. 그래서 저희는 소수 정당으로 할 수 있는 합법적인 방법을 찾아 필리버스터에 들어간 것입니다.

필리버스터는 무엇인가, 과연 대통령께서 말씀하신 대로 필리버스터, 정말 어떤 나라에서도 있을 수 없는 기막힌 현상인 것일까요? 그렇게 생각하십니까?

저는 초등학교 5학년 무렵 한 영화 본 것이 있습니다. '스미스, 워싱턴에 가다'라는 영화였는데요. 그 영화가 지금까지도…… 시골에서 올라온 젊은 의원이 부패한 워싱턴 정가에 맞서 비리를 파헤치고 정의롭게 일하다가 거의 왕따가 되어 법안을 막기 위해 무제한 필리버스터 하는 장면을 보았습니다. 그러다가 그분이 쓰러지지요. 그리고 시민들이 한없는 응원으로 그를 보호한다는 내용입니다. 그게 '스미스, 워싱턴에 가다'를 짧게 요약한 것인데요. 제 어린 눈에 그 영화 속 주인공은 너무나 멋지게 보였습니다. 그러나 그때 저는 그게 필리버스터인지 알지 못했습니다.

지금 우리가 하고 있는 것, 이 필리버스터 정말 어떤 나라에도 있을 수 없는 기막힌 현상 절대 아닙니다. 저는 대통령께서 미 대선 후보 중의 1명인 샌더슨이 필리버스터를

통하여 법안을 막았다는 신문기사를 안 보신 것인지 여쭙고 싶습니다.

필리버스터는 한마디로 얘기하면 합법적 의사진행 방해행위입니다. 예, 저희는 무늬만 테러방지법, 이 법이 통과되면 너무나 위험한 상황이 초래될 수 있기 때문에 합법적인 방식으로 이 법안의 통과를 저지하고 있는 것입니다.

그러면 누가 필리버스터를 할까요? 의석이 많은 정당은 필리버스터를 할 필요가 없습니다. 의회에서 다수당이 수적 우세로 법안이나 정책을 통과시키는 것을 막기 위해 소수당이 표결을 방해하는 행위입니다. 필리버스터는 소수당이 하는 것입니다. 이 점 분명히 하고 싶습니다.

그다음, 국회의장의 직권상정의 부당함에 대해서 말씀을 드리겠습니다.

지금 대한민국에 사는 모든 사람은 대한민국 안보에 대해서 걱정하지 않는 분이 없을 겁니다. 그리고 테러를 막겠다는 데 그것을 반대하시는 분도 단 한 명도 없을 것입니다. 저희 당도 마찬가지입니다. 저희 당뿐만 아니라 정치권의 누구도 안보를 지키고 테러를 막겠다는 데 반대할 리가 있겠습니까?

그러나 대한민국은 민주주의 국가입니다. 그리고 법치국가입니다. 국회라고 하는 공간을 통해 민의를 반영해 법을 하나하나 만들어 가야 합니다. 그리고 국회는 상임위 구조를 가지고 있어서 하나하나 법에 대해서 깊이 있는 논의를 해 왔습니다.

국회의장께서 심사기일을 지정했을 때에는 이미 국회 정보위원회가 이 법과 관련하여 네 차례에 걸친 회의를 하고 있는 중이었습니다. 그 과정에 있어서 잠깐 멈추기도 하고 또 이후에 다른 법률의 문제를 제기하기도 했고, 사실 19대 국회 기간 정보위원회의 법안소위는 제대로 열리지 않고 있었기 때문에 여러 가지 어려움이 있었습니다. 그럼에도 불구하고 정보위원회를 열고 정보위원회 법안소위를 열어서 법안을 심도 있게 꼼꼼하게 따져보자는 것이 저희 당의 생각이었습니다.

또 하나 다른 문제가 있습니다. 지금 이 자리에 오셨던 의원들께서 한결같이 말씀하시는 것이 이 법은 국정원에 힘을 몰아주는 법이라고 말씀하십니다. 그런데 우리 국정원이 불신받고 있습니다. 그리고 그것이 테러방지법 논의에 있어서 가장 큰 걸림돌이라고 말씀드리지 않을 수 없습니다.

그렇다면 제대로 된 테러방지법을 만들고 우리의 정보기관에게 필요한 힘을 주려면 무엇이 선행되어야 할까요? 그것은 국정원에 대한 불신을 해소하는 것입니다.

저는 초선입니다. 이 자리에는 재선, 삼선, 사선, 그보다 더 많은 선수를 하고 계신 선배·동료 의원이 계십니다. 국회 상임위에서 정상적인 절차를 거쳐서 논의하는 것, 그것이 민주주의의 기본이라고 생각하는 초선의 생각 틀린 것입니까?

그런데 본회의가 덜컥 열렸고 언제나 합리적이라는

평가를 받아 오셨으며, 개인적으로 매우 멋지다고 생각했던 정의화 의장께서 테러방지법의 심사기일을 못 박으셨습니다. 그리고 직권상정으로 본회의에 부의하셨습니다. 박근혜 대통령이 그동안 해 오셨던 일방통행의 불통이 급기야 국회의장님에게까지 전달된 것이 아닌지 심히 우려됩니다.

국회법에 따르면 천재지변이나 전시나 사변 그리고 국가비상사태 혹은 각 교섭단체의 대표가 합의하는 경우만 심사기간을 지정한다고 되어 있습니다. 정 의장께서는 북한의 핵실험 이후에 북한의 테러위험이 증가했기 때문에 국가비상사태로 간주한다고 하셨습니다. 이에 대한 근거를 물었을 때 국정원으로부터 보고받은 테러 정황과 첩보라고 하셨습니다.

우리나라에서 비상사태가 선포된 사례를 보면 10월 유신의 서막과 종말을 알렸던 1971년 12월, 1979년 10월 그리고 1980년 5월 광주민주화운동 때에 비상계엄 확대 등으로 세 차례 발생한 적이 있습니다. 오늘 국가비상사태로 이 상황을 간주해서 이 법을 직권상정하신 것이라면 우리는 36년 만에 국가비상사태를 다시 맞이하고 있는 것입니다.

헌법 77조에 따르면 국가비상사태의 경우에 대통령은 계엄을 선포할 수 있도록 되어 있습니다. 지금까지 국가비상사태의 선언은 모두 대통령이 계엄령을 선포하기 위해 내려진 조치였습니다.

국회의장이 직권상정을 위해서 국가비상사태를 간주한 경우는 헌정 사상 처음입니다. 지금이 통상적인 방법으로 공공의 안녕과 입법 활동이 불가능한 국가비상사태라고 볼 수 있겠습니까? 국민 여러분께서는 그것에 동의하십니까?

국민의 기본권과 자유가 철저히 유린당했던 국가비상사태와 계엄의 시대로 역사의 시계추가 36년 전으로 돌아가고 있는 징후가 보입니다.

정의화 의장님의 논리를 그대로 따르자면 북한이 핵실험을 할 때마다, 장거리미사일 발사를 할 때마다 우리는 상시적인 국가비상사태에 처했었습니다. 다시 말해 북한이 핵실험이나 미사일 발사 전후 그리고 국정원에 테러 정황이나 첩보가 있으면 바로 국가비상사태로 간주해야 했던 것이 아닐까요? 왜 하필 이번에만 북한 핵실험과 미사일 발사 전후, 지금 이 상황을 국가비상사태로 간주하시는 겁니까?

저는 이번 사례가 국정원이 언제라도 정치에 개입할 수 있는 길을 만들기 위하여 헌법을 어기고 있다고 생각합니다. 안 좋은 선례를 남기게 되는 것이라고 주장합니다.

(「맞습니다」 하는 의원 있음)

또 앞으로 북한의 핵실험과 미사일 발사 그리고 국정원의 판단에 의해 테러 위험이 있거나 정황이 있으면 그를 근거로 언제든지 국정원이 원하는 법을 날치기 강행할 수 있는 선례를 남긴다는 점에서 더더욱 이번 직권상정은 위험하다고 생각합니다.

새누리당의 테러방지법은 국정원이 테러 예방과 대응에 관한 제반 활동을 근거로 영장 없이 통신수단에 대한 감청을 할 수 있게 됩니다. 또한 무차별적인 정보수집권은

물론이거니와 대테러활동에 필요한 정보나 자료를 수집하기
위한 조사권도 가질 수 있게 됩니다. 이 부분과 관련해서는
마지막 최종적인 협상에 있어서 의장께서도 '과도한
부분이다'라고 하는 지적을 하신 일이 있습니다. 그리고
새누리당에 수정안을 마련해 오라고 요구하신 것으로
알려졌습니다. 그런데 내용이 하나도 변경되지 않았는데
어떻게 이 법안을 용인하시고 직권상정하신 것입니까?

저는 지금 국가비상사태라기보다는 민주주의
비상사태라고 규정합니다. 무소불위의 국정원에
국가비상사태라는 무리수를 두면서까지 무차별한
정보수집권과 조사권 그리고 감청권을 추가로 부여해
한마디로 괴물 국정원을 만들려는 의도가 도대체
무엇입니까?

저희 더불어민주당은 국회의장의 직권상정을 강력히
규탄합니다. 그리고 본회의 날치기 통과와 같은 이런
행위들에 대해서도 절대 해서는 안 되는 일이라고 다시 한
번 지적합니다.

많은 분들께서 염려하십니다. 국가의 정보기관을 믿지
못하면 도대체 어떻게 하느냐고. 저희도 믿고 싶습니다.
믿는 것이 당연한 일이고 상식적인 상황이라면 국민 모두
국정원을 사랑해야 합니다. 그러나 그동안 대한민국의
국정원이 그러한 믿음을 주지 못했습니다. 먼 과거의 일만이
아닙니다. 독재시절의 문제만도 아니고 20년, 30년 전의
문제도 아닙니다. 지난 2012년 국정원 댓글 사건 우리 모두
똑똑히 기억하고 있지 않습니까? 국회가 지금 먼저 해야 될
것은 국정원을 개혁할 방안을 여야가 머리를 맞대고 지혜를
짜서 만들어내서 실천하는 일입니다.

지금 이 법은 국민들의 안전과 생명을 지키는 법으로
치장되어 있습니다. 그러나 내용을 보면 국민들의 안전과
생명과는 거리가 멉니다. 그렇기 때문에 저희는 주장합니다.
이 법과 관련해 사실관계를 확인하고 다양한 사례들, 실제
어떤 문제들이 어떻게 발생할 것인가 그리고 그것을 막을
수 있는 적절한 방법은 무엇인가에 대해서 심도 있게
논의합시다.

저는 대통령께도 요청드립니다. 국회와 국회의원은
어린아이가 아닙니다. 그리고 국회가 아무리 국민들에
의해서 사랑받지 못한 상태라고 하여도 여야를 넘어
유능한 인재와 진정으로 애국심을 가진 분들이 차고
넘칩니다. 그냥 맡겨두시면 안 되겠습니까? 그렇게 사사건건
개입하셔야겠습니까? 저는 대통령께서 법안 논의 과정에
끊임없이 이 말씀 저 말씀 주시는 것이 긍정적으로
작용하기보다는 이 법의 진행을 더디게 하는 가장 큰
이유라고 생각합니다.

국민 여러분께서는 하루 반 동안 테러방지법, 소위
테러방지법에 대한 수많은 이야기를 들으셨습니다. 지금
저 스스로 정리하는 의미에서 피켓을 만들어보았습니다.
이 법안의 문제와 이 법안이 통과되었을 때 내 일상생활에
어떠한 문제점이 생기는지 잠시 피켓과 함께 살펴보도록
하겠습니다.

(패널을 들어 보이며)
지금 테러방지법 주요 내용과 쟁점에 대하여
설명드립니다.

우선 테러방지법의 가장 중요한 본질적인 문제가
뭐냐? '테러예비·음모·선전·선동을 했다고 의심할
상당한 이유가 있는 자' 제2조입니다. 자의적 확대해석이
가능하고 테러위험인물을 지정하고 해제해 주는 주체 및
절차가 명시되어 있지 않습니다. 그리고 국정원에 권한이
주어진다면 국정원에 의해서 국정원의 눈 밖에 나는
누군가는 테러행위자가 될 수 있습니다. 가장 중요한 문제가
2조(정의)입니다, 자의적 해석.

그리고 조직의 문제, 국무총리 소속 대테러센터를
설치하는데 이게 제6조입니다. 국가정보원에 대한
실질적 감독기능이 부족합니다. 국민 기본권 침해 방지
위한 대테러인권보호관 1명을 임명해서 국민 인권, 소위
테러분자로 지적된 사람의 인권이 유린되지 않는지
살펴본다는 것인데요, 우리는 경험이 있습니다. 국회
정보위가 있고 수많은 유능한 국회의원들께서 제어하지
못했던 국정원을 어떻게 대테러인권보호관 1명이 해결할 수
있겠습니까? 삼척동자도 믿지 않을 겁니다.

그다음 국정원장에게 테러위험인물 통신이용, 금융거래,
출입국 정보 수집권을 부여합니다. 이게 제9조인데요,
금융거래의 경우는 영장 없이 요청 가능합니다, 금융거래
내역을.

(「화면에 띄워 주세요, 화면에. 보이지도 않는데」 하는 의원
있음)

잠깐 말씀드리면 제가 영상자료를 다 준비했습니다.
그래서 의장님께 영상자료를 틀 수 있도록 해 달라고
요청드렸는데 그게 여의치 않았습니다. 그리고 저는
의장님께 다시 요청을 드렸습니다만 의장님께서도 다시
또 영상자료를 틀지 못하는 이유를 말씀을 주셨기 때문에
의장님 생각에 순응합니다. 다행히 제가 B플랜으로 피켓을
마련해 왔기 때문에요……

(「왜 영상자료를 안 해 줘요?」 하는 의원 있음)

저를 조금만 크게 이, 이 피켓을 영상으로 잡아주시면
고맙겠습니다.

(「왜 안 되는 건데요?」 하는 의원 있음)

자, 요약합니다.

저희 당은 이렇게 주장합니다.

죄송합니다. 국회의장께 제가 두 번이나 요청드렸는데
여의치 않다고 하셨기 때문에 저는 국회의장……

(「그것을 안 트는 이유가 뭔데요?」 하는 의원 있음)

말씀에 순종하고 그대로 진행하도록 하겠습니다.

죄송합니다.

(「의장님 들어오세요」 하는 의원 있음)

저희의 주장은 이런 겁니다. '테러방지법이 아니라
국민감시법이다' 그리고……

(「천천히 말씀해 주세요」 하는 의원 있음)

(「천천히」 하는 의원 있음)

우리 당은 올바른 테러방지법에 찬성합니다. 하지만 현 정부 여당이 추진하는 테러방지법은 테러방지를 빙자한 국민을 감시하는 법, 혹시 야당 의원을 감시하는 법이 될 수도 있기 때문에 이를 반대합니다.

과연 이 법이 통과됐을 때 이 법은 무엇을 할 수 있게 되나?

여기 잠깐 비춰 주실 수 있으면 좋겠습니다.

당신의 휴대폰 무제한 감청을 허용합니다. 국정원이 당신을 의심하기 시작한다면 가족, 친구, 연인과 나눈 모든 통화내역을 국정원이 무제한 감청하게 됩니다.

만일 통화 중에 정부 욕이라도 한다면 앞으로 굉장히 무서우시겠지요?

두 번째, 온 국민이 테러 의심자로 지정되면, 테러 의심자 대상이 되면 여러분의 모든 게 다 털립니다.

국정원이 당신을 의심하기 시작한다면 당신이 있는 위치, 금융, 개인 SNS, 메신저 관계 등등 당신의 모든 정보를 추적 수사합니다. 법 통과되고 억울해 해도 소용없습니다. 아마도 이건 여야 의원님들도 예외는 아닐 것입니다.

국정원은 당신의 통장잔고를 알고 있습니다. 내 소득이나 월급은 물론 당신이 먹은 저녁 메뉴까지 알 수 있습니다. 개인 금융거래 내역도 국정원이 지켜보게 됩니다.

국정원이 쓰는 돈은 묻지 마입니다. 수백·수천억 원의 돈을 써도 어디에 돈을 썼는지 알 수 없습니다. 국정원의 특수활동비는 영수증 제출 의무가 없기 때문입니다. 이건 지금도 그렇지요, 상당 부분.

그다음, 구체적인 법 조항과 관련하여 문제되는 조항이 통과되었을 때 국민들께 어떤 일이 일어나나 만화로 살펴보겠습니다.

아까 유승희 의원께서 계속 말씀하셨지요. '이번에 이철우 의원님 대표발의로 올라온 이 법은 주로 여당 의원들께서 12개 법안을 내셨고 그것을 조정한 법이다' 이렇게 계속 말씀하셨지요.

지금 국가대테러활동과 피해보전 등에 관한 기본법안 제15조를 보면, 첫째 '대테러센터의 장은 테러단체의 구성원으로 의심할 만한 상당한 이유가 있는 사람에 대하여 출입국·금융거래 및 통신이용 등 관련 정보를 수집할 수 있다.'

여기 전화 거는 장면이 나옵니다. 어딘가에서 전화가 오지요. '00 씨 되시지요? 경찰입니다. 경찰서로 좀 나와 주셔야 되겠는데요?' '그런데 왜 그러냐?' 가서 물어보면 '17일 오후 8시 누구누구에게 카톡으로 헬조선 어쩌고 저쩌고라고 말씀하신 사실이 있지요?'라고 묻게 됩니다. 이 법이 통과되고 나서 '어? 그걸 어떻게 아셨어요?' 해도 소용없습니다.

같은 법 15조 '대테러센터의 장은 제1항에 따른 정보 수집 및 분석의 결과 테러를 할 우려가 있다고 판단되는 내·외국인과 국외에 거주하는 테러단체 구성원에 대하여 출입국의 금지 또는 국내체류 연장을 법무부장관에게

요청할 수 있다.'

여기서 문제되는 조항 내용은 '테러를 할 우려가 있다고 판단되는'입니다. 테러를 할 우려가 있다고 판단된다, 자의적 판단이 가능하다는 겁니다.

예를 들면 '시리아에서 오셨네요?' '아, 예. 중동 난민 인권에 관련된 강연을 하러왔습니다' 그러면 무조건 죽 조사한 다음 '당신은 테러위험인물로 기록되어 있습니다. 입국하실 수 없습니다' 이렇게 되는 겁니다. 그게 인권을 위해서 왔던 무엇을 위해서 왔던 친지 방문이든.

세 번째, 제36조입니다. 가중 처벌 조항이 있습니다.

'형법 등 국내법의 죄로 규정된 행위가 제2조의 테러에 해당하는 경우 사형 또는 무기징역이나 무기금고 이외의 형인 때에는 가장 중한 죄에 정한 장기 또는 다액에 그 2분의 1까지 가중할 수 있다.'

예를 들면요. '도심 한복판에서 테러를 일으킨 피고에게 무기징역을 선고한다, 땅땅땅' 그러면 이 도심 한복판에서 테러를 일으켰다고 했을 때 도심 한복판의 테러는 국정원이 판단하기에 따라 그게 무엇이 될지 알 수 없지요.

한때 우리 사회에는 막걸리보안법이 있었습니다. 막걸리 먹다가 대통령을 비난하면 처벌받았던 겁니다. 그래서 막걸리보안법이라고 했습니다.

그다음, 제23조(테러선동·선전물 긴급 삭제), 긴급 삭제입니다.

'상임위원회 위원장' 괄호 하면, '국정원장' 이렇게 쓰여 있습니다.

'국정원장은 테러를 선전·선동하는 글 또는 그림, 상징적 표현물, 테러에 이용될 수 있는 폭발물 등 위험물 제조법 등이 인터넷이나 방송·신문, 게시판 등을 통해 유포될 경우 관계기관의 장에게 긴급 삭제 또는 중단, 감독 등의 협조를 요청할 수 있다.'

이게 2조와 관련하여 제가 아까 자의성이 가장 큰 문제다, 자의성으로부터 모든 문제가 비롯된다고 말씀드린 게 여기도 적용되는 겁니다.

그래서 예를 들면 친구끼리 메시지를 주고받습니다. '야, 너 주말에 뭐 하니?' 그러면 '어, 나 광화문에서 국정교과서 반대시위 할거야' '몇 시에?' 이런 대화를 나눴다고 칩시다. 그런데 5분 뒤에 이 게시물이 삭제될 수 있는 겁니다. 여러분의 SNS상의 사생활이 심하게 침해받을 소지가 있습니다.

자, 이게 스마트폰입니다. 우리는 스마트폰을 봅니다. 스마트폰 없이 하루도 살지 못합니다. 어쩌면 우리 모두는 스마트폰 중독인지도 모릅니다.

여러분이 스마트폰을 봅니다. 그러면 누군가가 동시에 스마트폰을 같이 봅니다. 우리가 스마트폰으로 사진을 찍습니다. 누군가가 그 사진을 봅니다. 빼 갈 수도 있습니다. 우리는 스마트폰으로 통화를 하거나 메시지를 전합니다. 누군가도 내 통화를 엿듣거나 메시지를 볼 수 있습니다. 사람들은 스마트폰으로 위치를 확인합니다. 누군가도 그 사람의 위치를 같이 확인합니다.

이 법이 통과되면, 특히 이 법의 부칙이 통과되면 여러분에게 작은 빅브라더가 쫓아다니는 것과 같아집니다. 법이 통과되고 나서 후회해도 아무 소용이 없습니다.

우리가 학교 다닐 때 수능시험 볼 때 이렇게 죽 개괄적으로 훑은 다음 심화학습으로 들어가지요. 저 스스로 심화학습을 한다는 의미에서 테러방지법이 제정돼서는 안 될 아홉 가지 이유, 민주사회를 위한 변호사 모임에서 만든 자료를 함께 나누도록 하겠습니다.

왜 테러방지법을 빙자한 국민사찰법은 통과되면 안 되는가?

첫 번째, 만일 정말로 테러에 대응하는 것이라면 현재 있는 제도를 잘 운용하면 된다는 겁니다.

국정원은 현행법으로도 테러정보의 수집·작성 및 배포가 가능합니다. 테러방지법안의 테러 개념에 해당하는 항공기 납치, 폭탄테러 행위 등에 관해서 수사권을 보유하고 있습니다. 통합방위 사태 시 국무총리 총괄하에 각 지역 행정조직과 경찰조직, 군과 예비군, 국정원 등 정보기구를 통합 운용하는 것이 가능합니다.

육해공군, 해병대, 경찰, 해경에 각각 대테러특공대를 구성해서 운영하고 있습니다. 그리고 한미연합사와 정보를 교류하고 작전도 할 수 있습니다.

두 번째, 있는 테러대응기구와 역할조차 모르는 이 정부, 그러니까 당연히 현재 있는 테러대응기구를 제대로 활용하지도 못했겠지요.

황교안 국무총리는 지난 2월 18일 국회 대정부질문에서 자신이 국가테러대책회의의 의장이라는 사실도 모른다고 밝혔습니다.

이미 존재하는 기구와 제도조차 모르면서 법은 아무리 만들면 뭐 합니까? 법이 운용되지를 못할 텐데요.

세 번째, 테러방지법은 국정원에게 권력을 몰아주는 법입니다. 일명 국정원강화법.

테러방지법은 국정원에 테러 용의자 감청, 계좌 추적을 할 수 있는 권한을 부여합니다. 그런데 테러의 개념 자체가 모호, 악용이 가능합니다.

예를 들면 대규모 도심 문화집회가 있었습니다. 시민들이 불복종 시위를 합니다. 그러면 이 집회를 조직한 코어를 국정원이 테러단체로 간주, 추적하고 사찰·감시할 수 있습니다. 국정원에 테러위험인물로 찍히면 국정원의 전방위적 감시를 피할 길이 없게 되는 것입니다.

우리는 '말'지가 폭로한 보안사 민간인 사찰 그 일을 알고 있습니다. 그때는 보안사가 했지만 이제는 국정원이 합법적으로 민간인까지 '테러위험인물이다'라고 찍으면 사찰할 수 있게 되는 겁니다. 합법적으로 할 수 있게 되는 겁니다.

네 번째, 사이버테러 방지법은 사이버 계엄령과 같습니다. 어떻게 보면 사이버테러 방지법은 더욱 심각합니다.

국정원은 사이버상에서 평시, 테러 시 언제든 민관군 모든 영역을 아무 때나 들여다볼 수 있게 됩니다.

그리고 사이버테러는 해킹, 바이러스를 다 포함한다고 규정되어 있지요. 이것은 아마도 RCS와 연결되는 개념일 거라고 생각합니다. 사이버테러로부터 사이버 안전을 지킨다는 명목으로 사실상 모든 활동을 국정원에 허용하게 됩니다.

인터넷에 바이러스가 퍼지거나 해킹 사고만 일어나도 '아, 이게 사이버테러다'라고 규정하면 국정원이 모든 것을 조사하겠다고 나설 수 있게 됩니다.

결국 테러방지법은 한마디로 국민기본권 행사 방지법, 2016년판 긴급조치, 더 나아가 정적사찰법으로 작용할 우려가 매우 큽니다.

국정원은 역사적으로 독일의 게슈타포, 소련의 KGB, 북한의 국가안전보위부 등등의 정보단체와 같은 비슷한 역할을 해 왔습니다. 때로 국가의 안전을 빙자하여 국내적으로 시민들을 감시하고 집권자의 정치적 반대파를 사찰하는 데 주력했습니다.

이와 관련하여서는 박원석 의원께서 김형욱 납치살해 사건 등등 역사적인 사실들을 구체적으로 열거해 주셨습니다. 저도 혹시 시간이 나면 박원석 의원 속기록을 꼼꼼히 다시 보도록 하겠습니다.

국정원은 2012년 댓글로 대선 개입했습니다. 그게 댓글뿐이었는지 우리 아무도 알지 못하고 있습니다.

이명박 정부 때 국정원이 당시 박근혜 한나라당 대표를 사찰한 사실은 우리 모두 아는 사실 아닙니까? 저는 도무지 선거를 앞두고 정부가 정말 테러방지만이 목적이라면 왜 이런 법을 밀어붙이는지 이해하기가 힘듭니다.

여섯 번째, 통제장치가 거의 없습니다.

통제장치라고 보완한 것이 인권보호관 파견입니다. 인권보호관 한 명이 어떻게 국정원을 통제할 수 있겠습니까? 심지어 인권보호관의 자격, 임기 등 운영에 관한 사항은 대통령령으로 정하고 있습니다. 이런 걸 한마디로 눈 가리고 아웅 한다고 합니다.

일곱 번째, 대선개입 공작까지 했고 간첩사건 조작해 온 역사를 가지고 있는 국정원에게 더 많은 권력을 주어서는 안 됩니다.

청와대와 정부, 국정원은 검찰의 수사를 조직적으로 방해해 국정원 대선개입 공작은 유야무야되었습니다. 수사의 총책임자인 검찰총장은 개인적인 불미스러운 일로 축출당하는 것을 전 국민이 지켜보았습니다. 수사팀 책임자는 제대로 수사하려다가 좌천되었습니다. 그리고 해당 수사팀 검사들은 공중분해 되었습니다.

국정원은 중국 지방정부의 공문서를 위조하면서까지 서울시 공무원 간첩사건을 조작, 북한 보위부 직파간첩 사건도 법원에서 연이어 무죄가 선고되었습니다. 유명한 사건입니다. 혹시 시간이 되면 관련 사건 판결문을 읽도록 하겠습니다.

이런 국정원에 새로이 광범위한 사찰과 감시 기능이 부과된다면 국정원 권력은 온·오프라인에 걸쳐 어마어마하게 커질 것입니다. 그러면 아마도 우리나라는 국정원공화국이 될 겁니다.

과연 지난 2000년대 한나라당은 테러방지법에 어떤 태도를 취했을까요?

9·11 테러 이후 한국에서 테러방지법안이 마련되었습니다. 이때 한나라당은 국정원에 의하여 악용되어 야당 탄압에 쓰여질 것이라며 반대하셨습니다.

혹시 한나라당 재선·3선 의원들 계시면 기억하고 계시지요? 국정원에 의하여 악용되어 야당 탄압에 쓰여질 것이라며 반대하셨습니다. 심지어 안기부의 수사국장을 지낸 한나라당 정형근 전 의원은 참여정부 시절 국정원 해체법안을 발의하기도 하셨습니다.

한나라당이 테러방지법을 국정원에 의하여 악용되어 야당 탄압에 쓰여질 것이라고 반대하는 건 괜찮고, 지금 이 순간 똑같은 법안에 대하여 저희 당이 국정원에 의하여 악용되어 국민기본권을 침해하고 야당 탄압에 쓰여질 것이라며 반대하는 것은 왜 안 되는 겁니까?

9·11 사태로 세계가 떨었습니다. 미국도 충격을 받았습니다. 그래서 미국도 애국법을 만들었습니다. 그래서 미국의 애국법은 수사기관이 테러리스트로 추정·의심되는 감청 대상을 정하면 전화·휴대전화·전자우편 등 모든 통신수단을 포괄적으로 감청할 수 있게 했습니다.

이것 어떻게 되었습니까?

전 세계를 떠들썩하게 했던 전 CIA 직원 에드워드 스노든에 의해서 NSA가 무차별적으로 감청을 해서 국민의 사생활이 광범위하게 침해됐다고 폭로했습니다. 그래서 연방법원은 시민에 대한 부당한 압수수색을 금지한 수정헌법 제4조를 위배한 것이라고 판결했고요, 애국법의 위헌성을 인정했습니다. 결국 오바마 대통령은 개선안을 마련하지 않을 수 없었습니다.

이런 일이 벌어진 곳이 미국입니다. 세계에서 가장 인권이 보장되었다고 자부하는 나라 미국에서도 애국법 같은 것이 생겨 정보기관에 감청할 수 있는 권한이 주어지자 무차별 감청으로 국민의 사생활이 광범위하게 침해됐습니다. 하물며 정보기관이 권력의 하수인으로 온갖 정치공작을 한 뼈아픈 경험이 있는 우리나라는 어떻겠습니까? 그런데 어떻게 국정원에 이런 폭넓은 개인인권침해법안 선물로 줄 수 있습니까?

한마디로 테러방지법은 국정원을 이제 오프라인을 넘어 정보의 괴물로 만들겠다는 것에 다름 아닙니다.

테러는 막아야 합니다. 테러는 그 배경과 맥락을 이해하고 예방을 위해 국제·정치·외교적 노력을 병행해서 경주해야 합니다. 우리 문고리도 걸어 잠가야 되겠지요. 그런데 박근혜정부는 사드 배치, 개성공단 중단 등으로 오히려 대중·대북 갈등과 긴장을 고조시키고 있습니다. 그러면서 테러방지법이 시급하다고 얘기합니다.

이러면 정말 곤란합니다. 대중·대북 긴장도 잘 풀고 진정한 테러방지법 함께 만들어 가기를 제안합니다.

저는 아무리 살펴보아도 이번에 새누리당에서 추진하고 박근혜 대통령께서 드라이브를 거는 이 테러방지법은 테러방지법이 아닙니다. 국민기본권침해법이 될 가능성이 대단히 크다고 생각하여 반대합니다.

어떤 네티즌께서 의원들 얘기를 많이 들었는데 내용이 어려워서 그리고 헷갈려서 머리에 정리가 잘 안 된다고 하십니다. 그래서 반복 또 반복해 달라는 요청이 있었기 때문에 저희 당에서 정리한 테러방지법 쟁점 정리 또 하겠습니다.

테러방지법 입법에는 저희 원론적으로 찬성합니다. 테러 문제가 세계적으로 심각한 것 인정합니다. 그리고 이를 해결하기 위해 진정한 대테러방지법이 필요하다는 것, 저희 당 주장입니다.

그런데 지금 새누리당이 제출한 대테러방지법은 인권침해를 가져오는 독소 조항이 너무 많기 때문에 총론적으로는 테러방지법이라는 법 제정 취지에는 공감하지만 각론에 들어가서는 고칠 게 너무나 많습니다. 그래서 저희는 고쳐서 통과시키자 이렇게 주장합니다.

정치라는 건 토론과 타협 아닙니까? 국회가 있는 이유, 여야가 있는 이유, 특히 야당이 존재하는 이유, 여당이 하는 일을 꼼꼼하게 살펴보고 그것이 잘못된 결과가 나올 수 있을지 모르니 잘못된 결과가 나오기 전에 꼼꼼하게 미리 살피라는 것이 국민이 저희에게 준 명령입니다. 그래서 그 명령 수행합니다.

독소 조항 세 가지 말씀드리겠습니다.

첫째, 무제한 감청 허용의 문제입니다.

제가 이번에 이 법을 보면서 자존심이 상했습니다. 왠지 아십니까? 통신비밀보호법 개정을 통해 테러 업무도 국가안전보장에 상당한 위험이 있는 경우와 같게 보고 통신 제한조치를 요구하도록 규정하고 있는 부칙 제2조2항 때문입니다.

저는 미방위원입니다. 통신비밀보호법 개정을 미방위에서 수차례 논의하려다 말고 논의하려다 말고 못 했습니다, 결국.

이유가 뭔지 아십니까? 이 통신비밀보호법이라는 것이 국민의 기본권을 침해할 수 있고 아까 한나라당이 과거에 말씀하셨듯이 야당 의원을 탄압하는 데 이용될 수 있다고 생각했기 때문입니다. 그래서 해당 상임위에서 논의조차 못 한 법안 개정안을 자존심 상하게 이 법 부칙에 넣습니까? 어떻게 이렇게 무례하게 하실 수 있습니까?

적어도 국회의원 한 명 한 명은 헌법기관으로서 국민의 대표로서 존중해 주셔야 하지 않겠습니까? 이 법 만드시는 국회의원들은 존중받으셔도 되고 저희 미방위원들은 저희가 생각하기에 매우 중요한 법을 억지로 부칙으로 강제로 개정하도록 하는 이런 대접 받아야 되는 겁니까?

게다가 부칙에서 이렇게 해 버리시면 몸통보다 꼬리가 커지지 않겠습니까? 부칙이 이렇게 중요한 내용이 들어 있으면 저는 이 법을 몸통보다 꼬리가 훨씬 큰 법으로 규정할 수밖에 없습니다.

실질적으로 테러를 빙자한 무제한 감청을 허용할 가능성을 이 법은 내포하고 있습니다. 원래 통비법은 고등법원 부장판사 영장을 받아 통신 제한조치를 하도록 되어 있습니다. 그런데 국가안전보장에 상당한 위험이 예상되는 경우에는 대통령 승인만으로 감청이 가능하게 되어 있습니다. 대통령 승인만으로 가능하게 되어 있습니다. 대상을 특정하지도 않고 일정 기간 감청을 무제한 허용한다는 의미입니다.

그런데 이 법에서 규정하는 테러는 그 중요도가 사안마다 다를 수 있습니다. 경미한 사안의 테러일 수도 있고 국가안보에 중대한 영향을 미칠 정도로 심대한 테러가 있을 수 있습니다.

또 테러가 아닌데, 테러위험분자가 아닌데 자의적으로 테러위험분자로 낙인찍힐 수도 있습니다. 그런데 그러한 자의적인 테러 지정, 테러의 경중은 구분하지 않고 이를 일괄적으로 모든 테러를 국가안위에 상당한 위험이 예상되는 경우와 동일시 여겨서 국정원이 통신 제한조치를 요청할 수 있다면 테러의 경중을 판단하는 국정원이 완전히 어느 것을 테러로 볼 것인가 기준을 제시하지도 않을 텐데 자의적 판단 여지가 너무 넓습니다. 그럼 당연히 따르는 것이 있습니다. 법의 남용.

저희가 법을 만들 때 굉장히 심사숙고합니다. 이유가 뭡니까? 이 법이 만들어졌을 때 남용의 폭이 얼마나 될까 고민하는 거잖아요. 이 법에 부작용이 없을까 고민하는 거잖아요.

저는 존경하는 새누리당 의원님들께 묻고 싶습니다. 왜 유독 이 법에 대해서만, 저희가 추진하는 다른 모든 법에 대해서는 법의 역기능을 말씀하시면서 왜 이 법에 대해서만 역기능을 말씀하시는 의원님이 한 분도 안 계신 겁니까?

또 이 법은 핸드폰 감청설비 의무화로 확대될 가능성이 있어서 이것 바꿔야 됩니다.

통비법을 바꾸려는 시도는 여러 번 있었습니다. 사실 18대에도 있었고 19대에도 여러 법안이 올라와 있습니다. 한결같이 이게 뭐냐? 핸드폰을 감청할 수 있게 만들자는 주장을 담은 법들이 많습니다.

우리나라는 핸드폰 감청이 허용되지 않습니다. 그리고 특정하게 몇 개 부처가 감청을 실시할 수 있는 장비를 소유하고 있는데 이게 문제가 되었고 과거 국정원장이 구속되면서 이게 다 폐기되었습니다. 그래서 핸드폰 감청은 공식적으로는 하고 있지 않아야 합니다.

그런데 지난번에 RCS 파문을 보면 RCS는 소프트웨어여서 이게 감청설비로 지정되어 있지 않다는 법망 미비를 악용해서 국정원이 RCS 감청을 시도했던 것 아닙니까?

그런데 테러방지법의 경우는 직접적으로 핸드폰 감청을 허용하고 있지 않지만 앞으로 대테러 업무에 핸드폰 감청이 필요하다고 보면 통비법을 개정해서 핸드폰에 대한 감청을 허용하는 통로로 이 테러방지법안이 활용될 수 있습니다. 미방위에서 막고 있는 저희의 노력이 구멍이 뚫릴 수 있는 우려가 있습니다.

금융정보 남용의 문제에 대해서도 말씀드리겠습니다.

이 법 부칙 제2조1항에는 또 하나, 꼬리가 몸통보다 큰 조항이 있습니다.

FIU 법을 개정하도록 하고 있습니다. 금융기관에서 수집한 정보, 금융사가 보고하는 정보와 금융정보원장이 보고받은 정보를 국정원이 직접 보고받을 수 있게 해서 금융정보를 포괄적으로 국정원이 축적할 수 있게 되고 이 정보를 활용해 대테러 분자나 국민을 감시하는 등 사생활 침해 및 인권 침해를 불러올 수 있는 여지가 있는 부칙 강제조항이 있습니다.

이것 고칩시다.

테러인물에 대한 추적 및 조사권에 대해서 말씀드리겠습니다.

현재 제출된 법안의 제9조4항을 보면 국정원이 대테러 조사 및 테러위험인물에 대한 추적을 할 수 있게 되어 있습니다. 국회의장께서도 이 부분 개정이 필요하다고 말씀하셔서 정보위원장과 간사에게 수정안을 제출토록 요청을 하신 일이 있습니다. 그런데 국정원이 반대한다는 이유로 수정안이 제출되지 않았습니다. 그래서 추적하거나 조사된 자료를 대테러위원장에게 보고하는 형식의 절충안 정도로 수정안이 올라온 것으로 알고 있습니다. 이 부분 다시 토론하고 손볼 것을 여당에 요청합니다.

새누리당은 국정원에 주는 권한이 정보수집권에 한한다고 얘기하고 있습니다. 그러나 제9조4항을 보면 대테러 활동에 필요한 정보나 자료를 수집하기 위하여 대테러 조사 및 테러위험인물에 대한 추적을 할 수 있다고 하고 있습니다. 간첩사건도 국정원에 조사권을 줘서, 과거에 조작사건이 많았습니다. 만약에 조작사건이 없었다면 지금 이 자리에서 제가 이런 말을 하는 일도 없었을 겁니다.

남용 가능성 배제할 수 없습니다.

정보수집이 완료된 뒤에 이를 근거로 조사권, 수집권이 행해져야 합니다. 국정원에는 계좌추적권과 감청권을 제한적으로 허용해야지 이를 근거로 추적권, 조사권까지 부여하면 남용 가능성이 매우 큽니다.

원래 새누리당이 제출한 법안, 이병석 의원님 안, 이노근 의원님 안, 송영근 의원님 안이 있는데 이 법안에 대해서도 대테러에 대한 추적 및 조사권은 대테러센터에 본래 권한을 주도록 법 문안을 짰었습니다.

그런데 최종 수정안을 보면 그 권한을 편의를 위해 국정원 대테러센터에 주기로 한 것을 빼서 다시 국정원에 부여해 버렸습니다. 이것은 대테러센터를 형해화시켜 버리는 것이고 대테러센터는 유명무실해지고 국정원장은 정보의 수집뿐만 아니라 조사권, 추적권도 갖게 되는 것입니다.

이렇게 권한 몰아주기 불안하지 않으십니까? 이 칼끝이 여당 의원들께 안 간다고 어떻게 생각하실 수 있습니까?

다시 한 번 정리하겠습니다.

저희는 이번 무늬만 테러방지법을 진정한 테러방지법으로 바꾸어서 통과시킬 것을 새누리당에 제안합니다.

그리고 반드시 수정되어야 할 요소들 다시 한 번 정리하겠습니다.

부칙 다 없애야 합니다. 통신비밀보호법 개정, FIU 법 개정, 부칙 삭제해야 합니다. 그리고 테러인물에 대한 추적권, 조사권 삭제하고 그 기능은 대테러센터로 이관해야 합니다.

제가 한 가지 의문이 드는 것은 어쩌면 그렇게 대테러센터 등 현재 있는 테러대응기구 그렇게 신뢰하지 않고 국정원만 신뢰하십니까? 왜 국정원에 이것을 다 주시려고 하십니까?

그리고 국회에 견제 장치가 마련되어야 합니다. 그래서 구체적으로는 신분이 보장된, 국회가 추천하는 상설 감독관을 복수로 대테러센터에 나가 감독 업무를 담당하게 하는 법안 등 그런 내용을 고려할 수 있습니다.

그러나 더 좋은 안이 있을지 머리 맞대고 논의하기를 기대합니다.

저는 사실 오늘 20시간 분량의 자료를 준비해 왔습니다. 그런데 아까 박원석 의원께서 존경하는 은수미 의원의 신기록을 아름답게 보호해 주기 위해서 9시간 반 만에 토론을 멈추셨습니다. 저는 박원석 의원의 그 예쁜 마음 존중해서 줄이겠습니다.

언론보도를 살펴보려고 합니다.

국정원에 대한 언론보도에 대하여 수차례 저희 의원실에서 방송을 긴급 모니터해서 보도 자료를 낸 바 있습니다. 그것을 요약하자면 국정원과 관련된 보도에 지상파가 너무나 인색하다는 겁니다.

이탈리아 해킹팀의 불법 감청프로그램을 우리나라의 5163부대, 즉 국가정보원이 구매해 사용했다는 사실이 밝혀져 국정원의 대국민 불법 사찰 의혹이 거세게 일고 있을 때 지상파 방송은 아예 이 사안을 외면했습니다.

이 사실이 국내에 처음 알려진 게 지난해 7월 9일, 언론 등이 이탈리아 해킹팀에서 유출된 자료를 분석해 새로운 사실들을 속속 밝혀내고 있었던 7월 13일까지 지상파 3사 메인 뉴스 프로그램에는 단 한 번도 이 사안이 보도되지 않았습니다.

반면 JTBC 메인 뉴스 프로그램 뉴스룸은 7월 10일 1건을 보도한 것을 시작으로 11일과 12일에는 각각 2건을 보도했고 13일에는 4건의 리포트와 함께 1건의 앵커브리핑, 1건의 전문가 인터뷰까지 모두 6건을 대대적으로 보도했습니다. 비교 불가 수준이었습니다.

이것은 계속 이 상태가 지속되다가 7월 14일이 되어서 KBS가 2건, MBC가 1건, SBS가 1건 보도하기 시작했습니다. 그런데 이미 7월 14일이 되면 JTBC는 7월 13일 6건, 7월 14일 8건의 보도로 RCS와 이탈리아 해킹팀에 대한 심층 보도를 내보냈습니다.

(자료를 들어 보이며)

그때 제목이 이거였습니다. 'JTBC, 지상파 압도'

테러방지법에 관한 혹은 저희 필리버스터에 관한 언론보도 살펴보겠습니다.

중앙일보 사설입니다. 중앙일보 사설은 '테러 안전지대 아닌데 법도 못 갖춘 대한민국' 제목입니다.

'11월 13일 파리 테러를 계기로 테러에 대한 국제 공조의 필요성이 높아지고 있다' 이렇게 시작한 사설은 '인터넷과 SNS를 통해 전 세계로 테러집단이 세력을 확장하고

있다. 한국의 청소년이 이슬람국가에 포섭된 사례도 있다. 국가 보안활동을 인권 침해로 등식화하는 20세기 낡은 반대논리로는 더 이상 국경을 넘나드는 21세기 테러를 막을 수 없다'고 쓰고 있습니다.

저는 이 사설의 내용에 딱 한 가지 조건이 마련된다면 동의합니다. 그것은 이번에 정부 여당이 마련한 테러방지법안이 정말로 국민의 신체와 안전, 국가를 보위하기 위한 테러방지법이라는 것을 전제로 할 때 동의하겠습니다.

동아일보도 마찬가지입니다. 'IS 추종자 활개 치는데도 테러방지법 뭉갤 참인가' 그러니까 계속해서 테러방지법 빨리 서두르라고 보수언론들이 사설을 쓰고 있습니다. 그리고 내용이 주로 야당 비판입니다. '야(野), 이번에도 테러방지법·북한인권법 뭉갤 참인가'

조선일보 사설인데요, 제목이 '15년 국회에 잡혀 있는 테러방지법, 당하고 나서야 만들 건가'입니다. 제가 왜 이것이 재미있다고 말씀드리느냐 하면 바로 이 논조가 박근혜 대통령께서 '14년 동안 못 만들었다. 국민이 다치고 나서야 만들 건가' 이런 말씀 하셨죠? 이 사설의 논조하고 너무 비슷하십니다.

문화일보입니다. '국정원의 대테러 총괄기능 거부할 이유 없다' 제가 아까 말씀드렸듯이 우리의 신문지형은 90% 이상이 보수 일색입니다. 그래서 심지어 한 신문은 '북 도발, 테러방지법 통과로 대비해야 한다'는 사설까지 썼습니다.

그런데 과연 북한의 스파이나 간첩이 어느 나라 핸드폰을 쓸까요? 그게 등록한 핸드폰, 감청 가능한 핸드폰 쓸까요? 이런 것은 꼼꼼히 보시면 어떨까 생각합니다.

필리버스터에 관한 보도를 찾아보았습니다. 그랬더니 지상파 뉴스는 필리버스터를 잘 다루고 있지 않더군요. 그리고 지상파 3사 메인 뉴스만을 보면 마치 야당이 직권상정 자체에 반발하는 것처럼 초점을 맞추고 계신 것으로 보입니다. 저희가 왜 '테러방지법'이라고 네이밍된 이 법안을 반대하는지 꼼꼼하게 보도해 주시기를 기대합니다.

(자료를 들어 보이며)

이 자료 모두가 국정원이 과거에 어떤 정치공작을 했는지에 관한 자료입니다.

여기 보시면요, 서론이 있고 정치인 사찰, 선거 개입, 정당 국회활동 개입, 정치자금 통제, 결론 이렇게 되어 있고요. 그다음에 두 번째 자료는 중정과 안기부에 의한 언론 통제 및 개입 실태입니다. 이 부분도 역시 앞에 의원들께서 여러 가지 자료를 가지고 말씀을 하셨습니다. 그런데 사실은 너무나 중요한 내용이 많아서 몇 가지는 말씀을 드려야 할 것 같습니다.

세계 어느 국가를 보더라도 국가정보기관을 보유하지 않는 나라는 없을 겁니다. 모든 나라에 국가정보기관이 존재하는 것은 현대국가가 존립하기 위해 정보기관은 필수라는 경험칙 때문일 것입니다.

그런데 이상하지요? 이 경험칙과는 별개로 국가정보기관을 바라보는 사람들, 국민들의 시선은 곱지

않은 것 같습니다. 그러니까 국가 이익의 보장과 안보를 위해 국정원이 반드시 필요하다는 분도 계시지만 국민을 상대로 정보를 수집하는 정보기관은 민주주의와 양립할 수 없다는 근본적인 문제 제기를 하고 계십니다. 어느 하나를 택하기 어렵겠지요. 그래서 이제 이 두 가지 극단적인 입장을 적절한 선에서 절충해야 한다고 생각합니다.

그런데 우리는 특수성이 있습니다. 그것은 남북 대치 상황입니다. 그러한 한국적 특수성은 국가정보기관의 특정 정보활동이 과잉되고 비대화되게 만들었습니다. 그리고 민주적 통제를 불가능하게 만들었습니다. 분단 상황에서 북한의 위협으로부터 우리나라를 유지하고 지켜야 한다는 가치가 최선이라고 인식되어 왔기 때문입니다. 그리고 이것은 냉전이라는 세계적 흐름 속에서 가능한 일이었습니다.

그런데 반공 이데올로기를 동원해서 통제의 기제로 활용했던 우리의 불행한 독재의 경험은 국가정보기관이 국가 안보보다는 정권 안보를 위해 동원되게 만드는 조건을 제공했습니다.

그래서 지금 우리가 논의해야 할 것은 민주화가 어느 정도 진전되었다고 판단한다면 국가정보기관이 자신의 존립 기반을 유지하느냐 축소하느냐의 문제를 고민해야 하고 결국 자기 본래의 역할로 돌아가도록 여야가 머리를 맞대 개혁안을 제시하는 것이라고 생각합니다.

민주정부 시절 국가정보원은 과거 중정 시절 세간에 숱한 의혹의 대상이 되었던 사건들에 대한 진상규명 작업을 진행해 왔습니다. 여러 가지 정치적 의혹들에 대하여 진상을 규명해 왔습니다. 그래서 과거 권위주의 정권 시절의 중정이나 안기부와 같이 억압과 공포감 조성을 통해 군림하는 국민 위의 조직이 아니라 폭넓은 대중적 지지와 무한한 신뢰에 기초해 국민과 함께하는 정보기관으로의 변화를 도모하려고 애써 오다가 이명박 정부와 박근혜정부 들어 과거 중정 시절로 회귀하려는 움직임이 나타나고 있는 것이 아닌가 묻고 싶습니다.

사실 우리 중정이, 우리의 정보조직은 1961년 5·16 쿠데타의 핵심 세력과 함께 중정이 창설되었습니다. 어쩌면 애초부터 중정은 국내 정보수집, 국내 정치공작 활동 역시 중요한 기둥으로 놓고 활동해 온 것이 아닌가 생각됩니다.

몇 가지 사건을 살펴보도록 하겠습니다. 아마 과거에 언론을 통해서 보셨을 것으로 생각됩니다. 우리 국가정보기관의 정치인 사찰 및 탄압의 유형과 사례에 대해서 살펴보겠습니다.

정치인에 대한 사찰 및 탄압의 유형은 크게 세 가지입니다.

첫째, 집권당 및 소속 의원들에 대한 정치사찰 유형이 있습니다. 이것은 2008년 이명박 정부가 자행했던 당시 박근혜 전 대표에 대한 사찰이 그 유형이겠지요. 그래서 저희는 이번에 테러방지법이라고 명명한 국정원 강화법이 통과되면 첫 번째 대상이 집권당 및 소속 의원들에 대한 정치사찰일 수 있다 이렇게 말씀드립니다.

두 번째는 야당 의원들에 대한 정치사찰과 탄압입니다.

그런데 사실은 이게 '첫째 집권당 소속 의원들에 대한 사찰'보다는 범위와 정도가 훨씬 더 광범위하다고 볼 수 있겠지요.

셋째는 반정부 정치인, 말하자면 과거 유신시대로 치면 재야인사 등 민주화운동 세력에 대한 정치적 사찰과 탄압 유형이 있습니다. 그 예로 과거 중정은 장준하, 백기완, 계훈제, 김철 등과 같은 재야인사들을 일일별, 주간별, 월간별로 감시·사찰한 것으로 이미 드러났습니다. 또 반정부 움직임을 보인 사회단체와 종교단체에 대해서도 사찰을 했습니다.

중정 시절에 일어난 정치사찰들이 여러 가지가 있습니다. 그런데 이 자료 쭉 보다 보면 집권당과 소속 의원들에 대한 정치사찰도 유형이 네 가지나 됩니다.

첫째, 중요한 정치적 국면에서 대통령의 생각과 배치되는 견해를 가진 의원들에 대한 동향파악입니다. 예컨대 4·8 항명 파동, 3선 개헌, 10·2 항명 파동, 유신헌법 제정 등 정권과 체제의 전환적 국면일수록 중정의 정치 개입은 극대화될 수밖에 없습니다. 정권의 정치적 위기는 정보기관의 정치 개입 유인 요인입니다.

둘째, 의원들의 정상적인 의정활동을 통제합니다. 여당 의원 통제 유형을 얘기하고 있습니다. '권위주의 시절의 국회는 현재의 국회처럼 자율적이지 못했다'라고 여기 쓰여 있습니다만 현재의 국회도, 특히 여당은 자율적이지 못하지 않나요? 입법부가 아니라 통법부라는 비아냥거림을 들을 수밖에 없던 배경에는 중정, 안기부 등 정보기관이 야당 의원은 물론 여당 의원들에 대해서도 수시로 의정활동을 통제하던 관행이 있었기 때문입니다.

세 번째, 집권당 내부의 움직임에 대한 동향 파악입니다. 중정 등 정보기관은 집권당 내부의 역학관계나 업무에 대해서도 수시로 파악하고 있었음을 확인할 수 있습니다. 집권당 내부의 움직임을 파악하는 메커니즘에 대해서는 드러나 있지 않지만 확실하게 동향 파악은 했다고 합니다. 그리고 수집된 정보를 필요할 때마다 활용했다고 합니다.

넷째, 집권당 의원들에 대한 비위사실 수집입니다. 이것은 의원들의 정치활동을 통제하는 가장 원초적인 방법 중의 하나인데요. 중정이 공화당 항명 파동 사건과 국민복지회 사건의 경우 반체제 인사나 야당 의원들처럼 여당 의원들을 중정으로 끌고 가 물리적 폭력을 가하는 방법도 사용했다고 합니다. 그러나 그것은 예외적인 경우고요. 국회의원의 경우는 돈 문제, 여자 문제, 이권 개입 등을 조사하여 이를 적절한 시점에 활용하는 방법을 즐겨 사용했다고 합니다.

조금 더 구체적으로 들어가 보겠습니다.

집권당 소속 의원들에 대한 정치사찰은 대통령의 정치적 위기 혹은 정치적 전환 국면에서 집중된 흔적이 엿보이는데 대표적인 사례가 초대 중정부장이었으며 국무총리까지 역임한 김종필 전 총리에 대한 동향 파악 기록이었다고 합니다.

1968년 국민복지회 사건으로 공화당 의장에서 물러난 김 전 총리와 김 모 의원의 동향은 중정의 주요 관심대상이었다고 합니다. 특히 3선 개헌 논의가 진행되는 상황에서 개헌에 반대 입장을 표명해 온 김종필 전 총리 계열의 의원들과 이른바 4·8 항명 파동으로 공화당에서 제명된 의원들이 중요 관리대상이었던 것으로 보입니다.

문건도 여러 개가 있습니다. '전 공화당 의장 김종필 동향첩보 통보' '김종필 동향첩보 입수' '국회의원 김 모 동향첩보 통보' '김 모에 대한 첩보' '개헌 논의를 위장한 정계동향' '개헌 논의를 위장한 정계동향 보고' 등이 대표적인 문서들입니다.

이 문건 중에 하나의 내용을 보면 김종필 전 총리가 박 모, 김 모와 만나 개헌 반대의사를 표명하고 앞으로 만약 개헌의 추진이 본격화될 경우 자신은 표면에 나서 범국민적인 개헌 반대투쟁을 벌일 결심을 밝혔다는 내용이 기록되어 있습니다.

무소속 의원 동향보고도 있습니다.

1969년 8월 8일 서울시내 모 식당에서 예 모, 박 모, 정 모, 양 모, 김 모 등 이른바 4·8 항명 파동으로 공화당에서 제명된 무소속 의원들이 김종필 전 총리 계열의 김 모를 만나 공화당에 복당하는 문제를 논의했는데 그 자리에서 무소속 의원들이 공화당 복당과 관련하여 논의한 내용들이 상세히 기록되어 있었다고 합니다. 또한 이 문건에 보면 김 전 총리와 청와대 이후락 비서실장이 김 총리의 자택에서 30분 동안 요담한 사실과 3선 개헌에 반대 입장을 가지고 있던 공화당의 윤 모·이 모·김 모·이 모·신 모·오 모·김 모 의원 등이 모 골프장에서 개헌 문제 관련 논의를 했다는 내용도 포함되어 있습니다.

정치적인 중요한 사건이 있을 때마다 특히 여당 의원의 동향 파악에 주력했다고 합니다.

3선 개헌 표결이 이루어진 1969년 9월 14일에 날짜가 가까워질수록 여당 의원 동향 파악에 매우 신경을 많이 썼다고 하는데요. 공화당 일부 의원 문건에는 1969년 8월 27일 청진동 소재 모 한식집에서 공화당 소속 중 개헌 반대의견 소지자인 신 모, 오 모, 윤 모, 김 모 등이 모여 오는 30일에 있을 전당대회 및 국회에서의 개헌안 통과과정에서 취할 행동에 대해 논의했다는 내용이 언급되어 있다고 합니다. 이 이후에도 3선 개헌과 관련하여 개헌 반대입장에서 개헌 찬성으로 돌아선 모 의원이 다른 의원들에게 개헌 찬성 권유를 했고 누구는 행동 통일하자고 했고 누구는 거부했고 등등의 내용을 상세하게 기록한 동향 문건들이 있습니다.

3선 개헌이 국민투표를 통해 통과된 이후에도 공화당 의원들의 주요 동향은 계속 파악한 것 같습니다. 문건 제목이 뭐냐면 '국민투표 후에 공화당 내 구주류·주류계 동향'입니다. 이게 공화당 내의 구주류와 신주류의 동향과 함께 전 중정부장 김형욱과 10·2 항명 파동의 주역인 김 모 등이 야합을 기도 중이라는 내용이 쓰여 있다고 합니다.

1978년 이 사건은 저도 기억합니다. 1978년 3선 개헌을 찬성했다가 야당인 신민당에서 출당조치 되어 여당으로 온 성 모 모 공화당 의원의 추문사건이 터졌습니다. 중정이

이 사건을 조사했는데요. 그 후에 이 의원 어떻게 됐는지 다들 기억하고 계시리라고 생각합니다. 정말 신문에 대문짝만하게, 요즘 식으로 표현하면 원조교제 사실이 보도된 일이 있었습니다.

두 번째 유형이 있습니다. 이 유형은 의원들의 정상적인 의정활동에 대한 통제라고 아까 말씀드렸는데요. 여당 의원들이 정상적인 의정활동을 수행하는 과정에서 행한 발언이나 주장까지도 문제 삼아 이를 탄압한 경우입니다.

대표적인 사례가 공화당 이만섭 의원의 경우입니다. 1964년 10월 27일 공화당 이 의원이 동료 의원 45명의 동의를 얻어 국회에서 남북 가족면회소 설치에 관한 결의안을 제출하자 중정은 이만섭 남북 면회소 설치 제안에 대한 배후조종 내용 문건에서 이를 좌경세력의 배후조종으로 친공적 색채가 농후하다고 판단하고 계속 내사하여 진상을 파악하겠다는 의견을 제출한 바 있습니다. '이만섭 남북 면회소 설치 제안' 이게 당시에는 좌경세력의 배후조종이며 친공적 색채가 농후하다고 평가 받았던 모양입니다. 이만섭 전 의원은 당시 중정부장 김형욱이 공화당 당직자들에게 압력을 행사하여 결의안이 본회의에 상정되는 것을 방해했고 결국 결의안은 폐기되었다고 합니다.

이 사례는 결국 중정이 무소불위의 힘을 가지고 공화당을 마음대로 장악할 수 있었기에 가능한 일이었고 저는 이 두 번째 유형, 의원들의 정상적인 의정활동을 통제하는 것은 어떤 동기와 어떤 힘이 작용하는지 모르지만 지금도 작용하고 있는 것이 아닐까 의구심을 가져 봅니다.

세 번째 유형, 집권당 내부의 움직임에 대한 동향 파악, 아까 말씀드렸는데요 이게 여당 국회의원 개인에게만 국한되어 있지 않다고 합니다. 이게 여당 국회의원뿐만 아니라 여당의 당의 운영 및 당직자들의 언동과 당내 역할 등 공화당 내부 상황을 수시로 파악하고 있었다고 합니다.

그다음에 네 번째 유형 보겠습니다. 이것 아까 말씀드렸듯이 비위사실 수집입니다. 물론 이것은 광범위하게 수집했겠지요. 대상이 여야 의원을 넘어 지식인들까지 다 비위사실을 수집한 것으로 보입니다. 이 중에는 정말 흥미로운 것도 많습니다. 당시 여당 총재 비서실장이 유력시되었던 길 뭐뭐 씨가 외국계 고급승용차 밀수사건 의혹을 받았다고 합니다. 그리고 우리가 다 기억하는 미림사건도 그중의 하나입니다. 이 과정에서 정보통신 기술이 발달하면서 불법 감청활동이 국가정보기관에 의해 이루어졌던 것도 사실로 드러났습니다.

여당 의원에 대한 정치사찰 살펴보았는데요, 야당 의원들에 대한 정치사찰 및 탄압이 있었습니다. 1961년 6월 10일 중정 창설 이후 야당 정치인에 대한 정치사찰의 효시는 아마도 1962년 3월 22일 부정부패, 경제파탄, 정국불안의 책임을 지고 하야한 윤보선 전 대통령에 대한 자택 감시에서부터일 것입니다. '윤보선 전 대통령은 대통령직을 하야하고 안국동 자택으로 돌아온 직후부터 집 주위를 수십여 명의 정보원들이 둘러싸고 밤낮없이 감시를

계속 했다. 인근 높은 곳에서 집안을 내려다보는가 하면 드나드는 사람들은 일일이 검문을 받았다. 들리는 말에 의하면 도청기로 집안의 대화가 새어나가고 일거일동이 촬영되었다'고 증언하고 있습니다.

야당 정치인들에 대한 정치사찰 및 탄압도 네 가지 유형으로 분류할 수 있습니다.

첫째, 주요 지도급 야당 인사들에 대한 집중 감시·사찰입니다. 유진산 전 총재를 필두로 김대중, 김영삼, 이철승, 김상현 등 야당의 지도적 의원들에 대해서 집중적인 감시와 사찰이 이루어졌다고 합니다. 특히 박정희 대통령의 최대 정적이라고 일컬어지는 김대중 대통령에 대해서는 확인된 자료의 양과 질 모두에서 야당 정치인 중 가장 집중적으로 정보가 수집된 정황을 확인할 수 있었다고 합니다.

둘째, 의원들의 정상적인 의정활동에 대한 통제는 여당의 경우와 마찬가지였다고 합니다. 그 강도는 훨씬 더 했겠지요. 국회에서의 발언 하나하나, 지역구에서 하는 발언 하나하나를 다 문제 삼았고 그에 따른 제재와 보복조치가 이루어졌다고 합니다.

셋째, 기획 정치공작 유형이 있습니다. 대통령에 반대하는 야당과 야당 국회의원들을 탄압하기 위해 혹은 특정 정치세력을 제거하기 위한 기획공작의 사례를 확인할 수 있는 대표적인 사건이 명동사건으로 불리는 3·1 민주구국사건이었습니다. 이 사건은 국가보안법 등이 적용되었고요, 특정한 정치적 목적을 위해 가공되었다는 의혹을 받아 왔습니다. 그리고 중정 문서를 통해서 일부 의혹이 해소되었다고 합니다. 해소되었습니다.

넷째, 여당 의원과 마찬가지로 야당 의원들 및 야당 간부들에 대해서 비위사실, 돈·여자·이권개입 등 자료를 수집했다고 합니다. 야당 의원들에 대해서는 한 명 한 명마다 00파일이 존재했다고 합니다. 특히 김대중 공화당 개헌기도 주장 문건이 있는데요, 제목부터 너무 날것이어서 읽지 않겠습니다.

김대중 전 대통령뿐만 아니라 신민당 의원들에 대한 동향파악에 있어서는 유진산 의원과 이철승 의원도 예외가 아니었다고 합니다. 대표적 사례를 보면 '신민당 유진산 의원 동향' '전당대회를 위시한 유진산 동향' '신민당 유진산 동향' '유진산, 양일동 등과 회동' '신민당 유진산 등 동향' '신민당 부총재 유진산 동향' 이런 문건에서는 유진산 전 의원과 이철승 전 의원의 내밀한 관계를 언급하고 있다고 합니다.

1969년 10월 30일부터 69년 11월 6일까지의 수사공작 존안 원본 문서철에 보면 사건명칭 '김영삼 의원 외 26명에 대한 기록'이라는 것이 있다고 합니다. 그리고 이 문서에 보면 당시 조총련 국회 침투기도 사건이라는 것이 있었는데요, 이것과 관련하여 양일동·유진산 이 두 분에 대한 배후조사 내용까지도 수록되어 있다고 합니다.

야당 의원들의 의정활동에 대한 통제를 보겠습니다. 이 야당 의원에 대한 의정활동 통제는 중앙정보부는 물론 안기부 시절까지 계속되었다고 합니다. 대표적인 사례가 1978년 지역구 신년하례회에서의 발언을 빌미로 한 모 의원을 긴급조치 9호 위반으로 입건하고 1982년 국회에서의 군인독재 발언 이후 간통 현장을 덮쳐 구속시켰다고 합니다. 이 구절을 보니까 국정원 댓글사건 때 검찰총장을 찍어 낸 사건이 떠오릅니다.

1986년 10월 유성환 의원이 국회에서 행한 통일국시 발언에 대한 안기부의 탄압도 대표적인 사례입니다. 안기부에서 1986년 10월 15일 자로 작성된 신민당 유성환 의원 배포 국회 질의원고 내용 검토 및 조치계획 보고와 유성환 용공 발언 원고 작성 관련 혐의자 수사상황 보고에는 유성환 의원의 원고 압수상황 및 배후 색출에 수사의 초점을 맞춘다는 내용 등이 상세하게 기록되어 있습니다. 이게 1987년 유월항쟁 전에 있었던 일입니다. 통일국시 발언, '통일이 우리의 국시다' 이 발언입니다.

세 번째 유형은 기획정치공작을 통한 탄압인데 대표적인 사건은 명동사건, 한독당 내란음모사건입니다. 지금 저는 지난 시절 우리나라 정보기관이 저질렀던 정치공작에 대해서 이야기를 나누고 있습니다.

1966년 10월 17일 김두한 오물사건 배후수사 보고라는 문건이 있습니다. 이 문건에는 김두한은 71년도 대통령 후계자로 김종필을 옹립하기 위해서 67년도 국회의원선거 시에 김종필계 인사를 과반수 확보하여야 할 것인데 현 내각이 존속하는 한 그 실현이 어려울 것으로 단정하고 한비밀수 사건으로 현 내각에 대한 국민의 감정이 악화된 시기를 이용하여 현 내각을 후퇴시키고 김종필계 내각을 수립할 것을 기도하는 작태와 장택상, 오학진 등의 배후조종하에 1966년 9월 22일 12시 45분 국회 본회의 한비밀수 사건 대정부질문 시에 국무위원들에게 오물을 살포하였다고 사건을 규정하고 있습니다. 이에 대한 조치의견은 김두한을 계속 심문, 김두한 면회자 언동 내사, 알리바이 조사, 국회 내 발언내용 검토, 전화 도청 등으로 가족 및 비서 등 친근자의 동태파악을 건의하고 있습니다.

그런데 이 사건은 문건을 분석해 보면 '중정이 김두한 의원이 개인적으로 행한 사건을 정적을 제거하기 위해 악용했다고 보는 것이 타당하다' 이렇게 되어 있습니다.

네 번째 야당 의원의 비리 내지 약점을 조사하여 이를 정치적으로 활용하는 경우입니다. 정보기관의 야당 의원 비위조사의 경우 가장 흔한 방법 중의 하나가 정치자금 조달경위를 조사하는 방법입니다. 정치자금의 조달경로를 파악하면 정치자금의 조달을 통제할 수 있게 되고 그 자체로 야당 의원의 정치활동을 통제하는 효과가 있었을 뿐만 아니라 중요한 정치 국면에서 야당 정치인에 대한 직접적인 회유와 협박의 수단으로 활용할 수도 있었다고 합니다.

이와 같은 공작 대상이 가장 많이 됐던 분이 김영삼·김대중 두 전직 대통령이었다고 합니다. 야당 정치인의 비위사실을 수집해 정치적으로 활용한 사례는 저희 세대가 알기에도 굉장히 많았던 것으로 기억하고 있습니다.

반정부 인사에 대한 사찰과 탄압도 심각했습니다.

의문사진상규명위원회의 조사에 따르면 1975년 당시 중정은 반체제·반정부·반유신 활동을 하는 인사들에 대한 첩보보고가 올라올 경우 리스트에 올려 특별관리를 했는데 장준하 선생, 윤보선 대통령, 김대중 대통령, 김영삼 대통령, 함석헌 선생 등이 제1의 관찰 대상자였다고 합니다. 문익환 목사, 백기완 선생 등도 여기에 포함되어 있었다고 2004년 의문사진상규명위원회 보고서는 말하고 있습니다.

중정에서는 장준하 선생이 100만인 청원서명운동을 이끌자 위해분자로 선정·감시했고 별도의 관리파일이 중정 내에 존안되어 있었다고 합니다. 당시에는 위해분자로 선정해서 감시한 것으로 보입니다. 이번 무늬만 테러방지법에서 보면 테러우려분자가 되겠지요? 테러위험분자 이렇게 될 수 있을 것 같습니다.

장준하 선생과 관련한 중점 수집사항을 보면 헌법을 부정·반대·왜곡·비방, 개헌 청원 등의 행위, 국가원수 모독행위, 민청학련 및 인혁당사건 조작 운운, 허위사실 유포행위, 스캔들, 약점, 긴급조치사범 중 석방자 선동·자극 행위, 민주회복국민회의 등 반체제를 위한 단체가입 및 권유행위, 유언비어 날조·유포행위, 반체제성명 발표행위, 기타 반국가적 불순 특이동향 등 숨 가쁜 내용들을 수집했다고 합니다.

실제로 이러다 장준하 선생은 사망했고 이것이 정적 살해의 하나라고 의문을 제기했던 분들이 많이 있습니다. 장준하 선생 사망에 의문을 제기했던 성낙오 기자는 체포되었고 야당 지도자의 의문사에 대해 의혹이 있다고 보도한 파 이스턴 이코노믹 리뷰지의 로이 황 기자에 대해 경고조치토록 하고 검찰에 통보하여 입건 여부를 검토케 하는 보고서도 있었다고 합니다.

당시 중정의 실무담당자였던 박OO에 따르면 위 문건내용 중 '공작 필요 시 보고 후 실시'라고 기재되어 있는데 여기서 공작의 의미는 내부에 누군가를 침투시켜서 무슨 정보를 뽑아내려고 하는 공작일 것으로 추측하고 있다는 진술이 있습니다.

이와 관련해 의문사위원회는 당시 박정희 정권의 위기상황과 장준하에 대한 국민적 신망, 박정희 정권에 정면도전한 1975년 당시의 상황을 보면 종결 시까지 한다는 것은 단순한 입건 시 필요한 범법자료의 수집을 넘어서 장준하에게 위해를 가하거나 또는 활동을 정지시킬 것을 목표로 했을 개연성이 있다, 다시 말해 장준하 타살론이 개연성이 있다 이렇게 판결했습니다.

(자료를 들어 보이며)

이건 위해분자 미행감시보고인데 시간이 8시 35분, 11시 5분, 11시 29분 이렇게 해서 5시 30분, 밤 8시까지 아주 촘촘하게 보고서가 작성되어 있습니다. 아마도 예전에는 이것을 오프라인상에서 실제로 누군가가 A라는 분을 A라는 추적자가 추적해서 작성한 것으로 보이지만 만약에 국정원의 감청과 자료수집이 허용되면 이건 그냥 스마트폰으로 다 이루어질 수 있다고 아까 제가 만화를 통해서 말씀드렸습니다.

이 논문은 결론을 이렇게 내고 있습니다.

'국가정보기관에 의해 이루어진 정치인 사찰은 집권당 및 소속 의원들에 대한 정치사찰, 야당 의원들에 대한 정치사찰 및 탄압, 반정부 인사에 대한 정치사찰과 탄압의 세 가지 유형으로 분류할 수 있었다. 집권당 및 소속 의원들에 대한 정치사찰은 다시 몇 가지 하위 유형으로 나누어질 수 있었고 야당 의원들에 대한 정치사찰 및 탄압 역시 네 가지의 하위 유형으로 나누어 살펴본바 이 목표는 정치적 악용이었다' 이렇게 명시되어 있습니다.

중정·안기부에 의한 언론통제 및 개입 실태로 넘어가겠습니다.

정보기관 혹은 정부의 언론통제의 대표적인 실상이 보도지침이었습니다. 그런데 사실은 권위주의적인 통제사회였던 5공 때는 사실은 편집국에 정보원이 상주하는 상황이었습니다. 그리고 이 보도지침을 내려보낸 곳은 문공부 홍보조정실이었지만 사실상 당시 정보기관이 홍보조정실 업무에도 관여했던 것으로 자료는 이야기하고 있습니다.

이제 1980년대로 넘어왔습니다.

제5공화국은 쿠데타로 집권한 정권이었습니다. 정당성이 부족한 정권에서 보편적으로 나타나는 권위주의적인 통제의 가장 중요한 유형 중의 하나가 언론 장악입니다. 언론을 제도화시키고 언론을 동조자로 만드는 것은 역대 정권의 전형적인 언론정책이었습니다.

그런데 언론은 제도적으로는 순치할 수 있었을지 모르지만 언론의 존재 이유를 비판·감시·견제 기능으로 생각한 언론인들은 그 어려운 상황에서 스스로 자각했고 언론 자유를 위해서 싸웠습니다.

당연히 정권은 제도적인 통제 못지않게 언론에 대한 지속적인 감시와 견제를 해야 했습니다. 거기에 다양한 권력기구가 동원되어 있습니다. 국가정보기구에 의해 언론이 통제되고 효과를 발휘할 수 있었던 것은 언론이 변질되었기 때문입니다.

언론이 변질되는 과정을 보면, 첫째 경영진이 이탈해서 정보기관과 손을 잡고, 권언유착 언론인이 양산되는 등 두 가지 조건입니다. 우리가 영화 '내부자들'에서 보는 권력과 언론의 유착이 국가정보원의 중재로, 국가정보기관의 중재로 가능했던 것입니다.

그래서 제5공화국 정권은 언론기본법이라는 전대미문의 법안을 만들어 언론사를 허가제로 만들었고 정부가 직접 언론사를 폐간할 수 있는 언론사 사형선고 조항을 만들어서 운영했습니다. 당연히 언론은 권력의 시녀가 되었고 국민의 눈과 귀는 가려지게 되었습니다.

1987년 6월항쟁이 일어났고, 6월항쟁의 가장 큰 성과 중의 하나는 언론기본법이 폐지되었다는 것입니다. 언론기본법이 폐지되어 언론사 설립이 허가제에서 등록제로 바뀌었고 그것의 성과로 최초의 국민주 신문 '한겨레신문'이 탄생할 수 있었던 것입니다.

1975년 엄혹한 유신 치하에서 동아일보의 젊은 기자들,

조선일보의 젊은 기자들이 언론 자유를 위해서 언론사 내부에 노조 결성을 시작했습니다. 그리고 동아일보에서 130명 정도, 조선일보에서 40명 가까이의 양심적인 언론인이 해직되었습니다. 그리고 80년 언론기본법 치하에서 수많은 양심적인 언론인이 5공 정권에 의해서 쫓겨났습니다. 그들은 80년해직언론인협의회를 구성했습니다.

75년 조선일보에서 쫓겨난 해직 기자들이 만든 조선투위, 동아일보에서 쫓겨난 젊은 기자들이 만든 동아투위와 80년해직언론인협의회 이 3개 단체는 엄혹한 5공 정권하에서 언론 자유를 지키고 새 언론 창간을 꿈꾸며 지속적으로 언론 자유를 위해서 활동했습니다.

그리고 1985년 6월 15일 진보적 잡지 '말'지를 창간했고 1986년 9월 문공부 홍보조정실의 끔찍한 언론통제 실상인 보도지침을 폭로하게 됩니다. 그리고 그 보도지침은 87년 6월항쟁의 한 기폭제가 되었다고 평가받고 있습니다. 진보적 매체 '말'지를 끊임없이 만들어 온 신뢰와 보도지침 폭로로 6월항쟁을 이끌었던 신뢰가 합쳐져서 한겨레신문 창간이 가능해졌다고 평가받고 있습니다.

그리고 우리의 언론은 1987년 이후 노태우 정부가 들어서면서 사회가 권위의 공백이 나타난 틈새에서 스스로 권력화합니다.

우리 언론이 권력화한 조건은 노태우 정부가 37% 정부인 데 있습니다. 노태우 정부는 분명히 국민의 직접투표로 선출된 정부였지만 40%를 얻지 못하고 탄생했습니다. 그리고 그마저도 부정선거 시비에 계속 시달렸습니다. 그러므로 노태우 정부는 강력한 군부의 권위를 가지지도 못하고 강력한 국민적 지지를 갖지 못한 약체정부였던 것입니다.

국민 여러분께서 다 기억하시듯이 노태우 정부 때 보수언론이 노태우 정부를 물태우 정부라고 칭했습니다. 그건 그만큼 힘이 없었다는 뜻입니다. 그때부터 보수언론의 권력화가 시작되었고 우리의 보수언론들은 이제 김영삼 대통령 만들기에 나서 스스로 권력화해서 인사를 좌지우지하게 됩니다.

그리고 끊임없이 선거에 개입합니다. 언론이 객관적인 비판자가 아니라 직접 운동장에 올라가서 좌지우지합니다. 이것은 영화 '내부자들'에서 나온 것과 똑같은 현상이 실제적으로도 벌어진 것으로 보입니다.

그러나 보수언론은 97년, 2002년 연달아 민주 후보에게 패합니다. 저는 2002년 대선과 1997년 대선이 당시 신한국당과 한나라당 후보의 패배라고 생각하지 않습니다. 그것은 민주 후보들에 대한 보수언론과 보수카르텔의 실패라고 생각합니다.

여러분 기억하십니까, 민주정부가 개혁적인 조치를 취하려고 하면 보수언론들이 얼마나 흔들었는지? 많은 분들이 고가의 부동산을 가진 분들에게 고가의 세금을 매기라고 요구하십니다. 이미 민주정부에서 시도했습니다, 종부세. 종부세를 세금폭탄이라고, 세금핵폭탄이라고 연일

흔들어서 종부세가 점점 완화해서 거의 의미 없는 수준으로 바뀐 경험 우리 가지고 있습니다. 저는 요즘 박근혜 대통령과 새누리당이 너무나 부럽습니다.

민주정부 시절에 테러방지법을 만들려고 했을 때 한나라당이 야당 탄압에 악용될 우려가 있다고 반대했습니다. 그리고 보수언론은 그런 한나라당 의원들을 크게 비판하지 않았습니다.

그리고 그때에도 북한은 끊임없이 핵실험을 했습니다. 지금과 크게 다르지 않았습니다. 다만 당시 민주정부는 북한과의 관계를 한 손에는 협상, 한 손에는 압박 카드를 활용해서 스스로 위기 상황이라고 규정하지 않았을 뿐입니다.

당시 민주정부의 테러방지법이 야당 탄압으로 쓰일 수 있다는 데 대해 동조했던 언론들은 지금의 우리 당을 비난하십니까? 당시 한나라당이 테러방지법에 대해 야당 탄압으로 악용될 소지가 있다고 반대한 것과 똑같이 저희는 이번 새누리당과 박근혜 대통령이 추진하는 무늬만 테러방지법이 국민의 기본권을 억압하고 야당 탄압의 도구로 악용될 수 있다고 생각해서 반대합니다. 왜 그때 잣대와 지금의 잣대가 조건이 바뀐 게 없는데 그토록 다른 것입니까?

박근혜 대통령이 책상을 치면서 말씀하셨다고 했습니다. 저는 왜 책상을 치셨을까? 왜? 헤아려 보았습니다. 왜 책상을 치셨을까요? 마음만 먹으면 언제든 국회에 달려와서 입장을 말씀하실 수 있고 모든 언론이 대통령의 발언에 대해서 우호적 보도를 해 주는데 왜 책상을 치셨을까요? 무엇일까요?

국정원 해킹사건과 국정원 댓글사건에 대해서는 많은 의원들이 말씀하셨기 때문에 넘어가겠습니다. 대신 과거 국정원과 권부에 의해서 자행된 고문피해의 증언에 대해서는 몇 가지 짚어보고 넘어가야 할 것 같습니다.

이 고문피해사례 자료집에는 전국민주학생연맹사건, 제목이 '물고문 후 토하자 수건 입에 물려 전기고문, 발바닥고문', 부산미문화원 문부식, 김현장, 김은숙, 박정미, 김영애, 유승렬, 김지희 씨 등 '오직 살아야겠다는 일념으로 시키는 대로 시인', 부산양서조합─이게 부림사건입니다─'말 듣지 않으면 바닷물에 집어넣겠다 위협', 여학생 추행 사례 '쌀부대 감은 각목으로 벗은 상체 구타', 여학생입니다. 미스유니버스대회 방해음모 사건 황인오·권운상 씨의 경우 '치안본부 대공분실 경위 이근안에 의해 전기의자 위에', 민청련 의장 김근태 씨 경우 '아우슈비츠 수용소 연상하며 절망과 몸서리. 무릎 꿇고 살기보다 서서 죽기 원해', 민청련 이을호 씨 경우 '23일간 굶고 잠 못 잔 후 행려병자 수용하는 가축장 같은 곳으로', 서울대 민추위 사건 문용식 씨 경우 '칠성판 위에 발가벗긴 채 꽁꽁 묶여 물고문', 서울노동운동연합 김문수 씨 등의 경우 '죄의자에 꽁꽁 묶여 전기고문, 고춧가루고문, 실신하면 마사지해 깨어나게', 부천서 성고문 권양 '입에 담기에도 더러운 인면수심의 패륜 행위', 5·3

인천사태 고문 사례 '전자봉, 헤드락 등 갖가지 방법으로', 백산서당 보임사 관련자 '속옷에 고름과 피가 묻어나와', 안산지역노동운동자해방투쟁위원회 관련 '천정에 거꾸로 매달아 물 먹여', 백기완 씨 경우 '후유증 골관절 장애, 척추분리증 등으로 입원', 보도지침 폭로 관련자 가족의 호소문 '수배자 가족들의 표현할 수 없는 고통', 특수절도 무죄판결의 피의자 서재선 씨 '신문지로 팔목 감아 수갑 채운 뒤 의자에 묶어 고춧가루 고문', 경주 당구장 살인사건 무죄판결 피고인들 '검찰청 지하 보일러실에서 검사 각본에 의해 조작', 김시훈 씨 경우 '곤봉으로 성기 내리쳐', 양심수에 대한 교도소 가혹행위 '구타, 금치, 비녀꽂기, 통닭구이, 방성구채우기, 강제급식 등', 서울대 복학생 우종원 군의 죽음 '수배 중 당한 의문의 죽음', 인천연안가스 근로자 신호수 씨의 죽음 '서울대공수사와 형사에 연행되었다 8일 후 시체로 발견', 서울대생 김성수 군 변사사건 '사건 재수사를 요구하는 친구 및 강릉시민들의 서명운동', 광산노동자 살해기도사건 '김포공항 폭파사건처럼 한 건 하자며 접근, 거절하자 살해기도', 이 모든 사건이 박종철 군 고문사건에서 드러나듯 안기부가 포함된 관계기관 대책회의가 연관되어 있었다고 합니다.

사실 이러한 고문피해 사례는 국가가 먼저 나서서 밝혀 낸 것이 아닙니다. 온 나라를 경악과 슬픔과 분노로 들끓게 한 각종 고문, 그중에서도 박종철 군의 참혹한 죽음으로 인하여 다시는 이 땅에서 공권력에 의한 야만적인 고문과 가혹행위가 되풀이되는 일이 없도록 노력하자며 민간단체에서 엮어 낸 겁니다.

제가 왜 이 고문피해 사례, 대한변호사협회 인권위원회가 펼쳐 낸 이 공청회 자료집을 상세하게 소개해 드리고 있을까요?

이명박 정부가 방송장악을 했습니다. 국민의 눈과 귀를 막았습니다. 그리고 박근혜정부 들어 공안정치를 하고 있습니다. 검찰 출신이 곳곳 권부를 장악하고 있습니다. 그리고 국정원에 테러방지법이라는 명목으로 어마어마한 권한이, 국민의 기본권을 침해하는 법안이 국가정보원의 권한을 강화하기 위해 만들어지고 있습니다.

민주정부 10년 검찰을 개혁하고 민주화시키려고 노력했고 정보기관을 국민의 품으로 돌리기 위해서 노력했고 경찰을 민중의 지팡이로 만들기 위해서 노력했습니다. 그런데 지금 벌어지는 이 사태를 보면 이루기는 어려워도 과거로 돌아가는 데는 한순간이었습니다.

적은 비는 연못 가운데에서 알아볼 수 있고 미풍은 나뭇가지 끝에서 알아볼 수 있다고 합니다. 저는 우리가 지금 이 무늬만 테러방지법을 막지 못하면, 독소 조항을 수정하지 못한 채 통과시킨다면 국민의 기본권이 심각하게 침해되고 국민의 기본권이 침해되면서 어떤 일이 벌어질지 모른다고 생각합니다. 그에 대한 경종을 울리기 위해 저는 지금 고문사례들을 국민 여러분과 함께 나누고 있습니다.

저에게 많은 분들이 민주정부 10년 뭐 했냐 말씀하셨습니다. 그러나 지금 그때가 그립다는 분들이 늘어나고 있습니다. 과거에 민주정부 10년 뭐 했냐고 물을 때 저는 다른 건 모르겠지만 딱 한 가지는 말씀드릴 수 있다고 답했습니다. '최소한 무섭지는 않았다. 인신구속, 구금에 대한 두려움은 사라졌다' 이렇게 답했고, '이명박 정부 시절 심지어 박근혜 전 한나라당 대표, 지금 박근혜 대통령을 사찰하는 일이 벌어졌을 때도 그래도 옛날 유신 때나 5공 때처럼 정치인들을 어두컴컴한 밀실로 데려가 고문하고 폭행하는 일은 없지 않느냐. 무섭지는 않지 않느냐'라고 항변해 왔습니다.

그런데 오늘 무늬만 테러방지법, 국민기본권 침해법 이것이 통과되면 이후에 어떤 일이 줄줄이 벌어질지 정말 두렵습니다. 그래서 독소 조항을 최대한 없애고 싶습니다. 이 자료집을 만든 분들의 마음도 저와 같았을 거라고 생각합니다.

이분들이 낸 성명서를 읽어 드리겠습니다.

"본 협회는 민청련 의장 김근태 씨, 서노련 간부 김문수 씨 외 수 명, 부천서 권 모 양 등에 대한 경찰 수사 과정에서 고문과 가혹행위가 자행된 사실을 확인하고 시정을 촉구함과 아울러 형사고발까지 제기한 바 있다.

그런 터에 김근태 씨가 고문당했던 바로 그 장소인 치안본부 남영동 대공분실에서 또다시 서울대 학생 박종철 군이 고문을 당한 끝에 사망한 데 대하여 우리는 경악과 분노를 금할 수 없다.

그동안 학생, 근로자 등 공안사범들에게 상습적으로 고문이 자행되어 온 사실에 비추어 우리는 이번 사건이 경찰 권력 자체의 조직 범행에 의한 것임을 믿어 의심치 않는다.

따라서 이 사건은 절대로 한두 명의 경찰관에 의하여 우발적으로 저질러진 사고인 것처럼 호도되어서는 안 되며 지위고하를 막론하고 일체의 범행 관련자들이 남김없이 의법처단 되어야 한다."

고 주장하고 있습니다.

"우리는 이 사건이 발생한 후 의도적으로 수십 시간 동안이나 공개되지 않고 있었던 사실, 박 군의 사망 사실이 일반에 알려진 후로도 경찰 수뇌부가 집요하게 사망 원인을 위장하고 고문 사실을 끝내 부인하려고 시도하였던 사실 및 망인에 대하여 유가족과 친지들이 합당한 절차에 따라 조의를 표시할 기회도 부여되지 아니한 채 경찰이 서둘러 박 군의 시신을 화장하는 데 급급하였던 사실을 중시하고 이에 대해 강력히 항의한다.

우리는 국민을 우롱하고 박 군을 두 번 죽이는 이 가증스러운 범행 은폐 기도의 전모가 백일하에 밝혀져야 하며 관련자 전원이 의법처단 되어야 한다고 주장한다.

이 천인공노할 고문 살해 범죄의 직접적인 당사자일 뿐만 아니라 범행 후 그것을 은폐하기에만 급급하였던 경찰 자신에게 이 사건의 수사와 처리를 맡겨둔다는 것은 사건 전모와 책임 소재에 대한 철저한 규명을 하지 않겠다는 것이나 마찬가지인 천부당만부당한 일이다.

우리는 검찰이 인권 옹호 직무 담당자로서의 그 직권을 스스로 포기하고 이 사건의 처리를 경찰에 넘겨준 조치에 대해

통분을 금치 못하며 검찰이 이것을 즉각 시정할 것을 강력히 요구한다.

국가 공권력이 야만적인 가혹행위와 살인의 도구로 화한 이 시점에서 우리는 우리 헌법의 이념인 민주적 기본질서와 인간의 존엄성을 수호하기 위하여 고문 근절을 위한 전국민적인 결단과 노력을 호소하지 않을 수 없다.

국민의 혈세로 유지되는 공권력이 무엇과도 바꿀 수 없는 귀중한 젊은이의 목숨을 앗아간 이 끔찍하고도 처참한 사태에 대한 국민적 분노는 가장 강력한 방법으로 표시되어야 하며 모든 국민 개인과 정당, 사회단체, 종교단체들은 일치단결하여 다시는 이처럼 치욕스러운 고문 범죄가 이 땅에서 재발하지 않도록 대대적인 고문 반대운동을 전개할 것을 호소한다."

그리고 이 자료집은 전국민주학생연맹 사건 이태복 씨의 경우를 시작으로 어떻게 고문당했으며 어떻게 다쳤으며 상세하게 기록하고 있습니다.

국가정보원 개혁 방향에 대해서 의견을 말씀드리겠습니다.

국가정보원이 제대로 개혁한다면 국민의 신뢰를 회복할 거고, 국민의 신뢰를 회복한 국가정보원이라면 테러 업무의 중심이 될 수 있다고 판단합니다.

국가정보원 개혁의 필요성이 제기되기 시작한 것은 이명박 정부 들어서부터입니다. 국가정보원은 불법 사찰 논란의 중심에 서 있었고 정보 수집 등 기관 본연의 직무에도 무능으로 실패했다는 비판을 받아왔습니다. 특히 국가보안법 수사와 관련하여 인권 침해가 끊이지 않고 있다는 증언이 잇따랐습니다.

그리고 사실 국정원에 대한 유일한 민주적 통제수단은 국회 정보위입니다. 그런데 국회 정보위원회의 감시·감독이 제대로 이루어지지 못하고 있다는 지적이 계속 있어 왔습니다.

국가정보원 개혁의 첫 번째 과제는 수사권을 분리하고 이관한다는 겁니다.

국가정보원은 국가정보원법에 의해 대공수사권을 보유하고 있으며 외사방첩, 국제범죄 등에 대해서는 관련 정보를 수집해 검찰 및 경찰을 지원하고 있습니다.

1994년 당시 안기부법 개정으로 수사권의 범위에서 군형법 중 이적의 죄, 군사기밀 누설죄, 국가보안법에 포함된 제7조(찬양·고무등), 제10조(불고지) 등이 삭제되었지만 1996년 수사권이 종전대로 환원되었습니다.

숨어서 한다는 속성을 가진 정보기관이 수사권까지 보유하고 있는 것은 권력의 비대화와 인권 침해의 소지가 있습니다.

헌법재판소는 소수의견을 통해 안전기획부는 이를 폐지하여 그의 업무를 내무부와 법무부로 하여금 맡도록 하는 것이 가장 좋고, 안전기획부를 존치시키려면 그의 담당 업무를 오로지 정보 수집에 한정하고 보안 업무나 범죄수사권 등을 완전히 배제시켜 권력 남용 및 인권 침해의 요소를 없애든가 아니면 행정 각부의 하나로 하여 국무총리의 통할하에 두어야 한다고 의견을 밝힌 바 있습니다.

미국, 영국, 독일 등 주요 국가의 정보기관은 수사권을 보유하고 있지 않다고 합니다. 국가정보원의 수사권이 타 기관으로 분리 이관된다 하더라도 국가정보원이 이 기관에 수집한 정보를 제공한다면 전혀 문제가 되지 않을 것이라 생각합니다.

보안 문제에 관한 한 외국의 사례에서 보듯 정보 공유가 책임 공유로 인식됨으로써 철저히 비밀이 유지되고 있기 때문에 보안 문제도 해결될 수 있다고 봅니다.

국가정보원의 정치 개입 관련 국내 보안정보 수집 등의 권한은 원칙적으로 폐지되어야 합니다.

국가정보원은 국가정보원법 제3조제1항에 의해 국외정보 및 국내 보안정보—여기에는 대공, 대정부전복, 방첩, 대테러 및 국제범죄조직 등이 포함됩니다—의 수집·작성 및 배포 권한을 갖고 있으며 정부조직법, 국가안전보장회의법에도 국가정보원의 국내외 정보 수집 권한이 명시되어 있습니다.

국내 보안정보의 수집·작성 및 배포 권한은 정보기관이 정치에 관여하는 직접적인 근거가 되어 왔는데요, 종래 국가정보원의 국내 정보 수집은 제2차장 산하 대공정책실에서 수행하였으나 참여정부 들어 대공정책실은 활동을 중지한 것으로 되어 있었습니다.

그러나 법률적 근거는 여전히 갖고 있었기 때문에 언제라도 마음만 먹으면 국내 정보 수집을 할 수 있었고, 아니나 다를까 이명박 정부 들어 자연스럽게 국내 정보 수집을 하였습니다.

국가정보원의 국내 보안정보에 대한 수집 권한을 배제함을 분명히 하고 국외정보와 대북정보를 전담하는 조직으로 재편하되 국내 보안정보는 해외정보 등과 관련성 있는 정보일 경우에만 제한적으로 수집할 수 있도록 해야 합니다.

국가정보원의 정보 및 보안 업무의 기획·조정 권한은 폐지되어야 합니다.

국가정보원법과 보안 업무 규정 등에 의해 국가정보원은 국가정보 및 보안 업무에 관한 정책의 수립 등 기획 업무, 정보 및 보안 업무의 통합기능을 수행하기 위하여 필요한 범위 내에서 각 정보수사기관의 업무와 행정기관의 정보 및 보안 업무를 조정하도록 되어 있습니다.

한편 국가정보원은 '1. 국가 기본 정보정책의 수립, 2. 국가정보의 중장기 판단, 3. 국가정보 목표 우선순위 작성, 4. 국가 보안방책의 수립, 5. 정보 예산의 편성, 6. 정보 및 보안 업무의 기본지침 수립' 등의 기획 권한을 가지고 있습니다.

이에 따라 국가정보원은 각 행정부처, 기타 정보 및 보안업무 관련기관의 업무에 대하여 기획 및 조정권한을 가짐으로써 정보기관이 다른 행정부처의 상급 감독기관처럼 군림해 왔습니다.

국가정보원은 국가 차원의 정보조정체계의 필요성으로 정보왜곡과 정책혼선의 방지, 국론분열 방지 등을 들고 있지만 그 필요성을 인정한다고 하더라고 이러한 기능을 정보기관인 국가정보원이 해야 할 아무런 논리·필연적 연관이 없다고 생각합니다.

오히려 정보기관이 조정권한을 행사할 경우 그 활동 특성상 조정의 과정과 결과가 은밀하게 진행됨으로써 정보 조정에 따른 책임소재도 불분명해질 뿐더러 정보독점의 폐해도 우려됩니다.

국가정보원에 대한 의회의 통제가 강화되어야 합니다.

미국과 독일 등 외국에서는 국가정보기관의 장이 정보 관련 문제에 대해 국회에 완전하게 그 내용을 통보하도록 하는 등 의회의 통제를 점점 강화해 오고 있는 추세입니다.

그러나 국가정보원에 대한 현행 국회의 감독 권한은 우선 국가정보원의 예산부터가 국가기밀이라는 이유로 예산편성 단계에서부터 결산에 이르기까지 각종 특례 조항으로 점철되어 있습니다.

국가정보원은 부서의 성격상 예산의 지출내역을 정확하게 공개할 수 없는 부득이한 사정을 일부 인정할 수 있지만 정치적 목적으로 예산이 사용된다는 사회적인 의혹이 과거 어느 때보다 높은 현실을 고려하면 일반 부처와 같이 투명한 예산 및 지출체계를 갖추어야 할 필요가 있다고 보입니다.

또한 정보기관이 갖고 있는 정보의 독점적 현상 때문에 적절한 견제와 감시가 없다면 국내 정치에 쉽게 개입함으로써 독점적 권력을 자의적으로 악용할 가능성이 높아질 수 있습니다.

그러나 현행 정보위원회는 국가정보원을 감시 감독하는 데 많은 한계를 갖고 있습니다. 그래서 민간이 참여하는 가칭 정보감독위원회를 국회 정보위 산하에 상설하는 안을 고려할 수 있다고 생각합니다.

만약에 지금 저희가 제시한 국가정보원 개혁을 위한 제언이 논의되고 수렴된다면, 그리고 무늬만 테러방지법인 이번 법안이 독소 조항이 없어진 상태에서 논의를 해서 조정할 수 있다면 저희는 이 법안 논의에 응하고 법안 통과에 참여할 의지가 있습니다.

(책을 들어 보이며)

이건 조지 오웰의 '1984'입니다.

무늬만 테러방지법이 이번에 국회를 통과한다면 조지 오웰이 신랄하게 비판한 '1984' 빅브라더가 모든 것을 통제하는 사회, 그 사회로 우리 사회가 진입할 수도 있다고 생각합니다.

그래서 그 위험에 대해서 적나라하게 드러내 주는, 무늬만 테러방지법이 가져올, 초래할 위험한 사회의 실상에 대해서 몇 군데 읽어 드리도록 하겠습니다.

"빅브라더의 얼굴이 물러나고 대문짝만 한 당의 세 가지 슬로건이 스크린에 나타났다. 전쟁은 평화, 자유는 예속, 무지는 힘. 그런데 사람들 눈에 와 닿은 충격이 너무 선명한 탓인지 빅브라더의 얼굴이 곧바로 지워지지 않고 몇 초 동안 스크린에 그대로 남아 있는 것처럼 보였다. 갈색머리의 자그마한 여자가 자기 앞의 의자 등받이에 몸을 갖다 대고는 나의 구세주여라고 떨리는 목소리를 중얼거리면서 스크린을 향해 양팔을 벌렸다. 그러고는 두 손으로 얼굴을 감쌌다. 기도를 하고 있는 것 같았다. 그때 모든 사람들이 빅브라더

빅브라더 빅브라더라는 찬가를 낮고 느린 가락으로 반복해서 부르기 시작했다. 빅과 브라더 사이가 길게 늘어지면서 이어지는 그 장중한 합창은 마치 야만인들이 맨발로 춤추며 쳐대는 북소리를 배경음악으로 깔고 있는 듯했다. 사람들은 30초 동안 계속 똑같은 소리를 냈다. 그것은 도저히 감정을 주체할 수 없는 순간에 흔히 부르는 일종의 후렴이요, 빅브라더의 지혜와 위엄에 대한 찬가였다. 하지만 그보다는 리드미컬한 소리로 고묘하게 의식을 말살시키는 자기 최면 같은 행위였다. 윈스턴은 오장이 얼어붙는 것 같았다. 2분간 증오 때는 그도 다른 사람처럼 광란의 도가니에 빠져들지 않을 수 없었지만 빅브라더 빅브라더라는 비인간적인 노래를 하는 순간에는 온몸에 소름이 쫙 끼쳤다. 물론 그 자신도 다른 사람들과 함께 노래를 불렀다. 그럴 수밖에 없었기 때문이다. 자신의 감정을 속이고 태연을 가장하여 다른 사람들이 하는 대로 따라하는 것은 본능적인 반사작용일 수 있다. 그러나 자신의 눈에 의해 그 같은 위장사실이 폭로되는 순간이 반드시 있게 마련이다."

"당원은 태어나서 죽을 때까지 사상경찰의 감시를 받으며 살게 된다. 혼자 있을 때라도 그는 혼자 있다는 것을 확신할 수 없다. 잠을 자든 깨어 있든, 일하든 쉬고 있든, 목욕탕에 있든 침대에 있든 그는 아무런 예고도 없이, 그리고 감시받고 있다는 사실도 모른 채 감시를 받고 있다. 그가 하는 행동은 무엇이든 감시의 대상이 된다. 친구나 친척 관계, 아내와 자식에 대한 태도, 혼자 있을 때의 얼굴 표정, 잠잘 때의 잠꼬대, 몸짓의 특징 등 무엇이든 세밀하게 관찰된다. 또 어떤 실제적인 비행뿐만 아니라 지극히 사소한 괴벽, 습관의 변화, 내적 갈등의 징조라고 할 수 있는 신경질적인 태도까지 낱낱이 탐지된다. 그에게는 어떤 경우든 선택의 자유가 없다. 그렇다고 그가 법이나 뚜렷하게 규정된 어떤 행동 법칙에 의해 규제를 받는 것도 아니다. 오세아니아에는 법이 없다. 발각되면 틀림없이 사형감이 될 사상이나 행위도 공식적으로는 금지된 것이 아니며, 끝없는 숙청, 체포, 고문, 투옥, 증발 따위도 실제로 범한 죄에 대한 처벌로서 가해지는 게 아니라 단순히 언젠가 죄를 범할지도 모르는 사람을 제거하기 위한 조치이다."

빅브라더 사회의 가장 큰 문제는 끊임없이 감시당하고 모든 행동을 관찰당하며 끝없이 숙청, 체포, 고문, 투옥, 증발 따위가 일어나는데 이러한 것들이 실제로 행한 범죄에 대한 처벌로서 가해지는 것이 아니라 단순히 언젠가 죄를 범할지도 모르는 사람을 제거하기 위한 조치를 취하고 있다는 점입니다.

이런 빅브라더 사회에 저항하던 사람들도 결국은 항복합니다.

"그는 항복했다. 마침내 그렇게 하기로 작정했다. 사실 그런 결정을 내리기 오래 전부터 그는 항복할 마음의 준비를 하고 있었다. 애정부에 들어갈 때부터, 아니 자기와 줄리아가 텔레스크린에서 나오는 금속성의 비정한 목소리를 들으며 꼼짝 못하고 서있던 그 순간부터 당의 권력에 맞선다는 것이 경박하고 무용한 짓이라는 걸 그는 알고 있었다. 아울러 사상경찰이 7년 전부터 확대경으로 딱정벌레를 관찰하듯

자기를 감시하고 있었다는 사실도 눈치 채고 있었다. 그들은
그가 행동하거나 입 밖에 낸 말들을 모두 알고 있었고 어떤
생각을 하고 있는지도 훤히 들여다보고 있었다. 심지어
그들은 그가 일기장 표지 위에 살짝 올려 두었던 희뿌연 먼지
덩어리까지 제자리에 고스란히 돌려놓았다. 그들은 또 그에게
녹음을 들려주고 사진을 보여 주기도 했다. 그중에는 줄리아와
그가 함께 있는 사진도 있었다. 그렇다! 그는 더 이상 당에 맞서
싸울 수 없었다. 게다가 당이 옳았다. 그럴 수밖에 없었다.

불멸의 집단적 두뇌가 어떻게 오류를 범할 수 있겠는가?
어떤 외적기준으로 그들의 판단에 시비를 걸 수 있겠는가?
정신상태가 온전하다는 것은 통계에 의한 것이다. 문제는
그들이 생각하는 대로 생각할 수 있는 법을 배우는 것이다.
오직 그것뿐이다."

빅브라더의 사회에서는 빅브라더가 생각하는 대로
생각할 수밖에 없는 법을 배우게 되고 결국은 모두
순치됩니다.

이번에 정부 여당이 추진하는 무늬만 테러방지법은
빅브라더 사회를 꿈꾸는 국정원 확대법이라는 비판을 받고
있다는 점을 분명히 말씀드립니다.

(자료를 들어 보이며)

이것은, 제가 지금 들고 있는 이 자료는 국정원의 간첩
조작사건의 법원 판결문들입니다. 법원 판결문인데요, 이
판결문 중에서 가장 최근인 것인 서울시 간첩단 사건 항소심
판결문을 읽어 드리겠습니다.

고등법원 주문입니다.

"원심판결의 유죄 부분과 무죄 부분 중 2006년 6월 22일 자
국가보안법 위반(특수잠입과 탈출)의 점, 2006년 8월 23일 자
국가보안법 위반(편의 제공)의 점, 2011년 2월경 국가보안법
위반(간첩) 및 국가보안법 위반(회합·통신 등)의 점에 관한
부분을 파기한다.

피고인을 징역 1년에 처한다. 다만 이 판결 확정일로부터
2년간 위 형의 집행을 유예한다. 압수된 피고인 명의 여권
1개를 피고인으로부터 몰수한다. 피고인으로부터 일정액을
추징한다.

이 사건 공소사실 중 2006년 6월 22일 자 국가보안법
위반(특수잠입·탈출)의 점, 2006년 8월 23일 자 국가보안법
위반(편의 제공)의 점, 2011년 2월경 국가보안법 위반(간첩) 및
국가보안법 위반(회합·통신 등)의 점은 각 무죄.

원심판결의 무죄 부분 중 나머지 부분에 대한 검사의 항소를
기각한다. 이 판결문 중 무죄 부분의 요지를 공시한다.

원심 판결문 21쪽 6행 이하의 '중국 연길시 셋집에서 위
AB와 함께 저녁식사를 하고 나서 보위부에 가져다줄 물품을
가방에다 챙겨 놓고'는 '저녁 늦게 보위부에 가져다줄 물품을
가방에다 챙겨 놓고 부 AD와 함께'로 정정한다. 홑따옴표를
정정한다."

한마디로 서울시 간첩단 사건 유우성 씨의 경우는
국정원이 패한 겁니다. 그리고 유우성 씨는 간첩죄에 대해서
무죄받은 판결입니다.

피고인 항소이유의 요지를 읽어 드리겠습니다.

"1. 법리 오해 및 사실 오인

가. 북한이탈주민의 보호 및 정착지원에 관한 법률 위반의
점에 관하여

(1) 북한이탈주민의 보호 및 정착지원에 관한 법률
제2조제1호에서는 탈북자의 국적을 전혀 문제 삼지 않으면서
북한에 주소, 직계가족, 배우자, 직장 등을 두고 있는
사람으로서 북한을 벗어난 후 외국국적을 취득하지 아니한
사람을 북한이탈주민으로 정의하고 있는데, 이는 남북한이
대치하고 있는 상황에서 국적을 불문하고 북한지역에 주소나
직계가족, 배우자 등을 둔 사람이 북한지역을 탈출하여
남한으로 귀순한 경우에는 그 사람이 탈북 후에 다른
외국국적을 취득하지 않는 한 널리 포용하여 탈북자로서
보호하겠다는 취지이므로 탈북 전부터 외국국적을
취득한 후 탈북 후에도 그대로 외국국적을 유지한 사람을
북한이탈주민에서 제외하는 것은 문언의 의미를 벗어나
피고인에게 불리한 방향으로 확장해석하거나 유추해석을 하는
것이므로 죄형법정주의에 반한다.

(2) 국가정보원 직원이 피고인의 국적을 조사하면서
북한이탈주민 보호법 위반과 관련한 수사를 진행한 것은
국가정보원장의 지명에 따라 형법 중 내란의 죄, 외환의
죄 및 국가보안법에 규정된 죄 등에 대한 수사를 담당하는
국가정보원법상 국가정보원 직원의 직무범위를 일탈한
것으로서 권한 남용에 해당하므로 이를 근거로 한 이 부분
공소 제기는 위법하다.

나. 여권불실기재·불실기재여권행사·여권법 위반의 점에
관하여

(1) 피고인은 법원으로부터 허가를 받아 정식으로
취직하였던 만큼 당연히 자신이 대한민국 국적을 취득한
것으로 믿었으므로 이 부분은 공소사실에 대한 고의가 없다.

(2) 피고인이 자신에게 부여된 주민등록번호 등을 포함한
자신의 신분사항에 관하여 여권 담당 공무원에게 진술한 것은
허위사실을 진술한 것이 아니어서 여권을 부정하게 발급받은
것이 아니다.

(3) 피고인이 대한민국 국적을 취득한 것으로 믿고 개명
전후의 각 명의로 여권을 발급받아 해외출입 시 이용한 것
역시 여권의 부정한 행사가 아니다.

2. 양형 부당

원심이 피고인에게 선고한 형 징역 1년, 집행유예 2년은 너무
무거워 부당하다.

나. 검사

원심판결에는 다음과 같은 사실 오인 및 법리 오해의 점이
있다.

(1) AB의 수사단계에서의 진술의 증거능력에 관하여

AB는 북한이탈주민 보호법과 동법 시행령에 근거하여
진성탈북자인지의 여부가 조사되어야 하는 대상으로서
행정조사의 대상자에 불과할 뿐이고, 수사기관은 AB를
입건·처벌할 의도는 없었으므로 AB가 수사기관이 범죄혐의를
인정하여 수사를 개시한 피의자의 지위에 있었다고 할 수 없다.

원심이 AB가 피의자 지위에 있었다는 전제하에 AB의 진술서

및 일부 진술조서의 증거능력을 배척한 것은 부당하다.
(정의화 의장, 이석현 부의장과 사회교대)

2. AB의 수사단계 및 증거보전절차에서의 진술의 증명력에 관하여

AB의 수사단계 및 증거보전절차에서의 진술은 아래의 사정을 감안하면 그 신빙성이 있음에도 원심이 이를 배척하는 것은 사실 오인의 위법이 있다.

(1) 원심은 위조된 청년동맹원증에 현존 회령에서 탈북한 사람들의 진술 등 다수의 직간접 증거가 AB의 진술에 부합함에도 불구하고 AB가 공판과정에서 일부 사항을 변경하여 진술한 것을 근거로 수사단계의 진술 전체를 배척한 잘못이 있다.

(2) 수사는 사실을 숨기려는 자와 끈질긴 줄다리기를 통해 진술을 조금씩 이끌어내고 객관적인 증거와 대조를 통해 실체의 진실을 재구성하는 것이므로 AB의 초기 수사단계에서의 진술이 일부 시정된 사정은 AB의 진술을 탄핵하는 자료가 될 수 없다.

(3) 원심이 AB의 공판단계 진술 중 폭행·협박이 있었다는 진술은 배척하면서 수사단계에서의 진술이 모두 사실과 다르다고 판단한 것은 전체로서 평가하여야 할 AB의 공판단계 진술을 임의로 분리하여 판단한 것으로서 이는 자기모순이다.

(4) AB가 친오빠인 피고인의 범행을 자백하였음을 고려할 때 허위진술하였다고 볼 수 없고, 진술의 구체성 및 주요 혐의에 대한 진술은 일관성이 있다. 일부 주변 사실에 대한 진술의 변경은 아버지 AD의 관련성을 축소하고 피고인의 혐의사실을 축소하는 과정에서 발생한 것일 뿐이다.

3. 개별 공소사실에 대하여

가. 2006년 6월 22일 자 국가보안법 위반(특수잠입·탈출)의 점

AB의 수사단계 및 증거보전절차에서의 진술, 피고인의 대한민국 출입국 기록, 2006년 5월 말에서 같은 해 6월 초까지의 행적에 대한 피고인의 진술 변경 등을 통하여 충분히 입증된다.

나. 2006년 8월 23일 자 국가보안법 위반의 점.

AR의 2009년 7월 12일 자 진술서는 피고인의 가족관계, 재북시절 피고인이 행한 밀거래 내용 및 피고인의 국내 입국과정, 2006년 5월경 피고인의 밀입북 경위 그리고 2006년 8월경 피고인으로부터 중고 노트북을 전달 받은 내용 등 직접 경험하지 않고서는 결코 알 수 없는 피고인과의 사적관계에 기초한 것으로서 국제특급우편 발송내역, 피고인이 과거 수사 당시 자필로 그린 노트북 컴퓨터의 형상 및 해당 브랜드에 관한 진술 등에 비추어 신빙성이 있다.

다. 2007년 8월 중순경 국가보안법 위반(잠입·탈출)의 점.

AB의 위 진술, 원심 증인, BY의 목격 경위에 대한 구체적인 진술, 2007년 여름경 피고인의 중국 체류 중 2007년 8월 16일경부터 2007년 8월 24일 전까지의 행방이 묘연한 점 등을 통하여 유죄임을 알 수 있다.

라. 2011년 7월 초순경 국가보안법 위반(특수잠입·탈출)의 점. AB의 위 진술과 함께 CC의 수사기관에서의 진술과

원심에서의 증언은 경험하지 않고서는 알 수 없는 내용을 포함하고 있고 구체적이어서 신빙성이 있는 점, 피고인이 2011년 7월 12일 지연 귀국하면서 서울시청 담당자에게 허위의 소명을 하였던 점 등을 통해 그 입증이 충분하다.

2012년 1월 24일 자 국가보안법 위반(특수잠입·탈출) 및 국가보안법 위반(편의제공)의 점, AB, CC의 위 진술과 함께 CJ의 당시 피고인의 아버지를 회령에서 목격하였다는 진술, 위 일시에 피고인에게 아무런 휴대전화 통신기록이 발견되지 않는 점 등에 의하여 입증이 충분하다.

다. 각 국가보안법 위반(간첩) 및 국가보안법 위반(회합·통신)의 점.

AB의 위 진술과 함께 피고인이 다양한 탈북자 단체활동을 하면서 관련정보를 관리하고 있을 뿐 아니라 2011년 6월 이후 북한 이탈주민과 관련된 업무를 담당하고 있는 점, 피고인과 AB가 QQ메신저를 사용하였던 적이 있는 점, 피고인이 노트북 컴퓨터에 윈도우즈 라이브 메신저를 설치하고 사용한 점 등을 통하여 충분히 입증된다.

4. 2012년 10월 25일 자 국가보안법 위반 (회합·통신) 2012년 10월 30일 자 국가보안법 위반 (특수잠입·탈출) 및 국가보안법 위반 (편의 제공)의 점.

AB의 위 진술과 함께 피고인의 대한민국 출입국 기록, AB의 갑작스러운 국내 침투 동기, AB가 중앙합동신문센터에서 화교임을 숨기고 북한 이탈주민으로 가장한 점 등을 통하여 유죄임이 증명된다."

직권판단을 읽어 드리겠습니다.
"가. 공소장 변경 관련

1. 검사는 당심에 이르러 이 사건 공소사실 중 2006년 6월 22일 자 국가보안법 위반 특수잠입·탈출의 점에 관하여는 중국에서 북한으로 입국하는 방법을 변경하고, 중국으로 출경한 시간을 구체적으로 특정하는 내용의 2006년 8월 23일 자 국가보안법 위반 편의제공의 점에 관하여는 AR로부터 전화 연락을 받은 시점과 피고인이 회령시 보위부에 편의를 제공할 당시에 함께 전달된 AR 제공의 물품을 변경하는 내용의 2011년 2월경 국가보안법 위반(간첩) 및 국가보안법 위반(회합·통신 등)의 점에 관하여는 탈북자 신원정보의 내용을 변경하고 악용될 여지를 보장하는 내용의 북한 이탈주민 보호 및 정착에 관한 법률 위반의 점에 관하여는 지원의 범위를 2004년 8월 4일 이후 2013년 3월 13일까지 470회에 걸쳐 받은 정착지원금 등 일정액과 SH공사로부터 받은 공공임대주택 거주권리로 확장하고 이와 상상적 경합에 있는 범행으로서 위 지원을 편취하였다는 사기의 점을 추가하는 내용의 공소장 변경을 신청하였다.

2. 이 법원은 2014년 4월 11일 위 신청을 허가함으로써 원심 판결의 유죄 부분 중 북한이탈주민 보호 및 정착에 관한 법률 위반의 점, 무죄 부분 중 2006년 6월 22일 자 국가보안법 위반(특수잠입·탈출)의 점, 2006년 8월 23일 자 국가보안법 위반(편의제공)의 점, 2011년 2월경 국가보안법 위반(간첩) 및 국가보안법 위반(회합·통신 등)의 점은 그 심판대상이 변경되었고, 북한이탈주민 보호 및 정착에 관한 법률 위반의

점은 원심 판결의 나머지 유죄 부분과 형법 제37조 전단의 경합범 관계에 있어 원심 판결에서 이에 대하여 단일한 형이 선고되었으므로 원심 판결의 유죄 부분 전부와 무죄 부분 중 2006년 6월 22일 자 국가보안법 위반(특수잠입·탈출)의 점, 2006년 8월 23일 자 국가보안법 위반(편의제공)의 점, 2011년 2월경 국가보안법 위반(간첩) 및 국가보안법 위반(회합·통신 등)의 점은 더 이상 그대로 유지할 수 없게 되었다.

나. 북한이탈주민 보호 및 정착에 관한 법률 위반의 점 중 5년 초과지원금에 대한 법리 오해 관련

북한이탈주민 보호법 제26조에서는 이 법 제11조에 따른 보호, 즉 정착지원시설에서의 보호가 종료된 사람 중 생활이 어려운 사람에게는 본인이 지방자치단체장에게 신청하는 경우에 국민기초생활보장법 제5조에도 불구하고 5년의 범위 내에서 같은 법 제7조부터 제15조까지의 규정에 따른 보호를 할 수 있다고 규정하고 있다.

따라서 북한이탈주민은 5년의 범위 내에서는 국민기초생활보장법상의 수급요건을 갖추지 않더라도 북한이탈주민 보호법 제26조에 근거하여 국민기초생활보장법상의 급여를 받을 수 있으나 5년이 지난 후에는 국민기초생활보장법상의 수급요청을 갖춘 경우에만 이와 같은 급여를 받을 수 있다.

따라서 피고인이 받은 국민기초생활보장법상의 급여 중 피고인이 정착지원시설인 하나원을 수료한 후 최초로 국민기초생활보장법상 급여를 받은 2004년 8월부터 5년이 되는 2009년 7월까지의 급여는 북한이탈주민 보호법에 근거한 보호 및 지원에 해당되나 2009년 8월 이후의 급여는 국민기초생활보장법에 근거한 급여로 봄이 상당하다.

따라서 북한이탈주민 보호 및 정착에 관한 법률 위반의 점 중 2009년 8월 이후에 지급된 국민기초생활보장법상의 급여에 대하여는 국민기초생활보장법 제49조가 적용되어야 함에도 원심은 그 이전의 급여와 마찬가지로 북한이탈주민 보호법 제33조를 적용하는 위법을 범하였고, 이러한 위법은 판결에 영향을 미쳤다고 할 것이므로 원심 판결 중 북한이탈주민 보호 및 정착에 관한 법률 위반의 점은 더 이상 유지할 수 없게 되었다.

다. 이후 논의의 전개

다만 위와 같은 직권파기 사유가 있음에도 불구하고 이에 관한 피고인 및 검사의 각 법리 오해 또는 사실오인의 주장은 여전히 이 법원의 심판대상이 되므로 위 직권파기 사유가 있는 부분을 포함하여 원심 판결 전체에 대한 앞서 본 피고인 및 검사의 각 법리 오해 및 사실오인의 주장에 관하여 살펴보되 원심 판결 중 무죄 부분에 관하여는 당심에서 변경된 공소사실을 기준으로 한다.

3. 피고인의 항소이유에 관한 판단

가. 북한이탈주민의 보호 및 정착지원에 관한 법률 위반의 점에 관하여

1) 북한이탈주민 해당 여부

피고인이 원심에서 이 부분 항소이유와 동일한 취지의 주장을 하여 원심은 판결문 중 '피고인 및 변호인들의 주장에

관한 판단'이라는 항목 중 해당 부분에서 그 주장과 이에 관한 판단을 자세하게 설시하여 위 주장을 배척하고 이 부분 공소사실을 유죄로 인정하였다.

원심이 적법하게 채택하여 조사한 증거들에 의하여 인정되는 원심 설시와 같은 사정들에다가 북한국적법 제5조에 의하면 공화국 공민 사이에서 출생한 자, 공화국 영역에 거주하는 공화국 공민과 다른 나라 공민 또는 무국적자 사이에 출생한 자, 공화국 영역에 거주하는 무국적자 사이에 출생한 자, 공화국 영역에서 출생하였으나 부모가 확인되지 않은 자에 해당하는 경우에 한하여 출생에 의해 북한 국적이 부여되는데 피고인의 부모는 모두 중국 국적자인 화교이므로 피고인은 출생으로는 북한 공민권자가 될 수 없고 사후적으로도 북한 국적법에 따라 북한 국적을 취득하지 않은 점, 북한이탈주민보호법은 민족적 결연집단이 한반도 내 단일한 국가를 구성하여야 한다는 당위를 바탕으로 북한이탈주민에 대한 특별대우를 규정하고 있는 것이며 단순히 북한에 거주하였다는 사실만으로 국적을 불문하고 위 법의 지원대상이 될 수 없는 점 등을 더하여 보면 원심의 위와 같은 판단은 정당하고 거기에 피고인의 주장과 같은 잘못은 없다.

이 부분 공소 제기의 적법성 여부

피고인이 이 부분 주장의 근거로 지목하고 있는 원심 증거목록 순번 196에 피고인에 대한 제11회 피의자 심문조서에 의하면 당시 국가정보원 특별사법경찰관이 피고인에게 1. 피고인이 북한에 거주하던 화교인지 여부, 2. 피고인의 북한에서의 학력 및 경력 여하, 3. 피고인이 중국을 왕래하며 한 일, 4. 피고인이 두만강을 도강한 경위, 5. 피고인이 중국을 경유하여 한국에 입국한 경과 등을 심문하였는바 이와 같은 수사는 피고인에 대한 국가보안법 위반의 혐의와 상당한 관련성이 있는 것으로 보일 뿐이고 그 외에 원심 및 당심에서 적법하게 채택되어 조사된 증거 중에 국가정보원 직원이 피고인을 북한이탈주민보호법 위반과 관련한 수사를 진행하였다고 볼만한 내용은 보이지 아니하고 달리 검사의 이 부분 공소 제기가 위법하다고 볼만한 사정 또한 보이지 아니하므로 피고인의 이 부분 주장은 받아들일 수 없다.

나. 여권불실기재·불실기재여권행사·여권법 위반에 관하여

원심은 피고인이 중국 국적을 가진 자로서 자신이 북한이탈주민에 해당하지 아니함을 잘 알면서도 자신의 국적에 관하여 허위 진술을 하는 방법으로 북한이탈주민으로 가장하여 취직을 한 것이고, 나아가 중국 국적인 피고인이 취직을 하였다 하더라도 별도의 국적 취득 절차 없이 대한민국의 국적을 취득하는 것도 아니라는 이유로 이 부분 공소사실을 유죄로 인정하였다.

원심의 위와 같은 판단을 원심이 적법하게 채택·조사한 증거들과 대조하여 면밀히 살펴보면 원심의 인정과 판단은 정당한 것으로 수긍이 되고 거기에 피고인의 주장과 같은 잘못이 없다.

4. 검사의 항소 이유에 관한 판단

가. 이 부분 공소사실의 요지

피고인은 1980년 10월 26일 군사분계선 이북 지역(이하 북한이라고 한다)인 함북 회령시 AC에서 화교인 ADAAF와 화교인 망 모 AGAHAI의 1남 1녀 중 장남인 M으로 출생하였다.

피고인은 함북 회령시 AL 학교를 거쳐 1991년 8월경 회령시 AM 학교를 졸업하고 이후 회령시 AN 학교를 거쳐 1998년 3월경 청진시 AO 학교, 2001년 3월경 함북 경성군 AB 학교를 각 졸업하고 2001년 6월경부터 2004년 3월경까지 함북 회령시 소재 AQ 병원 준의사로 근무하였다.

피고인은 준의사로 재직하면서 노임 및 배급이 제대로 지급되지 않아 기본적인 생활유지에 어려움을 겪자 중국을 오가면서 밀수꾼과 연계하여 북한산 도자기, 송이버섯, 냉동 노루 등을 중국에 내다파는 밀무역에 종사하였고 또한 비교적 북한의 통제가 심하지 않은 재북 화교 신분을 이용하여 국내거주 탈북자들과 그들의 재북가족과의 전화통화 및 대북송금을 주선해 주고 중개수수료를 받는 일에 종사하였다.

피고인은 외당숙 AR이 북한에서의 생활이 전망이 없고 탈북자들이 한국에 가면 잘 대우받는다며 탈북을 권유하자 2004년 3월 10일경 중국 여권을 통해 북한 회령세관에서 중국 삼합세관으로 출경하는 방법으로 북한을 탈출한 후 중국, 라오스, 태국을 경유하여 2004년 4월 25일 대한민국으로 입국하였다.

피고인은 위 입국 당시 중국 국적의 재북 화교 신분을 숨기고 N이라는 이름의 북한인임을 주장하며 탈북자로 인정받아 통일부 부설 탈북자 정착지원시설인 하나원 교육을 거쳐 사회에 배출되어 2004년 8월경 대전에 정착한 후 2005년 3월경 대구카톨릭대 약학부에 입학하였다가 한 달 후 휴학하고 대전 일대에서 복권방 종업원, 건설공사장 일용노무자, 보따리상 등으로 전전하며 지내다가 2007년 3월부터 AU대학교 중문학과 3학년에 편입하여 2011년 2월경 AU대학교 중문학과를 졸업한 후 2011년 6월 9일 서울시 공무원 채용 당시 북한이탈주민 지방계약직 공무원 채용 안내 및 추천 요청에 따라 서울시청 AV과 AW팀 계약직으로 채용되어 공무원으로 재직 중에 있으며, 2012년 3월경부터는 AU대학교 행정대학원에 입학하여 사회복지학 석사과정을 전공하고 있다.

한편 피고인은 위와 같이 화교 M임에도 불구하고 N이라는 이름의 탈북자로서 국내 입국 이후 2007년 5월 중국 호구증을 받았으며, 2008년 1월경에는 유학 명목으로 영국으로 출국한 후 그곳에서 CI라는 이름으로 허위로 난민신청을 하였으며, 2009년 2월 6일경 주민등록번호를 P에서 R로, 2009년 8월 20일경 위 R에서 T로 각 정정하고, 2010년 9월 30일 이름을 N에서 A로 개명하였으며, 2005년 4월경부터 2012년 10월경까지 약 열세 번가량 중국을 방문하였다.

또한 피고인은 2010년 3월 29일 서울동부지방검찰청에서 2007년 2월 7일부터 2009년 8월 20일까지 송금 브로커인 EE와 함께 북한이탈주민 등 700여 명으로부터 외국환 해외송금 부탁을 받고 피고인과 CF·CK 명의의 계좌를 이용하여 중국으로 송금해 주는 등 총 1646회에 걸쳐 합계 26억 4000만 원 상당의 무등록 외국환 업무를 한 외국환거래법 위반 혐의로 기소유예 처분을 받은 전력이 있는 사람이다.

피고인은 2006년 5월 22일경 북한에 살고 있는 모 AG가 피고인과 휴대전화 통화 중 보위부의 단속에 적발되자 그 충격으로 심장마비로 사망함에 따라 모 AG의 장례식에 참석하기 위해 북한 회령시에 가기로 마음먹고 2006년 5월 22일경 항공편을 이용하여 인천국제공항에서 중국 연길시로 출국하였다.

피고인은 2006년 5월 22일경 중국 연길시에서 외삼촌 AX 부부를 만나 이들과 함께 연길시에 거주하는 브로커 AY를 통해 연길시 등 북한과 중국 국경 인근지역중국인들이 북한 방문 시 발급되는 통행증을 발급받고, 북한에 있는 부 AD는 피고인 등이 안전하게 북한에 들어올 수 있도록 보위부에 조치를 취하기로 논의하였다.

피고인은 피고인의 중국명인 AK 명의의 통행증을 발급받아 2006년 5월 23일 오후 2시경 AX 부부와 함께 중국 길림성 연길시 삼합세관과 북한 함북 회령시 회령세관을 거쳐 함북 회령시 AZ에 있는 피고인의 집에 도착하여 5일장으로 치러진 모 AG의 장례식을 마친 다음, 삼우제 후인 2006년 5월 27일 10시 24분경 회령세관을 거쳐 중국으로 돌아갔다.

그 후 피고인은 남겨 둔 아버지와 여동생이 걱정되어 다시 불상의 방법으로 북한 함북 회령시 AZ에 있는 피고인의 집으로 가 체류하던 중 재차 입북한 지 이틀이 지난 날 오전 회령시 보위부 소속 보위부원에게 체포되면서 가택 수색을 당한 후 피고인의 부 AD 및 여동생 AB와 함께 회령시 보위부 조사실에 수용되어 조사를 받고 탈북자 신분으로 위장하여 대한민국에 정착하게 된 사실을 진술하였으며, 피고인은 당시 회령시 보위부 BA로 있던 BB로부터 보위부 공작원 활동을 제안 받고 이를 승낙하였다.

이후 피고인은 3일에 걸쳐 회령시 보위부 사무실을 방문하여 대남사업 교육 및 정식 교육을 받으면서 한국 침투 후 탈북자 신원 자료 수집 등 공작 임무 등을 부여받았다.

1. 2006년 6월 22일 자 국가보안법 위반, 특수 잠입·탈출

피고인은 위와 같이 회령시 보위부 공작원으로 인입되어 공작 임무에 대한 지령을 부여받은 후 2006년 6월 10일 오후 3시 17분경 회령세관을 통하여 중국으로 출경하였고 이후 2006년 6월 22일경 항공편으로 중국 북경공항에서 인천국제공항으로 입국하였다. 이로써 피고인은 반국가단체의 구성원인 회령시 보위부 BA, BB 등으로부터 한국 침투 후 탈북자 신원 자료 수집 등의 지령을 받고 대한민국에 잠입하였다.

2. 2006년 8월 23일 자 국가보안법 위반, 편의 제공

피고인은 2006년 7월에서 8월경 중국 거주 외당숙 AR로부터 '회령시 보위부에서 한 달 반 안으로 외제 노트북 컴퓨터 3대를 사 달라고 하는데 대한민국제는 안 된다고 한다'라는 연락을 받고 보위부에 필요한 물품을 지원할 목적으로 AR에게 노트북 컴퓨터 1대는 대한민국에서 사서

보낼 테니 나머지는 아저씨가 중국에서 구입해 달라고 답하여 노트북 컴퓨터를 구입하여 전달하기로 하였다.

이에 피고인은 인터넷을 통하여 중고 노트북을 구입하여 포장한 후 2006년 8월 23일경 당시 피고인의 주거지 인근인 대전시 대덕구에 있는 법동우체국에서 국제특급우편으로 중국 연길시에 있는 AR에게 우송하고, AR을 통해 AR이 중국에서 구입한 노트북 컴퓨터 2대와 함께 회령시 보위부에 전달하게 하였다. 이로써 피고인은 위 노트북 1대를 전달받을 자가 반국가단체 구성원이라는 점을 알면서 재산상의 이익을 제공하였다.

3. 2007년 8월 중순경 국가보안법 위반, 잠입·탈출

피고인은 2007년 3월경 AU대학교와 BC대학교 간 교환학생 자격으로 AU대학교 중문학과 학생 20여 명이 중국에 교환학생 연수를 갈 기회가 있다는 사실을 알고 2007년 5월 연수 신청서를 제출하여 2007년 2학기 교환 장학생으로 선발되었다.

당시 BC대학교 개강일은 9월이었으나 피고인은 방학기간을 이용하여 다른 학생들보다 1개월 앞선 2007년 7월 27일경 인천항에서 국제여객선을 타고 다음날인 7월 28일경 중국 천진항에 도착하였다.

그 후 피고인은 중국 북경시, 장춘시, 호로도 등지에서 시간을 보내다가 2007년 8월 중순경 북한 함북 회령시 소재 뱀골초소 인근 건너편 두만강을 중국 측에서 북한 측으로 도강하여 북한 뱀골초소 인근 두만강 기슭에 도착함으로써 북한으로 탈출하였다.

이로써 피고인은 국가의 존립, 안전이나 자유민주적 기본질서를 위태롭게 한다는 점을 알면서 반국가 단체의 지배하에 있는 지역으로 탈출하였다.

4. 2011년 2월경 국가보안법 위반, 간첩 및 회합·통신 등

피고인은 AU대학교 중문학과 3학년에 편입한 2007년경부터 AU대학교 내 탈북자 출신 대학생들을 중심으로 구성된 동아리 BD에 가입하여 활동하면서 각종 교류행사와 봉사활동 등을 통해 교내 탈북자 출신 대학생들과의 접촉을 지속하였다. 그리고 피고인은 2008년경부터는 BE 회원으로 가입하여 탈북자 아카데미 활동 등을 왕성하게 벌여 나가면서 위 단체 소속 탈북자 신원정보를 확보하기도 하였다.

그 과정에서 피고인은 2009년 7월 1일경 BF로부터 이메일로 AU대학교 BD 회원인 22명의 탈출 대학생 신원정보를 수신·저장해 두는 등 각종 창구를 통해 단체 회원들의 신원정보를 파악하였다.

또한 피고인은 2009년경 탈북자들이 대학교와 대한민국 사회 내에서 성공적으로 정착할 수 있도록 지원한다는 명목하에 결성된 남북한 청년들의 모임인 BG에 가입하여 회원으로 활동하기 시작하였고 그 후 피고인은 BG에 가입 중인 약 90여 명에 달하는 회원들과의 직간접적인 접촉을 통해 탈북자들의 신원정보를 지속적으로 수집하였다. 그 외 피고인은 탈북자와의 다양한 교류와 행사 등을 통해 탈북자들의 신원정보를 체계적으로 탐지·수집하여 2009년 8월 24일경 BI재단 BJ로부터 탈북자 출신 안보강사인

평화강사 18명의 신원정보가 담긴 명단을 입수하였고, 2009년 9월 21일경에는 사단법인 북한인권시민연합으로부터 2009년 유엔 보고서를 위한 정치범·고문·여성·아동 증언 자료를 입수하여 26명의 탈북자의 신원정보를 보관하였다.

피고인은 2011년 2월경 미상의 방법으로 탈북자 자료 전달 계획을 상부선인 당시 회령시 보위부 CA, BB에게 대북 보고하였고, BB는 2011년 2월 하순경 회령시 보위부 사무실에서 피고인의 여동생인 AB에게 두만강을 도강하여 들어가고 나오는 문제는 다 해결될 테니 중국으로 들어가 오빠가 주는 자료를 받아 오라고 지시하였다.

이에 AB는 2011년 2월 하순경 북한 회령시 뱀골초소 인근 두만강을 도강하여 중국 연길시에 있는 외당숙 AR의 집에서 대기하다가 다음날 피고인과 전화 연락하여 피고인의 지시에 따라 중국 길림성 연길시 소재 BK빌딩 인근 PC방에서 QQ메신저로 접속하여 피고인과 연락하였고, 피고인은 QQ메신저를 통하여 AB에게 탈북자 50여 명의 신원정보가 담긴 파일을 전송하였으며 전송 완료 후에는 AB에게 이 파일을 USB에 저장토록 한 후 QQ메신저에 전송된 파일을 삭제하게 하였다.

AB는 부 AD를 통해 회령시 보위부 CA, BB에게 연락한 후 회령시 뱀골초소 인근 두만강으로 도강하는 방법으로 북한으로 들어가 BB에게 위 USB를 전달하였다.

위 탈북자 신원정보는 국내에 정착하여 살고 있는 탈북자의 성명, 생년월일, 주소, 연락처, 북한 출생지, 대한민국 입국일 등이 상세히 기재되어 있으며 심지어 탈북자 출신 안보강사, 2009년 유엔 보고서를 위한 정치범·고문·여성·아동 증언 자료에 포함된 탈북자 신원정보도 포함되어 있는바, 위 신원정보는 반국가단체 또는 그 지령을 받은 자가 더 이상 탐지·수집이나 확인·확증의 필요가 없을 정도로 적법절차를 거쳐 이미 일반인에게 널리 알려진 공지의 사실이 아닐 뿐 아니라 그 내용이 누설되는 경우 국가의 안전에 위험을 초래할 우려가 있어 기밀로 보호할 실질적 가치가 충분하고, 위 내용들이 북한에 누설되었을 경우 대한민국과 북한이 대치하고 있는 상황에서 탈북자들을 대상으로 한 테러·유인·약취 및 포섭 등 대남공작에 악용될 가능성이 농후하고, 나아가 위 탈북자들의 재북가족 파악에 쉽게 이용되어 재북가족들을 대상으로 한 감금·숙청·포섭에 활용할 여지가 높은 정보로서 위와 같은 정보는 반국가단체에는 이익이 되고 대한민국에는 불이익을 초래할 위험성이 명백한 국가기밀이다.

이로써 피고인은 국가의 존립·안전이나 자유민주적 기본질서를 위태롭게 한다는 점을 알면서 반국가단체의 구성원 또는 그 지령을 받은 자와 회합, 통신, 기타의 방법으로 연락을 하고 반국가단체의 구성원 또는 그 지령을 받은 자로서 목적 수행을 위해 국가기밀을 탐지·수집·누설·전달하였다.

2011년 5월경 간첩 및 국가보안법 위반, 회합·통신 등

피고인은 2011년 2월경 탈북자 신원정보를 대북 보고한 이후에도 BG 등 탈북자단체에서 왕성하게 활동하며 탈북자 회원들을 대상으로 BG 장학금 신청서 등을 받는 등

탈북자들의 신원정보를 지속적으로 수집하였다.

피고인의 여동생 AB는 2011년 5월 중순경 중국 비자를 발급받고 회령시 보위부 CA, BB로부터 중국에 가서 오빠에게 연락하여 자료를 받아 오라는 지시를 받고서 2011년 5월 중순경 회령교두를 통해 중국으로 갔다. 피고인은 그다음 날 외당숙 AR의 집에 있는 AB에게 QQ메신저를 통하여 탈북자 70여 명 내지 90여 명의 신원정보가 담긴 파일을 전송하였으며 전송 완료 후에는 AB에게 위 파일을 USB에 저장하여 회령시 보위부 CA인 BB에게 전달하도록 지시하였다. AB는 부 AD를 통해 BB에게 연락한 후 삼합세관과 회령교두를 통하여 북한으로 들어가 BB에게 라항 기재와 같이 국가기밀인 탈북자들의 신원정보 파일이 저장되어 있는 USB를 전달하였다.

이로써 피고인은 국가의 존립·안전이나 자유민주적 기본질서를 위태롭게 한다는 점을 알면서 반국가단체의 구성원 또는 그 지령을 받은 자와 회합, 통신, 기타의 방법으로 연락하고 반국가단체의 구성원 또는 그 지령을 받은 자로서 목적 수행을 위해 국가기밀을 탐지·수집·누설·전달하였다.

6. 2011년 7월 초순경 국가보안법 위반, 특수잠입·탈출 및 국가보안법 위반, 회합·통신 등

피고인은 통일부에서 후원하고 기독교연합에서 주최하여 약 25명의 대학생이 2011년 6월 19일경부터 2011년 6월 28일경까지 독일 베를린 등지를 방문하여 독일 통일 과정을 견학하는 프로그램인 통일 프로젝트 프로그램에 참가하기 위해 참가단 스물다섯여 명과 함께 2011년 6월 19일 인천공항을 출발하여 중국 북경을 경유하여 독일에 도착 후 독일 베를린 등을 견학하고 2011년 6월 26일 독일을 출국하여 6월 27일 중국 북경시에 도착하였다. 그 후 통일 프로젝트에 참석했던 참가자 중 스무 명은 환승하여 대한민국으로 바로 입국하였으나 피고인은 참가자 4명 등과 함께 북경시에 더 머무르다가 그 무렵 부 AD로부터 회령시 보위부 CA를 만나러 오라는 연락을 받고 2011년 7월 초순경 중국 연길시로 가서 부 AD에게 입북 지점 및 시각을 통지한 후 두만강을 도강하여 회령시 뱀골초소 인근 기슭에 도착함으로써 북한지역으로 탈출하였고 위 CA, BB를 만나 그동안 성과사업에 대해 보고하고 격려를 받았다.

한편 피고인의 여동생 AB는 2011년 6월 하순경 내지 7월 초순경 위 BB로부터 너희 오빠는 남한에서부터 회령에 자주 드나들게 되면 위험하니 AB 동무가 합법적으로 남한으로 들어가 오빠를 도와 남한과 중국을 왕래하면서 연락하는 임무를 수행해야 하니 지금부터 중국으로 건너가 살면서 남한 사람들과 많이 접촉하여 생활상을 익히면서 오빠로부터 받은 자료를 직접 또는 아버지가 전달하도록 하라는 지시를 받았다. 피고인은 함북 회령시 AZ에 있는 피고인의 집에서 며칠간 머무르며 가족의 중국 연길로의 이주를 준비하다가 2011년 7월 초순경 부 AD, 여동생 AB보다 미리 두만강을 도강하여 중국으로 건너갔고 이후 2011년 7월 9일경 위 AD·AB가 북한 회령세관에서 중국 삼합세관으로 출경하는 것을 맞이한 후 당초 귀국 예정일인 2011년 7월 10일을 넘겨 2011년 7월

12일경 항공편으로 중국 북경공항에서 인천국제공항으로 입국하였다.

이로써 피고인은 반국가단체나 그 구성원의 지령을 받거나 받기 위하여 또는 그 목적 수행을 협의하기 위하여 잠입·탈출하고 국가의 존립·안전이나 자유민주적 기본질서를 위태롭게 한다는 점을 알면서 반국가단체 구성원이나 그 지령을 받은 자와 회합하였다.

7. 2012년 1월 24일 자 국가보안법 위반, 특수잠입·탈출, 국가보안법 위반, 회합·통신 및 국가보안법 위반, 편의제공

피고인은 2012년 1월 21일경 중국 장춘공항으로 출국하여 부 AD에게 회령으로 들어갈 예정이니 회령 집에서 기다리라고 전화 연락한 다음, 그다음 날인 1월 22일경 중국 길림성 연길시에 있는 AD·AB가 거주하는 셋집으로 이동하여 AB에게 회령에 가서 설을 지내고 보위부도 갈 것이다, 보위부에서 부탁한 카메라와 중국 휴대폰 손전화기를 준비해 왔다며 밀입북 계획을 말하였다. 그리하여 피고인은 보위부 공작원 신분으로서 밀입북 시 회령시 보위부와 접촉하는 과정에서 추가 지령을 수수할 것을 충분히 인식하였다. 피고인은 2012년 1월 24일경 새벽 보위부에 가져다 준 물품을 가방에다 챙겨 넣고 부 AD와 함께 택시를 타고 중국·북한 국경지대로 출발하여 북한지역으로 탈출하였다. 피고인은 밀입북 후 부 AD와 함께 회령시 집에 머물면서 회령시 보위부 사무실을 방문하여 CA와 회합하여 탈북자 신원정보 수집 등 추가 지령을 수수하고 표창을 받고 카메라와 손전화기 등의 가지고 간 물품을 제공한 후 2012년 1월 24일경 밤 뱀골초소 인근 국경지대를 통하여 중국으로 들어가 AB를 만나고, 그다음 날인 2012년 1월 25일경 항공편으로 중국 연길공항에서 인천국제공항을 통해 입국하였다.

이로써 피고인은 반국가단체나 그 구성원의 지령을 받거나 받기 위하여 또는 그 목적 수행을 협의하기 위하여 잠입·탈출하고, 국가의 존립·안전이나 자유민주적 기본질서를 위태롭게 한다는 점을 알면서 반국가단체 구성원이나 그 지령을 받은 자와 회합하고 반국가단체의 구성원이나 그 지령을 받은 자라는 점을 알면서 금품, 기타 재산상의 이익을 제공하는 방법으로 편의를 제공하였다.

8. 2012년 7월경 국가보안법 위반, 간첩 및 국가보안법 위반, 회합·통신 등

피고인은 2011년 2월경부터 회원으로 가입·활동 중인 BG의 회장으로 취임하면서 탈북 대학생들의 장학금 신청 업무를 전담하기 시작하였고 또한 BD, BE 등 각종 탈북자단체 모임에도 왕성한 활동을 지속해 나갔다. 피고인은 그 과정에서 BG 회원명단 및 민주화위원회의 남북청년 어울림한마당 추천자 명단 등은 물론 장학금 신청 탈북자 18명의 이름, 성별, 휴대전화 번호, 주소, 소속, 은행 계좌번호, 주민등록번호, 이메일 주소 등이 상세 기재된 신상정보와 탈북자 19명의 이름, 성별, 생년월일, 대학교, 대한민국 입국 날, 연락처, 이메일, 신발 사이즈 등이 표로 정리된 신상정보자료, 주민등록초본이 첨부된 신상정보 등 다양한 형태의 탈북자 자료들을 수집하여 주거지 등에 보관하였다. 그러던 중 피고인은

2011년 4월경 서울시청의 계약직공무원 채용공고를 보고 서울시에 지원하여 서류전형·면접을 통해 2011년 6월 9일경 서울시청 AV과 AW팀 계약직 마급 공무원으로 채용되었다. 피고인이 서울시청 AV과 계약직공무원으로 담당한 업무는 기초생활수급자 통계관리지원, 저소득층 고충상담지원, 저소득층 통합사례관리지원 등으로 대부분의 탈북자들이 포함된 저소득층 기초생활수급자 통계관리지원 등을 담당하면서 탈북자 정보에 쉽게 접근할 수 있었다.

피고인은 위와 같이 탈북자단체 및 서울시청에서 탈북자 업무를 담당하는 직책을 이용하여 확보한 탈북자 신원정보를 대북 보고하기로 결심하고 2012년 7월경 미상의 방법으로 회령시 보위부 CA·BB에게 탈북자 신원정보 전달계획을 보고하고 중국 연길시에 있는 여동생 AB를 통해 자료를 전달하기로 하였다. 그 무렵 피고인은 BB로부터 연락받은 AB가 전화하자 다시 연락하기로 하고 며칠 후 AB에게 전화하여 연길시 소재 PC방에서 당시 새로운 메신저 프로그램으로 보급되어 있던 윈도우 라이브 메신저에 접속하여 연락하게 하고 미리 준비해 둔 약 50~60명의 탈북자 신원정보를 AB의 접속계정으로 전송하고 AB에게 위 탈북자 신원정보를 USB에 저장 후 컴퓨터에서는 삭제토록 하고 피고인 역시 피고인의 노트북 컴퓨터에서 윈도우 라이브 메신저 프로그램을 삭제하는 등 증거를 인멸하였다.

AB는 그다음 날 밤 회령시 뱀골초소 인근 두만강을 도강하여 북한으로 건너가 BB를 만나 사항 기재와 같이 국가기밀인 탈북자들의 신원정보 파일이 저장되어 있는 위 USB를 전달하였다. 이로써 피고인은 국가의 존립·안전이나 자유민주적 기본질서를 위태롭게 한다는 점을 알면서 반국가단체의 구성원 또는 그 지령을 받은 자와 회합·통신·기타의 방법으로 연락을 하고 반국가단체의 구성원 또는 그 지령을 받은 자로서 목적 수행을 위해 국가기밀을 탐지·수집·누설·전달하였다.

9. 2012년 10월 25일 자 국가보안법 위반, 회합·통신 등

2012년 10월 30일 자 국가보안법 위반, 특수잠입·탈출 및 국가보안법 위반 편의제공. 피고인은 2012년 7월경 탈북자 신원정보를 전달하던 무렵 회령시 보위부 CA와 미상의 방법으로 연락하는 과정에서 탈북자 신원정보를 수집하고 전달하는 임무가 위험하니 여동생 AB를 대한민국으로 입국시켜 활용하는 방안을 협의하였고, 그 무렵 AB는 피고인으로부터 전송받은 탈북자 신원정보를 전달하기 위해 입북하여 회령시 보위부 CA를 접촉하는 과정에서 국내 침투 후 피고인의 공작임무를 함께 수행할 것을 지시받았다.

그 후 피고인은 회령시 보위부로부터 AB의 국내 침투를 승인받은 사실을 확인하고 2012년 10월 하순경 중국 연길시에 있는 AB에게 연락하면서 대한민국 입국을 준비하라고 지시하고 중국 산둥성 연태시 인근에 거주하고 있는 고모 BL의 딸 BM에게 피고인 및 AB 명의로 2012년 10월 30일에 중국 상해공항에서 제주공항으로 입국하는 항공권 2매를 예약해 달라고 부탁하는 등 2012년 10월 30일에 여동생 AB와 함께 대한민국으로 침투할 방법을 준비하였다.

피고인은 2012년 10월 24일경 중국 장춘시로 출국하여 다음날인 2012년 10월 25일경 부 AD 및 AB가 거주하는 연길시 셋집에 도착하여 AB에게 대한민국 침투에 앞서 국가정보위 합동신문 과정에서 화교가 아니고 부모와 자신이 모두 조선 사람이라고 말하고 어머니 돌아가신 후 생활이 힘들고 오빠와 살고 싶어 회령에서 도강하여 대한민국으로 왔으며 화교 신분이 발각되더라도 어머니는 조선 사람이었다고 마지막까지 대응하라고 대응요령 등에 대하여 알려주었다.

그 후 피고인은 2012년 10월 26일경 AB와 함께 항공편으로 중국 연길공항에서 연태공항으로 도착한 후 고모 BL의 집으로 이동하여 2012년 10월 29일까지 고모부의 환갑잔치 참석 등을 명목으로 위 집에 머무르면서 AB에게 '대한민국 침투에 앞서 제주도 공항에서 탈북자라고 말하면 국정원에서 조사를 받게 된다. 국정원에서 조사받을 때 복잡하게 이야기하지 말라. 오빠는 2006년 5월경 어머니 돌아가실 때 회령에 들어온 이후 온 적이 없고 오빠가 보위부 일을 한다는 것은 절대로 얘기해서는 안 된다'는 등의 국가정보원 합동신문조사 대응요령에 대해 다시 알려주었다.

그 후 피고인은 AB와 함께 2012년 10월 30일 피고인이 제공한 항공편으로 중국 연태공항에서 중국 상해 푸둥공항에 도착하여 같은 날 1시경 피고인이 제공한 항공편으로 중국 상해 푸둥공항을 출발하여 같은 날 오후 3시경 제주공항에 도착하여 대한민국에 잠입하였다.

피고인은 제주공항에서 입국심사대로 향하는 중 AB로부터 AB의 중국 여권과 지갑을 회수하고 AB에게 입국심사대에서 탈북자 BN으로 주장하라고 일러준 다음 여권 소지 여부에 대해서는 위조여권으로 입국한 후 여권은 쓰레기통에 버린 것으로 모의하였다.

그 후 피고인은 AB에 앞서 입국심사를 통과하여 제주공항을 나와 부 AD에게 AB의 도착사실을 전화로 통보하여 AB의 대한민국 침투 사실을 알렸다. 이로서 피고인은 반국가단체나 그 구성원의 지령을 받거나 받기 위하여 또는 그 목적 수행을 협의하거나 협의하기 위하여 잠입 탈출하고 국가의 존립, 안전이나 자유민주적 기본질서를 위태롭게 한다는 점을 알면서 반국가단체 구성원이나 그 지령을 받은 자와 회합하는 한편 반국가단체의 지령을 받은 AB가 그 목적 수행을 위한 행위를 하려는 점을 알면서 금품 기타 재산상의 이익을 제공하였다.

나. 2006년 8월 23일 자 국가보안법 위반 편의 제공의 점을 제외한 나머지 부분에 관한 판단

1. AB가 한 수사기관 및 증거 보전 절차에서의 각 진술의 증거능력에 대하여

가. AB 작성의 각 진술서 등의 증거능력 여부

1. 원심은 AB가 국가정보원 수사관들로부터 조사를 받을 당시 작성한 각 진술서, 자술서, 확인서 및 반성문에 관하여 이 사건 진술서 등에 기재된 AB의 진술 내용은 단순히 피고인의 국가보안법 위반 혐의에 관한 내용에 그치는 것이 아니라 자신이 피고인을 도와 탈북자 정보를 회령시 보위부 CA에게 전달하였으며 CA의 지시에 따라 피고인과 함께

대한민국의 탈북자 정보수집 및 전달 목적으로 입국하였다는 내용까지도 포함되어 있는바 당시 수사기관이 AB에 대하여 회령시 보위부 공작원 인입 경위, 탈북자 정보 전달 경위, 대한민국 입국 경위 등에 관한 사실을 확인하고 이에 관하여 구체적인 내용을 진술하게 하는 방식으로 조사한 것은 AB에 대하여도 국가보안법 위반의 범죄혐의가 있다고 보아 수사하는 행위를 한 것으로 볼 수밖에 없으므로 이 부분 진술서 등은 참고인의 진술서 등의 형식을 취하여 작성되었다 하더라도 실질적으로는 작성 당시 피의자의 지위에 있었던 AB의 진술을 기재한 서류로서 피의자가 작성한 진술서의 성격을 가지므로 이 사건진술서 등은 진술거부권이 고지되지 않은 위법 수집 증거에 해당한다고 보아 증거능력을 부정하였다.

원심이 적법하게 채택하여 조사한 증거에 의하여 인정되는 원심 설시와 같은 사정들에다가 아래에서 보는 사정을 덧붙여 보면 원심의 위와 같은 판단은 정당하고 AB에 대하여 탈북 경위 등을 행정조사하는 과정에서 AB가 피고인의 범죄혐의를 진술하게 되었고 이후 피고인의 범행 부인에 따라 참고인 조사가 지속된 것에 불과하여 AB에 대한 수사가 개시된 것이 아니라는 검사의 주장은 쉽게 수긍하기 어렵다.

2. 국가정보원은 2011년 2월경 탈북자 CM으로부터 피고인이 화교임에도 탈북자로 가장하여 남한에서 AU대학교에 다니고 있다. 피고인의 아버지와 AB도 곧 남한으로 들어오려고 한다는 취지의 진술을 이미 확보해 두고 있었다.

AB는 2012년 11월 5일 합신센터에서 조사받으면서 화교 신분을 인정하였는데 그때부터 이례적으로 독방에 수용되었다.

3. 당시 AB를 조사한 국가정보원 직원은 2012년 11월 5일, AB가 화교임을 인정한 이후에도 AB를 상대로 AB와 피고인의 대공 혐의점의 진위 여부를 확인하였다. 그 결과 AB는 2012년 11월 22일 국가정보원 직원에게 자신이 북한 회령시 보위부에 인입되었다고 진술하기도 하였다.

이와 같이 AB의 신분이 중국 국적임이 밝혀진 이상 그 이후 어떤 조사가 진행되더라도 AB가 북한이탈주민으로는 될 수 없는 노릇이므로 그 이후에 AB에 대한 조사는 북한이탈주민 보호법에서 정하고 있는 위장탈북 여부에 대한 행정조사로서의 성격이라기보다는 오히려 피고인과 AB에 대한 국가보안법 위반 여부에 대한 수사로서의 성격을 가졌던 것으로 보인다.

4. 비록 검사가 피고인에 대한 공소사실에 AB와의 공범관계를 명시하지는 아니하였더라도 각 국가보안법 위반의 점 및 2012년 10월 30일 자 국가보안법 위반의 점의 경우 AB와 피고인의 공범관계가 명백히 인정되므로 언제든지 AB는 공식적인 피의자 신분이 될 가능성이 존재하였다.

AB의 진술은 피고인의 국가보안법 위반혐의에 대한 가장 결정적인 증거에 해당하므로 진술증거로서의 특수성과 사실상 유일한 직접증거로서의 증거가치를 고려할 때 엄격한 증거법칙이 적용될 필요성이 있다.

나. 특별사법경찰관 작성의 AB에 대한 진술조서의 증거능력 여부

1. 원심은 특별사법경찰관이 작성한 AB에 대한 각 제1~4회 진술조서에 관하여 AB는 사실상 피의자의 지위에 있는 자로서 각 국가보안법 위반의 점 및 2012년 10월 30일 자 국가보안법 위반의 점의 경우, 피고인과 공범관계에 있는데 위 각 진술조서에 대하여 피고인이나 변호인들이 증거로 함에 동의하지 않았고 이는 그 내용을 인정하지 않는다는 취지에 해당하므로 위 각 진술조서 중 AB가 피고인과 공범관계에 있는 범죄사실에 관하여 진술한 부분은 증거능력이 없다고 판단하였다.

원심의 위와 같은 판단은 원심이 적법하게 채택·조사한 증거들과 대조하여 면밀히 살펴보면 AB는 피고인과 공범관계에 있는 위 진술 부분에 관한 한 사실상 피의자의 지위에 있음을 알 수 있으므로 원심의 위 인정과 판단은 정당한 것으로 수긍이 되고 거기에 검사의 주장과 같은 잘못이 없다.

AB의 나머지 수사기관에서의 진술 및 증거보전절차에서의 진술의 증거능력에 관한 판단

1. 원심의 판단

원심은 판결문 중 피고인 및 변호인들의 증거능력에 관한 나머지 주장에 관한 판단이라는 항목에서 앞서 증거능력이 없다고 판단한 AB 작성의 이 사건 진술서 등 및 특별사법경찰관 작성의 AB에 대한 진술조서 중 일부 부분을 제외한 나머지 AB의 수사기관 및 증거보전절차에서의 진술에 관하여는 AB가 합신센터에서 조사를 받을 당시 수사관들로부터 폭행, 협박 및 가혹행위를 당하였거나 세뇌 또는 회유를 받지 아니한 상태에서 자유롭게 진술하였고, AB를 합신센터에 수용한 것은 북한이탈주민 보호법 및 그 시행령에 따른 북한이탈주민에 대한 적법한 임시보호처분에 해당하고, 그 과정에서 AB가 사실상의 피의자로서 조사를 받게 되었다고 하더라도 그러한 사정만으로 불법 구금 상태에서 조사를 받았다고 볼 수 없으며, AB는 수사기관에서 조사를 받을 당시 스스로 변호인의 조력을 받을 권리 및 접견교통권을 행사하지 아니하였다는 등의 이유로 이 부분 증거의 증거능력을 문제 삼는 피고인 및 변호인들의 주장을 받아들이지 아니하였다.

특별사법경찰관 작성의 AB에 대한 진술조서 중 앞서 증거능력을 배척한 부분을 제외한 나머지 부분 및 검사 작성의 AB에 대한 진술조서의 증거능력 여하

가. 이 부분 증거는 검사 또는 사법경찰관이 피고인이 아닌 자의 진술을 기재한 조서로서 형사소송법 제312조제4항 단서에 따라 그 조서에 기재된 진술이 특히 신빙할 수 있는 상태하에서 행하여졌음이 증명된 때에 한하여 증거로 할 수 있는데, 이와 같은 요건은 그 진술 내용이나 조서 또는 서류의 작성에 허위 개입의 여지가 없고 그 진술 내용에 신빙성이나 임의성을 담보할 구체적이고 외부적인 정황이 있는 경우를 가리키고, 위 요건은 증거능력의 요건에 해당하므로 검사가 그 존재에 대하여 구체적으로 주장·입증하여야 한다.

나. 원심 및 당심에서 적법하게 채택하여 조사한 증거에 의하여 인정되는 아래의 각 사정을 종합해 보면 이

부분 증거는 그 진술이 특히 신빙할 수 있는 상태하에서 행하여졌다고 보기 어려워 증거능력이 없다고 봄이 상당하다.

1. 북한이탈주민 보호법은 대한민국의 보호를 받으려는 의사를 표시한 북한이탈주민에 대하여 적용되고, 북한이탈주민의 보호 신청이 있으면 통일부장관이 그 보호 여부를 결정하나 국가보안법에 따른 죄를 범한 사람 등 국가안전보장에 현저한 영향을 줄 우려가 있는 사람에 대하여는 국가정보원장이 그 보호 여부를 결정하며, 그 경우 위장 탈출 혐의자 등에 해당하는 사람은 보호대상자로 결정하지 아니할 수 있다. 한편 국가정보원장은 북한이탈주민의 보호 신청을 통보받으면 임시보호나 그 밖의 필요한 조치를 한 후 지체 없이 그 결과를 통일부장관에게 통보하여야 한다.

이와 같은 임시보호조치는 보호 신청 이후 보호신청자에 대한 일시적인 신변안전조치와 보호 여부 결정 등을 위한 필요한 조사로 한정되는데, 위 조사는 해당 보호신청자가 국내에 입국한 날로부터 180일 이내에 이루어져야 하며, 임시보호조치를 마친 날로부터 30일 이내에 보호 여부가 결정되어야 한다.

이와 같이 북한이탈주민 보호법의 적용이 북한이탈주민의 보호 신청에 의하여 개시되는 이상 국가정보원장의 임시보호조치는 그 대상자의 동의를 전제로 하지 아니하는 즉시강제와는 그 성격을 달리하나 임시보호조치는 대상자의 일정한 시설에의 수용과 강제적 조사가 내포되어 있다는 점에서 신변안전조치 및 보호 여부 결정을 위한 조사의 필요성이 있는 범위 내에서 이루어져야 할 것이고, 이와 같은 필요성이 소멸된 경우에는 상당 기간 내에 조사를 종료하고 보호 여부 결정을 위한 절차로 나아가야 할 것이다.

이 사건으로 돌아와 보건대 앞서 본 바와 같이 AB는 2012년 11월 5일 자신을 조사하던 국가정보원 직원에게 자신이 화교임을 진술하였으므로 그 무렵 AB는 북한이탈주민에 해당되지 아니함이 명백한 상태였다고 할 것이다. 사정이 이와 같다면 국가정보원장으로서는 상당 기간 내에 AB에 대한 임시보호조치를 마치고 비보호결정을 하여야 함에도 불구하고 그때부터 171일이 지난 2013년 4월 24일에 이르러서야 비보호결정을 하고 수용을 해제하였다.

국가정보원장의 이와 같은 조치는 북한이탈주민 보호법이 국가정보원장에게 부여한 임시보호조치의 재량권을 일탈한 것으로 AB의 신체의 자유, 거주·이전의 자유 등을 부당하게 제한한 것으로 봄이 상당하다.

AB는 이와 같이 합신센터에 수용되어 있는 동안 자신 또는 피고인의 국가보안법 위반의 혐의에 관한 수십 차례의 진술서 내지 확인서를 작성하고 4회에 걸쳐 특별사법경찰관의 참고인 조사에, 8회에 걸쳐 검사의 참고인 조사에 응하여야 하였다.

앞서 본 바와 같이 AB는 2012년 11월 22일 자신이 북한 보위부에 인입되었다는 진술을 하였으므로 수사기관으로서는 영장을 청구하는 등으로 얼마든지 AB의 신병을 확보할 수 있는 기회가 있었음에도 불구하고 이와 같은 조치는 취하지 아니하고 AB가 합신센터에 수용되어 있음을 이용하여 사실상 영장 없이 AB의 신병을 확보하고 AB와 피고인에 대한 수사를 진행하였다고 봄이 상당하다.

3. AB는 2012년 11월 5일 이후로 줄곧 독방에 수용되었고 자신의 보위부 인입 사실을 진술한 이후로는 일거수일투족 상시 체크되는 CCTV가 설치된 방에 수용되었다. 또한 AB가 수용된 방에는 안에서는 문을 열고 나가지 못하고 바깥에서 문을 열어주어야만 밖으로 나갈 수 있는 외부 잠금장치가 설치되어 있었다. AB에게는 달력이 제공되지 않아 날짜에 대한 감각을 유지하기 힘든 상황이었고 외부와의 연락 또한 일체 허용되지 아니하였다.

조사 시간 외에는 AB에게 DVD 시청이 허용되었고 수용시설이 일반 구금시설에 비해 훨씬 주거시설에 가까운 측면이 있다고는 하나 AB의 위 수용 실태는 사실상의 구금에 해당하는 것으로 평가된다.

4. 이와 같이 AB는 당시 사실상 수사가 개시된 피의자로서 구금 상태에 있었다.

AB에게는 헌법 제11조4항에 따라 변호인의 조력을 받을 권리가 보장된다. 그런데 AB의 부 AD로부터 AB에 대한 변호인으로 선임된 변호사들이 2013년 2월 4일부터 2013년 3월 6일까지 사이에 5회에 걸쳐 합신센터에 변호인 접견 신청을 하였는데 AB는 변호사를 만날 필요가 없으니 만나지 않겠다고 하였고, 국가정보원장은 AB가 참고인 신분으로 변호인의 접견교통권의 대상이 아니고 AB가 변호인을 만나려 하지 않는다는 이유로 위 접견 신청을 모두 불허하였다."

● **부의장 이석현** 최민희 의원, 지금 3시 40분부터 하셨으니까 4시간을 막 넘겼어요. 그런데 지금 어찌나 빨리 하시는지 속기록 양으로 보면 8시간 하신 분량이 나오는 것 같아요. 그래서 좀 천천히 호흡 골라 가면서 해도 괜찮을 것 같습니다.

● **최민희 의원** (청취 불능)

● **부의장 이석현** 예? 크게 말씀하세요.
소신도 말씀하시면서 천천히 물 마시면서 하세요. 하나도 안 바빠요.
(「발언시간 제한 없어요」하는 의원 있음)

● **최민희 의원** 저는 스스로 제한하였습니다. 앞으로 1시간 하겠습니다.
"요지는 AB가 변호인의 접견교통권의 대상이 아니라고 국정원장이 판단하고 AB가 변호인을 만나려 하지 않는다는 이유로 접견신청을 모두 불허하였다. 그런데 앞서 본 바와 같이 AB는 장기간 합신센터에 수용되어 외부와 전혀 연락을 취하지 못한 채 독방에서 조사를 받았고 조사과정에서 국가정보원 수사관으로부터 오빠인 피고인이 처벌을 받고 나오면 한국에서 함께 살 수 있다는 취지의 이야기를 듣기도 하였다.
사정이 이와 같다면 북한에서 태어나고 자라 처음 우리나라에 입국한 AB가 장기간의 수용 및 조사과정에서 느끼는 심리적 불안과 중압감 속에서 친오빠인 피고인을 위해 변호인과의 접견을 거절하고 계속 조사에 응하였던 것으로 보일 뿐 AB가 변호인의 조력을 받을 권리 내지 접견교통권과 그 불행사의 의미를 충분히 이해한 상태에서 변호인과의 접견교통을 거절하였다고는 보기 어려운바 AB는 이와 같이 합신센터의 수용기간 동안에 수차례에 걸쳐 변호인의 조력을 받을 권리를 침해당하였다. 침해의 주체는 국정원입니다.

초기에 AB가 화교임을 부인하자 국가정보원 수사관은 A4용지 반 크기의 종이에 회령학교 AB라고 적힌 표찰을 AB의 몸에 붙이고 합신센터에 수용된 사람들이 지나다니는 통로에 AB를 서 있게 하였던바 수사관의 이와 같은 조치는 피조사자에게 불필요하게 모욕과 망신을 주는 것으로서 보호 여부 결정을 위한 조사권한을 남용한 것으로 판단된다. AB는 수용 초기부터 이와 같은 조치로 인하여 심리적 위축감을 강하게 가지게 되었던 것으로 보인다.

6. AB는 2011년 7월 경 북한에서 중국으로 이주하여 생활하던 중 피고인과 함께 살 목적으로 한국으로의 입국을 결심하게 되었는데 국가정보원 수사관이 수사과정에서 AB에게 '있는 죄를 다 진술해서 깨끗하게 털어버리면 오빠와 같이 살 수 있다' 회유하자 이에 헛된 기대를 품고 이 부분 증거의 진술에 이르게 된 것으로 보인다.

AB의 증거보전절차에서의 진술의 증거능력 여하.

이 부분 증거는 증거보전기일에 피고인 아닌 자의 진술을 기재한 조서로서 형사소송법 제311조 후문 제184조에 따라 원칙적으로 증거 능력이 있다. 그런데 형사소송법 제311조의 증거라 할지라도 헌법 제27조제3항 후문, 제109조와 법원조직법 제57조 제1항·제2항의 취지에 비추어 헌법 제109조, 법원조직법 제57조제1항에서 정한 공개금지 사유가 없었음에도 불구하고 재판의 심리에 관한 공개를 금지하기로 결정하였다면 그러한 공개금지결정은 피고인의 공개재판을 받을 권리를 침해한 것으로서 그 절차에 의하여 이루어진 증인의 증언은 증거능력이 없고 이러한 법리는 공개금지결정의 선고가 없는 등으로 공개금지결정의 사유를 알 수 없는 경우에도 마찬가지이다.

이 사건으로 돌아보건대 이 부분 증거는 수원지방법원, 안산지원 2013초기 170 증거보전절차의 제1회 기일에서 이루어진 AB에 대한 증인신문조서인데 위 기일조서에 의하면 2013년 3월 4일 위 증거보전기일은 증인신문을 포함하여 비공개로 진행된 것으로 기재되어 있다.

위 기일조서는 형사소송법 제56조에 따라 절대적 증명력이 부여되는 공판조서는 아니라 할 것이나 증인신문 또한 공개재판을 받을 권리대상이 되는 재판인데 그 공개 여부는 증거보전기일조서에 기재하는 외에 달리 기재할 방법이 없는 점, 피고인 등은 증거보전 처분에 관한 서류와 증거물을 열람 또는 등사할 수 있어 피고인 등에게 증거보전기일조서가 적정하게 기재되어 있는지 여부를 확인할 수 있는 기회가 부여되는 점, 증거보전기일이 적법하게 진행되었는지 여부에 관하여 본안 법원으로서는 증거보전기일조서의 기재에 따라 판단할 수밖에 없는 점 등에 비추어 보면 증거보전기일조서에

대하여 형사소송법 제56조가 유추 적용되어 절대적 증명력이 부여되거나 그렇지 아니하다 하더라도 그에 준하는 정도의 강력한 증명력을 가진다고 봄이 상당하다.

먼저 형사소송법 제56조가 유추 적용된다고 볼 경우에는 위 증거보전기일조서가 명백한 오기인 경우를 제외하고는 증거보전절차로서 위 조서에 기재된 것은 조서만으로서 증명하여야 하고 그 증명력은 위 조서 이외의 자료에 의해 반증이 허용되지 않는 절대적인 것인 바 공개 여부에 관한 위 증거보전기일조서의 기재가 명백한 오기라고 볼 만한 사정이 없으므로 위 증거보전기일은 비공개로 진행되었다고 볼 수밖에 없는데 위 조서에서는 비공개 결정을 선고하였다는 기재가 없어 그 비공개 사유를 알 수 없으므로 결국 이 부분 증거는 공개재판을 받을 권리를 침해한 것으로 증거능력이 없다.

다음, 위 형사소송법 규정이 유추 적용되지 아니한다고 하더라도 앞서 본 바와 같이 증거보전기일조서에 강력한 증명력이 부여되어 있다는 점에 덧붙여,

1. 검사는 위 증거보전 청구를 할 당시 형사소송법 제165조의3제3호에 의거하여 AB의 증언을 비디오 중계시설을 통하여 해 줄 것과 아울러 형사소송규칙 제84조의6제1항에 따라 재북가족 등의 보호를 위해 비공개로 진행해 달라는 청구를 하였던 점

2. 당시 피고인 측이 검사의 비공개 청구에 관하여 이의 하였다고 볼 만한 아무런 사정이 없고 거꾸로 만일 위 증인신문을 포함한 위 증거보전기일의 진행이 공개로 진행되었다면 당해 기일에 검사가 문제를 제기하였을 것으로 보임에도 위 기일조서에는 그에 관한 아무런 기재가 없는 점

3. 형사소송규칙 제84조의6에 따라 증인신문을 비공개로 진행하였을 경우에도 같은 조 제4항에 따라 재판장은 적당하다고 인정되는 자의 재정을 허가할 수 있으므로 당시 검사, 피고인, 변호인 외에 수사관 등의 특정 관계자가 재정하고 있었다 하더라도 그에 관한 재판장의 포괄적·묵시적 허가가 있었다고 볼 수도 있어 그러한 사실만을 근거로 위 기일이 공개되었다고는 단정키 어려운 점 등을 고려하여 위 증거보전기일에서 AB에 대한 증인신문은 비공개로 진행되었다고 봄이 상당하다.

그럼에도 앞서 본 바와 같이 위 증거보전기일에서 비공개 결정의 선고가 되지 아니하여 그 비공개 사유를 알 수 없으므로 검사가 형사소송규칙 제84조의6제1항에 따라 AB에 대한 증인신문을 비공개로 하여 줄 것을 신청하였다고는 하나 당시 위 증인신문뿐만 아니라 증거보전절차 전체가 비공개로 진행된 만큼 그 비공개 사유가 형사소송규칙 제84조의6제1항에서 규정하고 있는 사유라고 단정할 수는 없고 나아가 비공개 결정 선고가 없는 한 피고인이 그 비공개 사유의 존부에 대한 이의를 제기할 수도 없어 비공개 사유는 선고에 의하여 명확히 표시될 것을 요한다고 볼 것이다. 결국 이 부분 증거는 증거능력이 부여되지 아니한다."

제가 이 서울시 간첩단 사건 고등법원 판결문을 3분의 1 정도 읽었습니다. 여러분 머릿속에 기억나는 단어가 뭘까요? '이 부분 증거는 증거능력이 부여되지 아니한다' 이게 가장

기억에 남으실 것입니다. 그리고 '재판받을 권리를 침해했다' 이것 기억에 남을 것입니다. 그리고 보면 국정원 조사관이 거짓 증언을 하면 오빠와 같이 살게 해 주겠다는 위계에 의한 증언까지 이끌어 냅니다.

지금까지 제가 읽은 이 사실만으로도, 이 속에 나타난 국정원은 헌법을 위반했습니다. 그리고 피의자—아직 형이 확정되지 않은 사람입니다—이분들의 기본권을 침해하였습니다. 법도 지키지 않았습니다. 이 서울시 간첩단 사건은 우리 국정원이 얼마나 무능하며 얼마나 거짓 증거를 잘 조작해 내며 헌법을 정말 밥 먹듯이 위반하는지를 적나라하게 보여 줍니다.

저는 앞서 국정원 개혁 방향에 대해 제언드렸습니다만 이 유우성 사건 항소심 재판기록물을 꼼꼼히 읽다 보면 국정원의 이러한 행태에 대한 분노가 치밀어 오르지 않을 수 없습니다.

이러한 국정원에 감청을 자유롭게 할 수 있는 합법적 권리, 이러저러한 특수한 자료를 수집하고 보존할 수 있는 권리, 테러 의심자로 국정원이 찍으면 개인의 금융정보를 FIU법을 개정하면서까지 들여다볼 수 있는 권리를 부여하는 것이 얼마나 위험천만한지 알 수 있었다고 생각합니다. 그것이 제가 이 긴 판결문 읽은 이유입니다.

사실 판결문이라는 것이 처음에 내용을 이해하는 게 쉽지 않습니다. 그러나 국민 여러분, 선배·동료 의원 여러분, 판결문을 계속 읽어 가다 보니 판결문이 이야기하고 있는바, 이해할 수 있었다고 생각합니다.

저는 오늘 필리버스터를 한다는 것을 저의 SNS를 통해서 알렸습니다.

(자료를 들어 보이며)

그래서 이렇게 많은 양의 댓글을 받았습니다. 제가 이 댓글을 보고 느낀 것은, 그것을 딱 한마디로 줄이면 '집단지성'입니다.

이명박 정부 초기 광우병 촛불집회에서 보여 줬던 집단지성은 이명박 정부와 박근혜정부의 이러저러한 압박으로 잠시 잠복되어 있는 듯이 보이나 그것은 결코 억압으로 없어질 성질이 아닙니다. 이것은 마치 긴긴 독재의 터널 우리가 지나왔지만 그 독재의 터널 속에는 민주의 맹아가 함께 싹트고 있었고 그 민주의 맹아는 마침내 거대한 물줄기가 되어 87년 6월 민주항쟁을 이루어 낸 이치와 같습니다.

저는 새누리당이 19대 초기부터 꾀했던 포털 장악, 포털 장악 관련법을 통한 포털 길들이기, 의미 없는 일이라고 생각합니다. 아마도 우리의 네티즌들 집단지성들은 국내 포털을 장악하면 외국에 서버가 있는 다른 포털을 찾아서 소통의 장을 마련해 갈 것이기 때문입니다.

아무리 막으려고 해도 막을 수 없었던 것, 박정희 유신독재정권이 막을 수 없었던 민주화의 열망처럼 집단지성을 전제로 한 SNS의 참여민주주의 몸부림 또한 누구도 막을 수 없는 대세라고 생각합니다.

저는 사실은 댓글을 올리면 읽어 드린다고 약속했기

때문에 다소 거친 표현만 빼고 가능하면 빨리 읽겠습니다. 이건 내용이 어렵지 않기 때문에 빨리빨리 읽어 나가겠습니다.

(이석현 부의장, 정갑윤 부의장과 사회교대)

'저는 이제 막 고등학생으로 올라가는 십대입니다. 꼭 읽어 주셨으면 해서 하지도 않는 SNS에 댓글 써 봐요. 이번 테러방지법으로 인해 난리가 났더라고요. 왜 이걸 국민이 원한다고, 어떻게 그런 이상한 생각을 하는 건지 하나도 모르겠네요. 법 중 한 가지 의심이 되거나 가능성이 있을지도 모르는…… 이 내용은 그냥 무고한 시민도 가능성 있는 것처럼 보인다 하면 테러범으로 몰 수 있는 것 아닙니까? 그리고 헌법에 걸리는 것 아니에요? 십대로서 반대합니다. 미래를 무너뜨리지 말아 주세요. 겉 표면만 테러방지법이지 사실상 제가 보기엔 합법적으로 사생활 침해에, 반대의견을 내면 테러범으로 몰아서 체포하고 그냥 그럴 것으로 보입니다. 제발 이 악법 통과 막아 주세요.'

'이제 고3이 되는 학생입니다. 조금이라도 보탬이 되고자 조심스레 글 남겨 봐요. 테러방지법에 동의한 국민들의 척도는 어떻게 되며, 도대체 누구에게 동의를 얻게 된 건지 궁금합니다. 또한 학교에서 배운 대로라면 토론이라는 것은 찬성파와 반대파로 나누어 서로의 의견을 관철시키기 위해 근거를 들어 자기의 주장을 논리적으로 말하는 것으로 아는데 애초에 테러방지법을 찬성했던 분들은 지금 어디에 있는 건가요? 논박이 가능한 수준의 안건이 아니었다는 걸 알게 된 건가요? 국민들 모두를 잠재적 테러범으로 만드는 것이 과연 옳은 일일까요? 이건 정당 간 싸움이 아닌 민주주의를 지켜 내는 싸움입니다. 저 같은 학생들도 의원님께서 필리버스터 하시는 영상을 시청하면서 많이 응원하고 있습니다. 정말 감사해요.'

'법 제정이라는 것, 합법과 비합법의 지표가 되기 때문에 순기능보다 악용 가능성을 먼저 염려해야 한다고 생각합니다. 참여정부 때는 한나라당이 반대하던 그 법안을 현재 안보 불안을 빌미로 구체적 검토도 없이 밀어붙인다는 것은 이해할 수가 없네요. 황교안 국무총리께서 자신이 맡은 자리도 모르시던데 이런 얼렁뚱땅 구색 맞추기도 안 되는 법 제정이라니요. 수상한 사람의 개인정보를 열람할 수 있다는 것, 그 수상한 사람의 기준도 불분명하거니와 자의적 해석 또한 가능하다고 생각합니다. 꼭 필요한 법이라면 통과되는 게 당연하겠지만 그 전에 충분한 검토와 토의, 그리고 의혹 해소가 필요하다고 생각합니다. 또 보안을 앞세운 국정원을 대테러인권보호관 한 명으로 기본권 침해를 감독한다는 것은 보여 주기식이라고밖에 받아들일 수가 없습니다. 정당과 정파를 떠나 국민을 위협하는 수단이 될 수 있는 테러방지법은 통과되어서는 안 됩니다. 어쩌면 국가와 정부를 위할지는 모르나 지금의 국정원은 힘없고 억울한 국민에게 칼을 들이댈 것만 같습니다. 꼭 해야 한다면 국정원의 뼈아픈 반성과 개혁이 있지 않고서는 안 됩니다.'

또 다른 분, '정말 순수하게 테러방지만을 위해 테러방지법을 통과시키려 하는 것이라면 기존의 국가테러대책회의를 강화시키는 것이 새로운 기관을 만드는 것보다 좋은 대안이라고 생각합니다. 기존 기구의 의장도 모르는 정부가 새로운 기구를 만들자 주장하는 것이 과연 순수하게 국민만을 위해 테러방지법을 통과시키려는 건가요? 의문을 품게 됩니다.'

또 다른 분, '테러방지법이라는 칼날이 과연 테러범들을 향하는 것인지 아니면 국민을 향하는 것인지. 1933년 독일에서 공산주의자들이 의사당에 불을 질렀다는 이유를 들어 현재 테러방지법과 유사하다고 할 만한 법안을 제정했고 그 법은 나치즘 그리고 파시즘 국가의 기반이 됐다는 것 혹시 아세요? 21세기 대한민국이 한 세기 전 독일의 제3공화국과 닮아 가지 않았으면 합니다. 지금 싸움이 결코 헛된 것이 아니고 훗날 역사의 한 부분으로 남을 것을 믿습니다.'

한 모 씨 '테러범들은 자신의 명의로 통신사에 가입해 카톡으로 메시지를 주고받고 전화통화로 자신의 행보를 알리지 않습니다. 그러면 누가 이런 것을 할까요? 바로 국민입니다. 그러면 이 법은 결국 누구를 감시하게 되는 건지요? 각자의 소중한 프라이버시가 있는 우리 국민의 사생활을 염탐하게 되는 무서운 법입니다. 이것은 시대를 역행하는 일입니다.'

작성자 김 모 씨 '테러방지법의 내용 자체가 너무 포괄적이어서 법안이 시행될 시 국정원에 너무 엄청난 권한이 주어지는 것 같습니다. 그리고 대통령이 국회의장에게 직접 우리나라의 삼권분립을 위배하라고 하는 것입니다. 이런 법안이 시행되는 것을 막기 위해 힘내 주세요.'

작성자 박 모 씨 '테러방지법은 국정원이 안기부를 넘어 유신시절 중앙정보부의 힘을 갖는 것 아닙니까? 지금도 정부가 뭐만 하면 종북몰이를 하고 시민단체를 IS에 비유하는 판국에 테러로부터 국민을 보호하는 일을 우선할지 아니면 죄 없는 국민을 탄압하게 될지는 모르는 일 아닙니까?'

이렇게 하시면서 테러방지법 관련한 문제되는 조항을 설명하십니다.

제2조(정의)의 모호함 설명하시고요.

그다음에 2조의 '가. 국가·지방자치단체 또는 외국정부의 권한행사를 방해하거나 의무 없는 일을 하게 할 목적 또는 공중을 협박할 목적으로 사람을 살해하거나 사람의 신체를 상해하여 생명에 대한 위험을 발생하게 하는 행위 또는 사람을 체포·감금·약취·유인하거나 인질로 삼는 행위' 이 조항을 보면서 지난 대선의 셀프감금이 기억났다고 합니다.

이제 댓글 요원 집 밖에서 문을 막으면 테러리스트가 되는 것이 아닌가 의문을 제기하고 있습니다. 또 화염병 만들어서 곁에 놔두기만 해도 이젠 테러리스트가 되나, 가중 처벌 받나 걱정하시고요.

제4조 '이 법은 대테러활동에 관하여 다른 법률에 우선하여 적용한다.' 이런 엄청난 법이 어디 있냐 물으십니다.

그리고 15조2항 '테러단체의 지정·공고·해제 및 이의제기 절차 등은 대통령령으로 정한다.' 이 부분에 대하여 '어느 당이나 단체나 테러단체로 찍히면 해산됩니다. 이의 절차를 정하는 것도 대통령령이니까 정부 마음대로 아닙니까?'

'16조(테러위험인물에 대한 정보수집 등) ① 테러통합대응센터의 장은 테러단체의 구성원 또는 테러기도 및 지원자로 의심할 만한 상당한 이유가 있는 자에 대하여 출입국·금융거래 및 통신이용 등 관련 정보를 수집·조사할 수 있다.' 이 조항에 대하여 '범죄를 저지르지 않고 모의하지 않아도 국정원이 보기에 의심할 만한 상당한 이유가 있으면 용의자가 되는 건가요? 망명도 못 하고 입국도 막고 은행계좌 털리고 감청·도청이 영장 없이 이루어집니다. 부정선거 이런 말 하는 사람은 영장 없이 제재할 수 있게 됩니다.'

'16조 ④ 테러통합대응센터의 장은 제1항 내지 제3항의 규정에 따른 조치를 요청할 때에는 관계기관의 장에게 사유와 기간 등을 명시하여 서면으로 하여야 한다. 다만, 긴급을 요할 때에는 전화 또는 전산망을 통하여 약식으로 설명하고 서면으로 통보할 수 있다.' '수색영장은 웬 사치입니까? 서면 요청도 필요 없이 전화 한 통화로 은행, 통신회사, 출입국관리소 모든 내역이 털립니다.'

'제23조(테러선동·선전물 긴급 삭제) ① 상임위원회 위원장은 테러를 선전·선동하는 글 또는 그림, 상징적 표현물, 테러에 이용될 수 있는 폭발물 등 위험물 제조법 등이 인터넷이나 방송·신문, 게시판 등을 통해 유포될 경우 관계기관의 장에게 긴급 삭제 또는 중단, 감독 등의 협조를 요청할 수 있다.'

이제는 영장 없이 체포하고 댓글 지울 수 있습니다. '너 댓글부대 알바지?' 이런 소리 이제는 못 하게 됩니다.

'제24조(군 병력 등의 지원) ① 대책회의 의장은 경찰만으로는 국가중요시설과 많은 사람이 이용하는 시설 등을 테러로부터 보호하기 어렵다고 판단되는 급박한 상황의 경우에는 시설의 보호 및 경비에 필요한 최소한의 범위 안에서 군 병력 또는 향토예비군의 지원을 대통령에게 건의할 수 있다.' 이것에 대한 의견입니다. 촛불시위, 시청 앞 집회는 이제 추억이 됩니다. 군대가 출동하는데 계엄처럼 전시에 준하는 상황이 아니라 국정원이 위험하다고 생각되어서 필요한 경우 군대를 출동시킬 수 있습니다. 이제 더 이상 명박산성을 쌓을 필요가 없습니다.

제24조2항 '대통령은 제1항의 규정에 따른 건의를 받고 군 병력 등을 지원하고자 하는 때에는 국회에 통보하여야 하며, 군 병력 등을 지원한 후 국회가 군 병력 등의 철수를 재적의원 과반수의 출석과 출석의원 과반수의 찬성으로 요청한 때에는 지체 없이 이에 응하여야 한다.'

'끌려가서 갖은 고생 다하는 동안에 국회가 요구해서 군대를 철수시킬 수는 있지만 어느 당이 과반수인지 잘 아시지요?'

35조4항 '허위임을 알면서도 전화·서신 그 밖의 방법으로 테러와 관련된 허위사실을 신고하거나 퍼트린 자는 3년 이하의 징역 또는 3천만 원 이하의 벌금에 처한다.' 이런 우려를 하십니다. '법이 발효되면 아고라는 물론 페이스북, 트위터 계정을 닫으셔야 합니다. 긴급조치 때는 술집에서 취해서 욕하다가 끌려간 사람 많습니다. 선거부정이니 대통령이 어떠니 이런 소리 하면 안 됩니다. 천안함, 세월호 다 사실을 말해도 괴담 됩니다. 사드로 인해 전자파가 해롭다느니 이런 괴담 퍼트리면 3년 이하의 징역입니다.'

'제37조(세계주의) 제35조, 제36조 및 테러에 관한 죄는 대한민국 영역 밖에서 범한 외국인에게도 국내법을 적용한다.'

'해외에 계신 분들 미국시민권 땄다고 방심하면 안 됩니다. 외국인에게도 적용됩니다. 이름하여 세계주의, USA에서 미국 신문에 세월호 광고하고 등등 정부에 반하는 행동하면 테러리스트 됩니다.'

결론, 대통령에게 이 테러방지법은 계엄령보다 더 쓰기 쉽고 민간인 사찰하기 쉽고 통제하기 쉬운 게 아닐까요? 국민에게 이것은 족쇄입니다. 통과되면 걸면 거는 대로 잡혀갈 수 있습니다.

작성자 수 모 씨 '사생활은 지켜지라고 존재하는 것이지 침해당하기 위해 존재하는 것이 아니라는 것을 좀 깨달아 주셨으면 해요. 국민이 그 의견에 발 벗고 반대하는데 대체 어느 국민을 만나고 오셨길래 국민들이 찬성하는 법안이라는 것인지 알 수가 없네요.'

작성자 이 모 씨 '테러방지법이란 극단주의 무장 세력으로부터 대국민 테러를 방지하기 위함이 아니라 국민들을 정신적·육체적·사회적으로 고문하기 위해 권력기관에게 빗장을 풀어주는 악법이라 생각합니다. 역사를 잊은 민족에게 미래가 없습니다. 무엇이 국민을 위하고 국가를 위한 것인지 다시 한 번 생각해 주시기 바랍니다.'

작성자 박 모 씨 '대한민국은 민주공화국이며 모든 권력은 국민으로 나온다는 헌법 제1조와 어떤 법률도 국민의 기본권을 박탈할 수 없다는 제37조2항까지 무시하는 법안입니다. 이 법안을 통과시키려는 이유가 무엇인지 알 수 없습니다. 정치인들은 국민을 두려워해야 하는 법입니다. 국민이 두려워 이런 법안을 만드는 거라면 정치인들은 누구를 두려워하며 나라를 또한 국민을 위한 일을 한단 말입니까? 국민을 위한 법안이 아니며 국가를 위한 법안 또한 아닙니다. 만약 테러방지법이 통과된다면 인간의 기본적인 인권 박탈 또한 자유 박탈이 이어질 것입니다.'

작성자 김 모 씨 '민주주의 국가에서 자행되고 있는 국정원 간첩조작 및 국민을 테러범으로 간주해서 군중의 목소리를 잠재우려고 시도하고 있는 여당과 정부는…… 이 법안은 국민들을 보호하려는 법안이 아니라 정부와 국정원을 보호하려는 목적이 다분히 있다고 보여집니다. 여당의 주장대로라면 밀어붙이고 날치기 하지 말고 국민들에게 충분한 설명과 토론 및 간담회를 통하여 설득하고 이해를 구하는 게 순서가 아닌가 싶습니다.'

작성자 윤 모 씨 '국가의 이름으로 개인의 사생활을 아무 동의도 없이 감시하고 개인의 권리를 침해해도 된다고 누가 허락했나요? 국가 비판하면 테러범으로 의심받을 수 있는 작금의 상황이 어이없고 화가 납니다. 테러를 막기 위한 수많은 대책들은 놔두고 국정원에만 힘을 실어 줘야 한다고 하는 이 법은 또 다른 유신시대를 끌고 올 겁니다.'

작성자 보통 씨 '새누리당에서는 국민이 테러방지법을 원한다고 했는데요, 그 국민이 누구입니까? 그들은 새누리당 의원들만 국민인가 봅니다.'

작성자 홍 모 씨 '새누리당이 주장하는 국민들은 도대체 누구인가요? 테러방지법이라는 말은 사실상 국민감청법이 아닌가요? 그럴듯하게 포장하면 대충 넘어갈 만큼 국민들을 바보같이 보셨나 봅니다. 지금은 2016년, 몇십 년 전과 같은 방법으로 선거운동하고 국민들의 눈과 귀를 속이는 게 가능하다고 보시나 봅니다. 이 정권에서 처음으로 헬조선, 흙수저, 금수저와 같은 신조어가 생겨났습니다. 왜 이런 신조어가 생겨났는지 모르십니까? 그만큼 국민들이 대한민국에서 숨쉬기 힘들어졌다는 겁니다. 먹고살기가 지옥에서 사는 것만큼 힘들다는 겁니다. 이명박 정권과 현 정권이 이렇게 악화시켜 왔습니다. 이런 상황에서 국민감청법을 통과시킨다는 것은 국민들을 사슬로 묶어 점점점 하는 것 같습니다.'

작성자 배 모 씨 '테러방지법을 언론이 불안감을 조성해서 짜깁기해서 내보내니 언론의 역할에 대해서 좀 강하게 말해 달라는 부탁입니다.'

작성자 성 모 씨 'MB 정권의 민간인 사찰사건 관련 언급도 부탁드립니다.'

작성자 전 모 씨 '국무총리는 자기가 의장인지도 모르고 여태껏 저 자리에 있었다는 게 너무 충격이네요. 언론도 문제입니다. 연예인들 연예 관련 기사 내보내면서 언론의 역할은 제대로 안 하고 공영방송도 마찬가지입니다.'

작성자 윤 모 씨 '필리버스터에 대한 언론보도 행태에 대해서도 지적해 주십시오.'

작성자 양 모 씨 '어찌하여 나라가 비상사태라고 주장하는지, 나라가 비상사태가 되는 동안 정부 여당은 뭐했는지, 그 책임은 어떻게 질 것인지, 만약 아무 책임도 지지 않고 반성도 없다면 무슨 근거로 국가비상사태라 하는지, 정부 여당이 아무런 책임지지 않은 이유만으로 국가비상사태를 국민들에게 설득할 수 없음을 알려 주세요. 국가비상사태가 되면 공직자들 3분의 1이 비상대기근무하지 않습니까? 그런 대기명령 떨어졌다는 얘기 혹시 들어 본 분 계십니까?'

작성자 강 모 씨 '행정부·입법부·사법부 삼권분립을 명확하게 얘기해 주세요. 이거 모르시는 분들도 많더라고요.'

작성자 J 씨 '테러방지법이 지목하는 테러리스트는 의심 대상자의 칼날이 뚜렷한 이유 없이 나를 향할 수도 있다는 불안을 지울 수가 없습니다. "너 빨갱이지?"에 이어 "너 테러리스트지?"라는 프레임이 또 생기지 않을까 걱정됩니다.'

작성자 곽 모 씨 '누구를 위한 나라인지요? 먹고살기도 힘든데 헌법에서 보장된 자유까지 막으려 하나요? 헌법도

고치려 하는 건가요?'

헌법 제17조 "모든 국민은 사생활의 비밀과 자유를 침해받지 아니한다." 헌법 제18조 "모든 국민은 통신의 비밀을 침해받지 아니한다."

작성자 정 모 씨 '견제와 균형 없는 권력은 국민을 희생양으로 만듭니다.'

작성자 최 모 씨 '대통령은 우리나라의 테러방지법안이 14년 동안 지연되고 있음을 비판했으나 테러방지법안이 이토록 지연된 이유에 대해서는 언급하지 않았습니다.

이러한 법안이 이토록 지연된 이유는 국민의 인권 침해와 국가의 권력이 국정원에게 쏠리는 것을 우려했기 때문입니다. 자신이 의장인 줄도 몰랐던 분이 정말 순수하게 테러방지만을 위해서 법안을 통과시키려 했을 거라고는 생각하지 않습니다. 또한 테러방지법이 없는 우리나라는 이미 가지고 있는 법으로도 충분히 대테러를 할 수 있으며 굳이 많은 문제점이 있는 이러한 법안을 통과시킬 필요는 없다고 생각합니다.'

작성자 TB 씨 '저는 서태지의 시대유감 가사를 남겨 봅니다—왜 기다려 왔잖아, 모든 삶을 포기하는 소리를. 이 세상이 모두 미쳐 버릴 일이 벌어질 것 같네.' 시대유감 가사를 올려 주셨습니다.

작성자 전진 씨 '언론이 제대로 심판의 역할로 시시비비를 가려 준다면, 그래도 이렇게 사회가 정화할 힘이 생기겠지만 언론이 혹세무민하여 국민의 눈과 귀를 가립니다. 이전의 MBC 녹취록도 적절하게 언급하셨으면 합니다. 교과서, EBS건, 위안부 협의건, 아예 이 정권에서 벌어진 불합리하고 모순 있는 것들을 모두 발언해 주세요.' 굉장히 긴 글 올려 주셨습니다.

작성자 WOO 씨 '처벌규정 있습니까? 민간인 사찰 시 징역 10년, 국정원장 이하 지휘계통이 모조리 징역 10년 이상 사는 것으로 책임을 지는 자세를 보이는 것으로 법안에 박아 놓자고 제안하십시오.' 그리고 이상의 시를 올려 주셨습니다. '오감도'입니다.

작성자 이 모 씨 '테러방지법은 국민 감청법, 유신 회귀법 그리고 국정원을 다시 중앙정보부로 회귀시키는 것'

작성자 김 모 씨 '대한민국은 삼권분립을 기초로 합니다. 이런 테러방지법이 통과되면 국정원에게 비대칭적인 권력을 쥐어 주는 것이며 이는 대통령에게 국정원장 임명권이 있으므로 나아가 대통령의 권한이 늘어나는 것입니다. 최악의 사태를 가정한다면 이 법이 통과되면 국정원이 모든 국민을 감시하고 도청하며 이 중 일부가 새어 나가는 경우에는 서울시공무원 간첩조작사건과 마찬가지로 증거 조작을 통해 테러위험인물로 분류해 버릴 수 있습니다. 또 이를 이용하여 대통령 등은 자신의 마음에 들지 않는 사람을 테러분자로 취급할 수 있고 이는 북한의 독재체제와 다를 바 없어질 우려가 있습니다.'

작성자 이 모 씨 '대한민국의 주인은 국민입니다. 대체 왜 국민들이 요구하지도 않은 법안이 국민들의 요구에 의해 통과되려고 하고 있는지, 민주주의라는 대한민국에서 왜

국민들은 자유를 잃어버리고 정부의 감시하에 살아가야 하는지, 법안이 국민의 뜻에 의해 통과가 된다면 저는 더 이상 이 나라의 국민이 아닌가 봅니다.'

작성자 강 모 씨 '이 법 결국에는 공안정국으로 만들 속셈 아닐까요?'

작성자 조 모 씨 '무슨 근거로 국민들이 이 법을 요구했다고 팻말 들고 시위하시는지 모르겠습니다. 근거자료 발표해 달라 해 주세요.'

작성자 김 모 씨 '정말 이 나라에는 국민이 있는 걸까요? 저들이 말하는 국민이라는 게 뭘까요? 도대체 왜 테러방지라는 방패 아래 국민들이 희생당하고 힘들어 해야 하는 건지 도통 모르겠네요. 결국 국민들을 테러방지라는 명분 아래 세우고 조종하려고 하는 것으로밖에는 보이지가 않네요. 대테러위원회 있지 않아요? 있는 기구는 활용 못 하고 그저 자신들이 편하게 법을 내세우는데 그게 진정 국민들을 위한 자리에 서 있는 분들이 할 일인지에 대해⋯⋯ 그 자리는 국민들을 위해 봉사하는 자리라는 걸 일깨워 주십시오.'

작성자 SJ 씨 '어떤 국민이 테러방지법을 원하는지 근거자료를 준비해서 받아 주세요. 보여 달라고 하세요.'

작성자 이 모 씨 '박정희 대통령이 만든 중정이 무슨 이유로 안기부로 바뀐 건지, 안기부가 무슨 이유로 국정원이 된 건지 등등에 대해서도 말씀해 주셨으면 합니다. 정권유지도구로 이용해 먹었던 정보기관에서 순수한 국민을 위한 정보만을 수집하는 기관이 됐어야 하는 이유 등등을 말이지요. 이명박 정권에서부터 국정원이 중정으로 회귀하고 있는 부분과 그로 인한 대선 부정 등 그리고 그 부정으로 탄생된 따따따따입니다.'

작성자 이 모 씨 '세월호가 제대로 해결되지 않는 것을 보고 몇 날 며칠 울다가 나라가 너무 잔인하게 느껴져서, 희망이 없어서 멀리 떠나왔습니다. 테러방지법 반대합니다.'

작성자 THE 씨 '테러방지법 명칭부터 바꾸자고 하세요. 간첩조작, 선거개입, 해킹프로그램 구입 등 이런 일 하는 조직에 어마어마한 힘을 실어주는 게 말이 되나요?'

작성자 애 모 씨 '프랑스에 거주하는 유학생입니다. 파리 테러 당시 프랑스 정부가 어떻게 위기를 극복하고자 하고 어떤 자세를 견지했는지 생각해 보면 테러방지법이라는 법안 자체가 얼마나 우스운지 말로 다할 수 없을 정도입니다. 올랑드 대통령은 당시 파리 테러를 프랑스가 자유의 나라이고 인권을 수호하는 나라이기 때문으로 규정하고 시민들에게 주눅 들지 않고 겁먹지 않고 평소처럼 행동하기를 주문했지요. 테러에 의해 영향 받고 겁먹고 움츠러드는 것이 테러리스트들이 원하는 바이고 테러에 패배하는 것이라고 생각했기 때문이지요. 더불어 프랑스공화국의 가치는 테러로 흔들리지 않을 것임을 확실히 했지요. 그 연설을 보며 제가 부러웠던 것은 프랑스 국민들이 가지고 있는 혁명국으로서의 자부심, 민주공화국으로서의 자부심을 바탕으로 합리적이고 당당하게 위기를 극복하는 모습이었습니다. 그 대책에는

아무리 테러라 할지라도 국민의 자유를 침해하지 않는 아주 기본적인 민주적인 원칙도 포함됩니다. 정작 피해국이었던 프랑스에서 이렇게 의연하고 민주적으로 위기를 대처하고 극복해 나갔던 모습에 반해 우리 정부에서는 시대에 역행하는 법안을 발의하고 있다는 게 너무나 황당합니다. 지금까지 민간인 사찰 등 존재 목적이 의심스러운 여러 가지 행보를 많이 보여 온 국정원에게 이렇게 막강한 권력을 부여하는 법안이 과연 국민을 보호할지 의문입니다.'

작성자 배 모 씨 '국정원 국민테러 활성화법이라고 해야 맞는 것 아닐까요? 누가 보면 진짜 테러방지하는 줄 알겠습니다. 명칭부터 제대로 바로잡아 주세요. 대테러방지법이 국민에 칼끝을 겨누고 있는데 새누리당 의원님들은 예외일까요? 과거 안기부는 김영삼 정부 시절 여당사의 건물 위층에서 대통령과 여당 지도부의 전화통화를 도청하다가 들킨 일도 있지 않았어요?'

작성자 양 모 씨 '진짜 매일매일 여당이 자기들 의견을 국민 대다수의 의견이라고 기정사실화하는데 그런 경우 아주 드물다'는 지적을 해 주셨습니다.

작성자 유 씨 '제일 궁금한 점은 테러집단들이 한국 핸드폰 번호, 계좌, 카톡 등을 정말 쓴다고 생각해서 이런 법안 내신 건가요? 정말 궁금합니다.'

작성자 바람날개 씨 '온라인상에 우스갯소리가 돕니다. 엄마, 저 법안 통과되면 나 구속수감 될 수도 있어요, 인터넷에 댓글 단 게 많아서.'

작성자 옹 모 씨 '문제는 1. 대외정보 수사기관인 국정원에 대테러 수사권한을 준다는 것이고, 둘째 대테러 수사에 대한 인권보호 규제들을 지나치게 완화했다는 것입니다. 국정원에 대테러 수사권한을 준다는 것은 그것이 국정원 산하에 없기 때문입니다. 그리고 테러방지법 통과를 주장하는 사람들의 가장 중요한 논거는 다른 나라들도 테러방지법을 가지고 있다는 것인데 우리나라에서 여당이 통과시키려고 하는 테러방지법은 외국의 그것과는 확연히 다릅니다.

우리나라 테러방지법의 외국에서 감청설비 의무는 도로 위아래의 전봇대·터널 등의 국가기간시설을 직접 이용하고 있는 망사업자들에게 반대급부로 부과될 뿐입니다. 다양한 통신 소프트웨어를 개발해 그 망을 이용하는 인터넷 업체들에는 그런 의무를 부과할 헌법적 정당성이…… 테러방지법에 끼워서 여당이 통과시키려는 감청설비의무화법은 모든 전기통신사업자에게 감청설비를 의무화하는 내용을 담고 있습니다. 카카오톡이나 네이버와 같은 인터넷 업체들에게도 모두 적용한다는 것인데 아마도 세계에서 유일한 법률이 될 것 같습니다.'

작성자 J 씨 '국민을 존중한다면 헌법에 보장된 국민의 기본권을 지켜 줘야 합니다. 불가피하게 제한해야 한다면 최소한에 그쳐야 하며 합리적이고 명확한 사유가 있어야 합니다. 구체적인 제한과 침해의 사유조차 테러라는 막연하고 불확실한 사유 하나로 마음대로 행사할 수 있는 법안, 반대합니다. 이 법안의 곳곳에 자기 멋대로 적용

가능한 귀걸이식·코걸이식 조항 등을 존치시킨다는 것은 다른 의도가 있음을 자인한다는 것입니다. 결국 이 법이 통과돼서 집회의 자유마저 제한받게 되면 도대체 어떻게 하라는 말입니까?'

작성자 김 모 씨 '대선 개입하는 국정원에 정부 주요 정보기관? 그래서 하려고 한 국정원 개혁도 스스로 거부하는 국정원의 권한을 강화하는 게 문제입니다. 민주주의국가에서 민주적으로 선출되었다면 생각할 수 없다고 여겨지는 빅브라더로 가는 법안을 들고 나온 것 정말 민주주의에 대해서 어떤 고민을 하고 있는지, 대통령께서 공개적으로 토론을 해서 주시면 알아보겠습니다.'

작성자 ㄷ 모 씨 '테러의 개념을 명확히 했으면 좋겠습니다. 그렇게 중요한 법안이라면, 그래서 반드시 통과되어야 할 법안이라면 특정 정권이나 집단 또는 기관에 의해 변질되거나 왜곡 운영되지 않을 만큼 투명하고 객관적인 체계를 갖추어 주세요. 지금 법안은 일방적으로 반정부 성향을 겨냥하고 있다는 것이 너무나 선명하잖아요? 모호하기도 하고요. 여든 야든, 진보든 보수든, 누구든 간에 대한민국 국민이면 이번 법안을 통해 내가 보호받고 있구나라고 생각될 만한 법이어야 한다고 말씀드리고 싶습니다.'

작성자 ㅌ 모 씨 '국정원이 지난 대선에서 여론조작 댓글선동 등으로 이미 정치에 개입한 사례가 있는 만큼 국정원 중립성이 확보되기 전까지는 더 이상의 권한 추가는 불가합니다. 감청이나 계좌추적의 대상을 한정 짓지 않고 초법적인 기관에 준다는 것은 불특정 다수를 견제할 수 있는 권한을 부여하는 것이고 이것이 지난 대선과 같이 특정 정당과 유착할 경우 그 피해는 말도 못 하게 클 것입니다. 언론의 자유, 사상과 표현의 자유를 박탈당할 수 있습니다. 국민을 위한 법이라면 국민을 배려한 흔적이 있어야 하는데 그런 것 없이 그냥 국가라는 몸통 지키기, 뒤집어쓰고 있습니다.'

작성자 빅대디 씨 '물가 대비 임금상승률, 출산율 등 여러 가지 사회지표를 볼 때 어쩌다 이 지경이 되었는지 한탄스럽습니다. 먹고살기 바쁘다 보니 이러한 정책이나 법률상 쟁점에 대해 일반인들은 무관심해질 수밖에 없는 환경을 누군가 의도적으로 만든 것인지도 의심스럽습니다.

이번 법안에 대해 불특정 다수의 민간인이나 민간시설에 대한 살상용 무기 사용이나 그 계획에 대해 미연에 사건을 방지하기 위해 여러 가지 첩보 및 정보를 수집해야 한다는 차원에서 주로 유럽 국가 등에서 요즘 하루가 멀다 하고 들려오는 테러소식을 감안하면 이 법안의 구체적인 내용을 잘 모르는 시민들에게는 표면적으로는 문제가 안 느껴지겠지요.

그런데 국민보호를 위해 쥐어 준 방패를 무기로 사용해서 국민을 찍어 누르게 된다면 자유민주주의와 인권의 가치를 외면하게 만드는 면죄부가 될 겁니다. 대한민국헌법 제1조 "대한민국은 민주공화국이다. 대한민국의 주권은 국민에게 있고, 모든 권력은 국민으로부터 나온다." 잊지 말아 주시길.'

작성자 ㄹ 씨 필리버스터를 가지고 이렇게 오랫동안 토론한다는 것에 대해서 긍정적인 평가 주셨습니다.

작성자 M 모 씨 '지금도 충분히 테러방지를 위한 조직이 구성되어 있는데 이런 악법이 필요한가요? 또 자신이 수장인 것조차 모르는 황교안 국무총리는 자신의 본연의 업무와 위치를 파악해서 제대로 수장 역할만 해도 테러방지할 수 있는 것 아닙니까?'

작성자 ㄹ 씨 '국정원 초유의 선거개입사건 재판도 아직 완전히 안 끝났잖아요? 국정원 셀프개혁도 시늉이나마 제대로 보고된 적이 없잖아요? 그런데 왜 국정원에 비상대권을 쥐어 줍니까?'

작성자 ㅇ 씨 '현재 정도면 현존하는 매뉴얼로 충분하고 내실만 다지면 될 일입니다. 이미 테러방지에 심각한 무능을 드러낸 국정원이 테러방지의 중심이 됐다는 것은 어불성설입니다.'

작성자 DA 씨 테러방지법에 대한 우려를 아주 길게 써 주셨습니다. 이 중에 한 구절만 읽어 드리겠습니다. '정부가 테러방지법을 한다고 하는데 도대체 테러에 대해서 어떤 인식인지 볼까요? 2015년 12월 24일 박근혜 대통령은 국무회의에서 제1차 민중총궐기에 대해 복면시위는 못 하도록 해야…… IS도 얼굴 감추고 그렇게 한다고 얘기하셨습니다' 이 점을 명기해 두었습니다. '혹시 복면 쓰면 IS이고 복면 쓰고 시위하면 테러라는 등식인 것은 아니겠지요?' 이미 대테러대책기구가 있고 국가테러대책회의에서 대책을 세워 줬으면 좋겠다는 바람을 길게 적어 주셨습니다.

작성자 ㅂ 씨 '체포영장도 검사가 신청하면 법관이 발부하듯이 개인의 자유권을 침해하는 내용을 행사하기 위해서는 명시적인 견제책이 필요하지 않나요? 명시적인 견제책을 설정해 놓는 것이 상책입니다. 통신·경제에서의 사생활의 비밀을 행정부 그것도 정보기관이 마음대로 캘 수 있다는 것은 어떤 경우를 따져 봐도 법익보다는 국민의 자유권을 침해할 가능성이 높습니다.'

작성자 ㄱ 씨 '어릴 때 국가정보원이라는 말만 들어도 가슴이 설레던 때가 있었습니다. 검은 정장 사내들이 떠올랐습니다. 그러나 성인이 되어 우리나라 국정원을 바라보니 암담하고 창피합니다. 국정원의 역사는 안기부에 기인하지요? 고문하던 어른들에게 추가적 권한 쥐어 주면 21세기 어떻게 될지 누가 압니까? 두려워서 댓글을 못 달겠습니다. SNS에서 정부 비판 못 하겠어요, 그놈의 빨갱이 프레임이 두려워서. 이 법 통과되면 빨갱이에 대테러분자 합친 추가적 프레임이 생겨나는 것은 아닐지 두렵네요.'

작성자 ㅍ 씨 '테러를 방지하려면 다른 방법을 찾아야지 왜 내 핸드폰을 감청하고 도청하고 내 생활을 정부가 다 알아야 하는지. 테러방지법 하는 게 초가삼간 다 태우는 것하고 뭐가 다른지 모르겠습니다. 이 방법은 정말 아닌 것 같아요. 테러가 일어나지 않으려면 이 방법은 정말 해서는 안 되는 선택입니다.'

김경협 의원님 이것 마저 읽겠습니다.

(● 김경협 의원 의석에서 ─ 괜찮아요.)

죄송합니다.

작성자 ㄹ 씨 '이 법에 찬성표 던지는 새누리당 의원들은 앞으로 자기한테는 이 법이 적용 안 될 거라고 확신하시는지요? 나는 아닐 거라고, 내 일은 아닐 거라고 생각하지 말았으면 해요. 국회선진화법 주도한 당시 야당 대표 누구입니까?'

작성자 ㅅ 씨 '에드워드 스노든을 인터뷰한 다큐멘터리 영화 '시티즌포'에 이런 말이 나옵니다. '누군가 당신의 자유를 뺏겠다고 한다면 당신은 맞서 싸울 것이다. 하지만 누군가 대의를 내세우며 당신의 프라이버시를 어느 정도 침해하겠다고 한다면 당신은 그것을 거부감 없이 받아들일 것이다. 그리고 당신은 나중에 깨달을 것이다, 프라이버시를 빼앗기는 것이 곧 자유를 빼앗기는 것이었음을.', 프라이버시 없이는 자유도 없습니다. 자유를 지켜 주세요.'

작성자 ㅊ 씨 '우리의 주적은 북쪽에 있는 북한 아닌가요? 국민들을 실시간으로 불안에 떨게 만들면 안 된다'라는 취지의 글을 주셨습니다.

작성자 ㅎ 씨 '국정원에게 이런 권한을 주면 우리 민주주의가 죽지 않을까 걱정됩니다.'

작성자 ㄴ 씨 '지난 대선 댓글 단 것 언급하면서 못 믿겠다고 말씀해 주세요.'

'국정원이 지난 대선에 여론조작, 댓글선동 등으로 이미 정치에 편파적으로 개입한 사례가 있는 만큼 국정원이 어떤 식으로든 사상성의 검증과 정치적 중립성이 확보되기 전까지는 더 이상의 권한 추가는 불가합니다', ㅌ 씨가 주셨습니다.

작성자 TI 씨 '테러의 개념을 명확히 하자' 그런 얘기입니다.

작성자 ㅌ 씨 '제2의 유신법의 기초가 될지도 모르는 법 막아 주세요.'

작성자 ㅅ 씨 '안보와 사회의 안전이라는 명목으로 감시사회를 만들 수는 없다고 봅니다. 국정원, 과거 안기부가 권력남용을 해 온 역사는 뿌리가 깊고요. 이번 법을 통해 이들의 역할이 강화되면 유신독재체제의 회귀라고 봅니다.'

작성자 ㅇ 씨 '기억하십니까? 김하영이라는 국정원 여직원이 대선 때 악성댓글을 달며 심리전단이라는 이유로 악성 정치댓글을 다는 업무를 담당했지요. 그분 무슨 처벌 받았나요? 잘못을 저질러도 아무 처벌이 없는 조직에 무소불위의 힘을 다시 얹어 준다면 어떻게 될까요?'

작성자 L 씨 '국정원에게 거대한 권한이 주어져서는 안 된다'는 의견을 주셨습니다.

'헌법에 보장된 국민의 기본권을 침해하면서까지 법을 만드는 것에 반대한다'는 의견 몇 분 주셨고요.

ㅈ 씨는 '국정원 댓글 조작, 국정원 감청사건 후 국정원 직원 자살 등 현행법으로도 불법을 저지른 기관에게 권한을 더 실어 주는 건 민주주의의 퇴보다' 하셨습니다.

이에 ㅁ 씨도 '이것이 독재국가로 가는 신호탄이 아닌지 걱정이 될 정도인데 충분한 토론 없이 직권상정 등으로 처리하려고 하는 이유가 무엇인지 궁금하다'고 하셨습니다.

작성자 ㄴ 씨 '이번의 선거구 획정도 비상시국이라는 자의적인 해석으로 직권상정 상황이라고 했었던 것 같은데요. 테러라는 개념조차 자의적으로 해석하게 두었더라고요. 상관없는 사람까지 괴롭힐 수 있는 이런 방법이 아니라 정상적인 방법으로 테러를 방지해 달라'는 의견 주셨습니다.

작성자 B 씨 '태생적으로 권위주의적이고 비밀주의적인 조직에게 더 많은 권한을 실어 주자고요?'

작성자 ㅎ 씨 '유신 치하에서 얼마나 많은 사람이 고문과 조작으로 죽고 다쳤는지 그 기록 하나하나 얘기해 주세요. 의회는 민주주의 최후 보루입니다. 법 이름이 잘못되었습니다. 국정원에 무제한 감청이라는 초법적 권한을 부여하는 법입니다. 직권상정 무효'라고 주장하셨습니다.

작성자 ㅇ 씨 '지금은 자의적인 테러규정으로 테러법 만들기보다는 투명하고 객관적인 국정운영에 신경 써 달라'는 요청이 들어왔습니다.

작성자 ㅋ 씨 '국민들을 모조리 일단 잡아갔다가 혐의 없으면 아니면 말고 하는 것 아닐까요?', 답답하시답니다.

작성자 주 모 씨 '국정원은 대선개입과 간첩조작만으로 이미 스스로 괴물이 되었습니다. 그런 곳에 무제한 감청과 계좌추적을 허용한다면 어떻게 될까요?'라는 의견 주셨습니다.

좀 과격한 주장도 있습니다. '이건 국민에 대한 테러법이 아니냐'는 말씀도 있었습니다.

작성자 B 씨 '이게 대통령 및 여당 그리고 국회의장이 너무 직권을 남용하는 게 아니냐'는 문제 제기 있었습니다.

ㅅ 씨 '법치국가는 법치국가 다스리는 법으로 움직여 주세요' 그런 의견이 있었습니다.

작성자 D 씨 '꼼꼼히 하나하나 따져 보고 국정원이 초헌법적 조직으로 재탄생되지는 않게 막아 주세요'라고 하셨습니다.

그리고 테러방지법에 대해 길게 설명을 해 주셨습니다. 그것은 지금까지 우리 의원들께서 필리버스터를 통해서 말씀하신 테러방지법의 문제, 무늬만 테러방지법의 문제점 죽 나열해 주셨고요. 그 예로 '국정원의 간첩조작사건이 21세기에도 멈추지 않았다. 탈북자 출신 서울시 공무원 유우성 씨를 간첩 혐의로 기소하였는데 동생을 6개월 동안 구금하고 허위자백을 받아 내고 중국 공문까지 위조했다. 이런 단체가, 이런 국정원이 테러방지법이 만들어지면 운영할 능력이나 자격이 있느냐' 이런 말씀 주셨습니다.

작성자 D 씨 '테러방지법이 통과되면 저도 이 댓글로 인해 테러 의심자가 되어서 잡혀갈 수 있나요?' 이런 걱정 하셨습니다.

작성자 ㄱ 씨 '이 법은 우리 모두를 범죄자로 만들 수 있게 하는 법이 아닐까' 하는 문제 제기 주셨습니다.

작성자 ㄹ 씨 '역대 정권에서, 특히 중정, 안기부가 저질렀던 조작·날조 행위 등을 죽 정리하시는 것도 좋겠다',

이 부분은 박원석 의원께서 앞부분 죽 하셨고요, 제가 유우성 씨 간첩조작사건 판결문 읽어 드렸습니다.

작성자 ㅍ 씨 '사생활 보호받고 싶다'는 의견 주셨고요.

작성자 ㅇ 씨 '예로부터 우리나라의 중심은 사람이었습니다. 민심은 천심이라 언론을 막으면 둑이 무너져 내린다는 것이 가장 큰 고민일 것입니다. 군주 봉건제 시대에도 국민과 언론을 중요시했는데 모든 권력이 국민에게서 나온다는 오늘날 오히려 건국 초기보다 훨씬 더 국민을 억압하는 그런 것들을 만든다면 어떻게 되겠습니까?', 반대하신다는 입장이셨고요.

작성자 ㄴ 씨는 '테러는 비정규조직이나 반정부단체에서 행하는 불법적 행동이고 북한과 같은 적국에 의한 불법행위는 전시에 준하는 행위입니다. 따라서 휴전상황이 50년을 넘은 대한민국은 이미 북한에 대한 전시 도발에 대한 대비는 충분히 하고 있다'고 생각하신답니다. '대한민국에서 테러가 발생하지 말아야 되고, 우리가 그 정도 대비할 수 있는 시스템이 있지 않느냐'는 의견 주셨습니다.

작성자 ㅁ 씨 '국정원에 무소불위의 권력을 주는 테러방지법이라 쓰고 대국민 감청법을 발의하려는 저의가 뭘까요?'

작성자 AS 씨 '국정원에게 무소불위의 권력을 쥐어 주는 것, 절대적으로 옳지 않고 또 반대합니다. 법체계가 제대로 갖추어져 있어도 그것을 잘 지킬 수 있는지가 의문인 국가기관들이 많습니다. 국정원은 사건·사고를 많이 쳤잖아요? 사고를 쳐도 아무런 처벌도 받지 않는 기관에 뭘 믿고 그런 권한을 주십니까?'라고 의견 주셨습니다.

'인권유린의 대명사, 국정원 절대 못 믿는다'는 ㄴ 님의 의견이 있었고요.

또 다른 ㄴ 씨는 '국무총리가 테러방지기구의 의장이 누군지도 파악하지 못하고 있고 반기 1회 하기로 정해져 있는 법률을 지키지도 않았습니다. 2011년 12월 17일 김정일 사망 시 국정원이 알았습니까, 국방부가 알았습니까? 우리, 북한의 공식보도를 통해서 안 것 아닙니까? 도대체 우리나라의 국정원이 북한의 공작과 테러 대비에 관심이 많은지, 국민의 사생활에 더 관심이 많은지 의심스럽습니다.' 댓글 사건 언급해 주셨습니다.

'조선일보에 따르면 댓글 사건 때 그 국정원 직원이 106일 동안 288개의 추천·반대를 눌렀으며 대부분이 연예, 요리, 동물과 관련된 글이라고 했는데 이것이 대테러활동이냐'고 묻고 계십니다.

작성자 ㄴ 씨 '현행법으로도 충분히 수사가 가능하고 테러분자들의 유입이 걱정된다면 외국인 비자 발급과 공항 경비 부분의 보안을 좀 더 강화해 달라'는 의견 주셨습니다.

작성자 ㅊ 씨 '테러를 방지할 공항보안요원들이 비정규직인데 뭘 방지하냐고요.' 이런 말씀 주셨습니다.

여러 분들이…… 또 ㄷ 씨 '안기부·중정 부활법 아니냐, 대통령 비난하다 아들 잡혀가는 법이라고 부모님께 알려야 하나?' 이런 의견도 있었습니다.

'또 한 번 우리 사회에서 안 좋은 사건이 일어날 수도 있잖아요? 테러범이 많이 생기지 않을까 걱정입니다. 테러를 방지하는데 왜 내 핸드폰을 감청·도청하고 내 생활을 정부가 알아야 하는지 이해할 수 없다'는 의견입니다.

작성자 P 씨는요, 야당이 어떻게 하라고 자세하게 의견을 주셨습니다. '더민주가 테러방지법을 발목잡거나 반대하는 것 아니다. 오히려 우리는 진정한 테러방지법 찬성한다. 졸속 처리에 반대한다. 이 법은 국민 안전에 도움이 되지 않는다. 기본권 침해법이다. 이것을 확실히 해 달라'고 하시고요, '국정원의 과거 잘못된 행적 일일이 열거해 달라'고 하십니다.

'효율성만 따지면 대통령이 다른 기관 무시하고 직속기관에서 뭐든지 다 하는 게 맞다. 그러나 그러면 그것은 민주주의가 아니다'라는 의견 주셨습니다.

작성자 M 씨 '국정원이 됐든 누구든 국민의 자유를 침해할 권리를 가져서는 안 된다.' 의견 주셨고요, '과거 소비에트 유니언(Soviet Union)의 KGB가 내건 건 국가 안보였지만 실제로 한 건 정권 안보였다, 이게 시사하는 바가 있다'는 지적 주셨습니다.

작성자 ㄷ 씨 '지금 청년들은 마지막 끈을 잡는 심정으로 대한민국에서 살아가고 있습니다. 일을 하고 싶어도 할 수 없는 나라, 임금은 오르지 않는 나라, 타고난 배경이 삶 전체를 결정하는 나라, 변화의 움직임은 사장되는 나라, 그럼에도 마지막 희망을 버리지 못하고 남아 있습니다만 이런 법이 통과되고 나면 그 끈이 끊어질 것만 같습니다.' 아픈 지적 해 주셨습니다.

그리고 작성자 ㅅ 씨는 제가 마무리하려던 시를 주셨기 때문에 이 시와 함께 마무리를 하겠습니다.

존경하는 국민 여러분!

저희는 지금 무늬만 테러방지법, 사실은 국민 기본권 침해법, 그리고 좀 더 들여다보면 야당을 탄압할 수 있는 국정원 공작이 가능한 법에 반대하기 위해서 국민들께 이 법안의 문제점을 알려 드리기 위해서 이 자리에 서서 무제한 토론을 하고 있습니다.

저희들 나름 준비한다고 하였지만 부족한 점이 많았을 것입니다. 그러나 저 이후에 계속해서 의원들께서 국민들께 보다 좋은 정보 나누고 소통하시기 위하여 노력하실 거라는 것 믿어 주세요.

저희는 국회의장님의 직권상정에 반대합니다. 국가비상사태라는 인식, 다소 기만적이라고 생각합니다. 왜냐하면 국가비상사태라면 거기에 따르는 정부의 조치들이 뒤따라야 합니다. 그 한 예가 공무원의 비상대기입니다. 저는 언론보도 어느 것을 통해서도 공무원들이 비상대기하고 있다는 소식을 듣지 못하였습니다.

그리고 지금 동북아 정세가 아주 시끄럽습니다. 연일 중국이 사드 관련하여 강경 발언을 하고 있고요. 그리고 실지로 비행훈련까지 시작했습니다. 그리고 북한은 연초에 핵실험하고 미사일 발사하고 NLL을 잠시 침범한 도발 이후 우리 정부가 강경 대응을 하자 초강경 대응으로 나오고 있습니다. 마치 지금 한반도와 동북아에 위협적인 말들의 성찬이 벌어지고 있는 것 같습니다.

저는 북한의 도발에 반대합니다. 핵개발에 반대합니다. 그리고 무엇보다 전쟁에 반대합니다.

저는 박근혜정부가 동북아 외교를 지혜롭게 해서 한편 강하지만 한편 타협하고 조정할 수 있는 외교 펴 주시기를 기대합니다. 왜냐하면 저는 우리들의 아들들이 위험한 상황에 빠지는 것을 원치 않기 때문입니다.

저는 이 자리에 계신 새누리당 의원님들께, 이 자리에 계신 언론인 여러분들께, 이 방송을 지켜보고 계신 국민 여러분, 그리고 네티즌들께 또다시 이 얘기를 하고 싶습니다.

지금 우리나라 민주주의는 크게 위협받고 있습니다. 남북관계 굉장히 위험한 상태에 빠져 있습니다. 경제 어렵습니다. 가계부채 기하급수적으로 늘었습니다. 재정적자 엄청나게 높아졌습니다.

경제 잘 운용할 것 같아서, 내 호주머니 두둑해지지 않을까 생각하여 뽑은 이명박·박근혜 정부가 나라 경제를 점점 더 어렵게 만들고 있습니다.

이 정부가 잘하는 것은 단 하나, 야당에게 책임 떠넘기기입니다. 그리고 야당에게 책임 떠넘기기가 가능한 조건은 95% 기울어진 언론 환경입니다. 그리고 지금 이 정부는 미방위원인 제 입장에서 보면 아흔아홉 섬, 여론의 모든 수단 가지고 있는 새누리당이 1% 남아 있는 인터넷과 포털, SNS를 장악하고자 하는 열정에서 나온 법, 그 욕망에서 나온 법이라고 저는 판단할 수밖에 없습니다.

그러나 거듭 경고합니다. SNS를 통한 소통, 참여민주주의는 절대로 악법으로 억누를 수 없습니다.

'그들이 처음 공산주의자들에게
왔을 때 나는 침묵했다.
나는 공산주의자가 아니었기에.
이어서 그들이 노동조합원들에게 왔을 때 나는 침묵했다.
나는 노동조합원이 아니었기에.
이어서 그들이 유대인들을 덮쳤을 때 나는 침묵했다.
나는 유대인이 아니었기에.
이어서 그들이 내게 왔을 때
그때는 더 이상 나를 위해 말해 줄
이가 아무도 남아 있지 않았다.'

존경하는 국민 여러분!

잘못된 것은 완성되기 전에 바로잡아야 합니다. 일단 법이 통과되고 나면 그 법으로 인해 누군가 고통 받고 누군가 피를 흘리고 누군가 쓰러져도 아무 소용이 없습니다. 민주 회복을 위해, 잘못된 테러방지법을 막기 위해 담벼락에 낙서라도 하고 욕이라도 하고 풀이라도 같이 뽑아 주시겠습니까?

저희 더불어민주당, 정말 열심히 하겠습니다. 더더더 열심히 하겠습니다. 예쁜 눈으로 지켜봐 주십시오.

경청해 주셔서 감사합니다.

● **부의장 정갑윤** 인사하고 가세요, 인사하고.
최민희 의원.

● **최민희 의원** 죄송합니다.

● **부의장 정갑윤** 수고했어요.
  (웃음소리)
  다음은 정의당 김제남 의원 나오셔서 토론해 주시기
바랍니다.

(2016년 2월 25일 오전 9시 2분)

07

김제남 의원

제19대 국회의원 (비례대표)
정의당

2016년 2월 25일 오전 9시 2분 시작
2016년 2월 25일 오후 4시 6분 종료
발언 시간 7시간 3분

"시민의 힘으로 민주화를 쟁취한 지
30년이 되어 갑니다. 이제 제발 상식이
통하고 정의로운 사회를 만듭시다. 우리
아이들에게는 최소한 그런 사회를
물려줘야 하지 않겠습니까?"

(2016년 2월 25일 오전 9시 2분)

● **김제남 의원** 또 하루가 지났습니다. 테러방지법의 문제점을 지적하고 또 국민들과 소통하기 위한 무제한 토론, 필리버스터를 맡고 있는 정의당 김제남입니다.

존경하는 국민 여러분!

오늘도 3일째 국회의 저희가 하고 있는 필리버스터를 경청해 주고 계시고 또 함께 응원해 주고 계셔서 감사드립니다.

또한 테러방지법을 막기 위해서 많은 문제점들을 지적해 주고 가셨던 필리버스터를 하신 김광진 의원님, 문병호 의원님, 은수미 의원님, 박원석 의원님, 유승희 의원님 그리고 바로 제 앞에 최민희 의원님 고생 많이 하셨습니다.

말씀드린 것처럼 오늘 무제한 토론 벌써 3일째입니다. 그리고 이 자리를 함께 지켜 주고 계신 동료 의원, 선배 의원 여러분들께도 감사의 말씀 드립니다. 또 정갑윤 부의장님 감사드립니다.

지금도 국회 앞에서는 국회의 필리버스터, 여기 본청 본회의장에서 이루어지는 것과 같이 테러방지법의 많은 문제점들을 지적하면서 테러방지법의 이런 일방적인 통과를 막기 위해 시민들이 추위 속에서 자신의 의견을 전달하기 위한 시민 필리버스터가 엊그제부터 진행되고 있습니다. 그만큼 시민들이 테러방지법에 대해 많은 문제와 우려를 표명하고 계십니다.

국회는 국민의 대변기관입니다. 국회는 국민의 대의기관입니다. 그래서 오늘 본 의원은 국민의 대변자로서 오늘 테러방지법 반대 필리버스터를 진행하면서 시민들이 얼마나 많은 우려를 표명하고 있는지, 그리고 얼마나 많은 반대를 하고 있는지, 그리고 시민들이 자발적으로 만든 시민 필리버스터의 페이지와 SNS에 올려져 있는 글 하나하나를 정성껏 하나하나씩 소개해 드리고자 합니다.

그래서 오늘 저의 발언은 저의 일방적인 그리고 저의 생각만이 아니라 시민의 목소리를 전달하고 함께하는 자리로 만들어 가고자 합니다. 따라서 오늘 저의 필리버스터는 시민의 필리버스터라고 말씀드리겠습니다.

먼저 시민의 목소리를 들려 드리기 전에 박정희 정권 이후 처음으로 여기 국회 본회의장과 국회 앞 그리고 전국 곳곳에서 시민 필리버스터를 하게끔 만든 정의화 국회의장께 직권상정에 대해서 한 말씀 사실관계를 꼭 파악하고 넘어가야겠습니다.

정의화 의장께서는 직권상정 요건으로 현 상황이 국가비상사태에 해당한다라고 얘기하셨습니다. 그리고 국가비상사태에 해당되는 법률 자문을 구했고 검토 끝에 내린 결단이라고 말씀하셨습니다.

그런데 현 상황이 국가비상사태라고 하는 법률 자문을 어디서 어떻게 받으셨습니까?

본 의원이 국회에서 일어나는 의사일정 등과 관련해서는 관련 법률 자문을 담당하는 공식 채널 기관인 행정법무담당관실에 확인을 해 봤습니다. 확인한 결과 관계자는 '최근 국회의장의 직권상정과 관련한 건은 없었다'라고 했습니다.

그리고 다시 국회의장실에 문의를 했습니다. '직권상정과 관련해서는 어디에서 이걸 담당하느냐?', '직권상정과 관련해서는 의안과에서 담당한다'고 답변을 받았습니다.

그래서 의안과에 다시 확인을 했습니다. 확인한 결과 '이번 심사 지정과 관련해서 법률 자문이나 이런 내용은 없었다'라고 답변을 받았습니다.

그렇다면 정의화 의장께서는 오늘 저희가 3일째 이렇게 필리버스터를 하고 있는 이 국회의장의 직권상정의 상황 판단, 전시와 사변에 준하는 국가비상사태라고 판단하셨던 이 법률 자문을 도대체 누구에게 받으셨다는 말씀입니까?

국민 다수가 북한의 4차 핵실험과 로켓 발사로 남북관계의 위기의식을 느끼고 있습니다. 그러나 누가 전시와 사변에 준하는 국가비상사태에 해당한다고 판단하고 있는지 정의화 국회의장께서는 분명하게 답변해 주셔야 됩니다.

오히려 박근혜 대통령께서 남북관계의 마지막 보루였던 개성공단을 일방적으로 폐쇄하고 사드 배치로 한중 간의 신뢰관계는 깨어지고 있습니다.

집권 여당인 새누리당 원내대표는 이 자리에서, 국회에서 한반도 평화의 마지막 보루라고 할 수 있는 한반도 비핵화 선언의 파기, 더 나아가서 핵무장론을 국회에서 버젓이 주장하는 이게 바로 위기상황 아니고 뭡니까?

오히려 박근혜정부가 우리 국민들을 불안과 걱정과 위기로 몰아넣고 있는 것은 아닌가 묻지 않을 수 없습니다.

민주사회를 위한 변호사 모임은 성명을 통해서 직권상정이 가능한 전시·사변 또는 이에 준하는 국가비상사태라는 것은 그런 사태가 목전에 발생했거나 발생이 곧 임박해서 국회 원내교섭단체의 의사 협의가 불가능 또는 이를 기다릴 여유가 없을 정도의 급박한 상황을 의미하는 것이라고 했습니다.

법안의 내용에서 상정하고 있는 어떤 사태가 예정된다는 것을 의미하는 것이 아님은 너무나도 당연한 것입니다.

즉 정의화 의장이 이병호 국정원장으로부터 청취한 것으로 보이는 북한 등으로부터의 구체적인 테러위협 정보가 있다는 그런 사정은 테러방지법 제정의 필요성의 논거는 될 수 있을지 모르겠습니다. 그러나 직권상정이 가능한 전시·사변 또는 이에 준하는 국가비상사태에 해당할 수는 없는 일입니다.

더구나 정의화 의장께서 들었다고 하는 국정원의 일방적인 첩보에 불과한, 저희도 확인하지 못했습니다. 확인하지도 않은 사실을 전시·사변 또는 이에 준하는 국가비상사태라고 하는 것은 저는 억지에 불과하다라고 밝히고 있습니다.

민변이 주장하고 있는 정의화 의장이 이병호 국정원장으로부터 북한의 테러위협 등에 대한 청취를 바탕으로 한 현재의 상황을 국가비상사태라고 판단했다면 정말로 이번 테러방지법이 누구를 위한 법인지 명확히 드러나는 것입니다.

만약 정말로 북한 등으로부터 구체적인 테러위협 정보가 사실이라면 국회의장뿐만 아니라 박근혜 대통령 그리고 국가는 국가비상사태를 선포해야 하는 것 아니었겠습니까?

따라서 정의화 의장께서는 국가비상사태에 해당하여 직권상정 요건이 된다고 한 법률 자문 등 모든 정보를 국민 앞에 명명백백하게 밝혀야 할 것입니다.

정의화 국회의장님은 국회를 대표하는 국회 수장이십니다. 그리고 우리 의원들, 후배 의원들을 이끄시는 수장이십니다. 후배 의원들조차 모르는 국가비상사태의 법률적 근거, 무엇입니까?

모든 정보를 국민 앞에 명명백백 밝히시고, 또 정의화 의장은 국회사무처의 법률 자문을 받는 공식 채널이 있었음에도 불구하고 비공식 채널로 법률 자문을 했다면 도대체 그것이 무엇인지, 왜 비공식 채널로 법률 자문을 했어야 했는지에 대해서도 분명히 밝혀야 할 것입니다.

그리고 한 말씀 더 드리겠습니다.

국회의장의 직권상정 법적 근거는 국회법 제85조에 나옵니다. 국회법 제85조는 다음과 같습니다.

"제85조(심사기간) ① 의장은 다음 각 호의 어느 하나에 해당하는 경우에는 위원회에 회부하는 안건 또는 회부된 안건에 대하여 심사기간을 지정할 수 있다. 이 경우 제1호 또는 제2호에 해당하는 때에는 의장이 각 교섭단체대표의원과 협의하여 해당 호와 관련된 안건에

대하여만 심사기간을 지정할 수 있다."라고 되어 있습니다.

첫 번째, 천재지변의 경우 또 2. 전시·사변 또는 이에 준하는 국가비상사태의 경우, 3. 의장이 각 교섭단체대표의원과 합의하는 경우……

"② 제1항의 경우 위원회가 이유 없이 그 기간 내에 심사를 마치지 아니한 때에는 의장은 중간보고를 들은 후 다른 위원회에 회부하거나 바로 본회의에 부의할 수 있다.",

그렇다면 법조문 그대로 해석해 보겠습니다.

국회의장은 상임위에 회부하는 안건에 대해서 천재지변이나 전시·사변 또는 이에 준하는 국가비상사태의 경우 의장이 각 교섭단체대표의원과 합의하는 경우에는 심사기간을 지정할 수 있습니다.

그렇다고 무조건 지정할 수 있는 것이 아닙니다. 조건이 있는 것입니다. 이 경우 제1호 또는 제2호에 해당하는 때에는 의장이 각 교섭단체대표의원과 협의하여 해당 호와 관련된 안건에 대하여만 심사기간을 지정할 수 있다, 여기에서 더 중요한 것은 천재지변이나 전시·사변 또는 이에 준하는 국가비상사태에 해당하는 경우에 이를 토대로 교섭단체대표의원과 협의한 후에 지정할 수 있는 것입니다.

즉, 이번의 경우에는 더불어민주당의 대표의원에게 현 상황이 국가비상사태에 해당되니 테러방지법을 속히 처리하자라고 협의를 했어야 하는 것입니다.

그런데 지금까지 본 의원은 국회의장께서 현 상황이 국가비상사태라는 것을 직권상정 담화문에서만 봤을 뿐입니다. 사전에 들어 본 적이 없습니다. 교섭단체대표의원과 테러방지법의 심사기간 지정에 관해 어떠한 협의가 있었는지도 정확하게 듣지 못했습니다. 밝혀야 할 부분입니다.

오늘은 박근혜 대통령 취임 3주년이 되는 날입니다.

이제 박근혜 대통령께 묻겠습니다.

박근혜 대통령 취임 3주년인데 왜 국민은 안 보입니까? 대통령만 보입니다. 대통령의 호통, 피를 토한다고 하는 호통, 책상을 치는 호통만 보입니다.

우리 국민은 불안합니다. 국민은 민생 걱정입니다. 우리 청년들은 고용절벽 앞에 미래가 보이지 않습니다. 우리 아이를 기르는 엄마·아빠들은 보육대란으로, 우리 아이들 마음 놓고 기르기 어려운 한국, 대한민국 보육 현실의 아픔을 통감하고 있습니다.

남북관계는 그 어느 때보다도 안갯속, 공안통치 속에 공포스러운 분위기입니다. 국민의 안전을 위해서 테러안전법을 하지 않는다고 호통을 치는 대통령, 국민 안보는 왜 책임지지 않으십니까? 국민 안보는 보이지 않습니다.

국민 안보를 위해서 테러방지법을 제정해야 된다고 국회를 향해서 국정원장을 앞장 세워서 국회의장까지 압박을 해서 직권상정하게 만들었던 박근혜 대통령 취임 3주년 오늘, 국민 안보는 보이지 않습니다. 정권 안보만 보일 뿐입니다.

대한민국의 권력의 주체인 국민이 보이지 않는 박근혜

대통령 취임 3주년을 맞는 마음이 참으로 참담하고
착잡합니다.

　박근혜 대통령께 묻겠습니다.

　대통령께서는 불철주야 국민의 안전을 위해 테러방지법이
필요하다고 주장하고 있습니다.

　어제 청와대에서 열린 제8차 국민경제자문회의에서는
'많은 국민이 희생을 치르고 나서 통과시켜 줄 것이냐?'라고
또 국회를 향해서 호통을 쳤습니다. 그리고 한 발 더
나아가 '테러가 터지면 야당 책임'이라는 막말까지, 또다시
야당 책임론으로 막말을 서슴지 않았습니다. 이걸 보면서
대통령께서 마치 테러가 나기를 바라고 있는가라고 하는
착각마저 들게 합니다.

　또한 지금 국회에서 진행하고 있는 필리버스터에 대해서
이런 말씀도 하셨습니다. '이것은 정말 그 어떤 나라에서도
있을 수 없는 기가 막힌 현상들이다'라고 맹비난을 했습니다.

　그런데 정말 웃기지 않습니까? 필리버스터 제도는
1973년 박정희 대통령 유신집권 때 금지했다가 2012년
국회선진화법을 통해서 부활한 것입니다. 당시 여당인
한나라당의 비상대책위원장, 누구셨습니까? 바로 지금의
박근혜 대통령 아니셨습니까?

　한나라당의 비상대책위원장이었던 박근혜 대통령이
야당을 겨냥해 국회폭력방지특별법을 관철하기 위해 도입한
것입니다. 그래서 이름도 '합법적 의사진행 방해'입니다.

　박근혜 대통령이 여당대표 시절에 관철시킨 법안을 19대
국회의원들이 국회법에 명시된 대로 합법적으로 의사진행을
하고 있는데 무엇이 잘못되었습니까? 지금이라도 야당의
필리버스터가 못마땅하다면 국회의장과 집권 여당이
테러방지법의 직권상정을 철회하시면 됩니다.

　그런데 박근혜 대통령께서는 왜 우리 국민과 야당이
밤을 새워 가며 필리버스터를 하고 반대를 하고 있는지
정녕 모르고 계신 것 같습니다. 오히려 이것이야말로
어떤 나라에서도 있을 수 없는 기가 막히고 코가 막히는
현상이라고 생각합니다.

　우리나라 헌법 제10조 '모든 국민이 천부적인 인권을
가지고 있고 국가는 국민의 인권을 보호해야 할 의무가
있다'고 명시하고 있습니다.

　그런데 박근혜정부가 추진하고 있고 정부 여당이
일방적으로 밀어붙이고 있는 테러방지법은 말로만 북핵과
미사일, IS로부터 국민의 안전을 보호한다고 하고 있습니다.
그러나 실상은 국정원이 국민을 자유롭게 사찰하고 감시할
수 있도록 국민의 인권을 심각하게 침해하는 법안입니다.

　따라서 박근혜정부의 테러방지법은 국민 감시법입니다.
안기부 부활법입니다. 테러방지법은 국정원의, 국정원에
의한, 국정원을 위한 법이며, 결국 국정원 강화법입니다.

　우리 국민들은 필리버스터가 시작되자마자 필리버스터
사이트를 만들어서 테러방지법에 대해 수많은 목소리를
올리고 있고 지금도 끊임없이 올라오고 있습니다.

　본 의원이 모두에 말씀드린 대로 오늘 저의 필리버스터는
시민의 필리버스터입니다. 이제 국민들의 목소리를 전달해

드리도록 하겠습니다.

　저는 국회의장님 또 선배·동료 의원 여러분들뿐만 아니라
반드시 박근혜 대통령께서 국민들이 테러방지법에 대해서
어떻게 생각하는지 꼭 경청해 주시기를 부탁드립니다.

　박근혜정부 3주년, 박근혜 대통령께 드리는 저의
충언이기도 하고 국민의 충언이라고 들어 주시기를
바랍니다.

　필리버스터 사이트에 올라온 국민들의 목소리, 굉장히
길 수 있습니다. 국민의 목소리입니다. 인내하시며 경청해
주시기를 부탁드립니다.

　시민의 필리버스터를 시작해 보겠습니다.

　시흥시민 님의 말씀입니다. '미국 공화당 토론에서
이런 내용이 있었습니다. 모든 집에 CCTV를 설치하고
경찰관을 배치해야 합니다. 그렇게 하면 우리는 아동폭력과
가정폭력을 예방할 수 있기 때문입니다. 그렇게 경찰국가를
만들면 우리는 안전과 안보를 얻을 수 있고 범죄를 예방할
수 있을지 모릅니다. 하지만 그 경찰국가의 권력은 결국
시민을 향할 것이고 우리는 자유를 빼앗길 것입니다. 그리고
우리는 독립전쟁을 통해 지켜 낸 수많은 가치들을 버리게 될
것입니다.'

　다음, 엄브릿지 님입니다. '영화 해리포터 불사조
기사단에서는 위즐리 쌍둥이 형제가 만든 필리버스터
박사의 불꽃놀이 세트가 나옵니다. 이 불꽃놀이 세트는
개인의 자유를 억압하고, 셋 이상의 모임은 무조건적으로
자신에게 허락을 맡으라고 주장하는 엄브릿지에 대항합니다.

　그녀가 억압하고 있는 상황을 주목하게 하고 호그와트
학생들이 모두 자유와 권리가 존재하는 학교의 주인이라는
것을 다시 인지하게끔 합니다. 저는 이번 필리버스터가 그런
역할이 되기를 간절히 바라며 이 글을 씁니다.

　저는 청년입니다. 대학 졸업은 1년 앞두고 불확실한
미래를 위해 공부하고 있습니다. 금수저도 아니고 그렇다고
이렇게 할 스펙을 가지고 있는 것도 아닙니다. 때문에
사람들은 나라 걱정이 아닌 자기 걱정이 바쁠 때가
아니냐라고 말합니다. 예, 저도 그렇게 생각합니다. 정치가
내 삶 깊숙이 들어와 있다는 것을 깨닫기 전까지는요.

　사람들은 무뎌집니다. 처음의 고통에는 저릿저릿하다가
시간이 지나면 파블로프의 개처럼 무뎌집니다. 저는 제 삶의
모든 것들을 압박하고 감시하는 그 시선에 당연해질까 봐
두렵습니다.

　언제든 누군가가 나의 휴대폰을 보고 계좌를 보고 생활을
감시하게 되겠지요. 이번 테러방지법이 실행된다면 있을 수
있는 이야기가 될 것입니다.

　국정원에 끌려가기 십상이라는 현대문학의 구절처럼,
혹은 나의 엄마, 아빠, 할머니, 할아버지 때의 삶처럼
살아가게 되겠지요. 내 생각을 자유롭게 말하지 못하고 나의
모든 것이 통제되는 나라, 그게 자유민주주의를 추구하는
대한민국에서 있을 수 없는 일일 것입니다.

　지난 2015년 8월 제가 사랑하는 교수님이 대학의
자유를 위해, 대학의 민주주의를 위해 학교 본관 건물에서

뛰어내리셨습니다. 세상은 교수님의 죽음을 주목했고 이 나라에 더 이상 자유가 없다는 것을 실감하게 되었습니다. 다른 사람들에게는 어리석은 교수의 단순한 죽음일 뿐이었겠지만 제게는 세상에 경종을 울린 울음이었습니다.

진득한 향내가 아직 내 주변에서 사라지지 않았는데 입으로만 민주주의를 외치며 이것이 나라를 위하는 일이라며 주장하는 사람이 있습니다.

그렇다면 묻겠습니다. 과연 그것이 진실로 나라를 위하는 것인지 그리고 내 나라, 내 땅의 자유가 더 이상 존재하는지. 교육까지 억압하려는 나라는 이제 나의 자유까지 억압하려 합니다. 그들의 권력과 탐욕 때문에요.

나는 내 나라를 사랑했습니다. 나의 나라는 민주주의를 수호하기 위해 수많은 사람들이 피땀 흘려 이룩한 나라입니다. 단순히 먹고살기 위해 아등바등 거리며 지내는 곳이 아닙니다. 나의 사상과 자유와 행복을 위해 정말 많은 사람들이 목숨을 버리면서까지 이 길을 닦아 주었습니다.

기억해 주십시오. 우리는 1970년대의 유신정권 산하에 살아가는 사람들이 아닙니다. 무지몽매한 민초가 아닙니다. 우리에게도 눈과 귀와 말이 있습니다. 나라가 있기 때문에 국민이 있는 것이 아니라 국민이 있기 때문에 나라가 있는 것입니다. 개인의 자유를 억압하기 위한 시발점이 되지 않기를 간곡하게 바랍니다.'

그동안 엄브릿지 님의 말씀 전했습니다.

국민 님의 말씀입니다. '국민이 원한다고 하는 테러방지법, 청와대 및 새누리당이 말하는 국민은 도대체 어떤 국민입니까? 국민의 소리를 듣지도 않고 그렇게 국민을 위한 거다, 국민이 원하는 거다라는 말 함부로 하지 마세요.

나라를 위한다면, 국민을 위한다면 잘못된 것을 바로잡고, 올바른 역사를 가르치고, 사고가 일어나면 누구 탓할 게 아니라 그 진실에 대해 규명하고 잘못한 일에 대해서는 사과할 줄 알고 앞으로 일어날 사고에 대해 미리 예방해서 국민의 목숨을 지켜주는 것이 진정한 나라를 위한 것입니다.

그대들이 사고하는 나라에는 국민은 없고 다 권력과 돈에 눈이 먼 정치인들만 있을 뿐입니다. 제발 국민을 위한 올바른 정치를 해 주십시오. 부탁드립니다.'

00 님입니다. '국민들이 진정으로 원하는 법을 만들어 주세요. 자신의 사생활이 침해당하는 법을 원하는 국민은 어느 나라에도 존재하지 않습니다. 나라는 국회의원들의 이익을 얻기 위해 존재하는 것이 아닙니다.'

무지랭이 님의 말씀입니다. '모든 사람은 하늘로부터 부여받은 천부 인권이 있습니다. 행복을 추구할 권리, 최소한 헌법에서 보장된 국민의 기본권이 보장되어야만 개인이 그 권리를 누릴 수 있습니다. 그 기본권을 침해할 우려가 있는 법으로 테러를 방지할 수 없을 뿐만 아니라 오히려 테러를 불러올지도 모릅니다. 아니, 기본권을 침해할 가능성이 있는 법을 제정하는 것 자체가 국민에 대한 테러 행위'라고 말씀 주셨습니다.

(정갑윤 부의장, 정의화 의장과 사회교대)

강, 삶으로 흐르다 님입니다. '테러방지법이라 하지만

국정원이 자유롭게 국민을 적으로 삼아 감시·감청하겠다는 것 아닙니까? 국가정보원이라는 고급인력이 이미 자국민에 대한 감시와 감청뿐 아니라 여당이나 정부에서 원하는 댓글부대 따위로 소모되었습니다. 이미 국민을 적으로 삼은 국정원에게 날개를 달아 주는 테러방지법입니다.

그리고 여당 의원이나 관계자분들도 잊지 말아야 할 것은 당신들보다 더 정보를 누리는 자들에 의해 감시·감청당하면 단순히 공천을 받느냐 마느냐가 아니라 당신을 마음대로 갖고 놀 수 있다는 사실입니다.

이 법을 통과시켜야 새누리당 공천점수를 더 받으시나 봅니다. 은수미 의원께 그런 말들을 하신 것 보면요. 그 법이 당신의 목줄을 언제든 쥘 수 있다는 것을 알면서도 하시면 바보요, 모르면 아셔야 할 것입니다.

자유롭고 정의로운 대한민국은 통제와 감시가 아니라 이해와 배려, 다양한 의견의 소통과 상식이 건강한, 지금 이 테러방지법을 반대하는 국민과 시민들에 의해 만들어질 것입니다. 국회의원은 당신들 스스로를 포함한 시민의 이익을 위해 노력해야 할 것입니다.'라고 했습니다.

역사를 잊지 않는 님 말씀입니다. '테러방지법을 보면서 과거 이 나라에서 행해졌던 64년도 계엄령이 생각난다.' 하셨습니다.

힘내세요 님입니다. '테러를 위한 기구가 따로 있지만 제대로 사용된 적이 없습니다. 그런데 새로 테러방지법이라는 이유로 더 만들겠다는 것은 테러가 목적이 아닌 그저 국민들의 개인정보까지 모든 것을 살펴보겠다는 것입니다. 이것은 독재가 아니면 무엇입니까?'라고 하셨습니다.

테러방지법 님입니다. '테러, 특정목적을 가진 개인 또는 단체가 살인, 납치, 유괴, 저격, 약탈 등 다양한 방법의 폭력을 행사해서 사회적 공포상태를 일으키는 행위 등, 테러의 유형으로는 사상적·정치적 목적 달성을 위한 테러와 뚜렷한 목적 없이 불특정다수와 무고한 시민까지 공격하는 맹목적 테러로 구분한다.'라고 얘기를 주셨습니다.

그러면서 '테러의 사전적 의미를 다시 보니 우리나라 국민은 이미 테러를 당하고 있다는 생각이 드는군요. 정부와 여당은 일말의 양심이 있다면 각성하십시오. 더 이상 바라지 마십시오. 조용히 있다가 임기 채우고 물러나세요.'라고 했습니다.

'국민을 위한다는 가당치도 않은 명분 내세워 국민의 기본권마저 짓밟지 말란 말입니다.'라고 말씀 주셨습니다.

리오 님입니다. '우리나라에서 가장 위험한 존재는 우리나라 근본인 민주주의를 뒤흔들려고 하는 당신들입니다. IS와 같은 테러단체, 그들의 테러는 우리가 힘을 합쳐 다시 일으킬 수 있지만 민주주의를 뒤흔들고 다시 독재로 돌아가려고 하는 당신들의 법은 우리나라의 미래를 적어도 40년은 과거로 회귀하게 만들 것입니다.

당신들은 국민의 선택을 받고 국민의 의견을 대신하는 국회의원입니다. 대통령과 그 상위 부자들의 의견을 대신하는 사람들이 아니다'라고 말씀하셨습니다.

국민 님 의견입니다. '국회의원은 국민보다 우월하고 월등한 존재라서 국민을 대표하는 것이 아니라 바쁜 국민들을 대신해서 일하는 사람들입니다. 그런 국민들이 바쁘게 일하는 동안 살기 좋은 나라를 만들도록 국민을 대신해 일하는 것이 국회의원이 하시는 일입니다.

이번 테러방지법안은 법안 이름과 법안 내용이 상이합니다. 법안 내용을 들여다보면 국민의 자유가 억압받던 시절로 돌아갈 내용입니다. 국민의 자유가 억압받던 시절, 국민의 기본권인 생존권조차 위협받았으며 주권을 누리지 못하고 본디 국민들이 주인이어야 할 정치에 소극적이며 공포를 느껴야 했습니다.

저는 민주주의 국가의 국민으로 태어나 국민의 의무를 지키며 살아가는 대한민국 국민입니다. 제가 저의 의무를 다하며 살아가는데 저의 기본권 중 행복추구권을 위협받고 있습니다. 의무를 다하는데 권리는 고사하고 기본권조차 누리지 못하는 것은 합당하지 않습니다.

이 법안은 국민의 헌법에서 보장하는 기본적인 기본권을 위협하는 법안이라 볼 수 있습니다. 반드시 막아 주세요. 힘내 주세요.'라고 했습니다.

박딸기 님 '아직은 한국을 포기하고 싶지 않습니다. 응원하고 있습니다. 감사합니다.'라고 전했습니다.

한나 님입니다. '정부가 국민을 무서워해야 합니다. 국민이 정부를 무서워하면 안 됩니다. 대통령이 마음대로 법을 통과시키지 않는 그런 나라에서 살고 싶다.'고 했습니다.

Captain EO 님입니다. '박근혜정부가 입헌하려는 테러방지법은 과거 미국 애국법과 유사합니다. 이것은 미국의 수치로 불리는 법안으로 부시의 주도하에 제정되었다가 오바마 재임기에 폐지된 초헌법적인 법안입니다.

헌법을 위반하는 법, 헌법 위에 국정원, 말도 안 됩니다. 국가는 국민을 위한 공공업무를 수행하는 기구이지 국민을 검열하고 통솔하는 권력기구가 아닙니다.

국민들은 그동안 너무나 많은 권한과 권력을 국가에게 허락한 것을 깨닫고 국가의 도를 넘는 인권침해와 폭력을 규탄해야 합니다.'라고 하셨습니다.

신유정 님입니다. '정부는 진심으로 자신들의 무지와 의식적으로든 무의식적으로든 자신들이 탁상공론해서 내놓는 정책이 독재를 향해 뻗어가고 있음을 눈치채지 못한 겁니까? 민주주의가 뭐라고 생각하십니까? 국민은 자신의 생활이 국가 위에 통제되는 나라를 원한 적이 한 번도 없습니다.

본인들이 잘못하고 있다는 자각이 조금이라도 든다면 그것을 회피하려 하지 마십시오. 만약 자각이 들지 않는다면 국민들의 소리에 귀를 기울이십시오.'

dana 님 말씀입니다. '헌법 제1조 대한민국은 민주공화국이다. 대한민국의 모든 권력은 국민으로부터 나온다. 인권은 다른 사람이 수단이나 목적으로 사용할 수 없고 침해해서는 안 된다고 학교에서 배웠습니다. 도대체 우리는 왜 학교에서 이런 것을 배우는 것일까요? 그 법을

만든 정부에서 법을 지키지 않고 자꾸 바꾸려 합니다. 부디 제가 배워온 지식과 사실들이 왜곡되지 않게 해 주세요.'라고 했습니다.

Gg 님입니다. '국민들을 다 잠재적 테러리스트로 보고 감시한다니요. 사생활 침해되는 것 매우 불쾌합니다. 통과되는 것 막아 주십시오. 응원합니다.'라고 했습니다.

회사원 님 '생각해 보니 이 나라가 무고한 사람 합법적으로 잡아 죽이고 고문하던 나라였어요. 그냥 생각 없이 그 법안을 찬성하기에는 과거를 반성하는 그 어떤 행위도 없네요. 반대합니다.'라고 표명해 주셨습니다.

용기 님입니다. '오죽하면 필리버스터까지 하겠습니까. 대한민국 당신네들 나라가 아닙니다.'라고 주셨습니다.

규아 님 '테러방지법 반대합니다. 국민이 원하지도 않고 바라지도 않는 법안을 멋대로 통과시키는 것은 국민들에 의해서 뽑힌 사람이 할 짓이 못 됩니다. 국민을 대변하기 위해 뽑힌 사람이 국민을 대변하기는커녕 국민들의 말에 반대하고 자기논리만 펼치면 도대체 그 사람은 국회의원 맞는 것입니까? 국회의원을 뽑은 근본적인 이유가 국민들의 모든 말들을 제대로 판단하고 걸러내서 제대로 말할 줄 아는 사람을 고르기 위해서인데 그런 거랑 전혀 상관없는 무지한 사람들이 뽑힌 것 같네요. 필리버스터 힘내세요. 의원이라면 알고 있어야 할 기본지식도 모르는 사람들이 법안 통과시키고 멋대로 구는 것 국민으로서 정말 보기 싫습니다. 힘내세요!'라고 하셨습니다.

카페라떼 님입니다. '남의 것을 마음대로 보는 것 자체가 문제입니다. 민주주의 국가가 이렇게 되면 안 되는 거예요. 제발 우리에게도 자유를 주세요. 학생이라 투표도 못 하는 마음을 어쩔 수가 없습니다. 무고한 사람을 테러범으로 몰아간다뇨. 그게 법으로 만들어진다뇨. 그게 법입니까? 의원님들 힘내세요. 응원하고 있습니다.'라고 했습니다.

나라가 부끄럽습니다 님입니다. '의원님, 응원합니다. 그 행동과 말씀 하나하나가 지금 7000명이 넘는 사람들에게 희망이 되고 있습니다.' 이것은 이 당시 이분이 올려 주실 때 7000명이었고요, 지금 필리버스터 사이트에는 제가 국회 본청 들어오기 전까지는 2만 명이 넘는 분들의 의견이 들어와 있었습니다. '믿습니다. 감사합니다. 그 길로 직진해 주세요.'라고 하셨습니다.

시민K 님입니다. '나는 시민입니다. 시민이기에 이 사태를 두고 보고 있기 힘들며 왜 이런 법안이 테러방지법이라는 미명 아래 사기를 치고 있나 하는 의문이 듭니다. 나는 두렵고 불안합니다. 테러가 아닌 테러방지법이 불안합니다. 의원님들이 이미 테러방지법안이 불필요하며 악법인 이유에 대해 다 말씀하셨습니다. 이 나라가 민주주의 국가 맞습니까? 제가 두려운 것은 이 나라의 권력이 한 기관으로 모이는 것, 새누리당의 이기심, 박근혜 대통령의 무지와 무능입니다. 전부터 한국은 나라로서 기능을 잃어가고 있는 듯합니다. 대통령이 함부로 하는 발언만이 뉴스나 언론에 떠돌았습니다. 걱정스럽고 개탄스럽습니다. 테러방지법은 국민의 안보에는 관심 없는 법입니다. 대통령과 국정원의

권력 안보에만 관심 있는 법입니다. 난 그들을 믿지 않습니다. 그들을 지지하지 않습니다. 나는 시민을 지지합니다.'라고 하셨습니다.

양금모 님 '이 법 통과되면 한국 뜬다고 전해 주십시오.'라고 하셨습니다. 한국 뜨지 말고 지켜 주십시오, 양금모 님.

HRTD 님이 '대한민국헌법 제17조, 모든 국민은 사생활의 비밀과 자유를 침해받지 아니한다. 제18조 모든 국민은 통신의 비밀을 침해받지 아니한다.'라는 헌법을 확인해 주셨습니다.

익명 님이십니다. '직접 테러가 일어난 프랑스에서도 안 하는 짓을 왜 기회를 엿보고 자신들의 이익을 위해 법을 만들려고 하시나요?'라고 하셨습니다.

헬조선의국민 님 의견이십니다. '우리나라가 어쩌다가 이 지경이 되었을까요. 헬조선, 헬조선 하더니 정말로 헬이 무엇인지를 보여주고 싶은 모양입니다. 응원합니다, 의원님. 저는 국민으로서 테러방지법 따위를 절대 지지하지 않습니다. 정부는 국민의 요구를 제멋대로 해석해서 듣지 마세요. 우리는 당신들에게 우리의 민주 주권을 테러당하고 싶지 않습니다.'라고 하셨습니다.

민본 님입니다. '야당이 야당다워야 합니다. 지금 이 나라는 한 사람에 의해 완전히 망가지고 있습니다. 힘드시더라도 꼭 버텨 주시길 부탁드립니다.'

ㅇㅅㅎ 님이십니다. '국민을 방패삼아 뒤로 숨지 마십시오. 그 어떤 국민도 국가라는 이름 아래 폭력을 휘두르는 것을 허락한 적 없습니다. 옛날과 같은 아무것도 모르는 국민은 더 이상 없습니다. 국민을 대표하는 위치에 앉아 있는 만큼 거기에 합당한 일을 자행하십시오.'

빡찌 님입니다. '제발 국민이 적이 아닌 세상에서 살고 싶다.'고 하셨습니다.

국민 님입니다. '자유로운 민주주의 국가에 살고 싶습니다. 국민을 구속하려고 하지 마세요. 이런 말도 안 되는 법안을 위해 의원분들께서 이렇게 긴 시간 노력하는 것 같아 죄송하고 감사할 따름입니다. 꼭 막고 싶습니다. 뒤에서 계속 응원하고 있겠습니다. 감사하고 또 감사합니다.'라고 하셨습니다.

니가가라와이 님 '테러방지법이 통과되면 국민의 생명과 안전에 심각한 위협이 됩니다. 국민의 대표로서 결기를 보여주세요! 당신들이 생명을 건다면 그 뒤는 우리 국민들이 따를 겁니다!'라고 하셨습니다.

빠밤 님입니다. '여당 분들에게 헌법 좀 읽고 오라고 해 주십시오. 최고법인 헌법을 침해하려고 하는 부뢰배들에게 헌법이 무엇인가, 조항 하나하나, 차근차근 가르쳐 주십시오.' 하셨습니다.

대한민국국민 님입니다. '국민의 이야기를 무시로 답해 와 놓고 이제는 답도 없이 몰래 듣겠다니 이게 제대로 된 나라인가 싶습니다. 누구를 위한 법인지, 누구를 위한 나라인지, 대화가 되지 않는 정부에 숨이 막혀 오는데 더 숨통을 조여 오겠다는 말로밖에 들리지 않네요. 정말 그저

사람답게 살고 싶습니다. 정당한 나라에서 살고 싶습니다. 우리 모두를 위한 대변인으로서 앞서 주셔서 감사합니다.'

안녕 님이십니다. '질타를 겸허하게 받는 것이 대통령 아닙니까?'라고 하셨습니다.

브라보홍 님이십니다. '이 나라의 주인은 나이자 우리 모두입니다. 주인의 허락 없이 주인의 땅에서 주인을 구속하려 하지 마세요. 주인의 부탁이자 명령입니다. 끝까지 대한민국을 믿고 사랑하고 지킬 수 있게 도와주세요.'

뽀실 님 '고양이한테 생선 맡겨서 괴물로 키우려는지... 힘내세요. 막아야죠.'입니다.

나는민주주의에살고싶은 님입니다. '지금 테러방지법을 통과하려는 게 국민에게는 테러입니다. 테러의 뜻을 아십니까? 방지라는 뜻을 아십니까? 수많은 단체들이 이미 있고 그 단체들을 활용해야지 무조건 만들기만 하면 해결이 됩니까? 헌법을 위반하는 법률은 나올 수 없습니다. 이것은 위헌입니다.'

마음자리 님이십니다. '저는 우리나라에 테러가 일어났을 때 오히려 테러 피해자들이 수감되고 테러인을 위해 모금운동이 벌어지는 어처구니없는 일을 보았습니다. 테러의 정의가 정당의 이익에 따라 임의로 판단되고 재단되는 이즈음에 무엇이 테러이고 어디까지가 폭력인지를 국정원이 임의적으로 선정할 수 있고 무제한적으로 시민의 자유를 제한할 수 있다는 테러방지법을 불안해하고 있습니다. 전화, 인터넷, 모든 개개인의 표현까지도 감시하고 통제하겠다는 속뜻은 정권을 유지하기 위해 국정원을 통해 모든 언론과 개인의 표현의 자유를 통제하고 정적을 제거하기 위한 어떤 공작도 마다하지 않겠다는 뜻과 같습니다. 저는 테러방지법이 더 극한 테러를 창조해 낼 수 있는 법안이라고 생각합니다. 꼭 막아 내 주십시오. 오늘처럼 국회의원이 열심히 일하는구나 느낀 적이 별로 없었습니다. 꼭 막아 내서 국민들이 안심하고 핸드폰을 쓰고 마음 놓고 트윗하고 걱정 없이 살아가고 싶습니다.'라고 하셨습니다.

익명 님이십니다. '볼 수 있는 권리가 없어 보지 못하는 것과 볼 수 있는 권리가 있지만 보지 않는 것은 다른 것입니다. 똑같이 보지 않고 있지만 후자는 언제든지 내가 보일 수 있다는 가능성이 충만한 것입니다. 이 가능성도 없어져야 한다고 생각합니다. 테러가 그렇게 걱정이 된다면 기존의 방지법들을 잘 시행하고 출입국이나 불법체류자들에 관한 법들을 더 강화해야 한다고 생각합니다. 일반 국민들의 인권을 침해하지 않고 효과적일 수 있는 방지법을 내는 게 더 낫다고 생각합니다. 누구를 위한 방지법입니까? 이러다가 사상교육까지 받을까 걱정됩니다.' 하셨습니다.

유신시대 님이십니다. '유신시대는 탕탕탕으로 끝났다. 하지만 독재자는 다시 돌아왔다. 그 독재자는 국민의 피로 몰아낼 수 있었다. 그 독재의 중추에 있던 것이 바로 중앙정보부이며 그 후신이 국정원이다. 그런 국정원의 권력을 헌법에 위배될 정도로 강화해 주는 것이 바로 이번

테러방지법안이다. 역사가 반복되고 있다. 나라가 다시 유신시대로 돌아가고 있다. 막지 못한다면 국민들이 피를 흘리게 된다. 머리가 있으면 생각을 해라. 권력에 눈이 먼 망자가 되지 말고.'

happyo 님이십니다. '이번 테러방지법에는 테러방지가 없네요. 그럼 대체 왜 이 법이 필요합니까? 우리 국민들은 이 법을 원한 적도 없으며 우리의 자유를 침해하지 마세요.'

0317 님이십니다. '평소 정치에 관심이 없던 저라도 최소한 이것이 무슨 일인지는 알고 있습니다. 테러방지를 내세워 국민들의 통신 자유를 침해하려는 것이 뻔히 보입니다. 누구든 알 사실입니다. 우리나라 전 국민을 잠재적 테러범으로 몰아가는 것이 옳습니까? 우리나라는 분명한 민주주의입니다. 공산주의가 아닙니다. 우리나라를 망치지 말아 주십시오.'

푸른나무 님이십니다. '테러방지법은 민주주의에 역행하고 헌법에 위배되는 악법입니다. 국민을 팔아 통과시키려 하지 마십시오.'라고 하셨습니다.

스티븐스필러버스터 님이십니다. '국회의원이 가장 중요하게 생각해야 할 것은 국민이다. 당신들의 대통령도, 재산도, 지위도 아니다. 당신들이 서 있는 그 자리는 국민들을 대신해 서 있는 중일 뿐이다. 국민이 없으면 국회의원은 존재하지 않는다.'

나 님이십니다. '대한민국은 독재국가가 아닌 민주주의 국가입니다. 앞으로도 자유를 보장받고 싶습니다. 야당 의원님들 감사합니다. 이 나라를 지켜 주세요. 앞으로 작은 힘이라도 보태겠습니다. 힘내세요!'

joie 님이십니다. '국회방송 필리버스터 시작부터 계속 보고 있습니다. 노력이 헛되지 않기를 진심으로 바랍니다. 개인으로서 할 수 있는 일들을 하겠습니다.'

무나 님이십니다. '국민을 위한 법이 아닌 국민을 위협할 수 있는 법인 것 같습니다. 테러방지법 반대합니다!'

이 나라 주인 님, '누구를 위한 법인가요? 언론도 믿을 수 없고 정부는 더군다나 믿을 수가 없습니다. 역사가 되풀이되고 있는 것 같습니다. 우리는 누구를 믿어야 하나요? 이 헬조선을 살아가는 청년으로서 다음 세대에게 이런 나라를 물려주고 싶지 않습니다. 이런 험난한 삶을 되풀이하게 하고 싶지 않습니다...'

국가의 주인 님, '응원합니다. 국가의 주인은 국민입니다. 국민의 기본권을 침해하는 테러방지법에 절대 동의할 수 없습니다. 국민을 억압하는 정권은 존재 가치가 없습니다.'

TN 님, 중학생의 글이네요. '안녕하세요. 중학생, 나이 어린 학생입니다. 우선 테러방지법을 막기 위한 필리버스터를 시행해 주셔서 정말 정말 감사합니다. 테러방지법의 수많은 이점들과 국정원에 대한 불신이 저로서는 매우 크기 때문이에요.'

중학생의 글이지만 가감 없이 읽어 드립니다.

'만약 이 법이 통과된다면 영어를 열심히 공부해서 이민을 가야겠다는 생각이 자꾸 듭니다. 어린 저도 이런데 어른들은 오죽할까요. 국정교과서 때처럼 되지 않기를

빌며, 마지막으로 한 번, 필리버스터를 시행해 주셔서 정말 감사합니다!'

우리 학생들이 이민 가지 않고 공부해서 우리 청년들의 미래가 열리는 사회를 만들어 가야지요.

당신을 존경합니다 님입니다. '감사합니다. 제가 큰 도움이 되지 못해서 죄송합니다. 의원님이 하고 계신 그 행동 하나하나가 구원입니다. 틀리지 않았습니다. 그 길이 옳습니다. 올바른 대한민국을 위해 애써 주셔서 감사합니다.'

하나, 파랑 님입니다. '스탈린, 히틀러 같은 역사의 뒤안길로 사라진 독재자들이 낼 법한 법안을 21세기 민주주의 국가에서 보니 참 기분이 미묘하네요. 선거철이 되면 정말 너덜너덜하게 써 드시는 '국민을 위한 법안을 내겠다'는 약속을 지키시는 모습을 제가 살아있는 동안에 볼 수 있을지 의문입니다. 정말 순수하게 국민을 위해서 하시는 분들이 왜 이런 잠재적 테러리스트로 보는 법안을 내시는 거지요? 공부에 열중해도 모자랄 10대 소년·소녀들이 국회를 향해 목소리를 높이는 일을 만드시냔 말입니다.' 이런 이야기 해 주셨습니다.

123 님 '나라가 갈수록 퇴보하는 것 같다. 과거의 독재정권을 반복하려 하는가?'

초멘 님입니다. '제가 이 사회에 미치는 영향이 미비할지언정 저는 이 나라의 국민이기 이전에 하나의 인격체입니다. 인간이 동등한 인간을 감시하고 규정할 수 있다는 것은 국민들이 우월하다는 그릇된 자의식에서 나온다고 여깁니다. 가정교육이 참 중요하다.'라고 얘기하셨습니다.

벤자민 님 '국정원이 감청하고 계좌 추적한다고 해서 테러 위험이 사라집니까? 진심으로 그렇게 생각하신다면 국회의원 하기에는 지나치게 순진하신 거지요. 그렇게 생각하지 않으신다면 그 위선 당장 집어치우셔야 합니다. 반민생정책을 쏟아내던 여당이 이제 더 큰 화를 불러일으키려 합니다. 절대 좌시하지 않겠습니다.'

대한민국국민 님 '테러방지법은 대한민국 국민의 자유권을 억압하는 것뿐만 아니라 현 시민들의 국회에 대한 신뢰도를 떨어뜨릴 법입니다. 정말 국민을 생각하고 더 앞서 나가는 민주국가가 되고 싶다면 제발 부탁입니다. 법을 통과시키지 말아 주세요. 우리는 공산국가가 아닙니다.' 하셨습니다.

내가 언제? 님 '저는 테러방지법을 요구한 적이 없습니다. 저는 여당 당신들이 말하는 국민이 아닌가 보네요. 국민의 뜻이 뭔지는 아십니까? 멋대로 국민 국민거리는 당신들 국민들에 대한 명예훼손, 사과하십시오.'라고 하셨습니다.

익명 님 '테러대책지침이 있는데도 불구하고 테러방지법을 만든다는 거는 테러방지법을 빙자한 인권침해와 세금걷기밖에 안 보입니다.'

깨! 님 '감시는 국가가 아니라 국민이 해야 합니다.'

유학생 님 '해외의 사례를 들어서 생각해봐도 테러방지법이라는 제도의 제한점이 명확합니다. 또한 테러 자체의 문제의 해결을 위해 이미 제정되어 있는 대테러와

관련된 규정들이 있는데도 불구하고 지금 새누리당에서 직권상정으로 처리하려는 테러방지법은 테러범을 잡으려 하거나 일어날 수 있는 테러에 대한 미연의 방지를 위한 법이 아닌 국민 전체를 잠재적인 테러범으로 간주하여 국가에 반하는 모든 행위를 테러로 규정하고자 하는 취지로 만드는 법이라 보여집니다.'라고 하셨습니다.

무아 님 '맡겨진 일도 제대로 하지 못하는 국정원에게 권한을 강화하는 법안 상정을 절대 반대합니다. '국가안보를 위해 개인의 사생활 침해에 반대한다'는 애플사의 기업윤리만도 못한 정부의 국민 개인 인권에 대한 태도가 한심하기 그지없습니다.'

절대반대 님 '국민의 요구라니 말도 안 되는 소리입니다. 저희는 원한 적이 없습니다. 자신들의 이익을 위해서 국민을 이용하는 게 말이나 됩니까라고 하셨습니다. 도대체 국민을 얼마나 무시를 하는 겁니까? 테러방지법이 시행된다면 비판, 의견 등 주장을 펼치지 못할 것이며 매일 우리의 인권침해, 사생활침해 등 피해를 입을 것입니다. 테러방지법이 나라와 국민을 위한 법이라고요? 아닙니다. 나라를 망치고 국민을 죽이는 법입니다. 아직까지도 모르는 사람들이 많습니다. 정의로운 정치인들이 아직 많이 계신다는 것을 알게 되었습니다. 많은 도움은 못 드리지만 그래도 계속해서 함께 싸우겠습니다. 감사드리고 조금만 더 힘내세요.'

스무살 님 '요즘 과학기술이 발달하면서 새로운 방식의 범죄들이 생겨났습니다. 스마트폰이 해킹되면 GPS를 이용해 내 위치를 알 수 있고 전면카메라를 이용해 내 얼굴을 확인할 수 있으며 통화 내용도 몰래 엿들을 수 있다는 기사를 보고 무서웠던 기억이 납니다. 그런데 이젠 국가가 이런 행위를 할 수 있을지 모릅니다, 그것도 합법적으로요. 내 사생활의 침해가 법적으로 보장받을 수 없는 겁니다. 내 사생활이 침해되어도 법으로 보장받을 수 없는 겁니다. 지금처럼 모호한 기준을 가진 테러방지법이 가리키는 '테러 유발 의심자', 법에 적용될 사람이 제가 되지 않으리라는 보장이 없습니다. 물론 저는 테러를 일으킬 사람이라고 일말의 의심도 받을 사람이 아니지요.'라고 하셨습니다.

야 님 '적어도 자리에 앉아서 듣고 있는 줄 알았습니다. 지금 저 의원님 앞의 자리들이 모두 텅 비어 있어서 앉아 있어야 할 사람들이 밖에서 사진이나 찍고 있다는 사실을 알고 충격에 빠졌습니다. 사진놀이 하시는 분들 다 불러다 앉아 계시라고 해 주세요.'

선배·동료 의원 여러분!
함께 자리에 앉아서 국민들이 주시는 말씀을 경청해 주시기를 다시 한 번 부탁드립니다.

닷식이 님 '테러방지법 저지를 위한 의원님들의 노력에 박수를 보냅니다. 자신의 이익을 위해 시민을 죽이는 짐승들이 지배하는 세상이 아닌, 사람들이 살아갈 수 있는 세상을 만들어 주세요.'

Maybee 님 '언제부터 국민의 본질적인 자유마저 침해하는 국가가 민주주의였습니까? 국민들은 다 잠재적

테러범입니까? 지금 이 테러방지법은 효율성이 떨어질 뿐만 아니라 솔직히 있으나마나 한 법입니다. 테러방지는 이뿐만이 아니라 다른 것으로 막는 방법이 다양하지 않습니까? 이 방법은 그저 모든 사람의 개인정보를 알아내서 기업체에다 팔기 위한 수단으로밖에 보이지 않습니다. 박근혜정부가 친기업적인 정책을 펼치는 것을 보고 말하는 어디까지나 제 생각일 뿐입니다. 만약 이 테러방지법을 시행하게 된다면 우리나라는…… 잘못된 정책으로 인해 일어나는 일들을 국민들이 알고 반대하면서 잘못된 방향으로부터 우리나라를 지켜야 하는데 이 법을 시행하게 된다면 저항의 자유마저 빼앗기는 것이 아닙니까? 다시 우리의 아픈 역사로 돌아가야 하는 것 아닙니까? 이번 또한 수많은 젊은이들이 죽어야 합니까? 몇 명의 공권력을 키워 나가기 위해 다시 수많은 사람들이 아파해야 합니까? 테러방지법이 아닌 국민감시법, 모두가 그 실체를 알고 국민들을 위한 세상을 만들어 나갔으면 좋겠습니다. 힘내시라'고 했습니다.

된장언니 님 '대한민국헌법 제1조1항 대한민국은 민주공화국이다. 대한민국의 주권은 국민에게 있고 모든 권력은 국민으로부터 나온다. 국민이 원하는 것이 뭔지 제대로 알고 정치 해 주셨으면 좋겠습니다. 저희의 이야기조차 들으려 하지 않으시는 모습들 참으로 안타깝습니다.'라고 하셨습니다.

아빠 님 '테러방지법을 반대합니다. 이유는 저 같은 일반인이 사찰당할 일은 없을 것입니다. 하지만 혹시나 내 아이가 또는 내 가족 중 누군가가 후에 약자들을 위해 일을 한다면, 혹시나 그로 인해 정부가 내 가족을 사찰하려 한다면 어떻게 될까 생각해 봅니다. 여러 야당 의원님들이 애써 주고 계신 반면 여러 야당 의원님들 또한 신경도 안 쓰고 있습니다. 그럼에도 이렇게 우리들을 대신해서 말씀하고 계시는 의원들께 감사하다 전하고 싶습니다. 아울러 토론하자 했더니 자리를 뜨고 나가고 고성을 지르고 정치적으로 몰아가려는 몰상식한 분들은 반성하시기 바랍니다.' 했습니다.

검은고양이 님 '테러방지법의 취지는 이겁니다. 무고한 사람 열 명을 처형하더라도 한 명의 스파이도 놓쳐선 안 된다, 스탈린의 오른팔이었고 대숙청의 주역인 니콜라이 예조프의 말입니다.'

냐옹 님 '결국 테러방지법은 자기네들의 마음에 안 들면 안기부 국내 정치 관여했던 시절처럼 자기네들 입맛대로 탄압하겠다는 생각으로 보입니다. 헌법에 명시된 것처럼 우리나라 국민에게는 표현의 자유가 있고 집회·결사의 자유가 있습니다. 테러방지법은 국민 위에, 테러방지법은 헌법 위에 군림하겠다는 법이나 마찬가지로 보입니다.'

citrus 님 '테러방지법은 얼마든지 국가가 국민의 자유를 부당하게 억압하도록 오용될 수 있는 모호한 표현과 기준을 담고 있으며 시행기관 과거 행적으로 보아 역시 신뢰할 수가 없습니다. 국가의 국민에 대한 권리 침해는 최소한으로 한정해야 하며 그 방법 역시 적법하게 규제해야

합니다. 테러방지법이 통과된다면 역사에 남을 수치가 될 것입니다.'라고 했습니다.

푸실 님 '이 법안의 심각성과 지금 필리버스터를 통해 다른 분들께서 힘써 주시고 계신다는 것을 알게 되었습니다. 기본적으로 헌법에서 말하는 기본 인권 침해를 어기는 것에서 더 이상의 할 말이 없을 것 같습니다. 법을 만드는 사람이라고 하여 과거 예전부터 있었던 법을 없는 것처럼 취급하여 새로운 법을 만들 수 있는 권한이 없는 것과 테러방지법이라 말을 하지만 그 실상이 테러와는 전혀 상관이 없는 국민을 탄압하는 법안이라는 점에서 이미 반대하는 마음은 커지기 마련입니다. 예전 어떤 사건이 있었고 경찰들은 범인을 수색하고 있었습니다. 카카오톡 회사에서는 미리 범인으로 추정되는 사람을 찾았다며 말을 했었고요. 그런데 이때 저희들의 반응은 어땠는지 기억하십니까? 신속한 범인 검거보다도 그 회사에서 우리의 대화를 보고 있었다는 것에 충격을 받고 그 문제에 대해서 말을 많이 했습니다. 일개의 회사에서도 우리의 대화를 보는 것에 말이 많은데 국민의 대표라고 뽑은 그들이 우리들의 대화를 보아도 된다는 말입니까? 그렇지 않습니다. 저희들이 그들을 우리들의 사생활을 마음대로 보라고 뽑은 것이 아닙니다. 5000만 명의 국민들이 모두 법을 만들고 나라의 큰일에 참여할 수 없기에 대표자를 뽑은 것이지 우리를 감시하라고 뽑은 것이 아닙니다. 사생활은 친구도 부모도 더더욱 정부도 간섭할 수 없는 개인의 권리이자 자유입니다. 이것을 침해하는 테러방지법에 반대의 뜻을 표합니다.'

대안제시 님 '대테러방지법이 통과되지 않을 때 생길 수 있다고 말하는 안보적인 위험이 무엇인지 나열하고 그러한 위험을 현재의 법, 규제, 율법기관, 관련 회의 등에서 충분히 처리할 수 있음을 말해 주면 좋겠습니다. 기록 갱신에 집착하는 언론도 좀 자중하면 좋겠고 토론의 내용을 알려 주는 언론이 늘어나면 좋겠습니다.'라고 했습니다.

TL 님 '국민의 진짜 의견을 들어 주세요. 저는 테러방지법에 반대합니다. 진실로 국민을 위하지 않는 모든 법에 반대합니다. 언론의 편파적인 보도에도 반대합니다. 새누리당 의원들의 생각 없는 단체행동도 반대합니다. 비민주적인 모든 행동에 반대합니다. 우리의 목소리를 전해 주십시오.'

응원합니다 님입니다. '이만큼 국민이 강하게 반대하면 어떤 옳은 법이라도 시행되어서는 안 된다는 걸 알았으면 좋겠습니다.'

국가의주인은국민이다 님입니다. '국가의 주인인 국민이 필요하다 생각 않는 법은 필요 없다.'라고 하셨습니다.

벤자민 님 '테러방지를 빙자한 국민감시법, 국민감청법이라는 말밖에는 할 수가 없겠네요. 대통령이 직접 나서서 법안 처리를 주장하고 이를 넘어 직권상정할 것을 종용하는 건 의회민주주의에 대한 심각한 도전입니다. 속칭 테러방지법이 우리 사회에 어떤 악영향을 미칠지 깊이 고민해 보지도 않은 채 무작정 통과시키려는 여당. 브레이크

없는 자동차는 그 속도를 줄이지 못한 채 파멸을 향해 달려갈 수밖에 없습니다. 불통 정당, 무능 정당, 위선 정당' 지적을 해 주셨습니다.

dagal 님 '테러방지법 반대합니다. 테러방지를 빙자하여 국민을 감청하고 도청하려는 것 아닙니까? 자기와 반대되는 의견을 자유롭게 표현하지 못하게 하고 그 권한을 신뢰받지 못하는 국정원이 주관한다는 것도 참 아이러니네요.'

파이팅 님 '21세기 나치를 막으시려는 모습이 정말 멋집니다.'라고 하셨습니다.

청년 님 '많이도 안 바랍니다. 그냥 헌법에서 말하는 국민으로서의 자유를 누리고 싶습니다. 왜 민주주의 국가에서 내 자유를 억압받지 않을까 걱정하며 불안해하며 살아야 하는 까닭이 무엇입니까?'

주드로 님 '국가원수의 통치행위, 국가를 위한 어쩔 수 없는 결정, 남북한 상황을 고려한 필요 조치 등과 같은 표현으로 개인의 자유를 억압하고 대화하지 않고 협의하지 않는 지금의 상황이 매우 가슴 아픕니다.'라고 했습니다.

여고생1 님 '표현의 자유가 사라지는 순간 국가도 사라집니다. 국민의 기본적인 권리를 위협받는 나라에서 테러 보안이 무슨 소용입니까?'

응원합니다 님 '민주주의를 지키기 위해 단상에 오른 모든 정치인 분들을 존경합니다. 끝까지 버텨 주세요. 진심으로 응원합니다. 감사합니다. 소위 헬조선이라 불리우며 점차 민주성을 잃어 가고 독재에 가까워지는 이 나라에서…… 소시민의 목소리가 흐려지고 정치에 대한 관심도 흐려지는 이 나라에서 필리버스터를 통해 이 문제를 제기하고 적극적으로 이겨 나가려는 모습을 보며 정말 감사하다는 생각을 했습니다.'라고 하셨습니다.

테러방지법 반대시민 님 '이미 많은 분들이 말하셨겠지만 국민의 의견을 말하는 게 절대 두려운 것이 되어서는 안 된다고 생각합니다. 나라의 주권은 국민을 중심으로 한다고 배웠는데 잘못 배웠나요? 테러방지법은 이름만 있을 뿐 사실상 국민을 감시하는 용도로밖에 보이지 않습니다. 사생활까지 본다고 생각하니 벌써 오싹합니다. 테러방지법을 반대하는 입장으로서 여기저기 이유가 있지만 가장 큰 이유로 뽑자면 시위에 대한 자유가 억압된다는 말을 듣고서였습니다. 시위를 하는 이유가 뭡니까? 시위가 테러집단으로 보인다면 그게 일제강점기 때와 다를 게 있습니까? 이런 제 의견은…… 그러나 제가 느끼기에도 이 법안은 통과되어서는 안 된다고 생각합니다.'라고 의견 주셨습니다.

평범한한국사람 님 '자유로운 대한민국에서 시끌벅적하게 살고 싶습니다. 테러방지를 위해 나의 자유를 구속받을 타당성을 아직 찾지 못했습니다. 여당은 애초에 국민을 설득시킬 생각이 없었던 것이지요? 국민 목숨으로 협박은 그만두십시오. 그러기에는 우리 국민들은 충격과 상처가 아물 틈이 없었습니다.'

이젠바꾸자 님 '테러방지법 반대합니다. 박근혜 대통령님, 이렇게 반대를 하고 있습니다. 제발 귀를 열고 인정하세요.'

큐 님 '사람들보고 종북 종북 하는데 누가 진짜 종북인지 모르겠네요. 그렇게 민주주의를 버리시렵니까?'

당원 님 '헌법 1조1항, 대한민국은 민주공화국이다. 2항, 대한민국의 주권은 국민에게 있고 모든 권력은 국민으로부터 나온다. 헌법에 명시된 내용과 정면충돌하는 테러금지법을 전면 부정하는 바입니다. 어떤 제재 없이 정치적 중립성을 잃은 국정원에 대한 무제한 감청을 반대하는 바입니다. 최근 국정원은 선거 개입, 민간인 불법 사찰, 해킹팀 사태 등으로 정보기관으로서 국민을 지켜야 하는 의무를 저버리고 국민을 향한 국정원을 무슨 수로 믿어야 하는지, 아무런 근거도 없고 또한 어떤 법령도 국민의 기본권을 침범하여서는 안 됨을 헌법 1조에 분명히 명시하였음에도 불확실한 테러에 대비한다는 명목으로 무제한적 감청의 허용은 절대 되어서는 안 됩니다.'

응원합니다 님 '대한민국에 살고 있다는 게 더 이상 자랑스럽지 않습니다. 자신의 나라를 자랑스러워하는 국민이 될 수 있도록 도와주세요.'

. 님 '테러방지법에 반대합니다. 개인의 자유를 침해하기 때문입니다. 그리고 대한민국은 국민이 국가의 주인입니다. 국민의 사생활을 침해하는 법을 막아야 합니다. 언제부터 대한민국이 국민의 자유를 억압하고 인권을 침해하는 국가였습니까? 언제부터 자유를 억압하고 인권을 침해하는 것을 법안으로 통과시키려는 국가였습니까?'

도플러 님 '테러방지법이 아니라 국민사찰법 막기 위해서 노력해 주셔서 감사합니다. 응원밖에 못 해 죄송하고요. 뒤에는 국민이 있음을 기억하시고 싸워 주십시오.'

테방법반대 님 '국민은 테러방지법을 요구한 적이 없습니다. 도청, 감청을 위해 사용될 테러방지법은 필요하지 않습니다.'

힘내세요 님 '지금 야당이 무조건 안 된다고 하는 것도 아니고 악용이 될 수 있는 부분들에 한해서 개정을 요구하고 있는데 왜 그것도 안 하는 건가요? 대테러방지라는 껍질을 쓰고 악용하는 게 목적이기 때문이 아닐까요? 이 안을 상정한 의원들이 지정하고 있는 테러단체가 대체 누구입니까?'

델타 님 '우리는 특별한 날 국민의례를 실시합니다. 그 절차에 포함된 국기에 대하여 맹세를 합니다. 2007년에 바뀐 맹세문은 이렇습니다. 나는 자랑스러운 태극기 앞에 자유롭고 정의로운 대한민국의 무궁한 영광을 위하여 충성을 다할 것을 굳게 다짐합니다. 자유롭고 정의로운, 이 말에 충족되지 못하는 나라에서 어떻게 충성을 다하고 영광을 위하여 일을 할 수 있을지 잘 모르겠습니다. 이런 일차적인 간단한 문제임에도 불구하고 테러방지법을 테러방지법이라는 포괄적인, 이중적인 법 이름으로 위장시키고 국민을 감시하에 두겠다는 법안을 통과시키려는 행동의 의미를 모르겠습니다.'

헌법의 의미를 다시 한 번 또 말씀해 주셨습니다.

매일아이들을봐요 님 '아이들 앞에서 아무것도 못했다고 말하고 싶지가 않습니다. 필리버스터 응원합니다.'

강창주 님 '대한민국은 국민들의 뜻과 결정에 의해 운영되는 민주주의 국가입니다. 국가는 다수 국민의 의사에 반하여 국민들의 기본적인 자유를 침해할 수 없습니다. 전문성을 보유한 국가가 국민들을 위하여 결정한다는 조선시대 민본주의적 사고방식은 더 이상 자유주의, 민주주의를 기본 이념으로 삼고 있는 대한민국의 고유한 가치에 위배되는 전근대적 사고방식입니다. 나는 대한민국의 국민으로서 테러 등의 국가 위험에 대해 단호하게 대처해야 한다고 생각합니다. 그러나 파리 테러 이후 파리의 수많은 시민들이 이야기하고 행동했듯 테러와 테러 위협으로 수십 년간 선배들의 피와 노력으로 어렵게 획득한 민주주의의 근본이념을 붕괴하면 안 된다고 생각합니다. 국민을 위해 뜻을 가지고 필리버스터라는 최후의 수단을 동원하고 헌신하고 있는 국회의원들을 응원합니다.'

'안녕하세요? 대한민국의 국민으로 태어나서 앞으로 세상에 살아가는 대한민국 국민입니다. 많은 사람들을 만나 세상의 모든 사람 앞에서 당당하게 대한민국의 국민'이라 말하고 싶습니다.

안녕하세요 님입니다. 안녕하세요 님 말씀드렸고요.

미드웨이 님 '미국에도 유사 법이 있었습니다. 9·11 테러 후 만들어진 소위 애국자법입니다. 이번에 상정된 테러방지법과 유사한 점이 많습니다. 이 법이 미국에 만들어진 결과는 어땠습니까? 에드워드 스노든의 내부고발이 있을 때까지 미국은 무차별 사찰 그리고 감청을 감행했습니다. 우리 정부, 대통령 역시 그 대상이었습니다. 그 피해자인 우리 정부가 지금 똑같은 것을 저지르겠다고 합니다. 미국은 타국에 대해서만 그러했는데 우리 정부는 이미 법으로 타국에 대한 정보 수집이 허용됨에도 불구하고 이 법을 통과시켜 자국민을 감시하려 합니다. 미국의 애국자법은 폐기되었습니다. 이른바 자유법으로 대체되어 법률에 대한 감시를 강화했습니다.'

박영재 님입니다. '이 나라에서 끝 모르는 절망을 보고, 그 안에서 작은 희망을 확인하고 있습니다. 그 희망이 더 커질 거라 믿기에…… 상식을 응원합니다.'

.... 님 '안녕하세요? 지금에서야 알게 된 테러방지법의 부당함을 알리고자 합니다. 세계사에서 어느 그 누구도 위의 법처럼 사생활을 침해하는 법을 만든 적이 없으며, 설령 있다 하더라도 일제강점기 시대의 법에서만 볼 수 있는 그런 저질스런 법을 통과하고자 한다니 한낱 고등학생인 제가 보아도 확실히 잘못되었다는 것을 느낍니다.' 고등학생이셨습니다.

가나다 님 '내가 살았던 2000년대 초가 대한민국의 전성기였노라고 역사가 기록하지 않게 해 주세요. 대한민국은 계속 진보해야 합니다.'

Y님 '대한민국 고등학교 3학년 학생입니다. 올바른 대한민국을 위해, 올바른 학생들의 미래를 위해 애써 주셔서 감사합니다. 저희가 옳은 것을 옳다고, 옳지 못한 것을 옳지 못하다고 말할 수 있는 사회에서 계속 살아갈 수 있도록

도와주세요.'

소시민 님 '98년에 군대를 갔습니다. 자대 배치 받고 3일 만에 기무사에 불려 갔습니다. 단지 제가 다니던 학교가 당시 데모로 유명한 학교이고 성적이 나쁘다라는 이유만으로요. 서슬 퍼런 기무사에 불려 가 취조를 받고 겁에 질린 이등병은 성적은 왜 나쁜지, 군대에서 의식화나 종북활동 같은 걸 하려고 입대한 게 아니라는 자술서를 쓰고 내무반으로 돌아왔습니다. 이게 70, 80년대 군사독재 시절도 아니고 98년에 있었던 일입니다. 그런데 테러방지법으로 국정원에 막강한 권한을 주는 건 유신시절로 돌아가자고 하는 것 아닌가요.'

사생활 님 '국민의 사생활은 국가가 더욱더 보안해 주고 지켜 줘야 합니다. 테러범을 잡기 위해서 한다는 것에 대해 저희의 사생활까지 공개해야 하나요? 모두가 반대합니다. 국민의 사생활은 국가가 지켜 주어야 한다고 생각합니다. 이 일에 정확하게 논리적으로 반박할 수는 없어도 저는 반대합니다.'

문학청년 님 '이미 대한민국은 심하게 기울어진 운동장과 같습니다. 정치, 입법은, 행정은…… 이 기울어진 운동장을 완만하게 하여 모두가 균등한 기회를 가지고 공정하게 적용되는 룰에 의해 살게 하는 것을 목표로 해야 한다고 생각합니다. 테러방지법, 이 법은 내 조국 대한민국을 영원히 기울어지게 할 것입니다. 그러기에 테러방지법에 반대하며 필리버스터를 이어 가시는 의원님들께 감사드립니다.'

작은희망 님 '어렸을 적에는 자랑스러운 대한민국이라고 당당하게 말할 수 있었는데 투표권이 생긴 이후부터 그럴 수가 없는 슬픈 20대가 되었습니다. 주변의 친구들은 한국을 떠날 수 있는 방법을 찾기 위해 공부하며 이민을 위해서 열심히 돈을 법니다. 10여 년 전만 하더라도 이 땅의 역사와 문화에 대해 알아 가는 것이 즐겁고 떳떳했던 것 같은데, 선배들이 일궈 놓은 민주주의 토대 위에 서 있는 것이 자랑스러웠는데, 좌절이 반복되던 어느 순간부터 모든 게 의심스러워 이 땅의 민주주의는 끝난 것이 아닌가 하고 자포자기하는 지경에까지 이르렀습니다. 부끄럽게도 그랬습니다. 이번 필리버스터 상황을 지켜보면서 그런 저의 모습을 깨닫고 많은 반성을 합니다. 포기할 게 아니라 선배들이 그랬던 것처럼 좌절을 딛고 일어나 우리가 원하는 사회의 모습을 만들려 노력해야 한다는 것을 배웠습니다. '헬조선'이라고 농담처럼 말하는 것이 현실이 되지 않도록 힘써야 한다는 것을, 힘겹게 사회에 외치는 여러분들을 보며 외칩니다. 저뿐 아니라 이 사태를 바라보는 많은 제 또래의 젊은이들도 느꼈으리라 생각합니다. 그리고 그러길 바라봅니다. 함께 손잡고 자랑스러워 할 수 있는 대한민국을 일구어 낼 수 있기를 마음 깊이 소망해 봅니다. 힘들고 목마른 길을 걷고 계신 여러분들께 감사하고 또 감사합니다.'

20분동안책상쾅쾅 님 '말이 테러방지법이지 전 국민 감시법에 지나지 않습니다. 그전에도 이러한 법은 없었지만 무고한 사람 잡아다가 테러범이라고 끌고 가고 잡혀갔던 게

성했는데 여기서 더 무얼 하려고요? 당연히 테러를 일으킬 국민은 하나도 살아남지 않을 것입니다. 그리고 멀쩡한 국민까지도요.'

익명 님 '저는 평범한 대한민국의 고등학생입니다. 저는 역사를 배우며 우리 세대를 위해 외면하지 않아 주시고 맞서 싸워 주셨다는 것을, 그 과정이 절대로 쉽지 않았다는 것을 배웠습니다. 지금의 저희를 지켜 주시려는, 자유를 뺏기지 않게 해 주시려고 고생하시는 모습, 계속 지켜보고 있습니다.'

미국유학생 님 '저는 미국으로 유학 온 지 3년 된 대학생입니다. 타지에 있지만 한국에서 태어났고 한국에서 미국보다 지낸 시간이 더 오래였기에 이렇게 한마디 적습니다. 미국 유학생활을 하면서 느낀 것은 사람들이 정치라는 것에 거리낌이 없다는 것이었습니다. 정치인 자체도 높은 지위의 사람이 아닌 그저 한 직업을 가진 사람일 뿐. 지금 대통령인 오바마에 대한 풍자 또한 프로그램에서 쉽게 찾을 수 있습니다. 하지만 한국은 좀 다르지요. 우리를 위한다고는 하나 입에 발린 말일 뿐…… 사실 우리 또한 정치에 관심이 많이 없었기에 오늘날에 책임이 있을지도 모릅니다. 정치 얘기를 하면 지루하다, 편협적이다, 그런 거 알아서 뭐하냐 이런 반응이 일쑤지요. 그래서 저는 지금 이 필리버스터를 하고 계시는 국회의원들에게 감사하고, 테러방지법이라고 불려지는 국민사찰법에 대해 알게 해 준 것에 대해 감사합니다. 우리를 더 발전된 국민으로 만들었다는 사실 하나만은 꼭 전해 드리고 싶습니다.'

야리 님, '안녕하세요? 저는 이번에 고등학교 1학년에 진학하는 아직 어린 여학생입니다. 저는 초·중학교를 거치면서 헌법에 대해 들은 적이 있습니다. 우리나라는 민주주의국가이다. 그런데 제가 보는 테러방지법은 민주주의를 지킬 수 있는 게 아닙니다. 오히려 민주주의가 아닌 개개인의 사생활을 침범하고 자유를 억압하는 법이라 테러방지법이 옳지 않다고 생각합니다. 민주주의는 개개인의 의견을 존중하고 자유를 주는 걸로 알고 있습니다.'라고 하셨고요. 그러면서 앞에서도 말씀드렸듯이 '민주주의는 개개인의 삶을 자유롭게 해 줍니다. 그러나 테러방지법은 테러행위를 잡는답시고 국민의 권리를 짓밟고 있습니다. 이 법은 학생인 제가 봐도 옳지 않습니다. 현재 드라마 방영 중인 '육룡이 나르샤'를 아십니까? 23일 방송되었던 대사 중에 '백성이 근본이다'라는 말이 있었습니다. 시간이 오래 지났지만 저희는 지금까지 여러 시위, 여러 많은 일들이 있었습니다. 위의 테러방지법처럼 나라가 국민의 이야기를 무시하고 일을 진행하였기 때문에 생긴 일이 더 많습니다. 부디 저의 의견이 조금이라도 더해져 테러방지법이 시행되지 않았으면 하는 바람입니다.'

이분께서 육룡이 나르샤…… '백성이 근본이다'라는 말씀을 하셔서 예전 김대중 대통령께서…… '인내천자 사인여천(人乃天者 事人如天)'의 문구가 생각이 납니다. 사람이 곧 하늘입니다. 사람이 하늘인 것처럼 사람을

공경하는 것이 정치의 본령이고 또 정부의, 국가의 할 일이라고 생각이 듭니다.'

초등교사 님 '초등학교 6학년 담임입니다. 우리 아이들에게 부끄럽지 않은 나라를 물려주기 위해 막아야 합니다. 자기의 생각을 자유롭게 얘기하고, 누구나 생각하는 것을 할 수 있게 막아 주십시오. 개학 후 아이들에게 여러분들을 꼭 기억하라고 얘기하겠습니다. 눈물이 납니다.'

R 님 '뭘 어떻게 하면 좋게 살 수 있을까가 아니라 뭘 어떻게 해야 살 수 있을까에서 이제는 살 수 있을까 고민을 해야 하는 나라가 되었습니다. 나라는 국민을 저버렸습니다. 높은 하늘은 저희가 무너져서 흐트러지는 걸 모르시나 봅니다.'

뀨 님 '역사교과서 통합시키면 좋다면서 초등학생 교과서에 위안부, 일본 문제의 제대로 된 주어를 빼놓고 모호하게 나쁜 일을 당했다라고만 적어 놓으면 누가 모를 줄 아나요? 아베와 함께한 타협문이 진정 피해자 할머니들의 한을 풀어 준 거라고 생각하시나요? 제대로 된 지식과 상식이 있다면 충분히 알 수 있을 텐데요. 테러방지법 그런 거 몰래 통과시켜 놓고 검문소는 허술하게 열어 두는 겁니까? 항상 보면 소 잃고 외양간 고치는 격이네요. 테러를 막을 수 있는 법은 충분하니 지금 왜 자신의 말을 들어 주지 않냐고 고집부리시면서 한숨을 쉬시기보단 제대로 교육받은 사람들을 배치하고 테러 위험이 있는 곳을 철저히 감시하시죠. 국민의 자유는 억압하지 마십시오.'

힘내세요 님 '나라의 국민이란 어떤 존재인지 다시 생각해 보았습니다. 말로만 나라의 주인이라며 누구들은 말했지만 진정 그들에게 우리는 국민일까요? 어쩌면 우린 이 당연히 지켜야 하는 권리들을 누군가에 의해서 빼앗기고 이용당하는 것을 각성해야 한다고 생각합니다. 이 나라는 국민들에 의해 지켜진 나라입니다. 권력을 가진 소수의 대리인과 고작 국민의 편의를 도모해야 하는 심부름꾼이 절대 휘둘러서는 안 되는 불가침의 국민 권리입니다.'

사랑합니다 님 '대한민국이 참 자랑스러운 나라였노라고, 사랑하는 이들과 함께 우리나라를 지켜 나갈 수 있어 기뻤노라고 다음 세대에게 전할 수 있는 삶을 원합니다. 의심과 불안을 조장하지 않는 사랑과 신뢰가 회복되는 대한민국을 응원합니다.'

피에트로 님 '테러방지법의 시급한 처리를 주장하고 있는 정부가 정작 공항의 경비·보안 요원은 모두 한국공항공사 직원이 아닌 협력업체 직원들로 충원하고 있는 현실, 국가테러대책회의는 법으로만 존재하지 소집된 적이 없다고요? 정말로 테러리즘을 방지하고 싶으면 이런 법부터 지켜야지요. 정부의 목적이 테러방지입니까, 아니면 민간인 감시·사찰 합법화입니까?'

테러방지법반대 님 '당신들의 머리에는 과거의 이권과 정권을 얻을 생각밖에 없군요. 과거의 치부를 치부라고 생각하지 않고 도전하는 모습이 어리석고 무식할 뿐입니다. 지금은 2016년입니다. 1967년이 아닙니다. 2016년에 50년 전으로 돌아가야 하나요? 더 이상 50년 전처럼 어리석지도,

가만있지도 않을 것입니다.'

힘내세요 님 '대한민국이 민주국가가 맞는지 의문이 듭니다. 개인정보와 사생활을 침해하는 법을 대통령이 추진한다는 것에서부터 이미 민주국가는 끝나 버린 것 같습니다. 이런 나라라도 국민을 위해 움직이는 의원님들 덕분에 우리는 더 나은 나라가 될 수 있을 거라는 가능성이 보입니다.'

NO!테러방지법 님 '국정원의 선거 개입을 명쾌하게 해결하지 못해서 여기까지 온 것입니다. 테러방지법의 내용이 문제가 아니라 기존 법안으로도 테러방지가 가능한데 왜 테러방지법을 통과시키려 하냐는 것이 올바른 질문이어야 합니다. 테러방지가 목적이 아닌 국정원에 거침없는 감시 기능을 주겠다는 것, 이것은 국정원에게 보고받는, 즉 대통령이 모든 것을 감시하겠다는 것이고, 영구 집권 플랜이라고밖에 볼 수 없습니다.'

반대합니다 님 '테러방지법이라는 가면을 쓰고 온 국민을 합법적으로 감시하겠다는 이 말도 안 되는 법이 통과되는 순간 대한민국을 국가라고 할 수 있을까요? 민주주의가 없이는 나라도 없습니다. 이미 민주주의가 많이 퇴색하고 있습니다. 더 이상 물러설 곳이 없습니다.'

두아이엄마 님 '테러방지법 그런 말도 안 되는 걸 법이라고 만들다니 국민을 도대체 뭐로 보는 거죠? 전 외국에서 살고 있지만 솔직히 한국정치 보고 있으면 정말 뭐뭐해서 어디 가서 한국 사람이라고 말이 잘 안 나옵니다. 아는 사람들이 '너네 나라 왜 그래?'라고 하면 다 황당해 합니다. 제발 정치인들 대기업을 위한 나라가 아니라 국민을 위한 나라를 만들어 주세요. 우리 아이들에게 '넌 한국인이야'라고 가르쳐 줄 수 있게요.'

페튜니아 님 '저는 법을 구실로 스토킹을 하는 사람들을 위해 투표한 게 아닙니다.'

dyanos 님 '정부는 지금까지 있던 기능들은 제대로 활용도 못하면서 새로운 법안을 만든다니 문제가 있어 보입니다. 개인 사생활 침해 문제까지 있는 대테러법을 국정원장의 말만 믿고 통과시키는 어처구니없는 일을 저지르셨네요. 그 감시 대상을 지정하는 것조차 국사교과서 개정사업만 보더라도 투명하게 진행되지 않을 텐데 어찌 국민들이 믿고 그 법을 지키겠습니까? 이렇게 투명하지 않은 상태에서 테러의심법을 판단하는 사람이 죄 없는 사람을 테러범으로 몰았다가 나중에 죄 없는 시민들이 잡혀 들어갔다 나오면 그 보상금 자체도 국민이 낸 세금에서 나갈 텐데.'

응원합니다 님 '제발 이 나라에서 도망치지 않게 나라다운 나라에서 살고 싶습니다.'

. 님 '정말 올바른 법이라면 이렇게 반대를 했을까요? 사생활을 침해한다는 발언부터 참…… 지금 현재 법이 없는 것도 아니고 제대로 실행되지도 않은 상황에서 왜 굳이 이상한 사생활 침해까지 할 거라고 하는지 모르겠습니다. 교과서 제대로 만들어 주세요. 지금 이런 법을 만들 시간이 있으면 교과서 일 터진 거나 수습해 주시고, 저는 민주주의

국가에 살고 싶습니다.'

전원준 님 '빅브라더의 사회가 되지 않았으면 합니다.'

연두색쿠키 님 '미국에서 무고한 사람 테러방지법 때문에 잡혀갔대요. 지금 나라에서 테러방지법 하려는 이유가 뭡니까, 도대체? 어떤 멍청한 테러범이 본인 명의로 휴대폰을 쓴답니까?'

나치싫다 님 '국정원에 너무 많은 권한을 주면 안 됩니다. 이 권한은 국민이 주는 것이 아닙니다. 국민에게 독이 되는 법입니다. 나치가 하는 것 답습하는 법입니다.'

대한민국 님 '국민의 의견을 하나로 통일할 수는 없습니다. 그러나 다수 국민들의 큰 목소리는 들으실 수 있을 겁니다. 의원님들의 필러버스터는 대한민국 역사의 자랑스러운 기록 중 하나로 남을 것입니다.'

저는 함께 우리 국민들의 필러버스터를 또 역사의 기록물로 지금 남기고 있습니다.

테러방지법OUT 님 '현 국정원법으로도 대테러활동은 가능합니다. 이미 가능한 법을 두고서 또 인간이 기본적으로 누려야 할 권리가 침해될 요소가 다분한 테러방지법을 입법하려는 것은 국정원이 무소불위의 권력을 휘두르도록 힘을 실어 주는 것입니다. 국가의 주인인 국민을 무한감시할 수 있도록 합법적인 권한을 주는 것입니다. 대한민국헌법 1조1항과 2항에 명시되어 있듯이 대한민국은 민주주의공화국이며 그 주권은 국민에게 있고 모든 권력은 국민으로부터 나옴을 잊지 말아야 합니다. 국민을 잊은 국가는 국민을 감시하고, 억압하는 국가는 더 이상 국가가 아닙니다. 국가를 위시한 체계화된 폭력 조직일 뿐입니다. 그렇게 되면 잊지 마십시오.'

스무살 님 '저는 한 번도 정치에 참여해 본 적이 없는 갓 성인이 된 스무 살 학생입니다. 제 생각의 깊이가 얕아 의원님에게 도움이 될 수 있을지는 모르겠으나 이번만큼은 절대로 물러설 수 없기 때문에 이렇게 글을 남깁니다. 성인으로서 어른으로서 앞으로 대한민국에서 살아갈 미래가 저는 너무 두렵습니다. 만약 테러방지법이 통과된다면 헌법에 적혀 있는 '대한민국은 민주공화국이다'라는 말은 퇴색하고 말 것입니다.

국민의 자유와 권리를 침해할 가능성이 있는 테러방지법은 아주 위험한 법입니다. 국민들이 정치에 참여하는 방법은 선거뿐만이 아닙니다. 국민들은 시위나 집회, SNS 등으로 의사를 표출해 정치에 참여할 수 있습니다, 지금처럼요.

테러방지법은 국민들의 정치 참여를 방해할 수 있습니다. 국민을 위협하는 무기가 될 수도 있는 법을 민주주의 국가에서 어떻게 통과시킬 수 있단 말입니까? 우리는 조심성을 가져야 합니다. 독재는 과거가 아닙니다. 과거에 끝났다고 사라진 것이 아닙니다. 민주주의 이념이 있는 한, 인간의 욕망이 있는 한 항상 존재할 것입니다. 그러기에 우리는 언제나 경계하고 조심해야 합니다. 민주주의를 위해 투쟁하고 숭고한 희생을 치렀던 사람들을 가슴 깊이 새기며 민주주의를 지키기 위해 늘 애써야 할 것입니다.

테러방지법이란 근사한 이름으로 국민들을 기만하는 이 법을 반대합니다.'

푸조나무 님 '국민들이 서슬 퍼런 눈을 뜨고 지켜봅니다. 응원합니다, 민주주의를.'

연우 님 '당신네들 마음대로 우리들을 통제하고 엿보려 하지 말아 주셨으면 합니다. 맞을 각오도 없는 사람이 위에서 주먹 휘두르는 것 아닙니까? 스스로 생각해 보세요. 통화하는 것을 누군가 엿보고 있어요. SNS 하는 것을 누군가 보고 있어요. 찍은 사진을 누군가 보고 있어요. 소름 돋지 않습니까? 국민을 발판으로 위에 선 만큼 그로 인해 받는 비판은 감수해야 하며 개개인이 어떤 이야기를 하든 정치를 비판하든 시위에 나서든 자유가 아닙니까? 헌데 그걸 엿보고 멋대로 잠재적 테러범으로 만들어 감시하고 체포할 권리가 그 자리에 있는 사람으로서 있습니까?

중요하니까 두 번 말합니다. 맞을 각오도 없는 사람이 위에서 주먹 휘두르는 것 아닙니다. 그럴 각오도 없는 겁쟁이라면 과연 그 자리에 있어도 되는지 양심에 손을 얹고 생각해 주세요.'

독재타도! 님 '억울한 독재의 시대가 오고 있다. 기가 막힐 노릇이다. 구한말 왜놈들에게 나라와 민족을 팔아먹은 사대매국 세력들이 불행하게도 지금껏 이 나라를 능욕하고 있다. 단죄받고 영원히 사라져야 했을, 가짜애국을 부르짖으며 사리사욕의 권력을 영원히 유지코자 발악하고 있다. 이제는 더 이상 침묵할 수 없다. 목숨 걸고 싸워야 한다. 너, 나, 우리 모두 함께 나서자. 행동으로 실천으로 성스런 백성들의 의지를 저 간악한 사대매국 독재세력에게 본때를 보여 줘야 한다. 그 길만이 역사 속 후손들에게 부끄럽지 않은 선조의 모습이다. 이 땅, 이 역사에 우리는 반드시 정의와 평화를 세워야 한다.'

왓츄원 님 '이전에 언급되었다시피 테러방지법, 즉 테방법은 국민의 사생활과 통신의 비밀을 보장해야 한다는 헌법 조항을 무시하고 있는 것이기에 이에 반대의 표를 던지는 바이며 테러방지법이 테러방지를 위해 적합한 수단임을 입증해야 하나 그 실효를 입증하지 못한 채로 입법하면 안 되기에 테방법이 정말로 테러를 방지하는 데에 도움이 되는지 먼저 입증해야 할 것입니다. 테러행위가 아니어도 체포되고 수사받을 수 있다는 부분과 권력 분립이 유지되지 않는 부분, 수많은 논란이 있음에도 이 테방법을 통과시키겠다는 것에서 표면의 이유가 아닌 저 저의를 묻지 않을 수 없습니다. 국민은 테방법을 원하지 않습니다.'

새우것국민 님 '테러방지법은 국민의 안전을 지키기 위해서라 목적을 말합니다. 물론 당연한 말입니다. 국민의 안전은 지켜져야 합니다. 하지만 현재 테러방지법의 골자에는 국민의 안전 외에 국민의 자유와 연관된 내용이 많아 보입니다. 테러방지법에서 가장 걱정하는 것도 국민, 더 나아가 국민을 이루고 있는 개인의 자유를 침해받지 않을까 걱정하는 것입니다.

그렇다면 우리는 왜 자유를 지켜야 할까 생각해 봅니다. 개인의 자유 그게 왜, 왜 우리는 필요할까요? 이것은 결국

평등과 통한다고 생각합니다. 개인은 자유로워야 한다. 한 명, 개개인이 자유, 그것의 권리에 대해 이야기한다는 것 밑바탕에 개개인이 똑같다는, 인간은 차등 없이 동일한 존재라는 의미를 담고 있다고 생각합니다.

그래서 자유와 평등은 파트너처럼 익숙하게 붙어 다니는 게 아닐까요? 또 우리는 자유라는 개념을 좀 더 굳건히 지켜내고 소중히 생각해야 하지 않을까요? 테러방지법이 한낱 국민의 사생활을 침해하는 것이 아니라 더 나아가 사회적으로 어떤 함의를 주는지 그리고 그 함의를 수용한 사회가 어떤 방향으로 나아갈지 생각해 봅시다. 그렇게 한다면 현재 진행되는 테러방지법이 우리 사회를 더 나은 사회로 만드는 일이라는 데 동의하지 않습니다. 후손들을 위해서도, 대한민국을 위해서도 미래는 더 나아져야 합니다. 대한민국은 분명 더 좋은 나라가 될 수 있습니다.'

국민 님 '민주주의라는 것은 국가의 주권이 국민에게 있고 국민을 위하여 정치를 행하는 제도 또는 그러한 정치를 지향하는 사상입니다. 지금의 대한민국의 주권은 국민에게 있습니까? 단 한 명의 수장에 의해 좌지우지되는 현재의 대한민국이 과연 민주주의라고 할 수 있습니까?

지금의 대한민국은 민주주의 국가가 아닙니다. 세계 유일의 분단국가가 쌍으로 독재를 하니 이런 수치는 다시도 없을 것입니다. 이 사찰법이 통과된다면 우리는 마음대로 말조차도 못하는 노예가 되는 것입니다.

지금 국민들에게 정말로 처절하게 와 닿아야 할 말 한마디만 하고 줄이겠습니다. '정치를 외면한 가장 큰 대가는 저질스러운 자들에게 지배당하는 것이다' 플라톤.'

하나부터열까지 님 '테러란 무엇입니까? 테러방지는 누구를 위한 것입니까? 테러방지는 왜 하는 것입니까? 테러방지는 누가 하는 것입니까? 법안 발의에 앞서 근본적인 질문을 발의자 스스로가 했어야 합니다. 그리고 이 상식에 국민들이 수긍할 수 있을 때 법안은 채택되어야 합니다. 기본 중에 기본입니다.

정부는 더 이상 국민을 테러하지 말아 주십시오. 입법자는 입법자의 품격을 지켜 주십시오. 당신들 말고도 당신들이 닦아 놓은 사회에서 싸우고 싸울 일들은 태산 같습니다. 국민이 중심이고 국민을 위한 행정, 입법, 사법을 원치 않는다면 당신들만으로 이루어진 나라를 만드십시오. 국민은 삼권의 테러를 온 몸으로 받아들여야 하는 총알받이가 아닙니다. 국민은 나라의 근본입니다.'

Ji 님 '지금 이곳이 국민들이 피 흘려서 만들어 낸 민주주의 국가라는 걸 생각해 주세요.'

대한민국 님 '테러방지법 탈을 쓰고 진정으로 이루어지는 게 무엇이며 테러방지법이 정확히 언제 어떠한 상황에 실행이 되며 의심되는 사람들을 어떻게 걸러 낼 것인지에 대한 부분과 그로 인해 억울한 피해를 받게 될 사람들은 어떻게 되는지, 테러방지법의 옳고 그름을 떠나 국정원이 정말 국민들이 신뢰하고 믿을 만한 기관인지, 국민들이 국정원에 대한 어떠한 인식을 갖고 있음을 인지하는지, 이러한 인식을 만들어 낸 국정원을 믿지 못하는 국민들이

테러방지법을 어떻게 받아들이고 또 그로 인한 피해에 누가 어떠한 대처를 해 주고 상황을 정리할 것인지, 불확실한 방지법으로 인한 피해를 가늠하고 있는지, 오래 미루어진 테러방지법을 시행하고자 하면서도 뻔뻔하고 사리사욕에 눈먼 모습들 집어내 주셨으면 합니다.

국민의 입장으로 한 시민으로서 우리들의 소리를 들어 주세요. 참된 국민은 당신들에 등 돌리거나 저버리지 않습니다. 용기에 박수를 보내며 감사를 표합니다.'

김미연 님 '유신시대로 회귀하고 싶지 않습니다. 대한민국은 박 씨 왕조가 아닙니다.'

박씨조선반대 님 '더 이상 한국에서 사는 것이 자랑스럽지 않습니다. 모든 사회 구성원들의 약점을 잡으려 하는 악법을 반대합니다.'

대한민국청년 님 '우리는 정녕 최첨단 군주정에 살고 있는 것입니까? 독재정치로 인한 여론이 두려우시다면 감시와 침해가 아닌 공정하고 투명한 소통이 이루어져야만 할 것입니다. 우리나라의 어두운 이면의 주인공이 되려고 하십니까.'

김경일 님 '국민이 주인인 세상에 살고 싶습니다. 공권력이 국민을 감시하고 국민을 이용하는, 억압하는 그런 세상이 아니라 국민이 주인인 세상에 살고 싶습니다. 부디 국민을 지켜 주십시오. 평범한 국민을 테러리스트로 만드는 부당한 공권력을 멈추게 해 주십시오. 국민이 주인인 세상에 살고 싶습니다. 살고 싶습니다.'

국민1인 님 '대테러방지법으로 테러를 막지 못하는 것이 아닙니다. 인천국제공항에서 뚫린 보안, 과연 정규직으로 구성된 직원들이었다면 보안이 그렇게 쉽게 뚫렸을까요? 사회의 각 구성원들이 좀 더 관심을 갖고 노력한다면 충분히 막을 수 있는 것을 절대권력자가 국민을 통제하기 위한 법으로 만들어져서는 안 됩니다.'

시공 님 '정권에 반대하는 국민들의 일거수일투족을 감시하고 협박해서 정권에 순응하는 일당 독재국가 건설이 테러방지법의 목표라고 생각합니다. 그렇지 않고서야 법 위의 법을 만들 수 있습니까? 이 정권이 진정으로 테러를 걱정한다면 공항과 항만의 경계를 확실하게 할 수 있는 법과 제도를 제대로 파악하고 전문인력을 키워야 하거늘...' 하셨습니다.

슬 님 '박근혜 대통령의 지난 3년이 그간 우리 사회가 어렵게 아주 얄팍하게나마 쌓아 온 합의의 원칙을 무너뜨리는 데에만 주력하고 있다는 것을 잘 알고 있습니다. 저들이 무너뜨리는 것은 한 사람, 한 사람인데 우리가 지키려는 것은 룰이라 더 어렵네요. 하지만 더 물러설 데도 없겠지요. 정의화 국회의장님, 당장 직권상정을 철회해 주십시오.'

우리가함께 님 '우리는 자유민주주의 사회에서 살고 있을까요? 적어도 표면적으로는 그렇습니다. 자유민주주의 주요 가치 중에 관용이 있습니다. 자유민주주의에서 개인의 자유는 존중되며 그것은 타인의 자유를 침해하지 않을 때에는 모든 행동을 용인해 줘야 한다는 원칙 그것이

관용입니다. 테러방지법은 관용에 비추어 보면 어떻습니까? 국가의 안보를 위해 모든 국민들의 기본권인 프라이버시를 침해하겠다는 것입니까? 국가는 심증만 가지고 개인생활의 자유라는 기본권을 합법적으로 침해할 수 있는 법을 만들려 하고 있습니다. 정부를 관용하는 것, 사생활의 자유라는 기본권을 침해당하면서까지 정부의 간섭과 개입을 관용하시겠습니까? 개인의 권리가 침해당할 때 그것은 더 이상 관용이 아닙니다. 그것은 방종입니다. 우리의 권리, 우리가 찾아야 합니다.'

(정의화 의장, 정갑윤 부의장과 사회교대)

존경합니다 님 '정치에 많은 관심은 없지만 대한민국 국민으로서 근현대사를 배웠던 사람입니다. 지금은 민주주의를 얻기 위해 많은 분들이 희생하셨던 시대로부터도 이삼십 년이나 지난 시대입니다. 우리는 민주주의를 얻기 위해 많은 노력을 해 왔습니다. 그 민주주의라는 것은 쉽게 얻은 것도 아닙니다. 그렇다고 해서 지금 대한민국이 완전한 민주주의도 아니지만 70년대 유신정권시대로 돌아가는 것 같은 법이 그냥 쉽게 통과되게 놔둘 수는 없습니다. 저 같은 국민조차 그렇게 생각합니다. 많은 분들의 희생을 봐 왔던 저희들도 그렇게 생각하는 것이 지금 시점입니다.

이 법이 통과된다면 과연 우리나라는 어떤 발전이라는 것이 있을까요? 누구든지 국민 한 사람, 한 사람이 글 하나, 이야기 한 번 하는 것에 두려움을 느낄 것입니다. 단지 종이가, 신문이 인터넷으로 바뀌었다는 것뿐이지요. 창조경제 운운하면서 진정한 창조와 발전이 무엇인지 모르는 분은 그분만인 것 같습니다. 우리는 인터넷에서 나라의 미래에 대해 토론하기도 하고 힘들면 욕을 하기도 하고 하소연을 하기도 합니다. 그런 것조차 막고 감시하고 검열하는 것이 이것이 민주주의의 나라가 국민의 안전을 생각하면서 하는 일인가요? 우리나라 국민 중 많은 사람들은 정치에 등을 돌리고 있습니다. 그것은 문제지요. 저도 그중 하나여서 죄송하지만 그렇지만 그것을 이용하여서 말도 안 되는 법을 만든다는 것은 이해할 수 없습니다. 나라는 국민을 위해 존재합니다. 국민이 있어야 나라지요. 이번 정부가 국민을 무시하면서 만들었던 법들이 국민들에게 이로운 영향을 준 법은 극히 드물다고 생각합니다. 국민을 위한 법을 만들어 주십시오.'

체치 님 '감사합니다. 우리 자손을 위해서 너무너무 고생하십니다. 우리 자식들을 살려 주십시오. 대단한 일을 하고 계십니다. 나라를 지켜 주시길 바랍니다.'

삼시세봉구스끼 님 '대통령의 의견에 무조건적으로 따르지 않는다고 해서 그가 대한민국의 국민이 아닌 것은 아닙니다. 민주주의는 국민이 대통령의 명령을 듣는 것이 아니라 대통령이 국민의 목소리를 귀담아듣는 것입니다.'

나라가망조 님 '도대체 어느 국민이 테러법에 찬성했습니까? 정작 가장 중요할 때 국민의 목소리를 외면하시더니 이젠 국민이라는 이름을 방패막이로 앞세워 자기네들 이익을 챙기려 하네요. 대한민국처럼 안전한

나라에 테러라니요. 테러범들이 '나 테러 할게' 하면서 카톡이랑 문자 주고받고 그러나요? 이 상황은 마치 '너희들 중 도둑이 있을지도 모르니깐 니네들 다 옷 벗어 봐' 하는 것 같은 이치입니다. 이런 말도 안 되는 법을 가지고 통과시켜 달라고 징징거리는 분이나 통과시켜 준 분이나 도찐개찐입니다. 이게 이렇게 대치될 만한 것인가요? 국민들이 따스한 눈빛으로 지켜보고 있습니다. 국민은 더 이상 박정희 때 바보들이 아닙니다.'

... 님 '전 세계에서 테러의 위협을 가장 많이 느낀다고 봐도 좋은 미국도, 미국조차도 국민의 기본권을 침해하기에 통과되지 않은 법안이 바로 이런 '테러를 빙자한' 민간인 사찰과 감시를 위한 법안입니다. 어떤 상황에서도, 어떤 이유로도, 어떤 방법으로도 국민은 인간으로서의 자유를 침해받아선 안 됩니다. 그 당연한 가치를 위해 우리는 수많은 피를 흘려 유신정권을 타도하고 그 승리의 성배로서 결국 민주주의를 손에 넣었습니다. 도대체 이 법의 어디가 국민을 위한 것입니까? 전 제 나라가 딱히 자랑스럽지도 않았지만, 실제로 나치 치하의 독일처럼 국민이 감시당하는 상태였던 것 같이 느껴진다'고 하셨습니다.

머더러그려 님 '모든 민주주의가 죽어 뭉그러져도 개개인 마음속의 진실된 민주주의는 결코 죽지 않습니다. 눈에 보이지 않을 뿐 사라지는 건 아닙니다.'

콩콩이 님 '더욱 진화, 발전해 나가는 대한민국이라는 사실을 믿어 의심치 않습니다. 역사의 진보는 사람의 진보가 이루어져야 가능할 것입니다. 사람의 진보를 이루어 낼 수 있도록 당신이 희망입니다.'

녹번동시민 님 '정말 평범하게 아무 일 없이 살고 싶습니다. 역사의 시계는 정직하게 흘러갑니다. 그건 아무도 막을 수 없습니다. 권력이요? 그거 너무 허망히 끝난다는 것 잘 알지 않습니까. 역사의 흐름을 거꾸로 돌릴 순 없습니다. 하지만 두렵습니다. 후안무치의 정치인, 권력자, 정보기관 때문입니다. 박근혜 대통령님, 새누리당 국회의원님, 역사에 부끄럽지 않게 국민에게 심판받지 않으려면 테러방지법 그만두십시오. 민주주의를 살아 있게 해 주십시오.'

핑크테일 님 '한 나라에 법이 있고 그 법 위에 설 수 있는 존재가 있다면 그건 오직 국민의 자유와 인권뿐입니다. 정부가 법 위에 올라서서 국민의 자유와 인권을 침해하는 일은 있어서는 안 됩니다. 국민의 자유와 인권을 부수기 위해 법을 만들어서는 안 됩니다.'

박씨조선 님 '오랫동안 경제는 침체됐습니다. 정부는 무기력했습니다. 국민은 실의에 빠졌습니다. 안팎에서 공산주의자들은 준동했고 사회는 더할 나위 없이 혼란해 보였습니다. 국민은 강한 정부가 나타나 이 혼란을 모두 바로잡아 주기를 바랐습니다. 그때 진짜 강력한 정부가 나타났습니다. 그 정부는 많은 것을 약속했습니다. 경제를 살리겠다. 공산주의를 막겠다. 혼란이 없는 일치단결된 나라를 만들겠다. 과거의 영광스러운 조국을 되살리겠다. 아이들에게 오욕에 찌든 역사 대신 화려한 역사를 가르치겠다. 국민은 너나 할 것 없이 열광했습니다. 그리고

이 새로운 정부가 야당에 발목이 잡히지 않도록 하기 위해 많은 권한을 위임했습니다. 법을 만들 수 있는 권리, 합법적으로 비밀을 유지할 권리…… 그렇게 나치 독일은 합법적으로 탄생했습니다.'

아배고파 님 '우리 국민을 구조하고 진상을 파악해야 할 정부가 사건을 덮고, 일본군 위안부 피해 할머니들에게 한마디 상의도 없이 푼돈에 팔아 버린 정부. 국민을 보호하고 자유를 보장해야 할 정부가 국민을 감시하고 통제하는 나라. 우리 국민은 테러보다 비교도 되지 않는 많은 수의 가족을 정권에 의해 잃었습니다. 지켜야 하는 정부가 테러범보다 더 무서운 국민의 적이 되지 않기를 바랍니다.'

아무개 님 '자유민주주의 국가에서, 자유민주주의 국가의 국민으로서 국민의 자유를 빼앗고 억압하며 정부의 감시 아래에 두는 새장 같은 테러방지법 반대합니다.'

드레이크 님 '헬조선이라는, 생겨난 지 한참이 지났죠. 전 그런 말이 생겨난 이유는 젊은 세대가 희망과 꿈을 잃었기 때문이라고 봅니다. 기득권층이 시시각각 변해 가는 세상에서 아직도 시대착오적인 사고방식을 고수한 채 거의 독재와 다름없는 체제를 유지하고 듣고 싶은 말만 듣기 때문에 젊은 세대가 미래를 포기하고 염세주의에 빠져서 헬조선을 입에 달고 산다 생각합니다. 아마 실제로…… 이 말은 제가 차마 읽기가 마음이 아픕니다. 그러한 무력감은 결국 아무런 행동을 하지 못하게 하고 힘을 빼앗아 간 뒤 얼을 사라지게 합니다. 그러면 우리나라는 빅브라더가 지배하게 될 것입니다. 전 부디 우리나라의 국민들은 빅브라더를 사랑하지 않게 되었으면 합니다.'

시내 님 '누군가 그렇게 말하죠, 테러방지법이 통과되어도 밥은 먹고살겠지. 다시 한 번 말씀드리지만, 국민은 나라에서 밥만 먹고 사는 존재가 아닙니다. 모든 억압으로부터 자유로울 수 있어야 합니다.'

강한국민 님 '우리는 지난 대통령선거에서 국가의 안위에 막중한 책임감을 가지고 있는 국가정보원이 무슨 일을 했는지 잘 알고 있습니다. 무릇 법이 국민을 위해 올바로 작동하기 위해서는 세 가지가 보장되어야 한다고 생각합니다.

첫째, 민주적 가치를 담보할 수 있게 잘 만들어져야 합니다. 좋은 취지에도 불구하고 선의의 피해자가 있을 가능성은 없는지. 효율에 치중한 나머지 민주적 가치를 타파하고 파괴하고 있진 않은지. 천에 하나 만에 하나 있을 수 있는 작은 가능성에 대해서도 검토하고 보완하고 신중에 신중을 기해야 합니다. 그러기 위해서 우리 국회는 반대의 목소리를 경청하고 수용할 입장을 가져야 합니다. 하지만 우리는 어떻습니까? 적지 않은 사람들이 지금 테러방지법의 인권 침해적 요소와 권력에 의해 악용될 소지를 지적함에도 국가비상사태라는 명분으로 직권상정을 하고 있습니다. 그것이 민주주의의 수호자인 국회가 할 일인지 성찰해야 한다고 생각합니다.

둘째, 그 법을 집행하는 사람들이 정의로워야 합니다.

아무리 좋은 법이라도 그것을 집행하는 사람들이 정의롭지 못하다면 그것은 국민을 겨누는 칼이 될 수도 있습니다. 하지만 국정원이 어떠한 곳입니까? 굳이 유신이나 5·6공까지 거슬러 올라가지 않더라도 대선에서 국정원은 본연의 임무를 저버리고 댓글부대를 국민의 혈세로 운영한 곳입니다. 지금 국회는 그러한 정의롭지 못한 집단에 막강한 권력을 쥐어 주는 이른바 테러방지법을 통과시키려 하고 있습니다. 무이이야(無以異也), 다를 것이 무엇이냐는 뜻입니다. 사람을 죽이는 칼이나 사람을 죽이는 정치나 다를 것이 무엇이냐는 뜻입니다. 그릇된 정치는 사람을 죽이는 칼이 됩니다. 만일 지금 우리가 이 법을 통과시킨다면 국정원이 키보드 대신 칼을 들고 국민을 향해 겨누지 않을 것이라는 것을 누가 장담하겠습니까?

올바른 입법을 위한 세 번째 요건은 견제와 균형입니다. 우리는 모든 제도와 법률이 어떤 조건에서 권력에 의해 악용될 수 있다는 것을 역사를 통해 잘 알고 있습니다. 만약 우리가 테러를 막기 위해 어느 정도 정의로운 집단에 권한을 위임해야 한다면 그만큼의 견제권한도 누군가에게 주어서 균형을 주어야 합니다. 저는 지금의 테러방지 법안이 충분히 그 부분을 고려하고 있다고 생각하지 않습니다.

우리는 히틀러를 통해서 역사적 교훈을 얻었습니다. 히틀러는 합법적 선거를 통해서 권력을 얻었고 국민의 전폭적 지지로 막강한 권력을 얻었습니다. 하지만 1인에게 권력을 집중시켜 준 독일 국민의 선택은 수많은 유태인을 학살하고 세계전쟁을 일으키는 비극으로 귀결되었습니다. 테러를 방지하기 위한 입법에는 적극 임하겠지만 이러한 세 가지를 철저히 견지해 주자는 것이 저의 주장입니다.'

국민의나라인가 님 '대한민국은 자유민주공화국임을 간과하고 자신의 아버지의 전철을 밟으려 한다는 생각을 지울 수가 없는 처사입니다. 모호한 테러 의심분자의 기준, 모든 국민의 사생활을 감시 그리고 이 권력을 국정원에 집중, 그런 모든 국민의 생활에 대한 정보를 얻게 되는 국정원의 국장을 대통령이 임명하는 형태는 국정원을 통한 독재인 것입니다. 이것은 유신체제의 부활이라고밖에 생각할 수가 없네요. 대한민국의 국민은 사소한 일 하나하나 감청당하고 감시당하며 누군가에 의해 제재당하고 결국에는 입을 다물어야 하는 그런 무력한 사람이 될 수 없습니다. 적어도 민주사회에서는 말이지요.'

창피한나라 님 '국무총리가 자신의 업무 내용을 모르는 창피한 나라, 대통령은 보여지는 것에 힘을 쏟는 창피한 나라, 국회의원은 자신의 밥그릇에 힘 쏟는 창피한 나라, 국민은 이슈 만들기와 당선만을 위하여 존재하는 건지, 해외에서 바라보는 창피함은 이루 말할 수 없습니다. 국민을 지키지 못하는 나라는 나라가 아닙니다. 힘내 주십시오.'

국정원환골탈태 님 '테러방지법 반대, 국정원의 손에 국민의 기본권을 침해할 수 있는 권한을 쥐어 줄 수 없습니다. 박정희에게 중정이 있어 독재가 가능했듯이 박근혜 정권이 국정원의 권력을 강화하려는 것은 독재를 위한 것이기 때문입니다.

필리버스터 응원합니다. 궁금합니다, 당신들이 민주주의의 뜻은 제대로 알고 있는 것인지, 이미 국민을 대표해 그 자리를 차지하고 있는 사람이 뭐가 그리 무서운 것인지. 진정 이 나라를 위한다면 포기해 주세요, 생각하고 추진하는 모든 불합리한 것들을, 그 자리를. 힘이 듭니다. 매번 소식이 들릴 때마다 눈시울이 붉어집니다. 가슴이 아픕니다, 당신의 뜻을 저지하기 위해, 살기 위해 노력하는 모든 이를 보면. 그러나 당신들은 이 잔인한 상황이 보이지 않나 봅니다. 시간이 지날수록 더 잔인하게, 더 괴롭게 목을 죄어 올 뿐입니다. 부탁드립니다. 당신들이 생각하는 정의와 자리, 우리가 쥐어 준 권력 아닌 권력은 포기해 주십시오.'

익명 님 '저희 집은 현대사 그 자체의 피해자였습니다. 빨갱이로 몰려 아버지가 돌아가셨고 아버지는 아버지 없이 자라야 했습니다. 한 가정에 비가 들이친 겁니다, 막을 우산도 없이. 저희 가족은 그런 일이 다시 일어나지 않기를 바랍니다. 3대를 내려오는 내내 두려움에 떨고 또 떨어야 했습니다. 지금도 이렇게 말씀드리면서 두렵습니다. 제가 죽을까 봐, 제 부모님과 형제, 친척, 친구들이 아픈 일을 겪을까 봐. 그런 일이 일어나서는 안 됩니다. 절대 일어나서는 안 됩니다. 이 법은 나치와 다를 게 뭡니까? 그렇게 되면 북한과 다를 게 뭡니까? 민주주의란 국민 개개인이 존중받을 수 있는 제도가 아닙니까? 이웃을 불신하고 친구를 불신하고 살아가는 건 20세기에 어울리지 않는 일입니다. 대체 얼마나 많은 사람들이 두려움을 대를 이어 물려주고 싶겠습니까. 적어도 저는 겪고 싶지 않습니다.'

소영 님 '지금 이 세상에 자행되고 있는 범죄들이 아주 많습니다, 살인, 사기, 성폭력, 납치. 만일 모든 사람의 일거수일투족을 감시할 수 있는 제도가 생겨난다면 그 범죄를 모두 막을 수 있겠지요. 그렇지만 그러지 않는 이유가 무엇인가요? 그러한 방식보다 더 중요하게 지켜져야 하는 가치가 있기 때문입니다. 더구나 모든 사람을 등록하여 관리하겠다고 주장해도 그 등록 방식을 회피하여 범죄를 저지르는 사람은 막을 수 없는, 참 대단해 보이기 때문에 대단하게 허점이 있는 법안이지요. 벼룩 잡기 위해 초가삼간 다 태우는 꼴인 테러방지법에 반대합니다.'

녹원 님 '여당은 왜 국민을 설득하지 않는가? 대통령이 나와서 통과시키라고 말하면 설득이 끝인가? 이름으로 프레이밍(framing)하지 말고 정정당당하게 내용으로 설득을 하십시오. 정치적 판단 능력이 떨어지는 국민만 현혹하면 새누리당 뜻대로 돌아갈 줄 아십니까?'

저는살고싶습니다 님 '저는 제가, 그 주변의 사람들이, 저와 관계된 모든 사람들이 자유롭게 말할 수 있는 나날을 살고 싶습니다. 투쟁하지 않아도, 투쟁할 필요도 없이 애초부터 그런 권리가 있는 삶을 살고 싶습니다. 저는 살고 싶습니다. 대한민국에서 살고 싶습니다. 더 나은 대한민국에서 살고 싶습니다. 저는 대한민국의 국민입니다.'

citrus 님 '사람이나 조직의 본의 혹은 본질을 파악할 때 그들이 내세우는 말보다 좋은 기준이 있다면 그들의 실제 행동일 겁니다. 국정원은 멀리 역사를 파헤칠 것도 없이 불과 몇 년 전 불법 대선 개입이라는 민주주의 및 헌정 파괴 행위를 저지른 조직입니다. 뿐만 아니라 이에 따른 어떠한 실질적인 처벌도 변화도 개혁도 없었습니다. 이러한 조직에 본질과는 동떨어진 이름을 붙여 놓은 법을 통해 얼마든지 남용할 수 있는 권한을 감독 없이 부여하자면서 국정원이 이 법에 따른 권한을 악용할지는 아직 알 수 없는 것 아니냐 주장하시는 분들이 있습니다. 개인적으로 이분들이 정말 몰라서 그런 건지 안타깝습니다. 더욱이 시위 참가자를 테러 용의자로 지칭하는 대통령의 직속기관이 이른바 테러방지법에서 말하는 테러위험인물을 실제 테러범들로 한정하여 해석하리라 보는 것은 지나치게 순진한 발상이 아닐까요?'

바람처럼 님은 '어떻게 거꾸로 가는 역사를 미래 세대에게 물려줄 수 있는가. 이럴 수는 없는 일이다. 어떻게 쟁취한 민주와 자유를……'라고 얘기했습니다.

이아무개 님 '현 정부의 위안부 협의가 끝나고 억울하고 분한 마음으로 수요 집회에 참가했습니다. 집회의 자유가 헌법으로 보장되어 있는데도 집회나 시위를 가 본 적이 없고 주변에도 그런 사람이 없어 무작정 일본대사관 앞에 가 차가운 아스팔트에 앉아 같이 일본대사관을 향해 제 목소리를 내 봤습니다. 물론 변한 것은 없고 제 몫으로 무언가 떨어지는 것이 없는데도 대한민국 국민으로서 내가 이렇다, 그러니 그러지 마라, 그런 목소리를 내는 것은 조금이라도 사회가 변하길 바라는 마음을 가지고 한 행동입니다. 이런 행동들을 테러방지법이니 뭐니 해서 대한민국의 의무를 다하는 국민들의 권리마저 침해하려 하는지 걱정입니다.'라고 얘기했습니다. '군대도 갔다 왔고 예비역훈련도 빠짐없이 받은 순수한 대한민국 사람인데 테러방지법이 없는 세상에서 큰 용기 내어 집회에 참가했는데 또 큰 용기 내어 집회에 참가할 수 있게끔 해 달라.'고 말씀하셨습니다.

대한의고삼 님 '안녕하세요. 저는 대한민국의 고3, 흔히들 말하는 뜬 비행기도 착륙시키고 북한군도 무서워한다는 중2 때려잡는 그 고3입니다. 저는 내년에 성인이 되고 내년은 대선이 있는 해입니다. 제 생일이 대선 전에 있고 그로써 저는 성인이 되자마자 우리나라의 대통령 원수를 뽑는 기회와 책임을 얻게 되는 것이지요. 사실은 국민으로서 얻게 될 이 의무와 권리가 한없이 두렵기만 합니다. 학생들 사이에 운운되던 말이 있습니다. 나라가 이 모양 이 꼴인 이유가 다 저기 국회에 있다, 성인이 되면 나라를 떠야 한다느니 이 나라 교육제도는 답이 없다느니, 학생이라는 신분에서의 비판과 비난을 운운해 왔지만 진정한 국민으로서 서게 될 1년 후의 저는 제 자신이 살아 갈 나라를 제 손으로 직접 결정하게 될 것이기에 이 시점에서 이러한 일들은 더 심각하게 와 닿을 수밖에 없는 것 같습니다.

저는 평범한 학생이고 많은 SNS에서 활동을 합니다. 친구들과 카톡을 하며 연락을 주고받고 페이스북으로 소통하며 트위터로 좋아하는 연예인의 사진과 기사를 보고

인스타그램을 통해 소소한 일상을 공유합니다. 하지만 이런 제 SNS들이 특별한 용도로 사용되어질 때가 있지요. 재작년에 있었던 세월호 참사 때 그랬습니다.

이제 묻겠습니다. 저는 테러범입니까? 저는 나라를 향해 분개하며 욕을 내뱉은 전적이 있습니다. 국정화 교과서 반대시위에 참여하고자 하는 의지를 SNS를 통해 밝힌 적이 있습니다. 그 외에 수많은 활동 전적이 있습니다. 부모님을 통해 가지게 된 나름의 정치관이 있으며 학교 교과목을 배우고 알게 된 정치 지식도 존재합니다.

그래서 저는 1년 후 성인이 됩니다. 제 손으로 우리나라의 원수를 뽑게 됩니다. 제가 신뢰할 수 있는 정치인이 되어 주세요.'라고 했습니다.

. 님 '국민의 권리가 보장되어야 좋은 나라가 될 수 있습니다. 대통령? 국민이 이 나라의 톱니바퀴를 돌리는 것이지요. 당신은 옆에서 구경만 하고 보완해야 하는 톱니바퀴에다가 이물질을 끼워 넣는 존재가 대통령이 되어서는 안 됩니다.'

nickyo 님 '권력기구와 개인은 사회를 구성하는 차원에서 실력적 차이가 생깁니다. 그것은 현재 국가기구가 갖는 어쩔 수 없는 한계입니다. 그런 면에서 생각해 봤을 때 개인과 사회의 균형이 무너지지 않게 하는 것이 민주주의의 가장 큰 의의라고 볼 수 있습니다. 테러방지법은 권력기구가 개인의 기본권을 자의적으로 침해할 수 있는 위험이 크며 특히 대한민국은 과거사에 있어서 이 부분이 21세기까지도 지속적으로 경찰, 국정원, 검찰을 위해 개인을 탄압하는 게 일상화된 사회입니다. 여기에 더 큰 무기를 쥐어 준다면 개인과 권력기구는 더욱 기울어진 상황이 될 것입니다. 이 법을 동의할 수 없습니다.'

산 님 '역사교과서 국정화 때도 그렇고 정부는 왜 국민의 소리에 귀를 기울이지 않나요? 하다못해 저희 반 회장이나 선생님께서도 학급회의 시간에는 저희 반 모두에 귀를 기울여 줍니다. 여러분은 국민의 대표이시잖아요. 여러분이 계신 그 자리는 권력이나 우두머리 같은 게 아니라 국민의 대표라는 자리입니다. 국민의 말에 귀 기울여 주세요.'

국민한사람 님 '대테러방지기구의 의장이 누구인지도 모르는, 이미 있는 테러방지 관련 법도 썩히면서 또 새로운 테러방지법을 만든다는 건 할 일이 없어서, 심심해서 하는 겁니까? 온갖 법을 만들 생각 말고 기존 법을 제대로 써먹어서 진짜 국민을 위한 정치를 해 주시기를 바랍니다.'

서해안꽃게잡이 님 '대한민국은 민주공화국입니다. 이 말 한마디에 모든 가치가 들어 있다고 생각합니다. 국민의 자유는 어느 누구든 침해할 수 없다고 생각합니다. 자유로운 인간이 곧 존엄할 수 있다고 생각합니다.'

조성일 님 '한병철의 심리정치로 얘기를 합니다. 규율 권력은 비효율적이다. 사람들을 명령과 금지의 코르셋 속에 폭력적으로 욱여넣기 위해 막대한 힘을 소모하기 때문이다라고 했습니다. 언제까지 규율 권력으로 국민을 기만하려 드는가. 언제까지 폭력의 정치로 국민을 억압하려 하는가. 테러방지법을 통해 합법적 폭력을 행사하려는

박근혜정부는 반성을 요구합니다.'

연수 님 '지나가던 아이도 안다. 남이 자신을 향해 하는 말이 아닌 것을 엿듣는 것이 옳지 못한 행동인 것을. 이 법을 통해서 국민을 억압하려는 행동을 하려 하니 국민으로서 국회의원들의 잘못을 짚고 넘어가야겠습니다. 국민을 위한 법안이 아닙니다.'

바다꼬마 님 '여당의 어느 분이 테러방지법을 자동차 에어백에 비유하신 기사를 봤습니다. 그러나 이건 에어백이 아니라 자동차 블랙박스 정보를 경찰에 전송하도록 하는 시스템에 더 가깝겠지요. 그리고서는 불법운전만 안 하면 되는데 왜 반대하냐고 하시면, 전 제 일거수일투족을 제가 모르는 사이 누군가 볼 수 있다는 사실 자체가 소름이 끼친다고 대답해 드리겠습니다.'라고 얘기하셨습니다.

아버지그러지마세요 님 '아버지, 아버지께서 혼신을 다해 만든 이 사회를 저는 부정하지 않습니다. 산업역군, 민주화역군이라는 이름을 가진 아버지들의 노력이 오늘의 저와 우리 사회를 만들었음을 긍정합니다. 그래서 수많은 아버지, 선배들의 피와 땀으로 만들어진 우리 사회가 잘못된 방향으로 가는 것을 좌시하기 어렵습니다. 그 누구도 테러로 우리 사회가 위기와 고통, 슬픔에 빠지는 것을 원치 않습니다. 테러를 반대합니다. 하지만 동시에 표현의 자유나 기본권을 침해하는 테러방지법도 반대합니다. 국정원의 판단과 승인만 있다면 그 어떤 국민, 그 어떤 개인도 감찰의 대상이 될 수 있다는 것이 어떤 상상력에서 나온 것인지 도무지 받아들일 수 없습니다. 모든 사람들이 잠재적 테러리스트이자 테러의 동조자로 보는 입안을 받아들일 수 없습니다.

아버지, 저희가 앞으로 살아갈 우리 사회를, 저희가 더욱 행복하게 건설해 나가야 할 우리 사회를 평화롭고 자유로운 나라로 만들어 주세요. 테러방지법이 아닌 테러를 방지하는 것이 우리가 해야 할 것이라면 우리 사회의 많은 사람들의 목소리를 모아 주세요.'

임인자 님 '형제복지원 인권유린 사건은 박정희가 만든 내무부훈령 제410호에 의거 부랑인이라는 명목으로 사람들을 마구잡이로 잡아들여 감금했던 국가폭력 사건이다. 부랑인이 누구인지 기준도 없이 임의적인 집행, 그리고 설령 부랑인이라고 할지라도 국가가 잡아들여 인권유린한 것의 죗값도 아직 치르지 않았고 87년 사건이 발생하자 유야무야 훈령이 없어졌다. 그리고 대법원까지 감금은 죄로 인정하지도 않았다. 그 결과가 무엇인가? 사람을 짐승으로 만들어 아직도 정신병원에 트라우마의 고통 속에 지옥과 다름없는 삶을 살아가고 있다. 대테러방지법은 국민을 잠재적 테러리스트로 간주하고 집회·결사의 자유는 물론 영장 없는 감금, 영장 없는 감청, 영장 없는 금융정보 감찰이라는 독소조항을 지니고 있다. 국가의 영장 없는 감시와 감찰과 통제에 반대한다.'

Textholic 님 '우리가 태어난 나라를 자랑스럽게 생각하고 있습니다. 더 이상 이 나라를 떠나고 싶지 않게 느낄 수 있는 좋은 나라가 되었으면 합니다.'

choi 님 '지금까지 자국민의 안전을 크게 위협해 왔던 것은 정부의 졸속 전시행정과 태만 때문이었습니다. 정부의 부실행정으로 인해 일어난 참상인 세월호 사건을 기억하고 반성하는 정부라면 테러라는 미명 아래 국민의 자유를 침해하는 것에 이렇게 열을 올리지 않을 것입니다.'

홍길동 님 '건강한 민주주의는 하고 싶은 소리를 할 수 있어야 합니다. 정부는, 국회는 국민을 위해 존재합니다. 그런데 테러방지법은 소리를, 쓴소리를 안 듣겠다는 것입니다. 의원님들, 당신의 자리에 연연하느라 국민은 물론 당신의 후손들을 생각 안 하십니까?'

힘내세요 님 '우리나라 헌법 제1조1항은 대한민국은 민주공화국이며, 제2항에서는 대한민국의 주권이 국민에게 있음을 규정하고 있습니다. 국민주권은 국가의 의사결정이 종국적으로 국민에 의해서 이루어짐을 의미합니다. 헌법을 제정하는 힘은 국민만이 갖고 있고 공동체의 의사결정은 항상 국민에게 근거를 두어야 합니다. 어떠한 힘도 국민의 주권 위에 있어서는 안 됩니다. 테러방지법으로 우리 국민의 주권을 위협하는 법은 행해질 수 없습니다.'

함께합니다! 님 '자신의 일상생활을 감시당하고 싶어 하는 사람은 없습니다. 우리나라같이 IT 사용자가 많은 나라에서 저런 법을 시행한다고 하는 것, 모든 국민을 손안에서 감시하겠단 말과 다름없습니다. 국민이 있고 국가가 있는 것인데 국가가 국민을 누르려고 하는 이 작금의 사태를 막아야 합니다. 표현의 자유가 있는 민주주의 국가에서 테러범으로 몰릴 것이 두려워 자신의 목소리를 내지 못하게 된다면 대한민국이 민주주의 국가라 할 수 있는지요? 북한에 대한 만화나 영화를 보면 자신이 하고 싶은 이야기를 하면 잡혀가 모진 고초를 치르는 민초들의 모습이 보였습니다. 그것과 다름이 무엇입니까?'

Gemma 님 '지금은 평범한 국민을 투사로 만드는 나라에서 살고 있습니다. 제발 상식이 통하는 사회에서 살고 싶습니다. 우리는 민주주의 국가에서 보장된 권리와 해야 할 의무를 가진 국민입니다. 후손에게 어떤 나라를 물려줄 건가요? 오늘의 이 일 역시 역사는 남을 것입니다.'

국민이뒷배 님 '그동안 우리는 제목에 너무 쉽게 속아 넘어 왔습니다. 대테러방지법이라는 제목은 마치 테러를 방지하기 위한 법인 것 같은 제목을 달고 세상에 소개되었지만 실은 국정원 권력 강화법이라고 솔직하고 정직한 제목을 달아야 할 것입니다. 지금도 공포정치를 하는 가운데 어디까지 더 힘을 밀어붙이려고 대테러방지법을 직권상정까지 하려는 것입니까?'

동네아줌마 님 '인권 존중은 가장 중요한 국가의 의무입니다. 세계의 다양한 민족과 다양한 나라가 모두 공감할 수 있는, 인류가 가장 공감하는 문제이며 인류가 지켜 나가야 하는 가장 소중한 가치입니다. 그래서 유엔이 세계인권선언을 채택한 것입니다. 모든 법은 이 인권을 지키기 위해 만들어진 것이기도 합니다. 그런데 테러방지법은 그러한 인권을 침해하겠다는 반인권법입니다. 국가가 국민의 인권을 존중해야 하는 자신의 임무를 버리고

인권을 침해하겠다는 것입니다.'

한국에살고싶습니다 님 '테러를 방지하기 위해서는 테러의 근본적인 원인부터 해결해야 한다고 하셨지요. 맞는 말이라고 생각합니다. 현재 문제되는 실업률과 빈곤, 소득 격차의 문제를 우선적으로 해결한 뒤에 테러를 말하셨으면 합니다. 막말로 한국에서 살기 힘든 사람들에게 나라가 망한답니다라고 해도 누가 신경을 쓸까요? 먹고살기 힘든데. 아파서 병들어 가는 사람에게 나라가 테러를 당한답니다라고 말해도 그들은 제 몸이 아파서 우선이지 나라 걱정하기가 어렵습니다. 국가의 안위를 운운하실 것이라면 우선 안위 걱정을 할 환경을 만들어 주십시오. 그리고 국민에게 허가를 받으세요.'라고 했습니다.

'의원님 감사합니다. 오늘 아침에서야 필리버스터가 뭐고, 무슨 일이 일어나고 있는지 귀 기울이게 되었습니다. 테러방지법은 대체 누구를 위한 거고, 누가 테러집단으로 간주될 것인지 의문입니다. 대통령이 말했듯이 복면을 쓴 시민들은 테러범이 될 것입니다. 테러방지법이 아니고 시민 집단행동 방지법, 감청 및 사생활 침해법이 아닌가 싶습니다. 저는 자유 및 민주주의가 지켜지지 못할까 봐 겁이 납니다. 국민들의 자유와 민주주의를 지켜 주십시오.'

오문석 님 '신재성 님의 의견 얘기하겠습니다. 대한민국의 헌법을 죽 열거해 주셨습니다. 관련해서 헌법은 이따가 함께 음미하는 자리를 갖도록 하겠습니다.'

박승두 님 '우리나라에는 이미 많은 테러방지를 위한 조직들과 법률들이 마련되어 있습니다. 통합방위법 그리고 행정고시 사항으로 테러방지에 대한 정부조직인 대통령 직속 NSC 직할기구 국가테러대책회의가 그것입니다.'

국가테러대책회의에는 법무부, 국정원, 경찰청 등의 11개 부처가 있고 그 수장은 국무총리로 되어 있습니다. 또한 각종 형법에는 테러를 저지를 것으로 의심되는 이에게 국정원이 영장을 발부받아 첩보활동을 할 수 있다고 규정되어 있습니다.

정부와 여당은 현재의 이러한 상황으로는 부족하다고 합니다. 전 세계가 IS 등 국제 테러조직의 위협에 놓여 있으며, 우리 또한 예외가 될 수 없는 일촉즉발의 상황이라는 것입니다. 따라서 통일된 컨트롤타워가 필요하며 그 주체가 국정원이 되어야 한다고 정부 여당은 주장합니다.

그러나 전문가들의 의견은 달랐습니다. 특히 테러법 제정 기도의 계기가 된 IS의 테러활동이 한국에 올 가능성은 낮은 것으로 예측되었습니다.

다음은 우리나라의 대표적인 아랍 연구가이며 경찰청 테러본부의 고문이기도 한 한양대학교 이희수 교수가 YTN 최영일 뉴스 정면승부에 나와 지난 19일 날 한 말의 일부입니다.

'우리가 서방과 보조를 같이하기 때문에 동맹국에 들어가 있지만 IS에게 우리는 우선순위는 아닌 것은 분명합니다. 우리가 이슬람 세계와 역사적인 트라우마나 갈등이 없기 때문에 우리도 영장도 없이 대테러를 명목으로 한 도·감청

행위를. 그것도 국정원에게 허용해야 할 중대한 위험을 우리는 사실상 찾을 수 없는 것입니다.'

그리고 이희수 교수는 덧붙였습니다.

'우리 사회에서 IS 문제를 지나치게 이슈화한다든지 불필요한 이슬람포비아가 확산된다면 우선순위가 올라갈 수 있겠지요. 그런 면에서 IS에 대해서 자극할 만한 행동을 하지 않는 것이 오히려 국민안전을 지키는 하나의 전략일 수 있겠다 이런 생각을 합니다.'

이희수 교수의 이런 말씀은 대통령의 국무회의 발언이 얼마나 위험했는지 또 대통령의 외교적 식견과 언어가 무책임한 것인지를 깨닫게 합니다.

2015년 12월 8일 국무회의 모두발언에서 대통령은 '우리나라가 테러를 방지하기 위해서 이런 기본적인 법체계조차 갖추지 못하고 있다. 전 세계가 안다. IS도 알아 버렸다. 이런데도 천하태평으로 법을 통과시키지 않고 있을 수 있겠나'라고 얘기를 하셨습니다.

그런데 만약에 정말 기본적인 법체계조차 갖추고 있지 못하다면 대단히 심각한 문제입니다. 책임을 묻지 않을 수 없는 일입니다. 그러나 우리나라는 테러에 관한 한 선진국 수준의 체계를 구축하고 있습니다.

김광진 의원이 이미 대정부질문에서 지적했듯 33년 전인 1982년 국가대테러활동지침이 제정되었고, 그에 따라 우리나라의 대테러 정책 최고결정기구로서 국가테러대책회의가 만들어졌습니다.

국무총리, 외교부장관, 국방부장관, 국정원장, 국가안보실장 등 국가안보를 담당하는 최고 수뇌부들이 여기에 모여서 대테러 정책을 논의하고 각 사건별 테러대책본부를 지휘하고 군과 경찰이 항시 운용하고 있는 대테러 특공대의 출동명령을 내리도록 하고 있습니다.

또한 국가테러대책회의는 그 밑에 실무를 논의하는 테러대책상임위원회와 테러정보를 통합관리 하는 컨트롤타워인 테러정보종합센터를 거느리고 있습니다. 365일 24시간 물샐틈없는 테러 대비체제를 갖추고 있습니다.

그런 맥락에서 볼 때 앞서의 대통령의 국무회의 발언은 우리나라의 안보체계를 사실과 다르게 일언지하로 비하한 것입니다. 오히려 IS를 적으로 불러들일 수 있는 안보를 책임지는 최고 통수권자로서 참으로 무책임한 말이라고 할 수밖에 없습니다.

저는 이러한 무책임하고 돌발적인 태도와 국정에 대한 무지가 테러방지법을 비롯한 각종 입법에 대한 강짜의 원인이 되었다고 생각합니다. 그러한 무지는 황교안 국무총리에게서도 드러났습니다.

김광진 의원은 총리를 상대로 대정부질문을 하면서 테러방지법이 굳이 필요하지 않은 이유에 대해 설명했습니다. 그러면서 국가테러대책회의의 의장이 누구인가 황교안 총리에게 물었지요. 황교안 총리는 제대로 답하지 못했습니다. 의장이 국무총리 바로 자신이었는데 말입니다.

이렇게 볼 때 진실로 우리나라 안보를 지키고 테러를 막아 내는 데 해가 되고 있는 것은 무엇입니까? 정말 법이 없을까요, 제도가 없을까요, 국정원에게 무소불위의 권력을 주지 않는다면 도저히 방법이 없을까요?

진실로 우리의 안보에 위협이 되고 있는 것은 자신의 책무에 무책임하고 무지한 정부 여당의 권력자들입니다. 테러방지법을 목 놓아 부르짖으며 반대세력을 종북 또는 선동세력으로 몰아가는 정부 여당은 부끄러워해야 합니다.

동양의 고전 중용에서 공자는 정치를 묻는 애공이 정치를 묻자 이렇게 말했습니다. '정치는 그 사람이 있다면 잘 될 것이요, 그 사람이 없다면 잘 되지 못 할 것입니다.' 제도를 운용하는 위정자에게 덕이 있어야 한다는 사실을 지적한 말입니다. 이 대목을 보며 박근혜 정권을 구성하고 있는 이들에 대해 떠올리고 한숨을 쉬지 않을 수 없었습니다.

33년 전에 만든 제도조차 활용하지 못하고 까맣게 잊고 있는, 그러면서 부끄러운 줄 모르고 지난날의 서슬 퍼렇던 국가 폭력의 오명을 여전히 다 씻어 내지 못한 국정원에게 무소불위의 권력을 주자고 부르짖는 대통령과 국무총리를 비롯한 행정부와 여당에 대해 탄식을 금할 수가 없는 것입니다.

대통령과 국무총리를 비롯한 여당 관계자들에게 묻습니다. '북한의 군사실험과 개성공단 사태 등으로 드러난 외교 무지와 안보 무지를 테러방지법 강행으로 드디어 완전하게 인정하시려는 겁니까? 나아가 국민의 기본권을 침해하려는 것입니까?'라고 묻습니다.'

한 아이의 엄마로서 테러방지법을 반대하는 이유를 하나 더 소개를 드리겠습니다. 고양에서 정지영 님인데요.

'우리 역사상 어느 정권도 정권의 유지와 지속을 위해 규제와 감시를 말한 적은 없습니다. 항상 그들은 안보를 이유로 댔지요. 우리나라의 분단 현실을 모르는 국민은 아무도 없을 것이지만 양치기 소년의 거짓말에 적응하듯 안보를 부르짖는 정권일수록 국민의 안전과 생명을 제대로 지켜 주지 못했다는 것을 우리는 체득하였습니다. 북핵의 위험성으로 겁을 주고, IS의 테러를 상기시키며 엄포를 하지만 마스크를 쓰고 집회에 나온 국민을 복면 쓴 테러집단과 비유하는 위정자의 인식을 확인하였는데 어찌 그 법이 적절한 대상자에게 제대로 작동할 거라 믿을 수 있겠습니까? 시대의 흐름을 잘못 읽으시는 듯한데 요즈음은 내 배 아파 낳은 내 아이의 수첩도, 핸드폰도 의심만으로 뒤져 볼 수 없는, 그러면 안 된다는 것쯤은 아는 시대입니다. 테러의 위협으로부터 자국민을 그렇게 간절히 보호하고 싶으시다면 있는 법을 제대로 작동시켜서 진실한 마음으로 실천해 보세요. 그럼 한결 우리나라에 대한 애국심이 고취될 겁니다. 정상적인 혼으로 올바른 마음으로 정치를 해 주십시오. 하나뿐인 내 아들 군대 보내면서도 불안에 떨며 눈물 흘리지 않을 수 있도록 말입니다.'라고 했고요.

그다음에는 관악 봉천동에 살고 있는 최상혁 님이 외국의 반응들을 소개를 해 주었습니다. 여기까지 소개를 좀 해 드리고자 합니다.

'박근혜 대통령이 상당히 많은 나라들이 테러방지법이 있다고 사실을 왜곡하면서 법안 통과를 압박하고 있는데 정말 해외에서 사는 사람들이 그렇게 생각하고 있는지 테러방지법과 관련한 해외 반응을 소개하고자 합니다. 미국 사람들은 9·11 테러 이후 입법되었던 테러방지법인 일명 애국법에 대해 어떻게 생각하는지, 또 테러방지법을 제정하려는 대한민국 정부와 필리버스터를 통해 이를 막으려고 하는 야당에 대해서는 어떻게 생각하는지에 대한 미국 최대의 인터넷 커뮤니티인 레딧닷컴에서 관련 토론 내용을 가져왔습니다.'

Found_Croatan 님의 발언입니다. '사람들이 9·11 테러 이후 상당히 많은 나라들에서 자동반사적으로 입법되었던 이러한 테러방지법이 남용되어지는 것을 보고도 왜 이 법을 통과시키려는지 이해하기 어렵다, 이 법은 항상 안보에 대한 환상을 빌미로 많은 자유에 대한 희생을 가져왔는데 말이다.'

그다음에 echo7117 님의 발언입니다. '그들은 단순히 법안을 통과시키려고만 하는 것이 아닌 것 같다, 모든 수단을 동원해 법안을 강제하려는 것 같다, 나는 이 필리버스터가 끝나고 난 다음 어떤 단계가 올지 두렵다.'라고 했습니다.

그다음에 babarasaracara 님의 발언입니다. '만약 이 법안이 통과에 성공한다면 한국은 정부가 시민들에 대한 검열 및 통제권을 가지게 되는 독재국가가 될 것이다, 테러방지라는 명목은 단지 구실일 뿐이다, 그들은 이미 충분한 위원회와 법과 테러를 다룰 수 있는 기구가 있다, 하지만 정부와 여당은 말 같지 않은 소리만 하고 있다, 또 다른 빅브라더 세계가 오고 있다.'라고 얘기를 했습니다.

AT7bie3piuriu 님의 발언입니다. '한국이 이렇게 미국을 따라하려는 것이 참 놀랍다, 이러한 비상식적인 결점을 가지고 있는 모든 법까지 따라하려는 것을 보면 이처럼 미국인들도 이렇게 테러를 방지한다는 명목하에 개인의 정보를 무차별적으로 수집하려는 것에 대한 큰 반감을 갖고 있으며 부시 정부 시절 9·11 테러 이후 발의되었던 애국법이 심각한 문제가, 얘기가 있다고 말하고 있습니다. 또한 한국의 현 상황에 대해서도 상당히 우려하고 있습니다.'라고 했습니다.

이것은 우리 박원석 의원께서 소개를 한번 하셨는데요. 다시 한 번 오늘 또 소개를 다시 드리겠습니다.

'미국에서 FBI가 애플사에 샌 버나디노 사건 테러리스트의 아이폰 암호 잠금을 풀 수 있도록 요청했을 때 애플에서 이를 거부하며 CEO인 팀 쿡이 밝힌 그런 내용입니다. 애플코리아도 우리는 국가 안보를 위해 개인의 사생활이 희생되어서는 안 된다고 믿습니다.'라고 최근에 밝혔습니다.

다음은 애플사 팀 쿡 대표가 고객에게 보낸 서신의 번역을 함께 공유하겠습니다.

"미국 정부는 우리의 고객을 위협하는 전례 없는 조치를 취할 것을 애플에 요구했습니다. 우리는 법적 문제 그 이상의 의미가 담겨 있는 이런 명령을 거부합니다.

지금은 이 문제에 대한 공공의 논의가 필요한 시점이며, 우리는 지금 위험에 처한 문제가 무엇인지 우리 고객과 국민들에게 알리고자 합니다.

아이폰을 비롯한 스마트폰은 우리 삶에 필수적인 부분이 되었습니다. 사람들은 스마트폰에 엄청난 양의 개인정보를 저장합니다. 사적인 대화부터 사진, 음악, 노트, 일정, 연락처, 금융정보, 헬스 데이터, 심지어 우리가 어디에 있었고 우리가 어디로 가는지에 대한 정보까지 말입니다.

그 모든 정보들은 여기에 접근해 훔치고 우리의 인지나 허가 없이 사용하려는 해커나 범죄자들로부터 보호되어야 합니다.

이용자들은 애플과 다른 기업들이 모든 노력을 다해 자신들의 개인정보를 보호해 주기를 기대하고 있으며 애플에 있는 모든 사람들은 여러분들의 데이터를 안전하게 보호하는 것을 최우선 목표로 삼고 있습니다.

개인정보 보안에 대한 타협은 결국 우리 개인의 안전을 위협하게 됩니다. 암호화가 우리 모두에게 중요한 것은 바로 그 이유 때문입니다.

오랫동안 우리는 암호화를 통해 이용자들의 개인정보를 보호해 왔습니다. 개인정보를 보호하는 유일한 방법이 바로 그것이라고 믿기 때문입니다. 심지어 우리는 그 정보를 우리 애플도 접근할 수 없도록 만들었습니다. 당신 아이폰에 담긴 정보는 우리의 관심사가 아니기 때문입니다.

우리는 지난 12월 샌 버나디노에서 발생한 끔찍한 테러 행위에 충격과 분노를 느꼈습니다. 우리는 희생자들을 애도하며 그들을 위한 정의가 실현되기를 바랍니다.

FBI는 사건 발생 이후 우리에게 도움을 요청했고 우리는 그 끔찍한 사건을 해결하려는 정부의 노력을 돕기 위해 애썼습니다. 우리는 테러리스트에 대한 어떤 연민도 가지고 있지 않습니다.

우리가 보유하고 있는 정보를 FBI가 요청했을 때 우리는 그것을 제공했습니다. 애플은 유효한 소환장이나 수색영장에 응하며, 샌 버나디노 사건에서도 마찬가지였습니다. 또 우리는 애플의 엔지니어들이 FBI에게 조언을 제공하도록 했으며 여러 수사 옵션에 대해 최선의 아이디어를 전달했습니다.

우리는 FBI의 당국자들에 대한 깊은 존경심을 가지고 있으며 그들이 선한 의도로 이런 요청을 했다고 믿습니다. 지금까지 우리는 우리가 할 수 있고 또 법의 테두리 안에 있는 모든 것을 다 해 그들을 도왔습니다. 그러나 지금 미국 정부는 우리가 전혀 가지고 있지 않으며 만들기에 너무 위험하다고 여기는 것을 우리에게 요구하고 있습니다. 아이폰에 대한 백도어를 요구하고 있는 것입니다.

구체적으로 FBI는 몇몇 중요한 보안장치들을 피할 수 있는 새 아이폰 운영체제를 만들 것을 우리에게 요구하고 있습니다. 수사과정에서 취득된 아이폰에 설치할 수 있도록 말입니다.

잘못 사용될 경우—현재 존재하지 않는—이 소프트웨어는 누군가가 취득한 모든 아이폰의 잠금을 해제할 수 있게 될 것입니다.

FBI는 이 도구를 다른 식으로 표현할 수도 있겠습니다만,

이것은 분명합니다. 명백한 백도어를 만들어 보안장치를 건네뛸 수 있는 iOS의 또 다른 버전을 만들라는 것입니다. 정부는 이 도구가 제한적인 용도로 사용될 것이라고 말하겠지만 그런 식의 통제가 이루어질 것이란 장담은 어디에도 없습니다.

어떤 사람들은 단 하나의 아이폰에 대한 백도어를 만드는 것이 간단하고 깔끔한 해결책이라고 말할지도 모르겠습니다. 그러나 그것은 디지털 보안의 기본과 이번 사건에서 정부가 요구하고 있는 것이 어떤 의미를 담고 있는지에 대한 몰이해에서 나오는 주장입니다.

오늘날 디지털세계에서 암호화 시스템의 데이터 잠금을 해제하는 키는 작은 정보이며 그것은 그저 키를 둘러싼 다른 보호 장치들만큼만 안전할 뿐인 것입니다. 일단 그 정보가 알려지거나 코드를 회피할 수 있는 방법이 공개될 경우 그 정보를 알고 있는 누구라도 암호화를 무력화할 수 있습니다.

정부는 이 도구가 오직 한 대의 아이폰에만 단 한 번 사용될 것이라고 말합니다. 그러나 그것은 전혀 사실이 아닙니다. 한 번 만들어지면 그 기술은 얼마든지 몇 번이고 어떤 기기에서든 다시 사용될 수 있습니다. 물리적으로 레스토랑에서부터 은행, 상점, 집까지 수천, 수백만 개의 잠금장치를 해제할 수 있는 마스터키와 같은 것에 비유할 수 있습니다. 이런 것을 받아들일 사람은 없습니다. 정부는 애플에게 이용자들을 해킹하고 정교한 해커들과 범죄자들로부터 수많은 미국인들을 포함한 우리의 고객들을 보호해 온 지난 수십 년간의 보안기술의 발전을 약화시킬 것을 요구하고 있습니다. 이용자들을 보호하기 위해 강력한 암호화기술을 개발한 엔지니어가 아이러니하게도 그 보호를 약화시키고 이용자들을 덜 안전하게 하라는 지시를 받을 수 있게 되는 것입니다.

미국 기업이 고객들을 더 큰 위험에 빠뜨리도록 강요받았던 전례를 우리는 찾을 수 없습니다. 오랫동안 암호학자들과 보안전문가들은 암호화를 약화시키는 것의 위험성을 경고해 왔습니다. 그것은 애플 같은 기업들이 자신들의 데이터를 지켜주길 기대하는 선량하고 법을 준수하는 시민들을 해칠 뿐입니다. 설령 아이폰의 암호화를 해제하는 방법을 만들어 낸다 하더라도 범죄자들은 활용 가능한 모든 수단을 동원해 계속해서 자신들의 정보를 암호화할 것입니다.

의회에 입법을 청원하는 방법 대신 FBI는 1789년에 All Writs Act를 활용해 권한 남용을 정당화하는 전례 없는 조치를 제시하고 있습니다.

정부는 우리에게 보안장치를 해제하고 전자기기를 이용해 무제한으로 잠금 해제 비밀번호를 입력할 수 있도록 하는 새로운 기능을 운영체제에 넣을 것을 지시할 것입니다. 이렇게 되면 현대 컴퓨터기술의 성능에 힘입은 수천, 수백만 개의 비밀번호 조합을 입력하는 무차별 대입공격을 통해 아이폰의 잠금을 쉽게 해제하게 될 것입니다.

정부의 이런 요청에는 등골이 오싹할 만한 의미가 담겨 있습니다. 정부가 모든 영장법을 아이폰의 잠금을 더 쉽게 해제하는 데 활용한다면 그것은 모든 사람들의 기기에 담긴 개인정보에 접근할 권력을 갖게 되는 것과 같습니다. 프라이버시를 저버린 채 당신의 메시지, 건강정보, 개인금융정보, 위치추적정보를 가로채고 심지어 당신도 모르게 당신의 마이크와 카메라에 접근할 수 있는 감시 소프트웨어를 정부가 애플에 요구하는 데까지 나아갈 수 있는 것입니다.

이 명령에 거부하겠다는 결정은 결코 가볍게 내려진 게 아닙니다. 우리는 미국정부의 도를 넘는 이런 요청에 대해 목소리를 높여야 한다고 판단했습니다.

우리는 미국 민주주의에 대한 깊은 존경과 애국심을 바탕으로 FBI 요청에 맞서겠습니다. 한 발 물러서서 이것의 의미를 심사숙고하는 것이 모두의 이익에 부합하는 것이라고 믿습니다."

부의장 정갑윤 김제남 의원님, 지금 본회의장에 외빈 방청이 있으므로 잠시 토론을 중지해 주실 것을 부탁드립니다.

지금 4층 귀빈 방청석에는 다비드 우수파쉬빌리 조지아 국회의장 일행이 본회의장을 방청하고 계십니다.

다비드 우수파쉬빌리 조지아 국회의장님, 대한민국국회 본회의장 방문을 진심으로 환영합니다.

그러면 김제남 의원님 토론을 계속해 주시기 바랍니다.

● **김제남 의원** 예.

환영합니다.

"우리는 미국 민주주의에 대한 깊은 존경과 애국심을 바탕으로 FBI 요청에 맞서겠습니다. 한 발 물러서서 이것의 의미를 심사숙고하는 것이 모두의 이익에 부합하는 것이라고 믿습니다.

FBI의 선의를 믿지만 정부가 우리 제품에 대한 백도어를 만들 것을 우리에게 강요해서는 안 될 것입니다. 궁극적으로 우리는 이러한 요청이 우리의 정부가 보호해야 하는 완전한 자유와 해방의 가치를 퇴색시킬 수 있다는 점에 대해 우려를 표명합니다."

앞서 애플사의 대표이사 팀 쿡이 고객들에게 보낸 편지를 소개해 드렸습니다.

애플사의 팀 쿡은 아주 분명하게 고객들의 보호 그리고 고객들의 사생활을 보호하기 위해서 FBI의 요구에 당당하게 단호하게 그 요구에 반대하고 거부했다고 하는 입장을 냈습니다.

오늘 시민 필리버스터의 많은 분의 목소리를 이 자리를 통해서 제가 전달해 드렸습니다.

대부분의 시민들의 목소리는 지금 국회의장의 직권상정으로 올라와 있는 테러방지법이 테러방지라고 하는 내용 없이 우리 국민의 사생활을 실시간으로 들여다보고 국민을 감시할 수 있는 국민감시법이자 그 국민 감시를 할 수 있는 권한을 국정원에게 무한하게 주는 국정원 강화법이라고 하는 문제의식을 강하게 주고 계십니다.

그리고 다수의 시민들께서 이곳 국회의 많은 의원들이 헌법의 의미가 무엇인지 헌법 조항 하나하나를 읽어 가면서 헌법이 가지고 있는 국민의 기본권, 천부인권이 그 어떤 것에 의해서도 침해되어서는 안 된다는 것, 특히 테러방지법에 의해서 국민의 인권과 자유가 침해되어서는 안 된다는 것을 분명하게 보여 주고 있습니다.

국민과 시민 필리버스터들이 이미 테러방지법이 테러 예방을 위한 법이 아니라 국민감시법이라고 명확하게 규정을 짓고 있습니다. 특히 총선을 앞두고 있는 이 시점에서 정부와 여당이 민생을 팽개쳐 가면서까지 왜 이렇게 집착하는 이유를 우리 국민은 너무나 명명백백 알고 있었습니다.

많은 시민들이 테러방지법은 국민감시법이라고 지적하고 있습니다. 박근혜 대통령과 새누리당 의원들에게 조지 오웰의 '1984'를 읽어 주라고 합니다. 왜, 왜 시민들이 테러방지법을 반대하면서 '1984'를 읽어 주라고 했겠습니까?

조지 오웰의 '1984'의 핵심은 전체주의에 대한 비판입니다. 결국 우리 국민들은 박근혜정부가 추진하는 테러방지법이 빅브라더를 통한 국민 통제, 전체주의 사회를 지향하고 있음을 명확하게 꿰뚫고 있었습니다.

앞서 최민희 의원님께서 '빅브라더 사회를 향해 가서는 안 된다'라고 하면서 조지 오웰의 '1984'의 일부 구절을 읽어 주셨습니다.

사실 국민들이 요구하시는 저에 대한 요구는 이 책을 다 이 자리에서 읽기를 요구하셨습니다. 그러나 시간이 또 굉장히 많이 걸릴 것 같고 해서 오늘은 한 분이 조지 오웰의 '1984'를 압축적으로 정리한 글을 한 편 읽어 드리는 것으로 하겠습니다.

김태균 님의 글입니다. '현대사회를 살아가고 있는 대다수 국민들의 일상은 어느덧 사각지대를 찾기 힘든 감시의 환경에 놓여 있습니다. 차량 블랙박스, 거리, 버스, 엘리베이터, 병원, 은행, 어린이집, 학교, 식당, 백화점, 시장 등등 발길을 옮기는 어느 곳 어디에서든 누군가가 우리를 감시하는 세상 속에서 살아가고 있습니다. 게다가 자신이 살고 있고 집에 CCTV를 설치해 스스로를 감시하는 셀프감시까지 하고 있습니다. 안전보장과 범죄 예방이라는 명목하에 감시의 합법성은 점점 더 힘을 얻고 있으니 과도한 국민 기본권의 침해를 걱정해야 하는 사회가 되어 가고 있습니다.'

조지 오웰의 소설 '1984'의 본문을 잠시 읽겠습니다.
"윈스턴의 등 뒤에 있는 텔레스크린에서는 아직도 무쇠와 제9차 3개년 계획의 초과 달성에 대해서 지껄이고 있었다. 텔레스크린은 수신과 송신을 동시에 행한다. 이 기계는 윈스턴이 내는 소리가 아무리 작아도 낱낱이 포착한다. 더욱이 그가 이 금속판의 시야에 들어 있는 한 그의 일거일동은 다 보이고 들린다. 물론 언제 감시를 받고 있는지 알 수는 없다. 사상경찰이 개개인에 대한 감시를 얼마나 자주, 그리고 어떤 방법으로 행하는지는 단지 추측만 할 수 있을 뿐이다."

조지 오웰의 '1984'는 빅브라더라는 절대 권력자에 의해 철저히 통제된 사회를 그린 작품입니다. 빅브라더와 그의 하수인들은 텔레비전과 비슷한 텔레스크린이라는 기계를 사회의 모든 영역에 설치해 개인의 일상을 감시하고 통제합니다. 매일 아침이면 텔레스크린에서는 아침 체조 영상이 재생됩니다. 사람들은 체조 강사의 동작을 따라 해야만 하며 조금이라도 동작이 서툴면 강사는 즉시즉시 지적합니다. 너무나도 끔찍한 일입니다. 매일 아침 자신의 집에서 누군가에게 감시당하고 통제당한다니 말입니다.

그러나 더 끔찍한 일은 우리 일상생활에 둥지를 튼 각종 감시 장치와 이를 합법적으로 감청을 하려는 박근혜정부의 시도와 '1984'에 등장하는 텔레스크린이 결코 다르지 않다는 것입니다.

이미 불법주차 하려는 차량을 CCTV를 통해 확인하고 CCTV에 달린 스피커를 통해 그 즉시 차주에게 주차금지를 경고하는 모습은 현실 속에서 이미 다 상용화되어 있는 기술입니다.

'1984'의 텔레스크린은 이미 CCTV라는 모습으로 현실이 되었으니 1949년에 '1984'를 쓴 조지 오웰의 통찰력이 존경스러울 따름입니다.

그러나 박근혜정부와 여당이 추진하려는 테러방지법은 국민 개인의 금융, 통신, 통신기록, 위치, 거의 모든 데이터를 테러 발생을 의심할 만한 중대한 이유라는 임의적이고 포괄적인 근거로 국정원·검찰·경찰이 들여다볼 수 있도록 하고 있습니다.

'1984'에서도 빅브라더와 그의 하수인들은 개인의 통제를 통한 권력 유지를 위해 개인의 모든 데이터를 수집하고 분석합니다. 자발성이나 동의 없이 개인은 자신의 데이터를 빅브라더 일당에게 내어 주어야 합니다. 하지만 우리의 현실은 '1984'의 현실보다 더 끔찍합니다.

현대사회는 이미 데이터화된 개인의 정보가 방화벽, 보안프로그램만에 의지한 채 공개되어 있기 때문입니다. 가족관계와 개인정보, 금융기록, 휴대폰 통화기록, 이동과 위치, 통화기록, SNS 등이 수사라는 목적으로 고스란히, 이유로 정보기관에 흘러 들어가는 여러 사례를 우리는 공유하고 있습니다.

근래 들어 이러한 개인의 정보들은 빅데이터라는 이름으로 구축되기도 합니다. '1984'의 빅브라더와 비슷한 뉘앙스를 풍기는 빅데이터는 기존 데이터베이스 처리방식의 데이터 수집, 저장, 관리, 분석 역량을 넘어서는 데이터 덩어리라 정의할 수 있습니다. 더 풀이하자면 빅데이터란 어마어마한 양의 데이터로서 모든 것이 수집 대상이 될 수 있습니다. 빅데이터의 특징을 흔히 3V라고 칭합니다. 볼륨(volume), 빅데이터는 테라바이트에서 페타바이트급의 규모의 방대한 데이터입니다. 벨로시티(velocity), 데이터 생성, 유통, 활용까지 소요되는 시간이 분·초 이하로 단축되는 실시간 분석이 가능합니다. 베어리어티(variety), 데이터의 형식과 내용이 제각각·통일된 구조로 정리하기 어려운 다양한 자료 형태로 존재합니다. 다시 말해 규모가 크고 실시간 분석이 가능하고 정해진 형식이 없는 데이터가 바로 빅데이터입니다. 그래서 SNS상의 모든 게시물, 댓글 그리고 페북의 단순한 '좋아요'

버튼 누르기 등도 빅데이터가 될 수 있다는 이야기입니다.

하지만 빅데이터는 최근에 등장한 개념이 아닙니다. 우리나라에서는 주민등록번호 부여가 빅데이터 시작이라고 할 수 있습니다. 빅데이터 등장은 1960년대로 거슬러 올라갑니다. 박정희 정권은 1968년 주민등록번호 부여와 주민등록증 휴대를 의무화했습니다. 유신 이후 1975년에는 전국 주민등록전산화사업을 추진했습니다. 주민등록번호 부여 정책을 통해 국민 전체의 정보를 빅데이터화한 시작이라 할 수 있습니다. 박정희 정권은 이를 통해 가시적 처벌과 폭력의 수위를 일부 조절할 수 있는 능력을 얻게 됩니다.

그다음에 두 번째 절차는, 전두환 정권은 1987년 제1차 국가기간전산망 기본계획을 세분화해서 추진합니다. 행정, 금융, 교육·연구, 국방, 공안이라는 5대 기간망을 핵심과제로 삼았습니다. 전두환 정권은 국가기간망사업을 통해 국민 정보들을 기간 영역별로 세분화해서 취합하고 축적합니다. 그리고 대국민 기본 통계자료를 영역별로 하나, 둘 축적해 관리하기 시작했습니다.

이처럼 빅데이터란 개인정보의 수집·가공·활용이라 말할 수 있습니다. 역대 정권 그리고 현 정권은 국민이 이해하기 어려운 법과 제도로 국민들의 개인정보를 수집하고 통제하기 위한 노력들, 즉 빅데이터 정책을 끊임없이 시도하고 있습니다. '1984'의 빅브라더를 닮은 모습입니다. 개인을 통제해 자신들의 권력과 체제를 유지하고자 했던 빅브라더의 의도마저 닮은 그런 모습이 아닌지 걱정스럽습니다.

동물에 지나지 않던 인간들이 사회를 이루고 국가를 정립한 것은 그다지 오래전 일이 아닙니다. 기원 전 3000년경에 4대 문명이 발달된 것으로 추측이 됩니다. 사회와 국가라는 것이 원시적으로나마 체제가 생기기 시작한 것도 그즈음으로 보면 될 것 같습니다. 그리고 수천 년의 시간 동안 인간사회는 거듭 발달해 왔습니다. 과학과 문명이 발달하고 인간의 정신도 점차 깨어나기 시작했습니다. 인간은 태생적으로 사회적인 존재입니다. 서로 돕지 않으면 생존할 수 없습니다. 거대한 자연의 광포함 앞에서 인간 개개인은 먼지나 모래알 혹은 개미 그 이상도 이하도 아닌 것입니다. 필연적으로 인간들은 공동체를 이루었으나 사람은 또한 이기적인 존재이기도 했습니다.

문명이 발생한 그 무렵부터 인간들은 필연적으로 고민에 고민을 거듭하기 시작했습니다. 어떻게 해야 이 이기적인 동물들의 집단을 통제하고 제어할 수 있을까, 어떻게 해야 우리 공동체가 더 안전하고 오랫동안 생존할 수 있을까? 그 결과 국가와 사회 체제가 생겨나게 되었다고 생각합니다.

인류의 역사에서 인간집단을 가장 효율적으로 통제할 수 있는 수단은 바로 공포였습니다. 인간이 가지고 있는 가장 큰 공포는 바로 죽음입니다. 죽음에 대한 공포는 이길래야 이길 수 없고 잊을래야 잊을 수 없는 태생적인 감정이기 때문입니다.

'1984'의 세계는 철저하게 공포로 대중들을 통치하고 있는 사회입니다. 오세아니아정부는 대중들을 조정하기 위해 온갖 것들을 사용하여 끊임없이 공포를 주입시킵니다. 그리고 통치자인 빅브라더를 신격화하기 위해 온갖 방법을 사용하지요.

신이 언제나 나를 감시하고 있다는 공포, 적들이 끊임없이 국가를 위협하고 있다는 공포, 이 두 가지의 거대한 공포가 대중들을 마비시킵니다. 이 공포를 효율적으로 사용하기 위해 정부는 끊임없이 언론을 조작하고 역사를 날조합니다. 대중들을 선동하고 정보를 차단합니다.

작품 속에서 등장하는 이중사고는 실제로 우리도 우리 세상에서 똑같이 할 수 있는 것들입니다. 진실을 거짓이라 하고 거짓을 진실이라고 합니다. 작품 속에 등장하는 정부는 언론을 통제하기 위해 한 통로만을 냈지만 우리 사회에서는 언론을 통제하기 위해 수백 개의 통로를 냅니다. 거짓을 진실이라고 말하는 통로 1개만 있는 거짓과 진실이 뒤섞여 있는 수백 개의 통로가 있든 예나 지금이나 작품 속의 세계나 현실 세계나 대중들은 기만당합니다.

소설에 등장하는 주인공 윈스턴 또한 희망과 의지, 사랑까지 포기하게 됩니다. 고통 그리고 공포 그 앞에서 인간의 신념이란 바람에 흩날리는 먼지만도 못한 것이지요. 주인공은 끊임없는 고통과 공포 앞에서 2개가 3개로 보이는 세뇌의 순간을 경험하기도 합니다.

'1984'는 한 인간이 결코 벗어날 수 없는 그물 속에서 꾸역꾸역 하루를 살아가는 처절한 이야기를 담고 있습니다. 그 이야기는 그야말로 너무나 현실적인 동시에 너무나 끔찍해서 책장을 넘기는 것이 힘들 정도입니다.

무료함, 권태로움, 신체적인 고통, 정신적인 고통, 상실, 배신 그리고 또 신체적인 고통, 정신적인 고통 이런 것들을 역설적으로 우리가 현재 살고 있는 사회와 자유, 시간들에 대한 감사함을 느끼게 해 줄 정도입니다.

지금 누리고 있는 작은 자유, 수많은 정보들을 얻을 수 있는 자유, 그것들은 우리가 누리고 지켜야 할 소중한 것들임을 알려 주는 것입니다.

이것들을 잊지 않으려면 깨어 있어야 한다라는 결심을 일으키기도 합니다. 지금 우리나라는 '1984'의 빅브라더 체제의 오세아니아와 크게 다르지 않아 보입니다. 정부의 정책을 비판하고 대통령을 비난한다고 사법기관의 힘을 동원하는 사회는 결코 민주주의사회가 아닙니다.

국민을 통제하기 위해 검찰, 경찰, 국정원에 각종 국민의 개인정보를 들여다 볼 수 있는 월권적 권한을 주는 행위는 '1984'의 오세아니아를 지배하는 빅브라더와 다르지 않아 보입니다.

또 시민의 필리버스터를 통해서 많은 국민들께서 많은 시민들께서 국민의 기본권을 규정한 헌법을 침해하지 말라고 요구하고 있습니다. 위헌적인 테러방지법을 강행하는 권력자들에게 헌법 조항을 하나하나 차근차근 읽어 달라고 요구하고 있습니다. 헌법은 최상위법이자 기본법입니다. 헌법의 가치와 목표는 인간의 존엄성을 보호하고 실현하는 국민의 기본권 실현에 있습니다. 헌법에 명시한 국민의 기본권을 함께 읽어 보겠습니다.

헌법에서 명시한 국민의 기본권은 침해되어서는 안 되는 것입니다. 무한히 국민의 기본권은, 인권은 신장되어야 하는 것입니다. 국정원에 의해서, 테러방지법에 의해서 헌법이 보장한 국민의 존엄 그리고 국민의 인권, 무한히 신장해야 할 자유가 침해되는 것을 저는 결코 용납하지 않겠습니다.

국민의 이름으로 시민들과 함께 대한민국헌법을 함께 읽겠습니다.

1장 일부와 2장, 주로 국민의 기본권을 명시한 것 위주로 읽도록 하겠습니다.

'제1장 1조 대한민국은 민주공화국이다. 대한민국의 주권은 국민에게 있고, 모든 권력은 국민으로부터 나온다.

제2장 10조 모든 국민은 인간으로서의 존엄과 가치를 가지며, 행복을 추구할 권리를 가진다. 국가는 개인이 가지는 불가침의 기본적 인권을 확인하고 이를 보장할 의무를 진다.

11조 모든 국민은 법 앞에 평등하다. 누구든지 성별·종교 또는 사회적 신분에 의하여 정치적·경제적·사회적·문화적 생활의 모든 영역에 있어서 차별을 받지 아니한다.

사회적 특수계급의 제도는 인정되지 아니하며, 어떠한 형태로도 이를 창설할 수 없다.

3항 훈장 등의 영전은 이를 받은 자에게만 효력이 있고, 어떠한 특권도 이에 따르지 아니한다.

제12조 모든 국민은 신체의 자유를 가진다. 누구든지 법률에 의하지 아니하고는 체포·구속·압수·수색 또는 심문을 받지 아니하며, 법률과 적법한 절차에 의하지 아니하고는 처벌·보안처분 또는 강제노역을 받지 아니한다.

2항 모든 국민은 고문을 받지 아니하며, 형사상 자기에게 불리한 진술을 강요당하지 아니한다.

3항 체포·구속·압수 또는 수색을 할 때에는 적법한 절차에 따라 검사의 신청에 의하여 법관이 발부한 영장을 제시하여야 한다. 다만, 현행범인인 경우와 장기 3년 이상의 형에 해당하는 죄를 범하고 도피 또는 증거인멸의 염려가 있을 때에는 사후에 영장을 청구할 수 있다.

누구든지 체포 또는 구속을 당한 때에는 즉시 변호인의 조력을 받을 권리를 가진다. 다만, 형사피고인이 스스로 변호인을 구할 수 없을 때에는 법률이 정하는 바에 의하여 국가가 변호인을 붙인다.

누구든지 체포 또는 구속의 이유와 변호인의 조력을 받을 권리가 있음을 고지받지 아니하고는 체포 또는 구속을 당하지 아니한다. 체포 또는 구속을 당한 자의 가족 등 법률이 정하는 자에게는 그 이유와 일시·장소가 지체 없이 통지되어야 한다. 누구든지 체포 또는 구속을 당한 때에는 적부의 심사를 법원에 청구할 권리를 가진다.

7항 피고인의 자백이 고문·폭행·협박·구속의 부당한 장기화 또는 기망 기타의 방법에 의하여 자의로 진술된 것이 아니라고 인정될 때 또는 정식재판에 있어서 피고인의 자백이 그에게 불리한 유일한 증거일 때에는 이를 유죄의 증거로 삼거나 이를 이유로 처벌할 수 없다.

제13조1항 모든 국민은 행위자의 법률에 의하여 범죄를 구성하지 아니하는 행위로 기소되지 아니하며 동일한 범죄에 대하여 거듭 처벌받지 아니한다.

2항 모든 국민은 소급입법에 의하여 참정권의 제한을 받거나 재산권을 침탈당하지…… 재산권을 침탈당하지 아니한다. 모든 국민은 자기의 행위가 아닌 친족의 행위로 인하여 불이익한 처우를 받지 아니한다.

제14조 모든 국민은……'

아까 전에 다시 하겠습니다.

제13조에 도난당하지 아니합니다 이렇게 됩니다.

'제14조 모든 국민은 거주·이전의 자유를 가진다.

제15조 모든 국민은 직업선택의 자유를 가진다.

제16조 모든 국민은 거주의 자유를 침해받지 아니한다. 거주에 대한 압수나 수색을 할 때에는 검사의 신청에 의하여 법관이 발부한 영장을 제시하여야 한다.

제17조 모든 국민은 사생활의 기밀과 자유를 침해받지 아니한다.

제18조 모든 국민은 통신의 비밀을 침해받지 아니한다.

제19조 모든 국민은 양심의 자유를 가진다.

제20조 모든 국민은 종교의 자유를 가진다.

2항 국교는 인정되지 아니하며 종교와 정치는 분리된다.

제21조 모든 국민은 언론·출판의 자유와 집회·결사의 자유를 가진다.

2항 언론·출판에 대한 허가나 검세와 집회·결사에 대한 허가는 인정되지 아니한다.'

이것도 다시 하겠습니다.

'언론·출판에 대한 허가나 검열과 집회·결사에 대한 허가는 인정되지 아니한다.

통신·방송의 시설기준과 신문의 기능을 보장하기 위하여 필요한 사항은 법률로 정한다.

언론·출판은 타인의 명예나 권리 또는 공중도덕이나 사회윤리를 침해하여서는 아니한다. 언론·출판이 타인의 명예나 권리를 침해한 때에는 피해자는 이에 대한 피해의 배상을 청구할 수 있다.

제22조 모든 국민은 학문과 예술의 자유를 가진다.

저작권·발명가·과학기술자와 예술가의 권리는 법률로써 보호한다.

제23조제1항 모든 국민의 재산권은 보장된다. 그 내용과 한계는 법률로 정한다.

2항 재산권의 행사는 공공복리에 적합하도록 하여야 한다.

3항 공공필요에 의한 재산권의 수용·사용 또는 제한 및 그에 대한 보상은 법률로써 하되 정당한 보상을 지급하여야 한다.

제24조 모든 국민은 법률이 정하는 바에 의하여 선거권을 가진다.

제25조 모든 국민은 법률이 정하는 바에 의하여 공무담임권을 가진다.

제26조1항 모든 국민은 법률이 정하는 바에 의하여 국가기관에 문서로 청원할 권리를 가진다.

2항 국가는 청원에 대하여 심사할 의무를 진다.

제27조 모든 국민은 헌법과 법률이 정한 법관에 의하여

법률에 의한 재판을 받을 권리를 가진다.

2항 군인 또는 군무원이 아닌 국민은 대한민국의 영역 안에서 중대한 군사상 기밀·초병·유독음식물 공급·군용물에 대한 죄 중 법률이 정한 경우와 비상계엄령이 선포된 경우를 제외하고는 군사법원의 재판을 받지 아니한다.

모든 국민은 신속한 재판을 받을 권리를 가진다. 형사피고인은 상당한 이유가 없는 한 지체없이 공개재판을 받을 권리를 가진다.

형사피고인은 유죄의 재판이 확정될 때까지는 무죄로 추정된다.

형사피해자는 법률이 정하는 바에 의하여 당해 형사의 재판절차에서 진술할 수 있다.

제28조 형사피의자 또는 형사피고인으로서 구금되었던 자가 법률이 정하는 불기소처분을 받거나 무죄재판을 받은 때에는 법률이 정하는 바에 의하여 국가에 정당한 보상을 청구할 수 있다.

제29조 공무원의 직무상 불법행위로 손해를 받은 국민은 법률이 정하는 바에 의하여 국가 또는 공공단체에 정당한 배상을 청구할 수 있다. 이 경우 공무원 자신의 책임은 면제되지 아니한다.

군인·군무원·경찰공무원 기타 법률이 정하는 자가 전투·훈련 등 직무집행과 관련하여 받은 손해에 대하여는 법률이 정하는 보상 외에 국가 또는 공공단체에 공무원의 직무상 불법행위로 인한 배상을 청구할 수 없다.

제30조 타인의 범죄행위로 인하여 생명·신체에 대한 피해를 받은 국민은 법률이 정하는 바에 의하여 국가로부터 보조를 받을 수 있다.

31조 모든 국민은 능력에 따라 균등하게 교육을 받을 권리를 가진다.

2항 모든 국민은 그 보호하는 자녀에게 적어도 초등교육과 법률이 정하는 교육을 받게 할 의무를 진다. 의무교육은 무상으로 한다.

4항 교육의 자주성·전문성·정치적 중립성 및 대학의 자율성은 법률이 정하는 바에 의하여 보장된다. 국가는 평생교육을 진흥하여야 한다. 학교교육 및 평생교육을 포함한 교육제도와 그 운영, 교육재정 및 교원의 지위에 관한 기본적인 사항은 법률로 정한다.

제32조 모든 국민은 근로의 권리를 가진다. 국가는 사회적·경제적 방법으로 근로자의 고용의 증진과 적정임금의 보장에 노력하여야 하며 법률이 정하는 바에 의하여 최저임금제를 시행하여야 한다.

모든 국민은 근로의 의무를 진다. 국가는 근로의 의무의 내용과 조건을 민주주의원칙에 따라 법률로 정한다.

근로조건의 기준은 인간의 존엄성을 보장하도록 법률로 정한다.

여자의 근로는 특별한 보호를 받으며 고용·임금 및 근로조건에 있어서 부당한 차별을 받지 아니한다.

청소년의 근로는 특별한 보호를 받는다.

국가유공자·상이군경 및 군전사경의 유가족은 법률이 정하는 바에 의하여 우선적으로 근로의 기회를 부여받는다.

근로자는 근로조건의 향상을 위하여 자주적인 단결권·단체교섭권 및 단체행동권을 가진다.

공무원인 근로자는 법률이 정하는 자에 한하여 단결권·단체교섭권 및 단체행동권을 가진다.

법률이 정하는 주요 방위산업체에 종사하는 근로자의 단체행동권은 법률이 정하는 바에 의하여 이를 제한하거나 인정하지 아니할 수 있다.

34조1항 모든 국민은 인간다운 생활을 할 권리를 가진다.

2항 국가는 사회보장·사회복지의 증진에 노력할 의무를 진다.

3항 국가는 자녀의 복지와 권익의 향상을 위하여 노력하여야 한다.

4항 국가는 노인과 청소년의 복지 향상을 위한 정책을 실시할 의무를 진다.

5항 신체장애자 및 질병·노령 기타의 사유로 생활능력이 없는 국민은 법률이 정하는 바에 의하여 국가의 보호를 받는다.

6항 국가는 재해를 예방하고 그 위험으로부터 국민을 보호하기 위하여 노력하여야 한다.

35조1항 모든 국민은 건강하고 쾌적한 환경에서 생활할 권리를 가지며 국가와 국민은 환경보전을 위하여 노력하여야 한다.

2항 환경권의 내용과 행사에 관하여는 법률로 정한다.

3항 국가는 주택개발정책 등을 통하여 모든 국민이 쾌적한 거주생활을 할 수 있도록 노력하여야 한다.

제36조1항 혼인과 가족생활은 개인의 존엄과 양성의 평등을 기초로 성립되고 유지되어야 하며 국가는 이를 보장한다.

2항 국가는 모성의 보호를 위하여 노력하여야 한다.

3항 모든 국민은 보건에 관하여 국가의 보호를 받는다.

제37조1항 국가의 자유와 권리는 헌법에 열거되지 아니한 이유로 경시되지 아니한다.

2항 국민의 모든 자유와 권리는 국가안전보장·질서유지 또는 공공복리를 위하여 필요한 경우에 한하여 법률로써 제한할 수 있으며 제한하는 경우에도 자유와 권리의 본질적인 내용을 침해할 수 없다.

제38조 모든 국민은 법률이 정하는 바에 의하여 납세의 의무를 진다.

제39조1항 모든 국민은 법률이 정하는 바에 의하여 국방의 의무를 진다.

39조2항 누구든지 병역의무의 이행으로 인하여 불이익한 처우를 받지 아니한다.'

우선 국민의 기본권 관련해서 함께 헌법 조항을 읽어 보았습니다.

박근혜 대통령께서 2월 15일 날…… 2015년 11월 14일입니다. 개최된 국무회의에서 테러방지법, 통신비밀보호법, 사이버테러 방지법 등 국회에 계류된 테러방지법안들을 국회가 처리하지 않고 잠재우고 있는데 정작 사고가 터지면 정부를 비난한다라면서 국회가 관련 법을 처리하지 않아 정부가 적절히 대응하지 못했다, 국민 안전이 위협받는다라고 협박을 하셨습니다.

또한 2015년 12월 8일에는 국회에서 테러방지법이 논란이 되자 IS도 한국에 테러방지법이 없다는 것을 알아 버렸다라고 하면서 천하태평으로 법을 통과시키지 않고 있을 수가 있나, 테러방지법이 이번에도 통과하지 못하면 테러에 대비한 국제 공조도 제대로 할 수 없고 우리가 다른 나라와 정보 교환도 할 수 없다면서 국민의 생명과 안전을 책임져야 할 정치권이 국민을 위험에 방치한다고 하셨습니다. 그러면서 테러로 우리 국민이 피해를 입게 되었을 때 그 책임이 국회에 있다는 사실을 분명히 말씀드리고 국민이 그 책임을 물을 것이라고 하셨어요.

대한민국에 테러방지법이 있는지 없는지에 대해 IS가 언제 알았는지, 혹은 알고 있는지 저는 알고 있지 못합니다. 그런데 대통령께서는 IS가 그전에는 몰랐는데 12월 8일 즈음에 대한민국에 테러방지법이 없다는 것을 알게 되었다라는 사실을 어떤 경로를 통해서 대통령께서는 인지를 하셨는지? 어떤 경로를 통해서 인지하셨는지 모르겠습니다마는 알게 되신 것 같습니다.

그렇다면 대통령께 묻습니다. IS가 대한민국에 테러방지법이 있는지 없는지 알지 못해서 대한민국을 테러 대상 국가로 지정하지 않고 지금까지 테러를 하지 않았습니까? 테러방지법이 있는지 없는지 몰랐기 때문에? 그런데 이제는 테러방지법이 없다는 것을 알았기 때문에 우리가 테러의 대상국이 된 것입니까?

혹시 12월 8일 전후, 혹시 지금이라도 대한민국에 테러방지법이 없어서 IS가 대한민국 국민을 대상으로 테러를 계획하고 있다는 첩보나 정보를 입수하셨습니까? 그렇다면 이것은 1초도 지체하지 않고 국민들에게 알려셔야 하는 일입니다. IS로부터 그런 첩보를 받으셨다면.

빨리 국민에게 정보를 공개하고 국회와 국민을 설득하십시오. 그렇지 않다면 마치 테러방지법이 없어서 우리 시민들의 생명과 안전이 위험하다, 그리고 그 책임은 국회가 있다라는 식의 협박, 공포를 주장하시는 겁니다.

앞서 모두에도 말씀을 드렸고 조지오웰의 '1984'에서도 말씀을 드렸습니다. 사람들을 가장 무기력하고 가장 위축시키는 것은 불안을 넘어서 공포입니다. 지금 우리 국민들은 대단히 불안하고 걱정을 넘어서 공포스럽습니다. 이렇게 자꾸 위험하다, 책임이 국회가 있다, 협박과 공포 주장을 하시는데 민주국가의 대통령이시라면 최소한 자질과 행동에 부합하지 않는다라는 점을 저는 분명히 말씀드리겠습니다.

테러방지법 존재 여부 문제가 나와서 한 말씀 더 드립니다.
혹시 대통령께서는 테러와 관련한 유엔의 대응체계에 대해서 알고 계십니까? 2001년 유엔 안전보장이사회 결의 제1373호에 의거해서 유엔 대테러위원회가 안전보장이사회에 설치가 되었습니다. 위원회는 안전보장이사회에 소속된 15개 이사국 대사들로 구성되어 있습니다. 그리고 위원장과 3명의 부위원장을 두고 있고 그 외의 이사국 대사들은 위원으로 활동하며 9명의 전문위원을 두고 있습니다.

그리고 대테러위원회는 결의 제1373호에 의거해서 다음과 같은 임무를 수행하고 있습니다. 각국의 국제 반테러 협약 가입 독려, 각국의 반테러 국내 입법 정비 독려, 대테러자금 조달 및 모든 종류의 테러 지원 차단을 위한 각국의 입법 및 행정조치 독려. 이사회 결의 제1373호에 대한 각국의 이행보고서 심사, 개발도상국에 대해서는 대테러 기술 지원.

그리고 이러한 대테러활동에 대한 국제적 기준으로는 1963년 도쿄협약으로 불리는 항공기 내에서 범한 범죄 및 기타 행위에 관한 협약을 비롯해서 총 13개의 국제협약이 마련되어 있습니다.

도쿄협약을 제외한 대테러협약인 국제협약을 소개해 드리겠습니다. 테러방지에 관한 주요 국제협약입니다.

첫 번째, 항공기 내에서 행한 범죄 및 기타 행위에 관한 협약. 1963년 9월 14일 채택된 협약으로서 주요 내용은 비행기 및…… 비행 중인 항공기 및 기내의 인명, 재산의 안전을 위태롭게 하거나 기내 질서를 위태롭게 하는 행위를 규제하는 것입니다.

두 번째, 항공기의 불법납치 억제를 위한 협약입니다. 이것은 1970년 12월 16일 날 채택된 것입니다. 주요 내용은 비행 중인 항공기에 탑승한 자가 폭력 또는 위협 등으로 불법적으로 항공기를 점거, 통제하는 행위를 처벌하는 것입니다.

세 번째, 민간항공의 안전에 관한 불법적 행위의 억제를 위한 협약이 있습니다. 이는 1971년 9월 23일 채택된 것으로서 주요 내용은 비행 중인 항공기의 안전을 위태롭게 하는 폭력 행사, 항공기 파괴, 허위정보 교신 등의 행위를 처벌하는 것입니다.

네 번째는 민간항공의 안전에 대한 불법적 행위의 억제를 위한 협약을 보충하는 국제민간항공에 사용되는 공항에서의 불법적 폭력행위의 억제를 위한 의정서가 있습니다. 1988년 2월 24일 채택된 것으로서 인명 살상을 초래하는 등 공항에서의 폭력 행사, 시설 또는 취항 중에 있지 아니한 항공기의 파괴, 공항업무 방해 등을 처벌하는 내용입니다.

다섯 번째 협약은 인질 억류 방지에 관한 국제협약입니다. 1979년 12월 17일 채택된 것으로서 인질의 석방을 조건으로 일정한 작위 또는 부작위를 강요하기 위해서 타인을 억류, 감금하여 살해, 상해 등 협박행위를 처벌하는 협약입니다.

여섯 번째는 외교관 등 국제적 보호 인물에 대한 범죄 예방 및 처벌에 관한 협약입니다. 1973년 12월 14일 채택된 것으로서 국가 원수, 정부 수반, 외교부장관, 국제법상 특별한 보호를 받을 자격이 있는 국가 및 국제기구의 대표 직원, 그 가족 등에 대한 살해, 납치 등 신체나 자유에 대해 가해행위를 처벌하는 협약입니다.

일곱 번째, 핵물질 방호에 관한 협약입니다. 1979년 10월 26일 채택된 것으로서 핵물질의 수령, 점유, 변형, 처분행위로 사망, 중대한 상해, 심각한 재산 피해를 초래하거나 초래할 우려가 있는 행위 및 핵물질의 절도, 강탈, 핵물질의 사용 위협행위 등을 처벌하는 것입니다.

여덟 번째는 가소성 폭약의 탐지를 위한 식별조치에 관한 협약입니다. 가소성 폭약 제조 시 폭약 내에 탐지 가능 물질을 투입토록 하고 탐지 가능 물질을 투입하지 아니한 가소성 폭약의 제조, 이동, 소유 등을 통제하는 것입니다.

아홉 번째는 폭탄테러의 억제를 위한 국제협약입니다. 1997년 12월 15일 채택한 것으로서 사망 또는 중대한 상해, 경제적 손실을 수반하는 파괴를 의도로 공공장소, 정부시설, 공공운송체계, 기반시설 내에 폭탄 또는 독성 화학물질, 생물학적 독소 등의 살포장치를 포함하는 치명적 장치를 운반, 설치, 발사, 폭발 행위를 처벌하는 내용입니다.

열 번째는 항해의 안전에 대한 불법적 행위의 억제를 위한 협약입니다. 1988년 3월 10일 채택된 것으로서 폭력, 위협에 의한 선박 점거 및 통제, 안전 항행을 위태롭게 하는 폭력 행사, 선박 파괴, 항행설비 파괴, 허위정보 교신 등을 처벌하는 것입니다.

열한 번째는 대륙붕상에 고정된 플랫폼의 안전에 대한 불법적 행위의 억제를 위한 의정서입니다. 1988년 3월 10일 채택된 것으로 인공섬, 석유시추시설 등 대륙붕상에 고정된 플랫폼에 항해의 안전에 대한 불법적 행위의 억제를 위한 규정에 관한 것입니다.

열두 번째는 테러자금조달억제에 관한 국제협약입니다.

1999년 12월 9일 채택된 것으로서 테러리즘 관련 국제협약상의 범죄를 구성하거나 다중의 공포심 유발, 정부나 국제기구의 작위, 부작위를 강요할 목적으로 민간인에 대한 살해, 중상해를 초래하는 행위를 수행하기 위하여 사용될 것을 의도하거나 인지하면서 자금을 제공하거나 모금하는 행위의 처벌에 대한 것입니다.

그리고 2005년 4월 13일 뉴욕에서 채택된 국제 핵테러행위 억제 협약입니다.

총 13개 대테러 협약이 발효 중임에도 불구하고 개별 협약이 갖는 여러 문제들, 즉 협약의 규율 대상이 되는 범죄와 범인에 대한 명백한 정의가 없는 정의 규정상의 문제가 있습니다. 또 적용 범위의 문제가 있습니다. 범죄 범위의 문제가 있습니다. 처벌 규정의 불확실성의 문제가 있습니다. 또한 관할권 문제가 있습니다.

이런 문제 등으로 테러 위협에 완벽히 대응하기 어려웠고 여전히 테러는 발생하고 있습니다.

우리는 이로부터 법률이 100% 제정된다고 해서 테러를 100% 완벽하게 예방할 수 있다는 주장을 펼치는 박근혜정부와 새누리당의 주장이 얼마나 허구적인지 알 수 있습니다.

테러는 법률 제정, 더구나 반인권적이고 반민주적인 성격의 법률로는 절대 예방할 수 없는 것입니다.

동료 의원 여러분!

테러방지법 제정의 필요성에 대해서 우리는 10년이 넘는 동안 논의를 해 왔습니다. 그동안. 9·11 테러 직후인 2001년 11월 김대중 정부는 국가정보원이 주축이 되어 제16대

국회에 테러방지법안을 제출했습니다. 그리고 17대 국회와 18대 국회에서도 테러방지법안은 계속 발의, 제안되었어요. 그러나 국회에서 통과되지 못했습니다.

왜일까요, 왜일까요?

가장 먼저 테러 개념 정립이 어려웠기 때문입니다. 이 문제는 우리가 테러방지법뿐만 아니라 유엔의 포괄적 대테러 협약에서도 논란이 되고 있는 사안입니다.

성균관대학교 박웅신 님의 학위논문을 인용하겠습니다.

오늘날 현대사회에서 테러범죄는 영화에서만 존재하는 것이 아닌 현존하는 위협이다. 이러한 테러범죄에 대한 객관적인 정의를 내리기는 매우 쉽지 않다. 테러의 정의는 1937년 국제연맹의 테러리즘의 예방과 처벌을 위한 협약에서 최초로 테러에 대한 정의가 시도된 이래 아직까지 테러에 대한 보편적으로 인정되는 정의가 없는 것이 실정이다.

보편적으로 인정될 수 없는, 보편적으로 인정될 수 있는 개념 정립이 어려운 이유는 테러라는 개념 자체가 불법행위의 결과만이 아니라 수단도 포함하고 있기 때문입니다. 더 나아가 국제정치의 역학관계 속에서 당사자의 입장에 따라 당해 행위가 테러범죄로 포섭되는가의 여부에 대한 입장이 상이하기 때문이기도 합니다.

그렇기에 미국의 정치학자이자 역사학자인 월터 라쿠어의 연구에 의하면 테러의 정의와 관련하여 1936년부터 1981년까지 무려 109개의 정의가 나왔다고 쓰여 있습니다.

이후에도 더 많은 정의가 시도되었으나 아직까지 통일된 테러의 개념이 정립되지 않은 실정입니다. 심지어 각 국가별로 그 입장이 다를 뿐만 아니라 일국의 정부 내에서도 부처별 견해가 다른 것이 현실입니다. 이는 가장 많은 테러범죄를 겪은 미국이 굉장히 좋은 예가 된다고 하고 있습니다. 국무성은 테러범죄를 준국가집단이나 비밀국가기구에 의해 비전투원을 표적으로 삼고 사전에 치밀하게 계획하여 자행되는 정치적 동기를 지닌 폭력행위로 정의된다라고 했습니다.

중앙정보국은 직접적인 희생물보다는 포괄적인 심난에 대해 보다 광범위한 심리적 충격과 협박을 가할 목적으로 기존의 정부 정권에 반대하거나 대항하여 행동하려는 개인이나 집단이 정치적 목적을 달성하기 위해 폭력을 사용하거나 위협하는 것으로 정의하며, 또 연방수사국은 정치적 또는 사회적 목적을 달성하기 위해 정부, 시민 또는 사회 특정 구성원을 위협하거나 강압할 목적으로 인명이나 재산에 물리적 힘을 또 폭력을 불법적으로 사용하는 것으로 정의를 하고 있습니다.

이처럼 테러에 대해 합의되지 못하고 수많은 견해가 주장되고 있는 것은 테러범죄가 일률적으로 정의하기 곤란한 속성을 가지고 있으며 테러의 개념 설정에 어려움을 가중시키고 있기 때문입니다.

그렇기 때문에 포괄적인 테러범죄의 정의가 가능하겠느냐라는 회의론이 등장했는데 리차드 박스터의

테러라는 용어는 정밀성도 없고 구체성도 없기 때문에 법적 용어로서는 부적합하다라고 하는 주장도 있습니다. 또 테러라는 단어가 막연한 상황을 서술적으로 설명하는 것이기에 법률적, 사실적인 하나의 단일 개념으로 정의할 수 없다고 하는 토마스 말리슨의 주장도 있습니다.

하지만 테러범죄를 법률적으로 규정하기 위해서는 테러범죄에 대한 명확한 개념 정의가 선행되어야 합니다. 더 나아가 테러의 개념을 명확히 하지 않으면 적용 범위나 요건을 둘러싸고 자의적 해석이나 남용의 여지를 남기게 되기 때문에 테러범죄의 특성에 기인한 정의를 내리도록 노력해야 한다라고 하고 있습니다.

다만 주의할 점은 테러범죄의 정의가 설득력을 가지려면 특정 정치적 또 종교적, 민족적 이념을 배경으로 해서는 안 되고 가치중립적 개념을 사용해야 한다라고 하고 있습니다.

그렇다면 유엔이나 미국, 영국은 테러범죄를 어떻게 정의하고 있는지 또 역시 논문을 참고해 보도록 하겠습니다.

(정갑윤 부의장, 이석현 부의장과 사회교대)

우선 국제연합입니다.

국제연합은 국제사회에서 테러범죄의 정의를 내리기 위한 노력은 국제연맹이사회에서 채택된 테러리즘의 예방과 처벌을 위한 협약에서 최초로 시작한 이래 2008년까지 테러행위를 언급한 조약은 개별적·지역적으로 30개가 체결되어 있는 상태입니다.

이와 관련한 최근의 조약은 1999년 12월 9일 130개 국가가 서명하고 2002년 4월 10일 자로 발효된 테러자금조달억제 협약입니다. 본 협약은 테러범죄 억제를 위해서 유엔 회원국들이 최초로 테러범죄의 개념 정의에 관한 합의에 도달했다는 것을 특징으로 하고 있는데요. 본 협약 2조1항제b호에 의하면 테러행위란 테러 관련 조약에 규정되어 있는 행위 이외의 행위로서 그 행위의 본질이나 정황에 비추어 볼 때 사람을 위협하거나 정부 또는 국제기구에 대하여 특정한 행위를 하도록 강요하거나 특정한 행위를 하지 못하도록 강요하려는 의도를 가지고 민간인 또는 무력충돌의 상황에서 적대행위에 적극적으로 가담하지 아니한 그 밖의 사람에 대하여 사망 또는 중대한 상해를 야기하는 행위로 정의하고 있습니다. 다만 본 조약상 테러범죄의 정의는 테러범죄에 대해 포괄적·일반적으로 규정한 것이 아닌 테러자금의 조달과 관련된 것임을 주의해야 한다라고 하고 있어요.

그 후 국제연합은 포괄적 국제테러리즘조약의 제정을 준비하고 있는데 이 역시 테러범죄의 정의에 관해 치열하게 논의를 하고 있어요. 국제연합은 산하의 특별위원회에서 이에 대한 논의를 계속하고 있고, 현재 고려하고 있는 테러의 정의는 일반 시민들을 위협하거나 정부 또는 국제기구를 강요하여 작위 또는 부작위를 강요할 목적으로 죽음, 심각한 상해 등을 초래할 의도로 행해진 일련의 행동으로 요약하고 있습니다.

유럽연합의 정의를 보면요…… 미국 다음으로 테러범죄를 가장 많이 경험한 지역이 유럽입니다. 그동안 유럽에서는 테러범죄에 대한 법적 규제를 각국이 개별적으로 해 오다가 유럽연합의 출범으로 테러범죄에 대한 공동 대처를 하게 되었습니다.

유럽연합은 2001년에 발생한 미국의 9·11 테러 직후 9월 21일 발족한 특별위원회에서 테러범죄와의 투쟁을 선결 과제로 선정해 대응해 온 이래 회원국들의 일치된 의견으로 2002년 6월 13일 프레임워크 디시전(framework decision)에서 테러범죄에 대한 개념을 정의하고 있는데요. 유럽연합의 합동적 차원에서 테러에 효과적으로 대응하기 위한 기구를 창설할 것을 결의했습니다.

상기 특별위원회는 테러범죄의 정의를 일반인에게 공포를 조성하여 어느 나라나 국제기구로 하여금 부당하게 작위 또는 부작위를 강요하려는 의도에서 의도적으로 폭발물, 자동화기 등을 사용하여 사람과 재산에 위해를 가하는 제반행위라고 정의하고 있습니다. 이러한 정의는 정치적 동기 등의 문제는 거론하지 않고 대상과 사용된 폭력적 수단에 의해 실용적으로 테러범죄에 대한 정의를 내린 것으로 평가받고 있기도 합니다.

자, 미국은 어떻게 정의를 하고 있나 보겠습니다.

미국에서 테러범죄는 주로 1960년대 이전에는 반전 투쟁, 인종 갈등 등에 기인한 국내 과격단체에 의해 주로 발생하였습니다. 1970년대 이후에는 미국 또는 미국 시민들을 목표로 한 테러범죄에 많이 노출되었습니다. 이후 1980년대를 거쳐 지금에 이르기까지 각종 단체에 의한 테러범죄를 경험한 이래 지난 2011년 9·11에는 사상 초유의 테러범죄를 경험한 바가 있지요.

대표적으로 유나이티드 스테이트 코드(USC)는 국제테러범죄를 규정하고 있는데 이에 의하면 국제테러범죄란 연방 또는 주 형법에 위반되거나 연방이나 주 영역 내에서 범해질 경우 형사적 범죄가 되는 인간의 생명에 위협이 되는 행위 또는 폭력적 행위를 말하며, 다음의 행위를 의도로 하는 행위라고 하고 있습니다.

민간인들을 협박하거나 강요하는 행위, 협박 또는 강요 등에 의해 정부 정책에 영향을 미칠 의도로 행해지는 행위, 집단적 파괴, 암살, 유괴 등에 의해 정부의 행위에 영향을 미칠 의도로 행해지는 행위, 이렇게 USC(미 연방법전) 정의 외에 2001년 제정된, 많이들 알고 계신 애국법 제802조A항에서 국내테러범죄를 정의하고 있습니다. 이에 의하면 국내테러범죄란 연방 또는 주 형법에 위반하는 인간의 생명에 위해를 끼치는 행위로서 다음의 행위를 의도로 하는 행위라고 하고 있습니다.

민간인들을 협박하거나 강요하는 행위, 이러한 협박 또는 강요 행위로서 정부의 정책에 영향을 미치려는 행위, 대량 암살·살상 또는 납치 등으로 정부의 활동에 영향을 미치려는 행위로서 이러한 행위는 미국의 영토관할권하에서 이루어진 행위일 것이다라고 하고 있습니다.

이러한 애국법의 정의는 앞의 USC의 정의와 유사하지만 테러행위가 미국 내에서 발생할 것을 요건으로 하는 점에서 차이를 보이고 있다 이렇게 말씀드립니다. 이렇게 다른 나라들의 사례, 유엔 또 유럽연합, 미국 등의 테러방지의 성격들을 좀 따져 봤고요.

그렇다면 오늘 주제가 되고 있는 국회의장이 직권상정한 테러방지법은 어떤 규정을 어떻게 하고 있는지 조문별로 좀 문제점을 지적하도록 하겠습니다.

● 부의장 이석현 김제남 의원님, 지금 9시 3분부터 4시간 넘도록 고생을 많이 하고 계십니다. 잠시 몸을 푸실 동안 제가 한 말씀 양해 구합니다.

지금 우리의 그 필리버스터가 단순한 지연전술을 뛰어넘어서 모처럼 국회가 국민들과 소통하고 공감하는 계기가 되고 있습니다. 언제 우리 국회가 이렇게 밤새워서 24시간 동안 국민들에게 호소해 본 적이 있었습니까? 그래서 이 시대에 지금 온갖 억눌림으로 또 쏠림으로 멍들고 그리고 할퀸 우리 민초들의 아픈 상처를 국회가 쓰다듬으면서 그들과 함께 괴로워하고, 함께 공명하는 그런 국회가 돼야 되겠습니다.

더러 이렇게 보면 의원님들 말씀하는 중에 또 반대도 하고 소란도 일어납니다마는 되도록 의원들이 꾸밈없이 우리의 부끄러움을 다 드러내고, 이 시대의 부끄러움, 수치를 전부 성역 없이 말할 수 있을 때 국민과의 공감이 일어납니다. 그래서 서로 의견이 다를 때도 양해해 주시고 경청하는 아량을 보여 주시면 감사하겠습니다.

김제남 의원님 말씀 계속하시지요.

● 김제남 의원 참 우리 국민들에게 좋은 기회가 된 것 같습니다. 이런 제한적이지 않은 무제한의 토론을 통해서 테러방지법이 가지고 있는 여러 가지 문제들을 조목조목 함께 이야기할 수 있고, 검토할 수 있고, 국민의 의견을 모아 갈 수 있는 이런 장……

19대 국회에서 이렇게 필리버스터로 무제한 토론을 할 수 있는 기회가 주어진 것도 저에게는 굉장히 큰 경험이고 또 국민들이 주신 영광이라고 생각을 합니다. 그런 마음을 가지고 테러방지법의 주요 내용과 문제점을 각 조목조목 좀 말씀을 드리려고 합니다.

정의화 의장께서 현 상황을 전시·사변에 준하는 국가비상사태로 규정을 하셨지요. 그리고 상정한 테러방지법은 새누리당 이철우 의원이 제출한 테러방지법안을 기본으로 해서 주호영 의원의 수정안으로 본회의에 제출이 되었습니다. 수정안과 원안은 큰 차이가 없습니다. 단지 수많은 문제가 제기되고 있는 원안에 대한 대안이 아닌 불명확한 테러위험인물에 대한 추적을 할 경우에는 국무총리인 대책위원회 위원장에게 사전 또는 사후 보고하도록 하는 내용을 신설했습니다.

신설했지만 이것 또한 포괄적으로 해석될 여지가 있어서 불명확하고 불특정 다수가 될 수 있는 테러위험인물에 대한 인권침해 문제는 그대로 남겨져 있다라고 할 수가 있습니다. 한마디로 눈 가리고 아웅하려는 꼼수에 불과하다라고 저는 분명하게 말씀을 드립니다. 그렇기

때문에 당초 새누리당 이철우 의원이 내놓은 법과 또 주호영 의원이 대표로 수정한 수정발의안이 크게 다르지 않다 이렇게 말씀드립니다.

이미 대다수의 국민은 테러방지법이 왜 문제인지 더 명확하게 파악하고 있을 것으로 보입니다. 앞서 저도 말씀드렸고 또 '시민 필리버스터'를 통해서 전달을 해 드렸고 또 존경하는 많은 의원님들이 앞서 장시간 토론을 통해서 말씀을 주셨습니다.

그래도 저는 다시 한 번 또 조문별로 따져 보고자 합니다. 왜냐하면 대다수 국민들은 박정희 정권 이후에 처음으로 행해지고 있는 이 필리버스터가 무엇인지, 왜 저 사람이 저렇게 나와서 잠도 자지 못하고 밤을 새워서 이 자리에 서서 이렇게 이야기를 하고 있는지, 무엇을 얘기하고 있는지 함께 이해를 해야 하기에 또 한 번 다시 말씀을 드립니다.

그러나 저는 좀 아쉬운 것은 저뿐만 아니라 새누리당 의원님들께서도 적극적으로 이렇게 자신들의 의사를 개진을 좀 해 주셨으면 하는 아쉬움이 있습니다.

잘 들어 주시기를 바랍니다.

자, 먼저 수정안입니다.

국민보호와 공공안전을 위한 테러방지법안에 대한 수정안 주호영 의원의 대표발의라고 말씀드렸고요.

수정이유 보니까 이것도 제가 소개해 드렸는데 '테러위험인물이 아닌 자에 대하여 조사 또는 추적을 할 경우 인권침해의 우려가 제기되고 있으므로' 제기를 한 것이지요.

'이러한 우려를 해소하기 위하여 대테러조사 또는 테러위험인물에 대한 추적을 할 경우 국무총리인 대책위원회 위원장에게 사전 또는 사후에 보고하도록 하며 대테러조사·추적활동에 신중을 기하게 하려는 것이다' 이렇게 되어 있습니다.

그래서 국민보호와 공공안전을 위한 테러방지법안 일부를 수정해서 안 제9조제4항에 다음과 같은 내용을 신설했습니다. '이 경우 사전 또는 사후에 대책위원회 위원장에게 보고하여야 한다' 이렇게 수정안에 들어가 있습니다.

원인과 수정안의 차이는 이렇다는 것을 말씀을 드리고요. 자, 이제 조문별로 보겠습니다.

국민보호와 공공안전을 위한 테러방지법안.

"제1조(목적) 이 법은 테러의 예방 및 대응 활동 등에 관하여 필요한 사항과 테러로 인한 피해보전 등을 규정함으로써 테러로부터 국민의 생명과 재산을 보호하고 국가 및 공공의 안전을 확보하는 것을 목적으로 한다.

제2조(정의) 이 법에서 사용하는 용어의 정의는 다음과 같다.

1. "'테러'란 국가·지방자치단체 또는 외국정부(외국지방자치단체와 조약 또는 그 밖의 국제적인 협약에 따라 설립된 국제기구를 포함한다). 외국정부의 권한행사를 방해하거나 의무 없는 일을 하게 할 목적 또는 공중을 협박할 목적으로 행하는 다음 각 목의 행위를 말한다.

가. 사람을 살해하거나 사람의 신체를 상해하여 생명에 대한 위험을 발생하게 하는 행위 또는 사람을

체포·감금·약취·유인하거나 인질로 삼는 행위

나. 항공기와 관련된 다음 각각의 어느 하나에 해당하는 행위

1) 운항 중인 항공기를 추락시키거나 전복·파괴하는 행위, 그 밖에 운항 중인 항공기의 안전을 해칠 만한 손괴를 가하는 행위

2) 폭행이나 협박, 그 밖의 방법으로 운항 중인 항공기를 강탈하거나 항공기의 운항을 강제하는 행위

3) 항공기의 운항과 관련된 항공시설을 손괴하거나 조작을 방해하여 항공기의 안전운항에 위해를 가하는 행위"

그다음에 다. '선박, 제2조제1호 본문의 선박을 말한다. 이하 이 목에서 같다'이고요. '선박 또는 해상구조물과 관련된 다음 각각의 어느 하나에 해당하는 행위'인데 "1) 운항 중인 선박 또는 해상구조물을 파괴하거나, 그 안전을 위태롭게 할 만한 정도의 손상을 가하는 행위

2) 폭행이나 협박, 그 밖의 방법으로 운항 중인 선박 또는 해상구조물을 강탈하거나 선박의 운항을 강제하는 행위

3) 운항 중인 선박의 안전을 위태롭게 하기 위하여 그 선박 운항과 관련된 기기·시설을 파괴 또는 중대한 손상을 가하거나 기능장애 상태를 야기하는 행위

라. 사망·중상해 또는 중대한 물적 손상을 유발하도록 제작되거나 그러한 위력을 가진 생화학·폭발성·소이성(燒夷性) 무기나 장치를 다음 각각의 어느 하나에 해당하는 차량 또는 시설에 배치 또는 폭발시키거나 그 밖의 방법으로 이를 사용하는 행위

1) 기차·전차·자동차 등 사람 또는 물건의 운송에 이용되는 차량으로서 공중이 이용하는 차량

2) 1)에 해당하는 차량의 운행을 위하여 이용되는 시설 또는 도로, 공원, 역, 그 밖에 공중이 이용하는 시설

3) 전기나 가스를 공급하기 위한 시설, 공중의 음용수를 공급하는 수도, 그 밖의 시설 및 전기통신을 이용하기 위한 시설로서 공용으로 제공되거나 공중이 이용하는 시설

4) 석유, 가연성 가스, 석탄, 그 밖의 연료 등의 원료가 되는 물질을 제조 또는 정제하거나 연료로 만들기 위하여 처리·수송 또는 저장하는 시설

5) 공중이 출입할 수 있는 건조물·항공기·선박으로서 1)부터 4)까지에 해당하는 것을 제외한 시설

마. 핵물질, 방사성물질 또는 원자력시설과 관련된 다음 각각의 어느 하나에 해당하는 행위

1) 원자로를 파괴하여 사람의 생명·신체 또는 재산을 해하거나 그 밖에 공공의 안전을 위태롭게 하는 행위

2) 방사성물질 등과 원자로 및 관계 시설, 핵연료주기시설 또는 방사선발생장치를 부당하게 조작하여 사람의 생명이나 신체에 위험을 가하는 행위

3) 핵물질을 수수·소지·소유·보관·사용·운반·개조·처분 또는 분산하는 행위

4) 핵물질이나 원자력시설을 파괴·손상 또는 그 원인을 제공하거나 원자력시설의 정상적인 운전을 방해하여 방사성물질을 배출하거나 방사선을 노출하는 행위"

일단 이 조항까지는, 앞부분의 세세한 각 호의 문제점은

우리 정의당의 박원석 의원께서 지적을 해 주셨고요. 제가 총괄해서 드리고 싶은 이야기는 '테러'에 대한 정의 규정이 매우 어렵다라는 점이고요. 또 여기에서도 '테러행위'에 대한 개념이 명확하지 않아서 자의적인 집행이 가능하도록 되어 있는 점들이 많다라는 것을 지적하고 넘어가겠습니다.

그다음에

"'테러단체'란 UN이 지정한 테러단체를 말한다."

"'테러위험인물'이란 테러단체의 조직원이거나 테러단체 선전, 테러자금 모금·기부 기타 테러예비·음모·선전·선동을 하였거나 하였다고 의심할 상당한 이유가 있는 자를 말한다."

다들 지적하셨는데요. 이 조항은 심각한 문제가 있습니다. 앞서 테러의 규정조차 명확하게 하기 어려운데 기타 테러의 예비·음모·선전 그다음에 선동, 구체적으로 이게 뭐냐? 앞에서 얘기하는 것도 굉장히 테러에 대해서 구체적으로 정의내리기가 어려웠는데 이렇게 예비라든지 선동이라든지 이런 게 되었을 때 이게 구체적으로 무엇을 말하는지가 너무 포괄적으로 해석될 여지가 매우 많습니다.

결국 그러면 이렇게 포괄적으로 해석된다는 것은 국정원의 판단만으로 테러위험인물이 분류될 수밖에 없다라는 점입니다. 그러면 국정원의 판단만으로 테러위험인물이 분류될 수밖에 없게 된다면 결국 이로 인해서 일어날 수 있는 인권침해는 고스란히 국민의 몫으로 돌아갈 수밖에 없다고 하는 점을 저는 지적하지 않을 수 없습니다. 그다음에

"4. '외국인테러전투원'이란 테러를 실행·계획·준비하거나 테러에 참가할 목적으로 국적국이 아닌 국가의 테러단체에 가입하거나 가입하기 위해 이동 또는 이동을 시도하는 내·외국인을 말한다.

5. '테러자금'이란 공중 등 협박목적 및 대량살상무기확산을 위한 자금조달행위의 금지에 관한 법률 제2조제1호에서 규정한 '공중 등 협박목적을 위한 자금'을 말한다.

6. '대테러활동'이란 제1호 '테러' 관련 정보의 수집, 테러위험인물의 관리, 테러에 이용될 수 있는 위험물질 등 테러수단의 안전관리, 인원·시설·장비의 보호, 국제행사의 안전확보, 테러위협에의 대응 및 무력진압 등 테러예방과 대응에 관한 제반 활동을 말한다.

7. '관계기관'이란 대테러 활동을 수행하는 국가기관, 지방자치단체, 그 밖에 대통령령으로 정하는 기관을 말한다.

8. '대테러 조사'란 대테러 활동에 필요한 정보나 자료를 수집하기 위하여 현장조사·문서열람·시료채취 등을 하거나 조사대상자에게 자료제출 및 진술을 요구하는 활동을 말한다."

이 4, 5, 6, 7, 8 이것들을 모아서 문제점을 일괄해서 드리면 역시 테러행위에 대한 규정의 불명확성으로 인해서 조사대상자 또한 불분명하게 됩니다. 그렇기 때문에 조사대상자에게 자료제출 및 진술을 요구하는 것은 사실상 굉장히 불명확하기 때문에 강제력을 행사하는 것으로밖에 보여질 수 없는 그런 문제가 있다는 점을 지적을 드립니다.

따라서 특히나 우리는 영장주의 원칙을 가지고 있기 때문에 이러한 조항은 영장주의 및 인권침해의 소지가

다분하다 이런 점을 지적하고 넘어가겠습니다. 그다음에
"제3조(국가 및 지방자치단체 책무) ① 국가 및
지방자치단체는 테러로부터 국민의 생명·신체 및 재산을
보호하기 위하여 테러의 예방과 대응에 필요한 제도와 여건을
조성하고 대책을 수립하여 이를 실행하여야 한다.
② 국가 및 지방자치단체는 제1항의 대책을 강구함에 있어
국민의 기본적 인권이 침해당하지 아니하도록 최선의 노력을
하여야 한다.
③ 이 법을 집행하는 공무원은 헌법상 기본권을 존중하여
이 법을 집행하여야 하며 헌법과 법률에서 정한 적법절차를
준수할 의무가 있다.
제4조(다른 법률과의 관계) 이 법은 대테러활동에 관하여 다른
법률에 우선하여 적용한다.
제5조(국가테러대책위원회) ① 대테러활동에 관한 정책의
중요사항을 심의·의결하기 위하여 국가테러대책위원회를 둔다.
② 대책위원회는 국무총리 및 관계기관의 장 중 대통령령으로
정하는 자로 구성하고 위원장은 국무총리로 한다.
③ 대책위원회는 다음 각 호의 사항을 심의·의결한다.
1. 대테러활동에 관한 국가의 정책 수립 및 평가
2. 국가 대테러 기본계획 등 중요 중장기 대책 추진사항
3. 관계기관의 대테러활동 역할 분담·조정이 필요한 사항
4. 기타 위원장 또는 위원이 대책위원회에서 심의·의결할
필요가 있다고 제의하는 사항
④ 그 밖에 대책위원회의 구성·운영 등에 관하여 필요한
사항은 대통령령으로 정한다."
여기에서 가장 크게 지적할 수 있는 문제점은 우리
대한민국헌법 제96조에는 행정각부의 설치·조직과
직무범위는 법률로 정하도록 되어 있습니다. 그럼에도
불구하고 제5조는 위원을 법률에서 직접 정하지 아니하고
대통령령으로 위임하는 것을 두고 있습니다.
저는 이 제5조, 위원을 법률에서 직접 정하지 않고
대령으로 위임하는 것은 명백하게 헌법을 위반하는
조항이다 이렇게 지적을 드립니다.
제6조 대테러센터 관련된 겁니다.
"① 대테러활동과 관련하여 다음 각 호의 사항을 수행하기
위해 국무총리 소속으로 관계기관 공무원으로 구성되는
대테러센터를 둔다.
1. 국가 대테러활동 관련 임무분담 및 협조사항 실무 조정
2. 장단기 국가대테러활동 지침 작성 배포
3. 테러경보 발령
4. 국가 중요행사 대테러안전대책 수립
5. 대책위원회 회의 및 운영에 필요한 사무의 처리
6. 그 밖에 대책위원회에서 심의·의결한 사항
② 대테러센터의 조직·정원 및 운영에 관한 사항은
대통령령으로 정한다.
③ 대테러센터 소속 직원의 인적사항은 공개하지 아니할 수
있다."
이렇게 되어 있습니다.
이것도 마찬가지로 아까 제가 5조에서 지적한 것처럼

제6조2항의 경우에도 제5조처럼 조직·정원은 대통령령으로
위임하고 있습니다. 이것 역시 헌법 제96조를 위반하고
있다라고 분명하게 지적을 드립니다.
"제7조(대테러 인권보호관) ① 관계기관의 대테러활동으로 인한
국민의 기본권 침해 방지를 위해 대책위원회 소속으로 대테러
인권보호관 1명을 둔다.
② 인권보호관의 자격, 임기 등 운영에 관한 사항은
대통령령으로 정한다.
제8조(전담조직의 설치) ① 관계기관의 장은 테러예방 및
대응을 위하여 필요한 전담조직을 둘 수 있다.
② 관계기관의 전담조직의 구성 및 운영과 효율적 테러대응을
위해 필요한 사항은 대통령령으로 정한다.
제9조(테러위험인물에 대한 정보수집) ① 국가정보원장은
테러위험인물에 대하여 출입국·금융거래 및 통신이용 등
관련 정보를 수집할 수 있다. 이 경우 출입국·금융거래 및
통신이용 등 관련 정보의 수집에 있어서는 출입국관리법,
관세법, 특정 금융거래정보의 보고 및 이용 등에 관한 법률,
통신비밀보호법의 절차에 따른다.
② 국가정보원장은 제1항의 규정에 따른 정보 수집 및 분석의
결과 테러에 이용되었거나 이용될 가능성이 있는 금융거래에
대해 지급정지 등의 조치를 취하도록 금융위원회의
위원장에게 요청할 수 있다.
③ 국가정보원장은 테러위험인물에 대한 개인정보와
위치정보를 개인정보 보호법 제2조의 '개인정보처리자'와
위치정보의 보호 및 이용 등에 관한 법률 제5조의
'위치정보사업자'에게 요구할 수 있다.
④ 국가정보원장은 대테러활동에 필요한 정보나 자료를
수집하기 위하여 대테러조사 및 테러위험인물에 대한 추적을
할 수 있다. 이 경우 사전 또는 사후에 대책위원회 위원장에게
보고하여야 한다."
9조가 갖고 있는 문제점부터 좀 드리겠습니다.
9조는 '테러위험인물에 대한 정보수집' 이렇게 되어
있는데요. 제9조는 영장주의의 예외인 독소 조항을
굉장히 다수 포함하고 있습니다. 테러위험인물의
정의가 모호하다고 아까 말씀을 드렸습니다, 수정안이.
수정안도 역시 모호한 반면에 정보를 수집하고 제재하고
프라이버시를 침해하고 기타 추적 등에 대한 국정원의
권한은 지나치게 포괄적입니다. 이것은 영장주의의 예외인
독소 조항을 다수 포함하고 있는 심각한 인권침해의 우려가
있다라고 볼 수 있습니다.
특히 이 조항은 헌법 제12조3항의 '체포·구속·압수 또는
수색을 할 때에는 적법한 절차에 따라 검사의 신청에 의해서
법관이 발부한 영장을 제시하여야 한다. 다만, 현행범인
경우와 장기 3년 이상의 형에 해당하는 죄를 범하고 도피
또는 증거인멸의 염려가 있을 때에는 사후에 영장을 청구할
수 있다'는 규정을 위반하고 있습니다. 그래서 굉장히
위헌적인 요소가 있다라고 말씀을 드립니다.
아까 관련된 헌법 12조3항은 제가 함께 읽어 드린 바
있습니다.

결국 가장 큰 문제는 앞서 지적한 제5조와 6조가 함께 위헌소지가 명백한데도 입법기관인 국회가 논의도 하지 않고 본회의에 직권상정을 했다는 것입니다. 문제가 대단히 심각하다고 저는 생각합니다.

본회의에 직권상정해서 통과시키려고 하는 이 자체가 저는 국가비상상황을 만드는 일이다라고 봅니다. 그래서 이 수정안을 직권상정한 국회의장님께 엄중하게 저는 항의도 드리는 것이고 또 이 테러방지법을 직권상정하도록 압박하고 협박하고 또 국회 입법부 탓으로 돌리고 있는 박근혜 대통령, 집권 여당에게도 이런 위헌적인 요소에 대한 검토 없이 직권상정해서 본회의에 통과시키려고 하는 위헌적인 그리고 대단히 국가를 비상한 상황으로 몰아넣고 있는 일에 대해서 유감을 분명하게 전합니다.

"제10조(테러예방을 위한 안전관리대책의 수립) ① 관계기관의 장은 대통령령이 정하는 국가중요시설과 많은 사람이 이용하는 시설 및 장비에 대한 테러예방대책과 테러의 수단으로 이용될 수 있는 폭발물·총기류·화생방물질, 국가중요행사에 대한 안전관리 대책을 수립하여야 한다.
② 제1항의 규정에 의한 안전관리대책의 수립·시행에 필요한 사항은 대통령령으로 정한다." 이렇게 하고 있습니다.

"11조(테러취약요인 사전제거) ① 테러대상시설 및 테러이용수단의 소유자 또는 관리자는 보안장비를 설치하는 등 테러취약요인 제거를 위하여 노력하여야 한다.
② 국가는 1항의 사업을 수행하는 소유자 또는 관리자에게 필요한 경우 그 비용의 전부 또는 일부를 지원할 수 있다.
③ 제2항의 규정에 따라 지원되는 비용의 대상·기준·방법 및 절차 등 필요한 사항은 대통령령으로 정한다."
라고 하고 있습니다.

2항에서 제1항의 사업이라고 지칭하고 있는데 1항은 노력의무조항이지 사업내용은 없습니다. 예컨대 테러취약요인 제거를 위하여 다음 각 호의 사업을 할 수 있다고 규정한 다음 각 호를 나열해야 하는 것이지요. 그런데 그런 게 없습니다. 아주 단순한 입법상의 문제조차 파악하지 못하고 본회의에 직권상정되어 올라와 있습니다.

저는 입법부의 한 사람으로서 매우 부끄럽게, 이런 일은 부끄러운 일이라고 말씀드립니다.

"제12조(테러선동·선전물 긴급 삭제 등 요청) ① 관계기관의 장은 테러를 선동·선전하는 글 또는 그림, 상징적 표현물, 테러에 이용될 수 있는 폭발물 등 위험물 제조법 등이 인터넷이나 방송·신문, 게시판 등을 통해 유포될 경우 해당 기관의 장에게 긴급 삭제 또는 중단, 감독 등의 협조를 요청할 수 있다.
② 제1항의 협조를 요청받은 해당기관의 장은 필요한 조치를 취하고 그 결과를 관계기관의 장에게 통보하여야 한다."

이 항도 역시 테러의 개념 규정이 불명확한 상황에서 무엇을 선동·선전하는 글·그림이라고 할 수 있는 것인지 매우 의문을 갖지 않을 수 없는 것입니다.

보십시오. "관계기관의 장은 테러를 선동·선전하는 글 또는 그림, 상징적 표현물."

국민 여러분, 이렇게 표현되면 이 글과 그림이 정말 테러를 상징하는, 선동하는 그림인지 글인지 알 수 있을까요? 굉장히 포괄적이고 주관적인, 그렇게 되는 것이지요.

그래서 결국은 이런 상황에서 강제적으로 삭제 또는 중단할 수 있다는 권한부여는 누구에게 하느냐? 결국 국정원 등 관계기관의 자의적인 집행에 따르게 된다는 것이지요. 그러면 때로는 국민들이 자신의 예술 창작활동의 결과로 나온 글·그림, 상징물 등이 그야말로 테러의 선동·선전물이 되어서 긴급 삭제가 되는 그런 기본권 침해가 우려될 수 있다라는 점을 지적을 드립니다.

"제13조(외국인테러전투원에 대한 규제) ① 관계기관의 장은 외국인테러전투원으로 출국하려 한다고 의심할 만한 상당한 이유가 있는 내·외국인에 대하여 일시 출국금지를 법무부장관에게 요청할 수 있다.
② 1항에 따른 일시 출국금지 기간은 90일로 한다. 다만, 출국금지를 계속할 필요가 있다고 판단할 상당한 이유가 있는 경우에 관계기관의 장은 그 사유를 명시하여 연장을 요청할 수 있다.
③ 관계기관의 장은 외국인테러전투원으로 가담한 자에 대하여 여권의 효력정지 및 재발급 거부를 외교부장관에게 요청할 수 있다.
제14조(신고자보호 및 포상금) ① 국가는 특정범죄신고자 등 보호법에 따라 테러에 관한 신고자, 범인검거를 위해 제보하거나 검거활동을 한 자 또는 그 친족 등을 보호하여야 한다.
② 관계기관의 장은 테러의 계획 또는 실행에 관한 사실을 관계기관에 신고하여 테러를 사전에 예방할 수 있게 하였거나, 테러에 가담 또는 지원한 자를 신고하거나 체포한 자에 대하여 대통령령이 정하는 바에 따라 포상금을 지급할 수 있다.
제15조(테러피해의 지원) ① 테러로 인하여 신체 또는 재산의 피해를 입은 국민은 관계기관에 즉시 신고하여야 한다. 다만, 인질 등 부득이한 사유로 신고할 수 없을 때에는 법률관계 또는 계약관계에 의하여 보호의무가 있는 자가 이를 알게 된 때에 즉시 신고하여야 한다.
② 국가 또는 지방자치단체는 제1항의 피해를 입은 자에 대하여 대통령령이 정하는 바에 따라 치료 및 복구에 필요한 비용의 전부 또는 일부를 지원할 수 있다. 다만, 여권법 제17조1항 단서에 따른 외교부장관의 허가를 받지 아니하고 방문 및 체류가 금지된 국가 또는 지역을 방문·체류한 자에 대해서는 그러하지 아니하다.
③ 제2항의 규정에 의한 비용의 지원 기준·절차·금액 및 방법 등에 관하여 필요한 사항은 대통령령으로 정한다."

제16조(특별위로금) 조항이 있습니다.

제17조(테러단체 구성죄 등)에 관한 조항이 있습니다.

제18조(무고, 날조)에 관한 조항이 있습니다.

그다음에 부칙입니다.

"제1조(시행일) 이 법은 공포한 날부터 시행한다. 다만, 5조부터 8조, 10조, 11조, 14조부터 16조까지는 공포 후 3월이 경과한 날부터 시행한다.

제2조(다른 법률의 개정) ① 특정 금융거래정보의 보고 및 이용 등에 관한 법률 일부를 다음과 같이 개정한다.

제7조1항 각 호 외의 부분 중 '금융감독 업무'를 '금융감독업무, 테러위험인물에 대한 조사업무'로 하고 '금융위원회'를 '금융위원회, 국가정보원장'으로 한다.

제7조4항 중 '금융위원회'를 '금융위원회, 국가정보원장'으로 한다.'

부칙에 관한 문제를 지적하지 않을 수 없습니다. 그러니까 딱 이 부칙에 가서 '아, 이 법이 국정원을 위한 법이구나'라고 실감나게 해 주는 조항이 바로 이 부칙입니다. 현행 특정 금융거래정보의 보고 및 이용 등에 관한 법률 제7조1항을 개정하여 금융정보분석원장으로 하여금 테러위험인물에 대한 조사업무에 필요하다고 인정되는 금융정보를 국정원에 제공하도록, 국정원장에게 제공하도록 하고 있습니다, 현행도.

그런데 앞서 지적했듯이 테러위험인물 자체가 포괄적으로 해석되어 인권침해의 소지가 다분한데 관련 인물의 금융정보까지 국정원이 쥐락펴락한다는 것은 결국 국정원이 마음만 먹으면 민간인 사찰을 합법적으로 할 수 있게 열어 주는 것이 될 수 있다라는 것입니다. 필요하다면 현행 특정 금융거래정보의 보고 및 이용 등에 관한 법률로 해도 아무런 문제가 없습니다.

국정감사 때마다 국정원을 비롯한 사정당국은 민간인 사찰 때 지켜봤듯이 영장 없이도 개인정보를 비롯한 인권침해를 저지르고 있습니다, 이미. 이런 상황에서 해당 조항은 이런 민간인 사찰을 지켜보듯이 영장 없이도 개인정보를 비롯한 인권침해를 하고 있는 이런 불법적인 행위를 합법화시켜 주는 것이다라고 저는 강하게 이 법의 문제점을 지적을 드리고, 이런 부칙조항은 있어서는 안 된다라고 지적을 드립니다.

'이현령비현령', 함량 미달인 테러행위에 대한 규정, 이미 국내 현행법에 포함된 각종 테러행위를 모아 놓은 것에 불과한 규정입니다. 많은 국민들이 주신 의견에도 '아니, 테러방지법을 왜 지금 무엇 때문에 하느냐'라고 지적하고 있습니다. 우리는 이미 1983년부터 대통령 직속기구로 총리를 위원장으로 하는 국가 대테러 대책위원회, 대책기구를 두도록 하고 있고 모든 테러와 관련된 대책과 시스템을 갖추고 있습니다. 관련된 법도 대단히 여러 곳에 만들어져 있습니다.

그럼에도 불구하고 함량미달인 테러행위에 대한 규정, 이미 여러 곳에 퍼져 있고 여러 현행법에 포함되어 있는, 그냥 각종 테러행위를 이래저래 모아 놓은 것에 불과한 규정을 가지고 이렇게 사단을 내면서, 이렇게 비상상황 같은 상황까지 만들면서 테러를 예방하겠다고 하니 참말로 부끄러울 수밖에 없고요. 문제 제기를 강력하게 하지 않을 수 없습니다.

테러방지법상의 개념도 문제지만 그보다 더 중요한 것은 테러 예방을 위한 법률 제정의 타당성, 특히 테러 예방을 위한 공권력의 작용에 대한 엄밀한 법적 기준과 근거를 갖추고 있지 않다라고 봅니다.

이것은 제가 앞서 헌법을 죽 말씀을 드렸고 많은 국민들께서 시민 필리버스터를 주시면서 이 헌법을 읽어 달라, 조문 조문 차근차근 읽어 달라고 하셨습니다.

그것은 뭐냐 하면 바로 말씀드린 것처럼 테러 예방을 위한 공권력의 작용이 어디서부터 어디까지냐, 그 법적 기준, 근거를 가지고 있어야 되는데 그런 내용들을 담고 있지 않습니다. 그러니까 결국은 헌법이 보장하는 가장 중요한 국민의 기본권하고 충돌이 되고, 때로는 충돌될 뿐만 아니라 이런 공적인 공권력의 작용에 의해서 헌법이 보장한 국민의 기본권이 심각하게 침해될 수 있다는 것입니다.

아마 제가 앞으로 해야 할 주제가 몇 시간 더 남아 있습니다. 몇 시간 더 남아 있는데 어찌 보면 또 반복, 반복될 것 같습니다. 거의 제가 내리는, 그리고……

우리 헌법은 이런 테러방지법과 같이 범죄 예방을 목적으로 하는 법률을 제정할 경우에 발생할 수 있는 피해를 최소화하기 위해서 그 법률이 과잉금지 원칙에 합치할 것을 요구하고 있습니다. 공권력의 작용은 절대 과잉되어서는 안 됩니다. 과잉금지 원칙을 지켜야 됩니다. 그래서 바로 그 목적의 정당성 그리고 방법의 적절성 그리고 피해의 최소성 그리고 법익의 균형성이 녹아 있어야 됩니다. 이 법에 나와 있어야 됩니다. 하지만 어디에서도 찾아볼 수가 없습니다.

그래서 과잉금지 원칙에 관련한 헌법재판소 1989년 12월 22일 88 헌법재판소 기록을 읽어 드리겠습니다. 다소 길지만 지루하게 생각하시지 말고 하나하나 잡아 가야 한다고 생각합니다. 옳지 않은 것은 정직하고 성실하게 오랜 시간을 걸려서라도 바로잡아야 이런 직권상정으로 그야말로 법에 대한 충분한 토론 없이 표결하는 이런 일이 일어나지 않을 거라고 생각합니다. 그게 바로 국민을 지키는 일이고 국민의 기본권을 지킨다고 생각합니다.

'재산권 제한의 한계, 입법부라고 할지라도 수권의 범위를 넘어 자의적인 입법을 할 수 있는 것은 아니다. 사유재산권의 본질적인 내용을 침해하는 입법을 할 수 없음은 물론이다'라고 하고 있습니다. 토지재산권의 본질적인 내용이라는 것은 토지재산권의, 재산권 제한의 한계에 관련된 헌재의 규정입니다.

'근본요소를 뜻하며 따라서 재산권의 본질적인 내용을 침해하는 경우라고 하는 것은 그 침해로 사유재산권이 유명무실해지고 사유재산제도가 형해화되어 헌법이 재산권을 보장하는 궁극적인 목적을 달성할 수 없게 되는 지경에 이르는 경우라고 할 것이다'라고 얘기를 하고 있습니다. 그러면서 '사유재산제도의 전면적인 부정, 재산권의 무상몰수, 소급입법에 의한 재산권 박탈 등이 본질적인 침해가 된다는 데 대하여는 이론의 여지가 없으나 본권 심판대상인 토지거래허가제는 헌법의 해석이나 국가, 사회공동체에 대한 철학과 가치관의 여하에 따라 결론이 달라질 수 있는 것이다'라고 하고 있습니다.

그리고 '헌법의 기본정신에 비추어 볼 때 기본권의

본질적인 내용의 침해가 설사 없다고 하더라도 과잉금지의 원칙에 위반되면 역시 위헌임을 면하지 못한다고 할 것이다'라고 하고 있습니다. 과잉금지의 원칙은 국가 작용의 한계를 명시하는 것입니다. 아까 말씀드린 목적의 정당성, 방법의 적정성, 피해의 최소성, 법의 균형성을 의미하는 것으로 그 어느 하나에라도 저촉되면 위헌이 된다는 것이 헌법상의 원칙입니다.

결국 이것은 뭐냐 하면 '헌법상 국가는 개인이 가지는 불가침의 기본적 인권을 확인하고 이를 보장할 의무를 지고 그리고 사회보장, 사회복지 증진에 노력할 의무를 지고 환경보전과 주택개발 등을 통하여 국민의 쾌적한 주거생활을 보장하도록 노력할 의무를 지고, 그런 개인이 가지는 불가침의 기본권, 인권을 지키기 위한 국가의 의무를 지기 위해서—앞서 말씀드린—과잉금지의 원칙에 부합되게끔 해야 된다'라고 얘기를 하고 있습니다.

좀 길어서 생략하고 뒤에만 다시 한 번 강조를 드리기로 하겠습니다.

'무릇 국가가 입법, 행정 등 국가 작용을 함에 있어서는 합리적인 판단에 입각하여 추구하고자 하는 사안의 목적에 적합한 조치를 취하여야 하고 그때 선택하는 수단은 목적을 달성함에 있어서 필요하고 효과적이며 상대방에게는 최소한의 피해를 줄 때에 한해서 그 국가 작용은 정당성을 가지게 된다, 그리고 상대방은 그 침해를 감수하게 된다, 최소의 피해를 감수하게 된다'

라는 것입니다. 그런데

'국가 작용에 있어서 취해진 어떤 조치나 선택된 수단이 그것이 달성하려는 사안의 목적에 적합하여야 함은 당연하지만 그 조치나 수단이 목적 달성을 위하여 유일무이한 것일 필요는 없다'

는 것입니다. 그래서

'국가가 어떤 목적을 달성함에 있어서는 어떠한 조치나 수단 하나만으로써 가능하다고 판단할 경우도 있고 다른 여러 가지 조치나 수단을 병과하여야 가능하다고 판단하는 경우도 있을 수 있으므로 과잉금지의 원칙이라는 것이 목적 달성에 필요한 유일의 수단 선택을 요건으로 하는 것이라고 할 수는 없다'

라고 하고 있습니다. 그래서

'여러 가지 조치나 수단을 병행하는 경우에도 그 모두가 목적에 적합하고 필요한 정도 내의 것이어야 한다'

라는 점을 강조를 하고 있습니다.

그래서 테러방지법이 우리 헌법이 명시하고 있는 과잉금지의 원칙 그리고 공권력의 작용이 과연 목적이 정당한가, 균형을 가지고 있는가라고 하는 것을 분명하게 판단해야 되는데 지금 테러방지법은 그러지 못하다는 점을 헌재의 사례를 들어서 좀 말씀을 드렸습니다.

그렇다면 박근혜정부와 새누리당이 주장하는 테러방지법은 이러한 원칙에 충실합니까? 한번 더 강조를 드리겠습니다. 정보기관의 기밀유지 필요성, 테러행위 예방 및 처벌을 위한 국가기관의 충분한 법적 권한과 자원 필요성을 인정한다 하더라도 테러대응을 하면서 발생할 수 있는 부당한 압수 그리고 수색으로부터의 보호 또 정치적 표현의 자유 또 적법절차, 사생활과 프라이버시의 보호 등과 같은 민주주의와 인권의 기본적 가치와 원칙이 보호되고 있습니까, 과연 여기 안에? 찾아볼 수 없습니다.

정보기술의 발달과 각종 전자 감시장치로 인해서 범죄를 예방하고 기밀정보를 수집할 필요성이 요구되고 있지만 정부의 감시와 도청으로 인한 기본권 침해 가능성 역시 높아지고 있습니다. 그렇기 때문에 새로운 기술과 수단에 맞는 법과 보호장치가 필요한 것입니다. 이에 대한 충분한 대책이 있어야 하는 것입니다. 있습니까? 아닙니다, 없습니다.

국가 정보·수사 기관의 감시 및 정보수집 권한을 강화할 필요성이 입증되어야 함에도 불구하고 이를 국회와 국민에게 충분히 제기하고 설득하고 있습니까? 개인정보 수집과 활용의 증가가 분명하고 개인의 사생활이나 인권침해 가능성이 높아질 것이 분명하기 때문에 권한 강화의 필요성을 충분히 입증해야 됩니다. 그런데 그렇게 하고 있습니까? 아닙니다.

어느 날 갑자기 국가정보원장이 나타나서 국회의장님과 독대를 하셨습니다. 그리고 갑자기 테러위협이 높아졌습니다. 그리고 국가비상사태가 되었습니다. 저는 아직도 왜 국가비상사태인지 알지를 못합니다. 어떤 근거였는지 아직 의장님께 듣지를 못했습니다.

국가정보기관의 정보공유와 융합이 높아질 수밖에 없습니다. 그러면 방대한 정보가 수집될 것입니다. 이에 따라 발생할 수 있는 정보의 적절한 관리와 인권침해 사태를 예방하기 위한 정보공유 범위를 제한하고 통제하는 절차적인 어떤 보호장치가 강구되어야 합니다. 강구되고 있습니까? 제가 조문을 다 읽어 드렸습니다. 단 한 글자도 없습니다.

한 발 더 나아가야 될 것 같습니다. 테러방지법 제정의 이유로 OECD 국가들 대부분의 테러방지법 제정을 들고 있습니다. 미국, 영국, 독일, 여러 나라들에서 테러방지법을 제정하기도 했습니다. 그런데 박근혜정부와 새누리당은 법률 제정 여부에만 관심이 있습니다. 법률 제정으로 인해서 발생할 수 있는 앞에서 계속해서 강조하고 있는 국민의 기본권 침해 문제, 위헌 여부 문제 또 각 국가에서 제정된 테러방지 대책이나 기구의 특수성, 여러 쟁점들에 대해서는 아무도 말을 하고 있지를 않습니다. 그래서 사실은 테러방지법이 제정된 모든 국가들의 사례를 다 소개하고 싶습니다. 하지만 시간이 부족해서 저도 모든 나라들의 사례를 다 조사하지 못했습니다. 그래서 대표적인 몇 개 국가 테러방지법의 내용과 대책에 대해 소개하고 쟁점이 뭔지를 저희가 좀 알아야 될 것 같습니다. 그래서 우리에게 많이 인용이 되고 있는 미국부터 살펴보려고 합니다. 좀 시간이 걸릴 것 같습니다.

다들 잘 아시다시피 미국은 9·11 테러 직후 소위 애국법이라고 불리는 대테러법률을 제정했습니다. 이에 대해서 수많은 글이 있지만 애국법은 얼마 전 위헌 판결이 났습니다. 그래서 이 문제를 고려해서 위헌 판결이 난 내용을 포함해서 소개를 드리려고 합니다.

미국에서는 1960년대의 극렬한 반전 투쟁 및 인종 갈등의 폭발적 대립 상황하에서 국내 단체에 의한 테러범죄가 절정을 이루었으나 베트남 전쟁의 종식과 인종 문제 해결을 위한 연방정부의 적극적인 노력 속에서 국내 테러범죄단체의 활동은 점차 감소했습니다.

하지만 70년대 이후에는 미국을 대상으로 한 항공기 납치·폭파 사건과 같은 테러범죄가 집중되자 테러범죄에 대처하기 위해 테러범죄에 관심을 갖고 대응책을 갖기 위한 노력을 시작했지요. 80년대 이전에는 테러범죄 방지를 위한 정치·외교적 노력에 주로 방점을 찍고 있었어요. 그리고 테러범죄에 대비한 국내법의 개선, 그리고 대테러기구의 정비 등은 상대적으로 소홀하였던 것이 사실이었습니다.

테러범죄에 대한 체계적인 형사법적 대응책이 구비되기 시작한 것은 1983년 국제테러대책법입니다. 동법은 테러범죄를 인류의 생명과 안전에 관한 기본권을 침해하는 용납할 수 없는 범죄행위로 선언하고 테러방지를 위한 연방정부의 정책, 기관 간 협력 및 정보체계 구축과 대응 능력의 향상, 그리고 국제적 협력 등을 규정하였습니다.

그리고 1986년에는 테러범죄소추법을 제정했고요. 그리고 이 법에서는 테러범죄에 대한 미국의 군사재판권의 범위를 확대했습니다. 외교관 및 국제적 보호 인물에 대한 테러범죄 이외에도 모든 미국 시민에 대한 국내의 테러범죄에까지, 영장청구 기각에 대한…… 86년에 테러범죄소추법이 제정이 되었고요.

그다음에 이제 애국법이 나오는데요. 애국법에 대해서 소개를 바로 드리겠습니다.

애국법은 전 10장에 156개 조항으로 구성된 굉장히 방대한 법률입니다. 이에 대해서 간략히 보면, 우선 강화된 감시 절차가 있는데요. 본 장은 테러범죄를 방지하기 위해 정보기관과 수사기관의 정보수집 절차상의 방해요인을 최대한 제거하고 강력한 감시권한을 부여하는 것을 기본으로 하고 있기에 애국법의 핵심적 내용이자 가장 많은 비판을 받는 부분이기도 합니다. 우리에게 시사점이라고 하면 여기로부터 많은 것을 검토할 수 있을 것 같습니다.

애국법 제2장의 규정은 일부 조항을 제외하고는 테러범죄에 대응하는 정부기관의 절차적 요건을 완화하는 내용들입니다. 본 장에 있어서 형사법적 관심의 대상이 되는 조항은 제206조, 213조, 219조인데요. 본 장의 규정으로 인해 정보·수사기관은 상호 간에 테러범죄에 관한 정보를 공유할 수 있는 길이 열렸고, 단일한 영장으로 용의자를 추적하는 과정 중에 용의자가 감청을 무력화하려는 시도를 하여도 이를 극복할 수 있게 하였어요. 그래서 잠재적 테러범죄 행위자의 주변에 대해 밀실수색을 하는 것이 허용됨으로써 테러범죄 대응에 있어서 매우 강력한 수단을 획득한 것이다라고 평가를 하고 있습니다.

제200조는 수사기관이 해외정보감시법에 의한 통신제한조치를 효율적으로 수행할 수 있도록 제한조치의

대상을 특정하지 않는 포괄적 감청을 도입했습니다. 이는 종래에 U.S.C. Title 50의 Chapter 36항의 섹션에 보면, FISA 법원으로 하여금 통신사업자 등에 대해 방첩활동과 관련한 도청장치의 설치 또는 정보수집 업무를 수행하는 수사기관에 정보를 제공하도록 명령할 수 있도록 하였으나 애국법 제206조에 의해 FISA 법원이 기타 다른 사람들에게도 위와 같은 명령을 내릴 수 있도록, 즉 포괄적 감청을 가능하도록 한 것입니다. 이는 당국의 감시 대상이 된 인물의 행동이 수사기관의 감청 목적을 달성할 수 없게 하는 경우에 관련되는 모든 자에게 지원하도록 명령할 수 있다는 의미를 가지고 있습니다.

더 나아가서 용의자가 통신수단을 변경하는 경우 변경된 통신수단에 대한 별도의 영장이 아닌 기존 영장으로도 통신제한조치를 지속할 수 있다는 그런 의미이기도 합니다. 즉 테러범죄 혐의자에 대해 감청의 대상을 특정하지 않고 모든 통신수단에 대한 전자적 감시가 가능하도록 하는 조항입니다.

문제는 이렇게 수사기관이 용의자를 추적하면서 통신제한조치를 시행하는 경우에는 그 통신제한조치의 대상이 특정되어 있지 않았기에 테러범죄와는 무관한 그런 회선을 제한할 수 있어 선의의 피해자가 발생할 우려가 있다는 비판을 굉장히 많이 받게 되었습니다.

두 번째, 이제 비밀수색의 문제인데요. 애국법 제213조는 수색영장의 집행 사실을 일정한 경우에 집행대상자에게 고지하지 않는 소위 비밀수색영장을 법원으로부터 발부받는 것을 허용하고 있었어요. 종래의 연방형사소송규칙 제41조는 수색영장을 집행한 수사관으로 하여금 영장의 사본과 압수한 물품의 목록을 남겨 놓고 수색영장을 발부한 법원에 대해 영장의 집행 결과를 보고하도록 요구하고 있었습니다. 하지만 제213조는 법원에 수색 사실을 수색 대상자에게 통보하는 것이 역효과를 가져올 수 있다고 믿을 만한 합리적인 이유가 있는 경우에 이러한 비밀수색영장을 청구할 수 있게 했습니다.

이러한 비밀수색에서 발견한 증거품은 압수할 수는 없지만 비밀수색으로 획득한 정보를 근거로 차후에 압수수색영장을 발부받아 집행할 수 있도록 했습니다. 즉 영장 집행의 고지를 집행 후로 연기하는 제도라 평가를 할 수 있는 건데요.

제213조는 비밀수색을 수사기관의 표준적 수사 과정으로 인정했다는 점에서 주목할 만한 것이었는데, 수사기관이 이러한 비밀수색영장을 신청하려면 반드시 수색영장 집행의 사전통지로 인해 수사 또는 공판에 심대한 장애가 발생해야 한다는 것을 증명해야 했습니다. 하지만 본 조항이 논란이 되는 것은 이러한 비밀수색을 수사기관의 표준적 수사 과정으로 포함함으로써 테러범죄가 아닌 일반 형사범죄, 더 나아가 경죄까지 이러한 비밀수색이 가능하게 했다는 점입니다.

뿐만 아니라 이런 비밀수색영장을 집행함에 있어 대상 물품의 압수는 불가능한 것이 원칙이지만 일반적인 수색의

필요성을 넘어서 압수의 필요성을 수사기관이 구체적으로 증명하면 법원은 비밀수색 중 압수를 허가할 수 있도록 해서 더 논란이 되었던 내용이기도 합니다.

그다음에 또 항목은 해외정보감시법에 의한 비즈니스 기록 열람권이었습니다. 애국법 215조는 해외정보감시법을 개정하여 연방수사국으로 하여금 테러범죄에 대한 수사에 필요한 경우 사인에게 관련 증거물의 제출을 강제하도록 FISA 법원의 명령을 요청할 수 있는 권한을 부여한 내용인데요. 애국법 제정 과정에서 가장 논란이 많았던 내용입니다. 즉 이전에는 해외정보감시법 제501조에 의해 연방수사국이 취득할 수 있는 기록은 공중 수송수단, 물리적 저장시설, 차량 임대시설 등이 보유하는 기록에 국한을 했었는데, 동 조항은 이러한 제한을 삭제함으로써 연방수사국으로 하여금 대상의 유형의 제한 없이 모든 단체 또는 개인에 대해 테러범죄에 관련된 정보의 제출을 명령하는 영장 발부를 FISA 법원에 신청할 수 있게 한 것이지요.

또한 제출명령의 대상을 기존의 '기록'에서 '서적, 기록, 문서 또는 기타 물건'으로 모호하게 입법함으로써 거센 비난을 받았습니다.

또 테러범죄에 대한 압수 및 수색영장의 관할 요건을 완화했었지요? 애국법 제219조는 종래 연방형사소송규칙 제41조(a)에 의해 압수 및 수색영장이 발부된 법원의 관할구역 내에서만 당해 영장이 유효하였던 것을 개정하여 테러범죄 혐의자의 색출을 위한 압수 및 수색영장을 당해 영장 발부법원의 관할에 상관없이 그 효력을 유지하게 하였습니다.

그다음에 이런 강화된 감시 절차와 함께 국경의 보호와 관련된 내용을 말씀드리겠습니다.

테러범죄, 특히 국제테러범죄의 억제는 테러범죄의 혐의가 있는 외국인 입국을 차단하는 것이 최선이라는 전제에서 출입국 통제를 강화하고 있는 부분입니다.

본 장은 크게 세 부분으로 나뉘어 있는데 subtitle A는 북부 국경 보호에 관한 규정으로서 캐나다 국경지역의 적정 인원 배치, 북부 국경지역의 관련 공무원 증원에 대한 예산규정 등을 규정하고 있고, subtitle C는 테러범죄 피해자의 이주혜택을 규정하고 있는데요. 문제는 미국 내에서 입국심사 강화를 규정한 subtitle B입니다.

제412조는 외국인에 대한 출입국 통제를 강화하기 위해 테러범죄의 혐의가 있는 외국인에 대해 법무성이 강제억류 할 수 있는 길을 열어 놓았습니다. 즉 법무부장관은 외국인이 간첩 또는 사보타지를 위해 미국에 입국한 경우, 또 반정부 폭력투쟁을 위해 미국에 입국한 경우, 또 테러범죄에 연루된 경우, 또 미국의 국가안보 위협 등에 해당할 것이라는 믿을 만한 이유가 있는 외국인에 대해 미국을 떠날 때까지 구금할 수 있도록 하되 억류개시 7일 이내에 출국절차를 개시하거나 형사책임을 추궁하기 위한 기소절차를 진행해야 했습니다. 이 경우 억류기간은 6월을 초과하지 않아야 했고, 억류를 계속할 경우 6월마다 억류의

타당성을 심사·결정 해야 했습니다.

제416조에서 테러범죄에 가담할 수 있는 불법체류자를 차단하기 위해 외국학생의 비자감독 프로그램의 전면 시행, 교육기관에 재학 중인 외국인 학생들에 대한 신원, 주소, 교육기관 내의 신분 등의 정보를 수집할 수 있도록 했습니다.

이제 담고 있는 내용은 테러범죄 수사의 장애요인을 제거한 것인데요. 제5장은 테러범죄 수사에 있어서 기술적인 장애요인을 제거한 장으로서 제501조와 502조에서 법무성 및 국무성 장관으로 하여금 테러범죄의 신고를 장려하기 위한 보상금 지급 제도를 규정하고, 특히 505조에서 법무성장관이 테러범죄와의 수사 관련성을 국가안보 협조요청서를 통해 입증·요청하면 법원의 영장 없이도 인터넷 서비스 사업자로부터 고객의 인터넷 접속 등에 관한 정보를 취득할 수 있게 하였으며, 제507조에서 법무성장관은 테러범죄의 수사 또는 기소를 위해 필요한 경우 테러범죄 혐의자의 학교기록을 열람할 수 있는 권한도 규정하였습니다.

그다음에 테러범죄에 대한 가중처벌을 두고 있는데요. 미국은 애국법의 제정으로 테러범죄에 대한 처벌규정을 크게 강화하는 한편 테러범죄자에게 방조행위를 한 자에 대한 처벌 역시 강화했습니다.

즉 801조에서 테러범죄자에 대한 처벌을 20년 이하의 징역에 처하는 것과 대중교통수단에 대한 범죄는 테러범죄의 주관적 요소를 충족하지 않더라도 동 조항의 규정을 받게 했습니다. 803조에서는 테러범죄를 실행 또는 기도하는 사실을 인지하였음에도 불구하고 이를 보호·은닉한 자는 10년 이하의 징역에 처하도록 규정했고요. 그래서 공소시효도 모든 종류의 테러행위에 대해서 공소시효를 8년으로 정함과 동시에 테러로 인해 사망 또는 중대한 상해를 야기하거나 이러한 위험을 초래한 경우에는 공소시효를 인정하지 않아 테러범죄에 대해 언제까지라도 처벌할 수 있는 길까지 열어 두었었습니다.

이러다 보니까 굉장히 큰 미국 애국법이 헌법의 큰 문제를 낳게 되었던 것이지요. 그래서 결국은 위헌에 의해서 법이 폐지되는 순간까지 가게 되는데요. 이것은 헌법재판소 헌법재판연구원이셨던 김지영 연구원의 글을 잠깐 소개하면서 이런 미국의 애국법이 어떻게 헌법적인 문제를 만들었는지에 대해서 간략히 소개를 드릴까 싶습니다.

헌법적 쟁점은 부당한 압수·수색으로부터의 보호의 주제였는데요. 미국연방 수정헌법 4조는 부당한 수색·체포·압수로부터 신체, 가택, 서류 및 동산의 안전을 보장받을 권리를 규정하고 있어요.

그래서 일반적으로 수정헌법 제4조 위반 여부는 특정 공권력 행사가 수정헌법 제4조상 압수·수색에 해당하는지, 그리고 그 압수·수색이 정당한지를 판단하는 순서로 심사가 되는데요.

먼저 연방대법원은 국가기관의 행위가 수정헌법 제4조상 수색에 해당하는지를 판단하는 데 있어서 어떤 사건에서의 정립한 심사기준을 적용했는데요. 보니까 수정헌법 제4조상

수색에 해당되는지와 관련해서 연방대법원은 수사기관이 제3자가 보유한 영업기록을 확보하는 것은 수정헌법 제4조상 수색으로 볼 수 없으므로 수사 대상자가 이에 대해 수정헌법 제4조상 권리를 주장할 수 없다는 원칙을 정립했네요. 이를 소위 제3자 원칙이라고 하고 있습니다.

이와 같은 원칙의 배경에는 개인이 제3자에게 자발적으로 정보를 제공하면 그 정보가 정보기관을 비롯한 다른 누군가와 공유될 가능성을 감수하는 것이어서 그 정보에 대한 합리적인 수준의 프라이버시를 기대할 수 없다는 이해가 깔려 있었습니다. 그래서 수정헌법 4조가 적용되지 않는다라는 그런 결론이 성립한다는 것이었는데, 그러나 이 3자 원칙은 그간 학계의 많은 비판의 대상이 되어 왔고, 심지어 압수·수색 분야의 로크너(Lochner) 판결로 평가되기도 했습니다.

그래서 여전히 연방대법원은 이 3자 원칙에 대해 철회나 변경에 대한 판시를 한 바는 없는데요 오늘날에도 여전히 유효한 원칙으로 받아들여지고 있는데, 그러나 한편 수정헌법 제4조상의 압수·수색에 해당한다고 할 때 이런 개인의 프라이버시 침해 정도를 판단해야 되는데, 그래서 연방대법원은 판례를 통하여 영장주의에 대한 광범한 예외를 발전시켜 왔습니다.

그래서 수색에 동의한 경우, 급박한 상황인 경우, 증거가 명백한 시야에 있는 경우 등에는 예외적으로 영장주의가 적용되지 않았고. 수색에 동의한다는 것은 당사자가 특정 상황에서 감시 대상이 되는 것에 자발적으로 동의하는 것을 의미하고, 이러한 자발적 동의는 해당 행위를 할 때에 프라이버시권에 대한 합리적인 기대를 제거하는 결과를 가져옵니다.

그래서 급박한 상황은 생명에의 즉각적인 위험, 재산에 대한 치명적인 손실, 용의자 도주, 증거인멸 방지를 위해 즉각적인 조치가 요구되는 상황을 말했는데요. 단, 급박한 상황의 존재 여부를 판단하는 확립된 기준은 없고 개별 사건마다 수사기관이 인지한 사실관계를 근거로 예외적인 상황의 존재 여부를 판단하고 있습니다. 법원은 급박성 여부를 판단하기 위해 사건의 위급한 정도, 영장 발부에 걸리는 시간, 증거 인멸의 가능성 및 용이성 등의 여러 요소를 고려하고 있습니다.

명백한 시야 원칙은 다음의 세 가지 요건이 충족될 때 적용됩니다.

첫째, 수사기관이 대상물을 명백하게 볼 수 있는 장소에 적법하게 도달하였고, 둘째 해당 물건에 적법하게 접근할 권한이 있고, 셋째 해당 물건이 혐의를 입증하는 증거라는 점이 즉시 분명하여야 합니다. 영장주의의 예외로 인정되면 프라이버시에 대한 합리적 기대를 침해하지 않는 것으로 보아서 수정헌법 제4조를 위반하지 않는 것으로 판단했습니다.

조금 길어서 이것도 좀 줄여 가지고 말씀을 드리도록 하겠습니다.

애국법 제25조의 위헌성 문제, 지금……

자, 그다음에 또 하나의 쟁점은 표현의 자유에 대한 직접적인 제한과 위축 효과, 이거는 미국 연방 수정헌법 제1조에 관련된 내용인데요. 종교의 자유, 언론·출판의 자유, 평화적으로 집회를 할 권리, 청원권 등을 보장하고 있는 조항입니다.

그래서 미국 헌법에서 수정헌법 제1조는 조문의 위치상 그리고 내용상으로 가장 큰 중요성을 띠고 특히 언론, 출판, 집회와 같은 표현의 자유는 가장 핵심적인 기본권에 해당되는 내용입니다. 그래서 정보기관의 전자 감시, 정보수집 및 관련 수사 활동이 수정헌법 제1조에 의한 권리를 제한하는 양상은 다음과 같이 나타났습니다.

먼저 정보기관의 개인정보 수집 시에 수반되는 요건은 표현의 자유를 직접 제한하게 된다. 또한 수사·정보 기관 등에 광범위한 정보수집 권한을 부여하는 것은 관련 쟁점을 공론화하고 개인의 의사를 표현하는 데 위축 효과를 가져올 수 있다.

그래서 미 연방대법원은 표현의 자유와 다른 공익 간의 조화를 위해 다양한 적용 방법을 채택해 왔으며 이는 수정헌법 제1조의 보호를 받는 표현과 그렇지 않은 표현을 분류하고, 상업적 표현과 같이 표현의 유형에 따라 보호 정도를 달리하며, 표현 행위의 내용에 대한 규제인지 여부에 따라 심사 기준을 달리 적용하는 방법 등을 중심으로 이루어져 왔습니다.

그래서 표현 행위에 대한 규제가 표현의 내용에 대한 제한인지 내용중립적인 제한인지에 따라 다른 심사 기준이 적용된다는 것은 심사의 강도가 달라진다는 것을 의미하는데요. 즉 표현의 내용에 관한 규제에는 엄격심사기준이 적용되고 규제 목적이 필요불가결한 이익이자 해당 규제 수단이 이와 같은 정부의 이익을 실현하기 위해 엄밀하게 재단되었음을 입증하여야 했습니다.

그래서 또 완화된 심사 기준인 중간심사기준들을 적용해서 심사할 때는 해당 규제가 중요한 또는 상당한 정부의 이익을 증진시켜야 하고, 해당 규제의 목적이 표현의 자유에 대한 제한과는 무관하여야 하고, 부수적으로 발생하는 표현의 자유에 대한 제한은 규제의 목적을 증진하는 데 꼭 필요한 수준보다 크지 않아야 하는 여러 가지 위헌 심사 기준에 따라서 판결의 결과가 달라질 수 있었는데요.

미국의 위헌 심사의 특징은 제215조, 제505조의 수정헌법 제1조 위반 여부 판단에 있어서도 동일했다고 지금 언급을 하고 있습니다.

그래서 애국법 제215조의 위헌성 근거로 미국 학계와 실무계는 모두 수정헌법 제4조 및 제1조 위반을 주로 제시해 왔습니다. 그러나 연방대법원은 애국법 제215조의 위헌 여부에 대해 판단한 바 없으며, 앞으로도 사건화될 가능성은 그리 높지 않아 보입니다.

그러니까 수사 대상자는 비공개의무규정 등으로 인해 FBI가 자신에 대한 정보를 수집하고 있다는 사실을 알기 어려우며, 제출명령을 받는 대상은 제출명령 및 비공개의무규정에 대한 소송을 통해 얻을 수 있는 실질적 이익이 크지 않기 때문이었습니다.

만일 사건화되고 사건이송명령을 통해 연방대법원의 심판 대상이 된다고 했을 때에는 다음과 같은 사안들이 문제될 것으로 보입니다.

그래서 결과적으로 연방대법원은 여전히 판단은 여직까지 하고 있지는 않은데 법은 많은 문제와 지적들을 받고 애국법은 폐지가 되었습니다.

나라들의 사례가 좀 많아서…… 좀 시간을 절약하기 위해서 나라들을 조금 생략하고 가도록 하겠습니다.

제가 검토한 자료들을 통해서 볼 때 테러방지법 제정, 더 정확히 말하면 잘못된 테러방지법이 제정된다면 굉장히 많은 문제들이 발생합니다.

그래서 박근혜 대통령 그리고 새누리당 의원님들께서는 그냥 이것을 그렇게 쉽게 판단할 것이 아니라 잘못된 테러방지법이 제정되면 국민의 기본권과 민주주의에 심각한 문제가 있게 된다고 하는 점들을, 미국이나 영국이나 독일의 사례들을 사실은 다 지금 읽어 드리고 싶습니다.

읽어 드리고 싶은데 시간이 좀 많이 걸리고 내용이 방대해서…… 지금 위헌 판결이 나고 있는 미국의 테러방지법인 애국법으로 인해서 굉장히 많은 인권침해 사례가 일어났었고요. 특히 미국의 애국법은 지금 논란이 되고 있는 우리나라 테러방지법의 모태가 되고 있는 법률이기도 합니다.

그래서 본 의원이 알려 드리는 애국법의 인권침해와 관련된 사례를 중심으로 말씀을 드리면서 국민의 기본권과 민주주의에 심각한 문제가 있게 될 테러방지법의 제정은 멈춰 달라라고 하는 말씀을 드립니다.

미국의 애국법의 인권침해와 관련한 사례는 2006년도 서울고등검찰청 검사로 재직하고 있던 허상구 검사가 직접 작성한 논문이었기에 대단히, 이게 검사에 의해서 만들어진 논문이다라는 점을 말씀드리고 침해 사례를 소개해 드리도록 하겠습니다.

체포·구금 관련 신체의 자유 침해 사례인데요.

미국 국적법 또는 형법상의 기소 절차 없이도 테러혐의자를 7일간 구금할 수 있다는 USA Patriot Act의 규정에 따라 9·11 테러사건 이후 영장 없이 2만 여명의 아랍인이 체포되었습니다. 이 중 극소수 몇 명만 제외하고는 사실 테러하고는 아무런 관련도 없는 무고한 시민이었음이 드러났고요.

미 하원 법사위원회에 제출한 2003년 5월 20일 자 법무부 보고서에 따르면, 형사피의자나 혐의자가 아닌 증인도 구금을 하였습니다.

2003년 현재 핵심 증인 50여 명을 구금하고 있고, 이들 중 90% 이상이 90일 정도 감금되어 있습니다. FBI가 이슬람 사원에 대해 수차례에 걸쳐 광범위한 수색을 실시했다고 밝히고 있습니다.

미 의회의 USA Patriot Act 개정안 심의 과정에서 찬성론자들은 2001년부터 약 400여 명의 테러 용의자를 체포, 조사한 실적이 있다고 주장을 하면서 개정안을 찬성했습니다.

이에 대해 반대론자들은 체포한 400여 명 가운데 기소된 경우는 절반도 되지 않고, 그것도 대부분은 테러 혐의가 아닌 이민법 위반으로 기소한 것에 불과할 정도로 테러방지법의 남용이 심각하다면서 개정안을 반대했습니다.

미국 연방대법원은 2004년 6월 28일 미국 CIA가 운영 중인 쿠바 관타나모 비밀 수용소에서 테러 혐의로 체포되어 2년 이상 억류되어 있던 미국 시민권자 야세르 에삼 함디(Yaser Esam Hamdi)에게 정식 재판을 받을 수 있는 권리가 있음을 인정했습니다.

또한 미국 법무부는 2005년 11월 22일 테러행위에 가담한 혐의로 호세파디아를 체포 후 42개월 만에 기소하였다고 밝혔고, 이 사안에 대하여 법원은 불법 장기억류 여부를 심의하고 있습니다.

2003년 6월 1일 미 국무부 감찰관의 9·11 테러 관련 각종 인권유린에 대한 감찰보고서에서 9·11 테러 이후 단속에 걸린 많은 아랍계 이민들이 사슬에 묶이고 신체적·언어적 폭력을 겪고, 보석 없이 구금되고, 변호사와의 접촉을 거부당하는 등 각종 인권유린의 대상이 됐다고 밝혔습니다.

감시·도청 관련 사생활의 자유 그리고 독서의 자유가 침해됐던 사례도 보고가 되고 있습니다.

USA Patriot Act 제215조에 따르면 납득할 만한 사유나 수색영장 없이도 테러수사를 내세우고 도서관에서 누가 어떤 책을 대출했고, 서점에서 누가 어떤 책을 샀고, 도서관 컴퓨터로 인터넷에 접속한 이용자들이 어떤 자료를 검색했는지에 대한 자료 제출을 요구할 수 있었습니다.

이에 불응하거나 감시 대상이 된 이용자에게 알리는 것도 금지되어 있었습니다.

이에 대해서 미국 내 150여 개 지방정부가 연방정부를 상대로 개인의 사생활을 보호하는 연방헌법 정신에 어긋난다며 소송을 제기하여 위법성을 다투고 있는 것입니다.

전화회사와 인터넷서비스 제공 업체 등으로부터 고객이나 가입자의 개인적인 정보를 요구할 수 있는 국가안보문서를 수사기관이 판사의 승인 없이 발행할 수 있고, 문서 수령자는 이 사실을 외부에 알릴 수 없도록 규정한 위 USA Patriot Act와 관련해서 미국시민자유연맹이 위헌소송을 제기했습니다.

이에 대하여 뉴욕연방지법은 위 조항에 대하여 '항구적 가치를 지닌 국가안보에 대한 위협에 국가가 즉각적이고 신속하게 대응할 수 있도록 권한을 가져야 하지만 개인의 안전도 국가안보와 똑같이 존중되어야 한다는 것이 헌법정신이다'면서 위헌결정을 하였습니다.

뉴욕타임스는 2005년 12월 16일 부시 대통령이 국가안보국에 영장 없이 도청할 수 있는 권한을 대통령령으로 부여했고, 이에 따라 국가안보국은 평소 500여 명 정도 감청하였고 시기에 따라 가감된 숫자를 감안하면 지난 3년간 영장 없이 도청당한 사람은 수천 명에 이를 것이라고 보도를 했습니다.

이 보도로 파문이 확산되자 부시 대통령은 비밀도청 승인 사실을 시인하면서 이는 의회가 대통령에게 부여한 테러와의 전쟁 수행권에 포함된 것이라고 주장했습니다.

인권단체와 민주당 의원은 물론 일부 공화당 의원까지 가세해서 비밀도청은 불법이라고 주장하였고, 결국 USA Patriot Act 개정안이 미 상원에서 부결되었을 뿐만 아니라 비밀도청에 대하여 미 의회의 청문회가 진행되었습니다.

테러단체에 대한 자금지원 금지 위법 사례도 또 사례로 보고가 되고 있습니다.

U.S.C. § 2339b에 의하면 국무부는 외국 테러조직을 지정하고 있고 테러조직으로 지목된 단체들에 훈련과 인력을 제공하는 것을 금지하고 있습니다.

이 조항에 대하여 로스앤젤레스 연방지법은 2002년 8월 4일 이 조항이 너무 모호하기 때문에 헌법적으로 받아들일 수 없다고 판결을 했습니다.

또한 테러 관련자의 강제출국을 위한 비공개 청문회 위법 사례도 알려지고 있습니다. 미시간주의 4개 신문사 등이 관광비자기간을 경과하여 체재하고 있던 이슬람 성직자 라비하르다드에 대한 강제출국 청문회 참석을 요구하였다가 거절당하니 소송을 제기했습니다.

연방정부는 구금된 자와 그와 연루된 자들에 대한 신체적 위험을 회피하고 수사에 있어 타협의 가능성을 확보하기 위해서 비공개로 청문회가 제공되어야 한다고 주장했으나 디트로이트 연방지법은 이 청문회가 반드시 공개리에 이루어져야 한다고 판결하였습니다.

또 외국인의 군사재판 회부 사례가 있는데요.

부시 대통령은, 2001년 11월 테러 혐의가 있는 외국인의 경우 군사재판에 넘겨졌었는데요. 이것과 관련해서는 외국인의 군사재판 회부가 가능하다라고 하는 판결을 내린 바가 있습니다.

최근에 박근혜 대통령께서 그런 말씀도 하신 적이 있었습니다. 이것은 우리가, '테러방지법이 제정되지 않은 나라들은 몇 나라 되지 않는다, 또 더더군다나 대한민국보다 못한 제3세계 국가들에서도 테러방지법이 제정되어 있다'라고 국회를 비난을 한 바 있습니다. 그런데 대통령께서는 미국의 애국법뿐만 아니라 제3세계 국가에서 제정된 테러방지법이 어떻게 운영되고 있는지 알고나 하신 말씀인지, 또 역시 사례를 말씀드리고자 합니다.

제3세계 국가의 테러방지법 제정과 관련된 내용인데요.

미국은 개발도상국들의 테러방지법 제정을 지지하고 있습니다. 특히 미국 외교관들은 지역 언론의 주목을 받는 공식성명을 통해서 테러방지법안의 통과를 지지하고 있어요. 예를 들어 트리니다드토바고에서는 미국 대사가 테러방지법이 통과되지 않으면 미국의 투자가 감소할 수도 있을 거라고 경고를 했습니다. 그리고 미국 국무부차관 로버트 졸릭은 필리핀 방문 중에 테러방지법안의 통과를 위한 필리핀 정부의 노력을 치하하였고 재정 지원의

가능성을 언급하기도 했습니다.

야당 정치가들은 이러한 미국 고위관료들의 언급을 테러방지법안 통과의 대가로 원조를 증대하겠다는 약속이라고 해석을 했습니다. 이러한 미국의 압력은 제출된 법안의 세부내용과 테러 위협의 특성 그리고 기타 다른 외교정책의 중요성에 따라 다양하게 나타나고 있습니다.

전반적으로 테러방지법을 통과시킨 국가들이 미국으로부터 재정적인 보상을 받았는지 혹은 통과시키지 못한 국가들이 제재를 받았는지는 확실하지는 않습니다. 다만 많은 국가들이 테러방지법 제정을 포함하여 테러와의 전쟁에 협력한 대가로 상징적인 인정을 받은 것은 사실입니다.

모로코 정부가 국내 테러리스트 네트워크를 엄격히 단속한 직후 당시 미국 국무부장관이었던 콜린 파월이 2003년 12월에 모로코를 방문하였고 미국은 모로코에 2004년 6월에 NATO 동맹국의 지위를 부여해 주었습니다.

개발도상국에게 테러방지법을 제정하라는 압력을 가한 것은 미국 정부만이 아니라 결의문 1373의 이행을 감시하기 위해 설립된 유엔테러방지위원회도 개발도상국에게 지속적으로 강한 메시지를 전달했습니다.

결의문 1373은 국제협약의 비준과 상관없이 모든 회원국들에게 동일한 요구조건을 강요했습니다. 즉 유엔 회원국은 금융, 군인 모집, 정보 공유 등 여타 분야에 해당하는 자국의 법률에 대한 보고서를 주기적으로 제출하여야 한다, 코스타리카의 경우 유엔테러방지위원회에 제출한 초기 보고서에 의하면 코스타리카 정부는 자국의 기존 형법에 기술된 여러 항목들만으로도 테러의 위협에 대처하기에 충분하다고 주장을 했습니다.

그러나 이 정부는 유엔테러방지위원회로부터 특정 법률조항에 관한 명확한 설명을 여러 번 요청받은 후 강경한 자세를 누그러뜨리고 테러방지법의 초안 작성에 동의를 하였습니다.

현재까지 많은 회원국들이 적극적으로 유엔테러방지위원회에 협력하고 있습니다. 거의 모든 국가가 결의문 1373의 이행에 관한 최초 보고서를 제출했고 이 중 많은 국가들은 수차례 보고서를 제출했습니다. 그리하여 유엔테러방지위원회는 유엔 회원국들에게 테러방지법의 제정에 관하여 압력을 가하는 주요 기관이 되었습니다.

2001년 9월 이후로 테러방지위원회와 그 외 관계당국에 제출된 보고서에 따르면 아프리카, 아시아, 라틴아메리카에서 적어도 33개국이 테러방지법을 의회에 제출했습니다. 기존 형법의 수정조항으로 테러방지법을 규정한 국가들과 현재 이루어지고 있는 테러와의 전쟁 이전에 이미 법전에 유사한 법률이 있는 국가들은 이 숫자에 포함되지는 않았습니다.

2001년 이후 테러방지법을 제출한 쿠바, 네팔, 요르단 등 개발도상국 14개국은 최소한의 논쟁을 거쳐서 법안을 통과시켰습니다. 이 중 많은 국가에서 9·11 테러 발생 이후 수개월 이내에 법안이 통과된 나라가 많습니다. 또한 모든

국가에서 법안 제출부터 통과에 이르기까지 1년이 채 걸리지 않았습니다.

이 그룹에서는 테러의 표적이 될 가능성이 적은 국가뿐 아니라 테러의 위협에 직접 직면하고 있는 국가들도 포함되어 있습니다. 이 범주에서 모로코 정부는 뉴욕과 워싱턴에 가해진 테러 공격의 여파로 테러 문제에 대처하기 위해서 내각 구성을 새롭게 재편하는 등의 적극적인 조치를 취했습니다.

이 시기에 유엔테러방지위원회에 제출한 공식보고서에 따르면 모로코가 미국의 USA Patriot Act 방침에 따라 기존의 법을 변경하거나 새로운 법안을 제정할 만한 위급한 상황은 아니었습니다. 그러나 2003년 5월 16일 카사블랑카에서 제각기 다른 다섯 군데의 장소에서 30분 내에 연이어서 발생한 자살폭탄 공격으로 인해서 40명 이상이 죽었고 모로코의 대표산업인 관광 분야에 끼친 충격은 그 즉시 나타났습니다.

그래서 수일 내에 모로코 정부는 전면적인 테러방지법을 제정하였고 수천 명의 과격분자들을 용의자로 체포했습니다. 이는 인권단체인 인권감시 기구와 그 외 단체들의 항의 시위를 부추기게 되었습니다.

두 번째 그룹은 광범위한 대규모의 토론과 논쟁을 거치고 나서야 테러방지법을 통과시킨 콜롬비아, 인도네시아, 필리핀 등 13개국입니다. 이들 국가에서는 제출된 법안에 대한 야당의 반대와 비판으로 법안 통과가 적어도 1년 이상 지연되었습니다. 몇몇 국가의 정부는 논쟁의 여지가 가장 높은 조항을 대폭 양보하고 수정하라는 압력을 받았습니다.

인도네시아에서는 모로코와 마찬가지로 발리와 자카르타에서 발생한 테러리스트의 공격 이후 새로운 법안의 채택이 신속하게 진행되었습니다.

필리핀의 경우 2007년 3월 거의 4시간에 가까운 논쟁을 거친 후 가까스로 반테러법이 통과되었습니다. 인질 납치 사건으로 인해서 어쩔 수 없이 조기에 철수했지만 필리핀 군대도 2004년 7월까지 이라크에 주둔했습니다.

글로리아 아로요 필리핀 대통령은 테러방지법의 채택을 거듭 요청했습니다. 그러나 야당이 의석을 차지하고 있는 의회는 여러 번의 수정을 거친 법안을 통과시키지 않았습니다. 결국 법안명을 바꾸고 가장 중대한 법령들을 상당히 양보하고 나서야 인권보호법이 법으로 채택이 됐습니다.

마지막으로 반테러법을 제출했으나 세부 조항에 대한 논의가 계속되고 있는 케냐, 가나, 우리나라는 세 번째 그룹이 되는 것이지요.

테러방지법에 대한 토론이 처음으로 시작된 국가도 있고 수년 동안 논쟁 중인 국가들도 있습니다. 여기에서 어느 한 국가의 정치 자유화의 정도가 테러방지법안이 얼마나 신속하게 통과되는지를 결정하는 데 있어서 매우 중요한 요소임을 살펴볼 수가 있습니다.

최소한의 토론만을 거친 후 테러방지법을 통과시킨 14개 나라는 프리덤 하우스의 참정권 척도인 1부터 7까지의 단계 중에서 1은 가장 민주적인 국가이고요, 7은 가장 독재적인 국가인데요. 최소한의 토론만을 거친 후 테러방지법을 통과시킨 14개국은 평균 4.36의 점수를 프리덤 하우스로부터 받았습니다.

그리고 광범위한 토론을 거쳐서 법안을 통과시킨 13개국의 평균 점수는 2.54였습니다. 또한 테러방지법안 제출 이후 18개월 이상 정치가들의 논쟁이 여전히 끊이지 않고 있는 5개국의 평균 참정권 점수는 2.2였습니다.

다시 말해서 독재적인 국가일수록 테러방지법이 아주 신속하게 제정되었다는 것을 보여 주는 것입니다. 이 사실은 미국을 포함한 테러방지법을 지지하는 국가들이 민주적인 정부보다는 독재적인 정부와 협력하는 것이 더 쉽다고 여길 수 있다는 것을 의미한다고 볼 수 있습니다.

우간다에서는 요웨리 무세베니 대통령이 합법적인 안보 위협 및 비폭력적인 정적들을 맹렬히 비난하고 공격하기 위해 테러와의 전쟁을 부당하게 이용했는데요.

테러방지법에 의하면 우간다 정부는 테러리스트를 '신의 저항군'으로 이름 짓고 아이들을 유괴하는 것으로 알려진 잔인한 반군들에 대하여 대규모의 군사 공격을 시작했습니다. 폭력 사태는 계속해서 끊임없이 이어졌고 대부분의 사람들은 이를 합법적인 위협이라고 인정했습니다.

우간다 정부는 신의 저항군을 추적하는 것뿐만 아니라 테러방지법을 이용해서 언론의 자유를 제한하고 반대파들을 표적으로 삼았습니다.

2004년 독자적인 한 독립신문 소속 기자 2명이 자신들의 전화번호가 사망한 신의 저항군 사령관에게서 발견된 후 이 법에 따라 기소되는 위협을 받았습니다. 이러한 사건이 있은 후 얼마 지나지 않아 라디오 방송국들은 야당 지도자인 키자 베시게와의 인터뷰를 방송에 내보내지 말라고 정부로부터 경고를 받았습니다. 2001년 대통령선거에서 무세베니 대통령의 강력한 라이벌이었던 그 역시 테러리스트라는 꼬리표를 달았습니다.

비판론자들은 이 사건 외에 여러 일들을 인용하면서 1986년부터 권력을 장악해 온 무세베니가 반대파의 입을 다물게 하고 정치개혁을 늦추기 위해서 테러 문제를 악용한다고 비난을 했습니다. 이런 우려에도 불구하고 미국이 2000년부터 2005년까지 우간다에 제공한 경제적·군사적 원조는 3배 이상 증가한 것이 사실입니다.

테러방지법을 악용한 또 다른 예는 짐바브웨의 경우인데요. 짐바브웨에서 벌어지는 정치적 통력에 관한 기사를 쓴 기자들이 테러리스트로 규정이 되었습니다. 미국과 동맹을 맺기 위해 2001년 11월 로버트 무가베 대통령의 대변인은 기자들에 대해 말하자면 '테러리스트들을 숨겨 주거나 옹호하거나 또는 그들에게 자금을 조달해 주는 사람은 누구나 그 이유를 막론하고 그 자신이 바로 테러리스트라는 부시 미국 대통령의 의견에 우리 정부가 동의한다는 것을 알린다'고 했습니다.

테러리스트들의 동료 그리고 지지자들을 테러리스트와 차별을 두지 않고 동등하게 처리할 것이라고 이야기를,

처리할 것이라고 말을 했습니다. 그래서 2006년 초 무가베 정부는 외국과 국제테러리즘방지법을 제출했지만 몇 가지 조항이 위헌으로 판결이 난 후 이를 철회했습니다. 정부는 이 법안을 수정하여 같은 해에 다시 국회에 제출했습니다.

인도 정부는 2002년 여당인 인도인민당과 야당들 간의 격렬한 논쟁 후 국회는 테러방지법을 통과시켰습니다. 이 법에는 애매한 테러리즘의 정의, 경찰 권력의 확대, 아무런 혐의 없이 90일간 용의자를 구금할 수 있는 권리 등을 포함하고 있습니다. 논란의 여지가 많은 조항들이 다수 규정되어 있습니다. 이 법에 따라 주정부는 타밀 분리주의자들을 지지하는 발언을 하였다고 야당 정치인들을 검거하고 주의 반군을 지지했다고 12세밖에 안 된 어린 소년들을 체포하였습니다. 종파 간 폭력사태를 다시 부활시키고 힌두교도들을 공격하였다고 이슬람교도들을 검거했습니다.

자무 카슈미르 지방에서도 이와 비슷한 법 남용 사건이 있었고 주정부는 더 이상 테러방지법을 이행하지 않을 것이라고 선언했습니다. 2003년 말까지 대중의 비판과 소송이 연이어 진행되면서 이 법에 관한 논쟁이 널리 활발하게 이루어지고 있습니다.

인도네시아에서도 최근 테러방지법이 인권 침해의 주된 원인이 되고 있습니다. 잘 아시는 것처럼 98년 수하르토 장군의 몰락 이후 인도네시아는 99년 국회의원 선거와 2004년 대통령 직접선거를 통해 민주주의로 나아가는 시험적인 과도기를 경험하고 있습니다. 이 과정 중에 테러리즘이 주요 정치적 이슈가 되었습니다.

법안의 주요 조항에 대한 토론이 국회에서 진행되는 동안 인도네시아에서 테러 공격이 발생했습니다. 2002년 10월 12일 발리의 한 나이트클럽에서 폭탄이 폭발하고 202명의 사망자가 발생했고 이들 대부분이 호주 관광객이었습니다.

일주일도 안 되어 메가와티 수카르노푸트리 대통령은 테러방지법의 제정 방침에 따라 두 가지 법규를 발표했고 이 법규는 변경된 내용 거의 없이 2003년 초 인도네시아 국회에서 통과되었습니다. 이 법은 다른 국가의 반테러법과 동일한 조항들을 다수 포함하고 있습니다. 경찰은 넓은 의미의 테러리즘을 파푸아 지방과 아체 지역에서 일고 있는 분리주의 운동에 적용해서 미심쩍은 방법으로 수집한 증거에 근거해서 용의자들을 체포하였습니다.

케냐와 남아프리카공화국에서는 국내 정치 논쟁이 반미 성향을 두드러지게 띄는 것 외에도 최근에서야 독재정권에서 벗어난 국가의 국민들이 테러방지법 제정에 관해서 얼마나 우려하고 있는지 잘 알 수가 있습니다. 인종차별 정책이 폐지되고 1994년 국가 최초로 다민족이 참여하는 선거를 치른 후에도 남아프리카 정부는 시민의 자유권을 제한하고 정부의 권한을 증대하는 법률에 대해서 여전히 매우 신중한 태도를 취하고 있습니다.

2002년 말 장기간 케냐를 통치해 온 다니엘 아랍 모이 대통령은 공정하고 자유로운 선거를 허용하였고 그 결과 야당 연합이 정권을 잡았습니다. 이 두 국가에서

일어난 공통점은 바로 최근에 권력을 잡은 정치집단들이 과거에 경험했던 불법 체포, 경찰의 압류, 인권 남용 등을 상기시킨다며 정부의 테러방지법안을 맹렬히 비난하였다는 점입니다.

2001년 이후로 테러방지법을 채택한 많은 국가들은 서로 다른 다양한 정치 자유화 단계에 있습니다. 어떤 국가는 제도적·민주적 제도들을 굳건히 하는 쪽으로 운영을 하고도 있고요. 또 다른 국가들은 최근에야 비로소 자유로운 선거를 치르고 경쟁적인 복수정당 제도로 조심스럽게 나아가는 국가들도 있습니다. 이렇게 입법 절차를 지키고 있기는 하지만 몇몇 국가는 아직 진정한 자유화로 가는 궤도 위에 오르지 않았습니다. 실제 일부 국가들에서는 최근에 테러방지법이 정적들을 표적으로 삼아서 반대파를 엄중히 처단하기 위해서 사용되어 왔습니다.

이와 같이 제3세계에서 제정된 테러방지법은 여러 가지 면에서 정부로 하여금 반민주적인 행위를 정당화하는 필요한 도구로 이용되기도 하였습니다. 예를 들어 테러리즘의 정의를 광범위하게 규정지은 테러방지법 덕분에 독재자들은 테러리스트라는 이름표를 자신들의 정치권력을 위협하는 모든 단체나 개인에게 적용할 수 있게 된 것입니다.

또한 확대된 법률집행권을 갖게 된 정부는 시민, 사회단체나 조직들의 활동과 그들의 정보 교환을 감시할 수 있고 절차상의 요건들이 축소되어 경찰은 일단 용의자를 영장 없이 먼저 구금하여 신문할 수 있게 된 것입니다.

케냐에서 2003년 새로 선출된 케냐의 정부 관료들이 테러방지법안을 국회에 제출했는데 이로 인해서 매우 격렬한 논쟁이 촉발이 됐고요. 나이로비 주재 미국대사관에 치명적인 테러 공격 이후에 그리고 몸바사 근처의 이스라엘 소유 호텔에 대한 테러 공격이 있었을 때 케냐 정부는 별다른 논쟁 없이 신속하게 관련 법안을 제정할 수 있을 것이라고 예상을 했고 케냐 당국은 테러사건 조사에 협력을 했습니다. 하지만 국회의원, 인권단체, 법조계, 종교지도자들은 테러방지법에 대해서 격렬히 비판을 했습니다. 특히 이슬람교도들은 자신들이 이 법안의 표적이 되었다고 생각을 했습니다. 그래서 전국적인 반대 여론 때문에 정부는 2003년 말 이 법안을 철회할 수밖에 없었고요.

법조계 및 시민 사회단체와 2년간의 협의 끝에 2006년 4월 수정된 테러방지법이 국회에 제출되었습니다. 비록 많은 전문가들이 수정된 초안은 많이 개선되었다고 인정은 했지만 영향력 있는 몇몇 국회의원들은 법안의 통과를 저지하기도 했습니다. 그 이유는 이분들의 판단은 미국이 장려하는 법안에 대한 문제의식을 가지고 있었고요. 남아프리카공화국에서는 미국의 고압적인 자세뿐만 아니라 인종차별 정책이라는 고통스러운 남아프리카공화국의 역사로 인해서 의회에 제출된 테러방지법에 대한 논쟁이 더욱 악화되었습니다.

2002년에 제출된 테러방지법은 인권활동가 및 인권변호사, 언론기관을 포함한 다양하고 광범위한

단체들로부터 비판을 불러일으켰습니다. 정치적으로
강력한 힘을 지니고 있는 남아프리카 노동조합협의회
또한 이 법안의 유력한 반대파로 등장했습니다. 이 조직은
2004년 2월 정부에게 파업을 하겠다고 위협하면서 법안의
심의를 일시적으로 철회하라고 강요하기도 했습니다.
남아프리카공화국에서의 논쟁은 법안이 담고 있는
특별조항의 남용 가능성을 중심으로 전개되었습니다.
테러리즘에 대한 애매모호한 정의와 언론의 자유가
제한되는 내용도 포함되어 있습니다. 비판가들도 이 법안을
장려하는 미국의 역할에 대해서 우려를 표명했습니다.

한 신문 사설에서 '간단히 말하면 이 법안은
남아프리카공화국에게는 이익이 없다, 미국이나 영국과
같은 강대국이 소위 테러와의 전쟁이라는 작전을 실행하는
데 있어 약소국에게 강요하는 법이기 때문이다'라고
주장했습니다.

이러한 비판에 직면한 남아공정부는 법안을 수정하여
새롭게 작성을 하게 됩니다. 그래서 2004년 말 대대적인
내용의 수정과 법명의 변경을 거쳐서 테러리스트와
테러행위에 대한 입헌민주주의 소추법이 만장일치로
국회에서 통과가 되었습니다.

(이석현 부의장, 정의화 의장과 사회교대)

인도에서는 테러방지법이 통과된 후 인권운동가들은
테러방지법이 정적뿐 아니라 종교적 소수자, 그리고 달리트,
원주민, 기타 부족민, 심지어 어린이의 인권을 침해하는 등
과도하게 적용되고 있다고 비판을 했습니다.

그래서 인도네시아에서는 2002년 제출된
테러방지법안에 대해서 시민단체들은 이 법안으로 인해
독재정권 시기에 경찰 권력이 대부분 다시 복원돼서 국민의
인권이 침해될 소지가 명백하다고 항의를 했습니다.

트리니다드토바고·필리핀·인도네시아 등의 국가에서는
테러방지법 제정과 관련해서 재정 지원, 투자, 군인의
훈련프로그램 제공 등의 이유로 미국의 압력을 받았다고
말씀드렸고요. 실제적으로 테러방지법이 그렇게 해서
제정되기도 했습니다.

충분한 토의 없이 또는 충분한 토의가 있더라도 미국의
압력이나 정권 유지의 목적으로 테러방지법이 제정된
국가에서는 어김없이 인권 침해의 폐해가 나타나고
있습니다.

예를 들어 남아프리카공화국·인도네시아·우간다·
짐바브웨 등의 국가에서는 테러방지법이 정부의 비판자
그리고 정치적인 적들의 탄압에 악용되고 있습니다. 개인의
인권을 침해하고 있습니다.

반테러 국제연대를 주장하는 미국 정부의 입장으로부터
완전히 자유로울 수 없다는 것 이외에는 우리나라의 경우에
있어서 테러방지법 제정과 관련해서 미국이 투자, 재정 지원,
군인의 훈련프로그램 제공 등의 이유로 압력을 행사한
구체적인 정황은 보이지는 않아 보입니다.

제3세계 대다수 국가가 이렇게 대테러방지법 제정과
관련해서 압력으로 볼 수 있는 유엔안전보장이사회의
결의안 제1373호에 대해서는 그 내용 중에 '모든 법적인
수단을 통해 각 국가들이 그들의 영토에서 테러리즘
행동의 준비를 막고'의 의미를 개별 법률에 의하여 충분히
대테러활동이 가능하다면 군이 테러방지법이라는 단일법을
제정하지 않아도 된다는 의미로 해석할 수 있을 것 같습니다.

따라서 테러방지법의 단일법 제정은 인권 침해의 우려,
테러 관련 국가기관의 총괄조정시스템의 필요성, 그리고
기존 법제기구와의 중복 문제 등을 고려해서 국민의 인권
침해를 최소화하는 것이 중요하다, 인권 침해를 해서는 안
된다라는 판단입니다.

국가인권위원회·대한변호사협회·시민단체 등은 현행
개별 법률로 충분히 대테러활동을 수행할 수 있다, 그리고
테러방지법 제정은 테러 예방을 명분으로 국가정보원의
권한을 한층 강화하는 법적 틀을 제공하는 데 불과하다라고
하고 있습니다.

국회에 제출된 테러방지법에 대해 인권침해 조항을
삭제한다면 테러방지법은 제정될 필요성이 없다, 이미
기존에 있는 법으로도 다 되고, 그래서 인권침해 이런
조항이 삭제되면 지금 굳이 이런 테러방지법이 제정될
필요가 없다라고 주장하고 있습니다.

하지만 오늘날 새로운 형태의 테러에 신속하고
효율적으로 대처하기 위해서는 국가기관을 유기적으로
총괄 조정하는 시스템이 요구된다고 생각합니다. 그래서
국가인권위원회, 대한변호사협회, 시민단체 등이 가지는
인권침해의 우려를 불식시킬 수 있는 그리고 그 인권침해
우려에 대해서 분명한 답을 해야 할 것입니다.

한 한 시간만 더 하겠습니다. 기다리시는 분들이 좀
힘드실 것 같은데……

박근혜 대통령께 다시 또 한 번 말씀드립니다. 이제
침소봉대하시지 않으셨으면 합니다. 제3세계에도 있는
테러방지법, 대한민국에 없다고 하셨는데요, 그리고 그
사실을 IS가 알게 돼서 매우 걱정한다고 하셨는데요, 이렇게
해서 우리가 국가비상사태에 있다고 국민들이 겁을 먹어야
되겠습니까?

IS 이야기가 나왔으니 도대체 이들의 테러활동을 어떻게
이해할 것인지에 대해서 좀 고민해 봤으면 합니다. 그렇다고
저를 비롯한 정의당이 IS 국제테러조직의 어떤 주장에
공감하지 않습니다. 단호하게 반대하고 있고 또 그런 테러의
행위에 대해서는 단호한 조치가 있어야 된다 이렇게 말씀을
드립니다.

그렇다면 이들에 대한 대책, 어떻게 하면 이런
전 세계적으로 급속하게 확장되고 있는 이른바
뉴테러리즘이라라고 말하는 최근의 테러범죄를 대책을
세울 수 있을까요? 국가적 차원의 대책이 테러방지법을
제정하는 것만에 있다고 저는 생각하지 않습니다. 그래서
저는 두 가지 차원에서 대응을 해야 한다고 말씀을 드립니다.

먼저 첫 번째는 테러리즘의 원인을 차단하는 것이
중요합니다. 그리고 두 번째는 대응체계를 구축해야 한다고
생각합니다. 아쉽게도 현재 대한민국 국회나 정부 차원에서

논의되고 있는 것은 대응체계 구축에만 국한되어 있습니다. 그렇다면 테러리즘의 원인을 차단하기 위해서는 어떻게 해야 할까요?

본 의원의 생각으로는 먼저 이들의 테러행위에 근거가 되는 정치, 사회적인 이유들에 대해서 이해하는 것이 필요하다고 생각합니다. 즉 이슬람에 대해 이해하는 것, 즉 그것이 바로 테러범죄와 테러위협으로부터 대한민국 국민의 생명과 안전을 지키는 시작이다 저는 이렇게 생각합니다. 상대방을 악으로 낙인을 찍는 방식으로 테러 문제가 해결될 수 없다고 생각을 합니다.

그래서 박근혜 대통령께서 툭 하면 IS를 들먹이고 있기 때문에 드리는 말씀인데요, IS의 테러행위의 원인이 무엇인지에 대한 짧은 글을 소개를 같이 하면서 국가정보원 권한 강화에 불과한 테러방지법 제정이 테러 예방의 최선이 아님을 우리 모두 깨닫는 시간이 되었으면 좋겠습니다.

이 글은 이원삼 님의 글입니다.

미국이 보복 공격을 시작함으로써 이번 테러사태가 기독교권과 이슬람권의 문명충돌로 발전하지 않을까 하는 우려의 목소리가 커지고 있습니다. 실제로 이번 사태가 문명충돌의 가능성을 예고하고 있다면서 이를 증빙하기 위해 여러 사례를 나열하는 사람들은 많지만 문명의 공존과 대화를 위해 노력하는 사람이나 단체들은 그리 많지 않습니다. 또한 문명 간의 대화를 시도하는 사람들조차도 이 과정에서 종종 이슬람권을 이해하지 못해 당황해하거나 서구적 시각으로 이슬람권을 해석하여 대화가 다시 충돌로 이어지는 우가 범해지고 있습니다.

이러한 상황이 발생하는 것은 이슬람교가 정교일치의 원칙 아래 믿음과 행동으로 구성되어 있기 때문입니다. 이슬람교는 곧 이슬람법과 믿음으로 구성되어 있다고 할 수 있는데 이 둘은 그 영역이 서로 확연히 구분되지 않고 상호 보완적인 관계를 유지하고 있습니다. 즉 믿음은 샤리아를 포함하며 샤리아는 믿음을 기초로 합니다. 따라서 샤리아는 다른 문화권의 실정법보다 좀 더 광범위한 역할을 하며 법인 동시에 믿음이며 그들의 사상입니다. 샤리아는 무슬림들의 모든 언행을 규범화해 냄으로써 이슬람권에서는 이 샤리아가 사회 전체를 지배하고 있다고 해도 과언이 아닙니다.

샤리아는 이슬람 초기부터 발전되고 정리되어 여러 시대를 거쳐서 이슬람 규범을 도출했습니다. 이것이 과거부터 현재에 이르기까지 주목을 받고 있는 이유는 타프시르와 하디스 연구에 필수적이기 때문인데요, 오늘날에도 샤리아 연구는 비단 이슬람법 학자들뿐만 아니라 일반 이슬람 연구에 종사하는 모든 사람들에게 필수적입니다. 왜냐하면 이슬람 문화권에서는 법뿐만 아니라 모든 학문의 근원이 코란과 하디스로부터 비롯되기 때문입니다. 따라서 법학뿐만 아니라 철학, 사회학, 정치학, 인류학, 역사, 심리학 등 다른 인문사회과학 분야에서도 법현상을 학문의 대상으로 할 수 있다는 점을 주지할 필요가 있습니다. 이들 여러 인문사회과학 분야에 이슬람법의

방법론들이 응용되고 있음은 말할 것도 없고요. 우리가 56개국 13억 인구인 이슬람 문화권의 사상과 철학은 물론 그들의 행동을 이해하기 위해서라도 샤리아에 대한 연구가 필요할 것이라고 봅니다.

샤리아의 목적은 인간의 언행에 대해 규범을 적용하는 것이고요, 그러므로 샤리아는 판사가 판결할 때, 무프티가 종교적 사안에 대한 신학적 견해를 선포할 때, 사람들이 그들의 언행에 대한 선악을 판단할 때, 또 정치가들이 정치적 판단을 할 때 필요로 하는 그런 것인데요, 이슬람권의 행동양식은 샤리아와 분리하여 생각할 수가 없다라고 하고 있습니다.

미국에서의 테러사건에 대한 무슬림들의 대응자세도 마찬가지입니다. 만일 오사마 빈 라덴이 범인이라면 이슬람 법정에 세워야 하지만 그렇다고 해서 미국이 아프가니스탄을 공격하는 것은 그 나라의 샤리아 해석상 불법이므로 이슬람국가들이 미국의 공격에 협조해서는 안 된다라는 무프티들의 견해가 발표됨으로써 미국의 협조적인 정권들은 국민의 심각한 반정부시위에 직면해 있기도 합니다.

이번 테러의 배후로 미국이 지목한 이슬람권의 무장 세력은 이른바 이슬람 원리주의 세력이라고 불리는 단체들입니다. 그러나 이 단어는 아랍어에 존재하지 않는다. 따라서 일부 이슬람 학자들은 이슬람 원리주의를 일종의 허구라고까지 하고 있습니다.

원리주의는 영어 단어의 번역어로서 잘 알려진 바와 같이 미국의 한 기독교 교파인 프로테스탄트 내에서 일어난 보수주의 종교운동을 의미합니다. 반면에 이슬람 원리주의는 호전성과 폭력성이 동반되는 기독교 원리주의와 비슷하다 하여 서구인들이 붙여 준 것입니다. 서구인들은 이른바 이슬람 원리주의가 전통 고수를 표방하는 보수주의적이며 이 용어는 폭력성 때문에 차용 가능하다고 말하고 있습니다. 그러나 보수를 원리주의로 보는 것은 기독교적 해석입니다. 왜냐하면 서구인들의 개념대로라면 이슬람 원리주의에 의당 보수사상만 있어야 하지만 이슬람 원리주의는 보수주의뿐만 아니라 개혁운동에 뿌리를 두고 있는 행동주의, 즉 혁신사상을 내포하고 있기 때문입니다.

이슬람 원리주의 운동은 무슬림사회가 부패·무능하여 쇠퇴·몰락하자 전통 이슬람을 재생·부흥해야 되겠다는 개혁 차원에서 18세기 중엽에 무슬림들이 자발적으로 시작했습니다. 그리고 서구열강의 중동 진출 이후 외압에 적절히 대응하지 못하고 무슬림국가 대부분이 서구열강의 식민지화되거나 그 영향권에 들어가 사회적 파탄을 맞게 되자 이 운동이 더욱 강화되었다라고 합니다.

물론 그 구호는 원래 이슬람 정신으로 돌아가자는 것인데요 구체적으로는 이슬람의 원점이며 법원인 코란과 하디스, 이즈마, 끼야스 등에서 문제의 해결 방안을 찾자는 것입니다. 그리고 이 법원들에 입각하여 해석상 하자가 없으면 이슬람적인 것이므로 수용된다는 것입니다. 바로 이 점에서 이슬람 원리주의는 이슬람 역사상 그와 유사한

운동과 마찬가지로 원래의 것으로 돌아가자라는 것이지만 시대적 상황의 요청에 부응하고자 하는 노력이기도 합니다.

현상도 시대의 변화에 따라 부흥주의, 개혁주의, 급진주의적 특성을 지니면서 시대적으로는 18세기 이후에 등장하여 오늘날까지 지속되고 있습니다.

사회를 개혁하고자 하는 이슬람 원리주의는 자연히 반정부적인 성격을 띠면서 집권세력들과 갈등을 빚고 탄압도 받게 됩니다. 또 시간이 지나면서 점점 더 혹독하게 탄압이 진행되니 자연히 원리주의단체들은 지하로 숨어 그들의 존재를 알리기 위한 행동방법으로 테러를 자행하기 시작했습니다. 누르는 힘이 세면 셀수록 그에 대한 반발도 세어지듯이 이 지역에서 그들에 대한 탄압이 강하면 강해질수록 이들의 반발은 더 거세지고 악순환의 연속이 될 것입니다.

미국 테러사건을 바라보는 무슬림의 태도는 대개 이중적인데요, 테러로 인해서 수천 명의 무고한 인명이 살해된 것은 이슬람법상으로 명백한 죄악인데 그러므로 빈 라덴의 행위가 확실하다는 증거가 있을 경우 이슬람 법정에 세워야 한다라고 합니다. 그러나 또 한편으로는 미국이 당했다고 하는 부분에서 자신들의 속마음을 숨기지 않고 있는 것도 있습니다.

아랍 언론의 보도에 의하면 그들은 '우리의 눈물은 왜 우리의 언론에만 보도되는가? 우리의 피는 싸구려가 아니다. 그들은 왜 우리가 우는 것처럼 울지 않는가?'라며 울분을 토로한다고도 합니다.

이런 말씀을 드리는 것은 이슬람에 대한 어떤 이해를 가지고…… 테러는 누르면 누를수록 반복되고 악순환이 반복되기에 이에 대한 예방으로서 우리가 할 수 있는 것은 이슬람에 대한 이해로부터 대화를 할 수 있는 그리고 또 공존할 수 있는 방법들을 적극적으로 찾자는 말씀으로 드립니다.

우리는 테러행위가 분명한 범죄행위임을 인정하고 있습니다. 또한 비판하고 이에 대해서는 적절하게 대처하고 처벌하는 것에 동의합니다.

그렇지만 테러범죄의 근본적인 원인을 제거하지 않은 채 진행되는 대테러대책은 더욱 강력한 대응체계, 권한의 집중, 국민의 권리, 민주주의를 훼손하는 제도와 정책만 가져오게 됩니다. 그래서 결국에는 테러행위와 아무런 상관이 없는 선량한 시민들, 선량한 시민들의 자유, 선량한 시민들의 인권과 권리가 매우 침해되고 선량한 시민들이 적으로 내몰아지는 것을 우리는 반드시 직시하고 있어야 할 것입니다.

그렇다면 테러대응체계 구축과 함께 이런 새로운 테러, 뉴테러리즘에 대응하기 위해서 우리가 어떻게 할 것인지에 대한 고민들을 함께해 나가기를 앞서 이슬람에 대한 이해와 함께 말씀을 좀 드렸습니다.

오비이락이라는 옛말이 있습니다. 이번에 문제가 되고 있는 테러방지법은 저는 오비이락이 아니라고 생각합니다. 이미 참여정부 시절부터 테러방지법을 제정하기 위해

국가정보원은 갖은 방법들을 동원했었습니다. 그러나 번번이 막혔었고요. 또 그런데 이번에는 철옹성 같아 보였던 국회를 뚫었습니다. 더 정확히 말하자면 국회의장을 굴복시켰습니다. 어떻게 가능했을까요?

저는 역시 다음에 있는 두 개의 글을 좀 소개해 드리도록 하겠습니다.

이건 주간동아에 실린 글입니다.

'테러방지법 강조, 과연 테러 위험 때문이었나'라는 주제인데요.

"안보 사안에 대한 박근혜 대통령의 최근 언급 역시 눈길이 가는 부분이다. 2004년 이후 이른바 통일 대박론이 큰 화제를 모았지만 기이하게도 2015년 들어 국무회의와 수석비서관회의 발언에서의 등장 비율은 사실상 의미가 없어 보일 정도로 적다. '통일' 열한 번, '평화통일' 여섯 번, '통일 준비' 한 회가 전부다. '통일'에 대한 언급 역시 한 회에 그쳤다. 2015년 한 해 국무회의 석상에서조차 통일부의 존재감은 바닥이었다는 뜻이다.

이러한 경향은 8월 북한의 지뢰도발 사건과 상관관계가 있는 것으로 보인다. 북한과 함께 쓰인 낱말의 뉘앙스가 그 이전과 이후로 크게 달라지기 때문이다. 상반기에는 '대화' '교류' '협력' 등이 함께 쓰였지만 사건 이후로는 '도발' '위협' '적대적' 등이 주로 등장한다. 이 시점을 계기로 남북관계에 대한 대통령의 인식 틀이 일부나마 남아 있던 대화와 협력 추진에서 군사적 위협 대비로 크게 달라졌음을 방증하는 것이다.

이러한 경향은 이후 남북 이산가족 상봉과 당국 회담이 추진되는 동안에도 변하지 않았다. 박근혜정부의 대북정책이 앞으로도 현 기조를 유지할 것으로 판단되는 근거다.

안보 관련 사안 가운데 눈에 띄는 또 다른 대목은 하반기 최대 현안이던 한국형전투기 사업에 대한 언급이 전혀 없었다는 점이다. 문제의 도화선 노릇을 한 차기전투기 사업에 대해서도 말한 적이 없다. 방위산업 비리 문제에 대해서는 상반기 두세 차례 언급한 적이 있지만 전체 비중으로 보면 극히 낮을 뿐 아니라 부수적인 설명에 가깝다. 주요 발언에서 정부 정책의 부정적 측면에 대해서는 거의 언급하지 않으려 하는 박 대통령 특유의 발화 스타일 때문으로 풀이할 수 있다.

가장 흥미로운 대목은 테러다. 1월부터 10월에는 금융권에 대한 사이버테러 위험 정도로만 드물게 등장하던 언급이 11월 이후 급증한 것이다. 테러방지법으로 한정해 보면 이는 더욱 명확해진다. 11월 24일 국무회의 발언이 처음일 뿐 이전에는 등장한 적이 없기 때문이다. 물론 이는 일차적으로 11월 13일 프랑스 파리 동시다발 테러의 영향으로 풀이할 수 있지만 1월 샤를리 에브도 테러 등 다른 주요 사건 직후에는 언급이 없었던 것과 비교해 보면 충분한 설명은 못 되는 듯하다.

14년간 국회 계류 중이라는 박 대통령의 말과 달리 11월 24일 이전에는 이 문제에 대해 대통령 역시 별다른 관심을 표명한 바가 없다. 오히려 눈에 띄는 것은 '국회'의 등장 비율과 '테러'의 등장 비율이 시계열적으로 놀라울 정도로 일치한다는 사실이다. 9월과 12월 두 차례 정점을 찍으며 다른 단어들에 비해 압도적인 비중을 보이게 된 패턴이 완전히 똑같다. 이러한 특징은 박 대통령이 테러를 대부분 국회의 임무 방기를

비난하는 차원에서만 언급했음을 의미한다.

　노동개혁 등 패턴이 유사한 다른 단어들도 매우 같은 맥락으로 풀이할 수 있다. IS도 우리가 테러방지법이 없다는 것을 알게 됐다는 박 대통령의 언급이 실은 국회 법안 통과를 압박하기 위한 대국민 홍보용일 공산이 커 보이는 이유다."

　또 하나의 글은 '한겨레21'의 글인데요. 2015년 3월 20일자 글입니다.

　15년간 묻혀 있다 국정원장 지명된 76살 이병호 후보자라는 얘기인데요, 국정원의 손발이 묶여 있다라는 주제입니다.

　박정희 중앙정보부를 거쳐 전두환 국가안전기획부에서 정보전문가로…… 테러방지법, 통신비밀보호법 개정안 패키지 통과에 힘 쏟을 가능성이 높다……

　"이상한 방향으로 흘러간다. 여권이 한 개인의 돌출 범행을 북한을 배후로 둔 종북세력의 테러라고 규정하더니 테러방지법 조속 통과를 주장하며 전선을 확대하고 있다. 이병석 새누리당 의원이 대표발의한 테러방지법은 국가정보원장 아래에 테러통합대응센터를 두고 테러 의심자에 대한 정보 수집과 조사가 가능하도록 하고 있다. 김기종 사건이 엉뚱하게 국정원의 권한을 강화하는 기회로 활용되었다.

　마침 지난 2월 27일 신임 국정원장으로 지명된 이병호 후보자는 테러방지법이 필요하다는 소신을 공개적으로 밝혀 온 인사다. 그는 국가안보 위협에 대한 국정원의 대응력을 높인다는 명분으로 테러방지법과 휴대전화 감청까지 허용하는 통신비밀보호법 개정안을 묶어 패키지 통과에 힘을 쏟을 가능성이 높다. 그는 지난해 11월 '문화일보'에 기고한 글에서 '국정원의 정상적 업무 수행에 반드시 필요한 통신비밀보호법, 테러방지법, 사이버테러 방지법이 국회에서 자동폐기를 거듭하고 있다. 휴대전화 감청을 못 하는 정보기관은 대한민국 국정원이 유일하다. 국정원의 손발이 묶여 있는 형국이다'라고 썼다. 그는 다른 언론 기고문에서 국정원의 기능을 위축시키는 것은 자해행위라고 주장하기도 했다. 국정원의 비대화와 정보 수집을 빌미로 한 민간인 사찰과 인권침해를 걱정하는 여론의 흐름과는 다른 인식이다. 이 후보자에겐 김기종 사건을 테러라고 부르며 국정원의 숙원과제 해결을 밀어붙이는 여당의 움직임이 반가울 수밖에 없다.

　이병호의 국정원이 어떻게 될지를 전망하려면 이 후보자의 이력과 인식을 더 들여다볼 필요가 있다. 1940년생인 그는 이름이 잘 알려지지 않은 원로다. 국정원장 청문회를 준비하던 신경민 새정치민주연합 의원은 '어떤 사람인지 오리무중'이라고 표현했다. 정치인도 아니고 공직을 떠난 지 15년이나 된 인물이다. 새정치연합의 다른 의원실의 관계자도 현역 공직자라면 매년 재산이 신고돼 재산 변동 추이나 업무추진비 내역을 검증할 텐데 그럴 수도 없는 옛날 분이다. 자식들의 재산 공개도 거부해 증여세 탈루 등을 살펴볼 수도 없다고 말했다.

　교통고등학교를 졸업하고 육사 19기로 들어간 그는 박정희의 중앙정보부를 거쳐 전두환의 국가안전기획부에서 정보전문가로 성장했다. 군 인사카드에 영어와 독일어의

통·번역이 가능하다고 적을 만큼 외국어에 능통했던 그는 소령이던 1970년부터 중앙정보부에 영어교관으로 파견됐다. 10년간 파견근무를 하다가 1980년 중령으로 제대해 중앙정보부에서 이름을 바꾼 안기부에서 근무를 이어갔다. 이후 국제국장, 2차장을 거쳐 1996년 12월 안기부를 떠났다. 국제 감각을 인정받아 말레이시아대사를 지낸 뒤 2000년 외교부 본부대사를 끝으로 공직을 마무리했다.

　청와대는 공직을 떠난 지 오래된 그를 국정원장으로 부른 이유에 대해 중앙정보부에 임용된 이후 해외·북한 분야 요직을 두루 거쳤고 국가안보 분야의 경험과 전문성이 풍부하고 국제관계에도 정통한 최고의 정보전문가라고 설명했다. 하지만 정보기관의 특성상 그가 안기부에서 어떤 공과를 남겼는지는 거의 알려지지 않았다.

　그와 안기부 시절에 함께 근무한 후배는 이 후보자가 영어를 잘해 해외 파트를 계속 담당했다. 특별한 문제 없이 무난하게 일한 분이라고 평했다.

　박지원 새정치연합 의원은 1990년대 말 김대중 대통령과 말레이시아를 방문했을 때 대사였던 이 후보자를 기억했다. 박 의원은 당시 이병호 대사가 호텔에서 국제 흐름, 대북 문제와 관련해 보고하는데 김대중 대통령이 놀랄 정도로 잘했던 기억이 있다고 떠올렸다.

　공직을 떠난 뒤로는 2003년부터 지금까지 월 250만 원씩을 받으며 울산대 국제학부 초빙교수로서 강의를 해 왔다. 신연재 울산대 국제학부 교수는 이 후보자가 국제관계와 북한 정치에 대해 강의했다고 밝혔다.

　2010년 이스라엘 정보기관 모사드의 비밀활동을 다룬 책 '기드온의 스파이'를 공동 번역하기도 했다. 언론 기고 활동은 문화일보, 동아일보, 월간조선 등 보수 성향 매체에 집중했다.

　인사청문 요청안을 보면 이 후보자는 서울 송파구 가락동 아파트와 자동차, 예금 등의 6억 6649만 원의 재산을 신고했다. 3명의 아들 중 큰아들은 신장 질환인 만성 사구체 신염으로 병역 면제를 받았다. 1억~3억 원대 연봉을 받는 세 아들 모두 재산 공개를 거부했다.

　국회 정보위원회 소속 김광진 새정치연합 의원은 '자료 제출만 보면 도덕성, 재산에서 별문제가 드러나지는 않는다. 청와대가 청문회에서 걸릴 게 없을 것이라는 정무적 판단도 한 것 같다'고 말했다.

　공직을 그만두고 15년간 묻혀 있던 그는 어떻게 76살 국정원장으로 발탁됐을까? 정치권에서는 대북 강경론자, 친미론자인 이 후보자의 보수적 인식과 박근혜 대통령, 이병기 전임 국정원장과의 인연이 작용했을 것이라고 추정한다.

　이 후보자는 2007년 한나라당의 대통령후보 경선에 뛰어든 박근혜 후보를 위한 외교안보정책자문단 신외교안보포럼의 일원으로 결합했다. 자문단은 2007년 1월 박근혜 후보자와의 첫 모임에서 친북 좌파 세력의 원칙 없는 대북정책으로 외교안보정책이 총체적 부실을 드러냈다는 조언을 건네기도 했다. 자문단에는 이후 국가보훈처장이 돼 2012년 대선 과정에서 극보수 편향의 안보교육을 진행해 논란을 일으킨 박승춘 씨도 포함돼 있었다.

박 대통령이 당선된 직후 국정원장으로 이병호 후보자를 추천했었다는 이철우 새누리당 의원은 이 후보자가 해외 정보가 밝고 미국 정보기관 CIA의 인사들과도 친분이 많아 미국도 잘 안다. 정보전문가 집단에서 이 후보자가 적임자라며 나에게 권유하더라라고 했다. 그는 아마 박 대통령의 수첩에도 이름이 계속 남았을 것이라고 짐작했다.

이병호 후보자와 이병기 실장은 비슷한 이름처럼 인연이 각별하다. 이 후보자가 안기부 2차장을 그만둘 때 후임이 이 실장이었다. 이 실장이 지난해 7월 국정원장이 된 뒤 이병호 후보자가 국정원 자문위원으로 활동하기도 했다.

문희상 새정치연합 의원은 '이병기 국정원장을 비서실장으로 부르면서 국정원장 후임을 어떻게 하면 좋겠냐고 물었을 것이고 그때 이병호 후보자를 추천했을 것으로 본다'고 말했다. 그 때문에 청와대와 국정원의 관계가 더 밀착됐다고 보는 시각이 많다. 박지원 의원은 '권력 입장에서 이병기-이병호가 잘 짜인 구도다. 둘 다 고수여서 소통이 잘될 것'이라고 내다봤다.

야권에서는 해외 정보 분야에서만 근무해 온 이 후보자가 국정원의 국내 정치 개입을 막는 데 노력할 것이라고 전망하면서도 국정원의 대북 강경책과 대공·공안 수사가 더 강화될 것으로 보고 있다.

그는 2013년 2월 월간조선 기고문에서 '국정원 업무의 초점은 국가안보 사안에 맞춰지고 이를 파고드는 업무 집중화가 이루어져야 한다. 대통령을 돕는 일반정책 분야의 일을 국가정보기관이 담당할 여유가 없다'고 적었다. 해외·대북 정보 수집에 국정원의 역량을 모아야 한다는 얘기다.

2013년 문화일보 기고에서는 국정원의 정치 개입 의혹이 반드시 근절돼야 한다면서 국정원의 자정능력을 내부에서 기대하기는 어렵다며 외부 감시·견제 장치 설치도 주장했다. 정권 교체기마다 정보 전문성이 없는 인사들을 국정원에 배치하고 정보기관을 오용한 것이 국정원의 위기를 불렀다고 진단하기도 했다.

하지만 국정원의 대선 개입 문제에 대한 인식이 안이하다는 지적도 있다. 그는 2013년 동아일보 기고에서 국정원의 정치 개입은 엄밀히 말하면 국정원장 개인의 정치 개입이라고 사건을 축소하면서 야당의 국정원 개혁안을 무책임한 발상이라고 비판하기도 했다.

국가 안보를 위협하는 세력에 대한 공안 수사 강화도 강조했다. 2012년 문화일보 기고에서 국가정보 요원과 대공 수사관들은 냉전의 전사라며 강력한 공안 기능이 올바른 대북정책의 출발점이라고 주장했다. 그는 2009년 언론 기고문에서 용산 참사를 '폭동'이라고 표현한 뒤 당시 철거민의 죽음이 '과잉 진압 때문에 발생한 것이 아니다'라는 인식을 보였다.

김대중·노무현 정부의 대북 포용 정책인 햇볕정책에 대한 거부감도 심하다. 2013년 2월 월간조선 기고문에서 '햇볕정책이 국정원의 정체성에 치명타를 가했다'고 지적했다. 2011년 문화일보 기고문에서는 '남북대화가 반드시 한반도 평화를 보장하는 길이 아니다. 남북대화를 고집하는

것은 위험을 자초할 수 있다. 햇볕정책이 준 교훈이 바로 이것이다'라고 주장했다. 한반도의 공산화가 목표인 북한에 대해서는 포용과 관용의 빗장을 열어 줘서는 안 된다는 논리였다.

국정원의 고위직 출신 인사는 '햇볕정책이 국정원의 기능을 위축시켰다는 것은 말이 안 된다. 그 근거를 구체적으로 열거해 보라'고 불편한 심기를 내비쳤다. 이 인사는 '남북 화해 협력보다 북한 붕괴를 통한 흡수 통일을 원하는 보수 인사들과 비슷한 인식이다. 이 후보자가 북한과 관련한 수많은 정보에서 자신의 시각에 맞는 정보만 취사 선택해 대통령께 보고할 것이 걱정된다'고 말했다.

이 후보자가 필요하다고 밝힌 테러방지법의 통과를 위해 여권이 발을 맞춰 속도전을 펴는 데 대한 우려도 나온다. 테러방지법에 서명한 새누리당의 한 의원은 '대표발의한 이병석 의원이 IS와 같은 테러 세력 방지 법안이라고 해서 사인했는데 우리 쪽에서 이 법안을 지금 이 국면에 들고 나와 깜짝 놀랐다'고도 했다. 새누리당 원내 지도부의 한 의원도 '테러방지법은 발의된 법안대로 통과될 수도 없다. 지금처럼 서두를 일이 아니다'라고도 했다."

이 두 글을 통해서 우리는 작금의 어떤 사태가 테러 위협의 증가로 인한 국가비상사태 때문이 아니다라는 것이 분명하다고 봅니다. 어떤 이유로 정의화 국회의장께서 국가정보원의 그런 거짓 정보에 속았는지는 모르겠습니다. 바로 대북정책의 변화와 함께 박근혜 대통령 아버지인 박정희 대통령과의 인연으로 발탁된 이병호 현 국가정보원장과의 어떤 합작품으로 긴급 직권상정안이 올라왔다고 생각합니다.

테러방지법은 직권상정을 통해 강행 처리되어서는 절대 안 됩니다. 국민 여러분과 새누리당 국회의원 여러분에게 새누리당의 전신인 한나라당 국회의원이 2001년 테러방지법 제정이 논란되었을 당시 국가인권위원회가 주최한 토론회에서 진술한 글을 꼭 읽어 드리고 싶습니다.

이유는 단순하지만 명쾌하고 올바릅니다. 대통령의 꼭두각시가 국회가 아닙니다. 국민의 생명과 안전, 인권과 민주주의, 그리고 헌법의 가치를 지키기 위해서 국민의 대표이자 헌법기관인 국회가 테러방지법 찬반 표결을 하기 전에 무엇을 해야 할 것인가 보여 주고 있는 내용이기 때문에 15년 전의 글이지만 선배 국회의원의 고난에 찬 글을 같이 경청해 주시기를 부탁드립니다.

이 글은 2001년 국가인권위원회가 추진하는 테러방지법 토론회에서 김홍신 당시 한나라당 의원의 진술 내용입니다.

무리한 법안의 추진보다는 국민 신뢰 획득이 우선되어야 한다는 내용입니다.

"9·11 세계무역센터 테러사건은 전 세계적으로 충격을 준 사건입니다. 이 사건이 우리 사회에 미치는 여파 또한 적지 않습니다. 특히 월드컵이라는 국가 대사와 각종 국제행사의 유치를 추진하고 있는 상황에서 외국 관광객과 요인의 안전을 보장하고 비인륜적인 테러행위를 미연에 방지하는 것은 가장 중요한 현실의 문제라 할 수 있습니다.

그러나 현재 국가정보원을 중심으로 추진되고 있는 테러방지법은 여러 가지 측면에서 문제점을 노출하고 있습니다. 과거 권위적 정권하에서 정보부처에 의해 저질러진 각종 인권침해 사례에 대한 고려와 법 추진 과정에서 나타난 문제점, 현행 법체계와 헌법에 배치되는 각종 조항들은 이 법안의 순수성을 의심하게 하는 대목입니다. 특히 세계적 경색정국에 편승해 목적의 정당성을 부여받았다고 해서 그것이 수단의 정당성까지 보장하는 것은 아니라는 점을 간과한 행정부의 오만한 태도 또한 지적받아야 합니다.

우리 국민이 미국 테러 사태를 통해 느낀 것은 목적과 주의의 정당성 여부를 떠나 나타나는 현상들이 비인륜적이고 파괴적일 때에는 정서적으로 동의할 수 없다는 것입니다. 반대로 테러의 방지라는 대목적에 우리 국민 모두가 동의한다 하더라도 이런 목적에 대한 동의가 곧바로 특정 정보부처에게 우월적 지위를 부여하고 우리 법체계를 초월한 초법적 권한의 행사까지 모두 인정하는 것은 아니라는 것을 이해해야 합니다.

과거 권위적 정권 시절 정보부서는 정권의 2인자로 통했습니다. 모든 정치적 술수나 여론 조작, 반정부 인사의 제거 등 반인륜적인 인권침해 행위를 도맡아 했다고 해도 과언이 아닙니다. 때문에 현 정부도 정보부처가 구태를 벗고 미래지향적인 정보부의 상을 만들기 위해 노력해 온 것입니다. 국가정보원으로 명칭을 변경한 것 또한 이런 흐름의 하나로 국민 모두 이해하고 있습니다.

따라서 정부가 이런 법안의 추진에는 앞서 다양한 요소와 시각에 대해서 먼저 점검하고, 필요성과 국민적 동의를 통한 사회적 합의를 이끌어 내려는 적극적 노력과 신중한 접근이 필요한 것입니다.

법률의 입안은 국민적 여론수렴과 사회적 합의를 전제로 한 민주적 절차성 보장이 기본입니다. 그러나 국가정보원은 테러방지법을 추진하면서 사안이 시급하다는 이유 하나로 무리하게 법안을 추진하고 있다는 인상을 지울 수가 없습니다. 지금도 마찬가지입니다.

정부 내 관련 부서 내에서조차 반발하고 있고, 많은 부분이 수정되어 제출된 현 법안에 대해서조차 비판적인 목소리가 있다는 점 또한 간과해서는 안 될 부분입니다.

또한 현행 법체계를 뛰어넘는 조항과 인권침해의 소지가 높은 조항이 다수 포함되어 있음에도 최소한의 여론수렴 과정이나 관계 전문가들과의 토론을 통한 사회적 합의와 동의의 과정이 전혀 보장되고 있지 못했다는 점입니다.

국정원에서는 효율적인 테러방지를 위해 다소간의 국민 불편과 권리 침해가 일어나더라도 감수해야 한다는 입장이고, 절차상의 문제점이 없다는 점을 강조할 수 있겠지만 이런 문제를 처리함에 있어서는 보다 신중하고 조심스럽게 접근해야 한다는 것입니다. 관례적으로 20일 동안인 입법예고 기간도 열흘에 그치면서 의혹이 부풀어졌던 점 또한 지적받아야 할 것입니다.

법안 조문에 대한 구체적인 검토는 여러 전문가들을 통해 이미 많은 검토가 있었던 것으로 알고 있습니다.

몇 가지 점만 지적합니다.

첫째, 테러단체를 설립목적의 여하를 불문하고 그 구성원이 지속적으로 테러를 행하는 국내외의 결사 또는 집단이라 규정하면서 정당한 정치적·종교적 목적을 가진 집단도 법 집행권자의 자의적인 해석에 따라 얼마든지 테러단체로 규정될 수 있다는 점을 지적할 수 있습니다.

둘째, 대테러활동을 전개하기 위해 국가정보원 안에 관계기관의 공무원으로 구성되는 대테러센터를 두고 있는 점도 문제입니다. 대테러센터가 설치되면 국정원 직원은 물론 경찰과 군이 참여하는 것은 당연한 것으로 봐야 하고, 센터의 조직을 국정원장이 정하도록 되어 있어 국정원이 모든 통제권한을 가지게 됩니다. 이럴 경우 국정원의 역할이 필요 이상으로 강조될 수도 있고, 고유의 업무에서 벗어나는 수사나 사찰 행위가 일어날 가능성이 있습니다.

이미 국정원법 제3조제3호에 내란죄, 외환죄, 반란죄, 국가보안법 위반에 해당할 때는 수사권을 행사할 수 있도록 되어 있습니다. 필요에 따라서 사법경찰권과 군사법경찰권도 행할 수 있도록 되어 있습니다. 이 법이 현실화될 경우 테러 사태 발생 시는 물론 예방, 방지라는 이름으로 모든 활동에 정당성을 부여하고 있기 때문에 경우에 따라서는 얼마든지 민간에 대한 수사와 사찰도 가능할 것이라는 우려가 생기는 것입니다.

셋째, 테러방지를 위해 국회에 사전 통보만으로 군대를 동원할 수 있도록 되어 있고, 동원된 군은 불심검문 등의 경찰 직무를 수행할 수 있도록 하고 있습니다. 이는 비상사태나 계엄 시를 제외하고는 군 병력을 동원할 수 없도록 제한되어 있는 우리 헌법에도 정면으로 위배될 뿐만 아니라 심각한 인권 시비를 불러일으킬 수 있습니다.

다른 나라와 달리 우리나라는 중앙집중화된 경찰력과 대규모의 경찰병력을 보유하고 있습니다. 또한 각 군부대 및 경찰조직 산하에는 테러방지와 요인 경호를 위한 특수부대를 두고 있어 비상시에는 언제나 활용이 가능합니다. 국정원 내에도 테러 문제를 전담하는 부서가 존재하고 있다는 점을 감안한다면 구태여 별도 입법을 통해 법안을 제정하고, 비상기구를 설치하는 등의 과정이 현실적으로 요구되는가라는 문제가 우선 검토되어야 합니다. 기존의 조직과 인원을 최대한 활용하는 선에서 대안을 모색하고, 필요하다면 법안의 수정이나 보완을 하는 방향에서 대책이 마련되어야 할 것입니다.

우리는 과거 권위적 정권하에서 정보기관에 의한 불법 사찰과 인권침해, 공안 통치의 폐해에 대해서 너무나도 잘 알고 있습니다. 그리고 이러한 불행한 사건의 중심에는 언제나 국가정보원이 존재하고 있었습니다. 때문에 정보부처가 과도한 힘을 갖는 것에 대해 항상 경계할 수밖에 없는 것입니다. 본연의 임무에 충실할 것을 요구하는 것입니다.

영국이나 인도 등에서 실행되었던 이와 유사한 법안들이 본연의 역할보다는 결과적으로 민간 사찰이나 정적의 제거 등에 활용되었던 사례 또한 곱씹어 봐야 할 것입니다.

우리 국민과 정부는 인류에 반하는 반인륜적인 테러행위에 대해서는 명확히 반대하고 있습니다. 그러나 이런 정서가 곧바로 특정 정보기관에 특권을 부여하고, 용인하는 것으로 받아들여져서는 안 될 것입니다. 테러 사태의 여파로 인해 세계적인 공안정국이 조성되고 있고, 국민의정부가 추진했던 각종 개혁 정책들은 하나둘씩 힘을 잃어 가고 있습니다. 이런 시점에서 테러대책법이 추진되고 시행된다면 우리는 또 하나의 시대 역행적인 조치를 용인하고 인정하게 되는 우를 범하게 될 수 있다는 고민을 합니다.

여러 사회단체와 전문가들의 반대를 무릅쓰고 법안을 무리하게 추진하기보다는 순리대로 현행 법체계와 조직을 최대한 활용하면서 대안을 모색하고 대책을 추진해서 국민적 동의와 신뢰를 획득하는 작업이 무엇보다 선행되어야 할 것입니다.”

2001년, 벌써 15년 전에 당시 김홍신 한나라당 의원의 테러방지법이 갖는 문제점, 우려에 대한 글입니다.

공감하십니까?

저는 많은 부분 공감을 했습니다. 그때나 지금이나 굉장히, 테러방지법이 추진되고 있는 과정이나 절차가 여전히 그대로 문제가 되고 있고, 그 중심에 국가정보원의 권한 강화가 핵심에 있다는 것을 확인을 하고 있습니다.

이제 마무리를 하겠습니다.

테러방지법이 문제가 아닙니다. 국정원 개혁이 문제입니다. 이것과 관련해서는 시민단체의 논평과 그리고 제가 소속해서 활동하고 있는 정의당에서 추진하고 있는 국정원 개혁법 관련한 입장으로 마무리를 하도록 하겠습니다.

언론에 따르면 원유철 새누리당 원내대표가 원내대책회의에서 “G20 국가 중에 테러방지법이 제정되지 않은 곳은 우리나라를 포함해서 세 곳뿐이다. IS는 우리나라를 테러 대상국으로 선정했는데 야당만 귀를 막고 있다.” 이렇게 테러방지법 제정을 독촉한 것으로 알려지고 있습니다.

말씀드린 것처럼 박근혜 대통령께서도 “IS도 테러방지법 없다는 거 알아 버렸는데 천하태평이다.”라고 압박하고 있습니다.

그런데 원유철 원내대표는 진실을 말하지 않고 있습니다. 제가 수없이 많은 시간 동안 계속해서, 반복해서 드린 말씀인데요. 우리나라에는 테러방지법이라는 이름의 법만 없을 뿐입니다. G20에 속한 어떤 나라보다도 정말 촘촘하게 내부·외부의 위험에, 테러에 대응할 목적으로 법과 제도가 아주 촘촘하게 잘 도입되어 운영되고 있습니다. 일부는 그 제도의 도입 취지보다 훨씬 과잉되어서 우리 시민의 인권을 침해하고 있다는 비판까지 받을 지경입니다.

우리나라에서는 국무총리가 주관하는 테러대책회의가 벌써 10년째 활동해 오고 있습니다. 안타깝게도 황교안 국무총리는 자기가 위원장으로 있는 이런 테러대책회의가 있는 것조차도 알지 못하는 정말 우스꽝스러운 일도 있었습니다만 이렇게 테러대책회의가 10년째 활동해 오고 있습니다.

미국에서는 인권침해 논란 속에 이미 폐기된 애국자법보다 더 제한 없이 시민들의 통신 기록을 뒤지고 도청·감청할 수 있는 각종 제도가 우리나라에는 이미 도입되어 남용 논란이 이어지고 있습니다. 범죄에 사용되는 자금을 추적할 수 있는 자금세탁방지제도는 참여연대를 비롯한 시민단체들의 노력으로 제정된 것이고요, G20 최고 수준이라는 평가를 듣고 있습니다.

그 밖에 공중 등 협박목적 자금 금지법도 별도로 운영해서 유엔뿐만 아니라 미국, EU 등에서 요청한 개인과 단체의 자금을 세밀하게 추적하고 있습니다. 적의 침투·도발이나 그 위험에 대응하기 위해서 각종 국방·방위 요소를 통합하기 위해 통합방위법, 비상대비자원 관리법도 유사한 취지의 제도입니다.

각종 인질사태, 폭발물 위험 등에 대비해서는 경찰과 군에 각각 여러 종류의 대테러특공대를 두고 운영하고 있습니다. 주민등록제도, 출입국관리제도 역시 다른 어느 나라보다 정말 통제가 심할 정도로, 인권침해가 심할 정도로 잘되어 있는, 대비되어 있는 그런 제도를 가지고 있습니다.

예를 들어 지난 2010년에 G20 정상회의 당시 법무부는 5000명의 테러혐의자 리스트를 만들어 출입국을 통제했었는데요, 국제 인권활동가들이 이때 대거 포함되어 있어 논란을 일으키기도 한 바가 있습니다. 벌써 다 이렇게 시스템을 가동해서 해 왔습니다.

우리나라에 가장 부족한 것이 있다면 국가정보원의 해외정보 수집 능력입니다. 국가정보원이 국내 정치에 개입하거나 기획조정이라는 이름으로 각급 부서를 쥐락펴락 불필요한 일에 시간과 인력을 낭비하는 것이 가장 큰 문제입니다. 국정원 대선 개입 사건, 민간인 해킹 사건 같은 것이 바로 그 증거지요.

지금 추진하는 이런 국정원 대선 개입 사건, 민간인 해킹 사건과 관련해서는 아직도 국정원에 대해 정확하게 책임을 묻고 있지를 못합니다.

테러방지법, 사이버테러 방지법은 무늬만 테러방지법일 뿐입니다. 사실상 국정원에게 그 본연인 해외정보 수집이 아니라 대내 치안관리에 더욱 관여하도록 고안된 법입니다.

외부로부터의 무장공격을 미연에 막으려면 국정원 모든 인력이 해외정보 수집에 그리고 분석에 동원될 수 있도록 직무범위를 제한하고 집중시켜야 합니다.

미국 CIA는 해외정보 수집을 전담하고 있습니다. 그리고 국내정치, 정부부처 활동에 관여하지 않습니다, CIA는.

미국은 최근 테러방지법인 애국자법을 폐지하고 미국자유법을 제정했습니다.

미국·영국·스페인·러시아·프랑스, 이런 이슬람 극단주의 단체로부터 무장공격을 당한 나라들이 테러방지법이 없어서 당한 것이 아닙니다. 이들 나라의 대외정책이 정의롭지 못해서 해당 지역 주민들에게 굉장히 큰 불행을 안겨 주었기 때문에 극단주의 세력의 표적이 되었습니다.

IS는 우리나라가 미국을 도와 파병했던 이라크에서 사실상 시작이 되었습니다. 당시 국정원과 군은 이라크 북부가 석유자원 확보에 유리하다고 주장했는데 지금 그곳은 IS 온상이 된 것이지요.

변화가 시급합니다. 그러나 가장 시급한 것은 테러와의 전쟁에 협력해 온 지난 14년간의 우리나라 대외정책을 돌아보는 일입니다. 그리고 국정원을 개혁해서 해외정보 수집에 집중하게 함으로써 국민이 준 세금이 아깝지 않게 하는 것입니다.

국민의 안전을 지키려면 테러방지법 대신 국정원을 개혁하는 일부터 시작해야 합니다.

정의당은 2013년 9월 국가정보원 전면 개혁을 위한 국가정보원법 개정안을 발의한 바 있습니다. 우리 정의당이 제출한 국가정보원법 개정안은 지난 17대 국회에서 노회찬 의원이 발의했던 해외정보처법을 기초로 해서 국가정보원이 명실상부한 국민과 국익을 위해 노력하는 정보기관으로 거듭나기 위해 지도부의 논의와 검토를 반영한 결과입니다.

개정안은 '국가정보원'의 명칭을 '해외정보원'으로 변경하고 그 업무를 국외정보 수집·작성 및 배포 업무로 규정해 국내 정치 개입을 원천적으로 금지하는 것을 골자로 하고 있습니다.

특히 제4조에 직무수행의 원칙으로 정치적 중립성, 인권 존중, 적법절차 준수 그리고 공정성을 반드시 준수하고 국내 정치활동 개입·관여 또는 이를 목적으로 하는 일체의 정보활동을 금지하는 내용을 포함시켜서 해외정보원 직원의 불법행위 금지를 법률로 규율했습니다.

결국 17대 국회에서 노회찬 전 의원이 제출한 국가정보원법 전부개정법률안인 해외정보처법 개정안이 통과되었다면 아마 지난 대선에서 국정원 댓글부대의 이런 노골적인 정치개입 불법선거는 막을 수 있었을 거라고 봅니다.

해외정보원이 통신제한 조치를 할 경우 그에 대한 사항을 국회 정보위에 6개월마다 보고하도록 했습니다. 정보위가 의결로 요청하는 경우 감사원이 해외정보원에 대한 회계검사와 직원의 직무수행을 감찰하고 그 결과를 국회 정보위에 보고하게 하고 있습니다.

또한 대통령이 해외정보원에 결정, 특정 정보활동 지시 등을 하는 경우에 작성하게 되는 재가문서를 별도로 작성해서 보관하고 국회 정보위원회가 이에 대한 보고를 받을 수 있도록 해서 해외정보원이 정권에 의해 악용되는 경우가 있는지 국회가 확인하고 감시할 수 있도록 했습니다.

당시 17대 국회에서 정보기관에 대한 최소한의 의회 통제를 강화시켰더라도 국정원이 국민의 대변기관인 국회를 무시하고 무소불위의 권력을 휘두르기는 어려웠을 것입니다. 국정원은 현 상황을 전시 혹은 사변에 준하는 국가비상사태로 만들어 국정원에 무한대 권력을 위한 테러방지법을 통과시키려고 합니다.

지금까지 수많은 국정원 개혁법안은 한 번도 빛을 보지 못하고 폐기되었습니다. 수많은 국민이 반대하는 테러방지법은 통과하려고 합니다. 그러나 국정원개혁법에 국정원이, 청와대가 강하게 막고 있습니다.

세계 어느 나라를 보아도 정보기관에게 무소불위의 권력이 있을 때 그 나라의 국민은 불행했습니다. 이는 집권

여당인 새누리당 의원님들도 예외는 아닙니다. 앞서 최민희 의원님께서 여당 의원에 대한 사찰과 감시가 얼마나 많이 있었는지 같이 듣지 않으셨습니까?

박근혜 대통령과 정의화 국회의장님, 그리고 새누리당 집권 여당에게 간곡히 호소드립니다.

이 땅의 민주화를 위해 얼마나 많은 사람들이 피를 흘려 죽어 갔습니까? 얼마나 많은 사람들이 남영동에서 남산에서 고문의 고통에 쓰려져 갔습니까?

시민의 힘으로 민주화를 쟁취한 지 30년이 되어 갑니다. 이제 제발 상식이 통하고 정의로운 사회를 만듭시다. 우리 아이들에게는 최소한 그런 사회를 물려줘야 하지 않겠습니까? 그것은 기성세대인 우리들이 최소한 해야 할 의무라고 생각하지 않습니까? 왜 우리 아이들에게 감시사회를 물려주시려고 합니까? 왜 우리 아이들에게 통제사회에 살라고 강요하십니까? 우리 아이들이 믿음과 신뢰를 가지고 살아야 되지 않겠습니까? 서로 서로 불신하는 불신의 사회를 살아가는 청년들 보고 싶으십니까?

새누리당 의원을 비롯한 선배·동료 의원 여러분!

19대 국회가 이제 얼마 남지 않았습니다. 국민의 대변자라는 최소한의 양심이 우리에게 남아 있다면 자라나는 우리 아이들을 위해서라도 테러방지법만은 하지 마십시다. 숱한 비난과 질타를 받았지만 19대 국회 마지막은 잘했다라는 소리를 한번 함께 들어 보십시다.

정의화 국회의장님, 초기에 모두발언드렸습니다. 3일이 이렇게 넘어가도록 저희가 필리버스터를 하고 있습니다. 이런 진정성을 다들 국민들께서 읽고 계시리라 생각합니다. 정의화 국회의장님께서도 우리 의원들의, 후배 의원들의 이 진정성을 읽어 주십시오. 왜 의원들과 그리고 교섭단체들과 충분히 협의하고 논의하시지 않으십니까? '지금은 국가비상사태'라고 하신 의장님의 말씀에 저희가 수긍할 수가 없습니다. 직권상정안, 철회해 주시기를 간곡히 요청드립니다.

이병호 국정원장의 의견 청취, 물론 들으셔야겠지만 최종적으로 민의의 대표기관인 국회의 수장이신 국회의장께서는 우리 후배 의원들과 그리고 국회의 원내에 진출해 있는 당의 대표들과 함께 이 어려운 문제를 지혜롭게 함께 풀어 가야 한다고 생각합니다. 그게 19대 국회가 우리 국민들에게 해야 할 마지막 최선의 과제가 아닌가 생각하고요.

많은 시민들께서 시민 필리버스터로 의견을 전해 주시면서 국가정보원 강화법에 의해서, 국민감시법에 의해서 테러방지법이 제정되어 우리의 인권과 민주주의를, 우리의 사생활과 자유를 국정원의 손바닥 위에 그대로 드러내 놓고 싶지 않다, 우리의 인권이 침해되는 것이 원치 않는다는 민심을 분명하게 확인할 수 있었습니다.

국민의 인권과 민주주의를 지키고 민주주의의 살아 있는 시민의 양심과 정의가 이 국회 안에까지 울려 나갈 수 있도록 함께 최선을 다해 주시기를 부탁드립니다.

긴 시간 경청해 주셔서 감사합니다.

● **의장 정의화** 김제남 의원님 수고하셨습니다.

　다음은 더불어민주당의 신경민 의원 나오셔서 토론해
주시기 바랍니다.

(2016년 2월 25일 오후 4시 6분)

08

신경민 의원

제19대 국회의원 (서울 영등포구을)
더불어민주당

2016년 2월 25일 오후 4시 8분 시작
2016년 2월 25일 오후 8시 54분 종료
발언 시간 4시간 46분

"그리고 '테러방지법' 이름을 갖고 있는,
좋은 이름을 갖고 있기 때문에 또
거기에서 나오는 오해에 대해서도 오해를
풀어야 될 필요가 있다고 생각합니다.
아무 사람에게나 '김태희'라고 이름을
붙인다고 해서 김태희가 될 수는
없거든요."

(2016년 2월 25일 오후 4시 8분)

● **신경민 의원** 존경하는 국민 여러분, 사랑하는 시민 여러분!
그리고 자리를 지켜 주시는 동료 의원 여러분과
의장단에서 수고하시는, 지금은 정의화 의장님이 지키고
계신데요. 여러분에게 인사드리겠습니다.

저는 더불어민주당 영등포을 지역구를 둔 신경민
의원입니다.

오늘 여덟 번째로 필리버스터 무제한 토론의 토론자로
나왔습니다. 먼저 본격적 토론에 앞서서 제 개인적인 회고와
단상을 말씀드리면서 시작하도록 하겠습니다.

저는 한국전쟁 직후에 전라북도 전주에서 태어났습니다.
50년대, 60년대를 지내면서 학교와 집안의 화두는 전쟁
직후였기 때문에 전쟁과 평화였습니다. 전쟁의 에피소드가
집안 곳곳에 남아 있었습니다. 누구는 죽었다, 누구는
살았다 이런 얘기를 들으면서 자랐습니다. 그리고 또 하나의
화두는 민주와 독재였습니다.

그렇게 유년시절을 지내고 대학에 진학하면서 여전히
화두는 똑같았습니다. 전쟁과 평화 그리고 민주와
독재였습니다.

75년도 ROTC 13기로 25사단 소대장으로 근무하면서
76년 8·18 도끼만행 사건을 겪었습니다. 저는 중화기소대의

소대장으로서 데프콘 2가 발령되면서 동산만큼 지급이
되는 박격포탄과 기관소총 탄알 위해서 며칠 밤을 샜습니다.

저는 그때 하늘의 별을 보면서 그 포탄 위에서 며칠 잠을
잤습니다. 그러면서 개성 송악산이 바라보이는 자리에서
'아, 여기서 이 박격포탄과 소총탄을 다 쏘거나 중간에 죽을
수도 있겠다'라는 생각을 했습니다. 그렇게 군대생활을
마쳤습니다.

그리고 언론인이 됐습니다. 87년 모든 시민들이, 모든
국민들이 서울시청 앞 광장으로 쏟아져 나왔을 때 저는
민주주의의 희망을 봤습니다. 열심히 기사를 썼습니다.
박종철 고문 사건은 그 전에 있었던 사건입니다.

어려운 언론환경 속에서, 보도지침이 난무하는 속에서
어렵게, 정말로 어렵게 한 줄이라도 한 단어라도 더 써 보기
위해서 데스크와 싸우고 회사와 싸우고 여러 가지 눈에
보이지 않는 억압과 싸우면서 보도를 했습니다.

시청 앞 광장에서 저는 드디어 민주주의가 이제 시작할
수도 있겠다라는 생각을 했습니다. 독재가 허망하게 박정희
대통령의 암살로 끝났고 다시 또 허망하게 전두환 정권의
집권으로 다시 독재가 시작됐지만 이 독재의 끝이 드디어
눈앞에 보이는구나라는 희망을 읽었습니다.

그리고 다 아시는 대로 대통령 직선제 개헌이 됐습니다.
그리고 처음으로 투표를 했습니다.

또 하나 개인적인 회고를 하자면 저는 군대를 갔다 왔지만
84년도에 제 사내아이가, 장남이 태어났을 때 20년 후 이
아이가 군대를 갈까 못 갈까라는 생각을 했습니다. 그리고
솔직하게 아빠로서 나는 군대를 갔지만 얘네들이 20년
후에는 군대를 안 가도 되는 세상이 됐으면 좋겠다라는
소망을 가졌습니다. 그러나 그 소망은 제 헛된 꿈이었고 저희
아이는 사병생활을 했습니다. 그리고 분명히 군대를 가는 게
좋겠다는 조언을 했습니다.

이렇게 회고를 해 보면서 평화의 문제에 이르러서는
또 민주의 문제에 이르러서는 미국이 뭔가 해 줄 수 있지
않을까, 미국이 모델이 되지 않을까, 미국이 압력을
행사해 주지 않을까 이런 꿈도 꿔 봤습니다. 그러나 그것도
역시 이루어지지 않는 꿈이었다는 것이 저의 학도로서,
학생으로서, 기자로서의 관찰의 결과라고 고백하지 않을
수가 없습니다.

우리는 모두 인간입니다. 인간성을 가진 인간이고
이기적인 인간이고, 그래서 항산이 있어야 항심이 있는
인간입니다. 매우 이기적인 사람들의 집합이 사회이고
이것은 문화와 전통과 역사에서 벗어날 수 없습니다.

그리고 우리는 근대국가를 만들었습니다. 인류가
만든 매우 위대한 발명품, 발견품이 매우 많습니다마는
저는 단연코 하나를 뽑으라고 그런다면 법치주의와
삼권분립을 꼽습니다. 결국 민주주의의 핵심요소가
법치주의와 삼권분립으로부터 됐다고 생각합니다. 이것은
하느님이 내려 준, 신이 내려 준 선물이 아니고 이기적인
인간들이 우리 이기적인 인간성의 바탕 위에서 어떻게
하면 조금이라도 평화롭게 살 수 있을까를 강구하고

궁리하고 토론해서 만들어 낸, 합의해 낸 제도입니다. 인스티튜션(institution)입니다. 민주주의는 그래서 소중한 것이고, 그래서 현실적인 것이고, 그래서 보편타당한 것이라고 알고 있습니다.

또 하나 소중한 가치는 제가 어렸을 때부터 고민했던 평화입니다. 우리는 근대국가이지만 분단된 근대국가입니다. 그리고 여기에다가 지역 갈등이 아주 심한 분단된 근대국가입니다.

인간의 존재 중의 하나의 여건은 안전입니다. 그런데 안전은 또 여러 가지 요소로 구성돼 있고 안보는 바로 안전의 시작이라고 생각할 수 있습니다. 평화가 깨지고 전쟁이 일어나면 인간도 삼권분립도 법치도 민주도 흔들리게 돼 있습니다. 안보는 어찌 보면 안전의 시작일 뿐만 아니고 인간 존재의 시작이라고도 얘기할 수 있습니다.

안보는 세 가지 요소로 구성돼 있습니다. 정보와 국방과 외교로 구성돼 있습니다. 그중에서도 전쟁은 피해야 됩니다. '가장 싼 전쟁은 가장 비싼 외교보다 값이 더 나간다, 훨씬 더 나간다'는 얘기가 있습니다. 유명한 학자들의 얘기이고 이것은 상식적으로 모두 다 동의하는 얘기입니다.

'수백만 불의 정보는 수백억 불의 전쟁비보다 훨씬 지불할 가치가 있다'는 정보 업계의 얘기가 있습니다. 이 얘기에도 우리가 동의해야 합니다. 할 수밖에 없습니다.

정보의 가치는 이루 말할 수가 없습니다. '전쟁과 갈등의 첫 희생자는 어린이와 여성이 아니고 진실이다'는 저널리즘의 법언이 있습니다. 여기에도 우리가 동의할 수밖에 없습니다. 수없이 많은 전쟁이 바로 이것을 웅변으로 입증하고 있습니다.

우리는 숙명적으로 지금 현재 분단된 나라에 살고 있지만 이 분단은 제 개인적으로는 임진왜란 이후, 1592년 이후 우리의 숙명이었고 1945년에 분단으로 표출됐다고 생각합니다.

우리는 1592년 이후 한 해도 조용한 날이 없습니다. 격변하는 국제 정세와 격동하는 국내 정세 속에서 우리 국민들은, 우리 시민들은 단 한 해도 발 뻗고 자 본 적이 없다고 말을 해도 과언이 아니라고 생각합니다.

그러면 우리 정치가, 우리가 추구해야 될 민생과 민주와 평화를 저는 우리가 지향해야 될 세 가지 목표라고 생각합니다. 그리고 인류가 지향해야 될 목표도 마찬가지라고 생각합니다. 민생과 민주와 평화는 단 하루도, 단 한 시각도, 1초도 잊어버릴 수 없는 대단히 소중한 가치라고 생각합니다.

그런 상황에서 강대국 4강에 둘러싸이고 임진왜란 이후 거듭되는 이런 격동하는 정세 속에서 우리가 발을 뻗고 자려면 우리에게 필수적인 것은 뭐겠습니까? 대단히 많습니다마는 정보의 가치를 우리가 소중하게 생각한다면 그중에, 여러 가지 기구 중에서 국정원의 존재의의, 국정원의 존재가치는 잊어버릴 수 없습니다. 제대로 된 국정원은 우리가 발 뻗고 잘 수 있는 첫 번째, 두 번째, 세 번째 조건 안에 들어간다고 저는 생각합니다.

그래서 자랑스러운 국정원, 국정원 요원들이 '내가 국정원 요원이다'라고 자기 아들에게, 자기 딸에게 얘기할 수 있는 국정원은 우리에게 반드시 필요하고 우리 국가를, 분단된 국가를 영위하는 데 있어서 너무너무 중요한 인스티튜션이라고 생각합니다. 이런 저의 관찰에 대해서 아무도 이론을 달기는 어려울 거라고 생각합니다.

그런데 우리는 인간입니다. 그래서 민주주의는 하루아침에 이루어지지 않습니다. 민주주의는 87년에 우리가 이뤘던 것처럼 대선 직선제 하나를 이룬다고 그래서 뚝딱 하늘에서 떨어지지 않습니다. 그 이후에 벌어진 우리의 정치사, 우리의 역사는 이것을 잘 보여 주고 있습니다.

여러 가지 조건, 필요한 조건 중의 하나가 대선 직선제였습니다마는 충분한 조건은 아니었습니다. 우리가 민주주의의 조건을 하나하나 열거하자면 수도 없이 많지요. 그러나 여기서 제가 그것을 다 열거하진 않겠습니다. 국정원에 집중해서, 오늘 이 필리버스터 무제한토론의 주제인 국정원에 집중해서 제가 말씀을 드리겠습니다.

19대 총선에서 그리고 이은 대선에서 제가 속했던 당이 지면서 여러 가지 문제가 있었지만 오늘과 같은 날이 오리라는 아주 비관적인 전망이 있었습니다. 그런데 결국 그날이 오고야 말았고 지금 이 시각 제가 이 자리에 설 수밖에 없는 이유가 되기도 합니다.

지금 국가정보원은 우리의 자랑이 아닙니다. 지금 국가정보원은 '반드시 필요하냐?'라고 묻는 국민들이 매우 많은, 걱정스러운 기구가 됐습니다. 그래서 사람들은 '국가걱정원'이라고 얘기합니다. 또 한 사람들은 '국가조작원'이라고 얘기를 합니다. 동의합니다. 지금 국가정보원은 우리에게 희망이고 우리의 발을 뻗고 자게 할 수 있는 그런 기관이 되지 못하고 있습니다.

오늘 우리가 이렇게 여기에 서게 된 것도 모두 다 국가걱정원 때문이고 국가조작원 때문입니다. 만약에 이 틀을 벗지 못한다면, 개혁을 하지 못한다면 국가정보원은 국가기관으로서의 자기의 존재의의에 대해서 심각하게 고민해야 할 것이고 이미 고민했어야 하고 개혁을 했어야 하고 이렇게 개혁했다라고 얘기를 우리에게 보고할 수 있어야 되고, 국민들이 '그래, 잘했다'라고 얘기할 수 있어야 합니다.

그래서 지금 테러방지법 같은 것을 우리에게 내밀었다면 '그래, 한번 생각해 보자'라고 얘기했을 겁니다. 그러나 현실은 어떻습니까? 지금도 여전히 국가정보원은 '국가걱정원'이고 '국가조작원'이고 반성을 하지 않고 개혁을 하지 않고 자정의 능력을 갖추지 못한 미숙한 집단으로 남아 있고 국민들에게 걱정을 끼치는 집단으로 남아 있습니다.

지금 테러방지법, 여러 의원들이 며칠에 걸쳐 토론해서 국민들이 상당히 많이 알 수 있게 됐지요?

카톡을 보겠다는 겁니다. 여러분의 핸드폰을 보겠다는 겁니다. 여러분의 인터넷을 보겠다는 겁니다. 여러분의 돈 거래를 샅샅이 볼 수 있게 해 달라는 겁니다. 그러면서 테러를 막기 위해서 국가정보원은 이런 모든 것을 봐야 된다는 것입니다.

테러를 막는다는 명분, 동의합니다. 맞습니다. 테러, 막아야지요. 안전의 시작이라고 제가 말씀드렸지요? 그러면서 만약에 이걸 못 한다면 국정원이 웃음거리가 된다고 얘기합니다. 그런데 미안하게도 이미 국정원은 전 세계의 웃음거리가 됐습니다. 조작원으로서 그리고 국민에게 걱정을 끼치는 곳으로서, 그런 기관으로서 미국도 알고 일본도 알고 중국도 알고 박근혜 대통령이 걱정하는 IS도 알고 있습니다. 이미 국정원은 개혁을 할 수 없는 그런 조직으로 평가를 받고 있습니다.

그리고 이런 국정원을 개혁하지 못하는 나라라는 것, 우리 국민들의 수준이 거기까지 갔어야 되는데, 우리 국민들의 수준을 집권 여당이 받지 못하는 나라라는 것, 완전한 민주주의국가가 아니라는 것, 형식적인 민주주의국가라는 것을 이미 모든 나라가 그리고 IS까지도 알게 됐습니다. 정말로 우리가 테러를 막으려면 이것을 막아야 됩니다. 이것을 없애서 개혁된 국정원, 국정원다운 국정원을 갖는 것이 테러를 막는 지름길이라고 저는 생각합니다.

만약에 이 테러방지법이 그대로 통과된다면 여러분의 카톡, 여러분의 전화, 여러분의 인터넷은 이미 여러분의 것이 아닙니다. 누군가가 들여다보고 누군가가 공유하고 그것을 어디에 어떻게 쓸지 모르는 겁니다. 이것은 공룡 탄생법입니다. 이것은 민주주의 익사법입니다. 이것은 민주의 빈사법입니다. 민주주의를 코마로 몰고 가는 법이라고 저는 생각합니다.

부디 국민 여러분!

우리의 미래를 위해서 그리고 제대로 된 나라를 위해서, 민주국가를 위해서 그리고 본보기가 될 수 있는, 모델이 되는, 어려운 경제 속에서도 분단된 속에서도 민주주의를 제대로 하고 평화를 이룰 수 있는 이런 나라가 될 수 있도록 도와 주시기 바랍니다. 지금 우리의 잘생긴 젊은 남녀, 우리의 아들딸들이 맑은 하늘 아래 어깨를 펴고 살 수 있도록 국민 여러분에게 호소드리려고 이 자리에 섰습니다.

본론에 들어가기 전에 지금 필리버스터를 가지고 새누리당이 이상한 시위를 하고 있습니다. 지금 바로 이 문 밖을 걸어 나가면 '국회 마비 몇 시간째'라는 현수막을 걸어 놓고 시위를 하고 있습니다. 누가 누구를 위해서 시위를 해야 하는지는 잘 모르겠습니다마는 어처구니없는 시위가 바로 이 문 밖에서 벌어지고 있습니다.

이 부분에 대해서 말씀을 드리도록 하겠습니다.

필리버스터는 제가 자료를 찾아봤더니 새누리당의 약속이었습니다.

(자료를 들어 보이며)

제가 이것을 증거로 가지고 나왔습니다. 지금 이게 19대 총선공약입니다. 총선공약을 제가 프린트 해 온 것인데요, '새누리당의 진심을 품은 약속'이라는 프린트물입니다. 여기에 보면, 뒷부분에 가서 보면 '정치 선진화로 더 큰 대한민국을 만들겠습니다'라는 부분이 있습니다. 이건 제가

쓴 것이 아니고요, 새누리당이 쓴 겁니다.

1번, '국회의원의 기득권 포기' 해서 몇 가지가 있습니다. 그리고 2번, '국회 합리적 의사절차와 질서유지 확보를 위한 새누리의 약속'이 있습니다. 그중의 하나가 의장 직권상정의 요건을 강화하겠다, 의안상정 의무제를 도입하겠다, 위원회 안건조정 제도를 도입하겠다, 본회의 필리버스터를 도입하겠다, 그렇게 돼 있습니다.

제가 쓴 것 아닙니다. 52페이지에 있습니다. 그리고 '새누리의 실천'이라 그래 가지고요, 뭘 실천을 했다고 써 놓았습니다. 여기에 분명히 써 있습니다. 지금 자기들 약속이 잘못됐다고 주장을 하는 시위를 하고 있는 겁니다. 이런 어처구니없는 일은 아무리 새누리당이지만 그만하는 것이 저는 맞다고 봅니다.

지난번에 이 테러방지법과 관련해서 위원회 안건조정 제도를 저희들이 신청을 했더니 바로 국회의장께서 심사기일 지정을 해서 이것도 무력화됐습니다. 그런데 위원회 안건조정 제도의 도입도 새누리당의 약속이었습니다.

왜 이런 짓을 합니까? 왜 자기 부정을 합니까? 이것을 알면, 부끄러운 줄 알면 지금이라도 저런 일은 그만두는 것이 저는 맞겠다는 얘기를 이 토론을 시작하면서 말씀을 드리도록 하겠습니다.

이 문건은 새누리당 웹사이트에서 뽑은 것이기 때문에 지금이라도 바로 들어가면 국민 모두가, 전 세계가 다 볼 수 있는 약속입니다. 제발 이런 짓 좀 그만하시지요.

또 한 가지 있습니다. 오전에 청와대가 브리핑을 하면서 이런 얘기를 했습니다. 이건 정연국 대변인의 춘추관 브리핑입니다.

'지금 북한이 테러 등을 공공연히 언급하는 상황이 아니겠느냐, 국민의 생명과 안전을 지키는 것에는 여야가 따로 있을 수 없다. 국회는 국민의 안전을 최우선으로 고려해 주시기를 바란다'고 요청을 했습니다.

그리고 여기에 이런 얘기를 했습니다. '시급한 노동개혁 4법, 서비스발전 기본법을 비롯한 경제활성화법을 반드시 2월 국회에서 처리해 주기를 바란다고 촉구했다', 마지막이 문제입니다. 정 대변인은 '일각에서 나오고 있는 테러방지법에 대한 대통령의 긴급명령권 발동에 대해서는 좀 전에 말씀드린 이상은 없다'고 선을 그었습니다.

이것 무슨 얘기입니까? 없으면 없다고 얘기를 해야지요. 좀 전에 말씀드린 이상은 없다고 선을 그으면 도대체 무슨 얘기를 하는 건지 모르겠습니다.

그래서 제가 관련 헌법 조항을 읽어 봤더니 76조에 대통령의 긴급명령권이 있습니다. 그런데 이 긴급명령권은 이렇게 돼 있습니다. "내우·외환·천재·지변 또는 중대한 재정·경제상의 위기에 있어서 국가의 안전보장 또는 공공의 안녕질서를 유지하기 위해서 긴급한 조치가 필요하고 국회의 집회를 기다릴 여유가 없을 때에 한하여 최소한으로 필요한 재정·경제상의 처분을 하거나 이에 관하여 법률의 효력을 가지는 명령을 발할 수 있다."고 돼 있습니다. 그리고 77조는 계엄으로 돼 있습니다.

76조인지 77조인지 청와대 대변인의 말만 가지고는 잘 모르겠습니다마는 지금 이런 정도의 질문에 대해서, 대통령의 긴급명령권 발동을 묻는 질문에 대해서 없다고 얘기를 하는 것이, 강력하게 부인하는 것이 청와대의 역할이고 대통령의 업무입니다. 그게 임무입니다. 그런데 '좀 전에 말씀드린 이상은 없다'고 얘기하면 국민들이 온갖 추측과 억측을 할 수밖에 없는 상황입니다.

이런 것도 제가 언론인 생활과 국회의원 생활을 통틀어서 회고해 보건대 이렇게 답변을 하면 저는 안 된다고 생각합니다. 국가 지도자로서의 책무와 임무에서 어긋난다고 생각합니다. 헌법 76조와 헌법 77조를 숙독하기를 청와대와 여러 관련자들에게 요청합니다.

(자료를 들어 보이며)

그리고 이것은 조금 전에 서울발로 나온 외신 기사입니다. 이렇게 돼 있습니다.

"South Korean lawmakers try first filibuster since 1969 to block anti-terrorism bill"이라고 해 가지고 은수미 의원이 울고 있는 모습을 해 가지고 쭉, 상당히 긴 기사가 소화가 돼 있고, 이것은 LA타임즈에 실린 기사입니다. LA타임즈는 미국의 6대 신문 중의 하나입니다. 지금 우리나라 국회가, 우리나라가 이렇게 외신에 투영되고 있다는 것 보여 드립니다.

그리고 본 안에 들어가기 전에 지금 이 필리버스터 사태까지 오게 된 데 대한 여러 가지 문제를 짚지 않을 수가 없어서 다시 제가 이것을 짚겠습니다.

이 모든 사태에는 물론 국정원이 있지요. 그리고 테러방지법을 반드시 해야 되겠다는 청와대가 있고요. 또 이것을 도와주겠다는, 도와줘야 한다는 여당의 생각이 있지요. 그런데 마지막 순간에는 뒤에 앉아 계신 국회의장의 직권상정이 있었습니다.

직권상정은 의장의 고유 권한이기 때문에 할 수도 있고 안 할 수도 있는 겁니다. 그리고 직권상정을 해서 안건 조정을 저희들이 생각을 했는데 심사기일을 지정을 해 가지고 안건 조정을 무력화시켜 버렸습니다. 그러면서 테러의 정황과 국가비상사태라는 것을 이유로 들었습니다. 이것은 국회법에 있는 것은 뭐 여러분들이 다 아실 텐데요.

국회의장이 심사기일을 지정했을 때 정보위원회는 테방법 관련해서 네 차례 법안소위를 진행한 상황이었고요 검토안까지는 나와 있었습니다. 물론 이게 완전히 다 된 것은 아니지만 검토안 정도까지 있었다는 것은 진전이 있었다는 얘기입니다.

그래서 우리는 이 법이 통과됐을 때 국정원 기능이 강화되기 때문에 견제장치가 필요하다라는 얘기를 계속했고요 정보위에 계류돼 있는 다른 법률도 함께 심사하자고 문제를 제기했습니다. 아울러서 정보위 기능을 강화해야 된다, 지금 정보위원회라는 게, 제가 정보위원회를 3년째 하고 있습니다마는 허울밖에 없습니다. 가끔 국정원장을 만나는 것 외에는 별로 특별하게 하는 일이 없습니다. 그래서 정보지원감독관을 설치하는 국회법도

함께 심사하자는 제안을 했고 여당은 대꾸는 안 했지만 부인도 하지 않았습니다.

그런데 그 사이에 국정원이 보여 준 문제점들이 하나도 고쳐지지 않은 상황에서 국정원에 대한 국민 불신을 먼저 해소하는 것이 국민에게 필요한 일이고 이것이 국정원으로서도 예의에 해당하는 기본 상식이라고 생각합니다. 그런데 이게 지금 다 어그러진 겁니다.

국회법에서 정한 직권상정의 요건은 아시다시피 천재지변이나 전시나 사변, 국가비상사태 혹은 각 교섭단체 대표가 합의한 경우에 한하고 있습니다. 그런데 여기에서 교섭단체 대표가 합의하지 않았기 때문에 천재지변이 아니라면 전시나 사변이나 국가비상사태밖에 없습니다. 그런데 지금 북한 핵실험 이후에 북한 테러위협이 증가했다면서 국가비상사태로 간주한다라고 보면 이것밖에는 해당이 안 되는 거지요.

그래서 국가비상사태를 선포된 사례를 저희들이 찾아봤더니 1971년 12월 이게 10월 유신에 해당되는 거지요. 79년 10월은 박정희 대통령 암살사건이었고요. 80년 5월 광주 민주화운동 때, 광주항쟁 때 비상계엄 확대 등으로 세 번 있었습니다. 그러니까 마지막이 1980년이었습니다. 그리고 이것은 대통령이 한 거였습니다. 그러니까 이번에 36년 만에 네 번째로 국가비상사태를 선포한 거고요. 이번에는 국회의장이 선포한 최초의 국가비상사태가 되는 겁니다.

헌법 77조에 따르면 국가비상사태의 경우에는 대통령이 계엄을 선포할 수 있도록 되어 있습니다. 그러니까 이론적으로 얘기하면, 헌법적으로 얘기하면 지금 계엄을 선포해도 아무 문제가 없다는 얘기처럼 이렇게 들립니다. 도대체 이게 무슨 얘기인지요? 이게 헌법에 맞는 얘기인지요? 아니면 어느 법에 이렇게 돼 있는지요? 저희가 이걸 잘 모르겠습니다.

지금 이 법은 국정원의 신뢰를 생각하면, 지금 현재 한 두어 달 토의를 소위에서 한 건데 두어 달 정도 토의해서 될 법은 아닙니다. 테러가 임박하다고 얘기하지만 테러지침은 지금 작동되고 있고요. 물론 법으로 되면 좋겠지만, 그러면 테러지침을 법으로 만들자고 그러는 것은 저희들이 동의할 수도 있습니다. 그런데 이건 그게 아니고 테러지침과는 전혀 다른 얘기입니다. 이걸 가지고 갑자기, 상당한 논의가 필요한 법을 갑자기 이렇게 간다고 그러면 어떻게 하자는 얘기입니까? 계엄을 하자는 얘기입니까, 말자는 얘기입니까? 국가비상사태를 입증을 해 달라고 제가 요청을 드렸는데 뚜렷한 얘기를 듣지 못했습니다.

그래서 정 의장께서 2년 가까이 전에 2014년 6월 달에 국회의장이 되셨을 때 제가 기억이 나서 그 당시에 회견한 언론과의 회견 내용을 봤습니다. 그때 뭐라고 말씀을 하셨느냐 하면 '어떤 경우에도 직권상정은 안 할 것이다'라고 뉴시스와의 인터뷰에서 얘기를 했습니다. 그리고 '나는 친 대한민국이고 거수기 의장은 안 한다'고 연합뉴스와의 회견에서 얘기를 하셨습니다.

또 이걸 하나하나 꼼꼼히 읽어 보면, 제가 몇 군데를 좀 읽어 보겠습니다. 이게 뉴시스 기사입니다. '정의화 국회의장은 11일 앞으로 어떤 경우에도 직권상정은 하지 않을 것이라고 말했다. 국회 출입기자들과 가진 오찬 간담회에서 직권상정은 국회의장 권위를 위한 대화를 위한 도구일 뿐이다라고 하면서 이같이 밝혔다. 그는 저의 멘토인 이만섭 전 국회의장도 직권상정을 하지 않은 최초의 국회의장이라고 자랑하셨는데 누가 뭐라고 해도 직권상정은 안 할 것이다. 여야가 배려하고 양보하고 타협해서 처리해야 한다고 강조했다.' 이렇게 돼 있습니다.

그리고 연합뉴스와의 회견에서도 이 부분을 굉장히 자세하게 말씀을 하셔 가지고요. 저는 직권상정은 안 하실 것으로 처음에 생각은 했는데, 제가 또 다음에 설명을 드리겠습니다마는 연합뉴스 인터뷰 중의 한 대목을 소개하겠습니다.

질문이 이렇습니다. '19대 전반기 국회 동안 여당이 청와대에 끌려 다닌다는 지적이 많았는데요' 하고 기자가 물었습니다. 이것에 대해서 '의장 경선 전부터 나는 거수기 의장은 하지 않겠다고 말했다. 내가 가장 듣기 싫은 얘기가 통법부다. 대한민국은 삼권분립 국가이며 대의민주 국가이다. 그동안 의원들이 제 몫을 못 한 것이다. 대통령이 나라를 끌고 가는데 국회가 받쳐 줄 것은 받쳐 주고 발목 잡지 말아야 하나 그 목적이 당리당략이 돼서는 안 된다. 나는 친박도 친이도 비박도 아니고 그저 친 대한민국이다. 이는 대통령도 마찬가지일 것이다.'

그리고 다음 질문이 '국회와 청와대의 소통에 문제점이 많이 지적돼 왔는데'라는 질문을 하니까 '대통령과의 만남에서 국회와 청와대 간 소통이 중요하다고 강조했다. 그래서 대통령과 국회의장이 언제든지 대화할 수 있게끔 핫라인 개설을 요청했고 며칠 전에 번호를 받았다. 아울러 국회사무총장과 청와대 비서실장, 국회의장 비서실장과 청와대 정무수석 간의 핫라인 개설도 요청할 생각이다. 야당과의 관계에서 대통령에게 야당 의원에게 더 많이 신경을 써 주며 대화하고 파트너십을 잘 형성했으면 좋겠다고 건의드렸다. 또 대통령께서 국회 시정연설이나 예산안 제안연설을 국회에 두 차례 직접 와서 해 달라고 요청했다.' 지금 이렇게 되어 있거든요. 그리고 '대통령 또는 정부가 잘못한 게 있다면 충정에서 국민을 대표해 전화할 것이다. 임기 중에'…… 이건 안 읽어도 되겠습니다.

그래서 저는 그러실 줄 알았는데 그 뒤에 어떻게 됐냐면요, 작년 12월에도 여야 법을, 물론 나란히 했습니다마는 관광진흥법과 함께 야당이 주장하던 대리점법, 모자보건법을 직권상정해서 의결을 했고요. 인사 사항도 직권상정이 돼서 그때 제가 깜짝 놀랐습니다. 어떻게 직권상정에, 법안이 아니고 인사까지도 직권상정이 될 수 있는 것인지, 직권상정을 해야 될 충분한 요건을 갖춘 것인지……

그래서 직권상정 부분에 대해서 이번에도 마찬가지로 전혀 저는 동의하기가 좀 힘듭니다. 그래서 이 부분에 대해서는 이 사안에, 테러방지법과는 상관없이 직권상정 부분에 대해서는 좀 상세한 설명과 양해가 있어야 되는 것 아닌가 이렇게 생각합니다.

새누리당의 테러방지법에 따르면 국정원은 테러 예방과 대응에 관한 제반 활동을 근거로 영장 없이 통신수단에 대한 감청을 할 수가 있습니다. 또한 무차별적 정보수집권은 물론이고 대테러활동에 필요한 정보나 자료를 수집하기 위한 조사권도 가질 수 있게 돼 있습니다.

이 부분과 관련해서 협상 도중에 과도하다고 정의화 의장도 인정을 하셨고요. 새누리당에 수정안을 마련해 올 것을 요구를 했습니다. 그런데 문제는 국정원이 거부하는 겁니다. 도대체 법안을 만드는데 국회가 만드는 게 아닙니다. 국정원이 만듭니다. 도대체 이런 나라가 어디에 있습니까? 국정원이 거부하니까 여당이 또 같이 따라서 거부합니다. 이건 여당이 국정원인지 국정원이 여당인지 도대체 알 수가 없습니다. 제 상식으로는 알 수가 없고요.

미국에서 이런 일이 일어났다고 생각해 보십시오. 가까운 일본에서도 이런 일 합니까? 안 합니다. 어떻게 여당과 국정원과 청와대가 한 몸이 돼서 국정원 마음대로 합니까? 이건 잘못하게 되면, 이거 IS가 알면 이거 큰일 납니다. 국정원만 뚫으면 뚫을 수 있다고 생각할 수도 있고요. '아, 이거 얼마든지 뚫을 수 있다'라고 생각할 거 아니겠어요? 테러는 어느 한 기관이 막는 게 아닙니다. 수없이 많은 기관, 국가 전체가 막는 겁니다.

그리고 새누리당은 뭡니까? 국정원이 요구하는 대로 움직이는 당입니까? 새누리당 이름을 그럼 바꿔야지요. 새누리당은 말 그대로 새누리당다워야 되는 거 아닙니까? 어떻게 국정원이 하지 말라면 안 합니까? 이건 정당이 아니고요, 무슨 국정원의 협력 기관이나 협조 기관이나 이런, 아주 나쁘게 얘기하면 예하 기관이라고도 얘기할 수 있습니다.

지금 이 사태는 이거, 이 에피소드 하나만 봐도 민주주의 아닙니다. 민주주의의 비상사태라고도 얘기해도 과언이 아닙니다. 무소불위의 군림하는 국정원에 모든 국가기관, 심지어는 정당까지도 여기에 무리수를 둬 가면서까지 무차별적으로 정보수집권, 조사권, 계좌추적권, 감청권까지 줘서 국정원을 괴물로 만들고 그 괴물과 같이 잘 살아보자고 지금 얘기하는 겁니다. 도대체 이 나라를 어떻게 만들어 가려고 이런 조치를 하는지 저희들은 알 수가 없습니다.

국정원은 북한 문제를 먼저 쳐다보는 것이, 국민이 안심하고 발을 뻗고 잘 수 있도록 하는 것이, 그게 국정원의 첫 번째 임무이고 중간 임무이고 마지막 임무입니다. 지금 그런데 국정원이 지금 뭘 하고 있는 겁니까?

그리고 이것은 위헌인지 아닌지 따져 봐야 됩니다. 기본권을 제한하는 문제기 때문에 위헌인지 아닌지 잘 따져 보고 이러이러한 제한 조치, 이런 제한 사항을 두고 잘 작동할 수 있다는 자신감이 들 때까지 충분히 토의하고 토론하고, 그래서 그 자신감이 현실에서 작동할 수 있다고 우리들이 안심을 할 순간에 만드는 것이 맞습니다.

그러자면 직권상정해선 안 됩니다. 더 토론하고, 지금이라도 그 결정을 바꿔 가지고 더 토의하고 또 토의하고 전문가들 의견을 듣고 이것을 어떻게 하면 기본권을 해치지 않으면서 우리의 안전, 우리의 안보를 확보할 수 있는지를 해야 됩니다. 책상을 두드리면서 이것을 통과시켜 달라고 할 일이 아니고 책상을 두드리면서 이 문제를 가지고 토의하고 토론하고 밤을 새우고 날짜를 가는 것을 두려워하지 말고 어떻게 하면 안전한 나라, 어떻게 하면 민주적인 나라, 어떻게 하면 기본권을 해치지 않는 나라를 만들 것인가를 서로 고민하고 숙의하고, 그래서 결론을 내는 것이 맞습니다.

저는 당연히 그렇게 해야 되고 국회의장은 그 임무를 완수하는 데 있어서 저희들과 의견을 같이한다면 직권상정의 부당성을 인정하고 이것을 철회하는 게 맞다고 봅니다.

인간은 실수할 수 있고요. 그것은 대통령도 국회의장도 대법원장도 예외가 아닙니다. 인간은 나약한 존재고 인간은 유한한 존재고 인간은 실수할 수 있습니다. 위대한 인간은 잘못을 했을 때, 잘못을 지적받았을 때, 실수했을 때 그것을 인정하고 바꾸는 것이 위대한 인간이고 그것이 인간이 해야 될 도리고 그것이 인간과 동물의 차이라고 저는 생각합니다.

그런 점에서 국회의장 직권상정의 부당성만이라도 저는 철회가 됨으로써 우리 국회의 권위를 살리고 우리 국회가 국민의 편에 있다는 것을 만방에 알려서 IS가 '아, 이 나라는 민주국가라서 쉽게 뚫을 수 없는 나라'라고 평가를 하는 계기가 될 수 있도록 하는 것이 맞는 방향이라고 생각을 합니다.

제 의견에 대해서 만약에 맞다는 견해가 의장단 사이에 있다면 이 필리버스터는 더 이상 진행될 이유가 없는 거기 때문에 사실 본론에 들어갈 필요도 없습니다.

이상으로 직권상정의 부당성에 대해서 지적을 하겠습니다.

일단 '테러방지법'으로 지금 저희들이 부르고 있는데요. 저도 할 수 없어서 그걸 부르고 약어로 테방법, 테방법 그럽니다마는 이 법의 정식 이름은 물론 테러방지법은 아닙니다. 이철우 의원이 대표발의한 법은 국민보호와 공공안전을 위한 테러방지법안으로 돼 있고요. 이종걸, 저희 당의, 더민주당의 이종걸 의원이 대표발의한 법률안은 국제 공공 위해 단체 및 위해 단체 행위 등의 금지에 관한 법률안으로 돼 있습니다.

그래서 이걸 줄이기가 좀 힘들어 가지고 저희들이, 저도 할 수 없이 그럽니다마는, 테러방지법이 이름이 근사하기 때문에 왜 이렇게 좋은 법을 만드는데 너희들이 반대를 하느냐라는 얘기를 흔히 듣습니다.

그러나 저희들이 테러방지법을 반대하는 게 아니다라는 것을 분명히 전제로 깔아둡니다. 저희들은 좋은 테러방지법을 만드는 것이 좋겠다라는 겁니다. 민주주의와 조화를 이룰 수 있는, 민주주의와 융화할 수 있는 좋은 테러방지법, 국민의 기본권을 침해하지 않고 그리고 안전한 대한민국을 만들 수 있는 테러방지법을 만들겠다는 것이,

만들어야 한다는 것이 저희들의 생각이고, 이 생각은 틀릴 수가 없는 겁니다. 그래서 이거에 대해서는 분명히 오해가 있을까 봐서, 이름이 갖는 오해가 있는 건데요. 절대로 테러방지법에 반대를 하는 것은 아니다,

테러방지법이 아까 말씀드린 대로 국정원 장악법에 해당하기 때문에 반대하는 것입니다. 국정원 강화법에 해당하기 때문에 반대하는 것이고 국정원 공룡법에 해당하기 때문에 반대하는 것이라는 것을 반드시 짚고 넘어가야 되겠습니다.

(정의화 의장, 이석현 부의장과 사회교대)

그리고 또 하나 말씀드린 대로 분단·대치 상황에서 국정원은 반드시 필요한 기관입니다. 국정원은 있어야 되는 기관이고 없어서는 안 되는 기관이고, 그러나 국정원은 바람직한, 좋은 국정원이 돼야 된다는 것이 저희 생각입니다.

그래서 저희들이 두 가지 전제, 국정원 강화법, 국정원 공룡 탄생법을 반대한다는 것, 그리고 좋은 테러방지법을 찬성한다는 것, 그럼으로써 우리가 국정원 국가로 가는 것을 막고 진정한 민주주의 국가 그리고 진정한 평화를 이루기 위해서 우리들이 걱정을 하고 있다는 것, 이 두 가지 전제조건을 반드시 기억해 주시기를 바라겠습니다.

지금 현재 상당히 오랫동안 이 필리버스터가 진행이 됐습니다마는 대부분의 언론들이 누가 몇 시간을 했느냐는 것을 가지고 기사를 쓰고 이 내용까지 진행이 되지 않는 거에 대해서 제가 매우 언론인 출신으로서 유감을 표시하지 않을 수가 없습니다.

그리고 '테러방지법' 이름을 갖고 있는, 좋은 이름을 갖고 있기 때문에 또 거기에서 나오는 오해에 대해서도 오해를 풀어야 될 필요가 있다고 생각합니다.

아무 사람에게나 '김태희'라고 이름을 붙인다고 해서 김태희가 될 수는 없거든요. 그런데 이 테러방지법의 내용에 대해서 언론들이 조금 더 관심을 기울여 주고, 이 테러방지법 내용의 무엇을 야당이 문제 삼는지, 무엇을 야당이 반대하고자 하는지, 왜 반대하는지, 그리고 여야 간에 협상이 어떻게 진행이 됐는지, 이게 어떤 식으로 해서 문제를 풀어 가는 것이 좋은지에 대해서 언론 보도가 이루어지기를 바랍니다.

은수미 의원이 몇 시간 했고, 김광진 의원이 몇 시간 했고, 아무개가 몇 시간 했고, 이렇게 가는 것은 사실 언론의 선정성에 해당한다고 저는 생각합니다. 그래서 언론인 여러분들에게도 언론 보도의 방향에 대해서 다시 한 번 심사숙고 해 줄 것을 부탁을 드리겠습니다.

지금 언론이 어렵다는 것 저희들이 잘 알지만요, 저도 언론인 생활을 31년 하면서 한 번도 샐러리맨이라고 생각해 본 적은 없었던 것 같습니다. 언론은 샐러리맨이지만 그러나 특수한 샐러리맨입니다. 공적인 임무를 가지고 있는 그런 샐러리맨입니다. 그래서 언론인이 만약에 이름 그대로 월급에만 매달린다고 한다면 이 나라의 민주주의는, 이 나라의 평화는, 이 나라의 민주주의는 어디 가서도 찾을 수가 없습니다. 언론의 도움이 없이 아무것도 찾을 수가

없습니다.

정치 비하, 정치 폄하, 정치 무용, 국회에 대한 비난과 욕설, 다 좋습니다마는 그것이 가지고 오는 후과는 결국 우리가 받고, 우리 후손이 받고, 우리의 아들딸들이 가져가는 것이고, 정치를 망치고 나라를 망치고 결국 그것은 우리 민생을 어그러뜨리고 우리의 평화를 깨는 일이다라는 것을 잊지 말아 주셨으면 합니다.

그리고 언론은 그 영향력 때문에 정치와 경제와 사회 각 분야로부터 압박을 받을 수밖에 없습니다. 언론의 운명과 언론에 대한 압박은 숙명입니다. 같이 가는 겁니다. 그 압박을 핑계로, 시청률을 핑계로, 구독률을 핑계로, 광고를 핑계로 타협을 하면, 한 번 타협하면 두 번 타협할 수 있고, 세 번 타협하고, 그렇게 되면 그 매체의 성향이 되고 언론의 자질이 됩니다. 그렇게 되면 언론 하나의 문제가 아니고 나라의 문제가 된다는 것들을 제가 언론을 조금이라도 선험적으로 해 봤던 사람으로서 설명을 드리지 않을 수가 없습니다.

제가 지금부터 말씀드릴 것은, 이제 본론으로 들어가도록 하겠습니다.

제가 준비를 많이 했습니다마는 제가 정보위원 3년을 하면서 그리고 기자로서 국정원을 직접 경험했던 여러 가지 얘기들을 하겠습니다. 그리고 이 테러방지법의 내용에 대해서 여러 의원들이 많이 말씀을 하셨기 때문에 테러방지법 내용에 대해서 제가 뒤에 말씀을 드리도록 하겠습니다.

지난 3년 동안 정보위원회 위원으로서, 그리고 지난 2년 동안은 간사로서 국정원을 상당히 지근거리에서 볼 수 있었습니다. 그러니까 국정원의 오늘, 국정원의 실제 모습을 다 안다고 할 수 없습니다마는 다른 사람보다는 한 걸음 더 다가가서 국정원을 볼 수 있었다라고 생각을 합니다.

국정원은 제가 보기에는 신뢰를 잃은 조직입니다. 그리고 국정원은 자정기능을 이미 상실했습니다. 자정기능을 상실했다는 것이 여러 번 입증이 됐고, 이미 그것은 부인하려야 부인할 수가 없게 되어 있습니다. 그럼에도 불구하고 국정원이 계속해서 '내가 한번 해 보겠다'라고 얘기하는 것은 거의 0.1점도 신뢰를 줄 수가 없습니다. 그런데 지금 이 얘기를 합니다. '테러방지법만 통과를 시켜 주면 국정원이 쇄신방안을 내놓겠다'라고 얘기를 합니다.

그런데 이 얘기 어디서 많이 들으신 것 같지 않습니까? 이 얘기는 작년에도 들었고, 재작년에도 들었고, 몇 년 전에도 들었고, 10년 전에도 들었…… 맨날 뼈를 깎습니다. 뼈를 깎는 조직이 우리나라에 많습니다마는 국정원도 그중의 하나입니다. 맨날 깎습니다. 도대체 그 뼈를 깎아 가지고 어디서 어떻게 뭘 하는지 모르겠습니다마는 이 국정원이 뼈를 깎는다는 데 대해 저희들이 아무도 감흥을 받지 않습니다.

이런 국정원을 그러면 도대체 어떻게 해야 될 것이냐라는 것이 오늘 우리가 테러방지법안을 가지고 토론하는 데 있어서 필수적인 얘기라고 저는 생각합니다. 그래서 이

부분에 대해서 우리들이 얘기를, 그러니까 국정원의 오늘, 물론 앞서 의원들이 박정희 시대의 국정원, 전두환 시대의 국정원, 죽죽 얘기를 했습니다마는 저는 제가 직접 본 오늘의 국정원에 대해서 여러분과 함께 얘기를 해 보고 싶습니다.

그래서 국정원이 개혁을 한다고 얘기하는 것이 저는 난망이라고 얘기하지 않습니다, 무망하다고 얘기합니다. 희망이 없습니다. 국정원은 자체적으로 개혁을 할 수 있는 조직이 아니라는 것이 이미 너무나 여러 번, 그리고 누십 년 동안 계속되어 왔기 때문에 국정원의 자체 개혁은 무망합니다.

그러면 이제 어떻게 해야 되느냐라는 문제가 나옵니다. 어떻게 해야 되느냐는 다음에 말씀을 드리고요.

자, 그러면 도대체 '네가 직접 봤던 국정원은 어떻게 생겼느냐'라는 이야기를 제가 듣고 본 대로 하나하나씩 말씀을 드리도록 하겠습니다.

박근혜정부 들어서서 국정원은 우리나라 정치 중심에서 하루도, 한 해도 빠진 적이 없습니다. 다 기억하실 겁니다. 그런데 국정원은 전 세계에서 대단히 유일한 기관입니다. 정치의 중심에서 빠지지 않았다는 것도 유일하지만요 정보에 관련된 권한과 수사권을 동시에 갖고 있는 기관은 전 세계에서 예를 찾기가 쉽지 않습니다. 아주 독재가 심한 나라, 제가 그 나라를 구체적으로 얘기를 하면 또 외교적인 문제가 생기기 때문에 나라 이름을 거론하지 않겠습니다마는 손가락으로 헤아리는 몇 개의 나라만 그런 정보기관을 가지고 있습니다. 국정원은 그런 곳입니다.

국정원은 그러니까 국정원이 맨날 말만 하면 입에다가 달고 사는 CIA와 다른 기관입니다. 그리고 지금 이병호 원장이 맨날 입만 열면 얘기하는, 롤모델로 얘기하는 모사드와도 다른 기관입니다.

저는 국정원에게 이런 얘기를 합니다. '맨날 CIA 얘기나 모사드 얘기만 하지 말고 좀 닮아 봐라. 10%라도 좀 닮아 봐라'라고 얘기합니다. 모사드가 이럽니까, CIA가 이럽니까, MI5가 이럽니까? 이런 데 별로 없습니다. 아주 독재가 심한 나라 정도가 그렇습니다

그래서 CIA는 미국인이고, 우리가 미국을 벤치마킹하는 것은 쉽지 않습니다. 미국은 큰 나라고요, 세계 제일 강국이고요, 그리고 지방자치가 굉장히 발달된 나라고요. 그래서 우리가 벤치마킹하기에는 너무나 인적·물적 요소가 다르거든요. 그리고 미국은 여러 가지 정신적 배경도, 역사적 배경도 다릅니다.

오히려 우리가 롤모델을 굳이 찾아서 비슷하게 간다면 모사드입니다. 남북한 대치 상황에 있는 것보다도 훨씬 더 어려운 국제정치 상황, 결국은 적대적인 나라에 둘러싸여 있는, 동그랗게 둘러싸여 있는 퇴로가 바다, 좁은 면적밖에 없는 그런 나라거든요.

'오히려 모사드를 그러면 한번 벤치마킹해 봐' 그러면서 '모사드가 수사권을 가지고 있느냐?'라고 제가 간부들에게 묻습니다. 그러면 겸연쩍게 얘기를 하지요, '모사드는

수사권이 없습니다.' '처음부터 없었느냐?', 없었답니다. 왜 없었느냐? 모사드가 거절한 겁니다. 정보권과 수사권을 같이 가지고 있으면, 아까 제가 인간이라는 얘기를 했잖아요. 인간이라는 얘기를 했는데 인간은 가지고 있는 권한이 과도하면 쓰고 싶어 합니다. 모사드는 그걸 안 겁니다. 그래서 모사드는 '우리는 정보수집에 전념하겠다. 수집과 분석과 전파에 전념하겠다'라고 얘기를 하는 겁니다. 그래서 수사권을 갖지 않았습니다.

모사드도 얼마나 갖고 싶었겠어요. 데려다가 한 대 쥐어 팰 수 있잖아요. 데려다가 고문할 수도 있잖아요. 그런 유혹이 있지 않겠어요? 이스라엘 사람이라고 그래서 무슨 신입니까? 무슨 부처님입니까? 권한을 가지고 있으면 남용을 할 수밖에 없다는 인간의 한계, 사회의 한계, 국가의 한계를 너무 잘 아는 겁니다. 그래서 칸을 막은 겁니다. 수사권은 안 갖겠다고 그런 겁니다. 이 얘기를 국정원 간부들에게 제가 여러 번 얘기하고 국정원 간부들이 압니다. 제가 무슨 얘기를 하려고 그러는지 압니다. 그래서 제발 좀 배우자……

지금 국정원의 첫 번째 목표는 아까 말씀드린 대로 북한이지요. 마지막 목표도 북한입니다. 그러면 북한에서 숨을 어떻게 쉬는지, 김정은이가 무슨 얘기를 하는지, 아침에 몇 시에 일어나는지, 누구와 만나는지를 아는 것이 국정원이 해야 될 제일 중요한 일입니다. 그것을 모르고 앉아 가지고, 핵실험을 언제 하는지 미사일을 언제 쏘는지 모르고 앉아 가지고…… 그쪽 답변이 뭔 줄 아시잖아요. '미국도 몰랐다'입니다.

저는 그렇게 얘기했습니다, 그 자리에서. 이게 비공개 위원회이기 때문에 그런데, 제가 그 자리에서 이렇게 얘기했습니다, 미국도 몰랐다고 얘기하는 국정원장의 답변에 대해서. 저보다 좀 선배이기는 합니다마는 '원장은 그렇게 답변해서는 나는 안 된다고 생각한다. 원장은 이렇게 답변해야 된다고 나는 생각한다', '미국이 몰라도 우리는 알았어야 한다고 생각합니다. 대단히 죄송합니다. 국민들에게 우리 기관이 제 역할을 못 했음을, 제대로 일하지 못했음을 사과합니다. 죄송합니다. 다시 이런 실수를 하지 않도록 점검하고 살펴서 노력하겠습니다' 이렇게 하는 것이 국정원장이 그날, 지난 1월 6일 핵실험 직후에 있었던 상임위원회에서, 정보위원회에서 했어야만 하는 답변이었는데 우리가 들은 답변은 '미국도 몰랐다'였습니다.

이런 어처구니없는 조직이 된 겁니다. 국정원이 해야 될 첫 번째 임무를 제대로 하지 못한 데 대해서도 뻔뻔한 겁니다. 이런 국정원을 믿고 어떻게 우리가 예산을 주고 어떻게 우리가 권한을 주고 이런 과도한 권한을 줘서 '니들이 한번 써 봐라'라고, 믿을 수 있겠습니까? 저는 못 믿습니다. 저는 그 자리에서 분명히 얘기했습니다. '나는 당신들을 믿을 수 없다, 나는 당신들이 무슨 얘기를 해도 이제 믿을 수가 없다'라고 얘기를 했습니다.

조금 이따가 국정원 개혁안에 대해서 다시 한 번 역대…… 역대가 아니고 박근혜정부가 했던 국정원 개혁안에 대해서 다시 한 번 논하기로 할 겁니다.

그래서 이런 국정원에게 지금 여당이 내놓은 그리고 국회의장이 직권상정한 이 법안이 만약에 통과된다면 저는, 민주도 문제가 되고 국민도 문제가 되고 다 문제가 되겠지요. 그러나 저는 제일 두려워야 될 사람은 바로 여당이고 바로 청와대라고 생각합니다. 아무거나 볼 수 있고 아무거나 들여다볼 수 있고 아무거나 할 수 있는 이런 국정원이 청와대를 예외로 할까요? 여당은 예외로 할까요? 그렇지 않을 겁니다.

지금과 같은 국정원이라면 틀림없이 '여당은 뭐하지? 청와대는 뭐하고 있지? 청와대는 무슨 돈 거래가 있을까? 카톡으로는 무슨 얘기를 할까? 인터넷으로는 뭘 지금 쓰고 있을까? 핸드폰을 한번 들어 볼까? 새벽 2시에 전화하는데 이건 누구한테 하는 걸까?' 이것을 들여다보고 싶은 유혹이 없겠어요? 권한이 없어도 보고 싶을 텐데 권한이 법률적으로 다 있다고 그러면 뒤에 계시는 국회의장이 안전하실까요? 청와대가 안전할까요? 여당이 안전할까요? 민주만 안전하지 않은 게 아닙니다. 모든 나라가, 모든 국민들이 안전하지 않을 겁니다.

테러방지법에 대해서 여당 쪽에서 야당 간사인 저에게 하는 얘기를 하나 소개하겠습니다. 저에게 뭐라고 그러는지 아십니까? '당신들도 언젠가는 집권을 할 것 아니겠느냐, 이렇게 국정원이 가지고 있으면 필요하다, 그러니까 지금 좀 도와주라, 눈 딱 감고 한 번만 좀 도와주라'라고 얘기합니다. 제 귀에 대고 속삭입니다. 야당의 지도자들에게 속삭입니다. '한 번만 눈 딱 감고 해 줘라'라고 귀에 대고 속삭입니다.

이건 나쁜 거래지요. 부당거래지요. 그런데 이거 분명히 합니다. 분명히 이런 얘기를 합니다. 귀에 대고 속삭입니다.

그러나 착각하지 마십시오. 국정원이 야당만 들여다보겠습니까? 국정원은 제가 단언코 다 들여다봅니다. 대통령도 들여다보고 장관도 들여다보고 여당도 들여다보고 국민도 들여다보고, 왜 했느냐 그러면 뭐라고 얘기하겠어요? 티(T)를 얘기할 겁니다. 테러의 티를 얘기할 겁니다. 볼 수 있게 돼 있다, 법률적으로 보장받고 있다라고 얘기할 겁니다. 이게 저의 기우고 저의 노파심일까요?

제가 케네디 대통령 얘기를 한번 하겠습니다.

케네디 대통령은 사적으로 대단히 문제가 많았던 대통령으로 미국 역사가 기록하고 있습니다. 그런데 그것을 미국 FBI가 다 압니다. 케네디 대통령이 연인과 속삭였던 전화, 녹음하고요. 만났던 장소에다 불법 도청장치 집어넣고요. 케네디 대통령의 모든 사적인 생활은 FBI가 다 알았습니다.

당시 FBI 국장은 존 에드거 후버였습니다. 이 후버는 미국 역사에 대단히 유명한 사람입니다. 후버는 '후버 황제'로 불렸습니다. 그래서 미국 사람들은 지금도 엠퍼러(emperor) 후버라고 얘기합니다.

이 사람은 스물아홉 살인 1924년부터 72년에 죽기 전까지 대부분을 국장으로 살았습니다. 아무리 대통령이 바뀌어도, 아무리 여야가 바뀌어도, 아무리 미국

하원의장이 바뀌고, 모든 정치시스템이 개혁이 되고 바뀌고 바뀌고 바뀌어도, 언론이 아무리 두드려 패도 FBI에는 후버가 국장이었습니다. 그래서 애들도 후버가 온다고 그러면 울음을 뚝 그칠 정도였습니다. 그만큼 군림했습니다마는 어떤 대통령도 후버를 교체하지 못했습니다.

왜? 후버는 대통령의 모든 것을 다 알고 있었습니다. 대통령과 와이프가 쟁반 던지면서 싸우는 것도 알고 있었고요, 대통령의 사생활, 대통령의 금전 거래, 대통령의 일거수일투족을 다 알고 있었습니다. 그래서 엠퍼러 후버는 미국 정치에서 대단히 독특한 존재로 남아 있었습니다.

지금 우리 국정원이 후버를 모델로 하고 있는지 아닌지 저는 잘 모르겠습니다마는 엠퍼러 후버는 분명히 그 뒤에서 어른거리고 있다고 저는 생각합니다.

지금 국정원을 죽 들여다보면 국정원을 견제할 수 있는 기관은 딱 하나밖에 없습니다. 청와대밖에 없습니다. 국정감사, 국정조사, 감사원 감사, 검찰 수사 전혀 무서워하지 않습니다. 할 수도 없습니다. 물론 하지요. 형식적으로 합니다.

저도 국정조사 해 봤고, 국정원 댓글 사건 때문에. 국정감사 매년 해 봤고 다 해 봤습니다. 그리고 검찰 수사를 받는 모습도 봤습니다. 그러나 국정원은 다 넘어갈 수 있습니다. 왜? 정보기관이니까, 법으로 보장받습니다.

국정조사 얘기도 제가 할 거고요, 감사 얘기도 할 겁니다마는 수사 얘기 한번 해 볼까요?

가끔 여러분이 보시는 거 중에 압수수색을 검찰이 폼 잡고 들어갑니다. 내곡동에 검찰 수사관들이 푸른색 압수수색 박스를 들고 들어갑니다. 판사로부터 영장을 받아 가지고 들어갑니다.

그런데 들어가면 뭐 합니까, 정문 통과해서 들어가면요? 길도 모릅니다. 국정원이 안내하는 방으로 갑니다. 거기서 들여다봅니다. 그리고 가져가라고 하는 거 챙겨 가지고 나오는 겁니다. 그리고 언론에 와 가지고는 압수수색했다고 얘기합니다. 언론은 씁니다.

그러면 국민들은 '드디어 국정원이 문을 열었구나, 검찰한테 꼼짝 못하는구나', 이건 쇼입니다. 검찰과 국정원의 쇼입니다. 한두 번이 아닙니다. 소풍 가는 겁니다. 그래서 저는 내곡동 소풍은 그만하라고 얘기합니다. 내곡동에 유명한 능이 있지요. 학생들이 소풍 많이 가는 곳입니다. 거기에 지금 국정원이 있거든요.

그다음에 어떻게 되나? 바로 보수적인 인사들을 통해서 검찰이 국가안보를 무시하고 국정원을 압수수색했다는 비난이 들어옵니다. 국가안보가 중요한데 다 보여 줘 가지고, 국정원이 털려 가지고 되겠느냐라는 얘기합니다.

이건요, 짜고 치는 고스톱이고 허풍입니다. 압수수색을 받았다고 얘기를 하는 기록을 남기는 겁니다.

다음에 수사는 뭡니까? 사람을 불러야 되겠지요. 사람을 부를 수 있습니까? 사람이 안 갑니다. 왜? 법에 안 가게 되어 있습니다. 가려면 국정원장이 가라고 그래야 됩니다.

국정원장이 가라고 그럽니까?

그리고 또 누구인지를 알아야지요. 갑동인지 을순이 알아야 될 것 아닙니까? 조직표도 안 보여 줍니다. 왜? 국가기밀이니까, 정보니까 안 된다고 그럽니다.

조직표에 갑동이, 을순이, 병자 이렇게 있어야 될 것 아닙니까? 그리고 기구 이름도 모릅니다. 왜? '이건 절대로 얘기해 주면 안 됩니다', '안 됩니다' 이런데 무슨 수사가 됩니까? 검찰 수사, 안 됩니다. 불가능합니다.

영장, 종이입니다. 영장이라는 것은 엄숙한 거고, 판사가 발부한 것은 집행을 해야 되는데 집행을 할 방법이 없습니다.

재판, 안 됩니다. 재판을 어떻게 하겠습니까? 수사도 제대로 못 하고, 사람도 제대로 조사를 못 하고, 이게 맞는 피고인인지도 잘 모르겠습니다. 피고인이 분명히 있기는 있는데 이 피고인이 진짜로 맞는 피고인인지 확인할 방법이 없습니다. 이건 어렵습니다.

심지어는 민사소송 경우에도 국정원이라는 마패를 흔들면서 안 나타나거나 제대로 재판이 진행되지 못하도록 방해를 하는 경우가 있습니다.

그러니까 이렇게 되어 있는 국정원의 모습은…… 글쎄요, 저희들이 생각하는 국정원의 모습하고 너무 다릅니다.

그리고 제가 80년대에 직접 목도한 국정원과 검찰의 관계는 국정원이 수사한 대로 검찰은 기소합니다. 국정원이 써 준 대로 검찰은 형식적으로 조사를 하고 도장 찍어서 기소해서 공소장을 보냅니다.

그러다 보니까 무슨 웃기는 현상이 일어나느냐? 맞춤법이 틀리고 철자가 틀린 것도 그대로 갑니다. 그런데 판사가 고치느냐? 판사도 못 고칩니다. 그래서 처음에 틀린 맞춤법이 그대로 공소장을 거쳐서 판결문까지 가는 그런 나라였습니다.

물론 지금은 검찰과 법원이 그거보다는 조금 나아졌을 거라고 생각을 합니다마는 이 문화, 이런 정치풍토 이것이 바로 국정원이 얼마나 군림하는 기관이었는가를 보여 주는 겁니다.

또 하나 있습니다.

제가 감사, 조사, 감사원 감사, 검찰수사 얘기했지요. 내부감사, 내부감사는 굉장히 센 걸로 알려져 있습니다마는 은밀하게 진행되기 때문에 내부감사는 밖으로 흘러나오지를 않습니다. 그래서 이 내부감사가 어떻게 진행되는지를 아는 것이 상당히 중요한 일인데, 저희들에게 어떻게 얘기를 하느냐……

내부감사 자료는 공문서이기 때문에 저희들이 요구할, 정보위원회가 요청을 할 권리와 권한이 있지요. 요청을 하면 감사 자체를 부인합니다. 그러면 감사 자체를 부인하기 때문에 확인할 수 있는 방법이 없지요. 그러니까 감사보고서가 외부로 유출되기는 대단히 어려운 구조로 되어 있습니다.

이런 기관이기 때문에 언론보도를, 국정원을 상대로 하기는 대단히 어렵습니다. 우리나라에서 언론보도의 성역이 몇 개 있습니다. 국세청이 있습니다. 삼성이 있습니다.

군과 기무사가 있습니다. 청와대 있습니다. 그리고 국정원이 있습니다.

국정원에 관한 언론보도를 하려면 거의 목숨 걸고 기사를 써야 되고, 어떤 경우에는 기사를 써서 넘기면 그 기사의 형체가 남아 있지를 않습니다. 따귀 빼고 다 빼고 뭐 빼고 그러면 기사의 뼈대도 남아 있지 않는 그런 기사가 나갑니다.

그거 왜 그럴까요? 기사를 쓰는지를 아는 거고요, 그 기사의 내용도 아는 것이고요, 그 기사를 빼려는 노력을 하고 빼지 못하면 기사를 갈기갈기 찢어 놓는 겁니다.

언론사가 무서워하는 6대, 5대 기관 중에 반드시 국정원이 들어가 있고 그것은 지금도 그렇습니다.

제가 기자들에게 아무리 열심히 설명을 해도 기자들이 기사를 쓰지 않습니다. 왜 그렇게 친절하게, 제가 간사로서 브리핑을 해 주는데도 기자들이 기사를 쓰지 않을까요? 기자들이 바보입니까? 기자들이 기사 가치 판단을 못 합니까? 데스크가 바보입니까? 편집·보도국장들이 바보입니까?

기사를 썼을 때, 국정원에 비판적인 기사가 나갔을 때 그 후과가 두려운 겁니다. 언론들이 다 그것을 압니다. 언론들이 그다음에 뭐가 오고 뭐가 오고 뭐가 오고 하는 것을 압니다.

제 개인적 경험을 말씀드릴까요?

제가 앵커를 했던 시절에 제가 정권에 비판적인 멘트를 했을 때, MBC 뉴스데스크의 광고가 프라임 A급입니다. 24개 정도 붙습니다. 그리고 한 광고 20초에 5000만 원을 호가합니다. 아무리 내려가도 3000만 원까지 내려가지 않는 정도입니다. 그리고 뉴스데스크의 광고는 서로 하려고 그럽니다.

그런데 어떻게 됐는지 아십니까, 제가 그만둘 무렵에? 광고가 하나도 없어졌습니다. 중소기업 하나 남았습니다. 그래서 저희들이 간판프로그램인데 너무 창피하잖아요? 그래서 대포광고 했습니다.

대포광고는 뭔지 아십니까? 돈을 안 내지만 이름만 쓰는 겁니다. 그래 가지고 서너 개, 어느어느 회사 이름을 써 가지고 내보낸 적도 있는데, 문제는 그 회사에서 전화가 와 가지고 돈을 드릴 테니까 이름만 빼 달라고 그럽니다. '왜 그럽니까?, 누가 그럽니까?'……

제가 그때 청와대도 조지고 군도 조지고 국세청도 조지고 삼성도 조지고 국정원도 조지고 이럴 때였거든요. 그래서 빼 달라고 애걸복걸하는 그 재벌회사의 홍보담당, 광고담당 상무가 있어요. 상무급이 대개 합니다. 상무에게 '도대체 왜 그러십니까?', '돈을 줄 테니까 이름을 빼 달라는 것은 왜 그렇습니까?', '광고를 온 에어 하지 말아 달라는 이유는 뭡니까?', 저쪽에서 전화가 와 가지고, '어제 광고 잘 봤다'고 전화가 매일 온다는 겁니다, 다음 날 아침에.

그거 무슨 얘기입니까? 광고 빼라는 얘기지요. 그런데 전화상으로 했기 때문에 흔적이 남지 않지요? 흔적이 없습니다.

그리고 또 하나는 어제 광고 잘 봤다고 그랬지 빼라고

얘기하지 않았다는 겁니다. '어제 광고 잘 봤습니다. 참 좋더만요' 그리고 전화를 저쪽에서 한다는 겁니다. 그래서 '저쪽이 어디입니까?' 그랬더니 저쪽은…… '그 저쪽이 어디입니까?', '저쪽이 거기입니다', '그럼 거기의 누구입니까?' 하고 제가 물었지요. 그랬더니 '경제과입니다' 그러는 겁니다.

경제과가 방송사 내지는 재벌회사의 광고담당 상무에게 전화해서 어저께 9시 뉴스광고 잘 나간 것 모니터해 가지고 보고하는 데입니까?

국정원이 그런 데입니다. 그런 짓을 했습니다. 그게 제가 앵커 할 때이기 때문에 그렇게 오래전 일이 아닙니다. 국정원 경제과가 그런 것 하는 데였습니다. 지금은 아닐 것으로 제가, 제발 그런 짓을 안 하기를 바랍니다마는. 자료가 없어서 제가 확실하게 모르겠습니다.

박근혜정부 들어서서 제가 국정원에, 정보위원회를 하면서 여러 가지 사건들이 많이 있었습니다. 저는 이것을 국정원의 5대 범죄라고 생각합니다.

국정원이 만약에 정말로 말 그대로 '개혁을 했다. 쇄신을 했다'라고 한다 그러면 저는 딱 한 가지 사건만 해결했으면 저는 믿겠습니다.

75년도에 장준하 선생이 포천 근처에서 등산을 하다가 떨어져 사망했습니다. 그런데 장준하 선생은 이미 그때 등산은커녕 산보도 하기 어려운 상황이었습니다. 몸이 고문 후유증으로 많이 아팠거든요. 몸이 붓고 종합병원이라고 할 정도로 여러 가지 합병증을 많이 앓고 있었던 분이었습니다.

수도 없이 끌려가서 맞았고요, 각종 고문을 다 받았거든요. 그런데 이분이 무슨 청춘의 열기가 발동해서 포천까지 가서 등산을 하다가 떨어져 돌아가셨겠어요?

그러다 최근에 그것을 부검한 결과 두부에서 망치 비슷한 예리한 것으로 때린 타박상이 발견이 되어서 이것은 거의 타살이 분명하다라는 간접적인 증거가 나왔지요.

이때 동원이 된 여러 첩보기관 사람들이 있었을 겁니다. 이 사람들이 장준하 선생 의문사 사건에 대해서 만약에 증언을 한다면 그러면 국정원이 쇄신됐다고 제가 믿겠습니다. 그러나 그런 일은 꿈에도 일어나지 않았습니다. 지금도 않고 있고요, 앞으로도 안 일어날 거고요. 장준하 선생의 의문사는 역사에 계속해서 의문사로 남을 걸로 생각합니다.

그것은 70년대 얘기니까요. 이번 정권에서 나온 국정원의 범죄를 그러면 하나하나 살펴보도록 하겠습니다.

굉장히 많습니다마는 제가 추리고 추려서 5대 범죄로 좀 줄였습니다. 굉장히 많습니다. 이것 말고도 의혹이나 범죄에 해당하는 것들이 굉장히 많습니다.

첫째, 여러분이 잘 아시는 국정원 댓글 개입 사건이지요. 이 사건은 지금 이상하게 풀려 가지고, 지금 하여튼 뭐가 이상하게 됐습니다. 오히려 피고인인 사람이 큰소리를 치는 그런 사건으로 지금 됐습니다마는, 움직일 수 없는 일들이 많이 있지요. 그러나 국정원 댓글 개입 사건은, 이것은 분명히 증빙자료들과 증거들이 많이 있기 때문에 국정원 댓글 사건 이것은 부인하지는 못합니다. 다만 그렇게 저희들한테 지금 변명하는 것은 그렇게 광범위한 일이 아니었고 아주 일부의 직원들이 자발적으로 한 거다라는 그런 납득하기 힘든, 말도 되지 않는 얘기를, 변명을 하는 것인데요.

국정원 댓글 개입 사건은 이미 역사에 기록이 됐고요, 아무리 책임자들이 지금 면피를 했고 또 원세훈 원장이 무죄 취지로 지금 가고 있습니다마는 그렇다고 하더라도 댓글 사건 자체를, 그것을 역사에서 지우는 것은 저는 불가능하다고 생각합니다.

그래서 국정원 댓글 사건은 정권이 바뀌고 또 상당히 많은 세월이 지나가도 이 사건에 관한 한은 증거가 더 나왔으면 더 나왔지, 이 사건 자체를 지우려는 것은 이제 불가능에 가깝다고 생각을 합니다.

두 번째는 남북정상 회담록 무단유출 및 공개 사건입니다.

이 사건은 국정원 댓글 사건의 와중에 터져 나온 것인데요. 저는 국정원 댓글 사건도 어이가 없었지만 이 사건도 정말로 어이가 없는 사건 중의 하나였습니다.

원래 외교문서는 공개를 하는 겁니다. 그것이 스웨덴에서 시작된 것인데요. 그게 유럽을 거쳐서 미국으로 도입이 되어서……

20년 내지 30년이 지나면 외교문서는 공개합니다. 그 대신 물론 다 공개하는 것은 아닙니다. 정말로 톱 클래시파이드 인포메이션(top classified information)은, 다큐멘트(document)는 공개하지 않습니다.

그러나 정상 대화록을 공개한 경우는 한 번도 없습니다. 정상 대화록의 요지도 공개하지 않습니다. 그런데 그 당시처럼 정상 회담록을 토씨 하나 틀리지 않고 기침소리까지 공개하는 경우는 전 세계에서 대한민국이 처음이었습니다. 그리고 아마 마지막일 겁니다.

그래서 제가 비공개 정보위원회에서 여러 번 물었습니다. 그리고 외교통일위원회에서도 외교부에 대해서 물었습니다. '정상회담 대화록을 공개한 사례가 있으면 그게 로마시대도 좋고, 그리스 시대도 좋고, 삼황오제 시대라도 좋다, 진시황제 시대라고 좋다, 정상 대화록을 공개한 사례가 있으면 가져와라'……

근대 외교는 나폴레옹시대 이후입니다. 그래서 제가 나폴레옹 시대 이후로 얘기를 국한을 시킬까 봐 '삼황오제, 그리스 로마시대 이래, 하여튼 인류 역사가, 인류의 선사시대까지 포함을 해서 가져와 봐라'라고 몇 번 얘기했습니다.

외교부에 대해서도 '당신들의 외교망을 총동원해서 가져와 봐. 정상 대화록을 공개한 사례가 있으면 1건이라도 가져와 봐. 그러면 내가 양해하겠다. 그러면 내가 용서해 줄 용의가 있다', 용서하겠다는 것은 아닙니다.

더군다나 이 정상 대화록은, 현재 남북 대치 상황이 진행 중이지요. 그리고 2012년도의 일이기 때문에 몇 년 되지 않았습니다. 그리고 그중에는 상당히 진행 중인 프로젝트도 있고 비밀스러운 얘기들이 있습니다. 북한 사람이 알아도 안

되는 거고 대한민국 사람들이 알아도 약간 곤란한, 그리고 미국이 알아도 약간 곤란한 이런 것들이 있습니다. 있을 수 있지요, 그게 가다가. 물론 그게 없어서 다행입니다마는 다른 나라 얘기를 할 수 있잖아요, 미국 얘기도 할 수 있고 중국 얘기도 할 수 있고.

그랬더니 뭐 얼버무리는 게 왔어요. 무슨 얘기가 왔느냐 하면 '서양의 경우에는 외교문서를 20년이나 30년 지난 경우에는 공개하는 사례가 있음' 이렇게 왔어요.

그래서 '그게 아니고 내가 분명히 얘기하지 않느냐. 외교문서가 20년, 30년, 어떤 경우에는 짧게는 15년 공개되는 그런 규정이 있어서 매년 공개하는 것은 나도 안다. 나도 당신들만큼은 안다. 나도 그런 데 대해서는 공부를 한 사람이니까 안다. 그러니 내가 묻는 것 분명히 얘기해라.' 내가 분명히 주어는, 목적어를 정상 대화록을……

그러니까 주어는 국가가, 국가기관이, 목적어는 정상 대화록입니다. '정상 대화록을 딱 까 버리는 경우를 가져와 봐라.' 결국은 1년을 쪼았는데 항복했습니다, '없습니다'로.

없습니다. 제가 아는 한…… 제가 대학에 들어가서 정치학을 공부하고 국제정치학을 공부하고, 기자로서 특파원을 하고 여러 나라를 여행하면서 외교관을 만나고 그 사람들하고 취재도 하고 밥도 먹고 술도 먹으면서, 정상 대화록을 공개한 나라는 우리나라가 처음입니다. 그리고 앞으로 분명히 단언컨대 없습니다.

그런데 그날, 공개하는 날 국정원이 무슨 짓을 했느냐? 공개할 수 없는 레벨에 있는 것을 두 단계를 아침에 회의를 해 가지고 내려 가지고 가지고 왔습니다.

전문을 가지고 오기 이틀 전에는 요약본을 가지고 왔습니다. 요약본을 여야에 배달을 했습니다. 그때 저는 정보위에 있지 않았습니다마는 그것을 우리 간사가 수령을 거부했습니다. 여기에 지금 앉아 있는 정청래 간사가 수령을 거부했습니다. 그러니까 그다음 다음 날 와 가지고 전문을 뿌려 버린 겁니다. 그래서 어떻게 됐나요? 전문이 전 세계에 퍼져 나갔습니다. 그것을 보고 전 세계가 경악했습니다.

이미 국정원은 그때 국정원 댓글 사건으로 웃음거리가 됐고 또 한번 웃음거리가 된 겁니다. 국정원이 그런 국정원입니다 아무도 하지 못하는 일, 아무도 하려고 하지 않는 일, 아무도 절대로 할 수 없는 일을 하는 데가 바로 여깁니다.

그러니까 대통령이 책상을 치려면 그때 쳤어야 됩니다. '어떻게 이런 국정원이 있느냐. 이런 국가 망신이 있고 이런 정보기관이 있느냐'라고 얘기를 하면서 다 바꿔 버렸어야 됩니다. 그런데 어떻게 됐습니까? 다 아시다시피 묵묵, 묵언수행이지요. 지금도 묵언, 이 부분에 관한 한은 묵언수행입니다. 그러면 뭡니까? 이것 잘했다는 겁니까, 못했다는 겁니까? 아니면 그저 그런 겁니까?

남북정상 회담록을 무단 유출한 것도 그런데요, 공개한 것은 이것은 심각한 범죄입니다. 이것 저는 수사해야 된다고 생각하고요. 이것은 정권이 바뀌면 이 관련자들은 처벌받아야 된다고 저는 생각합니다.

이것은 국가를 위기에 처하게 한 겁니다. 국가 비상사태입니다, 이거야말로. 그래서 무단 유출과 공개, 이것은 저는 반드시 무언가 우리가 결단을 내려야 된다고 생각합니다.

하여튼 일단 항복은 받아 냈습니다마는 그것은 구두상의 항복일 뿐이고 법률적인 문제는 또 다른 문제라고 저는 생각합니다. 이게 다 국정원 댓글 사건과 연동이 돼 있는 것입니다. 댓글 사건을 물타기 하기 위해서 남북 정상회담록이 이렇게 됐고 무단 유출은 대선 국면과 관련이 있었던 것이고 정상회담록 공개는 국정원 댓글 사건하고 관련이 있는, 다 시기적으로 그렇게 연동이 돼 있는 것이지요.

그때 났던 또 하나의 사건 여러분들 기억에 생생할 것입니다. 채동욱 검찰총장 개인 사찰 사건이 났습니다.

어느 날 조간신문에 매우 사적인 검찰총장의 일이 났습니다. 이것은 저도 말씀드리다시피 기자 생활을 오래 했고 수없이 많은 취재를 겪어 봤습니다마는 취재로 알 수 있는 일이 아닙니다. 취재로 아는 거 불가능한 사안입니다. 그러면 어떻게 알겠습니까? 기자가 그렇게 능력이 있으면 기자 안 합니다. 그것은 정말 다른 일을 해야 됩니다. 그런데 이게 나왔고 결국 이게 사실로 확인이 됐고 그 과정에서 검찰총장이 그만뒀지요, 물러나 가지고 굉장히 개인적으로 어렵게 지금 됐습니다마는.

그 뒤에 보면 국정원의 그림자가 어른거리지요. 그래서 지금 재판이 진행 중에 있지요. 그렇게 돼 있는데, 채동욱 검찰총장이 왜 이렇게 됐는지는 이것은 삼척동자도 다 아는 것 아닙니까? 채동욱 검찰총장은 최소한의 법률적 원칙을 가지고 수사를 한 것입니다. 국정원 댓글 사건을 수사한 것입니다. 모든 압박에 대해서 타협하지 않았습니다. 그래서 선거법을 적용하겠다는 원칙을 관철을 시켰고요, 결국 채동욱 검찰총장은 더 이상 버티지 못한 것입니다.

그래서 여기에, 개인 사찰 사건에 무슨 역할을 했는지를 우리가 모두 다 알게 된 것입니다.

그런데 국정원이 여기서 끝나지 않았습니다. 그 일이 벌어지고 있던 그 순간에 또 그보다 앞서서 간첩증거조작 사건이 있었다는 것이 연말에 가서 알려졌습니다. 유우성 간첩증거조작 사건이 그 뒤에 일어납니다. 그래서 지금 유우성 씨는 책을 냈고 그 책을 지난번에 이 자리에서 일부를 인용을 해서 여러분들에게 읽어 준 국회의원이 있기 때문에, 아마 그 책에 보면 굉장히 상세한 얘기가 있을 텐데요.

이 유우성이라는 분이 간첩 혐의를 받고 차라리 죽는 게 낫겠다는 생각을 할 만큼 고초를 받았고 또 이 사람이, 그 당시에 이 사람의 수사에 관여했던 사람이 제가 조금 이따 얘기할 좌익효수입니다. 그러니까 이것이 또 다 그렇게 연동이 돼 있습니다.

그리고 5대 범죄의 마지막, 다섯 번째로는 휴대폰 사찰 의혹 및 임 과장 사망 의혹이 있지요. 이것은 제가 조금 이따가 다시 한 번 얘기하겠습니다.

이것뿐이 아닙니다. 제가 5대 범죄에는 안 넣었습니다마는 정윤회 문건 유출 파문 때도 국장급 인사가 연루되었다는 이유로 청와대에서 인사 조치가 된 게 있고요. 2014년 세월호 사태 때도 의혹이 있었지요, 국정원이 실소유주 아니냐라는 의혹이 있었고. 이것은 의혹이기 때문에 더 이상 진전이 되지는 않았습니다. 그러면 확인된 것은 노무현 대통령의 시계를 논두렁에 버렸다는 보도를 국정원이 조작을 했다, 그럼으로써 언론 공작을 주도를 했다는 폭로가 있었습니다.

그러니까 이런 몇 가지를 봐도 국정원은 한시도 정치의 영역에서 벗어난 적이 없습니다. 국정원은 항상 정치의 중심에 있었고 중심에서 반성을 하고 빠져나가겠다는 생각을 해 본 적이 없는 조직이라는 것이 너무나 분명합니다. 그런데 여기에다가 이제 여러 개 날개를 같이 달아 주면, 글쎄 어떻게 되겠습니까? 저는 그것은 굉장히 두려운 내일의 한국이 될 것으로 생각을 합니다. 그래서 오늘 제가 말씀드리는 것이 이것을 좀 막을 수 있는 하나의 방패막이 될 수 있기를 바랍니다.

그런데 본연의 임무에 대해서는 아까 말씀드렸던 대로 잘 모르지요. 그리고 현영철 국방장관의 아주 무자비한 사망에 대해서는 일단은 맞았습니다마는 갑자기 와 가지고 저희들에게 설명을 하고 이것을 바로 언론에 터트리는 그 방식과 그런 해결방안, 문제를 풀어 가는 방법론은 저는 잘못됐다고 봅니다. 현영철의 숙청과 사망을 언론기관과 경쟁하듯이 국정원이 하는 것은 저는 맞지 않다고 생각하고요. 이 부분에 대해서 더 신중한 태도를 가지는 것이 국정원 본연의 임무에 충실하다고 저는 생각합니다.

현영철 사망을 알았다면 이것을 어떻게든지 다른 방법으로 알릴 수 있는 방법이 있었을 것이고요. 그럼으로써 우리의 정보를 더 검증을 하고 정보의 소스를 보호할 수 있는 방법이 있었을 것입니다. 그런데 결과적으로는 그렇게 하지 않고 '왜 이렇게 발표를 하느냐'라는 문제에 대해서 '중국 언론이 보도할까 봐 그랬다'라는 답변을 제가 그 당시 들었는데요, 저는 약간 어처구니가 없는……

국정원이 중국의 언론하고 싸우는 기관이 아닙니다. 국정원은 국민들의 안보를 책임지는 최일선의 기관이고 그 일선의 기관으로서의 신중함을 같이 함께 가지고 있어야 됩니다.

그러니까 이병호 원장이 얘기하듯이 '모사드를 배워라, 모사드를 닮아라' 하는 것은 저는 전적으로 동의하는데 만약에 모사드가 유력한 아랍 테러리스트, 아랍 지도자의 죽음을 알았다면 그렇게 하지는 않았을 것입니다. 분명히 다른 방법을 써서 세계에 알렸고 그것을 국내에다가 전파하는 방법을 찾았을 것으로 생각을 하는데, 저는 그때 이것을 보면서 '국정원이 정말 자기 할 일에 대해서 뭘 어떻게 해야 되는지에 대한 심각하고 진지한 고민을 하지 않는 조직이구나, 한건주의구나, 이게 도대체 어디에서 연유한 것일까, 이게 분명히 내부에 문제가 있는 것이고, 내부의 반성과 개혁의 의지가 전혀 없다는 것 아닌가'라는 생각을 했습니다.

일단 이번 정권에서 드러난 국정원의 범죄지요. 범죄에 대해서 이렇게 정리를 하고 또 다음 토픽으로 넘어가도록 하겠습니다.

좌익효수 문제는 지난 2년 동안 저를 끊임없이 괴롭히던 문제 중의 하나였습니다. 좌익효수를 여러분들이 얼마나 기억하시는지 모르겠습니다마는 5·18 광주민주화운동을 폄하하는 것은 물론이고, 이건 입에 담을 수 없는 욕설을 계속해서 한 사람입니다. 이 사람은 5·18 민주화운동을 가지고 전라도민은 절라디언 그리고 그때 희생된 사람들을 택배에 비유를 할 정도로 인간성을 찾아볼 수 없는 그런 사람이 아닌가라고 생각이 됩니다.

저는 사실 이 사람 얼굴을 좀 보고 싶습니다마는 얼굴을 볼 수 있는 방법이 없어 가지고, 얼굴을 일단 볼 수가 없었습니다. 이름을 아는 데도 굉장히 시간이 걸렸습니다, 나이와 이름을 아는 데에도. 제가 지금 그 이름을 얘기하면 제가 사실은 면책특권으로 보호는 받습니다마는 비난을 받을 수 있기 때문에 제가 유 씨라는 것만 말씀드리겠습니다, 40대입니다.

그런데 이 사람이 광주민주화운동만 가지고 했더라면 이게 법률적으로는 적격성에 문제가 있어 가지고 법률적으로 이것을 기소하는 데 굉장히 어려웠을 텐데 이 사람이 조금 오버를 한 것이지요. 그래 가지고 여성 인터넷방송인과 그의 딸을 성희롱하는 발언을 계속합니다. 그래서 이 사람이 결국은 검찰에 기소가 됩니다. 그러면서 이제 국정원 직원이라는 것도 드러났고요.

그런데 이 사람이 그렇게 고위직이 아닙니다. 그럼에도 불구하고 저희들이 지금 할 수 있는 최대한의 일은 '징계를 해라'……

그것을 먼저 물었지요. '이 사람이 쓴 멘트들, SNS에 올린 글들이 당신들이 보기에 적합하냐'라고 국정원 측에다 묻는 것이지요. 그랬더니 그것은 뭐 말을 못 합니다. 사람 죽은 걸 가지고 그렇게 조롱을 하고 희롱을 하는 수가 어디 있겠어요?

이건 저희들이 이념적으로 동의할 수 없는 일을 한 사람에 대해서도 죽음에 대해서는 기본적으로 갖춰야 될 예의가 있는 것 아니겠습니까? 더군다나 이것은 광주민주화운동의 희생자들인데요. 그것을 그렇게 희롱하고 조롱하고 비하할 수가 있겠어요? '이건 인간이 안 돼 먹은 것 아니겠느냐'라고 얘기했는데 그 지적에 대해서 국정원 간부들이 이론을 달지 못합니다. 토를 달지 못합니다.

그러면 이 사람이 국정원 직원으로서의 자질이 있느냐, 자격이 있느냐, 이 사람이 국정원 직원을 계속 하는 것이 맞느냐라고 물었을 때 말을 하지를 못합니다. 아무리 이 사람 편에 서서 변명을 해 주고 뭔가 좀 방어를 해 주고 싶어도 방어할 말이 한마디도 생각나지 않는 겁니다.

그래서 다 동의합니다. 이 사람은 자질도 없고 자격도 없고 문제가 많은 사람이다, 더군다나 국정원에 전혀 도움이 안 되는 인물이다라는 것에 대해서 이론이 없습니다.

'자, 그러면 징계해라, 징계를 하지 않으면 이 사람 말에 동조하는 거라고 우리가 해석을 할 수밖에 없고 국민들이 특히 희생된 분들, 희생된 분들의 유가족과 광주 시민들, 그 당시의 관련자들이 당신들을 어떻게 생각하겠느냐, 국정원을 뭐라고 생각하겠느냐, 할 말이 있느냐', 할 말이 없지요. '자, 그러면 징계해라'라고 꾸준히 얘기를 했습니다.

제가 지금 그 과정 중에 몇 가지를 설명을 드리겠습니다. 2013년 7월에 인터넷 ID '좌익효수'로 활동하는 자의 댓글이 원세훈 공소장의 범죄일람표를 통해서 최초로 공개가 됐습니다.

그런데 그 당시에는 심리전단 직원이 아니냐고 생각을 했습니다. 저희들이 잘 몰랐습니다. 그런데 인터넷에 공개가 됐기 때문에 이것을 우리 네티즌수사대들도 열심히 찾아본 것 같아요. 그래 가지고 그 뒤에 2013년 7월 중순경에는 검찰 고발이 들어갔고요. 서울중앙지검으로 사건이 이송이 됐습니다.

그런데 이렇게 되니까 좌익효수 댓글이 막 삭제가 되기 시작해서 사실 좌익효수 글들이 많이 없어졌습니다. 그러니까 이게 얼마나 조직적으로 움직였는지를 웅변으로 잘 보여 주는 거지요.

그러면서 그 당시 국정원이 뭐라고 그랬느냐, 이것이 국정원의 수법입니다. 좌익효수는 소속 직원이 아니라고 부인을 했고요, 허위사실을 유포하면 수사를 의뢰하겠다, 법적으로 대응하겠다고 오히려 이 사람들을 통해서 고발인이나 일반 시민을 통해서 시민들에게 협박을 한 겁니다. 이게 맨날 되풀이되는 대응 방법입니다.

그런데 9월에 어떻게 됐느냐, 그 당시만 해도 검찰이 열심히 한 거지요. 좌익효수는 심리전단 직원은 아니지만 국정원 직원인 것은 맞다고 얘기를 했습니다. 그러니까 어디라고는 얘기를 안 했지만 심리전단이 아니라고 그러니까 이제 궁금증이 더해지는 거지요.

그러던 차에 10월 달에 인터넷방송 진행하는 '망치부인'이지요, 모욕·명예훼손 등의 혐의로 형사고소를 했습니다. 그리고 이와 함께 민사소송도 손해배상을 제기했습니다.

그런데 하여튼 이렇게 하는데 여러 가지 입에 담을 수 없는, 제가 여기서 차마 담을 수 없는…… 초등학생이었습니다, 그 당시에 딸이. 성적인 폭언을 하고 이래 가지고요. 정말로 이 사람은 제가 얼굴 한번 보고 싶습니다. 언제 기회가 있으면 얼굴 한번 드러내시는 게 떳떳하다면 맞는 것 같아요. 정말 보고 싶어요.

이렇게 해서 세월이 막 흘러갑니다. 그래서 해가 바뀌어서 2014년 6월 달에 검찰이 좌익효수를 한 번 더 불러서 조사를 합니다.

그런데 이런 상황이 진행이 되는 것을 저희들이 알잖아요. 그래서 국회 정보위 전체회의가 11월 말에 있었습니다. 그래서 당시에 이병기 원장이었는데요. 저희들이 금방 이 얘기를 죽 물어봤지요. '도대체 좌익효수 어떻게 생각하느냐, 어떻게 해야 되느냐, 처벌할 거냐 말 거냐', 그런데 이병기

원장이 저희들에게 대기발령을 했다고 보고를 했습니다. 이게 2014년 12월 말입니다.

그리고 또 해가 바뀌었지요. 2015년 9월 달에 망치부인이, 서울중앙지법의 이 판사분도 제가 만나 보고 싶은데 망치부인 민사소송 1심에서 원고 패소 판결을 내렸습니다. 왜 그러느냐 하면 국정원 직원이라는 게 입증이 안 된다는 겁니다. 판사가 이래서 될까요? 제가 만약에 그 자리에 있는 판사라면, 확인을 해야 할 것 아니겠습니까? 그것 확인할 수 있습니다. 제가 그 뒤에 국정원에 물어봤습니다. 검찰이나 법원으로부터 신원임을 확인하는 질의서 같은 게 왔느냐 물었더니 안 왔다는 거예요. 그러면 도대체…… 그런데 지금 1심에서 망치부인이 패소한 이유가 국정원 직원임을 입증하지 못했다는 겁니다. 그 입증을 민사소송 원칙에 따라서 원고가 하지 못했기 때문에 패소, 그러면 법률적으로는 근사하고 맞아 보이지만 이 형식적 논리, 형식적·법률적 완결성이 맞는 겁니까? 저는 도저히 상식으로 납득이 안 되는 겁니다. 그리고 이 정도가 되면, 판사라는 게 얼마나 센 거예요. 판사가 당연히 국정원에 물어봐야 되는 것 아닙니까? 그런데 그런 절차가 없이 1심에서 패소 판결을 내려서 그 당시에 망치부인이 대단히 충격을 받고 실망을 했습니다.

이렇게 해서 세월이 많이 지났지요. 13년 여름부터 시작을 해 가지고 2년이 지난 상황에서 망치부인이 1심에서 패소를 했습니다. 그래서 다시 정보위 국정감사가 또 있었습니다. 1년 전에 대기발령했다라는 것을 저희들이 들었기 때문에 그래서 이것을 다시 확인했습니다. '어떻게 됐느냐? 이 좌익효수는 지금 어떻게 되어 있느냐?' 그랬더니 정말로 엉뚱한 답변이 나온 겁니다. 원대 복귀했다는 겁니다. '아니, 그러면 이게 도대체 어떻게 된 거냐? 그러면 원대 복귀를 할 수밖에 없는 무슨 사정변경이 있는 거냐?' 다시 확인을 했지요. '언제 원대 복귀를 했느냐?' 그랬더니 인사기록카드는 버튼만 누르면 되기 때문에 바로 알 수 있는 것인데 그날 확인을 받지 못하고 며칠 후에, 한 열흘쯤 후에 다시 얘기를 들었습니다. 11월 1일 자였다는 겁니다. 그런데 이게 행정지원 근무 발령으로 11월 1일 자로 원대 복귀가 됐다고 그러면 그 자리에서 버튼만 눌러 봐도 아는 것을 이게 좀 수상하잖아요. 좌익효수를 도대체 어떻게 국정원이 취급하는지를 보여 주는 거고요, 국정원의 태도가 여기서 드러나는 겁니다.

그래서 저도 꾀를 냈습니다. 제가 얼마나 화가 나는지 꾀를 냈어요. 그래서 한 달쯤 후에 '그러면 좌익효수라고 그러는 분의 인사기록카드를 다 지워도 좋으니까 그 부분만 해 가지고 제출해라, 보여 달라'라고 얘기를 했습니다. 이게 어떻게 보면 핵심을 찌른 거지요. 대개 매사가 보면 핵심이 있잖아요. 핵심을 찌른 겁니다. 그래 가지고 어떻게 됐느냐. 제가 이것을 11월 19일 날 질문을 했는데 바로 다음날, 작년 11월 20일에 좌익효수를 진짜로 대기발령을 했습니다. 정말로 대기발령을 했습니다. 이게 징계절차에 들어가는 첫 번째 절차입니다. 그러니까 2015년 11월 20일에

처음에 문제가 된 때로부터 2년 석 달 만에 좌익효수가 원 대기발령이라는, 국정원 대기발령이라는 첫 조치를 받은 겁니다.

국정원이 이런 데입니다. 좌익효수 하나도, 모든 사람이, 대한민국에 생각이 있는 모든 사람들이, 생각이 없는 분이 있을 수 있는지는 모르겠습니다마는, 대한민국에 지각이 있고 상식이 있고 역사의식이 있고 모든 사람들이 좌익효수는 인간이 아니라고 하는 직원을 징계도 하지 못하는 조직이 국정원입니다. 이런 조직은 대한민국에 저는 없다고 생각합니다. 좌익효수가 처음에 문제가 됐을 때 아니면 문제가 되기 전에 그리고 그런 멘트, 그런 파렴치하고 몰상식하고 인간 망종적인 멘트가 안 나오는 것이 정상적인 정보기관이지요. 그런데 백보를 양보해서 우리가 2013년 7월에 그 사람을 알았으면 즉각 조치를 해야 됩니다. 그런데 이것도 거짓말에, 거짓말에, 거짓말에 2년여를 끌어 가지고 그리고 민사소송에서 망치부인을 패소하게까지 만들면서 결국은 2년이 지난 후에 어쩔 수 없이 그것도 정보위원회 위원이 압박을 하고, 왜 안 하느냐, 어떻게 됐느냐, 기록카드 내라, 어쩌고 이러면서 몇 번의 고비에 고비를 거쳐 가지고 원 대기발령을 2년 몇 달입니까? 2년 넉 달 만에 받아 냈습니다. 그나마 받아 낸 거를 다행이라고 제가 위로를 할 수밖에 없는 상황인데요.

더 가관인 것은, 이병호 원장은 좌익효수에 대해서 알지도 못했습니다. 이병호 원장이 불같이 화를 냈다는 얘기를 제가 들었습니다. 그래서 그다음 회의에 11월 24일 정보위 전체회의에서 이 원장께서 원 차원 대기발령을 지난주에 냈다고 정식으로 보고를 했습니다. 그리고 이제 좌익효수 징계방침을 제가 보고를 받았고요, 그 직후에.

그러면서 또 뭐라고 그러느냐? 이게 또 수법입니다. 이분이 좌익효수 유 씨입니다. 유 씨가 '내 진심이 아니었다. 원세훈이 시켰다' 이럽니다. 이게 수법입니다. 만날 이럽니다. 문제가 되면 '내 진심이 아니었다. 윗사람이 시켰다. 나도 밥 먹고 살려니까 어쩔 수 없었다.' 입에 달고 다니는 게 '밥 먹고살기 위해서 어쩔 수 없이 위의 말도 안 되는 상관이 시키는 일을 할 수밖에 없었다', 이게 법에서 얘기하는 특별권력관계라는 거지요. 이겁니다. 만날 특별권력관계에서, 상명하복의 관계에서 나는 어쩔 수 없이 했다라고 얘기를 한다는 겁니다. 그 비슷한 시기에 검찰이 모욕죄와 국정원법 위반 혐의로 기소를 했습니다.

이게 사건의 전말입니다. 제가 한 치도 거짓말을 하지 않고 여러분들에게 보고하는 겁니다. 그러면 이분이 또 얘기한 게 뭔지 아십니까? 제가 이 얘기까지 해야 되는지는 모르겠는데요, '나는 충청도 출신이어서 그런 짓을 내가 왜 하겠느냐?'라는 얘기했습니다. 이거는 말도 안 되는 얘기를 하는 겁니다. 이거는 어느 지역의 문제가 아니고 인간의 상식의 문제고 인간성의 문제입니다. 어느 지역의 문제가 아닙니다. 이렇게 생각하는 것 자체가 문제입니다.

이 좌익효수는 정말 보고 싶습니다. 제가 공개적으로 얘기하는데 안 때리고 욕 안 할 테니까 언제 한번 꼭 뵙고

싶습니다. 그리고 1심법원 판사도 꼭 뵙고 싶고요. 어떻게, 어떻게 이런 사람이 지금 현재도 징계가 진행 중이기 때문에 직원입니다. 그러니까 저는 이 사람은…… 이 사람이야말로 자기가 스스로 알아서 세금을 안 받는 데로 가서 자기 힘으로 돈을 버는 것이 맞는 것 같습니다.

그런데 이 사람이 아직도 죄를 뉘우치지 않고 있는 게요, 그 직후지요. 한 달쯤 후에 작년 12월에 있었던 1차 공판에 나타나 가지고 표현의 자유를 주장했습니다. 정말로 어처구니없는 사람입니다. 이 사람은 그런데 이게 또 국정원 직원이라서 얼굴 가리고 하고 기자들도 들어갈 수가 없는 그런…… 기자들이 볼 수 없는 거지요, 들어갈 수는 있지만. 표현의 자유를 주장하면서 국정원법, 정치관여를 금지하는 국정원법에 대해서 위헌법률심판을 제청하고, 이 사람 진짜 점입가경입니다. 이 사람은 지금도 반성을 하지 않고 있고요, 지금도 국정원이 보호를 해 줄 거라고 굳게 믿고 있고 사실 국정원이 보호하는 측면이 있었습니다.

그러니까 지금 국정원이 정말로 개혁했다, 개혁하겠다라고 그러면 좌익효수부터 보여줘야 됩니다. 좌익효수도 지금도 이렇게 하고 있는 상황에서 국정원이 우리는 개혁하겠다라고 백 마디 말을 한들 누가 그 말을 믿겠습니까? 우리가 바보입니까? 국민을 그렇게 우습게 봅니까?

아니, 좌익효수가 표현의 자유를 누릴 국민입니까? 국정원법이 위헌법률심판을 제청을 할 그럴 법입니까? 좌익효수는 지금도 반성하지 않고 있고 앞으로도 안 할 것이고 국정원이 보호해 줄 거라고 굳게굳게 믿고 있는 국정원 신도라고 볼 수 있습니다.

그래서 이런 상황에서 좌익효수 문제에 대해서 저는 다시 한 번 촉구합니다. 분명하게 하십시오. 분명하게 이건 너무나 명백하게 저지른 직원 하나도 징계하고 처벌도 하지 못하는 이런 국가기관은 저는 국가기관으로서 심각한 문제가 있다고 생각합니다. 그래서 국민들을 발 뻗게 하고 정말로 최초의 임무이고 최종적인 임무인 북한에 대해서, 안보에 대해서 책임을 지려면 이런 문제에 대해서 분명하게 얘기를 해야 됩니다.

올 초에 CBS 노컷뉴스 보도를 보면 좌익효수와 일베 활동 국정원 직원 세 명이 서로 알았다고 보도를 하고 있습니다. 이게 그러니까 조직적이라는 얘기지요. 이게 뿌리가 간단치 않다는 것을 얘기하는 겁니다. 좌익효수 하나만이 아니고 이건 분명히 조직적이고 이건 분명히 국정원이 어디까지 알고 있는지를 고백을 해야 되는 사안이고 조사를 해야 되는 상황이고 만약에 안 것이 있다면 국민 앞에 밝혀야 됩니다.

그런데 갑자기 이번 달에 좌익효수가 법원에 A4 열두 장짜리 반성문을 냈습니다. 이건 또 무슨 변고인지는 모르겠습니다마는 이걸 우리가 어디까지 정말로 반성을 했다고 믿을 수 있는 것인지 저는 매우 의심스럽다고 생각합니다.

그러니까 이걸 이렇게 죽 보면 제대로 된 정식 발령이

15년 11월 20일에 있었던 거지요. 그때는 정보위 예산 심사가 있었을 때입니다. 그러니까 예산 심사를 앞두고 자꾸 여러 가지 압박을 가하니까 그리고 마지막에는 인사기록카드를 보자고 하니까 징계를 한 것이고요. 이병호 원장은 좌익효수가 어떤 사람이었는지에 대해서도 전혀 잘 몰랐다는 거고요, 아예 좌익효수 건에 대해서 신임 원장에게 아무도 보고를 하지 않았다는 거고요.

이런 여러 가지 것들이 좌익효수 사건 하나를 지난 3년 동안…… 3년이 좀 안 됐습니다만 2년 반 동안 있었던 사안을 둘러볼 때 국정원은 변하지 않았고 변할 생각도 하지도 않았고 앞으로도 변하기가 매우 어려운 조직이다라는 것을 보여 주는 겁니다.

그러다가 이 좌익효수가 국정원 간첩 증거 조작 사건에서, 유우성 씨 동생이지요? 유가려 씨에 대한 신문에도, 이게 문제가 많은 신문이었습니다. 유가려를 협박하고 유가려에게 거짓말을 하고 회유하고 한 신문이었는데 여기에 관여한 인물이라는 것이 드러났습니다. 그럼에도 불구하고 좌익효수가 그러고 있는 것에 대해서 저희들은 아까 말씀드린 대로 국정원의 실체, 본질을 바꾸는 것이 현재 상황에서는 매우 어렵다라는 것을 느낍니다.

또 댓글 사건에 연루된 국정원 직원은 대단히 많습니다. 이건 심리전단이 조직적으로 한 거기 때문에 굉장히 많습니다, 숫자상으로. 그런데 이게 특별권력관계, 아까 말씀드린 상명하복이라는 그 이유로 기소가 되지 않았고요. 기소 여부와 상관없이 징계가 이루어져야 된다고 저는 생각합니다. 그런데 징계가 한 명도 이루어지지 않았습니다.

그러니까 국정원 댓글 사건에 관한 한 국정원은 반성하지 않았다는 겁니다. 그리고 반성할 생각도 없고요 앞으로도 안 할 것이고요. 이건 반성을 하라고 국민들이 요구를 해서 '이래도 반성 안 할래?' 할 때까지 안 할 겁니다. 저는 확신합니다. 댓글 사건 정도의 이런 국기를 흔드는 사건에 대해서 국정원이 반성하지 않는다면 국정원은 인스티튜션으로서의 자질 검사를 다시 받아야 됩니다. 국민들을 발 뻗고 자게 하기 위해서는, 잠 못 이루는 밤을 만들지 않기 위해서는 국정원을 개혁해야 되고요, 이 국정원은 개혁이 바로 여기에서부터 시작이 되어야 됩니다.

이 정권이 저지른 아까 제가 말씀드린 5대 범죄 플러스알파에 대해서 하나하나 반성을 해야 되는데 댓글 사건이 그 시작이 되어야 될 것이고, 댓글 사건에 대한 아무 정리가 없는 상황이라면 저는 국정원이 무슨 얘기를 해도 믿을 수가 없다고 얘기해도 국정원이 할 말이 없다고 생각합니다.

딱 하나 했습니다. 우리가 댓글 사건을 통해서 알고 있는 여성 김 모 직원만 타 부서로 전출했습니다. 징계가 아니고요 타 부서로 전출됐습니다. 이거 하나만 제가 보고를 받았습니다. 그래서 지금 댓글에 연루된 직원들은 조금 이따 또 말씀드리겠습니다마는 계속해서 봉급을 받고 잘살고 있습니다. 국정원에 다니고 있습니다.

제가 정보위원회도 하고 있지만 외교통일위원회도 한다고

아까 말씀을 드렸지요. 작년 외교통일위원회에서 저는 미주반을 갔습니다. 미주반은 워싱턴과 뉴욕을 갑니다. 가기 전에 제가 지인을 통해서 알게 된 기가 막힌 사연이 하나 있었습니다.

현재 유엔대표부 공사가 구 씨입니다. 이 사람이 국정원 댓글 사건에서—심리전단이라고 말씀드렸지요—심리전단의 단장 바로 밑에 있는 1기획관이었다는 겁니다.

심리전단의 구성은 어떻게 되냐 하면요, 원세훈 원장이 있고 3차장이 있고요—이종명 3차장입니다—그리고 심리전단 단장이 있고요, 단장 밑에 1·2기획관이 있습니다. 그러니까 굉장히 핵심이지요. 1기획관이 구 씨이고 2기획관이 이 씨입니다. 그래서 이 사람들이 안보 1팀·2팀·3팀·5팀 해서 일을 나눠 가지고 하는 거지요.

그런데 원세훈 1심 판결문에 이 기획관의 업무에 대해서 기술이 된 대목이 있습니다. 이건 판결문에 나오는 것이기 때문에 비밀이 아닙니다.

'매일 아침 국가정보원장인 피고인 원세훈의 주재로 본부 차장, 실·국장 내지 기획관이 참석하는 모닝브리핑에서 각 부서별로 전 부서장 회의에서의 지시사항에 대한 이행 결과 보고 및 세부 추가 지시 등이 이루어지고 세부 추가 지시 역시 계통을 밟아 전 직원에게 시달되고 이행 결과가 원장인 피고인 원세훈에게 최종적으로 보고되어 왔다', 그러니까 지휘선상에서 굉장히 중요한 역할을 한다는 거지요.

또 141페이지에는 이런 기술이 있습니다. '심리전단의 직제는 심리전단장을 부서장으로 하여 그 아래에 2기획관, 팀장, 파트장, 파트원의 순서로 구성되어 있으며 각 파트는 한 명의 파트장과 네 명의 파트원으로 구성되어 있다.'

또 다음 페이지에는 '또한 피고인 원세훈은 매일 아침에 1차장, 2차장, 3차장 및 기획조정실장이 참석하는 정무직 회의와 국가정보원 본부 차장, 실·국장 내지 기획관들이 참여하는 일일상황보고 형식의 모닝브리핑을 실시하면서 지시 및 강조 사항을 전달한다. 한편 심리전단에서는 심리전단 단장인 피고인 민병주의 주재 아래 매주 월요일에 여는 기획관 두 명과', 기획관 두 명이 여기 들어가지요. '모든 팀장 등이 참석하는 간부회의, 매주 화요일에서 금요일에, 여기 기획관 또 나옵니다, 기획관 두 명과 각 수석 팀장들이 참석하는 약식 간부회의가 개최되는데', 그러니까 기획관이 빠지지를 않습니다. '위 각 간부회의에서 피고인 원세훈의 전 부서장 회의, 정무직 회의, 모닝브리핑에서의 지시사항이 전달되고(정무직 회의에서의 지시사항은 3차장 피고인 이종명이 피고인 민병주에게 전달한 뒤 이를 간부회의에서 다시 전파하는 방식으로 하달된다), 이와 같은 지시사항을 하달받은 각 팀장들은 이를 각 파트장에게, 파트장은 이를 각 파트원에게 순차적으로 전파한다' 이렇게 나와 있습니다.

그러면서 바로 이 핵심적인 기획관이 유엔대표부에서 잘 먹고 잘살고 있다는 얘기를 들은 겁니다. 그러니까 구 유엔대표부 공사는 심리전단을 만드는 데 일등 공신이었고 1기획관으로 종사를 했다라는 것이 나옵니다. 언제 갔냐?

제가 기록을 찾아보니까 2013년 6월에 갔습니다. 그때는 한참 댓글 사건으로 국내가 아주 소란할 때였습니다.

이것은 뭡니까? 이 사람이 있으면 검찰조사도 받고 불려 다니고 여기저기 언론에 노출되고 이러니까 보낸 겁니다. 그래서 저는 이것을 럭셔리 호화유배라고 불렀습니다. 국정원에서 조직적으로 보내 준 겁니다. 가서 좀 쉬어라, 숨어 있어라라고 그런 겁니다.

그런데 제가 이것을 뉴욕으로 갈 때 알았는데, 워싱턴을 끝내고 뉴욕을 갔거든요. 그런데 뉴욕에 도착해서 보니까 제가 떠나온 워싱턴에도 똑같은 사람이 있었더라고요. 제가 그것을 좀 늦게 파악했습니다. 주미대사관에도 정무2공사, 이게 국정원 공사지요. 전 원세훈 비서실장이 나가 있는, 이건 권 씨입니다. 나가 있다는 것을 뒤늦게 들었어요. 알았으면 그때 가서 좀 따지고 묻고 그랬을 텐데 이것을 제가 따지지를 못했습니다.

그래 가지고 유엔대표부 감사가 열려 가지고 구 공사가 선서를 하고 자리에 앉아서 제가 물었습니다. '언제 왔냐? 뭘 했냐? 그거 할 때 무슨 일을 했냐?', 제가 다 알고 묻는 건데 본인은 또 똑같은 얘기 합니다. 아까 제가 말씀드린 대로 '별로 중요한 일 안 했다. 위에서 시키는 대로 그냥 회의에만 참석했는데 별로 중요한 일 하지 않았다', 계속 그 얘기만 하는 겁니다. 그런데 눈치 빠른 우리 외교통일위원장이 대화를 보니까 이게 심상치 않으니까 비밀스러운 얘기도 나오고 입장이 곤란할 것 같으니까 갑자기 이것을 비공개로 바꿔 가지고 유엔대표부 직원들이 우르르 다 나가 버렸습니다. 그러나 이미 질문을 해서 유엔대표부에는 소문이 났고 언론들도 다 알게 됐지요.

그런데 문제는 언론이 쓰지를 않는 겁니다. 그때 유엔대표부의 국정감사가 발칵 뒤집어지고 중단이 되고 이런 소란이 있었는데 아무도 이 소란과 난장에 대해서 쓰지를 않는 겁니다. 우리 언론이 지금 굉장히 자기 검열이 심한 거지요.

그런데 그 난리를 쳤는데 결국 이분이 저한테 사적으로 와서 하는 설명은 정말로 자기는 럭셔리 유배가 아니고 불이익을 받아서 왔고, 나는 유엔대표부 공사를 할 충분하고도 필요한 자질을 다 갖추고 있는 사람이다 그러면서 아주 초년병 시절에 아프리카 어느 나라에 근무했다는 그런 경력을 얘기하더라고요. 그래서 알았다 그러고 나서 그 뒤로 제가 잘 모르겠습니다마는 이분의 그것도 보면 국정원은 반성하지 않고 있습니다. 지금도 반성하지 않고 있습니다. 그리고 앞으로도 반성할 기미가 없습니다.

그렇다면 우리가 지금 논의하고 있는 이 문제에 대해서 어떤 결론을 내야 되는지 이 말씀을 들으시는 국민 여러분은 다 아실 겁니다. 삼척동자도 이해할 겁니다. 다만 이해하지 못하는 사람들이 몇 사람 있습니다. 그 사람들은 반성해야 된다고 저는 생각합니다.

이렇게 해서 제가 럭셔리 유배에 대해서 설명을 드렸고요. 또 한 가지 사례가 있습니다.

여러분들 혹시 박원순 문건에 대해서 아시는지 모르겠습니다. 박원순 시장을 제압하려면 어쩌고저쩌고 이렇게 해야 된다는 문건, 반값등록금 운동을 차단하려면 어떻게 해야 된다는 문건을 기억하실 겁니다. 이것도 그 당시에 다 같이 나왔던 얘기입니다, 한창 시끄러웠을 때요.

그런데 여기에 지금 사람이 바뀌는데 추 씨입니다, 이분은. 국내 보안국장이지요, 지금. 추 국장 얘기를 해야 되겠는데요. 이분이 별명이 추 원장입니다. 이분은 작년 6월에 전 간부와 직원 인사 시에 처장급 간부들 인사를 하는 데 깊이 개입해 가지고 자기 마음대로 인사를 한 분입니다. 여러 사람들이 이 얘기를 해 가지고 저도 여러 군데 확인을 했는데 이분은 정말로 센 사람입니다.

특히 이 에피소드는 국정원 안에서 회자가 되는 에피소드인데요. 어떤 과장 한 사람이, 원장이 취임하면 전 부서를 돌아다니잖아요. 각 부서를 돌아다니면서 직원들하고 악수도 하고 얼굴도 알리고 이러는데 그러다 보니까 대기시간이 길어지니까……

이 과장이 굉장히 유능한 분이라고 그래요. 그런데 불만이 있을 수 있지요. 도대체 원장은 언제 오는 거야, 언제까지 이러고 있어야 되는 거야 그런 얘기를 한 모양이지요. 이 얘기를 듣고 이 추 국장이 지방으로 쫓아 보내 버렸습니다. 그래서 이게 특별하게 엄청난 불만을 한 게 아니니까, 억울하다고 그러니까 모 과장이 불만을 얘기했다고 밀고를 한 사람까지 불러다가 대질신문을 해 가지고 확인을……

추 국장이 다 하는 거지요, 그냥. 추 국장이 이것저것 다 하는 겁니다. 이런 사람을 그러니까 추 원장이라고 부르는 겁니다.

그리고 또 한 사람…… 그런데 이 과장은 아주 굉장히 유능한 사람으로, 우수한 사람으로 정평이 나 있는 사람인데 이것 한마디, 대기를 하면서 '뭐야, 이거'라는 불만을 표출했다는 이유로 지방으로 쫓겨 내려가 보낸 겁니다.

그러면 쫓아낸 것도 잘못했지만 상당히 중요한 자리이기 때문에 이 자리에 좋은 사람을 해야 될 것 아닙니까? 이런 사람들의 특징이 그런 것 같습니다. 좋은 사람이 안 옵니다. 그래 가지고 자기 잘 아는 사람, 자기하고 같이 박원순 시장 제압 문건을 만들고 이런 이상한 짓을 한 사람을 다시 승진을 시켜 가지고 거기에 기용을 했다라는 겁니다. 그래서 인사를 주물럭주물럭했다는 거지요. 그래서 그 당시에 추 원장이라는 별명을 받았고 원세훈보다 더하다라는 별명을 받았다는 거지요.

그러면서 이 사람이 돌아다니면서 나는 다음에 갈 자리가 정해져 있다라고 얘기를 하고 다녀 가지고 기조실장 영순위라는 얘기를 본인이 하고 돌아다녔다고 그럽니다. 그 얘기를 저희가 들어서 제가 지난번에 국정원 감사에 가서 이 얘기를 원장에게 물었습니다. 그랬더니 원장은 펄쩍 뛰었습니다.

그런데 하여튼 이 얘기도 제가 언론에 지금 말씀드린 이대로 브리핑을 했습니다. 이대로 브리핑을 했고요. 그런데 기사가 거의 나가지는 않았습니다. 그러니까 얼마나 언론의 자기 검열이 심한지를 알 수 있는 에피소드 중의 하나라고도 볼 수 있지요.

지금 원장까지 포함해서 이번 정권에서만 사관학교 출신 원장이 2명째인데 이 추 국장이라는 분이 같은 출신인가 봅니다. 그래서 위세가 높다 이런 얘기들을 국정원 내부에서 수군수군 하고 다닌다고 그럽니다. 그런데 물론 원장은 그런 사실이 없다고 얘기를 하고요.

제가 또 그 당시 질문했던 것 중의 하나는 추 국장이 혹시 안 되면 다른 사람을 대기하고 있다는 얘기가, 원 밖에 대기하고 있다는 얘기가 국정원에 파다한데 어떻게 생각하느냐라고 또 물었습니다. 물론 원장은 부인하지요. 제가 이 소문에 나오는 분의 이름도 압니다. 그래서 그 이름도 그 당시에 얘기를 했습니다. 물론 기사화가 되지 않았습니다.

그런데 여러분이 다 아시듯이 최근에 국정원 1·2·3차장이 다 바뀌었습니다. 기조실장 하나를 제외하고는 지금 바뀌었는데 어떻게 될지 모르겠습니다마는 하여튼 인사가 그 사이에 계속 잡음이 있었다라는 것을 제가 언론에 브리핑을 했고 이것을 국정감사에서 소상하게 물은 적이 있었다는 걸 지금 설명을 드리는 겁니다.

그런데 문제는 또 하나 있습니다. 2월 5일, 연휴가 시작되기 직전이지요. 설 연휴 시작되기 직전에 1차장, 2차장을 바꾸고 2월 9일에 3차장도 바꾸었는데요. 이때가 어느 때냐? 기억하실 겁니다. 미사일은 1월 6일 날 발사가 됐고요. 1월 말쯤부터는 국방부 설명으로 미사일 발사가 임박하다라는 얘기, 광명성이 발사될 것 같다라는 얘기가 나왔는데요.

북한의…… 이것은 로켓입니다. 추진체 로켓이 있어 가지고 그게 위성이 되기도 하고 ICBM이 되기도 하기 때문에 이걸 미사일로 부를 수도 있고 로켓으로 부를 수도 있어요. 사실 용어를 가지고 자꾸 시비를 거는데 로켓으로 해서 위성을 쏘면 그냥 위성이 되는 거고요, 로켓으로 미사일을 쏘면 그냥 미사일이 되는 겁니다. 그러니까 가장 정확한 얘기는 하여튼 로켓 발사를 한 겁니다, 뭘 위에다가 실었는지는 모르겠지만요.

그런데 북한이 가지고 있는 실력은, 이 로켓 발사에서 액체연료를 넣는 방법과 고체연료를 넣는 방법 두 가지가 있습니다. 그런데 북한은 액체를 넣습니다. 이 액체가 기술 개발하기가 좀 쉽습니다. 그런데 성능은 좀 떨어지지요.

그런데 1월 말에 액체연료 주입을 한다는 정황을 우리 정보 당국, 한미 정보 당국이 알게 된 거지요. 그러니까 그렇게 따지면…… 액체연료의 결함 중의 하나는 연료 주입을 시작하면 시간이 어느 정도 걸리고요. 예전에 광명성 쏠 때는 그것을 수동식으로 주입을 했습니다. 수동식으로 주입을 하면 무슨 문제가 생기느냐 하면 시간이 많이 걸리고 위험합니다, 그래서 폭발 사고가 날 수도 있고 그러기 때문에요. 그 액체라는 게 아주 민감한 물질이거든요.

그리고 또 하나 문제는 집어넣으면 며칠 안에 발사를 해야 됩니다. 마냥 한 달, 두 달 기다렸다가 쏠 수 있는 게 아니거든요. 그러니까 1월 말에 액체 주입을 시작한 정황이 있다 그러면 그때부터는 이제 비상상황으로 들어가야 됩니다. 뭐가 어떻게 될지 모르잖아요. 지금 우리 정부가 얘기하는 것처럼 ICBM이 될 수도 있고요, 어떻게 될지 모르잖아요. 그리고 지금 성능이 어떻게 되는지, 북한이 얼마나 성능 개선을 했는지 여러 가지를 점검을 해야 되고, 이것을 어떻게 쐈는지, 고도니 사거리니 이런 것, 그리고 도대체 이 기술이 어디에서 왔는지 등등 해서 점검해야 될 게 한두 가지가 아니고 한미 공조해서 해야 될 일도 한두 가지가 아닙니다. 이건 대단히 중요한 문제고 이 문제는 국민들이 발 뻗고 잘 수 있는 안보 상황 중에서도 대단히 중요하다는 것을 우리 모두 이해하고 있지 않습니까?

그런데 어떻게 됐느냐, 설 연휴 직전에 이 담당자인 1차장을 교체한 겁니다, 2월 5일에. 그러면 이 민감한 시기에 그리고 중요한 시기에, 지금 안보적으로 매우 위중한 시기에 담당 차장인 1차장을 교체했다는 것은 무슨 얘기입니까? 중요하지 않다는 얘기 아닙니까?

제가 만약에 청와대에서 인사에 관여되는 라인에 있다 그러면 대통령에게 그렇게 조언했을 겁니다. 조금 이따가 인사를 하시지요. 왜, 그것 분명하지 않습니까? 지금 액체연료를 주입하고 있는데, 언제 쏠지도 모르고, 이것 분명히 2월 초에는 날아가는데, 해야 될 일은 엄청 많고요. 이것 좀 연기를 해서 이걸 쏘고 난 뒤에 2월 중하순에 해도 늦지 않지요. 그리고 그것이 인사의 원칙일 겁니다.

그런데 청와대는 그렇게 하지 않았습니다. 2월 5일에 연휴 시작되는 그 틈에 1·2차장을 바꾸고 연휴 끝나고 난 때 2월 9일에 3차장을 바꾼 거지요.

그리고 이 미사일, 로켓 발사는 대단히 민감하기 때문에 기상상황이 아주 좋아야 됩니다. 그러니까 현장의 상황을 우리가 일기예보를 통해서 예측을 해 보면 2월 7일밖에는 나지 않습니다. 2월 8일부터는 바람이 불고 눈이 온다는 예보가 있기 때문에, 그전에 바람이 불다가 멎고 2월 7일이 있고 이러기 때문에 사실 2월 7일 발사는 관련되는 전문가들에게는 택일을 해 놓은 것하고 거의 비슷합니다. 결혼 날짜 받아 놓듯이 2월 7일밖에는 날짜가 없다는 것이 거의 분명한 상황이었습니다. 그런 상황에서 2월 5일에 바꿨다, 1차장을 바꿨다, 저는 이해가 잘 안 되고요.

물론 그 1차장이 청와대에서 이 업무를 하던 분이기 때문에 업무의 연관성, 연속성이 계속 있어서 아무 문제가 없다 그렇지만 우리가 월급 받으면서 하루라도 생활해 본 사람은 알지만 아무리 그 옆에서 업무를 하던 사람도 그 자리로 바로 가면요 업무를 다시 점검해야 됩니다. 그 점검하는 데 얼마나 시간이 걸리고 그 업무를 옆에서 계속 지켜봤던 사람도 생소하고 낯설고 여러 가지로 불편하지요. 그래서 저는 이 인사를 지금도 납득하지 못합니다. 도대체 국정원을 뭘로 아는, 무슨 일을 하는, 국정원의 임무가 뭐길래 2월 5일 날 그렇게 급하게 1·2차장을 바꿔야만

했는지 잘 모르겠습니다.

특히 1차장은 제가 좋아하는 사람이 아닙니다. 바로 누구냐면 제가 아까 말씀드린 전무후무한 그리고 앞으로도 있어서도 안 되고 있을 수 없는 정상회담 대화록을 공개한 당사자입니다. 그래서 제가 지난번 긴급회의에서도 그런 얘기를 했습니다. '떠나간 한 차장을 내가 좋아하지 않는다. 떠나간 한 차장은 내가 정상적인 공직자라고 생각하지 않는다. 물론 그 사람도 먹고살기 위해서 위에서 시키니까 했을 수는 있지만 본인이 국정원맨, 에이맨이라고 생각한다면 저항을 했어야 된다고 생각한다. 그럼에도, 내가 그 사람을 싫어함에도 불구하고 1차장이 2월 5일 날 교체되는 데 대해서는 나는 승복할 수 없다', 분명히 얘기했습니다.

그리고 '한 차장을 내가 지금 이 자리에서 두둔하고 있지만 내가 한 차장을 싫어한다는 것을 대한민국의 국정원 직원들은 다 알고 있다. 내가 한 차장을 두둔하고 방어하고 보호해야 될 이유가 한 가지도 없다. 0.1%도 없다. 그러나 나는 한 차장이 지금 이 보고 자리에서 보고를 하고 있어야 된다고 생각한다'라고 얘기를 했습니다. 그렇게 속기록에 돼 있습니다. 제가 거짓말하는 게 아닙니다.

그래서 분명히 말씀드리건대 최근의 국정원 인사는…… 사람에 대해서 제가 평가하지 않겠습니다. 매우 적절하지 않은 시간에 이루어진 그리고 해서는 안 되는 그런 타이밍에 국정원 인사를 했다라고 저는 자신 있게 말씀드릴 수 있습니다. 제가 대통령이라면 그때 그렇게 하지 않았을 겁니다.

● **부의장 이석현** 우리 신경민 의원님, 지금 4시 7분부터 2시간 동안 그냥 숨도 안 돌리고 계속 말씀을 하셨는데 대단하십니다. 좀 천천히 해서 목을 아끼면서 말씀해도 될 것 같습니다.

● **신경민 의원** 그 사이에 의장단이 바뀌었네요. 저는 바뀌었는지도 몰랐습니다.

자, 이제 조금 토픽을 바꿔 보겠습니다, 이건 더 재미없는 토픽이라서 여러분들이 얼마나 관심을 가지실지 모르겠습니다마는.

국정원 해킹 사건은 작년에 제가 두 달 가까이 관여했던 사건이었고 국정원의 5대 범죄, 이 정권 들어서서 5대 범죄 중에서도 마지막이지만 대단히 중요한 사건이라고 생각합니다.

그런데 이 사건은 유감스럽게도 의혹이 하나도 풀리지 않았습니다. 결국 국정원이 증거가 없다는 이유로 완전히 부인을 하고 있기 때문에 지금도 아무것도 풀리지 않고 있습니다.

여러 가지 이유가 있습니다마는 매우 기술적이라는 것이 하나가 있고요. 그리고 관여자 중에 한 사람이 스스로 목숨을 끊어 버려서, 그리고 이것을 검증할 수 있는 기술적인 기회를 국정원이 막아 버렸기 때문에 이 사건을

진실을 규명할 수 있는 방법은 현재로서는 아주 어려워 보입니다. 그러나 이 사건도 반드시 풀어야 될 일이 아닌가 이렇게 생각이 됩니다.

좀 기술적인 문제가 있어서 여러분들이 이해하기가 쉽지 않을 거라고 생각은 합니다마는 그래도 기록을 위해서 제가 이 부분에 대해서 여러분들에게 자세히 설명해야 된다고 생각합니다. 언론들에게도 이것 많이 설명을 했습니다마는 이것 역시 충분히 기사화되지가 않았습니다. 그래서 이 부분에 대해서 좀 지루하시더라도 제가 설명을 드릴 수밖에 없다는 걸 양해해 주시기 바라겠습니다.

제가 이걸 3대 의혹이라고 일단 정리를 했습니다마는, 첫 번째는 휴대폰 사찰 관련 의혹입니다.

국정원이 처음에 정보위원회에 와서―작년 7월이지요―보고를 했을 때는 RCS 라이선스를 20명분만 샀다고 보고를 했습니다. 그런데 그로부터 2주가 지난 뒤에 말을 갑자기 바꿉니다. 동시 감청 가능한 숫자가 20명이라고 얘기를 합니다. 그리고 에이전트, 심는 거지요. 프로그램을 심는 그 설치에 한계가 있기 때문에 감청 대상을 무한정으로 확대하는 것은 불가능하다 이렇게 보고를 했습니다.

그러면 도대체 20명분만 산 것이 맞는 것인지 감청 가능한 숫자가 20명인지, 이게 지금 분명하지가 않습니다. 여기에 대상 숫자가 상당한 차이가 있습니다. 수백 명으로부터 20명까지 있기 때문에 대상 숫자의 차이가 엄청나게 많습니다.

그래서 이 부분에 대해서 납득할 만한 설명을 하고…… 왜 말을 바꿨는지에 대해서는 설명을 하지 않고 말을 바꾸지 않았다고 강변을 합니다. 그런데 분명히 저희들이 듣기에 그리고 저희들이 기록을 여러 번 확인했습니다마는 분명히 말을 바꿨습니다. 타깃 숫자가 수백 개인지 20개인지, 이것을 지금도 잘 모르겠습니다.

또 하나 있습니다. 7월 14일 국정원은 20개 중에서 18개는 외국, 2개는 연구용으로 썼다고 얘기를 하는데요. 2주 뒤에는 임 과장이 삭제한 파일 51개가 있지 않습니까? 임 과장이 이것을 삭제하고 죽은 거지요. 그랬더니 51개가 10개는 대북·대테러용이고, 10개는 실패했고, 31개는 실험용이었다고 되어 있습니다. 도대체 그 당시 14일에는 18 대 2라고 되어 있는데 또 다 외국이라고 되어 있는데 이게 맞지가 않습니다. 10 대 10 대 31이라고 그래 가지고 또 거짓말을 하고 있고, 설명을 하지 못하고 있습니다.

왜 해외 서버를 사용했느냐? 이것도 잘 모르겠습니다. 국정원은 해킹 추적을 막고, 자료를 안전하게 전송받기 위해서 시카고에 있는 두 회사를 경유했습니다. 하나는 시카고 시내에 있는 거고, 하나는 시카고 교외에 있는 건데요. ColoCrossing이라는 회사가 있고, Sharktech라는 회사가 있습니다. 여기를 경유하는 방식을 사용했습니다.

그런데 국정원은 2주 뒤에 뭐라고 얘기하느냐? 해외 서버는 금시초문이라고 얘기합니다. 이것은 무슨 얘기입니까? 원장이 ColoCrossing이나 Sharktech에

대해서는 알지도 못한다고 얘기합니다. 그리고 그때 여당 관계자는 이게 목숨이 걸린 데이터라서 굉장히 소중한 거다라고 얘기를 했는데 이런 국가기밀이 해외의 회사에―사기업이지요―맡겨졌고, 이것을 이태리에 맡겼는데 이태리 회사가 미국의 서버를 썼기 때문에 전 세계를 자기 마음대로 돌아다닌 겁니다. 그러니까 만약에 정말로 유능한 북한의 해킹팀이 있다면 이거 볼 수 있었겠지요. 그러니까 이게 도대체 무슨 얘기냐? 우리 상식으로는 도저히 납득을 못 하겠다라고 얘기를 했습니다.

그런데 그 당시에 기억하시듯이 우리가 알아낸 게 아니고 외국에서 폭로가 된 거잖아요? 그런데 거기 이메일을 보면 국정원의, 그러니까 NIS라고 그래요. NIS의 시니어 매니지먼트, 그러면서 S자와 M자가 대문자로 되어 있습니다. 이것은 한 사람입니다. 그 한 사람은 누구냐? 남재준 국정원장입니다. 이것은 영어의 상식이지요. 이것을 미스터 남이라고 쓰지 않았기 때문에 아니다라고 부인한다고 그러면 그거야말로 억지지요.

그러니까 시니어 매니지먼트는 뭐라고 그랬느냐? 우리나라의 RCS 사용과 해외 서버를 이용한 사실이 알려지는 것이 매우 걱정된다라고 얘기를 했습니다. 그러면 국정원이 다 아는 겁니다. 해외 서버 쓰고, 하여튼 우리가 RCS 쓰는 것이 불법이고 하는 것을, 잘못된 거라는 것을 다 이미 남재준 원장은 알고 있다는 건데요.

검찰이 수사를 하지 않습니다. 그래서 이것도 한번 조사를 해 볼 필요가 있는 건데요. 지금 검찰은 아마 생각도 하지 않고 있을 것으로 생각합니다.

또 하나는 데스크탑을 해킹할 가능성이 분명히 있습니다. KT 회선을 사용하는 PC IP가 확인됐고요. 그리고 해킹팀하고 국정원이 이태리하고 주고받은 내용을 보면 국정원이 PC 공격용 미끼 파일을 만들어 달라고 요청을 합니다. 그러니까 국정원은 이 이태리 회사를 통해서 휴대폰을 감청하고 데스크탑도 감청하고 그래 가지고 이메일도 보고 싶어 하는 거고요, 전화도 보고 싶어 하는 거고요, 각종 인터넷 관련된 것들을 다 보고 싶어 한다라는 것이 드러난 겁니다.

그런데 이 이태리 회사 RCS는 말하자면 수준이 높은 회사가 아니고요, 그쪽 그 업계에서, 세계 업계에서 한 중간 정도 되는 업체입니다. 진짜로 잘하는 회사들은 이스라엘에 있습니다. FinFisher나 Pegasus 같은 회사들이 있지요.

(이석현 부의장, 정갑윤 부의장과 사회교대)

그런데 그 인터넷을 이메일 왔다 갔다 한 걸 보면 유사 해킹 프로그램 구매하고 사용 여부를 묻는 질문이 있습니다. 그러니까 거기서 국정원이 답변을 'YES, NO(있다, 없다)'로 하지 않고 "확인이 곤란하다." 이렇게 얘기합니다. 그런 걸로 봐서는 분명히 다른 이태리 회사 것보다 적어도 더 고품질의 좋은 해킹 프로그램을 사려고 했거나 그리고 샀거나 뭐 이런 것들이 의심이 되는데 이것도 검찰 수사를 하지 않았기 때문에 잘 모르겠습니다.

또 자체 기술개발 여부에 대해서도 "왜 이 프로그램을

샀느냐?"라고 그랬을 때 기술개발 얘기를 했거든요. 그래서 "자체 기술개발을 했느냐?"라고 묻는 데 대해서도 'YES, NO'로 대답하지 않고 "확인이 곤란하다."라고 답변을 하고 있습니다. 그래서 이런 걸로 미뤄 볼 때 유사 프로그램과 자체 해킹 프로그램이 현재 있는 것이 아니냐라는 의심이 당연히 합리적으로 제기되고 있습니다.

이게 감청설비에 해당하느냐라는 게 지금 우리의 토론 문제하고 다 관련이 돼 있는데요. 국정원은 최초 4개월마다 대통령 승인을 받아서 감청해 왔다고 그렇게 설명을 합니다. 그런데 추후에 자료 제출한 걸 보면 RCS 해킹 프로그램이 감청설비에 해당되지 않는다고 억지를 부립니다. 그래서 대통령 승인이나 법원 허가나 법에 돼 있는 것들이 필요 없어서 하지 않았다라고 얘기를 합니다.

그런 걸로 봐서는, 법에 지금 이렇게 돼 있거든요. 대통령에게 보고를 하거나 고등법원 수석부장판사의 영장을 받기로 돼 있는데, 이게 이미 법에 있습니다. 법에 있는데도 감청설비장비에 해당되지 않아서 법을 지킬 필요가 없었다라고 얘기하면 지금 우리가 논의하고 있는 이 문제도 이렇게 빠져나갈 수 있는 거 아니겠어요? 분명히 빠져나갈 수 있지요. 얼마나 머리가 영민한 집단인데 법에 있는 것도 이렇게 빠져나가는데, 만약에 우리가 지금 논의하는 테방법이 이렇게 해서 간다면 얼마나 빠져나갈 구멍이 많아지는 겁니까? 지금 있는 것도 이렇게 빠져나가고, 문제가 된 것도 이렇게 빠져나가는 건데요. 저희는 이것 막을 수 없다고 생각합니다.

이 사건 하나만, 이것에 대한 국정원의 작년 답변만 봐도 저는 법적 통제장치 의미 없다고 보고요, 법적 통제장치를 무시하고 할 수 있는 가능성을 여기서 유감없이 보여 줬다라고 생각합니다. 만약에 국정원이 동의하지 않는다면 반박하는 자료를 만들어서 가지고 오시기 바랍니다.

그리고 이 경우에 지금 RCS라는 게 분명히 해킹하는 거고, 다들 그렇게 알고 있는데 관련지침에 의해서 합법적으로 수행하고 있다고 답변을 했습니다. 그런데 이 프로그램, 이태리 해킹 프로그램은 별도의 지침이나 매뉴얼이 또 없다고 답변을 합니다. 그러면 뭐가 맞는 얘기입니까? 관련지침에 따라서 합법적으로 수행하겠다고 답변했는데 이 이태리 회사 이것은 매뉴얼이 없다라고, 지침이 없다라고 얘기하면 도대체 무슨 얘기인지, 무슨 말을 하는 건지 저의 머리로는 도저히 납득이 되지 않는 일입니다.

이게 휴대폰 사찰 관련해서 의혹을 제가 한 일곱 가지 정도 지적한 건데요. 이것에 대해서 사실은 수사나 조사나 여러 가지가 필요한데 이게 그 당시에 그냥 유야무야 끝나게 됐습니다. 감청 타깃 수, 연구용이냐, 연구용과 실전용의 비율, 해외 서버 사용한 이유, 데스크탑 해킹, 유사 프로그램 사용, 감청설비에 해당되느냐, 업무지침과 매뉴얼이 왜 없느냐, 이런 문제에 대해서 국정원이 지금 전혀 답변을 하지 않고 있습니다.

자, 이게 이제 큰 질문 중의 하나고요.

두 번째 질문으로 가 가지고 이 RCS라는 프로그램의 자료 삭제하고 복원 관련해서도 의혹투성이입니다. 처음에 어떻게 얘기를 했느냐면 기억하실 거예요. 컴퓨터의 딜리트 키로 지웠다라고 했습니다. 그런데 그다음에는 또 뭐라고 그랬느냐면 RCS 프로그램 자체 딜리트 기능을 이용했다고 바꿉니다. 그런데 이것을 복구하는 데 시간이 많이 걸렸거든요. 그런데 복구 백업을 만약 에 제대로 했다면 복구에 일주일도 걸리지 않는다고 그러는데 이게 그렇게 되지 않았습니다. 도대체 어느 말이 맞는지?

그리고 전문가라는 임 과장이 딜리트 키로 지우고 죽었다? 이 사람은 대학에서 컴퓨터를 전공한 사람인데 과연 그랬을까, 의문이 지금도 풀리지 않습니다.

그래서 '이게 도대체 어떻게 해서 이렇게 됐느냐? 자료가 유실됐느냐?' 그랬더니 국정원은 '2013년 8월에 국정원 서버 성능을 고치면서 업그레이드하면서 이전에 있었던 백업자료가 다 날아가 버렸다'라고 답변을 하는데요. 이때는 공교롭게도 국정원 댓글사건이 한참 시끄럽게 진행될 때입니다. 그리고 이때는 아까도 말씀드렸던 정상대화록 문제로도 시끄러웠던 때입니다.

도대체 왜 이렇게 할까 이때 국정원 서버 성능을 개선을 했는지 그리고 이전의 백업자료가 다 없어졌다면 이것은 또 무슨 변고인지, 이것은 엄청난 사변입니다. 국정원 백업자료가 다 날아가 버렸다? 이것은 보통 일이 아니지요. 그리고 백업이라는 것은 사실 매일 하는 건데요.

또 답변을 이렇게 합니다. '백업은 매일 하는 것이 아니라 USB에 하고 있다'라고 하는데 이게 용량이 굉장히 많은데요. 이것을 USB 조그마한 데다가 용량도 적은 데 백업을 했다, 이것은 전문가들이 이 설명을 듣고 웃습니다. 이것은 웃어요. 이것은 어떻게 이런 일이, 만약에 이게 진실이라면 국정원은 국정원도 아닙니다. 국정원 컴퓨터는 우리 집에서 쓰는 컴퓨터 수준밖에 안 된다는 거예요. 우리 조그만 회사에서 쓰는 수준이라는 거예요. 중소기업 컴퓨터도 이렇게 관리하지 않는다는 겁니다. 그런데 어떻게, 이게 말하자면 앞뒤가 맞지 않고 현실에 맞지 않는 얘기를 국정원이 하는 겁니다.

또 있습니다. 국정원은 최초에는 뭐라고 얘기했느냐면 사망한 임 과장이 삭제한 자료 전체 규모와 전체를 삭제했는지 부분 삭제했는지를 얘기를 안 하고 있습니다. '그것을 도대체 뭘 지웠느냐, 얼마나 지운 거냐?'라고 저희들이 질문했는데 답변을 하지 않았습니다. 그러다가 며칠 이따가 '100% 복구 가능하다'고 주장을 했고 또 며칠 이따가는 '100% 복구했다'라고 보고를 했습니다.

그래 가지고 7월 28일 날 여야 간사 전문가 기술간담회 관련 협상을 한참 할 때인데 '시스템 파일과 몽고DB를 모두 삭제했다'고 답변을 했습니다. 그러다가 이게 말도…… 이것은 제가 잘 몰라서 전문가들한테 물어봤더니 이게 말이 안 된다는 겁니다. 시스템 파일과 몽고DB를 모두 삭제했다는 것은 전문가들이 웃는다는 겁니다. 이런 일이 있을 수가 없다는 거예요. 그렇게 또 질문을 했더니 자료제출로 '몽고DB만 지웠다' 이렇게 말을 합니다.

도대체 이 말들을 다 종합하면 국정원 컴퓨터는 우리 동네 컴퓨터보다 못한 겁니다. 이것 발 뻗고 잘 수 있겠습니까? 만약에 이게 진실이라면 발 뻗고 못 자는 거고요. 이게 진실이 아니라면 국정원은 완전히 거짓말을 해도 너무 심하게 하는 조직입니다. 거짓말을 밥 먹듯이 하는 거고요. 컴퓨터의 기초적인 지식을 갖고 있는 사람들이 생각하기에는 국정원이라는 데는 컴퓨터의 'C' 자도 모르는 데고, 저는 이게 진실이 아닐 거라고 생각합니다. 국정원이 궁한 나머지 거짓말을 한 거라고 생각합니다.

그런데 만약에 이렇게 거짓말을 하는 국정원이라면 국민들이 믿을 수 있겠습니까? 테러방지법을 '그래, 한번 마음대로 테러를 막기 위해서 다 해 봐' 이렇게 우리가 찬성해 줘야 되겠습니까? 저는 이것 아니라고 생각합니다.

그래서 이 사건은 지금이라도 하나하나 짚어 보고 만약에 거짓말을 한 게 있으면 거짓말을 고백하고 개혁하고 혁신하고 우리가 바뀌었다는 것을 웅변으로 몸으로 진짜로 보여 줘야 된다고 생각합니다. 그런데 국정원은 지금까지 이 시간까지 안 하고 있습니다.

자, 또 볼까요.

국정원은 '임 과장 유서를 보고 나서야 자료삭제 사실을 알았다'고 처음부터 얘기를 했습니다. 그런데 그 임 과장은 그 조직에서 본원에서 근무를 하다가 대전으로 4월 달에 전출을 갔습니다, 다른 부서로 갔습니다. 그런데 이 사람이 갑자기 7월 13일 날 본원으로 출장을 와 가지고 이 RCS 파동에 도와주는 일을 한 것 같아요.

그런데 이게 실제로 국정원에서는 상부에서 지시를 하면서 접근권과 우리들이 기초적으로 아는 코드, 비밀번호 이런 것들이 ID나 비밀번호가 있지 않으면 안 되거든요. 그러니까 임 과장은 하여튼 조직적으로 온 거지요. 그리고 또 임 과장 후임으로 이 해킹 프로그램을 맡았던 직원과 상관은 임 과장이 삭제하는 사실을 전혀 모르고 있었다는 겁니다.

이게 상식적으로 맞지가 않습니다. 국정원 업무를 그렇게 허술하게 아무나 들어와 가지고 아무거나 지우고 그리고 지운 것도 모르고 며칠 이따가 유서 보고서야 알고, 이게 이런 정황이 국정원이 국정원답지가 않습니다. 이런 국정원이라면 저희들이 발 뻗고 잘 수 없습니다.

그래서 틀림없이 이 삭제에 임 과장은 조직적이고 체계적이고 이것도 상명하복의 원칙에 따라서 동원이 된 것이지 괜히 임 과장이 맥없이 와 가지고 이런 일을 할 수가 없습니다. 그러니까 지금 국정원이 설명하고 있는 것은 기술적으로도 정황상으로도 전부 다 말이 되지 않는 얘기를 국민들 앞에 하고 있는 겁니다.

자, 임 과장 얘기를 다시 조금 더 구체적으로 들어가 보겠습니다.

세 번째는 임 과장 감찰과 사망 관련 의혹입니다. 임 과장은 단언컨대 분명히 감찰받았습니다. 아까도 말씀드린 것이 왜 감찰을 받지 않았다고 국정원이 얘기를 하느냐, 감찰보고서를 요구할까 봐 감찰을 받지 않았다고

거짓말을 하는 겁니다. 임 과장은 해킹 사실이 7월 5일에 이게 유출이 되면서 전 세계에 알려지게 됐지요?

그래서 임 과장은 아마 즉각 본부의 소환을 받아 가지고 갔을 거고요. 그 업무를 하면서 분명히 감찰을 받았을 거고요. 그런데 만약에 국정원의 설명대로 감찰조사를 하지 않았다라고 우리가 믿읍시다. 만약에 그런다면 이것은 국정원이 조직으로서의 기초적인 업무를 하지 않는 겁니다. 만약에 경위조사조차도 하지 않고 감찰도 하지…… 감찰이야 물론 여러 가지 감찰이 있지만요. 그랬다면 국정원 감찰실은 있으나 마나입니다. 국정원은 허당인 조직입니다. 이것은 분명히 했겠지요.

그리고 이 사태가 그때 전 세계적으로 문제가 되고 한국의 국정원이 문제가 됐고 이랬기 때문에 감찰의 종류 중에서 저희가 생각하기에는 가장 높은 수준의, 잠도 재우지 않고 아마 제일 고강도의 감찰을 받았을 걸로 생각이 되고요. 실제로 출입기록을 보면 임 과장이 잠을 거의 잘 수 없었다라는 게 있습니다.

그래서 그 당시의 여당 정보위 간사도 그런 비슷한 얘기, 여당 정보위 간사는 처음에 진실을 얘기하다가 자꾸 언론이 파고 들어오면 또 말을 바꾸고 하는 상당히 전형적인 그 패턴을 보이는데 첫 기술이 그래서 대단히 중요합니다. 첫 증언을 이렇게 얘기했습니다, 7월 19일에. '감찰도 들어오고 하니까 그에 대한 심리적 압박 또 정치 문제화되니까 더 압박을 느낀 것 같다'라고 설명을 했습니다.

저는 이게 국정원 간사가 진실을 국정원으로부터 들었고 그것을 언론에 얘기한 것으로 생각을 합니다. 그런데 물론 이게 문제가 되니까 바로 말을 바꿨지요. 그러니까 여당 정보위 간사는 가끔은 훌륭한데 가끔은 훌륭하지 않고 그래서 저는 일관성을 유지했으면 좋겠습니다.

그런데 하여튼 국정원은 감찰 여부에 대해서 제가 제기하는 꾸준한 질문에 대해서 감찰은 없었다라고 지금도 얘기를 합니다. 다만 몇 차례 사실 확인을 위해서, 경위 확인을 위해서 전화를 했다라고 얘기를 합니다. 그래서 저희들이 감찰보고서를 확보하는 데는 성공하지 못하고 있습니다.

또 이 임 과장이 자살을 하면서 저희들이 새로운 사실을 알게 된 것은 국정원 직원들의 스마트폰에 위치추적장치가 있습니다. 이 이름이 MDM입니다. 모바일 디바이스 매니지먼트(Mobile Device Management)라는 보안 소프트웨어가 설치돼 있는데요, 이 MDM은 국정원 직원의 특수성으로 위치추적 하고 또 휴대폰을 잃어버리면 대단히 큰 대형사고니까 휴대폰을 잃어버렸을 때 원격으로 들어가서 휴대폰에 들어 있는 모든 기밀을 지우는 그런 기능을 가지고 있는 겁니다. 즉 국정원이 MDM을 쓰는 것은 매우 타당한 일이고 해야 되는 일로 생각을 합니다.

그런데 임 과장이 죽으면서 문제가 생기기 시작한 거지요. 그날을 복기해 보면 이렇게 되었습니다. 임 과장이 새벽에 나갔다가 그날 아침에 중요한 일이 있었는데 출근을 하지 않습니다. 그러니까 직속상관이 3차장에게 보고를 합니다.

그러니까 얼마나 중요한 일을 했는지 과장인데 3차장한테 보고를 하는 거지요. 임 과장이 와야 되는 시간에 지금 안 나타난다라고 얘기를 하니까 이 MDM을 한번 해 봐라라고 했어야 되는데 안 합니다. 그리고 나서 1시간이 지난 09시 50분경에야 이 MDM을 가지고 위치추적을 합니다. 이것 좀 납득이 되지 않습니다.

만약에 임 과장이 나타나야 될 시간을 훨씬 넘겨서 나타나지 않았다면 MDM을 작동하는 게 맞습니다.

또 이상한 게 한두 가지가 아닙니다. 국정원이 MDM을 뒤늦게 발동을 해 가지고 마지막 위치추적을 12시 07분에 했지요. 그런데 11시 54분에 임 과장이 탔던 마티즈가 발견이 됩니다. 그리고 12시 03분에 국정원 직원이 현장에 도착해서 점검을 하고 있는 거지요.

그러니까 이미 임 과장 차와 임 과장의 소재가 파악이 되었는데 뒤늦게 그때야, 한참 뒤에야, 몇 분 뒤에야 MDM을 또 합니다. 이것은 도대체 무슨 짓을 하는 거냐? 도대체 상식에 맞지 않는 일을 하는 거다라는 일이 되는 거지요.

왜 했을까? 왜 MDM을 했을까? 그것은 뭘까요? 제가 아까 말씀드린 게 MDM에는 두 가지 기능이 있다고 그랬잖아요. 위치추적 기능이 있고 자료삭제 기능이 있습니다. 그래서 왜 했을까에 대해서는 여기에 해답이 있지 않은가라고 생각이 됩니다.

그리고 임 과장이 그날 휴일 날 매우 납득할 수 없는 과정을 거쳐서 발견이 됩니다. 첫째, 국정원이 소방하고 경찰을 따돌리기를 합니다. 왜 이랬는지 잘 모르겠는데요. 08시 40분에 3차장이 출근하고 50분에 담당 국장이 보고를 하는 것은 아까 말씀드렸잖아요. 그런데 일단 3차장한테 보고한다는 것도 상식에 벗어난 일이지요. 그런데 틀림없이 이건 감찰이 예정돼 있었기 때문에 국정원이 일단 동태를 주시하고 있었다는 방증이 아니냐라고 생각이 되고요.

그날 소방서와의 기록이나 경찰과의 음성기록을 시간대별로 맞춰 보면 이상한 게 한두 가지가 아닙니다. 아주 이상한 것은 임 과장 부인한테 119에 신고를 하라고 그럽니다. 그리고 소방당국이 현장수색 과정에서 경찰한테 일부러인지 뭔지는 모르겠습니다마는 주소를 잘못 알려 줍니다. 그래서 경찰이 임 과장의 사망현장에 늦게 도착하는 결과가 빚어지게 됩니다.

왜 경찰을 따돌릴까? 국정원이 경찰을 왜 따돌릴까? 이것이 지금까지도 풀리지 않는 의문입니다. 그런데 수색과정에서 국정원 직원이 상부의 명을 받아서 현장에 가는데 소방관들을 기다리고 있다가 11시 11분쯤에 현장에서 만납니다. 그러니까 순서대로 얘기하면 국정원 직원이 제일 먼저 현장을 장악하고 그다음에 소방서고 마지막이 경찰입니다. 이 순서가 상식적이지가 않습니다.

사건·사고의 현장을 어떻게 장악하고 누가 어떻게 가느냐라는 것은 굉장히 중요합니다. 단서와 여러 가지 미스터리를 해석하는 데 있어서 사건 현장은 결국 현장에 답이 있거든요. 그런데 이 순서가 대단히 미스터리고 국정원

직원이 출몰을 하고 국정원 직원이 경찰을 따돌리기를 하고 이 과정이 도대체 상식적이지가 않습니다.

도대체 왜 이렇게 됐는지 이것도 지금 국정원이나 경찰이나 설명을 제대로 하지 못하고 있습니다. 저는 현장에 뭔지는 모르겠지만 의문이 숨어 있다고 생각합니다.

또 있습니다. 사망 당일 12시 반부터 소방 구급차가 시동을 끄면서 비디오가 기록이 되지 않습니다. 블랙박스가 자동적으로, 이것은 현장이 중요하기 때문에 소방차는 또 경찰차는 현장에 가면서 자동적으로 블랙박스로 촬영을 하게 되어 있습니다. 그런데 이게 시동을 끄고 다시 전원이 들어올 때는 엉뚱한 데로 가고 있습니다. 이것은 저희들이 그때 화면을 죽 설명을 해 드렸기 때문에 기억나실 겁니다. 엉뚱한 화면이 나오고 28분 동안은 도대체 어디에 뭐가, 무슨 일이 벌어졌는지를 알 수가 없습니다. 국정원 직원은 12시 3분부터 현장에 있었고 12시 50분에 경찰이 도착을 하는데 도대체 이 시간대에 무슨 일이 벌어졌는지를 전혀 모르겠습니다.

이상한 게 또 있는데요. 직원 일동 성명서가 나왔습니다. 제가 아까 정상 대화록이 전무후무한 일이고 앞으로도 없을 거라고 그랬는데요. 직원 일동 서명서가 나왔습니다. 이것도 전무후무한 일입니다.

임 과장 유서가 공개되고 당일 오후에 바로 나왔습니다, 국정원 직원 일동 명의로 해 가지고 '동료 직원을 보내며'.

그 성명서의 몇 구절을 제가 볼까요.

'국정원 직원도 민간인 사찰의 엄중함을 야당 의원들 이상으로 절감하고 있다'라고 야당을 조집니다. '일부 정치인들이 모두 공개하라고, 그러니까 국가 기밀을 모두 공개하라고 주장을 하고 있다. 국가 안보에 어떤 해악이 미치는지에 대한 고려는 없다. 자국의 정보기관을 나쁜 기관으로 매도하기 위해서 매일 근거 없는 의혹을 경쟁적으로 쏟아낸다'라고, 그 일부 정치인이 접니다. 저도 그중에 하나 들어갑니다.

이럼으로써 국정원 직원들이 정치공세를 하는 겁니다. 이것은 법률 위반입니다, 일단은요. 저도 법률 따지는 것 별로 좋아하지는 않습니다마는 법률 위반입니다. 국가공무원법 위반이고요. 정치 관여 금지된 국가정보원법 9조 위반입니다. 그리고 또 국가공무원법의 경우에는 공무 외 일을 위한 집단행위를 금지하고 있습니다.

그런데 또 뭐라고 설명하는지 압니까? '공무와 관련된 직원 사망에 대한 입장표명'이라고, 머리 좋지요? 이렇게 또 넘어가고 있습니다. '공익에 반하는 행위도 아니다. 그러니까 국가공무원법이 아니다'라고 주장을 합니다. 그러니까 이것은 굉장히 꾀가 많은 설명이지요. 또 '성명 내용에 특정 정당, 정치인에 대한 지지나 반대의사를 직접 표명한 문구가 없어서 국정원법상 정치관여죄에 해당되지도 않는다'는 설명을 하고 있습니다.

자, 이런 것 보면 얼마나 국정원이라는 조직이 법에 정통하고 빠져나가는 이유를 잘 대고, 기가 막히지요. 그러면서 진실성과 정직성과 합리성을 결여한 기관이라는

것을 여기서도 우리가 또 읽을 수가 있습니다.

또 있습니다. 임 과장이 유서를 석 장 남겼습니다. 7월 18일 날 남긴 건데요. 다음 날 오전까지도 유족이 공개를 거부해서 아무도 볼 수가 없었습니다. 그런데 오전에 공개를 결정해서 그 당시에 뉴스속보로 11시 반에 최초 보도를 했습니다. 그리고 경찰이 확보를 물론 했지요. 경찰이 '유족이 반대하고 있어서 밝히기가 어렵다'라고 했는데 문제는 7월 18일 저녁에 보도가 됐습니다. 경찰도 유출하지 않고 유족도 공개를 거부하는데 어떻게 특정 언론에만 나갈 수가 있는가? 귀신이 곡할 노릇인데요.

이것도 설명이 좀 필요한 대목이라고 생각합니다. 의심 가는 대목이 있습니다. 제가 증거가 없기 때문에 말씀은 못 드리겠습니다마는 이 유서내용을 읽어 보면 어떤 의도가 있다고 생각됩니다.

이렇게 해서 이 사건이 유야무야 7월, 8월 지나갔습니다. 아무것도, 제가 지금 죽 말씀을 드리는 이런 의문에 대해서 아무것도 밝히지 못하고 의혹과 의문투성이인 상태로 세간의 관심에서 또 국민의 관심에서 벗어나서 끝났는데 깜짝 놀랄 인사가 9월 초에 나왔습니다. 감찰실의 보안처장, 감찰처장, 간부들 3명이 모두 교체됐습니다.

감찰실장은 청와대 인사입니다. 그러니까 감찰실장을 바꾸지는 않고요. 바로 밑에 있는 직할 처장 3명을 모두 바꿨습니다. 그리고 이 사람들은 보임한 지 1년밖에 되지 않아서 인사 교체 주기에도 해당되지 않았습니다.

그래서 저희는 물었지요. 그런데 물론 엉뚱한 답변이 나왔습니다마는 저희는 진실을, 임 과장에 대한 보안조사·감찰조사가 사망으로 이어져 가지고 책임을 진 것이라고 생각을 합니다.

그러니까 멀쩡한 해킹사건이, 제가 지금 의혹이라고 제기하는 이 십여 가지, 20개 가까운 십여 가지를 하나하나 모두 다 파묻어 버린 겁니다. 다 그냥 진실에 접근할 수 있는 모든 통로를 막아 버리고 결국은 이 해킹사건은 묻혔습니다. 이건 새로 누군가가 파헤치지 않는다면 영원히 미제사건으로 남을 수밖에 없는 사건입니다. 이것 저는 의혹 규명해야 된다고 생각합니다.

그런데 국정원은 여기에서도 보면 위기 대응 매뉴얼이 있습니다. 그래서 일단 모른다고 그러고요. 물 타기 하고요, 조사·수사 과정에서. 그리고 국회에서 문제를 삼으면 계속 헛바퀴 돌립니다. 그리고 그 사이에 조직적·체계적으로 증거를 지웁니다.

그리고 진상 규명을 외치면 처절한 보복을 합니다. 그리고 정권에 충성하면 영전·승진하는 보상을 줍니다. 보복과 보상을 분명하게 합니다. 이렇게 하면 여러 개 사건을 통해서 봤듯이 아무것도 해결되지 않습니다. 국정원은 개혁을 할 필요도 느끼지 못하고 개혁을 하는 것은 안 된다고 생각합니다. 개혁을 외칠 필요가 없습니다. 이렇게 가면 아무것도 되지 않습니다.

그래서 저는 몇 번의 사례를 거치면서 이렇게 생각합니다. 상명하복이라고 그러면서 하급자 봐주고 지금 상급자, 원장만 처벌을 하는 이런 게 있거든요? 저는 이건 이제 통용돼서는 안 된다고 생각합니다.

국정원을 조금이라도 바꾸기 위해서는, 국정원이 개혁이 필요하다는 인식이라는 것을 조금이라도 주입시키기 위해서는 상명하복으로 여유를 줘서는 안 된다고 생각합니다. 상급자도 처벌하고 하급자도 처벌하고 그러니까 무관용의 원칙, 노 톨러런스(No Tolerance), 원 스트라이크 아웃(One-Strike Out), 무관용의 원칙이 필요하고 징계는 물론이고요. 월급은 물론이고 연금도 못 받게 하고 국민의 세금은 1원 한 장도 못 받게 함으로써 국정원을 바꾸고, 그래서 국민들이 발을 뻗고 잘 수 있는 그런 국정원으로 만드는 것이 저는 대단히 중요하다고 생각합니다. 그렇게 하지 않은 상황에서 국정원에게 막대한 권한을 주는 것은 결국 우리가 가져야 될 우리의 권한과 권리를 국정원에게 주는 것이고 이렇게 되면 우리 국민들이 발을 뻗고 자는 것은 틀렸다고 생각을 합니다.

그래서 지금 5대 범죄 중에서, 국정원 해킹사건에 대해서 제가 죽…… 아직도 풀리지 않는 의문점에 대해서 설명을 드렸습니다마는 이것에 대해서 조금이라도 전문가적인 식견이나 전문가적인 판단이 있으시다면 국민 여러분들도 관심을 가지고 이것에 대해서 의문을 푸는 데 일조해 주실 것을 당부 드립니다. 이 문제는 언젠가 반드시 풀려야 되는 문제고요.

죽은 임 과장은 저는 억울하게 죽었다고 생각합니다. 죽은 임 과장은 자기 일을 하다가 억울하게 결국은 자기 혼자 책임을 지고 물러났다고 생각합니다. 임 과장은 매우 성실한 사람이었고 부모에게 효자였고 그 부모님이 지금도 살아 계시고요. 부인과 두 딸이 있습니다. 큰 딸은 현재 육사에 다니고 있습니다. 그래서 이 따님의 프라이드를 위해서도, 가문의 프라이드를 위해서도 이 문제는 해소를 해야 되고요. 임 과장이 얼마나 억울하게 죽었는지 한을 풀어 줘야 된다고 생각합니다.

국정원의 원칙만 있는 게 아니고요. 개인의 한도 중요하다고 저는 생각합니다. 국정원 직원의 인권도 지켜 줘야 된다고 생각합니다. 국정원 직원의 인권, 직원의 권리도 보장하지 못하는 기관이 어떻게 국가안보를 책임질 수 있겠습니까?

국정원 직원들에게 저희들이 분명히 요구합니다. 상명하복의 원칙으로 숨지 마십시오. 이제는 무관용의 원칙으로 가겠습니다. 이제는 만약에 상명하복으로 따라간다면 당신들은 월급은 물론이고 연금도 받을 수 없다라는 이런 무관용의 원칙에 대해서 승복하셔야 합니다. 그것이 국정원을 세우고 나라를 세우고 국민들이 발을 편하게 뻗고 잘 수 있는 그런 나라를 만드는 지름길이라고 생각합니다.

그래서 여러 가지 의혹사건을 가지고 국정원 여러분들은 물론이고 국민 여러분들도 관심을 가져 주시고 이 의혹을 풀고 한을 풀고 여러 가지 나라의 발전과 개선이 있기를 촉구합니다.

다음으로 넘어가겠습니다.

그러면 지금까지 국정원 개혁에 대한 약속이 없었느냐? 그렇지 않지요. 여러분들이 기억하는 것들도 대단히 많습니다. 옛날 약속은 그만두고 최근 걸 제가 말씀을 드리겠습니다.

13년에 계속 문제가 되면서 국정원 댓글사건이 국가를 연초부터 2013년 내내 흔들었습니다. 대통령은 침묵했습니다. 일언반구 얘기가 없었습니다. 그러다가 처음으로 13년 6월 24일 대통령의 답변이 나왔습니다. 당시 김한길 민주당 대표가 대통령 결단을 촉구하는 서한을 청와대에 보냈습니다.

그래서 이정현 청와대 홍보수석이 기자들에게 브리핑하는 방식으로 짤막한 반응이 처음으로 나왔습니다. 이렇습니다. '왜 그런 일을 했는지, 왜 생겼는지 전혀 알지 못한다. 대선 때 국정원으로부터 어떤 도움을 주지도 받지도 않았다. 그래도 그런 문제가 있었다면 여야가 제기한 국정원 관련 문제들에 대해서 국민 앞에 의혹을 밝힐 필요가 있다고 생각한다. 절차에 대해서는 대통령이 나설 문제가 아니다. 그것은 국회가 논의해서 할 일이다'라고 이렇게 얘기했습니다.

국정원으로부터 어떤 도움도 받지 않았다는 부분이 이게 저희들이 그 당시에 대단히 격앙됐던 겁니다. 그리고 하여튼 국회가 논의하라라는 이 스탠스(stance)는 일관된 스탠스였습니다. 그런데도 계속해서 문제가 되니까 7월 8일에 박 대통령은 수석비서관회의에서 이 문제를 다시 거론합니다. '국정원 댓글의혹은 왜 그런 일이 벌어졌고 실체가 과연 어떤 것인지에 대해서 정확하게 밝힐 필요가 있다. 대선이 끝난 지 6개월이 지났지만 국정원 댓글과 북방한계선 관련 의혹으로 여전히 혼란과 반목을 거듭하고 있어 유감이다. 여야가 국정조사를 시작한 만큼 관련 의혹들에 대해 철저히 조사한 뒤 재발하지 않도록 노력해야 하고 그 이후는 더 이상 소모적인 논쟁을 그치고 민생에 앞장서 주시기 바란다.' 이렇게 얘기했습니다.

그러면서 국정원 개혁문제에 대해서는 '이번 기회에 국정원도 새롭게 거듭나야 한다고 생각한다. 개혁안을 스스로 마련해 주기 바란다'라고 지시를 했습니다. 이때 셀프개혁이라는 얘기가 처음 나왔지요.

다시 8월 6일에 국무회의 모두발언에서 또 나왔습니다. '중요한 사초가 증발한 전대미문의 일은 국기를 흔들고 역사를 지우는 일로 절대 있어서는 안 될 일'이라고 얘기를 했습니다.

8월 26일 수석비서관 회의에서는 '작금에는 부정선거까지 언급하는데 저는 지난 대선에서 국정원으로부터 어떤 도움도 받지 않고 선거에 활용한 적도 없다. 야당에서 주장하는 국정원 개혁도 반드시 이루어 낼 것이다. 국정원 본래의 역할을 제대로 할 수 있도록 조직개편을 비롯한 개혁은 벌써 시작됐다.' 뭐 비슷한데 개혁이 시작됐다라는 것이 조금 다른 얘기지요.

10월 31일에는 이제 좀 얘기가 달라집니다. 수석비서관회의에서 '지금은 현재 진행되고 있는 사법부의 판단과 결과를 기다려야 한다고 생각한다. 사법부의 판단을 정치권이 미리 재단하고 정치적 의도로 끌고 가는 것은 바람직하지 않다.' 이렇게 얘기했습니다. 좀 달라졌습니다. 사법부의 판단과 결과를 기다리자, 이렇게 됐습니다. 개인적으로 의혹을 살 일은 하지 않았다고 다시 확인하고요. 앞으로 정부는 모든 선거에서 국가기관은 물론이고 개별공무원이 혹시라도 정치적 중립을 위반하지 않도록 엄중히 지켜 나갈 것이라고 대체적으로 봤습니다.

또 '일련의 의혹을 반면교사 삼아 대한민국 선거문화를 한 단계 끌어올리는 계기로 삼을 것이다. 법과 원칙에 따라서 확실히 밝혀 나갈 것이고 반드시 국민께 정확히 밝히고 책임을 물을 것이 있다면 묻겠다.'라고 얘기를 했습니다.

그러면서 대선 얘기가 또 나옵니다. '대선 치른 지 1년이 돼 가고 있는데 지금까지도 대립과 갈등이 계속되는 것에 대해서 대통령으로서 매우 안타깝게 생각한다. 정부는 국민적 의혹이 제기된 사안에 대해 빠른 시일 안에 국민 앞에 진상을 명확하게 밝히고 사법부 판단이 나오는 대로 책임을 물을 일이 있다면 반드시 응분의 조치를 취할 것이다.' 지금 이렇게 돼 있습니다.

그런데 그 전에 9월 달에 여야 영수회담이 있었습니다. 여야 영수회담에서 당시 김한길 대표가 몇 가지 요구를 합니다. 그 복기된 것을 제가 읽도록 하겠습니다.

김한길 대표가 이렇게 얘기합니다. '국정원 대선개입에 대해서 사과 및 책임자를 처벌해 달라' 이렇게 얘기합니다. 박 대통령은 이렇게 답합니다. '국정원에 대해서 지시할 위치가 아니었다. 도움 받을 일 없다고 생각한다. 국정원이 대선에 개입할 의사가 있다면 NLL 회의록을 대선 때 공개했을 것 아니냐, 그렇지 않았다. 법원이 조사해서 결과가 나오면 그 사람에게 책임을 묻겠다. 그에 상응하는 조치를 하겠다.'

그런데 김 대표가 또 묻습니다. '대법원의 기소·무죄율은 0.6%에 불과하다. 재판 결과와 상관없이 공소 제기된 상태이고 혐의사실이 입증된 상태에서 책임을 물어야 하는 것 아니냐. 이제까지 국가기관 측근비리에 대해서 대통령이 사과하는 것은 예외 없이 기소 단계에서 했다.' 박근혜 대통령은 지난 정부에서 일어난 일이라고 얘기합니다. '사과하라는 것은 무리라고 본다.'

김 대표가 또 '전 정권 때 일이라고 말하지만 사과해야 된다'라고 받아치니까 '내가 직접 관여한 것이 아니기 때문에 대통령으로서 사과할 일 아니라고 생각한다. 어떻게든 국정원에 대해서 매듭짓겠다.' 이렇게 얘기를 했습니다.

또 김한길 대표가 '지난 12월 대선에서 국정원 여직원 댓글 없었다고 TV 토론에서 얘기한 부분은 사실과 다른 것 아니냐?' 그러니까 대답을 하지를 않습니다. 묵묵부답입니다.

그러면서 '국정원 개혁과 관련해서 국정원이 마무리 작업하고 있다. 어떤 국정원 개혁보다도 혁신적 안을 내놓을 것으로 안다. 국정원법에 따라서 국정원에서 스스로 안을 만든 만큼 정보위에서 논의하는 순서로 진행된다. 개혁의 구체적 내용에 대해서는 국정원이 일절 민간이나 관에 출입하는 일이 없도록 하겠다'라고 답변을 했습니다.

그러니까 지금 국정원 관련해서 죽 얘기하는 데 대해서 대통령이 여러 가지 얘기를 했고 그중에는 경청할 얘기도 물론 있었습니다마는 이것마저도 전혀 진행이 되지 않았습니다. 진행이 되지 않고, 내놓은 개혁 약속은 대개 대북정보 강화, 사이버테러 대응, 경제안보 수호 등 본연의 업무로 개혁방향하고 혁신과제를 제시했지만 그 뒤에 제가 앞에 말씀드린 쪽 여러 가지를 보면 개혁은 되지 않았습니다.

개혁 약속은 수도 없이 많이 있었고 그 개혁 약속에 대해서 다짐하고 또 다짐하고 또 약속하고 장소를 바꿔서 이런 얘기 하고 저런 얘기를 했습니다마는 이 개혁 약속은 지켜지지 않았습니다. 지켜졌으면 이렇게 해킹 사건이 됐고 이렇게 우리가 좌익효수에 대해서 애를 먹지 않았을 겁니다. 그런데 지금 현재, 오늘 이 시각까지도 이 약속, 수없이 되풀이됐던, 2013년부터 되풀이됐던 약속 그리고 2013년 말에 국정원개혁특위를 통해서 이루어졌던 여러 가지 얘기들은 이루어지지 않았습니다.

그래서 이 부분에 대해서는 저희들이 이것은 약속을 지켰다, 그래서 믿을 만하다, 이제 국정원은 달라졌다, 이제 국정원은 진짜 우리 국민들이 발을 뻗을 수 있을 정도로 체질개선이 됐다, 이렇게 저희들이 도저히 평가할 수가 없습니다. 저뿐만 아니고 누구도 그렇습니다.

이 국정원의 개혁 약속이 시작이라도 했으면 좋았을 텐데 아무것도 시작이 되지 않았습니다. 시작이 안 된 것은 물론이고요 오히려 다시 옛날로 복귀하지 않는가라는 생각이 듭니다.

그래서 그중에 하나, 제가 여러 가지 얘기를 많이 했습니다마는 그중에 또 하나 증거 중의 하나는 국정원이 아까 얘기했던 셀프 개혁안 가져온 것이 몇 가지 있는데 그중의 하나가 위법명령심사청구센터라는 것을 만들겠다, 또 적법성심사위원회를 만들겠다, 준법통제심사제도를 시작하겠다라고 보고를 했습니다. 이게 2014년 5월에 시작하겠다고 우리한테 약속을 한 겁니다.

그래서 1년이 지나서 자료를 요구했습니다. 도대체 그 이름이 근사한 센터, 위원회들 많이 있는데…… 이름 근사하지 않아요? 얼마나 이름이 좋습니까? 위법명령심사청구, 적법성심사, 준법통제심사, 얼마나 좋습니까? 그래서 '자료를 내놔라' 그랬더니 한참 걸렸어요. 그러더니 준법통제심사제도를 이용한 건이 딱 한 건 있었답니다.

이렇습니다.

그래서 그 당시에 2013년에 만든 개혁특위가 여러 가지 개혁안이라고 내놨는데 저는 이 개혁안 자체도 만족스럽지 못하다고 평가합니다.

그중에서 IO 출입금지하고 정치 관여 처벌과 처벌수위 대폭 상향 정도가 좀 약속을 한 건데요, 이것도

결과적으로는 임 과장 사건에서 드러나듯이, 국정원 직원 일동 성명서에서 드러나듯이, 그리고 임 과장 사건 처리에서 드러났듯이 이것도 지켜지지 않았다고 생각합니다. 그러니까 국정원 개혁은 거의 이루어지지 않은 겁니다. 국정원 개혁 약속은 이루어지지 않았습니다. 공염불로 끝났습니다.

그러니까 지금 백 마디 말을 해서 약속을 지키라 하지 말고 한 가지라도 실천해서 약속을 지키려고 노력하고 있다고 국정원이 얘기를 해야 됩니다. 지금 현재 상황으로 봤을 때 그럴 가능성은 저는 없다고 생각합니다.

국정원 예산 통제, 정보위 상설 상임위화, 정보위원회 비밀열람권 보장, 비밀유지의무 강화, 이런 것은 시도도 제대로 하지 못했습니다. 결국은 여러 가지 그 뒤에 일어난 사건으로 봤을 때, 그리고 북한에 관련된 여러 가지 정보 실패, 과잉 대응, 이런 것으로 봤을 때 국정원은 북한에 대해서도 제대로 하는 조직이 되지 못하고 있다는 것이 확인이 됐습니다.

이제 제가 내린 결론은 국정원은 자체 정화능력, 자체 개혁능력은 없는 것으로 몇 번 확인이 됐습니다. 그러면서도 또 더 큰 권한을 주어서 테러를 막겠다, 그래야 테러를 막을 수 있다라고 얘기하는 것은 저는 믿을 수가 없습니다. 이 믿을 수가 없는 일을 저보고 믿으라 하고 또 여러 사람들에게 믿으라고 하는 것은 국정원이 제대로 일을 하는 것이 아니라고 생각합니다.

일의 순서가 바뀌었습니다. 먼저 믿게끔 바꾸고 그다음에 안을 가지고 오십시오. 그래야 우리들이, 국민들이 그리고 정보위원들이 '그래, 그러면 한번 해 보자'라고 하는 것이지요. 지금 이 상황에서는 저희들이 도저히 믿을 수가 없습니다. 하여튼 믿게 해 주십시오. 그리고 이런 국정원이 계속되는 한은 저희는 노 톨러런스, 무관용의 원칙 외에는 방법이 없다고 생각합니다.

제가 국정원 댓글사건을 통해서 여러 가지 느낀 바가 있어서 책을 쓰면서 국정조사의 개선방안과 국정원 개혁방안을 쓴 게 있습니다. 그 부분에 대해서 제가 책을 가지고 여러분에게 설명을 해 드리도록 하겠습니다.

(책자를 들어 보이며)

이게 제가 그 당시에 썼던 책입니다. 재미있는 에피소드는 국정원의 영문자 이름이 NIS입니다. 그래서 NIS를 거꾸로 뒤집으면 SIN 비슷하게 나와 가지고 커버를 만드는 분이 이렇게 커버를 만들었습니다. 저도 이건 그분한테 처음 들은 얘기인데 이렇게 된다고 그래요.

이게 국정원 댓글사건의 경위를 그 당시 책이 나올 때까지의 관계를 죽 쓴 겁니다. 그래서 제가 댓글사건 국정조사를 하면서 국정조사라는 제도에 처음으로 직접 관여를 해 보고, 국회의원으로서, 취재기자의 입장이 아니고 국회의원으로서 관여를 해 보고 도대체 이런 국정조사를 가지고는 조사의 'ㅈ' 자도 할 수 없겠다라는 한탄과 회오가 있었습니다. 그래서 그 부분에 대해서 제가 현행 국정조사 제도의 한계와 개선방안이라는 것으로 제 책의 마무리를

했습니다. 제가 이걸 중심으로 해서 여러분들에게 설명을 드리도록 하겠습니다.

국정조사라는 것은 의회 입법권에 따른 기초권한이지요. 그래서 국정감사와 더불어서 행정부를 감시하기 위한 대단히 중요한 수단입니다. 국민의 알 권리를 실현하고 정치적 의사 형성을 가능하게 하는 대의기관으로서 국회의 본질과 직결된 제도입니다. 상당히 중요한 제도고 없어서는 안 되는 제도입니다. 사법부의 판단과 행정부의 개입으로 해결할 수 없는 국가 주요사안의 경우에 매번 국정조사를 실시하지요. 그래서 걸핏하면 '국민의 이름으로 조사해서 진상을 밝히자'라는 얘기들을 하고요. 여기서 조사가 잘 이루어지면 진상도 밝혀내고 관련 법을 제정이나 개정을 하고 그래서 이것을 행정부에 반영하도록 하는 데 분명히 역할과 기능이 있습니다.

그런데 제가 관여했던 국정조사의 경우에 국정원과 경찰의 대선개입·국기문란을 아주 극히 일부 밝혀 낸 성과와 더불어서 문제점도 아주 치열하게 드러냈습니다. 그래서 국민들로부터 그렇게 좋은 평가를 받지 못했습니다. 그건 저희들의 노력에도 문제가 있었습니다마는 국정조사 자체에 여러 가지 문제가 있었습니다.

첫째는 여당이 철저하게 협조하지 않습니다. 여당은 누구 편인지를 모르겠습니다. 그리고 그 여당은 틈만 나면 편파적으로 움직입니다. 계획서 단계에서부터 여당과 합의하기 위해서는 실질적인 진행을 위한 필수사항을 타협할 수밖에 없었는데 현실적으로는 여당이 본회의에서 합의해 주지 않으면 아무것도 안 되기 때문에 국조계획서 승인 의결 자체가 불가능합니다. 그래서 여당이 동의하지 않으면 한 치도 나아갈 수 없다는 근본적인 게 있고요. 합리적이고 이성적인 여당이 있지 않는 한 국정조사는 처음부터, 시작부터 어렵습니다. 그런데 야당성을 가지고 그러면 싸워라라고 말씀하는데 이 다수결 때문에 싸우는 거에도 한계가 있습니다.

또 특위 진행 중에도 특위 정족수의 과반을 차지하는 새누리당이 있기 때문에 특위 진행 자체가 불가능합니다. 특위 위원들도 선수들을 보내기 때문에 대단히 편파적인 사람, 대단히 목소리가 큰 사람, 그리고 궤변을 잘하는 사람들을 대표선수로 보냅니다. 이런 상황에서 당으로부터는 좋은 평가를 받을 수는 있겠지요.

그런데 미국의 경우를 예를 들면 워터게이트 사건 청문회 때 공화당은 대통령인 닉슨 편을 들지 않았습니다. 클린턴 성추문 청문회에서 민주당은 클린턴을 보호하지 않았습니다. 오히려 더 했습니다. 그래서 클린턴 부부가 민주당에 대해서 섭섭하다고 얘기를 할 정도였습니다.

그러니까 문제가 생기고 진실을 규명하는 것이 첫 번째 단계라고 생각하면 정파를 초월할 수 있는 정치문화가 형성이 되지 않으면 국정조사는 처음부터 불가능합니다.

그런데 제가 관여했던 그 청문회에서 여당 위원들은 조직적이고 악의적으로 증인 감싸기와 본질 흐리기, 그리고 모욕, 폄하, 일관했습니다. 이래서 처음부터 대단히

어려웠습니다.

두 번째는 대상 기관과 증인들의 불성실한 태도가 있었습니다.

국정원과 경찰청은 안보라는 이름, 비밀이라는 핑계를 삼아 가지고 자료를 잘 내지 않았습니다. 그리고 자료를 임박해서 냅니다. 그것도 아주 두껍게 냅니다. 그러면 우리가 읽을 시간이 없을 정도로 그렇게 합니다. 그리고 증언을 거부합니다. 증언을 거부했을 때 저희들이 할 수 있는 일이 그렇게 많지 않습니다. 실제로 국정원은 요구자료를 1건도 안 냈습니다. 법무부도 그랬습니다. 경찰이 낸 자료 중에 의미 있는 것은 사이버수사대의 CCTV 자료 정도여서 여기에서 우리들이 진실 몇 가지를 밝혀냈습니다.

특위는 자료제출을 강제할 수단이 없습니다. 거의 없습니다. 그리고 조사도 제대로 할 수도 없습니다. 그 당시에 김용판과 원세훈은 재판 중이라는 이유로 선서와 증언을 거부했습니다. 그런데 특위는 할 수 있는 일이 없었습니다. 이래 가지고는 국정조사, 말만 국정조사고 무늬만 국정조사지 실제 사실상의 국정조사는 진행될 수 없습니다.

동행명령도 마찬가지였습니다. 동행명령을 거부하면 검찰에 고발조치하는 것밖에 없습니다. 이거 외에 제재 수단이 없습니다. 국회가 만약에 이걸 하려면 최소한의 사법권을 확보를 해야 되는데 지금 현행법에는 그런 게 없습니다.

세 번째로는 조사기간이 짧습니다.

그 당시에 7월 2일부터 8월 23일까지 53일 동안 하는 걸로 되어 있었는데요. 이 53일을 허송을 한 세월이 엄청 길었습니다. 이 기간에 일부 위원에 대해서 자격 논란이 있어서 제척을 해야 된다는 게 있었고요. 국정원 기관보고에 대해서 공개·비공개를 가지고 며칠을 또 허송세월했고요. 이 와중에 새누리당 위원들이 여름휴가를 가 버렸습니다. 그래서 이걸 기간 연장을 하자는 협상에 대해서 여당 위원들이 출석을 거부해 가지고요, 이것도 또 며칠 협의·합의하는 데 허비했습니다.

그러니까 뭐 다른 건 할 수 없지요. 현장조사 같은 건 꿈도 못 꿉니다. 자료제출 요구, 중요 증인에 대한 논의, 얘기도 못 꺼냈습니다. 결국 기관보고 3일, 청문회 2일, 그러니까 53일 합의했지만 실제 5일 했습니다. 실제로.

그러니 국민들이 보기에 이게 일을 하는 걸로 보이겠습니까? 조사기간도 충분히 갖고 예비조사기간도 있고 그러는 게 맞고요. 국정원 사건보다 훨씬 더 경미한 워터게이트 사건 같은 것 있잖아요? 1년 7개월 했습니다. 1년 7개월 했습니다.

그러니까 미국에서는 이렇게 할 수 있는데 우리가 왜 못 합니까? 우리가 입만 열면 미국 얘기하는데 왜 이런 건 안 배워 오고 이상한 것만 배워 옵니까? 미국에서 진짜로 배워야 될 게 이런 거 아닐까요? 민주주의를 형식적인 것만 아니고 실질적인 걸 배워야 되는데 입만 열면 미국을 얘기하는 사람들이 왜 이런 걸 안 배워 오는지 모르겠습니다.

미국에서의 국정조사는 사실상 끝날 때까지입니다. 그리고 여야가 미진하다고 생각하면 기간 연장이나 이런 형식적이고 절차적인 문제에 대해서는 시비를 걸지 않습니다. 본질을 따집니다. 이 사안의 본질을 국민들의 눈에 다가갔다고 생각할 때까지 합니다. 그래서 대통령에 관련된 사항도 성역이 없습니다. 워터게이트가 그랬고, 클린턴 성추문이 그랬고, CIA가 관련된 예전에 70년대의 처치(Church) 청문회도 몇 년을 했습니다. 그것도 모든 언론사가, 모든 방송사가 생중계했습니다. 우리는 생중계 못 했습니다. 칸막이 다 쳤습니다. 생중계하는 언론사에 대해서는 여러 가지 방해 요인이 있어 가지고 정말로 힘들었습니다.

또 있습니다. 16일 오전에 첫 청문회에 출석한 김용판 서울청장은 위원장의 증인선서 요구를 거부했지요. 그런데 2004년에 불법대선자금 청문회 때 송광호 검찰총장이 선서 거부한 적이 있고……

(● 조원진 의원 의석에서 ─ 부의장님!)

최규하 전 대통령이 5·18 국정조사 청문회 때 마찬가지로 선서를 거부한 적이 있습니다.

(● 조원진 의원 의석에서 ─ 지금 자기 책을, 지금 선거를 하는데 자기 책을 소개하는 건 선거법 위반입니다. 자기 책을 소개하는 건 선거법 위반인데 중단해 주셔야 합니다.)

그런데 송 총장의 경우에는 수사기관의 장이어서 수사와 관련된 내용을 증언할 수 없다는 점에서 양해가 됐고요.

거 좀 조용히 하세요.

(● 조원진 의원 의석에서 ─ 선거 기간 중에 자기 책을 소개하는 것도 선거법 위반됩니다.)

저기, 조 수석은 말도 안 되는 얘기 그만하시고, 저 밖에 나가세요.

(● 조원진 의원 의석에서 ─ 아니, 선거법 위반, 자제해 주세요.)

김용판의 사례처럼 증인이 자의적으로 선서를 거부한 것은 헌정 사상 초유의 일이다…… 이게, 이게 있을 수 없는 일을 지금 하는 겁니다.

(● 정청래 의원 의석에서 ─ '조 수석'이라고 하지 말고 '조원진'이라고 이름을 얘기해야지.)

아, 조원진 수석 안 들으셔도 되니까 퇴장해 주십시오.

(● 조원진 의원 의석에서 ─ 본인이 나보고 퇴장하라고……)

왜, 저기 이걸, 제가 지금 발언하고 있는데 방해합니까? 발언하는 데 방해해도 됩니까?

(● 조원진 의원 의석에서 ─ 아니, 국회의원으로서 사회자한테 얘기하는 것이 당연하지……)

법적 근거를 가지고 오세요. 법적 근거를 가지고 와서 법적 근거가 있으면 내가 중단하겠습니다.

(● 조원진 의원 의석에서 ─ 계속하세요. 선거법 위반……)

법적 근거를 가지고 오세요.

(● 조원진 의원 의석에서 ─ 본인이, 선거법 위반되면 본인 문제니까 계속하세요. 괜찮습니다. 계속하세요.)

아니, 그러니까 법적 근거를 가지고 오세요.

(● 정청래 의원 의석에서 ─ 선거법 위반인 거 맞는데, 선거법을

자꾸 얘기하는 조원진 수석을 내가 선거법 위반으로 고소할 거예요.)

(● 조원진 의원 의석에서 ─ 계속하세요.)

진상규명을 위한 국정조사에 이렇게 얘기했습니다, 김용판이.

"진상규명을 위한 국정조사의 증인으로 소환돼 이 자리에 섰다. 국민이 지대한 관심을 가진 이 사건에 대해서 국민의 대의기관인 국회에서 진상규명을 위해 진행하는 본 국정조사에 성실히 임하는 것이 도리다. 그러나 이 사건으로 인해 국정조사와 동시에 형사재판이 진행 중이다. 증인의 증언이 언론을 통해 외부로 알려지는 과정에서 진위가 왜곡되거나 잘못 알려지면 재판에 영향을 준다. 증인은 부득이하게 증언·감정법 3조1항 및 형사소송법에 따라 선서를 거부한다. 위원장 이하 위원들이 양해해 주기 바란다."

이게, 이게 그 당시 김용판의 얘기입니다. 이게 재판 중이라는 거 외에 다른 이유가 없는데 이런 문제를 국회가 받아 줬다는 게 저는 부끄럽게 생각합니다.

선서하지 않은 증인은 증언으로서의 효력 문제가 발생하지요. 그래서 선서하지 않은 행위 자체만으로는 정당한 법적 근거를 갖춘 것으로 판단이 되고, 이 문제는 위원회에서 판단해서 의결로 승인 여부를 결정을 했어야 하는데 그런 절차가 없었습니다. 따라서 선서하지 않은 두 사람을 상대로 한 신문에서 이들의 발언은 증언으로 간주될 수가 없습니다. 이런 연장선상에서 증인선서가 없었고 증인신문은 효력을 가질 수 없다는 얘기가 됩니다.

내내 16일의 청문회는 결과적으로 아무 법적 효력이 없는 셈이 됐습니다. 그러니까 증인이 존재하지 않는 청문회가 결국 무효라는 얘기가 됩니다. 이런 어처구니없는 일이 그날 대명천지 여의도 국회에서 벌어진 겁니다. 그래서 이건 너무나 어처구니없는 일이었기 때문에 이건 다시 한 번 검토를 해야 될 필요가 있다고 생각합니다.

그러면 국정조사를 하려면, 제대로 하려면, 이름에 걸맞은 국정조사를 하려면 그러면 어떻게 하는 것이 좋겠느냐라는 문제가 생기는 거지요. 이 문제를 풀기 위해서 여러 가지 토론을 했습니다. 세미나도 했고, 여러 학자들과 얘기를 했고, 국회를 건너갔던 선배들과도 얘기를 했고, 상당히 많은 얘기를 했습니다. 그래서 제가 내린 결론은 몇 가지가 있습니다. 그것을 좀 소개를 해 드리겠습니다.

그러니까 지금 한쪽에서는 국정조사 무용론이 여기저기 나오고, 문제가 생기면 문제를 무마하고 회피하기 위해서 국정조사를 합의하는 경향이 있습니다. 그런데 이런 무익한, 무용한 국정조사를 가지고는 국민들의 갈등, 정치적 욕구를 해소할 수 있는 방법이 없습니다. 그래서 국정조사를 정말로 국정조사답게 하는 게 국정원 개혁에 있어서 저는 아주 중요한 일이라고 생각을 합니다.

그래서 이런 제도적인 장치가 있어야 지금 국정원이 조사도 안 받고, 수사도 안 받고, 감사도 안 받고, 국정조사도 안 받고, 국정감사도 무력화하는 상황에서는 국정조사라도 제대로 개혁을 하는 것이 국정원에 대한 어떤 장치가 되는

것이 아니냐라고 생각을 합니다.

제가 생각하는 것 중 하나는 국정조사 승인요건을 완화하고 충분한 기간을 보장하는 겁니다. 국정조사 계획서 승인을 하려면 본회의 과반 의결을 거쳐야 합니다. 그래서 여당, 다수당이 동의하지 않으면 국조계획서 채택 자체가 불가능합니다. 이걸 국정원이 노리는 겁니다. 그러니까 국정원은 여당 뒤에 숨어서 이것을 그대로 그냥 숨기는 겁니다.

현행 규정은 소수 의원의 정보 통제를 원천적으로 봉쇄하는 것이지요. 그래서 제도 밖에서 갈등이 양산되고 있는 겁니다. 따라서 의결정족수를 줄이고 승인요건을 완화해 가지고 국조계획서 승인을 더 쉽게 하고 기간도 충분하게 해야 됩니다. 기간을 연장하는 것도 쉽게 할 수 있어야 돼서 만약에 문제가 심각하면 1년, 2년, 3년 아니면 국회 임기 4년 동안 하는 그런 것들이 있어야 그래야 국정원이 '이것은 진짜구나'라는, '우리를 들여다보는 누군가가 어딘가에 있다'라는 그런 것을 가지고 있어야 됩니다.

또 하나는 실질적 조사권을 강화하고 예비조사 절차가 좀 구체적으로 있어야 됩니다. 그러기 위해서는 국조에 필요한 비밀자료를 열람할 수 있도록 권한 부여가 필요하고요, 조사 대상기관이 요구자료를 내라고 강제하는 규정도 필요합니다.

그런데 그때는 어떻게 되었느냐? 수사기록은 2급 비밀이라는 이유로 원천적으로 접근이 불가하였습니다. 국정감사와 조사에 관한 법률 한계규정이 있습니다. 사생활·재판·수사 중인 경우가 한계로 되어 있어 가지고 이걸 좀 구체화해서 해당 사항을 열거·병기하는 방식으로 사유를 제한해서 자료제출 거부의 범위를 줄일 필요가 분명히 있습니다. 이것을 원세훈·김용판이 타고 넘어간 겁니다. 정보요구 권한 및 절차, 방문절차의 규정을 국회규칙으로 해야 되고요, 예비조사 절차가 반드시 필요합니다. 그런데 이것이 지금 현재 형식적으로만 되어 있습니다.

그리고 국정조사가 완료된 뒤에 사후처리 확인도 강화해야 됩니다. 사후처리 확인이 이게 없기 때문에 국정조사에서 청문회하는 걸로 국정조사가 마무리된 걸로 생각하는데 국정조사를 충분히 오랜 기간 동안 함으로써 사후처리까지도 국정조사과정에 포함시킬 수 있는 이런 게 필요합니다.

그리고 아주 중요한 거지요. 증인 출석과 증언 관련 조항을 강화해야 됩니다. 미국 경우에는 위원회가 청문회 증인에게 소환장을 발부할 수가 있습니다. 만약에 나오지 않거나 나와 가지고 증언을 거부할 경우 그 사람은 사회에서 매장됩니다. 그리고 의회모독죄로 엄하게 처벌받습니다. 미국에서 만약에 의회의 소환을 불응하거나 의회에 나와서 의원들의 질문에 답변을 안 하면 그 사람은 죽겠다고 결심을 한 거라고 생각하면 됩니다. 프랑스의 경우에는 위원장의 요청으로 집행관 또는 경찰이 소환장을 교부합니다. 강제구인 제도가 그러니까 필요한 거지요. 이것도 검토해야

되고요.

선서 거부를 생각하는 것 자체를 없애도록 규정을 바꿔야 됩니다. 증언 거부에 대해서는 형벌을 해서 형사처벌 해야 되고요. 미국의 경우에 이런 사례가 있었습니다. 고객 비밀을 지키기 위해서 변호사가 증언을 거부한 경우가 있었는데요. 이건 이해가 상충되는 경우지요. 의회의 증언에 응하면 고객의 비밀을 심대하게 침해하는 거지요. 이때 어떻게 되었느냐, 결과는 변호사가 감옥으로 갔습니다. 그러니까 망할 생각을 하고 증언을 거부를 한다는 얘기입니다.

만약에 후에 위증이 드러난다, 언론에 보도가 된 뒤에 누군가의 조사나 보도에 의해서 위증이 나온다고 그러면 이것도 엄청난 처벌을 받습니다. 이런 제도적인 장치가 없이는 할 수가 없습니다.

워터게이트 사건을 저희들이 기록을 봤더니 72년 6월 17일에 발생했는데요, 73년 2월 7일 날 상원에서 청문회를 하기로 표결을 해 가지고 77 대 0으로 통과가 됐습니다. 77 대 0입니다. 닉슨을 조사하지 말자고 주장하는 사람은 상원의원 중에 한 사람도 없었습니다. 그래서 미국 의회가 센 거고요, 미국 의회가 합리적이고 객관적이고 중립적이라는 얘기입니다.

그래서 조사특위를 구성했습니다. 의회에서 5월 17일부터 8월 7일에 걸쳐서 미국 3대 주요 방송사에 순번 중계를 통해 가지고 전국에 중계가 됐습니다. 첫 몇 주간은 동시 생중계를 했고, 미국의 85%가 청문회의 일부분을 시청했습니다. 총 중계시간은 무려 319시간, 그리고 심야까지 청문회를 했기 때문에 심야에는 PBS가 재방송을 또 했고요. 낮에 못 본 사람은 PBS를 통해서 볼 수 있게 했습니다.

그러니까 처음에 이 워터게이트 사건을 보도한 것은 워싱턴포스트와 뉴욕타임스지와 위클리, 타임 같은 활자매체 언론이었습니다마는 공중파의 생중계를 통해서 가감 없이 국민들에게 생중계가 된 거지요. 그리고 라디오로도 중계를 했습니다. 그러니까 운전을 하는 사람들, 이동하는 사람들도 알권리를 충족 받을 수가 있었습니다.

그래서 백악관뿐만 아니고 법무부, FBI, CIA, 전부 다 도청과 도청 사실 은폐에 연관되어 있다는 사실이 만천하에 알려지게 되었고, 상원 청문회 하고 상원 청문회 결과로 특검이 도입이 돼서 행정 관료가 43명이 기소가 되고 닉슨 등 많은 조력자, 닉슨을 도와준 사람들이 유죄 판결을 받았고요. 결국 하원에서 대통령탄핵안이 나왔습니다. 탄핵안을 통과시키기 직전에 닉슨이 사임을 함으로써 74년 8월에 닉슨은 떠났습니다.

상원 워터게이트특위는 7인 상원의원으로 구성이 됐는데 민주당 4명, 공화당 3명이었습니다. 위원장은 민주당이 맡았습니다. 실무진은 수석전문위원 2명, 전문위원 2명, 조사관 5명. 그리고 청문회가 끝난 뒤…… 이게 중요합니다. 끝난 뒤에 어떻게 됐느냐? 74년 6월에 7권, 1250페이지에 이르는 보고서가 나왔습니다. 그래서 청문회 기간을 보고서

제출일까지 한다면 1년 4개월 진행이 됐습니다.

우리와는 너무나 다릅니다. 이게 1970년대 초반에 있었던 일인데요. 왜 이런 건 안 베낍니까? 왜 이런 건 배워 오지 않습니까? 이거야말로 민주주의의 교본 아닙니까? 이런 걸 배워야 되는데 이런 건 안 배워 오고 지금 엉뚱한 걸 우리가 배워 오고 있는 겁니다. 형식만, 겉포장만 배워 오고 있는 겁니다.

저는 실지를 배워 와서 그래서 우리가 진정한 민주주의, 실질적 민주주의를 이루어야 된다고 생각을 합니다. 이게 그 당시에 제가 국정조사를 하면서 느꼈던 것이고, 이런 방향으로 가는 것이 국정원 개혁의 단초가 되는 거지요. 국정원을 견제할 수 있는 국정조사가 실질적으로 작동하고 있다라는 것을 국민들에게 보여 주고 그게 국정원에 대한 압박이 될 수 있는 거고요. 그럼으로써 민주적인 국정원, 바람직한 국정원, 국민을 안심하게 하고 발 뻗게 할 수 있는 국정원이 되는 데 중요한 거라고 생각을 했습니다.

물 좀 더 갖다 주실래요?

최근에 제가 국정원에 대해서 계속 문제의식을 가지고 있기 때문에 국회 정보위원회에 의뢰를 해서 국가정보원에 대한 민주적 통제를 도대체 어떻게 해야 되느냐 하는 거에 대해서 연구를 좀 해 달라고 했습니다. 그런데 국내에서 정보기관의 연구를 하는 것은 그렇게 쉽지가 않습니다. 그리고 이것을 잘 흔쾌하게 맡아 주려고 하지를 않습니다. 그만큼 국정원의 눈치를 보는 거지요.

(문서를 들어 보이며)

제가 며칠 전에 이 보고서를 받았습니다. 이 보고서에 보면 '민주적 통제를 위한 방향과 내용'이라는 대목이 있습니다. 여기서 입법부의 역할이 있고요, 그게 하나입니다. 저희들이 했기 때문에 입법부의 역할이 맨 처음에 있는데 사실은 더 중요한 건 대통령과 행정부의 역할이겠지요. 그리고 사법부의 역할이 있고요. 언론과 시민사회 역할이 있습니다.

그래서 이 내용이 잘 정리가 되어 있어 가지고 이 부분은 여러분들에게 좀 소개를 해야 될 필요가 있지 않느냐라고 생각을 합니다. 그래서 조금 지루하실지 모르겠습니다마는 중간 중간 떼어서 이 부분에 대해서, 국정원에 대한 민주적 통제에 관한 내용에 대해서 좀 설명을 드리도록 하겠습니다.

입법부의 역할에 대해서는 이렇게 얘기하고 있습니다.

'대의민주주의 원리 구현과 헌법적 정체를 구현하기 위해서는 입법부가 제대로 된 임무와 역할을 담당해야 한다. 특히 국가정보기구에 대한 민주적 통제라는 측면에서 중요하다. 대의민주주의라는 원리적 측면이 아니라 실질적 통제에 있어서도 효율적이고 합리적이기 때문이다.

우선 국민의 대의기구로서 감시의 정당성을 확보했다. 의회는 정보기구 및 정보활동을 효과적으로 통제하면서 동시에 대통령이나 사법부와 달리 국민의 정보활동에 대한 우려를 해소할 수 있는 위치에 있다. 둘째로는 장기적이며 안정적인 감시활동이 가능하다. 국회는 정보위원회를 통해서 국가정보기구에 대한 지속적인 감시·통제가

가능하다. 셋째, 정보의 핵심인 비밀을 유지하면서 정보 감시·통제를 진행할 수 있다.'

그래서 의회의 역할을 굉장히 중요하게 평가하고 있습니다. 미국 의회가 지금 이렇게 하고 있습니다. 미국의 정보위원회는 실제로 이렇게 하고 있고요. 미국의 정보위원장은 미국 정치에서의 위계 안에서 굉장히 중요한 역할이고 학식과 덕망과 식견을 갖추지 않은 사람은 가지 않습니다. 갈 수가 없습니다.

그래서 이 책도 이렇게 얘기하고 있습니다.

'미국 의회의 역할처럼 국회는 국가정보기구의 통제와 감독이라는 측면과 동시에 전폭적 지원에도 최선을 다해야 할 것이다', 이것은 동의합니다. '의회가 단지 감시의 권한만을 행사하는 것이 아니라 매서운 비평가임과 함께 가장 강력한 방어자와 후원자 역할도 해야 한다. 국민을 대의해서 국민의 기본권을 지켜 나가며 보편적 국익을 관철한다는 점에서 매서운 비평가여야 하고 후원자여야 하고 방어자도 되어야 한다. 단, 전제는 국가정보기구가 민주적 통제에 따라 활동할 때를 의미한다', 이것 너무나 당연한 말이지요. 그런데 이런 것이 이루어지지 않고 있습니다.

'이를 위해서는 정보를 정기적으로 그리고 제때 공유할 수 있도록 의회에 정보를 보고하는 시스템이 필요하다', 이게 안 되어 있습니다. '또한 지속적인 법률안의 개정 또는 혁신을 통해서 영구 혁신하는 제도적 관행을 전통화하는 것이 필요할 것이다', 체질 개선입니다. 지금 이 저자도 전폭적으로 저와 의견이 같네요.

입법부는 헌법 규정에 따라 행정부를 견제하도록 되어 있으니까 그 수단은 우선 입법권이다라는 거지요. 그리고 둘째는 예산의결권이다라는 거고, 셋째는 행정부 감독권이다라는 겁니다.

그래서 입법부의 통제를 이렇게 얘기를 하고 있습니다. '입법부의 국정원에 대한 민주적 통제 문제 이외에 입법부가 스스로 가지고 있는 문제점도 짚고 넘어가야 된다', 이건 저희들이 경청할 대목이 있는 것 같습니다.

'우선 정당정치에 의한 심각한 갈등으로 인해서 감시·감독 기능이 왜곡될 수 있다는 점입니다. 정당 간 이념 성향의 차이로 인해서 심각한 갈등을 유발할 경우 의회의 통제 권한은 위축될 수 있다. 또한 여당은 대통령과의 관계 속에서 의도적으로 국정원에 대한 감시 권한을 행사하지 않을 수도 있다', 이게 작금의 우리 상황하고 비슷합니다.

'둘째, 정보기구에 대한 감시·감독 활동이 국회의원 재선에 도움이 되지 않는다면 정보 감시·감독 활동에 소홀할 수 있다는 점이다', 그래서 이건 우리 현실하고 비슷한 것 같습니다.

'국회의원들은 정보위원회 활동이 유권자들 사이에서 정치적 입지를 강화하는 데 도움이 안 되면서 안보와는 밀접하게 관련된 정보활동을 적극적으로 통제하려 할 경우 정보 실패에 대한 책임만 지게 될 가능성이 커진다. 따라서 정보활동을 적극적으로 통제하려는 동기가 강하게

작동하지 않을 가능성이 커질 수 있다', 이건 분명히 문제가 있을 것입니다.

'셋째, 국회의원 임기와 전문인력의 부족, 과학기술의 발전 등으로 인해서 전문성의 한계에 지속적으로 봉착한다는 점이다', 이것도 맞는 지적인 것 같습니다.

'그래서 이상과 같은 의회 감독 기능의 한계, 재선의 기회비용, 활용 가능한 기술, 제한된 인간의 인지 능력과 같은 이런 제약들은 선거를 통해 선출되는 정치제도적 특성과 개개인의 전문성, 역량 부족과 같은 개인적 속성 등이 어렵게 만든다', 이건 경청할 대목이 있는 것 같습니다.

그다음에 대통령과 행정부의 역할에 대해서 저자는 이렇게 얘기를 하고 있습니다.

'한국의 국회, 대통령, 행정부의 관계는 국회가 정부에 관여하는 기능이 강화된 것보다는 오히려 대통령이 국회 활동에 관여할 수 있게 함으로써 정부 권한이 강화된 측면이 있으나 국회가 정부 활동에 관여·통제할 수 있도록 하는 제도적 장치는 미약하다' 이렇게 되어 있습니다. 이건 지금 우리 현실이 그렇지요.

'그래서 한국적 상황에서 대통령은 사전적 선발과 사후적 통제를 통해서 의원들의 충성을 유도할 수 있다', 지금 우리 현실을 이렇게 표현하고 있는 것 같습니다.

'그래서 현행 대통령제하에서는 행정부가 국민의 요구에 민감하게 반응하지 않는다', 여기서 행정부는 국정원을 말하는 겁니다.

'또한 국무총리가 각부를 통할하지만 국정원은 다른 행정기관과 달리 대통령 직속하에 두고 대통령의 지시·감독을 받도록 하고 있어 사기관화 및 정치화할 가능성이 높다. 이런 점은 국정원에 대한 개혁에 있어 여야의 이념적 차이가 비교적 적어 의회 내 합의가 가능한 영역에서는 대통령이라는 존재가 걸림돌이 될 수 있다는 점에서 확인된다. 따라서 정보활동에 대한 통제는 정보활동의 중심에 있고 주된 수요자인 대통령이나 대통령 통제하에 있는 정부기구가 아닌 다른 기구에 의해서 이뤄질 수 있도록 할 필요가 있다. 대통령과 국정원의 직접적 관계 속에서는 비밀주의와 권력욕으로 인해서 국민의 요구와 다른 방식의 정보활동이 벌어질 가능성이 커지기 때문이다', 그래서 이게 쉽지 않다는 얘기를 계속하는 거지요.

'의회 차원의 민주적 통제뿐 아니라 행정부 자체 안에서도 적극적 제도적 장치를 마련해야 된다. 내부 감찰을 강화하면서 외부 시민사회의 참여로 더욱 강화된 감찰 시스템을 구축한다거나 내부고발자를 확실하게 보호할 수 있도록 함으로써 스스로 자정할 수 있도록 한다거나 부당한 정치 관여 지시에 대해서는 이의를 제기하고 직무 집행을 거부할 수 있도록 직무 집행 거부권을 보장하는 등의 다양한 제도적 장치를 만들어 가는 것이 좋은 방향이다', 이건 제가 죽 얘기를 했던 내용인데요. 그런데 이걸 제도로 도입해 봐야 실제로 이것이 시행되지 않기 때문에 체질 개선과 문화풍토를 개선하는 것 외에는 방법은 없는 것 같습니다.

'궁극적으로는 감사원이 국회로 이관되어야 한다고 생각하지만 현재적 의미에서도 감사원의 역할은 중요하다. 감사원은 대통령 소속으로서 회계검사와 감찰을 담당한다. 헌법에 명시된 감사원의 권한을 통해서도 국가정보기구에 대한 일정한 감시와 통제가 가능할 수 있다. 또 감사원은 세입세출의 결산을 매년 검사하여 대통령과 국회에 보고하기 때문에 감사원이 자기 역할을 충실하게 한다면 국가정보기구의 민주적 통제를 부분적으로 충족시킬 수 있다', 그런데 실제로 이렇게 감사원이 법률적으로 있지만 실제로 감사원이 자기 권한을 국정원에 대해서 행사한 경우는 저희들이 자료 요구를 해 봐도 거의 있지가 않습니다. 그래서 문제입니다. 그래서 감사원도 이걸 미국에서 배워 왔으면 좋겠습니다. 이렇게 좋은 것들을 왜 배워 오지 않는지 저는 납득할 수가 없습니다.

사법부의 역할도 중요합니다. 우리가 지금 여러 가지 사례를 통해서, 댓글 사건이랄지 좌익효수 사건을 통해서 봤습니다마는, 만약에 사법부가 강력한 역할을 해 준다면 국정원이 그렇게 함부로 할 수는 없을 겁니다.

여기 한 대목을 좀 읽어 보겠습니다.

'삼권의 한 축을 담당하는 사법부도 국가정보기구에 대한 민주적 통제의 역할을 할 수 있다. 그러나 사법권은 사전적 통제보다는 사후적 판단에 의한 재범 방지와 정보활동에 의한 민주적 가이드라인을 판결을 통해 제공할 수밖에 없는 한계를 지니고 있다', 이건 맞지요.

'특히 최근 국정원 불법 해킹 문제와 같이 도·감청에 의한 민간인 사찰 의혹이 발생할 경우 감청에 대한 사법적 통제의 수준과 내용에 대한 관심이 집중될 수밖에 없다. 또한 사법부가 강력한 의지를 가지고 재판에 임한다고 해도 증거능력 부족으로 인해서 국정원을 상대로 원고가 승소할 가능성이 높지도 않은 것이 현실이다', 이건 맞는 거 같습니다. 저와 전적으로 의견이 같습니다.

'미국의 경우 부시 행정부가 9·11 테러 이후 관행으로 수행해 온 영장 없는 국내 감청행위와 관련된 소송에서 원고 패소 판결이 내려진 경우가 있다는 점을 통해서도 알 수 있다', 미국도 이런 한계가 있다는 것을 지금 지적하는 겁니다.

'이런 상황임을 감안할 때 새누리당이 발의한 통신비밀보호법 일부개정법률안은 시대적 흐름에 역행하는 방향이다. 이 개정안들은 전기통신사업자가 정보수사 시 통신제한조치에 필요한 도·감청 장비를 의무적으로 구비토록 하고, 불응할 경우에 20억 원 이하의 이행강제금을 부과하는 내용이며—이게 서상기 의원안입니다—국가안보 수호나 범죄 수사를 위해서 국정원 등이 휴대전화 감청을 요청할 경우 이에 따르도록 하고, 불응할 경우 전기통신사업자 매출액의 3% 이내에서 이행강제금을 부과하는 겁니다—이건 박민식 의원안입니다—그런데 현재 휴대전화를 포함한 모든 전기통신에 대해서 법원의 영장에 따라 감청을 허용하고 있는데도 불구하고—지금 현행법에 그렇게 되어 있습니다—휴대전화 감청에 필요한 설비를 강제로 이행하겠다는 것이다. 특정되지 않은 국가안보와 범죄수사를 위해 국민의 기본권과 인권의 훼손 우려를 감내하라는 것이다. 오히려 지금의 추세는 도·감청에 대한 법원의 영장발부마저도 제한적으로 허용하는 방향이다. 국가안보와 범죄의 예방은 도·감청에 의해 지켜지는 것이 아니라 자유와 튼튼한 안보의식 속에서 가능하다는 점을 명확히 할 필요가 있다', 이게 지금 이분의, 저희들이 의뢰를 한 분의 견해입니다.

'이러한 한계에도 불구하고 사법부의 역할은 필수라는 점을 인정한다면—사법부의 역할은 중요하다라고 결론을 내리고 있습니다—사법부가 정보기구의 정보활동에 대한 통제를 법과 원칙에 따라서 정당하게 행사하고, 이에 대한 국민들의 신뢰도가 높아진다면 더욱 큰 역할을 할 수 있다' 이렇게 되어 있습니다. 제가 설명드린 몇 가지 사례에서 봤지요.

'사법부의 보수화 경향과 정권 차원의 판결에 대한 우려가 강력하게 제기되고 있으나 민주주의와 삼권분립이 제대로 지켜지는 한 대통령이나 의회와 달리 정치적 동기에 의해서 정보활동에 대한 통제행위가 영향을 받게 될 가능성이 높지 않기 때문이다', 다 맞는 말씀입니다. 그래서 사법부는 입법권이 없으니까 입법부하고 상의를 하라고 제안을 하고 있습니다.

'도·감청을 위한 영장청구 등 국가정보기구의 비밀활동에 대한 사법적 판단을 내릴 특별재판부 같은 것을 신설할 필요가 있다', 이건 아이디어 차원에서 있을 수 있고요.

'현재 대부분 법원에 의해서 관행적으로 도·감청이 허용되는 상황을 그대로 방치할 수는 없다', 국민의 기본권과 인권이라는 가치를 우선에 놓고 국가안보와 범죄 수사활동에 대해서 판결할 수 있는 전문적이며 특별한 사법적 기구를 만들자는 것입니다.

이게 지금 그러는 것이고요. 이게 사법부에 대해서 제안하는 것이고요.

이 저자는 언론과 시민사회의 역할에 대해서도 중요한 얘기를 하고 있습니다. 이렇게 얘기를 하고 있습니다.

'언론과 시민사회의 민주적 감시 영역 밖에 존재하는 경우가 대부분인데 그럼에도 불구하고 국가정보기구 활동이 시민사회 영역에 불법적 방식으로 개입되어서 시민의 일상적 삶을 억압하거나 사찰하거나 왜곡시키는 일이 발생한다. 따라서 일상적 언론과 시민사회의 국가정보기관에 대한 민주적 감시는 가장 강력한 대항시선이 될 수 있다' 이렇게 평가를 하고 있습니다. 저도 동의합니다.

'선거기간 이외의 시간 동안 언론과 시민사회 역할이 중요하다는 것을 보여 주는 사례는 많다. 9·11 테러 이후 미국에서 통신기록의 도·감청을 허용하는 애국법이 시행되면서 테러리즘과 무관한 시민을 상대로 한 무차별적 도·감청이 문제로 등장했다. 미국 국가안전보장국은 애국법 215조를 토대로 통신기록을 한꺼번에 수집해서 5년간 보관하는 권한을 행사했다.

이에 대한 미국 언론과 시민사회 공론장에서 오랜 토론을 통해서 2015년 6월에 법원의 허가 없는 대량 통신기록 수집을 금지하는 미국의 자유법, USA Freedom Act가 상원에서 통과됐다', 이게 미국의 경향이지요.

언론과 시민사회가 직접적으로 입법과 제도 설립을 할 수 없지만 주권자의 입장과 비판자의 입장에서 감시와 대안의 시선과 창고로서의 역할을 할 수 있다', 그러니까 이게 지금 이렇게 봤을 때는 입법부의 역할도 중요하고요, 대통령의 역할 물론 중요하고요, 사법부의 역할 물론 중요하고요, 언론과 시민사회의 역할도 중요하다고 얘기를 하고, 국정원 자체의 판단, 국정원 자체의 자각, 개혁 의지가 중요하다는 것을 이 보고서에서 지적을 하고 있습니다.

저는 이 보고서의 내용에 대해서 대체적으로 동의합니다. 이 보고서는 나온 지가 얼마 되지 않았기 때문에 지금 일반에 나가 있지는 않습니다. 그런데 이 보고서의 내용을 저희들이 조금 검토해 보고요, 이것을 일반에게 전파할 수 있는 방법을 세미나나 이런저런 방법을 통해서 좀 생각을 해 보도록 하겠습니다.

이것은 정보위원회에서 용역을 준 것이기 때문에 정책연구개발 용역이니까 연구자의 개인적인 의견이기는 합니다. 국회 정보위원회 공식적 견해는 아닙니다.

이 보고서는 또 정보위원회를 이렇게 개선하라고 얘기를 하고 있는데요. 제가 좀 중요한 것만 말씀을 드리면, 정보위원회의 기능과 역할의 진화를 위해서 몇 가지를 조언하고 있습니다.

그중에 하나는 정보위원회의 초당적 협력을 이루어 내라는 것입니다. 정보위원회는 다른 위원회와 같이 여야가 싸우거나 여야가 계속 대립을 해서는 안 되는 것이라고 생각을 합니다.

그리고 두 번째 제안은 정보위원회의 위상을 높이고 국민에 대한 공개성의 원칙을 확대하라는 겁니다. 공개성은 물론 안보와 관련된 사항이기 때문에 무한정으로 넓게 확보할 수는 없습니다마는 이것도 생각해 볼, 지금은 무조건적인 비공개인데요.

미국 CIA는 99년도의 경우에 1년 동안 의회에 1200건의 브리핑을 했고 2500건의 문서를 제출했다고 그럽니다.

그런데 지금 우리는, 글쎄……이게 1999년에 이랬으니까 지금 어떤지 최근 통계는 모르겠습니다마는 아마 미국의 상황으로 봤을 때 이 추세는 거의 유지가 된다고 본다면, 지금의 우리는 120건, 10분의 1, 100분의 1, 100분의 1 정도나 될까요? 문서가 2500건이나 나왔다고 그러는데요.

저희가 자료를 요구하면 자료를 줄 수 없다는 답을 가져옵니다. 그리고 나서 왜 답을 안 하냐고 그러면 자료를 보냈다고 그러는데요. 자료를 줄 수 없다는 답은 답일까요? 저는 그렇게 생각하지 않습니다마는.

지난번에 해킹 사건을 가지고 한참 얘기를 할 때 하나도 자료를 내지 않는다고 그러니까 '이러이러한 관련 규정에 따라서 자료를 제출할 수 없습니다'라는 답만 잔뜩 왔습니다.

그러니까 이런 걸로 봤을 때, 왜 이것도 미국 CIA를 배우지 않는지 잘 모르겠습니다. 99년도에 이 정도 했으면 이것 좀 배울 시간이 충분히 있었던 것 같은데 학습이 부진한 것인지 이해를 잘 못하는 건지 잘 모르겠습니다마는, 이런 자료는 좀 빨리 받아 가지고 와서, 미국 CIA 맨날 왔다 갔다 하지만 말고 베끼기를 권유합니다.

그리고 이분도, 저자도 그 얘기를 또 써 놨는데, 청문회 자리에서 거짓말을 하면 일단 처벌을 하고 공적 세계에서는 적어도 사라지게 해야 됩니다. 청문회에서 증언을 거부하거나 위증을 하는 사람은 공직에 발을 붙일 자격을 박탈하는 것이 맞는 것 같습니다. 이것도 미국이 그렇게 하고 있으니까요. 이것도 좀 제발 배워 오는 것이 좋을 것 같습니다.

그리고 세 번째로 권유하는 것은 국정원 예산의 투명성 강화와 강력한 예산통제 시스템을 도입하라는 겁니다.

이것은 제가 야당의 간사로서 예산을 보고 있는데요. 특수활동비가 좀 많은 것은 맞습니다. 영수증 첨부가 필요치 않은 것인데요. 이것을 지금 어디까지 인정을 해야 되느냐라는 것이 고민스럽습니다. 그래서 첨부서류를 제출하지 않을 수 있게 지금 현재 법안이 되어 있는데 이것 좀 잘못됐습니다.

그래서 국가정보원법에 이렇게 되어 있습니다. '국정원 예산의 총액을 기획재정부장관에게 제출하는데 그에 따른 첨부서류는 제출하지 않을 수 있으며' 이렇게 되어 있거든요.

그리고 또 국정원 예산 중 미리 기획하거나 예견할 수 없는 비밀활동비는 총액으로 다른 기관의 예산에 계상할 수 있도록 되어 있습니다. 이거 눈 가리고 아웅하는 것이 법률적으로 보장이 되어 있는 겁니다. 그래서 이 법도 바꿔야 될 것 같네요.

2014년 법률 개정에 의해서 그 조항에도 불구하고 국회 정보위원회에서 국정원의 모든 예산의 실질심사를 받고 필요한 세부자료를 제출할 수 있도록 되어 있다라고 지금 최근 상황을 소개하는데요.

저희들이 사실 지금 현재 시스템하에서 국정원의 예산을 정보위원회가 또 정보위 예산소위가 세밀하게 들여다보는 것은 원천적으로 어렵습니다. 시간적으로도 그렇고요, 자료상으로도 그렇고요.

그래서 이분이 지금 하는 것은 적어도 '국회 정보위원회는 국정원의 예산항목을 정확하게 확인할 수 있어야 한다', 국회의 가장 강력한 권한 중 하나가 예산 의결권입니다.

'이런 권한에도 불구하고 국정원의 경우는 무용지물이 되어 버리는 상황에 봉착한다. 따라서 총괄예산과 비밀예산을 규정하는 내용을 삭제하고 국정원의 모든 예산을 실질적으로 심사할 수 있는 법률로 바꿔야 한다. 안보와 기밀이라는 이유에도 불구하고 지금까지 국민들의 신뢰가 높지 않은 상황에서 예산이 정치적 목적이 아니라 안보와 정보에 사용되고 있는지 확인하는 것은 국회의 의무다. 국정원이 문제 제기하는 정보 보안 문제에 대해서는 정보위원회 차원에서 예산을 심사하는 위원들의 보안기준을 높이는 국회 차원의 상응조치를 동시에 제도화하면 문제가 풀릴 것이다.'

동감합니다.

'국정원 예산이 확정되기 이전에 정보위원회와 예결위원회 위원 중 일부로 구성된 별도기구를 통해 사전보고를 받고 심사해야 한다. 동시에 이 기구는 전문가들의 특별자문을 받을 수 있도록 해야 된다', 이게 중요합니다.

국회의원이 신이 아니고 모든 걸 다 알 수 있는 사람이 아닌데 국회의원만 볼 수 있게 함으로써 사실상 이 내용을 파악하는 것이 상당히 어렵게 되어 있습니다.

그리고 이 자료는 밖으로 가지고 나올 수도 없고 안에서만 볼 수 있기 때문에 이 부분에 대해서는 전폭적으로 제도개선이 있지 않는 한 이 국정원 예산 부분에 대해서 뭐라고 전문적인 조언을 주기도, 뭘 점검해 내기도 굉장히 어렵습니다. 물론 보안 문제는 해야지요. 각서를 쓰고 국정원 검토를 하고 해야지요.

'그리고 국정원장은 소관 예산에 대한 회계감사와 직무감찰을 실시하고 매 회계연도마다 세입세출결산보고서를, 매 분기마다 회계보고서와 사업집행보고서를 정보위원회에 제출하는 것을 원칙으로 하는 것도 검토되어야 할 것이다', 이것은 맞는 말씀입니다.

그리고 예산 말고 상시지원기구 설립을 하라는 거지요. 이게 굉장히 중요합니다. 지금 지원받을 수 있는 조직이 거의 없거든요. 사람도 없고요. 보좌진도 볼 수 없게 돼 있기 때문에 상시지원기구가 필요하고 지원인력이 필요합니다. 전문가들이 필요한 거지요.

그래서 이 전문가와 기구가 필요하다는 것에 대해서 국정원은 비밀 유지가 어렵다는 근거를 제시하면서 반대합니다. 그러나 미국 경험을 보면 근거가 미약하다고 지적을 하고 있습니다. '미국에서의 정보 누설은 직원이 아니라 대부분 국회의원들에 의해서 발생한다. 국정원이 우려하는 문제의 해결은 정보위원과 국정원의 누설을 막을 수 있는 제도적 방책이지 전문직원의 채용과 지원기구의 설립을 반대하는 것은 아니다', 하여튼 명칭을 뭐로 하든 상시지원기구는 전문성을 보강해야 된다라는 조언을 하고 있습니다.

이 전문성이 있어야 국정원을 감시할 수가 있는데요, 지금 전문성을 축적하기 어려운 구조를 만들어 놓고 국정원이 일부러 피해 나가는 거지요.

그러니까 이 부분에 대해서도 이것도 미국이 굉장히 선진적으로 상당히 오래전에 했는데 왜 이것도 배워 오지 않는지, 저는 이 설명을 듣고 글을 읽을 때마다 이해가 되지 않습니다. 틈만 나면 미국 CIA에 가고요, 틈만 나면 미국 의회에 가고 MOSSAD에 가고 그러는데 왜 이런 것을 배워 오지 않는지…… 이 전문성을 확보해야 된다는 건 너무 당연한 얘기 아닌지 모르겠습니다.

미국의 경우를 이렇게 소개하고 있습니다.

'미국의 경우 변호사와 회계전문가의 필요성을 강조하고 있다. 그 이유는 예산에 대한 지속적 검토에 전념할 수 있는 경험 많은 회계감사팀을 만들어야만 실질적인 예산편성을 할 수 있기 때문이다. 동시에 효과적으로 헌법적 의무를 실행하기 위해 입수된 정보에 의해서 법률적 판단을 할 수 있는 경험 많은 변호사가 필요하기 때문이다', 맞는 말이지요.

또 국가정보활동과 안보 문제에 대한 경험 많은 전문가의 필요성은 언급할 필요가 없다는 거지요. 그렇습니다. 언급할 필요가 없습니다. 이것은 상식입니다.

예산심사와 법률적 판단 문제는 전문성의 문제이기도 하지만 국정원의 민주적 통제를 위한 전제조건입니다. 그러니까 국정원이나 정부가 이렇게 전문성을 확보하는 문제를 가로막는 것은 그냥 방해가 아니고 민주에 반대하는 겁니다.

제가 지금 오늘 내린 결론은 이런 제가 얘기하는 모든 것들이 민주에 반대하는 제도가 지금 우리가 일상화 돼 있는 겁니다.

미국이 이런데, 미국이 70년대 처치 상원의원 청문회가 있어서 70년대부터 대대적인 CIA 개혁 작업이 있었으면 배울 수 있는 시간이 지금 넘치고 넘치는 것 아니겠어요, 80년대, 90년대? 지금 몇십 년 동안 우리가 허송세월을 한 것은 배우지 않겠다고 결심을 한 거지요. 배울 필요가 없다고 결정을 한 거지요.

그러니까 이것은 민주주의에 반대하는 결정을 한 것이라고 저는 결론을 내리지 않을 수가 없습니다.

이런 전문성의 문제는, '국정원의 민주적 통제를 위한 전제조건'이라고 표현을 하는 것을 보면 이 대목에 대해서 제 생각은 확고하게 굳어졌습니다. 이 말을 들으시는 여러 의원 여러분과 국민 여러분도 제 견해에 동조하시리라고 생각합니다.

또 이렇게 썼습니다. '이런 능력의 구비는 국정원의 잘못된 행동을 사전에 제어할 수 있는 유력한 무기이기 때문이다. 이와 함께 상시지원기구가 수립될 경우 국회예산처, 국회입법조사처와의 연계 효과를 낼 수 있는 지원협력시스템도 구축해야 한다. 중장기적으로는 감사원의 국회 이관을 통해서 실질적이고 전문적인 감시 통제를 강화하는 방향으로 가야 할 것이다', 이것은 누가 들어도 구구절절이 다 옳은, 중장기 방향까지, 단기 방향과 중장기 방향이 다 한꺼번에 있는 좋은 제안인 것 같습니다.

마지막으로 제안하는 것은 정보 공유 및 관리 기능을 향상시키라는 것입니다.

정보를 공유하는 문제가, 정보위원회가 국정원을 감시·통제하기 위해서는—이분은 '사활적'이라는 표현을 썼습니다—국가정보원법에 국정원장은 기밀사항에 대해서 자료의 제출·답변을 거부할 수 있도록 돼 있거든요. 이 조항에 의해서 국정원은 지금 숨어 가는 것입니다.

미국의 경우를 또 들었는데요. 자꾸 미국 얘기만 있어서 하여튼 미안하기는 한데 이렇게 좋은 미국의 제도가 또 있었네요. 미국 경우입니다. '대통령은 정보위원회가 미국의 정보활동에 대해 최신의 모든 정보를 제공받도록 해야 한다'고 법률로 돼 있습니다. 법률로 이렇게 돼 있습니다. 그러니까 정보위원회는 최신 모든 정보를 제공받아야 한다고 돼 있고요. 또 정보위원회는 '대중의

이익에 부합된다고 판단되는 경우 정보위원회의 결정으로 보유하고 있는 정보를 공개할 수 있다' 이렇게 돼 있습니다. 그런데 이런 규정에도 불구하고 공개한 적은 사실 없답니다. 그러니까 정보위원회의 자질, 정보위원들의 자질과 판단이 남다르다는 것을 보여준다고 볼 수 있지요.

따라서 '정보위원회 위원들에게는 최신의 모든 정보가 제공돼야 하고 정보위원회는 국민의 이익이라는 관점에서 정보를 공개할 수 있다는 것을 원칙으로 해야 한다, 정보는 권력과 소수를 위해 필요한 것이 아니라 국가와 국민을 위한 것이다, 안보를 위해 개인의 자유가 침해돼서는 안 된다 하는 정치 사상적 가치를 공유할 필요가 있다, 미국의 공익기밀해제위원회는 위원회 목적으로 의회의 감독 기능을 지원하고 행정부의 정책결정 역할을 지원하고 국가 안보 문제에서 국민의 이익을 대변하고 국가 안보 문제에서 신뢰할 만한 역사적 분석과 연구의 새로운 방안을 마련한다' 이렇게 돼 있네요.

그리고 '국회 차원의 별도의 기밀정보 공간의 마련', 이것은 공간이 국회 안에 필요하다는 것이지요. 그래서 미국의 경우에도 이런 마무리된 문서들이 이관된다는 것입니다. '그래서 우리 정부도 국회도서관 등의 공간을 활용해서 별도의 기밀자료를 보관할 수 있도록 해야 하며 정보위원과 전문 직원들의 열람이 가능하도록 해야 한다'라고 쓰고 있습니다.

자, 지금 이렇게 죽 몇 페이지만 읽어 봐도 민주적 통제는 반드시 필요하고 민주적 통제를 할 수 있는 방안이 각 권력기관마다 많이 있고 이것은 조금만 제도를 바꾸거나 법을 바꾸면 할 수 있도록 돼 있고 이것이 국가를 위해서 필요하다는 것을 누구이 얘기하고 있고, 이 저자가 다른 나라 것까지는 살펴볼 여유가 없었던 것 같습니다마는 다른 데 갈 것 없이 미국의 경우만 1970년대 이후를 살펴보면 이거 즉각 바로 도입해서 시행될 수 있는 제도적 장치가 대단히 많습니다.

이런 것들을 알고도 하지 않는 것은 무슨 이유가 있는지 잘 모르겠습니다마는 짐작컨대 별로 하고 싶지 않다는 얘기지요. 이것을 국가정보원이 모르고, 국가의 주요한 지도자들이 이것을 모를 수가 있습니까? 이것은 미국의 교과서에 쓰여 있는 것입니다. 다 아는 것입니다. 그리고 우리나라는 뻔질나게 미국 CIA와 미국 의회 정보위원회를 들락거립니다. 그리고 이게 어제 오늘 일이 아니고요, 몇십 년 전의 일입니다.

알고도 행하지 않는 것은 이것은 무슨 이유입니까? 모른 체 하는 것입니까 아니면 민주를 하기 싫다는 것입니까? 평화를 제대로 하기 싫다는 것입니까? 민주를 제대로 하면 평화가 올 수 있다는 것을 우리들이 지금 알지 않습니까? 민주를 제대로 하면 평화도 같이 올 수 있다는 것 그리고 민생도 같이 올 수 있다는 것을 우리가 역사적 경험을 통해서 잘 알고 있습니다.

그런 점에서 봤을 때 지금 민생의 문제는 민주의 문제이고 민주의 문제는 평화의 문제이고 평화의 문제는 또 민생의

문제이기도 하고 그렇습니다. 민생과 민주와 평화는 끈끈한 연관 관계를 가지고 있고 이 중에서 하나라도 놓치면 다른 2개가 영향을 받는다는 것을 우리가 역사적 경험을 통해서 너무나 잘 알고 있습니다.

(자료를 들어 보이며)

그러니까 제가 오늘 이 책을, 이 보고서를 가지고 나오기를 대단히 잘 했다는 생각이 듭니다. 그래서 이 내용은 하여튼 널리 전파할 수 있고 국정원 개혁이나 국회의 개혁이나 여러 가지 또 사법부의 역할이나 언론의 어떤 감시의 포인트나 이런 것들을 얘기할 수 있는 대단히 시사적이고 교육적인 얘기들이 많이 있다는 결론을 봤습니다. 그래서 이것을 전파하도록 노력해 보도록 하겠습니다.

제가 원래 이 필리버스터, 필리버스터라는 것이 의사진행 방해 발언인데요. 제가 필리버스터를 처음 알게 된 것은 제가 중학교쯤 해서 미국 영화를 보면서 알게 됐습니다. 그 영화 제목은 'Mr. Smith Goes To Washington'이라는 흑백영화인데요. 그렇게 감명 깊은 영화는 아닌데 Mr. Smith라는 지방에 사는 평범한 샐러리맨이 우연한 기회에 지역의 현안에 연루가 됩니다. 그래서 거기서 지도자적인 역할을 한 뒤에 갑자기 하원의원으로 출마하라는 권유와 추대를 받아서 워싱턴에 갑니다. 그래서 워싱턴에 가 가지고, 이분은 정치를 잘 모르잖아요, 그러니까 원칙과 원론에 따라서 자기 상식과 합리적 판단에 따라서 하면서 좌충우돌하는 그런 것을 그린 영화이고 약간 코믹한 영화인데요. 거기서 자기의 사랑도 만나고 그러는 것인데 거기에 필리버스터가 등장을 합니다.

그래서 미국의 필리버스터는 우리나라처럼 까다롭지가 않고 조금 개방적입니다, 지금은 좀 법이 바뀌었습니다마는. 그래서 성경책도 가져가서 읽고요, 러브레터도 가져가서 읽기도 하고요, 와이프한테 하고 싶은 얘기도 하고 해서 굉장히 코믹하게 그려져 있습니다.

필리버스터가 마음에 안 드는 의사진행과 법률안 표결을 반대하는 것입니다. 그런데 아까 조원진 수석이 방해하는 필리버스터를 또 방해하는, 필리버스터를 필리버스터 하는 굉장히 이상한 행동을 해 가지고 저하고 약간 언쟁이 있었습니다마는 저런 것은 또 처음 봅니다. 이게 방해하는 것이기 때문에 사실은 아무거나 해도 됩니다. 노래도 해도 되고 그러는데, 지금 우리 현행법은 그렇게 돼 있지 않지만요.

이것은 새누리당이 약속한 법안, 제도이기 때문에……

(조원진 의원이 이야기한 것은 쇼트버스터입니다」 하는 의원 있음)

예?

(「쇼트버스터입니다」 하는 의원 있음)

아, 그래요?

(「쇼트버스터 하세요!」 하는 의원 있음)

저는 이 필리버스터를 무한정 해서 기록을 깨고 싶은 생각은 추호도 없고요. 제 나이를 생각하면 그것은

무리입니다. 저도 지금 여러 가지 일을 해야 되기 때문에 길게 하고 싶은 생각은 없어요. 저는 좀 핵심 되는 일 그리고 제가 겪었던 일들을 죽 얘기하고 제 발언을 마칠까 합니다. 그래서 앞으로……

(「더 하세요」 하는 의원 있음)

금방 마치는 게 아니고요, 아직 할 얘기 조금 남았습니다. 쇼트버스터라고 하지 마시고요, 제 할 얘기 다 하고 내려가겠습니다. 그러나 길게 하지는 않겠습니다. 조금만 참고, 지루하면 나가셔도 되고요. 조금만 기다려 주시지요.

본론에 대해서는, 이 대테러법안에 대해서는 굉장히 많은 분들이 여러 가지 얘기를 하셨고 이미 국민들이 상당히 많은 일에 대해서 상당히 많은 상식을 축적을 한 상황이기 때문에 제가 이것을 다시 처음부터 해 가지고 기록을 갱신하고 싶은 그런 욕심은 전혀 없습니다. 저는 그런 사람도 아니고요. 그래서 문제점 몇 가지만 쌈박하게 지적을 하도록 하겠습니다.

지금 법안을 죽 검토를 해 보면요, 굉장히 많은 문제들이 있습니다마는 금융계좌 문제가 있고 그다음에는 감청 문제가 있지요. 그리고 지금 감청이 완전히 불가능한 것은 아니고요, 지금도 일정한 요건을 갖추면 감청을 할 수 있게 돼 있습니다. 아까 제가 설명을 간단히 드렸습니다마는 보고를 하고, 고등법원 수석부장판사의 영장을 받으면 할 수 있고요. 지금 실제로 수사기관이나 금융당국이 이런 제도를 이용을 하고 있습니다.

그런데 테러라는 것이 불시에 날 수 있고 요즘에는 휴대폰이라는 것이 너무나 광범하고 일반적으로 활용되기 때문에 이 부분에 대해서 기술적 진전에 따라서 무언가 좀 제도적 개선이 있었으면 좋겠다 그래 가지고 각국이 고민을 하고 있고요. 그 고민의 결과는 모두 다릅니다마는 그 나라들이 그 나라의 특성에 따라 가지고 통신감청 제도나 이 금융거래에 관련해서 여러 가지 방안을 가지고 있습니다. 그래서 그 부분에 대해서 지금 미국도 그렇고 일본도 그렇고 유럽 각국도 그렇고 굉장히 많은 연구 자료들이 여기 나와 있습니다. 제가 가지고 온 것만 해도 굉장히 많습니다. 그리고 테러 문제는 또 아주 심각하기 때문에 그 부분에 대해서 각국이 대비하는 방안도 다릅니다.

그래서 이런 부분에 대해서, 그러니까 테러방지법을 원천적으로 하지 말자는 게 아니고 고민하자는 것입니다. 고민을 해서 만약에 합당한 안이 있으면 고쳐야지요. 고치고, 법안 제목을 뭘로 하든지 간에 해야 됩니다. 그래서 테러라는 것이 갑자기 들어오는 것이고 또 조직적으로 들어오는 것이고 단서는 어디에서 나타날지 전혀 모르는 것이지요.

그래서 우리가 지금은 지침으로 돼 있습니다마는 이 테러지침을 통해서 정부의 거의 모든 기구들이 다 협의를 하고 정보를 교류하고 외국과도 협조를 하고 그렇게 지금 돼 있습니다. 그러니까 이 지침을 법안의 수준으로 높여야 되겠다라고 생각한다면 그것은 저희들이 반대할 이유도 없고 반대해서도 안 되는 것이라고 생각을 합니다.

그런데 이것을 지금까지 제가 죽 설명을 드렸듯이 믿을 수 없는, 믿기 어려운 그리고 전혀 반성하지 않는 기관이 갑자기 나와 가지고 '이런 권한을 그냥 주라, 날 믿고 다 주라'라고 얘기를 한다면 믿겠습니까? 아니, 전혀 믿을 수 없는 이웃사람이, 신용불량자 비슷한 사람이 와 가지고 '내가 잘 할 테니까 돈 1억만 빌려 줘라' 그러면 여러분 내겠습니까? 그런 사람 있어요? 그런 사람 없습니다. 그러면 요건을 따져 봐야지요. 담보도 잡고 뭐도 하고 그러는 것이지요. 아니면 집안 식구의 누구를 인적 보증을 세우든지.

이것도 똑같습니다. 지금 우리가 국정원이 생긴 이래—물론 이름은 많이 바뀌었지만—60년대에 생긴 이래 굉장히 오랜 시간 동안 국정원을 봐 왔고 국정원이 어떻게 했는지 잘 알고 있고 특히 최근에, 제가 옛날 얘기를 하는 것 아닙니다. 특히 최근에 무슨 일을 했고 지금 어디까지 와 있고 하는 것을 다 아는데 '날 믿고 그냥 다 줘라'라고 얘기를 하면 '그래, 한번 해 보자' 이렇게 할 수는 없는 것 아니겠습니까?

최근의 뉴욕타임스 기사를 제가 가지고 왔는데, 또 미국 얘기를 해서 안 됐습니다마는 이 미국이, 반미주의자들은 미국 얘기하는 거 보고 저를 싫어할 수도 있겠습니다마는 미국에서 배울 수 있는 것은 배워 오는 게 저는 맞다고 생각하는데요.

여러분들도 보셨습니다마는 팀 쿡 애플회장이, 테러리스트지요, 테러리스트의 핸드폰을 풀기 위해서 자료를 달라고 지금 얘기를 한 것이지요. 그랬더니 얼마나 고민을 했겠어요. 테러리스트의 핸드폰 잠금장치를 풀 수 있는 코드를 좀, 소스를 제공해 달라고 제안을 하니까 얼마나 고민스럽겠습니까? 이 테러리스트는 이미 테러리스트지요. 그런데 이 팀 쿡 회장이 결국은 TV대담을 통해서 '노'라고 얘기했습니다. 이게 아마 우리나라 같으면 회사 문 닫았을 것 같아요.

그런데 이 사람 얘기 중에서 좀 우리들한테 참고가 되고—우리가 꼭 이렇게 하라는 것은 아닌데요—재밌는 얘기가 있어요. 그리고 시사하는 바가 있어서 제가 이 사람 얘기를 잠깐 인용을 하겠습니다.

그는 이 공개방침이, 아니 '공개하지 않기로 한 애플의 방침이 매우 힘들지만 올바른 일이라고 본다, 수사당국의 그런 요구에 응하는 것은 미국을 위해 해로운 일이다' 이렇게 얘기를 했습니다. 그런데 연방수사관들은 자신들이 요구하는 것을 이렇게 얘기합니다. '문제의 아이폰 전화기의 잠금장치 해제뿐이니까 지극히 좁은 일부 공개일 뿐'이라고 말을 합니다. 그런데 애플은 뭐라고 얘기하느냐 하면 '그렇게 되면 아이폰 전체가 앞으로 정보당국이나 범죄자들의 해킹이 쉬워진다' 그러면서 '받아들일 수 없다' 이렇게 얘기했습니다. 그러면서 애플은 법적 대응 문제를 FBI하고 싸우려고 지금 변호사들하고 전문가들과 얘기를 시작을 했습니다.

그래서 뉴욕타임스 보도를 보면 애플이 정부기관의 아이폰 해킹을 막기 위해서 오히려 보안을 더 강화하는 쪽으로 간다는 것입니다. 이 작업을 착수했다고 뉴욕타임스가 보도를 하고 있는데요. 뉴욕타임스는 애플이 보안조치를 우회하는 이른바 백도어 소프트웨어를 활용해서도 아이폰 잠금을 해제할 수 없도록 한층 강화된 보안조치 개발에 나섰다고 보안전문가들을 인용해서 보도를 했습니다.

그러니까 만약에 비슷한 상황이 우리나라에서 있었다면 아마 애플은 견디지 못했을 것 같습니다. 그럴 것 같은데 하여튼 애플은 이렇게 했습니다. 그래서 애플이 보안을 강화하게 되면 설사 정부가 애플과의 공방에서—법정 공방이지요—이겨서 백도어 소프트웨어를 제공받는다고 해도 아이폰 내용을 보는 데 기술적으로 어려움을 겪게 될 것이라고 보도하고 있습니다.

그러니까 FBI가 요구를 하니까 안 보여주고 기술을 더 업그레이드해서 절대로 볼 수 없도록 하는 것입니다. 이렇게 되면 FBI는 아이폰의 보안을 무력화할 또 다른 방법을 찾게 될 것이고 결국 법정 공방과 기술경쟁이 이어질 수밖에 없다는 얘기가 되는 것인데요.

이런 저런 것을 종합해 보면 하여튼 미국은 우리하고는 좀 많이 다른 것 같습니다. 그래서 이런 문제에 대해서 우리가 도대체 왜 이러는지 한번 좀 생각을 해 보면서 우리의 문제를 풀어나가는 것이 맞지 않는가, 왜 애플은 이럴까, 애플이 이러는 데 대해서는 무슨 정치적 배경이 있고 무슨 법률적 해석이 있는 것이고 이렇게 해도 미국 시민들로부터 말하자면 '애국자가 아니다'라는 비난을 받지 않고, 얘기를 하고 오히려 당당하게 팀 쿡은 이것이 미국에 해로운 일이라고 판단을 하는 것입니다. 그러니까 우리의 사고방식이나 우리의 접근방식하고는 매우 다른 것이지요.

(정갑윤 부의장, 정의화 의장과 사회교대)

그래서 이 부분에 대해서 우리가 좀 많이 배워야 될 대목이 있지 않은가 이렇게 생각이 됩니다. 상당히 재미있는 기사여서 여러분들에게 소개를 좀 해 드렸습니다.

제가 지금 굉장히 오랫동안 여러 가지 말씀을 드렸는데, 저희들이 이 문제를 시작을 하면서 몇 가지 제안을 여당에 했습니다. '이렇게 신뢰를 받지 못하는 국정원하고 자꾸 얘기를 하지 말고 다른 방법을 한번 찾아보자, 꼭 국정원에 이것을 줘야 되는 필연적인 이유가 뭐냐, 국정원에 주지 않으면 테러방지가 안 되는 것이냐, 다른 나라의 예를 한번 찾아보고 연구해 보고 결정을 하자, 그래서 다른 나라가 만약에 다 그렇다면, 그렇게 된다면 그렇게 갈 수도 있는 것이고요, 다른 나라에서 다른 방법을 찾았다면 그 방법을 우리가 한번 연구를 해 볼 수 있는 것 아니겠느냐, 그렇게 당신들 미국 좋아하니까 미국의 예는 그러면 어떻게 되어 있냐'라고 이제 얘기를 했지요.

미국은 어떻게 되어 있느냐, 미국이 테러를 정말로 세게 당한 게 9·11 아닙니까? 10년도 넘은 일인데 미국이 9·11을 당하고 나서는 제가 그 당시에 워싱턴 특파원을 하고 있을 때인데 패닉 상태에 들어갔습니다.

미국은 그 테러의 사인이 여러 군데 있었습니다. 그

테러리스트들이 어디선가 제3국에서 모의를 하고 미국에 진입을, 출입을 한 거지요. 입국을 해 가지고 또 무기도 사오고, 그것을 어떻게 했는지 모르겠는데 무기를 가져오고 또 지방에 가 가지고 모의도 하고 실습도 하고 사격 연습도 하고 별짓을 다 한 거예요.

상당히 많은 사람들이, 그게 그룹이 세 그룹이거든요. 세 그룹이 그렇게 모의를 하고 별짓을 다 했는데 미국의 그 수많은 국가기관들이 까맣게 몰랐다, 미국은 정보기구가 CIA나 FBI만 있는 게 아니고 수도 없이 많습니다. 그래서 인텔리전스 커뮤니티(Intelligence community)라고 부릅니다. 정보공동체라고 부릅니다.

그러니까 각 정부기관이 정보기구를 다 가지고 있다고 보는 거고 국내의 수사와 관련된 것을 FBI가 하고 해외에 관련된 것을 CIA가 한다고 보고요. 나머지 뭐 많습니다. DIA도 있고요. 뭐 굉장히 많습니다. 해군 따로 있고 공군 따로 있고 육군 따로 있고 해병대 따로 있고 또 재정 하는 쪽은 따로 있고요. 관세청 또 따로 있고요. 다 그런 식이거든요. 또 법무부는 법무부대로 따로 있고요. 오히려 너무 많아서 문제인 거지요.

그런데 어떻게 해서 그 모든 정보망을 뚫고 수없이 많은 테러리스트들이 입국을 해 가지고 미국에서 활개를 치고 상당히 오랫동안 모의를 하고 그리고 성공을 하고 그 공항에 다 들어가서 비행기를 접수를 하고 비행기를 제압을 해서 하여튼 실패한 것도 있고 성공한 것도 있고 그렇잖아요.

뉴욕에서는 성공하고 워싱턴에서는 아마도 그게 백악관이나 의사당을 가려던 것이 펜타곤으로 떨어진 거고요. 펜실베이니아 쪽에는 실패했습니다. 그때 유명한 일화지만 탑승했던 남자들이 그 사람들을 덮친 거지요. 'Let's ROLL'을 하면서 덮쳐 가지고 그 사람들의 무기를 제압을 함으로 해서 펜실베이니아로 떨어진 것 하나 실패했습니다. 그러나 뉴욕에 들어간 것은 성공을 한 거고요. 이쪽 워싱턴에 떨어진 것은 절반의 성공을 한 거지요. 그래도 펜타곤이라는 미국 군의 심장부에 떨어졌기 때문에 일단은 성공을 했다고 볼 수 있는 거지요.

그래서 대단히 많은 반성이 있었습니다. 그래서 그 사람들이 내린 결론은 미국 정보기관이 서로 협력·협조와 공유가 제대로 되지 않았다, 미국 정보기관에 구멍과 맹점이 너무 많다라는 결론에 도달을 해서 미국 인텔리전스 커뮤니티(Intelligence community)를 새로 짜야 된다라는 결론을 냈습니다.

이것도 청문회를 굉장히 오래했습니다. 그래서 '9/11 Report'가 굉장히 두꺼운 책으로 베스트셀러로 나올 정도로 오랫동안 청문회를 했고 오랫동안 리포트를 작성했고 미국의 테러에 관련된 모든 사람들이 증언대에 섰습니다.

그리고 그 결론이 어떻게 났느냐, 부서를 새로 만들자는 겁니다. 그래서 부서가 따로 만들어졌습니다. 그 부서는 공용부서가 될 거다라는 비판이 있었습니다마는 그래도 미국 사람들은 만들었습니다. 그것을 만들어 가지고 지금

장관급으로 해서 그 부서를 만든 겁니다. 미국은 그렇게 테러에 대응을 했습니다.

그리고 프랑스는요, 내무부가 합니다. 독일도 아마 그런 비슷한 거고요. 그러니까 테러에 관련된 것은 정보를 수집하고 정보를 분석하는 차원의 일이 있고요. 테러에 대해서 집행을 하는 대응을 하는, 주로 경찰이 하는 거지요, 일부는 군도 투입되기도 하고요. 그런 게 있고요.

그래서 여러 차원의 일들을 다 묶어 가지고 하는 거지 어느 한 기관이 전폭적으로 모든 권한을 다 가지고 하는 게 아닙니다. 그러니까 지금 여러 가지 방법이 있는 거지요.

노무현 대통령이 일부 실행을 했던 청와대 안에 상황실을 두는, 거기서 총괄을 하는 방법이 있을 수 있고요. 우리는 지금 총리제가 있기 때문에 총리실에 두는 방안도 있고요. 별도의 기구를 따로 하나 만드는 방안도 있고요. 그리고 지금 정부여당이 얘기하는 대로 국정원에 두는 방안도 있고요.

그리고 이미 그 지침에 따르면 대응센터가 있습니다. 여기 지침을 제가 가지고 왔습니다마는 이 지침이 계속 작동이 되면서 우리의 테러의 문제가, 이게 바로 그 문제의 지침인데 '국가대테러활동지침'이라 그래서 이것을 가지고 지금 움직이는 건데 여기에 총리가 일정 부분 역할이 있고 국정원이 상당히 중요한 역할을 하는데 이게 하도 엉성하게 되어 있기 때문에 총리가 자기 임무가 뭔지도 지금 잘 모르고 있다가 이번에 들통이 난 거지요.

그러니까 그런저런 걸로 봤을 때는 법이 없어서 큰일났다, IS가 우리가 법이 없다는 것을 알아서 이제 우리는 큰일났다, 이것은 너무나 유치한 발상입니다. 그러니까 지금 그렇게 일단 정파적으로 몰아갈 일이 아니고요.

이것을 '자, 그러면 다른 나라가 어떻게 하는지 한번 보자, 토론하자, 그리고 다른 나라에서 성공한 케이스, 실패한 케이스, 문제가 뭐가 있냐, 문제가 있으면 우리는 고쳐 보자' 이렇게 접근을 하는 게 맞습니다. 그리고 이미 다른 나라들은 그렇게 하면서 문제가 있는 것을 하나씩 보완해 가는 겁니다.

그래서 다시 국정원의 신뢰로 들어가는데요, 국정원에 이런 신뢰가 거의 없는 존재하지 않는 이런 국정원에게 모든 것을 몰아주자고 그러는 것은 국민들의 수준을 너무 우습게 아는 거고요. 이렇게 몰아붙이면 된다라고 얘기하는 것도 잘못된 거고요. 그런 점에서 국회의장도 저는 이번에 실수하고 잘못 판단했다고 생각합니다. 아마 구체적으로 이런 심각한 문제가 있다는 것에 대한 이해가 없기 때문에 이런 조치가 취해졌던 것 아닌가 생각이 되고요.

만약에 이 무제한 토론 필리버스터를 통해서 국민들도 알고 국회도 알고 국회의장도 알고 청와대도 알고 정부도 알았더라면 이것 다시 할 수 있는 것 아니겠어요? 우리가 다 흠이 있고 한계가 있는 인간이기 때문에, 그리고 잘못된 것을 고치는 것이 우리의 리더십이지 잘못된 것이라 해도 그냥 간다고 그러는 것은 우리의 리더십이 아닙니다. 우리는 그렇게 학교에서 배우지 않았습니다. 그리고 성경책에도

불경에도 그렇게 쓰여 있지 않을 겁니다. 우리가 다 읽어본 것은 아니지만 그것은 상식적인 인간이라면 그렇게 할 수는 없는 거라고 생각을 합니다.

그래서 통신 감청의 문제점과 개선 방안에 관련된 여러 가지 좋은 것들이 많이 있습니다. 제가 지금 가지고 온 것들은 이것도 국회 입법조사처에서 나온 건데 이런 제안을 하고 있습니다. '통신 감청 제도를 개선할 때 주요국의 입법례와 같이 전기통신기술의 발달 상황을 제도에 반영하면 통신의 자유를 더 보장할 수 있다는 점에서 필요성이 제기되고 있다', 그래서 '첫째, 둘째' 되어 있는데요, 이것을 전기통신사업자가 하는 방안을 일부 국가에서 하고 있나 봐요. 그 대신 비용은 국가가 부담해야 된다라고 된, 이것은 그쪽 나라의 사정입니다.

그리고 통신 감청에 대한 사후통제제도도 건의를 하고 있습니다. 그래서 통신 감청에 대한 국회의 사후통제가 있기는 한데 이것은 특정한 사안의 경우 실시하는 일회성 통제이고 상시 통제가 아니라는 점에서 한계가 있다, 그러니까 이런 부분에 대해서 무슨 문제점이 있는가를, 한계가 있기 때문에 기본권을 침해할 소지가 있는 경우에는 사전통제제도도 중요하고 상시 사후통제를 할 수 있는 통제기구를 두어서 감시·감독하는 것도 중요하다, 그래서 뭐 이런 것들을 다 지금 걱정하고 염려하고 그러는 겁니다. 뭐 어느 나라든지 무조건적으로 '야, 하자, 그러니까 가 보자' 이렇게 되는 건 아닙니다.

그리고 지금 제일 중요한 문제가 이거지요. 통신 감청이 제일 중요한 거지요. 그러니까 이동전화시대에 맞도록 제도를 개선하는 것은 동의합니다. 그런데 동시에 통신 감청을 위한 기본권 침해 문제를 예방하기 위해서 통신 감청 사후통제기구의 신설 문제도 검토할 필요가 있다고 이 보고서도 권고를 하고 있습니다.

그래서 주요 입법례를 보면 결론이 이렇습니다. '통신감청으로 발생할 수 있는 통신의 자유 침해가 최소화할 수 있는 점을 고려할 필요가 있다. 왜냐하면 통신감청에 참여하는 전기통신사업자가 감시자로서의 역할을 할 수 있고 통신감청에 협조한 내용을 대장에 기록·비치함으로써 수사기관의 사전 누락을 방지하고 사후 대조할 수 있는 사료가 생성되기 때문이다.' 그러니까 굉장히 염려를 하고 있는 겁니다, 서양의 제도들도요. 그러니까 이 염려가 현실적인 것이고 우리만 그런 게 아니라 다른 나라도 하고 있는 거니까요, 이런 문제점을 토론을 하고 토의를 해서 해결할 수 있는 방안을 찾아봐야 됩니다. 그런 것을 찾지 않고 덜커덕 무조건 가자 이러는 것은 저는 찬성할 수도 없고요. 신뢰가 쌓인 기관이라고 하더라도 돌다리도 짚어 보고 두들겨 보고 이렇게 해서 가는 것이 다른 나라의 예인데 우리는 덜커덕 믿을 수 없는 기관을 내놓아 놓고 여기다가 다 때려 줘라라고 얘기하는 것도 저는 예의도 아니고 민주에 역행되는 것이라고 생각합니다.

금융거래 관련해서도 마찬가지입니다. 국세청이 금융거래 정보에 대한 접근권을 꾸준하게 요구하고 있습니다. 그런데

여기서도 쟁점이 개인정보 보호와 사생활 보호가 문제가 됩니다. 그래서 이 부분에 대해서도 굉장히 많은 제한이 있습니다. 그러니까 '금융회사들은 정보주체에게 개인 신용정보 제공·활용에 대한 사전동의를 받지 않았더라도 위 금융거래정보를 FIU에 보고할 수 있으며 정보주체 역시 신용정보 제공 사실의 통보를 금융회사에 요구할 수 없다. 또한 금융회사는 정보주체로부터 금융실명법상 금융거래정보 제공에 대한 서면동의를 받을 필요가 없다.' 그런데 이렇게 국세청은 확대를 해 달라는 겁니다, 금융거래정보에 대해서.

그런데 지금 이 논점을 제기하는 사람은 이것을 그렇게 함부로 갈 수 있는 것이 아니다. 따라서 입법 보완이 필요하고 금융거래정보를 이용한 세원의 투명성 확보와 개인정보 보호라는 두 가지 공익 사이의 상대적인 중요성을 고려해서 결정하라라고 하고 있습니다. 이것은 국세청을 국정원으로 바꿔도 똑같은 얘기고요, 오히려 국정원하고 국세청은 목적이 다르기 때문에 어떤 다른 차이를 미묘하게 둘 필요가 있지요. 그러니까 이런 부분을 논의하자는 겁니다.

그리고 또 하나 주요 쟁점으로는 국세청의 정보독점화를 걱정을 합니다. 이것은 국세청을 국정원으로 바꾸면 똑같습니다. '국세청이 금융거래정보까지 열람할 수 있게 되면 과도한 정보독점기구가 탄생하는 게 아니냐는 걱정이 있다.' 그렇지요. '국세청은 과세자료에 대한 비밀유지 등을 규정한 법령을 근거로 세무조사와 관련한 정보공개에 엄격한 입장을 취하고 있으며 국회의 자료제공 요구에도 소극적이다. 이런 상황에서 FIU 자료에 대한 접근권 확대를 요구하는 것은 국세청의 이중적 태도라는 비판이 있다. 또한 국세청이 수집한 과세자료를 어떻게 활용하는지에 대한 감시·감독이 전혀 이루어지지 않고 있는 상황에서 그 역할을 담당할 기구가 마련되는 것이 우선과제라는 의견도 있다.' 이것 보십시오. 굉장히 걱정이 많습니다.

또 세 번째로 지적하는 쟁점은 영장주의 위반입니다. 헌법과 형사소송법에서는 수사기관의 압수수색에 대한 영장주의를 규정하고 있습니다. 위 규정은 '수사기관의 대물적 강제처분에 대한 사법적 억제로부터 개인의 재산권, 주거권, 인격권 등 기본적 인권을 보호하려는 데 목적이 있다.' 국세청이 탈세 확인을 목적으로 FIU에 수집된 금융거래정보를 무제한 열람하는 것은 수사기관에도 엄격하게 적용되는 영장주의 원칙을 우회해서 탈피하게 될 걱정이 있다는 겁니다. 이것을 국세청을 국정원으로 바꿔 놓으면 똑같습니다.

그러니까 이 해외사례에서도 보면 이런 것에 대해서 이렇게 얘기하고 있습니다. '고액현금거래 보고제도를 시행하는 것으로 파악된 7개 나라 중에서 국세청의 직접 활용을 허용하고 있는 나라는 미국, 호주 두 나라밖에 없다.' 이렇게 금융거래정보에 대해서 제한을 두고 있습니다. 이것이 제대로 된 나라가 하는 일입니다. 제대로 된 나라는 이렇게 하는 겁니다.

'조세부과 목적으로 FIU의 정보를 활용하는 범위에

대한 각국 입법례를 살펴보면 과세당국이 직접 접근가능한 국가는 호주, 미국, 영국, 아일랜드 네 나라에 불과하다. 미국의 경우에도 전면 열람이 허용된다기보다는 관련 사건번호 입력 등 특정 절차를 준수하는 경우에만 열람을 허용한다. 또한 네덜란드, 스위스, 일본 등 여타의 경우에는 과세 목적으로 FIU가 국세청에 정보를 제공하지 않고 있다' 이렇게 되어 있습니다.

왜 이런 것을 좀 토의하자고 그러는데 무작정 밀어붙이는지 저는 이해할 수가 없습니다. 그리고 왜 무작정 이렇게 직권상정을 해야 하는지 이해할 수가 없습니다.

자, 이 얘기 하고 저도 클로징하고 이제 물러나도록 하겠습니다. 제가 9시까지 하기로 약속을 했기 때문에 다음 분이 시간약속을 지켜 달라고 그러기 때문에 제가 약속을 지키도록 하겠습니다.

이렇게 얘기하고 있습니다.

'국가가 세원을 투명하게 밝히고 공정·합리적인 세제를 확립하기 위해서 적절한 금융거래정보를 수집·활용하고 제도적으로 뒷받침하는 것 이것은 이론의 여지가 없다. 이것은 맞다. 그렇지만', 이 다음이 중요하지요, '개인정보 보호와 국세청의 정보독점기구화 우려 등을 해소할 방안을 모색하는 것이 필요하다.' 이게 맞지요. 이게 제대로 된 나라, 합리적인 나라, 민주적인 나라가 얘기하는 겁니다. '정보보호에 관한 각 법률의 입법취지에 반하지 않도록 신중한 접근이 필요하다' 이렇게 얘기하고 있습니다. '국세청에 금융거래정보가 제공됨으로써 양성화해야 할 지하경제가 오히려 음성화될 우려 등의 부작용도 고려해야 한다. 해외사례에서 알 수 있듯 다른 선진국도 금융거래정보에 대한 접근을 무제한적으로 허용하고 있지는 않다. FIU의 금융거래정보를 활용하면 세수가 크게 증가할 것이라는 국세청 주장도 과연 타당한지 신중하게 검토할 필요가 있다' 이렇게 결론을 맺고 있습니다. 이게 국회입법조사처의 이슈와 논점의 결론입니다. 국회입법조사처는 적어도 하여튼 정신은 있는 것이 아닌가라고 생각이 됩니다. 그래서 국회입법조사처에 대해서 일단 경의를 표시하는 것을 제가 잊어버리면 안 될 것 같습니다.

하여튼 제가 지금 쭉 설명을 드린 것으로 봐서 제 결론은 너무나 분명합니다. 의장님께서 이것에 대해서 한 것은 잘못 판단하신 겁니다. 직권상정은 잘못된 거고요, 심사기일 지정을 함으로써 의안 조정을 하는 것을 막아 버린 것은 그것은 국회선진화법을 제도적으로 악용한 겁니다. 그래서 의장님이 앞으로 의장 이제 얼마 안 남으셨는데 그만두고 어차피 사인으로 돌아갈 날이 있으실 텐데요, 그때 '정말 좋은 의장이었다', 이만섭을 본뜬다고 그랬는데 '이만섭 비슷했다'라는 평가를 받으려면 저는 이것은 재고하셔야 된다고 생각합니다.

또 더 근본적으로는 여당과 청와대도 이 문제에 대해서 책상을 치면서 호통을 칠 일이 아니고요, 같이 논의하고 협의하고 그래서 합의를 도출할 수 있도록 해야 되는

겁니다. 그래야 테러리스트들이 못 옵니다. 9·11이 난 지가 굉장히 오래되고 세계 각국에서 테러리스트들이 활약을 하고 엊그제도 파리에서도 일어나고 있지만 미국을 다시 들어가서 9·11에 버금가는 그런 테러를 못 하는 이유가 뭘까요? 여러 가지 분석이 있습니다마는 미국이 철저하게 대응을 하고 있다는 겁니다. 이제 그렇게 파리에서 일어난 것처럼 하기가 대단히 어려워졌다는 겁니다. 그리고 9·11에 있어서의 반성 중의 하나는, 정보를 수집하는 데 테킨트, 기술적으로 하는 시그널을 받거나 이미지를 받거나 하는 테킨트가 있고 하나는 휴민트가 있지요. 사람을 동원해서 직접 가는 거지요. 그때 9·11이 있을 때 미국 정부와 조야의 반성은 미국이 지나치게 테킨트에 의존을 했다. 그러니까 테킨트를 향상시키는 것과 함께 휴민트를 향상시키는 방법에도 돈을 쓰고 제도적으로 보완을 해야 된다라는 결론을 냈습니다.

그래서 그것을 지금 별도의 기구를 만들고 CIA를 만들고 인텔리전스 커뮤니티를 다시 재편하고 그것을 합의할 수 있는 채널을 항시 가동할 수 있도록 만들면서 미국이 테러리스트들이 뚫고 들어가기가 어려운 나라가 되지 않았느냐는 평가가 있습니다.

물론 이 평가는 또 어떤 대단히 머리 좋은 테러리스트가 뚫을 수는 있겠지요. 항상 창과 방패는 왔다 갔다 하는 것이니까요. 그래서 만약에 뚫는다면 또 다른 분석이 가능하겠지만 문제는 우리가 유연하게 그리고 객관적이고 합리적이고 장기적이고 이렇게 해서 제도를 만들어 가는 겁니다. 그것의 요체는 민주입니다. 민주적인 절차와 민주적 방식을 통해서 그것을 이루어 갈 때 테러도 막을 수 있고 우리의 평화도 유지할 수 있고 그게 가능하다고 저는 생각합니다.

제 클로징을 저는 지금 이렇게 하면서 필리버스터를 마무리할까 생각합니다.

지금 우리는 2016년에 있지만 정치학적으로 근대국가에 있는 인간입니다. 그중에서도 한국은 4강의 틀에서 벗어나기 힘든 분단된 남과 북이 대치하고 미워하는 국가입니다. 이 인간적인 틀 그리고 분단국가의 굴레 속에서 우리 정치는 민생과 민주와 평화를 동시에 이루어 나가야 됩니다. 이 세 가지 목표 중 하나도 버릴 수는 없습니다. 하나를 버리면 다른 것들이 망가지게 되어 있으니까요. 그리고 우리가 노력한다면 이 세 가지를 조화시킬 수 있다고 저는 믿습니다.

지금 문제가 되고 있는 테러, 막아야 하고 막을 수 있고 막아야만 됩니다. 그런데 지금 우리의 대통령 그리고 우리의 여당은 너무나 귀를 막고 있습니다. 너무나 모릅니다. 그리고 약속도 자주 잊어버립니다. 잊어버리려고 하는 건지도 모르겠습니다. 무슨 생각인지도 잘 국민들은 납득하지 못합니다. 그리고 책상만 칩니다. 그리고 혼만 냅니다.

북한의 핵실험 이후에 첫 조치가 대북 확성기 재개였다는 것은 매우 실망스럽습니다. 이것은 우리의 인식이 매우 저급하다는 것을 아주 잘 보여 주는 겁니다. 북한의 미사일

발사 이후 첫 조치가 개성공단 폐쇄이고 사드 배치였다는
것도 역시 실망스럽습니다.

　우리 지도자의 혈관에는, 분단된 국가의 지도자의
혈관에는 민생과 민주와 평화의 피가 동시에 흘러야 됩니다.
그리고 이를 위해서는 외교, 국방, 정보의 피가 동시에
흘러야 됩니다.

　그러니까 이렇게 합시다. 얘기합시다. 그리고 공부합시다.
토론합시다. 그런데 우리가 그리스 철학자들이 얘기했던
철인정치는 이미 존재하지 않는다는 게 역사에서 증명이
됐습니다. 그러니까 우리가 민주 합시다. 그래서 바꿉시다.
마음 터놓고 말한 대로, 약속한 대로 바꿉시다. 이미
대통령도 여당도 민주와 평화와 민생을 약속했지 않습니까?

　우리와 함께 얘기합시다. 국민과 함께 얘기합시다. 그래서
우리의 꿈을, 우리의 희망을, 40년대·50년대· 60년대
우리의 세대들이 그리고 젊은 잘생긴 우리 세대들이
가졌던 꿈을 하나라도, 조금이라도 이루어 나갈 수 있도록
해 봅시다. 그 길만이 이 난국을 풀 수 있는 요체라고
생각합니다.

　들어 주셔서 고맙습니다.

● **의장 정의화** 신경민 의원님 수고 많았습니다.
　다음은 더불어민주당의 강기정 의원 나오셔서 토론해
주시기 바랍니다.

(2016년 2월 25일 오후 8시 54분)

09

강기정 의원

제19대 국회의원 (광주 북구갑)
더불어민주당

2016년 2월 25일 오후 8시 56분 시작
2016년 2월 26일 오전 2시 0분 종료
발언 시간 5시간 4분

"앞서서 나가니 산 자여 따르라. 앞서서
나가니 산 자여 따르라."

(2016년 2월 25일 오후 8시 56분)

● **강기정 의원** 강기정 의원입니다.

존경하는 국민 여러분!

얼마나 춥습니까? 봄이 다가왔습니다만 아직도 외투의
깃을 올려야 할 날씨입니다.

국민 여러분!

얼마나 힘도 드십니까? 저는 아이들이 대학교
2학년, 고등학교 2학년이어서 아직은 취직 걱정을 직접
압박받고 있지는 않습니다만 우리 대한민국 청년들이
일자리가 부족하고 젊음을 무한 발산할 수 있는 기회를
갖지 못한다는 점 때문에 많이 고민스럽기도 하고
고통스럽습니다. 그런 일을 국회나 국가가 해야 합니다만
국정원법이라 불리우는 테러방지법을 토론하고 있는 이런
상황이 참으로 안타깝고 송구할 뿐입니다.

지금 모든 국회의원들이 4·13 총선에 나서 있습니다만
우리 야당은 밤을 지새면서 토론에 나서고 있습니다. 이유는
한 가지입니다. 예전에는 몸을 날려서 악법을 저지하고자
했으나 지금은 국회선진화법 때문에 그렇게는 할 수 없고
결국 오늘과 같은 필리버스터라는 제도를 통해 저지하고자
노력하고 있을 뿐입니다.

제가 몇 시간 뒤에 내릴 결론을 먼저 준비한 것을 읽도록
하겠습니다. 마무리 발언입니다.

국민 여러분!

아주 오래전에 읽었던 소설이 기억납니다. 누구의 어떤
소설인지는 기억에 없습니다. 아마 6·25전쟁이 배경이었던
것 같습니다. 피난민들이 어두운 동굴에 숨어 있는데

밖에서 군인들이 갑자기 손전등을 비추면서 너희들은
누구 편이냐고 묻습니다. 동굴 속의 사람들은 손전등 불빛
때문에 손전등 뒤에 있는 군인들의 얼굴이나 복장을 전혀
볼 수가 없습니다. 어쨌든 대답을 해야 하는데 살아날
확률은 반반인, 소설가는 이것을 손전등의 공포라고 했던
것 같습니다.

생각해 보십시오. 자기는 어둠 속의 상대방이 누군지 전혀
모르는데 상대방은 손전등으로 나를 훤히 내려다보고 있고
그가 마음만 먹으면 나의 운명은 언제든지 백팔십도 달라질
수 있다는 상황, 이런 상황을 생각해 보신 적이 있겠지요.

지금 상정된 테러방지법이 바로 그런 상황일 겁니다.
어두운 동굴 속에 있는 사람은 국민이고 손전등을 비추는
군인은 국정원일 겁니다.

이 법이 통과되면 국정원은 테러 의심자라는 자의적
판단만 가지고도 수색영장 같은 아무런 법적 장치도 없이
휴대폰 감청과 계좌 추적 같은 개인 사찰을 얼마든지 할 수
있게 됩니다. 심지어는 군부대까지 출동시킬 수도 있습니다.
국정원이 아무리 그런 식으로 법을 남용하지 않겠다고
약속한들 그 약속을 믿을 국민이 얼마나 있겠습니까? 만에
하나 테러상황을 빙자해 비상시국이라도 되면 국민들은
전화나 이메일은 물론 카톡메시지, 문자메시지 하나까지
자기 생각을 표현하지 못하고 숨겨야 하는 전체주의 국가가
되고 말 것입니다.

지금 상정된 테러방지법은 한마디로 국정원을 국민의
괴물로 또다시 더욱 크게 만들어 주는 법입니다.

우리는 지난 60년·70년·80년 남산에 있었던 안기부와
중앙정보부를 기억합니다. 야밤에 검은 잠바를 걸친
사나이들이 불쑥 집으로 쳐들어와 '남산에서 왔습니다.
잠시 갑시다' 하고 나면 쥐도 새도 모르게 끌려가서
온갖 고문을 당하고 엉뚱한 죄를 뒤집어쓴 채 십수 년
감옥에 갇혔던, 심지어 사형까지 당했던 일이 어디 한두
건이었습니까?

안기부, 중앙정보부는 그야말로 헌법보다 위에 있는
무소불위의 힘을 가지고 국민들을 공포에 떨게 했습니다.
테러방지법이 까딱하면 우리를 그런 공포의 시대로 다시
내몰 수 있습니다. 이것이 바로 테러방지법이 가지고 있는
허점인 인권 보호 부분을 대폭 강화해야 하는 치명적
이유입니다. 이 부분을 정밀하게 검토하지 않고 지금 상정된
대로 이 법이 통과되면 민주주의의 재앙입니다. 현재 여야
국회의원은 말할 것도 없고 전 국민들이 공포의 독재주의
국가를 견뎌야 하는 비극이 다시 일어나게 될지도 모릅니다.
그걸 막는 것은 우리에게 내려진 국민의 명령이라고 저는
생각합니다. 그렇기 때문에 이 자리에 많은 의원님들, 또한
저도 선 것입니다.

박근혜 대통령께 다시 부탁드립니다. 저희 야당의 걱정은
사람을 먼저 생각하는 합리적인 걱정입니다. 듣고 대화해
주십시오.

존경하는 국민 여러분!

지금 이 시간에도 국민들께서는 여기 국회의 무한

토론을 생방송하는 국회방송과 인터넷방송 채널을 많이 봐 주고 계십니다. 제가 무제한 토론에 들어오기 직전에 한 방송 채널은 시청자만 3만 5000이 넘었습니다. 이 재미없고 딱딱한 방송을 국민 여러분들께서는 한 인기 있는 TV 프로그램명의 이름을 빌려 '마국텔, 마이 국회 텔레비전'이라고 불러 주고 계십니다. 저희 국회가 이렇게 국민의 사랑을 받은 경우가 극히 드물었습니다.

이유는 한 가지입니다. 우리 모두가 하나가 되어서 이 테러방지법을 빙자한 국정원 폭주법, 안기부 엑스파일 합법화법 반드시 막아내라는 것입니다.

오랜 시간 지켜봐 주셔서 감사합니다.

제가 몇 시간 뒤에 내릴 마무리 말씀을 먼저 말씀드렸습니다.

저는 오늘 이렇게 얘기를 할까 합니다.

우선 제일 먼저 필리버스터가 국회법이라는 것, 바로 이 자리에서 제가 국민들이 싫어했던 몸싸움…… 몸싸움을 수도 없이 지난 8년 동안 했다는 자괴감도 들고 그런데 이 필리버스터법 때문에 저는 이 자리에서 제가 하고 싶은 이야기를 마음껏, 정말 마음껏 제 체력이 받쳐 주는 한 마음껏 할 수 있다는 이런 법이 어찌 보면 국회선진화법이고 필리버스터, 국회법이다 이렇게 생각해 봅니다.

제가 아마 이 법이 없었다면 제가 가지고 있는 제 나름의 솔직함, 정의감, 담백함, 참지 못하는 근성, 뚝심, 원칙주의자, 성질 급한 토끼띠, 이런 모든 것이 발동해서 저는 오늘 또 이 국정원법, 테러방지법을 향해서 돌진했거나 동료 여야 의원들하고 함께 몸싸움을 했거나 멱살잡이를 했거나 그로 인해 제가 또 사법 처리를 받게 됐을 겁니다.

정말 송구하게도 저는 지난 국회에서 두 번에 걸쳐서, 선진화법이 있지 않았을 때 사법 처리를 받았습니다. 한 번은 종편 반대한다고 싸움이 나서 제가 벌금 500만 원을 받았습니다. 또 한 번은 4대강 저지한다고, 마스크법 저지한다고 또한……

죄송합니다.

마스크법 저지한다고 또 동료 의원들하고 멱살잡이하고, 국민들이 싫다고 하는데…… 그런데 당시의 야당의 입장에서 그 방법 외에 할 수 있는 방법이 별로 없었어요.

분명히 제 소신에 비춰 볼 때 4대강 그거 잘못됐고, 종편 그것 그렇게 가서는 안 되는데, 마스크법이라고 불리우는 집시법 그렇게 가선 안 되는데 별로 수단이 없고 막을 수단도 없고 그냥 날치기해서 가는데, 다수당의 힘으로 가는데 그걸 어떻게 막느냐 이거예요. 그걸 안 막고 점잖게 말로 하자니 저의 젊은 피는 용서하지 않았습니다.

어떤 사람은 쇼하냐, 국민들이 보기 싫어한다, 동물 국회다, 그래서는 안 된다, 그런데 저는 그냥……

제 유권자들이 이제 강 의원도 중진됐으니까, 국민의 대표니까 좀 점잖게 싸우라고 그러는데 그것이 점잖게 싸워지지가 않더라고요. 수단이 없었어요, 이런 필리버스터와 같은 수단이 없었으니까.

그래서 싸우다가 사실은 제가 시국 사건 때 된 것

배고 국회에 와서 벌금 전과가 두 번이 생겼습니다, 한 번은 500만 원 또 한 번은 1000만 원. 참으로 부끄럽고 국민들에게 송구할 일이고 죄송할 일이었는데

한편에서 지금 돌이켜 보니까 19대 국회는 참으로 행복한 국회였다, 그런 걸로 보면. 그런 싸움이 있지 않고, 오늘도 국회선진화법이 없었다면 틀림없이 그런 일이 벌어졌을 거다 이런 생각을 해 보면서 이번에 제가 필리버스터를 꼭 신청을 하게 됐습니다. 그런데 여러 의원님들이 먼저 해야겠다는 의원님들이 계셔서 미루고 미루고 하다가 오늘 3일째 이렇게 서게 된 것 같습니다.

그래서 저는 '필리버스터는 국회법입니다' 이런 이야기를 먼저 좀 하고 싶고요.

두 번째로는 '못 믿겠다, 국정원' 이 주제로 이야기를 하겠습니다.

그 속에서는 최근 광주일보에 실린 광주전파관리소가 불법 감청한 사건이 있습니다. 어제, 그제 이야기인데 그 사례를 다시 한 번 이야기하겠습니다.

그다음에 세 번째로는 박한상 전 의원의 필리버스터 발언을 통해서 다시 한 번 지금의 우리 대한민국을 좀 반추해 보고 싶습니다.

그다음에 대통령께 공개 토론 제안을 좀 하고 싶습니다. 특히 제가 작년 215일 동안 공무원연금 개혁의 과정에 대해서 소회를 이야기하면서 정말 공무원연금 개혁처럼 대화와 타협으로 할 수 없는가 그런 제안을 좀 해 보고 싶습니다.

그런 제안은 우리만 있는 게 아니라 요즘 미국 대선에 샌더스 열풍이 불고 있는데 샌더스는 어떤 생각을 갖고 있는지 또 스웨덴의 국부인 에를란데르의 목욕클럽이라는 총리의 대타협의 정신, 대화와 타협의 정신이 뭔지 이런 것도 익히 다 알고 있을 겁니다마는 다시 한 번 환기해 보고 싶고요. 그리고 김대중·노무현 대통령의 국민과의 대화는 어떤 의미를 가지고 있었는지. 이런 이야기를 통해서 정말 이 법이 일방에 의해서 날치기된, 일방에 의해서 직권상정된 법이 아니어야 된다라는 이야기를 하고 싶습니다.

그다음에 그 이야기 끝나면 지금 도대체 댓글에 나타난 국민들이 여론이 무엇인가를 좀 소개하고 싶고요. 그다음에 참여연대를 비롯한 시민단체들은 어떤 의견을 갖고 있는가, 이 법에 대해서 또 이 상황에 대해서. 그리고 나서 테러방지법의 법률적 검토를 앞서 여러 의원님들이 하셨습니다마는 저도 이왕 나왔으니까 한 번 더 하겠습니다. 그리고 다시 한 번 직권상정의 부당성에 대해서 이야기를 하고 싶습니다.

그리고 나서 국정원을 믿을 수 없는 첫 번째 이유 대선여론조사 사건, 두 번째 이유 MB정부의 불법사찰 사건, 세 번째 이유 정권의 앞잡이에 섰던 국정원, 그리고 이 국정원을 더불어민주당, 과거 야당은 어떻게 바꾸려고 했는가 이런 점의 얘기를 하고 아까 읽어드렸던 마지막 얘기를 하는 것으로 오늘 제 토론을 마칠까 합니다.

조금 전에 신경민 의원께서 필리버스터는 새누리당의

공약이기도 하고 그것을 넘어서서 앞서 말씀드렸듯이 우리 국회의 선진 제도입니다. 적어도 얼마 전까지 동물국회라고 할 수 있는 멱살 잡고 싸우고 이 자리에서 뛰어오르고 또는 최루탄이 터지고, 이 본회의장 밖에서는 서로 쇠사슬이 동원되고 망치가 동원되고 소화기가 동원됐던 그런 말 그대로 동물국회였는데 이 국회선진화법을 통해서······ 식물국회라고도 합니다마는 저는 동물국회는 적어도 아니다, 대화와 타협을 위한 과정의 답답함 지루함도 있지만 어떻든 더 선진된 국회가 되었다 이렇게 얘기할 수 있을 것 같습니다.

그 결과 우리 야당 의원은 22일 월요일부터 김광진 의원을 필두로 해서 제가 아홉 번째니까 여덟 분의 의원들이 무제한 토론을 이어가고 있습니다. 이렇게 토론을 이어가는 것이 국민들의 입장에서는 참으로 답답한 일일 수도 있고 또 일부 종편이나 보수언론에서 볼 때는 정말 낭비적일 수도 있는데 이것을 이렇게 이어져 가지 않으면 다른 상황 하나는 예측되는 겁니다. 둘 중의 하나입니다. 그냥 묻지마 통과가 되거나 아니면 동물국회가 되거나. 그런 점으로 볼 때 참으로 이런 자리는 귀한 자리다, 좋은 자리다 이렇게 생각해 봅니다.

그런 것을 통해서 국민들의 낯을 찌푸리는 몸싸움도 사라졌고 의장석을 점거했던, 여든 야든 그것은 똑같았습니다. 2008년이나 2007년 말에 소위 열린우리당이 여당일 때도 그런 일이 있었고 그 이후에 새누리당이 여당일 때도 그런 일이 있었고 여든 야를 떠나서 그런 물리적 충돌은 계속되어 왔는데 그런 것이 없어졌다는 점에 대해서 참으로 좋다고 봅니다.

제가 보니 18대 국회에서만 직권상정이 97차례가 있었고 그때마다 충돌은 있었고 그때의 대부분 언론은 '정면충돌 임박', '디데이는 몇월 며칠' 이런 기사가 주로 국회를 상징하는 기사가 됐고 국민들은 그를 통해서 더욱 더 국회를 불신하게 됐고 국회의원들은 더욱 더 자괴감에 빠지게 됐고 국민들로부터 불신의 대상이 됐던 것이 반복됐던 것 같습니다.

그때마다 여야 당직자, 보좌진이 총동원돼서 물리적 충돌이 벌어졌고 그 과정에 여야가 지난 19대 국회 전에 이 선진화법을 만든 것 아닙니까? 2011년 6월 초안이 만들어졌고 당시에 비대위원장이었던 지금 박근혜 대통령이 그렇게 이야기를 하지요. '이번 18대 국회가 끝나기 전 다시 한 번 본회의를 소집해서 국회선진화법이 꼭 좀 처리가 되어야 한다고 생각한다. 이미 총선 전에 여야가 합의했고 국민들께도 약속을 드렸기 때문에 이번에 처리가 꼭 되었으면 한다', 그래서 2012년 5월 2일 국회 본회의에서 이 필리버스터가 가능한 국회선진화법 국회법이 통과가 됐던 것입니다.

당시의 법안의 제안 이유 이렇게 나와 있습니다. '국회에서 쟁점안건의 심의 과정에서 물리적 충돌을 방지하고 안건이 대화와 타협을 통하여 심의되며 소수의견이 개진될 수 있는 기회를 보장하면서도 효율적으로 심의될 필요가 있으며

또한 예산안 등에 대해서는 법정기한 내 처리될 수 있도록 제도를 보완하는 한편 의장석·위원장석 점거 금지 등으로 국회 내 질서 유지를 강화하는 등 민주적이고 효율적인 국회를 구현하는 것'이라고 되어 있습니다.

분명히 민주적이고 효율적인 국회를 위해서라고 되어 있습니다. 어떤 분들은 그 점을 들어 너무 효율적이지 않다, 국회가 효율적이지 않다 이렇게 이야기도 하십니다. 그런데 제가 초선일 때, 2004년에 초선이었는데요. 그때 예를 들면 지금 통계가 없습니다마는 국회 법안 발의가 약 5000건이었다, 4년 동안. 그러면 5000건 중에 2000건이 통과됐다. 그런데 제가 재선일 때는 한 9000건이다. 그중에 3000건이 통과됐다. 지금 3선일 때는 1만 7000건이 국회에 발의됐는데 8000건이 통과됐다. 절대량에서 통과된 건수는 늘어도 상대적 평가에서 평가율이 낮게 되면 국민들은 국회가 노는 국회다 이렇게 이야기를 합니다.

국회가 할 수 있는 일의 한계가 있는 것이고 처리할 법의 한계가 있는데 꼭 법안이 많이 처리되는 것이 좋다, 저는 그렇게는 생각하지 않습니다. 한계가 있는데 자꾸 절대량만 비교해서 국회가 놀고 있다 이렇게 이야기하는 것이 참으로 때로는 답답하게 느껴질 때가 있었습니다.

각 위원회는 예산 안건에 대해서 이견을 조정하기 위해서 재적 3분의 1 이상의 요구에 따라 여야 동수로 위원회에 안건조정위원회도 두고 또한 위원회에 회부되어 상정되지 않은 의안에 대해서는 어떻게어떻게 한다, 숙려기간을 둔다 등등 여러 가지 얘기를 담아 놓고 있었습니다.

그러다 보니까 요즘에는 앞서 말씀드렸듯이 제가 벌금 1000만 원 받게 됐던 4대강 예산이라고 해서 야당에서 거부하고 저지하다가 벌금받는 일 그런 일은 없어진 겁니다. 이제는 10월 2일이면 예산안이 넘어오고 12월 2일이면 법적으로 처리할 수 있도록 되어 있기 때문에. 그것도 선진화법에 의해서 처리할 수 있도록 되었기 때문에 야당이 설혹 예산안에 대해서 문제가 있고 4대강 예산같이 끼어있다 하더라도 수단이 없습니다, 처리해 줄 수밖에. 대신 4대강 예산이 그해 한 해 예산이기 때문에 다음 해에는 더 좋은 예산을 국회에 제출해라라는 당부의 부대의견을 통해서 제어할 수밖에 없는 그런 일이 계속 됐던 것이지요.

만약 이런 선진화법이 있었다면 제가 500만 원을 받게 됐던 종편법, 소위 지금 종편 망국론이라고 할 수 있는 이런 종편법은 아마, 결국은 어떻게 됐을까요? 많은 토론과 정말 국민들 속에서 그 종편의 부당함, 문제에 대해서 낱낱이 얘기됐을 건데 그때는 이 종편법이 그냥 상정돼서 날치기 통과됐고 그것을 막으려고 하는 야당 의원들은 그냥 폭력 의원으로 매도된 것으로 끝났고, 그래서 통과된 법에 대해서 당시에 헌재도 가고 전국을 다니면서······ 그때 정세균 당시 대표일 때, 야당은 통합민주당이었습니까? 대표일 때 제가 그때 비서실장을 할 때 전국을 뛰약볕을 다니면서 '종편은 문제가 있습니다. 막아 주십시오'. 헌재에서 의원들 머리띠 매고 단식도 하고 별수단을 썼는데 막을 수가 없었고 결국은 지금 그 종편에 의해서 대한민국은 종편망국론이라고 할

정도로……

언론이 이렇게 종편처럼, 종편이 이렇게 왜곡시켜 가는 이런 언론 환경에서는 누가 진정한 이야기를 하더라도 아무도 귀 기울여 주지 않는 이런 상황으로 계속갈 수밖에 없는 것 아니냐.

'재적의원 3분의 1 이상의 요구가 있는 경우 본회의 심의 안건에 대해서 시간의 제한을 받지 않고 무제한 토론을 할 수 있고 무제한 토론을 실시하는 본회의는 1인 한 번에 한해서 무제한 토론 종결 선포 전까지 산회하지 아니하도록 한다. 무제한 토론 종결은 더 이상 토론할 의원이 없거나 재적의원 3분의 1 이상이 제출한 토론 종결 동의를 5분의 3 이상의 찬성으로 받기 전까지는 계속 토론하도록 한다.' 이것이 국회법 106조의2를 2012년에 만들면서 이 필리버스터 조항이 생긴 겁니다. 그리고 야당은 이번 테러방지법을 그렇게 가져오게 된 것이고.

이런 필리버스터는 다수당의 직권상정에 대항할 수 있는 소수당의 마지막 카드였고 노조가 파업을 하는 것에 대해서 사업주에게 직장 폐쇄라는 마지막 수단을 준 것처럼, 또 노조가 마지막 자기의 생존에 파업을 할 수 있는 권한을 준 것처럼 여야가 서로 원원할 수 있는 마지막 수단이었습니다. 그래서 이 국회선진화법이 때로는 답답하고 비효율적이라 하더라도 민주주의를 충실히 반영하고 구현한 법이다.

그런데 최근 들어 이 국회선진화법을 다시 또 바꾸려고 하는 시도가 있었고 오늘처럼 필리버스터가 보장돼야 되냐, 되지 않아야 되냐, 새누리당의 홈페이지에 공약으로 걸려 있냐, 걸려 있지 않냐 이런 불필요한 논란까지 벌이게 된 겁니다.

국회가 테러방지법에 대해서 토론한다고 하여 대통령이 수차례에 걸쳐서 연단을 주먹으로 치는 행위, 이것처럼 구태의 정치가 어디에 있겠습니까. 이것처럼 국회를 정말 폄하하고 무시하는 정치가 어디 있겠습니까.

제가 국회 3선 의원까지 하면서 가만히 보니까 대한민국은 입법부·사법부·행정부, 3부의 수장이 누구냐고 하면 행정부에 대통령, 입법부에 국회의장, 사법부에 대법관이라고 하지 않고 달리 이야기를 하는 것 같아요. 총리, 국회의장, 대법관 이렇게 답하는 사람도 있는 것 같고 늘 대통령은 초월적 존재로 남아 있고 나머지 3부가 그 아래에 있는, 이렇게 정말 기본 헌법을 왜곡시키는 그런 일이 종종 벌어지고 있습니다.

제가 국회의원을 하다 보니까 자꾸 이렇습니다. 국회의원들이 검찰에 불려 가는 것을 국민들이 박수를 칩니다. 물론 검찰이 엄격한 법에 의해서 사법 질서를 구현하는 것, 국회의원 중에 옳지 않고 비리와 불법에 관련된 사람을 단호히 처리하는 것은 맞다고 생각합니다. 그럼에도 불구하고 사법부를 통해서 국회의원 길들이기 하는 것이 오래된 야당 통제 수단 중의 하나였다는 것은 국민들은 다 압니다.

그럼에도 불구하고 국민들이 그 점을 단호하게 말하지 못한 점은 야당 의원 속에서도, 야당 정치인 속에서도

불법에 관여된, 또 불법행위를 하는 사실이 있다 보니까 국민들은 때로는 야당 편을 들고 싶다가도 설마 죄도 없는데 잡아들였을까, 죄도 없는데, 돈도 받지 않았는데 어떻게 했을까 이런 것 때문에 국민들이 야당을 전폭적으로 신뢰하지 못한 점이 있고 그것은 전적으로 우리 야당의 책임이라고 생각합니다.

그럼에도 불구하고 다른 여러 나라에 비해서 과도하게 사법부가 국회의원을 길들이고 있다, 역시 행정부가 입법부를 길들이고 있다, 저는 이런 것이 대통령이 국회를 대하는 그 모습이다 이렇게 생각합니다. 국회선진화법에 의해서 필리버스터를 하고 있는데 책상을 치면서 답답함을 호소하는 것, 이것처럼 국회 무시하는 전형이 있을까 그런 생각을 해 봅니다.

지금 국민의당에 가 있는 이상돈 교수가 쓴 '국회선진화법이 문제인가' 대구 매일신문에 나와 있는 글을 읽으려고 했습니다마는 의장께서 의제와 관련된 이야기를 하라고 해서 그리 넘어가도록 하겠습니다.

사실은 제가 필리버스터, 선진화법에 대해서 이렇게 오랫동안 얘기드린 것은 도대체 이 무제한 토론이 어떤 의미를 갖는가를 다시 한 번 환기시키자는 취지에서 드린 말씀이었습니다. 충분히 저는 반복되었다고 생각하고 이해되었다고 생각해서……

제가 아홉 번째 토론자입니다. 강기정입니다.

새누리당, 국정원발 대국민 테러 때문에 오랫동안 의사봉을 잡고 계신 우리 정의화 의장님, 이석현·정갑윤 부의장님, 그리고 정말 3일째 오랜 시간 자리를 지켜 주고 계신 여러 의원들, 속기사님들, 그리고 안팎에서 고생하시는 여러 분들께 경의를 표합니다.

또 저에 앞서 눈물이 날 정도로 투혼을 보여 주신 김광진 의원님, 문병호 의원님, 은수미 의원님, 박원석 의원님, 유승희 의원님, 최민희 의원님, 김제남 의원님, 신경민 의원님, 그리고 앞으로도 계속 이어 갈 여러 의원님들께도 감사의 말씀을 드리고 응원의 말씀 드립니다.

또 지금도 국회 밖에서 우리 야당 의원님들을 응원하고자, 또 시민 여러분들께서도 시민 토론회를 벌이고 있고 국회 정문에서 많은 분들이 계속 이어 주고 있고 온라인 네티즌들이 필리버스터도 같이 해 주고 계시는데 모든 분들께 아무튼 응원과 함께 동참의 박수를 보냅니다. 또 지금도 수만 명의 국민들께서 이런 지루한 토론을 참고 본방 사수를 해 주시는 여러분들께 감사드립니다.

이런 말이 있습니다. 테러방지법도 못 막는 쓰레기, 테못쓰라고 합니다. 이것은 저의 말이 아니라 많은 네티즌들이 만들어 낸 말이랍니다. 테못쓰, 테러방지법도 못 막는 쓰레기. 도대체 우리가 왜 이러고 있어야 합니까, 지난 월요일 이후에 3일째.

22일 날 발의된 법안이 바로 다음날 이 본회의에 직권상정된 겁니다. 이유는 위기상황이기 때문에 그렇답니다, 대한민국의 위기상황. 지금 이 상황이 국가위기상황이라면, 그래서 직권상정이 성립된다면

이 위기상황을 규정하고 이 위기상황에 대처를 해야 될 것이다라는 것이 저의 첫 번째 드리고 싶은 이야기입니다.

군인과 경찰은 비상이 발령돼야 되고, 대통령과 정부와 주요 국회 인사 그들에게는 경호가 강화돼야 되고, 시내 곳곳에서는 테러방지 훈련이 당장 실시되거나 준비돼야 하는 겁니다. 관공서 등 주요 장소에 대해서는 긴급 점검이 실시돼야 되고, 금융과 IT 쪽에 특별한 조치가 있어야 합니다. 다른 건 둘째치고 대통령부터 이런 위기 상황에 관련해서 특별 담화부터 시작해야 된다고 합니다.

그런데 위기 상황이라는데 이런 조치가 취해지지 않고 있습니다. 나라가 경제 위기나 일자리 때문에 고통스럽기는 합니다마는 이런 위기하고는 관계가 없는데 이곳 국회 본회의장에는 위기 상황이라고 규정되어서 이 법이 직권상정되고 있습니다. 가짜 비상이고 그래서 셀프 비상이다, 셀프 위기다, 셀프 비상이다 이렇게 저는 얘기하고 싶습니다.

또 하나 결론부터 말씀드리면, 우리는 이 테러방지법, 테러를 방지하자는 그 행위에 대해서는 절대 반대하지 않는다는 걸 또 하나의 소결론으로 다시 먼저 말씀드립니다. 테러방지법, 그 내용에 있는 사실상 국정원 강화법, 이걸 반대하고 있다는 것을 다시 한 번 분명히 말씀드립니다.

결론적으로 '못 믿겠다, 국정원' 이런 겁니다. 국가정보원이 통제가 안 되기 때문에 이 법 속에 국정원에게 준 권한을 우리는 줄 수 없다. 그 권한을 국정원이 아닌 다른 어떤 곳에서 가져가면 다 찬성이다, 이것이 너무 상식적인 얘기입니다. 국가정보원을 통제할 수 없기 때문에, 그 통제 안 된 국가정보원을 믿을 수 없기 때문에, 못 믿기기 때문에 그 통제장치를 마련하든지, 국정원의 통제장치를 국회가 만들지 못하겠다면 그런 역할을 다른 기관에서 가져가라 이것이 결론입니다.

최근 기사 하나 읽어 드리겠습니다. 미래창조과학부 산하 광주전파관리소의 불법 감청 의혹에 대한 광주일보 2월 24일 보도 내용입니다.

'광주전파관리소 불법 감청 의혹 파문', 이것이 신문의 제목입니다.

"미래창조과학부 산하 광주전파관리소가 국민을 상대로 무작위 불법 감청을 하고 있다는 의혹이 제기돼 파문이 예상된다. 전파감시 업무를 수행하는 과정에서 법원의 영장 없이 사흘에 걸쳐 특정 인물들이 무전을 통해 나눈 대화 내용과 카메라에 녹화된 영상을 상당 부분 중간에서 수집한 사실이 드러났기 때문이다. 이에 대해 광주전파관리소는 무전기와 카메라를 이용한 사기 도박단의 위치를 파악하느라 3일간 업무를 수행했고, 추후 범죄 혐의 입증에 어긋남이 없도록 대화와 도박 장면을 일정 부분 수집한 것이라며 감청 의혹을 부인했다. 2월 23일 광주광산경찰서에 따르면 광주전파관리소는 지난 22일 밤 광산경찰서를 찾아 무전기와 몰래카메라를 이용한 사기 도박단의 위치를 파악하고서 경찰에 단속을 요청했다. 사기 도박단 남모 씨 일당이 주고받은 대화 내용 약 44초 분량과 카드를 돌리는

장면도—영상도 포함해서—관련 증거라며 경찰에 제시했다. 광주전파관리소가 이상 주파수를 탐지하고 사기 도박단의 소행이라고 판단해 도박장의 위치(광산구 우산동 모 술집)는 물론 범죄 혐의 소명을 위해 카드를 돌리는 영상과 상대의 패를 무전으로 알려 주는 대화 내용을 수집, 그 일부를 증거로 제출했다는 것이다. 광주전파관리소가 제시한 증거물을 본 경찰 관계자는 '원거리에서 대화를 녹음하고 영상마저 중간에 가로챌 수 있는 기술이 있었느냐'며 놀라움을 표시한 뒤 '그런데 사기 도박단이라고 해도 법원 영장도 없이 대화 내용과 영상을 수집하면 큰일 나는 것 아니냐'고 물었다고 한다. 그러자 '우리는(전파관리소) 법원 영장 없이도 가능하다'는 답이 나왔다.

광주전파관리소의 이 같은 감청에 대해 법조계는 물론 수사기관도 불법 소지가 많다고 지적했다. 통신비밀보호법 제3조에 따라 원칙적으로 법원의 영장이나 다른 법률에 의하지 아니하고는 누구든 전기통신의 감청이나 공개되지 아니한 타인 간의 대화를 녹음 또는 청취할 수 없게 돼 있기 때문이다.

전파관리소 측은 전파법에 따라 전파의 효율적인 이용을 촉진하고 혼선의 신속한 제거 등 전파이용 질서를 보호하기 위하여 수행하는 전파 감시라는 입장이지만 이 사건에서 수집한 대화와 영상이 전파 감시 업무 범위 이내라고 여기기에는 무리가 따른다는 지적이다. 전파법 49조에 규정된 감시 업무는 전파의 품질 측정, 혼선 전파의 탐지, 무허가 전파의 탐지 등으로 측정 내지는 탐지로 매우 제한적이다.

임정훈 변호사는 '사안을 좀 더 확인해 봐야겠지만 법원의 영장 없이 수행된 전파관리소의 대화 내용 및 도박 영상 수집 업무는 단순 탐지 업무를 벗어나 위법 소지가 다분하다'면서 '도박사범에게도 통신의 자유, 감청을 받지 않을 권리는 있다'고 지적했다.

광주지방경찰청 관계자도 '광주전파관리소가 수집한 대화와 영상은 합법의 테두리 안으로 보기 힘들다. 공익을 위한 목적이라도 너무 나간 것 같다. 녹음된 대화와 영상은 법정에서 증거로도 사용되지 못할 것'이라고 말했다.

이에 대해서 광주전파관리소 관계자는 '전파법에 따라 업무를 수행하는 과정에서 대화와 영상을 수집해 경찰에 넘겼다. 범죄 혐의를 입증하는 데 오해가 없도록 충분히 녹음·녹화한 것으로 그 정보를 사사롭게 이용하거나 이를 이용해 이익을 취하진 않았다'고 말했다."

저는 지난 대선 과정에 있었던 국가보훈처하고 옛날의 안전행정부가 노골적으로 대선 개입을 했던 정황을 2013년 국정감사에서 폭로한 바가 있습니다. 물론 당시에는 원세훈 댓글 사건도 있었고, 김광진 의원이 국군기무사령부의 군대 댓글 사건도 폭로했던 그때입니다. 2012년 대선이 끝나고 나서 2013년 국정감사 때 국가보훈처가 어떻게 했는지, 안전행정부를 비롯한 전 행정부가 어떻게 불법 대선 선거를 치렀는지, 특히 댓글 사건을 벌였는지에 대해서 이 자리에서도 질의가 있었고 국정감사에서도 많은 질의가 있었습니다. 사실 우리가 원세훈 사건만 지금 기억하고

있는데 국가보훈처장의 대선 개입 사건도 역시 우리 국민들은 다 기억하고 있을 거라고 생각합니다.

적어도 법률적으로는 그런 국정감사나 업무 보고를 통해서 보훈처나 안전행정부 또는 국군기무사령부 또는 국정원의 일부 업무까지를 포함해서 이 모두는 국회에서 통제도 하고 감시도 하고 예산으로나 법으로나 정책 업무를 통해서 감시하고 통제함에도 불구하고 그런 일들이 마음만 먹으면 서슴없이 일어난다는 것을 우리는 2012년 대선에서 명백히 확인한 겁니다.

과거에 관권선거다 이런 얘기를 우리가 70년, 80년대에 많이 들었고, 사실상 관권선거를 자행했던 지금의 여당 지지자든 야당 지지자든 많은 우리 선배들이 자랑처럼 경험담을 쏟아 내는 걸 우리는 일상에서 많이 겪었습니다. '내가 말이야, 군대에서 우리 소대원들, 중대원들 모아 놓고 이렇게이렇게 기호 몇 번을 다 찍으라고 했어. 어떤 후보를 찍으라고 했어'라든가 또 어떠어떤 면 단위의 계장이 돈을 뿌렸다는 둥 봉투를 돌렸다는 둥 어떤 후보를 노골적으로 당시에 공화당 시절부터 했다는 둥 이런 것을 일상에서 듣고 있는데 그런 일이 사실상 지금 이 대명천지, 민주주의가 이러했던 대명천지에도 있었던 것이 2012년 대선 댓글 사건이고 또 그때 국가보훈처 사건이고, 그때 당시에 국군기무사령부 사건이고, 그때 당시 행안부 사건이고 이런 사건이었던 겁니다. 국회가 엄연히 감시하고, 통제하고, 법률과 예산과 국정감사를 통해 감시함에도 불구하고 일어난 일이 그런 거다.

조금 전에 제가 읽어 드렸던 광주전파관리소의 사례도 마찬가지였다고 봅니다. 지금 정부의 산하기관이 이런 일들이 많을 거라고 봅니다. 사실은 관행으로, 우리 스스로도 그냥 관행처럼 있는 그런 일들이 참으로 많을 거라고 봅니다.

곳곳에 CCTV 관리하는 CCTV 통제소 같은 것, 이 CCTV 통제소가 집중되어 있는 곳도 있고 분산되어 있는 곳도 있지만—지자체에서 관리하는—이 집중되어 있는 곳 또는 분산되어 있는 곳에 사고 차량, 뺑소니든 사고 차량을 찾는다는 이유로 경찰관들이 어떤 절차를 밟지 않고 이 CCTV 통제소를 모든 걸 그냥, 법의 절차를, 어떤 절차를 밟지 않고 정보를 취득하고 그걸 가지고…… 물론 목적은 불법 뺑소니다, 불법 차량이다, 사고 차량을 추적하고 단속한다는 그런 좋은 목적이기는 하지만 어떻든 절차의 민주성을 지키지 못하는 일들이 곳곳에서 벌어지고 있으리라고 생각합니다.

현행법이 엄연히 그렇게 통제하고 있고 못 하도록 하고 있음에도 불구하고 그런 일이 자행되고 있는 것이 지금의 현실이다, 이것은 테러법, 이 국정원법을 이야기하기 전에 제가 우리 일상적인 국가기관, 지자체에서 일어난 일들을…… 우리 아마 국민들이, 지금 이 방송을 보고 있는 많은 공직자들이 또 공공기관에 근무하는, 공익기관에 근무하는 분들이 다 사실은 그러리라고 봅니다. 작은 기관, 큰 기관, 힘 있는 기관, 힘없는 기관, 권력에 맞닿아 있는 기관, 아니면

저 한직, 차이는 있을지 모르지만 그런 절차적, 법률의 절차성을 지키지 않고 '그냥 좋은 것이 좋은 거다. 그래' 이러는 것이 분명히 많을 거라고 생각합니다.

그런데 이 국가정보원은 전혀 다릅니다. 이것은 우리 현행법으로도 너무너무 예외가 많이 있습니다. 제가 2011년도에 국회 예결위 간사를, 야당 간사를 했습니다. 그때 장윤석 의원님이 여당 간사였고 제가 야당 간사인데요. 참 그때 인연이 묘했는데 장윤석 의원님은 당시에 새누리당 의원님으로 5·18 전두환·노태우, 그러니까 '성공한 쿠데타는 처벌할 수 없다'라는 그 입장을 내고 그것이 안 받아들여지니까, 나중에 역사적으로 뒤집혀지니까 옷을 벗고 국회로 들어오신 분이고, 저는 '성공한 쿠데타도 처벌해야 한다'고 하면서 투쟁을 하다가 국회에 들어와 있는데 묘하게 장윤석 의원과 저는 예결산, 340조라는 예산을 심의하는 여당 간사 장윤석, 야당 간사 강기정, 그리고 조금 전까지 사회를 보셨던 우리 부의장님, 정갑윤 부의장님이 그때 예결위원장, 세 분이 이렇게 만나신 거였습니다.

그때 제가 예결위 간사를 하면서 국정원 예산을 볼 수 있었습니다. 물론 전혀 볼 수가 없었습니다. 국정원 예산 총규모가 8000억가량이고, 그 8000억의 대부분이 영수증 없이 쓸 수 있는 묻지마 예산이라는 것을 확인했고, 그것이 특수활동비라는 이름으로 붙여져서 누구에게도 영수증도 첨부 안 해도 되고 그냥 쓰여질 수 있다는 것이 국정원 예산이라는 것을 확인하였던 거지요. 그때 제가 확인한 돈은 8000억 정도.

'왜 이것이 영수증이 필요 없습니까'라고 할 때 제가 들었던 이야기는 이런 겁니다. 이것은 조금 타당한 얘기기도 했어요. 마약 정보를 캐려면, 예를 들면 마약이 횡행한 곳에 가서 돈을 주고 마약을 사는 어떤 거래를 해야 되는데 그럴 때는 현금이 필요하다. 그래서 이 현금은 누구의 영수증도 필요하지 않고 그 행위를 하는 그 마약선을 찾기 위해 투입된 돈이다. 그러니 이것은 국회의 통제를 받을 수 없다. 예를 들면 국정원 예산 중에 어떤 예산이 마약을 사기 위한 예산이다라고 한다면 이걸 어떻게 볼 거냐, 국민들은 어떻게 볼 것이며 두 번째로 그 범죄조직들은 '아, 그렇게 되구나'라는 눈치를 채고 마약선을 찾을 수 없을 것이다, 이런 것이 그 불가피성의 이유였습니다. 그런 불가피성에 대해서는 이해가 될 수 있었습니다.

그러나 과거에 안기부 예산이 대선 자금으로 활용됐다는 이런 사실은 우리가 과거에 많은 여러 가지 과정을 통해서 알고 있었고, 그랬기 때문에 이 국가정보원이 국회의 통제를 받지 못하고 있다는 건, 예산이나 또는 여러 가지 법률이나 여러 가지 국정감사 내지는 이런 걸 또 전혀 통제받지 못하고 있다라는 것은 모두가 다 아는 상황이었고 그것을 국정원법을 개정해서 통제해 보자라고 하는 것이 그동안 국회에서의 오래된 여야의 투쟁이었습니다. 이것은 지금 야당이 여당일 때도, 새누리당이 야당일 때도, 반대로 지금 야당인 더불어민주당이 여당일 때 또는 지금 야당일 때……

오래된 투쟁이었지요. 그리고 그때마다 그것은 잘 바뀌지가 않았습니다.

일반 부처보다, 기관보다 더 비밀스러운 국가정보원에게는 정말 막강한 권력이 부여돼 있고, 이 테러방지법을 통해서 더 부여하겠다는 것이 문제이기 때문에 지금 우리 야당은 반대를 하고 있다는 것을 다시 한 번 말씀드립니다.

국정원이 대테러업무를 어떻게 했는지, 도대체 어떻게 감시하고 제어할 수 있는지, 대테러업무를 빙자한 선거 개입인지, 야당이나 노동조합에 대한 사찰인지, 어떻게 막고 통제할 것인지…… 현행법으로 많이 불가능하다, 당연히 지금 올라온 테러방지법으로는 더더욱 불가능하다 하는 것이 우리 야당의 또 국민들의, 시민단체의, 전문가들의 의견입니다.

그래서 이 법안이 국정원법이라고 불리고 있고 국민들에게 깊은 불신을 차지하고 있다, 못 믿겠다 국정원. 그래서 국정원을 우리가 '걱정원'이라고도 계속 부르고 있고, 국정원은 국민의 안위를 지켜 주는 기관이 아니라 국민의 안위를 위협하는 걱정거리 기관이다, 국정원이 통제가 안 되는 집단이기 때문에 안보와 테러방지라는 본연의 임무는 안 하고 그동안 수도 없이 선거 개입, 정치활동을 해 왔기 때문에 국정원에게 이렇게 막강한 권력을 몰아주는 것에 반대한다는 것입니다.

새누리당과 박근혜정부에게 촉구합니다. 이 법안은 절대 처리해서는 안 되는 법입니다. 의장님께서도 직권상정을 철회해 주시고, 국회와 정부는 물론 민간인까지 모두 참여해서 제대로 된 테러법 제정해야 하는 토론을 해야 합니다.

일단 제가 1시간째 드리는 말씀은 이 국정원을 못 믿기 때문에 또 이 테러법은 국정원을 강화하는 법이기 때문에 이것은 차분히 토론을 해야 된다, 지금은 비상 상황이 아니기 때문에 토론해야 된다라는 이야기를 제가 1시간 동안 말씀드렸습니다.

은수미 의원이 대한민국의 필리버스터 역사를 새로 썼다고 합니다. 그전의 최장 발언 기록은 69년 8월 박한상 신민당 의원의 10시간 15분이었습니다. 하지만 박한상 의원의 필리버스터는 시간만 알려졌지 3선 개헌 저지를 위해 발언했다는 사실은 널리 알려져 있지 않습니다.

역사가 때로는 반복된다고 하는데 제가 당시의 속기록 일부를 읽어 보면서 '정말 역사가 이렇게도 수십 년을 건너뛰어서 반복되는 거냐? 이래도 되는 거냐?' 이런 생각을 들게 만들었습니다.

다음은 당시의 속기록 일부입니다. 읽어 보겠습니다.

"지난 7월 25일 박 대통령은 특별담화를 통해서 남의 말을 하듯이 얘기를 합니다. 독재자가 아닌데 독재자라고 하고 그리고 정부로서는 헌법 개정안에 대해 발의를 할 권한도 없고, 그것은 국민의 대표기관인 국회에서 또 국민을 대표하는 국회의원들이 할 일이지 대통령이 이에 대한 권한도 없는데 공연히 생트집을 한다, 이렇게 나왔습니다.

그런데 이번 헌법 개정안이라는 것이 국리민복을 위한

순수한 것이라면 국민들도 반대할 이유가 없을 것이므로 다만 이를 처리하기 위해서 지금 우리가 심의 중에 있는 국민투표법안에 대해서만 중점적으로 논의를 하면 되겠으나, 그러나 여러분들이 제안한 이 법률안의 경과규정을 볼 것 같으면 현재 공화당에서 진행하고 있는 대통령의 3선을 위한 개헌안을 처리하기 위해서 이루어진 것이기 때문에 공고 중에 있는 개헌안 문제와 결부해서 질문을 하지 않을 수 없는 것입니다.

그래서 이러한 정치적 중대성을 감안해 가지고 국민 누구에게나 자유롭게 찬반의 뜻을 표시할 수 있는 아량을 베푸는 어떠한 제안이라고 하면 굳이 이미 지나간 대통령의 특별담화 같은 것을 인용할 필요조차 없겠으나 대통령이 이렇게 담화만 발표하면 그저 모든 것이 그것으로써 된다는 식으로 생각을 한다고 하는 것은 우리가 그대로 가볍게 넘길 수가 없는 너무나 중요한 문제인 까닭으로 해서 제가 몇 가지 점을 지적하는 데 도움이 되게 하기 위하여 특별담화를 인용하지 않을 수 없는 것입니다."

당시의 속기사 실력이 조금 부족했을까요, 지금 고생하시는 속기사님들이었다면 토씨 하나 틀리지 않았을 것 같은데.

제가 국회의원이 막 돼서, 제가 전라도 고흥 금산이라는 섬에서 중학교를 졸업하고, 고등학교를 광주대동고라는 곳으로 처음으로 왔습니다. 그리고 저는 대동고만 졸업하고 전남대를 갔기 때문에 사실은 광주를 거의 떠나 보지 못한 완전 전라도 촌놈이었지요. 전남대 4학년 때 5·18 때문에 감옥을 가게 됐고, 한 4년 감옥 생활 하고 나서 역시 출소한 뒤에도 광주에서 쭉 한 십여 년을 살았고, 그러다 어찌어찌하다가 국회에 들어오게 됐습니다.

제가 국회에 들어와서 처음으로 서울에 이렇게 오래 살아 본 겁니다. 국회에 오기 전에는 서울을 정말 거짓말 않고 다섯 손가락에서 열 손가락 정도 와 봤던 것 같아요. 그것도 잠시 왔다 갔으니까 그것은 서울이라고 할 수 없는 거고, 지금도 국회 앞에 원룸 하나 놔두고 가족들은 광주에 살고 저 혼자 국회 앞의 원룸에서 10년째 생활하면서 저는 지금도 서울이 너무너무 마음에 들지 않는 거예요. 교통지옥이지요, 등등.

제가 국회에 2004년에 들어와서 상임위에서 회의를 하고 국회에 가면 속기사분들이 제 방으로 오셨어요. "아까 의원님이 하신 말 중에는 도저히 이해할 수 없는 사투리가 있는데 그것 좀 다시 말씀해 주시거나 원고를 주십시오." 그러면 "제가 원고를 별로 안 가지고 하는 스타일입니다. 그런데 어떤 부분이었습니까?" 그러면 제가 그 부분에 대해서 제 기억을 더듬어서 다시 이야기를 해 줬던 이런 기억이 납니다마는…… 그때 아마 이 원고가 많이 오타가 있는 것 같습니다.

중간 부분은 생략하겠습니다.

"3선 개헌을 미리부터 의도한 사람 또는 사회의 시비를 일으킨 사람들이 과연 누구였느냐 하는 문제를 여기서 말씀드리지 않을 수 없는 것입니다. 박 대통령은 야당이 마치 적대국정부를 취급하듯이 박 대통령에게 인신공격과 욕설을 퍼부었다고 하면서 이것은 민주정치윤리의 기본 문제에서 도저히 참을 길이 없이 기왕에 의도되었던 것이니 이제 기어코 개헌을 하고야 말 것이며 그리고 개헌은 박 대통령의 신임을 묻는 것이니 국민이 동시에 찬성해 달라는 그런 내용이라고 볼 수 있습니다.

우리 신민당은 비난을 한 것이 아니라 정치적 비판을 했을 뿐입니다.

박 대통령의 독재화하려고 하는 그 정치를 우리는 설익은 경제정책으로 말미암아 막대한 외국의 빚과 과중한 국민 부담으로 국민경제적 관점에서 볼 때 실패하고 말았다는 현실, 부정부패가 전례 없이 광대하고 만성화되어 있는 현상을 그리고 한 사람의 수중에 있는 권력의 극대화가 국민대중으로부터 이탈되고 있다는 현실을 경고하고, 진정한 민의에 입각한 비판을 받지 않으면 안 되리라 해서 우리는 대화의 광장을 넓혀 왔을 뿐입니다. 이 얘기가 인신공격이나 욕설이 되었다고 하는 것은 이해할 수가 없습니다.

비판을 거부하고 자가도취하는 정치야말로 독재정치입니다. 충언을 외면하는 것이야말로 걱정스러운 사실이라고 말하지 않을 수 없는 것입니다.

박 대통령이 우리 야당의 비판과 국민의 진정한 소리를 반정부행위라고 한다면 본 위원은 이것이야말로 오히려 국가 이익을 해치는 자세가 아닌지 지극히 걱정스러운 사실이라 아니할 수 없습니다.

바로 우리 신민당은 국민과 더불어 현재까지 현 정권이 장기 집권을 음모하는 3선 개헌에 한사코 반대하여 왔을 뿐입니다. 그러나 명분 없는 개헌에 대하여 박 대통령은 일언반구의 언급도 없었으며, 야당이 마치 일방적으로 개헌 불가능의 주장이나 하듯이 박 대통령은 비난하고 있습니다.

천하가 주지하듯이 3선 개헌을 하겠다는 것은 헌법을 뜯어고치면서까지 대통령직을 계속할 수 있게끔 길을 터놓자는 얘기입니다.

박 대통령이 담화를 통해서 표방한 바와 같이 우리 헌법상에는 대통령이 헌법 개정을 발의할 형식상의 권한마저 없습니다.

그러나 박정희 씨는 대통령인 동시에 집권하고 있는 공화낭의 당수인 까닭에 집권당이 헌법 개정과 같은 중대한 문제에 관한 결정에는 그 누구보다 최고 실권을 가지고 있다고 보아야 할 것입니다. 더욱이 박 대통령 밑에는 공화당이 있다는 현실을 알아야 할 것입니다.

그렇기 때문에 국회에서 사소한 문제를 결정할 때마다 공화당 간부 의원들은 일일이 청와대의 지시에 따라 움직이고 있는 것도 사실로 되어 있는 것입니다.

개헌에 관하여 아무 권한도 책임도 없는 박정희 씨가, 바로 그분이 공화당에 대하여 조속히 개헌안을 발의하도록 바라는 지시 이상의 명령과 같은 이러한 것을 내렸다고 하는 것은 역사에 길이 남을 만한 중대한 사실이라고 하지 않을 수 없는 것입니다.

공화당 의원총회에서 그 지시에 발맞추어서 개헌안을 성안해

가지고 설왕설래 끝에 박 대통령의 이러저러한 명령이 내리게 되자 국회의 발의 보고도 없이 위헌·위법 사태 속에서 정부에 직송되었다는 것은 불행한 사실입니다.

여기에서 우리가 묵과할 수 없는 것은 아까도지적한 바 있습니다마는 박 대통령은 그 신임과 3선 개헌을 같은 차원으로 결부시켰다는 것이 중요한 사실이라고 보지 아니할 수 없는 것입니다.

그것은 누구나 다 알고 있듯이 신임과 3선이라는 것은 하등에 결부시킬 사항이 아닙니다.

별개의 것인 것입니다. 신임이라는 것은 역시 치적에 관한 문제인 것입니다.

우리나라 헌법상에도 대통령의 치적에 관한 신임을 묻겠다고 하는 그 규정은 없는 것입니다.

이것은 명백히 헌법을 무시한 그러한 처사라 하지 않을 수가 없는 것입니다. 3선 개헌은 그 동인이 옳지 못하다고 생각되었기 때문에 우리들은 반대하고 나서는 것입니다."

여기까지가 당시 필리버스터의 기록을 가지고 있던 박한상 신민당 의원의 10시간 15분짜리 속기록의 일부인 것입니다.

무엇을 느끼셨습니까?

박근혜 대통령이 강조하고 이곳에서 밀어붙이고 있는, 직권상정하고 있는 그 모습과 저는 많이 닮았다고 생각해서 인용해 보았습니다. 직권상정을 해서는 안 된다는 뜻에서 인용을 해 보았습니다.

특히 박한상 당시 의원 발언 중에 '공화당 의원총회에서 그 지시에 발맞추어서 개헌안을 성안해 가지고 설왕설래 끝에 박 대통령의 이러저러한 명령이 내리게 되자 국회의 발의 보고도 없이 위헌·위법 사태 속에서 정부에 직송되었다는 것은 불행한 사실입니다'라는 부분이 지금 사태가 그때하고 착시를 일으킬 정도로 똑같다는 사실입니다.

지난 24일 박근혜 대통령은 야당의 필리버스터에 대해 많은 '국민이 희생을 치르고 나서 통과를 시키겠다는 얘기인지, 이는 정말 그 어떤 나라에서도 있을 수 없는 기가 막힌 현상'이라고 했는데 박한상 의원의 말을 빌리자면 '비판을 거부하고 자가도취하는 정치야말로 독재정치입니다.' 이런 말이 나와 있습니다. 그때하고 지금하고 어찌 이렇게 같을 수 있습니까? 충언을 외면하는 것이야말로 걱정스러운 사실이라고 말하지 않을 수가 없는 것입니다.

다시 되묻고 싶습니다.

제안 하나 드리겠습니다.

박근혜 대통령께 토론하실 것을 제안합니다. 민주주의의 본령은 대화와 타협, 경청과 배려입니다. 공개적으로 우리 국회와 진지하게 토론을 해서 국민의 이해를 돕고, 누구의 안이 더 국익에 바람직스러운지를 따져 봐야 됩니다.

지금 대통령과 여당은 국민의 궁금증에 대해 답은 하지 않고, 청와대에서 책상을 내리치면서 밀어붙이기만 하고 있습니다. 국민은 궁금해 합니다. 테러방지법의 내용이 무엇인지, 야당이 왜 이렇게 반대하는지 그동안 잘 알 수

없었습니다. 대통령과 여당이 이 법에 대해 충분히 설명을 하지 않았기 때문입니다. 저희 야당이 밤을 새워 가면서 필리버스터를 하면서 '내용에 문제가 있구나'라는 정도를 지금부터 인식해 가기 시작하고 있습니다.

청와대의 국회에 대한 명령과 일방통행은 어제오늘의 얘기가 아닙니다. 경제 활성화와 관련된 법을 처리하라면서 그와 관련되어 있지 않은 서비스산업발전 기본법이 그렇고, 노동 4법이 그랬습니다.

제가 작년 2월부터 물러나기 전까지 7개월 동안, 지금은 저 뒷자리에 계신 이목희 의원님이 우리 당 정책위의장님으로 계십니다마는, 제가 작년 2월 10일부터 정책위의장을 수행하면서 수도 없이 이 서비스발전 기본법에 대해서 "그것 국회에서 통과하면 일자리가 늘어나는 것이 아니라 대한민국은 참으로 무서운 나라가 될 거다. 절대해 줄 수 없다. 서비스발전 기본법은 일자리가 늘어나는 법이 아니다. 이것은 자칫하면 우리의 의료 영역이 영리화가 되고 문제가 생길 수도 있다."……

그래서 문재인 대표와 청와대 대통령, 김무성 대표가 문제될 조항을 빼고 가자, 그런 합의까지 했는데 지금도 종편을 앞세우고, 종편을 나팔수로 삼아서 계속 야당을 마치 발목 잡는 야당으로 공격해 대고 있는 겁니다.

(정의화 의장, 이석현 부의장과 사회교대)

노동 4법도 그렇지요. 노동 4법도 이것은, 특히 파견법과 같은 경우는 국민의 권리를 짓밟는 건데 이것을 마치 야당이 안 해 줌으로 해서 경제 활성화가 안 되는 것으로 몰아붙이면서……

경로당과 시골 장터, 재래시장 곳곳에는 종편 채널이 틀어져서 하루 종일 그걸 보고 있는 겁니다. 제 지역구인 광주, 빛고을 광주의 정치의식이 높습니다. 우리 어르신들이 참 정치에 관심도 많고, 평가도 해야 되고, 비평도 해야 됩니다. 알고는 싶은데 공영방송은 잘 안 해 주니까 종편을 틉니다. 종편을 틀어 놓고 욕을 합니다. "저런 나쁜 놈들, 저런 방송이 저게 방송이야? 저 종편 패널로 나온 저 놈들은 자자손손 크게 욕보일 거다. 나쁜 놈들이다." 그런데 한 번 보고 두 번 보고, 1시간 보고 2시간 보고, 하루 보고 이틀 보고 나서는 그 논리에 스스로 빠져들어서 제가 가면 "강 의원, 이렇게이렇게 하는데 어떻게 생각해?" 이 종편 논리를 그대로 저에게 되질문을 하고……

그래서 앞서 말씀한 종편 망국론은 그렇게 시작된 건데, 이 종편을 앞세워서 야당을 죽이고 국민의 눈과 귀를 가리는 이런 대한민국을 만들어 가는 이 종말론, 종편으로 인한 대한민국의 종말론이 오는 것 아닌가라는 위기감까지 드는……

국민과 야당에 대해서 청와대의 접근 방식은 과거에 머물러 있습니다. 미래 지향적으로 바뀌어야 됩니다. 대통령의 권위는 정말로 존중되어야 합니다. 야당이라고, 정적이라는 이유로 대통령의 권위를 부정해서도 안 됩니다. 그러나 분명한 것은 헌법 제1조제2항에 정한 규정대로 대한민국의 주권은 국민에게 있고, 권력도 국민으로부터

나오고 있다는 그런 너무나 상식적인 사실입니다.

2008년 촛불 때 우리는 목이 터져라 헌법 제1조제2항 "대한민국의 주권은 국민에게 있고, 모든 권력은 국민으로부터 나온다"는 이런 사실을 초등학교부터 어르신, 70대까지 외치고 다녔습니다.

민주공화국의 이념인 민주주의의 기본질서, 대통령의 권위는 이런 민주주의의 기본질서 위에 확립된다고 믿습니다. 저는 대통령의 심정을 선의로 받아들이고 싶습니다마는 그 법안 내용의 문제는 차분히 다시 말씀드리겠습니다마는 전혀 선의가 있지 않습니다. 테러방지법의 목적이 국가와 국민의 안녕을 수호하고 대한민국의 정치질서와 민주주의를 수호하기 위함이라고 믿습니다마는 그 내용은 전혀 사실이 그렇지 않습니다.

민주주의의 본령은 대화와 타협입니다. 대화와 타협의 기본자세는 탁상을 치는 것이 아닙니다. 눈을 부릅뜨는 것도 아닙니다. 상대방의 의견을 듣고 이해시키기 위해 노력하는 것입니다. 다소 시간이 걸리더라도 대화와 타협을 통해 국민의 동의를 얻을 수 있다면 훨씬 더 강력한 힘을 발휘하는 민주주의가 될 것입니다. 대통령도 국회의 권위를 믿고 경험하셨을 거라고 생각합니다.

지금 미국의 대통령 선거가 뜨겁게 진행되고 있습니다. 샌더스 후보에 미국 국민들은 열광하고 있습니다. 샌더스 후보가 리버티대학에서 한 연설의 일부를 소개해 드리고자 합니다. 이날 샌더스가 던진 메시지는 간결하고 강렬합니다. 핵심 메시지는 상대방에 대한 존중이 갈등 해결의 시작이라는 것입니다. 샌더스의 미국 리버티대학 연설, 2015년 9월 있었던 연설은 이렇게 시작합니다.

"여러분이 이미 알고 있는 사실로부터 시작하겠습니다. 그것은 아주 중요한 몇 가지 이슈에서 리버티대학에 계신 여러분과 제가 아주 다른 의견을 갖고 있다는 사실입니다. 저는 여성의 권리, 특히 자신의 몸에 대해 스스로 결정할 수 있는 권리를 지지합니다. 저는 동성애자의 권리, 특별히 결혼할 수 있는 권리를 지지합니다. 이것이 저의 의견이라는 사실은 비밀이 아닙니다. 하지만 제가 여기에 온 것은 이러한 의견이 다른 사람들이 모여 시민 대 시민으로 토론할 수 있는 분위기가 정말 중요하다고 믿기 때문입니다. 우리 미국사회의 보수와 진보는 서로에게 소리만 지릅니다. 그리고 그 책임은 양쪽에 다 있습니다. 서로 비웃기만 합니다."

정치의 선진국이라고 말한 미국의 정치 현실이 우리와 크게 다르지 않다는 것을 샌더스 연설을 통해 짐작해 볼 수 있습니다.

계속 샌더스의 말을 이어 가겠습니다.

"저와 의견을 같이한 사람에게 가서 얘기하는 것은 쉬운 일입니다. 어제 노스캐롤라이나의 그린즈버러에서 연설이었는데요. 거기 모인 9000명의 대부분은 저와 의견을 같이한 사람이었습니다. 오늘 밤에는 매나사스에 갑니다만 거기도 역시 저와 의견을 같이한 사람들이 모이겠지요. 그건 어려운 일이 아닙니다. 대부분 정치인들이 그렇게 합니다. 나가서 의견을 같이하는 사람하고만 얘기를 나눕니다. 하지만

모든 이슈에서 저의 의견에 동의하지 않는 많은 사람들과 대화를 시도하는 것은 어렵지만 중요한 일입니다. 그리고 저는 의견 일치가 불가능할 것 같은 곳에서 공통분모를 찾는 것이 가능하다고 믿습니다.

리버티대학교는 종교적인 학교입니다. 그리고 여러분 모두는 이 사실을 자랑스러워합니다. 여러분은 '도대체 도덕이란 무엇인가?' 이해하려고 노력하는 대학을 다니고 계십니다. 도덕적인 삶을 산다는 것은 무엇을 의미하는 것일까요? 그리고 여러분은 우리가 살고 있는 이 복잡한 현대사회에서 성경이 어떤 의미를 갖는지 이해하기 위해 노력하고 계시지요? 여러분은 정직하고 예의바른 삶과 인간에 대한 최선의 선택이 무엇인지 고민하는 학교에 다닙니다. 저는 이런 목표를 가지고 있는 리버티대학에 찬사와 격려를 보냅니다.

제가 버몬트 상원의원 그리고 공인으로서 어떤 일을 하고 싶은지 잠시 말씀드리고자 합니다.

제가 완벽한 인간이라서 이런 말씀을 드리는 것이 절대 아닙니다. 저는 비전 때문에 이 일을 합니다. 이 비전은 기독교, 유대교, 이슬람, 불교를 비롯한 모든 고등종교가 공통적으로 가지고 있는 비전이기도 합니다.

그 비전은 마태복음 7장12절에 아름답고 명확하게 제시되어 있습니다. '그러므로 무엇이든지 남에게 대접을 받고자 하는 대로 저희도 남을 대접하라. 이것이 율법이요, 선지자니라', 황금률이지요. 남에게 받고 싶은 만큼 다른 사람에게 하라는 이 말씀은 복잡한 것이 아닙니다.

솔직히 방금 말씀드렸듯이 낙태나 동성결혼 같은 이슈들에게 우리가 매우 다른 생각을 가지고 있다는 것을 잘 압니다. 그 문제에 대해서 의견이 다르지요. 그러나 그 문제들 말고 우리 사회나 전 세계에 엄청난 영향을 미치는 다른 중요한 이슈들 중에는 우리가 어쩌면 생각이 크게 다르지 않거나 심지어 함께 일할 수도 있지 않을까 생각합니다.

아모스 5장24절은 말합니다. '오직 정의를 물같이, 공의를 마르지 않는 강같이 흐르게 할지어다', 정의란 내가 다른 사람에게 대접받고 싶은 만큼 타인에 대하는 것입니다. 그 타인이 어떤 인종이든 어떤 삶의 모습을 가지고 있든 상관없이 존엄성을 존중해야 합니다.

제 의견은 이렇습니다. 여러분 중에는 저와 동의힐 분도 계실 것이고 동의하지 않을 분도 계실 겁니다. 그러나 이 자리에 있는 그 누구도 우리가 모두 조국을 사랑하는, 자랑스럽게 생각하는 미국사회가 성경이 말하는 정의로운 사회 혹은 그에 근접한 사회라고 생각하는 분은 거의 없을 것입니다', 여기까지입니다.

미국사회의 심각한 부의 편중이 미국을 위한 정의가 아니라는 중간 부분은 생략하겠습니다.

샌더스의 결론은 이렇습니다.

"인류의 역사를 보면 끝없이 토론하고 논쟁합니다. 그것은 인간이기 때문입니다. 인간은 정의가 무엇인지, 도덕이 무엇인지 질문하고 논의하며 끝없이 논쟁합니다. 여기 이 대학교가 그런 토론과 논쟁이 매일 벌어지고 있는 곳이라는 것을 저는 잘 압니다. 그리고 토론과 논쟁은 여기와 같이 미국

전역에서 이루어져야 합니다.

제가 바라는 바를 말씀드리고 결론을 맺겠습니다.

앞서 언급한 토론과 배움 과정을 통해 여러분 중에 일부는 정의와 도덕이 무엇인지 정직하게 바라보고 가난한 자와 서민의 편에 서는 용기를 내기를 바랍니다.

그리고 필요하다면 우리 사회에 엄청난 해악을 끼치는 권력과 부를 가진 이들에 맞서 주기를 바랍니다".

샌더스의 말의 일부를 인용했습니다. 샌더스의 메시지의 핵심은 존중과 토론 그리고 실천의 용기입니다. 청와대와 정치권이, 우리 사회가 그런 메시지를 새겨 볼 지금 시점에 있다 이렇게 생각합니다.

대통령께서 야당의 이런 토론 과정을 보시면서 '세상 어느 나라에도 있을 수 없는 일'이라고 하셨던 것에 대해서 다시 한 번 생각해 봐야 할 대목이라고 생각합니다.

이런 샌더스는 부자 감세 법안 처리를 막기 위해서 8시간 37분 필리버스터를 했던 적이 있습니다. 만약 샌더스가 미국 대통령이 된다면 박근혜 대통령께서는 있을 수 없는 일을 한 미국 대통령과 있을 수 없는 정상회담을 해야 될 그런 상황도 맞이할 수 있을 것 같습니다.

제가 조금 길게 샌더스의 사례를 들었습니다. 샌더스는 필리버스터를 그렇게 하고, 또 지금 대통령 후보이면서도, 후보이기 전에도 그런 대화와 타협을 실천했던 그런 분이시고 지금도 대화와 타협을 중요한 문제로, 연설로 던지고 있다고 생각합니다. 박근혜 대통령도 또 우리 여당도, 야당도 이런 모습으로 가야 된다고 생각합니다.

스웨덴의 국부인 엘란데르 총리의 목요클럽에 대해서 역시 한번 지적을 하고 싶습니다.

지금 이것은, 이 토론이 테러방지법과 관련해서 왜 이것이 직권상정이 됐고, 왜 이것이 토론이 부족한 상태에서 법안 발의된 지 하루 만에 이곳에 직권상정이 됐는가를, 부당함을 이야기하기 위해서 드는 예이기 때문에 매우 토론과 직접적으로 연관이 되어 있다는 말씀을 다시 한 번 드립니다.

우리 의장님께서 토론과 직접 된 발언만 하는 것이 좋겠다 이런 의견을 주시고 계십니다마는 이것이야말로 왜 이 직권상정이 부당하고 발의된 지 하루 만에 이렇게 됐는지를 이야기해야 되기 때문에 그렇다는 말씀을 다시 한 번 드립니다.

스웨덴의 국부 엘란데르 총리의 목요클럽은 참으로 유명합니다. 이 목요클럽, 엘란데르 총리의 일대기를 한겨레신문의 기자인, 그 기자가 책으로도 냈고, 저도 그 책도 읽었고 그 기자를 초청, 우리가 토론도 하고 그랬었는데 갑자기 그 기자의 실명이 생각이 안 납니다. 한귀영 기자, 한귀영 기자가 늘 한겨레신문 제일 뒤쪽의, 마지막 페이지 왼쪽의 사이드에 그런 글을 씁니다. 한귀영 기자가 스웨덴에서 아마 공부를 오래하면서 거기서 보고 느낀 바, 여러 가지 아주 체화한, 내재화한 그런 걸 가지고 책으로 썼던 것 같은데요.

우리가 복지국가를 얘기할 때 종종 스웨덴을 사례로

듭니다. 그러면 대부분 반응은 '스웨덴이니까, 스웨덴처럼 작은 나라는 우리하고 비교할 수 없으니까' 이렇게 이야기를 합니다. 물론 스웨덴의 복지를 우리 현실에 담아 내기 어렵다는 것은 저도 이해가 됩니다. 대한민국, 4000만 국민이라는 거대한 국가와 약 500만~1000만 내의 도시국가인 북유럽 국가를 직접 비교한다는 것은 사실은 상당히 무리가 있다는 것은 우리가 다 인정하는 겁니다.

그러나 그런 나라임에도 불구하고 대한민국이 김대중 대통령 때 들어와서 국민기초생활 보장법이 만들어지고, 노무현 대통령이 들어와서 기초노령연금법이 만들어지고, 장기요양보험법이 만들어지고, 희귀난치…… 이런 암질환 관리법이 만들어지고, 이 복지정책이 김대중 정부에 들어와서 시작되었고 노무현 정부에, 참여정부에 들어와서 질적으로 전환되었다는 이런 사실에 대해서는 우리가 좀 따져 봐야 될 문제인 겁니다.

적어도 국민기초생활 보장법을 만들었던 김대중 대통령은 당시의 그 어려운 IMF 과정이라는, 그 어려운 시절에도 국민들의 기초생활이 보장되지 않으면 안 되겠다, 국민들의 기초생활을 보장하기 위한 기초생활 보장법을 만들어야 되겠다 해서 만들었던 것이 어찌 보면 복지의 시초가 되었고, 지금 대한민국 국가의 복지정책의 기본 교과서처럼 되어 있는 게 국민기초생활 보장법이었고, 이걸 우리 국민의 정부에서 만들었던 국회의원들, 당시에 만들었던 정세균 대표도 그때 정책위의장으로서, 기조위원장으로서 함께했던 걸로 제가 기억을 하는데 참 대단한 법을 만들었고요.

2007년 노무현 대통령일 때, 유시민 복지부장관일 때, 당시에 장병완 기획재정부장관일 때, 당시에 저는 보건복지위원이었습니다마는 기초노령연금법, 당시에 복지재정 1조 7000억가량이 1년이 더 드는 기초노령연금법을 만들었던 노무현 대통령의 결단, 또 당시에 장기요양보험법을 만들었던 참여정부, 지금 가족의, 치매·중풍에 걸려 있는 어머님들 수발하는 법, 간병인법, 이 법을 만들었던 참여정부, 저도 어머니가, 19년생이니까 지금 아흔일곱 된 어머니를 제가 광주에서 직접 모시고 있습니다. 한 25년 됐는데, 제가 그 어머니를 지금 모시고 있으면서 그 장기요양보험법, 제 손으로 만들었던 장기요양법, 제 손으로 만들었던 기초노령연금법이 우리 어머니가 혜택을 볼 줄 몰랐어요.

제가 서울에 오고 집을 비울 때 하루에 3시간씩 간병인이 어머니를 간병해 주러 왔을 때, 만약 그게 없으면, 물론 저는 국회의원이었기 때문에 돈이 좀 있으니까 간병료를 썼겠지요, 한 100여 만 원, 한 달에.

그런데 100여 만 원을 쓸 간병인이 없는, 재정적 뒷받침이 안 되는 가정은 늘 그거 때문에 고부간에 갈등, 형제간에 갈등, 부부간에 갈등, 이 갈등을 해결하는 이런 법을 만들었던 참여정부, 너무 옆으로 빠졌습니다마는, 적어도 그런 복지를 바로 비교할 수 없지만 그 어려운 시절에도 복지정책의, 진일보한 복지정책을 냈던 국민의 정부,

참여정부를 생각한다면……

그러나 스웨덴이 처음부터 복지국가는 아니었습니다. 스웨덴이 복지국가로 거듭나게 된 중심에는 이런 엘란데르 총리의 대화가 자리 잡고 있었던 걸로 알고 있습니다.

북부유럽의 스웨덴은 춥고 긴 겨울과 척박한 땅으로 농사가 쉽지 않았습니다. 삶이 힘들어 많은 국민들이 이민을 선택한 나라였기도 했을 겁니다. 2차 세계대전이 끝나고 척박한 땅 스웨덴은 갈등과 투쟁의 나날을 보내야만 했었습니다. 이런 상황에서 총리로 당선된 사람이 바로 엘란데르였습니다. 스웨덴의 영웅이었던 것, 국부였던 것, 우리가 다 알고 있지 않습니까?

엘란데르의 슬로건은 이런 겁니다. '물론 우리는 성장할 것입니다. 그러나 다 함께 성장할 것입니다', 성장할 거라는 거에 대한 확신과 더불어 중요한 것은 '일자리 없는 성장도 아니고, 가진 자만의 성장도 아니고, 대기업의 성장만도 아닌, 재벌의 성장만도 아닌, 다 함께 성장할 것이다' 이렇게 슬로건을 내걸었습니다.

1946년 총리에 당선된 엘란데르는 무려 열한 번의 선거에서 승리하면서 23년 동안 집권합니다. 민주주의체제 국가에서 최장수 집권 기록입니다. 69년에 국민의 만류에도 불구하고 자진 하야를 선택합니다. 더욱 놀라운 것은 총리직을 던지고 일반인으로 돌아갔을 때는 자신이 살 집조차 없었다는 것입니다.

스웨덴은 엘란데르 총리 재임기간 동안 근본적이면서도 기적적인 변화를 이루어 냅니다. 엘란데르는 45세의 젊은 나이로 총리에 올라 68세에 자진 하야할 때까지 23년의 재임기간 동안에 스웨덴 복지시스템의 상징인 국민의 집을 완성해 냈습니다.

그가 23년 동안 열한 번의 선거에서 국민적 지지를 이끌어 내고 스웨덴의 체질을 바꿔 놓을 수 있었던 동력은 바로 대화였다고 합니다. 그 대화가 목요대화였습니다. 총리는 매주 목요일마다 대화의 시간을 마련했습니다.

재계와도 대화하고 노조와도 대화하고 야당의 정치인과 대화하고, 필요한 모든 사람들과 저녁을 같이 먹으면서 허심탄회하게 대화를 시작했던 것입니다. 여름휴가를 가서도 사람들을 초대해 대화를 나눴고, 그 대화의 이름이 앞서 말씀드렸던 '목요클럽'이었고, 퇴임 때까지 목요클럽은 멈추지 않았다고 합니다. 이들의 주제는 이념이 아닌 국민들이 삶이었고, 세계에서 가장 잘사는 나라가 핵심 주제였다고 합니다.

23년 동안 이어진 대화와 토론으로 스웨덴은 육아, 의료, 교육, 주거 등 모든 분야를 개혁해 낼 수 있었습니다. 이들의 대화가 23년 동안 유지될 수 있었던 이유는 간단하면서도 중요한 몇 가지 지침과 상대에 대한 존중의 태도를 지켰기 때문입니다.

첫 번째, 대화의 목표를 정하는 것이었습니다. 나와 반대인 사람을 알아 가고 이해하려는 목적 둘째, 만나기 전에 몇 가지 기본 원칙에 동의하기, 동의하는 자세이기 때문입니다. 예를 들면 설득하지 말기, 변호하지 말기,

끼어들지 않기, 호기심 갖기, 대화하기, 현실적이기, 경청하기 등이었다고 합니다. 그리고 세 번째는 식사하기입니다. 우리말에도 밥상에 마주 앉아야 되고 국에 숟가락을 같이 담가야 된다는, 그래야 친해진다는 이런 속담도 있습니다.

저는 엘란데르의 목요클럽에서 대화와 타협, 상대방에 대한 존중과 배려라는 민주주의의 원형을 봅니다. 동시에 지도자의 덕목이 무엇인지도, 지도자의 권위가 어떻게 만들어지는지도 봅니다.

제가 샌더스, 엘란데르 사례를 여기까지 이야기드리고, 세 번째로 김대중·노무현 대통령의 국민과의 대화의 사례를 말씀드리고자 합니다.

바로 김대중·노무현 대통령의 국민과의 대화, 검사들과의 대화입니다. 대통령께 다시 한 번 요청합니다. 테러방지법을 놓고 대통령과 여야, 국민대표가 참여하는 공개토론이 필요하다고 봅니다. 대통령께서도 제안을 받아 주시기 바랍니다.

이 제안의 이유는 또 다른 이유가 있습니다. 대통령께서 혹시 총리나 국정원장으로부터 잘못된 보고를 받고 계신 것이 아닌지 의문이 들기 때문입니다.

대표적인 사례가 지난 대정부질문 때입니다. 정부가 테러방지법을 통과시켜 달라고 이런 난리통을 만들어 놓고도 정작 황교안 총리는 우리나라에 1982년부터 만들어져 있는 국가테러대책회의가 있는지도 모르고, 자신이 그 기구의 의장인지도 모르는 일이 있었습니다.

첫 번째 토론했던 김광진 의원이 물었을 때 국가테러대책회의의 의장이 누구인지를 몰랐던 것이 국민에게 밝혀졌던 것 아닙니까? 그만큼 잘못된 보고가 올라갈 수 있었던, 내각을 통할하는 총리부터가 우리나라의 대테러 체계도 모르는 상황에서 대통령께 제대로 된 보고가 가능한지, 그 점이 의문인 것입니다.

대통령은 대한민국을 대표하고 국가의 안위를 책임지는 막중한 책무가 있습니다. 만약 대통령에 대한 보좌가 잘못된다면 그 피해는 고스란히 대한민국을 살아가는 국민에게 돌아옵니다.

깜깜이 내각의 보고가 대통령의 상황 판단에 결정적인 오류로 작동할 수 있다는 점에서 대화가 필요하다고 제안합니다.

우리는 사회적 난제를 풀어 낸 경험이 있습니다. 바로 공무원연금 개혁이 좋은 경험입니다. 테러방지법 논의를 위한 국회 특위 및 사회적 논의기구를 구성할 것을 제안드립니다.

대통령은 국회를 향해 여러 차례 불신의 눈초리를 보냈습니다. 국회가, 특히 야당이 국정의 발목을 잡고 있다고 기회 때마다 목소리를 높였습니다.

그런데 실제로 몇 개월 전에 국회는 실로 엄청난 성과를 이뤄 냈습니다. 대화와 타협이라는 의회정치의 극대화를 이뤄 냈습니다. 바로 공무원연금이었습니다. 이 공무원연금 개혁이라는 국가적 난제를 당사자인 공무원들과 정부와

국회가 이곳에서 사회적 대타협기구를 통해서 훌륭히 처리했던 사실을 우리는 작년 경험을 가지고 알고 있습니다.

당시에 공무원연금 개혁은 해가 바뀌어서, 두 번 바뀌어서 2014년 12월 21일 날 시작됐습니다. 바로 시작은 대통령이 했고 저기 앉아 계신 조원진 새누리당 수석께서 정말 많은 노력을 해 주시고 또 야당에서는 제가 함께했고, 또 당사자인 공무원들, 교사, 공무원, 공무원단체, 우체국 노동자, 행정부 공무원들, 많은 지방자치단체 공무원들, 경찰 공무원들, 많은 사람들이 그 어려운 문제를 풀어냈습니다.

당시에도 대통령은 '공무원연금 개혁하시오. 왜 국회가 놀면서 안 해요?' 이 말만 반복적으로 했습니다. 정부가 해야 될 일을 별로 많이 안 했어요. 아쉬울 정도로, 서운할 정도로, 야당 의원임에도 불구하고 서운할 정도로 정부는 역할을 하지 않았어요. 그리고 오직 하는 이야기는 '빨리 해 주라', '하루에 얼마가 손해다', '빨리 안 하면 놀고 있는 국회를 국민들이 가만히 안 둘 거다' 이 이야기만 반복적으로 하고 있었어요.

그때는 해야 된다는 당의도 있었지만 얄미운 대통령이었습니다. 얄미운 정부였습니다. 그때 이 자리에 계시는, 저 뒷자리에 계시는 조원진 수석, 참 노력 많이 했지요. 정부 의견, 공무원단체·공무원들 의견, 야당 의견, 청와대 의견까지 다 들어야 되니까.

저도 어떻든 민주노총이라 할 수 있는, 우리 야당의 직접 지지층은 아니지만 민주노총, 공무원단체 의견, 한국노총 의견, 교원단체 의견, 전교조 의견 다 들어야 되고, 어찌 그분들의 요구가 다 하나같겠습니까?

다 다르고, 특히 경제적 이해관계가 걸린 문제라서 너무너무 예민하고 어려웠는데 그걸 2014년 12월 21일부터 딱 215일 정도, 그때 공무원연금 합의안을 만들고 사실은 마지막에는 약간의, 국민연금하고 어떻게 연계되어 있느냐 또 다른 법과의 연계를 통해서 발목잡기가 됐다. 마지막에 조금 매끈하지는 못했습니다마는 공무원연금에 대해서는 다들 박수를 치고 있습니다.

지금 박근혜 대통령께서 이 정부의 개혁안, 노동개혁, 연금개혁, 또 무슨 개혁 있지요.

4대 개혁안 중에 유일하게 그나마 성과를 낸 것이 공무원연금 개혁 아닙니까? 그런데 그 공무원연금 개혁은 사실상 대통령이나 정부가 했다기보다도 정확히 말하면 국회에서 사회적대타협기구를 제안하고 그것이 도모되어서 정부와 당사자들과 국회, 여야 합의해서 그 오랜 시간 동안, 200일 이상 되는 기간 동안 대화하고 만나고 해서 모두가 도장 찍고 합의한, 서명한 그런 경제적 이해가 걸리는, 65세 이상 노후의 생존의 문제인 그런 경제적인 문제를 푸는 그런 어려운 문제도 해냈다는 이야기예요.

그런데 이 대테러방지법은, 누가 테러를 동의하고 옹호하고, 테러에 대해서 누가 방어하지 않을 사람이 있으며, 테러가 어떤 종류의 테러든, IS 테러부터 작은 동네 골목길의 황산테러 또 다른 작은 어떤 우발적인 테러까지

누가 테러를 옹호하겠습니까?

테러를 만약 방치하겠다, 옹호하겠다 하는 사람 있으면 그것은 대한민국 국민이 아닐 뿐만 아니라 적어도 인간의 존엄성을 갖고 있지 않은 그런 사람이라고 생각합니다.

IS 테러가 인터넷상에 돌아다닐 때 우리는 끔찍함을 보잖아요? 어린 소녀에게 칼을 쥐어 줘서 사람을 죽이는 그런 동영상이 돌 때 우리는 전율하지 않습니까?

묻지 마 테러가 있을 때, 대형 비행기 테러를 떠나서 지나가는 사람에 대한 묻지 마 테러가 있을 때……

광주에 제가 참으로 좋아하는 선배 세 분, 아니 선배…… 진, 선, 미라는 이름을 가진 선배가 있었어요. 제일 큰누나가 진, 두 번째가 선, 세 번째가 미, 그중에 한 분이 묻지 마 테러에 돌아가셨어요.

그 가족들은 정말 전율을 하는데, 그런 테러에 대해서 누구도 동의하지 않는데, 공무원연금처럼 경제적인 손실에 따른 문제도 타협을 해내고 있는데 왜 이런 테러문제, 누구나 공감하는 테러 문제에 대해서 대화해서 풀려고 하지 않는지, 이것은 다른 의도가 있다, 바로 테러방지가 아니라 국정원 강화다, 그렇기 때문에 대화가 안 되고 지금 이것은 이렇게 간다……

국민의 반대가 심한데, 국민이 테러를 찬성하는 것은 아니지 않습니까?

국민들도 설득해야 되고, 정말 어떻게 하면 효과적인 테러 차단을 할지, 예방을 할지 많은 사람 이야기도 들어야 됩니다. 그래서 이런 제대로 된 테러방지법을 위해서, 20대 국회가 앞으로 한 3개월 남았습니다, 6월 1일을 기준으로 할 때. 20대 국회가 시작하자마자 테러방지법 논의를 위해서 국회에 특위나 사회적 논의기구를 만들어야 됩니다. 그래야만 국민이 동의하는 테러방지법을 만들 수 있습니다. 그래야만 테러방지법이 선거 개입 등 부정한 목적에 쓰이지 않고 진정으로 테러를 차단하고 예방하는 본래의 목적을 효과적으로 달성할 수 있는 진짜 테러방지법이 만들어진다고 생각합니다.

이미 우리 당에서는 국정원 개혁을 위한 국정원법이라든가 국회법 개정안을 많이 발의해 놓고 있습니다. 기관 본연의 업무를 충실히 이행하지 못하고 있는 국정원에 대해서 과도하게 확대하여 국정원의 직무 범위를 조정하고, 대외 정보수집이라는 국정원 정보기관으로서 본연의 업무에 충실하게 하기 위한 국정원법 개정안도 발의되어 있고, 국회가 국정원에 대해 적절한 견제도 하고 통제의 기능을 수행할 수 있도록 국회 정보위원회의 감시·견제 권한을 강화하는 국회법 개정안도 제출되어 있습니다.

이번에 발의된 지 하루밖에 안 된 이 법안, 지금 토론하고 있는 이 법안, 이 법안이 본회의까지 올라올 수 있다는 좋은 선례를 정부와 여당이 보여 주셨는데, 정부와 여당은 이 법안, 이 테러법안뿐만 아니라 우리 야당이 내놓고 있고 많은 의원님들이 내놓고 있는 테러방지법 그리고 사이버테러 방지법, 이것과 함께 논의해야 됩니다.

이 테러방지법과 사이버테러 방지법 그리고 우리 국회에서 내놓고 있는 두 가지, 그래서 2+2 법을, 네 가지 법을 함께 토론을 하면 테러에 대한 방지도 되고 국정원에 대한 의혹도 없어지는 이런 기가 막힌 좋은 법이 된다고 생각합니다.

물론 이 두 법으로만은 부족할 수 있고, 두 법으로만은 부족할 수 있다고 생각합니다.

결론적으로 제가 외국, 스웨덴, 미국 지도자들 그리고 우리 국민의정부, 참여정부의 대통령들 그리고 우리 국회가 했었던 지난 사회적기구의 성과, 이런 것을 다 얘기드리면서 제안드리는, 6월 20대 국회에서 테러방지법과 국정원법을 함께 처리하는 것이 순리다, 이런 제안의 말씀을 드립니다.

제가 국민 여러분이 다 알고 계시는, 어쩌면 너무 상식적인 그런 장황한 이야기를 통해서, 왜 사회적 합의나 대화·토론이 중요한가에 대해서 장황하게 말씀드린 점은 박근혜 대통령께서 책상을 치실 게 아니라, 국회를 나무라고 꾸짖을 게 아니라 진짜 다시 한 번 진지하게 생각해 주십사 하는 충심의 마음으로 드린 말씀이었다, 이렇게 말씀드립니다.

다른 의원님들이 이 자리에서 토론하면서 말씀드린 내용입니다마는 지금 우리 국민들이 어떤 생각을 갖고 있는가를 다시 한 번 정리해서 또 말씀을 드려야 될 것 같습니다.

지금 이 테러방지법의 직권상정에 대해서, 직권상정하는 그 잘못에 대해서, 테러방지법에 대해서 또 우리 이런 국회선진화법에 의한 필리버스터 법에 대해서 국민들이 많은 얘기를, 의견을 주시고 계십니다.

포털의 메인화면에 떠 있는 인기 기사를 중심으로 그 밑에 달린 댓글을 쭉 가져왔습니다.

제가 이런 자리에서 이렇게 1시간 40분 동안 이야기할 수 있었다면 지난 제 의정활동이 좀 더 폭력적이지 않고 국민으로부터 폭력의원이라고 낙인찍히지 않았을 것인데, 만약 그러지 않았다면 저의 이번 4선 도전은 또 다른 새로운 의미를 가지고 있었을 텐데 하는 회한이 들어서 사실은 말문이 조금씩 막히고 있습니다.

지난 월요일 22일 밤부터 댓글 수집을 시작했는데 그때는 댓글 수집이 잘 됐습니다. 제가 우리 보좌진하고 같이 댓글 수집을 그때부터 했습니다, 김광진 의원 때부터. 거의 모든 댓글이 다 우리 민주당을 응원하는 또 야당을 응원하는 그런 댓글이었고 테러방지법을 꼭 막아야 된다는 그런 댓글이었습니다. 그런데 그다음 날 보니까 밤에는 없던 댓글들이 엄청나게 많이 되어서 댓글이 막 분탕질이 되어 있어요. 그 전에는 분명히 테러방지법의 부당성에 대해서, 직권상정의 부당성에 대해서 또 필리버스터를 하는 우리 의원님들에 대해서 어떤 응원의 메시지가 대부분이었는데 그다음 날 아침에 보니까 댓글이 아주 분탕질이 되어 있는데, 아침 9시부터 시작된 댓글입니다, 분탕질 댓글이.

대선 때의 십알단이 생각난 겁니다. 돈 받고, 국정원 댓글 사건이라든가 앞서 말씀드렸듯이 국군기무사 댓글

사건 이런 것 있지 않습니까? 이런 생각이 다시 또 머리에 떠오르는 겁니다, 아르바이트생 댓글, 십알단들이 또 생각도 나고 아르바이트생 댓글도 생각나고.

9시부터 폭발적으로 늘었습니다. 그래서 댓글부대나 소위 십알단들은 아침 9시부터 공무원들 출근시간과 맞춰 시작하는가보다, 국민들은 저녁 내내 국회방송이나 팩트TV나 아프리카TV 이런 것을 보면서 생중계를 시청하면서 댓글을 다는데 이 알바단, 십알단들은, 댓글부대는 아침 9시부터 하는 거구나, 댓글부대는 칼퇴근해서 또 저녁 되면 싹 사라지고 없고, 그러면 지금 이 시간에는 그런 댓글이 좀 없어야 될 것 같습니다. 퇴근을 하신 것 같아요.

돈 받고 그렇게 나쁜 짓 하면 안 됩니다, 십알단. 공직 이용해서 댓글 달고 그것도 안 되고요.

테러방지법을 통해 국정원에 권한을 몰아주면 왜 안 되는지 국민들은 이번에야말로 다시 한 번 느끼게 된 것 같아요. 이런 댓글이 9시 이후에 활동하고 밤에는 사라지는 그것만 보고도……

댓글의 원문을 쭉 읽어 가겠습니다. 그냥 있는 그대로이기 때문에 때로는 거친 언어가 그대로 쓰여질 수 있습니다. 이것은 제 이야기가 아니고 댓글에 달린 이야기를 모아 본 것입니다.

'테러방지법은 국정원 생선 주는 꼴'……
'뭐든지 지들 마음대로 하겠다는 정권 유신의 부활이다! 합법적으로 국민들 감시하고 감청하겠다고? 그것도 국정원에서? 우리 집 개가 짖는다.'
'아직도 새누리당을…… 한심하다.'
'아~ 현재 뉴스룸 생방 중. 1시간 발언 중이라네요.'
'누구를 위한 것인가, 누구를 위해 종을 울리는가'
'이런 게 있는 줄도 몰랐네! ㄷㄷㄷ(덜덜덜)', '그래 우리가 더민주에게 원했던 것은 젠틀하게 당당하고, 합법적인 방법으로 영리하게……'
'김대중 대통령의 끝장토론 정신을 받들어 유신독재의 망령 테러방지법 격침시킬 때까지 밀고 나아가세요.'
'돌아가면서 기필코 막아라, 악법이다.'
'어셈블리 필리버스터를 직접 볼 줄이야……'

제가 사실은 어셈블리 드라마를—15편이던가 12편짜리지요—그것을 다 봤습니다. 국민 여러분들이 그 어셈블리를 보면서 아마 정치 불신에 대해서 많이, 조금 없어지기도 했을 겁니다.

그 이셈블리에 이런 대목이 나오지 않습니까? 진상필이라는 여당의 의원이 이 연단에서 24시간 토론을 하는 그 장면이 나옵니다. 사실은 그 장면을 보면서 '진짜 현실은 아니겠지', 그때까지는 선진화법 이렇게 있음에도 불구하고 이것이 현실이 될 줄은 잘 몰랐어요.

제가 어셈블리 본방사수는 못 했습니다마는 거의 12편인가 15편을 다 봤는데요. 그때 국회에서, 여기서 찍지 못하고 촬영을 이 건너편에 있는 두 번째, 예결위장에서 촬영을 했습니다, 토요일 아니면 일요일 날. 그리고 의원회관에서 촬영을 많이 했고요.

그 어셈블리에 보면, 물론 방송 드라마이기 때문에 그렇지만 노래도 막 부릅니다. 동해물과 백두산이 마르고 닳도록도 부르고, 시도 있고, 그래도 발언 저지를 하거나 그러지 않습니다.

제가 아는 미국의 필리버스터, 토론은 성경책도 인용해서 읽기도 하고 그런다고 알고 있습니다. 지금 하고 있는 이 토론은 국민들도 다 아시겠지만 하고 싶은 모든 이야기를 어떤 것도, 관여된 모든 것을 이야기하자고 하는 것이 이 자리 아닙니까?

진상필, 드라마 어셈블리, 그런 오랜 시간 토론이 현실이 될 줄이야, 그것도 테러방지법을 통해 현실이 될 줄이야, 그것을 누가 알았겠습니까? 예견이나 하듯이 그 방송이 우리에게 지금 다시……

계속 댓글…… 지금 이 글은 필리버스터가 시작한 직후에 포털메인에 걸렸던, 한겨레 기사에 달렸던 1000여 개의 댓글 중에서 추천수가 많았던 상위 10개의 댓글 내용입니다. 23일 10시경에 수집한 내용이고 10개 모두 적게는 500에서 3000개 추천을 받았던 글입니다. 추천 순서대로 10개를 그대로 읽었습니다.

그런데 동료 의원 여러분, 10개 상위 댓글 중에 이 테러방지법을 의결해야 한다는 댓글은 하나도 없습니다. 당장 처리해야 한다는 댓글도 하나도 없습니다. 모두가 테러방지법은 위험하다, 다른 속셈이 있다, 처리되어서는 안 된다, 더불어민주당은 목숨을 걸고 막아라, 이런 내용입니다. 이 테러방지법에 대한 국민의 생각이 그렇다는 겁니다.

물론 댓글부대가 출동한 9시 이후는 상황이 그렇지 않습니다. 국정원이 다시 일을 시작한 것인가요? 십알단, 알바부대가 다시 시작한 것인가요? 유료 댓글이 시작된 것인가요?

지금부터 제가 기사에 달린 댓글 여론을 무작위로 읽겠습니다. 오늘 무제한 토론을 길게 해야 됩니다. 댓글 100개 정도는 가져왔는데요. 특정한 정당이나 정치인을 노골적으로 공격하는 것은 제가 제외하겠습니다.

'합의를 못 하면 폐기하면 됩니다.' 그런 것도 있고요.
'테러방지법은 부패활성화법이 될 것입니다. 권력자들이 하는 짓은 모두가 테러 위험이 있으니 비밀이 되어야 하고 국민들을 마음대로 감청하고 감시할 수 있도록 만드는 법안이니 말입니다.'
'부정선거활성화법이라고 이름을 바꿔야 합니다.'
'더민주당 살아있다. 파이팅!'
'국민들은 국정원이 도청 감청하게 할 수 없습니다. 국정원이 도·감청하게 할 수 있게 해서는 안 됩니다. 유신시대도 아니고 댓글도 맘대로 못 쓰게 할 껴 아닙니까. 무서워서 원……'
'박정희 독재와 뭐가 다르냐? 국민 개개인의 사생활까지 점령당하네.'
'야당도 있다는 걸 확실히 보여 주세요. 미친……'
'감동적입니다.'
'단상 점거하는 것보다 훨씬 인상적입니다'.

이것은 저한테 진짜 하는 이야기 같아요. 제가
섰던 이 자리에서, 바로 이곳에서—이석현 부의장님
자리하셨습니다—이석현 부의장님이 계신 저기까지 나는
장면이, 연합뉴스, 뉴스1…… 권주훈 카메라 기자가 찍은 그
장면이 찍혀서 나왔던 적이 있습니다.

여기 정면에서 누구나 뛰어 오를 수가 있습니다. 제가
지금 고백하건대 뛰어 올랐는데 제가 주전 선수라서 너무
견제가 심했습니다.

당시에 조정식 의원은 거의 뛰어 올랐고요. 조정식 의원은
견제가 덜해서 견제받지 않아서 뛰어 올랐고, 저는 뛰어
오르는 순간 당시에 여당 의원님들이 제 허리춤을 잡아끌어
내려서 뛰어 오르지는 못합니다.

그 당시에는 저처럼 운동권 386들만 뛰어 오른 게 아니라
이제 막 장관을 그만두고 나온 장관 출신 관료 의원님들도
뛰어 올랐고 정말, 이 자리에 계신 백재현 의원님도 그때
함께 동참하셨던 것으로 알고 있습니다. 우원식 의원님은
그때 당시에 함께 했었고 18대 지난 국회에는 같이 못
하셨던 것으로 알고 있고……

정세균 대표님이 그때 사실은 그 국회 폭력의 배후
조정자이시기도 하시고 종편을 다 막기 위해서 단식하시고,
전국을 돌면서 종편 종국론, 망국론을 설파하고 다녔던 그
정세균 대표님도 지금 자리하고 계십니다.

추미애 의원님이신가요? 잘 안 보이는데, 추미애 의원님도
그때 당시에…… 감회가 새롭습니다.

'단상 점거하는 것보다 훨씬 인상적이었습니다. 개인 사찰할
  우려가 있는 대테러법 반대합니다. 충분한 논의를 거쳐 주세요.'

'그보다 무서운 건 부정선거에 부 자만 꺼내도 테러리스트, 또
  종북으로 몰아간다는 설정……'

'또 부정선거 하겠다는 거네요.'

'대선조작법이라고 이름을 고쳐야 합니다.'

'저런 것들이 무슨 국회의원이랍시고 갑질하는지……', 이것은
  누구 얘기하는지를……'

'모든 선거는 수개표 해야 한다에 찬성하신 분!'

'말이 좋아 테러방지법이지, 결국은 국민을 마음대로 쥐고 흔들
  권력을 국정원에게 주겠다는 것.'

'중정 부활하나. 나라꼴이 70년대로 돌아가네.'

'테러 조작이나 시키지 않을지 걱정.'

'댓글 공작이나 하던 국정원에 테러방지라는 명분하에 더 이상
  권한을 주는 건 도둑놈에게 곳간 열쇠를 맡기는 것……'

'이거 통과되면 민주주의는 끝나고 유신부활이다라는
  마음으로 막아야 합니다.'

'허 그것 참, 이명박 정권 때는 늘상 노무현 전 정권만 탓하더니
  이제는 법 타령만 늘상 하는구나. 귀에 걸면 귀걸이 코에 걸면
  코걸이라는 한국법이 도대체 법률이 없어 간첩 못 잡고 도둑놈
  못 잡으며 테러방지와 테러용의자를 못 잡는단 말이더냐?'

'정의화 의장님, 여태 버텼던 게 용했지요. 이 법은 정말
  유신으로 회귀한 법입니다.'

'테러방지법 좋아하시고 있네. 당신들 자신이 테러리스트.
  자유민주주의에 대한 테러!'

지금 방청석에서 이 날을 새워서 하는 야당의 토론을 지켜봐
주고 계신 우리 국민 여러분들께도 감사드립니다.

'국민안전 비상 상황이라고? 그리 안전이 중요했으면 세월호 때
애들 생명이나 잘 구조했어야지…… 너희들이 국민안전에 제일
위협 요인이다!'

'더민주의 요구대로 국가안전처 산하부서는 왜 안 된다고 하고
곧 죽어도 국정원에 두려고 하는가? 부정대선 개입, 유우성 씨
간첩조작이 엊그제인데……'

제가 지금 댓글을 죽 읽고 있습니다. 댓글을 읽고 나면
제가 다음 주제인 시민단체의 의견을 이야기할 거고, 그다음
주제인 테러방지……

● **부의장 이석현** 강기정 의원님, 지금 딱 2시간 하셨는데요.
몸도 좀 풀으시라고 제가 한 말씀 보탭니다.

강기정 의원님이 투사 중에 투사이신데 또 이렇게 뒤에서
뒷모습을 보니까 참 외로워도 보이고 고독해도 보이고
그래요. 그런데 마음속에 응어리진 것 다 풀어내시고
누에가 실을 풀어내듯이 다 토해 내시면 또 몸과 마음이
가뿐해지리라고 생각을 합니다.

그런 댓글들을 보면서 저도 느끼는 게 있는데 사람들이
정말 불의에 대한 분노도 있지만 소통에 대한 목마름이 참
많이 나타납니다. 그렇게 소통을 갈구하고 있구나.

소통을 하면 사람이 공감을 하게 되고 또 공감을 하면
함께 울 수 있는 공명을 하게 됩니다. 그러면 모두 하나가 될
수 있습니다. 다 이해할 수 있습니다. 사랑할 수가 있습니다.
그래서 우리가 그렇게 중요한 소통을, 우리 국회가 국민과의
소통을 그동안에 소홀히 했구나 하는 그런 생각이 듭니다.

강기정 의원님, 과거에 참 오랜 투쟁을 학생시절에도
했지만 국회에 들어와서도 몸을 던져 가면서 정의를 위한
투쟁을 많이 했습니다. 그런데도 우리 의원들이 정의로운
사람이라는 이름으로 불러 주지를 못하고 새 일부 언론의
지칭대로 그냥 폭력을 하는 의원인 것처럼 함께 어울려,
함께 그런 변호를 해 주지 못했던 것에 대해서 정말
마음속으로 죄송하게 생각하고 지금도 무척 가슴 아프게
생각합니다.

우리 강기정 의원님의 그 순수성, 사귀어 보면
정말 어린애 같은 그런 순수성 저는 부럽기도 하고
존경스럽기도 합니다.

우리 강기정 의원님, 용기 잃지 마시고 더 열심히 하셔서
또 국민들으로부터 더 큰 인정받고 무엇보다도 스스로의
양심에 만족을 느낄 수 있는 그런 의정활동 하기를 기대를
합니다. 부디 소통을 잘 하셔서 서로 공감하시고 또
공명하는 그런 세상이 되도록 노력해 주십시오.

나는 강기정 의원님 마음속에 응어리진 마음을 저도
똑같이 지금 느끼면서 아파하고* 있습니다. 저도 눈물이
나려고 하는 그런 지금 마음의 상태입니다.

---

* 회의록 원문에는 "핫하고"

말씀하십시오.

● **강기정 의원** 이석현 부의장님한테 감사드립니다.

제가 이 댓글을 읽고 나서 시민단체 의견을 다시 소개하고 그리고 테러방지법 문제점, 법률안 검토 등을 계속해 나가도록 하겠습니다.

'세금 내고 사는 국민들이 왜 내가 낸 돈으로 월급 주는 머슴인 권력자의 눈치를 보아야 하는가. 그런 시대는 끝내자.'

'21세기에 대한민국에서 자유를 이렇게 갈망할 줄이야. 모두 힘내세요! 지치지 마시고.'

'댓글 다는 국정원에 자꾸 권한 주지 마라. 봐라, 틀림없이 악용하지.'

'이걸로 한국의 정통 야당은……'

'이 법은 제2의 유신헌법과 같다. 야당은 장외농성으로 들어가라!'

'테러방지법은 극단주의 무장세력의 대국민 테러를 방지하기 위한 것이 아니라 선량한 국민을 정신적, 사회적, 육체적으로 테러하기 위한 권력기관의 빗장을 풀어 주기 위한 악법이라고 확신한다. 때문에 민주주의와 인권을 지키려는 민주당이 처절한 싸움을 하고 있는 것이다.

모든 지식인들의 지적처럼 테러방지법으로 명명해서 반대하면 국민의 안전을 거부하는 것으로 보이게 하는 추잡한 속임수다. 마치 유신헌법 반대하면 국가를 새롭게 하는 것에 역행하는 것처럼 역도 취급했던 박정희와 판박이다. 민주주의와 인권을 지키고 있는 민주당 사랑합니다.'

'말은 똑바로 하셔야지, 국민의 안전을 위한 테러방지법이 아니라 국민 사찰을 위한 테러방지법 아닙니까?'

'국민은 알고 있다, 대선 개입, 민간인 불법사찰, 간첩조작.'

'근데 테러방지법 없다고 테러 못 막고 속수무책 당하는 건 아니지 않나. 이건 국민을 옥죄고 억압하기 위한 비열한 꼼수 아닌가! 툭하면 테러방지법 걸어서 체포하고 구금하고 압수수색하고 불 보듯 뻔하다.'

'테러방지법이라 쓰고 국정원 강화법이라고 읽으면 됩니다.'

'원래 업무는 안 하고 댓글이나 싸지르는 것들을 왜 강화하려는지 다 알죠?'

'악법은 반드시 저지되어야 한다.'

'국민의 명령이다. 야권은 힘 모아 저지하라.'

'멀쩡한 국민도 지들의 말도 안 되는 정책에 반대하면 테러리스트로 만들어 버리는 막장정부한테 이런 국민탄압용 만능키를 줄 수 없다.'

'여론 잡으라는 간첩은 안 잡고 조작하고 정치 참여에 갖가지 불법 다 하고 국가안보 중요하지. 안보는 국민이 신뢰할 때 안보는 굳건해지는 거야.'

'니들의 말로 안보가 저절로 생기는 거는 아니거든?'

'지금도 법 위에 군림하는데 그 법까지 주면 어떨까?'

'지금도 못된 짓을 많이 하는데…… 이것 통과되면 지들 수틀리면 모두가 빨갱이다.'

'야당과 국민을 다루기 위한 통제법이다.'

'국민 사찰법이다.'

'제2의 국가보안법 아닌가?'

너무 너무 많아서 제가 소개하는 데도 힘이 드네요. 그냥 넘어가겠습니다.

선배·동료 의원 여러분!

테러방지법에 대한 여론이 이러합니다. 국민 반대를 무릅쓰고 지금 당장 처리할 이유가 없습니다. 다시 한 번 정부와 새누리당에 촉구합니다.

설익은 테러방지법 철회하십시오. 국민들은 이 법안이 정치적으로 악용되지 않을까 우려하고 있습니다. 그 우려를 불식시킬 수 있는 장치를 심도 있게 논의한 후에 그 내용을 반영해서 통과시켜야 합니다.

앞서 말씀드렸듯이 2+2 법안을 6월 국회, 20대 국회에서 국정원 개혁과 함께 처리해야 합니다.

(자료를 들어 보이며)

제가 가져온 몇 건의 자료 중의 첫 번째 한 권을 말씀드렸습니다.

시민단체 의견을 계속 말씀드립니다.

저희 야당 의원만 이 법을 반대하고 있는 것은 아닙니다. 앞서 말씀드렸듯이 국민들이 당연히 반대하고 시민단체에서 일관되게 반대의 목소리를 계속해 온 겁니다.

참여연대 이태호 사무처장님께서 쓰신 글을 소개하겠습니다.

작년 12월 15일에 썼던 글입니다. 2개의 글 연재 형식으로 되어 있습니다.

테러방지법이 없다고? 이미 지나칠 정도로 많습니다.

지금 3일째 이런 내용을 국민 여러분들은 지켜보고 계실 겁니다. 물론 같은 내용이 반복적으로 되어진 것도 있고 또 이미 알고 계신 내용도 있고 그럴 겁니다.

그러나 앞서 의원님들 여덟 분이 하신 얘기하고 제가 드리는 토론 내용하고 설령 똑같다 하더라도 우리는 이 테러방지법이 직권상정된 그 자체에 대해서 동의하지 않고 있고, 두 번째 이 테러방지법 내용에 대해 동의하지 않고 있고, 세 번째로는 이런 내용을 알고 있지만 국민과 다시 한 번 소통하고 힘을 모은다는 취지에서 반복적으로 드리는 말씀입니다.

사실은 여기서 하고 싶은 이야기의 핵심은 앞서 댓글에 소개했던 이야기하고 다름이 없습니다. 우리가 테러방지법 직권상정할 때 과연 필리버스터라는 이런 정말 토론의 방식을 쓸 거냐 아니면 타협해서 부칙에 있는 한 줄을 빼고 우리가 통과시켜 줄 거냐 이런 치열한 논쟁도 한 것이 사실입니다, 우리 더불어민주당 의원총회에서.

그러나 이 법이 갖는 위험성 때문에 도저히 그렇게 타협할 수 없다, 왜냐하면 그렇게 타협하지 않으면 또 국민들이 '대테러를 동의하지 않는 야당' 이라고 또 이제 4·13 총선 앞두고 막 공격해댈 것이 무서운 거예요. 국민들이 그렇게 생각하는 게 아니라 종편을 통해서 다시 한 번 국민들의 생각을 왜곡할 것이 두려워서 솔직히 의원총회를 통해서 마지막 순간에 그냥 동의해 줘 버리자, 동의해 줘 버리는 게 어떨까, 마지막 부칙 조항만 빼고 타협하는 게 어떨까 이런 타협안도 있었던 것이 솔직히 우리 야당의 의원총회 그날 그 모습이었습니다, 월요일 날이었지요, 월요일 날 2시부터 있었던 의총에서.

그러나 그래서는 안 된다. 국민들은 우리 야당을 야당답지 못할 때 질책하는 거고 최선을 다해서 싸우다가 일이 성사 안 될 때는 국민들도 우리가 힘이 부족해서 그래서 그렇다는 것을 이해해 줄 거다 이런 의견들로 결국은 우리가 최선을 다하자 이렇게 된 겁니다. 사실은 그 생각에, 앞서 말씀드렸듯이 과거에는 폭력국회에서 충돌로 비춰진 거고 지금 이렇게 필리버스터라는 이런 제도로 나오게 된 것이지요.

그래서 반복적으로 읽게 됩니다마는 국민 여러분들께서 넓은 마음으로 이해해 주시면 감사하겠습니다.

참여연대 이태호 사무처장이 쓴 글을 소개합니다.

'테러방지법이 없다고? 이미 지나칠 정도로 많다!

대통령이 험악한 말로 테러방지법 제정 압박을 하고 있다. '우리나라가 테러를 방지하기 위해서 기본적인 법체계조차 갖추고 있지 못하다는 것을 IS도 알아 버렸다. 이런데도 천하태평으로 테러방지법을 통과시키지 않을 수 있겠나?', '테러방지법이 통과되지 못하면 테러에 대비한 국제공조도 제대로 할 수 없다'고 '다른 나라와 정보교환도 할 수 없다'고 겁을 주고는 '긴급명령을 발동해서라도 법을 제정하겠다'고 협박한다.'

이 글이 쓰여진 것이 작년 12월 15일이라는 것을 참조해 주십시오.

"테러 발생하면 니가 책임질래?
원유철 새누리당 원내대표 역시 지난 화요일 원내대책회의에서"……

이것은 12월 7일입니다, 화요일이라는 것은.

"테러가 일어나면 야당 책임이라고 윽박질렀다. G20 국가 중에 테러방지법이 제정되지 않은 곳은 우리나라를 포함해서 단 세 곳뿐이란다. '이 법의 제정에 의문을 제기하는 것은 무책임하고 불순한 것으로 간주한다', '테러 나면 니가 책임질래?'라고 눈을 부라리는 앞에서 누가 감히 '그게 과연 필요하냐'라고 따져 물을 수 있겠는가?

그러나 그들이 말하지 않는 것이 있다. 테러방지에 관한 한 우리나라는 G20에 속한 어느 나라보다 강력한 기구와 제도를 운영하고 있다는 사실이다. 우리나라는 식민지와 냉전시대를 거치면서 시민통제에 관한 한 G20 나라 중 최고의 안보국가로 정평이 나 있다. 이미 통제가 지나쳐 과도하게 시민의 인권을 침해하고 있다.

조금만 생각해 보라. G20 중 우리나라처럼 온·오프라인 모든 면에서 광범위하게 시민들의 사생활과 일거수일투족을 정부가 환히 들여다볼 수 있는 나라가 몇이나 되겠는가? G20 중 어느 나라 검찰이 기소권, 수사권을 독점한 채 강력한 권한을 행사하고 있는가? 우리나라 검찰은 세계 최고 수준의 막강한 권한을 가지고 있다. 과연 G20 중 출입국제도, 주민등록제도가 우리나라처럼 촘촘한 나라가 또 있는가? G20 중 우리나라 국정원처럼 국내외 정보수집기능,

비밀경찰기능(수사기능), 정책기획기능, 나아가 작전 및 집행 기능에 이르기까지 무소불위의 권한을 지닌 정보기구를 두고 있는 나라가 또 있는가? 과연 G20 나라 중 우리나라만큼 많은 수의 군대와 경찰을 두고 있는 나라가 몇이나 있는가? 심지어 '치안한류'라는 이름으로 이를 해외에 자랑하고 파견하고 있다.

이런 나라에서 정부와 정치권이 나서서 '테러 나면 니가 책임질래?'라고 공포 분위기를 조성하는 것이야말로 무책임한 것 아닌가?

테러방지법이 없다는 주장도 사실이 아니다. '테러방지법'이라는 이름의 법이 없을 뿐이다. 식민지 시대와 분단을 거치면서 '테러'라는 용어가 정치적으로 악용되어 왔고 전 세계적으로 비슷한 현상이 일어나고 있어 이 용어를 쓰지 않고 있을 뿐 IS에 의해 파리에서 일어난 민간인에 대한 무차별 공격과 유사한 인질사태 또는 무장공격행위를 예방하고 대응하기 위한 법·제도는 무수히 많다. 사실 많은 나라에서 테러방지법이란 하나의 법이 아니라 여러 가지 개별법들의 묶음을 말한다. 같은 맥락에서 우리나라는 이미 수많은 테러방지법을 가지고 있다고 볼 수 있다.

테러방지법이 없다고? 천만에! 지나칠 정도로 많다.

우선 테러에 직접 대응하는 대비태세를 갖추기 위한 각종 법령과 기구가 이미 마련되어 있다. 적의 침투·도발이나 그 위협에 대응하기 위하여 각종 국가방위요소를 통합하여 동원하는 통합방위법 그리고 이를 뒷받침할 비상대비자원관리법을 제정하여 시행하고 있는 것이다.

통합방위사태가 선포되면 국무총리가 총괄하는 중앙통합방위협의회가 각 지역 행정조직과 경찰조직, 군과 예비군 그리고 국정원 등 정보기구를 통합적으로 운용할 수 있다. 통합방위사태는 대통령이 국무회의의 심의를 거쳐 선포하고 통제구역을 설정한다. 기타 시민들의 대피, 구조·구난 활동을 체계적으로 수행하기 위하여 국민안전처도 2014년 세월호 참사 이후 신설됐다. 육해공군, 해병대 그리고 경찰과 해경은 제각각 대테러특공대를 구성해 운영하고 있다. 쌍용차 노조 파업 진압에 강경테러, 대테러특공대가 동원되어 구설수에 오른 바 있지 않은가?

게다가 한국이 지닌 대테러능력에는 한미연합사가 지닌 정보·작전 능력도 포함해야 한다. 한국과 미국 간에는 군사정보를 공유하는 군사비밀보호협정이 체결되어 있다. 한국 국방부는 주한미군을 비롯한 미군의 정보자산으로부터 도움을 받고 있고 매년 정기적으로 한미 대테러훈련도 실시하고 있다. 그 밖에 국가대테러활동지침에 따라 국무총리가 주관하는 국가테러대책회의도 오래전부터 운영해 오고 있다.

사이버 안전을 위해서는 이미 정보통신기반 보호법, 전기통신사업법, 통신비밀보호법상 비밀보호예외조항 등 다양한 법 제도가 도입되어 시행되고 있는데 시민들의 통신기록을 무단으로 대량수집하고 도·감청까지 하고 있어 갈등을 빚고 있다. 공안당국은 카카오톡을 비롯한 SNS를 임의로 감청하고 테러단체도 아닌 평범한 시위대를 추적할 목적으로 통신사업자의 기지국 통신자료를 통째로 가져가는

것을 비롯해 영장 없이 가입자 정보, 통신사실 확인자료, 위치정보 등을 광범위하게 수집하고 있다.

국경 없는 기자회는 2009년 이래 우리나라를 인터넷감시국으로 분류하고 있다. 영국의 경제지 이코노미스트는 지난해 2월 게재된 '한국이 인터넷 공룡인 진짜 이유'라는 제목 기사에서 '한국인들이 광속 인터넷 환경을 누리고 있지만 자유로운 인터넷 사용은 허용되지 않고 있다'고 분석하고 '한국은 암흑시대에 머물러 있다'고 비꼬았다."

이렇게 많은 대테러 관련법도 있고 기구도 있고 제도와 법이 갖춰져 있는 겁니다. 앞서 댓글에서 말씀했듯이 기구와 법과 제도가 없어서가 아니라, 제도가 없어서가 아니다, 이런 댓글이 분명히 정답을 말해 주고 있습니다.

지금 앞서 죽 제가 읽은 참여연대 이태호 사무처장의 글을 소개한 거기에 보면 역시 테러방지법 지나치게 많을 정도로 많다. 이번 테러방지법은 국정원에게 권한을 준 테러방지법이라는 점에서 과거 테러방지법과 같은 것이 없다라면 맞는 거지요, 국정원에게 권한을 그렇게 크게 주는 테러방지법은 지금 죽 열거한 테러방지법하고는 좀 다르기 때문에. 그런 국정원에게 권한을 준 테러방지법은 없다, 그러나 테러대처방지법은 많다, 이것이 정답인 것 같습니다. 국민들을 속일 수가 없지요, 국민들은 더 잘 알기 때문에.

계속 읽어 보겠습니다.

'테러 관련 자금 추적 장치 역시 촘촘하기 그지없다. 범죄에 사용되는 자금을 추적할 수 있는 자금세탁방지제도인 범죄수익은닉규제법, 금융거래정보 보고법은 참여연대를 비롯한 시민단체들 노력으로 제정되었는데 G20 최고수준이라는 평가를 듣고 있다. 그 밖에 공중 등 협박목적 자금조달 금지법, 일명 테러자금조달 금지법도 2008년 제정하여 유엔뿐만 아니라 미국, EU 등에서 요청한 개인과 단체의 자금을 세밀히 추적하고 있다. 이 법에 따르면 테러 관련 자금이라고 의심되면 영장 없이 금융거래를 동결하고 수사에 필요한 정보는 검찰총장, 경찰청장 그리고 국민안전처장에게 제공된다. 외국환관리법도 해외금융거래에 대해 유사한 통제장치를 가지고 있다.'

지금 국회에서 제가 토론을 하고 있는데 많은 의원님들이 사실 총선 일정이나 바쁜 일정 속에서도 많이 자리하고 계십니다.

우리 이원욱 의원님께서 함께해 주시고 계십니다. 이원욱 의원님은 토론자로 신청은 하지 않았지만 이 국정원을 바꿔야 되고 개혁해야 되고 국정원을 국민의 품으로 돌려줘야 되고 권력기관이 돼서는 안 된다 이런 데 전적으로 동의하고 테러방지법에 전적으로 찬성하고 동의한 의원님 중의 가장 일 번째 의원님이라고 저는 알고 있습니다.

우리 이원욱 의원님이 제가 이렇게 이 토론을 신청했더니 진짜 자기가 하고 싶은 이야기 중의 하나가 있다, 이원욱 의원님은 그렇게 꼭 그 말을 해 달라는 겁니다. 본인은 '국회의원을 마르고 닳도록 할 수는 없는 것 아니냐, 사업도 해야 되고 식물도감의 많은 나무 이름 찾고 풀이름 찾고 꽃

이름, 노래 이름 찾는 그런 사람이 되고 싶은데 또 사업해서 돈도 벌고 싶은데 만약 그 과정에 나의 정보누출이나 사생활 침해 이런 것이 일어나면 그것을 어떻게 막을까 이런 고민을 반드시 여기서 발언을 해 달라'. 그래서 '이 자리에 자리하면 제가 반드시 이야기해 드리겠다' 했는데 오늘 이 자리에 참여하고 계십니다.

우리 부좌현 의원님도 역시 안산에서 세월호 문제가 일어났을 때 그렇게 열심히…… 세월호 사건 안산 단원고가 사실은 우리 부좌현 의원님의 그 지역에 있었던 학교 아닙니까? 참 열심히 해 주셨는데 아직도 세월호는 진행 중이고 어떤 것도 해결을 보지 못하고 한과 슬픔만 가슴속에 가득 모여서 많은 사람들이, 국민들이 가슴에 노란 리본을 달고 아직도 슬픔을 감추지 못하고 이기지 못하고 있는 모습을……

제 지역에 성당이 몇 개 있습니다. 제가 가톨릭 신자인데요. 제 집에서 가까운 성당보다 먼 성당이 제 구역이어서 나가는데 저하고 가까운 성당의 사목회장님이 계시는데 그분은 아직도 그 노란 리본을 차고 계세요. 엊그저께 자녀 결혼이 있어서 제가 가서 인사를 드렸더니 그 노란 리본을 아직도 차고 계시더라고요.

부좌현 의원님이 세월호와 같은 사건이, 그때도 세월호와 국정원의 그 의혹에 대해서 계속 나왔던 것 아닙니까? 계속 세월호와 국정원의 관계는 뭐냐, 그 의혹을 밝혀 줘라 이런 이야기를 그때도 했고.

또 우리가 정말 존경하고 사랑하는 김근태 우리 선배님 함께 오랜 동반자였던 우리 인재근 의원님도 우리들한테 누님인데 저렇게 늦은 시간입니다만 자리해서 이렇게 이 테러방지법은 정말 문제가 있다, 도저히 안 된다, 이것은 이래서는 안 된다, 함께 동의를 표해 주신 것 같습니다.

지금 사실은 토론신청자가 너무 밀려서 제가 모두에도 말씀드렸습니다만 저도 일찍 토론을 신청했는데 더 먼저 이 분노를 참을 수 없다, 더 먼저 해야 될 사람들이 있다 이래서 순서를 제가 뒤로 해서 오늘에 하게 됐습니다만.

또 우리 남인순 의원님도 그동안 국회에 오시기 전에는 여성단체, 시민단체에서 이런 국정원 개혁을 위해서—그때는 안기부이기도 했고—그 노력했던 것이 이렇게 대테러방지법으로 왜곡되어서 더욱더 강화되는 역사의 후퇴를 맞이하면서 정말 분노와 몸부림을 치고 있는 그런 모습들을 늘 보내 왔습니다.

우리 비례대표이고 선배님이셨던 신문식 의원님이 지금 자리하고 계시는데, 오랜 야당의 소위 김대중 대통령 시절부터 정말 뼛속까지 야당인, 야성으로 똘똘 뭉친 신문식 의원님도 자리해서 함께 해 주시고 있고.

그 뒤에는 우원식 선배님, 누구보다 국정과 대테러방지법에 대해서는 둘째가라면 서러울 정도로, 국정원과 대테러방지법을 넘어서 을지로 활동을 통해서 정말 국민들 속에 강한 을을 위한 국회를 만들어야 된다고 어필해 주시는 우원식 의원님도 저렇게 늦은 시간에 와 계시고.

아까 말씀드렸습니다마는 우리 야당의 적통을 지켜 주신 추미애 의원님도 함께 해서, 지금 정보위원회 위원이기도 하지요. 박지원 의원께서 지난번에 정보위원회에서 나가시고 이제 추미애 의원님이 들어 오셨는데 사실은 추미애 의원님이 정보위원이기 때문에 대테러방지법 이 법을 가장 먼저 토론해 주셔야 됐는데 김광진 의원한테 양보하고 또 우리들한테 양보하면서 토론 순서가 뒤에 잡혀 있지 않나 이렇게 생각해 봅니다. 역시 추미애 의원님도 두말하면 정말 서러울 정도로 대테러방지법에 나서 주시고.

또 김기준 의원님도 자리에 계십니다. 김기준 의원님은 저와 같이 정무위에 같이 있으면서 자금추적 FIU법, 금융자금 거래를 늘 보고하는 FIU법, 이번에 대테러법의 핵심내용 중의 하나로 금융거래와 관련된 내용을 국정원이 통제할 수 있도록 하는 이런 내용에 대해서 늘 함께 싸우고, 정말 금융거래가 보호될 수 있도록 노력하는 그런 의원님도 함께 뒤에 계셔 주시고.

또 홍영표 의원님은 사실상 김우중 대우그룹 회장님과 함께 또 대우 노동자들과 함께…… 세상은 넓고 할 일은 많다는 김우중 회장과 함께 노동운동 또는 재벌개혁 또는 당연히 국정원 개혁 투쟁에 나섰던 홍영표 의원님도 이 자리에 계셔 주시고.

또 아까도 말씀드렸지만 제가 정치하면서 저한테 사람들이 친노다, 문재인하고 가깝다, 운동권이다, 386이다, 고집쟁이다, 너무 세다, 강하다, 폭력적이다, 독선적이다 이런 온갖 얘기를 할 때도 저를 그냥 품어 주신 정세균 대표께서도 자리에 계시고.

정세균 대표께서는 사실은 무엇보다도 국정원 개혁을 위한 국회 위원장을 맡으셔서 오랫동안 국정원 개혁을 위한 여러 방안을 만들었는데 그중에 국정원 개혁의 방안으로 많은 부분이 실현된 것도 있고 전혀 실현되지 않은 것도 있고 그래서 매우 안타까운 그런 상황이기도 한 것 같습니다.

이런 많은 우리 동료 의원님들이……

또 우리 진성준 의원님도, 우리 당에서 잔뼈가 굵고 당직자 생활부터 지금 의원으로 와서 국방위에서 수많은 댓글 사건, 지난 대선 때 사이버사령부의 댓글 사건을 밝혀내고 그러면서 이 국정원 개혁에 대해서 특히 이 대테러방지법에 대해서 누구보다 뼛속 깊게 문제점을 훤히 알고 있는 진성준 의원님도 자리를 같이해 주고 계십니다.

지금 우리 의원님들이 24시간 계실 수 없으니까 돌아가면서 이렇게 자리를 차지해 주시고 밖에서 시민 필리버스터, 온라인 필리버스터 그리고 국회 필리버스터 응원하는데 또 함께 참여해 주시는데 대표 의원이 발언할 때 보이게 보이지 않게 힘과 용기를 주신 우리 의원님들 참으로 감사합니다.

김기준 의원님도 아까 말씀드렸고요.

당연히 제 뒤의 이석현 부의장께서도, 저하고 2004년부터 늘…… 제가 국회 보건복지위원회에 있을 때 국민연금 개혁할 때 또 기초노령연금법 만들 때부터 저출산·고령사회기본법 만들 때 항상 지도해

주신 사실상 복지정책의 리더, 지도자로서 곧게 서 주신 이석현 부의장님도 든든히 뒤에서 지켜 주시고 너무너무 감사드립니다.

제가 오늘 토론회를 제안하면서 과연 내가 얼마를 할 수 있을까, 너무 많은 얘기를 하는 것도 중요하지만 정말 제가 국민들에게 하고 싶은 얘기가 제대로 전달될까 두렵기도 하고 준비도 너무너무 많이 했습니다마는 말이 중언부언되고 그렇습니다.

한때 청와대에서도 근무했고 누구보다 국정원, 안기부를 잘 알고 계신 유인태 선배 의원님도 자리하고 계시는데 유인태 의원님이야말로 누구보다 국정원의 명암을 문희상 부의장님과 더불어 잘 아시는 분 중의 한 분 아니실까 싶습니다. 국정원이 필요하면서도 국정원이 어디까지 관여를 하고 어떻게 관여를 하고 얼마나 나쁜 일을 하는가 또 좋은 일을 하는가를 너무 잘 아는 의원님이시기도 한 유인태 선배 의원님께서도 자리하고 계시고.

또 우리에게 많은 힘과 기상을 준 이인영 의원께서도 자리하고 계시는데 노동 4법, 특히 파견법으로 대표되는 노동악법 이것은 절대 통과시킬 수 없다, 목에 칼이 들어와도 통과시킬 수 없는 거다, 노동자들의 고용 안정을 해치는 법을 우리 야당이 동의해 줄 수는 없다, 앞서 아까 말씀드렸던 서비스산업발전기본법과 더불어 이 노동 4법은 절대해 줄 수 없다라고 맨 마지막에 배수진을 치고 있는 이인영 의원님도 자리를 하고 계십니다.

사실은 우리 당 사람들을 친노, 운동권, 486 정당이라고 낙인찍고 종편이 낙인찍고 있지만 우리 당은 민주주의의 적통을 잇는 당이고 민주주의와 정의와 신념으로 확실히 뭉친 당이기도 하고 김대중 대통령과 노무현 대통령의 그 숭고한 뜻을 이어 받는, 60년 역사의 전통을 이어 가는 그런 정당이기도 하다는 점에 대해서 모두가 자부심으로 똘똘 뭉쳐 있는 정당입니다.

전쟁을 반대하고 평화를 사랑하고 국익 때문에 때로는 전쟁을 찬성하는 이라크 파병의 문제도 있었고 또 우리 농민을 죽여 가면서도 정말 대한민국 전체의 경제적 이익 수준을 맞추기 위해서 한미 FTA를 찬성했던 그런 아픈 역사도 있지만 그럼에도 불구하고 60년 우리 정당의 역사는 정의, 민주주의와 통일, 남북 화해, 민생을 개척해 온 그런 투쟁의 역사를 갖고 있는 당이다 이렇게 생각을 합니다.

그런 당에 순간순간 자기의 땀과 피와 목숨을 내걸었던 의원들, 정당인들, 그 정당에 정말 거름이 되어 줬던 국민들, 한 사람의 국회의원을 만들기 위해서 이미 죽거나 살아 계시더라도 국회의원은 못 돼도 바닥에서부터 밟힘을 당한 그런 수많은 사람들이 자기의 피와 땀과 밟힘을 당해 가면서, 자기의 대표자를 만들어 내기 위해서 노력했던 그 많은 사람들의 노력과 피땀이 지금의 대한민국 더불어민주당 60년 전통을 만들어 내고 그 민주당은 당연히 그렇기 때문에 정의와 민주주의와 통일의 상징으로 되어 있는, 누구도 범접할 수 없는 정당이다, 그런 정당을 종편이 앞장서서 때로는 정치적인 이해 때문에 '친노 패권 정당이다.

친노 486 정당이다. 운동권 정당이다' 이렇게 낙인찍기를 하고 있는 그 못된 사람들에 대해서 국민 여러분들이 앞장서서 싸워 주셔야 될 것 같습니다.

우리는 친노 패권 정당도 아니고 친노 386 운동권 정당도 아니고 우리는 편협한 이념 정당도 아니고, 우리는 을을 위한 정당이고 민주주의를 위한 정당이고 민생과 경제를 늘 잊지 않는 정당이고 적어도 재벌과 부자를 편들지 않는 정당이라는 것을 몸속에 체화해 놓고 있는데, 물론 순간순간에 정책적 판단 때문에 이라크 파병 문제, 한미 FTA 문제 이런 문제가 제기되고 있고 많이 반성해야 될 문제이고 또 어떠떤 순간에 이겨내지 못하고 때로는 재벌을 편드는, 결과적으로 편드는 법에 동의할 수밖에 없고 표결할 수밖에 없는 그런 아픈 순간순간의 명암을 가지고 온 정당이다 이렇게 생각을 해 봅니다.

제가 이렇게 장황하게 정당을 이야기하고 의원님들 이야기하는 것은 이런 의원님들의 마음이 지금 다 대테러방지법, 국정원법을 막아야 된다, 막을 수만 있다면 의원직을 걸고라도 막아야 된다……

제주도에서 농업을 지켜야 된다라는 것 때문에, 김우남 의원께서도 지금 이 자리에 계십니다마는 사실 우리에게는 한미 FTA나 한중 FTA 때문에 제주도 감귤농사의 정말 뼈아픈 아픔이 있다는 것을 우리는 다 알고 있지 않습니까?

또 농민 이야기하면 무진장임실의 박민수 의원님도 농업정책이 뒷전으로 가는, 지난번 한미 FTA 협정 되고 국회 비준안 통과과정에서 정말 농민들……

'어떻게 해서 대한민국 국회의원 300명 중에 제대로 된 농사꾼 한 명이 국회에는 없냐, 대한민국 국회의원 중에 농사를 직접 짓고 있는 농사꾼은 있어야 될 것 아니냐, 고기 잡는 어부들은 있어야 될 것 아니냐, 왜 대한민국 국회에는 이렇게 율사 출신이 많고 검사 출신이 많고 왜 이러냐' 이런 얘기를 했던 농민 출신 의원님도 기억납니다.

우리 박민수 의원님도 김우남 의원님도 농촌 농민들의 이해·요구를 대변하시면서 늘 싸워 주신 것, 대테러방지법을 위해서 싸워 주신 것 참으로 감사드리고 국민들이 아마 그 응분의 칭찬을 하리라고 생각합니다.

은평의 이미경 의원님이야말로 평화를 사랑하는, 평화와 관련된 법안을 통과시키려고 하자 당시에 여당으로부터 탈당을 감행하는 그래서 평화의 전도사처럼 기득권을 평화와 바꾸는 의원님이시지요. 그런데 또 자리도 함께해 주시고 계십니다.

계속해서 제가 참여연대 이태호 사무처장님 글을 계속 좀 더 읽도록 하겠습니다.

'테러위험인물들의 출입과 동선을 추적하기 위한 출입국관리제도 역시 다른 나라에서 통제가 심해 인권침해가 빈발하게 나타난 것으로 악명을 떨치고 있는 제도이기도 합니다. 예를 들어 2010년 G20 정상회담을 앞두고 경찰청은 중동, 아프리카, 동남아시아의 이슬람권 57개국에서 입국한 5만여 명의 국내 체류상황을 조사해 그중 행적이 의심스러운 외국인 99명을 특별 관리했습니다. 또한 경찰청은 법무부와

국가정보원 등도 테러용의자 명단을 확보해 입국금지 대상에 포함시키고 있으며 현재 입국이 금지된 테러혐의 외국인은 5000여 명에 달하고 있다고 발표했다.

그런데 이 명단 때문에 시민사회단체의 G20 관련 학술회의에 참가할 예정이었던 파키스탄 여성단체 대표 칼리크 부슈라, 네팔노총 사무총장 우메쉬 우파댜에, 국제농민단체 비아 캄페시나 대표인 헨리 사라기 등 6명의 비자가 거부되었고 필리핀 소재 개발원조단체인 이본 인터내셔널의 폴 퀸토스 부장을 비롯한 8명의 필리핀 활동가는 비자를 받고도 공항에서 무더기로 입국불허 통지를 받아야 했다. 이들은 대부분 미국을 비롯한 전 세계의 국제행사에 자유롭게 참여해 오던 인사들이었다. 2010년 2월에는 경찰이 대구 이슬람 사원 주변에서 근무하는 이맘과 이주노동자 등 2명의 파키스탄인이 탈레반 구성원이라고 발표하였으나 재판과정에서 검찰과 경찰은 관련 혐의를 입증하지 못했다.

박근혜 대통령은 테러방지법이 제정되지 않으면 국제공조도 정보 교환도 제대로 할 수 없는 것처럼 강변하지만 사실이 아니다. 국제정보의 공조는 테러방지법 제정과는 거의 상관관계가 없고 지금 현재도 국제공조와 정보 교환은 활발하게 이루어지고 있다.

우선 앞서 언급했듯이 한미 간 군사비밀보호협정이 체결되어 있고 연례적인 대테러 군사훈련, 대량살상무기 확산방지 훈련을 실시하고 있다. 미국 국가안보국(NSA)이 전 세계와 자국민을 무차별 사찰하고 감청해 온 사실을 폭로한 에드워드 스노든이 한국 언론과의 화상대화에서 밝힌 바에 따르면 한미 정보당국 간에는 최소한의 국방 측면의 정보 공유가 일어나고 있다.

테러 관련 자금 추적을 위한 국제정보 교환과 공조 역시 활발하다. 한국은 지난 2015년 7월부터 1년간 국제자금세탁방지기구의 의장국을 맡고 있다. 의장은 신제윤 금융위원회 위원장이다. 전 위원장입니다, 이것은 그때니까.

유엔 협약 및 유엔 안보리 결의 관련 금융조치를 이행하는 태스크포스(TF)인 FATF는 금융시스템을 이용한 자금세탁과 대량살상무기·테러무기와 관련 자금조달을 막는 역할을 한다. 이미 시행 중인 공중 등 협박목적 자금조달 금지법은 유엔의 요청뿐만 아니라 미국 등 우방국의 요청만 있으면 위험인물로 지목된 개인과 단체의 금융거래를 동결하고 해당 자금 조성과 은닉에 관련된 이들을 처벌할 수 있게 하고 있다.

외국환관리법 역시 유엔과 우방국과의 긴밀한 정보 교류와 공조 속에서 시행되고 있다. 외국환관리법의 하위 지침인 국제평화 및 안전유지 등의 의무이행을 위한 지급 및 영수 허가지침에 따르면 유엔 결의로 제재를 결정한 개인이나 단체 외에도 미국 대통령령, 유럽연합이사회가 지명한 개인 및 단체에 대해서 기획재정부가 금융 제재를 할 수 있도록 되어 있다. 지난 3월 기획재정부는 IS 대원 27명을 포함해 669명을 금융 제재 대상자에 포함시키고 수시로 업데이트하고 있다.

그런데 오히려 우방국과의 과도하고 근시안적인 협력이 문제되는 경우도 적지 않다. 이란 제재가 그 대표적 사례다. 2010년 9월 이명박 정부는 이란의 핵 프로그램에 대한 미국의

제재 요청을 받아들여 102개의 단체와 24명의 개인을 금융 제재 대상자로 지정하였다. 여기에는 이란과 교역하는 우리 기업들의 결제은행인 이란 국영 멜라트은행도 포함되어 있다.

유엔 안보리 결의안 1929호는 이란의 40개 단체와 1명의 개인만을 제재 대상으로 지정하였고 이 결의안의 어떠한 조항도 국가들이 이 결의안 범주를 넘어선 조치나 행동을 취할 것을 강요하지 않는다는 점을 강조한다고 밝히고 있다. 한국의 이란 제재는 미국 국내법에 따른 것으로 유엔 안보리 결의에는 위배되는 것이라는 해석이 가능하다. 한국 정부는 유엔 안보리 결의를 위배하면서까지 미국의 요청에 따름으로써 결과적으로 이란과의 교역 단절에 따른 막대한 손실을 초래한 셈이다.

우방과의 잘못된 국제공조 중 최악의 사례는 이라크 전쟁과 파병이다. 한국 정부는 이라크 후세인이 핵을 개발하고 있고 테러세력과 연관되어 있다는 미국의 일방적 주장을 받아들여 유엔도 승인하지 않는 전쟁에 한국군을 파견했다.

한국은 당시 영국 다음으로 많은 세계 3위 규모, 3600명의 군대를 파견했다. 그러나 점령 직후 이라크에 핵 프로그램이 없었고 후세인 정권과 테러집단과는 관련이 없다는 사실이 재확인되었고 미국 정부조차 이를 인정하지 않을 수 없었다.

9·11 사건을 예측하지 못한 데 이어 두 번째의 치명적인 정보 실패였던 셈이다. 그런데 미국과 그 동맹국들의 이라크 불법 점령 이후 이라크는 이슬람 극단주의자들을 불러 모으는 지하드의 성지가 되어 버렸다. 이라크 내부 저항세력의 끈질긴 게릴라전을 소탕하는 과정에서 무고한 민간인이 다수 희생당했다. 특히 관타나모 수용소, 바그람 기지 수용소, 아부그라이브 수용소 등 해외 수용시설에서 미군이 적 전투원으로 의심된다는 이유로 증거도 없이 수감된 민간인들을 고문·학대했다는 사실이 전 세계에 알려지면서 미국이 주도한 테러와의 전쟁은 전 세계에 테러리즘을 확산하는 자양분이 되고 말았다. 파리 테러를 주도한 IS도 이즈음 이라크를 기반으로 형성되었다.

그렇다면 테러를 방지하는 데 부족한 것은 아무것도 없다는 것인가? 그렇지 않다. 취약한 구석이 있다. 지금 우리나라에서 가장 취약한 구석은 뭘까? 단연코 국가정보원의 해외 정보 수집능력이다. 박근혜 대통령이 강조해 마지않는 국제 정보 교류 및 공조의 강화를 위해서도 국정원을 개혁하여 해외 정보 수집과 분석에 집중하게 해야 한다.

유감스럽게도 우리나라 국가정보원은 그 덩치나 무제한의 권한에 비해 독자적인 해외 정보 수집능력이 지극히 부족하다. 대북·해외·국내 정보 수집을 독점하고 기획조정이라는 이름으로 각급 정부 부처와 기관들을 쥐락펴락하며 대내 심리전을 빙자해 민간인들을 사찰하거나 정치에 개입하는 등 불필요한 일에 시간과 인력을 낭비하고 있기 때문이다.

최근 수년간 일어난 국정원의 민간인 사찰사건, 대선 개입 사건, 불법 해킹 사건, 중국 동포 간첩 조작 사건 등은 국정원 일탈행위의 일각을 보여 주고 있다.

국정원의 일탈을 보여 주는 증거뿐만 아니라 국정원의 무능을 보여 주는 사례도 끝없이 열거할 수 있다. 특히 다음에 열거하는 것은 국정원이 IS에 대해 독자적인 정보수집능력을

갖추고 있을 가능성이 거의 없음을 보여 주는 정보 실패의 사례다.

2003년 이라크 파병 당시 국정원은 석유자원 확보와 안전 등을 고려할 때 이라크 북부가 파병지로 바람직하다는 의견을 내놨다. 첫 파병지로 거론된 곳은 이라크 북부의 모술이었다. 군과 국정원은 모술이 안전하다고 주장했고 군이 주도한 현지 조사단의 정부 측 참가자들은 현지 군부대 등을 건성으로 시찰한 후 모술이 안전하다고 보고했다.

민간 연구자로서 현지 조사단에 참가했던 박건영 교수만 유일하게 조사단 일정이 실제 조사에 포함되지 않았으므로 모술이 안전한 파병지라는 결론에 찬동할 수는 없다고 밝혔다. 하지만 유엔 이라크지원단이 타전하는 일일보고서에는 모술이 이라크에서 종족 간 무장 갈등이 가장 심한 곳 중의 하나로 보고되었다.

모술이 위험한 지역이라는 정보를 국내에 제공한 것은 국정원이 아니라 유엔을 모니터하던 시민단체, 참여연대였다. 한편, 우여곡절 끝에 이라크 북부의 아르빌에 자이툰 부대를 파견하기로 한 한국 정부는 아랍어 통역병을 모집해서 현지로 파견했는데 현지에 도착해서야 아르빌 지역에서는 아랍어가 아닌 쿠르드어를 사용한다는 사실을 확인했다. 이것이 당시 우리나라 해외 정보력의 수준이었다.

지금 모술 인근 지역은 IS가 점령한 상태로 쿠르드족, 투르크족 등 3파전의 무장 갈등이 지속되고 있다. 하지만 국정원도 군도 외교부도 한국의 이라크 파병이 이라크, 특히 우리가 파병했던 이라크 북부 지역의 평화와 재건에 과연 긍정적인 영향을 미쳤는지 어떤 모니터 보고서도 내놓지 않고 있다.

참여연대가 매년 국회를 통해 자료를 요청하지만 단 한 번도 국회에 공개된 바가 없다. 이렇게 이라크 상황에 대한 평가나 정보가 부족한 상태에서 이명박 정부는 자원외교라는 이름으로 이라크 만수리야와 아카스 가스전 개발에 투자했다. 이 사업은 IS와 이라크 정부군 간의 내전이 격화됨에 따라 2014년 6월부터 현장작업이 중단된 상태이다.

어디 이라크뿐인가? 20조 이상의 손실을 가져온 자원외교의 실패에는 부정부패도 있지만 고질적인 해외 정보력의 부재가 큰 역할을, 큰 몫을 하고 있다. 이게 국정원과 정부의 해외 정보력 수준이다. 이런 국정원에게 테러방지법을 던져 준다고 한들 제대로 일을 할 수 있겠는가?'

그렇습니다. 이라크 파병도 파병이고 자원외교 40조라는 실패를 했던 이 자원외교, 이명박 정부 때. 해외 정보력 부재로 자원 손실했던 것 다 아는 겁니다. 국정원이 뭘 해야 되는지, 부족하다는 것을 이야기하고 있는 겁니다.

박근혜정부의 국정원에서 북한 담당 기획관 1급으로 일했던 제 친구이기도 한, 후배이기도 한 구해우 미래전략연구원 원장은 신동아와의 인터뷰에서 '국정원은 정권안보기구로 출범했다는 태생적·체질적 한계를 극복하지 못했다.' 이렇게 말합니다. '국가 안보보다 정권 안보를 중시하는 체질 때문에 정치권력에 줄을 대는 행태가 나타났다'고 혹평했습니다.

그는 또 '정보기관 요원들이 댓글 공작이나 하고 북한과 관련해 소설 같은 이야기를 흘리는 언론플레이 공작이나 하는 것은 부끄러운 일'이라며 '해외 및 북한 파트와 국내 파트를 분리하는 것을 포함한 구조 개혁을 단행해야 한다'고 주장했습니다. 그는 '정권 안보기구로서의 성격이 강한 국정원뿐만 아니라 검찰 또한 과도한 권력 집중 및 정치화의 병폐'를 갖고 있다면서 '국정원의 국내 분야는 경찰의 수사기능과 합쳐 미국 FBI와 비슷한 형태의 중앙수사국으로 통합하고 검찰은 수사 기능을 KFBI에 넘기고 미국식 공소유지 전담기구로 재편하며 국정원은 해외·북한을 담당하는 독립 정보기구로 개혁할 것'을 제안하였습니다.

이 구해우 미래전략연구원 원장은 사실 북한도 많이 공부하고 연구하고 한때 운동권이기도 했고 모든 것을 이것저것 다 아는 그런 사람이기도 했던 사람입니다. 어디 한쪽만 보고 했다라면 이야기가 좀 틀리겠는데 여러 가지를 동시에 본 사람의 얘기를 제가 방금 읽어 드린 겁니다.

그만큼 국정원이 자원외교로 보나 방금 구해우 미래전략연구원 원장의 말로 보나 또 앞서 참여연대의 오랜 글로 보거나 지금 국정원이 제 역할을 못 하는 것 그 부분에 대해서 분명히 지적하고 있는 겁니다. 국정원을 이대로 가자는 게 아니라 국정원도 바뀌어 될 것이 있다.

이렇듯 국정원이 오·남용해 온 과도한 권한과 기능, 국내 정보수집 기능, 수사기능, 기획조정 기능, 대내심리전 기능을 없애고 해외와 북한 정보 수집을 전담하게 해야 한다는 것은 우리 진보 인사들만의 주장이 아니고 보수·진보를 넘어 모든 사람, 정보 개혁을 요구하는…… 개혁을 요구하는 모든 사람들입니다. 그래서 우리가 이에 맞춰서 법도 내놨다는 것을 앞서 말씀드렸습니다. 그런 법을 같이 이렇게 토론을 해야 한다는 것도 말씀드렸습니다.

그런데 지금 국정원이 밀어붙이고 있는 이 테러방지법, 사이버테러 방지법은 불행하게도 역방향으로 가고 있다는 겁니다. 이들 법안은 무늬만 테러방지법일 뿐 사실상 국정원이 그 본령인 해외 정보수집 기능을 강화하기보다 국내 정보수집, 조사와 수사, 정책 기능, 작전 기능, 시민 사찰, 정치 개입을 더욱 강화하도록 고안한 법이다. 국정원의 비효율과 무능을 더욱 극대화하고 인권침해만 가중시킬 우려가 크다.

무엇보다도 여당 의원들에 의해 국회에 제출된 테러방지법안들은 법률적으로 모호한 테러행위를 예방한다는 명분으로 국정원 등 국가기관에 과도하고 포괄적인 권한을 부여하고 있습니다. 4개의 테러방지법은 국정원에게 테러 및 사이버테러 정보를 수집·분석할 뿐만 아니라 정부 부처의 행동계획을 수립하고 나아가 대응을 직접 지휘하면서 필요시 군을 동원하는 집행기능까지 수행하는 광범위한 권한을 부여하고 있습니다.

예를 들어 국정원 산하에 대테러센터를 두어 정보를 집중하고 국무총리가 주관하는 정부 유관 부처가 참여하는 국가테러대책회의를 두되 그 산하에 대테러상임위원회의 의장 역시 국정원장이 담당하는 것입니다. 지역과 부문의

테러대응협의체도 해당 지역과 부문의 국정원 담당자들이 주관한다, 그래서 결국 이 법은 국정원에 의한, 국정원을 위한, 국정원의 테러방지법이다, 국정원의 법이다. 국정원에 의한, 국정원을 위한, 국정원의 법이다 이렇게 말할 수 있을 것 같습니다.

박근혜정부와 국정원이 추구하는 테러방지법은 미국의 사례를 따르는 것처럼 보이지만 사실은 미국과도 많이 다릅니다.

9·11 전후 미국은 3년간 논의 끝에 2004년 정보기구를 개편했는데 그 핵심은 정보 분석 취합기능을 CIA에서 떼어 내는 것이었습니다. CIA에 집중된 정보 분석기능이 정보 실패를 가져왔다는 판단 때문입니다. 대신 정보 취합·분석을 전담할 국가정보국장실을 신설하고 해외 정보 수집은 CIA와 DIA(국방정보국), 국내 정보 수집과 수사는 FBI, 전자신호 정보 수집은 NSA, 영상정보 수집과 분석은 NRO, NGA 등으로 각 정보기구의 역할을 전문화하였다는 것입니다.

국가정보국장실은 이들 정보기구들을 포함한 총 17개 부서에서 올라오는 각종 정보를 취합하고 분석하고 데이터베이스를 구축하는 독립기구로서 대통령과 NSC, 국토안보부를 보좌하는 것입니다.

정보 수집·분석 기능, 조사·수사 기능도 각각 분리하고 있습니다. 해외에서 군사작전 중에 체포된 적 전투원에 대해서 일부 CIA와 DIA가 수사하지만 대부분의 조사·수사 기능은 FBI가 담당한다. 특히 잠재적인 테러 위협을 조사하고 대비하기 위하여 FBI 산하에 테러리스트조사센터를 별도로 운영하는데 이 센터는 FBI 산하 기구이지만 법무부, 국무부, 국방부, 국토안보부 등이 협의하여 운영한다.

요약하면 9·11로부터 미국 정보당국이 얻은 교훈은 정보의 독점은 정보 실패를 낳는다는 것이다. 그래서 미국은 정보 독점을 하지 않겠다는 것입니다. 따라서 9·11 이후 미국 정보 개혁의 핵심은 정보 수집과 분석의 분리, 정보주체와 집행주체의 분리, 각급 기관 간의 견제와 균형의 확대를 지향하고 있습니다. 그런데 한국에서는 비대하고 무능하며 국내 정치 개입을 일삼는 국정원에게 더 많은 사찰기능과 독점적 권한을 부여하는 방향으로 대테러법을, 테러방지법을 제정하려고 하고 있습니다. 그것이 문제인 것입니다.

● **부의장 이석현** 강 의원님, 오늘따라 음성이 좀 빨리 피곤해지신 것 같아요.

제가 이 자리에 앉아서 앞에 발언하는 의원님을 볼 때마다 항상 미안한 마음이 있습니다. 필리버스터 연설은 다섯 시간도 하고 여덟 시간도 하고 열 시간도 하는데 도중에 화장실에 다녀오시라는 말씀을 제가 못 드리는 겁니다. 이것이 참, 화장실이 바로 여기 문만 열면 걸어서 30초 거리에 있는데, 그래서 그것을 앞으로 여야 원내대표들이 협의해서 무슨 근거규정을 둔다거나 발언 중에……

(● 최규성 의원 의석에서 ― 부의장이 직권으로……)

가령 5분이라도 화장실 타임을 둔다거나 이런 것을 하면 좋겠다 싶은데 제가 누구한테 그런 얘기를 한 번 해 봤더니 '성스러운 민의의 전당에서 발언하다 무슨 화장실을 가냐?'고도 하는데……

(「김대중 대통령도 갔다 오셨답니다」 하는 의원 있음)

국회라는 건 성스러운 것도 아니고 속된 것도 아니고 그냥 사람들이 모여 있는 곳입니다, 민의를 대변하는 곳이고. 그래서 여야 원내대표단이 그런 점을 깊이 있게 의논해서 인도적인 차원에서 합의를……

(● 최규성 의원 의석에서 ― 의장님의 권한으로 화장실 갔다 오라고……)

이 점도 한번 내가 의논을 해 보겠습니다. 그런데 내가 실무진들한테 물어봤더니 또 '그러면 안 된다'고 하더라고요. 그래서 의논을 더 해 보겠습니다만 좌우간 제가 여기 앉아서 항상……

(● 최규성 의원 의석에서 ― 아니, 거기 선 자리에서 싸라는 얘기……)

의원님들을 보면 죄를 짓는 기분이 들어요.

(● 최규성 의원 의석에서 ― 그냥 선 자리에서 싸라는 얘기……)

그래서 우리 최규성 의원님, 아주 강력하게 표현했듯이 바로 그러한 제 의견을 여야 원내대표단들과 의논해서 좋은 방법을 찾아보도록 하겠습니다.

(「의장님께서 결정하시면……」 하는 의원 있음)

(● 최규성 의원 의석에서 ― 승인해 주면, 본인이 갔다 오라고……)

여기서 그 부분을 더 검토하도록 하겠습니다. 예를 들면 세 시간을 넘게 발언할 때는 한다, 지금 우리가 통상 회의 때는 15분으로 발언이 제한돼 있으니까 그 문제가 없고, 그래서 발언 중에 갔다 오지 않는 게 지금 우리 관행으로 굳어 있습니다. 그런데 세 시간 이상 하는 이 필리버스터 때는 여러 시간 하는 분들이 많기 때문에 그렇게 하는 쪽으로 한번, 그러면 우리 최규성 의원님 이름을 보태 갖고, 내 의견에다가 보태 가지고 여야 간에 협의하도록 그렇게 하겠습니다.

(● 최규성 의원 의석에서 ― 생리적 현상을 막는 것은 우리가 하느님의 뜻에 어긋나는 거예요.)

공감합니다.

● **강기정 의원** 제가 테러방지법에 대해서 좀 더 이야기하고, 지금 국정원 댓글사건 중의 하나인 김하영 국정원 여직원 감금사건을 제가 재판을 받고 있습니다. 그 사건에 대해서도 이야기를 해야만 될 것 같아서 또 준비를 했습니다.

지금 저하고 이종걸 원내대표, 문병호 의원, 김현 의원 그리고 당직자 한 명 다섯 명이 지금 재판을 네 차례 받았고요. 물론 김하영 국정원 여직원도 직접 증인으로 나와서 열두 시간 증인신문도 하고 그랬습니다마는 그 사건도 결코 이 테러방지법과 무관하지 않은 건이다

그래서 그것도 지금 준비해서 이따 이야기를 좀 드리도록 하겠습니다.

테러방지법이 국정원과 관련돼서 왜 문제인가에 대해서 계속 이야기하도록 하겠습니다.

최근 국회에 제출된 테러방지법안, 사이버테러 방지법안들은 하나같이 국정원 등의 공안기구에 테러단체 혹은 테러위험인물을 지정할 권한을 주고 테러위험인물로 의심할 만한 상당한 이유가 있는 경우 출입국관리기록, 금융거래정보 및 통신사실 확인자료 등을 영장 없이 요구할 권한도 부여하고 있다. 평범한 해킹도 사이버테러의 범주에 포함하고 모든 통신사마다 의무적으로 도·감청 설비를 구비할 것을 의무화하는 독소 조항도 있다. 반면 국정원이 지닌 과도한 권력에 비해 그 인력·예산·활동 내역에 대해서는 정부 내부와 국회를 막론하고 어떠한 견제와 감시도 미치지 못해 불투명한 반민주적 기구의 대명사로 국내외에 오명을 떨치고 있는 실정이다.

이 문제에 대해서도 미국의 사례는 참고할 만하다. 미국은 9·11 사건 직후 패키지 테러방지법인 애국자법을 제정했는데 이 법은 제정되자마자 그 비효율성과 부작용에 대해 비판에 직면해서 2006년에 대폭 개정하고 그 후에도 독소 조항이 계속 있어서 2015년 6월 2일 결국 폐기하고 미국자유법으로 대체된 바가 있습니다.

그때 대표적인 독소 조항의 하나가 애국자법 215조입니다. 이 215조 내용을 말씀드리면 NSA가 외국인과 자국민에 대해서 무더기로 도·감청하고 통신기록을 수집할 수 있도록 허용하여 인권침해 논란을 빚었던 것입니다. 2004년 조지 부시 대통령이 구성했던 대통령 직속 사생활 보호 및 시민 자유 검토 위원회는 'NSA의 통화기록 프로그램이 대테러 조사활동에 가시적인 성과를 냄으로써 미국에 가해지는 위협을 개선했다는 어떤 증거도 없다'고 비판했지만 2006년 이 법을 대폭 개정한 후에도 이 독소 조항은 사라지지 않았습니다. 2013년 전 NSA 직원 에드워드 스노든이 미국 정부가 전 세계와 자국민을 상대로 무차별 도·감청을 자행해 왔다는 사실을 폭로한 후에야 비로소 이 독소 조항의 개폐가 정부와 의회에서 진지하게 논의되기 시작했습니다.

2015년 6월 애국자법이 폐지된 이후 이를 대체한 미국자유법은 그동안 논란이 돼 왔던 NSA의 외국인과 자국민에 대한 무차별 도·감청과 무더기 통신기록 수집을 금지하고 대신 자국민에 대해서는 영장 받은 선별적 감청만 가능하도록 하였습니다.

(2월25일 24시 경과)

애국자법의 또 다른 독소 조항 중 하나는 국가안보레터다. 애국자법 505조는 FBI가 일종의 행정명령인 국가안보레터를 발송하여 인터넷 서비스 제공자, 도서관, 은행, 신용카드 업체 등에게 가입자의 통신기록 또는 거래기록을 통째로 요구할 수 있도록 했다. 국가안보레터제도는 예전에도 있었던 제도이지만 애국자법 제정과 더불어 그 발행요건을 대폭 완화한 것이다. 심지어 국가안보레터를 받은 사업자는 고객의 정보를 FBI에

제공했다는 사실조차 고객에게 알릴 수 없도록 했다.

2014년 오바마 대통령이 구성한 대통령 직속 정보재검토 그룹은 다른 유사한 수단들이 법원의 허가를 필요로 하는데 반해 국가안보레터만 FBI에 의해서 발행돼야 할 원칙적 이유를 찾을 수 없다며 이 제도의 개선을 요구하기도 했다.

하지만 애국자법 대신 제정된 미국자유법에서도 법원의 허가 없이 레터를 발행할 수 있도록 한 조항은 폐지되지 않고 존속하게 되었다. 다만 미국자유법은 국가안보레터 발행 시 FBI를 비롯한 관계기관은 이용자 정보를 통째로 요구하지 못했고 필요한 정보를 특정하도록 제한했고 국가정보장으로 하여금 매년 국가안보레터 발행 건수와 정보수집 건수를 웹사이트에 의무적으로 공개하도록 하였다. 또 과거의 함구령도 일부 개선하여 레터를 받은 사업자는 매년 총 몇 번의 레터를 통해 총 몇 명의 기록을 제공했는지 공개할 수 있게 하였다.

(이석현 부의장, 정갑윤 부의장과 사회교대)

프랑스에 테러방지법이 없어서 파리테러를 당한 것이 아니다. 한마디로 지금 국회에 제출돼 있는 테러방지법안과 사이버테러 방지법안들은 미국에서는 이미 폐기되거나 제한되고 있는 것을 국정원과 검경에게 부여하는 독소 조항을 가득 담고 있다. 이 법안이 통과돼서는 안 된다.

미국, 영국, 스페인, 러시아, 프랑스 등 이슬람 극단주의 단체로부터 무장공격 당한 나라들이 테러방지법이 없어서 당한 것이 아니다. 무장단체의 무자비함과 더불어 이들 나라의 대외정책이 정의롭지 못해 해당 지역의 주민들에게 큰 불행을 안겨 주는 측면도 있고 그래서 극단주의 세력의 표적이 된 것이다.

IS는 우리나라가 미국을 도와 파병했던 이라크에서 사실상 시작되었다. 우리나라가 IS 테러의 표적이 되었다면 테러방지법이 없어서가 아니라 미국을 도와 세계 3위 규모의 군대를 이라크에 파견하고 그 후로도 이라크 등에 일어난 재앙에 대한 책임감을 느끼는 대신 석유자원 확보니 가스전 개발이니 하는 몰염치한 일에 아무런 현지 정보도 없이 엄벙덤벙 나섰기 때문일 수 있다. 우리나라 정부가 첫 파병지로 물색했던 모술은 지금 IS가 점령하고 있다.

변화가 절실하다. 대책도 시급하다. 가장 절실한 변화는 테러와의 전쟁에 협력해 온 지난 14년간의 우리나라 대외정책을 돌아보는 일이다. 공포를 과장하고 적개심을 고취하는 것으로는 문제를 해결할 수 없다. 지금 가장 시급한 대책은 테러방지법이 아니다. 국정원을 개혁하여 해외정보 수집에 집중함으로써 국민이 준 세금을 아깝지 않게 하는 것이다.

나중에 다시 소개하겠지만 우리 당에는 이미 진성준 의원, 진선미 의원 두 분이 국가정보원을 '통일해외정보원'으로 개편하여 국정원이 대외정보 수집이라는 본연의 임무에 충실하게끔 하는 내용의 국정원법 전면개정안을 제출해 놓은 상태에 있습니다. 이미 오래 되었습니다. 2013년 일입니다. 얼마 있으면 이 법은 자동폐기될 위기에 놓여 있습니다.

이미 우리 당은 시민사회의 의견을 적극 반영하여 19대 초부터 법안도 준비해 놓고 있습니다. 앞서 말씀드렸던 2+2 검토에 들어간다면 그런 법들이 반드시 함께 논의되어야 할 것입니다.

다음은 민주사회 변호사를 위한 모임, 민변에서 테러방지법에 대해서 지난 18일 의견서를 냈던 내용을 다시 한 번 소개하고자 합니다.

테러방지법안에 대한 민변 의견서

1. 테러방지법안 중 쟁점법안 현황 등 일명 테러방지법안으로 불리는 법안으로 현재 국회에 계류 중인 법안의 목록은 다음과 같다.

1번. 국가대테러 활동과 피해보전 등에 관한 기본법안, 새누리당 송영근 의원, 2013년 3월 27일 발의했습니다.

2번. 국민보호와 공공안전을 위한 테러방지법안, 새누리당 이병석 의원, 2015년 2월 26일 발의했습니다.

3번. 테러예방 및 대응에 관한 법률안, 새누리당 이노근 의원, 2015년 3월 12일 발의했습니다.

4번. 국가 사이버안전 관리에 관한 법률, 새누리당 하태경 의원, 2013년 3월 26일 발의했습니다.

5번. 국가 사이버테러 방지에 관한 법률안, 새누리당 서상기 의원, 2013년 4월 9일 발의했습니다.

6번. 사이버테러 방지 및 대응에 관한 법률안, 새누리당 이노근 의원, 2015년 6월 24일 발의했습니다.

7번. 사이버위협정보 공유에 관한 법률안, 새누리당 이철우 의원, 2015년 5월 19일 발의했습니다.

8번. 출입국관리법 일부개정법률안, 정부, 2015년 10월 26일 발의했습니다.

9번. 특정 금융거래정보의 보고 및 이용 등에 관한 법률 일부개정법률안, 새누리당 박민식 의원, 2015년 3월 6일 발의했습니다.

10번. 통신비밀보호법 일부개정법률안, 새누리당 박민식 의원, 2015년 6월 1일 발의했습니다.

이 가운데 현재 쟁점법안화되어 있는 것은 1번, 오프라인상의 테러방지에 관한 법인 위 계류법안 중의 1번부터 3번.

2번, 사이버상의 테러방지에 관한 법안인 4번부터 7번입니다.

한편 위 법안에 대응하여 더불어민주당은 지난 2016년 1월 22일 국제 공공위해단체 및 위해단체 행위 등의 금지에 관한 법률안을 제출한 바 있습니다.

이하에서 쟁점법안으로 분류되어 있는 오프라인상의 테러방지에 관한 법안인 위 계류법안 중 1~3, 사이비상의 테러방지에 관한 법안인 4~7과 더불어민주당이 제출한 국제 공공위해단체 및 위해단체 행위 등의 금지에 관한 법률안에 관해 우리 모임의 의견을 표명합니다.

오프라인상의 테러방지에 관한 법안.

결론, 새누리당이 제출한 바 있는 오프라인상의 테러방지에 관한 법안은 모두 반대의견입니다.

이유, 1번, 여당이 발의한 테러방지법은 최근 파리테러와 북한의 핵실험, 장거리 로켓 발사를 빌미로 한 국정원 강화법안으로 개념의 모호성과 과도한 위임입법으로 인하여 시민의 기본권을 침해할 가능성이 매우 높습니다.

애초에 여당 법안은 국정원에 테러대응종합센터를 두는 안으로 입안된 바 있고, 그 이후 정보위 협의과정에서도 국정원에 대테러센터 등을 두는 안이 제안된 바 있는데 이는 결국 테러를 빌미로 국정원을 강화하고자 하는 안임을 보여 줍니다.

최종안에 의하더라도 국정원은 국가 테러업무 수행실태를 점검·평가한 보고서를 국회에 제출하고 테러위험인물에 대한 정보수집 권한 등으로 관여가 가능하여 악용의 여지가 있습니다.

지금까지 역사적으로 국정원의 권한 강화는 권력에 의한 비판자 사찰과 탄압 및 선거개입 등 국기문란으로 연결되었습니다. 그런데도 대통령이 '테러가 일어나면 야당이 책임'이라는 등 언사로 국회와 국민을 겁박하고 최근 쟁점법안이라는 이름으로 국회 통과를 강하게 추진하고 있습니다.

국민과 야당이 이 법에 대해 가지고 있는 의구심을 진지하게 해소하기는커녕 일어나지도 않을 테러를 야당 책임론으로 연결하여 국민의 테러에 대한 공포심을 불러일으키는 것은 이 법의 불순함을 반증하는 것입니다.

한편 개념의 모호성과 과도한 위임입법의 문제는 첨부하는 테러방지법안과 사이버테러 방지법안 쟁점분석 자료 내용을 원용하고자 함입니다.

이 법의 마련을 위하여는 테러 발생의 개연성 내지 가능성에 대한 입증이 전제돼야 합니다. 그러나 이러한 논의는 거의 찾아볼 수 없고 그때그때마다 테러 관련 이슈에 대한 아전인수만 득세하는 실정입니다. 가령 리퍼트 주한미대사 습격사건, 파리테러 사건 등이 그러한 예라고 할 수 있을 겁니다.

테러는 테러방지법안으로 방지할 수 있는 것이 아님.

해난사고방지법이 없어서 세월호 참사를 막을 수 없었던 것이 아니고 북핵방지법이 없어 북핵 보유를 저지할 수 없었던 것이 아닌 것과 같습니다. 테러 발생은 그에 걸맞은 정치적·역사적 원인을 동반하고 있으며 나아가 그 계획 실행은 극도로 은밀성을 띠는 것이어서 사전예방이 사실상 불가능합니다. 관건은 테러의 가능성을 줄여 나가는 국제정치적·외교적 노력을 경주하는 것과 아울러 테러의 계획 및 징후에 관한 정보의 수집·전파, 관계 기관의 신속한 대응이라고 할 수 있을 것입니다.

그런데 정부는 최근 북 핵실험과 장거리로켓 발사를 이유로 개성공단을 전면 중단시켜 남북관계의 긴장을 고조시키고 북핵과 무관한 사드, 즉 고고도미사일 방어시스템을 도입하여 중국과 러시아와의 외교적 대립과 마찰을 심화시켜 테러 위험성을 스스로 고조시키는 모순적인 행태를 보이고 있습니다.

한편 우리는 이러한 의미에서의 테러 대응에 관한 법령체계와 대응체계를 갖추고 있어 테러방지법의 제정은 테러방지라는 목적의 달성에 적합한 내용이 아닙니다. 테러

정보의 수집·작성 및 배포는 국가정보원법 제3조에 규정되어 있습니다.

지금 제가 읽고 있는 것은 테러방지법안에 대한 민주사회를 위한 변호사 모임의 의견서를 소개해 드리고 있습니다. 좀 지루하더라도 계속 들어 주시면 감사하겠습니다.

제3조(직무) 조항에 이런 부분이 있습니다.
'국정원은 다음 각 호의 직무를 수행한다.

1. 국외 정보 및 국내 보안정보(대공, 대정부전복, 방첩, 대테러 및 국제범죄조직)의 수집·작성 및 배포"

테러방지법안의 테러 개념에 관한 항공기 납치, 민간항공에 대한 불법적 행위, 국제적 보호 인물에 대한 범죄, 인질, 핵물질, 항해 및 해상플랫폼의 안전, 폭탄테러행위 등은 이미 모두가 존재하는 국내법으로 처리할 수 있는 범죄임.

국제조약이 요구하는 것도 이러한 행위에 대한 특별한 조치가 아니라 현행 우리 법제와 같이 국내법으로 그 행위를 처벌하는 규정을 둘 것을 요구하는 것이 대부분임.

또한 적의 침투·도발이나 그 위협에 대응하기 위하여 각종 국가방위요소를 통합하여 동원하는 통합방위법 그리고 이를 뒷받침할 비상대비자원관리법을 제정하여 시행하고 있음.

통합방위사태가 선포되면 국무총리가 총괄하는 중앙통합방위협의회가 각 지역 행정조직과 경찰 조직, 군과 예비군 그리고 국정원 등 정보기구를 통합적으로 운용할 수 있음.

통합방위사태는 대통령이 국무회의의 심의를 거쳐 선포하고 통제구역을 설정함.

기타 시민들의 대피, 구조·구난 활동을 체계적으로 수행하기 위해서 2014년 세월호 참사 이후 국민안전처도 신설됐음.

육·해·공군과 해병대 그리고 경찰과 해경은 제각각 대테러특공대를 구성해 운영하고 있음.

특히 한국이 지닌 대테러 능력에는 한미연합사가 지닌 정보·작전 능력도 포함해야 함.

한국과 미국 간에는 군사정보를 공유하는 군사비밀보호협정이 체결되어 있음.

한국 국방부는 주한미군을 비롯한 미국 정보자산으로부터 도움을 받고 있고 매년 정기적으로 한미 대테러훈련도 실시하고 있음.

테러에 관한 관계 기관의 신속한 대응에 관해서는 제도적으로 국가 대테러활동지침이 시행 중임.

실제 다양한 국제행사에서 관계 당국의 완벽한 공조로 대테러 대응을 빈틈없이 수행하여 타국의 찬사와 부러움을 한 몸에 받아 왔음. 가령 2005년 APEC 정상회의 경우 조지 부시 미 대통령이 감사의 인사를 건넬 정도로 안전하고 성공적이었다는 평가를 받았으며, 관련하여 언론은 그 원인으로 안전에 관한 한 한 치의 오차도 허용할 수 없다는 각오로 빈틈없는 준비를 해 온 관계 부처 및 기관들의 완벽한 대테러활동을 들었음.

기존의 여당안에 대해 국회 정보위원회 차원에서 검토하는 과정에서 상당수 법안의 내용이 변동되어졌음. 따라서

정보위 차원의 최종 검토안은 이미 존재하는 국가정보원법과 중복되거나 기존의 국가 대테러활동지침보다 내용이 축소되어 테러에 대응하는 관계 기관의 효율적인 대응을 저해하고 있음.

이러한 의미에서 기존 법제 외에 별도 입법은 불필요하거나 오히려 테러 대응에 미비점을 초래할 가능성이 있음.

비교법적으로 테러방지법이 초래할 인권침해와 권력남용은 미국의 경우에서도 엿볼 수 있음.'

이하 한겨레21 1053호에서 인용합니다.

미 의회는 9·11 테러 발생 45일 만인 2000년 10월 25일 FBI 등 수사기관의 대테러활동을 강화하고 감청 및 수색 절차를 대폭 간소화하는 법안을 통과시켰는바, 이것이 앞서 말씀드린 애국법입니다.

이 법은 테러리스트로 추정·의심되는 외국인을 기본적으로 7일, 불가피한 사정이 있으면 최대 60일까지 구금할 수 있도록 하고 통신 감청도 대폭 확대했습니다. 외국인은 120일까지 허용하고 필요하면 최장 1년까지 연장할 수 있었고 감청 대상도 특정 전화기가 아니라 특정 인물로 바뀌었습니다. 다시 말해서 감청 대상을 정하면 일반 전화는 물론 휴대전화, 전자우편 등 모든 통신수단을 포괄적으로 감청할 수 있는 것이었습니다.

그런데 2013년 6월 에드워드 스노든 전 미 중앙정보국 직원이 국가안보국의 무차별 감청 등으로 인해 국민의 사생활이 광범위하게 침해됐다고 폭로함으로써 미 연방 1심 법원은 시민에 대한 부당한 압수수색을 금지한 미 수정헌법 제4조를 위배한 것이라며 애국법의 위헌성을 인정했고 결국 오바마 대통령은 개선안, 미국자유법을 마련했습니다.

사이버상의 테러방지에 관한 법률안에 대한 결론은 새누리당이 제출한 사이버테러 방지에 관한 법안은 모두 반대 의견입니다.

이유는 그렇습니다. 이 법안 역시 국정원 강화 법안으로 사이버, 테러 등의 모호하고 포괄적인 개념을 통하여 국민들의 사이버상의 프라이버시와 사생활 등을 국정원이 모두 들여다볼 수 있는 날개를 달아 주는 법입니다.

사이버테러 방지법안에 따르면 국정원이 공공·민간의 사이버테러 예방·대응을 상설적으로 담당하며 민·관·군을 지휘하게 되는데 이 조항으로 인하여 본래 기획조정 기능을 가지고 있는 국정원은 미래부, 방통위 등 그간 민간 인터넷을 관리해 온 모든 관의 수장이 되며 지휘를 받게 되는 민에는 통신사, 포털, 쇼핑몰 등 주요 정보통신서비스 제공자가 포함됩니다.

지금까지 국정원은 국가 사이버안전관리규정에 따라 국가 차원의 사이버안전관리 업무를 담당해 왔습니다. 그럼에도 사이버테러법이 필요한 이유는 국정원이 민간 인터넷망까지 관리하기 위함입니다. 예컨대 사이버 안전을 위한다는 이유로 모든 민간 IP주소에 대한 실시간 추적시스템도 국정원에 둘 가능성을 배제하기 어렵습니다.

나아가 이 법에서 사이버테러는 해킹, 바이러스를 다 포함하고 있고 또 사이버테러로부터 사이버 안전을 지키기 위하여 사실상 모든 활동을 허용하고 있어 인터넷에

바이러스가 퍼지거나 해킹 사고만 일어나도 사이버테러를 주무하는 국정원이 조사하겠다며 나설 수 있는바, 국정원의 광범위한 사찰을 가능하게 할 것입니다.

결국 이 법은 관은 물론 민에 대한, 국정원에 의한 상시적 사이버 사찰을 가능케 하는 사이버상의 국가보안법이며 사이버 계엄령 단행이라고 할 것입니다.

예방적 조치라는 미명으로 과잉금지원칙 내지는 비례의 원칙을 위반하여 필요성이 인정되지 않는 상황에서도 국정원의 상시 개입이 가능하게 됩니다. 아무 일이 없어도 국정원은 방지하고 탐지하겠다며 인터넷도 상시적으로 감시할 수 있습니다. 민간 인터넷망, 소프트웨어의 취약점 또한 국정원에 모두 공유하여야 하게 되어 있습니다. 국정원은 이 정보들을 이용해서 카톡을 해킹할 수도 있습니다.

견제·통제 기능이 부재합니다.

이 법이 통과되면 어떤 기구도 국정원이 사이버 공간에서 그 권한을 오·남용하는 것을 통제할 수 없습니다. 이미 국정원은 한 몸에 수사 기능 등 집행 기능, 정보 기능, 모든 정부기관에 대한 기획조정 기능을 다 가지고 있습니다. 이런 만능 정보기관은 사이버테러를 대응하겠다는 다른 어떤 나라에도 존재하지 않습니다. 한쪽에서는 수사를 위해 법원의 영장을 받아 패킷감청을 하지만 다른 한쪽에서는 국가안보를 위해 영장 없이도 패킷감청을 할 수 있는 것이 우리의 국정원입니다.

그간의 우리 법제도만으로도 사이버 안전을 충분히 도모할 수 있습니다.

우리나라의 민간 사이버 안전은 다른 어느 나라보다 강한 법제도와 규제가 있습니다. 그간 계속 발생해 온 디도스 공격과 개인정보 유출 사고에 대한 미래창조과학부, 방송통신위원회, KISA 등의 대응 경험과 노하우도 축적되어 있습니다. 정보기관인 국정원이 그 위에 군림하여 민간 인터넷망에 상시적으로 개입하도록 하는 것은 사이버 계엄에 다름 아닙니다.

아까 소개해 드렸던 참여연대 사무처장님의 글이나 지금 소개해 드린 민변의 의견서나 모두 공통적으로 여러 차례 강조되는 말이 있습니다. 뭐냐? 기존의 법으로 충분하다. 파리가 테러방지법이 없어서 테러를 당했나?

사실 테러에 대한 종합적인 대책을 담는 법이 있는 것도 그 자체로 나쁘지는 않을 것 같습니다. 원칙적으로 대테러 문제가 세계적으로 심각하기에 이를 해결하기 위한 대테러방지법을 만들겠다는 그 원론에는 우리 당도 또 본 의원도 적극 찬성합니다. 하지만 앞서 누차 말씀드렸듯이 이 테러방지법이 지금 즉시 통과돼서는 안 되는 이유는 국정원 강화법이기 때문에 그렇습니다. 지금도 국정원이 무소불위의 권한을 휘두르고 있고 통제받지 못하는 권력인데, 우리가 검찰을 통제받지 않는 권력이다, 때로는 언론을 통제받지 않는 권력이라 하는데 국정원은 그보다 훨씬 심한 통제받지 않는 권력인데 그런 통제받지 않는 국정원 권력에다가 더해서 추가로 또 통제받지 않는 권력을

주겠다는 것은 여의 문제, 야의 문제가 아닙니다. 이것은 지금 더불어민주당이 설령 집권을 2년 뒤에 하더라도 문제인 것입니다. 지금 새누리당이 제출한 테러방지법은 인권침해를 가져오는 독소 조항이 너무 많기 때문에 총론적으로 테러방지법 제정에는 동감하지만 각론에 들어가서 반대를 하는 것입니다.

이 법에서 테러를 이렇게 정의합니다. 정의조항 2조, 이건 김광진 의원이나 다른 여러 의원님들이 수차회 낭독하고 설명해 드린 내용입니다.

"테러의 정의.
2. "테러단체"란 UN이 지정한 테러단체를 말한다.
3. "테러위험인물"이란 테러단체의 조직원이거나 테러단체 선전, 테러자금 모금·기부 기타 테러예비·음모·선전·선동을 하였거나 하였다고 의심할 상당한 이유가 있는 자를 말한다.
6. "대테러활동"이란 제1호 "테러" 관련 정보의 수집, 테러위험인물의 관리, 테러에 이용될 수 있는 위험물질 등 테러수단의 안전관리, 인원·시설·장비의 보호, 국제행사의 안전확보, 테러위협에의 대응 및 무력진압 등 테러예방과 대응에 관한 제반 활동을 말한다.
8. "대테러조사"란 대테러 활동에 필요한 정보나 자료를 수집하기 위하여 현장조사·문서열람·시료채취 등을 하거나 조사대상자에게 자료제출 및 진술을 요구하는 활동을 말한다."

테러단체를 유엔이 지정한 테러단체라고 하였습니다. 기존 이노근 의원님 법안에서 '유엔에서 테러단체로 지정한 단체 및 테러와 관련하여 이 단체를 지원하거나 이 단체로부터 지원을 받는 국내외의 결사 및 집단'이라고 한 것보다는 논란을 좀 줄이기는 했습니다. 그러나 국정원이 정말로 유엔이 지정한 테러단체만 대상으로 대테러활동을 할 것인지 장담할 수 없습니다.

사실 이건 국정원에 대한 극도의 불신인 겁니다. 그건 국정원이 초래한 내용입니다. 그런 국정원에 극도의 불신이 있기 때문에 지금 법에 테러단체란 유엔이 지정한 테러단체라고 규정했음에도 불구하고, 이노근 의원이 지정한 그 테러단체의 범위보다 훨씬 협소하게 만들어 놨음에도 불구하고 그걸 불신하는 겁니다. 장담할 수 없습니다. 그 조사 내역을 국회로 보고하는 것도 아니고 기록으로 남겼다가 국회에 제출하는 것도 아닙니다. 국회 통제가 전무합니다. 그렇기 때문에 국회 통제를 두자는 겁니다.

다음에 7조(대테러 인권보호관)에 대해서는
"① 관계기관의 대테러활동으로 인한 국민의 기본권 침해 방지를 위해 대책위원회 소속으로 대테러 인권보호관(이하 "인권보호관"이라 한다) 1명을 둔다.
② 인권보호관의 자격, 임기 등 운영에 관한 사항은 대통령령으로 정한다."

대테러 인권보호관은 절대로 이 법의 우려되는 부분을 궁극적으로 없애거나 해결할 수 없다라는 것이 모든 사람의 의견입니다. 지금 국회 정보위원회도 사실은 국정원에 대해서 효과적으로 통제를 못 하고 있습니다. 웬만한

자료는 관련 법에서 비밀이라고 해서 제출도 안 합니다. 앞서 말씀드렸듯이 예산안도 특수경비로 그냥 갑니다. 볼 수가 없습니다. 영수증도 없습니다. 내역도 없거나 있더라도 정보위원회 위원들이 그 자리에서 보고 밖으로 알릴 수가 없습니다. 그런 행정부 소속의 인권보호관이 국정원을 감시하고 통제하는 것이 가능한 일일까요?

9조(테러위험인물에 대한 정보수집 등) 이 조항에는
"① 국가정보원장은 테러위험인물에 대하여 출입국·금융거래 및 통신이용 등 관련 정보를 수집할 수 있다. 이 경우 출입국·금융거래 및 통신이용 등 관련 정보의 수집에 있어서는 출입국관리법, 관세법, 특정 금융거래정보의 보고 및 이용 등에 관한 법률, 통신비밀보호법의 절차에 따른다.
② 국가정보원장은 제1항의 규정에 따른 정보 수집 및 분석의 결과 테러에 이용되었거나 이용될 가능성이 있는 금융거래에 대해 지급정지 등의 조치를 취하도록 금융위원회 위원장에게 요청할 수 있다.
③ 국가정보원장은 테러위험인물에 대한 개인정보와 위치정보를 개인정보 보호법 2조의 개인정보처리자와 위치정보의 보호 및 이용 등에 관한 법률 제5조의 위치정보사업자에게 요구할 수 있다.
④ 국가정보원장은 대테러활동에 필요한 정보나 자료를 수집하기 위하여 대테러조사 및 테러위험인물에 대해 추적할 수 있다."

실질적으로 정부가 이 테러방지법을 서둘러 처리하고자 하는 이유가 바로 이 조항이라고 저는 생각합니다. 결국 역으로 국민들도 이 법이 처리돼서는 안 된다라고 하는 조항이 바로 이 조항이기도 합니다. 테러위험인물이 뭡니까? 제2조(정의)에서 그렇게 정의했지 않습니까? 테러단체의 조직원이나 테러단체의 선전, 테러자금 모금·기부금, 기타 테러예비·음모·선전·선동을 하였거나 하였다고 의심할 이유가 상당한 자를 테러위험인물로 이렇게 정의하고 있습니다. 2조에. 테러단체가 무엇인지 실체도 없고 테러에 대해서 예비·음모·선전·선동이 뭔지 실체도 모호한데 그러다가 또 의심할 상당한 이유가 있다라고 하는 것이 너무 모호하다 이겁니다.

법은 이렇게 모호하게 해서는 안 됩니다. 법이 이렇게 모호하면 자의적이어서 법으로서의 역할을 할 수 없다. 그래서 대한민국의 법이 상당히 모호한 조항이 사실상 많은데 외국의 많은 법들은 법 하나가 그냥 두꺼운 책 한 권으로 돼 있기도 하고 아주 세부적으로 돼 있는 것이 외국의 많은 입법 사례입니다.

대한민국은 법은 그냥 큰 덩어리만 얘기해 놓고 대부분 정부에게 위임하는 시행령, 대통령령으로 대부분 시행령을 만드는 이런 입법 방식을 취하다 보니까 대한민국은 국회의 권한은 작고 모든 권한이 정부에 넘어가 있는 것 아니겠습니까? 미국은 정부가 입법 발의할 수 있는, 법안을 발의할 수 있는 권한이 주어져 있지 않은 데 비해서 대한민국은 법안 발의가 국회에도 있지만 대통령 정부에게도 있기 때문에 사실상 강력한 대통령제가 돼 있는

것 아닙니까? 또 미국은 예산안을 편성할 권한이 국회에 있는 데 비해서 우리 대한민국은 예산을 편성할 권한이 없고 심의할 권한만 있다 보니까 국회의 권한이 겨우 그냥 형식적이고 일정 부분 손보는 정도고 대부분 국회의 권한이 없고 약하다, 그래서 대한민국은 삼권분립이 되어 있지만 사실상 절대적인 대통령 독점, 대통령 중심제의 권력을, 강력한 대통령 중심제다 이렇게 이야기를 하고 있는 겁니다.

그러니까 오바마 대통령은 건강법이라든가 여러 가지 의료 관련 법, 국민건강보험법과 관련된 법을 통과하기 위해서 야당 의원이든 여당 의원이든 국회의원들하고 폭탄주도 마셔 가면서 대화하고 웃고 떠들고 놀고 대화를 일상화하는데 대한민국 국회는 국회의원들이 안 해 주면 종편을 통해서 한마디 하고 협박하고 압박하고 기한 정해서 밀어붙이고 대통령이 국회에 사정할 이유가 없고 국회에 오면 국회 그냥 훈계하러 온 것 아닙니까?

얼마 전에도 시정연설 때 아니고 특별하게 대통령이 오셔서 이 지금 대테러방지법이나 또 여러 가지 국가의 위중한 말씀을 하러 이 자리를 오셨는데, 대통령이 오시는 거야 늘 환영하는 겁니다. 대통령이 국회도 오셔야 되고 5·18 망월동에도 가셔야 되고 4·3 국가기념일에도 가야 되고 4·19 기념식에도 가야 되고 또 아픔과 슬픔이 있는 현장, 현장을 가야 된다고 봅니다. 세월호에도 1주년 때 갔어야 됐는데 그냥 슬쩍 갔다가 외국 나갔는데, 아무튼 대통령이 국회에 오신 건 대환영입니다.

그런데 이곳에 오셔서, 얼마 전에 오셔서 그냥 하시는 말씀이 결론적으로 여러 가지 이야기하셨지만 훈계하고 가신 것 아닙니까, 대통령께서. 그러시면 안 된다는 이야기지요. 왜 그런데 그게 가능하냐? 대한민국이 삼권분립에 의해서 국회가 국회의 역할이 없고 국회가 가져야 할 입법권에, 법안은 국회만 가져야 하는데 대통령도 가지고 있고 예산심의는 심의만 있고 예산편성권이 없으니까, 삼권분립이 온전하게 안 되니까 국회는 늘 종편과 검찰을 앞세워서 국회 길들이기를 하고, 국민늘이야 정부로 향해야 될 분노와 불만과 규탄의 목소리, 투쟁의 목소리가 늘 국회의원들, 저 사람들, 국회의원들 하는 일 없이 먹고 노는 사람들, 돈만 많이 받고 아무 일 않고 부정부패 저지른 사람, 이렇게 몰아가면 국회는, 늘 국민의 대표기구인 국회는 허약해지고 정부는 마치 일을 잘하려는데 국회는 뒷다리 거는 이런 집단으로 국민들에 낙인찍히는, 이런 정부가 대한민국의 정부이고 강력한 대통령제로 지금 왜곡되어 삼권분립이 아닌 강력한 대통령중심제로 가 있는 거다……

그렇기 때문에 테러의 의심에 상당한 이유가 있으면 테러단체가 되고 테러위험인물이 되는 거기 때문에 이런 포괄적 규정을 법에 해서는 안 된다…… 앞서 말씀드렸듯이 지난번에 우리가, 지금 국회법 고쳐야 되는데 못 고친 것 중의 하나가 모든 법들을 시행령으로 다 넘겨 버리는 이런 것을 좀 고쳐야 된다, 그러면서 정부가 시행령으로 가져가서 정부 마음대로 하고 있다 이런 점을…… 특히 금융 쪽에

그런 법들이 참 많더라고요.

어쨌든 국정원장이 테러위험인물로 규정하면 그 사람에 대해서는 출입국기록, 금융거래기록, 통신기록까지 모조리 다 들여다볼 수 있고, 이에 대해서 어떤 제어나 감시나 통제가 안 된다는 겁니다.

제4항에 보면 국정원이 대테러조사 및 테러위험인물에 대해 추적할 수 있도록 되어 있는데 우리 국회의원님들, 국회의장께서도 이 부분이 필요하다고 해서 정보위원장, 간사에게 수정안 제출토록 요청했는데 국정원이 반대한다는 이유로 지금까지 수정안도 제출되지 않고, 추적하거나 조사된 자료를 대테러위원장에게 보고하는 형식의 절충안이라도 좀 마련해 보자 하는데 절대 그게 안 되고 있습니다. 지금 국정원의 권한 중에 절대 어떤 것도 양보하지 않겠다, 아무튼 국정원에 대해서는 간섭하지 말아라……

새누리당은 국정원에 주는 권한은 정보수집권에 한한다고 하지만 국정원에는 계좌추적권과 감청권만 허용해야지 이를 근거로 추적권이나 조사권을 부여하는 것은 남용 가능성을 배제할 수 없다……

특히 이 테러방지법 9조, 9조, 앞서 말씀…… 다시 한 번 읽어 드릴게요. 9조는 '테러위험인물에 대한 정보수집 등' 이 조항입니다. 앞서 말씀드렸듯이 국정원에게 그냥 무소불위의 권한을 주는 금융거래 지급정지까지 취하도록, 조치하도록 하는 거라든가, 이런 9조는 무조건 폐지되어야 된다는 것이 우리 입장이라는 점을 말씀을 드립니다. 정말 9조에 들어있는 이런 요구가 필요하다면 현행법에 따라 검찰이나 이런 데로 제공받으면 된다……

다음은 12조입니다. '테러선동·선전물 긴급 삭제 등 요청', 1항에 보면 '관계기관의 장은 테러를 선동·선전하는 글, 그림, 상징적 표현물, 테러에 이용될 수 있는 폭발물 등 위험물 제조법 등이 인터넷이나 방송·신문, 게시판 등을 통해 유포될 경우 해당 기관의 장에게 긴급 삭제 또는 중단, 감독 등의 협조를 요청할 수 있다.'

'제1항의 협조를 요청받은 해당기관의 장은 필요한 조치를 취하고 그 결과를 해당 관계기관장에게 통보해야 된다.' 이렇게 되어 있습니다.

이 법 제2조의 테러단체란 유엔이 지정한 테러단체라고 이미 말씀드린 바 있습니다. 제가 아직 조사는 못 해 봤지만 유엔이 지정한 테러단체라고 한다면 IS 같은 이런 집단을 말할 것입니다. 지금껏 IS가 테러를 선전·선동하는 글, 그림, 상징적 표현물, 테러에 이용될 수 있는 폭발물, 이런 위험물 제조법 등을 인터넷이나 방송·신문, 게시판을 통해 과연 유포한 적이 있는지……

또 묻고 싶은 건 북한이 지금 유엔이 지정한 테러단체인지 아닌지 이것도 좀 모호합니다.

도대체 누구를 위한 통제인지가 지금 이 법에는 명확하지가 않습니다. 정부에 대해서 불온적인 국내 불순세력을 통제하기 위한 조항인지, 국정원을 다시 전면에 내세워서 댓글을 달겠다는 건지…… 이 9조와 더불어 지금 방금 말씀드린 12조도 이건 동의할 수 없는 조항이란

겁니다.

부칙에도 심각한 조항이 있습니다, 사실은. 제가 두 시간 전에 말씀드릴 때에 이 부칙 조항을 없애면서 이걸 통과시켜 주면 어떠냐 이런 의견도 냈다는 것을, 의총 분위기를 소개했던 적, 말씀드렸습니다.

부칙 2조에 보면 다른 법률을……

부칙 2조에 보면 '특정 금융거래정보의 보고 및 이용 등에 관한 법률 일부를 다음과 같이 개정한다.

제7조1항의 각 호 외의 부분 중 "금융감독업무"를 "금융감독업무, 테러위험인물에 대한 조사업무"로 하고 "금융위원회"를 "금융위원회, 국가정보원장"으로 한다.

제7조4항 중 "금융위원회"를 "금융위원회, 국가정보원장"으로 한다.'

2항 '통신비밀보호법 일부를 다음과 같이 개정한다.

제7조1항 각 호 외의 부분 중 "국가안전보장에 관한 상당한 위험이 예상되는 경우"를 "국가안전보장에 상당한 위험이 예상되는 경우 또는 국민보호와 공공안전을 위한 테러방지법 제2조6호의 대테러활동에 필요한 경우"로 한다.'

3항 '특정범죄신고자 등 보호법 일부를 다음과 같이 개정한다.

제2조제1호에 바목을 다음과 같이 신설한다.

바. 국민보호와 공공안전을 위한 테러방지법 제17조의 죄'

특정 금융거래정보의 보고 및 이용 등에 관한 법률 제7조는 아래와 같이 중요한 금융정보를 수사기관에 제공하는 법입니다. FIU법이라고 하지요.

특정 금융거래정보의 보고 및 이용에 관한 법률 제7조, 이게 뭐냐?

제1항은 '금융정보분석원장은 불법재산·자금세탁행위 또는 공중협박자금조달행위와 관련된 형사사건의 수사, 조세포탈혐의 확인을 위한 조사업무, 조세체납자에 대한 징수업무, 관세 범칙사건 조사, 관세탈루혐의 확인을 위한 조사업무, 관세체납자에 대한 징수업무 및 정치자금법 위반사건의 조사 또는 금융감독 업무에 필요하다고 인정되는 경우에는 다음 각 호의 정보를 검찰총장, 국세청장, 관세청장, 중앙선관위원장 또는 금융위원장에 제공한다.

제4조1항 또는 제4조의2에 따라 금융회사 등이 보고한 정보 중 특정형사사건의 수사 등과 관련성을 고려하여 대통령령으로 정하는 정보

제8조1항에 따라 외국금융정보분석기구로부터 제공받은 정보 중 특정형사사건 수사 등과 관련성을 고려하여 대통령령으로 정하는 정보

제3호, 제1호, 제2호 정보 및 제4조의2, 6조에 따라 보고·통보받는 정보를 정리하거나 분석한 정보'

제2항, '금융정보분석원장은 불법재산·자금세탁행위 또는 공중협박자금조달행위와 관련된 형사사건 수사에 필요하다고 인정하는 경우에는 대통령령으로 정하는 특정금융정보거래를 국민안전처장관, 경찰청장에게 제공한다.

검찰총장 등은 제4항에 따라 특정금융거래정보 제공을 요구하는 경우에는 다음 각 호 사항을 적은 문서로 한다.

대상자의 인적사항, 사용 목적, 요구하는 정보의 내용, 범죄혐의와 조세탈루혐의 등 정보의 필요성과 사용 목적과 관련성

정보분석원의 소속 공무원은 제5항을 위반하여 특정금융거래정보의 제공을 요구받은 경우에는 이를 거부하여야 한다.'

'⑦ 금융정보분석원장은 1항, 2항, 제4항에 따라 정보를 제공하였을 때에는 다음 각 호의 사항을 문서 또는 전산정보처리조직에 의하여 금융정보분석원장이 정하는 표준양식으로 그 제공한 날로부터 5년 동안 기록·보존한다.' 쭉 그래서 이제 양식이 있고요.

'⑧ 금융정보분석원장 소속으로 정보분석심의회를 두고 금융정보분석원장은 특정금융거래정보를 검찰총장에게 제공하는 경우에 정보분석심의회 심의를 거쳐 제공한다.'

정보분석심의회는 소속 공무원 3명으로 하되 금융정보분석원장과 심사분석 총괄책임자를 제외한 1명은 대통령령으로 정하는 자격을 가진 사람으로 한다.

그 밖에 정보분석심의회 심의절차, 운영에 대해서는 금융정보분석원 업무의 독립성과 중립성을 고려하여 대통령령으로 정한다.

국세청장 및 관세청장은 제4항에 따라 원장으로부터 제공을 요구하여야 한다.

검찰총장은 제1항, 제2항, 4항에 따라 제공받은 특정금융거래정보 보존·관리에 관한 기준을 마련하고 이를 금융정보분석원장에게 통지하여야 한다.

통신비밀보호법 7조1항은 통신제한조치에 대한 조항으로 이 역시 통신기록을 국정원에게 주겠다는 내용이다.

통신비밀보호법 7조, 7조에 대해선 쭉 제가 읽지 않겠습니다.

특정범죄자신고자 보호법 제2조, 특정범죄에 테러범죄를 추가하겠다는 것인데, 결국은 어버이연합 등에서 누구는 테러분자다 하고 신고하면 특정범죄자신고자 보호법상의 조치를 다 해 주겠다는 조항입니다.

2조(정의)부터 쭉 있는데 읽지 않겠습니다.

제가 지금 통신비밀보호법, FIU법, 그다음에 특정범죄자신고법, 이 세 법을 지금 쭉 조항을 읽고 나열해 드렸는데, 이 중에 FIU법이라고 할 수 있는 금융거래, 정식명이 특정 금융거래정보의 보고 및 이용에 관한 법, 이 법에 대해서만 한 말씀 더 드릴게요.

이 법은 사실 최근에, 원래는 많은 곳에 제공하지 않다가 최근에 국세청장, 관세청장 이런 데가 더 이렇게, 이런 데로 더 넓혀졌어요. 불법 탈루 지하자금을 추적하겠다, 그래서 이곳에서 약 1년 반 전에 격론을 통해서 정말 어렵게 어렵게 그 제공 범위를 넓히는 이런 법을 통과시켰는데 제가 그때 반대토론도 했었고, 그때 통과는 시켜 줬습니다만 반대토론을 하면서 이 법이 갖는 결정적인 문제는 검찰에서 이 금융거래 현황을 들여다보면서 사찰을 할 수 있다라는 것이 가장 큰 문제였습니다.

사실은 그전에 금융분석원장 중심으로 어떤 정보를 어떻게 제공할 거냐를 결정하고 판단하던 데에서 더

나아가서 검사들이 이제 많이 들어와서 그걸 결정하게 되고 또 제공 범위도 더 넓어지면서 잘못하면 금융거래정보가 많이 이렇게 침해당하겠다 이래서 반대를 했음에도 불구하고 그때 제한적으로 정말 조치를 주면서 했는데, 이번에 대테러법에는 이것을 더 풀어 주겠다, 완전히 국정원장에게 그냥 날름 통째로 주겠다는 것에 문제가 있다는 점을 다시 한 번 말씀드립니다.

사실은 우리가 FIU법, 이 금융거래법은 모든 국민들이 현금 거래를 2000만 원, 한 번에 2000만 원, 합해서 4000만 원 하게 되면 다 지금 보고된 거 아닙니까, 불법자금인지 아닌지를 확인하기 위해서? 그 보고가 검찰까지 되고 있는데 그러면 이 보고가 검찰까지 되고 나중에 국정원장이 된다면 국정원이 사찰하겠다 마음만 먹으면 얼마든지 할 수 있다는 것이 이 법의 맹점이다 하는 것을 다시 한 번 말씀드리겠습니다.

실질적으로 테러를 빙자한 무제한 감청을 허용할 가능성을 이 법은 내포하고 있고요. 원래 통비법은 고등법원 부장판사 영장을 받아 통신제한조치를 하도록 돼 있는데, 그런데 국가안전보장에 상당한 위험이 예상되는 경우에는 대통령 승인만으로 감청하겠다는 것 아닙니까? 대상을 특정하지 않고 일정 기간 감청을 무제한 허용한다는 것인데, 테러는 그 중요도가 사안마다 다를 수 있는 것 아닐까요? 테러의 경중을 구분하지 아니하고 이를 일괄적으로 모든 테러를 국가 안위에 상당한 위협이 예상되는 경우와 동일시하여 국정원이 통신제한조치를 요청할 수 있다면 국정원의 비밀성을 감안할 때 남용 가능성이 크다고 봅니다. 자의적 판단 가능성의 길을 너무 넓혀 놨기 때문입니다.

핸드폰 감청 설비 의무화로 확대 가능성이 있습니다. 지금 법사위에 그러한 내용의 통신비밀보호법이 올라와 있습니다. 국민 여러분들의 핸드폰을 감청할 수 있는 규정이 숨어 있습니다. 지금 테러방지법의 경우 직접적으로 핸드폰 감청은 허용하지 않지만 앞으로 대테러 업무에 핸드폰 감청이 필요하다고 보면 얼마든지 통비법 개정으로 국정원이 감청을 할 것입니다. 과연 문제가 됐던 사찰이, 과거에 문제가 됐던 사찰이 부활되는 사찰 부활법입니다.

특정, FIU법을 개정하는 부분도 금융정보를 포괄적으로 국정원이 축적할 수 있도록 하고 이 정보를 활용해 국민이 대테러 분자나 국민을 감시하는 등 사생활 침해 및 인권 침해를 불러올 여지가 있다는 것을 앞서 말씀드렸습니다.

영장 없이 개인의 금융거래정보를 금융정보분석원이 금융기관으로부터 제공받아서 검찰총장, 국세청장, 관세청장, 중앙선관위원회 또는 금융위원회에 제공하고 있는 게 현재인데 테러방지법이 통과되면 여기에 더해서 국가정보원장까지 제공됨으로써 금융거래정보가 검찰, 경찰, 국정원에 모두 제공되어서 국정원이 사실상 국내 정치, 국민들의 금융정보 내용을 하나하나 다 꿰뚫어 볼 수 있다는 이 위험이 있다는 것입니다. 이것은 여의, 야의 문제가 아니라 국민들의 문제란 점을 다시 한 번 말씀드립니다.

이 FIU법, 금융거래정보를 검찰에 주는 것도 정말 어렵게 그때 타협해서, 타협하고 타협해서 그걸 결정하는 기구에 판사 1명, 검사 1명이, 판사가 1명 대신 들어오는 걸 전제로 해서, 처음에는 검사 중심이었는데 그렇게 타협적으로 해서 했는데 이건 그렇게 타협할 수 있는 건 아니다……국정원장은, 검찰은 그런 의혹이 있음에도 불구하고 국정원장과 격을 달리하여 국내 정치 개입 이런 논란은 없지 않은 거 아닙니까?

국정원이 간첩 조작 사건, 댓글 사건, 대선 개입 사건, 불법 해킹 사건, 불법 감청 사건 등 불법을 자행하는 현실에서 이를 통제할 방안의 마련 없이 막대한 권한을 행사하는 대테러 업무 주무부서로 국정원이 된다면 정말 통제 불가능한 집단입니다.

지금 정보위가 국정원을 담당하고 있지만 정보위는 비밀주의가 채택돼 있고 출입자도 제한돼 있기에 실질적으로 정보위에서 국정원을 제어할 수 없다는 것이 정보위원들의 일관된 주장입니다. 국민안전처가 만약 그 기능을 한다면 안행위에서 국회 차원의 통제나 정보의 접근, 전문가 활용 등이 가능해질 겁니다.

세계적 입법례를 비춰 봐도 정보기관이 아닌 별도의 기관에서 대테러 업무를 하는 경우가 많습니다. 특정 기관에 정보 권한이 집중되면 남용 가능성이 크기 때문입니다. 그래서 분산시키는 겁니다. 영국은 내무부장관에게 대테러 업무를 주고, 미국은 CIA가 아닌 국가정보국장이 업무를 총괄하고, 일본은 법무부 형사국에서 담당하고, 독일은 내무부 산하 연방업무보호청이 합니다.

새누리당의 주장처럼 정보기관이 대테러 업무를 담당하는 건 세계의 추세와 전혀 다르게 나간 겁니다. 국정원 공룡·괴물, 괴물입니다. 국회의 견제장치가 마련돼야 합니다. 대테러 인권보호관이라는 정체를 알 수 없는 행정부 지시를 받는 공무원 정도로는 안 됩니다. 국회가 추천하고 신분이 보장된 상설 감독관이 복수로 대테러센터에 나가 감독 업무를 담당해야 합니다. 국정원이 정보 수집한 사안에 대해서는 일정 기간마다 해당 상임위에 보고토록 하는 규정이 신설돼야 됩니다.

이렇듯 이 법은 허점과 구멍이 너무 많습니다. 너덜너덜합니다. 더 논의해야 되고 더 의견을 들어야 합니다. 앞서 말씀드렸듯이 경제적 이해가 걸려 있는 공무원연금법도 215일이라는 대토론을 통해서 만들었습니다.

국민의 기본권을 침해받는 것입니다. 국민들이 테러로부터 위험하다면 지금 당장이라도 국민들이 1000만, 4000만 서명을 통해서 이 테러법을 통과시켜 주라고 할 겁니다. 그러나 국민들은 좋은 테러방지법을 만들자고 하는 거지 이렇게 국민들의 기본권이 완벽하게 침해되고 금융정보, 도청, 사생활 침해의 법을 결코 바라지 않습니다. 그렇기 때문에 국민들은 이 법을 동의하지 않고 있는 겁니다.

우리가 부칙만 개정하면 된다라는 말도 솔직히 우리 의총에서 있었다는 말을 제가 보고드렸습니다만 그것만도 안 되는 것이라는 겁니다. 앞서 말했듯이 9조, 12조가 더 독소 조항이 많다는 것은 앞서 이야기했습니다.

앞서 정보위 위원들인 의원님들이 여러 분들이 이야기하셨습니다마는—신경민 의원이나 김광진 의원이 하셨습니다마는—사실은 이 테러법이 지금 정보위원회 법안소위에서는 한 차례도 열리지 않았다는 것에 가장 큰 문제가 많다, 이 점을 다시 한 번 말씀하겠습니다.

이렇게 법안심사소위에서 논의하지 않은 것을 국회에서는 이런 식으로 처리하면 안 됩니다. 과거에 날치기법, 선진화법 있을 때야 그렇게 처리했던 것 아닙니까? 4대강 관련법도 했고 여러 가지, 종편법도 했고, 수많은 법들을 날치기했던 것인데 여든 야든 떠나서 이제는 그런 것을 그렇게 해서는 안 된다는 것이 선진화법의 취지고 그 법에 따라야 됩니다. 그러니까 이 법은 절대로 직권상정법이 아니다라는 말씀을 다시 한 번 하고요.

지금부터 제가 직접 제 이야기를 조금 더 드립니다.

2012년 12월 13일이지요? 국정원 댓글사건, 소위 국정원 여직원 감금사건이라고 불리는 댓글사건, 김하영 여직원 댓글사건에 대해서 이야기를 하고자 합니다.

과거부터 국정원의 비밀주의나 잘못된 행동에 대해서 우려한 지적이 앞서 죽 말씀드렸듯이 많았습니다. 저 역시 국정원 여직원의 불법 대선개입 사건 때문에, 그리고 그 여직원이 셀프감금 했다는 것 때문에 오히려 제가 감금죄를 뒤집어쓰고 재판을 받고 있습니다.

또 제가 현역 의원으로서 당시에 이 국정원 댓글사건 국정조사 때 증인으로 나가기도 했습니다. 현역 의원이 직접 증인으로 자청해서 나간 경우도 있었는데 국회에서 국회의원들이 하는 국정조사에 제가 현직 국회의원으로 증인으로 나갔고, 또 그 사건이 지금 재판에 연루돼서 앞서 말씀드린 저하고 이종걸 원내대표, 문병호 의원, 김현 의원 그리고 우리 당직자 한 명, 다섯 명이 재판을 지금 기억이 안 나는데 한 여섯 번째 받고 있는 것 같습니다.

그중에 이제 김하영 국정원 여직원도 법정에 나와서 얼굴 가리지 않고 증언을 한 12시간, 증인으로 나와서 재판을 받기도 했고 또 우리 측 증인도 나와서 지금 재판이 진행 중에 있습니다.

그러나 재판부가 이렇게 최근에 인사이동이 있어서 원래 3월 10일경에 재판이 있었던데 아마 연기된 것으로 알고 있습니다마는 그 셀프감금에 대한 재판을 받고 있는데 그에 대해서 이야기를 좀 하겠습니다.

실질적으로 그때 국정원 십알단의 댓글 작업이 대선에 결정적으로 중요한 역할을 미쳤다 이렇게 봅니다. 그러나 당시에 우리 선대위, 야당의 선대위가 그 대응을 조금 어설프게 해서 결국 그 댓글사건에 우리가 오히려 가냘픈 국정원 여직원을 감금시켰다고 역시 종편이 앞장서면서 시작됐고, 우리의 당시의 전략적 고민이 조금 부족해서 결국 그 사건은 정말 당시에 2012년 12월 17일 대선 며칠 앞두고, 5일 앞두고 2012년 12월 13일 날 있었던 일임에도 불구하고 뼈아프게 다가오는 사건이었던 거지요.

실질적으로 그때 국정원 댓글사건이 대선에 결정적인, 우리한테 안 좋은 쪽으로 불리하게 영향을 미쳤다는 것은 그 대선 이후에 우리가 여러 가지를 통해서 확인해 볼 수 있었습니다.

당시의 그 주역이 원세훈, 김용판, 김하영인데 그 댓글자들, 댓글사건의 주모자들에게 전혀 단죄하지 않고 있습니다. 오히려 그때 그 현장에 뛰어갔던, 정말 아무것도 모르고 뛰어갔던 저를 비롯해서 그때 의원들이 재판을 받고 있고, 또 그때 진실을 밝히려고 했던 윤석열 검사도 좌천되고 한직으로 물러갔던 이런 거꾸로 된 역사가 지금 있습니다.

국정원 여직원 김하영이 댓글 행위를 하는 과정 또는 직접 행위를 하지 않더라도 그 행위 과정에 있었을 때, 꼬리가 잡혔을 때 그 국정원 여직원이 어떻게 했습니까? 다른 정부기관과 긴밀히 협력하여 증거 인멸을 시도했고 수사의 꼬리 자르기나 물타기를 하였습니다. 재판 결과는 국정원이 가장 원하는 방향으로 잘 흘러갔었지요.

그것은 국정원이 정보를 독점하고 있고, 그 정보를 어떻게 모으고 쓰는지 철저히 비밀로 하고 있기 때문에 그랬던 겁니다. 이 테러방지법이 국정원의 그런 정보 독점과 비밀주의에 날개를 달아 주는 법이기 때문에 그렇습니다.

그 셀프감금을 했던 국정원 여직원 댓글녀 김하영은 지금 재판을 받고 있지 않지만 저를 비롯해서 몇 명이 재판을 받으면서 오히려 바뀌어 있는 거예요, 우리가 재판을 받고 있고 위법을 한, 불법을 한 김하영 댓글녀는 재판에서 우리를 처벌하라고 하고 있고.

지금 위키백과라고 하는 온라인 백과사전에 '대한민국 국가정보원 여론조작 사건'이라는 글이 올라와 있습니다. 많은 국민들이 테러방지법의 주체인 국가정보원에 대해서 이 점을 우려하고 있고, 도대체 국가정보원이 무슨 일을 하고 있느냐, 어떤 짓을 꾸미고 있고, 이에 대해서 국민과 국회가 아무도 알지…… 부족하게 알고 있습니다.

이 국정원 대선개입 사건 전문이 집단지성의 위키백과에 게시되어 있습니다. 상당히 긴데요, 제가 몇 부분만 추려서 소개를 좀 하고자 합니다. '대한민국 국가정보원 여론조작 사건' 이런 제목으로 위키백과에 게시된 글입니다.

'국가정보원 여론조작 사건 또는 대선개입 사건은 2012년 대한민국 대통령선거 기간 중 대한민국 국가정보원 소속 심리정보국 소속 요원들이 국가정보원의 지시에 따라 인터넷에 게시글을 남김으로써 국가정보원이 대한민국 제18대 대통령선거에 개입한 사건을 일컫는다. 당시 야당인 민주통합당은 2012년 12월 11일 국가정보원의 정치 개입에 대한 문제를 제기했다.'

제가 앞으로, 다음에 하실 분한테 5시간 좀 넘어서 이렇게 자리를 비킨다고 그랬기 때문에 저한테 주어져 있는 시간이 약 1시간 정도, 다음 김경협 의원님한테 1시간 정도밖에 시간이 없어서 몇 가지 하고 싶은 이야기가 있어서 말이 좀 빨라지고 있습니다.

'해당 국가정보원 직원인 김하영이 활동한 인터넷

사이트인 '오늘의 유머'에서 다른 국가정보원 직원의 활동한 흔적이 확인됐고, 당시 국가정보원장이었던 원세훈이 국정원 내부 인트라넷을 통해 직원들에게 수년 동안 정치에 개입한 인터넷 활동을 지시한 내용이 확인됐고, 15개 이상의 사이트에서 국가정보원 직원들이 게시글을 남긴 사실이 확인되어 사건이 확대되었다.

2013년 12월 기준으로 국군사이버사령부 직원들이 대선에 개입하는 글을 올린 것과 국가정보원 심리전단에서 트위터에 수십만 건 이상의 정치·대선 개입 활동을 한 사실이 확인되어 사건이 더욱 확대되었으며, 박근혜 대통령에 대한 퇴진 요구까지 제기되고 있다'.

사건 진행은 이런 겁니다. 대통령선거 이전에는 전직 국가정보원 직원의 제보가 있었고, 역삼동 오피스텔 607호 앞에. 대치가 있었고, 이때 대치되었을 때 저는…… 2월 13일이라고 아까 제가 했는데 2월 11일이었네요. 이때 2월 11일 날 제가 문재인 대통령후보 직능본부장이라는 직함을 가지고 당시에 대선운동을 하고 있을 때였습니다.

당시에 우편집중국에서 선거운동을 제가 개인적으로 마치고 영등포의 우리 민주당 당사를 향해서 오고 있는데 '지금 역삼동 오피스텔 607호 앞에서 국정원 김하영 댓글사건의 의혹을 가지고 대치하고 있다'라는 전화를 받게 됩니다.

그 전화를 받고 제가 당사까지 가서, 당사에서는 정세균 당시 상임고문이 회의를 주재하고 있었습니다. 그때 본부장, 이 자리에 여러 분들이 계시는데, 당시에 계신 본부장들이 많이 계셨는데 그 본부장 회의 도중에 다시 거기에서 그 일을 보고 받고, 보고 받은 정세균 당시 상임고문이 '누군가는 가서 그 일에 대해서 어떻든지 파악을 하고 현장 보존을 해야 된다'라는 얘기를 하게 됩니다.

당시에 저는 그런 사건에, 제가 늘 관여하고 싶은 생각이 정말 없었습니다. 왜냐하면 앞서 말씀드린 그때만 하더라도 제 스스로가 500만 원, 1000만 원 벌금을 받고 제 스스로 매우 자괴감을 느끼고 있고, 또 과거에는 대정부질문 대우조선해양의 청와대 로비건을 대정부질문 했다는 이유로 민사소송·형사소송을 해서 제가 재판을 민사소송에서는 이기고, 형사소송은 이기고 무죄 나오고 그런 것도 있고, 또 그랬음에도 불구하고 청목회 사건이라는 사건을 통해서 제가 90만 원 벌금을 받았던…… 그런 정말 지난 재선 때, 18대 국회 때 제가 온전하게 검찰에 불려 다니고 재판소에 다니고 재판부에 불려 다닌 일로 거의 국회활동에 엄청난 낭비와 시간을, 제 스스로가 에너지를 썼는데 또 만약 그런 데 가면 휘말릴 수가 있겠다 그래서 피하고 싶었는데 당시에 정세균 상임고문이 사실상 선대위원장 역할을 하고 있었는데 저에게 '강 본부장이 그런 데를 좀 가야지, 현장 상황판단을 잘 하고 현장 대처를 잘 할 것 아니냐' 그래서 정말 마지못해서 그 자리에 갔다가 지금 재판에 이렇게…… 가서 정말 한 것이라고는 문 열라고 악쓰고, 두드리고, 그 앞에 앉아 있고, 이것이 전부인데 본인이 안 나와 놓고 감금했다고 그러니까 미치고 환장할 일 아닙니까?

저는 전과까지 있어 가지고 또 이제 재판부가 '너는 전과가 많은 걸 보니 그때도 충분히 감금을 할, 폭력을 행사할 전과범이다' 그래서 또 유죄 때리면 그걸 어떻게 참느냐 이거예요, 자존심 상해서.

그래서 제가 그때 '검찰이나 새누리당이 고소한 사람이 11명인가 됐는데 결국 그것도 싹 빠지고 거기 진짜 관련된, 그러니까 실제로 저를 가라고 한 사람, 정세균 대표를 비롯한 몇 분들을 우선 좀 그 책임을 묻든지 조사를 하든지 해야지 그런 사람은 싹 빠지고 왜 저한테 이럽니까?' 검사 조사에 제가 그렇게 이야기를 한 적이 있어요, 검찰 조사에서. 그건 제 진심입니다. 전과자의 비애가 또 여기에서 나타나는 거냐 이거예요. '전과자를 계속 이렇게 색안경을 끼고 볼 거냐?' 제가 그런 이야기를 했던 거지요.

그날 역삼동 오피스텔 607호에 앉아 있었던 것 때문에 감금죄로 또 재판을 받고 있고, 검찰의 중간발표를 대통령후보 마지막 TV 토론 있는 날 발표를 하게 되고, 그리고 대통령선거 이후에 경찰이 국가정보원 여론조작 활동을 확인했고, 국가정보원의 제보자도 파면하고 그걸 고발하고, 그런 것 다 알고.

특히 여기에서 권은희 당시의 수사과장의 진실 증언도 있었고 그런데 오히려 권은희 수사과장도—지금 현재 의원입니다—의원도 재판받고 있는, 이런 대한민국이에요. 거꾸로 가는 대한민국에 정말 분통터질 일인 거지요.

이것이 정치라고 한다면 감당해야겠으나 이런 정치를 하자고 여야가 비싼 월급, 국회의원 월급 받아먹고 앉아 있어야 되는 건지, 이것이 정치라고 한다면 이건 깨트리고 싸워야 되고 투쟁해야 될 정치인데 종편이 앞장서고 다수당이 그냥 밀어붙이니까 싸워지지도 않고, 깨어지지도 않고 계속…… 자괴감이 많이 듭니다.

야당은 분열되어 있고, 여당은 커져 가고 있고, 대통령은 무소불위의 권력자가 되어 가고 있고, 종편은 나팔수가 되어 가고 있고, 통제되지 않는 국정원은 권한을 강화하고 있고, 그것이 당시 대선 댓글사건……

그다음에 박원순 서울특별시장 관련해서도 또한 불법사찰의 문제가 있었던 것은 다 알고 있습니다. 또 반값등록금 운동 관련해서도 2013년 5월 19일 날 국가정보원 간부가 작성한 것으로 추정된 반값등록금 운동 반대 문건도 공개되었고, 이런 반값등록금 운동, 박원순 시장 관련, 그리고 앞서 말씀드린 원세훈 댓글사건, 국정원 댓글사건, 이런 것이 일상적으로 일어나고 있기 때문에, 대선 때문만 아니라 일상적으로 일어나고 있기 때문에 그런 국정원에 권한을 집중시키고 권한을 더 주자라는 것은 도저히 이해할 수 없다는 거지요.

다시 말씀드리건대 자기의 월급과 연금이 깎이는 국민연금·공무원연금은, 공무원연금 같은 경우마저도 돈이 깎이는 건데 215일 동안 헌신하고 희생하고 양보해서 타협을 하는데 이 법은 테러를 방지하자고 하는 법이기 때문에 100% 동의하기 때문에 이것을 잘만 만들면 아무도 반대하지 않는다 이거예요.

(책자를 들어 보이며)

제가 여기에 가져온 이 책자가 공무원연금 개혁할 때 215일 동안 우리가 토론하고 논의했던 책자를 정리한 겁니다. 이것은 물론 공식 회의에서만 나오는 회의 기록이기 때문에 이것이 100 중의 10이라면 90은 회의하지 않는, 정말 기록은 더 이루 말할 수 없겠는데 자기의 연금을 깎는, 노후의 자기 연금을 깎는 일도 우리 대한민국 국민들, 공무원들은 양보하고 타협했는데 그런데 자기를 지키는 안전의 문제를 왜 타협을 않겠느냐 이거예요. 우리 야당이 왜 반대하겠느냐 이거예요.

오직 하나, 국정원의 문제다. 그래서 이 대테러법이 아니라 국정원 강화법이다. 이건 누가 뭐라 하더라도 죽어도 국정원 강화법이지, 대테러방지법이 아니다. 국정원 강화법인데 그것을 통과시켜 주면 국민이 손해 보는데 그 일을 왜 국회에서 해야 되는 거냐, 이것이 문제의 핵심 아니겠습니까?

당시에, 김하영 국가정보원 심리전단 요원, 직원, 통칭 '국정원 여직원'으로 알려진 인물이다. 이렇게 기술되어 있습니다, 백과에.

'국가정보원 심리정보국 소속 김하영은 국정원 소속 직원인 상급자의 지시를 받아 지난 3개월 동안 근무하면서 야권 후보의 비방과 여론조작을 일삼아 왔다. 민주당은 이러한 제보를 받고 2012년 12월 11일 저녁 선관위 직원과 관할 경찰을 대동하고 김하영이 주도하고 있는 서울 강남구 역삼동의 성우 스타우스 오피스텔을 찾아갔고 그 과정이 생중계되면서 국민적 관심을 모으게 되었다. 2013년 3월 26일 검찰이 원세훈의 정치적 내용이 담긴 업무 지시에 대해 국가정보원법 위반 혐의로 소환할 예정이고 국가정보원 직원 김하영 사건에 대해서는 원세훈이 개입한 내용이 확인될 때까지 병합할 예정이다' 여기에는 이렇게 적혀 있어요.

그런데 재판 과정에서 이 김하영 직원에게 물었습니다. 참고로 김하영 직원은 댓글 사건의 유죄는 분명히 있어 보이는데, 그러니까 그 행위를 했으나 원세훈 등 지시에 의해서 한 측면이 있고, 그래서 기소 중지가 되어 있지요, 지금. 기소 유예가 되어 있습니까? 기소 유예, 중지가 되어 있을 겁니다. 유예인지 중지인지 제가 기억이 안 나요. 죄가 없다는 게 아니라 죄는 있으되 아직 처벌하지 말자라는 겁니다.

그런데 그날 열두 시간 검찰, 변호사 증인신문에서는 매우 뻔뻔스럽게 자기는 죄는 없다, 죄가 없으니까 자기 재판받지 않는 거 아니냐, 이런 기본 상식 이하의 답변을 계속하고 있고 그날 재판 공개는 비공개여서 언론에 알려져 있지 않지만 정말 당시에 재판을 받고 있는 저나 이종걸, 문병호, 김현 의원들은 저 뻔뻔한 김하영 국정원 여직원을…… 나중에 김하영 여직원의 오빠도 증인으로 나왔어요. 저 김하영과 김하영 오빠를 정말 처벌하도록 고소·고발하자 이런 이야기까지 했어요.

반성은 하나도 없고, 자기가 죄를 전혀 안 지었다는데……

전혀 안 지었고 자기는 나가고 싶고 출근하고 싶은데 문을 잠그고 있어서 나갈 수 없었고…… 자기가 그 안에서 댓글을 지우고 컴퓨터를 지우고 있다는 것이 다 확인됐음에도 불구하고, 그런 뻔뻔한 국정원이 있는 이상 어떻게 이 테러방지법을 통과를 시켜 줘야 되느냐 이거예요, 아직 재판도 끝나지 않았는데.

저의 재판도 안 끝났고 권은희 의원 재판도 안 끝났고 다 재판도 안 끝났는데, 그때 그 죄를 범했던 사람들의 그 집단은 그 뒤로 국정원개혁특위를 만들어서 정세균 대표가 위원장이 되고 등등…… 위원들이 오랜 논의를 했지만 근본이 바뀌지 않는 국정원으로 남아 있는데 재판도 끝나지 않고 개혁도 되어 있지 않은 그런 국정원을 어떻게 강화해 주자라는 이야기가 나올 수 있는 거냐, 그것은 있을 수 없는 거다.

다시 한 번 20대 국회에서 2+2 법을 비롯하여 정말 사회적 기구를 만들어서 이 국정원법 플러스 대테러방지법 등을 논의해야 된다는 것이……

국회는 2013년 6월 10일부터 대정부질의를 열어서, 대정부질문에서 국정원 선거 개입과 황교안 법무부장관 등 박근혜정부 인사의 수사 개입에 대한 질의가 이어졌습니다. 이때 앞서 말씀, 질의하셨던 신경민 의원이 당시 곽상도 정무수석에게 '검찰 수사 도중에 검사들에게 전화를 하여 압력을 넣었다는 제보가 있다' 이런 질의를 했고, 국가정보원이 대선 직전 서울경찰청의 수사에 영향을 미친 사실을 폭로했는데 이에 따르면 당시에 수사 도중 국정원 2차장 산하의 하석재 단장, 신승규 실장이 경찰과 연락을 취했고 업무 취조가 잘 안 되자 김용판 경찰청장과 국정원 박원동 국장이 직접 연락을 취했고 그리고 대선 3일 전, TV 토론 직후 밤 11시 수사 결과 발표가 차문희 국가정보원 제2차장이 박근혜 후보의 TV 토론이 잘 안 되자 김용판 서울청장에게 조간 판갈이를 해야 한다며 전화한 결과 이루어졌다고 하는 것도 확인됐고, 곽상도 수석은 전화를 하여 압력을 넣은 의혹을 부인했지만 그건 다 거의 사실로 확인됐던 거지요.

또 6월 13일 진선미 의원이 국정원 트위터에 여론조작을 통한 선거 개입 활동에 대해 질의하였는데 그 과정에서도 국정원이 어떻게 국내 정치에 개입했는지도 다 이렇게 나와 있는 겁니다. 그리고 2013년 3월에 또 국정조사를 개최하기로 합의했는데, 6월 18일 기소 발표 이후에 우리는 즉각 실시하자고 했는데 여당이 수사 종료가 되지 않고 재판에 영향을 미친다는 입장으로 잘 안 됐던 겁니다.

그러니까 국정원과 관련해서는 어떤 일도 잘 안 됐고, 지금까지 잘 안 됐고 안 되어 왔고 그러나 안 되어 왔지만 많은 사건 사고는 계속 국정원 중심으로 터져 나왔고 그런 국정원에 대해서 국회 통제를, 국민의 통제를 강화하자고 했음에도 불구하고 그것은 되어지지 않는 이런 일이 반복되어 왔는데 그것을 더 강화하자고 하니까 지금 국민의 저항에 부딪치고 있습니다.

국정조사 끝난 이후에도 이 사건에 대한 규명 활동을

하고 있고 8월 22일 국정원의 여론조작 사건에 대한 특검을 요구하며 '오늘의 유머'에서 73개 아이디를 동원한 여론 조작 실태를 진선미 의원이 공개하기도 했지요.

9월 6일에는 국정조사 과정에서 입수한 자료를 바탕으로 국정원이 여론 조작에 동원한 트위터 계정 402개를 검찰이 확보해 추적 중이라고 발표하는 기자회견도 하였지요. 정치 개입, 대선 개입, 북한 관련, 이명박 대통령 옹호분만 아니라 5·18 민주화 운동에 대해서 비하하는 트윗도 많이 나왔지요.

10월 14일 김광진 의원은 국방부 국정감사에서 국군사이버사령부 요원들이 대선기간 댓글 작업을 했다고 질의했고 그때 말씀드렸듯이 저도 보훈처의 대선 개입 사건에 대해서 밝혀냈던 것이, 보훈처는 끝내 그걸 인정하지 않았지만 모든 증거가 나타났고 비디오테이프와 강연 자료나 모든 게 나타났음에도 불구하고 인정하지 않았습니다마는 다 국감을 통해서 확인을 했던 거였지요. 국정원·국군사이버사령부·보훈처, 3개 기관이 명백히 밝혀졌던 거지요.

우리가 원세훈을 중심으로 한 국정원만 사실은 많은 이야기가 그때 됐고 국군사이버사령부나 여기까지는 됐는데 보훈처가 상대적으로 덜 알려진 측면이 있는데 이런 모든 기관이 그렇게 당시에 관여를 했던 거지요.

이 사건이 당시에 대선에 끼친 영향은 지대했습니다. '국정원의 댓글, 트위터 등을 통한 대선 개입 활동이 대통령 선거 결과에 끼친 영향에 대해서는 여론조사 결과에 따르면 김용판의 지시에 따른 서울지방경찰청의 허위 수사 발표는 대통령 선거 결과에 영향을 미쳤다. 경찰이 사실대로 발표했을 경우 박근혜 후보 투표층의 13.8%가 문재인을 찍었을 것이라고 응답했다. 이는 전체 득표율의 7.1%에 해당된다.' 이런 여론조사 분석도 있습니다.

결국 국정원의 대선 개입 사건을 겪으면서 우리 당에서는 물론 일반 국민들도 국정원이 그동안 얼마나 정치적 활동을 해 왔는지를 낱낱이 알 수 있게 되었습니다.

국정원의 다른 이름은 댓글만 단다고 해서 '댓정원', 국민의 걱정거리라고 해서 '걱정원'이라고도 부른 답니다. 지금도 국정원은 댓글로 여론 조작을 하고 있고 반정부 인사를 사찰하고 있으며 심지어 일반 국민인 우리들도 인터넷에 정부를 비판하는 글을 쓰면 '국정원에서 내 정보·기록 다 뒤져볼 수 있다' 국민은 그 정도 합니다. 휴대폰 감청은 기본적으로, 도·감청은 기본이다 이렇게 다 인정을 하고 대화를 하고 있습니다. 익숙해져 있습니다. 생활 속에서.

(휴대전화를 들어 보이며)

청와대 직원들은 보니까 이런 전화 안 쓰더만요, 2G폰이나 이런 것을 쓰고 있고.

국정원에서 지금까지 통신·감청·댓글·인터넷 이렇게 하다가 계좌까지 볼 수 있다 그러면 아마 국민들은 어떻게 생각할까요? 금융계좌를 통보받고 볼 수 있다, 국정원장이 금융계좌를 보고받을 수 있다, 출입국기록까지 볼 수 있다. 물론 지금도 보고 있는지 모르겠지요. 출입국관리 기록,

금융계좌 이것은 현재는 어떻든 법적으로 국정원이 볼 수는 없는 것이지요. 그런데 그것을 본다?

우리 야당 의원들뿐만 아니라 여당 의원님들도 국정원이 우리들의 금융거래 등등을 싹 볼 수 있다고 하면 뒷골이 당길 것입니다. 사실은 이거 정권의 문제가 아니고 우리 기본권의 문제이기 때문에.

그래서 지금 여야를 막론하고 이 법은 청와대와 국정원이 강력히 요구하고 있는 법이라는 점이었고 그래서 논의가 많이 진전되다가 갑자기 직권상정으로 가지 않으면 안 되게끔 이렇게 올라와 있던 것 같습니다.

국정원을 믿을 수 없는 이유는 MB 정부의 불법사찰 사건도 대표적인 것입니다. 앞서 말씀드린 것은 MB 정부 막판의 댓글사건이고 MB 정부의 불법사찰 사건도 대표적인 사건 중의 하나지요.

이 테러방지법은 안기부 X파일 합법화법이기도 합니다. MB 정부 때 국무총리실 공직윤리지원관실을 중심으로 민간인을 비롯한 정치인에 대한 불법사찰을 우리는 기억하고 있습니다. 이번 테러방지법이 통과되면 그와 같은 행위는 정부가 얼마든지 할 수 있다. 국무총리실 공직윤리관실에서 하던 것을 국가정보원이 하면 되니까요. '부패한 권력에 대한 기록'이라는 이름으로 작년 12월에 발간한 내용 중의 일부를 발췌해 보겠습니다.

2008년부터 2012년 이명박 대통령 비선 측근들과 국무총리실의 민간인 불법사찰 사건, 참여연대 '권력감시 Factbook'에서 가져온 것입니다.

사건 개요는 이명박 대통령의 비선 측근들과 국무총리실의 민간인 불법사찰 사건이란, 이 사건은 이명박 대통령의 비선 측근들이 2008년 7월부터 2010년 6월까지 국무총리실에서 만든 공직윤리실을 이용해 민간인을 비롯한 정치인에 대한 불법사찰 등 불법 행위를 벌였고 2010년 7월 검찰 수사가 시작되자 불법 행위를 감추기 위해 컴퓨터 하드디스크 등을 훼손해 증거를 인멸하고 2012년 3월에 승거인멸 혐의로 재판을 받고 있던 상신수 씨의 양심선언이 나올 때까지 청와대 연루 사실이 드러나는 것을 막기 위해 재판을 받고 있던 이들에게 금품을 제공하고 일자리를 약속하는 등 입막음을 시도한 사건입니다.

2008년 2월에 출범한 이명박 정부는 출범 석 달도 되지 않은 그해 5월 말부터 광우병 위험 미국산 쇠고기 수입을 반대하는 범국민적인 항의 촛불집회와 시위에 직면했고 이 촛불집회는 5월부터 수차례 동안 이루어졌는데 이로 인해 집권 초반 이명박 정부의 정국 구상이 일거에 흔들렸던 사실을 우리는 알고 있습니다.

이 상황에서 대통령의 측근 세력 즉, 영포라인은 새로운 국정운영 목표를 정하고 정책을 추진하려 했지만 막상 MB와 정부 정책에 비판적 시각을 가지고 있던 인사들의 음성적 저항과 전임 정부에서 임명된 공공기관 임원들로 인해 대통령의 국정 수행에 차질이 발생하고 있었고 촛불집회도 그러한 일의 연장선이라고 보고 대통령과 정부에 반대한 진영의 흐름을 제거하기

위한 방안을 적극 모색하였고 이들의 핵심인물은 이상득·최시중·박영준·이영호, 이들은 거의 지금 사법부의 단죄를 받기도 했지요. 이 사건, MB 정부의 대표적인 불법사찰 사건, X파일, 공직윤리지원관실 사건.

이런 사건이 총리실이 아니라 이제 국정원에서 비일비재하게 일어날 수 있다 그것을 어떻게 할 것이냐가 우리 야당과 국민들의 고민이라는 말씀을 드립니다.

당시에 이 사건을 은폐하게 됐던 최종석 행정관과 장진수 주무관의 청와대 연루 은폐 대화 녹취록 한번 읽어보겠습니다.

생략하겠습니다.

그나마 국회의 통제를 좀 받는 총리실에서는 앞서 얘기하는 공직윤리지원관실 사건과 같은 일이 벌어졌는데 총리실은 정무위의 통제를, 어떻든 국회 통제를 형식적으로는 받고 있지 않습니까? 정무위에서 총리실에 대해서 예산, 법안, 국정감사를 통해서 통제를 하고 있습니다. 그러나 그 통제라는 것도 법적으로 통제하고 있고 할 수 있도록 되어 있는 데서도 그런 일들이 비일비재하게 마음만 먹으면 일어난다는 것이지요.

총리실보다 훨씬 더 은밀하고 음지에서 일하고 양지를 지향하는 국정원이 모든 정보와 권력을 가지고 초헌법적으로 이런 총리실과 같은 사찰과 국민 기본권을 침해하기 시작한다면 그것은 얼마든지, 너무 쉬운 일이다. 사실은 총리실 같은 경우도 양심선언이 있고 고백이 있어서 이게 나오게 됐지 어떻게 알겠습니까?

국정원에서 벌어지고 있는 그 많은 일들, 국정원 A파트가 하는 일을 B파트가 수사하고 B파트가 저질러 놓은 일을 C파트에서 수사하고 마치 허위를 사실로 진짜 믿게 만든다고 하는 그런 루머가 돌고 있는 그런 국정원에 대해서 어떻게 확인할 것이냐 이것이지요.

야당이나 시민단체, 노조, 정치인, 지자체, 여당 국회의원, 기업, 국민 광범하게 사찰을 벌일 수 있고 그 방식은 휴대폰 카카오톡, 온라인, 통장계좌, 외국 나갔다 들어온 것 모든 것을 보기 시작한다면, 그것도 테러에 의심되는 국민 모두를 본다면 국정원은 그 순간부터 국외 업무는 다 마비되고 국내 업무만 하게 되거나……

제가 국정원의 전신인 중앙정보부의 문제부터 죽 살펴보려고, 시간이 있으면 61년부터 죽 살펴보려고 했는데 저에게 시간이 없어서 그것은 그냥 자료로 넘어가도록 하겠습니다.

최근에 유우성 간첩사건 이것은 국정원이 앞장서서 증거를 조작한 사건 아닙니까? 2014년 4월 15일 최근 이야기입니다. 61년 넘어가기 전에, 61년부터 오기 전에.

중앙정보부 시절 김대중 납치사건, 동백림 사건, 인혁당 사건, 민청학련 사건, 최종길 교수 의문사 사건, 납북어부 간첩조작 사건, 울릉도 간첩단 조작사건.

안기부 시절에는 김대중 내란음모 사건, 수지 김 간첩조작 사건, 평화의 댐 사건, 학림 사건, 부림 사건, 박종철 고문치사 사건, 초원복집 사건, 총풍 사건, 남매단 간첩조작 사건, 흑금성 사건, 송 씨 일가 간첩조작 사건, 총선 개입 사건.

그리고 국가정보원으로 바뀐 뒤에도 대선 댓글 사건, 서울시 공무원 간첩조작 사건, 해킹 프로그램 도입 문제.

중앙정보부 때도 말할 수 없고 안기부 때도 말할 수도 없고 국정원 때도 말할 수도 없고, 이름이 바뀌었지만 그 정보기관에서 벌였던 추악한 사찰과 범죄행위 이것에 대해서 개선하지 않는데 어떻게 해서 대테러를 위한 권한을 강화해 달라고 할 수 있는 것이지요?

제가 85년 6월 14일 날 구속돼서 만 3년 7개월 동안 감옥생활을 했습니다만 그 과정에 광주교도소를 비롯해서 광주교도소, 서대문구치소, 안동교도소, 대전교도소, 대구교도소, 원주교도소, 진주교도소 이렇게 옮겨 가면서, 이감되어지면서 살았는데 그 과정에서 억울한 사람들을 많이 만났어요. 지금이야 되니까 억울하다고 국회 단상에서 제가 이렇게 표현하지 그때만 하더라도 순 빨갱이 간첩들이었는데 그런 말도 못 하지요.

그중에 납북어부들이 있었습니다. 납북어부들, 광주 미결사 같은 데 납북어부들이 간첩죄를 지고 이렇게 들어왔어요. 요즘 가끔 무죄받는 납북어부들이 나타나서 보면 그때 만난, 저한테 그렇게 호소했던 사람들이에요. 그런데 그때만 하더라도 우리는, 우리는이 아니라 저는 학생운동 하는 과정에서 그분들하고 말 섞으면, 간첩들하고 말 섞으면 안 되는 줄 알고 정말 그분들의 억울함을 호소했을 때 되도록이면 안 들으려고 했다거나 되도록이면 모른 체 했거나 그랬던 그 낯선 이름들이 요즘에, 요즘이라는 것은 최근 상당 기간 동안 무죄 판결을 받고 있더라고요. 고문에 의한 무죄, 증거 불충분에 의한 무죄 뭐 등등으로.

한편으로는 그때 참 반성도 되고 그때는 혹시 우리 학생운동의 순수성이 훼손될까 이런 것도 있었고 또 더 철이 없을 때였고 아마 그랬던 것 같아요.

지금 그런 간첩 사건, 소위 그때 납북어부 사건들 이야기를 죽, 제가 익숙한 사건이어서 이렇게 좀 가져와 봤는데 역시 시간이 없어서 다 소개해 드리기는 어려울 것 같습니다.

그래서 적어도 이 대테러방지법이 통과되려면 선결해야 될 것이, 수차례 앞서 나온 많은 토론자들이 그런 말씀하셨지만 선결해야 될 것이 적어도 딱 하나가 있다. 그것은 국정원에 대해서, 적어도 국정원에 대해서 이런 과거의 행위뿐만 아니라 국민적 의혹에 대해서 털어야 된다, 그것을 털지 않고서 어떤 것도 진전할 수가 없다 이거 아닙니까?

중정이 안기부로, 안기부가 국정원으로 이름만 바뀐 것이지 정말 그 과정에서 독재 타도를 외치고 죽어간 사람들, 민주화 운동이 된 뒤, 지금 민주화가 된 뒤에도 대통령 선거에 개입까지 하고 간첩 사건까지 조작하고 증거를 조작하고 이런 국정원에 대한 국민들의 믿음과 신뢰가 깨져 있는 상태에서 그 조직에다가 테러를 방지하기 위한 모든 권한 특히 그 권한 중에 금융 제보를 포함한 그런 권한을 다 준다? 이것은 절대 그러면 안 될 것 같아요.

그리고 지금 이 대테러방지법을 추진하는, 처리하는 방식에서 정부와 새누리당이 참으로, 저는 조금 문제가 있고 비열하다고 생각하는데 야당이 조건부 내지는 소위 힘이 없으니까 발목잡기 하는 것은 할 수 있습니다. 그런데 다수 여당이 발목잡기를 하는 거예요. 선거법을 통과시켜 주지 않으면, 아니 대테러방지법을 통과시켜 주지 않으면 선거법을 통과시키지 않겠다. 이것이 그동안 선거법이 통과되지 않는 진실 아닙니까, 누구나 아는? 선거법을 통과시켜 주지 않으면……

대테러방지법을 통과시켜 주지 않으면, 노동 4법을 통과시켜 주지 않으면 선거법을 통과시키지 않겠다. 정부나 여당이 그렇게도 정치를 하는 것이구나 이런 생각을 좀……

우리 진성준 의원이 대표발의한 국가정보원법을 좀 소개를 해야 될 것 같습니다. '우리는, 우리 야당은, 우리 더불어민주당은 비판만 하는 것이냐, 그렇지 않다, 정확히 대안을 가지고 있다, 대테러에 대한 또 국가정보원에 대한 대안을 가지고 있다' 이 점을 말씀드리기 위해서 진성준 의원이 대표발의한 국가정보원법 전부개정법률안, 의안번호 5685번입니다.

"국가정보원은 불법적인 정치개입으로 국민의 지탄을 받고 있으며, 정보수집, 보안업무 등 본래의 직무에도 충실하지 못하는 등 기관 본연의 업무를 충실히 이행하지 못하고 있음. 이에 따라 과도하게 확대되어 있는 국가정보원의 직무 범위를 조정하고, 기관의 명칭도 통일해외정보원으로 변경하여 국가정보기관으로 위상을 재정립하려는 것임"
입니다.

국가정보원법 전부개정법률안, 다음과 같이 개정합니다.

"통일해외정보원법.

제1조(목적) 이 법은 통일해외정보원의 조직, 직무범위와 국내 보안정보 및 통일 해외정보 업무의 효율적 수행을 위하여 다음 필요한 사항을 규정함을 목적으로 한다.

제2조(지위) 통일해외정보원은 대통령 소속으로 두며, 대통령의 지시와 감독을 받는다.

제3조(직무) 통일해외정보원은 다음 각 호의 직무를 수행한다.

1. 국가안보와 남북통일을 위한 국내 보안정보[대공, 대정부전복, 방첩] 및 해외정보의 수집·작성 및 배포

2. 국가 기밀에 속하는 문서·자재·시설 및 지역에 대한 보안 업무. 다만, 각급 기관에 대한 보안감사는 제외한다.

제1항의 각 호의 직무 수행을 위하여 필요한 사항은 대통령령으로 정한다.

제4조(조직) 통해원의 조직은 통일해외정보원장이 대통령의 승인을 받아 정한다.

통해원은 직무 수행상 특히 필요한 경우에는 대통령의 승인을 받아 특별시·광역시·도 또는 특별자치도에 지부를 둘 수 있다.

제5조(직원) 통해원에 원장·차장 및 기획조정실장과 그 밖에 필요한 직원을 둔다. 다만, 특히 필요한 경우에는 차장을 2명 이상 둘 수 있다.

직원의 정원은 예산의 범위에서 대통령의 승인을 받아 원장이 정한다.

제6조(조직 등의 비공개) 통해원의 조직·소재지 및 정원은 국가안전보장을 위하여 필요한 경우에는 그 내용을 공개하지 아니할 수 있다. 다만, 국회 정보위원회의 요구가 있을 경우 통해원의 시설·장비·문서 등을 공개하여야 한다.

제7조(원장·차장·기획조정실장) 원장은 국회의 인사청문을 거쳐 대통령이 임명하며, 차장 및 기획조정실장은 원장의 제청으로 대통령이 임명한다.

원장은 정무직으로 하며 통해원의 업무를 총괄하고 소속 직원을 지휘·감독한다.

차장은 정무직으로 하고 원장을 보좌하며 원장이 부득이한 사유로 직무를 수행할 수 없을 때에는 그 직무를 대행한다.

기획조정실장은 별정직으로 하고 원장과 차장을 보좌하며 위임된 사무를 처리한다.

원장·차장·기획조정실장 외의 직원 인사에 관한 사항은 따로 법률로 정한다.

원장이 직무를 집행하면서 헌법이나 법률을 위배하였을 때에는 국회는 탄핵 소추를 의결할 수 있다.

제8조(겸직 금지) 원장·차장 및 기획조정실장은 다른 직을 겸할 수 없다.

제9조(정치 관여 금지) 원장·차장과 그 밖의 직원은 정당이나 정치단체에 가입하거나 정치활동에 관여하는 행위를 하여서는 아니 된다.

제1항에서 정치활동에 관여하는 행위란 다음 각 호의 하나에 해당되는 행위를 말한다.

1. 정당이나 정치단체의 결성 또는 가입을 지원하거나 방해하는 행위

2. 그 직위를 이용하여 특정 정당이나 특정 정치인에 대하여 지지 또는 반대 의견을 유포하거나 그러한 여론을 조성할 목적으로 특정 정당이나 특정 정치인에 대하여 찬양하거나 비방하는 내용의 의견 또는 사실을 유포하는 행위

3. 특정 정당이나 특정 정치인을 위하여 기부금 모집을 지원하거나 방해하는 행위 또는 국가·지방자치단체 및 공공기관의 운영에 관한 법률에 따른 공공기관의 자금을 이용하거나 이용하게 하는 행위

4. 특정 정당이나 특정인의 선거운동을 하거나 선거 관련 대책회의에 관여하는 행위

5. 특정 정당이나 정치·사회단체 및 그 구성원의 정치활동에 관한 정보를 수집·제공하거나 이에 관한 대책을 수립하는 행위

6. 소속 직원이나 다른 공무원에 대하여 제1호부터 제5호까지의 행위를 하도록 요구하거나 그 행위와 관련한 보상 또는 보복으로서 이익 또는 불이익을 주거나 약속 또는 고지하는 행위

제10조(겸직 직원) 원장은 현역 군인 또는 필요한 공무원의 파견근무를 관계기관의 장에게 요구할 수 있다.

제11조(직권 남용의 금지), 제12조(도청의 금지), 제13조(예산회계), 제14조(예산의 목적외 사용금지와 예산이체), 제15조(예산의 전용 등), 제16조(국회에서의 증언 등), 17조, 18조, 19조, 20조, 21조, 22조, 23조.

24조(정치 관여죄) 제9조를 위반하여 정당이나 그 밖의 정치단체에 가입하거나 정치활동에 관여하는 행위를 한 사람은 5년 이하의 징역과 5년 이하의 자격정지에 처한다."
이런 취지의 법안입니다.

이것 진선미 의원도 이런 법안이 있고 이런 좋은 법안을 가지고 함께 논의해서 대안을 만들면 된다, 민병두 의원도 대표 법안을 내놓고 있고 정청래 의원도 법안을 내놓고 있고 우리 야당의원이 이런 법안을, 박영선 의원도 국가정보원법을 내놓고 있고 우리 야당도 이런 좋은 의견을 법안을 내놓고 있습니다.

제가 30분만 더 쓰고 마무리하겠습니다.

김경협 의원님, 30분만 쓸 수 있도록 해 주십시오.

아마 이런 무제한 토론이 있었다면 18대, 17대 국회 때 그런 무지막지한 폭력이 국회에 없었을 거고 국민들의 불신도 지금처럼 크지 않았을 거고 아마 국민들의 물갈이 의원 여론도 덜 컸을 거고 국회가 좀 신뢰받지 않았을까 이런 생각을 오늘 토론을 해 보면서 더욱더 깊게 하게 됩니다.

물론 합리적인 토론이 됐다면 상임위나 국회나 소위원회에서 토론이 됐다면 소위 이렇게 길게 시간을 확보하기 위한 필리버스터를 하기보다도 정말 내실 있는 토론을 많이 하겠지요.

그런 점에서 늦었지만 우리 국회가 19대 국회에서 선진화법이 만들어져서 그런 일이 없고 더 발전돼서 더 나아졌다는 점에 대해서는 참으로 다행이라고 생각합니다. 그리고 이런 선진화법이 있어서 오늘과 같은 이런 자리가 또 만들어진 것도 한편 다행이라고 생각하고.

그런 점에서 제가 이런 장시간 토론을 마치면서 소회를 몇 가지 이야기를 좀 할까 합니다.

결국은 국회 본회의에서 어떤 한 가지 법이 이렇게 오래 국민들과 우리 의원들 속에 오랫동안 토론된 것은 처음일 거라고 봅니다. 대부분 국회는 상임위 위주이니까 16개 상임위와 또 그 속에 속해 있는 소위원회가 있기 때문에 거의 소위원회와 상임위는 그 관심 갖는 의원들, 해당하는 의원님들 빼고는 그 상임위에서 어떤 일이 일어나는지도 사실상 같은 국회의원이면서도 알 수 없는 그런 상황이고 국회의 정책위의장이라든가 원내대표 정도 돼야만, 수석부대표 정도 돼야만 전체 국회 돌아가는 상황을 알게 되는 이런 것 아니겠습니까?

그런 점에 비추어 볼 때, 그런 점으로 볼 때 국회의 운영과 형식이 그렇게 진행된다고 볼 때 대테러방지법과 같은 하나의 법이 이렇게 국민들로부터 집중적으로 관심 받는 법이 과거에는 있었을까, 물론 단일법 비준안으로는 한미 FTA 사안도 있었을 거고 또 과거에 91년인가요, 날치기 노동법도 그런 범위에 속했을 수도 있고, 또 아까 제가 자세히 소개했던 국민연금법도 하나의 그런 단일 사안으로 소개될 수 있는 거고, 그러나 이렇게 대테러방지법이라는 안기부 강화법을 놓고 그를 중심으로 모든 것이 다 분석되고 조명되고 검토되고 이런 적이 과연 있었던가, 그런 점에서 이 대테러방지법의 무제한 토론은 그런 큰 의미를 가지고 있는

것 같아요.

그런데 거기서 멈춰서는 안 된다고 봅니다. 이것이 요식행위를 넘어서서 그런 토론이 실지로 국민들의 뜻과 마음으로 받아들여서 이곳 국회에서 이 토론의 결과로써 국민들의 의견이 결국 실천, 행동으로 옮겨져야 된다고 봅니다.

그것은 이 법의 직권상정을 취하하거나 또는 이 법을 통과 안 시키거나 이런 절차가 필요하다고 봅니다. 그런 점과 관련해서 지금 국회의장님을 중심으로 해서 새로운 법안 수정이 되고 타협할 수 있는 수정안이 만들어지고 있다는 반가운 소식도 한편에서 들립니다, 다행스러운 소식도. 반가운 소식, 다행스러운 소식. 어떤 안인지는 저는 아직 보지를 못했습니다마는 제발 지금 제가 아홉 번째니까 이 불이 꺼지지 않는 국회의 전당에서, 본회의장에서 검토됐던 모든 내용이 의혹이 없어질 수 있도록, 우려가 없어질 수 있도록 그런 수정안이 또는 그런 대안이 만들어지기를 바랍니다.

저는 그런 대안이 만들어지지 않는다면 앞서 말씀드렸듯이 20대 국회에서 정말 이것은 차분히 논의해서 국민들이 모두 박수치고 통과할 수 있는, 국제적으로 부끄럽지 않은 인권도 살아 있고 국민의 기본권도 살아 있고 헌법도 위배하지 않고 그러면서 대테러라는 종합 기능을 할 수 있는 그런 법으로 20대 국회에서 만들어야 된다라는 것입니다.

그럴 때만이 이 무제한 토론에 관심 갖는 국민들이 '아, 국회가 쌍방향이네. 그냥 할 말 하고 요식행위로 그치는 게 아니라 쌍방향으로 할 얘기는 하고 그러네' 이렇게 국민들이 인정해 주지 않을까. 만약 이런 어찌 보면 고통스러운 토론 과정의 결론이 요식행위로 끝나거나 토론할 사람 토론하고 결국 이것은 국정원의 의도대로, 청와대의 의도대로 거수기 역할로 끝난다거나 그렇다면 국민들의 이 고통스러운 과정 이것이 그냥 사라지겠다 이런 생각이 듭니다.

국민들은 사실은 국회에서 이런 대테러 국정원 강화법을 이렇게 토론하지 않고 만약 청년 일자리 문제, 우리 애들의 자녀 문제, 아까 제가 시작하면서 저는 대학교 2학년짜리 딸하고 고등학교 2학년짜리 아들이 있어서 아직은 직접 아들딸들의 취업 문제에 압박을 받지 않고 있는 사람이라는 점에서, 그럼에도 불구하고 대한민국의 모든 부모들의 마음이 자녀들의 취업 문제 때문에 얼마나 고통스러울까, 안타까울까 이런 심정을 그래도 직접은 아니지만 간접적으로 느끼고 안타깝다라는 말씀을 드린 바 있는데 만약 그런 문제를 가지고 이런 자리에서 이렇게 며칠날 밤을 새워 가면서 국회가 토론을 한다면, 물론 저는 20대는 국회가 그렇게 할 거라고 생각합니다.

20대의 국회 주인공들은 반드시 그러리라고 생각합니다. 20대 국회가 19대 국회처럼 또는 18대 국회처럼 그렇게 되지는 않을 거라고 확신하는 것 아닙니까? 그것은 새로 국회의 구성원들 모두의 다짐일 거고. 국민들에게도 여야를 가리지 않고 특정 정당의 지지를 가리지 않고 뜬눈 새워

가면서 응원하고 박수치고 귀 기울이고 또는 비판하고 지적하고 이런 데 대한 결과는 나와 줘야 되는 것 아니냐. 이것이 '야당, 민주당, 더불어민주당의 승리, 여당의 실패다, 패배다' 이렇게 규정되어지기보다 이 고통스러운 국민들에게 '아, 두드리니까 응답하구나, 국회라는 것이 응답하구나' 이런 느낌을, 이런 반응을 줄 때만이 국회는 더욱더 사랑받지 않을까, 국민들로부터 인정받지 않을까 이런 생각을 해 봅니다. 만약 이것을 요식행위의 하나로 열심히 토론했으니까 이제 토론은 끝내고 이제부터는 그냥 나간다, 날치기한다, 이제 그냥 표결해서 거수기 한다 이렇게 결론되어서는 안 되겠다 이런 생각을 해 봅니다.

두 번째로 제가 드리고 싶은 것이 저는 사실 오늘 토론을 하면서 시작부터 도중에 여러 번 솔직히 마음이 울컥거렸습니다. 나에게도 '날으는 강기정', '폭력의원 강기정'이 아닌 적어도 어떤 주제를 가지고 두세 시간 토론할 수 있다, 단지 그것의 기회가 우리에게는 보장되어 있지 않았다, 정치라는 것이 말로 가지고 논쟁하고 국민들의 뜻을 말로 가지고 대화할 수 있다는 것을 우리는 지금 우리 국회가 보여 주고 있다는 점 그 점에 대해서 참으로 저는 다행이고 정말 다행이다 이런 생각을, 국회가 보여 줘서 다행이다 생각합니다. 저도 그중의 1인이라는 점 때문에 다행이라고 생각하고요.

저는 사실은 이 자리에서 '님을 위한 행진곡'이라는 5·18 노래를 부르기도 했던 사람입니다. 5분 발언을 통해서. 80년 5·18 때 5월 27일 날 죽었던 윤상원 열사라는 시민군하고 그전에 죽었던 박기순이라는 두 사람의 영혼결혼식에 불러 줬던 노래, 그 노래가 '님을 위한 행진곡'인데 그 노래를 이명박 정부, 박근혜정부 들어와서 5·18 기념식에 부르지를 못하게 해서 그것을 좀 부르자라고 했는데 아직도 불러지지가 않고 있습니다. 그 '님을 위한 행진곡' 노래도 역시 종북 타령이고 좌파·종북 타령인데 그 노래 때문에 제가 이 자리에서 '님을 위한 행진곡'이라는 노래를 한 때 이렇게 불렀던 적도 있는 자리입니다. 저로서는 그런 자리인 만큼 이 자리가 더 소중하고 오늘처럼 이렇게 단지 싸움을 했던, 몸싸움을 했던 자리가 아닌 정말 날을 새 가면서 토론할 수 있었던 자리라는 점에서 더욱더 정말 감사의 시간이라고 생각합니다.

이제 제가 했던 내용을 모두 마쳐야 하는데 마치려고 하니까 무슨 이야기를 했을까 참 답답합니다. 그런데 제가 꼭 그냥, 이것은 그냥 혹시 뭐 다르게 생각하지 마시고 이 자리에서 한 번 더 부르고 싶은 노래 부르고 갈 테니까 그것으로, 부르고 갈 테니까 그냥 그것은……

노래 제목은 '님을 위한 행진곡'입니다.

사랑도 명예도 이름도 남김없이
한평생 나가자던 뜨거운 맹세.
동지는 간데없고 깃발만 나부껴
새날이 올 때까지 흔들리지 말자.
세월은 흘러가도 산천은 안다.
깨어나서 외치는 뜨거운 함성.

앞서서 나가니 산 자여 따르라.
앞서서 나가니 산 자여 따르라.
경청해 주셔서 감사합니다.

● **부의장 정갑윤** 강기정 의원 수고하셨습니다.

강기정 의원하고 저하고는 또 각별한 관계입니다. 제가 눈물 납니다.

사실 오늘 안 나올 줄 알았는데 나와서 끝까지 해 주시는 모습 정말 고맙고 앞으로 무궁한 영광이 있기를 바라고 다시 여기서 만나기를 바랍니다. 사랑합니다.

다음은 더불어민주당 김경협 의원 나오셔서 토론해 주시기 바랍니다.

(정갑윤 부의장, 정의화 의장과 사회교대)

(2016년 2월 26일 오전 2시 00분)

10

김경협 의원

제19대 국회의원 (부천 원미구갑)
더불어민주당

2016년 2월 26일 오전 2시 2분 시작
2016년 2월 26일 오전 7시 9분 종료
발언 시간 5시간 7분

"통제받지 않는 비밀조직, 정보기관이 커지면 커질수록 후진국가입니다. 통치자가 이 비밀 정보기관에 의존하면 할수록 독재국가가 되고 국민은 불행해집니다."

(2016년 2월 26일 오전 2시 2분)

● **김경협 의원** 존경하는 국민 여러분!
국회의장님과 선배·동료 의원 여러분!
국민감시법, 국민사찰법을 저지하기 위해 필리버스터 열 번째 주자로 나선 더불어민주당 경기 부천 원미갑 출신 김경협 의원입니다.

테러방지법을 빙자한 국민감시법안의 직권상정과 이를 둘러싼 무제한 토론이 56시간째 이어지고 있습니다. 그동안 김광진 의원님, 문병호 의원님, 은수미 의원님, 박원석 의원님, 유승희 의원님, 최민희 의원님, 김제남 의원님, 신경민 의원님 그리고 바로 직전에 강기정 의원님이 나섰습니다. 아홉 분의 의원님 모두들 정말 수고 많으셨습니다. 이제 그 열 번째 주자로 제가 이 자리에 섰습니다.

테러 대책을 반대할 국민이 어디에 있겠습니까? 테러방지를 반대할 정치인이 어디에 있겠습니까? 테러는 국민의 재산과 생명을 파괴하는 반인륜적인 범죄행위입니다. 당연히 테러는 막아야 하고 국민의 생명과 재산을 지키는 일은 국가의 당연한 의무이자 책임입니다. 저희 더불어민주당과 당 소속 의원 전원은 테러방지에 당연히 동의하고 테러를 막기 위해 모든 노력을 다할 것입니다.

우리 당에서 제출한 테러방지법도 있습니다. 그러나 우리 당이 제출한 가장 효과적인 테러방지법에 대해서

여당은 지금까지도 외면하고 있습니다. 여당이 제출한 테러방지법 중에서 부칙 등 국민 인권을 침해할 우려가 있는 독소 조항을 제거하고 통과시키자는 우리 당의 제안에 대해서 여당은 지금까지 대화조차 거부하고 있습니다. 이 법의 목적이 테러방지에 있는 것이 아니라 혹시 다른 데 목적이 있는 것은 아닌지 의문이 드는 대목입니다. 제사가 목적이 아니라 젯밥이 실질적인 목적이라고 볼 수밖에 없는 이유입니다.

지난 23일 여당에 의해 기습적으로 상정된 법안은 테러방지법을 빙자한 카톡감청법, 휴대폰도청법 등 국민감시법이고 국민인권침해법이며 다른 국가기관의 업무와 권한을 침해하는 국정원독재법입니다. 테러방지를 핑계로 만든 유신의 추억법입니다. 지금 국민들은 나치 독일의 게슈타포법이라고 부르고 있고 또 어떤 분들은 구 소련의 KGB법이라고 부르고도 있습니다. 무소불위의 권력 중앙정보부 부활법이고 유신회귀법입니다. 따라서 국민 인권이나 여타 국가기관의 권한을 침해하는 초법적인 독소 조항은 제거한 후에 재수정안이 상정되어야 합니다. 이를 위해 지금 즉시 국회의장님과 여야 원내대표들께서는 협의에 착수해 주시기를 촉구합니다.

여당 원내대표는 지금까지 대화는 필요 없다라고 말씀하신 것을 들었습니다. 그러나 정의화 의장님께서도 인정을 했다시피 직권상정 직전까지 문제가 있는 조항이라며 수정이 필요하다고 지적하신 내용이 있고 많은 국민이 지금 이 순간에도 우려하고 있는, 가장 우려하고 있는 독소 조항들이 그대로 남아 있습니다.

인권 침해 조항과 국정원이 제반 국가기관을 자의적으로 간섭하고 좌우지할 수 있는 독소 조항을 제거하면 우리 당은 지금 즉시라도 테러방지법을 통과시킬 것입니다.

지금은 국가비상사태가 아니라 국회의장께서 초법적으로 만들어낸 국회 비상사태이고 민주주의의 비상사태입니다. 국회의장께서는 지금 즉시 여야 원내대표와 협의하여 이 국회 비상사태 국면을 해소해 주시길 다시 한 번 촉구합니다.

이번 정부 여당의 테러방지법은 정말 테러방지를 목적으로 하고 있는가 아니면 테러방지를 핑계로 하면서 실질적인 목적이 따로 있는 게 아닌가라고 하는 의구심을 지울 수가 없습니다.

그 이유는 첫째, 지금 정부는 테러의 위험을 계속 부각시키면서도 현존하는 대테러대책기관과 제도를 전혀 활용하고 있지 않기 때문입니다. 또한 공항 등 국민의 생명과 안전에 직결된 분야에 일하는 비정규직, 그동안 수많은 지적에도 불구하고 지금까지도 그대로 방치하고 있습니다.

테러 제도의 문제, 전혀 없습니다. 우리 그동안의 테러 제도가, 우리나라의 대테러 제도가, 대테러방지하는 제도가 어떻게 잘 갖춰져 있는지 앞서 여러 분들께서 지적해 주셨습니다.

실질적으로 현장에서 이 업무를 담당하는 사람들이 제대로 업무를 수행하느냐 또한 대단히 중요한 문제입니다. 그런데 방금 전에 말씀을 드렸다시피 공항과 같은

김경협 의원

테러의 위험성이 가장 높다라고 얘기되는 곳에서 국민의 생명·안전과 직결된 업무를 담당하고 있는 비정규직, 계속되는 정규직 전환 요구에도 불구하고 지금도 그대로 방치하고 있습니다. 축적된 숙련도와 전문성을 갖추고 책임감과 사명감을 갖고 일할 수 있는 정규직 전환부터 이루어져야 이 정부가 실제로 국민의 생명과 안전을 보호할 의지가 있다고 인정받을 수 있을 것입니다.

지금 이 시간에도 국정원과 경찰청, 군과 정보본부 등등 다양한 대테러 담당기관들이 불철주야 테러방지를 위해 노력하고 있습니다. 물론 이러한 각각의 기관이 각자의 역할을 다 하고 있고 이들 기관들이 범정부적인 차원에서 총괄적으로 논의하고 대책을 수립하는 국가기구도 있습니다. 관련 법규도 다 마련되어 있습니다.

며칠 전 대정부질문에서 김광진 의원께서 대한민국에 이와 관련한 범정부 차원의 대테러 국가기구가 존재하는 것을 아느냐라고 질문을 했을 때 황교안 국무총리께서는 그 기구에 대해서 알지 못한다라고 말씀하셨습니다. 안타까운 일이지요. 그 기구의 의장이 국무총리입니다.

그 이후에 총리께서 이렇게 말씀하셨습니다. '국가대테러활동지침에 따른 대테러기구의 의장으로서 회의를 소집하거나 주재한 적은 없으나 그 외의 방식을 통해서도 각각의 기관들과 논의를 하고 있고 다양한 전문가들의 의견을 구하고 있다. 그 자문을 다 받고 있다. 꼭 그 회의를 열어서만 테러를 방지할 수 있다고 생각하지 않는다' 이런 말씀이었습니다.

국가대테러활동지침, 범국가 차원의 대테러기구 존재하고 있는데 회의를 한 번도 열지 않아도 될 정도로, 그리고 열지 않아도 테러를 잘 막아내고 있다 이런 뜻입니다. 바로 이런 답변 속에 이번 정부 여당의 테러방지법이 테러를 방지하기 위한 목적이 아니라 또 다른 목적이 들어 있음을 실토한 것이다라고 생각합니다.

테러의 위험이 경각에 달려 있는 국가비상사태라고 주장하면서 왜 한 번도 범정부 차원의 국가테러대책기구를 가동하지 않은 것일까요? 국무총리는 답변에서 '굳이 이 정도 대책기구까지 가동하지 않아도 테러를 방지할 수 있다' 이렇게 대답을 한 것입니다. 총리 답변대로 현행 테러방지 제도와 대테러기구를 전부 가동하지 않더라도 테러를 방지할 수 있는데 왜 비상사태까지 거론하며 테러방지법을 밀어붙이고 있는 것일까요? 이번에 강행하려는 테러방지법의 실질적인 목적이 무엇일까요?

더 황당한 일은 국무총리는 상임위원회 의장입니다만 그 기관이 어디에 소속되어 있는지, 대테러 관련 법규와 제도는 어떻게 되어 있는지 의장인 국무총리도 잘 모르고 있었습니다.

국가대테러활동법규, 이 시행령은 1982년도에 만들어졌습니다. 그리고 2015년 1월 23일 일부 개정됐습니다.

대통령훈령 제337호, 2015년 1월 23일 날 일부 개정됐습니다. 박근혜정부에서 개정된 시행령입니다.

그럼에도 불구하고 관련한 내용을 아무도 모르고 있는 그런 시행령입니다.

테러 관련 법규가 우리나라에 없다라고 자꾸 말씀하시고 계시는 대통령과 여당, 그동안에 앞에서 다른 의원님들께서 이 테러 관련 법규들을 몇 차례 지적을 했습니다마는 혹시 지금 시간에도 대테러 관련 법규가 없다고 생각하시는 분이 혹시나 남아 있는지 염려가 되어서 다시 한 번 더 말씀을 드리겠습니다.

"제1장 총칙
제1조(목적) 이 훈령은 국가의 대테러 업무수행을 위하여 필요한 사항을 규정함을 목적으로 한다.
제2조(정의) 이 훈령에서 사용하는 용어의 정의는 다음과 같다.
1. '테러'라 함은 국가안보 또는 공공의 안전을 위태롭게 할 목적으로 행하는 다음 각목의 어느 하나에 해당하는 행위를 말한다.
가. 국가 또는 국제기구를 대표하는 자 등의 살해·납치 등 외교관 등 국제적 보호인물에 대한 범죄의 방지 및 처벌에 관한 협약 제2조에 규정된 행위
나. 국가 또는 국제기구 등에 대하여 작위·부작위를 강요할 목적의 인질억류·감금 등 인질억류 방지에 관한 국제협약 제1조에 규정된 행위
다. 국가중요시설 또는 다중이 이용하는 시설·장비의 폭파 등 폭탄테러행위의 억제를 위한 국제협약 제2조에 규정하는 행위
라. 운항 중인 항공기의 납치·점거 등 항공기의 불법납치 억제를 위한 협약 제1조에 규정된 행위
마. 운항 중인 항공기의 파괴, 운항 중인 항공기의 안전에 위해를 줄 수 있는 항공시설의 파괴 등 민간항공의 안전에 대한 불법적 행위의 억제를 위한 협약 제1조에 규정된 행위
바. 국제민간항공에 사용되는 공항 내에서의 인명살상 또는 시설의 파괴 등 1971년 9월 23일 몬트리올에서 채택된 민간항공의 안전에 대한 불법적 행위의 억제를 위한 협약을 보충하는 국제민간항공에 사용되는 공항에서의 불법적 폭력행위의 억제를 위한 의정서 제2조에 규정된 행위
사. 선박억류, 선박의 안전운항에 위해를 줄 수 있는 선박 또는 항해시설의 파괴 등 항해의 안전에 대한 불법적 행위의 억제를 위한 협약 제3조에 규정된 행위
아. 해저에 고정된 플랫폼의 파괴 등 대륙붕상에 소재한 고정플랫폼의 안전에 대한 불법적 행위의 억제를 위한 의정서 제2조에 규정된 행위
자. 핵물질을 이용한 인명살상 또는 핵물질의 절도·강탈 등 핵물질의 방호에 관한 협약 제7조에 규정된 행위
2. '테러자금'이라 함은 테러를 위하여 또는 테러에 이용된다는 정을 알면서 제공·모금된 것으로서 테러자금 조달의 억제를 위한 국제협약 제1조제1호의 자금을 말한다.
3. '대테러활동'이라 함은 테러 관련 정보의 수집, 테러혐의자의 관리, 테러에 이용될 수 있는 위험물질 등 테러수단의 안전관리, 시설·장비의 보호, 국제행사의 안전확보, 테러위협에의 대응 및 무력 진압 등 테러예방·대비와 대응에 관한 제반활동을 말한다.

4. '관계기관'이라 함은 대테러활동을 담당하는 중앙행정기관 및 그 소속의 기관을 말한다.

5. '사건대응조직'이라 함은 테러사건이 발생하거나 발생이 예상되는 경우에 그 대응을 위하여 한시적으로 구성되는 테러사건대책본부·현장지휘본부 등을 말한다."

6호와 7호는 삭제되었고,

"8. '테러경보'라 함은 테러의 위협 또는 위험수준에 따라 관심·주의·경계·심각의 4단계로 구분하여 발령하는 경보를 말한다.

제3조(기본지침) 국가의 대테러활동을 위한 기본지침은 다음과 같다."

우리나라에 지금도 대테러방지를 위한 관련 법규가 없다고 주장하는 분들을 위해서 제가 현재 현존하는 대테러 관련 법규를 읽어 드리고 있는 것입니다.

"제3조(기본지침)

1. 국가의 대테러업무를 효율적으로 수행하기 위하여 범국가적인 종합대책을 수립하고 지휘 및 협조체제를 단일화한다.

2. 관계기관 등은 테러위협에 대한 예방활동에 주력하고, 테러 관련 정보 등 징후를 발견한 경우에는 관계기관에 신속히 통보하여야 한다.

3. 테러사건이 발생하거나 발생이 예상되는 경우에는 테러대책기구 및 사건대응조직을 통하여 신속한 대응조치를 강구하여야 한다.

4. 국내외 테러의 예방·저지 및 대응조치를 원활히 수행하기 위하여 국제적인 대테러 협력체제를 유지한다.

5. 국가의 대테러능력을 향상·발전시키기 위하여 전문인력 및 장비를 확보하고, 대응기법을 연구·개발한다.

6. 테러로 인하여 발생하는 각종 피해의 복구와 구조활동, 사상자에 대한 조치 등 수습활동은 재난 및 안전 관리기본법 등 관계법령에서 정한 절차와 체계에 따라 수행함을 원칙으로 한다.

7. 이 훈령과 대통령훈령 제28호 통합방위지침의 적용여부가 불분명한 사건에 대해서는 사건 성격이 명확히 판명될 때까지 통합방위지침에 의한 대응활동과 병행하여 이 훈령에 의한 대테러활동을 수행한다.

제4조(적용범위) 이 훈령은 관계기관과 그 외에 테러예방 및 대응조치를 위하여 필요한 정부의 관련기관에 적용한다.

제2장 테러대책기구

제1절 테러대책회의

제5조(설치 및 구성)입니다.

①국가 대테러정책의 심의·결정 등을 위하여 대통령 소속하에 테러대책회의를 둔다."

국가 대테러정책의 심의·결정을 위하여 대통령 소속하에 테러대책회의를 둔다라고 되어 있습니다.

"②테러대책회의의 의장은 국무총리가 되며, 위원은 다음 각 호의 자가 된다.

1. 외교부장관·통일부장관·법무부장관·국방부장관·행정자치 부장관·산업통상자원부장관·보건복지부장관·환경부장관·국

토교통부장관·해양수산부장관 및 국민안전처장관

2. 국가정보원장

3. 국가안보실장·대통령경호실장 및 국무조정실장

4. 관세청장·경찰청장 및 원자력안전위원회위원장

5. 그 밖에 의장이 지명하는 자

③테러대책회의의 사무를 처리하기 위하여 1인의 간사를 두되, 간사는 제11조의 규정에 의한 테러정보통합센터의 장으로 한다. 다만, 제20조의 규정에 의한 분야별 테러사건대책본부가 구성되는 때에는 해당 테러사건대책본부의 장을 포함하여 2인의 간사를 둘 수 있다.

제6조(임무) 테러대책회의는 다음 각 호의 사항을 심의한다."

지금 읽어 드리고 있는 것은 지금 현재 우리나라에 현존하는 대테러대책 관련 법규입니다.

"1. 국가 대테러정책

2. 그 밖에 테러대책회의의 의장이 부의하는 사항

제7조(운영)

①테러대책회의는 그 임무를 수행하기 위하여 의장이 필요하다고 인정하거나 위원이 회의소집을 요청하는 때에 의장이 이를 소집한다.

②테러대책회의의 의장·위원 및 간사의 직무는 다음과 같다.

1. 의장

가. 테러대책회의를 소집하고 회의를 주재한다.

나. 테러대책회의의 결정사항에 대하여 대통령에게 보고하고, 결정사항의 시행을 총괄·지휘한다.

2. 위원

가. 테러대책회의의 소집을 요청하고 회의에 참여한다.

나. 소관사항에 대한 대책방안을 제안하고, 의결사항의 시행을 총괄한다.

3. 간사"

생략하겠습니다.

"제2절 테러대책상임위원회

설치 및 구성

관계기관 간 대테러업무의 유기적인 협조·조정 및 테러사건에 대한 대응대책의 결정 등을 위하여 테러대책회의 밑에 테러대책상임위원회를 둔다.

상임위원회의 위원은 다음 각 호의 자가 되며, 위원장은 위원 중에서 대통령이 지명한다.

외교부장관·통일부장관·국방부장관 및 국민안전처장관·국가정보원장·국가안보실장 및 국무조정실장·경찰청장.

제9조(임무) 상임위원회의 임무는 다음 각 호와 같다.

1. 테러사건의 사전예방·대응대책 및 사후처리 방안의 결정

2. 국가 대테러업무의 수행실태 평가 및 관계기관의 협의·조정

3. 대테러 관련 법령 및 지침의 제정 및 개정 관련 협의

4. 그 밖에 테러대책회의에서 위임한 사항 및 심의·의결한 사항의 처리

제10조(운영)

상임위원회의 회의는 정기회의와 임시회의로 구분하며, 위원장이 소집한다.

정기회의는 원칙적으로 반기 1회 개최한다."

2008년 8월 18일 날 개정된 내용입니다.

"임시회의는 위원장이 필요하다고 인정하거나 위원이
회의소집을 요청한 때에 소집된다.

상임위원회의 위원장·위원 및 간사의 직무에 대해서는
제7조제2항의 규정을 준용한다.

상임위원회의 운영을 효율적으로 지원하기 위하여 관계기관의
국장으로 구성되는 실무회의를 운영할 수 있으며, 간사가 이를
주재한다."

테러의 위기상황이라고 주장을 하면서도 지금까지
대테러대책회의 또는 상임위원회, 정기회의는 물론이고
임시회의도 열렸다는 얘기를 들어 본 적이 없습니다.

"제3절 테러정보통합센터"

잘 갖춰져 있습니다, 이렇게.

"제11조(설치 및 구성) 테러 관련 정보를 통합관리하기
위하여 국가정보원에 관계기관 합동으로 구성되는
테러정보통합센터를 둔다.

②테러정보통합센터의 장을 포함한 테러정보통합센터의
구성과 참여기관의 범위·인원과 운영 등에 관한 사항은
국가정보원장이 정하되, 센터장은 국가정보원 직원 중 테러
업무에 관한 전문적 지식과 경험이 있는 자로 한다.

③국가정보원장은 관계기관의 장에게 소속공무원의 파견을
요청할 수 있다.

④테러정보통합센터의 조직 및 운영에 관한 사항은 공개하지
아니할 수 있다."

제12조(임무)입니다.

"테러정보통합센터의 임무는 다음 각 호와 같습니다.

1. 국내외 테러 관련 정보의 통합관리 및 24시간
상황처리체제의 유지

2. 국내외 테러 관련 정보의 수집·분석·작성 및 배포

3. 테러대책회의·상임위원회의 운영에 관한 지원

4. 테러 관련 위기평가·경보발령 및 대국민 홍보

5. 테러혐의자 관련 첩보의 검증

6. 상임위원회의 결정사항에 대한 이행점검

7. 그 밖에 테러 관련 정보의 통합관리에 필요한 사항"

제13조(운영)입니다.

"①관계기관은 테러 관련 정보(징후·상황·첩보 등을 포함한다),
이러한 정보를 인지한 경우에는 이를 지체 없이 센터장에게
통보하여야 한다.

②센터장은 테러정보의 통합관리 등 업무수행에 필요하다고
인정하는 경우에는 관계기관의 장에게 필요한 협조를 요청할
수 있다.

제4절 지역 테러대책협의회

제14조(설치 및 구성) 지역의 관계기관 간 테러예방활동의
유기적인 협조·조정을 위하여 지역 테러대책협의회를 둔다.

②지역 테러대책협의회의 의장은 국가정보원의 해당지역
관할지부의 장이 되며, 위원은 다음 각 호의 자가 된다.

1. 법무부·보건복지부·환경부·국토교통부·해양수산부·
국민안전처·국가정보원의 지역기관, 식품의약품안전처,

관세청·대검찰청·경찰청·원자력안전위원회의 지역기관,
지방자치단체, 지역 군·기무부대의 대테러업무 담당 국·과장급
직위의 자

2. 그 밖에 지역 테러대책협의회의 의장이 지명하는 자

제15조(임무) 지역 테러대책협의회의 임무는 다음 각 호와
같다.

1. 테러대책회의 또는 상임위원회의 결정사항에 대한
시행방안의 협의

2. 당해 지역의 관계기관 간 대테러업무의 협조·조정

3. 당해 지역의 대테러업무 수행실태의 분석·평가 및
발전방안의 강구

제16조(운영)입니다.

①지역 테러대책협의회는 그 임무를 수행하기 위하여 의장이
필요하다고 인정하거나 위원이 회의소집을 요청한 때에는
의장이 이를 소집한다.

②지역 테러대책협의회의 운영에 관한 세부사항은 제7조의
규정을 준용하여 각 지역 테러대책협의회에서 정한다.

제5절 공항·항만 테러·보안대책협의회'

우리나라에 테러 관련 법규가 없다고 계속 주장하시는
분들을 위해서 제가 지금 현존하는 대테러대책 관련 법규를
읽어 드리고 있습니다.

'제17조(설치 및 구성) 공항 또는 항만 내에서의 테러예방
및 저지활동을 원활히 수행하기 위하여 공항·항만별로
테러·보안대책협의회를 둔다.

②테러·보안대책협의회의 의장은 당해 공항·항만의
국가정보원 보안실장(보안실장이 없는 곳은 관할지부의
관계과장)이 되며, 위원은 다음 각 호의 자가 된다.

1. 당해 공항 또는 항만에 근무하는 법무부·보건복지부·국토교
통부·해양수산부·국민안전처·관세청·경찰청·국군기무사령부
등 관계기관의 직원 중 상위 직위자

2. 공항·항만의 시설관리 및 경비책임자

3. 그 밖에 테러·보안대책협의회의 의장이 지명하는 자

제18조(임무) 테러·보안대책협의회는 당해 공항 또는
항만 내의 대테러 활동에 관하여 다음 각 호의 사항을
심의·조정한다.

1. 테러혐의자의 잠입 및 테러물품의 밀반입에 대한 저지대책

2. 공항 또는 항만 내의 시설 및 장비에 대한 보호대책

3. 항공기·선박의 피랍 및 폭파 예방·저지를 위한 탑승자와
수하물의 검사대책

4. 공항 또는 항만 내에서의 항공기·선박의 피랍 또는
폭파사건에 대한 초동(初動) 비상처리대책

5. 주요인사의 출입국에 따른 공항 또는 항만 내의 경호·경비
대책

6. 공항 또는 항만 관련 테러첩보의 입수·분석·전파 및
처리대책

7. 그 밖에 공항 또는 항만 내의 대테러대책

제19조(운영) ①테러·보안대책협의회는 그 임무를 수행하기
위하여 의장이 필요하다고 인정하거나 위원이 회의소집을
요청하는 때에는 의장이 이를 소집한다.

②테러·보안대책협의회의 운영에 관한 세부사항은 공항·항만별로 테러·보안대책협의회에서 정한다.

제3장 테러사건 대응조직

제1절 분야별 테러사건대책본부

제20조 설치 및 구성입니다.

①테러가 발생하거나 발생이 예상되는 경우 외교부장관은 국외테러사건대책본부를, 국방부장관은 군사시설테러사건대책본부를, 보건복지부장관은 생물테러사건대책본부를, 환경부장관은 화학테러사건대책본부를, 국토교통부장관은 항공기테러사건대책본부를, 국민안전처장관은 해양테러사건대책본부를, 원자력안전위원회의 위원장은 방사능테러사건대책본부를, 경찰청장은 국내일반테러사건대책본부를 설치·운영한다.

②상임위원회는 동일 사건에 대하여 2개 이상의 테러사건대책본부가 관련되는 경우에는 사건의 성질·중요도 등 이것들을 고려하여 테러사건대책본부를 설치할 기관을 지정한다.

③테러사건대책본부의 장은 테러사건대책본부를 설치하는 부처의 차관급 공무원으로 하며, 경찰청은 차장으로 한다.

제21조 임무입니다.

테러사건대책본부의 임무는 다음 각 호와 같다.

1. 테러대책회의 또는 상임위원회의 소집 건의

2. 제23조의 규정에 의한 현장지휘본부의 사건대응활동에 대한 지휘·지원

3. 테러사건 관련 상황의 전파 및 사후처리

4. 그 밖에 테러대응활동에 필요한 사항의 강구 및 시행"

지금 제가 읽어 드리고 있는 이 법규는 이번에 만드는 테러방지법이 아니고 이미 법규로 제정돼서 시행되고 있는 규정입니다.

제22조 운영입니다.

"①테러사건대책본부의 장은 테러사건대책본부의 운영에 필요한 경우 관계기관의 장에게 전문인력의 파견 등 지원을 요청할 수 있다.

②테러사건대책본부의 편성·운영에 관한 세부사항은 테러사건대책본부가 설치된 기관의 장이 정한다.

제2절 현장지휘본부

제23조(설치 및 구성) ①테러사건대책본부의 장은 테러사건이 발생한 경우 사건현장의 대응활동을 총괄하기 위하여 현장지휘본부를 설치할 수 있다.

②현장지휘본부의 장은 테러사건대책본부의 장이 지명하는 자로 한다.

③현장지휘본부의 장은 테러의 양상·규모·현장상황 등을 고려하여 협상·진압·구조·소방·구급 등 필요한 전문조직을 구성하거나 관계기관의 장으로부터 지원받을 수 있다.

④외교부장관은 해외에서 테러가 발생하여 정부 차원의 현장대응이 필요한 경우에는 관계기관 합동으로 정부현지대책반을 구성하여 파견할 수 있다."

"제3절 대테러특공대"

지금 현재 시행되고 있는 대테러 관련 법규입니다.

이렇게 잘 만들어진 대테러 관련 시행령, 법규, 지침이 있는데 이것을 놔두고, 이를 가동할 생각은 하지 않고 없다고 합니다. 그리고 갑자기 테러방지법이라는 이름으로 국가비상사태라고 선언하면서 직권상정을 감행한 것입니다.

제가 지금 읽어 드리고 있는 이 법 규정은 제출된 법안이 아니라 이미 시행하고 있는 법규입니다.

"제3절 대테러특공대

제24조(구성 및 지정) ①테러사건에 대한 무력진압작전의 수행을 위하여 국방부·국민안전처·경찰청에 대테러특공대를 둔다.

②국방부장관·국민안전처장관·경찰청장은 대테러특공대를 설치하거나 지정하고자 할 때에는 상임위원회의 심의를 거쳐야 한다.

③국방부장관·국민안전처장관·경찰청장은 대테러특공대의 구성 및 외부 교육훈련·이동 등 운용사항을 대통령경호안전대책위원회의 위원장과 협의하여야 한다.

제25조(임무) 대테러특공대는 다음 각 호의 임무를 수행한다.

1. 테러사건에 대한 무력진압작전

2. 테러사건과 관련된 폭발물의 탐색 및 처리

3. 요인경호행사 및 국가중요행사의 안전활동에 대한 지원

4. 그 밖에 테러사건의 예방 및 저지활동

제26조(운영) 대테러특공대는 테러진압작전을 수행할 수 있도록 특수전술능력을 보유하여야 하며, 항상 즉각적인 출동 태세를 유지하여야 한다."

엊그저께 대통령께서 '우리나라에 테러방지법이 없다라는 것을 IS에서 알아 버렸다' 이렇게 얘기했는데 지금 이렇게 현존하는 대테러 관련 법규가 있다라는 것을 알고 있을까요? IS는 알고 있을까요?

"제27조(출동 및 작전) ①테러사건이 발생하거나 발생이 예상되는 경우 대테러특공대의 출동 여부는 각각 국방부장관·국민안전처장관·경찰청장이 결정한다. 다만, 군 대테러특공대의 출동은 군사시설 내에서 테러사건이 발생하거나 테러대책회의의 의장이 요청하는 때에 한한다.

②대테러특공대의 무력진압작전은 상임위원회에서 결정한다. 다만, 테러범이 무차별 인명살상을 자행하는 등 긴급한 대응조치가 불가능한 경우에는 국방부장관·국민안전처장관·경찰청장이 대테러특공대에 긴급 대응작전을 명할 수 있다.

③국방부장관·국민안전처장관·경찰청장이 제2항 단서의 규정에 의하여 긴급 대응작전을 명한 경우에는 이를 즉시 상임위원회의 위원장에게 보고하여야 한다.

제4절 협상팀"

제가 지금 읽어 드리고 있는 이 법규는 이번에 상정된 테러방지법이 아닙니다. 이 법규는 이미 시행되고 있는 대테러방지 법규입니다. 대통령께서 얘기하신 우리나라에는 대테러방지법이 없다고 하신, IS도 그것을 알아 버렸다고 얘기를 하셨는데 과연 그러한지, 지금 현존하는 대테러 관련 법규가 어떻게 돼 있는지를 알려 드리기 위해서 이렇게

체계적으로, 아주 구체적으로, 종합적으로 갖춰진 대테러 관련 법규를 제가 낭독을 하고 있습니다. 현재 시행되고 있는 법규입니다.

"제4절 협상팀

제28조(구성) ①무력을 사용하지 않고 사건을 종결하거나 후발사태를 저지하기 위하여 국방부·국민안전처·경찰청에 협상실무요원·통역요원·전문요원으로 구성되는 협상팀을 둔다.

②협상실무요원은 협상 전문능력을 갖춘 공무원으로 편성하고, 협상전문요원은 대테러전술 전문가·심리학자·정신의학자·법률가 등 각계 전문가로 편성한다.

제29조(운영) ①국방부장관·국민안전처장관·경찰청장은 테러사건이 발생한 경우에는 협상팀을 신속히 소집하고, 협상팀 대표를 선정하여 사건현장에 파견하여야 한다.

②국방부장관·국민안전처장관·경찰청장은 테러사건이 발생한 경우에 협상팀의 신속한 현장투입을 위하여 협상팀을 특별시·광역시·도 단위로 관리·운용할 수 있다.

③국방부장관·국민안전처장관·경찰청장은 협상팀의 대응능력을 향상시키기 위하여 협상기법을 연구·개발하고 필요한 장비를 확보하여야 한다.

④협상팀의 구성·운용에 관한 세부사항은 국방부장관·국민안전처장관·경찰청장이 정한다.

제5절 긴급구조대 및 지원팀

제30조(긴급구조대) ①테러사건 발생 시 신속히 인명을 구조·구급하기 위하여 국민안전처에 긴급구조대를 둔다.

②긴급구조대는 테러로 인한 인명의 구조·구급 및 테러에 사용되는 위험물질의 탐지·처리 등에 대한 전문적 능력을 보유하여야 한다.

③국민안전처장관은 테러사건이 발생하거나 발생이 예상되는 경우에는 긴급구조대를 사건현장에 신속히 파견한다.

제31조(지원팀) ①관계기관의 장은 테러사건이 발생한 경우에는 테러대응활동을 지원하기 위하여 지원팀을 구성·운영한다.

②지원팀은 정보·외교·통신·홍보·소방·제독 등 전문 분야별로 편성한다.

③관계기관의 장은 현장지휘본부의 장의 요청이 있거나 테러대책회의 또는 상임위원회의 결정이 있는 때에는 지원팀을 사건현장에 파견한다.

④관계기관의 장은 평상시 지원팀의 구성에 필요한 전문요원을 양성하고 장비 등을 확보하여야 한다."

국가대테러활동지침이 단순하게 형식적으로 존재하고 있는 것이 아닙니다.

제가 지금 이렇게 읽어 드리고 있는 것은 우리가 만들려고 하는 테러방지법의 내용이 아니라, 이번에 비상사태를 선언하면서 직권상정된 테러방지법의 내용이 아닙니다. 제가 지금 읽어 드리고 있는 이 법규는 지금 현재 시행되고 있는, 현재 우리나라에서 대테러방지대책으로 시행되고 있는 아주 종합적으로 잘 갖춰진 법규입니다.

대통령께서는 없다고 그러고, IS도 없다는 것을 알아 버렸다는데 제가 이렇게 읽어 드리는 이유는 대통령께서도…… 우리나라에 이런 잘 갖춰진 대테러방지법이 존재하고 있다라는 것이고, IS에게도 이제 이렇게 잘 갖춰진 테러방지법이 있다라는 것을 알려 드리기 위한 것입니다. IS에게도 확실하게 알려 드리겠습니다.

계속 같이 들어 주십시오.

"제6절 대화생방테러 특수임무대

제31조의2(구성 및 지정) ①화생방테러에 대응하기 위하여 국방부에 대화생방테러 특수임무대를 둘 수 있다.

②국방부장관은 제1항에 따라 대화생방테러 특수임무대를 설치하거나 지정하려는 때에는 상임위원회의 심의를 거쳐야 한다."

이 조항은 2012년 2월 9일에 신설되었습니다.

"제31조의3 ①대화생방테러 특수임무대는 다음 각 호의 임무를 수행한다.

1. 화생방테러 발생 시 오염확산 방지 및 피해 최소화

2. 화생방테러 관련 오염지역 정밀 제독 및 오염 피해 평가

3. 요인경호 및 국가중요행사의 안전활동에 대한 지원

제31조의4(운영) ①대화생방테러 특수임무대는 화생방테러에 대응하기 위한 전문지식 및 작전수행 능력을 배양하여야 하며 항상 출동태세를 유지하여야 한다.

②국방부장관은 현장지휘본부의 장의 요청이 있거나 테러대책회의 또는 상임위원회의 결정이 있는 때에는 대화생방테러 특수임무대를 사건 현장에 파견한다.

③국방부장관은 대화생방테러 특수임무대의 구성에 필요한 전문요원을 양성하고 필요한 장비 및 물자를 확보하여야 한다.

제7절 합동조사반

제32조(구성) ①국가정보원장은 국내외에서 테러사건이 발생하거나 발생할 우려가 현저한 때에는 예방조치·사건분석 및 사후처리방안의 강구 등을 위하여 관계기관 합동으로 조사반을 편성·운영한다. 다만, 군사시설인 경우 국방부장관(국군기무사령관)이 자체 조사할 수 있다.

②합동조사반은 관계기관의 대테러업무에 관한 실무전문가로 구성하며, 필요한 경우 공공기관·단체 또는 민간의 전문요원을 위촉하여 참여하게 할 수 있다.

제33조(운영) 생략하겠습니다.

제4장 예방·대비 및 대응활동

제1절 예방·대비활동

제34조(정보수집 및 전파) ①관계기관은 테러사건의 발생을 미연에 방지하기 위하여 소관업무와 관련한 국내외 테러 관련 정보의 수집활동에 주력한다.

②관계기관은 테러 관련 정보를 입수한 경우에는 지체 없이 센터장에게 이를 통보하여야 한다.

③센터장은 테러 관련 정보를 종합·분석하여 신속히 관계기관에 전파하여야 한다.

제35조(테러경보의 발령) ①센터장은 테러위기의 징후를 포착한 경우에는 이를 평가하여 상임위원회에 보고하고 테러경보를 발령한다.

②테러경보는 테러위협 또는 위험의 정도에 따라

관심·주의·경계·심각의 4단계로 구분하여 발령하고, 단계별 위기평가를 위한 일반적 업무절차는 국가위기관리기본지침에 의한다.

③테러경보는 국가전역 또는 일부지역에 한정하여 발령할 수 있다.

④센터장은 테러경보의 발령을 위하여 필요한 사항에 대한 세부지침을 수립하여 시행한다.

제36조(테러경보의 단계별 조치) ①관계기관의 장은 테러경보가 발령된 경우에는 다음 각 호의 기준을 고려하여 단계별 조치를 취하여야 한다.

1. 관심 단계 : 테러 관련 상황의 전파, 관계기관 상호간 연락체계의 확인, 비상연락망의 점검 등

2. 주의 단계 : 테러대상 시설 및 테러에 이용될 수 있는 위험물질에 대한 안전관리의 강화, 국가중요시설에 대한 경비의 강화, 관계기관별 자체 대비태세의 점검 등

3. 경계 단계 : 테러취약요소에 대한 경비 등 예방활동의 강화, 테러취약시설에 대한 출입통제의 강화, 대테러 담당공무원의 비상근무 등

4. 심각 단계 : 대테러 관계기관 공무원의 비상근무, 테러유형별 테러사건대책본부 등 사건대응조직의 운영준비, 필요장비·인원의 동원태세 유지 등

②관계기관의 장은 제1항의 규정에 의하여 단계별 세부계획을 수립·시행하여야 한다.

제37조(지도 및 점검)

제38조(국가중요행사에 대한 안전활동)

제39조(교육 및 훈련)

제2절 대응활동

제40조(상황전파)

제41조(초동조치)

제42조(사건대응)

제43조(사후처리)

제44조(관계기관별 임무) 대테러활동에 관한 관계기관별 임무는 다음 각 호와 같다.

1. 국가안보실
국가 대테러 위기관리체계에 관한 기획·조정
테러 관련 중요상황의 대통령 보고 및 지시사항의 처리
테러분야의 위기관리 표준·실무매뉴얼의 관리

2. 금융위원회
테러자금의 차단을 위한 금융거래 감시활동
테러자금의 조사 등 관련 기관에 대한 지원

3. 외교부
국외 테러사건에 대한 대응대책의 수립·시행 및 테러 관련 재외국민의 보호
국외 테러사건의 발생시 국외 테러사건대책본부의 설치·운영 및 관련 상황의 종합처리
대테러 국제협력을 위한 국제조약의 체결 및 국제회의에의 참가, 국제기구에의 가입에 관한 업무의 주관
각국 정부 및 주한 외국공관과의 외교적 대테러 협력체제의 유지"

지금 직권상정으로 제출되어 있는 테러방지법이 안 돼서 국제간의 대테러 공조가 안 된다고 말씀하신 대통령과 이렇게 알고 계시는, 혹시 정말 이렇게 알고 계시는 국민 여러분께 방금 우리 외교부·금융위원회·국가안보실의 임무 등에 대해서…… 다시 한 번 말씀을 드리겠습니다.

"3. 외교부
국외 테러사건에 대한 대응대책의 수립·시행 및 테러 관련 재외국민의 보호
국외 테러사건의 발생시 국외 테러사건대책본부의 설치·운영 및 관련 상황의 종합처리
대테러 국제협력을 위한 국제조약의 체결 및 국제회의에의 참가, 국제기구에의 가입에 관한 업무의 주관
각국 정부 및 주한 외국공관과의 외교적 대테러 협력체제의 유지

4. 법무부, 대검찰청을 포함합니다.
테러혐의자의 잠입에 대한 저지대책의 수립·시행
위·변조여권 등의 식별기법의 연구·개발 및 필요장비 등의 확보

5. 국방부, 합동참모본부와 국군기무사령부를 포함합니다.
군사시설 내에 테러사건의 발생시 군사시설테러사건대책본부의 설치·운영 및 관련 상황의 종합처리
대테러특공대 및 폭발물 처리팀의 편성·운영
국내외에서 테러진압작전에 대한 지원
군사시설 및 방위산업시설에 대한 테러 예방활동 및 지도·점검
군사시설에서 테러사건 발생 시 군 자체 조사반의 편성·운영
군사시설 및 방위산업시설에 대한 테러첩보의 수집
테러대책전술의 연구·개발 및 필요 장비의 확보
대테러 전문교육·훈련에 대한 지원
협상실무요원·전문요원 및 통역요원의 양성
대화생방테러 특수임무대 편성·운영

6. 행정자치부, 경찰청을 포함합니다.
국내일반테러사건에 대한 예방·저지·대응대책의 수립 및 시행
국내일반테러사건의 발생시 국내일반테러사건대책본부의 설치·운영 및 관련 상황의 종합처리
범인의 검거 등 테러사건에 대한 수사
대테러특공대 및 폭발물 처리팀의 편성·운영
협상실무요원·전문요원 및 통역요원의 양성·확보"

생략하겠습니다.

"7. 산업통상자원부

8. 보건복지부

9. 환경부

10. 국토교통부

11. 해양수산부

11의2. 국민안전처
관세청, 원자력안전위원회, 국가정보원, 그 밖의 관계기관 소관 사항과 관련한 대테러업무의 수행

제45조(전담조직의 운영) 관계기관의 장은 제44조의 규정에 의한 관계기관별 임무를 효율적으로 수행하고 원활한 협조체제를 유지하기 위하여 해당기관 내에 대테러업무에

관한 전담조직을 지정·운영하여야 한다."

제6장부터는 보칙인데요.

이상과 같이 국가대테러활동지침에서 보듯이 대한민국은 이미 오래 전부터 대테러방지를 위한 제반 법규와 제도적 장치를 마련해 두고 있습니다. 이미 정상적으로 각각의 모든 기관들이, 많은 공무원들이 헌신해서 테러를 막기 위해 이렇게 불철주야 노력하고 있습니다.

제가 지금 많은 부분을 생략하고 읽어 드렸지만 이렇게 구체적으로, 상세하게 테러 대책이 준비되어 있습니다. 관심 단계, 주의 단계, 경계 단계, 심각 단계, 이 4개의 단계로 구분되어 있습니다.

아마 지금처럼 국회가 비상소집되어야 하고, 대한민국이 생긴 이래로 네 번째 국가비상사태라고 하는 상황을 초래하려면 최소한 심각 단계 또는 그보다는 좀 못하더라도 경계 단계 정도는 되어야 할 것입니다.

이렇게 테러 관련 법규나 제도가 다 마련이 되어 있는데 이를 가동하지 않으면서 새로운 테러방지법을 밀어붙이고 있는 이유는 무엇일까요? 그것은 이 법의 목적이 테러방지를 위한 법안의 본문에 있는 것이 아니라 진짜 이유는 부칙에 있기 때문입니다.

국가 비밀 정보조직을 강화하여 국민의 인권을 침해해서라도 국민 통제를 강화하고, 이를 통해 장기 집권을 획책하려는 의도입니까? 유신독재정권이 무소불위의 비밀 정보기관이었던 중앙정보부를 이용해서 장기 집권했듯이 박근혜정부 또한 이를 따라 하려고 하는 것입니까, 아니면 총선을 앞두고 파탄 난 민생, 경제 위기, 굴욕적인 외교, 무능한 안전대책을 덮기 위해서, 가리기 위해서 국민 불안을 조장해서라도 야당이 마치 테러방지를 반대하는 것처럼 보이게 만들기 위해서입니까? 이렇게 해서 선거를 치르겠다라는 얄팍한 계산이 깔려 있는 것입니까?

통제받지 않는 비밀조직, 정보기관이 커지면 커질수록 후진국가입니다. 통치자가 이 비밀 정보기관에 의존하면 할수록 독재국가가 되고 국민은 불행해집니다.

새누리당의 테러방지법에 따르면 국정원은 테러 예방과 대응에 관한 제반활동을 근거로 영장 없이 통신수단에 대한 감청을 할 수 있게 됩니다. 또한 무차별적인 정보수집권은 물론이거니와 대테러활동에 필요한 정보나 자료를 수집하기 위한 조사권도 가질 수 있게 됩니다.

이 부분과 관련해서는 여야가 마지막 최종적인 협상의 단계에서 국회의장께서도 과도한 부분이다라고 하는 지적을 하셨고, 이에 새누리당에 수정안을 마련해 오라고 요구하신 것으로 알려져 있습니다.

그러나 수정안 내용을 보면 하나도 바뀌지 않았습니다. 따라서 국민 인권이나 여타의 국가기관의 권한을 침해하는 초법적인 독소 조항은 반드시 제거한 후에 재수정안이 상정되어야 합니다.

다시 한 번 촉구합니다. 지금 즉시 국회의장님과 여야 원내대표께서는 협의에 착수해 주시기를 촉구합니다.

정의화 의장님께서도 직권상정 직전까지 문제가 있는 조항이라며 수정이 필요하다고 지적하신 내용이고 많은 국민이 우려하고 있는 독소 조항입니다.

인권침해 조항과 국정원이 제반 국가기관을 자의적으로 간섭하고 좌지우지할 수 있는 독소 조항을 제거하면 우리 당은 지금 즉시라도 테러방지법을 통과시킬 것입니다. 비밀정보기관으로 모든 권한을 집중하는 것이 아니라 본래의 법의 취지에 맞게 대테러센터에 총괄 기능을 두면 해결될 수 있습니다.

지금은 국회의장께서 초법적으로 만들어 낸 국회 비상사태입니다. 국회의장께서는 지금 즉시 여야 원내대표와 협의하여 이 국회 비상사태 국면을 해소해 주시기를 재삼 촉구합니다.

우리 당이 요구하는 것은 테러방지법의 악법적 요소를 삭제하고 대테러센터가 총괄 업무를 수행하도록 하라는 것입니다.

새누리당의 이노근·이병석·송영근 의원께서 발의한 법안을 보더라도 이것을 여당 지도부가 제시한 최종 안과 비교를 해 보면 여당 세 분이 발의한 법안에는 대테러센터에게 테러업무를 총괄할 수 있는 임무, 즉 국내외 테러 관련 정보의 수집·분석·작성 및 배포, 2. 테러위험인물에 대한 추적 및 대테러조사 권한이 부여되어 있습니다.

그런데 여당의 최종 수정안에는 이러한 권한이 삭제가 되어서 대테러센터는 형식적인 기구로 전락되어 있습니다. 실제로는 국정원이 모든 권한을 가질 수 있도록 꼼수를 부려서 만든 것입니다.

테러방지법 부칙 제2조에서 특정 금융거래정보의 보고 및 이용 등에 관한 법률 등을 개정하도록 하고 있습니다. 즉 국정원은 테러위험인물에 대한 조사 업무 시 금융회사들이 보고하는 정보, 금융정보분석원장이 금융회사들로부터 보고받은 정보를 정리·분석한 자료 등을 요구할 수 있도록 되어 있습니다.

국가정보원이 금융정보분석원에서 취합하고 있는 금융정보를 포괄적으로 축적할 수 있고, 또한 이 정보를 활용하여 국민 감시 등 사생활 침해 및 인권침해 행위를 할 수 있습니다. 테러위험인물에 대한 조사 업무를 대테러센터가 맡아야 합니다.

또한 테러방지법 부칙 제2조에는 통신비밀보호법을 개정해서 테러 업무도 국가안전보장에 상당한 위험이 예상되는 경우와 같게 취급하여 통신제한조치를 요구하도록 되어 있습니다.

테러 업무가 국가안전보장에 상당한 위험이 예상되는 경우, 테러 업무의 내용은 다양하고 정도는 매우 다를 수 있습니다. 국가안보를 위협하는 테러의 경우는 현행법에 의해서도, 현행 통신보호비밀법 제7조, 제8조에 의해서도 통신제한조치 등을 할 수 있기 때문에 테러 관련 업무를 국가안전보장에 대한 상당한 위험이 예상되는 경우와 동일하게 취급할 필요가 없습니다.

또한 테러는 그 중요도가 사안마다 다를 수 있는데 이를 일괄적으로 국가안위에 상당한 위험이 예상되는 경우와 동일시하게 되면 위험이 예상되는 경우를 자의적으로 판단할 수 있고, 그런 경우 인권을 침해하거나 남용할 소지가 생겨날 수밖에 없습니다.

국정원이 권한을 남용할 수 없도록 견제 장치를 마련해야 합니다. 국정원이 금융위원회에 테러위험인물에 대한 조사 업무에 필요한 일반 금융정보를 요청하도록 한 부칙 조항, 삭제되어야 합니다. 테러위험인물에 대한 조사 업무를 대테러센터가 담당하면 국정원이 요구할 필요가 없어집니다.

또한 테러 업무도 국가안전보장에 상당한 위험이 예상되는 경우와 같이 취급하여 감청 등을 하도록 한 것은 광범위한 감청 권한 부여로 인해서 인권침해, 사생활 침해의 소지가 매우 높습니다. 이 부칙 조항 또한 반드시 삭제되어야 합니다.

총리실 소속으로 대테러센터를 설치하고, 센터장은 국무총리실 소속 정무직 공무원이 맡도록 합니다. 대테러센터가 테러 업무를 총괄할 수 있는 권한, 즉 국내외 테러 관련 정보의 수집·분석·작성 및 배포, 테러위험인물에 대한 추적 및 대테러 조사권을 부여하면 해결될 수 있습니다.

(정의화 의장, 이석현 부의장과 사회교대)

테러 총괄 업무를 정보기관이 담당하지 않는 외국 사례가 없다라는 국가정보원의 주장, 전혀 사실과 다릅니다. 영국의 경우에도 대테러 전담기구와 정보기관은 분리되어 있습니다. 미국도 마찬가지입니다. 독일도 마찬가지입니다.

구체적인 내용은 앞서 다른 의원님들께서 설명드린 것이 있기 때문에 다시 한 번 강조하지는 않겠습니다.

다음은 테러방지법의 각 항목별 문제점에 대해서 국민, 전문가들께서 보내 주신 의견을 말씀드리겠습니다.

가장 심각한 문제점, 테러위험인물의 정의.

"제2조 '테러위험인물'이란 테러단체의 조직원이거나 테러단체 선전, 테러자금 모금·기부, 기타 테러 예비·음모·선전·선동을 하였거나 하였다고 의심할 상당한 이유가 있는 자를 말한다."

기타 공공위해 예비·음모·선전·선동이 포괄적으로 해석될 여지가 있습니다. 기타 공공위해가 앞에서 말한 위해단체 조직원이나 위해단체의 예비·음모·선전·선동 활동에 해당하는 것인지, 아니면 그 외의 공공위해 행위들에 해당하는 것인지에 대한 해석이 모호합니다.

또한 테러위험인물을 지정하고 해제하는 절차와 주체도 없어서 결국 국정원의 판단만으로 테러위험인물로 분류될 수 있습니다. 국정원 강화법이라고 하는 이유입니다.

두 번째, 테러위험인물에 대한 정보수집.

"제9조(테러위험인물에 대한 정보수집 등) ① 국가정보원장은 테러위험인물에 대하여 출입국·금융거래 및 통신이용 등 관련 정보를 수집할 수 있다. 이 경우 출입국·금융거래 및 통신이용 등 관련 정보의 수집에 있어서는 출입국관리법, 관세법, 특정 금융거래정보의 보고 및 이용 등에 관한 법률, 통신비밀보호법의 절차에 따른다.

② 국가정보원장은 제1항의 규정에 따른 정보 수집 및 분석의 결과 테러에 이용되었거나 이용될 가능성이 있는 금융거래에

대해 지급 정지 등의 조치를 취하도록 금융위원회 위원장에게 요청할 수 있다.

③ 국가정보원장은 테러위험인물에 대한 개인정보(개인정보 보호법상 민감정보를 포함한다)와 위치정보를 개인정보 보호법 제2조의 개인정보처리자와 위치정보의 보호 및 이용 등에 관한 법률 제5조의 위치정보사업자에게 요구할 수 있다.

④ 국가정보원장은 대테러활동에 필요한 정보나 자료를 수집하기 위하여 대테러조사 및 테러위험인물에 대한 추적을 할 수 있다."

이에 대한 의견은 테러위험인물의 정의가 모호한 반면 정보 수집, 제재, 프라이버시 침해, 기타 추적 등에 대한 국정원의 권한이 지나치게 포괄적이고 영장주의의 예외인 독소 조항을 다수 포함하고 있어서 심각한 인권침해가 우려됩니다.

또한 특정 금융거래정보의 보고 및 이용 등에 관한 법률, 통신비밀보호법의 경우 각 법에서 정한 절차대로 정보를 수집한다는 의미가 매우 불명확합니다. 각 법에 따른다면 굳이 테러방지법에 이를 조항으로 명시할 필요가 전혀 없습니다.

개인정보와 위치정보를 요구할 수 있는 권한에 대해서는 어떠한 절차적 통제를 가하고 있지 않습니다. 단순히 '요구할 수 있다'고만 규정함으로써 영장주의 혹은 그에 준하는 절차 통제로부터 완전히 자유로운 상태로 방치하고 있습니다. 또한 추적이라는 개념도 모호합니다.

국가테러대책위원회, '대책위원회는 국무총리 및 관계기관의 장 중 대통령령으로 정하는 자로 구성하고 위원장은 국무총리로 한다', 이에 대한 의견입니다.

법안 제5조에서 국가테러대책회의의 경우 위원은 대통령령으로 정하게 되어 있는데 이렇게 법률에서 직접 위원들을 정하지 않고 대통령령에 포괄위임하는 것은 헌법상의 정부조직법률주의와 포괄위임(백지위임)금지의 원칙을 위반하는 것입니다.

6조의 대테러센터(안)입니다.

'대테러센터의 조직·정원 및 운영에 관한 사항은 대통령령으로 정한다', '대테러센터 소속 직원의 인적사항은 공개하지 아니할 수 있다',

이에 대한 의견은 법안 제6조에서 대테러센터 조직·정원 및 운영에 관한 사항은 대통령령으로 정하게 되어 있는데, 이 역시 대통령령에 포괄위임하는 것으로 헌법상의 정부조직법률주의와 포괄위임(백지위임)금지의 원칙을 위반하는 것입니다.

또한 대테러센터 소속 직원의 인적사항은 공개하지 않는 것 역시 민주적 통제에 벗어난 과도한 위임입법으로 보입니다.

기타, 간과할 수 없는 문제점.

첫 번째, 테러에 대한 정의입니다.

이 법에서 테러 행위의 정의와 관련하여 '권한행사 방해, 의무 없는 일을 하게 함' 등의 개념이 명확하지 않아서 자의적인 집행이 가능하도록 되어 있습니다.

사람을 살해·상해, 신체의 위험을 발생하게 하는 등의 행위의 경우 공무집행방해, 공무집행방해치상 등과 구분이 되지 않을 수 있습니다. 그렇다면 공무원에 대한 공무집행방해행위의 상당부분이 테러로도 규정될 수도 있습니다.

법안 제2조제1호라목에서 열거되고 있는 각 시설 유형들은 그것이 폭발물 등에 의해 폭발되는 것으로 테러가 되는 것인지 아니면 그러한 폭발에 의해 공중의 생명, 신체 안전 등에 심각한 위험이 발생되었을 때 테러가 되는 것인지가 분명하지 않습니다.

예컨대 공중이 이용하는 버스나 버스정류장에 설치된 바람막이 또는 전기·가스시설 등을 단순히 폭발시키는 것에 그치는 경우 그 행위는 테러가 되는지 아니면 그러한 폭발행위로 인해 많은 사람들이 다치거나 혹은 다칠 위험이 발생한 경우에만 테러가 되는지를 분명히 하여야 할 필요가 있습니다.

법안 제2조1호라목2)에서의 '시설'은 차량정비시설과 같은 공중이 이용하지 않는 시설도 포함하는지 명확하지 않으며, 또는 도로, 공원, 역, 그 밖에 공중이 이용하는 시설은 차량의 운행과 관련된 것을 말하는 것인지 아니면 일반적인 도로 등을 말하는 것인지도 분명하지 않습니다.

법안 제2조1호라목3)은 '전기나 가스를 공급하기 위한 시설' 역시 일반 가정집에 들어가는 분전판 같은 소규모의 시설도 포함하는지 불분명합니다.

4)의 연료 수송·저장의 경우도 마찬가지입니다. 요컨대 라목의 경우 보호대상이 단순한 시설 그 자체인지 아니면 시설을 중심으로 형성되는 공중의 안전인지가 명확하지 않습니다.

법안 제2조1호마목2)에서의 '부당'의 개념은 불명확하거나 부적절한 표현입니다. 부당이란 이치에 맞지 않음을 의미하는데 이때 이치의 의미가 명확하지 않기 때문입니다.

외국인테러전투원의 정의에 대한 의견입니다.

"외국인테러전투원이란 테러를 실행·계획·준비하거나 테러에 참가할 목적으로 국적국이 아닌 국가의 테러단체에 가입하거나 가입하기 위해 이동 또는 이동을 시도하는 내·외국인을 말한다." 이렇게 되어 있습니다.

이에 대한 의견은, 법안 제2조4호 외국인테러전투원의 개념 또한 이동 또는 이동을 시도하는 내·외국인으로 규정하는데 이때 이동을 시도한다는 것은 의미가 불명확합니다. 이동의 예비·음모까지 처벌하고자 한다면 지나치게 광범위해질 수 있습니다.

그다음에 대테러조사의 문제점입니다.

"대테러조사란 대테러활동에 필요한 정보나 자료를 수집하기 위하여 현장조사·문서열람·시료채취 등을 하거나 조사대상자에게 자료제출 및 진술을 요구하는 활동을 말한다." 이렇게 되어 있습니다.

이에 대한 의견은, 이는 단순한 비구속적 행정조사의 수준을 넘어서는 거의 강제적·구속적인 행정조사의 수준에 들어가는 것입니다. 그리고 바로 이 때문에 이러한 대테러조사는 영장주의를 규정하고 있는 우리 헌법의 규정을 정면에서 위반하는 것이 됩니다.

그다음, 점검 및 보고 부분과 관련해서,

"대책위원회는 다음 각 호의 사항을 심의·의결한다.
1. 대테러활동에 관한 국가의 정책 수립 및 평가
2. 국가 대테러 기본계획 등 중요 중장기 대책 추진사항
3. 관계기관의 대테러활동 역할 분담·조정이 필요한 사항
4. 기타 위원장 또는 위원이 대책위원회에서 심의·의결할 필요가 있다고 제의하는 사항"

법안 제5조3호2항은 막강한 권한 집중이 이루어지는 대테러기본계획에 대해 국회의 수정요구권과 동의권 등 보다 강력한 견제장치가 전혀 없습니다.

다섯 번째, 테러취약요인 사전제거(제11조)입니다.

"테러대상시설 및 테러이용수단의 소유자 또는 관리자는 보안장비를 설치하는 등 테러취약요인 제거를 위하여 노력하여야 한다.
국가는 제1항의 사업을 수행하는 소유자 또는 관리자에게 필요한 경우 그 비용의 전부 또는 일부를 지원할 수 있다."

이에 대한 의견은, 법안 제11조2항에서 '제1항의 사업을 수행하는'이라는 규정을 두고 있는데 제1항에는 사업의 개념이 존재하지 않습니다. 오로지 테러대상시설 및 테러이용수단의 소유자 또는 관리자라는 개념만이 존재합니다. 이는 입법상의 개념 불합치입니다.

여섯 번째, 테러선동, 선전물 긴급 삭제(제12조) 관련입니다.

"관계기관의 장은 테러를 선동·선전하는 글 또는 그림, 상징적 표현물, 테러에 이용될 수 있는 폭발물 등 위험물 제조법 등이 인터넷이나 방송·신문, 게시판 등을 통해 유포될 경우 해당기관의 장에게 긴급 삭제 또는 중단, 감독 등의 협조를 요청할 수 있다.
제1항의 협조를 요청받은 해당기관의 장은 필요한 조치를 취하고 그 결과를 관계기관의 장에게 통보하여야 한다."
이렇게 되어 있습니다.

이 부분에 대한 의견은, 법안 제12조 중에서 테러선동, 선전물의 경우 테러를 선동·선전한다는 것의 개념이 불명확하므로 기본권 침해를 유발할 소지가 다분합니다.

다음에 일곱 번째, 외국인테러전투원에 대한 규제(제13조)입니다.

"외국인테러전투원으로 출국하려 한다고 의심할 만한 상당한 이유가 있는 내·외국인에 대하여 일시 출국금지를 법무부장관에게 요청할 수 있다."

법안 제13조는 외국인테러전투원에 대한 출국금지조치는 90일로 제한되어 있으나 제2항 단서에 의해 이를 연장할 수 있게 하고는 그 연장 횟수를 전혀 제한하고 있지 않습니다. 그래서 경우에 따라서 법원의 판결도 없이 영구히 출국금지조치가 지속될 수 있는 가능성을 열어 두고 있습니다.

제17조(테러단체 구성죄 등)에 대해서 보겠습니다.

이 부분은 테러단체 가입 권유 또는 선동의 개념이 불분명합니다. '권유'라는 개념은 그 의미가 모호하여 무한 확장 적용될 가능성이 있으며, '선동'의 개념은 가입을 촉발시킨다는 것이 되어 그 의미가 불명확하게 됩니다. 촉발의 대상은 행동인 것이지 가입이라는 상태가 아니기 때문입니다.

부칙 제2조1항 특정 금융거래정보의 보고 및 이용 등에 관한 법률 개정 부분입니다.

이 부칙을 통해서 특정 금융거래정보의 보고 및 이용 등에 관한 법률을 개정하여 금융정보분석원장으로 하여금 테러의 위험인물에 대한 조사업무에 필요하다고 인정되는 금융정보를 국정원에 제공하도록 하는데, 이는 바람직하지 않습니다.

특정 금융거래정보의 보고 및 이용 등에 관한 법률 7조1항에 이미 금융정보분석원장이 공중협박자금 조달행위와 관련된 형사사건의 수사에 필요하다고 인정되는 정보를 검찰총장에게 제공하도록 하고 있습니다.

또한 같은 법 7조2항은 테러자금조달행위와 관련된 형사사건의 수사에 필요하다고 인정하는 경우에는 대통령령으로 정하는 특정 금융거래정보를 국민안전처장관과 경찰청장에게 제공하도록 정하고 있습니다. 따라서 국정원이 이 정보를 별도로 받을 필요가 있는지 의문입니다. 게다가 국정원이 요구하는 정보는 테러위험인물에 대한 조사업무라는 것인데 이게 지나치게 모호하고 포괄적입니다.

시행령 제11조의2는 금융정보분석원장이 정보를 제공하는 기관에 따라 제공하는 정보가 특정되어 있으나 국정원에 제공하는 정보는 특정이 되어 있지 않습니다. 따라서 국정원은 굉장히 광범위한—테러와 전혀 상관없는 정보를 포함할 수도 있는—정보를 제공받을 수 있을 것으로 보여집니다.

● **부의장 이석현** 김경협 의원님, 2시 정각부터 2시간 동안 말씀하시느라고 고생이 많으십니다. 잠시 팔, 다리를 움직여서 몸을 좀 푸시기 바랍니다.

또 이 시간에 여러 동료 의원님들, 강동원 의원님, 이찬열 의원님 그리고 저쪽에 이개호 의원님 또 이미경 의원님 그리고 새누리당의 권은희 의원님, 민현주 의원님 또 양창영 의원님, 행정자치부장관님, 모두 늦은 밤에 고생들이 많으십니다. 이자스민 의원님도 고생이 많으십니다.

이 심야에 우리가 하고 있는 일이 국민들에게 얼마나 보탬이 될지는 모르지만 적어도 국민들을 이해하는 데 보탬이 되리라고 생각을 합니다.

그러면 이제 김경협 의원님 말씀을 좀 계속하십시오.

● **김경협 의원** 이렇게 비밀정보기관에 권력이 집중되는 것은 매우 위험합니다. 이것은 테러보다도 훨씬 더 위험할 수 있습니다.

우리는 지난 유신독재하에서 중앙정보부가 국민감시와

조작, 고문, 인권유린을 수도 없이 자행해 왔음을 잘 알고 있습니다.

이것은 국가권력의 이름으로 자행되는 합법적인 국민에 대한 테러입니다. 테러를 방지하기 위해 또 다른 국가권력의 합법적인 테러를 기정사실화 할 수는 없습니다. 유신독재정권은 중앙정보부의 집중된 권력을 바탕으로 중앙정보부를 이용해서 국민과 국내 비판세력을 감시하고 불법적으로 구금·체포·납치·고문, 때로는 살해까지 하면서 장기집권이 가능했습니다.

중앙정보부는 민간인, 민간단체, 민간기업, 공기업뿐만 아니라 정부의 모든 기관까지 실질적으로 감시하고 사실상 여타의 제반 정부기관을 통제하고 무소불위의 권력을 휘둘러 왔습니다. 심지어는 사법부까지 드나들면서 법관을 감시하고 형량까지 정해 주던 시절이 있었습니다.

이러한 중앙정보부의 통제와 감시·납치·고문 사례 등 강력한 공포통치로 유신독재의 장기집권은 가능했습니다. 업무상 비밀뿐만 아니라 예산이 얼마나 되고 어떻게 쓰이는지도 모르고 업무인력, 직원도 몇 명이나 되는지도 모르는 비밀정보조직, 아무런 통제도, 견제도 받지 않는 무소불위의 비밀정보기관에게 모든 권력이 집중되는 것은 정보기관을 위해서도 불행한 일입니다.

그래서 민주주의국가에서 정보기관과 조사·수사기관은 분리되어 있는 것입니다. 우리는 국정원이 조사권·수사권 등 모든 권한을 가지고 국민을 감시하고 댓글부대까지 동원해서 여론 조작하며 국내정치, 선거까지 개입하느라고 실제 대북정보나 해외정보는 제대로 수집도 못하는 일이 반복되어서는 안 된다고 생각합니다. 이것은 국정원을 위해서도 불행한 일입니다. 우리는 국가정보원이 대북정보, 해외정보 등 정보 분야에서 세계 최고의 정보기관으로 거듭나길 간절히 바랍니다.

국정원 직원들은 양심을 팔아 죄의식을 느끼면서도 마지못해 댓글이나 쓰고 여론 조작하고 도·감청하며 국내정치에 개입하는 비겁한 업무수행 방식이 아니라 정보 전문가로서 자부심을 가지고 당당하고 떳떳하게 국가를 위해 업무를 수행하는 존경받는 직업이어야 합니다.

정보기관의 수장이 국회의장을 만나서 어떤 대화가 오갔는지도 밝혀야 합니다. 정의화 국회의장님께서 국정원장 면담 이후에 왜 갑자기 직권상정 강행으로 돌변했는지도 그 이유를 밝혀야 합니다.

만약에 국정원장이 국회의장을 만나서 어떤 모종의 거래를 했거나 어떤 협박을 했거나 직권상정을 종용했다면 이것은 단순한 정치 개입을 넘어서 중대한 헌정질서 유린행위라고 생각합니다. 정부·여당은 국민 불안을 조장하는 것도 모자라서 국민 불안을 악용하고 있습니다.

맞습니다. 국민은 불안합니다. 무엇 때문에 불안합니까? 비밀정보기관의 휴대폰 도·감청, 카톡 감청 등의 국민 감시와 사찰 때문에, 사생활침해, 간첩조작, 고문·납치, 인권 유린 등 중앙정보부의 악몽 때문에 더 불안합니다.

예측할 수 없는 황당한 일을 벌이는 박근혜 대통령과

청와대 눈치 보며 청와대 지시라면 꼼짝달싹 못하고 '돌격 앞으로'를 외치는 새누리당 때문에 불안합니다.

어린 학생들이 수백 명씩 수장되어 가는 상황에서도 단 한 명도 구하지 못한 이 무능한 정권 때문에 불안합니다.

선제적인 예방 조치로 간단히 막을 수 있었던 전염병에 대해서도 전 국민을 공포의 도가니로 몰아넣고 수십 명의 국민의 생명을 앗아간 메르스 사태를 불러온 이 무능한 정권 때문에 불안합니다.

한반도 신뢰프로세스와 통일 대박을 부르짖다가 하루아침에 개성공단을 폐쇄시켜 연관 기업과 근로자들을 길거리로 내앉게 만든 이 황당한 정권 때문에 국민은 불안합니다.

능력이 없으면 차라리 협상을 하지를 말지, 위안부 문제 해결하겠다더니 반인륜적인 전쟁 범죄자에게 면죄부만 주는 굴욕적인 외교 때문에 국민은 걱정합니다.

북한의 미사일 실험에 난데없이 사드 배치를 들고 나와서 주변국과 외교 갈등을 일으키고 경제 보복을 걱정하게 만드는 이 외교 무능한 정권 때문에 국민은 불안합니다.

몰락해 가는 중소기업과 자영업, 가계부채 1200조 원, 비정규직 850만 명, 20%가 넘는 청년 실제 실업률, 노인자살률 1위, 노인빈곤율 1위, 경제는 파탄 위기, 민생은 생존의 위기에 직면해 있는데 오로지 대통령 가족사를 미화시키기 위한 역사교과서 국정화를 강행하고, 준비되어 있는 대테러 대책기구는 단 한 번도 가동조차 하지 않으면서 난데없이 국가비상사태라고 주장하며 테러방지법을 밀어붙이는 어디로 튈지 모르는 이 럭비공 정권 때문에 국민은 불안합니다.

정상이 아닙니다. 정도를 벗어났습니다. 도행 역시……

(● 권은희 의원 의석에서 ─ 지금 발언이 정도를 벗어나고 있습니다!)

● **부의장 이석현** 김경협 의원님, 잠깐 양해 바랍니다.

새누리당 권은희 의원님 말씀이 '발언이 의제를 벗어나고 있다'고 말씀하신 건가요?

(● 권은희 의원 의석에서 ─ 예.)

● **김경협 의원** 의제와 직접적으로 관계가 있습니다.

● **부의장 이석현** 그 부분에 대해서 의장으로서 설명을 좀 드리겠습니다.

우리 국회법 102조에는 의제 외 발언을 할 수 없다는 그런 규정이 있습니다. 그런데 어떤 것이 의제 내이고 어떤 것이 의제 외인지를 구체적으로 식별하는 그러한 규칙이나 법 조항은 또 없습니다. 그래서 우리 생각에 의제와 직접적인 연관성을 갖는 부분뿐만 아니라 의제와 간접적인 관련성을 갖는 부분까지도 확대해서 생각을 해야 된다, 의장은 그렇게 생각하고 있습니다.

또 우리가 규정에 없을 때는 선례를 존중하게 돼 있습니다. 그런데 과거 선례를 보더라도 1964년에 김대중

의원께서 낭산 김준연 의원 구속동의안을 표결하려고 할 때 필리버스터 연설을 5시간 동안 하셨습니다. 그때도, 제가 다 속기록을 봤더니 실은 여러 가지 말씀을 하셨습니다.

김준연 의원의 구속동의안에 관한 것만 말씀한 것이 아니고 외환, 또 무역 할 때 하는 L/C, 심지어 고종황제 때 민비에 관한 얘기까지 다양하게 말씀하신 그런 선례가 있습니다.

또 1969년에 3선 개헌을 방지하기 위해서 당시에, 어느 의원이었지요? 신민당의 박한상 의원께서 또 필리버스터 연설을 10시간 넘게 하셨습니다. 이때 속기록도 제가 한 번 본 적이 있는데 다양한 말씀들을 하고 있습니다. 경주 불국사가 어떻다는 말씀도 하시고, 심지어 동료 의원들이 졸기 때문에 잠을 깰까 봐 큰소리를 못하겠다는 농담도 하시고, 이렇게 필리버스터 발언은 상당히 폭넓게 해 온 선례가 있습니다. 그래서 꼭 의제에 직결해서만 해석을 하려고 하는 것은 무리다 이렇게 저는 생각을 합니다.

그래서 지금 김경협 의원님이 하시는 말씀들은 우리 의제와 다 연관이 있는 일이다 이렇게 생각을 해서, 말씀을 계속 하십시오.

(● 권은희 의원 의석에서 ─ 아니, 편파적으로 지금 운영을 하고 있습니다.)

말씀 계속하세요, 김경협 의원.

● **김경협 의원** 편파적이 아니고요. 지금 이제……

● **부의장 이석현** 의장은 어느 쪽으로 치우치지 않고 매우 공정하게 의사진행을 하고 있고 또 이것이 내 소신입니다. 새누리당 권은희 의원께서는 그런 법령과 또 과거 선례를 좀 더 공부를 해 보시기 바랍니다.

김경협 의원, 말씀 계속하세요.

● **김경협 의원** SNS에서 국민들은 테러방지법을 이렇게 부릅니다. 국민들이 자발적으로 네이밍한 법입니다.

(● 권은희 의원 의석에서 ─ 이 자리에서 너무 지나치게……)

● **부의장 이석현** 좀 조용히 하세요! 말씀을 하셔야 되잖아요, 의원님이.

동료 의원이 말씀하는데 서로 존중해야지, 암만 정당이 다르다 하더라도 그렇게 해서 되겠습니까? 국민이 바라보고 있습니다, 지금.

말씀 얼른 하세요.

(● 권은희 의원 의석에서 ─ 의제에서 벗어났기 때문에……)

의제에서 안 벗어났어요.

● **김경협 의원** 의제에서 전혀 벗어나지 않습니다. 죽 내용을 다 들어 보시면 이게 왜 의제와 연관 있는지 다 아시게 됩니다.

● **부의장 이석현** 김경협 의원님, 의장이 의제와 연관 있는지

없는지 판단하고 의사진행을 하고 있으니까 마음 놓고 하고 싶은 말씀을 하십시오.

● **김경협 의원** SNS에서 국민들이 지금 현재 직권상정 된 소위 테러방지법을 이렇게 부르고 있습니다. 테러빙자법, 국민스토킹법, 국민감악법, 정보독재법, 대국민사찰법, 국정원간첩창조보장법, 프라이버시감시법, 간첩대량생산법, 유신회귀법, 사생활감시법, 국민압박법, 무한사찰정당화법, 국민단속법, 빅브라더법, 유신부활법……

（● 조원진 의원 단상에서 ― 부의장님……）

창조국민사냥법, 국정원날개달기법, 공권력강화법, 스마트폰감시법, 국민도청법, 카톡사찰법, 장기집권발판법, 통신사찰법, 독재부활법, 중정부활법, 국정원대마왕법, 정권연장을위한전능하신돈보기법, 개인신상수집법, 다본다법, 국정원지존법, 21세기최악법, 국민통제법, 국민입막음법, 국민사생활컨닝법, 정권교체방지법, 인권강탈법, 국정원맘대로법, 테러보다위험한법, 무제한도청법, 국민주권강탈법, 유신부활법, 아빠따라하기법, 희망정치무덤법, 신공안통치법,

이게 뭐냐 하면 지금 SNS에서 국민들께서 직권상정된 테러방지법을 이렇게 부르고 있다라는 뜻입니다.

꼼짝마라법……

（● 조원진 의원 의석에서 ― 지금 부의장님, 그런 식으로 운영하면 안 됩니다.）

발언하는 데 자꾸 방해하지 마세요, 조원진 의원님.

（● 조원진 의원 의석에서 ― 제가 부의장님한테 말씀드렸는데요. 그런 식으로 하시면 안 됩니다.）

● **부의장 이석현** 조 의원님, 좀 들어 보십시다.

● **김경협 의원** 발언을 하시고 싶으면 정식으로 발언 기회를 요청해서 발언을 하십시오. 그리고 지금은 제가 발언하는 시간입니다. 제 발언 방해하시시 날기를 바랍니다, 조원신 의원님.

가만히있으라법, 헌법무력화법, 국민들더괴롭혀법, 국민주적법, 국정원하이패스법, 무차별도청법, 국민바보만들기법……

（● 조원진 의원 단하에서 ― 부의장님, 지금 표현은 맞지 않습니다. 무슨 국민바보만들기법입니까?）

● **부의장 이석현** 지금 우리 잠시 양해 구합니다.

● **김경협 의원** 국정원몰카법, 국민신상털기법, 국민염탐법……

（● 조원진 의원 단하에서 ― 표현이 너무 과하다고 생각 안 하십니까?）

● **부의장 이석현** 우리 조원진 새누리당 원내수석부대표로부터 이의가 있었습니다. 어떤 이의가 있었냐면 말씀하고 있는 내용이 테러방지법과 관계가 없다 이런 말씀입니다. 그런데 지금 김경협 의원이 말씀하고

있는 내용은 테러방지법에 대해서 국민들이 이렇게 생각하고 있다고 SNS에 올라온 내용들을 소개하는 것이라 테러방지법 이 논의와 관계가 있는 내용을 말씀하고 있는 것입니다. 조금 양해하고 잘 경청을 해 주시면 고맙겠습니다.

（● 조원진 의원 단하에서 ― 부의장님, 이 이야기는 적절하지 않습니다.）

말씀하세요, 김경협 의원님.

● **김경협 의원** 저의 발언이 여당의 마음에 쏙 들었으면 좋겠지만 그렇지 않습니다. 야당과 여당은 입장이 다른 것입니다. 이 테러방지법이라고 불리우는 소위 이 법안에 대해서도 입장이 다른 것입니다.

（● 조원진 의원 단하에서 ― 적절치 않습니다.）

그 입장이 틀리다고 나와서 항의하고 발언을 방해하고 이러면 되겠습니까?

● **부의장 이석현** 우리 조 의원님.

（● 조원진 의원 단하에서 ― 원내수석부대표로서 부의장님한테 말씀드리는 겁니다. 이런 식으로 진행하시면 안 됩니다.）

（「정당한 발언이에요, 지금. 간섭하지 마세요!」 하는 의원 있음）

조 의원님, 상황을 인식하는 데 있어서 여당과 야당의 차이가 충분히 있을 수가 있습니다. 그런데 우리가 서로 다름을 인정하면서 서로 대화를 할 수가 있는 것입니다. 생각이 똑같을 수가 없습니다. 그래서 그런 점을 '아, 저렇게 생각하는 분도 있구나' 이렇게 이해를 해 주세요.

（● 조원진 의원 단하에서 ― 어쨌든 우리가 모든 얘기를 할 수 있는 게 아닙니다, 부의장님.）

지금 김경협 의원이 말씀하고 있는 내용은 '테러방지법에 대해서 우리 국민들이 이렇게 이렇게 생각합니다' 하는 얘기를 표현하고 있는 것입니다. 대변하고 있습니다. 그것이 전체 국민의 생각이 아닐 수도 있지만 또 그런 일부 국민의 생각을……

（● 조원진 의원 단하에서 ― 전혀 아닌 사실을, 부의장이 이런 식으로 운영을 하시면 안 됩니다.）

어떤 것이 전혀 아닌 사실입니까? 뭐가 전혀 아닙니까?

（● 조원진 의원 단하에서 ― 전혀 아닌 사실을 사실인양 그냥 인용해서 하는 것은 맞지 않습니다.）

뭐가 전혀 아니냐고요? 구체적으로 말을 하세요. 지금 김경협 의원이 방금 말한 내용이……

（● 조원진 의원 단하에서 ― 아빠따라하기법입니까?）

그렇게 말하는 국민도 있다고 표현하고 있지 않습니까?

（● 조원진 의원 단하에서 ― 그게 그렇지 않습니다.）

모든 국민의 생각이 우리 조원진 의원하고 똑같은 게 아니다 이 말이에요.

（● 조원진 의원 단하에서 ― 김경협 의원 생각도, 생각이라 하더라도 이런 식으로 논의를 하시는 것은……）

（「조원진 의원, 들어가세요!」 하는 의원 있음）

들어가세요. 의사진행, 내가 분명히 하고 있습니다.

들어가십시오.

(● 조원진 의원 단하에서 — 저도 분명히 말씀드렸습니다.)

분명히 얘기했어요, 나도.

(「이렇게 하셔도 됩니까?」 하는 의원 있음)

(● 조원진 의원 단하에서 — 저 개인 의원이 아니고 원내수석부대표로서 말씀드린 겁니다.)

그렇습니다. 원내수석부대표 말을 제가 접수했고 그것에 대해서 이의에 동의할 수 없기 때문에 의사진행을 하고 있는 겁니다.

이제 들어가세요. 방해가 많이 되고 있습니다.

(● 조원진 의원 단하에서 — 다시 말씀드립니다.)

(「아니, 지금 이게 비상사태예요!」 하는 의원 있음)

나도 다시 얘기하고 있어요, 지금!

(● 조원진 의원 단하에서 — 사실이 아닌 것을 사실이라고 얘기하는 것은 맞지 않습니다.)

국회법 145조에 퇴장하라고 할 수 있어요, 의장이. 깊이 생각하세요. 경고했습니다. 방금 경고했어요, 내가. 참으려니까 말을……

경고했어요! 퇴장시키기 전에 빨리 가 앉아요. 국회의장을 어떻게 알고 있는 거야, 의사진행권을?

(「아니, 마음에 안 들면 전부 지금 방해하는 거야?」 하는 의원 있음)

(● 조원진 의원 단하에서 — 다시 한 번 요청드립니다.)

다시 한 번 말해요, 나도 지금. 빨리 들어가 앉으세요!

(● 조원진 의원 단하에서 — 공정하고 객관적으로 운영해 주세요.)

꼭 퇴장시켜야 알겠어요, 경위 불러서? 이 양반이 말이지.

(「들어가요, 빨리 들어가」 하는 의원 있음)

(● 조원진 의원 단하에서 — 공정하고 객관적으로 운영해 주십시오.)

(「들어와요, 얼른!」 하는 의원 있음)

충분히 듣고 있는데 한도 없이 얘기를 하잖아요. 지금 의사진행하고 김경협 의원이 발언권 얻어서 발언하고 있습니다, 여러분!

(● 조원진 의원 의석으로 돌아가며 — 사실이 아닌 내용을……)

사실이 뭐가 아닙니까?

김경협 의원 빨리 발언하세요.

내가 의장직을 걸고 얘기합니다. 의장의 의사진행권을 방해하지 마세요! 참을 수 없습니다, 그것은.

김경협 의원은 발언하세요. 빨리하세요.

● **김경협 의원** 지금 SNS에서 국민들이 직권상정돼서 현재 필리버스터가 진행되고 있는 이 법안에 대해서 다양한 법안의 별칭으로 부르고 있습니다. 물론 이 별칭들이 우리 청와대나 우리 여당 의원님 귀에는 거슬리겠지요. 생각이 다를 겁니다. 이것은 사실이 아니라고 그러는 게 아니라 생각이 다르다고 얘기하는 겁니다. 이 생각이 다른 것을 인정하지 않으려고 하기 때문에 지금까지 이런 상황이

계속되고 있는 것입니다.

청와대와 여당의 마음에 드는 얘기만을 해야 합니까? 야당도 그렇게 하고 국민들도 전부 다 여당의 마음에 쏙 드는 얘기만을 해야 됩니까? 마음에 들지 않으면 사실이 아니라고 이렇게 주장하고 항의하고 의사진행을 방해하고 이렇게 해서야 되겠습니까?

이번에 상정된 테러방지법, 저는 이것을 '국민감시법'이라고 부르고 있습니다마는 이 법안에 대해서 또 다른 문제가 하나 더 있습니다. 그것은 법안 비용추계서가 빠져 있습니다.

물론 긴급하게 상정을 하다 보니까 빠져 있을 수도 있을 것입니다. 그만큼 이 법은 허술합니다. 전혀 준비가 되어 있지 않습니다. 재정수반요인이 분명히 발생하고 있습니다.

국회예산정책처에서도 이 비용추계서를 왜 첨부하지 않았는지 그 사유를 파악해서 보고를 하고 있는데요. 참 그 사유가 전혀 되지를 않습니다.

'재정수반요인

가. 국가테러대책위원회(안 제5조)
제정안에서 대테러활동에 관한 정책의 중요사항을 심의·의결하기 위하여 국가테러대책위원회를 두도록 규정함에 따라 추가 재정소요가 예상된다.

나. 대테러센터(안 제6조), 제6조입니다.
제정안에서 대테러활동과 관련하여 국가 대테러활동 관련 임무분담 및 협조사항 실무 조정, 장단기 국가대테러활동 지침 작성 배포 등을 수행하기 위하여 국무총리 소속으로 대테러센터를 두도록 규정함에 따라 추가 재정소요가 예상된다.

다. 대테러 인권보호관(안 제7조)
제정안에서 관계기관의 대테러활동으로 인한 국민의 기본권 침해 방지를 위해 대책위원회 소속으로 대테러 인권보호관 1명을 두도록 규정함에 따라 추가 재정소요가 예상된다.'
전담조직의 설치, 제8조입니다.
'제정안에서 테러예방 및 대응을 위하여 관계기관의 장이 필요한 전담조직을 둘 수 있도록 규정함에 따라 추가 재정소요가 예상된다.'
테러취약요인 사전제거, 11조입니다.
제정안에서 테러대상시설 및 테러이용수단의 소유자 또는 관리자는 보안장비를 설치하는 등 테러취약요인 제거를 위하여 노력하여야 하며, 필요한 경우 국가가 그 비용의 전부 또는 일부를 지원하도록 규정함에 따라 추가 재정소요가 예상된다.'
바. 신고자보호 및 포상금, 제14조입니다.
'제정안에서 관계기관의 장은 테러의 계획 또는 실행에 관한 사실을 관계기관에 신고하여 테러를 사전에 예방할 수 있게 하였거나 테러에 가담 또는 지원한 자를 신고하거나 체포한 자에 대하여 대통령령이 정하는 바에 따라 포상금을 지급할 수 있도록 규정함에 따라서 추가 재정소요가 예상된다.'
테러피해의 지원 및 특별위로금, 제15조·제16조입니다.
'제정안에서 국가 또는 지방자치단체는 테러로 인하여 피해를

입은 자에 대하여 대통령령이 정하는 바에 따라 치료 및 복구에 필요한 비용의 전부 또는 일부를 지원할 수 있고 테러로 인하여 생명의 피해를 입은 자의 유족 또는 신체상의 장애 및 장기치료를 요하는 피해를 입은 자에 대해서는 그 피해의 정도에 따라 등급을 정하여 특별위로금을 지급할 수 있도록 규정함에 따라 추가 재정소요가 예상된다.'

이상과 같이 일곱 가지 사안에 의해서 재정수반요인이 발생하고 있다라고 국회 예산정책처는 지적하고 있습니다마는 이번 법안에는 이런 재정…… 법안 비용추계서가 준비가 되지 않은 채 제출되었습니다. 이렇게 이 법은 여러 가지로 부실합니다.

이런 법안을 제출하신 우리 의원님들, 이철우 의원 등 새누리당 24인인데요.

이철우 의원 경북 김천시, 강석훈 의원 서울 서초구을, 김도읍 의원 부산 북구강서구을, 김용남 의원 경기 수원시병, 김정훈 의원 부산 남구갑, 김종태 의원 경북 상주시, 문정림 의원 비례대표(서울 도봉구갑 예비후보), 박대동 의원 울산시 북구, 박민식 의원 부산 북구강서구갑, 박성호 의원 창원시 의창구, 서상기 의원 대구 북구을, 신동우 의원 서울 강동구갑, 신의진 의원 비례대표(서울 양천구갑 예비후보), 심윤조 의원 서울 강남구갑, 원유철 의원 경기 평택시갑, 이명수 의원 충남 아산시, 이상일 의원 비례대표(경기 용인시을 예비후보), 이재영 의원 비례대표(서울 강동구을 예비후보), 이종배 의원 충북 충주시, 조원진 의원 대구 달서구병, 홍철호 의원 경기 김포시, 황영철 의원 강원 홍천군횡성군, 황인자 의원 비례대표(서울 마포구을), 황진하 의원 경기 파주시을.

이상이 의원님들의 공동발의로 상정된 법안인데 앞서 말씀드린 바와 같이 이 법안은 수많은 문제점들을 안고 있습니다.

그다음에 이 법안 내용 자체도 문제가 있습니다마는 제가 앞에서 읽어 드린 대로 이 법안보다 훨씬 더 구체적이고 상세하고 종합적으로 준비돼 있는 대테러지침 훈령, 시행령 아까 제가 이렇게 죽 읽어 드렸습니다.

문제는 거기에 있는 그 기구와 제도들을 제대로 활용하지 않는 것도 가장 큰 문제이지만, 또 하나는 제가 이 테러대책과 관련해서 예전부터 몇 번씩 강조해 왔던 사안이기도 합니다. 아까 초기에 도입부에서도 간단히 언급한 부분이 있습니다.

지난번 인천공항 경비 실패 사례에서 봤듯이 사실상 테러를 막을 수 있는 가장 중요한 부분은 현장일선입니다. 그러나 지금 공항, 항만, 특히 원자력발전소를 포함한 특수경비원, 보안요원들은 대부분 비정규직입니다. 기간제도 아닌 간접고용 외주업체에 불과합니다.

대표적으로 테러방지 업무를 수행하고 있는 공항의 실정을 보겠습니다.

지금 현재 테러방지 업무에 종사하는 사람들 현황입니다. 인천공항의 경우에 7573명 근무, 이 중 1104명, 14.6%만이 정규직입니다. 나머지 6469명, 85%는

외주업체입니다. 이 중 테러 관련 보안 등 업무담당자는
2202명, 전체 인력의 36% 수준인데 모두 비정규직
외주업체입니다.

이것과 관련된 기사가 이미 금년 2월 달, 작년 9월 달에 또
지적이 있었고 이미 기사화도 됐습니다.

공항 보안 실패의 중요한 요인으로 이 비정규직 문제가
계속해서 거론이 돼 왔습니다마는 여전히 테러의 위험을
그토록 강조하면서 곧 테러가 발생할 것처럼 비상사태라고
주장을 하면서도 실질적으로 현장일선에서 이 업무를
담당해야 되는 사람들에 대해서는 비정규직, 정말 실제로
이러한 테러방지 업무를 담당할 수 있을지 걱정되는, 직업에
대한 사명감이나 전문성, 숙련도가 실질적으로 걱정되는
비정규직으로 채워 놓고 이렇게 해서 작은 사고들이 계속
발생하고 있어도 이 부분에 대한 시정을 할 생각은 하지
않고 있습니다.

그러면서 문제는 이 테러방지법, 소위 말하는 이
테러방지법만 하자고 밀어붙입니다. 법리적으로도 문제가
있고 법 내부에도 문제가 있고 부칙에는 수많은 부작용이
우려되는 인권침해, 타 행정기관들의 업무침해 소지가
다분히 들어 있는 이 법안을 이렇게 비상사태라는 이름으로
직권상정하고 밀어붙이고 있는 것입니다.

보안·테러 업무, 공항의 비정규직의 실태를 다시 한 번 더
생생하게 구체적으로 확인해 보도록 하겠습니다.

소방대, 전체 208명 중 행정직을 제외하고 180여 명이
3조 2교대로 소방안전을 책임지고 있습니다. 최대 동원
인력은 평균 60명인 셈, 여의도 7배 면적인데요. 하청업체는
소방엔지니어링 업체, 업체는 소방대 노동자들을 2년마다
계약직으로 고용하고 있습니다.

소방대 과업내용서상에서 이들의 업무는 항공기
사고와 화재를 포함한 각종 사고에 대한 진압, 구조, 소방,
구급, 사전예방 업무를 담당하고 있습니다. 소방대장도
비정규직입니다. 세월호와 다를 바가 없습니다. 공항에서
사고가, 화재가 발생하면 인천중부소방서장이 노착하기
전까지 임시로 현장 지휘를 하게 됩니다. 인천공항을 잘 알고
있지만 현장 지휘권은 없는 것입니다.

신분이 불안하기 때문에 노후장비 교체 요구나 만약에
있을 사고 시 적극적인 대처에 자신이 없어 합니다. 이는
협력업체가 업무와 관련된 배상책임을 모두 부담하도록
되어 있기 때문에 더욱 큽니다.

업체가 산재 처리를 거부하는 사례도 있습니다.

화재진압 도중 숨질 경우 업체의 보상비는 100만
원입니다.

저가낙찰 경쟁, 비용절감이라는 명목으로 인천공항을
외주화 시범케이스로 이용하는 한 인천공항은 안전하지
않습니다.

특수경비입니다.

대테러상황실 운영, 사고로부터 승객 보호, 폭발물 반입
차단 업무 등이 이 하청업체에 맡겨져 있습니다. 그러나
업체 소속 비정규직일 뿐 아니라 업체 변경도 빈번합니다.

전국적으로 난립하고 있는 보안업체들이 인천공항
입찰에 참여합니다. 이 과정에서 노무관리가 불량한
업체들이 다수가 들어오고 있습니다.

경비업법상 특수경비업으로 구분되어 노동권 중
파업권도 없습니다. 특수한 업무이기에 노동삼권은
제약받지만 비용·절감을 이유로 하청업체 소속의
간접고용된 비정규직인 것입니다.

협력사 현황들이 이렇게 다 나와 있는데요. 테러가
걱정된다면서 다 외주업체 비정규직.

정의화 국회의장님께서 이렇게 말씀을 하셨습니다.
'국민적 비상사태에 직면한 상황에 국가안보, 국민안전을
보호하기 위한 의장의 충정을 헤아려 달라, 북한의 4차
핵실험과 장거리 미사일 발사로 국가안보, 국민안전이
심각하게 위협받고 있다. 북한이 대남 테러 역량을 결집하고
있고 각종 테러를 자행할 개연성이 크다는 전문가의
지적도 잇따른다'. 그래서 이를 전시·사변 또는 이에 준하는
국가비상사태의 경우로 보고 직권상정을 강행하셨습니다.

국가비상사태는 헌법 제77조에 계엄을 선포할 수
있는 사유로 되어 있습니다. 전시·사변 또는 이에 준하는
국가비상사태로 언급하고 있습니다.

"대통령은 전시·사변 또는 이에 준하는 국가비상사태에 있어서
병력으로써 군사상의 필요에 응하거나 공공의 안녕질서를
유지할 필요가 있을 때에는 법률이 정하는 바에 의하여 계엄을
선포할 수 있다."

법제처가 2010년 3월에 펴낸 헌법 주석서입니다.

여기에서

"'전시'라 함은 국제법적인 의미로는 무력을 중심으로 한
국가 상호간 또는 국가와 외교단체 간의 투쟁상태로서
외적으로부터의 침입으로 인한 위기를 말하고, '사변'이라
함은 국토를 참절하거나 국헌을 문란하게 할 목적으로
한 무장반란집단의 폭동행위를 말하며, '이에 준하는
비상사태'라 함은 위에 든 전시 또는 사변은 아니지만 전쟁에
해당되지 아니하는 외적의 침입, 국토를 참절하거나 국헌을
문란하게 할 목적이 있는 무장 또는 비무장의 집단 또는
군중에 의한 사회질서 교란행위와 자연적 재난으로 인한
사회질서 교란상태를 말한다." 이렇게 규정하고 있습니다.

계엄법에서는

"계엄은 비상계엄과 경비계엄으로 구분한다. 비상계엄은
대통령이 전시·사변 또는 이에 준하는 국가비상사태 시 적과
교전 상태에 있거나 사회질서가 극도로 교란되어 행정 및 사법
기능의 수행이 현저히 곤란한 경우에 군사상 필요에 따르거나
공공의 안녕질서를 유지하기 위해 선포한다."

이렇게 되어 있습니다.

"경비계엄은 대통령이 전시·사변 또는 이에 준하는
국가비상사태 시 사회질서가 교란되어 일반 행정기관만으로는
치안을 확보할 수 없는 경우에 공공의 안녕질서를 유지하기
위하여 선포한다." 이렇게 되어 있습니다.

지금 대한민국이 적과 교전 상태에 있거나 사회질서가
극도로 교란되어 행정 및 사법 기능의 수행이 현저히 곤란한

경우에 해당합니까? 의장의 심사기간 지정, 직권상정은 대통령 권력에 입법부의 수장이 굴복한 것입니다.

국가비상사태라면 헌법과 계엄법에 따라서 대통령은 계엄령을 선포해야 합니다. 통합방위법에 따라서 대통령은 통합방위사태 선포, 통제구역 설정 그리고 국무총리가 총괄하는 중앙 통합방위협의회가 열리고 각 지역 행정·경찰 조직, 군, 예비군, 국정원 등 정부기구를 통합적으로 운영해야 합니다. 예비군법에 따라서 국방부장관은 예비군 동원령을 내리고 진돗개 하나를 발령하고 방어준비태세인 데프콘을 1단계로, 정보감시태세인 워치콘을 1단계로 상향 조정해야 합니다.

아무리 봐도 이런 일들은 일어나지 않고 있습니다. 직권상정한 지 3일, 4일째가 됐다마는 아직도 이런 일들은 전혀 발생하고 있지 않습니다. 비상사태라고 주장했던 국회의장의 판단이 머쓱해지고 있는 상황입니다. 지금이라도 직권상정한 법안을 철회하거나 아니면 여야 원내대표를 소집해서 즉시 협상을 통해서 이 법안에 남아 있는 수많은 독소 조항들을 제거하는 협상을 벌여 주시기를 국회의장께 촉구합니다.

이 법안의 가장 큰 문제 중의 하나는 국가의 비밀정보기관으로 모든 권한을 집중시키고 있다는 데에 있습니다.

어제인가요, 그저께인가요, 박근혜 대통령께서 책상을 치면서 필리버스터에 대해서 자다가도 벌떡 일어나 통탄할 노릇이다고 했다라는 언론보도가 있었습니다. 대통령께서는 자다가도 벌떡 일어나서 통탄할 노릇이라고 판단할 수 있을지 모르겠습니다. 그러나 국민들은 두 눈 부릅뜬 채로 뒤통수 맞은 통탄할 노릇입니다.

테러방지법이 없다고? 이미 지나칠 정도로 많이 있습니다. 국민의 안전을 지키려면 테러방지법보다 먼저 국정원의 개혁부터 이루어져야 합니다. 해외정보 수집에는 무능하고 정권 안보에 골몰하는 국정원 개혁이 최우선 과제입니다.

대통령께서 우리나라가 테러를 방지하기 위해서 기본적인 법체계조차 갖추지 못하고 있다는 것을 IS도 알아 버렸다. 테러방지법이 통과되지 못하면 테러에 대비한 국제공조도 제대로 할 수가 없고 다른 나라와 정보 교환도 할 수 없다. 긴급명령을 발동해서라도 법을 제정하겠다고 협박했다……

그런데 아까 제가 그래서 초반부에 미리 다 죽 읽어드렸습니다. 지금 우리 테러 관련 법규가 얼마나 철저하게 그리고 완벽하게 준비가 되어 있는지 제가 읽어드렸고 지금 또한 테러 가동 기구는 가동되고 있는 부분이 많이 있습니다.

새누리당 원내대표께서 G20 국가 중에서 테러방지법이 제정되지 않은 곳은 우리나라를 포함해 단 세 곳뿐이라는…… 사실이 아닙니다. 그러면서 '테러 나면 책임질 거냐?' 이러면서 윽박지르고 있습니다.

테러방지법이 제정되지 않은 곳이 우리나라를 포함해서 단 세 곳뿐이라는 말도 거짓말이고 그렇게 해서 이것을 가지고 국민을 협박하고 야당을 협박하는 것은 자제되어야

합니다.

테러방지에 관한한 우리나라는 G20에 속한 어느 나라보다도 강력한 기구와 제도를 운영하고 있습니다. 우리나라는 식민지와 냉전시대를 거치면서, 6·25전쟁을 거치면서 시민통제에 관한 한 G20 국가 중 최고의 안보국가로 정평이 나 있습니다. 이미 통제가 지나쳐서 과도하게 시민의 인권을 침해하고 있다라는 국제적인 비판까지 받고 있는 상황입니다.

G20 국가 중에서 우리나라처럼 온·오프라인 모든 면에서 광범위하게 시민들의 사생활과 일거수일투족을 정부가 훤히 들여다볼 수 있는 나라가 몇 개국이나 되겠습니까?

G20 국가 중 어느 나라 검찰이 기소권, 수사권을 독점한 채 강력한 권한을 행사하고 있습니까? 우리나라 검찰은 세계 최고 수준의 막강한 권한을 가지고 있습니다.

과연 G20 국가 중 출입국제도, 주민등록제도, 우리나라처럼 촘촘하게 짜여져 있는 나라가 또 어디에 있습니까?

G20 중 우리나라 국정원처럼 기본기능인 국내외 정보수집 기능, 비밀경찰 기능—수사 기능 포함해서—정책기획 기능, 나아가 작전 및 집행 기능에 이르기까지 무소불위의 권한을 가진 정보기구를 두고 있는 나라가 또 어디에 있습니까?

과연 G20 나라 중 우리나라만큼 많은 수의 군대와 경찰을 두고 있는 나라가 몇이나 있습니까?

심지어는 치안 원조라는 이름으로 해외에 자랑하고 파견하고 있습니다. 이런 나라에서 정부와 정치권이 나서서 '테러 나면 니가 책임질래?'라는 공포 분위기를 조성하는 것이야말로 가장 무책임한 것입니다.

테러방지법이 없다는 주장도 전혀 사실이 아닙니다. 테러방지법이라는 이름의 법이 없을 뿐이지. 식민지시대와 분단을 거치면서 테러라는 용어가 정치적으로 악용되어 왔고 전 세계적으로 비슷한 현상이 일어나고 있어 이 용어를 쓰고 있지 않을 뿐 IS에 의해 파리에서 일어난 민간인에 대한 무차별 공격과 유사한 인질사태 또는 무장공격 행위를 예방하고 대응하기 위한 법과 제도는 무수히 많습니다.

사실 많은 나라에서 테러방지법이란 하나의 법이 아니라 여러 가지 개별 법들의 묶음을 말합니다. 같은 맥락에서 우리나라는 이미 수많은 테러방지법을 가지고 있다고 볼 수 있습니다.

우선 테러에 직접 대응하기 위한 대비태세를 갖추기 위한 각종 법령과 기구가 이미 마련되어 있습니다. 적의 침투·도발이나 그 위험에 대응하기 위하여 각종 국가방위요소를 통합하여 동원하는 통합방위법 그리고 이를 뒷받침하는 비상대비자원 관리법을 제정하여 시행하고 있습니다.

통합방위사태가 선포되면 국무총리가 총괄하는 중앙통합방위협의회가 각 지역 행정조직과 경찰조직, 군과 예비군 그리고 국정원 등 정보기구를 통합적으로 운용할 수 있습니다.

통합방위사태는 대통령이 국무회의의 심의를 거쳐 선포하고 통제구역을 설정합니다. 기타 시민들에 대한 대피, 구조·구난 활동을 체계적으로 수행하기 위해서 국민안전처도 2014년 세월호 이후 신설됐습니다. 육해공군과 해병대 그리고 경찰과 해경은 제각각 대테러특공대를 구성해서 운영하고 있습니다.

쌍용차 노조 파업 진압에도 경찰 대테러 특공대가 동원되어서 구설수에 오른 바 있습니다. 게다가 한국이 지닌 대테러 능력에는 한미연합사가 지닌 정보·작전 능력도 포함되어야 합니다.

한국과 미국 간에는 군사정보를 공유하는 군사비밀보호협정이 체결되어 있습니다. 한국 국방부는 주한미군을 비롯한 미군의 정보자산으로부터 도움을 받고 있고 매년 정기적으로 한미 대테러 훈련도 실시하고 있습니다. 그 밖의 국가대테러활동지침에 따라 국무총리가 주관하는 국가테러대책회의도 이미 오래 전부터 구성되어 있습니다.

사이버 안전을 위해서는 이미 정보통신기반 보호법, 전기통신사업법, 통신비밀보호법상 비밀보호 예외조항 등 다양한 법 제도가 도입되어 시행되고 있는데 시민들의 통신기록을 무단으로 대량 수집하고 도·감청까지 하고 있어 갈등을 빚고 있습니다.

공안당국은 카카오톡을 비롯한 SNS를 임의로 감청하고 테러단체도 아닌 평범한 시위대를 추적할 목적으로 통신사업자의 기지국 통신자료를 통째로 가져가는 것을 비롯해서 영장 없이 가입자 정보, 통신사실 확인자료, 위치정보 등을 광범위하게 수집하고 있습니다.

국경 없는 기자회는 2009년 이래 우리나라를 인터넷감시국으로 분류하고 있습니다. 영국의 경제지 이코노미스트는 지난해 2월 게재된 '한국이 인터넷 공룡인 진짜 이유'라는 제목의 기사에서 '한국인들이 광속 인터넷 환경을 누리고 있지만 자유로운 인터넷은 허용되지 않고 있다', '인터넷 환경은 아주 좋은데 자유로운 인터넷 사용은 허용되지 않고 있다' 이렇게 분석하고 '한국은 암흑시대에 머물러 있다' 이렇게 조롱하고 있습니다.

테러 관련 자금 추적 장치 역시 촘촘하기 그지없습니다. 범죄에 사용되는 자금을 추적할 수 있는 자금세탁방지제도인 범죄수익은닉 규제법과 금융거래정보 보고법은 참여연대를 비롯한 제반 시민사회단체들의 노력으로 제정이 되었는데 G20 국가의 최고 수준이라는 평가를 듣고 있습니다. 그 밖의 공중 등 협박목적 자금 조달 금지법, 별칭 테러자금 조달 금지법도 2008년 제정하여 유엔뿐만 아니라 미국, EU 등에서 요청한 개인과 단체의 자금을 세밀하게 추적하고 있습니다.

이 법에 따르면 테러 관련 자금이라고 의심되면 영장 없이 금융거래를 동결하고 수사에 필요한 정보는 검찰총장·경찰청장 그리고 국민안전처장에게 제공됩니다. 외환관리법도 해외 금융거래에 대한 유사한 통제장치를 가지고 있습니다.

테러위험인물들의 출입과 동선을 추적하기 위한 출입국관리제도 역시 다른 어느 나라보다 통제가 심해 오히려 인권침해 문제가 빈발하게 발생하고 있습니다.

예를 들어서 2010년 G20 정상회담을 앞두고 경찰청은 중동·아프리카·동남아시아의 이슬람권 57개국에서 입국한 5만여 명의 국내 체류상황을 조사해서 이 중 행적이 의심스러운 외국인 99명을 특별히 관리했습니다.

또한 경찰청은 '법무부와 국가정보원 등도 테러 용의자 명단을 확보해 입국금지 대상에 포함하고 있으며 현재 입국이 금지된 테러 혐의 외국인은 5000여 명에 달한다'라고 발표했습니다. 그런데 이 명단 때문에 시민사회단체의 G20 관련 학술회의에 참가할 예정이었던 파키스탄 여성단체 대표 칼리크 부슈라, 네팔 노총 사무총장 우메쉬 우파댜에, 국제농민단체 비아 캄페시나 대표인 헨리 사라기(인도네시아) 등 6명의 비자가 거부되었고, 필리핀 소재 개발원조단체인 이본 인터내셔널의 폴 퀸토스 부장을 비롯한 8명의 필리핀 활동가는 비자를 받고도 공항에서 무더기로 입국 불허 통지를 받아야 했습니다. 이들은 대부분 미국을 비롯한 전 세계의 국제행사에 자유롭게 참여해 온 인사들이었습니다.

2010년 2월에는 경찰이 대구 이슬람 사원 주변에서 근무하는 이맘과 이주노동자 등 2명의 파키스탄인이 탈레반 구성원이라고 발표하였으나 재판과정에서 검찰과 경찰은 관련 혐의를 입증하지 못했습니다.

또한 박근혜 대통령은 테러방지법이 제정되지 않으면 국제 공조도, 정보 교환도 제대로 할 수 없는 것처럼 강변하고 있지만 이것 역시 사실이 아닙니다. 국제 정보 공조는 테러방지법 제정과는 거의 상관관계가 없고 지금 현재도 국제 공조와 정보 교환은 매우 활발히 그리고 긴밀하게 이루어지고 있습니다.

테러 관련 자금 추적을 위한 국제 정보 교환과 공조 역시 활발합니다. 한국은 지난 2015년 7월부터 1년간 국제자금세탁방지기구(FATF)의 의장국을 맡고 있습니다. 의장은 신제윤 전 금융위원장입니다. 유엔 협약 및 유엔 안보리 결의 관련 금융조치를 이행하는 태스크포스인 FATF는 금융시스템을 이용한 자금 세탁과 테러·대량살상무기 확산 관련 자금 조달을 막는 역할을 하고 있습니다. 이미 시행 중인 공중 등……

(휴대전화 벨소리)

죄송합니다.

기상시간인지 알람시계가 울리네요.

이미 시행 중인 공중 등 협박목적 자금 조달 금지법, 일명 테러자금 조달 금지법은 유엔의 요청뿐만 아니라 미국 등 우방국의 요청만 있으면 위험인물로 지목된 개인과 단체의 금융거래를 동결하고 해당 자금의 조성과 은닉에 관여한 이들을 처벌할 수 있도록 되어 있습니다.

외국환관리법 역시 유엔과 우방국과의 긴밀한 정보 교류와 공조 속에서 시행되고 있습니다. 외국환관리법의 하위 지침인 국제평화 및 안전유지 등의 의무이행을 위한 지급 및 영수 허가 지침에 따르면 유엔 결의로 제재를 결정한 개인이나 단체 외에도 미국 대통령령, 유럽연합 이사회가 지명한 개인 및 단체에 대해서 기획재정부가 금융 제재를 할 수 있도록 되어 있습니다.

지난 3월 기획재정부는 IS대원 27명을 포함해 669명을 금융 제재 대상자에 포함시키고 수시로 업데이트 하고 있습니다.

부족한 것은 테러방지법이 아니라 국정원의 해외 정보 수집능력입니다. 테러를 방지하는 데 그렇다면 부족한 것은 아무것도 없는가? 그렇지는 않습니다. 취약한 구석이 있습니다. 지금 우리나라에서 가장 취약한 구석은 뭡니까? 단언컨대 국가정보원의 해외 정보 수집능력입니다. 박근혜 대통령이 강조해 마지않는 국제 정보 교류 및 공조의 강화를 위해서도 국정원을 개혁하여 해외 정보 수집과 분석에 집중하게 해야 합니다.

유감스럽게도 우리나라 국가정보원은 그 덩치나 무제한의 권한에 비해 독자적인 해외 정보 수집능력이 지극히 부족합니다. 대북·해외·국내 정보 수집을 독점하고 기획조정이라는 이름으로 각급 부처와 기관들을 쥐락펴락하며 대내 심리전을 빙자해 민간인들을 사찰하거나 정치에 개입하는 등 불필요한 일에 시간과 인력을 낭비하고 있기 때문입니다.

최근 수년간 일어난 국정원의 민간인 사찰사건, 대선 개입 사건, 불법 해킹 사건, 중국 동포 간첩 조작 사건 등은 국정원 일탈행위의 일각을 보여 주고 있습니다.

국정원의 일탈을 보여 주는 증거뿐만 아니라 국정원의 무능을 보여 주는 사례도 끝없이 열거할 수 있습니다. 특히 다음에 열거하는 것은 국정원이 IS에 대해 독자적인 정보 수집능력을 가지고 있을 가능성이 거의 없음을 보여 주는 정보 실패의 사례입니다.

2003년 이라크 파병 당시 국정원은 석유자원 확보와 안전 등을 고려할 때 이라크 북부가 파병지로 바람직하다는 의견을 내놨습니다. 첫 파병지로 거론된 곳은 이라크 북부의 모술이었습니다. 군과 국정원은 모술이 안전하다고 주장했고 군이 주도한 현지 조사단 정부 측 참가자들은 현지 군부대 등을 건성으로 시찰한 후 모술이 안전하다고 보고했습니다.

오직 민간 연구자로서 현지 조사단에 참여했던 박건영 교수만 유일하게 '조사단 일정이 실제 조사를 포함하지 않았으므로 모술이 안전한 파병지라는 결론에 찬동할 수 없다'라고 밝혔습니다. 하지만 유엔 이라크지원단이 타전하는 일일보고서에는 모술이 이라크에서 종족 간 무장 갈등이 가장 심한 곳 중의 하나로 보고되고 있었습니다.

모술이 위험한 지역이라는 정보를 국내에 제공한 것은 국정원이 아니라 유엔을 모니터하던 시민단체, 참여연대였습니다. 한편, 우여곡절 끝에 이라크 북부의 아르빌에 자이툰 부대를 파견하기로 한 한국 정부는 아랍어 통역병을 모집해서 현지로 파견했는데 현지에 도착해서야

아르빌 지역에서는 아랍어가 아닌 쿠르드어를 사용한다는 사실을 확인했습니다. 이것이 당시 우리나라 국정원의 해외 정보력의 수준이었습니다.

박근혜정부의 국정원에서 북한 담당 기획관 1급으로 일했던 구해우 미래전략연구원 원장은 신동아와의 인터뷰에서 '국정원은 정권 안보기구로 출범했다는 태생적·체질적 한계를 극복하지 못했다.', '국가 안보보다는 정권 안보를 중시하는 체질 때문에 정치권력에 줄을 대는 행태가 나타났다'라고 평가하고 있습니다.

그는 또 '정보기관 요원들이 댓글 공작이나 하고 북한과 관련해 소설 같은 이야기를 흘리는 언론플레이 공작이나 하는 것은 부끄러운 일이다'라면서 '해외 및 북한 파트와 국내 파트를 분리하는 것을 포함한 구조 개혁을 단행해야 한다'라고 주장했습니다.

그는 '정권 안보기구로서의 성격이 강한 국정원뿐만 아니라 검찰 또한 과도한 권력 집중 및 정치화의 병폐'를 갖고 있다면서 '국정원의 국내 분야는 경찰의 수사기능과 합쳐 미국 연방수사국 FBI와 비슷한 형태의 중앙수사국 KFBI로 통합하고 검찰은 수사 기능을 KFBI에 넘기고 미국식 공소유지 전담기구로 재편하며 국정원은 해외 및 북한을 담당하는 독립 정보기구로 개혁할 것'을 제안하고 있습니다.

'국정원의 국내 분야는 경찰의 수사 기능과 합쳐서 중앙수사국 형태로 통합하고, 미국의 FBI 형태와 같은 KFBI로 통합하고 검찰은 수사 기능을 KFBI에 넘기고 미국식 공소유지 전담기구로 재편하며 지금의 국정원은 해외 및 북한을 담당하는 독립 정보기구로 개혁되어야 한다.' 이렇게 제안하고 있습니다.

이렇듯 국정원이 오·남용해 온 과도한 권한과 기능, 국내정보 수집기능, 수사기능, 기획조정기능, 대내 심리전 작전기능, 과도한 권한과 기능을 없애고 해외와 북한 관련 정보 수집을 전담하게 해야 한다는 것은 일부 진보인사만의 주장이 아니라 보수, 진보를 넘어서 정보개혁을 위한 필수조치로 받아들여지고 있는 것입니다. 해외정보국으로 개편, 국정원이 국민의 안전에 지금보다 훨씬 더 기여할 수 있는 길은 바로 이것입니다.

이 테러방지법은 국정원 강화법, 유신시대의 중앙정보부 부활법 또는 국정원 밥그릇 확장법, 이렇게 불려지고 있습니다. 지금 국정원이 밀어붙이고 있는 테러방지법, 사이버테러 방지법은 불행하게도 역방향으로 가고 있습니다. 이들 법안들은 무늬만 테러방지법일 뿐 사실상 국정원이 그 본령인 해외정보 수집기능을 강화하기보다 국내정보 수집, 조사와 수사, 정책 조정, 작전기능, 그 밖의 민간인 사찰과 정치개입을 더욱 강화하도록 고안된 법안입니다. 국정원의 비효율과 무능은 더욱 극대화되고 인권침해만 가중시킬 우려가 큽니다.

무엇보다도 여당 의원들에 의해 국회에 제출된 테러방지법안들은 법률적으로 모호한 테러행위를 예방한다는 명분 아래 국정원 등 국가기관에게 과도하고

포괄적인 권한을 부여하고 있습니다.

4개의 테러방지법안들은 국정원에게 테러 및 사이버테러 정보를 수집·분석할 뿐만 아니라 정부부처의 행동계획을 수립하고 나아가 대응을 직접 지휘하면서 필요한 군을 동원하는 등 집행기능까지 수행하는 광범위한 권한을 부여하고 있습니다.

예를 들면 국정원 산하에 대테러센터를 두어 정보를 집중하고 국무총리가 주관하고 정부 유관부처가 참여하는 국가테러대책회의를 두되 그 산하 대테러 상임위의 위원회 의장 역시 국정원장이 담당한다는 것입니다. 지역과 부문의 테러대응협의체도 해당 지역과 부문의 국정원 담당자들이 주관합니다. 국정원에 의한, 국정원을 위한, 국정원의 테러방지법인 것입니다.

박근혜정부와 국정원이 추구하는 테러방지법은 미국의 사례를 따르고 있는 것처럼 보이지만 사실은 미국 체계와 매우 다릅니다. 9·11 전후 미국은 3년간 논의 끝에 2004년 정보기구를 개편했는데 그 핵심은 정보분석취합기능을 CIA에서 떼어내는 것이었습니다. CIA에 집중된 정보분석기능이 정보실패를 가져왔다라는 판단 때문이었습니다.

대신 정보취합분석을 전담할 국가정보국장실(ODNI)를 신설하고 해외정보 수집은 CIA(중앙정보국)과 DIA(국방정보국), 국내정보 수집과 수사는 FBI(연방수사국), 전자신호 정보 수집은 NSA(국가안보국), 영상정보 수집 및 분석은 NRO(국가정찰국), NGA(국가공간정보국) 등으로 각 정보기구의 역할을 전문화하였습니다.

국가정보국장실은 이들 정보기구들을 포함한 총 17개 부서에서 올라오는 각종 정보를 취합하여 분석하고 데이터베이스를 축적하는 국가독립기구로서 대통령과 NSC, 국토안보부를 보좌하고 있습니다.

정보 수집·분석기능과 조사·수사 기능도 각각 분리되어 있습니다. 해외에서 군사작전 중에 체포된 적 전투원에 대해서 일부 CIA와 DIA가 수사하지만 대부분의 조사 및 수사기능을 FBI 산하에 테러리스트조사센터를 별도로 운영하는데 이 센터는 FBI 산하기구이지만 법무부, 국무부, 국방부, 국토안보부 등이 협력하여 운영하고 있습니다.

요약건대 9·11로부터 미국 정보당국이 얻은 교훈은 정보독점은 정보실패를 낳는다는 것입니다. 정보독점은 정보실패를 낳는다, 따라서 9·11 이후 미국 정보개혁의 핵심은 정보 수집과 분석의 분리, 정보주체와 집행주체의 분리, 각급 기관과의 견제와 균형의 확대를 지향했습니다. 그런데 한국에서는 비대하고 무능하며 국내정치 개입을 일삼는 국정원에게 더욱 많은 사찰기능과 독점적 권한을 부여하는 방향으로 테러방지법을 제정하려 하고 있는 것입니다.

최근 국회에 제출된 테러방지법안, 사이버테러 방지법안들은 하나같이 국정원 등의 공안기구에게 테러단체 혹은 테러위험인물을 지정할 권한을 주고 테러위험인물로 의심할 만한 상당한 이유가 있는 경우 출입국관리 기록, 금융거래 정보, 통신사실 확인자료 등을 영장 없이 요구할 권한도 부여하고 있습니다.

평범한 해킹도 사이버테러의 범주에 포함하고 모든 통신사마다 의무적으로 도·감청 설비를 구비할 것을 의무화하는 독소 조항, 반면 국정원이 지닌 과도한 권력에 비해 그 인력·예산·활동 내역에 대해서는 정부 내부와 국회를 막론하고 어떤 견제와 감시도 미치지 못해서 불투명한 반민주적 기구의 대명사로 국내외에 오명을 떨치고 있는 실정입니다.

이 문제에 대해서도 미국의 사례는 참고할 만합니다. 미국은 9·11 사건 직후 패키지 테러방지법인 애국자법을 제정했는데 이 법은 제정되자마자 그 비효율성과 부작용에 대한 비판에 직면해 2006년에 대폭 개정되었고 그 후에도 독소 조항에 대한 논란이 이어져 2015년 6월 2일 결국 폐기, 미국자유법으로 대체되었습니다.

그중 대표적인 독소 조항의 하나가 애국자법 215조인데요, 215조는 NSA가 외국인과 자국민에 대해 무더기로 도·감청하고 통신기록을 수집할 수 있도록 허용하여 인권침해 논란을 빚었습니다.

2004년 조지 부시 대통령이 구성했던 대통령 직속 사생활보호 및 시민자유 검토위원회는 'NSA의 통화기록 프로그램이 대테러 조사활동에 가시적인 성과를 냄으로써 미국에 가해지는 위협을 개선했다는 어떤 증거도 없다'고 비판했지만 2006년 이 법을 대폭 개정한 후에도 이 독소 조항은 사라지지 않았습니다.

2013년 전 NSA 직원 에드워드 스노든이 미국 정부가 전 세계와 자국민을 상대로 무차별 도·감청을 자행해 왔다는 사실을 폭로한 후에야 비로소 이 독소 조항의 개폐가 정부와 의회에서 진지하게 논의되기 시작했고 2015년 6월 애국자법이 폐지된 후 미국자유법으로 대체되어 그동안 논란이 되어 왔던 NSA의 외국인과 자국민에 대한 무차별 도·감청 및 무더기 통신기록 수집을 금지하고 대신 자국민에 대해서는 영장 받은 선별적 감청만 가능하도록 했습니다.

한마디로 지금 국회에 제출되어 있는 테러방지법안과 사이버테러 방지법안들은 미국에서 이미 폐기되거나 제한되고 있는 것을 국정원과 검경에 부여하는 독소 조항을 가득 담고 있습니다. 이 법안은 통과돼서는 안 됩니다.
변화가 절실합니다.
대책도 시급합니다.
가장 절실한 변화는 테러와의 전쟁에 협력해 온 지난 14년간의 우리나라 대외정책을 돌아보는 일입니다. 공포를 과장하고 적개심을 고취하는 것으로 문제를 해결할 수는 없습니다. 지금 가장 시급한 대책은 테러방지법이 아니라 국정원을 개혁하여 해외정보 수집에 집중하게 함으로써 국민이 준 세금이 아깝지 않게 하는 일입니다.

지금 시간이 5시 25분에 가까워 오고 있습니다. 이 시간에도 많은 분들이 인터넷, 온라인을 통해서 이 법과 관련된 의견들을 주고 계시는데요. 몇 가지 시민의 의견, 국민의 의견들을 살펴보겠습니다.

응원합니다님 '친구들이랑 연락을 주고받을 때 정치에 관한 내용을 쓰는데 멈칫하게 됩니다. 농담으로라도 이런 말 쓰면 잡혀 가나 싶을 때가 있는데 이게 바로 암묵적 지배와 독재라고 느껴집니다. 지금 같은 시대에 원하는 말을 하지 못하고 억압받고 싶지 않습니다. 저는 제 가치관을 주장하고 표현할 권리가 있다고 생각합니다. 민주주의의 껍데기만 뒤집어쓰고 싶지 않아요. 어느 소속이냐에, 누구에게 더 옹호적이냐를 따지기 이전에 모두 이 나라에 살고 있는 국민임을 다시 생각해 주셨으면 좋겠습니다. 할 수 있는 게 많이 없습니다. 응원하겠습니다.'

그다음 주자 '국민들은 테러방지법을 반대하고 싫어하는데 대체 누구를 위해 이 법을 도입하겠다는 건지 이해가 되지 않습니다. 많은 사람들이 이렇게 반대하는데 테러방지법을 도입하는 이유가 뭡니까? 말도 안 되요. 이 법은 통과되어서는 안 됩니다. 마지막으로 필리버스터 연설하시는 의원님, 응원합니다. 힘내세요. 파이팅!'

닉네임을 꼭 불러 달라고 그러셨네요. 닉네임을 꼭 불러 달라고.

랑야방에 빠진 인공위성 '김경협 의원님, 참여정부 때 국정원이 어떻게 운영되었는지 설명해 주시면 좋겠습니다.'

닉네임 스카이파이더스제이지와 더민주 '말이 안 되는 법을 말이 되게 만들고 세뇌시키고 잘못이 잘못이 아닌 것처럼 행동하고 있습니다. 어느 누가 SNS와 전화, 문자를 보는 것을 좋아하겠습니까? 테러방지법이란 보기 좋게 포장하여 국민들의 사생활을 보는 법안, 막아 주십시오.'

'저도 오늘 오전 국회에 방청을 갑니다. 사실상 처음 있는 일이지요. 대부분의 국민들은 너무 억울하고 분합니다. 새누리와 정부도 같은 한국인 아닙니까? 왜 자국민끼리 싸웁니까?'

어떤 분이 '핸드폰에 박정희라고 검색했더니 정말 뜬금없이 '위치서비스를 켜시겠습니까?'라고 떴습니다. 테방법이 통과되면 특정 단어들을 검색하면 저의 모든 정보가 국정원에 들어가게 되겠지요? 제 동의도 없이 잡혀갈 수도 있겠지요?', 뭐 이렇게 썼는데……

닉네임 금시조 '대통령이 기괴한 짓이라고 한 필리버스터를 자당 홈페이지에 약속으로 내건 새누리당은 기괴한 당이냐고 대통령에게 물어봐 주세요.'

닉네임 나철주 '공중파 뉴스에서는 필리버스터가 왜 사라졌는지도 좀 따져 주세요.'

(이석현 부의장, 정갑윤 부의장과 사회교대)

닉네임 귀차니즘만렙 나스타 '사람들이 이 테러방지법이 헌법에 위배되고 긴 역사 속에서 인권이란 걸 지키기 위해 얼마나 많은 피가 흘렀는데 이러한 노력을 수포로 만드는지에 대해 얘기해 주세요. 그리고 힘내시고 믿겠습니다.'

남재준 님 '이미 대테러 정책에 관한 제반 법률과 제도가 구비되어 있음에도 불구하고 정부와 여당이 이를 제대로 활용할 생각은 하지 않고 테러방지법만이 대테러 정책의 최선이라고 주장하는 것은 무능의 소치입니다.'

닉네임 봄이야 '지금 테러 관련 기존 법안 읽어 주시는 것 빨리 읽고 끝내라'고 그러네요. '이렇게 관련 법안이 많은데 활용할 생각도 안 하고 이런 법안들이 있다는 걸 알기나 할까요? 심지어 국가테러대책회의 의장은 본인이 의장인지도 모르는데 무슨 테러방지법을 만들겠다는 건지.'

향기라는 닉네임을 가지신 분인데요, '의원님 법읽남 등극하셨어요. 차근차근 말해 주시니 듣기가 엄청 좋습니다. 감사합니다. 답변해 주세요.'

나철주 님 '공중파 뉴스에서는 필리버스터……' 아, 이건 아까 한 내용인데 또 나왔네요.

테러방지법의 포인트 히친스 님 '테러방지법은 테러리스트를 잡는 법이다. 2, 그런데 그게 너일 수 있다. 3, 물론 테러리스트가 아니면 상관없다. 4, 그런데 테러리스트인지 아닌지는 너를 털어 봐야 알 수 있다. 5, 그러니까 일단 너를 털어 보겠다.'

똑똑합니다.

'카톡, 갤럭시 테러 국정원은 기간산업 경제를 망치고 체제를 테러하는 집단. 테러를 저지른 국정원이 테러 감시하겠다고 설쳐대는 것은 적반하장. 테러를 방지하는 게 아니라 국민인권을 테러하는 법.'

소유하지 않는 사람으로 그대를 사랑합니다 '테러방지법이 아니라 깨어 있는 시민 방지법 아닌가요? 국가테러대책회의의 의장이 자신인 줄도 모르는 총리도 있는데 테러방지법 만들 필요가 있나요? CCTV가 많아 감시당하는 느낌인데.'

보경 님 '폭력을 써서 적이나 상대편을 위협하거나 공포에 빠뜨리게 하는 행위, 테러의 사전적 의미입니다. 현재 여당과 청와대는 테러방지라는 명목으로 민주주의와 국민 안보에 명백히 정치적으로 폭력을 행사하려 하고 있습니다. 저는 멀리 떨어져 있는 IS보다 가까이서 국민들의 권익을 침해하는 청와대와 여당이 더욱더 무섭다고 생각하고 있습니다.'

'박근혜정부 경제 실정으로 먹고사는 것도 제대로 못 하는 정부가 별의별 법안만 자꾸 통과시켜 달라고 난리를 치느냐고 혼내 주세요.'

시노 님 '테러방지법으로 위장한 국민감시법이란 걸 꼭 강조해 주세요.'

울산나그네 '유신시대 긴급조치와 다르지 않다. 장기집권을 위한 음모다. 막지 못하면 이 나라 민주주의는 죽는다. 강조 또 강조해 주십시오.'

잘생긴 디어니 '민주주의를 경험한 시민에게 독재의 독배를 다시 마시게 할 수는 없습니다. 2대에 걸친 독재에 당할 만큼 당했습니다. 대한민국은 민주공화국입니다. 여왕의 통치를 받는 왕정국가가 아닙니다.'

페이스북에 달린 시민들의 의견입니다.

한국 모로 돼 있습니다. '세월호, 국정원 댓글 부정선거, 국정교과서, 개성공단 폐쇄, 백남기 농민 물대포, 국민의 서민경제, 노동악법, 사드 배치, 방사청 비리, 성완종 리스트 등등도 좀 말해 주세요. 대통령이 일을 하지 않는 게 국민이

편하다고 말 좀 해 주세요.'

임세 모 씨 '테러방지법이란 용어 대신 사찰자유법이라는 말이 더 와 닿는다고 말해 주세요. 국민은 하고 싶어도 할 수 없는 것들이 부지기수인데……'

(● 조원진 의원 의석에서 — 부의장님, 이건 제재를 하셔야 됩니다. 본회의장에서 댓글을 그렇게 읽을 수가 있습니까?)

● **부의장 정갑윤** 예, 참고하겠습니다.

● **김경협 의원** '취업, 출산, 육아, 집 장만 등, 이 정권은 하고 싶은 것 다 하려고 하네요. 하다하다 이제는 사찰까지……'

(● 조원진 의원 의석에서 — 허위사실을 계속 얘기하고 있기 때문에 이건 제재를 하셔야 됩니다.)

● **부의장 정갑윤** 예, 알겠습니다. 검토해 보겠습니다.

(● 이학영 의원 의석에서 — 국민의 의견을 이야기하는 겁니다.)

(● 조원진 의원 의석에서 — 국민의 의견이 허위사실이고 그러니까 맞지 않지요.)

● **김경협 의원** 본인의 의견과 다르다고 허위사실이라고 그렇게 하면 안 되지요.

그리고 아까부터 제가 말씀드리는데 조원진 의원님, 본인의 의견과 다르다고 그렇게 의사진행 자꾸 방해하고 그러지 마십시오.

● **부의장 정갑윤** 김경협 의원은 그대로 발언하시기 바랍니다.

● **김경협 의원** 그리고 국회의장님, 저렇게 발언을 자꾸 방해하면 경고를 주시든지 퇴장을 시켜 주십시오.

(「잘했어」 하는 의원 있음)

박순 모 님 '테러는 반대하지만 테러방지법으로 하려는 걸 반대합니다. 하지만 이 방법은 아니다. 진정한 테러방지는 국민들이 평화롭게 살 수 있도록 따뜻하게 국민의 삶을 살피는 일이다. 청년들의 입에서 헬조선이라는 말이 나오지 않도록, 정의를 세워 억울한 국민이 없도록, 농민과 노동자들이 절망하지 않도록, 그래서 국민들이 대한민국이라는 국가에 대해서 자부심을 갖도록 하는 것이 국가가 선택해야 할 진정한 테러방지 전략이다. 실로 역사 속에서 보더라도 무능한 국가권력이야말로 국민을 공포로 두려움으로 몰아넣으며 감시하고 통제하였다. 역사적 사례는 너무나 많지요.'

이종 모 님 '정부 여당의 주장대로 굳이 테러방지법을 제정한다면 법의 명칭도 구체적이고 명확하게 바꾸어야 합니다. 기존의 정부 조직체계 및 법 시스템을 최대한 준용하거나 이 법률안에서 국민의 인권이나 자유를 심각하게 침해하는 독소 조항을 제거하고 온 국민이 무리 없이 받아들일 수 있는 순수한 테러방지 시스템을 제시하면 좋겠습니다.'

장해 모 님 '증거 조작해서 간첩 만든 국정원에게 더 뭘 주려는 걸까요? 세월호 아이들도 국민들 보는 앞에서 죽음으로 몰아넣는 무능하고도 부도덕한 정부 주제에 테러를 방지하겠다고요? 자의적 판단으로 국민을 테러 용의자로 몰 수 있는 이 법을 국회에 상정하는 것 자체가 테러입니다.'

강창 모 님 '헨리 소로우의 시민의 불복종을 읽어 주세요.'

김문 모 님 '세상 모든 범죄가 법이 없어 일어나는지 묻고 싶습니다.'라고 하셨습니다.

홍정 모 님 '테러 타령 말고 메르스·세월호 같은 비극, 재발 방지하고 원인 규명하는 게 민생입니다.'

테방법 필리버스터 신청 이후에 국민들에게 '어떤 말을 할까요?'라고 물었더니 많은 국민들, 네티즌께서 트위터, 페북, 이메일, 카톡으로까지 많은 글들을, 의견들을 보내 주셨습니다. 다시 한 번 이렇게 관심과 성원을 보내 주신 국민 여러분께 진심으로 감사드립니다.

다 읽어 드렸으면 좋겠는데 분량이 너무 많습니다. 몇 가지 대표적인 것들만 읽어 드리도록 하겠습니다. 이게 진정한 테방법에 대한 국민의 뜻이고 국민의 의견이라고 생각합니다.

테크컬처 님 '테러방지법 빙자한 국민감시법이라고 누누이 강조하십시오.'

김현우 님 '테러방지는 기존의 관련법으로도 충분합니다. 지금도 문제성이 많은 국정원에는 아직은 시기상조. 인권유린, 직권남용의 우려가 큽니다.'

고어 님 '이정렬 전 판사님의 표현이신데요. 지금 정부·여당이 제출한 테러방지법은 테러와 관련 없어도 테러를 빙자해 국민의 사생활을 언제든 전방위적으로 사찰할 수 있는 테러방지법입니다라고.'

'한 분 정도는 경각심을 불러일으키기 위해 조지 오웰의 1984년, 상황이 너무 비슷해 갑니다.'

'우리가 가지는 사생활이 자의에 의해 확대해석될 수 있다는 게, 그 확대해석으로 인해 영장 없는 사찰이 진행된다는 게 얼마나 큰 인권침해인지 말해 주세요. 조지 오웰의 1984도 이 상황에서 공감할 수 있을 겁니다.' 뭐 이런 뜻이네요.

필리버스터 끝 D-15라는 분인가요? 벌써 아이디를 새로 이렇게 만들었습니까? '총리 본인이 자신이 맡는 테러대책기구의 존재를 모르고 있는데 그 기구를 정비하지 않고 구태여 또 다른 권한을 국정원에게 일임하려는 목적이 뭡니까? 기준이 확실하지 않는 법 앞에 국민들은 매일 공포에 떨게 될 것입니다.'

우리가 바로 민주주의 '현재 민주주의 국가인 대한민국 최상위법은 헌법입니다. 직권상정의 근거를 국민이 납득할 수 있는 브리핑도 촉구하고 직권상정 취소. 헌법에 명시된 기본권 침해. 집회·시위에 관한 법보다 테러방지법이 우선된다는 조항은 위헌. 최상위법 헌법을 지키라.' 이렇게 보내 주셨습니다.

인이라는, '신뢰를 잃은 국정원에 조사는 불사하고 권력을 쥐어 주는 꼴이라니요. 어떤 나라에서도 없는 기막힌 현상입니다. 그리고 본 법안은 통과될 시 오용될 가능성이 다분하다고 느껴집니다.'

커미션하는 우니 '강한 권력을 감시하는 인사가 필요하다고 생각합니다. 위원장이 국무총리와 국정원장인 만큼 대통령과 여당의 힘이 너무 강해지는 거라고 생각해요. 강한 권력은 독재자가 되기 쉬운 만큼 그들이 비밀기관이어도 감시하는 기관은 야당에서 관리하고 그 힘을 법적으로 보장하게 해 주세요. 과거 개인 신념이 달라 빨갱이로 몰려 죽었던 무고한 인사들과 삼청교육대 등 무고한 피해가 생길 일이 없게 감시가 철저했으면 좋겠습니다. 100명의 범인을 잡아도 1명의 무고한 사람이 범죄자로 몰려서는 안 됩니다.'

Tina '이번에 카카오톡이 파문을 일었던 사태는 개인의 정보를 보호하지 못해 준다는 것 때문이었습니다. 그것을 피하기 위해 많은 사람들이 해외형 카카오톡을 사용했어요. 국가가 개인의 정보를 보호해 주지 못한다면 해외로 다 나갈 겁니다.'

캐럿 그인 님, 호순&올순 '헌법에 적혀 있는 국민의 사생활 보호해야 한다는 것 휴지통에 버리고 국민을 감시하는 법 만드는 게 되는 건지 궁금합니다. 학교에서는 그렇게 안 된다 배웠는데, 그 법 만드신 분들은 어디서 오셨답니까?' 학생인가 본데요.

우02산 님 '여당 의원 당신들도 사찰의 대상이 되실 거라는 걸 인식시켜 주셨으면 합니다.'

놀고래 님 '국정원 선거 개입 등의 이슈가 아직 해결되지 않은 가운데 국정원에게 더 큰 권력을 쥐어 주는 법안을 발의한다는 것은 말이 안 됨. 또한 법안의 내용 자체가 가리키는 대상 자체가 모호함. 테러 용의자를 지목한다고 하는데 이 법안을 통해서 실제 테러 용의자보다는 국민을 억압할 확률이 높다고 생각합니다. 실제 테러 용의자들은 우리나라 은행과 메신저와 SNS를 사용하지 않아요. 의원분들 모두 힘내세요. 도움을 드릴 수 있는 게 많이 없어서 너무나 슬픕니다.'

모후 님 '믿습니다. 국민들의 개인정보를 지켜 주세요.'

최애캐사랑 '법을 모르는 상태에서 정치를 하겠다고 하는 국회의원들 그리고 대통령에게 대한민국 헌법이 무엇인지 잘 가르쳐 주셨으면 합니다.'

플레 '선거 개입을 하는 부패한 국정원을 개혁도 하지 않고 국정원에게 막강한 권력을 준다? 이것은 국정원이 게슈타포, 슈타지, KGB가 되겠다는 말이다.'

비마 '앞 분께서 말씀하신 건데 매우 동감하여 한 번 더 말씀드리고 싶습니다. 테러방지법이라는 명칭을 먼저 정정해 주세요. 개인적으로는 국민사찰법이 오히려 더 맞을 거 같다고 생각합니다.'

최지우 님 '드디어 부천도 하는군요. 힘써 주셔서 감사합니다. 테러방지가 아닌 국민의 치안과 평화에 금이 간다고 똑똑히 말씀해 주십시오. 국정교과서 이후로 저런 사태가 또 발생하다니요. 국민을 위협하는 법이라고 강조해

주세요.'

골야라고 하신, '국가에 의한 국민을 대상으로 하는 테러행위가 자행될 것이 명약관화해 보입니다. 이미 국정원에 의한 대국민 테러행위가 지난 대선 때 저질러졌기 때문입니다. 결국 테러방지법은 아이러니하게도 국가에 의한 대국민 테러행위를 합법화하는 악법입니다.'

명랑한옷차림 '범정부 차원의 테러기구도 있는데도 회의 소집 한 번도 안 했고 총리는 자기가 의장인지도 모릅니다. 있는 법도 활용 안 하면서 국정원 강화법, 즉 국민사찰법을 왜 직권상정해야 하나요? 국민을 바보로 알지 마세요. 인권을 무시하는 국회는 용서 못 합니다.'

송현재 님 '국정원을 개혁하겠다던 대통령이 테러방지가 아닌 국민과 정치·언론·종교인을 마음 놓고 사찰할 무소불위 권한까지 주어 선량한 시민들에게 정치 혐오와 실의에 빠뜨려 남은 2년 아닌 장기집권을 준비하고 있는 듯.'

서장빈 '이전에 이렇게 절차적 정당성을 갖지 못한 채 야당으로 하여금, 그리고 많은 국민들을 잠을 설치게 하면서 필리버스터를 보게 만드는 작금의 과정에 너무나 분개합니다. 지금이라도 직권상정을 철회해 줄 것을 요청합니다. 그리고 보다 신중하게 상임위 논의해 주십시오. 상식이 있는 국민이라면 헌법과 국회법상 국회의장이 직권상정할 만한 사유가 없음에도 불구하고 이렇게 상임위에서 논의하고 심사해야 될 인권 제한과 권력 독점적 폐해가 너무나 뻔히 보이는 이런 국정원 강화법을 테러방지법으로 위장한 채, 실체적 논의 과정이 필요합니다.'

홍띵 '숨을 쉬게 만들어야지 왜 숨을 더 못 쉬게 만듭니까? 숨을 쉬면서 지내고 싶습니다. 내가 하고 싶은 이야기하면서 지내겠다는데 왜 국가의 눈치를 보면서 지내야 합니까? 국민의 자유 침해입니다. 민주주의를 원하지 공산주의를 원하지 않습니다.'

이윤중 자유인 '정보원을 못 믿겠으니 수정하라는 말씀. 왕년의 전과기관.'

'디도스 및 터널디도스로 선거를 망친 님들이 또 무슨 수로 깽판을 치려는가요?'

닭 모가지를 비틀어야 새벽이 온다 님 '전 국민 감시법이자 국정원에게 무한 권력을 부여해서 국민 일거수일투족을 감시하겠단 법이 무슨 법이라요. 북조선도 아니고. 박 대통령은 이 법 만들어서 국민들 입에 재갈 물리고 천년만년 군림하겠다는 거 아니요.'라고 얘기를 했습니다.

드리머 님 '9·11 테러 이후 부시 정부에서 데이터 수집을 통해 테러 막겠단 목적으로 TIA프로젝트 진행했지만 자유 침해라고 반대하여 무산됐던 것. 이렇게 해외에서도 시민의 자유를 침해해서는 안 된다는 쪽이 승리했던 것을 꼭 전해 주세요.'

박선아 로벨따 님 '국민들이 테러방지라는 이름 때문에 정말 테러방지를 위한 법이라고 생각하는 듯해요. 국민사찰법이라고 알려 주세요. 유신시대에 얼마나 많은 국민을 간첩으로 몰았는지 설명해 주세요.'

산바뚝 님 '현재 테러방지법이 우리나라에 많다는 것을 쉽게 알려 주세요. 그리고 미국의 예외, 일반 사람들이 사찰 피해 볼 수 있음도 알려 주세요. 새누리 테러방지법 내용도 알려 주세요.'

트위터상에 Ger 님 '국정원의 선거 개입, 개혁 의지 없는 국정원의 상황, 테러방지법은 국정원의 해외 파트 쪽에만 권한을 줘야…… 국정원 개혁이 선행되어야 합니다. 또 다른 나라 정보기관의 사례도 알아보시기 바랍니다.'

rosa 님 '평화로운 나라를 국민끼리 소리 없는 전쟁하게 하지 말며, 남북 갈등으로 전쟁 불안에 떨게 하는 것이 국민들에게는 비상사태입니다. 국민 하나하나 평화가 나라 전체의 평화입니다. 평화와 자유를 빼앗지 말기를' 이렇게 보내주셨습니다.

DaWn 님 '제가 아직 학생이라서 아는 게 적기 때문에 뭔가 도움이 되는 의견을 드릴 수는 없겠지만 적어 봅니다. 국정원 선거 개입 등의 이슈가 아직 해결되지 않은 가운데 국정원에게 더 큰 권력을 쥐어 주는 법안을 발의한다는 것은 말이 안 됩니다. 또한 법안의 내용 자체가, 가리키는 대상 자체가 모호합니다. 테러용의자를 지목한다고 하는데 이 법안을 통해서 실제 테러용의자보다는 국민을 억압할 확률이 높다고 생각합니다. 실제 테러용의자들은 우리나라 은행과 메신저와 SNS를 사용하지 않아요'.

slo 님 '권력의 집중이 가져온 국내외의 사례, 유신, 나치…… 민주국가에서 삼권분립이 왜 있는지요?'

gab 님 '테러방지법이라는 용어부터 바꿔 주세요. 테러방지법이라고 끌고 가면 테러를 방지하는 법을 야당이 방해한다고 흘러갈 것 같습니다. 정확히 하고 가져가야 할 것 같습니다. 테러방지법으로 위장한 국민감시법이라는 걸 꼭 강조해 주세요'.

rok 님 '박 대통령이 시급하다는 테러방지법의 내용은 무엇인가요? 한마디로 국정원에 대테러센터를 두고 국정원이 정부 부처나 행정 관청을 총괄하도록 하는 것입니다. 국정원이 누군가를 테러난체의 소식원이라고 판단하면 그 사람에 대한 출입국 관리기록이나 금융정보를 손쉽게 수집할 수 있도록 하는 겁니다.

즉 테러방지법은 해외의 테러정보 수집보다는 대국민용이에요. 박 대통령이 1차 민중궐기 집회 당시 마스크 쓴 시민을 IS에 비유했잖아요. 이처럼 테러방지법이 제정되고 국정원이 시민을 테러단체의 조직원이라고 의심하기만 하면 법원으로부터 영장을 발부받을 필요도 없이 개인이나 단체의 금융정보, 이메일, 각종 온라인 정보를 다 수집할 수 있는 거예요. 이렇게 되면 헌법상 영장주의는 완전히 파괴되는 거지요' 이렇게 말씀을 해 주셨어요.

tmd 님 '앞서 말씀하신 분들 때문에 말하실 게 없다면 역사교육도 괜찮을 것 같습니다'.

지역의 민원도 직접 써 가지고 올려 보내 주신 분도 계십니다.

mer 님 '대한민국 민주주의의 기본 권력은 삼권분립으로 이루어져 있고, 견제 받지 않는 권력은 없음을 명백히 하는 것으로 알고 있습니다. 왜 국정원만 초법적인 권한을 휘두르려 합니까? 반민주적인 법입니다'.

ppa 님 '카톡·휴대폰 테러? 테러를 방지하는 게 아니라 국민 인권을 테러하는 법이다'.

cat 님 '기록 깨는 것보다 테러방지법이 우리 국민에게 얼마나 위험한지를 꼭 알려 주세요'.

kem 님 '테러방지법이 아니라 깨어 있는 시민 방지법 아닌가요? 국가테러대책회의 의장이 자신인 줄도 모르는 총리도 있는데 테러방지법 만들 필요가 있나요?'

gei 님 '힘내세요. 부천시민으로 응원합니다'.

syj 님 '민주주의라는 정의에 대해서 다시 언급해 주십시오'.

우리 네티즌들이나 국민들이 보내 주신 의견에도 나와 있지만은 '지금 직권상정되어 있는 이 테방법은 테러방지를 빙자한 국정원 강화법, 국민인권 침해법 또는 유신 때의 중앙정보부 부활법이다' 이렇게들 얘기를 하고 계십니다.

아마 연세가 좀 지긋하신 분들은 중앙정보부가 어떻게 해 왔는지를 생생하게 알고 계시겠지마는 요즘의 또 젊은 세대는 잘 모를 수도 있을 것 같습니다. 중앙정보부, 과연 어떤 조직이었기에 지금 이 중앙정보부 부활법에 대해 이토록 견제와 반대가 심한지 한번 보도록 하겠습니다.

'중앙정보부, 1961년 5월 20일 5·16 군사정변의 주체들이 주도하여 군사정부 최고 의결기구인 국가최고회의 소속으로 설치한 정보기관이자 수사기관이다' 이렇게 대백과사전에는 나와 있습니다.

'국가재건최고회의는 1961년 6월 10일 국가재건최고회의법과 중앙정보부법을 통해 중앙정보부의 설치 근거를 명문화하였다. 이에 따르면 중앙정보부는 군사정부의 이른바 혁명 과업을 수행하는 데 장애가 되는 요인들을 제거하고 국가안전보장과 관련된 국내외 정보를 수집하여 국가안전보장과 관련된 범죄를 수사하고, 군을 포함한 국가 각 기관의 정보·수사 활동을 조성·감독하는 특수기관이었다.

중앙정보부의 제도적 특권은 중앙정보부의 수사권을 검찰의 지휘 아래 두지 않고 오히려 검찰을 지휘·관리 하도록 한 점과 중앙정보부의 업무 수행에 필요한 협조와 지원을 전 국가기관이 해 주도록 한 점에서 확인된다.

더 나아가 1963년 12월 14일 개정된 중앙정보부법은 대통령 소속 기관으로서 중앙정보부의 조직 구성, 소재지, 정원, 예산 및 결산 등에 대한 비공개를 합법화하였고, 또 타 부처 예산에 중앙정보부의 예산을 계상할 수 있도록 규정하였다.

중앙정보부의 설치는 일견 국가 관료제의 합리화 차원에서 중요한 조치였다. 그것으로 인해 국가정보의 수집과 관리가 일관성이 있고 체계적인 틀에 맞추어 이루어질 수 있게 되었기 때문이다.

중앙정보부가 설치되기 이전까지는 군과 경찰을 중심으로 복수의 정보기관들이 각기 부문 기관으로서만 분산적으로 기능하고 있던 데에 비해 중앙정보부는 그러한 부문 기관들을 총괄적으로 조정·감독하는 권한을 확보하여 국가중앙정보기관의 모습을 갖추었다.

또한 중앙정보부의 수립으로 국가가 해외정보에 체계적으로 접근하게 되었다. 이전에는 79부대(이승만 정부 시기)나 중앙정보연구위원회(장면 정부 시기)가 미국 중앙정보부에 대한 창구 역할을 하면서 해외정보를 지원받는 수준에 머물렀다. 반면 대한민국 중앙정보부는 각종 해외정보를 국가정책의 수요에 맞추어 한층 주도적으로 수집·관리하는 체계를 갖추기 시작하였다.

그러나 중앙정보부는 설치 시점부터 존립한 시기 내내 집권 정치세력의 공작정치와 시민 기본권 억압의 상징으로 여겨질 만큼 많은 정치적 갈등과 대립에 관여하였고, 그러한 정황의 적극적 조성자로 기능하였다. 정치적 활동이 공식적으로 금지되어 있었지만 중앙정보부의 실상은 방대한 조직과 인원을 동원하여 대통령을 정점으로 둔 정치세력에 대한 비판과 반대 활동을 감시·통제하는 데 집중하는 기관이었다. 중앙정보부의 감시·통제 대상에는 시민사회의 개인 및 단체는 물론이고 야당 국회의원과 여당 국회의원까지 포함되어 있었다.

중앙정보부의 활동 양상은 특정 방침의 고지·명령, 기관 상주 및 탐문, 도청과 미행, 고문, 납치 등 다양하고도 극단적이었다. 장도영 반혁명 사건, 민주공화당 사전조직 논란, 4대 의혹 사건, 동베를린 사건, 국민복지연구회 사건, 4·8 항명 파동, 10·2 항명 파동, 3선 개헌 파동, 김대중 납치 사건, 전국민주청년학생총연맹 사건, 인혁당 사건, 동일방직 사건, YH 무역 사건, 오원춘 사건 등 1960~70년대 정치사의 주요 대목들에서 중앙정보부는 항상 주요 당사자였다. 그리고 중앙정보부는 암암리에 정부의 시책을 홍보하고 정부에 우호적인 여론을 조성하는 활동을 전개하였다.

중앙정보부는 기존 군인 요원들 외에 때때로 공채를 통해 인원을 충원하기도 하였고, 또 부사관과 소령급 이상의 장교들을 파견 받아 채용하였는데, 대령과 준장급 인력을 특별보좌관이나 차장보로 배치하였다. 중앙정보부는 1963년 3월 이후 장관급 부서였으나 1972년 제4공화국 유신체제 수립 이후에는 부총리급으로 격상되었다. 10·26 사건과 제4공화국의 해소, 이른바 신군부의 집권 등으로 이어지는 정황 속에서 1981년 1월 1일 국가안전기획부로 개칭되었다'.

유신 통치, 이 중앙정보부의 권력에 의해서 유지가 가능했던 유신 통치와 관련된 몇 가지의 내용들을 살펴보면, 먼저 긴급조치 1호에서 9호까지가 있습니다.

'긴급조치 제1호, 유신헌법 비판 처벌 등 민주주의 탄압.

대한민국 헌법을 부정·반대·왜곡 또는 비방하는 일체의 행위를 금한다.

대한민국 헌법의 개정 또는 폐지를 주장·발의·청원하는 일체의 행위를 금한다.

3. 유언비어를 날조·유포하는 일체의 행위를 금한다.

4. 전 1·2·3호에서 금한 행위를 권유·선동·선전 하거나 방송, 보도, 출판, 기타 방법으로 이를 타인에게 알리는 일체의 언동을 금한다.

이 조치에 위반한 자와 이 조치를 비방한 자는 법관의 영장 없이 체포·구속·압수·수색 하며 15년 이하의 징역에 처한다.

이 경우에는 15년 이하의 자격정지를 병과할 수 있다.

이 조치를 위반한 자와 이 조치를 비방한 자는 비상군법회의에서 심판·처단한다.

이 조치는 1974년 1월 8일 17시부터 시행한다.

긴급조치 제2호, 군법회의의 설치와 중앙정보부의 권한 강화 관련 법.

긴급조치를 위반한 자를 처벌하는 비상군법회의를 설치, 중앙정보부 부장이 사건의 정보·조사·보안업무를 조정·감독.

1974년 1월 15일 긴급조치 1호 위반자에 대한 비상보통 군법회의, 장준하·백기완에게 징역 15년, 자격정지 15년.

긴급조치 제4호, 민청학련 사건 등.

1974년 4월 3일 오후 10시 청와대에서 열린 임시 국무회의에서 이봉성 법무부 장관의 제안으로 심의·의결되었다. 민청학련과 이것에 관련한 제 단체의 조직에 가입하거나 그 활동을 찬동, 고무 또는 동조하거나 그 구성원에게 장소, 물건, 금품, 그 외의 편의를 제공하거나 그 활동에 관한 문서, 도서, 음반, 그 외의 표현물을 출판, 제작, 소지, 배포, 전시, 판매하는 것을 일제히 금지한다.

이 조치를 위반하는 자, 이 조치를 비방한 자는 영장 없이 체포되어 비상군법회의에서 사형, 무기 또는 5년 이상의 징역형에 처한다. 학생의 출석거부, 수업 또는 시험의 거부, 학교 내외의 집회, 시위, 성토, 농성 그 외의 모든 개별적 행위를 금지하고 이 조치를 위반한 학생은 퇴학, 정학 처분을 받고 해당 학교는 폐교 처분을 받는다. 군의 지구사령관은 서울특별시장, 부산시장 또는 도지사에게 학생 탄압을 위한 병력 출동 요청을 받을 때는 이에 응하고 지원해야 한다.

긴급조치 7호.

75년 4월 8일 17시를 기하여 고려대학교에 대하여 휴교를 명한다. 동교 내에서 일체의 집회 및 시위를 금한다. 제1, 2호를 위반한 자는 3년 이상, 10년 이하의 징역에 처한다. 이 경우 10년 이하의 자격정지를 병과할 수 있다. 국방부장관은 필요하다고 인정될 때 병력을 사용하여 동교의 질서를 유지할 수 있다. 이 조치에 위반한 자는 법관의 영장 없이 체포·구금·압수·수색할 수 있다.'

국가정보기관에 의해서 우리의 역사에서, 우리의 현대사에서 그동안에 저질러졌던 인권 유린의 사례들인데요. 조용수 민족일보 사건.

'5·16 군사정변 이후 민족일보의 창간 자금을 북한에서 들여왔다는 혐의로 발행인인 조용수를 비롯한 간부들을 혁명재판에 회부, 북한과 연루되었다는 죄목으로 언론인 사상 처음으로 사형에 처해진 사건이다. 그 후 2008년 법원은 재심을 통해 조용수에 대한 무죄를 선고했고 유가족들에게 국가가 99억 원을 배상하라고 판결했다.

조용수, 양호민 등의 진보성향 언론인들은 진보정당의 재건 및 대북강경책의 허구를 국민들에게 알리는 언론이 필요하다는 것을 간파하고 망명정객 이영근을 통해 민단으로부터 자금을 조달받아 1961년 2월 13일에 민족일보를 창간한다.

1961년 5·16 군사정변으로 정권을 탈취한 박정희가 용공분자 색출이라는 목적 하에 대북강경책과 노동자 탄압을 비판해 오던 민족일보를 희생양으로 삼아 발행인 조용수와 논설위원 송지영을 비롯한 민족일보 수뇌부 10인을 구속한 뒤 5월 19일 92호를 마지막으로 폐간선고를 내렸고, 10월 31일 최종 공판에서 조용수, 안신규, 송지영에게 사형을 선고했다. 송지영 논설위원, 안신규 감사 등은 무기징역형을 받았다. 1961년 12월 20일 박정희가 형을 재가한 다음날 서대문형무소에서 조용수에 대한 사형이 집행되었다.

민족일보와 조용수 사건은 지난 2006년 11월 과거사위원회로부터 명예를 회복 받았고, 2008년 1월 16일 서울중앙지법 형사합의22부가 재심에서 북한의 활동에 동조했다는 특수범죄 처벌에 관한 특별법 혐의로 사형이 선고됐던 조용수에게 무죄를 선고했다. 대법원은 2011년 조용수 사장의 유족과 생존 피해자 등 10명이 낸 손해배상 청구 소송에서 정부가 위자료와 이자로 29억 7000만 원을 배상하라고 판결하였다.'

제1차 인혁당 사건.

'제1차 인혁당 사건은 남파간첩 김영춘에게 포섭된 도예종, 김영광 등이 50여 명의 조직원을 규합, 북한의 조선노동당 강령과 규약을 토대로 작성한 정강으로 인혁당을 결성하고 북한의 지령에 따라 남한 정권 타도 등 각종 반정부 투쟁을 전개하며 국가변란을 획책해 오다 1964년 중앙정보부에 의해 검거된 사건.

인혁당 사건은 1964년 8월 중앙정보부에서 수사 결과가 발표된 이래 2007년 1월 법원의 재심으로 무죄 판결이 나기까지 43년간 조작 여부를 둘러싸고 줄기차게 논란을 빚은 공안사건이다.

인혁당 사건은 중앙정보부의 발표 이후 이 사건을 넘겨받은 서울지검 공안부가 공소 유지에 자신이 없다는 이유로 관련자들의 기소를 거부했다. 담당 검사들은 약 20일간 수사를 벌였지만 중앙정보부가 발표한 혐의를 뒷받침할 만한 증거를 찾지 못해 기소할 가치가 없다는 결론에 이르렀다. 검찰에 따르면 중앙정보부는 관련자들의 범죄 사실을 증명하는 아무런 물증도 없이 조서만 넘겼으며, 피의자들에 대한 물고문과 전기고문이 행해졌다는 주장도 제기됐다.

딜레마에 빠진 검찰 수뇌부는 구속 만료일인 9월 5일에야 사건 담당 검사가 아닌 당일 숙직 근무자인 서울지검 정명래 검사로 하여금 관련자 26명을 국보법 위반 혐의로 구속 기소케 하는 고육지책을 썼다.

1심 재판부인 서울형사지법 합의2부는 1965년 1월 반공법 제4조를 적용, 도예종에게 징역 3년을, 양춘우에게 징역 2년을 선고하고, 임창순 등 나머지 피고인 11명에 대해서는 증거 불충분을 이유로 모두 무죄를 선고했다.

그러나 1965년 5월의 항소심 판결은 원심을 파기, 피고인 13명 전원에게 유죄를 선고했다. 담당재판부인 서울고법 형사항소부는 이들 전원이 1961년 10월경부터 민정 이양 후에 혁신계 정당 활동이 허용될 것이라는 예상 아래 민주·자주·평화통일이라는 북한의 위장 평화통일 방안에 동조하는 서클을 조직, 활동함으로써 북한의 활동을 이롭게

했다고 판시했다.

재판부는 그러나 '이들 관련 피고인들이 인민혁명당이라는 명칭을 쓴 것으로는 인정할 수 없다'고 밝힌 다음 '이들이 혁신계의 모체로 조직한 서클의 조직 확대, 당명, 강령 등을 논의한 사실은 인정한다'고 결론지었다.

중앙정보부가 기획한 인혁당 사건의 재심 결과는 무죄였다. 대법원이 1965년 유죄를 선고한 지 50년 만인 2015년 무죄가 최종 확정되었다. 사건 관련자는 이미 사형이 집행된 지 오래됐고, 사법부는 '사법살인'이라는 부끄러운 기록만 남기게 됐다.

대법원 3부는 고 도예종 씨 등 1차 인혁당 사건에 연루된 9명에 대한 재심에서 무죄를 선고한 원심을 확정했다고 31일 밝혔다.'

그다음에 동백림 사건이 있습니다.

'중앙정보부는 1967년 7월 8일부터 17일까지 7차에 걸쳐 동백림, 당시 동독의 수도인 동베를린을 거점으로 한 북괴 대남 적화 공작단에 대한 수사 결과를 발표했다. 중앙정보부는 문화예술계의 윤이상·이응노, 학계의 황성모·임석진 등 194명이 대남 적화공작을 벌이다 적발되었다고 발표했다.

중앙정보부에 따르면 사건 관계자들은 1958년 9월부터 동백림 소재 북한대사관을 왕래하면서 이적활동을 한 데 이어 일부는 입북 또는 노동당에 입당하고, 국내에 잠입하여 간첩활동을 해 왔다는 것이다. 중앙정보부는 서울대학교 문리대의 민족주의비교연구회도 여기에 관련된 반국가단체라고 발표했다.

이후 사법부는 동백림 및 민족주의비교연구회 사건을 별도 심리하기로 결정하고, 1969년 3월까지 동백림 사건 관련 재판을 완료하여 사형 2명을 포함한 실형 15명, 집행유예 15명, 선고유예 1명, 형 면제 3명을 선고했다.

중앙정보부의 발표와 달리 동백림 사건 관련자 중 실제로 한국에 돌아와서 간첩행위를 한 경우는 거의 없었다. 보복이 두려워서 또는 단순한 호기심에 북한에 잘 도착했다는 신호를 보낸 정도였다.

중앙정보부는 대규모 간첩단이라고 하여 무려 203명의 관련자들을 조사했지만 실제 검찰에 송치한 사람 중 검찰이 간첩죄나 간첩미수죄를 적용한 것은 23명에 불과하였다. 더구나 실제 최종심에서 간첩죄가 인정된 사람은 1명도 없었다.

이러한 재판 결과는 동백림 사건 수사가 강제연행과 고문에 의해 이루어졌음을 단적으로 보여 준다. 유학생과 교민들의 강제연행은 외교적 마찰을 불러 일으켰다. 서독과 프랑스 정부는 영토주권의 침해라고 강력히 항의하고 원상회복을 요구했다.

박정희 정부는 1970년 광복절을 기해 서독 및 프랑스의 의견을 수용하여 사건 관계자에 대한 잔여 형기 집행을 면제, 정규명·정하룡 등 사형수까지 모두 석방했다.

이 사건의 피해자들이 겪어야 했던 고초는 많이 알려져 있다. 세계적인 명망을 누린 작곡가 윤이상과 귀천으로 유명한 시인 천상병의 삶을 생각하면 국가가 자행하는 폭력이 개인은 물론 국가의 문화적 성장을 어떻게 억압하는지 잘 알 수 있다.'

역대 중앙정보부 그리고 안전기획부, 국가정보원 이렇게 이어져 오는 과정에 죽 쌓인 국가정보기관에 의한 간첩 조작 사건들인데요. 방금 말씀드린 조봉암 사건이나 조용수 1차 인혁당 사건 외에도 1967년 간첩 누명으로 21년을 복역한 이수근의 처조카 배 모 씨, 나중에 68억 원의 배상 판결을 받았습니다.

납북 어민 서창덕 씨, 41년 만에 간첩 누명을 벗고 10억 배상 판결을 받았고요.

태영호 간첩 사건, 무죄 판결을 받았고.

국정원 진실위 동백림 사건, 43년 만에 무죄 판결을 받았다고 말씀드렸고요.

간첩 누명을 쓰고 조사 중 의문사한 최종길 서울대 교수, 18억 배상 판결을 받았습니다.

민청학련 사건 이철 등 12명, 재심에서 무죄 판결받았고.

문인간첩단 조작 피해자, 37년 만에 무죄 판결받았고.

1975년 김용준 간첩 사건, 무죄.

1975년 형제 간첩 조작 사건, 유족에 20억 배상 판결.

1975년 2차 인혁당 사건, 8명 사형 무죄 판결.

1977년 재일교포 유학생 간첩단 조작 사건, 무죄.

1979년 크리스천 아카데미 사건, 무죄.

1979년 납북 귀환어부 간첩 사건, 무죄.

1980년 김대중 내란·음모 사건, 무죄, 오히려 나중에 전두환이 내란·음모로 처벌됐습니다.

1980년 일가족 4명 간첩 사건, 조작.

신귀영 일가 간첩 사건, 무죄.

80년 간첩 누명 재일교포 이종수 씨, 재심에서 무죄.

간첩 누명 김기삼 씨, 29년 만에 무죄.

부림 사건, 변호인 영화를 보면 잘 나와 있지요.

간첩 누명 재일교포 이헌치 씨, 무죄.

81년 아람회 사건, 무죄.

81년 석달윤 등 간첩 사건, 무죄.

82년 오송회 사건, 26년 만에 무죄 판결.

82년 간첩사건, 무죄.

차풍길 씨, 34억 원 소송.

간첩 누명 최양준 씨, 28년 만에 무죄 확정.

83년 납북 이상철 씨 간첩조작, 국가 사과 권고.

85년 증거조작 모자간첩 피해자에 20억 배상 판결.

85년 이장형 간첩사건, 무죄.

86년 정상금 간첩사건, 무죄.

86년 간첩 누명 고문 사망자, 26년 만에 배상 판결.

간첩사건 강희철 씨, 재심에서 무죄.

간첩 누명 김양기 씨, 23년 만에 무죄.

86년 간첩 혐의 납북어부, 26년 만에 무죄.

87년 수지김 사건, 무죄.

1991년 유서대필사건, 23년 만에 무죄.

2013년 서울시공무원 남매간첩사건, 무죄.

이러한 우리 정보기관의 인권침해, 간첩조작, 고문, 납치, 국민에 대한 테러, 오랜 역사와 전통을 이렇게 자랑하고 있습니다. 지금도 반성보다는 아직 과거의 그러한 향수를

버리지 못하고 있는 것 같습니다.

이탈리아 밀라노에 본사를 둔 해킹 전문회사 해킹팀이 해킹을 당해 서버 내부자료가 인터넷에 공개됐습니다. 이 과정 중에 해킹 전문회사의 고객 중에서 대한민국 국가정보원 위장명칭 '5163부대'가 있음이 밝혀져 논란이 일었습니다.

초기 국정원은 RCS(remote control system)을 활용, 대북정보 수집에 활용했다고 답변했으나 내국인 불특정다수를 상대로 불법 해킹을 했던 의혹이 제기되었습니다. 국정원 해킹 담당자 자살로 사건의 전모가 밝혀지지 않은 채 종결되고 말았습니다.

RCS는 기본적으로 상대방의 모든 정보를 볼 수 있다, 화면과 카메라에 보이는 것은 물론 통화 내용도 알아낼 수 있다고 합니다. 내국인을 대상으로 한 근거로 보이는 부분으로 국정원은 해당 회사에 카카오톡과 카카오톡의 기능인 보이스톡의 내용을 알아낼 수 있는 기능을 요구했습니다. 또한 삼성 갤럭시 시리즈를 주 타깃으로 삼아서 새 기기나 OS 업데이트가 나올 때마다 집중적으로 가능한지에 대해 문의를 했던 것 같습니다.

이외에도 페이스북(Facebook)이나 바이버(Viber), 텔레그램(Telegram) 등 외산 메신저에 대해서도 요청했다고 합니다. 대선 댓글사건으로 국민의 지탄을 받은 국정원이 무차별적으로 국민을 감시하고 있었음을 다시 한 번 확인케 해 주는 사건으로 보입니다.

2015년, 작년 7월 15일 뉴스 토마토 기사입니다.

'왜 국정원은 이탈리아에서 RCS를 구입했나', '보안업계에 따르면 이탈리아 해킹팀의 RCS는 국내 공격연구 보안업체의 기술력으로도 충분히 막을 수 있다. 때문에 국정원이 국내 업체를 두고 이탈리아 해킹팀에서 RCS를 구입한 이유에 대한 해석이 분분하다. 이탈리아 해킹팀의 경우 RCS에 수시로 부가적인 해킹 기능을 빼고 넣는 것이 가능할 정도로 맞춤주문식 제작을 할 수 있어 국정원의 선택을 받았을 것이라고 주장한다.

위키리크스 자료에 따르면 이탈리아 해킹팀은 국정원의 요구에 따라 특정기기나 OS를 뚫을 수 있는 기능들을 제공했다. 자료에는 특정 스마트폰의 보안시스템을 무력화시킬 수 있는 RCS 개발을 요청하거나 국내 보안업체의 백신을 우회할 수 있도록 RCS를 업데이트해 달라고 요구한 내용이 나온다. 아울러 법규상 국내 업체가 RCS의 프로그램을 만들어 정부기관에 제공하기는 현실적으로 어려웠을 것이라는 해석도 설득력을 얻고 있다.

김태봉 KTB솔루션 대표는 국내 보안업체도 RCS를 충분히 만들 수 있지만 국내 법규상 드러내 놓고 만들지 못하는 측면이 있기 때문에 국정원이 법적으로 안전하게 이탈리아 업체를 택하게 됐을 것으로 추측한다라고 말했다.'

비밀정보기관의 거대화, 통제받지 않는 정보기관이 어떻게 권력을 행사하고 그러한 권력이 어떻게 폐해를 낳는지를 우리는 그동안 지난 역사의 과정에서 그리고 최근의 과정에서도 직접 확인한 바가 있습니다. 바로 이러한

것들 때문에 선진국, 민주주의 국가, 외국에서는 정보와
조사·수사권을 분리하거나 정보기관을 다양화하고 한
곳으로의 모든 정보와 권력의 집중을 견제하고 있습니다.
민주적인 통제장치도 갖추고 있습니다. 그러나 우리의
국가정보기관은 그렇지 않습니다.

이러한 문제들 때문에 그동안의 수많은 지적들이
되어 왔고 많은 대안들이 제시되기도 했습니다. 그리고
실질적으로 여러 가지 대안들도 많이 나와 있습니다.

치안정책의 연구를 담당하는 우리 치안정책연구회에서도
이러한 정보기관으로의 권력 집중현상이 어떤 폐해를
가져오는지를 쭉 지적을 하고 있습니다. 그리고
대테러기구가 왜 정보기관과 같이 합쳐져서 집중되면
안 되는지를 여실히 설명을 하고 있습니다. 여기에는
'정보기관과 대테러기구는 명확히 분리되어야 한다'라고
주장하고 있습니다. 이런 연구들은 국내외에 많이 있습니다.
그런데 우리는 지금 거꾸로 가고 있습니다.

한군데에 모든 권력을 집중해서 거대한 괴물을 만들었을
때 아마 통치자 1인에게는 편리한 방법일지 모르겠습니다.
이 하나의 기관으로 정부 각 부처의 모든 기관들을 다 한
번에 통제할 수 있다면 그보다 쉽게 통치할 수 있는 방법은
없겠지요. 거기에 대한 유혹은 계속 있을 것입니다.

민주주의가 역행하고 있는 최근의 상황, 이번에 직권상정
된 테러방지법, 바로 이러한 흐름 속에 있습니다. 그리고
우리는 또한 통치자의 이러한 의도가 들어 있지 않은지를
의심하지 않을 수 없습니다.

존경하는 국민 여러분!

국민사찰법, 국민감시법을 막기 위해서 필리버스터 열
번째의 주자로 나섰습니다. 여기에 대한 토론이 50……
61시간째인가요? 계속되고 있습니다.

앞서 모두에도 말씀드렸다시피 테러 대책을 반대할
국민은 없습니다. 테러방지를 반대하는 정치인도 없습니다.
정당도 없습니다. 테러는 당연히 막아야 하고 국민의 재산과
생명을 지키는 일은 국가의 당연한 의무이자 책임입니다.

저희 더불어민주당과 당 소속 의원 전원들도 당연히
테러방지에 동의하고 테러를 막기 위해 모든 노력을 다할
것입니다.

우리 당에서 제출한 테러방지법도 있습니다. 여당에서
제출한 테러방지법보다 훨씬 민주적이고 테러를 효과적으로
막아 낼 수 있는 방법이라고 생각합니다. 그러나 안타깝게도
우리 당의 테러방지법안은 여당에 의해서 철저히 거부되고
외면되어지고 있습니다.

테러방지법의 내용, 내용상의 문제점 몇 가지 지적을
했습니다. 국민의 사생활 침해, 인권 유린, 국민감시법
그리고 또 하나는 모든 업무와 권한을 비밀정보기관으로
집중시켜서 만들어 낸 국정원 독재법이라는 성격입니다.
테러방지를 핑계로 해서 유신독재정권으로 회귀해서는 안
됩니다.

중앙정보부의 부활법이 돼서도 안 되고 나치 독일의
게슈타포법이 되어서도 안 됩니다. 당연히 이러한

독소 조항은 제거되어야 되고 제거된 후에 재수정안은
상정되어야 합니다.

국가는 비상사태가 아니지만 국회만 비상사태입니다.
국민의 인권이, 민주주의가 비상 상황에 놓여 있습니다.
정의화 국회의장님!

하루속히 여야 원내대표를 소집하고 이 부분에 대한
협의에 착수해 주시기를 촉구합니다.

여당의 원내대표, 계속해서 '대화는 필요 없다'라고
하신 말씀 들었습니다. 그러나 우리 비상 상황의 국회 계속
이렇게 갈 수는 없습니다. 결국 해법은 대화입니다. 지금
국회의 비상 상황은 국회의장께서 초법적으로 만들어 낸
사태입니다.

그리고 정부와 여당, 솔직하게 지금 이 직권상정된 법에
대해서 정말 양심적으로 떳떳한지 묻지 않을 수 없습니다.

기존의 테러방지를 위한 각종 법규와 제도, 기구들
제대로 활용조차 하지 않으면서 그동안에 수많은 국민의
재산과 생명을 지키기 위한 제반 제안들에 대해서 눈 닫고
귀 막고 있으면서 갑자기, 난데없이, 뜬금없이 테러방지법
직권상정을 기도하고 기습적으로 밀어붙이는 이러한 의도,
민주적이지도 않습니다. 합리적이지도 않습니다.

비용추계까지 다 갖춰지지 않은 채, 법안은 법리적으로나
내부에서 수많은 충돌과 문제점을 안고 있음에도 불구하고
이렇게 엉터리의 법이 직권상정으로 올라와 있습니다. 이
상태로 이 법안은 결코 통과될 수는 없습니다.

정말 테러방지에 목적이 있다면 실질적으로 테러방지를
해낼 수 있는 법적 장치 제대로 갖추기 위해서라도 여야는
지금이라도 협상에 들어가야 합니다.

과거 유신독재정권이 무소불위의 비밀정보기관이었던
중앙정보부를 이용해서 장기집권을 획책했습니다.
이를 또다시 따라하려고 해서는 안 됩니다. 하나의
비밀정보기관에 집중된 권력은 반드시 부작용을 낳기
마련입니다. 충분히 부작용을 예상할 수 있음에도 불구하고
우리는 이것을 이렇게 기습적으로 직권상정하고 밀어붙인
이유에 대해서 많은 의혹을 가지고 있습니다. 혹시 그동안의
경제 실패, 민생 파탄, 굴욕적인 외교, 안전대책 실패,
무능한 국정을 감추기 위해서, 혹시 또다시 선거를 앞두고
이념 대결을 부추기거나 또다시 하나의 외부의 적, 거대한
골드스타인을 만들어 내는 것은 아닌지 의심하지 않을 수
없습니다.

많은 분들이 조지오웰의 소설 '1984'에 대해서 사례를
들어 말씀을 드렸습니다마는 저도 마지막으로 이 부분에
대한, 이 소설에 대한 소감을 말씀드리면서 토론을
마무리할까 합니다.

소설 '1984'의 무대가 되는 오세아니아는 극단적이고
참혹한 전체주의 국가입니다. 당으로 표현되는 국가는
절대적인 권력을 가지고 있습니다. 그리고 그 권력은 증오,
감시 그리고 사실왜곡을 통해서 유지됩니다.

소설 '1984'에서 국민은 존재하지 않습니다. 국가를
위해서 봉사하는 고독한 철저하게 부품화된 인간만이

존재할 뿐입니다.

소설 '1984'의 무대인 오세아니아에서는 3개의 계급으로 이루어져 있습니다. 최상계급인 내부당원, 중간계급인 외부당원, 그리고 최하층을 이루고 있는 노동자입니다.

전체주의 사회의 일반적인 모습이 그렇듯이 최상위층은 윤택한 삶을 누리고 있으며 하위계층을 철저하게 억압합니다. 특히 중간계급인 외부당원에 대한 억압이 강력합니다. 자신의 가족조차 믿을 수 없을 정도로 사람들 사이에 감시가 이루어지고 있을 뿐만 아니라 곳곳에는 텔레스크린, 도청장치가 설치되어 잠꼬대조차도 함부로 할 수 없습니다.

항상 사실에 대한 왜곡이 이루어지고 있으며 그 사실 또한 왜곡되어 무엇이 진실인지 알 수 있는 방법이 없습니다. 국가에 저항하는 인물은 갑자기 사라져서 세뇌되고 다시 나타났다가 결국 제거되어 버립니다.

그리고 국가는 항상 다른 국가와 동맹과 반목을 반복하며 전쟁함으로써 외부의 적을 골드스타인이라는 인물을 내세움으로써 내부를 통제하고 있습니다.

빅브라더라는 인물은 국가의 절대적인 존재입니다. 사람들에게는 친밀감과 사랑의 감정을 느끼게 하는 동시에 두려움의 존재, 공포의 존재이기도 합니다.

오세아니아에서는 개인에 대한 통제가 철저하게 이루어지고 있기 때문에 사생활이란 존재할 수 없습니다. 무엇을 하지 말라는 특별한 법은 존재하지 않으나 국가가 암묵적으로 지시하는 내용을 이행하지 않는다면 실질적인 저항으로 여겨집니다.

자신의 체계를 유지하기 위해서 국가 간에 동맹과 배신을 반복하며 전쟁을 쉬지 않고 계속 하고 있습니다. 내부의 체제를 유지하기 위해서 국가 간의 동맹과 배신을 반복하며 외부의 적 골드스타인과 계속 갈등과 전쟁을 일으킵니다.

어떻습니까?

조지 오웰이 이 소설을 쓸 때는 1948년이었고 36년 뒤인 1984년의 세상을 그리면서 썼다고 합니다. 조지 오웰이 소설 속에서 그렸던 세상이 2016년 오늘 대한민국이라고 생각하는 것은 단지 저만의 생각일까요? 착잡합니다.

경청해 주셔서 감사합니다.

토론을 마치겠습니다.

● **부의장 정갑윤** 김경협 의원 수고하셨습니다.

다음 토론에 들어가기 전에 무제한 토론제도 운용과 관련하여 한 가지 양해말씀드리겠습니다.

의원님들께서도 잘 아시는 바와 같이 2012년 국회법 개정으로 무제한 토론제도가 도입된 이후 처음으로 지난 23일부터 필리버스터가 실시되고 있습니다. 50여 년 만에 국회 본회의장에서 시간제한이 없는 토론이 실시되고 있는 만큼 언론과 국민들께서 의원 여러분들의 발언을 관심 있게 지켜보고 있습니다.

의원님들께서는 심의 중인 안건에 대하여 의견을 자유롭게 개진할 수 있고 발언 과정에서 필요하시면 소셜 네트워크상에 게시된 의견을 짧게 인용하거나 예를 들어 설명하실 수도 있습니다. 그러나 정확한 사실관계에 근거하지 않고 정제되지 않은 소셜 네트워크상의 의견을 여과 없이 장시간 전달하거나 소개하는 것은 국민의 대표인 선량이 본회의장에서 할 자세가 아니라는 의견도 많이 있다는 것을 말씀드립니다.

그리고 무제한 토론제도는 시간제한은 없지만 발언신청서에 기재된 안건이 국민보호와 공공안전을 위한 테러방지법안과 관련된 내용에 대하여 발언을 허용하는 것인 만큼 의원님 여러분들께서는 허가받은 의제의 범위 내에서 발언을 해 주심으로써 국회법 제102조에 규정된 의제 외 발언금지 원칙을 꼭 지켜 주시기 바랍니다.

무제한 토론제도가 원활히 운용되고 바람직한 선례가 정착될 수 있도록 의원님 여러분의 협조를 간곡히 부탁드립니다.

그러면 정의당 서기호 의원 나오셔서 토론해 주시기 바랍니다.

(2016년 2월 26일 오전 7시 9분)

11

서기호 의원

제19대 국회의원 (비례대표)
정의당

2016년 2월 26일 오전 7시 12분 시작
2016년 2월 26일 오후 12시 28분 종료
발언 시간 5시간 17분

"프라이버시는 인간의 자유와 행복에
그래서 꼭 필요한 겁니다. 좀처럼
논의되지는 않지만 많은 사람들이
직관적으로 이해하고 있습니다. 어떻게
보면 너무나 당연한 것이기 때문에 이게
별로 논의가 안 되는 것일 수도 있습니다."

(2016년 2월 26일 오전 7시 12분)

● **서기호 의원** 존경하는 국민 여러분!
정의당 비례대표 서기호 의원입니다.

정말 역사적인 무제한 토론, 필리버스터의 현장에 제가
서게 돼서 무척이나 영광스럽습니다. 국민 여러분께서
국회방송을 통해 가지고 선진국에서나 볼 수 있었던
그리고 드라마, 영화에서나 있는 일로 여겨졌던 이 무제한
토론제도가 우리나라 국회에서도 이렇게 현실화되고 있다는
장면을 보면서 정말 우리나라 정치에 대해서 이제 뭔가
그래도 희망이 있구나 이런 것을 느끼지 않으셨을까 그런
생각이 듭니다.

저 역시도 김광진 국회의원부터 시작됐던 무제한 토론을
지켜보면서 '아, 정말 그동안 4년간 국회의원 의정활동을
하면서 답답했던 것들, 국민들께 정말 죄송했던 것, 제대로
국회의원으로서 제 역할을 못 하고 있다라는 자괴감이 들
때가 많았는데 이번 기회에 정말 그런 점들을 다 해소할
수 있겠다, 한꺼번에 해결하기는 어렵겠지만 하나의 기회가
될 수 있겠다 이런 생각에 이 무제한 토론을 신청하게
되었습니다.

선거 준비가 한창이어서 많은 의원님들이 바쁘시지만
여기 무제한 토론 신청하셨던 많은 국회의원들 정말 다
성실하게 준비해 오셔서 진정성 있게 발언하시는 것 보면서

저 역시 감동적이었고, 이런 것이 바로 우리나라가 이제 한
발씩 한 발씩 정치선진국으로 갈 수 있는 계기가 마련되는
것 아닌가 이런 기대감에 잠은 별로 못 잤지만 3일 내내 이
현장을 지켜보면서 그리고 저희 정의당 소속 국회의원님들
비롯해서 더불어민주당 국회의원님, 국민의당 국회의원님
발언을 지켜보면서 이 중요한 순간을 잘 준비해야 되겠다,
시간제한이 없지만 그렇다고 해서 국민들이 들으시기에
정말 중요한 내용들, 테러방지법과 관련된, 그 배경과 관련된
여러 가지 것들에 대해서 소상하게 준비하고 알려야겠다
이런 생각이 들었습니다.

처음에 테러방지법을 직권상정한다고 해서 좀
황당했습니다. 국가비상사태도 아니고 더군다나 국정원
주도의 테러방지법, 이름만 테러방지법이지 사실은 국정원이
주도하는 테러방지법입니다. 그렇기 때문에 테러방지법이
아니라 국정원강화법이다, 이런 이야기가 나오는 것
아니겠습니까?

그런데 마침 무제한 토론 제도가 국회선진화법에
도입되었지만 제대로 시행되지도 못했다가 이번에 처음
시행이 됐습니다. 그래서 이 말도 안 되는 테러방지법,
국정원 주도의 테러방지법의 실상에 대해서 낱낱이
국민들께 알릴 수 있는 기회가 되어서 오히려 감사하다는
생각이 들었습니다.

국회의장님, 직권상정 요건도 안 되는 것을 가지고 이렇게
직권상정해서 무제한 토론을 할 수 있게 해 주신 것, 오히려
감사하다는 생각이 듭니다.

무제한 토론은 국민 여러분께서 지켜보셨듯이 시간의
제한이 없다는 겁니다. 그렇기 때문에 정말 마음 편하게
하고 싶은 이야기를 다 할 수 있을 것 같습니다.

제가 국회의원 돼서 4년여 동안 이 본회의 석상에서
발언대에 서서 토론도 해 봤고 발언도 해 봤습니다마는
대부분 발언시간이 반대토론의 경우에는 5분 그리고
대정부질문의 경우에는 답변시간을 제외하고 15분 이렇게
제한되어 있습니다. 그리고 상임위원회 회의장에서도
답변시간을 포함해서 보통 7분으로 제한되어 있다 보니까
하고 싶은 이야기를 충분히 못 하는 경우가 많았습니다.
그리고 시간에 쫓겨서 발언시간을 체크하느라고 신경
쓰여서 제대로 발언하기 어려웠던 적도 있었고요. 또
심지어는 발언 도중에 상대방 새누리당 의원님들이
이렇게 이의 제기를 해 가지고, 그것이 정당한 이의 제기면
모르겠지만 그렇지 않은 경우가 사실은 태반이었습니다.
발언을 방해하는 그런 일들이 참 많았습니다.

저는 이것이 우리나라가 토론문화가 제대로 정착되지
않고 어려서부터, 초등학교 때부터, 가정에서부터 토론에
대한 예의·자세가 확립되어 있지 않았기 때문이다, 배우지
않았기 때문이다라고 생각이 듭니다.

토론에서의 기본은 먼저 발언을 하는 사람이 있으면
경청을 하고 그 뒤에 반대의 논리를 펴는 것이 원칙입니다.
그런데 제가 4년간 국회에서 회의에 참석을 해서 발언을
하다 보면 자기 발언에 대해서 한참 발언이 진행 중인데

끼어들어 가지고 발언을 방해하는 경우가 참 많았습니다. 그런데 이 무제한 토론은 시간의 제한이 없기 때문에……

아, 문제는 일반적인 국회에서의 발언이 시간제한이 있다는 겁니다. 만약에 시간제한이 없으면 상대방이 발언을 방해해도 문제는 없지요, 어차피 남아 있는 시간이 충분하니까요. 그런데 시간은 한정되어 있는데 발언을 방해하면 본인의 발언 제한시간이 그만큼 줄어드는 겁니다. 그래서 발언시간을 더 늘려 달라고 의장에게 요청하는 경우도 상당히 있었습니다.

의원님들이 다섯 시간, 열 시간씩 발언하시는 걸 보면서 국민 여러분들께서 그리고 저 역시도 '어떻게 그 많은 시간을 발언을 하지?' 이런 생각이 처음에는 들었을 겁니다. 저 역시도 약간 의아해했습니다. 그리고 과연 가능할까? 괜히 좀 불필요한 이야기들을 했다고 해 가지고…… 지금 방금 전에도 부의장님께서 '의제와 관련된 이야기만 해 달라' 이런 이야기 하셨는데 관련 없는 이야기 한다라는 이유로 또 논란이 되면서 필리버스터, 무제한 토론의 효과가 반감될 수 있지 않을까 또는 발목잡기 이런 식으로 매도되면서 여론의 역풍을 맞지 않을까 이런 우려들이 있었던 게 사실입니다.

그런데 제가 무제한 토론을 준비하면서 여러 자료들을 찾아봤는데 의외로 참 많은 자료들이 있었습니다. 그 이유는 이 테러방지법이라고 하는 것이, 소위 국정원 주도의 테러방지법이 이미 2001년부터 여러 차례 상정됐고 논의가 제대로 안 되거나 부결됐고 또 그럼에도 불구하고 다시 또 재상정되고 이런 과정을 반복해 왔습니다. 그러다 보니까 그 14년여 동안 반대 논거들도 충분히 쌓여 있었고 충분히 연구가 진행되어 왔던 겁니다. 그렇기 때문에 좋은 자료들이 참 방대하다라는 것을 알게 됐습니다. 그렇기 때문에 다섯 시간, 열 시간씩 충분히 이야기할 수가 있는 것입니다.

그만큼 이 테러방지법은 논란이 많은 법안이고 반드시 통과돼서는 안 되는 그 논거가 충분한 법안입니다. 그렇기 때문에 다섯 시간씩, 열 시간씩 우리 국회의원님들이 발언할 수 있는 것이지요. 저 역시도 이번 기회에 참 공부를 많이 했습니다.

그리고 무제한 토론은 원래 미국에서 필리버스터라고 해서 그렇게 알려져 있지요. 이 필리버스터라는 표현은 '합법적 의사진행 방해 연설' 이렇게 번역을 하기도 합니다. 그런데 방해라는 표현 때문에 마치 상당히 부정적으로 인식될 수는 있을 것 같습니다.

우리나라에서처럼 소수자에 대한 배려가 별로 없는 이런 나라, 그런 문화에서 자라오고 그렇게 생활해 왔던 우리나라 국민들로서는 다수자의 횡포를 방지하기 위해서 소수자에게 무제한으로 발언을 할 수 있게 보장해 준다? 이게 조금 약간 납득하기 어려울 수도 있을 것 같습니다.

하지만 왜 그렇게 소수자에게 무제한 발언을 허용할까요? 그것은 민주주의가 다수결의 원리라고는 하지만 소수자의 의견도 충분히 경청을 해 줘야 된다라는 민주주의의 또 다른 중요한 기본 원리 때문이지요. 소수파라고 해서 그

사람의 의견을 묵살하고 '어차피 다수결로 하면 당신 의견은 반영이 안 되잖아'라고 하면서 소수자의 의견을 묵살한다면 그 소수의견을 가진 사람들이 과연 그 다수결로 결정된 내용에 대해서, 그 법안에 대해서 승복할 수가 있겠습니까? 승복할 수가 없지요.

반대로 소수자에게 그런 발언을 충분히 허용을 하게 되면 소수자는 자기가 하고 싶었던 이야기를 충분히 개진할 수 있기 때문에 결과에 승복할 수 있는 여지가 많아지는 것입니다. 또 나아가서는 감정적으로 대응하지 않고 이성적으로 논리적인 토론을 통해서 차이를 좁혀 가는 그런 계기도 될 수 있을 것입니다.

처음에 다수파들은 어차피 이게 다수의견이니까 통과되지 않겠느냐고 쉽게 생각을 했다가 소수자들의 의견을 충분히 들어 보다 보면 '아, 약간의 문제점들이 있기는 있구나. 좀 보완의 필요성이 있을 수 있겠구나'라고 생각을 바꿀 수도 있는 그런 계기가 될 것입니다.

제가 법원에서 재판을 진행해 볼 때도 이런 경험을 종종하게 됐습니다. 패소 가능성이 높은 사람일수록 발언 기회를 많이 보장을 해 주곤 했습니다. 왜냐? 그래야만 그 소송의 결과에 승복 가능성이 높아지기 때문입니다. 그리고 그 과정을 통해서 설령 패소 가능성이 높은 사람이 판결에서 패소하더라도 나름대로 억울한 사정이 있구나, 좀 뭔가 법이 허술해서 또는 법이 미비해서 선의의 피해자일 수도 있겠구나라는 생각을 재판장도 하고 상대방도 할 수 있는 기회가 될 수 있을 것입니다.

그렇기 때문에 처음에 모 아니면 도 식으로 소송이 시작됐지만, 극단적 대립 상태로 시작됐지만 판결 결과 또는 조정을 통해서 상대방의 의견도 충분히 이해할 수 있게 되는 이러한 법정의 재판문화를 만들어 보려고 저는 노력을 해 왔던 편이었고 지금 현재 우리나라 법원에서도 많은 판사님들이 그러한 노력들을 하고 계십니다. 우리 국회도 이제 그러한 문화가 정착됐으면 좋겠습니다.

(정갑윤 부의장, 정의화 의장과 사회교대)

처음에 제가 2012년에 비례대표 국회의원이 됐을 때 좀 걱정이 하나 있었습니다. 저는 판사 출신이어서 그런지 몰라도 논쟁하는 걸 별로 그렇게 좋아하지 않습니다. 그리고 보시다시피 체격 조건도 별로 다부지지 못해서 몸싸움도 못합니다. 그런데 그 당시만 해도 국회에서는 몸싸움, 날치기 통과 다반사였습니다. 그런데 다행히도 2012년 5월경에 국회선진화법이 통과되면서 더 이상 우리나라 국회에서는 날치기 통과, 몸싸움이 사라졌습니다. 이 얼마나 진전된 모습이고 발전된 모습입니까?

그런데 이런 국회선진화법을 두고 식물국회다, 국회가 마비됐다, 야당의 발목 잡기 이런 이야기를 자꾸 하시는데 차라리 동물국회보다는 식물국회가 낫지 않으냐 이런 말도 나올 정도로 그동안의 날치기 통과, 몸싸움 이런 국회는 정말 동물세계에서나 있을 수 있는 그런 국회의 모습 아닙니까?

그래서 저는 그 당시에 그런 생각이 들었습니다. 대화와

토론 문화가 제대로 정착되지 않은 국회에서 그나마 몸싸움, 날치기 통과가 사라졌으니 이제는 건전한 토론 문화가 정착될 수 있는 계기는 될 거라고 생각이 됐습니다. 그래서 식물국회에서 차츰차츰 사람국회로 바뀔 거라고 저는 생각했습니다.

저는 이번 이 무제한 토론, 필리버스터가 하나의 그 계기가 될 거라고 생각이 됩니다. 이제 동물국회는 절대로 그런 장면으로 회귀해서도 안 되고 식물국회도 그닥 바람직하지는 않습니다. 사람 사는 국회, 사람들이 모여서 회의하는 국회가 돼야 된다고 생각합니다.

이번 무제한 토론을 지켜보면서 수시로 새누리당 의원님들이 의제와 관련이 없는 내용을 발언하고 있으니 중단하라, 또 의장님께 중단을 시켜 달라라고 이의 제기하는 모습을 많이 봤습니다. 그런데요 이 국회법을 찬찬히 들여다보면 그 어디에도 직접 관련된 내용만 발언하라는 말은 없습니다.

흔히 국회선진화법이라고 불리는…… 정확한 명칭은 국회법입니다. 106조의2(무제한 토론의 실시 등) 1항에 보면 '의원이 본회의에 부의된 안건에 대하여 시간의 제한을 받지 않는 토론을 하려는 경우' 등등 이렇게 규정돼 있습니다. 즉, 무슨 뜻이냐 하면 본회의에 부의된 안건에 대하여 무제한 토론을 할 수 있다 이런 겁니다. 그러니까 이 표현 어디에도 본회의에 부의된 안건, 즉 이 테러방지법에 직접 관련된 내용만 발언해야 된다 이런 표현은 어디에도 없습니다. 그렇다고 하면 간접적으로 관련된 내용도 얼마든지 이야기할 수 있는 것입니다.

지금까지 문제됐던 새누리당 의원님들이 제기했던 이런 발언들은 거의 대부분 간접적으로 관련된 내용들이었습니다, 제가 들어 봤을 때요. 그런데 그 간접적으로 관련됐다고 했을 때 어디까지가 간접적인 거냐 여기에 대한 생각의 차이는 있을 수가 있겠지요. 하지만 이 무제한 토론 제도의 취지에 비춰 보면 당연히 그 간접적인 관련성에 대해서는 아주 폭넓게 인정해 줘야 된다라고 생각을 합니다. 왜냐하면 이 무제한 토론은 시간의 제한을 받지 않는 토론입니다. 10시간이고 20시간이고 체력이 다 허용되는 한은 계속할 수 있습니다.

그러면 상식적으로 생각해 보십시오. 직접적으로 관련된 내용만 가지고 이야기해서, 발언을 해 가지고 10시간 이상 이렇게 끌 수 있겠습니까? 불가능합니다. 물론 말을 아주 천천히 해 가지고 한다면 가능할 수도 있겠지만 그것은 별로 바람직하지가 않지요.

이 방송을 지켜보고 있는 국민들이 들으실 때, 이 본회의장 의석에 앉아 계신 의원님들이 들으실 때 이렇게 너무 천천히 이야기하면 또 듣기가 좀 불편합니다. 집중력이 떨어지지요. 그렇다고 해서 너무 빨리할 필요도 없지만 또 너무 느리게 할 필요도 없다고 생각이 됩니다.

그렇다고 하면 필연적으로 간접적으로 관련된 부분까지 이야기할 수밖에 없습니다. 그리고 그 간접적인 관련성의 범위는 아주 폭넓게 인정되어야만 합니다. 그래야 무제한

토론, 시간의 제한을 받지 않는 토론 제도의 의미가 살아나는 겁니다.

그래서 의원님들이 무제한 토론을 하시는데 자꾸 '관련성 없다' 이렇게 항의하시는 것, 그건 바람직하지 않다고 생각합니다. 이 제도의 특징상, 취지상 충분히 폭넓게 간접적 관련성을 인정해야 되기 때문에 그 부분은 바람직하지 않다라고 생각을 하고요.

그다음에 부의장님께서 102조를 제시했습니다. 이 102조는 "모든 발언은 의제 외에 미치거나 허가받은 발언의 성질에 반하여서는 아니 된다." 이렇게 규정돼 있습니다.

제가 보기에는 이 102조는 106조의2 무제한 토론에 대한 일반 규정이라고 저는 생각합니다. 무슨 뜻이냐면 102조(의제 외 발언 금지) 조항은 원래 있었던 조항입니다. 그러다가 2012년도 국회선진화법이 통과되면서 이 무제한 토론 규정이 추가되었지요. 즉 다시 말해서 이 102조는 무제한 토론이라는 게 없을 때, 존재하지 않을 때를 가정한 규정입니다.

즉 국회에서 모든 발언은 시간제한이 있었습니다. 시간제한이 있기 때문에 당연히 의제 외의 발언을 하면 원활한 의사진행이 안 될 것 아니겠습니까? 그러니까 이런 규정이 들어가 있는 것이지요. 당연한 겁니다. 의제와 관련 없는 발언을 하게 되면 시간제한도 있는 데다가 원활한 의사진행이 어렵습니다. 즉 효율성, 국회 회의의 효율성, 원활한 진행, 이것에 초점이 맞춰져 있는 것이 바로 102조(의제 외 발언 금지) 조항입니다.

하지만 이 106조의2 무제한 토론 제도는 효율성이 목적이 아닙니다. 소수파, 소수자의 발언 보장이 핵심입니다. 그렇기 때문에 그 발언을 최대한 보장을 해 줘야 되는 것이지 관련성 없다 자꾸 하면서 제한을 가하면 안 되는 겁니다.

따라서 저는 이 무제한 토론과 관련해서 102조를 들어서 관련성을 이야기하는 것은 맞지 않다, 106조는 102조의 특별 조항이기 때문에 106조에 따라서 해야 되고 106조에서 직접 관련성, 간접 관련성에 대한 어떠한 문구도 없기 때문에 폭넓게 해석돼야 되고, 무제한 토론의 취지가 소수자의 발언권을 최대한 보장하는 것에 있기 때문에 그 간접 관련성의 범위를 아주 넓게 해석을 해서 발언을 방해하면 안 된다라고 생각합니다.

그리고 법 해석과 관련이 없이 또 들었던 생각도 있습니다. 저는 좀 약간 이해가 안 되는 부분이 있어요. 새누리당 의원님들께서 자꾸 그렇게 항의를 하시는데 그 의원이 정말 주제하고 관련 없는, 이 법안과 관련 없는, 간접적 관련조차도 눈곱만큼도 없는 그런 발언들을 이어 간다면 그것은 새누리당 의원님들께는 오히려 호재 아닙니까?

그렇게 전혀 관련 없는 이야기들을 한다면 국민들이 보기에도 '저것은 너무 심하다. 저것은 무제한 토론 제도를 악용한 것이다'라고 부정적으로 보지 않겠습니까? 아주 비호감이 늘어나겠지요. 그 국회의원에 대해서 아주 비호감이 늘어날 것이고, 그 정당에 대해서 국민적 지지도가

하락할 겁니다.

지금 총선도 눈앞에 있는데 그렇게 지지도가 떨어지면 새누리당에 유리한 것 아닙니까? 그러면 새누리당 의원님들께서는 여기 앞에 나와서 발언하는 야당 의원들이 의제와 무관한, 안건과 무관한, 전혀 관련 없는, 간접적 관련성도 거의 없는 발언들을 해 주는 게 새누리당한테 더 유리한 겁니다. 그런데 그것을 못 하게 막으시더라고요. 좀 이해가 안 되는 대목이었습니다.

이 말은 결국은 그런 뜻입니다. 국회의원들이 하는 발언에 대해서 부적절한지 바람직한 건지에 대한 판단은 결국 국민들이 하게 되어 있다는 겁니다. 우리 현명한 국민들이 잘 판단하고 계시기 때문에 그분들이 '발언 관련성 있게 참 잘한다'라고 판단하시면 그분에 대한 지지도도 올라가고 그분이 소속한 정당의 지지도도 올라갈 것이고, 그렇지 않고 관련 없는 이야기만 늘어놓는다라고 국민들이 판단한다면 선거 때 심판을 하겠지요.

그래서 국민들에게 판단을 맡기는 것이 저는 바람직하다, 그리고 의사진행을 자꾸…… 이 필리버스터 제도가 의사진행 방해 연설인데 그것을 방해하는 그런 기이한 현상이 벌어지고 있다라는 생각이 들어서 한 말씀 드렸습니다.

이제 본격적으로 들어가 보겠습니다.

정의화 국회의장님께서 테러방지법 직권상정을 하셨는데요. 직권상정을 하시면서 국회 본회의에서 발언한 그 전문을 제가 가져왔습니다. 이 전문을 읽어 보니까 좀 이해가 안 되는 부분이 많습니다.

첫 번째로 '국가비상사태에 해당하는지 여부에 대한 법률 자문과 검토를 한 결과……', 기타 등등 해서 법률 자문을 검토하셨다고 하셨어요. 그런데 법률가로부터 자문을 받은 것인지 또 어떤 법률가로부터 자문을 받은 것인지는 말씀을 안 하셨습니다. 저는 궁금합니다. 도대체 어떤 법률가가 이런 자문을 하셨을까. 우리가 국민적 상식에도 맞지 않는 이런 국가비상사태에 해당한다는 자문을 하셨다고 하니까요.

그리고 그 자문을 한 결과 국가비상사태에 해당된다고 보는 근거도 좀 이상합니다. 왜냐하면 이 국가비상사태라는 표현은 바로 직권상정이 가능한 '전시·사변 또는 이에 준하는 국가비상사태' 여기에서 나오는 표현인데. 첫 번째로는 '전시·사변 또는 이에 준하는'입니다.

그러니까 우리가 그냥 비상사태라는 개념이 서로 다 다를 수 있습니다. 하지만 그것은 이 법에 따르면 전시·사변에 준하는 것이어야 합니다. 그러면 어떤 경우가 전쟁·사변에 준하는 경우이겠습니까? 바로 그것은 국회조차도 마비되어 가지고 국회 원내단체 간의 의사 합의가 불가능하거나 또는 이를 기다릴 여유 없을 정도로 아주 급박할 때, 이럴 때 아니겠습니까? 이게 바로 전시·사변 같은 거지요. 그리고 거기에 준하는 국가비상사태가 되는 것이지요.

그러면 지금 현재 우리나라 상황이 국회 원내대표 간의 교섭도 불가능한 그런 상태입니까? 그거는 아니지요.

그런데 의장님의 발언 전문에 보면 그 부분에 대한 해명은

없어요. 그러면서 IS 등 국제적 테러 발생과 최근 북한의 도발적 행태를 볼 때에 국민 안위와 공공의 안녕질서가 심각한 위험에 직면한 것으로 볼 수 있다, 그렇기 때문에 국가비상사태다 이렇게 논거를 제시하셨습니다.

그런데 여기에는 어디에도 국회 원내대표 간의 교섭이 불가능할 정도 또는 그것을 기다릴 여유가 없을 때에 해당한다라는 표현이 없습니다. 그러니까 그야말로 주관적으로 지금 테러 위협이 증대되고 있다 보니까 국민들이 좀 위험하다, 국민의 안전이 상당히 중요한 상태다, 이거 하나만으로 국가비상사태라고 규정을 지으신 겁니다. 그렇기 때문에 직권상정의 요건이 전혀 갖추어져 있지 않다고 하는 것이고요.

또 한 가지 직권상정이 가능하다고 해석해 버리면 국회가 독단과 독선에 의해서 몸싸움 그리고 날치기 통과하는 등 과거의 그런 동물국회 모습을 극복하기 위해서 대화와 타협으로 이 국회를 이끌어 가기 위한 취지에서 국회선진화법이 마련됐는데 그런 취지에도 역행하는 겁니다.

그동안 다행히도 정의화 의장님께서는 청와대의 박근혜 대통령, 특히 박근혜 대통령께서 국무회의 석상의 발언을 통해서라든가 강력하게 본인이 중요하다고 생각하는 법안의 통과를 주문하고, 여기에 대해서 새누리당 의원님들이 아주 일사불란하게 움직이시면서 밀어붙이고 그렇게 했지만 그런 법안들에 대해서 번번이 "입법부 수장이 불법임을 알면서도 위법한 행동을 할 수 없습니다."라고 단호하게 거부해 오셨습니다. 참 잘하셨다, 저는 그동안 그래서 존경해 왔습니다. 많은 국민들이 지지 의사를 표명했습니다.

그런데 왜 하필 지금 임기 말이 다 되어 가지고서 국정원 주도의 테러방지법에 대해서만큼은 이렇게 어처구니없는, 아무 근거도 제시하지 않는 이런 해석을 내놓으셨는지 참 의아하지 않을 수가 없습니다.

두 번째로 직권상정의 근거로서 또 제시하고 계시는 것은 이겁니다. '북한이 국가기간시설에 대한 테러, 사이버테러 등 대남 테러 역량을 결집하고 있다는 정부의 발표도 있었습니다.' 이 부분, 정부의 발표를 그대로 믿어 버리셨어요. 정부가 발표하면 국회의장도 그냥 다 믿고, 그대로 처리해야 됩니까? 그러면 삼권분립은 어떻게 되는 겁니까?

국회의장님께서는 입법부의 수장이십니다. 행정부를 견제·감독해야 될 위치에 있는 분입니다. 그렇기 때문에 국회의장은 집권 여당에서 배출되더라도 당적을 내려놓고 무소속으로 국회의장 당선되는 순간부터 바뀌는 거 아니겠습니까? 정부가 발표한다고 그대로 믿어 버리면 국회의장이 아니라 대통령비서실장이나 다를 게 뭐가 있습니까?

그리고 이 정부의 발표가 상당히 근거가 희박하다라는 것을 지금부터 조목조목 말씀드리겠습니다.

청와대와 국가정보원이 공포 분위기 조성에 나섰습니다. 박근혜 대통령이 과도한 불안 심리가 확산되는 것을 적극 차단해야 한다고 말로는 했지만 사실 오히려 불안 심리를

더욱 자극하는 방향으로 나아가고 있습니다.

정의화 의장께서 말씀하신 정부의 발표 내용, '북한이 대남 테러를 지시하고 사이버테러 등 테러 역량을 결집하고 있다.'라고 하는 정부의 발표는 흔히 우리가 그동안 누누이 봐 왔던, 선거 때만 다가오면 써먹던 방식입니다, 집권 여당이. 예전에는 북풍공작이라고 불렀지요. 그래서 안보 불안 심리를 일으켜서 보수층을 결집하고 그래서 선거에 이기는, 이런 고전적인 수법입니다.

그런데 이번에는 좀 다르게 테러방지라는 명분을 내걸고 있습니다. 그런데 이 테러에서 주로 강조하는 게 북한에 의한 테러입니다. 그러면 그 전 선거 때마다 반복되어 왔던 북한의 대남 침략 위험, 북한의 도발 위험, 그렇게 해서 안보 불안 심리를 가중시키는 것과 북한에 의한 테러 가능성을 언급하면서 국민들로 하여금 공포 분위기를 조성하는 것, 이게 뭐가 다릅니까? 주체가 북한이라는 것은 똑같습니다. 그렇기 때문에 이것은 신북풍공작이다라고 저는 생각합니다.

지금 총선이 얼마 남지 않았습니다. 작년 말부터 공포 분위기 조성에 나서더니 점점 더 적극적으로 나서고 있습니다. 그리고 그 공포 분위기를 조성해서 따내고자 하는 결과물은 뭡니까? 선거에서 이기는 것도 있지만 바로 이 국정원 주도의 테러방지법을 통과시키는 거지요. 그렇게 함으로써 국정원의 권한을 강화시키는 것이고, 그렇게 함으로써 전 국민 사찰을 강화하고, 나아가서 이번 총선도 목표겠지만 더 근본적인 목표는 내년 대선에서 정권을 재창출하는 것, 장기 집권의 길을 여는 것, 이것이 바로 지금 직권상정된 국정원 주도의 테러방지법 내용입니다.

국정원이 북한에 의한 테러 가능성을 언급한 이후에 청와대는 바쁘게 움직이고 있습니다. 새누리당과 안보 점검 긴급당정협의 직후 청와대는 이례적으로 논평을 냈지요. 김성우 홍보수석이 이렇게 이야기했습니다. '북한에서 정찰총국이 테러를 준비하고 있는 것으로 파악되고 있어서 북한의 대남 테러 가능성이 어느 때보다도 현실화될 가능성이 커지고 있다. 그렇기 때문에 국회가 테러방지법을 조속히 통과시켜 줄 것을 다시 한 번 강력히 당부드린다.'라고 국회를 압박했습니다.

그리고 앞서서 국정원은 당정협의에서 납치·테러 대상자 명단에 김관진 청와대 국가안보실장, 윤병세 외교부장관, 홍용표 통일부장관, 한민구 국방부장관 등 핵심 인사들이 포함됐다라고 전한 것으로 알려졌습니다. 청와대의 핵심 및 정부 고위층 납치설을 전 국민에게 중계한 것입니다.

또한 예상되는 테러 타깃으로 지하철, 쇼핑몰 등 다중이용시설, 국가기간시설 등을 지목했습니다. 모두 다 우리 국민들의 일상생활과 직결된 장소입니다. 그러니까 우리 국민들로서는 불안감을 느낄 수밖에 없겠지요. 그러면서 정부 정책에 반대하는 이들을 잠재적 테러분자로 규정했습니다. 왜냐하면 테러 유형으로 반북활동과 탈북 및 정부 인사 등에 대한 미행, 종북인물 사주 테러 등을 언급했거든요. 명분으로 보면 종북세력을 척결하겠다 그런

차원에서 종북세력이 잠재적 테러분자다, 얼핏 보면 맞는 말이지요.

하지만 우리가 누누이 봐 왔지 않습니까? 지난 대선에서도 국정원은 야당, 민주당 국회의원으로 당선된 분 30명 정도 되는 분들도 종북세력이다 이렇게 이야기할 정도입니다. 정치적 반대세력을 종북으로 몰아서 탄압하고 압박하던 그런 방식이지요.

테러위협의 근거를 이렇게 제시하고 있습니다. 북한 김정은 노동당 제1비서가 군 정찰총국에 사이버테러 등 대남테러역량을 적극 결집하라고 지시했다라고 하는 국정원 보고를 근거로 두고 있습니다. 그런데 이 보고에서 근거를 제시하지 않고 있습니다. 국정원이 열거한 테러 타깃이라든가 유형, 테러 방식 등은 일반적인 테러 관련 매뉴얼 수준입니다.

첩보 수준밖에 되지 않는 것을 가지고 언론에 공개해 가지고 불안심리를 조장하고 있는 것입니다. 북한 지도부가 사실 국지전도 아니고 테러를 노골적으로 지시한다는 것이 상식적으로 들리지 않습니다.

참고로 미국은 2008년도에 북한을 테러지원국에서 제외한 적 있습니다. 그리고 현재까지 테러지원국으로 재지정하지도 않고 있습니다. 즉 IS 테러가 문제되고 있지만 그 IS 테러를 북한이 지원하고 있지 않다는 겁니다. 지원하고 있는지 근거가 없기 때문에 미국조차도 북한을 테러를 지원하는 나라로 규정하지 않고 있다는 겁니다.

이렇게 테러방지법 처리를 촉구하는 근거가 없다 보니까 공포심을 조장하는 말들이 난무하게 됩니다. 특히나 요인납치, 아까 열거했던 청와대 국가안보실장 김관진 실장님, 윤병세 장관님, 홍용표 장관님, 다 장관님들이세요. 이런 분들을 납치한다, 이런 사례들을 과거에도 찾기 어렵지만 지금 현재 우리나라 한국은 과거와 달리 군사력과 경찰력, 정보력이 상당히 높이 올라와 있습니다.

그리고 이 테러방지법 제정요구가 분출된 계기는 사실은 IS 테러 사건 때문이지요. 법안의 애초 복적도 보면, 직권상정된 이 법안 제가 다 읽어 봤습니다마는 제안이유에 이렇게 돼 있습니다. 'IS와 같은 해외 테러조직의 국내 입국, 국내 테러분자의 자금차단 등을 위하여 테러방지법을 제안한다' 이렇게 돼 있거든요.

그런데 정부에서 발표하는 거라든가 박근혜 대통령께서 말씀하시는 내용, 우리 새누리당 의원님들이 제기하는 이야기들을 보면 IS 테러를 강조하기보다는 북한에 의한 테러 가능성 그리고 반정부인사 감시에 찍혀 있습니다. 북한 핵실험과 장거리 로켓 발사가 이루어지니까 그 정국을 틈타서 종북세력 감시목적으로 변질되고 있는 겁니다.

그렇게 되면 IS 테러는 말 그대로 이슬람 세력에 의한 테러라서 우리나라 국민이 아닌 외국인에 의한 테러이지요? 하지만 북한에 의한 테러 감시·예방을 목적으로 한다면 이것은 그것을 빙자해서 국내의 정부 정책에 반대하는 반정부인사들에 대한 감시로 직결되는 겁니다. 내국인 감시를 강화하는 방향으로 귀결될 가능성이 높은 것이지요.

탈북자, 시민단체 등이 주 대상이 될 수 있습니다. 이미 유우성이라는 분이 탈북자였는데 간첩으로 몰려 가지고 수사를 받고 무죄판결을 받기도 했습니다.

2008년도 이명박 정부가 들어서면서 간첩혐의로 입건돼서 조사받는 사람들 중에 거의 대부분 탈북자가 간첩으로 몰리는 혐의를 받아서 조사받고 구속처벌받는 사례가 많이 늘었습니다.

이것은 무엇을 의미하는 거겠습니까? 과거 김대중 대통령 당선 이전에는 국내의 어떤 반정부인사를 간첩으로 몰 경우도 많이 있었습니다. 특히 박정희 전 대통령 유신시대 때 아주 심했지요. 그분들 상당수가 다 재심을 거쳐서 무죄판결을 받고 있습니다.

그런데 김대중 대통령과 노무현 대통령 10년간의 민주정부를 거치면서 이제 그것이 어려워졌습니다. 그러니까 이명박 정부가 들어선 2008년부터 슬슬 방향을 탈북자로 선회한 겁니다. 북한을 탈출해서 남한 땅에서 정착하고 싶어 가지고 들어오신 분들을, 그중의 일부를 의심의 눈초리로 보고 하나원이라는 곳에 강제입소시켜서 거기서부터 아무런 변호인의 조력도 받지 못한 상태로 간첩혐의로 조사가 시작됩니다. 그렇게 해서 유우성이란 사람이 간첩으로 몰렸습니다. 탈북자가.

논리가 떨어지니까 새누리당도 난감한 모양새입니다. 김무성 대표는 이병기 실장과 면담한 직후에 기자들과 만나서 이렇게 이야기를 합니다. 'IS 같은 국제 테러단으로부터 국민을 보호해야 하고 또 북한이 저렇게 호전적으로 나오니까 언제 어떤 방법으로 IS와 같은 국제 테러단과 손잡고 어떤 일을 벌일지 모르니까 그러니까 테러방지법 제정해야 되지 않느냐'라고 이야기하셨어요.

이제는 북한이 IS와 같은 국제 테러단과 손잡을 겁니다. 이 부분에 대해서는 근거도 없지만 국정원에서조차도 아직 그런 이야기 한 적이 없습니다.

그리고 최근에 박근혜 대통령께서 테러방지법 제정을 조속히 촉구하는 그런 발언을 한 직후에 국정원을 비롯한 정부 당국이 지난 18일 날 긴급 안보상황 점검 당정협의회를 개최했습니다. 이 회의에서 국정원 등은 아까 말했던 '김정은의 대남테러 지시 등을 보고했다'고 이철우 새누리당 정보위 간사가 전했지요.

이런 국정원의 보고를 믿을 수 있는 것인가에 대해서 미국의 사례를 한번 살펴보겠습니다.

9·11 사건이 일어난 직후에 미국은 무장공격이 발생하기 전에 이미 CIA가 관련 첩보를 입수했는데도 그 가능성, 그러니까 테러가 발생할 가능성이 있다는 것을 간과했다는 점을 확인했습니다. 즉 다시 말해서 CIA가 이미 9·11 테러 가능성이 있다, 그 징후가 보인다는 것을 수집을 해 놓고도 대처를 안 한 겁니다. 그래 놓고는 막상 테러가 발생하니까 테러와의 전쟁을 선포하였고 미국의 인권단체나 법조계의 우려를 무시한 채 강력한 테러방지법인 애국자법을 제정했습니다. 그리고 아프가니스탄을 점령해서 오사마 빈 라덴을 체포하려고 했지요.

그리고 나아가서 이라크 후세인이 알카에다 테러조직과 연계되어 있다 이렇게 발표를 하면서 이라크를 침공했습니다. 그런데 2004년도에 미국 상원 정보위원회에서는 사담 후세인이 테러조직과 연계되어 있다고 발표했던 그 CIA의 정보가 근거 없는 것이었다라는 점을 확인했습니다. 그리고 미국 행정부도 이를 공식적으로 인정을 하게 됩니다.

그 후 미국에서는 9·11을 예측하지 못한 CIA의 정보실패 그리고 사담 후세인이 테러조직과 연계되어 있다고 판단한 CIA의 정보실패 원인을 찾아서 개선하기 위해 대대적인 정보조직 평가와 개편이 시도되었습니다.

이 점에서 보면 참 미국은 선진국가인 셈입니다. 우리나라에서 만약에 이런 일이 벌어졌다면 어떻게 되었을까요? 근거 없는 것이 확인됐어도 달라지는 게 없지요. 대대적인 정보조직 평가, 개편 안 합니다. 하는 척만 하지요. 대선에 국정원이 개입해서 선거에 영향을 미쳤는데 그것이 선거법 위반이 되느냐 안 되느냐는 별개로 이미 국정원법 위반, 정치관여 금지 조항에 해당된다는 것은 1심 판결에서도 인정을 했습니다. 그런데도 국정원은 달라진 게 없습니다.

다시 미국으로 돌아가면 그때 미국은 CIA가 그동안 해외정보 수집 기능을 갖고 있었는데 그 외에 추가로 정보종합기능까지 담당하고 있었기 때문에, 다시 말해서 CIA에 너무 많은 권한을 부여했기 때문에 정보실패가 일어난 것으로 결론을 내렸습니다.

그래서 그 후 정보의 종합적인 분석과 판단, 정보를 종합해 가지고 즉 모든 기관에서 수집한 정보를 종합해서 분석하고 최종 판단하는 것을 CIA가 담당하지 못하도록 정보조직을 개편했습니다. 그래서 과거로 다시 돌아갔지요. 해외정보 수집만 담당했습니다.

그리고 정보종합기능을 담당할 부서를 신설했습니다. 바로 CIA하고도 독립되어 있고 대통령과도 독립되어 있는 독립기관, ODNI라고 합니다. 국가정보국장실이라고 번역이 되는데요 이 조직을 신설했습니다. 이 조직은 해외정보 수집을 담당하는 CIA, 국내정보 수집과 추적을 담당하는 FBI, 전자정보 수집을 담당하는 NSA 그리고 각 군으로부터 수집된 군사정보 등을 종합해서 판단을 내립니다.

한마디로 미국 정보 당국이 얻은 교훈, 사담 후세인이 알카에다 테러단과 연계되어 있다라고 잘못된 정보를 제공하고 그 정보에 기초해서 이라크까지 침공했다가 망신만 당했던, 가보니까 그렇지 않더라 망신만 당했던, 그로 인해서 얻은 교훈은 바로 정보를 독점하게 되면 반드시 정보실패로 이어진다라는 겁니다.

우리가 고인 물은 썩기 마련이듯이 뭔가를 어느 한 기관이 독점하게 되면, 그 권한이 너무 비대해지면 역시 썩게 됩니다. 그래서 원활하게 돌아가지 않고 실패를 하게 됩니다. 따라서 정보수집기능과 분석, 최종 판단기능을 분리해서 즉 정보수집기관과 정보집행기관을 분리해 가지고 각급 기관 간 견제와 균형을 이루는 대로 맞춰진 것입니다.

그런데 지금 정부가 추진하고 있는 테러방지법, 국정원이 주도해서 만들어지려고 하고 있는 이 테러방지법은 어떻습니까? 미국이 얻은 교훈과는 전혀 반대의 길로 가고 있습니다. 이미 수많은 권한이 집중되어서 수많은 인권침해를 야기했고 매번 정보 실패를 반복하고 있는 국정원에게 더 많은 권한과 기능을 부여하겠다는 겁니다.

우리나라 국정원은 다른 나라, 미국의 CIA와 달리 해외정보 수집뿐만 아니라 국내정보 수집도 권한을 갖고 있습니다. 거기다가 대공사건에 대한 수사권도 갖고 있습니다. 사이버심리전, 보안업무 기능, 기획조정 기능까지 갖고 있습니다. 이미 비대한 권한을 갖고 있는데 그래서 그것이 문제가 되니까 국정원을 개혁해서 해외정보 수집만 담당한다든가 축소하자고 그렇게 외치고 있는 판국인데 오히려 여기에다가 테러방지를 종합하는 기능까지 부여하겠다는 겁니다.

자, 그렇게 되면 어떻게 될까요? 테러를 제대로 방지할 수 있을까요? 오히려 테러방지를 제대로 더 못 하고 정보 실패로 이어질 가능성이 높습니다. 미국의 사례를 보면 알 수가 있었다는 겁니다.

그리고 애국자법이 계속 인권을 침해하는 조항들이 문제가 되어서 2006년도에 대폭 개정됐습니다. 그 뒤로도. 그런데 2013년도에 NSA 직원 에드워드 스노든이라는 사람이 미국 정부가 전 세계와 자국민을 상대로 무차별 도·감청을 자행해 왔다는 사실을 폭로하게 됩니다. 굉장히 충격적인 사건이었지요. 그래서 그 결과 2015년 5월 달에 애국자법은 결국 폐지됩니다.

2001년도 9·11 테러사건 직후에 전광석화처럼 만들어졌던, 테러를 막아야 된다라는 미명하에 인권침해 가득한 독소 조항이 담긴 그리고 CIA 같은 특정 정보기관에 과도한 권한을 집중시켰던 그 애국자법, 그렇게 해서 테러를 방지하겠다고 했던 애국자법을 결국 폐지합니다.

이를 대체해서 미국 자유법이 만들어졌는데요. 이 법에서는 그동안 논란이 되어 왔던 NSA에 외국인과 자국민에 대한 무차별 도·감청, 무더기 통신기록 수집을 금지했습니다. 그리고 자국민에 대해서는 영장을 받은 선별적 감청만 가능하도록 했습니다. 또한 FBI에 대해서도 영장 없이 무더기로 통신기록 또는 거래기록을 수집하지 못하게 했습니다. FBI가 영장 없이 수집한 특정 개별정보에 대해서 그 건수를 DNI 국가정보국장이 매년 웹사이트에 의무적으로 공개하도록 했습니다.

결론적으로 말씀드리면 정부가 정말로 북한이나 해외로부터 테러위협에서 국민의 안전을 지키고 싶다면 국정원이 주도하는 국정원 중심의 테러방지법을 만들면 안 됩니다. 그렇게 해서는 오히려 국민의 안전을 보장할 수가 없는 것입니다.

대남 테러 준비설을 믿을 수 없는 네 가지 이유를 또 추가로 말씀드리겠습니다.

우선 '테러 역량'이라는 말 자체가 국정원이 북한 관련 정보를 해석해서 나온 것에 불과합니다. 김정은이 아니라 그 누구라도 자신들이 준비하는 무언가를 테러 역량이라고 부를 리 없지 않습니까?

그렇다면 북한 정찰총국이 준비하고 있다는 그 역량이라는 게 뭐냐? 그 역량이 구체적으로 테러를 위한 역량인지 아니면 다른 역량인지 최소한의 설명이나 분석이 있어야 됩니다. 그런데 이것을 하지 않고 있습니다.

둘째로 새누리당 이철우 의원 등은 국정원이 구체적인 테러유형으로 반북활동, 탈북인사 등에 대한 직접적 신변 위해, 다중이용시설 테러, 사이버공격 등을 열거했다고 했는데요. 그것은 상상 가능한 일반적인 공격유형에 불과합니다. 지난 수년간 국정원이 언급해 왔던 유형들과 큰 차이를 발견할 수가 없습니다.

세 번째로 북한이 테러와 연관이 있다는 새로운 증거를 미국도 찾아내지 못했습니다. 그리고 다만 2015년도에 미국 정부가 북한이 소니 해킹 사건을 일으킨 것을 지목한 바가 있기는 했는데요.

미국 정부는 그것을 아직까지 테러행위로 해석하지는 않고 있습니다. 그냥 해킹이지요. 해킹을 테러로 분류하게 되면 국내에도 널리 알려져 있는 어나니머스, 국제 해커 조직이지요. 이 어나니머스도 국제 테러조직으로 분류해야 됩니다. 하지만 미국 정부도 한국 정부도 이들을 테러조직이라고 부르지는 않습니다.

마지막으로 정부가 북한의 테러가 임박했다 이렇게 언론플레이를 하고 있는데 긴급 안보상황 점검을 한다면서 테러방지법 제정 이야기를 하면 한가한 처방입니다. 이 직권상정된 테러방지법의 내용을 보면 주로 대테러대책회의, 기구 구성에 관한 겁니다. 대테러센터 이런 기구 구성에 관한 것이 대부분 많습니다.

이게 통과된다 하더라도 사후약방문입니다. 테러가 이미 임박해 있다고 한다면 이미 임박한 테러를 이 법으로 막을 수는 없습니다. 기존에 나와 있는 법규 그리고 조직·기구를 활용해서, 정보를 활용해서 지금 우리나라가 테러위협에 식면해 있나, 그래서 국가비상사태냐라고 하면 이 법이 제정되지 않고서도 막을 수 있는 방법도 많고 막아야 됩니다. 이 법 제정으로는 불가능합니다. 이 법 제정은 아직 도래하지 않은, 예정되어 있는 그런 테러위협에 대한 것을 방지할 수 있을 뿐이지 지금 현재 임박해 있는 테러위협을 막을 수 있는 법은 아닙니다.

따라서 북한이 테러역량을 준비하고 있다라고 하는 국정원의 보고는 불명확하고 검증하기 힘든 정보를 근거도 제시하지 않고 무분별하게 공개해서 국민들에게 혼란을 주고 있는 것입니다. 나아가서 국내 정치나 입법에 영향을 미치려는 정략적인 이유로 국민을 겁주고 여론을 조작하려는 의도를 노골적으로 드러내고 있습니다. 이런 일들이 반복되기 때문에 국정원을 믿을 수 없는 것이고 앞으로도 더더욱 국정원에 대한 신뢰는 낮아질 것입니다.

그 다음으로 국회의장님께서 지난해 IS의 파리테러 이후에 '터키·인도네시아 등 국경을 초월한 테러가 빈발하고 있는 상황에서 세계 각국과의 활발한 인적 교류가 이루어지고 있는 우리나라도 테러의 위험에서 결코 자유로울 수가 없습니다. 국민 안전 비상상황입니다.'라고 말씀을 하셨어요.

물론 이 말씀은 맞지요. 테러의 위험에서 자유로울 수 없지요, 우리나라도 이제는. 하지만 그렇다고 해서 국제 테러, IS 테러와 같은 외국인에 의한 테러가 우리나라에 임박할 정도는 아닌 것 같습니다.

그것은 '비주얼다이브(visualdive)'라고 하는 그런 잡지가 있는데요. 이곳에서 인터넷상으로 제시된 자료를 저희가 한번 확인해 봤습니다. 무슨 뜻이냐, 뭐냐 하면 세계 테러지수를 데이터로 시각화한 것입니다. 이 세계 테러지수, 즉 테러 발생 빈도, 사망자 수를 측정한 지수지요. 현재까지 한국은 이 기준에 따르면 없습니다. 0입니다. 0. 이라크나 아프가니스탄 이런 데는 많지요. 프랑스도 발생했었고요, 미국도 발생했었고.

세계 테러지수로 보면, 지금까지 국제사회에서 테러라고 지목되었던 그런 발생 빈도로 보면 한국은 아직까지 0건입니다.

그 다음에 그럼에도 불구하고 우리나라 국민들이 우리나라에서도 테러공격이 일어날 수 있다라고 불안감을 가질 수밖에 없지요. 하도 전 세계 곳곳에서 테러가 발생하니까요. 그래서 그 불안감 지수를 조사한 게 또 있습니다.

글로벌 리서치 회사인 '입소스(ipsos)'인데요. 지난해 국제 안보 포럼과 공동으로 전 세계 24개국을 대상으로 여론조사를 했습니다. 그중에 전체적으로 보면 56% 정도가 불안감을 느낀다고 합니다. 거기에 비해서 한국은 42%입니다.

우리가 흔히 알고 있는, 테러가 빈발하고 있는 서구·유럽·미국·터키 등에서는 아주 높지요. 89%, 77%까지 올라갑니다.

(자료를 들어 보이며)

이 도표로 보면 이렇게 됩니다. 전체는 56, 우리나라는 42, 다른 나라들은 이렇게 높습니다.

제가 이 말씀을 드리는 것은 우리나라에 테러가 일어나지 않는다는 게 아니라 우리나라도 테러위험이 이제 생기기 시작했고 대비를 해야 되는 건 맞지만 테러지수, 이게 다른 나라에 비해서는 낮은 편이다. 그렇기 때문에 이 IS 테러를 내걸면서 지금 테러방지법을 서둘러야 된다 이것은 논리적으로 맞지 않습니다.

바로 국정원에서 시작되는 이 테러위협, 북한에 의한 테러위협, IS 테러 가능성 이런 것들이, 이렇게 불안감을 국민들에게 조성시키는 것들이 바로 흔히 말하면 조작된 공포라는 것입니다. 이 조작된 공포, 공포를 조작한다, 국가정보기관들이, 전 세계의 국가정보기관들이 국민들에게 불안감을 조성한다라고 하는 내용의 책이 있습니다.

(자료를 들어 보이며)

이게 조금 오래된 책이기는 한데요. 제목이 바로 '조작된 공포'입니다. 부제목은 '세계 정보기관의 진실' 폴 토드, 조너선 블로흐라는 분이 지으셨고요. 이주영 씨가 옮겨 썼습니다.

이 책의 내용은 이런 겁니다. 핵심적인 내용은 역사적으로 정보기관들이, 전 세계의 정보기관들입니다. 두 가지 기능을 해 왔다는 겁니다. 하나는 군사·안보상의 위험을 예측하고 대응하는 것 또 하나는 사회의 질서 유지·통제라고 하는 좀 더 넓은 차원의 의제를 다루는 것입니다.

그런데 기존에는 냉전상태이다 보니까 군사·안보상의 위험 이게 굉장히 강조됐습니다. 우리나라도 예외는 아니었지요. 그런데 냉전체제가 해체됐습니다. 그러니까 각국 나라의 정보기관들, 특히 미국의 CIA도 그 역할이 줄어드는 것 아닌가라는 불안감에 시달리게 되는 겁니다.

그래서 기존의 냉전 상태에서, 냉전체제하에서 굉장히 비대해졌던 각국의 정보기관들이 그 조직을 존속시키기 위해서 자신을 정당화해 줄 자기 조직이 계속 이렇게 크게 유지돼야 된다, 예산도 우리는 많이 받아야 된다라고 하는 논리를 찾아내야 했는데 그게 바로 테러리즘입니다.

반세계화운동, 마약과의 전쟁, 불량국가, 이런 개념을 만들어 냈는데 특히나 최근에는 테러와의 전쟁, 이게 강조됐지요. 그게 바로 2001년도 미국의 9·11 테러가 직접적인 영향을 줬습니다.

그래서 전 세계의 정보기관들이 고전적인 대규모 군사전략적 임무에서 테러방지, 그로 인한 자국민들의 안전, 이것을 보호한다는 미명하에 그 실체가 모호한 테러와의 전쟁으로 변하고 있는 것입니다. 그래서 이 테러위협에 대해서 실제보다 더 과장되게 불안감을 조성하고 심지어 여론 조작까지 한다는 겁니다. 그러니까 결국은 우리나라 국정원이 왜 그렇게 하는가, 왜 그렇게 공포를 조작하는가, 전 세계의 정보기관들의 공통적인 특징이라는 겁니다, 이 책에 따르면.

거기다가 우리나라 국정원은 특이하게도 북한이 존재하고 있다 보니까 북한에 의한 테러위험을 더 강조할 수가 있습니다. IS 등의 테러가 주요 선진국, 서유럽에서처럼 빈발하게 일어나기 어려운 상황이지만 북한이 있기 때문에 얼마든지 북한에 의한 테러위험을 통해서 공포를 조장할 수가 있는 것입니다.

자, 그러면 국정원 주도의 테러방지법밖에 없냐, 그것 말고 다른 기관이 대테러 임무를 총괄하면 되지 않느냐, 이런 생각을 할 수 있지 않습니까? 그래서 야당에서는 국정원이 아니라, 국정원은 못 믿겠다 그리고 국정원한테 맡기면 미국에서의 교훈에서 보듯이 오히려 실패한다, 그렇기 때문에 별도의 총괄하는 컨트롤타워가 있어야 된다라고 주장을 했고, 그 과정에서 안보실이 그 대안이 될 수 있지 않느냐라는 논의도 있었습니다. 그런데 이 부분에 대해서 묵살이 됐지요.

그 과정들을 한번 짚어 보겠습니다.

이것은 보수언론에서 정리해 놓은 건데요, 보수언론임에도 불구하고 국정원 중심의 이런 테러방지법에 비판적으로 썼습니다.

박근혜 대통령이 11월 24일 국무회의 석상에서 테러방지법을 하루 빨리 제정해야 된다라고 하면서 이런 말을 했습니다. '14년간 지연돼 온 테러 관련 입법들이 이번에는 통과돼서 국민 생명과 안전을 지킬 수 있도록 최선을 다해 주시기 바랍니다.' 이렇게 말씀하셨는데요, 이 말을 들어 보면 마치 14년간 테러방지법이 지연돼 왔으니까 박근혜정부의 주요 숙원사업이었던 것처럼 느껴집니다. 그리고 그 14년이라는 시간 동안 국회는 이 역할을 방기하고 외면해 왔다 이렇게 들립니다. 그런데 과연 그럴까요?

먼저 우리나라 안보 사안의 최고 논의기구인 국가안전보장회의(NSC)를 예를 들어 보겠습니다.

NSC 상임위원회 차원에서 테러방지법 관련 토의가 구체적으로 진행된 적이 없답니다, 국가안전보장회의인데요. 이름이 '국가안전'이잖아요, 테러는 국가안전과 직결되는 것이고. 그런데 국가안전보장회의에서 테러방지법에 대한 토의를 한 적이 없다, 구체적으로 한 적이 없다, 특히 이 테러방지법이 공방을 거듭하면서 14년 동안 통과가 되지 못하고 있었던 가장 주된 이유였던 국정원 주도, 이 테러 대응을 총괄할 컨트롤타워를 국정원이 가져갈 것이냐 다른 부서가 맡을 것이냐, 여기에 대해서 한 번도 진지하게 거론된 적이 없다는 겁니다.

청와대 관계자는 이렇게 말합니다. '솔직히 말해서 이 사안에 대해 별다른 심각성을 느끼지 못해 왔다. 테러 대응 문제 역시 대통령 훈령으로 되어 있는 국가 대테러활동지침에 따라서 논의하면 되는 실무적인 문제로 생각해 온 측면이 강하다' 이렇게 이야기했고요. 또 다른 전직 관계자는 '테러방지법이나 대응조직체계에 대해서 박근혜 대통령이 이렇다 할 지침을 내린 적이 없다' 이렇게 이야기했습니다.

박근혜 대통령의 지시사항이 없으니까 국가안전보장회의(NSC)나 관계 부처 사이에서 제대로 된 논의가 이루어질 리가 없지요. 그리고 이 문제들 어떻게 풀어 나갈지에 대해서 정부가 명확한 방침을 정한 적도 없습니다.

이를 증명하는 하나의 사례가 있습니다.

지난 11월 중순 임종인 대통령비서실 안보특별보좌관이 일부 언론과 인터뷰를 했는데, 거기서 국민안전처 컨트롤타워 안을 제시했습니다. 정보기관인 국정원에 과도하게 힘이 쏠리는 것에 대한 우려가 있다면 국민안전처가 있으니까 그 국민안전처 내에 국정원과 검찰, 경찰, 금융정보분석원—FIU지요—두루 참여하는 대테러기구를 구성하면 되지 않겠느냐, 그리고 권한 남용을 방지하기 위해서 독립적인 준법감시위원회를 설치하는 방식으로 테러방지법을 만들면 어떠냐라고 하는 아이디어를 제시했습니다.

임종인 특보는 물론 개인 의견임을 전제로 하기는 했습니다. 하지만 이것은 국정원이 강하게 밀어붙이고 있는, 지난 14년간 지금까지 계속 밀어붙이고 있는 국정원 주도의

테러방지법안과는 전혀 거리가 멉니다. 그러니까 당연히 이 발언이 나오자마자 안보부처 내부에서 불만이 쏟아져 나왔지요. 정부 방침이 무엇인지 혼란스럽다, 그리고 국회 정보위원회 소속 새누리당 관계자 역시 청와대의 진위를 알고 싶다면서 곤혹스러운 표정을 지은 적도 있습니다.

이러한 분위기는 서두에서 본 박근혜 대통령의 국무회의 발언 이후에도 달라진 적이 없습니다. 결국은 '테러방지법 통과되어야 됩니다'라고 당위론적인 이야기만 박근혜 대통령께서 하시지 핵심 쟁점을 어떻게 돌파해야 될지, 이 테러방지법의 컨트롤타워를 국정원이 맡아야 되느냐 다른 기관이 맡아야 되느냐에 대해서 아무런 지침을 제시하지 않고 있습니다.

그래서 혹자는 이 상황을 '혹시 국정원이 화려한 개인기를 펼치고 있는 것 아니냐?' 이렇게 얘기하는 분도 계세요. 왜냐하면 대통령을 비롯해서 정부기관들에서조차도 혼선이 있다는 겁니다, 명확한 지침이 없고.

국정원은 11월 18일 날 국회의 긴급현안보고를 전후해 가지고 이슬람 수니파 극단주의 테러단체인 IS 세력의 국내 테러위험에 대한 다양한 정보를 흘려 왔습니다. 그런데 그 일부 숫자나 사실관계가 과장되었기 때문에 야당에서 반발을 해 왔습니다. 그럼에도 불구하고 계속 제 갈 길을 지금까지 가고 있는 겁니다. 지난 11월 18일 이후 IS 테러위험을 계속 강조해 오다가 최근에는 북한의 핵실험, 미사일 발사 이후에 북한에 의한 테러위험까지 추가해서 이런 공포를 조장하고 있는 거지요.

그리고 박근혜 대통령께서 마음만 먹었으면 이 테러방지법을 통과시킬 수 있었습니다, 빨리. 지난 11월 중순을 기점으로 해서 야당 측 일각에서 NSC 컨트롤타워 안을 제시했습니다. 당시에 정보위원회 위원이었던 새정치민주연합 이종걸 원내대표께서는 '테러방지법을 무조건 반대하는 게 아니다. 일반 테러에 대한 대응을 NSC 국가안전보장회의가 맡는 방향이라면 논의할 수 있다.' 이렇게 밝혔습니다. 그것이 출발점이 돼서 새누리당의 하태경 의원도 '청와대를 컨트롤타워로 하고 국정원은 집행만 하면 여야가 충분히 타협할 수 있지 않겠느냐.'라고 거들고 나섰던 적도 있습니다. 그렇기 때문에 정말 테러를 방지하기 위한 테러방지법 통과가 목적이라면 이 컨트롤타워를 어디로 하느냐에 대해서는 충분히 협상의 여지가 있는 것이지요. 진작에 만들 수 있었던 겁니다. 그런데 그렇게 하지 않고 국정원 주도의 테러방지법만 일관되게 고수했기 때문에, 그동안 인권침해를 끊임없이 해 왔고 정치 관여, 선거까지 개입해 왔던 국정원에게, 믿을 수 없는 국정원에게 테러방지의 컨트롤타워를 맡긴다, 그렇게 밀어붙이니까 통과가 안 되는 겁니다.

또 다른 당국자는 국가안보실의 위상 측면에서도 충분히 의미심장한 아이디어였다고 말하고 있습니다. NSC는 헌법기구이지만 안보실은 그렇지 못하다는 겁니다. 그래서 역대 정권을 거치면서 유사한 기능을 수행하는 조직이

외교안보수석실에서 NSC사무처로, 통일외교안보정책실로, 국가위기관리실로 끊임없이 변화해 온 것도 이러한 한계 때문이라는 지적이 있습니다.

대테러센터를 NSC에 두게 되면 현실적으로 NSC사무처 기능을 수행하는 안보실 산하에 조직이 구성됩니다. 그렇게 되면 국가안보를 총괄하는 청와대 내부조직의 위상도 견고해질 수 있습니다. 중국과 일본의 행보를 보면 외교안보정책을 총괄 조정하는 조직이 발 빠르게 강화되고 있습니다. 급증하는 해외의 테러위협 그리고 전 세계가 하나로 연결돼 가고 있기 때문에 당연히 선진국에서는 외교안보정책을 총괄 조정하는 조직이 강화될 수밖에 없겠지요.

그리고 이런 이야기도 있습니다. 테러라는 것을 다른 안보상의 위기와 별개로 보고 있다는 게 혼선의 근본적인 한계입니다. 세월호 사고 당시에 안보실이 '재난은 소관 사항이 아니다'라고 선을 긋는 바람에 논란이 일었지요. 그러면 테러 역시도 안보실 소관이 아닐까요? 테러라는 것은 결국 국민의 안전과 직결되는 겁니다. 그리고 안보하고도 관련되는 것이지요. 그래서 미국을 비롯한 주요 국가의 전체적인 흐름은 일상적인 테러야말로 대규모 전쟁 못지않은 안보상의 위기라는 인식이 자리 잡고 있다는 겁니다.

그렇다고 하면 오히려 청와대 안보실 산하에 위기관리센터 그리고 테러 대응 컨트롤센터가 분리되는 게 훨씬 더 기묘한 구조니까 차라리 청와대 위기관리센터에다가 테러 대응 기능을 부여해서 관련 업무를 통합하는 게 바람직하다라는 이야기가 나오는 것이지요. 실제로 미국의 예를 들어 보면 9·11 테러 이후에 아까 말했던 것처럼 CIA, FBI 등의 정보기관들을 종합하는 별도의 컨트롤타워를 만든 적이 있습니다.

상황을 이렇게 정리해 놓고 보니까 김관진 안보실장이 왜 조용할까, 이게 또 궁금해지지요? 테러방지법 문제가 그렇게 중요하다고 대통령께서도 말씀하시고 하는데 테러방지법과 전혀 무관할 수가 없는, 그리고 이것을, 테러방지법을 만드는 데 돌파구가 될 수 있는 그 키가 김관진 안보실장에게 있는데 김관진 안보실장은 침묵을 지킵니다. 현안으로 떠오른 이후에도 청와대 측과 상의한 적이 없습니다. 안보실은 아예 논의선상에도 오르지 않았다는 게 정보위원회 소속 새누리당 관계자들의 말입니다.

조직의 생리로 보면 서열로 따졌을 때 국정원은 안보실보다 아래입니다. 그런데 한 단계 아래 조직인 국정원이 위의 조직인 안보실은 하면 안 되고 우리가 해야 한다 이렇게 나선 모양새인 겁니다. 그 중요한 테러 총괄기구의 역할을, 컨트롤타워 역할을 한 단계 낮은, 정부조직법상 한 단계 낮은 국정원이 국가안전보장회의를 대신해서 맡겠다, 이러고 있는 겁니다.

또 한 가지 지적할 부분은 안보의 의미를 지극히 협소하게 해석하고 있는 것이 박근혜정부의 특징이다라는 겁니다. 외교와 통일 정책, 경제와 사이버까지 모두 포괄하는 이 말을 유독 박근혜 대통령은 국방과 군사 분야만 가리키는

것으로 한정해서 사용하고 있습니다. 안보 라인의 상당수가 군 출신으로 구성되어 왔던 그간의 인사 패턴 역시도 바로 그러한 인식의 틀 때문이 아니냐는 견해들이 많습니다.

최근 들어서 국정원은 자신들이 컨트롤타워를 맡아야만 해외 정보기관과 교류가 원활해진다, 이런 논리를 내세우고 있습니다. 그런데 공교롭게도 해외 교류, 이 분야에 대해서 안보실이 가장 취약합니다. 원래 이 자리는 미국 백악관 국가안보좌관 등 주요국 최고지도자 안보보좌진과 핫라인을 구축해서 상시적인 연락체계를 구축해야만 합니다. 그런데 지금 안보실은 이 기능을, 하고 있다는 게 당국자들의 불만 중 하나이지요. 김관진 실장의 경우에 지난해 부임한 이후 각국 카운터파트를 한두 차례 만난 정도가 전부입니다.

결론적으로 이야기해서 정말 결기 넘치는 발언을 남긴 11월 24일 박근혜 대통령 국무회의 발언, 이때 14일 민중총궐기 집회에 모인 복면시위대를 IS 테러리스트와 비교하는 발언을 해서 논란을 자초했습니다. 외신들마저 놀라움을 표시했었지요. 그리고 집시법 개정안으로 이어졌습니다. 치안 당국이 질서 유지를 할 수 없는 집회·시위의 경우에 복면 착용을 금지시키는 이른바 복면착용 금지법이지요.

대통령께서 정말로 테러를 염려한다면 오로지 국정원 주도로 테러방지법 만들어야 된다 이렇게 밀어붙일 게 아니라 오히려 전 세계적인 추세에 맞게, 선진국의 흐름에 맞게 총괄 기능을 별도로 갖추는 그러한 테러방지법이 되어야 합니다.

정의화 국회의장께서 직권상정을 하면서 내셨던 논거에 대해서 제가 하나씩 하나씩 비판을 했습니다.

마지막으로 한 가지 지적하자면 의장님께서는 "대테러센터의 소속, 테러 관련 정보수집 권한 등의 법의 본질적 취지와는 떨어진 부차적 문제로 법 통과를 미뤄서는 안 됩니다." 이렇게 말씀하셨어요. 그런데 앞에서 제가 누누이 이야기했듯이 대테러센터를 누가 맡느냐, 어느 기관이 맡느냐, 어느 기관이 컨트롤타워를 맡느냐, 이게 오히려 지금 부차적인 문제가 아니라 핵심 쟁점입니다. 그런데 이것을 부차적인 문제라고 지금 말씀하시고 있어요. 이것은 선후가 바뀐 겁니다.

그리고 또 이해할 수 없는 말씀을 하셨습니다. 국정원과의 비공개 면담을 했는데 국정원장이 신뢰를 회복하기 위한 후속조치를 반드시 이행하겠다라고 확고한 약속을 했답니다. 그리고, 그러니까 그 약속을 믿고, 국정원을 믿고 이 테러방지법을 통과시키자라고 직권상정을 하신 거예요.

어떻게 기관 대 기관의 장이 구두로 한 약속을 가지고 믿어 달라 할 수 있습니까? 원래 말로 하는 약속이란 것은 얼마든지 번복될 수가 있는 겁니다. 그렇기 때문에 문서로 남겨야 되는 것이지요. 증거를 남겨야만 나중에 번복을 못 하겠지요. 더군다나 공개된 자리에서 약속한 것도 아니고, 언론에서 기자분들이 들은 것도 아니고, 국회의장님 혼자서 비공개 면담을 통해서 들었답니다. 그렇게 들은 이야기를

어떻게 믿습니까? 어떻게 그 약속을 지킬 수 있다는 것을 증명할 수 있습니까? 공개적인 자리도 아니고 서면으로도 이루어지지 않은, 공문의 형태로 공식적으로 이루어지지 않은 약속은 언제든지 내팽개칠 수밖에 없습니다. 공문으로 정식 작성되어도 폐기될 수도 있는 게 정치권의 현실이고 정보기관의 약속입니다. 그동안에 보여준 모습이었습니다. 그런데 비공개 면담에서 말로 했던 약속을 믿자고 하시니 참으로 답답할 노릇입니다.

이 말로 하는 약속의 위험성은 바로 기관의 장이기 때문에 더 그렇습니다. 우리가 서로 친한 사이끼리, 아주 오랫동안 친분을 맺었던 개인 대 개인 간에 구두로 약속해서 돈 얼마 빌려줄 테니 빌려준 거에 대해서 나중에 언제까지 꼭 갚겠다, 이런 약속 구두로 할 수 있지요. 친분관계가 있기 때문에 믿을 수도 있지요. 그런데 기관의 장과 기관의 장이 약속한 것은, 이 기관장은 언제든지 임기 만료 또는 중도에 그만둘 수 있습니다. 그러면 그다음에 교체돼서 들어온 국정원장이 뭐라고 하겠습니까? 새로 교체된 국정원장에게 의장님께서는 뭐라고 말씀하시겠습니까, 만약에 교체된다면? 기존 국정원장이 약속했다라고 하시겠습니까? 그러면 새로 교체된 국정원장은 그러겠지요. '모르는 일인데요. 저 들은 적 없는데요' 이렇게 하지 않겠습니까? 뻔한, 예상되는 결과지요.

그리고 정의화 국회의장님 본인 스스로도 지금 임기가 얼마 안 남으셨어요. 임기 얼마 안 남으신 분이, 조만간에 바뀌실 분이 그 약속을, 새로 바뀔 다음 국회의장으로 선출될 분이 어떻게 그 약속을 받아 안고 감독할 수가 있습니까?

국가기관의 장이 서로 약속을 하고 이행을 할 때 반드시 지켜야 하는 공개적이고 공식적인 공문에 의한 약속, 너무나 당연한 기본 원칙을 무시해 가면서 말로, 그것도 비공개 면담 자리에서 혼자서 들은 이야기를 가지고 '믿어 달라' 그러면서 '직권상정해서 빨리 통과시키자'…… 이것은 정말 국회의장님께서 하실 말씀이 아닙니다.

그동안 수차례 정말 직권상정의 압박을 견뎌 내시면서 원활한 국회에서의 논의 이것을 이끄려고 노력해 왔던 그 존경스러웠던 모습 마지막까지 유지해 주시기를 부탁드리겠습니다.

직권상정되어 있는 테러방지법안, 사실은 이 제목부터 잘못되어 있지요. 마치 테러를 방지하기 위한 법안인 것으로 비쳐집니다. 그러니까 테러방지법안을 반대한다, 야당이 테러방지법안 반대한다더라, 무제한 토론까지 해 가면서 의사진행을 방해해 가면서 반대하고 있다 그러면 일반 국민들이 얼핏 들으면 '이상한 놈들 아냐' 이렇게 말씀하지 않겠어요? 테러를 방지하겠다는데 왜 반대해?

우리 야당 의원님들이, 제가 이렇게 반대를 주장하는 것은 테러방지법이 테러방지법이 아니라 사실은 국정원 강화법이기 때문입니다. 그렇기 때문에 이 명칭부터 바꿔야 됩니다.

이 법의 문제점들을 지금부터 나열할 텐데 가장 시급하게

바꿔야 될 것이 바로 이 법의 명칭입니다. 테러방지법이 아니라 국정원 강화법이지요, 국정원 주도의 테러방지법.

저는 국회의원이 돼서 4년간 직접 의정활동을 하면서도 참 황당한 경우를 많이 봤는데요, 바로 이런 경우입니다. 법안의 내용은 분명히 테러방지가 주된 내용이 아니고 국정원 강화법인데 이름을 '테러방지법'으로 해 놓으니까 국민들은 그렇게 믿을 수밖에 없는 거예요. 한마디로 포장을 굉장히 잘 하시더라는 겁니다.

포장이라는 것은 제가 국회에 들어와 보니까 우리 언론에 있는 분들도, 기자 분들도 '네이밍'이라는 말을 많이 쓰시더군요. 네이밍, 이름 붙이기. 아무리 좋은 주장을 이야기하고, 아무리 좋은 법안을 발의해도 이름을 귀에 쏙 들어오게 붙여야, 국민들이 관심을 가질 만한 이름을 딱 붙여야 국민들이 기억을 한다는 겁니다. 맞는 말씀이시지요.

생업에 바쁘신 국민들께서 일일이 그 법안의 내용을 다 들여다볼 수 없고 검토하기 어려우니 소수의 그 전문가들만 알 수 있고 일반 국민들은 모르지 않습니까? 그러니까 이름을 잘 붙여야 됩니다, 이 정치권에서, 국회에서. 그래서 국회의원님들이 이름 붙이는 데 선수가 되시더라고요.

그런데 이름 붙이는 것 네이밍 좋게 생각하면, 그것을 좋은 쪽으로 활용한다면 얼마나 좋겠습니까? 우리 국민들이 귀에 쏙쏙 들어오고, 정치를 좀 더 쉽게 이해할 수 있고, 막 어려운 복잡한 법 이름보다 좀 귀에 쏙 들어오는 법. 그런데 이것을 나쁘게 표현하면 이것은 과장광고입니다, 과장광고, 거짓말.

포장을 내용물과 너무 다르게, 판이하게 다르게 해 버리면 이것은 포장의 기술이 아니라 과장광고이고, 나아가서 허위광고로써 거짓말이 되는 겁니다. 국민들을 속이는 거지요.

두 번째로 이 법안의 2조를 보면 이렇게 되어 있어요. 테러에 대한 정의를 '국가·지방자치단체 또는 외국정부의 권한행사를 방해하거나 의무 없는 일을 하게 할 목적 또는 공중을 협박할 목적으로 사람의 신체를 상해하여 생명에 대한 위험을 발생하게 하는 행위 등, 기타 등등 굉장히 많습니다. 가항, 나항부터 시작해서 많은데 이 부분만 보겠습니다.

'국가·지방자치단체의 권한행사를 방해할 목적으로' 이 표현이 상당히 문제가 많습니다. 시위를 하는 분들이 국가나 지방자치단체의 정책에 반대해서 항의하기 위해서 시위를 합니다. 집회·시위를 합니다. 그런데 그 과정에서 경찰과 충돌할 수도 있고, 경찰을 폭행해서 공무집행방해죄가 성립될 수도 있겠지요. 그런데 그런 경우까지도 이 테러에 포함될 수가 있습니다, 이 규정에 따르면.

그 정책을 반대하면서 시위를 했던 분들, 국가·지방자치단체의 권한행사를 방해할 목적이 있는 거지요. 왜냐? 그 정책에 반대하니까. 그 정책을 집행하면 안 된다고 그 정책을 막기 위해서 하는 겁니다. 그 정책의 문제점을 알리기 위한 목적도 있지만 막기 위한 목적도 있지요. 그런 경우에도 다 테러가 되어 버립니다.

그러면 정부 정책에 반대하는 사람들도 언제든지 잠재적인 테러분자가 될 수가 있는 겁니다. 그래서 이 테러에 대한 정의를 좀 더 구체적으로 바꿔야 합니다. 어떻게 바꿀 거냐에 대해서는 좀 이따가 말씀드리겠습니다.

그다음에 6조를 보면 대테러센터가 있습니다. 이 대테러센터는 '대테러활동과 관련하여 대테러활동 실무조정이라든가 대테러활동 지침 작성·배포라든가 테러경보 발령 등을 위해서 국무총리 소속으로 관계기관 공무원으로 구성된다' 이렇게 되어 있어요.

그런데 '대테러센터의 조직 정원·운영에 관한 사항은 대통령령으로 정한다' 이렇게 해 놨습니다. 이게 뭡니까? 이 대테러센터라는 것은 법으로 규정돼서 만들어지게 되면 이것은 정부기관이 되는 겁니다. 행정부의 각 기관에 대해서는 헌법 96조에서 이렇게 규정하고 있어요. "행정각부의 설치·조직과 직무범위는 법률로 정한다." 이게 바로 행정각부 법률주의입니다.

왜냐하면 정부의 각 기관을 법률로 정해 놓지 않으면 대통령 마음대로 공무원을 이렇게 배치하고 저렇게 배치하고 이럴 수 있잖아요. 국회의 통제를 못 받게 되는 거지요.

법률로 정하라는 의미는 국회의 견제·감독을 받으라는 겁니다. 행정부 마음대로 '자, 여기 행정부 공무원들은, 행정부의 수반은 대통령이니까 대통령 마음대로 행정부 각 부를 마음대로 정하고 공무원 파견 마음대로 하고 행정부 각 부의 장이 하는 일을 마음대로 정한다, 국회의 통제 안 받고' 이렇게 하지 못하도록 되어 있습니다. 이게 바로 삼권분립의 원리지요. 입법부가 법률로서 정함으로써 행정부 수반인 대통령을 견제하는 겁니다.

그래서 대통령이 물론 먼저 제안을 하지만 국회가 심의해 봐서 '이것은 아니다' 싶으면 다시 논의를 해야 되는 거지요. 대화와 타협으로 논의를 해야 되는 것이지요.

그런데 이 국정원 강화법 여기에는 대통령령으로 정한다고 되어 있습니다. 법률로 정하지 않겠다는 거지요. 대통령령으로 정하면 행정부 마음대로, 대통령 마음대로 정할 수가 있습니다. 그렇기 때문에 이것은 헌법 96조 위반입니다.

(정의화 의장, 이석현 부의장과 사회교대)

그리고 이 테러방지법이라고 하는 것이 2001년도부터 꾸준히 상정되어 왔고 이 19대 국회에서도 새누리당 의원님들 여러 분들께서 발의를 하신 상태입니다. 그 법안들의 대부분을 보면 대테러센터라고 하는 실무조직의 책임자, 의장을 국정원장으로 두고 있습니다. 당연하지요.

이 테러방지법을 14년 전부터 꾸준히 준비해 왔던 데가 국정원이고요. 그러니까 국정원이, 자기가 컨트롤타워를 맡겠다고 해 왔지 않습니까? 그러니까 지금까지 나와 있는 법률들이 대부분, 법안들이 이 대테러센터의 의장을 국정원장으로 하고 있습니다.

그런데 왜 이 직권상정된 법안에는 그런 말이 빠지고 대통령령으로 정한다고 되어 있느냐, 그것은 야당이 계속 반대하니까 은근슬쩍 야당의 의견을 반영한 것처럼 꼼수를 부린 거지요.

이 법률에, 이 법안에 대테러센터의 의장을 국정원장이 맡는다는 말이 없지 않느냐, 맞는 말이지요, 겉으로 보기에는. 대통령령으로 정하면 되지 않느냐, 그러면 대통령령으로 정하면 당연히 대통령령에다가 국정원장을 의장으로 앉히지요. 빤한 결과 아닙니까? 당연한 수순이지요.

그걸 갖다가 눈 가리고 아웅 식으로 대통령령으로 정해서 국정원장이 의장이라는 표현이 없으니까 문제없지 않느냐 이것은 정말 손바닥으로 하늘을 가리는 그런 꼼수입니다.

3항에 보면 또 이런 말도 있어요. '대테러센터 소속 직원의 인적사항은 공개하지 아니할 수 있다' 이것은 또 뭡니까?

우리가 흔히 알고 있는 정부, 행정부의 각 공무원들은 인적사항이 다 공개되어 있지 않습니까? 이 대테러센터도 행정부 기관이지요, 구성된다면. 그런데 공개하지 않는답니다. 그러면 이 대테러센터 소속 직원을 거의 대부분 국정원 직원으로 채우겠다는 것 아닙니까?

우리나라 공무원 중에 인적사항이 공개되지 않는 조직, 국정원, 국정원 공무원들을 여기다가 대거 파견하겠다는 거지요. 그러면 대테러센터는 거의 국정원 하부조직이나 다름이 없어집니다.

다음, 9조 '테러위험인물에 대한 정보 수집 등'입니다.

1항에 보면 '국정원장은 테러위험인물에 대하여 출입국·금융거래 및 통신이용 등 관련 정보를 수집할 수 있다' 이렇게 되어 있습니다.

여기에 보면 어디에도 테러위험인물이라는 사람을 누가 정하느냐, 어떤 방법으로, 어떤 절차로 정할 거냐 그리고 그 사람에 대해서 해제의 절차를 또 어떻게 정할 거냐 여기에 대한 게 전혀 없습니다.

자, 국민 여러분, 생각해 보십시오.

여러분 중의 한 분이 어떻게 하다 보니까 테러위험인물로 지정이 됐어요. 그런데 누가 정했는지, 부당하게 지정된 테러위험인물 지정에 대해서 이의제기를 하고 해제해 달라고 요구할 수 있는 절차가 어떻게 되는지 전혀 없는 겁니다.

그러면 국정원장이 정하겠지요, 마음대로. 국정원장이 마음대로 테러위험인물을 지정하고 거기에 대해서 이의제기도 안 받아 준다는 겁니다. 이렇게 엉성한 법안이 어디 있습니까?

테러위험인물로 지정된다는 것은 본인 입장에서는 엄청난 기본권 침해가 되는 겁니다. 다행히도 그 사람이 진짜 테러위험인물이 맞는 경우라면 문제없겠…… 그 경우도 사실 문제가 됩니다마는 좀 덜하겠지요. 하지만 그렇지 않은 사람이 억울하게 테러위험인물로 지정된다면 그 사람이 받을 수 있는 피해는, 기본권 침해는 누가 해결해 줍니까? 어떤 절차로 해결해 줍니까?

다음으로 '정보 수집에 있어서 각종 법률의 절차에

따른다' 이렇게 되어 있고 '지급정지 등의 조치를 취하도록 금융위원회 위원장에게 요청할 수 있다' 기타 등등 여러 가지 권한을 부여하고 있습니다. 다 한마디로 말하면 영장주의의 예외를 인정한다는 겁니다.

이러한 정보 수집 같은 것은 기본적으로 강제처분으로 되는 경우가 많기 때문에 판사에 의한 영장으로 통제를 받아야 됩니다.

우리가 스스로, 상대방의 동의를 얻어서 휴대폰이라든가 각종 정보들을 건네주면 그것은 아무 문제가 없지요. 하지만 상대방은 모르는 상태에서 또는 상대방이 동의하지 않는데 그 정보를 얻으려면 어떻게 해야 됩니까? 강제로 얻어야지요, 강제. 그러면 강제로 하다가 인권침해가 이루어지면 어떡합니까? 그리고 그 사람이 나중에라도 억울한 피해자임이 밝혀지면 어떻게 할 겁니까? 그런 경우를 대비해서 우리나라 헌법에서는 영장주의를 대원칙으로 선언하고 있지 않습니까?

헌법 12조 여기에 영장주의 대원칙이 선언되어 있습니다. '모든 국민은 신체의 자유를 가지고, 누구든지 법률에 의하지 아니하고는 체포·구속·압수·수색 또는 고문을 받지 아니하며, 법률과 적법한 절차에 의하지 아니하고는 처벌·보안처분 또는 강제노역을 받지 아니한다' 기타 등등 많은 조항이 있습니다.

판사들이 뛰어나기 때문에 판사에게 영장 권한을 주는 것은 아니고요, 우리 국민들이 합의를 해서 사법시험을 합격한 이런 사람에게, 그래도 객관적이고 중립성을 지켜 줄 수 있는, 믿을 수 있는 사람들에게 영장 발부권한을 맡겼습니다.

국가기관에, 행정부 기관에 의해서, 정보기관에 의해서 부당하게 침해될 수 있는 인권침해 부분을 예방하기 위해서 이런 강제처분을 할 때 영장에 의해서 판사가 한 번 더 검토해서 거르도록 하고 있는 거지요.

그런데 이것을 이 영장주의에 대한 예외를 너무 쉽게 인정하고 있습니다. 그렇기 때문에 이 법안을 바로 국정원 강화법이라고 하는 겁니다. 대테러센터의 의장도 국정원장이 맡고 조직도 거의 대부분 국정원 직원으로 갈 가능성이 많고 영장주의의 예외를 폭넓게 인정하고 있고, 그래서 야당에서 비판을 하니까 수정안이 제출됐습니다.

어떤 수정안이 추가됐냐면 국정원장이 정보 수집을 위해서 대테러 조사 및 테러위험인물에 대한 추적을 할 수 있는데 이 경우에 '사전 또는 사후에 대책위원회 위원장에게 보고해야 한다' 이 부분이 추가됐다는 겁니다.

대책위원회 위원장은 국무총리를 말합니다. 그런데 국정원장이 국무총리한테 보고하는 게 무슨 견제·통제장치가 되겠습니까? 말 그대로 보고만 하면 되는데요. 보고해서 부당하다고 인정돼도 국무총리가 그냥 그대로 가는 겁니다. 회복될 수가 없지요. 돌이킬 수 없습니다. 그리고 국무총리는 대통령이 임명하신 분인데, 헌법에는 국무총리가 마치 책임총리처럼 운영할 수 있는 것처럼 돼 있지만 사실 우리나라 같은 제왕적

대통령제하에서, 지금 박근혜 대통령하에서는 특히나 국무총리는 철저하게 대통령의 지시를 따르는 분입니다. 국정원장은 더 말할 것도 없지요. 그런 분이 국무총리에게 보고한다고 한들 달라질게 뭐가 있습니까? 이 조항이 들어간 것만으로 독소 조항이 해결됐다라고 이야기하는 건 정말 말도 안 되는 이야기다라고 생각합니다.

테러방지법, 국정원 강화법의 문제점을 하나씩 하나씩 다 짚었습니다. 물론 더 많습니다마는 세세한 내용들은 이미 다른 의원님들이 많이 말씀하셨기 때문에 중요한 핵심적인 것만 제가 짚어서 말씀드렸습니다. 이제부터는 비판만 하지 않고 대안을 한 번 제시해 보겠습니다.

지금 현재 직권상정된 테러방지법이 문제가 많아서 안 된다면 어떻게 하자는 거냐, 대안을 제시하겠습니다. 이미 많은 연구들이 진행되어 왔습니다. 그중에서 주목할 만한 것 두 가지 논문을 소개하겠습니다.

'독일 테러대응시스템의 특징과 시사점'이라는 제목의 황문규 교수님께서 작성하신 논문입니다. 이 연구는 최근 테러리즘의 특징을 살펴보고 독일에서는 이러한 테러리즘에 어떻게 대응하고 있는지, 그것이 우리에게 주는 시사점이 무엇인지를 알아보는 것을 목적으로 하고 있습니다.

오늘날의 테러리즘은 첫째, 그 활동범위가 초국적이고 둘째, 네트워크화된 조직을 갖추고 있습니다. 셋째, 범죄와 상호연대하는 경향을 보이고 있습니다. 마지막으로 다양한 테러수단을 사용하는 등의 특징을 가지고 있습니다. 이러한 테러리즘에 효율적으로 대응하기 위해서는 무엇보다도 사후적 진압방식에서 벗어나 사전예방적 대응이 필요 불가피하다라고 밝히고 있습니다.

지금부터 이 논문을 그대로 읽지는 않고요, 이 논문의 중요한 내용들을 제가 제 나름의 생각을 곁들여서 말씀드리도록 하겠습니다.

9·11 테러 발생 이후의 테러리즘은 9·11 이전과 이후로 구분되어서 논해지고 있습니다. 9·11 이후의 테러리즘은 '초국가적' '새로운' 이런 수식어가 붙습니다. 이미 특정국가의 영역을 넘어섰다는 거지요. 그렇기 때문에 어느 한 국가의 독자적이고 고유한 대테러 정책은 한계가 있을 수밖에 없다는 겁니다. 또한 대응방식에서 사후 진압적 대응에서 사전적 예방중심으로 바뀌어야 된다. 이러한 사전예방적 대응패러다임은 '위험사회' 논의하고 그에 따른 안전이 어느 때보다도 강조되고 있는 지금의 시대적 분위기와 맞아 떨어지고 있습니다.

하지만 이 사전예방적 대응의 성공 여부는 무엇보다도 테러에 대한 정보를 얼마나 빠른 시기에 수집하느냐 그리고 수집된 정보를 분석해서 정보기관 상호간에 충분히 공유하느냐, 나아가서 적절한 대응을 하느냐에 달려 있겠지요.

이것이 바로 9·11테러가 우리에게 주었던 값진 교훈입니다. 피의 대가로 우리나라의 국민들도 교훈을 얻게 됐습니다.

미국은 2001년 9월 11일 테러에 대한 진상조사를 벌여서 진상조사결과보고서를 내놓은 적이 있습니다. 여기에

따르면 정보기관이 개별적인 임무 수행으로 정보기관의 조화로운 업무 협조나 정보 공유가 전혀 이루어지지 않았다. 그리고 그에 따라서 종합적인 분석정보를 도출하는 데 실패했다는 것을 핵심적인 원인으로 지적하고 있습니다.

즉 FBI나 CIA의 개별적인 정보 판단으로는 테러 가능성을 예상하기는 했지만 그러한 개별정보들을 종합하여 분석할 수 있는, 책임질 수 있는 기관이 없다 보니까 그 테러가 미국 본토를 향한 것인지 해외에 있는 미국 자산에 관한 것인지 테러가 언제 이루어질지 어떤 방식에 의한 것인지 구체적으로 알 수는, 예측할 수는 없었다고 합니다.

요컨대 개별정보 그 자체는 그야말로 단순한 점에 불과하지요. 이 점들을 조합·분석해서 연결해야 되는 것이지요. 그래서 전략적 테러대응기구 창설을 권고했습니다. 그에 따라서 2004년 8월 달에 국가테러대응센터가 설립되었다고 합니다.

물론 그 대응센터는 각 정보기관, CIA를 비롯한 각 정보기관들의 정보를 종합적으로 분석하고 취합하는 별도의 독립된 컨트롤타워지요. 대통령으로부터도 독립되어 있고 각 부서·부처의 기관으로부터도 독립되어 있는 기관입니다.

최근 테러리즘의 주요 특징을 먼저 살펴보고 그에 따른 대책·대응 방법을 도출해 보도록 하겠습니다.

초국가적 활동공간이라는 거지요. 활동 반경이 그만큼 넓어졌습니다. 테러조직의 이동과 활동이 자유로워졌고 영향력 역시 특정 지역을 넘어섰습니다. 사이버상의 테러리즘은 뭐 말할 것도 없지요.

두 번째로 네트워크화된 테러조직이라는 겁니다. 네트워크라는 것은 상호 독립적이고 자율적인 결절점들로 구성돼서 유연하게 작동을 하지요. 또한 조직의 구조에 있어서도 규모와 형태를 상대적으로 용이하게 조절할 수 있는 높은 적응력을 가진 느슨하고 수평적인 연결 형태를 보이고 있습니다.

그러다 보니까 자체 재구성 능력을 보유하고 있어서 어느 한 구성요소가 손상되고 파괴됐다 해도 전체의 붕괴로 이어지지 않고 쉽게 복구되고 재생이 가능하다는 점입니다. 그만큼 테러조직을 일망타진하기가 어려워졌다는 거지요. 9·11테러를 주도한 알 카에다 테러조직은 물론이거니와 그 이후 테러조직들에서도 발견되고 있습니다.

세 번째로 테러리즘과 범죄와의 상호 연대가 이루어지는 특징이 있습니다.

과거에는 테러리즘과 범죄는 상호 배타적인 영역이었다고 합니다. 왜냐하면 테러리즘의 경우는 보통 정치적인 목적을 실현하기 위해서 때때로 폭력적인 방법을 동원하기도 하지만 범죄를 통해서는 테러리즘의 목적을 달성하기는커녕 역효과가 나는 것으로 봤기 때문인데요. 그런데 자금줄 이런 것들을 위해서라도 범죄조직과 연대를 추구하기 시작했습니다. 테러조직이.

그리고 범죄조직의 경우에도 자기의 범죄이익을 극대화하고 범죄사업을 안정적으로 수행할 수 있기 때문에 테러조직과 연대를 적극적으로 추진하고 있다고 합니다. 지난 2004년 발생한 스페인 마드리드 폭탄테러사건이 바로 그런 경우라고 하지요.

그리고 네 번째로 테러수단이 다양화되고 있습니다.

대량살상무기를 이용한 테러리즘뿐만이 아니라 동시다발적 테러수법, 인터넷을 활용한 사이버테러 이런 것들이 시도되고 있습니다. 이러한 최근 테러의 특징을 종합해 볼 때 시사하는 점은 바로 통합적 테러대응시스템의 구축이다라고 합니다.

한마디로 말해서 더 대응하기 힘들어진 이 테러와의 전쟁을 제대로 하려면 통합적인 테러대응시스템을 그것도 독립적으로 구축해야 된다라는 거지요.

앞에서 계속했던 이야기들과 비슷합니다.

구체적으로 한번 보겠습니다.

독일 테러대응시스템의 특징을 보고서 우리나라의 시사점을 살펴보는 건데요. 독일에서도 9·11테러를 계기로 해서 국제적 협력이 필요하고 통합적 테러대응시스템을 구축해야 된다, 여기에 이견이 없습니다.

하지만 경찰과 정보기관의 권한과 기능은 분리되어야 한다라는 분리원칙에 따라서 통합에 제약을 두고 있습니다.

그러면 분리원칙이 뭐냐, 구체적으로 보겠습니다.

독일의 테러대응기관에는 경찰하고 정보기관이 있는데요. 경찰과 정보기관에서 각각 다 공통적으로 정보를 수집합니다.

경찰은 아무래도 일반 범죄의 진압과 관련해서 하겠지요. 그리고 정보기관은 경찰활동의 전 단계, 위험방지의 영역에서 구체적 위험이 존재하기 이전 단계에 대한 정보를 주로 수집을 합니다.

그런데 여기서 주목할 부분이 경찰과 정보기관 분리의 원칙입니다.

2차 세계대전 이후에 서독을 점령한 미국·영국·프랑스 연합군은 나치시대의 비밀경찰, 게슈타포라고 하지요. 무소불위의 권한을 휘두르던 폐해에 대해서 방지하기 위해서 독일기본법 제정을 논의하는 독일 의회에다가 경찰과 정보기관을 분리하라라는 원칙을 제시했습니다.

이에 따라서 다섯 가지 합의사항을 제시했는데요. 정보기관에 경찰상 권한을 부여하는 것을 허용하지 않는다라는 것을 명시한 겁니다.

이 분리의 원칙이라는 것은 한마디로 말해서 거의 모든 것을 아는 사람은 모든 것을 집행하는 것을 해서는 안 된다, 허용돼서는 안 된다는 것이고 반대로 거의 모든 것을 집행할 수 있는 사람은 모든 것을 알아서는 안 된다라는 것으로 요약될 수 있습니다.

즉 경찰과 정보기관을 그리고 정보수집기관과 정보집행기관을 조직적·기능적으로 분리함으로써 권력의 집중을 막겠다는 거지요. 그렇게 함으로써 정보기관이 게슈타포처럼 비밀경찰화되는 것을 방지하려고 한 것입니다. 그리고 보면 역사적 연원이 참 깊은 부분이지요.

우리나라는 안타깝게도 이런 역사를 거치지 못하고 친일잔재를 청산하지 못한 상태에서 건국이 되다 보니까 친일파를 중심으로 한 경찰이, 정보기관들이 그대로 정보를 독점하게 되었습니다. 이런 분리원칙이 전혀 지켜지지 않았지요, 건국 때부터.

그런데 독일은 연합국에 의해서 철저하게 이 분리원칙을 실현당했다고 해야 되나요, 실현을 하게 되었습니다. 권한의 분리는 핵심 원칙으로 정부 전복 등 반정부활동에 대한 정보수집 업무를 담당하는 기관, 즉 국정원 같은 정보기관이지요, 경찰상의 일반적인 권한이 부여되어서는 안 된다라는 것이지요.

그러니까 당연히 일반적으로 접근 가능한 방법, 아까 제가 말씀드렸던 것처럼 상대방의 동의를 받아서 한다든지 하는 이런 방법을 통해서만 정보를 수집할 수 있고 강제력을 동원해서 정보수집 할 수가 없다라는 것이지요. 그러려면 판사 영장을 받았어야겠지요. 또 경찰도 마찬가지로 정보기관 고유의 정보수집 기법을 통해서 정보수집을 할 수가 없습니다.

따라서 정보기관이 테러 또는 범죄 관련 정보를 수집했다고 하더라도 독자적으로 테러 범죄를 진압할 수 있는 권한이 없기 때문에 집행 권한이 있는 경찰에게 관련 정보를 전달하지 않을 수가 없습니다. 그렇기 때문에 국가안보를 위해서 양 기관 간 협조가 필요하게 되겠지요.

그래서 이 분리원칙이라는 것이 완전히 분리되어 가지고 전혀 협조하지 말라 이런 게 아니라 조직적 측면에서는 분리하고 그다음에 임무에서 분리를 하자는 겁니다. 그리고 각 기관이 생성한 정보도 따로따로 처리하자라는 것이지요. 그것이 원칙이고.

다만 그 분리해서 얻은 정보를 어떻게 전달할 것이냐, 그냥 친한 사람한테 몰래 만나서 전달하는 것이 아니고요 공식적인 공문을 통해서 합법적으로 수집한 정보의 교류만 허용하고 있다고 합니다. 따라서 우회의 방법을 통한 정보수집 이런 것들은 허용되지가 않겠지요. 그렇지 않게 되면 정보기관은 경찰로 하여금 강제조치를 통해서 정보를 수집하게 하고 이를 전달받는 그런 편법을 쓸 것이기 때문입니다. 정보수집은 별도로 독립해서, 분리해서 하되 그것이 서로 교류될 때는 공식적으로 하라는 겁니다.

여기에서 이제 의문이 생길 수가 있지요. '아까 통합적 테러 대응 시스템을 구축하라고 하더니 이것은 또 뭔 소리냐?' 자꾸 분리하라니까요. 그런데 이 분리의 원칙이라는 것이 방금도 말씀드렸듯이 따로 가라는 것이 아니고 조직과 임무에서의 분리원칙이고 그다음에 정보의 교류에서는 일정한 제한이 있다는 겁니다.

그다음에 대테러활동에 대해서만큼은 별도의 통합 시스템을 구축하고 있습니다. 그러니까 대테러활동에 있어서만큼은 이 분리의 원칙이 상당히 완화되어 있는 것이지요. 이것이 바로 9·11 테러가 있은 이후에 독일에서도 '아, 이제 독일에서도 머지않아 테러가 일어날 가능성이 있으니까 2차 세계대전 이후에 연합국에 의해서 강제로 정보기관 분리원칙을 최대한 지키려고 했던 것을 좀 완화하자, 적어도 대테러활동에 대해서만큼은' 이런 논의가 시작된 겁니다. 그래서 2004년 12월 달에 대테러공동체라고 하는, GTAZ라고 하는데요, 이 조직이 만들어졌습니다. 일종의 컨트롤타워지요.

이 컨트롤타워 GTAZ는 테러 관련 정보를 실시간으로 교환하고, 현실적 위험 징후를 신속하고 목적 지향적으로 분석하고, 현장 대테러활동의 조정을 목적으로 하고 있습니다. 이를 통해서 테러 대응의 질적 향상을 도모하기 위함입니다. 여기에는 40개 연방과 주의 관련 기관들이 참여하고 있습니다.

그리고 분리의 원칙을 근본적으로는 지켜야 되기 때문에 공간이 분리된 2개의 정보 분석과 평가센터를 둡니다. 이 통합 대응 시스템, 컨트롤타워 안에다가 별도의 2개의 방을 구성한다는 것이지요.

저는 이것을 보면서 역시 선진국답다는 생각을 했습니다. 어떻게 보면 정보기관 입장에서는 그동안 분리의 원칙을 고수해 왔던 게 굉장히 불편했을 겁니다. 그러니까 9·11 테러를 계기로 아예 그냥 합쳐 버리자, 이제 효율성을 높이기 위해서. 결국은 정보기관의 입장에서는 효율성을 많이 생각하게 되지요. 그런데 분리의 원칙의 근본적인 취지를 훼손하면 안 된다, 또 그래야만 제대로 테러 대응이 될 수 있다, 그러니까 당장은 조금 비효율적으로 보일지라도 길게 보면 이게 더 효율적이다라는 차원에서 하나의 컨트롤타워 안에 2개의 방을 따로 구축하고 있는 겁니다. 그러니까 이 2개의 방은 경찰기관·정보기관 따로따로 독립되어 있는 거기와 또 다른 것이지요. 여기서 파견된 직원들이 와서 일을 한다는 겁니다.

어떤 절제의 미학이 느껴졌고요, 이것을 보면서. 그다음에 어떤 큰 테러가 발생했다고 해서 호들갑 떨면서 기존에 일관되게 오랫동안 지켜 왔던 중요한 원칙은 훼손하지 않는 이런 타협책을 찾아낸다는 것, 이게 바로 선진국의 모습이 아닌가 싶습니다. 우리나라도 본받아야겠지요.

여기에는 9개 실무팀이 있는데요, 일일상황팀에서는 예외적으로 매일 규칙적으로 파견된 요원들 간에 회의를 하면서 실시간으로 보고되는 정보를 공유하고 평가한다고 합니다. 원칙적으로 2개의 방을 두면서도 일일상황팀에서 실시간 회의를 하는 것이지요. 이 부분은 효율성을 강조한 부분이고요, 그다음에 2개의 방을 따로 마련해 놓은 것은 분리의 원칙을 강조한 것이지요.

GTAZ라는 것은 새로운 협력의 형태입니다. 어떤 독자적인 관청을 새로 만든 게 아니지요. 기존에 있던 두 기관에서 파견되어 와 가지고 협력을 하는 것이지요, 일종의 협력. 테러 대응을 위한 협력을 하는 겁니다. 그리고 그 요원들이 각 파견기관의 지휘·감독을 받도록 되어 있기 때문에 새로운 집행 권한을 부여하고 있는 것도 아닙니다.

이 점도 상당히 놀라웠던 내용인데요, 제가 국회에서 4년간 의정활동을 하면서 지켜보면 특히 예산 심사를 할 때, 연말에 예산 심사를 할 때 보면 우리나라 행정 각

부처의 기관들은 끊임없이 자기 기관을 유지하고 키워 가려고 합니다. 그래서 예산을 따 오려고 불필요한 행정, 불필요한 사업을 자꾸 벌입니다. 그래서 예산 달라고 합니다. 이 기관에서 달라고 하고 저 기관에서 달라고 하니까…… 그러면서 다른 기관에서는 이만큼 예산이 늘어났으니까 또는 이만큼밖에 안 줄었으니까 우리도 그렇게 해 달라 이렇게 되거든요. 경쟁적으로 조직을 늘리려고만 하지 조직의 비효율성을 제거하려고 하는 노력은 별로 없었습니다.

국회의원들이 그나마 견제·감독하고 불필요한 예산 깎고 해야 되는데 우리나라는 불행하게도 제왕적 대통령제라서 그런가요? 집권 여당의 국회의원님들께서는 그런 노력을 별로 안 하세요. 그러다 보니까 과반수를 차지하지 못하고 있는 야당에서만 견제·감독을 하고 그러니까 행정부의 견제·감독에 한계가 있습니다. 그래서 우리나라 행정부는 자꾸만 자기 기관 늘려 가려고 합니다.

만약에 우리나라에 이런 GTAZ 같은 조직이 만들어진다면 그 GTAZ 조직이 비대한 권한을 가지려고 끊임없이 예산 달라고 하고 그럴 겁니다. 독자적인 지휘·감독 권한을 달라 그럴 거고요.

그런데 독일에서는 그런 것들을 자제하고 있습니다. 그렇게 된 과정에는 그 행정부 공무원들 또는 대통령·수상의 노력만 있는 것은 아닙니다. 독일의 연방헌법재판소가 바로 견제·감독의 역할도 하고 있습니다. 헌법소송을 통해 가지고 GTAZ가 잘못하면 오랫동안 지켜 왔던 정보상의 분리 원칙을 깨뜨릴 수가 있으니 여기에서의 통합의 대상은 커다란 공공의 이익을 위하여, 즉 위해가 예상되는 매우 구체적인 근거가 있는 테러에 대비한 경우에 한정되어야 한다라고 판시를 하고 있습니다.

우리나라 헌법재판소에서도 가끔 이런 표현들을 씁니다마는, 참 좋은 표현이지요. 테러 대응을 효율적으로 하기 위해서 통합하는, 아까 일일상황팀이었지요. 일일상황팀같이 통합하는 경우가 있더라도 그것은 두 가지의 원칙을 지켜야 된다는 겁니다. 두 가지 전제조건이 필요하다는 겁니다. 커다란 공공의 이익을 위한 경우여야 한다, 둘째 위해가 예상되는 매우 구체적인 근거가 있는 테러에 대비하는 경우여야 한다. 이것을 뒤집어서 표현하면, 약간의 공공의 이익만 있는 정도로는 안 된다는 겁니다. 그럴 때는 통합할 수 없다, 정보를 통합해서는 안 된다. 또 거꾸로 위험이 예상되기는 하는데 구체적인 근거는 아직은 없다, 징후는 보이지만 구체적이지는 않다, 이럴 때도 정보를 통합할 수 없다라는 겁니다. 굉장히 의미 있는 표현이지요.

우리나라의 시사점을 보겠습니다.

독일에서는 나치시대의 게슈타포의 폐해에 대해 역사적 반성을 했지요. 하지만 9·11테러 이후에 이런 통합적인 대응도 모색하고 있습니다. 그럼에도 불구하고 여전히 분리의 원칙의 근간은 훼손하지 않고 있다, 그래서 테러 대응의 효율성 측면과 기본권 침해를 하지 않으려는 그러한 기본권에 충실한 측면, 이 두 가지 측면 중에 어느 한쪽에 치우치지 않고 균형을 이루고 있다라는 것이 특징이지요.

선진국의 제도들을 보면 참 균형감각이 갖추어져 있는 경우가 많습니다. 견제와 균형의 원리가 작동하는 것이지요. 그래서 효율성만 너무 강조하면 우리나라의 국정원 주도의 테러방지법처럼 권한이 집중되어 버리고요. 그렇다고 국민의 기본권 보장 측면만 강조하게 되면 테러에 효율적으로 대응하기 어렵지요. 그러니까 효율성의 측면과 국민의 기본권 보장 측면을 균형을 맞추고 있다는 겁니다. 앞으로 우리나라의 테러방지법도 그러한 관점에서 재설계되어야 합니다.

우리나라의 정보기관은 특히나 수사권까지 갖고 있기 때문에 더 위험합니다. 더 분리의 원칙이 지켜져야 됩니다. 우리나라의 대테러 기관의 활동을 보면 각 기관 간에 긴밀한 협력이 또 이루어지지 않고 있다는 점도 상당히 문제입니다. 기관의 부처 이기주의가 작동하는 것이지요. 2007년도 7월 달에 아프가니스탄 피랍사건이 종료된 뒤에 피랍자들이 귀국했는데 관련 기관들이 서로 앞다투어 가지고 피랍자 가족들을 안내하겠다라고 해서 참 황당하기도 하고 난감했다라는 겁니다. 생사가 달려 있는 납치사건이 벌어졌는데 이 가족들한테 기관들이 이런 행동을 했습니다. 참 어처구니없는 일이지요. 이런 긴급한 상황에 우리 기관이 하는 게 뭐가 중요합니까? 우리 기관의 성과로 남기는 게 왜 중요합니까? 어느 기관이 했든 납치된 가족을, 피랍자 가족들의 안전을 확보하는 게 우선 아닙니까? 테러를 방지하고 진압하는 게 우선 아닙니까?

각 기관별로 충분한 권한이 부여되어 있기 때문에 굳이 협력할 필요가 없는 것이 그 원인이 되겠습니다. 우리나라에서는 왜 이럴까요? 각 기관별로 너무 많은 권한이 있는 거지요. 특히 국정원, 수사권에다가 국내정보 수집 권한까지 다 있고 정보수집 권한, 집행 권한이 다 있다 보니까 국정원이 굳이 다른 기관과 협력할 필요성을 못 느낍니다.

두 번째로, 우리나라에도 테러 발생 시에 테러대책기구를 설치해 운영하는 것이 가능합니다, 현재도. 이것은 다른 의원님들도 많이 말씀하셨지요. 하지만 지금은 임시 협의체에 불과하기 때문에 사전 예방적 대응 할 수 있는 컨트롤타워가 만들어져야 됩니다. 상설적으로 만들어져야지요, 그것도. 그런 점에서 테러방지를 위한 테러대책기구, 대테러센터는 설치되어야 됩니다. 다만 그 컨트롤타워를 누가 맡느냐 이게 문제인 거지요.

그리고 우리나라는 분리의 원칙, 독일에서 전쟁 이후에 오랫동안 고수해 왔던 분리의 원칙에 대한 개념이 전혀 없습니다. 지금부터라도 도입을 해야 됩니다. 현재 국정원법에도 보면 분리의 원칙을 전혀 무시하는 그런 내용들이 있습니다. 국정원법 3조1항5호네요. 여기에 보면 이렇게 되어 있습니다. 정보 및 보안 업무의 기획·조정 임무를 국정원에 부여하고 있습니다. 정보활동의 조정을 국정원이 하는 겁니다. 무소불위의 정보수집 권한을 갖고 있는 국정원이 경찰을 비롯한 다른 정보수집 기관의 정보까지도 다 통합·조정하겠다는 겁니다. 지금 현재 그렇게 하고 있습니다. 이것은 굉장히 심각하지요. 경찰과 정보기관의 분리의 원칙을 지켜서 게슈타포 같은 비밀경찰 조직이 만들어지면 안 되는데 이미 우리나라는 해방 이후부터 박정희 전 대통령, 유신시대 이후로 지금까지 이 국정원에 집중된 권한, 그로 인해서 언제든지…… 과거에도 슈퍼경찰, 비밀경찰 역할 해 왔지만 지금도 그렇게 될 수 있는 소지가 다분하게 있는 겁니다.

이렇게 정보수집과 정보집행의 분리의 원칙에 대해서 아무 개념이 없는 것은 통신비밀보호법 시행령 6조에도 나옵니다. 여기에 보면 정보수사기관이라는 개념을 사용하고 있어요. 정보와 수사는 마땅히 분리돼야 되는데 그것을 하나로 붙여 가지고 정보수사기관이라고 합니다. 수십 년 동안 우리나라 국정원은 정보와 수사를 통합한 정보수사기관으로 활동을 해 왔다는 것입니다.

지금까지 독일의 테러 대응 시스템을 통해서 우리나라의 테러방지법상 대테러기구, 컨트롤타워가 어떻게 구성돼야 되는지를, 그 대안을 제시를 했습니다.

다음으로는 이 테러방지법상의 각종 권한들이 어떻게 하면 국민의 기본권 침해를 덜 하는 방향으로, 테러의 대응을 효율적으로 하되 국민의 기본권은 어떻게 최대한 보장하고 최소 침해되도록 할 것이냐라는 점에 대한 대안을 제시하도록 하겠습니다.

● **부의장 이석현** 서기호 의원님, 세 시간 가까이 수고가 많으십니다.

필요하시면 여기 본회의장에 딸린 부속 화장실에 잠깐 다녀오시지요. 3분 이내로 다녀오시면 좋겠습니다.

● **서기호 의원** 미리 준비를 다 완벽하게 했기 때문에 괜찮습니다. 부의장님 걱정해 주셔서 감사드리고요. 제가 좀 힘들까 봐 약간 쉬는 타임을 가지라는 취지에서 말씀하신 것 같습니다.

그러면 물을 조금 더 마시는 것으로……

● **부의장 이석현** 제가 잠깐 설명을 좀……

우리 본회의장에서 소란이 일어나는 이유가 지금 발언하시는 말씀이 의제 밖의 발언이 아니냐 하는 그런 부분입니다. 거기에 대해서 어젯밤에 조금 설명하다 말았는데 설명을 좀 드리고자 합니다.

그 부분에 대해서는, 미국에서 같으면 필리버스터 할 때 성경책도 갖다 놓고 읽고 소설도 갖다 놓고 읽고 그럽니다. 그런데 우리나라는 국회법 102조에 그 조항이 있습니다. 의제 외의 발언을 할 수 없다 이런 조항이 있습니다.

그런데 의제 외의 발언이 무엇이고 의제 내의 발언이 무엇인가를 구별 짓는 그런 기준은 아무 규정도 없고 해석도 없고, 제가 다 찾아봐도 학설도 없습니다. 이래서 어디까지를 해석해야 되는가 하는데, 제 생각에는 의원은 발언이 생명입니다. 의원은 말을 통해서 하는 일이기 때문에

그 해석을 너무 편협하게 하면 안 된다, 그러니까 의제와 직접적인 관련성이 있는 것만 인정할 것이 아니라 간접적인 관련성이 있는 것도 의제 내의 발언으로 인정해야 된다 하는 것이 부의장의 생각입니다.

그러면 과거에는 어떻게 했는가, 그 규정이 없는데. 과거에 열 시간 넘게 필리버스터를 하신 분이 1969년 신민당의 박한상 의원이 있었잖아요. 박한상 의원의 속기록을 제가 찾아서 다 넘겨봤어요. 그랬더니 그때 그분이 했던 동기는 3선 개헌을 막으라고 필리버스터를 했던 것인데 그 3선 개헌과 전혀 관계없는 얘기도 많이 하셨더라고요.

예를 들면 은행 이자가 세계에서 우리나라가 제일 높다 그런 말씀도 하시고, 또 공장 짓는 데 대해서도 말씀하시고, 심지어 동료 의원들이 졸고 있기 때문에 잠을 깰까 봐 내가 큰소리로 얘기를 안 한다는 농담도 하시고, 그래서 필리버스터라는 것이 일종의 합법적인 수단을 동원해서 무엇인가를 막는 행위이기 때문에 비교적 필리버스터 연설에서 할 수 있는 그 발언의 범위는 폭넓게 해석하는 게 맞지 않겠느냐 하는 게 본 의원의 생각입니다.

(「예, 맞습니다」 하는 의원 있음)

그런 점을 조금 양해를 하셨으면……

그래서 의원들이 이 부분에 대한 명확한 규정이 없기 때문에 의견들이 있을 수 있고 없을 수 있습니다. 그런데 제가 볼 때는 그걸 너무 비좁게 해석을 하는 것은 우리 국회의원들이 스스로의 권리를 너무 자승자박하는 그런 것이 될 것이다 이렇게 저는 보는 것입니다. 제 말씀을 너무 길게 한 것 같습니다.

서기호 의원님, 발언 계속하십시오.

● **서기호 의원** 존경하는 이석현 부의장님께서 말씀하신 내용에 대해서 저도 100% 동감합니다. 사실은 제가 똑같은 취지의 말을 발언 초기에 했는데, 부의장님 제 발언을 커닝하신 것 아닌가요?

● **부의장 이석현** 제가 그때 없었습니다.

● **서기호 의원** 농담이었고요.

헌법·국회관계법 이 법률에 대해서 소책자가 있습니다. 이 소책자는 국회의원들에게 다 지급이 되고요. 국회의원들이 모든 법을 다 알 수는 없지만 최소한 헌법, 국회법, 기타 국회관계법만큼은 평상시에도 수시로 보고 숙지하고 있고 또 서로 논란이 될 때 이걸 보고 한번 주장을 펼치자라는 차원에서 아마 지급된 것 같습니다.

그런데 우리 새누리당 국회의원님들 보시면 이런 의사진행발언이나 무제한 토론에 대해서 관련이 없다 자꾸 이런 주장을 하실 때, 저는 이 소책자를 한번 보고 말씀하시면 좋을 것 같아요. 이 소책자를 보면 어디에도, 제가 말씀드렸지만 직접적인 관련이 있는 사항에 대해서만 하라는 말이 없습니다. 그러면 당연히 간접적인 관련이 있는 것도 포함되는 것이지요.

그다음에 무제한 토론의 취지가 바로 시간의 제한이 없이 발언이 보장될 정도로, 의사진행의 효율성보다는 발언자의 발언권을 최대한 보장하는 것이 원칙이고 그 취지이기 때문에 당연히 간접적인 관련성도 폭넓게 인정돼야 하는 겁니다. 그래야지 무제한 토론이 가능하지요. 만약에 걸핏하면 관련이 없다, 간접적 관련이 없다 이러면서 발언에 대해서 방해하면, 제지를 하면 어떻게 무제한 토론을 할 수 있습니까? 그거야말로 사실상 제한 토론이 돼 버리지요. 할 수 있는 발언의 내용이 줄어들기 때문에 시간의 제한을 가질 수밖에 없습니다. 본인이 한 10시간을 준비해 오는데 그중에 5시간 정도 혹은 서너 시간 정도의 분량이 이 안건과 관련 없다라고 문제가 돼 가지고 제지당한다면 그러면 그 부분은 10시간짜리 무제한 토론을 준비했는데 5시간밖에 못하는 사실상 제한 토론이 돼 버리는 겁니다.

그렇기 때문에 시간을 제한하지 않는 무제한 토론의 법 취지상 당연히 간접적인 관련성은 넓게 해석돼야 되고, 이 시간 이후에 결코 관련성 없다는 주장을 통해서 불필요한, 의사진행발언을 방해하는 일을 하지 말아야 된다라고 생각이 됩니다.

그리고 기왕 말이 나왔으니까 제가 또 한마디 하겠습니다. 제가 4년간 국회에서 의정활동하면서 참 이해할 수 없는 일들이 많았습니다. 그중에 하나 대표적인 것이 이 본회의장 발언대에서 발언을 하고 있는데 국회의원님들이 의석에서 소리를 지르면서 발언을 방해하는 거예요.

(● 김기선 의원 의석에서 ─ 말씀하세요!)

(● 김현 의원 의석에서 ─ 새누리당 의원한테 얘기한 게 아니에요.)

제가 지금 이름이 잘 안 보여서 그러는데 누구신가요?

(● 김현 의원 의석에서 ─ 새누리당 의원한테 얘기한 게 아니에요. 일반적 현상을 얘기한 거예요.)

새누리당 김기선 의원님, 아무튼 김기선 의원님께 말씀한 것 아닙니다. 일반적인 경우를 저는 말씀드린 거예요. 특히 이 부분은 여당·야당 가릴 것 없습니다. 야당에서도 그런 경우를 저는 많이 봤습니다.

그런데 보십시오. 회의진행을 하고 있는데 발언을 하고 있는 사람이 있습니다. 그것도 마이크에다 대고 전 국민이 지켜보는 가운데 국회방송을 통해서, 이 마이크를 통해서 발언자의 내용만 국민들은 들을 수 있습니다.

그런데 의석에서 웅성웅성 소리가 들리는 거예요. 그 항의하는 소리는 국민들은 듣지도 못합니다. 들을 수 없습니다, 마이크가 없으니까. 그런데 뭔가 의사진행이 중단되는 거지요. '뭔가 또 좀 소동이 벌어졌나 보다' 이렇게 국민들은 생각하겠지요.

그것을 지켜보는 국민들은 어떻게 생각할까요? 그리고 뒤에 방청석에 가끔씩 우리 초등학교 아이들이 방청하러 옵니다. 우리 자라나는 아이들이 보고 있는데 그런 자리에서 삿대질하고 큰소리 치고, 마이크 잡고 지금 발언권 얻어서 발언하고 있는 사람한테, 그런 경우를 참 비일비재하게 봤습니다. 그러면 어떻게 회의진행이 됩니까?

설령 만약에 발언자의 발언이 문제가 있다고 생각되면 정식으로 의장님께 이의제기를 해서 의장님이 그 발언이 부적절하다고 판단을 할 때 비로소 국회의장의 질서유지권이 발동이 될 수 있는 겁니다.

발언자의 발언이 혹시라도 마음에 안 들거나 문제가 된다고 생각할 때는 국회의원석에 앉아 있는 분들이 소리를 질러서, 고성을 질러서 제지시킬 수 있는 게 아니고요, 국회의장에게 이의제기를 해서 국회의장이 국회법 145조에 따라서 '이 법 또는 국회규칙에 위배하여 회의장의 질서를 문란하게 한 때' 그렇게 인정이 됐을 때 비로소 경고하고 발언을 제지시킬 수 있는 겁니다. 그럼에도 불구하고 그 의원이 계속 발언한다, 그러면 퇴장시킬 수도 있어요. 이게 바로 의장의 질서유지권입니다.

(● 김기선 의원 의석에서 ─ 발언 제지시켜 주세요. 지금 발언하는 것이 계속 국회의원 공격하고 있어요.)

그렇게 발언을 방해하면 안 된다라고 제가 지금 이야기하고 있는 겁니다.

지금 김기선 의원님!

(● 김기선 의원 의석에서 ─ 왜 안 돼요?)

새누리당 김기선 의원님, 국회법 145조를 한번 보세요. 제 발언을 제지시키려면 그렇게 소리를 질러서 제지시키는 게 아닙니다. 법에 따라서 하세요.

(● 김기선 의원 의석에서 ─ 의장님, 발언 좀 제지시켜 주세요.)

자, 그다음에 우리가 이 법을 들먹이지 않아도……

● **부의장 이석현** 잠깐만요. 서 의원님, 잠깐만……

● **서기호 의원** 상식적으로 생각해 봐도 그렇습니다.

● **부의장 이석현** 잠깐 양해 구합니다.

● **서기호 의원** 마지막 이것, 정리하겠습니다.

● **부의장 이석현** 아니, 잠깐만요. 마침 얘기가 나왔으니까.

우리 존경하는 새누리당의 김기선 의원님께서 문제 제기를 하셨는데 가끔 그런 문제 제기가 어젯밤에도 나왔어요. 그래서 좀 설명할 필요가 있는데.

우리가 국회 이 필리버스터 제도가 이번에 선진화법에 집어넣으면서 다시 부활했습니다. 원래는 제헌국회 때부터 우리 국회법에 의원의 발언은 시간제한이 없었습니다. 애당초에. 필리버스터 제도가 따로 있는 게 아니라 제한이 없다가 1973년에 우리가 국회법을 개정할 때 그때는 30분으로 제한했어요. 처음으로 의원의 발언시간을 제한했습니다, 30분으로. 요즘은 우리가 15분씩으로 돼 있지요, 한 의원이.

그랬다가 이번에 국회법을 선진화법을 할 때 이제 안 되겠다, 몸싸움이 난다, 그러니까 몸싸움을 피할 수 있는 방법의 하나로서 의사진행 무제한발언이라고 하는, 무제한 토론이라고 하는 필리버스터 제도를 다시 집어넣었던 것입니다, 몸싸움 피하기 위해서.

그래서 이제 여기에 따라서 지금은 안 하던 것을 하다 보니까 필리버스터 할 때 뭘 어떻게 해야 되는가에 대해서 아무 지금 무슨 관행과 규정이 안 생겨 있어요.

그런데 옛날의 관행을 되돌아보면 옛날, 아까 말씀드린 대로 박한상 의원이 1969년에 3선 개헌 저지를 위한 필리버스터 연설을 할 때 그 당시에 지금 국회법 102조 조항이 없었는가? 있었습니다. 그때도 국회의원이 의제 외 발언을 할 수 없다는 조항은 제헌국회 때부터 국회법에 지금까지 있어 온 겁니다.

그때도 있었지만 그런 선례가 만들어졌던 것입니다. 박한상 의원이 10시간 18분을 연설할 때 그때 그런저런 이런저런 얘기를, 의제 외의 발언들을 다 했고 당시에도 물론 더러 좌석에서 반대하는 분들도 있었지만 대체로 양해됐기 때문에 가능했습니다.

그런데 69년부터 지금 우리가 한 40년 세월이 지났는데 우리 의회민주주의 역사의 흐름을 발전이라는 입장에서 볼 때 거꾸로 갈 수는 없습니다. 그때도 양해됐던 것이 지금은 안 된다면 이건 민주주의에 대한 속박이 될 수 있습니다.

그래서 좀 우리 여야 의원님들이 어느 쪽에서 나와서, 또 새누리당 의원님들이 나와서 이런 필리버스터 발언할 경우가 생길지도 모릅니다. 서로 간에 여야를 초월해서 그런 부분은, 의제 외냐 아니냐 하는 부분은 좀 너그러운 방향으로 폭넓게 해석해 주는 것을 제가 소망합니다.

감사합니다.

(● 김기선 의원 의석에서 ― 의장님!)

(「의사진행을 제대로 할 수 있도록 방해하지 않도록 해 주세요」 하는 의원 있음)

(● 김기선 의원 의석에서 ― 필리버스터를 방해하는 것이 아니라 원 필리버스터 발언을 하라는 겁니다. 하는 건데 동료 의원을 훈계하고, 이게 필리버스터의 취지가 아니라는 겁니다.)

(「훈계가 아니잖아요」 하는 의원 있음)

(「나와서 발언하세요, 나와서」 하는 의원 있음)

(● 김기선 의원 의석에서 ― 지금 발언을 갖다 계속 하면서……)

예, 김기선 의원님, 취지를 잘 알았고요.

(● 김기선 의원 의석에서 ― 동료 의원 훈계하고 가르치려 들고, 이런 것 하지 말라는 겁니다.)

김기선 의원님, 취지를 잘 알았습니다.

우리 김기선 의원님 취지는 의제 외냐 의제 아니냐 그걸 따지는 것보다도 의원들이 의원들을 가르치는 투로 말하면 기분이 안 좋다 이런 뜻이니까 그런 점도 유념해 가면서 의원님들이 발언해 주시기 바랍니다.

● **서기호 의원** 지금 이 국회방송을 보고 계시는 국민들께서는 이렇게 발언이 끊길 때마다 참 답답하실 겁니다. 국민들은 발언자의 마이크를 통해서 들려오는 목소리만 들을 수 있는데 의석에서 나오는 이야기로 인해 가지고 발언이 중단되고, 그러면 이게 끊기지요. 발언자의 발언 내용에 대해 집중해서 들을 수가 없습니다.

그렇기 때문에 일반 국민의 관점에서 보면 다 이렇게 생각합니다, 국민들은. 회의 진행의 일반원칙상 당연히 의장에게 양해를 구하는 것이 기본입니다.

상임위원회에서도 그렇게 하고 있습니다, 사실. 상임위원회는 그나마, 제가 속한 법사위 같은 경우는 16명이라서 그런지는 모르겠습니다마는 그나마 의사진행발언을 상임위원장에게 신청해서 그렇게 효율적으로 이루어지는 경우가 많이 있었습니다. 가끔 그렇지 않은 경우도 많이 있었지만요. 그런데 본회의장은 아예 그런 게 없더라고요.

그래서 저는 그런 부분들에 대해서 우리 의장님·부의장님들께서도 한번 검토를 해 보셨으면 좋겠습니다, 본회의장에서의 회의운영 방식.

● **부의장 이석현** 예.

● **서기호 의원** 자, 이어가겠습니다.

'테러방지입법의 합헌적 기준'이라고 하는 제목의 고려대학교 김희정 박사님의 박사학위 논문이 있습니다. 이 내용이 상당히 방대해 가지고 이걸 검토하느라 시간이 많이 걸렸는데요, 중요한 것만 핵심적으로 추려서 제가 말씀드리겠습니다.

한국의 대테러리즘의 합헌적 설계, 무슨 뜻이냐 하면 한국에서는 테러라는 것에 대해서 고유한 특징을 갖고 있습니다. 서구 유럽에 있는 국민들이 테러에 대해서 인식하는 것과 우리나라 사람들이 갖는 인식이 다르다는 겁니다.

그것은 뭐냐 하면, 왜 그러냐 하면 우리나라에서는 이슬람교도 등 어떤 종교적인 이유 이런 걸로 테러가 이루어지기보다는 거의 대부분 북한에 의해서, 북한의 도발, 북한의 위협에 의해서 테러가 이루어졌기 때문입니다. 국민들도 그래서 '테러' 하면 곧바로 '북한의 도발'을 떠올리게 되는 것이지요. 과거에 그런 경험을 많이 겪었다 보니까 그렇습니다.

그렇기 때문에 이 테러에 대한 대응 방향을 논의함에 있어서 서구 유럽에서 논의됐던 것만 가지고 그대로 인식할 수는 없고 우리나라의 특성을 최대한 감안을 해야 된다는 겁니다.

북한에 의한 수차례의 테러 경험 때문에 테러리즘은 일종의 북한의 군사적 도발, 국가안보의 문제로 인식되고 관성적으로 군사적 조치가 동원되어 왔다라는 거지요. 그러다가 2001년 9·11 테러 공격이 이루어지자 그때부터 우리나라 국민들도 테러에 대해서 인식이 좀 넓혀졌습니다. 이제 우리 국민들도 외국인의 한국인에 대한 무력공격 테러가 북한 말고도 다른 외국인에 의해서 이럴 수 있겠구나라는 거지요.

최근에는 IS에 한국인 청소년이 용병으로 지원한 사건도 있었다고 합니다. 그래서 한국에 있어서 테러리즘은 미국의 테러와의 전쟁과 비교할 수 없는 전쟁 이상의 것을 의미할 수 있으며 한편으로는 무고한 시민의 생명과 신체를 노리는 외국인의 악질적인 공격이나 정서적으로 이해되지 않는 개인의 대형 범죄로 이어질 수도 있습니다. 그러다 보니까 한국에서의 테러리즘에 대한 이해는 너무나도 복합적이고 상황에 의존하면서 그 유형의 편차가 크다라는 것이 이 분의 의견입니다.

한국의 테러 대응 법률안 제정 과정을 보겠습니다.

앞에서 말씀드렸듯이 지금 직권상정된 테러방지법 이게 갑자기 나온 게 아니고 2001년도 11월 달에, 9·11 테러 직후 2개월 만에 뚝딱 만들어졌습니다. 국정원이 주도해서 만들었지요.

그런데 처음부터 굉장히 위헌적 요소가 많아서 논란이 많이 제기되었고 당연히 통과가 안 됐습니다. 그 뒤로도 계속 테러방지법안들이 발의됐는데 내용이 비슷합니다. 다만 위헌적 요소들이 조금씩 조금씩 제거되어 가고는 있었습니다. 워낙에 많은 비판들이 이루어지다 보니까요.

그래서 한국의 테러 대응 법률안들이 갖고 있는 문제점을 보면 첫 번째, 예방 목적·정보수집 조항이 일단 문제가 됩니다.

테러를 예방하고 그를 위해서 정보를 수집하고 용의자를 감시하는 것, 이것은 국정원의 기본적 임무가 되겠지요. 국정원이 아니라 국가의 각각의 정보기관, 모든 정보기관이 다 해야 되는 일이지요.

문제는 이 권한이 주어지는 방식인데요. 이 법안들이 대개 이 권한을 수행할 수 있는 절차 규정을 전혀 두고 있지 않다는 겁니다. 아까 제가 설명했던 것처럼 테러위험인물을 지정함에 있어서도 누가 지정할 건지, 어떤 절차를 통해서 지정할 건지, 해제하려면 어떻게 해야 되는지, 이런 구체적인 절차 규정이 없다는 겁니다.

이것은 우리나라가 그만큼 후진적인 것을 증명하는 겁니다. 선진국일수록 이 절차 규정을 굉장히 중요시하고 절차 규정을 굉장히 세분화해서 아주 구체적으로 마련해 놓고 있습니다. 그리고 그 절차 규정을 두지 않고 있는 대신에 딱 한 개 조항만 둡니다. 직무 규정 형식으로.

미국의 애국법하고 비교를 해 보겠습니다. 9·11 테러 이후에 만들어진 법이지요. 이 법은 처음에는 정보기관이 모든 기록과 유인물을 누구에게나 요구할 수 있도록 해 놨습니다. 굉장히 권한을 많이 줬지요. 그러니까 당연히 선진국인 미국의 국민들이 가만히 있지 않았겠지요. 그래서 엄청난 비판이 제기되면서 법률이 개정되었습니다. 그래 가지고 해당 정보가 수사와 관련이 있다는 합리적으로 믿을 만한 근거를 입증하도록 요건이 강화되었습니다.

한편 정보를 제공한 주체는 협조 요구에 응한 사실을 공개해서는 안 되는 함구령이 내려지는 조항이 있는데 이것이 표현의 자유를 침해한다, 그리고 이의절차를 두고 있지 않은 과도한 조치라는 비판이 또 제기되었습니다. 역시 선진국인 미국의 국민들은 이런 독소 조항들을 가만히 두지 않습니다.

그리고 미국의 정부기관, 국회의원님들은 또 그걸 잘

받아들여요. 그래서 개정을 합니다. 비공개 의무에 대한 이의절차를 규정해서 개정을 했습니다.

그다음에 2006년 개정은 의회의 감시기능을 강화해서 법무부장관으로 하여금 이 권한의 사용에 대한 보고서를 구체적으로 제출하도록 하고 있습니다. 그것도 제출 명령, 신청 횟수, 거부 횟수 등을 게시하도록 하고 있습니다.

그리고 이 정보를 다루는 기관의 내부통제 절차를 강화하기 위해서 상하 간의 통제를 강화하는 규정을 두었습니다. 또 정보를 수집한 다음에 그 수집한 정보를 보유하고 이것을 다른 정보기관과 교환하는 것을 최소화하기 위해서 구체적인 절차와 기준을 둘 것을 규정했습니다.

이것은 왜 그렇겠습니까? 한 번 수집한 정보를 영원히 간직하고 있다, 그리고 다른 정보기관과 아주 쉽게 공유해 버리면 그 정보가 혹시라도 잘못된 정보였을 때 그 정보의 대상자는 막대한 기본권 침해를 당하는 것이고요.

그다음에 말 그대로 정보라는 것은 정보일 뿐이지 않습니까? 확실한 사실이 아닌 것이지요, 아직. 명백한 물증, 증거를 통해서 사실로 확정이 된 게 아니라 심증만 있는 겁니다. 그런 단계에 있는 정보를 오랫동안 보유하고 다른 기관과 막 무차별적으로 공유하게 되면 위험해질 수 있다라는 거지요. 그렇기 때문에 그 정보를 보유하고 교환하는 것을 최소화하도록 하고 있는 겁니다.

그럼에도 이 권한은 수사 대상자에 대한 구체적인 혐의가 없는 상태에서도 정보기관에 의한 개인의 민감한 정보 수집을 가능하도록 하고 있습니다. 함구령으로 인해 수사 대상자는 자신의 정보가 제공됐는지 알 수도 없다라는 비판을 받았습니다. 그래서 이 규정에 대해서 이의절차 규정이 나중에 만들어지게 된 것이고요.

그렇게 이의절차 규정을 뒀는데 그럼에도 불구하고 미국 법원에서 여전히 절차적 보호 조치가 충분하지 않다, 비교적 장기간인 비공개 의무 기간에 대해서 여전히 수정헌법 1조를 위반했다, 위헌이다라고 판단을 했다고 합니다.

이처럼 독일도 그렇고, 미국도 그렇고 어떤 위헌적인 요소의 법률이 테러 대응의 효율성을 앞세워서 졸속으로 만들어졌을 때 곧바로 문제 제기가 분출되고 또 그것을 다 정부, 국회에서 잘 받아서 개정을 하고 그래도 부족한 것은 또 법원, 헌법재판소 등을 통해서 사후적으로 또 통제까지 하고 있습니다. 위헌적 요소가 있는 것을 스스로 못 고치면, 행정부·입법부가 못 고치면 사법부가 최종 판단을 해서 고치도록 명령을 할 정도까지 그렇게 철저하게 국민의 기본권을 보장하려고 노력하고 있는 것입니다.

참으로 부럽지요. 그러니까 우리나라 국민들 사이에서 이민 가겠다는 분들이 그렇게 자꾸 나오세요. 그런 말 들을 때마다 저는 정말 죄송스럽고 참담한 마음을 금치 못했습니다. 우리나라가 어떻게 이민 가고 싶은 나라가 되어 버렸습니까? 이민 오고 싶은 나라가 되어야 되지 않겠습니까?

자, 한국의 대테러법률안을 보지요.

정보수집과 감시에 대해서 오직 테러의 징후를 탐지하기 위해서 국내외 정보를 수집, 작성, 배포, 수사 등등을 할 수 있다고 규정하고 있습니다.

테러 자금을 감시하기 위해서 금융기관에 각종 요청을 할 수 있다고 되어 있습니다. 요청사항을 이행한 금융기관의 책임을 면해 주겠다는 규정만 존재합니다.

한국의 대테러법률안은 이렇게 정보기관에 권한만 많이 부여하고 국민의 기본권 침해 소지에 대해서는 눈을 감고 있습니다.

특히나 절차와 요건 자체도 정해 놓지 않다 보니까 미국의 애국법이 초기에 굉장히 위헌 요소가 많았는데 그 위헌 요소가 많았던 애국법에도 못 미치는 그런 법률안들이 2001년부터 계속 제출되어 왔고 지금 직권상정된 이 테러방지법도 마찬가지입니다. 최근에 개정된 애국법의 내용과 비교해 보면 그 격차가 더 심해지겠지요.

지금까지 계속 한국의 테러방지법은 변함없이 국정원에게 컨트롤타워 역할을 부여하고 있습니다. 이러한 규정은 너무 내용이 없어서 제대로 대테러 업무를 수행할 수 없도록 만들 수도 있습니다. 또 반대로 그렇기 때문에 너무 규정이 없다 보니까 과도한 조치를 취하게 만들 가능성이 있습니다.

이게 무슨 말이냐 하면 테러 위험인물을 지정하는 절차규정이 없다 보니까 국정원이 마음대로 지정하고 마음대로 해석해서 할 수 있다라는 거예요. 그러니까 과도한 조치가 이루어지겠지요. 또 거꾸로 이 절차가 없으니까 정작 진짜로 테러 위험인물로 지정을 해야 되는 사람이 나타났는데 그것을 어떻게 해야 될지 몰라서 처음에 우왕좌왕할 수도 있다라는 겁니다.

예를 들어 보겠습니다.

실제로 우리나라에서 이런 일이 벌어졌어요. 2010년도에 G20 정상회의 경호안전을 위한 특별법이 만들어졌습니다. 그런데 극도로 단순한 9개의 추상적인 직무규정만 있었어요. 그러다 보니까 정상회의가 진행 중인 상황에서 정상회의의 안전이 중요하다, 경호가 중요하다라는 이유로 주변 상인의 영업을 완전히 폐쇄해 버렸습니다. 회담장 주변 도로에 철제 방호벽과 바리케이드를 설치해 가지고 일반인의 출입까지 완전히 원천 봉쇄해 버렸습니다. 지하철은 정차하지 못하고 지나가게 했습니다.

회의장 안팎에다가 경찰 1000여 명을 배치하면서 기습시위에 대비하는 한편 차단선도 구축을 했습니다. 사실상 모든 종류와 형태의 수상한 움직임을 봉쇄한 것이지요.

테러에 대한 예비 방지책으로 보면, 효율적으로 테러 대응을 한다는 측면에서 보면 잘한 것이지요. 이렇게 철저하게 해 놓았으니까 잘한 겁니다. 그런데 이러한 조치들이 구체적인 절차규정 없이 9개의 추상적 직무규정만 있다 보니까 이렇게 과도한 조치가 행해졌다는 겁니다. 철저하고 효율적인 대테러 대응은 됐을지 몰라도 그로 인한 국민들의 기본권 침해는 굉장히 심각했다라는 것이지요.

상식적으로 우리 주변 상인들 입장에서는 어떻겠습니까? 주변 상인들이 무슨 죄가 있습니까? 그 당시 영업을 못 하게 했답니다.

결국은 업무를 담당하는 공무원의 활동 근거와 절차를 마련해 놓지 않다 보니까 공무원들로서는 나중에 뭔 일이 터질지 모르니까 잘못이 본인한테 돌아오지 않게 하기 위해서 철저하게 막는 쪽으로 할 수밖에 없다는 것이지요. 과도한 조치를 취할 수밖에 없다는 겁니다.

그렇기 때문에 지금 현재처럼 테러방지법에 절차규정을 구체적으로 마련하지 않은 상태로 입법 방향을 고수하게 되면 아예 대테러 활동을 하기 어렵거나 아무런 제한과 감독조차 없이 국정원에 의해서 자의적으로 운영돼 버릴 수밖에 없다라는 겁니다.

그다음에 '우리나라 테러방지법의 특징은 조직 확장법이다' 이렇게 이분은 표현하고 있습니다.

이 법안의 내용들에 보면 주로 테러대책회의 구성, 대테러센터의 구성과 운영, 실무회의협의회 설치·구성, 이런 식의 조직 구성하는 데 반 이상을 할애하고 있다는 겁니다. 그러면서도 또 컨트롤타워가 어딘지 분명하지 않게 해 놨어요. 그러면 책임소재도 불분명합니다. 나중에 누가 책임집니까, 잘못됐을 때?

특히 위험이 임박했을 때 곧바로 투입돼 가지고 위험을 방어할 수 있는 시스템, 방법, 그에 대한 사후승인 절차와 명령구조가 존재하지 않습니다. 이건 참 이상한 거지요, 테러방지법인데. 테러가 목전에 발생했을 때, 임박했을 때 회의하고 있을 시간이 어디 있습니까? 지시에 의해서 일사불란하게 움직여야 되지 않겠습니까? 그런 부분에 대한 것은 또 없다는 거예요, 테러방지법에 보면. 구체적인 내용들이 없습니다. 주로 테러 대응과 관련된 조직 구성, 특히 국정원이 컨트롤타워로 되어 있는 여기에만 집중되어 있다는 거지요. 그리고 국정원이 정보 수집을 최대한 할 수 있도록 권한을 강화시키는 내용들이 추가 되어 있다는 겁니다.

그래서 여기에서는 앞으로 테러방지법을 제정함에 있어서 이러이러한 점들을 반영해야 된다라고 대안을 제시하고 있습니다.

첫 번째로는 테러방지법의 필요성과 특수성을 고려해야 된다 이거지요. 무고한 시민의 생명과 신체를 위협하고 민주주의와 법치주의 시스템을 공격하는 테러는 처벌돼야 하지요. 다만 목숨을 걸고 공개참수방식의 대량살상을 목적으로 하는 현대 테러공격의 본질적 특성 때문에 구체적 위험을 전제로 하는 경찰작용은 불충분하지요.

그리고 사후대응방식도 효과가 없습니다. 이 말은 뭔 말이냐면 테러가 나서 그 테러범을 잡아 가지고 엄벌에 처합니다. 그런다고 테러가 억제되느냐? 아니라는 거지요. 어차피 테러범들, 테러조직들은 확신범들입니다. 본인은 아무 죄가 없다, 본인들은 신성한 하느님의 명령을 받아서…… 어떤 종교적인 이유로 또는 정치적인 이유로 확신에 차서 그 테러를 저지르잖아요. 그런 사람들은 아무리 사형을 선고해도 그것을 '내가 잘못했구나' 범행을 뉘우치는 게 아닙니다. 오히려 순교자가 됐다고 생각해서 더 좋아합니다. 그렇기 때문에 이런 테러범들에 대해서 엄벌에 처한다고 해서 해결이 되는 게 아니라는 겁니다.

그렇기 때문에 대테러법은 본질적 특성을 고려하면서 법치국가적 한계를 지켜야 되는 딜레마가 있는 거지요. 참 어려운 문제입니다. 테러방지법 사실 어떻게 만드는 게 좋은 건지 어려운 문제인 건 사실입니다. 두 가지를 다 고려해야 되기 때문에, 테러 대응에 효율적으로도 해야 되고 한편 국민의 기본권 보장도 지켜져야 됩니다.

그래서 여기서 제안하고 있는 것은 첫 번째, 테러 유형을 구분해서 거기에 따라서 대응책의 강약도 조절하자 이런 겁니다. 그렇게 되면 대테러 대응책의 남용 가능성이 줄어들지 않겠느냐라는 거지요. 테러리즘과 일반범죄를 구별하자는 거지요.

예를 들면 길거리에서 불특정 다수인을 향해 화학물질을 살포한다든가 칼부림을 하는 등의 폭력행위 이런 것은 결과가 중대하고 대중의 공포심을 자극하기 때문에 테러로 명명되고 있기는 합니다. 우리나라에서 대구지하철 방화사건, 미국에서 버지니아 공대의 총기 난사 사건 이런 것들을 예로 들 수 있지요. 그런데 이것은 사실 테러리즘이라기보다는 일반범죄로 분류됩니다. 왜냐하면 범행의 동기가 정치적이거나 종교적이거나 사회적인 메시지 전달이 없기 때문입니다. 테러행위로 달성하려는 목적, 즉 정부정책을 변화시키거나 신뢰를 파괴시키는 데에 있는 게 아닙니다. 그냥 개인적인 이유지요.

개인적인 동기로 범죄를 저지르면서도 한편으로 사회적 메시지를 들먹일 때가 기준이 애매해질 겁니다.

예를 들면 2011년도 7월 달에 노르웨이에서 테러가 발생했는데요, 이 테러사건이 일반적으로 테러리즘으로 분류되고 있습니다마는 사실은 범인의 범행선언문을 읽어보면 분노조절장애가 있지 않았느냐라는 의심이 들 만큼, 좀 정신질환의 의심이 들 만한 내용들이 많이 들어 있었다는 겁니다.

그러니까 이 노르웨이 테러사건은 개인적인 동기도 있고 사회적인 메시지도 있었던 것이지요. 그렇기 때문에 이러한 개인적 동기가 포함되어 있는 테러행위에 대해서는 오로지 순수하게 정치적·종교적인 사회적 메시지를 주로 하는 전형적인 테러와 구별돼야 된다라는 겁니다.

그다음에 테러 공격행위를 공격성향의 지속성, 배후의 존재, 2차 공격의 가능성, 위험의 크기와 같은 기준으로 구분해 볼 수가 있습니다. 특히 후속공격의 가능성, 배후가 존재하느냐 안 하느냐, 테러조직이 뒤에 있느냐, 테러를 지원하는 국가가 있느냐 이것은 굉장히 중요한 기준이 되겠지요. 거기에 따라서 대응강도가 달라져야 된다는 겁니다.

또 이렇게 볼 수도 있지요. 개인적 범죄성향의 테러, 좁은 의미의 테러리즘, 전쟁성향의 테러의 단계로 구분하는 것도 생각할 수 있다라고 제시합니다.

다음으로 테러방지법을 제정함에 있어서 기본권 보장 원칙, 즉 기본권 제한의 최소 원칙을 지키려면 어떻게 해야 되느냐 여기에 대한 대안을 제시하고 있습니다.

우리나라 헌법에 정말 멋진 조항이 있습니다. 많지만 그중에 특히 제가 좋아하는 조항이 바로 이것인데요, 헌법 37조2항입니다. 원래 이 37조1항에 보면, 37조1항은 이런 조항이지요. "국민의 자유와 권리는 헌법에 열거되지 아니한 이유로 경시되지 아니한다" 이게 1항인데요, 이것은 국민의 기본권, 신체의 자유, 정치적 자유, 사회적 자유, 사회적 기본권 이런 것들이 많이 있는데 이 헌법에 열거되지 않은 것이라 하더라도 국민의 자유와 권리는 경시돼서는 안 된다라는 조항이고요.

2항은 '국민의 모든 자유와 권리는 국가안전보장·질서유지·공공복리 이 세 가지를 위하여 필요한 경우에 한하여 그것도 법률로써 제한할 수 있다. 그리고 제한하는 경우에도 자유와 권리의 본질적인 내용을 침해할 수 없다' 이렇게 되어 있습니다.

요즘 중고등학교 교과서에도 나왔는지 모르겠습니다. 제가 다닐 때는 이 세 가지 기본권 제한의 요소, 국가안전보장·질서유지·공공복리 이것 외우느라고 참 혼났습니다. 그런데 참 중요한 표현입니다. 아무리 테러방지를 위해서 효율적으로 대책을 수립하고 대응해야 하더라도, 그런 이유로 하더라도 이 세 가지 원칙하에, 세 가지 경우에 한해서만 기본권 침해를 할 수 있는 것이고 그다음에 그것도 법률로써 해야 되고 그다음에 본질적인 권리는 침해해서는 안 된다는 겁니다.

그래서 이 논문에서는 테러발생 임박시점을 기준으로 그 이전의 테러대응수단과 그 이후의 테러대응수단은 그 작용의 목적이 다르고 침해하는 기본권의 종류나 그 제한의 정도도 다르다라고 합니다. 그래서 테러발생 임박시점이 어느 정도냐에 따라서 전하고 후를 비교해 보면 그 이전의 수단들 그러니까 테러가 아직 임박할 정도는 아니다, 냄새는 난다 그럴 때는 감시하고 정보수집하는 데 집중하겠지요. 그렇기 때문에 감시대상자의 사생활과 관련된 기본권이 주로 제한되게 됩니다.

그리고 예방을 목적으로 하는 테러대응수단은 일반적으로 광범위한 감시와 정보수집을 병행하기 때문에 대상이 테러범에 한정되는 것이 아니라 거의 모든 공동체 구성원을 향한다는 것입니다. 바로 이 점이 굉장히 중요한 대목입니다. 우리가 테러가 임박한 상황에서는 눈에 보이지요. 그렇기 때문에 특정을 지어서 그 부분만 기본권 침해가 되더라도 즉각 대응을 할 수 있습니다. 그래도 어느 정도 양해가 될 겁니다. 당장 임박한 테러는 막아야 되니까요.

그런데 아직 임박하지 않았어요. 냄새만 나요. 지금 우리나라 상황이 그런 거지요. 이렇게 징후만 있고 임박한 건 아닌데, 비상사태는 아직 아닌데 나중에 비상사태가 될 수도 있는 그런 징후는 보인다. 이럴 때에는 감시대상자가 특정 몇몇 사람이 아니라 모든 국민이 될 수 있다라는 겁니다. 징후만 보이니까 정보기관에서도 확신이 안 서지요,

이 사람인지 저 사람인지. 그러니까 폭넓게 할 수밖에 없습니다. 그렇기 때문에 이 단계에서, 임박하기 이전 단계에서의 기본권 제한은 모든 국민에게 해당될 수가 있기 때문에 굉장히 신중하게 해야 된다라는 겁니다.

그래서 이 테러방지법과 관련해서 어떤 분들은 그렇게 생각할 수도 있습니다. '그것 나랑 관계없는 것 아니야? 아니, 테러 가능성 있는…… 나는 테러할 사람이 아니니까. 그리고 테러하는 사람과, 테러할 만한 사람과 가깝게 지내지도 않으니까 나하고는 관계없는 것 아니야'라고 생각할 수도 있어요. 하지만 테러가 임박하기 이전의 예방적 단계에서는 모든 국민을 상대로 감시·감독을 할 수밖에 없기 때문에 모든 국민들이 다 대상자가 될 수 있다라는 겁니다. 그 과정에서 기본권이 침해될 수 있다라는 거지요. 사생활의 비밀이 침해될 수가 있고 통신의 비밀이 침해될 수가 있다라는 겁니다.

그렇기 때문에 요즘 테러방지법에 대해서 무제한 토론이 계속 이어지고 언론에서도 많이 이야기가 나오고 그러니까 많은 국민들이 '내 카톡도 감시당하는 것 아닐까?' 이런 불안감을 느끼십니다. 그것을 두고 과도한 불안감 조성이라고 하시는데 그것은 그렇지 않지요. 이 테러방지법에서 말하는 테러대응책 자체가 테러가 임박하기 전에는 당연히 전 국민을 상대로 할 수가 있기 때문에 우리 국민들이 느끼는 불안감은 당연한 겁니다.

그래서 그럴 때 테러대응수단·테러방지, 테러예방을 위한 대응수단이라고 하는 게 더 정확하겠지요. 테러예방을 위한 어떤 강력한 조치들이 갖는 과정이 합헌이냐 위헌이냐 이런 것들을 따질 때 사용된 수단이 보호하려는 이익과 그 수단으로 제한되는, 침해되는 기본권 사이에 균형이 있느냐 없느냐 이걸 가지고 판단하게 된다는 겁니다.

대법원 판례라든가 헌법재판소 판례를 읽어보시면 이런 표현이 많이 나옵니다. '이익의 형량' '교량'이라는 표현도 쓰고 그러는데 침해되는 기본권, 제한되는 기본권과 그 수단을 통해서 테러를 예방하려고 하는, 전 국민의 안전을 위한 이익 이 두 가지가 저울을 놓고 봤을 때 균형감각이 있어야, 균형이 이루어져야만 이것은 합헌인 것이지 이쪽 테러예방 자체에만, 너무 효율적인 예방에만 치중돼 가지고 저울이 그쪽으로 기울어졌다라고 하면 이건 위헌이라는 겁니다. 물론 저울의 균형이 이뤄졌는지 아닌지는 자로 잴 수가 없습니다. 구체적으로 측량이 불가능합니다. 그런 부분에 대한 판단을 바로 사법기관에 맡겨놓고 있는 것이지요, 어렵기 때문에.

그러면 판사나 헌법재판소 재판관들은 어떻게 판단하느냐. 기존의 누적되어 왔던 사례들, 축적되어온 판례들을 종합하고 그 사안의 성격, 전개과정 이런 것들을 종합해서 양쪽 주장을 다 들어보고 그렇게 해서 판단을 하게 됩니다.

그렇기 때문에 테러방지법에다가 정보수집 권한을 부여하는 것만 나열해 놓으면 안 되고요. 그 정보수집을 하는 과정에서 지켜져야 될 규정, 절차, 조건—영장주의

같은 것이지요.—그런 부분들을 명확하게 규정을 해서 권한이 남용되지 않도록 해야 된다는 겁니다.

그래서 이 논문에서 주장한 것처럼 테러가 임박하기 이전 단계와 이후 단계를 구별해서 이전 단계는 좀 더 광범위하게 기본권 제한을, 기본권 침해가 되지 않도록 하는 조치들이 마련되어야 될 것이고 테러가 임박한 상황에서의 조치들에 대해서는 좀 더 완화가 되겠지요, 되어야 되겠지요. 구별해야 된다는 겁니다, 두 가지를.

예를 들면 이런 것이지요. 테러 관련 정보수집 과정에서 정보기관이 통신을 감청하게 되겠지요. 그때 관련 사업체로부터 협조를 얻을 수 있도록 해야 될 텐데요, 그 경우에도 사법부의 명령을 반드시 획득하는 절차를 갖게 해야 합니다. 그냥 무조건 테러 예방해야 되니까, 테러방지해야 되니까 다음카카오 같은 그런 특정업체에다가 자료 다 내놓아라 이렇게 하면 안 된다는 것이지요.

그리고 사후에도 통신감청이 테러와 관련이 없다고 밝혀졌을 때 당연히 알려줘야 하겠지요. 테러와 관련이 있는 줄 알고 자료를 받았는데 보니까 아니네요? 그래서 반환받아 가라고 또는 반환해 주고 해야 되겠지요. 그런 절차를 마련해야 됩니다.

또한 정보기관들이 테러를 감지하기 위해서 공적·사적기관으로부터 금융정보, 통신정보, 우편이나 탑승기록과 같은 다양한 개인정보를 요구할 수 있는 강력한 권한을 보유하지 않을 수가 없을 텐데요, 이러한 정보수집을 위해서도 반드시 대상자가 애초에 정보수집과 감시대상의 요건을 갖춘 경우에 한정해야 된다라는 겁니다. 그리고 사법부와 의회의 감독을 받도록 해야 합니다.

요약하자면 테러방지법은 대테러안전기구가 자신의 역할을 효율적으로 할 수 있도록 활동근거를 마련해야 되긴 하지만 백지위임장을 부여해서는 안 된다라는 겁니다.

그리고 정보수집의 과정과 개인정보의 흐름을 감시할 기관을 따로 규정해야 합니다. 개인이 자신의 정보가 수집되고 있다, 그 정보가 기관들끼리 서로 나눠서 서로 공유하고 있다, 이런 것에 대해서 테러예방이라는 목적에 중대한 영향을 미치지 않는 한 알려줘야 됩니다. 통지를 받을 수 있어야 됩니다.

그리고 어떤 기관에다가 정보요청이나 제출명령을 할 경우에 그 정보가 제출될 만한 이유가 있는지에 대해서도 확인할 수 있는 절차가 마련되어야 합니다.

기타 여러 가지 많이 제시했는데요 시간관계상 이 정도로 하고.

결국 굉장히 구체적인 절차규정, 기본권 침해를 최소화할 수 있는 규정들이 테러방지법에 들어가야 되는데 지금 현재 직권상정된 테러방지법에는 그게 없다는 겁니다. 그렇게 되면 당연히 효율적인 테러대응 미명하에 기본권 침해는 불을 보듯 뻔한 것입니다.

이분은 특수법원의 설치도 제안하고 계세요.

이 부분은 굉장히 독특한 건데요, 실제로 미국에 그런 사례가 있다고 합니다. 해외정보감독법원이라는 게 따로

있는데요, 일반적인 법원이 아니라 해외정보감독법원. 이 법원이 하는 일은 해외 세력을 대상으로 하는 정보활동 업무를 위한 영장을 발부한다고 합니다. 그러니까 아무래도 CIA를 주로 상대하겠지요, CIA가 해외정보 수집을 담당하고 있는데. 해외정보 수집의 조건을 규정하고 있는 해외정보 감시법이라는 게 따로 또 있습니다. 그 법률에 근거해서 각종 기록이나 유형물을 압수하고 외부의 거물급 또는 외국세력의 요원이 개입됐다는 상당한 근거만 있으면 외국인과 미국 시민에 대한 도청도 허용하고 있습니다.

이 해외정보감시법은은 미국 대법원의 대법원장에 의해서 임명되는 11명의 연방판사로 구성된다고 합니다. 긴급이라는 조건하에 영장발부 심사를 진행합니다. 그리고 그 영장의 기간은 일반적인 구속영장, 압수수색영장보다 더 길고 발부요건이 더 간소화되어 있습니다. 아무래도 테러대응이라고 하는 효율적인, 큰 공공의 이익을 위해서 일반형사범죄에서의 감독보다는 좀 더 완화되어 있긴 한 것이지요.

영국에도 판사로부터 받는 것 말고 내무부장관으로부터 감시와 도청을 하기 위한 허가를 받도록 하는 규정이 있다고 합니다.

독일 경우에는 정보기관의 허가 업무를, 정보기관 통신감청 허가 업무를 법관 자격을 가진 3명의 민간인으로 구성된 기본법 제10조 심의회라는 기구가 있어 가지고 이 기구에서 담당한다고 합니다.

그러니까 미국은 물론 일반법원과 다른 법원의 형태를 띠고 있는데 영국이나 독일 같은 경우는 어떤 행정기구 비슷한 것이지요. 그런 기구가 정보기관이 어떤 도청·감청을 할 때 허가하느냐 마느냐, 판사가 영장을 발부하고 말고 하는 그런 것과 비슷한 허가 업무를 담당한다는 것이지요.

이러한 기관들은 아까도 이야기했듯이 테러대응의 효율적인 측면 때문에 조금 완화되어서 허가를 해 주기는 합니다.

하지만 이 기구가, 이런 조직이 있고 없고는 엄청난 차이지요. 이런 조직이 없이 그냥 마음껏 정보기관 스스로 판단에 의해서 도청·감청하고 이런다고 하면 어떻게 되겠습니까? 통제가 전혀 안 이루어지지요. 하지만 미국, 영국, 독일처럼 별도의 통제기구가 따로 있어서 허가를 받도록 한다면 발부율이, 허가율이 상당히 높다고 하더라도 정보기관으로서는 신중하게 할 수밖에 없다라는 겁니다.

그래서 우리나라도 제3의 법원 내지는 제3의 기구, 통제기구 검토를 해 봐야 됩니다. 일단 우리나라 법원도 밀려오는 일반적인 사건들이 너무 많기 때문에 일반법원의 판사님들이 이런 정보기관의 테러 대응과 관련된 각종 도청·감청을 허가할 거냐 말 거냐, 영장을 발부할 거냐 말 거냐의 업무를 하기 어렵습니다. 전문적이지도 않지요. 그렇기 때문에 별도의 기구가 필요하다라는 겁니다.

그런데 기껏 그 기구를 만들어 놓고 대통령, 국정원장이 관여할 수 있거나 영향력을 행사할 수 있는 그런 독립적이지 못한 기관이라면 그것은 있으나 마나지요. 그런 기관을 뭐

하러 만듭니까? 이런 제3의 허가기구는, 통제기구는 당연히 독립적이어야 됩니다.

그런데 참 우려가 됩니다. 우리나라에서는 사법부조차도 이렇게 대통령, 정치권력에서 자유롭지 못한 이런 모습들이 많은데 과연 이런 별도의 제3의 기구가 만들어지겠느냐, 만들어져도 독립적으로 만들 수 있겠는가, 참 가야 할 길이 멀다고 생각이 됩니다.

아무튼 지금까지 테러방지법의 문제점을 지적한 것뿐만 아니라 대안까지, 컨트롤타워를 어떻게 구성할 것인가, 그다음에 기본권 침해를 최소화하는 것을 어떻게 절차 규정을 둘 것인가까지 대안을 제시해 보았습니다.

테러방지법에 대한 논란을 보면서 국민 여러분께서는 어떻게 생각하십니까? '뭔가 테러를 제대로 예방하려면 철저하게 감시해야 되는 것 아닙니까?'라고 생각할 수도 있지 않을까요, 테러 대응의 효율성을 따지면? 그러니까 필연적으로 감시하는 체제, 감시국가로 가는 것은 어쩔 수 없지 않느냐……

예를 들면 테러와 관계없이 이런 부분도 요즘 사회적으로 논란이 되는 거지요. 어린이집에서 보육교사들의 아동 학대가 있었다, 그러니까 CCTV를 설치해서 감시하자, 그래서 CCTV 설치 법안도 만들어지고 했지 않습니까? 저를 비롯해서 정의당 국회의원님들은 다 반대했습니다만.

또 범죄 예방을 위해서 골목골목에다가 CCTV를 다 설치하자, 이것도 논란이 되지요. 그러면 범죄 예방에는 도움이 되겠지만 지나가는 사람들이 다 자기도 모르는 사이에 자기의 행동이, 골목에서 은밀한 행동을 할 수도 있는데 그런 것들이 다 노출되는 거지요. 그래서 이게 감시국가로 우리나라는, 전 세계는 가고 있습니다, 사실.

옛날 시골에서 서로 믿는 사람들끼리 농촌에서 경작해 가면서 살 때는 이런 감시체제가 필요 없었지요. 하지만 복잡한 현대사회에서 옆의 사람이, 같은 아파트의 2층에 있는 사람이 누군지도 모르고 그 사람을 믿을 수 있는지 없는지 확신이 안 서는 이런 시대에, 그리고 전 세계가 하나로 연결되어 있어서 초국가적인 경향을 보이고 있는 이런 현대시대에 어떤 범죄를 예방하고 테러를 예방하려면 감시가 불가피한 것 아닌가라는 생각이 들 수 있습니다.

그런데 거기에 대해서 이 책은, 지금 소개해 드릴 책은 그런 감시국가로 가는 것이 불가피하더라도 그 감시국가가 갖는 위험성이 얼마나 큰가, 얼마나 심각하고 '나하고는 관계가 없겠지'라고 생각하면 안 되는, 우리 국민 모두가, 한 사람 한 사람이 다 이해관계가 될 수 있다는 심각성을 알려 주는 책입니다.

이 책 제목은 '더 이상 숨을 곳이 없다', 부제목으로 '스노든, NSA, 그리고 감시국가'인데요.

내용은 이렇습니다. '가디언'지 기자였던 미국의 글렌 그린월드라는 사람이 2013년 5월 달에 극비문서를 폭로하겠다는 제보를 받습니다. 그래서 그분을 만나러 홍콩으로 향합니다. 그 제보는 미국 정부의 범죄행위가 담긴 건데요. '미국 정부가 9·11 테러 이후에 광범위하게

도청·감청을 해 왔다' 이런 내용이지요. 그 제보한 사람은 바로 29살 NSA(국가안보국) 계약직원 에드워드 스노든이었습니다.

미국의 NSA(국가안보국)가 광범위하고 체계적인 감시를 해 왔다라고 하는 내용의 스노든의 폭로는 국가 안보와 개인 프라이버시를 둘러싼 열띤 논쟁을 촉발하게 됩니다. 그리고 그 이후 정말 충격에 빠진 미국 국민들이 9·11 테러 이후에 만들어진 애국법 폐지 결국은 이끌어 내게 됩니다.

그래서 이 책은 '테러를 예방하고 테러를 방지하기 위해서 몇몇 사람이 희생되어도 어쩔 수 없지 않느냐?'라는 사고방식이 얼마나 위험한지, '테러를 예방하기 위해서, 테러를 방지하기 위해서 철저하게 감시 사회로 가야 되지 않느냐, 갈 수밖에 없지 않느냐?'라는 사고방식이 얼마나 위험한 건지를 깨닫게 해 주는 그런 내용입니다.

특히 4장에 참 좋은 내용이 있어서 제가 소개를 하고자 합니다.

4장의 제목이 바로 "감시의 해악"입니다.

감시라는 게 참 해를 많이 끼친다 이거지요. 필요한 것 같기는 하지만 해악이 크다.

전 세계 정부는 자국민이 프라이버시를 내팽개치도록 활발한 설득을 시도했습니다, 9·11 테러 이후이지요. 그리고 많은 전 세계 국민들이 어쩔 수 없지 않느냐, 9·11 테러 보면서 너무 충격적이니까. 나도 저 테러 당할 수 있는데, 그러면 그 테러한 사람들, 나쁜 놈들 다 잡아들여야 되고 미리부터 예방을 해야 되고, 당연히 그런 생각을 갖지 않겠습니까?

그러니까 그런 과정에서 약간의 몇몇 사람의 기본권이 침해되더라도 어쩔 수 없다고 하는 논리에 대해서 국민들이 그냥 수긍을 해 주었습니다. 사적영역에 대한 심각한 침해가 이루어지더라도 어쩔 수 없다라는 것을 국민들이 너그럽게 봐주게 된 겁니다.

이런 정당화는 매우 성공적이었습니다. 그래서 많은 사람이 자기가 이야기하고 말하고 읽고 사고하고 행동했던, 그리고 이 많은 일들을 누군가와 함께 했는지에 대해서 방대한 양의 데이터, 정보를 정부 당국, 특히 정보기관이 수집하더라도 기꺼이 응해 줬습니다.

특히 인터넷 거물들, 미국으로 치면 구글 같은 경우이지요. 우리나라 같은 경우는 다음, 네이버 이런 포털 업체들 역시 감시에 있어서 반드시 필요한 정부의 파트너들이 됐습니다. 프라이버시에 대한 정부의 공격을 한 목소리로 후원했습니다.

우리나라도 다음카카오가 국정원이 광범위한 정치사찰 할 때 통신자료를 다 제공해 주었지요. 그러다가 '카톡이 털렸다' 이런 식으로 해서 국회의원님들이 많이 폭로하고 그렇게 하니까 다음카카오에서 '이제 더 이상 그렇게 정보기관에 협조해 주지 않겠다'라고 선언을 하는 일이 있었지 않습니까?

그런데 2009년도 미국에도 이런 일이 벌어졌습니다. 구글의 CEO인 에릭 슈미트가 자사가 사용자 데이터를 저장하는 문제에 대한 우려를 기자가 질문하니까 다음과 같은 답을 내놓습니다.

'아니, 다른 사람이 몰랐으면 하는 뭔가가 있으면 애초에 공개 안 하면 되는 것 아니냐? 비밀로 간직하고 싶은 것 있으면, 그런 것 있으면 인터넷에 글을 올리면 안 되지 뭐하러 올리냐? 인터넷에 올리면 다 공개될 걸 각오해야 되는데 그렇게 해서 인터넷에 공개된 것을 자신들이 정부 당국에 줬다고 한들 그게 뭐가 문제냐?' 이렇게 답변을 한 거예요.

페이스북 창립자 겸 CEO인 마크 주커버그는 2010년 한 인터뷰에서도 역시 비슷한 거만함을 보여 줬습니다. 사람들은 온갖 정보를 공유하는 것뿐만이 아니라 더 많은 사람과 더 공개적으로 공유하는 것을 좋아하고 편안하게 느끼고 있다, 그러니까 내가 만든 페이스북 굉장히 인기 있지 않느냐, 사람들이 정보를 이제 숨기려고 하기보다는 공유하려고 많이 한다, 사생활의 비밀보다는 공유하는 걸 더 좋아한다, 그러니까 설령 페이스북에서 나온 정보들을 본인들이 협조해서 정보당국에 제공해 줘도 문제없다라는 거지요. 그래서 프라이버시라는 게 이제 더 이상 사회적 규범이 아니다 이렇게 이야기를 했습니다.

IT 업체로서는 어떻게 보면 이렇게 생각할 수도 있지요. 저도 사실 한때는 이런 생각을 했던 적이 있습니다.

그런데 제가 페이스북을 2010년, 2011년경부터 하기 시작하면서 어떤 의미 있는 이야기를 들었어요. 인터넷을 통해서 이런 여러 가지 공유하는 것을 즐기는 사람도 있지만 한편으로는 굉장히 불편해 하는 사람들도 아직도 많더라, 페이스북이 그런 경우지요.

처음에, 페이스북은 굉장히 공개적이다 보니까 사생활의 비밀을 중시하는 사람들은 잘 가입을 안 합니다. 설령 주변 사람들의 권유에 의해서 가입을 해도 글을 안 올리지요. 활동을 안 합니다, 거의. 그런 분들이 최근에는 폐쇄적 SNS인 카톡이라든가 카카오스토리 이런 데로 많이 활동하시던데, 그것조차도 안 하는 분들도 또 많이 계세요. 여전히 2G폰 쓰는 것 좋아하시는 분도 계시고요.

그것은 결국 사람들은 다, 편차가 많다는 겁니다. 국민들은 다 누구나 똑같지 않고 사생활의 비밀을 더 중요시하는 사람도 있고 다른 사람과 공유하는 걸 더 중요시하는 사람도 있고 또 어떨 때는 내가 공유하는 것이 편했지만 어떨 때는 갑자기 불편해지기 시작할 때도 있습니다, 똑같은 사람인데도.

그렇기 때문에 프라이버시라고 하는 것, 사생활의 비밀 보장이라고 하는 것의 그 기본권의 가치를 평가절하하는 사람, 그리고 프라이버시가 사라졌다, 없어도 된다라고 말하는 사람들일지라도 사실은 말과 행동이 일치하지 않습니다. 마크 주커버그도 이렇게 이야기를 했지만 또 자기 나름대로는 숨기고 싶은 부분이 있다 하는 걸 인정할 겁니다.

● **부의장 이석현** 잠깐만, 소개합니다.

지금 방청석에 많은 학생들이 들어와 있습니다. 진성준

의원의 소개로 전북 정읍 배영고등학교 학생 140명이 와 계십니다. 아까는 부산에서 80명의 학생들이 방청을 하고 갔습니다.

여러분들, 우리 국회 제도에 대해서 잘 보고 가시기 바랍니다.

환영합니다.

● **서기호 의원** 학생 여러분, 방청오신 것을 환영합니다.

이런 점에서 프라이버시의 중요성은 명확합니다. 그래서 프라이버시를 옹호하지 않는 사람도 자신의 행동과 정보를 얼마만큼 노출할지의 여부를 통제하기 위해서 노력을 많이 합니다.

미국 정부 스스로 정부의 행동이 대중에게 공개되지 않게 하기 위해서 전례 없이 높은 비밀의 벽을 쌓는 극단 조치를 취하기도 했습니다.

이것도 참 재밌는 거지요. 정부기관은, 정보당국은 사생활의 비밀을 침해해 가면서까지 수집하려고 하는데 한편으로 자신들이 하는 정부기관의 어떤 문제가 될 만한 소지가 있는 정책이나 이런 것에 대해서 숨기고 싶어 합니다. 그러다가 양심 있는 공무원의 제보에 의해서 폭로되거나 이러면 그때서야 '사실은 이렇다' 또는 발뺌하기도 하고 그러지요.

결국은 사생활의 비밀을 보장받고 싶어 하는 기본권이라고 하는 것은 개개의 국민뿐만 아니라 정부기관, 국가기관도 그렇다는 겁니다.

(이석현 부의장, 정갑윤 부의장과 사회교대)

그래서 미국시민자유연맹의 2011년 보고서 내용에는 이렇게 되어 있습니다. '오늘날 정부가 하는 업무의 대부분은 은밀하게 이루어진다. 워싱턴포스트의 보도처럼 매우 거대하고 매우 다루기가 어려우며 매우 비밀스러워서 예산을 얼마나 썼는지, 공무원이 몇 명인지, 정부 내에 몇 개의 프로그램이 있는지, 몇 개 기관이 똑같은 일을 하고 있는지 아무도 모르고 있다', 이렇게 되는 이유는 바로 현대사회가 굉장히 커졌기 때문이지요.

우리나라만 해도 지금 우리나라 국가기관이 굉장히 커졌습니다. 우리나라의 수준이 높아졌기 때문이지요. 그런데 하물며 미국은 어떻겠습니까?

그래서 사람들의 프라이버시를 아주 적극적으로 평가절하하는 인터넷 거물은 정작 자신의 프라이버시는 열심히 보호한다, 아까 제가 말씀드렸지요.

IT 뉴스 사이트인 CNET이 에릭 슈미트의 연봉하고 선거운동 기부내역, 주소 등 구글을 통해 얻은 개인정보를 공개했더니 구글 측이 CNET 소속의 기자와는 인터뷰를 금지하도록 정책을 폈답니다. 이런 일이 있었다고 하고요.

마크 주커버그는 프라이버시 보호를 위해서, 정작 자기 자신의 프라이버시 보호를 위해서 팔로알토(Palo Alto)에 있는 자기 자택과 인접한 4개 주택을 3000만 달러에 구입했다고 합니다.

이런 행동은 CNET 기사 내용처럼 '여러분의 사생활은 이제 페이스북 데이터로 통하니까 사생활 보호 이런 것 신경 쓰지 말고 하세요'라고 하면서도 정작 자기 자신은 사생활을 신경 쓴다 하는 거지요.

국가의 감시를 두둔하면서도 이메일과 소셜 미디어 계정에 패스워드를 갖고 있는 다수의 일반 시민들에게서도 같은 모순이 드러납니다.

페이스북을 통해서 열심히 공유하는 사람도 욕실문을 걸어 잠그고 편지가 담긴 봉투를 밀봉하기도 하지요. 사람들 앞에서 절대 할 생각이 없는 행동을 아무도 보지 않을 때 합니다. 다른 사람에게 알려지지 않았으면 하는 이야기, 그런 것을 가장 친한 친구에게만 조심스럽게 이야기하지 않습니까?

다만 자기가 확실하게 노출되지 않는 온라인 공간에서만 자기 생각을 드러낼 뿐이라는 것이지요. 그래서 소셜 미디어를 통해서 공유하는 것을 사람들이 즐긴다는 것은 온라인 공간에서 주로 그렇다는 것이지 오프라인 공간에서까지 그렇다는 건 아니라는 뜻입니다.

스노든이 내부고발을 한 뒤에 저자와 논쟁했던 감시 지지자 중의 다수는 뭔가 감출 것이 있는 사람이나 프라이버시가 필요하다는 사람에게 에릭 슈미트의 시각을 그대로 따라했습니다. 하지만 그런 사람 가운데 누구도 자신의 이메일과 계정을 알려 주려 하지 않았습니다. 집에 비디오카메라를 설치하는 것을 허용하려 하지 않았습니다.

다이앤 파인스타인 상원 정보위원회 위원장이 NSA의 메타데이터 수집에는 통신내용이 포함되지 않으므로 감시로 볼 수 없다고 주장을 했을 때 이에 항의하는 사람들은 행동으로 그런 주장을 뒷받침하라고 요구를 했다고 합니다.

다이앤 의원은 매달 이메일과 전화를 주고받은 사람들의 명단과 함께 전화 대화시간과 장소를 공개하려고 할까요? 이런 제안을 받아들일 리가 없지요. 메타데이터는 많은 사실을 담고 있고 사적영역에 대한 실질적인 침해이기 때문입니다.

프라이버시의 가치를 사람들은 쉽게도 폄하합니다. 하지만 막상 자신의 프라이버시는 신주단지 모시듯 하곤 합니다. 그것은 왜 그러겠습니까? 우리 사람들이 일반적으로 갖고 있는 속성, 남의 것은 쉽게 생각하고 나의 것은 소중히 여기는, 남의 비밀은 조금 공개돼도 '공익을 위해서 또는 필요할 때는 해야겠지. 하지만 나의 비밀은 절대 공개되면 안 돼'라고 하는 이중적인 태도를 갖고 있다라는 것이지요. 그것이 사람들이 위선자라든가 이런 뜻은 아닙니다. 사람이 갖고 있는 기본적인 속성이라는 거지요, 욕구라는 것이고.

그래서 모든 사람들의 프라이버시에 대한 욕구라는 것은 부수적인 게 아니고 필수적이다, 그래서 인간이라는 존재의 일부분으로 받아들이는 것이 중요합니다. 그래서 국가기관에서 정보를 수집하고 할 때 이 모든 인간들이 다, 모든 사람들이 이렇게 현대화되고 공개된 그런 사회가 되었음에도 불구하고 여전히 고유의 프라이버시를 간직하고 싶어 하는 그런 간절한 욕구, 기본권을 보장받고 싶어

한다라는 것을 알아야 된다는 겁니다.

사적영역은 우리 자신에 대해 판단하려는 다른 사람의 시선에서 벗어나서 우리가 행동하고 생각하고 말할 뿐만 아니라 쓰고 시도하면서 되고자 하는 바를 결정하는 곳입니다. 프라이버시라는 것은 진정으로 자유로운 사람이 될 수 있는 핵심적인 조건인 것이지요. 정말 중요한 기본권인 것입니다.

프라이버시가 의미하는 바와 프라이버시가 보편적이고 가장 소중하게 여겨지는 이유에 대해서 정말 제대로 명확하게 표현한 게 있습니다. 1928년도 미국 재판에서 미국 연방대법관인 루이스 브랜다이스가 제시한 건데요, '혼자 있을 권리는 가장 포괄적인 권리고 자유인이 가장 소중하게 여기는 권리이다' 브랜다이스 대법관은 '프라이버시야말로 단순한 시민적 자유보다 훨씬 광범위하고 근본적인 가치이고 기본권이다' 이렇게 이야기를 했습니다. 그래서 헌법을 제정한 사람들이 행복추구에 유리한 조건을 보장하기로 약속을 했고, 그래서 우리나라 헌법에도 헌법 10조에 행복추구권이 보장돼 있습니다.

잠깐 읽어 볼까요? 너무나도 중요한, 소중한 기본권이기 때문에……

'모든 국민은 인간으로서의 존엄과 가치를 가지며, 행복을 추구할 권리를 가진다' 얼핏 들으면 뻔한 이야기고 당연한 이야기지 뭔 소리…… 이렇게 생각할 수 있습니다마는 이 말이 가지는 의미는 이런 겁니다. 아무리 못돼 먹은 짓을 한 범죄인이라도 또 이해할 수 없는, 납득할 수 없는 비도덕적인 행동을 한 파렴치한 사람이라도, 이런 사람들조차도 인간이기 때문에 인간으로서의 존엄과 가치를 보장 받아야 되고 그리고 그런 사람들조차도 행복을 추구할 권리가 있다라는 겁니다. 그렇게 해야만 나도 다른 사람들로부터 행복추구권을 보장 받을 수 있습니다.

'나는 행복을 추구할 권리가 있지만 당신은 그런 파렴치한 짓을 했기 때문에 행복을 추구할 권리가 없어. 그러니까 당신의 사생활은 조금 침해해도 돼'라고 어느 누구도 말할 수 없다는 겁니다. 그런 소중한 가치를 헌법 제10조에서 선언하고 있습니다. 이 행복추구권이라고 하는 것은 인간의 정신적인 본성인 감정과 지성의 중요성을 인식하는 데서 출발한 겁니다.

우리 인생에 기쁘고 슬프고 화가 나고 즐겁고 하는 희로애락 가운데 일부분만을 물질적인 것에서 찾을 수 있다는 사실을 알았습니다. 미국인들의 믿음, 생각, 감정, 감각을 보호하려고 했던 것입니다. 정부에 대항해서 혼자 있을 권리, 그래서 사생활의 비밀을 보장 받을 권리를 기본권으로 부여한 것입니다. 이것은 우리나라 헌법에 부여된 사생활의 비밀을 보장 받을 권리, 이 부분의 존재 이유하고도 일치하는 겁니다.

브랜다이스 대법관은 대법관이 되기 전부터 프라이버시 중요성을 열렬히 옹호했던 사람인데요, 사무엘 워렌과 함께 1890년에 하버드 로 리뷰에 기고한 프라이버시 권리라는 글에서 '프라이버시라는 것은 소유물의 절도와 다른 성격의 범죄다' 그러니까 프라이버시를 침해하는 것은 남의 물건을 훔치는 절도행위하고는 완전히 다른 성격의 범죄다라는 겁니다. 이것도 충격적이지요? 남의 사생활을 침해하는 게 범죄다? 그래도 남의 물건을 훔치는 게 더 심한 범죄 아닌가? 이렇게 생각될 수 있는데요, 개인적 글쓰기와 모든 개인적 생산물을 절도와 물리적 전용이 아니라 어떤 형태의 공개에 대해서 보호하는 원칙은 사유물의 원칙이 아니라 인격의 원칙이다라는 겁니다.

즉, 내 물건을 훔쳐간 것은 1000만 원짜리든 1억 원짜리든 돈으로 환산이 됩니다. 1억 원 잃어버린 것에 불과해요. 하지만 나의 사생활의 비밀이 침해된 것은 돈으로 산정할 수 없는 가치가 침해된 거란 겁니다. 1억 원이라는 일확천금을 주고도 내가 뺏기고 싶지 않은 그런 인격적인 권리다.

프라이버시는 인간의 자유와 행복에 그래서 꼭 필요한 겁니다. 좀처럼 논의되지는 않지만 많은 사람들이 직관적으로 이해하고 있습니다. 어떻게 보면 너무나 당연한 것이기 때문에 이게 별로 논의가 안 되는 것일 수도 있습니다.

사람들은 누군가 나를 지켜보고 있다는 사실을 느꼈을 때 멈칫하거나 나도 모르게 신경을 쓰지요. 다른 행동을 하게 됩니다. 내 행동이 다른 사람에게 어떻게 보일까 신경을 쓰게 되는 거지요. 또 자기에게 기대되는 행동을 하려고 노력하기도 하지요. 수치심과 비난을 받기를 원치 않습니다, 대부분이. 용인된 사회적 관습을 엄격하게 고수하고 비정상적이고 이상하게 보일 수 있는 행동은 피하게 되지요.

따라서 다른 사람이 지켜볼 때, 다른 사람이 나를 감시하고 있다고 생각이 될 때 사람들은 누구나 행동의 제약을 받게 될 수밖에 없다는 겁니다.

몇 해 전에 절친한 유대인 친구 딸의 성년식에 참가했다고 합니다, 이 저자가. 행사가 진행되는 동안 랍비가 딸에게 인생에서 배워야 할 가장 중요한 교훈은 항상 신께서 지켜보고 심판을 한다는 점을 강조했다고 합니다.

이것 참 재미있는 부분이었는데요. 사실 저도 천주교 신자로서 어렸을 때 이런 생각을 해 왔었습니다. '하느님께서 나를 지켜보고 계신데 내가 어떤 나쁜 짓을 하면 하느님께서 다 알 텐데……', 못할 것 같은 거지요. '아주 사적이라고 할지라도 모든 행동과 모든 선택과 모든 생각을 전지전능한 신께서 항상 알고 있으니까 너는 행동을 조심해야 되고 너는 결코 혼자가 아니란다', 그러니까 이 말은 어떻게 보면 좋은 표현인데 어떻게 보면 항상 신의 의지에 따라야 된다는 참 어떻게 보면 비참한 이야기일 수도 있지요. 자유롭게, 네가 하고 싶은 대로 그렇게 살면 안 되는 거고, 그렇게 살지 말고 신께서 지켜보고 있으니까 항상 행동거지 조심해야 된다고 하는 우리 부모님들이 누누이 해 왔던 그런 말씀과 비슷한 거지요.

이것은 다르게 표현할 수 있습니다. 신이 지켜보고 있다면 절대권위자인 정보기관이 나를 지켜보고 있는 겁니다. 그렇게 되면 어떻게 됩니까? 정보기관, 국정원이 또는

대통령이 지시하는 것에 따를 수밖에 없다는 생각을 하게
되겠지요.

이런 규칙에서 벗어나서 내 소신대로, 내가 하고 싶은
대로 하게 되면…… 누군가 지켜보고 있으니까 안 된다는
생각들을 우리는 어려서부터 부모님으로부터, 학교에서부터
강요받고 자라 왔습니다. 사실상 진정한 자유인이 아닌
것이지요.

정치·종교·사회·가정의 모든 압제적인 권위체는
사회통념을 강제하고 충성을 강요합니다. 반대 의견을
억누르는 주요 수단으로 감시를 이용합니다. '다수가 이렇게
의견을 갖고 있는데 너 혼자 소수잖아. 소수의견이잖아'
'그렇게 해 가지고 너 왕따 당하면 어쩔래?'라고 은근히
압박을 합니다.

그렇기 때문에 사람들은 그런 소수가 되고 싶지 않아서,
외톨이가 되고 싶지 않아서 다수의견에 어쩔 수 없이 따르는
경우가 많이 생기지요. 그리고 감시당할 수도 있다는 걸
생각하면서 자기의 진정한 의사와 무관하게 척, 하는 척,
착한 척 하는 경우가 많이 생긴다는 겁니다.

그래서 프라이버시를 박탈하는 것은 경찰력보다도 훨씬
더 효율적이고 규칙에서 벗어나고자 하는 유혹을 짓밟고
있습니다. 사적영역이 사라졌을 때 그것을 잃어버리는 것은
삶의 질적인 측면과 관련된 것입니다.

우리 모두는 혼자라고 생각할 때 마음대로 춤추고
고백하고 성적인 표현을 탐구하고 검증되지 않은 생각을
공유하기도 합니다. 다른 사람이 봤다면 참 부끄러워서
못 할 행동이지요. 하지만 누군가가 지켜보는 사람이 없다,
나는 감시당하지 않고 있다, 또는 감시당해도 나는 신경 안
쓰겠다고 했을 때 자유롭게 행동했던 것을 누군가 감시하고
있다고 생각하는 순간 못 하게 된다는 거지요.

인터넷이라는 게 아주 매력적인 이유는 사적탐구의
아주 중요한, 익명으로 말하고 행동할 수 있는 능력을 주기
때문이지요. 인터넷이 발달하면서 사람들은 혼자서 즐길 수
있는 것들이 많이 늘어났습니다. 이런 이유 때문에 인터넷을
통해서 바로 창의성이 발현되고 반대의견·소수의견을
통해서 새로운 의견이 개진되고 권위에 도전을 해서
새로운 제도가 만들어지기도 하고 그렇습니다. 그것이 바로
사적영역이라는 것입니다.

우리가 프라이버시라는 게 어떤 피하고 싶은, 남들로부터
숨고 싶은 소극적인 자유만 있는 게 아니라 그 사적인
영역에서 혼자서 마음껏 춤추고 생각하고 뛰어놀 때
진정으로 자유로운 사람이 되고 창의성이 발현될 수 있기
때문에 우리 사회가 발전할 수 있는 토대가 이 사적영역,
프라이버시에서도 만들어질 수 있다, 그렇기 때문에
프라이버시 보호는 소극적인 자유가 아니라 적극적인
자유고 기본권 보장으로서 철저하게 지켜져야 되는
것이라는 겁니다.

모든 사람이 국가의 감시를 받는다는 사실을, 사회의
사적영역이 제일 효과적으로 제거된 사회는 이런 창의성이
상실돼 버리게 되지요.

따라서 앙심을 품은 정부 관리가 정적에 대해서 사적인
정보를 얻는 것 같은 그런 권력남용의 사례가 벌어지지
않더라도 국가에 의한 대규모 감시라는 것은 본질적으로
억압적인 겁니다.

감시가 어떻게 이용되고 남용되는지 상관없이 감시가
이루어지고 있다 그 자체만으로 자유에 부과되는 한계는
고유한 것입니다.

한마디로 우리는 누군가로부터 감시당하고 있다는
생각을 안 하고 사는데 사실은 본인도 모르는 사이에 그런
것을 의식하고 산다는 거지요. 그렇기 때문에 사생활 보호는
정말 중요하다.

자, 조지 오웰의 '1984'에서 호소하는 것은 다소
진부하지만 NSA가 만든 감시 국가, 그러니까 9·11테러
이후에 NSA가 감시국가 체제를 만들었습니다, 미국에서.
그러다 보니까 오웰이 구축해 놓은 상상 속의 세상,
소설에서나 있었던 그런 세상을 떠올리게 만들었습니다.

감시를 옹호하는 사람들은 '우리가 항상 감시받는 것은
아니지 않나, 우리가 항상 365일 언제나 당신을 감시하는
것은 아니다. 그리고 모든 사람을 다 감시하는 것은 아니지
않느냐'라고 이야기하지요. 하지만 이것은 핵심을 벗어나는
주장이라는 겁니다.

소설 '1984'에도 보면 사람들이 항시 감시받지 않습니다.
사실 이들은 실제로 감시당하고 있다는 것을 모릅니다.
하지만 국가는 언제라도 감시할 능력이 있지요. 그러니까
어떤 내가 아닌 다른 사람이 나를 감시하고 있다, 다른
사람이 나를 지켜보고 있다, 이것은 쉽게 알아챕니다.
알아채기 쉽지요.

하지만 국가 권력기관이, 정보기관이 광범위한 정보력을
바탕으로, 정보기술을 바탕으로 우리를 감시하고 있다는
것은 인식을 못 한다는 거지요, 쥐도 새도 모르게 하기
때문에.

그래서 국가는 언제라도, 아까 이야기했지요? 365일 항상
감시하지는 않는다라고 변명하지만 사실은 언제라도 감시할
능력이 있다는 겁니다.

사람들을 고분고분하게 만드는 것은 이런 불확실성,
전방위적인 감시의 가능성 때문이지요. 물론 NSA조차도
자체적인 능력으로 모든 이메일을 읽고 모든 전화통화를
듣고 각 개인의 행동을 추적할 수는 없습니다.

하지만 그 감시체제가 효과적인 것은 말과 행동이 감시에
취약하다는 거지요. 옛말에, 우리 속담에 있지요? '낮말은
새가 듣고 밤말은 쥐가 듣는다' 이런 표현도 있지요.

이 원칙은 영국 철학자 제러미 벤담이 생각해 낸 팬옵티콘,
즉 기관이 인간의 행동을 효과적으로 통제할 수 있게
설계한 건물의 핵심입니다.

벤담의 말에 따르면 이 건물의 구조는 모든 부류의
사람을 감시 아래에 두는 모든 종류의 기관을 위해 사용될
수가 있습니다.

팬옵티콘의 주요한 건축상 혁신은 감시자가 어느 때든
모든 방을 지켜볼 수 있도록 중앙에 대형 타워가 있다는

점입니다. 하지만 방에 있는 사람들은 타워를 볼 수가 없어서 자신들이 감시당하고 있는지 알 수 없습니다.

어떤 기관이든 기관이 모든 사람을 항시 감시할 수는 없으므로 팬옵티콘은 구조로 하여금 감시자가 어디에나 있는 듯한 생각을 하게 만듭니다.

감시받는 사람들은 자신들이 항상 감시당하고 있다거나 적어도 그럴 가능성이 크다고 느끼게끔 만들어 버리는 것이지요. 그러면 실제로 감시를 안 하더라도 '나는 감시당하고 있을 거야'라고 생각하고 감시당하는 것처럼 행동하게 되더라라는 것이지요.

그 결과는 어떻게 되겠습니까? 권위자에 대한, 정보를 독점하고 있는 정보기관에 대해서 순종하고 복종할 수밖에 없습니다. 감시자의 기대에 부응하는 행동을 할 수밖에 없습니다. 왜? 안 그러면 나도 모르게 수집된 정보에 의해서 잡혀 갈 수도 있지 않습니까?

벤담은 자신이 만든 구상이 감옥과 정신병동을 넘어서 모든 사회기관으로 확대되는 상황을 상상했습니다. 시민들의 머리에 자신들이 항상 감시당한다는 생각을 심어 주는 것이 인간 행동에 혁명을 일으킬 것이라고 이해를 했던 것이지요.

그런데 이 벤담은 그 한 가지 측면만 생각하고 다른 측면, 앞에서 누누이 이야기했던 사람들의 사생활을 보장받고 싶어 하는 기본권, 그것을 통해서 행복한 삶을 추구하고 싶어 하는 그런 권리, 욕구를 놓친 것이지요.

1970년대에 미셸 푸코는 벤담이 만든 팬옵티콘의 원리가 현대국가의 근본적인 메커니즘 가운데 하나라고 말했습니다. '감시와 처벌'이라는 책에서 푸코는 전방위적인 감시가 권위체에 힘을 부여하고 개인의 순종을 강요할 뿐만 아니라 개인이 감시자를 내면화한다는 설명을 추가했습니다.

'통제를 내면화함으로써 공공연한 억압의 증거는 사라진다. 더 이상 그럴 필요가 없기 때문이다' 이것 참 심각하지요. '나는 감시당하고 있을 것이다'라는 인식만 심어 주면 이제 그다음부터는 감시 안 해도 돼요, 감시 안 해도 스스로 그렇게 생각하고서 행동할 테니까. 바로 그런 의미지요.

게다가 이런 통제 모델은 자유라는 착각을 동시에 불러일으킨다는 큰 장점이 있습니다. 복종의 강요라는 것은 개인의 머릿속에 존재하지요. 개인은 감시당한다는 두려움 때문에 자발적으로 순종을 택한다, 이런 상황에서 눈에 보이는 강압적 행동은 불필요하고 자신이 자유롭다고 착각하게 된다는 것이다.

'자발적 복종'이라는 책도 있는데요, 우리가 누군가에게 복종을 하면서도 '아, 나는 강요당해서 복종한 게 아니고 내가 선택해서 그 사람 말 따른 거야'라고 생각을 많이 하지요. 왜? 그래야 마음이 편하니까. 안 그리고 '강요당해서 나 이것 하는 거야' 그러면 얼마나 답답합니까? 그런데 사실은 강요당한 것이거든요. 그것을 그렇지 않다고 생각한다는 거예요.

NSA가 수년간 메르켈 독일 총리까지 감청을 했지요.

그때 메르켈 독일 총리가 이렇게 말했습니다. 평상시에 말을 좀 삼가는 분인데 엄청나게 화를 냈어요. 미국의 감시를 악명 높은 동독의 감시기관이었던 슈타지에 비유했습니다, 나치시대 때 게슈타포 같은 것이요.

메르켈 총리가 하려고 했던 말은 분명합니다. 위협적인 감시기구의 핵심은 그것이 NSA든 슈타지나 빅브라더 혹은 팬옵티콘이든 상관없이 보이지 않는 권위체에 의해서 언제든 감시당할 수 있다는 사실입니다.

미국을 비롯한 서방 정부가 자국민을 상대로 하는 전방위적인 감시체계 구축에 유혹을 느낀 이유는 어렵지 않게 이해할 수가 있습니다. 경제적 불평등의 악화는 2008년 재정 붕괴로 인한 전면적 위기로 뒤바뀌어 있었고 심각한 국내 불안을 가져왔지요. 그래서 민주주의 국가에서도 눈에 띄는 동요가 있었습니다.

사회 불안에 직면하게 되니까 이럴 때 당국은 두 가지 선택을 하게 됩니다. 상징적인 양보를 해 가지고 대중을 달래거나—당근책을 지시하지요—이런 상황이 당국에 이익을 줄 피해를 최소화하기 위해 통제를 강화하는 겁니다. 채찍을 듭니다, 당근과 채찍.

서구의 엘리트들은 통제를 강화하는 두 번째 선택지를 더 나은 자신들의 자리를 지키기 위해 실행 가능한 유일한 방안으로 보는 것 같습니다.

전방위적인 감시체계는 같은 목적은 달성하고는 있지만 더 큰 잠재력을 갖고 있습니다. 정부가 모든 사람의 행동을 감시하게 되면 단순히 반대운동을 조직하는 일도 어렵게 됩니다.

'감시가 공익을 위한 것이다'라는 변명도 하기도 하지요. 또 얼핏 들어 보면 맞는 말 같아요, 공익을 위해서 감시가 필요하지 않느냐. 그런데 이런 식의 정당화는 국민을 이분법으로 나눠 가지고 착한 국민 나쁜 국민, 말 잘 듣는 선량한 국민 그리고 말 안 듣는 불순분자, 이렇게 이분법으로 구분하는 그러한 인간관에 기초하고 있습니다.

이런 시각에서 보면 정보 당국은 공익을 위해서 감시한다는 것이 아주 잘하는 것이지요. 왜? 사람은 딱 둘로 구분되어 있어요, 나쁜 놈 좋은 놈. 그러면 좋은 사람은 어차피 나쁜 짓을 안 저지르니까 여기는 감시할 이유가 없습니다. 나쁜 사람만 감시하면 되는 거예요. 그리고 나쁜 사람을 감시해야 좋은 사람들이 피해를 안 봅니다. 선의의 피해를 안 본다는 것이지요. 이렇게 변명을 합니다.

2005년도에 부시 대통령이 불법 도청 프로그램이 드러나 가지고 그때 논쟁이 벌어졌습니다. 이때 백악관 대변인도 비슷한 이야기를 했습니다. '이 감시 프로그램은 청소년들의 야구훈련 일정을 잡거나 회식 자리에 갖고 갈 음식에 대한 통화를 감시하는 게 아닙니다. 아주 나쁜 악당끼리 이루어지는 통화를 감시하기 위한 겁니다' 이렇게 답변을 했어요.

심지어 오바마 대통령도 이렇게 이야기를 합니다, NSA 폭로에 대해서. '우리 정부는 국내 감시 프로그램을 사용하지 않습니다. 정부가 보유한 것은 테러 공격과 관련된 전화번호, 이메일 주소를 추적할 수 있는 몇 가지 체계일 뿐입니다'.

이렇게 주장을 펴게 되니까 국민들 중에는 또 둘로 갈라집니다. '나는 착한 사람이니까 감시당할 일이 없겠지'라고 생각하는 사람들은 '당연히 나쁜 놈들 감시해야지, 공익을 위해서', 여기의 편을 들게 되는 것이지요.

그런데 문제는 여기에서 나쁜 놈, 감시해야 될 사람들의 대상으로 지목된 그 대상이 진짜 나쁜 사람이어서가 아니라 단지 정부와 의견을 달리하고 정부의 정책에 반대하는 사람이라는 이유만으로 감시의 대상이 될 수 있기 때문에 그래서 문제가 되는 겁니다.

그리고 사람은 누구나 이렇게 이분법으로 나눌 수가 없습니다. 어떤 사람이 범죄를 저질렀을 때 그것은 특정한 상황에서 특정한 자기의 인생 경로 때문에 불가피하게 저지른 경우가 많지요, 사실은. 그런 사람들이 나중에 감옥에서 갱생되어 가지고 다시 죄를 뉘우치고 돌아온 경우도 많습니다. 물론 그렇지 못한 분도 많습니다마는 그것은 우리 사회가 같이 감당해야 될 몫이라고 생각됩니다.

아무튼 모든 사람은 둘로 완벽하게 갈라놓을 수, 구별할 수 없다라는 겁니다. 이것이 바로 헌법 제10조의 정신입니다, 모든 국민은 인간으로서의 존엄과 가치를 지니고 행복을 추구할 권리가 있다고 선언했기 때문에. 그것은 뭡니까? 모든 국민은 다 똑같다는 것이지요. 나쁜 놈 좋은 놈으로 갈릴 수 없다는 거예요. 특정 행동과 특정 시기에 그렇게 할 수는 있겠지만 그것은 일시적인 것이어야 됩니다. 그렇지 않고 딱 낙인찍어서 '이 사람은 나쁜 사람이니까 감시 대상' 이렇게 해서는 안 된다는 것이지요.

그래서 정부 정책에 반대하는 사람들이 감시 대상자가 되어 버리는 이런 경우가 실제로 상당히 많이 존재했지요, 역사적으로. 미국에서조차도 그랬습니다. 흑인 민권운동을 전개했던 마틴 루터 킹 목사 이분도 감시 대상자였어요.

민권단체, 반전운동가, 환경주의자가 다 여기에 해당되지요. 정부와 후버가 이끈 FBI의 눈에는 이들 모두 어떤 잘못을 저지르고 있다. 지배적인 질서, 현재의 안정적인 미국 질서를 위협하는 위험 인물들이다라고 한 것이지요.

이런 사건은 옛날에만 있었던 게 아니지요. 2006년도에도 있었습니다. 미국시민자유연맹이 확보한 부시 대통령 시절의 문서입니다. 여기 보면 퀘이커교도와 학생단체를 포함해서 이라크 전쟁에 반대하는 미국인을 상대로 펜타곤이 감시를 했습니다. 그 감시 현황에 대해서 새롭고 세부적인 내용을 그 문서가 밝혀 주고 있습니다.

펜타곤은 비폭력 시위대를 대상으로 수집한 정보를 군 대테러 데이터베이스에 보관했습니다. 그리고 이들을 감시했습니다. 이들에 대해서는 당장 테러 행위를 저지를 사람은 아니지만 잠재적으로 테러를 할 가능성이 있는 사람들이다 그래서 감시 대상자로 낙인을 찍었다는 것이지요.

스노든이 폭로했던 문서도 마찬가지지요. 이 문서에 따르면 NSA가 감시 대상자를 선정함에 있어서 과격한 생각을 표현하고 다른 사람을 급진주의자로 만드는 사람들을 대상으로 선정했다는 겁니다. 미국조차도 이렇습니다. 그러니 우리나라의 테러 위험 인물을 국정원이 지정할 때 어떻게 지정하겠습니까?

또 한 가지, 감시가 불가피하다, 문제 안 된다라고 말하는 사람들의, 정보기관의 논리 중에 이런 게 있습니다. 그러니까 정부에 도전 안 하면 될 것 아니냐, 정부 정책에 순종하고 정부 정책에 반대하지 말고 폭력시위 하지 말고 그러면 감시 당할 걱정 안 해도 되지 않느냐, 신경 끄고 지지를 하거나 적어도 우리가 하는 일에 대해서 그냥 눈 감아라, 그러면 괜찮다…… 이게 가지는 문제점은 이거지요. 소극성과 복종과 순종을 자처하는 것이라는 겁니다.

많은 사람들이 이렇게 논리를 펴는 것에 대해서 넘어가는 경우가 많습니다, 그냥 혹하고 넘어가는. 때로는 어떤 분들은 감시가 좋고 때로는 득이 된다고 받아들이기도 합니다. 정부의 관심을 끌기에는 자신들이 별로 특별하지 않다고 생각하기 때문이지요. 어떤 분들은 '저의 지루한 삶을 엿듣기를 원하면 얼마든지 그렇게 하라고 하세요'라고 하는 말을 하는 사람도 있다고 합니다. 어차피 자기는 정부에 순종적이니까 감시 목표가 되지 않을 거라고 확신하는 사람도 있습니다.

2005년도에 NSA의 영장 없는 도청이 논쟁이 됐습니다. 그래서 민주당 의원과 진보진영의 압도적인 다수가 NSA의 감시 프로그램이 위협적이라고 봤습니다. 그리고 조지 부시 대통령을 정치적으로 공격할 기회로 봤습니다.

하지만 이들이 느낀 공포는 상당 부분은 진짜였습니다. 왜냐하면 이들은 부시를 악의적이고 위험한 인물로 여겼고 부시정권이 통제하는 국가 감시 이 체제는 위협적이다, 그리고 정적에 해당하는 자신들이 특히 위험하다고 느꼈기 때문이지요. 그에 비해서 공화당은 NSA의 행위에 대해서 좀 더 호의적이거나 지지하는 입장이었지요, 집권 세력이니까 당연하지요.

여론조사가 이런 변화를 반영해 가지고, 2013년 7월 말에 여론조사를 해 보니까 미국인 중 대다수가 NSA가 제공하는 안보를 불신한다라는 여론조사가 나왔습니다. 56%가 정부 테러방지활동의 일환으로 수집하는 전화, 인터넷 데이터에 대해서 법원이라도 제한을 가해 줘야 되는데 그렇게 못 했다고 불만을 토로했다고 합니다. 그리고 70% 정도는 정부가 이런 데이터를 테러리즘을 조사하는 것 외에 다른 목적으로 사용하고 있다라고 불신을 갖게 됐답니다. 미국조차도 이러할진대 우리나라 국정원의 정보수집이 오로지 테러 대응을 위한 정보수집만으로 쓰인다는 것을 어떻게 우리 국민이 믿을 수 있겠습니까?

이 책의 내용을 정리해 가겠습니다.

테러의 공포가 조작되면서 국가의 대량 비밀감시 시스템을 허용하는 데 따른 입증된 위험은 심각하게 과소평가되어 왔습니다. 테러 위협이 정부가 주장하는 수준으로 정말 심각하다 하더라도 NSA의 감시 프로그램은 여전히 정당화될 수가 없습니다. 물리적 안전 외에 다른 가치는 어쨌든 덜 중요하게 보입니다. 이런 인식이 건국 초기부터 미국 정치문화에 심어져 있었고 다른 나라도 미국 못지않습니다.

국가와 개인은 물리적 안전과 같은 다른 목적에 앞서서 프라이버시, 그리고 은연중에 자유에 더 큰 가치를 두는 선택을 끊임없이 합니다. 실제로 미국 수정헌법 제4조의 목적은 다름 아닌 특정한 치안활동이 범죄를 줄일 수 있더라도 이를 금지하는 것입니다. 경찰이 영장 없이 아무 집이나 난입할 수 있다면 살인자, 강간범, 납치범을 더 쉽게 체포할 수 있을지도 모르지요. 국가가 가정에 CCTV를 다 설치할 수 있다면 범죄가 눈에 띄게 감소할 수도 있을 겁니다. FBI가 사람들의 대화를 다 엿듣고 통신을 포착한다면 각종 범죄가 아무래도 더 예방되기는 하겠지요. 하지만 이러한 범죄 예방은 사실 일시적인 효과밖에 없다라는 게 많은 학자들의 연구 결과입니다. 그리고 국가의 무차별적인 침해를 초래할 수밖에 없는 거지요, 이것은. 그렇기 때문에 헌법이 제정된 겁니다.

우리 국민들은 다 최소한의 선을 그어서 자기 프라이버시는 최대한 보장하면서도 감시는 제대로 해서 테러에서의 안전도 보장되기를 바라지, 자기 프라이버시를 완전히 침해당하면서까지 그렇게 테러 예방을 위한 감시를 해 달라고 하지는 않을 겁니다. 절대적인 안전을 추구하기 위해 프라이버시를 포기하는 것은 건강한 정치문화만큼이나 건강한 정신과 개인의 삶에도 해롭기 때문이지요. 개인이 안전을 가장 우선시하는 것은 마비되고 두려운 삶을 의미합니다.

공포를 퍼뜨리는 것은 권위체가 선호하는 전술이지요. 공포는 힘의 확장과 권리의 축소를 아주 설득력 있게 합리화하기 때문입니다. 테러와의 전쟁이 시작된 이래 미국인들은 재앙을 피하기 위해서라면 핵심적인 정치적 권리를 포기해야 한다는 말을 자주 들어 왔습니다.

예컨대 상원 정보위원장인 팻 로버츠라는 사람은 이런 말을 했다고 합니다. '나는 수정헌법 제1조와 4조, 그리고 시민적 자유를 신봉한다. 하지만 죽으면 시민적 자유는 없지 않느냐', 텍사스주의 재선에 나선 공화당 상원의원인 존 코닌도 카우보이모자를 쓴 터프가이로 등장하는 동영상에서 권리를 포기하는 데 따른 이점을 이야기했습니다. '어차피 죽고 나면 시민적 자유는 중요하지 않지 않느냐, 그런데 살아 있을 때 그렇게 시민적 자유를 찾느냐, 어차피 다 죽는데, 사람 누구나 다 죽는데.'

다른 모든 가치에 앞서서 물리적 안전을 중요시하는 국가와 국민은 얼마만큼 실체가 없는지는 상관없이 총체적인 안보를 약속하는 대가로 궁극적으로 자유를 포기하고 당국이 거머쥔 모든 권력을 허락하게 되겠지요. 하지만 절대적인 안전은 그 자체가 비현실적입니다. 아까도 말씀드린 그런 것이지요. FBI가 모든 사람들의 대화를 다 엿듣고 통신 포착하도록 해 주는 거예요, CCTV 다 설치하고. 그러면 물리적인 안전이 보장되겠지요. 테러

위협은 많이 줄겠지요. 그런데 그런 가정 자체가 말 그대로 가정에 불과하다는 겁니다. 어느 누구도 사람은 그렇게까지 하고 싶어 하지 않습니다. 그래서 그런 절대적인 안전을 추구하는 것 자체가 비현실적이다, 이 말은 무슨 말이냐 하면 안타깝지만 테러는 막기 어렵다는 겁니다. 우리가 테러를 막기 위해 최선의 노력은 다해야 되지만 사람이 살아가는 이 현대 사회에서 크고 작은 테러, 크고 작은 교통사고, 재난, 피할 수 없다는 겁니다. 그렇기 때문에 절대적인 안전은 보장받지 못하는 게 어쩔 수 없는 인간의 숙명입니다. 좀 쓸쓸하지요? 하지만 현실입니다.

그렇기 때문에 절대적인 안전을 추구한다는 미명하에 최대한 감시를 강화한다 이것은 말이 안 된다는 거지요. 그렇게 되면 사람 간의 관계도 깨지고요, 그로 인해서 규정되는 모든 국가들도 타락시킵니다. 당장에 생각해 보십시오. 감시가 강화되면 나랑 가장 친한 친구도 못 믿는 사이가 됩니다. 그러면 사람들이 살아가는 낙이 있을까요? 행복할까요? 절대적 안전이 보장된다고 해서 행복할까요?

사람은 누구나 테러나 재난을 당해서 부상당하고 중증환자로 입원을 하더라도 옆에 있는 가족이 있고 자기를 믿어 주는 친구가 있고 그런 사람이 있다고 하면 그런 재난도 이겨 냅니다. 그만큼 사람에게는 절대적인 물리적 안전보다 사람들과의 관계에서 오는 지지와 격려, 사랑, 우정 이런 것들이 훨씬 더 중요하다는 겁니다. 이런 상황이 건강한 사회를 규정하는 힘을 얼마나 급격하게 전환하는지, 또는 국가에 대한 힘을, 균형을 얼마나 근본적으로 변화시키는지 과장해서 말하기는 힘듭니다. 권위체가 도전받지 않은 권력을 쥐도록 설계한 벤담의 팬옵티콘은 정확하게 이런 전환을 바탕으로 했습니다. 자신은 노출시키지 않은 채 감시를 하는 매우 효과적인 장치와 더불어서 감시자의 상황이 지닌 중심성에 있다고 말했습니다.

건강한 민주국가는 이렇게 안 합니다. 정반대지요. 민주국가는 책임과 국민의 동의가 필요하고 그것에 기초해서 굴러갑니다. 감시하고 강요하고 그렇게 해서 복종하는 국민들로 사회가 유지되면 이것은 선진적인 민주국가가 될 수가 없습니다.

거꾸로 감시당하지 않더라도 스스로 자기 책임하에 자유롭게, 사생활의 비밀을 보장받으면서 창의적인 활동을 하고 옆의 사람과 서로 믿는, 신뢰하는 관계가 될 때, 그런 사회가 될 때 그것이 바로 민주국가가 아니겠습니까? 그렇게 하기 위해서는 국민이 자기 이름으로 어떤 일이 이루어지는지 알고 있어야 됩니다. 자기의 정보가 정보기관을 통해서 어떻게 수집돼서 공유되고 있는지 알아야 하고 알 권리가 있습니다. 정보기관을 향해서 요구할 권리가 있습니다.

우리가 개인의 능력 안에서 기능을 하는 사적 개인이라고 불리는 이유가 바로 여기에 있습니다. 투명성이라고 하는 것, 비밀은 없어야 된다라고 하는 것은 공적인 업무를 담당하는 공무원들, 공적인 영역에서 일하는 고위공직자, 저 같은 국회의원들은 적어도 공적인 영역에서는 비밀이 없어야

됩니다. 투명해야 됩니다. 개인으로서는 마땅히 사생활의 비밀을 보장받아야 되지만 공적인 영역에서 공적인 역할을 하는 공무원들은 투명성을 보장받아야 되고 그 한도에서는 비밀을 보장하라고 요구할 권리가 없습니다. 하지만 그 외에 일반국민들은 프라이버시가 필요하고 당당하고 떳떳하게 요구해야 합니다. 요구할 수 있어야 합니다.

이 책이 참 좋은 내용이긴 한데 좀 어려워요, 약간 딱딱하기도 하고. 미국사람이 쓴 책이라서 번역하다 보니까 그럴 수도 있는데요. 그래서 제가 조금 더 쉬운 책을 짧게 소개하겠습니다. 소설인데요. 역시 사회과학 서적이라든가 이런 책은 어렵지만 소설은 읽기 편하지요.

제목이 '리틀 브라더'예요. 코리 닥터로우라는 사람이 쓴 장편소설입니다. 이 책은 아주 따끈따끈한 책입니다. 2015년도, 작년 10월 20일 날 발행이 된 책인데요. 제가 아는 지인께서 추천을 해 주셨는데 제가 오늘 무제한 토론 준비하느라고 다 읽어 보지는 못했습니다. 대신에 이 책이 어떤 내용인지만 간단하게 말씀드릴게요.

이 책의 주인공은 17살의 소년입니다. 아까 방청석에 학생들이 많이 있었는데 많이 있을 때 이야기했으면 좋았을 뻔했습니다. 좀 아쉽네요.

17살 소년, 다들 게임 좋아하지요. 그런데 이 소년은 게임을 좋아하는 수준을 넘어서 가지고 학교 전산망을 해킹할 정도로 아주 재주가 뛰어난, 그래서 해킹이 주특기입니다. 그리고 수업을 팽개치는 게 취미입니다. 그런 삐딱한 17살 소년이 우연히 게임을 하던 중에 친구들과 함께 테러용의자로 지목됩니다. 그리고 국가정보기관으로부터 갖은 고초를 당하고 감시까지 받게 됩니다. 그런데 일반적인 세상에서는 이렇게 되면 17살짜리 소년이 굉장히 위축되겠지요. 겁나겠지요. 두렵겠지요. 그런데 이 소설 속의 소년은 여기에 맞서서 한판 유쾌한 싸움을 벌입니다. 헌법을 유린하고 SNS를 조작해 가지고 선거에까지 개입하려고 하는 국토안보부, 9·11 테러 이후 미국 사회의 단면을 적나라하게 보여 주는 내용들이고요. 마치 조지 오웰의 소설 '1984'의 빅브라더를 연상시키는 국가기관에 맞서는 17살 소년의 한판 승부입니다. 과연 누가 승자가 될까요? 궁금하시면 한번 구입해서 읽어 보시기 바랍니다. 그래서 제목을 '리틀 브라더'로 한 것 같습니다, 빅브라더를 연상시킨다고 해 가지고. 이 책은 아주 흡입력 있는 문체와 속도감 있는 전개로 한번 손에 쥐면 놓을 수 없다고 하네요. 게임을 좋아하는 우리 학생들, 청년들은 아마 좋아할 것 같아요.

사실 이 책이 갖는 의미는 이런 것 같습니다. '학교 전산망을 해킹하다니 불량소년 아닌가요?' 이렇게 생각이 되겠지요. 우리 어른들이 볼 때는, 그리고 학교의 질서를 유지해야 하는 학교장·선생님들이 볼 때는 위험인물이 될 수 있어요. 수업을 빼먹다니 이것 있을 수 없는 일이지요. 부모님 입장에서, 선생님 입장에서는 있을 수 없는 일입니다. 하지만 그 17살 소년의 입장에서는 '나는 공부하는 게 재미가 없어요. 수업시간에 들어가면 자꾸 딴생각만 나는데

어떡합니까? 그러니까 그 시간에 가만히 앉아서 멍하게 있는 것보다는 차라리 밖에 나가서 노는 게 더 낫지 않아요?'라고 이 소년은 이야기하지요.

그리고 해킹이라는 것도 어떤 해킹을 해서 금전적인 이득을 취하려고 이 17살 소년이 해킹을 하지는 않겠지요. 자기 자신의 IT 능력을 실험하고 그 능력을 키우다 보니까, 또 친구들과 경쟁하다 보니까 어느덧 자기도 모르게 해킹전문가가 돼 버렸어요. 아마 그 과정에서 학교전산망 해킹도 이루어졌던 것 같아요.

그러니까 질서를 유지해야 하는 관점에서 감시를 해서라도 뭔가 통제를 해야 되는 선생님들이나 교장선생님, 부모님 입장에서 볼 때는 이 17살 소년은 아주 위험한 인물, 나아가서는 테러도 저지를 수 있는 잠재적 테러분자가 될 수 있지요. '나중에 커서 너 뭐가 될래? 너 그렇게 수업 땡땡이치고 놀다가 사회에 나가서 뭐가 될래?'라고 생각하는 그 관점에서 보면, 아까 이야기한 것처럼 사람을 두 부류로 나눠서, 이분법적으로 나눠서 보는 관점에서 보면 나쁜 학생입니다. 그러니까 이 학생은 감시대상자가 되어야 한다라는 논리가 성립하겠지요.

하지만 이 학생 입장에서 봅시다.

'나는 재미로 해킹을 해 봤다. 그러다 보니까 전문가가 됐다', 그다음에 '그렇다고 해서 내가 특별히 금전적 이득을 노리고 범죄를 저지르지는 않았다, 아직까지는', 귀여운 범죄만 좀 저질렀지요. 그다음에 '수업, 뭐 나는 공부가 취미가 안 맞는데 어떡하냐', 그런 학생 입장에서 볼 때는 있을 수 있는 행동이지. 이 17살 소년의 입장에서 볼 때는 헌법 제10조에서 제시하고 있는 인간의 존엄과 가치, 행복추구권을 충실하게 누리고 있는 겁니다. 그렇기 때문에 이 학생은 나쁜 학생이 아니고 그냥 사람이지요. 똑같은 사람, 우리랑 똑같은 사람입니다.

그래서 이 학생이 그런 감시사회를 만들어 놓은 미국사회의 감시체제에 대해서 맞서서 활약을 벌이는데요. 구체적인 내용들은 한번 보시기 바라고요.

한 가지 이것만 말씀드릴게요. 이 저자가 서문에서 이렇게 썼어요.

'안녕하세요? 한국 독자 여러분, 서구에 사는 저 같은 사람들에게 한국은 100메가 광케이블, PC방, 프로게이머가 넘치는 약속의 땅입니다. 너무 부럽습니다. 한국은 인터넷으로 연결된 미래를 서구보다 미국보다 앞서 나갔지만 그와 동시에 디스토피아적인 감시 역시 선두에 서 있는 것으로 알고 있습니다. 이 책은 정보의 의미를 파악하기 위한 책입니다. 이 책은 컴퓨터가 우리를 어떻게 감시할 수 있는지 경고하는 책이 아니라 어떻게 하면 컴퓨터가 우리를 자유롭게 해 줄 수 있을지에 대해서 묻는 책입니다',

이 한국어판 서문이 소설치고는 참 진지합니다. 소설이 아니라고 생각한다면 이것은 뭐 선진국의 인권활동가가

---

* 코리 닥터로우 「리틀 브라더」(아작, 최세진 옮김)

보내는 무슨 연대메시지 같아요.

이러한 저자의 자못 진중한 자세는 소설의 다층적인 특성과 관련이 있습니다.

뉴욕타임스는 이 책을 흥미진진한 스릴러라고 단언하면서도 '인터넷시대의 시민권에 대해서 논쟁적인 생각거리를 던져 주는 디지털 개인정보 보호를 위한 실용 매뉴얼이다'라고 소개를 했습니다.

이 두 가지 책을 통해서 우리는 공익적인 테러 예방을 위해서 감시체계를 구축하고 사람들을 이분법적으로 나누는, 나쁜 놈 감시하고…… 자연스러운 것 아니냐, 필요한 것 아니냐라고 해 오던 생각을 해 오셨다고 하면 이 두 가지 책을 통해서 다른 관점도 있을 수 있다, 아니, 오히려 그것이 사람으로서 누려야 할 기본적인 권리, 기본권을 망각한 것이다, 그리고 나의 기본권만 소중하게 생각하고 상대방의 기본권에 대해서는 별로 소중하게 생각하지 않는 이기적인 생각에서 비롯된 것 아닌가라는 것을 깨우치게 해 줄 거라고 생각합니다.

저는 테러방지법을 발의하신 새누리당 의원님들, 국가정보원, 박근혜 대통령께서 이 두 가지 책을 반드시 읽으시기를 권유합니다. 책이라는 것은 읽으라고 강요할 수가 없지요. 안 읽으면 어쩔 수 없습니다. 책은 자기가 읽고 싶을 때 읽어야 되는 거니까요. 다만 제가 읽어 보니까 참 생각할 거리를 많이 던져 주고 좋은 책입니다. 이렇게 하니까 제가 책 장사 같은데 여기 저자들하고는 아무 관계가 없습니다, 제가.

자, 이제 막바지에 접어들고 있는데요.

테러방지법이 없다고 대통령께서 말씀을 하셨어요. 그러니까 테러방지법을 빨리 만들어야 된다, 지난 8일 국무회의에서, 여기서 지난 8일이라는 것은 작년 12월 8일을 말합니다. '우리나라가 테러를 방지하기 위해서 기본적인 법체계조차 갖추지 못하고 있는 것을 IS도 알아 버렸다. 그런데도 천하태평으로 테러방지법을 통과시키지 않을 수 있겠냐'라고 발언을 하셨어요. 그리고 '테러방지법이 통과되지 못하면 테러에 대비한 국제공조도 제대로 할 수가 없다. 다른 나라와 정보교환도 할 수가 없다' 이렇게 겁을 주셨습니다. 긴급명령을 발동해서라도 법을 제정하겠다고 덧붙였지요.

새누리당 원유철 원내대표께서는 지난 12월 8일 날 '테러가 일어나면 새정치민주연합 책임이다'라고 윽박지르기까지 했어요. 'G20 국가 중에서 테러방지법이 제정되지 않은 곳은 우리나라를 포함해서 단 세 곳뿐이다'라고 주장을 하기도 했습니다.

해당 법안의 제정에 의문을 제기하는 것은 무책임하다, 불순한 발상이라고 간주하는 것 같습니다. 테러 발생하면 책임질 거냐라고 주장하는 사람들이 숨기고 있는 게 있습니다. 테러방지에 관해서 우리나라는 G20에 속한 어느 나라에도 뒤지지 않을 만큼 강력한 기구와 제도를 운영하고 있다는 점입니다. 이미 그런 기구들을 운영하고 있다는 거지요.

왜 그럴까요? 우리나라는 6·25 전쟁을 거치고 북한으로부터의 끊임없는 도발과 위협을 받으면서 이미 테러에 대한 대비책을 탄탄하게 해 놨습니다. 북한의 도발위협이 항상 상존해 있기 때문에 최고의 안보국가를 구축해 놨습니다. 오히려 통제가 너무 지나쳐서 인권을 침해하는 중이지요. 더군다나 우리나라는 인터넷이 아주 급속도로 발달해서 감시체계를 구축하기가 훨씬 더 쉽습니다. G20 국가 중에 미국조차도 우리나라처럼 이렇게 인터넷 발달돼 있지 않습니다. 무선통신망, 잘 깔려 있지요.

G20 국가 중에 어느 나라 검찰이 기소권, 수사권 독점한 채 강력한 권한을 행사하고 있습니까? 또 어느 나라 중에 국정원처럼 대공수사권까지 갖고 있는 그런 무소불위의 정보기관이 있습니까? 또 G20 국가 중에 우리나라처럼 출입국제도, 주민등록제도가 촘촘하게 짜여져 있는 나라가 있습니까?

이런 나라에서 정부와 정치권이 나서서, 대통령께서 나서서 '테러 나면 책임질 거냐?'라고 공포 분위기 조성하는 것은 그야말로 무책임함입니다.

테러방지법이 없었기 때문에 테러를 예방할 수 없는 겁니까? 그러면 그동안에는 어떻게 테러를 예방해 왔습니까?

그리고 '테러방지법이 없다' 이런 말도 사실이 아닙니다. 테러방지법이라는 이름의 법률이 없을 뿐입니다. 통합방위법, 비상대비자원 관리법 등이 바로 그런 것이지요.

통합방위사태가 선포되면 통합방위법에 따라서 국무총리가 총괄하는 중앙통합방위협의회가 각 지역 행정조직, 경찰조직, 군과 예비군 그리고 국정원 등 정보기구를 통합적으로 운용할 수가 있습니다. 통합방위사태는 대통령이 국무회의 심의를 거쳐서 선포하고 통제구역을 설정합니다.

기타 시민들의 대피, 구조·구난활동을 체계적으로 수행하기 위해서 국민안전처도 2014년 세월호 참사 이후에 신설됐습니다. 육·해·공군과 해병대, 그리고 경찰과 해경은 각각 대테러 특공대를 구성해서 운영하고 있습니다.

쌍용자동차 노조 파업 때 경찰 대테러 특공대가 동원돼서 진압에 나섰다는 것 알고 계십니까?

게다가 한국이 지닌 대테러 진압 능력에는 한미연합사가 지닌 정보·작전 능력도 포함해야 합니다. 한국과 미국 간에는 군사정보를 공유하는 군사비밀보호협정이 체결되어 있습니다.

한국 국방부는 주한미군을 비롯한 미군의 정보자산으로부터 도움을 받고 있습니다. 매년 정기적으로 한미 대테러 훈련도 시행하고 있습니다. 그 밖에 국가대테러 활동지침에 따라서 국무총리가 주관하는 국가대테러대책회의도 오래 전부터 운영하고 있습니다.

사이버 안전을 위해서는 이미 정보통신기반 보호법, 전기통신사업법, 통신비밀보호법상 비밀보호 예외조항 등 다양한 법제도가 이미 시행되고 있습니다. 이 법률이 기본권 침해를 최소화하기 위한 장치들을 마련해 놨는데 그럼에도 불구하고 시민들의 통신 기록을 무단으로 대량 수집하고 도·감청까지 한다는 의혹이 제기되고 있습니다. 공안당국이 카카오톡을 비롯한 SNS를 임의로 감청하고, 테러단체도 아닌 평범한 시위대를 추적할 목적으로 통신사업자의 기지국 통신자료를 통째로 가져가는 것을 비롯해서 광범위하게 수집하고 있습니다.

국경 없는 기자회가 2009년도 이래 우리나라를 인터넷 감시국으로 분류하고 있습니다. 영국 경제지 이코노미스트는 지난해 2월 게재한 '한국이 인터넷 공룡인 진짜 이유'라는 제목의 기사에서 '한국인들이 광속 인터넷 환경을 누리고 있지만 자유로운 인터넷 사용은 허용되지 않고 있다'라고 분석하고 있습니다. '한국은 암흑시대에 머물러 있다'라고 지적했습니다.

테러 관련 자금 추적장치 역시 촘촘하게 되어 있습니다. 범죄에 사용되는 자금을 추적할 자금세탁방지제도인 범죄수익은닉규제법, 금융거래정보 보고법은 참여연대를 비롯한 시민단체들의 노력으로 제정됐는데 G20 최고 수준이라는 평가를 받고 있다고 합니다.

그 밖에 공중 등 협박목적자금조달 금지법, 이런 일명 테러자금 조달금지법이라는 것도 있습니다. 2008년도에 제정됐는데요, 유엔뿐만 아니라 미국, EU 등에서 요청한 개인과 단체의 자금을 세밀하게 추적하고 있습니다. 이 법에 따르면 테러 관련 자금이라고 의심되면 영장 없이 금융거래를 동결하고, 수사에 필요한 정보는 검찰총장·경찰청장·국민안전처장에게 제공되고 있습니다.

외국환관리법 여기에도 해외 금융거래와 관련해서 유사한 통제장치가 있습니다. 테러위험인물들의 출입과 동선을 추적하기 위한 출입국관리제도 역시 다른 어느 나라보다 통제가 강해서 인권 침해가 심합니다. 예를 들어서 지난 2010년도 G20 정상회담을 앞두고 경찰청은 중동·아프리카·동남아시아의 이슬람권 57개국에서 5만 명이 입국했는데요, 국내 체류 상황을 조사해 가지고 그중 행적이 의심스러운 외국인 99명을 특별히 관리하기까지 했습니다. 또한 경찰청은 '법무부와 국가정보원 등도 테러 용의자 명단을 확보해 가지고 입국금지 대상에 포함하고 있다. 현재 입국이 금지된 테러 혐의 외국인은 5000여 명에 달한다'라고 답변한 적도 있습니다.

그런데 이 명단 때문에 시민사회단체의 G20 관련 학술회의에 참가할 예정이었던 파키스탄 여성단체 대표 칼리크 부수라(Khaliq Bushra), 네팔노총 사무총장인 우메쉬 우파댜예(Umesh Upadhyaya), 국제농민단체 비아 캄페시나 대표인 헨리 사라기—인도네시아—, 이분들의 비자가 거부됐습니다. 필리핀에 있는 개발원조단체인 이본 인터내셔널(IBON International)의 폴 퀸토스 부장을 비롯한 8명의 필리핀 활동가는 비자를 받고도 공항에서 무더기로 입국불허 통지를 받고 다시 돌아가야 했습니다. 그런데 이들은 불순분자도 아니고 테러위험인물도 아닙니다. 대부분 미국을 비롯한 전 세계 국제행사에 자유롭게 참여해 오던 인사들이었습니다.

2010년 2월 달에는 경찰이 대구 이슬람 사원 주변에서 근무하는 이주노동자 2명의 파키스탄인이 탈레반 구성원이라고 발표하기도 했습니다. 하지만 재판 과정에서 검찰과 경찰은 관련 혐의를 입증하지 못했습니다.

국제적으로 망신살이 뻗치는 사건들입니다.

박근혜 대통령은 테러방지법이 제정되지 않으면 국제 공조도, 정보교환도 제대로 할 수 없을 것처럼 주장합니다. 하지만 이것은 사실이 아닙니다. 국제 정보, 공조는 테러방지법 제정과는 거의 상관관계가 없습니다. 테러방지법이 없는 지금 현재도 국제 공조와 정보교환은 여러 가지 루트를 통해서 활발하게 이루어지고 있습니다. 그렇지 않다면 우리나라가 미국과의 긴밀한 관계, 전 세계 국가들과 긴밀한 관계를 맺고 있는데 어떻게 우리나라가 유지될 수가 있겠습니까? 다 국제 공조, 정보교환 잘 되고 있기 때문에 문제가 없는 겁니다.

우선 앞서 언급했듯이 한미 간 군사비밀보호협정이 체결되어 있습니다. 연례적인 대테러 군사훈련, 대량살상무기 확산방지 훈련도 실시하고 있습니다. 에드워드 스노든은 미국 국가안보국이 전 세계와 자국민을 무차별 사찰하고 감청해 온 사실을 폭로한 바 있습니다. 이후 스노든이 한국 언론과의 화상대화에서 이렇게 밝혔다고 합니다, '한미 정보당국 간에는 최소한 국방 측면의 정보 공유가 일어나고 있다'. 스노든이 미국에 관련된 폭로를 했는데 한국과 관련된 정보에 대해서도 폭로가 이루어진 거지요.

테러 관련 자금 추적을 위한 국제 정보교환과 공조 역시 활발합니다. 한국은 지난 7월부터 1년간 국제자금세탁방지기구(FATF)의 의장국을 맡고 있습니다. 의장은 신제윤 전 금융위원장입니다. 유엔 협약 및 유엔 안보리 결의 관련 금융조치를 이행하는 태스크포스인 FATF는 금융시스템을 이용한 자금세탁과 테러·대량살상무기 확산 관련 자금조달을 막는 역할을 하고 있습니다.

이미 시행 중인 공중 등 협박목적 자금조달 금지법으로 유엔의 요청뿐만 아니라 미국 등 우방국의 요청만 있으면 위험인물로 지목된 개인과 단체의 금융거래를 동결할 수 있습니다. 해당 자금의 조성과 은닉에 관련된 이들을 처벌까지도 할 수 있습니다.

외국환관리법 역시 유엔과 우방국과의 긴밀한 정보교류와 공조 속에 잘 시행되고 있습니다. 외국환관리법의 하위지침인 국제평화 및 안전유지 등의 의무이행을 위한 지급 및 영수 허가지침에 따르면 유엔 결의로 제재를 결정한 개인이나 단체 외에도 미국 대통령, 유럽연합이사회가 지명한 개인 및 단체에 대해서 기획재정부가 금융제재를 할 수 있게 되어 있습니다. 지난 3월 기획재정부는 IS 대원 27명을 포함해서 669명을 금융제재 대상자에 포함시키고 수시로 업데이트하고 있습니다.

우방국과의 잘못된 국제공조 중에 최악의 사례는 이라크

전쟁 파병입니다. 당시 한국 정부는 이라크 후세인이
핵을 개발하고 있고 테러세력과 연관되어 있다는 미국의
일방적인 주장을 받아들여 가지고 한국군을 파견했습니다.
한국은 당시 영국 다음으로 많은 세계 3위, 3600여 명의
군대를 파견했지요.

하지만 점령 직후 이라크에 핵 프로그램이 없었다,
후세인이 테러집단과 관계가 없다라는 사실이
재확인되었고, 9·11 사건을 예측하지 못한 데 이어 두 번째
치명적인 정보실패를 미국이 겪었습니다.

그런데 한국은 미국의 그러한 잘못된 정보에 따라서
파견한 전쟁 파견까지 해 가지고 잘못된 국제공조의 사례를
남겼습니다.

미국과 그 동맹국들의 이라크 불법 점령 이후에 이라크는
이슬람 극단주의자들을 불러 모으는 지하드의 성지가 되어
버렸습니다.

요즘 문제가 되는 IS 테러단, 처음부터 있었을까요?
아니지요. 미국이 후세인이 테러세력과 연관돼 있다라는
잘못된 정보로 다국적군 모아서 이라크군 침공하고 그렇게
하니까 이라크에 있는 내부 저항세력이 테러집단으로
변모된 겁니다.

그리고 이라크 내부 저항세력에 대해서 끈질긴
게릴라전을 소탕하는 과정에서 무고한 민간인이 다수
희생되기도 했습니다.

미국이 주도한 테러와의 전쟁은 공교롭게도 전 세계에
테러리즘을 확산하는 자양분이 되고 말았던 것입니다.

스스로 테러집단을 유발시켜 놓고 이제 테러와의 전쟁을
위해서 광범위한 감시체계를 구축하겠다라고 하는 것이
미국 정보기관, 우리나라 정보기관 역시 부화뇌동해서 하는
상황입니다.

그렇다면 테러를 방지하는 데 부족한 것이 없다는
건가? 뭐 이런 의문이 들 수 있겠지요. 물론 취약한
구석이 있습니다. 취약한 구석은 국정원의 해외
정보수집능력입니다. 공교롭게도 무소불위의 권한을 갖고
있는 국정원이 세상에, 해외 정보수집능력을 제일 제대로
갖고 있지 못하다는 겁니다.

왜 그럴까요? 해외 정보수집에 치중하기보다는 대북
정보수집, 국내 정치 정보수집을 주로 하기 때문이지요.
각급 정부부처, 기관들을 쥐락펴락하면서, 드나들면서
대내 심리전을 빙자해 가지고 민간인들 사찰하거나 정치에
개입하고 그런 데, 불필요한 일에 시간과 인력을 낭비하고
있기 때문에 정작 중요한 해외 정보수집 업무는 뒷전이고 그
능력도 뒤처져 있는 겁니다.

기관의 업무능력이라는 것은 집중하고 누적되어 쌓여
갈수록, 경험이 쌓여 갈수록 발전하게 되어 있지 않습니까?

최근 수년간 일어난 국정원의 민간인 사찰 사건, 대선
개입 사건, 불법해킹 사건, 중국동포 간첩조작 사건 등
국정원 일탈행위의 심각성을 보여주고 있습니다. 이처럼
국정원이 남용해 온 과도한 권한, 이것을 대폭 없애고
해외정보 수집에 전담케 해야 된다, 북한 관련 정보 수집에

전담케 해야 된다라는 것은 진보인사들만의 주장이
아닙니다. 보수냐 진보냐를 넘어서서 국가의 안보와 관련돼
있습니다. 우리나라의 미래와 관련돼 있습니다. 우리나라가
성장하려면 국제사회와 긴밀한 연계를 통해서 세계로
뻗어나가야 되는데 해외정보 수집 능력이 모자라다니 이게
웬 말입니까?

해외정보국으로 개편하는 것, 이것이야말로 국정원이
테러방지법에 몰두할 게 아니라 가장 전념해야 될
대목입니다. 그런데 불행하게도 국정원은 테러방지법을
밀어붙이면서 국내사찰, 국내정보 수집의 권한을 더
확대하려고 하고 있습니다.

박근혜정부하고 국정원이 추구하고 있는 테러방지법,
이것은 미국의 사례를 따른 것처럼 보입니다, 얼핏 보면.
하지만 사실은 미국 체계와 많이 다릅니다. 9·11 테러
전후에 미국은 3년간 논의 끝에 2004년도에 정보기구를
개편했는데 그 핵심은 정보분석 취합 기능을 CIA에서
떼어내는 것이었습니다. CIA에 집중된 정보분석 기능이
오히려 정보실패를 가져왔기 때문이었습니다. 정보수집 분석
기능과 조사·수사 기능도 각각 분리되어 있습니다.

해외에서 군사작전 중에 체포된 적 전투원에 대해서
일부 CIA와 DIA가 수사하지만 대부분의 조사 및
수사 기능을 FBI가 담당하고 있습니다. 특히 잠재적인
테러 위협을 조사하고 대비하기 위해 FBI 산하에
테러리스트조사센터라는 게 있답니다. 이 센터는
산하기구이지만 법무부, 국무부, 국방부, 국토안보부
등이 협력해서 운영하고 있다고 합니다. 요약컨대 9·11
테러로부터 미국 정보당국이 얻은 교훈은 정보독점은
정보실패를 낳는다는 것입니다. 그런데 한국에서는 거꾸로
가고 있지요.

오랜 시간 동안 경청해 주셨는데 20분 정도 마무리발언을
하겠습니다.

박근혜 대통령께서 국정원의 숙원사업을 해결하기
위해 테러방지법 제정에 나섰습니다. 물론 다른 나라
사람들일지언정 대규모 범죄 희생자들을 애도하는 것은
당연한 일입니다. 하지만 그런 국가전 범죄로 억울하게
죽은 세월호참사 희생자들에 대한 애도와 상응하는
진상조사대책 관련법을 요청하는 울부짖음을 깔아뭉개고
있는 채 오히려 테러방지법에만 혈안이 되어 있습니다.

지금 테러방지 대응체계는 어떠한지, 그렇다면 지금
대한민국은 테러라고 부르는 범죄행위들에 대해서
속수무책 상태라는 것인지, 자신의 정부가 무능하다는
것인지 제대로 설명하지 않고 있습니다.

박근혜정부가 정작 걱정해야 될 것은 따로 있습니다.
2003년 3월부터 2011년 12월까지 이라크 전쟁에서
이라크군과 경찰의 사망자 수는 2만 명에 달합니다. 반군은
1만 9000명에 달합니다. 미군의 전투 중 사망자 수는
3518명에 달합니다. 박근혜정부는 전쟁보다 더 참혹한
한국의 현실에 대해서 먼저 책임을 느껴야 됩니다.

2015년 그리고 지금 직권상정된 테러방지법안들은

제목만 다를 뿐이지 과거 법안과 다를 바가 없습니다. 테러방지법은 구체적인 내용을 한번 들여다보기만 하면 누구나 한눈에 쉽게 알 수가 있습니다. 아까 초반에 제가 하나하나 설명드렸는데 주로 테러방지를 위한 기구 구성에 초점이 맞추어져 있고요 그다음에 국정원, 대통령령으로 위임한다라고만 되어 있지만 사실 국정원이 하게 될 가능성이 많은 대테러센터 여기에 권한을 많이 부여하는 것 그런 것이 주된 것입니다. 그 조직이 어떻게 작동할 것인가 이것이 문제인 것이지요, 그러니까.

유엔의 고등판무관실에서 '테러리즘 대처와 인권과 자유의 관계에 대한 특별보고'를 발표했습니다.

"첫 번째, 각국 정부는 마음에 들지 않는 정치·인종·지역·세력들에게 테러위험인물 혐의를 씌워서 탄압하고 있다. 국제사회는 이런 경향에 무관심할 뿐만 아니라 사실상 이러한 반인권적 정부들을 지원하고 있다.

둘째, 테러 혐의자를 조사하는 과정에서 고문과 잔혹행위 등이 빈번히 사용되었고 이러한 반인권적 행위를 금지하는 국제협약들의 근간이 무너지고 있다.

셋째, 테러리즘을 옹호하거나 찬양하는 내용뿐 아니라 테러행위에 사용될 가능성이 있는 모든 정보의 배포도 금지되고 있다. 이렇게 테러리즘에 대한 해석이 확대되면서 무고한 사람들의 희생, 기본권 침해가 늘어나고 있다.

넷째, 각국이 출입국 통제를 강화하고 있으며 그 결과 인종차별이 심화되고 있다.

다섯째, 테러행위의 조사와 예방이 경찰권 확대 내지 남용의 근거가 되고 있다."

이 유엔의 발표 내용은 우리가 테러방지법을 제정함에 있어서 정말 심각하게 검토해야 될 부분입니다. 유엔에서는 테러방지법 제정을 권고하고 있지만 한편으로 인권침해 요소를 최소화하라는 권고도 함께 하고 있다는 것을 명백하게 해야 합니다.

따라서 테러방지법안보다는 국정원의 권력집중 방지 법안이 먼저 만들어져야 됩니다.

테러 개념의 추상성·모호성은 곧장 대테러대책기구의 기능 범위에 대한 규정이 존재하고 있지 않다는 데에서도 알 수가 있습니다. 테러대책회의, 대테러센터 등을 가동하는 테러의 정의 역시 애매모호한 상태입니다. 그것을 결정하는 과정 절차에 대한 규정도 존재하지 않습니다. 테러의 강도와 밀도가 어느 정도에 이를 때까지 대테러기구의 권한이 발동되는 것인지, 그 절차는 무엇인지, 이에 대한 입법부, 사법부의 감시·감독 가능성은 어떻게 확보할 수 있는 것인지 이러한 데에 대한 규정이 전혀 없습니다.

이런저런 테러 관련 조각들을 뭉뚱그려 모은 행위에 대해서 테러의 이름표를 붙이고 법만 만들어 주면 잘 알아서 할 테니까 권한을 모아 달라는 말밖에 되지 않습니다. 그냥 믿어 달라는 것이지요. 그때그때 자의적 판단에 따라 대테러대책이라는 명분하에 국가권력을 한곳에 집중시키는 위험만을 담고 있습니다.

테러방지법은 과거 유신독재정권 못지않게 제왕적

대통령의 권력을 강화하는 내용을 담고 있습니다. 국정원이 대통령 직속기관이기 때문이지요. 그리고 국정원으로부터 수시로 정보를 대통령께서 보고받고 계십니다. 그것도 아주 은밀한 정보들이지요. 더욱이 테러방지법안은 경우에 따라서 민간인에 의한 군사독재 부활, 민간인 독재 부활을 일으킬 우려가 있습니다.

각국에서 다투어 제정한 반테러법이 비밀정보기관을 비밀경찰로 바꾸는 데에 일조하는 법이라는 평가가 있습니다. 그런데 우리나라의 국가정보원은 대공수사권까지 갖고 있기 때문에 일종의 비밀경찰로서의 역할을 지금도 하고 있는 것입니다. 음지에서 암약하는 비밀경찰입니다. 그렇기 때문에 테러방지법 제정이 결국은 무수히 많은 인권침해 사건을 일으킨 국가정보원이 권력의 중심에 서고자 하는 프로젝트라는 의견이 나올 수밖에 없는 것입니다.

많은 사람들의 인명피해를 초래할 수 있는 테러를 진정으로 막고자 한다면, 진정으로 국민의 안전을 위해서 테러를 방지하고자 한다면 기존의 테러대응 체계를 점검하는 것부터 시작해야 할 것입니다. 경찰, 검찰, 각종 정보기관들에 책임을 묻는 것부터 시작해야 됩니다.

대통령은 관련 테러방지법 제정을 요청하기 전에 정부수반으로서 현재의 대테러 체계가 부실한 까닭이 무엇인지 거기에 대해서 책임부터 져야 될 것입니다. 따라서 직권상정된 테러방지법안, 무늬만 테러방지법이고 사실은 국정원 강화법에 불과한 국정원 주도의 테러방지법안은 반드시 철회되어야 합니다.

긴 시간 동안 경청해 주셔서 감사합니다.

(박수 치는 의원 있음)

● **부의장 정갑윤** 서기호 의원 수고하셨습니다.

다음은 더불어민주당 김현 의원 나오셔서 토론해 주시기 바랍니다.

(2016년 2월 26일 오후 12시 28분)

12

김현 의원

제19대 국회의원 (비례대표)
더불어민주당

2016년 2월 26일 오후 12시 29분 시작
2016년 2월 26일 오후 4시 47분 종료
발언 시간 4시간 18분

"모든 억압된 시대에는 통감부, 총독부,
통일주체회의, 국보위 등 국가의
권력기구를 만들어 권력층이 자신의
기득권을 유지하기 위해 혈안이 되었던
전례가 있습니다. 권력의 집중은 부패를
만들고 이러한 부패는 결국 나라를
멍들게 하고 그 멍든 것 때문에 우리의
미래는 덜 희망적입니다."

(2016년 2월 26일 오후 12시 29분)

● **김현 의원** 앞서 서기호 의원님 장시간 필리버스터를 하면서
해박한 법률적 지식으로 국민들한테 왜 이 법안이 처리되면
안 되는지에 대해서 소상히 설명하시고 가셨습니다.
감사드립니다.

안녕하십니까?

더불어민주당 국회의원 김현입니다.

국회부의장님 장시간 고생 많으십니다.

그리고 오늘 아마 이 시간이 점심시간일 것이고요,
방청석에서 또 관심 있게 보시는 분들에게도 감사드리고,
이것이 지금 4일째 진행되고 있는 것 같습니다, 3박
4일째요. 언론인도 고생이 많으시고 우리 속기사분들도
고생이 많으시고 국회 경위님들도 고생 많으시고요,
무엇보다도 관심 있게 보고 있는 대한민국 국민 여러분들께
감사드립니다.

물론 찬성하시는 분들도 있을 것이고 왜 전파 낭비하냐고
비판하시는 분도 계실 거라고 봅니다. 그러나 모두 다
대한민국 국민이고 찬반토론은 자유입니다. 이것에 대한
판단을 가지고 대한민국이 발전하는데, 또 세계 속의
한국으로 도약하는데 함께 고민하고 토론하고 그런 자리가

되었으면 합니다.

먼저 얘기에 앞서 제가 오늘 필리버스터를 신청한 것은
2월 24일 오전 9시입니다. 테러방지법의 악법적 요소를
삭제해야 합니다. 제가 상반기에 정보위원으로 활동을 했기
때문에 이 부분에 대해서 국정원이 왜 국민 속에 사랑받지
못하고 비판받을 수밖에 없는지에 대해서 몸으로 체험했고
또 국정원의 많은 관계자들을 만나서 나눈 대화가 있습니다.
그리고 그동안 이명박 정권과 박근혜정부에 이어지는
이런 국정원의 폐해들을 많이 경험했기 때문에 이 자리에
나왔다는 점 말씀드리고요. 그리고 두 번째는 이 법이 과연
국회의장께서 직권상정해야 될 법인지에 대해서도 묻지
않을 수 없다라는 점을 말씀드리기 위해서 나왔습니다.

앞서 말씀드렸던 것처럼 정보위원으로서 활동하면서
겪었던 국가정보원으로서 위상과 권한과 기능 그리고
대한민국의 발전을 위해서 어떤 방향으로 나가야 될
것인지에 대한 지점에 대해서도 하나하나 좀 소상히 짚어볼
생각입니다.

앞서 여러 의원님들이 필리버스터를 통해서 테러방지법에
대해서 많은 국민들의 얘기를 전달해 주셨습니다. 저도
그것을 바탕으로 해서, 물론 반복되는 점이 없지 않아
있겠지만 국민들의 관심이 그 어느 때보다 높기 때문에
충분히 감안해서 하겠습니다.

어제가 박근혜 대통령이 취임한 지 3주년이 되는
날입니다. 3년 전에 국민 통합을 외치면서 대한민국
대통령에 취임하셨습니다. 그럼에도 불구하고 대통령이
보여 주는 모습은 국민들에게 좀 아쉬움이 많이 남습니다.
국민들은 대통령의 국정운영과 통치에 대해서 찬성하는
국민도 있겠지만 걱정하는 국민도 있습니다. 찬성하는
국민과 걱정하는 국민 모두가 대한민국 국민입니다. 그런데
국민을 향해서 겁을 준다거나 국회가 무능하다 또는 무지한
집단이라고 매도하는 것은 좀 납득하기가 어렵다는 점을
말씀드리겠습니다.

이명박 정부가 5년을 지나오면서 대한민국 국민에게는
어쩌면 박근혜 대통령이 새로운 희망이었습니다. 국민들은
먼저 돌아가신 육영수 여사님을 박근혜 대통령을 통해서
많이 반추하지 않았을까 또는 추억하지 않았을까 또는
회상하지 않았을까라고 생각해 봅니다. 저도 같은
여성으로서 박근혜 대통령이 어머니와 같은 푸근한 그런
대통령이 되었으면 하는 바람이 있습니다. 그러나 그렇지
않은 점에 대해서 아쉽다라는 말씀을 드립니다.

얼마 전에 한나라당 윤리위원장을 지낸
대북협력민간단체협의회장을 맡고 계신 인명진 목사님께서
박근혜정부 3년의 평가에 대해서 '무서웠다'라는 네 글자로
말씀을 하셨습니다. 그래서 이 자리에서 인명진 목사가
박근혜정부에 대해서 어떤 입장이었는지 인터뷰 전문을
먼저 소개해 드리겠습니다.

인명진 목사님은 인터뷰를 통해서

"집안에서도 아버지가 화를 내시면 집안 분위기가 썰렁하고 다
겨울 공화국이 되잖아요. 그런데 박근혜 대통령께서 그동안

너무 자주 화를 내시고 역정을 내시고 또 꾸중도 하시고, 또 얼마 전에 국회까지 가셔서 국회의원들을 나무라시고 또 어떤 한 사람을 특별히 지목해서 미워하기도 하고. 물론 그럴 만한 이유가 있어서 그런 거기는 하겠지만 이런 모습을 보면서 이게 나라가 전부 썰렁해지고 괜히 아무 잘못도 없는 나까지 무서워졌어요.

사실 우리가 여성 대통령, 일본도 미국도 중국도 한 번도 가져 보지 못한 여성 대통령을 이번에 모셨잖아요. 그러면 여성 대통령이니까 우리가 보통 기대하는 건 온화하고 어머니 같은 아주 자애로운 모습으로 국민들을 보살피고, 특별히 어머니가 자식 중에도 어려운 자식들을 더 살펴보잖아요. 그걸 우리 국민들은 사실은 기대했거든요.

그런데 저는 나이가 많으니까 자유당정권 때 대통령부터 겪어 봤는데, 제가 대통령을 많이 겪어 봤지만 유난히 박근혜정부만큼 찬바람이 쌩쌩 나는 한겨울 같은 그런 느낌을 가져 본 적이 없습니다. 다른 사람은 모르겠지만 저는 그런 느낌을 3년 가졌습니다.

아버지가 꾸중하는 것도 방법이 있죠. 불러다가 얘기도 하는 수도 있고 타이르는 수도 있고, 그런데 이게 대놓고 이러시니까 사람들이 불쌍해 보이기도 했어요,국회의원들이요.

사실은 형을 혼내려면 동생들 안 보는 자리에 불러서 해야 되잖아요. 그런데 어찌됐든 이러니까 집안의 분위기가 그렇듯이 아버지가 그러면…… 하여간 나라 전체가 그랬던 것 같아요. 또 어떤 때는 말이죠, 갑자기 아주 어려운 결정도 불쑥불쑥 하시니까 이건 뭐……

외부적인 환경이라는 건 어느 시대, 어느 때든지 다 있었던 일이라고 생각합니다. 경제가 어렵다 하는데 나는 역대 정권 중에서 경제가 괜찮다고 얘기를 해 본 적은 없는 것 같아요. 늘 그저 경제가 어렵다고 했지요.

또 우리는 늘 북한에 대한 위협 속에서 살아왔고요. 언제 전쟁이 날지 모르는 그런 위협 속에서 계속 살아왔잖아요. 또 우리나라가 강대국 틈에 있는 나라니까 늘 그런 것 때문에 걱정스럽고 그렇습니다.

그런데 경제만 하더라도 대통령께서는 따지고 보면 참 어렵다 이런 말씀을 하시는데, 또 부총리는 우리나라 기초가 든든하다 이러니까 잘 뭔지 모르겠어요. 이게 더 불안해요. 대통령의 말을 믿어야 되는 건지, 부총리 말을 믿어야 하는 건지 불안해집니다.

평생에 점수를 줘 본 적이 없어서 몇 점이라고 말 못 하겠는데…… 이게 왜냐하면요 박근혜 대통령이, 박근혜정부가 출범을 할 때 우리 국민들이 너무 많은 기대를 했어요, 저 자신도 사실은. 초대 여성 대통령이고 100% 국민통합과 행복시대를 열어 가겠다, 또 경제민주화를 하겠다, 특별히 저 같은 경우는 두 가지는 꼭 할 줄 알았습니다.

제가 나이가 많으니까 임플란트를 그냥 노인들에게 해 준다니까 그 임플란트는 꼭 할 줄 알았고요. 안 지켜지고 있습니다. 미뤄지는 것 같아요.

그리고 또 하나는 저는 대북 인도적 지원을 하는 사람인데, 어떤 정치적 상황에도 관계없이 대북 인도적 지원을 하겠다. 그러니까 어떤 지금 정치적 상황이라는 건 사실 개성공단 같은 것도 포함이 되는 것 아니겠어요? 그런데 이것 잘 안 되고 있거든요. 그래서 그렇고요.

국민행복시대, 편안한 삶이거든요. 행복하다는 게 뭡니까? 편안한 그런 삶을 이야기하는 건데 아직도 자살률도 떨어지지 않고요, 출산율도 올라가지 않고요. 이게 뭔가 문제가 있으니까 자꾸 죽고 애도 안 낳고 이러는 것 아니겠습니까?

또 최고의 청년실업률, 그래서 박근혜정부 때 생긴 말 중에 '헬조선'이라는 말, '흙수저'라는 말도 생기지 않았어요? 이것 다 살기 어렵다 이런 것 아니겠습니까?

이러니까 아무래도 박근혜 대통령은 그래도 우리가 믿어 왔던 신뢰의 정치인이다, 한 번 말한 것은 지킨다 이런 거였는데, 복지정책이라든지 제가 말씀드린 대북 인도적 지원이라든지 이런 것에 대해서 기대했던 것이 너무 컸기 때문에……

또 제가 아까 말씀대로 여성 대통령이니까 우리나라의 어려운 사람들을 구석구석 다 따뜻한 마음으로 보살펴 줄 거다라고 믿었는데……

대통령님, 국민을 믿어야 됩니다. 국민을 믿으셔야 합니다. 미국도 믿지 마시고, 중국도 믿지 말고, 새누리당도 믿지 말고—새누리당 이번에 총선 끝나면 변합니다—친박도 믿지 마시고, 진박도 믿지 마시고, 국민을 믿으세요. 믿을 건 국민밖에 없습니다. 그러려면 따뜻한 마음을 가지고 혹시 마음에 안 드는 사람이 있다 하더라도 또 반대하는 사람이 있다 하더라도 껴안으시고요. 40%만 믿지 마시고 국민 전부를 믿으세요. 모든 국민들의 대통령이 되셔야 됩니다.

뿐만 아니라 나아가서 남북한 모든 국민들의 대통령이 되시도록, 역사적인 대통령이 되시도록 해야 합니다. 육영수 여사의 그 따뜻한 마음을 모든 국민들이 아직도 잊지 않고 그리워하는데 꼭 그런 모습으로 부디 2년 동안 성공하시기를 바랍니다. 제가 그런 말씀을 꼭 드리고 싶습니다."

여기까지가 인명진 목사께서 인터뷰를 한 내용을 질문한 내용은 빼고 답변한 내용을 종합 정리해서 말씀을 드린 겁니다. 아마 많은 국민들이 크게 다르지 않을 거다라고 생각하고요, 저는 인명진 목사님의 '국민을 40%만 믿지 마시고 국민 전부를 믿으셔서 국민들의 대통령이 되셔야 한다'는 이 말을 좀 새겨서 남은 2년 동안의 국정운영에 버팀목이 되고 희망이 될 수 있는 것을 만들어 주셨으면 합니다.

저는 솔직히 오늘 이 자리까지, 물론 3박 4일째 진행되면서 많은 분들이 테러방지법을 존경하는 국회의원 중에는 폐지해야 된다는 의견을 내신 분도 있고요 또는 독소조항을 제거하면 테러방지법을 처리해야 되지 않느냐…… 이것은 물론 더불어민주당의 당론입니다. 그런데 여야가 협의하는 과정에서 직권상정이 되었습니다. 그래서 지금 대한민국에서 3박 4일째 전대미문의 상황이 발생하고 있는 이 지점이 왜 생기는지 국민 여러분들께서는 다시 한 번 생각해 주셨으면 합니다.

아마 지금 저 뒤에도 많은 국회의원들이 내일까지 또는

모레까지 테러방지법을 국민들한테 소상히 설명하고 그동안 국가정보원이 어떤 역할을 했는지 또는 국민들을 어떻게 탄압했는지 그래서 국가정보원을 강화시켜주기보다는 견제장치를 보다 확대하고 국가정보원이 국민 속의 또는 안보와 해외정보를 수집해서 대한민국의 발전에 기여하는 그러한 국가정보원으로서 거듭나야 된다라는 점에 대해서 말씀을 드릴 것 같습니다.

저는 테러방지법이 국민에 대한 국가의 테러를 조장하는 테러조장법이기 때문에 이 부분에 대해서 죽 말씀을 드리겠습니다.

헌법 제46조2항 "국회의원은 국가이익을 우선하여 양심에 따라 직무를 행한다."고 되어 있습니다. 헌법에 명시된 국회의원의 역할과 책임을 걸고 테러방지법의 부당함과 무능하고 무책임한 국정원의 지난 행위에 대해서 국민 여러분들께 보고드리겠습니다.

두 번째는 정의화 의장의 직권상정에 대한 입장입니다.

최근 3박 4일 동안 필리버스터의 사태를 불러온 것은 아마 우리 정의화 국회의장님의 선택도 한몫한다라고 지적하지 않을 수 없습니다. 초선 국회의원이 대선배이자 국회의장님께 말씀드리기는 대단히 송구하지만 고언을 드리는 바입니다.

저는 정의화 의장께서 아마 역대 의장님 중에 가장 모범적인 모습을, 특히 여당 출신의 국회의장으로서 모범적인 모습을 보여주셨다고 생각을 합니다. 선진화법 운영과 여야를 가리지 않고 정정하고 당당하게 삼권분립의 한 축인 국회를 운영해 오셨다라고 저는 생각합니다. 그런데 이번에 직권상정과 관련해서는 대단히 잘못하셨다, 지금이라도 철회해 주실 것을 요청드리고 간곡히 호소드립니다.

특히 정의화 의장님을 존경하는 이유 중에 하나는…… 이것은 나중에 또 말씀을…… 2014년도에 세월호 가족들이 국회에 왔을 때 참 잘해 주셨습니다.

직권상정에 대한 지적에 앞서서 정의화 의장이 본회의 전문을 발표하셨는데요 이것부터 먼저 다시 한 번 낭독을 하겠습니다.

'의장의 심사기간 지정은 의회민주주의의 아주 예외적인 조처로서 불가피한 경우에 제한되어야 한다는 것이 국회법의 정신이고 저의 소신이기도 합니다. 그동안 저는 여야 간 대화와 타협의 정신으로 국회를 운영해서 합의의 정치, 상생의 정치를 이끌기 위해서 나름대로 노력해 왔습니다.

테러방지법도 지난 12월부터 십여 차례 여야를 중재하고 설득하면서 합의를 이끌기 위해서 노력해 왔습니다. 그러나 대테러센터를 국무총리실 산하에 둘 것인가, 정보수집권을 국정원에 줄 것인가 등 두 가지는 끝내 합의에 이르지 못했습니다.'

다시 한 번 읽겠습니다.

'대테러센터를 국무총리실 산하에 둘 것인가, 정보수집권을 국정원에 줄 것인가 등 두 가지는 끝내 합의에 이르지 못했습니다.

그동안 중재 노력을 해 온 의장으로서 여야 간 합의를 이루는 것이 불가능하다는 결론에 도달할 수밖에 없었고 깊은 고민 끝에 테러방지법의 심사기일을 오늘 오후로 지정하게 된 것입니다.

심사기간 지정의 요건인 국가비상 사태에 해당하는지의 여부에 대한 법률 자문과 검토를 한 결과 IS 등 국제적 테러 발생과 최근 북한의 도발 행태를 볼 때 국민 안위와 공공의 안녕질서가 심각한 위험에 직면한 것으로 볼 수 있다는 판단을 내렸습니다.

현재 우리는 북한의 제4차 핵실험, 장거리 미사일 발사로 국가안보와 국민안전을 심각하게 위협받고 있습니다. 북한이 국가기간시설에 대한 테러, 사이버테러 등 대남 테러 역량을 결집하고 있다는 정부의 발표도 있었습니다.

국제사회의 강력한 제재에 직면한 북한이 각종 테러를 자행할 개연성이 크다는 전문가들의 지적 역시 잇따르고 있습니다. 또한 지난해 IS의 파리 테러 이후에 터키, 인도네시아 등 국경을 초월한 테러가 빈발하고 있는 상황 속에서 세계 각국과의 활발한 인적 교류가 이루어지고 있는 우리나라도 테러의 위험에서 결코 자유로울 수가 없습니다.

이미 IS는 우리나라를 '십자군 동맹국' '악마의 연합국'으로 지목하면서 테러 대상국임을 공언해 왔고 실제 국내에 체류했던 다수의 외국인들이 IS에 가담한 것으로 밝힌 바 있습니다.

지금은 국민안전 비상 상황입니다. 국민의 생명과 안전보다도 우선하는 가치는 없습니다. 국회는 국민안전과 국가안위를 위협하는 테러에 선제적으로 대비할 책무가 있습니다.

국회가 테러방지법 제정 등 꼭 해야 할 일을 미루는 동안 만에 하나 테러가 발생한다면 우리 국회는 역사와 국민 앞에 더없이 큰 죄를 짓게 되는 것입니다. 북한의 위험은 물론 국제 테러리즘을 막기 위한 국제공조 차원에서도 테러방지법 제정은 더 이상 미룰 수 없습니다.

야당의 우려에 대해서 잘 알고 있습니다. 하지만 대테러센터의 소속, 테러 관련 정보수집 권한 등 법의 본질적 취지와는 떨어진 부차적 문제로 법적 장치 마련을 더 이상 미뤄서는 안 됩니다.

대테러센터를 총리실 소속으로 두어서 컨트롤 기능을 맡기고 국민 인권침해 소지가 없도록 인권보호관을 설치하며 신고자 보호와 무고·날조에 대한 가중처벌 등 이중 삼중의 안전장치를 마련하여 법안에 대한 우려를 최대한 해소하였습니다.

특히 어제 국정원장과의 비공개 면담을 통해서 국정원이 국민들로부터 스스로 신뢰를 회복하기 위한 후속조치를 완전하게 시행할 것을 요구하였고 국정원장으로부터 그에 대한 확고한 약속을 받았습니다.

만약 국정원이 테러방지법 시행 이후에 조금이라도 국민적 오해와 불신을 초래하는 경우에 기관의 존립 자체가 흔들리게 될 것이고 나아가 국가가 제대로 기능하지 못할 것임을 직시해야 합니다. 따라서 테러방지법 제정을 계기로 국정원은 국민들로부터 100% 신뢰를 받는 기관으로 거듭나야 한다는 점을 분명히 말씀드립니다.

존경하는 국민 여러분!

국민적 비상사태에 직면하여 국가안보와 국민안전을 보호하기 위한 의장의 충정을 헤아려 주시기를 바라며 나머지 쟁점법안은 19대 국회에서 여야 합의로 처리할 수 있기를 간절히 바랍니다.'

이 내용이 정의화 의장의 본회의 전문입니다.

그런데 정의화 의장님 지금 이 자리에 안 계시지만 이 말씀만으로는 국회법과 절차를 모두 무시하고 정부, 특히 국정원을 대변하신 것이라고 생각합니다.

직권상정과 관련한 부당성 이유는 다음과 같습니다.

지난해 11월 18일 테러방지종합대책 당정협의회에 따르면 테러방지법은 무려 10개 이상이 되는 법안의 통칭입니다. 그런데 대다수 법안이 테러 및 사이버테러 방지를 이유로 국정원이 민관군을 지휘하도록 하는 등 국정원 권한을 크게 강화한 것입니다.

국내 정치와 선거에 개입한 혐의로 전 국정원장이 재판을 받았고 비밀정보기관의 독주를 견제할 장치는 아무것도 없는 것이 현재 우리의 현실입니다. 국정원을 강화하는 테러방지법이 제정되면 민주주의와 인권을 위협할 가능성이 100%가 아니라 1000% 높습니다. 게다가 직권상정은 현재 천재지변이나 전시·사변 또는 이에 준하는 국가비상사태 등에만 한정하고 있습니다.

"국회법 제85조(심사기간) ① 의장은 각 호의 어느 하나에 해당하는 경우에는 위원회에 회부하는 안건 또는 회부된 안건에 대하여 심사기간을 지정할 수 있다. 이 경우 제1호 또는 제2호에 해당하는 때에는 의장이 각 교섭단체대표의원과 협의하여 각 호에 관련된 안건에 대하여만 심사기간을 지정할 수 있다.'

1호가 '천재지변의 경우', 2호가 '전시·사변 또는 이에 준하는 국가비상사태의 경우', 3호가 '의장이 각 교섭단체대표의원과 합의하는 경우' 그다음 2항은 "1항의 경우 위원회가 이유 없이 그 기간 내에 심사를 마치지 아니한 때에는 의장은 중간보고를 들은 후 다른 위원회에 회부하거나 바로 본회의에 회부할 수 있다" 이렇게 되어 있습니다.

정부 여당은 현재 국정원에게 더 큰 사찰 권한을 지금 당장 무조건 제공하지 않으면 국가비상사태를 초래할 수 있는 것처럼 국민들에게 얘기하고 있습니다.

국민 여러분, 지금 과연 그런가요? 3박 4일 동안 무제한 토론이 진행되는 동안에 국가가 비상한 상황이다라고 감지될 만한 그런 이유 없었습니다. 물론 또 다른 이유를 대시겠지만.

정부가 북한의 테러위협을 강조하고 있지만 국정원은 여론몰이의 전면에 나서면서도 정작 북한이 준비한다는 테러에 대해서 구체적 근거를 제시하지 못하고 있습니다. 그래서 지금 상황을 전시·사변 또는 이에 준하는 국가비상사태라고 볼 수 없습니다.

대한민국이 그리 만만한 국가가 아닙니다. 우리 대한민국은 테러방지 제도 완벽하게 완비되어 있습니다.

'테러방지법'이라는 이름만 없을 뿐이지 우리나라에는 테러에 대한 대비태세를 갖추기 위해 각종 법령과 기구가 다수 존재합니다.

테러를 방지하기 위한 통합방위법, 비상대비자원 관리법, 대테러특공대, 국가테러대책회의 등 많은 제도적인 장치들이 마련되어 있으며 사이버안전을 위해서도 국가사이버안전규정, 미래부에서의 사이버안전센터 등이 존재하고 있습니다. 이처럼 우리나라는 이미 그 어느 나라보다도 강력하고 촘촘하게 여러 가지 형태의 테러방지 기구와 제도를 운영하고 있습니다.

박근혜정부가 진정 국민의 안전을 우려한다면 지금 힘써야 할 것은 인권침해 논란을 빚고 있는 테러방지법 제정이 아니라 기존의 법과 제도가 잘 작동되고 있는지 평가하고 정비하여 본래의 책임과 역할을 다하는 것입니다.

특히 국내 정치 개입이 잦은 국정원을 개혁하는 것이 우선되어야 합니다. 따라서 국회는 국정원이 테러방지라는 명목으로 제 권한을 오용·남용하지 않을지 숙려하고 시간을 들여 민주적으로 심의해야 합니다.

새누리당이 책임을 다하는 정당이라면 민주주의 근간을 흔드는 직권상정 압박 행태를 중단해야 합니다. 기존 제도도 활용하지 못하면서 법만 만든다고 문제가 해결될 리 만무합니다. 또 법 제정을 남발한다고 해서 테러를 방지할 수 있는 것 또한 아닙니다.

지난해에 프랑스 파리 무장공격에도 국가테러대책회의는 단 한 번도 개최하지 않았고 황교안 국무총리는 자신이 국가테러대책회의 의장인 줄 몰랐다고 말씀하신 바 있습니다. 이 국회 본회의장에서요.

그래서 결론적으로 국가가 제대로 운영되고 국민의 안전과 안위를 보장하기 위해서 테러방지법 제정이 아니라 기존 제도를 얼마나 제대로 활용했는가에 대한 평가에 기초해서 그 평가가 제대로 안 된 부분에 대해서는 제대로 될 수 있도록 대통령께서 독려를 해야 되지 않을까 싶습니다.

나는 새도 떨어뜨린다는 중앙정보부를 부활하고 싶은 것 또는 유혹을 느끼는 것은 아마 통치자들이 갖고 있는 일반적 정서일 것 같습니다. 그러나 그것을 활용한 대통령과 그렇지 않은 대통령과, 크게 구분하면 그렇게 볼 수 있겠습니다.

테러방지법의 실질적 내용은 국정원이 개인의 금융 정보와 통신 기록을 마음대로 볼 수 있도록 과도하고 포괄적인 권한을 부여하는 것이 핵심이고 독소 조항입니다.

해외정보 수집에 무능하다, 정치 개입과 여론 공작에만 일삼았다라는 지적이 있습니다. 물론 저는 그렇게만 보지는 않습니다.

대한민국 국민들 중에 국가정보원에서 활동하고 있는 요원이 몇 명인지 이것은 국가기밀이기 때문에 알 수 없습니다. 또한 국가정보원이 1년에 어느 정도의 예산을, 국민의 세금을 쓰고 있는지 아는 국민은 국가정보원장과 대통령에 불과합니다.

국가정보원은 그렇게 대통령 직속기구로서의 막강한

권한과 책임과 의무가 있고요. 국가정보원에서 활동하고 있는 수많은 요원들은 정말 불철주야 국가의 안위와 안전을 위해서 힘쓰고 있다는 점 간과하지 않습니다.

다만 대통령이 어디에 관심을 두고 있느냐, 대통령이 어떤 관심을 두고 있느냐에 따라서 국가정보원장은 거기에 영향을 거의 90% 받습니다. 국내 정치에 관심이 있으면 국내 정치에 관련된 정보와 첩보를 입수해서 보고를 해야만 합니다.

대통령이 해외정보 파트에 관심을 갖고 우리 대한민국을 글로벌 수준으로 맞추고 해외 기업의 진출, 그다음에 과학기술의 발전에 보다 역점을 두는 대통령이라면 국가정보원은 거기에 역량을 집중해서 해외 파트에 많은 비중을 둬서 조직을 개편하고 인력을 확보합니다.

북한의 첩보나 북한과 관련된 문제를 가지고 국내 정치에 활용하려고 한다 치면 그런 역할을 많이 하기 위해서 북경에 해외정보 파트에서 활동하고 있는 국정원 직원들이 더 투입이 되는 게 그동안 운영해 왔던 방식입니다.

그리고 사이버센터, 원래 김대중 정부까지는 국가정보원이 건물을 새로 짓기 전에는 사이버센터가 강남에 있었습니다. 그런데 안기부 건물을 새로 확장하고 지금 있는 국가정보원이 위치한 그 건물로 짓고 나서는 사이버센터가 국정원 안에 있고요. 아마 대한민국 국민 중에 국정원을 관람하셨던 분들 중의 일부는 그 기능과 규모에 대해서 감탄하셨으리라고 봅니다.

그리고 국정원은 물론 건물 자체는 외부에 노출되지는 않지만 그 안의 몇 가지 공간은 일반 국민들한테 공개되고 관람할 수 있도록 되어 있는 것으로 알고 있습니다.

(정갑윤 부의장, 정의화 의장과 사회교대)

그래서 '음지에서 일하고 양지를 지향한다'는 원훈이 있었지만 '정보는 국력이다'라는 원훈도 있고요. 하여간 국정원이 그렇게 부침의 과정을 통해서 국민들로부터 사랑받기도 했고 국민들로부터 비난도 받고 비판도 받아 왔습니다.

지금의 국정원의 현 주소가 과연 어떠한지 이명박 정권과 박근혜정부를 경과하면서 많은 국민들이 국가정보원을 '국민걱정원'으로 희화화시켰던 것으로 기억을 합니다. 국민을 걱정스럽게 해서는 절대로 국가정보원이 국민들의 박수를 받지 못한다는 점을 지적하지 않을 수 없습니다.

국가정보원은 정권을 위해서 물론 일을 할 수도 있지만 그래도 국민을 위해서 국민을 보고 국가 정보를 다루는 기관으로서의 제 역할을 하셔야 합니다. 모든 권력은 국민으로부터 나오고 대한민국은 민주주의 공화국입니다.

테러방지법이 국가의 국민에 대한 테러를 조장해서 인권을 침해하고 민주주의를 과거의 독재시대로 후퇴시킬 것으로 생각하기 때문에 이 부분에 대해서 국가정보원은 욕심을 좀 내려놓고 국민들이 무엇을 요구하는지를 좀 살펴볼 때가 되지 않았나 싶습니다.

이 얘기를 좀 더 하면, 제가 노무현 대통령을 모시고 해외 순방을 55개의 도시를 다녔습니다. 그런데 그 행사를 하려면

사전에 그 나라를 가게 됩니다. 그러면 그 행사를 준비하기 위해서 외교부의 대사관 직원들이 참여를 하고요. 그다음에 국방부 무관들, 물론 대사관에 근무하는 분들이 파견 나와 있는 외교부 직원도 있지만 국방부의 무관들도 있고요. 특히 좀 취약한 나라이거나, 아니면 대통령의 신변보호를 확실히 보장해야 되기 때문에 국가정보원에서 나가 있는 국정원 직원들을 많이 만나게 됩니다. 그분들의 노고를 실제로 많이 들어서 얼마나 이 대한민국이, 오늘날 대한민국이 있기까지 국가정보원의 혁혁한 공로 인정합니다.

그런데 이것은 과욕입니다. 테러방지법의 독소 조항을 저희 국회에 처리해 달라고 얘기하는 것은 국가정보원이 그동안 국민들로부터 신뢰받지 못했던 면모가 있기 때문에 과욕을 부리고 있고요. 그 부분에 대해서는 좀, 물론 그러지 않겠지만 포기를 하셔야 되지 않을까 싶습니다.

그래서 일단은 제가 간단하게 오늘 이 자리에서 어떤 내용으로 국민들께 토론할 것인지에 대한 말씀을 드렸습니다.

언론보도 난 것부터 먼저 몇 가지 말씀을 드릴까 싶습니다. 한 언론사의 사설입니다.

'국정원 권한 더 가질 자격 없다' 이런 내용의 사설이 있습니다.

'간첩혐의로 기소된 탈북자 홍강철 씨가 1심에 이어 2심에서도 무죄를 선고받았다. 서울시공무원 유우성 씨의 간첩조작사건에 이어 국가정보원의 역할과 위상에 대해 다시 한 번 깊은 회의를 느끼게 하는 충격적 사건이다. 홍 씨는 북한 보위사령부에서 직파한 공작원으로서 탈북 브로커 납치를 시도하는 등 국내외에서 간첩활동을 벌였다는 게 국정원의 주장이었다. 그 정도 혐의라면 국정원이 치밀한 수사를 통해 확실한 증거를 댈 줄 알았다.

그러나 법원은 국정원이 제시한 증거를 모두 신뢰할 수 없다고 판단했다. 탈북자들이 초기에 머무는 국정원 중앙합동신문센터에서 진술거부권 등에 대한 고지 없이 주먹구구로 조사가 이루어졌기 때문이다. 자유민주주의 국가에서 수사기관이 반드시 지켜야 할 인권보호 규정을 무시한 것이다. 증거의 내용도 재판부를 설득하기에는 턱없이 부실하고 어설펐다. 이로써 합신센터에서 탈북자들을 상대로 간첩조작이 이루어지고 있다는 의구심이 한층 커졌다.

홍 씨는 135일 동안 합신센터 독방에 살면서 강압과 회유 속에 거짓자백을 했다고 주장한다. 유우성 씨의 여동생 유가려 씨도 합신센터에서 가혹행위를 받고 오빠에 대해 거짓 진술을 했다고 밝힌 바 있다. 탈북자들이 국정원의 간첩 공급원이냐는 비아냥마저 들린다. 특히 국정원이 조직 보호를 위해 사건 조작에 나서는 게 아니냐는 의심이 더욱 짙어질 수밖에 없는 상황이다.

국정원은 2012년 대통령선거에 불법 개입한 사실이 드러나 곤욕을 치를 당시 유우성 씨 관련 증거 조작을 벌였다. 이어 증거 조작이 들통나 다시 궁지에 몰린 순간 홍강철 씨 사건을 터뜨렸다. 과거의 비위를 반성하고 바로잡기는커녕 또 다른 비위로 이를 덮으려 한다면 정상적인 국가기관이라고 할 수

없다.

이런 갖가지 비난과 의혹을 한 몸에 받고 있는 국정원이 테러방지법을 통해 권한을 더 키우는 것은 있을 수 없는 일이다. 대선 개입과 간첩 조작 사건으로 속속 드러난 국정원의 한심한 행태들로 미뤄 보건대 테러방지의 지휘부가 될 자격과 능력을 갖췄는지조차 의심스럽다. 정치 관여와 선거 개입 등 어두운 과거를 청산하고 민주적 통제를 강화하는 확실한 개혁 조처가 없다면 국정원의 권한은 오히려 축소해야 마땅하다.'
또 다른 언론의 사설입니다.
'국정원 권력 남용 가능한 테러방지법 위험하다.

국가기관의 권력 남용과 인권 침해 우려가 큰 국민보호와 공공안전을 위한 테러방지법안이 국회에 직권상정됐다. 새누리당 발의 법안을 정의화 국회의장이 국가 비상사태를 사유로 본회의에 올린 것이다. 물론 더불어민주당이 장시간 연설로 법안 의결을 막는 필리버스터로 맞서 통과 여부는 유동적이다.

테러방지법은 테러방지 효과는 의심되면서도 국민의 인권과 자유를 훼손할 우려가 크다. 우선 테러에 대한 개념부터 모호하고 포괄적이다. 이 법은 국가의 권한 행사를 방해할 목적으로 사람을 상해하여 생명에 대한 위험을 발생하게 하는 행위도 테러행위로 규정한다. 정부가 집회에 대해 알레르기 반응을 일으키는 점을 감안하면 정상적인 집회 과정에서 우발적 충돌로 부상당하는 일이 발생했을 때 이 법이 악용되지 않으리라는 보장이 없다.

이 법이 테러 의심 인물에 대해 출입국과 금융 거래 및 통신 이용 정보를 수집할 수 있도록 한 것은 더 큰 문제다. 국정원이 테러에 연루됐다고 의심하기만 하면 그 누구든 전방위적 감시 대상이 될 수 있기 때문이다. 긴급할 경우 이 같은 정보 수집 사실을 당사자에게 약식으로 설명하고 서면 통보는 사후에 할 수 있도록 하는 독소 조항도 포함돼 있다. 시민들을 감시하기 위해 최소한의 서면절차조차 생략할 수 있도록 한 것이다. 테러를 선전 선동하는 인터넷상의 글 또는 그림에 대해 긴급삭제 요청 권한을 부여하도록 한 것도 표현의 자유를 침해할 수 있는 우려가 있다.

이 법은 국무총리가 위원장인 국가테러대책위원회를 설치하고 그 밑에 대테러센터를 두도록 했지만 실무 권한은 국정원이 갖도록 돼 있다. 민간인 휴대전화 해킹 의혹과 간첩 조작, 대선 댓글사건을 일으킨 기관이 이 권한을 테러방지에만 사용할 것이라는 믿음을 갖기 어렵다. 이런 국정원더러 테러방지법을 운용하라고 하는 것은 매우 위험한 일이다.

더구나 국정원은 예산이나 활동에서 민주적 통제를 받지 않는다. 국정원은 정권의 하수인 노릇을 한 과거를 반성하고 개혁해야 할 기관이지 권능을 강화시켜 줘야 할 기관이 아니다.

테러방지법안의 직권상정 자체도 법률적으로 문제가 있다. 정 의장은 국회선진화법상의 국가 비상사태 규정을 내세웠지만 어불성설이다. 지금 비상사태도 아닐뿐더러 그로 인해 정치권의 법안 협의가 불가능한 상황도 아니다. 법률적 하자가 있는 절차를 그대로 수용할 수는 없는 일이다.'
많은 언론에서는 아니지만 사설이나 칼럼이나

기획기사를 통해서 테러방지법이 그대로 처리되어서는 다음 대선은 있으나마나 한 것 아니냐라는 그런 우려 섞인 지적을 합니다. 그것은 2012년도 저희의 경험에서 반추할 수 있습니다. 그 부분에 대해서 좀 말씀드릴까 합니다.

그에 앞서서 지금 방청석에 초등학생들이 좀 와 있는 것 같습니다. 초등학생·중학생. 앞서 국가 대테러와 관련해서 대통령훈령도 있고 제도도 있다라고 말씀드렸는데 국가대테러활동지침을 먼저 말씀드릴게요.

국회가 법을 만드는 곳이라는 것은 이 자리에 와 주신 방청석에 계신 미래의 세대들이 다 잘 알겠지만 이런 법 하나하나가 국민의 생명과 안전을 보호하고 또는 생명과 안전을 위해할 수 있는 법이기 때문에 국회의원들이 이렇게 장시간에 걸쳐서 왜 이 법이 그대로 처리되면 안 되는지에 대해서 설명하고 있습니다.

앞서 국가정보원이 무한한 권력을 갖고 있다라고 말씀드렸는데요. 국가정보원직원법에 보면 "이 법은 국가정보원직원의 책임 및 직무의 중요성과 신분 및 근무 조건의 특수성에 비추어 그 자격, 임용, 교육훈련, 복무, 보수 등에 관하여 국가공무원법에 대한 특례를 규정함을 목적으로 한다."라고 되어 있습니다. 그리고 국가정보원의 직원들은 신분을 노출하지 않아야 되는 것이고요.

그다음에 이런 선서를 합니다. '본인은 국가안전보장업무를 수행하는 공무원으로서 투철한 애국심과 사명감을 발휘하여 국가에 봉사할 것을 맹세하고, 법령 및 직무상의 명령을 준수·복종하며, 창의와 성실로서 맡은 바 책무를 다할 것을 엄숙히 선서합니다' 국가에 봉사하도록 되어 있지요. 그러니까 국가……
대한민국헌법에 '대한민국은 민주공화국이고 모든 권력은 국민으로부터 나온다' 그러니까 국가에 봉사할 것을 맹세했다는 것은 국민에게 봉사해야 된다라는 것이지요. 특정 정권의 하수인으로 전락하면 안 된다라는 거고요. 그다음에 국가에 봉사할 것을 맹세했기 때문에 국가의 안전과 안녕 그다음에 발전에 기여하는 활동을 해야 된다라고 봅니다.

국정원에 근무하는 많은 직원들은 이렇게 근무를 하고 있겠지요. 그러나 정치적 흐름에 따라서 편향된 행위를 또는 일탈행위를 하는데요. 그것이 이 직원법상에 따르더라도 직원이 개인적 판단이나 개인적 일탈행위로 하는 것은 절대로 아닙니다. 왜냐하면 국가정보원은 국정원장의 지시 또는 기구에 편제되어 있는 1차장, 2차장 그다음 기조실장 그다음에 그 밑에 있는 국장, 과장, 팀장 이런 분들의 지휘·통제 아래 있기 때문에 개인적 판단에 따라서 움직이는 것은 절대 불가하다는 점을 또 알려드리겠습니다.

지난 2012년도에 국정원 직원이 댓글을 달다가 오피스텔이 발각되는 상황이 있었습니다. 그게 대선 직전에 있었는데요. 그게 12월 11일이고 그 사건이 어찌 보면 국정원이 그동안 사실은 많은 정치적 개입을 했지만 직접 국정원 직원이 여론을 호도하고 여론의 흐름을 좌우하는 행위를 한 것은 아마 2012년 대선이지 않았나 싶습니다. '그것이 뭐 대수냐? 댓글 몇 개가 어느 정도 영향을 미쳤느냐?' 당시에 새누리당에서는 어마어마하게 그 부분에 대해서 매도를 했지만 결국 사건이 진행될 때마다 속속들이 국가정보원이 조직적으로 선거에 개입했다 그래서 국정원법과 공무원법, 선거법에 위반돼서 당시의 국정원장이 구속되는 초유의 일이 벌어졌습니다.

그럼에도 불구하고 국정원이 이 부분에 대해서 제대로 된 사과를 하거나 국정원이 거듭나겠다라는 자신의 자구적인 개혁안을 내놓지는 못했습니다. 예를 들어서 국정원이 자행한 댓글사건이 터지고 이것이 국민들에게 알려지고 할 때가 되면 또 다른 사건으로 국정원의 잘못을 덮었고 그것이 지속적으로 반복되면서 국정원을 개혁해야 되겠다 그래서 국가정보원 제도를 개혁하기 위한 여야 특별기구도 만들었습니다. 국회 차원에서.

그러나 결국은 그것이 제대로 되지 않고 또 이런 테러방지법이라는 더 극단적인 형태의 국정원 강화법 또는 국정원의 무소불위 형태의 테러방지법을 여야 협의 과정, 진행 과정임에도 불구하고 직권상정으로 또 국민들한테 올려놓는 그런 현실에 직면하고 있습니다.

그렇다고 저희 더불어민주당이 테러방지법 전체를 부정하고 있거나 반대하고 있는 것은 아닙니다. 여러 의원들이 말씀을 누차에 걸쳐서 했지만 최악의 경우를 막기 위해서 독소 조항을 없애야 된다, 그러니까 앞서 말씀드렸던 것처럼 테러방지법이라는 법만 없는 것이지 테러방지와 관련된 기구나 제도 또는 법령·훈령 이것은 아주 다양하게 촘촘히 구성되어 있다는 것은 여러 국민들이 다 알고 계실 거라고 보고요.

저희들이 얘기하는 것은 악법을 없애자, 그러니까 부칙에 있는 조항이지요. 테러방지법 부칙 제2조 조항의 특정 금융거래정보의 보고 및 이용 등에 관한 법률을 개정하라는 것이고요. 그다음에 감청정보 요청권, 그러니까 2조에서 통신비밀보호법을 개정해서 테러업무도 국가안전보장에 상당한 위협이 예상되는 경우와 같이 취급하여 통신제한조치를 요구토록 하고 있다. 이런 부분에 대해서 이것은 그때그때 충분히 악용될 소지가 있기 때문에 이 독소 조항을 없애라고 하는데 오늘도 여야 합의를 해서 진행하자라는 더불어민주당의 요구에 대해서 지금 잘 반영이 안 되고 있는 것 같습니다.

제가 테러방지법에 대해서 앞서도 말씀드렸지만 그동안 국정원이 국민들로부터 왜 신뢰받지 못했는지에 대해서 말씀을 드리면서 주제를 약간 바꾸겠습니다.

국가정보를 통솔하며 국가의 안위를 위해 최선을 다하는 국가정보원이 과연 그 기능을 잘하고 있느냐, 여러 의원님들이 지적했지만 지난 시기에 국정원의 실패사례를 조목조목 말씀드리겠습니다.

2008년도에 러시아에서 외교관 신분을 가진 국가정보원 직원 4명이 불법정보를 수집한다는 이유로 추방된 바가 있습니다. 그러니까 한국 외교관이 추방된 것은 98년도 7월 한·러시아 외교관 추방사건 이후에 두 번째였습니다.

그다음에 리비아에서 2010년도 6월 18일 날 공작실패한 사례가 있습니다. 주리비아대사관에서 근무 중인 우리나라 국정원 직원의 리비아 내 활동이 국가안보에 위해를 야기했다는 이유로 해당 직원을 구금·조사한 뒤에 비우호적 인물로 우리 측에 통보하고 18일 추방된 사건이 있습니다. 국정원 직원은 무기목록 등 리비아의 군사정보와 현지 거주 북한 근로자 1000여 명의 정보를 수집하다가 적발당해서 강제 추방당했습니다.

리비아 측에서는 정부요인 정보수집, 무하마드 알 카다피 국가원수의 국제평조기구 조사, 카다피 원수 아들이 운영하는 아랍권 내 조직에 대한 첩보활동 등 리비아에서 금기영역으로 알려진 부분에 대해서 첩보활동을 하다가 이 같은 일이 발생했던 겁니다.

그다음에 2010년도 8월 중국에서는 국정원 4급 간부 A 씨 등 2명이 중국 선양에서 긴급체포된 것입니다. 이분들은 중국인을 고용해서 북한 지도부의 정보를 수집하려다가 이런 일이 밝혀졌습니다. 대북첩보 수집에 나섰다가 중국의 국가안전부에 검거됐습니다. 그래서 우리 정부는 외교 관례로 추방 형식의 석방을 요구했지만 중국 국가안전부는 이를 거부하고 정식재판에 넘겼습니다. 국정원 간부 등 2명이 중국 창춘에 열 달 넘게 수감돼서 재판을 받은 사건입니다. 제대로 안 된 거지요.

그리고 2011년도 3월 16일에 인도네시아 대통령 특사단이 머물고 있던 서울 소공동 롯데호텔 숙소에 침입해 노트북을 뒤지다가 적발되어서 절도 등의 혐의로 경찰에 신고된 바가 있습니다.

그리고 2010년도에는 유엔에서 국가정보원이 프랭크 라 뤼 유엔 의사·표현의 자유 특별보고관을 미행·사찰하다가 발각된 사건이 있습니다. 라 뤼 보고관은 4일 서울 명동의 한 호텔 정문 앞에 세워진 은색 자동차 안에서 자신들을 캠코더로 찍고 있는 사람을 발견해서 이를 휴대폰으로 찍은 사건입니다. 라 뤼 보고관은 6일 서울 세종로 정부중앙청사 별관에서 천영우 외교부 2차관을 만나 누군가 미행을 하는 것 같다고 항의했습니다.

그 결과 라 뤼 일행이 찍은 사진 속 차량의 소유주가 서울 서초구에 소재하고 있는 신세기공영인 것이 확인됐습니다. 이 차량의 주소지는 국가정보원 소유 땅, 신세기공영 등 법인 등기도 없이 차량만 수십여 대가 등록된 유령회사인 것으로 파악이 됐습니다.

2012년 12월 달에는 이란에서도 일이 벌어졌습니다. 저희 박병석 의원이 제기했던 건데요. '대한민국 국적의 40대 김 모 씨가 중동의 한 국가에서 경찰서와 대사관 촬영 등 스파이 혐의로 지난해 12월 체포돼 현재 7년형을 받고 복역 중이다. 그런데 우리 대사관은 구금된 지 75일이 지나서야 해당국으로부터 통보를 받았고 이는 심각한 문제이고 외교부가 어떤 일을 하는 곳인지 근본적인 의문을 제기하지 않을 수 없다'라고 지적한 바 있습니다. 그리고 이분은 이란 억류 사실을 인지한 지난 1월부터 일곱 차례 영사 면담과 한 차례의 변호사 면회를 진행했고 1심에서

7년형을 선고받았고 항소를 준비한 것으로 당시에 기록되어 있습니다.

그다음에 2013년 11월 달에 북한 조선중앙통신이 7일 안전보위부 대변인을 빌려서 '우리 공화국 내에 침입한 남조선 정보원 첩자가 체포됐다' 그때 대변인은 이렇게 발표했지만 우리 국정원은 '이것은 사실이 아니다'라고 부인했습니다. 이것은 빙산의 일각이지요, 공작 실패사례. 이것이 노출된 공작 실패사례의 한 부분이고요.

그다음에 대북정보능력 실패사례를 또 말씀드릴까 합니다.

2008년 8월에 '뇌졸중으로 쓰러진 김정일이 양치질을 할 만큼 회복됐다'고 청와대가 언론에 노출했습니다. 이것은 대북 정보력의 주요 원천인 휴민트를 스스로 공개한 것에 다름 아니다, 정보능력을 관리하는 게 좀 부재하다라는 점을 지적하는 거고요.

2009년 12월에는 조총련 기관지 조선신보가 화폐개혁을 보도할 때까지 파악하지 못했다는 설과 우리 군 정보기관이 이미 파악을 했지만 국정원에 전달되지 않았다는 등 대북정보 전달체계의 문제점이 제기되기도 했습니다.

그다음, 2011년 5월에는 김정일의 중국 방문 당시에 처음에는 김정일의 단독 방중으로 알려지면서 혼선을 빚었고 주요 방문지와 방문 코스도 중국발로 나온 언론을 통해서 알 수 있었다, 이것이 우리 국정원의 대북 정보능력이 제대로 되고 있지 않다라는 지적의 한 사례일 겁니다.

또 하나는 2011년 12월에 김정일 사망 소식을 48시간이나 모르고 있다가 북한 TV의 특별방송을 보고서야 알게 되었다 이런 것도 정보력의…… 극치를 보여주는 사례입니다.

2012년 12월에는 국정원 등 정보 유관기관은 북한 로켓 발사 하루 전까지도 북한 로켓 추진체에 문제가 생겨 해체할 것으로 보인다는 분석을 했지만 북한은 바로 다음날 12일 로켓을 발사했습니다. 2012년 12월 12일이지요.

그다음에 2013년 2월 북한 3차 핵실험 당시 국정원이 잘못된 좌표를 통보해 준 결과 아리랑 3호가 촬영 범위를 벗어나 엉뚱한 장소가 촬영됐습니다. 2006년 북한 1차 핵실험 이후 5000억의 막대한 예산이 투입된 아리랑 2·3호 등 다목적 실용위성 첨단장비들도 아무런 역할을 못 하고 있는 것입니다.

3차 핵실험 후 북한 인근 지역 해상 등에서 포집한 공기 샘플에서 핵실험 종류를 파악할 수 있는 인공 방사성 핵종 수집에 실패했다, 또 과거 1차 북한 핵실험 당시 미군 특수정찰기가 방사선 핵종을 탐지했고 2009년 2차 핵실험에서는 크세논 탐지에 실패했다, 이런 것도 당시에 보도한 것과 좀 차이가 있는 것으로 드러났습니다.

또 하나는 남재준 국정원장이 당시의 정치적 고려에 따라서 장성택 실각 사실을 발생한 시점 이후에 또 제기된 그런 사건도 있었습니다.

그리고 직간접적으로 정치에 개입하는 행태가 반복되었습니다. 특히 남재준 국정원장 취임에는 NLL

대화록이 공개되고 과도한 북한 정보가 공개되어서 대북 정보를 정권 안보에 이용한다는 지적이 강하게 있었습니다.

국가정보기관의 최우선 목표가 국가 생존권을 확립하고 대북 정보능력을 향상해야 되는데 그렇지 못한 것이 현재의 상황이고요.

국가정보원의 역사를 보면 국가정보원에서…… 원래는 중앙정보부였던 게 안전기획부로 되고 국가정보원으로 바뀌게 되지요. 이때마다 바뀌게 된 배경이 정치에 개입했던 사건 또는…… 뭐, 그렇지요, 정치에 개입한 사건, 그러니까 도청을 해서 현재 국가정보원 원장이 구속되는 사건이 발생했을 때 명칭을 바꿔서 국민에게 거듭나는 그런 국가정보기관이 되겠다고 했음에도 불구하고 잘 안 되고 있다라는 점을 일단은 지적하고요.

그다음에 2013년도의 국정원의 정치개입 사례 또한 인용해 볼까 합니다.

2013년도에 국정원의 민간인 불법사찰 의혹이 제기됐습니다. 2013년 국가정보원이 광주시 지역의 대안학교 교직원을 사찰했다는 사실입니다. 국가정보원은 수사 목적이라고 주장하지만 이것은 민간사찰로 나중에 드러난 사건이고요.

앞서 말씀드렸던 것처럼 국가정보원의 대선개입 사건, 그러니까 2012년도 18대 대선에서 인터넷 여론을 조작해서 18대 대선에 불법으로 개입이 된 사건입니다.

국가정보원 직원이었던 김하영이 활동한 인터넷 사이트인 '오늘의 유머'에서 다른 국가정보원의 직원이 활동한 흔적을 확인하고서도 그때 당시에 제대로 수사를 하지 않고 12월 16일 중간수사 결과를 발표함으로 인해서 당시 대선은 그 중간수사 결과 발표가 대선 결과에 결정적 영향을 미쳤다라고 저는 보고 있습니다. 그리고 많은 국민들도 그렇게 보고 있습니다.

12월 16일 중간수사 결과 발표가 있었고요. 2013년 4월 18일 수서경찰서가 김하영과 관련된 인물의 인터넷 여론조작 활동을 수사하면서 국정원법 위반으로 기소를 했고, 서울지방경찰청 특별수사팀이 원세훈의 정치개입에 대한 수사를 하고 김용판 서울지방경찰청장에 대해서도 공무원법 위반으로 기소를 했습니다. 물론 김용판 서울청장은 무혐의로 지금 되어 있고요, 원세훈 전 국정원장은 구속되어서 계속적인 조사를 받은 바 있습니다.

그다음에 2013년 5월 23일 국가정보원이 일간베스트 회원을 초청해서 안보강연을 한 바도 있습니다. 당시의 언론 보도에 따르면 '2013년 5월 24일 서울역 광장 앞에 대형버스 한 대가 도착했고 검은 정장을 입은 남성 6명 정도가 버스에서 내리더니 주변을 살폈다. 그중 1명이 버스 앞에 모인 사람들을 일렬로 세우고 가슴에 국정원 마크가 새겨진 스티커를 붙여 주고 탑승을 시켰다. 어디 가느냐고 물었더니 국정원 초청행사에 간다고 답했다.' 물론 일베 회원이 아니다라고 얘기하신 분도 있지만 어쨌든 일베 등 온라인 커뮤니티 회원들이 있었고요, 여기에 참석해서 안보강연을 들은 바가 있습니다.

그러니까 지금 이렇게 국정원의 무능한 행동과 정치공작의 실패 사례와 정치에 개입한 사례는 사실은 빙산의 일각입니다. 왜냐하면 저희가 정보에 접근할 수 있는 것이 지극히 제한되어 있고요. 이것도 언론에 보도되고 나면 저희가 국정원에 자료를 요청하면 '국가 기밀이다. 알려줄 수 없다'라는 게 답변의 99%입니다.

그래서 사실은 정보위원회의 활동은 국가정보원의 입맛대로 움직이는 것이 거의 80%이고요. 또는 외국에서 노출된다거나 아니면 국내 언론에 노출돼서 상황이 발생하면 그때 가서 저희가 확인하는 방식으로 그동안 진행돼 왔다, 그래서 제도 개혁을 하자라는 측에서는 정보위를 독립기구로 만들어서 전체 내용은 비공개로 하더라도 보고를 받을 수 있는 형태로 개혁하려고 했으나 저희가 지난 19대 국회에서 안 됐다라는 점을 다시 말씀을 드리고요.

국정원에 의한 댓글 공작 이것이 별로 당시 대선에 영향을 미치지 않았다라고 주장하지만 선거 과정에서 어느 정도 영향을 미쳤는지 저희 의원실에서 질문하고 답변을 받은 내용을 말씀드릴까 합니다.

국가정보원의 인터넷과 SNS 활동이 18대 대선에 미친 영향, 검찰이 지난 6월 국가정보원의 대선 여론 조작 및 정치 개입 사건에 국정원 직원 70여 명이 원세훈 전 국정원장의 지시로 지난해 대선을 앞두고 인터넷에 수천 개의 ID를 동원해 올린 특정 후보 지지·반대 글 73건을 찾아냈다고 발표함.

글 게시 시기는 2012년 9월 19일부터 2012년 12월 14일이고, 내용별로는 민주당과 민주당 후보를 포함해서 반대 37건, 통합진보당과 후보를 포함해서 반대 32건, 안철수 후보 반대 4건.

여당과 보수 언론은 73건의 글만으로 공직선거법 위반 혐의를 적용한 것은 무리라며 대선에 끼친 영향도 없다고 주장했다.

이 부분에 대해서 질의를 한 건데요.

그런데 당시에는 이것이 중간수사 결과 발표였지만 최근 검찰이 찾아낸 국정원 직원들의 정치 관련 불법 게시글·댓글 등 모두 1977건, 국정원 내의 심리전단 직원들의 트윗 글은 5만 5689건 등으로 드러났고, 서울중앙지검 특별수사팀은 이들 자료를 원세훈 전 국정원장 등의 공소장 범죄혐의 사실에 추가했고 결정적 증거로 보았습니다.

국정원의 선거·정치 개입 글이 트위터에 훨씬 많은 이유는 완벽하게 삭제가 어렵기 때문에 가능했습니다. 트위터의 원래 글이 삭제돼도 제3자가 리트윗한 글이 없어지지 않고 퍼 나르기 기능으로 삽시간에 글이 확산될 수 있고 내용도 훨씬 노골적이어서 선거·정치 개입 소지가 크고요. 미국에 서버를 둔 탓에 추적도 어려웠습니다.

저는 저 위에서……

예, 이노근 의원님.

그냥 할 수 있도록 도와주세요, 그러니까.

(● 이노근 의원 의석에서 — 내용 중에 사실이 아닌……)

인터넷 게시글·댓글 가운데 문재인, 이정희 등 야당 후보 이름을 직접 거론한 결과 수십 건에 불과하지만 트윗글에서는 최소한 1만 건 이상이 될 것으로 추정됨.

SNS가 선거의 후보 선택에 미치는 영향에 대한 설문조사도 있었습니다.

2012년 2월 20일부터 24일까지 닐슨코리아에서 서울·대전·대구·광주·부산으로 해당 지역에 거주하는 만 18세에서 54세 남녀 100명을 대상으로 SNS가 선거의 후보 선택에 미치는 영향을 조사한 결과 85.1%가 영향을 미친다고 답변했습니다.

'SNS에서 유통되는 정보의 신뢰성은 크게 낮은 것으로 드러났다' 이런 게 있고요. 유권자의 14.1%만이 SNS상 정보를 '신뢰한다' 또는 '매우 신뢰한다'라고 답하고 있고, '보통이다'가 63.3%, '신뢰하지 않는다', '전혀 신뢰하지 않는다'가 22.5%로 나타났습니다.

정치 성향별로는 중도 진보와 진보를 합친 진보집단의 20.5%가 SNS 정보를 '신뢰한다'고 답했고, 보수와 중도 보수를 합한 보수집단은 34.3%가 '신뢰하지 않는다'고 답변했습니다.

SNS가 대선에 어느 정도 영향력을 갖는지에 대한 예상치는 2012년 8월 30일부터 모노리서치가 전국 19세 이상 남녀 1041명을 대상으로 SNS 대선 영향력 예상 여론조사를 실시했는데요. 여기에서 응답자의 59.6%가 '어느 정도 영향을 미칠 것'이라고 답했고, 22.7%가 '결정적 영향을 미칠 거다', 즉 82.3%가 SNS가 어떻게든 영향을 미칠 거라고 밝혔습니다.

후보별 대선 투표에 미친 영향을 한국갤럽 여론조사 결과를 보면 한국갤럽이 대선 일인 2012년 12월 19일 마감 직후 6시부터 9시까지 3시간 동안 휴대전화 RDD 표본 프레임에서 무작위 추출한 전국의 만 19세 이상 제18대 대선 투표자 1036명을 대상으로 후보별 대선 투표에 미친 영향을 조사했는데요. TV토론이 54%로 가장 많았고 그다음에 신문·방송보도가 23%, 인터넷이 18%였습니다.

박근혜 후보 투표자는 TV토론, 신문·방송보도, 주위사람·가족, 선거 유세 등의 순으로 기존 매체의 영향을 많이 받은 반면에 문재인 후보 투표자는 상대적으로 SNS, 인터넷의 영향을 받은 것으로 나타나고 있습니다.

선거의 문제점에 대해 물은 결과 네거티브가 43%로 가장 많이 지적됐고, 언론의 불공정한 보도 8%, TV 토론 미흡 6%, 지역감정 4% 순으로 당시 여론조사가 나왔습니다.

리얼미터 여론조사 결과를 보면 대선 당시 문재인 후보와 박근혜 후보가 골든크로스 지점을 만났을 때—그러니까 지지율 역전 지점입니다—가 당시 김용판 서울지방경찰청장의 긴급기자회견이 있었고 여론의 향방에 영향을 준 측면이 있었다고 주장했고요.

리얼미터 조사는 1500명을 무작위로 추출해 실시했는데 골든크로스가 12월 18일 된 것으로, 그러니까 12월 16일 날 중간 수사결과 발표 후에 골든크로스가 바뀌게 되는 것으로 나옵니다.

국정원 활동이 대선에 미친 영향을 보겠습니다.

2013년 7월 1일 내일신문과 디오피니언의 발표가 있었고요. 6월 30일 날 유선·휴대전화 RDD를 통해 무작위로 추출한 전국 19세 이상 성인 남녀 800명을 대상으로 전화면접방식으로 진행한 결과를 발표했는데요.

국정원이 인터넷 댓글 등을 통해 지난 대선에 개입했다는 주장에 대해서 55.9%가 동의했고 국정원 대선 개입과 관련해 박근혜 대통령이 입장을 밝혀야 한다는 주장에는 60.6%가 동의했습니다.

여론조사기관 모노리서치는 2013년 7월 11일 날 1073명을 대상으로 지난 대선 때 국정원 활동이 선거 결과에 미친 영향에 대해서 설문을 했습니다.

'국정원 활동이 선거 결과에 얼마나 영향을 미쳤을까', 54.4%가 '영향을 미쳤다', 39.2%가 '영향을 미치지 않았다', '잘 모름'이 6.4% 이렇게 나왔습니다.

그리고 중간 수사결과 발표가 대선에 어떤 영향을 미쳤는지에 대해서 보겠습니다.

한국갤럽이 2012년 12월 19일 대선 직후 조사한 결과에 따르면 선거 직전 불거진 국정원 직원 불법 선거운동 사건에 대한 경찰의 중간 수사결과 발표에 33%가 신뢰한다고 답했지만 절반이 넘는 54%가 신뢰하지 않는다, 그러니까 경찰의 발표를 불신하는 국민이 더 많은 것으로는 조사됐습니다.

그런데 경찰의 왜곡된 수사결과 발표가 18대 대선에 미친 영향을 대선이 끝난 그 다음해 2013년 6월 28일 리서치뷰 여론조사에 따르면 62.5%가 국정원의 선거 개입과 경찰의 왜곡된 수사결과 발표가 지난 18대 대선에 영향을 줬다는 의견을 보이고 있습니다. 응답자 중의 50대 이하는 영향을 줬을 것이라는 의견이 54.9%로 높았고요. 60대 이상에서는 영향을 주지 않았을 것이라는 의견이 11%였습니다.

2013년 8월 16일 날 인터넷신문 뷰앤폴과 리서치뷰가 조사한 결과에 따르면 지난해 대선에서 박근혜 후보에 투표했다는 응답층에게 경찰이 사실대로 수사결과를 발표했을 경우 누구에게 투표했을 것으로 생각하느냐는 질문에 응답층의 82.4%는 그래도 박근혜 후보에게 투표했을 것이라고 응답했고, 아마 문재인 후보에게 투표했을 것이다라고 13.8%가 응답했습니다.

이 수치를 놓고 산수를 해 보면 박근혜 후보의 인천지역 득표율인 51.58%의 13.8%면 7.12%가 영향을 미쳤을 것이라고 계산이 됩니다.

(● 이노근 의원 의석에서 ― 대법원 판결은 얘기를 안 하시네.)

그래서 이 국정원의 SNS에 개입한 것과 경찰의 중간수사결과 발표가 지난 대선에 영향을 미쳤다라고 여론조사기관에서 여론조사한 내용을 국회에서, 저희 의원실에서 질의에 대한 답신을 보내온 자료를 소개한 이유는 국가정보원이 국가의 이익을 위한 활동이 아니라 정권을 위한 일을 했을 때 어떤 일이, 상황이 발생하는지에 대해서 국민들에게 한번 다시 상기시키고자 말씀을 드리는 겁니다.

(● 이노근 의원 의석에서 ― 그러나 대법원 판결도 함께 얘기를 해 줘야 되는 겁니다, 국민들한테.)

(「이노근 의원님, 지금 발언……」 하는 의원 있음)

괜찮습니다. 얘기하십시오. 제가 좀 여유 있게 쉴 수 있는 시간이 되니까요.

하실 말씀 있으면 하십시오.

이노근 의원님, 또 하실 말씀……

이것은 대법원 판례하고 무관하게 당시의 중간수사결과 발표를 듣고 투표에 어떤 영향을 미쳤는지 2013년도에 여론조사한 내용을 말씀드리는 겁니다.

(● 이노근 의원 의석에서 ― 아니, 그러니까 그 여론조사가, 정확한 자료에 기초하지 못한……)

잘 안 들리니까 크게 하세요.

(● 이노근 의원 의석에서 ― 확인이 안 된 일방적 여론동향을 가지고 그렇게 분석하면 잘못된 거지요. 대법원 판결이 났잖아요.)

● 의장 정의화 계속해서 하세요.

자, 이노근 의원님 발언 중단하시고……

계속해서 연설하십시오.

● 김현 의원 국정원에 대한 민주적 통제를 강화하고 역할과 기능을 어찌할 것인가에 대한 논의는 정말 광범위하고 다양한 형태로 진행됐습니다.

2013년도 12월 달에 제도개선특위를 만들어서 진행이 됐고, 2015년도 국회 정보위원회 차원에서도 '국가정보기구의 민주적 통제를 위한 입법부의 역할과 과제' 이래 가지고 국정원 개혁을 위한 정보위원회의 역할과 기능을 중심으로 검토해서 이렇게 검토보고서가 있고요. 그다음에 앞서 말씀드렸던 것처럼 2013년도에 국가정보원의 정치적 중립을 강화하기 위한 제도개선특위가 구성돼서 공청회를 통해서 여러 의견들이 제출됐습니다.

그런데 이게 참 묘하게도요, 국정원이 뭔가 잘못을 저지르면, 예를 들어서 국정원 댓글공작 사건이 정말 국민적 관심도가 높아져서 국정원을 개혁하지 않으면 안 될 정도의 지경으로 가면 국가기관으로서의 정치적 중립 강화를 위해서 뭔가 움직이는 시도가 있어요. 그런데 이게 시간이 또 지나 버리면 그냥 유야무야되지요. 그리고 사건 하나가 만들어지고.

그렇게 되는 것이 그동안 진행되었던 이런 상황인데, 국가정보원이 어떻게 되어야 되는지에 대해서 이광철 민주사회를 위한 변호사모임의 변호사가 그때 당시에, 2013년도에 죽 작성한 것을 보면 아까 얘기됐던 '국내 문제 개입의 실태' 여기에서도 정치인의 사찰 얘기가 나옵니다.

정치인의 사찰, 특히 이명박 정부 초창기에 정치인 사찰 문제로 굉장히 대한민국이 떠들썩했었지요. 당시에 정태근 한나라당 의원이 국정원 직원으로부터 사찰을 당했다라는 게 폭로가 됐고요. 그다음에 박근혜 당시 새누리당 비상대책위원장에 대한 사찰 의혹도 있다라는 게 또 지적이 됐었고요. 김성호 국정원장 역시 사찰당했다는 의혹이 제기됐었고요. 그다음에 2010년도 이강진 전 총리실 공보수석과 그 부인에 대한 광범위한 감청이 이루어졌다라는 것도 드러났고. 그리고 박원순 시장 건이지요? 저희가 이게 2013년도 5월 15일자 '박원순 시장 제압 국정원 문건 입수', 이것이 아마 우리 사건의 기폭제가 됐던 것으로 보여지고요. 그다음에 법원·검찰의 압력행사 또한 있었지요, BBK 사건에 개입했다거나 전직 대통령 수사에 개입한다거나.

그다음에 언론사와도 관련되어 있는 게 있습니다.

언론사 대책회의에 참석해서, 이 부분은 좀 말씀을 드릴게요.

조선일보와 오마이뉴스 기사에 따르면 2008년 8월 11일 당시 국정원 제2차장인 한 분이, 지금 현역 의원이시네요. KBS 후임 사장 논의를 비롯한 언론대책 논의를 위한 조찬모임에 참여했다, 이에 민주당 의원들은 8월 11일 정연주 KBS 사장을 해임하고 이를 결재한 시점임을 감안해서 방송통신위원회 국정감사에서 이를 비판했고요. 그래서 죽 일이 있었던 것으로 있고요.

그다음에 탈북자 출신 기자를 사찰한 것도 있습니다. 그다음에 노동조합 사찰한 게 있고요. 시민사회단체 동향 및 압력을 가했던 것도 있고요. 반값 등록금 활동 사찰 및 대응책 수립에 대한 주문이 있었고요. 그다음에 불교행사를 방해하고 미술작품 전시회를 방해하는 일도 국정원이 하셨고 환경영화제 개최를 방해했고, 다음 4대강 사업 비판 교수모임을 사찰했고 4대강 지역주민대책위를 회유하고 민간기업을 압박하고 세종시 대책위를 회유하고, 아까 말씀드린 유엔 의사표현의 자유 특별 보고관을 사찰하고, 이런 일들이 부작위로 많은 겁니다. 이게 이제 죽 있고요.

그래서 이러한 국내 정치인 및 시민에 대한 사찰 및 정보수집이 가능한 원인과 제도의 근거가 국정원법 제3조제1항에 의거하면 국외 정보 및 국내 보안정보, 그러니까 대공, 대정부전복, 방첩, 대테러 및 국제범죄조직의 수집·작성 및 배포 권한을 갖고 있으며 정부조직법, 국가안전보장회의법도 국정원의 국내 정보수집 권한이 명시되어 있다, 그러니까 이 보안개념 자체가 불분명하고 포괄적이다 보니까 그냥 다 붙이면 됩니다. 보안의 개념으로 포섭할 수 있어서 국내 보안정보의 수집, 작성 및 배포 권한은 국정원이 정치에 관여할 수 있는 직접적 근거로 악용된다, 테러방지법도 테러라는 말만 붙이면 다 될 수 있는 그런 독소 조항이라는 것을 지적하지 않을 수 없습니다.

그리고 이 국정원의 국내 정치 개입의 이념적인 논거가 최근에도 조금만 얘기하면 주로 프레임에 가둬 버리지요. 종북, 친북, 이런 프레임으로 가두어서 꼼짝 못 하게 하는 그런 상황이 벌어지고 이것의 대표적인 것이 지난 2013년 3월 18일 우리 더불어민주당의 진선미 의원이 입수한 '원장님 지시강조 말씀'이 대표적인 소위 종북, 모든 것을 다 종북으로 가둬 놓고 댓글공작을 하도록 했던 사건인 거지요.

제가 여기 밑에 A4 전단지를 담는 박스에 있는 게 당시에 국정원이 댓글공작 했던 것이고 그 내용을 이렇게 출력을 해 왔습니다. 다 읽을지는 제가 시간을 좀 보면서 하겠습니다만 어쨌든 그때 대한민국을, 정말 국정원이 그런 것을 하는 조직이냐라고 할 정도로 정말 한심하기 이를 데 없는 그런 댓글공작을 통해서 여론을 호도했던 것이고요. 아까 말씀드렸던 것처럼 대선에서 SNS가 어느 정도 영향을 미쳤는지에 대한 여론조사가 그 대체적인 여론의 흐름을 반영한 것이라고 봅니다.

그래서 국정원이 국내 문제에서 좀 손을 떼야 되는 게 아니냐라는 지적이 2013년도에 중립성 강화를 위한 제도개선특위에서 논의가 되다가 갑작스럽게 이것이 중단이 된 거지요. 제대로 채택이 안 된 거지요.

그러면 과연 외국은 어떻게 하느냐? 그걸 보면, 나눠지지요. 미국의 경우는 해외 정보업무는 CIA가 하고요, 국내 보안과 방첩은 FBI로 크게 양분되어 있고, 영국도 해외 정보는 MI6이라고 불리는 SIS, 국내 방첩은 MI5로 불리는 SS로 양분되어 있습니다. 프랑스는 대외보안총국과 국토감찰국, 독일은 연방정보국과 헌법수호청, 이스라엘은 모사드와 신베트와 아만, 일본은 내각조사실과 공안조사청으로 업무가 분리되어 있다.

이게 정보기관의 견제와 균형 또는 한곳으로 쏠렸을 경우에 왜곡된 정보로 인해서 작전이 실패했던 뼈아픈 경험이 있어서, 특히 이스라엘의 경우는 그렇습니다, 모사드·신베트·아만으로 분리한 이유가. 특히 더군다나 기관 안에서도 A라는 국과 B라는 국이 있는데 A라는 국이 그 작전을 수행하면 B라는 국은 그것을 반드시 반대해서 그 A라는 작전이 성공할 수 있는지를 갖고 끊임없이 토론하고 논쟁해서 좋은 안을 만들어 낸다, 이것이 이스라엘이 작전하는 방안이라고 확인했습니다.

그래서 어쨌든 2013년도에, 2012년도에 국정원에 의한 댓글 공작이 만천하에 드러났을 때 그해 말에 '국정원이 해서는 안 되는 일을 더 이상 하지 말고 해외·대북정보로 직무를 한정하고 기능을 좀 분리하자. 그래서 국민들로부터 사랑받는 그런 국정원으로 되어야 되지 않겠느냐'라는 논의가 활발하게 있었습니다. 그런데 그것도 말짱 무위로 그쳤습니다. 이런 게 국정원의 2013년도, 2012년도와 13년도를 경과하면서 있었던 일이고요.

그다음에 2015년도에 '국가정보기구의 민주적 통제를 위한 입법부의 역할과 과제', 그러니까 저희 보고, 그러니까 정보위가 어떤 역할과 기능을 할 것인가라는 것을 용역 줘서 나온 보고서가 있습니다.

그러니까 국가정보원의 민주적 통제성이 필요한 이유는 가장 대표적인 게 아까 말씀드렸던 것처럼 국정원의 불법 대선 개입 사건이고, 두 번째가 국정원 해킹 사건으로 이 본 보고서는 지적을 합니다.

그다음에 민주적 통제를 위한 방향과 내용으로는 입법부의 역할을 지적하고 대통령 및 행정부의 역할 또는 사법부의 역할, 언론 및 시민사회의 역할을 얘기하고 그다음에 정보위원회 기능과 역할을 여기서는 기술을 합니다.

그래서 보면, 시대가 바뀌었다라는 점을 많이 강조하지요. 2012년도 대통령 선거에 대한 정치적 개입 문제와 2015년도 해킹 사건 등 국정원의 불법행위는 국가정보기구에 대한 민주적 통제의 강화가 왜 필요한지를 알려주고 있다라는 점을 강조합니다.

'최고의 역량을 갖춘 요원과 고도의 정보활동을 바탕으로 국가의 안전과 이익을 저해하는 모든 위협요소에 선제적으로 대처함으로써 대한민국의 영속적 존립과 번영을 보장하는 것이 국정원의 임무다'라고 국정원 자체 홈페이지에 기술이 되어 있습니다.

그리고 '국가정보기관의 일원으로서 힘의 원천이 국민의 사랑과 신뢰에 있음을 명심하고, 투철한 애국심과 사명감으로 자유민주주의 체제를 굳건히 수호하고 통일조국 건설의 초석이 되며 자신보다는 국가와 민족을 먼저 생각하는 자랑스러운 안보역군이 될 것임을 엄숙히 다짐한다'고 국민에게 약속하고 있습니다.

주요 업무는 대공수사, 대북정보, 해외정보, 방첩, 산업보안, 대테러, 사이버안보, 국제범죄, 국가보안, 북한이탈주민 등 10여 가지로 분류되고 있습니다. 이것은 국정원법에도 기술되어 있습니다.

여기 명백히 대테러와 관련되거나 국제범죄, 국가보안, 북한이탈주민, 대북 관련…… 주요 업무에 이미, 국가정보원법에 국정원이 해야 될 주요 업무가 분류되어 있고요. 이것 가지고 국정원은 국민한테 보고하지 않는 특수활동비를 포함한 어마어마한 돈을 쓰고 있는 거지요.

그런데 이 국정원이 앞서도 말씀하셨던 것처럼 이런 일을 역점 두고 하기보다는 당시의 대통령이 관심 사항인 일에 치중하다 보니 망신 사는 일이 벌어진 겁니다. 아까도 말씀드렸던 것처럼 이명박 정부에서 박근혜 대통령을 사찰했던 일이 벌어졌고, 그런 일이 벌어지니까 국민들은 국정원을 못 믿는 거고 또 정부는 국정원을 또 못 믿는 거고 대통령들 역시도 국정원을 못 믿다 보니까 계속 악순환이 반복하는 것 같습니다.

그래서 사실은 노무현 정부 시절에는 국정원으로부터 독대보고를 없앴습니다. 그리고 이명박 정부에서 다시 그것이 부활됐고, 지금 박근혜정부는 어떻게 하고 있는지 제가 확인이 잘 안 됩니다. 대면보고를 잘 안 받으시는 분이기 때문에 독대보고도 잘 하지 않으실 것 같다는 생각은 드는데 확인은 안 해 봤습니다.

어제 저희 당의 신경민 의원께서 해킹 사건에 대해서 자세하게 말씀을 하셨고요. 조금만 말씀드리면 2015년 7월 국정원 불법 해킹 문제는 우리 사회의 핵심 쟁점으로 떠올랐습니다. 그러니까 이탈리아 밀라노에 본사를 두고 있는 IT기업 해킹팀의 컴퓨터와 스마트폰을 몰래 들여다볼 수 있는 프로그램을 한국에서 구입했는데 이 구입 고객이 '육군 5163부대', 이 부대명은 국정원의 위장용 명칭이며, 따라서 국정원이 해킹 프로그램을 구입했다, 그래서

국정원은 국외용·대북용이라고 해명했지만 우리 국민을 대상으로 광범위하게 불법 도·감청을 했다는 의혹이 제기됐다, 이래서 한동안 굉장히 심각했고 이 조사가 진행 중에 한 사람의 희생이, 국정원의 직원이 자살하는 사건, 자살하는 일까지 있었습니다.

그래서 종합해 보면 국정원이 민주적 통제를 받지 않으면 계속 그런 국가 권력기관으로부터의, 그렇지 않아도 무소불위의 권력을 갖고 있는데 그런, 그러니까 대통령의 의중이나 대통령이 어떤 생각을 갖고 있느냐에 따라서 국가정보원이 국가를 위해서 봉사하는 조직이 아니라 정권에 충성하는 조직으로 전락할 수밖에 없다는 것이기 때문에 국가정보원은 민주적 통제를 받아야만 한다는 점을 이 보고서에서는 얘기하고 있습니다.

'국가정보기구의 업무는 주권자의 위임에 알맞게 그 쓰임새가 정해져야 한다. 이게 민주적 통제의 본질이다'라고 지적합니다.

'시민은 투표를 통해 국가를 수립했고, 투표에 의해 대의된 권력은 주권자의 의지와 뜻에 따라 작동해야 한다. 그렇지 않고 주권자를 감시하고 인권을 유린하는 것은 민주주의의 전복이며 헌정의 파괴이다. 따라서 민주적 통제를 실현하는 것은 민주주의를 지키는 것이며 동시에 헌정을 수호하는 것이다. 이러한 정치사상적 관점에서 볼 때 국정원에 대한 민주적 통제의 실천이 이루어져야 된다. 그러나 현실로 돌아오면 다른 세상과 시야에 접하게 된다', 그러니까 앞서 말씀드렸던 국정원의 대선개입 사건, 불법 해킹 사건, 국정원 간첩조작 사건 또는 NLL 자료유출 사건 이런 것들로 볼 때 과연 되겠냐라는 것이지요.

국정원의 감청도 급증하고 있다. 지금 법에 못 하게 되어 있음에도 불구하고 감청이, 이것은 이제 공식적인 절차를 밟아서 하는 거겠지만 감청비율이 굉장히 높아지고 있다라는 걸 지적합니다.

그래서 입법부는 제대로 된 임무와 역할을 담당해야 한다. 특히 국가정보기구에 대한 민주적 통제라는 측면에서 의회의 역할은 더욱 중요하다. 의회에 의한 국정원의 민주적 통제는 대의민주주의라는 원리적 측면만이 아니라 실질적인 통제에 있어서도 효율적이며 합리적이기 때문이다.

'우선 국민의 대의기구로서 감시의 정당성을 확보했다는 점이다.

의회는 정보기구 및 정보활동을 효과적으로 통제하면서 동시에 대통령 및 사법부와 달리 국민의 정보활동에 대한 우려를 해소할 수 있는 위치에 있다.

둘째, 장기적이며 안정적인 감시활동이 가능하다는 점이다.

국회는 정보위원회를 통해 국가정보기구에 대한 지속적인 감시·통제가 가능하다.

셋째, 정보의 핵심인 비밀을 유지하면서 감시·통제를 할 수 있다.

미국 의회의 역할처럼 국회는 국가정보기구의 통제와 감독이라는 측면과 동시에 전폭적인 지원에도 최선을 다해야 할 것이다.

의회가 단지 감시의 권한만을 행사하는 것이 아니라 매서운 비평가임과 함께 가장 강력한 방어자이자 후원자의 역할도 해야 한다. 국민을 대의해서 국민의 기본권을 지켜 나가며, 보편적 국익을 관철한다는 점에서 매서운 비평가이어야 하며, 국익을 위해서 국가정보기구의 활동을 전폭적으로 지원해 주는 후원자이어야 하며, 온갖 환경으로부터 국가정보기구의 활동을 지켜 주는 방어자도 되어야 한다. 단, 그것의 전제는 국가정보기구가 민주적 통제에 의해 활동할 때를 의미한다.

이를 위해서는 정보를 정기적으로 그리고 제때 공유할 수 있도록 의회에 정보를 보고하는 시스템이 필요하다. 또한 지속적인 법률안의 개정 또는 혁신을 통한 영구혁신이란 제도적 관행을 전통화하는 것이 필요하다.

입법부는 헌법의 규정에 의해 행정부를 견제하도록 되어 있다. 그 수단은 우선 입법권이다. 정보기관의 활동을 규제하거나 제약하는 구체적인 법률은 의회가 행정부의 불법이나 잠재적인 권한 남용을 방지하는 데 활용된다.

국회에서 국회의원들에 의해 통과된 법은 가장 강력한 효력을 갖는다. 따라서 국회 차원의 국가정보기구에 대한 민주적 통제의 가장 강력한 수단은 입법을 통한 제도화라고 할 수 있다.

국정원의 불법 해킹에 대한 사회적 의혹이 발생했을 때 통신비밀보호법을 개정해 사찰 및 정보수집을 통한 인권침해 방지, 정보위의 정보감독관 설치, 사이버안전대책본부 구성, 정보위원회의 전임위원제를 추진하겠다고 밝힌 바 있다. 입법부의 입법통제 권한을 통해 민주적 통제의 제도를 마련해야 하는 것이다.

둘째가 예산의결권이고, 셋째가 행정부 감독 권한이다.'
이런 것들이 전제가 되지 않고 국정원을 강화시키는 형태의 제도 개선을 하겠다는 것은 대단히 위험한 발상이다라고 지적하지 않을 수 없습니다.

앞서 2012년도와 박근혜정부 들어서서 벌어졌던 각종 사건·사고를 볼 때 그것은 그동안에 비쳤던 간접적인 개입이 아닙니다. 직접적으로 국정원 직원들이 댓글을 다는 그런 정치행위를 하는 것이고요.

그다음에 도·감청을 할 수 있는 그런 불법적인 물건을 들여와서 댓글 이상으로 또 도·감청을 해서 불법행위를 하는 거기 때문에 훨씬 더 지능이 현대화되고 과학화되고 정례화되고 있다. 고도화되고 있기 때문에 이런 테러방지법에서 위험적인 독소 조항이 이의 없이 그대로 유지되고 진행되면 2012년도가 그대로 고스란히 이번 총선뿐만 아니라 대선에서도 역시 진행될 수 있기 때문에 야당으로서는 반드시 이것을 막을 수밖에 없는 점이다 하는 것을 국민 여러분들께서 정말 이해해 주고 납득해 주시고 함께 공감해 주실 것을 다시 한 번 말씀을 드립니다.

그리고 대통령 및 행정부의 역할에 대해서 이 보고서는 '국회가 정부에 관여하는 기능이 강화된 것보다도 오히려 대통령이 국회의 활동에 관여할 수 있게 함으로써 정부의 권한이 강화된 측면이 있으나 국회가 정부의 활동에 관여 내지 통제할 수 있도록 하는 제도적 장치는 미약하다. 정부의 법안제출권은 입법부의 입법권에 영향을 미치고 있는 것이 그 예이다.

한국은 대통령에의 권한집중을 통해 다른 국가기관에 대하여 대통령이 상대적으로 우월한 지위에 있으며 이로 인해 현행 헌법상의 대통령제는 엄격한 삼권분립에 기초한 미국식 대통령제와는 다른, 대통령이 상대적으로 우월적 지위에 있는 변형된 대통령제라 할 수 있다.

한국적 상황에서 대통령은 사전적인 선발 방법과 사후적인 통제 방법을 통해 의원들의 충성을 유도할 수 있다. 사전적인 방법은 대통령이 자신에게 충성스러운 의원들로 여당을 구성하는 것이며 사후적으로는 처벌과 보상을 통해 통제할 수 있는 다양한 제도적 무기를 가지고 있다는 점이다.

그것은 첫째, 검찰수뇌부, 별정직 고위공무원 및 정부산하 임원에 대한 인사권과 공기업 및 준공기업 기관장 임명에 대한 실질적인 영향력 행사 등을 통한 국회의 동의 없는 다양한 임명권에 있다.

둘째, 행정부의 예산편성권을 가지고 있어서 정부예산의 지역구 배분을 원하는 국회의원들을 통제할 수 있다.

셋째, 순수한 대통령제와는 달리 국회의원이 국무위원을 겸직할 수 있는 의회적 요소를 통해 대통령 자신의 의제를 직접적으로 시현할 수 있다.

이 외에도 각종 거부권 등과 결합되어 대통령이 의제를 설정하고 사회적 의제를 폐기하는 등의 강력한 권한을 행사할 수 있는 상황이다. 이런 대통령의 권한에 대해 강력하게 견제하고 균형을 맞출 수 있는 수단이 부족하다는 측면에서 제왕적 대통령제도라는 이야기가 제기되는 것이다.

따라서 대통령의 강력한 의지가 작동한다면 국가정보기구에 대한 직접적 통제가 가능하다고 판단된다. 이는 역으로 대통령이 국가정보기구를 통해 자신의 권력을 부당하게 행사할 수 있는 환경이라는 것도 동시에 의미한다.

그리고 현행 대통령제하에서는 행정부가 국민의 요구에 민감하게 반응하지 않는다. 또한 국무총리가 행정각부를 통할하지만 국정원은 다른 행정기관과 달리 대통령의 직속하에 두고 대통령의 지시·감독을 받도록 하고 있어 사기관화 및 정치화할 가능성이 높다.

이런 점은 국정원에 대한 개혁에 있어 여야의 이념적 차이가 비교적 적어 의회 내 합의가 가능한 영역에서는 대통령이라는 존재가 걸림돌이 될 수 있다는 점이 확인된다. 따라서 정보활동에 대한 통제는 정보활동에 중심이 있고, 주된 수요자인 대통령이나 대통령의 통제하에 있는 정부기구가 아닌 다른 기구에 이루어져야 할 필요성이 있다.

대통령과 국정원의 직접적 관계 속에서는 비밀주의와 권력욕으로 인해 국민의 요구와 다른 방식의 정보활동이 벌어질 가능성이 커지기 때문이다. 또한 대통령은 취임 직후에 국가정보기구의 운영방침을 국민에게 확실하게 공개하고 공개한 내용을 실천하기 위해 노력하여야 한다. 즉 대통령이 국가정보기구를 민주적으로 운영할 것이며 정보정책의 우선순위를 국회를 통해 검증받는 절차를 거침으로써 정보행정의 민주적 정당성을 확보하겠다고 선언해야 한다.

이를 통해서 정보행정에 있어 국민적 동의와 감시를 받겠다는 것을 다짐하는 것이다.

동시에 행정부도 헌법적 가치를 구현하는 대한민국 국민이라는 점을 잊지 말아야 한다. 헌법은 국민만 지키는 것이 아니다. 오히려 국민의 선택에 의해 대통령이 구성한 정부가 더 확고하게 지켜야 할 원칙이다.

대통령이 헌법적 가치와 원칙에 어긋나는 길을 간다면 행정부는 헌법적 가치를 지키기 위해 행동해야 한다. 대통령의 지위와 명령을 지킨다는 것은 헌법적 규정 안에서 유지되는 것이다. 그것을 벗어날 경우 대통령은 대통령으로서의 존재가치를 상실해야 한다고 봐야 한다. 예를 들면 미국의 부시 행정부 시절 영장 없는 국내 감청 활동을 연장시키려는 시도에 대해 검찰총장인 애시크로프트 및 연방수사국 국장인 뮬러를 비롯한 각 관련 정부부처 및 정부기구 책임자들이 사임하겠다는 자세로 강력하게 반발한 바 있다.

국가정보기구가 의회 등 다양한 제도와 법률에 의해 통제받지만 원천적으로 가장 중요한 존재는 정보기구 당사자들이라는 점을 말해 주는 좋은 예라고 할 수 있겠다.' 아쉽게도 대한민국은 이와는, 아닌 게 지금 진행되고 있다는 점이 있습니다.

사법부의 역할에 대해서도 지적했습니다.

'삼권의 한 축을 담당하는 사법부도 국가정보기구에 대한 민주적 통제의 역할을 할 수 있다. 그러나 사법권이라는 측면에서 사전적 통제보다는 사후적 판단에 의한 재범의 방지와 정보활동에 의한 민주적 가이드라인을 사법적 판결을 통해 제공할 수밖에 없는 한계를 지니고 있다.

최근 국정원의 불법해킹 문제와 같이 도·감청에 의한 민간인 사찰의혹이 발생할 경우 감청에 대한 사법적 통제의 수준과 내용에 대한 관심이 집중될 수밖에 없다.

또한 사법부가 강력한 의지를 갖고 재판에 임한다고 해도 증거능력의 부족으로 인해 강력한 인프라를 갖고 있는 행정부, 특히 국정원을 상대로 원고가 승소할 가능성이 높지 않은 것도 현실이다.

이러한 상황을 감안할 때 새누리당이 발의한 통신비밀보호법 일부개정법률안은 시대적 흐름과 역행하는 방향이다.'

이것은 뭐 이전 거니까요. 2015년 11월 달 거니까…… 그렇게 지적이 됩니다.

'언론 및 시민사회의 역할에 대해서도, 민심은 천심이라는 말이 있다. 백성의 마음은 하늘의 마음이기 때문에 민심을 이길 권력은 없다는 뜻으로 정치는 항상 민심의 바다 위에서 백성이 바라는 길로 가야 한다는 뜻이다. 따라서 민심의 풍향계인 언론과 시민사회의 역할은 다양한 분야와 상황에서 중요하게 제기되고 있다.

국가정보기관이 비밀스러운 활동을 전개하는 만큼 일상적 삶의 영역과 개방된 사회 영역에 모습을 드러내지 않는다. 따라서 언론과 시민사회의 민주적 감시의 영역 밖에 존재하는 경우가 대부분이다.

그럼에도 불구하고 국가정보기관의 활동이 시민사회의 영역에 불법적인 방식으로 개입되어 시민들의 일상적 삶을 억압하거나 사찰하거나 왜곡시키는 일이 발생한다. 따라서 일상적인 언론과 시민사회의 국가 정보기구에 대한 민주적 감시의 일상적 편재는 가장 강력한 대안 시선이 될 수 있다.

시민과 언론이 만들어 낸 비판과 대안의 이야기들은 국민에게 흘러들어 가기도 하고 국민들의 일상적 이야기들은 언론과 시민사회 단체를 통해 세상사로 드러나기도 한다.

이런 피드백 과정이 대의기구인 의회를 통해 입법화·제도화하기도 하고, 사회적 논쟁과 정치적 담론을 형성하기도 하고, 정부와 여당의 지지율을 급등·폭락시키기도 한다. 그만큼 선거기간 이외의 시간 동안 언론과 시민사회의 역할이 중요하다는 것을 보여 주고 있다.

9·11 테러 이후 미국에서 통신기록의 도·감청을 허용하는 애국법이 시행되면서 테러리즘과 무관한 시민을 상대로 한 무차별적 도·감청이 문제로 등장했다. 미국 국가안전보장국은 9·11 테러 이후에 도입한 애국법 215조를 토대로 자국 시민 수백만 명의 통신기록을 한꺼번에 수집해 5년간 보관하는 권한을 행사했다. 이에 미국 언론과 시민사회의 공론장에서 오랜 토론을 통해 2015년 6월 법원의 허가 없이 대량 통신기록 수집을 금지하도록 하는 미국자유법이 상원에서 통과되었다.

언론과 시민사회가 직접적인 입법과 제도 설립은 할 수 없지만 주권자의 입장과 날카로운 비판자의 입장에서 감시와 대안의 시선과 창구로서의 역할을 할 수 있다.

우리나라도 1987년 박종철 열사 고문치사 사건을 천주교 정의구현사제단이 세상에 공개함으로써 독재권력의 민낯을 폭로하고 민주화의 새로운 시대를 열었다.

이러한 비판의 대상 속에 국정원도 예외가 아니었다. 2013년 공안기구감시네트워크는 국정원의 전면적인 개혁·개방을 제시했었다. 그러나 그 제안은 아직까지 거의 수용되지 못했다.'

국정원 활동의 방향의 문제점과 개혁을 위한 방향에 대해서도 상당히 길게 제안해 놓았습니다. 앞서 여러 차례 국정원이 제 기능을 해야 된다라는 것, 그동안 그렇지 못했다는 것을 지적했던, 특히 국정원 불법해킹 사건이 벌어져서 국정원 개혁방안이 공개적으로 저희 당에서도 제시되었지만 이것이 여야 합의가 원만하게 되지 않음으로 인해서 아직까지 실현되지 못했다, 다만 국정원 직원이 출입하는 IO(정보관)는 없어진 걸로 알고 있습니다.

이 보고서는 정보위원회의 역할을 강조하지요. 정보위원회는 국정원을 감독할 수 있는 권한을 가지고 있기 때문에 막중한 임무와 헌신적 노력으로 국민적 관점을 지켜야 된다, 그러나 아직까지 정보위원회가 독립기구로 되어 있지 않고 여전히 부수 상임위로 되어 있고 논의됐던 것이 그냥 공염불에 그쳐서 더 이상 진전이 없다는 점을 국민들께 말씀을 드립니다.

이 보고서에서는 국가정보기관의 민주적 통제를 위해서 필요한 부분을 죽 지적했는데 현실적으로 그것이 안 되고 있고 이 정부에서 더 퇴행하는 테러방지법을 직권상정해서 관철시키려고 하는 그런 상황에 놓여 있다는 점을 말씀을 드립니다.

그래서 앞서 두어 가지 칼럼을 제가 소개를 했는데요. 일단은 저희는 이런 여론, 앞서 제가 얘기했던 것처럼 테러방지법이 통과되면 정권교체는 없다고 지적하는 분들의 얘기도 소개하지 않을 수 없습니다.

이것은 저희, 이전의 의원님들도 얘기했지만, 미디어법을 반대하기 위해서 정말 혼신의 힘을 다하고 온 몸을 던져서 막아서 그것이 이번에 19대 때 선진화법이 들어오게 된 배경이기도 합니다만 그때 미디어법을 막아내지 못한 것이 현재의 그런 언론의 왜곡과 확대, 과장을 양산하는, 그래서 정상적인 여론이 형성 안 되는 그런 것의 또 하나의 축이 되지 않았나 싶습니다.

테러방지법이 통과되면 정권교체가 없다고 우려하는 분은 아마 미디어법이 통과되면서 우리 사회에 전반적으로 흐르는 그런 보수 또는 프레임에 대한 지적이지 않을 수 없습니다.

그리고 집회에 참여했던 분에 대해서 'IS'라고 비유했던 이런 극단적인 것 때문에도 테러방지법이 처리가 되면 헌법이 산산이 무시되는 것 아니겠느냐라는 우려가 나오고 있는 것이라고 봅니다.

그다음에 국정원이 영장 없이 언제든지 국민의 사생활을 들여다볼 수 있고요, 이를 통해서 누구든지 그 대상에서 자유스러울 수 없다라고 보는 거지요.

이게 곧 뭐냐면, 우리가 국정원 댓글사건 때 당시의 국정원의 국정원장은 '댓글공작 같은 것은 아예 없었다'라고 국회 정보위원회에 와서 보고가 있었고요. 그런데 이제 증거가 나오니까 '그것은 대북심리전단의 일환으로 하는 것이지 댓글공작이 아니다'라고 전면 부인한 게 있어요.

그런데 이번에 테러방지법이 통과되면 그 댓글도 '테러방지용이다'라고 얘기하면 그 글을 쓰거나 비판한 사람은 요지부동이 되는 거지요.

무조건 잘못될 수 있다고 보기 때문에 테러방지법이 처리가 되면 많이 어렵다, 정권교체도 어렵다고 지적하는 분들의 일견 타당한 그런 우려도 있다는 점을 말씀을 드립니다.

그래서 지금 테러방지법은 뭐냐, 네티즌들 사이에서 간략하게 '그러면 테러방지법은 뭐냐? 테러리스트를 잡는 법이 테러방지법이다. 그런데 그게 당신이 될 수도 있다. 물론 테러리스트가 아니면 상관이 없다. 그런데 테러리스트인지 아닌지 국정원이 당신을 털어 봐야 안다. 그래서 당신을 털어 보겠다. 이게 테러방지법이다'라고 얘기하는 겁니다.

그렇지요. 그러니까 의심이 드는 사람은 무조건 대상이 될 수 있고 그리고 표적이 되는 사람은 무조건 대상이 될 수 있는 그런 아주 위험한 위험성이 있기 때문에 저희가 이렇게 장시간에 걸쳐서 독소 조항을 걷어내고 그야말로 미비한, 법으로 제정이 되지 않았기 때문에 테러를 방지하기가 굉장히 어렵다고 얘기하는 정부의 그런 요구를 수용해서 테러방지법은 처리를 하지만 이 독소 조항은 반드시 철회를 해야겠다라는 게, 이런 우려를 하고 있는 다수의 국민들의

입장을 저희가 반영해야 된다라는 게 저희 더불어민주당의 입장인 겁니다.

지금 저희가 SNS 얘기를 많이 하는데요, 지난 2012년도에 새누리당에서는 십알단이라고 조직해서 활동을 하고 거기에 그 활동을 했던 분이 구속되기도 하고 실형 재판을 받기도 했는데, 점점 이 SNS의 활용이 커지고 다양해지고 있는 게 전 세계적 추세고 특히 우리 대한민국도 마찬가지이지요. 그래서 이 SNS 공간이 그만큼 중요하기 때문에 들여다보고 악용할 수 있는 소지를 만들어 내면 안 된다는 것 역시도 필요한 거라고 봅니다.

그래서 지금 이번 총선, 내년 대선 그다음에 지방선거를 앞두고 이런 일들이, 그러니까 적어도 내가 감시 받고 있고 내 정보가 누군가에게 24시간 노출되고 있다는 그런 두려움에 떨지 않는 그런 대한민국이 돼야 되는데, 그 부분이 도청과 감청의 문제로 또는 다양한 방식이 우리를 걱정하게 하는 그런 형태들이 드러나고 있기 때문에 오늘 이 토론회가 그것을 막아내는 데 조금이라도 일조하는 그런 게 되기를 바랍니다. 그렇게 하고요.

테러방지법에 대해서는 앞서 서기호 의원님이 법적인 문제를 워낙에 깔끔하고 장시간에 걸쳐서 얘기했기 때문에 그 부분에 대해서는 건너뛰고, 제 경험을 바탕으로 해서 댓글공작에 대한 얘기를 좀 상세히 드릴까 싶습니다.

2012년 12월 11일 날 서울의 한 강남의 오피스텔에서 댓글공작이 이루어지고 있다라고 저희 당에 제보가 들어왔습니다. 그래서 현장에 갔고, 현장에 갔을 때 국정원 직원을 제일 처음 만났던 사람이 바로 더불어민주당 국회의원 김현입니다. 그때 그분한테 제가 국정원에 다녀왔느냐는 질문을 던졌습니다. '국정원을 다녀오지 않았다. 그리고 국정원 직원이 아니다'라고 얘기를 했고요. 그래서 '제보가 들어왔다. 국정원 직원이 오피스텔에서 불법적인 행위를 하고 있다라는 제보가 들어와서 아마 선관위에서 오피스텔을 조사할 텐데 직원이 아니라니까 본인의 동의가 있으면 아마 선관위에서 집을, 오피스텔을 들어갈 수 있을 것이고, 본인이 동의하지 않으면 집을 들어가지 않을 것이다'라고 얘기를 했어요.

그때 당시 국정원 직원은 '별 문제가 없다. 일반 직장을 다니고 있기 때문에 별 문제가 없고, 그래서 선관위 직원이 오면 협조할 용의가 있다'라고 해서 선관위 직원이 왔을 때 오피스텔 안으로 들어갔지요. 들어가기 전에 제가 다시 한 번 물었던 것이 혹시 노트북을 가지고 있는지 여부를 물었습니다. '그 가방 안에 노트북을 가지고 있다'고 답변을 했습니다. 그러고 나서 선관위 직원과 변호사가 입회하에 댓글공작을 하고 있는 현장인지 확인하기 위해서 한 2~3분간 머물렀는데 본인이 국정원 직원이 아니고 그냥 일반 회사원이라고 얘기를 한 것만 믿고 선관위가 그 오피스텔 문을 닫고 철수하게 된 거지요.

그런데 그 과정에서 확인하지 않았던 것은, 국정원 직원이 가방 안에 갖고 있는 노트북을 확인하지 않고 문을 닫고 나오고 난 뒤에 그 노트북을 확인했느냐고 확인하니까

'노트북을 확인하지 못했다', '노트북을 확인해야
됩니다'라고 해서 선관위 직원이 다시 협조를 요청을 했는데
그 뒤부터 문을 열지를 않은 거지요.

그러고 나서 2박 3일이 지나고 그 안에서 정말 대한민국의
대통령 선거를 결정짓는 그런 행위가 벌어지게 되는 거지요.
그 국정원 여직원이 스스로 작성했던 그 댓글을 지우고
그다음에 국정원 상부로부터 지시사항을 받습니다.

아까도 말씀드렸지만 국정원은 상부의 지시에 따라서
행동을 하지 않을 수 없는 상하관계가 아주 명료한
조직이지요. 그래서 그때 국정원 상부로부터 지시를 받지요,
행동 하나하나에 대해서. 특히 언론사와 인터뷰를 하는
것, 그다음에 동영상, 집안 구조를 동영상으로 찍어 가지고
언론사에 제공한다거나 유튜브에 올린다거나 이런 식의……
본인이, 국정원 직원이 자신이 거주하는 공간을 노출한다,
이것은 제가 아는 국정원 직원으로서는, 기본 비밀준수의
원칙을 어겼음에도 불구하고 그런 행위를 했는데 그 행위는
결국은 다 국정원 상부의 지시에 의한 것임이 나중에 다
밝혀지게 됩니다.

우리가 잊지 말아야 된다, 그리고 기억하고 기록해서
반드시 재발하지 않아야 된다는 취지로, 그러니까
테러방지법이 얼마나 위험한지에 대해서 알기 위해서는
과거에 국정원이 어떤 행위를 했는지를 다시 한 번 되짚어
보는 것이 중요하기 때문에 제가 이 얘기를 소상히 드리는
겁니다.

당시 당명은 '민주통합당'이었고, 그때 고발했던 내용은
뭐였느냐 하면,

'제18대 대선에 문재인 후보를 내세운 정당입니다.
피고발인들은 대한민국 국가정보원의 소속 직원인 공무원인
자들이며, 제18대 대선에서 대선후보자인 문재인을 당선되지
못하도록 할 목적으로, 국정원 직원들은 정치에 관여해서는
안 됨에도 불구하고 여론을 조작할 목적으로 국정원의 시설
및 조직을 이용하여 민주통합당의 문재인 후보를 비방하는
인터넷 게시글을 다량으로 작성하는 방법으로 허위사실을
유포하고 후보자를 비방한 자들입니다.

'범죄 사실, 피고인들은 대한민국 국가정보원 소속 직원으로
국가공무원법 제2조에 의하여 대한민국 공무원인 자들인바
공모하여,

가. 국가정보원 직원들은 정치활동에 관여하여 행위를
하여서는 안 됨에도 불구하고 2012년 가을부터 12월
11일경까지 수서구 내곡동 국가정보원 심리정보국에서
성명불상 심리정보국장의 지시에 따라 피고발인 김하영을
비롯한 심리정보국 안보팀 직원 수십 명이 국가정보원 청사
밖으로 나가 미사리 카페촌을 비롯하여 강남 일대 오피스텔,
PC방, 커피숍 등에서 대형 포털 사이트와 언론사, 정치단체
홈페이지에 야당과 야당 인사들에 대한 비난 댓글을 게재하고,
매일 아침 8시 30분경 국가정보원에 출근하여 그 전날
자신들이 작업했던 내용을 보고서로 작성하여 서류봉투에
밀봉하여 제출하면 이를 취합하여 체계적으로 결과물을
취합하는 방법으로 국가정보원 직원의 직위를 이용하여

특정 정당이나 특정 정치인에 대하여 지지 또는 반대의견을
유포하고, 그러한 여론을 조성할 목적으로 특정 정당이나 특정
정치인에 대하여 찬양하거나 비방하는 내용의 의견을 또는
사실을 포함함과 동시에 특정 정당이나 특정인의 선거운동을
하였다.

나. 공직선거법에 의거 공무원은 선거에 대한 부당한
영향력을 행사, 기타 선거결과에 영향을 미치는 행위를
하여서는 아니 되고, 공무원은 선거운동을 할 수 없을 뿐만
아니라 그 직위를 이용한 선거운동이 금지되어 있음에도
불구하고 위 가 항과 같은 방법으로 공직선거법상 금지되어
있는 선거운동을 한 것이다.

고발에 이르게 된 경위·사실

가. 국가정보원의 여론조작 의혹에 대한 정보 입수
민주당 공정선거감시단은 국정원 여론조작 의혹에 대한
제보를 입수하였다.

나. 제보 내용에 대한 확인
12월 7일부터 11일까지 피고발인 김하영이 제보와 같은
행위를 하는 것을 확인하였다.

다. 12월 11일 6시 반경 중앙선관위와 경찰 112에 신고를
하여 출동한 선관위 직원과 경찰 입회하에 피고발인 김하영의
신원을 확인하였으나 피고발인은 국정원 직원 신분을
감추었고 나중에 국정원 측에서 국정원 직원임을 공식적으로
확인한 상황이다.

라. 피고발인 김하영의 현장 출입 및 증거 확보 협조 거절
선관위 직원 및 경찰이 피고발인에게 오피스텔에
들어가서 컴퓨터 등 관련 증거를 제출받을 수 있도록 동의를
요청하였으나 피고발인은 12월 11일 저녁 7시경부터 12월
12일 오전 11시 현재까지 16시간 동안 오피스텔의 문을 잠그고
선관위 직원 및 경찰과 대치하면서 출입 및 관련 증거 확보에
협조하지 않고 있는 상황이다.'

그사이 국가정보원은 선거에 개입한 사실을 부인하는
성명을 발표했고 국가정보원 소속 직원으로 하여금
오피스텔 출입과 관련 증거 확보에 협조하도록 지시하여
국가정보원 직원이 선거에 개입한 사실을 입증하도록
해야 할 것이나 지금까지 아무런 조치를 취하지 않은 채
대치상태가 지속되고 있는 것입니다.

이와 같은 경위로 본 건 고발에 이르게 되었고
국가정보원과 피고발인이 증거 확보에 협조하지 않고
있으므로 신속하게 압수수색 영장이 발부되어 관련 증거를
확보해야 합니다.

그래서 압수수색의 필요성에 대해서, 검사와
사법경찰관은 범죄 수사에 필요한 때에는 피의자가 죄를
범하였다고 의심할 만한 정황이 있고 해당 사건과 관계가
있다고 인정할 수 있는 것에 한정하여 영장에 의하여
압수수색할 수 있습니다.

'본 건은 피고발인의 구체적 범죄사실이 아직 확인되지
않았으나 국가정보원의 여론조작 의혹에 대한 제보 입수
이후 피고발인이 사무실을 떠나서 오피스텔에서 작업을
한 사실이 확인되었고 선관위와 경찰의 입회하에 신원을

확인하였으나 신분을 감추었으며 오피스텔 출입과 컴퓨터·스마트폰 등 관련 자료의 제공을 거부하고 있는 점에 비추어 볼 때 피고발인이 선거법을 위반하고 정치 관여 행위를 하였다고 의심할 정황이 충분하므로 이와 관계가 있는 컴퓨터·스마트폰에 대한 압수수색 영장이 발부되어 증거가 신속하게 확보돼야 할 것이다.'

이것이 당시에 지금은 더불어민주당이고 당시 민주통합당에서 수서경찰서에 제출한 고발장입니다.

그런데 어찌된 영문인지 압수수색은 물 건너가고 13일 날 오후 1시에서 2시경 피고인이 협조하에 오피스텔에서 나오게 됩니다. 나오고 나서 경찰에 제출한 증거자료는 일부에 국한돼서 증거를 제출합니다. 그러니까 컴퓨터만 제출하고 스마트폰이나 USB는 제출하지 않고 경찰이 2박 3일 조사한 그 조사결과를, 아까 말씀드렸던 12월 16일 날 중간수사결과를 발표함으로 인해서, '댓글 흔적이 없다'라는 경찰의 중간수사결과 발표가 12월 19일 대선에 영향을 미친 것으로 됐습니다.

당시에 제가 정보위원으로 활동하면서 저희가 2012년 12월 11일 날 현장에 가서 아까 말씀드린 것처럼 '국정원 직원이 아니다'라고 얘기를 했고 그 뒤에 12월 12일 날 2시부터 북한의 로켓발사 때문에 국회 정보위원회가 소집이 됐었고요. 그때 그 북한 관련 뉴스도 물론 중요했지만 국정원 직원의 댓글 공작의 현장이 발각이 됐고 거기서 벌어진 일에 대해서 정보위원회 차원에서 확인하지 않을 수 없었습니다.

그런데 한결같이 그날 국정원 직원들은 '대북 심리전단은 있지만 그런 댓글 작업을 하지 않고 알지 못한다' 이렇게만 얘기를 하고 발뺌을 한 겁니다.

그리고 더 한발 나아가서 국정원이 정치적 중립을 지켰다고 확신한다고 말을 그다음 날, 12월 13일 날 열린 정보위원회에서 국정원은 한결같은 대응을 했습니다. 그래서 가녀린 여성의 개인 거주지였고 여기가 불법 현장이 아님에도 불구하고 당시 민주통합당이 선거에 악용할 목적으로 들이닥쳐서 감금을 했고, 그리고 음식물도 없고 물도 없고 어려운 처지에 놓여 있다라는 그런 국정원의 발표가 있었고 그 국정원의 발표를 당시에 새누리당이 그대로 인용해서 그 말씀을 하셨고 당시에 대통령후보도 마찬가지로 그런 입장을 견지를 했습니다. 그러면서 당시 문재인 후보에게 '국정원에 의한 댓글 공작이 사실이 아니라면 사과해야 된다'라고 역으로 공격하기도 했습니다, TV 토론에서.

당시 12월 13일 날 제3차장이 김 씨의 소속은 확인해 주었습니다. 그런데 기능에 대해서는 밝힐 수 없다고 얘기했고 댓글 공작이라면 그 자체가 틀린 것이기 때문에 답변드리기 곤란하다라고 얘기했습니다.

그다음에 '여론조작용 댓글이 달렸는지 안 달렸는지 어떻게 아냐?'고 하니까 '우리는 확신한다. 원장이나 저나 심리전단장이나 시종일관 정치적인 중립을 유지해 왔다. 절대 개입하지 않았다' 이것이 국회 정보위원회의 12월

13일 제3차장, 이종명 차장의 위원의 질문에 대한 답변 내용이었습니다.

그러니까 어쨌든 당시의 상황이 대선이 임박했던 시기였고 국정원 직원의 댓글 공작 현장이 발각되었고 상황이 파악되었음에도 불구하고 국정원은 철저히 국회에서, 정보위원회에서 거짓으로 답변했고 입법부를 소위 농락하는 그런 일이 2012년 12월 12일, 12월 13일 대한민국에서 벌어졌던 겁니다. 그리고 경찰과 국정원과 짜고 16일 날 중간 수사결과를 발표해서 영향을 미쳤던 것이지요.

정치적 중립을 지켜야 될 국정원이 특정 후보에 대한 비방 댓글을 달고 그것이 선거에 영향을 미쳤음에도 불구하고 별로 잘못이 없다라고 한 것이 두고두고 문제가 되었다라는 점을 지적합니다.

그리고 이분의 근무 형태, 혹시 국정원 직원인지 우리는 잘 모르지요. 그런데 이번 국정원 댓글 공작 사건에 연루되었던 이 직원의 근무 형태는 아침 8시 반에 출근해서 2시면 퇴근을 한 겁니다. 그러니까 8시 반에 출근을 해서 보고서를 작성을 해 가지고 보고를 하면 그날 오후에 어떤 임무를 부여받겠지요. 그래서 11시 정도에 업무를 부여받고 12시에 점심을 먹고 1시쯤에 퇴근해서 지하철이나 PC방이나 오피스텔이나 이런 등지를 돌아다니면서 노트북으로 댓글을 달거나 스마트폰을 이용해서 저희 당이나 후보에 대한 비방 글을 올리고 여론을 확산시키는 일을 70여 명 가까이 1인 1조 또는 2인 1조가 되어 가지고 활동을 했던 것이고, 거기에 아르바이트생을 고용해 가지고 또 활동하게 했던 것이 지난 시기에, 2013년 14년 경과하면서 국민들한테 밝혀지게 된 내용입니다.

그런데 이것을 당시에 대북 심리전단활동이다라고 했지요. 그러니까 '대선에 악용하기 위한 활동이 전혀 아니다'라고 당시 국정원은 얘기했고, 아마 지금도 국정원이 그런 입장을 갖고 있는 것으로 알고 있습니다.

그래서 이 테러방지법의 테러의 범주를 명확화하지 않으면 모든 행위가, 그러니까 대한민국 국민의 소위 반대편의 행위, 그러니까 새누리당이나 집권 여당을 지지하지 않는 시민들이 하는 행위가 다 테러와 관련된 행위로 규정될 수 있다라는 점을 대단히 우려스럽게 보는 것이고요.

국정원이 어느 정도로 하느냐 하면, 어제도 우리 강기정 의원님이 말씀드렸다시피, 국정원 여직원이 문을 잠그고 그 안에서 증거 인멸을 하기 위해서 2박 3일 동안 시간을 벌고 인터뷰도 하고 집 내부를 공개하는 그런 일까지 벌이고 했었지요. 그리고 경찰과 선관위가 협조 요청을 해 왔을 때도 문을 걸고 꼼짝을 안 했던 분인데 아주 적반하장으로, 12월 14일 날 고발을 당합니다. 국정원으로부터 고발을 당하고 또 그 직원으로부터 고소를 당하는데, 감금을 했다라는 것으로 고발을 당하고 해서 지금까지……

이 사건이 2012년 12월 11일이니까요, 그러면 13·14·15·16, 이제 4년째 접어드는데 지금 재판을 받고

있습니다. 물론 검찰에서는 기소를 해서 4명에 대해서 벌금형을 했는데 검찰의 벌금형에 대해서 법원에서 다툼의 소지가 있다고 해서 정식재판에 회부된 지 꽤 오랜 시간이 되었는데 계속 재판을 받고 있습니다. 그래서 그것도 여간 신경 쓰이는 일이 아니고, 의정활동을 상당히 제약받는…… 어떤 때에는 일정 잡아 놓았는데 재판정 때문에도 이렇게 미뤄지기도 하고 또 저희 국회 일정 때문에 미뤄지기도 해서 지금 재판이 시작된 지 거의 2년이 되어 가는 것 같습니다, 2년. 그래서 빨리 좀 정리가 되었으면 하는 바람이 있는데.

이런 일들이, 그러니까 어찌 보면 국회의원의 의정활동의 일환 아니겠습니까? 제가 안행위·정보위 활동을 하면서 국가정보원하고 관련된 일이 벌어졌기 때문에 선거 와중에 현장에 갔는데도 불구하고 그것이 국가정보원에 의해서 고발당해서 활동에 일정 정도 제약을 받는다 이것도 굉장히 어려운 일이고, 물론 시민들은 더 많은 고초를 겪으시겠지요. 댓글 달아서 그로 인해서 재판 받고 벌금 받고 또 미행도 당하고 이런 일이 여전히 대한민국에서 벌어지고 있는 일인데, 테러방지법이 갖고 있는 그런 모호함 때문에 많은 어려움들이 생길 수 있다라는 점을 또 우리가 우려하지 않을 수 없다 하는 점을 말씀을 드립니다.

그때 당시에 달렸던, 이게 검찰 공소장 범죄일람표 주제별 주요 게시글인데요 되게 두껍고 분량도 방대합니다. 여기에 보면 아주 광범위하게…… 사실은 국정원이 국가의 안전과 이것을 위해서 활동을 해야 되는데, 이명박 정부에서는 국가홍보처가 따로 없었습니다. 노무현 정부에 있었던 제도 중에 이게 좀 많이 없애는 분위기였지요. 그러니까 '애니씽 벗(anything but) 노무현' 이래서 국가홍보처도 없앴는데, 결국 이렇게 국가홍보처에서 국가의 활동을 홍보를 하고 국민들에게 동의를 구해 내야 되는 것을 무조건 지우고 없애다 보니까 국가홍보의 기능을 할 단위가 사실은 없어진 거예요. 그래서 국정원이 그 역할을 일부 대신하지 않았나 싶습니다. 그런데 그것은 옳지 않은 것이지요.

그러니까 자존심이 좀 상하더라도 국가홍보처를 부활해서 정부의 그런 활동을 홍보 좀 하고 소통도 좀 하고 그러는 게 좋지 않을까라는 제언도 드려 봅니다.

이때 주제별 관련 게시글이나 댓글이 노무현·김대중 정부의 대북정책을 반대하는 게 있었고요. 그다음에 이명박 대통령의 독도 발언에 대해서 칭송하는 게 있었고, 한미 FTA, 한·EU FTA, UAE 원전, G20 정상회담, 전시작전권, 특사외교, 핵안보정상회의, 경남 신공항 문제, 세종시 문제, 4대강 사업, 천안함, 통일세, 반값 등록금 등 현안에 대해서 국정원 직원들에게 댓글을 달도록 한 것이지요.

그러니까 이명박 대통령의 대북정책을 지지하고 대북 포용정책을 반대하는 그런 글을 다음 아고라에 올리고, '북한에 대화를 구걸할 것인가?' 이런 제목으로 해서 내용을 죽 적시를 해서 올리고요.

독도 발언 지지는 삐노끼오라고, 일시 및 작성자, 일시는 2010년 3월 19일인데 이것은 대선보다 조금 앞당겨 했기는 했지만 삐노끼오라는 작성자가 아고라에

자유·정치·경제·사회·교육 토론방에 동일한 게시물을 작성한 거지요. 서울신문의 사설을 인용해서 대통령의 지지를 하는 글을 올리고요. 물론 약간 변조는 합니다. 그러니까 게시글과 원문이 조금 차이는 있기는 하나 큰 저기는 없고요.

그다음에 '한·인도 CEPA 체결에 정말 중요한 것은 국회 비준이다' 이러면서 '국회가 하루빨리 처리를 해라'라고 하는 열공소녀가 작성한 글을 또 올리고요. 그다음에 '한국이 12억 인도 시장을 선점할 기회를 확보했다' 이러면서 글을 또 올립니다. '한미 FTA 내년 초까지 비준 안 되면 위험' 이래 가지고 삐노끼오가 작성해서 올리고요.

이런 글들이, 국정을 홍보하고 대통령의 치적을, 업적을 홍보하는 일을 원세훈 국정원장이 들어서면서 본격화 가동이 되는 거지요. 반면에 아까 말씀드렸던 것처럼 이명박 대통령과 국정 운영에 대해서는 극찬한 거고요.

이미 한 번 다 나온 내용이라서 국민들께서 아시는 내용이다라고 하지 않을까 싶습니다만 우리가 또 기억하고 잊지 말아야 될 것 같아서요. 제가 한번 또 상기를 시켜 드리려고 합니다.

'2009년 5월 28일 갑작스런 노무현 전 대통령의 죽음 이후 이어지는 국민들의 추모 열기 속에서 민주당은 전직 대통령의 죽음마저도 정치적 이용 대상인가? 대통령의 인기가 떨어질 때는 모든 정책 실패의 책임을 노 대통령에게 묻더니 이제 다시 노무현을, 정치란……', '노무현은 민주당에게 어떤 존재인가' 그런 내용으로 적시가 됐고요. 그리고 노무현 대통령 반대하는 글들이 다수가 있고…… '노무현이 자살인지 타살인지 그게 뭐가 중요합니까? 죽어 버렸는데……', '이런 식 기사는 노무현을 두 번 죽이는 길입니다', '그 말에 나도 동감', '자기를 털어 보려는 보수언론이나 검찰보다 자기편이라던 사람들이 뒤통수치는 모습이 더욱 충격적이지 않았을까요?', '노무현은 자살한 거지 전임 대통령으로서 영웅적인 행위를 한 게 아니거든요. 주변의 뇌물수수에 대해 주변을 원망하다가 검찰 수사에 분노하다가 자기 자신을 향해 분노를 터뜨린 것에 불과한 것입니다. 스스로 죽음의 길로 가게 된 것입니다. 이것은 열사로서의 죽음도 아니고 그냥 자살일 뿐입니다. 더해서 전임 대통령으로서의, 공인으로서의 역할을 다하지 못한 국민에 대한 배신입니다', '그러니까 노무현이가 저 세상에 와서 보니 아주 큰 죄가 많았군요. 살아 있을 때 잘하지 왜 거기 가서 죽어서 후회하나, 좌빨 여러분 있을 때 잘 하세요' 이런 식으로 대통령의 서거에 폄훼하는 글들을 올렸고요. 김대중 대통령에 대해서도 '거동이 더 불편하기 전에 보내 드려야 하는데……', 박원순 시장에 대해서도 '00로부터 구원해야……' 이런 내용이 있고요.

그래서 이것이 어쨌든 대선 전에, 총선 전에, 지방선거 전에 이런 여론몰이를 하면서 국정원이 직접 SNS를, 아까 얘기했던 SNS가 선거에 어느 정도 영향을 미치는지에 대한 사후적 여론조사도 있었지만 이런 식으로 2009년도부터 죽 국정원이 국내 정치에 개입하고 대북 심리전단이라는 조직을 만들어서, 격상시켜서, 인원을 4개조 70여 명으로

구성해서, 물론 아르바이트까지 고용한 인원으로 치면 대략 어느 정도 규모인지 저희는 알 수는 없어요. 그런데 그런 규모의 사람들이 그런 행동을 했다는 점이

결국은 국정원이 정치적 중립의 의무를 포기하고 정권의 이익을 대변했기 때문에 지금 테러방지법이라고 해서, 앞서 국정원장이 앞으로 국민들의 걱정을 덜어 드리고 100% 국정원이 잘하겠다고 아무리 항변을 해도 국민들은 믿을 수 없다는 것이 그동안에 해 왔던 국정원의 행태로부터 비롯되는 것이다라고 말씀드릴 수 있습니다. 과거를 보면 현재가 보이고 현재를 보면 미래를 알 수 있다 이게 대략 우리들이 알고 있는 삶의 방식 아니겠나 싶습니다.

(자료를 들어 보이며)

사실은 앞서 말씀드렸던 것처럼 범죄일람표의 주제별 주요 게시글이 출력하면 대략 이 정도가 되는 것이고요. 그리고 세부적으로 들어가면, 각 파트별로 들어가면 이것보다 10배가 넘는 양으로 해서 어쨌든 국정원이 댓글공작을 한 것으로 된 것이지요. 여기까지 국정원의 댓글공작에 대한 말씀을 드린 것이고요.

그 다음번에는 간첩 조작사건에 대해서, 어제도 말씀이 잠깐 있었지만…… 제가 의정활동을 하면서 가장 자주 방문했던 곳이 기관 중에 아마 국정원이지 않았나, 국정감사 이런 것 빼고, 그러니까 국정원 항의방문, 국정원 관계자들한테 이런 사건에 대해서…… 워낙 국정원은 소집이 잘 안 됐습니다. 저희 정보위원회가 소집이 안 돼서 주로 찾아가서 저희가 사실관계를 좀 확인하기도 하고 그냥 빈손으로 돌아오기도 하고 그랬는데요. 댓글사건이 일단락되면서 국정원에 대한 국민적 개혁 요구가 높아지니까 그것을 상쇄하기 위해서 또 다른 사건으로 나온 게 유우성 사건이고 또 NLL 발췌록을 공개하는 것도 있었고 등등 이어집니다. 그래서 그 부분에 대해서 조금 설명을 드릴까 합니다.

그 전에…… 기다릴 것 같아서요, 제가……

(「천천히 하세요」 하는 의원 있음)

사실은 제가 24일 날 9시에 무제한 토론을 신청하고요. 다른 의원님들은 페이스북을 통해서나 트위터를 통해서 얘기를 좀 전해 주면 그것을 반영하겠다라고 많이들 하셨는데 저는 그렇게는 못 했고요. 그런데 어쨌든 트위터 다이렉트 메시지 온 것 하나를 말씀드리겠습니다.

(정의화 의장, 정갑윤 부의장과 사회교대)

'저는 평범한 학생입니다. 동시에 게임을 좋아하는……' 이름까지 저한테 얘기했는데 이름은 밝히지 않겠습니다.

'흔히 꽃다운 나이라 불리는 17세인데 이 나이에 진로가 아닌 나라 꼴을 걱정해야 한다는 점이 참 어이가 없습니다. 제 꿈은 행복하게 사는 것이기에 먼 미래의 행복 역시 중요하지만 현재의 행복 또한 중요하다고 생각합니다. 저는 게임을 하는 지금이 너무 행복합니다' 부모님은 좀 걱정하시겠네요.

'그러나 그것은 저와 제 주변인들이 나누는 행복이지 모르는 이들과 나누고 싶은 것은 아닙니다. 저는 왜 국정원에서 제

게임 취향을 알아야 하는지도 이해가 안 되고 왜 제 사생활을 밝혀야 하는지도 이해가 안 됩니다.

솔직히 말하자면 대통령의 이름을 언급하기만 해도 잡혀갔던 그 예전 시대가 연상됩니다. 2016년에 제가 대통령의 이름으로 시시한 장난을 치면 테러범으로 지목당할 수도 있다는 그 사실이 너무나 어이가 없습니다. 개인 SNS 등 사적인 공간에서 마음대로 얘기할 권리는 저 자신에게 있으며 이는 정치와 정부에 관해서도 마찬가지입니다. 이를 빼앗는다는 것은 정부가 더 이상 국민의 이야기를 들을 생각이 전혀 없으며 국민의 자유를 빼앗고 탄압하겠다는 뜻으로 해석되어질 뿐입니다.

00로서 말씀드리자면 저는 테러와는 일절 관련도 없고 국가를 뒤엎을 생각도 전혀 없습니다만 머릿속에서 제가 좋아하는 캐릭터들이 전쟁 나서 죽고 제가 만든 캐릭터들이 테러 일으키다 죽는 걸 상상하곤 합니다. 그걸 개인 SNS에서 언급했다고 해서 절 감옥에 집어넣겠다니요. 그런 논리로 따지면 트위터의 대다수의 00들은 다 감옥에서 함께하겠군요. 이 무슨 농담 같은 일입니까? 무식하기 그지없는 일이지요. 벼룩 한 마리 잡겠다고 초가삼간 불태운다는 속담이 바로 이 상황과 딱 맞는 것 같습니다. 이게 옳다고 생각하십니까?

저는 역사교과서 국정화 반대 피켓시위에도 참여한 바 있습니다. 제가 거기 서서 한참을 시위하는 동안 얼마나 많은 이가 있었는지 아십니까? 얼마나 많은 국민이 그 의견에 반대했는지 아십니까? 수많은 사람이 확성기를 들고 외쳤습니다. 그 결과는 어떻습니까? 우리의 목소리는 묻혀 버렸고 정부는 그를 강행했습니다.

세월호도 마찬가지입니다. 지금도 끊임없이 외치고 염원하는 사람들이 있음에도 불구하고 아무도 달라지지 않습니다. 애초에 달라질 생각이 있기나 하신 겁니까? 의문을 품지 않을 수 없습니다. 왜 우리의 말들을 들어 주지 않습니까? 국민의 목소리, 트위터 한 번만 둘러봐도 충분히 알 수 있으실 겁니다. 현 정부에서 행하는 바는 우리의 목소리와는 확연히 다르다는 것을 저는 진심으로 분노하고 통탄합니다. 이것이 진정 정치입니까? 민주주의 국가입니까? 국민이 나라의 주인인 대한민국 맞습니까?

현 법안인 테러방지법 역시 그렇습니다. 저는 테러방지법에 동의하지 않습니다. 제 주위의 많은 이들이 동의하지 않습니다. 테러방지법 통과에 반대하는 피켓시위가 3분간 진행되었다는 이유로 그들을 구금하는 상황에 만약 그 법이 통과된다면 이후 그것이 남용되어 더욱 큰 피해가 일어날 것이 분명해집니다. 따라서 이는 독재로 이어질 우려가 아주 큰 법안이며, 특히 정치가 안정되지 않은 지금 같은 상황에선 더더욱 시행되지 말아야 할 법입니다.

대한민국의 토대를 이루고 있는 가장 기초적이며 절대적인 헌법의 내용을 인용하자면 헌법 제17조 "모든 국민은 사생활의 비밀과 자유를 침해받지 아니한다." 이로 미루어 보았을 때 테러방지법은 헌법에 위배되는 법안이기도 합니다. 단순히 국가안보를 위해서라고 치부하기에는 테러용의자의 범위가 너무도 넓습니다. 이것을 꼬투리로 잡아 연행해 가는 것으로

이어지리라고 생각하니 피가 차갑게 식는 기분입니다. 만약 절 잡아가시려면 잡아가십시오. 국민을 외면하는 나라에서 살고 싶은 마음은 없습니다. 저를 잡아 가두고 본보기로 삼으십시오. 이 나라의 법이 17세 소녀에게 무슨 짓을 저지르는지 제가 어떻게 반역자가 되는지 똑똑히 보여 주십시오.

소통이 끊긴 관계는 진전되지 않습니다. 이는 국가 단위에서도 그렇습니다. 소통이 끊긴 정부는 결코 좋은 정부로 기억될 수 없습니다. 나라의 주인이 무엇을 원하는지 무엇을 말하는지 들어 주십시오. 그리고 보여 주십시오. 정부가 어떻게 좋은 리더가 되는지 부디 고개를 돌려 들어 주십시오. 테러방지법을 시행하지 말아 주십시오'

이게 어저께 저의 트위터에 다이렉트 메시지로 온 내용입니다.

그리고 오늘 아침하고 그다음에 서기호 의원님 들어올 때까지 제가 내용을 쭉 파악을 못 했고요. 오늘 아침에, 어젯밤에 저희 더민주 홈페이지 자유게시판의 네티즌의 글과 트위터 게시글을 좀 소개할까 합니다.

'신경민 의원님 말씀 너무 잘 들었습니다. 은수미 의원님 10시간 필리버스터 얘기를 전해 듣고 참 정말 감동받았습니다. 의무감에 저도 꼭 방송을 들었어야 했습니다. 그런데 신경민 의원님 필리버스터 방송 접속하고 그냥 듣게 됩니다. 국정원 개혁 관련하여 외국의 사례와 앞으로 방향, 역사 등에 대해서 어디서 알지 못할 정말 훌륭한 강의를 듣게 되었습니다. 궁금했던 부분들을 잘 알게 됐고 유익하고 재밌었습니다. 이렇게 장시간 너무 좋은 말씀과 정보들을 주시니 감사합니다'

'강기정 의원의 눈물을 보며, 대한민국은 비정상 국가입니다. 대한민국의 경제발전은 굶어서 배부르게 먹고 싶다는 욕망을 쥐어짜서 만든 성장입니다. 어쨌든 강기정 의원님 진심이 느껴집니다'

그다음에 '테러방지법은 테러방지가 아닌 국민 사찰입니다', '응원하겠습니다' 이런 글들이 많이 올라왔습니다. 저희 당 거라서 제가 길게 소개시켜 드리기에는 좀 낯 뜨겁고요.

포털뉴스 답글 좀 읽어 드리겠습니다.

겨울잠이라는 분인데요. '우선순위가 있는 거다. 국민의 인권보다 우선되는 법안은 없을 거다. 고로 필리버스터는 계속되어야 한다'

바른생각 '힘내세요. 무한 응원 드립니다'

단재인비 '선거도 국민을 위해서 존재하는 거다. 조작하고 국내정치 간섭해서 댓글이나 달고 그런 불법행위에도 계속 거짓말만 해대는 권력기관에 어떤 제한도 없이 국민을 감시하는 권한을 준다면 안 된다'

catlover8이라는 분인데요, '필리버스터를 하게 된 이유가 비상사태도 아닌데 직권상정을 해서 남용해서가 아닙니까? 국가가 비상사태인가요? 비상사태를 그렇게 우습게 아십니까? 민주주의의 또 다른 합법적 투쟁방식을 알게 되어서 다행입니다'

'오늘도 그 길을 걷다' 분인데요. '테러방지법은 극단주의

무장세력의 대국민 테러를 방지하기 위한 것이 아니라 선량한 국민을 정신적·사회적·육체적으로 테러하기 위한 권력기관의 빗장을 풀기 위한 악법이라고 확신한다. 때문에 민주주의와 인권을 지키려는 민주당이 처절한 싸움을 하고 있는 것이다. 모든 지식인들의 지적처럼 테러방지법으로 명명해서 반대하면 국민의 안전을 거부하는 것으로 보이게 하는 추잡한 속임수다. 마치 유신헌법 반대하면 국가를 새롭게 하는 것에 역행하는 것처럼 취급했던 시대와 판박이다. 민주주의와 인권을 지키고 있는 더불어민주당을 사랑합니다'

그다음에 threeseven의 '해킹프로그램 사건, 대선 여론조작 사건, 민간인 불법사찰 사건, 간첩 증거조작 등으로 중립성을 잃고 국민들에게 신뢰를 완전히 잃어버린 조직에게 영장도 없이 법칙도 없이 국정원이 멋대로 테러 의심자로 규정하는 순간 마음대로 도청·감청, 계좌, 민간 인터넷망 등등을 마음대로 조회하고 들여다볼 수 있는 무소불위의 권한을 준다니 국민들이 불안에 떠는 게 당연한 게 아니냐, 게다가 검찰의 압수수색영장도 집행 못 하는 국정원을 대테러 인권보호관 1명으로 국민들 인권, 개인정보 보호가 가능할 것이라고 보는 게 가능합니까?'

ilzi인데요. '피켓 들고 거리정치 하지 말고 들어와 토론하자고 할 때는 언제고, 피켓 대신 마이크 잡으세요'

'테러는 정권이 무능해서 당하는 것이지 법이 없어서 당하는 것이 아닙니다'

'야권에서 법 만들지 말자는 게 아니다. 수정하자는 거지. 언론도 객관적인 판단으로 세상에 알려라'

'테러방지법이라고 쓰고 국민감시법이라 읽는다. 더 이상 속지 맙시다' 이런 내용이고요. 이건 포털뉴스의 답글이고요.

트위터의 게시글을 보면 '필리버스터 처음에는 막 눈물 나고 비장하고 그랬는데 언제부터인가 별풍선이 되고 마국텔이 되고 외국에서 방청하러 의원 날아오고 여당……' 약간 표현이 그래요. '타임으로 본격 진입하고', 새누리당 홈피가—뭐 마비되었나요?—마비되고 왠지 신명나는 느낌이다.', '더불어민주당 중진 의원님께서 말없이 의석에 앉아 동참하는 모습 멋지다.' 이런 것이 있고요.

'정치는 접근이 용이해야 합니다. 정치는 소통해야 합니다. 필리버스터에 참여하는 야당 의원들이 국민들에게 도움을 요청하고 그 요청을 외면하지 않고 국민들이 적극적으로 참여하고 있습니다.', '필리버스터의 특이한 장점, 국정원의 문제점을 이렇게 조목조목 게다가 아무 방해 받지 않고 며칠이고 이야기할 수 있는, 또 역사 기록으로 짱짱 남길 수 있는 그런 날이 올 줄은 국정원도 몰랐을 것이다.' 대통령도 모르셨을 것 같습니다.

'필리버스터 국회가 대나무 숲……' 그다음에 '강기정 의원이 열심히 필리버스터를 해 주시는 덕분에 나쁜 이미지로 필리버스터를 얘기하는 분들에게 단호하게 반박할 수 있게 됐다.', 강기정 의원 잘했다는 얘기가 너무 많아서 이것까지 하고요. 그다음에 '국회에서 소화기 휘두르고

이런 것 나와도 나쁘게만 봤는데……' 이것도 강기정 의원 얘기하는 것이네요.

'필리버스터에 열광하는 이유가 그거다. 국회의원이 할 수 있는 방법으로 합법적이고 지적으로 계속해서 정제된 언어로 이야기하는 것, 언론이 다 생생정보통으로 전락한 상황에서 저런 거 너무 필요했다. 야당 지지자의 입장에서도 패배주의가 희석되는 기분……',

'필리버스터 영상을 필수교양으로 넣어야 한다고 생각합니다. 가능하다면 정기적으로 무제한 토론을 하면 더 좋을 것 같고요. 그러면 누가누가 정치 잘하는지 못하는지, 철학을 가지고 있는지 없는지도 알 수 있고 공부도 되고 재미있고……'

이것이 필리버스터 관련 어젯밤에서 아침에 올라온 글 일부를 소개해 드렸습니다. 다시 제가 아까 읽었던 열일곱 살 소녀의 글이, 진짜 깜짝 놀랐습니다, 저는.

그다음에 앞서 말씀한 국정원의 권력남용이 얼마나 심각했는지, 그래서 견제받지 않는 권력에다가 또 무한권력을 주는 것이 얼마나 희생하는 국민들을 양산시켜 낼 수 있는지 두 번째 사례로 이야기하겠습니다.

이 사건은 서울시 공무원 간첩 증거를 날조하고 그래서 한 사람이 얼마나 고통을 받았는지 또 가족이 얼마나 힘들게 있었는지를 드러내는 사건입니다. 여러분도 많은 국민들이 익히 아는 사건이겠지만 국정원과 검찰에 의해서 이 사건이 어떻게 조작됐는지……

2004년도 4월 달에 유우성 씨가 탈북을 했고 당시에 화교라는 사실을 속여서 탈북지원금을 받은 것으로 되어 있고요. 그다음에 2006년 5월에 유우성, 북한 어머니의 사망으로 밀입북을 했습니다. 그리고 2011년도 6월에 서울시 공무원으로 특별채용이 되었고요. 2012년 10월 30일에 동생 유가려가 북한을 탈출했고 국정원 합동신문센터에 수용이 되어서 오빠처럼 화교라는 사실을 속이고 탈북자로 들어왔습니다.

2012년도 11월 5일에 국정원 수사관의 폭행과 협박으로 유가려 씨가 수용 일주일 만에 화교라는 사실을 자백했고, 2012년 11월 20일 국정원 여자 수사관이 오빠가 이미 밀입북했음을 자백했다며 강압으로 구타했고 장례식 외에 입북 사실이 없음에도 추가 밀입북했다고 허위 자백을 강요받았고, 2012년 11월 21일 합신센터에 들어간 지 23일째에 강압 구타에 못 이겨서 유가려 자신도 탈북자가 아닌 북한 공작원이라고 자백을 했습니다. 그래서 2013년도 1월 10일 국정원, 유우성이 간첩죄로 체포가 되었고 유우성은 여동생의 진술이 허위다, 여동생과 대질신문을 요구했는데 국정원이 불허했습니다.

그래서 2013년 1월 21일, 그러니까 2013년 1월이면 국정원 댓글공작 사건이 대선이 끝난 직후에도 이것이 지속적으로 다루어졌던 그 시기예요. 그러니까 그때 1월 21일 날 동아일보에서는 '탈북공무원 구속' 1면 단독보도로 해서 12월 16일 날, 그러니까 아까 말씀드렸던 것처럼 경찰의 중간수사 결과 발표 이후 국정원 대선개입 수사가 막

진행될 때 이것이 보도가 되기 시작한 것이지요.

그리고 2013년 3월 4일 날 검찰이 여동생의 진술 증거채택을 위해 증거보전신청을 했고요, 검찰은 유가려 씨에게 오빠를 만나면 진술을 제대로 할 수 없다고 법정이 아닌 영상증언실에서 진술토록 했습니다.

2013년 4월 26일, 합신센터 생활 6개월 만에 유가려 씨가 민변에서 제기한 인구구제재판을 통해서 합신센터에서 해방되었고 한 달 내에 출국하라는 강제 출국 명령을 받았습니다. 그래서 유가려 씨는 중국으로 출국했고요.

2013년 6월 달에 민변 소속 변호사들이 검찰에서 제출한 자료를 반박하고 새로운 증거로 검찰이 공소장을 수차례 변경하는 일이 있었습니다. 그래서 결국 2013년 8월 22일 날 유우성 씨가 국가보안법 무죄선고를 받았고, 다만 북한이탈주민보호법 위반과 여권법 위반에 대해서는 징역 1년, 집행유예 1년 돼서 석방되었습니다.

그래서 2014년도에 중국대사관 영사부에서 서울고등법원에 중국의 관련 기관을 통해 조사한 바에 따르면 서울시 공무원 간첩 사건을 입증하기 위해 검사 측에서 제출한 3건의 문서는 모두 위조된 것이라고 공식 통보를 한 것이지요. 그래서 이 사건이 2013년도에 어쨌든 마무리가 되는가 했더니 다시 중국대사관에서 검찰이 제출한 문서가 위조되었다는 그것이 나오면서 다시 수면 위로 등장하게 된 것이지요.

여기에서 국정원이 중국 전산망을 통해서 변호인 기록 진본을 확인하고도 위조기록을 제출했고 3건의 핵심문서 모두 위조된 것을 국정원이 이미 2013년에 알고 있었다고 국정원 정보원들이 검찰에서 진술하게 됩니다. 2014년 3월 7일이지요. 그러면서 이 사건이 국정원에서 간첩으로 조작하려다가 실패했는데 그 실패한 과정에서 문서를 조작해서 간첩으로 만들려고 했던 또 다른 상황이 발생하게 된 것이지요.

그래서 결국은 대통령께서 2014년 3월 10일 '현재 재판이 진행 중인 서울시 공무원의 국가보안법 위반혐의 사건과 관련 증거자료의 위조 논란이 벌어지고 있는 것에 대해 매우 유감스럽게 생각한다'…… 그래서 사상초유의 일이 벌어지지요. 검찰이 국정원을 압수수색하지요. 물론 허울뿐인 압수수색이기는 하나 어쨌든 압수수색이 일어나서 계속적으로 그 사건이 국민들한테 속속들이, 얼마나 왜곡되고 악의적으로 진행되었는지가 되었고……

그리고 나서 저희가 4월 달 사건이 또 세월호라는 참사가 벌어지지요, 4월 16일 날. 그날 아침에 사실은 국가안전보장실무회의가 청와대 안가에서 열립니다. 청와대, 표현을 어떻게 해야 하나? '안가'라고 얘기해도 되지요. 그러니까 실무회의를 별도로 하는 공간이 있는데요, 이때 국정원의 차장이 회의에 참석을 합니다.

그런데 8시 반에서부터 9시 반 사이에 대한민국의 국가 안전을 책임지는 실무 책임자들이 회의를 하는데, 그 시간에 아무도 세월호가 물에 잠기고 있고 넘어가고 있다라는 것을 알지 못했다라는 거예요. 그래서 '어떻게 그거를 알 수가

없습니까? 그게 9시 3분에서 5분에 이미 모두에게 전파가 됐는데 어떻게 몰랐습니까?'라고 하니까 핸드폰을 가방 안에 두고 회의를 하는 관계로, 그러니까 핸드폰을 소지하고 있지 않았다는 얘기겠지요. 핸드폰을 주머니에 소지하지 않고 가방 안에 두었기 때문에 그 내용을, 문자를 알 수 없었다라고 하는 얘기를 듣고 정말 무능하고 무책임하고……

그때 당시가 앞서 말씀드렸던 것처럼 간첩 조작 사건으로 사상 초유의 일이, 국정원이 압수수색당하고 국정원장이 대국민 사과를 하고 대통령이 두 번 다시 이런 일이 있을 때에는 책임을 엄중하게 묻겠다고 할 시기였습니다. 그런데도 불구하고 국정원 차장이 국가안전보장회의 실무회의를 할 때 핸드폰을 소지하지 않고 가방 안에 두었다라는 핑계로 세월호가 넘어가는 것을 그때 당시에 알지 못했다라고 국정조사특위 때 나와서 얘기하는 것을 보면서 정말 문제가 심각하다라고 다시 한 번 확인하게 된 거지요.

그래서 결국 저희가 국정원을 이 사건 때문에 방문하게 됩니다. 2013년도에도 방문을 하고, 그런데 2014년도에 방문을 해서 이 사건의 경위를 죽 파악하고 했음에도 불구하고 당시 국정원은 이 사건을, 그러니까 간첩 조작 사건을 책임졌던 실무 책임자에 대해서는 책임을 묻지 않고 과장에게 책임을 묻고 또 1명의 국정원 직원이 자살하는 일이 벌어지게 된 거지요.

그래서 늘 패턴이 있는 것 같습니다. 국정원이 사건이 수면 아래에 있을 때는 비밀리에 진행이 되니까 아무도 모르고 이것이 수면 위로 올라와서 문제가 야기되면 '몰랐다', '사실이 아니다'라고 일단 발뺌을 하고. 그런데 광범위하게 사람들이 연관된 거라서 완벽한 보안이 유지가 안 되면 도마뱀 꼬리 자르기로 해서 직원의 실수거나 일탈행위로 규정을 하지요.

그런데 직원의 실수와 일탈행위가 될 수 없는 것은 아까도 말씀드렸던 것처럼 국정원법에 의하면 국정원의 그런 행위들은 상부의 지시 없이 개인적으로 움직일 수는 없는 거기 때문에 반드시 상부선이 나오게 됩니다. 이 상부선의 그 윗선은 끊든가 아니면 아주 사건이 커질 경우는 그 윗선까지 가고 밑을 보호하거나 아니면 밑을 쳐내거나 위를 보호하거나 이런 식의 다양한 형태가 있는데, 댓글 공작은 결국은 원세훈 원장의 지시, 강조 말씀이 밝혀졌기 때문에 원세훈 원장의 책임으로 해서 감옥에 갔던 거고요. 그러니까 맨 말단 직원, 국정원 여직원은 상부의 지시에 따라서 한 거기 때문에 책임을 묻지 않는 것으로 불기소처분이 내린, 기소가 유예되는 게 되지요. 경찰에서는 국정원법 위반으로 기소가 됐는데 마지막 검찰에서는 기소를 유예했고 재판부에서는 그거를 인정하는 형태로 됐지요.

그래서 결국 앞서도 말씀드렸던 것처럼 하여간 2014년 3월 달의 국정원 댓글 공작보다 더 심각한, 왜냐하면 국정원 댓글 공작은 이명박 정부에서 벌어진 일이기 때문에 박근혜 대통령하고 직접적인 연관성을 묻기에는 조금 여지가 있는 거고요. 이 사건은 박근혜 대통령이 있던 시절에, 그러니까

지휘·지시 감독을 하는 국정원장 또는 그 국정원 직원들에 의해서 사건이 조작되고 했기 때문에 이 부분에 대해서 대통령이 강하게 질책을 했던 사항입니다.

그리고 나서 또 여러분이 잘 알다시피 6월 달에 NLL, 그러니까 이 사건과 그다음에 또 하나 이어지는 게 NLL 발췌본이 느닷없이 정보위의 위원장과 여당 위원들의 요청에 따라서 NLL 발췌본이 급하게 국회로 오고 또 전문이 오게 되고 이런…… 그러니까 국가기록물이냐 아니냐, 국정원의 공공기록물이냐 갖고 논란이 됐지만 결국은 대통령이 남북정상회담에서 한 정상회담록 내용이 공개되는 그런 어마어마한 일들이 그 한 해에 다 벌어지게 됩니다.

그래서 일단은 제가 상세히 말씀드린 공무원간첩조작 사건 그다음에 국정원 댓글공작사건을 놓고 보더라도 국정원이 아까 얘기했던 선서에서 하는 국가를 위해 봉사하는 그런 국정원의 직원이 아니라 정부의 또는 정권의 성격과 태도에 따라서 정책이 여반장하는 그런 게 많은 국정원이기 때문에 테러방지법에 이런 독소 조항 없이 그대로 직권상정돼서 처리될 경우에 대한민국 국민이 입게 될 피해는 상상할 수 없지 않을까 이런 생각이 오늘 이 자리에서도 더욱더 들고 책임감이 많이 느껴집니다.

그리고 아까 앞서 유우성 씨의 동생을 어느 정도로 했냐, 아까 잠깐 얘기드렸지요. 국정원이 '김현희처럼 살게 해 줄게. 오빠가 간첩이라고 말해' 이런 일들이 소위 민주국가인 대한민국에서 벌어지고 있다는 점에 대해서 대단히 심각하다고 말씀드릴 수밖에 없습니다.

바로 얼마 안 있으면 드러날 일임에도 불구하고 그렇게 당시 상황을 모면하고 급한 불 끄자는 식으로 이렇게 국정원이 사건을 만들고 조작하고 확대 재생산하는 것 이게 좀 근절됐으면 좋겠는데 계속 반복되고 있는 점에 대해서 경각심을 가져야 된다.

특히 우리 의장님께서 이것을 직권상정하면서 국정원장이 100% 개혁하겠다고 약속했다고 말씀을 직권상정 전문에서 말씀을 주셨는데 그게 말로 되는 건 아닌 것 같습니다. 법과 제도에서 국정원이 얼마나 국민의 이익에 부합하고 정권의 이익이 아니라 국가의 이익에 복무하는 그런 권력기관으로서 자리매김하느냐의 문제는 아까도 제가 2013년도에 국가정보원이 어떤 모양으로 갖춰져야 되는지 또는 2015년도에도 제도 개선……

그러니까 2013년도 국정원 제도개선특위와 2015년도의 그런 공청회, 정보위가 어떻게 국회에서 별도 기구가 되면서 국민들로부터 위임 받은 권력을 제대로 할 것인지에 대한, 보고서에서도 나왔지만 그런 제어장치가 없는 상황에서 국가정보원에 또 다른 권한을 부여하는 것은 국가정보원이 대통령의 직속기관이고 대통령의 지시와 감독을 받는 조직이기 때문에 더더구나 그런 형태로 갔을 때는……

지금은 정보가 유용해서 국정 운영에 도움이 된다라고 계산할 수 있을지 모르겠지만 반대로 대통령하고 바로 직속되어 있는 기관 또는 기관의 장이 기관에 소속되어 있는 요원들이 어디 가서 행동을 잘못했을 경우에 그것은

바로 대통령한테 책임이 주어지기 때문에 이런 제어장치, 국무총리나 또는 기구나 제도 이런 것들을 분산시키는 게 필요하지 않을까라는 게 제 생각입니다.

저희가 사건이 발생하면 책임 소재를 묻는데요 예를 들어 세월호 사건이 터졌을 때 해경에 책임을 물으면서, 그러니까 해수부에서 해경을 떼어내서 국가안전처를 만들고 소방방재청 독립기구를 국가안전처 밑으로 집어넣어서 기구를 개편을 막 해요. 그리고 법이 있는지 없는지 막 찾습니다.

(책자를 들어 보이며)

그런데 이런 게 있습니다. 이게 매뉴얼인데요, '화학유해물질 유출사고 위기대응 실무매뉴얼'이고요. 이것은 '화학유해물질 유출사고 위기관리 표준매뉴얼'입니다. 그러니까 예를 들어서 조직이 없고 기구가 없고 법이 없어서가 아니고요 이것을 체계적으로 관리하고 진행하면 되는데 거기에 적임자가 있느냐 없느냐, 그 내용을 소상히 알고 있느냐 없느냐, 아니면 공직자로서 책임질 자세에 있느냐 없느냐가 핵심이지 제도가 아니라는 것이 그동안 여러 차례에 걸쳐서 지적이 되고 보여졌음에도 불구하고 이번에도 법이 없어서 책상을 스무 번이나 치는 이런 일이 벌어지고 있는 것이 굉장히 의아스럽다는 점입니다.

저희가 법을 만들었다 치고요. 테러방지법이 만들어졌어요. 그래서 예기치 않은 사건이 발생했습니다. 그러면 그 컨트롤타워가 누구냐를 놓고 일각에서는 법을 만들어 놨는데 벌어진 사건이…… 법이 만들어져서 조문화되기 전에, 법제화되기 전에 했다고 한번 가정을 해 보자고요.

표준매뉴얼은 있습니다. 그런데 표준매뉴얼이 시대 상황에 따라서 조금 내용이 바뀌는데 그것이 이 책자 안에 반영이 안 됐어요, 예를 들면. 그러면 이 표준매뉴얼을 발행한 시점을 기준으로 할 거냐, 법이 통과된 시점을 기준으로 할 거냐, 아니면 이 변경된 매뉴얼이 확보된 시점을 기준으로 할 거냐에 따라 다 제각각이에요.

예를 들어 세월호 참사가 터졌을 때 그 컨트롤타워 기능이 그 이전에 만들어진 자료에 의하면 청와대가 컨트롤타워거든요. 그런데 그 이후에 변경된 매뉴얼에 따르면 국무총리가 안전관리를 책임지는, 위기관리를 전폭적으로 책임지는 건데 또 어떤 때는 해수부장관으로 되어 있고 어떤 때는 또 다른 걸로 되어 있어요. 그러니까 우왕좌왕하다가 소위 말하는 골든타임을 놓치는 게 되는 겁니다.

그러면 그런 상황이 발생하면 누가 하는 것이 가장 적임자냐, 이게 테러방지법의 내용 중에 또 포함되는 거지요. 총리가 하는 것이 적임자다 또는 안전센터장이 하는 게 적임자다, 아니면 국정원장이 하는 게 적임자다……

그런데 국정원장이 하는 일이 얼마나 많습니까? 대통령의 직속기관으로서 대통령의 감시와 지시를 받는 책임자가 모든 국내 정보, 국외 정보 그다음에 대북 관련, 테러 관련

그다음에 과학 정보 관련 그다음에 직원들 관리, 이런 10개 업무 플러스 별도의 책임을 또 지는 법의 책임자가 되겠다라고 하는 거잖아요.

그래서 그렇게 과부하가 걸렸을 때 과연 올바르게 일을 할 수 있을까? 권력이 집중돼서 효율성은 있을지 모르지만 상호 견제와 균형을 갖추어서 서로 옳은지 그른지도 토론해 보고 회의도 소집해서 논의도 해 봤을 때 현명한 판단들이 나오는데 이렇게 너무 대통령과 국정원장이 정보를 다 독점해서 뭔가 국가를 운영하려고 하는, 또 시스템을 다 독점한 체계로 만드는 것이 마치 일사불란하게 운영되는 것처럼 하는 것이 제가 볼 때는 굉장히 위험부담이 크다는 점을 지적하지 않을 수가 없습니다.

실제로 이와 유사한 것 중에……

잠깐만, 제가 자료를 좀 찾아서 말씀드리겠습니다.

조금 다른 얘기이기는 한데요 세월호 때 국정원이 제일 먼저 한 게요, 제일 먼저라기보다는…… 아, 첫 번이 맞습니다. 수업 중에 교사가 발언한 내용을 두고 '허위사실 유포에 따른 명예훼손 혐의로 형사고발 하겠다'……

(자료를 들어 보이며)

이게 당시의 보도인데요. 이랬습니다, 국정원이. 그러니까 본인들이 보고를 받고 관리해야 되는 것에 대해서는 크게 책임의식이 없고 국정원에서 볼 때 좀 부당한 언론보도에 대해서 반응을 바로 즉각 보였다 이 점이 당시에 있었던 일이고요.

그다음에 지금 국무총리인데 당시 법무부장관이었던 황교안 장관께서 '유병언 전 청해진해운 대표를 왜 체포하지 못 하느냐?' 그랬더니 '감청을 할 수가 없어서 그렇게 됐다' 이렇게 발언한 바가 있습니다. 그래서 뭔가든지 뭘 좀 해라 그러면 탓을 하는 게 그렇게 되는 거지요.

이게 뭐였냐면, 아까 매뉴얼 얘기를 제가 했던 거고 매뉴얼 얘기로 다시 가서 좀 하면 재난 및 안전관리 기본법상 매뉴얼의 불일치로 법 개정을 재촉했는데 그때 당시에 장관 하시던 분이 보직이동을 해 가지고 그것을 제대로 안 해 놓은 상태, 그러니까 정부조직법이 통과를 못 해서 부처에 산재해 있는 안전 관련 대책을 종합적으로 만들지 못하였죠, 그런데 그것을 했어야 되는데 그러고 나서 자리를 옮기고 하면서 혼선이 있었던 거지요. 어쨌든 제가 볼 때는 그것이 문제다, 법체계의 문제다, 뭐 자구수정의 문제라기보다는 누가 책임 있게 그 문제를 컨트롤하느냐였던 것 같습니다.

또한 이게 우려지만 예를 들어서 법을 만들었습니다. 그래서 사건이 발생했는데 그러면 법대로 다 돼야 되잖아요. 그러면 마지막, 사건이 발생하면 국정원장이니까 대통령한테 대면보고를 해야 되지 않습니까? 그런데 대면보고가 안 되고 서면보고도 안 되고 전화보고도 안 되고 이러면 그것은 말짱 무용지물이 되는 게 아니겠나……

그래서 국가 운영에 어떤 태도로 임하느냐 그런 게 보다 근본적이지 않을까 싶습니다. 그러니까 법이 없어서 테러가 미연에 방지되거나 이렇게 얘기하는 것은 너무 대한민국에

갖춰지고 있는 그런 시스템을 약하게 보고 얘기하시는 말씀이 아닌가 이런 생각이 듭니다.

그리고 제가 아까 NLL 얘기를 잠시 하면 그때가 아까 말씀드렸던 것처럼 간첩 조작 사건으로 인해서 국정원이 굉장히 곤욕을 치를 때 2013년도에 NLL이 공개되고 이런 일들이 또 발생을 하지요. 그래서 '까마귀 날자 배 떨어진다'라는 그런 얘기를 안 들으려면 국정원이 정말 본연의 임무에 충실하고 국민들 속에서 우려하고 있는 그런 법을 무리하게 처리하려고 하는 것을 안 하는 방식으로 가야 되지 않을까, 이런 생각을 이번에 필리버스터를 준비하면서 많이 갖게 됩니다.

특히 아까 말씀드린 2012년 대선 당시에 국정원이 취했던 것 그리고 그것이 얼마나 많은 국론을 분열시키고 갈등시키는 요인으로 작용을 하고 그 이후에도 '국정원이 걱정원이 됐다'라는 그런 자조 섞인 말로 대한민국의 정보기관의 품격이 또는 그 역할이 추락하는 것을 볼 수밖에 없었던 점에 대해서는, 그러니까 우리가 무슨 비판이 우선하는 것이 아니라 건설적 대안을 갖고 국가정보기관으로서의 자리매김을 바라는 한 국민과 그다음에 정치인으로서 많은 생각을 갖게 합니다.

그래서 이 테러방지법이 상정되는 과정이나 지금 필리버스터를 통해서 국민들과 소통하면서 하는 것이 모쪼록 그냥 그 시간에 몇 시간 했다가 아니라 여당과 정부와 국정원이 이토록 많은 분들이 걱정하고 테러방지법의 독소 조항을 좀 없애서 잘 진행될 수 있도록 했으면 하는 그것이 됐으면 하는 바람이 간절합니다. 그냥 야당이 하는 거니까 또는 일부에서 그것을 지지하는 거니까라고 치부하기에는 너무 심각한 사안이 않겠습니까?

그래서 하여간 국민 여러분들이 이 문제가 어떻게 결론이 날지에 대해서도 많은 관심과 걱정이 있을 거라고 보는데 저 역시도 이 테러방지법이 오랜 기간 동안에 많은 국민들과 정치인들과 시민사회와 언론에서 바른 방향으로 가기 위한 그런 얘기들이 있었음에도 불구하고 지금 그렇게 안 되고 있다는 점에 대해서 걱정이 많고요.

제가 자료를 차분차분 정리한다고 했는데 또 하다 보니까 좀 섞여서요, 잠깐만 자료를 정리를 좀 하겠습니다.

이럴 때 보통 우리 이석현 부의장님은 시간이 좀 오래되면 약간 추임새도 넣어 주시던데 우리 의장님은 안 해 주시네요, 부의장님?

● **부의장 정갑윤** 내가 뭘 도와드리면 되나요?

● **김현 의원** 아니, 잠깐 방청석에 누가 왔는지 소개도 좀 해 주시고요.

● **부의장 정갑윤** 나한테 메모가 안 넘어왔어요.
 (● 민병주 의원 의석에서 ─ 발언이 중단되는 시간이 얼마 동안 가능한가요?)

● **김현 의원** 지금 발언중단이 아니고 자료 찾는 시간……
 (● 민병주 의원 의석에서 ─ 자료 찾는 시간은……)
 그건 제가 잘 모르겠는데 부의장님이 그건 의사진행을 하시는 거니까.

● **부의장 정갑윤** 예, 계속하세요.

● **김현 의원** 민병주 의원님, 그건 별로 중요한 것 아닌 것 같습니다.

● **부의장 정갑윤** 우리가 미국의 예를 들면 그렇다 이거예요. 계속 하세요.

● **김현 의원** 아, 미국의 예를요.
 자료 찾는 것은 뭐 괜찮을 것…… 아, 말을 계속 하라는 의미로 제가 받아들이겠습니다.
 그래서 테러방지법을 저희가 반대하는 이유에 대해서 누차에 걸쳐서 말씀을 드렸지요. 그러니까 원칙적으로는 대테러 문제가 세계적으로 심각하기 때문에 이를 해결하기 위해서는 대테러방지법이 필요하다는 점에 대해서 더불어민주당은 찬성합니다.
 그런데 새누리당이 제출한 대테러방지법에는 인권침해를 가져오는 독소 조항이 많기 때문에 제정에는 동감하지만 독소 조항 세 가지에 대해서는 저희가 단호히 반대한다라는 점을 말씀드리겠습니다.
 무제한 감청 허용의 문제입니다.
 59% 비중을 차지하는 게 감청 문제인데요.
 부칙 제2조2항에서 통신비밀보호법 개정을 통해 대테러업무도 국가안전보장에 상당한 위험이 있는 경우와 같게 보고 통신제한조치를 요구하도록 규정하고 있다, 실질적으로 테러를 빙자한 무제한 감청을 허용할 가능성을 이 법은 내포하고 있기 때문입니다.
 원래 통비법은 고등법원 부장판사 영장을 받아서 통신제한조치를 하도록 하게 돼 있습니다. 그런데 국가안전보장에 상당한 위험이 예상되는 경우에는 대통령 승인만으로 감청이 가능하다, 대상을 특정하지도 않고 일정 기간 감청을 무제한 허용한다는 뜻이기 때문에 이것은 악용의 소지가 너무 크다라는 점을 말씀드린 겁니다.
 그런데 또 이 법에서 규정하는 테러는 그 중요도가 사안마다 다를 수 있지요. 경미한 사안의 테러도 있을 수 있고 국가안보에 중요한 영향을 미칠 정도로 심대한 테러도 있을 수 있습니다. 그런데 테러의 경중을 구분하지 않고 이를 일방적으로 모든 테러를 국가안위에 상당한 위험이 예상되는 경우와 동일시 여겨서 국정원이 통신제한조치를 요청하게 된다면 이것은 테러의 경중을 판단하는 국정원이 어느 것을 테러로 볼 거냐, 어느 선까지 볼 거냐라는 것이 자의적으로 판단되기 때문에 그것은 남용의 가능성이 아주 크다, 절대로 받아들일 수 없다, 이게 저희 당의 입장인 거지요.

여러 의원들이 많이 얘기했지만 지금 저희가 갖고 있는 이 스마트폰이 거의 일종의 생활인 거잖아요. 이 안에 모든 정보가 들어 있지요. 은행을 이용하는 것도 있고 사인 간의 그런 대화도 있을 수 있고 그다음에 나의 친구 이런 것, 그다음에 메모에도 기록이 되어 있고 사진도 있고 사생활, 그러니까 거의 이것이 없으면 일상의 생활이 유지가 안 될 정도로 이 스마트폰이라는 게 거의 이제 몸의 한 부분이지요.

그런데 이제 이것을 감청할 수 있다고 하면, 그렇다고 다른 기종이 더 고도화된 기종이 나와서 그것은 괜찮다? 그렇지 않을 거라는 거고요. 그러니까 대테러업무에 핸드폰 감청이 필요하다고 보면 통비법 개정을 요구할 거고 핸드폰에 대한 감청을 허용하는 통로로 대테러방지법안이 활용될 가능성이 있다. 그래서 이 부분도 안 되는 거고.

그다음에 FIU 금융정보 남용의 문제, 여러 차례 언급을 했지요. 그래서 100만 원, 이게 수천·수억 원만 해당되는 것이 아니라 이것보다 훨씬 작은 규모의 것도 적용이 되기 때문에 국민을……

아까 그랬잖아요. 잠재적 테러리스트를 확인하기 위해서 할 수 있는 거고 그다음에 사생활 침해와 인권침해를 불러올 수 있는 여지가 너무 있기 때문에 이런 부분에 대해서도 저희가 단호히 반대한다.

그리고 권한 자체도 안전처에 줘야 된다는 것도 그동안 국정원이, 앞서도 계속 말씀드렸던 것처럼 간첩조작 사건, 댓글 사건, 불법해킹 사건 등 국정원이 보여 줬던 모습이 국민들로부터 신뢰받을 수 없기 때문에 이 부분에 대해서도 안전처에 줘야 된다라는 얘기를 드립니다.

그리고 안전처에 그 기능을 준다는 것은 국회에서 일정하게 통제가 가능하고요, 정보의 접근성이나 전문가의 활용이 가능하다고 하기 때문에 안전처에 두자고 하는 겁니다.

그리고 세계적인 사례도 아까도 말씀드렸지만 영국은 내무부장관에게 대테러업무를 주고 미국은 CIA가 아닌 국가정보국장이 업무를 총괄하고요, 일본은 법무부 형사국에서 담당하고 독일은 내무부 산하 연방업무보호청에서 합니다.

그러니까 정보기관만이 대테러업무를 담당한다, 이것은 사실과 좀 다르고 세계적 추세도 아니다라는 점을 말씀을 드립니다.

견제받지 않는 권력은 항상 유혹으로부터 자유로울 수 없다는 것을 그동안 국정원에서 벌어졌던 대형 사건·사고에서 우리는 확인할 수 있습니다.

그래서 테러방지법에서의 특히 쟁점은 FIU법하고 그다음에 감청허용 문제와 어디다 둘 거냐의 문제인데 이것이 한참 논의되고 있는 와중에 되는 바람에 이렇게 새로운 제도로 또 우리가 국민들과 소통할 수 있는 기회가 됐으니 이것도 나쁘지 않다라고 얘기는 할 수 있지만 어쨌든 법에 정해진 절차에 따라서 좀 진행돼야 되는 게 아닌가 싶습니다.

제가 좀 빨리 하면서, 뒤에 김용익 의원님이 준비하고

너무 오래 기다리시고 계시지요.

(● 김용익 의원 의석에서 — 괜찮습니다.)
괜찮습니까?

그리고 제가 오늘 아침에 사실은 확인한 건데요 이게 확인이 좀 필요합니다.

대한변협에서 25일 날 새누리에 테러방지법 의견서를 보냈다고 합니다. '테러방지법 내용에 대해서 전부 찬성, 인권대책을 갖췄다' 의견서를 첨부해서. 이게 오늘 조선일보 기사에 나왔다고 합니다.

그런데 이게 내부 위원회 의결도 거치지 않고 전달된 것 아니냐라는 또 다른 지적이 있어서 확인이 필요하고 만약에 그렇다면 이게 졸속 처리되는 것도 문제고 대한변협이 충분하게 내부적으로 의사 확인과정 없이 또 다른 의심을 받을 만한 행위가 아니기를 기대해 보면서 이 부분은 추후에 저희가 국회 차원이든 해당 상임위 차원에서든 어느 정도가 사실이고 어디까지 진행됐는지를 새누리당과 이 관계자, 대한변협 측하고 좀 필요할 것 같습니다. 한참 얘기 중에 있고 직권상정되어서 어쨌든 공방이 있는데 확인이 필요한 것 같아서, 언론보도도 있고 해서요.

그리고 저희가 지금 댓글공작 사건 때 국정원의 관여 정도 중에 하나 빠뜨린 게 있어서 추가로 말씀드리겠습니다. 두서없이 진행되더라도 이게 원고가 준비되지 않고 하는 거라서 좀 이해해 주십시오.

국정원 댓글공작 사건 당일 12월 11일 날 6시 50분에 저희가 그 오피스텔 앞에 가서 국정원 여직원에게 국정원 직원인지 신원을 물었을 때 국정원 직원이 아니라고 얘기했고 국정원에서도 역시 국정원 직원이 아니라고 밝힌 바가 있습니다.

그런데 그 시간에 아주 공교롭게도 김용판 전 서울경찰청장하고 이종명 전 국정원 3차장이 저녁식사를 하고 있었습니다. 그때 이 자리에서 어떤 대화가 있었느냐라는, 과정에서 진술을 했는데요.

'서울시 합동대비태세 관련 논의를 하기 위해서 식사를 함께 했다. 식사 중에 원세훈 전 원장의 전화를 받고 국정원 여직원 사건을 알게 됐다' 이종명 전 국정원 3차장에 따르면 '김용판 서울청장 역시 사건을 보고받지 못한 상황이었고 사건에 대해 짧은 대화만 나누고 헤어졌다' 이후 저녁 9시 59분쯤 이종명 전 국정원 3차장은 '김용판 전 청장에게 전화를 했다' 이종명 전 차장은 '여직원이 감금 수준이었다는 주장에 대한 사실관계를 물었다' 그런데 당시에 김용판 전 서울청장은 '수사에 영향을 미칠 수 있기 때문에 통화는 없었다'고 진술했습니다.

그리고 직원이 컴퓨터를 임의제출하지 않으면 어쩔 거냐니까 '법 절차에 따라서 강제수사 등 모든 절차를 다한다' 그런데 그 이후에 좀 달라졌지요.

어쨌든 저희가 걱정하고 우려하는 건 이런 겁니다. 사건이 발생될 당시에는 수사기관과 협조가 진행되다가 국정원에서 일정 정도 이 사건을 어떻게 방향을 잡을지가 정해지면 수사를 제대로 하겠다는 것도 또는 구속영장을 청구하겠다는 것도 유야무야되는, 그다음에 경찰의 사이버수사대에 의한 사실관계를 파악할 때도 어느 부분까지는 하고 어느 부분까지는 하지 말고 그다음에 발표문에도 포함되는 것과 포함되지 않는 것의 가이드라인이 정해지는 이런 것들이 사건이 지난 다음에 밝혀지는데 그때 가면 늦은 거지요.

아까 얘기했던 2012년 12월 16일을 제가 왜 이 자리에서 여러 차례 강조를 하느냐 하면 권력기관이 어떤 태도로 임하느냐에 따라서 정상을 비정상으로 합법을 비합법으로 또는 비폭력이 폭력이 될 수 있고 또는 조작이 되고 이런 식으로 하기 때문에 말씀을 드리는 겁니다.

그래서 여하간 테러방지법에 아까 독소 조항을 반드시 없어야 된다, 그것이 있는 상황에서 진행됐을 때 정말 날개를 달아 주는 형국이 되기 때문에 절대로 안 된다라는 얘기를 다시 한 번 드립니다.

그동안 토론이 김광진 의원이 처음에 시작했고 문병호 의원, 은수미 의원, 박원석 의원, 유승희 의원, 최민희 의원님 그리고 김제남 의원님, 신경민 의원님, 강기정 의원님, 김경협 의원님, 서기호 의원님, 그리고 제가 열두 번째로 해서 3박 4일째 이어지고 있는데요. 언론에서 이 부분에 대해서 우려했던 것을 다시 한 번 확인하고요.

그다음에 직권상정의 부당성도 한 번 다시 강조를 하고 그다음에 그동안 국정원이 테러 예방을 앞세워서 총괄했던 것도 소개를 하겠습니다.

앞서 먼저 하겠습니다.

테러 예방을 앞세워서 국정원이 인천아시안게임과 평창올림픽의 안전을 총괄했던 사례가 있습니다. 법이 있고 없고가 아니라 테러라는 위험성이 생겼을 때 국정원이 했던 거지요. 지난 인천아시안게임과 2015년 광주유니버시아드대회, 앞으로 있을 2018년 평창동계올림픽대회의 안전을 총괄하는 걸로, 국정원이 테러 예방을 이유로 그렇게 되어 있습니다.

그런데 이것에 대해서 국민들이 의아하게 생각을 하지요. 정보를 다루는 국정원이 왜 이걸 하느냐, 그런데 그건 아니고요. 아까도 말씀드렸지만 국정원이 해야 될 임무 중의 하나가 대테러를 예방하는 일이 국정원의 주요 임무 중의 하나입니다.

그래서 2014년 인천아시아경기대회 지원법에서도 시설과 선수·관람객 등의 안전을 책임지기 위해서 대테러안전대책위원장을 국정원장이 맡도록 규정을 했고 그래서 진행을 했습니다.

그때도 국정원이 대규모 국제경기대회의 안전사령탑이 된 이유는 북한의 위협과 테러방지, 그러니까 테러방지법이 없어서 테러를 방지할 수 없다라고 얘기하는 것은 모순이다라는 점을 말씀드리는 것이고요.

그때 국정원 관계자가 '남북 대치상황에서 안전에 가장 큰 위협 요인이 북한이고 여러 기관들이 각개전투식으로 업무를 맡기 때문에 국정원을 중심으로 하는 게 좋겠다는 판단이었다. 테러 예방은 해외 정보기관들과 소통이 가능한 국정원이 적임이다' 이렇게 해서 해 온 것이지요.

그런데 또 평창경기 올림픽 유치 신청 때는 안전대책위원장이 국정원장이 아닌 국무총리입니다. '이것은 유치위원회가 2010년도 12월 국제올림픽에 제출한 신청서에 국무총리가 위원장인 안전대책위원장 밑에 경찰청장이 본부장을 맡는 안전관리통제본부를 설치하기로 했다' 2010년도에 유치위원회가 그렇게 제출을 했기 때문에 안전위원장은 국정원장이 아닌 국무총리이고 안전 총괄자가 또 시행령에는 국정원장으로 돼 있습니다.

그래서 미국이나 이런 나라에서는 CIA나 국토안보부가 국제경기대회를 총괄하는 것은 없다, 미국이 그렇게 가는 추세이고요.

하여간 일단은 제가 이 예를 든 것은 테러를 예방하기 위해서 국정원이 그동안 해 왔다는 점을 말씀드리는 것이고 또 일각에서는 '테러방지법이 제2의 국가보안법이지 않느냐?' 이런 지적도 있습니다. 민변이 그런 입장을 냈는데 '지금 상황을 전시·사변에 준하는 국가비상사태로 볼 수 없다. 대통령의 관심 법안이라는 이유로 속전속결 처리하려는 작금의 사태는 개탄스럽다' 이렇게 얘기를 하면서 '국내 정치와 선거에 개입한 혐의로 전 국정원장이 재판을 받고 비밀정보기관의 독주를 견제할 장치가 아무 것도 없는 것이 우리의 현실이다. 그런데도 테러방지법은 국정원이 테러 및 사이버테러 방지를 이유로 민·관·군을 지휘할 수 있도록 하는 등 권한을 크게 강화하고 있다'고 주장했다. '정부는 국정원에게 더 큰 사찰권한을 지금 당장 무조건 제공하지 않으면 국가비상사태를 초래할 수 있는 것처럼 국민을 겁박하고 있다. 북한의 테러 위협을 강조하고 있지만 정작 북한이 준비한다는 테러에 대한 구체적 근거는 제시하지 못하고 있다'고 하고요.

그다음에 또 다른 데서 분석한 것을 인용하겠습니다.

여러 의원들이 하셨는데요, 청와대에서 기자들을 만나서 '북한의 추가 도발이 가시화되고 있는 상황이다. 테러방지법을 속히 처리해 주기를 바란다' '북한 때문이다'라고 청와대가 했습니다. 그리고 그동안 당·청이 4차 핵실험 및 장거리 미사일 발사 등 그때도 테러방지법을 처리해야 된다라고 얘기를 했습니다.

18일 날 긴급 안보상황 점검 당정협의에서 국가정보원이 '김정은 북한 국방위원회 제1위원장이 최근 대남 테러에 역량을 결집하라고 지시해 정찰총국 등 대남 공격 역량을 확충하고 있다'고 주장했다. 아울러 '납치테러 대상자 명단에 김관진 청와대 국가안보실장, 윤병세 외교, 홍용표 통일, 한민구 국방부장관 등 정부 외교·안보 핵심 인물들이 포함되어 있다'라고 밝혔습니다. 그래서 이것이 또 며칠 종편에서 마구마구 보도가 됐었지요. 그래서 긴급 안보상황 점검 당정협의 내용 때문에 직권상정하게 된 요인 중의 하나다라고 분석을 합니다.

그리고 두 번째로 새누리당에서 주장하기로 '야당이 주장하는 것과 다르게 인권 침해를 막기 위한 제도적인 뒷받침도 모두 들어가 있다' 그렇게 얘기를 합니다.

야당은 간첩조작사건 등 신뢰성이 떨어진 국정원에 과도한 권한을 부여하고 있다고 반대하는데 새누리당은 컨트롤타워를 국정원에서 국무총리실로 바꿨고 관계기관의 대테러활동으로 인해 국민의 기본권 침해 방지를 위해 국가테러대책위원회 소속 대테러 인권보호관 1인을 배치토록 했다, 아울러 관련 협의를 무고·날조할 경우 형법보다 가중처벌토록 했다, 그런데 실지로는 1명으로 뭘 할 수 있겠느냐 이런 지적도 있고요. 그러니까 이렇게 된다 하더라도 실현 가능성이 별로 없다 이런 지적이고요.

그다음에 대통령의 주장이 IS에 노출되어 있다 이런 얘기를 하셨는데 그렇게 중요함에도 불구하고 지금 이 정부에서, 지난번에 대정부질문 과정에서도 됐지만 국가테러대책회의 의장이 누군지 아느냐는 질문에 답변도 못 했고 그 의장은 의장이 된 이래로 이 중요한 긴급상황에 대책회의 단 한 번도 소집하지 않았다, 이런 걸로 긴급상황이라는 게 과연 맞느냐라는 국민들의 의구심을 정부 스스로가 답해 준 형국이 됐다라는 점을 말씀드리겠습니다.

그다음에 'OECD·G20 회원국 중에 테러방지법이 없는 나라는 우리나라를 포함한 4개국밖에 없다'라고 되어 있는데 그렇지 않은 걸로 또 확인되고 있습니다.

결국 이 문제를 심각하게 보는 국민들은 국정원을 위한 국정원법, 그러니까 국민의 안위와는 상관없이 국정원을 확대·강화시켜주는 것에 다름 아니다 이렇게 분석이 되고 있는 거고요.

그래서 어쨌든 그동안에, 오늘 쭉 말씀드렸던 그런 사건사고로부터 자유스럽지 못한 국정원이 또다시 내용만 가지고 책임은 안 지는 그런 것으로 되지 않을까 이런 우려를 다시 한 번 말씀드리고.

이에 대해서 시민사회단체에서도 반대하는 것으로 되고, 그럼에도 불구하고 전혀 다르게 일부 종일보도 방송에서는 테러의 가능성이 마치 눈앞에 있는 것처럼 하면서 공포심을 조장하고 있다, 그래서 크게 대별되는 거지요. 합리적이고 이성적으로 판단해서 이 문제를 갖고 토론하고 논의해서 절차를 밟아서 진행해야 된다라는 그런 흐름은 괜히 발목 잡는 세력으로 규정되고 마치 이것을 처리하지 않으면 당장이라도 무슨 사건이 벌어지면 그 사건에 대처하지 못할 대한민국으로 이렇게 아주 극단적으로 갈려서 종일 국민들을 현혹하고 왜곡시키고 과장하는 것, 이것이 우리 사회의 발전을 최근에, 앞으로 민주주의로 가야 되는 것을 더디게 하는 근본적인 요인으로 작용하고 있다는 점을 지적하고요.

또 하나는 이전뿐만 아니라 주로 북한에 관련된 소식을 전하는 분들이 70년대 얘기를 하더라도 그분이 나와서 설명을 하고 60년대 설명을 하더라도 똑같은 사람이 나오고 최근 상황, 그러니까 그분이 북한에 있다가 대한민국으로 오고 나서 수십 년이 지났는데도 최근의 김정은 동정에 대해서도 너무 해박하게 알고 있는 게 현재 종일보도방송에서 나오는 북한에 대한 소식 전하기지요.

제가 왜 이 얘기를 드리냐면 지금 저희가 하는 이 토론도 국회방송을 제외하고는 제대로 전달이 안 되고 있는 거고, 물론 국회방송은 당연히 국회방송으로서의 해야 될 책무가 있다고 보는데 적어도 보도채널에서 국회에서 이렇게 중요한 문제가 나오는 것에 대해서 여야 없이 보도를 해 주시는 것도 많은 국민들한테, 특히 하루 종일 그 방송을 보시는 많은 분들의 이해도를 높이는 데 도움이 되지 않을까 싶은데 거기에서는 지금 안 나오고 다른 식으로 이것을 부정적으로 보도하는 데에 시간을 많이 할애하는 걸로 알고 있습니다.

그래서 그런 부분에 대해서, 물론 저희가 미디어법 할 때 반대를 했던 정당이기 때문에 좋게, 곱게 보지는 않을 거다라고 생각은 하지만 그래도 세월이 많이 지났으니까 이제는 보도함에 있어서 편향성을 많이 극복하심이 어떨까라고 말씀을 드립니다. 시청률이 꽤 나올 거라는 게…… 시청률이 좀 나온다고 하니까 말씀드리는 겁니다.

또 하나 시론을 소개하겠습니다.

'테러방지법이라고 다 같은 게 아니다'라는 제목인데요, '최근에 애플이 미국 샌버나디노 지역 총기살해범의 아이폰에 대한 FBI의 협조 요청을 거절했다. 보통 영장은 범죄 발생 및 연관의 개연성이 있으면 발부되는데 이 사건은 이미 흉악한 범죄를 저지른 사람이고 IS와의 연관성도 밝혀져 이 아이폰에는 앞으로의 미국 내 테러 시도를 막을 수 있는 정보 다수가 있을 개연성이 높다.

법원은 이에 따라 당연히 협조 명령을 내렸지만 애플은 거부하고 있다. 애플에 아이폰 정보를 빼 달라는 것도 아니고 FBI가 합법적인 암호 풀기 시도를 할 수 있게 도와달라는 정도의 협조 명령인데도 애플이 이를 거부하고 있는 것이지만 소송에나 가야 될 판국이다. 미국은 9·11을 거치며 테러방지법에 해당하는 애국자법을 통과시켰음에도 인권과 테러방지의 균형을 제도적으로 유지하고 있는 것이다.

테러방지법 통과를 주장하는 사람들의 가장 중요한 논거는 다른 나라들도 테러방지법을 가지고 있다는 것이다. 하지만 우리나라에서 여당이 통과시키려고 하는 테러방지법은 외국의 그것과도 확연히 다르다.

우리나라 테러방지법의 문제는 첫째, 대외정보 수사기관인 국정원에 대테러수사권한을 준다는 것이고 둘째, 대테러수사에 대한 인권보호 규제들을 위험한 수준으로 완화한다는 것이다.

국정원에 대테러수사권한을 준다는 것은 국정원 산하에 테러통합대응센터를 신설하고 이 센터가 국내 정보수집활동을 할 수 있게 한다는 것이다. 테러의 정의상 국내 활동을 하지 못하도록 하는 가장 큰 이유는 국정원이 원활하게 국가안보를 지키는 대외활동을 할 수 있도록 비밀성과 예산을 보장해 주었는데 그 비밀성과 예산이 국민을 상대로 남용해서는 안 되기 때문이다.

미국의 CIA도 대외정보 수집만을 하도록 돼 있고 애국자법이 이 측면에서 달라진 것은 없다. 샌버나디노

수사도 예산과 통제가 불투명한 CIA가 아닌 국내 수사기관인 FBI가 진행하고 있다.

또 애국자법이 프리즘프로그램 등을 만들어 내긴 했지만 이 역시 영장주의 절차를 거친 것으로서 인권보호 절차들이 쉽사리 무효화되지는 않는다. 심지어 위헌판정을 받은 무작위 통신사실 확인자료 취득도 형식적으로 외국첩보법원의 승인을 받은 것이었다.

우리나라 테러방지법은 테러통합대응센터의 장은 긴급을 요할 때에는 전화 또는 전산망을 통해 약식으로 설명하고 서면으로 통보함으로써 통신비밀보호법상의 절차 등을 밟아 정보수집 등 조사를 하도록 하고 있다. 그 뜻은 불분명하지만 현재 통비법의 절차가 엄연히 있는데 테러방지법에 또 다시 긴급하면 전화로 설명하여 처리할 수 있다고 정한 이유에 대해 의구심을 가지지 않을 수 없다.

특히 테러방지법에 끼워서 여당이 통과시키려는 감청설비의무화법은 모든 전기통신사업자에게 감청설비를 의무화하는 내용을 담고 있다. 카카오톡이나 네이버와 같은 인터넷 업체들에게도 모두 적용한다는 것인데 세계에서 유일한 법이 될 것이다.

외국에서 감청설비의무는 도로 위아래의 전봇대 터널 등의 국가기간시설을 직접 이용하고 있는 망사업자들에 대한 반대급부로 부과될 뿐이다. 다양한 통신 SW를 개발해 그 망을 이용하는 인터넷 업체들에게 그런 의무를 부과할 헌법적 정당성이 없기 때문이다. 이것은 마치 학교, 교회, 동창회 등의 홈피를 운영한다고 해서 국가감청요원이 될 의무를 부과할 수 없는 것과 마찬가지다.

또 인터넷 업체들에 감청설비의무란 이용자가 안심할 수 있는 암호화 통신을 무력화한다는 것과 동일한 의미다. 결국 수사기관에 복호화키를 주거나 사업자들이 복호화해서 내용을 넘겨주는 수밖에 없는데 사업자들이 이용자들의 통신내용을 들여다봐야 하는 후자의 선택을 하지는 않을 것이기 때문이다. 바로 지금 애플과 미국 정부가 벌이고 있는 공방 자체가 나올 수 없게 돼 있다' 이런 시론도 있습니다.

● **부의장 정갑윤** 김현 의원이 물 한 잔 마실 동안에 제가 안내방송 좀 하겠습니다.

이석현 부의장님, 우상호 의원님, 정진후 의원님 소개로 방청석에 스물네 분이…… 아주 방청자세가 좋습니다.

환영합니다.

계속하세요.

● **김현 의원** (방청석을 향해 손을 흔들며)

사실은 무제한 토론이 아니면 여기서 이렇게 해도 혼나는데 덜 혼날 것 같습니다. 괜찮지요?

그다음에 조금 늦게 오신 분들을 위해서, 직권상정이 돼 가지고 지금 저희가 필리버스터를 하고 있지 않습니까? 그런데 직권상정을 하면 왜 안 되는지에 대해서 말씀을 드리겠습니다.

아까 제가 모두에도 얘기했지만 법에 근거했을 때 비상사태라고 규정이 돼 있는데 그 비상사태는 그동안 세 번 있었습니다. 10월 유신의 서막과 종말을 알렸던 1971년 12월과 1979년 10월, 그다음에 1980년 3월 광주민주화운동 때의 비상계엄 확대 등으로 세 차례 발생했던 적이 있습니다. 그러니까 며칠 전 23일이지요? 국가비상사태로 간주해서 직권상정을 하게 된다면 36년 만에 비상사태를 맞이하게 된 거다라고 얘기할 수 있고요.

앞서도 말씀드렸지만 대한민국 어떤 누구도 대한민국의 안보와…… 테러를 막겠다는 것에 반대하지 않습니다. 그리고 국민뿐만 아니라 정치권 누구도 그것을 반대하지 않습니다. 그런데 대한민국은 민주주의 국가입니다. 국회라는 공간을 통해서 민의를 반영하고 상임위에서 논의해 온 것을 존중해야 합니다.

사실은 첫날 우리 김광진 의원이 얘기했지만 19대 국회 기간 동안 정보위 법안소위가 단 한 차례도 열리지 않았고 다른 법률과 연계돼 있는데 정보위에서는 논의가 제대로 안 됐다는 말씀을 하셨습니다.

왜 이런 얘기를 하냐면, 그 이유 중에 하나가 여러 가지 불신 때문이다. 국정원에 대한 불신을 해소하는 장치를 마련해야지만 함께 논의할 수 있지 않았겠느냐라는 게 우리 쪽 생각이고요. 그리고 민주적인 제도를 보완해 내고 국가정보원이 본연의 임무를 할 수 있는 제도적 장치가 되고 나서 이 법이 논의가 되면 누구든지 할 수 있다 그러는데 그것이 없는 상태에서는 어렵지 않겠냐는 게 당의 입장인 거지요.

또 하나 아까도 말씀드렸지만 국회법에 따르면 '천재지변이나 전시나 사변 그리고 국가비상사태 혹은 각 교섭단체의 대표가 합의한 경우만 심사기간을 지정한다'고 되어 있습니다. 그런데 합의가 안 됐으니까 천재지변이나 전시나 사변 그리고 비상사태가 된 거지요.

그런데 의장께서는 북한의 핵실험 이후에 북한 테러 위협이 증가했기 때문에 국가비상사태로 간주했습니다. 그리고 그 근거로 국정원으로부터 보고받은 테러 정황과 첩보를 이유로 들었습니다.

그러면 국정원장이 '테러의 징후가 있다' 또는 '북한으로부터 공격의 징후가 있다'고 하면 우리는 바로 긴급상황이 되는 겁니다.

그래서 심각하다고 말씀을 드리는 겁니다. 이게 자의적으로 해석하고 자의적으로 정보를 받아서 그것에 근거해서 언제라도 대한민국의 이 자유스러운 분위기가 테러의 분위기에 휩싸이는 공포 분위기로 갈 수 있다. 늘 전쟁이 일어날 수 있다, 늘 테러리스트로부터 테러를 당할 수 있다라는 그런 합리성이 결여된 주장만으로 우리가 국가를 운영할 수는 없는 것 아니냐……

그래서 다양한 정보의 루트를 만들어서 그 정보가 맞는지, 아닌지를 봐야 되는데 유독 우리나라는 그런 견제 기능과 장치가 없습니다. 오로지 국정원이 얘기하는 정보에 의존해서 모두가 한 군데만 바라보고 임하고 있기 때문에 거기서 잘못된 정보를 가지고 국민들한테 또는 기관에게 보고해서 전쟁이…… 마치 또는 테러 상황이다라고 얘기하면 대한민국 경제는 어떻게 하겠습니까? 또 대한민국의 미래는 어찌 될 것인지에 대한 두려움이 엄습해 옵니다.

앞서 소위 국가정보원이 공작 실패한 사례, 그다음에 제대로 된 정보를 확보하지 못했던 사례에 대해서 제가 열거를 해서 말씀드렸는데 그것이 아주 지엽적이고 한정된 것일 겁니다. 저희가 모르고 우리 국민들도 모르고 그런 것들이 오죽 많겠냐, 그런데 만약에 이 법이 처리가 돼서 여과되지 않아서 그대로 진행된다면 늘 항시 비상체계가 될 수 있다, 그래서 소위 비밀결사의 자유나 인권보호나 이런 것들이 대단히 위협받을 수 있는 소지가 있다라는 점 때문에 저희가 존경하는 국회의장님임에도 불구하고 직권상정의 부당성을 모두에 말씀드렸던 겁니다.

또 제가 사실은 모두에 조금 더 길게 설명드리려고 했던 것 중의 하나가 그때 2014년 7월 16일 세월호특별법 때문에 세월호 가족들이 국회에 방문하시고 방문이 농성으로 이어질 때 당시 정의화 의장님이 굉장히 곤욕을 많이 치렀습니다. 원래 소속되어 있던 정당으로부터 가족들이 빨리 거기서 나가도록 해야 되고…… 사실은 국회법상 그 자리에서 있는 것은 법상으로 안 되는 문제인데 의장님의 직권으로 그것을 허용해 주셨고 그래서 그 과정에서 많이 힘들었습니다.

그런데 그 많이 힘든 것을 감내해 주시고 함께해 주신 점에 대해서 이 자리를 빌려서 감사의 말씀을 드리고, 그것 때문에도 더 제가 직권상정에 대해서 지적하는 것이 좀 마음의 부담은 있지만 이런 문제들 때문입니다.

항상 긴급한 상황이 되고 그리고 늘 테러로부터 자유스럽지 못한 대한민국이 될 수 있는, 여과 없는 그런 장치들로 인해서 되었을 때 나타날 수 있는 문제점 때문에 제가 직권상정의 부당함을 다시 한 번 말씀드리고, 이것이 그대로 통과되면 안 된다는 점을 또 한 번 말씀드리는 겁니다.

제가 앞서 한 박스로 준비해 온 국정원 직원에 의한 댓글공작 이 부분에 대해서는 그냥 한번 올려서 놓고 보여 드릴게요.

(발언대에 자료를 올려 보이며)

이 정도인데요, 이게 그때 출력했던 겁니다. 아마 당시에는 보도가 됐었는데요. 이 정도의 분량으로 댓글을……

그러니까 이게 앞서 국정원 댓글공작에 대해서 그게 무슨 여론에 얼마나 영향을 미쳤겠느냐고 초기에 얘기를 하면서 중간수사 결과 발표 나왔을 때의 상황이지요. 그런데 이 정도입니다. 이게 그때 국정원 직원들이 댓글을 달았던 당시에…… 국정원 공소장 중에 찬성·반대 모음, 이게 검찰에서 제출된 자료인 거지요. 상당히 많지요.

이것이 여론에 영향을 미치지 않았다고 그러면 어찌 되는지에 대해서인데, 사실 이 내용을 일일이 다 소개하고 싶은 마음 있으나 그냥 이런 정도로 국정원이 직원을 통해서

댓글공작을 했고 여론에 영향을 미쳤고 결국 그것이 어느 정도 여론에 영향을 미쳤는지……

여론조사에 따르면 7%가량의 지지자를 바꿀 수 있는, 그때 중간수사 결과가 제대로 나왔다면 지지하는 후보를 바꿀 수도 있었다라고 하는 퍼센티지가 7%이니까요. 그러면 상당한 국민들이 선택을 달리하지 않았을까라고 추측하면서, 이번에 국정원이 정치 개입하는 것도 막아야 되지만 언제든지 여론을 또는 국민들의 정서를 불안케 해서 그 불안에 편승해서 또 다른 프레임을 만들어서 선거에 유리하게 만들려고 하는 그런 흐름에 대해서 저희들이 단호히 배격해야 되기 때문에 테러방지법의 독소 조항을 없애자는 것을 계속 강조하는 겁니다.

일단 이것을 좀 내려놓겠습니다.

(발언대에서 자료를 내려놓으며)

그리고 제가 아까도 말씀드렸지만 결국 권력기관은 국민의 편에, 국민의 이익에 부응하는 때만이 박수 받고 사랑 받는다라고 말할 수 있겠습니다.

제가 앞서 지금도 재판이 진행…… 그러니까 사건이 발생된 지 4년이 되면서 재판이 되는데 현장에 가장 먼저 갔던 사람으로 제가 19대 국회의원으로 단 하루도 이 사건을 잊어버리지 않고 있습니다.

참 아쉬운 건 제가 분명히 '노트북이 있다. 직원 가방 안에 노트북이 있으니까 노트북을 확인하라'라고 했는데 선관위 직원분들이 국정원 직원이 아니라는 말만 믿고 그냥 나왔지요. 오피스텔에서 나오면서 노트북을 확인을 못 했습니다. 노트북 안에 증거가 다 있었던 것이거든요. 그것을 선관위가 잘못한 것이고.

그다음에 스마트폰이지요. 스마트폰은 사실은 국정원 직원들은 2G폰을 쓰고요, 대북심리전단에서 활동했던 국정원 직원들한테는 스마트폰을 나눠 줘서 여기서 작업을 하도록 했던 건데 그것을 확보를 못 했던 것이고.

그다음에 매일같이 보고서를 작성해서 상부에 보고하고 그 다음날 지침을 받아서 활동하는데 그 내용이 USB에 담겨서 전달하고 받고 이런 건데 그것을 다 확보하지 못하고 그냥 나오는 바람에 그 안에서 증거를 인멸하고 2박 3일 동안 댓글공작의 현장이 유실되는 그런 상황이 벌어진 거지요.

그리고 믿을 만한 가족이 와서 이 문제를 해결하겠다는데 그 가족이 와서도 해결이 안 됐고, 그다음에 지금은 다른 당에서 활동하고 있는 권은희 수사과장이 이것을 정말 객관적으로 공정하게 해결하려고 했는데 제대로 안 됐던 아쉬움이 있는 사건이었지요.

저희가 사실은 노트북을 지급했느냐 여부도 물어 봤고, 그다음에 핸드폰에서 작업이 이루어진 것에 대해서 국정원이 알고 있었느냐는 것도 물어봤는데 국정원은 다 모른다, 수미일관 모른다라고 얘기를 하고요.

경찰은 당시에 수사 의지가 초기에는 있었는데 앞서 얘기했던 것처럼 국정원이 어디까지 수사할 거냐라는 것을 확인하고 다양한 루트로 국정원과 경찰과 정당 간에

오고가는 전화통화와 채널이 작동되면서 저희가 대처를 제대로 하지 못할 상황까지 가서 결국은 나중에 보니까 7%의 차이가 나는 그 일이 있었다. 이런 말씀을 드리고.

제가 국정원에 대해서 앞서 처음 얘기할 때도…… 저희도 국정을 운영했던 경험을 갖고 있는 사람이고 이 기구와 기관이 잘 안 됐으면 하는 바람으로 이러한 말씀을 장시간 드리는 것은 절대로 아닙니다.

현장에서 고생하고, 늘 옷도 달리 입어야 되지요. 예를 들어서 제3국에서 활동하고 있는 요원들의 경우는 정말 밤낮으로 힘들게 활동하고 있지요. 그런 분들의 활동이 헛되이 되지 않으려면 국내에서 활동하고 있는 국정원 관계자들이 국내 정치에 악용되지 않도록 중립을 지키려는 노력을 법과 제도적으로 해야 되는데 최근에는 그것이 점점 무너지고 있고 별로 생각이 없는 것 같다라는 것 때문에 강조를 하는 거고요.

앞서 의원들이 죽 하신 것을 보면 테러방지법의 독소 조항 얘기했고 그리고 직권상정에 대한 지적을 했고요, 거의 비슷하게들 하신 거고.

그다음에 국회 정보위를 지금처럼 겸임이 아니라 전담하는 조직으로 만들어서 보안은 확실히 유지하되 관리 감독 기능을 할 수 있는 그런 국회 정보위로 조직을 바꿔야 되는 것 아니냐 이런 얘기도 있었습니다.

그다음에 첫날 기록을 장식한 은수미 의원님께서 김대중 대통령이 무제한 토론을 했다, 그게 우리나라 필리버스터의 역사였다는 점을 말씀해 주셨고요.

그다음에 오랫동안 국정원에 의해서 조작사건이 많았고 그로 인한 피해로 인해서 국정원에 대해서 여전히 신뢰하지 못한다라는 말씀을 해 주셨습니다. 그리고 각종 단체나 학자들에 의해서 국정원이나 기관들이 어떻게 탈바꿈해야 되는지에 대한 의견도 주셨고.

정의당의 박원석 의원도 역사를 많이 말씀하셨네요. 정보원과 안기부와 국정원으로 옮겨오면서 대통령이 통치기구로 국정원을 악용한 사례를 얘기했는데 여기서 하나, 아까도 말씀드렸는데 노무현 대통령은 국정원의 독대보고를 받으면 재앙이 되며 정보기관 역시 정보 수준이 높아지고 권력이 강화된다, 독대보고에서 눈에 띄기 위해 공무원들이 자진하여 정보를 제공하고 정보에 소외된 장관들은 대통령 눈치만 보게 되며 그 과정에서 정보기관 보고서의 품질이 다른 곳보다 월등히 높아지기 때문에 대통령은 독대보고를 받지 않았다라고 되어 있고요.

그다음에 김대중 대통령 역시도 국내 정치에 활용하지 않고 안보정보와 해외정보 수집에 전념하도록 했는데도 불구하고 나중에 보니까 도청사건이 있어서 그 후에 문제가 됐지요.

정부가 바뀌고, 국민의정부 때 있었던 잘못된 관행이 참여정부 때 그것이 드러나면서 국정원장이 책임을 지게 되고 그리고 정말 철저히 관리 감독하겠다라는 그러한 의지를 다시 한 번 말씀드리게 됐던 계기이고.

그런데 이명박 정부 들어서는 국정원의 독대보고가 부활됩니다. 그 독대보고가 부활되는 것 중에 하나의 요인이 본인의 최측근이었던, 서울시장 시절에 정무부시장을 했던 원세훈 원장은 국정원장으로 거의 임기를 같이 했던 걸로 기억을 합니다. 2009년도 2월 달에 임명이 돼서 2013년 2월까지 재직을 했으니까요 만 4년 꼬박 있으면서 아까 말씀드렸던 갖은 국정원 댓글 공작이나 아니면 정치 사찰이나 그다음에 이명박 정부 또는 이명박 대통령의 치적을 홍보하는 댓글 공작을 주로 했던 거고.

그다음에 그 뒤에 NLL 발췌본이 대선 과정에서 어떤 경로로 나갔는지 설왕설래는 있지만, 그러니까 2012년 12월 14일이지요, 부산에서 발췌본을 낭독하고 그러면서 소위 말하는 지지도가, 12월 11일·12일 이때는 조금 앞서던 지지도가 붙어지는 게 12월 14일입니다. 그리고 16일 때도 그것이 유지가 되면서 19일 날 결과가 나오게 됐는데, 하여간 정보원장의 독대보고를 받았느냐 안 받았느냐 내지는 정보원장이 정보를 가공하느냐 안 하느냐에 따라서 많은 부침의 과정이 있었다는 것을 소개를 하셨습니다.

어저께 신경민 의원의 경우는 5대 범죄로 국정원 댓글사건, 남북 정상회담록 무단 유출 및 공개, 그다음에 검찰총장사건, 그다음에 간첩 조작사건, 휴대폰 사찰 및 임 과장 사망 의혹 이렇게 규정을 하시고 많은 말씀을 주셨고요. 그렇게 진행이 됐습니다.

이제 마무리를 할까 합니다.

존경하는 국민 여러분!

저희 더불어민주당은 3박 4일째 필리버스터를 통해서 국민들과 직접 소통하고 있습니다. 길게는 10시간 많은 의원들이 필리버스터라는 국회 선진화법, 그러니까 새누리당의 19대 공약사항이기도 했고 박근혜 대통령이 선진화법을 빨리 통과시키라고 했던 법의 취지에 맞추어서 그 선진화법이 되고 최초로, 처음 필리버스터를 통해서 테러방지법의 부당함과 직권상정의 문제점과 그다음에 우리 국가정보원이 그동안 대한민국을 위해서 기여한 면도 있지만 부당하게 권력을 남용함으로 인해서 억울한 죽음이 있었던 점도 지적이 됐고 고문과 인권 탄압, 그다음에 조작사건으로 희생된 분들에 대한 역사도 함께 얘기하는 공간이 되었던 것 같습니다.

저희는 대한민국의 민주주의, 그다음에 서민경제와 남북통일과 화해, 인권, 사회적 약자와 소외된 분들을 위해서 더불어 함께 잘사는 세상을 꿈꾸고 만들어 가는 게 저희 더불어민주당의 가치이자 노선입니다.

참 힘듭니다. 그 가치를 지키고…… 모른 척하면 쉽게 넘어갈 수 있는데 알고 그걸 넘어갈 수 없기 때문에 반드시 해결하고 극복하려고 그리고 새로운 대안을 모색하려고 하다 보니까 국민들은 저희들한테 '왜 싸우냐?', 그리고 '법을 여야가 원만히 합의해서 처리하지 왜 장시간에 걸쳐서 이런 소모적인 것을 하느냐?'라고 말씀하시는 분들이 많이 계십니다.

특히 어르신들께서 아까 말씀드렸던 종일보도 방송을 보면 맨날 여야가 싸우는 것으로만 이해를 하시는데 거기다

'그렇지 않습니다. 이해관계가 있는 걸 조정하고 이해관계가 없는 법은 본회의가 열리면 저희가 하루에 100개도 통과시키는 적도 있고 다 싸우지만은 않습니다'라고 설명을 드려도 중과부적인 게 하루 종일 싸운다고만 보도하는 언론의 구조에서는 도저히 저희들 얘기가 잘 먹히지를 않지요.

그러나 지금 제가 중간에 SNS의 역할과 그것이 현대사회에 미치는 영향 그다음에 1인 미디어 세계, 블로그, 페이스북, 트윗, 뭐 이런 것을 통해서 우리가 적극적으로 생각을 전달하고 소통하다 보면 많은 분들이 '아, 이게 토론하고 논쟁하는 것이 생산적인 하나의 결과물을 얻기 위한 과정이구나'라고 이해해 주실 거라고 기대 많습니다.

그런데 박근혜 대통령께서는 엊그저께 '왜 빨리 법을 처리 안 하냐'라고 하면서 책상을 20여 차례 내리쳤다. 그래서 그것이 하루 종일 방송하는 종편에서는 또 '대통령의 뜻을 왜 거역하는지 모르겠다, 야당' 이렇게 또 혼이 납니다. 그런데 그런 혼나는 것을 마다할 이유는 없을 것 같습니다. 그러다 보면 옳고 그름이 밝혀질 것 같고요. 그렇습니다.

그리고 앞서도 얘기했지만 첫날 김광진 의원, 문병호 의원, 은수미 의원님, 박원석 의원님, 유승희 의원님, 최민희 의원님, 김제남 의원님, 신경민 의원님, 강기정 의원님, 김경협 의원님, 서기호 의원님까지 해서 대통령이 책상을 치면서 호통했던 그 내용을 국민들과 직접 소통하면서 여론이 그래도 초기에 테러방지법을 처리해야 된다는 여론과 반대하는 여론이 좀 차이가 났는데 오늘쯤 되면 아마 비슷하거나 '그것 그대로 처리하면 안 되겠는데요?'라고 하는 여론이 조금 높아지지 않을까 싶습니다. 그것이 다 국민들이 관심 있게 국회방송을 통해서 또는 다양한 언론 채널을 통해서 지켜본 결과이지 않을까 싶습니다.

앞서도 말씀드렸던 것처럼 옳지 않은 것을 옳다고 하는 것이 생각보다 쉬운 일입니다. 그러니까 '그것 옳지 않은데 그러지 마' 그러면 '예, 알겠습니다' 그러면 되게 쉽습니다. 그런데 옳은 것을 옳다고 설명하는 과정, 그러니까 '이것은 반드시 해야 됩니다'라고 얘기를 하는 게 더 어렵더라고요.

그런데 어쨌든 저희는 조금 힘들고 국민들한테 비판받는다 하더라도 옳다는 것을 입증해 내기 위해서 더욱더 노력하겠다고 말씀드리겠습니다.

그리고 '그 사람이 그 사람이고 뽑아 줘 봐야 크게 달라질 것 없고 우리 동네에 발전되는 것도 없고' 그렇게들 말씀하시는데 마음은 그렇지 않다는 것 알고 있습니다. 그래서 그 사람이 그 사람은 아니고요 그 사람은 그 사람이고 저 사람은 저 사람이고 그렇습니다. 그래서 국민들이 정말 옳고 그름과 시시비비를 가려 주시는 그런 노력을 좀 더 해 주십사 하는 말씀을 드리고요.

그리고 테러방지법이…… 저희가 지난번에 역사교과서 국정화 반대 때도 처음에 국정화교과서 찬성 여론이 높았습니다. 그런데 열심히 국민들과 소통하고 공감대를 높이고, 그리고 거리에 나가서 유인물도 나눠드리고 하다

보니까 국정교과서도 반대하는 여론이 높아졌던 것도 있습니다. 그래서 테러방지법 독소 조항을 제거해서 처리될 수 있도록 많이 힘을 주시고요. 그다음에 이것의 선행은 국정원이 개혁되어야 된다라는 점을 다시 한 번 강조를 드립니다.

오천년 자랑스러운 대한민국 역사에서 권력이 어떠냐에 따라서 나라의 흥망성쇠가 좌우됐습니다. 고려의 정치기구인 도평의사사의 권한이 높아져서 고려 말기는 권력 핵심기구인 도당으로 되어 버렸고요. 권력의 부패로 결국 나라가 망하게 됐습니다. 1592년 조선은 임진왜란을 거치며 비변사라는 국가권력기구로 모든 권한이 쏠리면서 결국 정치의 부패와 문란이 심해져 일제강점기를 맞이하게 되었습니다.

모든 억압된 시대에는 통감부, 총독부, 통일주체회의, 국보위 등 국가의 권력기구를 만들어 권력층이 자신의 기득권을 유지하기 위해 혈안이 되었던 전례가 있습니다. 권력의 집중은 부패를 만들고 이러한 부패는 결국 나라를 멍들게 하고 그 멍든 것 때문에 우리의 미래는 덜 희망적입니다.

박근혜정부의 성공을 누구보다도 바랍니다. 테러방지법의 강행은 정부의 실패를 재촉하는 것임을 감히 충정어린 말씀을 드립니다.

긴 말씀 들어 주셔서 감사하고요.

국민 여러분들께 다시 한 번 테러방지법을 반대하는 것이 아니라 독소 조항을 제거하고 정상적인 방식에 의해서 처리되어야 함을 다시 한 번 강조드리고요. 오랜 시간 앞으로도 많은 의원들이 나와서 토론에 임할 겁니다. 관심 있게 지켜봐 주시기를 부탁드리고요.

그리고 우리 부의장님 감사드리고 함께해 주신 의원님들 감사드리고 방청석에 와 주신 분들에게도 감사드리고, 지금 이 시간에도 국회방송을 시청하면서 '그래, 맞아', '아니, 저건 좀 틀리지 않았을까?' 이렇게 얘기해 주시는 우리 국민 여러분들께도 감사드리고 속기사 여러분들께도 감사드립니다.

이상 마치겠습니다.

감사합니다.

(박수 치는 의원 있음)

● **부의장 정갑윤** 김현 의원님 수고하셨습니다.

다음은 더불어민주당 김용익 의원 나오셔서 토론해 주시기 바랍니다.

(2016년 2월 26일 오후 4시 47분)

13

김용익 의원

제19대 국회의원 (비례대표)
더불어민주당

2016년 2월 26일 오후 4시 49분 시작
2016년 2월 26일 오후 6시 50분 종료
발언 시간 2시간 1분

"어느 누구도 우리나라 국민인 한 차별을
할 수 없습니다. 법 앞에 평등합니다.
누구는 더 큰 권한을 갖고, 누구는
더 작은 권한을 가질 수 없습니다.
대통령부터 노숙자, 대통령부터 한
어린아이까지 인간으로서의 가치는
동일한 것입니다."

(2016년 2월 26일 오후 4시 49분)

● **김용익 의원** (패널을 발언대에 세워 놓으며)
존경하는 국민 여러분!
동료 의원 여러분!
그리고 사회를 보고 계시는 정갑윤 국회부의장님!
제가, 마이크가 잘 들리나요?

● **부의장 정갑윤** 하세요.
조절해 드리니까 하세요.

● **김용익 의원** 더불어민주당의 김용익 의원입니다.
제가 지금 앉아서 발언을 하게 되어서 조금
죄송스럽습니다.
사실은 제가 이 국회를 시작하면서 진주의료원 폐쇄
때문에 단식투쟁을 했습니다. 오늘 아침에 공교롭게도
딱 그 3주년, 진주의료원 폐쇄 3주년을 잊지 말자는 그
행사에 갔다가 왔습니다. 단식을 조금 나이 있는 사람이
하다 보니까 몸이 좀 약해졌나 봅니다. 그래서 다리가 좀
약해졌는지 넘어지고, 그래서 골절도 되고 이러는 바람에
그러면 또다시 약해지고, 이래서 좀 악순환이 생겼습니다.
그래서 지금도 휠체어를 좀 의지하고 있는데 사실은 뭐

일어서서 할 수도 있는데 너무 장시간은 서 있을 수가 없기
때문에 앉아서 말씀드리는 것을 양해해 주시기 바랍니다.
제가 국민 여러분과 동료 여러분께 인사를 드리면서
특별히 따로 인사를 좀 드려야 될 분들이 있습니다. 저와
트윗에서 굉장히 친하게 의견을 주고받는 저희 트위터 친구
여러분, 그중에서도 또 특히 애니프사라고 불리는 젊은
친구들이 있습니다. 제가 이 발언을, 무제한 토론을 한다고
했더니 '애니프사 여러분들, 안녕하세요?'라고 하는 인사를
꼭 해 달라고 그래서 제가 그분들께는 특별히 인사를 드려야
할 것 같습니다.
애니프사가 뭔지 아마 이 방송중계를 듣고 계시는 분들이
못 알아들으실 수 있습니다. 저도 사실은 트윗을 시작한 게
불과 지난해 7월 말부터였기 때문에 이제 한 6개월 남짓
트윗을 하고 있습니다.
그런데 무슨 이유인지 저보고 귀엽다고들 그러시는
거예요. 그래서 도대체, 나이가 제가 52년생 용띠이기
때문에 만으로 그러니까 예순넷이 되는데, 우리 나이로
65세가 되는데⋯⋯
(● 유의동 의원 단하에서 — 저것 좀 내리고 해 주시겠어요.)
잘 안 들려요?
(● 유의동 의원 단하에서 — 저것 좀 내리고 해 주시지요.)
아, 이거?
(● 유의동 의원 단하에서 — 예.)
그냥 두면 안 될까요?
(● 유의동 의원 단하에서 — 아니, 그거 못 하게 돼 있잖아요,
본회의장 안에서는.)
왜? 이것도 쓰고 그랬는데.
(● 유의동 의원 단하에서 — 부의장님!)

● **부의장 정갑윤** 예.
(● 유의동 의원 단하에서 — 이것은 조치를 취해 주시지요.)

● **김용익 의원** 이것은 의장님 판단을 기다리겠습니다.

● **부의장 정갑윤** 예.

● **김용익 의원** 유의동 의원님 감사합니다.
그래서 제가 우리 당에서 국정교과서 반대를 하는
포스터나 그 슬로건 이런 걸 모집하는 100만 원짜리 현상을
걸었어요. 그래서 제가⋯⋯
아, 애니프사가 뭔지 유의동 의원 때문에 그거 설명하다
말았는데 '프사'는 알고 보니까 그 프로필 사진을 뜻하는
거더라고요. 그러니까 자기소개를 할 때 싣는 사진이고
'애니'는 애니메이션할 때 만화를 뜻하는 거라서 프로필
사진에다가 자기가 그린 만화를 싣는 그런 분들을 뜻하는
거였어요.
(● 유의동 의원 의석에서 — 부의장님, 조치를 취해 주시지요.)
예?

- **부의장 정갑윤** 우리 김용익 의원님, 잠깐 발언 좀 중지해 주시고.

- **김용익 의원** 예.

- **부의장 정갑윤** 앞에 피켓을 내리고 하시든지, 아니시면 우리가 그 유권해석을 받아보고 그래서 하겠습니다.
  그러면 그동안에, 유권해석 받아볼 동안에 좀 내려 주시기 바랍니다.

- **김용익 의원** 예, 알겠습니다.

- **부의장 정갑윤** 자, 누가 가서 도와주라고요.

- **김용익 의원** 괜찮습니다. 제가……

- **부의장 정갑윤** 아, 하실래요?
  이제까지 그런 예가 한 번도 없기 때문에 그래서……
  몸도 불편하신데 언제 그거 갖다가 걸었습니까?

- **김용익 의원** 제가……

- **부의장 정갑윤** 내리고, 그럼 계속하세요.

- **김용익 의원** (패널을 발언대에서 내려놓으며) 예.
  일어선 김에 조금 서서 하다가 불편하면 다시 앉겠습니다.
  그래서 '애니프사 여러분, 돈 벌고 싶으시지요?' 그렇게 인사를 했었어요. 그랬더니 막 굉장히, 그 말에 대해서 아주 재밌다고들 그랬어요. 그런데 사실은 제가 '애니프사 여러분, 돈 벌고 싶으시지요?' 이 말이 왜 우스운지를 지금도 잘 못 하고 있습니다, 이분들의 말을 잘 몰라서.
  그래서 제가 그분들한테 '여러분들이 쓰는 말은 저한테는 완전히 우주어다. 못 알아듣겠다' 그래 가지고 물어보기도 하고 등등 그렇게 한 적이 있었습니다.
  얘기를 조금 이제 주제에 가까이 가보면 지금 이 테러방지법, 지금 제가 막 내린 이 슬로건으로 보자면 국민감시법이 선거법하고 연결이 돼서, 북한인권법·서비스발전법 그리고 노동관계 4개 법 등이 연결되어서 정부 여당이 이 법의 통과를 강력히 종용을 하고 있습니다.
  그런데 우리가 여기에 대해서는 굉장히 심각하게 생각을 해 봐야 됩니다. 우리가 이 테러방지법, 국민감시법을 두고 어떤 것을 고민해야 할까요? 무엇을 우리가 따져보고 고민하고 토론해야 하겠습니까? 저는 무엇보다도 이 법이 의도하는 바, 국민의 안전이라고 하는 그 가치를 시민적 권리를 침해함으로써 달성하고자 하는 헌법적 가치의 충돌 문제에 대해서 무엇보다도 깊이 있게 토론해야 된다고 생각을 합니다.
  우리나라의 헌법은 당연히, 국가의 의무야 당연히 국민들의 안전을 지키고 보호하는 것이지요. 또한 길게는 네덜란드 혁명으로부터 영국 혁명, 프랑스 혁명, 미국 혁명 그리고 19세기의 많은 노력들, 특히 1848년에 유럽을 휩쓴 대혁명을 거쳐서 성립된 시민적 권리, 우리나라 헌법에도 명시되어 있는 이 시민적 권리를 침해하는 법을 만들어야 하느냐 하는 것에 대해서 진지하게 토론을 해야 됩니다.
  그런데 저는 이 문제를 놓고 그 부분에 대해서 깊이 있게 토론하는 걸 별로 보지 못했고, 제가 법률가가 아니라서 또 깊이 있게 검토할 주제도 되지 못합니다. 그러나 상식적으로 생각해서 누구나 보기에 '안전을 빌미로 시민적 권리를 침해하는 것이 옳으냐?'라고 하는 것에 대해서 자신 있게 답을 할 수 있는 결론을 얻어야 이 법이 제정해야 될 것인지 말아야 될 것인지를 판단할 수 있는 것입니다.
  헌법을 보겠습니다.
  (책자를 들어 보이며)
  이 책자는 국회에서 만들어 준 헌법과 국회관계법의 소책자입니다. 호주머니에 넣고 다닐 수 있도록, 국회의원이라면 누구나 소지하고 다닐 수 있도록 국회사무처가 만들어 준 것입니다.
  여기 헌법이 있습니다. 관련되는 조항을 조금 읽어 보도록 하겠습니다.
  국민들의 안전 부분은 사실 명시적으로 되어 있는 부분이 그렇게 많지가 않습니다. 제 생각에 이것은 너무나 당연해서 이건 뭐 정할 필요도 없었을 것 같아요. 헌법 전문이나 필요한 부분은 나중에 다 한 번 다시 읽어보겠는데, 우선 말의 진행을 위해서 관련되는 부분만 먼저 얘기를 좀 해 보자면 이렇게 돼 있습니다.
  헌법 전문이 한 문장이거든요. 그 뒷부분을 보면
  "안으로는 국민생활의 균등한 향상을 기하고 밖으로는 항구적인 세계평화와 인류공영에 이바지함으로써 우리들과 우리들의 자손의 안전과 자유와 행복을 영원히 확보할 것을 다짐하면서 1948년 7월 12일에 제정되고 8차에 걸쳐 개정된 헌법을 이제 국회의 의결을 거쳐 국민투표에 의하여 개정한다.", 이게 끝부분입니다. 헌법이 우리들과 우리들의 자손의 안전과 자유와 행복을 영원히 확보할 것을 위해 노력하겠다고 정하고 있는 것입니다.
  제1장 총강의 5조1항에 보면 "대한민국은 국제평화의 유지에 노력하고 침략적 전쟁을 부인한다.", 2항 "국군은 국가의 안전보장과 국토방위의 신성한 의무를 수행함을 사명으로 하며, 그 정치적 중립성은 준수된다." 이렇게 되어 있고요.
  그다음에 그다음 장이, 2장이 "국민의 권리와 의무"인데 여기에는 이 부분 해당 부분이 별로 없고, 어디에 가면 또 근사한, 비슷한 부분이 있느냐 하면 "제4장 정부" "제1절 대통령" 이렇게 돼 있습니다. 거기가 첫 부분이 제66조인데요, "대통령은 국가의 원수이며, 외국에 대하여 국가를 대표한다.", 이것은 누구나 다 아는 말이고요. 그다음에 이렇게 돼 있습니다. 2항 '대통령은 국가의 독립·영토의 안전·국가의 계속성과 헌법을 준수할 의무를 진다'……

김용익 의원 | 507

● **부의장 정갑윤** 존경하는 김용익 의원님.

● **김용익 의원** 예.

● **부의장 정갑윤** 김용익 의원님!

● **김용익 의원** 예.

● **부의장 정갑윤** 제가 잠깐만, 아까 제가 말씀을 드렸기 때문에 답을 드려야 될 것 같아서 말씀드리겠습니다.

● **김용익 의원** 예.

● **부의장 정갑윤** 발언 도중에 피켓 사용에 관해서 한 말씀 드리겠습니다.

국회의 회의 운영에 대하여 국회법에 특별한 규정이 없는 경우에는 그동안 관례를 참고하여 회의를 운영하고 있습니다. 그동안 발언대에서 피켓을 고정하고 발언을 진행한 사례가 없는 만큼 발언에 필요할 시에는 피켓을 들고 사용하여 주시기 바랍니다.

이상입니다.

발언 도중에 참여해서 미안합니다.

● **김용익 의원** 아, 예.

● **부의장 정갑윤** 계속 발언해 주시기 바랍니다.

● **김용익 의원** 의장님 말씀에 승복하겠습니다.

제 발언 계속하겠습니다.

제69조에 이렇게 되어 있습니다. "대통령은 취임에 즈음하여 다음의 선서를 한다." 따옴표 치고 "나는 헌법을 준수하고 국가를 보위하며 조국의 평화적 통일과 국민의 자유와 복리의 증진 및 민족문화의 창달에 노력하여 대통령으로서의 직책을 성실히 수행할 것을 국민 앞에 엄숙히 선서합니다." 따옴표 닫습니다.

이렇게 헌법이 대통령의 선서를 69조에 명시적으로 규정하고 있습니다. 여기에 헌법의 준수, 국가의 보위 그리고 조국의 평화적 통일, 그냥 통일이 아닙니다. 조국의 평화적 통일, 평화적 통일, 평화적 통일을 하기로 되어 있습니다. 약속하게 되어 있습니다.

그리고 국민의 자유, 국민의 자유, 국민의 자유를 보장하도록 되어 있습니다.

국민의 권리에 대해서 해당되는 조항을 또 정리해 보겠습니다.

제10조 "모든 국민은 인간으로서의 존엄과 가치를 가지며, 행복을 추구할 권리를 가진다." 이 부분이 그 유명한 행복추구권입니다. "모든 국민은 인간으로서의 존엄과 가치를 가지며, 행복을 추구할 권리를 가진다. 국가는 개인이 가지는 불가침의 기본적 인권을 확인하고 이를

보장할 의무를 진다." 이 말을 잘 새겨서 들으셔야 됩니다. 국가는 개인이 가지는 불가침의 기본적 인권을 확인하고 이를 보장할 의무를 진다는 것입니다.

(정갑윤 부의장, 이석현 부의장과 사회교대)

국가는 개인의 기본적 인권을 보장할 의무를 가진 것입니다.

왜? 헌법 1조에 대한민국은 민주공화국이고, 대한민국의 주권은 국민에게 있고, 모든 권력은 국민으로부터 나오기 때문에, 대한민국의 주인은 국민이기 때문에, 그리고 국민들이 모여서 나라를 다스리는 민주공화국이기 때문에……

우리나라의 모든 국민은 나이가 젊거나 늙거나, 남성이거나 여성이거나, 저처럼 몸이 불편하거나 그렇지 않거나 가리지 않고 우리나라의 국민이면 누구나가 다 기본적 인권을 가지고 국가는 이를 보장할 의무를 진다는 것입니다.

그 조항 뒤에 끊임없이 긴 조항들이 연결되고 있습니다, 국민의 권리와 의무에 대해서.

11조는 "모든 국민은 법 앞에 평등하다. 누구든지 성별·종교 또는 사회적 신분에 의하여 정치적·경제적·사회적·문화적 생활의 모든 영역에 있어서 차별을 받지 아니한다." 어느 누구도 우리나라 국민인 한 차별을 할 수 없습니다.

법 앞에 평등합니다. 누구는 더 큰 권한을 갖고, 누구는 더 작은 권한을 가질 수 없습니다. 대통령부터 노숙자, 대통령부터 한 어린아이까지 인간으로서의 가치는 동일한 것입니다. 그리고 국민에 대해서, 헌법에 대해서 가지는 권리의 크기는 동일한 것입니다. 어느 누구도 다른 사람을 억압할 수 없고, 어느 누구도 다른 사람을 강제할 수 없습니다.

우리는 테러방지법을 생각하면서 우리나라 헌법이 국민에 대해서 뭐라고 하고 있는지 읽어 보고 새겨 보고 토론하고 그리고 결론을 내려야 됩니다.

12조는 뭐라고 돼 있느냐, "모든 국민은 신체의 자유를 가진다. 누구든지 법률에 의하지 아니하고는 체포·구속·압수·수색 또는 심문을 받지 아니하며, 법률과 적법한 절차에 의하지 아니하고는 처벌·보안처분 또는 강제노역을 받지 아니한다. 2항, "모든 국민은 고문을 받지 아니하며, 형사상 불리한 진술을 강요받지 아니한다." "체포·구속·압수 또는 수색을 할 때에는", 이것 테방법하고 굉장히 관련이 많습니다. "체포·구속·압수 또는 수색을 할 때에는 적법한 절차에 따라 검사의 신청에 의하여 법관이 발부한 영장을 제시하여야 한다." 누구나 다 아는 영장주의의 원칙을 헌법이 정하고 있습니다. 그 뒤의 긴 부분은 생략하겠습니다. 신체의 자유를 국가가 억압할 수 없도록 헌법이 명료하게 규정하고 있습니다.

13조 이것도 테방법하고 관련이 깊습니다. "모든 국민은 행위시의 법률에 의하여 범죄를 구성하지 아니하는 행위로 소추되지 아니하며", 행위시의 법률이 아닌 것, 그것으로

범죄를 구성할 수 없다는 것입니다. "소추되지 아니하며, 동일한 범죄에 대하여 거듭 처벌받지 아니한다."

그다음에 우리가 책에서 배운 수많은 조항들이 열거되고 있습니다. "14조 모든 국민은 거주·이전의 자유를 가진다. 15조 모든 국민은 직업선택의 자유를 가진다. 16조 모든 국민은 주거의 자유를 침해받지 아니한다. 주거에 대한 압수나 수색을 할 때에는 검사의 신청에 의하여 법관이 발부한 영장을 제시하여야 한다."

그다음에 17조, 여기 테방법과 정말 직접적으로 관계되는 헌법조항이 있습니다. "제17조 모든 국민은 사생활의 비밀과 자유를 침해받지 아니한다." 모든 국민은 사생활의 비밀과 자유를 침해받지 아니합니다.

"18조 모든 국민은 통신의 비밀을 침해받지 아니한다." 어느 누구도 여러분들이 가지고 있는 휴대전화를 들여다 볼 수 없습니다. 몰래 들을 수 없습니다. 여러분들이 쓴 편지를 읽을 수 없습니다. 여러분들이 보낸 이메일을 볼 수가 없습니다. 헌법적인 권한을, 권리를 여러분들이 가지고 있는 것입니다. "모든 국민은 통신의 비밀을 침해받지 아니한다." 그리고 여러분들의 사생활, 여러분들이 남에게 알리고 싶지 않은 프라이버시, 이것을 국가가 개입할 수 없습니다. "모든 국민은 사생활의 비밀과 자유를 침해받지 아니한다."

"제19조 모든 국민은 양심의 자유를 가진다." 모든 국민은 양심의 자유를 가집니다. 자기가 생각하는 정치적인 신념, 자기가 생각하는 도덕적인 관념, 내가 믿는 종교, 내가 믿는 가치관에 대해서 자기의 양심을 가질 자유를 가진다고 되어 있습니다.

제20조, "모든 국민은 종교의 자유를 가진다. 국교는 인정되지 아니하며, 종교와 정치는 분리된다."

제21조, "모든 국민은 언론·출판의 자유와 집회·결사의 자유를 가진다." "언론·출판에 대한 허가나 검열과 집회·결사에 대한 허가는 인정되지 아니한다." 테방법은 언론·출판물에 대해서 감시하고, 필요하면 삭제하라고 요구를 할 수 있도록 그렇게 규정을 하려고 하고 있습니다.

헌법은 뭐라고 되어 있느냐? "모든 국민은 언론·출판의 자유와 집회·결사의 자유를 가지고, 언론·출판에 대한 허가나 검열과 집회·결사에 대한 허가는 인정되지 아니한다"고 정하고 있습니다. "모든 국민은 학문과 예술의 자유를 가진다", "23조 모든 국민의 재산권은 보장된다. 그 내용과 한계는 법률로 정한다."

모든 국민의 재산권을 보호하는데 테방법은 뭐라고 되어 있느냐? 거래내역을, 여러분들의 통장의 내역을 들여다볼 수 있게 하자는 겁니다. 여러분들이 돈을 받았는지, 무슨 돈을 받았는지, 돈을 어디에다 쓰는지를 들여다보고 싶다고 테방법은 얘기하고 있습니다.

이 시민적 권리에 대해서 헌법을 만든, 기초한 분들은, 헌법의 아버지들은 고민이 굉장히 깊었을 것입니다. 그래서 이런 조항이 있습니다.

제37조를 읽어 보겠습니다.

"제37조1항 국민의 자유와 권리는 헌법에 열거되지 아니한 이유로 경시되지 아니한다"

국민의 자유와 권리를 헌법에 열거되지 아니한 여러 가지 이유로, 다시 말해서 자의적으로, 어떤 독재정부가 들어서서 제 마음대로 이것을 침해할 수 없다고 여기다가 일부러 적어 놨습니다.

헌법은 굉장히 축약적이고 꼭 필요한 것만 적어 놓는 것이지 소설책 적는 게 아니잖아요. 헌법에 이렇게 정해 놓았을 때는 이것을 정해 놓은 이유가 있었던 거지요. 아주 심각한 이유가 있었던 것입니다. 그렇지 않으면 헌법에 무슨 쓸데없는 소리를 적었겠습니까?

"국민의 자유와 권리는 헌법에 열거되지 아니한 이유로 경시되지 아니한다."

2항에 심지어는 이런 말이 또 있습니다.

"국민의 모든 자유와 권리는 국가안전보장·질서유지 또는 공공복리를 위하여 필요한 경우에 한하여 법률로써 제한할 수 있으며" 이렇게 마치 테방법을 염두에 두고 적은 것 같은 조항을 여기다가 적어 놨어요, 헌법의 기초자들이.

"국민의 모든 자유와 권리는 국가안전보장·질서유지 또는 공공복리를 위하여 필요한 경우에 한하여 법률로써 제한할 수 있고" 그 뒤에 뭐라고 되어 있느냐면 '제한하는 경우에도 자유와 권리의 본질적인 내용을 침해할 수 없다'

국민의 권리 문제에 대해서 헌법의 기초자들이 얼마나 고민하고 염려했는가가 이 37조에 여실히 나타나 있습니다.

다시 읽어 보겠습니다.

"국민의 자유와 권리는 헌법에 열거되지 아니한 이유로 경시되지 아니한다", "국민의 모든 자유와 권리는 국가안전보장·질서유지 또는 공공복리를 위하여 필요한 경우에 한하여 법률로써 제한할 수 있고, 제한하는 경우에도 자유와 권리의 본질적인 내용을 침해할 수 없다."

자, 여러분, 이것 생각해 봐야 되지 않습니까?

테방법은 이 많은 권리들을 억압하려고 하고 있습니다. 침해하려고 하고 있습니다. 명분은 안전입니다. 테러의 방지지요. 이 두 가지 중요한 헌법적 가치, 국민의 안전과 국민의 시민적 권리 이것의 균형을 어떻게 잡아야 될까, 이것 굉장히 심각한 문제 아닙니까?

그런데 테방법을 선거법하고 연결해서 거기다가 서비스발전법, 노동관계 4개 법, 북한인권법 또 원샷법 뭐 이런 걸 연결해 가지고 안 해 주면 큰일 날 것처럼 대통령이 몰아붙이고 있습니다.

왜 그럽니까? 대통령이 무슨 권리로 그럽니까? 대통령은 적어도, 아까 분명히 헌법 조항에 있었잖아요, 11조1항 '모든 국민은 법 앞에 평등하다'.

대통령이 특별한 권리를 가지고 있는 것이 아닙니다. 대통령이 국민의 권리를 제약하자고 우리를 강제할 수 없습니다. 무슨 권리로 그럽니까? 우리가 언제……

대통령은 아까 얘기한 대로, 여기에 선거, 정당 이런 게 있는데요, 그것에 의해서 뽑혔으면 5년 동안 헌법 69조에 의한 선서를 하고 헌법을 준수하면서 5년을 국가 관리를 잘해야 되는 거지요. 국민의 권리를 제약하는 이런 법을 충분히 논의하지도 않고 '빨리빨리 통과시켜 달라. 아니면 테러 일어난다' 이러고 강제할 권리가 도대체 어디 있다는 말입니까?

야당은 왜 그 말을 들어 줘야 됩니까? 그 말을 들어주지 않으면 국회는 일을 하지 않는 거라고 그러는데 국회가 일을 하지 않고 있나요? 나는 도저히 이해할 수가 없습니다.

헌법적 가치의 충돌 문제 이것을 검토하더라도, 그리고 거기서 할 수 있다고 하는 어떤 결론을 내리더라도 '테러를 막자' 이것에 대해서 누가 반대를 하겠습니까? 국민의 안전을 보장하자는 것을 누가 반대하겠습니까?

만약에 더불어민주당이 국민의 안전을 도외시한다면 저는 더불어민주당은 정당으로서의 가치가 전혀 없다고 생각합니다. 어떻게 정당이, 공식적인 정당이 국민의 안전을 도외시할 수 있겠습니까? 절대로 그럴 수 없지요. 그렇다면 해산해야 됩니다. 더불어민주당은 국민들의 안전을 도외시할 생각이 눈곱만큼도 없습니다. 당연히 그것 막아야 된다고 생각합니다.

그러나 국민의 안전을 도모하는 그 방법이 지금 정부 여당이 내놓은 테러방지법 이것 통과시켜 주는 것으로 그게 보장된다고 생각을 하느냐, 그것은 검토해 봐야지요. 테방법으로 국민의 안전이 보장되느냐, 테방법이 있어야 보호가 되느냐, 이 특별한 테방법 법안이, 여당이 낸 이 테방법 법안이 과연 국민의 안전을 보장할 수 있는 수단이 되느냐 이것은 검토해 봐야 되는 것 아닙니까? 당연히 검토해야지요.

● **부의장 이석현** 잠깐만요.

교탁의 높이를 우리 실무진들이 누가 와서 조금 낮춰 주면 좋겠습니다. 얼굴이 앞에서 잘 안 보이겠습니다.

● **김용익 의원** 제가 힘 되는 대로 일어나서 하도록 하겠습니다. 굉장히 불편하신가요, 보시는 분들이?

(「괜찮습니다」 하는 의원 있음)

● **부의장 이석현** 괜찮습니다. 앉아서 하시지요. 계속 앉아서 하십시오. 편안한 자세로 이렇게 길게 말씀하시지요.

● **김용익 의원** 길게 얘기할 생각은 없는데……

그래서 테방법이 정말 국민들의 안전을 보장하는 법으로서 가치가 있느냐 이것을 검토를 해 봐야지요. 그리고 그게 가치가 없다 그러면 이 법안을 논의할 필요가 없는 거예요. 왜 논의를 합니까, 가치가 없는 법을? 그런데 이게 가치가 있느냐, 없느냐 하는 판단은 헌법적 가치에 대해서 충분한 논의를 하고 또 실질적인 행정법적인 부분으로 이게 정말 타당한 방법을 갖추고 있느냐, 내용을 갖추고 있느냐 하는 걸 심사를 해야 될 것 아닙니까? 그런데 하도 몰아붙이니까 이게 테방법이 뭔지도 모르고 그냥 해야 되는 것처럼 막 언론은 떠들어대고, 대통령은 몰아붙이고, 지금 여당 의원들은 이것 해야 된다고 다들 얘기를 하고

있고, 그러니까 굉장히 힘들지만 오죽하면 무제한 토론까지 벌이게 됐겠느냐 이 말이에요.

검토를 해 봐야지요. 검토를 해 보면 제가 보기에는 이건 한마디로 말해서 엉망진창입니다. 저는 도저히 이걸 받아들이면 안 된다고 생각을 합니다. 이것 여러 의원님들이 앞서서 이미 얘기를 많이 하셨습니다. 그래서 저는 길게 끌고 갈 생각이 별로 없고 좀 정리를 잘해서 국민 여러분들이 이해하실 수 있도록 하는 데 제 발언의 초점을 맞추려고 작정을 하고 왔습니다.

(자료를 들어 보이며)

그래서 이것 검토를 좀 해 보겠는데요, 국민 보호와 공공의 안전을 위한 테러방지법이라는 법안입니다, 이 법안이. 지금 제가 들고 있는 법안 이게 여당이 낸 법안입니다. 목적은 뭐라고 돼 있느냐면 '어떠어떠해서 국민의 생명과 재산을 보호하고 국가와 공공의 안전을 확보하는 것을 목적으로 한다' 이렇게 되어 있습니다. 바로 헌법이 정하고 있는 국가의 의무를 다하겠다 이런 취지를 갖고 있는 것이지요. 그래서 테러방지법이니까 테러가 도대체 뭐냐 이걸 규정하고, 테러단체가 뭐냐 또 테러위험인물이 뭐냐, 이걸 정하고 있습니다. 테러가 뭐냐 하는 건 앞에 많은 의원님들이 얘기해서 그 얘기를 줄줄이 읽으면 굉장히 오래 걸릴 것 같아요. 별로 읽고 싶지도 않아요.

여기 조항에 테러단체는 뭐라고 돼 있냐면 '유엔이 정한 테러단체를 말한다'고 되어 있습니다. 유엔이 정한 테러단체, 유엔이 정한 테러단체가 뭘까요?

(자료를 들어 보이며)

이게 유엔에서 만든 테러단체와 테러인물들이 지정된 컨설리데이트(consolidate) 등 지정된 목록입니다. 두껍지요? 430페이지가 넘습니다. 여기에 A파트는 이름이 줄줄이 되어 있어서 602명이 있고, 기업이나 또는 그룹이라고 돼 있어요. 단체인데요, 여기에 엔티티스 앤드 디 아더 그룹스(Entities and the other groups) 이렇게 돼 있는데 이것이 381개입니다. 여기를 보면 아마 북한인으로 생각되는 이름도 있고 또 북한의 기업이나 단체로 생각되는 이름도 있습니다. 여기에 해당되는 단체를 여기서 테러단체라고 규정을 한다는 거예요. 그리고 테러위험인물이란 '테러단체의 조직원이거나 테러단체 선전, 테러자금 모금·기부 기타 테러예비·음모·선전·선동을 하였거나' 이렇게 되어 있거든요.

그러면 여기 뒤에 들으시는 분들, 국회방송으로 제 말씀을 들으시는 분들은 마음속으로 갑자기 안도의 한숨을 내쉬었을 겁니다, '아, 나는 빠지는구나'. 왜? 유엔이 정한 테러단체를 말하는데 테러인물이란 이 테러단체의 조직원이라야 되는 거거든요. 여러분들은 아무도 이 테러단체의 조직원일 리가 없지 않습니까? 그러니까 여러분들은 여기에 해당되는 것이 아니라고 생각이 되고 속으로 '그래, 당연히 법이 그렇게 정했겠지. 나는 해당이 없을 거야'라고 생각하시겠지만 천만의 말씀, 그 뒤 조항이

있습니다.

'테러예비·음모·선전·선동을 하였거나 하였다고 의심할 상당한 이유가 있는 자를 말한다' 이건 좀 황당해지요. 무슨 말이냐면 조직원이거나 조직원이라고 의심할 만한 상당한 이유가 있는 사람은 찍힌다 이거예요. 찍히면 어떻게 되느냐? 각종 정보를 사찰 당할 수가 있게 된다는 거예요.

그러면 그 테러인물을 누가 정하느냐, 이게 핵심인데요. 이걸 누가 정하느냐 하면 황당하게도 국정원이 정하게 되어 있어요. 국정원이 테러위험인물을 '너는 테러위험인물이야. 조직원인지 아닌지는 모르겠어. 그런데 너는 조직원인 것 같아. 내가 너 좀 뒤져 봐야 되겠어', 테러위험인물이다 하면 거기에 해당이 되는 거예요. 영장 필요 없어요. 그냥 국정원에서 찍으면 되는 거라니까요.

아까 헌법에 뭐라고 되어 있어요? 뭐 조사하고 뭐 하려면 검사가 신청하고 법관이 발부한 영장이 있어야 된다는데 그게 필요가 없다니까요.

몇 조에 그렇게 되어 있느냐 그러면 9조에 그렇게 되어 있어요. 9조가 뭐냐 하면 '테러위험인물에 대한 정보수집 등' 이렇게 되어 있고. '국가정보원장은 테러위험인물에 대하여 출입국—공항 드나드는 거지요. 또는 배 타고 왔다 갔다 하는 것—출입국·금융거래, 통신이용 등 관련 정보를 수집할 수 있다' 이렇게 되어 있어요.

그리고 이것을 어떤 식으로 규정한다든지— 테러위험인물을—그런 조항이 아무것도 없어요. 그리고 그렇게 해서 억울하게 찍힌 사람이 어떻게 해서 이걸 벗어날 수 있는지의 절차도 아무것도 없어요.

여러분, 겁나지 않으세요? 누군가가 국정원 직원이, 국정원 직원이 도대체…… 여러분들은 아마 거의 대부분이, 99.999%의 지금 이 방송을 보시는 분들이 국정원이 어디 있는지, 국정원 사람을 한 번도 만나 보신 적이 없을 거예요. 국정원이 뭐 하는 데인지도 잘 모르실 거예요. 그런데 보이지 않는 그 조직이, 그쪽의 국정원 직원들이 '너는 테러를 할 위험이 있는 사람이야'라고 찍으면 어떻게 되느냐? 출입국·금융거래, 통신이용에 관한 정보를 수집 당할 수 있다는 거예요. 이게 헌법에 부합하는 법입니까?

그래서 대테러활동, 테러에 대해서 무언가를 하는, 막는 그 활동을 뭐라고 규정했느냐 하면 제1호 테러 관련 정보의 수집, 테러위험인물의 관리, 테러에 이용될 수 있는 위험물질 등 테러수단의—테러수단, 폭탄이나 뭐 이런 거겠지요. 총기 이런 거겠지요—안전관리 뭐 등등 이런 것을 한다고 되어 있어요, 대테러활동으로. 정보의 수집, 테러위험인물의 관리…… 이 관리가, 관리라는 말이 좀 무섭지요. 국정원장이 찍으면 관리를 당해야 되는 거지요, 헌법을 무시하고.

대테러조사란 대테러활동에 필요한 정보나 자료를 수집하기 위하여 현장조사·문서열람·시료채취 등을 하거나 조사대상자에게 자료제출 및 진술을 요구하는 활동을 말한다. 이건 뭐 전형적으로 수사한다는 뜻이잖아요.

대테러활동에 필요한 정보나 자료를 수집하기 위해서 현장조사, 문서열람—써 놓은 글, 이메일, 카톡 뭐 이런 것—, 시료채취—여러분들의 머리카락을 뽑아 갈 수도 있고 피를 뽑아 갈 수도 있고 지문조사를 해 갈 수도 있고 정액이나 질액을 빼 갈 수도 있고—시료채취 하거나 조사대상자의 자료제출과 진술을 요구하는 활동, 그냥 요구한다는 거예요. 이것을 국정원이 할 수 있다는 거예요. 그 유명한 영장주의는 이 국정원 앞에서는 무시되게 된다라고 하는 거예요. 이것은 헌법적으로 불합치하다고 나는 생각을 하는데 이것은 판정을 해 봐야 되겠지만 누가 보더라도 이것은 너무 지나친 거지요.

게다가 여기 4조에 보면 말입니다. "(다른 법률과의 관계) 이 법은 대테러활동에 대하여 다른 법률에 우선하여 적용한다." 이렇게 돼 있거든요. 그러니까 이 테방법은, 정부가 제출한 이 테방법 초안은 그대로 통과가 된다면 타 법에 우선하는 특별법이 되는 겁니다. 다른 어떤 법보다도 이 법에 있는 조항이 우선하는 그런 힘을 가지게 된다는 거지요.

아까 9조(테러위험인물에 대한 정보수집 등) 1항이 "국가정보원장은 테러위험인물에 대해서 출입국·금융거래 및 통신이용 등 관련 정보를 수집할 수 있다." 이렇게 얘기가 되어 있다고 했잖아요.

그런데 2항은 또 뭐라고 되어 있느냐면, "국가정보원장은 1항의 규정에 따른 정보 수집 및 분석의 결과 테러에 이용되었거나 이용될 가능성이 있는 금융거래에 대하여 지급정지 등의 조치를 취할 수 있도록 금융위원회 위원장에게 요청할 수 있다", 그러니까 이게 테러에 사용되는 자금이라고 판단이 되면 이것은 거래정지를 할 수 있다 그런 뜻이에요.

3항은 더 무시무시한데요. "국가정보원장은 테러인물에 대한 개인정보(개인정보법상 민감정보를 포함한다)", 개인정보법에서 특별히 보호하도록 되어 있는 민감정보를 포함해서 개인정보를 다 요구할 수 있다는 거예요.

게다가 그 뒤는 "위치정보를 개인정보 보호법 2조의 개인정보처리자와 위치정보의 보호 및 이용 등에 관한 법률 5조의 위치정보사업자에게 요구할 수 있다", 이것은 무슨 말이냐 하면 여러분들이 누구나 다 지금 호주머니 속에 또는 핸드백 속에 갖고 있는 이 휴대전화의 맨 위에 보면 위치 찍는 데가 나오지요? '위치' 이렇게 되어 있는 것 나오지요? 그것을 국정원에서 달라고 할 수 있다는 거예요, 위치정보를. 여러분들이 어디에 가 있는지, 학교에 가 있는지 일터에 있는지 술집에 있는지 알 수 있다는 거예요.

테러위험인물로 지목하고 그 정보를 달라면 이 정보사업자, 그러니까 KT나 이런 정보사업자들 있잖아요? 그 사람들은 이것을 내놓으라는 거예요.

개인정보의 민감정보는 무엇일까요? 개인정보의 민감정보를 또 찾아보기로 합시다. 뭐라고 되어 있느냐, 개인정보 보호법의 1장에 보면 2조 "이 법에서 사용하는 용어의 뜻은 다음과 같다." 이렇게 되어 있어요. '개인정보란 살아 있는 개인에 관한 정보로서 성명, 주민등록번호 및 영상 등을 통하여 개인을 알아볼 수 있는 정보', '영상 등을 통하여 개인을 알아볼 수 있는 정보' 이것은 뭐지요? CCTV 이런 거지요? 이것을 개인정보라고 하는데 국정원장이 원하면 이 개인정보를 내놔야 된다는 거예요.

아까 민감정보란 뭐냐 그러면 개인정보법 23조에 (민감정보의 처리 제한)이라고 하는 게 있어요.

개인정보처리자는, 개인정보처리자라는 것은 이런 것이지요, 등등…… 국가기관도 이 자료를, 개인정보를 많이 갖고 있을 것 아닙니까? "개인정보처리자는 사상·신념, 노동조합·정당의 가입과 탈퇴, 정치적 견해, 건강, 성생활 등에 관한 정보, 그 밖에 정보주체의 사생활을 현저히 침해할 우려가 있는 개인정보로서 대통령령이 정하는 정보(이하 '민감정보'라 한다)를 처리하여서는 아니 된다. 다만 다음 각 호의 어느 하나에 해당하는 경우에는 그러하지 아니하다."라고 되어 있는데, 그 각 호가 첫째 뭐냐 하면 개인정보의 처리에 대한 동의와 별도로 당사자의 동의를 받았을 때, 민감정보지만 당사자가 동의하면 줄 수 있다는 거예요. 뭐, 그것은 말이 되지요, 당사자가 동의했으니까.

그런데 법령에서 민감정보의 처리를 요구하거나 허용하는 경우는 당사자의 동의가 없더라도 이 민감정보를 내놓아야 돼요. 이 민감정보가 뭐냐 하면 사상·신념, 노조나 정당에 대한 가입과 탈퇴, 정치적 견해, 건강, 성생활에 대한 정보를 내놓아야 돼요. 법령이 정하거나 허용하는 경우에 내놓는데, 지금 우리가 검토하고 있는 이 정부 여당의 테방법에 의하면 국정원장이 '너는 위험분자야'라고 찍으면 민감정보·위치정보를 다 내놓아야 된다는 거예요.

여러분들, 이렇게 하고 싶으세요? 이렇게 하고 싶은 사람이 있으면 지금 속으로 '하고 싶어요'라고 한번 외쳐 보세요, 소리 안 나와도 좋은데. 이것을 원하는 사람이 세상에 어디 있겠습니까?

그렇기 때문에 헌법이 이런 기본적인…… 아까 헌법에 뭐라고 되어 있느냐, 국가의 안전보장, 질서유지 또는 공공복리를 위하여 필요한 경우에 한해서 제한할 수 있는데, 설사 제한하는 경우에도 자유와 권리의 본질적인 내용을 침해할 수 없다 이렇게 되어 있잖아요, 헌법에. 그런데 이 테방법은 이것을 정면으로 부인하고 있는 거예요. 어쩌라는 겁니까, 도대체?

이런 법안을 내놓고 야당보고 도장 찍으라고요? 저보고 찬성 표를 던지라고요?

위치정보 아까 설명을 드렸고요. 또 뭐가 있느냐……

어떤 분이 트위터로 이것 찍는 것, 해면기 갖다 놓으라고 했는데 이것 안 갖다 놓았다가 지금 침을 자꾸 묻히고 있는데, 역시 조언은 들어야 되는데……

(웃음)

우리나라에 FIU법이라고 이삼 년 전에 아주 큰 논란거리가 있었던 법이 있었습니다. 이게 뭐냐 하면 특정금융거래정보의 보고 및 이용 등에 관한 법률 이런 것이었는데요. 금융정보분석원장이라고 있는데 금융정보분석원을 영어의 일반명칭으로 파이낸셜 인포메이션 유니트(Financial Information Unit)라고 한답니다. 그래서 FIU라고 약칭을 하는데 우리나라의 고유명칭은 금융정보분석원인데, 이 금융정보분석원에서 조세 탈세나 정치자금에 대한 문제, 기타 특정 형사사건에 관련된, 범죄와 관련된 정보를 누구한테 줄 수 있도록 이것을 만들었느냐 하면 검찰총장, 국세청장, 관세청장, 중앙선거관리위원회—정치자금 때문에—또는 금융위원회에다가 이 금융정보를 줄 수 있게 했어요.

그런데 이 태방법은 부칙에다가 살짝 이 조항을 하나 넣어서 금융정보 이것을 볼 수 있는 사람의 명단에, 검찰 총장·국세청장·관세청장·중앙선거관리위원장·금융위원장에다가 하나를 딱 집어넣는 것을 이 부칙에 넣었는데 뭘 집어넣었느냐 하면 국정원장을 집어넣었어요. 요컨대는 국정원장을 빼려고 엄청 노력을 했거든요, 그때도. 그래서 뺐는데 이것을 다시 넣겠다는 거예요, 지금. 그래서 이 금융거래정보를 국정원장도 보겠다는 거예요. 그 긴 기간 동안, FIU법을 긴 논의를 거쳐서 한 것을 지금 이참에 자기 마음대로 고치겠다는 겁니다.

그러면 어떻게 되느냐? 여러 가지 혐의가 있으면, 범죄 혐의가 있으면 당연히 조사를 해야지요. 어떤 방식으로 조사를 해야 돼요? 영장 받아서 조사를 해야지. 그런데 그것 없이 막 하려고 드니까 문제가 되는데, 예를 들어서 2000만 원 이상을 세금계산서 응없이…… 세금계산서 없는 2000만 원이 여러분들 통장으로 들어오면 이 법에 의해서 통보가 되게 되어 있어요. 세금계산서가 있더라도 2000만 원 이상을 입금했다가 이삼 일 정도 후에 빼 가, 그다음에 그런 짓이 또 정기적으로 일어나, 이러면 조사를 하게 되어 있어요. 이것을 국정원장도 하겠다는 거예요.

요컨대 이 태방법의 기본적인 요체는 뭐냐 하면 테러단체의 조직원으로 의심되는 사람을 국정원장이 찍고, 찍힌 사람은 민감정보를 포함한 개인정보, 금융정보, 위치정보 등등을 국정원장이 보겠다라고 하는 거예요. 그게 이 태방법의 요체라니까요. 그런데 그것을 보면 이 태방법이 헌법하고 완전히 충돌하고 있다고 하는 것이 너무나 빤히 보여요.

저는 워낙 이런 부분, 그러니까 정보라든지 국방이라든지 외교라든지 이런 것을 전공한 사람이 아닙니다. 제가 보건·복지 정책을 전공하는 사람이었고 참여정부 때 사회정책수석을, 노무현 대통령 모시고 2년 동안 청와대에 있던 사람입니다. 그러니까 이런 부분은 제 전공 분야가 아니지요. 그런데 제가 이것을 갖다 놓고 판독을 해 봐도 너무나 빤하게 보이잖아요.

그런데 지금 앞에 수없이 무제한 토론을 하신 분들, 조금 전에 말씀하신 김현 의원이라든지 처음에 1번으로 말씀하신 김광진 의원은 국방위원이잖아요. 그런 선수들이 그것을 보면 이것은 너무나 빤히 보이는 것이잖아요. 그것 읽자마자 다 보여요.

제가 서울대학교 의과대학의 의료 정책을 하는 교수였거든요. 그래서 논문 심사를 하도 많이 하다 보니까 석사논문이든 박사논문이든 내 분야의, 다른 분야는 모르고, 내 분야의 석사논문·박사논문 심사가 들어오면 이게 통과가 될 만하다, 안 되겠다, 어느 정도 고쳐야 되겠다라고 하는 것을 눈치 채는 데 5분이 안 걸려요. 처음부터 끝까지 이렇게 주르륵 보면 '이것은 뭐에 허점이 있겠네'라고 하는 것이 딱 보여요.

제가 의과대학 다닐 적에 제 친구의 어머니던가, 좌우간 이런 분의 몸이 걱정이 되어서 가슴 엑스레이를 찍어 가지고 방사선과 교수님한테 제가 갖고 가서 '선생님, 이것 좀 읽어 주세요' 그렇게 학생이니까 좀 미안해하면서, 어려워하면서 부탁을 했더니 그 선생님이 그냥 그때 뷰 박스라고 하지요, 형광등 켠 거기다 엑스레이 사진을 딱 꽂더니 한 1초, 2초 정도 후에 빼고서는 '이상 없어. 괜찮아', 괜찮다고 그러시더라고요. 나는 그때 속으로 '되게 성의 없이 보네' 그리고 섭섭하게 생각했는데 제가 나중에 어떤 분야의 전문가가 되고 나니까 그렇게 하는 것을 이해를 하겠더라고요. 한눈에 보면 알아. 태방법도 이것 전문하는 사람이 한눈에 보면 알지 이것을 얼마나 길게 얘기를 하겠어요? 한눈에 보면 뭐냐? 한눈에 보면 이것……

(패널을 들어 보이며)

내리라는* 이것, 이거라니까요. 한눈에 보면 국민 감시법이라니까요. 테러방지법이 아니에요, 국민 감시법이에요. 이유는 제가 죽 설명을 했어요. 제가 알아듣게 설명을 했지요?

(「예」 하는 의원 있음)

충분히 알아듣게 설명했지요?

(「예」 하는 의원 있음)

그러면 이런 법을 내놓고 선거법하고 연결해서 '이것 안 해 주면 선거 못 해, 선거 연기되면 야당 책임이야' 이런 식으로 몰아붙이는 게 어디 있어요. 이것은 아무도 그렇게 하면 안 됩니다. 대통령은 더더군다나 그렇게 하시면 안 됩니다. 이런 종류의 법은 정말 심사숙고를 해야 되고 논의에 논의를 거쳐야 됩니다.

감사합니다. 이것 해면기 들고 왔어요. 배재정 의원님은 우아하게 하실 수 있겠어요, 나중에.

(웃음)

그러니 이번 이 테러방지법이, 이게 정말 헌법에 합치되느냐, 헌법적인 가치와 충돌하지 않느냐라고 하는 것을 당연히 검토해야 되지만 이게 기술적으로 도대체, 이 법의 정체가 뭐냐, 정말 이것 해 주면 테러방지가 되느냐, 많은 의원님들이 줄줄이 계속 얘기를 하셨어요. 뭘 얘기하셨느냐 하면 이미 우리나라에 있는 각종 법들에 의해서 테러방지 충분히 하고도 남는다, 그리고 테러방지를 위한 조직이 국무총리 산하에 있다, 그런데 국무총리는 자기가 위원장인지도 모른다, 그러니까 안 되는데 뭘 그걸 가지고 이 태방법을 또 만든다고 하느냐, 수없이 지적을

---
* 회의록 원문에는 "내리 나는"

했잖아요.

그리고 우리나라에 테러방지를 아주 효과적으로 잘하고 있잖아요. 우리나라에 G7 회의도 하고 외국 원수들이 수없이 왔다 갔다 하시고 하는데 문제 생긴 적이 없었잖아요. 그런데 이것을 이렇게 서두르는 이유가 도대체 뭐겠어요? 그리고 또 그렇게 해야 될 이유가 전혀 없지요. 이렇게 헌법적인 가치를 건드리는 이런 종류의 법은 정말 신중하게 해야 됩니다.

제가 속해 있는 보건복지위원회의 사례 하나만 들어 볼게요. 지난 겨울에, 지난 가을에요, 12월이니까 겨울이겠지요. 끝 무렵에 굉장히 중요한 법이 하나 통과되었습니다. 여러분들하고도 다 관련이 있는 법입니다. 법 이름이 긴데, 호스피스·완화의료 및 임종과정에 있는 환자의 연명의료결정에 관한 법률이라고 하는 겁니다. 간단히 얘기하자면 돌아가실 때 회생하실 가능성이 없는데 끊임없이 생명을 연장하기 위한 무의미한 치료를 계속 해야 되느냐, 멈출 수는 없느냐 하는 것에 대해서 정한 법입니다. 이것 누구나 다 경험을 아마, 집안에 이런 문제 가지고 고민해 보신 경험들이 다 있으실 거예요.

드디어 이 법을 정했습니다. 그런데 이 법이 언제부터 본격적으로 논의되기 시작했느냐? 1997년 보라매병원 사건이라는 것 때문에 시작이 되었습니다. 이게 무슨 사건이냐 하면, 환자가 회복 가능성이 없는 환자가 있었어요. 그래서 그 가족들이 인공호흡기 연명치료를 위한 이것 떼고 달라, 그냥 돌아가시게 하겠다, 그래서 이 전공의가 환자의 요구에 따라서 떼고 퇴원하시게 했어요. 집에 가서서 돌아가시라고, 편안히 생을 마감하시라고. 그 전공의가 어떻게 됐느냐 그러면 살인죄로 구속됐어요, 살인죄로. 그래서 이 법이 논의가 되기 시작했어요. 몇 년을 논의했느냐, 지금 2016년에 드디어 결정되고 공포되는 거잖아요. 19년 걸렸어요. 20년이 꼬박 걸렸어요.

20년 걸려서 뭐라고 이걸 결정했느냐 그러면, 첫 번째로 환자가 연명치료 중단을 할 수 있는 환자냐 아니냐를 먼저 의사 2명이 판단하고, 그래서 이 사람은 연명치료 할까 말까 하는 대상이 된다고 하고 그다음에 환자 본인이 명시적으로 연명치료 중단을 한다는 의향서를 써 놓은 경우에는 담당 의사가 이걸 확인을 하고, 본인의 의사가 있으니까, 유서 같은 거잖아요, 의사가 있으니까. 그 의사가 결정하는 거예요. 그런데 연명치료 의향서는 있는데 이 환자가 이미 혼수상태에 들어가서 명백한 의사를 표명할 수가 없어. 그러면 의사 2명 이상이 확인을 하고 가족 중에 2명 이상이 거기에 찬성을 해야 돼요. 그리고 가족도 없고 환자는 의식불명 상태면 법정대리인이 동의하고 의사 2명이 동의하든가, 가족이 있으면 가족 전원이 합의하고 의사 2명이 연명치료 중단을 결정할 수 있다 이렇게 법을 만들었어요. 아주 지극히 간단한 것 같은데 이것 만드는 데 20년이 걸렸어요. 왜? 이것은 헌법적 가치의 문제가 있기 때문에.

자, 그러면 이것은 돌아가시는 분을 연명치료를 할까

중단할까 이것을 결정하는 문제이고, 테방법은 지금 여러분들 모두가 다 해당되는 이 정보를 또는 금융정보를, 성생활과 이런 것까지 포함하는 민감한 정보를 국정원이 볼 수 있느냐 없느냐를 결정하는 법이란 말입니다. 이거를 두 달 만에, 석 달 만에 결정하라니 말이 되는 거예요? 여러분들이 국회의원이면 이게 상정됐을 때 '야, 이것 맞다 틀리다' 결정할 수 있겠어요? 아니, 이것은 여야를 떠나서 이게 결정할 수가 없는 거예요. 왜? 사회적 논의의 기반이 아무것도 없잖아요, 지금 이 문제에 대해서. 어쩌라고? 아, 대통령이면 다야? 어쩌라고, 이거를?

이거를 정의화 국회의장께서 상정을 하셨어요. 직권상정을 하셨어요. 여러 사람이 지적했어요. 직권상정 거리가 아니다. 왜? 직권상정을 하는 게 국회법 86조에 세 가지 경우밖에 없거든요. 하나는 천재지변, 천재지변 없었잖아요. 지진이 있었어, 무슨 후쿠시마 같은 해일이 있었어, 홍수가 있었어, 천재지변 아무것도 없잖아요.

두 번째는…… 두 번째 빼고 세 번째부터 얘기하면, 의장이 각 교섭단체 대표의원과 합의하는 경우라는 거예요. 그것은 지금 맨 뒤에 계시는 원유철 대표하고 얘기하고 계세요, 우리 이종걸 대표하고. 두 분하고 또 정의화 의장님 세 분이 합의를 해야 되는데 합의 안 했잖아요. 그러니까 3항은 애시당초 해당이 안 돼요.

2번이 뭐냐 하면 전시·사변 또는 이에 준하는 국가비상사태의 경우라고 돼 있어요. 그래서 2번에 해당된다고 국회의장이 판단하셨어요. 근거는 요새 북한이 좀 들썩들썩하고 이러니까 그걸 근거로 전시사변에 해당된다 그랬는데, 전시사변 같아요?

(「아닙니다」 하는 의원 있음)

정의화 의장이 의사거든요. 신경외과 의사선생님이에요, 전문의예요. 저는 의료관리학을 하는, 그러니까 예방의학을 하는 사람인데요. 의사들은 뭔가를 진단할 때 굉장히 엄격한 기준이 있어요. 의사가 의사 마음대로 '너는 고혈압이야, 너는 당뇨병이야' 찍는 게 아니에요. 예를 들어서 고혈압이다 그러면 어떤 어떤 조건하에 세 번 이상 혈압을 쟀는데 그 혈압이, 이완기 혈압이 80㎜Hg 이상이면 고혈압이라 한다 이렇게 되어 있어요. 당뇨병 진단하려면 8시간 공복상태에서 혈당을 조사했을 때 126㎎/100㏄, 혈액 100㏄당 혈당이 126㎎ 이상 있어야 당뇨병이에요. 또는 경구당부하검사라는 걸 하는데, 설탕 75g을 입으로 먹어. 먹고 두 시간 후에 이거를 재요. 굶은 다음에 당을 75g을 먹고 두 시간 후에 혈당을 재서 200㎎이 넘어가야 당뇨병이라는 진단을 내려. 다이어비티즈 멜리터스(Diabetes Mellitus)라는 진단을 내려요.

기준이 있어야. 지금이 전시와 사변 또는 그에 준하는 국가비상사태라는 게, 무슨 기준으로 국가비상사태라는 거예요? 당뇨병의 근거나 기준이나 고혈압의 기준이나 또는 류머티즘성 관절염은 어떤 어떤 기준에 의해서 내린다고 하는 기준들이 다 있을 것 아닙니까? 국가비상사태라는 것도 뭐 근거가 있어야지.

신문에도 났어요. '국가비상사태에 경찰청장은 22일부터 24일까지 아랍에미리트와 중국을 잇달아 방문했다. 경찰청 관계자는 오래 전에 잡힌 일정이라 어쩔 수 없었다.' 아니, 국가비상사태에 치안을 담당해야 될 경찰청장이 해외순방 다니게 생겼어요? 무슨 놈의 국가비상사태가 이래?

아니, 대통령께서 NSC(국가안전보장회의) 소집했다는 얘기 들으셨어요? 이명박 대통령이 황당무계하게도 경제위기 때 지하벙커에 들어가서 뭐 입고 한 적 있었잖아요. 나는 청와대에 있는 그 지하벙커 텔레비전에 나오는 것 보고 정말 기절하는 줄 알았어. 저는 청와대에 수석으로 들어갈 때 아주 엄격한 선서를 받더라고요. 직무상 알게 된 비밀을 공개하면 안 된다, 직무 중이나 나온 다음에도. 제가 청와대에서 2년 동안을 있었으니까 당연히 청와대 근처에 헬리콥터가 어디서 내리고 탱크가, 장갑차가 어디에 숨어 있고 알지. 그렇지만 나는 한마디도 안 했어요, 아무한테도. 왜? 직무상 알게 된 비밀을 공개하지 않는 게 내 책임이다 이렇게 생각이 돼서. 내가 낮은 지위에 있었던 것도 아니고 무려 사회정책수석비서관이었잖아요.

그런데 이명박 대통령은 청와대 안에 벙커가…… 벙커 있는 거야 사실 누구나 알고는 있지. 그렇지만 그거는 언급해서는 안 되는 것 아니에요? 아니, 그게 텔레비전에 나오더라니까. 무슨 진짜 군사적 위협이 있었던 것 아니고, 경제위기에 왜 벙커에 들어가요? 아니, 경제위기인데 왜 벙커에 들어가? 기재부에 가서 회의를 해야지. 아니, 정말 내가 그걸 보고 뒤집어졌다니까, 완전. 나도 사회수석이기 때문에 거기를 을지훈련 할 때, 2년 동안 있는데 두 번밖에 못 가 봤어요. 을지훈련 할 때만 들어갈 수 있는 거야. 내가 거기를 들어가겠다고 하면 우스운 사람이 되는 거지요. 들어갈 수가 없다. 사회수석이 거기를 왜 들어가겠습니까? 대통령이라 할지라도 위기가 있을 때 들어가는 거지, 경제위기 때 무슨 지하벙커를…… 아, 그리고 텔레비전 카메라까지 끌고 거기를 들어가면 어떡합니까?

어쨌든 그런 것 소집했다는 소리를 들어 본 적이 없잖아요. 더 웃기는 건 말입니다, 국가공무원 복무규정 5조2항에 보면 전시·사변, 천재지변 그 밖에 이에 준하는 비상사태가 발생한 경우 행정기관의 장은 이에 따른 근무상 필요한 조치를 하여야 한다고 명시하고 있거든요. 의무사항이지요. 그래서 국가공무원 당직 및 비상근무 규칙 제29조1호는 '전시·사변 또는 이에 준하는 비상사태가 발생하였거나 발생이 임박하여 긴장이 최고조에 이른 경우 비상근무 1호를 발령하여야 한다'라고 되어 있는데 이것도 의무예요.

그런데 웃기잖아요. 국회의장이 비상사태라고 해서 이것을 직권상정해 놓고 국회사무처는 비상근무하고 있어요? 국회의장은 국회의 장으로서 직원들에 대해서 비상근무하라고 시켰어요? 이게 뭐하는 겁니까? 비상사태라서 이 테방법을 직권상정해야 될 그럴 정도의 국회법이 규정하고 있는, 국회법 86조2항에 규정하고 있는 전시·사변 또는 이에 준하는 국가비상사태라면 여기 있는 사무처 직원들 전부가 다 비상근무하고 밤샘하고 난리를 쳐야 되는데 안 하고 있잖아요. 이것은 국회의장이 할 일을 다 안 하고 있는 것 아닙니까? 그리고 이것 뭐 무제한 토론을 하고 있겠어요? 야당인들 진짜 국가비상사태로 생각했으면 이런 무제한 토론을 사흘씩 하고 있었어요? 그리고 여당 의원들은 다 어디 갔어요, 비상근무해야 될 사람이? 그렇지 않아요?

병역법 46조1항에 의하면 '지방병무청장은 전시·사변 또는 이에 준하는 비상사태에는 병력동원소집 대상자로 지정된 사람에 대하여 병력동원소집을 하여야 한다'고 명시하고 있습니다. 여러분 중에, 이것 예비역 말하는데요, 예비역에 해당되는 분들 지금 당장 TV 보는 것 중지하고 소집 들어가세요. 부대에 들어가시라고요, 지금 비상사태라니까. 국가비상사태예요. TV 보지 말고 빨리 들어가요. 이건 말이 안 되지요.

그래 가지고 올려놓은 법이 뭐냐? 헌법적 가치와 충돌이 그냥 수도 없이 잔뜩 들어 있는 테방법을 직권상정해서 통과시키지 않으면 선거 연기하게 생겼어요. 총선을 연기하게 생겼어요. 이것을 작년부터 질질 끌어 가지고, 선거법 타결을 하라고 질질 끌어온 게 여당인데 막판에 이 필리버스터, 무제한 토론 이것 걸어 가지고 야당 책임이다 퍼넘기려고 하는 거지요. 그러면 안 되지요. 지금 말이 됩니까?

분명 얘기하지만 테러의 예방, 테러의 방지에 대해서 우리 더불어민주당은 누구보다도, 어느 당보다도 강력한 의지를 가지고 있습니다. 그런 의지가 없으면 제가 지금 당장 우리 당 해체하자고 주장하겠습니다. 왜? 국민에 대해서 책임지지 않는 당이 무슨 당입니까, 당이 아니지?

그런데 지금 얘기하는 여당이 만들어 낸 이 테방법은 테러방지법이 전혀 아니라는 것입니다. 그러니까 반대를 하는 거예요. 테러방지법을 반대하는 것이 아니에요. 여당이 만들어 낸 그 특정한 고유명사로서의 테방법을 반대하는 것이지 일반적인 개념으로서의 테러방지를 반대하는 것이 절대로 아닙니다. 착각을 하시면 안 돼요. 방송이나 여러 보수적인 매체나 논객들이 그런 식으로 얘기를 하는데 전혀 그게 아니에요. 지금 여당이 만들어 낸 이 테방법은 전혀 테방법의 기능을 하는 것이 아니라는 거예요.

그러면 뭐하는 거냐? 한마디로 말해서 지금까지 국정원이 가지고 싶었던 권한, 컴퓨터 들여다보고 전화 들여다보고 통장 들여다보고 개인생활 들여다보고 그것을 가지고서 국민들을 억압하고 싶은 이 소망, 국정원의 간절한 숙원사업 이거 푸는 법이라는 거예요.

그런데 그 법이, 국정원의 숙원사업 그거 이루어지면 국민들은 다 사생활이 없어요. 언제 누가 쳐다볼지를 몰라요. 지금은 도청인 것이 합법적인 감청이 되는 것이거든요. 지금은 불법적으로 이메일 들여다보지만 이 법이 통과되면 합법적으로 들여다보는 것이거든요. 여러분들은 그것에 대해서 이의제기를 할 수가 없다니까요. 왜? 합법적이고 법이 있으니까, 법에 근거해서 봤으니까.

그러고 싶어요? 그렇게 감시당하고 싶어요? 그런 사람 있으면 손들어 보세요. 지금 텔레비전 보고 있는 분 중에

그렇게 하고 싶은 사람 있으면 좀 표시를 해 주세요. 그럴 리가 없지요. 아무도 그거 하고 싶어하지 않을 것입니다. 그래서 우리는 테방법을 반대하는 것입니다.

그러면 도대체 이런 테러방지법 같은 것을 만들려면 어떻게 만들어야 되느냐, 유엔인권정책센터라고 하는 데서 '테러방지에 관한 국제인권원칙과 기준'이라고 하는 것을 만들었는데 이것을 한번 제가 읽어 볼게요. 이 테러방지법을 만들 때 어떻게 해야 되는지.

'원칙 1. 테러의 정의는 명확해야 한다. 2010년, 유엔 테러방지와 인권의 증진 및 보호에 관한 특별보고관은 단순히 인질을 붙잡았거나 한 명 이상, 그 이상의 사회구성원이 사망 또는 부상을 입은 행위 또는 그 행위의 결과만을 기준으로 특정한 행위를 테러로 규정할 수 없으며 집단적인 공포상황을 유발하는 등의 구체적인 목적과 고의성, 그리고 국제적 기준 및 국내법에 따른 위법성과 그 정도를 함께 고려한 매우 정확한 정의가 필요하다.'

테러냐 아니냐, 테러위험단체냐 아니냐 하는 것은 명확한 정의가 있어야 된다고 하는 거예요. 테러의 정의가 명확하게 규정되지 않을 때 국가에 의한 자의적이거나 차별적인 조치로 이어질 수 있다. 이것이 정의가 명확하지 않으면 국가가 제멋대로 '이건 테러야' 이런 식으로 하면 자의적인 것이나 차별적인 조치로 국가권력의 남용으로 이어질 수 있다는 거예요. 그러니까 이것을 명확히 해야지 된다고 얘기를 하고 있는 것입니다.

'두 번째, 테러단체가 자의적으로 지정되지 않도록 안전장치가 필요하다. 테러단체는 명확하고 올바르게 정의된 테러를 직접 수행, 촉진했거나 그에 참여했다고 믿을 만한 합리적인 이유에 기반하여 엄격하게 심의하고 지정되어야 한다. 각 단체에의 소속과―단체에의 소속, 그러니까 개인이 단체에 소속―테러 간의 연계, 명확하고 충분히 입증되어야 한다. 그런 엄격한 과정을 거쳤다 하더라도 지정된 단체는 지정의 해제 또는 지정에 따른 불이익 및 제재조치의 집행을 중지하도록 요청할 수 있어야 하고 그에 따른 결정은 다시 사법기관의 검토를 거치는 등 이중삼중의 보호막이 필요하다.'

아끼 제가 그랬지요? 국정원상이 찍는다고 끝나는 것이 아니에요. 그리고 그것에 대해서 아무 규정이 없는데 여기는 뭐라고 되어 있느냐 그러면 이거 굉장히 명확하게 하고 굉장히 엄격하게 심사를 해야지 되고 그리고 그렇게 지정이 되었더라도 다시 한 번 사법기관의 판정을 받아서 이중삼중으로 보호막이 필요하다, 다시 말해서 우리 헌법도 정하고 있는 그런 국민의 권리, 시민의 권리가 침해되어서는 안 된다는 얘기를 줄줄이 지금 하고 있잖아요.

그리고 '원칙 3. 범죄 퇴치와 관련된 일반적인 조치' 그러니까 일반적인 범죄 또는 사회의 안녕을 위한 경찰력 같은 그런 조치보다, 범죄 퇴치와 관련된 일반적인 조치보다 특수한 조치가 우선이라고 하는 생각은 잘못이다는 거예요. 그러니까 '범죄 퇴치와 관련된 일반적 조치가 특수한 조치보다 우선이다' 이것이 특수한 조치를 해야지 된다, 테러방지법 이런 것을 꼭 만들어야 된다 이렇게 생각하는

것은 잘못이다라는 거예요.

일반적인 경찰 검찰 등등이 하는 그런 행위를 효율적으로—우리나라가 뭐 검찰이 없어요, 경찰이 없어요, 군대가 없어요, 헌병이 없어요, 뭐가 없어요—가 우선이다.

'특수한 조치의 종료 시점 또는 조건이 명시되어야 한다. 반테러 조치가 구체적이고, 한시적인 적용 기간을 정해 두어야 된다. 그리고 테방법을 만든다면 그런 특수한 조치에 대해서는 반드시 일몰조항을 포함하고 있어야 된다.'

일몰조항이라는 것은 언제까지 몇 년 몇 월까지만 이것이 한시적으로 유효하다라고 하는 것을 일정한 시간이 지나면 해가 떨어지듯이 없어지는 그런 조항인데 테러의 위험이 고조되어서 어떤 조치를, 특수한 조치를 법에 집어넣으면 그것은 영구적인 조항이 아니라 일몰조항으로 해야지 된다.

'정보기관의 역할과 권한에 대한 견제는 필수적이다. 테방법에 따라 정보기관이 체포·구금·수색·압수 등에 대한 권한을 부적절하게 부여받거나 권한의 남용으로 인권침해가 발생하지 않도록 안전장치가 필요하다. 특히 광범위한 감청에 따른 사생활에 대한 권리의 불법적인 침해와 정부기관 간 개인정보의 공유·확대 등은 지양되어야 한다.

입법 이전에 국제인권법과 부합하는지 여부를 면밀히 검토해야 된다. 국제인권조약과 부합성을 검토하고 그에 부합되지 않는 입법활동이 이루어지지 않도록 보장할 의무가 있다.

7. 입법 이전에 모든 이해 당사자와 광범위하고 포괄적인 협의를 해야 된다. 입법과 정책 과정에서 사회 구성원들과 광범위하고 포괄적인 협의를 해야 되고 국민안전이라는 모호하고 원론적인 가치를 앞세워서 사회 구성원들의 인권과 기본적인 자유를 침해할 가능성이 높기 때문에 다양한 이해 관계자들의 완전한 참여에 기반한 충분한 협의를 보장해야 된다.

테러방지를 위한 법과 조치는 정기적으로 검토되어야 한다. 이런 조치들을 검토할 독립적인 개인 또는 기관을 임명해서 12개월마다 정기적으로 그 법률과 이행을 검토하고 행정과 입법기관, 국회에 보고할 의무를 부여해야 된다.'

여러분들, 이 여덟 가지의 원칙을 듣고 어떤 느낌이 듭니까? 유엔에서 하지 말라는 짓은 다 하고 유엔에서 하라는 짓은 하나도 안 하고 있잖아요. 국제적인 기준에 전혀 맞지 않는 테러방지법을 내놓고 석 달 만에 표결해 내라, 아니면 우리나라가 뭐 테러에 망할 것처럼 이러면 말이 안 되는 것이지요.

국제적인 기준으로 하자고 한 것 아무것도 안 하고 국제적으로 하라고 하는 사회적 논의 이런 것은 하나도 안 하고, 이 테방법을 어떻게 우리가 받아야 돼요?

그런데……

목이 아프다. 물 좀 먹고……

(● 배재정 의원 의석에서 — 물 좀 드세요.)

예, 물 좀 먹고 할게요.

● **부의장 이석현** 토론을 희망하시는 의원님들이 날마다 토론하시는데도 날마다 늘어나고 있어요. 추가로 신청들을 많이 해서 지금은 순서를 짜 놓은 의원님들도 많이 계십니다.

참고로 읽어 드리면 배재정 의원님 하실 것이고 전순옥 의원님 또 추미애 의원, 정정래 의원…… 아이고, 얘기하다 보니까 '님' 자가 빠졌는데 양해해 주기 바랍니다. 그다음에 진선미 의원, 최규성 의원, 박혜자 의원, 오제세 의원, 권은희 의원, 국민의당의 권은희 의원입니다. 이학영 의원, 홍종학 의원, 서영교 의원, 최원식 의원, 홍익표 의원, 이언주 의원, 지금 순서를 짜놓은 의원님만 해도 이렇게 많이 계세요. 날마다 숫자가 늘어나요. 걱정입니다. 이분들이 다 좋은 말씀들을 많이 하셔야 되는데……

김용익 의원님 지금 열심히 말씀하고 계십니다. 감사합니다.

또 계속해 주십시오.

● **김용익 의원** 제가 계속하겠는데요, 사실 길게 할 생각이 없었는데 조금 길어지는 것 같은데요.

말씀을 계속 드리겠습니다.

국정원은 정보를 가지고 싶어 합니다. 정보를 매우 몹시 가지고 싶어 합니다. 왜 그러느냐 하면 정보를 알면 통제할 수 있거든요. 어느 사회에서나 정보는 통제의 권력, 힘을 주는 것입니다.

그런데 정보기관이 힘을 가져야 되지요. 어떤 힘을 가져야 되느냐 하면 진짜 테러집단에 대한 힘을 가져야 됩니다. 테러집단을 분쇄할 수 있는 힘을 가져야 됩니다. 군사적인 힘 이런 것이지요. 그래야 헌법이 보장하고 있는, 헌법이 말하고 있는 국민을 보호하고 안전을 보장하는 그런 힘을 가질 수가 있습니다. 그런 힘을 주어야지요, 정보기관에.

그러나 테러집단을 향한 것이 아니고 일반 국민들을 향한 정치적인 힘을 의도하는 정보를 정보기관이 가져서는 안 됩니다. 그 대상에는 여야 정치인이 있는데 이것은 제가 정치인이라고 부르지 않고 반드시 '여야 정치인'이라고 표현을 해야 된다고 생각합니다. 절대로 여당 정치인은 정보기관의 정보수집 대상에서 벗어나느냐? 천만의 말씀이지요. 그것은 저도 잘 압니다. 왜냐하면 저희가 청와대에 있을 때 그 청와대 수석들도 국정원에 정보수집 당할 것을 두려워했거든요, 저도.

청와대 수석은 국정원이 정보수집을 안 할까요? 천만의 말씀이지요. 다 합니다. 고위관료, 경제인, 군 장성, 아마 국정원 직원들 자신들도 사찰을 당하고 있을 것입니다, 서로서로 간에. 없을 리가 없지요. 두렵지요. 이런 것은 해서는 안 됩니다.

더더군다나 정치적인 반대세력에 대한 정보수집, 학생운동 할 때는 학생운동, 시민운동 할 때는 시민운동 정보수집 하지요. 이것은 정말 저처럼, 제가 아까 말씀을 드렸습니다만 52년생입니다. 5·16 쿠데타가 날 때 제가 초등학교 3학년이었어요. 그리고 박정희 대통령이 돌아가셨던 해에 제가 결혼을 했어요. 스물일곱 살쯤이었지요. 그것이 79년이니까요.

그러니까 제가 기억하는 그 기간 동안에는 언제나 박정희 대통령이 대통령이었어요. 만 아홉 살 때부터 스물일곱 살까지. 저는 청춘의 전부를 박정희 대통령 치하에서 지냈습니다. 하루도 행복한 날이 없었습니다. 늘 두려웠습니다.

저는 사실 뭐 대단한 운동가도 아니었고 학생운동가도 아니었고 잡혀간 적도 없었어요. 그런데 데모하고 하면 꿈을 꿔요. 제가 서울대 의대를 다녔으니까요. 그 당시 예과가, 대학로에서 이사 가기 전이기 때문에 예과가 옛날 서울 문리대 자리 지금 마로니에공원 자리인데 예과는 거기에서 다녔지요, 문리대에서 다녔으니까. 꿈에 앞 교문이 막히고, 대학로 쪽의 교문 막히고 후문으로 도망가면 후문이 막히고 또 옆으로 담장을 넘어가려면 또 담장에 경찰이 지키고 있어요. 끊임없는 공포를 느끼지요.

제가 본과 3학년 때 정신과 실습을 돌았는데 정신과 환자의 상당수가 피해망상을 가지고 있는데 피해망상의 대상이 누구냐 하면 중앙정보부였어요. 중앙정보부에서 나를 미행한다, 중앙정보부가 나를 쫓아다닌다 그것이 공포심의 근원이었어요. 그래서 제가 그것을 보고 좀 '아, 이러네요' 그랬더니 나보다 훨씬 선배 되는 전공의 선생이 '굉장히 많아' 그러더라고요.

사찰을 당할 때, 자기 생활을 들여다보는 위험이 있을 때, 그런 위협을 느낄 때 아무도 행복할 수가 없습니다. 누가 행복할 수가 있겠습니까? 여당 정치인은 마음이 편할까요? 야당 정치인은 마음이 편할까요? 지금 이 방송을 듣고 계시는 일반 국민들 어느 누구도 그 공포로부터는 벗어날 수 없습니다, 사찰을 하는 정보기관이 있는 한. 그것은 반드시 당해서, 현실적으로 자기가 중앙정보부에 끌려가서 그 공포를 느끼는 것이 아니에요. 그럴 수 있는 가능성 때문에 공포를 느끼는 거예요.

그리고 우리는 옛날 중앙정보부, 지금 국정원이 뭐 하는지를 몰라요. 여러분들 중에 국정원이 뭐 하는지를 아는 사람이 누가 있어요? 국회의원도 몰라요. 심지어는 그 담당 정보위원들도 모른다고 그러시잖아요. 어저께 신경민 의원이 그러셨잖아요. 모른다는 거예요.

세상에 모르는 조직이 나를 감시할 수 있다는 것만큼 두려운 일이 어디 있습니까? 세상에 가장 두려운 것은 정체 모를 사람에 의해서 쫓기는 것입니다. 정체 모를 조직에 의해서 쫓길 때 그 공포심을 어떻게 감당합니까? 왜 그렇게 살아야 됩니까, 우리가?

그래서 모든 나라들이, 서구의 제대로 된 나라들이 정보기관을 만들 때 두 가지 가장 염두에 두는 것이 있다고 생각합니다. 이것은 해외자료를 조금만 검토해 보면 금방 알게 되는데요, 어떻게 하면 외국의 적에 대해서, 바깥의 적에 대해서 충실한 정보를 얻을 것이냐, 반면에 어떻게 하면 이 정보기관이 내국인에 대해서는 나쁜 짓을 하지 않을, 권력을 남용하지 않게 할 것이냐 이 두 가지를 고민하는 것이지요.

외국에 대해서는, 적국에 대해서는 정보를 얻어야 됩니다. 당연하지요. 뭐 우리 영화에 수도 없는 영화가 있잖아요? 얼마 전에도 저도 '이미테이션 게임' 그런 것 봤는데요, 그런 식으로 그것을 가져와야지요. 그런데 내국인에 대해서는 그것을 하지 않게끔 하려고 하니까 그것이 어떻게 되느냐 하면 미국이나 영국이 어떤 방식으로 합니까? 외국에 대한 정보를 담당하는 CIA하고 내국인에 대한 정보를 담당하는 FBI를 분리하는 것이지요. FBI는 경찰의 하나잖아요. 연방경찰이잖아요. 그런데 그 CIA는 외국의 정보를 담당하는, 2개를 붙여 놓은 것이 아니라 떼어 놓았잖아요. 그리고 FBI는 권력적인 행사를 하지 못하게끔 하는 것이지요.

영국도 똑같습니다. 영국도 MI6가 있고 MI5가 있는데 MI6가 그 유명한, 지금도 영화가 나오는, 신기하게 제가 정말 초등학교 다닐 때부터 나오던 영화가 지금도 계속 나오는 유명한 제임스본드 007이 일하는 기관이 바로 MI6입니다. 그것은 대외정보만 다루지요. 국외 파트만 하는 거예요. 대내 파트는 MI5가 다루는데 MI5는 체포할 권한도 없어요. MI5는 경찰이 아니다 그렇게 스스로 얘기를, 규정을 하고 있는 것이거든요.

왜 그러냐 그러면 권력을 가지되 해외정보를 강화하고, 그것은 해야 되지만 예를 들어 영국 같으면 뭐 러시아라든가 중동의 여러 나라라든가 그런 정보수집을 해야 안 하고 되겠습니까, 미국도 마찬가지고? 하지만 내국인에 대해서는 하지 않는다는 거예요. 예를 들어서 MI5가 또는 FBI가 정치인에 대한 사찰을 하느냐? 안 하지요. 못 하게 하는 것이지요.

그래서 우리나라 국정원도 국내 파트와 국외 파트를 나누려고 여러 번 시도를 했습니다. 여러분들은 전혀 기억을 못 하시겠지만 참여정부 때 노무현 대통령은 국정원의 보고도 안 받으셨잖아요. 대면보고를 받지를 않으셨어요. 그러니까 국정원이 노무현 대통령을 굉장히 좋지 않게 생각하겠지요. 자기들의 존재 가치가 없어지는 거잖아요.

국정원은 법적 지위가 뭐냐면 국정원법에 의하면 대통령의 부속으로 국정원을 설치하게 돼 있어요. 국정원은 총리 산하에 있지 않아요. 국정원은 무슨 부 무슨 부, 보건복지부 뭐 산업 무슨 부 외교부 이런 것처럼 내각에 속하는 게 아니에요. 대통령의 직속으로 별도로 따로 있는 거예요. 그러니까 국정원은 아무한테도 책임을 지지 않아요, 다만 대통령한테.

국정원은 대통령을 위한 정보를 모으는 데예요. 그래서 대통령한테 가는 정보가 다 들어가고 그리고 수석실에도 정보가 좀 오지요. 내용에 따라서 수석실에도 정보를 주는데, 이거는 기본적으로 청와대를 위한 대통령을 위한 정보기관이거든요.

그런데 노무현 대통령은 독대를 하지 않았으니까 국정원장이 얼마나 싫었겠어요? 국정원 직원이 얼마나 싫었겠어요? 그런데 그때도 당시의 한나라당이 국정원 개혁하는 법을 냈어요. 국정원 개혁하는 법을 냈는데 뭐라고 냈냐면 해외정보 파트만 하도록 냈어요. 누가 냈냐? 이 부분 자료를 제가 읽어 드릴게요.

'오히려 당시 한나라당은 국정원을 폐지하자고 주장한다. 국정원을 폐지하고 해외정보처로─미국의 CIA나 영국의 MI6처럼─축소 개편한 입법을 하겠다고 밝혔다. 당시 한나라당은 국정원 폐지를 위해 정형근·홍준표·이윤성 의원 등으로 구성된 국정원 폐지 및 해외정보처 추진기획단을 출범시킨다. 한나라당은 2003년 4월 30일에 있었던 긴급의총에서 홍준표 전 의원이 국정원이 본래적 기능을 행사하지 못할 바에는 대공 기능은 기무사와 경찰, 대북 기능은 통일부로 가는 게 맞다. 노무현 대통령도 대선 때 국정원 기능 개편을 약속한 만큼 차제에 국정원 폐지 법안을 제출하고 해외정보처 설립법을 제출하자'

고 해서 채택이 됩니다.

'당시 김기춘 여의도연구소장은 국회에서 국정감사 할 때마다 정보위원회에서 국정원의 도청·감청 시설에 대한 감사를 요구하고 정부 여당이 계속 반대해 왔다면서 올해부터 국감 시 반드시 도청·감청 시설을 감사해야 하고─국회가 감사한다는 거예요─정부 여당은 이에 응해야 한다고 주장한다.'

그래서 진짜로 국가정보원법 전부개정안을 2006년 3월 13일, 그러니까 노무현 정부의 마지막 해이지요. 2006년 봄에 제출했어요. 그리고 그해에 노회찬 전 의원도 국가정보원법 전부개정안을 냈어요.

당시 한나라당이 발의한 국가정보원법 전부개정안의 제안자를 보면 이런 분들이 제안을 했어요. 정형근 엄호성 김병호 이재웅 김정부 김학송 김무성 홍문표 임인배 안택수 이해봉 이상배 김용갑 홍준표…… 홍준표 씨, 도지사지요. 최병국 송영선 황진하, 황진하 의원도 지금 현역이잖아요. 권철현 김기춘…… 김기춘 비서실장 등 19명이 공동발의했어요.

정말 이상스럽지요? 새누리당이 국정원을 전면 개편해서 국내 파트는 없애버리고 국제 파트만 남겨두자는 법을 냈다니까요. 그리고 지금은 이런 무소불위의 권한을 줘야 테러가 방지된다. 그러고서는 이것을 하자고 하는 거예요.

자, 그러면 이렇게 하면 과연 정권에 도움이 될까요? 정권에 도움이 안 되지요. 이 무서운 국정원, 무소불위의 권력을 가지고 영장도 없이 국민들의 모든 생활을 다 들여다볼 수 있는 이런 국가기관이 생긴다고 하는 것은 이게 무슨 뜻이냐면 그런 기관이 생기면 더 이상은 우리나라는 민주공화국이 아닙니다. 왜냐하면 국민에 의해서 선출된 대통령이 다스리는 게 아니라 대통령 위에 국정원이 있게 되는 거예요. 모든 사람들의 정보를 가지고 있는 정보기관은 대통령을 오히려 더 접박할 수가 있어요. 그게 불가능할 것처럼 보입니까?

많은 소문이 있습니다, 입증되지는 않았지만. 케네디를 누가 죽였다고들 많이 얘기하지요? CIA가 죽였다는 설이 있지요, 물론 입증되지는 않았지만. 이거는 민주주의에 치명적인 문제를 야기하게 됩니다. 통제하지 않는 정보기관, 이것은 국가를 넘어서는 국가가 되는 것입니다. 그럴 위기에

있는 것입니다, 지금 우리가.

개인정보 다 볼 수 있고 어느 위치에 있는지 누구하고 친한지 어느 단체에 소속되어 있는지 돈은 얼마나 있는지, 그런 것들을 알고자 하는 권리가 이 테방법에 다 들어 있어요. 그러니까 찬성할 수가 없는 것이지요.

그리고 수없이 많은 분들이 개인정보가 지금까지 국정원에 의해서 알게 되었다 이런 얘기를 했는데 제가 2013년의 국감 자료에서 하나, 여러분들이 신문에서 아마 못 보셨을 것 같은데, 신문에 나긴 났지만 기사라고 다 보는 거 아니니까요, 깜짝 놀랄 만한 자료를 국감에서 제시한 적이 있었습니다.

2011년부터 2015년까지 5년 동안 국민건강보험공단이 검찰과 경찰에 제공한 건강보험 정보의 건수가 무려 몇 건이냐 그러면 556만 6263건이었습니다. 건강보험공단에서 검찰과 경찰 국정원 등이 가져간 자료가 연평균, 5년으로 나누면 연평균 111만 3252건이었습니다. 하루에 3050건을 가져갔습니다. 당시 계좌추적의 3배, 감청의 448.5배를 건강보험 자료로 검찰과 경찰과 국정원이 가져갔어요. 이게 1년에 100만 건이 넘는다니까요. 하루에 3000건씩 가져갔다니까요. 수사에 썼지요.

왜냐하면 건강보험 정보는 모든 국민들을 다 대상으로 하고 있거든요. 여러분들 전부가 다 건강보험에 들어 있어요, 어린 아이부터 노인까지. 이것은 전 국민이 100% 자료를 갖고 있는, 100% 가입한 기관은 건강보험공단이 유일해요. 국민연금도 다 들어 있지 않고 은행도 다 들어 있는 건 아니지요. 그렇지만 건강보험공단은 100% 다 들어요. 그러니까 어떤 혐의자가 그 건보 자료를 보면 '아, 언제 무슨 병원에 갔었구나' 이것을 알면 이 사람이 어떤 행동반경을 갖고 어디로 움직이고 있다는 위치 정보를 파악할 수 있거든요. 또 다른 정보도 많이 파악할 수 있거든요.

그래 가지고 이것을 가져갔는데 영장 없이 그냥 달라면 다 준 거예요. 게다가 더 황당한 건 뭐냐 하면 그 건강보험공단 바깥에 보건복지부에 컴퓨터 12개가 있었어요. 건강보험공단의 컴퓨터 단말기 12대가 있었어요. 뿐만 아니라 서울중앙지검에도 건강보험공단에 접촉하는 컴퓨터가 1대가 있었어요. 황당하지요. 검찰에, 건강보험공단 컴퓨터 단말기가 서울중앙지검에 있었다는 거예요. 복지부에 12대가 있으니까 경찰에서 얼마든지 가서 좀 달라고 할 수 있었던 거예요. 건강보험공단에도 가서 달라고 했겠지요. 그러니까 하루에 3000건씩 막 나갔지요. 그래서 이것을 지적했더니 복지부에 있는 컴퓨터 또 검찰에 있는 컴퓨터는 철수해 갔어요. 그다음에, 그러면 이것 철수해 가면 뭐 해.

그래 가지고 제가 법 개정안을 냈잖아요. '건강보험공단은 개인정보를 압수수색영장이 있는 경우에 한해서 제공하도록 해야 된다. 영장 가지고 와라' 이렇게 법 개정안을 냈더니 복지부도 '그렇게 하고 싶다. 우리도 그랬으면 좋겠다' 그런데 우리 훌륭한 검경과 국정원은 뭐라고 답을 해 왔느냐. 이게 전문위원들이 만드는

검토보고서인데요.

(자료를 들어 보이며)

'관계기관 의견' 그래 가지고요 관계기관 의견에 5번 국가정보원 의견은 이런 거예요.

'국가정보원은 수사종료 이전에 개인정보 제공 사실을 대상자에게 알리는 경우 범인도주 증거인멸 증인위협 등 공정한 사법절차 진행이 방해받을 우려가 크며 수사 밀행성, 이제 비밀리에 한다는 말이지요. 수사 밀행성 침해 및 불필요한 사찰 논란 유발―여기도 사찰 논란을 유발하는 것 싫어하는가 봐요―등 장기후속수사의 차질 위험이 있다는 의견임'

간단히 말해서 반대한다 이 말이지요.

경찰청, 똑같은 의견을 보내왔어요. '

수사기관이 개인정보를 취득한 사실을 통보할 경우 수사 대상이라는 사실을 인지하게 되는 결과를 초래하여 피의자가 도주 및 증거인멸을 할 가능성이 높아질 뿐 아니라 개인정보로 제출받은 자료에 주소나 연락처가 포함되어 있지 않은 경우 오히려 통지를 하기 위해서 개인정보를 조회해야 되는 역설적인 상황이 있을 수 있고 수사기관이 개인정보를 제공받았다는 통지를 받을 경우 마치 수사 대상이 된 것으로 오인하여―오인할 건 없지. 수사 대상이 맞구먼. 그렇지요?―막연한 불안감과 위축감을 줄 수 있으며 우편통지의 경우 동거 가족 및 주변 사람이 그 내용을 확인하게 되어 명예훼손 또는 프라이버시 침해 논란이 발생할 수 있다는 입장임'

이것은 누가 누구를 걱정해 주는 건지 모르겠어요. 프라이버시를 다 침해해 놓고 명예훼손까지 해 놓고서 주변 사람이 알면 프라이버시 침해와 명예훼손이 될 것을 염려하고 있는 거지요, 지금 경찰이. 그래서 절대로 받을 수 없다 그래서 지금까지도 통과를 못 시키고 있어요. 지금도 정보기관이 건강보험공단에 가서 자료 내놔라 그러면 주고 있어요. 나라가 이렇다니까요. 그런데 이것을 테방법이라고 해서 그것 해 주면 어떻게 될까요?

이제 거의 마지막으로 말씀을 드리겠는데요. 그러면 도대체 이 법을 뭐 하러 하려고 할까요? 뭐 하러 이렇게 서두를까요? 물론 북한이 요새 들썩들썩하고 있는 것은 사실이지만 그리고 또 테러 위협이 증가하고 있는 것도 사실이지요. 아까도 말씀드렸잖아요. 더불어민주당 테러방지에 게을리할 생각이 전혀 없어요. 적절한 조치를 할 수 있다고 생각해요.

그런데 그게 반드시 테방법을 제정하는 방식이냐, 아니면 기존에 있는 여러 가지 수사기관을 강화하는 방식이냐 이것도 검토를 해 봐야 되고, 또 국민들의 기본적인 권리를 침해하는 부분은 없는지 이것도 검토를 해야 되고, 이것을 테방법이라고 하는 법을 만들어서 되는 것이냐 다른 방식으로 해야 되느냐, 테방법으로 한다면 그 내용을 어떻게 구성하느냐 이런 것을 검토를 해 봐야 되는데 그렇게 진행이 안 되고 있지 않습니까? 그런데 갑자기 이것을 하라고 이렇게 그냥 다그쳐대니까 좀 한심하지요.

며칠 있으면 총선이고 내년에는 대선을 하게 됩니다.

그런데 국정원이 참 엄청난 불신을 받고 있잖아요. 지난번 대선 때 대선 개입을 했다고 해서 난리가 났잖아요. 그래 가지고 김현 의원이나 어저께 강기정 의원 또 우리당 대표인 이종걸 원내대표 등은 재판받아야 돼요, 그것 때문에.

그러니까 그런 기관에서 어느 날 갑자기 테방법을 통해서 정보라는 정보는 다 들여다보겠다, 이것 좀 이상하지 않습니까? 물론 이것 사실이 아닐 수도 있어요. 그냥 의심일 수도 있고 그냥 우연히 오이 밭에서 신발 끈 고치는 것일 수도 있는데 이것은 아닌 것 같아요. 선거를 앞두고 왜 이것을 서두릅니까?

그래서 제가, 다른 의원님들도 그런 분이 계셨는데 제 트위터 친구들, 팔로어들한테 트윗을 띄웠어요. '이것 어떻게 생각하나' 그랬더니 생각보다 헌법과 인권침해 이 부분을 지적해 주신 분이 많았어요. '테러방지법보다 청와대 국민테러방지법이 우선이다' '테러방지법의 대상은 명백하게 자국민이다' '헌법 17조 18조 위반이다' '중앙정보부의 망령이 살아나고 있는데 그 정점에 테방법이 있다' '국민의 행동을 규제하는 법이다' '국민의 자율권 침해다' '삼권분립의 정신을 망각하고 권력의 달콤함에 취한 위정자들의 망상에서 시작된 것이다' '초등학생들조차 자신의 일기장을 누군가 훔쳐보면 화를 내기 마련이다' '민주주의에 대한 테러다' '여당이 말하는 자유란 무엇으로부터의 자유인가' '국민을 통제하겠다는 발상은 사실상 당장에 아무것도 잃을 바 없는 것처럼 보일지 몰라도…… 특정기관에 공개되는 것은 아주 큰 손실이다' 또 어떤 분은 '헌법 1조로 의견을 대신하겠다' '대한민국은 민주공화국이다. 대한민국의 모든 권력은 국민으로부터 나온다' 이렇게 그냥 딱 잘라서 얘기하신 분도 있어요. 닉네임이 '드디어 최애가' 이렇게 되어 있네요.

수많은 분들이 그런 의견을 내 주셨습니다. 이것은 우리 국민들이 절대로 테방법의 정체를 모르지 않는다는 것입니다. 법안의 명칭을 지적하신 분들이 많았어요. '테러방지법이라는 이름이 잘못됐다. 이것은 국민사찰법이다. 국민감시법이라고 해야 된다' '민간인 무차별 사찰법이다' '법안명을 대국민 사찰법으로 바꿔 주십시오' 심지어는 '테러방지법이라 쓰고 흥신소법이라 읽는다'.

그래서 독소 조항까지도 다 이것을 지적을 하고 계셔요. 국정원장이, 제가 그 부분은 길게 말씀을 안 드렸는데 이렇게 하기 위해서 테러취약시설에 보안장비를 설치할 수 있다는 거지요. 장비라는 것은 뭐냐 하면 간단히 얘기하자면 이것 중계소마다 감청 장비를 설치를 해야지 된다는 거예요, 이 법에 의해서. 이 법에 의해서 중계소마다 감청장비를 설치를 하고 언제든지 필요하면 법에 의해서 들여다볼 수 있도록, 들을 수 있도록 해야지 된다는 거예요.

(「그건 말이 안 되잖아요」 하는 의원 있음)

그러면 그다음에는 유혹을 받게 되는 거지요, 유혹을. 그래서 이게 많은 문제를 일으키게 되어 있습니다.

그런데 권력이 이런 정보기관에 의지하게 되면 정말 그쪽이 좋을까요? 그렇지 않지요. 그 권력의 정통성,

도덕성에 손상이 가게 됩니다.

　박근혜 대통령도 거기에 대해서 지금 굉장히 고생을 하고 계시잖아요. 대선 조작설 끊임없이 나오지요. 그런데 대선 조작, 당선이 조작됐다, 이것은 어떨지 몰라도 적어도 국정원이 여론 조작을 시도했다, 이것은 누구나 다 인정이 되는 거잖아요. 그런데 그게 선거법 위반은 아니라니까, 희한한 판단이기는 하지만……

　정보기관은 절대로 권력의 개가 되지 않습니다. 결국 통제되지 않은 정보기관은 권력의 늑대가 되는 것입니다. 권력을 물어뜯습니다. 개처럼 기지요. 개처럼 핥지요. 그러나 절대로 개가 아닙니다. 정보기관은 늑대가 되는 겁니다.

　이렇게 해서 만에 하나라도 총선, 대선에 영향을 미치고자 하는 의도가 있다거나 영구집권을 하고 싶은 의도가 있다거나 이게 테방법의 의도일 수도 있고 아닐 수도 있지요. 제가 이걸 어떻게 단정을 하겠습니까? 또 단정을 해서는 안 되지요.

　그러나 권력기관이 강화되면 그걸 개처럼 쓰고 싶은 유혹은 누구나 받게 마련입니다. 그걸 피할 수 있는 사람이 누가 있습니까? 그걸 피했던 사람은 제가 아는 한 유일하게 노무현 대통령밖에 없었습니다. 돌아가셨지요.

　여당에 그리고 청와대에 저는 간곡히 당부합니다. 절제되지 않은 권력기관, 정보기관의 유혹에 빠지지 마십시오. 테방법은 절대로 테러예방법이 아닙니다.

　지마위록**이라고 하는 옛말이 있는데 말을 가리키면서 사슴이라고 하니까 아부하는 사람들이 다 그렇다고, 저것은 사슴이라고 했다는 말입니다. 진나라의 고사인데요.

　이름을 테방법이라고 붙였다고 해서 테방법이 되는 것이 아닙니다. 국정원은 이런 장난 치지 마세요. 여당 의원들도 법을 잘 읽어 보세요. 그리고 진중하게 생각하십시오. 국민 여러분이 이 법을 제대로 보셔야 됩니다. 제대로 보고, 보수이거나 진보이거나 이 법에 대해서 신중한 판단을 하셔야 됩니다.

　보수의 가장 중요한 가치가 개인의 자유입니다. 그래서 보수주의의 핵심에 개인주의가 있습니다. 이런 방식의 국정원법은, 테방법이라고 이름 지어진 국정원법은 개인의 자유를 침해합니다. 보수의 핵심 가치를 침해하게 됩니다. 이 법이 고쳐지지 않고 통과되면 우리나라 역사는 또 한 번의 천추의 한을 남길 것입니다.

국민 여러분!
　정말 진지한 검토를 해 주시기 바랍니다.
　감사합니다.
　(박수 치는 의원 있음)

● **부의장 이석현** 김용익 의원님, 정말 잘 정리해 주셔서 감사합니다.

우리는 보건복지 분야의 전문가로만 알고 있었는데 오늘 이 분야에도 해박한 지식으로 잘 말씀해 주셔서 또 새로운 면모를 보게 됐습니다.

　지금 방청석에 많은 국민들이 와 계십니다. 관심을 가지고 와 주셔서 대단히 감사합니다.

　특별히 젊은 층들도 많이 계셔서 우리 정치에 대해서 젊은 층이 관심 갖기 시작했나 하는 그런 기대도 우리 의원들이 많이 하고 있습니다.

　감사합니다.

　다음은 더불어민주당 배재정 의원, 우리 당의 스타 의원 중의 한 분입니다.

　배재정 의원 나오셔서 토론해 주시기 바랍니다.

(2016년 2월 26일 오후 6시 50분)

　** 지록위마(指鹿爲馬). 2014년 올해의 사자성어로 꼽힘.

14

배재정 의원

제19대 국회의원 (비례대표)
더불어민주당

2016년 2월 26일 오후 6시 52분 시작
2016년 2월 26일 오후 10시 31분 종료
발언 시간 3시간 39분

"소통이 끊긴 관계는 진전되지 않습니다.
이는 국가 단위에서도 마찬가지입니다.
소통이 끊긴 정부는 결코 좋은 정부로
기억될 수 없습니다. 나라의 주인이
무엇을 원하는지, 무엇을 말하는지 들어
주십시오. 그리고 보여 주십시오."

(2016년 2월 26일 오후 6시 52분)

● **배재정 의원** 더불어민주당 비례대표 국회의원 배재정입니다.
대개 본회의장 단상에 서면 먼저 사회를 보고 계신
국회의장님 또는 부의장님을 향해서 인사를 먼저 합니다.
이석현 부의장님께서 양해를 해 주신다면 오늘은 다른
분들께 먼저 존경의 인사말씀을 좀 올리겠습니다.

● **부의장 이석현** 그렇게 하시지요.

● **배재정 의원** 고맙습니다.
김광진 의원님, 문병호 의원님, 은수미 의원님, 박원석
의원님, 유승희 의원님, 최민희 의원님, 김제남 의원님,
신경민 의원님, 김경협 의원님, 강기정 의원님, 서기호
의원님, 김현 의원님 그리고 조금 전에 수고해 주신 우리
김용익 의원님, 사랑합니다. 존경합니다.
그리고 저에 이어서 토론을 해 주실 의원님들께도 사랑과
존경을 보냅니다.
존경하는 이석현 부의장님, 그리고 선후배 동료 의원
여러분, 고맙습니다.
오늘 방청석에 많은 분들이 함께해 주셨습니다.
감사합니다.
추운 날씨에도 국회 앞에서 시민 필리버스터를 진행하고

계시는 국민 여러분, 존경합니다.
밤새 주무시지 못하고 국회 본회의장 연설을 듣고 계신
국민 여러분, 사랑합니다. 존경합니다.
사회관계망에서 응원 메시지 보내 주시는 국민 여러분,
존경합니다.
특별히 야당 국회의원들이 이렇게 무제한 토론을 진행할
수 있도록 선례를 만들어 주신 김대중 전 대통령님, 보고
싶습니다. 부디 대한민국이 민주공화국으로 그렇게 살아갈
수 있도록, 우리 국민들이 민주주의 속에서 살아갈 수
있도록 살펴 주십시오. 간절히 기원합니다.
반대 의견이 있을 때는 토론해야 한다고 당당히 외치셨던
노무현 대통령님, 조금 전 김용익 의원님께서도 언급해
주셨는데요, 보고 싶습니다. 우리 후배들이 그 정신
계승하겠습니다.
한 가지 더 제 트위터 친구분께서 말씀 주셨습니다,
고생하시는 속기사분들께 꼭 감사인사를 좀 전해 달라고.
고생 많으십니다. 대한민국의 정치사 그리고 역사를 새로
쓴다는 그런 마음으로 함께해 주시는 것이라고 믿습니다.
고맙습니다. 이런 제안 해 주신 SNS 친구분들께도 감사인사
드립니다.
저는 저를 비롯해서 우리가 그리고 여기 함께 계시는 또
방송을 지켜보시는 국민들께서, 우리 국회의원들도 바로
지금 이 자리에서 민주주의를 연습하고 있다는 생각이
듭니다. 그런 기회를 얻고 있다는 생각이 듭니다. 야당이
발목잡기만 하는 것이 아니라 왜, 무엇을 반대하는지,
무엇이 문제인지 그것을 토론하는 그런 자리를 가지고
있습니다. 귀중한 학습의 시간이 될 것이라고 확신합니다.
그래서 저도 전문가가 아니지만 이렇게 동참했습니다.
지난 24일입니다. 박근혜 대통령께서 청와대에서 회의를
주재하시면서 '사회가 불안하고 어디에서 테러가 터질지
모르는데 가로막으면 어떻게 하겠는가? 어떻게 하겠다는
것인가?' 정말 자다가도 몇 번씩 깰 통탄스러운 일이라고
하셨습니다. 이를 두고 언론은 격정을 호소하셨다고 제목을
달아 줬습니다.
그런데 우리 국민들은 대통령의 이런 안타까운
과거지향적 사고 때문에 편안한 잠을 이루기 힘듭니다.
박근혜 대통령께서 국회를 압박하고 국민을 호도하며
밀어붙이고 있는 법안들, 안타깝게도 모두 악법입니다.
'노동개혁법'이라고 부르지 마십시오. 실체는 아랫돌 빼서
윗돌 괴는 법입니다. 부모님들 일자리 뺏는 법입니다. 쉬운
해고, 비정규직 양산, 노동의 질 저하 등 오히려 나쁜 기업
양산하는 법입니다.
대통령이 책상까지 치면서 화를 냈다는 서비스산업발전
기본법은 공공에 있어야 할, 공공의 영역에 있어야 할
의료, 교육, 철도, 사회서비스 등을 약화시키는 법입니다.
이 사회의 기득권층들이 결탁해서 언제든지 서민들의
주머니를 털 수 있는 그런 법입니다. 특권층의 배를 불리는
법안입니다.
지금 문제가 되고 있는 테러방지법, 어떻습니까? 많은

분들이 언급하셨습니다. 법안의 이름에 속아 넘어가지 말라고요. 국민들이 이렇게 부르십니다. 워낙 여러 명칭이 있어서 통일할 수는 없습니다만 '대국민 도감청·계좌조회 자유화법' 이렇게도 부르시고요 뭐 흔하게는 '국정원 강화법' '국민감시법'이라고도 합니다.

어제 김경협 의원께서 '아빠따라하기법'이라는 말씀을 하셨다가 강하게 반발을 하시는 모습을 우리 국민들께서 좀 지켜보신 것 같은데요, 새누리당의 모 의원님께서 강하게 반발을 하셨지요.

여러 의원님들이 강조하시지만 저희 당은, 더불어민주당은 테러방지법 반대하지 않습니다. 국민의 안전을 지킨다는데 반대할 야당이 어디 있겠습니까? 하지만 지금 새누리당이 제출한 대테러방지법은 인권침해를 가져오는 독소 조항이 많습니다. 그래서 이대로 통과시켜서는 안 됩니다. 그것이 핵심입니다.

차후에 천천히 말씀을 더 드리겠습니다만 핵심적인 것만 몇 가지를 말씀드리면요, 무제한 감청 허용의 문제입니다. 무엇을 테러로 볼지 오롯이 국정원의 판단에 달려 있습니다. 테러방지법 통과되면 핸드폰 감청 설비 의무화까지 연결될 수 있다는 말씀 금방 또 김용익 의원께서 하셨습니다.

금융정보마저 국정원이 포괄적으로 축적할 수 있는 길이 열립니다. 국민의 사생활 침해나 인권침해를 불러올 여지가 큽니다. 테러인물에 대한 추적 및 조사권을 부여하는 것 역시 남용 가능성을 배제할 수 없습니다.

(이석현 부의장, 정의화 의장과 사회교대)

국회가 국정원을 견제할 수 있는 그런 장치, 충분하지 않다는 말로도 부족합니다. 거의 마련돼 있지 않다고 봐도 무방할 것입니다.

어떤 분이 제 트위터에 이렇게 멘션을 남기셨습니다. '국정원이 잘못하면 국회가 바로잡으면 될 것 아니냐? 국회의원의 역할이 그것이 아니냐?' 이렇게 말씀하세요. 그런데 안타깝게도 지금 정보위 위원님들의 말씀을 종합적으로 들으셨겠습니다만 국정원은 국회에 제대로 된 내용을 보고하지 않습니다. 예산도 마찬가지이고 업무도 마찬가지입니다.

그러면 다시 질문하겠습니다. 국민들께서 이런저런 걱정들을 하십니다. 야당이 반대합니다. 여기 방청하시는 분들께 제가 여쭤 보겠습니다. 이렇게 국민들이 우려하시고 야당이 반대할 때 청와대, 정부 그리고 여당은 무엇을 해야 옳습니까?

직권상정하고 본회의장 밖에서 피켓시위하고 청와대 국무회의에서 책상을 내리치면 되는 일입니까? 아니면 '그게 아니다. 오해다. 그런 염려는 하지 않아도 된다. 이렇게 해소할 수 있다' 이렇게 설명하는 게 맞습니까? '독소 조항으로 느껴지는 게 있다면 이렇게이렇게 고치겠다' 그런 토론을 하는 게 맞지 않습니까?

국민들께서 이렇게 말씀하십니다. '그렇게 이 법안 통과가 급하면, 중요하면 대통령이 직접 설명해 봐라' '여당 의원들도 나와서 토론해 봐라. 왜 야당 의원들만

나와서 반대토론을 하느냐?' '왜 우격다짐만 하고 격정만 토로하느냐?' 이렇게 말씀하고 계십니다.

이런 질문에 대해서 대통령께서는 그리고 정부는, 여당은 뭐라고 답하실 겁니까? 여전히 야당이 발목잡는다고 말씀하시겠습니까? 야당이 국민들의 안전에는 관심이 없다고 말씀하시겠습니까? 국회가 테러방지법조차 통과시키지 못한다고 그렇게 피켓을 들어야 합니까?

국가비상사태라고 했습니다. 그래서 직권상정한다고 말씀하십니다. 오늘 언론에 재미있는 사진이 났습니다. 대통령께서 취임 3주년이라며 대전창조경제혁신센터에서 이렇게 손가락 하트를 날리시는 사진들이 언론에 보도가 됐습니다. 국가비상사태라면서요? 강신명 경찰청장께서는 해외순방을 다녀오셨습니다. 국가비상사태라면서요.

테러방지법의 핵심 쟁점 김용익 의원님께서도 헌법조항까지 같이 설명을 상세히 해 주셨습니다만 되도록이면 자세히 구체적으로 또 설명을 해 달라는 요청들이 많이 있으셔서 핵심만 좀 말씀드리겠습니다.

먼저 정보수집권을 부여받은 정부기관의 문제가 있고요, 감청범위 확대의 문제가 있습니다. 대테러 인권보호관 임명 문제가 있고요, 영장 없이도 테러위험인물 추적권을 가능하게 하는 문제 등이 있습니다.

대테러센터, 많은 분들이 염려하고 계십니다. 대테러센터 업무의 중심 역할을 국가정보원에 다 몰아주고 있습니다. 그래서 국정원 강화법이라고 말하는 겁니다. 국정원은 테러위험인물에 대해서 출입국, 금융거래, 통신이용 등 관련 정보를 수집할 수 있습니다.

그런데 이런 부분들에 대해서 새누리당 원내대표께서는 '더불어민주당이 국민의 안전과 국가의 안위가 달려 있는 테러방지법조차 국정원 선거개입용이라는 뜬금없는 주장을 하면서 입법 방해활동을 하고 있다. 입법 방해행위를 하고 있다' 이렇게 주장을 하십니다.

감청의 폭을 어떻게 하느냐도 중요한 문제인데요. '국가안전보장에 대한 상당한 위험이 예상되는 경우'에서 '국가안전보장에 상당한 위험이 예상되는 경우 또는 대테러활동에 필요한 경우' 이렇게 넓히도록 부칙 개정이 포함되어 있습니다. 이에 대해서 실질적으로 테러를 빙자해 무제한 감청을 허용할 수 있는 가능성을 내포하고 있다고 저희는 비판하고 있는 것입니다.

기본권 침해 방지를 위해서 제도적 장치가 마련돼 있느냐도 중요한 쟁점입니다. 그런데 지금 새누리당이 제출한 방지법안에 의하면 대테러인권보호관 한 명을 둔다고 되어 있습니다. 인권보호관 한 명을 두면 국정원의 권한 남용에 대한 견제가 충분할까요? 아마 여기 계신 분들도 생각해 보시면 이해가 될 것으로 생각합니다.

또 하나 중요한 문제점이 추적권 부여입니다. '국가정보원장은 대테러활동에 필요한 정보나 자료를 수집하기 위해 대테러조사 및 테러위험인물에 대한 추적을 할 수 있다' 이렇게 규정하고 있습니다.

이 부분은 수정안이 제출되어 있기도 한데요, 이 경우

사전 또는 사후에 대책위원회 위원장에게 보고해야 한다는 내용을 덧붙여 놓은 것으로 그렇게 지금 수정안이 제출돼 있습니다. 그렇지만 그렇다고 하더라도 남용 가능성을 배제할 수 없다는 것이 저희 당의 입장입니다.

우선 몇 가지 핵심 쟁점에 대해서 짧게 말씀을 드렸는데요, 직권상정이 과연 맞는가에 대한 부분을 제가 한 분이 올린 글을 통해서 말씀을 좀 올리도록 하겠습니다.

'안녕하세요, 정의화 국회의장님? 필리버스터 의사진행으로 고생 많으십니다. 저는 지난 2월 23일 국회 본관 앞에서 테러방지법 제정 반대 1인 시위 중 체포된 31살 청년—이분의 성함을 제가 말씀을 드려도 될는지요—김재현 나눔문화 연구원입니다.

의장님께서 국가비상사태라는 명분으로 국민 기본권을 침해하는 테러방지법을 충분한 국민적 토론 없이 국회 본회의에 직권상정하셨던 날 저는 절박한 마음에 국회로 달려가 1인 시위를 했습니다. 저는 이번 사안을 통해 의장님께서 테러방지법 직권상정을 취소하셔야 하는 이유를 말씀드리고자 합니다.

2월 23일은 민의의 전당인 국회에서 국민 기본권 침해가 벌어진 날이었습니다. 체포 직전 저는 3분간 피켓을 들었고 한 번의 구호를 외쳤습니다. 제 옆에서는 동료가 사진을 촬영하고 있었습니다. 그러자 경찰 10여 명이 저희 둘을 제지하며 피켓을 압수했고 체포했습니다. 그리고 20시간 뒤인 지난 24일에야 풀려났습니다.

집회 및 시위에 관한 법률 위반이 그 이유였습니다. 하지만 1인 시위는 대한민국 어디에서나 가능한 의사표현의 방식이고 표현의 자유는 헌법이 보장한 국민의 기본권입니다. 명백한 경찰의 과잉 대응이었습니다. 또한 테러방지법을 반대하는 1인 시위에 대한 체포는 향후 한국정부가 국민들의 표현의 자유를 어디까지 제약하려 하는지를 명확하게 보여 주었다고 생각합니다.

테러방지법이 통과되면 국민들은 공권력에 의한 국민비상사태를 맞이하게 됩니다. 테러방지법은 국민의 통화 및 통신 내용과 금융거래정보를 합법으로 감청·추적·수집할 수 있는 권한을 국정원에게 부여합니다. 국민 사생활 침해법이자 대국민 사찰법에 다름없습니다. 더군다나 대통령의 계엄령 선포, 군병력 동원까지도 더욱 쉽게 만듭니다.

테러방지법의 오남용은 자기검열의 일상화까지 불러올 수 있는 문제입니다. 내밀한 사생활을 누군가 들여다본다는 불안이 우리 삶의 깊은 곳까지 파고들 수 있기 때문입니다. 테러방지법은 정치독재를 넘어 생활독재의 출발점이 될 것입니다.

이미 해외에서는 테러방지법의 부작용이 심각해지고 있습니다. 자국민과 전 세계의 통신 내용을 도·감청한 미국의 NSA 사태는 이를 잘 말해 주고 있습니다. 미국 국민들이 SNS에 올린 장난 글 때문에 무장경찰에게 검문을 받거나 수 시간 동안 구치소에 수감되는 등 기본권에 큰 제약을 받고 있습니다. 최근 스페인에서도 별다른 혐의 없이 예술가들이 징역형을 받을 위기에 처했습니다.

급변하는 한반도 정세 속에서 국민과 국가의 안위를 걱정하는 의장님의 심경은 이해됩니다. 하지만 테러방지법이 필요한지 의문입니다. 국정원은 국민이 부여한 엄청난 예산과 인력, 권한을 가지고 있습니다. 이미 국가보안법, 통합방위법 등 테러방지 법령이 존재하며 대테러 전담부대도 있습니다. 더 강력한 권한으로 테러위협을 막을 수 있다는 주장은 설득력이 없습니다.

국정원의 공권력 남용은 심각한 상황입니다.

지난 2009년 노무현 전 대통령이 검찰조사를 받던 당시 국정원은 고의로 수사기록을 언론에 공개했다는 증언도 나왔습니다. 2013년에는 탈북자 출신의 한 서울시 공무원을 간첩으로 조작하기도 했습니다. 그렇기에 국정원은 지금까지도 지난 대선 개입과 카카오톡 사찰 의혹에서 벗어나지 못하고 있는 것입니다.

국민이 결정할 수 있도록 직권상정을 취소해 주십시오. 이제야 국민들은 테러방지법이 무엇인지 조금씩 알아 가기 시작했습니다. 국민의 뜻을 모을 수 있는 계기가 마련된 것입니다. 국민 삶에, 청년들과 아이들의 미래에 큰 영향을 미칠 법안은 국민의 뜻에 따라 제정되어야 합니다. 우리 국민들에게는 테러방지법 제정 여부를 결정할 권리가 있습니다. 직권상정을 취소해 주십시오.

대한민국 국회의 입법권은 국민으로부터 나온다는 사실을 다시 한 번 생각하는 나날들입니다.'

국회 앞에서 1인 시위를 하다 체포되어서 24시간 만에 나오신 분의 글입니다. 어쩌면 우리 국민들의 걱정을 이 짧은 글에서 명확하게 들여다볼 수 있는 그런 글이 아닐까 싶어서 소개를 해 드렸습니다.

그런데 좀 특이한 일을 한 가지, 많은 분들이 알고 계시겠지만요 말씀을 드리겠습니다.

대한변협이 이 법에 대해서 찬성의견을 냈다고 합니다. 인권 조항을 갖추고 있다 이렇게 아마 판단을 한 것 같은데요. 재미있는 사실이 여러 가지 있습니다.

이 의견서를 누구에게 전달했나? 새누리당에 제출했습니다.

대한변협은 직역단체입니다. 정부나 국회에 법률에 대한 해석 의견을 내는 곳이지 특정 정당에 소속돼 있는 기관이 아닙니다. 특정 정당에 이런 의견서를 낸다는 것이 이해가 되지 않는데요. 더욱 재미있는 것은 대한변협 소속 변호사들이 반발하고 있습니다.

정소연 변호사가 트위터에 올린 글을 읽어 드릴게요.

'대한변호사협회가 테러방지법은 인권침해 문제가 없는 타당한 법안이라는 의견서를 냈다고 한다. 변협은 이에 항의하는 협회원들에게 새누리당에 전달한 의견서 내용조차 알려 주지 않고 있다. 대한변협은 전국 모든 변호사가 의무 가입하는 직역단체이다. 변협에는 법제업무를 담당하는 법제위원회와 집행부인 법제이사가 있다. 다른 문제도 아닌 법안에 대한 의견을 내는 것은 매우 신중한 일임에도 변호사들조차 새누리당 의원의 발언을 보고 이 사실을 알았다.'

재미있으시지 않습니까?

지금 우리는 국회에서 테러방지법 제정의 부당성을 토론하고 있습니다. 그런데 새누리당은 밖에서 이런 정치를 하고 있습니다. 새누리당이 요구한 것 아니라고 말씀하실 수도 있겠지요. 그런데 좀 너무 복고풍이라는 생각이 듭니다. 그러니까 지금 이 테러방지법도 나왔겠지요.

이 법의 이름은 바꾸어야 합니다. '긴급조치 9호 부활법'입니다.

모두에 짧게 말씀드렸습니다만 저는 오늘 진심에 대해서, 진심의 정치에 대해서 말씀드리고 싶습니다.

대통령께서 책상을 내리치시는 날 저는 이런 글을 써 봤습니다.

제가 국회에 들어온 지 만 4년이 조금 안 됩니다. 제 블로그에는 국회이야기라는 글이 꾸준히 올라가 있습니다. 제가 쓴 글입니다.

58회 '필리버스터', 제목입니다.

"2016년 2월 23일은 우리나라 정치사에 길이 남을 것입니다. 드라마에서나 봤던, 다른 나라 사례로만 들었던 필리버스터.

처음 시작할 때 우리의 필리버스터가 이렇게 힘을 가질 수 있다고 생각했던 의원들은 아마 없을 겁니다. 선거법을 이번 회기 내에 처리해야 하기 때문에 필리버스터를 한다 해도 테러방지법 처리를 현실적으로 막을 방법은 안 된다고 저희도 들었습니다. 그런데 결국 국민의 마음을 움직이는 건 사람입니다. 진심입니다.

저희 당 청년 비례 김광진 의원이 5시간을 넘기며 진심을 토로하자 국민의 마음이 움직였습니다. 제 마음도 움직였습니다. 제가 너무나 사랑하고 좋아하는 은수미 의원님이 그 작은 체구로 10시간을 넘겨 가며 무제한 토론을 하는 모습은 눈물 없이 볼 수 없었습니다. 그 눈물은 저만의 것이 아니었습니다.

테러방지법, 테러를 방지하고 국민 안전을 지킨다는 데 반대하는 야당 의원은 아무도 없습니다. 그러나 지금 청와대와 정부 여당이 밀어붙이고 있는 테러방지법이 정말 국민의 안전을 위한 것인지 저는 확신할 수 없습니다.

우선 테러방지법의 이름부터 바꿔야 합니다. 대국민 도·감청, 계좌조회 자유화법으로 바꿔 불려야 한다고 제 밴드의 친구 한 분은 강조했습니다. 테러를 빙자한 국정원 강화법이라고도 하고 국민감시법이라고도 합니다.

제 페이스북 친구 한 분은 이런 글을 보냈습니다.

'테러방지법이 통과될 것을 염려하여 페북 거의 삭제했다. 정치적인 것은 이제 무섭다. 이제는 페이스북 탈퇴할지도 모르겠다.'

국가는 국민의 생명과 안전과 재산을 지켜야 합니다. 지금 정부는 테러방지를 무기로 오히려 국민을 공포에 떨게 하고 있습니다. 불안하게 하고 있습니다. 개성공단의 전격 폐쇄로 국민의 재산마저 저버린 정부입니다.

테러방지법을 꼭 통과시켜야 한다면 청와대와 정부 여당은 국민을 설득해야 합니다. 야당을 이해시켜야 합니다. 혹시라도 잘못된 내용이나 독소 조항이 있다면, 그 때문에 문제가 생길 소지가 있다면 과감히 잘라 내어야 합니다.

그런데 박근혜 대통령의 방식은 언제나 밀어붙이기입니다. 경제활성화법 한다며 우리나라 최고권력자인 대통령이 서명운동에 나서 언론에 보도가 된 바 있습니다. 테러방지법도 우격다짐합니다. 국민을 위한다고 하지만 어디에도 국민은 없습니다. 국민의 대의기관인 국회는 회복 불가능한 게 아닐까 할 정도로 짓밟혔습니다. 국민들 머릿속에 국회는 그리고 정치는 싸움하는 곳, 대통령 발목만 잡는 곳으로 비춰지고 있습니다. 가슴 아픈 일입니다.

저의 상임위는 교육문화체육관광위원회입니다. 테러방지법이 제 전공은 아닙니다. 저는 어쩌면 상식적인 수준에서 국민들께서 아시는 만큼 알고 있는지도 모르겠습니다. 하지만 사람이, 진심이 마음을 움직여 저는 지금 국회 본회의장에 와 있습니다.

저도 필리버스터 신청을 했습니다. 신청 명단을 보니 열세 번째입니다. 3시간 하신다는 분, 5시간 하신다는 분, 8시간 하신다는 분 등이 줄을 이어 저는 언제 하게 될지 사실 잘 모르겠습니다. 하더라도 26일 오후는 되어야 할 것 같습니다.

이러다 선거법 처리 때문에 무제한 토론을 못 하게 될지도 모르겠습니다. 하지만 언제나 그렇듯 최선을 다하겠습니다. 노력하겠습니다. 국민들께 드리고 싶었던 말들을 꺼내 보겠습니다. 그 기회가 주어지길 간절히 바라는 마음입니다.

2016년 2월 24일 배재정 올림."

그저께 쓴 글입니다.

사실은 테러방지법 전문을 읽어 드리려고……

죄송합니다. 물을 좀 먹겠습니다.

전문을 다 가져왔습니다. 그런데 우리 존경하는 김용익 의원님께서 정말 문제가 되는 조항들을 하나하나 짚어 주셨기 때문에 제가 다시 읽는 것은 의미가 없는 것 같아서 다시 읽지는 않겠습니다.

모르실 수 있는데요, 이 법안은 소관 상임위만 무려 7개입니다. 법사위·정무위·기재위·미방위· 외통위·국방위·안행위.

저에 앞서 많은 분들이 좀 그러셨을 것 같은데요, 물을 많이 마셔도 안 될 것 같고 목은 좀 잠기고 그러네요.

(「천천히 하세요, 천천히」 하는 의원 있음)

제가 좀 빠릅니까?

예, 천천히 하겠습니다.

이 법안의 소관 상임위만 7개입니다. 정상적이라면 각 상임위에서 상정하고 또 여야가, 여야 의원들이 토론해야 합니다. 아마도 치열한 토론이 필요했겠지요. 그런데 그렇게 했을까요? 7개 상임위에 상정이 되었을까요? 여야 의원들이 토론했을까요? 법안소위에서 토론하고 상임위 전체회의에서 토론했을까요?

하나도 진행되지 않았습니다.

북한의 김정은 위원장이 로켓을 쏴 올렸습니다. 삐라가 뿌려지고 요인암살 계획이 있다는 언론의 분위기 잡기가 있었습니다. 그리고 박근혜 대통령이 책상을 내리치셨습니다. 그리고 지금 국회에 이렇게 직권상정이 됐습니다.

이 법이 이 상태대로 통과된다면 대한민국은 민주주의국가라고 할 수 없습니다. 김정은 위원장은 한반도의 평화를 깬 원흉이고 박근혜 대통령은 대한민국의 민주주의를 위협하는 독재자가 되고 말 것입니다.

북한의 테러도 있어서는 안 될 일입니다. 하지만 지금 대한민국에서 벌어지고 있는 일들도 있어서는 안 될 일입니다.

왜 더불어민주당을 비롯한 야당이 그리고 시민사회가, 왜 많은 국민들이 이 법 통과를 우려하는 것일까요?

정의화 국회의장님, 직권상정 철회해 주십시오. 직권상정 않겠다고 하시지 않았습니까?

집권 여당 새누리당 의원님들, 국민을 생각하셨으면 좋겠습니다. 청와대 눈치 이제 좀 그만 보셨으면 좋겠습니다.

국민들이 지켜보고 있습니다. 국민의 목소리를 경청하십시오. 역사에 죄인이 됩니다. 정보기관이 득세하면 부메랑이 되어서 저희뿐 아니라 여러분들도 옥죄어 올 것입니다.

민주사회를 위한 변호사모임, 민주주의법학연구회, 인권운동공간 '활', 인권운동사랑방, 진보네트워크센터, 참여연대, 이렇게 여러 시민사회단체가 의견을 냈습니다.

첫 번째 물음, '법으로 테러를 방지한다고?'

'박근혜 대통령이 테러방지법 제정에 나섰다. 11월 24일 예정에 없던 국무회의를 긴급히 소집하여 주재하면서 각국은 테러를 방지하기 위한 선제적인 대책들을 세우고 있는 반면에 현재 우리나라는 테러 관련 입법이 14년간이나 지연되고 있다고 발언했다. 그러나 왜 14년 동안 시민사회에서 테러방지법을 반대했는지에 대한 성찰은 없었다.

지금 테러방지 및 대응체계는 어떠한지, 정부는 속수무책 상태라는 것인지, 왜 정부가 지금 속수무책 상태라는 것인지에 대한 설명도 없었다. 오로지 현재 테러방지법·통신비밀보호법·사이버테러 방지법 등 국회에 계류된 테러 관련법안들의 처리에 국회가 나서지 않고 잠재우고 있는데 정작 사고가 터지면 정부에 대한 비난과 성토가 극심하다는 변명만 있었다.

세월호 참사가 일어난 원인도 테러 관련법을 제정하지 않아서였는지, 세월호 참사에 대해서는 왜 진상조사와 관련 입법 등 대응 조치가 필요하다고 긴급 국무회의를 소집해 가면서 국회를 질타하지 않았는지 궁금증이 꼬리를 문다.

여야는 11월 17일 테러방지법 관련 상임위인 국회 정보위·안전행정위·미래창조과학방송통신위·정무위 등에서 테러방지법 논의를 시작해 조속한 시일 내에 여야 합의안을 처리하기로 했다는 소식이 있었다. 최근 프랑스 파리에서 벌어진 동시다발 인명 살상사건으로 인해 논의를 다시 시작하기로 했다.

그런데 이미 테러방지법안은 2015년 들어 다시 등장한 바 있다. 테러예방 및 대응에 관한 법률안(이노근 의원 등 10인), 2015년 3월 12일 이노근 법안과 국민보호와 공공안전을 위한 테러방지법안(이병석 의원 등 73인), 2015년 2월 16일 이병석 법안이 그것이다. 두 개의 법안은 이전 법안의 문제점을

고스란히 안고 있으면서도 인권침해적 요소가 가중되어 있다. 두 법안의 등장은 한 고등학생의 IS 가입 추정 사건과 주한 미국대사의 피습사건을 빌미 삼았다. 직접적인 사건이 아님에도 결론은 테러방지법이다. 현재의 예방 및 대응 체계에 대한 진단과 평가는 없다. 결국 국가정보원을 강화하는 결과만을 초래할 뿐이라는 지적에 대해서는 묵묵부답이다.

테러방지법을 제정한다고 테러를 예방할 수 있는 것도 아니고 테러방지법 없이 테러에 신속하게 대응할 수 없는 것도 아니다. 오히려 인권을 침해할 가능성이 높은 요소만이 가득하다. 테러방지법을 제정하고자 하는 의도가 다른 곳에 있다는 의구심을 지울 수 없는 까닭이다.'

두 번째 물음, '테러방지법의 현실적 근거 부재'

'테러방지법은 테러와 관련한 국가기구의 설치와 권한의 배분 및 조정 등 조직법적 수준에서 중대한 변경을 담고 있다. 특히 그 변화의 핵심에 국가정보원을 두는 한편 이를 통하여 국가 권력의 실질적 통합 가능성을 안고 있는 등 국가조직의 일반 원칙과 권력분립을 지향하는 헌법 질서의 기본 구도를 벗어나는 양상을 보이고 있다.

그러나 테러방지법안은 이러한 구조 변화의 필연성을 담보할 수 있는 국가적 위기에 대한 근거를 제시하고 있지 않다. 모든 법안에 이러한 전제조건을 요청하는 것은 아니지만 일종의 위기 정부로서의 테러방지기구를 설치하는 법을 제정하기 위해서는 다음과 같은 조건이 먼저 충족되거나 입증되어야 한다.

첫째, 우리나라에 테러의 위협이 존재한다.

둘째, 테러는 사회질서 혹은 국가안보에 중대한 위협이 될 수 있는 것이다.

셋째, 테러는 일회성이 아니라 계속 반복될 것으로 예상된다.

넷째, 기존의 국가조직 혹은 치안기구만으로 이러한 테러를 감당하는 것이 불가능하거나 상당히 비효율적이다.

다섯째, 이상의 명제는 상당한 개연성으로서 예측 가능하다. 하지만 이제까지의 수많은 테러방지법안은 이러한 조건에 대하여 아무런 설득력 있는 근거를 내놓지 못했다. 새로운 기구의 창설 혹은 조직의 개편에 반드시 뒤따라야 할 합리적 정당성을 확보하지 못했다. 이것은 설명도 없이 초간단한 입법의 취지나 이유에서는 물론 테러의 개념 규정이 모호하고 추상적으로 규정되어 있다든지 테러대응기구의 설계가 단지 지휘체계의 통합에만 집중되어 있다든지 하는 등의 규정 방식에서도 잘 나타난다.

우리나라에 현존하는 테러 위협에 대한 구체적이고도 증명할 수 있는 인식을 확보하고 있지 못한 만큼 그에 대한 대응에서도 날림식의 대안만을 제시하고 있는 것이다.'

세 번째 물음, '테러 개념의 문제'

'테러방지법안의 테러개념은 기존 국내법상의 범죄와 대비되는 개념으로서의 테러를 특정하지 못한 채 단순히 국제법상에서 특별히 규제되고 있다는 이유만으로 이들을 하나의 개념으로 통합하고자 하는 우를 범했다. 실제 항공기 납치, 민간 항공에 대한 불법적 행위, 국제적 보호 인물에 대한 범죄, 인질, 핵물질, 항해 및 해상플랫폼의 안전, 폭탄테러행위

등은 모두가 국내법으로 처벌할 수 있는 범죄이다.

국제조약이 요구하는 것도 이러한 행위에 대한 특별한 조치가 아니라 현행 우리 법제와 같이 국내법으로 그 행위를 처벌하는 규정을 둘 것을 요구하는 것이 대부분이다. 이 범죄들은 별도의 취급을 하지 않는다 할지라도 이미 국내법으로 처벌받고 있으며 국제범죄조직이나 외국인에 의한 범법에 대비하여 경찰이나 검찰 등 이에 상응하는 국가기구가 가동 중에 있다.

그렇다면 법안에서 새로운 대테러 대책을 확립하기 위해서는 필연적으로 기존의 국내법과 구별되는 별도의 테러유형, 그 행위태양의 특수성, 범죄결과의 중대성, 대응 방식의 전문성 등이 최소한 일반적 수준에서라도 제시되어야 한다.

그러나 이제까지 그러한 테러방지법안은 없었다. 설령 테러방지법안이 기존의 범죄 중에서 특별히 국제적 관심의 대상이 되는 것을 테러로 규정하고자 하는 의도에서 입안되었다 하더라도 사정은 마찬가지다.

이 경우, 법안이 필수적으로 제시해야 할 것은 국제적 관심과 더불어 그 국제적 우려가 우리나라에서 현실화할 가능성이 있는지에 대한 인식과 그 중대성, 지속반복성에 대한 입증이다. 국제적 우려의 존재와 국내적 위험의 존재는 문언 그대로 상호 다른 영역에 존재한다.

국내법의 제정에 필요한 조건은 국제적 우려가 아니라 바로 국내적 위험의 존재이다. 또한 테러방지법안은 테러를 규정하면서도 그것을 내국인 범죄, 외국인 범죄의 구분은 물론 개인적·개별적 수준의 범죄, 조직적·집단적 범죄의 구분조차 제대로 행하지 않았다.

예컨대 인질 억류는 제3자, 즉 국가, 정부 간 국제기구, 자연인, 법인 또는 집단에 대해 인질 석방을 위한 명시적 또는 묵시적 조건으로써 어떠한 작위 또는 부작위를 강요할 목적으로 타인을 억류 또는 감금하여 살해, 상해 또는 계속 감금하겠다고 협박하는 행위이다.

이 경우, 그 반인륜적 해악을 별론으로 하면 그것이 개인적 차원에서 발생하는 경우와 조직적·집단적 차원에서 발생하는 경우는 분명 사회질서와 국가안보의 측면에서 상당한 차이를 가진다. 핵물질의 절도, 민간항공의 안전에 대한 불법적 행위, 항해의 안전에 대한 불법행위 등도 마찬가지이다.

그런데도 테러방지법안은 개인적인 수준에서 우발적으로 발생하는 범죄와 조직적 차원에서 계획적으로 이루어지는 범죄의 차이가 엄청남에도 불구하고 이를 제대로 구분하지 않고 있다.

즉 관련 국제협약이 관심을 가지는 범죄의 특성이나 행위에 대한 인식을 구체화하지 못하고 있는 것이다. 물론 국가안보 또는 공공의 안전을 위태롭게 하는 행위라고 규정으로 처리하고자 하나 여기서 공공의 안전이라는 개념은 모든 범죄의 무가치성을 판단하는 기준으로 존재하는 것인 만큼 별다른 제약 규정이 되지 못한다. 그것 자체가 추상적인 것이다. 공공의 안전은 모든 형법규정의 궁극 목적일 뿐이다. 그것으로부터 법규정의 적용범위를 구체화하기는 힘들다.' 사실 시민사회단체가 발표한 내용입니다만 내용이 좀 딱딱해서 이해가 어떻게 도움이 되실는지, 저도 말씀을 드리면서 조금 걱정이 되기는 하는데요. 그래도 전반적인 테러방지법안의 문제점에 대해서 조목조목 비판을 한 것이어서 제가 인용을 한다는 말씀을 덧붙여서 드리고 싶습니다.

'이병석 의원 등 73인이 제안한 법안은 대테러활동의 개념을 테러의 예방 및 대응을 위하여 필요한 제반활동으로 정의하고 테러의 개념을 국내 관련법에서 범죄로 규정한 행위를 중심으로 국가안보 또는 국민의 안전을 위태롭게 하는 행위로 적시하고 있을 뿐이다.

이노근 의원 등 10인이 제안한 법안은 미 대사의 피습사건을 고려한 듯 외국인을 테러 대상에 포함했다. 동시에 형법상 범죄행위를 되풀이하고 있다.

즉 테러 개념이 귀에 걸면 귀걸이, 코에 걸면 코걸이 식으로 국가권력의 입맛에 따라 무한 확장할 수 있는 위험한 개념임을 확인할 수 있다.

네 번째 질문, '대테러기구의 본질은 국가정보원의 권력 장악' '테러 개념의 추상성·모호성은 곧장 대테러대책기구의 기능·범위에 대한 규정 부재에서도 나타난다. 국가대테러대책회의, 대테러센터 등을 가동시키게 되는 테러의 범주가 확정되어 있지 않을 뿐 아니라 그것을 결정하는 과정과 절차에 대한 규정 또한 존재하지 않는다. 테러 개념이 모호하고 추상적임에 덧붙여 대테러대책기구의 작용 대상도 특정되지 않았다. 법안에 예정한 범죄들은 개인적·집단적 또는 우발적·계획적, 내국인·외국인, 정치적·비정치적, 소규모·대규모, 일시적·반복 가능 등 다양한 층위에서 나름의 스펙트럼을 구성하고 있으며 그 경우에 따른 각각의 대응이 필요하다.

여기서 법안은 어느 경우에, 즉 테러의 강도와 밀도가 어느 정도에 이를 때 대테러기구의 권한이 발동되며 이 권한 발동의 절차와 그에 대한 국민적 감시 감독의 가능성은 어떻게 확보되어 있는지에 대한 언급이 전혀 없다. 오히려 이 모든 것들을 테러라는 이름으로 통칭하고 그때그때 자의적 판단에 따라 대테러대책이라는 명분하에 국가권력을 한 곳에 집중시키는 위험만을 예정하고 있을 뿐이다.

그동안 테러방지법안들은 테러에 대응하기 위하여 국가대테러대책회의, 대테러센터 그리고 대테러대책본부 등을 설치하는 것으로 규정하고 있다.

그러나 다음과 같은 의문이 든다.

첫째, 과연 기존의 국가기구, 행정안전부 및 경찰청, 법무부, 검찰 등과 더불어 국가정보원 그 자체가 법안이 예정하고 있는 테러에 대응할 능력이 없는가.

둘째, 만일 그런 능력이 없다면 이 같은 기구의 권한과 조직을 변화시킴으로써 그것을 감당할 수는 없는가.

셋째, 그래도 불가능하다면 국무총리의 국정조정권을 보다 강화시킴으로써 행정에 관한 통합권을 가지는 국무총리가 정규적인 대테러기구를 설치할 필요는 없는가, 혹은 대테러기구의 주무기관을 국가정보원으로 하는 것이 가장 효율적인가.

넷째, 이 같은 기구 설계의 법적 정당성은 확보되었는가.

이 부분에서 먼저 지적해야 할 것은 국가정보원은 현재 대통령 직속의 기관으로 우리 헌법이 예정하고 있는 정상적인 행정 각부에 해당하지 않는다는 점이다. 즉 그것은 국회의 동의를 얻어 임명되는 국무총리의 행정통할권에 복종하지 않으며 또한 국가정보원장은 국무위원이 아니라는 점에서 국회의 해임건의 등 국회가 직접 그 책임을 추궁할 장치를 갖지 못했기 때문에 그에 대한 민주적 통제는 물론 권력분립에 의한 통제조차도 적절하게 마련되어 있지 않다.'

이 부분이 여러 의원님들께서 강조하시는 부분 중의 하나입니다.

국가정보원이 실질적인 국회의 통제를 벗어나 있습니다. 잠시 말씀드렸습니다마는 예산에 대해서도 국회가 적절하게 통제할 수 있는 권한이 없습니다. 그래서 국가정보원에 과도한 권한이 집중되는 것에 대해서 많은 의원님들이 그리고 국민들께서 염려를 가지시는 것입니다.

내용이 많이 있어서 이것을 다 말씀드리기는 힘들 것 같고요, 결론 부분을 인용하겠습니다.

'각국에서 반테러법은 비밀 정보기관을 비밀경찰로 바꾸는 데 일조하는 법으로 평가할 수 있다. 그런데 한국의 국가정보원은 이미 비밀경찰체제로 운영하고 있다. 테러방지법 제정은 무수히 많은 인권 침해 사건을 일으킨 국가정보원이 권력의 중심에 서고자 하는 프로젝트일 뿐이다.

많은 사람들의 인명 피해를 초래할 수 있는 범죄행위를 막고자 한다면 기존의 범죄 대응체계를 점검하는 일부터 시작해야 한다. 그 과정에서 인권 침해 가능성을 줄이려면 무엇보다도 국가정보원의 수사 권한을 제거해야 한다. 국가정보원을 순수 정보수집기관으로 바꾸는 것을 전제로 해야 테러를 방지하고 대응하는 체계를 다시 만드는 일을 할 수 있다. 만약 현재 시스템에서 제대로 테러에 대응하지 못한다면 경찰과 검찰 등 관련 기관들의 책임을 묻는 국정조사를 진행해야 한다.

대통령은 테러 관련 법 제정을 요청하기 이전에 정부의 수반으로서 현재의 대테러 체계가 부실한 까닭에 대해 책임을 져야 한다.

이미 1994년에 유엔은 '인간안보'라는 새로운 개념을 통해 세계화와 공공재의 민영화로 인해 점증하는 사회적 개인적 삶에서의 불안정에 대응하는 방법을 제시했다.

테러가 왜 발생하는지에 대해 한 번이라도 진지하게 생각해 본 사람이라면, 따라서 이제는 국가안보에서 인간안보로 정책의 초점을 옮겨야 한다는 주장에 공감할 것이다.'

이 부분에 대해서 첫날 새벽부터 10시간 이상 무제한 토론을 하셨던 은수미 의원께서 말씀하신 것을 저는 기억하고 있습니다.

우리가 테러를 방지하기 위해서 테러 대응시스템을 갖추고 정보의 수집권이든 추적권이든 이런 것들을 설치하는 것은 어쩌면 가장 간단한 혹은 단순한 문제일 것입니다.

그런데 우리 사회를 안전한 사회, 우리 국민들이 행복한 사회로 만드는 것이 지금 우리가 테러에 대응하는 어떻게 보면 근본적인 자세가 아닐까라는 생각을 은수미 의원님의 발언을 들으면서 저도 깊게 공감을 했었는데요, 사회 내에서 테러를 일으킬 수 있는 요인들을 제거하는 것, 우리 국민들이 먼저 행복한 것, 국가에 의해서든 무엇에 의해서도 생존권이 위협받지 않는 것, 인간의 존엄성을 훼손당하지 않을 수 있는 것 그것이 우리가 출발해야 하는 지점이 아닐까 합니다.

(휴대전화를 들어 올리며)

아까 김용익 의원님께서 휴대폰을 이렇게 들어 올리시면서 여기에 있는 내용을 혹은 통화하는 내용을 혹은 성생활에 이르기까지 그런 민감한 정보들을 노출시키고 싶은, 그것이 사찰되어도 된다고 생각하시는 분들이 얼마나 계시겠냐고, 어느 분이 그러시냐고 이런 질문을 하셨지요.

제 트윗에 어떤 분이 이런 글을 남기셨어요. '그것은 걱정할 만한 사람들이 걱정하는 것 아니냐?' 제가 이해한 대로 조금 말을 바꿔서 말씀을 드립니다. '그냥 평범한 사람들이 그런 위험에 노출될 것이 무엇이 있습니까? 나는 걱정되지 않는다' 이런 글을 올리셨어요.

저는 그런 생각을 했습니다. 그분께서 내 정보가 노출될 수 있는 범위 혹은 내가 감청당할 수 있는 가능성 이런 것들에 대해서 과연 충분히 인식을 하고 그렇게 트윗에 글을 남기셨을까 하는 걱정이 들었습니다.

우리가 무엇을 하고 어떤 생각을 하고 심지어 표현의 자유에 대해서 많은 예술가분들이 말씀하시는 이유가 어디에 있을까요? 우리의 생각, 우리의 행동, 헌법이 보장하고 있는 우리의 기본권들을 아무리 국가라고 하더라도, 더욱이 국가의 정보기관이 들여다보아서는 안 된다는 인권에 대한 아마 많은 염려들 거기에서부터 우리 예술가들의 표현의 자유에 대한 강렬한 주장과 저항들이 있을 것으로 생각합니다.

지금 테러방지법안에 대해서 많은 분들이 네이밍 말씀을 하셨는데요, 이렇게 국민감시법 혹은 사찰법 혹은 국정원 강화법으로 불리는 이 법안에 대해서 많은 의원들이 무제한 토론을 신청하고 그리고 국민들께서 거기에 함께해 주시고 그렇게 하시는 것이 바로 이런 우려들 때문이 아닐까라고 생각합니다.

테러방지법이 만들어지면 그러면 우리는 과연 테러에서 안전한 사회가 되는 것일까? 근본적인 문제 제기라고 생각합니다.

우리 스스로 해야 되는 노력들을 사회의 각 차원에서 더 철저하게 준비할 필요가 있을 것 같습니다.

'오늘날 우리는 조그마한 사건으로도 큰 재앙에 직면할 수 있는 고도 기술사회에서 살고 있다. 대도시들은 테러와 그에 준하는 사태가 발생하면 걷잡을 수 없는 혼란에 빠지게 될 것이다. 테러방지법에 반대한다고 해서 세월호 참사와 같은 재난에 대해 무관심한 것은 절대 아니다. 테러방지법과 같은 방식의 대처에 반대한다는 뜻이지 만약의 위험을 예방하고 대처하는 자세는 필요하다.

전문가들은 그 어떤 테러방지법을 동원하더라도 자살테러는 막을 수 없을 것으로 본다. 9·11 테러는 현대와 같은 고도의 발전된 위험사회가 얼마나 위험한가 하는 것을 분명하게 보여주었다.

어떤 사회도 위험과 폭력으로부터 100% 안전할 수는 없다. 절대적 안전을 내세우면서 그것을 달성하기 위한 국가의 권한 확대를 시도한다면 이는 국민을 우롱하는 일이자 국민과 인권에 대한 위험이 될 것이다. 그러므로 다른 방식으로 접근해야 한다.

한국 사회의 실정을 고려한다면 광범위한 재난 예방 및 재난구조 체계를 구축하는 것이 무엇보다도 필요하다.

고도 기술사회가 갖고 있는 그 자체의 위험에 대처하기 위해 국가의 예산을 어디에 쓸 것인가 하는 부분은 매우 중요한 정책적인 판단이다. 시간과 돈과 인력을 적절하고 필요한 부분에 균형 있게 투입할 수 있는 지혜를 모아야 한다.'

이 같은 시민사회의 우려 목소리, 아마 공감하실 것으로 생각합니다. 더 토론해야 합니다. 더 토론하고 중지를 모아야 합니다.

우리 사회를 어떻게 만들어 나갈지 국회만 토론해야 되는 것이 아니라고 생각합니다.

여기에 함께해 주신 방청객 여러분!

지금 국회방송이나 또는 다른 채널을 통해서 무제한 토론을 보고 계신 국민 여러분!

혹은 이 무제한 토론을 보지 못하신다고 하더라도 우리 사회의 구성원 모두가 함께 관심을 가지고 정말 우리가 어느 방향으로 나아갈 것인가에 대한 진지한 고민과 토론이 필요할 것 같습니다.

이 법이 통과되면 안 되는 이유, 아마 한마디로 이야기를 하라고 하시면 권력의 집중이 될 것 같습니다. 권력이 집중되면 그 권력에 대한 통제는 불가능해지겠지요. 대신 그 권력의 국민에 대한 통제는 쉬워질 것입니다. 국민 개개인을 조종할 수 있을 것입니다.

이런 사회 어디서 많이 듣고 또 많이 봐오지 않으셨습니까? 소설에도 있고요. 지금 3대 세습체제를 유지하고 있는 북한 사회를 생각하게 합니다.

우리 대한민국은 자유민주주의 국가로서 우월성이 있습니다. 이에 대해 전 세계에 자랑해 왔습니다. 대한민국 정말 자랑스러운 나라입니다. 일제강점 36년에도, 모든 것이 초토화된 한국전쟁을 겪고도 이렇게 불굴의 의지로 일어선 국가이지 않습니까? 그런데 지금 우리 정치권력은 과거로 퇴행을 겪고 있습니다.

아까 잠깐 말씀드렸습니다만 제 상임위가 교육문화체육관광위원회입니다. 많은 국민들께서 기억하고 계시겠지만 지난해 역사교과서 국정화 문제로 정말 큰 홍역을 치렀습니다. 과거형으로 '치렀다'는 말을 하기에는 적절하지 않습니다. 지금도 진행되고 있는 문제입니다.

역사교과서 국정화⋯⋯ 국정교과서가 검인정체제로 발전하고 거기에서 한걸음 더 나아가면 자유발행체제가 됩니다. 우리가 정말 많이 비교하고 싶어 하는 OECD 국가들, 선진국들, 자유발행체제를 많이 하고 있습니다. 그런데 우리는 역사교과서를 검인정체제 하고 있는 것을 지금 국정화로 돌리려고 하고 있습니다. 돌리고 있습니다.

제가 말씀드리는 것은 가치맥락이 잇닿아 있기 때문입니다. 토론하자고 했습니다. 국민들의 공감대를 형성하라고 했습니다. 국민들의 반대여론이 높은데 밀어부쳤습니다. 그 과정에서 국회의 목소리 듣지 않았습니다. 자료제출 요구에도 하지 않았습니다. 청와대가 관심 있으면 국회에서 제대로 된 토론이 되지 않습니다.

저희 야당이 더 강력하지 못해, 더 잘 싸우지 못해 늘 죄송스러운 마음 갖고 있습니다. 그러나 내부적으로는 정말 열심히 대응했습니다. 저를 포함해서 저희 교문위 소속 야당 위원들, 역사교과서 국정화 막기 위해서, 물론 교문위 소속만이 아니고요. 저희 당 전체가 정말 열심히 거리에서 서명도 받고 국민 홍보도 하고 투쟁을 했습니다. 그런데 막을 힘이 부족했습니다. 솔직한 고백입니다. 그런 것을 되풀이하고 싶지 않습니다.

어쩌면 역사교과서 국정화 문제가 법안의 문제였으면 이렇게 필리버스터라도 할 수 있었을지 모르겠습니다. 그런데 법안의 문제가 아니었습니다. 교육부가 시행령 고치면 되는 문제였습니다. 국회가 아무리 떠들어도, 아무리 야당이 반대해도, 아무리 국민들의 반대의견이 높아도 정부가 그냥 이행을 해버립니다. 그 과정에서 모든 것 비밀로 하지요.

많은 국민들이 인사청문회 과정 보실 겁니다. 인사청문회에 대해서도 비슷한 말씀 드리고 싶습니다. 사생활을 과도하게 턴다, 업무 내용과 상관없는 것까지 다 한다⋯⋯

(「의제와 관련된 얘기를 하세요」 하는 의원 있음)

이게 의제와 관련된 겁니다. 관련돼 있다는 걸 제가 말씀을 드리는 과정에서 충분히 아실 수 있을 거라고 생각합니다.

그런데 갈수록 기술이 발전해서, 인사청문회 회피기술이 발생해서 자료를 제출하지 않습니다. 그렇게 해서 우리 국민들의 알권리가 침해당하고 있습니다.

왜 이것이 제가 의제와 관련돼 있다고 말씀드리냐면요. 이 모든 것의 뿌리에 여러 가지가 있겠지요. 박근혜 대통령의 독선이 있을 수 있고요. 정부 여당이 여당으로서 청와대를 적절하게, 견제라는 말은 좀 안 맞을 수도 있겠습니다만 청와대와 적절한 협의를 통해 올바른 의사결정을 하는 구조가 결여되어 있습니다. 그리고 언론의 문제도 있지요. 종합편성채널의 일방적인 목소리들이 우리 국민들에게 많이 전달되고 있는데요. 그런 것들이 총체적으로 정치의 불신을 불러일으키는 데 상당히 일조를 하고 있다고 생각합니다.

정치의 불신은 제가 아까도 말씀드렸습니다만 저는 정치를 시작한 지 채 4년이 되지 않은 초보 새내기 정치인입니다. 그런데 정치를 하면서 정말 심각하게 걱정을 하는 것이 우리 국민들의 정치에 대한 불신입니다. 국회를 대단하게 생각해 주십사 하는 게 아닙니다. 국회의원을 대단하게 생각해 주십사, 대접해 주십사 하는 것이 결코 아닙니다. 저는 국회의원은 역할일 뿐이라고 생각합니다. 우리 국민들께서 지금 각자의 자리에서 자기 역할을 하고 계시듯이 국회의원은 국회의원이라는 직을 잠시 부여받아서 그 역할을 하는 것이라고 생각합니다.

그런데 그 역할은 무엇일까요? 이렇게 테러방지법 등 각종 법안을 심의 의결 하는 기능도 있을 것이고요. 정말 중요한 것 중의 하나가 행정부를 견제하는 일입니다. 행정부를 견제하기 위해서는 국민들께서 국회를 신뢰하고 국회를 믿어주시고 국회에 권능을 주셔야 가능합니다. 그런데 정치 불신이 극심하면서 국회의 권위는 추락하고 국회의 권위 추락은 행정부의 국회 경시로 나타납니다.

행정부가 비대하다, 지나치게 비대한 권력을 가지고 있다 이런 걱정들 많이들 하십니다. 워낙 오래된 조직들이고요. 사회의 여러 가지 그야말로 권력이랄까, 카르텔에 많이 얽혀 있다고들 하시지요.

잘못된 행정부를 바로잡을 수 있는 기능은 아마 제가 생각하기엔 언론과 국회 두 곳에 그 기능이 있는 것으로 생각합니다. 그런데 언론의 역할이 균형 잡혀 있지 못하다고 많은 분들이 우려하시고요. 그것과 궤를 같이해서 국회의 권능이, 국회의 역할이 거의 추락상태라고 생각합니다.

저를 포함해서 야당 의원들, 특히 야당 의원들 많이 반성하겠습니다. 부족한 점 많이 있습니다. 그렇지만 오늘의 이런 무제한 토론과 같은…… 국회의원들의 속내도 정말 무엇을 걱정하는지, 어떤 것이 문제인지 이런 것들을 말씀드릴 수 있는 기회가 저희들에게는 처음 있는 일이어서 너무나 소중하고 그 기회를 통해서 평소에 꼭 드리고 싶었던 말씀을 좀 드리는 겁니다.

행정부를 견제하기 위해서 국회가 바로서야 합니다. 국회의원이 제 역할을 할 수 있어야 됩니다. 그러기 위해서는 정치에 대한 건강한 관심을 가져 주십시오. 정치에 대한 건강한 관심이 그저 불신하고 그저 싸움질 하는 곳이라고 그렇게만 바라보시는 것이 아니라 정말 어떤 일을 해야 하고 누가 어떤 일을 열심히 하고 있고 혹은 누가 해야 할 일을 하지 않는지 그걸 정확하게 들여다봐 주시려고 노력해 주시는 것으로도 저는 정말 많은 것들이 좋아질 수 있을 거라는 확신을 합니다.

여기에 계신 방청객들 그리고 시청해 주시는 분들이 저는 그 선봉에 서실 수 있다고 생각하는데요. 정치를 제대로 회복하는 일, 그래서 우리나라가 제자리로 돌아가고 또 앞으로 바람직한 방향으로 나아갈 수 있는 그런 방법에 대해서 함께 고민하는 자리라고 저는 생각하면서 오늘 이 자리에 섰습니다. 함께해 주셔서 정말 고맙습니다.

말씀드린 것처럼 대한민국은 일제강점과 한국전쟁을 겪고도 이렇게 불굴의 의지로 일어선 곳입니다. 정부 여당 그리고 대통령께서, 역사교과서 국정화 문제를 잠깐만 더 말씀드리면 '우리 청년들의 대한민국에 대한 자긍심이 높지 않다. 그게 역사교과서를 검정제로 하기 때문이다' 이런 단순한 논리로 왜곡을 많이 하신 것 같은데요 제가

바라보는 우리나라의 청년들은 결코 그렇지 않습니다. 대한민국을 자랑스러워하는 성실하고 선한 의지를 가진 국민이라고 저는 믿고 있습니다.

계속해서 이번에는 양식 있는 학자나 언론인들의 의견을 소개해 드리겠습니다.

먼저 한겨레신문의 정남구 논설위원의 글입니다.

"우리 헌법은 제1장제1조에 '대한민국은 민주공화국이며 주권은 국민에게 있고 모든 권력은 국민으로부터 나온다'고 규정하고 있다. 2장에서는 국민의 권리와 의무를 규정하고 3장부터 국회, 정부, 법원 순으로 통치기구에 관해 서술하고 있다. 이는 국민의 권리를 보장하기 위해 권력을 규율하는 것이 헌법의 핵심 구실 가운데 하나임을 보여준다.

'나는 헌법을 준수하고 국가를 보위하며 조국의 평화적 통일과 국민의 자유와 복리의 증진 및 민족문화의 창달에 노력하여 대통령으로서의 직책을 성실히 수행할 것을 국민 앞에 엄숙히 선서합니다' 헌법 제69조는 대통령이 취임에 즈음하여 이런 선서를 하도록 규정하고 있다. 헌법이 대통령에 한해 헌법 준수 선서 조항을 직접 담고 있는 것은 대통령이 헌법을 수호할 책무를 가지고 있는 국가원수이기 때문일 것이다.

국회의원도 임기 초에 국회에서 '나는 헌법을 준수하고 국민의 자유와 복리의 증진 및 조국의 평화적 통일을 위하여 노력하며, 국가이익을 우선으로 하여 국회의원의 직무를 양심에 따라 성실히 수행할 것을 엄숙히 선서'해야 한다. 국회의원의 선서의무 규정은 국회법에 있다.

헌법은 대통령이나 국무총리, 국무위원, 헌법기관의 고위공직자가 헌법이나 법률을 어기면 국회의 탄핵소추를 받을 수 있다고 규정하고 있다. 정부가 개성공단 가동을 중단시킨 것을 두고 헌법 위반 논란이 일었다. 공단 입주 기업인의 재산권이 침해되는 결과를 낳았는데 헌법상 대통령의 긴급명령권을 발동한 것도 아니고 남북교류협력에 관한 법률이 정한 절차도 지키지 않은 까닭이다. 유시민 전 보건복지부장관의 말대로 탄핵감일 수 있는데 국회는 아예 이를 문제조차 삼지 않고 있다. 법치주의의 작동에 이상신호가 온 것이 아닌가?"

다음은 김종구 논설위원의 글입니다.

"심리학 용어에 자기애적 분노라는 게 있다. 오스트리아 출신 미국의 심리학자인 하인즈 코헛이 창시한 자기 심리학 이론 가운데 나오는 용어다. 코헛에 따르면 자기애적 분노는 자신의 위대함과 전능함에 대한 자기애적 욕구가 외부 대상으로부터 공감받지 못해 생기는 구조적 결핍에서 기인한다. 자기애적 상처로 인해 표출되는 공격성 안에는 자기에게 상처를 준 이들에게 복수하고 싶은 욕구, 그들의 잘못을 바로잡으려는 욕구 그리고 어떤 수단과 방법을 동원해서라도 상처받은 것을 원상태로 되돌리려는 욕구가 잠재돼 있다고 한다.

박근혜 대통령이 그동안 보여 온 분노의 정치를 볼 때마다 이 심리학 용어가 떠오르곤 한다. 박 대통령이 젊은 시절 겪었다는 트라우마 등을 고려하면 그의 마음속 깊숙한 곳에 자리 잡은 자기애적 분노가 시시때때로 분출되는 게 아닌가 하는 생각이

들지 않을 수 없다.

　　그런데 최근 들어 박 대통령의 분노는 단지 국내 정치에 머물지 않고 외교·안보 차원으로까지 확대되고 있다. 특히 중국에 대한 깊은 실망감이 각종 강공책과 감정적 언사로 표출되고 있는 것은 매우 유감스럽다.

　　자기애적 분노의 표현방식 중에는 자해도 포함돼 있다. 자신을 배신한 상대, 자신에게 해를 끼친 사람들, 자신을 모욕한 사람들에 대해 자신의 고뇌와 절망의 크기를 깨닫게 하려는 욕망이 극단적으로 나타나는 경우다."

　（「그게 의제와 무슨 상관 있어요?」 하는 의원 있음）

　（「조용히 좀 해요. 조용히. 조용히 좀 하시라고」 하는 의원 있음）

　（「뭘 조용히 해」 하는 의원 있음）

　（「의제에서 벗어난 얘기를 계속 하고 있습니까?」 하는 의원 있음）

　"북한의 돈줄을 죄겠다며 한국 기업들을 줄도산의 사지로 몰아넣은 개성공단 폐쇄도 일종의 자해행위에 해당한다. 요즘 이 정부가 하는 행동을 보면 이런 정신병리학적 해석이라도 갖다 붙이지 않으면 도무지 이해할 수 없는 것들 뿐이니 참으로 답답하다."

　（「지금 무슨 얘기하는 거예요?」 하는 의원 있음）

　（「조용히 좀 하세요. 잘 안 들려요」 하는 의원 있음）

　（「잘 들어 보세요, 귀담아서」 하는 의원 있음）

　（「뭘 잘 들어 봐요」 하는 의원 있음）

　（「테러법에 대해서 얘기하세요」 하는 의원 있음）

　（「피가 되고 살이 되니까 잘 들어 보시라고」 하는 의원 있음）

　（「뭘 잘 들어 봐」 하는 의원 있음）

　하실 말씀이 있으시면, 하실 말씀 있으시면 무제한 토론을 신청해서서 하시기 바랍니다.

　（「의제와 관련된 얘기를 하세요」 하는 의원 있음）

　의제와 관련되어 있습니다.

● **의장 정의화** 발언을 조금 그냥 들으세요.

　（「아니, 의장님 일이 분도 아니고……」 하는 의원 있음）

　들으세요.

● **배재정 의원** 의제와 관련되어 있습니다.

　（「뭔 관련이 있습니까?」 하는 의원 있음）

　제가 처음부터 진행하고 있는 무제한 토론 다 들으셨습니까?

　（「지금 계속 시간 분을 썼어요, 몇 번이나」 하는 의원 있음）

　（「의장님 말 좀 들으세요」 하는 의원 있음）

　（「뭘 들어, 듣기는. 잘못한 것 지적하는데」 하는 의원 있음）

　（「존댓말 좀 쓰시고요」 하는 의원 있음）

　토론을 존중해 주시기 바랍니다. 여당 의원님께서 왜 무제한 토론을 하고 있는 중에 그렇게 자리에서 고함을 치십니까?

　（「규정대로 법적으로만 얘기하세요」 하는 의원 있음）

　법적으로 얘기하고 있습니다. 테러방지법과 관련해서 얘기하고 있습니다. 박근혜 대통령께서 왜 책상을 치시면서 분노하십니까? 그것을 설명하고 있는 것이지 않습니까? 테러방지법 제정과 대통령이 책상을 치시면서 화를 내시는 것이 무슨 상관이 있습니까?

　（「아니, 대통령은 책상을 치면서 분노하면 안 됩니까?」 하는 의원 있음）

　（「의원님, 계속하세요. 저희가 상대할 테니까 의원님 말씀하세요」 하는 의원 있음）

　（「의장님, 퇴장 좀 시켜 주세요」 하는 의원 있음）

　（「국민을 볼모로 해 가지고 지금 이렇게 하는 행동이 올바른 거예요, 이게?」 하는 의원 있음）

　그러니까요 여당 의원님들도 무제한 토론 하십시오. 우리 국민들이 요구하고 있습니다. '왜 야당 의원들만 나와서 토론하냐?' 그렇게 묻고 계세요.

　（「규정대로만 하시라고요」 하는 의원 있음）

　신청하십시오. 신청하셔서 하시고 싶으신 말씀 하십시오.

● **의장 정의화** 배 의원, 준비한 것 말씀하시고……

● **배재정 의원** 예, 진행하겠습니다.

● **의장 정의화** 가능하면 의제를 벗어나지 않도록 신경 쓰세요.

● **배재정 의원** 예.

● **의장 정의화** 조용히 하시기 바랍니다.

● **배재정 의원** 지금 국회가 시급히 해야 할 일은 테러방지법을 직권상정으로 통과시키는 일이 아닙니다. 북한 김정은 위원장의 불장난을 막아 내고 박근혜 대통령의 과거회귀적 대결태도를 말려야 합니다. 우리 국민들을 위해 국회가 해야 되는 일입니다.

　테러방지법 발동되면 이런 칼럼을 쓴 언론인들 사회활동이 어렵게 될지 모르겠습니다. 왜냐하면 우리는 그런 사회에서 살아 봤습니다. 테러방지법이 없는 사회에서도 국가보안법 하나로 개인의 자유가 얼마든지 침해돼 왔습니다. 거기에 테러방지법이라는 이름으로, 하물며 빅브라더가 탄생한다면 무엇이든 못 하겠습니까? 무엇이든 할 수 있는 사람은 아마 대통령 한 사람 혹은 국가정보원장 한 사람, 이렇게 두 분이 무엇이든 할 수 있을까요?

　국민들께 한번 여쭤 보겠습니다. 마음에 품은 불만, 정부에 대한 불만, 대통령에 대한 불만, 편하게 말씀들 하십니까? '불만이 있어서 얘기했다 혹시 누가 듣지 않았나? 혹시 누가 이것 녹취한 것 아닐까?' 그런 생각 안 해 보셨습니까?

　제가 국회의원이 된 뒤에도 부모님들은 걱정하십니다. '말 조심해라' 해코지당하지 않을까 걱정하십니다. 우리 부모님들은 그런 경험들을 너무 많이 보셨기 때문일 겁니다.

그런 걸 트라우마라고 하겠지요? 그런 트라우마를 준 사람들이 여전히 권력을 쥐고 있습니다. 그리고 이제 우리의 미래 세대에게까지 그런 트라우마를 다시 주려고 합니다.

아직 많은 시간은 지나지 않았습니다마는 제가 국회 본회의장에서 이렇게 여당 의원님들이 반발하시는 가운데에서도 박근혜 대통령과 집권 여당인 새누리당에 간곡하게 부탁말씀 드리는 이유입니다. 여기서 멈춰 주십시오. 우리 아이들을 지키고 싶습니다.

기억하실 겁니다. 노무현 대통령께서 '대통령을 욕해서 우리 국민들이 스트레스를 풀 수 있다면 그것도 감수하겠다' 이런 취지로 말씀하셨지요. 왜 외국에서는 대통령을 풍자해도 되고 대한민국에서는 하면 안 됩니까? 왜 우리는 그것을 그냥 표현의 자유 영역에서 존중해 주지 못합니까? 왜 말 한마디도 하기 힘들어해야 할까요? 그런 세계에서, 그런 사회에서, 그런 국가에서 살고 싶어 하는 사람이 얼마나 있겠습니까?

많은 분들이 걱정하십니다마는 이렇게 국가의 통제, 국정원의 통제가 강해지면 우리 여당 의원님들도 자유롭지 않으실 겁니다. 아까 김용익 의원님이 그러셨잖아요, '청와대에서 수석 하고 있을 때도 제일 걱정됐던 게 그런 사찰이었다'고. 누가 자유로울 수 있을까요? 저 개인적으로 제가 국정원장이 된다면 저는 자유로울까요? 그렇지도 않을 것 같습니다. 그 이전에 다 사찰해 놓고 국정원장이 되었을 때 또 그것이 어떻게 빌미가 될 수도 있지 않을까요?

노무현 전 대통령께서 대통령후보 수락연설을 했던 내용을 잠깐 말씀드릴게요. 우리 부모님이 아이들에게 가르쳤던 수치스러운 교훈 '야, 이놈아 계란으로 바위치기다. 너는 뒤로 빠져라', 국민은 계란이 아닙니다. 민주공화국인 대한민국에서 바위는 국민입니다. 밀실에서 국민을 조종하려는 세력이 바로 계란입니다.

바위들이 전하는 이야기 좀 더 들려 드리겠습니다. 박경신 고려대 법학대학원 교수님의 글입니다.

"최근에 애플이 미국 샌버나디노 지역 총기살해범의 아이폰에 대한 FBI의 협조 요청을 거절했다. 보통 영장은 범죄 발생 및 연관의 개연성이 있으면 발부되는데 이 사건은 이미 흉악한 범죄를 저지른 사람이고 IS와의 연관성도 밝혀져 이 아이폰에는 앞으로의 미국 내 테러 시도를 막을 수 있는 정보 다수가 있을 개연성이 높다.

법원은 이에 따라 당연히 협조 명령을 내렸지만 애플은 거부하고 있다. 애플에 아이폰 정보를 빼 달라는 것도 아니고 FBI가 합법적인 암호 풀기 시도를 할 수 있게 도와 달라는 정도의 협조 명령인데도 애플이 이를 거부하고 있는 것이지만 소송이나 가야 해결될 판국이다. 미국은 9·11을 거치며 테러방지법에 해당하는 애국자법을 통과시켰음에도 인권과 테러방지의 균형을 제도적으로 유지하고 있는 것이다.

테러방지법 통과를 주장하는 사람들의 가장 중요한 논거는 다른 나라들도 테러방지법을 가지고 있다는 것이다. 하지만 우리나라에서 여당이 통과시키려고 하는 테러방지법은 외국의 그것과는 확연히 다르다.

우리나라 테러방지법의 문제는, 첫째 대외정보 수사기관인 국정원에 대테러수사권한을 준다는 것이고, 둘째 대테러수사에 대한 인권보호 규제들을 위험한 수준으로 완화한다는 것이다.

국정원에 대테러수사권한을 준다는 것은 국정원 산하에 테러통합대응센터를 신설하고 이 센터가 국내 정보수집활동을 할 수 있게 한다는 것이다. 테러는 정의상 외국인이 아니라 국내인도 항상 저지를 수 있기 때문이다. 국정원이 국내활동을 하지 못하도록 하는 가장 큰 이유는 국정원이 원활하게 국가안보를 지키는 대외활동을 할 수 있도록 비밀성 과예산을 보장해 주었는데 그 비밀성 과예산이 국민을 상대로 남용돼서는 안 되기 때문이다.

미국의 CIA도 대외정보 수집만을 하도록 돼 있고 애국자법이 이 측면에서 달라진 것은 없다. 샌버나디노 수사도 예산과 통제가 불투명한 CIA가 아닌 국내 수사기관인 FBI가 진행하고 있다.

또 애국자법이 프리즘프로그램 등을 만들어 내긴 했지만 이 역시 영장주의 절차를 거친 것으로서 인권보호 절차들이 쉽사리 무효화되지는 않는다. 심지어 위헌판정을 받은 무작위 통신사실 확인자료 취득도 형식적으로 외국첩보법원의 승인을 받은 것이었다.

우리나라 테러방지법은 테러통합대응센터의 장은 긴급을 요할 때에는 전화 또는 전산망을 통해 약식으로 설명하고 서면으로 통보함으로써 통신비밀보호법상의 절차 등을 밟아 정보수집 및 조사를 하도록 하고 있다. 그 뜻은 불분명하지만 현행 통비법의 절차가 엄연히 있는데 테러방지법에서 다시 긴급하면 전화로 설명하여 처리할 수 있다고 정한 이유에 대해 의구심을 가지지 않을 수 없다.

특히 테러방지법에 끼워서 여당이 통과시키려는 감청설비의무화법은 모든 전기통신사업자에게 감청설비를 의무화하는 내용을 담고 있다. 카카오톡이나 네이버와 같은 인터넷 업체들에도 모두 적용한다는 것인데 세계에서 유일한 법률이 될 것이다.

외국에서 감청설비의무는 도로 위아래의 전봇대 터널 등의 국가기간시설을 직접 이용하고 있는 망사업자들에게 반대급부로 부과될 뿐이다. 다양한 통신 소프트웨어를 개발해 그 망을 이용하는 인터넷 업체들에는 그런 의무를 부과할 헌법적 정당성이 없기 때문이다. 이것은 마치 학교, 교회, 동창회 등의 홈피를 운영한다고 해서 국가감청요원이 될 의무를 부과할 수 없는 것과 마찬가지다.

또 인터넷 업체들에 감청설비의무란 이용자가 안심할 수 있는 암호화 통신을 무력화한다는 것과 동일한 의미다. 결국 수사기관에 복호화키를 주거나 사업자들이 복호화해서 내용을 넘겨주는 수밖에 없는데 사업자들이 이용자들의 통신 내용을 들여다봐야 하는 후자의 선택을 하지는 않을 것이기 때문이다. 바로 지금 애플과 미국 정부가 벌이고 있는 공방 자체가 나올 수 없게 돼 있다."

애플과 관련해서는 제가 오늘 나온 기사를 한 가지 더 봤습니다. 찾아보다 보니까 확인이 됐는데요 한번 읽어 드릴게요.

"애플은 물러설 생각이 없다. 아이클라우드도 암호화 추진한다. 애플이 고객들의 아이클라우드 계정에 대해서도 암호화를 강화하는 방안을 추진하고 있다는 보도가 나왔다. 이제는 아이클라우드에 대해서도 아이폰처럼 애플 스스로도 고객들의 데이터를 추출할 수 없도록 하겠다는 뜻이다. 이럴 경우 이제는 수사 당국이 영장을 제출해도 애플이 이용자들의 데이터를 제공하는 게 불가능해질 수 있다.

물론 해커에 의한 공격도 더 어려워진다. 현재 애플은 샌버나디노 총기난사 용의자가 소지하던 아이폰의 잠금 해제를 놓고 미국 FBI 및 법원과 대립하고 있다. 애플이 IOS8 배포 이후 적용된 암호화로 아이폰의 데이터에 접근할 방법이 없다고 밝히자 법원이 기술지원을 명령했고 애플이 이에 대해 공개적으로 반기를 들고 나선 것이다.

그동안 애플은 아이폰과는 달리 아이클라우드에 저장된 이용자의 데이터에 대해서는 수사 당국의 제출 요청에 협조해 왔다. 보도가 사실이라면 애플은 이제 그 가능성마저도 사라지도록 하는 방안을 찾고 있는 셈이다."

이 기사를 들으시면서 어떤 생각이 드시나요?

한국경제가 수출을 통해서 먹고 산다고 하지요? 우리나라가 자랑스러워하는 삼성이 있습니다. 저도 삼성 폰을 쓰고 있습니다. 국민들께서 어떤 생각이 드실까요? 수출은 차치하고라도 다음에 휴대폰 바꿀 때 어떤 폰으로 바꾸시고 싶으실까요?

정부가 우리 산업을 육성·발전시켜야 되는 것 아닙니까? 우리 기업체를 보호해야 되는 것 아닙니까? 아이폰은 이렇게 하고 있습니다, 애플은. 마음의 결정을 하진 않았습니다만 강력한 유혹을 느낍니다, 저도. 삼성을 써야 할까요, 애플을 써야 할까요? 국민들도 그런 걱정 하시지 않을까요?

카카오톡에 대한 감청 문제가 불거지자 많은 분들이 사이버망명하셨지요. 다 기억하실 겁니다. 국내 메일 쓰는 것 불안해서 지메일(Gmail) 쓰시는 분 많이 계십니다. 얼마 전에 메일 주소를 알려 달라는 말씀에 제가 쓰고 있는 국내 메일계정을 말씀드렸더니 어떤 분이 그러시더라고요. 아직도 이것 쓰세요, 지메일 쓰지 않느냐고?

우리는 어디까지 도망가야 합니까? 왜 국가가 보호해 주지 않고 국가가 나서서 국민들을 도망가게 합니까? 여당 의원님들, 이런 말씀은 테러방지법과 직결된 말씀이지요, 그렇지요?

왜 국민들이 자신의 보안 문제를 이렇게 걱정해야 합니까? 그것을 지켜 줘야 되는 게 국가이지 않습니까?

왜 우리 기업들을 못살게 굽니까? 우리 기업들이 매출 감소를 겪어야지 그제야 조금 걱정을 하실까요?

저는 이해할 수 없습니다. 왜 애플은 하고 우리는 못 합니까? 왜 애플 이용자들은 보호받고 우리나라 제품 사용하는 우리 국민들은 보호받지 못합니까? 누구를 원망해야 하는 겁니까? 사업자를 원망하면 됩니까, 아니면 정부를 원망해야 됩니까?

사소한 문제 아닙니다. 정치가 이렇게 생활과 직결되어 있습니다. 정치는 정치인들이나 하는 게 아닙니다. 정치인의 정치가, 여당의 정책이, 청와대의 방침이 우리 국민들의 생활에 이렇게 직결되어 있습니다.

이호중 서강대 법학전문대학원 교수의 글도 제가 읽어 드리겠습니다.

"파리 등에서 발생한 테러 사건을 계기로 박근혜정부와 새누리당, 국정원은 온 나라를 테러 공포로 몰아넣고 있다."

더불어민주당에 대한 비판도 나옵니다.

"더불어민주당도 수권정당의 면모를 보여 준다며 테러방지 관련 법안의 통과에 합의했다고 한다. 테러를 막는 데 필요하다고 하면 안 되는 게 없는 듯한 분위기다. 사이버테러 방지법을 제정하려는 움직임도 그중의 하나이다. 국회에서 논의되는 사이버테러 관련 법안은 4건인데 이를 사이버테러 방지법이라고 통칭한다.

우선 질문을 하나 던져 본다. 만약 당신이 인터넷 등 정보통신망을 이용하는 모든 행위와 내용을 국정원이 다 감시할 수 있다면 동의할 수 있는가? 법안은 해킹, 바이러스 유포 등 모든 종류의 정보통신망 침해 행위, 정보의 절취·훼손·왜곡 전파 등을 사이버테러라 정의하고 있다. 흔히 테러라고 하면 정치적 목적에서 행해지는 공격행위를 말하지만 사이버테러의 개념에 의하면 정치적 목적 여부와 상관없이 인터넷상에서 발생하는 크고 작은 보안사고가 모두 테러로 규정되는 셈이다.

그러니까 사이버테러 방지법은 테러방지의 미명하에 국정원에 사이버상의 모든 정보를 감시하고 조사할 수 있는 권한을 주겠다는 것이다. 법안에 따르면 국정원은 사이버안전센터를 설치해 민관 할 것 없이 사이버 보안사고에 대한 조사 권한을 가지는 것은 물론이고 선제적 예방 목적으로 사이버 위협 정보의 수집·분석 권한을 가진다.

문제는 인터넷에서 유통되는 수많은 정보 중 무엇이 사이버테러와 관련된 정보인지를 알 수 없기 때문에 국정원이 사실상 사이버상의 모든 정보를 수집할 수 있게 된다는 점이다. 사이버테러의 선제적 예방 명목으로 그런 권한을 행사하는 것이니 법원의 영장발부와 같은 법치주의적 통제도 적용되지 않는다. 국정원은 민간의 정보통신망에 무차별적으로 접근하고 제한 없이 정보를 수집할 권한을 갖는다. 국정원이 사이버 세상에서 무소불위의 권력을 가진 감시자가 되는 셈이다.

게다가 법안은 국정원에 정보통신망의 안전에 관한 책임을 부여한다. 따라서 국정원은 산하의 보안관제센터를 통해 공공 정보통신망뿐만 아니라 민간의 정보통신망에 대해서도 사이버보안에 관한 취약 정보를 수집·분석할 수 있다. 국정원은 현재 각종 보안 솔루션에 대한 인증 업무를 수행하고 있으므로 보안 솔루션의 기능적 특성을 누구보다 잘 알고 있다. 사이버보안에 관한 모든 정보가 국정원에 집중되는데 국정원이 그 기술적 정보를 은밀하게 이용하더라도 권한남용을 제어할 방법이 없다.

더 나아가 이 법안이 통과되면 국정원은 보안관제 솔루션의 표준을 정하려 할 수도 있다. 그러면 사실상 국정원이 인터넷상의 모든 서비스에 은밀하게 접근할 수 있는 백도어 권한을 가지게 된다.

문제는 여기에 그치지 않는다. 정보의 왜곡 전파까지 사이버테러 개념에 포함시켰으니 국정원은 인터넷 댓글이나 사회관계망서비스상의 모든 게시글에 대해서도 정보 수집과 감시가 가능해진다. 박정희 군사독재 시절에 시민들의 말과 글을 감시했던 긴급조치 9호가 사이버 세상에서 화려하게 부활하는 것이다. 국정원이 사이버상의 모든 정보에 무차별적으로 접근해 감시할 권한과 더불어 사이버 긴급조치 9호가 발령되는 꼴이니 이보다 더 끔찍한 감시국가가 있을까 싶다.

우리나라에 사이버테러에 대한 대응 시스템이 없는 것도 아니다. 현재 국정원은 공공 정보통신망에 대한 보안 업무를 담당하고 있으며 정보통신망법이나 정보통신기반 보호법 등에서 사이버 침해 행위에 대한 대응조치를 마련해 놓고 있다. 현재의 대응 시스템에 심각한 문제가 있다면 개선을 논의해 봐야겠지만 현재로선 그런 증거는 없다.

우리는 국정원의 대선개입 사건, 민간인 사찰 사건 등 국정원이 권한을 남용해 국내 정치에 개입하려 했던 일들을 기억하고 있다. 국정원은 온갖 방법을 동원해 불법적인 국내 정치개입과 사찰을 일삼고 있지만 그 권한남용을 통제할 제도적 장치는 전무한 상황 아닌가. 그런데도 정부와 국회는 사이버테러 방지법을 제정해 국정원에 사실상 제한 없는 사이버 감시자의 권한을 부여하려 한다.

다시 앞에서 제기한 질문. 여러분은 그럼에도 사이버테러 방지법의 제정에 동의하는가."

동의하십니까?

"나는 절대 동의 못 한다. 그 법은 민주주의와 인권을 파괴하는 빅브라더 감시자의 탄생법이기 때문이다."

이렇게 경고하고 있습니다.

'테러방지법이 통과하면 박정희 유신독재 시절의 긴급조치 9호가 사이버 긴급조치 9호로 화려하게 부활한다.' 과연 이런 경고가 잘못된 것일까요?

특정한 목적을 가지고 테러방지법이 만들어지다 보니까 어처구니없는 일도 벌어지고 있습니다.

한겨레신문 김남일 기자의 기사를 인용합니다.

"국회 본회의에서 직권상정된 테러방지법안의 부칙을 둘러싼 논란이 커지고 있다. 국가정보원에 휴대전화 감청과 금융정보 추적 권한을 주기 위해 단 몇 줄의 부칙으로 시민 기본권과 직결된 다른 법령의 핵심 내용을 담은 본칙을 깨 버린 것이다.

법령은 크게 본칙과 부칙으로 나뉜다. 부칙은 법령 끝에 붙는데 법령의 시행일자 등 비교적 경미한 사안을 담고 있다. 지난 23일 본회의에 상정된 테러방지법안 부칙 제2조는 특정금융거래 정보 보고·이용법—즉 FIU법입니다. "본칙의 핵심 내용인 '수사기관 등에 대한 정보 제공' 조항을 수정한다고 선포한다. 그러면서 정보 제공 조항의 '금융감독 업무'를 '금융감독 업무, 테러위험인물에 대한 조사 업무'로 바꾸고 관련 정보를 제공받는 기관장에 국가정보원장을

추가했다. 또 통신비밀보호법 본칙에서 가장 중요한 통신제한조치(감청) 대상에 '테러방지법의 대테러 활동에 필요한 경우'를 추가시켰다."

이 부분은 아마도 존경하는 김용익 의원님께서 말씀을 하신 부분인데요, 저희 당의 이춘석 원내수석부대표가 그래서 24일 이렇게 말씀을 하셨습니다. '어떤 법의 부칙에 의해 다른 법의 내용이 바뀐다면 꼬리가 몸통을 흔드는 것이다. 이는 극히 예외적인 부분에만 허용돼야 한다.'

부칙이 본칙을 흔드는 일에 대해서 얘기를 하고 있는데요 기억하실 겁니다. 이것도 또 본안과 상관이 없다고 말씀하실 수도 있는데 짧게 언급하고 넘어가겠습니다.

국회법 개정안이 박근혜 대통령에 의해서 거부권이 행사되었는데요 그 내용의 핵심이 그런 겁니다. 시행령이 법을 뒤흔드는 일이 있어서는 안 된다는 그런 원칙적인 문제를 확인하기 위한 것이었는데요.

즉 법은 여야가 어렵게 합의해서, 이번처럼 직권상정된 경우는 예외이겠습니다만 법안 하나를 통과시킵니다. 그런데 행정부처가 시행령이라는 법 밑에 있는 그런 법령을 통해서 본법의 취지와 내용을 왜곡하고 혹은 뒤흔드는 일들이 비일비재하게 발생합니다. 그런 일이 있어서는 안 되는 것 아니겠습니까? 부칙이 본칙을 흔들어서도 안 되고 시행령이 법안을 흔들어서도 안 되는 겁니다.

상위법에 어긋나는 이런 맞지 않는 절차적인 문제이거나 아니면 의도된 법을 무시하는 행위들이 사실상 많이 벌어지고 있는데요 이 부분도 짧게 언급을 했습니다.

테러방지법의 문제점, 사이버테러 방지법까지 말씀을 드렸는데요 다시 한 번 강조해서 말씀드리고 싶습니다.

야당은 당연히 국민의 생명과 안전을 소중하게 여깁니다. 최우선에 두고 있습니다. 만약에 테러방지법의 통과를 원하신다면 국정원부터 개혁하십시오.

오늘 제가 열네 번째 무제한 토론자인 것으로 알고 있습니다. 어쩌면 여기까지 올 필요가 없었을 것입니다. 청와대와 새누리당이 첫 번째 토론자였던 김광진 의원의 말씀을 조금이라도 귀담아들었다면, 그리고 피를 토하는 심정으로 10시간 넘게 토론한 은수미 의원의 진정성을 조금이나마 받아들였다면 저렇게 완강히 버틸 일이 아닙니다.

'필리버스터를 진행하는 동안은 법안을 협상할 수 없다. 수정을 논의할 수 없다' 이런 말씀도 나오는데요 앞뒤가 맞지 않는 것 같습니다. 필리버스터를 이렇게 야당 의원들이 하고 있는 이유가 독소 조항의 걱정 때문이라면 그 내용을 여당이 당연히 품어 안아야 되지 않겠습니까? 이렇게 무제한 토론에서 나오는 내용들을 받아들여야 되지 않겠습니까? 아니면 아까 말씀드린 것처럼 여당 의원님들도 나와서 발표하십시오. 토론하십시오.

야당의 생각이 정말 잘못된 것이라면, 우리 국민들의 걱정이 정말 잘못된 것이라면 여기 민의의 장이지 않습니까, 국회 본회의장이? 토론하십시오. 걱정할 필요가 없다고 설득하십시오. 국민을 설득하고 야당을 설득하십시오.

(● 김태흠 의원 의석에서 — 필리버스터는 토론하는 게 아닙니다.)

그런데 설득이 안 되는 것 아닙니까?

저 지금 본안과 관련된 것 말씀드리고 있는데 왜 그러세요?

지금이라도 새누리당은 대화의 자세로 나서 주십시오. 제 말씀뿐만 아니라 국민의 목소리를 들어 주십시오.

SNS는 모두에게 열려 있지 않습니까? 유선으로는 통하지 못하더라도 SNS 한번 검색해 보세요, 우리 국민들이 무엇을 걱정하고 계신지. 페이스북도 있고 트위터도 있고 얼마나 많은 의사소통의 장이 있습니까? 이런 장을 야당 의원들만 보고 듣습니까? 아니지 않습니까?

테러방지법을 통과시키려면 말씀드린 것처럼 국가정보원 개혁부터 하십시오. 어제 신경민 의원님의 토론에 이어 다시 한 번 강조합니다.

저희 당 진성준 의원님의 글도 참조해서 말씀을 좀 드리겠는데요.

'현행 국정원법의 골격은 김영삼 정부 출범 이후인 지난 1993년 12월 7일 여야 합의로 국회 본회의에서 통과된 안기부법 개정안이 그 기초를 이루고 있습니다. 당시 문민정부의 출범에 따른 국민의 높은 개혁 여론과 군사독재 상징이었던 국가보안법, 국가안전기획부법의 민주적 개폐 논의가 국민적 관심사로 등장하고 정기국회의 핵심적 쟁점으로 부각되어서 개정할 수 있었습니다.

당시 안기부법 개정은 상당히 획기적인 것이었습니다. 수사권 축소, 안기부의 모든 예산에 관한 국가정보위원회 비공개 심사, 안기부의 국내 정치 사찰을 막기 위한 정치관여죄와 직권남용죄가 신설됐습니다.

안기부는 안기부법 협상에 관여한 민자당의 박관용……

(쪽지를 건네 받으며)

예, 명심하겠습니다, 의장님.

박관용, 김덕룡 등 아무것도 모르는 사람들이 협상을 망쳐 놨다, 정치인들은 한 번 정치하면 끝이지만 국가안보는 영원하다고 공개적으로 비난하고 신설된 직권남용죄의 형량이 지나치게 무겁다는 이유로 당시 민주당 특위위원들에게 고함을 치고 민주당 소속 협상위원들을 모처로 불러 재협상을 강요하는 등 정치권에 거세게 항의하기도 했습니다.

민주당은 1993년 추곡수매가 결정 및 예산안 통과와 안기부법 개정을 결부시켜 효과적 투쟁을 전개했고 그 결과 민주당의 안기부법 개정 주장에 대해 김영삼 정부가 이를 받아들이게 되었습니다.

1993년 당시 민주당은 96명의 소수 야당으로 대선 패배의 충격과 어려움 속에서도 안기부법 개정 등을 성공시키며 야당의 존재감과 위상을 회복하는 데 성공했습니다.

얼마 전 작고하신 이기택 민주당 대표는 1993년 6월 16일 김영삼 대통령과 영수회담을 성사시켰고 이 영수회담을 통해 새 정부의 개혁을 집권 초 통치권자의 결단과 사정에 의존해 온 방식에서 국회를 통한 법과 제도에 의한 개혁으로 정착시키는 것에 합의했습니다.

구체적인 합의 내용은 국가보안법 존치, 통신비밀보호법 제정, 안기부법 개정, 깨끗한 선거를 위한 선거법, 정치자금법, 정당법, 국회법 등 정치관계법 개정의 필요성 동의였습니다.'

이런 과거가 있었는데요, 과정과 결과를 보면 좀 부럽다는 생각마저 듭니다.

지금 우리 정치사에 있어서 가장 어려운 부분이 바로 이것이 아닐까 하는데요 박근혜 대통령과 정부가 야당을 국정의 동반자로 인식해야 국정원을 개혁할 수 있을 것입니다. 그런데 그렇게 인식하고 계시지 못한 것 같습니다. 그래서 테러방지법도 이렇게 밀어붙이고 있는 것이 아닌가 싶은데요.

국가정보원은 지난 이명박 정부에서 자신의 민낯을 낱낱이 보여 준 바 있습니다. 끊임없이 정치 사찰 논쟁이 있었습니다. 박근혜 당시 새누리당 비상대책위원장에 대한 사찰, 노동조합 사찰이 있었고 법원이나 검찰도 압박했습니다. 시민단체 활동에 대한 감시와 사찰, 4대강 반대 교수에 대한 뒷조사도 있었습니다. 그 정점이 아마도 대선 개입 사건일 것입니다.

국정원이 독점하고 있는 국내 보안정보 수집 권한을 폐지하고 정보 수집 범위를 대북한과 해외로 한정시켜야 합니다. 그때에야 비로소 테러방지법이 제정될 수 있을 것입니다.

국정원은 수사권을 분리한 뒤 순수 정보기관으로 재탄생해야 합니다. 음지에서 움직여야 하는 정보기관이 수사권을 보유하는 것은 권력의 비대화와 인권침해의 소지가 큽니다.

국정원이 가지고 있는 수사권은 새누리당의 전신인 민자당의 날치기 입법 산물입니다. 1996년 날치기로 되살아난 수사권은 헌법재판소에 의해 국회의원의 심의·표결권을 침해한 것이라는 판결이 내려졌음에도 아직까지 시정되지 않고 있습니다.

미국, 독일, 영국, 이스라엘 등 주요국 정보기관은 수사권 미 보유국입니다. 과거 독일의 나치 정보기관, 소련 KGB 등이 수사권을 쥐고 인권을 유린했었다는 점을 상기할 필요가 있습니다.

국회를 통한 철저한 예산 통제 필요합니다. 국정원 관련 예산은 공식적인 본예산, 기재부의 예비비, 비밀활동비로 나누어져 있습니다.

국정원 예산은 본예산 외에 구체적으로 알려진 것이 없고 예비비와 특수활동비는 어디에 쓰이는지 모릅니다.

뿐만 아니라 국가정보원법 제12조2항은 국정원 본예산마저 총액으로 요구하고 산출 내역과 첨부서류를 제출하지 않을 수 있게 되어 있습니다. 기획재정부의 예비비로 계상된 부분 역시 사용 신청과 결산을 총액으로 하고 있습니다. 기재부, 국회 예산결산특별위원회의 심사는 사실상 생략되고 있습니다.

국회 정보위원회가 유일한 검증 장치입니다만 부실한 자료 제출과 촉박한 시한으로 제대로 심사가 이루어지지 않고 있습니다. 이 부분은 우리 정보위 소속 의원님들께서 여러 차례에 걸쳐서 무제한 토론을 통해서 말씀하신 것으로 알고 있습니다.

특히 정보위 예산 심의는 비공개로 하고 정보위 위원은 예산 내역도 공개하거나 누설하지 못하도록 하고 있습니다. 국가정보원법 제12조제5항입니다.

회계검사 또한 국가정보원법 제14조에 의해 국정원 내부에서 통제하고 있습니다. 이렇게 되어서야 우리나라 정보기관이 예산을 도대체 얼마만큼 어디에 어떻게 썼는지 누가 알겠습니까?

국회의 전문위원이나 보좌진 또는 정보위 내의 회계전문가가 예결산을 감사하고 조사해야 합니다. 감사원의 국가정보원에 대한 직무감찰 및 회계검사도 필요하다고 생각합니다. 이 같은 조건이 마련된 이후에야 테러방지법을 논의할 수 있을 것입니다.

국민이 정부기관을 믿을 수 있어야 테러방지법이 정말 우리 국민의 생명을 지키는 법이 될 수 있을 것입니다.

지난 국가정보원의 대선개입 사건과 관련해서 2013년이 뜨겁게 달구어졌던 것은 다들 알고 계실 텐데요, 그때 우리 시민사회단체에서 국정원 개혁 의견서를 제출한 바가 있습니다.

여기의 활동을 해 오신 곳들은 민주사회를 위한 변호사 모임, 민주주의 법학연구회, 진보 네트워크 센터, 참여연대, 천주교인권위원회, 한국진보연대 등인데요. 여기에 참여한 단체들은 이런 것들을 주장하셨습니다.

'민주주의국가에서 국민의 통제를 받지 않는 국가기관은 있을 수 없다', 당연한 얘기겠지요. '정보기관의 특성을 감안하더라도 국정원도 다른 국가기관들처럼 국회 등을 통한 민주적 통제 범위 밖에서 활동하게 해서는 안 된다. 국정원은 정보 수집 기관으로서 그 권한과 기능을 분명히 제한하고 이를 넘어서는 기능은 폐지하거나 다른 국가기관에 이관해야 한다. 국정원이 국내 정치에 개입할 수 없도록 하고 해외 및 대북 관련 정보 수집을 통해 국익 보호에 기여하는 기관으로 자리매김해야 한다', 이렇게 국가정보원의 개혁 방안을 제시한 바가 있습니다.

구체적인 내용들이 많이 있는데요, 우선 국가정보원 개혁의 방향에 대해서는 국가정보원은 정보를 수집하여 정책 최고결정자를 위하여 참고자료로 제공하는 정보기관의 역할에 머무르지 않고 수사권 등 많은 집행 권한을 가지고 있다는 점을 지적하고 있습니다. 많은 분들이 아실 텐데요. 그래서 그런 부분들에 대해서 아까 말씀드린 것처럼 민주적 통제의 범위 안에서 활동하도록 해야 된다는 이야기를 했던 거고요.

그다음에 국가정보원의 개혁에 대해서 여러 가지 내용들이 있습니다만 예컨대 이런 것들이 제시가 되었습니다. '연락관의 상시출입제도를 폐지해야 된다', 이 부분은 일부 시행이 되는 부분도 있는 것으로 알고 있습니다만 명확하게 이 규정이 갖추어져 있는 것은 아닌 것으로 제가 알고 있습니다.

그다음에 '전 직원의 정치개입 금지 서약 제도화 부분',

그다음에 '적법성심사위원회 설치', 그다음에 '방어심리전 시행규정 제정과 심리전 심의회 설치·운영' 이런 것들이 제안되었습니다.

그리고 '국가정보원의 감독과 통제에 민간전문가의 참여를 보장해야 한다' 이런 부분들이 중요하게 얘기가 되었고요.

'예결산에 대한 감독 강화 및 투명성 확보'는 가장 중요한 쟁점 중의 하나라는 것을 아까 말씀드렸는데요 '예산회계에 대한 특례법을 폐지해야 된다. 예산 심사 및 회계검사 기능을 강화해야 한다' 이런 부분들이 논의가 되었고요.

'수사권 분리와 이관, 기획·조정 권한의 폐지와 이관' 이런 부분들이 우리 시민사회단체에 의해서 논의가 되었다는 말씀을 드리고요.

실제로 이런 법안이 제출되기도 했습니다, 지난 2013년에 국가정보원법 전부개정법률안. 통일해외정보원법이라고 불렸는데요. 국가정보원 개혁의 필요성과 관련해서 해외정보원법으로 바꾸어서 수사권을 분리 이관하고 해외정보 수집에 초점을 맞추어야 된다는 차원에서 이렇게 국가정보원법 전부개정법률안이 나오기도 했었습니다. 이 부분을 제가 다 읽지는 않겠습니다. 이런 많은 걱정과 우려가 있는데요.

제가 지난해 12월에 저희 당 국회 정보위원회에서 주최를 하고 민주주의법학연구회, 민주화를 위한 전국교수협의회, 정보인권연구소 등에서 긴급 세미나 한 자료를 챙겨와 봤습니다. '테러방지법과 사이버테러 방지법 무엇이 문제인가?' 이런 내용인데요.

이 부분도 다 읽을 필요는 없을 것 같습니다. 아까 제가 말씀드린 것처럼 전반적인 테러방지법의 문제점에 대해서는 정리를 한 바가 있기 때문에 다 말씀을 드리지는 않겠습니다마는 다만 이 부분은 제가 강조해서 말씀을 올리고 싶습니다.

'테러방지법을 제정한다고 테러를 예방할 수 있는 것도 아니고 테러방지법 없이 테러에 신속하게 대응할 수 없는 것도 아니다. 그런데 지금의 테러방지법은 온통 테러에 대응하기 위한 조직을 어떻게 만들자는 것이 핵심인 내용이다. 이렇게 되어서는 안 된다'는 것을 강조하고 있고요. 그러면서 '테러에 대한 대처가 인권에 위협적인 존재일 수 있다. 오히려 공포를 조장한다'는 부분을 강조하고 있습니다.

제가 이 부분은 함께 공유하기 위해서 말씀을 드리고 싶은데요.

유엔 고등판무관실에서 특별보고를 한 바에 의하면 국제적인 대테러 행동 속에서 나타나는 다섯 가지 경향이 있다고 지적을 하고 있습니다. 우리도 한번 깊이 생각을 해 봐야 될 부분인데요.

'우선 각국 정부는 마음에 들지 않는 정치·인종·지역 세력들에 테러리스트 혐의를 씌워 탄압하고 있다. 국제사회는 이런 경향에 무관심할 뿐 아니라 사실상 이러한 반인권적 정부들을 지원하고 있다.

둘째, 테러 혐의자들을 조사하는 과정에서 고문과 잔혹 행위 등이 빈번히 사용되면서 이러한 반인권적 행위를 금지하는 국제협약들의 근간이 무너지고 있다. 이는 가장 위험한 경향이다.

셋째, 테러리즘을 옹호하거나 찬양하는 내용뿐 아니라 테러행위에 사용될 가능성이 있는 모든 정보의 배포도 금지되고 있다. 이렇게 테러리즘에 대한 해석이 확대되면서 무고한 사람들의 희생이 늘어나고 있다.

넷째, 각국이 출입국 통제를 강화하고 있으며 그 결과 인종차별이 심화되고 있다. 개별 국가들이 양자 협정을 맺어 테러리스트 혐의자들의 신상정보를 비밀리에 주고받고 있으며 테러리스트 혐의자 수용소를 비공개적으로 운영하고 있다. 이는 분명한 국제법 위반이다.

다섯째, 테러행위의 조사와 예방이 경찰권 확대 내지 남용의 근거가 되고 있다.'

많은 부분을 생각하게 하는 특별보고인 것 같습니다. 과거 많은 테러 관련 법안이 제출되었지만 국회를 통과하지 못했는데요, 그건 테러의 개념이 불명확성은 물론이고 과연 법률 제정으로 테러의 예방과 테러에 대한 신속한 대응이 가능할까 하는 의구심 때문이었을 것이고요. 오히려 정보기관의 권한만 확장함으로써 국민의 인권이 위험에 빠질 것이라는 시민사회의 비판이 있었기 때문입니다.

(정의화 의장, 정갑윤 부의장과 사회교대)

과거나 지금이나 시민사회나 야당이 테러방지법에 반대하는 목소리를 높이는 이유는 여러 차례 강조드립니다만 테러를 용인하거나 테러방지 자체의 의미를 부정하기 때문이 아닙니다. 테러방지라는 이름하에 국가의 경찰 권력, 정보 권력을 강화하고 인권을 침해하거나 제한하는 일이 일어날 수 있다고 우려하기 때문입니다. 자꾸 동어반복이 되는 부분이겠지요.

그리고 앞서서 헌법 조문을 비교해 가며 김용익 의원님께서 테러방지법안의 위헌 가능성에 대해서 걱정을 많이 주셨는데요 이 긴급 세미나 자료에도 역시 위헌 주장이 나오는 것에 대해서 합헌을 입증해야 한다는 주장이 제기되고 있습니다.

국민의 인권과 국민의 민주적인 의사 그리고 사생활까지 침해할 수 있는 소지가 있다면 그런 걱정을 하지 않으셔도 된다는 구체적인 대응책이 나와야 되지 않겠습니까?

이렇게 세미나를 통해서도 테러방지법에 대해서 이야기를 했었고.

사이버테러 방지법과 관련해서도 제가 간단하게 말씀드렸습니다마는 이 부분에 대해서도 이 세미나가 주장하고 있는 바는 그렇습니다. '사이버테러 방지법은 전면적인 국가사이버감시법이다' 이렇게 이야기를 하고 있는데요.

'원천적으로 정보통신망에는 사이버 공격의 위험이 상존하는데 이 부분을 어떻게 안전하게 보호하고 서비스 질을 유지하고 신뢰성을 보장할까 이런 부분들이 중요한 대응책이 될 수밖에 없지만 사이버테러 방지법을 충분한 숙의 없이 도입할 경우에는 국가감시법이 될 수 있다' 이런 부분들이 핵심적인

내용이어서 이 정도로 우선 말씀을 드리겠습니다.

제가 오늘 무제한 토론에 앞서서 많은 의원님들이 SNS상의 목소리들을 많이 제시하셨습니다마는 저 역시 국회의원으로서 해야 될 일이 국민들의 목소리를 제대로 전달하는 역할이라고 생각을 하고 있습니다. 그게 국회의원의 역할 중의 하나라고 생각하는데요.

국민의 목소리를 제대로 전달하기 위해서 제가 국민들께 사이버상에서 여론을 받았습니다. '제가 무제한 토론을 하는데 어떤 말씀을 드리면 좋을까요, 어떤 걱정들을 하십니까?' 이렇게 말씀을 드렸더니 그런 부분들에 대해서 SNS상의 많은 친구분들께서 의견들을 주셨습니다.

실제로 지금 국회 앞에서도 무제한 토론을 하고 있는 것 아마 알고 계실 겁니다, 국회 앞에서 거리에 서서. 사실 본회의장 단상에서 무제한 토론을 하고 있는 저는 다리는 좀 아플 수도 있고 아니면 목은 좀 잠길 수도 있지만 따뜻한 환경에서 안전하게 보호받으며 이렇게 말씀을 드리고 있습니다.

그런데 국회 앞에서 발언하시는 분들은 추위에도 아랑곳하지 않으시고 밤이건 낮이건 토론을 이어 가시고 계신데요 그런 면에서는 참 부끄럽고 죄송하다는 생각이 듭니다.

저도 SNS상에 올라온 많은 분들의 목소리를 하나하나 들려 드리고자 합니다.

'정의화 국회의장님 들어 주십시오. 대통령과 국회의장님 그리고 새누리당 의원들만이 국가비상사태라며 테러방지법, 아니 국정원강화법을 입법화하려 하고 있습니다. 정의화 의장님이 다시 돌려놓을 수 있습니다. 이제 정치를 내려놓고 국민들과 어울리실 것 아닙니까?

대통령직에서 퇴임하고 고향으로 내려갔던 날 단상에 올라 '야, 기분좋다'를 외쳤던 고 노무현 전 대통령님이 생각납니다.

고향 부산시민들에게 정말 멋진 정치인, 존경받는 국회의장님으로 남으셨으면 합니다. 오직 국민만 봐 주십시오. 간곡히 호소드립니다.'

다른 글입니다.

'저는 도박피해 당사자 및 가족들의 모임인 세잎클로버의 대표와 도박산업에 대한 합리적인 규제와 개선을 도모하기 위해 참여연대, 경실련 등 보수, 진보를 망라한 300여 개의 시민사회단체로 구성된 도박규제넷의 상임대표 정덕이라고 합니다.

박근혜 대통령께서 2월 24일 청와대에서 열린 제8차 국민경제자문회의 모두발언에서 테러방지법과 관련해 '많은 국민이 희생을 치르고 나서 통과를 시키겠다는 얘기인지'라고 말하면서 '테러도 지금 경제에 관련된 이야기는 아니지만, 사실은 사회가 불안하고 어디서 테러가 터질지도 모른다는 상황하에서 경제가 발전할 수 있겠는가'라고 말씀하셨습니다. 그러면서 대통령은 '그렇기 때문에 이게 다 따로따로의 일이 아니라 다 경제 살리기와 연결이 되는 일인데, 여러 가지 신호가 우리나라에 오고 있는데 그걸 가로막아서 어떡하겠다는 이야기냐'라고 강조하셨습니다.

도박이 북한의 핵보다 선량한 국민을 더 죽이며 가정과 사회를 파탄시킵니다. 도박으로 수많은 국민들이 오늘도 희생하고 있음에도 대통령은 자기가 할 일은 하지 않으면서 국회 탓만 합니다.

용산주민들이 용산 화상경마도박장의 개장을 1000일 넘게 반대하고, 주민 17만 명이 서명을 해 진정을 했지만 정부는 모른 척합니다. 대통령님의 모교인 성심여중·여고 학생들이 청와대를 방문해 간절히 진정을 해도 모른 척합니다.

국민의 안전을 위하십니까? 그럼 이런 목소리부터 귀 기울여 주세요.'

대구에 사시는 배지훈 씨의 의견입니다. '유승희 의원은 테러방지법이 헌법에 어떻게 위배되는지를 설명했네요. 의원님은 테러방지법이 유신시대 긴급조치권과 어떻게 비슷한지를 보여 주세요. 테러방지법은 사실상 중앙정보부를 포함한 행정부에 절대 권력을 부여했던 유신헌법이나 다를 바가 없습니다.'

미국에 사는 제 페이스북 친구가 남긴 글은 이렇습니다. 아까 조금 읽기는 했는데요. '테러방지법이 통과될 것을 염려해 페북 거의 삭제했습니다. 서너 개만 있으니 휑하네요. 이젠 예전 북한 공산주의국가와 똑같아질 것 같아요. 정치적인 것은 이제 무섭습니다. 이젠 페북 탈퇴할지도 모르겠습니다.'

다음은 트윗으로 온 메시지입니다. '필리버스터에 참여한 의원들이 1시간, 1시간 막아내는 것은 북한의 테러가 아닌 이 나라 국민들에게 조여 오는 목줄입니다. 힘내 주세요.'

너무 절박하시지요. 절박한 목소리로 많은 분들이 이런 메시지를 보내셨습니다.

제 블로그에는 이런 댓글이 남겨졌습니다. 참고로 제가 기자 출신입니다. 신문사 기자생활을 20년 가까이 했습니다. '기자 출신이시니 언론의 중요성을 잘 아시리라 생각합니다. 역대 그 어느 정부보다 국민과 소통이 부족한 정부가 테러방지법을 핑계로 빅브라더 국가를 만들려고 합니다. 지금도 국정원 예산은 국회의 감시를 받지도 않고 마음대로 쓰고 있는데 도·감청, 영장 없는 인신구속까지 주어지면 권력자의 충견이 되어 무소불위의 권력을 휘두를 게 자명합니다. 배재정님도 빅브라더법 반대에 힘을 보태 주세요.'

장문의 글을 보내주신 분도 계십니다. 무제한 토론의 좋은 점이 시간이 충분하다는 것 같은데요. 소개해 드리겠습니다.

"연세대 법학과 강사로 재직했고 지금은 다시 로스쿨에서 만학의 길을 걷고 있는 김정환이라고 합니다.

테러방지법안의 구체적 내용이 궁금하더군요. 기사를 찾아봐도 두루뭉술하게 '여당은 이 법이 국가안보를 위해 필요하다. 야당은 국정원이 인권 침해할 거다' 뭐 이런 내용이더군요. 답답해서 국회 의안정보시스템에 들어가서 법안과 검토보고서를 봤습니다. 몇 가지 단상을 적어 보겠습니다.

단지 법안을 읽고 떠오르는 단상을 적은 것에 불과한 잡문이기에 저의 페친분들께서는 이 분야에 식견이 없는 한 시민의 이야기 정도로만 읽어 주시면 좋겠습니다. 공법학 연구자 가운데 누군가가 더 깊게 파고들 주제인 것 같습니다.

하나, 이 법안은 입법 과정에서 국회 내부 검토조차 제대로 이루어지지 않았다. 정보위원회 수석전문위원이신 모 위원의 명의로 되어 있는 검토보고서는 총 일곱 쪽으로 이루어져 있지만 모든 내용이 법안을 다시 옮긴 것뿐이고 실질적 검토의견은 '테러 대응의 실무적 역할을 담당하는 대테러센터를 국무총리실 소속으로 두어 국정원의 권한 집중으로 인한 우려를 상당 부분 불식시키고 있음', '1인의 인권보호관을 통한 통제방안이 마련되어 있다' 뿐이다.

이것은 조금 제가 조심스럽기는 합니다만 의견이니까 그냥 읽겠습니다.

"이것이 한 나라의 법률을 제정하는 검토의견이라니, 이런 검토보고서를 학생이 썼으면 낙제다. 각 조항의 법적 의미, 이 법률 제정을 통한 타 법률의 개정 조항이 어떤 의미를 가지는지 등은 아예 검토도 안 되어 있다. 법률과 안보 전문가들의 제대로 된 검토의견서가 다시 작성되어야 한다.

2. 우리 조직의 운영은 투명합니다. 저희는 1인의 감시인을 두고 있습니다. 1인 감시인의 역할은 저희가 정하겠습니다…… 이 조직은 과연 투명할까? 누가 봐도 이상할 것이다. 위원회도 아니고 감시기구도 아니다. 법안은 1인의 인권보호관을 두고 있다. 누가 임명될지 알 수도 없다. 게다가 인권보호관의 운영에 관한 사항은 모든 것을 대통령령으로 정하기에 인권보호관이 어떤 역할을 할지 예측이 불가능하다. 어떤 역할을 기대할 수 있을까?

법안 제7조를 참고로 읽어 드리면요, 이게 인권보호관과 관련된 겁니다. "관계기관의 대테러활동으로 인한 국민의 기본권 침해 방지를 위해 대책위원회 소속으로 대테러 인권보호관 1명을 둔다.", "인권보호관의 자격, 임기 등 운영에 관한 사항은 대통령령으로 정한다." 이렇게 법안이 만들어져 있습니다.

"3. 테러방지법이 제정되면 특정 금융거래정보의 보고 및 이용 등에 관한 법률 등 몇 가지 법률상 국정원장이 정보 요청자가 된다.

현행법상 특정 금융거래정보를 검찰총장, 국세청장, 관세청장, 중앙선거관리위원회 또는 금융위원회에 제공하는 근거 규정은 있다. 거기에 국정원장이 더해진다. 더하여 출입국, 관세, 통신비밀 등에 대해서 국정원장이 권한을 가지게 된다.

금융정보는 금융위원회가, 세금정보는 국세청장이 요구하고 범죄가 관련되면 검찰이 수사하는 것 이런 게 내 상식인데 국정원장은 뭘 어떻게 요구할지 모르겠다. 그냥 포괄적으로 권한을 가진다. 국정원장은 우리의 모든 정보를 요구해도 되는 걸까?

4. 고등학교에서 '담임은 문제 학생의 자료를 수집하기 위해 문제 학생을 추적할 수 있다' 이런 학칙이 만들어지면 어떨까? 문제 학생이 누군지 확정하는 것도, 추적의 방법도 각 담임마다 달라질 것이며 모든 학생은 내가 문제 학생인지, 우리 담임이 어떤 사람이며 나를 추적할지 아닐지 불안하지

않을까? '당신이 나쁜 짓을 하면 국가가 처벌합니다' 이건 법이 아니다."

이 내용은 법안 제9조4항 "국가정보원장은 대테러활동에 필요한 정보나 자료를 수집하기 위하여 대테러조사 및 테러위험인물에 대한 추적을 할 수 있다."는 조항에 따른 내용입니다.

"5. 법은 예측 가능해야 한다. 만일 도로교통법이 '도로교통질서에 대한 내용은 대통령령으로 정한다' 이렇게 규정되어 있으면 어떨까? 무엇이 도로교통질서인지 예측 불가능하기 때문에 이건 법률이 아니다. 현재의 법안은 이 같은 문제점도 많다."

관련된 조항들이 또 있습니다.

법안 제10조(테러예방을 위한 안전관리대책의 수립) 1항에 보면 "관계기관의 장은 대통령령이 정하는 국가중요시설과 많은 사람이 이용하는 시설 및 장비에 대한 테러예방대책과 테러의 수단으로 이용될 수 있는 폭발물·총기류·화생방물질, 국가 중요행사에 대한 안전관리 대책을 수립하여야 한다.", 2항 "제1항의 규정에 의한 안전관리대책의 수립·시행에 필요한 사항은 대통령령으로 정한다."

그러니까 법안 내용이 상당 부분을 대통령령으로 규정하도록 하고 있다는 얘기입니다.

"6. 청와대나 여당, 국회의장님은 이 법안이 북한의 위협과 많은 관련이 있다고 했다. 그런데 이상하다. 이 법안은 북한에 대한 언급이 전혀 없다. 테러의 개념은 국가 하위단체가 정치적 목적을 이루기 위해서 민간인이나 시설물을 공격하는 행위이기 때문에 북한이 우리를 위협하는 것은 테러라 할 수 없고, 북한의 공격에 대해서는 군사적 대응을 해야지 테러 대응을 하는 것이 아니라는 김계동 교수님의 정리가 떠올랐다.

7. 테러단체는 유엔이 지정한 단체라는 규정이 있기에 이런 규정에 대해서 찾아보고 부합하는 것인지 알아보려고 했는데"…… 중략하고요. "로스쿨 학생이 그냥 보기에도 이 법안은 총체적 부실이다. 필요하더라도 다시 만들어야 한다는 것이 내 생각이다."

뭐 이걸 개인 의견이라고 보실 수도 있겠습니다. 그런데 많은 의원님들이 이분의 의견과 비슷한 의견들을 많이 내셨기 때문에 이분의 의견도 충분히 귀담아 들어야 되지 않을까 이런 생각이 들고요.

이것과 관련해서 제가 재미있는, 뭐 재미있다고 이야기하기가 참 어렵기는 한데요. 저희 당의 표창원 비상대책위원이 오늘 발언하신, 오늘 오전 비대위 회의에서 발언하신 내용을 좀 말씀드릴게요.

이게 기사가 났는데요, 제목이 이렇습니다. "표창원 '테러방지법' 북한 미사일을 대국민 감청과 계좌추적으로 막나?" 이런 제목이 달려 있습니다.

"표창원 더불어민주당 비상대책위원은 26일 대선개입, 간첩조작, 대국민 사찰 논란 등으로 수많은 물의를 일으킨 국정원에 날개를 달아주는 테러방지법과 관련 '허위와 왜곡과 성동격서로 지금의 위기만을 벗어나고 지지율만 끌어올리려는 잘못된 밀어붙이기를 하고 있다'고 질타했다. 그는 이날

오전 비대위 회의에서 '우리 정부가 대한민국의 위기상황을 솔직하게 인정하고 국민의 협조를 구하면서 타개해 나갈 노력을 하지 않는다.'라며 이같이 말했다.

그는 정부와 새누리당이 테러방지법의 필요 이유로 북한에서 청와대를 타격하겠다고 협박하기 때문이라 주장하는 데 대해 '북한에서 쏘는 미사일을 국민에 대한 감청과 계좌추적으로 막을 수 있나'라고 질타했다.

그는 또한 2011년 노르웨이에서 안데르스 브레이빅이라는 극우 인종차별주의 청년에 의해 벌어진 총기 테러로 77명이 숨진 사건, 즉 우토야의 비극이라고 일컫는데요. 그 사건을 언급한 뒤 '이에 대한 노르웨이 수상과 정부 그리고 국민들의 반응은 너무나 의외였다. 우리처럼 테러방지법을 만들자. 핵을 무장하자. 전쟁을 하자 이런 것들이 아니었다', 그는 당시 노르웨이가 택한 방법은 이러했다고 언급했다. 한번 같이 새겨 봤으면 좋겠습니다. '한 사람의 분노가 얼마나 무서운 결과를 야기했는지 우리는 목격했다. 지금 우리 노르웨이에 필요한 것은 많은 사람들이 보여주는 사랑의 힘이다', 그는 나아가 '현실적으로 우토야의 비극을 만들어 냈던 경찰의 경계·경비 실패, 시민들의 신고 접수를 제대로 처리하지 못한 패착, 촘촘하게 1년 동안 실태조사를 한 끝에 현실적인 대비책을 내놓았다'고 강조했다.

그는 끝으로 대한민국에 필요한 것은 솔직한 위기상황에 대한 인식과 잘못에 대한 반성과 책임자에 대한 처벌과 국민을 향한 사죄와 협조 요청이라고 덧붙였다."

이 기사를 보고서야 저도 당시, 몇 년 전이지요? 2011년이네요. 노르웨이에서 일어났던 이 테러사건에 대한 기억이 좀 떠올랐습니다. 그 당시에 우리 언론에도 크게 보도가 되었던 걸 우리 표창원 비대위원께서 언급을 하신 것인데요.

테러가 발생했을 때 그 국가가, 그 사회가 어떤 대응책을 마련하려고 노력하는지, 그리고 어느 것이 근본적으로 테러를 막을 수 있는 방책이 되는지를 다시 한 번 짚어보게 하는 그런 내용이었고요.

노르웨이가 사랑의 부족만을 언급한 게 아니었습니다. 1년 동안 철저한 조사와 그런 점검을 통해서 대비책을 내놓았다는 게 그 내용입니다. 우리 사회도 그렇게 가야 되지 않을까요?

갑자기 세월호 사건도 떠오릅니다.

다음은 상식적으로 이 사회를 살고 있는 분의 의견을 좀 들어 보겠습니다. 부산에 계시는 박우경 씨의 의견입니다. '테러가 왜 일어날까요? 말로 안 되니까 테러라는 폭력 수단을 선택하겠지요. 단지 테러를 방지하기보다는 테러가 일어나지 않는 사회를 만드는 것이 정치의 목적이 아닐까요? 지금 우리나라의 사정은 어떤가요? '헬조선'이라 불리지 않습니까? 많은 젊은이들이 자살하고 포기하고 희망 없는 삶을 살고 있지 않습니까? 이런 사태가, 이런 상태가 계속되면 테러도 생기고 혁명도 일어나는 것입니다. 국가가 할일은 국민이 잘 살게 하는 것입니다. 재벌의 주구가 되어 국민의 생명과 재산을 배앗는 정부가 계속되는 것이 테러를

유발시키는 것입니다.

테러방지법을 만들려면 그 내용이 국민의 생활의 질을 향상시키고 하루 빨리 헬조선에서 벗어나게 하는 일이어야 합니다. 다시 말하면 재벌만 위하고 사리사욕과 온갖 부정부패를 저지르고 있는 사람들을 청산하는 법을 만드는 것이 테러방지법입니다.'

이 말씀을 인용하면서 제가 봤던 또 트윗의 멘션이 생각나는데요. '지금 필요한 건 국민보호법이다' 이런 글을 어떤 분이 남기셨더라고요. 우리 국민 생활을, 정말 무너져가는 국민들의 삶을 보장하는, 보호하는 그런 법을 만들어야 될 때가 아닌가라고 말씀하신 게 생각이 납니다.

경향신문 편집국장을 역임한 강기석 전 국장님께서 페이스북에 쓴 글을 좀 읽어 드리겠습니다.

'테러방지법 통과를 막기 위한 야당 국회의원들의 필리버스터가 진행되고 있다. 어제 참여정부 때 장관과 총리를 지낸 분과 이것을 화제로 잠깐 이야기를 나누었다. 이분이 장관이 되고 얼마 안 있어 국정원에서 30억 원을 현금으로 보내더란다. 관행을 잘 모르는 장관은 장관을 하다 보면 이런 돈이 필요한가 보다 하고 받아 놓았다. 얼마 뒤 이 장관이 그 부처가 정례적으로 주재하는 어떤 모임에 참석했다. 민간조직의 행정책임자 한 300여 명이 참석하는 모임이었다. 장관에게 건의할 말, 장관이 당부하고자 하는 말, 기분 좋게 나누고 돌아왔다고 한다.

그런데 다음 날 그 모임에 참석했던 고등학교 동창생한테서 전화가 왔다. 이런저런 이야기 끝에 그런데 어제 왜 돈을 안 주는지 의아했다고 하더란다. 깜짝 놀라서 무슨 돈 말이냐고 물었더니 어제 그 모임이 끝나면 늘 1000만 원씩이 든 봉투가 전달됐다고 하더란다. 그때에서야 며칠 전 자신에게 온 국정원 돈이 이 모임 참석자들에게 1인당 1000만 원씩 주는 촌지용이라는 걸 알았다는 것이다. 민간조직 행정책임자들에게 장관 말 잘 들으라고 주는 돈이고, 그 돈은 또 일부가 내 말 잘 들으라며 밑으로 흘러갈 것이다. 그렇다면 결국은 나보고 국정원 말 잘 들으라는 얘기 아니냐고 생각한 이 장관은 바로 그날 이 돈을 국정원에 반납했다고 한다.

참여정부 때도 청와대나 국무총리실, 각 정부부처에는 경조사, 부의금 등의 용도로 영수증 없이 쓸 수 있는 일정한 액수의 예산이 합법적으로 편성됐다고 한다. 수십 개 부서가 나눠 써야 하기 때문에 이 돈도 늘 모자라기 마련인데 그럴 경우 용이하게 끌어다 쓸 수 있는 매력적인 자금이 국정원 예산이었다. 하지만 참여정부 청와대나 총리실에서 국정원 돈을 끌어다 쓴 적은 없는 것으로 알고 있다고 이분은 자신 있게 말하고 있다.

국정원 예산이 누구는 8000억 원 정도라고도 하고 누구는 1조 원이 넘는다고 추측만 하지 정확한 규모를 국회든 외부에서는 아무도 알 수가 없다. 어떤 국정원 예산은 다른 정부부처 예산에 숨어 있다고 한다. 그중 상당 부분이 어떤 용도로 쓰이는지, 제대로 쓰였는지 사후 감시도 이루어지지 않는다. 국정원이라는 기관 자체가 비밀조직이어서 모든 활동이 비밀리에 이루어져야 한다는 보호막을 쓰고 있기

때문이다. 그래서 막대한 국정원 예산 중 일부가 국정원의 고유 업무가 아니라 국내 통치용으로 전용돼 쓸 여지가 생긴다. 참여정부에서도 국정원에 발목 잡힌다며 국정원에 이런 자금을 돌려주거나 쓰지 않았을 뿐 이런 예산편성 관행을 없애지는 못했다. 이명박 정부 때 벌어진 민간인 사찰 사건을 덮으려고 등장했던 관봉 현금 덩어리를 보면 국정원 예산을 통치자금으로 전용해 쓰는 관행이 이명박 정부와 함께 부활한 것은 아닌지 강한 의심이 든다.

지금은 어떤가? 앞으로는 어떨까? 테러위협을 빙자해 막강한 조직과 막대한 비밀자금을 쓰는 이런 비밀조직의 권력을 더 강력하게 만들자는 것이 테러방지법이다. 정의화 국회의장은 무너졌지만 야당 의원들만이라도 필리버스터가 아니라 그 이상의 무슨 짓을 해서라도 결사적으로 막아야 하는 것이 이 법 영구집권 음모법이다.'

한 고등학생이 대한민국이 걱정이라며 트위터로 보내 준 글이 있습니다. 앞서서 우리 김현 의원님께서도 소개를 했습니다만 못 들은 분들도 계실 것이기 때문에 다시 읽어 드리겠습니다.

'저는 평범한 학생입니다. 동시에 게임을 좋아하는 덕후입니다. 흔히 꽃다운 나이라 불리는 17세, 이 나이에 진로가 아닌 나라꼴을 걱정해야 한다는 사실이 참 어이가 없습니다. 제 꿈은 행복하게 사는 것이기에 먼 미래의 행복 역시 중요하지만 현재의 행복 또한 중요하다고 생각합니다. 저는 게임을 하는 지금이 너무도 행복합니다. 저는 왜 국정원에서 제 게임 취향을 알아야 하는지 이해가 안 되고 왜 제 사생활을 밝혀야 하는지도 이해가 안 됩니다. 솔직히 말하자면 대통령 이름을 언급하기만 해도 잡혀갔다던 그 예전 시대가 연상됩니다. 2016년 현재 제가 대통령의 이름으로 시시한 장난이라도 치면 테러범으로 지목당할 수도 있다는 그 사실이 너무나 어이가 없습니다.

개인 SNS 등 사적인 공간에서 마음대로 얘기할 권리는 저 자신에게 있으며 이는 정치와 정부에 관해서도 마찬가지라고 생각합니다. 이를 빼앗는다는 것은 정부가 더 이상 국민의 이야기를 들을 생각이 없고 오히려 국민의 자유를 빼앗고 탄압하겠다는 뜻으로 해석되어질 뿐입니다.

덕후답게 말씀드리자면 저는 테러와는 일절 관련도 없고 국가를 뒤엎을 생각도 전혀 없습니다. 그런데 머릿속에서 제가 좋아하는 캐릭터들이 전쟁을 일으키고 테러를 일으키는 상상을 한 뒤 그걸 SNS에 언급했다가 감옥에 갈 수도 있는 것 아닙니까? 그런 논리로 따지면 대다수의 덕후들은 다 감옥에서 저와 만날 것입니다. 이 무슨 농담 같은 말입니까? 무식하기 그지없는 일이지요. 벼룩 한 마리 잡겠다고 초가삼간 불태운다는 속담이 바로 이 상황과 딱 맞는 것 같습니다. 이게 옳다고 생각하십니까?

저는 역사교과서 국정화 반대 피켓시위에도 참여한 바 있습니다. 제가 거기 서서 한참 시위를 하는 동안 얼마나 많은 동참자들이 있었는지 아십니까? 얼마나 많은 국민이 국정화에 반대했는지 아십니까? 그런데 결과는 어떻습니까? 우리의 목소리는 다 묻혀 버렸습니다. 세월호도 마찬가지입니다.

지금도 끊임없이 외치고 염원하는 사람들이 있지만 아무것도 달라지지 않습니다. 애초에 달라질 생각이 있기는 했던 것일까요? 의문을 품지 않을 수 없습니다.

왜 우리들의 말을 들어 주지 않으십니까? 국민의 목소리요? 트위터 한 번만 둘러봐도 충분히 알 수 있으실 겁니다. 저는 진심으로 분노하고 통탄합니다. 이것이 진정 정치입니까? 민주주의 국가입니까? 국민이 나라의 주인인 대한민국이 맞습니까?

테러방지법 역시 그렇습니다. 테러방지법에 동의하지 않습니다. 제 주위의 많은 이들이 동의하지 않습니다. 보십시오. 테러방지법 통과에 반대하는 피켓시위를 3분 정도 진행했다고 바로 구금하는 상황입니다. 만약 법이 통과된다면 이후 남용으로 인해 더 큰 피해가 발생할 것은 뻔한 상황 아닙니까?

대한민국의 토대를 이루고 있는 가장 기초적이며 절대적인 헌법의 내용을 인용하자면 헌법 제17조 모든 국민은 사생활의 비밀과 자유를 침해받지 아니한다고 되어 있습니다. 테러방지법은 헌법에 위배되는 법안입니다. 또 단순히 국가안보를 위해서라고 치부하기엔 테러용의자의 범위가 너무도 넓습니다.

답답하네요. 이렇게 계속됩니다.

이런 말 올렸다고 저를 잡아가시려면 잡아가십시오.'

17살 소녀의 글입니다.

'국민을 외면하는 나라에서 살고 싶은 마음은 없습니다. 저를 잡아 가두고 본보기로 삼으십시오. 이 나라의 법이 17살 소녀에게 무슨 짓을 저지르는지, 제가 어떻게 반역자가 되는지 똑똑히 보여 주십시오.'

소통이 끊긴 관계는 진전되지 않습니다. 이는 국가 단위에서도 마찬가지입니다. 소통이 끊긴 정부는 결코 좋은 정부로 기억될 수 없습니다. 나라의 주인이 무엇을 원하는지, 무엇을 말하는지 들어 주십시오. 그리고 보여 주십시오. 테러방지법은 안 됩니다.

우리 어른들을 그리고 우리 국회의원들을, 야당 의원인 저까지도 부끄럽게 만드는 17살 소녀의 글입니다.

한 중학생이 또 테러방지법을 요약했습니다.

다음 아고라에서 화제가 되고 있는 글이랍니다.

'테러방지법이 뭐길래? 첫 번째, 테러방지법이 통과되면 일어나는 일, 대테러 업무가 한곳으로 집중됩니다. 국정원으로. 국정원은 테러예비·음모·선동·선전뿐만 아니라 그것을 의심할 만한 이유가 있는 사람까지 테러위험인물로 지정할 수 있습니다. 왜? 테러위험인물의 정의에 테러단체의 조직이거나 테러단체 선전, 테러자금 모금, 기부, 기타 테러예비·음모·선전·선동을 하였거나 하였다고 의심할 상당한 이유가 있는 자를 말한다고 되어 있기 때문입니다. 정당한 시위를 해도 이 모호한 기준 때문에 위험인물로 구별될 수 있습니다.

테러방지법의 내용을 볼까요?

첫 번째, 테러를 선전·선동하는 모든 게시물은 삭제 또는 중단시킬 수 있다. 이 부분을 해석했습니다. 당신이 올린 글이 시위와 관련되어 있다거나 정치적 문제를 담고 있을 때는 언제든지 삭제될 수 있습니다.

두 번째, 테러 구성원으로 의심되면 그 사람의 출입국 금융거래 및 통신이용, 위치정보 등을 수집할 수 있다. 이 부분은 우리 개인정보는 안녕입니다. 인터넷 사생활도 안녕입니다. 모두 감시당할 수 있습니다. 이렇게 해석되고 있습니다.

세 번째, 테러사건으로 인해 시설보호가 어렵다고 판단되면 군사병력 지원을 건의할 수 있다. 이 부분은 멀쩡히 시위하다가 군인한테 최루액 맞고 총 맞아 죽어도 따질 수 없습니다.

네 번째, 테러에 해당하면 사형·무기금고·무기징역 선고가 가능하다. 테러 해당기준도 모호한데다 평화롭던 어느 날 나보고 너 테러 일으켰지 하면 사형선고 받을 수 있습니다. 자극적이고 극단적이라는 생각이 드셔도 정말 우리에게 일어날 수 있습니다. 테러방지법이라는 이 법은 국민의 안전을 위한 것이 아닙니다. 우리 국민의 자유, 인권, 안전을 모두 앗아가는 독재정치의 수단일 뿐입니다. 우리 대한민국 국민이 자유를 지켜야 하지 않겠습니까? 무엇보다도 우리들의 관심이 간절합니다. 많은 관심과 자유를 지키기 위한 노력 간절히 부탁드립니다.'

이게 중학생이 쓴 글이랍니다.

비정상적이라는 생각이 드시지 않으십니까? 박근혜 대통령께서 비정상의 정상화를 여러 차례 언급하신 것으로 알고 있는데요. 이렇게 국민들이 걱정해야 되는 상황이야말로 비정상적인 것 같습니다. 정상적이고 상식적인 정부라면 이런 행위를 하지 않을 것입니다. 중학생이 봐도 위태한 법안을 버젓이 발의하고 대통령이 책상을 탁 치니 법안 통과의 목전까지 와 있습니다.

어린 중학생의 짧은 소견으로 치부하지 마십시오. 정부에 대한 불신이 여기까지 와 있습니다. 학교교육이 잘못됐다며 국정교과서 만들어서 학생들의 정신, 의식부터 뜯어고치겠다고 하는 정부입니다. 또 어떤 일이 있을지 모르겠습니다.

국회의원인 저는 본회의장 발언에 대해서 면책특권이 주어지지요? 그런데 국회의원이 아니면 어떻게 될까요? 혹은 국회의원이라 하더라도 국가보안법에 의해서 면책특권이 제외됐던 과거의 사례도 있지 않습니까? 무소불위의 법인 테러방지법에 의해서 어떤 일이 일어날 수 있을지 모골이 송연하다는 말은 아마 이럴 때 할 수 있을 것 같습니다.

말씀드린 것처럼 제가 뭐 정보위원회도 아니고 테러방지법과 관련된 전문적인 공부를 했던 사람도 아니어서 사실은 무제한 토론을 준비하면서 국민과 더불어 배우겠다고 말씀을 드린 바가 있습니다. 준비하면서 정말 많은 것들을 생각하게 되고 정말 배우게 됐는데요. 아까 말씀드린 것처럼 표창원 교수가 언급했던 노르웨이의 테러사건과 관련했던 기억도 떠올렸고요. 언론인이신 변상욱 님의 트위터 글도 우리 과거를 떠올리게 했습니다. 아마 많은 국민들이 공감하실 것 같습니다. '북한이 금강산댐을 지어 터트리면 서울이 물바다가 된다고 해서 공포 분위기 조성하고 국민 주머닛돈 턴 게 30년 전인데 이제는 불바다 된다며 국민기본권을 턴다. 지난 일을 올바로 기억하는 것도 투쟁이다.', 그런 생각 드시지 않으십니까?

금강산댐 기억하시지요? 우리 젊은 국민들께서는, 젊은 청년들께서는 모르실 수도 있습니다만 제가 어릴 때로 기억합니다. 금강산댐을 지어야 한다며 정말 호주머니, 아이들 코흘리개 돈까지 다 모았던 기억이 있습니다.

그런데 시간이 지나니까 금강산댐이 무용지물이라는 기사들이 나더라고요. 30년 전 일을 돌이키면서 살아야 합니까? 그리고 '지난 일을 올바로 기억하는 것도 투쟁이다'라는 글을 보면서 함께 고개를 이렇게 주억거려야 되겠습니까?

30년 동안 우리 대한민국 얼마나 많이 좋아졌습니까? 앞으로 나아갔습니까? 그런데 왜 이런 일이 일어나고 있을까요?

계속해서 허태용이라는 트위터리안이 보내 주신 글입니다.

'국회TV를 본 적도, 돌린 적도 없던 국민들이, 하루 종일 평균 1만 5000명이 필리버스터 연설에 감동을 받고 있다. 팩트TV, 오마이TV, 유튜브, 기타의 필리버스터 생중계를 합치면 7만여 명이 하루 종일 시청하고 있다.

테러방지법이라는 패러다임부터 깨야 한다. 종편에선 야당 의원들이 테러방지법을 방해하며 테러를 옹호하고 있다고 한다. 그러니 테러방지법이 아니라 국민감시법 또는 국정원강화법이라고 전제하고 가자.

또한 직권상정의 부당성에 대해서 국회의장에게 답변을 요구해야 한다. 국민 대다수는 지금 상황이 비상사태가 아니라고 본다. 경찰청장이 해외출장을 가는 상황이 무슨 비상사태란 말인가?

테러방지하는 것 좋다. 그러나 테러의 정의를 정확히 해야 대다수 국민의 기본권이 침해받지 않을 것이다. 국민들에게 물어보라. 국가가 당신에 대해 의심이 들어 감시를 한다는데 어떻게 생각하냐고.

국정원은 몇 차례나 간첩을 잡는다며 사건을 조작하기도 했다. 유신시절 중앙정보부는 말할 필요도 없다. 그런 정보기관이 지목하고 또 수사하는 것 정말 믿을 수 있겠는가? 만약 사실이 아닌 것으로 판명되면 누가 책임을 질 것인가? 권한을 줄 것이면 책임도 명확하게 해야 한다.'
다른 글입니다.

'테러란 무엇인지 먼저 확인해 봅시다. 그리고 그 테러는 누가 할 수 있는지도 생각해 봅시다.

테러란 폭탄 등 무기로 할 수 있는 무장테러와 언어와 글 등을 통한, 펜 등등으로 할 수 있는 비무장테러가 있습니다.

인간의 인격을 짓밟고 생명을 위협하는 모든 행위를 테러라고 한다면 그 테러는 북한만이 할 수 있는 행위는 아닙니다. 테러를 행할 수 있는 자는 IS와 북한만이 아닙니다.

지금 시급하게 막아야 하는 테러가 어떤 테러인지 생각은 해 보셨습니까?

북한이 할 수 있는 테러도 있지만 박근혜정부도 할 수 있는 테러가 있습니다. 테러방지법의 독소 조항이라는 것이 정부, 즉 테러방지를 해야 하는 주체가 테러를 할 수 있기 때문에 현재 국회의장에게 직권상정된 법을 반대하는 것입니다.

현재 상정된 법으로 도대체 어떤 테러를 방지하고자 하십니까? IS의 테러입니까? 북한의 폭력적 무장테러입니까? 막고자 하는 테러를 효율적으로 막을 수 있는 법을 만드시기 바랍니다.

현재의 독소 조항으로 나타날 수 있는 테러로 제가 아주 오래전에 당했던 테러가 생각납니다.

86학번으로 신입생 때 숭실대학교를 다니던 저는 친구 2명과 셋이서 중앙대학교를 방문하게 되었습니다. 남자 2명과 여자 1명, 우리 셋은 버스를 타고 가면 30분 이상 걸리는 방법보다 걸어서 후문으로 가서 후문으로 들어가는 방법을 택했습니다.

중앙대의 후문을 찾아가던 중 조그만 구멍가게 앞에서 긴 나무의자에서 장기를 두던 남자들을 서너 명 만났습니다. 옆에는 새우-깡과 진로 소주병도 보였습니다. 서너 명이 있는데 청바지와 면티를 입은 사람들 중 한 명이 우리를 부르는 것이었습니다.

우리가 그들 앞에 갔을 때 그들 중 한 명이 우리에게 학생이냐고 물었습니다. 그렇다는 대답에 신분증을 꺼내라는 것이었습니다. 먼저 여자친구가 신분증을 꺼내는데 제가 제지했습니다. '아저씨들 누구신데 신분증을 보여 달라고 하느냐?' '혹시 경찰이냐?' 제 생각에는 경찰은 절대 아니라고 생각했습니다. 아무리 잠복근무 중일지라도 소주를 마시며 장기를 두지는 않았을 것 같았습니다. 그러나 제 물음이 끝나자마자 손찌검이 날아왔습니다. '너 같은 놈들이 데모를 한다고. 너 같은 놈들은 맞아야 한다고' 저와 제 친구들 우리 셋은 얻어맞았습니다. 뒤에 합세한 사람들까지 집단 구타를 당했습니다.

이후 방범초소로 끌려간 우리 셋은 조그만 초소에 갇히고 다시 신분증을 요구받았습니다. 그런데 우리 셋은 맞으면서 보았습니다, 허리춤에 있는 수갑을. 그 후엔 지은 죄도 없는데 경찰이라는 이유에 주눅 들고 겁먹었습니다. 특히 동기였던 여자친구는 심하게 놀랐습니다.

결국 신분증을 확인하더니 가라는 것이었습니다. 1학년이라 그랬는지, 중앙대가 축제기간이라서 타 학교 학생이 많이 방문하던 시기여서 그런지 그냥 가라는데 얼마나 고맙던지 뒤도 안 돌아보고 중앙대로 들어갔습니다.

그 후에 우리 셋이서 이야기한 내용이 '도대체 무엇이 잘못된 것일까?' '그들은 거기서 하는 일이 무엇일까?' 결국 결론은 전두환 군사독재 치하에서는 정상적인 경찰활동이 아니라 아무나 무작위로 조사·확인해 보고 아니면 말고, 이 같은 행동을 하는구나.

2016년인 지금 테러방지법이 국민감시법으로 둔갑하여 무소불위의 권력을 휘두를 국정원을 생각하면 결국 우리의 미래 세대에게 그때와 같은 일이 다시는 있어서는 안 된다는 그런 생각을 했습니다.

전두환 군사독재 상황으로, 박정희 정권의 중앙정부가 권력을 휘두르는 상황으로, 그런 상황으로 우리 다음 세대를 되돌려 놓아서는 안 된다는 생각을 합니다.

그 일을 겪은 후로 개인적으로 평생 짊어진 기억이 있습니다. 저보다 훨씬 억울하고 생명을 빼앗긴 분들도 계시지만 이것도 테러라고 생각합니다. 그들이 이야기하는 테러방지법이 오히려 새로운 테러를 일으킬 수 있다는 생각도 합니다.

종편도 여야 합의로 방송결정을 한 것으로 압니다. 그렇지 않지요. 종편은 날치기 처리됐지요.

지금의 종편 이렇게까지 될 줄 몰랐습니다. 종편이 이런 정도의 테러를 할 줄 몰랐습니다.

지금 테러방지법을 막지 못하면 나중에 상상하지 못할 정도의 상황이 안 생긴다고 누구도 장담하지 못합니다.

인간의 생명을 빼앗고 인격을 말살하고 생각과 행동을 제약하는 모든 테러를 반대합니다.

테러는 북한 그리고 IS만이 일으키는 것이 아님을 다시 한 번 생각해 주십시오.

두서없는 글이지만 모든 테러를 반대하며 테러방지법으로 일어날 수 있는 테러도 온몸으로 반대합니다.'

아마 함께 들으시는 분들도 '설마 그런 일이' 이렇게 생각하시는 분들도 계시겠지만 이전 상황들을 떠올리며 '충분히 그런 일이 있었을 거야'라고 착잡해 하시는 분도 많이 계실 것 같습니다.

이렇게 국정원은 국민들이 다 아는 흑역사가 있습니다. 그래서 테러방지법을 만든다고 하니까 모두 화들짝 놀라는 것입니다.

지금 다수의 힘으로 국회를 통과시키려는 테러방지법에는 주적이 없습니다.

국민 여러분, 이 법의 주적은 바로 우리가 될지도 모르겠습니다. 상기시켜 드리는 차원에서 국정원 흑역사에 대한 기고글을 하나 소개해 드리겠습니다.

손우정 성공회대 연구교수의 기고글입니다.

'1992년, 14대 총선은 3월 24일 치러졌다. 선거가 코앞에 다가온 3월 21일 새벽 0시 30분, 강남구 개포1동 주공아파트 앞에서 의문의 사내들이 유인물 400여 장을 아파트 우편함에 넣다가 발각됐다. 이 유인물에는 당시 민주당으로 출마한 홍사덕 후보에 대한 비방글이 적혀 있었다.

'홍사덕은 아직도 축첩 관계를 계속하며 수많은 여성을 울리고 있습니다. 홍사덕은 첩을 두고서도 사생아 팽개치고 3명의 처녀와 6명의 유부녀를 농락한 파렴치한 후보입니다'

이들을 발견한 민주당 선거운동원들은 몸싸움 끝에 지구당사로 연행하여 6시간 반 동안 자술서를 받고 경찰에 넘겼다.

이들의 정체는 무엇이었을까? 안기부 직원이었다. 그 유명한 이른바 '안기부 직원 흑색선전물 살포 사건'이었다. 체포 당시 이들은 도청기와 무전기, 난수표와 함께 5공 인사와 민자당 의원 중 공천에서 탈락하고 무소속으로 출마한 후보 26명과 장관 등 정부부처 인사 11명, 기타 국영기업체장 16명 등 모두 83명의 명단을 가지고 있었다. 이들이 지닌 비밀메모는 이들 4명이 총 12명으로 구성된 팀의 일원임을 보여 주고 있었다.

이들 중 한 명의 소지품에는 '주간정세 분석보고서'도 들어

있었다. 안기부가 작성한 이 문건은 '내각제 개헌론의 가능성 대두' '현대그룹의 탄생서 제출 배경과 의미' 등의 항목에서 정치권의 동향과 예상 흐름이 상세히 묘사되어 있었다.

사건 발생 직후 안기부는 이들이 안기부 직원인 것은 맞지만 흑색선전물 살포는 안기부와 무관한 일이라고 발뺌했다. 당사자들은 '거절할 수 없는 친구의 부탁으로 한 것'이라고 진술했다. 그 친구가 누구였길래 혼자도 아니고 최소 12명이 짝을 지어 움직였을까?

이 문제를 규명할 책임을 맡은 서울지검 공안1부는 이들의 직속상관 1명만을 조사했고 그 이상의 조사는 하지 않았다. 검찰이 늘어놓은 변명은 이랬다. '안기부는 필수불가결한 국가기관이므로 더 이상의 해부는 결코 국민들에게 이로울 것이 없다.'

1992년 5월 8일, 드디어 첫 공판이 열렸다. 세간의 이목이 집중된 이 사건에서 검찰이 던진 질문은 공소사실을 확인하는 단 세 가지, 검찰심리에 걸린 시간은 모두 3분이었다. 언론은 '번개공판'이라 칭했다. 처음이자 마지막 공판이 된 이날, 검찰의 구형도 한꺼번에 이뤄졌고 결국 이들은 며칠 뒤 모두 집행유예로 풀려났다.

블랙코미디는 재판 이후에도 이어졌다. 검찰은 자신의 구형 수준에 맞춰 판결이 내려졌기 때문에 항소하기 어렵다는 이유를 대다가 집행유예로 풀려난 안기부 직원들이 억울하다며 항소 입장을 밝히자 허둥지둥 항소에 나섰다. 물론 항소심의 과정과 결과 역시 1심과 다르지 않았다.

눈여겨볼 부분은 이들의 소속이 안기부 내 대공수사단이었다는 점이다. 즉 북한의 공작에 대응하거나 국내로 잠입한 간첩을 수사하는 일을 하는 사람들이 총선 직전 한밤중에 야당 후보를 모략하는 유인물을 몰래 살포하다 발각된 것이다. 안기부가 조직적으로 개입한 흔적은 여기저기 남아 있었다. 안기부 직원들이 흑색 유인물을 돌리다 잡히기 2일 전인 3월 18일, 국민은행 목동지점에는 안기부 계좌가 개설되었으며 하루 뒤인 19일, 29억 원이 입금되자마자 출금됐다. 체포된 직원들이 갖고 있던 10만 원권 수표 6장도 여기서 인출한 돈이었다.

당시 검찰은 수사 과정에서 이 계좌를 확인했으면서도 체포된 안기부 직원들에게 이 사실을 추궁하지 않았음이 후에 밝혀졌다. 당시 이 사건을 담당한 서울지검 공안1부 검사는 김수민으로 그가 22년 뒤인 2014년 박근혜정부에서 국정원 2차장에 임명되었다는 점은 시사적이다. 국정원 2차장은 대북, 대테러, 방첩 등 대공업무를 지휘한다. 그리고 당시 안기부 대공수사국장은 그 유명한 정형근이다.

뒤에 국회의원이 된 정형근은 김대중 정부 들어 당시 사건의 실질적인 지휘자였다는 전직 안기부 직원의 증언이 나와 곤경에 처했고, 그 스스로는 2002년 국정원이 휴대전화를 도청하고 있다는 것을 폭로하기도 했다. 그리고 정형근의 폭로 사건을 조사하면서 '휴대폰 도청은 불가능하다'고 결론내리고 사건을 종결시킨 사람은 당시 서울지검 공안2부 부장검사였던 현 국무총리 황교안이다. 그러나 그가 사건을 최종 무혐의 처리하자마자 발생한 삼성 X파일 사건에서 휴대전화 도청이

가능하다는 사실이 알려지면서 부실수사 논란에 휩싸였다. 이 일들은 서슬 퍼런 군사독재 시절에 벌어진 일이 아니다. 이른바 민주화 이후에 벌어진 일이다.

흑색선전물 사건으로 안기부는 여론의 호된 질책을 받았지만 이후에도 버릇은 고쳐지지 않았다. 바로 같은 해 있는 대선을 앞두고 부산 초원복집에는 김기춘 전 법무부장관과 안기부 지부장을 비롯해 이 지역 시장, 경찰청장, 기무사 지대장, 교육감, 지검장, 부산상공회의소 회장 등이 모여 선거대책을 논의했다. '우리가 남이가?', '부산 경남 사람들 이번에 김대중이 정주영이 어쩌다 하면 영도다리에 빠져 죽자', '민간에 지역감정을 불러일으켜야 한다'는 이야기가 고스란히 녹음됐다. 이른바 초원복집 사건이지요.

그러나 이 사건 역시 도청을 한 국민당 관계자만 사법처리를 받았다. 당시 이 사건 담당 검사는 박근혜정부에서 검찰총장을 역임한 김진태, 담당 부장검사는 박근혜정부에서 본의 아니게 최장수 총리가 된 정홍원이다.

이후에도 유사한 일은 계속됐다. 1996년 4·11 총선을 앞두고 벌어진 북의 판문점 무력시위 사건과 관련, 1997년 시사저널은 안기부 특수공작원들이 대북 공작 와중에 접촉한 북한 대남 공작수뇌부와의 대화 녹음 테이프에 대북식량과 물자 지원을 대가로 무력시위를 요청한 내용이 들어 있다고 보도한 바 있다.

이 사건에 대해서도 법원은 총풍 사건의 주범에 대해 북한에 무력시위를 요청하기로 모의했다고 보이지 않는다는 판결을 내렸지만 당사자는 검찰과 법원에서 자신이 무력시위를 요청했다고 일관되게 진술했다.

1997년 12월 대선을 앞두고서도 북풍 사건이 일어났다. 안기부의 사주를 받은 재미교포 윤홍준 씨는 김대중 새정치국민회의 후보가 북한으로부터 정치자금을 받았다는 취지의 허위사실로 기자회견을 진행했다.

이 사건 수사는 1998년 3월 21일 검찰 수사 중 권영해 전 안기부장이 화장실에서 자살을 시도하면서 흐름이 크게 바뀌어 증거가 명백한 권 전 부장과 사건을 주도한 203실(해외공작실) 소속 직원 5명 그리고 윤홍준 씨만 구속됐다.

당시 203실을 지휘한 안기부 2차장은 사건 당시 대만에 체류 중이었다는 이유로 사법처리 대상에서 제외되었으나 최근 윤홍준이 기자회견을 한 1997년 12월 11일 국내에 머물고 있었던 것으로 드러나기도 했다.

당시 검찰은 안기부 2차장이 윤 씨의 기자회견 공작을 지시했다는 진술을 확보했던 것으로 알려졌다. 그때 안기부 2차장이 바로 김기춘의 뒤를 이어 박근혜 대통령 비서실장으로 일하고 있는 이병기다.

이런 일련의 사건을 쭉 살펴보면 몇 가지 공통점이 있다. 간첩과 테러범을 잡는다던 정보요원들이 끊임없이 국내 정치와 선거에 개입했으며, 간혹 어렵게 사건의 진상이 드러나도 책임자는 처벌받지 않았다는 사실이다. 그리고 사건 당사자는 물론 솜방망이 처벌을 방조한 이들은 이후에도—특히 현 정부에서—승승장구했다는 사실이다.

일벌백계로 처벌받지 않았으니 이런 문제가 반복되는 것은 어쩌면 당연한 일이다.

2012년 총선과 대선을 앞두고 벌어졌던 국정원의 노골적인 선거개입 역시 핵심 증거가 드러났어도 제대로 된 처벌이 이루어지지 않은 것은 정보기관과 사법기관의 이런 특수관계의 재현이라 할 만하다.

부족하지만 그래도 처벌 의지를 가졌던 검찰총장마저 찍어내기에 물러나고 수사 관계자가 줄줄이 좌천된 상황에서 추진되고 있는 테러방지법이 어떤 결과를 만들어 낼 것인지를 상상하기란 상당한 인내를 필요로 한다.

테러방지법은 이처럼 과거에 대한 성찰과 반성, 국가 범죄 책임자에 대한 처벌이 제대로 이루어지지 못한 가운데 추진되고 있다. 공안기관이 비대해질 뿐만 아니라 권한까지 확대될 것이 분명한 테러방지법이 어떤 결과를 불러올 것인가?

우리 역사에서 조작간첩 사건이 급증한 것은 1970년대 중반 이후다. 당시 중앙정보부는 민청학련 사건 이후 지능화될 뿐만 아니라 양적으로 확대되는 시국사범을 상대하기 위해 법대 출신 대공수사 요원을 1000명이나 늘릴 계획을 세웠지만 결국 1000명을 다 뽑지 못하고 700명 정도 늘려 났다고 한다. 그런데 문제는 70년대 들어 북의 대남정책이 바뀌면서 남파간첩의 수가 확 줄었다는 점이다.

공안기관은 비대해졌지만 건수가 줄어든 상황에서 나온 것이 바로 조작간첩의 대량생산이었다. 고문과 가혹행위로 만들어진 간첩들은 남은 삶이 엉망진창이 되었지만 이들을 간첩으로 만든 이들 중 처벌받은 사람은 손에 꼽을 정도며 대부분은 오히려 탄탄대로를 걸었다.

반성 없는 역사는 반복된다 했는가? 지난해 최종 판결이 끝난 유우성 간첩조작 사건에서 증거 조작에 가담한 이인철 전 선양 주재 영사는 2007년 국정원에 설치된 '국정원 과거사건 진실규명을 통한 발전위원회'에 파견근무한 전 국정원 직원으로 대표적인 공안조작 사건인 인혁당 사건의 조사 담당이었다. 과거의 잘못을 반성한다는 과거사위에서 조작 사건을 조사했던 이가 다시 간첩 조작에 나선 것이다.

집행유예도 과하다며 검찰도 은근슬쩍 포기한 '항소'를 외친 1992년 안기부 흑색선전물 살포 사건의 피고들처럼 적반하장도 되풀이되고 있다. 국정원이고 뭐고 간에 인간으로서의 자질이 의심되는 민망한 댓글을 여기 저기 뿌리고 다닌 '좌익효수'는 지난해 12월 열린 첫 재판에서 사실관계는 모두 인정하지만 국정원 직원의 특정 정당·특정인 선거운동을 금지하고 위반 시 7년 이하 징역 및 자격정지에 처하도록 한 국정원법 9조2항4호 등은 위헌이라며 위헌법률심판제청을 신청하겠다고 밝힌 바 있다.

어제 좌익효수가 다시 한 번 화제가 됐지요. 신경민 의원께서 '한번 만나고 싶다' 이렇게 말씀을 하셨는데요, 그 좌익효수입니다.

명백한 잘못에도 '뭐가 잘못이냐'를 외치고, 솜방망이 처벌에도 '가혹하다'고 발끈하는 심리상태를 가진 이들에게 막강한 권한이 부여된 테러방지법까지 쥐어준다면 어떤 일이 벌어질까? 생각만 해도 끔찍한 일이다.

국회에서 진행되는 필리버스터가 정말 심각한 우려를 가질 수밖에 없는 테러방지법을 방지할 수 있을지는 모르겠지만 그 법이 통과되었을 때 벌어질 일들을 예측하기란 어렵지 않다. 그래서 우리는 책상을 백 번이라도 탁탁 내리치면서 '테러방지법 결사반대'를 외칠 수밖에 없는 것이다.'

제가 휴대폰으로 스크린샷을 몇 가지 한 게 있는데요, 그걸 좀 읽어 드리겠습니다.

어떤 분이 이런 트윗을 하셨어요, '필리버스터에 대한 비난에 대한 반박'

'1번, 불법이다라는 비난, 합법이다. 새누리당이 발의했었다. 2번, 야당만 한다, 여당 신청자가 없다. 3번, 기록 깨기용 쇼다, 여기에 대해서 박원석 의원은 여력이 있음에도 은수미 의원의 기록을 일부러 깨지 않았다. 4번, 총선용 쇼다', 이 부분은 제가 읽지 않겠습니다.

그리고 다른 분은요, 저한테 이렇게 말씀하셨어요. '의원님, 필리버스터 하실 때 박근혜 대통령을 좀 칭찬해 주세요.'

'1번, 국정원 댓글사건과 관련해서 여론의 중요성을 알려 주셨다. 2번, 간첩조작에 대해서 정보의 중요성을 알려 주셨다. 3번, 메르스 사태와 관련해서 감염·공공의료의 중요성을 알게 해 주셨다. 4번, 국정원의 RCS 해킹과 관련해서 컴퓨터, 스마트폰, 카톡 등 인권의 중요성을 알게 해 줬다.'

또 있습니다.

'5번, 국정교과서를 통해 친일·독립 등 역사의 중요성을 알게 해 주셨다. 6번, 세월호 참사를 통해 안전의 중요성을 알게 해 주셨다. 7번, 직권상정과 필리버스터를 통해 의회 민주주의의 중요성을 알게 해 주셨다. 8번, 1차 민중총궐기 백남기 씨 위중 등에 대해서 집회·시위의 중요성을 알게 해 주셨다. 이 모든 것들을 통해 대다수의 국민들이 공부하게 하셨습니다' 이렇게 보내셨어요.

또 한 분은 이 발언을 꼭 해 달라고 부탁을 하셨습니다.

'지금 새누리당이 야당의 필리버스터가 국회 마비사태를 초래하고 있다고 연일 주장하고 있는데, 이것은 명백한 자기부정이며 야당에 대한 심각한 음해행위입니다. 새누리당에게 묻고 싶습니다. 대선 때 현 대통령에게 표를 주지 않았던 49%의 국민은 이 나라의 국민이 아닙니까?'

이 정도 우선 소개를 하고요.

제가 좀 빨리 읽었는지 그래도 시간이 더 갈 줄 알았는데 마무리 발언에 좀 가까워진 것 같습니다.

저는 정치에 입문한 지 4년이 채 안 된 여전한 초보 정치인입니다. 갈 길도 멀고 배워야 할 것도 많음을 잘 알고 있습니다. 하지만 정치의 힘을 믿습니다. 진심의 힘을 믿습니다. 민주주의의 힘을 믿습니다.

어떤 분은 이렇게 말씀하시더군요, 우리 같이 평범한 대한민국을 사랑하는 사람은 국정원이 어떤 정보를 수집하든 스마트폰을 뒤지든 아무 상관이 없다고. 이 말씀에 진심으로 동의하시는지 다시 한 번 묻고 싶습니다.

평범한 삶을 사는 내가, 내 이웃이 그리고 내 부모가, 내 자식이 국정원에 의해 정보가 수집당하고 스마트폰이 뒤짐을 당하더라도 상관없습니까? 우리의 인권은, 우리의 존엄성은, 우리의 사생활은 상관없는 것입니까?

벤자민 프랭클린이 이런 말씀을 하셨다고 합니다. '작은 안전을 위해 작은 자유를 포기하는 사회는 절대 안전하지도 않으며, 결국 안전과 자유 둘 다 잃게 될 것이다', '작은 안전을 위해 작은 자유를 포기하는 사회는 절대 안전하지도 않으며, 결국 안전과 자유 둘 다를 잃게 될 것이다'…… 오늘의 우리가 깊이 새겨야 될 말일 것 같아서 한 번 더 말씀 올렸습니다.

혹자는 또 이렇게 말씀을 하시더라고요. '법이 없어서 못 한다는 말은 두 가지 중 하나라고 생각한다, 할 생각이 없거나 할 능력이 없거나.'

모두에 말씀드렸습니다, 진심에 대해서. 정치를 국민들 곁으로, 시민들 곁으로 돌려 드리고 싶습니다. 진심을 전하고 싶습니다. 손가락질하고 욕하는 대상이 아니라 생활 속의 정치를 안착시키고 싶은 꿈을 가지고 있습니다.

우연히 한겨레신문 전정윤 기자가 쓴 칼럼을 보게 되었습니다. 저는 이 칼럼이 자주 떠오릅니다. 한번 인용하겠습니다.

'신문사 여러 부서를 돌며 다양한 기사를 써 보고 싶지만 유독 안 가고 싶은 곳이 있다. 정치부다. 적성의 문제인데 일만 아니라면 정치 기사도 안 읽고 싶다. 정치부에서 부르질 않아 못 갔지만 아무튼 인사 불만이 없으니 서로 잘된 일이다.

십여 년간 여의도 쪽으론 눈길 한 번 안 돌리고 기자 생활을 했고, 교육의 정치적 중립성이라는 매력적인 헌법 조항에 이끌려 교육 담당이 된 지 2년이 돼 간다.

학교와 대치동을 누비며 독자들이 목말라하는 교육정보를 소개하려던 교육 기자의 꿈은 첫날부터 불길했다. 2014년 3월 28일 나의 첫 교육보고는 이렇게 시작됐다. '공직자 재산공개, 울산 김복만, 교육감 중 최고 부자…… 서울 문용린은 선거비용 탓 7억 원 감소', 천지 분간을 못 해 깨닫지 못했을 뿐 교육 기자로서 할 일이 예고돼 있었던 셈이다.

그날 이후 4·16 세월호 참사가 있었고, 격렬했던 6·4 교육감 선거가 있었고, 진보교육감 14명 당선이라는 정치적 사건이 있었다. 1년 내내 보수정부와 진보교육감의 정치투쟁을 지면으로 중계해야 했다.

연말을 맞아 지난 1년간 쓴 기사들을 돌아보니 올해는 탈정치를 꿈꿔 온 교육 기자한테 더욱 잔인했다. 정치부 기자도 아닌데 시작부터 끝까지 온통 정치 기사뿐이다.

교육 문제로 하도 싸워 대니 정부와 여야, 시민사회가 함께 주요 교육정책을 결정하는 사회적 합의기구를 만들자는 시리즈 기사를 썼다. 이어 대통령이 바뀔 때마다 교육현장이 죽어난다는 교육과정 개정 바람이 불어닥쳤다.

그 가운데 역사 교과서 개정의 결말이 훗날 역사 쿠데타로 기록될 국정화로 귀결됐다는 얘기는 각설하겠다. 지금은 정부와 교육청, 여야 야당 어린이집 누리과정 예산을 놓고 또 한바탕 정치 중이다.

상반기에 잠시 순수 교육 기사를 쓰게 됐다고 착각한 적이 있다. 해방 이후 초·중·고교생을 집요하게 괴롭혀 오다 이제 유아들까지 들볶기 시작한 수학 문제를 파 보겠다며 '수학 고통 줄이자' 기획에 달려들었다.

뚜껑을 열어 보니 견적이 안 나오는 정치적 사안이었다. 현행 수학 교육과정은 사범대 수학교육과 교수와 수학 교사들의 밥그릇이 걸린 사생결단 정치싸움의 산물이었다.

초중고 12년으로 한정된 교육과정 안에서 수학의 어느 분야를 어디까지 다루고 어떻게 시험 볼 것인가 하는 문제는 수학 방정식보다 더 고차원적인 정치 공학이 필요한 숙제였다.

두 해 동안 정체성의 혼란을 느끼다 결국 운명을 받아들였다. 모든 정책 영역이 그러하듯 교육도 정치고, 정치적으로 중립적인 교육이란 없었다. 학문이 순수할 수 있는지도 논란거리지만 제아무리 순수한 학문이라도 교육과정이라는 이름으로 학교현장에 도입되기 전에 '정치'라는 여과기를 거친다.

근 10년간 싸우고 있는 무상급식 논란을 보면 심지어 애들 밥 먹이는 일마저 엄청나게 고난도 정치다. 정치를 등지고 유아독존 교육하겠다는 발상 자체가 세상 물정 모르는 어리석음이었던 셈이다. 교육문제와 아이들의 인생이 수능일보다는 선거일의 영향을 더 많이 받는다는 걸 알게 된 뒤 나의 관심도 자주 대치동보다 효자동과 여의도 쪽으로 쏠린다. 교육기자가 싫어도 정치기사를 들입다 쓸 수밖에 없다는 얘기는 바꾸어 말하면 이 땅에서 교육을 현실적 과제로 떠안고 살아가는 모든 주체들이 정치로부터 자유로울 수 없다는 뜻이다. 정부의 집회 복면 착용금지로 떠들썩했던 연말, 한 해 업무를 정리하다가 문득 교육의 정치적 중립성이라는 말이 정부의 복면처럼 느껴진 이유다.'

그런데 제가 이 글을 이렇게 좀 길게 읽은 이유는요, 말씀드린 것처럼 제가 정치에 대해서 생각하는 것과 상당히 잇닿아 있다는 생각 때문입니다. 정치를 멀리 하시지만 우리 삶속에 모두 들어와 있는 것이 정치라는 것을 초보 정치인인 저는 느낍니다. 실제로 우리 삶을 규정하는 것이 정치입니다. 그래서 정치가 중요한 것 같습니다. 정치인이 대단해서 혹은 국회의원이 잘나서가 아닙니다. 우리 국민의 삶을 규정하기 때문입니다. 그래서 저는 국회가 중요하다고 생각합니다. 행정부가 정책을 결정하는 과정에서 국회의 기능이 살아 있어야 그나마 국민들에게 폐해가 덜어질 수 있는 작용을 할 수 있는 거라고 생각합니다. 테러방지법에 대한 이런 무제한 토론 역시 그 같은 맥락이라고 봐 주시면 감사하겠습니다.

헌법 각 조항에 대해서, 사실 저도 헌법 책을 들고 나왔는데요, 한 분이 그 말씀을 저한테 하셨습니다. 17조와 18조는 꼭 좀 읽어 달라고 말씀하셨는데요, 생각이 나서 읽겠습니다.

'17조 모든 국민은 사생활의 비밀과 자유를 침해받지 아니한다. 18조 모든 국민은 통신의 비밀을 침해받지 아니한다.'

오늘 테러방지법과 관련해서 많은 분들이 걱정하시는 것과 잇닿아 있는 조항이라고 생각하고요, 저는 헌법 전문을 읽으면서 이제 마무리할까 합니다. 대한민국헌법의 무거운

의미를 공유하고 싶어서 써 보았습니다. 인터넷에서 긁어서 복사해서 쓸 수도 있겠습니다만 직접 타이핑을 한 번 해 보았습니다.

"유구한 역사와 전통에 빛나는 대한민국은 3·1운동으로 건립된 대한민국임시정부의 법통과 불의에 항거한 4·19민주이념을 계승하고, 조국의 민주개혁과 평화적 통일의 사명에 입각하여 정의·인도와 동포애로써 민족의 단결을 공고히 하고, 모든 사회적 폐습과 불의를 타파하며, 자율과 조화를 바탕으로 자유민주적 기본질서를 더욱 확고히 하여 정치·경제·사회·문화의 모든 영역에 있어서 각인의 기회를 균등히 하고, 능력을 최고도로 발휘하게 하며, 자유와 권리에 따르는 책임과 의무를 완수하게 하여, 안으로는 국민생활의 균등한 향상을 기하고 밖으로는 항구적인 세계평화와 인류공영에 이바지함으로써 우리들과 우리들의 자손의 안전과 자유와 행복을 영원히 확보할 것을 다짐하면서 1948년 7월 12일에 제정되고 8차에 걸쳐 개정된 헌법을 이제 국회의 의결을 거쳐 국민투표에 의하여 개정한다.
1987년 10월 29일"

지금이 2월 26일 오후 10시 30분 정도가 되었습니다. 저는 내일 영화 '귀향'을 보러 갑니다. 단체관람을 하기로 했습니다. 위안부 할머니들께서 국가의, 사회의 어떤 보호도 받지 못한 채 받은 고통, 지금을 사는 우리가 감싸 안고 위로해야 하지 않겠습니까? 국가가 2016년 이 할머니들을 다시 한 번 외면했지만 우리는, 우리 국민들은 이분들을 꼭 안아 드려야 되지 않겠습니까?

한 분이 또 걱정을 말씀하셔서 짧게 언급을 하면요, 이런 기사가 났습니다. '미국 의원이 위안부 관련 조치를 한국대사관의 요청에 의해 그만뒀다. 보편적 인권을 강조하더니 한국정부의 방침이 180도 바뀐 듯하다' 이런 기사가 난 와중입니다. 함께해 주십시오.

오랜 시간 경청해 주셔서 감사합니다.

● 부의장 정갑윤 배재정 의원님 수고하셨습니다.
다음은 더불어민주당 전순옥 의원 나오셔서 토론해 주시기 바랍니다.

(2016년 2월 26일 오후 10시 31분)

15

전순옥 의원

제19대 국회의원 (비례대표)
더불어민주당

2016년 2월 26일 오후 10시 32분 시작
2016년 2월 27일 오전 2시 4분 종료
발언 시간 3시간 32분

"저희는 그런 정신적인 테러를 당해
왔습니다, 현재 국정원의 전신인
중앙정보부 그리고 80년대 들어오면서
국가안전기획부에 의해서. … 다른 이유는
하나도 없었습니다. 다만 우리 집안에
전태일이라는 사람이 있었다는 이유 하나
때문이었습니다."

(2016년 2월 26일 오후 10시 32분)

● **전순옥 의원** 안녕하십니까? 저는 더불어민주당 전순옥 의원입니다.

정갑윤 부의장님, 늦게까지 수고 많으시고요, 또 많은 관계자님들 고생 많으십니다. 그리고 늦게까지 또 취재하시느라고 고생하시는 우리 언론인 여러분들 고생하시는 것에 감사드립니다. 그리고 오늘 또 방청객으로 나와 주신 우리 방청객 여러분 고맙습니다. 관심 갖고 이렇게 참여해 주시는 것에 대해서 우리들은 많은 힘을 얻게 됩니다. 감사합니다.

앞서 여러 동료 의원님들께서 수고를 많이 하셨습니다. 저는 동료 의원님들의 그 무제한 토론을 지켜보면서 '이런 것이 과연 의회민주주의구나' 하는 생각에 뿌듯한 생각마저도 들었습니다. 국민의 권리를 지키기 위해 여러 고통을 무릅쓰고 자리를 지키고 또 강변하던 동료 의원님들의 모습이 국민들의 가슴에 오래오래 남을 것 같습니다.

필리버스터에 대해서 반대하는 소리 또 찬성하는 소리, 국민의 소리가 다양하게 표출되고 있습니다. 처음에는 테러방지법이라는 이름을 보고 '테러를 방지하는 법을 왜 막아?'라며 의아해하시는 국민들도 많으셨습니다. 그런데

열네 분의 동료 의원님들의 토론이 4일째 계속되면서 국민들이 테러방지법이 무엇인지에 대해 그 진실을 조금씩 알게 되는 것 같습니다. 그래서 또 많은 국민들이 또 네티즌들이 관심을 가지고 오늘은 또 방청석에도 많은 분들이 나와 주신 것 같습니다. 그리고 왜 야당이 반대를 하는지에 대한 의문도 조금씩 풀리고 있지 않은가 하는 생각을 가지게 됐습니다.

그리고 왜 박 대통령과 여당은 테러방지법을 통과시키기 위해 이토록 애쓰시는지 그리고 다른 법안보다도 더 이 테러방지법에 대해서 집중을 하시는지 이런 것들에 대한 의문을 안 가질 수 없는 그런 것 같습니다.

질문을 많이 이어 갈 수 있을 것 같습니다.

정말로 테러방지법을 통과시키면 테러를 방지할 수 있는 건가, 이런 질문을 역시 또 많이 하고 계시는 것 같습니다.

테러방지법, 이 법조문이 통과가 되면 사실 물리적으로 날아오는 폭탄이나 총탄 등 테러를 막을 수 있는 것인가라는 질문도 하시는 분이 계실 것입니다.

그리고 이 법이 없으면 정말 테러를 막을 수 없는 것인지도 질문하는 국민들이 계실 거라고 생각합니다.

저는 지난 4년 가까이 정치인으로서 시간을 보냈습니다. 그리고 4년 동안 제가 지켜보는 이 국회 그리고 정치는 제가 생각했던 것보다는 더 복잡하고 얽히고설키고 갈등도 많고 반목도 많았습니다.

그러나 저는 야당의 의원으로서 정부 여당에 대해서 반대를 위한 반대는 하지 않았습니다. 그리고 정부가 제출한 경제활성화법인 법안 30여 개가 거의 다 통과되었습니다. 그리고 저는 기업활성화법에 찬성표를 던진 바도 있습니다.

하지만 이 테러방지법은 통과시켜서는 안 된다는 그런 제 신념을 가지고 이 자리에 서게 되었습니다. 왜 이런 신념을 가지게 되었을까요? 왜 이런 것에 신념을 가지면서 이 자리에 서서 토론을 해야 되는지에 대해서 저 자신에게도 다시 물어보고 우리 모두는 한번 생각해 봐야 될 것 같습니다.

그것은 지금 상정된 일명 테러방지법, 속칭 대국민감시법은 치명적 독소 조항으로 인해 헌법이 보장한 국민의 권리를 침해할 수 있는 법이기 때문입니다.

더불어민주당은 제1야당으로서, 헌법의 가치를 존중하는 정당으로서 당연히 막아야 하는 법입니다. 이걸 지금 막지 못한다면 국민을 대변해야 하는 국회가 의무를 다하지 못했다는 국민의 질타를 비켜 갈 수 없을 것입니다. 그래서 이 자리에 서게 되었습니다.

우리 더불어민주당은 이 법을 막기 위해 필리버스터라는 제도를 이용하기로 하였습니다. 사실 이렇게 다수결의 횡포에 저항할 힘을 갖게 한 이 제도를 박근혜 전 새누리당 대표이자 대통령께서 만드신 것으로 알고 있습니다. 물론 대통령께서는 얼마 전 책상까지 탕탕 치며 개탄스러워 하셨다고 합니다.

그리고 새누리당에서는 연일 우리 야당이 진행하는 필리버스터를 비판하고 있지만, 또 새누리당 모

의원님께서는 10시간 넘게 연설하던 존경하는 은수미 의원을 향해 '그렇게 한다고 공천을 받을 것 같으냐' '그렇게 해도 공천은 못 받는다'는 매우 부적절한 발언을 하였습니다.

그러함에도 저는 이 필리버스터 제도를 만들어 야당으로서 의무를 다할 수 있게 해 주신 새누리당과 대통령의 업적에 진심으로 감사한 마음을 갖고 있습니다.

필리버스터는 의회주의의 행위를 하는 것입니다. 제가 여당 의원님들께 제안을 드리고 싶은 것은 이 필리버스터 제도를 조금 더 수정·보완해서 좀 더 좋은 제도로 완성시켰으면 좋겠다는 생각을 합니다.

우리 이 필리버스터 제도와 미국이나 유럽, 영국의 제도하고는 조금은 다른 것 같습니다. 그 나라들에서 필리버스터가 진행될 때는 상당히 여러 가지 형태로 나타납니다. 나와서 성경책을 읽어도 되고 사랑하는 사람에게 드리는 편지를 읽어도 됩니다. 그리고 또한 장시간을 하다가 힘이 들면 잠깐 앉아서 있어도 됩니다. 그러면 다른 동료 의원들이 나와서 그 필리버스터를 하는 주자에게 질문을 하게 됩니다. 그래서 30분 정도는 쉴 수도 있습니다. 그러면서 계속해서 이어지는 그러한 제도입니다.

그러나 우리의 지금 이 제도는 내용에 있어서나 또 다른 면에 있어서 굉장히 어떻게 보면 완고하지요. 그래서 이 제도를 조금 더 완화시키고 제도를 바꾼다면 의회민주주의를 정말 제대로 보여 줄 수 있는 그런 제도가 아닌가 생각을 합니다.

어떻게 보면 우리나라는, 아시아 국가에서 우리나라를 바라볼 때 경제민주화는 아직 이루지 못했지만 경제성장을 했고 그리고 민주화를 이룬 나라라고 생각을 합니다. 그렇게 칭송을 하고 있습니다.

그런데 우리 국회가 선진화법에 의해서 필리버스터 이런 제도를 가지고 의회민주주의를 우리가 하는 것을, 아시아 국가에서 이것을 보면서 그 나라들도 하고 싶다는 그런 생각을 가지지 않을까 하는 그런 생각을 가지게 됩니다.

사실 테러방지법 필요합니다. 그리고 있어야 합니다. 하지만 이것을 통해 권한을 갖게 되는 기관이 국가정보원이 되는 것이 문제가 되는 겁니다. 그리고 이 국가정보원의 전신 중앙정보부와 국가안전기획부, 중정, 안기부라는 이름으로 혹은 남산이라는 이름으로 국내 정치에 깊숙이 개입해 왔습니다.

동네 어린 아이들까지 '너 그러다 남산 간다'는 농담이 통용되는 시절이 있었습니다. 중정·안기부라는 이름을 군사정권을 유지시키면서 음지에서 양지를 지향한다는 구호만 알려진 조직이었습니다. 때문에 음지에서 양지 사람을 끌고 간다는 농담이 지금도 회자되고 있습니다.

'국가정보원'으로 개칭하고 조직을 축소시켰지만 2012년 대선개입사건을 포함, 지금까지 국정원의 행태를 볼 때 아직 국정원은 개혁이 돼야 될 대상이고 그래서 국민의 신뢰를 얻지 못하고 있는 기관입니다.

이러한 상황에서 국정원에 국민을 감시할 권한을 주는 것은 맞지 않다고 생각합니다. 지금의 국정원은 국민의 신뢰가 먼저입니다. 그리고 분골쇄신의 개혁이 먼저입니다.

테러를 방지하는 것은 오로지 관계 당국의 최선의 노력과 국민의 안위를 걱정하는 마음을 바탕으로 정부가 국민의 신뢰를 받을 때 가능할 것입니다.

우리는 지난 경험과 사례를 통해 중앙정보부, 지금 국가안전기획부 등 정보기관이 권력을 가졌을 때 또 필요 이상의 권한을 가졌을 때 어떠한 일이 일어났는지를 잘 알고 있습니다.

아마 요즈음의 젊은 사람들은 잘 모를 수가 있습니다. 왜 테러방지법을 막으려고 하는가, 야당은 여당의 발목을 잡는 그러한 야당으로서 또 이 행위를 하는 게 아닌가 그렇게 생각할 수도 있습니다, 국민들은. 그리고 정부는 그렇게 할 수 있도록 또 잘 그렇게 홍보를 하고 있습니다.

국민들은 정보기관에 안보라는 명분 아래 체포되고 억압당하고 고문당하고 폭행을 당했으며 살해도 당했습니다. 많은 민주시민들의 피눈물로 우리는 이러한 사실을 배우게 되었습니다.

제가 오늘 이 필리버스터를 하면서 왜 내가 이 자리에 서서 해야 되는지에 대해서는 사실 소명감 아닌 소명감을 가지고 섰습니다.

그래서 지금 말하는 국정원 그리고 안기부의 전신인 중앙정보부가 어떤 일을 그동안에 행했는지, 왜 국민은 안기부를 또 국정원을 신뢰하지 않는지에 대해서 그것을 말씀드리기 위해서 적절하지 않을 수도 있지만 저의 가족사를 실례로 좀 말씀을 드리면서 왜 우리가 이 법을 통과시키면 안 되는지에 대해서 국민들에게 설명을 좀 드리려고 합니다.

저의 큰오빠 전태일이 '우리는 기계가 아니다'라고 외치고 근로기준법을 준수하라는 유언을 남기고 우리 곁을 떠났습니다. 그리고 우리에게 남겨진 것은 오빠가 남긴 유언을 지키기 위한 그런 약속을 받고 있었습니다. 다만 우리는 오빠의 약속을 지키고 또 저의 어머니는 오빠의 약속을 지키기 위해서 활동을 했습니다.

그러나 중앙정보부 그리고 국가안전기획부의 감시와 억압은 저희들을, 사실 정신적인 테러를 가해 왔습니다. 저희들은 정신적인 테러를 당해 온 당사자들입니다.

테러는 물리적인 그런 것에 의해서만 테러를 당하는 것은 아니라고 생각을 합니다. 테러는 생각에 따라서, 당하는 사람에 따라서 여러 가지 형태로 받을 수가 있습니다. 느낄 수가 있고요.

그런데 저희는 그런 정신적인 테러를 당해 왔습니다, 현재 국정원의 전신인 중앙정보부 그리고 80년대 들어오면서 국가안전기획부에 의해서.

그래서 저희는 현재의 국정원이 이러한 무소불위의 권한을 다시 갖게 된다 하면 우리 국민들은 누구나 그 대상이 될 수 있다고 생각을 합니다.

1970년 11월 13일 저의 어머니는 큰아들의 분신소식을 듣고 병원으로 달려갔고 하루도 안 돼 저의 오빠는 숨을 거뒀습니다.

당시에 어머니는 오빠가 요구한 근로조건 개선과 노동조합 결성 등 요구조건이 해결되기 전에는 장례를 치르지 않겠다고 했습니다.

그런 이유로 어머니는 눈이 가려진 채로 중앙정보부 사람들에 의해 안가로 끌려가셨다고 합니다. 그곳에서 사무실의 책임자가 회유를 했습니다. 잠실에 있는 34평 아파트 문서와 외환은행 통장, 세 보자기로 싼 현금뭉치 등을 내놓았다고 합니다. 그리고 다른 친척들은 모두 다 도장을 찍었으니 여기에 도장을 찍으라는 그런 협박을 받았습니다. 그러나 저의 어머니는 그 서류를 갈기갈기 찢어 버렸다고 했습니다. 그런 일이 일어난 후 중앙정보부 사람들은 영안실까지 돈 보따리를 들고 다시 찾아와 빨리 장례를 치르고 조용히 하라고 협박을 했습니다.

사실 이러한 사례는 시작일 뿐입니다. 국가안보라는 거창한 이름 아래 우리 가족은 중앙정보부에 의해 모든 집전화 내용을 도청당하고 24시간 감시체계에 있었으며 동네 가게에 한 번 가는 것도 힘이 들 정도였습니다. 동네 가게 그곳에는 중앙정보부 요원이 24시간 상주를 하고 있었습니다. 그래서 무슨 물건을 사 가지고 들어가는지, 누가 이 집에 왔다 갔다 하는지를 감시했습니다. 그래서 개인 사찰은 물론이며 미행·동행 등으로 혼자서는 어디도 나갈 수 없는 그러한 생활을 계속해서 했습니다. 이것은 엄청난 정신적인 테러입니다. 우리는 아무 잘못도 하지 않았습니다.

그러나 중앙정보부는 우리 가족 한 사람 한 사람이 누구를 만나는지 어떤 사람과 접촉을 하는지 그런 것들에 대해서 조사를 하고 동행을 하고 미행을 했습니다.

다른 이유는 하나도 없었습니다. 다만 우리 집안에 전태일이라는 사람이 있었다는 이유 하나 때문이었습니다.

왜 테러방지법을 통해 국정원 권한을 강화시키면 안 되는지 수만 가지 이유가 있습니다. 하지만 그중 하나 예를 더 들어 보겠습니다.

국정원의 전신 중앙정보부 노동조합의 집합체 한국노총을 자신들의 손아귀에 넣고 10년 동안 좌지우지한 한국 노동운동의 흑역사가 바로 그것입니다. 이 내용은 많은 연구자들이 논문을 통해 발표를 했고, 저 역시 저의 영국 워릭대학교 박사학위 논문에서 밝힌 바 있습니다. 그리고 이러한 역사를 우리가 되돌아보지 않는다면 오늘의 우리나라의 노사정 문제나 또 노동개혁법을 왜 우리가 반대하는지에 대해서도 이해를 하기 어려울 겁니다. 그래서 제 논문 일부를 잠깐 읽어 드리도록 하겠습니다.

박정희 대통령은 1961년 5월 막 태동하려는 장면 내각을 군사 쿠데타로 전복하는 데 성공한 직후 과감한 수술을 시작했다. 그중 하나가 바로 노동조합 조직을 완전히 개혁하는 것이었다.

1961년 4월 당시 등록되어 있던 노동조합은 1000개 이상이 되었습니다. 그러나 이 모든 노동조합들을 해산시켰습니다. 왜냐하면 통제되지 않았던 조직들을 자신들이 원하는 형태로 바꾸겠다는 의지였습니다.

그러나 새롭게 형성된 노동조합 조직은 합법적인 노조활동을 하는 데 있어서 아주 제한적이었습니다. 그리고 규제를 받았습니다. 그것은 중앙정보부를 통한 통제를 받을 수밖에 없었습니다.

그리고 새로이 형성된 노사관계의 피라미드의 정상에 자리 잡은 한국노총의 운영은 중앙정보부가 직접 뽑은 9명의 남성으로 구성된 집행부가 맡고 있었습니다. 집행부 9명은 중앙정보부가 마련한 2주간의 특별교육을 받았어야 했습니다. 그 2주간의 특별교육은 세뇌교육이었습니다. 그 교육기간 중 이들은 다음과 같은 사상을 주입받았습니다. 한국노총에 참여하는 것은 모든 애국적 노동자들의 의무이다. 참여하지 않는 노동자는 공산주의자나 좌파에 동조하는 자로 간주해도 무방하다.

한국노총은 두 가지 목적을 가지고 있었습니다. 그 첫째는 정부의 보수적인 정책을 지원할 세력을 조직하는 것이고, 두 번째는 산업사회에서 공산당을 제거하는 것이다. 그래서 그때부터 노동조합의 노동운동은 중앙정보부에 의해서 철저하게 관리를 받게 되었지요. 그리고 노동자들이 아무리 장시간 노동을 하고 저임금을 받으면서 인간으로서 도저히 견딜 수 없는 노동환경을 거부하지 못했습니다. 그것을 거부하게 되면 중앙정보부로 끌려가게 되지요.

(정갑윤 부의장, 이석현 부의장과 사회교대)

그리고 한국노총은 노조활동을 적극적으로 조직할 수 있는 유일한 합법적 기관으로 만들었습니다. 그리고 한국노총 집행부의 가장 중요한 목적이 국가의 명령에 노예처럼 따르는 것이었습니다.

두 번째로는 자신들의 개인적 영리를 취하는 것이라는 점이었습니다. 한편으로는 철저하게 국가의 명령에 따르게 하고 노동자들이 저항하지 못하도록 철저하게 관리하는 관리자의 역할을 맡은 거지요. 그러면서 이 역할을 맡은 지도부는 개인적인 영리를 취하도록 또 관용을 베풀었습니다, 중앙정보부는. 그래서 실질적으로 한국노총의 역할은 정부 정책을 전국 지부 노조들에게 그대로 전달하는 것이었습니다. 그리고 하달하는 거지요, 명령하는 거고. 그리고 올라오는 반대의 목소리는 가능한 한 차단시켰습니다. 그래서 노동자들이 아무리 어렵고 인간 이하의 작업환경에서 일을 하고 있지만, 하루에 밥 한 끼 먹기 힘들 정도로 저임금을 받았지만 노동자들은 거기에 대한 저항이나 불만을 할 수 없었습니다. 그게 1960년도, 70년도에 우리나라의 산업화 과정에서 있었던 일입니다.

그리고 한국노총은, 다음으로 보면 산별노조를 조직하는 것이었습니다. 17개의 전국 규모의 산별노조를 만들었습니다. 그리고 이들 중에 가장 큰 2개의 노동조합은 자동차노조와 섬유노조였습니다. 그리고 규모가 작은 노조는 인쇄노조나 관광노동조합이었습니다.

산별노조의 지도부를 뽑는 방식은, 이것도 정부가 뽑았습니다. 노동조합에서 뽑는 게 아니고 정부가 뽑았습니다. 그리고 17명을 뽑아서 이 집행부를 안기부에 데리고 가서 또 세뇌교육을 시킵니다. 그 내용은 박정희 정권의 노동정책에 동조하고 철저하게 따르도록 하는 그러한 교육을 시켰습니다. 중앙정보부가 17개 전국 규모 노조의 지도부를 구성할 때 30명을 추천하면 이들은 한국노총 집행부 9명과 함께 중앙정보부 본부에서 또 일주일 동안 사상 심화교육을 받도록 했습니다. 그래서 박정희 정권은 노동자들의 대표를 선택하고 사상교육을 시켰을 뿐만 아니라 이 사람들에게는 매달 상당한 액수의 돈을 지불했습니다.

박정희 정권이 제정한 노동조합법에 따르면 모든 전국 규모의 노동조합은 한국노총에 소속되어야 했고, 또 이렇게 소속된 노동조합들은 철저하게 조직의 명령에 따르는 것을 의미했습니다.

그리고 노동조합의 현장 지도부에 대한 재평가는 중앙정보부가 직접 수행했습니다. 그 결과, 각 지부의 독자적인 활동은 전국 규모 노동조합의 규칙과 절차에 따라 엄격히 금지되었습니다. 그래서 각급의 노동조합 지도부들은 정부가 임명을 했으며, 정부는 또한 한국노총에 지령을 내렸습니다. 그러면서 1961년 5월부터 1970년 11월까지, 전태일이 죽기까지 10년 동안 중앙정보부가 한국노총을 통해 노동조합을 직접 관리하고 운영했다는 이 끔찍한 역사를 우리가 잊어서는 안 될 것입니다.

이러한 역사 속 배경에서 지금 노동개혁을 하기 위한 법을 만들고 그것을 통과시키려고 합니다. 그리고 이 문제로 인해서 우리나라의 노사관계는 상당히 어려워져 가고 있습니다. 신뢰가 없기 때문입니다. 노동개혁을 해서 많은 일자리를 만들겠다고 정부는 이야기하지만 노동조합은, 노동자들은 그 말을 믿지를 못합니다. 왜냐하면 이러한 역사적 배경에서, 이게 지금도 계속해서 진행이 되고 있기 때문입니다.

이러한 중앙정보부의 노동운동 탄압은 이에 그치지 않았습니다. 1979년 신민당 당사에서 농성을 벌이던 YH 여성 노동자들을 강제 해산시키기 위해서 신민당 당사로 진입한 경찰…… 그런데 보통은 경찰들이 농성장에 들어가게 됩니다. 그런데 YH 사건은 그렇지 않았습니다. YH 사건은 중앙정보부가 직접 개입을 했습니다. 그 내용은 김재규 전 중앙정보부장이 최후진술에서 남겨 놓은 이야기입니다.

김재규는 이렇게 말했습니다.

보통은 노사분규가 있는 곳에는 서울경찰청 정도가 가서 해결을 한다고 합니다. 그런데 그날은 청와대에서 직접 전화가 와서 중앙정보부장이 직접 나가 봐야 된다라고 하고 가서 빨리 진압을 시키라고 명령을 했다고 합니다. 그래서 김재규 당시 중앙정보부장은 신민당사로 나가게 됐습니다. 그리고 그곳에서 진압을 하게 됐습니다. 진압을 제대로 하지 못하게 되면 또 중앙정보부장으로서 상당한 질책을 받게 될 것이었기 때문에 현장에 나가서 직접 지휘를 했다고 합니다. 그러는 과정에서 YH 여성 노동자, 19살 김경숙 양이 죽게 됐습니다. 그리고 그 진압하는 과정에서는 곤봉, 벽돌, 파이프 이러한 무기를 가지고 20대 초반, 10대 후반,

여리고 약한 여성 노동자들을 무자비하게 폭행을 했습니다. 이 과정에서 김경숙 양이 폭행당해서 건물에서 추락하고 목숨을 잃게 되었습니다.

이후에 중앙정보부는 노조원들의 신상정보가 담긴 블랙리스트를 작성했습니다. 그리고 이들을 귀향 조치를 시키면서 계속해서 감시를 하고 블랙리스트를 전국에 뿌렸습니다. 그리고 중앙정보부 요원들은 이들을 미행했습니다. 그리고 직업을 잃은 YH 여성 노동자들은 어느 회사에도 재취업을 못 하도록 블랙리스트를 가지고 전국의 공장에 뿌렸습니다. 그래서 이분들은 재취업을 방해받고 재취업을 하기가 상당히 어려워서 이 사람들의 삶은 너무나도 피폐해지고 절망에 빠지고, 그래서 무슨 일이든지 해야 먹고살 수 있는 상황으로 몰리게 되었지요.

그리고 나서 김경숙 씨의 사망을 투신자살로 발표를 했습니다, 중앙정보부에서는. 그러나 과거사진상규명위원회의 진상규명이 이 사실을 밝혀냈습니다. 김경숙 양의 죽음은 투신자살이 아니고 경찰의 폭행으로 인해 추락사했다는 사실이 드러나게 되었습니다.

김재규 당시 중앙정보부장은 군사재판에서의 진술 내용에서 현장에 가서 보면서 상당히 가슴이 아팠다라고 얘기했습니다. 그리고 왜 중앙정보부장인 본인이 자기가 모시는 각하, 박정희 대통령을 살해할 수밖에 없었는지에 대한 이야기를 하면서, 진술을 하면서 김경숙 양의 죽음과 YH 사건에 대해서 솔직하게 이야기를 하고 있었습니다. 너무너무 가슴이 아팠다라고 얘기하고 있었습니다.

그 당시에 김영삼 전 대통령은 신민당 총재였습니다. 그래서 김영삼 신민당 당시 총재는 그 이후로 국회에서, 이 자리에서 국회의원직을 상실하게 되는 사건이 있었습니다.

이렇게 노동조합을 파괴하고 노조원을 죽음으로 내몰고 재취업까지 막아서 노동운동의 싹을 완전히 말살시키게 한 것이 바로 지금 현재 국정원의 전신인 중앙정보부였습니다. YH뿐만 아니라 원풍모방, 반도상사, 동일방직, 콘트롤데이타 등 70년대 민주 노동조합들은 박정희 정권하에 있는 중앙정보부에 의해서 탄압을 받고 어린 여성 노동자들은 산업화 과정에서 10대에 공장에 들어와서 정말 희생적으로, 헌신적으로 허리띠를 졸라 가며 하루에 밥 세 끼를 배불리 먹어 보지 못하면서 우리나라 산업화 과정에 희생적으로 기여했던 사람들입니다. 그래서 우리나라는 한강의 기적이라는 경제성장을 하게 됐습니다.

그러나 경제성장의 거름이 되고 그 경제성장에서 일했던 노동자들은…… 중앙정보부는 그들이 배가 고프다고 하는 이야기들을 듣기 싫어서, 저항하는 소리가 듣기 싫어서 공장에서 다 내쫓았습니다. 그리고 거리로 내몰고 감옥으로 보내고 고문하고, 그런 것을 주도적으로 했던 기관이 현재의 국정원 전신인 중앙정보부였습니다.

1987년 6월 항쟁이 있기 전까지, 1988년 노동자 대투쟁이 있기까지 많은 노동자들이 극심한 착취에 시달렸습니다. 그리고 그들은, 이렇게 우리나라가

OECD에서 열두 번째, 열세 번째…… 하여튼 그런 경제성장을 한 나라입니다. 그러나 경제성장을 이루고 나서 국가에 의해서, 중앙정보부에 의해서 쫓겨나는 일만 당했습니다. 그러한 중앙정보부, 현재 국정원의 전신인 중앙정보부에게 힘을 실어 주는 테러방지법을 우리는 결코 통과시켜서는 안 된다고 생각을 합니다.

그리고 왜 국민들은, 노동자들은 정부가 주도하는 노동개혁법을 반대하는지 그 이유를 박정희 정권하의 중앙정보부의 역사에서 찾아야 한다고 봅니다. 그리고 이러한 일이 다시금 반복되지 않기 위해서도 테러방지법을 통해 국정원의 힘을 강화시켜서는 안 된다고 봅니다. 그래서 저는 이 자리에 서서 필리버스터를 하고 있습니다.

1999년 국가안전기획부가 국가정보원으로 바뀌었습니다. 종전의 부정적인 이미지를 없애고 작지만 강한 정보기관으로 거듭나는 것이 국가정보원으로 개편한 취지로 알고 있습니다. 하지만 국가정보원이 이번에 테러 방어라는 미명 아래 대국민 감시체계를 만들려는 의도를 갖고 있습니다. 그것이 목적입니다.

존경하고 사랑하는 국민 여러분!
그리고 선배·동료 의원 여러분!
대한민국헌법 제1조2항 "대한민국의 주권은 국민에게 있고, 모든 권력은 국민으로부터 나온다.", 대한민국이란 국가는 국민입니다.

그리고 70년대 사례를 하나 더 말씀드리겠습니다.

중앙정보부는 노동자들을 탄압하기 위해서 노동자들을 감시하고 노동자들을 아무도 모르게 어느 날 체포해 갑니다. 그리고 안기부, 그때는 중앙정보부지요. 중앙정보부로 데리고 갑니다. 그리고 그곳에서는 무슨 일이 일어났는지에 대해서 나와서 이야기를 할 수 없도록 또 각서를 받습니다, 내보낼 때는. 그래서 한 번 끌려가서 조사를 받고 고문을 받은 사람들은 각서를 쓰게 되고, 나와서 가족들에게도 자기가 무슨 일을 당했는지에 대해서 전혀 발설을 못 합니다. 이미 이 사람은 정상적인 사람이 아닌 거지요. 고문을 당하는 가운데서 인간으로서의 모든 것들을 다 상실했기 때문입니다. 그러한 사람들이 우리 사회에는 상당히 많이 있습니다.

그리고 80년대 들어와서 안기부로 바뀌고, 그리고 전두환 군사정권하에서 또 사람을 잡아가고 민주 노조운동을 했던 노동조합들을 모조리 폐쇄를 시킵니다. 노동조합을 모두 폐쇄시키고 노동조합의 지도부들을 모두 연행을 했습니다. 그리고 수배를 했습니다.

그래서 저희 어머니도 수배를 당했습니다. 80년 5월 수배를 당한 상태에서 저희 집은 24시간 계속 감시하는 상태였고요. 그러면서도 새벽 4시만 되면 칼을 들고 총을 든 군인들이 구둣발로 저희 형제들이 잠을 자고 있는 방에 그냥 들어옵니다. 이불을 지근지근 밟으면서 들어와서 장문을 열어제낍니다. 그러면서 다 뒤집어 놓고 나갑니다. 날마다 그렇게 합니다. 그러다가 저희 어머니가 80년 10월 달쯤 체포가 되었습니다. 그리고 중앙정보부로 끌려가신

거지요. 그리고 이 중앙정보부의 요원들은 계속해서 저를 만나자고 합니다. 그 이유는 그 당시에 도망 다니고 있는 몇몇 사람의 이름을 대면서 이 사람들이 어디 있는지 알려만 주면 너희 어머니는 석방을 시키겠다, 그렇지 않으면 너희 어머니는 20년을 감옥에서 살아야 된다, 그 정도로 너희 어머니는 많은 죄를 지었다, 그렇게 하면서 저에게 협박을 합니다. 그리고 그때는 중앙정보부 요원들은 어디 어디에 가서 누구를 만나라, 그 사람이 어떤 얘기를 하는 것만 우리한테 전해 줘라, 그다음에는 우리가 가서 하겠다 이겁니다.

그래서 저는 그렇게 말했습니다. 저희 어머니가 20년 형을 살아야 되는 범법자라 하면…… 우리나라는 민주주의, 법치국가라고 저는 믿고 있습니다. 그렇게 배웠습니다. 그러면 저희 어머니가 20년을 살으셔야지요. 어떻게 다른 사람을 밀고를 하고, 밀고를 해 준다고 해서 저희 어머니를 석방시켜 준다라는 것은 민주주의, 법치국가에서는 있을 수 없는 일이라고 저는 생각했습니다. 그래서 저희 어머니는 진짜 감옥을 가게 됐지요. 그게 바로 공작정치입니다. 이러한 것들을 안기부와 중앙정보부, 오늘의 국정원이 이런 일들을 하는 겁니다.

그래서 87년 노동자 대투쟁을 통해서 민주주의를 우리가 회복을 하면서 그렇게 감찰하고 사찰하고 미행하고 도청하는, 개인정보를 마구 수집하는 이러한 것들을 못 하게 됐지요. 그러나 이제 다시 그러한 시대로 돌아가려는 것 같습니다. 그래서 테러방지법이라는 법을 통해서 다시 국민들을 옥죄고 국민들을 감시하려고 하는 의도로 보입니다. 그래서 저는 이 테러방지법이 국회를 통과해서는 안 된다고 생각을 하고 이 자리에 선 것입니다.

그러면 이 테러방지법의 독소 조항이라고 할 수 있는 9조는 무엇인가? 국가정보원장이 테러 위험인물에 대한 출입국에 대해서, 그리고 금융거래를 정지할 수가 있고 정지요청 및 통신 이용 관련 정보를 수집할 수 있도록 함을 명시하고 있습니다. 국정원이 테러 위험인물이라고 판단만 하면 그 사람에 대한 금융거래나 통신 이용 등의 정보를 마음대로 수집할 수 있게 해 주는 겁니다. 아직까지는, 지금은 전화를 도청하거나 개인정보를 수집하거나 이런 것들은 불법입니다. 그러나 이제 테러방지법이 통과되면 이러한 것들은 합법화되는 겁니다. 그래서 이 테러방지법을 막아야 한다고 생각을 하는 겁니다.

또 이 테러방지법의 17조는 테러단체를 구성하거나 구성원으로 가입 등 테러 관련 범죄를 처벌할 수 있는 것을 또 명시하고 있습니다. 다시 말하면 국정원에 의해서 테러단체로 지목되게 되면 가입한 구성원을 모두 처벌할 수 있는 권한을 갖게 됩니다. 이 막강한 권한을 국정원에 주는 것은 인권침해가 있을 수밖에 없습니다. 그리고 이렇게까지 모든 권한을 주면서, 모든 것을 할 수 있도록 하는데 이제는 합법적으로 개인의 인권이 침해당할 수밖에 없는 것이지요, 그렇게 되면.

국가는 국민 위에 군림하고 감시할 권한이 없습니다. 이

점을 다시 한 번 말씀드리고 싶습니다. 국정원은 테러방지에 대해 법을 핑계 대지 마시기 바랍니다. 국민의 안위와 안전은 법조문으로 막을 수 있는 것이 아니라고 생각합니다. 테러를 방지한다는 명분으로 국가의 주인인 국민을 감시할 장치를 마련하는 데 모든 힘을 쏟을 것이 아닙니다. 국가와 국민을 지키고자 하는 최선의 노력과 진심을 먼저 국민께 보여 주기를 간절히 부탁드립니다. 그런 진심이 전달이 되면, 그리고 국민이 국가를 신뢰하게 되면 왜 이런 것을 막겠습니까?

그리고 현재 박근혜 대통령의 테러방지…… 집권 기간을 우리가 보게 되면 그 진심을 보기가 참 어렵습니다. 그 진심을 좀 보여 주시기 바랍니다. 그 진심을 좀 보고 국민과 소통하고 국민을 이해시키고 국민과 함께한다면 어떤 국민이 반대하겠습니까? 그리고 이러한 무소불위의 권한을 국정원에 줬을 때 내가 그 대상이 된다는 그러한 불안감을 덜어 주셔야 합니다.

그리고 테러는 절대 있어서는 안 될 것입니다. 테러로 인해 희생된 분들에 대한 애도와 방어체계 구축은 필요합니다. 하지만 현재 박근혜 대통령과 새누리당은 국민의 안위보다는 국가의 안위를 먼저 생각하고 국가정보원의 숙원사업을 해결하고자 하는 것이 아닌가 하는 의심을 갖게 됩니다. 이러한 의혹도 풀어 주셔야 합니다, 그게 아니라는 것.

그냥 믿어라, 우리는 그렇게 하지 않을 거다, 왜 국가를 믿지 못하고 정부를 믿지 못하느냐 이렇게만 하면서 책상을 탕탕 두드리는 것 말고, 정말 함께 토론하고 국민들이 그 진심을 이해하면서 우리 국가의 안위와 국민의 안위를 위해서 함께 힘쓰고 함께할 수 있는 그러한 신뢰를 보여 주십시오. 그런 신뢰를 정말 보고 싶습니다. 그리고 함께 국가의 안위를 지키고 싶습니다. 그러한 기회를 주십시오. 우리도 국민이고 저 또한 국회의원의 한 사람으로서 정부가 하고자 하는 정책에 힘을 실어야 할 의무를 가지고 있는 것도 잘 알고 있습니다. 그러나 그렇게 할 수 있도록 기회를 주지 않는 것이 안타깝습니다.

지난 3년 우리나라는 또 우리 국민은 어떠하였습니까? 이름만 불러도 가슴이 아픈 세월호 사건, 정부라는 이름은 적어도 팽목항 앞바다에 존재하지 않았습니다. 세월호 유가족은 처음에 언론보도만을 보고 전원 구조되었다는 소식에 안도하였습니다. 그리고 부모들은 팽목항에만 내려가면 물기를 털어 내며 추위에 덜덜 떨고 있는 아들딸을 안아 줄 수 있을 거라고 생각하고 달려갔습니다. 그러나 현장에서 목격한 정부는, 정부 관계자는, 해수부장관은, 그리고 국무총리·대통령은 그저 구경꾼에 지나지 않았습니다. 그리고 우왕좌왕 혹시나 에어포켓 속에 살아 있을지도 모르는 아이들의 생명의 불씨가 꺼질 때까지 대한민국 정부는 그곳에 없었습니다. 유민이 아버지 김영호 씨가 40일간 단식으로 피골이 상접해도 정부기관 누구도 쳐다보지 않았습니다. 세월호 유가족들이 거리에서 눈물을 뿌려도 정부는 외면했습니다. 세월호 희생자 분향소에 분향할 때도 대통령은 세월호 유가족이 아닌 엉뚱한 사람을 안아 주시고 분향소를 떠났습니다. 그 무렵 잠깐 방문한 프란치스코 교황의 몇 시간이 대한민국 정부의 몇 년보다 더 강력한 힘을 보여 주었습니다. 희망을 보여 주었습니다. 그만큼 무기력하고 못난 정부로 국민에게는 보여지고 있습니다.

세월호 사건 1년이 되던 날 당시 대통령은 남미에 가서 K-pop 팬들을 만났습니다. 청와대에서는 브리핑을 통해서 불가피한 외교 일정이라고 밝혔습니다. 세월호 유가족이 모이기만 하면 경찰은 그 숫자의 두 배, 세 배 되는 병력을 동원해 그들을 에워쌌습니다. 세월호 사건에서 보여 준 정부의 안전이란, 국민에 대한 보호란 것은 아무것도 없었습니다. 다만 정권의 안전만은 있었습니다.

세월호 가족들은 아직도 눈물이 마르지 않았지만 대통령은 규제완화 이야기를 하면서 이렇게 말했습니다. '모두 물에 빠트려서 살아 있는 것들만 건져내야 한다'는 발언을 하셨습니다. 가슴 아픈 이야기지요. 세월호 사건을 대통령께서는 잊었다고 볼 수밖에 없는 발언을 하셨습니다. 대통령의 어록은 그렇게 유가족들에게 씻을 수 없는 상처를 남겨 버렸습니다. 그 발언 역시 그 안에 국민은 없었기 때문입니다.

작년 메르스 사건도 국민들이 잊을 수 없는 사건이었습니다. 2002년 11월을 한번 생각해 보겠습니다. 전 세계를 공포에 밀어 넣었던 사스라는 전염병이 이 세상을, 전 세계를 휩쓸었습니다. 발병지는 우리나라와 가까운 중국이었고 8096명의 감염자가 발생하고 774명을 사망하게 만들었던 질병이었습니다. 그 당시에는 보건 당국의 철저한 감시로 우리나라는 단 한 명의 감염자도 없이 지나갔습니다. 2002년도였습니다.

그랬던 우리나라가 먼 중동에서 발병한, 또한 동물원에나 가야 볼 수 있는 낙타 독감에 126명이 감염되었고 11명이 사망한 사건은 작년에 있었습니다, 2015년도에. 그리고 감염자는 세계 2위, 사망자는 세계 3위에 해당하는 수치였습니다. 2002년도에는 일사불란한 사스 대처로 인해 전 세계의 칭송을 받았던 보건 당국이 13년 만에 보여 준 민낯은 이토록 처참했습니다. 그때 대통령은 이렇게 말씀하셨습니다. 메르스 발병 2주 만에 이렇게 말씀하셨습니다. '손을 잘 씻으면 이겨낼 수 있다'면서 대수롭지 않다는 듯한 발언을 하셨습니다. 사태가 급박해지니 국립중앙의료원에 오셔서 노란 잠바 입으시고 '살려야 한다'는 글자 앞에 서셨습니다. 그리고 사진을 찍으셨습니다. 이외에는 정확히 대통령이 어떤 대처를 하셨는지 모릅니다. 기억이 나지 않습니다. 이때도 정권이 원했던 것은 국민의 안전이 아니라 정권의 안전이었습니다.

이 두 사건 속에서 국민들은 극심한 슬픔 혹은 불안에 떨었으며 우리나라 경제는 멈췄고 이에 따라 적은 자본으로 하루하루 벌어서 먹고사는 우리 소상공인들은 줄도산했습니다. 서민과 중산층의 경제는 그야말로 파탄이 나고 말았습니다. 그런데 정부는 국민을 위해서 무엇을 하였습니까?

최근에 일어난 개성공단 사건도 마찬가지입니다. 핵실험과 미사일 발사는 분명 도발행위입니다. 이에 대한 철저한 제재는 꼭 필요합니다. 하지만 우리 정부는 우리 국민에게 제재를 가했습니다. 핵실험과 미사일 도발은 북한이 했는데 벌을 받은 것은 우리나라 중소기업이 너무 많이 받았습니다. 일어나지 못할 정도로 받았습니다.

그런데 우리 정부는 개성공단의 자금이 북한 당국에 상당수 흘러 들어갔으며 이것이 북한정권 유지에 사용되고 있다는, 사실 근거도 그것을 뒷받침하는 자료도 없는 상태에서 국민한테 믿으라고 또 합니다. 그러니 국민들이 어떻게 믿겠습니까? 이러한 과정에서도 국민은 당연히 없었지요. 국민은 보이지 않았습니다. 오로지 정권만 있었습니다.

물어보겠습니다. 이런 테러방지법 제정이 국민의 안전이 목표입니까, 아니면 정권의 안전이 목표입니까? 여기에 대한 합리적인 의심은 저뿐만이 아니라 이러한 일련의 과정을 지켜본 많은 국민들이 공통적으로 하고 싶어 하실 질문을 제가 대신해서 드리는 겁니다. 여기에 답해 주시기 바랍니다. 그리고 정부는 테러방지법의 통과에 앞서 그에 따른 헌법과 인권 침해 가능성에 대해 설명해 주셔야 합니다.

대통령은 지난 11월 24일 예정에 없던 국무회의를 긴급히 소집하였습니다. 각국은 테러를 방지하기 위해 선제적 대책들을 세우고 있는 반면, 우리나라는 테러 관련 입법이 14년이나 지연되고 있다고 말씀하시면서 격분을 참지 못하셨습니다.

그렇다면 지난 14년 동안 시민사회에서 국민들이 왜 테러방지법을 반대하였는지, 그리고 다른 나라 테러방지법의 내용과 우리나라 테러방지법의 내용의 다른 점은 무엇인지 그리고 부족한 것은 무엇인지, 무엇이 잘못되었는지에 대한 성찰이나 분석은 없었습니다. 만약에 그것을 했더라면 절대 그렇게 말씀하시지는 못하셨을 거라고 생각합니다. 오로지 현재 테러방지법, 통신비밀보호법, 사이버테러 방지법 등 국회에 계류된 테러 관련 법안들의 처리에 국회가 나서지 않고 잠재우고 있는데 정작 사고가 터지면 정부에 대한 비난과 성토가 극심하다는 변명만 하실 뿐입니다. 그래서 이 모든 것은 국회의 책임입니다. 국회가 하지 않았기 때문에 국회에 책임을 묻고 있는 것이지요. 그리고 국회만을 성토하고 있는 것입니다.

그렇다면 세월호 참사가 일어난 원인도 해난사고방지법을 제정하지 않아서 일어난 것입니까? 질문을 안 할 수 없습니다. 메르스 사태가 일어난 원인도 법이 제정되지 않았기 때문이었습니까? 그리고 법만 있으면 세월호 사건도 안 일어나고 메르스 사태도 일어나지 않는 것입니까? 법이 모든 것을 다 해결해 준다고 생각을 하시는 건지요?

그동안 새누리당이 테러방지법안으로 내세운 법안은 12개에 이릅니다. 국가대테러활동과 피해보전 기본법, 국민보호와 공공안전을 위한 테러방지법안, 테러예방 및 대응에 관한 법률안, 국가 사이버안전 관리에 관한 법률안,

국가 사이버테러 방지 등에 관한 법률안, 사이버테러 방지 및 대응에 관한 법률안, 사이버위협정보 공유에 관한 법률안, 출입국관리법안, 항공보안법 개정안, 특정 금융거래정보의 보고 및 이용 등에 관한 법률안, 통신비밀보호법 개정안, 이러한 법률안들입니다.

대통령께서 말씀하신 대로 국가정보원이 테러방지법을 만들어야 한다고 말씀하신 지 벌써 14년이 흘렀다고 했습니다. 그동안 우리나라는 2002년 아프가니스탄 파병, 2003년 그리고 2004년 이라크 파병, 2007년 레바논 파병, 2009년 소말리아 파병, 2010년 아프가니스탄 파병 등 테러 가능 세력 주둔지역 혹은 분쟁지역에 숱한 파병을 하였습니다. 대통령과 국가정보원의 주장대로라면 테러방지법이 없는 우리나라는 이러한 파병 등에 대한 보복 등으로 이미 테러가 난무했어야 합니다, 상식적으로 생각할 때는.

다른 예를 들어 보겠습니다. 우리나라는 자살예방 및 생명존중문화 조성을 위한 법률이 있습니다. 그러면 이 법으로 인해 우리나라 자살자가 획기적으로 줄어들었는지요? 통계를 보면 그렇지 않습니다. 법률이 자살자를 줄일 수 없듯이 법률이 우리나라에 일어날 테러를 막아 주지는 않을 것입니다. 다만 정부 당국의 진정성 있는 노력이 우리 국민들을 자살로부터 보호할 수가 있습니다. 그리고 자살을 유발하는 환경을 개선하는 것이 우선이겠지요. 테러도 정부 당국의 진정성 있는 노력이 막아 낼 수 있는 것입니다.

지난 2001년 9월 11일 미국의 무역센터와 펜타곤이 무너지는 것을 보았습니다. 그리고 그 피해의 중심에는 자타가 공인하는 선진국 미국이 있었습니다. 하지만 이러한 선진국에서조차 테러와의 전쟁을 수행하는 과정에서 CIA가 포로들에게 멱살잡이, 손바닥으로 때리기, 복부 가격, 오래 세워 놓기, 냉방고문, 물고문 등의 극악무도한 인권 침해적 방법을 사용하였다는 것이 밝혀진 바 있습니다. 테러와의 전쟁을 한 게 아니라 약자들을 제물 삼아 전쟁놀이를 한 것이라는 비판이 있습니다.

유엔 고등판무관실의 테러리즘 대처와 인권과 자유의 관계에 대한 특별보고서에 따르면 국제적인 대테러 행동 속에서 나타나는 다섯 가지 경향을 다음과 같이 소개한 바 있습니다.

'첫째, 각국 정부는 마음에 들지 않는 정치·인종·지역 세력들에 테러리스트 혐의를 씌워 탄압하고 있다. 국제사회는 이러한 경향에 무관심할 뿐 아니라 사실상 이러한 반인권적 정부들을 지원하고 있다.

둘째, 혐의자들을 조사하는 과정에서 고문과 잔혹행위 등이 빈번하게 사용되면서 이러한 반인권적 행위를 금지하는 국제협약들의 근간이 무너지고 있다. 이는 가장 위험한 경향이라고 볼 수 있다.

셋째, 테러리즘을 옹호하거나 찬양하는 내용뿐 아니라 테러행위에 사용될 가능성이 있는 모든 정보의 배포도 금지되고 있다. 이렇게 테러리즘에 대한 해석이 확대되면서

무고한 사람들의 희생이 늘어나고 있다.

넷째, 각국이 출입국 통제를 강화하고 있으며 그 결과 인종차별이 심화되고 있다. 개별 국가들이 양자협정을 맺어 테러리스트 혐의자들의 신상정보를 비밀리에 주고받고 있으며 테러리스트 혐의자 수용소를 비공개적으로 운영하고 있다. 이는 명백한 국제법 위반이다.

다섯째, 테러행위의 조사와 예방이 경찰권 확대 내지 남용의 근거가 되고 있다.'

위에서 본 다섯 가지 내용과 같이 대테러 행동은 심각한 인권침해를 유발할 수 있습니다. 우리는 지난 14년 동안 왜 이러한 테러방지법이 국회를 통과하지 못하였는지를 다시 곱씹어 봐야 할 것입니다.

그동안 제출된 그리고 지금 제출되어 있는 테러방지법은 테러 개념의 불확실성은 물론이고 과연 법률 제정으로 테러의 예방과 테러에 대한 신속한 대응이 가능해질까 하는 의구심 때문에 통과되지 못하였을 것이라는 추측을 하고 있습니다.

과거 시민사회에서 테러방지법에 반대하는 목소리를 높였던 것은 테러를 용인하거나 테러방지 자체의 의미를 전적으로 부정하기 때문은 아니었습니다. 테러방지라는 명분 아래 국가의 경찰권력, 정보권력을 강화하고 국민의 인권을 침해하거나 제한하는 일이 일어날 수 있다고 우려했기 때문입니다.

그렇다면 테러방지법을 제정해야 한다고 밀어붙이기보다는 현행 제도에 대한 보다 철저한 분석 및 평가가 선행되어야 하고 그에 따라 어떻게 테러 대응기구를 개혁해야 할 것인가를 먼저 논의해야 될 것입니다.

더욱이 반테러 활동은 전통적으로 경찰 및 형사소추기관의 고유한 임무였습니다. 국정원이 이 업무와 관련하여 정보수집을 하기 시작한 것은 1994년 1월 안기부법을 개정하면서부터입니다.

경찰 및 형사소추기관의 고유한 임무 영역에 정보기관이 개입하게 되면 보안기관 사이에 마찰 및 커뮤니케이션의 문제가 생길 수 있으며 사후 책임소재가 불분명하게 될 소지가 있기 때문입니다.

이러한 정부 부처 간, 기관 간의 커뮤니케이션 소통 문제와 책임소재가 불분명함으로 인한 참사, 제대로 된 컨트롤타워도, 체계도 무너져 있었던 세월호 사건을 우리는 보면서, 그리고 정부는 정말 다시 한 번 세월호 사건을 통해서 뼈저린 교훈을 받아야 될 것입니다.

따라서 대테러 역량 강화는 새로운 법을 개정 또는 국가정보원의 직무를 확대하고 그 권한을 확장하는 데 있지 않습니다. 과거 테러 관련 법안은 국정원을 중심으로 인적·물적으로 상호 중첩된 다수의 조직 및 인력이 결합하는 조직 구성방식을 취하고 있었으나 지나치게 비대한 조직 외연으로 인해서 테러방지 업무의 효율성이 현재보다 오히려 많이 떨어질 수 있다고 봅니다.

(2월26일 24시 경과)

또한 일단 테러가 발생한 이후에 필요한 조치들은 테러방지법이 예정하고 있는 복잡하고 혼란스러운 조직과 기구가 아닌 일상적인 경찰 및 행정기구들로 충분히 그리고 보다 효율적으로 대응이 가능하다고 봅니다.

그리고 또한 테러방지법안은 위헌 주장에 대한 합헌을 입증해야 합니다. 테러방지법은 테러와 관련한 국가기구의 설치와 권한의 배분 및 조정을 조직 법적 수준에서 중대한 변경을 담고 있습니다. 특히 그 변화의 핵심에 국가정보원을 두는 한편 이를 통하여 국가권력의 실질적 통합 가능성을 안고 있고 국가조직의 일반 원칙과 권력을 지양하는 헌법질서의 기본구도를 벗어나는 양상을 보이고 있습니다.

그러나 그 어떤 테러방지법안도 이러한 구조 변화의 필연성을 담보할 수 있는 국가적 위기에 대한 근거를 제시하고 있지 않습니다. 어제오늘 일은 아닙니다. 하지만 어떻게 보면 주먹구구식의 입법이라고도 볼 수 있습니다.

잘못된 입법을 방지하기 위해서는 다음과 같은 질문에 답해야 합니다.

첫째, 헌법이나 특별형법으로 방지하거나 대응할 수 없는 범죄행위로서 테러는 무엇인가?

둘째, 과거와 다른 테러가 발생할 한국사회의 환경요인은 무엇인가?

셋째, 혹시 분단 상황이나 북한의 존재가 문제라면 어떠한 변화가 있으며 국가보안법은 어떤 문제 때문에 이러한 테러에 대응하지 못하는가? 국가보안법이 존재하고 있는데 왜 국가보안법은 이러한 문제에 대응할 수 없는지에 대한 대답이 있어야 할 것 같습니다.

넷째로는 한국사회에 어느 정도의 테러 위험이 존재하는가? 예전과 다른 것은 무엇인가?

다섯째, 테러가 사회질서 혹은 국가안보에 어느 정도로 위험이 될 수 있는가?

여섯째, 테러가 일회적이지 않고 반복적으로 일어날 것이라고 예상하는가? 그의 근거는 무엇인가?

일곱째, 기존의 국가조직 혹은 치안기구만으로 이러한 테러를 감당하는 것이 어느 정도로, 무엇 때문에 불가능하거나 비효율적인가?

여덟째, 이상 일곱 가지의 질문에 답할 정도로 한국사회에서 테러의 위험성을 상당한 개연성으로서 예측한 보고서가 있는가?

아홉째, 테러방지법 제정을 전제로 하여 각계 전문가의 의견을 들어 정부가 마련한 테러방지 및 대응의 구체적 매뉴얼은 무엇인가?

저는 이제까지 수많은 테러방지법안이 이러한 질문에 대하여 아무런 답을 내놓지 못했다고 봅니다. 새로운 테러에 응하기 위해 새로운 법과 새로운 조직이 필요하다면 그에 합당한 설명을 해야 합니다. 자칫 낡은 조직과 대응체계에 새로운 상표만 덧붙인 것이 될 수 있기 때문입니다.

테러방지법안의 테러 개념은 기존 국내법상의 범죄와 대비되는 개념으로서 테러를 특정하지 못한 채 단순히 국제법상에서 특별히 규제하고 있다는 이유만으로 이들을 하나의 개념으로 통합하고 있습니다.

항공기 납치, 민간항공에 대한 불법적 행위, 국제적 보호인들에 대한 범죄, 인질, 핵물질, 항해 및 해상 플랫폼의 안전, 폭탄테러 행위 등 모두 국내법으로 처벌할 수 있는 범죄입니다. 외국인이나 국제범죄 조직이 그러한 범죄를 저지른다면 충분히 국내법으로 경찰이나 검찰이 대응할 수 있습니다.

테러방지법안은 테러행위에 대해 내국인 범죄 또는 외국인 범죄와 구분은 물론 개인적·개별적 수준의 범죄 또는 조직적·집단적 범죄의 구분조차도 하지 않았습니다.

예컨대 인질 억류는 제3자, 즉 국가와 정부 간 국제기구, 자연인, 법인 또는 집단에 대해 인질 석방을 위한 명시적 또는 묵시적 조건으로서 어떠한 작위 또는 부작위를 강요할 목적으로 타인을 억류 또는 감금하여 살해, 상해 또는 계속 감금하겠다고 협박하는 행위를 말합니다. 이때 개인적 차원에서 발생하는 경우와 조직적·집단적 차원에서 발생하는 경우는 분명 사회질서와 국가안보의 측면에서 상당한 차이가 있습니다.

민간항공의 안전에 대한 불법행위, 예컨대 국제민간항공이 사용하는 공항에 근무하는 자에 대한 중대한 상해나 또 사망을 야기하거나 야기할 가능성이 있는 폭력행위를 행한 경우에도 마찬가지로 적용됩니다.

이병석 의원님 법안은 대테러 활동의 개념을 테러의 예방 및 대응을 위하여 필요한 제반 활동으로 정의하고 테러의 개념을 국내 관련법에서 범죄로 규정한 행위를 중심으로 국가안보 또는 국민의 안전을 위태롭게 하는 행위로 적시하고 있을 뿐입니다.

이노근 의원님 법안은 미 대사의 피습사건을 고려한 듯 외국인을 테러 대상에 포함했습니다. 동시에 형법상 범죄행위를 되풀이하고 있습니다. 즉, 제2조제1호의 개념 정의에서 "국가안보 및 공공의 안전을 위태롭게 하거나 공중을 협박할 목적으로 행하는 행위"를 전제하고 있습니다.

그다음 '가' 목에서 "사람을 살해하거나 사람의 신체를 상해하여 생명에 대한 위험을 발생하게 하는 행위 또는 사람을 체포·감금·약취·유인하거나 인질로 삼는 행위", '나' 목에서는 "외교관 등 국제적 보호인물에 대한 범죄의 예방 및 처벌에 관한 협약에서 정의한 국제적 보호인물을 살해·납치 또는 신체나 자유를 위태롭게 하거나 그러한 행위에 가담·지원·기도하는 행위(공관·사저·교통수단에 대한 가해행위를 포함한다)"를 테러 개념에 포함하고 있습니다.

하지만 이러한 규정은 일반적으로 볼 때 테러 개념을 귀에 걸면 귀걸이, 코에 걸면 코걸이 식으로 국가권력의 입맛에 따라 무한 확장할 수 있는 위험한 개념으로 이에 대한 검토 및 반려가 필요하다고 봅니다.

법을 이렇게 애매모호하게 만들어 놓으면, 모든 것을 다 총괄해서 애매모호하게 해 놓으면 정말 귀에 걸면 귀걸이, 코에 걸면 코걸이가 됩니다. 그래서 어떤 경우에라도 이 사람을 제재를 하고 체포를 하고 뭐를 하겠다 하면 어떤 것을 걸어서라도 할 수가 있는 것이지요, 분명하지 않기 때문에. 그렇기 때문에 이 테러방지법은 또한 문제가 있는

것입니다.

이제는 국정원 이야기를 좀 해 보려고 합니다.

앞서 말씀드렸다시피 국가정보원은 전신을 중앙정보부, 국가안전기획부로 하고 있습니다. 하지만 중앙정보부, 국가안전기획부 시절 국가정보원은 국민의 안전보다는 권력의 안전을 최우선시했습니다. 그러면서 수많은 민주시민들을 감금·폭행·고문·살해하였습니다. 그리고 많은 공안사건들을 조작하면서 무고한 시민들에게 그 피해가 미쳤습니다.

존경하는 김대중 대통령의 재임 시절인 1999년, 국가안전기획부가 국가정보원으로 바뀌고 그 기능이 국외정보 및 국내 보안 문제 등으로 축소되면서 우리는 국정원이 바뀌길 원했고 기대했습니다. 그리고 국정원이 국민의 것으로 돌아오는 것을 많이 기대를 했었지요. 하지만 그렇게 되지 않았습니다.

지난 2012년 대선 당시 자신들의 목적에 맞는 정권을 만들고자 국정원이 직원들을 동원해서 댓글, SNS 등을 통해 여론을 조작한 사실이 밝혀졌습니다. 이렇듯이 국가정보원은 조금도 바뀌지 않았습니다.

사실 테러방지 업무 및 정보수집 업무는 국정원의 업무가 맞습니다. 그리고 국정원이 해야 합니다. 하지만 더불어민주당 우리 동료 의원들이 지난 4일 동안 필리버스터를 통해 국정원에 막강한 권한을 쥐어 주는 테러방지법을 막으려는 이유, 그것은 그동안 국정원의 활동이 국민의 신뢰와 동떨어진 행위를 했었기 때문입니다. 본연의 일을 하지 않았던 것이지요.

국민을 위해 정보를 수집하는 것이 본연의 일은 아닙니다. 정권을 위해, 특히 자신들의 이득에 맞는 친국정원 정권을 위해 일하는 정황들이 많이 포착되었습니다. 이것은 국가공무원법 위반이고, 관련 법규 위반 사항을 넘어서 헌법 제1조제2항에 명시된 주권자 국민 배신, 국민 기만행위였습니다. 이렇게 하다 보니 국정원의 본연의 역할은 미진해질 수밖에 없었습니다.

북한 김정일 국방위원장이 사망한 사실을 국가정보원이 알아내지 못했었지요. 국정원보다 북한 조선중앙TV가 빨랐습니다. 이것은 어처구니없는 일이었지요.

북한 핵실험 역시 기상청의 인공 지진 감지가 먼저였습니다. 우리 정부는, 우리 국정원은 사전에 어떠한 감지도 하지 못했고 또 어떠한 대응도 대비도 하지 못했습니다, 아무런 감지를 하지 못했기 때문에, 아무 정보도 가지고 있지 않았기 때문에.

그리고 2011년 3월 16일 국정원 직원이 서울 소공동 롯데호텔에서, 뭐 이 이야기는 다른 의원님들께서도 앞에서 언급을 하신 이야기입니다. 다시 한 번 언급을 하겠습니다. 롯데호텔에서 인도네시아 대통령 특사단 숙소에 잠입해서 노트북을 뒤지다가 발각된 사건도 있습니다. 국가정보원의 직원이 절도 등의 혐의로 경찰에 신고되어 국제적 망신은 물론 외교적 결례까지 저지른 일이지요.

우리가 영화에서도 많이 보지만 이런 일은 할 수도

있습니다. 그러나 국가정보원이라 하면 이런 일들을 정말 철저하게 국가정보원답게 해야지요. 그런데 그렇게 못했습니다. 그리고 그런 것들을 철저하게 할 수 있는 훈련도 안 돼 있는 것 같습니다. 그리고 자질도 부족한 것 같습니다.

또 다른 사례가 있습니다. 서울시 공무원 간첩 조작 사건, 이 이야기도 다른 동료 의원들이 언급한 바 있습니다. 그러나 그 사건에 무슨 목적이 있었는지는 여기에서 이야기하고 싶지는 않습니다. 다만 무고한 사람의 가족을 겁박, 협박하고 증거를 조작하여 간첩으로 몰아갔던 사건은 국정원의 존재 이유마저 의문스럽게 하는 중대한 사건이었습니다. 그래서 무고한 사람들이 간첩으로 몰리게 되고 재판을 받게 되고……

이렇게 인권유린을 하는 것은 저는 국정원이 해야 하는 일들에 대해서 무엇을 어떻게 해야 되는지, 무슨 일을 해야 되는지에 대한 정확한 업무에 대해서 파악하지 못했고 또한 그 업무를 수행하는 데 있어서도 자질이 많이 떨어지지 않았나 이렇게 생각합니다. 그러면서 또 특정한 정치 집단의 정치적 이득을 위해 자신들에게 대선 개입 의혹이 집중된 상황에서 국정원이 스스로 국가 기밀인 2007년 정상회담 대화록을 공개한 바도 있습니다.

이런 일들은 정말 있을 수 없는 일입니다. 이렇게 어떤 개인의 아니면 조직의 이익을, 아니면 조직의 목적을 달성하기 위해서 이런 식으로 이 중요한 정상회담의 기록들을 언제든지 이렇게 까서 공개한다라는 것은 우리나라가 세계적으로 정말 부끄러운 일을 한 거지요. 그리고 앞으로 어떤 세계적인 어떤 정상이 우리나라 정상과 진솔한 정상회담을 할 수 있겠습니까? 저 나라는 언제든지 필요하면 그런 정상회담 내용도 까서 이용하는, 써먹는 그런 아주 저급하고…… 이런 나라로 취급이 되는 거지요. 그리고 그런 나라로 취급이 되었지요.

사실 이런 정보기관이 어떤 특정 정권을 위해서 이렇게 하는 일은 아마 세계에서 있을 수 없다고 생각합니다, 기본이 안 돼 있기 때문에. 그리고 정보기관으로서 정보원으로서의 훈련이 안 되어 있다고 보는 거지요.

그러면서도 또 이런 와중에 민간인 등에 대한 사찰 사건은 심심찮게 터졌습니다. 정치인 사찰, 이것은 단골 메뉴로 써먹었던 것이지요. 지난 2010년 8월 16일 정태근 당시 한나라당 의원은 평화방송 '열린 세상 오늘 이석우입니다'에서 국제회의 위탁운영업체의 부사장으로 재직 중인 자신의 부인이 국정원으로부터 사찰을 받았다고 주장을 했습니다.

당시 정태근 의원에 따르면 국정원은 부인의 회사와 거래처 등을 탐문하고 자신이 국회의원의 지위를 이용해 부인 회사의 사업 주주에 압력을 행사하였는지 여부를 뒤에서 캐고 다녔습니다. 그리고 그것을 정태근 의원은 확인하였다고 얘기했습니다.

또한 지난 2010년 12월 존경하는 이석현 부의장님께서 밝힌 사찰 의혹에는 박근혜 당시 한나라당 전 대표, 정두언 당시 한나라당 의원, 이성헌 당시 한나라당 의원 또한 당시

국정원장이었던 김성호 전 국정원장까지 포함된 사실도 있었습니다.

또한 2010년 7월 22일 오마이뉴스에 따르면 이강진 전 총리실 공보수석 및 그 부인이 국정원의 사찰을 받았다고 주장했습니다. 한겨레신문에 보도된 서울시장의 좌편향 시정운영 실태 및 대응 방향 문건은 사찰을 넘어 정치 여론조작까지 포함되어 있어서 그 문제가 심각하다고 생각되었습니다.

한겨레신문에 따르면 이명박 대통령이 한겨레신문사를 상대로 낸 손해배상청구소송을 맡은 판사에게 국정원 직원이 전화를 해서 재판 사항을 확인하였고 재판을 참관하다가 판사에게 또한 적발된 바도 있었습니다.

또 조선일보와 오마이뉴스에 따르면 원세훈 전 국정원장이 검찰 고위간부에게 국정원 직원을 보내 원세훈 국정원장의 뜻이라고 하면서 노무현 전 대통령에게 구속영장을 청구하지 말고 불구속기소하는 선에서 신병 처리를 마무리 짓는 게 좋지 않겠나 하면서 수사 개입을 한 정황도 있었습니다.

그리고 언론사에도 관여한 바가 있습니다. 조선일보와 오마이뉴스에 따르면 당시 국정원 제2차장인 김회선은 2008년 8월 11일 오전 KBS 후임 사장 논의를 비롯한 언론대책회의를 위한 조찬모임에 참여했다고 밝힌 바 있습니다.

또한 신동아와 오마이뉴스에 따르면 국정원은 김정은 후계 논의, 화폐개혁 등 다수의 북한발 특종기사를 써 연례 기자상을 잇따라 수상한 최선영 연합뉴스기자를 사찰한 바 있다고 밝혔습니다.

그리고 국정원은 노동조합을 사찰한 사실도 있습니다. 경향신문에 따르면 국정원이 양천구청에 양성윤 당시 통합공무원노동조합위원장 후보에 대해 징계하라고 압력을 행사한 바가 있습니다.

또한 참세상과 레디앙에 따르면 국정원은 기륭전자와 노조의 갈등이 상급단체로 번질 우려가 있으니 사측은 결코 노조 측의 요구를 들어주지 말라고 압력을 행사한 바가 있습니다.

이런 일은 다반사로 하고 있는 일이지요. 또 금속노조 KEC지회·경주 발레오만도지회·상신브레이크지회는 고용노동부 국정감사가 열리는 2011년 10월 7일 아침에 국회 정론관에서 기자회견을 갖고 이명박 대통령의 텃밭인 대구·경북지역 사업장 세 곳에서 공격적 직장 폐쇄, 용역깡패 동원, 조합원에 대한 감시와 협박, 어용노조 설립 등 철저히 준비된 노조파괴 공작이 똑같이 벌어졌다고 주장하면서 국정원 개입 의혹을 제기한 바 있습니다.

그리고 노조뿐만이 아니라 시민단체에 대한 압박도 하였습니다. 오마이뉴스에 따르면 국정원은 2008년 9월 A공기업에 최근 3년간 집행된 시민사회단체 후원 내역 일체를 제출하도록 요청을 하고 또 제공을 받았습니다.

심지어 B공기업에 대해서도 환경운동연합과 환경단체재단에 대한 그동안 얼마의 후원금을 어떤

방식으로 입금했는지를 묻고 관련 내용을 서류로 만들어서 제출해 달라고 요구를 한 바가 있습니다.

또 경향신문과 박원순 당시 희망제작소 이사의 발언에 따르면 희망제작소는 하나은행과 소기업, 창업을 지원하는 마이크로크레딧 사업에 합의하였으나 2009년 1월 하나은행 측의 일방적 결정으로 무산된 바가 있습니다.

박원순 당시 상임이사는 2009년 9월 17일 기자회견문을 통해서 2009년 4월 모 대학 카페 오픈식이 끝난 이틀 뒤 국정원 직원이 그 대학 총무과를 찾아가 이렇게 말했습니다. 좌파단체들의 자금줄이며 운동권 출신 직원들이 대다수인 아름다운가게를 후원한 사유가 무엇인지에 대해서 물었습니다.

그리고 2009년 6월 국정원 직원이라고 밝힌 한 사람이 프로젝트를 공동으로 추진하던 모 은행 담당자에게 전화를 했습니다. 그리고 이렇게 말했습니다. '아름다운가게와 무슨 관계가 있기에 오랜 시간 많은 돈을 지원했나'라고 따져 물었습니다.

2009년 5월 경기지역 모 시 평생학습관 공동행사와 미팅을 할 때 관련자가 국정원에서 전화를 받았다, 그래서 아름다운가게의 행사를 하지 말라고 하더라고 하는 등 곳곳에서 국정원의 활동 개입이 드러났다고 밝혔습니다.

국정원은 바로 보도자료를 내고 해당 사실의 실체를 부인했고 손해배상금 2억 원을 청구하는 소송을 진행하였으나 그러나 줄지어 국정원이 패소를 했습니다. 그리고 2012년 4월 6일 대법원이 원고 패소 판결의 심의를 확정한 바 있습니다.

이러한 일련의 사건들을 볼 때 결국 국정원이 시민단체, 노동조합, 여러 사회 각계각층에 미치고 또 개입하는 정황들을 상당히 많이 볼 수가 있습니다. 이러한 사실들이, 국정원의 개입이 사실은 사법부를 통해서 인정되었다고 볼 수 있지요.

또한 한겨레신문에 따르면, 국정원이 '좌파의 등록금 주장 허구성 전파로 파상공세 차단'이라는 문건에 '야권의 등록금 공세 허구성과 좌파인사들의 이중처신 행태'를 홍보자료로 작성을 하고 심리전에 활용함과 동시에 직원 교육자료로도 게재한다는 내용이 들어 있다고 밝혔습니다.

모두 기억을 하시는지는 모르겠지만 반값등록금은 이명박·박근혜 대통령의 공약이었고 지금까지 지켜지지 않는 공약으로 남아 있습니다. 왜 정권의 잘못된 공약 살포는 눈을 감아 주면서 이를 지키라고 하는 야권의 주장을 허구로 밀어붙이는지, 왜 그렇게 하는지에 대해서 이해가 가지 않습니다.

그리고 여기뿐만이 아니라 문화행사에 대한 탄압도 있습니다. 국정원의 개입이 사회 곳곳에 다 미치고 있다고 봐야 할 것 같습니다.

한겨레신문에 따르면, 국정원 직원이 조계사에 압력을 행사해서 2010년 1월 31일부터 2월 7일까지 조계사 경내에서 열릴 예정이었던 '바보들, 사랑을 쌓다' 행사를 방해한 바 있습니다.

조계사를 담당하는 국정원 직원이 1월 28일 오전 조계사에 전화를 걸어 이렇게 이야기를 합니다. '반정부적인 정치집회가 조계사에서 열린다. 총무원장 스님이 방북도 하는데 이런 정치집회는 종단에 누가 되지 않겠느냐'는 취지의 말을 했습니다. 그리고 그 전화가 있은 뒤 결국 주지스님의 지시로 행사가 불허되었다는 것입니다.

또 한겨레신문에 따르면, 국정원 광주지부 한 직원이 광주시 문화예술 부서와 5·18기념문화관 대관 부서에 전화를 걸어 5·18기념문화관에서 열리는 전시회에 대통령을 풍자한 '삽질 공화국' 작품에 대한 시의 입장을 물었습니다. 광주시는 전화 통화 후 운영조례를 검토하고 작품의 전시가 전시장 설치 목적에 어긋나고 공공질서를 해칠 우려가 있다고 판단돼 주최단체에 철거를 요구한 바 있습니다.

그래서 이렇게 국정원에서 물어보기만 해도, '왜 이런 그림을 전시하느냐' 아니면 '어떤 이유로 이 단체에 후원을 하느냐' 이렇게 물어보기만 해도 바로 이런 모든 후원이 중단되고 행사는 철회되고 또 전시회에 걸었던 그림들은 철거가 되는 일이 벌어집니다.

왜 그럴까요? 뭐가 그렇게 만드는지, 국정원은 정말 무소불위의 힘을 가지고 있는 기관입니다. 이런 기관에 테러방지법을 통과시키고 더한 권한을 쥐어 준다면 우리 국민들은 움직이기조차도 어려울 것입니다.

그리고 정부에 대해서나 사회에 대해서나 언론의 자유는 물론이고 어떠한 불이익이 있다 하더라도 그것에 대한 불만을 이야기하지 못하게 되겠지요, 불만을 이야기하면 불순분자로 낙인이 찍히기 때문에. 또 그렇게 되어 왔습니다. 안기부 시절, 중앙정보부 시절, 막걸리를 마시고 사회에 조금만 불만을 얘기해도 잡혀 갔습니다. 그리고 국가보안법으로 구속이 됩니다. 그런 것이 '막걸리 국가보안법'이지요. 그런데 이제 테러방지법이 통과가 되면 우리 모두에게 누구에게 이런 일이 일어나지 않는다고 장담할 수 있겠습니까?

또한 한겨레신문에 따르면, 2004년부터 환경부와 서울시가 환경영화제에 2억 원씩을 지원해 왔습니다. 그런데 2009년에는 뚜렷한 이유도 없이 지원금이 보류된 바가 있습니다. 이것도 우리가 충분히 짐작할 수 있는 일이지요, 왜 이런 일이 벌어지게 됐는지.

그리고 환경재단 최열 대표와 존경하는 이미경 우리 선배 의원님은 2009년 5월 19일 국정원 조정관이 서울시의 담당 본부장에게 전화를 해서 지원금이 보류된 사실을 밝힌 바가 있습니다.

이 외에도 민간인 등의 정치활동에 국정원이 깊숙이 개입하려고 한 흔적들이 여러 곳에서 다양하게 그 사례들이 드러나고 있습니다.

2008년 3월 30일에 대운하 반대 전국교수모임 성명서에 따르면 경찰과 국정원은 대운하 건설을 반대하는 모임의 성격이나 정치성향을 파악하고 다닌 것으로 또한 밝혀졌습니다. 또 위클리경향에 따르면 국정원이 4대강 정비 사업에 개입하고 있다고 밝힌 바도 있습니다. 국회 정무위에서 이성남 전 의원님의 질문에 국무총리실이 국정원의 4대강 사업 강연은 국정원의 직무범위 내에서 이루어지는 것으로 알고 있다고 답변을 했습니다. 국정원이 4대강 사업에 관여하고 있는 것은 사실이었고 확인이 되었습니다.

지금까지 제가 열거한 이 모든 것들만 보더라도 국정원이 얼마나 깊숙이 사회 각계각층에, 모든 것에 개입돼 있습니다. 사실 국정원의 인원이 얼마나 많으면 이렇게 사회 각계각층에 개입하면서 일을 주도하고 있는지, 그 자료를 보니까 한 37만 명이 되더라고요. 많기도 사실 많습니다. 그렇기 때문에, 많기 때문에 또 이런 일들을 더 많이 벌여야 되는 게 아닌가 하는 생각을 또 갖게 됩니다.

그리고 또 오마이뉴스와 경향신문에 따르면 국정원 직원은 임장철 연기군 의원을 비롯한 면장, 농협 조합장 등을 만나 아무리 지역주민들이 세종시 원안을 주장해도 이명박 대통령이 사과까지 표명했기 때문에 원안이 수정될 것이라고 강변을 하며 원하는 게 뭐냐, 필요한 게 있으면 다 주겠다면서 원안 수정에 찬성할 것을 거의 공식적으로 요청했다고 밝혔습니다. 또 국정원 직원들은 세종시 원안이 수정되면 주민들이 소송을 제기할 것이라는 말에 돈을 주면 될 것 아니냐고 이렇게 되받아 말하기도 했다고 밝혔습니다.

또 오마이뉴스에 따르면 2010년 5월 4일 서울 명동의 한 호텔 앞에서 프랑크 라뤼 유엔 의사표현의 자유 특별보고관을 몰래 촬영하던 사람들이 탄 승용차가 목격되었다고 했습니다. 이후 한국일보에 의해서 이 차량이 국정원 소유 부지의 공터에 주소를 둔 유령회사의 것으로 밝혀지면서 국정원 사찰 의혹으로 번졌습니다. 만약 사실로 밝혀진다면 유엔 사무총장을 배출한 국가에서 유엔 특별보고관을 국가기관이 사찰한 상황이 벌어진 것입니다.

또 사례를 좀 더 보게 되면 MBC 이상호 기자는 MBC의 모바일 전용 TV인 손바닥TV에서 장자연 자살사건을 수사한 경기도 성남시 분당경찰서 조서를 공개한 바 있습니다. 그 조서에 따르면 국정원 직원은 장자연 씨가 자살한 날부터 그 사건을 폭로한 장자연 씨의 매니저 유창호 씨와 연락을 취했으며, 경찰은 유창호 씨를 수사하며 국정원 직원의 개입 의혹을 알았음에도 수사하지 않는 경향이 드러난 바도 있다고 했습니다. 이것은 국정원이 장자연 사건에도 개입한 정황이 드러난 것이지요. 왜 국정원은 이렇게 곳곳에 다 개입을 하고 하는 것인지 한번 생각해 봐야 될 것 같습니다.

그래서 제가 지금까지 28건의 국정원의 사찰 의혹 및 업무 소홀, 여론조작 사례를 들었습니다. 아마 제 말씀을 들으면서 눈치 빠른 모든 분들은 잘 아시겠지만 28건 모두 이명박·박근혜 정권에서 일어났던 일들입니다. 이렇게 현재 정권, 전 정권하에서 국정원을 통해서 이렇게 민간들 아니면 단체들, 개인 조직들을 사찰을 해 왔습니다. 그런데 만약에 테러방지법이 통과되면 어떤 일이 더 벌어질 건지 한번 상상을 해 본다면 끔찍스럽습니다.

그리고 우리 당의 존경하는 진선미 의원님이 2013년 3월에 밝힌 원세훈 원장의 '원장님 지시·강조 말씀'을 보면 '선거에서 인터넷 여론에 개입하라', 국정원 직원 김 씨가 소속된 심리전단에 '젊은 층 우군화 심리전을 강화하라' 이렇게 지시했고요, '종교단체의 정부 비판활동을 견제하라' '4대강 사업 등 국책사업에 대한 대국민 여론전을 진행하라'는 등 그야말로 정권에 의한, 정권을 위한 지시들이 나열되어 있었습니다.

몇 가지 사례들을 더 열거해 보도록 하겠습니다.

첫째, 정보원이 국내 정치적 현안에 직접적으로 개입해 왔음을 보여주는 내용입니다.

'2010년 3월 9일 일부 종교단체가 종교 본연의 모습을 벗어나 정치활동에 치중하는 것에 대하여 바로잡으려는 노력이 필요함. 4월 국회에서 주요 개혁 입법들이 모두 처리될 수 있도록 노력할 것. 2010년 4월 16일 세종시·4대강 등 주요 현안에 대해서도 국정원이 확실하게 중심을 잡고 대처해 주기를 바람. 2011년 1월 21일 4대강 사업 등 국책사업이 원활히 추진되기 위해 책잡히는 일이 없어야 하므로 지역주민들에게 최대한 성의 있는 모습을 보여야 함'

이런 지시들을 국정원이 합니다.

'2011년 1월 21일 세종시 등 국정현안에 대해 반대를 위한 반대를 일삼는 좌파 단체들이 많은데 보다 정공법으로 대응할 필요가 있음. 우리 원이 앞장서서 대통령과 정부 정책의 진의를 적극 홍보하고 뒷받침해야 할 것임. 2011년 5월 20일 지난 재·보선에서 천안함 사건이 북한 소행이 아니라고 주장하던 인물이 강원지사에 당선되었다.

2011년 12월 16일, 4대강 사업 후속관리와 관련 좌파언론 등에서 유지비용이 많이 든다고 비난하고 있는데 재해복구비용, 물 확보 등 많은 이점을 감안 국민들에게 적극 홍보할 것.'

두 번째는 이명박 대통령과 정부를 노골적으로 홍보하고 찬양하는 내용들입니다. 한번 보겠습니다.

'2010년 1월 21일, 우리 원이 앞장서서 대통령님과 정부 정책의 진의를 적극 홍보하고 뒷받침해야 할 것.

2011년 11월 18일, 한미 FTA 처리 문제도 정부 여당에 대한 온갖 비난 기사가 실려 여론 악화되고 난 후 수습하려는 것은 이미 늦은 것으로 치밀한 사전 홍보대책을 수립·시행하는 업무자세가 필요하다.

2011년 12월 16일, 4대강 사업 후속관리와 관련 좌파언론 등에서 유지비용이 많이 든다고 비난하고 있는데 재해복구비용, 물 확보 등 많은 이점을 감안 국민들에게 적극 홍보할 것.

2012년 1월 27일, 우리 원도 훈수두기식 활동을 탈피하고 국정성과 홍보 확산 실행에 주력하라. 정부가 지난 4년간 국가와 국민을 위해 추진한 4대강 사업 등의 성과가 제대로 평가받을 수 있도록 해야 한다.'

셋째는 국정원이 종북좌파단체로 지칭해 버린 시민단체 등에 대한 대응 및 공작을 지시하고 있는 내용들입니다.

'2009년 6월 19일, 아직도 전교조 등 종북좌파단체들이 시민단체·종교단체 등의 허울 뒤에 숨어서 활발히 움직이므로 국가의 중심에 서서 일한다는 각오로 더욱 분발해 주기 바란다.

2010년 3월 9일, 일부 종교단체가 종교 본연의 모습을 벗어나 정치활동에 치중하는 것에 대하여 바로잡으려는 노력이 필요하다.

2010년 7월 19일, 야당은 무조건적인 반대집단이다.

2011년 1월 21일, 종북좌파 척결 문제는 미온적이 아닌 확실히 대처해야 한다.

2011년 1월 21일, 세종시 등 국정현안에 대해 반대를 위한 반대를 일삼는 좌파단체들이 많은데 보다 정공법으로 대응할 필요가 있음.'

국정현안이나 대통령에 대해서 또 정치에 대해서 반대를 하는 단체나 개인은 좌파입니다. 국정원에서는 그렇게 규정을 하고 있습니다. 그리고 좌파단체로 규정을 하고 정공법으로 대응을 하는 것 같습니다.

그런데 만약에 지금 이 법안이 통과가 됐다, 그러면 어떻게 되겠습니까? 그러면 국정원에서 국정현안에 반대하는 시위나 반대를 하는 사람들을 좌파단체로 규정하는 것을 보면 이제는 앞으로 국정원이 이 사람은 테러리스트로 언제든지, 테러를 할 가능성이 있는 사람으로 언제든지 그렇게 규정할 수 있다는 거지요.

그리고 '2011년 2월 18일 종북세력 척결과 관련 북한과 싸우는 것보다 민노총·전교조 등 국내 내부의 적과 싸우는 것이 더 어려우므로 확실한 징계를 위해 직원에게 맡기기보다 지부장들이 유관 기관장에게 직접 업무를 협조하기 바란다.'

(이석현 부의장, 정의화 의장과 사회교대)

다음 넷째는 국가정보원 대북심리전단이 지난 대선 등에서 불법적으로 댓글을 달고 여론조사를 시도했다고 보여지는 그런 내용들입니다.

'2010년 7월 19일, 심리전단이 보고한 젊은층 우군화 심리전 강화 방안은 내용 자체가 바로 우리 원이 해야 할 일이라는 점을 명심할 것.

2011년 11월 18일, 선거기간 동안 트위터·인터넷 등에서 허위사실 유포에 대해서 확실하게 대응을 안 하니 국민들이 그대로 믿는 현상이 발생되었다. 악의적인 허위사실은 선거에 미치는 영향이 막대하다. 선거가 끝나면 결과를 뒤바꿀 수 없기 때문에 우리 원이 역할을 제대로 해 줘야 한다. 특히 종북세력들이 선거정국을 틈타 트위터 등을 통한 허위사실 유포로 국론분열을 조장하므로 선제적 대처를 해야 한다.

2012년 5월 18일, 종북세력들이 사이버 공간에서 선전·선동하며 국정운영을 방해하고 있다. 좌시해서는 안 된다.

2012년 11월 23일, 종북세력들이 사이버상에서 국정 폄훼 활동을 하는 만큼 선제적으로 대응해야 한다.'

이런 내용들을 우리가 보면서 이게 과연 국민의 안위와 안보를 위하여 뛰는 국가정보원의 활동으로 봐야 되겠는가, 그렇게 볼 수 있겠는가 질문이 생깁니다.

이러한 지시가 여러 정권에 걸쳐서 가끔 나오던 지시가 아니라 한 정권의, 특히 한 국정원장의 지시라는 점이 더

충격적인 것입니다. 특정 정권을 위해서 한 국정원장이 했던 거지요.

이들은 이렇게 국민의 안전보다 정권의 안전을 위해서 뛰고 있습니다. 앞에 그 사례들을 통해서 국정원이 누구를 위해서 일을 하고 있는지는 분명하게 알 수 있게 되었습니다.

그리고 국정원의 프레임은 간단합니다. 자신들이 지지하는 정권 안위에 위험이 되는 사람은 종북좌파로 규정해 버립니다. 그렇게 규정해 버리면 그 규정을 받은 사람은 이제 끝나는 거지요.

세종시 원안을 지지하는 사람도 종북좌파고 4대강을 비판하는 사람도 종북좌파로 찍혔습니다. 민주노총·전교조는 아예 종북좌파의 중추가 되어 버린 것이지요. 그렇게 규정하면, 국정원에서 그렇게 규정하고 그렇게 대응하면 그렇게 당하는 거지요.

더불어민주당이 반대하고 또 많은 의원들이 필리버스터를 통해 이런 사례들을 토론하고 반대하는 테러방지법은 우리가 앞에서 죽 보았던 이러한 국정원에게 테러 세력이라는 아주 손쉬운 프레임 하나를 더 던져 주는 것이지요. 힘을 실어 주는 것이라고 봅니다.

존경하는 국민 여러분!
선배·동료 의원 여러분!
박근혜 대통령 및 정부 관계자 여러분!

테러방지법에 앞서 국정원 개혁이 먼저입니다. 국민들이 납득할 만한, 진짜 국민 편에 서는 국정원을 먼저 만들어야 됩니다.

또한 이 법의 통과를 간절히 바라는 국정원 관계자 여러분께도 말씀드리겠습니다. 국민이 지켜보고 있습니다. 국민을 감시하지 마십시오.

민주화를 위한 변호사 모임의 이광철 변호사님은 '국정원 문제의 원인과 해법'이라는 논문을 통해서 국정원 개혁과제를 다음과 같이 밝혔습니다.

'밀행성을 속성으로 하는 정보기관이 수사권까지 보유하고 있는 것은 권력의 비대화와 인권침해의 소지가 있다. 그래서 수사권을 분리해야 한다. 국내 보안정보의 수집·작성 및 배포 권한은 정보기관이 정치에 관여하는 직접적인 근거가 되어 왔다. 참여정부는 국정원장 독대 폐지, 대공정책실 재편 등으로 대응하였다.'

국정원의 고질적 병폐를 그래도 극복하기에는 사실 역부족이었지요, 조직의 힘이 너무 크기 때문에. 이 조직을 바꾸고 재편한다는 것은 사실 쉬운 일은 아닌 것 같습니다. 그러나 이것은 국민이 함께 해야 된다고 생각합니다.

'국정원의 고질적 병폐인 국내정치 개입을 차단하기 위한 최선책은 국정원법을 개정해서 국정원의 정보 수집 범위를 대북·국외로 한정하는 방향으로 해야 된다. 국정원은 국가 차원의 정보 조정 체계의 필요성으로 정보 왜곡과 정책 혼선의 방지, 국론분열 방지 등을 들고 있다. 그 필요성은 인정한다. 하지만 이러한 기능을 정보기관인 국정원이 해야 할 아무런 논리·필연적 기능은 없다고 할 것이다.

오히려 정보기관이 조정 권한을 행사할 경우 그 활동 특성상 조정의 과정과 결과가 공개되지 않음으로써 정부 조정에 따른 책임소재도 불분명해질 뿐더러 정보 독점의 폐해도 우려된다. 따라서 국정원법 등을 개정하여 국정원의 정보 및 보안 업무의 조정 권한을 폐지하고 이를 국가안전보장회의가 담당하는 것이 바람직하다.'

이렇게 말하고 있습니다.

미국의 경우는 국가정보기관의 장은 정보 관련 문제에 대해 국회에 완전하게 그 내용을 통보해야 한다는 원칙이 확립되어 있습니다. 그리고 독일의 경우 의회가 알 권리 관련 정보에 대해서는 제한 없는 보고가 이루어지도록 또 되어 있습니다.

하지만 우리나라와 비교했을 때 우리나라는 예산 사용에 대한 검사 기능이 없습니다. 정보위원회에 대하여 자료제출 거부권을 국정원에 부여하고 있습니다. 이에 대한 조항 삭제가, 이러한 조항 삭제를 해야 된다고 제안하고 있습니다. 물론 논란이 있을 수 있는 방안이라고 봅니다. 국정원의 기능 정상화를 위해서 그래도 검토와 논의가 필요하다고 생각은 합니다.

그래서 우리가 국정원에 대한 이런 변천사를, 왜 국정원이 이렇게 국정원의 원래 본연의 그런 업무보다는 정치에 개입하고 사회 각계각층에 개입하고 이러한 것들이 왜 이렇게 일어나는가 하는 것은 사실 국정원이 만들어지게 된 변천사, 오늘날까지에 국정원이 오게 된 그 변천사가 사실 중요한 팩트라고 봅니다.

그래서 그런 변천사를 한번 보게 되면, 한번 이 변천사나 여기에 대해서 보도록 하겠습니다.

정의를 보면,

1961년 국가재건최고회의 소속으로 설치된 국가정보·수사기관입니다. 그런데 1961년 5월 20일 5·16 군사쿠데타의 주체들이 주도해서 군사정부 최고의결기구인 국가재건최고회의 소속으로 설치한 정보기관이자 수사기관이다.

국가재건최고회의는 1961년 6월 10일 국가재건최고회의법과 중앙정보부법을 통해 중앙정보부의 설치 근거를 명문화하였다. 이에 따르면 중앙정보부는 군사정부의 이른바 혁명과업을 수행하는 데에 장애가 되는 요인을 제거하고 국가안전보장과 관련된 국내외 정보를 수집하며 국가안전보장과 관련된 범죄를 수사하고 군을 포함한 국가 각 기관의 정보·수사 활동을 조정 감독하는 특수기관이었습니다.

중앙정보부의 제도적 특권은 중앙정보부의 수사권을 검찰의 지휘 아래 두지 않고 오히려 검찰을 지휘하도록 한 점과 중앙정보부의 업무 수행에 필요한 협조와 지원을 전 국가기관이 해 주도록 한 점에서 확인될 수 있습니다.

더 나아가서 1963년 12월 14일 개정된 중앙정보부법은 대통령 소속기관으로서 중앙정보부의 조직, 구성, 소재지, 정원, 예산 및 결산 등에 대한 비공개를 입법화했습니다.

또 타 부처 예산에 중앙정보부의 예산을 계상할 수 있도록

규정하였다. 그리고 중앙정보부의 설치는 일견 국가관료제의 합리화 차원에서 중요한 조치였다. 그것으로 인해 국가 정보의 수집과 관리가 일관성 있고 체계적인 틀에 맞추어 이루어질 수 있게 되었기 때문이다.

그래서 이러한 것을 위해서 조직이 되었고, 그러나 중앙정보부는 설치 시점부터 여기에서 좀 다르게 존립한 시기 내내 집권 정치세력의 공작정치와 시민기본권 억압의 상징으로 여겨질 만큼 많은 정치적 갈등과 대립에 관여하였고 그러한 정황이 적극적 조종자로 기능하였다. 정치적 활동이 공식적으로 금지되어 있었지만 중앙정보부의 실상은 방대한 조직과 인원을 동원하여 대통령을 정점에 둔 정치세력에 대한 비판과 반대 활동을 감시 통제하는 데에 집중하는 기관이었다.

중앙정보부의 감시 통제 대상에는 시민사회의 개인 및 단체는 물론이고 야당 국회의원과 여당 국회의원까지 포함되어 있었다. 중앙정보부의 활동 양상은 특정 방침의 고지 명령, 기관 상주 및 탐문, 도청과 미행, 고문, 납치 등 다양하고도 극단적이었다. 장도영 반혁명사건, 민주공화당 사전 조직 논란의 4대 의혹사건, 그리고 동베를린 사건, 국민복지연구회 사건, 4·8 항명 파동, 10·2 항명 파동, 3선 개헌 파동, 김대중 납치 사건, 전국민주청년학생연맹 사건, 인민혁명당 사건, 동일방직 사건, YH무역 사건, 오원춘 사건 등 1960년에서 70년대 정치사의 주요 대목들에서 중앙정보부는 항상 주요 당사자의 역할을 했다.

그리고 중앙정보부는 암암리에 정부의 시책을 홍보하고 정부의 우호적인 여론을 조성하는 활동을 전개해 왔다. 중앙정보부는 기존 군인 요원들 외에 때때로 공채를 통한 인원 충원을 하기도 하였고 부사관과 소령급 이상의 장교들은 파견받아 채용하였는데 대령과 중장급 인력을 특별보좌관이나 차장보로 배치하였다.

중앙정보부는 1964년 3월 이후 장관급 부서였으나 1972년 제4공화국 유신체제 수립 이후에는 부총리급으로 격상되었다. 10·26 사건과 제4공화국의 해소, 이른바 신군부의 집권 등으로 이어지는 정황 속에서 1981년 1월 1일 국가안전기획부로 개칭되었다.

그래서 이 변천의 현황을 보면 중앙정보부를 중심으로 유지되었던 국가정보 수사의 운영체계는 1979년 10·26 사건을 계기로 변화하였다. 1979년 10월 27일 계엄사령부가 계엄공고 제5호를 발표하면서 계엄사령부 내에 합동수사본부를, 지방 계엄사무소에 합동수사단을 설치하였다. 그리고 합동수사본부 및 지방 계엄사무소가 정보 및 보안 업무의 조정 감독을 담당하도록 조치하였다. 이로써 합동수사본부가 1979년 10월 27일부터 1981년 1월 24일 비상계엄이 완전히 해제될 때까지 중앙정보부를 대체해 모든 정보·수사기관들을 통제 관리하였다.

그리고 당시 합동수사본부장은 국군보안사령관이 겸임을 했고 국군보안사령관가 대통령 및 중앙정보부장이 공석이 된 상황에서 합동수사본부를 만들어 모든 정보·수사기관들을 장악할 수 있었다. 그래서 이후 중앙정보부는 신군부가 주도하여 입법한 국가안전기획부법에 따라 1981년 1월

1일 국가안전기획부로 개정되었고 그러나 개칭 이후로도 중앙정보부의 기능과 위상은 대체로 그대로 유지시켰다.

그래서 국가안전기획부법은 이후 민주화 과정에서 기관의 초헌법적 정치사찰, 인권침해의 강압적 수사 등이 문제시되어서 1994년 1월 5일과 1997년 12월 13일 일부 개정되었고 1999년 1월 21일 다시 일부 개정과 아울러 국가안전기획부를 국가정보원으로 개정하였다.

그러나 이렇게 개정을 해 왔지만 전혀 아무것도 변한 바는 없는 거지요.

그래서 우리가 지금 국정원이 하고 있는 일을 보면 60년대 그리고 70년대 유신정권 당시 중앙정보부가 했던 일들을 이름은 바꿨지만 내용과 그 기능에 있어서는 전혀 바뀌지 않았습니다. 그리고 지금도 그대로 하고 있습니다.

그런데 여기에 우리가 테러방지법을 통과시키고 그 권한을 국정원에 다 준다 하면 이것은 정말 상상조차도 할 수 없는 끔찍한 일들이 직접 국민 여러분 개개인과 나에게 언제든지 일어날 수 있다는 것을 우리는 간과해서는 안 될 것이라고 봅니다.

대한민국헌법이 사실 우리에게 얼마나 중요한지 그리고 또한 우리를 보호하고 있고 또 우리를 지켜 주고 있다고 믿고 있는 대한민국헌법이 과연 그대로 기능을 유지할 수 있을 것인지, 우리 국민들 한 사람, 한 사람을 보호해 줄 수 있을 것인지 이런 것들에 대해서 한번 생각을 해 봐야 될 것 같습니다.

그래서 이 대한민국헌법을 앞에서 다른 의원님도 한 번 전체적으로 읽었습니다. 그러나 그 시간에 필리버스터를 보지 않은 국민들이 있었을 거라고 생각을 하면서 우리가 대한민국헌법에 대해서 한번 생각하면서 다시 한 번 읽어 보도록 하겠습니다.

헌법
"제1조 ① 대한민국은 민주공화국이다.

② 대한민국의 주권은 국민에게 있고 모든 권력은 국민으로부터 나온다.

제2조 ① 대한민국의 국민이 되는 요건은 법률로 정한다.

② 국가는 법률이 정하는 바에 의하여 재외국민을 보호할 의무를 진다.

제3조 대한민국의 영토는 한반도와 그 부속도서로 한다.

제4조 대한민국은 통일을 지향하며, 자유민주적 기본질서에 입각한 평화적 통일정책을 수립하고 이를 추진한다.

제5조 ① 대한민국은 국제평화와 유지에 노력하고 침략적 전쟁을 부인한다.

② 국군은 국가의 안전보장과 국토방위의 신성한 의무를 수행함을 사명감으로 하며, 그 정치적 중립성은 준수된다.

제6조 ① 헌법에 의하여 체결·공포된 조약과 일반적으로 승인된 국제법규는 국내법과 같은 효력을 가진다.

② 외국인은 국제법과 조약이 정하는 바에 의하여 그 지위가 보장된다.

제7조 ① 공무원은 국민전체에 대한 봉사자이며, 국민에 대하여 책임을 진다.

② 공무원의 신분과 정치적 중립성은 법률이 정하는 바에 의하여 보장된다.

제8조 ① 정당의 설립은 자유이며, 복수정당제는 보장된다.

② 정당은 그 목적·조직과 활동이 민주적이어야 하며, 국민의 정치적 의사형성에 참여하는데 필요한 조직을 가져야 한다.

③ 정당은 법률이 정하는 바에 의하여 국가의 보호를 받으며, 국가는 법률이 정하는 바에 의하여 정당운영에 필요한 자금을 보조할 수 있다.

④ 정당의 목적이나 활동이 민주적 기본질서에 위배될 때에는 정부는 헌법재판소에 그 해산을 제소할 수 있고, 정당은 헌법재판소의 심판에 의하여 해산된다.

제9조 국가는 전통문화와 계승·발전과 민족문화의 창달에 노력하여야 한다.

제10조 모든 국민은 인간으로서의 존엄과 가치를 가지며, 행복을 추구할 권리를 가진다. 국가는 개인이 가지는 불가침의 기본적 인권을 확인하고 이를 보장할 의무를 진다.

제11조 ① 모든 국민은 법 앞에 평등하다. 누구든지 성별·종교 또는 사회적 신분에 의하여 정치적·경제적·사회적·문화적 생활의 모든 영역에 있어서 차별을 받지 아니한다.

② 사회적 특수계급의 제도는 인정되지 아니하며, 어떠한 형태로도 이를 창설할 수 없다.

③ 훈장 등의 영전은 이를 받는 자에게만 효력이 있고 어떠한 특권도 이에 따르지 아니한다.

제12조 ① 모든 국민은 신체의 자유를 가진다. 누구든지 법률에 의하지 아니하고는 체포·구속·압수·수색 또는 심문을 받지 아니하며, 법률과 적법한 절차에 의하지 아니하고는 처벌·보안처분 또는 강제노역을 받지 아니한다.

② 모든 국민은 고문을 받지 아니하며, 형사상 자기에게 불리한 진술을 강요당하지 아니한다.

③ 체포·구속·압수 또는 수색을 할 때에는 적법한 절차에 따라 검사의 신청에 의하여 법관이 발부한 영장을 제시하여야 한다. 다만, 현행범인인 경우와 장기 3년 이상의 형에 해당하는 죄를 범하고 도피 또는 증거인멸의 염려가 있을 때에는 사후에 영장을 청구할 수 있다.

④ 누구든지 체포 또는 구속을 당한 때에는 즉시 변호인의 조력을 받을 권리를 가진다. 다만, 형사피고인이 스스로 변호인을 구할 수 없을 때에는 법률이 정하는 바에 의하여 국가가 변호인을 붙인다.

⑤ 누구든지 체포 또는 구속의 이유와 변호인의 조력을 받을 권리가 있음을 고지받지 아니하고는 체포 또는 구속을 당하지 아니한다. 체포 또는 구속을 당한 자의 가족 등 법률이 정하는 자에게는 그 이유와 일시·장소가 지체 없이 통지되어야 한다.

⑥ 누구든지 체포 또는 구속을 당한 때에는 적부의 심사를 법원에 청구할 권리를 가진다.

⑦ 피고인의 자백이 고문·폭행·협박·구속의 부당한 장기화 또는 기망 기타의 방법에 의하여 자의로 진술된 것이 아니라고 인정될 때 또는 정식재판에 있어서 피고인의 자백이 그에게 불리한 유일한 증거일 때에는 이를 유죄의 증거로 삼거나 이를 이유로 처벌할 수 없다.

제13조 ① 모든 국민은 행위시의 법률에 의하여 범죄를 구성하지 아니하는 행위로 소추되지 아니하며, 동일한 범죄에 대하여 거듭 처벌받지 아니한다.

② 모든 국민은 소급입법에 의하여 참정권의 제한을 받거나 재산권을 박탈당하지 아니한다.

③ 모든 국민은 자기의 행위가 아닌 친족의 행위로 인하여 불이익한 처우를 받지 아니한다.

제14조 모든 국민은 거주·이전의 자유를 가진다.

제15조 모든 국민은 직업선택의 자유를 가진다.

제16조 모든 국민은 주거의 자유를 침해받지 아니한다. 주거에 대한 압수나 수색을 할 때에는 검사의 신청에 의하여 법관이 발부한 영장을 제시하여야 한다.

제17조 모든 국민은 사생활의 비밀과 자유를 침해받지 아니한다.

제18조 모든 국민은 통신의 비밀을 침해받지 아니한다.

제19조 모든 국민은 양심의 자유를 가진다.

제20조 ① 모든 국민은 종교의 자유를 가진다.

② 국교는 인정되지 아니하며 종교와 정치는 분리된다.

제21조 ① 모든 국민은 언론·출판의 자유와 집회·결사의 자유를 가진다.

② 언론·출판에 대한 허가나 검열과 집회·결사에 대한 허가는 인정되지 아니한다.

③ 통신·방송의 시설기준과 신문의 기능을 보장하기 위하여 필요한 사항은 법률로 정한다.

④ 언론·출판은 타인의 명예나 권리 또는 공중도덕이나 사회윤리를 침해하여서는 아니 된다. 언론·출판이 타인의 명예나 권리를 침해한 때에는 피해자는 이에 대한 피해의 배상을 청구할 수 있다.

제22조 ① 모든 국민은 학문과 예술의 자유를 가진다.

② 저작자·발명가·과학기술자와 예술가의 권리는 법률로써 보호한다.

제23조 ① 모든 국민의 재산권은 보장된다. 그 내용과 한계는 법률로 정한다.

② 재산권의 행사는 공공복리에 적합하도록 하여야 한다.

③ 공공필요에 의한 재산권의 수용·사용 또는 제한 및 그에 대한 보상은 법률로써 하되 정당한 보상을 지급하여야 한다.

제24조 모든 국민은 법률이 정하는 바에 의하여 선거권을 가진다.

제25조 모든 국민은 법률이 정하는 바에 의하여 공무담임권을 가진다.

제26조 ① 모든 국민은 법률이 정하는 바에 의하여 국가기관에 문서로 청원할 권리를 가진다.

② 국가는 청원에 대하여 심사할 의무를 진다.

제27조 ① 모든 국민은 헌법과 법률이 정한 법관에 의하여 법률에 의한 재판을 받을 권리를 가진다.

② 군인 또는 군무원이 아닌 국민은 대한민국의 영역 안에서는 중대한 군사상 기밀·초병·초소·유독음식물공급·포로·군용물에 관한 죄 중 법률이 정한 경우와 비상계엄이 선포된 경우를 제외하고는 군사법원의 재판을 받지 아니한다.

③ 모든 국민은 신속한 재판을 받을 권리를 가진다. 형사피고인은 상당한 이유가 없는 한 지체 없이 공개재판을 받을 권리를 가진다.

④ 형사피고인은 유죄의 판결이 확정될 때까지는 무죄로 추정된다.

⑤ 형사피해자는 법률이 정하는 바에 의하여 당해 사건의 재판절차에서 진술할 수 있다.

제28조 형사피의자 또는 형사피고인으로서 구금되었던 자가 법률이 정하는 불기소처분을 받거나 무죄판결을 받은 때에는 법률이 정하는 바에 의하여 국가에 정당한 보상을 청구할 수 있다.

제29조 ① 공무원의 직무상 불법행위로 손해를 받은 국민은 법률이 정하는 바에 의하여 국가 또는 공공단체에 정당한 배상을 청구할 수 있다. 이 경우 공무원 자신의 책임은 면제되지 아니한다.

② 군인·군무원·경찰공무원 기타 법률이 정하는 자가 전투·훈련 등 직무집행과 관련하여 받은 손해에 대하여는 법률이 정하는 보상 외에 국가 또는 공공단체에 공무원의 직무상 불법행위로 인한 배상은 청구할 수 없다.

제30조 타인의 범죄행위로 인하여 생명·신체에 대한 피해를 받은 국민은 법률이 정하는 바에 의하여 국가로부터 구조를 받을 수 있다.

제31조 ① 모든 국민은 능력에 따라 균등하게 교육을 받을 권리를 가진다.

② 모든 국민은 그 보호하는 자녀에게 적어도 초등교육과 법률이 정하는 교육을 받게 할 의무를 진다.

③ 의무교육은 무상으로 한다.

④ 교육의 자주성·전문성·정치적 중립성 및 대학의 자율성은 법률이 정하는 바에 의하여 보장된다.

⑤ 국가는 평생교육을 진흥하여야 한다.

⑥ 학교교육 및 평생교육을 포함한 교육제도와 그 운영, 교육재정 및 교원의 지위에 관한 기본적인 사항은 법률로 정한다.

제32조 ① 모든 국민은 근로의 권리를 가진다. 국가는 사회적·경제적 방법으로 근로자의 고용의 증진과 적정임금의 보장에 노력하여야 하며 법률이 정하는 바에 의하여 최저임금제를 시행하여야 한다.

② 모든 국민은 근로의 의무를 진다. 국가는 근로의 의무의 내용과 조건을 민주주의원칙에 따라 법률로 정한다.

③ 근로조건의 기준은 인간의 존엄성을 보장하도록 법률로 정한다.

④ 여자의 근로는 특별한 보호를 받으며 고용·임금 및 근로조건에 있어서 부당한 차별을 받지 아니한다.

⑤ 연소자의 근로는 특별한 보호를 받는다.

⑥ 국가유공자·상이군경 및 전몰군경의 유가족은 법률이 정하는 바에 의하여 우선적으로 근로의 기회를 부여받는다.

제33조 ① 근로자는 근로조건의 향상을 위하여 자주적인 단결권·단체교섭권 및 단체행동권을 가진다.

② 공무원인 근로자는 법률이 정하는 자에 한하여 단결권·단체교섭권 및 단체행동권을 가진다.

③ 법률이 정하는 주요 방위산업체에 종사하는 근로자의 단체행동권은 법률이 정하는 바에 의하여 이를 제한하거나 인정하지 아니할 수 있다.

제34조 ① 모든 국민은 인간다운 생활을 할 권리를 가진다.

② 국가는 사회보장·사회복지의 증진에 노력할 의무를 진다.

③ 국가는 여자의 복지와 권익의 향상을 위하여 노력하여야 한다.

④ 국가는 노인과 청소년의 복지향상을 위한 정책을 실시할 의무를 진다.

⑤ 신체장애자 및 질병·노령 기타의 사유로 생활능력이 없는 국민은 법률이 정하는 바에 의하여 국가의 보호를 받는다.

⑥ 국가는 재해를 예방하고 그 위험으로부터 국민을 보호하기 위하여 노력하여야 한다.

제35조 ① 모든 국민은 건강하고 쾌적한 환경에서 생활할 권리를 가지며, 국가와 국민은 환경보전을 위하여 노력하여야 한다.

② 환경권의 내용과 행사에 관하여는 법률로 정한다.

③ 국가는 주택개발정책 등을 통하여 모든 국민이 쾌적한 주거생활을 할 수 있도록 노력하여야 한다.

제36조 ① 혼인과 가족생활은 개인의 존엄과 양성의 평등을 기초로 성립되고 유지되어야 하며, 국가는 이를 보장한다.

② 국가는 모성의 보호를 위하여 노력하여야 한다.

③ 모든 국민은 보건에 관하여 국가의 보호를 받는다.

제37조 ① 국민의 자유와 권리는 헌법에 열거되지 아니한 이유로 경시되지 아니한다.

② 국민의 모든 자유와 권리는 국가안전보장·질서유지 또는 공공복리를 위하여 필요한 경우에 한하여 법률로써 제한할 수 있으며, 제한하는 경우에도 자유와 권리의 본질적인 내용을 침해할 수 없다.

제38조 모든 국민은 법률이 정하는 바에 의하여 납세의 의무를 진다.

제39조 ① 모든 국민은 법률이 정하는 바에 의하여 국방의 의무를 진다.

② 누구든지 병역의무의 이행으로 인하여 불이익한 처우를 받지 아니한다."

지금까지 헌법 제1조부터 39조까지 모두 함께 읽어 보았습니다.

우리 더불어민주당과 제가 테러방지법 제정을 반대하는 이유는 바로 이것입니다. 헌법에 명시된 국민의 권리가 침해되기 때문입니다.

헌법 제1조 "대한민국은 민주공화국이다." "대한민국의 주권은 국민에게 있고, 모든 권력은 국민으로부터 나온다.", 테러방지법은 헌법 제1조의 정신을 위배하기 때문입니다.

헌법 제10조 "모든 국민은 인간으로서의 존엄과 가치를 가지며, 행복을 추구할 권리를 가진다. 국가는 개인이 가지는 불가침의 기본적 인권을 확인하고 이를 보장할 의무를 진다.", 하지만 테러방지법은 헌법 10조를,

행복추구권을 침해하고 있기 때문입니다. 그래서 이 테러방지법을 반대하는 이유입니다.

그리고 헌법 제11조1항 "모든 국민은 법 앞에 평등하다."고 했습니다. 그리고 "누구든지 성별·종교 또는 사회적 신분에 의하여 정치적·경제적·사회적·문화적 생활의 모든 영역에 있어서 차별을 받지 아니한다." 이렇게 되어 있습니다. 그러나 테러방지법은 헌법 11조 차별받지 않을 권리를 침해하기 때문입니다.

또한 테러방지법은 헌법 12조 신체의 자유, 고문 받지 않을 권리 그리고 헌법 17조의 사생활의 비밀과 자유 그리고 헌법 19조의 양심의 자유 등을 침해하기 때문입니다. 이 법안은 양심의 자유를 침해하고 있습니다.

이번 테러방지법 파문을 겪으면서 저는 '아라비안나이트(천일야화)'가 생각이 났습니다. 6세기 페르시아에 세헤라자드라는 여성이 있었습니다. 그런데 페르시아 여성의 고난을 막고자 자진해서 왕에게 가서 이야기를 하기 시작했습니다. 그러다 보니 천일 동안 쉬지 않고 이야기를 했고 마침내 그 이야기에 감화된 왕이 잘못된 법을 거두고 훌륭한 통치를 하게 되었다는 이야기입니다.

이런 것처럼 저의 동료 의원들과 제가 이렇게 말씀드리는 것은 국민의 기본권을 침해할 수 있는 법을 폐기하고 국민의 권리가 보호되도록 하기 위한 것입니다. 그래서 부디 대통령은 이 점을 잘 헤아려 주시고 이 테러방지법에 대해서 다시 한 번 생각을 바꿔 주시기를 간절히 부탁드립니다.

존경하는 국민 여러분!

그리고 선배·동료 의원 여러분!

이제 저의 토론을 여기에서 마치려고 합니다.

우리 더불어민주당은 지켜져야 할 소중한 국민의 권리, 헌법이 보장한 국민의 권리를 위해 필리버스터를 하고 있습니다. 10시간 넘게 이 단상에서 사투를 한 은수미 의원을 위로하면서 흘러내리는 눈물을 참느라 참 혼났습니다. 많은 의원님들이 수면욕, 식욕 등을 참으면서 고통을 무릅쓰고 또 이 자리에 서기 위해 자신이 단상에 서는 시간보다 더 많은 시간을 자료와 씨름하고 지금도 준비하고 계시는 의원님들이 많이 계신 걸로 알고 있습니다.

우리 더불어민주당은 국민의 권리와 그것이 침해당함으로써 발생할 비상시의 잘못된 권력욕을 견제하고 대한민국을 지키기 위해 최선을 다하고 있습니다. 이번 필리버스터에 참여해 최선을 다하신 의원님들께 감사와 존경의 말씀을 드립니다. 그리고 지금 이 시간에도 이 자리에 서기 위해서 준비하고, 앞에 앉아 계시는 추미애 선배 의원님 존경합니다. 그리고 모두 사랑합니다.

총선이 코앞이라 바쁜 시기입니다. 선거를 준비하는 입장에서 황금 같은 시기라고 볼 수 있습니다. 하지만 국민의 권리를 지키기 위한 싸움에 우리가 손을 놓을 수는 없습니다.

우리가 왜 선거를 해야 되고 우리가 왜 다시 국회의원이 되어야 하며 우리는 왜 정치를 해야 합니까? 그것은 국민으로부터 부여받은 의무를 다하기 위해서입니다.

국민을 지키기 위한 것이지요. 그리고 국회의원은 국회의원의 의무가 국민을 위해 헌신하고 또 머슴의 마음으로 역할을 다하는 거라고 생각을 합니다. 그러다가 보니 선거는 질 수도 있습니다.

새누리당 김무성 대표는 그런 얘기를 했습니다. 이번에 선거에서 분명히 우리 당이, 더민주당이 패배를 할 것이라고 예언을 했습니다. 그리고 그렇게 질 수도 있습니다. 하지만 헌법이 보장한 국민의 권리를 지키는 싸움은 질 수 없습니다.

존경하는 국민 여러분, 그리고 사랑하는 국민 여러분!

국민의 권리를 지키는 이 싸움 가운데 있는 의원님들과 더불어민주당 그리고 야당의 노력을 기억해 주시고 힘을 더하여 주시기를 간절히 또 간곡하게 호소드립니다.

국정원은 국민의 것입니다. 정권의 것이 아닙니다. 따라서 국정원은 국민의 안위를 지키는 기관으로 거듭나야 합니다. 정권의 안위를 위해 골몰하는 모습을 계속 보여 주고 있을 때 우리는 국정원에게 어떠한 권한도 추가해 드릴 수가 없습니다. 오히려 옳은 방향으로 되돌리기 위한 개혁의 노력을 더 해야 할 수밖에 없을 것입니다.

끝으로 국민 여러분께 간곡히 부탁드리는 것은 국민 여러분들께서 절대 정치를 외면하시거나 포기하지 말아 주시라는 부탁을 드리는 것입니다. 정치는, 지금 우리 사회에서 국회 그리고 정치인들에 대한 아주 따가운 시선을 날마다 받고 있습니다. 그리고 그것을 우리가 잘 받아들이고 왜 국민들이 우리에게 그렇게 차가운 시선과 또 정치인에 대한 불신, 정치인……

정치는 우리하고 아무 상관이 없다라고 국민들은 생각하고 있습니다, 그렇지요? 그런데 그렇지 않습니다. 상관이 있습니다. 국민들이 정치에 대해서 관심을 가져 주셔야 한다는 것을 다시 한 번 간곡하게 말씀드리고, 그래서 국민들과 함께 이 정치를 바꾸고 정치를 통해서 국민들의 삶이 바뀌는 정치가 되도록 함께 힘을 모아 주시기를 바랍니다.

이 정치라는 것은, 저는 그렇게 배웠습니다. 영국의 에드먼드 버크는 18세기 후반의 철학자이면서 영국 정치의 아주 선배였습니다. 그러면서 영국 보수정치의 아버지라고도 불리고 있는 분입니다. 이분은 이렇게 말했습니다. '정치는 국민을 편안하게 하는 것이다. 그리고 국민들이 편안하고 행복함을 느낄 수 있어야 한다'고 했습니다. 그러면서 '내가 이렇게 편안한 것처럼 내 자식들도 편안하겠구나 하는 희망을 가져야 된다'고 했습니다. 그것이 정치이고, 국민을 편안하게 해 주는 것 그리고 국민이 행복하게 살 수 있는 것 그리고 국민이 희망을 가질 수 있는 그런 것이 정치가 해야 되는 일이라고 했습니다.

저도 그 말을 믿고 지난 4년 가까이 정치 신인으로서, 초선으로서 정치를 열심히 했습니다. 그러면서 국민을 어떻게 편안하게 또 행복하게, 희망을 줄 수 있을 것인가 하는 고민을 많이 했습니다.

그런데 우리 현실의 정치는 국민들을 편안하게 해 드리지 못하고 있습니다. 그리고 희망을 제시하지 못하고 있습니다.

저는 국회 안에서는 정말 힘들었습니다. 그래서 저는 국민들 그리고 어려운 사람들 또 사회로부터, 정책으로부터 소외된 사람들을 찾아 현장으로 나갔습니다. 그리고 저는 현장에 나가서 열심히 일하면서 누구에게도 도움을 청하지 않고 도움을 받으려고 기대도 하지 않고 있는 많은 국민들을 만났습니다.

그런데 그 사람들은 정치인, 국회의원들 이런 사람들이 우리를 위해서 무엇을 하는지조차도 몰랐습니다. 그러나 그 사람들을 4년 동안 만나면서 그 사람들이 '아, 국회의원이, 정치가 우리를 위해서 이런 것을 해 줄 수 있구나' 하는 조그만 희망이랄까요 아니면 아주 작은 기대 이런 것들을 가지는 것을 보게 되었습니다.

그렇다면 정치는 국민에게…… 아무리 경제적으로 어렵고 힘들더라도 국민들은 희망이 있으면 열심히 현재의 어려움을 극복해 나가고 어려움을 딛고 앞으로 나아갈 수 있다고 봅니다. 그래서 정말 이 정치, 이 국회가 국민들에게 희망을 주는 정치를 해야 된다고 다짐하고 다짐하면서 일을 하고 있습니다.

그리고 이 정치는 개인의 것이 아닙니다. 국민 모두가 함께 만들고 함께 공유하며 또 그 희망을 국민들과 함께 만들어 가는 정치가 될 수 있도록 사랑하는 국민 여러분들께서 마음을 여시고 이 정치에 대해서 관심을 가지시고 함께해 주시라는 말씀을 드립니다.

그리고 제가 이렇게 필리버스터를 하면서, 테러방지법을 막아야 되겠다고 생각하면서 이런 것을 하고 있는 것은 사실 제가 10대 때부터 겪었던 개인 권리 침해를 우리 후배나 젊은 세대에게 되풀이되도록 해서는 안 된다 하는 소명감으로 용기를 내게 되었습니다. 그래서 이 자리에 섰던 것이라는 말씀을 사랑하는 국민 여러분들께 다시 한 번 드리면서 저의 발언을 여기서 마치려고 합니다.

끝까지 경청해 주신 선배 동료·의원 여러분께 진심으로 감사드리고, 국민 여러분께 감사드립니다.

감사합니다.

(박수 치는 의원 있음)

● **의장 정의화** 전순옥 의원님 수고가 많았습니다.

다음은 더불어민주당 추미애 의원 나오셔서 토론해 주시기 바랍니다.

(2016년 2월 27일 오전 2시 4분)

16

추미애 의원

제19대 국회의원 (서울 광진구을)
더불어민주당

2016년 2월 27일 오전 2시 6분 시작
2016년 2월 27일 오전 4시 38분 종료
발언 시간 2시간 32분

"더 이상 국정원의 국민 기본권 침해와
정치개입으로 인권과 민주주의를
말살하는, 압살하는 행위를 절대로
용납해서는 안 될 것입니다. 국가와
국민을 위해 국정원이 바로 설 수 있도록
이제 우리 국민이 두 눈 부릅뜨고 힘을
모아 가야 합니다."

(2016년 2월 27일 오전 2시 6분)

● **추미애 의원** 존경하는 국민 여러분!

더불어민주당 소속 국회의원 추미애입니다.

국민 여러분께서는 많은 우려 속에 도대체 왜 국회는 밤늦게까지 토론을 벌이는지 궁금하실 것 같습니다. 어떤 분은 이 새벽에도 하루의 생업을 위해서 일터에 나가시는 분도 있으실 것 같습니다. 또 어떤 국민께서는 야근하시면서도 텔레비전을 켜 놓은 채 귀 기울여 주시는 분도 있을 것 같습니다. 아마 대부분의 국민들께서는 금요일 밤에 가족과 더불어 편안하게 주무시리라 생각을 합니다.

제가 무제한 토론을 신청한 것은 법률을 전공한 법률 전문가인, 10여 년간 판사를 지낸 저 추미애가 볼 때도 이 법은 도저히 법이라고 할 수조차 없는 결함을 가지고 있기 때문에 그것을 지적하고자 하는 목적 때문입니다.

저도 테러의 공포로부터 우리 국민을 반드시 지켜야 한다는 생각은 박근혜 대통령이나 뒤에 앉아 계시는 정의화 국회의장님과 결코 생각이 다르지 않습니다.

그러나 그 어떠한 경우에도 우리 국민의 헌법상 기본권이 휴지장이 되어서는 안 된다 하는 것을 잘 명심하고 있는 헌법기관인 국회의원이자 또한 법률 전공자로서 심각한 우려와 의문을 제기하지 않을 수 없기 때문에 저도 무제한 토론에 참여하게 됐습니다.

그래서 제 토론 말미에는 직권상정을 하신 정의화 국회의장님께 간곡하게 당부드리고 싶은 말씀이 있기 때문에 가급적이면 정의화 의장님께서는 제가 드리는 말씀을 끝까지 경청해 주셨으면 좋겠습니다. 의장님 약속해 주실 수 있겠습니까?

프랭클린 루스벨트 대통령은 1941년 대공황의 한가운데서 연두교서에서 '네 가지의 자유가 있다'라고 했습니다. '언론의 자유, 신앙의 자유, 결핍으로부터의 자유, 공포로부터의 자유' 이 네 가지 자유를 미국 국민께 말했습니다. 그분은 '우리가 두려워할 것은 두려움 그 자체뿐이다'라고 하면서 '어떤 것도 두렵지 않으며 오로지 경계할 것은 우리가 두려움에 빠지는 그 자체뿐이다'라고 했습니다.

박근혜 대통령이 호통치면서 통과시켜야 된다라고 하는 테러방지법, 정의화 의장님께서 갑자기 입장을 바꾸어서 직권상정을 한 테러방지법은 바로 테러 공포로부터의 자유에서 국민을 지키기 위함입니다.

그러나 공포로부터의 자유를 위한 이 테러방지법이 거꾸로 국가정보권력에 의한 공포가 지배하는 사회로의 회귀가 될 수 있습니다. 우리 국민은 공포로부터의 자유를 원하기도 하지만 공포가 지배하는 사회를 결코 원하지 않습니다. 대통령도 국회의장도 우리 국민을 두려움의 도가니로 몰아넣으면서 국가권력을 확대하는 위험천만한 일을 지금 벌이고 있는 것입니다.

박근혜정부가 추진하고 있는 일명 테러방지법은 테러방지를 빙자해서 국민을 옥죄기 위한 우리 헌정사에서 가장 교활한 악법이라 생각됩니다. 내용적으로는 국정원이라는 국가기관을 통해 국민의 인권을 파괴하고 사생활을 낱낱이 들춰보겠다는 초헌법적이며 형식적으로도 그야말로 비법률적이며 비전문적인 문구들로 만들어진 조악하고 조잡하기 그지없는 날림법안인 것입니다.

그런데 박근혜 대통령은 공식 회의석상에서 주먹으로 책상을 내리치시면서까지 이런 초헌법적이고 날림법안을 통과시키지 않는다며 국회에 분노를 표했다고 합니다.

독재와 군사정권 시대처럼 또다시 국민을 옥죄어 피눈물 나게 만들 수 있는 헌정사상 가장 교활한 이런 악법을 과연 누구를 위해 왜 통과시켜야 하는지 박근혜 대통령께 묻지 않을 수가 없습니다.

아울러 이러한 법안을 직권상정한 정의화 의장님께도 국민을 대변하는 국회가 청와대의 거수기 역할이 아닌 국민의 인권과 헌법의 가치를 수호하는 입법기관으로서 바람직한 모습이었는지 또한 묻지 않을 수가 없습니다.

국민들은 자유로운 삶, 정보기관의 눈치를 보지 않고 의식하지 않는 인간으로서의 존중된 삶을 살아야 할 권리가 있습니다. 게다가 국민들은 생계를 위한 삶이 무엇보다 고단합니다. 그 고단한 삶을 정치로 위안받아야 하고 위로받을 권리가 있습니다.

그럼에도 새누리당과 박근혜정부와 정의화 국회의장은

국민보호와 공공안전을 위한 테러방지법안이라는 일명 국민테러법을 만들어 삶을 위로해 주지는 못할망정 국민들을 테러범으로 만들어 내려고 하고 있습니다.

테러방지법 아니, 국민테러법은 결코 국민의 기본권을 침해하는 법일 뿐입니다. 그렇다면 그 침해는 최소한에 그쳐야 하고 침해하는 경우에도 명확해야 하는 것입니다. '법률이 없으면 범죄도 없고, 법률이 없이는 형벌도 없다'라는 아주 유명한 격언이 있습니다. 결국 죄형법정주의의 근본적인 의의는 국민 개인의 자유와 권리를 보장하기 위해 승인되는 국가권력의 자기제한인 것입니다. 이 원칙은 범죄와 형벌을 미리 법률로써 규정하여야 한다는 근대 형벌제도를 지배해 왔습니다.

그럼에도 박근혜정부는 근대 형벌제도를 부정하려고 합니다. 본 법안을 보면 죄형법정주의를 깡그리 부정하고 국가권력의 권력자가 범죄와 형벌을 마음대로 전단(專斷)하는 이른바 죄형전단주의의 나라를 만드는 것입니다. 이는 전제국가에서 정치이념의 형법적 표현이라 할 수 있습니다.

과거 유럽의 중세시대와 근대 초기 이전에는 범죄와 형벌을 법률로써 규정하지 않고 권력자나 관헌이 마음대로 결정해서 시행하였으므로 개인의 권리와 자유가 부당하게 침해받아 왔습니다.

이에 대하여 이탈리아의 계몽사상가 베카리아는 그의 저서 '범죄와 형벌'에서 밀실재판과 죄형전단주의 등 당시의 전제적 형사제도를 비판하고 사회계약에 의하지 않은 형벌의 부당성을 설파했습니다. 이에 촉발되어 국가형벌권의 전횡으로부터 개인의 자유와 인권을 보호하고자 죄형법정주의가 대두되었으며 근세 이후의 형법은 이를 기본원칙으로 채택하고 있습니다.

그러면 우리나라는 중세시대 이전의 어느 나라에 사는 것입니까? 지금 우리 대한민국은 죄형법정주의의, 전제주의 국가인 죄형전단주의로 돌아가려는 것입니까?

이 테러방지법은 절대로 직권상정 할 수가 없는 법입니다. 그 이유를 크게 세 가지 말씀드리겠습니다.

첫 번째, 급조된 짜깁기법입니다.

차마 법이라고는 할 수가 없고 부를 수조차 없을 정도로 법률로서는 갖춰야 할 명확성의 원칙이 결여되어 있습니다.

범죄와 형벌은 죄형법정주의에 따라서 명확해야 합니다. 그런데 죄형법정주의에 어긋나는 표현들로 가득합니다. 테러방지법 제9조에 '조사대상자'라는 표현이 있습니다. 도대체 '조사대상자'가 무엇입니까? 무슨 의미인지 명확하지가 않습니다. 피의자면 피의자, 참고인이면 참고인, 용의자라든지 하다못해 피내사자든지 그 '조사대상자'에 대해서 명확한 개념 규정이 선행되어야 할 것입니다.

정보수집이나 첩보 같은 것은 죄형법정주의 적용 이전의 문제가 될 것입니다. 그런데 정보수집이나 첩보의 결과 범죄의 단서가 포착이 된다면 그때 비로소 수사의 단계로 넘어가 수사가 개시될 수 있을 것입니다.

테러방지법안에 있는 '조사대상자'에 인용된 '조사'의 국어사전을 제가 찾아보았습니다. '조사'란 '사물의 내용을 명확히 알기 위하여 자세히 살펴보거나 찾아본다'라는 것입니다. 도대체 조사라는 것이 조사인 것인지 정보수집인지 첩보인지, 아니면 그 모두를 포괄하는 것인지 애매하기 짝이 없는 것입니다.

아시는 것처럼 정보수집이나 첩보 같은 것은 밀행성이 강조되는 것입니다. 그렇기 때문에 그 단계는 죄형법정주의 이전의 단계입니다. 첩보나 정보수집 단계에서 수사의 단서가 포착돼 수사 단계로 넘어오면 그때는 달라지는 것입니다.

수사라는 것은 범죄를 전제로 하는 것입니다. 범죄는 죄가 있다고 하면 형벌이라는 결과가 따릅니다. 따라서 수사 단계로 넘어오면 죄형법정주의의 명확성의 원칙에 반드시 따라야 하는 것입니다.

그런데 이 테러방지법에는 테러라는 엄청난 범죄를 주장하면서도 테러에 대한 정의조차 막연하기 짝이 없습니다. 공중 등 협박목적 및 대량살상무기확산을 위한 자금조달행위의 금지에 관한 법률이 일찍이 있었습니다. 이 법상의 테러에 대한 정의 조항을 얼마나 급하게 베꼈는지 뒤에서 제가 다시 자세히 언급해 드리겠지만 그 잘못된 문구마저 그대로 따라 썼습니다. 즉, 엄청난 범죄를 수사하고 처벌을 전제로 하는 수사를 하는 것임에도 불구하고 법률로써 죄형법정주의의 요건이 하나도 제대로 갖춰져 있지 않은 것입니다.

두 번째는 인권침해법입니다.

특히 보안정보기관인 국정원이 '조사대상자에게 자료제출 및 진술을 요구할 수 있다'고 되어 있는데 이것은 헌법상의 사생활 보호와 인신보호를 위한 형사절차에 대한 헌법상의 기본권을 전면 부정하는 것입니다.

우리 헌법 제17조는 '모든 국민은 사생활의 비밀과 자유를 침해받지 않는다.'고 규정하고 있습니다. 이는 사생활의 비밀과 자유는 인간 행복의 최소한의 조건이라는 것을 말하는 것입니다. 따라서 사생활의 내용에 대해서 외부적인 간섭을 받게 되고 나만의 영역이 타의에 의해서 외부에 공표되었을 때 사람은 누구나 인간의 존엄성에 대한 침해 내지 인격적인 수모를 느끼게 됩니다.

사생활의 비밀과 자유를 존중하고 보장하는 것이 인간의 존엄성 내지 행복추구권과 불가분의 관련이 있다고 평가되는 이유도 그 때문입니다. 사생활의 비밀과 자유를 지키는 것은 곧 인간의 존엄성을 지키는 것과 같다는 논리의 설득력이 바로 여기에서 나오는 것입니다. 독일의 학설과 판례가 인간의 존엄성을 핵으로 하는 인격권 내지 개성 신장 자유의 한 내용으로 사생활의 비밀과 자유를 보호하고 있는 것도 같은 맥락입니다.

그런데 급조해서 직권상정하려고 시도하는 이 테러방지법은 인신보호를 위한 형사절차에 대한 헌법상의 기본을 전혀 규정하고 있지도 않고 죄형법정주의를 전혀 지키고 있지도 않습니다.

범죄의 구성요건과 그 법적 효과로써 형벌을 정하는

실정법의 내용과 표현이 명확하여야 하는 명확성의 원칙이 죄형법정주의의 핵심입니다. 헌법이 정하고 있는 죄형법정주의로부터 파생되는 명확성의 원칙은 누구나 법률이 처벌하고자 하는 행위가 무엇이며 그에 대한 형벌이 어떠한 것인지를 예견할 수 있고 그에 따라 자신의 행위를 결정할 수 있도록 범죄의 구성요건과 형벌을 명확하게 규정하여야 한다는 원칙입니다.

헌법의 기본권을 제한하는 이 같은 테러방지법은 자의적으로 해석되지 않도록 구체적이고 명확해야 함에도 불구하고 자의적으로 해석될 수 있는 표현들로 가득해서 제가 아무리 뜯어보아도 도저히 법률이라고 부를 수조차 없습니다.

참 안타깝네요. 이런 내용을 동료 여당 소속 국회의원과 같이 토론하고 공감하고 싶습니다만 지금 여당 국회의원은 딱 한 분만 자리하고 계십니다.

이번 이 엉터리 같은 급조된 짜깁기 테러방지법안으로 만약 통과가 된다면 국민의 인권침해가 무방비로 다 열리게 될 것입니다. 그런데도 오늘, 지금 새벽이 됐으니까 어제가 되겠네요, 어제 모 주요 일간지에는 대한변협이 '테러위험인물이 아닌 자에 대해 조사 또는 추적을 할 수 있는 경우 국무총리인 대책위원회 위원장에게 사전 또는 사후에 보고하도록 하는 등 인권침해의 우려를 해소하는 입법적 통제장치를 마련했다'라고 보도를 했습니다. 그러나 이는 거짓입니다.

일명 금융거래정보보고법 한번 살펴볼까요? '테러 관련 자금, 조세회피 자금 등의 경우를 제외하고는 10일 이내에 제공한 거래정보의 주요 내용을 통보하여야 한다'고 규정해 국민의 금융거래에 대한 프라이버시권을 보호하고 있습니다. 또한 통신비밀보호법도 30일 이내에 통지함으로써 마찬가지로 국민의 통신 프라이버시권을 보호하고 있습니다.

그러나 이 졸속 짜깁기 테러방지법에는 피조사자에게 어떤 정보를 수집하고 추적을 당한 것인지 통지받을 권리에 대한 내용이 일체 언급이 되지 않았습니다. 그런데 어떻게 해서 대한변협이 무엇을 보고 인권침해 우려를 해소하는 입법적 통제장치를 마련했다고 하는 것인지 참 실소를 금할 수가 없습니다.

세 번째는 이 테러방지법안은 국정원 중심의 공안통치시대로 대한민국을 회귀시킬 가능성이 많습니다.

그것은 바로 국정원의 수사 권한을 대폭 확대시켜 놓았기 때문입니다. 그래서 테러방지법의 명백한 의도는 내세운 테러방지보다는 오히려 국정원의 권한 확대라는 잿밥에 더 관심이 많은 국정원 무소불위의 권한 확대법이라 보여집니다.

수사절차는 피의자의 인권을 보호하기 위해 영장주의와 강제수사 법정주의를 채택하고 있습니다. 피의자에 대하여 진술거부권, 변호인선임권, 증거보전청구권, 체포구속적부심사청구권, 접견교통권을 보장하고 있습니다.

그런데 테러방지법 제2조8호는 현장조사, 문서열람, 시료채취, 자료제출·진술 요구와 같은 강제수사에 해당할

수 있는, 그래서 압수수색영장이 필요한 경우에도 정보나 자료수집을 빌미로 얼마든지 함부로 영장도 없이 할 수 있게 했습니다.

그리고 국정원이 조사대상자에게 자료제출 및 진술을 요구하는 것은 정보기관의 기밀주의 속성상 형사소송법이 정하는 절차를 지키지 않을 가능성이 매우 높습니다. 자료제출 및 진술요구 등은 사실상 수사 활동이므로 수사의 조건을 갖추어야만 하는 것입니다. 왜냐하면 수사는 인권과 밀접한 관계를 가지고 있기 때문입니다. 그런데 이처럼 국정원이 자의적이고 애매모호한 개념으로 자료제출과 진술을 요구할 수 있는 무제한의 재량을 가지게 된다면 그것은 인권침해를 방치하는 것입니다.

그래서 수사의 조건 제시가 필요한 것입니다. 수사의 조건이란 수사의 필요성과 상당성을 의미하는 것입니다. 수사의 필요성이란 구체적 사실에 근거를 둔 혐의가 있고 공소제기의 가능성이 있어야 한다는 것입니다. 공소제기의 가능성도 없고 구체적 사실에 근거를 둔 혐의가 없을 때는 수사도 허용될 수가 없는 것입니다.

대테러조사 활동을 빌미로 수사의 필요성과 상당성이 없음에도 무제한 인권을 침해할 우려가 농후한 것입니다. 수사의 상당성이란 수사의 신의칙, 수사비례의 원칙을 말하는 것입니다. 수사처분은 그 목적을 달성하기 위한 최소한에 그쳐야 한다는 것입니다. 그런데 대테러조사라는 모호하고 광범위한 개념과 이에 대한 정보나 자료를 수집한다는 목적으로 영장주의의 예외를 막연하게 풀어버린 것에 큰 문제가 있는 것입니다.

그리고 진술을 요구하는 활동이라는 것도 위험하기 짝이 없는 표현입니다. 진술 요구를 목적으로 만일 동행을 요구할 경우에는 동행의 장소, 제한시간, 동행요구자 등이 적시되어야 하는데 그런 기본적인 규정조차 이 테러방지법에는 써 있지 않습니다.

경찰관 직무집행법에 의하더라도 동행요구 시에 경찰관은 자신의 신분을 표시하는 증표를 제시하고 소속·성명을 밝힌 후 그 목적과 이유를 설명하고 동행 장소를 알려야 합니다. 또한 동행한 경찰관은 가족·친지에게도 신분과 동행 장소, 동행 목적과 이유를 고지하거나 본인으로 하여금 즉시 연락할 수 있는 기회를 부여하고 변호인의 조력을 받을 권리를 고지하여야만 합니다. 그리고 그 시간도 6시간을 넘길 수 없도록 제대로 규정하고 있습니다.

그런데 테러방지법은 국정원이 인권보호를 위한 그 어떤 규정도 없이 진술을 요구할 권한을 갖고 있는 것입니다. 현장조사, 문서열람, 시료채취, 자료제출·진술요구 이런 것들은 상대방의 의사에 반하는 경우 강제처분에 해당하는 것이므로 압수수색영장이나 체포영장, 구속영장 등 강제수사에 관한 적법절차 규정을 준수해야 함에도 이런 것이 전혀 언급조차 되어 있지 않습니다. 이러니 이것을 법이라고 부를 수가 있겠습니까?

오히려 테러활동이라고 자의적으로 판단만 하면 다른 법률에 우선하여 이런 강제처분 우선권을 갖는다고 되어

있습니다. 즉 테러방지법 제4조(다른 법률과의 관계) 조항에서 "이 법은 대테러활동에 관하여 다른 법률에 우선하여 적용한다." 이렇게 뻔뻔하게 규정하고 있는 것입니다.

강제처분 법정주의란 인권침해 위험 방지를 위해 강제수사의 허용조건을 법률에서 규정하고 있는 것입니다. 수사는 원칙적으로 임의수사에 의하여야 하고 강제수사 방법을 취하는 경우에는 그 종류와 내용이 법률에 규정되어야 하는 것입니다. 강제처분 후 적법성의 한계를 법률에 명백히 규정해 법관에 의한 구체적인 판단을 가능하게 한다는 것입니다.

영장주의란 법원 또는 법관이 발부한 적법한 영장에 의하지 않으면 강제처분을 할 수 없다는 것입니다. 반드시 영장, 즉 사전영장이 있어야 하는 것입니다.

비례성의 원칙도 언급이 되어야 하는 것입니다. 비례성의 원칙이란 개인의 기본권 침해는 사건의 의미와 기대되는 형벌에 비추어 상당성이 유지될 때만 허용되는 것입니다.

강제처분 후 실행기간과 방법을 제한한다는 의미인 것입니다. 강제처분은 필요한 최소한도의 범위 안에서 해야 한다는 것입니다. 그런데 정보·첩보기관인 국정원이 테러에 대한 광범위한 정보 수집을 필요한 최소한도의 제약 안에서 할 수는 없다고 할 것입니다. 그렇기 때문에 국정원은 자의적으로 인권침해할 위험성이 있는 것이고 그래서 국정원에 수사 권한을 부여한다는 것은 위험하기 짝이 없는 것입니다.

설령 임의로 조사 대상자가 임의동행이나 진술에 응한다고 하더라도 보안성이나 밀행성이 강한 첩보기관이 이를 맡을 수는 없는 것입니다. 왜냐하면 국민 누구라도 정보기관에 의해 의문의 장소, 알지 못하는 장소, 비밀스러운 장소에 장기간 구금될 가능성도 있는 것이고, 진술거부권을 고지 받지 못할 수도 있는 것이고, 가족에게 연락하지 못할 수도 있는 것이고, 변호인의 조력을 받지 못할 수도 있는 등 여러 상황이 발생할 수 있는데 정보기관이 보안 유지의 관행과 속성상 이를 묵살할 가능성이 많기 때문입니다. 그럴 경우 국민은 피해구제를 받지도 못하고 심각한 인권침해를 받게 될 것입니다. 실제 과거 우리 역사에서도 이런 일들은 수없이 반복되었던 사실입니다.

또한 임의수사라 하더라도 적법성의 한계가 있는 것입니다. 임의수사도 수사의 필요성과 상당성이 있어야 하는 것이고, 자유의사에 의한 승낙이 전제되어야 하는 것입니다.

임의동행과 강제연행의 구별은 동행의 시간과 장소, 동행의 방법, 동행 후의 심문방법, 체포 또는 구속영장의 유무, 식사·휴식·용변의 감시, 퇴거 희망이나 동행 거부의 유무를 종합해서 판단할 수 있을 것입니다. 그런데 이런 구분이 테러방지법에는 지켜지지 않을 가능성이 농후합니다.

가장 문제가 되는 조항은 테러방지법의 제9조4항인 것입니다. 그 조항은 명확성의 원칙에 크게 벗어나 있습니다. 들으시는 국회의장님께서도 이미 '국가정보원장이 조사나 추적권을 갖는다니 이것은 삭제되어야 마땅하다' 이렇게 지적한 바 있습니다.

테러방지법 제9조4항에는 이렇게 되어 있습니다. "국가정보원장은 대테러활동에 필요한 정보나 자료를 수집하기 위하여 대테러조사 및 테러위험인물에 대한 추적을 할 수 있다." 이렇게 규정되어 있습니다.

명확성의 원칙, 즉 범죄의 구성요건과 그 법적효과로서 형벌을 정하는 실정법의 내용과 표현이 명확하여야 한다는 명확성의 원칙은 죄형법정주의의 주요한 골간입니다.

헌법이 정하고 있는 죄형법정주의로부터 파생되는 이 명확성의 원칙은 누구나 법률이 처벌하고자 하는 행위가 무엇이며 그에 대한 형벌이 어떠한 것인지를 예견할 수 있고 그에 따라 자신의 행위를 결정할 수 있도록 범죄의 구성요건과 형벌을 명확하게 규정하여야 한다는 원칙입니다.

그런데 여기서 '추적'이라는 용어를 썼지만 그 개념이 대단히 모호합니다. 추적이라는 것이 도대체 어떤 수사방법을 말하는 것입니까? 이 법을 만든 사람, 지금 들으시고 있는 것입니까? 광범위한 추적권을 국정원에게 허용한다면 미행해도 된다는 것입니까, 아니면 사찰해도 된다는 것입니까?

추적은 헌법이나 형사소송법에도 없는 용어입니다. 추적의 국어사전적 의미는 '첫째, 도망가는 사람의 뒤를 밟아서 쫓는다. 둘째, 사물의 자취를 더듬어간다'라는 뜻입니다.

추적의 수단이나 방법에 대한 규정도 없고 기간도 없어 사생활의 비밀과 자유를 침해할 수 있고 영장주의의 광범위한 예외를 국정원에 허용하게 되는 것입니다. 정말 위험천만한 규정인 것입니다.

만약 추적을 법적 표현이 아닌 국어사전적인 의미로 허용한다면 영장 없이 전자추적장치를 달아도 국민은 항변을 할 수조차 없게 되는 것입니다. 범죄자도 아닌 국정원이 의심대상자로 지목했다는 이유만으로 추적이 가능하다라는 것이 얼마나 큰 문제를 야기하게 될 것입니까?

'추적' 하니까 전자추적장치가 기억나시지요? 특정 범죄자의 경우에도 전자추적장치의 부착은 기간의 제한과 법원의 부착명령 판결로만 가능하다고 되어 있는 것입니다.

특정 범죄자에 대한 보호관찰 및 전자장치 부착 등에 관한 법률을 살펴보면 강간, 강제추행 등 범죄를 범한 자가 대상인 것이고, 19세 이상 자로서 5년의 범위 내에서 검사가 청구하고 법원이 부착명령 판결을 해야만 전자장치 부착을 할 수 있는 것입니다.

그런데도 국정원이 단순히 정보수집 차원에서, 자료수집 차원에서 위험 인물이라는 자의적 판단만으로 신호발신장치나 전자추적장치를 달아서 추적을 할 수 있다는 것인지, 할 수도 있는 것이라면 정말 위험하기 그지없는 것입니다.

명확성의 원칙에 비추어 볼 때 가장 문제가 되는 것이 바로 이 9조4항인 것입니다. 만약 테러범죄에 대한

정보수집을 위해서 추적이 필요하다고 한다고 이에 대한
사전·사후의 통제가 반드시 있어야만 하는 것입니다.

만약 추적의 결과 혐의가 없거나 입건을 하지 않거나
공소를 제기하지 아니하는 처분을 하는 경우에는 이를
피추적자에게 통지하고 피추적자가 추적으로 인한 기본권
침해나 피해를 입었다면 구제할 수 있는 절차적 권리가
반드시 보완되어야 하며 그런 보완조치가 있기 전에는
이 법을 허용할 수가 없다는 것입니다. 아직 아무도 이런
부분을 지적하지 않았습니다.

도대체 대한변협의 누가 이 법이 통제장치가 제대로
갖추어져 있다고 하는 것입니까? 제대로 밤샘토론 한번 해
보실까요? 저를 불러 주십시오.

경청해 주셔서 감사합니다.

SNS상으로는 여러 가지 추정 소문이 돌고 있는데요,
정의화 의장님께서 들으셨는지 모르지만 사법시험제도를
부활하는 것과 교환 조건으로 대한변협이 테러방지법에
대한 지지성명을 냈다라는 소문이 들립니다. 저도 한번
확인해 보고 싶습니다.

사실 이 테러방지법안은 짜깁기한 것인데요, 이 법안을
의장님이 마지막으로 문제를 제기하셔서 가지고 수정된 안을
어제 보여 주셨지만 그 안이 있기 전에는 국정원 출신의,
정확하게 말하면 국정원의 대국회 연락관 출신인 존경하는
이철우 의원이 대표발의한 테러방지법안 그것의 핵심
내용은 제2조의 8호와 방금 문제를 제기해 드린 제9조가
알맹이인 것입니다. 그것이 이 법안의 앙꼬인 것입니다.
그것 빼고는 테러방지법 필요없다라는 것이 국정원 입장인
것입니다. 그래서 염불보다 잿밥에 훨씬 더 관심이 많다는
것입니다. 그것 빼고는 절대로 테러방지든 뭐든 안 해도 좋다
하는 것이 국정원의 입장인 것입니다. 이것이 말이 되는
것입니까?

그래서 어떻게 해서 이 급조된 짜깁기 법안이 탄생했느냐
제가 다 살펴보니까 2007년에 만들어진 공중 등 협박목적
및 대량살상무기확산을 위한 자금조달행위의 금지에 관한
법률을 그대로 옮겨다 놓은 것입니다. 없는 것이 아니에요,
있어요.

존경하는 서영교 의원님, 법사위원이신데 이런 법의 존재
자체를 아셨습니까? 알기가 어렵지요?

(● 서영교 의원 의석에서 ― 예.)

이 법을 국정원이 하루아침에 그대로 베껴서 옮겼는데
얼마나 급하게 베꼈으면 옮겨서는 안 되는 것도 옮겨 놓은
것이에요.

자, 어떤 조항을 그대로 옮겨서 실수를 했는지 한번
볼까요?

공중 등 협박목적 이것이 테러라고 할 수 있지
않겠습니까? '공중 등 협박목적법'이라고 제가 간략하게
줄이겠습니다.

이 법의 제2조(정의) 조항을 그대로 옮겨다 놓았습니다.
거기에 1호 마목의 2항에 이렇게 되어 있어요. '방사성물질,
원자로 및 관계 시설, 핵연료주기시설 또는 방사선발생장치

등을 부당하게 조작하여 사람의 생명이나 신체에 위험을
가하는 행위'를 그대로 베껴 온 겁니다.

원래 '부당하다'는 건 무슨 뜻입니까? '정당하지 않다,
정당성을 결여했다, 이치에 맞지 않다' 이런 윤리적인 개념
아니겠습니까? 이것은 사람에 대해서 쓸 수 있는 용어인
것입니다. 행위 주체인 사람에 대해서 써야 할 용어를
방사성물질, 원자로, 방사선발생장치, 이런 물체에 대해서
윤리적 개념을 쓰는 그런 오류마저도 그대로 옮겨다
놓았습니다. 도대체 이것이 법다운 법입니까? 얼마나 급하면
옮겨다 쓰지 말아야 될 것도 아무 검토도 없이 여기다가
베껴 놓았겠습니까?

그리고 기존 법과의 중복성이 있는 것입니다.

테러방지법은 항공기, 선박, 생화학무기, 원자력시설 등의
파괴·폭파 등에 대해서 테러라고 규정하며 테러방지법 추진
명분을 들고 있지만 이미 각 법과 국가대테러활동지침에서
구체적이고 명확하게 구성요건과 처벌 조항을 규정하고
있습니다.

테러방지법이 아니더라도 항공보안법,
선박위해행위처벌법, 생화학무기규제법, 원자력시설방호법
등을 통해 항공기나 선박, 원자력시설 등의 파손·파괴 행위
등을 규정하고 있으며 이에 대한 처벌규정도 명확하게
명시하고 있습니다.

결국 테러방지법에 있는 조항들은 법률과 대통령 훈령에
이미 다 명확하게 규정되어 있는 내용들로 별도의 이런
엉성한 테러방지법을 서둘러 제정할 필요가 없음에도
테러방지라는 빌미로 결국은 국가정보원이 국민의 인권과
사생활 침해는 물론 인신보호를 위한 형사절차에 대한
헌법상의 기본권마저도 전면 부정하게 만들고 있습니다.

자, 우리 속기사님들 고생하시는데요. 제가 법률가로서
우리 속기사님들을 괴롭히고 싶지도 않고 또 길게
시간을 끌고 싶지도 않습니다만, 이 테러방지법이 얼마나
엉터리인가는 역사에 기록이 되어야 할 것이라고 생각을
합니다.

아무리 야당이 쪽수가 모자라서 힘이 달리고
청와대와 권력의 눈치에 혼쭐이 나서 다 꼬리 내린 여당
국회의원님들이 이 법의 날치기에 혈안이 돼 있어서 결국
이 법이 통과될 수밖에 없는 운명일지라도 제가 이 법의
문제점에 대해서는 기록을 남기지 않을 수가 없다는 생각을
가지고 있습니다.

그래서 이 새벽에 듣는 사람이 얼마 되지 않는다
하더라도 이 테러방지법 얼마나 졸속적인지 기록을 남기기
위해서라도 다른 법과 비교해서 읽어 보도록 하겠습니다.

이미 있는 항공보안법 제39조(항공기 파손죄) "운항
중인 항공기의 안전을 해칠 정도로 항공기를 파손한
사람은 사형, 무기징역 또는 5년 이상의 징역에 처한다.",
항공보안법 제40조(항공기 납치죄 등) "폭행, 협박 또는
그 밖의 방법으로 항공기를 강탈하거나 그 운항을 강제한
사람은 무기 또는 7년 이상의 징역에 처한다." "제1항의
죄를 범하여 사람을 사상(死傷)에 이르게 한 사람은 사형

또는 무기징역에 처한다.", 제41조(항공시설 파손죄) "항공기 운항과 관련된 항공시설을 파손하거나 조작을 방해함으로써 항공기의 안전운항을 해친 사람은 2년 이상의 유기징역에 처한다."

선박 및 해상구조물에 대한 위해행위의 처벌 등에 관한 법률 제6조(선박 납치죄) "폭행이나 협박 또는 그 밖의 방법으로 운항 중인 선박 또는 해상구조물을 강탈하거나 선박을 강제로 운항하게 한 사람은 무기 또는 5년 이상의 징역에 처한다."

잘돼 있습니다. 잘돼 있는데, 대통령께서 '이 테러방지법이 없어서 알카에다가 대한민국을 우습게 알 것이다'라는 우려를 하고 계시는데 대통령님은 이런 법이 일찍감치 존재했다는 것을 듣지도 보지도 못하셨다는 말씀입니다. 누가 대통령의 눈과 귀를 가리고 있는 것입니까?

(「국정원이요」 하는 의원 있음)

여당 국회의원님들은 빨리 대통령님께 이 법안을 찾아서 이메일로 쏴 주시기 바랍니다.

존경하는 박대동 의원님, 가만히 계시지 마시고요.

(정의화 의장, 이석현 부의장과 사회교대)

다음은 정청래 의원님이 발언을 하시기로 돼 있는데요. 정청래 의원님께서…… 제가 조금 더 길게 하겠다고 전해 주십시오.

● **부의장 이석현** 아직 1시간밖에 안 됐어요, 추미애 의원님. 그렇지요?

● **추미애 의원** 아, 예.

● **부의장 이석현** 길게……

● **추미애 의원** 정의화 의장님이 가셔 버렸군요, 끝까지 계셔야 되는데.

● **부의장 이석현** 추미애 의원님이…… 아, 정의화 의장님한테 쓴소리하고 있었어요? 아닌가요?

● **추미애 의원** 아니, 이 법이 문제없다고 잘못 인식하고 계셔서 하나하나씩 짚어드리는 중이었습니다.

● **부의장 이석현** 아까 한 걸로 충분히 이해했을 거예요, 그분은 이해를 빨리빨리 하시는 분이기 때문에.

그래서 편안히 길게 하시고.

추미애 의원님 평소에 말씀하시는 것 들어 보면 하나도 안 졸립더라고요. 오늘도 그럴 걸로 압니다.

● **추미애 의원** 악수나 한번 하시지요.

우리 이석현 부의장님 손은 따뜻하시고 인간적이십니다.

어제 우리 사랑하는 강기정 의원님 위로해 주실 때 제가

눈물이 다 났습니다. 그 장면을 제가 잊지 못할 것입니다.

화학무기·생물무기의 금지와 특정화학물질· 생물작용제 등의 제조·수출입 규제 등에 관한 법률, 약칭 생화학무기법에도 제4조의2 "누구든지 화학무기·생물무기를 개발·제조·획득·보유·비축·이전·운송 또는 사용하거나 이를 지원 또는 권유하여서는 아니 된다." '누구든지 화학무기·생물무기를 개발·제조할 목적으로 화학물질·생물작용제 또는 독소를 제조·획득·보유·비축·이전·운송하거나 사용하여서는 아니 된다.' 이렇게 제대로 규정하고 있습니다.

아까 얼렁뚱땅 엉터리로 급조해서 베낀 법 말고도 핵물질에 대해서 원자력시설 등의 방호 및 방사능 방재 대책법 제2조(정의) 5호 '가목에 "핵물질 또는 원자력시설을 파괴·손상하거나 그 원인을 제공하는 행위" "원자력시설의 정상적인 운전을 방해하거나 방해를 시도하는 행위"를 금지하는 규정이 자세히 되어 있습니다.

법을 만들려면 여러 나라 법률을 참고해서 제대로 만들어야 하지 않겠습니까? 이미 14년 동안 테러방지법은 인권 침해의 요소가 많아서 대단히 위험하다, 테러로부터의 보호도 중요하지만 인권 침해로부터의 국민 보호도 매우 중요한데 테러방지법은 거기에 대한 고민이 당연히 있어야 되는 것입니다.

그런데 문제가 많다는 미국 애국법과 비교해 보더라도 직권상정한 테러방지법은 그야말로 수준 이하의 후진국 법입니다. 미국 애국법 제505조 국가안보제출명령은 '국가안보 수사 시에 연방당국이 특정 정보를 취득할 수 있도록 하는 제출명령인데 이러한 제출명령의 발부 대상을 각 법률에 한정시키고 있습니다.

예를 들면 전자통신프라이버시법상 국가안보제출명령은 유선 또는 전자통신서비스 사업자에게만 발부될 수 있으며 금융프라이버시권법상 금융기관만을 대상으로 하고 있습니다. 또한 국가안보제출명령으로 취득할 수 있는 정보의 유형을 제한시키고 있는데, 예를 들어 전화 통화 내용이나 이메일, 메시지와 같은 내용에 관한 정보는 취득할 수 없으며 발신전화번호나 이메일 주소와 같은 정보만 취득할 수가 있습니다. 그런데도 불구하고 미국 애국법 제정 이후 미 연방법원은 애국법 제505조 국가안보제출명령에 대해 위헌성 판단을 내린 바 있습니다. 그래서 이를 개선하기 위해서 사법절차를 도입하는 등 헌법상 결함을 보완하고 있습니다.

또한 미국 애국법 제505조는 국가안보제출명령에 관한 의회의 통제를 강화하기 위한 목적으로 의회 소속 관련 위원회에 제출하던 기존 보고서를 상·하원 법사위원회에도 추가 제출하도록 하고 있습니다.

기존 보고서 제출의무가 없었던 공정신용평가법상의 국가안보제출명령 조항까지 개정해서 의회 소속 관련 위원회에 6개월마다 국가안보제출명령 활용에 대한 보고서를 제출토록까지 했습니다.

그러나 이런 미국의 애국법 또는 애국자법과 비교해

볼 때 테러방지법안은 애국법 정도의 수준과 내용도 전혀 규정되어 있지 않아 국민의 신체와 재산을 침해할 소지가 매우 크다 할 것입니다.

테러방지법의 국회 심의 또한 매우 졸속적으로 진행돼 왔습니다.

사실 제가 국회 정보위원인데요. 저조차도 지금 상정된 수정법안의 내용에 대해 보고를 받고 제대로 토론을 진행한 적도 없습니다. 대한민국 국회의원의 토론권·심의권도 부정하는데 대한민국 국민의 기본권은 얼마나 우습게 알면 이런 엉터리 법안을 날치기 직권상정하려는 것입니까?

테러방지법은 헌법과 형법, 형사소송법, 국정원법 등 국정원의 정보수집 및 대응과 관련된 기초법률 외에도 개인정보 보호법, 위치정보 보호법, 통신비밀보호법, 특정 금융거래정보법, 여권법, 출입국관리법, 관세법 등 일반 국민의 사생활 및 개인정보와 관련된 매우 중요한 정보를 국정원이 무제한적으로 접근하고 취득할 수 있는 권한을 부여했습니다.

또 항공보안법, 선박 및 해상구조물법, 원자력안전법, 대량살상무기확산 금지법 등 국민안전과 관련된 무수히 많은 법률과도 연계되어 있습니다.

따라서 본 법안은 국민에게 매우 중요한 권리를 제한하고 의무를 부여할 수 있는 내용을 다수 내포하고 있어서 심도 있는 토론이 필요한 것입니다.

또한 국민안전, 금융거래, 출입국, 정보통신, 개인정보 등 안건의 성격상 정보위원회에서만 다루기 매우 어려워 국회법 제63조에 근거해 정보위원회만이 아닌 다른 위원회와 협의하여 연석회의를 열어 반드시 의견교환을 하여야 하는 법률인 것입니다.

국민에게 엄청난 부담을 주는 이런 법안이 최소한의 절차도 생략된 채 밀어붙이는 것은 헌법과 국회법을 무시하고 민주주의에 반하는 매우 위험한 행위가 될 것입니다.

테러라는 공포로부터의 자유를 지키겠다는 국정원, 그 국정원 스스로 공포를 생산하는 무서운 존재가 될 수 있는 것입니다.

일찍이 그것을 간파한 분이 있습니다. 누구겠습니까, 존경하는 이상직 의원님?

바로 국정원을 만들자고 제안하고 그래서 국정원을 만들어 초대 국정원장이라 할 수 있는 자리에 취임한 분인데요. 국정원의 전신은 중앙정보부입니다.

중앙정보부를 만들자고 박정희 대통령한테 제안을 하고 혁명동지로서 박정희 대통령과 같이 은밀하게 중앙정보부를 만들어서 초대 정보부장으로 취임했던 분, 바로 김종필 전 국무총리가 고백을 했습니다.

혁명을 뒷받침하는 무서운 존재, 그 음지에서 일해야 하는 존재가 수사권을 가진다는 것은 대단히 위험한 것이고 그래서 그 수사권은 검찰에 돌려주어야 한다라고 했습니다.

우리 정청래 의원님 눈 좀 붙이시라고 제가 김종필 전 총리의 회고록을 한번 읽어 드리겠습니다.

'나는 새도 떨어뜨린다' 현 국가정보원의 전신인 중앙정보부의 위세에 붙은 비유입니다.

'김종필은 중앙정보부의 창설자이자 초대 수장이다. 그가 회고하는 창설 이유는 이렇다. 혁명과업을 뒷받침하려면 무서운 존재가 필요하다. 김종필은 중정의 수사권 보유를 한시적인 특수상황으로 규정했다. 민정이양 때 수사권을 검찰에 환원시키려 했다. 하지만 그 구상만큼은 이루어지지 않았다.

'혁명의 실질적 설계자 역할을 하고도 왜 최고회의 위원으로 나서지 않는가?' 1961년 6월 5일 내가 중앙정보부장 신분으로 언론에 처음 모습을 드러냈을 때 받았던 질문이다. 나는 답했다. '나는 앞에 나서지 않고 중앙정보부장으로 일하려 한다' 5·16 혁명의 성공으로 나는 혁명 설계자의 임무를 마쳤다. 이젠 혁명정부를 뒷받침하는 보조자 역할에 충실하기로 했다.

국가 개조라는 큰일을 이루려면 악역도 필요하다. 혁명정신, 궐기의 뜻을 아는 사람이 그 일을 주도해야 한다. 남들은 해가 돌아올까 두려워서 주저했다. 내가 다시 나설 수밖에 없었다. 그것이 중앙정보부를 만들고 초대 부장이 된 이유다.

5월 19일 혁명위원회가 중앙정보부가 포함된 통치체제안을 통과시켰다. 다음날 나는 장도영 최고회의 의장 명의로 중앙정보부 부장에 임명됐다. 정보부 창설을 위해 먼저 한 건 우수한 두뇌들을 끌어모으는 일이었다. 이영근·서정순·김병학·고제훈을 불렀다. 육본 정보국에서 나와 함께 일했던 육사 8기 동기생들이다. 거사에 참여하란 제안을 거절했던 석정선도 데려왔다. 머리가 좋은 친구들이었기 때문이다.

정보부 창설팀은 서울 시내의 여관을 옮겨 다니며 일했다. 5월 23일 태평로 서울신문사 옆 국회별관에 정식으로 사무실을 열었다. 최고회의 건물 맞은편이었다.

중앙정보부의 기본 아이디어는 미국 중앙정보국(CIA)에서 따왔다. 한국형 CIA를 만들겠다는 구상은 58년 육본정보국 행정과장 시절부터 갖고 있었다. CIA 소속 스미스 대령의 특별강의가 계기가 됐다. 스미스 대령은 CIA의 기능과 활동 방식을 설명했다. CIA는 국가의 모든 정보기관을 총괄·조정한다. 수집된 첩보·정보를 조사·분석한 뒤 고급 정보로 숙성시켜 대통령에게 제공하는 것이다. 우리나라도 CIA 같은 정보기관이 필요했다.

하지만 그것만으로 충분하지 않았다. 혁명의 특수 상황 때문이다. 혁명정부는 이제 출범했다. 아직 뿌리를 단단히 박지 못한 상태였다. 외부 세력이 혁명에 반기를 들고 일어난다면 얼마든지 흔들릴 수 있었다. 별 사람이 다 와서 혁명 과업을 집적거리고 훼손하려 했다. 그래서는 어렵고 산적한 혁명 과업을 과감하게 추진해 나갈 수 없다. 그런 것을 막고 혁명정부를 보호하는 역할을 수행해야 했다. 북한의 위협에도 대비해야 했다.

중앙정보부에 수사권을 부여하자. 혁명의 정착을 효과적으로 보조하려면 힘이 있어야 했다. 여러 고려와 고심 끝에 내가 내린 결론이었다. 이영근과 서정순 등이 중앙정보부법 법률안 초안을 잡았다. 나는 '법률 전문가인 신직수 변호사에게 보이고 검토 받으라'고 지시했다. 신 변호사는 10년간 군법무관 생활을 마치고 개업 변호사로 활동 중이었다. 그가 초안을 다듬어 법조문을 완성했다. 중앙정보부법은 9개 조항으로 이루어졌다. 핵심은 정부 각 부처 정보 수사 활동의 조정·감독권과 수사권이다.'

주목해 보십시오, 이 부분. JP가 짚은 중앙정보부법의 핵심도 정부 각 부처의 정보 수사 활동의 조정·감독권과 수사권이었던 것입니다. 이것이 앙꼬였던 것입니다.

테러방지법도 그대로 닮은꼴입니다. 테러 정보 수집을 빌미로 각 부처의 조정·감독권의 제일 꼭대기에 있으면서 광범위한 수사권을 갖는 것 그것이 알맹이인 것입니다.

이것만 보더라도, JP의 고백만 보더라도 지금 박근혜 대통령의 심리와 의도를 짐작하기에 충분한 것입니다.

이어가겠습니다.

'5월 28일, 박정희 최고회의 부의장에게 중앙정보부 법안 결재를 올렸다. 창설의 필요성, 이유와 배경을 설명했다. 박 부의장은 만족을 표시했다. 하지만 장도영 의장은 결재를 미루었다. 결재 지연을 놓고 여러 얘기가 있었지만 지엽적인 것이었다. 나는 직접 장도영을 찾아갔다. '현안 처리에 문제가 많으니 빨리 결재를 내주셔야 한다'고 설명했다. 장 의장의 결재와 최고회의 의결을 거쳐 6월 10일 중앙정보부법이 공식 공포되었다.

나는 중앙정보부 부훈(部訓)을 지었다. 미국 CIA 표어는 '진리를 알지니, 진리가 너희를 자유롭게 하리라'는 성경구절에서 인용한 모토다. 나는 정보기관이 무엇을 하고 어떤 곳인지를 간결하게 표현하기로 했다. 그래서 만든 부훈이 이것이다. '우리는 음지에서 일하고 양지를 지향한다.'

중앙정보부는 근대화 혁명의 숨은 일꾼이어야 한다. 정보부원은 자꾸 나타나려고 하면 안 된다. 숨어서 정부를 뒷받침해야 한다. 밖으로 드러나는 건 사람이 아니라 그 성과여야 한다. 응달에서 묵묵히 일하는 건 몰라줘도 좋다. 우리가 만든 정보를 국정 책임자가 사용해서 국가 발전에 이바지하면 그게 바로 양지로 사는 것이다. 그런 원칙과 철학을 담았다.'

중략하겠습니다.

'국가의 새 질서를 만들려면 무서운 데가 하나 더 있어야 했다. 무섭다는 게 다른 게 아니다. 엄존하면서 사안을 다룰 때 엄정하게 법대로 하면 그게 바로 무서운 곳이 된다. 외부에 큰소리 쳐서 무섭게 해놓고 일은 조용히 하자는 생각이었다. 그때 국민들은 정보부를 가리켜 CIA라고 불렀다. 잘못하면…… 아, 다시 읽겠습니다. 그때 국민들은 정보부를 가리켜 CIA라고 하지 않고 '씨아'라고 불렀다. '잘못하면 씨아에 잡혀간다', 무서워들 했다. 나를 두고는 이런 말까지 생겼다, '우는 애도 정보부장이 온다고 하면 울음을 뚝 그친다' 중앙정보부는 수사권을 가지고 무서운 존재로 혁명정부를 강력히 뒷받침했다.

나는 정보부에 수사권을 한시적으로 부여할 계획이었다. 정보부가 수사권을 쥐면 미국의 CIA와 연방수사국(FBI)의

권한을 모두 갖게 된다. 그런 예외는 혁명정부에서만 유효해야 했다. 최고회의에서 입법취지를 설명할 때 나는 이렇게 말했다. 수사권은 혁명정부 기간에만 잠정적으로 갖는 겁니다.'

이런 회고록을 남긴 김종필 총리는 아직도 생존해 계십니다. 아마 테러방지법, 국정원의 엄청난, 광범위하게 대국민에 대한 조사권을 빌미로 한 수사권을 부여받는다는 걸 알면 크게 통탄하고 후회하실 것 같습니다. '괜히 중앙정보부를 만들었다. 어떡하다가 수사권을 없애지 못하고 그냥 두었단 말인가' 이렇게 통곡하실 것 같습니다.

'민간정부가 정식 출범한 뒤에 수사권은 법무부 수사국에 환원시킵시다' 이 약속은 지켜지지 않았다. 나는 63년 1월 정보부장직을 내쳤다. 그해 12월 민정으로 이양했지만 정보부는 수사권을 유지했다. 그 후 후임 부장들 일부는 정보부의 기본 임무와 역할을 망각했다. 정치적 상황에 편승해 때로는 월권과 남용으로 국민의 지탄과 원성의 표적이 되기도 했다. 지금까지도 수사권을 붙들고 놓으려 하지 않는다. 음지와 양지의 정신도 훼손됐다. 나는 정보부 창설자로 그 책임을 느끼지 않을 수가 없다.

국민 여러분!

며칠 전에도 음지에 있어야 될 국가정보원장이 국회의 수장인 국회의장을 찾아와 닦달을 했습니다. '국정원의 수사권 확대가 앙꼬인 테러방지법을 조속히 통과시켜야 된다'라고 했다는 것입니다. 이것이 대한민국의 상태입니다.

JP의 고백은 다른 책으로도 사실로 확인되고 있습니다. 김충식 씨가 지은 'KCIA 남산의 부장들', 그 가운데 '정보부법은 헌법보다 세다'라고 한 제목을 잠깐 읽어 드리겠습니다.

'5월 18일 김종필이 서정순, 이영근, 김병학, 세 중령을 불렀다. 모두 육사 8기였고 정보계통 출신이었다. JP와 서정순은 6·25 직전 육군정보국에서 함께 박정희 문관을 모셨다. 이영근도 같은 인연이었다. 그는 특히 CIC(방첩대)로 가서도 정보를 다루었다. 김병학은 HID(첩보부대) 출신이었다. '미국의 CIA와 일본의 내각조사실을 절충한 정보수사기관을 만듭시다. 셋이서 법을 만듭시다', 정보만을 다루는 것이 아니고 수사권, 즉 사람을 잡아 가둘 수 있는 힘을 가지는 한국중앙정보부의 원형은 이 한마디에서 비롯되었다. 물론 이는 박정희와 JP가 합의한 구상이었다. 위의 세 중령은 이화여고 앞 정동호텔에 방을 잡아 자료를 모으고 머리를 쥐어짰다.'

윤일균, 그는 70년대 후반 중정 차장보, 차장을 지냈습니다만 윤일균의 기억에 의하면 이 법을 만드는 데 자신이 56년도에 작성한 논문 '국가정보와 중앙통제'가 참고가 되었다고 합니다.

그러나 이들 중 법을 공부한 사람은 아무도 없었다.

여러분, 이 대목에서 웃지 않습니까? 짜깁기 테러방지법을 애초에 대표발의한 이철우 의원은 국회의 국정원 연락관 출신으로 법률전문가가 아닙니다. 정보위원으로서 법률가인 제가 이 테러방지법안을 며칠 전에 봤을 뿐입니다.

다시 이어가겠습니다.

'도무지 법을 조문화해서 만들 실력이 없었다. 그래서 JP에게 부탁을 해 박 장군의 법무참모였던 신직수를 불러 왔다. 이영근이 증언합니다.

JP는 역시 용의주도한 구석이 있었다. 그는 서정순이나 이영근 모르게 10기생 문무상에게 또 다른 정보부법 시안을 하청해 놓고 있었다. 나중에 문무상의 시안은 버려졌다. JP는 6월이 오기 전에 정보부법을 만들어야 한다, 정보부가 서야 혁명과업을 시작한다며 독촉을 했다. 서와 이 팀은 5월 말 신직수가 다듬은 시안을 중심으로 JP에게 브리핑했다. 6월 10일 중앙정보부법이 공포되었다. 실로 번갯불에 콩 볶듯이 만든 것이었지만 그 후 이 나라 역사에 헌법만큼이나 중대한 의미를 갖는 법이었다. 5·16 쿠데타 주체들이 최초로 낸 법은 헌법 기능을 정지시키고 군인들이 3권을 장악하는 국가재건비상조치법이었다. 한강 다리를 건넌 지 20일 만인 6월 6일 공포됐다. 군정이 문서화된 것이었다. 그다음으로 6월 10일 국가재건최고회의법과 중앙정보부법을 공포했으니까 중앙정보부법의 중요성은 자명해진다. 이 6월 10일은 지금도 국정원 설립기념일로 기려지고 있다. 최고회의법에는 이렇게 쓰여졌다. '중앙정보부는 공산세력의 간접침략과 혁명과업 수행의 장애를 제거하기 위해 최고회의에 정보부를 둔다.'

여기서 역사는 반복되는 것을 우리는 느낄 수가 있습니다. 번갯불에 콩 볶듯이 급조된 법, 테러방지법도 현재 마찬가지 닮은꼴입니다. 법률전문가의 눈으로 볼 때 도대체 법률전문가가 참여했다고 볼 수가 없는 비전문적인, 법이라 부를 수조차 없는 것도 그대로 닮은꼴입니다.

다른 것은 다 치장일 뿐 중요한 것은 광범위한 수사권을 가지고 있다는 것입니다. 그러니까 중앙정보부가 국정원으로 바뀌고 공산세력의 간접침략과 혁명과업 수행이 테러로 바뀌었을 뿐 공식은 닮은꼴이라 할 것입니다.

조금 더 쉬셔도 돼요, 나가셔서.

(● 정청래 의원 의석에서 — 알겠습니다.)

테러방지법으로 인한 정보기관의 인권 침해의 위험과 관련해 지난 2004년에서 2007년까지 활동한 국정원 발전위원회가 작성한 보고서는 많은 시사점이 있다고 보여집니다.

그래서 저는 이 자리에서 국정원의 역할과 개혁에 대한 문제의식을 공유하고자 관련 내용을 검토해 보겠습니다.

'국가정보원 발전위원회 보고서

지난 2004년부터 2007년까지 국정원 내부에 설치되었던 국가정보원 과거사건 진실규명을 통한 발전위원회는 '과거와 대화, 미래의 성찰'을 토대로 중정, 안기부, 국정원이 저지른 과거사건에 대해서 살펴보고 발전방안을 모색하고자 한다.

이를 바탕으로 국정원 발전위 조사결과에 대한 간략한 평가를 하고 국정원 발전위가 제시한 권고안을 살펴보고자 한다. 그 권고안이 현재까지 얼마나 적용되었고 또 이행되고 있는지 살펴보는 것만으로도 국정원 개혁을 위한 논의에 있어 충분한 의미가 있다고 생각한다.

국정원 발전위는 2004년 11월 2일 출범해 2007년 8월 30일 마지막 회의를 개최했다. 민간위원 10명, 국정원 기조실장을

비롯한 과거사건 관계부서장 5명과 2개의 조사팀 및 조사지원팀, 실무인력을 구성하여 활동했으며 7대 의혹사건과 6개 분야를 중심으로 조사를 하였고 그에 대한 조사결과를 발표하였다. 그리고 그 모든 활동을 담아 국정원 발전위 보고서 '과거와 대화, 미래의 성찰'을 발간하였다.

국정원 발전위는 다음과 같은 조사대상사건 선정기준을 통해 7대 주요 의혹사건을 선정했다. 국민과 사회적으로 관심이 집중된 사건, 시민단체 및 유가족 등이 지속적으로 의혹을 제기한 사건, 위원회가 조사를 통해 진실규명이 가능하다고 판단된 사건 등을 기준으로 하였다.

7대 의혹사건과 그 의혹 내용을 간략히 살펴보면 다음과 같다.

부일장학회 헌납 및 경향신문 매각사건, 이것은 5·16 이후 군사정권이 사유재산과 언론기관을 강제로 탈취, 중정이 주도적으로 개입한 의혹이 있는 사건인 것이다.

인민혁명당 및 민청학련 사건, 이것은 유신체제에 대한 저항을 잠재우기 위해 피의자들에 대한 고문과 사실왜곡, 조작을 한 의혹이 있는 사건이다.

동백림 사건, 이것은 67년 선거 당시 중정이 공안정국을 조성하고자 사건의 실체를 조작하였다는 의혹이 있는 사건이다.

김대중 납치사건, 73년 유신체제에 반대하며 일본에 체류 중이던 야당 지도자 김대중을 납치한 사건으로 이후락 전 정보부장이 주도적으로 개입했다는 의혹이 있는 사건이다.

김형욱 실종사건, 이것은 김형욱 전 중정부장이 해외에서 박정희 전 대통령에 반대하는 활동을 벌이다가 파리에서 실종된 사건으로 중정이 살해했다는 의혹이 있는 사건이다.

KAL 858기 폭파사건, 남한조선노동당 사건, 안기부가 92년 대선을 앞두고 고문을 통해 사건의 실체를 조작·과장했다는 의혹이 있는 사건이다.

이에 대해서 국정원 발전위는 KAL 858기 폭파사건과 남한조선노동당 사건을 제외한 나머지 5개 사건에 대해서 중정과 안기부가 다양한 불법행위를 저질렀음을 밝혀내었다. 국정원 발전위는 그간의 부당한 개입의 역사를 반성적으로 조명해 보자는 취지로 6개 분야를 선정하였다.

정치분야, 정치인 사찰, 선거 개입, 정당 및 국회활동 개입, 정치자금 통제 등. 야당 의원 정치사찰 및 탄압, 총선판세 분석, 후보자 사퇴 압력 및 낙선 공작, 통치권자의 통치자금 조달 및 관리 등.

사법분야, 재판 개입, 법관 인사조치, 변호권 침해 등. 연세대생 내란음모사건, 대법원장 비서관 뇌물사건과 검사 파면, 피의자 변호인 접견권 제한, 변호사 비리 조사 등.

언론분야, 필화사건, 언론자유 실천 및 노조결성 탄압, 보도지침 및 여론조작, 언론인 연행 및 사찰 등. 사례로 보자면 사상계 필화사건, 동아일보 광고탄압, 동아·조선투위 탄압, 박정희 정권하의 보도지침, 전두환 정권하의 보도지침 등.

노동분야, 87년 전후 민주노조 탄압, 블랙리스트를 통한 노동 통제 등. 한국노총 설립·운영, 도시산업선교회 탄압, 크리스찬아카데미 사건 확대, 전교조 및 전노협 조직 와해

활동 등.

학원분야, 학교와 교수에 대한 통제, 학생운동에 대한 통제 등. 학사 개입을 통한 통제, 비판성향 교수 인사권 개입, 학원 건전화 세력 육성, 운동권 총학생회장 당선 저지, 프락치를 통한 학생운동 조직 와해, 관계기관 대책회의에 의한 통제 등. 간첩분야, 월북자 가족, 납북 귀환여부, 일본 취업자, 행방불명자 가족 간첩사건 등. 송 씨 일가 간첩사건, 정영 간첩사건, 차풍길 간첩사건, 박동운 간첩사건 등.'

이렇게 국가정보원 발전위원회 보고서에 의하면 국가정보원이 저지른 과거의 낯뜨거운 인권 침해, 정치·사법·언론 분야, 노동분야, 학원분야, 간첩분야 등에 있어서 저지른 것을 낱낱이 선정하고 그것을 기록에 남기고 후대에는 절대로 이런 일이 일어나서는 안 된다라는 것을 노무현 정부 아래에서의 국정원에서 국정원 발전위원회가 보고서를 작성했었습니다.

국정원에 이 문건이 남아 있을 것입니다. 정권의 속성이 반민주적이면 국정원도 그대로 닮아서 반민주적이 되는 것이고 정권이 민주적이면 국정원도 제대로 순기능을 하는 국정원이 되는 것입니다.

여기서 사법분야에 대한 국정원의 개입, 관계기관 대책회의, 저도 경험하고 당한 바가 있습니다.

전두환 공안통치 시절 저는 춘천지방법원에서 초임 판사로 근무를 했었습니다.

저는 제 머릿속에 헌법과 형사소송법 하나하나를, 교과서의 한 줄 한 줄을 고스란히 통째로 기억하고 있는 햇병아리 판사였습니다. 시대가 암울한 시절이라 26세의 나이에 법대에 검정 법복을 입고 앉아 있던 어느 날 집시법 위반, 병역법 위반이라는 딱지를 붙인 피고인이 제 앞에 앉아 있었습니다.

피고인은 강원대 학생이었습니다. 아마 부모도 그 학생이 재판을 받는 처지인지 몰랐던지 학생의 주변 방청석에는 피고인의 가족이라고 볼 만한 사람이 보이지 않았습니다. 방청석이 텅 비어 있었습니다. 그런데 법정의 한쪽 귀퉁이에 3명의 남자가 앉아 있었습니다. 바로 재판을 방청하는 것이 아니라 감시하러 온 사복 입은 정보형사였던 것입니다.

그 당시에는 이런 종류의 시국 사건, 이른바 공안 사건의 경우에는 별표가 기록에 붙어 있었습니다. 요즘과 같은 공소장일본주의가 아니기 때문에, 공판중심주의가 아니기 때문에 수사 기록이 고스란히 따라붙었습니다. 공안 사건으로 분류된 사건의 경우에는 법원장과 안기부가, 검경이 함께 모여서 이 사건을 어떻게 재판에 회부하며 재판 결과가 어떠해야 하는지 개입하는 이른바 관계기관 대책회의가 있었습니다.

당시 법원장이 저를 불렀습니다. 형량을 주문했습니다. 그러나 저는 그런 부당한 지시에 따를 수가 없었습니다. 따끈따끈한 헌법과 형사소송법이 제 머릿속에 하나하나 박혀 있는데 제가 그런 부당한 지시를 따른다면 제 눈앞에 있는 이 피고인은 누가 보호할 것이냐 하는 생각에 저는 그런 부당한 지시를 따를 수가 없었습니다.

그래서 피고인 가족이거나 피고인을 위해서 방청한다고는 보여지지 않는 어깨가 떡 벌어진 점퍼 차림의 3명을 일으켜 세웠습니다. 아마 관계기관 대책회의도 하고 법원과 기소 주체인 검찰이, 시국 사건의 경우에는 '미나이데 판결'이라는 이유로 기소한 대로, 판결도 보지도 않고 나온다. 마치 자판기의 커피 뽑아 먹듯, 동전 넣으면 커피 나오는 그런 시절이라 믿고 신분을 밝혔는지 모르겠습니다. '00경찰서 소속 아무개 형사입니다', 또렷하게 대답했습니다. 너무나 당당했습니다. 제가 이렇게 내질렀습니다. '당신이 재판을 감시하는 것입니까? 당장 나가세요.'

(박수 치는 의원 있음)

저는 그렇게 시대에 저항했습니다. 그리고 제 양심에 따라 피고인이 저지른 범행에 맞추어서 소신껏 판결했습니다.

제가 정치를 하게 됐습니다. 지금 새누리당이 중앙당사로 쓰고 있는 건물은 제가 막 정치를 시작해서 새내기 정치인으로 출근하던 빌딩입니다. 정치를 시작해서 대변인실로 올라갔더니 많은 카메라 앞에 서게 됐습니다. 돌발적인 질문에 몹시 당황할 뻔했습니다. 그런데 저는 한결같이 대답했습니다. '정치를 왜 시작했습니까?' '정치발전 없이는 사법발전도 없다라는 소신이 있었기 때문입니다.'

제 경험상 저 혼자 아무리 국민의 기본권을 지키려고 몸부림쳐 봐도 정치가 올바르지 않다면, 정치가 바로서지 않는다면 결코 사법정의는 구현될 수 없다, 그래서 정치를 먼저 바로잡아야 되겠다라는 평소의 소신이 돌발적인 질문에도 당당하게 대답할 수 있게 했습니다.

제가 대법관 인사청문회 제도를 도입한 후 처음으로 인사청문위원이 되었습니다. 국정원과 비슷한 기밀 업무를 취급하는 국가보안사라는 곳이 있었습니다. 대한민국 국군보안사. 제가 대법관 인사청문위원이 되어서 가장 궁금했던 것이 관계기관 대책회의가 벌어지던 와중, 전두환 정권 시절이나 노태우 정권 시절에, 신군부 시절에 국민의 기본권을 지키기 위해서, 이른바 공안 사건에 있어서 우리 판사들은 어떻게 판결을 내렸을까 그것이 굉장히 궁금했습니다. 그래서 판결문 하나하나를 찾아보았습니다. 그랬더니 세상에 기가 막힌 일이 있었습니다.

제가 한양대학교 고시반에 기숙하면서 주말에도 집에 가지 못하고 어떻게 보면 스파르타 식 공부를 집중적으로 하게 되는 장학생 신세였습니다. 공부가 아주아주 지겹던 날, 아마 토요일이었을 겁니다. 제가 점심을 먹고 학교 운동장을 산보를 했습니다. 그런데 저 멀리서 노란 모자를 쓰고 노란 구두를 신고 노란 투피스를 입고 노란 망사스타킹을 신은, 어떻게 보면 참 특이한 패션을 갖춘 여성이 저를 향해서 빠른 걸음으로 다가왔습니다. 토요일인지라 교정에는 저 말고는 학생이 없었습니다. '저 말씀 좀 묻겠습니다. 제가 인천에서 제 사촌오빠, 일본에서 온 재일교포 오빠를 찾아왔는데 그분이 한양대학교 대학원 박사과정에 있는데 어떻게 하면 오빠를 찾을 수가 있겠습니까? 도와주십시오.'

'사촌오빠의 성함이 무엇입니까?' '박박입니다' '아, 그러면 박박 씨가 박사가 되시면 박박 박사시겠네요?', 이런 대화를 주고받으면서 당직근무를 하는 대학원 교무과에 그 여성을 안내해 주었습니다.

막 판사가 돼서 저는 초임 판사로서…… 아, 그것은 제가 사법시험에 합격하기 전에 한양대학교에서 있었던 일이고요, 그 후에 제가 사법시험에 무사히 합격을 해서 춘천지방법원에 초임 판사로 근무를 시작하게 됐습니다.

혼자서 객지에서 자취생활을 하니까 주말이면 굉장히 심심했습니다. 물론 기록을 읽고 판결문을 써야 하는 바쁜 판사 생활이었지만 굉장히 힘들고 지겨울 때도 있었습니다. 그래서 심심하면 볼링장을 찾아가거나 또 그것도 안 되면 춘천 명동에 있는 큰 서점에 들러서 따끈따끈한 신간서적을 사 보는 것으로 시간을 보냈습니다.

제 눈에 들어오는 책 제목이 '대한민국 국군 보안사'라는 책이었습니다. 그 책을 사서 읽다가 보니까 너무나 가슴이 꽉 막혔습니다.

재일교포 어떤 분이 조국을 사랑한 나머지 연세대학교에서 한국말을 뒤늦게 공부하면서 일본어도 가르치는, 아마 우리나라 대기업의 연구소에서 일본어를 가르치는 그런 일도 하면서 한국말도 배우고 모국어의 역사도 배우는 그런 공부를 하고 있었다고 기억이 됩니다.

그 사람이 어느 날 퇴근길에 신분을 밝히지 않은 사람으로부터 끌려가서 심한, 잠 재우지 않는 고문을 받게 됐습니다. 그리고 갑자기 이분이 평양을 다녀오지 않았느냐, 여러 장의 그림을 반복해서 보여 주고 잠을 재우지 않으면서 자기 자신도 보지도 않은 주체사상탑을 본 것처럼 나중에는 착각해서 진술하게 되는, 그래서 평양을 수시로 왔다 갔다 하면서 국가보안법을 위반하게 되는 그런 착각을 하게 되었다고 합니다.

나중에는 공소 제기를 하지 않는 조건으로 프락치가 되었다고 합니다. 프락치가 되어서 하는 일은 법정에 출석을 해서 검사가 신문을 하면 증인으로 나서서 무조건 시키는 대로 '예', '예'만 하면 되는 것이고, 그 사람의 증언에 의해서 피고인이 처벌받게 되었다라는 것을 이분이 뉘우치면서 일본에 건너가서 일본말로 대한민국 국군 보안사를 고발하는 책을 썼습니다.

그것이 한글로 번역이 돼서 신간서적이 나왔던 것인데 제가 보게 됐습니다. 인권이 침해되는 것을 당연시하던 그 시절, 책 중간쯤 어디엔가 의외의 이름을 보고 너무나 놀라게 됐습니다. 박박이라는 이름을 발견했기 때문입니다.

그러면서 제가 학생시절에 친절하게 노란 패션의 여성을 안내를 했는데 그때 그분이 인천에서 살고 있다라고 했기 때문에 책의 내용을 읽어 보니까 바로 그 부분에 박박은 뜻밖에도 한양대 대학원에서 박사를 다 못 마치고 간첩으로 기소가 돼서 이 고백한 저자의 허위증언에 의해서, 날조된 증언에 의해서 간첩죄의 유죄판결을 받고 복역 중이었습니다.

제가 그 책을 읽은 후 그 책은 금방 판금서적이

되었습니다. 대한민국 국회도서관에 '대한민국 국군 보안사'가, 제가 대법관 인사청문위원을 할 때까지만 해도 빌려 볼 수 있게 되었습니다. 제가 가진 책은 시집가서 시댁에 보관을 했다가 수해 피해가 나서 다 버리게 됐고요, 안타깝게도.

정보기관이 수사권을 가지게 되면 이런 엄청난 일을 저지르게 되는 것입니다. 그런데 대법관 인사청문위원이 돼서 그때 그 시절 도대체 판사들은 관계기관 대책회의 아래에서 어떤 재판을 했을까 몹시도 궁금했습니다.

그것을 저는 너무나 괴로워했기 때문에, 저 혼자서 아무리 거부를 하고 한다 하더라도 합의제 재판이기 때문에 한계가 있는 것이고…… 그래서 그때 그 시절 도대체 이런 판결에 있어서 어떤 재판을 어떤 근거로 했는지가 매우 궁금했습니다.

찾아보니까 인사청문 대상자였던 대법관 내정자께서도 그 당시의 그 판결이 서울고등법원 항소심까지 올라갔는데 주심판사였던 것입니다. 그래서 지금처럼 이 이야기를 꺼내면서 그것을 기억하고 있는지, 그것이 소나무출판사의 '대한민국 국군 보안사'라는 책에 아직도 기술이 되어 있고 그 저자는 허위증언으로 괴로워하면서 이 책을 썼다, 그리고 자비를 들여서 이 책이 국내에 출간되도록 했다, 한국말로. 긴 시간 동안에 그것을 설명하면서 상기시키려고 애를 썼습니다.

그런데 다락 속의 엘리트는 사법시험의 성적은 좋아서 서열은 상위여서 대법관으로 금방 출세할 수 있을지는 몰라도 그때 자기 자신이, 우리가 지나가면서 미물인 개미를 짓밟아 죽이듯이 자기 자신이 서명·날인하고 판결을 쓴 그것에 의해서 한 사람의 인생이 망가졌다는 것을 기억조차 하지 못했습니다. 그런 일이 있다는 사실조차도 몰랐습니다. 알게 모르게 협조자가 됐던 것입니다.

마찬가지입니다. 정보 권력기관인 국정원이 수사권을 가지게 될 때 그런 일이 있어 왔고 앞으로도 벌어질 것입니다. 그래도 그분은 무사히 대법관으로 국회의 동의를 얻어서 대법관이 되시고 임기를 다 마치셨습니다.

그 시절 엉터리재판을 했던 그 누구도 참회하거나 고백한 것을 보지 못했습니다. 차라리 이와 같은 회고록을 남긴 김종필 총리를 오히려 존경하고 싶습니다. 잘못이 중요한 것이 아니라 그 잘못이 다시 반복되지 않도록 지성인이 반성하고 참회하고 뉘우치는 것이 저는 더 중요하다고 생각합니다.

자, 그래서 노무현 정부 시절 국가정보원은 이와 같은 보고서를 내면서 국가정보원 발전위원회 보고서 안에는 국가정보원 개혁을 위한 제언을 하고 있습니다.

읽어 드리겠습니다.

'국가정보원에 대한 권고

중앙정보부와 국가안전기획부를 승계한 국가정보원은 과거 권위주의 정권 시절 중앙정보부와 국가안전기획부가 국민과 사회 제 분야 그리고 행정부·입법부·사법부에 대하여 행한 일부 월권적 행위에 대하여 진심에서 우러나온 유감을

표시하여야 한다.'

했습니까? 은수미 의원한테 저지른 것을 했습니까?

'중앙정보부와 국가안전기획부는 국민들에게 신뢰와 사랑이 아닌 공포의 대상이 되었고 국가 위의 국가로 군림했다. 이는 중정과 안기부가 국가 최고 정보기관으로서 국익과 국가 안보를 수호함으로써 국민과 국가에 봉사하기보다는 권위주의 정권의 정권 안보를 위해 일한 결과였다.

권위주의 정권하에 정보기관은 일부 정치인의 개인 사생활에 대한 사항을 수집하기도 하고 이러한 과정에서 인력과 예산을 불필요하게 낭비하기도 하였다. 또한 정권 유지를 위하여 사회 각 분야에 위력을 행사하였을 뿐만 아니라 행정부·입법부·사법부의 고유 업무에 월권적으로 개입하여 부당한 영향력을 행사함으로써 개인의 인권과 민주주의에 제한을 가한 측면이 있다.

국정원 발전위는 조사활동을 통해 그 대표적인 사례들을 밝힌 것이다. 국가정보원은 이 같은 조치 결과를 바탕으로 지난 중정과 안기부 시절 야기했던 잘못을 국민들께 진심으로 고백함으로써 새로운 미래 도약의 발판으로 삼아야 한다.

국가정보원은 정치적 중립성의 유지만이 국가 최고 정보기관으로서 국민의 사랑과 신뢰를 받을 수 있다는 것을 명심하고 기관 운영에서는 물론 직원 한 사람 한 사람이 오해를 사는 일이 없도록 정치 불개입의 원칙을 지켜 나가야 한다. 국가와 국민은 국가정보원의 중립을 보장하기 위한 감시·감독을 지속적으로 전개하여야 한다.'

어떤 생각이 드십니까? 불과 2016년, 9년 만에 이 같은 것을 다 망각하고 있는 것입니까?

이어 가겠습니다.

'지난 시기 중정·안기부가 최고 권력자의 손발이 되어 정치에 개입함으로써 국민들도 불행해졌을 뿐만 아니라 국가 최고 정보기관도 본연의 정보활동보다는 정치인의 약점을 캐기 위해 신상정보를 수집하거나 정권 유지를 위한 첨병 역할을 수행함으로써 그 권위와 국민들의 신뢰를 스스로 저버렸다.

민주화가 진행됨에 따라 문민정부 출범 이후 안기부를 개혁하는 일이 중대한 국정과제로 제기되었다. 하지만 아직도 한편으로 과거의 업보로 인하여, 다른 한편으로는 안팎의 크고 작은 이해관계의 상충 속에서 국가정보원은 종종 정치적 시비에 휘말리곤 했다.

국가정보기관이 국내 정치 문제로 시비의 대상이 되는 것은 불행한 일이다. 이를 미연에 방지하기 위해서는 국가정보원의 역할과 직무범위에 관한 법 규정을 분명히 하는 한편 국가정보원의 예산·인사와 활동에 대한 국회의 통제를 강화하여야 한다.

국가정보원의 독립성과 전문성을 강화하고 이를 제도적으로 뒷받침하기 위해서는 국가정보원장의 임기제 도입을 비롯한 다양한 방안을 적극적으로 검토해야 한다.

국가정보원은 보유하고 있는 역사 관련 자료들을 정리하여 이를 정부 유관부처와 학계, 국민들이 활용할 수 있도록 공개하는 방안을 강구하여야 한다.

1961년 중정 창설 이래 중정·안기부·국정원은 국가 최고 정보기관으로서 다양한 정보를 수집하여 왔으며, 현재 방대한 양의 자료를 보존하고 있다. 이 자료의 대부분은 사장되고 있다 해도 과언이 아니다.

이 자료들은 본 위원회 활동의 연장선상에서 이루어지는 과거사 진실 규명에 소중한 자료로 활용되어야 할 뿐만 아니라 우리 현대사의 중요한 기록유산으로 관리되고 이용되어야 한다.

긍정적인 의미이든 부정적인 의미에서든 중정·안기부는 지난 시기 국가 위의 국가, 정부 안의 정부로 치부되었다. 또한 중정·안기부가 특권적으로 행사했던 조정 권한은 각 부처의 다양한 이해관계를 조정하여 강력한 추진력을 부여하는 역할을 수행했다. 따라서 국정원 존안자료는 대한민국의 발전과정과 정부 운영의 메커니즘을 이해하는 데에서 매우 중요한 자료가 된다.

본 위원회의 과거사 진실 규명활동은 그 작업의 성격상 중정·안기부의 부정적 측면을 중점적으로 부각시킬 수밖에 없었지만 국정원 존안자료를 통해 지난 시기 중정·안기부의 활동상을 총체적으로 고찰한다면 이들 기관과 그 구성원들이 음지에서 일해 온 긍정적인 면들도 충분히 부각될 수 있을 것이다.

국가정보원은 본 위원회의 활동과정에서 축적된 자료뿐만 아니라 국정원 존안자료의 공개절차와 관리 및 활용방안을 적극적으로 검토해야 한다.

2007년 4월 개정된 공공기관의 기록물 관리에 관한 법률은 국정원 소관 비공개 기록물에 대하여는 일반 공공기관의 30년에 비해 50년 또는 그 이상 공개를 하지 않아도 될 수 있도록 하고 있으나 과거사 진실 규명을 통해 과거의 잘못을 이미 스스로 고백한 마당에 국가정보원 관련 기록물의 보존기간을 굳이 50년 또는 그 이상으로 늘려 잡을 필요는 없을 것이다.

국가와 국민 여러분께 드리는 제언

국가는 과거의 국가 공권력의 남용에 대한 진상 규명 노력을 계속해야 한다. 국가는 과거사의 밝혀진 진실에 기초하여 국가 공권력 남용의 피해자에 대한 실질적인 명예회복과 구제절차를 마련하여야 한다.

국가의 주인인 국민들도 이 과정에 적극적으로 참여할 필요가 있다. 위원회는 국민 여러분께 잘못된 과거와의 단절을 통해 국민의 신뢰와 사랑을 받는 선진 정보기관으로 거듭나기 위한 국가정보원의 노력에 대하여 애정 어린 평가를 해 주시기를 제안한다.

국민에게 봉사하는 국가정보원으로 거듭남을 위한 제언

국가정보원은 대국민 정보 서비스 기능을 확대·강화해야 한다. 민주주의 시대의 국가정보원은 국민을 위해 봉사하는 정보기관이 되어야 한다. 갈수록 고급정보들이 생산되고 공개·활용되는 새로운 정보환경 속에서 국가정보원은 정보의 수집과 생산기관인 동시에 주요정보의 집결지이자 매개기관으로서의 역할을 강화하여야 한다.

특히 국가정보원이 수집·분석·생산한 정보는 일부 특수자료를 제외하고는 기본적으로 정부 각 부처는 물론이고 민간기업과 연구소, 대학, 유관단체에 더 많이 제공되어야 한다.

민과 관의 원활하고 긴밀한 정보협력 네트워크의 구축은 국가정보원의 대국민 정보 서비스 향상에 그치지 않고 국가정보원의 정보 수집과 분석능력 또한 크게 향상시킬 것이다. 국가정보원은 교류와 협력의 시대에 부응하는 정보수집체계를 구축하여 21세기 세계화시대에 걸맞은 선진 정보기관으로 거듭나야 한다.

과거 정보기관이 고유의 업무보다는 정권 안보를 위해 활동하던 시절, 수사권의 남용은 국민과 국가 최고 정보기관의 사이를 멀어지게 만든 가장 중요한 요인으로 작용했으며, 오늘날 '국가정보원 과거사건 진실규명을 통한 발전위원회'의 설치를 불가피하게 만들었다.

국정원과 그 직원 모두는 과거의 권한 남용이 초래한 이런 불행한 결과를 명심하면서 과거의 경직되고 권위주의적인 분위기를 일신해야 하며, 국정원이 전문적인 선진 정보기관으로 거듭나기 위해서는 새로운 정보환경에 상응한 유연한 조직구조와 문화를 갖추어야 한다.

과거 권위주의 정권시대에 중정·안기부는 피의자 수사와 더불어 미행과 도청, 우편검열을 통해서 정보를 수집했다. 그러나 정보환경의 급격한 변화뿐만 아니라 한반도를 둘러싼 안보환경의 변화 그리고 한국사회의 민주주의적 발전은 지난날과 같은 방식의 정보 수집을 용납하지 않게 된지 이미 오래다. 21세기는 교통·통신·민주주의 발전 그리고 생활수준의 향상에 따라 여러 면에서 국경의 담장이 낮아진 시대가 되었다. 하지만 여전히 각 국가들은 치열하게 국익을 추구하고 있다. 또 민주주의 발전에 따라 무엇이 국익인지 그리고 무엇이 국익에 봉사하는 고급정보인지에 대한 기준도 크게 변화하였다.

민주주의로의 이행과정에서 안기부, 국정원은 여러 차례 조직 개편을 겪었는데 그 상당 부분은 국내 정치개입 의혹을 야기할 수 있는 부서의 개편 또는 축소와 관련된 것이었다. 그러나 이제는 정치적인 고려보다는 국제환경, 안보여건, 정보개념 등의 변화에 맞추어 전문성과 독립성을 갖춘 선진 정보기관으로 자리잡을 수 있도록 기구를 개편하고 조직을 관리하기 위한 대책이 적극적으로 마련되어야 한다.

한반도를 둘러싼 안보환경은 이제 남과 북이 적대적인 대결을 끝내고 화해와 협력과 공동번영을 추구할 것을 요구하고 있다. 냉전의 붕괴 이후 더욱 치열해진 국제환경 속에서 동맹과 우방 사이라 하더라도 산업분야의 경우 첨예한 첩보전이 전개되고 있다. 이제 냉전시대의 형법이나 국가보안법처럼 간첩의 개념을 적극 또는 반국가단체를 위해 군사기밀 또는 국가기밀을 제공한 자로 규정하면 충분하다고 여겼던 시대는 지나갔다. 지금은 인접 우방국의 산업스파이가 첨단기술을 빼내 막대한 국부를 유출하는 것이 국가이익 분야에 더 큰 위협이 되는 상황인 것이다.

그러나 국가정보원의 조직편제와 행동양식, 사고방식에는 아직도 과거 냉전시대, 남북 대결시대의 분위기가 불식되지 않고 남아 있다. 물론 남북 간의 완전한 화해협력 시대가

도래하지 않은 상황에서 성급하게 국정원의 변화만을 촉구할 수는 없을 것이다. 그렇지만 분명한 것은 국가정보원이 냉전시대의 잔재를 떨쳐버리고 선진 정보기관으로 거듭나야 한다는 것이고, 이를 위해서는 국가정보원이 21세기의 새로운 안보환경, 정보환경 그리고 통일한국에 대비해 스스로 기구의 개편, 발전방안을 적극 모색해야만 한다.

국정원 개혁을 위한 의결

중정·안기부·국정원이 과거의 잘못을 시인하고 반성하는 것과 더불어서 그와 같은 불행한 사건이 다시는 일어나지 않게 하기 위해서는 무엇이 필요할까? 그 한계가 명확했던 국정원발전위 조사 결과에서도 드러났듯이 국정원이 과거에 저질렀던 불법한 행위들은 그 종류가 너무 다양해서 일일이 열거하기가 불가능할 정도이다. 6대 유형별 조사에서 밝혀졌듯이 정치인 사찰, 선거 개입, 정당 및 국회활동 개입, 법관 인사조치, 변호권 침해, 학교와 교수에 대한 통제 등 거의 모든 부분과 영역에서 국민의 기본권을 침해했다. 이러한 일들이 재발되지 않기 위해서는 우선 국정원에 대한 감시와 통제기능을 강화하는 것이 무엇보다 필요하다.

국정원이 가진 수사기능을 분리시키고 정보수집 본연의 임무영역으로 한정시킬 필요도 있다. 국정원 예산 집행 등 운영에 대한 투명성을 확보하고, 과거 잘못된 사건에 관련된 이들에 대한 처벌을 통해 잘못이 재발되지 않도록 하는 법안도 고려할 수 있을 것이다.'

이것이 국정원이 2007년 보고서를 통해서 과거 군사독재 권위주의 정권시절의 공권력 남용에 대해 뼈저린 반성을 하고, 국민을 위한 최고의 정보기관으로 거듭나겠다고 약속했던 것입니다.

국민 여러분!

이제 이 테러방지법안, 제가 수사권한을 확대하는 치명적인 조항 여러 부분을 설명해 드렸습니다. 그런데 국정원이 과거의 중정과 안기부 시절로 되돌아가려는 꿈을 꾸고 있는 것입니다. 까마득히 이런 성찰을 그저 기록보관소에 처박아둔 채로 국정원은 망각을 하고 있는 것입니다. 시대를 역행하고 있는 것입니다. 이런 다짐의 약속이 2007년 있었는데 2016년인 지금 10년도 채 지나지 않아서 국정원은 되돌아가려는 것입니다.

국정원은 지난 대선에서 조직적인 댓글부대를 동원하고 간첩조작을 하고 국민의 신뢰를 잃는 정치개입과 인권 옥죄기에 나서고 있는 것입니다. 지금 국정원은 국민들이 요구하는 개혁은 팽개치고 테러방지라는 명분으로 막강한 권한을 다시 움켜쥐려 하고 있습니다.

국가정보원장이 국회 수장을 만나 법안 통과를 요구하는 상황에까지 이르렀습니다.

테러 의심만으로 영장 없이 휴대전화 감청과 금융계좌 추적까지 들여다보겠다고 합니다. 견제장치 없는 무소불위의 국정원에게 테러방지법은 테러를 빙자한 국민감시법, 중앙정보부 부활법이 될 것이 뻔합니다. 더 이상 국정원의 국민 기본권 침해와 정치개입으로 인권과 민주주의를 말살하는, 압살하는 행위를 절대로 용납해서는

안 될 것입니다. 국가와 국민을 위해 국정원이 바로 설 수 있도록 이제 우리 국민이 두 눈 부릅뜨고 힘을 모아 가야 합니다.

김대중 자서전에는 고 김대중 대통령께서 중정에 의해서 목숨을 잃을 뻔한 일이 쓰여져 있습니다. 역사는 거울입니다. 이것을 보면 국정원을 다시 악마의 권력으로 되돌아가게 해서는 절대로 안 된다는 것을 국민 모두 느낄 수 있을 것입니다. 그래서 제가 이 자서전의 일부를 읽어 드리겠습니다.

'김대중 납치사건은 여러 정황과 문건을 통해서 이후락 중앙정보부장의 지휘 아래 총 46명이 9개 조로 나뉘어 조직적으로 저지른 범행임이 드러났다. 치밀한 사전계획에 따라 수개월간의 준비를 거쳐 공작에 착수했다. 1998년 6월 10일 미국의 비밀문건이 공개되었다. 이 문건에도 이후락 중앙정보부장의 지시에 의한 정보부원들의 소행이며, 박정희 대통령이 명시적 또는 묵시적으로 승인했을 가능성이 큰 것으로 보았다. 하지만 박 대통령이 지시한 것은 확실하다. 당시 납치를 총 지휘했던 이후락 정보부장은 1980년 서울의 봄이 왔을 때 주목할 만한 증언을 했다.

그는 동향 친구인 최영근 의원에게 납치사건은 박 대통령의 지시였다고 털어놓았다. 박 대통령이 어느 날 부르더니 '김대중을 없애라'라고 했다는 것이다. 그 소리를 듣고 너무도 놀라서 차일피일 미루자 한 달쯤 지난 뒤에 다시 불러 호통을 쳤다고 한다. '당신, 시킨 것을 왜 안 하나? 총리와도 다 상의했다. 빨리 해라' 이후락은 결국 자신의 부하들이 모두 반대하는데도 박 대통령의 명령을 따를 수밖에 없었다고 털어놓았다. 자신은 결코 하고 싶지 않았다는 말도 덧붙였다.

나는 그의 말을 믿는다. 세상이 바뀌었다는 생각에 이후락은 고해성사를 했을 것이다. 저들은 박정희의 지시로 나를 죽이려 했다. 그래서 납치사건은 정확한 명칭이 아니다. 김대중 살해미수사건이라야 맞다.

나는 납치사건만큼은 자서전에서 관련자들의 이름과 그들의 소행을 일일이 기록하지 않으려 한다. 나는 그들을 이미 용서한다고 천명했고, 나를 납치·살해하라는 명령에 모두 부당하다고 반대했음을 알고 있기 때문이다. 또한 사건의 전모가 밝혀져 그 만행을 천하가 다 알기 때문이다.

다만 사건의 실체가 밝혀졌는데도 정치결착으로 진실을 은폐하려는 한국과 일본의 저급한 정치인들의 작태에는 아직도 분노한다.'

죄는 미워하되 사람은 미워하지 말라는 김대중 대통령님의 소신에 따른 자서전이라고 생각이 됩니다.

그러나 대통령님의 이런 용서에도 불구하고 시대의 양심을 저버린 채 청와대와 여당 국회의원, 국회의장은 국정원에 다시 위험한 칼자루를 쥐어 주려고 하고 있는 것입니다.

마무리 발언을 하겠습니다.

이 부분만큼은 정의화 국회의장님께서 반드시 회의록을 통해서라도 봐 주셨으면 좋겠습니다.

이 법을 직권상정하려는 청와대와 정부 여당, 특히 정의화 국회의장에게 묻습니다. 대테러 입법의 기준과 한계는 무엇입니까?

통합적인 대테러법의 제정의 필요성에 대해서는 저도 충분히 공감할 수 있습니다. 그러나 적어도 대한민국 국회와 국회의 수장인 국회의장은 헌법기관으로서 테러 대응에 있어서 부당한 압수수색으로부터의 보호, 정치적 표현의 자유, 적법 절차, 사생활의 보호 등 자유민주주의를 구성하는 주요 원칙에 대한 진지한 고민이 생략되어 있다는 것입니다.

첫째로는 대테러 입법으로 국가정보수사기관의 감시 및 정보수집 권한을 강화하는 내용이 담겨 있는데 그런 권한의 강화 이전에 그 필요성을 구체적으로 입증해야 될 것입니다.

그러나 국회의장은 청와대의 압박을 받고 난 이후에 전시·사변, 이에 준하는 사태의 발생과 같은 국가비상사태가 실재하여야 함에도 불구하고 그저 국가비상사태를 예정하고 우려한다는 것만으로 국민 공감대도 없고 국회의 정상적인 절차도 거치지 아니한 채로 직권상정을 해 버렸습니다. 위헌적인 요소가 완전히 제거되지 않은 채로 제정된 법률은 법 집행 과정에서 헌법소원의 형태로 다시 통제받을 수도 있을 것입니다.

그러나 국가기관의 정보수집은 당사자가 침해사실을 알기도 어렵고 안다고 하더라도 무소불위의 정보기관을 상대로 소를 제기하는 데는 한계가 있을 수밖에 없습니다. 개인의 사법적 통제는 이와 같이 힘들기 때문에 입법부로서는 절차적 통제수단의 확보와 법 규범으로서의 제대로 된 명확한 규범성을 확보하려는 노력이 매우 중요하다는 것입니다.

그럼에도 이 순간에 국회의장과 새누리당은 그 의무를 저버린 채 번갯불에 콩 볶듯이 급조되고 어설프게 수정된 테러방지법안을 한시바삐 통과시켜야 한다고 억지 주장을 하고 있습니다.

권력자는 항상 국가안보를 명분으로 헌법상 권리와 자유에 대한 희생을 강요하려는 유혹에 빠지기 쉽습니다. 결국 헌법국가로서 국민의 자유와 안전에 대한 위협에 대해 효과적이면서 동시에 헌법적으로 적절한 방법으로 방어해야 합니다.

헌법국가로서 자기 이해와 의무를 포기함이 없이 국민의 본질적인 권리를 보호해야 할 과제는 대한민국 국회의 몫입니다.

국가안보 위기 상황에서도 반드시 헌법적으로 보호되어야 할 권리가 존재합니다. 국가 위기 상황에서 국가 행위의 한계를 명확히 설정하고 테러 등 국가안보 위협 상황의 적절한 대응과 헌법상 보장되는 국민의 권리 간에 조화로운 균형을 모색하는 역할은 우리 국회의 포기할 수 없는 책무인 것입니다.

그런데도 테러방지법안 제3조2항 '국가 및 지방자치단체는 제1항의 대책을 강구함에 있어 국민의 기본적 인권이 침해당하지 아니하도록 최선의 노력을 다해야 한다'는 장식적인 조항 하나 있다는 것만 의지해서 그런 책무를 포기하고 이 법을 통과시킬 수는 없는 것입니다.

그리고 국가와 지방자치단체는 국민의 기본적 인권을 침해하지 않기 위한 최선의 노력을 하겠다는 립서비스를 하는 것에 그치는 것이 아니라 그것이 바로 가장 중요한 국가와 지방자치단체의 존재 이유이고 의무가 되어야 하지 않겠습니까?

이 법의 적용대상이 마치 유엔이 지정한 테러단체에 국한되는 것이고 테러위험인물도 테러단체 조직원 또는 테러단체의 선전자금의 모금 등 활동과 관련이 있는 자만 이 법의 적용 대상인 것처럼 하고 있습니다. 실제 그렇게 믿고 있는 국회의원도 있습니다.

그러나 일반 국민이 적용대상이 될 가능성이 없는 것처럼 위장하고 있지만, 그러나 법 제2조의 테러활동에 대한 모호한 개념, 대테러 활동과 조사에 대한 광범위하고 비법률적이며 구체적이지 않은 표현과 법 제9조의 출입국·금융거래정보, 통신정보 수집 권한, 위치정보 요구권한, 대테러조사 및 추적 권한으로, 이런 광범위한 권한을 가지고 있습니다.

그렇다 보니 일반 국민도 국정원이 테러와 관련된 의심할 만한 상당한 이유가 있다는 자의적인 판단을 근거로 조사 대상자에 얼마든지 포함될 위험이 있는 것입니다.

정보기관의 의심만으로도 헌법상 기본권이 침해될 가능성이 농후한데 국회가 이 법을 그대로 통과시켜야 한다는 것입니까?

국민 여러분!

14년 동안 이 법을 통과시키지 않았던 것은 이 법에 대한 반헌법적·인권침해적 부분이 해소되지 않았기 때문인 것입니다.

도대체 국가와 지방자치단체가 기본권 침해방지를 위해 노력한다는 장식적인 조항 하나를 집어넣었다고 해서 해소된 것이 결코 아닙니다. 오히려 국정원의 광범위한 수사권한을 확대해서 인권침해의 우려를 더욱 확대해 놓은 것입니다.

미국의 애국법 같은 경우에는 자료제출에 대해서 매우 구체적으로, 자료제출의 종류, 자료제출의 방법, 자료제출 요구권자, 제출된 자료에 대한 비밀준수의무를 엄격하고 구체적으로 규정하고 있습니다.

도서대출기록, 도서관 이용자 목록, 도서판매기록, 도서구매자 목록, 총기판매기록, 소득신고기록, 교육기록 또는 개인정보 인식이 가능한 의료기록에 대한 필요한 신청을 하는 경우에 제출명령 신청은 법관에게 제기하여야 합니다.

또한 제출을 요구한 유형물이 국제 테러나 첩보활동의 목적하에 단순히 위협에 대한 평가가 아니라 공인된 수사와 관련된 것으로 판단할 만한 합리적인 근거를 증명하는 사실진술 또는 공인된 수사와 관련된 것임을 증명하여야 합니다.

발부된 명령서에는 제출 대상인 유형물을 충분히 특정하여 식별할 수 있도록 기재할 것을 요구합니다.

또한 그 유형물을 제공해야 하는 날짜를 명시해야 하고 그 유형물을 수집하고 활용 가능케 하는 데 합리적인 시간을 허용하도록 해야 합니다. 이러한 원칙과 절차에 대해서는 명확하고 확실하게 통지하여야 합니다.

우리의 테러방지법도 이런 적법 절차 조항이 반드시 구체적으로 적시되지 않으면 안 되는 것입니다.

존경하는 정의화 국회의장님!

미완성의 초안도 못 되는 법안을 서둘러 직권상정해 국회의 기능을 포기하고 헌법적 책무를 저버릴 것이 아니라 지금이라도 직권상정을 철회하고 제대로 된 테러방지법을 만들어 국민의 생명과 안전을 지키면서 헌법상의 소중한 기본권도 보장받을 수 있도록 다시 논의할 것을 촉구합니다.

지금까지 경청해 주신 국민 여러분 감사합니다.

다시 한 번 공포로부터의 자유가 아니라 공포 속으로 빠져드는 대한민국을 만들지 않기 위해서 저희들이 고군분투하고 있다는 것을 진심을 헤아려 주셨으면 좋겠습니다.

편안히 주무시기 바랍니다.

● **부의장 이석현** 추미애 의원 수고 많이 하셨습니다.

과연 추다르크답습니다.

아까 박박 씨의 사례가 가슴에 오래도록 남을 것 같습니다.

제가 생각하기에는 국회법에 있는 의장이 직권상정할 수 있는 경우를 규정하고 있는 게 천재·지변, 전시·사변, 기타 이에 준하는 국가비상사태라 했는데 그것은 지진이 나서 건물이 폭삭 가라 앉아 가지고 통신시설이 다 마비되었거나 또는 6·25 때 부산 피난 국회 같은 정도의 상황을 말하는 것으로 저는 그렇게 생각을 합니다.

(「맞습니다」 하는 의원 있음)

맞습니까?

(「예」 하는 의원 있음)

그런데 어찌 전부 이쪽 좌석 가진 의원님들만 오시고 이쪽으로는 안 와 가지고 그것 참 공교롭게 제가 바라보기가 어렵네요.

추미애 의원 수고하셨습니다.

다음에는 더불어민주당 정청래 의원 나오셔서 토론해 주시기 바랍니다.

아주 준비를 많이 해 오셨네요, 자료가.

(2016년 2월 27일 오전 4시 38분)

17

정청래 의원

제19대 국회의원 (서울 마포구을)
더불어민주당

2016년 2월 27일 오전 4시 41분 시작
2016년 2월 27일 오후 4시 20분 종료
발언 시간 11시간 39분

"고등학교 3학년들을 위해서 불합격 방지법 이거 만듭시다. (웃음소리와 여당의 웅성거림) 저 떠들고 있는 국회의원에게는 국회 본회의장 조용히 하는 법 이런거 만듭시다. (여당의 소란과 항의가 빗발치자) 두 번 얘기하면 '특수' 자를 붙여서 방지법 만듭시다. 고3 학생들을 위해 대학 불합격 방지법 만들면 합격시켜 준답니까? 아닙니다."

(2016년 2월 27일 오전 4시 41분)

● **정청래 의원** 국민 여러분!

안녕하십니까? 저는 국회의원 서울 마포을 출신 정청래입니다.

존경하는 국회의장님과 그리고 이 장면을 지켜보고 계시는 국민 여러분!

그리고 이 자리에 나와 계신 국회의원 여러분 모두 안녕들 하십니까?

저희 더불어민주당과 그리고 정의당, 국민의당까지 야당들은 정의화 국회의장의 테러방지법안 직권상정에 대해서 항의하며 지금 필리버스터를 하고 있는 중입니다.

우리 더불어민주당의 막내 후배 의원인 김광진 의원부터 시작해서 은수미 그리고 방금 추미애 의원까지 너무나 고생들 많이 하고 계십니다.

정의당의 박원석 의원님과 김제남 의원님 그리고 국민의당 문병호 의원까지 모두들 야당이 한목소리로 똘똘 뭉쳐 테러방지법안을 반대하고 있는 이 모습을 국민들은 잘 지켜보고 계실 겁니다.

저 또한 이 테러방지법안이 얼마나 허무맹랑한 법인지를

말씀드리고자 이 자리에 섰습니다.

국민 여러분!

국가는 무엇입니까? 대한민국 국가의 모습은 과연 어떠합니까?

흔히 국가의 구성 3요소로 국민·주권·영토를 말합니다. 국민과 영토가 있으나 주권이 없었던 일제치하 35년도 있었습니다. 국민·주권·영토가 다 있었으나 국민의 자유와 권리가 없었던 봉건시대의 국가도 있었습니다. 국민·주권·영토, 국가의 3요소 중에서 어느 것 하나 중요하지 않은 것이 없습니다.

국민·주권·영토 이것은 어떻게 운영되고 어떻게 배치되고 그리고 무엇이 중요한 것인가 하는 것을 전 국민이 합의해서 그것대로 하자, 이것저것 판단이 안 되면 국민들이 합의한 그것으로 하자라는 것이 있습니다. 그것이 바로 헌법입니다.

대한민국은 법치국가입니다. 법치의 으뜸은 헌법입니다. 모든 법률은 헌법에 근거해서 제정·개정되게 되어 있고, 그 법률이 헌법에 위배되면 헌법재판소에서 위헌 판결을 받습니다.

대한민국헌법은 130개 조항으로 구성되어 있습니다. 대한민국의 모든 법률은 이 130개 조항에 근거하고 부합해야 합니다. 그러지 못했을 때는 위헌판결을 받고 그 법은 실효가 말소됩니다.

지금 국민 여러분들께서 많은 부분 짜증도 내시고 서운해 하시는 부분이 선거법입니다. 국회의원 선거구의 유권자 수가 헌법에 맞지 않는다는 것이지요. 그래서 '2 대 1로 맞춰라' 그랬기 때문에 지금까지의 지역구에 관련된 법은 무효가 되는 겁니다.

이처럼 헌법에 위배된 법률은 헌법재판소에 의해서 다시 바로잡히게 되어 있습니다.

이처럼 대한민국을 규정하고 대한민국의 여러 갈등과 분쟁을 조정할 수 있는 정신이 바로 헌법 정신입니다.

헌법 130개 조항을 압축 요약해 놓은 것이 헌법 전문입니다.

'유구한 역사와 전통에 빛나는 자랑스러운 대한국민은 3·1운동으로 건립된 대한민국임시정부의 법통과 불의에 항거한 4·19민주이념을 계승하고, 조국의 평화적 통일을 위하여 민족이 대단결하며, 모든 사회적 구습과 악습을 타파하고 모든 국민에게 기회를 균등하게 배분하며 세계 인류의 공영과 평화에 이바지하며' 이런 것이 헌법 전문입니다.

이 헌법 전문은 헌법 130개 조항을 압축 요약해 놓은 것이기 때문에 헌법 중에서 헌법인 가장 핵심적 요체라 할 수 있습니다.

대한민국헌법이 그리고 헌법 전문이 규정하고 있는 대한민국의 첫 번째 정신은 상해임시정부의 법통을 이어받는다는 것이고, 그래서 국정교과서가 안 된다는 겁니다.

두 번째 정신은 '불의에 항거한 4·19 민주이념을 계승하고' 이렇게 되어 있습니다. 헌법 정신으로만 보면 4·19

민주이념을 계승하기는커녕 그것을 군홧발로 짓밟았던 5·16 군사쿠데타는 반헌법 정신이고 그것이 되살아나서는 안 된다는 것이 헌법 전문입니다.

세 번째 헌법 전문의 정신은 '조국의 평화적 통일을 위하여 민족이 대단결하고' 이렇게 되어 있습니다. 그러나 분단 이후 1948년 대한민국 정부 수립이 된 이후 지금 헌법 전문에서 말하고 있는 세 번째 정신은 말살되었고, 국민의 정부와 참여정부 때 그 헌법 전문 3조 '민족이 대단결하고' 이 정신에 의해서 나온 것이 햇볕정책이었습니다.

그러나 이명박·박근혜 정권 출범 이후 이 세 번째 헌법 전문의 정신은 온 데 간 데 없습니다. 과거 회귀로 가고 4·19 민주이념을 계승하기는커녕 말살하려고 했던 시도들이 지난 정권 8년간의 일이었습니다.

국민 여러분!

헌법 전문에서 규정하고 있고 계승하려고 하는 그 정신을 과연 박근혜 정권이 계승하려고 하는지 여러분들이 판단해 주십시오.

대한민국의 헌법 제1조1항은 "대한민국은 민주공화국이다."라고 되어 있습니다.

민주공화국이라 함은 국민이 주인된 그런 국가를 말합니다. 입헌군주제를 말하는 것이 아닙니다. 1인 절대권력을 말하는 것이 아닙니다. 박정희·전두환 등과 같은 1인 지배 통치시대를 말하는 것이 아닙니다. 권력이 1인에게 집중된 독재정권 그것은 헌법 1조 정신에 어긋나는 반헌법 정권인 것입니다. 박근혜 정권 또한 지난 3년의 모습 속에서 대한민국이 과연 민주공화국인지 국민들은 의심하고 있습니다.

헌법 1조2항은 이렇게 시작합니다. "대한민국의 주권은 국민에게 있고, 모든 권력은 국민으로부터 나온다." 이렇게 되어 있습니다.

민주주의의 절차를 거쳐 합법적인 투표에 의해서 출범한 정권이 박근혜 정권입니다. 부정하지 않습니다. 그러나 정권의 정통성이 반석 위에 굳게 서려면 대통령선거는 공정하고 투명하고 국민들의 신뢰를 받아야 할 것입니다.

2012년 국정원 대선 댓글 부정사건에서 박근혜 정권은 불법적인 국정원의 댓글사건으로 단 한 표라도 도움을 받지 않았겠습니까? 대통령선거를 다시 할 수는 없는 일입니다. 그러나 중요한 것은 그 댓글 부정사건에 대해서 책임 있는 당국자, 당사자가 대국민에게, 국민들에게 사과 한마디쯤은 해야 되는 것이 온당한 일 아니겠습니까?

대한민국헌법은 그 중요 순서에 따라서 1장부터 10장까지 기술하고 있습니다.

대한민국헌법 1조1항 "대한민국은 민주공화국이다." 대한민국헌법 1조2항 "대한민국의 주권은 국민에게 있고, 모든 권력은 국민으로부터 나온다."라는 1조부터 시작하여 제10장 헌법개정에 대한 130조까지 구성되어 있습니다.

헌법의 1장부터 10장까지의 순서는 어떻게 구성되어 있을까요?

1장 총강, 그리고 2장은 바로 국민의 권리와 의무입니다.

헌법적 가치 중에서 가장 중요한 것이 국민의 권리라는 말입니다.

제2장의 국민의 권리와 의무 중에서 지금 문제 되고 있는 테러방지법안과 밀접한 헌법 조항이 있습니다. 대한민국헌법 제17조는 대한민국 국민의 사생활의 자유를 보장하고 있습니다. 헌법 제17조는 단 한 줄로 구성되어 있습니다. 국민은 사생활을 침해받지 않는다는 것입니다.

테러방지법이 이대로 통과된다면 대한민국헌법 제17조 국민의 사생활을 침해하지 않는다 하는 조항을 정면으로 위반하게 되는 것입니다. 테러방지법안이 이대로 통과된다면 헌법재판소에서 위헌판결을 받을 것은 명약관화하다고 저는 생각합니다.

대한민국헌법 2장 제18조는 '대한민국 국민은 통신 비밀의 자유를 보장받는다'라고 되어 있습니다.

테러방지법의 핵심은 테러방지법이 아닙니다. 북한이 미사일을 쏘았는데 왜 박근혜 정권은 대한민국 국민의 핸드폰을 뒤지려 합니까? 북한이 로켓을 쐈는데 왜 대한민국 국정원은 국민들의 계좌를 추적하려 합니까?

대한민국헌법 제18조에서 보장하고 있는 국민의 통신 비밀의 자유를 왜 테러방지법안 본항이 아니라 부칙에 의해서 강제로 개정하라고 명령합니까? 대한민국 법률에서 부칙으로 다른 법을 개정하라고 명령하는 사례는 없었습니다.

그렇기 때문에 정의화 국회의장이 국가비상사태라는 말도 되지 않는, 논리적으로 매우 박약한 근거에 의한 테러방지법의 직권상정은 이것이 만약 이대로 통과되면 곧바로 헌법재판소에서 위헌판결을 받을 것입니다.

방금 말씀드렸습니다. 헌법과 법률이 다투면 그것은 헌법대로 해야 됩니다. 어떠한 법률도 헌법 위에 있을 수 없습니다. 그러하기에 헌법을 제정하거나 개정하고자 할 때는 국회 3분의 2의 동의가 있어야 하고 전 국민들의 의사를 묻는 것입니다. 헌법 말고 국민투표에 의해서 전 국민의 의사를 묻는 법률이 있습니까?

전 국민의 의사를 묻지 않고 헌법 위에 군림하려는 이 테러방지법안, 이것은 독재국가로 가자는 것입니다. 국정원을 통해서 국민을 사찰하고 국민을 통제하고 국민의 계좌를 낱낱이 뒤지고 심지어 국민들의 생활 리듬과 패턴까지 일일이 감시하여 정부를 비판하는 목소리에, 입에 재갈을 물리려는 일입니다.

박정희 정권이 유신헌법을 통해서 장기집권 음모를 꾀했다면 박근혜 정권은 테러방지법을 통해서 장기집권 음모를 꿈꾼다고 저는 생각합니다.

언론·출판·집회·결사의 자유가 가로막히고, 국민들이 정권이 무서워서 눈치 보며 말 못 하고, 언론은 정권에 아부하고, 정부 여당은 똘똘 뭉쳐 대통령의 입만 쳐다보는 그러한 시대 그것이 바로 독재시대이고 그것이 바로 유신의 회귀입니다.

대한민국헌법 2장은 국민의 권리와 의무라고 제가 말했습니다. 국민의 권리가 그만큼 중요하다는 말입니다.

대한민국의 헌법 1조부터 130조까지를 한마디로 압축 요약한다면 저는 국민의 자유와 인권 보장이라고 생각합니다. 대한민국헌법은 잘 만들어진 헌법이라고 그럽니다. 대한민국헌법 모든 조항에 면면히 흐르고 있는 것은 인권의 보호라는 헌법적 가치라고 말합니다. 국민의 자유와 인권이 보장되지 않고, 전제되지 않고 그 위에 설 수 있는 것은 없다는 것입니다.

대통령은 국가원수이자 행정부의 수반입니다. 미안하지만 행정부는 3장에 배치되어 있습니다. 국민의 권리와 의무 다음에 보장되고 있습니다. 그다음이 법원입니다. 사법부입니다. 제4장에 해당되겠습니다.

그래서 헌법이 보장하고 있는 삼권분립 그 중요도의 순서를 헌법 순서대로 말씀드리면 입법 행정 사법이라고 할 수 있습니다. 입법 행정 사법을 헌법은 규정하고 있고, 곧바로 헌법재판소를 기술하고 있습니다. 그만큼 헌법재판소는 헌법의 정신과 가치를 잘 수호하라는 뜻에서 입법 행정 사법 다음에 곧바로 헌법재판소의 역할과 기능을 명시하고 있습니다. 그리고 지방자치, 경제, 헌법개정 등 대한민국헌법은 130개 조항, 10장으로 구성되어 있습니다.

(이석현 부의장, 정갑윤 부의장과 사회교대)

이석현 부의장님, 고생하셨습니다.

제가 헌법을 이렇게 자세하게 말씀드리는 이유는, 대한민국 오천만 국민들이 각자의 생각이 있을 것입니다. 각자의 주장이 있을 것입니다. 보수도 있고, 진보도 있을 것입니다. 이곳 본회의장에서 어떠한 법률을 놓고 투표하는 것을 보면 찬성, 반대, 기권이 있습니다. 각자의 생각이 다 있습니다. 그 생각은 보장되어야 합니다. 비판할 권리, 찬성할 권리, 반대할 권리는 보장되어야 합니다. 특히 이곳 민의의 전당, 국회 본회의장에서는 두 말 할 나위가 없습니다.

프랑스의 사상가 볼테르는 '나는 당신의 생각에 동의하지 않는다. 그러나 당신의 말할 권리를 위해서 당신과 끝까지 싸우겠다'고 했습니다.

나의 생각과 다를지라도 다른 사람의 의견을 경청하고 그 사람의 주장에 논리에는 논리로 반박하되 그 사람의 입을 막지 않는 것, 그리고 비록 나와는 반대되는 입장이지만 그 사람의 말할 권리를 보장하는 것, 그것이 볼테르의 정신이요 민주주의의 정신입니다.

그런 면에서 봤을 때 소위 말하는 테러방지법안은 헌법적 가치에도 정면으로 위배될 뿐만 아니라 국민의 인권, 민주주의적 가치에도 정면으로 위배되는 반민주 독재법안입니다.

지금 정의화 국회의장께서 불법하게도 직권상정한 테러방지법안은 한마디로 말하면 국정원 강화법입니다. 국정원에게 대한민국에서 규정하고 있는 삼권분립에 입각한 법원의 영장 발부 없이 국민의 핸드폰을 마음껏 엿볼 수 있게 하는 법입니다. 북한이 로켓을 쏘아 올렸는데 우리는 왜 국민의 핸드폰을 들여다봐야 합니까?

테러방지법은 또 한마디로 말씀드리면 대한민국 국민의 은행 통장 계좌 내용을 법원의 영장 없이 국정원장이 마구

볼 수 있게 하는 무소불위의 무서운 법입니다. 참 나쁜 법안입니다.

제가 말씀드린 법원의 영장 없이 국민의 핸드폰을 들여다볼 수 있고 국민의 은행 통장 계좌를 엿볼 수 있는 것 이 두 가지를 제외하면 기존에 있는 법률에 대체적으로 다 보장되어 있습니다. 국정원법에 의해서 법원의 영장에 의해서 국민의 핸드폰을 볼 수도 있고 영장에 의해서 국민의 은행 계좌도 추적할 수 있습니다.

국정원법은 테러 업무에 대한 막강한 권한을 가지고 있습니다. 이미 국정원법에서 보장하고 있습니다. 그리고 정부의 대테러활동지침 그곳에도 지금 테러방지법안에 대한 거의 모든 내용을 이미 다 담고 있습니다. 새롭게 제정하려고 하는 테러방지법안은 기존의 국정원법이나 정부의 대테러활동지침에서 두 가지를 더 추가하려고 하는 것이지요.

제일 중요한 것은 '법원의 영장 없이'입니다. 법원의 영장 없이 국민의 핸드폰을 감청할 수 있습니다. 실시간으로 테러의 의심할 만한 자로 국정원이 낙인을 찍으면 그것이 1명이든 100명이든 1만 명이든 100만 명이든 국정원은 자유롭게 법원의 영장 없이 여러분들이 갖고 계신 이 핸드폰, 이 핸드폰은 녹음기가 되는 것입니다. 여러분이 핸드폰을 놓고 대화하는 모든 것을 국정원이 녹음할 수 있습니다. 너무 놀라운 일이지요.

국정원법과 대테러활동지침에서 빠져 있는 것이 바로 법원의 영장 없이 국민의 핸드폰을 들여다볼 수 있다는 것 그 조항이 없고, 법원의 영장 없이 테러에 대해서 의심할 만한 자에 대해서 은행 계좌 추적권, 정보 수집권이 없을 뿐입니다. 법원의 영장 없이 국민들의 통신 비밀을 그리고 국민들의 은행 계좌를, 두 가지를 다 털어서 정권이 봐야 되겠다 하는 것이 바로 이번 테러방지법의 핵심적 요소 두 가지입니다. 이 두 가지가 아니라면 이 법을 만들 의미가 없습니다. 그러하기 때문에 이것은 대한민국헌법 제17조·제18조를 정면으로 위반하고 있다고 저는 보고 있습니다.

국민 여러분! 테러방지법이 없어서 테러를 못 막습니까? 과연 그렇습니까?

그러면 지금 정부 여당에서 박근혜 대통령이 책상을 쳐 가면서까지 통과시키려고 하는 이철우 의원 법안의 테러방지법안은 지금도 없었습니다. 그러면 지금 이 법이 통과되기 이전입니다. 수십 년을 우리는 이철우 의원이 낸 법안 없이 살았습니다. 그렇기 때문에 테러가 많이 발생했습니까? 테러는 테러방지법으로 막을 수 있는 것이 아닙니다. 테러가 일어날 수 있는 요인을 제거하는 것, 그것이 바로 테러방지의 원천적 해결 방법입니다.

북핵방지법이 없어서 북한이 핵무기를 만듭니까? 그러면 북한이 핵을 만들고 있기 때문에 우리는 또다시 북핵방지법을 만들어야 합니까? 북한이 자꾸 핵실험을 하니까 핵실험방지법을 만들어서 국민의 핸드폰도 뒤지고 국민의 은행 계좌도 뒤지고 국민의 사생활도 심부름센터

직원 하듯이 국정원·경찰 정보과를 동원해서 국민들을 미행·감시해야 합니까?

북핵방지법을 대한민국 국회에서 만들어서 통과시키면 북한은 핵실험을 중단할까요? 북한의 핵실험을 막고자 북핵방지법을 국회에서 만드는 것이 과연 북한의 핵실험을 막는 가장 효율적인 수단일까요?

대한민국에는 수난구조법이 있습니다. 해상에서 사고가 발생했을 때 어떻게 해야 된다 하는 수난구조법이 있습니다. 수난구조법이 있는데 왜 세월호 참사는 발생했습니까? 선박침몰 방지법이 없어서 세월호 참사가 일어났습니까? 선박침몰 방지법을 만들면 세월호 참사는 일어나지 않는 일이었습니까? 테러방지법이 없어서 테러를 막을 수 없는 박근혜 대통령의 논리라면 세월호 참사도 났으니 선박침몰 방지법을 빨리 제출하세요. 그러면 또다시 세월호 참사 같은 일은 없어지지 않겠습니까?

박근혜 대통령, 청와대에서 지금 보고 계십니까? 경제가 파탄 났다고 합니다. 국민들은 못살겠다, 죽겠다고 얘기합니다. 그러면 대한민국 경제 몰락 방지법을 만드십시오. 그리고 국회에 제출해 주십시오. 그 법만 통과되면 경제가 좋아집니까?

국민들은 취직자리 없다고 일자리 없다고, 그리고 청년들은 실업률이 높아서 아우성치고 있습니다. 그러면 박근혜 대통령은 대한민국 일자리 감소 방지법을 제출하십시오. 대한민국 일자리 감소 방지법이 없어서 일자리가 감소합니까? 대한민국 일자리 감소 방지법을 내면 일자리가 늘어납니까? 말도 되지 않는, 이름은 그럴 듯한 테러방지법안으로 테러를 원천적으로 막을 수 없습니다.

테러라는 공포 마케팅을 통해서 국민의 언론·집회·결사의 자유를 억누르려는 그 얄팍한 음모와 꼼수를 죄송하지만 국민들에게 들키고 있습니다. 특히 국회의 필리버스터를 통해서 야당 의원들이 낱낱하고도 신랄하게 테러방지법안의 허술한 점을, 그 음모를, 그 의도를 며칠째 지금 폭로하고 있습니다.

대통령께서 국회의 필리버스터를 보면서 테러방지법이 통과되지 않는다고 책상을 열 번을 친들 백 번을 친들 국민들이 답답해서 가슴을 치는 그 막막함보다 더 답답하시겠습니까?

박근혜 대통령께 권고합니다.

노무현 대통령이 '원 포인트 개헌을 하자. 국회의원 4년 임기와 대통령의 임기 5년이 한 해에 만나는 기간이 20년이 걸린다. 국회의원선거 하고 몇 달 이따 대통령선거 하는 국력 낭비를 막자. 그래서 국회의원선거와 대통령선거를 같이 하자. 그 한 조항만 고치자', 소위 말하는 원 포인트 개헌을 제안했을 때 박근혜 당시 한나라당 의원께서 노무현 대통령을 향해서 참 나쁜 대통령이라고 말했습니다.

되돌려 드리겠습니다. 삼권분립을 무너트리고 법원의 영장 없이 국민의 핸드폰과 국민의 은행 계좌를 마구잡이로 털어 가겠다는 박근혜 대통령은 참 더 나쁜 대통령입니다. 어떻게 이런 발상을 할 수 있습니까?

국정원은 대통령 직속기관입니다. 국회의 대정부질문이 있을 때 저쪽의 국무위원석에 모든 장관이 다 나오고 국무총리가 나와도 국정원장은 나오지 않습니다. 대한민국의 각 부처 장관들이 총리의 지휘를 받습니다. 그러나 유일하게 단 한 명, 국정원장은 총리의 지휘를 받지 않습니다. 오로지 단 한 사람, 대통령의 지휘를 받습니다. 그러기에 대통령과의 독대권을 갖기 때문에 국정원이 무소불위의 권력을 휘두를 수 있는 것입니다. 노무현 대통령은 그러한 국정원의 생리를 잘 알기 때문에 독대보고를 단 한 차례도 받지 않았다고 그럽니다.

박근혜 대통령은 국정원장으로부터 지금까지 몇 번이나 독대보고를 받으셨습니까? 국정원장의 은밀한 정보 보고를 받으면 행복하십니까? 대한민국 국민들을 쥐락펴락할 수 있다는 자신감이 솟구쳐 오르십니까? 국정원 하나 있으면 모든 장관들의 동태를 파악해서 장관들을 옴짝달싹 못 하게 하는 데 유용하십니까?

박근혜 정권의 어느 장관이 국정원장 앞에서 무슨 말을 하기가 참 무서웠다라고 말하는 것을 제가 들었습니다. 장관들도 무서워합니다. 청와대에 있는 수석비서관들도 국정원장을 무서워합니다. 나중에는 박근혜 대통령도 언젠가 국정원을 무서워할 날이 있을 것입니다, 지금처럼 테러방지법이 이대로 통과된다면요. 어느 누구도 국정원 앞에서 고개 들고 말할 수 없는 날이 올지도 모릅니다. 박근혜 대통령도 퇴임 이후에 예외가 아닐 것입니다.

저는 제대로 된 테러방지법을 원합니다. 테러방지법을 반대하는 정신 나간 국회의원이 어디 있겠습니까? 그 테러방지법은 테러에 대한 방지에 효율적이고 효과가 있어야 할 뿐만 아니라 국민의 인권과 헌법 정신의 보장의 전제 안에서 이루어질 때 말입니다.

저는 국정원을 사랑합니다. 제대로 된 국정원은 국가의 안보를 위해서 반드시 필요한 조직입니다. 제가 국정원을 다루는 19대 국회 전반기 정보위 간사였습니다. 대한민국 국민, 대한민국 정부, 대한민국 국회의원 어느 누구보다도 국정원에 대해서 속속들이 잘 알고 있는 사람입니다.

국정원법은 국회 정보위의 위원 또는 저처럼 간사를 하면서 국정원의 속속들이 아는 내용, 국정원의 비밀을 지키게 되어 있습니다. 그것은 당연한 일입니다. 국가정보원의 민감한 정보는 바로 국가의 안위와 직결되기 때문입니다. 저는 그래서 19대 국회 전반기 국회 정보위 야당 간사를 하면서 취득한 정보를 단 한 차례도 유출한 바가 없습니다. 오히려 국가정보원이 해킹 프로그램으로 북한의 정보를 입수하고 있다라는 대역무도한 국가 기밀을 폭로했습니다. 북한의 정보를 해킹 프로그램으로 입수하고 있다는 천인공노할 국정원의 자백 폭로는 정보위 간사를 한 저로서는 대역죄에 해당된다고 생각합니다.

국정원이 그동안 해킹 프로그램으로 북한의 정보를 입수하고 있다는 사실을 국민 여러분들은 몰랐을 것입니다. 저는 이미 알고 있었습니다. 그러나 저는 그 정보를 유출하지 않았습니다. 그러나 국정원 스스로 실토함으로써 얼마나 많은 대한민국의 국익에 치명적인 피해를 입혔는지 국민 여러분들께서는 감도 잘 안 잡히실 것입니다. 저는 압니다. 국정원 스스로의 그 자뻑 폭로가 얼마나 많은 국익적 손상을 가져왔는지 저는 압니다.

국정원이 스스로 자뻑 폭로한 해킹 프로그램으로 북한의 정보를 입수하고 있다는 그 말 한마디에 북한은 모든 핸드폰 체계를 바꿨을 것입니다. 해킹 프로그램으로 북한의 정보를 입수했던 국정원 요원들은 어쩌면 북한의 테러 위험에 전전긍긍했을지 모릅니다. 국정원의 그 자뻑 폭로 하나로 얼마나 많은 국정원 요원들이 테러 위험에 노출되었는지 저는 짐작합니다.

국정원 스스로 이런 짓을 해서는 안 됩니다. 국정원이 왜 그랬습니까? 스스로 불법 정보 수집을 하다가 들통이 났기 때문에 그것을 모면하고자 스스로 지켜야 될 비밀 정보를 스스로 실토할 수밖에 없는 상황까지 내몰린 것 아니겠습니까? 국정원이 이래서는 안 됩니다.

저는 테러를 반대합니다. 제대로 된 테러방지법을 만들어야 합니다. 그러나 지금 새누리당이 제출한 테러방지법안은 테러방지법이 아니라, 테러를 막는 법이 아니라 국민 사찰법입니다. 국민 감시법입니다. 영구집권 음모입니다. 그래서 반대합니다.

제대로 된 국정원을 저는 사랑합니다. 그러나 지금의 국정원은 제대로 된 국정원이 아닙니다. 저는 대한민국의 국익과 대한민국의 국민의 생명과 안전과 국가안보를 수호하는 최첨병으로서 국정원이 바로 서야 한다고 생각합니다.

제대로 된 국정원은 어떠한 국정원입니까? 첫째, 북한의 남침 위협으로부터 우리 국가를 보전하고자 북한의 동향을 제대로 파악하고, 그리고 국회에, 대통령께 보고하는, 국가안보 차원에서의 정밀한 정보를 습득하는 국정원이 국정원의 제1의 목적일 것입니다.

둘째는 대한민국 국민들의 생명과 재산을 위협하는 테러 전과자나 테러 의심분자, IS 등 국제 테러단체나 조직원들로부터 우리 국민들의 생명과 안전을 보장하는 일일 것입니다. 그것이 국정원의 제2의 존재 이유이고 목적입니다. 국제 테러단체로부터 우리 국민의 생명을 보호하는 것 그것이 국정원의 또한 역할 중에 중요한 역할의 하나일 것입니다. 그런데 어찌해서 그런 데는 신경 쓰지 않고 대한민국 국민들의 핸드폰을 엿보려고 합니까? 대한민국 국민들이 테러 의심, 테러 예비 음모자들입니까?

제가 정보위 간사를 할 때 그러한 예산을 더 많이 편성하라고 국정원에게 요구했고 그리고 국제 테러단체 전과자나 위험 인물들이 국내에 잠입하지 못하도록 그 예산을 더 올려야 하지 않겠느냐라고 말했습니다. 국정원 예산 담당자가 '저희들도 미처 생각하지 못한 것을 말씀해 주셔서 너무 감사합니다'라고 말한 적이 있습니다. 불필요한 정쟁의 논란거리인 1인당 14만 원의 안보관광 예산을 빼서 국제 테러를 막을 수 있는 그 예산으로 옮겨 준 기억이 있습니다. 총선 때나 대선 때가 오면 국정원 비밀 예산으로

국민들에게 제3땅굴, 백령도, 연평도, 통일전망대 등을 관광시키는 안보관광 예산을 수백억 쓰고 있었습니다. 절반으로 싹둑 잘라서 대테러 보안 업무 예산으로 편성한 적이 있습니다. 그것이 대한민국 국회 정보위원들이 하는 일입니다.

세 번째, 대한민국 제대로 된 국정원은 산업 스파이를 잡아야 합니다.

대한민국 경제의 근간, 핵심을 이루는 정밀 산업기술을 유출하거나 빼내 가려는 시도에 대해서 국정원이 그것을 막아야 합니다. 그것이 국정원의 제대로 된 역할입니다. 그 고도의 산업기술은 일반 국민은 잘 모릅니다. 그 분야의 최고의 권위자들이 그 산업기술이 유출됐는지 안 됐는지를 알아챌 수 있습니다. 국정원 자체의 실력으로 하든 그분들의 도움을 받은 막대한 국부가 빠져나가는 산업 스파이를 잡는 일, 그것이 국정원이 하는 일입니다.

그리고 국정원의 업무 네 번째 중요한 것은 대한민국의 안보와 대한민국의 헌법질서와 그리고 대한민국을 위협하려고 하는 간첩을 잡는 일입니다.

역대 국정원의 전신이었던 중앙정보부와 안기부는 애매하고도 엉뚱한, 조작된 간첩만 잡았습니다. 그리고 국정원 과거사진실화해위원회에서 안기부나 중앙정보부가 잡았던 간첩은 간첩이 아니라 중앙정보부와 안기부가 조작해서 만든 간첩이었다는 것을 발표했습니다. 제대로 된 국정원이라면 지금의 국정원의 전신, 중앙정보부와 안전기획부에서 수행했던 조작된 간첩이 아니라 진짜 오리지널 간첩을 잡는 일에 매진해야 하지 않겠습니까?

그다음에 국정원이 할 일이 대한민국 정부조직 공무원들, 청와대, 이런 분들이 혹시 대한민국의 국가 기밀을 유출하고 있는지, 뭐 그런 것쯤은 봐야 되지 않겠습니까?

지금까지 말씀드린 이러한 일을 하기에도 대단히 할 일이 많고 벅찹니다. 국정원은, 우리가 북한의 정보, 대테러 업무, 산업스파이, 이런 국정원 고유한 업무를 하기 위해서 예산을 써야 합니다.

국정원의 1년 예산과 국정원의 조직, 위치 등은 국정원법에 의해서 비밀의 자유가 있습니다.

저는 정보위 간사로서 국정원의 예산을 아주 상세하게 들여다봤습니다. 국정원이 밝혀서는 안 되는 비밀요원도 있습니다. 국정원이 밝혀서는 안 되는 예산도 있습니다. 잘 알고 있습니다. 대한민국 국회의원으로서, 대한민국 정보위 위원으로서 그것을 다 보장했고 지켜 줬습니다. 그리고 제가 죽을 때까지 정보위를 하면서 얻었던 비밀은 지킬 것입니다. 그러나 제가 알고 있는 한 지금의 테러방지법이 없어서 국정원의 업무를 못 한다라는 것은 새빨간 거짓말입니다. 지금도 차고 넘칩니다.

제대로 된 국정원으로 가는 데 저는 핵심은 대공 수사권의 검찰 이양이라고 생각합니다. 대공 수사권이 있기 때문에, 대공 수사라는 말 한마디에 국정원이 무소불위의 권력을 휘두르는 횡포에 대한민국 검찰도, 대한민국 공무원도, 대한민국 국민도 숨죽일 수밖에 없습니다. 간첩

잡는 데, 혹시 국정원이 간첩 잡는다는데 내가 그것을 반대하고 비판했을 때 나에게 무슨 피해가 있을까 두려운 것입니다.

미안하지만 제가 알고 있기로는 국정원의 대공 수사 능력보다 검찰 공안부의 수사 능력이 저는 더 뛰어나다고 생각합니다. 국정원이 어깨에 힘이 들어간 것을 빼는 것은 바로 대공 수사권을 검찰 공안부로 이양하고 국정원에서 취득한 국제정보나 각종 정보를 검찰 공안부에 제공하면 될 것입니다. 대공 수사권이 있기 때문에 국정원이 계속 무소불위의 권력을 휘두를 뿐만 아니라 국정원의 권력을 더 확대시켜서 대한민국을 주무르는, 입법·행정·사법의 위에서 초헌법적 국가 기구로 군림하고자 하는 유혹에서 벗어나지 못하는 것입니다.

제대로 된 국정원, 대북 정보, 대테러 정보, 그리고 산업 스파이 등의 고유한 업무로 국정원을 돌려 줘야 합니다.

국정원 자체 스스로의 힘으로는 불가능합니다. 1차장과 2차장과 3차장이 무슨 일을 하는지 모릅니다. 정확하게 칸막이가 되어 있습니다. 국정원 스스로도 국정원의 자체 개혁을 할 수가 없습니다. 국정원은 내부의 힘으로 국정원을 바꿀 수 없습니다. 외부의 힘으로 국정원을 개혁해야 합니다. 대공 수사권을 빼지 않는 한 국정원은 제대로 된 국정원으로 가기 어려울 것이라고 저는 단언합니다.

민주주의 삼권분립이 삼발이처럼 제대로 안정적으로 서 있으려면 국정원의 대통령 직속기관도 재검토해야 될 사안입니다. 국무총리의 지휘·통제도 받지 않는 국정원이기 때문에 힘이 생기는 것이고, 대공 수사권을 가지고 있는 것이기 때문에 남북 분단 대치 상황 속에서 국정원이 특수한 힘을 갖는 것입니다.

모두에서 말씀드렸다시피 국정원의 그런 힘으로 남북 평화를 살 수 없습니다. 테러방지법안은 국민 사찰법이고 국민 감시법입니다. 국정원 강화법입니다. 바이 더 피플(by the people), 오브 더 피플(of the people), 포 더 피플(for the people),국민을 위한 것이 아닙니다. 이 테러방지법은 한마디로 말씀드리면 바이 더 국정원, 오브 더 국정원, 포 더 국정원입니다. 오로지 국정원의 권한 강화를 사법부, 법원의 판사 영장 없이 국민들의 은행 계좌를 마음껏 뒤질 수 있고 통신 내역을 마음대로 조회할 수 있게 하는, 일찍이 건국 이래 찾아보지 못했던 반헌법적이고 반삼권분립적인 괴물 법안입니다.

지금까지 1시간 가까이 제가 말씀드린 금번 직권상정된 테러방지법안 이것이 통과되지 않는다고 박근혜 대통령은 난타 재능을 보였습니다. 책상을 열 번이나 쳤다고 그럽니다. 가슴을 10번, 100번, 1000번, 1만 번 치고 있는 국민들의 모습을 대통령께서는 보고 계십니까?

국민의당에서는 '정보위를 상설화한다면 된다, 그러면 해결된다'라고 말했습니다. 이것이 얼마나 위험천만한 주장이고 수박 겉핥기 식 주장인지 제가 말씀드려 보겠습니다.

정보위에 소속되어 있지 않고 정보위를 경험하지 못한 분들은 흔히 이렇게 주장할 수 있습니다.

우리는 각 상임위에서 국정감사를 하면서 자료 제출을 놓고 실랑이를 많이 합니다. 대체적으로 정부는 자료를 제출하지 않으려고 하고 국회의원들은 그 자료를 받으려고 합니다. 그러나 끝내 정부는 자료를 제출합니다. 정 자료를 제출할 수 없다면 육안으로 열람까지 합니다. 대체적으로 그렇습니다. 그러나 국정원은 '국정원법에 의해서 국회의원들이 요구하는 자료에 대해서 국가 기밀상 자료를 제출할 수 없음을 양해해 주시기 바랍니다' 하고 빨간 도장 딱 찍어 오면 그것으로 끝입니다.

국정원은 이렇게 다른 부처와 달리 특수하게 그 비밀을 보장받고 있습니다. 사실상 자료 제출 거부권을 국정원이 가지고 있습니다. 그래서 국회 정보위 위원들은 늘 하는 얘기가 '그것이 무슨 국가 기밀이라고 자료를 제출하지 않으면서 양해 바란다고 말하느냐' 하고 매일 말합니다. 그래도 국정원은 제출하지 않습니다.

국정원은 이런 논리를 펴고 있습니다. '그것이 아무리 낮은 수준의 정보라 할지라도 그 정보를 우리가 알고 있느냐 모르고 있느냐 하는 것도 정보입니다'…… 맞는 얘기입니다. 북한 김정은의 부인이 리설주이냐 아니냐, 리설주가 김정은의 부인이라는 것을 언제 알았느냐, 어떻게 알았느냐, 언제 발표하느냐, 이것이 다 정보입니다. 그래서 정보는 민감성 피부입니다.

그 정보의 가치가 높든 낮든 그 말은, 그 말 자체는 국정원 말이 맞습니다. 아무리 낮은 단계의 북한 정보라 할지라도 북한이 그것을 언제 정보를 습득했느냐 그 자체가 정보입니다. 북한 김정은의 부인이 리설주이다라는 것을 모르고 있다 이것도 정보입니다. 북한에서 생각했을 때는 '대한민국 국정원은 그것도 모르는구나', 그 정보를 북한이 알기 때문에 그것 또한 정보입니다.

그래서 국정원이 스스로 판단했을 때, 저희가 봤을 때는 말도 안 되는 일이지만 '이 정보를 국회의원에게 제출 하고 안 하고 하는 것도 정보입니다' 이렇게 얘기합니다. '그것은 국정원 고유의 업무를 위해서 아무리 낮은 정보라도 저희가 제공할 수 없음을 양해해 주시기 바랍니다' 그러면 할 말이 없습니다.

국정원은 검찰도 들어갈 수 없는 조직입니다. 왜냐?

여러분은 혹시 검찰의 압수수색을 받은 적이 있습니까? 검찰이 사전에 통보합니까? 어떤 범죄 혐의가 있는 범죄자를 검찰이 법원의 영장을 받아서 압수수색을 할 때 미리 전화로 하루 전에 통보해 줍니까? '우리 검찰이 당신 집에 가서 컴퓨터 압수해 올 거고 이러저런 서류를 다 가지고 올 거니까 그리 아시오' 하고 하루 전에 통보해 줍니까? 안 하지 않습니까? 압수수색의 영장을 받은 것도 정보이고 언제 그 집에 들어가서 압수수색을 한다는 것도 정보 아닙니까? 그렇기 때문에 절대로, 검찰이 압수수색을 할 때는 완전 극비로 전격적으로 압수수색을 합니다.

그런데 국정원은요, 지난번 간첩 사건이나 그리고 국정원 댓글 사건 때 보셨습니까? 국정원법에 보장되어 있습니다.

검찰이 국정원을 압수수색할 때는 지체 없이 국정원에게 보고하게 되어 있습니다. 그것도 국정원이, 국정원장이 압수수색을 하러 온 검찰 직원들을 국정원 청사 내로 들여보내지 않을 권리도 있습니다. 검찰이 압수수색 영장을 가지고 왔는데 국정원장의 허락 없이는 국정원 청사를 출입할 수 없습니다. 이처럼 국정원은 특수한 권한을 부여받았습니다.

국정원을 압수수색을 할 때는 미리 고지를 해야 합니다. 국정원 직원을 체포하려고 하면 '국정원 직원을 체포하려 한다, 지금 체포했다', 지체 없이 국정원장에게 보고해야 합니다. 이처럼 어느 누구도 누리지 못하고 있는 권리를 국정원은 누리고 있습니다. 그러면 국정원에게……

대한민국 5000만 국민은, 대한민국의 모든 기관은, 만인은 법 앞에 평등해야 하거늘 왜 국정원만 유독 법 앞에 평등하지 않고 법 앞에 권리와 이익을 특수하게 누리는 걸까요? 그 이유는 국정원이 그만큼 중요한 역할을 하기 때문에, 국가 안보와 직결되고 있기 때문에 웬만한 것쯤은 국정원은 봐주자 이런 것 아닙니까? 이런 국정원에게, 국정원이 무엇이 더 아쉬워서 무소불위의 권력에 양 날개를 또 달아주려 합니까, 그것도 법원의 영장 없이?

지금 법원의 영장을 발부받아야만 검찰도 국정원도 국민의 통신내역을 조회할 수 있습니다. 감청을 할 수 있습니다. 통화내역을 조사할 수 있습니다. 지금 현재의 법이 법원 판사의 영장을 발부받아야 한다라고 의무조항으로 규정되어 있음에도 불구하고 경찰 검찰 국정원 등에서 국민들의 통신내역을 얼마나 불법적으로 조회했는지 국민 여러분은 알고 계십니까?

놀라지 마십시오. 지난 4~5년 간 무려 9000만 건의 국민의 통신내역을 조회합니다. 국민 1인당 2건씩에 해당됩니다. 한 사람의 범죄자를 수사할 때는 광범위하게 그물망을 쳐서 수사하는 것이 맞습니다. 통화내역 조사해야 되고 통신내역 조사해야 되는 상황이 있습니다. 그러나 그것은 법원의 영장에 의해서만 가능합니다.

법에 법원의 영장을 발부받아 압수수색, 통신내역 조회를 할 수 있다라고 지금 규정하고 있음에도 불구하고 박근혜 정권 들어서 무려 9000만 건의 통신내역 조회가 있다는 이 엄청난 사실을 국민들은 알고 계십니까?

유병언 수사 때 국민들의 위치 추적까지, 내비게이션까지 감시했다는 사실 여러분들은 기억하고 계십니까? 카카오톡과 네이버 밴드까지 사찰했다는 것, 국민 여러분, 몇 년 전에 있었던 일 아닙니까? 건강보험공단 자료 350만 건도 수사 당국이 무작위로 쓸어가서 국민의 사생활까지 엿봤다는 사실을 국민 여러분 기억하고 있지 않습니까?

법원의 영장의 발부를 받고 그런 일을 해야 하는데 불법적으로 진행됐고 약 9000만 건의 통신내역 조회가 있었습니다. 그런데도 경찰이, 수사당국이 '당신의 통신내역을 우리가 조회했습니다'라고 통보해 준 것은 38%에 불과합니다. 아직도 62%의 국민들은 내 핸드폰 내역을 사법 당국이 조사했는지를, 들여다봤는지를 모르고 있습니다.

법에는 수사가 종료되면 국민의 통신내역 조회한 것을 통지해 주게 되어 있습니다. 너무나 많은 통신내역을 조회하기 때문에 일일이 통보해 주는 것이 귀찮아서 수사가 종결된 사건도 '계속 수사 중'으로 서류를 넘기고 넘기고 해서 그 핑계 대고 국민들에게 통신내역을 조회했다는 사실을 통보하지 않고 있습니다. 그래서 38.5%밖에 국민들이 모르고 있는 일입니다.

법원의 영장을 발부받아 압수수색을 하거나 통신내역 조회를 해야 한다는 엄연한 의무조항, 강제조항의 법조항이 있는데도 불구하고 최근 4년 동안 국민의 핸드폰을 들여다본 숫자가 9000만 건이 넘는데, 상황이 이렇게 엄중한데 또 다시 국정원에게 영장 없이 국민의 핸드폰 내역을 마음대로 들여다봐라 그러면 최근 4, 5년 동안에 9000만 건의 통신내역 조회는 9억만 건, 9조몇십억 건 이런 통계수치가 나올 것입니다.

국민 1인당 한 달에 한 번, 두 달에 한 번 이런 꼴로 국민 여러분들의 이 핸드폰이 국정원에 의해서 도·감청될지도 모를 일입니다. 무섭지 않습니까? 제가 말하는 것은 정확한 팩트이고 사실입니다.

국정원 해킹 프로그램 사건 때 국정원이 자백 폭로한 그 프로그램을 이용해서 북한의 정보를 입수했다 하는 말이 얼마나 국익상 피해를 주는 말이고 극악무도한 대역죄인지 저는 절절하게 잘 알고 있습니다.

(휴대전화를 들어 보이며)

저는 중요한 대화를 할 때 이 핸드폰을 앞에 놓고 이야기하지 않습니다.

(휴대전화에서 배터리를 분리하며)

이 핸드폰을 열어서 배터리를 열고 이 갤럭시 폰을 통해서 국정원이 이것을 타고 와서 내 말을 엿듣지 못하도록 이렇게 빼고 저는 얘기합니다. 왜? 그 기능이 가능합니다.

국민 여러분, 제가 없는 얘기 하는 것이 아닙니다. 실제로 이 삼성 갤럭시 폰은 사생활 보호에 무방비로 노출되어 있는 핸드폰입니다. 국정원에서는 그래서 지금도 2G 폰을 쓰고 있습니다. 지금 많은 국회의원들도, 2G 폰으로 돌아가는 국회의원들을 저는 많이 봤습니다. 이 핸드폰이 우리에게 편리한 도구임에는 분명하지만 우리가 갖고 다니는 무서운 흉기가 될 수도 있다는 것을 우리는 알아야 합니다.

지금도 마음만 먹으면 얼마든지 핸드폰 도청 쥐도 새도 모르게 할 수 있습니다. 핸드폰 감청장비가 없다라고 국정원은 말합니다. 저는 믿지 않습니다. 국정원에서 국민들 도·감청을 하지 않고 있다라고 얘기합니다. 저는 믿지 않습니다.

저는 국정원이 얼마나 무시무시한 조직인지 잘 알고 있습니다. 국정원이 얼마나 무소불위한 정치집단인지 저는 잘 알고 있습니다. 세계 역사상 유례를 찾아볼 수 없는 국가 정상 간의 정상대화록을 지켜야 할 국정원이 그것까지 공개합니다.

제가 정보위 간사를 할 때 국정원에서 연락이 왔습니다.

NLL대화록, 노무현 대통령 대화록을 공개하겠다는 것입니다. 그렇기 때문에 여당 간사, 야당 간사, 정보위원장한테 주겠다는 것입니다. 제가 받지 않겠다고 했습니다. 그것 가지고 오면 큰일 날 일이다, 가지고 오지 말라고 얘기했습니다. 저한테 통보한 30분 후 그것을 가지고 왔습니다. 수령을 거부했습니다. 그랬더니 야당 정보위원들 의원실을 찾아다니면서 그 대화록을 받으라는 것입니다. 제가 긴급하게 다른 정보위원들한테도 그거 받으면 큰일 난다고, 수령하지 말라고 얘기했습니다. 야당이 NLL대화록 수령을 거부하자 무차별적으로 그냥 전격적으로 공개해 버리고 말았던 것이 NLL대화록 국정원 유출입니다.

그 사건이 있고 나서 서울시 공무원 유우성 간첩조작 사건으로 결국 남재준 국정원장이 물러났지만 이렇게 세계 역사상 어느 국가에서도 정보당국이 국가 정상의 대화록을 백주대낮에 공개하는 이러한 극악무도한 일을 하고 있는 것이 대한민국의 국정원입니다. '국가정보원'이 아니라 '국가정보유출원'입니다. '우리는 해킹 프로그램으로 북한 정보를 입수하고 있다' 이렇게 자백 폭로를 하는 정보기관이 어디 있습니까?

저는 제대로 된 국정원은 반드시 필요한 국가의 조직이라고 다시 한 번 강조합니다. 제대로 된 국정원이라 함은 국내 정치 개입에 대한 유혹을 차단해야 하는 일이 있습니다.

지금의 대한민국 국정원 요원들, 대단히 똑똑하고 훌륭합니다. 국정원 요원이 되면 특수훈련을 많이 받습니다. 신체도 건강하고 정신도 건강하고 머리도 좋고 인물도 좋습니다. 훌륭한 자산들입니다. 저는 이렇게 훌륭한 국정원 직원들이 국정원에 가서 국정원의 정치 개입의 노예가 되는 것을 참으로 안타깝게 생각합니다.

제대로 된 국정원은 어떤 국정원일까요?

첫째, 대통령 1인을 위해서 충성하는 국정원이 되어서는 안 됩니다. 국가를 위해서 충성하고 국민을 위해 헌신하는 국정원, 그것이 제대로 된 국정원입니다.

있지도 않는 사실을 왜곡하고 선량한 국민을 두들겨 패고 조작해서 간첩으로 만들고, 그런 것이 국정원이 할 일이 아니라 테러로부터 노출된 대한민국 국민의 생명과 재산을 지키는 것, 해외여행을 하고 있는 자국 국민들이 혹시 그 나라 깡패들에게 다치지는 않을까, 혹시 국제 테러단체들에게 테러의 위험에 노출되어 있지는 않는지 이것을 살피는 일, 이것이 제대로 된 국정원의 일입니다.

북한의 정치 정세, 주요 인물들의 동향, 이런 것을 정밀하게 파악하고 있어야 되는 것이 국정원이 할 일입니다. 대한민국의 고도의 산업기술이 혹시 빠져나가지 않는지 이것을 24시간 불꽃같은 눈동자로 지켜보는 것, 그것이 국정원이 해야 될 일입니다. 지금처럼 '영장 없이 국민들의 핸드폰을 마구잡이로 볼 수 있게 해 주세요', '영장 없이 국민들의 은행 통장계좌를 마음껏 볼 수 있게 해 주세요' 이것은 국정원이 해야 될 일이 아닙니다.

저는 지난 2년간 국정원 직원과 매일 통화하고 자주 보고 밥도 먹고 대화도 하고 그리고 일반 국민들과 일반 국회의원보다는 그래도 많은 정보를 가지고 있습니다.

제가 정보위를 떠날 때 국정원 최고위 관리들이 저에게 한 말이 있습니다. '처음에는 정청래 간사님을 많이 두려워했고 또 의심도 했습니다. 어떻게 해야 되나? 그러나 지나 보니 정말 국정원을 사랑하고 국정원이 지켜야 될 비밀을 하나도 유출하지 않았고, 오히려 1차장·2차장·3차장이 예산 다툼하고 있을 때 2차장 예산을 뺏어다가 3차장에 주고 불필요한 3차장 소속 예산을 깎아서 1차장에 주고 그런 것을 저희 자체적으로는 할 수 없는데 예산결산소위 위원장으로서 그 일을 해 줘서, 저희가 할 수 없는 일을 해 줘서 의원님 너무 감사합니다'라고 말을 들은 적이 있습니다.

저는 국정원 비밀요원들이 얼마나 자신의 생명을 걸고 국가안보를 위해서 뛰고 있는지 잘 알고 있습니다. 그 국정원 요원들은 항상 생명의 위협을 받고 있습니다. 국정원장·제1차장·2차장, 국정원 고위 간부들이 국정원 청사에 앉아서 정치에 개입하고 조작간첩 만들 때 제대로 된 국정원 요원들은, 필드에서 뛰고 있는 요원들은 자신의 생명을 내놓고 하나의 정보라도 습득하기 위해서 얼마나 열심히 뛰고 있는지를 저는 잘 알고 있습니다.

국정원을 비판하면서 저는 그 비밀요원들을 생각합니다. 그분들의 망연자실, 그분들의 허탈함 그것을 생각합니다. 지금도 전 세계 각국에 파견되어 있는 국정원 요원들이 있습니다. 그분들이 얼마나 많은 노고를 하고 있고 얼마나 충실한 애국자들인지 저는 잘 알고 있습니다. 지금 이 순간 이 시각에도 어쩌면 죽을지도 모르는 사지에서 대한민국 국가를 위해서 충성을 하고 있는 제대로 된 현장 비밀 국정원 요원들 있습니다. 그 요원들이 지금 국회에서 벌어지고 있는 이 필리버스터 상황들을 어떻게 보고 있을까요?

정말 국정원 고위 간부들, 국정원의 정치공무원들, 그분들의 피와 땀과 목숨을 건 사투를 매도당하게 하지 마십시오.

저는 분명히 말했습니다. 제19대 국회 전반기 국회 정보위 간사를 한 사람으로서 국정원 댓글부정사건에 대해서는 누구보다도 추상같이 혹독하게 국정원을 비판하고 국정원을 강하게 공격했습니다. 그러나 제대로 된 국정원을 위해서 그 누구보다도 효율적인 예산편성과 그리고 언론도 모르게 국정원이 도와달라고 요청하는 것을 많이 도와드렸습니다. 누구보다 국정원을 잘 아는 사람으로서 우리 야당 국회의원들이 혹시 잘못된 정보와 짐작으로 국정원을 비판하려고 했을 때 제가 여러 차례 만류도 했습니다.

국정원은, 제대로 된 국정원은 지금의 국정원의 행태, 최고위층 고위 간부들, 사실은 몇몇 사람만 제대로 바꿔 버리면 아주 유능한 정보 당국이 될 수 있습니다. 저는 그것을 확신합니다.

제대로 된 국정원으로 가려면, 첫 번째 제대로 된 정신으로 국정원을 지휘하고 있는 대통령부터 제대로 서야 합니다. 그 대통령으로부터 제대로 된 국정원장을 임명하면 그리고 1차장, 2차장, 3차장, 기조실장 이 정도만 제대로 된 사람들이 가면 그 밑에 있는 국정원 직원들은 국가를 위해서 제대로 된 충성을 다할 것입니다.

국정원을 개혁하는 것 어렵지 않습니다. 아주 간단하고 쉽습니다. 제가 말씀드린 대통령, 국정원장, 1차장, 2차장, 3차장, 기조실장 이 정도만 제대로 된 국정원 역할을 할 수 있다면 국정원 그 밑의 부하직원들은 상명하복과 아주 충실한 공무원들이기 때문에 허튼 짓을 할 수가 없습니다. 허튼 짓을 하지 않을 겁니다.

여러 가지 국정원 개혁 법안이, 개혁안이 많이 나오지만 제대로 된 국정원 수뇌부를 구성하는 것, 그것이 가장 빠르고 가장 효과적인 국정원 개혁의 전부라고 저는 생각합니다.

국민 여러분!

테러방지법안은 이 법안으로 테러를 막을 수 없습니다. 북핵방지법이 없어서 북한이 핵무기를 만드는 것이 아닙니다. 선박침몰방지법이 없어서 세월호 참사가 일어난 것이 아닙니다.

테러를 막으려면 한반도의 긴장상태를 완화하는 것, 남과 북이 잘 지내는 것, 금강산 관광을 제대로 하는 것, 개성공단이 원래대로 잘 돌아가는 것, 6자회담이 복원되는 것, 그것이 북한의 위협으로부터 우리가 살 수 있는 길입니다. 북한의 위협을, 그 수위를 낮출 수 있는 길입니다.

북한이 핵실험을 했다고 해서 북핵방지법을 만들어 보십시오. 그렇다고 북한이 핵실험을 안 할까요? 북한은 분단 이래, 남과 북이 서로 다른 정부를 수립한 이래, 한국전쟁이 발발한 이래 그리고 1953년 7월 27일 정전협정이 일어난 이래 북한은 상시 위험변수입니다. 북한의 위험은 상존하고 있습니다.

지금 엉뚱하게도 정의화 국회의장이 국가비상사태를 선포했습니다. 그런 식으로 따진다면 1953년 7월 27일부터 2016년 2월 27일 오늘까지 매일 국가비상사태여야 합니다.

1975년에 발효된 긴급조치 9호·7호 이것이 긴급조치가 아니다, 국가비상사태가 아니다라고 이미 대법원은 판결한 바 있습니다. 헌법재판소는 위헌이라고 판결한 바 있습니다.

국가비상사태라면 대한민국 공무원 3분의 1이 야근해야 됩니다, 야근. 대한민국은 국가비상사태에 대한 규정을 하고 있는 법안이 54개가 있습니다. 그 50여 개의 법률에서 국가비상사태 때 어떻게 해야 되는지 매뉴얼이 다 나와 있습니다. 국방부장관은 갑호 비상경계령을 내려야 합니다. 군인들은 워커를 풀지 못합니다. 대한민국 공무원의 3분의 1은 밤에 근무해야 됩니다. 집에 퇴근 못 합니다. 이것이 국가비상사태입니다.

그리고 국회의원들은 이 본회의장에 빠지지 말고 다 나와야지요, 국가비상사태인데. 그런데 새누리당 국회의원들은 왜 달랑 4명만 이 자리에 나와 있습니까, 국가비상사태인데? 국가비상사태가 아닌 거지요. 그렇기 때문에 새누리당은 이 본회의장에 달랑 4명만 나와 있는 거지요. 아까 1시간 전에는 단 1명도 없었습니다.

박근혜 대통령님, 지난 대선 때 국회선진화법 통과로 국회에 필리버스터를 보장하겠다고 대통령선거 때 공약하셨다면서요? 그런데 왜 필리버스터를 하고 있는 국회의원들을 향해서 책상을 치면서 협박합니까?

박근혜 대통령님, 국민행복시대를 연다고 했습니다. 지금 하고 있는 것은 국민행복시대를 여는 것이 아니라 '국민항복시대'를 열려고 하는 것 아닙니까? 이 테러방지법을 통해서 얻으려고 하는 게 과연 무엇입니까?

박근혜 대통령님, 국정원장이 국민의 핸드폰을 뒤져서 국민들의 사생활과 통신 비밀을 취득해서 도대체 뭘 어떻게 하겠다는 겁니까? 국민들의 은행 통장 거래내역을 법원의 영장 없이 국정원장이 마구잡이로 들여다보게 해서 뭘 어쩌자는 겁니까?

저는 단언컨대, 박근혜 대통령께서 정보위 위원을 했는지 안 했는지는 모르겠습니다. 그러나 저는 국회 정보위 위원을 2년간 해 본 사람으로서 박근혜 대통령님, 묻겠습니다. 저보다도 더 국정원을 사랑합니까? 저보다 더 국정원을 잘 아십니까? 제대로 되는 국정원을, 국정원 요원들이 생명을 걸고 해외 각지에서 목숨을 걸고 활동하고 있는 그분들의 명예와 자긍심을 심어 주시려면 국민들께 사랑받는 국정원을 만들 수 있도록 협조해 주시기 바랍니다.

그래서 국정원장이 국회에게 '우리는 산업스파이를 잡아야 되겠다. 산업스파이 의심받는 인물이 지금 국내로 들어왔다. 그 사람의 핸드폰 감청을 우리는 해야 되겠다'라고 말했을 때 국회 정보위원들이 '어서 하십시오' 이렇게 신뢰받을 수 있는 국정원을 만들어 주십시오. 그것이 대통령이 하실 일입니다. 국민들께 신뢰받고 국민들께 사랑받는 국정원은 필요합니다.

미국의 CIA 국정원은 어떻게 하고 있는지 아십니까? 얼마나 국회의 신뢰를 받고 있는지 아십니까, 미국 CIA가? 미국 의회 상원들로 구성된 정보위원회에서는 CIA 회의실에 들어갈 때 옷을 갈아입고 들어갑니다. 혹시 녹음기, 혹시 메모지 이런 게 있을까 봐 옷을 싹 갈아입고 정보위 회의를 하러 들어갑니다.

그리고 CIA는 지나간 일만 보고하는 것이 아니라 앞으로 벌어질 일에 대해서도 보고한다고 합니다. 'CIA에서 어떤 국가를 상대로, 어떤 것을 대상으로 정보작전을 해야 되니까 예산을 주십시오' 이렇게 얘기한답니다. 지나간 일이 아니라 앞으로 벌어질 일에 대해서도 상호 신뢰관계 속에서 정보위원들한테 소상하게 육하원칙에 의해서 앞으로 정보작전을 할 것에 대해서 보고한다고 합니다. 그리고 정보위원회는 미국 CIA에게 '잘해라. 제대로 해라. 혹시 예산 부족하지 않느냐?' 그러면서 그 예산을 준다고 그럽니다. 그런데 지금까지 미국 정보위 정보위원들에 의해서 미국 CIA가 갖고 있는 비밀정보가 한 번도 유출된 적이 없다고 그럽니다.

대한민국의 국정원도 미국 CIA처럼 국민들께 신뢰를 그 정도는 받아야 되지 않겠습니까?

미국의 CIA 국장은 정권이 바뀌어도 유임됩니다.

상상해 보십시오. 지금의 국정원장이 2018년, 2019년 대선 이후에도 계속 근무할 수 있다는 것 여러분 상상해 보셨습니까?

지금 박근혜 대통령이 임명한 국정원장을 다음에 혹시 예를 들어서 문재인 대통령이 됐을 때 그 문재인 대통령이 그 국정원장을 유임하고 믿고 일할 수 있게 해야 합니다. 그것이 제대로 된 국정원입니다. 노무현 대통령이 임명한 마지막 국정원장을 이명박 대통령이 신뢰하고 믿고 유능하니까 계속 국정원장으로 일해라, 이런 상태가 됐을 때 제대로 된 국정원입니다.

여야가 아니라 특정한 대통령을 위해서 봉사하고 국민의 핸드폰을 캐서, 은행 계좌를 캐서 대통령에게만 보고하는 그런 국정원장이 아니라 국민들께 봉사하는 그런 국정원장이 됐을 때, 정권이 교체돼도 CIA 국장이 계속 일할 수 있는 것처럼 대한민국의 국정원장은 왜 그렇게 못합니까? 그럴 수 있는 날이 와야 됩니다. 그러하기 때문에 제대로 된 국정원을 위해서 지금 테러방지법안 이런 걸 절대로 통과시키면 안 되는 일입니다.

정권이 바뀌면 이 테러방지법안은 다시 재개정안이 올 수밖에 없습니다. 이 테러방지법안이 통과되는 순간 위헌소송에 들어갑니다. 그리고 위헌판결을 받을 것입니다.

존경하고 싶은 새누리당 의원님 여러분, 이건 아니지 않습니까? 새누리당 국회의원님들도 법원의 영장 없이 국정원장이 의원님들 은행 계좌 털면 그냥 가만히 계시겠습니까?

(● 유의동 의원 의석에서 — 법을 잘 읽어 보세요, 영장 없이 하는 게 있나.)

영장 없이……

지금 말씀하신 의원 이름 누구세요? 그 의원님 핸드폰 내역 털어 가도 괜찮겠습니까? 괜찮아요?

(● 유의동 의원 의석에서 — 법 내용을 알고 발언을 하셔야지.)

본인의 이름을 얘기하고 저한테 얘기하세요, 방송으로 말씀드리게. 아니면 조용히 계세요.

(● 유의동 의원 의석에서 — 유의동입니다.)

누구요?

(● 유의동 의원 의석에서 — 유의동이라고요.)

유의동 의원님, 법을 잘 읽어 보세요.

저는 학생운동 시절 안기부에 끌려간 적 있습니다. 1988년 9월 새벽 2시에 안기부 요원들에 의해서 제 후배 자취방에서 국정원에게 강제연행 된 적 있습니다.

봉고차에 실려서 어디론가 가고 있었습니다. 고개를 들어서 내가 어디로 끌려가는지를 살펴보려 했습니다. 국정원 요원이 제 뒷목을 쳤습니다. 고개가 꺾여서 고개를 들 수가 없었습니다. 불안했습니다. '어디로 가고 있는 것일까. 한양대 근처에서 잡혔는데 도대체 나는 어디로 끌려가고 있는가' 알 수가 없었습니다.

한참을 달리더니 호텔인지 모텔인지 앞에서 차가 섰습니다. 제 혁띠가 풀려지고 국정원 요원 4명이 앞뒤 전후로 저를 에워쌌습니다. 그리고 뒤 허리춤을 잡고 고개를

숙이고 어디론가 올라가고 있었습니다. 방문이 열려지고 방문이 잠겨지고 수돗물이 틀어졌습니다. 수돗물이 요란한 소리를 내고 있었습니다. '혹시 나도 박종철 열사처럼 물고문 당해서 죽는 것일까' 불안하고 무서웠습니다.

그들은 곧바로 제 옷을 벗기기 시작했습니다. 손바닥만 한 팬티 한 장 입고 얼굴에 눈은 수건으로 가려진 채 무차별적으로 3시간 동안 집단구타를 당한 적 있습니다.

눈을 뜨고 있으면 주먹의 방향을 알 수 있어서 움찔움찔하면서 보호를 할 텐데, 눈을 뜨고 있으면 날아오는 발길질을 가늠해서 저 발길질이 어디를 가격할 것이고 얼마나 센 것인지 짐작할 수 있을 텐데 저는 눈이 가려진 채 두 손을 묶였기 때문에, 그리고 무릎 꿇고 앉혀져 있기 때문에 그걸 가늠할 수 없었습니다.

오른쪽에서 주먹이 날아오면 왼쪽으로 쓰러지고 왼쪽에서 발길질이 날아오면 오른쪽으로 쓰러졌으며 제 이마 앞에서 발길로 이마를 차면 뒤통수가 방바닥을 찍었습니다. 뒤에서 뒤통수를 때리면 코로 방바닥을 찍었습니다. 불안과 공포 속에서 3시간을 맞았습니다. 그 몰매를 맞고 수돗물 소리를 들으면서 공포 속에서, 스물네 살짜리 청년은 불안과 공포 속에서 괴물과도 같은 안기부 요원들의 목소리를 들었습니다.

지금도 단 한 명도 얼굴을 기억하지 못합니다. 얼굴을 본 적이 없습니다. 볼 수가 없었기 때문에 그렇습니다. 무지막지한 주먹과 무지막지한 발길질과 그리고 기분 나쁜 목소리와 그것만이 제가 3시간 동안 쉴 새 없이 집단구타를 했던 안기부 요원들의 기억입니다.

이름도 모르고 성도 모르고 얼굴도 모르고 그 국정원 요원들의 고향도 모릅니다. 그러나 그들은 학생운동을 했다는 이유로 저를 어디론가 끌고 가서 쉬지 않고 3시간 동안 집단폭행을 했습니다.

그것이 가능했던 시절이었습니다. 법에 학생운동을 하는 학생은 미행하고 잡아다가 수건으로 가리고 양손을 묶고 몇 시간 동안 죽도록 두들겨 패라, 이런 법이 있었기 때문에 그런 게 아닙니다. 그때도 고문과 폭행과 폭언은 안기부 직원들도 할 수가 없는 상태였습니다. 법을 무시하고 그런 일을 자행했던 것입니다.

3시간 이상을 집단구타한 안기부 직원들은 저에게 말했습니다. '야, 이 빨갱이 새끼야. 아무리 조국통일도 좋지만 좀 먹으면서 해라.'

제 키가 1m 75, 그때 체중은 52kg 나갔습니다. 몇 달 동안 수배생활과 몇 달 동안 과도한 스트레스와 그리고 항상 언제 잡힐지 모른다는 체포에 대한 불안감으로 175에 52kg을 나가는 그 뼈밖에 안 남은 학생을 안기부는 3시간 이상 동안 쉬지 않고 죽지 않을 만큼 때렸습니다.

저는 쓰러지고 또 쓰러지고 방바닥에 코를 박으면서도 단 한 번도 '잘못했습니다'라는 얘기를 하지 않았습니다. '잘못했다고 자백해라' '반성문을 써라, 그럼 때리지 않겠다'고 얘기했습니다. 그러나 저는 잘못한 것이 없기 때문에 잘못했다고 말하지 않았습니다. 그들의 발길질로

코를 박고 방바닥에 쓰러지면 오뚝이처럼 다시 일어나서 무릎 꿇고 앉아 있는 것이 제가 할 수 있는 유일한 일이었습니다.

그것을 수십 차례 반복하고 나서 '야, 이 빨갱이 새끼야. 조국통일도 좋지만 좀 먹으면서 해라'라면서 그들은 구타를 멈췄습니다. 옷을 입으라고 했습니다. 옷을 입는데 쏟아지는 눈물이 앞을 가리려 했지만 저는 그들 앞에서 울지 않았습니다. 이를 악물고 옷을 다시 입고 무릎을 꿇은 채 그들의 명령을 기다리고 있었습니다. 그들이 했던 말은 '이 새끼 참 독한 놈이네. 아무리 불라 해도 불지 않네' 그 말 한마디를 하고 서울 동부경찰서로 저를 이송했습니다.

여명이 밝아오고 제가 고개를 살짝 들어서 보니 저희 건국대학교 주변이었습니다. 동부경찰서 팻말을 보고 경찰서에 들어가면서 '이제는 살았구나'라고 생각했습니다.

저는 이처럼 국정원의 전신인 안기부에 의해서 끌려가서 죽지 않을 만큼 두들겨 맞은 적이 있습니다.

저는 학생운동을 하면서 경찰에 잡혀서 남대문경찰서에서 조사계장으로부터 수갑이 의자에 채워진 채 벌건 백주대낮에 두 시간 동안 귀싸대기를 맞은 적도 있습니다.

사적인 감정으로야 국정원을 좋아할 리가 없지요. 제 개인적인 감정으로야 경찰을 좋아할 리가 있겠습니까? 그러나 저는 대한민국의 공복인 국민의 심부름꾼으로서 대표로서 헌법기관으로서 제 사적인 감정을 이용해서 국정원을 골탕 먹인 적이 없습니다.

지금은 19대 국회 후반기 안전행정위원회의 경찰을 담당하는 더불어민주당 안행위 간사로서 제가 예전에 학생운동 때 경찰에 두들겨 맞았다고 해서 경찰에게 보복한 적 없습니다.

대한민국 경찰에게 물어보십시오. 경찰에 대한 국정감사 할 때마다 경찰의 수사권 독립을 얘기했고, 대한민국 경찰의 97%를 차지하고 있는 대한민국 순경들의 복리와 그들의 계급 승진을 위해서 노력했습니다. 경찰의 오해받는 예산은 제가 설명 듣고 야당 위원들을 설득하기도 했습니다.

국정원도 마찬가지입니다.

제가 국정원 전신인 안기부로부터 죽지 않을 만큼 두들겨 맞았다고 해서 그것을 국정원 정보위 국감 때 말한 적도 없습니다. 지금 처음 얘기하는 겁니다.

국정원 직원들과 회식을 할 때도 제가 안기부에 끌려가서 죽도록 맞았다라는 얘기를 단 한 번도 한 적이 없습니다. 지금 처음으로 공개적으로 하는 겁니다.

공과 사는 구분해야 되고 사적인 감정과 사적인 유혹에서 벗어나야 합니다. 국정원 또한 사사로운 이익에 빠져서 개인을 위해서 충성하는 사적인 기관이 아니라 선공후사하는, 공과 사를 구분하는, 대한민국 국가와 국민에게 충성하는 국정원으로 거듭나야 합니다.

제가 국정원과 경찰에게 폭행을 당했다 해서 사적인 감정으로 국정원과 경찰에게 보복하지 않는 것처럼 국정원도 개인의 정권을 위해서 일하는 것이 아니라 정부를 위해서 일해야 하고 국가를 위해서 일해야 되고 국민을 위해서 일해야 할 것입니다.

국정원 여러분, 잘 들으셨지요?

따라서 제대로 된 국정원을 위해서, 어쩌면 지금 테러방지법에 대한 이 필리버스터가 제대로 된 국정원을 위한 국민적 공감대와 국민적 관심과 국민적 토론을 이끌어내는 데 중요한 역할을 하고 있는지도 모르겠다라고 저는 생각합니다.

사랑하는 국민 여러분!

저는 지금까지 모두발언을 통해서 이 테러방지법안이 왜 잘못된 법안인지, 왜 국민사찰법안인지를 설명했습니다. 지금부터는 과연 그러한지 이제부터는 자료를 보면서 하나하나 따져볼까 합니다.

말씀드린 대로 저는 테러방지법안이 우리 국민들의 자유와 권리를 심각하게 훼손하고 있는 독소 조항을 담고 있기 때문에 반대한다라고 말하고 있습니다. 그런데 그 독소 조항, 법원의 영장 없이 금융계좌 추적권이라든가 9조4항 추적권, 그건 미행하는 것을 얘기합니다.

아까 추미애 의원께서 너무나 명쾌하게 이 법안의 9조4항의 모순에 대해서는 말씀드렸습니다. 테러를 확정하지도 않고 테러를 할 것 같은, 의심을 살 만한 그런 사람에게는 추적권까지 줘도 된다. 이것이 9조4항, 이것은 미행권을 의미합니다.

'추적'이라 함은 대한민국 국어사전에 '도망자를 뒤쫓는다'라는 말이 있습니다. 국민들을 뒤쫓겠다는 겁니다. 그리고 사물을 더듬는다는 뜻입니다. 무엇을 위해서 국민들의 사생활을 뒤쫓고 미행하고 더듬습니까?

그런데 아이러니하게도 지금 국정원이 달라고 하는 그 독소 조항을 빼면 이 법을 만들 필요가 없습니다. 이미 그것은 국정원법에 보장되어 있고 다른 형법에도 다 보장되어 있을 뿐만 아니라 대테러활동지침에도 이미 다 나와 있는 내용들입니다. 그것을 짬뽕시켜 놓은 법이 이 법입니다.

그렇기 때문에 그 독소 조항, 국정원이 달라는 것은 불가한 내용이고 위헌적인 내용입니다. 그것을 제거하면 이 법을 만들 필요도 없다는 뜻이겠지요.

그런데 나중에 제가 말씀드리겠습니다마는 혹시 제가 까먹을 수도 있기 때문에 미리 말씀드리지만 지금의 대한민국 이 법이 아니라 국정원법이라든가 대테러활동지침에 없는 조항이 하나 있습니다. 이런 조항은 개정을 해서 넣어야 됩니다.

그게 무슨 조항이냐 하면요, 이런 겁니다. 예를 들면 우리도 김 모 군이 IS 대원으로 갔다고 하지 않았습니까? 그 대원이 국내 귀국했어요. 그런데 그런 사람을 관리할 수 있는 법 조항은 없습니다.

예를 들면 새롭게 제기된 문제점들에 대한 법 조항은 추가해야 됩니다. 보완한다면 예를 들면 IS 대원이었거나 테러 전과자라든가 테러에 대한 짙은 혐의가 있는 용의자라든가 이런 사람들이 공항에 입국 시에 어떻게 할 것인가 이런 것은 법에 미비되어 있습니다. 제가 죽 살펴봤을 때 그런 조항들은 강화할 필요가 있습니다. 그리고 해야 됩니다.

그리고 예를 들면 IS 같은 지역을 여행할 수 없게 하는 것, 해외 여행객들을 관리하는 것, 이런 것을 강화할 필요는 있습니다. 그래서 지금의 정부에서 발표하고 있는 대테러 활동지침과 국정원법 그리고 테러로부터 우리 국민을 보호하기 위한 미비된 법적인 조항이 있기는 합니다. 그런 것은 추가 개정을 해서 업데이트를 해야 됩니다. 그런 것이라면 쌍수를 들어서 환영합니다.

그런데 이 법은, 이철우 의원 법안은 국민은 안중에도 없고 국정원의, 국정원에 의한, 국정원을 위한 법입니다.

국정원의 불법적인 대선 개입, 국정원 불법해킹, 민간인 사찰, 서울시공무원 간첩 조작사건 등 새누리당의 정권 유지를 위해 국정원이 자행해 온 불법을 이제는 백주 대낮에 테러방지라는 목적으로 드러내 놓고 하겠다는 뜻입니다.

지난 23일 직권상정된 테러방지법률안은 양의 탈을 쓴 늑대 법안입니다.

이 법의 핵심 의도는 새누리당 정권 유지를 위한 국정원 불법사찰 및 공작정치 합리화 법률안이라고 저는 생각합니다.

저는 국정원국정조사특위 간사 위원과 19대 국회 전반기 정보위원회 간사 위원을 맡으면서 어느 누구도 통제할 수 없는 국정원의 막강한 권력과 비밀주의를 경험했습니다.

박정희 군사정권 시절 국가 안보라는 명분하에 유신이 발표되었고, 수많은 국민들의 자유와 권리는 무참히 짓밟혔습니다. 내 가족, 내 동료, 내 친구들이 국가정보원의 전신인 중앙정보부에 의해 사찰을 당하고 어느 순간 중앙정보부에 끌려가 고문을 당하고 억울하게 간첩으로 둔갑하여 형장의 이슬로 사라져 간 것도 우리는 기억합니다.

이제 본격적으로 시작하겠습니다.

정의화 국회의장 직권상정의 부당성에 대해서 말씀드리겠습니다.

지금은 국가 비상사태가 아니라 민주주의 비상사태입니다. 사이버테러법이 이대로 통과된다면 이것은 인권에 대한 테러이자 국민에 대한, 민주주의에 대한 테러입니다.

이 법은 박정희 정권의 유신 3선 개헌과도 맞먹는 매우 위험천만한 법입니다. 이 법이 이대로 통과된다면 대한민국의 정권 교체는 없습니다. 이 법이 이대로 통과된다면 대한민국의 민주주의는 언제 다시 회생할지 모릅니다.

이 국민사찰법이, 국정원 강화법이 이대로 통과된다면 대한민국 국민 여러분, 핸드폰 쓰시면 안 됩니다. 집 전화도 위험합니다. 그리고 통장거래 안 하시는 게 좋습니다. 왜? 언제 내가 국정원의 자의적 판단에 의해서 테러 위험인물로 찍힐지도 모릅니다.

그런데 여기서 한 가지 짚고 넘어갈 것은 국내에 있는 사건 중에서 테러라고 규정할 만한 사건은 그리 많지 않았습니다. 김현희의 KAL기 폭파, 테러지요. 그런데 대구지하철 참사,

세월호 참사 이게 테러일까요? 사건·사고와 테러는 구분해야 합니다. 테러의 개념 이것도 모호합니다. 차츰차츰 제가 시간을 갖고 짚어 보겠습니다.

지난 2월 23일 정의화 국회의장께서는 테러방지법률안을 직권상정하면서 이렇게 말씀하셨습니다.

'의장의 심사기간 지정은 의회민주주의의 아주 예외적인 조처로서 불가피한 경우에 제한되어야 한다는 것이 국회법의 정신이고 저의 소신이기도 합니다. 그동안 저는 여야 간 대화와 타협의 정신으로 국회를 운영해서 합의의 정치 그리고 상생의 정치를 이끌기 위해서 나름대로 노력해 왔습니다.'

인정합니다. 이 테러방지법안을 직권상정하기 전까지 대통령에 맞서기도 했고 새누리당의 요청을 물리치기도 했고 부당한 권력에 맞서 싸우기도 했습니다. 그래서 많은 국민들이, 많은 국회의원들이 정의화 국회의장을 신뢰했습니다. 그러나 지금까지 지켜오던 기조를 정면으로 스스로 자기부정을 하시고 말았습니다.

정의화 의장은 계속 이렇게 얘기합니다. '테러방지법도 지난해 12월부터 십여 차례 여야를 중재하고 설득하면서 합의를 이끌기 위해서 노력해 왔습니다.'

예, 노력하셨습니다.

'그러나 대테러센터를 국무총리실 산하로 둘 것인가, 정보수집권을 국정원에 줄 것인가 등 이 두 가지는 끝내 합의에 이르지 못했습니다. 그동안 중재 노력을 해 온 의장으로서는 여야 간 합의를 이루는 것이 불가능하다는 결론에 도달할 수밖에 없었고 깊은 고민 끝에 테러방지법의 심사기일을 오늘 오후로 지정하게 된 것입니다.'

이 문맥상에서도 봤을 때 여야 합의가 안 됐기 때문에 직권상정을 한다는 말입니다. 여야 합의가 원만하게 잘 안 되는 경우는 너무나 많습니다. 국가비상사태로 규정할 만한 정황증거가 없습니다. 천재지변과 준전시상태, 국가비상사태, 여야 합의가 아니면 의장은 직권상정을 할 수 없습니다. 국가비상사태가 아님에도 불구하고 자의적으로 국가비상사태를 선포하고 직권상정을 한 것은 국회의장 스스로께서 입법부 수장으로서 부끄럽게도 국회법을 위반했습니다.

국회의장은 계속 이렇게 얘기합니다. '심사기간 지정의 요건인 국가비상사태에 해당하는지 여부에 대한 법률 자문과 검토를 한 결과 IS 등 국제적 테러 발생과 최근 북한의 도발적 행태를 볼 때에 국민 안위와 공공의 안녕질서가 심각한 위험에 직면한 것으로 볼 수 있다는 판단을 내렸습니다.'

잘못된 판단입니다. IS가 대한민국의 안전을 위협한다는 어떠한 증거가 있습니까? IS 대원이 인천공항을 통해서 쳐들어온다는 첩보라도 있습니까? 북한 인민군이 휴전선을 넘어서 내려온다는 정보라도 있었습니까? 정의화 의장은 두고두고 본인의 행동에 대해서 부끄럽게 반성하면서, 참회하면서 사실 것입니다.

그리고 이렇게 얘기합니다. '현재 우리는 북한의 제4차

핵실험, 장거리 미사일 발사로 국가안보와 국민안전을 심각하게 위협받고 있습니다. 북한이 국가기간시설에 대한 테러, 사이버테러 등 대남 테러역량을 결집하고 있다는 정부의 발표도 있었습니다' 입법부의 수장으로서 행정부가 발표하면 그대로 다 믿습니까? 정권이 자기들 입맛대로 유리하게 발표하고 정권이 입법부 수장에게 요청하면 그대로 다 들어주시겠다는 말입니까?

국제사회의 강력한 제재에 직면한 북한이 각종 테러를 자행할 개연성이 크다는 전문가들의 지적 역시 잇따르고 있습니다. 한국전쟁 정전협정 이후 북한의 이런 테러위협, 없었던 날이 하루라도 있었습니까? 북한의 남침 야욕, 적화통일 의욕, 호시탐탐 호전적 자세 이것이 60년 넘게 지속된 일 아닙니까? 그것을 방치하고 방기하자는 뜻이 아닙니다. 그러면 왜 우리는 지금까지 국가비상사태를 선포하지 않았습니까? 그때마다 국가비상사태를 선포해야 됩니까, 개연성만 있으면?

또 국회의장은 이렇게 얘기하고 있습니다, '또한 지난해 IS의 파리 테러 이후에 터키, 인도네시아 등 국경을 초월한 테러가 빈발하고 있는 상황 속에서 세계 각국과의 활발한 인적 교류가 이루어지고 있는 우리나라도 테러 위협에서 결코 자유로울 수가 없습니다' 왜 이 테러만 위협적입니까? 5년 전, 10년 전에 발생한 각종 공항테러 이것보다 더 규모가 컸던 자살테러 이럴 때는 우리가 안전했습니까? 왜 유독 파리 테러가 발생했기 때문에 우리가 요때만 위험해야 됩니까?

테러로부터 우리 국민을 안전하게 지키는 것은 너무나 중요한 일이고 북한의 무력도발·핵무기 개발·수소폭탄 실험 등에 대해서는 안보를 튼튼하게 해야 됩니다. 북한의 조치에 대해서는 효율적인 제재조치도 해야 됩니다. 그걸 반대하는 국민이 있습니까? 그걸 반대하는 국회의원이 있습니까?

박근혜 대통령만, 새누리당만 안보를 생각한다는 독선과 오만에서 벗어나십시오. 광화문에서 평화시위를 하고 있는, 그리고 민주주의를 외치고 있는, 그리고 자식을 잃어 울부짖는 세월호 유가족들도 다 국가안보를 걱정합니다. 다 안보관이 투철하고 애국심이 뛰어납니다. 저 또한 마찬가지입니다. 안보와 애국을 무리하게 독점하려 하지 마십시오. 그것을 독점해서 안보 마케팅으로 총선에서 이기고자 하는 유혹에서도 벗어나십시오.

정의화 의장은 또 이렇게 얘기합니다. 'IS는 우리나라를 십자군 동맹국, 악마의 연합국으로 지목하면서 테러 대상국임을 공언해 왔고, 실제 국내에 체류했던 다수의 외국인들이 IS에 가담한 것으로 밝혀진 바가 있습니다' 구체적으로 말씀하시기 바랍니다. 이렇게 국민에게 불안감을 조성하는 '국내에 체류했던 다수의 외국인들이 IS에 가담한 것으로 밝혀진 바가 있다'라고 이렇게만 말씀하지 마시고 구체적으로 말씀하시기 바랍니다.

'지금은 국민안전 비상상황입니다' 미안하지만 새빨간 거짓말입니다. 남북 간의 긴장상태가 높아진 것은 사실이고 북한의 무력도발·음모·조치에 대해서 단호한 조치를 해야

되는 것은 분명하지만 그렇다고 지금이 국가비상사태는 아닌 것입니다.

정의화 의장은 또 이렇게 이야기합니다. '국회가 테러방지법 제정 등 꼭 해야 할 일을 미루는 동안 만에 하나 테러가 발생한다면 우리 국회는 역사와 국민 앞에 더없이 큰 죄를 짓는 것입니다. 북한의 위협은 물론이고 국제 테러리즘을 막기 위한 국제공조 차원에서도 테러방지법 제정은 더 이상 미룰 수가 없습니다' 이렇게 되어 있습니다. 유일하게 든 이유가 국가비상사태입니다.

그런데 역사적으로 우리는 이전에 국가비상사태를 몇 차례 경험했습니다. 그것이 어떻게 말이 되지 않았고 그 국가비상사태 선언 자체가 헌법에 위반되었다는 그 판결을 제가 구체적으로 말씀드리겠습니다.

1971년 12월 6일 박정희 대통령은 전국에 국가비상사태를 선언합니다. 그 비상사태 선언문을 읽겠습니다.

"최근 중공의 유엔 가입을 비롯한 제 국제정세의 급변과 이의 한반도에 미치는 영향 및 북한 괴뢰의 남침 준비에 광분하고 있는 제 양상들을 정부는 예의주시해 검토해 본 결과 현재 대한민국은 안전보장상 중대한 차원의 시점에 처해 있다고 단정하기에 이르렀다.

따라서 정부는 국가비상사태를 선언하여 온 국민에게 이 사실을 알리고 다음과 같이 정부와 국민이 혼연일체가 되어 이 비상사태를 극복할 결의를 새로이 할 필요를 절감하여 이에 선언한다"

다음, "1. 정부의 시책은 국가안보를 최우선으로 하고 조속히 만전의 안보태세를 확립한다" 이렇게 되어 있습니다.

"2. 안보상 취약점이 될 일체의 사회불안을 용납하지 않으며 또 불안요소를 배제한다.

3. 언론은 무책임한 안보논의를 삼가야 한다.

4. 모든 국민은 안보상 책무수행에 자진 성실하여야 한다.

5. 모든 국민은 안보 위주의 새 가치관을 확립하여야 한다.

6. 최악의 경우 우리가 향유하고 있는 자유의 일부도 유보할 결의를 가져야 한다"

여러분 들으셨습니까? 1971년 12월 6일 박정희 대통령은 국가비상사태를 선언합니다. 거기에 이유와 명분으로 달았던 것이 중공의 유엔 가입이었습니다. 중공이 유엔에 가입했다고 해서, 그 유엔은 미국이 주도하고 있는 유엔입니다. 미국이 주도하고 있는 유엔에 중공이 가입했다 해서 국가비상사태라는 얘기입니다.

그때 박정희 대통령의 국가비상사태로 인해서 국민은 얼마나 많은 불안에 떨어야 했습니까? 국민은 얼마나 많은 공포에 시달려야 했습니까? 그리고 언론은 얼마나 숨죽이면서 박정희 대통령의 눈치를 봐야 했겠습니까?

1971년 12월 6일 박정희 대통령이 선언한 국가비상사태는 지금 생각해 보면 참 웃긴 일입니다. 중국이, 중공이 유엔에 가입한 자체가 국가비상사태입니다. 중국이 유엔에 가입해서 대한민국이 피해를 입었습니까? 지금은 북한의 핵실험에 대해서 중국에게 제재해 달라고 부탁하고

있지 않습니까, 우리나라가? 지금 생각해 보면 코미디 같은 일 아닙니까?

'중공의 유엔 가입을 비롯한 제 국제정세의 급변과 이의 한반도에 미치는 영향', 그래서 한반도에 영향을 미칩니다. 그러면서 '북한 괴뢰의 남침 준비에 광분' 이것 때문에 국가비상사태를 선포한다는 겁니다, 박정희 대통령이.

그러면서 국민들에게 협박합니다. 이러한 '국가비상사태 시책은 국가안보를 최우선으로 하고 조속히 만전의 안보 태세를 확립한다', 내 말 들어라 이거지요, 한마디로 얘기하면.

두 번째, '안보상 취약점이 될 일체의 불안 요소를 용납하지 않으며 불안 요소를 배제한다', '불안 요소'라는 말이 얼마나 애매모호합니까? 박정희 대통령이 판단해서 저 불안 요소예요. 제 앞에 앉아 있는 윤관석 의원이 불안 요소예요. 저 사람 가택연금 해, 그러면 가택연금 당하는 거예요. 헌법 위에 있어요. 그 옆에 있는 박홍근 의원 불안 요소예요. 지리산 꼭대기에 묶어 놔, 그러면 지리산 꼭대기에 묶어 놓는 거예요. 이게 무소불위, 헌법 위에 군림한 박정희 대통령의 국가비상사태 선언 행동지침입니다.

그다음 세 번째, '언론은 무책임한 안보 논의를 삼가야 한다', 이것은 뭐예요? 국가비상사태 선언에 대해서 왈가왈부하지 마. 헌법 21조 위반이지요. 언론·출판·집회·결사의 자유의 보장을 정면으로 틀어막는 겁니다. 헌법 위에 있는 거지요.

아니, 세상에 도대체 어느 나라에서 '언론은 무책임한 안보 논의를 삼가야 한다' 이런 게 어디 있습니까? 안보 논의, 안보는 무엇이고 논의는 무엇입니까? 이러한 애매모호한 투망식, 포괄적, 추상적, 애매모호한, 알쏭달쏭, 아리까리, 애매모호…… 이러한 용어를 사용해서 언론에 '무책임한 안보 논의를 삼가야 한다' 이게 박정희 대통령의 대국민 엄포입니다. 여기에 위반하면 잡아 간다 이런 거지요. 이게 1971년 12월 6일 박정희 대통령에 의한 국가비상사태 선언이었습니다. 지금의 테러방지법안하고 비슷합니다.

중랑구에 있는 박홍근 의원이 테러 의심 인물이에요라고 의심한다니까, 국정원장이. 그러면 박홍근 의원의 핸드폰 그냥 감청해요, 실시간으로. 뒤에 앉아 있는 일산의 유은혜 의원 저 사람은 아무리 생각해도 대변인도 오래 했고, 아무래도 좀 불안하고 테러를 일으킬지도 모르겠네라고 국정원장이 생각하면 유은혜 의원 통장 거래내역 국정원장이 다 볼 수 있어요.

그거나, 지금 있잖아요, 사회 불안을 용납하지 않으며 불안 요소를 배제한다 하는 것과 뭐가 달라요? 언론은 국가비상사태, 국가는 곧 짐인 나 박정희를 비판하지 말라 이것 아닙니까? 무책임한 안보 논의를 하지 마라.

그다음 행동지침 '5. 모든 국민은 안보 위주의 새 가치관을 확립하여야 한다' 이것은 헌법에서 보장하고 있는 종교와 사상의, 양심의 자유를 보장하지 않겠다는 겁니다. 대한민국 국민은 새 가치관을 확립해야 돼. 어떤 새 가치관? 안보 위주. 안보 위주 새 가치관을 확립하지 않는 국민은 다

빨갱이야. 다 감옥 가야 돼 이 주장을 하고 있는 겁니다.

(정갑윤 부의장, 정의화 의장과 사회교대)

이 주장과 지금 이철우 의원 법안이 낸 테러로 의심할 만한 인물, 이 인물은 핸드폰, 은행 통장 다 내놔, 우리가 다 볼 거냐 하는 것하고 똑같습니다. 어쩌면 이렇게 닮은꼴입니까? 아버지와 딸이라서 닮은 겁니까?

정갑윤 부의장님 수고 많았습니다. 고맙습니다.

(● 정갑윤 부의장 속기석 앞에서 — 그래도 정청래 의원이 덜 지겹다. 제일 잘한다.)

고맙습니다.

(● 정갑윤 부의장 속기석 앞에서 — 진짜 SNS 갖다 놓고 읽어 대는 것도 진짜 할 말 없고, 뒤에 있으면 죽는다. 뭐라 그러나, 사람 고문도 보통 고문이 아니야. 차라리 이게 훨씬 나아. 잠이라도 쫓아 주고. SNS 갖다가……)

알겠습니다.

"6. 최악의 경우 우리가 향유하고 있는 자유의 일부도 유보할 결의를 가져야 한다."

국민 여러분, 이 무슨 말입니까? 100년 전, 200년 전 얘기가 아닙니다. 지금 대통령을 하고 계시는 박근혜 대통령의 아버님께서 정권을 잡았던 1971년 12월 6일 국가비상사태를 선언하면서 국민들이 따라야 될 행동지침 6항으로 이렇게 얘기합니다. "최악의 경우 우리가 향유하고 있는 자유의 일부도 유보할 결의를 가져야 한다." 국민들의 자유도 제약하겠다는 겁니다. 좀 과장되게 얘기하면 최악의 경우 국민들은 1분간 숨 몇 번만 쉬어, 더 쉬면 안 돼. 이런 겁니다.

최악의 경우를 누가 판단하지요? 박정희 대통령이 판단하지요. 박정희 대통령이 '아, 지금은 최악의 경우입니다. 국민 여러분들의 자유의 일부도 유보하겠습니다' 이렇게 말할 수 있는 거지요. 헌법 위에 있는 임금님이지요. 입법, 행정, 사법, 생사여탈권을 다 쥐고 있었던 임금님들이지요. 그 박정희 임금님이 지금 하는 얘기입니다.

이것이 유신 선포로 이어집니다. 1971년 12월 6일 이렇게 국민들을 옥죄어 놓고, 국민들을 공포와 불안 속에 몰아넣고, 까불면 죽는다라고 협박해 놓고 그다음 수순이 바로 유신 선포였습니다.

1971년 12월 6일 박정희 대통령은 전국에 국가비상사태를 선언하고 국민행동지침 6개를 발표하고, 그리고 곧바로 10개월 후 1972년 10월 국회를 해산합니다. 국회를 해산하고 모든 정치 활동과 정당 활동을 중단시킵니다. 박정희의 제왕적 영구집권을 위한 10월유신이었습니다.

그런데 급변하는 국제정세 그것은 참 웃기게도 중공의 유엔 가입이었다는 사실입니다. 박정희 대통령이 국가비상사태를 선언하고 10월유신을 선포한 그 근거, 급변하는 국제정세 그것이 중공의 유엔 가입이었습니다.

지금은 북한도 유엔에 가입했습니다. 아니, 중공이 유엔에 가입하면 국가비상사태인데 북한이 유엔에 가입했습니다.

그러면 박정희 대통령의 논리라면 중공이 유엔에 가입해서 국가비상사태라면 북한이 유엔에 가입했으면 초울트라 특급 국가 특수 비상사태 아니겠습니까? 그런 논리라면요. 왜요? 우리로서는 중공이 유엔에 가입한 것보다 북한이 유엔에 가입한 것이 더 큰 영향력을 행사하지 않겠습니까?

그런데 그 이후로 북한이 유엔에 가입해서 국가비상사태를 선언한 적이 있습니까? 박정희 대통령은 영구집권을 꿈꾸었고 영구집권을 위한 빌미, 명분으로 중공의 유엔 가입을, 급변하는 국제정세와 중공이 유엔에 가입했기 때문에 북한의 남침 야욕이 더 세졌고 그렇기 때문에 국가비상사태이기 때문에 국민들의 자유도 일부분 유보할 수 있고, 언론은 무책임한 안보 논의를 중단하고, 안보상 취약점이 될 일체의 불안감을 용납지 않겠다는 겁니다. 이게 유신으로 가는 서곡이었습니다.

지금 우리가 이 자리에서 무제한 토론을 하고 있는 테러방지법안도 박정희 대통령이 12월 6일 날 선언했던 국가비상사태, 또 다른 변종의 국가비상사태 선언문이라고 저는 생각합니다.

국민들에게, 언론들에게 말을 못 하게 하고, 재갈을 물리고, 까불면 죽는다는 식의 박정희의 1971년 12월 6일 날의 국가비상사태 선언문은 2016년 지금에 와서는 '정권에 밉보이고 까불면 핸드폰 뒤진다. 은행 계좌 털 거야'라는 것으로 변질되었습니다.

저는 1988년에 안기부에 끌려가서 양손을 뒤로 묶인 채 수건으로 눈을 가리고 3시간 넘게 집단폭행을 당했지만 지금은 그렇게는 하지 않습니다. 제가 죽을지도 모른다는 공포감을 느끼면서 온몸에 피멍이 들 때까지 죽지 않을 정도로 두들겨 맞았을 때 느끼는 그 죽음의 공포, 그것에 대한 또 다른 형태가 '나의 사생활을 누가 보고 있지 않을까, 내 은행 계좌를 누가 불법적으로 들여다보지 않을까' 하는 공포와 똑같습니다.

정권에 잘못 보이면 불안한 요소로 가택연금 당하고, 끌려가서 두들겨 맞고 감옥 가고, 대한민국의 신문과 방송은 무책임한 안보 논의를 하지 않아야 되고, 최악의 경우는 국민들의 자유마저 일부 유보해야 되는 박정희 대통령의 국가비상사태 선언처럼 지금의 테러방지법안도 '테러 위험이 높아지는 최악의 경우 안보를 우선시하고 테러 대비와 국가안보 태세에 만전을 기해야 된다' 이렇게 갖다 붙이면 아주 잘 어울립니다.

박정희 대통령이 얘기했던 '안보상 취약점이 될 일체의 사회불안을 용납하지 않으며' 이것도요 '테러 위험의 취약점이 될 일체의 사회불안을 용납하지 않으며 불안요소를 배제한다', 너무 잘 어울리지 않습니까?

'언론은 테러와 관련한 무책임한 논의를 삼가야 된다', 이렇게 갖다 붙여도 그럴듯하지 않습니까? '테러방지를 위해서 국민의 자유의 일부를 유보해야 한다', 이렇게 하지 말라는 법이 없습니다.

박근혜 대통령은 박정희 대통령을 너무 존경하고 너무 닮아 가려고 하고 있습니다. 조만간 박근혜표 국가비상사태

선언 하지 말라는 보장도 저는 없다고 생각합니다.

국제정세의 급변과 북한 괴뢰의 남침 준비 등으로 인한 안전보장상 중대한 시점이라는 유신을 위한 국가비상사태 선언은 정의화 의장께서 주장하시는 비상사태상황과 너무도 닮았습니다.

그때와 지금이 다른 것은 박정희 대통령의 1971년 국가비상사태 선언은 모든 국민들을 불안과 공포로 몰아넣었고, 언론을 숨죽이게 했고, 공무원들은 비상근무를 했고, 군인들은 워커를 신고 내무반에서 항상 출동 준비를 하고 있었지만 미안하게도 정의화 의장께서 선포한 국가비상사태는 정의화 의장만 비상입니다. 집에도 못 들어가시고 비상대기하고 있지 않습니까.

국가비상사태는 정의화 의장만 비상대기하는 것이 아니라 대한민국 공무원 3분의 1이 비상대기해야 합니다. 그런데 어찌하여 대한민국의 입법부 수장 정의화 의장께서 비상사태를 선포했음에도 불구하고 비상사태에 대한 행동지침대로 대한민국 공무원은 움직이지 않고 있습니까?

국회의장 혼자만의 비상사태, 그리고 국회의장과 애꿎은 부의장 두 분 비상대기하면서 돌아가면서 불침번 서는 것 그 이외 누가 비상사태라고 지금 생각하고 있겠습니까?

차이점이라고 하면 1971년 국가비상사태선언 당시 대통령이 박정희 전 대통령이었다고 하면 45년이 지난 지금 대통령이 박정희 전 대통령의 따님인 박근혜 대통령이라는 것, 그리고 선언의 주체가 1971년에는 박정희 전 대통령이라고 하면 45년이 지난 지금은 대통령이 아닌 정의화 국회의장이라는 사실입니다.

바뀌지 않은 점은 정권 연장을 위해 국민의 자유와 권리를 무참히 유린하며 초법적이고 불법적인 만행을 자행하려고 한다는 음모가 있다는 사실입니다.

지금부터 읽는 것은 정의화 의장께서 잘 경청해 주시기 바랍니다.

지난 2013년 3월 21일 헌법재판소에서는 긴급조치 9호에 대한 국가비상사태선언에 대한 위헌판결이 있었습니다. 북한의 위협을 국가적 위기상황으로 보기에는 부족하다고 밝히고 있는 내용입니다.

구 헌법 제53조 등 위헌소원(2013. 3. 21. 2010헌바70·132·170(병합)) 긴급조치 제9호의 위헌 여부입니다.

방금 말씀드린 박정희 대통령이 선언한 국가비상사태가 왜 위헌인지 제가 잘 말씀드릴 테니 국회의장께서도 국회의장이 선언한 국가비상사태가 곧바로 위헌판결을 받을 수 있다는 것을 명심하시기 바랍니다. 특히 국회의장께서는 잘 들어 주시기 바랍니다.

긴급조치 제9호의 위헌 여부입니다.

"가. 입법목적의 정당성과 방법의 적절성

　(1) 긴급조치 제9호의 제정 배경과 목적을 알 수 있는 가장 중요한 공식자료는, 긴급조치 제9호를 선포하면서 같은 날 발표된 "대통령특별담화 -「국가안전과 공공질서의 수호를 위한 대통령긴급조치」선포에 즈음하여 -"라는 제목의

담화문(1975. 5. 13.자 관보 제7045호에 게재된 것)이다.

위 담화문에 의하면, 대통령은 '남침이 가능하다고 북한이 오판을 할 염려가 급격히 증대된 상황'(난국)을 극복하는 최선의 길이 '국민총화를 공고히 다지고 국론을 통일하며 국민 모두가 일사불란하게 총력안보태세를 갖추어 나가는 것'을 위해 긴급조치 제9호를 선포한다는 것이다.

즉 긴급조치의 배경이 된 국가위기상황은 '남침이 가능하다고 북한이 오판을 할 염려가 급격히 증대된 상황'이었고, 그러한 위기에 대한 최선의 대처방법은 '국민총화, 국론을 통일, 국민 모두가 일사불란하게 총력안보태세를 갖추는 것'이 필요한데, 이를 위해 긴급조치 제9호가 필요하다는 취지이다.

그러나 '남침이 가능하다고 북한이 오판할 염려'는 한국전쟁이 휴전으로 종결된 이후 남북이 적대적으로 대치하고 있는 현실에서 상존하는 위기상황이라 할 것이고, '북한의 남침 가능성의 증대'라는 추상적이고 주관적인 상황인식만으로는 긴급조치를 발령할 만한 국가적 위기상황이 존재한다고 보기에는 부족하다. 그리고 기존 헌법질서 속에 규정된 통상적인 권력작용의 방식으로는 결코 대처할 수 없는 비상적인 국가위기상황이 현존한다는 점에 대한 사회적 공통인식이 공감대를 형성하고 있을 때에만 비로소 긴급조치를 발령할 수 있다고 할 것이다.",

이 위헌판결문입니다.

"(3) 긴급조치 제9호는 1975년 5월 13일 선포되어 1979년 12월 8일 해제될 때까지 무려 4년 7개월 동안 존속하였고, 이는 유신헌법이 존속하였던 약 7년의 기간 중 3분의 2 정도를 차지하는 매우 긴 기간이다. 이는 긴급조치 제9호가 타개해야 할 급박한 국가위기, 즉 북한의 남침 가능성 증대라는 것이 실은 우리 사회가 오랜 기간 겪어 왔고 앞으로도 통일이 될 때까지 혹은 적어도 한반도의 평화체제가 확립될 때까지는 끊임없이 대면해야 할 일상적이고 해결하기 어려운 과제 중 하나였을 뿐임을 방증하는 것이다."

자, 이 위헌판결문에서 지금 얘기하고 있는 부분이 매우 중요한 부분입니다. 북한의 남침 가능성 증대라는 것이 실은 우리 사회가 오랫동안 겪어 왔고 앞으로도 통일이 될 때까지 혹은 적어도 한반도의 평화체제가 확립될 때까지는 끊임없이 대면해야 할—정의화 의장님, 듣고 계십니까?—일상적이고 해결하기 어려운 과제 중의 하나였을 뿐이라는 거예요. 국가비상사태가 아니라는 겁니다. 저는 개인적으로 다른 말로 한다면 국가 상존 위험이다 이렇게 생각합니다. 항상 위험이 존재하는 거지요.

늘상 있는 위험을 가지고 그것을 악용해서 국가비상사태를 선포하거나 그 악용한 국가비상사태를 빌미로 국민을 사찰할 수 있고 국민의 핸드폰을 엿볼 수 있는, 헌법을 위반한 그 법률안을 여기서 통과시키자고 직권상정한 국회의장의 속마음은 대체 무엇입니까?

지금까지 그렇게 훌륭하셨던 의장께서 왜 본인의 명예를 한꺼번에 이렇게 발로 차버립니까?

자, 헌법재판소의 이 판결대로라면 북한의 위협은 분단 이후 상존해 왔기 때문에 현 상황을 국가위기 사태로 볼 수 없다는 해석입니다.

박근혜 정권은 북한 핵실험과 장거리 미사일 발사에 대해 강대강의 치킨게임으로 치닫고 있으며, 급기야는 남북관계의 마지막 숨구멍이었던 개성공단마저 폐쇄하는 상황에까지 이르렀습니다. 그리고 이제는 국가위기 사태라며 악법인 테러방지법률안을 밀어붙이려 하고 있습니다.

북한이 로켓을 쐈다 해서 남북이 함께 숨쉬었던 개성공단까지 막아 버렸습니다. 개성공단을 폐쇄한 것이 국가위기에 더 이로울까요, 아니면 그렇다 할지라도 개성공단을 열어놓는 것이 국가위기에 더 유리할까요?

김대중 대통령 시절 서해에서 교전이 일어났습니다. 우리 해군의 선박이 북한의 선박을 괴멸시켰습니다. 물리력을 동원해서 북한의 선박을 물리쳤습니다. 준전시 상태를 방불케 했습니다. 그 순간에도 대한민국 국민은 북한지역 금강산에서 관광하고 있었습니다. 그때 한나라당은 공격했습니다. '서해에서 교전이 벌어지고 있는데 우리 국민들이 북한지역에서 금강산관광 여행을 하고 있다' 하고 엄청난 비난을 했습니다.

그 서해교전이 일어나고 있었지만 한쪽에는 화해와 대화의 끈을 놓지 않았습니다. 서해 해상에서는 북한 인민군의 선박을 괴멸시키고 북한 인민군에게 타격을 가하고 있었지만 금강산에서는 평화롭게 관광을 하고 있었습니다. 그것이 잘못된 일이었습니까?

개성공단은 돌아가신 고 정주영 현대 명예회장의 아이디어입니다. 개성공단이 완성되면 경남 창원시와 같은 모델입니다. 800만 평 공장부지와 1200만 평의 배후도시, 35만 명의 노동자가 평화롭게 일할 수 있는 곳이 개성공단입니다.

정주영 명예회장이 김정일 국방위원장과 개성공단 계약서를 쓰면서 주고받았던 대화 내용입니다. 정주영 명예회장이 궁금했습니다. 아니, 개성공단을 만들면 30만 명 이상의 노동자가 와서 일을 해야 되는데 북한 개성시, 개풍군 출퇴근이 가능한 인구가 30만이 안 되는데 그러면 도대체 개성공단에 30만 이상의 노동자는 북한이 어떻게 충당하려고 하는지 정주영 명예회장은 참 궁금했습니다.

그래서 개성공단 계약서를 쓰면서 정주영 명예회장이 김정일에게 묻습니다. '김정일 국방위원장, 아니 도대체 어쩌려는 것이오? 개성공단이 100% 완성이 되면 경상남도 창원시와 같은 2000만 평 도시가 되는데, 30만 이상의 노동자가 여기서 근무를 해야 되는데 개성시와 개풍군 인구를 다 합쳐도 30만이 안 되는데 김정일 국방위원장, 당신은 도대체 어떻게 노동자를 댈 생각이오?' 이렇게 묻습니다. 그랬더니 김정일 국방위원장이 조금도 망설임 없이 대답합니다. '그거 간단합니다. 인민군대 옷 벗겨서 보내면 됩니다.' 이렇게 얘기합니다. 정주영 명예회장이 참으로 깜짝 놀라지 않았겠습니까?

개성공단을 경제적 관점에서만 접근했는데 이것이

완성이 되면 인민군대 숫자를 줄이는 것까지 갈 수 있다는
사실, 그것은 개성공단이 아니지요. 남북한 화해·평화지대로
가는 통일의 선봉지역이지요. 이걸 닫아 버렸습니다.

그리고 계약서상 30만 명이 개성공단에서 일하게
되면 10분의 1인 3만 명은 남측 노동자로 충당하게 되어
있습니다.

제 지역구가 마포구청이 있는 마포입니다. 마포구청에서
개성공단까지 출근하는 데 45분 걸립니다. 그런데 그
시각 마포구청에서 노원구청까지 출근하려면 1시간 반
걸립니다. 마포구청에서 노원구청보다 더 가까운 거리가
개성공단입니다.

개성공단에 저 여러 번 가 봤습니다. 한 공장의 상부
간부는 남측 간부입니다. 그리고 노동자들은 북한
노동자들입니다.

정·배수장을 가 봤습니다. 한수원에서 파견된 대한민국
한수원 직원 7, 8명이 4, 50명의 북한 부하를 지휘하고
있었습니다. 소방서를 가 봤습니다. 대한민국 소방수 7,
8명이 4, 50명의 북한 소방대원들을 지휘하고 있었습니다.
한 사무실에서 근무했고 같이 밥도 먹고 술도 먹고 담배도
피고, 그 공간은 작은 통일의 공간이었습니다.

개성공단이 만들어지고 개성공단과 휴전선 사이에
배치되었던 북한의 군사시설과 군사무기들이 개성공단 뒤쪽,
송악산 뒤쪽으로 후방 배치되었습니다. 금강산이 열리고
나서 금강산 앞바다, 거기는 3분의 2가 산으로 에워싸고
있는 천혜의 최남단 해군항구입니다. 그 해군기지가 금강산
뒤쪽으로 후방 배치되었습니다. 금강산과 개성공단을
열었기 때문에 북한의 위협으로부터 좀 멀어진 겁니다.

북한의 입장으로는 남침용 무기들이 전진 배치되었던,
서측·동쪽 전진 배치되었던 무기와 군인들이 개성공단과
금강산 뒤로 후퇴한 겁니다. 그래서 금강산과 개성공단은
전쟁 방지턱입니다. 그것을 막아 버렸습니다.

독일 통일의 선구자였던 빌리 브란트 수상의
정책보좌관이었던 에곤 바르 박사가 이렇게 말했습니다.
'우리 독일에서도 한 번도 생각해 보지 못한 통일 모델이다.
개성공단을 끝까지 밀고가다 보면 거기에 통일이 보일
것이다'라고 말한 바 있습니다.

개성공단을 처음 열고 북한의 노동자들은 50달러의
월급을 받았습니다. 6만 원을 받았습니다. 같은 일을
하고 있는 대한민국의 노동자는 300만 원을 받았습니다.
북한 노동자 100명을 고용하면 600만 원이 월급입니다.
100명의 월급이 600만 원밖에 안 했습니다. 남측 노동자
2명 월급분에 해당합니다. 그런 값싼 노동력을 우리가
이용했습니다.

IMF를 맞아서 부도를 맞던 중저가 여성의류,
신원에벤에셀이라는 회사는 개성공단에 진출해서 2, 3년
후에 흑자경영, 무차입경영을 했다고 그럽니다. 개성공단에
들어갔던 기업들이 다 성공했습니다. 노다지를 캤습니다.

개성공단에 진출해 있는 124개 기업의 운명은 어떻게
되는 것입니까? 박근혜 대통령은 경제를 살리자고 하면서

왜 개성공단에 진출해 있는 124개의 경제기업들은
죽입니까? 박근혜 대통령은 일자리를 창출하자고 하면서
개성공단에 진출해 있는 124개 기업, 하청기업 5000개,
거기에 딸려 있는 12만의 일자리를 왜 하루아침에 싹둑
잘라 버립니까?

개성공단에는 지금까지 우리 측에서 5억 4000만 달러를
투자했다고 합니다. 그런데 노무현 참여정부에서 투자한
것은 2000만 달러에 불과합니다. 개성공단에 투자했던
5억 4000만 달러 중 이명박·박근혜 정권에서 투자한 것이
5억 2000만 달러입니다. 노무현 참여정부는 불과 2000만
달러에 불과하다고 참여정부 이해찬 총리가 얘기하는 걸
들었습니다.

그러면 이런 논리적 모순이 생깁니다. '개성공단에 투자한
것이 북한의 핵 개발을 하는 데 사용되었다. 개성공단의
북한 노동자들의 월급이 북한 핵무기 만드는 데 이용되고
있다'라고 박근혜 대통령이 바로 이 자리에서 주장했습니다.
그러면 개성공단에 투자한 5억 4000만 달러 중 5억 2000만
달러를 투자한 이명박 대통령과 박근혜 대통령은 어떻게
되는 겁니까?

개성공단은 이명박·박근혜 대통령 때 더 활성화되었고
더 투자되었고 거의 다 투자되었고 그동안 북한 노동자의
월급은 더 올랐습니다. 노무현 정부 때 북한 노동자들의
월급은 6만 원으로 시작했습니다. 지금은 20만 원 줍니다.

아니, 이명박 대통령, 박근혜 대통령, 왜 6만 원 하던
북한 노동자의 월급을 20만 원씩이나 올려 가지고 그 돈이
핵무기 만드는 데 들어가는데 왜 방조했습니까? 이명박
대통령, 박근혜 대통령이 노무현·김대중 대통령보다 더 큰
책임이 있네요? 북한 노동자들 월급 더 많이 올려 줬으니까.
그렇게 되는 거지요, 논리가? 왜 박근혜 대통령은 불쌍한
이명박 대통령까지 싸잡아 들어가서 이명박 정권 때 임금
인상된 것을 문제를 삼아야 합니까?

저는 이러한 개성공단을 닫는 것이 북한의 테러
위험으로부터 우리 국민을 지킨다라고 생각하지 않습니다.
오히려 이처럼 남북의 노동자들이 평화롭게 일하는, 남북이
함께 숨 쉬는 공간을 열어 놓는 것이 남북의 긴장상태를
낮추고 북한의 위협으로부터 우리를 지키는 데 더 유용한
일이라고 생각합니다. 김대중 대통령께서는 북핵 위기
상황에서 북한이 핵무장을 단념해야 하지만 박근혜
정권과는 다른 해법을 제시했습니다.

저는 정의화 의장님과 전반기 외통위에서 같이
활동하면서 정말 합리적인 분으로 진짜로 좋아했습니다.
국회의장으로서 공평무사하게 업무를 수행해
왔다고 생각하고 있습니다. 하지만 테러방지법률안을
직권상정함으로써 그동안 쌓아왔던 명예와 존경을
한순간에 스스로 무너뜨리고 무너지는 것에 대해서 참
마음 아프게 생각합니다. 미사여구로 직권상정의 명분을
치장하고 있지만 테러방지법안의 직권상정은 국회법의
정신과 헌법을 심각하게 위반하고 있습니다.

직권상정과 관련된 국회법 조항을 살펴보면

"제85조(심사기간) ① 의장은 다음 각 호의 어느 하나에 해당하는 경우에는 위원회에 회부하는 안건 또는 회부된 안건에 대하여 심사기간을 지정할 수 있다. 이 경우 제1호 또는 제2호에 해당하는 때에는 의장이 각 교섭단체대표의원과 협의하여 해당 호와 관련된 안건에 대하여만 심사기간을 지정할 수 있다."

고 되어 있습니다.

"1. 천재지변의 경우 2. 전시·사변 또는 이에 준하는 국가비상사태사태의 경우 3. 의장이 각 교섭단체대표의원과 합의하는 경우"

이 세 가지 이외에는 직권상정을 할 수 없습니다.

"② 제1항의 경우 위원회가 이유 없이 그 기간 내에 심사를 마치지 아니한 때에는 의장은 중간보고를 들은 후 다른 위원회에 회부하거나 바로 본회의에 부의할 수 있다."

자, 직권상정을 할 수 있는 세 가지 경우입니다.

천재지변, 지금이 천재지변은 아니지요.

모르겠습니다, 또. 박근혜 대통령이 '천재지변이 맞다' 이상한 지구과학자 데리고 와 가지고 이상한 징후들을 막 얘기하면서 '갑자기 지진이 일어날 수도 있다' 이러면서 천재지변이라고 우길지는 모르겠습니다만 아직은 그게 아니군요. 천재지변의 경우.

세 번째는 "의장이 각 교섭단체대표의원과 합의하는 경우", 합의가 안 됐지요.

그러면 두 번째, "전시·사변 또는 이에 준하는 국가비상사태의 경우"지요. 그러니까 의장은 지금을 국가비상사태로 규정한 거지요.

그러면 국가비상사태는 국회의장이 마음먹고 '아, 지금이 국가비상사태야' 그렇다고 국가비상사태가 되는 게 아닙니다. 국가비상사태를 규정하려고 하면, 대한민국이 법치국가라고 제가 말씀드렸습니다. 법에 의해서 해야 됩니다.

대한민국 법은 잘 돼 있습니다. 국가비상사태는 이러한 경우가 국가비상사태다라고 규정해 놓고 있습니다.

그리고 국가비상사태가 되면 대한민국 공무원의 3분의 1은 집에 가지 말고 밤에도 대기하라, 대한민국 국방부 군인들은 워커 벗지 말고 내무반에 대기해라 이런 조치들이 있는 겁니다. 이런 조치들이 수반되지 않으면 국가비상사태가 아니에요.

그런데 국회법에서 보장하고 있는 국가비상사태에만 직권상정을 해야 하거늘, 국회의장은 비상사태라고 생각했다면 살펴봐야지요. 국방부 군인들은 비상근무를 하고 있는지, 대한민국 공무원들은 3분의 1 이상이 야근을 하고 있는지를 살펴봐야지요. 대한민국 경찰청은, 경찰들은 비상근무를 하고 있는지를 살펴봤어야지요.

살펴보지도 않고 그냥 의장님 본인 마음대로 '국가비상사태다. 그러니까 직권상정이다'…… 그러면 살펴보지 않았더라도 국회의장이 비상사태라는데 대한민국 공무원들 지금 뭐 하고 있습니까, 비상근무 하시지 않고?

그러니 국가비상사태가 아니라는 거지요. 그러니

직권상정은 효력이 없다는 뜻이지요. 그러니 의장은 지금이라도 직권상정을 철회해야 된다는 거지요. 저의 주장이 맞지 않습니까?

아무리 급해도 실을 바늘허리에 꿰매고 바느질을 할 수는 없어요. 국회의장이 아무리 직권상정을 하고 싶어도 여야가 합의해 주지 않고 있어요. 천재지변도 아니에요.

그러면 비상사태밖에 없는데 비상사태를 국회의장 스스로 막 일으킨다든가 그래서 공무원들도 비상근무하고, 군인들도 비상대기하고, 워치콘, 진돗개 몇 개 발의하고, 의장이 그렇게 먼저 만들어 놓고 비상사태를 선언하셨어야지요.

그런데 그것 없이 혼자 비상사태다 그러니까 국회의장만 부끄럽지 않습니까? 국회의장만 비상사태잖아요, 집에도 못 가시고. 국회에서 대기하면서 비상대기해야 되잖아요. 애꿎은 부의장들까지 집에 못 가고. 세 분만 지금 비상사태예요.

대한민국 어떤 국민도, 누구도 대한민국의 안보와 그리고 테러를 막겠다는 것에 대해서 반대할 국민들은 없습니다. 국민뿐만 아니라 정치권 누구도 그것을 반대하지 않습니다.

그러나 대한민국은 민주국가입니다. 국회라고 하는 공간을 통해서 민의를 반영하는 공간입니다. 그리고 국회는 상임위원회에서 관련한 논의들을 죽 해 오고 있습니다. 국회의장이 심사기일을 지정했을 때 국회 정보위원회는 테러방지법과 관련해서 네 차례에 걸친 회의를 하고 있는 중이었습니다. 그 과정에 있어서 잠깐 멈추기도 하고 또 이후에 다른 법률의 문제를 제기하기도 했고, 사실 19대 국회 기간 정보위원회의 법안소위는 단 한 차례도 열리지 않고 있었기 때문에 다른 법률과의 연계도, 그동안 쌓여 있었던 정보위원회의 법안들도 같이 논의하는 것이 좋겠다라고 생각하는 사람들도 많이 있었습니다.

그래서 그런 것들과 함께 논의하자고 하는 것들에 대한 얘기도 있었고 또 하나는 국정원과 관련된 여러 가지 불신에 대한 문제, 지금 이 테러방지법의 논의가 가장 큰 것이 그것이겠습니다만 국정원에 대한 불신에 대한 문제를 해소를 하는 것이 여야가 먼저 해결해야 될 선결조건이었습니다. 여야를 떠나서 국민 모두에게 좋은 일이기 때문에 관련한 것들에 대한 법안도 같이 논의하는 것이 좋겠다라고 하고 논의를 하고 있는 중이었습니다. 그게 정상적인 국회의 운영방식이라고 저는 생각합니다.

제가 국회 정보위 야당 측 간사를 하면서도 서로 이견이 있고 주장과 생각이 다른 적도 많았습니다. 그리고 심지어 여당과 국정원의 생각이 다른 적도 있었습니다. 그러나 국정원과 여야 간사가 머리를 맞대고 논의해 가면서 예산도 통과시키고 법률도 통과시켰습니다.

그 당시 국회의장이 이렇게 무리하게 직권상정을 하지 않았습니다. 그런데 갑자기 의장께서 일방적으로 직권상정을 통보했습니다. 정 의장께서는 '북한의 핵실험 이후에 북한의 테러 위험이 증가했기 때문에 국가비상사태로 간주한다'고 하셨습니다. 이것은 1971년

12월 6일, 박정희 대통령이 국가비상사태를 선언하면서 '중공이 유엔에 가입했기 때문에 북한의 남침 위협이 높아졌다' 하면서 국가비상사태를 선언한 코믹한 이유와도 흡사 비슷합니다.

북한 핵실험이 지금 처음 있었습니까? 북한이 핵실험을 처음 했던 2006년 10월 9일이 어쩌면 제일 위험한 국가비상사태였는지도 모릅니다.

그때 저는 북한의 핵실험 이후, 그날 10월 9일 KBS 열린토론회장에 나가서 북한이 핵실험을 한 것은 부시 정권이 대북강경책을 불러온 것 때문에 핵실험을 하게 되었고 대미 협상용일 가능성이 높다, 이것은 남침용이라기보다는 대미 협상용일 가능성이 높다라고 얘기했고, 김대중 대통령도 3일 후에 전남대 강연을 통해서 북한이 핵실험을 했어도 국민 여러분은 동요하지 말라고 얘기했습니다.

저나 김대중 대통령은 북한이 핵실험을 한 것을 또한 강력하게 규탄했습니다. 북한이 핵실험을 통해서 얻을 북한의 이익은 없습니다. 북한이 오판하고 있습니다. 핵실험을, 10개 만들고 100개 만들고 1000개 만들면 북한이 행복합니까? 행복하지 않습니다. 동북아의 긴장만 높아질 뿐입니다.

북한 김정은은 할아버지 김일성이 유언했던 한반도 비핵화 유언을 지켜야 합니다. 북한의 김일성 주석은 한반도 비핵화, 남북철도 연결을 유언했습니다. 그 유언을 김정일도 김정은도 지키지 않고 있습니다.

북한이 핵실험할 때마다, 북한이 군사훈련할 때마다 우리는 국가비상사태를 선포해야 합니다, 정의화 의장 논리대로라면.

북한의 도발과 북한의 위협은 항상 국민들을 놀라게 했고 새로운 것들이었습니다. 땅굴을 팠을 때도, 8·18 도끼만행을 했을 때도, 북한이 1차 핵실험을 했을 때도, 2차 핵실험을 했을 때도, 장거리 로켓을 쐈을 때도 우리에게는 항상 충격이었고 분노였습니다. 우리 모두는 규탄했습니다.

그러면 우리는 그때마다 족족 국가비상사태를 선포하고, 그 국가비상사태에 맞게 진돗개를 발령하고, 군인들은 비상근무를 해야 되고, 대한민국 공무원들은 집에 가지도 말아야 됩니까?

안보를 튼튼히 하는 것과 북한의 도발을 단호하게 대처하고 응징하는 것과 국가비상사태를 선포해서 테러방지법을 무리하게 통과시키려고 하는 것과는 직접적인 관계가 없습니다.

북한의 위협을 대처하는 것과 국민의 핸드폰을 엿보는 것과 무슨 연관성이 있지요? 북한이 도발하면 북한을 응징하면 될 것이지 왜 대한민국 국민들의 핸드폰을 뒤집습니까?

국제테러가 불안하면 국제테러 용의자들을 인천국제공항에서 어떻게 더 효율적으로 차단할 것인가, 어떻게 그들의 안면인식기술을 높이는 첨단장비를 들여와서 그들이 변장하고 들어오더라도 그들을 잡아낼 것인가 이런

것을 고민해야지 왜 국민들 은행 계좌를 텁니까? 국민들이 다 테러의심분자입니까?

정의화 의장께서는 북한의 핵실험 이후에 북한의 테러위험이 증가했기 때문에 국가비상사태로 간주한다고 하셨습니다. 이에 대한 근거는 국정원으로부터 보고받은 테러정황과 첩보라고 하셨습니다.

정의화 의장님, 국정원 거짓말 많이 합니다. 국정원은 확대·과장·왜곡·침소봉대 많이 합니다.

정의화 의장님은 정보위 하셨나요? 저는 정보위 해 봤습니다. 딱 잡아뗍니다.

국정원 댓글사건이 있었던 2012년 12월 두 달 전 저희 정보위에서 국정원 국정감사 하고 있었어요. 그때 한 의원이 물었습니다. 첩보에 의하면 심리전단 꾸려서 댓글 같은 것 단다는데 맞느냐고. 딱 잡아뗍니다. 표정연기 좋았습니다.

국회 국정원국조특위, 제가 간사를 할 때 댓글사건 청문회를 했지요. 그때 국정원 몇 명 직원들이 증인으로 출석했습니다. 그때 출석했던 모 국장, 그때 국정감사 때, 2012년 10월 국정감사 때 제가 일어나라고 그랬어요. "당신이 제일 의심받는 사람이다, 심리전단" "절대 그런 일이 없습니다" 딱 잡아뗐어요. 국정감사가 끝나고 식당에서 밥 먹을 때 제 옆에 와서 "의원님, 아까 당황스러웠습니다. 제 이름을 지목하고 저보고 심리전단에 관여하느냐고 물었을 때 정말 당황했습니다. 저 절대로 그런 일 하지 않았습니다"라고 표정연기까지 저한테 했습니다. 그런데 그분이 결국은 1년 후에 국회 청문회장에 끌려 나왔습니다.

정의화 의장은—이렇게 국정원 고위층 나쁜 정치 공무원들이 딱 잡아뗍면서 표정연기까지 좋은데—국정원장으로부터 속았을 개연성이 높다고 저는 생각합니다. 국회의장이 당했다고 저는 생각합니다.

우리나라에서 국가비상사태가 선포된 사례를 보면 10월 유신의 서막과 종말을 알렸던 1971년 12월과 1979년 10월 그리고 1980년 5월 광주민주화운동 때 비상계엄 확대 등으로 세 차례가 발생한 적이 있습니다.

지금 이 시점 국가비상사태로 간주해서 직권상정을 하게 된다면 우리는 36년 만에 또 다른 네 번째 국가비상사태를 맞이하게 될 것입니다.

정의화 의장께서 국가비상사태라고 선포했기 때문에 박근혜 대통령이 "맞아요. 국가비상사태예요. 그래서 저는 계엄을 선포합니다" 이러면 어쩌려고 그럽니까?

국가비상사태 선포에는 계엄령 발동까지 포함되어 있습니다. 박근혜 대통령이 갑자기 대국민담화를 통해서 "여러분, 대한민국은 삼권분립입니다. 입법부 수장이 국가비상사태라고 선포했기 때문에 저는 행정부 수반으로서 존중합니다. 맞습니다. 국가비상사태입니다. 계엄령을 선포해야 되겠습니다"라고 하시면 어쩌려고 그래요?

헌법 77조에 따르면 국가비상사태의 경우에 대통령은 계엄을 선포할 수도 있도록 되어 있습니다. 지금까지 국가비상사태의 선언은 대한민국 모든 대통령이, 세 경우 모두 계엄령을 선포하기 위해 내려진 조치입니다.

국가비상사태 이후에 곧바로 계엄령을 선포했습니다. 세 차례가 그랬습니다.

국회의장이 직권상정을 위해서 국가비상사태를 간주한 경우는 헌정사상 처음 있는 일입니다. 정의화 의장께서는 헌정사상 처음 신기록을 세우셨습니다.

지금이 통상적인 방법으로 공공의 안녕과 입법활동이 불가능한 국가비상사태라고 볼 수 있겠습니까? 국민의 기본권과 자유가 철저히 유린당했던 국가비상사태와 계엄의 시대로, 역사의 시계추는 36년 전으로 되돌아가고 있습니다.

정의화 의장의 논리를 그대로 따지자면 이미 북한의 네 차례의 핵실험과 여섯 차례의 장거리 미사일 발사가 이루어진 상황에서 우리는 국가비상사태를 경험했어야 했습니다.

다시 말해서 북한의 핵실험이나 미사일 발사의 전후 그리고 국정원의 테러정황이나 첩보가 있으면 바로 국가비상사태로 간주할 수 있다고 하는 말입니다. 이는 국정원이 언제라도 정치에 개입할 수 있는 극악한 헌법 유린의 선례를 남기게 되는 것입니다.

또한 북한의 핵실험과 미사일 발사 그리고 국정원의 테러위험 첩보나 정황을 근거로 언제든지 국회에 날치기를 강행할 수 있는 최악의 민주주의 유린사태로 이어지게 될 것입니다.

새누리당의 테러방지법률안에 따르면 국정원은 테러 예방과 대응에 관한 제반활동을 근거로 영장 없이 통신수단에 대한 감청을 할 수 있게 됩니다. 또한 무차별적인 정보수집권은 물론이거니와 대테러활동에 필요한 정보나 자료를 수집하기 위한 조사권도 가질 수 있게 됩니다.

이 부분과 관련해서는 마지막 최종적인 협상에 있어서 의장께서도 '과도한 부분이다'라고 하는 지적을 하셨고, 이에 새누리당에 수정안을 마련해 올 것을 요구하신 것으로 알려져 있습니다. 그러나 그럼에도 하나도 변경되지 않고 있습니다.

지금은 국가비상사태가 아닙니다. 민주주의 비상사태입니다. 국가비상사태라고 선포한 것이 국가비상사태입니다. 무소불위의 국정원에 국가비상사태라는 무리수를 두면서까지 무차별적인 정보수집권과 조사권 그리고 감청권을 추가로 부여해 괴물 국정원을 만들려고 하는 의도가 무엇이겠습니까? 더불어민주당은 국회의장의 직권상정을 강력히 규탄합니다. 그리고 본회의 날치기 통과와 같은 이런 행위들에 대해서도 온당한 처사가 아니라고 하는 점을 다시 한 번 지적합니다. 헌법과 법률을 유린하고, 36년 전으로 민주주의를 파괴한 정의화 의장께서는 죄송하지만 역사의 심판을 면키 어려울 것입니다.

많은 분들께서 국가의 정보기관을 믿지 못하면 어떻게 되느냐고 하는 고민과 말씀들을 많이 하십니다. 국정원을 과연 믿어도 될까요? 제가 이후에 죽 말씀드리겠지만 중앙정보부와 안기부에 의해서 조작된 간첩사건도 수십

건입니다. 박근혜 정권 들어서 남재준 국정원장이 왜 스스로 물러났습니까? 멀쩡하게 다니는 서울시 공무원을 간첩으로 조작하지 않았습니까? 국정원 직원들이 중국 외교문서를 위조했다가 들키지 않았습니까? 그건 제가 너무나 잘 알고 있습니다. 중국 선양 총영사관까지, 중국의 외사판공실에서 발행한 중국이 찍어준 도장이 위장이라는 것을 제가 밝힌 사람입니다. 대한민국 국정원이 협조자를 이용해서 중국의 공안 외교문서의 도장을 위조했습니다. 이게 국정원입니다. 그래서 남재준 국정원장이 책임을 지고 물러난 것 아니겠습니까? 그것으로 거기에 가담했던 국정원 직원들이 검찰의 조사도 받고 있지 않습니까? 그런 국정원을 믿으라고요?

지난 2012년 대선 때 국정원의 댓글 조작과 서울경찰청의 허위수사 발표가 없었다면 대한민국 유권자 7% 이상이 박근혜 대통령을 찍지 않고 문재인 후보를 찍었다는 것 아닙니까? 대선 1년 후에 한 여론조사 기관에서 발표한 겁니다. 그 여론조사대로라면 지금 청와대의 주인은 박근혜가 아니라 문재인입니다. 역사에 가정은 없지요. 그러나 가정해 보면 그렇다는 겁니다. 그런 국정원을 어떻게 믿을 수 있겠습니까?

저는 모두발언에서 국정원을 사랑한다고 했고, 국정원 비밀요원들이 생명을 걸고 국가를 위해서, 국민을 위해서 충성·봉사·헌신하고 있다는 말을 했습니다. 그 제대로 된 국정원 요원들한테 새누리당 의원님들, 정의화 의장님 부끄럽지 않습니까? 국가관과 애국심으로 불타서 목숨을 걸고 사지에서 지금도 첩보활동을 하고 있는, 정보전쟁을 하고 있는 그 국정원 요원들에게 대한민국 국정원장, 국회의장, 새누리당 의원님들 부끄럽지 않습니까? 그 비밀요원들에게 미안하지 않습니까?

무차별적인 정보수집권은 안 됩니다. 미행감시를 위한 무차별적인 테러위험 의심인물 추적권도 천부당만부당한 일입니다. 헌법과 법률을 유린하고 36년 전으로 민주주의를 파괴한 정의화 의장께서는 지금이라도 늦지 않았습니다. 직권상정을 철회해 주십시오.

국회 정보위 법안소위에서 네 차례에 걸쳐서 법안 심의를 했고, 그 법안 심의는 이 법 자체에 대한 하나하나의 자구에 대한 문제는 아니었다고 합니다.

큰 틀에 있어서의 고민들이 많았고, 이 자리에 함께 계신 새누리당의 정보위 위원들께서도 함께 참여하시면서 앞서 말씀드린 것처럼 19대 국회에는 정보위에서 한 번도 열리지 않았던, 19대 국회에 한 번도 열리지 않았던 정보위 회의를 활발하게 하고 있었다고 그럽니다.

관련 내용들에 대한 기본적인 공부가 필요합니다.

이 테러방지법안도 여러 명의 의원들이 발의해 주셨습니다. 사이버테러 방지법과 관련한 부분들도 여러 의원들이 법을 내고, 저도 전반기 정보위 간사를 하면서 사이버테러를 어떻게 할 것인가, 국정원을 어떻게 개혁할 것인가, 국민들에게 신뢰받는 국정원을 어떻게 만들 것인가 하는 고민들을 많이 했었습니다.

지금까지 발의된 다양한 법안들을 병합할 것은 병합하고 또 제거해야 될 부분은 제거해야 하고, 특히 꼬리로 몸통을 흔드는 부칙 조항은 얼토당토않은 일입니다. 언감생심 어떻게 그러한 발상을 할 수 있습니까? 이 법 부칙을 통해서 FIU법과 통비법을 개정하라고 명령하는 그러한 발상을 어떻게 할 수 있습니까?

국민들의 안전과 생명을 담보로 하고 있는 법입니다. 그렇기 때문에 이 법과 관련해서는 사실관계를 확인하고 다양한 사례들, 실제 어떤 문제들이 어떻게 발생할 것인가 그리고 그것을 막을 수 있는 적절한 방법은 무엇인가에 대해서도 심도 있는 논의가 필요했습니다.

그러나 그러한 과정에 있어서 대통령께서 끊임없이 테러방지법과 관련한 협박과 압박을 하셨고, 왜 필리버스터를 하느냐고 책상을 치면서 국회의원들을 지금 겁박하고 있습니다.

직권상정의 명분으로 내세운 전시·사변 또는 이에 준하는 국가비상사태라면 온 나라가 지금처럼 조용하면 안 됩니다. 무엇보다 정의화 의장께서 현 상황을 국가비상사태라고 하지만 국회의장단만의 비상사태입니다.

대한민국의 헌법은 엄격하게 삼권분립의 원칙을 담고 있습니다. 국회가 입법권을 가지고 있다고 하지만 현 상황을 전시·사변, 그에 준하는 국가비상사태로 선포하고 법률에 따라 후속조치를 취하도록 하는 권한이 국회의장에게 주어져 있지 않습니다.

정부나 보수 언론에서 말하는 정치적 수사로서의 국가비상사태와 국회법을 포함해 법률에서 규정하고 있는 실질적인 국가비상사태는 엄격하게 구분되어야 합니다.

국회 비상사태를 규정하고 있는 법령을 찾아봤습니다.

국회의장도 그냥 정치적 수사가 아니라 법률에 근거한 국가비상사태이기 때문에 직권상정을 해야 한다면 법률에 기반해야 합니다. 대한민국은 법치국가이기 때문에 그렇습니다. 국회의장이 알아서 국회법을 무시하라는 국회법은 없습니다.

(자료를 들어 보이며)

이것이 국가비상사태를 규정하고 있는 50여 개의 법률입니다. 이 법률에 근거하지 않고서는 국가비상사태라고 말할 수 없습니다. 그냥 말은 할 수 있겠지요.

국회의장께서는 이 50여 개가 규정하고 있는 국가비상사태의 개념 규정과 국가비상사태에 취해야 할 조치 등을 아셔야 합니다.

국가비상사태 조항이 있는 법률 및 시행령 몇 개를 살펴보도록 하겠습니다.

개항질서법이라는 게 있습니다. 대통령령으로 정한 개항의 항계 안과 항만법 등에서 출입 신고 조항입니다. '다만 전시·사변 또는 이에 준하는 국가비상사태이거나 국가안전보장상 필요한 경우에는 대통령령으로 정하는 바에 따라 해양수산부장관의 허가를 받아야 한다', 출입 신고를 얘기하는 겁니다.

지금 해양수산부장관의 허가를 받아서 배들이 입출입을 합니까? 안 한다고 하고 있다면 국가비상사태가 아니거나 국가가 비상사태인데도 해양수산부장관의 허가를 받지 않고 선박이 입출입을 한다면 불법이지요.

경찰법에 대해서도 국가비상사태를 이렇게 규정하고 있습니다. '경찰청장은 전시·사변, 천재지변, 그 밖에 이에 준하는 국가비상사태, 대규모의 테러 또는 소요사태가 발생하였거나' 죽 하면서 '이런 경우가 있는 경우에는 제주특별자치도의 지방경찰공무원을 직접 지휘·명령할 수 있다'……

제주도에는요, 자치경찰이 있거든요. 그런데 이 자치경찰이 경찰청장의 지휘를 안 받습니다. 제주도의 지휘를 받지요, 자치경찰은요. 그런데 국가비상사태는요, 경찰청장이 제주도 지방자치경찰을 직접 진두지휘해야 된다는 조항입니다. 지금 제주도 자치경찰을 경찰청장이 진두지휘하지 않고 있습니다. 국가비상사태가 아니지요.

경찰공무원법 제19조(지휘권 남용 등의 금지) 조항입니다. '전시·사변, 그 밖에 이에 준하는 비상사태이거나 작전수행 중인 경우 또는 많은 인명 손상이나 국가재산 손실의 우려가 있는 위급한 사태가 발생한 경우' 이 경우에는요, 경찰공무원들은 지정된 근무지에서 이탈해서는 안 돼요.

정의화 의장께서 국가비상사태라고 선포했는데 국가비상사태라면 경찰들은 지정된 근무지에서 지금 이탈하고 있으면 안 돼요. 지금 잠자고 있는 대한민국의 모든 경찰 여러분, 여러분들은 지금 위법한 상태를 하고 있는 겁니다, 국회의장의 기준이라면. 어서 근무지로 가세요. 국가비상사태라고 하지 않습니까, 국회의장이? 그러면 경찰공무원법, 직무법을 따라야 되지 않겠습니까, 대한민국 경찰 여러분?

국가통합교통체계효율화법을 보겠습니다.

"국토교통부장관은 다음 각 호의 어느 하나에 해당하는 사유로 국가교통관리에 중대한 차질이 발생하거나 발생할 우려가 있는 경우 이에 효과적으로 대응하기 위하여 비상시 교통대책을 수립할 수 있다."

이게 뭐냐, 지금과 같은 비상사태예요.

국토교통부장관에게 묻겠습니다. 지금이 국가비상사태랍니다. 특별교통대책을 수립하셨습니까? 그렇지 않다면 국토부장관 아니면 국회의장 둘 중에 하나는 위법을 하고 있는 겁니다.

국제선박등록법도, 국채법도, 군사법원법도 다 국가비상사태를 규정하고 있습니다. 군용전기통신법에서도 국가비상사태를 규정하고 있습니다.

"국방부장관은 해당 통신설비의 경영자 또는 설치자와 미리 협의하여야 한다. 다만, 전시·사변 등의 국가비상사태 시에 작전상 긴급하여 미리 협의를 할 수 없을 때에는 사후에 통보하여야 한다."

이 법대로라면 국방부장관은 사전에 뭘 할 필요 없어요. 비상사태이기 때문에 아무거나 다 하고 그다음에 사후에 보고하면 된답니다.

군인사법에도 규정하고 있습니다.

박홍근 의원, 이런 것 알았어요?

(● 박홍근 의원 의석에서 ─ 몰랐습니다.)

몰랐지요?

(● 박홍근 의원 의석에서 ─ 예.)

군인사법 제30조입니다. 전투, 전시·사변 또는 이에 준하는 국가비상사태에서 국가에 뚜렷한 공적이 있는 사람은 진급 최저복무기간에도 불구하고 장교진급 선발위원회의 심사를 거쳐 1계급 진급시킬 수 있대요. 그러니까 지금이 국가비상사태이기 때문에요 장교들이요 계급 막 승진 아무렇게나 시켜도 된대요. 국가비상사태 때는 그렇게 해도 된다고 되어 있어요. 진급 못 한 국방부 장교님들, 특별한 조치 없이 1계급 진급할 수 있답니다.

이런 법도 있어요. 반도체집적회로의 배치설계에 관한 법률 여기에도 비상사태 때는 특허청장에게 직접 통상이용권의 설정에 관한 재정을 신청할 수 있습니다.

병역법이요. 지방병무청장은 전시·사변 또는 이에 준하는 국가비상사태에 병력동원소집대상자로 지정된 사람에 대하여 병력동원소집을 한다예요. 비상사태가 되면요 병력을 소집할 수 있어요. 그리고 향토예비군도요 지금 집에서 잠자고 있으면 안 돼요. 국가비상 시에 본인의 근무처가 있습니다. 예비군들 그쪽으로 지금 다 가야 돼요.

소방공무원법에도 우주개발 진흥법에도 우편법에도 국가비상사태를 규정하고 있습니다. 특허법에도 있습니다. 전기통신사업법에도 있습니다. 군인복무규율에도 있습니다.

그리고요 심지어 식물신품종 보호법 시행령에도 국가비상사태에 대한 규정이 있습니다. 식물신품종 보호법 시행령에는요 전시·사변 또는 이에 준하는 국가비상사태의 경우로서는 일반경쟁에 부칠 시간이 없을 때 그냥 수의계약만 해 버려도 된대요. 그러니까 지금이 국가비상사태라면 3000만 원 이하는 수의계약할 수 있는데, 2000만 원인가요 3000만 원인가요 하여튼 수의계약 할 수 있는데, 그 이상은 다 공개입찰이거든요. 그런데 지금 국가비상사태이기 때문에 10억 100억도 막 수의계약 할 수 있답니다. 국가비상사태이기 때문에, 시간적 여유가 없기 때문에. 제가 다 읽지 않겠습니다.

대한민국은 법치국가라고 했습니다. 국가비상사태도 국회의장이 함부로 말할 것이 아닙니다. 이러한 54개의 법률을 다 검토해 보고 지금이 국가비상사태인지를 검토해야지, 입법부의 수장으로서 국정원장이 와서 국가비상사태 선포해 달라고 해서 국가비상사태를 선포하는 이런 부끄러운 일은 다시는 없었으면 좋겠습니다.

방금 제가 말씀드렸다시피 국가비상사태라면 국가비상사태에 걸맞은 공무원·군인·경찰 등등 비상사태에 대비한 매뉴얼대로 움직여야 합니다.

이곳 국회도 마찬가지입니다. 언제 국회가, 국회의사당이 위험에 처할지 모릅니다. 국회 방호원들도 복장을 갖추고 비상대기해야 합니다. 적어도 국회의장이, 다른 데는 몰라도, 국가비상사태라는데 국회 직원들 지금 뭐하고 있습니까? 지금 본회의장 직원들만 돌아가면서 비상근무하고 있습니다. 국회의장의 영이 서지 않아요. 국회의장이 국가비상사태라고 하는데 국회 직원들은 지금 뭐하고 있느냐 하는 거예요.

국가비상사태로 판단이 되는 경우 국가공무원 당직 및 비상근무 규칙 제29조에 따라서 비상근무 제1호를 발령하고, 제31조에 따라 연가를 중지하고, 소속 공무원의 3분의 1 이상이 토요일 및 공휴일과 야간에 비상근무를 해야 합니다. 그런데 지금 세종시 정부종합청사 일반 공무원들을 토요일 날 근무 안 하고 있지요? 국가비상사태가 아니라는 말입니다.

병역법 제46조제1항에서 지방병무청장은 국가비상사태에는 병력동원소집 대상자로 지정된 사람에 대하여 병력동원소집을 해야 하고, 군인복무규율 제27조에서 지휘관이 비상소집을 발령해야 한다고 규정하고 있습니다. 이런 일이 지금 벌어지고 있습니까? 벌어지고 있지 않지요.

이처럼 정부에서 현 상황을 법률에서 규정하고 있는 전시·사변 또는 이에 준하는 국가비상사태로 선포하지 않고 있는데 어찌해서 국회의장만 현 상황을 국가비상사태로 규정하면서 국회의장과 부의장, 세 분만 비상근무를 하고 있습니까?

다음은 박근혜 대통령의 허위 사실 발언으로 촉발된 테러방지법률안 직권상정의 부당함을 지적하도록 하겠습니다.

박근혜 대통령은 지난해 12월 8일 '우리나라가 테러를 방지하기 위해서 이런 기본적인 법체계조차 갖추지 못하고 있다는 것을 IS도 알아 버렸다'라고 말했습니다. 그러면서 테러방지법률안의 처리를 촉구했습니다.

저는 대통령이 악의를 가지고 이런 말씀을 하셨다고 생각하지 않습니다. 선의로 했을 것이라고, 선의로 해석합니다. 그런데 결과적으로 이 말은 거짓말이 되어 버렸습니다. 우리나라가 테러를 방지하기 위해서 이런 기본적인 법체계조차 갖추지 못하고 있다고 박근혜 대통령은 인식하고 있는데 이것은 잘못된 인식입니다. 그래서 잘못된 말씀을 하신 겁니다.

우리나라에는 대테러를 위한 법 규정이 너무나 많습니다. 국정원법이 대테러를 명백하게 규정하고 있고 국가의 국가대테러활동지침이라는 것이 있습니다. 박근혜 대통령 말씀대로라면 대한민국은 테러에 무방비, 테러 무법천지 국가였다는 말씀입니까? 침소봉대라고 긍정적으로 해석하더라도 어떻게 이렇게 있는 것을 없다고 얘기합니까? 있는 것을 조금 있다 내지는 부족하다 이렇게 말했다면 그나마 이해를 하겠는데, 테러방지법이 있어요. 대표적으로 국정원법이 있습니다. 국가대테러활동지침이라는 게 있어요.

저는요, 우리가 테러방지를 위한 형법도 있고 국정원법도 있고 국가 활동지침도 있고 이렇게 있는데, 대통령이 '대한민국은 테러방지를 위한 법률이 없다'라는 허위 정보를…… IS가 알았을까 봐 두렵습니다. 대통령의 이런 테러를 방지하기 위한 법률이 대한민국에는 없다는 것을 오판하고, IS가 대통령 말만 믿고 혹시 테러를 하려고 마음먹었다면 얼마나 큰일입니까, 이게? 얼마나 위험한 일입니까?

IS에게 경고합니다. 박근혜 대통령이 말씀 잘못하셨어요. 우리나라에는 당신들이 와서 테러를 하려고 해도 다 잡아들일 수 있어요. 명백한 대테러법이 있고 우리나라에는 국가공무원들, 군인들, 경찰, 향토예비군이 있어요. 테러를 충분히 막을 만한 능력도 있고 의지도 있어요.

IS 요원 여러분, 박근혜 대통령이 '테러를 막을 방책도 없고 법도 없다'라고 말한 것 믿으면 안 됩니다. 큰일납니다. 공항에 오면 바로바로 잡을 겁니다. IS 여러분, 테러하면 안 돼요. 당신은 정말 나쁜 사람들입니다.

IS의 테러를 지지하는 대한민국 국민이 있겠습니까? 그런데 어찌하여 대통령은 이렇게 허위사실로 IS까지 끌어들입니까? 저는 부도덕하다고 생각합니다. 끌어들일 게 따로 있지 어떻게 대한민국이 테러 무풍지대라고, 무방비 국가라고 대통령이 IS를 들먹거립니까?

다시 한 번 IS에게 경고합니다. 우리 대한민국, 테러방지법안 이것 통과되지 않더라도 당신들을 섬멸하고 괴멸시킬 충분한 법적인 장치가 있다는 것을 IS 대원 여러분, 분명히 알아 두시기 바랍니다.

지난 1월 대국민 담화에서는 현재 OECD, G20 회원 국가 중에 테러방지법이 없는 나라는 우리나라를 포함한 4개국에 불과하다고 강조했습니다. 이 또한 거짓말입니다. 대통령이 잘 모르고 하신 말씀입니다. 대통령이 말한 것은 사실이 아닙니다. 하지만 현행 국가정보원법 근거하여 국정원은 충분히 대테러 업무를 수행할 수 있습니다.

(자료를 들어 보이며)

이것이 국가정보원법입니다. 이 법에 따라서 국정원은 이미 대테러 업무를 수행해 왔습니다.

국가정보원법 주요 사항을 말씀드리겠습니다.

'제1조(목적) 이 법은 국가정보원의 조직 및 직무범위와 국가안전보장 업무의 효율적인 수행을 위하여 필요한 사항을 규정함을 목적으로 한다.

제2조(지위) 국가정보원(이하 '국정원')은 대통령 소속으로 두며 대통령의 지시와 감독을 받는다.'

제3조……

잘 들어 주시기 바랍니다. 특히 박근혜 대통령 잘 들어 주시기 바랍니다.

'제3조(직무) ① 국정원은 다음 각 호의 직무를 수행한다.

1. 국외 정보 및 국내 보안정보(대공, 대정부전복, 방첩, 대테러 및 국제범죄조직)의 수집·작성 및 배포, 분명히 되어 있습니다. 국정원의 직무는 이처럼 대공·대정부전복, 방첩, 대테러 및 국제범죄조직, 테러뿐만 아니라 국제범죄조직까지 정보를 수집할 수 있습니다.

2. 국가 기밀에 속하는 문서·자재·시설 및 지역에 대한 보안 업무. 다만, 각급 기관에 대한 보안감사는 제외한다.

3. 형법 중 내란의 죄, 외환의 죄, 군형법 중 반란의 죄, 암호

부정사용의 죄, 군사기밀 보호법에 규정된 죄, 국가보안법에 규정된 죄에 대한 수사'

국정원은 이렇게 엄청난 수사권한도 가지고 있는 겁니다. 내란죄, 외환죄, 반란죄, 암호 부정사용의 죄, 군사기밀 보호법에 규정된 죄, 국가보안법 위반죄, 대공수사 다 할 수 있는 겁니다. 그러니까 테러범들은, 테러로 의심받을 수 있는 법은 제3조(직무) 1항 대테러 국제범죄조직 이 분야로 다 수사할 수 있습니다. 정보 수집할 수 있습니다.

이것 말고 지금 새로 테러방지법으로 나와 있는 것이, 이 범주를 벗어나는 것이 3개입니다. 영장 없이 핸드폰 감청하는 것, 영장 없이 통장 거둬들이는 것, 그리고 추적할 수 있는 권한, 미행권 이 세 가지만 빼면 이 국정원법으로 다 할 수 있습니다. 다시 말해서 지금 국회의장이 직권상정한 이 테러방지법은 국정원법에서 규정하고 있지 않은 세 가지를 달라는 겁니다. 첫째, 영장 없이 핸드폰을 감청할 수 있는 권한, 영장 없이 은행 계좌를 털어 볼 수 있는 권한, 영장 없이 미행·감시할 수 있는 권한 이 세 가지를 달라는 겁니다. 그걸 빼면 이 국정원법으로 다 할 수 있다는 겁니다.

다시 한 번 말씀드립니다. 지금 정의화 의장께서 직권상정한 이철우 의원의 테러방지법안은 국정원법과 국가대테러활동지침 이 두 가지에 있는 내용을 반복하고 있을 뿐입니다. 국가대테러활동지침과 국정원법 이 2개를 베껴서 합쳐 놓은 법이 테러방지법안인데, 이 2개에서 규정하지 못하고 있는 것 세 가지를 첨가했을 뿐인 법이 테러방지법안입니다.

그게 무엇이냐? 중요하기 때문에 다시 한 번 말씀드립니다. 국정원법과 국가대테러활동지침, 그리고 아까 제가 읽어 드렸던 국가비상사태에 준하는 54개 법률에서 규정하고 있는 것 이외의 것 세 가지를 첨부한 것, 그것이 테러방지법안입니다. 그 세 가지는 법원의 영장 없이 국민 여러분들을 핸드폰을 뒤져서 사찰하겠다는 그 조항, 영장 없이 여러분들의 은행 계좌를 털겠다는 그 조항, 그리고 9조4항 테러가 의심될 만한 인물이 있으면 미행하고 추적할 수 있는 권한, 이 세 가지를 더 달라는 것이 국정원법에서 규정하고 있는 것에 추가될 사항 세 가지입니다.

한국전쟁 이후 이승만·박정희 정권은 북한 김일성 정권과 욕하면서 서로 도움을 주고받았습니다. 그걸 보고 정치학자들은 전문용어로 적대적 상호의존관계라고 얘기합니다. 적대적이지만 서로 의존하면서 정권을 유지하는 데 유리하게 활용하는 거지요. 김일성은 박정희 대통령을 욕하면서 1인 독재정권을 더 강화했고, 박정희 정권은 북한의 남침위협을 말하면서 국민을 공포로 몰아넣으면서 본인의 독재정치, 철권정치를 이어 나갔던 거지요. 그러는 과정에서 반드시 필요한 것이 바로 이렇게 국민을 감시하고 사찰할 수 있는 정보기관입니다. 그래서 박정희 정권 때 중앙정보부가 탄생한 겁니다.

지금 있는 법으로도 충분하게 테러를 막을 수 있습니다.

다시 한 번 말씀드립니다. 새누리당이 이 난리를 치면서 국회의장을 협박해서 직권상정한 테러방지법안은

제가 말씀드린 그 세 가지, 국민 도청, 은행 계좌 추적, 테러의심인물 찍고 감시·미행, 이 세 가지를 더 달라는 겁니다. 그 세 가지를 빼면 아마 직권상정도 포기하고 새누리당도 이 법안 포기할 겁니다. 그 세 가지 때문에 지금 하는 것입니다. 그 세 가지 때문에 대통령도 지금 책상을 열 번이나 치면서 난타공연을 하고 있는 겁니다.

　　(자료를 들어 보이며)

　이것이 많은 의원님들이 자리에 나와서 읽었던 국가대테러활동지침입니다. 대통령 훈령인데요. 정 이것이 훈령이라서, 법이 아니라서 그렇다면…… 제가 이것을 몇 번 읽어 봤는데요, 차라리 이걸 법으로 만드세요. 가끔 우리 국회에서도 그렇게 하지 않습니까? 시행령으로 두기에는 좀 그렇다, 이거는 좀 더 격상시켜서 좀 더 강조하자 그럴 때는 시행령을 그대로 조항을 옮겨 와서 법조항으로 격상시키지요.

　김태년 의원님, 우리 그렇게 하지요, 보통?

　　(● 김태년 의원 의석에서 ─ 예.)

　시행령 이렇게 높여서 법률로 만들지 않습니까? 그렇다면 이 국가테러활동지침이요, 굉장히 잘되어 있더라고요. 이게 대통령 훈령이거든요. 그러면 훈령이니까 이게 잘 안 지켜질 수 있기 때문에 이것을 법으로 하자, 저는 이것을 법으로 한다 그러면 찬성하겠어요. 잘돼 있어요. 이게 굉장히 꼼꼼하게 테러 때는 어떻게 해야 되는지 테러는 어떻게 막아야 되는지 그것을 규정하고 있는데, 얼마나 잘돼 있는지 국민 여러분들께 소개해 드리도록 하겠습니다.

　저도 이번에 이 필리버스터, 무제한 토론을 준비하면서 이것을 다 읽어 봤거든요. 저도 처음 읽어 봤습니다. 저도 이런 게 있는지 몰랐어요. 그런데 박근혜 대통령도 이게 있는지 몰랐나 봐요. 이것만 읽어 보면 이 난리를 피우고 이 테러방지법안을 만들 필요가 없구나 그런 생각을 하실 거예요. 그런데 대통령은 아마 십중팔구 이것 안 읽어 봤을 거예요. 황교안 총리도 이것 안 읽어 봤을 거예요. 대테러대책위원회 의장이 국무총리라는 것을 모르고 있었잖아요, 국무총리가 의장인데. 김광진 의원이 물어보니까 누군지 몰라요. 그런데 눈치는 빨라 가지고 0.36초 만에 반응하더라고요. 굉장히 반사신경이 좋으신 분이에요.

　김광진 의원이 이렇게 물었어요. '국가대테러활동지침에 따르면 대테러대책위원회 의장이 누구인지 아십니까?' '모릅니다' '국무총리인지 몰라요?' '예, 알고 있습니다' 이렇게 답변하더라고요. 그 반응시각이 0.36초라고 기사에 났더군요. 그렇게 순간적으로 머리가 좋으신 국무총리께서도…… 이것 한번 읽어 보시기 바랍니다. 이것만 읽으면 안심이 돼요. 이겁니다.

　국민 여러분 안심하시라는 차원에서, 이 테러방지법안이 통과되지 않더라도 전혀 불안해 할 필요가 없다는 점을 강조하기 위해서 지금부터 대한민국 국가가 얼마나 조밀조밀하게 충실한 국가인지, 얼마나 테러에 대해서 국민의 생명과 안전과 재산을 지키려고 이런 훈령을 잘

만들어 놨는지, 물론 이 훈령을 지키고 안 지키고는 두 번째 문제입니다. 세월호 때도 보면 수난구조법 잘 만들어져 있어요. 그런데 그걸 안 지키니까 문제지요. 어쨌든 국가대테러활동지침은 거의 완벽하게 만들어져 있습니다.

　국민 여러분, 잘 들어 봐 주세요.

　국가대테러활동지침, 대통령 훈령 제337호, 2015년 1월 23일 일부개정, 그러니까 작년에도, 1년 전에도 일부 개정을 했습니다.

　'제1장 총칙

　제1조(목적) 이 훈령은 국가의 대테러 업무수행을 위하여 필요한 사항을 규정함을 목적으로 한다.

　제2조(정의) 이 훈령에서 사용하는 용어의 정의는 다음과 같다.

　1. "테러"라 함은 국가안보 또는 공공의 안전을 위태롭게 할 목적으로 행하는 다음 각목의 어느 하나에 해당하는 행위를 말한다.

　가. 국가 또는 국제기구를 대표하는 자 등의 살해·납치 등 외교관 등 국제적 보호인물에 대한 범죄의 방지 및 처벌에 관한 협약 제2조에 규정된 행위

　나. 국가 또는 국제기구 등에 대하여 작위·부작위를 강요할 목적의 인질억류·감금 등 인질억류 방지에 관한 국제협약 제1조에 규정된 행위

　다. 국가중요시설 또는 다중이 이용하는 시설·장비의 폭파 등 폭탄테러행위의 억제를 위한 국제협약 제2조에 규정된 행위

　라. 운항 중인 항공기의 납치·점거 등 항공기의 불법납치 억제를 위한 협약 제1조에 규정된 행위

　마. 운항 중인 항공기의 파괴, 운항 중인 항공기의 안전에 위해를 줄 수 있는 항공시설의 파괴 등 민간항공의 안전에 대한 불법적 행위의 억제를 위한 협약 제1조에 규정된 행위

　바. 국제민간항공에 사용되는 공항 내에서의 인명살상 또는 시설의 파괴 등 1971년 9월 23일 몬트리올에서 채택된 민간항공의 안전에 대한 불법적 행위의 억제를 위한 협약을 보충하는 국제민간항공에 사용되는 공항에서의 불법적 폭력행위의 억제를 위한 의정서 제2조에 규정된 행위

　사. 선박억류, 선박의 안전운항에 위해를 줄 수 있는 선박 또는 항해시설의 파괴 등 항해의 안전에 대한 불법적 행위의 억제를 위한 협약 제3조에 규정된 행위

　아. 해저에 고정된 플랫폼의 파괴 등 대륙붕 상에 소재한 고정 플랫폼의 안전에 대한 불법적 행위의 억제를 위한 의정서 제2조에 규정된 행위

　자. 핵물질을 이용한 인명살상 또는 핵물질의 절도·강탈 등 핵물질의 방호에 관한 협약 제7조에 규정된 행위'

　국민 여러분, 저는 지금 굳이 만들지 않아도 될 테러방지법을 만들어서 국민 여러분들의 핸드폰을 뒤지고 불법 도·감청을 하고, 여러분들의 은행통장 계좌추적을 영장 없이 하고, 의심 가는 테러인물이라는 낙인을 찍고 여러분들의 뒤를 감시·미행하려고 하는 테러방지법안이 필요 없고 지금 국가대테러활동지침 이것만으로 충분하다는 뜻에서 국가대테러활동지침이 얼마나 소상하게 테러방지를 하고 있는지, 그리고 테러가 발생했을 때 그 매뉴얼이 얼마나

오밀조밀한지를 여러분들께 읽어 드리고 있는 중입니다.

'2. "테러자금"이라 함은 테러를 위하여 또는 테러에 이용된다는 정을 알면서 제공·모금된 것으로서 「테러자금 조달의 억제를 위한 국제협약」제1조제1호의 자금을 말한다.

3. "대테러활동"이라 함은 테러 관련 정보의 수집, 테러혐의자의 관리, 테러에 이용될 수 있는 위험물질 등 테러수단의 안전관리, 시설·장비의 보호, 국제행사의 안전확보, 테러위협에의 대응 및 무력 진압 등 테러예방·대비와 대응에 관한 제반활동을 말한다.' 얼마나 잘 되어 있습니까, 테러에 대해서?

'4. "관계기관"이라 함은 대테러활동을 담당하는 중앙행정기관 및 그 소속기관을 말한다.

5. "사건대응조직"이라 함은 테러사건이 발생하거나 발생이 예상되는 경우에 그 대응을 위하여 한시적으로 구성되는 테러사건대책본부·현장지휘본부 등을 말한다.

6. 7 삭제

8. "테러경보"라 함은 테러의 위협 또는 위험수준에 따라 관심·주의·경계·심각의 4단계로 구분하여 발령하는 경보를 말한다.'

국가비상사태라고 했을 때에는 보통 워치콘이라고 하지요. '진돗개 하나' '진돗개 둘' 발령하고 하지요. 휴전선 근처에 있는 전방부대 휴가 못 가지요. 그리고 경찰도 경계근무 해야지요. 예비군 비상대기 해야지요. 이것이 국가비상사태 때 대한민국이 움직여야 될 행동지침이에요. 법으로 규정되어 있습니다. 그런데 그런 것이 하나도 없어요, 지금.

계속 말씀드리지만 정의화 의장만 비상사태라서 정의화 의장, 정갑윤 부의장, 이석현 부의장만 비상사태 대비 비상근무를 하고 있어요, 지금 세 분만. 국회의장단만 비상사태예요, 지금.

"제3조(기본지침)"

국민 여러분, 지금 저는 테러방지법이 필요 없고 국가대테러활동지침이라는 것이 있습니다. 정부에서 마련한 것인데요, 이것이 얼마나 잘 되어 있는지, 그래서 테러방지법안이 필요 없다는 것을 제가 지금 말하고 있는 중입니다.

대테러활동지침 제3조(기본지침)입니다.

"국가의 대테러활동을 위한 기본지침은 다음과 같다.

1. 국가의 대테러업무를 효율적으로 수행하기 위하여 범국가적인 종합대책을 수립하고 지휘 및 협조체제를 단일화한다.

2. 관계기관 등은 테러위협에 대한 예방활동에 주력하고, 테러 관련 정보 등 징후를 발견한 경우에는 관계기관에 신속히 통보하여야 한다.

3. 테러사건이 발생하거나 발생이 예상되는 경우에는 테러대책기구 및 사건대응조직을 통하여 신속한 대응조치를 강구한다.

4. 국내외 테러의 예방·저지 및 대응조치를 원활히 수행하기 위하여 국제적인 대테러 협력체제를 유지한다."

국제협력체제까지 지금 말하고 있습니다.

"5. 국가의 대테러능력을 향상·발전시키기 위하여 전문인력 및 장비를 확보하고, 대응기법을 연구·개발한다.

6. 테러로 인하여 발생하는 각종 피해의 복구와 구조활동, 사상자에 대한 조치 등 수습활동은 재난 및 안전 관리기본법 등 관계법령에서 정한 체계와 절차에 따라 수행함을 원칙으로 한다.

7. 이 훈령과 대통령 훈령 제28호 통합방위지침의 적용여부가 불분명한 사건이 발생한 경우에는 사건 성격이 명확히 판명될 때까지 통합방위지침에 의한 대응활동과 병행하여 이 훈령에 의한 대테러활동을 수행한다.

제4조(적용 범위) 이 훈령은 관계기관과 그 이외에 테러예방 및 대응조치를 위하여 필요한 정부의 관련기관에 적용한다.

제2장 테러대책기구

제1절 테러대책회의

제5조(설치 및 구성) ① 국가 대테러정책의 심의·결정 등을 위하여 대통령 소속하에 테러대책회의를 둔다.

② 테러대책회의의 의장은 국무총리가 되며, 위원은 다음 각 호의 자가 된다."

황교안 총리가 이것을 안 읽어 봐 가지고 이 조항을 몰랐던 것입니다. 김광진 의원이 물었어요. '아니, 테러방지법 없이—지금 제가 읽고 있는—이 국가대테러활동지침에 보면 테러대책회의를 둔다고 되어 있고 의장이 있는데 의장이 누구냐?' 그랬더니 국무총리가 몰라요. 그래서 김광진 의원이 '아니, 테러대책회의 의장은 국무총리입니다' 그러니까 '예, 알아요' 이렇게 얘기해요, 0.36초 후에. 이 조항을 황교안 총리가 읽어 봤으면 참 좋았을 것을······

테러대책회의의 의장은 국무총리가 되고요, 위원은 다음과 같아요.

'1. 외교부장관·통일부장관·법무부장관·국방부장관·행정자치 부장관·산업통상자원부장관·보건복지부장관·환경부장관·국 토교통부장관·해양수산부장관 및 국민안전처장관'

국민안전처가 없었지요. 그래서 작년 1월 23일 날 이 훈령을 바꾼 것 같습니다.

그다음에, 이렇게 각 부처 장관이 거의 다 망라되어 있고요.

'2. 국가정보원장' 국가정보원장도 테러대책회의 위원입니다. 각 부처 장관이 다 모인 가운데 국정원장도 참여하게 되어 있어요. 거기다가 청와대 '국가안보실장·대통령경호실장 및 국무조정실장', 거기다가요 '4. 관세청장·경찰청장 및 원자력안전위원회위원장, 그밖에 의장이 지명하는 자'······

여기에다가요, '테러대책회의의 사무를 처리하기 위하여 1인의 간사를 두되, 간사는 제11조의 규정에 의한 테러정보통합센터의 장으로 한다. 다만, 제20조의 규정에 의한 분야별 테러사건대책본부가 구성되는 때에는 해당 테러사건대책본부의 장을 포함하여 2인의 간사를 둘 수 있다.'

아니, 국가대테러활동지침 테러대책회의에 대한민국의 거의 모든 장관과 국정원장과 청와대와 경찰청이 다 참여해서 테러대책회의를 하게 되어 있어요. 그러면 국무총리가 의장이 되고 국정원장 국가안보실장 대통령경호실장 국무조정실장 경찰청장 통일부장관 외교부장관 국민안전처장관까지 다 참여해서 테러대책회의를 구성하고 회의를 하면 돼요. 이런 것이 없어서 못 하는 것이 아니지 않습니까?

저는 박근혜 대통령이 이거 안 읽어 봤다고 봅니다. 읽어 봤다면 책상을 열 번씩이나 난타하면서 화를 내지 않았을 것 같아요. 이것을 안 읽어 보니까 마치 테러방지법이 없는 것인 줄 착각하고 있는 거예요.

(「에이」하는 의원 있음)

누가 '에이' 그랬어요? 제 발언할 때 비판하고 싶으면 손을 들고 이름을 밝힌 다음에 해 주세요, 비겁하게 책상 뒤에 숨어서 하지 마시고.

'6.—이 테러대책회의의 임무에 해당됩니다—다음 각 호의 사항을 심의한다. 국가 대테러정책' 이것을 심의해요. 아니, 국가 대테러정책을 심의하는데 범위가 얼마나 넓습니까? 이것을 앉아서 할 수 있는 거예요. 대통령을 제외하고 국무총리부터 다 모여 가지고 테러대책회의를 하면서 국가 대테러정책을 논의하게 되어 있어요. 여기서 논의하면 됩니다.

'그 밖에 테러대책회의의 의장이 부의하는 사항', 얼마나 완벽하게 되어 있습니까? 국가대테러활동지침, 이것 참 잘 만들었네요.

'제7조(운영) ① 테러대책회의는 그 임무를 수행하기 위하여 의장이 필요하다고 인정하거나 위원이 회의소집을 요청하는 때에는 의장이 이를 소집한다.
② 테러대책회의의 의장·위원 및 간사의 직무는 다음과 같다.' 잘 들어 보십시오.

지금 직권상정한 대테러방지법안 없어도 이 국가대테러활동지침으로도 가능하다는 것을 제가 말씀드리고 있는 중입니다.

'② 테러대책회의의 의장·위원 및 간사의 직무는 다음과 같다.
1. 의장
가. 테러대책회의를 소집하고 회의를 주재한다.
나. 테러대책회의의 결정사항에 대하여 대통령에게 보고하고, 결정사항의 시행을 총괄·지휘한다.
2. 위원
가. 테러대책회의의 소집을 요청하고 회의에 참여한다.
나. 소관사항에 대한 대책방안을 제안하고, 의결사항의 시행을 총괄한다.
3. 간사
가. 테러대책회의의 운영에 필요한 실무를 지원한다.
나. 그 밖의 회의 관련 사무를 처리한다.
다. 제5조3항 단서의 규정에 의한 분야별 테러사건대책본부의 장은 테러사건에 대한 종합상황을 테러대책회의에 보고하고, 테러대책회의의 의장이 지시한 사항을 처리한다.

③ 의장이 부득이한 사유로 직무를 수행할 수 없는 때에는 제8조의 규정에 의한 테러대책상임위원회의 위원장이 그 직무를 수행한다.
제2절 테러대책상임위원회
제8조(설치 및 구성)'
잘 되어 있습니다.
'① 관계기관 간 대테러업무의 유기적인 협조·조정 및 테러사건에 대한 대응대책의 결정 등을 위하여 테러대책회의 밑에 테러대책상임위원회(이하 "상임위원회"라 한다)를 둔다.'
잘 되어 있지 않습니까?

장관들 국무총리 이런 분들이 바쁜 분들이기 때문에 테러대책회의에서 업무를 잘 처리를 못 하겠다, 그래서 그 밑에 상임위원회를 또 둔다는 거예요.

중랑갑의 박홍근 의원님!

(● 박홍근 의원 의석에서 — 중랑을입니다.)

중랑을입니까? 잘 되어 있지 않습니까?

(● 박홍근 의원 의석에서 — 꼼꼼하네요.)

꼼꼼하지요?

상임위원회를 보면요

'외교부장관 통일부장관 국방부장관 및 국민안전처장관, 국가정보원장 국가안보실장 및 국무조정실장, 경찰청장, 그 밖에 상임위원회의 위원장이 지명하는 자
③ 상임위원회의 사무를 처리하기 위하여 1인의 간사를 두되, 간사는 제11조의 규정에 의한 테러정보통합센터의 장으로 한다.'

이 상임위원회는요 테러와 직접적인 직결된 업무를 하는 부처 장관을 따로 또 상임위원회를 꾸린 겁니다. 외교부장관 통일부장관, 외교부장관은 국제 테러, 통일부장관은 북한 문제, 국방부장관은 당연히, 국민안전처장관은 당연히 안전처장관이니까. 그다음에 국가정보원장 국가안보실장 국무조정실장 경찰청장. 이분들이 실제로 대테러 업무를 하고 있는 직접적인 부대라 할 수 있지요. 그렇기 때문에 이런 분들 중심으로 엑기스를 뽑아서 대테러 업무에 관련된 상임위원회를 둔 것이지요.

이 상임위원회 임무를 또 살펴보겠습니다.

'제9조(임무) 상임위원회의 임무는 다음 각 호와 같다.
1. 테러사건의 사전예방·대응대책 및 사후처리 방안의 결정
2. 국가 대테러업무의 수행실태 평가 및 관계기관의 협의·조정
3. 대테러 관련 법령 및 지침의 제정 및 개정 관련 협의'
여기에서 하시면 되겠네요.

국가대테러활동지침, 아주 잘 만들었는데요. 제9조 상임위원회의 역할 중에서 9조(임무) 제3호에 보면 '대테러 관련 법령 및 지침의 제정 및 개정 관련 협의' 이 조항이 있습니다. 국회의장의 이런 무리한 직권상정을 통하지 않고서도, 이 활동지침을 통해서도 대테러업무를 원활히 수행할 수 있다는 것을 보여 주고 있습니다.

'그 밖에 테러대책회의에서 위임한 사항 및 심의·의결한 사항의 처리
제10조(운영) ① 상임위원회의 회의는 정기회의와 임시회의로

구분하며, 위원장이 소집한다.

② 정기회의는 원칙적으로 반기 1회 개최한다.

③ 임시회의는 위원장이 필요하다고 인정하거나 위원이 회의소집을 요청하는 때에 소집된다.

④ 상임위원회의 위원장·위원 및 간사의 직무에 대하여는 제7조제2항의 규정을 준용한다.

⑤ 상임위원회의 운영을 효율적으로 지원하기 위하여 관계기관의 국장으로 구성되는 실무회의를 운영할 수 있으며, 간사가 이를 주재한다.

제3절 테러정보통합센터

제11조(설치 및 구성) ① 테러 관련 정보를 통합관리하기 위하여 국가정보원에 관계기관 합동으로 구성되는 테러정보통합센터를 둔다.

② 테러정보통합센터의 장(이하 "센터장"이라 한다)을 포함한 테러정보통합센터의 구성과 참여기관의 범위·인원과 운영 등에 관한 세부사항은 국가정보원장이 정하되, 센터장은 국가정보원 직원 중 테러 업무에 관한 전문적 지식과 경험이 있는 자로 한다.

③ 국가정보원장은 관계기관의 장에게 소속 공무원의 파견을 요청할 수 있다.

④ 테러정보통합센터의 조직 및 운영에 관한 사항은 공개하지 아니할 수 있다.

제12조(임무) 테러정보통합센터의 임무는 다음 각 호와 같다.

1. 국내외 테러 관련 정보의 통합관리 및 24시간 상황처리체제의 유지

2. 국내외 테러 관련 정보의 수집·분석·작성 및 배포

3. 테러대책회의·상임위원회의 운영에 대한 지원

4. 테러 관련 위기평가·경보발령 및 대국민 홍보

5. 테러혐의자 관련 첩보의 검증'

여기도 있네요. 테러방지법안이 아니더라도 테러혐의자 관련 첩보의 검증을 국가테러활동지침 테러대책회의 상임위원회의 임무로 규정되어 있습니다.

'12조5호 테러혐의자 관련 첩보의 검증' 아니, 이거면 됐지. 뭐 새로운 법이 또 필요해요?

'6. 상임위원회의 결정사항에 대한 이행점검

7. 그 밖에 테러 관련 정보의 통합관리에 필요한 사항

제13조(운영) ① 관계기관은 테러 관련 정보(징후·상황·첩보 등을 포함한다)를 인지한 경우에는 이를 지체 없이 센터장에게 통보하여야 한다.

② 센터장은 테러정보의 통합관리 등 업무수행에 필요하다고 인정하는 경우에는 관계기관의 장에게 필요한 협조를 요청할 수 있다.'

지금 국무위원석에 나와 계시는 분 누구지요?

● **행정자치부기획조정실장 심보균** 행정자치부 기획조정실장입니다.

● **정청래 의원** 행자부 기획조정실장입니까?

● **행정자치부기획조정실장 심보균** 예.

● **정청래 의원** 장관 어디 가셨어요?

● **행정자치부기획조정실장 심보균** 좀 있으면 교대해서 오시기로 했습니다.

● **정청래 의원** 차관님은요?

● **행정자치부기획조정실장 심보균** 차관님도 같이 교대조로 해 가지고 교대하고 있습니다.

● **정청래 의원** 그러면 세 분이 교대하고 있습니까?

● **행정자치부기획조정실장 심보균** 예.

● **정청래 의원** 국가비상사태라서 어쩔 수 없어요.

아니, 제가 지금 질의응답은 아니지만 이런 훌륭한 국가대테러활동지침이 있는데. 이것 공무원들이 봐요, 안 봐요?

● **행정자치부기획조정실장 심보균** 저희들도 관계 부처에서 보고 있습니다.

● **정청래 의원** 관계 부처에서 다 보고 있습니까?

● **행정자치부기획조정실장 심보균** 예.

● **정청래 의원** 적어도 상임위원회에 속해 있는 외교부장관, 통일부장관, 국방부장관 및 국민안전처, 국가정보원, 국가안보실, 국무조정실, 경찰청.

그러면 국가안보실장도 보면 이것 지금 청와대도 보고 있다는 것 아닙니까? 그런데 왜 대통령은 모르고 있어요, 이것을?

국가안보실장이 국가대테러활동지침, 이런 아주 훌륭한 것이 마련되어 있는데 왜 대통령한테 이것을 보고하지 않아 가지고 IS가 우리나라 지금 테러 무풍지대이고 무법지대인데 이것 알면 큰일 났다, 왜 이런 식으로 말하게 합니까?

저는 박근혜 대통령을 대선 때 찍지는 않았지만 대통령이 된 다음에는 대한민국 국회의원으로서 국민으로서 대통령이 이렇게 부끄러운 모습을 보이는 게 저는 싫어요. 그래도 우리나라 대통령 아닙니까, 찍었든 안 찍었든?

'7. 그 밖에 테러 관련 정보의 통합관리에 필요한 사항

제13조(운영) 관계기관은 테러 관련 정보를 인지한 경우에는 이를 지체 없이 센터장에게 통보하여야 한다.

센터장은 테러정보의 통합관리 등 업무수행에 필요하다고 인정하는 경우에는 관계기관의 장에게 필요한 협조를 요청할 수 있다.'

제4절…… 기가 막힙니다. 끝내줍니다, 이 활동지침. 지역

테러대책협의회도 있어요.

자, 보세요. 조금 이따 설명할 건데요. 국무총리를 의장으로 하는 대테러대책회의가 있습니다. 거의 국무총리를 비롯한 관계기관 부처 장관들이 다 포함이 되어 있어요. 그런데 이분들이 너무 숫자가 많아요. 그리고 직접적인 연관 부서도 없어요. 그래서 상임위원회를 뒀습니다.

상임위원회는 테러와 직접적인 관련 있는 업무, 장관들 몇 명을 추렸어요. 국정원장·경찰청장·외교부장관·통일부장관·행자부장관 이런 분들로요. 그렇게 만들어 놨어요, 상임위원회를. 그리고 여기서 테러 업무에 대한 첩보까지 다 검증할 수 있어요. 그리고 이것을 중앙에서만 하지 않고 지역 테러대책협의회까지 구성합니다. 그 부분을 살펴보겠습니다.

'제4절 지역 테러대책협의회
제14조(설치 및 구성) 지역의 관계기관 간 테러예방활동의 유기적인 협조·조정을 위하여 지역 테러대책협의회를 둔다. 지역 테러대책협의회 의장은 국가정보원의 해당지역 관할지부의 장이 되며 위원은 다음 각 호의 자가 된다.'
다시 한 번 읽어 드리겠습니다.

국가대테러활동지침은 잘 되어 있습니다. 지역 테러대책협의회를 구성하게 되어 있습니다. 지역 테러대책협의회 의장은 구청장·군수·시장이 아닙니다. 누가 하느냐, 관할 지부의 국정원 지부장이 합니다. 국정원에게 이거 엄청난 권한을 둔 거 아닙니까?

● **의장 정의화** 정청래 의원님, 잠깐만 제가 토론 중에 양해 말씀 좀 드리겠습니다.

지금 의장으로서 한 말씀 좀 드릴 말씀이 있어서 잠깐 제가 토론 중에 말씀을 드리겠습니다. 양해해 주시기 바라고요.

무제한 토론은 시간제한이 없이 며칠 동안 산회를 하지 않고 계속해서 발언하는 제도이기 때문에 여러 명의 사회자가 교대하면서 항상 이 회의장을 지켜야 합니다. 의장석을 비우고 이 토론을 진행할 수 없기 때문에 그렇습니다.

그런데 현행 국회법은 입법적인 미비로 인해서 여러 명의 사회자를 지정할 수 있는 제도적인 장치가 마련되어 있지 않습니다. 이에 의장단은 지난 23일부터 한시도 쉬지 않고 본회의장을 지켜 왔으나 체력적 한계도 느끼지 않을 수가 없습니다. 그래서 의장으로서 부득이 전직 의장단 그리고 상임위원장님께 본회의 사회를 요청을 드렸고 저희 요청에 응답해 주신 전직 부의장님과 몇몇 위원장님께 잠시 동안 본회의 의사진행을 부탁드리고자 합니다.

국회법 제102조에 따라서 이 무제한 토론은 가능한 한 의제 외의 발언은 금지되어 있다는 것을 양지해 주시고 의장으로서 이러한 문제가 앞으로 더는 발생하지 않도록 조속한 시일 내에 입법적인 개선 방안을 강구하겠습니다.

그래서 오늘 오전 9시부터 12시까지 3시간을

환경노동위원회의 김영주 위원장님께서 수고를 해 주시기로 되어 있습니다. 그래서 정청래 의원님께서도 널리 양해해 주시기 바랍니다.

끝까지 제가 경청하지 못하고 의장석을 떠나게 되어서 죄송하게 생각합니다. 나중에 속기록을 통해서 제가 보도록 하겠습니다.

감사합니다.

● **정청래 의원** 의장님, 저도 의장님께 한 말씀 드리고자 합니다.

의장님이 너무 지금 육체적으로 피곤하다는 것을 잘 알고 있습니다. 많은 의원님들도 지금 정신적·육체적으로 많이 피곤합니다. 밤새는 의원들도 많이 있습니다.

왜 이렇게 됐습니까?

의장님이 자초해서 의장님이 육체적 피곤을 버틸 수 없어서 결국 국회법에도 없는 국회의장석을, 국회의장단 이외의 분들에게 지금 사회권을 넘길 수밖에 없는 이런 국회 본회의장 비상사태를 맞이한 것 아니겠습니까?

● **의장 정의화** 양해해 주셔서 감사합니다.

● **정청래 의원** 제가 양해는 하겠습니다만 국회 본회의장 국회의장석 비상사태에 대해서도 정의화 의장께서 책임지셔야 한다라고 저는 분명히 말씀드립니다.

(정의화 의장, 김영주 의원과 사회교대)

의장님, 편히 쉬십시오.

정의화 국회의장님도 사람이고 국회의원입니다. 그러나 일반 국회의원과 하나의 개인을 떠나서 국회의장은 입법부의 수장으로서 대한민국의 민주주의와 삼권분립을 지켜야 되는 최일선의 책임자이기도 합니다.

이게 뭡니까? 국회의장석을 지키지 못하고 피해야 하는, 국회법에도 없는 환경노동위원장이 의장석을 지켜야 하는 이런 초유의 사태가 비상사태입니다. 분명히 말씀드리지만 민의의 전당, 대한민국 입법부의 상징, 대한민국국회 본회의장이 지금 비상사태에 돌입했습니다.

국회의장께서 잘못을 저질러 놓고, 직권상정 해 놓고 의장석을 지키지 못하고 헌정사상 초유의 국회 본회의장 비상사태를 맞이해서 국회 환경노동위원장이 사회를 봐야 하는 이 처음 있는 기막힌 뉴스를, 소식을, 장면을 국민 여러분 보고 계십니까?

인간적으로야 정의화 의장님, 연세도 있으시고 얼마나 피곤하시겠습니까? 그러나 그것은 그렇지만, 국회의장석을 국회법에 의하지 않고 이렇게 다른 분에게 사회권을 넘길 만큼 심신이 피곤하신 것은 위로드립니다.

'제4절 지역 테러대책협의회
제14조(설치 및 구성) ① 지역의 관계기관 간 테러예방활동의 유기적인 협조·조정을 위하여 지역 테러대책협의회를 둔다.
② 지역 테러대책협의회의 의장은 국가정보원의 해당지역 관할지부의 장이 되며, 위원은 다음 각 호의 자가 된다.

1. 법무부·보건복지부·환경부·국토교통부·해양수산부·국민안
전처·국가정보원의 지역 기관·식품의약품안전처·관세청·대검
찰청·경찰청·원자력안전위원회의 각 지역기관, 지방자치단체,
지역 군·기무부대의 대테러업무 담당 국·과장급 직위의 자
2. 그 밖에 지역 테러대책협의회의 의장이 지명하는 자
제15조(임무) 지역 테러대책협의회의 임무는 다음 각 호와
같다.
1. 테러대책회의 또는 상임위원회의 결정사항에 대한
시행방안의 협의
2. 당해 지역의 관계기관 간 대테러업무의 협조·조정
3. 당해 지역의 대테러업무 수행실태의 분석·평가 및
발전방안의 강구
제16조
① 지역 테러대책협의회는 그 임무를 수행하기 위하여 의장이
필요하다고 인정하거나 위원이 회의소집을 요청하는 때에
의장이 이를 소집한다.
② 지역 테러대책협의회의 운영에 관한 세부사항은 제7조의
규정을 준용하여 각 지역 테러대책협의회에서 정한다.'
제5절……
이 국가대테러활동지침이 참 잘 되어 있습니다.
지역협의회도 있었지요? 이제는 제5절 공항·항만
테러·보안대책협의회도 있습니다.
'제17조(설치 및 구성)
① 공항 또는 항만 내에서의 테러예방 및 저지활동을 원활히
수행하기 위하여 공항·항만별로 테러·보안대책협의회를 둔다.
② 테러·보안대책협의회의 의장은 당해 공항·항만의
국가정보원 보안실장(보안실장이 없는 곳은 관할지부의
관계과장)이 되며, 위원은 다음 각 호의 자가 된다.
1. 당해 공항 또는 항만에 근무하는 법무부·보건복지가족부·
국토교통부·해양수산부·국민안전처·관세청·경찰청·국군기무
사령부 등 관계기관의 직원 중 상위 직위자
2. 공항·항만의 시설관리 및 경비책임자
제18조(임무)',
이 임무는요, 항만과 공항은 대개 안전을 요하는 그런
장소이지 않습니까? 그러다 보니까 다른 지역보다는, 다른
지역과 달리 이렇게 공항·항만 테러·보안대책협의회라는
것을 따로 설치·구성·운영하고 있어요.
그런데 거기에 대한 운영지침이라든가 관계 정하는
것은 앞서 말씀드린 국가 차원의 대테러활동지침에
따른 대테러대책회의, 상임위원회 그리고 지역협의회,
이런 게 거의 대동소이하게 운영되고 있는데 공항·항만
테러·보안대책협의회는 좀 달라요. 왜냐? 공항과 항만에
대한 특별한 업무를 여기서는 또 담당하고 있습니다.
그래서 담당하고 있는 이 업무를 제가 또 살펴봤어요.
그랬더니 아주 상세하게 잘 되어 있습니다. 그것을 한번 제가
또 읽어 보도록 할 텐데요.
이런 것을 저는 아까도 말씀드렸다시피 이것을 그냥
법으로 격상시켜서 이 자체를 테러방지법안으로 만들어도
너무 좋겠다 이런 생각이 들 정도로 잘 되어 있습니다.

잘 되어 있는데요. 한번 볼까요?
제18조(임무)입니다.
'공항·항만 테러·보안대책협의회는 당해 공항 또는 항만 내의
대테러 활동에 관하여 다음 각 호의 사항을 심의·조정한다.
1. 테러혐의자의 잠입 및 테러물품의 밀반입에 대한 저지대책'
당연히 해야 되겠지요. 공항·항만에서는 밀반입……
'2. 공항 또는 항만 내의 시설 및 장비에 대한 보호대책'
당연합니다. 이렇게 해야 됩니다.
'3. 항공기·선박의 피랍 및 폭파 예방·저지를 위한 탑승자와
수하물의 검사대책', 당연히 해야 되겠지요.
'4. 공항 또는 항만 내에서의 항공기·선박의 피랍 또는
폭파사건에 대한 초동(初動) 비상처리대책', 이것도 해야
되겠지요.
'5. 주요인사의 출입국에 따른 공항 또는 항만 내의 경호·경비
대책
6. 공항 또는 항만 관련 테러첩보의 입수·분석·전파 및
처리대책
7. 그 밖에 공항 또는 항만 내의 대테러대책
제19조 ① 테러·보안대책협의회는 그 임무를 수행하기 위하여
의장이 필요하다고 인정하거나 위원이 회의소집을 요청하는
때에 의장이 이를 소집한다.
② 테러·보안대책협의회의 운영에 관한 세부사항은 공항·항만
별로 테러·보안대책협의회에서 정한다.'
제3장 테러사건 대응조직입니다.
'제1절 분야별 테러사건대책본부
제20조(설치 및 구성) ① 테러가 발생하거나 발생이
예상되는 경우 외교부장관은 국외테러사건대책본부를,
국방부장관은 군사시설테러사건대책본부를,
보건복지가족부장관은 생물테러사건대책본부를,
환경부장관은 화학테러사건대책본부를, 국토교통부장관은
항공기테러사건대책본부를, 국민안전처장관은
해양테러사건대책본부를, 원자력안전위원회위원장은
방사능테러사건대책본부를, 경찰청장은
국내일반테러사건대책본부를 설치·운영한다.'
지금 늦게 일어나서 시청하시는 국민들께 이해를 돕기
위해서 제가 말씀드립니다. 지금 제가 말씀드리고 있는 이
문건은 '국가대테러활동지침'이라는 대통령 훈령입니다.
지금 박근혜 대통령이 국내외 테러대책, 테러방지법안이
없기 때문에 IS가 알면 어떡하냐, 이렇게 국민들에게 공포를
조성했는데요. 그럴 필요가 없다는 것을 제가 말씀드립니다.
(자료를 들어 보이며)
이 테러지침 이것하고요. 아까 말씀드렸습니다.
국정원법하고요. 그리고 대한민국헌법 50여 개 법에서
국가비상사태를 규정하고 있고요. 국가비상사태, 테러가
발생했을 때 이럴 때는 어떻게 움직여야 되고, 장관은 뭘
해야 되고 차관은 뭘 해야 되고 기획조정실장은 뭘 해야
되는지를 규정하고 있는 법이 54개가 있습니다. 그리고
국정원법을 통해서도 너무나 충분하게 대테러 업무를
할 수 있습니다. 그리고 제가 지금 읽어 드리고 있는

국가대테러활동지침 이것도 너무나 완벽하게 매뉴얼이 돼 있습니다.

그래서 지금 이 난리를 치면서 직권상정을 통해서 통과시키려고 하는 테러방지법안이 없다고 할지라도 여러분은 안심하셔도 된다는 겁니다. 충분히 대책이 있고 매뉴얼이 있고 법안이 있다라고 제가 말씀드리면서, 국가대테러활동지침 이것이 제일 구체적이기 때문에 제가 이것을 읽어 드리고 있는 겁니다.

국민 여러분, 안심하십시오. 이렇게 완벽한 법률과 대책과 대응 매뉴얼이 있음에도 불구하고 박근혜 대통령과 여당이 왜 테러방지법안을 만들어 달라고 국회의장을 협박해서 직권상정까지 했을까요? 그것은 이 세 가지에 없는, 이 세 가지, 법률과 국정원법과 대테러활동지침에 없는 세 가지를 달라고 하기 때문에 그렇습니다, 더 청구하려고. 그게 뭐냐?

첫 번째, 모든 범죄에 대해서는, 압수·수색에 대해서는 법원의 영장을 발부받아 검찰이 집행하게 돼 있습니다. 그런데 지금 새누리당이 시도하려고 하는 테러방지법안은 법원의 영장 없이 국정원장이 국민의 핸드폰을 마음껏 들여다볼 수 있게 하자는 겁니다. 국민을 감시하고 국민을 사찰하고자 하는 법입니다.

여러분, 앞으로 핸드폰 조심하십시오. 이 법이 그냥 통과되면 언제 국정원이 여러분의 핸드폰을 엿보고 있을지 모릅니다.

둘째, 법원의 영장 없이 국정원장이 국민 여러분들의 은행 계좌, 통장 계좌를 무차별적으로 쓸어다가 볼 수 있는 권한을 주자는 겁니다.

셋째, 국민 여러분들이 국정원장이 여러분 중에 어느 누구라도 '아, 저 사람은 테러 의심 분자야'라고 찍으면 여러분들의 통장과 여러분들의 핸드폰을 마음대로 볼 수 있고, 영장 없이, 심지어 9조4항에 의해서 여러분들을 미행·감시할 수 있습니다. 여러분을 추적할 수 있는 추적권까지 주자는 겁니다.

이 세 가지를 달라는 것이 기존 국정원법이나 그리고 각종 법에서 규정하고 있는 국가비상사태에 관한 법률이나 그리고 지금 제가 읽어 드리고 있는 국가대테러활동지침에는 없는 조항 세 가지입니다.

이걸 줘야 되겠습니까?

그런데 이 분야별 테러사건대책본부 설치 등이 너무나 잘되어 있어요.

제21조(임무)……

여러분, 지금 새누리당이 통과시키려고 하는 테러방지법은 테러방지법이 아닙니다. 국민 사찰법입니다. 국민 감시법입니다. 국정원 강화법입니다. 장기집권, 영구집권 음모 문건입니다. 이거를 절대로 통과시키면 안 되겠습니다.

국가대테러활동지침 제1절 분야별 테러사건대책본부, 제21조(임무)입니다.

'테러사건대책본부의 임무는 다음 각 호와 같다.

1. 테러대책회의 또는 상임위원회의 소집 건의

2. 제23조의 규정에 의한 현장지휘본부의 사건대응활동에 대한 지휘·지원

3. 테러사건 관련 상황의 전파 및 사후처리

4. 그 밖에 테러대응활동에 필요한 사항의 강구 및 시행

제22조(운영) ① 테러사건대책본부의 장은 테러사건대책본부의 운영에 필요한 경우 관계기관의 장에게 전문인력의 파견 등 지원을 요청할 수 있다.

② 테러사건대책본부의 편성·운영에 관한 세부사항은 테러사건대책본부가 설치된 기관의 장이 정한다.

현장지휘본부

제23조(설치 및 구성) ① 테러사건대책본부의 장은 테러사건이 발생한 경우 사건현장의 대응활동을 총괄하기 위하여 현장지휘본부를 설치할 수 있다.

② 현장지휘본부의 장은 테러사건대책본부의 장이 지명하는 자로 한다.

③ 현장지휘본부의 장은 테러의 양상·규모·현장상황 등을 고려하여 협상·진압·구조·소방·구급 등 필요한 전문조직을 구성하거나 관계기관의 장으로부터 지원받을 수 있다.

④ 외교부장관은 해외에서 테러가 발생하여 정부 차원의 현장대응이 필요한 경우에는 관계기관 합동으로 정부현지대책반을 구성하여 파견할 수 있다.

제3절 대테러특공대

제24조(구성 및 지정) ① 테러사건에 대한 무력진압작전의 수행을 위하여 국방부·국민안전처·경찰청에 대테러특공대를 둔다.'

여러분, 테러진압을 위해서 특공대까지 두자고 지금 이 국가대테러활동지침은 규정하고 있습니다.

'② 국방부장관·국민안전처장관·경찰청장은 대테러특공대를 설치하거나 지정하고자 할 때에는 상임위원회의 심의를 거쳐야 한다.

③ 국방부장관·국민안전처장관·경찰청장은 대테러특공대의 구성 및 외부 교육훈련·이동 등 운용사항을 대통령경호안전대책위원회의 위원장과 협의하여야 한다.

제25조(임무) 대테러특공대는 다음 각 호의 임무를 수행한다.

1. 테러사건에 대한 무력진압작전

2. 테러사건과 관련한 폭발물의 탐색 및 처리

3. 요인경호행사 및 국가중요행사의 안전활동에 대한 지원

4. 그 밖에 테러사건의 예방 및 저지활동

제26조(운영) 대테러특공대는 테러진압작전을 수행할 수 있도록 특수전술능력을 보유하여야 하며, 항상 즉각적인 출동 태세를 유지하여야 한다.

제27조(출동 및 작전) ① 테러사건이 발생하거나 발생이 예상되는 경우 대테러특공대의 출동 여부는 각각 국방부장관·국민안전처장관·경찰청장이 결정한다. 다만, 군 대테러특공대의 출동은 군사시설 내에서 테러사건이 발생하거나 테러대책회의의 의장이 요청하는 때에 한한다.

② 대테러특공대의 무력진압작전은 상임위원회에서 결정한다. 다만, 테러범이 무차별 인명살상을 자행하는 등 긴급한 대응조치가 불가피한 경우에는

국방부장관·국민안전처장관·경찰청장이 대테러특공대에 긴급
대응작전을 명할 수 있다.

③ 국방부장관·국민안전처장관·경찰청장이 제2항 단서의
규정에 의하여 긴급 대응작전을 명한 경우에는 이를 즉시
상임위원회의 위원장에게 보고하여야 한다.

제4절 협상팀

제28조(구성) ① 무력을 사용하지 않고 사건을 종결하거나
후발사태를 저지하기 위하여 국방부·국민안전처·경찰청에
협상실무요원·통역요원·전문요원으로 구성되는 협상팀을 둔다.'

그러니까 테러진압부대만 있는 것이 아니고 협상팀도
이렇게 두자는 조항을 잘 조화롭게 써 놨습니다.

지금 제가 읽어 드리는 것은 국가대테러활동지침입니다.
이미 테러에 대해서 거의 모든 분야를 망라해서 이렇게
활동지침으로, 정부, 대통령의 훈령으로 결정하고 있습니다.
테러방지 대책이 없다는 대통령의 발언은 사실이 아닙니다.

'② 협상실무요원은 협상 전문능력을 갖춘
공무원으로 편성하고, 협상전문요원은 대테러전술
전문가·심리학자·정신의학자·법률가 등 각계 전문가로
편성한다.

당연하겠지요.

이런 분들이 가능하면…… 공격과 진압, 피해, 살상 이런
것 전에 이렇게 전문가들로 구성된 협상팀을 구성하는 것은
당연한 것입니다.

제29조(운영) ① 국방부장관·국민안전처장관· 경찰청장은
테러사건이 발생한 경우에는 협상팀을 신속히 소집하고,
협상팀 대표를 선정하여 사건현장에 파견하여야 한다.

② 국방부장관·국민안전처장관·경찰청장은 테러사건이
발생한 경우에 협상팀의 신속한 현장투입을 위하여 협상팀을
특별시·광역시·도 단위로 관리·운용할 수 있다.

③ 국방부장관·국민안전처장관·경찰청장은 협상팀의
대응능력을 향상시키기 위하여 협상기법을 연구·개발하고
필요한 장비를 확보하여야 한다.

④ 협상팀의 구성·운용에 관한 세부사항은
국방부장관·국민안전처장관·경찰청장이 정한다.

긴급구조대 및 지원팀

제30조(긴급구조대) ① 테러사건 발생 시 신속히 인명을
구조·구급하기 위하여 국민안전처에 긴급구조대를 둔다.

② 긴급구조대는 테러로 인한 인명의 구조·구급 및 테러에
사용되는 위험물질의 탐지·처리 등에 대한 전문적 능력을
보유하여야 한다.

국민안전처장관은 테러사건이 발생하거나 발생이 예상되는
경우에는 긴급구조대를 사건 현장에 신속히 파견한다.

제31조(지원팀) ① 관계기관의 장은 테러사건이 발생한
경우에는 테러 대응 활동을 지원하기 위하여 지원팀을
구성·운영한다.

② 지원팀은 정보·외교·통신·홍보·소방·제독 등 전문 분야별로
편성한다.

③ 관계기관의 장은 현장지휘본부의 장의 요청이 있거나
테러대책회의 또는 상임위원회의 결정이 있을 때에는 지원팀을

사고현장에 파견한다.

④ 관계기관의 장은 평상시 지원팀의 구성에 필요한
전문요원을 양성하고 장비 등을 확보하여야 한다.'

자, 그런데요. 좀 전에 제가 항만·공항 여기에 대한
대테러 활동본부를 소개해 드렸는데요. 제6절에는
대화생방테러 특수임무대를 또 규정하고 있습니다. 제가
말씀드린 대로 지금 테러방지법안은 필요가 없습니다. 이
테러활동지침, 국가정보원법 이 정도로 너무나 충분하게
방어가 가능합니다. 그런데 지금 테러방지법안은 영장
없이 무차별로 국민 핸드폰 뒤지고 은행 계좌 뒤지고 테러
의심 인물은 추적까지 하겠다는 이 세 가지 요건을 달라고
하는 것입니다. 그것을 빼면 이 법은 만들 필요가 없어요.
국정원법을 가지고 할 수도 있고요, 이 국가대테러활동지침
이것을 법으로 격상시켜서도 할 수 있는 것입니다.

자, 계속 보겠습니다.

'국가대테러활동지침

제6절 대화생방테러 특수임무대

제31조의2(구성 및 지정) ① 화생방테러에 대응하기 위하여
국방부에 대화생방테러 특수임무대를 둘 수 있다.

② 국방부장관은 제1항에 따라 대화생방테러 특수임무대를
설치하거나 지정하려는 때에는 상임위원회의 심의를 거쳐야
한다.

제31조의3(임무) ① 대화생방테러 특수임무대는 다음 각 호의
임무를 수행한다.

1. 화생방테러 발생 시 오염 확산 방지 및 피해 최소화

2. 화생방테러 관련 오염지역 정밀 제독 및 오염 피해 평가

3. 요인 경호 및 국가 중요행사의 안전활동에 대한 지원

31조의4(운영) ① 대화생방테러 특수임무대는 화생방테러에
대응하기 위한 전문지식 및 작전수행 능력을 배양하여야 하며
항상 출동 태세를 유지하여야 한다.

② 국방부장관은 현장지휘본부의 장의 요청이 있거나
테러대책회의 또는 상임위원회의 결정이 있는 때에는
대화생방테러 특수임무대를 사건 현장에 파견한다.

③ 국방부장관은 대화생방테러 특수임무대의 구성에 필요한
전문요원을 양성하고 필요한 장비 및 물자를 확보하여야 한다.

제7절 합동조사반

제32조(구성) ① 국가정보원장은 국내외에서 테러사건이
발생하거나 발생할 우려가 현저한 때에는 예방조치·사건분석
및 사후처리방안의 강구 등을 위하여 관계기관 합동으로
조사반을 편성·운영한다. 다만, 군사시설인 경우
국방부장관(국군기무사령관)이 자체 조사할 수 있다.

② 합동조사반은 관계기관의 대테러업무에 관한 실무전문가로
구성하며 필요한 경우 공공기관·단체 또는 민간인 전문요원을
위촉하여 참여하게 할 수 있다.

제33조(운영) ① 합동조사반은 테러사건의 발생 지역에 따라
중앙 및 지역별 합동조사반으로 구분하여 운영할 수 있다.

② 관계기관의 장은 평상시 합동조사반에 파견할 전문인력을
확보·양성하고 합동조사를 위하여 필요한 경우 인력·장비 등을
지원한다.

제4장 예방·대비 및 대응활동
제1절 예방·대비 활동
제34조(정보수집 및 전파) ① 관계기관은 테러사건의 발생을 미연에 방지하기 위하여 소관 업무와 관련한 국내외 테러 관련 정보의 수집활동에 주력한다.
② 관계기관은 테러 관련 정보를 입수한 경우에는 지체 없이 센터장에게 이를 통보하여야 한다.
③ 센터장은 테러 관련 정보를 종합·분석하여 신속히 관계기관에 전파하여야 한다.
제35조(테러경보의 발령) ① 센터장은 테러위기의 징후를 포착한 경우에는 이를 평가하여 상임위원회에 보고하고 테러경보를 발령한다.
② 테러경보는 테러위협 또는 위험의 정도에 따라 관심·주의·경계·심각의 4단계로 구분하여 발령하고 단계별 위기평가를 위한 일반적 업무 절차는 국가위기관리기본지침에 의한다.'
그러니까 테러가 발생을 할 가능성이 있거나 발생했거나 피해가 불거졌거나 이런 경우에 관심·주의·경계·심각 이 4단계로 나눈다는 얘기인데요. 지금 테러위험에 우리가 어느 정도 노출되어 있다고 국회의장은 생각하고 있는지 그것을 말하고 있지 않아요. 지금이 관심 단계인지 주의 단계인지 뭐 말을 해야 될 것 아니에요. 그런 것 없이 그냥 직권상정 해 버려요.
'③ 테러경보는 국가 전역 또는 일부 지역에 한정하여 발령할 수 있다.
④ 센터장은 테러경보의 발령을 위하여 필요한 사항에 대한 세부지침을 수립하여 시행한다.'
조용히 좀 해 주세요.
'제36조(테러경보의 단계별 조치) ① 관계기관의 장은 테러경보가 발령된 경우에는 다음 각 호의 기준을 고려하여 단계별 조치를 취하여야 한다.
1. 관심단계 : 테러 관련 상황의 전파, 관계기관 상호간 연락 체계의 확인, 비상연락망의 점검 등
2. 주의단계 : 테러대상 시설 및 테러에 이용될 수 있는 위험물질에 대한 안전관리의 강화, 국가중요시설에 대한 경비의 강화, 관계기관별 자체 대비태세의 점검 등
3. 경계단계 : 테러취약요소에 대한 경비 등 예방활동의 강화, 테러취약시설에 대한 출입 통제의 강화, 대테러 담당 공무원의 비상근무 등
4. 심각단계 : 대테러 관계기관 공무원의 비상근무, 테러유형별 테러사건대책본부 등 사건대응조직의 운영준비, 필요장비·인원의 동원태세 유지 등
② 관계기관의 장은 제1항의 규정에 의하여 단계별 세부계획을 수립·시행하여야 한다.
제37조(지도 및 점검) ① 관계기관의 장은 소관업무와 관련하여 국가중요시설·다중이 이용하는 시설·장비 및 인원에 대한 테러예방대책과 테러에 이용될 수 있는 위험물질에 대한 안전관리대책을 수립하고 그 시행을 지도·감독한다.
② 국가정보원장은 필요한 경우 관계기관 합동으로 공항·항만 등 테러의 대상이 될 수 있는 국가중요시설·다중이 이용할 수 있는 시설 및 장비에 대한 테러예방활동을 관계법령이 정하는 바에 따라 지도·점검할 수 있다.
제38조(국가중요행사에 대한 안전활동) ① 관계기관의 장은 국내외에서 개최되는 국가중요행사에 대하여 행사 특성에 맞는 분야별 대테러·안전대책을 수립·시행하여야 한다.
② 국가정보원장은 국가중요행사에 대한 대테러·안전대책을 협의·조정하기 위하여 필요한 경우에는 관계기관 합동으로 대테러·안전대책기구를 편성·운영할 수 있다. 다만, 대통령 및 국가원수에 준하는 국빈 등이 참석하는 행사에 관하여는 대통령경호안전대책위원회의 위원장이 편성·운영할 수 있다.
제39조(교육 및 훈련) ① 관계기관의 장은 대테러 전문능력의 배양을 위하여 필요한 인원 및 장비를 확보하고 이에 따른 교육·훈련계획을 수립·시행한다.
② 관계기관의 장은 제1항의 규정에 의한 계획의 운영에 관하여 국가정보원장과 미리 협의하여야 한다.
③ 국가정보원장은 관계기관 대테러요원의 전문적인 대응 능력의 배양을 위하여 외국의 대테러기관과의 합동훈련 및 교육을 지원하고 관계기관 합동으로 종합모의훈련을 실시할 수 있다.'
여기도 국정원이 다 관계를 하고 있습니다.
'제2절 대응활동
제40조(상황전파) ① 관계기관의 장은 테러사건이 발생하거나 테러 위협 등 그 징후를 인지한 경우에는 관련 상황 및 조치사항을 관련 기관의 장 및 국가정보원장에게 신속히 통보하여야 한다.'
여기도 보세요.
국가대테러활동지침 제2절 대응활동 제40조(상황전파)에 보면 관계기관의 장은 테러사건이 발생하거나 테러 위협 등 그 징후를 인지한 경우에는 관련 상황 및 조치사항을 관련 기관의 장 및 국가정보원장에게 신속히 통보해야 됩니다.
그러니까 국가정보원장은 이런 정보를 곳곳에서 이렇게 여러 가지 지침과 법과 시행령에 따라서 모든 정보를 다 얻을 수 있어요. 지금 테러방지법이 없다 할지라도 충분히 할 수 있어요. 꼭 영장 없이 국민들의 핸드폰을 들춰 봐야 되겠습니까? 꼭 영장 없이 국민들의 은행 계좌를 뒤져야 속 시원하겠습니까? 테러방지법안 이것 안 되는 일입니다.
법무부장관과 관세청장은 공항 및 항만에서 발생하는 테러와 연계된 테러혐의자의 출입국 또는 테러물품의 반·출입에 대한 적발 및 처리 상황을 신속히 국가정보원장에게 보고해야 됩니다. 국정원장한테 보고하게 되어 있어요. 신속히 국가정보원장, 국민안전처장관 및 경찰청장에게 통보해야 돼요.
'제41조(초동조치) ① 관계기관의 장은 테러사건이 발생한 경우에는 사건현장을 통제·보존하고 후발 사태의 발생 등 사건의 확산을 방지하기 위하여 신속한 초동조치를 하여야 하며 증거물의 멸실을 방지하기 위하여 가능한 한 현장을 보존하여야 한다.
② 제1항의 규정에 의한 초동조치 사항은 다음 각 호와 같다.

1. 사건현장의 보존 및 통제
2. 인명구조 등 사건 피해의 확산 방지 조치
3. 현장에 대한 조치사항을 종합하여 관련 기관에 전파
4. 관련 기관에 대한 지원 요청

제42조(사건대응) ① 테러사건이 발생한 경우에는 상임위원회가 그 대응대책을 심의·결정하고 통합 지휘하며 테러사건대책본부는 이를 지체 없이 시행한다.

② 테러사건대책본부는 필요한 경우에는 현장지휘본부를 가동하여 상황 전파 및 대응체계를 유지하고 단계별 조치사항을 체계적으로 시행한다.

③ 법무부장관은 테러사건에 대한 수사를 위하여 필요한 경우에는 검찰·경찰 및 관계기관 합동으로 테러사건수사본부를 설치하여 운영하며 테러정보통합센터·테러사건대책본부와의 협조체제를 유지한다.'

우리 속기사님들 수고가 많습니다. 저도 목이 좀 힘든데 얼마나 손이 아프겠어요.

'제43조(사후처리) ① 테러사건대책본부의 장은 제9조의 규정에 의한 상임위원회의 결정에 따라 관계기관의 장과 협조하여 테러사건의 사후처리를 총괄한다.

② 테러사건대책본부의 장은 테러사건의 처리결과를 종합하여 테러대책회의 의장 및 상임위원회의 위원장에게 보고하고, 관계기관에 이를 전파한다.

③ 관계기관의 장은 사후대책의 강구를 위하여 필요한 경우에는 관할 수사기관의 장에게 테러범·인질에 대한 신문참여 또는 신문결과의 통보를 요청할 수 있다.

제44조(관계기관별 임무) 대테러활동에 관한 관계기관별 임무는 다음 각 호와 같다.'

여기도 보니까요 관계기관별로 무엇을 어떻게 해야 될지 여기 다 나와 있습니다. 이렇게 다 잘 되어 있는데 뭐 대통령은 지금 테러대책이 없다고 그렇게 사실과 다른 말씀을 하십니까?

국민 여러분, 잘 보십시오. 이게 지금 국가대테러활동지침이라는 국가의 테러방지대책지침입니다. 여기에 보면, 제가 지금까지 계속 이것 보고 있는데요, 거의 완벽합니다. 다른 법이 없어도 돼요. 이 정도로 대통령 훈련을 통해서 적어도 정부부처에 대해서는 거의 완벽할 정도로 대테러활동지침을 만들어 놓았어요.

정문헌 의원님, 이것 읽어 봤어요? 진짜 완벽합니다. 이것만 봐도 우리가 굳이 테러방지법안을 만들지 않고 이 자체를 저는 법안으로 격상시켰으면 좋겠어요, 이 자체를. 지금 이철우 의원이 낸 법안보다 이게 훨씬 상세하고 훨씬 완벽합니다.

관계기관별 임무를 살펴보겠습니다. 여기도 보면 각 부처에서 어떻게 테러에 대해서 방어를 해야 되고 대책을 세워야 되는지 여기 나와 있습니다.

'제44조(관계기관별 임무) 대테러활동에 관한 관계기관별 임무는 다음 각 호와 같다.

1. 국가안보실

가. 국가 대테러 위기관리체계에 관한 기획·조정
나. 테러 관련 중요상황의 대통령 보고 및 지시사항의 처리
다. 테러분야의 위기관리 표준·실무매뉴얼의 관리

2. 금융위원회
가. 테러자금의 차단을 위한 금융거래 감시활동
나. 테러자금의 조사 등 관련 기관에 대한 지원'

잘 되어 있지 않습니까? 국가안보실, 금융위원회에서 테러자금을 이렇게 잘 차단하겠다고 하고 있잖아요.

'3. 외교부
가. 국외 테러사건에 대한 대응대책의 수립·시행 및 테러 관련 재외국민의 보호
나. 국외 테러사건의 발생 시 국외테러사건대책본부의 설치·운영 및 관련 상황의 종합처리
다. 대테러 국제협력을 위한 국제조약의 체결 및 국제회의에의 참가, 국제기구에의 가입에 관한 업무의 주관
라. 각국 정부 및 주한 외국공관과의 외교적 대테러 협력체제의 유지

4. 법무부(대검찰청을 포함한다)
가. 테러혐의자의 잠입에 대한 저지대책의 수립·시행
나. 위·변조여권 등의 식별기법의 연구·개발 및 필요장비 등의 확보
다. 출입국 심사업무의 과학화 및 전문 심사요원의 양성·확보
라. 테러와 연계된 혐의가 있는 외국인의 출입국 및 체류동향의 파악·전파
마. 테러사건에 대한 법적 처리문제의 검토·지원 및 수사의 총괄
바. 테러사건에 대한 전문 수사기법의 연구·개발

5. 국방부(합동참모본부·국군기무사령부를 포함한다)
가. 군사시설 내에 테러사건의 발생 시 군사시설테러사건대책본부의 설치·운영 및 관련 상황의 종합처리
나. 대테러특공대 및 폭발물 처리팀의 편성·운영
다. 국내외에서의 테러진압작전에 대한 지원
라. 군사시설 및 방위산업시설에 대한 테러예방활동 및 지도·점검
마. 군사시설에서 테러사건 발생 시 군 자체 조사반의 편성·운영
바. 군사시설 및 방위산업시설에 대한 테러첩보의 수집
사. 대테러전술의 연구·개발 및 필요 장비의 확보
아. 대테러 전문교육·훈련에 대한 지원
자. 협상실무요원·전문요원 및 통역요원의 양성·확보
차. 대화생방테러 특수임무대 편성·운영'

이건 법무부·대검찰청 이쪽 얘기하는 겁니다. 소관 부처 고유 업무대로 테러활동에 대해서 대책을 강구하고 각각 부처에 맞는 고유 영역 속에서의 테러업무를 하라고 지금 국가대테러활동지침은 명시하고 있습니다.

'6. 행정자치부(경찰청을 포함한다)'로 되어 있습니다.

이렇게 하라는 겁니다. 관계기관별 임무를 얘기하고 있습니다. 테러가 발생했을 때나 테러 예방을 위해서 각

부처에서는 이렇게 하라고 얘기하고 있습니다.

'행정자치부(경찰청을 포함한다)' 부분을 살펴보겠습니다.

'가. 국내일반테러사건에 대한 예방·저지·대응대책의 수립 및 시행

나. 국내일반테러사건의 발생 시 국내일반테러사건대책본부의 설치·운영 및 관련 상황의 종합처리

다. 범인의 검거 등 테러사건에 대한 수사

라. 대테러특공대 및 폭발물 처리팀의 편성·운영

마. 협상실무요원·전문요원 및 통역요원의 양성·확보

바. 중요인물 및 시설, 다중이 이용하는 시설 등에 대한 테러방지대책의 수립·시행

사. 삭제

아. 대테러전술의 연구·개발 및 필요장비의 확보

자. 국제경찰기구 등과의 대테러 협력체제의 유지

7. 산업통상자원부

가. 기간산업시설에 대한 대테러·안전관리 및 방호대책의 수립·점검

나. 테러사건의 발생 시 사건대응조직에 대한 분야별 전문인력·장비 등의 지원'

지금 국회방송을 듣고 계신 국민 여러분!

제가 4시 40분부터 무제한 토론을 시작했는데요 처음부터 시청을 하신 분도 있겠고 토요일 오전이라 지금 막 눈 비비고 일어나셔서 보고 계신 분들도 있을 겁니다. 아니, 정청래는 뭘 자꾸 읽기만 하냐고 그렇게 말씀하실 수 있을 텐데요 제가 처음에 서두에 한 두 시간 정도는 원고 없이 왜 이 테러방지법이 제정되면 안 되는지 그리고 대한민국의 헌법은 어떻게 구성되어 있는지 이런 부분을 대체적으로 압축·요약해서 한 두 시간 말씀드린 적이 있습니다. 그래서 지금 많은 자료를 살펴봐야 되기 때문에 혹시 지루하시다면 그 부분을 리뷰로 다시 보시는 것이 좋지 않을까 그런 생각이 듭니다. 혹시 지루하시다면요 앞부분의 한 두 시간 정도를 보시면 왜 이 테러방지법이 헌법에 위배되는지를 제가 자세하게 말씀을 드리고 있습니다.

이상 아침에 늦게 일어나셔서 시청하시는 분들을 위해서 제가 대한민국의 참서비스인으로서 서비스 말씀 드렸습니다. 안내 말씀 드렸으니까 그렇게 앞부분 혹시 못 보신 분들은 다시 보기로 해서 보시면 지금 하고 있는 내용과 연결이 잘 될 것으로 생각합니다.

(● 정문헌 의원 의석에서 ─ 토론을 하세요, 자꾸……)

예?

(● 정문헌 의원 의석에서 ─ 방송을 안내하지 마시고 토론을 하세요, 토론을.)

될 수 있으면 국민들께서 새누리당의 이 극악무도한 행태에 대해서 많이 알았으면 좋겠다 이런 생각에서 정문헌 의원의 발언에 제가 답변하고 있습니다.

(「왜 극악무도하다는 표현을 쓰세요」 하는 의원 있음)

정문헌 의원은 NLL을 폭로해서 검찰 수사까지 받은 분입니다.

(● 정문헌 의원 의석에서 ─ 아니, 법원에서…… 제 얘기가

국민의 알권리하고……)

지금 얘기하고 있는 분은 정문헌 의원입니다. NLL 대화록을 무단으로 유출해서 폭로했다가 검찰 수사까지 받으신 분입니다.

(● 정문헌 의원 의석에서 ─ 법원에서…… 종료시켰다라고 그러잖아요.)

저하고 얘기해 봤자 손해예요. 정문헌 의원 말은 안 나가요.

(● 정문헌 의원 의석에서 ─ 아니, 빨리 토론하세요, 방송 안내하지 마시고.)

정문헌 의원이 빨리 토론하라고 해서 토론을 빨리 하겠습니다.

'7. 산업통상자원부

기간산업시설에 대한 대테러·안전관리 및 방호대책의 수립·점검

나. 테러사건의 발생 시 사건대응조직에 대한 분야별 전문인력·장비 등의 지원

8. 보건복지부

생물테러사건의 발생 시 생물테러사건대책본부의 설치·운영 및 관련 상황의 종합처리

나. 테러에 이용될 수 있는 병원체의 분리·이동 및 각종 실험실에 대한 안전관리

다. 생물테러와 관련한 교육·훈련에 대한 지원

9. 환경부

가. 화학테러의 발생 시 화학테러사건대책본부의 설치·운영 및 관련 상황의 종합처리

나. 테러에 이용될 수 있는 유독물질의 관리체계 구축

다. 화학테러와 관련한 교육·훈련에 대한 지원

10. 국토교통부

가. 건설·교통 분야에 대한 대테러·안전대책의 수립 및 시행

나. 항공기테러사건의 발생 시 항공기테러사건대책본부의 설치·운영 및 관련 상황의 종합처리

다. 항공기테러사건의 발생 시 폭발물처리 등 초동조치를 위한 전문요원의 양성·확보

라. 항공기의 안전운항관리를 위한 국제조약의 체결, 국제기구에의 가입 등에 관한 업무의 지원

마. 항공기의 피랍상황 및 정보의 교환 등을 위한 국제민간항공기구와의 항공통신정보 협력체제의 유지

11. 해양수산부

가. 선박·항만시설에 대한 대테러·안전대책 수립 및 시행

나. 해외운항 국적 선박 및 선원에 대한 테러예방·대비 및 대응활동

다. 해양의 안전관리를 위한 국제조약의 체결, 국제기구에의 가입 등에 관한 업무의 지원

11의2. 국민안전처

가. 해양테러에 대한 예방대책의 수립·시행 및 관련업무 종사자의 대응능력 배양

나. 해양테러사건 발생 시 해양테러사건대책본부의 설치·운영 및 관련 상황의 종합처리

다. 대테러특공대 및 폭발물처리팀의 편성·운영

라. 협상실무요원·전문요원 및 통역요원의 양성·확보

마. 해양 대테러전술에 관한 연구 개발 및 필요장비·시설의 확보

바. 해양경비 안전관련 국제기구 참여 및 국제협약 등에 관한 사항

사. 국제경찰기구 등과의 해양 대테러 협력체제의 유지

아. 긴급구조대 편성·운영 및 테러사건 관련 소방·인명구조·구급활동 및 화생방 방호대책의 수립·시행

자. 대테러 인명구조기법의 연구·개발 및 필요장비의 확보

12. 관세청

가. 총기류·폭발물 등 테러물품의 반입에 대한 저지대책의 수립·시행

나. 테러물품에 대한 검색기법의 개발 및 필요장비의 확보

다. 전문 검색요원의 양성·확보

13. 원자력안전위원회

가. 방사능테러 발생 시 방사능테러사건대책본부의 설치·운영 및 관련 상황의 종합처리

나. 방사능테러 관련 교육·훈련에 대한 지원

다. 테러에 이용될 수 있는 방사성물질의 대테러·안전관리'

14…… 국가대테러활동지침 대통령 훈령인데요, 드디어 국가대테러활동지침 중에서 국가정보원의 역할에 대한 조항이 나왔습니다.

이 테러활동지침 아까 제가 말씀드린 국가정보원법 '제3조(직무) 국정원은 다음 각 호의 직무를 수행한다.' 국외 정보 및 국내 보안정보, 그러니까 국내든 국외든 모든 정보를 국정원이 다 수집할 수 있고 취득할 수 있다는 거예요.

그런데 아무리 급하다고 실 바늘허리에 묶어서 바느질할 수 없듯이 국정원이 국정원법에서 보장하고 있는 이 국내 정보·국외 정보를 수집하는 것은 좋다. 그런데 법에 의해서 해라. 그 법이 뭐냐? 법원의 영장을 받고 하라 이거예요. 그게 합법이에요. 그래서 필요하다면 감청도 하고 필요하다면 이메일도 뒤지고 필요하다면 금융 계좌도 뒤져라 이거예요. 단 조건은 법원의 영장을 가지고 해라 이거예요. 그런데 지금 새누리당이 통과시키려고 하는 법은 영장 없이 그거 하게 해 달라는 거예요.

지금 방청하고 계신 분들도 계신데요, 대한민국은 법치국가입니다. 모든 행정행위, 검찰, 경찰, 법원 모든 것은 법조항을 근거로 합니다. 그래서 사법시험을 볼 때 법문을 다 외워야 되는 거예요. 헌법도 외워야 되고 형법도 외워야 되고 민법도 외워야 되는 거예요. 왜? 대한민국이 자기 마음대로 뜻대로 하는 게 아니거든요.

대한민국 자동차, 여러분 운전하시지요? 핸들이 왼쪽에 있지요? 그거 법에 다 있는 겁니다. 갑자기 국회의원들 300명이 대한민국의 자동차는 핸들을 오른쪽으로 한다 정하면 지금 왼쪽 핸들의 자동차는 다 불법차량이 되는 거예요. 갑자기 이곳 국회의원들이 초등학교는 5학년 마치고 졸업한다 그러면 5학년 마치고 졸업해야 돼요. 6학년까지 갈 수가 없어요. 그만큼 이 국회 본회의장에서

통과되는 법은 강력력을 띠는 겁니다.

누가 범죄를 저질렀어요. 그 범죄의 공소시효가 15년입니다. 15년 하루가 지났어요. 그런데 그게 범인인 것을 알았어요, 경찰이. 그래도 못 잡아갑니다. 왜? 공소시효가 지났기 때문에. 공소시효가 지나면 그 사람이 죄를 지은 범인이라 할지라도 단 1분만 지나도 공소시효가 지나면 잡아갈 수가 없어요. 그게 법에서 보장하고 있는 거예요.

마찬가지로 국가정보원법은요 법대로 하라 이거예요. 국외 정보도 국내 정보도 다 수집해 갈 수 있습니다. 보안정보요? 대공에 관한 것, 대정부 전복에 관한 것, 방첩, 간첩 잡는 것에 관한 것, 대테러에 관한 것, 국제범죄조직에 관한 것 이런 정보를 수집하고 작성하고 배포할 수 있어요. 이게 국정원법입니다. 이게 국정원법이에요. 여기에 다 할 수 있어요. 이거 가지고 하면 돼요.

그런데 왜 새로운 테러방지법을 만들어 달라고 하느냐? 이 국정원법은요 법원의 영장을 발부받아야 핸드폰도 뒤져 볼 수 있고 은행 계좌도 뒤져 볼 수 있거든요. 그런데 지금 통과시키려고 하는 테러방지법은 국정원이, 국정원 직원이, 국정원 원장이 '저기 앉아 있는 진선미 의원 저분은 테러위험인물이에요. 우리는 그렇게 생각해요'라고 국정원장이 판정하면 저기 앉아 있는 저 진선미 의원의 핸드폰을 그냥 감청할 수 있어요. 누구랑 통화하는지, 누구랑 친한지, 정청래하고는 얼마나 친한지 이런 거 다 알 수 있어요. 몇 번 통화했는지를 보면 알잖아요. 은행 계좌 다 추적해서 볼 수 있어요. 그거 해 달라는 겁니다. 그것 때문에 이번 테러방지법을 통과시켜 달라 하는 거예요.

그거 배잖아요? 그러면 이 국정원법하고 제가 지금 읽어 드리고 있는 국가테러활동지침하고 똑같아요. 법원의 영장 없이 핸드폰을 뒤져 볼 수 있다, 은행 계좌를 뒤져 볼 수 있다, 그리고 의심 인물은 미행·감시·추적할 수 있다, 이 3개 조항이 없다면 만들 필요 없는 법입니다.

그런데 미안하지만 그것은 불법이에요. 헌법에서도 그걸 못 하게 하고 있어요. 대한민국헌법 제17조는 국민의 사생활을 보장하고 있고 제18조는 통신비밀 보호를 하고 있어요. 그것도 한 줄씩 하고 있습니다, 대한민국헌법. 지금 시도하고 있는 테러방지법은 헌법 제17조, 헌법 제18조를 위반하고 있는 겁니다. 그래서 이것은 이대로 통과된다면, 통과되더라도 위헌소송에 가서 위헌 판결을 받을 가능성이 저는 거의 100%라고 생각합니다. 안 되는 일을 억지로 하고 있는 거예요.

지금 막 국회방송을 틀어 보시는 분들은 의아해할 겁니다. 제 뒤에요 정의화 국회의장이 안 보여요. 이석현 국회부의장도 안 보입니다. 정갑윤 국회부의장도 안 보입니다. 이 뒤쪽의 국회의장석은 이 세 분만 앉을 수 있어요. 그런데 지금 존경하는 더불어민주당 영등포 출신 환경노동위원장 김영주 의원이 앉아 있어요. 이것도 처음 있는 일입니다. 왜 그렇습니까?

국회의장만 비상사태예요. 본인이 국회에 비상사태를

선포해 놓고 필리버스터가 시작되니까 국회의장, 국회부의장, 3명이 돌아가면서 사회를 보려니까 피곤해 죽겠다는 거 아닙니까? 그리고 사회를 김영주 의원에게 맡기고 지금 도망갔어요. 제가 물론 인간적으로, 육체적으로 피곤하다고 하시니 저도 동의는 했습니다. 그런데 이게 뭡니까? 국회 본회의장만 지금 비상사태예요.

못 들은 분들을 위해서 다시 한 번 말씀드립니다.

국가비상사태가 되면 어떻게 되냐 하면 대한민국 공무원 3분의 1은 야근을 해야 됩니다. 집에 가면 안 됩니다. 그리고 국방부는 진돗개를 발효해야 돼요. 그리고 군인들은 비상대기해야 돼요. 워커 벗으면 안 돼요. 내무반에서 총 들고 자야 돼요. 경찰도 비상근무해야 돼요. 그리고 이 국회가 국가의 주요 시설이기 때문에 국회 방호과 직원들은 집에 가면 안 돼요. 국회 다 지켜야 돼요.

이게 국가비상사태입니다. 그런데 오늘 토요일에 공무원들 다 쉬고 있어요. 국가비상사태가 아니라는 거지요. 군인들이요 워커 벗고 내무반에서 쉬고 있어요. 국가비상사태가 아니에요. 국가비상사태라야만 직권상정을 할 수 있어요, 국회의장이. 국가비상사태도 아니에요. 그리고 국회의장이 나 홀로 국가비상사태를 선포했어요. 그러다 보니까 다른 데는 다른 공무원들은 다 쉬고 있는데 본인만 못 쉬어요, 지금. 본인만 지금 비상사태를 맞이해 가지고 피곤하게 비상대기하고 있다가 결국은 못 견뎌 가지고 김영주 의원한테 사정사정 부탁해 가지고 지금 어디 가서 쉬고 계시겠지요. 얼마나 웃긴 일입니까?

그러니까 국가비상사태가 아니라는 것은 분명해졌지요. 그러면 국가비상사태가 아닌데도 불구하고 테러방지법을 직권상정한 정의화 의장은 참 잘못한 거지요. 그러니까 이거를 고쳐야 되겠지요. 그러면 직권상정을 해제해야 됩니다. 그래야 되지 않겠습니까?

박근혜 대통령이 국가비상사태를 선포하지 않는 한 정의화 국회의장은 국가비상사태가 아님에도 불구하고 국가비상사태로 국민을 호도하고 국회의원을 호도하고 불법적으로 직권상정을 한 국회법 위반자가 됩니다, 정의화 의장은.

지금이라도 늦지 않았습니다. 지금 이 국회의 무제한 토론, 필리버스터를 관심 있게 지켜보고 있는 국민 여러분, 언제 이렇게 국회방송을 밤잠 설쳐 가면서 시청하신 적 있습니까? 국회방송 시청률이 웬만한 지상파방송을 다 누르고 있는 이 현실, 국회의장은 피곤해서 사회 못 보겠다고 법에도 없고 관례에도 없는 환경노동위원장한테 사회 봐 달라고 사정이나 하고 있고 부탁이나 하고 있고 이게 국회의 비정상사태지요. 일명 국회 본회의장 비상사태.

주무시고 계시겠지만 국회의장님 잠결에라도 들어 주시기 바랍니다. 직권상정 빨리 하루속히 해제해 주십시오. 그것이 순리입니다.

국가대테러활동지침 각 부처 업무 분야를 읽고 있습니다.

국가대테러활동지침에 따라 국정원은 다음과 같은 일을 해야 됩니다. 대테러활동지침 국정원편입니다.

'14. 국가정보원

가. 테러 관련 정보의 수집·작성 및 배포' 이거 아까 국정원법에 나와 있는 겁니다. 여기 나와 있습니다. 국정원법 '제3조(직무) 대테러 및 국제범죄조직의 정보수집·작성 및 배포', 여기 나와 있는 겁니다. 이런 일을 해야 되고요.

'나. 국가의 대테러 기본운영계획 및 세부 활동계획의 수립과 그 시행에 관한 기획·조정', 기획·조정능력을 국가대테러활동지침에도 국정원에게 주고 있습니다. '공항, 항만 등 국가 중요시설의 대테러활동 추진실태의 확인·점검 및 현장지도',

국정원은 각 부처를 현장지도도 하게 되어 있습니다. 막대한 권한이지요, 대테러업무에 대해서 기획해야 되고요. 그리고 각 부처가 잘 업무를 하고 있는지 대테러업무를 하고 있는지 행자부, 외교부, 경찰청 이런 데 다니면서 현장지도를 해야 돼요, 국정원이.

얼마나 많은 일을 하고 있습니까? 많은 역할과 권한이 있습니다. 이러면 됐지 뭘 또 달라고 그래요.

'아. 테러정보통합센터의 운영'

이것도 엄청난 말입니다. 테러정보통합센터의 운영, 아까 제가 얘기했습니다. 이게 국가대테러활동지침이고 대테러활동에 대한 국정원의 업무인데 국정원이 이미 국정원법에서 그걸 보장받고 있어요.

그런데 이 국가대테러활동지침에도 이미 정부 부처가 대테러업무를 잘하고 있는지 현장지도해야 돼요. 그리고 정부 부처가 잘하고 있는지 기획·조정·통제해야 돼요. 그리고 또 테러정보통합센터를 운영해야 돼요.

'자. 그 밖의 대테러업무에 대한 기획·조정'까지 돼 있어요.

법률에서, '그 밖의' 이게 굉장히 중요합니다. '기타 등등' 이게 굉장히 중요합니다. 거기에는 명시하지 않은 모든 것을 다 포괄할 수 있어요.

'그 밖의 대테러업무에 대한 기획·조정'이에요. 다시 말해서 국정원은요, 대테러활동에 대한 대한민국 모든 정부 부처를 통합·관할·기획·조정·점검·감시·보고·통합·정보 운영 등 모든 걸 다 할 수 있어요, 정부에 대해서.

이 엄청난 권한을 국정원은 이미 가지고 있어요. 법원 영장 없이 압수수색하거나 핸드폰을 뒤지거나 은행 계좌를 뒤지거나 테러의심인물이라고 본인들이 주장하는 사람들에 대한 감시·미행·추적 권한만 없을 뿐이에요. 국정원은 법원 영장, 이 관련 부분만 없고 다 있어요, 이미. 더 이상 요구할 게 없어요.

저는 제대로 된 국정원으로 가려면 대공수사권을 검찰 공안부로 이양해야 된다고 모두발언에서 얘기했습니다. 그래야 검찰이 권력기관이 아니고 국내 정치개입에 대한 유혹에서 뿌리치고 그래서 국정원 본연의 업무, 대북 정보, 해외 정보, 간첩 잡는 일, 산업스파이 잡는 일, 대테러 활동 이런 것 할 수 있는 거예요.

사실상 대한민국의 국정원 1·2·3차장 중에서 국내 파트 2차장을 없애야 되는 거예요. 해외 정보와 첨단과학기술 첩보하는 제3차장, 그것만 있으면 돼요, 사실. 2차장 국내

정보 수집이 있기 때문에 계속 정치권과 연관이 되어 있고, 계속 정치를 하려고 하고 있고, 계속 정치에 개입하려고 하고 있는 거예요. 그러니까 자연스럽게 1차장 소관 해외 정보, 북한 정보, 첨단과학기술 정보, 대테러, 산업스파이 이런 부분은 역량이 취약해질 수밖에 없어요.

여러분, 혹시 입속에 앓던 이가 있습니까, 앓는 이가? 썩은 이가 있습니까? 그건 뽑아 버려야 돼요. 그래야 음식물을 잘 먹습니다. 그게 있으면요 씹을 수도 없어요. 제대로 된 음식을 소화시킬 수 없어요. 썩은 이는 뽑아야 됩니다. 그래야 입속도 시원해지고 건강하게 음식을 드실 수도 있습니다.

국정원의 썩은 이는 국내 정보 파트입니다. 그 부분이 계속 문제가 되고 있는 겁니다. 중앙정보부부터 안기부 그리고 지금의 국정원까지 국내 정보, 국내 정치 파트, 이것이 국정원을 멍들게 하고 있는 거예요. 그래서 전국 각지에서, 해외 각지에서 목숨 걸고 첩보활동을 벌이고 있는 우리 자랑스러운 국정원 요원들까지 싸잡아서 매도당하고 있는 겁니다. 국정원이 신뢰를 받지 못하기 때문에 그렇습니다.

진정으로 국정원을 사랑하거든 국정원에게 국내 정치 파트를 분리시켜 줘야 합니다. 그래야 건강한 국가정보원 역할을 할 수가 있습니다.

"제45조(전담조직의 운영) 관계기관의 장은 제44조의 규정에 의한 관계기관별 임무를 효율적으로 수행하고 원활한 협조체제를 유지하기 위하여 해당기관 내에 대테러업무에 관한 전담조직을 지정·운영하여야 한다.

제6장 보칙"

좀 길게 국가대테러활동지침을 제가 다 살펴봤습니다.

이 국가대테러활동지침은 법으로 승격시켜서 제목도 테러방지법으로 만들어도 되고, 국가대테러활동에 관한 법률안으로 만들어도 되고, 좀 미흡한 점이 있다면 보완해서 만들면 될 것입니다. 그러면 '테러방지에 대한 법이 없다'는 박근혜 대통령 말은 잘못됐다고 저는 생각합니다.

자, 국민 여러분!

테러를 우리가 지금 말하고 있습니다.

헌법의 제일의 가치는 저는 모두발언에서 대한민국 국민의 권리, 인권 보호라고 얘기했습니다. 인권 보호의 핵심 중의 핵심, 헌법 가치는 뭐겠습니까? 국민의 생명과 안전을 지키는 일입니다. 국민의 생명과 안전을 지키지 못하는 정부는 헌법을 잘 수호하지 못하는 정부입니다.

세월호 참사 때 많은 생명을 구하지 못했습니다. 국민의 생명과 안전이 제일 중요하다는 것이 헌법적 가치입니다. 인권 보호입니다. 그걸 박근혜정부는 지키지 못했어요. 그래서 저는 헌법을 잘 못 지키고 있다 이렇게 생각합니다.

대한민국헌법 130개 조항을 압축, 요약해 놓은 것이 헌법 전문입니다. 헌법 전문은 이렇게 시작합니다. '유구한 역사와 전통에 빛나는 자랑스러운 대한국민은 3·1운동으로 건립된 대한민국임시정부의 법통과 불의에 항거한 4·19 민주이념을 계승하고' 이렇게 되어 있습니다.

헌법적 가치는 4·19 민주이념을 계승한다고 되어 있습니다. 4·19 민주이념을 짓밟은 것이 5·16 군사 쿠데타 아닙니까? 그런데 5·16 군사 쿠데타를 계속 혁명이라고 주장하면서 5·16 군사 쿠데타 정신을 이어 가고자 하는 것이 박근혜 대통령 아닙니까?

그러면 박근혜 대통령은 '나는 헌법을 준수하고……' 이렇게 대통령 취임 선서를 합니다. 그러면 헌법을 준수해야지요, 국가를 보위하고.

그런데 대한민국헌법 130개 조항을 압축, 요약해 놓은 대한민국헌법 전문, '상해임시정부의 법통과 불의에 항거한 4·19 민주이념을 계승하고' 이것을 정면으로 위반하고 있는, 5·16 정신을 떠받들고 있는 박근혜 대통령은 헌법 정신을 위배하고 있는 것이 되는 겁니다.

대한민국헌법은 잘돼 있는 헌법입니다. 대한민국헌법을 압축, 요약해서 네 자로 줄이라면 저는 '인권 보호'라고 주장하고 싶습니다. 많은 헌법학자들이 대한민국의 헌법적 가치를 국민의 권리 보장, 인권 보호라고 말하고 있습니다.

대한민국헌법은 인권을 보호하는 헌법이 제일의 정신입니다. 그 인권 보호의 가장 핵심적인 요체는 국민의 생명과 안전을 지키는 일입니다. 과연 그런지 살펴보겠습니다.

2003년부터 2012년까지, 여러분 이라크 전쟁 기억하시지요? 이라크 전쟁 동안 양쪽 다 몇 명이 죽었는지 아십니까? 3만 8625명이 죽었습니다, 전쟁으로. 아프가니스탄 전쟁으로 1만 4719명이 죽었습니다.

다시 한 번 말씀드리겠습니다.

2015년 10월 16일자 기사입니다. 아시아경제 기사입니다. 최근 5년간 한국인 자살자 수는 얼마나 되시는지 아십니까? 다시 한 번 말씀드립니다. 이라크 전쟁 때 민간인·연합군이 사망한 숫자가 이라크 전쟁 때 3만 8625명입니다. 그냥 4만 명이라고 하시지요.

그런데 최근 5년 동안 대한민국에서 벌어진 스스로 목숨을 끊은 자살자 숫자가 몇 명인지 아십니까? 7만 3995명입니다. 이라크 전쟁 때 사망한 민간인·연합군 숫자보다 전쟁도 일어나지 않는데 대한민국 국민 스스로 목숨을 끊은 사람이 이라크 전쟁 때 사망한 사람보다 2배가 많습니다.

아프가니스탄 전쟁 때 1만 5000명이 죽었는데 대한민국은 전쟁도 일어나지 않는데 스스로 목숨을 끊은 사람이 7만 3995명입니다. 여러분 보십시오.

(「의장님, 주제하고 상관이 없는 것 같은데요」하는 의원 있음)

이름이 누구지요, 지금 말씀하시는 분?

헌법을 얘기하고 있습니다. 헌법도 모르면 가만히 있어요. 보셨지요?

자, 이게 무슨 얘기냐면 전쟁이 일어나고 테러가 일어나서 이라크에서 민간인·연합군이 4만 명이 죽었고, 아프가니스탄 전쟁 통해서 1만 5000명이 죽었는데 대한민국은 전쟁도 일어나지 않았고 테러도 일어나지 않았는데 최근 5년 동안 7만 4000명이 죽었어요.

자살했어요. 대한민국 국민들은 전쟁이 나지도 않았는데 왜 이라크 전쟁 때 죽었던 민간인과 연합군 숫자보다 2배가 많은 사람들이 스스로 목숨을 끊을까요?

(● 유의동 의원 의석에서 ─ 의장님, 법안하고 전혀 상관없는 이야기 아닙니까?)

유의동 의원이 전혀 상관없는 얘기 하고 있으니까 듣기 싫으면 나가세요.

그 지역구가 어디예요? 말씀드릴게.

지역구가 어디냐고요?

참 불쌍하신 분이네.

(● 유의동 의원 의석에서 ─ 비아냥거리지 마시고, 토론 제대로 해 주세요, 의장님!)

자, 이 숫자는요, 테러를 방지해서 사람의 생명을 구하는 일도 중요하지만……

(● 유의동 의원 의석에서 ─ 의장님, 제대로 해 주세요.)

이렇게 자살하고 있는 대한민국 국민을 구하는 일이 더 시급한 일이다라는 겁니다.

지금 테러방지법안을 놓고 이렇게 전국을 소용돌이로 몰아갈 것이 아니라 박근혜 대통령은 전쟁도 일어나지 않고 테러도 일어나지 않는데 이라크 전쟁 때 죽은 사람보다 2배가 더 많은 국민들이 죽어 가고 있는 이 현실에 대해서 고민하신 적이 있습니까? 이것이 테러방지법보다 훨씬 더 중요한 일입니다.

(● 유의동 의원 의석에서 ─ 의장님, 이대로 두실 거예요?)

(「들어 보세요」 하는 의원 있음)

(「의원님, 들어 보세요」 하는 의원 있음)

(● 유의동 의원 의석에서 ─ 듣고 있잖아요.)

(장내 소란)

(「우리는 의제랑 다 관계된다고 다 듣고 있는데 본인만 모르십니까?」하는 의원 있음)

(「앉으세요」 하는 의원 있음)

(● 유의동 의원 의석에서 ─ 의장님, 판단해 주세요.)

(「방청석도 다 알고 계세요. 의제랑 관련된 것」하는 의원 있음)

(● 유의동 의원 의석에서 ─ 조용히들 하세요. 의장님께 묻고 있잖아요.)

(「발언권을 얻어서 하세요, 서서 하시든지」하는 의원 있음)

(● 유의동 의원 의석에서 ─ 의장님!)

(「자리에 앉아 가지고 발언을 방해하면서……」하는 의원 있음)

● 의장직무대리 김영주 지금 정청래 의원께서 토론하고 계시니까 토론 들어 주시고, 연관이 있다고 생각이 됩니다. 들어 주시기 바랍니다.

● 정청래 의원 유의동 의원, 됐지요?

더 이상 얘기하지 마세요. 의제하고 관련 있다잖아요. 참 안되셨어, 그것도 모르고 질문하고.

(● 유의동 의원 의석에서 ─ 비아냥대실 거예요, 계속?)

비아냥대는 게 아니라 사실대로 얘기하는 거잖아요.

의장석에서……

(장내 소란)

의제와 관련이 있다고 얘기하잖아요.

● 의장직무대리 김영주 정청래 의원, 토론해 주십시오.

(「방해하지 마세요」 하는 의원 있음)

● 정청래 의원 나 같으면 부끄러워서 못 앉아 있겠네, 밖으로 나가지.

자, 지금까지 국가대테러활동지침을 통해서 대한민국 국가는 이미 테러방지체계에 대해서 충분히 그 대책을 가지고 있다는 것을 제가 말씀드렸습니다.

국가의 대테러업무를 수행하기 위해 33년 전인 1982년 1월 22일 대통령 훈령인 국가대테러활동지침이 제정되었고, 그에 따라 우리나라의 대테러정책 최고 결정기구로서 대통령 소속하에 국가테러대책회의가 만들어져 있었고, 지금도 운영하고 있습니다. 이런 것이 만들어져 있다는 것을 박근혜 대통령하고 황교안 국무총리만 모르고 있을 뿐입니다. 새누리당 의원들도 많이 모를 거예요.

테러대책회의는 국무총리를 의장으로 10개 부처의 장관, 국가정보원장, 대통령실 경호처장, 경찰청장 등 관련 부처 수뇌들이 총망라되어 대테러 정책을 논의하고 각 사건별 테러대책본부를 지휘하고 있습니다. 또한 이 지침에는 테러사건의 발생을 미연에 방지하기 위한 예방·대비활동, 테러사건이 발생하거나 테러위협 등 그 징후를 인지한 경우 대응활동 그리고 관련 기관의 임무에 대한 내용이 규정되어 있습니다.

새누리당 의원님들 잘 듣고 계시지요?

이처럼 잘 만들어진 제도와 기구가 있는데 박근혜 대통령은 왜 우리나라가 테러방지를 위한 기본적인 법체계조차 갖추지 못했다고 국민들에게 허위 사실을 말씀하십니까?

'현재 OECD, G20 회원 국가 중에 테러방지법이 없는 나라는 우리나라를 포함한 4개국에 불과하다'는 박근혜 대통령의 대국민 담화가 있었습니다. 이것도 사실이 아닙니다. 허위 사실입니다.

국회입법조사처에서 발행한 '해외 주요국 테러방지법 현황'을 살펴보겠습니다.

박근혜 대통령은 분명히 이렇게 얘기했지요, '현재 OECD, G20 회원 국가 중에 테러방지법이 없는 나라는 우리나라를 포함한 4개국에 불과하다' 대통령 메시지 써 주는 청와대 비서관들 정신 바짝 차리십시오. 대통령한테 이렇게 써 주면 어떻게 합니까?

자, 이것이 거짓말이라는 것을 제가 지금부터 입증해 보이도록 하겠습니다.

국회입법조사처에서 제가 의뢰해서 받은 자료입니다. '해외 주요국 테러방지법 현황'입니다.

새누리당 의원님들, 이것 읽는데 이게 또 허위 사실이라고 저한테 얘기하지 마세요. 국회입법처의 답변입니다.

입법처에 제가 물었습니다. 해외 주요국의 테러방지법

현황에 대해서 보고하라, 요약해서 좀 줘라 이렇게
얘기했습니다.

'조사·분석 방향, 해외 주요국 테러방지법 관련 자료를
수집하여 정리함.

주요내용, 개별 국가들의 법체계에 따라 독립적인 법을
제정하거나 기존 법을 개정하는 등 다양한 방식으로
테러행위에 대한 벌칙 및 관련 추진체계 등을 마련해 놓고
있음.'

대통령이 아까 어디 얘기했지요? 4개국에 불과하다고
그랬어요.

그런데 봅시다.

'해외 주요국 테러방지법 현황을 수집하여 정리함.'

해외 주요국 테러방지법 현황 보겠습니다.

국회입법처 답변입니다. 제 얘기가 아닙니다.

'개별 국가들의 법체계에 따라 독립적인 법을 제정하거나
기존 법을 개정하는 등 다양한 방식으로 테러행위에 대한 벌칙
및 관련 추진체계 등을 마련해 놓고 있다.

미국의 테러방지법으로는 국제테러법, 종합테러방지법,
애국자법 등이 있다.

1986년에 제정된 국제테러법에 따르면 미 국무장관은
6개월마다 국제테러행위를 상·하원 의장에게 보고하며,
대통령은 국제테러를 지원하고 있는 국가의 명단을 상·하원
의장에게 제출하도록 하고 있다. 이에 의거하여 국가에
대하여는 원조 중단, 무기 수출 통제, 군사적 기술이나 정보의
제공 금지, 관세 특혜 배제 등의 조치를 취하도록 하고, 그 밖의
외교적 조치도 취할 수 있도록 하고 있다. 또한 해외 공관에
대한 끊임없는 테러공격의 위협에 대처하기 위해 테러행위에
관한 정보제공에 대한 보상금지급제도 및 국제적 협력 강화를
규정하고 있다.

1996년에 종합테러방지법을 제정하였는데 동법은
오클라호마시 연방청사 자살폭탄 테러사건에 대응하는
조치였다. 동법은 자국 내 테러행위를 연방범죄로 규정하여
연방수사기관 및 연방법원의 관할 대상으로 명기하고,
연방정부의 대테러수사권을 강화함. 핵물질에 대한
판매·소유·수입 금지권한을 부여하였으며, 생화학무기 관련
테러범죄의 수사에 군사력 지원을 허용함.'

잘 듣고 있어요?

의원님, 아까 이름이 뭐라고 했지요?

잘 듣고 계시냐고.

아니, 의원도 질의하고 막 하잖아요. 나도 질의할 수
있지요. 앉아 있는 태도는 별로 안 좋네. 태도를 잘하세요.

(● 유의동 의원 의석에서 ─ 태도가 그게 뭐예요?)

경청의 태도를 잘 갖추시라고요! 관련 있는 내용 얘기하고
있잖아요.

(● 유의동 의원 의석에서 ─ 의장님, 이대로 사회 보실 겁니까?)

'동법은 자국 내 테러행위를 연방범죄로 규정하여
연방수사기관 및 연방법원의 관할 대상으로 명기하고,
연방정부의 대테러수사권을 강화함. 핵물질에 대한
판매·소유·수입 금지권한을 부여하였으며, 생화학무기 관련

테러범죄의 수사에 군사력 지원을 허용함.'

듣기 싫으면 나가셔도 돼요.

(● 유의동 의원 의석에서 ─ 아니, 진짜!)

테러범의 처벌을 대폭 강화하여 테러범에 대해……

(● 유의동 의원 의석에서 ─ 의장님! 의장님!)

(● 정문헌 의원 의석에서 ─ 의장님, 주의 주시기 바랍니다.)

법정 최고형을 부과하고 사형 선고 시 항소 기회를……

(● 유의동 의원 의석에서 ─ 의장님, 빨리 주의 주세요!)

정문헌 의원도 조용히 하세요.

아니, 본인은 나한테 문제 제기하면 되고 나는 제기하면
안 돼요? 그러니까 문제 제기하지 말고 있으라고요.

(● 유의동 의원 의석에서 ─ 의장님! 저는 의장님께
말씀드렸습니다. 의장님, 주의 주십시오!)

'테러범의 처벌을 대폭 강화하여 테러범에 대해 법정
최고형을 부과하고, 사형 선고 시 항소 기회를 1회로 제한하며
2년 이내에 사형을 집행함.'

(● 유의동 의원 의석에서 ─ 의장님, 주의 주십시오!)

'국제테러활동을 원천 봉쇄하기 위한 장치를 마련하여
국제테러집단·인물의 미국 입국 규제, 추방절차 간소화, 비자
발급 및 망명허가요건 강화 등의 조치를 취함.

2001년 9·11 테러사건 후 애국법을 제정함.'

저한테 시비 거는 새누리당 의원들은 계속 지적하면서
제가 토론을 하겠으니까 참조해 주시기 바랍니다.

(장내 소란)

● **의장직무대리 김영주** 정청래 의원……

● **정청래 의원** 구체적으로

'2001년 10월 26일 조지 W. 부시 대통령 집권 시
제정되었는데 2011년 5월 26일 버락 오바마 대통령은
세 가지 조항(자동이동감청, 업무기록 열람, 외로운 늑대
감시─테러그룹에 속하지 않았으나 대테러리스트로 의심되는
자들)을 추가하여 법 효력을 4년 연장함. 동법은 수사기관의
감청 및 체포, 검열 등 대테러 관련 수사권한을 대폭 강화하고,
이에 따른 시민의 권리를 대폭 제한하는 내용을 담고 있음. 이
밖에도 감청권한의 대폭 확대, 범죄수사정보의 공유 명시,
압수수색영장 발부 관할권 확대, 돈세탁 방지 및 테러혐의자의
자산동결권 대폭 강화, 테러혐의자에 대한 강제 구금, 출정 등
유학생에 대한 감시 프로그램 강화 등의 내용을 담고 있음.'

자꾸 웃음이 나와서 참기가 좀 어렵군요.

'일본의 테러방지 관련 입법은 시기별로 이루어진 바 있음.

2001년 9·11 사건 후 유엔 결의에 의거한
테러대책특별조치법을 제정하였는데 동법은 한시법으로 세
차례─2003년, 2005년, 2006년─연장 후 2007년 11월
만료됨. 동법에 의거하여 2001년 일 해상자위대 함정 3척을
인도양으로 출항, 미군 함대에 대한 레이더 및 송유 지원을
담당한 바 있음.

동법의 후속 법으로 2008년 1월 보급지원조치특조법을
제정함. 동법에 의거하여 자위대를 주축으로 테러대책

해상저지활동에 관련된 업무에 종사하는 여러 나라 군대의 함선에 대해 실시하며, 물품 및 노동력 제공. 함선 혹은 함선에 탑재하는 회전 날개 항공기의 연료 급유 또는 급수, 제3조제2호…… 인도양—걸프만 포함—에서 실시하는 것을 포함함.'

호주는 2002년 테러 대응과 관련하여 다음의 법을 제·개정하고 있습니다.

호주의 테러법도 상당히 많이 있는데요. 테러행위를 정부와 타국 정부 및 공공부문에 위해를 가하거나 위협하는 행위 등으로 포괄적으로 규정하고 있습니다. 테러집단은 국내 법정 및 유엔의 판단에 따른 것입니다.

오스트리아, 칠레, 체코, 덴마크, 에스토니아, 프랑스, 핀란드, 그리스, 헝가리, 아이슬란드의 경우 2002년 형법을 개정하여 테러행위, 테러집단 참여 및 지원에 대한 제재 또는 벌칙 등을 규정하고 있습니다.

테러행위는 테러집단에 의거한 범죄행위이며, 여기서 테러집단은 자국의 법적 규정에 의거합니다. 다만 칠레의 경우 군비통제법에 테러행위 등에 대한 벌칙을 규정하고 있습니다.

독일의 경우 2002년 국제테러대응법을 제정하여 기존 형법과 연계하여 테러행위 및 지원 등에 대한 벌칙을 규정하고, 관련 기관에 테러 대비 제반권한을 부여하고 있습니다.

아일랜드의 경우 테러와 관련된 법을 제정 또는 개정하기보다 기존의 반국가공격행위 관련법, 우리로 치면 국가보안법 비슷하게 되겠네요. 반국가공격행위 관련법에 테러에 관련된 법을 같이 넣어서 있다는 거지요. 형사법에 테러행위 및 지원 등의 행위에 관한 벌칙을 규정하고 있다는 거지요. 그러니까 아일랜드는 우리로 치면 국가보안법이나 형사법에 테러 관련법을 다 넣고 있다는 거지요. 따로 테러방지법, 이런 거 안 한다는 얘기입니다.

우리도 국정원법과 국가대테러활동지침 그리고 형법, 이런 거에 의해서 테러에 관한 규제법률이 다 있습니다. 다시 한 번 말씀드리지만 새누리당이 그토록 열망하는 지금 통과시키려고 하는 이 법은 국정원법에도 없고, 국가대테러활동지침에도 없고, 형사법에도 없고, 다른 국내법에 없는 게 있습니다. 뭐냐? 영장 없이 압수수색할 수 있는 권한, 이것은 어떠한 법에도 있어서는 안 됩니다. 그거 달라는 거예요, 영장 없이.

방청객 여러분 뒤에 계신데요. 국민 여러분들, 핸드폰 이거 도청하겠다는 겁니다, 법원 영장 없이. 그리고 법원 영장 없이 여러분의 은행 통장을 뒤지겠다는 거예요. 그 권한을 달라는 거예요. 왜? 테러를 지키는 것이 더 중요하니까.

그런데 그 테러의심인물이라고 생각되는 사람은 국정원이 입증할 이유도 없어요. 그냥 찍으면 됩니다. '아, 저 사람은 테러의심인물, 그러니까 핸드폰, 영장 없이 도청 가능. 은행 계좌, 가능.' 이게 되는 거예요. '아, 저 사람은 테러의심인물이야.' 국정원이 판단하면 미행할 수 있어요.

추적권이라고 합니다. 제9조제4항, 이 세 가지를 달라는 겁니다. 그런데 그 세 가지 조항을 주고 싶어도 못 줘요. 왜? 헌법 위반이거든요. 대한민국헌법 제17조는 국민의 사생활을 침해받지 않는다, 헌법 제18조는 통신 비밀의 자유를 갖는다라고 되어 있어요. 이 제17조, 제18조 위반이기 때문에 그 조항을 국정원에 주고 싶어도 줄 수가 없는 겁니다. 참 답답한 일입니다. 헌법을 수호해야 될 대통령이, 입법부를 지켜야 될 국회의장이 왜 헌법 제17조, 제18조 조항을 유린하려 하십니까? 왜 짓밟으려 하십니까? 아일랜드의 경우에도 따로 없다는 것 아닙니까, 지금?

이스라엘 살펴보겠습니다.

이스라엘의 경우 기존의 국방규정, 테러행위방지법, 형법에 의거하여 테러행위 및 지원에 관한 벌칙을 규정하고 있으며, 이 밖에도 소방법 및 항공법 등의 관련 조항을 갖추고 있습니다.

이탈리아의 경우 2001년에 법 438의 시행령 374/18을 마련하여 테러 관련 조치를 규정하고 있습니다.

덴마크의 경우 2002년에 형법을 개정하여 테러리즘 대응 관련 사항을 추가하여 테러 관련 사항을 규정하고 있습니다. 테러방지법을 따로 만들지 않고 있다는 겁니다. 형법에 포함해서 하고 있다는 겁니다.

대통령께서는 잘 알고 말씀하셨으면 좋겠습니다.

다음은 테러방지법률안의 문제점에 대해서 짚겠습니다. 의제와 관련 있는 내용입니다.

더불어민주당에서는 테러방지법률안에 대해 무조건적으로 반대하는 것이 아닙니다. 원칙적으로 대테러 문제가 세계적으로 심각하기에 이를 해결하기 위해 대테러방지법이 필요하다는 것에도 동의하겠습니다. 그런데 지금 새누리당이 제출한 테러방지법률안은 인권침해를 가져오는 치명적인 독소 조항 그리고 헌법재판소에 가면 위헌판결을 받을 것이 뻔한, 법원 영장 없이 핸드폰을 도청하고, 법원 영장 없이 은행 계좌를 추적할 수 있는 무소불위의 헌법을 능가하는, 헌법 이상의 법을 만들려고 하기 때문에 저희가 이렇게 무제한 토론까지 하고 있는 겁니다.

그 독소 조항을 빼고 통과시킵시다. 그런데 그 독소 조항을 빼면 통과시킬 필요가 없어요. 국정원법에 다 할 수 있거든요. 그러면 정답은 뭐냐? 직권상정 철회하는 거지요, 철회.

테러방지법이 없어서 테러가 일어나는 거 아닙니다. 지금까지 새누리당의 주장대로라면, 박근혜 대통령의 논리대로라면 테러방지법이 지금도 없어요, 이 시간에도. 그런데 왜 테러가 발생합니까? 그리고 이 테러방지법이 통과되면 테러가 하나도 없을까요?

똑같은 논리라면 지금 북핵방지법이 없어서 북한이 핵실험합니까? 북한이 핵실험을 하고 있기 때문에 북한핵실험방지법률안을 내야 되지 않습니까, 이 논리대로라면? 북한핵실험방지법안이 없기 때문에 지금 북한이 핵실험하고 난리를 치고 있는 거라면 북핵방지법을 내야지요.

그리고 세월호 배가 침몰해서 많은 사람들이 죽었는데 선박침몰방지법이 없어서 그랬습니까? 그러면 선박침몰방지법을 만들면 세월호 같은 배는 침몰하지 않습니까?

테러방지안이 없어서 테러가 발생합니까? 테러방지법이 테러를 막는 것이 아니라 어떻게 하면 남북 긴장 상태를 완화할 것인가, 어떻게 하면 남북관계를 평화적으로 관리할 것인가, 어떻게 하면 긴장도를 낮춰서 군사적 도발위험을 낮추고 테러위험을 낮추게 할 것인가, 그것이 테러방지책입니다.

그리고 테러의 개념이 애매모호한데 북한의 행동을 테러라고 볼 수 있느냐? 아니다, 그것은 군사적 행동이다, 테러가 아니다, 이렇게 테러의 개념도 애매모호한 것이 사실입니다.

어찌됐든 독소 조항 3개를 빼면 저는 그 테러방지법안으로 테러를 설령 막을 수 없다 할지라도 그냥 찬성해 드리겠습니다. 그런데 아무리 생각을 해 봐도 새누리당이 제출한 이 테러방지법률안은 인권침해를 가져오는 독소 조항이 너무 많습니다.

총론적으로 테러방지라는 인권적 가치에 100% 동의·찬성합니다. 테러를 일삼고 있는 IS, 참 나쁜 사람들이지요. 인간 이하들이지요. 어떻게 그런 범죄를 저지를 수 있습니까? 북한이 무력 도발과 긴장 상태를 높이는 것, 잘못하고 있는 거지요. 핵이라는 자해적·인질적 수단으로 한반도의 평화를 이끌어 낼 수 없습니다. 핵을 가지고 핵 시위를 한다고 해서 한반도가, 평화가 나아지리라고 저는 생각하지 않습니다. 대화를 거부하고 강경 일변도로 치닫고 있는 북한, 잘못하고 있는 거지요. 경제력으로 보나 국방력으로 보나 우리가 북한보다 월등한 절대적 우위에 서 있는 것이 사실입니다. 북한이 핵을 통해서, 핵의 위협을 통해서 얻을 수 있는 북한의 이익은 저는 없다고 봅니다. 그렇다고 해서 북한이 무지막지하게 나온다고 해서 우리도 무지막지하게 나가면 누구한테 손해일까요? 북한이 하나를 손해 보면 우리는 백을 손해 봅니다.

천안함 사건 이후 5·24 조치를 했습니다. 북한과 경제협력을 단절했습니다. 천안함에 대한, 북한에 대한 제재응징이었습니다.

북한 평양 근처까지 진출했던 골재사업 쫄딱 다 망했습니다. 금강산관광호텔에 100억이 넘게 투자했던 전도양양한 40대 초반의 안 모 사장은 깡통 차고 거리로 나앉았습니다.

금강산관광을 갔던 강원도 고성의 금강산관광길은 모두 폐허가 됐습니다. 심지어 평양 시내에 진출해서 식당을 했던 우리 국민이 있습니다. 쫄딱 망했습니다. 아무것도 못 건져서 왔습니다. 금강산에 진출했던, 평양 인근까지 진출했던 골재회사 다 쫄딱 망했습니다. 그리고 국가는 그들에게 책임지지 않습니다. 아무런 보상도 하지 않습니다.

그래서 제가 2013년 외교통일위 국정감사 때 현대경제연구원에 의뢰해서 남한의 피해가 더 큰지 북한의 피해가 더 큰지를 조사했습니다. 북한에게 제재를 하자, 북한을 응징하고자, 북한에게 고통을 주고자 5·24 조치를 했지만 북한의 경제피해액은 2조 3000억이었습니다. 우리는 9조 4000억 원이었습니다. 북한을 때려야 되는데 결과적으로 남쪽에 있는 우리 기업만 때렸습니다. 5·24 조치가 효과를 발휘하지 못했습니다.

금강산관광호텔에 투자했던 거리에 깡통을 차고 나앉은 그분은 신용불량자가 됐습니다. 국회 외통위 간담회 때 와서 저한테 얘기했습니다, '의원님, 저는 신용불량자가 된 것으로 끝나지 않고 한 달에 이자만 3000만 원을 내야 되는데 나 같은 신용불량자가 어떻게 이자를 낼 수 있습니까? 의원님, 제가 선택할 수 있는 최후의 카드가 하나 있습니다.' 제가 뭐냐고 물었습니다. 그 안 모 사장은 자살이라고 얘기했습니다.

금강산에 진출했던 기업들이 무슨 죄가 있습니까? 국가의 정책을 믿고 국가의 후원 아래 국가의 권유 아래 금강산에 진출했습니다. 평양 진출했습니다. 평양에 식당까지 차렸습니다. 하루아침에 거기에 있는 재산을 그대로 두고 더 이상 자기의 사업장에 갈 수가 없었습니다. 이것이 5·24 조치가 북한에게 제재도 응징도 못 했으며 우리 대한민국 국민만 고스란히 피눈물을 흘리겠다는 정책입니다.

저는 개성공단은 금강산관광 중단의 10배, 100배의 안 좋은 효과가, 피해가 있을 것으로 예상하고 있습니다. 124개 기업, 거기에 딸린 기업 5000개 하청기업, 거기에 딸린 직장인 12만 명, 12만 명 곱하기 3 딸린 가족들 40만.

이분들의 고통을 박근혜정부는 감당할 수 있겠습니까? 박근혜 대통령은 이들에게 개성공단에서 받던 월급 100% 다 지불할 자신 있습니까? 경제를 살리자며 왜 개성공단 기업들을 죽입니까? 일자리를 창출하자면서 왜 12만 개의 일자리를 자릅니까? 한반도 신뢰프로세스로 남과 북이 함께 잘살자고 대통령 선거 때 공약했으면서 왜 개성공단에서 남과 북이 함께 숨 쉬었던 숨구멍을 틀어막아 버립니까?

대한민국 국민 누구라도 북한이 핵실험한 것 찬성하는 사람 있습니까? 없습니다. 북한이 도발해 오면 말로만 하지 말고, 김대중 대통령 때처럼 서해에서 우리 선박으로 NLL을 침범해 오면 북한 선박을 섬멸하십시오, 김대중 대통령 때처럼. 그리고 한쪽에는 대화의 끈을 놓지 말아야 됩니다. 우리가 전쟁을 할 수는 없기 때문입니다. 아무리 속이 터지고 썩어 문드러지고 북한이 말썽을 부려도 도발에는 응징하되, 그래도 대화를 하지 않고 달리 한반도의 평화를 정착할 방법이 있겠습니까?

강 대 강으로 가는 것이 순간은 속 시원할지 몰라도 그것이 국익상 손해라면 방향을 전환해야 됩니다. 북한과의 관계든 외교관계든 최종의 목표는 국익추구입니다. 국민의 생명과 안전보장, 국익추구 그겁니다.

미국의 닉슨 대통령은 원수 같았던 중국의 모택동과 악수했습니다. 미국의 국익에 맞기 때문에 그렇습니다.

악마라고 불렀던 소비에트연방 소련과 미국도 악수했습니다. 금방 전쟁이라도 치를 것 같았던 중국과 대만도 악수했습니다. 1년에 수만 건의 비행기가 뜨고 내립니다.

우리는 왜 그렇게 못 합니까? 한때 대만하고 친하면 중국이 수교를 하지 않았고 중국하고 친하면 대만도 그 나라와 수교하지 않았습니다. 그 정도로 으르렁거리던 양안관계가 지금은 제집 드나들듯이 하고 있습니다. 한 달에 비행기가 무려 1000여 번 뜬다고 그럽니다, 대만과 베이징 사이. 우리는 왜……

남과 북이 2007년도 말에 남해에서 출발한 기차가 칙칙폭폭 기적소리 울리면서 군사분계선을 넘어서 북한으로 갔고 북한에 있는 기차가 기적소리 울리면서 군사분계선을 넘어 남쪽으로 내려온 일이 있습니다. 철도는 연결되어 있습니다. 남과 북의 철도 시험운행을 한 바 있습니다. 양국의 정상이 결심하면 언제든지 남과 북이 철도로 여행할 수 있습니다. 그게 막혀 있습니다.

개성공단을 계속 유지하는 것, 남북철도를 연결해서 서로 유지하는 것, 금강산 관광을 하는 것, 저는 그것이 한반도 평화를 관리하는 데 훨씬 유리하다라고 생각합니다. 개성공단은 그렇게 닫는 것이 아닙니다.

어찌됐든 그렇게 강경정책 일변도로 가다 보니까 결국은 그런 강공책이 지금 얘기하고 있는 국정원 강화를 위한 테러방지법을 만들고자 하는 수순 아니었느냐 이런 의혹들이 있는 것도 사실입니다.

그러면, 테러방지법안이 많은 문제점을 가지고 있다고 제가 말씀드렸습니다.

바로 그 문제의 이 법입니다.

(자료를 들어 보이며)

'국민보호와 공공안전을 위한 테러방지법안' 이름은 그럴 듯합니다.

그런데 대부분은 다 짜깁기한 겁니다. 국정원법이나 국가테러활동지침이나 이런 것들을 대부분 다 짜깁기한 거지요.

여기 보면 대테러센터 이런 것 있잖아요. 아까 국가대테러활동지침에 다 나와 있는 겁니다.

한번 볼까요, 제가 주요내용에 대해서만. 아까 제가 길게 말씀드린, 살펴본 국가대테러활동지침에 다 나와 있는 용어들, 그 방법들입니다.

주요내용입니다.

테러방지법안 이철우 법안 주요내용

'가. 대테러활동의 개념을 테러의 예방 및 대응을 위하여 필요한 제반 활동으로 정의하고 테러의 개념을 국내 관련법에서 범죄로 규정한 행위를 중심으로 적시함.'

맞는 얘기지요.

'나. 대테러활동에 관한 정책의 중요사항을 심의·의결하기 위하여 국무총리를 위원장으로 하여 국가테러대책위원회를 둠.'

여러분, 기억하시지요? 아까 제가 읽어 드린 국가대테러활동지침 거기에 다 나오는 내용입니다.

'국가테러대책위원회를 둔다', 똑같습니다. 대통령 훈령으로 돼 있는 국가대테러활동지침 거기에 나와 있는 내용입니다. 그것을 이 법으로 그냥 옮겨 놓은 거예요. 이 법이 없어서 지금 대테러활동 못 하는 게 아니라는 거지요.

'다. 대테러활동과 관련하여 임무분담 및 협조사항을 실무 조정하고, 테러경보를 발령하는 등의 업무를 수행하기 위하여 국무총리 소속으로 대테러센터를 둠.'

여러분, 아까 제가 읽어 드린 겁니다. 여기에 나와 있는 어투도 똑같습니다, 국가대테러활동지침. 이런 베끼기한 법을 꼭 내고 싶었을까요, 이미 있는데?

'라. 관계기관의 대테러활동으로 인한 국민의 기본권 침해 방지를 위해 대책위원회 소속으로 대테러 인권보호관 1명을 둠.'

이것도 참 손바닥으로 하늘을 가릴 일입니다.

제가 19대 국회 전반기 국정원을 감시하는 정보위 야당 측 간사였습니다. 국회가 불꽃 같은 눈동자로 국정원을 지켜봐도 감시가 안 됩니다. 그런데 인권보호관 1명 달랑 둬 가지고 국정원을 감시하겠다는 겁니다.

아무리 생각이 다르고 아무리 이것을 통과시키고 싶어도 어떻게 이렇게 민망하게 인권보호관 1명으로 국정원을 감시하라고, 그럼 된다고, 그럼 가능하다고 이렇게 얘기합니까? 민망하지 않습니까? 대한민국 검찰총장도 국정원에 의해서 핀셋처럼 뽑혀 나가는데 그런 무소불위의 권력을 가지고 있는데 인권보호관 1명이 국정원을 감시하라고요? 참 기가 막힙니다.

인권보호관 100명을 둬 보세요, 국정원을 감시할 수 있나. 못 하게 돼 있습니다. '국정원의 모든 기밀과 정보는 국가안보상 필요하기 때문에 제출할 수 없음을 양해바랍니다', 빨간 도장 하나 찍어 오면 아무런 정보를 받을 수가 없습니다.

그런데 인권보호관 1명을 뒀어요. 이 테러방지법으로 영장 없이 마구 쓸어가는 핸드폰과 은행 계좌가 혹시 인권을 침해할 소지가 있는지 인권보호관 1명을 둬서 국정원을 견제하고 감시하면 된다고요? 새누리당 의원님들 너무하는 것 아닙니까? 이게 어떻게 가능한 일입니까? 이런 사람이 있으면 이분은 사람이 아닙니다. 신입니다, 신.

'마. 국가정보원장은 대테러인물에 대한 출입국·금융거래 정지 요청 및 통신이용 관련 정보를 수집할 수 있도록 함.'

이것도 아까 여기 나온 거지요? 여러분, 복습하는 겁니다, 지금.

여기에 보면 금융위원회에서 금융 다 차단할 수 있고요, 이것 국가대테러활동지침에 의해서 여기서도 다 할 수 있고요. 출입국·금융거래, 출입국 이것 아까 법무부 업무였습니다. 테러의심자·테러용의자 입출국 다 금지합니다, 법무부에서. 법무부에서 다 할 수 있는 거예요. 이것을 그대로 또 반복해 놓고 있는 겁니다. 이것 없어도 됩니다.

'바. 관계기관의 장은 테러를 선전·선동하는 글 또는 그림, 상징적 표현이나 테러에 이용될 수 있는 폭발물 등 위험물

제조법이 인터넷 등을 통해 유포될 경우 해당기관의 장에 긴급 삭제 등 협조를 요청할 수 있도록 함.'

이 말 자체는 저는 동의합니다. 테러를 선전하거나 선동하는 글은 삭제해야지요. 그런데 이것이 고무줄이지요. 테러를 선전·선동하는 글과 그림이 아님에도 불구하고 국정원에서 '아, 이것은 국정원이 보기에는 국민 여러분들은 그렇게 안 보이지만 우리가 보기에는 테러를 선전하는 글입니다, 테러를 선동하는 그림입니다' 그러면 지워야 돼요.

여러분, 인터넷 게시판에 오늘의 유머에 다음 아고라에 여러분들의 페이스북 트위터 이런 데 글 함부로 못 올리게 됩니다. 여러분들은 그런 의도로 쓰지 않았어요. 그런데 국정원이 그냥 판단하는 거예요. '아, 김 아무개 글은 테러를 선전·선동하는 글입니다, 삭제시키시기 바랍니다' 그러면 삭제시켜야 돼요.

이게 귀에 걸면 귀걸이 코에 걸면 코걸이입니다. 페이스북 트위터도 마음대로 못 씁니다. 이렇게 되면.

'사. 관계기관의 장은 외국인테러전투원으로 출국하려 한다고 의심할 만한 상당한 이유가 있는 내·외국인에 대하여 일시 출국금지를 법무부장관에게 요청할 수 있도록 함.'

이것은 저도 찬성입니다. 외국인테러전투원으로 IS에 갔다는 김 모, 이것을 미리 알면 차단해야지요, 당연히. 이것은 아주 괜찮은 거예요. 그런데 이미 국가대테러활동지침에 있다는 사실.

김 모 군도 국정원에서 계속 추적하다가 행방을 놓쳤답니다. 제가 거기까지만 말씀드리겠습니다. 이런 것 신경 쓰지 않고 국내 정치 쓰지 않고 그런 것 신경 썼으면…… 어휴, 참 국정원 제대로 잘했으면 좋겠습니다.

'아. 테러 계획 또는 실행 사실을 신고하여 예방할 수 있게 한 자 등에 대해 국가의 보호의무를 규정하고, 포상금을 지급할 수 있도록 하고, 피해를 입은 자에 대하여 국가 또는 지방자치단체는 치료 및 복구에 필요한 비용의 전부 또는 일부를 지원할 수 있도록 하는 한편 의료지원금, 특별위로금 등을 지급할 수 있도록 함.'

이런 내용은 찬성입니다.

'테러단체를 구성하거나 구성원으로 가입 등 테러관련 범죄를 처벌할 수 있도록 하고, 타인으로 하여금 형사처분을 받게 할 목적으로 이 법의 죄에 대하여 무고 또는 위증을 하거나 증거를 날조·인멸·은닉한 자는 가중처벌하며, 대한민국 영역 밖에서 이 같은 죄를 범한 외국인에게도 국내법을 적용함.'

맞는 얘기입니다.

그런데 제가 얘기했고 추미애 의원도 아까 강력하게 이 부분에 대해서 비판한 적이 있습니다.

제9조 한번 읽어 보도록 하겠습니다.

제9조 이게 이철우 법안, 지금 통과시키려고 하는 그 법안입니다. 여러분 잘 봐 주세요, 이 법안입니다.

(자료를 들어 보이며)

이 법안의 제9조는 지금까지 대한민국 건국 이래 한 번도 넣지 못했던 추적권한, 어떠한 법률에도 추적권을 준다는 조항이 없었답니다. 그런데 이번에 드디어 추적권을 법률적

용어로 여기에 넣었어요. 박근혜 정권, 계속 신기록 갱신 중입니다. 상상 이상, 그 이상을 합니다.

국가비상사태라면서요. 테러방지법 이것 통과되면 계엄령 발표할지 누가 또 알겠습니까? 상상을 초월하는 겁니다.

자, 제9조 읽겠습니다.

"테러위험인물에 대한 정보수집 등" 아까도 얘기했습니다. 테러위험인물은 근거를 가지고 판단하는 것이 아닙니다. 그냥 국정원장이 아무나를 놓고 '저 사람은 테러 예상인물이야'라고 찍으면 바로 그 사람 핸드폰, 은행 계좌, 추적할 수 있습니다. 그리고 미행, 감시할 수 있습니다.

"제9조(테러위험인물에 대한 정보수집 등) ① 국가정보원장은 테러위험인물에 대하여 출입국·금융거래 및 통신이용 등 관련 정보를 수집할 수 있다. 이 경우 출입국·금융거래 및 통신이용 등 관련 정보의 수집에 있어서는 출입국관리법, 관세법, 특정 금융거래정보의 보고 및 이용 등에 관한 법률, 통신비밀보호법의 절차에 따른다.

② 국가정보원장은 제1항의 규정에 따른 정보 수집 및 분석의 결과 테러에 이용되었거나 이용될 가능성이 있는 금융거래에 대해 지급정지 등의 조치를 취하도록 금융위원회 위원장에게 요청할 수 있다.

③ 국가정보원장은 테러위험인물에 대한 개인정보(개인정보 보호법상 '민감정보'를 포함한다)"

여러분, 민감정보는 뭘 뜻할까요? 민감한 정보. 여러분, 민감한 사항이 뭐가 있을까요, 국민 여러분 사시면서? 민감한 정보, 사생활에 관한 그런 민감정보를 포함한답니다.

"위치정보를 개인정보 보호법 제2조의 '개인정보처리자'와 위치정보의 보호 및 이용 등에 관한 법률 제5조의 '위치정보사업자'에게 요구할 수 있다."

그다음, 그다음이 문제입니다. 제9조제4항입니다.

"④ 국가정보원장은 대테러활동에 필요한 정보나 자료를 수집하기 위하여 대테러조사 및 테러위험인물에 대한 추적을 할 수 있다."

여러분, 추적은 여러분 핸드폰 꺼내서 국어사전 한번 찾아보세요. 저도 한번 찾아볼까요? 추적이라는 것은 도망자를 뒤쫓는다 이런 뜻이 있고요. 그리고 사물을 더듬어서 관찰한다 이런 뜻이 있다고 그럽니다. 한번 찾아보시기 바랍니다.

그런데 국가정보원이 근거 자료 없이도 낙인찍을 수 있습니다, 테러의심인물이라고. 그 사람의 통장도 뒤져 봐, 핸드폰도 뒤져 봐 그리고 사람 붙여서 미행해. 이것 무서워서 살 수 있겠습니까?

아까도 말씀드렸지요. 국가정보원에서 '테러를 선전하고 선동하는 글이야, 그림이야, 그러면 내려' 그러면 내려야 됩니다. 여러분 앞으로 인터넷 게시판, 페이스북, 트위터, 오늘의 유머, 다음 아고라, 쌍코, 뽐뿌, 82cook 이런 것 있잖아요. 다 글 못 쓰게 돼요.

테러를 선전, 선동한다는데 그 판정권은, 판단할 수 있는 권한은 국정원에 있는데 여러분들이 그 글을 쓰고 아무리 난 아니다라고 해 봤자 소용이 없어요. 그만큼 문제가 많은

법률안입니다.

민주주의 사회와 반민주 사회의 구분은 뭐냐 하면 다양성에 대한 보장이냐, 획일성에 대한 강제냐라는 겁니다. 다양성의 보장, 각자의 차이를 인정하고 다름을 존중하고 그 다양성을 인정하는 것 그것이 민주사회의 하나의 징표입니다. 그런데 반민주사회, 독재국가는 그 독재자의 생각대로 그 독재자를 지지하는 사람들의 생각으로 그것을 비판하는 사람들에게는 그리고 와서 죽이고 때리고 하는 획일성의 강요입니다.

저는 테러를 선전, 선동하는 글이나 그림은 써서도 그려서도 안 된다고 생각합니다. 그러나 그것에 대한 판단을 국정원이 일방적으로 한다는 것은 문제가 있습니다.

제9조제4항, 진짜 문제가 많은 조항이고요. 그리고 다른 것도 문제가 많이 있겠지만 부칙을 보겠습니다.

저도 법을 많이 만듭니다마는 부칙은 예를 들면 이런 겁니다. 이 법은 당장 선포해서 실행해야 되는데 그 법에 따른 행정기관이 준비가 안 되어 있으면 부칙에 대해서 '이 법은 6개월 후에 시작한다' 이렇게 하는 게 부칙입니다. 또는 '이 법은 한시적으로 5년 동안만 시행한다' 그럴 때 부칙 조항을 씁니다. 대체적으로 부칙을 그렇게 씁니다. 활용합니다.

그런데 이 법은 부칙에, 이게 지금 법률안 이름이 국민보호와 공공안전을 위한 테러방지법안인데요 법안과 아무 관계 없는 FIU법을 개정하라고 명령하고 있어요.

부칙 한번 읽어 보도록 하겠습니다.

"제1조(시행일) 이 법은 공포한 날부터 시행한다. 다만, 제5조부터 8조, 10조, 11조, 14조, 16조까지는 공포 후 3월이 경과한 날부터 시행한다."

제가 아까 말한 게 맞지요? 시행일자를 조정하는 것을 부칙으로 활용합니다.

그런데 저는 처음 봤어요.

"제2조(다른 법률의 개정), 이것은 있을 수 없는 일입니다.
① 특정 금융거래정보의 보고 및 이용 등에 관한 법률—소위 말해서 FIU법입니다—을 다음과 같이 개정한다.
제7조1항의 각 호 외의 부분 중 '금융감독 업무'를 '금융감독업무, 테러위험인물에 대한 조사업무'로 하고 '금융위원회'를 '금융위원회, 국가정보원장'으로 한다."

이것은요 금융위원회 위원장하고 똑같이 국정원장이 금융 실태를 보겠다는 겁니다. 이게 민주국가에서 있을 수 있는 일입니까?

아니, 그래도 정 하고 싶으면 부칙에 이렇게 담지 말고 부수법안으로 같이 내든가요. 아니면 이 조항에 넣든가요. 이렇게 꼬리에 꼼수를 달아서 몸통을 흔들려고 하는 얄팍한 음모에 아연실색합니다.

그리고 또 보세요.

제7조4항 중 "금융위원회"를 "금융위원회, 국가정보원장"으로 한다.

법 또 하나를 고치라는 겁니다.

"② 통신비밀보호법 일부를 다음과 같이 개정한다."

제7조1항 각 호 외의 부분 중 "국가안전보장에 대한 상당한 위험이 예상되는 경우"를 "국가안전보장에 상당한 위험이 예상되는 경우 또는 국민보호와 공공안전을 위한 테러방지법"—이 법입니다. 테러방지법.—"제2조 6호의 대테러활동에 필요한 경우"

고치라는 것 아닙니까?

"제2조 제6호 대테러활동에 필요한 경우로 한다."

그러면 다시 보겠습니다.

제2조 6호가 뭘까요? 이것을 위해서 통비법을 바꾸라는 거예요.

2조 6호요 굉장히 광범위한 내용입니다.

대테러활동, 아까 부칙에서 대테러활동에 필요하면 통비법을 바꿔라 이것인데요. 2조 6호에서 정의하고 있어요.

"'대테러활동'이란 제1호 "테러" 관련 정보의 수집, 테러위험인물의 관리, 테러에 이용될 수 있는 위험물질 등 테러수단의 안전관리, 인원·시설·장비의 보호, 국제행사의 안전확보, 테러위협에의 대응 및 무력진압 등 테러예방과 대응에 관한 제반 활동을 말한다.'

이런 것 활동을 하는 데 필요하다면 국정원장이 그냥 핸드폰 마음대로 쳐다보게 해 달라는 거예요. 통신비밀보호법을 고치라는 겁니다, 이 법 부칙으로. 있을 수 없는 반입법행위입니다.

참, 대한민국 큰일입니다. 어쩌자고 이런, 비록 저하고 생각이 다른 여당이지만 어떻게 이런 법을 낼 수 있을까요?

이러한 테러방지법에 대해서 제가 왜 반대를 하는지 지금 계속 말씀드리고 있는데요.

대한변협이 찬성하고 나섰어요. 대한변협장은 도대체 이 법을 읽어 보기나 했을까요? 어떻게 이 법에 대해서 법률가인 대한변협회장은 찬성할 수 있을까요.

이 법에 대한 민변의 의견을 잠깐 살펴보겠습니다.

제가 지금까지 말씀드린 내용보다 좀 더 전문가적인 민변 변호사들은 이 법을 어떻게 보고 있을까요?

테러방지법안에 대한 민변 의견서입니다. 2016년 2월 18일자로 제가 받은 민변 의견서입니다.

민변은 이 테러방지법안에 대해서 이런 의견을 가지고 있습니다.

'여당이 발의한 테러방지법은 최근 파리 테러와 북한의 핵실험, 장거리 로켓 발사를 빌미로 한 국정원 강화법안으로 개념의 모호성과 과도한 위임입법으로 인하여 시민의 기본권을 침해할 가능성이 매우 높다' 이게 민변의 의견입니다.

'애초 여당 법안은 국정원에 테러대응종합센터(이병석 의원안)를 두는 안으로 입안된 바 있고 그 이후 정보위 협의과정에서도 국정원에 대테러센터 등을 두는 안이 제안된 바 있는데 이는 결국 테러를 빌미로 국정원을 강화하고자 하는 안임을 보여 주고 있다.

최종안에 의하더라도 국정원은 국가테러업무 수행실태를 점검·평가한 보고서를 국회에 제출하고 테러위험인물에 대한 정보수집 권한 등으로 관여가 가능하여 악용의 여지가 있다.

지금까지 역사적으로 국정원의 권한 강화는 권력에 의한 비판자 사찰과 탄압 및 선거개입 등 국기문란으로 연결되었다. 그런데도 대통령이 '테러가 일어나면 야당이 책임지라'는 등의 언사로 국회와 국민을 겁박하고 최근 쟁점법안이라는 이름으로 국회 통과를 강하게 추진하고 있다.

국민과 야당이 이 법에 대하여 가지고 있는 의구심을 진지하게 해소하기는커녕 일어나지도 않은 테러를 야당책임론으로 연결하여 국민의 테러에 대한 공포심을 불러일으키는 것은 이 법의 불순함을 반증하는 것임.

한편, 개념의 모호성과 과도한 위임입법의 문제는 첨부하는 테러방지법안과 사이버테러방지법안 쟁점 분석자료의 내용을 원용하고자 한다.

이 법의 마련을 위하여는 테러 발생의 개연성 내지 가능성에 대한 입증이 전제되어야 한다. 그러나 이러한 논의는 거의 찾아볼 수 없고 그때그때마다의 테러 관련 이슈에 대한 아전인수만이 득세하는 실정이다.

테러는 테러방지법안으로 방지할 수 있는 것이 아님. 해난사고방지법이 없어서 세월호 참사를 막을 수 없었던 것이 아니고 북핵방지법이 없어 북핵 보유를 저지할 수 없었던 것이 아닌 것과 같음.'

제 생각하고 똑같습니다.

'테러의 발생은 그에 걸맞은 정치적, 역사적 원인을 동반하고 나아가 그 계획 및 실행은 극도의 은밀성을 띠는 것이어서 사전 예방이라는 것이 불가능함. 관건은 테러의 가능성을 줄여 나가는 국제정치적, 외교적 노력을 경주하는 것과 아울러 테러의 계획 및 징후에 관한 정보의 수집, 전파, 관계기관의 신속한 대응이 핵심임.'

'그런데 정부는 최근 북핵 실험과 장거리 로켓 발사를 이유로 개성공단을 전면 중단시켜 남북관계의 긴장을 고조시키고 북핵과 무관한 사드, 즉 고고도미사일 방어 시스템을 도입하여 중국·러시아와의 외교적 대립과 마찰을 심화시켜 테러 위험성을 스스로 고조시키는 모순적인 형태를 보임.'

국민 여러분, 잘 아시겠지만요 사드, 고고도미사일은 대기권을 뚫고 나갔다가 대기권 밖에서 이동하고 다시 대기권으로 내려와서 목표물을 타격하는 것을 말합니다. 사드를 배치한다면 반경 5㎞ 내에 전자파가 있기 때문에 통제구역이 된답니다.

사드를 찬성하는 새누리당 의원들, 자기 지역구에 사드를 설치하겠다고 먼저 신청을 하고 찬성을 하십시오. 사드가 배치되는 지역은 그 지역은 초토화될 것입니다. 땅값 떨어지고 집값 떨어지고 그 지자체는 별로 좋지 못할 것입니다.

사드를 찬성하는 새누리당 국회의원들에게 얘기합니다. 그렇게 사드를 한국에 배치하고 싶거든 본인 지역구에 배치하겠다고 신청부터 하십시오. 사드나 ICBM(대륙간탄도미사일)은 남과 북의 짧은 거리에는 필요 없는 무기들입니다. 아니, 휴전선에서 이렇게 해서 그냥 쏘면 되지 군이 왜 대기권으로 갔다가 다시 날아갔다가 대기권 밖으로 와서, 남과 북은 아무 의미 없는 무기입니다.

북한과 미국 관계 이런 데는 가능하겠지요. 필요하겠지요, 대륙간탄도미사일이. 그러나 우리는 휴전선을 사이에 두고 휴전선 반경이 4㎞밖에 안 되는데 무슨 대륙간탄도미사일이 우리에게 남침용이라고. 그러니까 우리도 사드를 배치해서 북한을 견제하자고. 군사 지식상 굉장히 무식한 처사지요. 외교적으로도 얼마나 웃기는 일이 발생합니까?

북한이 핵실험을 하고 장거리 미사일 발사하니까 북한을 제재할 수 있는 실효적인 수단을 갖고 있는 것은 중국밖에 없습니다. 한편으로는 중국한테 북한을 제재해 달라고 부탁하고 한 손으로는 중국이 열 받는 일을 해요, 사드를 배치하겠다고. 이게 외교입니까? 중국에 대해서 한쪽으로는 뺨을 때리면서 한쪽으로는 도와 달라고 하면 중국이 도와줄까요?

최근에 북한에, 왕이 외교부장의 한반도를 향한 고압적인 태도도 잘못된 것이지만, 그걸 비판해야 맞지만 우리의 대중국 외교의 기조가 뭡니까? N극입니까, S극입니까? 참으로 알 수 없습니다.

'테러의 발생은 그에 걸맞은 정치적·역사적 원인을 동반하고 나아가 그 계획 및 실행은 극도의 은밀성을 띠는 것이어서 사전 예방이라는 것이 불가능함.'

이런 말이 있지요, 지키는 사람 10명이 한 명의 도둑놈 못 지킨다고. 실제로 그렇습니다. 이 테러는 고도로 은밀한 것이라서, 특히 자살 폭탄테러는 참 막아 내기 어렵답니다. 본인이 본인도 죽겠다고 자살 폭탄테러를 하는데 그걸 무슨 수로 막느냐는 것이지요.

그래서 테러가 발생한 이후에 테러범을 잡는 것보다 테러가 일어나지 않게 하는 것이 중요하고 그러려면 테러가 발생할 수 있는 위험 요소들을 사전에 점검하고 제거하는 것이 중요하다는 것이지요.

'관건은 테러의 가능성을 줄여 나가는 국제 정치적·외교적 노력을 경주하는 것과 아울러 테러의 계획 및 징후에 관한 정보의 수집·전파, 관계기관의 신속한 대응이 핵심입니다.'

여러분들은 지금 테러방지법에 대한 민주사회를 위한 변호사 모임, 민변 변호사들의 의견을 듣고 계십니다.

'그런데 정부는 최근 북핵 실험과 장거리 로켓 발사를 이유로 개성공단을 전면 중단시켜 남북관계의 긴장을 고조시키고 북핵과 무관한 사드, 즉 고고도미사일 방어시스템을 도입하여 중국·러시아와의 외교적 대립과 마찰을 심화시켜 테러위험성을 스스로 고조시키는 모순적인 행태를 보이고 있다'

라는 것이지요. 그런 것이지요?

북한이 핵실험을 했고 북한을 실효적으로 제재할 수 있는 것은 유엔이 아닙니다. 중국입니다. 북한의 생필품의 거의 전부를 중국이 공급합니다. 중국이 북한이 미워서 제재하려고 마음먹으면 북한으로 들어가고 있는 생필품을 차단하면 됩니다.

또 에너지 공급을 대체로 중국에서 다 합니다. 그걸 차단하면 됩니다. 북한에 대해서 가장 강력한 응징과 제재를 할 수 있는 나라는 중국입니다. 중국의 협조를

정청래

얻으려면 중국과 외교적 마찰을 빚으면 안 되는 것, 너무나 당연한 상식 아니겠습니까? 그런데 사드를 배치한대요, 중국이 그렇게 극도로 민감하게 싫어하는 것을. 이건 외교의 '외' 자도 모르는 일이지요.

국민 여러분!

우리는 수출로 먹고사는 국가라고 얘기합니다. 우리가 미국에 수출을 더 많이 할까요, 중국에 더 많이 수출을 할까요? 예전에는 미국에 훨씬 더 많은 수출을 했지요. 지금은 미국의 수출량보다 중국이 두 배나 많습니다. 우리는 수출이지만 중국은 수입이지요. 중국이 갑자기 '한국산을 수입하지 않겠다' 이런 경제 제재조치하면 어떡하려고 그럽니까?

지금 저희 마포구 성산동·연남동·서교동·합정 이런 데요, 중국인 관광객들이 엄청 옵니다. 버스가 줄 지어 있어요. 중국 관광객을 대상으로 한 면세점도 많고 마포에 있는 식당들은요 중국 사람들이 와서 다 팔아 줘요. 그런데 중국이 사드 배치한다고 기분 나쁘다고 한국 관광 중단 이렇게 하면 우리는 어떻게 되지요?

외교의 최종 목적은 기분 좋은, 속 시원한 사이다 같은 한 방 말이 아닙니다. 국익입니다, 국익. 동교동에 살고 계셨던 김대중 대통령은 살아생전에 제가 방문하면 그런 얘기를 했습니다. '국익을 위해서는 악마하고도 손을 잡아야 된다. 그게 미국과 소련이 손잡은 이유다. 그게 닉슨이 베이징에 날아가서 모택동과 악수한 이유다'라고 얘기했습니다.

우리의 무역량만 보면, 거리상만 보면 중국하고 더 친해야지요. 그런데 미국이 한미동맹으로 중요한 외교적, 제1번 퍼스트 클래스(first-class) 아닙니까? 그래서 미국을 외면하고 중국을 쳐다볼 수가 없지요. 그럴 때는 어떻게 해야 됩니까? 미국과 중국 사이에서 중립외교·균형외교를 해야 되는 것 아니겠습니까, 국익을 위해서요?

다른 나라도 다 그렇게 합니다. 국익을 위해서 이 나라하고도 잘 지내고 그 나라랑, 잘 못 지내는 나라하고도 잘 지내고 그렇게 하는 거예요. 우리 인간사도 그런 거예요. 박근혜정부, 외교 어떻게 하려고 하는지 참 답답합니다.

민변 의견입니다, 테러방지법에 대한.

'한편, 우리는 이미 이러한 의미에서의 테러 대응에 관한 법령체계와 대응태세를 갖추고 있어 테러방지법의 제정은 테러방지라는 목적의 달성에 적합한 내용도 아님. 테러정보의 수집·작성 및 배포는 국가정보원법 제3조에 규정돼 있음.'

아까 제가 말씀드렸습니다, 국가정보원법 가지고도 가능하다고. 다시 한 번 말씀드리겠습니다.

"국가정보원법 제3조(직무) ①국정원은 다음 각 호의 직무를 수행한다.

　1. 국외 정보 및 국내 보안정보[대공(對共), 대정부전복(對政府顚覆), 방첩(防諜), 대테러 및 국제범죄조직]의 수집·작성 및 배포"

이 조항으로 국정원은 이미 대테러 업무에 대한 거의 전권을 부여받은 겁니다. 아까 보여 드린 국가의 대테러활동 지침에도 보면 국정원이 각 부처를 현장 지도까지

합니다. 통합 정보 운영 센터도 운영합니다. 그 센터장도 정보원입니다. 국정원입니다.

기획·조정까지 합니다. 그리고 법에서 무서운 그 밖의 기타 사항들도 국정원이 기획·조정합니다. 이미 그렇게 돼 있어요. 뭘 더 달라는 겁니까? 영장 없는 도청권 달라는 겁니까? 영장 없는 은행 계좌 추적권 달라는 겁니까?

'테러방지법안의 테러 개념에 관한 항공기 납치, 민간 항공에 대한 불법적 행위, 국제적 보호인물에 대한 범죄, 인질, 핵물질, 항해 및 해상플랫폼의 안전, 폭탄테러행위 등은 모두가 이미 존재하는 국내법—형법, 국가보안법—등으로 처벌할 수 있는 범죄임. 국제조약이 요구하는 것도 이러한 행위에 대한 특별한 조치가 아니라 현행 우리 법제와 같이 국내법으로 그 행위를 처벌하는 규정을 둘 것을 요구하는 것이 대부분임.'

'또한 적의 침투·도발이나 그 위험에 대응하기 위하여 각종 국가방위요소를 통합하여 동원하는 통합방위법 그리고 이를 뒷받침할 비상대비자원 관리법을 제정하여 시행하고 있음. 통합방위사태가 선포되면 국무총리가 총괄하는 중앙통합방위협의회가 각 지역 행정조직과 경찰조직, 군과 예비군 그리고 국정원 등 정보기구를 통합적으로 운용할 수 있음. 통합방위사태는 대통령이 국무회의의 심의를 거쳐 선포하고 통제구역을 설정함.'

지금 민변이 뭘 주장하고 있는 것이냐 하면요 테러방지법안 이것 없어도 국정원법으로 그리고 통합방위법으로 다 가능하다는 얘기를 주장하고 있는 겁니다. 쓸데없는 법이라는 거예요, 지금.

아이고, 이런 상태로 필리버스터 하면서 피곤하게 이 일을 해야 되는 저도 참 안 됐습니다.

'기타 시민들의 대피, 구조·구난 활동을 체계적으로 수행하기 위해서 2014년 세월호 참사 이후 국민안전처도 신설됐음. 육해공군과 해병대 그리고 경찰과 해경은 제각각 대테러특공대를 구성해 운영하고 있음.'

제가 국회 안전행정위원회입니다. 주로 수난구조법이라든가 경찰 관련, 국민안전처, 소방, 해경 그 법률을 다 다루고 그리고 국정감사도 하고 업무 파악도 하고 보고도 받고 합니다.

세월호 참사 이후에 단 한 명의 아이도 구하지 못했다고 해서 대통령의 말 한마디에 해경을 없애 버리고 국민안전처로 복속을 시켰습니다. 소방방재청도 없애 버리고 국민안전처로 복속을 시켰습니다. 그러면 더 효율적이어야 되지요. 국민안전처 만들었으면 대형 사건·사고 없어야지요. 그런데 계속 사건·사고는 이어지고 있지요. 국민안전처로 만든다고 해경을 없애고 소방을 없애고, 국민안전처로 통합한다고 해서 사건·사고가 막아지는 것이 아닙니다.

사건·사고는 예방해야 되고 그것을 위해서 국가가 예방조치를 철저히 해서 사건·사고율을 낮춰야 되는 것은 맞지만 그런다고 해서 사건·사고가 안 일어나는 것은 아닙니다. 원하든 원하지 않든 사건·사고는 일어나게 돼 있습니다.

사건·사고를 예방하고 잘 대처하기 위해서 국민안전처로 새롭게 정부가 어거지로 주장해서 출범을 시켰다면 국민안전처 출범 이전보다 사건·사고가 줄어들었다는 자료가 있어야 되지 않겠습니까? 그런 자료 보고가 국민안전처로부터 없습니다. 일어나는 사건·사고는 똑같이 일어납니다. 시선 집중, 관심 분산 차원에서 대책은 없고 하니까 그냥 국민안전처 만든 겁니다, 졸속으로.

국민안전처가 만들어져서 사건·사고가 급격히 줄었다. 그런데 정청래 의원은 필리버스터 중에 본회의장에서 줄어들지 않았다라고 주장했다, 억울하다, 그러면 국민안전처장관은 그 증거자료를 저한테 제출해 주시기 바랍니다. 자료 제출을 할 수 없을 겁니다.

민변의 의견 계속합니다.

'한국이 지닌 대테러능력에는 한미연합사가 지닌 정보·작전 능력도 포함해야 함. 한국과 미국 간에는 군사정보를 공유하는 군사비밀보호협정이 체결되어 있음. 한국 국방부는 주한미군을 비롯한 미군의 정보자산으로부터 도움을 받고 있고 매년 정기적으로 한미 대테러훈련도 실시하고 있다.'

우리가 북한에 대한 정보력 이것 대부분 미국한테 받는 것이지요. 국민 여러분 다 알고 있을 겁니다. 더불어민주당 안민석 의원 지역구 오산 공군기지에서 북한에 대한 정보를 많이 입수합니다. 필요한 정보를 우리가 받지요. 그래서 테러에 대한 대비도 하고 있다는 것이지요. 미국 시설물에 대한 공격, 테러 이런 것 미국이 가만있겠습니까? 다 감시하고 있지요, 인공위성을 통해서.

우리가 북한 동창리 핵실험 시설을 미리 알았네 몰랐네 논란이 좀 있었지요. 그것 어떻게 압니까? 인공위성에서 압니다. 위성은 떠 있고 지구가 자전하지 않습니까? 그러면 북한 지역을 지나갈 때 딱 찍는 것이지요. 그래서 판독해서 동창리 핵실험 상태를 알 수 있는 것이지요. 그래서 인공위성을 쏘아 올리는 겁니다, 각국들이 경쟁적으로.

인공위성 떠 있습니다. 고정돼 있습니다. 지구가 돕니다. 북한 동창리 지역을 지날 때, 지구가 자전할 때 딱 찍어 버리는 것이지요. 그래서 아는 게 정보거든요. 그래서 우리도 나로호 이런 것 발사하는 겁니다. 우리도 더 많은 관측위성을 쏘아 올려서 우리 스스로 주체적인 정보를 획득할 수 있는 능력이 하루빨리 왔으면 좋겠습니다, 미국에 덜 의존하고.

'테러에 관한 관계기관의 신속한 대응에 관하여는 제도적으로 국가대테러활동지침, 아까 제가 여러분들께 길게 말씀드린 그 내용을 얘기합니다.

국가대테러 활동지침이 시행 중이며 실제 다양한 국제행사에서 관계 당국의 완벽한 공조로 대테러 대응을 빈틈없이 수행하여 타국의 찬사와 부러움을 한 몸에 받아 왔다. 가령 2005년 APEC 즉 아시아태평양경제협력체 정상회의의 경우 조지 부시 미 대통령이 감사의 인사를 건넬 정도로 안전하고 성공적이었다고 평가를 받았으며 관련하여 언론은 그 원인으로 안전에 관한 한 치의 오차도 허용할 수 없다는 각오로 빈틈없이 준비를 해 온 관계부처 및 기관들의 완벽한 대테러 활동을 들었음'

부시 대통령한테요 대테러 활동 잘했다고 칭찬받았대요. 미국보다 더 잘한다고, 이런 국제행사 처음 본다고, APEC 때. 계좌추적 안 해도 이런 대테러 업무 잘할 수 있어요. 국민들 핸드폰 엿듣지 않아도 대테러 활동을 이렇게 잘할 수 있습니다.

'5. 기존의 여당안에 대하여 국회 정보위원회 차원에서 검토하는 과정에서 상당수 법안의 내용이 변동되어졌음. 따라서 정보위 차원의 최종 검토안은 이미 존재하는 국가정보원법과 중복되거나 기존의 국가대테러활동지침보다 내용이 축소되어 테러에 대응하는 관계기관의 효율적인 대응을 저해하고 있음. 이러한 의미에서 기존 법제 외에 별도 입법은 불필요하거나 오히려 테러 대응의 미비점을 초래할 가능성이 있음.'

이게 무슨 얘기냐면요 국가정보원도 국내 파트를 빼야—제가 아까 썩은 이빨이라고 얘기했습니다—그걸 빼야 다른 치아도 보호되는 것처럼 국내정치 개입하고 국내정보 습득하고 하는 것을 빼야 해외정보, 북한정보, 과학기술 이것을 제대로 할 수 있는 거예요. 거기에 역량을 투입할 수 있는 거예요. 그게 제대로 된 국정원으로 가는 길입니다. 아니, 해외정보 파트에서 댓글 달 일 없겠잖아요.

북한정보 전담하는 국정원 요원들이 대통령선거 때 여당 후보 잘되라고 댓글 달겠습니까? 자기 업무하고 관계없잖아요. 그런데 심리전단이라는 불법 대선조직을 만들어서 그 특수훈련까지 받은 국정원 요원들이 앉아 가지고 찌질하게 댓글이나 달고 있었다는 것 아닙니까? 그런 거지요.

(김영주 의원, 이석현 부의장과 사회교대)

대테러 업무, 테러방지법안을 기왕에 만들 거면 이렇게 정치적인 유혹에 빠져서 국민의 사생활을 엿보고 은행 계좌를 뒤져 보고 미행, 감시할 수 있는 추적권까지 주는, 정권 안보 차원의 것을 슬그머니 테러라는 명분을 삼아서 담을 것이 아니라, 그러면 테러활동도 못 해요. 테러범도 못 잡아요. 그 기름기를 쫙 빼내서 그 유혹을, 악마의 유혹을 뒤로 하고 정말 대테러 활동, 테러 예방조치를 할 수 있는 제대로 된 테러방지법을 만들어야 된다는 말인 겁니다.

'6. 비교법적으로 테러방지법이 초래할 인권침해와 권력남용은 미국의 경우에서 엿볼 수 있다.'

한겨레21 1053호에서 인용했습니다.

보겠습니다.

미 의회는 9·11 테러 발생 45일 만인 2001년 10월 25일 연방수사국 FBI 등 수사기관의 대테러 활동을 강화하고 감청 및 수색절차를 대폭 간소화하는 법안을 통과시켰는바 이것이 이른바 애국법입니다, 애국법.

● 부의장 이석현 정청래 의원님!

● 정청래 의원 예.

● **부의장 이석현** 수고가 많습니다. 지금 여태까지 하고 계시네. 내가 방금 교대했는데 지금 7시간 반을 했어요. 화장실은 갔다 오셨어요?

● **정청래 의원** 안 갔다 왔습니다.

● **부의장 이석현** 지금 갔다 오십시오. 여기 우리 본회의장 부속된, 30초면 가니까 갔다 와서는 새로운 역사를 좀 만들어 주세요.

● **정청래 의원** 괜찮습니다. 참겠습니다.

● **부의장 이석현** 아니, 정청래 의원님, 정청래 의원이 갔다 오셔야 나중에 다른 사람들도 갔다 올 수 있습니다. 새로운 길을 만들어 주십시오.

● **정청래 의원** 제가 혹시 요청하면 그때 좀 허락해 주십시오. 지금은 괜찮습니다.

● **부의장 이석현** 그래요. 그러면 좀 이따 불편하면 말씀하세요. 소변 안 보고 연설하냐, 소변 보고 연설하냐는 진실하고는 아무 관계 없는 껍데기입니다.

말씀하십시오.

● **정청래 의원** 역시 훌륭하신 이석현 부의장님이십니다.

미 의회는 9·11 테러 발생 45일 만인 2001년 10월 25일 애국법을 만들었습니다. 이 법은 테러리스트로 추정·의심되는 외국인을 기본적으로 7일, 불가피한 사정이 있으면 최대 60일까지 구금할 수 있도록 하고 통신감청도 대폭 확대했습니다. 외국인은 120일까지 허용하고 필요하면 최장 1년까지 연장할 수 있었고 감청 대상도 특정 전화기가 아니라 특정 인물로 바꾸었습니다.

특정 전화기가 아니라 특정 인물로 바꾸었다는 것은 그 사람의 핸드폰만 감시하고 도청한 것이 아니라 그 사람이 이메일을 쓰거나 다른 통신수단을 이용하거나 팩스를 보내거나 이런 것을 다 엿보았다는 겁니다. 다시 말해 감청 대상을 정하면 일반전화는 물론 휴대전화, 전자우편 등 모든 통신수단을 포괄적으로 감청할 수 있는 것이었습니다. 9·11 테러 이후에 애국법을 만들었고 그 애국법에 의해서 전화번호가 아니라 사람을 특정해서 그 사람이 쓰고 있는 통신수단 전체를 감시했다는 겁니다.

그런데 2013년 6월 에드워드 스노든 전 미국 중앙정보국(CIA) 직원이 국가안보국(NSA)의 무차별 감청 등으로 인해 국민의 사생활이 광범위하게 침해됐다고 폭로했습니다. 완전 난리 났습니다. 뒤집어졌습니다.

미 연방 1심 법원은 시민에 대한 부당한 압수수색을 금지한 미 수정헌법 제4조를 위배한 것이라고 애국법의 위헌을 인정했습니다. 결국 버락 오바마 미국 대통령은 미국자유법안(USA Freedom Act)를 마련했습니다. 이게

미국에서 있었습니다. 미국 9·11 테러에 얼마나 많은 무고한 미국 시민들이 희생되었습니까? 얼마나 많은 전 지구촌 사람들이 애도하고 슬퍼했습니까? 얼마나 많은 국민들이 분노했습니까? 그래서 지금 마치 테러방지법안처럼 굉장히 무리한 법을 만든 거지요.

핸드폰만 특정해서 도감청을 하는 것이 아니라 그 사람의 머리부터 발끝까지를, 그 사람이 사용하는 통신수단을 다 감청했어요. 그렇게 하고 있다고 CIA 요원이 폭로했습니다. 그리고 나서 연방법원에서 그것은 위헌이다, 아무리 미국에서 9·11 테러가 일어났어도 그것을 명분 삼고 빌미 삼아서 무고한 시민들을 무차별적으로 도청하고 감시하는 것은 미국 헌법에 위반된다고 위헌판결을 한 것입니다.

마찬가지입니다. 미국에서 9·11 테러가 일어났기 때문에 애국법을 만들어서 테러의심 가는 미국 시민들을 무차별적으로 사찰했는데 그것이 드러났고 미국에서 법원에서 위헌판결 났듯이 북한의 위험이 높다고, 장거리 로켓을 쏘았다고, 핵실험을 했다 하여, 그렇다고 하여 대한민국 국민의 핸드폰을 영장 없이 도·감청할 수는 없습니다. 영장 없이 대한민국 국민의 은행 계좌를 들여다보는 것은 위헌입니다.

미국을 좋아하고 미국을 잘 따라 하는 박근혜 정권은 왜 이런 것은 미국을 따라 하지 않습니까? 미국에서 이미 결론 난 사안을 왜 거꾸로 무모하게 추진하려 하십니까?

결국 이 테러방지법률안의 문제점은 미국의 애국법처럼 헌법재판소에서 위헌판결을 받아서 쓸쓸히 법률에서 떠날 그런 법률입니다. 앞이 보이는, 통과시켜서는 안 될 법률이라는 것을 제가 말씀드렸습니다.

이 테러방지법에 대해서 국민 누구라도 상식적이라면 내 핸드폰을 털어 가겠다는데, 내 은행 계좌를 털어 가겠다는데 찬성할 국민이 누가 있겠습니까?

그런데 이상하게 조중동이 그래서 그랬는지, 테러방지법안은 찬성시켜야 한다 하는 의견도 많다고 합니다. 언론이 제대로 보도를 하지 않아서 그런 측면이 있을 겁니다.

그래서 저희 야당에서, 특히 더불어민주당에서 이렇게 힘주어서 무제한 토론을 통해서 이 법의 맹점과 독소 조항을 저희가 이렇게 목에 힘주어서 말씀드리는 이유입니다.

국민 여러분!

이 법이 통과되면 이 법을 찬성하는 여러분들의 핸드폰을 엿보게 됩니다. 그것을 찬성하십니까?

국민 여러분, 이 테러방지법률안을 찬성하는 국민 여러분!

이게 통과되면 찬성했던 여러분들의 은행 계좌를 국정원이 영장 없이 뒤져 볼 수 있습니다. 그것도 좋습니까? 찬성하십니까?

미국에서는 이미 위헌판결을 받아서 버락 오바마 대통령이 다시 개선안을 마련할 수밖에 없었던 그것과 같은 법이, 바로 미국의 애국법과 같은 것이 테러방지법률안입니다. 이철우 의원이 발의한 그 법입니다.

이 법은 또 다른 유신헌법입니다. 장기집권 음모를 꿈꾸는

법안입니다. 이 법이 통과되고 나면 정권 교체는 요원합니다. 무서워서 정부 비판할 수 있겠습니까? 새누리당 원내대표도 대통령 마음에 안 든다고 찍어내 쫓아내는 그런 무서운 권력입니다.

이 테러방지법률안이 통과되면 여러분들이 정부에게 비판하는 글, 그것은 테러를 선동하는 글로 둔갑되어 있을 겁니다.

● **부의장 이석현** 정 의원님, 잠깐만요.

그쪽에 전화를 좀 멀리 나가서 하도록 협조해 주세요. 시끄럽게 들리네요.

말씀하십시오.

● **정청래 의원** 제가 마지막에 읽으려고 준비해 왔던 마르틴 니묄러라는 분의, 목사님이거든요. 나치 때 비겁하게 침묵했던 사람들에게 머리를 한번 때린 듯한, 정문일침을 주는 시입니다. 나중에 마지막에 읽으려고 했는데 제가 미리 읽어 드리겠습니다.

'나치가 공산주의자들을 잡아갈 때 나는 침묵했다. 나는 공산주의자가 아니었기에.

그들이 노동조합원을 잡아갈 때 나는 침묵했다. 나는 노동조합원이 아니었기에.

그들이 나를 잡아갈 때 나를 위해 항의해 줄 이들이 아무도 남아 있지 않았다.'

이 테러방지법안이 '나하고 상관없어' 이렇게 생각하시겠습니까? '이 테러방지법안이 통과된들 내 생활하고 무슨 관계야' 이렇게 생각하시겠습니까? '이것으로 내 주변의 사람들이 도청당하고 계좌추적당해도 나하고는 상관없어', 과연 그럴까요?

주변의 불의에 내가 침묵했을 때, 불의한 세력이 나를 탄압할 때 나를 위해서 편들어 줄 사람이 한 명도 없다는 이분의 가슴을 치는 시입니다.

우리가 지금 민주주의를 위해 싸워야 하는 일이 나를 위한 일이기도 하지만 내 아들을 위한 일이기도 하지 않겠습니까?

오늘, 우리가 사는 오늘 지금 이 순간, 우리가 살고 있는 오늘은 백범 김구 선생이, 안중근 의사가 그토록 열망했던 미래랍니다. 왜 백범 김구 선생이 암살을 당해야 합니까?

70년대 유신에 맞서, 유신의 폭압에 맞서 감옥에서 죽어 갔던, 군대에서 죽어 갔던, 전두환 독재정권 때 녹색사업으로 군에서 의문사를 당했고 최루탄에 맞아 죽었고 감옥에서 고문으로 반병신이 된 우리 선배들이 그토록 기다렸던 미래가 바로 오늘입니다.

그분들이 싸웠기 때문에 우리는 대통령선거도 내 손으로 할 수 있게 되었습니다. 그분들이 없었다면 지금도 체육관에서 통일주체국민회의 대의원들이 대통령을 뽑아야 할지도 모릅니다.

87년 6월 항쟁이 없었다면 지금 우리는 대통령직선제 투표권이 없을지도 모릅니다. 그때 6월 항쟁을 반대했던

세력들이, 그때 민주화운동을 거부하고 반대했던 세력들이 그때 6월 항쟁에 앞장섰던 사람을 매도하는 데 또 앞장서고 있습니다.

새 정치를 주장하시는 분들, 87년 6월 항쟁 때 어디서 무엇을 하셨나요?

운동권을 비판하시는 분들, 5·18 광주민주항쟁 때 당신들은 어디서 무엇을 했습니까?

87년 6월 항쟁 때 이한열 열사라는 연세대학교 대학생이 경찰이 쏜 최루탄에 맞아……

(「테러방지법 이야기를 하셔야지 무슨 80년 이야기를 합니까」하는 의원 있음)

그런 게 테러라는 겁니다! 알았어요? 국가권력에 의한 테러, 살인 그것이 테러라는 겁니다.

(「테러방지법하고 관련된 이야기를 하셔야지요」하는 의원 있음)

그런데 본인 이름 누구세요? 본인 이름 누구예요? 본인 이름 누구예요?

(「왜 개인 테러를 해요? 의원 이름을 왜 물어봐요? 이름 있잖아요」하는 의원 있음)

누구예요? 아니, 떳떳하게 본인 이름 얘기하고 얘기하세요.

● **부의장 이석현** 의원님 잠시, 정 의원님도 잠시, 방청석도 잠시……

제가 전에도 한번 얘기했습니다마는 테러방지법에 대한 의제 내의 얘기냐 아니냐 하는 기준이 그것도 간접적인 연관성도 생각을 해야 됩니다. 우리 과거 잘못된 역사에 대해서 돌아보면서 서로 반성하고 또 고치고자 하는 그런 개선의지가 이 테러방지법과 연관이 있는 얘기입니다. 그래서 의원님들께서 입장이, 생각이 달라도 조금 참고 여야 간에는 의견이 서로 다를 수가 있습니다. 여러분들이 인내해 주시면 정말 감사하겠습니다.

정 의원님 발언하십시오.

● **정청래 의원** 저는 88년 9월에 안기부에 끌려가서 이름 모를 모텔에서 팬티 바람으로 두 손을 묶은 채 수건으로 눈을 가리고 3시간 이상 죽지 않을 만큼 두들겨 맞은 것, 이것이 인권에 대한 테러라고 생각합니다. 이런 국정원에게 무소불위의 영장 없는 핸드폰 도·감청까지 줘야 하겠습니까?

앞에서 저에게 뭐라고 하시는 분들 대통령 직선제 6월 항쟁 때 뭐 하셨습니까? 반대했지요, 6월 항쟁? 그러면 대통령선거도 하지 마세요!

(「토론을 하면 되겠어요, 그것을 거거서?」하는 의원 있음)

테러방지법, 현재 무엇이 문제인가? 이 분야의 전문가인 아주대학교 법학전문대학원 교수, 민주주의법학연구회의 오동석 교수의 고견을 여러분 한번 살펴보도록 하겠습니다. 제가 이것도 죽 읽었는데 명문이 많습니다. 그런데 길어서 흠입니다. 다 소개해 드리지 못함을 안타깝게 생각합니다.

테러방지법, 현재 무엇이 문제인가? 테러를 방지할 수 있는 법은 없다. 박근혜 대통령이 국정원의 숙원을 해결하기 위해 테러방지법 제정에 나섰다. 비록 다른 나라 사람들일지언정 대규모 범죄의 희생자들을 애도하는 것은 당연한 일이다. 그런데 자신을 대표로 뽑아 준 사람들이 죽어 가고 있는 것은 외면하는 게 문제다. 그런데 국가적인 범죄로 인해 억울하게 죽은 세월호 참사의 희생자들에 대한 애도와 그에 상응하는 진상조사와 대책 및 관련 법을 요청하는 울부짖음을 깔아뭉개고 있는 건 용서할 수 없는 일이다. 이것은 그 애도의 진정성에 대한 의심이 아니라 분노다.

박근혜 대통령은 지난 11월 24일 예정에 없던 국무회의를 긴급히 소집하여 주재하면서 '각국은 테러를 방지하기 위한 선제적인 대책들을 세우고 있는 반면에 현재 우리나라는 테러 관련 입법이 14년간이나 지연되고 있다'라고 발언했습니다. 그러나 왜 14년 동안 시민사회에서 테러방지법을 반대했는지, 다른 나라의 테러방지법의 내용과 우리에게 부족한 것은 무엇인지에 대한 성찰은 없었다. 그게 있었다면 절대 그렇게 말하지 못한다. 지금 테러방지 및 대응체계는 어떠한지, 그렇다면 지금 대한민국은 테러라고 부르는 범죄행위들에 대해 속수무책 상태라는 것인지, 그래서 자신의 정부가 무능하다는 것에 대한 고백인지 어느 하나 제대로 설명하지 않았다. 오로지 현재 테러방지법, 통신비밀보호법, 사이버테러 방지법 등 국회에 계류된 테러 관련 법안들의 처리에 국회가 나서지 않고 잠재우고 있는데 정작 사고가 터지면 정부에 대한 비난과 성토가 극심하다는 변명만 있었다. 그렇다면 세월호 참사가 일어난 원인도 해난사고방지법을 제정하지 않아서였는지, 정부는 세월호특별조사위원회 관련해서 왜 그렇게 일을 할 수 없게 방해하고 있는지, 그래서 세월호 참사에 대한 진상조사와 관련 입법 등 대응조치가 필요하다고 긴급 국무회의를 소집해 가면서 자책하고 관련자들을 문책하며 또한 국회에 읍소하지 않았는지 환장할 노릇이다.

한편 새누리당이 테러방지법으로 내세운 법안은 12개에 이른다.

다 읽지 않겠습니다.

그런데 국가정보원이 테러방지법을 만들어야 한다고 주장한 지 14년이 지나도록 도대체 어떤 일이 있었는가? 법 없이 테러를 방지할 수 없다면 벌써 테러가 난무해야 했을 것이다. 박근혜정부가 걱정해야 할 거리는 정작 따로 있다. 2003년 3월 20일부터 2011년 12월 15일까지 이라크 전쟁에서 이라크군과 경찰의 사망자 수는 2만 명, 반군은 1만 9000명이다. 미국의 전투 중 사망자 수는 3518명이다. 2003년부터 2011년 한국의 자살자 수는 11만 6971명이다. 박근혜정부는 전쟁보다 더 참혹한 한국 현실에 대해 먼저 책임을 져야 한다. 이전 정부의 일이라고 잡아뗄 일이 아니다. 자살예방 및 생명존중문화 조성을 위한 법률을 만든다고 될 일이 아니며 원인과 해법은 따로 있음을 인정해야 한다.

자살방지법 만들면 자살자 수가 줄어들까요? 방지법이 만능열쇠가 될 수 있을까요? 테러방지법을 만들면 테러가 안 일어날까요? 그러면 우리 국회에서 다 방지법 만듭시다.

고등학교 3학년들을 위해서 불합격방지법 만듭시다. 대학불합격방지법 이거 만들자고요.

(「국회가 장난하는 자리예요?」 하는 의원 있음)

저 떠들고 있는 국회의원에게는 국회 본회의장 조용히 하는 법 이런 것 만듭시다.

(「여기 농담하는 자리 아닙니다」 하는 의원 있음)

두 번 얘기하면 더 '특수' 자를 붙여서 방지법을 만듭시다. 그런 방지법을 만들면 방지가 될까요? 자살방지법 만들면 그게 정부가 해야 될 일일까요? 테러방지법을 만든다고 테러가 발생하지 않을까요? 테러가 발생할 수 있는 소지, 원인, 그 뿌리를 캐야 하지 않을까요? 옆집 고3 학생 불쌍하다고 대학불합격방지법 만들면 그 학생 대학 합격시켜 줍니까? 그게 입시 문제의 해결책이 될 수 있겠습니까? 마찬가지로 테러가 일어나는 원인을 발본색원하고 북한의 위협으로부터 평화 관리를 하고, 이것이 테러방지에 대한 근본처방이 아니겠습니까?

계속 살펴보겠습니다.

2015년 등장한 테러방지법안들은 제목만 다를 뿐 과거 법안들과 거의 다를 바 없다. 다만 한 고등학생의 IS 가입 추정사건과 주한 미국대사의 피습사건을 빌미 삼았을 뿐이다. 흔히 테러라고 부르는 사건과 직접적인 연관성이 없음에도 불구하고 언제나 결론은 테러방지법이었다. 기존의 테러예방 및 대응체계에 대한 진단과 평가는 14년 동안 단 한 번도 없었다. 결국 국가정보원을 강화하는 결과만을 초래할 뿐이라는 지적에 대해서도 묵묵부답이었다.

테러방지법을 한번 들여다보기만 하면 누구나 한눈에 알 수 있다. 테러방지법을 제정한다고 테러를 예방할 수 있는 것도 아니고 테러방지법 없이 테러에 신속하게 대응할 수 없는 것도 아니라는 것을. 온통 테러에 대응하기 위한 조직을 어떻게 만들자는 내용이 핵심이기 때문이다. 그것은 그 조직이 어떻게 작동할 것인가의 문제이다. 그렇다면 박근혜정부는 먼저 새로운 법을 만들지 않으면 안 될 정도로 대한민국이 얼마나 테러에 대해 무능한지를 고백해야 한다. 국가정보원이 국가권력의 핵심에 또아리를 틀지 않으면 안 되는 이유가 무엇인지를 자백해야 한다. 남의 나라 테러로부터 배우기보다 우리나라 세월호 참사부터 찬찬히 깊숙이 들여다보기를 간절히 권한다. 또 다른 세월호 참사를 방지하기 위해 무엇부터 해야 할지 깊은 반성부터 하기 바란다.

박근혜 정권은 이런 대학교수, 지성들의 날카로운 외침을 새겨듣기 바랍니다.

'2. 테러에 대한 대처가 오히려 인권에 더 위험할 수 있다.' 제목 좋지요, 여러분? '테러에 대한 대처가 오히려 인권에 더 위험할 수 있다.'

오동석 교수님의 논문입니다.

'미국에서 9·11 테러는 여러 가지 면에서 많은 변화를 초래하였다. 그중 부정적 영향은 인권침해의 위험성이다.'

아까 제가 말씀드렸습니다, 애국법. 그것이 위헌판결을 받았다고.

'자타가 선진국으로 인정하는 미국에서조차 테러와의 전쟁을 수행하는 과정에서 CIA가 2003년 3월 중순부터 포로들에게 멱살잡이, 손바닥으로 때리기, 복부 가격, 오래 세워 놓기, 냉방고문, 물고문 등의 방법을 활용했음이 밝혀졌기 때문이다.

유엔 고등판무관실의 테러리즘의 대처와 인권과 자유의 관계에 대한 특별보고는 2005년 발표한 국제적인 대테러 행동 속에 나타나는 다섯 가지 경향을 다음과 같이 소개했다.'

이것은 이계수 교수님 재인용한 겁니다.

'첫째, 각국 정부는 마음에 들지 않는 정치·인종·지역 세력들에 테러리스트 혐의를 씌워 탄압하고 있다. 국제사회는 이런 경향에 무관심할 뿐만 아니라 사실상 이러한 반인권적 정부들을 지원하고 있다.

둘째, 테러 혐의자들을 조사하는 과정에서 고문과 잔혹 행위 등이 빈번히 사용되면서 이러한 반인권적 행위를 금지하는 국제협약들의 근간이 무너지고 있다. 이는 가장 위험한 경향이다.

셋째, 테러리즘을 옹호하거나 찬양하는 내용뿐만 아니라 테러 행위에 사용될 가능성이 있는 모든 정보의 배포도 금지되고 있다. 이렇게 테러리즘에 대한 해석이 확대되면서 무고한 사람들의 희생이 늘어나고 있다.

넷째, 각국이 출입국 통제를 강화하고 있으며 그 결과 인종차별이 심화되고 있다. 개별 국가들이 양자 협정을 맺어 테러리스트 혐의자들의 신상정보를 비밀리에 주고받고 있으며 테러리스트 혐의자 수용소를 비공개적으로 운영하고 있다. 이는 분명한 국제법 위반이다.

다섯째, 테러 행위의 조사와 예방이 경찰권 확대 내지 남용의 근거가 되고 있다.

과거 많은 테러 관련 법안이 제출되었지만 국회를 통과하지 못했다. 테러 개념의 불명확성은 물론이고 과연 법률 제정으로 테러의 예방과 테러에 대한 신속한 대응이 가능할까 하는 의구심 때문이었다. 오히려 정보기관의 권한만 확장함으로써 국민의 인권이 위험에 빠질 것이라는 시민사회 비판이 있었기 때문이다.

과거 시민사회에서 테러방지법에 반대하는 목소리를 높였던 것은 테러를 용인하거나 테러방지 자체의 의미를 전적으로 부정하기 때문은 아니다. 테러방지라는 미명 아래 국가의 경찰 권력, 정보 권력을 강화하고 국민의 인권을 침해하거나 제한하는 일이 일어날 수도 있다고 우려했기 때문이었다. 그렇다면 테러방지법을 제정해야 한다고 밀어붙이기보다는 현행 제도에 대한 보다 철저한 분석 및 평가가 선행되어야 하고, 그에 따라 어떻게 테러 대응 기구를 개혁할 것인가를 논의해야 한다.'

이게 대학교수들의 의견입니다.

'더욱이 반테러 활동은 전통적으로 경찰 및 형사소추기관의 고유한 임무였다. 국정원이 이 임무와 관련하여 정보 수집을 하기 시작한 것은 1990년대 중반 이후부터다. 경찰 및 형사소추기관의 고유한 임무 영역에 정보기관이 개입하게 되면 보안기관 사이에 마찰 및 커뮤니케이션에 문제가 생길 수 있으며, 사후에는 책임 소재가 불분명해질 수 있다.

따라서 대테러 역량의 강화는 새로운 법률 제정 또는

국가정보원의 직무를 확대하고 그 권한을 확장하는 데 있지 않다. 과거 테러 관련 법안은 국정원을 중심으로 인적·물적으로 상호 중첩된 다수의 조직 및 인력이 결합하는 조직 구성 방식을 취하고 있으나 지나치게 비대한 조직 외연으로 인하여 테러방지 업무(테러의 사전방지)에 대한 효율성이 현재보다 오히려 더 떨어질 수 있다.'

제가 아까 이 말씀 드렸지요? 국내 파트에 대한, 정치 파트에 대한 유혹, 썩은 이빨을 빼내야 다른 부분이 강해질 수 있다고 제가 주장한 것과 똑같은 논리입니다.

'또한 일단 테러가 발생한 이후에 필요한 조치들(테러의 사후진압)은 테러방지법이 예정하고 있는 복잡하고 혼란스러운 조직과 기구가 아닌 일상적인 경찰 및 행정기구들로도 충분히, 그리고 보다 효율적으로 대응이 가능하다.'

제가 계속 주장했던 내용입니다.

세 번째는 위헌 논란에 대한 겁니다.

'3. 테러방지법안은 위헌 주장에 대해 합헌을 입증해야 한다.'

대한민국헌법 17조 국민의 사생활은 보장되고, 18조 통신 비밀 자유의 보장을 한다는 헌법 제17조·18조에 위반되지 않고 합법하다는 것을 입증해야 합니다. 그거에 대해서 오동석 교수는 어떻게 주장하고 있는지 살펴보겠습니다.

'테러방지법은 테러와 관련한 국가기구의 설치와 권한의 배분 및 조정 등 조직법적 수준에서 중대한 변경을 담고 있다. 특히 그 변화의 핵심에 국가정보원을 두는 한편 이를 통하여 국가권력의 실질적 통합 가능성을 안고 있는 등 국가조직의 일반원칙과 권력분립을 지향하는 헌법질서의 기본 구도를 벗어나는 양상을 보이고 있다. 그러나 그 어떤 테러방지법안도 이러한 구조 변화의 필연성을 담보할 수 있는 국가적 위기에 대한 근거를 제시하지 않고 있다. 어제오늘의 일이 아니지만 주먹구구식 입법이다.'

제가 생각하는 대로 이 오 교수도 똑같이 생각하고 있습니다.

'엉터리 입법을 방지하기 위해서는 다음과 같은 질문에 답해야 한다. 첫째, 형법이나 특별 형법으로 방지하거나 대응할 수 없는 범죄행위로서 테러는 무엇인가? 형법에서 규정하고 있는 테러, 그 이상의 테러라는 말인가?'

형법에서 이미 충분히 테러에 대한 방지법안이 있는데 형법에서 규정하고 있는 테러와 다른 모양의 테러인가라는 것을 입증해야 된다는 뜻이지요.

'둘째, 과거와 다른 테러가 발생한 한국 사회의 환경요인은 무엇인가? 셋째, 혹시 분단 상황이나 북한의 존재가 문제라면 어떤 변화가 있었으며 국가보안법은 어떤 문제가 있었는가? 넷째, 한국사회에 어느 정도의 테러 위험이 존재하는가? 다섯째, 테러가 사회질서 혹은 국가안보에 어느 정도로 위협이 될 수 있는 것인가? 여섯째, 테러가 일회적이지 않고 계속 반복될 것으로 예상하는가? 그렇다면 그 예상의 근거는 무엇인가? 일곱째, 기존의 국가조직, 치안기구만으로 이러한 테러를 감당하는 것이 어느 정도로, 무엇 때문에 불가능하거나

비효율적인가?'

왜 국정원에게 영장 없이 계좌추적권, 핸드폰 도청권을 줘야만이 테러를 막을 수 있는지, 그것은 새누리당에서 입증해야 합니다.

'여덟째, 이상의 일곱 가지 질문에 답할 정도로 한국 사회에서 테러의 위험성을 상당한 개연성으로서 예측한 보고서가 있는가? 마지막으로 아홉째, 테러방지법 제정을 전제로 하여 각계의 전문가의 의견을 들어 정부가 마련한 테러방지 및 대응의 구체적 매뉴얼은 무엇인가?'

지금 뜬구름 잡는 애매모호한 법률 규정만 있지 사실은 부칙 1·2조, 그리고 9조4항, 2조6항에 근거한 9조4항 추적권, 이거 말고 기존에 국가보안법과 형법과 내란과 외환죄에서 처벌할 수 있는 범주 이외의 것을, 그런 사례들이 있다면 그런 별로 처벌하지 못하기 때문에 새로운 법을 만들어야, 주장하는 것이 논리적인 정합성에 맞습니다.

기존에 있는 법으로 예방이 가능하고 처벌이 가능하다면 이 법을 만들면 안 되지요. 뭐하러 낭비합니까? 이 새로운 법을 만들려면 기존의 테러의 개념과 테러방지법에서 사용하고 있는 개념의, 테러의 개념은 어떻게 다른지, 기존의 형법과 국정원법과 국가보안법과 이런 걸로 처벌할 수 없는 테러가 새롭게 탄생했는지 증명해야지요. 국가보안법과 국정원법에서 개념 규정하고 있는 테러와 테러방지법에서 규정하고 있는 테러가 어떻게 다른지 입증해야지요. 그래야 테러방지법을 만들 수 있는 거 아니겠습니까?

'이제까지의 수많은 테러방지법안은 이러한 질문에 대하여 아무런 답을 내놓지 못했다. 새로운 테러에 응하기 위해 새로운 법과 새로운 조직이 필요하다면 그에 합당한 설명을 해야 한다. 자칫 낡은 조직과 대응 체계에 새로운 상표만 덧붙인 것이 될 수 있기 때문이다.'

이건 법의 낭비지요.

'테러방지법안의 테러 개념은 기존 국내법상의 범죄와 대비되는 개념으로서의 테러를 특정하지 못한 채 단순히 국제법상에서 특별히 규제하고 있다는 이유만으로 이들을 하나의 개념으로 통합하고 있다. 항공기 납치, 민간항공에 대한 불법적 행위, 국제적 보호인물에 대한 범죄, 인질, 핵물질, 항해 및 해상플랫폼의 안전, 폭탄테러 행위 등은 모두 국내법으로 처벌할 수 있는 범죄이다. 외국인이나 국제범죄조직이 그러한 범죄를 저지른다면 경찰이나 검찰 등이 대응할 수 있다.

테러방지법안은 테러행위에 대해 내국인 범죄 또는 외국인 범죄의 구분은 물론 개인적·개별적 수준의 범죄 또는 조직적·집단적 범죄의 구분조차도 하지 않았다. 예컨대 인질 억류는 제3자, 즉 국가, 정부 간 국제기구, 자연인, 법인 또는 집단에 대해 인질 석방을 위한 명시적 또는 묵시적 조건으로서 어떠한 작위 또는 부작위를 강요할 목적으로 타인을 억류 또는 감금하여 살해, 상해 또는 계속 감금하겠다고 협박하는 행위이다.

이때 개인적 차원에서 발생하는 경우와 조직적·집단적 차원에서 발생하는 경우는 분명 사회질서와 국가안보의 측면에서 상당한 차이가 있다. 민간항공의 안전에 대한 불법적 행위, 예컨대 국제민간항공이 사용하는 공항에 근무하는 자에 대해 중대한 상해나 사망을 야기하거나 야기할 가능성이 있는 폭력행위를 행한 경우도 마찬가지다.

이병석 법안은 대테러 활동의 개념을 테러의 예방 및 대응을 위하여 필요한 제반 활동으로 정의하고 테러의 개념을 국내 관련법에서 범죄로 규정한 행위를 중심으로 국가안보 또는 국민의 안전을 위태롭게 하는 행위로 적시하고 있을 뿐이.'

새롭게 정립된 테러의 개념이 없습니다.

이노근 법안은, 더 황당합니다.

'미 대사의 피습 사건을 고려한 듯 외국인을 테러 대상에 포함했다. 동시에 형법상 범죄행위를 되풀이하고 있다. 즉 제2조제1호의 개념의 정의에서 국가안보 및 공공의 안전을 위태롭게 하거나 공중(외국인을 포함한다)을 협박할 목적으로 행하는 행위를 전제한 다음, 가목에서 사람을 살해하거나 사람의 신체를 상해하여 생명에 대한 위험을 발생하게 하는 행위 또는 사람을 체포·감금·약취·유인하거나 인질로 삼는 행위, 나목에서 외교관 등 국제적 보호인물에 대한 범죄의 예방 및 처벌에 관한 협약에서 정의한 국제적 보호인물을 살해·납치 또는 신체나 자유를 위태롭게 하거나 그러한 행위에 가담·지원·기도하는 행위(공관·사저·교통수단에 대해 가혹행위를 포함한다)를 테러 개념에 포함하고 있다. 테러 개념이 귀에 걸면 귀걸이, 코에 걸면 코걸이 식으로 국가권력의 입맛에 따라 무한 확장할 수 있는 위험한 개념임을 쉽게 확인할 수 있다.

유럽의 일명 베니스위원회는 안보기관의 민주적 감독에 대한 보고서를 발간하였다. 몇 가지 개략적 원칙을 참고할 수 있다.

첫째, 국가의 대내적 및 대외적 안보의 유지는 다른 가치 및 국익의 보호를 위하여 매우 중요하고 본질적이다. 국가는 효과적 정보와 안보기관을 필요로 한다.'

국정원은 필요합니다. 제대로 된 국정원은 필요합니다. 해외 정보, 북한 정보, 스파이, 테러, 이런 국가 안전 보장을 위해서 국정원은 필요한 조직입니다. 제가 가끔 시민집회, 광화문 이런 데 나가면 국정원을 완전히 없애 버리자고, 얼마나 미우면 그런 주장까지 하시겠습니까. 그런데 국정원 없으면 안 됩니다. 올바르고 제대로 된 국정원은 국익상 필요합니다. 그래서 아무리 미워도, 미워서 그랬겠지만 국정원을 없애자 그것보다는, 그런 구호보다는 제대로 된 국정원을 만들자 이렇게 구호를 바꾸면 어떨까요? 못된 짓, 나쁜 짓 하지 않는, 올바른 일, 애국적인 일, 국익을 위한 일, 국민의 생명과 안전을 지키는 일, 그러한 제대로 된 국정원을 만들자 이렇게 저는 주장했으면 좋겠어요. 제가 국가정보원을 다루는 정보위를 해 보니까 그런 걸 느꼈어요. 뭐 저의 생각과 다른 생각을 하시는 국민들도 계실 겁니다만 저는 그렇게 생각합니다.

'국가는 효과적 정보와 안보기관을 필요로 한다.

둘째, 정보기관의 활동에 대한 외부적 제한뿐 아니라 내부적 제한이 있어야 하는 것이 중요하다.'

셋째, 9·11 이후 테러리스트의 위협은 새로운 안보 위협을 가져왔다. 무엇보다도 업무와 권한의 집중이 아니라 기관 간 협력이 강화되어야 한다. 더 강력한 민주적 통제와 다른 유형의 통제가 오늘날 필요하다.

넷째, 안보기관은 국가의 잠재적 남용 가능성을 안고 있다. 국가안보 개념의 주관성 및 유연성은 국가에 대한 그것의 핵심적 중요성과 결합하여 정부가 이 분야에서 광범위한 활동 여지를 가지고 있다. 따라서 당국의 효과적 통치 권한을 주면서 정치적 남용을 막기 위한 기제를 수립할 필요가 있다.

다섯째, 안보 업무는 답책성이 있어야 한다. 답책성의 실무적 개념 정의는 활동에 대하여 해명 또는 설명을 하도록 책임을 지우고, 만약에 실수가 있었다는 것이 드러나면 적절한 곳에서 그 결과를 수용하도록 하고 비판을 받거나 사태를 수습하도록 하게 함을 의미한다.

여섯째, 답책성에는 네 가지 다른 형태가 있는데 의회에 대한 책임, 사법적 책임, 전문적 책임, 진정을 통한 구제제도 등이다. 뒤의 두 가지 행태는 처음 두 가지 책임 형태에 대한 보완수단 또는 대체수단이다.'

오동석 교수의 논문 네 번째 챕터입니다.

'4. 테러방지법안보다 국가정보원의 권력남용 방지 법안이 먼저다'

이렇게 주장하고 있습니다. 저도 생각을 같이합니다. 테러방지법안보다 국정원 권력남용 방지 법안이 먼저다라는 겁니다.

'테러 개념의 추상성·모호성은 곧장 대테러대책기구의 기능 범위에 대한 규정 부재에서도 나타난다. 국가대테러대책회의, 대테러센터 등을 가동한 테러의 범주를 확정하지 않았을 뿐만 아니라 그것을 결정하는 과정과 절차에 대한 규정 또한 존재하지 않는다. 테러의 강도와 밀도가 어느 정도에 이를 때 대테러기구의 권한을 발동하는지, 그 권한 발동의 절차는 무엇인지, 그리고 그에 대한 국민적 감시·감독의 기능은 어떻게 확보할 수 있는지에 대한 규정이 전혀 없습니다.'

국정원을 제어할 수 있는 것이 없습니다. 대통령 직속기관이기 때문에 대통령이 할 수 있다고요? 못 합니다. 제가 정보위를 해 보니까 국정원장도 보고하지 않으면 1차장 소속 공무원들이, 국정원 직원들이 뭐 하고 있는지 모릅니다. 국내2차장은 1차장이 업무를 뭐 하는지 모릅니다. 3차장, 과학기술·첨단과학장비·대테러 이런 것 하는데요 1차장이 뭐 하는지 모릅니다. 옆방에서 뭐 하고 있는지 몰라요. 각자 모릅니다.

국정원은 국정원법에 의해서 서로 국정원 직원임이 밝혀지면 안 됩니다. 국정원 직원은 국정원 직원인지 몰라야 돼요. 당연하지요. 정보요원이 '나 국정원이야' 이렇게 다닐 수 없지요. 모든 하는 업무가 다 은밀합니다. 뭐 하고 있는지 몰라요 국정원장도, 보고하지 않으면.

또 국정원장이 몰라야 되는 것도 있어요. 제가 다 말씀드릴 수 없습니다. 대통령이 국정원을 어떻게 압니까? 청와대비서실장이 국정원을 어떻게 알아요? 모릅니다. 국정원 직원들도 국정원을 몰라요. 다 칸막이가 되어

있어요. 그래서 국정원을 통제할 수 없습니다. 통제하는 데가 없습니다, 대한민국에. 대통령은 통제한다고요? 그렇지 않습니다. 대통령이 임명하는 국정원장, 1·2·3차장, 기조실장 정도 통제하고 있지요. 그 밑에 있는 1급 직원, 2급 직원, 3급 직원, 4급 직원이 뭐 하고 있는지 어떻게 알겠습니까, 청와대에서? 그래서 국정원에 대한 민주적 통제가 필요합니다. 국정원을 위해서도 필요합니다.

'테러의 강도와 밀도가 어느 정도에 이를 때 대테러기구의 권한을 발동하는지, 그 권한 발동의 절차는 무엇인지, 그리고 그에 대한 국민적 감시·감독의 가능성은 어떻게 확보할 수 있는지에 대한 규정이 전혀 없다.

이런저런 테러 관련 조약들을 뭉뚱그려 끌어모은 행위에 대해 테러의 이름표를 붙이고 법만 만들어 주면 알아서 잘할 테니 권력을 모아 달라는 말밖에 되지 않는다. 그때그때 자의적 판단에 따라 대테러대책이라는 명분하에 국가권력을 한 곳에 집중시키는 위험만을 담고 있다. 그러니 테러방지법안은 헌법적 관점을 끌어들이지 않아도 국민을 허수아비로 만들어 버리는 꼴이다.

테러방지법안에서 예정하고 있는 대테러기구의 전체적인 구조는 실질적·포괄적인 대테러대책기관이 되는 대테러센터를 국가정보원장 소속하에 설치하며, 대테러센터가 주요 행정각부의 장 및 국무조정실장으로 구성되는 국가대테러대책회의를 실질적으로 관할, 행정각부의 권한·업무·기능을 조정·통합하는 방식을 취하고 있다.

이병석 법안의 경우 테러통합대응센터의 장은 테러단체 구성원 또는 테러 기도·지원자로 의심할 만한 상당한 이유가 있는 자에 대해서 정보수집·조사 및 테러우려 인물에 대한 출입국 규제·외국환거래 정지 요청 및 통신이용 관련 정보를 수집할 수 있도록 하고 있다.

심지어 상임위원회 위원장은 테러를 선전·선동하는 글 또는 그림, 상징적 표현이나 테러에 이용될 수 있는 폭발물 등 위험물 제조법이 인터넷 등을 통해 유포될 경우 관계기관의 장에 긴급 삭제 등을 협조 요청할 수 있도록 하고 있다.'

이것 몇 번 제가 강조합니다. 이 법이 통과되면 그냥 국정원에서 '이 그림은 테러를 선동하는 그림입니다. 내리세요', 인터넷에서 내려야 됩니다. 그 책은 배포가 중지됩니다. 출판사에서 애쓰고 돈을 주고 만들었어요. 베스트셀러가 될 것 같아요. 그런데 국정원에서 '이 책은 테러를 선동하는 글이 포함되어 있습니다. 이 책에는 테러를 선동하는 그림이 있습니다. 배포를 중지하세요' 그러면 배포가 중지됩니다. 중지할 수밖에 없어요, 테러를 고무·찬양한다는데.

언론·출판·집회·결사의 자유가 전면적으로 막힙니다. 국정원의 눈 밖에 나면, 한겨레신문에 어느 출판사에서 광고를 했습니다. 한겨레가 미워요. 그러면 그 책 출판사를 탄압할 수 있습니다. 경향신문에 어떤 교수가 어떤 책에 대한 서평을 썼습니다. 그런데 그 내용이 테러를 선전·선동하는 칼럼이었어요, 서평이었어요. 그 신문 앞으로 그런 글 쓰지 못하게 할 겁니다.

이처럼 마구잡이식으로 유신시절 말할 권리, 들을 권리, 막걸리만 말해도 보안법으로 잡아갔던 그 시대로 지금 회귀하고 있는 것이 테러방지법안입니다. 테러라는 누구도 반대할 수 없는 거대한 명분을 빌미로 국민들의 눈과 귀를 옥죄려고 하는 것이 테러방지법안입니다.

그러나 미국에서도 9·11 테러가 일어났고, 과도하게 미국시민권을 탄압하고, 뒤를 뒤지고, 통신내역을 조회하고 한 것이 스노든의 폭로로 위헌판결을 받았습니다.

저는 지금 직권상정해서 처리하려고 하고 있는 이 법률안도 반드시 헌법재판소에서 위헌판결을 받을 것이다라고 생각하고 있습니다. 그러나 그때까지가 문제이지요.

계속 보겠습니다.

'또한 테러통합대응센터의 장은 외국인테러전투원으로 출국하려 한다면 의심할 만한 상당한 이유가 있는 내·외국인에 대하여 일시 출국금지를 법무부장관에게 요청할 수 있다.

테러방지법안은 국가정보원에 구성되는 대테러센터를 중심으로 위로는 행정각부의 장에 대한 조정·통할 기능과 아래로는 대테러기구에 대한 조정·통할의 기능이라는 이중적인 수준에서 대테러센터가 관여할 수 있는 여지를 확보한다. 테러방지법안에는 테러방지를 빌미로 하여 국가정보원이 국가권력의 중심부에 똬리를 틀고자 하는 목적만이 존재한다는 비판이 있는 이유이다. 이런 의혹을 불식하고자 한다면 테러에 대응하기 위하여 설립하겠다는 국가테러대책회의, 대테러센터, 대테러대책본부'……

이런 거는요 국가대테러활동지침에 이미 다 나와 있는 내용들이고 대통령의 훈령에 의해서 이미 시행되고 있는 겁니다. 그냥 베낀 거예요.

'등의 기구에 대해서 다음과 같은 질문에 답할 수 있어야 한다.

첫째, 과연 기존의 국가기구, 즉 행정자치부, 경찰청, 법무부, 검찰, 국정원 등은 테러방지법이 예정하고 있는 테러에 대응할 능력이 없는가? 대테러 대응역량에 대한 조직 진단을 해 보았는가? 가끔씩 언론을 통해 공개됐던 대테러 훈련은 뭘 하는가, 무용지물인가?

둘째, 현재의 대테러 대응기구들이 대테러 대응능력이 없다면, 그 막강한 권력을 가진 기구들의 무능력은 도대체 어디에서 기인하는 것인가? 당해 기구의 권한과 조직을 변화시킴으로써 감당할 수 없을 정도로 무능한 것인가?

셋째, 테러에 대응하기 위해 국가정보원을 중심으로 전혀 새로운 대테러 조직을 짜야 한다면 미국처럼 별도의 행정각부로서 국토안보부를 설치하여 국무총리의 통할 아래 모든 정보기관을 통합 또는 재배치하는 근본적인 정부조직 변화를 꾀해야 하는 것 아닌가?

마지막으로 국민들이 국가정보원을 신뢰하고 있지 않음을 고려하여 국가정보원을 해외정보기관, 사이버정보기관, 대북정보기관으로 분리하고 대테러 정보 업무를 공유하도록 하는 방안을 꾀할 수는 없는 것인가?

사람들은 유신독재 회귀를 말하고 있는데 대통령에 대해서만 책임을 지며 다른 어떤 기관에 의한 통제도 불가능한 국가정보원장에게 국가대테러대책회의와 대테러센터를 실질적으로 혹은 법적으로 관할하게 하는 것이 과연 바람직한가?

국가정보원장이 대테러 기능을 매개로 하여 여타의 국가 행정각부를 사실상 통합하는 권력분립의 예외적 현상을 야기할 수 있다는 의문에 대해 어떻게 답할 것인가? 그럼에도 불구하고 아무런 응답도 없이 테러방지법안만 만들면 된다는 식의 독재국가적 태도는 왜 그런가?'

무슨 꿍꿍이속이 있는가? 저는 장기집권 음모라고 생각합니다.

'사실 테러방지법안은 과거 독재정권 못지않게 제왕적 대통령의 권력을 강화하는 내용을 담고 있다. 국가정보원은 대통령 직속기관이기 때문이다.'

국정원 개혁안을 우리 당도 냈고요, 새누리당도 내고 했어요. 그런데 제가 내려고 했던 방안이 하나 있었어요. 국정원이 제일 싫어하는 겁니다. 제일 싫어하는 거기 때문에 제일 개혁해야 돼요.

국정원이 제일 두려워하고 제일 싫어하는 것이 두 가지 있습니다. 뭘까요?

뭘까요? 국정원이 국정원 개혁을 한다고 했을 때 제일 두려워하고 있는 것 두 가지, 정답을 말씀드리겠습니다.

첫 번째, 대통령 직속기관에서 떨어져 나가는 것을 제일 두려워합니다. 그러면 힘이 없거든요. 지금의 국정원은 국무총리도 터치를 못 합니다. 오로지 대통령 한 명의 통제를 받을 뿐입니다. 그런데 대통령 직속기관에서 떨어져 나가면 이 사람 저 사람한테 통제받거든요. 그러면 자연히 권력이 빠지거든요. 어깨에 뽕이 빠지거든요, 어깨에 힘이 빠지거든요. 그래서 국가정보원은 대통령 직속기관에서 떨어져 나가는 것을 제일 두려워합니다.

또 하나 두려워하는 것이 대공수사권 이양입니다. '우리는 간첩 잡는 기관이기 때문에, 우리는 간첩을 잡아야 되기 때문에 다소간 무리를 하고 불법을 하고 편법을 해도 괜찮은 거야'라는 겁니다. 국정원 방패막이가 대공수사권입니다. 그리고 심지어 간첩 조작까지 합니다. 국정원이 제일 두려워하는 게 두 가지입니다.

● **부의장 이석현** 정 의원, 잠깐 다리 운동 좀 하십시오. 너무 장시간 동안 고생이 많으십니다.

● **정청래 의원** 괜찮습니다.

● **부의장 이석현** 제가 한마디 생각이 나서 말씀을 드리면, 미국 건국의 아버지라고도 불리는 벤자민 프랭클린이 한 얘기, 지금 이 시대에 우리가 경청할 만한 얘기다 생각을 합니다.

'사람이 일시적인 안전을 위해서 자유를 포기하면 자유도 잃고 안전도 잃게 된다' 하는 얘기를 했는데 그것이 200년 이상 지난 이 시대에도 우리가 깊이 귀담아 들을 부분이다 생각을 합니다.

말씀 계속하시지요.

● **정청래 의원** '사실 테러방지법안은 과거 독재정권
못지않게 제왕적 대통령의 권력을 강화하는 내용을 담고
있다. 국가정보원은 대통령 직속기관이기 때문이다.
더욱이 테러방지법안은 경우에 따라서 대책회의 장이
대통령을 경유하여 군 병력을 동원할 수 있도록 하고 있다.
하지만 이러한 군 병력의 동원 체제는 헌법 위반의 혐의가
있을 뿐 아니라 조직법상으로도 이중적 낭비이다.
　헌법은 전시·사변 또는 이에 준하는 국가비상사태에 한하여
병력으로 군사상의 필요에 응하거나 공공의 안녕질서를
유지할 수 있기 때문이다. 즉 헌법은 계엄을 선포한 경우에
한해서만 군 병력을 동원할 수 있도록 허용하고 있다. 군복을
입지 않은 민간인에 의한 군사독재의 부활 또는 평시 군사독재
아니냐는 의심을 벗기 어렵다.'
　'5. 국가안보보다 인간안보로 접근해야 한다',
요즈음 새롭게 떠오르는 말입니다. 인간안보,
대한민국헌법 1조부터 130개 조항을 합쳐서 한마디로
압축·요약하는 헌법정신이 뭐냐라고 묻는다면 제가 모두에
말씀드렸습니다, 인권보호라고. 외국의 많은 헌법학자들이
대한민국의 헌법이 인권보호의 가치를 보장하고 있다라고
말하고 있습니다.
　대한민국헌법이요, 잘 만들어졌어요. 헌법 119조에는요
요즘 화두가 되고 있는 경제민주화도 있습니다. 그리고
헌법 23조인지 1조인지는 제가 정확하게 기억이 안 나는데
사적재산도 국가이익을 위해서, 공공의 이익을 위해서
제한할 수 있다고 되어 있어요. 사회주의입니다. 사회주의
계획경제라는 게 그런 게 아닙니다. 공익을 위해서
국가권력이 개인의 자유, 개인의 재산을 제한할 수 있다,
이게 대한민국헌법에도 지금 있습니다.
　이것은 영국의 기든스 교수가 주장하는 제3의 길의
정신이기도 합니다. 우리 더불어민주당 김종인 비대위
대표가 주장하고 있는 시장에 맡기는 시장 정의로는
불가능하다, 더불어 성장하는 것이, 더불어 잘사는 것.
사회적 정의를 가미하지 않으면 그것은 신자유주의의 다른
이름이다. 그래서 국가권력이 시장에 개입해야 한다고,
그것이 영국 기든스 교수가 주장했던 제3의 길이고 지금
우리 당에서 주장하고 있는 더불어 잘사는 길, 더불어
성장론의 핵심입니다. 국가가 정의를 위해서 사회적 정의의
개념으로 국가권력의 권위를 이용해서 개입하는 것 그것이
시장만능주의, 신자유주의의 잘못된 길을 바로잡는
길이기도 할 것입니다.
　'국가안보보다 인간안보로 접근해야 한다. 각국에서 다투어
제정한 반테러법이 비밀정보기관을 비밀경찰로 바꾸는 데
일조하는 법이라는 평가도 있다. 국가정보원은 수사권을
가지고 있기 때문에 이미 비밀경찰 체제라는 주장도 있다.'
오동석 교수님 논문을 제가 지금 소개하고 있습니다.
　'그렇기 때문에 테러방지법 제정이 결국은 무수히 많은
인권침해 사건을 일으킨 국가정보원이 권력의 중심에 서고자

하는 프로젝트라는 의견이 지배적입니다.'
　참 까먹었는데요. 이 무제한 토론 끝날 때쯤 제
페이스북과 트위터에 올라온 멘션들, 국민들의 목소리를
제가 그대로 읽어 드리겠습니다. 제 페이스북과 트위터에
들어가서 여러분들이 원하는 목소리를 써 주시면, 댓글로
써 주시면 제가 마지막 클로징하기 전에 읽어 드리도록
하겠습니다.
　잠깐 광고 말씀이었습니다.
　'그렇기 때문에 테러방지법 제정이 결국은 무수히 많은
인권침해 사건을 일으킨 국가정보원이 권력의 중심에 서고자
하는 프로젝트라는 의견이 지배적이었다. 많은 사람들의
인명피해를 초래할 수 있는 범죄행위를 막고자 한다면 기존의
범죄 대응 체계를 점검하는 일부터 시작해야 한다. 경찰과
검찰 등 관련 기관들의 책임을 묻는 국정조사를 진행해야
한다. 대통령은 테러 관련 법 제정을 요청하기 이전에 정부의
수반으로서 현재의 대테러 체계가 부실한 까닭에 대해 책임을
져야 한다. 대응 능력 부재의 원인을 제대로 진단해야 올바른
해법을 낼 수 있다. 기존 대응체계의 무능력이 명백하게
드러나는 경우에 한하여 테러방지법을 제정하는 일이
설득력을 가질 것이다.
　그러나 그렇다고 대테러 담당의 중심 역할을 국가정보원이
맡는 것은 헌법적으로 인정하기 어렵다. 무엇보다도
국가정보원의 수사 권한을 제거해야 된다.'
제 생각하고 똑같지요, 대공수사권을 폐지해야 된다,
검찰 공안부로 이양해야 된다. 이 오동석 교수님도 훌륭하신
분이군요.
　'국가정보원을 순수 정보수집기관으로 바꾸고 해외정보
수집기관과 국내정보 수집기관을 분리하는 것을 전제로
해야 한다. 이후에 테러를 방지하고 대응하는 체계를 다시
만드는 일을 할 수 있다. 1994년에 유엔은 인간안보(human
security)라는 새로운 개념을 통해 세계화와 공공재의
민영화로 인해 점증하는 사회적, 개인적 삶에서의 불안정에
대응하는 방법을 제시했다. 이제는 국가안보(national
security)에서 인간 안보로 정책의 초점을 옮겨야 한다는
주장에 공감할 것이다.
　오늘날 우리는 조그마한 사건으로도 큰 재앙에 직면할 수
있는 고도기술사회에서 살고 있다. 대도시들은 테러와 그에
준하는 사태가 발생하면 걷잡을 수 없는 혼란에 빠지게 될
것이다. 테러방지법에 반대한다고 해서 세월호 참사와 같은
재난에 대해 무관심한 것은 절대 아니다. 테러방지법과 같은
방식의 대처에 반대한다는 뜻이지 만약의 위험을 예방하고
대처하는 자세는 절대로 필요하다.
　전문가들은 그 어떠한 테러방지법을 동원하더라도
자살테러는 막을 수 없을 것으로 본다. 9·11 테러는 현대와
같은 고도의 발전된 위험사회가 얼마나 위험한가 하는 것을
분명하게 보여주었다. 어떤 사회도 위험과 폭력으로부터 100%
안전할 수는 없다. 절대적 안전을 내세우면서 그것을 달성하기
위한 국가의 권한 확대를 시도한다면 이는 국민을 우롱하는
일이자 국민과 인권에 대한 위협이 될 것이다.

그러므로 다른 방식으로 접근해야 한다. 한국 사회의 실정을 고려한다면 광범위한 재난 예방 및 재난구조 체계를 구축하는 것이 무엇보다도 필요하다. 고도기술사회가 갖고 있는 그 자체의 위험에 대처하기 위해 국가의 예산을 어디다 쓸 것인가 하는 부분은 매우 중요한 정책적인 판단이다. 시간과 돈과 인력을 적절하고 필요한 부분에 균형 있게 투입할 수 있는 지혜를 모아야 한다.

4·16 세월호참사 특별조사위원회가 세월호 참사의 진상과 원인을 규명하고 세월호 참사에 대처하지 못한 국가 무능력을 진단·평가하며 국회와 함께 대형 재난에 대한 예방 및 대응 체계를 마련한 입법 활동을 하는 과정에서 우리는 테러에 대한 해법도 어느 정도는 찾을 수 있을 것이라고 믿는다.'

이 오동석 교수의 주장은 이미 테러방지법안은 국정원법, 국가보안법 그리고 다른 형법에 이미 존재하고 있다라는 것이지요. 이 테러방지법안을 만들지 않으면 막지 못할 테러의 개념을 지금까지 형법에서, 국가보안법이나 국정원법에서 처벌이 가능한 테러와 또 다른 형태의 테러라는 것을 입증하지 않는다면 이 테러방지법은 만들면 안 된다는 것입니다. 그런데 입증 못 하고 있습니다.

국가보안법에서 개념 규정하고 있는 테러와 지금 새누리당이 직권상정해서 통과시키려고 하는 테러의 개념은 똑같은 개념입니다. 이미 국정원법과 국가대테러활동지침, 형법에서 지금 테러방지법안에서 통과시키려고 하는 이 법이 제한하고 대응하고 처벌하려고 하는 테러는 이미 다 총망라해서 처벌하고 있습니다.

다른 점은 뭐냐, 다시 한 번 강조합니다. 지금까지의 테러방지법과 지금의 통과시키려고 하는 테러방지법은 대한민국 헌정사상 한 번도 시도했거나 시도에 성공했거나 엄두를 내지 못한 법원의 영장 없이 국민들의 핸드폰을 엿보고자 하는 그 이유 때문입니다.

법원의 영장 없이 검찰이 무엇을 할 수 있는 게 아무것도 없습니다. 검찰이 누구를 수사하려고 해도, 압수수색을 하려고 해도 법원의 영장이 없으면 못 합니다. 검찰도 못 합니다.

사법부 법원은 권력의 최후의 보루입니다. 법원의 영장 발부 없이 검찰이 마구잡이로 수사할 수 있다면 저의 인권은 어떻게 될 것이며, 방청석에 계신 여러분들의 인권은 어떻게 될 것이며, 이 방송을 시청하고 있는 국민 여러분들의 인권은 어떻게 됐겠습니까? 법원의 영장을 발부받아도 억울하고 원통하고 절통한 일이 많은데 법원의 영장도 없이 검찰이 집에 막 들어와서 장롱 뒤지고 애들 보는 앞에서 컴퓨터 떼어 가고, 그러면 그것을 보고 우리는 무법천지라고 그럽니다. 법원의 영장 없이……

그런데 지금 새누리당이 통과시켜 달라고 하는 이 법은 '저 사람은 테러위험인물이야'라고 국정원에서 찍으면 법원의 영장 없이 핸드폰 추적도 가능합니다. 그겁니다.

그리고 이 법은 다른 법과 달리 부칙에서 FIU법 금융정보법, 통신비밀보호법 이 두 개를 고치라고 강제하고 있어요. 왜 부칙으로 넣었겠습니까? 살짝 감춰 놓으려고.

꼬리로 몸통을 흔들려고 하는 일입니다. 그래서 통과하면 안 됩니다.

이 부분은 아까한 부분과 겹치기 때문에 그냥 간략하게 압축 요약만 하겠습니다.

9·11 테러 이후에 세계인권지수가 상당히 낮아지고 있다 하는 내용입니다. 9·11 테러 이후에 벌어지고 있는 국제인권지수가 위협받고 있는 것에 대해서 울산대 법학부 이계수 교수님께서 이런 주장을 하고 계십니다.

"국제인권법의 위기, 한국에서는 2001년 11월 이후 제안된 제1차 테러방지법안이 폐기되고 최근 제2차 테러방지법안이 국회에 제출되었다.

이 법안을 심사할 소관 부처인 국회 정보위원회 위원장은 테러방지법 제정의 재추진을 공개하면서 이러한 법률의 제정이 국제협력의 차원에서도 필요하다고 한 바 있다.

그러나 국제협력이 국제인권법과 자유주의적 법치질서의 훼손까지 정당화하는 것은 안 된다. 실제로 현재와 같은 미국 정부 주도의 국제협력은 유엔이 생각하는 대테러 국제협력과도 상치된다.

미국은 9·11 테러 이후 지속적으로 타국에 대해 반테러조치의 강화를 압박해 왔다. 비자면제협정이 체결되어 있는 유럽연합 회원 국가들에 대해서는 자국 여권에 눈의 홍채, 지문 등 이른바 생체정보를 반드시 집어넣도록 강요해 왔고, 만약에 그런 조치를 취하지 않으면 무비자입국을 금지하겠다고 강요했다.",

그러니까 여권에, 미국 정보망에 눈동자를 넣겠다는 것이지요, 외국인들.

"유럽연합에 대해서는 비행기 탑승자 정보에 접근할 수 있는 권한을 달라고 요구하였고 이를 유럽연합 측에서는 거절한 사례도 있다. 유럽연합의 정보보호기준에 위반되는 것이 유럽연합 측의 반대 이유지만 유사 사례는 많다.

미국은 자국 주도의 반테러 연대에 참여하는 국가에 대해 압력과 함께 당근도 제공한다. 하나의 사례만 들어 보자. 국제노동권기금은 2001년 6월 11일 11명의 제소자 이름으로 석유회사 엑슨모빌을 워싱턴 DC의 한 연방법원에 고소했다.

이 소송에서 원고들은 엑슨모빌이 인도네시아 군부의 인권침해 행위를 후원했다고 주장했다. 법원이 요청한 감정의견서에서 미 국무부는 '엑슨모빌에 대한 유죄 판단은 인도네시아에 대한 유죄 판결과 같은 의미가 되며, 그렇게 되면 미국과 인도네시아의 관계 그리고 반테러전쟁에서의 연대가 훼손될 수 있다'고 적었다. 미 국무부가 낸 법원에 제출한 의견은 결국 그 소송을 각하하는 것이었다."

이처럼 미국도 반테러법을 자국뿐만 아니라 다른 나라에도 강요하고 때로는 경제를 가지고 당근과 채찍을 주고 있다는 그런 내용입니다. 그러나 그것이 인권의 가치는 위협받고 저하되고 있다는 울산대 이계수 교수님의 주장입니다.

이 테러방지법안은 사실은 논쟁거리도 될 수 없다라고 저는 생각하고 있는데요. 그런데 하도 사람들이, 새누리당이 특히 우기니까 제가 이렇게 주장하고 있는 것입니다.

지금까지는 교수님들 입장을 좀 살펴봤고요. 이거는 시민들의 목소리입니다. 그리고 인권기구들의 목소리를 잠깐 들려 드리도록 하겠습니다.

이것은 국제앰네스티 국제사무국의 공개성명입니다. 2003년 성명이지만 지금의 테러방지법을 반대하는 똑같은 내용이기 때문에……

국제앰네스티에서는 지금 만들려고 하는 테러방지법에 대해서 어떻게 생각하고 있는지 짤막짤막하게 소개시켜 드리도록 하겠습니다.

'대한민국 테러방지법, 인권침해 증가 우려, 국제앰네스티는 한국 정부가 테러방지법의 제정을 추진하고 있으며, 그 법안이 국회 표결에 회부될 것이라는 보도에 대해 우려를 표한다.

국제앰네스티는 한국 영토 내에 있는 모든 사람들의 인권과 안전을 보장해야 할 의무는 한국 정부에 있다는 점을 인정한다. 그러나 어떠한 법안이나 정책을 도입·이행함에 있어 한국 정부는 반드시 국제인권기준들을 준수하여야 한다.

국제앰네스티는 테러방지법을 비롯한 여타의 국가안보 조치들이 국제인권기준에 완전히 부합하도록 보장할 것을 한국 정부에 촉구한다.'

이런 내용이고요.

각종 국제기구에서 성명들을 발표했는데요. 우리나라 국가인권위원회에서는 어떤 입장인지 좀 살펴보도록 하겠습니다.

'국가인권위원회, 테러방지법 제정 반대 의견 국회에 제출, 국제인권법과 헌법이 보장한 인권을 침해할 가능성이 높다. 입법 전제조건 미충족, 테러행위 예방 및 진압 효과 예측 어렵다'

이런 내용입니다.

테러방지법이 갑자기 튀어 나온 것이 아니라 10여 년 전부터 끊임없이 국가권력기관은 테러방지법을 만들려고 했습니다. 그런데 번번이 국회의 동의를 얻지 못했고 국민들의 지지를 받지 못했습니다.

이건 2002년도의 국가인권위원회의 주장인데 지금의 현실과 너무나 똑같습니다.

한번 살펴보겠습니다.

'국가인권위원회는 국가정보원이 입법 추진 중인 테러방지법안의 각 조항들이 국제인권법과 헌법이 보장한 인권을 침해할 가능성이 매우 높기 때문에 그런 문제점을 전면 제거하지 않는 이상 테러방지법안의 제정에 반대한다' 는 입장을 국회 정보위에 제출했습니다.

여러분, 이게 2002년 2월 20일자 국가인권위원회 성명입니다.

어제 낸 것하고 똑같지요, 똑같을 것 같지요? 같은 것 같지요? 그러니까 이게 십수 년간 똑같은 문제가 반복되고 있습니다.

'이번에 국회에 제출한 테러방지법안 제정 반대의 주된 이유는 다음과 같습니다.

테러방지법안의 본질적인 내용들, 즉 테러행위에 대한 개념 규정과 형벌 규정, 절차 규정, 그리고 국가 기능의 재편에 관한 규정들이 국제인권법의 기준을 위반하여 인권을 침해하고 있으며, 반면 인권침해의 대상자들에게 국제인권규약이 정한 바에 따른 적절한 구제 조치가 제공되지 않고 있습니다' 라는 겁니다.

'이 법안은 기존의 대응체계로는 테러에 효율적·체계적으로 대처하기 어렵다고 주장하고 있으나 기존의 대테러 대응체계는 테러행위를 처벌하는 실체법적 규정은 물론, 테러조직의 자금 차단 등의 절차적 규정과 테러에 대응하기 위한 국가기관 사이의 기능 분배와 협력을 담보하는 데 특별히 부족함이 있다고 볼 만한 사정이 없어 이 법안 스스로 내세우고 있는 입법의 전제조건들을 충족시키지 못하고 있음'

이게 2002년, 지금으로부터 14년 전에 주장한 건데 어제 주장, 오늘 주장하는 것하고 똑같지 않습니까? 너무 신기하지요?

'국가정보원이 전쟁 수준의 양상을 보이고 있다고 평가하는 테러행위가 한국에서 자행될 위험이 있는지, 있다면 어느 정도인지 알 수 없을 뿐더러, 설령 테러가 발생하였다 하더라도 국가정보원이 군대를 지휘하거나 테러방지법과 같은 특별 형법을 만들지 않으면 대처할 수 없다는 주장은 논리적 근거가 부족하며, 이 법안이 제정된다고 하더라도 실제 테러행위를 예방하거나 진압하는 데 어떤 효과가 있을지 예측하기 어렵고, 오히려 국가권력이 정보기관인 국가정보원에 집중되어 견제와 균형의 원칙 및 공개행정의 원칙에 위배돼 인권을 침해할 가능성이 있음. 또한 조직의 중복과 인력 및 예산 낭비의 가능성이 있음'

2002년도에 주장한 겁니다. 어쩌면 지금과 똑같습니다. 이 정부, 저 정부 바꿔 가면서도 국가정보원은 무소불위의, 자기의 권력을 강화하고자 끊임없이 호시탐탐 노력하고 있습니다.

따라서 이런 문제점을 가진 조항들을 모두 삭제한다면 국가정보원이 추진하고 있는 테러방지법안이 제정될 필요성이 없다고 판단해 제정 반대의 입장을 표명한 것입니다.

아울러 국가인권위는 '그럼에도 새로운 테러방지법을 제정할 필요가 있다면 한국에서 혹은 한국과 관련하여 야기될 수 있는 테러의 양상과 원인, 주체, 대테러 대책에 관련된 국가기관의 기능과 권한 및 체계, 그리고 그 문제점과 대안 등의 내용에 대해 국가기관은 물론 시민단체와 학술 및 전문가단체, 학자들의 의견을 충분히 듣는 과정을 거쳐 신중한 조사와 연구를 통해 인권침해의 소지가 없도록 해 주기를 바란다'는 의견도 덧붙였습니다.

국가정보원은 정권이 바뀌더라도 똑같은 야욕을 가지고 있다는 것을 우리는 이 자료를 통해 알 수 있을 것입니다.

새누리당 테러방지법률안의 대표적인 독소 조항은 제가 무제한 토론을 한 이래 계속 얘기하고 있습니다. 제 무제한 토론을 처음부터 들으신 분들은 귀에 못이 박힐 정도로 그 세 가지 독소 조항을 얘기했습니다. 다시 한 번 복습하도록 하겠습니다.

첫째, 무제한 감청 허용의 문제입니다.

부칙 제2조제2항에서 통신비밀보호법 개정을 통해 테러업무도 국가안전보장에 상당한 위험이 있는 경우와 같이 보고 통신제한조치를 요구하도록 규정하고 있습니다. 여기서 '통신제한조치'라 함은 통화내역 조회가 아니라 실시간 감청입니다, 실시간 감청.

실질적으로 테러를 빙자한 무제한 감청을 허용할 가능성을 이 법은 내포하고 있다, 이건 저희 의원실에서 정리한 겁니다. 어디 책을 읽는 것 아닙니다. 우리 보좌관과 저하고 같이 만든 겁니다.

원래 통비법은 고등법원 부장판사 영장을 받아 통신제한조치를 하도록 돼 있습니다. 그런데 국가안전보장에 상당한 위험이 예상되는 경우에는 대통령의 승인만으로 감청이 가능합니다. 대상을 특정하지도 않고 일정 기간 감청을 무제한 허용한다는 뜻입니다.

여러분, 이런 법이 통과된 적이 없습니다.

대통령의 승인을 받는다는 것은, 대통령이 언제 일일이 전화해서 '승인한다, 승인한다' 할 수 있겠어요? 위임, 일임하는 거지요. 큰 문제입니다, 이 법이 통과되면.

그런데 이 법에서 규정하는 테러는 그 중요도가 사안마다 다를 수 있습니다. 경미한 사안의 테러일 수도, 국가안보에 중대한 영향을 미칠 정도로 심대한 테러일 수도 있습니다. 구분이 없습니다.

그런데 테러의 경중을 구분하지 아니하고 이를 일괄적으로 모든 테러를 국가안위에 상당한 위험이 예상되는 경우와 동일시해 국정원이 통신제한조치를 요청할 수 있다면, 테러의 경중을 판단하는 국정원이 완전히 어느 것을 테러로 볼 것이냐의 자의적 판단 가능성의 길을 너무 넓게 열어 놨다는 것입니다. 그럴 경우를 인정한다면 남용 가능성도 당연히 크다고 봐야 됩니다.

테러에 대한 개념이 A부터 Z까지가 없습니다. 그리고 무엇을 테러로 볼 것인가 하는 개념 규정도 없습니다.

예를 들어서 요즘 중학교 2학년들이 제일 무섭지요. 중학교 2학년이 교실에서 싸워요. 한 명끼리 싸우는 게 아니라 집단으로, 3 대 3으로 싸웠다고 쳐요. 그거 테러로 볼 수도 있어요.

아니, 1 대 1로 싸우는 것도 아니고 3 대 1로 싸우는데 얼마나 위험하냐, 이건 테러에 준하는 일이다 그렇게 볼 수 있는 거예요. 조폭들이 싸움하고 있어요. 그거 테러로 볼 수도 있어요. 왜? 자기들 연장 들고 하잖아요. 칼 들고, 무기 들고, 얼마나 위험합니까, 옆 사람 다칠 수도 있고. 그거 국내 형법으로 다 처벌이 가능하고, 지금까지 그렇게 해 왔거든요. 그리고 조직폭력배 일망타진했거든요.

그런데 국정원이 '저건 테러야. 경찰 빠져, 우리가 할래', 그러면 국정원은 계속 권한이 커지는 거예요. 경찰의 권한까지 침범하는 거지요. 물론 국정원은 '안 그러겠다' 이렇게 하겠지만 가능성은 그렇게 충분히 있는 겁니다.

테러의 개념 규정이 없습니다. 그리고 테러에 대한 의심인물이라고 매뉴얼이 나와 있지도 않습니다. 그냥 국정원에서 찍으면 돼요, 테러인물이.

이러한 무제한 감청 허용은 핸드폰 감청 설비 의무화로 확대될 가능성이 높습니다.

지금은 그렇게 얘기합니다. 지금 스마트폰 기지국에 도·감청을 할 수 있는 장치가 없다라고 주장합니다. 그걸 액면 그대로 믿으면 이제 통신회사들은 기지국에 국정원이 언제든지 핸드폰을 감청할 수 있는 장비를 설치해야 됩니다. 그거 국정원 예산으로 설치하지 않습니다. 통신회사 예산으로 설치하게 됩니다, 전 기지국에. 그거 달려 있다고 생각해 보세요. 겁나서 통화할 수 있겠습니까?

(휴대전화를 들어 보이며)

그래서 저는 이 핸드폰 쓰지 않고 이거 씁니다. 그런데 남의 제품 홍보가 되기 때문에 말은 안 하겠습니다.

실질적으로 대한민국에서 핸드폰 감청이 허용 안 됩니다. 왜냐하면 감청을 실시할 수 있는 장비가 예전에 국정원장 구속되며 다 폐기되면서 핸드폰 감청을 하지 않고 있다고 합니다. 그러면 장비 다시 또 사다가 설치해야 됩니다.

그런데 테러방지법의 경우 직접적으로 핸드폰 감청을 허용하고 있지는 않지만 앞으로 대테러업무에 핸드폰 감청이 필요하다고 보면 통비법 개정을 요구할 것이고, 핸드폰에 대한 감청을 허용하는 통로로 이 테러방지법안이 향후 활용될 수 있는 가능성을 부인할 수 없습니다.

둘째, FIU 금융정보 남용의 문제입니다.

부칙 제2조제1항에서 FIU법을 개정하도록 하고 있습니다.

다 아시는 분들은 그냥 복습이라고 생각하시고 들어 주시기 바랍니다.

원래는 금융기관에서 수집한 정보, 금융사가 보고하는 정보와 금융정보원장이 보고받은 정보를 국정원이 직접 보고받을 수 있게 해 금융정보를 포괄적으로 국정원이 축적할 수 있게 되고, 이 정보를 활용해 국민이 대테러분자나 국민을 감시하는 등 사생활침해 및 인권침해를 불러올 여지가 너무 많다고 저는 보고 있습니다.

셋째……

몇 번 얘기합니다. 또 한 번 강조합니다.

테러인물에 대한 추적 및 조사권 문제입니다.

현재 직권상정 된 법률안 제9조4항을 보면 국정원이 대테러조사 및 테러위험인물에 대한 추적을 할 수 있게 되어 있습니다. 국회의장께서도 이 부분 개정이 필요하다 해서 정보위원장 간사에게 수정안을 제출토록 요청했는데 국정원이 반대한다는 이유로 수정안을 제출하지 않아 추적하거나 조사된 자료를 대테러위원장에게 보고하는 형식의 절충안으로 수정안이 제출된 것으로 알고 있습니다.

가장 큰 문제입니다, 9조4항.

새누리당은 국정원에 주는 권한은 정보수집권에 한한다고 얘기하고 있습니다. 그러나 제9조 4항을 보면 대테러활동에 필요한 정보나 자료를 수집하기 위하여 대테러조사 및 테러위험인물에 대한 추적을 할 수 있다고 하고 있는데, 간첩사건도 국정원에 조사권 줘서 문제되고 있는 것 아니겠습니까? 남용 가능성을 배제할 수 없습니다.

정보수집 완료된 뒤에 이를 근거로 조사권·수집권이 행해져야 하기에 국정원에는 계좌추적과 감청권만 허용해야지 이를 근거로 추적권·조사권을 부여하는 것은 남용 가능성을 배제할 수 없다고 생각합니다.

원래 새누리당이 제출한 법안, 이병석 안, 이노근 안, 송영근 안이 있는데 이 법안에 대해서도 대테러에 대한 추적 및 조사권은 대테러센터에 권한을 주고 있습니다. 그런데 최종 수정안은 그 권한을 국정원 편의를 위해 대테러센터에 주기로 한 것을 빼서 다시 국정원장에게 부여한 것입니다.

이것은 대테러센터를 형해화시켜 버리는 것이고, 대테러센터는 유명무실해지고, 국정원장은 정보의 수집권뿐만 아니라 조사권·추적권도 갖게 됩니다. 큰일입니다. 모든 권한을 몰아줘 버리는 형태이기 때문에 심대한 문제가 된다고 생각합니다.

저는 이대로 통과된다면 이것은 테러방지법안이 아니라 국정원 몰빵 법안이라고 생각합니다. 모든 권한을 몰빵해서 몰아주는 법안입니다. 국민사찰법이지요.

어떻게 이런 발상을 해서 이러한 법안을 만들어서 오고 있는지, 새누리당 의원님들 참 대단하십니다.

국정원에서는 국정원은 정보기관이 아닌 곳에 두는 것은 바람직하지 않다고 주장을 하지만 세계적 입법례에 비춰 봐도 대부분 나라에서 정보기관이 아닌 별도 기관에서 대테러업무를 하고 있습니다. 특정기관에 정보권한을 집중했을 때 남용 가능성 때문에 그것을 분산시키는 것이 세계적 추세입니다.

영국은 정보기관이 아닌 내무부장관 산하에 국가안전 및 대테러부가 테러업무를 총괄하고 있습니다.

미국은 국가대테러센터는 CIA 등 총 16개의 정보기관을 총괄하는 기관인데 CIA 소속이 아니라 국가정보국장 직속 대테러기관입니다.

독일은 연방총리청 소속 해외정보기관인 연방정보부와 연방내무부 소속 국내정보기관인 연방헌법보호청이 있는데 연방내무부 소속 연방헌법보호청이 국민의 안전을 위협하는 국내의 내·외국인 테러리스트들의 동향에 관한 정보수집업무를 총괄하고 있습니다.

언론에서는 테러방지법이 악법인 이유 그리고 테러방지법이 국정원 밥그릇 지키기법이라는 점을 조목조목 지적하고 있습니다.

이제 언론에서는 이 테러방지법을 어떻게 보고 있는지 잠깐 살펴보도록 하겠습니다. 훌륭한 언론사 오마이뉴스에 보도되었던 내용입니다.

"[이슈 분석] 국정원의, 국정원에 의한, 국정원을 위한 법……
총선 개입 의도 논란 불가피"

대체적으로 국민들도, 언론인들도 상식적인 판단능력과 기준이 있기 때문에, 저도 지금 이 기사는 우리 보좌관실에서 처음 보는데요.

제가 모두발언에서 그렇게 얘기했습니다. '이번 테러방지법안은 바이 더 국정원, 오브 더 국정원, 포 더 국정원'이라고 얘기했습니다. 그런데 이 오마이뉴스도 똑같이 얘기하고 있군요, 국정원의, 국정원에 의한, 국정원을 위한 법이라고.

여러분들도 그렇게 생각하시지요? 바이 더 국정원, 오브 더 국정원, 포 더 국정원, 그것이 테러방지법입니다.

"필리버스터 부른 테러방지법이 '악법'인 까닭", 오마이뉴스입니다. 이경태 기자 글입니다.

"정의화 국회의장이 23일 오후 테러방지법(국민보호와 공공안전을 위한 테러방지법안)을 직권상정 했다. 더불어민주당 등 야당은 이에 대한 본회의 의결을 막으려고 무제한 토론(필리버스터)을 진행하고 있는 중이다.

2012년 5월 국회선진화법 도입 이후 첫 필리버스터다. 그만큼 테러방지법을 반드시 막아야 할 악법으로 규정한 셈이다. 이에 오마이뉴스는 국민의 생명과 재산을 보호하고 국가 및 공공의 안전을 확보하는 것을 목적으로 한 테러방지법을 왜 악법으로 규정하는지 정리했다.

[이유 하나] 테러방지법으로 북한 도발 막는다?

정연국 청와대 대변인은 이날 오전 춘추관에서 기자들과 만나 '북한의 추가 도발이 가시화되고 있는 상황에서 테러방지법을 속히 처리해 주길 바란다'라고 말했다. 테러방지법을 제정해야 할 까닭이 북한 때문이라고 공언한 것이다. 그만이 아니었다. 그동안 당·청은 북한의 4차 핵실험 및 장거리 미사일 발사 등으로 고조된 안보 위기를 테러방지법을 처리하기 위한 도구로 써 왔다.

지난 18일 열린 긴급 안보상황 점검 당정협의가 대표적 사례다. 당시 국가정보원은 '김정은 북한 국방위원회 제1위원장이 최근 대남 테러에 역량을 결집하라고 지시해 정찰총국 등이 대남공격 역량을 확충하고 있다'라고 주장했다. 아울러 '납치·테러 대상자 명단에 김관진 청와대 국가안보실장, 윤병세 외교·홍용표 통일·한민구 국방부장관 등 정부 외교안보 핵심 인사들이 포함됐다'고도 밝혔다. 이는 결국 직권상정을 이끌어 냈다. 정 의장은 이를 직권상정 지정요건 중 하나인 국가비상사태에 해당된다고 판단했다."

제가 생각했을 때는 잘못된 판단을 하신 겁니다.

"그러나 정작 법안 내용을 뜯어 보면, 이 같은 당·청의 행동은 기만 작전에 가깝다. 일단 테러방지법 제2조2항은 '테러단체란 UN이 지정한 테러단체를 말한다'라고 정의하고 있다. 그러나 북한은 국제적으로 테러단체 혹은 테러지원국가로 규정되어 있지 않다.

북한의 대남 테러를 막으려고 테러방지법 제정이 필요하다는 것도 수긍하기 어렵다. 국정원이 북한의 대남테러 역량 결집 첩보를 알린 자체가 이미 대테러 활동이 펼쳐지고 있음을 방증하기 때문이다.

이에 대해 이종걸 더불어민주당 원내대표는 지난 19일 '1948년 대한민국 정부 수립 이후 북한 간첩과 무장 도발을 법이 없어서 막지 못했다는 건 못 들어 봤다'라고 꼬집었다.

[이유 둘] 인권 침해 우려 독소 조항 가득한데 제도적 장치 마련했다?

김영우 새누리당 대변인은 이날 '야당이 주장하는 것과 다르게 이미 인권 침해를 막기 위한 제도적인 뒷받침도 모두

들어가 있다'라고 주장했다. 테러방지법 제정 시 국정원의
과도한 권한 행사로 인권 침해 우려가 있다는 야당의 주장에
대한 반박이다.

김 대변인 말대로 테러방지법 내용이 일부 달라지긴 했다.
앞서 야당은 '간첩조작사건 등 신뢰성이 떨어진 국정원에
과도한 권한을 부여하고 있다'라며 테러방지법을 반대했다.
이에 새누리당은 대테러 활동의 컨트롤타워를 국정원에서
국무총리실로 바꿨다. 이 밖에도 관계 기관의 대테러 활동으로
인한 국민의 기본권 침해 방지를 위해 국가테러대책위원회
소속의 대테러 인권보호관 1인을 배치하도록 했다. 아울러
관련 혐의를 무고·날조한 경우에는 관련 형법보다 가중
처벌하도록 했다.

하지만 이는 조삼모사에 가깝다. 일단 테러위험인물에 대한
출입국·금융거래 및 통신이용 등 관련 정보를 수집·조사할
실질적인 업무 권한은 여전히 국정원에 있다.

무엇보다 테러위험인물 등에 대한 모호하고 추상적인 규정은
인권 침해 가능성이 있는 독소 조항으로 평가받고 있다.

우선 테러방지법은 테러위험인물로 '테러단체의
조직원이거나 테러단체 선전, 테러자금 모금·기부, 기타
테러예비·음모·선전·선동을 하였거나 하였다고 의심할 상당한
이유가 있는 자'로 규정하고 있다.

이에 대해 민주사회를 위한 변호사모임(아래 민변) 등은 23일
긴급 의견서를 통해 '선전, 선동의 의미가 매우 불확정적이고
추상적'이라며 '테러위험인물을 지정하고 해제하는 절차와
주체도 없어서 국정원의 판단만으로 테러위험인물로 분류될
수 있다'라고 지적해 왔다.

민변 등은 '국정원장은 테러위험인물에 대해
출입국·금융거래 및 통신이용 등 관련 정보를 수집할 수
있다' 등 테러위험인물에 대한 정보 수집을 명시한 9조에
대해서도 '테러위험인물의 정의가 모호한 반면, 정보 수집,
제재, 프라이버시 침해, 기타 추적 등에 대한 국정원의 권한이
지나치게 포괄적이고 영장주의의 예외인 독소 조항을 다수
포함하고 있어 심각한 인권 침해가 우려된다'고 비판했다.

결국 인권 침해 우려를 사고 있는 알맹이는 그대로인데
컨트롤타워란 포장만 바꾼 꼴이다. 실제로 미국은 9·11 테러
직후 테러방지법인 애국자법을 제정했지만 외국민·자국민에
대한 무차별적인 도·감청 및 통신기록 수집 허용 사실 등이
드러나면서……"

누구 때문에 드러났다고 했지요? CIA의 직원이었던
스노든의 폭로로 드러났지요.

"2015년 6월 이를 폐기하고 미국자유법을 대체 입법했다.
[이유 셋] 이미 존재하는 테러방지 제도도 제대로 못
쓰면서……

테러방지법이 현재 우리나라에 반드시 필요한지도 의문이다.
박근혜 대통령은 지난해 12월 8일 '우리나라가 테러를
방지하기 위해서 이런 기본적인 법체계조차 갖추지 못하고
있다는 것을 IS도 알아 버렸다'라면서 테러방지법 처리를
촉구했다."

김광진 의원은 이 대목에서 이렇게 얘기했습니다.

"국가대테러활동지침, 국정원법 등으로 테러에 대한 예방과
처벌을 충분히 할 수 있음에도 불구하고 박근혜 대통령이 테러
관련법이 있다는 것을 모르는 것을 IS가 알아 버렸다는 것이
대단히 위험한 일이다"
라고 김광진 의원이 재치 있게 말한 바 있습니다.

지난 1월 대국민담화에서도 '현재 OECD, G20
회원 국가 중에 테러방지법이 없는 나라는 우리나라를
포함한 4개국에 불과하다'라고 강조했습니다. 이것도
허위사실이라고 제가 바로 직전에 설명드린 바 있습니다.

"그러나 이 같은 박 대통령의 주장은 사실이 아니었다.
우리나라는 1982년부터 국무총리를 의장으로 하는
국가테러대책회의가 존재한다. 정부는 지난해 IS의 파리
테러가 발발했음에도 이 회의를 한 차례도 열지 않았다."

기가 막히지 않습니까? 국가테러대책회의가 존재함에도
불구하고, 그 의장이 국무총리입니다. 이것도 황교안 총리가
김광진 의원한테 들켰어요.

'국가테러대책회의 의장은 누구입니까?', 몰라요. 그래서
김광진 의원이 '그것도 몰라요, 국무총리인데?', '예,
국무총리입니다.'

반응하는 데 0.36초 걸렸다고, 참 반사신경이 뛰어나다고
지적하는 언론을 제가 봤습니다.

"있는 기구를 쓰지도 않으면서 새로운 법을 만들려 한 셈입니다."
"실제로 국가테러대책회의의 의장인 국무총리조차 이 기구를
제대로 인지하지 못했다. 황교안 총리는 지난 18일 국회
대정부질문 당시 '국가테러대책회의의 의장이 누군지 아느냐'는
김광진 더불어민주당 의원 질문에 제대로 답하지 못하는
굴욕을 겪기도 했다.

심지어 국정원은 지금 존재하는 법령만으로도 테러
정보를 충분히 수집할 수 있다. 국가정보원법 3조에는 '국외
정보 및 국내 보안정보(대공, 대정부전복, 방첩, 대테러 및
국제범죄조직)의 수집·작성 및 배포'가 국정원의 직무로
규정되어 있다."

제가 크게 읽으니까 배가 좀 아프네요. 좀 천천히 낮은
목소리로 읽겠습니다.

"이와 관련 참여연대는 '테러를 방지하기 위해 통합방위법,
비상대비자원관리법, 대테러특공대, 국가테러대책회의
등 많은 제도적인 장치들이 마련돼 있으며, 사이버안전을
위해서도 국가사이버안전규정, 미래부 사이버안전센터 등이
존재한다'라면서 '문제는 테러방지법 제정이 아니라 기존
제도를 얼마나 잘 활용하는가에 달려 있다'라고 꼬집었다.

'OECD, G20 회원 국가 중 테러방지법이 없는 나라는
우리나라를 포함한 4개국'이란 박 대통령의 주장도
마찬가지다. 김광진 의원은 지난 22일 오마이뉴스 팟캐스트
'장윤선·박정호의 팟짱'과 한 인터뷰에서 '국회입법조사처에
따르면 오스트리아, 칠레, 덴마크, 핀란드, 체코, 헝가리,
아이슬란드에는 형법에 테러 행위에 관한 벌칙 조항이 있을
뿐'이라고 밝혔다. 즉 박근혜 대통령이 거론한 4개국 외에도
테러방지법이란 별도의 법체계를 두지 않은 나라들이 다수란
얘기다."

이게 지금 악법인 이유예요. 테러방지법이 악법인 이유, 오마이뉴스 기사입니다.

"[이유 넷] 증명되고 있는 정부·여당의 무리수, 왜 하필 지금?
결국 테러방지법은 국정원의, 국정원에 의한, 국정원을 위한 법처럼 되어 버렸다. 국정원의 대북 첩보를 바탕으로 한 공포로 직권상정이 가능하게 됐고, 이미 존재하는 관계기구와 법들을 생략한 채 통제 못 할 권한을 국정원에 건네주게 된 셈이다.

아울러 이 같은 비판이 충분히 예상 가능한데도 강행한 정부여당의 속내에 대해서도 논란이 일 수밖에 없다. 박근혜정부는 지난 2012년 대선 당시 국정원 댓글여론 조작 사건 등으로 상당한 부담을 안고 출범했기 때문이다.

이미 해석이 나오고 있다. 민변은 이날 논평을 통해 '이미 존재하는 테러대책기구와 제도의 존재조차 모르는 집권 세력이 이 시기에 오로지 테러방지법 하나만 콕 집어 직권상정을 압박하고 국정원장이 국회에 미확인 첩보를 흘리며 겁박하는 이유는 단 하나'라면서 선거개입공작을 우려했다."

2012년 국정원 댓글, 부정선거를 이제 노골적으로 더 하지 않을까 하는 우려를 민변에서 하고 있는 것입니다.

"민변은 '2012년 대선 개입 공작, 간첩 조작 사건 등에서 보듯 집권세력이 총동원되어 테러방지법 통과에 혈안이 되어 있는 것은 국정원의 권능을 강화하여 국민과 반대 정치세력을 사찰, 감시하고 또다시 선거 개입 공작을 하고자 함에 있는 것'이라고 주장했다. 또 '비대화된 공룡 조직 국정원이 본래 소임을 다하도록 개혁이 진행되기는커녕 그에 역행하여 또다시 권능이 추가되려는 이 비극적 상황에 개탄을 금할 수 없다'라고 밝혔다."

오마이뉴스 이경태 기자가 분석한 테러방지법이 왜 악법인지를 밝히고 있는 것입니다. 언론인들이 보는 시각도 제가 보는 시각도 방청석에 있는 여러분들도 국회방송을 시청하고 있는 국민들도 대체적으로 이제 시각이 비슷하지 않을까 생각합니다.

또 다른 관점에서 역시 훌륭한 언론사 오마이뉴스, '테러방지법은 국정원 밥그릇 지키기 법이다' 하는 부분에 대해서 잘된 글이기에 소개해 드릴까 합니다.

'테러방지법은 국정원 밥그릇 지키기 법이다.'
"그렇다면 테러를 방지하는 데 부족한 것이 아무것도 없다는 건가? 그렇지는 않다. 취약한 구석이 있다. 지금 우리나라에서 가장 취약한 구석은 뭘까? 단언컨대 국가정보원의 해외정보수집능력이다. 박근혜 대통령이 강조해 마지않는 국제 정보 교류 및 공조의 강화를 위해서도 국정원을 개혁하여 해외정보수집과 분석에 집중하게 해야 한다.

부족한 것은 국정원의 해외정보수집능력이다. 유감스럽게도 우리나라 국가정보원은 그 덩치나 무제한의 권한에 비해 독자적인 해외정보수집능력이 지극히 부족하다. 대북·해외·국내 정보 수집을 독점하고, 기획조정이라는 이름으로 각급 정부부처와 기관들을 쥐락펴락하며, 대내 심리전을 빙자해 민간인들을 사찰하거나 정치에 개입하는 등 불필요한 일에 시간과 인력을 낭비하고 있기 때문이다.

최근 수년간 일어난 국정원의 민간인사찰사건, 대선개입사건, 불법해킹사건, 중국 동포 간첩조작사건 등은 국정원 일탈행위의 일각을 보여 주고 있다.

국정원의 일탈을 보여 주는 증거뿐만 아니라 국정원의 무능을 보여 주는 사례도 끝없이 열거할 수 있다. 특히 다음에 열거하는 것은 국정원이 IS에 대해 독자적인 정보수집능력을 갖추고 있을 가능성이 거의 없음을 보여 주는 정보 실패 사례다.

2003년 이라크 파병 당시 국정원은 석유자원 확보와 안전 등을 고려할 때 이라크 북부가 파병지로 바람직하다는 의견을 내놨다. 첫 파병지로 거론된 곳은 이라크 북부의 모술이었다. 군과 국정원은 모술이 안전하다고 주장했고, 군이 주도한 현지조사단의 정부 측 참가자들은 현지 군부대 등을 건성으로 시찰한 후 모술이 안전하다고 보고했다. 민간연구자로서 현지조사단에 참여했던 박건영 교수만 유일하게 조사단 일정이 실제 조사를 포함하지 않았으므로 '모술이 안전한 파병지'라는 결론에 찬동할 수 없다고 밝혔다.

하지만 유엔 이라크지원단이 타전하는 일일보고서에는 모술이 이라크에서 종족 간 무장갈등이 가장 심한 곳 중의 하나로 보고 있었다. 모술이 위험한 지역이라는 정보를 국내에 제공한 것은 국정원이 아니라 유엔을 모니터하던 시민단체, 참여연대였다.

한편 우여곡절 끝에 이라크 북부의 아르빌에 자이툰 부대를 파견하기로 한 한국 정부는 아랍어 통역병을 모집해서 현지로 파견했는데 현지에 도착해서야 아르빌 지역에서는 아랍어가 아닌 쿠르드어를 사용한다는 웃지 못할 사실을 확인한 일이 있었습니다. 이것이 당시 우리나라 해외정보력의 수준이었습니다.

자이툰 부대가 주둔한 아르빌 지역이 아랍어가 아니라 쿠르드어를 사용한다는 사실을 국정원이 모르고 있었답니다.

지금 모술 인근 지역은 IS가 점령한 상태로 쿠르드족, 투르크족 등 3파전의 무장갈등이 지속되고 있다. 하지만 국정원도 군도 외교부도 한국의 이라크 파병이 이라크, 특히 우리가 파병했던 이라크 북부지역의 평화와 재건에 과연 긍정적인 역할을 미쳤는지 어떤 모니터 보고서도 내놓지 않고 있다. 참여연대가 매년 국회를 통해 자료를 요청하지만 단 한 번도 국회에 공개된 바 없다.

이렇게 이라크 상황에 대한 평가나 정보가 부족한 상태에서 이명박 정부는 자원외교라는 이름으로 이라크 만수리아와 아카스 가스전 개발에 투자했다. 이 사업은 IS와 이라크 정부군 간의 내전이 격화됨에 따라 2014년 6월부터 현장작업이 중단된 상태다. 어디 이라크뿐인가? 20조 이상의 손실을 낳은 것으로 평가되는 자원외교의 실패에는 부정부패도 있지만 고질적인 해외정보 부족이 큰 몫을 차지하고 있다. 이게 국정원과 정부의 해외정보력 수준이다. 이런 국정원에게 테러방지법을 던져 준다고 한들 제대로 일을 할 수 있겠는가?

박근혜정부의 국정원에서 북한 담당 기획관 1급으로 일했던—이름을 읽지는 않겠습니다—구 모 미래전략연구원

원장은 신동아와의 인터뷰에서 '국정원은 정권안보기구로 출범했다는 태생적·체질적 한계를 극복하지 못했다', '국가안보보다 정권 안보를 중시하는 체질 때문에 정치권력에 줄 대는 행태가 나타났다'고 혹평했다. 그는 또 '정보기관 요원들이 댓글 공작이나 하고 북한과 관련해 소설 같은 이야기를 흘리는 언론플레이 공작이나 하는 것은 부끄러운 일'이라며 '해외 및 북한 파트와 국내 파트를 분리하는 것을 포함한 구조 개혁을 단행해야 한다'고 주장했다.

그는 정권안보기구로서의 성격이 강한 국정원뿐 아니라 검찰 또한 과도한 권력집중 및 정치화의 병폐를 갖고 있다면서 국정원의 국내 분야는 경찰의 수사기능과 합쳐 미국 연방수사국(FBI)과 비슷한 형태의 중앙수사국(KFBI)으로 통합하고 검찰은 수사 기능을 KFBI에 넘기고 미국식 공소유지 전담기구로 재편하며, 국정원은 해외 및 북한을 담당하는 독립 정보기구로 개혁할 것을 제안한다.

이렇듯 국정원이 오남용해 온 과도한 권한과 기능—국내정보수집기능, 수사기능, 기획조정기능, 대내 심리전 기능—을 없애고 해외와 북한 관련 정보 수집을 전담하게 해야 한다는 것은 일부 진보 인사만의 주장이 아니다. 보수·진보를 넘어 정보개혁을 위한 필수조치로 받아들여지고 있는 것이다. 해외정보국으로의 개편, 국정원이 국민의 안전에 지금보다 훨씬 더 기여할 수 있는 길은 바로 그것이다.

테러방지법은 국정원 밥그릇 지키기 법이다. 그런데 지금 국정원이 밀어붙이고 있는 테러방지법, 사이버테러방지법은 불행하게도 역방향으로 가고 있다. 이들 법안은 무늬만 테러방지법일 뿐 사실상 국정원이 그 본령인 해외정보수집기능을 강화하기보다 국내 정보수집, 조사와 수사, 정책 조정, 작전 기능, 그 밖의 시민 사찰과 정치 개입을 더욱 강화하도록 고안된 법안이다. 국정원의 비효율, 무능을 더욱 극대화하고 인권침해만 가중시킬 우려가 크다.

무엇보다도 여당 의원들에 의해 국회에 제출된 테러방지법안들은 법률적으로 모호한 테러 행위를 예방한다는 명분으로 국정원 등 국가기관에 과도하고 포괄적인 권한을 부여하고 있다. 4개의 테러방지법안은 국정원에게 테러 및 사이버테러 정보를 수집·분석할 뿐만 아니라 정부 부처의 행동계획을 수립하고 나아가 대응을 직접 지휘하면서 필요시 군을 동원하는 등 집행기능까지 수행하는 광범위한 권한을 부여하고 있다.

예를 들면 국정원 산하에 대테러센터를 두어 정보를 집중하고, 국무총리가 주관하고 정부 유관 부처가 참여하는 국가테러대책회의를 두되 그 산하 대테러상임위원회의 의장 역시 국정원장이 담당한다는 것이다. 지역과 부문의 테러대응협의체도 해당 지역과 부문의 국정원 담당자들이 주관한다. 국정원에 의한, 국정원을 위한, 국정원의 테러방지법인 것이다.

박근혜정부와 국정원이 추구하는 테러방지법은 미국의 사례를 따르는 것처럼 보이지만 사실은 미국의 체계와 사뭇 다르다. 9·11 전후 미국은 3년간 논의 끝에 2004년 정보기구를 개편했는데 그 핵심은 정보분석취합기능을

CIA에서 떼어 내는 것이었다. CIA에 집중된 정보분석기능이 정보실패를 가져왔다는 판단 때문이었다.

대신 정보 취합·분석을 전담할 국가정보국장실을 신설하고 해외 정보 수집은 CIA와 DIA(국방정보국), 국내 정보 수집과 수사는 FBI(연방수사국), 전자신호 정보 수집은 NSA(국가안보국), 영상정보 수집 및 분석은 NRO(국가정찰국), NGA(국가공간정보국) 등으로 각 정보기구의 역할을 전문화하였다.

국가정보국장실은 이들 정보기구들을 포함한 17개 부서(보통 Intelligence Community)에서 올라오는 각종 정보를 취합하여 분석하고 데이터베이스를 축적하는 국가 독립기구로서 대통령과 NSC(국가안전보장회의), 국토안보부를 보좌한다.

정보 수집·분석 기능과 조사·수사 기능도 각각 분리되어 있다. 해외에서 군사작전 중에 체포된 적 전투원에 대해서 일부 CIA와 DIA가 수사하지만 대부분의 조사 및 수사 기능을 FBI가 담당한다. 특히 잠재적인 테러 위협을 조사하고 대비하기 위해 FBI 산하에 테러리스트조사센터를 별도로 운영하는데 이 센터는 FBI 산하기구이지만 법무부, 국무부, 국방부, 국토안보부 등이 협력하여 운영한다.

요약컨대 9·11 테러로부터 미국 정보당국이 얻은 교훈은 정보 독점은 실패를 낳는다는 것이다. 따라서 9·11 이후 미국 정보 개혁의 핵심은 정보 수집과 분석의 분리, 정보주체와 집행주체의 분리, 각급 기관 간 견제와 균형의 확대를 지향했다. 그런데 한국에서는 비대하고 무능하며 국내 정치 개입을 일삼는 국정원에게 더욱 많은 사찰 기능과 독점적 권한을 부여하는 방향으로 테러방지법을 제정하려고 하고 있는 것이다."

미국 말을 잘 들으면서 이런 것은 또 왜 미국을 안 따라 하는지 모르겠습니다.

"인권침해 논란 속에 폐지된 미국판 테러방지법"입니다.

● **부의장 이석현** 정 의원, 이제 제가 교대할 시간이 됐네요.

지금까지 벌써 9시간 반 동안 열심히 하고 있는 데 대해서 격려를 보냅니다.

● **정청래 의원** 예.

● **부의장 이석현** 역사는 그냥 발전하는 것이 아닙니다. 남극 바다에서 쇄빙선이 얼음을 깨면서 앞으로 전진하듯이 자유와 진실의 역사도 온갖 억압과 방해를 깨면서 한 걸음 한 걸음 앞으로 나아가는 것입니다. 그 역사의 쇄빙선 위에 우리 정청래 의원이 탑승하고 있는 데 대해서 감사와 신뢰를 보냅니다.

남은 시간에도 열심히 하셔서 좋은 말씀 많이 하십시오.

● **정청래 의원** 감사합니다. 고맙습니다.

"한편 최근 국회에 제출된 테러방지법안, 사이버테러방지법안들은 하나같이 국정원 등의 공안기구에

테러단체 혹은 테러위험인물을 지정할 권한을 주고 테러위험인물로 의심할 만한 상당한 이유가 있는 경우 출입국관리기록, 금융거래정보 및 통신사실 확인자료 등을 영장 없이 요구할 권한도 부여하고 있습니다.
(이석현 부의장, 김춘진 의원과 사회교대)

평범한 해킹도 사이버테러의 범주에 포함하고 모든 통신사마다 의무적으로 도·감청 설비를 구입할 것을 의무화하는 독소 조항도 있다. 반면 국정원이 지닌 과도한 권력에 비해 그 인력·예산·활동 내역에 대해서는 정부 내부와 국회를 막론하고 어떤 견제와 감시도 미치지 못해 불투명한 반민주적 기구의 대명사로 국내외에 오명을 떨치고 있는 실정이다.

이 문제에 대해서도 미국의 사례는 참고할 만하다. 미국은 9·11 사건 직후 패키지 테러방지법인 애국자법을 제정했는데 이 법은 제정되자마자 그 비효율성과 부작용에 대한 비판에 직면해 2006년 대폭 개정되었다. 그 후에도 독소 조항에 대한 논란이 이어져 2015년 6월 2일 결국 폐기, 미국자유법으로 대체되었다.

그중 대표적인 독소 조항의 하나가 애국자법 215조이다. 215조는 NSA가 외국인과 자국민에 대해 무더기로 도·감청하고 통신기록을 수집할 수 있도록 허용하여 인권침해 논란을 빚었다. 2004년 조지 W. 부시 대통령이 구성한 대통령 직속 사생활보호 및 시민자유 검토위원회는 'NSA의 통화기록 프로그램이 대테러 조사활동에 가시적인 성과를 냄으로써 미국에 가해지는 위협을 개선했다는 어떤 증거도 없다'고 비판했지만 2006년 이 법을 대폭 개정한 후에도 이 독소 조항은 사라지지 않았다.

2013년 전 NSA 직원 에드워드 스노든이 미국 정부가 전 세계와 자국민을 상대로 무차별 도·감청을 자행해 왔다는 사실을 폭로한 후에야 비로소 이 조항의 개폐가 정부와 의회에서 진지하게 논의되기 시작했다.

2015년 6월 애국자법이 폐지된 후 이를 대체한 미국자유법은 그동안 논란이 되어 왔던 NSA의 외국인과 자국민에 대한 무차별 도·감청과 무더기 통신기록 수집을 금지하고 대신 자국민에 대해서는 영장받은 선별적 감청만 가능토록 했다.

애국자법의 또 다른 독소 조항 중의 하나는 국가안보레터다. 애국자법 505조는 FBI가 일종의 행정명령인 국가안보레터를 발송하여 인터넷 서비스 제공자, 도서관, 은행, 신용카드 업체 등에게 가입자의 통신기록 또는 거래기록을 통째로 요구할 수 있도록 했다. 국가안보레터 제도는 예전에도 있었던 제도이지만 애국자법 제정과 더불어 그 발행 요건을 대폭 완화한 것이다. 심지어 국가안보레터를 받은 사업자는 고객의 정보를 FBI에 제공했다는 사실조차 고객에게 알릴 수 없도록 했다.

2014년 오바마 대통령이 구성한 대통령 직속 정보재검토 그룹은 '다른 유사한 수단들이 법원의 허가를 필요로 하는 데 반해 국가안보레터만 FBI에 의해 발행되어야 할 원칙적 이유를 찾을 수 없다'며 이 제도의 개선을 요구하기도 했다. 하지만

애국자법 대신 제정된 미국자유법에서도 법원의 허가 없이 레터를 발행할 수 있도록 한 조항은 폐지되지 않고 존속하게 되었다.

다만 미국자유법은 국가안보레터 발행 시 FBI를 비롯한 관계기관은 이용자 정보를 통째로 요구하지 못하고 필요한 정보를 특정하도록 제한했고 국가정보장으로 하여금 매년 국가안보레터 발행 건수와 정보수집 건수를 웹사이트에 의무적으로 공개하도록 하였다. 또한 과거의 함구령도 일부 개선하여 레터를 받은 사업자는 매년 총 몇 번의 레터를 통해 총 몇 명의 기록을 제공했는지 공개할 수 있게 하였다.

프랑스에 테러방지법이 없어서 파리 테러를 당한 게 아니다. 한마디로 지금 국회에 제출되어 있는 테러방지법안과 사이버테러방지법안들은 미국에서는 이미 폐기되거나 제한되고 있는 것을 국정원과 검경에게 부여하는 독소 조항을 가득 담고 있다. 이 법안이 통과되어서는 안 된다.

미국, 영국, 스페인, 러시아, 프랑스 등 이슬람 극단주의 단체로부터 무장공격을 당한 나라들이 테러방지법이 없어서 당한 것은 아니다. 이들 나라의 대외 정책이 정의롭지 못해 해당 지역 주민들에게 큰 불행을 안겨 주었기 때문에 극단주의 세력의 표적이 된 것이다.

IS는 우리나라가 미국을 도와 파병했던 이라크에서 사실상 시작되었다. 우리나라가 IS의 표적이 되었다면 테러방지법이 없어서가 아니라 미국을 도와 제3위 규모의 군대를 이라크에 파견하고 그 후로도 이라크 등에 일어난 재앙에 대한 책임감을 느끼는 대신 석유자원 확보니 가스전 개발이니 하는 몰염치한 일에 아무런 현지 정보도 없이 엄벙덤벙 나섰기 때문이다. 우리나라 정부가 첫 파병지로 물색했던 모술은 지금 IS가 점령하고 있다.

변화가 절실하다. 대책도 시급하다. 가장 절실한 변화는 테러와의 전쟁에서 협력해 온 지난 14년간 우리나라 대외 정책을 돌아보는 일이다. 공포를 과장하고 적개심을 고취하는 것으로 문제를 해결할 수 없다. 지금 가장 시급한 대책은 테러방지법이 아니다. 국정원을 개혁하여 해외 정보수집에 집중하게 함으로써 국민이 준 세금이 아깝지 않게 하는 일이다."

이 오마이뉴스 기사에도 나오지만 이라크에 우리 국군장병이 파병된 적 있습니다. 자이툰부대, 제가 초선 때 이라크 자이툰부대를 방문한 적 있었습니다. 아르빌에 있는 자이툰부대에 다녀왔습니다. 저희들이 그 아르빌에 도착할 때까지 얼마나 힘들었는지 모릅니다. 언제 총으로 요격당할지 모르는 상황이었고, 그래서 비행기가 급전직하하기도 하고 급상승하기도 하고 각종 곡예를 다 타면서 비행기 테러 위협 속에서 다녀온 적 있습니다.

40도 정도 되는 열사의 땅에서 우리 장병들은 참으로 유능했고 훌륭했습니다. 사실은 제가 이라크 파병을 반대하는 입장에서 이라크 자이툰부대를 방문했는데 방문해서 보니까 우리의 국군장병들은 너무나 훌륭했고 똑똑했습니다. 소위 말하는 이라크 지역주민들을 대상으로 한 민사작전을 했습니다. 태권도도 가르쳐 주고 미술공부도

시켜 주고 글공부도 시켜 주고 음악공부도 시켜 주고 있는 것이 우리 자이툰 장병들이었습니다. 대단히 유능했고 대단히 똑똑합니다.

우리의 군 병력은 너무나 훌륭합니다. 그러나 이 훌륭한 사병들을 지휘하고 있는 국방부의 최수뇌부들이 잘못된 국방 정책을 한다면 우리의 아까운 인적 자산인 너무나 훌륭한 우리의 장병들과 장교들의 아까운 목숨을 날릴지도 모릅니다.

저는 그곳 자이툰부대 아르빌에 가서 '꼬레아, 꼬레아'를 외치면서 한국 자이툰부대 장병 트럭 뒤를 따라 다니는 어린아이들을 보았습니다. 작은 마을축제 체육대회가 벌어졌을 때 그 아르빌의 지역주민들이 대한민국을 얼마나 사랑하고 좋아하는지를 저는 보았습니다. 같이 갔던 국회의원들도 똑같은 생각을 했습니다. 문제는 이렇게 훌륭한 장병들을 잘못 지휘하는 국방부의 수뇌부가 문제가 있다면 있는 것이지 이라크 자이툰부대 파병을 반대했던 저로서도 그 국군장병들을 반대한 것은 아니었습니다.

마찬가지로 국정원에서 목숨을 걸고 지금도 일하고 있는 국정원 요원들이 있습니다. 그 국정원 요원들을 비판하는 것이 아닙니다. 잘못된 수뇌부 몇 명, 웃머리들, 이분들의 잘못된 것을 비판하는 것입니다.

박근혜 정권을 비판한다고 하여 박근혜 정권하에 있는 모든 공무원들을 우리가 비판하는 것입니까? 그것은 아닙니다. 훌륭한 공무원들 많이 있습니다. 잘못된 국가 시책에 비판할 게 있어도 아무 말 못 하고 묵묵히 따라 가야 되는 그 공무원들 심정을 저는 이해합니다. 최경환 경제부총리의 초이노믹스가 잘못됐다는 것을 알고 있으면서도 어쩔 수 없이 따라가야 했던 기재부 공무원들의 아픔을 저는 이해합니다.

어쨌든 지금 이렇게 테러방지법이 악법인 까닭, 테러방지법이 국정원 밥그릇 지키기 법이라는 것을 우리가 살펴보았듯이 이처럼 많은 문제점을 안고 있는 새누리당의 테러방지법률, 국정원에 정보수집권을 주는 안을 차선책으로라도 받아들이기 위해서는 국가정보원의 개혁이 먼저 이루어져야 합니다.

대테러방지법률안에 규정된 몇 가지 사항은 반드시 개정해야만 저희 더불어민주당이 수용할 수 있습니다.

첫째, 테러인물에 대한 추적권·조사권을 삭제하고 그 기능을 대테러센터에 이관해야 합니다. 국정원에게 무소불위의 추적권·조사권까지 주어서는 큰일 납니다.

둘째, 국회에 견제장치가 마련돼야 합니다. 국정원에 대한 민주적 통제가 이루어져야 합니다. 그 견제장치로 검토되는 것은 신분이 보장된 국회가 추천한 상설감독관이 복수로 대테러센터에 나가 감독업무를 담당하게 해야 합니다. 국정원이 정보 수집한 사안에 대해서는 일정 기간마다 해당 상임위에 보고해 국회의 통제가 가능하도록 하는 규정이 반드시 신설돼야 합니다.

'둘째' 이 내용은 저로서는 미흡하다고 생각합니다만 이 정도라도 제가 이것을 옳다고 마음에 들어서 주장하는

것이 아니라 그래도 여야가 타협할 수 있다면 인권보호관 1명보다는 그래도 새누리당도 추천하고 우리 당도 추천하고 다른 야당도 추천해서 좀 더 많은 숫자가 그것을 감시할 수 있게 한다면 그리고 주기적으로 국회에 보고할 수 있게 한다면 그래도 한번 울며 겨자 먹기로, 한 번쯤 생각해 볼 일이지 않겠는가 하는 차원에서 말씀드립니다.

이것을 말하고 있는 저도 제가 싫습니다. 이것은 아닌데 타협을 위해서 이렇게라도 말해야 하는 제가 싫습니다.

셋째, 독소 조항인 부칙 제2조 무제한 감청권을 부여하도록 하는 통신비밀보호법 개정과 금융정보이용에관한법률 개정을 대테러방지법 통해 하는 것은 옳지 않기에 이 부칙 조건, 부칙 사항은 삭제되어야 마땅합니다.

다음은, 제가 아직도 시간이 많이 필요할 것 같습니다. 빨리빨리 하겠습니다.

지금 진선미 의원이 다음 타자인데요. 진선미 의원에게 좀 말씀드리면, 국가정보원 정치 개입의 위험성, 중앙정보부와 안기부의 공작정치, 중앙정보부와 안기부의 간첩조작 사건 이런 것을 더 해야 되거든요. 새누리당 정권에서의 국정원의 공작정치, 국가정보원 개혁의 필요성, 이런 것을 앞으로 더 해야 되는데 더 쉬다 오세요. 한 두세 시간 더 해야 될 것 같은데……

아이고, 다리 아파.

국가정보원 정치 개입의 위험성에 대해서 살펴보도록 하겠습니다.

이쯤 하니까 저도 다리도 아프고 입도 아프고 할 말은 있고 하기는 해야 되겠고 합니다.

국가정보원 정치 개입의 위험성, 테러방지법률안을 더불어민주당과 많은 국민들이 반대하는 가장 큰 이유 중 하나는 국가정보원을 신뢰할 수 없다는 것입니다. 저도 국정원을 너무나 신뢰한 나머지, 사랑한 나머지 합법적으로 핸드폰 감청 권한을 줬으면 좋겠습니다.

왜냐하면 우리나라 사람이요 미국에 가잖아요. 저 사람이 산업스파이 의심을 받잖아요. 그러면 그 사람 감청합니다, 미국 정보기관에서. 그런데 우리는 법적으로 못 하게 되어 있어요.

그래서 제가 정보위 간사를 할 때도 국정원장들이 항상 저를 만나면 통사정하는 일이 핸드폰 감청 허용이었습니다. 그래서 제가 그랬어요. '선의의 목적으로 선의의 수단으로 산업스파이를 잡는 것으로 혹시 테러의 위험으로부터 그것을 예방하기 위해서 필요하다면 나는 핸드폰 감청을 할 수 있다고 본다. 법원의 영장에 의해서. 그런데 그렇게 해 주고 싶어도 국가정보원이 또 어떤 짓을 할지 모르기 때문에, 분명히 정치 사찰, 민간인에 대한 사찰 이런 것을 할 수 있기 때문에 그쪽으로 엉뚱하게 흘러갈 가능성이 있기 때문에 내가 마음을 먹지 못하겠다'라고 얘기한 적이 많습니다.

국정원은 십수 년 전부터 핸드폰 감청을 거의 우리의 소원은 통일처럼 국정원의 소원은 핸드폰 감청이었습니다. 그런데 그것이 안 되는 이유가 국민들이 반대가 심하지

않습니까? 국정원이 저지른 범죄 때문에 그렇습니다.

국정원의 역사, 국정원은요, 1961년 5·16 군사쿠데타 이후 박정희 대통령이 만들었던 정보기관이지요. 중앙정보부로부터 시작하지요. 1980년 국가안전기획부로 명칭이 바뀌었다가 1999년 김대중 대통령 시절 국가정보원으로 이름이 또 바뀌었습니다. '음지에서 일하고 양지를 지향한다'는 국가재건최고회의에서 제정해 중앙정보부 및 국가안전기획부 시절에 쓰인 첫 번째 원훈입니다.

1999년 김대중 정부 때 국가정보원으로 격하되면서 원훈을 '정보는 국력이다'로 바꾸었다가 2008년 10월에 다시 '자유와 진리를 향한 무명의 헌신'으로 바꾸었습니다.

제가 이것을 읽어 드린 이유는 중앙정보부가 국가안전기획부가 국가정보원이 자신들의 원훈처럼 과연 그렇게 했습니까?

여러분들은 중앙정보부, 안전기획부, 안기부 그러면 어떤 기억이 떠올려집니까? 무리한 대공수사, 고문, 조작된 간첩 사건, 뭐 이런 것만 떠올려지지요.

1999년 이름이 국정원으로 바뀐 후에도 군사정권하에서 벌어질 법한 일들이 많이 벌어졌습니다. 김대중 정부, 노무현 정부에도 국정원의 못된 짓은 계속됐습니다.

박근혜정부 들어서서 국가정보원 여론 조작 댓글 부정 사건도 있었고요. NLL 정상회록 무단 공개, 유우성 서울시 공무원 간첩 조작 사건, 카카오톡 사찰 논란, 좌익효수, 신경민 의원이 좌익효수 유 모 씨까지 공개했지요.

참, 이 좌익효수 같은 이상한 사람이 어떻게 국가공무원 국정원 입사시험에 합격을 했는지, 그리고 이렇게 인간 이하의 그런 짓들을 하는 사람이 국가정보원 직원인지, ID도 살벌하지 않습니까? '좌익효수', '효수'라는 말이 뭔지 알지요? 참, 이런 사람을 아직도 국정원이 감싸고 있다는 것이 국정원의 수준을 의심케 합니다.

하여튼 좌익효수 등 불미스러운 사건들이 연달아 터져서 언론 노출이 잦아지고 이미지도 다시 예전처럼 나빠지고 있는 중이다, 이들의 역기능이나 권력이 오죽 크면 넷상에서 국정원 욕하면 코렁탕 마신다는 농담이 공공연히 사실처럼 돌고 있을까 하는 생각해 볼 부분이 있습니다. 대통령도 온갖 비판을 다 당하지만 국정원만큼은 무서워까지 못하는 사람들이 많이 있을 지경이니 세간의 인식이 어떤지 잘 알 수 있습니다. 일각에서는 국정원을 악마 같은 것으로 보는 극단적인 경우도 나오고 있습니다.

저도 페이스북, 트위터에 국정원 직원인지도 모를 그 사람들이 들어와서 온갖 악담을 퍼붓고 나가곤 합니다. 설마 국정원 직원일까 생각하지만 대선 때 보니까 그런 유들이 국정원 댓글부대였더라고요.

국가정보원의 대선 개입이 결국 사실로 드러났습니다. 검찰이 작성한 국정원 대선 개입 사건 범죄일람표는 무려 2120페이지에 이릅니다. 일람표를 분석한 오마이뉴스에 따르면 검찰은 국정원 요원이 올린 게시글 중 북한·종북 등의 내용을 제외하더라도 정치 관여와 선거운동 혐의가

있는 게시글이 무려 1977건이나 올라간 것으로 파악했다고 합니다.

그리고 찬성·반대 클릭행위 중 1346개의 대상글에 1711건이 찬반행위가 정치나 선거 개입 혐의가 있다고 판단했다고 합니다. 놀라운 것은 이것도 아주 많은 글이 삭제된 후에 남은 극히 일부에 불과하다는 점입니다.

제가 19대 국회 전반기 정보위 간사를 하면서 국정원 댓글 사건, 원장님 지시말씀을 저 앞에 있는 진선미 의원이 폭로를 하고 그리고 국정원 댓글 사건 국정조사특위가 만들어졌습니다. 저도 특위 위원으로 그 국조특위 간사로 동분서주하며 열심히 일을 했습니다.

분명한 것은 국정원 심리전단요원들이 불법적인 댓글을 달았고 원세훈 원장은 원장님 지시사항으로 정치에 개입했습니다. 국정원법과 선거법을 위반한 것입니다. 선거법과 국정원법은 9조인가요, 똑같은 조항입니다. 정치적 중립, 선거운동을 할 수 없습니다.

국정원 요원들이 댓글을 달아서 박근혜 지지, 당선을 위해서 일했습니다. 그 흔적들이 나옵니다. 그게 서울경찰청 사이버수사대에서 사이버수사대 요원들이 '어, 국정원 직원들이 나오네. 댓글 흔적이 나오네' 이런 것이 동영상으로 다 나왔고 저희가 국정원국정조사특위에서 저도 동영상을 틀었습니다. '어, 그런데 이것 밝혀지면 큰일나지. 지워, 지워, 지워', 그것 다 지웁니다. 누가 지우는지 아세요? 서울경찰청 사이버수사대 요원들이 지웁니다. 그리고 '댓글 없다' 하고 2012년 12월 16일 발표를 합니다.

그 후 1년 후 어느 여론조사기관에서 '12월 16일 댓글이 없었다라고 그 발표만 없었다면 당신은 누구에게 투표했을까요?', 그 여론조사에서 박근혜를 찍었던 7%의 국민들이 문재인을 찍었다라고 응답했습니다. 그 7%를 따져 보니 문재인 후보가 훨씬 많은 표로 박근혜 대통령을 눌렀다는 가상결과가 나왔습니다.

(「아니, 이것 대테러방지법에 관해서 이야기를 해야지 자꾸 그렇게 하세요?」하는 의원 있음)

(「그거 국정원이 한 짓이잖아요」하는 의원 있음)

박근혜 대통령 나오니까 민감하시군요. 무섭긴 무서우신가 봐요, 총선 앞두고.

(「법을 제대로 지키고 절차를 지켜야지요, 정청래 의원님」하는 의원 있음)

이름 말씀해 주세요. 제가 호명해 드리겠습니다. 박근혜 대통령이 알아들을 수 있도록 제가 이름을 말씀해 드릴게요.

(「의장님!」하는 의원 있음)

조용히 하세요, 그러니까.

조금 이따가 제가 국정원국정조사보고서를, 굉장히 두꺼운데요, 다 말씀드릴 수 없음이 유감스럽습니다. 저희 의원실로 혹시 보고 싶은 분 있으면 제가 보여 드리겠습니다. 거기에 어떻게 국정원이 조직적으로 댓글 공작을 했고, 어떻게 서울경찰청 사이버수사대에서 조직적으로 은폐를 했는지, 어떻게 권은희 수사과장을 왕따를 시켰는지 소상하게 다 나와 있습니다.

박근혜 후보와 문재인 후보가 마지막 TV토론에서 국정원의 댓글……

(「아니, 의장님! 가만히 계시려면 의장님은 거기 뭐 하러 앉아 계십니까?」하는 의원 있음)

(「조용히 들어!」하는 의원 있음)

댓글 흔적은 없었다고 말했지만 그것이 결국 거짓말로 드러났습니다.

시끄럽게 하지 마시고……

(「절차를 지키세요」하는 의원 있음)

그러면 나가 주세요. 예의를 지키라는 말이 예의가 없는 말입니다. 그런데 이름이나 얘기하고 말씀하세요.

(「이름 말할 필요도 없어요」하는 의원 있음)

다음 총선 때 도움받으시려면 이름을 얘기하세요.

정보기관이 정치에 개입할 경우의 위험성에 대해서는 우리나라뿐만 아니라 제3세계 국가들의 사례를 통해서도 확연히 알 수가 있습니다. 간략하게 몇 나라만, 우리나라도 그렇지만 다른 나라도 국정원이 정치에 개입을 많이 합니다.

다른 나라 얘기하는 것은 괜찮지요? 박근혜 대통령 얘기만 안 하면 되지요?

제3세계 국가에서 국가의 정보기관이 국내 정치에 개입하여 영향을 미친 사례 및 처리결과를 문헌조사 및 신문기사 검색을 통하여 정리해 봤습니다. 이것은 국회의 입법조사처에 제가 물어봤던 내용입니다.

제3세계 국가들, 특히 남미의 아르헨티나, 칠레, 우루과이, 파라과이, 과테말라, 엘살바도르, 페루 등에서 1980년대 및 1990년대의 민주화 이후 진실과화해위원회가 운영되거나 과거 인권유린 및 공작정치에 대한 사법적 처리가 시도되었으나 대부분의 경우 책임자에 대한 실제적인 처벌은 이루어지지 않았습니다. 이들 중남미 국가도 우리나라 독재시절의 정보기관들의 모습을 고스란히 보여주고 있습니다. 별반 다른 게 없습니다. 대부분의 제3세계 국가에서 과거 인권탄압 및 공작정치에 대한 조사는 민주화 과정에서 세력 간 타협에 의해 군부독재 세력의 과거 범죄에 관한 사면을 전제로 이루어지는 경우가 대부분이었으며 구세력의 다양한 방해와 회피, 경제난 등 현안 과제에 밀려 조사 차원을 넘어 전면적인 사법적 처리를 달성한 경우는 찾기 어려웠습니다. 특히 정보기관에 의한 정치 개입의 경우 사면 또는 형사시효 문제 및 자료 확보의 어려움으로 조사활동조차 제대로 이루어지지 못한 경우가 대부분인 것으로 보입니다.

이 글에서는 정보기관 또는 군부독재 책임자의 처벌과 관련된 내용이 일부 확인되는 제3세계 국가 및 동독 및 동구권의 사례를 한번 살펴보았습니다.

라틴아메리카

1. 아르헨티나

1976년 쿠데타로 정권을 잡은 호르헤 비델라 등 군부세력은 반대자들에 대하여 소위 추악한 전쟁, 더티 워(dirty war)를 벌이면서 군과 경찰, 정보기관 극우 무장단체를 동원하여 수많은 이들을 납치·살해했습니다.

포클랜드 전쟁 패배 후 1982년 과도정부의 레이날도 비그노네 대통령은 국가적 화해의 법률을 공포하여 과거 1973년부터 82년 사이 군부정권에 의하여 저질러진 모든 형사적 범죄에 대하여 사면하고 관련 문서들을 폐기했습니다.

1983년 민선 알폰신 대통령은 위의 사면령을 무효화하고 전국실종자위원회 설치 등 과거청산 프로그램을 추진했습니다.

1985년 연방항소법원은 비델라 장군 등 9인의 군사통치위원회 지도부에게 중형을 선고하는 한편 대법원은 재판과정에서 드러난 수많은 증거를 군사법정에 송부하였는데 2000명가량의 중하급 장교 등에 대하여 처벌이 예상되자 군 강경파 리코 중령 등은 쿠데타를 다시 기도합니다.

1987년 군부와의 타협책으로 강제명령에 따른 복종법이 제정되어 중령 이하 군인 등이 직무상으로 범한 범죄에 대하여 포괄적으로 책임을 면제했습니다.

1989년 메넴 정권은 다시 한 번 과거 범죄자들에 대한 사면정책을 추진하여 2인의 전 대통령 등 군부 지도자들이 기소된 상황에서 이들 대부분을 사면하였고 결국 비델라 등 최고지도부 5인의 주요 인사만이 기소되었다가 1991년 두 번째 사면을 통해 이들마저 석방되었습니다.

2003년 키르치네르 대통령 취임 이후 추악한 전쟁의 청산 논의가 재개되어 아르헨티나 의회는 기존의 사면법을 폐기할 것을 결의하고 2004년 법원은 실종자 자녀들의 군인에의 불법 강제입양을 주도한 혐의로 고위 경찰 간부 2인에게 징역형을 선고했습니다.

사실 아르헨티나의 경우도 쿠데타와 역쿠데타가 이어 오면서 정권이 바뀌고 또 바뀌면서 결국은 정보기관이 깊숙이 개입한다라는 얘기지요.

칠레도 마찬가지입니다. 칠레의 사례를 한 번 더 살펴볼까요.

1973년 민선 아옌데 정권을 쿠데타로 전복한 피노체트는 1990년까지 17년간 장기 집권하면서 실종 3000여 건, 구금·고문 3만 5000여 건에 이르는 인권유린을 자행했습니다.

1978년 군부정권은 1973년부터 1978년까지 벌어진 각종 범죄에 관하여 사면령을 발포하였습니다.

1990년 민선 아일윈 대통령은 진실과화해위원회를 설치하여 과거 인권침해 사건을 조사하게 하였으나 이 기관은 사법적 기능은 가지지 못하였고 국가기관과 그 책임자들의 법적 책임 문제는 다루지 않았으며 사망·실종된 사건만 조사했을 뿐 연행실종자 사례 등 다른 정권 범죄들은 다루지 않아 완전한 과거 청산과는 거리가 있었습니다.

1998년 런던에서 스페인 사법당국의 요구에 의해 피노체트가 체포된 이후 칠레의 과거청산 문제는 보다 전향적인 변화를 보였습니다.

세르지오 스탁 등 5인의 장교는 1973년 쿠데타 직후 포로수용소를 돌며 75명의 포로를 즉결처분한 죽음의

순례단 활동 혐의로 기소되어 6년에서 4년의 선고를
받았습니다.

2000년 대법원은 피노체트의 면책권을 부분적으로
박탈하기 시작했고 이후 그는 10여 건의 인권침해 사건으로
기소되었으나 건강상의 이유로 재판은 지연되었다가 그의
죽음으로 종결되기도 하였습니다.

아프리카 남아공, 이게 뭐냐면 결국은 정권이 바뀌고
바뀌고 또 쿠데타와 쿠데타가 일어나면서 정보당국이 계속
얽히면서 결국은 그런 과거사를 정리를 해야 되는데 저희도
참여정부 시절, 국민의정부 시절 이런 것을 시도를 하려다가
결국은 못 했습니다. 조금 이따 제가 말씀드리겠지만 국정원
과거사진실화해위원회에서 밝힌 바에 의하면 국정원이
얼마나 많은 간첩조작 사건을 벌였는지 조금 이따 제가
말씀드리도록 하겠습니다.

● **의장직무대리 김춘진** 정청래 의원님, 지금 토론 시작한 지
10시간이 넘었습니다. 잠시 목을 축이시기 바랍니다.

지금 윤호덕 의원 소개로 지역구민 7인, 전병헌 의원의
소개로 지역구민 9인, 정진후 의원의 소개로 89인, 이종걸
의원의 소개로 지역구민 2인, 정청래 의원의 소개로
지역구민 25인, 김기식 의원의 소개로 16인, 진선미 의원의
소개로 2인 등이 방청하고 계십니다.

잠시 목을 축이시기 바랍니다.

● **정청래 의원** 아프리카 남아프리카공화국 45년간의
아파르트헤이트 인종분리정책 시행기간 중 반대자들에
대한 대량학살, 살해, 고문, 장기구금 등이 횡행하였고,
특히 남아공 동부에서 일어난 아프리카민족회의와 정부가
지지하는 인카타 자유당 간의 무력 충돌은 수많은 사상자를
양산했습니다.

1995년 남아공 의회는 국민통합과화해증진법을
통과시켜 진실과화해위원회를 설치하고 데스몬드 투투
대주교를 의장으로 하여 1996년부터 진실규명을 위한
활동을 개시했습니다.

동 위원회는 사면권을 보유하였으며 공개적으로 모든
죄상을 고백한다는 조건으로 중범죄라도 사면을 받을 수
있다는 원칙으로 운영되었습니다. 7000명 이상의 사면
신청이 접수되었고 2만 1000명의 피해자 및 증인으로부터
증언을 수집하는 등 활발한 활동을 벌였지만 사면을 전제로
한 조사활동은 범죄에 대한 처벌을 어렵게 만들었습니다.
공청회 출석요구를 거부한 보타 전 대통령은 유죄판결을
받아 2000달러 벌금형과 1년간 집행유예를 선고받았으나
상소심에서 절차상의 문제라는 이유로 무죄로 판결됩니다.

우간다, 1986년 무세베니의 권력 장악으로 이디 아민의
장기독재정권이 무너진 후 인권침해조사위원회가 과거
인권침해 범죄행위를 조사했습니다. 1981년 음바라라
지역에서 발생한 7인의 실종사건의 지시혐의로 오보테
대통령 시절 국가안전부 정치담당 책임자였던 크리스푸스
라카시이시 전 장관이 1988년 사형선고를 받았고 이를

실행한 국가안전부 요원 엘리아스 와냐마도 처벌되었습니다.

이것을 굳이 다 읽을 필요는 없습니다만 어쨌든 우리
독재정권 시절에 정권과 결탁한 정보기관들이 쿠데타에
참여하기도 하고 쿠데타를 막기도 하고 그러면서 정권과
함께 부침을 계속해 왔고 그리고 때로는 살해도 하고 또
죽임도 당하고 이러한 부끄러운 역사가 우리나라만 있었던
것은 아니다라는 것을 제가 말씀드리고자 몇 나라 사례를
말씀드렸습니다.

정보기관은 대한민국 정보기관뿐만 아니라 남아프리카든
중남미든 유럽이든 미국이든 정보기관은 막대한 예산과
조직이 있기 때문에 정치에 개입하고 정치에 영향력을
행사하려고 하는 상존하는 유혹이 있습니다. 이 유혹을
떨쳐 버리는 일은 정보기관 스스로 못합니다. 그래서
외부에서의 충격이 필요합니다. 바로 국회지요. 미국도요
정보 사건들이 많이 일어납니다. 그런데 그냥 이 정도로 이
부분은 가겠습니다.

다음은 부끄러운 우리나라 정보기관 안기부의
공작정치 편입니다. 정보기관의 공작정치와 관련된
국정원 진실위원회 보고서 '과거와 대화 미래의 성찰'을
살펴보겠습니다.

(책자를 들어 보이며)

이게 국가정보원의 부끄러운 역사, 각종 공작정치,
간첩조작사건의 부끄러운 역사를 파헤친 국정원 '과거와
대화 미래의 성찰' 국정원 진실과 화해위원회 보고서입니다.

우리 정보기관도 참으로 부끄러운 짓을 많이 했습니다.
김대중 전 대통령을 납치해서 태평양에 수장하려고
했습니다. 최근에는 멀쩡한 서울시공무원을 조작해서
간첩혐의로 그 사람의 인생을 끝내려고 했습니다. 과거
중앙정보부 시절 중앙정보부는 어떻게 김대중 대통령을
납치했는지 여러분 자세히 모르시지요? 국정원 과거사
진실과 화해위원회에서 밝혀낸 김대중 납치사건의 발표문을
잠깐 살펴보겠습니다.

"김대중은 73년 8월 8일 일본 동경 소재 그랜드팔래스호텔에서
신원미상의 남자들에 의해 납치된 후 8월 13일 귀환하여
납치상황에 대해 증언한 바에 의하면 8월 8일 11시경
그랜드팔래스호텔 2211호실에 투숙 중인 심 모(당시 00당
당수, 사망)를 방문한 자리에 김 모(당시 00당 소속 의원,
사망)가 합석, 점심을 먹은 후 1시경 김 모 등과 함께 복도로
나오는 순간 2210호와 2215호 쪽에서 6명의 남자들이
달려들어 2210호로 끌고 들어갔는데 납치범들은 김대중을
침대에 눕혀 떠들면 죽이겠다 협박하며 마취를 시켰으나
의식은 남아 있는 상태였으며 이들은 엘리베이터를 이용하여
지하주차장으로 이동 자동차에 태워 호텔을 빠져나가
5~6시간 고속도로를 달려 저녁 무렵 오사카 부근 어느 건물에
도착하였고 범인들은 그곳에서 김대중의 얼굴을 코만 남긴 채
테이프로 감싸고 손발을 결박한 상태로 다다미방에 넣어둔 후
다시 자동차에 태워 1시간 이상 가더니 바닷가에 이르러 다른
팀에게 인계하자 얼굴에 보자기를 씌우고 모터보트로 1시간쯤
더 가서 큰 선박에 옮겨 실었으며 항해 중 배 밑쪽에 감금해

놓고서 칠성판에다 몸을 묶고 재갈을 물려 무거운 물체를 매달아 바다에 던질 듯한 준비를 하다가 '비행기다' 하는 소리가 들린 후에 중지한 일도 있었고……"

여기까지만 읽겠습니다.

제가 미국을 갔을 때 이때 주한미대사관 주한미대사의 보좌관이었던 전 CIA 직원 도널드 그레그 대사를 만났습니다. "이것을 CIA에서 캐치를 했다고 했습니다. 그리고 주한미대사가 곧바로 청와대로 들어가서 '김대중을 죽이지 마라' 그 의사를 미국에서 전달했고 박정희 대통령이 한참을 망설이더니 '곧 집으로 돌아갈 것입니다'"라고 얘기했어요. 그런 면에서 본다면 미국 CIA는 그 당시는 고마운 사람들이었습니다.

다음은 남한조선노동당 사건, 이 조작된 사건도 잠깐 살펴보도록 하겠습니다. 이게 다 조작입니다. 이런 사건이 발표되면 여기의 연루자들은 국민들로부터 지탄도 받고 그러지만 결국은 정보기관에 의해서 만들어진 사건이라는 겁니다. 이거는 제 주장이 아니라 국정원 과거사 진실위 보고서에 나와 있는 내용입니다. 남한조선노동당 사건도 이렇다는 거지요.

'국가안전기획부 이하 안기부가 1992년 10월 6일 발표한 남한조선노동당 사건은 북한이 1995년에 적화통일을 달성한다는 목표 아래 대남공작 기구를 총동원하여 남한 내에 북한 공작 현지 지도부를 구축하고 남로당 이후 최대 규모의 남한 내 조선노동당을 결성했다는 것으로 조선노동당 정치국 후보위원인 이선실은 10여 년 동안 서울에 잠복하면서 북한 직파간첩 10여 명으로 남한 내에 공작지도부를 구축하고 과거 남로당과 같은 성격의 남한 내 조선노동당과 한국민족민주전선을 실체화시킨 애국동맹을 결성하고 민중당을 제도권에서 합법적으로 활동하는 정치적 별동대로 만들어 대선 시 반민자당 연합전선을 형성하는 등 정치적 혼란을 조성한 다음 1995년에 전 한반도의 공산화 통일을 이룩한다는 전략하에 종합적이고 입체적이며 대담한 대남적화 공작을 수행했다는 것이다.

안기부는 김낙중 간첩망, 손병선 간첩망과 황인오를 책임자로 하는 조선노동당 중부지역당 등 3개 무전간첩망의 조직원이 400여 명이고, 그 밖에 현역 실체가 드러나 있거나 실재하는 것으로 보이는 경인·영남·호남지역당과 정치권 및 재야, 생산현장, 학생운동권, 언론, 출판, 종교계 등 각계각층으로 구축된 간첩망을 포함하면 가담자가 엄청날 것으로 보여 지상 최대 규모의 공산혁명 지하당 공작이라고 규정했다.'

이런 규정이 죽 있었는데요.

'의혹사항은 안기부가 1992년 14대 대통령선거를 앞둔 정치적 민감한 시점에 이 사건을 발표함으로써 지금까지 사건의 조작 및 사전 기획설 등 여러 가지 의혹이 제기되었다.

특히 안기부는 간첩단과 정치인 관련설과 같은 미확인 첩보를 공개하고 발표문에는 북한의 민주당 지지 지령과 민주당 입법보조원의 군사기밀 유출과 같은 정치적 민감한 내용들이 포함되면서 사회적으로 큰 파문을 일으켰다.

그동안 제기된 주요 의혹들은, 첫째 안기부가 발표한 것처럼 이선실이 10여 년간 잠복하면서 이선화와 신순녀라는 가명으로 공작활동을 했는가, 둘째 김낙중은 36년간 고정간첩으로서 북한 지시에 따라 민중당에 참여하여 활동했는가, 셋째 안기부가 A-3방송을 조작했으며 황인오와 손병선이 이용한 일본 연락거점은 실제로 북한에서 운영하는 곳인가, 넷째 관련자들이 가입했다고 인정하는 민애전은 조선노동당 중부지역당의 위장 명칭인가 혹은 조선노동당 중부지역당이란 실재하지 않는 안기부가 날조한 조직인가, 다섯째 안기부가 사건을 사전에 기획했거나 수사 과정에서 위법한 행위를 했는가, 여섯째 수사 결과로 발표된 내용에 확대·과장된 부분이 있는가, 일곱째 14대 대선에서 사건을 정략적으로 활용하려는 의도가 있었는가 하는 점이다.'

그래서 국정원 보유 자료 9만 8000여 쪽, 타 기관 보유 자료 15만 2200여 쪽, 일반 자료 1260쪽, 관련자 명단─사건 당시 안기부 직원 6명, 사건 관련자 16명, 기타 당시 변호인 등 6명.

조사 결과입니다.

국정원, 당시 안기부가 발표한 것처럼 그렇게 된 것은 아니었습니다.

결론입니다. 이 사건에 대해서 진실과화해위원회에서 조사했더니 이런 겁니다.

'소위 남한조선노동당 사건은 국제적으로 베를린장벽 붕괴로 상징되는 현실 사회주의체제의 붕괴와 냉전체제의 해체라는 변화, 국내적으로는 1987년 이후에 빠르게 진행된 민주화 그리고 남북기본합의서 채택으로 상징되는 남북교류의 급진전 등의 분위기 속에서 북한과 손을 잡고 남한 사회의 변혁을 이루고자 했던 국내 일부 운동세력 및 인물들과 북한의 적극적인 대남공작이 결합돼 발생한 사건이다.

안기부는 대선을 두 달여 앞둔 시점인 1992년 10월 6일 김낙중, 손병선, 황인오 등 3개 간첩망 사건을 포괄해 남한 조선노동당 사건을 발표한 데다 정치적으로 민감한 내용들이 언론에 공개되고 논란이 되면서 사회 일각에서는 대선을 앞두고 노태우 정권이 이 사건을 기획·조작했다는 의혹이 제기되었다.

이선실은 이선화, 화선, 신순녀라는 이름으로 활동한 동일 인물로서 1980년 재일교포 영주귀국 형식으로 귀국해 활동하다가 1990년경 손병선과 황인오를 포섭했고 1990년 10월 황인오와 함께 월북했으며 김낙중과 손병선은 남파된 북한 공작원과 접촉하고 단파라디오방송을 통해 북한의 지령을 수수했고……'

죽 나옵니다.

의견입니다. 이거 다 읽을 수는 없고……

특히 이 사건을 간첩단 사건으로 발표하면서 관련자 62명의 인적사항 및 행적을 공개한 것은 이들 62명은 물론 이 사건에 관련된 모든 사람들이 주변으로부터 간첩으로 낙인찍히는 결과를 초래했다라는 거지요. 간첩 사건이 아니었다는 거지요.

'한편 수사 과정에서의 인권 침해 행위와 관련해 피의자들의

진술 이외에 가혹행위로 인정할 만한 다른 증거를 확보하지는
못했으나 일부 구타, 잠 안 재우기, 벌세우기, 인격 모독, 고문,
협박 등 여러 형태의 육체적·정신적 가혹행위가 가해졌다는
피의자들의 주장은 설득력이 있다고 판단되며, 변호인 접견권
등 법에 규정된 피의자들의 권리가 충분하게 보장되지 않았던
것으로 보인다.

　　과거 유사한 공안 사건 수사 때에 비하면 고문과 가혹행위를
둘러싼 논란과 의혹 제기가 줄어들었다는 점은 평가할 만한
일이지만 그렇다고 사건 당시 완전히 근절되었다고 볼 수 없을
것이다.'

● 의장직무대리 김춘진　정청래 의원님, 토론 중 죄송하지만
잠시 안내 말씀 드리겠습니다.

　　지금 더불어민주당 정청래 의원님께서 금일 4시
41분부터 무제한 토론을 시작하여 현재까지 약 10시간
19분을 넘기며 발언해 주고 계십니다. 이는 지난 24일
은수미 의원이 기록하신 10시간 18분의 최장 발언 기록을
넘어서는 기록입니다.

　　참고하시기 바랍니다.

● 정청래 의원
'또한 안기부가 과장되게 수사 결과를 발표함으로써 오히려
실체가 분명한 공안 사건으로서 확인된 사실조차 의혹을 사게
되고 반면에 대통령선거 국면에서 정치개입이라는 비난을
자초하는 결과를 가져왔다. 이것은 국가 최고 정보기관이
결과적으로 정치적 논쟁의 진원지이자 주요 행위자가 되어
불신을 초래하고 스스로 위상을 실추시키는 것이었다.'
진실과화해위원회의 이 사건에 대한 의견입니다.

　　'헌법상 보장된 피의자의 인권이 수사 과정에서 보장되지
못한 점 그리고 당시 안기부에서 관련자들을 모두 간첩이라고
발표하지는 않았지만 세밀하지 못한 발표로 가족과
사회로부터 모든 관련자들이 간첩으로 오인될 개연성을
제공한 점에 대해 비록 그것이 안기부가 의도한 것은 아니었다
할지라도 결과에 대한 책임까지 면할 수는 없다 할 것이다.

　　수사기관으로서 수사 결과를 발표함에 있어 모든 사항들을
자세히 설명하기 어려운 측면이 있을 것이다. 그러나 수사
결과 발표로 인해 관련자들이 부당한 영향을 받게 하거나
정치·사회적으로 불필요한 오해와 논란이 발생될 가능성을
충분히 고려하고 이에 대처하는 노력은 분명 국가기관의
몫이다. 따라서 일부 근거가 불충분한 내용의 발표와 정치
상황에 의도적으로 편승한 개입행위에 대해서는 뼈아픈
반성과 함께 향후 더욱 신중을 기하는 노력이 필요할 것이다.

　　나아가 이 사건들은 그 실체가 부정될 수 없음에도 불구하고
수사 결과, 발표 시기, 일부 과장된 내용, 정치적으로 민감한
내용의 공개, 이례적인 홍보활동 등으로 인해 오히려 사건의
실체에 대해서까지도 오해와 의혹을 불러일으켰고 당시
대선에도 영향을 미치는 결과를 가져왔다.

　　이런 점에서 국가기관이 정치권의 요구나 필요에 따라 사실을
과장하거나 왜곡하고 때로는 권력자의 의중에 영합하는

가운데 결과적으로 국내 정치에 개입하는 것으로 국민들에게
오해받지 않도록 보다 각별한 주의가 필요하다 할 것이다.

　　이 사건은 돌이켜 보면 북한이 남한사회 내에 친북 세력의
운동권이 등장하고 통일운동의 열기가 높아지자 그들을
이용하여 남조선혁명을 이룰 수 있다는 잘못된 판단 속에서
벌인 공세적인 대남공작으로부터 그리고 그들 운동진영
일부가 북한과 손을 잡고 남한사회의 변혁을 꾀하고자 한
무모한 행위로부터 야기된 측면이 있다.

　　또한 당시 정권과 안기부는 처음부터 이 사건을 기획·조작한
것은 아니지만 대통령선거라는 중대한 시기에 정치적 목적을
위해 공안 사건을 정략적으로 활용하려 하였다는 점에서
엄정한 비판을 면할 수 없다.

　　현재 국가정보원은 과거의 잘못에 대하여 철저히
반성함으로써 선진 정보기관으로 도약하기 위해 지속적으로
노력하고 있지만 이후 다시는 유사한 잘못을 저지르지 않도록
더욱 새로운 각오를 다져야 할 것이다.'
중앙정보부, 안기부, 국정원에서 저질렀던 잘못된 과오,
이것이 여전히 개선되지 않고 있습니다.

　　가장 최근의 사례가 간첩 조작 사건입니다. 서울시 공무원
유우성 간첩 조작 사건입니다. 참으로 안타까운 일이 아닐
수 없습니다.

　　중앙정보부와 안기부 시절 간첩 조작 사건을
말씀드리겠습니다.

　　(책자를 들어 보이며)

　　이게 진실화해위원회에서 발표했던 중앙정보부와
안기부에서 의도적으로 간첩을 조작했던 극악한 인권 침해
사례를 다루고 있는 내용입니다.

　　이 사건에 형장의 이슬로 사라져 간 분들도 있고
무기징역을 살다가 석방된 분들도 있고 징역 30년을 살다가,
20년을 살다가 청춘을 잃어버리고 반백의 나이로 머리
하얗게 나와서 나중에 무죄를 입증받았지만 그분들의
절규는 '내 청춘을 돌려다오'입니다.

　　국가에서 아무리 손해배상을 했지만 그들의 청춘을 다시
돌려줄 수는 없었습니다. 국가 권력기관이, 정보 권력기관이
정권의 안위를 위해서 있지도 않은 일을 조작해서 간첩을
만들고 그 사람들을 감옥에 보내고 그리고 그것으로 정권의
안보를 위해 일했다면 그것은 천인공노할 일입니다.

　　한 사람이 천하이고 우주라고 했습니다. 여러분이
눈을 감으면 지구도 눈을 감고 우주도 눈을 감습니다. 한
사람의 생명과 한 사람의 인권을 존중해 주지 못하고
오히려 권력기관이 권력을 위해서 그들의 인권을 탄압하고
침해하고 심지어 목숨까지 앗아갔던 지난날의 중앙정보부와
안전기획부의 부끄러운 과거를 한번 들춰 보겠습니다.

　　(김춘진 의원, 정의화 의장과 사회교대)

　　얼마나 많은 간첩 조작 사건을 했는지 하나하나
읽어 보도록 하겠습니다. 제가 얘기하는 것이 아니라
진실화해위원회에서 그간에 있었던 이 권력기관들이
저질렀던 간첩 조작 사건 제목만 불러 보도록 하겠습니다.
1969년 1월 이수근 이중간첩 조작 사건, 1968년 7월

남조선해방전략당 사건, 1969년 4월 유럽일본거점 간첩단 조작 사건, 1961년 11월 전 법무부 검찰국장 위청룡에 대한 고문 등 의혹사건, 1964년 7월 인민혁명당, 인혁당 사건, 1965년 11월 오진영 반공법 위반 조작 의혹 사건, 1974년 2월 이성희에 대한 간첩 조작 의혹 사건, 1975년 10월 재일동포 유학생 김동휘 간첩 사건, 1975년 10월 재일동포 허경조에 대한 인권 침해 사건, 1977년 2월 김추백 등에 대한 간첩 조작 의혹 사건, 1982년 8월 차풍길 간첩 조작 의혹 사건, 1983년 오주석 간첩 조작 의혹 사건, 1983년 12월 고창표 국가보안법 위반 사건, 1983년 10월 납북귀환어부 임종덕에 대한 인권 침해 사건, 1983년 9월 납북귀환어부 정영 등 간첩 조작 의혹 사건, 1973년 9월 김장현 등 유럽간첩단 조작 사건, 1977년 9월 박순애 간첩 조작 의혹 사건, 1980년 12월 김기삼 사건, 1980년 5월 석달윤 사건, 1981년 3월 박동운 일가 사건.

여러분, 여기 빠진 것도 많이 있습니다.

저는 아까 무제한 토론을 시작하면서…… 저도 1988년 9월에 새벽 2시 후배 자취방에서 안기부에 끌려가서 지금도 기억나지 않는 모텔에서, 호텔방에서 수돗물을 틀어 놓고 두 손을, 양손을 묶인 채 팬티 바람으로 3시간 이상 수건으로 눈을 가린 채 죽지 않을 만큼 집단폭행을 당한 적이 있습니다.

맞아 보지 않은 사람은 잘 모릅니다. 당해 보지 않은 사람은 잘 모릅니다. 어디인지도 모를 어느 모텔 한 구석에서 언제 물고문을 당할지도 모르는 위협 속에서 혼자 7~8명에 가까운 건장한 안기부 직원들에게, 수사관들에게 두 손이 뒤로 묶여진 채…… 그 무서움과 공포는 당해 본 사람만이 압니다.

저는 이 조작 간첩 사건을 읽으면서, 하나하나 이 사건을 보면서 이분들은 또 얼마나 두들겨 맞았을까 그런 생각을 했습니다. 저야 세 시간에 불과한 집단폭행이었지만 이분들은 20일 이상 조사를 받으면서 그리고 그 이후에도 조작된 진술을 강요당하면서 얼마나 많이 두들겨 맞았을까 그런 생각을 제가 했습니다.

제가 감옥살이를 하고 나와서 비전향 장기수 두 분을 모신 적이 있습니다. 6·25 때 잡혀서 20년을 징역 살고 나와서 결혼을 했습니다. 애를 하나 낳았습니다. 아무 이유 없이 사회안전법에 걸려서 다시 감옥에 갔습니다. 유신시절이 그러했습니다. 아무런 법적 근거 없이 '너는 위험한 인물이니까' 다시 감옥에 넣습니다.

1954년에 감옥 갔던 분이 1990년에 감옥을 나왔습니다. 35년 이상 감옥을 살았습니다. 앞에 산 징역 15년은 재판에 의한 감옥살이였습니다. 뒤에 산 징역은 아무 이유가 없습니다. 사회안전법, '너는 위험한 인물이니' 그냥 조건 없이 징역 살러 갔습니다.

지금 테러방지법이 얘기하고 있는 '너는 아무리 봐도 테러위험인물이야' 국정원이 그렇게 찍기만 하면 핸드폰을 도청하고 은행 계좌를 털려야 합니다.

인민혁명당 사건, 여러분, 이 사건은 많이 유명하지요.

이것을 사실은 다 읽으려고 가지고 왔는데요. 사건을 하나하나 읽어 봐도 여기에 연관된 사람들은 지금 돌아가신 분도 있고 그런데요. 잘 아는 사건이니까 그냥 인민혁명당 사건 이거 하나만 제가 소개해 드리도록 하겠습니다.

'인민혁명당 사건(1964년 7월, 2010년 상반기 조사보고서 9권 163쪽)

신청인 김병태는 도예종 등 12명과 함께 1964년 7~8월경 중앙정보부에 연행되어 조사받은 후 인민혁명당이라는 반국가단체를 구성, 활동한 것으로 기소된 후 반국가단체 구성 예비음모혐의가 인정되어 유죄판결을 선고받았다. 국정원 과거사건 진실규명을 통한 발전위원회는 위 사건에 대해 인권침해 및 조작 여부를 조사하여 2005년 12월 7일 신청인 등 사건 관련자들에 대한 가혹행위와 인혁당 구성 및 가입 등에 대한 중앙정보부의 조작사실 등을 밝히고 진실규명을 하였다. 그럼에도 신청인은 인혁당에 가입하여 활동하지 않았는데 중앙정보부의 고문 등에 의해 조작되었다고 주장하며 2006년 10월 9일 진실화해를위한과거사정리위원회에 진실규명을 요청하였다.'

김병태라는 분은 저도 좀 개인적으로 알고 있는 분인데요, '이 사건은 1964년 박정희 정권의 한일회담반대 시위가 전 국민적으로 확산되던 상황에서 국가변란을 기도한 대규모 지하조직인 인민혁명당이 북괴의 지령을 받고 한일회담반대 학생데모를 배후 조종한 것으로 중앙정보부에 의해 발표된 사건이다. 국정원 진실위는 위 사건을 조사하여 2005년 12월 7일 신청인 등 사건 관련자들에 대한 중앙정보부의 가혹행위와 인민혁명당 구성 및 가입 등에 대한 조작 사실을 인정하였다.

진실화해위원회 조사 결과 중앙정보부가 이 사건 피고인 13명 가운데 9명인 신청인 김병태와 김창순 김경희 박현채에 대하여 6일간, 양춘우 김금수에 대하여 8일간, 김영광 박중기에 대하여 7일간, 전무배에 대하여 5일간 각각 불법구금한 사실을 확인하였다. 이는 형법상 불법체포감금죄에 해당하는 것으로 형사소송법 제420조 7호, 제422조 소정의 재심 사유에 해당한다.'

불법이 있었음을 이렇게 인정하고 있는 것입니다.

너무나 많아서요 이것을 어떻게 다 읽을 수는 없겠지요. 그런데 어쨌든 중앙정보부와 안기부에 의해서 조작된 간첩 사건은 이것은 다행스럽게 민주정부가 들어서면서 조그만 빙산의 일각의 진실의 빛을 본 사건입니다. 다시는 이렇게 한 인생이, 한 천하가, 한 우주가 감옥에 갇혀서 살거나 때로는 죽임을 당하는 그런 일은 없어야 할 것입니다.

새누리당 정권에서 국정원의 공작정치도 있었습니다. 여러분 최근에 있은 일이니까 잘 기억하는 서울시공무원 간첩 조작 사건입니다. 유우성 씨 사건이지요. 저는 이 사건을 캐기 위해서 선양총영사관에 가서 지금 검찰조사, 재판을 받고 있는 도장을 위조했던 국정원 직원을 직접 면접조사한 바도 있습니다.

중국은 도장을 찍는데 도장을 그것이 진짜인지 가짜인지를 판별해 주는 기관이 있습니다. 예를 들어서 마포구청장이 마포구청장 직인을 찍었습니다. 그러면 그대로 끝나는 게 아닙니다. 그 직인이 진짜가 맞는지 틀리는지를 판별해 주는 부서가 따로 있습니다. 이것이 외사판공실이라고 그럽니다. 국정원 직원은 도장을 조작했습니다. 그리고 외사판공실, 북한의 정보 당국 행정기관에서 이것은 조작된 것이다라고 밝히면서 이 사건이 조작된 것으로 드러나기 시작했습니다. 그런데 이 조작한 사실이 드러나자 또 그것을 숨기고자 국정원은 끊임없이 거짓말에 거짓말을 또 하게 됩니다. 결국은 두 손 두 발을 다 들게 됩니다.

유우성 간첩 조작 사건이 그 진실을 드러냈으니 망정이지 그것이 드러나지 않았더라면 이 유우성 씨는 간첩으로 평생 감옥에서 세상 빛을 못 봤을지도 모릅니다.

저도 이 유우성 씨를 자주 만나서 얘기도 해 보고 했는데 국정원의 조작된 간첩 사건으로 무죄를 확정받자 검찰은 또 다른 별건수사를 해서 이 사람을 또 괴롭히고 있습니다. 대법원의 유우성 간첩조작 사건에 대해서 유우성 씨가 간첩이 아니라는 무죄를 확정하는 판결문을 제가 잠깐 읽어드리도록 하겠습니다.

> 대법원의 유우성 무죄 확정. '대법원 1부(주심 김소영 대법관)는 2015년 10월 29일 유우성의 국가보안법 위반 혐의에 대해 증거가 부족하다며 무죄로 판단하고 여권법, 북한이탈주민보호법 위반, 사기혐의만 유죄로 인정해 징역 1년에 집행유예 2년, 추징금 2565만 원을 선고한 원심을 확정했다. 한편 대법원 3부(주심 박보영 대법관)는 이날 오후 유 씨의 재판에 제출할 증거를 조작한 혐의로 기소된 국정원 김 모 과장에게 징역 4년을 선고한 원심을 확정했다. 대법원은 또 원심이 김 씨의 상관인 이 모 전 대공수사처장에게 벌금 1000만 원을 선고하고, 권 모 대공수사팀과장과 이 모 전 선양 총영사관에게는 각각 벌금 7000만 원의 선고를 유예한 것도 확정했다.'

대법원의 판결인데요.

또 종편 님들은 '증거는 조작되었지만 간첩은 맞다' 그 투로 방송을 했답니다. 대한항공 858 폭파 사건의 주범인 김현희 씨까지 출연시켜 '제 생각으로는 유우성은 간첩이 확실합니다'라는 소리까지 나오기도 했다고 그럽니다.

2014년 3월 현재 새누리당 역시 검찰조사를 지켜봐야 한다는 원론적인 단서를 달고는 있지만 이 사건은 유우성의 간첩행위를 가리는 게 본질이라며 증거 위조 의혹의 중요성을 애써 무시하고 있습니다. 2심 재판 진행 중인 2014년 4월 초에 황교안 당시 법무부장관과 정홍원 국무총리가 간첩혐의가 본질이고 증거 위조 시비는 재판 과정에서 생긴 문제일 뿐이라고 주장합니다. 최근에는 피고인 유우성이 살고 있는 송파구 모 동네 모 아파트집에서 탈북자단체, 재향군인회, 어버이연합 등 사람들이 '유우성 찢어 죽여라', '유우성을 강제추방'의 현수막을 내걸고 시위하는가 하면 확성기로 떠들고 시위를 했다고 합니다.

국가의 정보기관이 문서를 조작해서 한 사람을 간첩으로 몰았다는 것이 밝혀졌다면, 그리고 거기에 가담한 국정원 직원들이 유죄를 선고받고 있는 대법원 판결까지 나온 마당에 그것을 또 물타기하려는 그런 시도는 온당한 처사가 아니라 봅니다.

최근에 또 불거진 국정원 불법 해킹 민간인 사찰 의혹이 있습니다. 국정원이 언제까지 이렇게 할 건지 유감스럽습니다. 얼마 전, 작년인가요? 국정원 해킹 프로그램 사건이 있었습니다. 준비한 자료는 많이 있지만 제가 그냥 구술로 하겠습니다. 국정원 해킹 프로그램 사건이 터졌고 그런데 임 모 과장은 자살했습니다.

국정원 해킹 프로그램은 무엇이 문제일까요? 첫째, 불법적으로 도청을 해서 정보를 수집하겠다는 생각 자체를 잘못 한 것입니다. 그리고 대한민국의 국가정보기관이 일개 사기업과 흔적을 남기면서 이메일을 주고받았다는 사실이 잘못된 것입니다.

이것이 적발되자 국정원이 '우리는 해킹 프로그램으로 북한 정보만 수집했지 국내 정치는 하지 않았다'라고 얘기했습니다. 그 자체가, 그 말 한마디의 자백 셀프가 얼마나 큰 막대한 국익적 손실을 가져왔는지 국정원은 잘 알 것입니다. 북한이 통신수단을 다 바꿨을 것입니다.

제가 정보위에서, 저는 몇 년 전부터 알고 있었지만 국정원이 북한의 정보 수집방법을 그렇게 자백으로 폭로할지는, 스스로 깔지는 몰랐습니다. 국정원이 그렇게 애국적이지 못한 조직인지는 처음 알았습니다. 자기 개인이 죽어도 조직의 비밀을 지켜야 되는 것이 정보기관의 생명이거늘 이들은 비겁하게도 본인들이 정치적으로 코너에 몰리자 절대 공개해서는 안 될 북한 정보에 대한 정보 취득방법을 스스로 폭로하고 말았습니다. 참으로 후안무치한 일입니다.

NLL 대화록을 국정원 스스로 가져와서 언론에 뿌려 댔습니다. 전 세계를 향해서 노무현 대통령과 김정일 국방위원장의 정상회담록이 떠돌아다녔습니다.

새누리당 의원님들의 또 반발이 있을 예정인 말을 할 수밖에 없어서 유감스럽습니다. 이 자료는 지난 18대 대선 국정원의 댓글 사건에 대한 국회 국정조사특위에서 제가 간사로 활동했는데 끝나고 나서 저희 민주당에서 대국민 보고서를 냈던 보고서입니다. 이걸 다 읽으려면 한도 끝도 없겠습니다.

발간사만 제가 읽도록 하겠습니다.

> '진실의 문을 열기 위한 53일간의 국정조사, 끝이 아니라 시작입니다. 진실의 문을 열기 위한 53일간의 여정이 마무리되었습니다. 짧다면 짧고 길다면 긴 53일 동안 하루하루가 정말 전쟁과도 같았습니다. 매 순간이 피를 말리는 협상과 공방의 연속이었습니다. 이것은 단지 여야 간의 전쟁, 진실 대 거짓의 전쟁이 아니라 국민의 자유와 권리 그리고 대한민국의 민주주의를 지키기 위한 전쟁이었습니다.
> 이번 국정원 국정조사는 절반의 성공, 절반의 실패였다고 평가할 수 있을 것입니다. 민주당을 아끼고 사랑하는 많은 당원들과 국민들께서 이번 국정조사를 바라보며 박수 칠 때도 있었지만 안타까웠던 순간도 있었을 것입니다. 그러나 여러

가지 미흡함 속에서도 이번 국정조사를 통해 진실의 문 앞에 이르게 된 것만큼은 큰 성과였다고 볼 수 있을 것입니다.

첫째, 이번 국정원 댓글 사건 국정조사는 새누리당의 방해 책동과 증인들의 모르쇠 답변으로 많은 어려움을 겪었지만 그러한 가운데에도 진실은 두꺼운 벽을 뚫고 드러났습니다. 더 많은 국민들이 국가기관의 헌정유린·국기문란 사태의 진실을 알게 되었습니다. 이것이야말로 이번 국정조사가 갖는 가장 큰 의미일 것입니다.

경찰청이 제출한 CCTV 동영상을 통해 경찰이 국정원의 댓글 조작 활동을 직접 발견한 사실, 2012년 12월 15일 저녁 8시를 전후해 갑자기 경찰의 수사 방향이 바뀐 사실 등이 드러났습니다. 경찰 분석관들의 목소리와 행동이 담긴 영상을 통해 이를 국민들이 눈으로 직접 확인할 수 있었습니다.

또 2012년 대선 당시 박근혜 후보와 김무성 선대본부장이 경찰의 허위 수사 결과 발표 이전에 수사 결과를 미리 알고 있었다는 것도 영상으로 직접 확인할 수 있었습니다. 새누리당이 주장해 왔던 것처럼 국정원 여직원 감금 문제 역시 스스로 자처한 셀프 잠금이었음이 드러났습니다.

둘째, 국정조사 청문회에서 국정원의 불법 대선 개입 및 경찰의 수사 축소·은폐와 관련된 관련자들을 증언대에 세움으로써 새로운 의혹들이 드러났습니다. 국정조사를 시작할 때부터 새누리당은 틈만 나면 국정조사를 무산시키기 위한 시도를 해 왔습니다. 진실이 밝혀질까 두려웠기 때문입니다. 그러한 새누리당의 우려대로 새롭게 제기된 의혹들은 진실의 문으로 가는 길을 더욱 뚜렷하게 만들었습니다.

원세훈 전 국가정보원장, 김용판 전 서울지방경찰청장에 대한 청문회에서 두 증인이 증인선서를 거부하는 초유의 사태가 있었지만 이를 통해 도둑이 제 발 저린 모습을 국민들이 그대로 목격할 수 있었습니다.

원세훈 전 원장은 국정원 심리전단의 확대 개편이 이명박 대통령의 승인 및 재가로 이루어진 것과 권영세 당시 박근혜 캠프 종합상황실장과 통화한 사실을 인정했습니다.

김용판 전 청장 역시 박원동 전 국정원 국익정보국장과 경찰의 허위 수사 결과 발표 당일 통화한 사실을 인정했습니다. 특히 김용판 전 청장의 12월 15일 수상한 점심은 경찰의 수사 축소·은폐를 밝혀낼 결정적인 실마리가 되었습니다.

이번 국정조사에서는 진실이 다수결이 아니라 용기 있는 한 사람을 통해서도 드러날 수 있다는 것을 보여 주었습니다. 국정원과 경찰청의 관련자들은 시종일관 허위 증언과 답변 거부를 일삼으며 국민의 분노를 자아냈습니다. 그러나 권은희 전 수서경찰서 수사과장의 용기 있는 증언을 통해 많은 부분들이 새롭게 드러났습니다.

국정조사를 통해 박근혜 대통령의 책임이 더욱 강력히 요구되고 있습니다. 국정조사 청문회를 통해 박근혜 대통령 당선의 일등공신이었던 김무성 당시 선대본부장—지금은 별로 사이가 안 좋은 것 같더군요—권영세 당시 종합상황실장이 국정원 불법 대선 개입 및 경찰 수사 축소·은폐와 관련한 결정적 증인으로 밝혀졌으며 새누리당의 두 사람에 대한 증인

채택 거부는 이에 대한 의혹을 더욱 짙게 하였습니다.

또 국정조사 청문회 과정에서 새누리당은 증인들을 감싸는 데 급급, 변호인을 자처하며 국정원과 경찰 그리고 새누리당이 국기문란 사태를 둘러싸고 공모·합작했다는 사실을 방증해 주었다.'

결과적으로 이러한 일련의 사태로 최대의 수혜자가 된 사람은 바로 박근혜 대통령입니다. 국정원 불법 대선 개입 사태의 최대 수혜자로서, 그리고 헌법 수호의 최고 책임자로서 박근혜 대통령은 이번 사태에 대한 입장을 밝히고 책임 있는 조치를 할 의무가 있습니다. 그런데 박근혜 대통령은 본인이 결국은 한 표라도 도움받았던 이 국정원 댓글 대통령 부정선거에 대해서 한마디 책임 있는 사과를 한 적이 없습니다.

이렇게 불법을 저지르고 간첩을 조작한 국가정보원을 그러면 어떻게, 어떤 방향으로 개혁해야 할까요?

아까 말씀드린 대로 국정원 해킹 프로그램 사건으로 국정원 임 모 과장이 스스로 목숨을 끊는 일이 있었습니다. 이런 일이 또다시 반복되면 안 된다는 차원에서 말씀드리겠습니다.

국정원 직원의 죽음까지 불러온 국정원의 문제점은 어느 정권에서나 한 번씩 나왔습니다. 노무현 대통령 시절 안기부 X파일 사건, 이명박 대통령 시절 국정원 대선 개입, 박근혜 대통령 시절 국정원 불법 해킹, 민간인 사찰 의혹까지 국정원이 자행한 불법적인 사건들은 늘 국정원 개혁이 필요한 이유가 됐습니다.

하지만 국정원의 불법적인 행동이 나왔을 때 이를 대하는 대통령들의 대응은 전혀 달랐습니다. 지난 2005년 노무현 대통령 시절 과거 안기부의 불법 도청 사건이 언론에 공개됐습니다. 일명 안기부 X파일 사건이 터지자 당시 야당이었던 한나라당은 엄청난 정치공세를 펼쳤습니다. 그러나 이전에 노무현 대통령은 강력한 검찰 수사를 지시했습니다. 노무현 대통령은 수석비서관 회의에서 '정부는 국가기관의 불법행위를 사실대로 철저히 밝혀야 한다'고 했습니다. 이에 반해 박근혜 대통령은 침묵을 지키거나 국정원이 개혁안을 스스로 마련해 주기 바란다는 소극적인 태도뿐이었습니다.

노무현 대통령은 8월 8일 안기부 X파일 관련 기자 간담회를 열었습니다. 계속해서 국민과 인터넷 대화를 통해 다양한 질문에 답했습니다.

2005년 8월 5일 김승규 국정원장은 '과거의 불법 감청에 대해 국민들에게 용서를 구하기 위해 이 자리에 섰습니다'라면서 과거 안기부 불법 도청 문제에 대해 국민 앞에 고백하고 용서를 구한다는 대국민 사과문을 발표했습니다.

박근혜 대통령은 공식적으로 국정원의 대선 개입이나 해킹 프로그램 구입 등과 관련한 기자 간담회나 국민과의 대화시간을 가져 본 적이 없습니다. 남재준 국정원장은 국회에 오면서 오히려 경호원을 대동하며 무력을 과시하기도 했습니다. 이것은 뭐 그럴 수 있다고 생각합니다.

국정원장과 독대를 하게 되면 자신들이 수집한 정보를 권력자가 이용하게 제공합니다. 당연히 권력자는 국정원장을 자신의 권력도구로 사용하면서 각종 혜택을 줍니다. 그러나 노무현 대통령은 아예 독대를 금지함으로써 정보기관의 힘을 이용하지 않았습니다.

노무현 대통령은 '국정원 비전 2005'와 같은 세부계획이나 정치 중립을 할 수 있는 다양한 방법을 통해 진짜 국익을 위한 정보기관의 역할을 하도록 만들었습니다. 이런 노력과 개혁을 알기에 임기 말로 갈수록 노무현 대통령은 국정원의 전폭적인 개혁이 필요하지 않다고 봤습니다. 국정원 개혁이 필요하지 않았다가 아니라 이미 국정원이 바뀌고 있고, 바뀌게 했던 게 노무현 대통령이었습니다. 노무현 대통령은 생각 외로 국정원 개혁을 크게 서두르거나 강력하게 움직이지는 않았습니다. 오히려 국정원 개혁에 대한 비전이나 시스템 구축, 정치 중립에 더 신경을 썼습니다.

2006년 국민과의 인터넷 대화 중 노무현 대통령은 "국정원, 이제 겁 안 나지요. 개혁을 할 과제가 얼마나 있는지, 제도적으로 어떤 개혁을 해야 되는지 모르지만 지금처럼 한다면, 지금처럼 가면 제도적으로 크게 개혁하지 않아도 국정원은 대통령이 민주적이면 민주적인 기관이 되고, 그전까지는 못 그랬습니다만 지금 와 있는 수준은 대통령이 나쁜 일 시키지 않으면 혼자서 나쁜 일 하지 않을 수준까지 와 있는 것 같아요"라고 말했습니다.

노무현 대통령이 개혁을 크게 서두르거나 움직이지 않을 수 있었던 배경에는 국정원장 독대 금지, 정치 보복 폐지 등 탈정치, 탈권력화로 국정원과의 거리 두기에 성공했기 때문입니다.

안기부 X파일 사건이 터졌을 때 2005년 당시 한나라당 대표였던 박근혜 대통령은 정부나 국정원이 무슨 말을 한들 국민이 믿겠느냐며 믿을 수 없다고 주장했습니다. 급기야 '현재는 도청이 행해지고 있지 않다고 하지만 누가 알 수 있겠나. 국민이 믿을 수 있을 때까지 국정원 스스로 증명해 보여야 한다'며 강력한 해명을 요구했습니다.

국정원을 믿지 못하겠다던 박근혜 대통령이 2012년 대선에서는 맹목적인 믿음을 보여 줍니다. 국정원 여직원 댓글 사건이 벌어지자 국정원의 해명을 그대로 믿고는 '왜 국정원을 믿지 못하느냐'며 오히려 문재인 후보를 질책하기도 했습니다.

박근혜 대통령후보는 국정원 댓글 사건이 터지자 12월 14일 긴급 기자회견을 열어서 '국정원 댓글 사건이 터무니없는 허위 사실로 밝혀지면 문재인 후보가 책임지라'고 분명히 얘기했습니다.

그런데 대선 이후에, 국정원 댓글 사건은 있었고 그리고 많은 관계자들이 유죄를 선고받고 있습니다. 지난 얘기지만 국정원 댓글 사건이 허위로 판명되지 않았기 때문에 허위로 판결되면 문재인 후보에게 책임지라고 했던 말을 고스란히 되돌려서 댓글이 나왔기 때문에 박근혜 대통령 후보가 책임져야 되는 것 아니겠습니까?

그것에 대해서 아무런 말이 없습니다. 단 한 표라도 도움 받았던 사람이 박근혜 대통령후보 아니었습니까?

국정원 개혁을 그토록 부르짖었던 박근혜 대통령은 이제 와서 셀프 개혁을 하라며 모든 것을 국정원에 맡깁니다. 국정원이 진짜 바뀌었다고 믿는 것인지, 아니면 스스로 최면을 걸었는지 이해하기가 어렵습니다.

노무현 대통령은 2005년 8월 8일 기자 간담회에서 '터져 나와 버린 진실을 덮을 수는 없고, 앞에 부닥친 진실을 비켜 갈 수도 없다. 내가 부닥친 이상 최선을 다해서 진상을 밝혀야 한다'고 말했습니다.

진실을 덮을 수는 없습니다. 국정원은 박근혜 대통령의 주장처럼 국민이 믿을 수 있을 때까지 국정원 스스로 증명해 보여 주시기 바랍니다.

국정원 문제, 2005년 한나라당 박근혜 대표의 주장처럼만 하면 됩니다.

NLL 대화록 논란도 준비해 왔지만…… 아까 정문헌 의원 어디 갔어요? NLL 대화록 유출해 가지고 검찰 수사까지 받았던 우리 정문헌 의원 있으면 잠깐 하려고 그랬더니 없어서 그냥 안 하겠습니다.

국가정보원 개혁을 위한 제안서, 이것도 간략하게 제가 자료를 보지 않고, 이 자료가 있습니다만 자료를 보지 않고 몇 가지 말씀드리겠습니다.

저도 국정원 개혁에 대해서 당 내에서 작업을 한 적이 있고 또 정보위에서 활동을 했기 때문에 국정원이 어떻게 하면 제대로 된 국정원, 죽는 국정원이 아니라 사는 국정원으로 갈 것인가 그 부분에 대해서 제 개인적인 의견을 몇 가지 말씀드리겠습니다.

미국 CIA가 미 의회 상원 정보위원회 위원들한테 전폭적인 신뢰를 받은 이유가 있습니다. 미국 CIA 정보위원회에 들어갈 때 제가 듣기로는 그 정보위원회 위원들은 옷을 갈아입고 들어갑니다, 메모지라든가 이런 걸 가져갈 수 없으니까요. 그리고 미국 CIA에서 예를 들면 'A라는 정보작전을 벌이겠다. 그러니 예산을 다오', 그러면 그 정보위원들이 예산을 편성해 줍니다. 그리고 그 정보는 한 번도 유출된 적이 없답니다. 얼마나 미 의회와 CIA가 신뢰가 깊으면 지나간 과거를 보고하는 것도 어려울진대 앞으로 CIA가 정보작전을 펼칠 것을 미리 얘기하고 거기에 필요한 예산을 타 냅니까. 우리 대한민국에서는 있을 수 없는 일이지요.

미국은 그러면 왜 이렇게 미국 민주당·공화당 상원으로 구성된 정보위원회에서 전폭적인 신뢰를 받고 있을까요? CIA는 적어도 미국 대통령 선거에 댓글 안 답니다. 그리고 미국 FBI는 댓글이 나왔는데도 댓글 없다라고 대선 3일 전에 발표하지 않습니다. 그러기에 미국은 민주당에서 공화당으로 정권이 바뀌어도 CIA 국장은 그냥 유임됩니다.

우리 국정원도 미국 CIA처럼 국민의 신뢰를 받는다는 것, 그것은 국회의 신뢰를 받는다는 것이겠지요. 제 생각으로는 2차장 파트를, 국내 정보 파트를 없애는 방법입니다. 미안하지만 국내 정보는 경찰 정보력을 따라가기 어렵습니다.

경찰 정보과 형사들이 국정원보다 훨씬 많습니다. 그냥 국내 정보는 경찰이 더 잘합니다.

정보 권력기관으로서 정치에 개입하고 영향력을 행사하려고 하는 그 유혹에서 벗어난다면 국정원은 제대로 될 수 있습니다. 국내 파트에서 일하고 있는 사람들을 절반은 1차장, 해외·북한정보로 보내고, 절반은 제3차장 소관으로 보내서 아예 2차장을 없애고 그냥 1차장·3차장 체제로 갔으면 좋겠습니다. 굳이 1차장, 2차장으로 하지 말고 2차장 국내 파트를 없앴다는 상징적인 의미에서 그냥 2차장을 공석으로 두고 1차장·3차장 체제로 갔으면 좋겠다라는 개인적인 생각을 갖고 있습니다. 저는 이 부분만 해결되면 우리 국정원이 이스라엘 모사드처럼 매우 용맹하고 유능한 정보기관으로 우뚝 설 것이라고 확신합니다.

제가 정보위 시절 가끔 해외에 나가 보면 해외에 파견된 정보관들을 만나게 됩니다. 얼마나 유능한지 모릅니다. 참 믿음직스럽습니다. 어쩌면 그렇게 외국어도 잘하고 그 나라 역사도, 그 나라 정치도 어쩌면 그렇게 속속들이 잘 꿰고 있는지 참 놀랍습니다. 매우 유능한 요원들입니다. 이 유능한 국정원의 신진 세력들이 제 역할을 다 할 수 있도록 국정원에 대한 유혹은 대통령부터 버려야 합니다.

그런 의미에서 국정원의 또 하나의 개혁 방안은 대통령 직속을 폐지하는 겁니다. 대통령 1인 외에는 터치받지 않고 통제받지 않는 권력이 도대체 말이 됩니까? 그래서 대통령 직속기관을 해제하고 저는 총리나 NSC(국가안전보장회의) 이쪽으로 이관했으면 좋겠습니다. 이것이 해결되면 국정원은 힘은 좀 약해지겠지만 국정원의 능력과 그리고 국정원의 정보 수집 스킬과 노하우는 엄청나게 비약적으로 발전할 것입니다.

국정원 개혁에 대해서 할 말은 많지만 그냥 이 정도로 하겠습니다.

국정원만 국민의 핸드폰을 들여다봤던 것은 아닙니다. 국정원을 포함한 다른 사법 당국에서도 무작위적으로 국민들의 핸드폰을 들여다봤습니다. 작년, 재작년 안행위 국감을 통해서 제가 이 부분에 대해서 조사를 했습니다.

국민 여러분, 지금부터 발표하는 수치에 대해서 놀라지 마십시오.

지금 합법적인 영장을 발부받아야 국민들의 핸드폰을 들여다볼 수 있음에도 불구하고 그것을 어기고 불법적으로 마구잡이로 경찰과 검찰과 국정원 등에서 얼마나 많은 국민들의 통신내역을 들여다봤는지 지금 제가 공개하는 수치를 보면 기가 막히고 코가 막힐 것입니다. 그러기 때문에 저는 영장을 발부받아서 국민의 핸드폰을 합법적으로 보는 통신제한조치, 감청 등이 지금 법원의 영장을 발부받아야 함에도 불구하고, 있음에도 불구하고 이렇게 불법적으로 핸드폰을 수천 만 건을 들여다보는데 국정원에게 법원의 영장 없이 핸드폰을 볼 수 있는 권한을 주었을 때는 얼마나 많은 국민들의 핸드폰을 들여다볼 것인지 미루어 짐작해 보시기 바랍니다.

(패널을 들어 보이며)

최근 박근혜 정권 들어서서 수사기관 통신비밀자료 제출 현황입니다. 2012년부터 통계입니다.

검찰·경찰·국정원·군수사기관 등이 국민 여러분들의 통신내역을 몇 건을 조회했는지 아십니까? 놀라지 마십시오. 9194만 9140건의 통신내역을 가져다 봤습니다. 물론 수사상 필요했다고 합니다. 영장을 가진, 합법적으로 통신제한, 감청입니다. 실시간 감청. 통신사실확인, 통화내역조회지요. 영장을 통해서 가져간 것은 검찰은 통신제한(감청)은 8건, 통신사실확인은 105만 3035건, 영장 없이 통신자료를 가져간 것은 검찰 1081만 7000건, 검찰 3년 토털 국민들의 통신내역을 조회한 것은 1180만 건입니다.

경찰을 보겠습니다.

합법적이지만 어쨌든 감청을 했던 것은 577건, 실시간 감청입니다. 통신사실확인, 물론 영장을 통해서 했습니다. 5400만 건입니다. 통신자료, 이것은 영장 없이 2400만 건을 훑어갔습니다. 그래서 경찰은 합법·불법 합쳐서 7800만 건의 국민들의 통신내역을 들여다봤습니다.

국정원, 물론 법원의 영장을 받아서 실시간 감청을 한 것이 최근 3년 동안 2만 177건, 통신사실확인 1만 2750건, 불법적으로 통신자료를 가져간 것은 39만 8480건, 국정원이 43만 1000건입니다. 군수사기관 등 이렇게 돼 있습니다.

그래서 사법 당국에서 지난 박근혜 정권 3년간 합법, 불법 다 합쳐서 9194만 9140건의 통신사실을 가져갔습니다. 통신자료 제공내역 관련 통지서 사례입니다. 이것은 원래 9000만 건 이렇게 됐지요?

그런데 수사 당국에서 통화내역 같은 것을 조회해 봤으면 우리가 조회해 봤다고 통지를 해 줘야 됩니다. 그런데 귀찮지요. 9000만 건 이러니까 안 합니다. 그리고 수사 종결이 아니라 수사 보류 상태로 놓습니다. 수사가 종결이 되면 반드시 통지해 주게 되어 있는데 귀찮으니까 종결된 사건도 '수사 중' 이렇게 합니다. 그래서 결국은 제가 지난 국감 때 받은 자료에 의하면 통지율은 38%밖에 되지 않습니다. 62%의 국민들이 내 통화내역이 수사 당국에 털렸다는 것을 지금도 모르고 있습니다.

이것은 무엇이냐? 네이버 밴드를 불법 사찰했다는, 2년 전 안전행정위원회에서 큰 문제가 됐던 일입니다. 3500만 네이버 밴드 이용자가 철도노조 관련해서 철도노조와 카톡 내용을 주고받은 사람은, 거기에 관련된 단체 카톡방 회원들은 다 조사한다는 내용입니다. 그러니까 테러방지법이 통과되면 여러분 단톡방 조심해야 됩니다.

여러분, 네이버 밴드, 카카오톡 사찰하는 것은 잘 알고 계시지요? 여러분, 내비게이션도 사찰하는 거 알고 있습니까? 옛날 유병언 사건 때 유병언이 있을 것으로 추정되는 송치재휴게소, 송치재 식당, 여기를 내비게이션을 찍고 갔던 사람들은 다 사찰했습니다. 그리고 유병언의 아들이 나타났다는 강남의 언남초등학교를 찍었던 사람들은 다 사찰 대상이었습니다. 언남초등학교를 찍고 간 사람들이 다음 행선지가 어디인지를 다 조사했습니다.

여러분, 식당에서 밥 먹고 그다음 행선지를 경찰이 알고 있다고 생각해 보세요. 그 정도로 이 사이버 사찰은 첨단·고도화되어 있습니다. 지금도, 물론 범인은 잘 잡아야 됩니다, 경찰이. 그런데 범인이 어디에 나타났을 것이라는 지점이 확인되면 그 지점을 내비게이션을 찍고 가는 사람들은 사찰하겠지요. 내비게이션도 이제 마음대로 쓸 수 없는 시대가 됐습니다.

이게 바로 그 유병언을 추적하는 과정, 그 아들을 추적하는 과정에서 추렸다는 사람들입니다. 1차 압수수색 대상자 430명, 플러스 182명, 키워드 검색자 플러스 89명, 유대균 조력의심자 62명, 유병언 차명폰 27명 해서 584명에서 701명을 여기를 찍었던 사람들을 추적한 것입니다. 사찰한 것입니다.

이것은 2010년도부터 2014년 6월까지 건강보험공단의 수사기관에 개인정보 제공 현황입니다. 여러분, 건강보험 가입하셨지요? 총 435만 건을 여러분 몰래 수사 당국에 제공했습니다. 건강보험 가입할 때 여러 가지 여러분들의 신상정보를 기입했을 겁니다. 여러분도 모르게 수사 당국에서 435만 건을 가져갔습니다.

이것은 아까 말씀드린 대로 통신내역 조회한 것에 대해서 통지해 주는 것은 38.5%라는 겁니다.

경찰청이 아직도 언론사를 사찰하고 있다면 믿어지십니까? 2014년 언론협조 의뢰 현황입니다. 주로 지방지, 이런 데를 대상으로 경찰에 불리한 기사를 삭제해 달라고 강압한 사례입니다. 21세기 대명천지에 아직도 경찰이 지방 언론들에게 강압적으로 언론 삭제를 요청하고 있습니다.

이것은 카카오톡 정보제공현황입니다. 이것은 좀 지난 이슈이기는 하지만 어쨌든 이 카카오톡 관계자들이 앞으로 법대로 버티고, 이 통신내역을 넘겨주지 않겠다라고 다짐한 바 있습니다. 과연 그런지 앞으로 지켜봐 주시기 바랍니다.

그러다 보니 이 통계가 흥미롭습니다. 아니, 슬픈 통계입니다. 이렇게 사이버 민간인 사찰이 박근혜 정권 들어서 활발하게 진행되다 보니 사이버 망명 사태가 벌어져서 대한민국이 텔레그램 인기국 1위입니다. 언론자유지수는 57위입니다. 그런데 텔레그램을 가입하고 활용하는 그 순위는 대한민국이 1위입니다. 저도 텔레그램을 씁니다.

오늘 여러 가지 분야에 대해서 말씀드렸지만, 제가 계속 강조하는 말이지만 사이버방지법은 안 만들어도 되는 법입니다. 세 가지 요구사항, 그것은 우리가 들어줄 수 없습니다. 아니, 어떻게 법원의 영장 없이 국민들의 사생활을, 핸드폰을 들여다보려고 하십니까? 그리고 테러의심인물이라면 거기에 대한 구체적인 증거 없이 그냥 직관으로, 느낌으로 어떻게 테러용의자라고 확정해서 그 사람을 미행·감시·추적할 수 있는 권한까지 달라고 합니까?

공룡괴물 국정원을 키웠을 때 퇴임한 대통령도 자유롭지 못하다는 것을 박근혜 대통령도 아셔야 합니다.

제 무제한 토론도 이제 마지막을 향해 달려가고 있습니다.

예고하고 말씀드린 대로 제가 교수님, 언론, 국회…… 여러분들의 사이버방지법에 대한 의견을 소개해 드렸는데 과연 제 페이스북 페친들은 어떻게 이 사건들을 바라보고 있을까요? 너무 많이 댓글이 들어와서 먼저 쓴 순서대로 몇 개 좀 읽어 드리도록 하겠습니다.

"정청래 의원님, 격하게 응원합니다.", 이건 좀 아닌 것 같고요.

이희완 국민께서, 페친께서 써 주셨습니다. '이번에 추진하는 테러방지법은 국가가 테러를 막는 법안이 아니라 국민의 삶에 테러를 하는 법안이 될 것입니다. 꼭 막아 주십시오.'

김예은 '불법 감시집단이 불법 감시를 열심히 치고 나서 우리가 더 열심히 불법 감시를 할 수 있도록 법도 만들고 다른 법도 고치라는 게 과연 상식에, 이성에 맞는 일인지 정말 궁금합니다.'

제가 좀 읽기 심한 것은 안 읽겠습니다.

박계해 '길고 긴 수업이었습니다. 종이 치지 않아도 좋은 수업, 길어져도 지루하지 않은 수업, 더불어 배우고 싶은 수업, 커다란 교실, 건물 없는 학교였습니다. 아는 것이 힘이고, 무지는 악이라는 걸 배웠습니다.'

필리버스터를 얘기하는 것 같습니다.

김지민 씨입니다. '국민을 통계에서의 변수 정도로 생각하고, 국민을 국민으로 여기지 않는 악습은 없어져야 합니다. 테러방지법이야말로 국론 분열의 원인이고, 국력 낭비라고 생각합니다. 청소년으로서 의원님 연설을 보며 공부할 수 있는 지금 이 순간이 자랑스럽습니다.'

청소년이군요.

최승범 '대통령께서는 책상만 두드리실 것이 아니라 공론장으로 나와 다른 의견을 가진 사람들과 대화하시기 바랍니다. 국민들은 대통령의 난타공연 대신 난상토론을 보고 싶어 하십니다.'

이화정 씨 '앞으로 살아갈 세상이 자유가 없다고 생각하니 무엇을 위해 살아가야 하나 싶습니다.'

'전 세계에 있는 모든 한국 국민들이라면 아마도 다 똑같이 의원님들과 마음을 함께할 것입니다. 정의는 반드시 승리한다는 것을 믿습니다. 힘드시더라도 잘 견뎌 주세요. 감사합니다.' 이분은 외국에 계신 분이네요. Ivan Yi라는 분입니다.

이정희 씨입니다. '새벽부터 함께 실시간 방송 보며 달리고 있습니다. 필리버스터 정말 재미있어요. 우리나라 근현대 헌법사에 관해 유쾌하게 배우고 있습니다.'

이런 내용들이 있고요.

Yujin Park, '젊은이들이 투표해야 합니다. 언론 통제 때문에 어른들은 이 사실을 모르고 계세요. 4월 13일 투표합시다. 감사합니다, 의원님.' 박유진 씨군요.

생명존중 님 '자유롭고 정의로운 세상을 만들어 주십시오. 테러방지법의 피해자로서 단 한 번도 재난사고에

협조조차 안 해 준 박근혜정부는 어디 공화국의 대통령인지 궁금합니다.'

박종석 씨입니다. '막판에 그대로 읽어 주시겠다는 약속을 믿고 댓글을 달아 봅니다. 꼭 전부 그대로 읽어 주시기 부탁드립니다. 이 시대의 참 필리버스터인……'

아닙니다. 하여튼 잘 읽었습니다.

Eunho Lee, 이은호 씨입니다. '국민의 핸드폰을 통해서가 아닌 목소리를 통해 소통하는 국가가 되기를 바랍니다.'

FrCheong Kyeong Suh 님이 보내 주신 겁니다. '테러방지법은 유신헌법의 또 다른 표현입니다. 의원님, 힘내십시오. 감사합니다.'

제 페이스북이니까 아무래도 응원하는 글이 많겠고, 저를 비판하는 글은 별로 없으리라고 예상을 했지만 저는 이번 필리버스터 국면에서 이렇게 필리버스터에 대해서 국민들의 뜨거운 관심이 있을지는 미처 몰랐습니다. 그리고 유일하게 생중계되는 국회방송을 통해서 그리고 팩트TV, 오마이TV 등을 통해서 국민에게 실시간으로는 전달되는 모습을 보면서 과연 정치 일을 어떻게 해야 되는 것인가 하는 믿음을 갖게 되게 한 계기도 되었습니다.

저는 이 테러방지법률안을 계속 얘기하고 있지만 이 법은 없어도 될 법이다, 이렇게 솔직히 생각합니다. 있어야 된다면 아예 대놓고 영장 없이 다 할 수 있다는 것을 국민들에게 솔직하게 얘기하고, 그럴 수밖에 없는 이유를 말해 줬으면 좋겠습니다.

제 트위터에서 멘션을 단 것을 몇 가지 읽어 드리도록 하겠습니다.

H's님 '내 꿈이 이루어지는 나라에서 그 꿈은 누구의 꿈인지 궁금하다고 그 '7시간'도 궁금하다고 적어 주세요.'

"대한민국헌법이 보장한 '나는 자유롭고 정의로운 대한민국에 살고 싶다'라는 말을 해 주십시오."

웃음짓는 은재입니다. '대한민국을 민주공화국답게 하기 위하여 애써 주신 모든 분들께 감사드립니다. 덕택에 저는 테러방지법의 본질이 무엇인지 이해하고 왜곡된 언론보도에 속지 않는 시민이 되었습니다.'

이 정도 하겠습니다.

대한민국은 법치국가입니다. 대한민국의 법은 헌법의 기준에 따라서 만들어집니다. 대한민국의 헌법은 130개 조항으로 구성되어 있고, 이 130개 조항을 위반한 법률은 무효입니다. 헌법재판소에서 위헌판결 하는 즉시 그 법은 효력을 상실합니다.

대한민국헌법은 제1조제1항 "대한민국은 민주공화국이다.", 제1조제2항 "대한민국의 주권은 국민에게 있고, 모든 권력은 국민으로 나온다."라고 명시되어 있습니다. 이 땅 대한민국의 주인은 국민입니다. 대통령이 아닙니다. 정권은 짧고, 국민은 영원합니다. 국민과 정권이 싸우면 끝내 국민이 이깁니다. 국민을 이기려는 정권만큼 바보스러운 정권은 없습니다.

대한민국의 헌법은 헌법 전문을 시작으로 1장 총강 그리고 2장 국민의 권리와 의무, 3장…… 국민의 권리와 의무를 제일 먼저 쓰고 있습니다. 그 이유는 대한민국헌법이 제일 중요한 것이 국민의 권리와 의무이기 때문에 그렇습니다. 이 국민의 권리와 의무 조항 제17조 국민은 사생활의 자유를 침해받지 않는다, 제18조 국민은 통신 비밀의 자유를 갖는다, 이 헌법 제17조, 제18조를 정면으로 부정하고 있는 것이 지금 새누리당이 직권상정을 해서 통과시키려고 하는 소위 말하는 테러방지법률안입니다. 이것은 위헌적 요소가 너무 많은 법률입니다. 어찌어찌하여 통과된다 할지라도 헌법재판소 위헌의 칼날을 피해 가기 어려울 것입니다.

국민의 권리와 의무를 규정한 다음이 행정부고, 그다음이 법원입니다. 그다음이 헌법재판소로 이어지고 있습니다. 지방자치, 경제, 헌법 개정, 이렇게 10장으로 구성되어 있습니다. 대한민국헌법입니다.

대한민국 국민 어느 누구도 헌법을 어길 수 없습니다. 대통령이라고 해도 헌법 위에 있을 수 없습니다. 초헌법적인, 위헌적인 테러방지법을 들고 나와서 나라를 이렇게 혼란으로 끌고 가고 있는 박근혜 대통령은 헌법 위에 군림하는 입헌군주제의 제왕입니까? 왜 대통령부터 솔선해서 헌법을 지켜야 하거늘, 대통령 취임선서에서 '나는 헌법을 준수하고 국가를 보위하며'라고 국민께 선서했으면서 왜 위헌적 요소가 있는 이 법을 이렇게 통과 못 시켜서 책상을 열 번씩이나 치면서 난타공연을 하고 있습니까?

이 법은 위헌법률일 뿐만 아니라 국정원 몰빵법입니다. 국정원에게 모든 권한을 불법적으로 법원의 영장, 판사의 판결 없이 몰빵으로 몰아주겠다는 국정원 몰빵법입니다.

북한이 미사일을 쐈는데 왜 우리는 국민들의 핸드폰을 뒤져 봐야 됩니까? 북한이 미사일을 쐈는데 왜 국정원은 우리 국민의 은행 통장 계좌를 들여다봐야 합니까?

테러방지법은 국민사찰법입니다, 국민감시법입니다. 다른 말로 인권테러법입니다. 민주주의테러법입니다.

테러방지법이 통과되고 직권상정된 이 상태가 민주주의 비상사태입니다. 테러방지법으로 테러를 막을 수 없다는 것은 북핵방지법으로 북핵을 막을 수 없다는 이치와 똑같습니다.

세월호 참사가 일어났습니다. 대형선박침몰방지법을 만들면 세월호 참사가 일어나지 않았을까요? 그러한 방지법이 없어서 그런 사건이 발생한 것이 아닌 것처럼 테러방지법이 없어서 테러가 발생하는 것이 아니고 테러방지법이 생긴다 해서 테러가 발생하지 말란 법이 없으며 테러방지법이 없어서 테러를 처벌하지 못하는 것도 아닙니다. 테러방지법이 있다고 해서 테러가 줄어든다는 보장도 없습니다. 지금 있는 국정원법과 국가대테러활동지침과 그리고 제반 여러 가지 법을 통해서도 충분히, 지금 이 법을 만들지 않고서도 테러를 예방하고 테러를 처벌할 수 있는 충분한 법적 근거가 있고 우리는 형사법도 있습니다, 형법도 있습니다.

이 법을 만들려고 하는 이유는 단 한 가지, 국민들의 눈과 귀를 가리고 언론·출판·집회·결사의 자유를 가리고 국민들의 말할 권리를 막고 공포 마케팅을 통해서 정부의 비판세력에게 재갈을 물려서 영구집권을 꾀하겠다는 박근혜 정권의 욕심입니다.

마치 아버지인 박정희 대통령이 유신헌법을 통해서 종신 대통령을 꿈꾸었던 것과 똑같은 이치로, 박정희 대통령이 유신헌법을 만들었다면 박근혜 대통령은 테러방지법을 만들고자 하는 것입니다. 부전자전입니다. 성공하지 못할 것입니다.

박근혜 대통령은 대통령선거 때 '국민행복시대'를 열겠다고 했습니다. 그런데 어찌하여 '국민항복시대'를 열려고 하십니까? 모든 국민을 발 밑에 항복시켜서 행복하시겠습니까?

박정희 대통령과 정의화 국회의장은 비이성적 질주를 이제 중단해 주십시오. 대한민국 건국 이래 헌정사상 이렇게 장기간 필리버스터를 통해서, 관심 있는 국민들도 있겠지만 이제는 그만했으면 좋겠다라는 지쳐가는 국민들도 있다는 것을 잘 알고 있습니다.

그러나 이 테러방지법이 통과된다는 것은 민주주의에 대한 죽음이요, 민주주의에 대한 조종을 울리는 일이기 때문에 이것은 죽을 힘을 다해서 우리가 막아야 하는 법입니다.

미국의 위대한 대통령 링컨은 게티스버그에서 '바이 더 피플, 오브 더 피플, 포 더 피플(by the people, of the people, for the people)'을 연설했습니다. 지금도 우리가 기억하는 명연설입니다.

그런데 이 테러방지법은 '바이 더 피플, 오브 더 피플, 포 더 피플'이 아니라 '바이 더 국정원, 오브 더 국정원, 포 더 국정원'입니다. 오로지 국정원을 위한 법입니다. 국정원을 강화해서 국정원의 비밀정보권력을 키워서 또 다시 대선에 개입하려고 하시는 겁니까? 그래서 대통령은 퇴임 이후에 안전하실 것 같습니까? 행복하실 것 같습니까?

박근혜 대통령의 유신본능을 이제 이 자리에서 멈춰 주십시오. 아니, 국민 여러분들께서 박근혜 대통령의 유신질주 본능, 유신의 추억에서 벗어날 수 있도록 도와주십시오.

지금까지 장시간 이 부족한 정청래의 무제한 토론을 방청해 주시고 시청해 주신 그리고 함께해 주신 동료 국회의원 여러분들께 감사합니다.

국민 여러분 사랑합니다.

감사합니다. 고맙습니다.

(박수 치는 의원 있음)

● **의장 정의화** 방청석에서는 질서를 잘 지켜 주시기 바랍니다.

정청래 의원님 수고 많았습니다.

제가 국회의장으로서 오늘 열두 시간에 가까운 긴 우리 존경하는 정청래 의원님의 토론을 들으면서 정말

이제부터라도 우리 모두가 다 신뢰를 쌓아 가는 것이 굉장히 중요하겠구나 하는 생각을 하고 앉아 있었다는 소회를 말씀을 드립니다.

다음은 더불어민주당 진선미 의원 나오셔서 토론해 주시기 바랍니다.

(2016년 2월 27일 오후 4시 20분)

18

진선미 의원

제19대 국회의원 (비례대표)
더불어민주당

2016년 2월 27일 오후 4시 21분 시작
2016년 2월 28일 오전 1시 37분 종료
발언 시간 9시간 16분

"국가의 의심은 결코 평등하지 않습니다. 의심은 늘 권력을 가진 자들이 소외된 사람들을 향해서 하는 것입니다. 국가는 가난한 사람을 의심하고 약한 사람을 의심합니다. 우리의 근현대사 속에서 권력 있는 사람들은 의심받지 않았습니다. 해방 후에 극심한 가난과 혼란 속에서 그저 쌀을 얻고자 했던 사람들은 북한군에 합류할 의심이 든다고 학살당했습니다. 국민보도연맹 이야기입니다."

(2016년 2월 27일 오후 4시 21분)

● **진선미 의원** 사랑하는 국민 여러분!

존경하는 의장님, 부의장님, 또 선배·동료 여러분!
더불어민주당 소속 국회의원 진선미입니다.

며칠째 진행되는 24시간 필리버스터를 지켜봐 주시는 국민 여러분 또 의견 주시고 또 매번 당번 지키시는 우리 여야 의원들 그리고 국회 속기록·의사과 모든 직원들과 여기 이 자리에 방청하러 와 주신 분들 또 차가운 거리에서 필리버스터를 해 주고 계시는 시민분들, 모든 분들께 진심으로 감사드리고 죄송한 마음입니다.

사회학자 막스 베버는 '근대화는 주술에서 벗어나는 과정이다'는 유명한 말을 남겼습니다. 인류가 힘겹게 만들어 온 현대사회의 발전은 합리적 근거가 없는 생각, 즉 의심을 사실로 믿었던 세계로부터 벗어나는 과정이었습니다. 현대사회, 현대과학, 현대 민주주의와 법치주의는 의심이 아니라 오로지 사실로만 판단하는 것으로 시작해야 합니다. 우리 사회의 민주화도 의심의 정치에서 사실의 정치로

나아가는 과정이었습니다. 의심은 단지 마음속의 의문이 아닙니다. 공권력과 정보를 독점한 국가에 의한 의심은 국민 개개인에게는 떨쳐낼 수 없는 폭력입니다.

북한군에 동조할지도 모른다는 의심만으로 수천, 수만 명의 무고한 국민을 학살한 제주 4·3 사건, 국민보도연맹의 비극이 있었습니다. 누군가의 가족이라는 이유로, 피난민이라는 이유로 평생을 의심 속에서 숨죽이며 살아야 했던 연좌제라는 것이 있었습니다. 우리 사회는 많은 희생을 치러가며 전근대적인 의심, 즉 폭력에서 벗어나 자유와 법치의 사회로 발전해 왔습니다.

정부와 새누리당이 만들고자 하는 소위 테러방지법 즉 국민감시법은 우리 사회에 다시 의심의 어두운 그림자를 가져오고 있습니다. 새누리당의 국민감시법안에 따르면 국가안전보장의 위험이 의심된다는 이유만으로도 영장 없이 스마트폰까지 감청이 가능해집니다. 근거 없는 의심만으로 계좌 추적도 가능합니다.

우리가 어렵게 벗어난 의심에 의한 국가폭력, 의심에 의한 인권침해, 의심에 의한 자유의 억압을 다시금 불러오고 있습니다. 우리 근대, 근현대사에서 늘 의심만으로 국민에게 폭력을 휘둘렀던 중앙정보부, 안기부, 즉 국정원이 폭력적으로 국민을 의심할 수 있도록 법까지 만들어 주자고 하는 것입니다. 우리는 지금도 국정원이 누구를 왜 의심하는지 전혀 알 수 없습니다. 국정원이 어떤 정보를 갖고 있는지 국민도 국회도 국정원 다른 파트에서조차 알 수 없습니다. 그나마 국정원이 무제한으로 정보를 확보할 수 없도록 견제하는 최소한의 장치가 법원의 영장이고 이렇게 행정부에서 국민의 정보를 무제한으로 갖지 못하도록 하는 게 법치의 기본적 원칙인 영장주의가 있는 이유입니다.

여러분, 지금 스마트폰에 무엇이 보관되어 있습니까? 솔직히 저는 사랑하는 사람과의 남부끄러운 아주 유치한 대화도 있습니다. 친구와 나눈 험담도 있습니다. 누구에게도 말하지 못한 혼자만의 메모도 있고 업무상 중요한 기밀도 있습니다. 20대에나 어울릴 하늘하늘한 봄 원피스를 검색했다가 제 나이를 되돌아보고 후회한 기록도 있고, 집에서 혼자 불러서 녹음해 본 노래도 있습니다.

새누리당의 국민감시법이 통과된다면 누군가 저의 이런 사생활들을 속속들이 알게 될 수도 있습니다. 그리고 여러분의 사생활, 여러분의 카톡 대화와 검색 내역도 국정원의 어두운 서랍 속에 들어가 어떻게 저장되고 활용되는지 알 수 없게 됩니다.

테러방지는 매우 중요합니다. 여야는 힘을 합쳐서 테러로부터 국민의 생명과 재산을 지키는 데 조금도 주저해서는 안 되겠지요? 국민안전을 지키는 데 조금이라도 주저하는 정치인이 있어서는 안 되겠지요.

하지만 국민 여러분, 테러방지는 국회와 사법부, 무엇보다 국민들에 의해서 통제될 수 있는 조직에 의해 진행되어야 합니다. 어떤 정보가 왜 수집되는지, 어떻게 조사되고 관리되는지, 어떻게 폐기되는지 그 과정을 국민들이 알 수 있어야 하고 받아들일 수 있어야 합니다.

국정원은 아닙니다. 우리는 국정원이 어떻게 정보를 수집해 관리하고 폐기하는지 모릅니다. 우리는 국정원이 어떻게 대선에 개입했는지 아직도 잘 모릅니다. 지금도 총선에 개입하고 있는 것은 아닌지 완전히 믿지 못합니다. 국정원이 어떻게 유우성 씨를 간첩으로 몰아 그의 삶을 파괴했는지 알지 못합니다. 국정원이 유 씨처럼 억울한 가짜 간첩을 얼마나 만들었는지 또 누구를 간첩으로 몰아 삶을 파괴할지 우리는 모릅니다.

그래서 국정원은 아닙니다. 우리에게 필요한 것은 국민이 알고 믿고 통제할 수 있는 튼튼한 테러예방시스템입니다. 지금 당장 국정원에게 필요한 것은 테러방지법이 아니라 국민들로부터의 신뢰 회복입니다.

'국제적으로 테러방지법이 없는 나라가 없다'는 대통령의 발언도 있었습니다. 그러나 국제적으로 정보에 수사까지 정보 권력을 독점하면서 감시와 견제가 이렇게 무너져 있는 나라도 없습니다.

정치의 전면에 나서 온 국정원, 이제는 오히려 대대적인 개혁이 우선입니다. 많은 분들이 지난 국정원 대선 개입 사건과 관련해서 저에게 '국정원 저격수'라는 이름도 붙여 줬습니다. 하지만 저는 그 '저격수'라는 용어 무섭고 싫습니다. 오히려 저는 진정한 국정원의 조력자라고 생각하고 있습니다. 정권 유지를 위한 국정원이 아니라 국가의 안보와 정보를 책임지는 국정원으로 거듭나길 바랍니다.

이번 필리버스터를 통해 많은 국민들이 테러방지법의 문제는 물론 국정원이 가야 할 방향들에 대해서 많은 공부가 되고 있다고 생각합니다. 저 또한 국정원 개혁을 위해서 변함없이 더불어 함께하고자 합니다.

테러를 예방하자는 데 도대체 반대하는 사람이 어디 있겠습니까? 문제는 신뢰입니다. 국가정보원에 대한 우리 국민들의 신뢰는 어떻습니까?

지난 7월 국정원이 이탈리아 해킹팀으로부터 구입한 RCS 프로그램으로 광범위한 온라인 사찰을 했다는 의혹으로 온 나라가 떠들썩했습니다. 국정원은 내국민을 대상으로 해킹프로그램을 한 적이 없다고 밝혔지만 이 거짓 해명을 곧이곧대로 믿을 국민은 없습니다.

지난해의 RCS 사태만이 아닙니다. 헌정유린, 대통령선거 개입, 유우성 사건 때 재판의 증거까지 조작해 왔는데 어떻게 고양이에게 생선을 맡기라는 말입니까? 국정원은 이미 국민의 신뢰를 잃었고 아직 회복 전입니다.

그런데 사이버테러가 뭡니까? 사이버테러란 '외국이나 대한민국의 통치권이 사실상 미치지 아니하는 한반도 내의 집단, 해킹·범죄조직 및 이들과 연계되거나 후원을 받는 자 등이 국가안보 또는 공공의 안전을 위태롭게 할 목적으로 해킹·컴퓨터 바이러스·서비스방해·전자기파 등 전자적 수단에 의하여 정보통신망을 공격하는 행위'를 말합니다.

이렇게 되면 공공통신망에 대한 물리적 공격뿐 아니라 해킹의 일상적인 바이러스까지 모두 사이버테러로 규정하고 있습니다. 즉 내가 쓰는 컴퓨터와 스마트폰에 바이러스가 퍼지거나 해킹사고가 나도 국정원이 조사하겠다고 나서면 거부할 방법이 없어지는 것입니다.

테러라는데 일반 국민들이 어찌 거부할 수 있겠습니까? 거리에서 경찰이 신분증만 보자고 해도 평범한 사람들은 덜컥 겁이 나는 것 아닌가요?

예방이라는 이유는 또 평소 아무 일도 없었고 바이러스도 없었고 해킹당한 적도 없지만 일상적 예방이라는 이유로 인터넷을 수시로 감시할 수 있게 됩니다. 또 민간 인터넷망과 소프트웨어의 취약점을 국정원이 모두 공유하게 됩니다.

서상기 의원이 제출한 법에 따르면 사이버테러를 막기 위해 국가사이버안전센터를 설치하겠다고 합니다. 국정원이 공공·민간의 사이버테러의 예방과 대응을 상설적으로 담당하면서 민간과 경찰을 포함한 관, 군대까지 지휘하게 됩니다.

그동안 민간 부분의 인터넷은 정부부처 중에는 미래부와 인터넷진흥원·방송통신위원회 등에서 담당해 왔는데요, 이곳은 수사기관이 아닙니다. 그런데 이 사이버테러법에 따르면 이제는 수사권도 가지고 있는 국정원의 지휘를 받게 되는 것입니다. 민간인들의 인터넷망에는 언론사, 통신사, 쇼핑몰, 포털, 모든 민간 부분에서 이루어지는 것들과 온라인 서비스 제공자 등이 모두 포함됩니다. 촘촘한 그물망보다 더 강력해져서 빠져나갈 수 있는 공간이 없습니다.

이미 국정원은 수사, 정보수집 그리고 모든 정부부처 기관들에 대해서 기획하고 조정하는 기능까지 모두 가지고 있습니다. 국정원법상 그렇습니다. 사이버테러법은 견제 없는 무소불위의 국정원에 사이버공간의 통치권까지 넘기겠다는 것과 같습니다. 온라인상 사이버테러법이라는 명목으로 모든 일거수일투족, 당신이 언제, 어디에서 뭘 보고 무슨 글을 쓰고 무슨 내용을 주고받고 있는지 댓글 한 개까지 국정원이 감시할 수 있게 됩니다.

이 엄청난 내용의 법안이 국민적 합의도 없이 신뢰도 없이 통과된다면 가장 먼저 기업과 언론에 대한 사찰이 일상화될 수 있습니다. 포털, 통신사, 언론사, 은행 등 1년에도 몇 번씩 유행하는 해킹사고들을 국정원에서 조사하면서 뒷조사를 할 수 있습니다.

사이버테러법 중에는 책임기관의 장은 사이버테러 정보와 정보통신망, 소프트웨어의 취약점 등의 정보를 관계 중앙기관의 장 및 국가정보원장과 공유하여야 한다는 조항과 이를 위반한 자는 3년 이하의 징역 또는 3000만 원 이하의 벌금에 처한다는 조항이 있습니다, 알고 계셨습니까?

사이버테러 사고가 일어나지 않아도 국정원은 사이버테러를 방지하고 탐지하겠다며 인터넷을 상시적으로 감시할 수 있습니다. 국정원은 지금도 국가보안법 수사를 위해서 패킷 감청 기법으로 인터넷 회선을 감청하고 있는데 이 법이 제정되면 일일이 영장을 받을 필요도 없어집니다.

저는 묻고 싶습니다, 서상기 의원님께. 이런 내용 정말 알고 발의하셨습니까, 아니면 국가정보원에서 위임받으셨습니까?

(「법안을 모르고 발의하는 사람 있나요」하는 의원 있음)

사실상 헌법에 명시된 영장주의가 무력화됩니다. 영장도 없이 일상적으로 민간인 사찰이 가능합니다. 보안관제센터로 보고된 통신내역까지 대량 감시할 수 있습니다. 민간 인터넷망 소프트웨어의 취약점 또한 국정원에 모두 공유하고 공유하지 않으면 형사처벌하도록 돼 있습니다.

지난 이탈리아 해킹사건 당시 국정원이 카카오톡 취약점을 몰라 카카오톡 해킹을 못 했다면 앞으로는 보고된 취약점을 활용할 수도 있습니다. 지금까지는 생선을 각각의 기관들에게 나눠서 분야별로 내용별로 맡겼다면 이제는 통째로 고양이한테 생선을 맡기는 꼴이 됩니다.

국정원은 현행법으로도 테러정보의 수집·작성 및 배포가 가능합니다. 테러방지법안의 테러 개념에 해당되는 항공기 납치, 폭탄테러 행위 등에 관해 수사권을 이미 보유하고 있습니다.

통합방위 사태 시 국무총리 총괄하에 각 지역 행정조직, 경찰조직, 군과 예비군, 국정원 등 정보기구를 통합 운영하는 게 가능합니다. 육군, 해군, 공군, 해병대, 경찰, 해경에 각각 대테러 특공대를 구성해서 지금 현재 운영하고 있고, 여러분들도 방송에서 자주 보셨지만 테러 대응훈련도 분기별로 실시하고 있습니다. 지하철 테러 시, 해상 테러 시, 대형 다중시설 테러 시 각 사안별 시뮬레이션을 준비해서 훈련에 임하고 있습니다.

또 한미연합사의 정보와 작전도 진행하고 있습니다. 지금 당장 유튜브에 '대테러 대응 훈련'으로 검색해 보시기 바랍니다. 우리 대한민국을 테러로부터 굳건히 지키고자 예방하고 이를 연습하고자 땀 흘리는 군인들, 경찰들, 소방관들을 만날 수 있습니다.

이미 대테러 대응 기구가 있습니다. 이미 많은 분들이 말씀하셨지만 국가대테러활동지침에 명시되어 있기 때문입니다. 그런데 여전히 총리는 지난번 김광진 의원의 발언, 대정부질문 시에도 나타났듯이 본인이 국가테러대책회의 의장이라는 사실도 모르고 있었습니다. 지금에야 충분히 파악하셨겠지만요.

이미 존재하는 기구와 제도가 있습니다. 회의가 자주 열리지 않아 기억되지 않을 만큼 테러방지법이 시급하지 않다는 방증이기도 합니다.

테러방지법은 국정원이 테러용의자에 대해 감청과 계좌추적을 할 수 있는 권한을 부여하는 법입니다. 그런데 테러의 개념 자체가 모호해서 악용될 소지가 너무나 높습니다.

지난해 11월 백남기 씨가 물대포에 쓰러졌던 민중총궐기와 집회 이후 새누리당은 복면금지법이라는 이름으로 집시법 개정안을 제출했습니다. 대통령이 특히 '복면시위는 못 하도록 해야 할 것, IS도 그렇게 지금까지 하고 있지 않습니까?' 얼굴을 감추고서 복면을 쓰면 테러집단으로 보인다는 대통령의 인식이 집회·결사의 자유까지 바로 위협하게 된 상황입니다.

절규에 빠진, 대통령이 공약으로 약속한 쌀값 인상을 해 달라고 애원하는 대한민국의 농민들을 IS의 복면에 비유할 만큼 구별도 안 되는 대통령의 인식과 또 이를 즉각 법률개정안으로 시도하는 새누리당이라면 지금 수정안으로 바뀐 유엔이 정한 테러단체라고 해도 이를 어떻게 해석해서 적용할지는 그 누구도 장담할 수 없습니다.

테러방지법은 국민 기본권 행사를 방해하는 국민사찰법이자 국민감시법 그 이상도 그 이하도 아닙니다.

이명박 정부에 이어 박근혜정부에서의 국정원은 국민의 신뢰를 잃었습니다. 개혁을 해야 할 시점에 개혁도 못 했습니다.

청와대와 정부, 국정원은 검찰의 수사를 조직적으로 방해해서 국정원 대선개입의 진실 규명을 방해했습니다. 검찰수사의 총책임자는 축출됐고 윤석열 검사를 비롯한 수사팀은 좌천되거나 사퇴하거나 전국으로 흩어져 그 팀은 공중 분해됐습니다.

국정원은 또 중국의 지방정부 공문서를 위조까지 하면서 서울시공무원 간첩사건을 조작했고 그 이후 간첩사건도 법원에서 연이어 무죄가 선고되고 있는 상황입니다. 현실입니다.

제출된 테러방지법안을 다시 살펴보면……

테러위험인물의 정의입니다. 아까 정청래 의원님이 저에게도 테러위험인물이 될 수 있다고 얘기하셨습니다만 테러위험인물이란 테러단체의 조직원이거나 테러단체 선전, 테러자금 모금·기부 기타 테러예비·음모·선전·선동을 하였거나 하였다고 의심할 상당한 이유가 있는 자를 말합니다. 여기서 기타 테러예비·음모·선전·선동이 바로 포괄적으로 해석될 여지가 있는 부분입니다.

기타 테러가 앞에서 말한 위해단체 조직원이나 위해단체의 예비·음모·선전·선동활동에 해당하는 것인지, 아니면 그 외의 테러행위들에 해당하는 것인지에 대해 해석이 모호합니다. 또한 테러위험인물을 지정하고 해제하는 절차와 주체도 없기 때문에 결국 국정원의 판단만으로 테러위험인물로 분류될 수 있고 테러인물이 아닐 경우에도 한 번 분류되면 이후 평생 테러인물로 감시당하며 살아야 할 수 있습니다.

테러위험인물의 정의가 매우 모호한 반면에 정보수집, 제재, 프라이버시 침해, 기타 추적 등에 대한 국정원의 권한은 지나치게 포괄적이고 영장주의의 예외인 독소 조항을 다수 포함하고 있어서 심각한 인권침해가 우려되고 있습니다.

특정 금융거래정보의 보고 및 이용 등에 관한 법률, 통신비밀보호법의 경우 각 법에서 정한 절차대로 정보를 수집한다는 의미가 매우 불명확합니다. 각 법에 따르면 굳이 테러방지법에 이를 조항으로 명시할 필요가 전혀 없습니다.

개인정보와 위치정보를 요구할 수 있는 권한에 대해서는 어떠한 절차적 통제를 가하고 있지 않습니다. 단순히 '요구할 수 있다'고만 규정함으로써 영장주의 혹은 그에 준하는 절차, 통제로부터 완전히 자유로운 상태로 방치하고 있습니다.

추적이라는 개념도 모호해서 미행·감시·사찰 이상의 직접적 행동을 동반, 사전적 의미로는 '달아나는 사람이나 사물의 뒤를 쫓음. 사물이나 사건의 행적을 더듬어 감'이라고 되어 있습니다. 이게 어떻게 법적인 그것도 처벌의 대상이 될 수도 있는 그리고 법치주의의 예외를 적용하는 엄청난 권한을 부여할 수 있는 대상행위가 될 수 있을까요.

법안 제5조에서 국가테러대책회의의 경우 위원은 대통령령으로 정하게 되어 있는데 이렇게 법률에서 직접 위원들을 정하지 않고 대통령령에 포괄 위임하는 것은 헌법상의 정부조직법률주의와 포괄위임금지의 원칙을 위반하고 있습니다.

법안 제6조에서 대테러센터 조직·정원 및 운영에 관한 사항은 역시 대통령령으로 정하게 되어 있는데 이 역시 대통령령에 포괄 위임하는 것으로 헌법상의 정부조직법률주의와 포괄위임금지의 원칙을 위반하는 것입니다. 또한 대테러센터 소속 직원의 인적사항을 공개하지 않는 것 역시 민주적 통제에서 벗어난 과도한 위임입법입니다.

테러행위의 정의에 관련하여 권한행사 방해, 의무 없는 일을 하게 함 등의 개념이 명확하지 않아 자의적인 집행이 가능하도록 되어 있습니다.

예를 들면 사람을 살해·상해·신체의 위험을 발생하게 하는 행위 등이 있는데 이게 공무집행방해죄, 공무집행방해치상죄 등과 구분이 쉽게 되지 않을 수도 있습니다. 공무원에 대한 공무집행방해행위의 상당 부분이 테러로 규정될 가능성도 있는 것입니다.

법안 제2조 1호 라목에서 열거되고 있는 각 시설 유형들은 그것이 폭발물 등에 의해 폭발되는 것으로 테러가 되는 것인지, 아니면 그러한 폭발에 의해 공중의 생명·신체·안전 등에 심각한 위험이 발생했을 때 테러가 되는 것인지가 분명하지 않습니다.

예컨대 공중이 이용하는 버스나 버스정류장에 설치된 바람막이 또는 전기·가스시설 등을 단순히 폭발시키는 것에 그치는 경우 그 행위는 테러가 되는지 아니면 그러한 폭발행위로 인해서 많은 사람들이 다치거나 혹은 다칠 위험이 발생할 경우에만 테러가 되는지도 분명하지 않습니다.

법안 제2조4호 외국인테러전투원의 개념 또한 이동 또는 이동을 시도하는 내·외국인으로 규정하는데 이때 이동을 시동한다는 것의 의미를 여러분은 아시겠습니까? 이동을 시도한다, 이동의 예비 음모까지 처벌하자고 하면 이것은 도대체 무엇을…… 이게 법이 맞습니까?

저는 국회에 들어오기 전까지 변호사를 했습니다. 저를 찾아오는 수많은 의뢰인들은 맨 처음 이런 말씀들을 하십니다, '내가 여기까지 찾아올 줄 몰랐다. 내가 이런 소송을 당할지 몰랐다.' 대한민국의 국민 모두는 본인이 이런 법으로 피해를 받을 것이라고 그 누구도 예상하고 있지 않습니다.

내 문제가 아닐 것 같지요? 그러나 우리나라는 엄청난 소송들이 진행되는 나라입니다. 끊임없이 언론에서도 미국 이상으로 지나친 소송들로, 너무나 많은 고소들로 사회가 분열 양상으로 가고 있다, 그래서 그것을 마치 변호사들이 너무 많아진 탓으로도 돌리기도 합니다.

그 모든 소송은 모두 처음 하는 사람들부터 시작되는 겁니다. 우리 모두의 문제입니다. 내 문제가 아니더라도 내 아이, 내 가족, 내 친구, 내 동료 그분들이 이 법의 자의적인 해석으로, 누군가의 자의적인 폭력으로 피해자가 될 수 있습니다.

뒤에서도 언급하겠지만 형제복지원 사건을 기억해 주시기 바랍니다. 형제복지원의 수많은 피해자들이 본인만이 아닙니다. 자기의 소중한 가족이 그런 엄청난 인권침해를 당하고 심지어 목숨까지 잃을 때 나는 뭐 했나라는 자책으로 스스로 목숨을 끊기도 하고 정신줄을 놓아서 정신병원에 입원해 있기도 합니다.

여러분, 기억해 주십시오.

지금까지 우리가 수많은 공권력의 자의적 행사로 누군가의 삶이 희생되고 그 희생을 목도한 수많은 가족들과 친구들과 동료들의 삶이 파괴된 역사를 우리는 똑똑히 기억하고 있습니다.

우리는 세계 유일의 분단국가이기도 합니다. 그 분단을 있게 한 한국전쟁의 아픔에서 3세대가 지나고 있는 지금 이 시점에도 그 상처에서 자유로운 국민이 있습니까? 이산가족의 상봉을, 눈물을 보면서 그 슬픔을 공유하지 않는 사람이 있습니까?

이 문제는 우리 모두의 문제인 것입니다. 그래서 오늘 이 방청석에 여러분이 계신 것이고 저는 여러분을 향해서 또 TV를 향해서 대한민국 모든 국민들에게 호소하고 있는 것입니다. 이 법을 살펴봐 주시라, 아무리 지루하고 용어가 어렵다 해도 그 내용들을 철저히 파악해 주시라, 그것이 정치고 그것이 민주주의다 이렇게 말씀드리고 싶습니다.

법안 제2조8호 대테러조사에서는 현장조사·문서열람·시료채취 등의 증거 수집 행위와 조사대상자에게 자료제출 및 진술을 요구하는 행위를 포함합니다. 이는 단순한 비구속적 행정조사의 수준을 넘어서는 거의 강제적·구속적인 행정조사의 수준에 들어가는 것입니다. 그리고 바로 이 때문에 이러한 대테러조사는 영장주의를 규정하고 있는 우리 헌법의 규정을 정면에서 위반하는 것입니다.

법안 제5조3항2호는 막강한 권한 집중이 이뤄지는 대테러 기본계획에 대해 국회의 수정요구권과 동의권 등 보다 강력한 견제장치가 전혀 없습니다. 믿으실 수 있겠습니까?

(정의화 의장, 김춘진 의원과 사회교대)

다시 한 번 읽어 드리겠습니다.

법안 제5조3항2호는 막강한 권한 집중이 이루어지는 대테러 기본계획에 대해 국회의 수정요구권과 동의권 등 견제장치가 없습니다.

법안 제11조제2항에서 '제1항의 사업을

수행하는'이라는 규정을 두고 있는데 제1항에는 정작 사업의 개념이 존재하지 않습니다. 오로지 테러대상시설 및 테러이용수단의 소유자 또는 관리자라는 개념만이 존재하고 있습니다. 이는 입법상의 개념 불합치입니다. 이렇게 이 법안이 엉성하게 만들어져 있습니다. 누군가의 목숨과 관계되어 있을 이 법이 이렇게 만들어져 있습니다.

법안 제12조 중 테러선동. 선전물의 경우 테러를 선동·선전한다는 것의 개념이 불명확합니다. 당연히 자의적 해석을 유발시키지요. 기본권 침해, 예상 가능합니다.

법안 제13조는 외국인테러전투원에 대한 출국금지조치는 90일로 제한되어 있지만 제2항 단서에 의해 이를 연장할 수 있게 하고 그 연장 횟수는 전혀 제한하지 않고 있습니다. 그래서 결국 경우에 따라서는 법원의 판결도 없이 영구히 출국금지조치가 지속될 수 있는 가능성을 열어 두고 있습니다.

법안 제17조 중 테러단체 가입 권유 또는 선동, 개념이 이해되십니까? 명확하게 그림이 그려지십니까? 권유라는 개념은 그 의미가 모호해서 무한대로 확장 적용할 가능성이 있고 선동의 개념은 가입을 촉발시킨다는 것이 돼서 그 의미가 너무나 불명확합니다. 촉발의 대상은 행동인 것이지 가입이라는 상태는 아닌 것 아닙니까?

이미 부칙에 대해서는 많은 분들이 말씀하셔서 그 부분들은 말씀드리지 않겠습니다만 이 부칙이라는 것을 보면서 저는 그런 생각을 했습니다. 정말 나쁜 일들은 습관이 무섭구나라는 생각을 했습니다. 여러분들이 기억하실지 모르겠지만 지난 세월호 사건이 발생되고 전 국가에서 안전에 대한 문제 제기가 있었고 대처방안에 조직에 대한 문제 제기가 있자 박근혜정부에서는 정부조직법안을 들고 나왔습니다.

그때 기억하십니까? 제가 안전행정위원회의 상임위원이기 때문에 정말 열심히 논쟁했습니다. 부칙이라는 것은 아까도 말씀하셨지만 본질적인 내용을 담을 수가 없습니다. 그런데도 몇백 개의 법안을 시간이 급하다는 이유로, 그 시간이 급한 것도 무엇이었습니까? 누구 때문이었습니까? 모두 정부와 여당 때문이었습니다. 그런데도 그 책임은 야당 의원까지 덤터기를 씁니다.

저는 변호사이기 때문에, 제가 법을 적용했던 일을 했던 사람이기 때문에 법조문이라는 것이 얼마나 냉엄하고 누군가의 목숨줄 같은 것임을 잘 알기 때문에, 어떻게 그런 법률들을 개정하는 내용들을 부칙에 담을 수 있습니까? 그 일들을 수차례 자행했습니다. 이 또한 그 일환입니다. 그 연장선상입니다. 그래서 절차적 민주주의라는 것이 얼마나 중요한지를 여러분께 호소하고 있는 것입니다.

지난 위임입법에 대한 문제도 맞습니다. 마찬가지입니다. 세월호 특별법과 관련해서 그 시행령 문제로 우리가, 얼마나 많은 사람들이 바깥에서 그 고통을 겪었습니까?

그러나 박근혜 정권, 새누리당은 여전히 다수라는 이유로 정말 믿기 어렵지만 몇십 %가 넘어가는 지지율이라는 이유로, 저는 그 여론조사를 정말 믿기 어렵습니다. 그러나

그걸 근간으로 여당이 지금까지 반대하는 목소리를 얼마나 들어 주셨습니까? 단 한 번도 제대로 수용하지 않았습니다. 그 오만함이 이 자리까지 와 있는 것입니다. 그 오만함이 이 테러방지법안까지 와 있는 것입니다. 그 오만함이 왜 아무 이유도 없는 전 국민의 헌법상의, 삼권분립의……

박근혜 대통령은 행정부의 수반일 뿐입니다. 입법부의 권한, 입법부는 행정부와 수평적 관계입니다. 입법부를 구성할 수 있는 전 국민의 권한인 선거권을 왜 인질로 삼습니까? 여러분들은 왜 그것에 대해서 문제 제기해 주시지 않습니까? 선거구 획정과 이 문제가 도대체 어떤 관련이 있다는 것입니까?

저 또한 제가 노래방에서나 들었던 18번의 주자가 됐습니다. 그래서 저는 합의가 이루어져서 제가 이 자리에서 여러분을 대면하지 않길 기대했습니다. 그러나 여전히 합의는 될 것 같지 않고 여러분들은, 우리 국민들은 날을 꼬박꼬박 새면서 그 경제적 어려움과, 평상시에 근무하고 잠이 부족하실 텐데도 체력의 낭비를 감수해 가며 가족들과 보내는 시간을 희생해 가며 이 자리에 와 계시고 TV를 보고 계십니다.

이 모든 국가적 체력 낭비는 누구의 책임입니까? 이 국가적 에너지 낭비는 누구에게 책임을 묻습니까? 이 에너지 소모는 경제적인 게 아닙니까? 경제적인 것이지요.

저, 국회의원으로서 다른 일 열심히 잘하고 싶습니다. 저, 예비후보로서 선거운동 열심히 하고 싶습니다. 한 사람이라도 더 주민들을 만나서 제가 하고 있는 일을 전달하고 설득하고 싶습니다. 그것이 의원들의 역할이겠지요. 여기 와 계신 분들, TV를 보고 이 자리를 시청하시는 분들 역시 어느 기업의, 어느 공공기관의, 어느 은행의, 어느 쇼핑몰의 근로자입니다. 그 근로자들의 업무의 질적인 저하는 누가 책임집니까? 왜 이런 일을 지속적으로 반복해야 하는 겁니까?

저는 정말 하고 싶은 말이 너무나 많습니다. 그저 좋은 사회 만들어 보는 데 노력 보태 보겠다고 하던 일, 변호사 그만두고 국회에 들어와서 3년, 이제 임기 만료까지 달리고 있습니다.

그런데 그 수많은 시간 동안 '최악의 국회'라느니 '야당이 발목 잡는다'느니 심지어 국정원을 통해서, 일부 반대하시는 국민분들을 통해서 '종북'이니 '좌빨'이니 '빨갱이'니 이런 소리를 듣고 있습니다.

저는 제가 한국 현대사의 고통을 고스란히 안고 유전자에 담고 있다고 생각합니다. 그것은 온 국민이 다 그렇다고 생각합니다. 제 아버지는 함경남도 사람입니다. 그래서 홍준표 도지사 때 제가 '함경남도'라고 실수했더니 저보고 '종북이냐?'고 이러더라고요, 댓글에. 저는 그날 무슨 일이 있었느냐 하면 제가 인터뷰를 했기 때문에 인터뷰에서 저희 아버지 고향이 평안도로 돼 있어서 함경남도로 바꾸라고 그 문제 제기를 하다가 그게 뇌리에 남아 있었겠지요? 그래서 '경상남도 도지사'라고 얘기해야 하는데 '함경남도'라고 두 번 얘기했습니다. 그때부터 종편과 모든 SNS에서 저의

유전자가 '종북', '빨갱이' 이렇게 얘기하더군요. 중 3때 홀어머니 두고 단 한 번도 뵙지 못하는 그 고통에 술로 세월을 보내시다가 돌아가신 저희 아버지가 무덤에서 벌떡 일어날 일 아닙니까?

도대체 지금 이 시대에, 2016년 2월 27일 현재 도대체 대한민국의 국회의원에 누가 종북이 있습니까? 그 촌스러운 종북 누가 만들어 냈습니까?

이제 따져 보겠습니다. 얼마나 계획적으로 우리 모든 국민들을 이렇게 에너지 소모시키도록, 분열시키도록 이끌어 간 것이 과연 누군지를 여러분과 함께 생각해 보는 자리로 하겠습니다.

다시 한 번 말씀드리지만 국정원은 지금 현재 존재하는 법령만으로도 테러정보를 충분히 수집할 수 있습니다. 국가정보원법 3조에는 국외 정보 및 국내 보안정보(대공, 대정부전복, 방첩, 대테러 및 국제범죄조직)의 수집·작성 및 배포가 국정원의 직무로 명백하게 규정돼 있습니다.

또 테러를 방지하기 위해서 통합방위법, 비상대비자원 관리법, 대테러특공대, 국가테러대책회의 등 많은 제도적인 장치들이 마련돼 있고 사이버 안전을 위해서도 국가사이버안전규정, 미래부 사이버안전센터 등이 존재하고 있습니다. 문제는 이렇게 이상한 테러방지법의 제정이 아니라 기존의 제도를 얼마나 잘 활용하느냐에 달려 있는 것입니다.

(자료를 들어 보이며)

여기 이 두 권의 책은 지난 2012년 대선 이후 2013년 국정원 대선개입에 관한 문제 제기를 하면서 우리가 만들었던 내부의 문서입니다. 국회의원인 저조차 이것의 정보를 숨기기 위해 이렇게 포장을 해서 갖고 다녔습니다. 이 안에는 2013년 국정원 불법 대선개입 사건과 관련된 일지와 자료와 그리고 그 국정원 대선개입에 대한 국정원·박근혜 정권 그리고 새누리당의 거짓에 근거한 대응들이 다 적혀 있습니다.

이 얘기를 왜 하는가요? 아까 어느 분이, 새누리당의 의원이 정청래 의원의 이 문제에 대한 제기를 할 때 '그게 의제와 무슨 상관이 있냐?' 이렇게 얘기하십니다. 저는 깜짝 놀랐습니다. 대테러방지법의 가장 핵심이 무엇입니까? '국정원에 모든 권한을, 너무나 엄청난 권한을 부여하자. 믿을 만하지 않냐?' 그리고 우리들은 '그래도 어려우니 민주적 통제, 절차적 통제, 견제장치 이런 것이라도 만들자' 이렇게 주장하고 있습니다.

그렇다면 과연 국정원은 신뢰할 수 있는가? 대테러위험인물이라는 그런 엄청난 대테러방지법의 대상을 정할 수 있는 국가정보원장이 어떤 사람이 올 수 있는지, 잘못 오면 절차적 통제 없이, 견제장치 제대로 없이 그런 사람이 오면 어떤 일이 일어나는지 이것을 웅변하고 있는 것이 바로 이 사건입니다.

그 당시 이 문제에 관련해서 지금도 소송이 진행되고 있습니다. 심지어는 2심에서 유죄판결이 났는데도 대법원에서 파기환송돼 있지요. 그것이 문제 있다고.

저는 절차상 그럴 수 있다고 생각합니다. 그것이 이 사건의 본질을 또 웅변해 주고 있기 때문이지요.

제가 2013년에 참 많은 일들을 했더라고요. 제가 정말 하고 싶지 않았습니다. 왜냐하면 합의되길 바랐기 때문에요. 그러나 무제한 토론을 준비하면서 선거, 뭐다 미뤄 놓았던 제 지난 의정활동을 그래도 정리할 수 있게 된 의미가 있었습니다.

2012년 12월 11일 대선이 한참이었지요. 그때 국정원의 직원은 서울 역삼동 오피스텔에서 몰래 이상한 컴퓨터로 댓글 작업을 하고 있다라는 제보가 있었습니다. 다들 기억하시겠지만. 그러나 그것이 결국은 16일 지금 대구에서 출마 선언을 하셨던 김용판 그 당시 서울경찰청장이 일요일 날 밤 11시에 갑자기 이 댓글사건에 관한 중간 수사결과를 발표합니다. 그 내용은 문재인, 박근혜 후보에 대한 지지·비방 댓글 올린 사실이 발견되지 않았다고 하지요. 그러나 여러분들도 가끔은 언론을 통해서 그 결과 추이들을 죽 지켜보셨을 겁니다. 그런데 정작 그 문제들을 제기했던 저도 기억이 가물가물하더라고요.

많은 분들이 몇 가지의 단상들을 기억하실 겁니다. 이 사건이 터지자마자 전면적으로 물타기가 이루어졌지요. 그 16일 날 중간수사결과 발표가 나고 나서 17일 그 이후부터 16, 17, 18, 19일은 무슨 날인가요? 대선 선거하는 날이었습니다. 그 중요한 나흘 동안 우리 당의 후보는 본인이 대통령 좀 한번 해 보려고 연약한 여성의 인권을 철저히 유린한 사람으로 전국에 공표되었습니다.

박근혜 대통령은 유세를 하는 과정에서 또 기자회견까지 자청해 가며 '이 문제가 사실과 다르다. 사실이 아니면 책임져야 한다' 이렇게 얘기했습니다. 그런데 지금 여러분들 사실이잖아요. 그런데 사실이 아니라고 책임지라고 했으면 사실이면 책임지는 사람이 있어야 되지 않습니까? 그런데 아무도 없습니다.

많은 분들이 제가 원세훈 국정원장의 지시·강조 말씀을 제보받아서 그것을 공개했을 때 그 이후로도 마치 국회의원이 국가정보원의 많은 정보들을 다 받을 수 있는 것처럼 생각하십니다. 그러나 그것은 전혀 오산입니다. 아무것도 제대로 주지 않습니다. 신경민 의원님도 얘기하셨지요? 저도 그 특위에 관여돼 있었고 제가 그래도 변호사로서 사람들의 인권 문제와 그리고 정의라는 것에 대해서 고민하고 살아 왔다는 이유로 도대체 이 사건은 제가 납득할 수가 없었습니다. 그리고 이것은 너무나 엄청난 사건인 것입니다.

지금 선거가 다가와 있기 때문에 우리가 여론조사하지 않습니까? 빅데이터 조사하지 않습니까? 그것은 왜 하는 겁니까? 그것은 보다 더 정확하게 사람들의 민심을 읽어서 또 후보들의 자료들을 읽는 이유가 뭡니까? 그 후보들이 내 생각을 제대로 대변해 줄 수 있는 사람인지 그리고 현역 의원들 경우에 그 의원들이 의정활동을 통해서, 법안을 통해서 내 일을 제대로 해 왔는지 이런 것들을 검증하기 위한 것입니다.

그런데 국정원에서는 대북심리전이라는 미명하에 전면적으로 대한민국에서 일어나는 모든 선거들을 관여했습니다. 그리고 본인들이 생각하는 여당 쪽에, 여당 후보에게 유리하게 작업들을 했습니다.

홍준표 지사, 그렇게 말씀하셨지요? '댓글 3개, 댓글 6개 가지고 어떻게 선거에 영향을 미치느냐?' 사실이 달라졌는데도 홍준표 지사님 사과한 것 저 못 들은 것 같습니다.

2013년으로 돌아가 보겠습니다. 2013년 3월 24일 갑자기 정치부 기사도 아니고 사회부 기사도 아니고 연예신문 기사에 '진선미 공항패션'이라는 기사가 올랐습니다. 2013년 3월 21일 원세훈 원장이 국정원장에서 퇴임했습니다. 그리고 바로 이틀도 안 됐는데 해외로 출국한다는 제보를 받았지요.

저는 원세훈 원장이 퇴임하기 직전인 3월 18일에 원세훈 국정원장 지시·강조 말씀을 공개 기자회견을 통해서 공개했습니다. 국가정보를 총괄하는 국정원 원장이라는 분이 국정원 직원들에게 지시했던 그런 내용들을 알고 그것을 국민들에게 공개했는데 그 원세훈 원장이 해외로 출국하면 그것은 결국 이 사건이 묻힌다라고 봤기 때문에 법적으로도, 물리적으로도 막을 방법이 없었던 상황이라 국민적 여론에라도 호소하려고 공항에 달려간 겁니다. 그때 원세훈 원장이 출국했다면 국정원의 이 많은 일들이 묻혔을 수도 있겠지요.

그런데도 종편에서는 여성 초선 비례가 지도부에게 잘 보이려고 정치적 쇼를 한다고 대대적으로 공격했습니다. 그런데 그분들은 지금도 저에게 사과하지 않으십니다. 저는 그 얘기를 하는 것이 그만큼 언론에서 이 중요한 사건들, 대테러방지법에도 마찬가지입니다. 이 중요한 사건들에 대한 의미를 제대로 분석해 주고 받아 주는 언론이 얼마나 있는지 그 부분이 국회의원으로서 너무나 고통스럽습니다.

테러방지법과 또 사이버테러 방지법을 통해서 국정원에게 더 큰 권한을 확대하자고 하는 지금 저는 다시, 오랜 과거사도 아닙니다. 불과 몇 년 전이고 지금도 진행 중인 원세훈 국정원장 시절의 국정원의 선거개입 사태를 우리는 반드시 기억해야 합니다. 그 근간을 바탕으로 대테러방지법이 그리고 국정원장에게 그런 무소불위의 권력을 주는 것이 맞는지 그리고 왜 이렇게 직권상정이라는 비민주적인 절차까지 감행해 가며 이것을 통과시키려고 하는지 고민해 주시기 부탁드립니다.

아직 파기환송심 재판이 진행 중이지만 지난 2심 판결문을 보면 그 안에 국정원에서 어떤 일들이 어떤 과정으로 어떻게 진행됐는지가 낱낱이 나옵니다만 여러분들은 판결문이라서 잘 모르고 계실 수 있다는 생각입니다. 저도 잘 모르는 사안들이 너무나 이 안에 많이 들어 있습니다.

그리고 적어도 이렇게 국가 권력의, 공권력의 남용 그리고 적어도 본인들 스스로도 부인하지 않는, 국정원법의 '정치관여 금지'라는 조항을 위배한 사실은 인정하고 있지 않습니까? 그런 것을 인정하고 있는 사람들의 태도가 아닙니다. 적어도 그렇게 본인들이 심각한 범죄행위를 저질렀다는 것을 인정했다면 그것에 부합되게 스스로들을 내려놓고 그런 일들이 발생하지 않도록 개혁을 했어야지요. 그런데 전혀 하지 않았고요. 그리고 이것을 단순히 원세훈 국정원장과 민병주, 이종명 이 세 사람의 개인적 처벌 여부에만 집중시키고 있는 것입니다.

우리가 이 사건을 보면서 우리가 이 사건의 해결이라고 생각하는 것이 과연 그 세 사람들의 처벌이 중요합니까? 그렇지 않지 않습니까? 그것을 통해서 우리가 얻은 교훈을 제도로, 법으로, 그래서 나중에 우리의 후손들에게 보다 더 좋은 사회, 보다 더 투명한 사회를 물려주고 싶은 것 아닌가요? 그런데도 이들은 철저하게 어느 개인의 일탈처럼 얘기하고 있습니다.

그러나 놀라운 사실이 그 판결문 안에 들어 있습니다. 그래서 저는 여러분들께 미리 말씀드립니다. 조금 지루할 수 있습니다. 그러나 판결문 읽어 주는 의원으로, 이 판결문이 얼마나 잘 썼는지 모릅니다. 그 판결이 선고될 때 그 2심 재판장의 고뇌에 대한 기사들이 폭발했었습니다. 심지어 자신의 가족 중에 국정원 직원이 있었다고 하지 않습니까? 그런데도 만나지 않고 이것을 오직 끊임없이…… 박근혜 정권의 사람들도, 새누리당의 정치인들도 그리고 야당의 정치인들도 끊임없이 '오직 국민과 오직 국가를 바라보며' 이렇게 얘기하지 않습니까?

저는 때로는 그런 말을 할 때가 겁이 납니다. 국민이라는 말을 정말 안 쓰고 싶은 생각도 듭니다. 그런데 그분은 정말 오직 국민들과 국가를 위해서 이 엄청난 사건에 대해서 본인에게 부과해질 부담감까지 감당해 가면서 이 판결문을 썼는데요. 제가 변호사 14년 하고 의원 생활 4년째지만 이런 명문 쉽지 않습니다.

그래서 이 자리에 민주주의적 고민과 관심으로 와 주신 분 그리고 그 고민과 관심 때문에 TV를 시청하고 계시는 분들이 계시기 때문에 제가 이 부분에서 너무나 중요한, 왜 국정원장이 그런 일을 하면 안 되고 왜 국정원장이 대북심리전단들을 통해서 했던 행위들이 심각한 문제이고 왜 그것이 위헌적인, 왜 그것이 국정원장 및 국정원 직원들에게 요구했던 정치적 중립을 침해하고 결국은 선거운동에 해당돼서 공직선거법에 위반되는지까지 가슴으로 웅변하고 있습니다.

이 판결문은 무려 259페이지입니다. 저도 이 판결문을 보면서 놀라운 사실들을 알게 됐습니다.

한 가지만 먼저 여러분께 물어볼까요?

지난 국정원 대선 개입 사태 때 국정원장을 비롯해서 모든 국정원에서는 보도자료를 냈습니다. 그 보도자료를 아직도 버젓이 국정원 공식 홈페이지에 보도자료란에 보관하고 있습니다. 누구나 다 클릭해서 가면 들어갈 수 있습니다.

여러분, 그것을 역순으로 구성해 보십시오, 얼마나 국정원장과 국정원이 거짓말로 일관했는지.

물론 정보업무라는 것이, 그리고 지금 우리가 고민하는

대테러, 대외정보, 아주 예민한 정보들이야 당연히 우리한테 가르쳐 주지 않아야지요. 그것은 정말 목숨 걸고 지켜야겠지요. 하지만 이렇게 범죄행위가 명백하게 혐의가 밝혀지고 있고 스스로 사과하고 있으면서도 이것과 관련돼서 단 한 차례도 제대로 사실을 밝히려고 노력하지 않았습니다. 저는 그것이 문제라고 생각합니다.

우리 모두 그렇게 생각하지 않습니까? 잘못은 할 수 있으나 그 잘못에서 어떤 것을 배우고 어떤 자세로 그것에 임하느냐에 따라서 우리는 용서해 줄 수 있고 우리는 신뢰를 다시 회복시켜 줄 수 있지요. 그러나 그렇지 않았습니다.

심지어는 그 특위 과정에서 신경민 위원장을 비롯해서 수많은 위원들이 국정원을 방문했습니다. 그리고 아주 단순한 사실관계조차 물어보면 저를 똑바로 보십니다. 아이 콘택트(eye contact) 하십니다. 그리고 이렇게 얘기하십니다. '전혀 그런 사실 없습니다.'

지금 2016년 2월 27일 이 엄청난 판결문으로 그 모든 사실관계가, 모든이 아니지요. 철저히 방해했고 사실관계를 은폐했기 때문에 그 공작들을 무릅쓰고 수많은 사람들이 노력해서 좌천, 퇴직, 자기의 명예를 훼손해 가면서까지 지켜 낸 진실관계, 이 정도입니다. 그래서 여러분들은 역사로 기억해 주셔야 합니다. 이 판결문을 낱낱이, 오래 걸려도 한 번씩은 필독해 주시면 정말 좋겠습니다.

그런데 그런 상황에서, 그러니까 과거로 돌아가면 이미 사실관계가 밝혀져 있는 이 사실로 돌아가 봤을 때 사실인데 그 사실을 따지러 온 민주적 통제를 하는 기관인, 입법기관인 국회의원들이 갔는데 그 앞에서 아이 콘택트를 하고 두 눈을 똑바로 쳐다보시면서 너무나 정중한 태도로 '그런 사실이 전혀 없습니다'라고 얘기하시는데 그분들이, 그 국정원장이 대테러라는 명목으로 대테러 위험인물을 나로 정했는데 '제가 왜 그 이유로 됐습니까?' 이렇게 물으면 알려 주실까요?

지난 대선 과정에, 아니, 원세훈 국정원장이 부임하고 퇴임하기 전 4년 내내, 임기 내내 수많은 선거에 개입을 했는데, 무려 우리가 확인한 바로만 70여 명의 심리정보국 직원들과 함께 그 일을 했는데 지금 현재 재판 중인 분은 원세훈 원장, 민병주, 이종명, 이 세 분뿐입니다. 그리고 심리정보국 70여 명의 직원 중 누구 하나 처벌받지도 징계당하지도 않고 여전히 근무 중입니다. 오히려 신경민 의원이 말했던 정말 상상을 할 수 없는, 거의 성추행범 같은 그런 좌익효수는 이 직원이 아닙니다. 일반 직원입니다. 그러니 그것으로 우리가 추론해 보면 얼마나 많은 국정원의 직원들이 동원됐을까, 때로는 무섭기도 합니다.

그런데 국정원은 그 대북심리전단을 해체했습니다. 해체했다는 것이 마치 반성하는 의미로, 하지만 그것이 곧 증거 은폐와 연결돼 있지요. 검찰에서 역사상 두 번째인가 뭐 이렇게 얘기하면서 압수수색 들어갔더니 다 해체돼서 아무런 정보들이 없는 거지요. 사람도 없고 안 가르쳐 주지요. 텅 비고 몇 파일 들어 있는 캐비닛만 그분들을 맞이했습니다. 그것이 그 당시의 현실입니다. 재판정에서

검사가 그 얘기를 합니다.

저는 이 사건이 지금 우리가 그분들이 '이 권력을 잘 쓰겠다'라고 얘기하면서 '이 법을 꼭 통과시켜 줘' 이렇게 얘기하는 그 말을 신뢰할 수 있는지 구체적인 사실관계를 근거로 우리는 판단을 해야 합니다. 그러나 아무도 많이 모르십니다. 왜냐하면 너무나 복잡하고 어려워서, 그리고 오래돼서, 그리고 계속 다른 사건들이 많아서 자꾸만 망각의 늪으로 사라지고 있습니다. 그러나 오늘 우리는 대테러방지법 때문에 다시 우리의 기억 속에서 끄집어내야 합니다.

국정원장인 원세훈 원장은 그 당시 매월 1회 국정원 1·2·3차장과 기획조정실장과 본부 실·국장 등 간부 직원들과 전국의 지부장들이 참석하는 전 부서장회의를 개최했는데요, 위 회의에서 모두 말씀과 마무리 말씀을 통해서 국정원의 운영방침을 밝히거나 업무지시를 했습니다.

'피고인 원세훈은 매일 아침 국정원 차장들과 기획조정실장이 참석하는 정무직 회의와 국정원 차장들, 기획조정실장, 실·국장 또는 기획관들이 참여하는 일일 상황보고 형식의 모닝브리핑을 통해서 그날의 주요 현안을 확인하고 그에 관한 지시 및 강조 사항을 전달하였다.'

특히 원세훈이 전 부서장 회의에서 한 발언 내용은 녹취되기도 하고 요약되어 국정원 내부전산망의 공지사항란에 원장님 지시·강조 말씀이라는 제목으로 게시되기도 하였는데 원장님 지시·강조 말씀과 위 녹취록 등의 기재에 의하면 피고인 원세훈이 전 부서장 회의에서 참석자들에게 국정원의 직무 범위에 속하는 국내 보안정보의 수집·작성·배포 이것이 얼마나 자의적으로 활용될 수 있는지를 적나라하게 보여 줍니다.

용어는 그렇게 씁니다. 법조항은 있습니다.

'국내 보안정보의 수집·작성·배포와 직접 관계없는 업무의 지시, 즉 정치관여 또는 선거개입을 지시한 것으로 볼 여지가 있는 발언들을 여러 차례 하였음이 인정된다. 그중 시선을 끄는 발언들은 다음과 같다.'

국가정보원이 이렇게 테러가 중요하다면서, 그리고 국가정보원의 중요한 일이 대테러방지였습니다. 그런데 이분들은 그 일을 하지 않고 이런 일을 합니다. 정치현안, 국책사업에 대한 개입 및 홍보 이것이 아까 제가 읽어 드린 국정원의 업무입니까? 아니잖아요. 그런데 그 지시를 하고 있습니다. 국가홍보원이, 국정홍보원이 따로 있었지요.

이렇게 씁니다. '국책사업은 우리가 직접 챙겨야 할 일이라는 자세로 성공적으로 추진될 수 있도록 현장점검을 강화해 주기 바람', 2010년 10월 22일. 2010년 11월 19일, '좌파 교육감들이 주장하는 무상급식 문제는 한정된 재원하에 정작 지원해 주고 개선되어야 할 여타 분야를 간과하는 상황이 발생할 수밖에 없으므로 이런 포퓰리즘적 허구성을 국민들에게 적극 홍보해야 함', 국정원이 할 일이라고 혹시 생각하시나요? 무상급식은 곧 좌파 교육감인가요? 지금 이 TV를 시청하시는 국민분들 중에도 본인 스스로는 굉장한 우파고 보수라고 생각하시는

분도 아이들을 위해서, 미래를 위해서 무상급식 찬성하는 분도 계실 겁니다. 그런데 이렇게 먼저 좌우를 가릅니다. 무상급식이 좌와 우를 가릴 수 있는 기준입니까? 그것은 사람에 따라 다른 거지요. 그런데 국정원이 이런 시각을 국민에게 강요하고 있는 것입니다. 그렇게 홍보를 해서 수많은 사람들에게 좌우라는 이념 대립을 부추기는 거지요.

2011년 8월 22일 이것은 많이 읽어 드렸습니다만…… 2011년 9월 16일 것을 읽겠습니다. '4대강 그랜드 오픈이 한 달여 정도 남았는데 지역단체·언론들을 통해 행사가 잘 마무리될 수 있도록 사전 면밀 점검하고, 관계기관을 지원하여 국책사업이 국민들로부터 좋은 평가를 받도록 해야 할 것임', 4대강 사업에 대해서는 국민들 스스로가 판단할 수 있어야 합니다. 그것이 좋은 것인지 나쁜 것인지 판단할 권리와 자유가 있습니다. 그런데 국내 보안정보의 수집·작성·배포를 해야 하는 국정원에서 왜 4대강 홍보사업을 합니까? 왜 4대강 그랜드 오픈을 고민합니까? 그리고 이것을 왜 면밀 점검합니까, 사전에?

관계기관 지원합니다. 철저히 국가안보, 국민안보가 아니라 정권안보를 한 거지요. 정권은 국민의 선택에 따라 달라질 수 있는 겁니다. 그런데 국정원에서는 그 달라지는 것 자체를 못 하게 하고 있는 거지요. 왜냐? 이 평가가 좋아지면, 국책사업이 좋아지면 결국은 그 정권이 일을 잘하게 되는 거고 그러면 선거에서 심판해야 된다, 우리는 보통 그렇게 얘기하지 않습니까? 평가하고 판단해서 계속 그 정권을 유지하게 해 줄지, 그 정당을 유지하게 해 줄지 결정하는 거지요. 그런데 그 판단을 흐리게 하고 있는 겁니다.

아마 여수엑스포 관계자분들이나 여수시장님은 좋아하셨을 것 같습니다만 2012년 5월 18일, '여수엑스포가 진행 중이나 당초 계획보다 관람인원이 부진한 실정이므로 성공적으로 개최될 수 있도록 적극 지원하기 바람', 잘 모르겠습니다.

그다음, 선거개입 지시로 볼 여지가 있는 발언들이 수만 건인데, 수없이 많은데 이렇게 판결문에 몇 개를 예로 선정해서 공시하고 있습니다. 선거개입 지시로 볼 여지가 있는 발언, 2011년 5월 20일입니다. '경기·인천 등 접적 지역 주민들이 대북전단 살포에 반대하는 것은 적과 싸우는 것을 포기하는 것임', 그런가요? 그 접경 지역의 주민들은 수많은 것을 포기하고 어렵게 사시고 그렇게 대북전단 살포로 인해서 경색이 되면 가장 힘든 게 그 주민들 아닌가요? 그리고 그 누구보다 북한과의 대면하는 과정에서 나라를 걱정하고 있는 분들 아닌가요? 그런데 본인들이 판단해서 그런 분들이 이런 것을 하는 것을 적과 싸우는 것을 포기하는 것으로 얘기합니다.

그리고 2011년 10월 26일의 기억을 상기시켜 드리겠습니다. 서울시장의 보궐선거가 있었고 그때 박원순 시장이 당선됐지요. 그런데 2011년 그로부터 5일 전입니다. 2011년 10월 21일입니다. 이것은 저도 몰랐어요. 그런데 여기 이렇게 나옵니다.

'10월 26일 날 재보선이 있는데……' 이렇게 내려가서 '작년에 지방선거 때 전쟁과 평화라는……' 여기서 북한을 딱 얘기합니다. 갑자기 '10월 26일 날 재보선이 있는데 북한까지 나서 가지고……' 저는 박원순 시장님을 북한이 도와줬는지 잘 모르겠어요. 도와주셨나요? '지금 범야권 선거운동을 하고 있잖아요. 이런 것에 대한 대책도. 이게 개인적으로 친해서 그런 게 아니고 자기네들하고 같은 것을 맞춰 갈 수 있다, 과거로의 회귀를 위한 그런 것을 위해서 활동하는 거니까' 이렇게 얘기하시면서 '작년에 지방선거 때 전쟁과 평화라는 이런 식으로 얘기가 나와 가지고 끌고 나갔다는 자체도 결국은 국민들의 의식이 잘못된 부분이 있기 때문에 이런 것의 교육도 시켜야 한다…… 지난 선거 때 전쟁과 평화 이런 것 해 가지고 국민들이 위기의식을 느껴 가지고 전쟁 안 해야 된다 그러니까……' 여기가 포인트입니다. '그러니까 2번 찍자 뭐 이런 식으로 되어서는 안 되지 않느냐', '2번 찍자 뭐 이런 식으로 되어서는 안 되지 않느냐', 이게 대북 심리전을 했다고, 합법적이라고 계속 얘기하고 계십니다.

그리고 증거에 의해서 확인된 바에 의하면 이 국정원장은 전 부서장 회의나 정무직 회의, 모닝 브리핑 등 회의에서의 개괄적인 지시 외에도요 수시로 심리전단에 구체적 업무지시를 했답니다. 피고인 이종명을 통해서 지시하기도 했고 민병주에게 직접 전화로 지시하기도 했습니다. 대표적 사례가 2012년 8월 27일 국제신용평가기관인 무디스에서 우리나라의 국가신용등급을 상향 조정하자 피고인 원세훈이 바로 심리전단에게 그 국가신용등급 상승 의미를 홍보하라고 지시를 합니다.

이 심리전단의 구성은요 심리전단장, 기획관, 팀장, 파트장, 파트원으로 돼 있었고요. 이 사건 사이버사와 활동을 전개한 사이버팀은 2기획관 아래 편제가 되어 있었는데 이 사이버팀은 안보1팀, 안보2팀, 안보3팀, 안보5팀, 이렇게 네 팀으로 구성되어 있었습니다.

그래서 이 안보1팀은 대북 심리전 사이트 운영을 하고 대북 사이버 심리전을 한다고 되어 있고, 안보2팀은 국내 포털사이트상 북한 선전 대응활동, 그리고 안보3팀은 국내 포털사이트 등에서의 종북세력에 대한 대응활동, 안보5팀은 트위터에서의 북한 및 종북세력의 선동에 대한 대응활동을 각각 담당했고요.

이 파트들은 1명의 파트장과 4명 내외의 파트원으로 구성돼 있었습니다. 그러면 안보3팀의 인원은 팀장을 포함해서 24명이었고 안보5팀은 팀장을 포함해서 23명 있고. 그래서 결국 4개 사이버팀의 전체 인원은 80명 정도 돼 있습니다.

그리고 이분들이 한 일은 이렇습니다. 심리전단 사이버팀 소속 직원들은 오전에 국정원으로 출근해서 그날의 이슈와 논지를 시달받고 그 이슈와 논지는 팀장, 파트장을 거쳐서 파트원들에게 약식 메모나 또 구두로, 전화 또는 문자 메시지로 전달이 됩니다. 그러면 직원들은 그 국정원 내에서 시달받은 이슈와 논지를 중심으로, 또 구두 지시사항이나 원장님 지시·강조 말씀, 또 언론기사, 또 다른 사람들의 게시글, 이런 것들을 다 모아서 철저히 준비를 했습니다. 각 본인들이 담당하고 있는 포털사이트, 커뮤니티, 트위터 등 정해진 활동공간의 특성에 맞게 구체적인 논지를 준비하고 게시하거나 트위터의 글의 내용들을 구상을 했습니다.

그리고 이런 활동들은 외부에서 이루어졌는데, 보안상 이슈나 논지를 밖으로 가져갈 수가 없으니까 대부분 외부로 나갈 때는 키워드 같은 정도를 암기하거나 메모해서 들고 갔고 그 일부 직원들은 그 이슈와 논지를 자신의 개인 이메일로 보내 두기도 한 겁니다. 그래서 이런 것들이 그나마 발견된 거지요. 그분들이 제출한 건 거의 없습니다. 다 발굴한 거지요, 대부분 많이.

직원들은 점심시간 무렵에 업무용 노트북을 들고서 국정원 외부로 나가 가지고 카페 무선인터넷을 이용할 수 있는 장소에서 개별적으로 활동을 했습니다. 보안을 위해서요 활동하는 카페나 지역을 수시로 바꿨습니다. 그리고 사이버 활동은 출근인 근무시간에만 하는 것이 원칙이었습니다. 우리 세금을 받아서 월급을 받으며 이런 일들을 한 겁니다.

긴급한 현안이 발생하거나 특별한 지시 사항이 있으면 외근 중인 직원들에게 전화나 문자 메시지로 지시가 내려지기도 했는데, 구체적으로 나와 있습니다. 안보3팀에서는 2012년 8월 28일, 대선 얼마 안 남았지요. 8월 28일 팀원 전원에게 문자 메시지로 '유튜브에서 오빠 MB 스타일 동영상을 찾아 커뮤니티 등에 게시하라' 이런 지시를 내렸고요. 그 팀원들이 당일 이에 따라서 위 동영상을 게시하고 전파했습니다. 이런 일을 했습니다.

안보3팀, 인터넷 사이트입니다. 여러분들이 하나, 한두 개는 다 가입해서 활동하고 계실 겁니다. 그리고 일반인들이랑 그 상에서 서로 편하게 대화하고 소통하는 걸로 알고 있었는데 그 안에는 월급을 받고 근무시간에 댓글을 달고 있는 국정원 직원들이 있었던 거지요.

안보3팀 인터넷 사이트 담당 활동을 보시지요. 찬반 클릭입니다. 안보3팀 직원들은 '오늘의 유머'나 그런 인터넷 사이트에서 특정 정당과 정치인들을 지지·찬양하거나 아니면 반대·비방하는 게시글에 대해서 찬성 내지 추천 또는 반대 클릭을 계속했습니다. 이명박 대통령 또는 여당을 비판하는 내용이나 야권 정치인을 옹호하는 내용의 게시글에는 반대 클릭을 하고, 이명박 대통령 또는 여당을 옹호하는 내용, 야권 정치인 또는 야당을 비판하는 내용의 게시글에 대해서는 추천 클릭을 계속한 겁니다.

이것이 어떤 의미냐? 결국은 그것이, 우리가 끊임없이 빅데이터라고 얘기하고 여론 동향이라고 얘기하고 SNS를 살피라고 얘기하는 그것이 결국 그 안에서 어떤 여론이 형성되는지를 우리가 활용하고 사용하고 있는데 그 여론들을 조작하는 것이지요. 그런 일들을 해 왔습니다.

더군다나 엄청난 트윗이 문제가 되지 않습니까? 지금 대법원에서 파기환송된 이유는 그 계정의 일부를 국정원 직원이 쓴 것으로 볼 수 없다는 그런 판결, 결정으로 그렇게 내려져 있지만 그 외에 인정된 것만으로도 엄청난 내용이 담겨 있습니다.

실제로 사람은 몇 사람이 안 되는데 그 사람들이 활용한 것들은 무려 2심 판결문에 따르면 716개의 계정을 가지고 활용을 합니다. 이분들이 하신 것은 주로 트위터상에서 특정 정당 또는 정치인들을 지지·찬양하거나 반대·비방하는 글을 트윗·리트윗하거나 대선과 관련해서 특정 정당 또는 후보자를 지지하거나 반대하는 글을 트윗하고 리트윗했습니다.

그리고 이것들을, 결과들을 보고합니다. 심리전단 직원들은 국정원 외부로 나가서 개별적으로 사이버 활동을 한 후에 자신의 활동 내역을 파트장과 팀장에게 보고를 합니다. 안보3팀은 매일 각자 글을 작성한 사이트 이름 그리고 작성한 글의 제목 등을 수기로 작성해서 1파트에서 관리하는 함에 넣으면 1파트 담당 직원이 이를 취합해서 팀장에게 그 실적들을 보고했답니다. 특히 무엇보다 안보3팀 5파트 경우에는 파트원들이 각자 담당 사이트를 모니터링한 결과를 파트장에게 보고하면 그 파트장이 이를 토대로 거의 매일 주요 카페·커뮤니티 특이동향 보고서를 작성해서 팀장에게 보고했습니다.

여기에 이렇게 나옵니다. 심리전단 직원들이 사이버상에서 한 찬반 클릭, 댓글, 게시글, 트위터 활동 중 정치 관여나 선거운동으로 문제될 수 있는 활동의 개괄적인 내역이 나와 있습니다. 그게 찬반 클릭이 1214회고요, 댓글 작성은 2125회고요, 트윗·리트윗한 것은 27만 4800회입니다. 이것이 선거에 영향을 안 미쳤을까요?

지금 이렇게 댓글이 인용되기 위해서 쭉, 인용이 되고 있습니다. 이것이 어떤 문제들이 있는지…… 그런데 이거는 시간상 좀 넘어가 보도록 하고요.

이다음에 이 행위가 어떤 의미고 얼마나 중대한 범죄인지를 설명하기 위해서 국정원법 개정의 연혁과 배경 그리고 국가안전기획부법상의 직무 범위 또 정치 관여 금지가 명문으로 기재되게 된 배경, 이 모든 것들을 여기에 담아 놨습니다. 읽어 드리겠습니다.

'헌법 제7조가 정하고 있는 공무원의 정치적 중립성은 공무원이 모든 국민의 이익인 공익을 실현하고 국민 전체의 봉사자로서 기능하기 위한 필수적인 조건이다. 따라서 공직자로서 국가권력의 행사에 참여함에 있어서는 모든 사회적·정치적 세력에 대한 중립성과 등거리를 유지하여야 하고', 이 말은 여당과 야당에 동등하게 등거리를, 같은 거리를 유지해야 된다고 돼 있는 겁니다. '주관성과 자의의 금지를 요구받는다. 개인적 정치적 신념 등 주관성은 공직 수행의 헌법 및 법률 구속이라는 객관성에 후퇴되어야 한다. 오늘날 정당제 민주주의하에서 공무원의 정치적 중립성은 특히 정당정치에 대한 관계에서 중립성을 의미하므로 자신의 공적 임무를 수행하는 과정에서 정당정치에 대하여 불편부당한 입장을 취하여야 한다.

따라서 대통령 직속기관인 국정원 역시 위와 같은 입장을 견지하면서 그 공적 기능을 국민 전체에 대한 봉사로 귀결시켜야 할 헌법적 의무가 있다. 그렇지 않고 국가권력이 특정 정당이나 정치적 입장을 위해서 행사되거나 그렇게 행사된 것이라고 국민에게 인식되는 순간 국가권력의 정당성에 대한 국민의 신뢰는 상실된다.

이러한 헌법적 요구에도 불구하고 과거 중앙정보부나 국가안전기획부 직원들의 정치 개입 사례가 있었기 때문에 입법자는 아래에서 보는 바와 같이 국정원의 국내 활동과 관련된 직무 범위를 제한하고 직원들의 정치 관여를 엄격히 금지하는 규정을 국정원법 자체에 별도로 마련했다.'

그동안 이루어진 국정원법 개정이 갖는 의미를 판결문은 이렇게 얘기합니다.

'북한과 대치하고 있는 우리나라의 특수한 안보 상황, 국제적으로 펼쳐지고 있는 치열한 정보 전쟁 등을 고려해 볼 때 국정원이 명실상부한 최고 정보기관의 역할을 제대로 수행할 수 있도록 그 직무 범위를 포괄적으로 그리고 유연하게',

지금 이게 대테러방지법이 그걸 주도하고 있는 거지요.

'그 직무 범위를 포괄적으로 그리고 유연하게 규정하는 것이 바람직하다는 주장은 중앙정보부법이 제정될 무렵은 물론 전면적인 안기부법 개정 논의가 있었던 1963년, 1993년 무렵에도 있었던 것으로 보인다.

그런데도 우리의 입법자는 여야 합의를 통하여 안기부의 국내 정보활동과 관련한 직무 범위를 국내 보안정보(대공·대정부전복·방첩·대테러 및 국제범죄조직)',

엄청나게 중요한 일 아닙니까? 그리고 정말 국민의 한 사람으로서 우리 국정원이 정말 유능해서 이 업무만이라도 정말 제대로 해 준다면 우리의 불안감은 얼마나 많이 해소되겠습니까? 지금 북한의 핵 문제도 그렇지요. 그 정보들 다 제때 놓치지 않습니까. 그리고 지난번 말씀했지 않습니까, 어느 의원님께서? '이거 왜 모르냐' 했더니 '미국도 모르는데 우리가 어떻게 아느냐'…… 미국이 모르는 걸 우리가 알아야지요. 미국이 북한과 인접해 있습니까?

저는 이 국면과 관련해서 또 한 번의 정말 가슴을 치는 일이 있습니다. 아마 많은 분들이 아시겠지만 윤여준 전 장관이 하시던 방송이 있었습니다. 그 방송에 제가 초대받아서 같이 얘기를 할 때 이런 얘기를 들었습니다. 방송도 그렇게 했고요. 윤여준 전 장관이 국정원에서 일을 할 기회가 있었다고 합니다. 그래서 국정원 쪽 분들을 많이 아는데 우리와 다른 관점에서, 이것도 문제가 심각하지만 국정원 내부에서 원세훈 국정원장, 우린 국정원장 한 사람의 인물 됨됨이가 얼마나 중요한지, 그리고 그분의 인물 됨됨이가 중요하지만 그것보다 더 중요한 것이 그 인물 됨됨이와 상관없이 민주적 통제, 절차적 통제, 견제장치, 감시장치, 감독장치가 필요하다는 얘기를 강변하려고 하는 겁니다.

그때 뭐라고 얘기하셨느냐면 국정원의 내부에서 그 사람에 대해서 격렬하게 비난하는 이유는, 전 개인적인 감정은 없습니다. 부인하는 이유는, 전 국민의 한 사람으로서 개탄을 금지를 못했는데, 이명박 대통령 밑에서, 이명박 대통령이 서울시장님 하실 때 그 밑에서 같이 일을 했던 분이 원세훈 국정원장이지 않습니까? 그래서 원세훈

국정원장은 정보 업무는 전혀 모르는 분으로, 모르는 상태로 국정원의 원장으로 취임한 겁니다.

그런데 그분이 처음부터 하기 시작한 게, 제일 먼저 한 게 외국에, 외국에 나가 있는 정보라인의 그 베테랑들을 다 불러들였다는 겁니다. 자기 사람 심으려고. 전 잘 모릅니다. 저는 지금의 이 상황들이 그것과 연결돼 있는 건 아닌가라는 생각을 합니다. 대외 정보라인이라는 건, 저는 잘 모릅니다만 영화를 보아서도 여러 정보들을 통해서 우리가 알 수 있지 않습니까? 수십 년의 노력이 필요하지 않습니까. 그 정보라인들이 다 허물어졌다고 저는 들었습니다.

이 국정원에게 부탁한, 법으로 부탁한 이 업무를 정말 열심히 해 주셔야 하고 이 일을 해야 되는 거 아닙니까? 국내 보안정보, 대공·대정부전복·방첩·대테러 및 국제범죄조직의 그 정보들을 수집하고 작성하고 배포하는 걸로 한정했다고 하는 거예요. 한정하고, 그 이유가

'안기부장을 비롯한 안기부 소속 직원 전체에게 정치관여 금지의무를 부과하기로 하였고, 그러한 합의사항을 담아 안기부법을 개정하였다. 그리고 그러한 안기부법의 기본 골격은 피고인들이 이 사건 사이버 활동을 전개할 당시의 구 국정원법은 물론 현행 국정원법에도 그대로 유지되고 있다.'

입법 취지가 유지되고 있다라는 의미입니다.

'이처럼 입법자가 국정원의 국내 정보활동과 관련한 직무 범위를 제한하고 국정원 직원들의 정치 관여를 엄격히 금지하는 기본 골격을 유지하고 있는 것은 과거 중앙정보부, 안기부 시절 그 직원들이 권한을 남용하여 정치와 선거에 개입하였던 나쁜 선례가 있었고, 앞으로도 그러한 일이 일어날 수 있다는 점에 대한 우려가 있다고 판단하였기 때문일 것이다.

따라서 피고인들과 심리전단 직원들이 한 이 사건 사이버 활동이 국정원법에 위반되는지를 판단함에 있어서는 직무 범위를 명시적으로 규정한 국정원법 제3조와 원장을 비롯한 국정원 직원 모두에게 정치 관여를 금지한 제9조의 문언과 입법취지를 고려하여야 할 것이고'

대테러방지법을 입법하자는, 그것도 직권상정으로 입법을 눈앞에 둔 이 시점에서 우리는 다시 한 번 상기해야 합니다.

국정원 스스로도 정치관여 했다고 인정하고 있습니다. 공직선거법은 아니라는 거지요, 정치관여 했다고 인정하고 있습니다. 2012년까지 했습니다. 2013년 3월 달에 그 강조말씀 공개되고 이러면서 댓글들을 지워 나가기 시작했지요. 그리고 본인들이 문제가 있다는 걸 인정한다는 명목으로 심리전단들을 해체했다고만 우리는 들었습니다.

그 사람들이 어디 가서 근무하는지도 모릅니다. 그러면 적어도 그 수많은 70명 이상, 80명이 될 수도 있는—우리가 확인한 것만으로—사람들이 팀이 해체되면 어디인가는 가서 일을 할 것이지 않습니까? 갑자기 그 많은 사람들을 어디로 보냈을까요? 그것도 우리는 모릅니다. 말해 주지 않습니다.

그러니까 이 법의 의미는, 이 판결의 의미는 국정원이 그렇게 국정원장 한 사람의 지도자가 판단해서, 자의적으로 판단해서 그 수십 년 동안 논쟁하고, 그 수십 년 동안 수많은 여야 의원들이 바뀌었을 텐데 그 여야 의원들이

합의를 통해서 만들어 낸 법을 정면으로 위배해서 정치관여 행위를 임기 내내 한 것입니다. 그 국정원이 실수를 인정했습니까? 개혁을 했습니까? 셀프개혁 한다고 얘기만 듣지요. 하나도 못 했지요.

국정원개혁특위 따로 꾸려졌지요? 그 개혁특위 활동 정면 중단됐습니다. 지금 그 입법을 나라를 위해서 애국한다고 그 입법 해 달라고 얘기하시는 새누리당 의원님들의 반대로 국정원개혁특위 활동 무산됐습니다. 그래서 이 국정원이 스스로가 잘못됐다고, 범죄행위 했다고 인정하고 있는 지금도 국정원은 단 하나도 변화되지 않았습니다. 저는 모릅니다. 들은 바 없습니다.

그런데 왜 우리는 그 잘못된 행위를 한 사람에게 벌을 주지 않고, 포상도 이런 포상이 없습니다. 이제는 불편하게 다른 데 쫓아가서 법원, 재판장, 판사 이 까칠한 사람들 안 만나도 되는 겁니다. 그냥 영장 없이 그 국정원이…… 이 원세훈 같은 분이 국정원장이 되면 어떻게 되겠습니까? 저 같은 사람 바로 테러인물 아닐까요? 본인에게 이렇게 문제 제기하고 있는데 얼마나 괘씸하겠어요? 그러면 온갖 이유를 다 들어서 위험하다, 선동…… 제가 지금 선동하고 있을 수도 있는 것 아닙니까? 이것을 선동으로 생각하는 분도 계실 걸요.

이따가 제가 '마리텔'처럼 실시간 댓글들을 이 자리에서 발표해 드릴 건데요. 제가 그래서 아이패드도 가져 왔지만 아마 그 댓글 중에는 저에게 그런 억울한 말들을 던지신 분들이 있을 겁니다. 아마 몇십 % 되실 수도 있지요. 우리 지금 계속 이 예민한 문제들, 이 예민한 정치적 현안들은 국가의 40% 이상 서로 격렬하게 논쟁하고 있지 않습니까? 그러면 40%의 국민은 그렇게 생각할 수도 있는 거지요.

그러면 아무런 견제장치 없이…… 그리고 아까 봤지 않습니까? 여러분은 납득되셨습니까? 그분의 지시·강조 말씀 안에 들어 있는 그 내용들을 통해서 본인들이 좌빠라고 납득할 수 있는 게 있습니까? 그분의 시선으로 보면 한 70%, 80% 이상이 문제가 심각할 수 있는 거지요. 선동할 수 있는 거지요.

제가 다시 한 번 상기시켜 드립니다.

제가 14년 동안 소송을 진행했을 때 다시 온 분들도 있지만 저를 처음 만나러 오신 분들의 90% 이상이 그렇게 얘기하십니다, '내가 내 평생 이런 소송을 당할지 몰랐어요.' 대한민국의 모든 국민들이 자유롭지 않은 겁니다. '내 일이 아니겠거니. 나는 뭐'…… 아닙니다.

아까 판결문으로 다시 돌아가면, '그런 입법취지를 고려해서 이 행위의 의미를 판단해야 할 것이고, 피고인들이 주장하는 바와 같이 북한의 사이버공격이 강화되고'…… 어디서 많이 들어 봤지 않습니까? '북한의 사이버공격이 강화되고 있고, 이에 따라 유연한 방어심리전의 전개가 필요하다는 사정은 유무죄를 판단함에 있어서 원칙적으로 고려할 사항이 되지 못한다고 할 것이다.'

국정원법 제9조제2항제2호에서는 '그 직위를 이용하여', 이 정치행위·관여행위를 금지하는 이유가 그겁니다.

국정원은 아까도 말씀드렸지 않았습니까? 직원 이름조차 우리에게 알려 주지 않습니다. 예산도 아무도 통제하지 않습니다, 제대로.

그런 어마어마한 권한을 우리 지켜 달라고, 저를 포함한 우리 대한민국 국민들의 생명과 안전을 보장해 달라고 아까 그 중요한, 어렵고 힘든…… 국정원 직원들 얼마나 대단한 사람들 많습니까? 정말 몇 개 국어를 하셔야 할 테고, 진짜 대단한 특공전술, 무술들을 하시는 분들도 계실 테고, 대단한 심리전을 해서 사람들에게 유리한 정보들을 끌어내고 그 위험한 적지에 가서 그렇게 하시는 분들이 얼마나 많겠습니까? 그분들의 정보는 당연히 보호되어야 하지요.

그렇지만, 그럼에도 불구하고 그런 엄청난 권한을 부여한 기관이기 때문에 적어도 절차적 통제, 민주적 통제를 할 수 있는 그런 장치는 마련돼야 하기 때문에 이 조항을 명시한 겁니다. 이 조항을 명시했는데도 지금의 국정원은 명시적으로 위배했습니다. 위배한 행위가 여전히 유지되고 있고, 그것을 위해서 신뢰가 깨졌는데 그 신뢰 회복을 위한 조치도 그 어느 것도 하지 않고 있습니다.

그런데 이분들을 믿으라고요? 이분들을 믿는 것뿐만이 아니라 이분들에게 더한 권한을 주라고요? 그래도 법원의 영장주의라는, 그리고 아까 말씀드린 개인정보보호법의 다양한 장치들에 의해서 통제받을 수 있다는 안심장치들을 송두리째 우리보고 버리라는 얘기입니다, 아무것도 모르는데.

저도 의심하고 싶지 않습니다. 누군가를 끊임없이 의심하는 삶이라는 게 행복한가요, 그것도 막강한 권력기관을? 제가 이 문제를 언급하고 문제 제기할 때 수많은, 심지어 선배 의원님들조차도 저를 말렸습니다, 뭐하는 일이냐고, 뭘 감당하려고 이러냐고.

사실은 그 모든 불안감이 강화되고 있습니다, 이 사회가. 왜 이래야 하는 거지요? 나는 내 스스로, 내가 지금까지 많은 분들의 도움을 받아서 그래도 자부심 느끼며 살아온 삶에서 만들어진, 얻어진 경험과 신념에 근거해서 의정활동 하고 있는데 두렵습니다.

심지어 저는 지난번에 강남에 가서 국정교과서 문제와 관련해서 젊은 엄마들과 아이들의 의견을 듣는 간담회를 갔는데 거기서 너무나 귀엽게 생긴, 오늘 지금 하고 있을 'K팝스타'에 나옴직한 그런 외모의 동안인 귀여운 아이들이, 중학생들이 왔는데 그중에 중학생 한 친구가 '그 국정교과서라는 게, 교과서 국정화라는 게 얼마나 문제가 심각하냐? 창조적인 창의력을 막아 내는, 정말 퇴보하는 제도다' 이런 얘기를 하니까 옆의 또 다른 중학생이 그러는 거예요, '너 그런 말 하면 누가 잡아가면 어떡해?'

여러분, 강남 한복판에서 2016년에 중학생 아이로부터 이런 얘기를 들어야 합니까? 이건 정말 코미디 중의 코미디지요. 어쩌다 우리가 이렇게 이런 상황에 와 있을까요? 이런 상황에 우리가 왜 그 좋은 법들 다 놔두고…… 저 형제복지지원법 아직도 통과 못 시키고 있습니다. 수많은 분들이 그것이 여당이, 야당이 발목 잡아서 못 하는 것처럼 얘기하시고, 의원들이 일 못 한다고 얘기하시지만 그 모든 것의 배경은 그렇지 않습니다.

국정원법 제9조제2항제2호에서는 그 직위를 이용하며 특정 정당이나 특정 정치인에 대하여 지지 또는 반대의견을 유포하거나 그러한 여론을 조성할 목적으로 특정 정당이나 특정 정치인에 대하여 찬양하거나 비방하는 내용의 의견 또는 사실을 유포하는 행위를 정치활동에 관여하는 행위유형 중 하나로 명시하고 있습니다. 그리고 금지하고 있습니다.

'특정 정당이나 정치인에 대하여 지지 또는 반대의견을 유포한다는 것은 해당 정당이나 정치인의 의견·정책·입장 등을 찬성하거나 찬성하지 아니한다는 의견을 널리 퍼뜨리는 것을 의미하고, 특정 정당이나 정치인에 대하여 찬양하거나 비방하는 의견 또는 사실을 유포한다는 것은 해당 정당이나 정치인의 훌륭한 점을 드러내어 추앙하거나 반대로 해당 정당이나 정치인을 정당한 이유 없이 깎아내리거나 헐뜯어서 그 평가를 저하시키는 의견 또는 사실을 널리 퍼뜨리는 것을 의미한다.

행위의 대상은 특정 정당 또는 특정 정치인이므로 해당 의견 또는 사실이 대상으로 삼고 있는 정당이 어딘지 또는 정치인이 누구인지 특정할 수 있어야 한다. 다만 정당이나 정치인이 반드시 하나로 특정되어야 한다거나 그 명칭이 직접 표시되어야 할 필요가 있는 것은 아니고 문제되는 의견 또는 사실의 내용, 표현 방법, 유포의 경위, 전체적 맥락 등에 비추어 해당 의견이나 사실이 가리키는 정당이나 정치인을 구체적으로 특정할 수 있는 경우도 이에 해당한다 할 것이다.

따라서 피고인들과 심리전단 직원들이 한 이 사건 사이버활동을 특정 정당 및 정치인에 대한 지지 또는 반대의견의 유포나 특정 정당 및 정치인에 대하여 찬양 또는 비방 내용의 의견 또는 사실의 유포 행위로 해당한다고 평가할 수 있는지에 따라 피고인들의 국정원법 위반죄 성립 여부가 결정된다'

이렇게 되어 있습니다.

그리고 이것은 이미 1심에서도 성립된다고 인정되고 있기 때문에 이 판결문은 이렇게 얘기합니다. '원심 판단이 정당하다. 다만 다음과 같은 사정이나 판단을 추가함으로써 원심 판단의 정당성을 더욱 뒷받침하고자 한다'라고 되어 있습니다.

이 부분이 저는 정말 읽으면서 꼭 여러분들께 추천하고자 하는 문단 중의 한 부분입니다.

'1. 국정원의 정치관여 금지규범의 헌법적 의미 등에 대한 고려 필요성

이 사건 사이버활동이 위 판단기준에 따라 국정원의 정치관여 금지규범에 위배되는 행위인지 여부를 살펴봄에 있어서는 위 금지규범이 헌법상 공무원의 정치적 중립의무를 관철하기 위한 것이고, 또한 국가정보기관의 정치관여에 따른 폐해를 심각하게 인식한 국민의 강력한 규제 의사가 반영되어 입법된 것임을 진지하게 고려할 필요가 있다.

2. 대통령의 국가정책 수행을 뒷받침하기 위한 홍보 취지 등의 활동 주장에 대하여

우리 헌법이 예정하고 있는 자유민주주의 사회는 전체주의 사회와 달라서', 이 부분이 중요합니다. '정부의 무류성을 믿지 않으며', 이 무류성은 무오류라는 겁니다. '정부는 개인이나 일반 대중과 마찬가지로 또는 그 이상으로 오류를 범할 가능성이 있을 뿐만 아니라 권력을 가진 자가 오류를 범한 경우의 영향은 대단히 크다고 하는 역사적 경험을 전제로 하여 정부가 국민의 비판을 수렴함으로써 오류를 최소화할 수 있다는 사고방식을 보편적으로 수용하고 있다.'

저는 이 대목을 다시 한 번 읽어 봤습니다. 계속 읽어 봤었습니다. 이거거든요. 우리가 비판을 해야지요. 국회의원, 비판하시잖아요? 정부, 비판해야지요. 정책, 평가해야지요.

'우리 헌법이 예정하고 있는 자유민주주의 사회는 전체주의 사회와 달라서 정부의 무류성을 믿지 않으며, 정부는 개인이나 일반 대중과 마찬가지로 또는 그 이상으로 오류를 범할 가능성이 있을 뿐만 아니라 권력을 가진 자가 오류를 범한 경우에 영향은 대단히 크다고 하는 역사적 경험을 전제로 하여 정부가 국민의 비판을 수렴함으로써 오류를 최소화할 수 있다는 사고방식을 보편적으로 수용하고 있다.

이에 따르면 어떤 정책이 국가가 마땅히 추구하고 실천하여야 할 공익부합 정책인지 여부는 국가에 의하여 일방적으로 확정될 수 있는 고정불변의 것이 아니고, 모든 국민의 자유로운 참여가능성이 개방된 민주적 정치의사 형성절차에서 다양한 세력들의 대립과 논쟁을 통하여 비로소 확인되는 것이다.

따라서 정책이 법령에서 정한 절차를 거쳐 이미 실현단계에 이르기 전에는 물론이고 실현되어야 할 시점에서도 정책의 공익부합 여부에 관한 사회적 논쟁과 토론이 전적으로 배제된다고 볼 수 없다. 정부와 정부정책은 언제나 국민과 언론의 비판의 대상이 될 수 있기 때문이다.

이러한 관점에서 구체적으로 보면 국정원의 국가정책 홍보 취지의 활동은 적법성을 인정하기 어렵다.'

지난 과거로 다시 돌아가 보면 국정원 대선 개입 국정조사특위, 국정원개혁특위 그리고 그 수많은 사건들이 진행되는 그 모든 과정 속에서 새누리당 의원들은 정말 한결같이 이 주장을 하셨습니다. 속기록에 나옵니다. 꼭 확인해 보십시오. '뭐가 문제냐. 국가정보원이 나라의 안보를 위해서 국가의 중요한 정책들 홍보하는 게 잘못이냐. 나라가 잘돼야지. 나라의 경쟁력을 홍보해야 국가 안보에도 영향이 있다.' 그럴 듯합니다. 그 논리를 철저히 분석해서 깨뜨려 주고 있습니다, 이 판결문이.

'적법성을 인정하기 어렵다.

1. 국가기관이 정책의 정당성에 관한 국민의 승인을 얻기 위하여 정책의 취지와 실현 목적 및 효과를 국민에게 적극적으로 알릴 수 있고 알려야 함은 당연하나 그러한 임무수행이 국정원법에 따른 국정원의 직무 범위에 속한다고 볼 수 없다.'

다시 아까 직무 범위로 되돌아가 봅니다.

국내 정보활동과 관련한 직무 범위를 국내보안정보—괄호 열고 명시하고 있습니다—(대공·대정부전복·방첩·대테러 및 국제범죄조직)의 수집·작성 및 배포로 한정하고 있습니다.

두 번째, '정부 정책의 찬반을 둘러싼 논쟁은 자연 그 정책을 지지하거나 반대하는 정당이나 정치적 세력에 대한 지지 또는 반대로 나타나기 마련이다. 특히나 국민 생활에 중대한 영향을 미칠 가능성이 있는 중요 정책에 관해서는 정당 등을 중심으로 사회적 논쟁의 장이 열리게 되는 것이 보통이므로 특정 정책에 대한 지지주장이나 반대 주장이 그에 관련된 정당이나 정치적 세력에 대한 지지 내지 반대로 해석되지 않는다는 것을 기대하기 어렵다. 따라서 국정원이 아무리 국가정책의 실체를 정확하게 국민에게 알려야 할 필요성이 있어 홍보활동을 한다고 하더라도 그것은 국가정책의 시행을 반대하거나 문제를 제기하는 특정 정당이나 정치적 세력에 대한 반대로 이해될 수 있게 되고 이는 곧 정당정치에 대한 불편부당한 태도를 저버린 채 정당정치에 바로 관여한 것이 된다.

셋째, 국가정책에 반대하는 입장에 대한 정확한 비난을 통하여 국가정책의 내용을 정확하게 알린다는 것과 국정원이 금지된 정치관여 행위를 하는 것과 사이의 경계는 매우 불투명하다. 이런 상황이라면 국정원이 국가정책의 홍보라는 명목으로 언제든지 금지된 정치 관여를 할 수 있게 되고 나아가 업무수행의 밀행성과 보안성에 따라—업무수행의 밀행성, 비밀리에 하는 것과 보안을 유지해야 되는—이 밀행성과 보안성에 따라 적법한 사법적 통제조차 받기 어렵게 될 개연성이 높다.

4. 아무리 중대한 명분과 추구하려는 공익이 있다고 하더라도 이를 실행하기 위해서는 중립적이고 상당한 방법을 선택하여야 함은 비례의 원칙상 당연하다. 그런데 피고인들이 주장하는 국정 수행에 대한 의도적 폄훼와 헌법에 의하여 보장된 국정 수행에 대한 국민의 비판이—저는 이게 정말 중요하다고 생각합니다—서로 구별되지도 않는 사이버 공론의 장에 국정원이 직접 개입하여 그것도 익명의 일반 국민인 양 트위터 등 감성이나 인성 변화에 호소하는 방법을 활용하여 비판적 견해를 반박하는 것은 중립적이고도 상당한 공무 수행 방법이라고 보기 어렵다. 정책에 배경이 된 객관적이고도 충분한 정보를 자세히 전달하되 최종적인 이해와 평가는 국민의 몫으로 돌리려는 관점이 결여되어 있기 때문이다.'
그래서 결론이 나왔습니다.

'피고인 원세훈이 국정원장 취임 이후 일관되게 국정 전반에 대한 적극적인 개입을 지시하는 취지의 발언을 한 점.

두 번째, 심리전단에서는 위 취임 직후인 2009년 2월 16일 친북좌파 무력화, 대통령 리더십·국정운영 뒷받침, 정책현안 관련 국민적 우호 여론 확산, 국정 현안 관련 정부 입장을 옹호하는 댓글 제작·전파 등을 주요 업무로 추진하겠다는 취지의 업무계획을 보고한 점.

3. 2010년 12월 3일 심리전단장으로 부임한 피고인 민병주는 원세훈의 위와 같은 국정원 운영 방침과 지시에 따라 심리전단 직원들에게 이슈와 논지를 내려 보냈으며 지휘부에서 원하는 방향으로의 사이버 활동을 독려하였던 점.

4. 이러한 상황에서 심리전단 직원들은 4대강 사업, 한미 FTA, 제주 해군기지 건설, NLL, 광우병, 원전가동 중단, 무상복지 등 정부정책의 지지 및 반대 견해에 대한 비난은 물론 심지어 이명박 대통령의 퇴임 이후 내곡동 사저 부지 문제나 민간인 사찰 문제를 거론하는 사람들에 대한 공박 활동도 전개하였던 점.

5. 그러한 활동을 한 기간 결과물의 내용과 방향성, 확산을 위해 트윗덱, 트위터피드 서비스를 이용하기도 한 점 등까지 모두 고려하면—자동 봇이 되어서 계속 돌아가고 일정한 때가 되면 자동적으로 올렸던 글들이 삭제되고 본인들의 정보가 나타날까 봐 자동적으로 서버가 이동하는 그런 유의 프로그램입니다—이 사건 사이버활동은 국정원법 제9조제2항제2호에서 정한 그 직위를 이용하여 특정 정당 또는 특정 정치인에 대하여 지지 또는 반대하는 의견을 유포하거나 이러한 여론을 조성할 목적으로 특정 정당 또는 특정 정당인에 대하여 찬양 또는 비방하는 내용의 의견 또는 사실을 유포하는 행위에 해당한다고 봄이 자연스럽다.',
저는 지난 국정원 사건 관련해서 제일 안타까웠던 것이 이 부분입니다.

이제 읽을 건데요. 이 엄청난 일들이 사실로 다 입증이 되고, 그리고 이 엄청난 역사적 피해 경험에 의해서 수십 년 동안 수많은 여야 의원들이 합의를 통해서 법을 개정해서 절대 정치 관여를 하지 말라고 했던 그 금지조항을 어겼다는 것이 밝혀졌는데, 유죄가 확정됐는데, 그거는 이의하지 않았으니까요. 확정됐는데 왜 우리는 계속 선거운동, 공직선거법 위반 여부만 문제 삼는 걸까요? 문제 삼을 이유가 없는 겁니다.

애초에 할 수 없는 일을 했고, 그것은 명백하게 우리 모든 국민들에게 주어져 있는 신성한 민주주의의 꽃이라고 하는 선거권을 철저히 짓밟은 것이지요. 그것은 명명백백한 사실입니다. 본인들이 인정한 것입니다.

그렇지 않나요? 물론 본인들은 여전히 그런 사실은 있지만 그것이 직무범위 안에 들어간다라고 얘기하고 있지요. 그렇게 저들은 이 엄청난 상황, 이 사실들을 사람들 기억 속에서, 사람들의 문제의식 속에서 망각시켜 가면서 정작 그들은 테러방지법이라는 법을 통해서 의심만으로도 모든 것을, 속속들이 우리 모든 국민들의 사생활을 들여다보겠다고, 믿어 달라고 이렇게 얘기하고 있는 겁니다.

그러나 다행히 2심에서는 그 난리를 쳤던 공직선거법상 선거운동에도 해당한다고 판단하고 있습니다.

이 내용을 보면 부인할 수가 없어요. 그런데도 그게 우리 사법제도라고 하니 보류하겠습니다만, 이것을 읽어 보고 적어도 이 자리에 계신 분들 그리고 시청하고 계신 분들이 한 번쯤 판단해 주셨으면 좋겠습니다.

"이 부분 공소사실의 요지는 피고인들이 특정 정당과 정치인에 대한 낙선 목적의 선거운동을 함으로써 공무원의 지위를 이용하여 선거개입 범죄 행위를 실행하였다는 것이다. 결국 피고인들이 공무원의 지위를 이용하여 선거운동을 한 것으로 평가할 수 있는지는 이 사건의 핵심 쟁점이다.

원심은 여러 사정을 근거로—원심은 1심을 얘기하는 겁니다—피고인들이 심리전단 직원들에게 정치 관여에 관한 지시를 넘어서 선거운동을 지시하였다거나 그에 따라 위 직원들이 특정 후보자를 당선 또는 낙선시킬 목적으로 능동적·계획적으로 선거운동을 하였다고 인정하기에는 부족하다고 판단하였다.

검사가 항소 이유로 내세운 여러 관점 등에 기초하여 원심의 이 부분 판단의 당부를 판단하기 위해서는—옳고 그름을 판단하기 위해서는—먼저 검사가 피고인들의 행위에 대하여 적용되어야 한다고 주장한 공직선거법 제85조제1항의 의미 및 그 적용 요건이 무엇인지를 살펴보아야 한다.

그를 위해서는 위 규정이 입법된 목적 및 공직선거법의 체계에서 차지하는 비중이나 가치를 확인할 필요가 있는데 그 과정에서 무엇보다도 위 규정을 해석·적용함에 있어서 염두에 두어야 할 헌법 규정의 정신을 상기할 필요가 있다. 그리고 적용 요건 등과 관련된 대법원 및 헌법재판소의 판례 등을 참고한다.

이어서 심리전단 직원들의 이 사건 사이버 활동이 이루어진 과정 및 체계, 방법, 그 활동이 이루어진 시점과 당시 상황, 활동의 결과물의 내용 및 당시 상황 맥락과의 관련성 등을 살펴 심리전단의 사이버 활동 자체가 위 규정의 적용 요건 등 객관적 구성요건 요소를 갖추었는지를 본다.

그리고 이 사건 사이버 활동을 실제로 행한 직원들에게 범의—그러니까 고의지요—범의 및 목적 등 위 규정의 주관적 구성요소가 있었다고 볼 수 있는지를 살펴본다.

마지막으로 심리전단 직원들이 수행한 이 사건 사이버 활동을 피고인들의 행위 및 책임으로 귀속시킬 수 있는지를 판단한다. 이에 관해서는 문제된 사이버 활동이 피고인 원세훈 등의 지시에 따른 것으로 볼 수 있는지와 피고인 원세훈 등에게 범의 및 목적 등 주관적 구성요건요소의 존재를 인정할 수 있는지를 공모공동정범의 법리를 기준으로 살펴보고자 한다."

여기서 '공모공동정범의 법리'라는 건 실제로 지시만 하고 행위는 하지 않았지만 그 행위를 통해서, 그 행위로 인한 결과와 그 처벌을 함께 받는다는 의미입니다. 그런 의미의 공모공동정범인 거지요. 그래서 피고인 원세훈은 지시만 했지만 그 지시를 받아서 심리전단의 직원들이 한 행위의 책임과 결과를 함께 진다라는 의미인 겁니다.

공직선거법 제85조제1항의 의미를 이렇게 판결문은 적시하고 있습니다.

'대의민주주의와 선거'라는 소제목으로

"대한민국 정치의 민주화는 역사적으로 선거 과정의 민주화와 함께 발전·확립되어 왔다는 것이 일반적인 설명이다.

선거는 국민의 대의기관을 구성하는 민주적 방법임과 동시에 대의기관의 민주적 정당성을 확보하는 대의민주주의의 중심적 실현 수단이다.

선거를 통하여 대통령은 국민으로부터 직접 민주적 정당성을 부여받음으로써 국회와 함께 민주적 정당성의 양대 축을 형성하고, 국가의 원수이자 행정부의 수반으로

다른 국가기관에 민주적 정당성을 중개하는 역할을 한다. 따라서 선거권자의 정치적 의사가 정확하게 반영될 수 있도록 선거제도를 운용하는 것은 대의민주주의의 중요한 전제가 됨은 의문의 여지가 없다."

그런데 지금 박근혜 정권은 어떻게 하고 계십니까? 대통령은 의회의 위에 있는 기관이 아닙니다. 대통령은 국회와 함께 민주적 정당성의 양대 축을 구성하는 수평적 관계이고, 때로는 국민을 대표하는 입법기관인 국회의 감시·견제를 받아야 하는 지위인 것입니다.

그런데 그 신성한 선거권 행사의 가장 기초가 되는 토대를 본인이 원하는, 본인이 주장하는, 사실인지도 모르겠고 사실이 아닐 것 같은, 경제활성화법, 노동개악 이런 것들을…… 저는 양극화 극대화법 같습니다, 양극화 극대화법, 노동악법. 이런 국회의 고유 권한인 입법권을 가지고 왜 선거구 획정을 인질로 삼습니까? 누가 그런 권한을 부여했습니까?

새누리당 의원님들께 촉구합니다.

의원으로서의 자부심을 회복해 주십시오.

(● 안홍준 의원 의석에서 — 거기에 동의했는데, 왜요?)

지난번의 기사 좀 보세요, 의원님.

대통령께서 저희에게 오셔서 연설을 하셨습니다, 국정연설. 그때 우리 당 김종인 대표와 김무성 대표와 티타임을 하셨어요. 그리고 이 자리로 내려오시는 그 자리에서 김무성 대표가 이렇게 말씀하셨답니다.

기사 좀 읽어 보고 오세요. 거기에 이렇게 얘기했습니다.

김무성 대표님이 우리 김종인 대표님에게 이렇게 스킨십을 하시면 "우리 선거구 획정 빨리 끝냅시다" 이렇게 얘기하셨대요. 그랬더니 박근혜 대통령께서 그렇게 말씀하셨답니다. "아니, 중요한 경제 관련 법들 이런 것 통과 안 시키고 선거구 획정만 먼저 통과시키나요?" 이렇게 얘기하셨어요.

기사 보면 나와요.

(청취 불능)

의원님, 발언권을 신청해서 발언해 주세요.

제가 성함은 잘 모르겠습니다. 안홍준 의원님이시네요.

"선거권자의 정치적 의사가 정확하게 반영될 수 있도록 선거제도를 운용하는 것은 대의민주주의의 중요한 전제가 됨은 의문의 여지가 없다.

나. 선거의 공정성 확보를 위한 공직선거법 제85조제1항, 선거의 공정성 확보가 그 제도의 취지입니다.

선거 과정에서 국민의 정치적 의사 형성과 표현의 자유를 보장하여야 하는 한편으로 선거 과정의 공정성을 확보하기 위한 입법 역시 불가피하다. 선거 과정에서는 특히 국민의 적극적인 정치 참여 및 의견 개진 등 정치적 기본권이 보장되어야 하는데, 그러한 기본권이 정당, 후보자 등 선거 참여자에게 동등하게 보장될 수 있도록 하기 위해서는 선거의 공정성이 절실하기 때문이다.

공직선거법은 선거의 공정성을 확보하기 위하여 선거운동의 주체, 방법, 시기, 내용 등에 관하여 다양한 규제를 하고

있다. 특히 공무원 및 공무원에 준하는 사람의 경우 선거운동을 원칙적으로 금지하고 있고, 공무원이 소속 직원 또는 선거구민에게 교육 기타 명목 여하를 불문하고 특정 정당이나 후보자의 업적을 홍보하는 행위, 선거운동의 기획에 참여하거나 실시에 관여하는 행위 등 지위를 이용하여 선거에 영향을 미치는 행위를 금지하고 있다."

우리는 앞으로 중요한 선거를 앞두고 있습니다. 그래서 더욱 이 문제에 대해서 전 국민이 공유해 주셨으면 좋겠습니다.

"공직선거법 제85조제1항은 같은 맥락에서 공무원이 그 지위를 이용하여 선거운동을 할 수 없다고 선언하고, 이를 어길 경우 법정형으로 5년 이하의 징역형만을 규정하여 관권선거의 대표적 유형에 대하여 매우 엄격한 입장을 취하고 있다.

공무원과 이에 준하는 사람의 선거 관여를 엄격하게 금지하는 규정의 위헌 여부가 문제되었을 때 헌법재판소는, 공직선거법이 과거 우리나라 선거 역사를 얼룩지게 한 관권·금권 등에 의한 불법·타락 선거로부터 선거의 공정성을 지키기 위하여 제정된 경위를 고려한 다음, 공무원 등이 그 직을 그대로 유지한 채 선거운동을 할 수 있는 경우 자신들의 지위와 권한을 특정 개인을 위한 선거운동에 남용할 소지가 많게 되고, 직무를 통하여 얻은 여러 가지 정보를……",

저는 이게 중요하다고 생각합니다.

국정원의 직무를, 아까 얘기했지만, 그리고 테러방지법이 그렇게 중요하다고, 테러의 위험을 강조하고 있는 이 시점에 제발 해 달라고 하는 그 직무, 대테러행위에 대한 정보수집 등의 그런 직무가 아닌……

그리고 국가정보원이 얼마나 많은 정보를 갖고 있습니까? 아무도 모릅니다, 그분들 말고는. 그리고 그분들이 선별적으로 주는 분들 말고는, 알려 주는 분들 말고는.

"직무를 통하여 얻은 여러 가지 정보를 선거에 활용할 수 있을 뿐 아니라 자신의 부하 직원을 선거운동에 동원할 염려도 있으며, 자신의 선거운동에 유리한 방향으로 편파적으로 직무를 집행하거나 관련 법규를 적용할 가능성도 있는 등, 그로 인한 부작용과 폐해가 선거 결과에 지대한 영향을 미치게 될 것이라는 이유를 들면서 공무원 등의 선거 관여를 금지하는 것은 선거의 형평성과 공정성을 보장하기 위한 입법자의 불가피한 조치라고 밝힌 바 있다.

다. 선거에서의 공무원의 정치적 중립의무에 관한 헌법 규정
선거에서의 공무원의 정치적 중립의무는 국민 전체에 대한 봉사자로서의 공무원의 지위를 규정하는 헌법 제7조제1항, 자유선거원칙을 규정하는 헌법 제41조제1항, 제67조제1항 및 정당의 기회균등을 보장하는 헌법 제116조제1항으로부터 나오는 헌법적 요청이다.

이러한 헌법 규정들이 명령하고 있는 것은 국가기관은 모든 국민에 대하여 봉사해야 하며, 이에 따라 정당이나 정치적 세력 간의 경쟁에서 중립적으로 행동해야 한다는 것, 그러므로 국가기관이 자신을 특정 정당이나 후보자와 동일시하고 공직에 부여된 영향력과 권위를 사용하여 선거운동에서

특정 정당이나 후보자의 편에 섬으로써 정치적 세력 간의 자유경쟁관계에 영향력을 행사해서는 아니 된다는 것이다.

공직선거법 제85조제1항은 이러한 헌법적 요청을 실현하기 위하여 입법자가 구체화한 법률이다. 공직선거법 제85조제1항이 형벌 조항인 이상 문언이 지시하는 바를 넘어서는 등의 확장 해석을 경계하는 한편으로 위 법률 조항을 통하여 실현하고자 하는 입법 목적 내지 공익이 헌법 규정들에 의하여 강조된 중대한 의미와 가치를 지니고 있음 또한 균형감 있게 고려할 필요가 있다.

라. 공직선거법 제85조제1항에서 정한 선거운동의 의미와 판단 기준
선거운동은 특정 후보자의 당선 내지 득표나 낙선을 위하여 필요하고도 유리한 모든 행위로서 당선 또는 낙선을 도모한다는 목적 의사가 객관적으로 인정될 수 있는 능동적·계획적인 행위를 말한다. 구체적으로 어떠한 행위가 선거운동에 해당하는지를 판단함에 있어서는 단순히 그 행위의 명목뿐만 아니라 그 행위의 태양, 즉 그 행위가 행하여지는 시기·장소·방법 등을 종합적으로 관찰하여 그것이 특정 후보자의 당선 또는 낙선을 도모하는 목적 의지를 수반하는 행위인지를 판단하여야 한다.

공직선거법이 선거운동을 당선 또는 낙선을 위한 행위라고 규정함으로써 선거운동에 해당하기 위해서는 특정된 또는 특정될 수 있는 후보자의 존재가 전제되어야 한다.

물론 특정 정당을 위하거나 반대하는 행위도 선거운동의 개념을 충족시킬 수 있으나 이 경우에도 특정 정당에 관한 행위를 통하여 당선 또는 낙선시키고자 하는 정당 후보자가 특정될 수 있어야 한다.

선거와 관련한 대통령의 정치적 중립의무를 다룬 다음의 선례들을 참고할 필요가 있다.

대통령이 2004년 4월 15일 예정된 국회의원선거를 앞둔 시점인 2004년 2월 18일과 2004년 2월 24일에 기자들과의 회견 과정에서 특정 정당을 지지하는 취지로 한 발언이 선거운동에 해당되는지가 문제 되었던 사안에서 헌법재판소는 몇 가지 사정들을 들어 특정 후보자나 특정 가능한 후보자들을 당선 또는 낙선시킬 의도로 능동적·계획적으로 선거운동을 한 것으로는 보기 어렵지만 선거에 임박한 시기이기 때문에 공무원의 정치적 중립성이 어느 때보다도 요청되는 때에 공정한 선거관리의 궁극적 책임을 지는 대통령이 기자회견에서 전 국민을 상대로 대통령직의 정치적 비중과 영향력을 이용하여 특정 정당을 지지하는 발언을 한 것은 대통령의 지위를 이용하여 선거에 대한 부당한 영향력을 행사하고 이로써 선거의 결과에 영향을 미치는 행위를 한 것이므로 선거에서의 중립의무를 위반한 것이라고 평가한 바 있다.

대통령이 2007년 12월 19일 예정된 대통령선거가 다가오고 야당의 당내 경선이 이루어지고 있는 시기인 2007년 6월경 몇 차례에 걸쳐 국민들이 관심을 갖는 공공의 모임들 및 기자회견 과정에서 주로 야당의 유력 후보자들을 비난하고 그들의 정책을 지속적·반복적으로 비판하였으며, 자신의

출신 당 후보자를 지지하겠다는 적극적인 취지의 발언을 한 것에 대하여 헌법재판소는 공직상 부여되는 정치적 비중과 영향력을 국민 모두에 대하여 봉사하는 그의 지위에 부합되지 않는 방법으로 사용함으로써 선거의 공정에 상당한 영향을 줄 가능성이 있거나 선거에 대한 부당한 영향력을 행사하여 선거의 득표에 영향을 미치는 행위라고 판단하였다.

그러한 판단의 근거로 국정의 책임자인 대통령에게 공명선거의 책무가 있다는 점, 선거를 구체적으로 실행하는 데 있어서 행정부 공무원의 지원과 협조 없이는 현실적으로 불가능하므로 행정부 수반인 대통령의 선거중립이 매우 긴요한 점, 나아가 공무원들이 직업공무원제에 의하여 신분을 보장받고 있다 하여도 최종적인 인사권과 지휘감독권을 갖고 있는 대통령의 정치적 성향을 의식하지 않을 수 없으므로 대통령의 선거개입은 선거의 공정을 해할 우려가 무척 높다는 점 등에 비추어 선거활동에 관하여 대통령의 정치활동의 자유와 선거중립의무가 충돌하는 경우에는 후자가 강조되고 우선되어야 하는 점을 강조하였다."

'선거운동으로 볼 만한 활동에 대한 분석 및 평가'가 나와 있습니다. 이 사건 사이버 활동이 이루어진 과정을 아주 구체적으로 살피고 있습니다.

"심리전단 직원들은 피고인 원세훈의 지시사항이 반영된 이슈와 논지를 지시 체계에 의하여 매일 시달받았고, 이에 기재된 주제와 작성 방향에 부합하도록 각자가 맡은 사이버 영역에서 게시글, 댓글, 트윗글 등을 작성하거나 찬반클릭, 리트윗하는 활동을 전개하였다.

대다수 직원은 검찰과 원심 법정에서 이 사건 사이버 활동은 피고인 원세훈이 지시한 틀 안에서 이슈와 논지에 따라 이루어졌다는 점에 관하여 일치된 진술을 하였으며, 특히 안보 5팀 소속 직원들의 경우 트위터 계정을 개인적으로는 사용하지 않았고 오로지 업무 관련 글을 게시하는 용도로 사용하였다고 진술하였다.

(김춘진 의원, 정갑윤 부의장과 사회교대)

이러한 이슈와 논지에 따라 사이버 활동이 전개된 구체적인 사례를 살펴본다.

2012년 9월 7일 자 파일 부분에는 '30대 목동녀나 주식뇌물 공여 의혹 등 특정 후보에 대한 시중에 떠도는 얘기인데 이를 국가기관의 뒷조사 자료인 양 몰고 가는 것은 검증 공세를 회피하기 위해 무책임하게 물타기 하려는 꼼수이자 자신의 허물을 감추기 위한 적반하장 식 작태이다'라고 하여 당시 이와 같은 의혹이 제기되고 있던 안철수 후보를 비방하는 내용의 논지가 기재되어 있다.

당일인 2012년 9월 7일 11시 34분 39초경 국정원 직원들이 사용한 계정으로 인정된 계정에 이 취지와 동일한 내용의 트윗글이 바로 게시됐고 그로부터 약 4분 후에 위 트윗글이 심리전단 직원들의 트위터 계정에 의해서 다음과 같이 대량으로 리트윗 되기 시작하는데, 해당 트윗은 2012······"

대선이 한창입니다. 9월 7일에 301회, 9월 8일에 34회, 9월 9일에 28회 리트윗되어서 결과적으로 3일간 363회 리트윗이 됐습니다. 예를 든 거고요······

"이처럼 특정 후보자 등에 관한 논지가 시달되고 하나의 트위터 계정이 이에 부합하는 트윗글을 작성하면 다른 직원들의 트위터 계정들이 일제히 트윗덱, 트위터피드 서비스를 이용해서 대량으로 확산하는 흐름이 발견된다. 이는 이 사건 사이버 활동이 심리전단의 지휘체계에 따라 내려진 상부의 지시를 이행한 업무 수행의 결과이며 조직적으로 이루어진 행위임을 보여 주는 것이다.

수십만 건에 이르는 게시글과 트윗글을 살펴보면 모든 경우가 위 사례처럼 아주 구체적인 내용의 이슈와 논지가 전달되어서 확산된 것은 아니다. 심리전단의 업무체계나 직원들의 업무역량 등을 고려하면 매번 위와 같이 구체적인 지침을 줄 현실적 필요가 없어 보이기 때문이다.

작성된 글의 주제·핵심 키워드·논조 등이 전반적으로 이슈와 논지에 기재된 것과 동일하고, 그러한 글이 상당 기간에 걸쳐 일정하게 나타나며, 수십 개에서 수백 개에 이르는 여러 심리전단 직원들의 계정에서 같은 시기에 게시되는 흐름이 확인된다면 이는 위에서 든 구체적 사례와 같이 심리전단의 지휘체계에 따라 내려진 상부의 지시를 업무적으로 수행한 활동이라고 평가할 수 있고 그렇게 보는 것이 합리적이다. 따라서 뒤에서도 보겠지만 이 점에서 이 사건 사이버 활동을 심리전단 직원들의 개인적인 일탈이라거나 지시의 범위를 초과한 행위라고 평가할 수 없다.

추상적이든 구체적이든 활동의 주제와 방향이 엄격한 지휘명령체계에 따라 전해지면 국정원 직원으로서 높은 수준의 자질과 능력을 갖춘 심리전단 직원들의 밀행에 의하여 그것이 신속 정확하게 집행되고, 나아가 사후보고가 이루어져 활동 전체에 대한 평가가 이루어지는 과정에 주목하면 이 사건 사이버 활동은 조직적이고 체계적인 행위라고 보지 않을 수 없다. 이는 선거운동의 개념표지로서 행위의 능동성 및 계획성을 긍정할 수 있는 뚜렷한 정황임이 분명하다.

이 방법들에 대해서 보다 더 다시 자세하게 나오는데, 이슈와 논지가 기재된 파일에 따르면 해당일의 날짜와 함께 '국정운영성과확산' 또는 '금일 집중 확산용'이라는 문구가 기재되어 있고 그리고 그 아래 이슈와 논지가 서술된 경우가 있다. 이는 사이버 활동의 목적이 이슈와 논지의 지시에 따라 글을 작성하고 이를 집중적으로 확산함으로써 사이버공간의 여론 형성에 영향을 미치는 것임을 보여 주는 것이다."

그래서 이 파일의 내용을 기재하고 있습니다. 이 파일에는 어떻게 되어 있냐 하면, '글 작성 제출하면, 기존 팀 논지작성 일괄전송과 특히, 다를 것 없네?', '파워팔로워 글 전파, 영향 확산', '아침에 오늘의 핫이슈 지정해 지시', '오전에 우파 글 확산을 오후 시간에 활용', '단체 1 : 1 우파 명성 글을 선택해 확산 혀 = 확산 글 전체 참여', '우파 협조, 글 집중 확산 + 1~2개만 플러스 확산', '시간대를 분할해 24시간 그리고 타임라인에 많이 들어오는 시간대를 집중', 파일에 이렇게 되어 있습니다.

그리고 판결문에서는 이것을 이렇게 해석합니다.

"이는 트위터상에서 명성이 있는 이른바 보수우파 논객의 글을 확산하려는 방침 및 그 방법을 기재한 것으로 이해된다.

특히 '아침에 오늘의 핫이슈 지정해 지시', '타임라인에 많이 들어오는 시간대를 집중'과 같은 기재에 의하면 특정 이슈 관련 글에 관한 확산 지시가 있었고, 그 실행이 최대한의 효과를 낼 방법에 의하여 집중적으로 이루어지도록 하는 지시가 있었음을 알 수 있다.

심리전단 소속 직원들도 이슈와 논지에서 우파 글을 확산하라는 지시를 받아 이행하였고, 지시 자체에서 특정 트위터 사용자에 대한 언급이 있기도 하였다고 진술하고 있어 이를 뒷받침한다.

① 김 모 씨는 '이슈 및 논지에 보수, 우파 글 확산 취지가—국정원 직원입니다—기재되어 있었고, 그 날의 이슈 취지에 부합하는 우파 글로 보수논객의 대표적인 트윗글이 하나씩 게재된 적이 있었다. 변희재, 윤정훈의 트윗글을 리트윗하였던 기억이 있다'라는 취지로 진술하였다.

② 이 모 씨는 '팀장이 참석한 팀 전체회의에서 트위터 활동에 관하여 이야기를 하던 중 좋은 우파 글이 사장되는 것이 아쉽다는 이야기가 나왔고, 이에 따라 우파 글을 확산하고자 하였다'라는 취지로 진술하였다. 또한 '우파 글을 확산하라는 이슈와 논지를 받았고, 이에 강한 어조의 보수적 인물의 트윗글을 리트윗한 적이 있다'라고 진술하였다.

③ 백 모 씨는 '이슈와 논지에서 관련 언론기사 주소나 트위터 계정명을 함께 주는 경우도 있다. 강철환 등 보수논객의 글을 많이 리트윗했다'라는 내용으로 진술하였다.

또 다른 사람은 '보수논객인지는 모르겠으나 특정인 계정의 트윗글을 많이 올리라는 지시가 있었다'라고 진술하였다."

이 의미는 뭐냐 하면, 여러분들도 트윗을 하시고 저도 트윗을 하고, 여러분들도 인터넷사이트에서 글을 올리고 다른 사람의 글을 보고 또 댓글을 달고, 이렇게 하지 않습니까?

그래서 너무나 순수하게 만들어지고 있다고 우리는 믿고, 그것이 거기에 참여하는 국민들, 시민들의 의사라고 보고 그 여론을 기반으로 정책도 만들고 선거대책도 만들고 법안도 고민하고, 이렇게 하는 것이지요.

특히나 선거 국면에는 그 누구나 할 것 없이 전문가들이 인터넷 사이트를 통해서, SNS를 통해서, 트윗을 통해서, 페이스북을 통해서, 그 모든 여론들이 너무나 중요하고 그것을 참작해서 선거의 중요한 공약도 결정하고 자신이 나갈 지역도 결정하고……

이쯤에서 아까 그 부분을 확인시켜 드리고 싶습니다.

"대한민국 정치의 민주화는 역사적으로 선거 과정의 민주화와 함께 발전·확립되어 왔다는 것이 일반적인 설명이다. 선거는 국민의 대의기관을 구성하는 민주적 방법임과 동시에 대의기관의 민주적 정당성을 확보하는 대의민주주의의 중심적 실현수단이다."

그 중요한 선거와 자신이 어떤 사람을 선택할 것인가, 그 선택권이 철저히 유린당한 것이지요. 너무나 심각한 일이라고 생각합니다.

"트위터 활동을 전담하였던 안보 5팀의 직원은 앞서 살펴본 바와 같이 모두 23명에 불과하였고 심리전단 전체 직원으로

확대해도 인원은 70~80명이었는데, 이 사건에서 심리전단 직원이 사용한 것으로 인정된 트위터 계정은 716개에 이른다.

그뿐만 아니라 안보 5팀 직원들은 다음과 같이 진술하여 실제로는 더 많은 트위터 계정을 사용하였고 계정을 주기적으로 삭제·변경하기도 하였음을 인정하고 있다.", 확인된 게 716개라는 겁니다, 다 삭제하고. 법무부에서 사법공조도 거부했습니다. 트위터 본사에…… 한 국정원 직원은 이렇게 진술합니다. 증언합니다.

'자동 트윗, 리트윗 프로그램을 사용하여 상당히 많은 트윗 계정을 운영하였다. 사용한 계정은 30~40개 정도이다라고 진술하였다.'

또 한 사람은 '통상 20~25개 정도의 계정을 유지하였으나 계정이 갑자기 죽어 버리고는—정지되었다는 의미입니다—새로운 계정을 다시 만들어 사용했다.'

또 한 사람은 '평균적으로 약 40개의 트위터 계정을 운영한 것 같다. 하루에 20~50건 정도 트윗, 리트윗을 하였다.'

또 한 사람은 '계정 10개 정도를 동시에 사용했고, 수시로 스크린네임이나 계정을 바꾸었다.'

또 한 사람은 '계정 20여 개를 만들어서 활동했다' 이렇게 얘기하고 있습니다. 그래서

"이 사건에서 당심의 판단에 따라—당심이라고 하면 이 2심 자체를 지칭하는 겁니다—심리전단 직원이 작성한 것으로 인정된 글은 인터넷 게시글과 댓글—다 지우고 난 뒤인데요—2125개, 트윗과 리트윗 27만 4800회에 이른다.

다음과 같은 심리전단 직원들의 진술에 의하면, 직원들은 업무수행실적이 양적으로 평가됨에 따라 꾸준히 일정한 양의 글을 게시하는 활동을 하였고, 내부적으로 하루에 게시하여야 하는 건수에 관한 기준도 정해져 있었음을 인정할 수 있다.

인터넷 사이트 활동을 하였던 안보 3팀의 팀장은 '1명당 하루 3~4건 정도를 작성하고, 글 게시활동을 하는 팀원이 20명이므로 1일 60~80건 정도가 작성된다. 이에 따라 계산하면 주간에는 300~400건, 월간은 1200~1600건 정도의 글이 작성 및 게시된다'라고 진술하였다.

트위터 활동을 한 안보 팀의 3파트장은 '저는 파트원들보다는 적게 썼는데 1일 트윗 건수는 150건 정도였고, 다른 파트원들은 200~250건 정도였다'고 진술하였다.

안보 팀 파트장은 '트윗, 리트윗을 하루에 몇 건을 해야 하는지에 관한 내부기준이 있었는데 30건 정도였던 것 같고, 팀원들이 그것보다는 훨씬 많이 하였다'라고 진술하였다.

이 사건 공소사실 중 트위터 활동 내역을 살펴보면, 트윗덱과 트위터피드를 그 작성 수단으로 한 글이 상당히 많이 발견된다. 27만 4800건 중에 24만 7166건, 약 89.9%가 그것에 의해 작성됐다고 돼 있습니다. 이에 대하여 다수의 안보 팀 직원들은 다량의 계정 관리의 편의와 실적 증대 차원에서 트위터 관리 프로그램 또는 서비스인 트윗덱과 트위터피드를 사용하였음을 인정하였다. 따라서 이러한 작성수단의 사용은 지시에 따라 글을 양적으로 확산하기 위하여 필수적인 방법이었던 것으로 보이고, 이러한 작성수단에 의하여 게시된 트윗은 직원들이 필요에 따라 능동적으로 작성 방법을 선택한 결과로 평가된다.

심리전단 직원들이 사용한 트위터 계정들은 대부분 1000에서 4000명 정도의 팔로워를 두고 있었고, 팔로워가 많은 계정은 1만 4000여 명에 이르기도 했다. 특정한 트위터 계정의 팔로워는 그 계정에서 작성되는 트윗을 별도의 검색이나 선택 없이 자신의 타임라인에 자동으로 받아 볼 수 있게 되므로 팔로워 수를 늘리는 것은 트윗글의 확산을 위하여 필수적인 요건이라고 볼 수 있다."

이 정도의 내용은 트윗을 하시는 일반인들조차도 다 알 수 있는 내용입니다, 그것의 의미가 무엇인지는. 이렇게 실적 보고를 부정기적으로, 트윗 건수나 팔로워 수를 지속적으로 보고했다는 겁니다.

이런 평가는 결국

"최근의 선거운동은 과거 선거인을 동원하여 대규모의 집회연설을 실시하는 전통적인 방법에서 방송과 인터넷 등 미디어를 활용하는 방법으로 급속히 전환되고 있다. 사이버 공간에서의 선거운동은 후보자의 입장에서는 사이버환경을 갖추고 있는 유권자에게 선거정보 등을 신속하게 전파·확산할 수 있고, 유권자의 입장에서는 시간과 장소에 영향을 받지 않고 이러한 정보 등을 쉽게 접할 수 있기 때문이다.

SNS 매체 특히 트위터의 경우 짧은 글을 통하여 작성자의 마음에 담긴 솔직한 감정과 의견을 서로 주고받는다는 특성이 있어서 특정 후보자나 정당의 이미지에 긍정적이든 부정적이든 일정한 영향을 줌으로써 경우에 따라서는 감성적 판단에 기초한 선거행위로 이어지게 할 가능성도 적지 않다. 활발한 공론의 장으로 새롭게 등장한 사이버공간의 이러한 특성을 이용하여 그곳에서 익명의 일반 국민인 양 가장한 채 이러한 새로운 매체를 변칙적인 방법으로 적극적·체계적으로 활용하였다는 것 자체로부터도 이 사건 사이버 활동이 능동적이고 계획적인 행위로서 선거운동의 핵심 요소를 갖추었음을 보여준다."

그리고 또 이 사건 사이버 활동의 이런 트윗글들이 과연 선거에 영향을 미쳤냐라는 문제에 대한 것도 중요한 쟁점이기도 했지요. 그래서 이 부분과 관련한 또 분석과 평가가 나와 있습니다, 그것도 아주 상세하게.

그래서 이미 2012년 8월 20일, 어떤 날인지 아시나요? 2012년 8월 20일은 박근혜 대통령이 새누리당의 대권 후보로 결정난 날입니다. 그래서 이 2심 판결은 2012년 8월 20일 전후로 나누어서 분석을 합니다. 저는 이 부분이 아쉽습니다. 저는 그 이전 것도 당연히 선거운동이라고 봐야 된다고 보는 사람이기도 하지만 어쨌든 판결문은 적어도 후보자가 특정되어야 한다는 그 지점과 관련해서 보는 것 같습니다.

2012년 8월 21일 이후에 선거글의 내용을 분석해 놓은 내용이 있습니다. 특정 후보자에 대한 관련성 문제는 너무나 당연히 인정된다는 것입니다.

"심리전단의 활동으로 작성된 게시글, 트윗글 및 찬반클릭의 대상이 된 글을 살펴보면, 대선 후보자들의 성명을 직접 표시하거나 비방의 의미가 담긴 별칭을 사용하거나 특정 후보자의 주요 공약이나 행보를 거론함으로써 그 대상이

누구인지 구체적으로 알 수 있는 글에 해당함을 인정할 수 있다.

특히 심리전단 직원들이 리트윗한 글 중에는 특정 후보자의 공식 트위터 계정을 리트윗한 사례도 있는데, 국정원 직원은 원심 공판에서 박근혜 후보의 공식 트위터 계정의 글을 자신이 관리한 여러 계정으로 리트윗한 사실은 인정하면서 공식계정인지 몰라서 실수한 것이라고 진술하였다. 그러나 문제된 글의 내용은 박근혜 후보의 취업박람회 현장 방문 사실 및 소감을 기재한 것임을 쉽게 인식할 수 있는 내용이고, 이 트윗글은 2012년 9월 4일부터 9월 8일까지 심리전단 직원들의 트위터 계정에 의하여 총 45회 리트윗이 되기도 하였다."

2012년 9월 4일 2시, 그대로 읽어 보면,

"취업박람회의 뜨거운 현장을 방문하고 왔습니다. 일자리, 등록금, 스펙…… 현실의 무거움을 딛고 도전하는 젊은이들의 모습에서 희망을 보았습니다. 꿈과 열정, 가능성이 학벌과 스펙을 뛰어넘을 수 있는 나라, 꼭 만들겠습니다."

"트윗글이나 게시글 등은 언론 기사를 그대로 전재한 경우를 제외하면 객관적 사실관계를 적시하였다기보다는 가치판단이나 주관적 의견을 서술한 경우가 많아, 박근혜 후보와 새누리당을 지지하고 안철수 후보, 문재인 후보 및 민주당을 반대하거나 이정희 후보 및 통합진보당을 반대하는 일관된 경향과 흐름이 뚜렷하게 나타난다. 그 주제도 안보에 관련된 것 이외에 후보자에 대한 자질 논란 및 의혹 제기, 복지 문제 등 주요 대선공약 비판, 후보 단일화 과정 비판 등 대선 과정에서 불거진 다양하고 광범위한 주제를 포함하고 있다.

일관된 경향성을 보인 이러한 글의 주제와 내용은 같은 기간 동안에도 병행하여 지속한 정치 글의 주제와 내용과는 구별된다."

그리고 그 뒤로 선거글의 유형들을 다 철저히 분석해 놨습니다.

선거 글 유형 분류를 안철수 후보를 반대하는 경우는 자질 부족 및 각종 의혹 제기, 후보 단일화 비판, 모호한 입장표명 비판, 이념 성향 비판, 측근 비판, 단순 비방 등의 유형의 글이 올라왔고, 문재인 후보와 민주당을 반대하는 경우에는 각종 의혹 제기, 대선공약 비판, 후보단일화 비판, 이념 성향 비판, 전 정권 관련 비판, 민주당 인사들 비판, 단순비방 등의 유형 글이 올라왔고, 박근혜 후보와 새누리당을 지지하는 경우에는 후보자의 자질 긍정 평가, 박정희 대통령 옹호, 인혁당 등 과거 논란 해명—해명까지 해 줍니다—각게 지지선언 홍보 등의 유형의 글이 있습니다.

국정원 직원들의 계정에 이렇게 나와 있습니다.

"박근혜 후보의 경험 부족을 문제 삼는 분들이 많은데, 물론 행정부처에서 근무한 경험이 없어서 아쉬운 점은 있지만, 당대표로서 굵직한 정치 현안에 대해서 목소리를 내 온 것만으로도 상당한 정치 경력이라고 볼 수 있습니다."

이런 글을 올립니다.

"새누리당 국민행복추진위원회 명단입니다. 경제민주화와 국민 행복을 위해 정책을 만들어 주실 분들입니다. 실력과 경험을

구비하신 분들이라 더 믿음이 가네요. 하트."

"이정현 최고위원, '박근혜 후보만큼 대중의 신뢰를 받는 정치인이 있는가? 했던 말은 하늘이 두 쪽 나도'……

아, 아니구나. 이게 이렇게 읽으니까 전혀 의미가 다르군요. 다시 읽겠습니다.

이정현 최고위원의 말을 인용한 것입니다.

"'박근혜 후보만큼 대중의 신뢰를 받는 정치인이 있는가? 했던 말은 하늘이 두 쪽 나도 지키는 정치인 아닌가' 맞는 말이네요."

여러분들도 동의하십니까?

"위 기간 선거 관련 주요 정치 일정 및 상황을 살펴보고, 트윗글 등이 정치적 상황 맥락과 대응하는 것인지를 따져본다. 선거 쟁점이 발생할 때마다 그에 연동되어 특정 후보자에 대한 반대 또는 지지로 이해될 내용의 글이 앞에서 본 바와 같이 조직적·체계적으로 전파되었다면 특정 후보자의 낙선을 도모하는 선거운동으로 평가될 여지가 높아질 수 있음을 염두에 둔 분석이다."

당연하겠지요. 2012년 8월 20일에는 새누리당 대선 후보가 확정됐습니다.

"박근혜 후보는 2012년 8월 20일 새누리당의 대선 후보자로 확정되었고 그다음 날인 2012년 8월 21일 김대중·노무현 전 대통령의 묘역을 참배하면서 대선 후보자로서의 활동을 시작하였다. 이에 대하여 심리전단 직원들은 박근혜 후보의 화합과 포용의 이미지를 강조하는 방법으로 민주당을 비판하는 글을 리트윗하였다."

2012년 8월 21일에 올라온 것입니다.

"박근혜 대선 후보가 봉하마을을 찾아 노무현 전 대통령 묘역을 참배한다고 하니 종북좌파, 짝퉁진보 진영 멤버십에 빠졌나 보네요. 진심어린 전직 대통령에 대한 추모와 예를 가기도 전부터 폄하라니"

"박근혜 의원의 노무현·김대중 묘지 방문은……"

고맙습니다.

"화합 차원이죠. 이념을 떠나 갈등과 분열을 서로 묻어 버리자는 뜻이고 대권주자로서 불가피한 일이기도 합니다. 하지만 야당은 누구 하나 박정희·이승만 묘지 참배를 안 합니다."

이런 내용들로 지속적으로 리트윗을 합니다. 그리고

"그 무렵 유력한 대선주자로 거론되고 있던 안철수 후보에 대해서는 검증 공세가 강화되면서 룸살롱을 가보지 않았다는 발언이 거짓말이라는 논란이 제기되고 있었다. 심리전단 직원들은 이러한 의혹을 제기하며 노골적으로 안철수 후보를 비판하는 우파 논객들의 트윗을 2012년 8월 21일경부터 일주일 이상 수차례 리트윗하면서 의혹을 확산시키는 활동을 하였다."

"'내가 룸살롱에서 안 원장과 술을 함께 마신 적이 있다'—전직 고위공직자. '브이소사이어티 모임이 끝난 뒤에 강남 역삼동 술집, 청담동 술집에서 2차 술자리를 가졌다. 자주 어울렸다.'—기업인 안철수 거짓말한겨?"

이런 글을 리트윗을 하고 있습니다. 이게 대북심리전입니까? 그리고 다시

"안철수 후보가 박근혜 후보와의 양자 대결 여론조사에서 접전을 벌이는 양상이 나타나고 있던 2012년 9월 3일경에는 안철수 후보의 1988년 재개발 아파트 입주권 구입 논란이 제기되었다. 트위터상에서는 우파 논객들이 수일 동안 이에 관한 의혹을 제기하며 전면적인 도덕성, 진실성 비판에 나섰고 심리전단 직원들은 이러한 글을 다량으로 리트윗하여 확산시켰을 뿐만 아니라 직접 관련 글을 작성하기도 하였다."

"안철수, 딱지 거래로 생애 첫 집 마련 논란. 500% 부동산 투기 이익 남겨. 증여세 탈루 의혹도: 전세 1년 살고 집 없는 설움 안다고? 국민들은 전셋값 올라 열 받아 죽겠는데"

이런 글을 그때 올립니다.

다시 돌아갑니다.

"2012년 8월 25일부터 민주당의 대선 후보자 경선이 시작되었는데 심리전단 직원들은 경선 과정의 공정성 등에 문제를 제기하거나 비난을 가하는 글을 경선이 진행되는 동안 계속해서 리트윗하였다."

"문재인은 김대중·노무현·정동영과 비교해도 역대 최약체의 후보임에도 연전연승, 나머지 민통 후보들이 얼마나 수준이 낮은지 또한 민통의 게임의 룰이 절대적으로 편향되어 있다는 점을 드러내 준 거죠."

그 글이 올라온 것이 2012년 8월 30일입니다.

그리고 2012년 9월 5일 이제는 모바일 선거인단도 비난합니다.

"모바일 선거인단. 선거는 자고로 내가 도장으로 그 사람 이름을 찍어야 하는 거임. 휴대폰 만지작거려서 뽑는 후보, 해킹이라도 당하면 답 없는데 도대체 무슨 정신인지 모르겠다. 박근혜 거부한 거 정말 잘한 거임."

2012년 9월 4일 박근혜 후보는 사형제에 대한 존속 입장을 밝혀서 논란이 됐을 때 심리전단 직원들은 한결같이 나서서 입장을 지지하는 글을 올립니다.

인혁당 사건 발언 논란, 2012년 9월 10일에 있었는데요. 그 즉시 우파 논객들이 옹호하며 긍정적으로 평가하는 글들을 심리전단 직원들이 대규모로 리트윗하고 야당 측을 비난하는 글을 작성해서 서로 리트윗해서 확산시켰습니다.

"민주당 경선 결과 2012년 9월 16일 문재인 후보가 대선 후보로 확정되자 그날 트위터상에는 문재인 후보를 원색적인 표현을 사용하며 비난하는 우파 논객들의 글이 집중적으로 올라왔고 심리전단 직원들은 이를 리트윗하여 확산하였다."

2012년 9월 16일, 빽빽하게 나옵니다.

'안철수 후보가 2012년 9월 19일 대선 출마를 공식 선언하자 심리전단 직원들은 출마 선언에 대해서 부정적인 평가를 하면서 폄훼하는 글들을 당일과 그 다음날에 걸쳐서 계속 리트윗합니다.

2012년 9월 24일 박근혜 후보는 인혁당 사건과 유신 등 과거사 피해자에 대해서 공식적으로 사과하였고, 심리전단 직원들은 이를 긍정적으로 평가하고 더는 과거사에 갇혀서는 안 된다는 취지의 주장을 유포하면서 과거사 인식에 대한 문제를 제기했던 민주당을 비판하는 내용의 글을 집중적으로 리트윗합니다.'

9월 24일에 올라와 있는 대표적인 트윗 글들을 명시하고 있는데요.

"박근혜 후보의 과거사 관련 사과 기자회견을 보며 지도자의 길이 매우 힘든 길이란 생각이 듭니다. 반듯한 성격에 흉탄에 가신 아버지와 그 시대를 평가한다는 것, 마음이 아팠겠지만 국민들은 큰 위로를 받았을 것이고"

"박근혜 후보는 과거사에 대해 사과했다. 심지어 본인이 한 것도 아닌 아버지의 과오를. 그렇다면 이제 문재인 후보는 '현재사'에 대해 말해야 한다."

"안철수 후보는 2012년 9월 27일 부인이 아파트 구입 시 다운계약서를 작성한 사실에 대해서 공식 사과하였는데 심리전단 직원들은 이를 비판하면서 사퇴를 촉구하는 글을 집중적으로 리트윗하거나 직접 작성해서 논란을 확산시켰다."

그리고 조금 전에 제 앞에서 했던 정청래 의원님과 약간 논란이 있었지만 여기도 이게 언급이 돼 있습니다.

"NLL 포기발언 논란, 2012년 10월 8일 새누리당 정문헌 의원은 국정감사에서 노무현 전 대통령이 2007년 남북정상회담 당시 NLL을 포기하는 발언을 하였고 위 발언이 기록된 대화록이 있다고 주장하였다. 이후 공방이 계속 이어지면서 'NLL 포기 발언' 관련 논란은 대선 국면에서 핵심적인 쟁점으로 떠올랐다."

그때 생각이 납니다.

"심리전단 직원들은 처음 위 이슈가 제기된 때부터 2012년 12월 초경 대선에 근접한 시기까지 지속적으로 NLL에 관한 글을 작성하여 트윗하거나 리트윗하며 이슈를 확산하였는데 단순히 객관적 사실관계를 적시하며 NLL의 중요성을 강조하는 내용뿐만 아니라 노무현 전 대통령, 민주당, 문재인 후보 등을 '종북세력' 등으로 지칭하며 원색적으로 비난하는 표현의 글도 다수를 차지하였고 더 나아가 이를 대선과 연결해 '좌파정부'가 들어서는 것을 막아야 한다는 취지의 글도 있었다. 'NLL 포기 발언' 선거 쟁점과 관련하여 야당 및 야권 후보자에 대한 지속적인 반대의 의사를 일관되게 개진한 것으로 보지 않을 수 없다."

2012년 10월 9일부터 11월 24일, 심지어 12월 2일까지 거론된 내용을 담고 있습니다, 그것도 대표적인 것들만.

대선은 대한민국 모든 국민들에게 너무나 중요한 선거이지요. 그리고 그 선거가 진행되는 그 수많은 과정에는 오히려 정말 대북 안보, 대테러 안보, 대국제 안보, 이런 것들이 얼마나 걱정이 됩니까? 그런 일만 하라고, 그런 일을 해 주시라고 만들어 놓은 그 조직이 선거 내내 중요한 이슈가 생길 때마다 이렇게 편파적이고 이렇게 특정 정당과 특정 후보에게 유리한 방법으로 댓글을 달고 트윗을 하고 이런 일을 했습니다.

그런데 이제 와서, 그리고 여기 나오지 않습니까? 민주당이 종북 세력입니까? 이런 모욕적인 발언이 어디 있습니까? 야당 의원들, 선배님들도 많으시지만, 정말 이 나라 민주화를 위해서 온갖 고초와 역경을 겪어내며 본인 스스로의 삶의 기준을 잡고 살아가는 사람들입니다.

종북이라는 개념 아시지 않습니까? 누가 북한을 일방적으로 추종합니까, 이 시대에, 이 시점에? 그런데도 국가정보원은 이렇게 노무현 전 대통령과 민주당과 문재인 후보를 싸잡아서 종북 세력 등으로 지칭하고 있습니다. 그것이 너무나 심각한 문제입니다. 그 중요한……

2012년 12월 2일이면, 대선이 12월 19일입니다. 그런데 국정원의 대북심리전단 직원들이 이런 글을 올립니다.

"정치는 아무나 하는 게 아니다. 특히 대통령은 나라를 이끌어야 하는 중차대한 책무를 지닌 자리이다. 국가 보위 철학은 준엄한 국가관이 뒷받침되어야 한다. 영토의 개념도 없는 사람은 극히 위험하다."

누가 준엄한 국가관이 없습니까?

지금 새누리당 정권은 끊임없이 안보와 애국 이런 것들을 마치 본인들만 점유하듯 행동하지만 역대 정부에서 고위직이 가장 병역 의무 이행하지 않은 사람들 아닙니까? 병역미필자들이 가장 많은 정부 아닙니까?

투표시간 연장, 저도 이 문제에 대해서 주장 많이 했지만 2012년 10월 28일 후보단일화 문제가 굉장히 예민한 시점에 문재인 후보와 안철수 후보는 대선 투표시간을 연장하자고 주장하였는데 그 후 며칠간 계속 심리전단 직원들은 투표시간 연장을 반대, 비방하는 글을 작성해서 트윗하거나 리트윗했습니다.

무상복지 확대, 축소 논란도 기다렸다는 듯이 문재인 후보의 공약을 표를 얻기 위한 포퓰리즘으로 규정하며 비판하는 내용을 리트윗했습니다.

저는 이게 지역을 다니면서 이렇게 똑같은 워딩을 들었어요. 그런데 제가 오늘 여기서 확인했습니다.

2012년 11월 6일 올린 트윗입니다.

'서울시의 무상급식 때문에 학교 교실 및 화장실 개선 예산이 전혀 없어 교육환경이 엉망이라고 하는데요. 이런 포퓰리즘이 이번 대선에 재현되고 있다니 걱정이 아닐 수 없네요.'

문재인 후보와 안철수 후보가 단일화 협상이 진행되고 있습니다.

'2012년 11월 6일 이후 협상이 진행되자 심리전단 직원들은 이를 부정적으로 바라보는 내용의 글을 트윗, 리트윗하기도 하였다', 이게 1심에서 부정됐기 때문에 공직선거법 위반은 아니라고 봤기 때문에 그것을 다시 인정하느라고 이렇게 면밀하고 정교하게 정리하고 확인해서 담은 내용입니다.

저도 이건 몰랐습니다. 이런 댓글 이렇게 분석할 수는 없었습니다.

'야권 후보자의 단일화 여부가 유권자인 국민의 지대한 관심을 받고 있었던 상황에서 이러한 취지의 글을 확산하는 것은 야권 정치세력에 대한 반대이자 경쟁후보자에 대한 우회적 지지의 표현이라고 볼 수 있다',

당연하지 않습니까?

'단일화에 관한 논의 및 협상이 진행되고 2012년 11월 23일 안철수 후보가 사퇴하기까지 기간 동안 종전 선거 글 중 가장 많은 비중을 차지하였던 안철수 반대 취지의 트윗 글이 현저하게 줄어들었고 12월에는 아예 등장하지도 않았고 이와 비교하여 민주당에 대한 반대 취지의 트윗 글이 증가하였던 점은 이 사건 사이버활동이 중요한 선거 쟁점에', 대북 심리전이 아니고 대북·대테러 정보 수집이 아니고 국내의 중요한 대선에, '중요한 선거 쟁점에 기민하게 대응하여 이루어진 것임을 강력하게 보여 주는 정황이다.'

'2012년 11월 21일 문재인 후보가 안철수 후보와의 단일화 TV토론에서 금강산관광을 즉각 재개할 것을 주장하자 심리전단 직원들은 이러한 공약을 정면으로 비판하는 트윗을 직접 작성하여 올리고 서로 리트윗하여 확산하였다. 문재인 후보가 2012년 12월 1일 DMZ 내에 동계올림픽 경기장을 건설할 것을 공약으로 내세우자 다시 심리전단 직원들은 이를 비판하는 글을 트윗, 리트윗*하였다.'

이게 선거의 개입 아니면 뭐지요?

이렇게 되어 있습니다.

'그렇게도 토목정권 운운하며 비난하더니 DMZ에 경기장 짓는다고 삽질하자는 제의는 'o미? 차라리 그러려면 동계올림픽 개최권 그냥 북한에 줘 버리든가?'

그 당시 박근혜 후보도 다양한 공약 제기했습니다. 그리고 야당에서, 시민단체에서 비판하는 것들 많았지요. 그러나 대북·대테러·대국제 중요 정보들을 수집해야만 하는 국가정보원에서 운영하는 심리전단 직원들은 단 한 차례도 실수로라도 그런 내용을 리트윗한 적 없습니다.

아까 기억을 회상시켜 드리면 공무원들의 정치적 중립이라는 것이 중요한 것은 어느 특정의 지지자, 어느 특정의 정당이 아니라 모든 국민들을 위한 봉사자여야 된다는 것입니다.

이게 '모든'인가요? 이게 대북을 향한 건가요? 대북이 이런 거예요? 이렇게 기민하게 관심이 있습니까?

"2012년 12월 4일 실시된 대선 후보 1차 TV 토론에서 그 당시 이정희 후보가 '남쪽 정부'라는 표현을 사용하자 심리전단 직원들은 당일 밤부터 집중적으로 이를 비판하는 트윗을 작성하고 리트윗하여 논란을 확산하였다. 이러한 사정 역시 선거 국면에서 의미 있는 정치적 상황이 발생할 경우에 이에 적극 대응하는 방식으로 사이버활동이 이루어졌음을 보여 주는 정황이다. 공직선거법은 선거운동 기간 이전의 어느 시점에서 이른바 선거국면이 되어 그때부터의 일정한 행위는 선거에 영향을 미치는 것으로서 공직선거법의 다양한 금지규정 위반에 해당될 수 있는지를 명백히 정하고 있지 않다.",

그러니까 정확한 시점을 정하고 있지는 않다는 말이지요.

"따라서 선거일에서 상당히 멀리 떨어진 시점에서도 일정한 행위가 선거운동으로 평가될 여지가 있다. 한편 우리나라처럼 대의민주주의가 확립된 곳에서는 정치에 대한 관심과 그에 근거한 표현과 참여가 궁극적으로는 선거를 통한 권력 주체의 변화에 대한 관심과 참여로 귀결되는 측면이 본질적으로 존재함은 부정할 수 없다. 이에 의하면 정치에 대한 일상적인 관심과 참여가 선거운동의 객관적 개념 표지를 충족할 수도 있게 되어 경우에 따라서는 자칫 일상적이고도 정상적인

---

*회의록 원본에는 "리위트윗"

정치적 참여 및 표현조차 위축될 우려가 있을 수 있다. 따라서 선거일 이전 어느 시점부터의 행위가 과연 선거운동으로 평가될 수 있는 이른바 선거국면이라고 볼 것인지를 매우 신중하게 따질 필요가 있다. 대통령선거의 국면, 이른바 대선 정국이라고 보편적으로 인식될 수 있는 시점은 유권자인 국민이 정치적 선택을 하기 위하여 고려하는 여러 요소가 후보자 및 소속 정당에 의하여 본격적으로 개진되고 반대의 관점과 의견도 제시되어 서로 진지한 공방이 이루어지는 무렵이라고 봄이 타당하다. 이러한 관점에 따르자면 이미 대선에 대한 관심과 참여가 있었다고는 하나 새누리당의 대통령 후보자가 확정된 2012년 8월 20일 무렵에는 이른바 선거국면이 시작되었다고 볼 수 있다. 실제로도 후보자로 확정된 후 공약과 전망, 그 실천 가능성, 후보자를 지지하고 그의 국정활동을 뒷받침할 인물의 전문적 능력 등을 국민에게 보여 주는 한편으로 경쟁 상대에 대한 관계에서 비교우위로 평가될 수 있는 각종 선거 쟁점을 제시하는 등으로 선거 결과를 유리하게 얻기 위한 지속적이고도 의식적인 활동이 위 무렵부터 이루어지기도 하였다. 이러한 사정들을 고려하면 늦어도 2012년 8월 20일 무렵은 선거 과정에서 요구되는 공무원의 정치적 중립의무의 헌법적 가치를 보다 무겁게 인식하고 종래의 사이버활동이 선거 과정에서 실제 의미하게 될 바를 엄격하게 점검하고 통제하여야 할 시점이라고 보지 않을 수 없다. 이러한 판단은 특정 후보자의 존재와 이를 인식한 행위를 선거운동 개념 성립의 전제로 삼고 있는 공직선거법 제85조제1항의 문언에도 충실히 부합하는 것이라고 생각된다."

결론입니다.

'다음과 같은 사정을 고려하면 이 사건 사이버 활동은 공직선거법 제85조제1항에서 정한 특정 정당과 정치인에 대한 낙선 목적의 선거운동에 해당된다고 판단된다.

첫째, 앞서 본 바와 같이 위 2012년 8월 20일 무렵은 보편적이고도 일반적인 관점에서도 대선 국면이 시작되었다고 인식될 수 있는 시점이다. 최고 수준의 정보를 수집하여 분석할 체계와 능력을 갖추고 국가안보 관련 업무를 치밀하게 수행할 지위와 역량을 가진 국가기관인 국정원으로서는 적어도 위 기간 동안만큼은 선거 과정에서 요구되는 공무원의 정치적 중립의무의 헌법적 가치와 비중을 보다 무겁게 인식하고 심리전단의 사이버 활동이 선거 과정에서 실제 어떤 의미로 적용될지를 엄격하게 점검하고 통제하여야 하고 이를 할 수도 있었다고 본다.

둘째, 그럼에도 앞서 상세히 분석한 바와 같이 종래 해 오던 내용의 정치관여 사이버 활동도 병행하면서도 후보자 확정 시점 이전과는 명백히 구별될 정도로 선거 관련 사이버 활동의 규모를 증대시켰다. 치밀한 준비를 거쳐 조직적·체계적으로 사이버 활동이 실행되었다. 이러한 규모와 방법 등의 체계적 사이버 활동을 두고 선거결과에 영향을 주기 위한 능동적이고도 계획적인 행위라고 평가하지 아니할 수 없다.

셋째, 구체적인 활동 내용 역시 후보자 등의 동선과 활동, 당시 나타난 중요 선거쟁점 등에 정확하게 대응하여

집중적으로 이루어졌다.'

저는 이것은 정말 몰랐습니다.

'이는 정당과 후보자들에 대한 정당한 평가를 기초로 하는 국민의 자유로운 의사 형성 과정에 국가기관이 직접 개입한 것이고 그것도 특정 정당과 후보자를 일방적으로 반대 또는 비난함으로써 정당한 경쟁기회의 균등을 침해하는 편파적 개입을 한 것에 다름 아니다.'

'편파적 개입을 한 것에 다름 아니다.'

'선거글을 보아서는 거기에서 종북세력에 대한 사이버심리전이라는 명분을 도대체 읽어 낼 수가 없다. 피고인들이 의미하는 바의 종북세력이 사이버공간에서 특정 정당 및 후보자를 반대하거나 혹은 특정 정당 및 후보자를 지지한다고 해서 그러한 사정을 알 수도 없고 설령 알았더라도 유권자인 국민으로서는 특정 정당 및 후보자를 나름의 이유로 지지하거나 반대할 수 있음은 명백하므로 일부 국민의 의견 등을 지지하거나 반대하는 사이버 활동에는 정당성을 부여할 수 없고 오히려 특정 후보자 등을 반대하거나 지지하는 등 선거결과에 영향을 주기 위한 행위라고 평가하지 않을 수 없다.'

너무 상식적이지 않나요. 이것을 1심 법원도 부인하고 있었습니다.

'넷째, 심리전단 직원들의 경우 자신들의 행위가 의미하는 바를 인식한 채 사이버 활동을 한 것은 분명하고 일반적으로 선거국면이라고 인식될 수 있는 시점에서 심리전단 차원의 협업 체계에 따라 업무를 수행하였던 점 및 그들 스스로 당연히 인식하였을 자신들의 구체적 활동 내용 등에 비추어 보면', 제가 대표적으로 읽어 드렸지 않습니까, '비추어 보면 심리전단 직원들에게는 공직선거법 제85조제1항 위반의 범의 및 목적이 있었다고 봄이 타당하다.'

심지어 저는 이 얘기를 계속 말씀드리는 것은, 다시 한 번 반복드립니다. 지금 국정원이 대선 국면에 본인들에게 부여되어 있던 대북, 대테러 그런 국가안보 정보를 수집하라고 되어 있는 그 책무에서 벗어나서 국내 정치에 개입하고 관여하고 선거운동하고 이렇게 한 것인데 그 행위에 대해서 그 누구도 진실되게 사과하지 않고 더 나아가서 아무런 조치도 취하지 않은 이 상태로 신뢰를 회복하기도 어려운데 상상을 할 수 없는, 지금 역대 정권에서 수십 년 동안 여야 할 것 없이 온갖 시민단체, 국가인권위원회, 대한변협 이런 모든 곳에서 논쟁해 가며 이 법을 반대해 왔는데 2012년부터 지금까지 재판이 진행되고 있는 이 국정원에 그 모든 엄청난 행위를 할 수 있는, 영장주의의 예외를 적용할 수 있는, 수많은 사람들의, 대한민국 국민 전원의 사생활 정보를, 민감정보를 대테러 위험인물일 수 있다는 국정원장의 단독 판단에 의해서 그 모든 정보를 열어 볼 수 있게 하겠다는 겁니다. 그래서 이것을 얘기하고 있는 겁니다. 이게 말이 되는 얘기인지 국민들께서 제발 제대로 들어 봐 주시고 판단해 주시기를 기대하는 마음으로 이것을 읽고 있습니다.

그런데 저는 그래서 더 못 믿겠습니다. 아무리 국정원장이 본인의 형사적 책임을 묻는 재판정이라서 본인에게 부여되어 있는 피고인으로서의 온갖 권리, 온갖 주장을 할 수 있는, 무죄를 주장할 수 있는 권리가 담보되어 있다고 하지만 저는 적어도 조직의 수장으로 이런 주장을 할 수 있는가, 정말 충격이었습니다.

원세훈 국정원장님은 이러한 사이버 활동이 혹여 문제가 있다면 자기는 전혀 그 지시에 의해서 한 게 아니고 그 국정원 직원들이 개인적 일탈을 했다는 거예요. 책임을 떠넘깁니다. 그래서 이런 주장에 대한 확인하는 내용이 들어 있습니다. 심리전단 직원들의 행위는 이미 인정이 됐는데 원세훈 원장은 '자기가 지시한 게 아니다' 이렇게 얘기하는 거지요. 내지는 '지시한 범위를 넘어섰다' 이렇게 면피 주장을 합니다. 그래서 이런 판단이 나옵니다.

'구체적으로 보면 피고인 원세훈의 지시 내용은 다음과 같이 이해된다.

첫째, 지시의 취지가 일관되게 유지되었다. 국정원장의 지시와 업무지침을 철저하게 실행하여야 할 위치에 있는 심리전단 직원들로서는 국정원장의 지시와 업무지침 제시가 어떠한 배경과 문제의식에서 나온 것인지, 지시의 궁극적인 목적이 무엇인지 등을 엄밀하게 파악하여 이해하고 이를 토대로 자신들의 구체적인 활동의 규모와 범위, 내용과 수준을 정하려고 하였을 것임은 분명하다. 심리전단 소속 부하 직원들의 이러한 입장에서 보면 국정원장은 일관된 취지의 지시를 하였다고 보인다. 종북세력 등이 특히 온라인 사이버 공간에서 체계적인 활동을 벌여 국정수행의 과정과 업적을 평가절하하고 폄훼함으로써 대통령의 안정적인 국정수행을 방해하고 있고, 특히 야권 연대 등 적법한 방법 등을 가장하여 2012년 총선과 대선을 통해 제도권으로 진입할 것으로 예상되니 이를 적극적으로 막아야 한다는 과제를 일관되게 지시하였던 것으로 보인다.' 너무 충격 아닌가요? '이러한 과제 제시의 배경이나 취지 자체를 이해할 수 있는 것과는 별개로 문제는 그러한 과제를 수행하기 위하여 심리전단 직원들로 하여금 사이버 공간에 직접 들어가 심리전의 수행 차원에서 적극적으로 활동할 것을 일관되게 강조하였다는 점이다.'

저는 지금부터 말씀드리는 이게 가장 심각한 일이라고 생각합니다. 여러분들이 기억을 환기해 보십시오. '종북'이라는 용어가 언제부터 쓰인 것 같습니까? 원래부터 있었던 것 같습니까? 아닙니다. 이명박 정권이 처음 세워졌을 때에 소고기 파동이 있었고 그 소고기 파동을 지나오면서 원세훈 국정원장을 비롯한 아마 이명박 정권의 주된 요원들이시겠지요. 그런 분들이 판단을 한 겁니다. 그래서 인터넷의 여론들을 장악해야겠다. 그래서 '진보'라는 표현은 긍정적 이미지가 있다. 그래서 이것을 계속 나쁘게 다르게 표현해야 한다라는 내용의 책을 국정원 직원이 발간했고 그 책으로 수많은 강의를 합니다. 그리고 국정원의 모든 전략들이 그것에 근거한 것으로 추정됩니다.

제가 이거 읽어 보겠습니다. 여러분들이, 국민 여러분들이 판단해 주십시오. 사실 몇 프로의 박빙의 승부를 항상 하고 있는 그 수많은 국민들을 아무런 규정이나 제한 없이 한계 없이 모욕적인 종북세력으로 규정하는 이 시대적 오류 이것을 이제는 우리가 그 장막을 걷어 내야 되지 않을까요? 읽겠습니다.

　'구체적으로 보건대 ① 종북세력이라는 개념은 주체사상을 신봉하고 대한민국의 정체성과 정통성을 부정하는 반국가적·반사회적 정치성향을 갖고 그에 기초하여 불법적인 활동을 하는 위헌·위법적 세력',

정권과 여당의 다른 정당의 정책을 비판하는 것이 주체사상을 신봉하는 겁니까? 대한민국의 정체성과 정통성을 부정하는 겁니까? 반국가적·반사회적 정치성향입니까? 그에 기초해서 불법적인 활동을 했습니까? 위헌·위법적 세력입니까? 종북이라는 용어는 이렇게 엄청난 끔찍한 내용을 담고 있습니다. 여러분, 농담으로라도 그저 쉽게 던지는 말이라도 이것을 어느 사람에게 던지지 마십시오. 이거는 엄청나게 끔찍한 내용인 겁니다.

다시 읽어 드립니다.

　'주체사상을 신봉하고 대한민국의 정체성과 정통성을 부정하는 반국가적·반사회적 정치성향을 갖고 그에 기초하여 불법적인 활동을 하는 위헌·위법적 세력으로부터 대한민국의 대북정책이나 정부정책에 대해 비판적인 입장을 보이는 세력까지 포함되는 개념으로 다의적으로 사용될 수 있음에도 불구하고 심리전의 대상인 종북세력의 개념을 분명하게 확정하지 않음으로써 북한이 대한민국의 정부정책 등에 반대하고 있는 이상……'

아주 묘한 논리입니다.

　'북한이 대한민국의 정부정책 등에 반대하고 있는 이상 대한민국의 정부정책 등을 반대하고 비난하는 세력은 곧 북한에 동조하는 세력이라는 입장에 기초한 사이버 활동을 가능하게 하였다.'

여러분은 언론을 통해서 마치 국회가, 여야가 한 치의 양보도 없이 대립 국면을 거쳐 가며 분열양상을 조장하고 있다고 하지만 이 내용은 어떤가요? 국회의원은 사실 법을 만들 수 있을 뿐이고 예산안을 확정하고 그 예산의 일부를 편성하거나 그럴 수 있는 권한만 있지 그 모든 것들을 활용해서 정책들을 실행하는 것은 행정부입니다. 박근혜 정권이고 이 국정원은 수 천 억이 넘는 영수증 하나 발급하지 않아도 되는 그 예산을 써가면서 활동하고 있는 국가기관입니다.

입법기관인 국회의원들은 어떤가요? 그런데 그 정책의 실패를 국회의원에게 떠넘깁니다. 국회에게 떠넘깁니다. 자신들의 이익만 챙기는 사람으로 비판합니다. 그렇게 해서 정치 전체에 대한 혐오를 조장해서 신성한 국회에 행정부에 관한, 정부에 관한 민주적 통제의 힘을 그 국민으로부터 받은 그 국가권력의 가장 중요한 삼권 중의 하나인 입법권을 약화시키고 있습니다. 그것의 폐해가 국회의원에게만 멈출까요?

욕먹는 것은 상관없습니다. 그러나 그렇게 해서 헌법이 보장한 국민으로부터 받은 국가권력의 가장 중요한 세 축을 이루는 입법권과 사법권과 행정권이 균형을 이루지 못하고 기울어지면 4대강사업 같은 일이 생기는 겁니다.

그 4대강사업으로 우리가 소모한 예산이 얼마입니까? 몇 십 조입니다. 국회에서 예산을 제대로 평가하지 않는다고 하시지만 그것의 모든 메커니즘 안에는 행정부의 오만도 들어있습니다. 그것을 막아내지 못하고 그것을 문제 삼는 야당 의원을 비판하고 정부의 편을 일방적으로 드는 새누리당이 있습니다. 다수당입니다.

제발 정치인을 함께 싸잡아 매도하지 마시고 그중에 조금이라도 더 나은 사람을 찾아봐 주십시오. 그것이 더디지만 정치의 혁신, 정치의 발전, 정치의 진전을 가져오는 우리 모두의 정치참여 행위라고 가장 소중한 권리행사라고 저는 호소드리고 싶습니다.

이것은 철저한 계획입니다. 철저한 의도가 숨어 있습니다. 다 뭉뚱그려 놓는 거지요.

아까 말씀드린 제대로 된 종북이라는 의미는 그렇게 어마어마하게 끔찍한 내용을 담고 있습니다. 그런데 세계 유일의 분단국가라는 이 냉혹한 현실 속에서 우리의 안보와 평화를, 생명을 위협하는 북한이라는 그 존재가 있음으로 인해 이렇게 되는 겁니다. 이게 말이 됩니까?

　'북한이 대한민국의 정부 정책 등에 반대하고 있는 이상 대한민국의 정부 정책 등을 반대하고 비난하는 세력은 곧 북한에 동조하는 세력이라는 입장에 기초한 사이버 활동을 가능하게 하였다.'

지금 세월호 국면도 그렇지요. 수많은 갈등·분쟁 현장에는 우리 고생하시는 어르신들, 어버이연합, 제가 지역에 가 보니 정말 열심히 지역봉사 하시더라고요. 자유총연맹, 그런 다양한 단체들을 힘겹게 논쟁의 쟁점 정면에 세워서 마치 온 나라가 종북 논쟁에 휩싸이게 만들고 있지 않습니까?

적어도 책임 있는 정보기관이라면 종북이라는 용어를 정확하게 써 줘야지요. 정확하게 구분해 줘야지요. 그것을 일부러 조장해서 수십 %의 국민들을 대변하고 있는 대표적 야당을 이렇게 싸그리 비난받게 만드는 것이 정말 국가 안보를 위한 일입니까? 정말 대한민국을 위한 일입니까? 그렇게 자랑스럽게 애국자라는 말을 할 수 있나요?

저는 그 누구보다 자부합니다. 저는 대한민국을 사랑합니다. 그런데 왜 제가 그렇게 수많은 예측할 수 없는 현장에서 전혀 예측할 수 없는, 단 한 번도 만나 본 적이 없는 처음 만나는 분에게 종북이라는 용어, 빨갱이라는 용어…… 심장이 떨립니다. 이분들이 그 배경에 있는 건 아닌가요? 이분들이 그렇게 여론을 왜곡한 것 아닌가요?

끊임없이 아까도 말씀했지 않습니까? 국정 홍보가 문제되는 것은, 전체주의사회가 아닌 이유는 정부가 일반 대중보다, 대중만큼, 오히려 그 이상으로 오류를 범할 수 있다. 그래서 그 오류를 대중들과 국민들의 비판을 통해서 바로잡을 수 있어야 한다라는 겁니다. 너무나 상식적인 그런 논리조차도 통하지 않도록 우리 사회를 이렇게 극렬하게 대비되는, 극렬하게 분열되는 사회로……

아까 말씀드렸지 않습니까? 강남의 그 좋은 학교를 다니는 10대의 너무나 잘생긴 아이돌 같은 얼굴을 한 아이가 국정교과서 반대한다고 얘기하면 잡아가지 않냐고 이렇게 얘기하는 사회로 갑자기 돌아왔습니다.

우리 아이들은 우리 아이들 스스로에게 맡겨 둡시다. 언제 이렇게 10대, 20대 아이들이 국제적인 성과들을 이루는 것을 어른들이 해 보기나 했습니까? 경험이나 해 봤나요? 그 모든 아이들이 스스로 창의적인 생각들을 가지고 자신들의 삶을, 자신들의 미래를 개척해 갈 수 있도록 제발 시대에 뒤떨어지고 촌스럽고 세련되지 않은 이런 행위, 이제는 중단해야 된다고 생각합니다. 세계를 바라보고 글로벌이라는 말도 이제는 너무 익숙한 이런 시대에, 우주를 바라보는 시대에……

이어서 읽겠습니다.

'사이버 활동의 실제 결과 역시 북한과의 위법한 관련성 등에 대한 아무런 언급이나 근거 제시 없이 정부 정책 등에 반대하는 입장을 비난하였고 특정 정당이나 후보자를 반대하거나 지지하는 글을 전파하였다.

② 심리전 수행의 필요성이 국회의원선거 및 대통령선거 과정에서 더욱 요구된다는 점을 일관되게 강조하였다고 볼 수 있다. 가령 북한이 총·대선을 겨냥하여 종북좌파 등을 통한 국내 선거 개입 시도가 노골화될 것이므로 우리가 사전에 확실하게 대비하여야 한다는 취지의 발언이 그 대표적인 예이고, 같은 취지의 발언이 필요한 시점마다 있어 왔음은 앞서 본 바와 같다.

국정원의 업무 수행 체계상 국정원장이 세세한 내용까지 밝혀 지시할 리는 없는 상황에서 심리전단 직원들로서는 국정원장의 이러한 문제의식을 기본적으로 늘 고려하였을 것으로 보인다. 본격적인 대선 국면에서도 선거 관련성이 분명한 사이버 활동을 확대하였던 것도 바로 이러한 맥락에서 생각하면 자연스럽다.

둘째, 사이버 활동의 주제를 언급하면서 그 주제에 관한 야당이나 일부 여론의 반대의 관점과 의견을 항상 염두에 두었던 것으로 보이고 나아가 당시의 쟁점에 관한 반대의 의견 내지 관점 자체가 단정적으로 잘못되었다는 인식을 하였던 경우가 많다. 요컨대 국정원장 자신이 받아들일 수 없는 의견이 여론으로 형성되었거나 형성될 가능성이 있을 때 이에 적극적으로 관여할 것을 지시하였던 점이다.'

저는 이게 대테러방지법과 완전히 최고로 중요한 쟁점이라고 생각합니다. '요컨대 국정원장 자신이 받아들일 수 없는 의견이 여론으로 형성되었거나 형성될 가능성이 있을 때 이에 적극적으로 관여할 것을 지시하였던 점이다.' 본인이 기준인 거지요. 국정원장이 기준이었던 거예요. 국정원장이 종북도 판단하고 좌파도 판단하고 잘못된 것도 판단하고. 그런데 이런 분께, 사람은 동일하지 않더라도 이런 조직에 우리가 대테러 위험인물을 선정하고 수많은…… 지금 민간 정보기관으로 치면 몇백 만 개가 된다고 합니다.

그리고 위치추적, 우리…… 뭐지요, 교통 검색하는 것? 내비게이션. 내비게이션이 얼마나 많이 발달되어 있습니까? 그래서 그 위치추적 정보 이것이 가져다 줄, 대테러방지법을 그냥 통과시켰을 때 우리나라 전체가 이 내비게이션에 대한

활용도가 높아지면서 이걸로 인한 개인 정보, 민감한 정보의 축적이 상상을 할 수 없는 상황이라고 합니다. 그래서 그 위치추적이라는 것에 관련하고 있는 모든 업체에서 지금 엄청나게 호소하고 있습니다, 이게 얼마나 심각한 결과를 가지고 오는지 아느냐고. 우리도 몰랐습니다. 기사 보시면 아시겠지만 그 정도로 심각한 건지 정말 몰랐습니다. 이런 상황입니다.

그런데 자신이 받아들일 수 없는 의견이 여론으로 형성되었거나 형성될 가능성이 있을 때마다 그 여론을 반대하라고 적극적으로 관여할 것을 지시했다는 거지요.

이어서 읽습니다.

'이에 따라 사이버 활동의 내용 역시 자세한 설명이나 근거 제시를 통하여 반대의견이나 여론이 기초한 사실관계를 바로잡거나 자신의 견해를 설득·공감시키려는 차원에서 이루어졌다기보다는 반대 의견에 대한 적대적 관점 또는 비난에만 머문 경우가 다수이다.'

제가 아까 읽어 드린 댓글 다 들으셨지요? 그걸로 누가 설득될 수 있겠습니까? 그것이 어떤 사실관계를 바로잡았지요? 그냥 적대적으로 비난한 거지요.

'셋째, 중립성 엄수 지시 발언의 의미 또한 일관되게 유지된 국정원장의 문제의식과 지시 취지와 관련해서만 올바르게 이해될 수 있다.'

그러니까 이건 이 말입니다. 기억하실지 모르겠지만 제가 이따가 그 거짓말들을 다 정리해서 말씀드릴 텐데, 국정원장님의 지시 강조 말씀을 공개했을 때 그 국정원에서 매우 이례적으로 반박 보도자료를 뿌렸습니다. 그러면서 저보고는 그거 공개한 것이 국정원법 위반이라고 막 구박하시면서 본인들이 그걸 공개합니다, 발언 몇 개를. 그러면서 '이렇게 중립성 엄수하라고 지시했는데' 이렇게 얘기합니다. 그래서 이 대목이 나옵니다.

'셋째, 중립성 엄수 지시 발언의 의미 또한 일관되게 유지된 국정원장의 문제의식과 지시 취지와 관련해서만 올바르게 이해될 수 있다.'

그러니까 알리바이인 거지요. 알리바이로 이런 말들을 던집니다. 중립성을 지켜야 된다, 공무원으로 선거 개입하지 마라 이런 얘기를 용어로 씁니다.

똑같습니다. '대테러방지법' 이렇게 얘기하니까 마치 이거 통과 안 시키면 테러가 방지 안 될 것 같지만 그 안의 보다 더 본질적인 내용은 국민 감시인 거지요, 상시적인. 똑같습니다. '중립성 엄수해, 선거 개입하지 마' 그렇게 얘기하면서 선거 개입시키고 중립성 위반을 시키는 겁니다.

'거기에 정당성을 부여할 수 없지만 국정원장 스스로 이 사건 사이버 활동 자체가 적법·정당하다고 생각하였다는 점에서' 거기에 정당성을 부여할 수 없다는 얘기는 국정원장이 스스로 이 사건 사이버 활동 자체가 적법·정당하다고 생각했다는 것 자체가 정당하지 않다는 얘기예요. 그러나 적어도 본인 스스로 주장하는 것에 따라서 본인은 '이 사건 사이버 활동 자체가 적법·정당하다고 생각하였다는 점에서 흔들리지 않고 업무를 계속 추진하라고 했을 때의 업무에는 기존의 사이버

활동이 포함되어 있다고 보인다. 그가 적법하다고 생각한 업무를 중립성 원칙에 따라 하지 말라고 할 이유가 없어 보이기 때문이다.

결국 심리전단 직원들의 이 사건 사이버 활동은 국정원장인 피고인 원세훈의 지시에 따른 것이라고 보지 않을 수 없다. 개인적으로는 서로 다른 정치적 견해를 가질 수도 있는 심리전단 직원들이 이러한'

그렇지요. 개인적으로야 정치적 관점이 같을 수 있나요? 다를 수밖에 없지요. 그런데 그렇게 다를 수 있는 심리전단 직원들이

'이러한 조직적 체계와 과정을 거쳐 필요한 시점에 맞춰 일관된 흐름으로 같은 취지의 글을 확산·전파하였고 그리하여 공직선거법 제85조제1항의 선거운동으로 평가되는 수준으로 수행한 활동을 가리켜 엄격한 상명하복 체계에 위치한 국정원의 직원들이 국정원장의 지시와 무관하게 개인적으로 일탈한 행위라고는 도저히 볼 수 없다.'

몇 년 내내 끊임없이 지시와 강조 말씀, 구두로, 문자로 이렇게 지시를 하셨던 가장 최고의 상위 상관이 그리고 그 밑의 중요한 상관들이 자신을 위해서, 자신의 지시를 받아서 일을 한 국정원 직원들을 개인적 일탈한 사람으로 몰았습니다. 그런데 아니라는 거지요.

또 고의가 없었다고도 주장했습니다. 당선 또는 낙선의 목적을 위한 게 없었다고 주장을 했는데 여기서도 그 모든 상황들을 다 비추어 보면 미필적 인식으로도 그런 부분은 충분하다라고 판단하고 있습니다.

그리고 '공모공동정범의 법리' 되게 어려운 용어인데요, 이게 나올 수밖에 없는 건 그 세 분은 전부 지휘자입니다. 그래서 실질적 실행행위를 하지 않았지요. 그래서 실질적 행위에 대한 책임을 물으려면 별도의 법리가 이 공모공동정범이 성립하는지 여부를 알아봐야 되는 거지요.

그런데 이분들이 그렇게 주장을 했나 봅니다. 피고인들로서는, 본인들로서는 자신들의 지시가 상명하복 업무수행 체계에 따라 심리전단 직원들에 의하여 구체적으로 실행될 것이라는 인식이 없었다라고 주장하는 것 같습니다. 왜냐하면 그 사이버 활동들의 구체적인 내용은 모른다 이렇게 얘기하고 있기 때문에요.

그런데 판결문은 이렇게 판단하고 있습니다.

'일사불란한 지휘체계와 원장에 대한 충성도와 보고체계, 원장의 심리전에 대한 관심 및 관여의 정도, 원장의 의사결정을 치밀하고 철저하게 집행하여야 하는 정보기관 내부의 규율체계 등 앞서 본 여러 사정을 고려하면 피고인들로서는 자신들의 지시가 강고한 상명하복의 업무수행 체계에 따라 심리전단 직원들에 의하여 구체적으로 실행될 것이라는 인식은 있었다고 보이고 실제 그러한 지시에 따라 이 사건 사이버 활동이 수행된 이상 비록 피고인들이 심리전단 직원들의 사이버 활동의 구체적인 방법이나 내용을 세세하게 몰랐다고 하더라도 공모공동정범으로서 전체 범행에서 차지하는 자기의 행위 지배에 대한 인식과 의사가 있었다고 봄이 타당하다'

라고 한 거지요.

판결문에 대해서 마무리를 하는 결론을 내려야 할 것 같습니다.

'국정원장은 사이버상에서의 국정 홍보, 보수 여론 확산 등의 필요성이 절실하다고 보고 이를 효율적으로 수행할 심리전단 조직을 확대·개편한 것으로 볼 여지가 충분하다. 그래서 정치에 대한 관심과 관여가' 그러니까 이 말은 정치 관여는 있되 선거법 위반은 아니다라고 한 그 이상한 논리를 깨는 내용입니다.

'정치에 대한 관심과 참여가 궁극적으로 선거를 통한 권력 주체의 변화에 대한 관심과 참여로 귀결되는 측면이 있음을 고려하면 심리전단의 정치 관여가 본격적인 대선 국면에서는 선거 개입으로도 전환될 가능성을 이미 내포하고 있었다고 볼 수 있다. 정치 관여라는 것이 당시의 정치적 상황에 주목하여 이를 국정원의 관점으로 변화시키려는 것의 다름 아니라면 선거 국면에서도 그때그때의 정치적 상황에 대응한 관여가 이루어질 것이 예정된 셈이고 이는 기본적으로 공직선거법이 금지하는 행위로 이루어질 수 있기 때문이다. 규범적으로 보더라도 금지 규범을 어겨서까지',

저는 이 얘기 계속 얘기했거든요. 그런데 이렇게 깔끔하게 정리해 주시다니 참 감사합니다.

'금지 규범을 어겨서까지 정치 관여를 하였다면 정치 관여 자체에 대한 뚜렷한 목적 의지가 있다고 의심할 수 있는데 그러한 규범을 배제하려는 성향은 질적으로는 분명하게 구별되지 않는—선거법입니다—다른 금지 규범 위배로 이어질 현실적 개연성 자체가 있다. 평소에 가능한 정치활동도 선거 국면에서 위법적 선거운동으로 평가될 가능성이 법리적으로 열려 있는 마당에 금지된 정치 관여 행위를 하고 있었다면 보편적으로 선거 국면으로 인식될 수 있는 시점에서는 자신의 행동을 선거 관련 규범에 부합하게 자제시켜야 한다.'

너무 상식적이고 보편적인 얘기 아닌가요?

'그럼에도 위에서 본 것처럼 피고인은 사이버활동의 취지와 방향에 관한 자신의 종전 입장을 선거 국면에서도 강하게 고수함으로써 자신이 강화한 심리전단조직을 통하여 그러한 사이버활동을 선거 국면에 맞춰 계속 실행할 것을 적극적으로 용인하였다고 보지 않을 수 없다.'

그래서 결론은 안타깝게도 국정원장과 국정원에서 주장하는 이 댓글 사건이 업무 범위가 아니라 이것은 정치 관여행위, 국정원법 위반한 범죄행위뿐이 아니라 공직선거법을 위반한 범죄행위다라는 것이 이 판결문의 내용입니다.

저는 매우 시사적이라는 생각이 듭니다. 많은 분들이 언론을 통해서 이 사건에 대해서 관심을 많이 가져 주시기 때문에 보실 수 있는 자료들은 많을 겁니다. 그런데 지금 이 국면에서도, 이 난리 국면에서도 국회의장님의 중재안조차도 새누리당은 논의조차 하지 않습니다. 받아들이지 않고 있습니다. 저희로서도 너무나 부족한 중재안이지만, 그런데도 그것을 받지 않고 수정안 원안대로 통과되기를 요구하는, 그래서 합의가 결렬되고 있는 이

상황을 또 다른 중요한 선거가 4월 13일로 다가와 있는 이 시점에서 도대체 이 연결 국면을 어떻게 이해하고 어떻게 설명하고 어떻게 받아들일 수 있을지 정말 답답합니다.

이 판결문 안에는 우리나라의 민주주의 발전의 과정 그리고 지금 마찬가지죠. 대테러 방지를 위해서는 온갖 모든 권한을 다 주어서 뭔가 대단한 기관을 만들면 다 해결될 것 같지만 그렇지 않다는 것을 9·11 테러 당시에도, 그 엄청난 모든 전 세계 국민들을 충격으로 빠뜨린 그 시점에도 대테러방지법이 나왔었고 그러나 그때에도 앞으로 말씀드리겠지만 너무나 현명한 새누리당에서는 또 과거 정부에서도 대테러방지법을 추진했다라는 이유로 뭔가 본인들의 입장을 강화하고자 했으나 오히려 현실은 달랐지요.

비록 그 기관에서는, 정보기관에서는 정권은 변하나 기관은 계속 가는 것처럼 그 기관에서 추진했던 그 법이 결국은 김대중 정부 시절에 그 당시는 야당의원들인 새누리당 쪽 분들의 반대와 여당이었던 우리 당 쪽 선배 의원님들의 반대와 그리고 그 정부에서 처음 만들었던 그 놀라운 국가인권위원회에서 반대해서 발의조차 안 됐습니다.

저는 우리는 왜 안 됩니까? 우리는 왜 박근혜 정권에서 여당인 새누리당 의원님 중에 한 분 정도는 이 부분에 대해서 문제 제기하는 의원을 볼 수 없을까요?

국가정보원의 불법행위가 검찰수사를 통해서 드러난 만큼 국정원 개혁을 논의하지 않을 수 없는 시점입니다. 이명박 정권에서 국정원은 주요한 국내 정치 현안에 불법적으로 개입했고 지난 대선에도 심리전이라는 이름으로 선거에 개입했다는 사실이 밝혀졌습니다. 국정원은 거듭나야 합니다. 무엇보다 철저하게 정치적 중립을 지키고 정보기관 본연의 임무에만 집중할 수 있도록 바뀌어야 합니다. 정권이나 정치세력이 함부로 국가정보기관을 동원해 자신들의 목표를 성취하겠다는 유혹조차 가질 수 없을 만큼 혹독한 개혁이 필요합니다. 또 그것이 바로 국정원이 떨어진 위상을 다시 세우고 정예 정보기관으로 변모하는 계기가 될 것으로 확신합니다.

박근혜 대통령의 한마디가 필요합니다. 저는 이 자리에서 박근혜정부의 정통성을 거론할 생각은 없습니다. 그렇지만 적어도 박근혜 대통령께서 국가기관의 선거 개입으로 유·무형의 득을 본 것이 명확해진 이상 반드시 이 문제에 대해 국민들께 최소한의 성의 있는 사과는 해야 한다고 생각합니다.

작년 12월 14일 박근혜 당시 후보는 이번 사건이 저를 흠집 내고 선거에 영향을 미치기 위한 터무니없는 모략으로 밝혀진다면 문재인 후보가 책임져야 할 것이라고 주장했습니다. 선거유세에서도 반복적으로 말씀했습니다. 이제 검찰의 수사로 그것이 터무니없는 모략이 아닌 실체적 진실이라는 사실이 밝혀진 만큼 이 말씀은 고스란히 박근혜 대통령의 몫입니다.

반년이 넘는 시간 동안 침묵으로만 일관해 오셨습니다.

이제는 그 침묵을 깰 시간입니다. 잘못된 과거를 침묵으로 용인한 대통령으로 기억되지 않기를 빕니다. 용기 있게 결별하시기 바랍니다.

새누리당에 한 말씀 드립니다. 국정원 사건과 관련해 민주당이 그동안 제기했던 모든 사안들이 사실로 드러났습니다. 국정원이 국기를 문란케 하고 헌정질서를 파괴하고 있을 동안 여당으로서 국정운영에 책임을 지고 있었던 정당이 누구입니까? 용서와 사죄를 구해야 할 정당이 아무런 책임도 없는 것처럼 뒷짐 지고 남의 집 불구경하듯 이 문제를 바라보아서야 되겠습니까?

국정원 사건을 야당의 기획극이라고 주장하고 아무런 근거도 없이 공익 제보자를 파렴치로 몰아 물타기를 하는 것은 그야말로 악질적인 구태 정치입니다. 더구나 경찰의 수사가 이루어지고 있는 동안 새누리당 대선 캠프에서 핵심 직책을 맡았던 중진 정치인이 김용판 청장과 긴밀히 협의했다는 제보도 있습니다. 손바닥으로 하늘을 가린다고 하늘이 없어지지 않습니다. 오히려 하늘을 보지 못하는 것은 새누리당밖에 없을 것임을 명심하시기 바랍니다.

이 발언은 좀 이상했지요? 이 발언은 2013년 6월 13일 대정부질문 당시의 제 발언입니다. 3년이 다 넘어가는 오늘까지 저는 여전히 이 질문에 국정원의 개혁도, 대통령의 사과도, 새누리당의 사과도 듣지 못했습니다. 오히려 테러방지법이라는 더 엄청난 어이없는 벽을 마주하고 있습니다.

박근혜 대통령은 책상을 열 번 치셨다고 하셨습니까? 저는 제 가슴을 열 번 치고 싶습니다.

(가슴을 치며)

야당은 아무런 대안 없이 반대를 위한 반대를 한다는 모욕을 언제나 듣고 있습니다. 그러나 적어도 이 사건과 관련해서, 국정원 개혁과 관련해서는 그 누구보다 열심히 노력했고 다양한 정보들을 모았습니다. 그래서 이번에야말로 이런 일들로 침해된 명예를 회복시키고……

정말 국정원 중요하지 않습니까? 우리나라의 발전을 위해서 정말 중요하지 않습니까? 그러면 제자리로 보내야 하지요. 지금 북한의 핵 아무도 몰랐지 않습니까? 그렇게 몰랐다고 하는 그 정보들을 제대로 얻을 수 있는 기관으로 자리매김하게 해야 되지 않습니까? 그러려면 그 훌륭한, 그 능력 좋은 국정원 직원들을 제자리로 돌려보내야 되지 않겠습니까? 얼마나 수치스러웠을까요? 그 천박한 댓글들을 근무시간에……

여러분이 다 알고 있는 그 유명한 김 모 씨 직원은 누구나 가고 싶어 하는 굴지의 대학의 컴퓨터 관련 학과를 나온 걸로 압니다. 그리고 우수한 시험성적으로 시험을 붙었겠지요. 그리고 1년 이상 우리나라 굴지의 정보기관의 그 어마어마한 교육을 받았을 겁니다. 아마 1년 이상 받는다고 저는 들었습니다. 심지어 위험한 업무에도 발탁될 수 있기 때문에 특공무술까지도 연마한다고 들었습니다. 그런 우리 훌륭한 국가공무원들을 자신들의 역량을 마음껏 발휘할 수 있게 만들어 줘야 되지 않을까요?

그분들이야말로 대한민국에 대한 애국정신으로 똘똘 뭉친 너무나 우수한 인재들일 것입니다.

저는 재판 때 그분들의 진술을 보면서 그 답답했을, 그 억울했을 심정을 느꼈습니다. 나라를 위해서 일해 보겠다고, 어려운 일 해 보겠다고 정보원에 갔는데 출퇴근 시간에 카페를 전전합니다. 들키지 않으려고 낯선 트윗, 이상한 파일들을 깔아서 해야 됩니다.

그리고 그 댓글들의 수준이 뭡니까? 정말 국정원장이 제대로 할 거였으면 진짜 사실관계를 제대로 밝혀서 그 직원들의 전문성이 발현될 수 있도록…… 그러면 사실관계를 바로잡아주나요. 그 천박한, 그냥 적대적이고 공격적인 비난 섞인 그 댓글들을 만들고 그것을 유포하고 그 사이트에 들어가서 남인 양, 민간인인 양 그렇게 숨어서 활동하는 것 그게 좋았겠습니까? 그게 자랑스러웠겠습니까?

정말 이 정권은 끊임없이 사람들을 지치고 피로감에 만드는 것 같습니다. 제가 왜 이 자리에 서 있어야 합니까? 저는 정말 의원으로서 하고 싶은 일 많고 해야 할 일 많습니다. 여기 계시는 새누리당 의원님들도 그럴 거고요. 방청석에 계신 분들도 그럴 거고요. 여기 속기하시는 분들, 의전 담당하시는 분들, 의정 담당하시는 분들, 또 뒤에 계신 정갑윤 부의장님 다 그럴 것입니다. 그런데 이런 사람들이 여기 와서 이러고 있어야 합니다.

테러방지법 그 이름으로 여론몰이를 했고 그 여론몰이에 쫓겨서 우리는 수정안 합의를 골몰하고 있습니다. 그것과 관련해서 그나마 국민감시법을 통과시키려면 그래도 그 감시행위를 절차적으로, 민주적으로 통제할 수 있는 시스템은 도입하면서 해야 되는 것 아닌가요?

국정원 대선 개입 관련해서 국정원 개혁이 논의될 때 저희는 특위를 꾸렸습니다. 그래서 자료들을 모았습니다. 그래서 너무나 소중한 자료를 만들었는데 그것을 채 공개할 시간, 기회가 없었습니다. 왜냐하면 특위가 무산됐기 때문이지요.

차례를 보려고 합니다.

나름 열심히……

많이들 지루하실 것 같아서……

요즘 인기 있는 마리텔이라는 게 있더라고요. 그리고 망치부인 같은 그런 것도 있고 그래서 제가 댓글들을 올라오는 걸 읽어 보도록 하겠습니다.

오후 6시 15분 현재네요. 벌써 3시간 전이네. 김민지라는 고등학생입니다. '고등학생인 저도 저 법이 얼마나 악법인지 알겠는데 그걸 모르는 척하는 대통령과 새누리당 의원들은 머리에 뭐가 들었는지 모르겠네요. 저희 부모님이 제 폰 들여다보는 것도 싫은데 국가에서 영장 없이, 아무 통보 없이 제 사생활을 안다는 것은 끔찍한 일입니다.'

박경원 님입니다. '국회와의 소통이 자주 있었으면 좋겠습니다. 근현대사 공부에서 법 공부까지 정말 많은 것을 보고 배우는 좋은 시간이 되고 있습니다. 고맙습니다.'

오상엽 님 '테러방지법이 정말로 위험한 것은 감시의

내면화, 검열의 내면화입니다. 적확한 분석이십니다.'

YD부산댁이라는 분이신데요. '대통령님이 20분간 책상 치셨다는데 안 망가진 것 보니까 좋은 제품인 것 같아요. 혹시 어떤 책상인지 물어봐 주실 수 있나요?'

김유진 님 '우리는 국정원이 지금까지 한 일을 잘 알고 있습니다. 간첩 조작 사건, 대선 댓글 사건, 해킹 사건으로 국정원 과장 자살, NLL 관련 대화 내용 유출 건, 개인 사찰 등등 이루 말 할 수 없을 정도로 무소불위 조직으로 군림하고 있습니다. 영장 없이 사전에 임의로 개인의 모든 정보를 볼 수 있다는 것은 인권 유린입니다.'

김민주 님 '지금 국정원이 해야 하는 일은 국민의 사생활이나 캐내는 것이 아닙니다. 지금 국정원이 해야 하는 일은 뼈를 깎는 자체 개혁과 공정한 감사를 통해 잃어버린 제 신뢰와 본래의 가치를 찾아야 하는 것입니다.'

양지혜 님 '국민을 주인으로 보지 않고 노예로 취급하는 현 정부에, 새누리당의 마인드에 기가 찰뿐입니다. 경제를 살리려면, 테러를 방지하려면 따위의 핑계로 당연히 국민들을 교화하려 들지 말았으면 합니다. 국민들의 눈과 귀를 막으려, 행동을 막으려 하지 말아 주십시오.'

또 조금 이따가 전해 드리겠습니다.

유엔 특보는 테러 대응 시에도 프라이버시권을 보장해야 한다고 말합니다. 에드워드[**] 스노든의 대량 감시 폭로 이후에 유엔 차원에서도 정보인권 논란이 계속되었습니다. 유엔 반테러·인권보장 특별보고관이 2014년 9월 23일 제69차 유엔총회에 제출한 4차 연례보고서에서 전자감시 문제를 다루었습니다.

특별보고관은 테러 대응 목적으로 최근 인터넷 대량 감시에 관여한 각국 정부에 대하여 새로운 기술, 감시 수단에 대한 국제인권규범에 맞추어 자국 법을 개정할 것을 촉구했습니다.

'각국은 대량 감시 프로그램이 온라인 프라이버시를 실질적으로 완전히 말살해 버렸다는 사실을 똑바로 직면할 필요가 있습니다. 저는 이메일을 보내는 것이 엽서를 보내는 것과 유사하다는 비율을 인정하지 않습니다. 시민적·정치적 권리에 관한 국제규약에 대한 각국의 의무는 프라이버시권과 디지털 통신비밀에 대한 존중을 포함합니다. 사생활을 간섭하는 수단들은 합법적인 목표를 추구하는 공개적으로 접근 가능하고 엄밀한 국내법에 의해 반드시 허가를 받아야 하고 비례적이고 필수적이어야 합니다.'

특별보고관은 자신의 보고서에서 테러와의 전쟁이 너무나 중요해서 원칙적으로는 인터넷 대량 감시를 그럴 듯하게 정당화할 수 있는 여지를 줄 수 있다는 점은 인정했습니다. 그러나 대규모 접근 기술은 온라인 프라이버시를 무차별적으로 좀먹고 프라이버시권의 가장 본질적인 내용을 침해합니다라고 강조했습니다.

'각국 정부는 자신들의 인터넷 침투활동의 성격과 범위, 그 방법론 및 정당성에 대해 투명해야 하고, 그 사용으로

[**] 회의록 원본에는 "애드워드"

축적된 실제 편익에 대해 공개적으로 상세하게 설명해야 합니다'라고 덧붙였습니다.

자유권협약 17조에 요구한 바인 온라인 공동체의 프라이버시권에 대해 각국은 대량 디지털 감시기술이 체계적으로 간섭하는 데 있어 특별보고관은 모든 정보가 상세하고 증거에 기초한 공공적 정당화를 갖출 것을 요청하였습니다.

'우리는 이런 프로그램들이, 대규모 디지털 감시기술 이런 프로그램들이 현실에 적용되기 전에 충분히 검토할 수 있는 강력하고 독립적인 감독기구가 필요합니다'라고 말합니다. 또 개인들은 자신들의 온라인 프라이버시권에 대한 어떠한 침해에 대해서도 효과적인 구제수단을 청구할 수 있는 권리가 있습니다.

유엔총회에서 에머슨 보고관은 각국 정부에게—당연히 우리나라도 포함됩니다—관할권 안팎 모두에서 내국인과 외국인의 프라이버시권을 평등하게 보장해야 할 의무가 있음을 상기시켰습니다. 프라이버시권 보호의 비대칭적 체제는 자유권협약의 요구사항에 대한 명백한 침해입니다라고 말합니다.

따라서 대한민국 국정원이 이렇게 올바른 방향으로 개혁되려면 다른 나라 국가정보기관, 군, 경찰 정보원 등을 총망라해서 옳은 방향을 제시하고 있는 것들을 살펴서 공부해야 합니다.

이에 따라서 저는 세계에서 가장 권위 있는 정보 및 안보 분야에 대한 감시·견제장치 방법을 담은 보고서를 한국에서는 처음으로 소개합니다. 처음인지 아닌지는 솔직히 아직 확인은 안 됩니다. 누군가 하셨을 수도 있습니다. 그러나 국회에서는 처음입니다.

2012년 보고서는 발행되었고 2013년 겨울에 국회에 번역을 의뢰해서 2014년에 번역이 완료돼서 5개월만에 나왔습니다.

국정원특위가 끝나서 공개할 자료가 없었는데 이번에 이 대테러방지법, 국민감시법이 발의되면서 소개할 수 있게 돼서 어떻게 보면 다행일 수도 있습니다.

제목과 무관하게 저는 이것을 쉽게 '정보기관 감시·견제 가이드라인'으로 설명드리고 싶습니다. 그러니까 테러방지법이라는 미명하에 국정원장에게 영장주의의 가장 최대의 예외를 둬서 오히려 영장주의 자체를 무효화시키는 정도의 대단한 권한을 주고 있는 이 상황에서 그나마 견제장치라도 제대로 갖춰야 된다라는 주장을 한다면 이 내용이 더욱 의미가 있다고 보여지고, 그것과 무관하더라도 이미 국정원 대선 개입을 통해서 현행법에 위반한 명백한 위법행위를 한 국정원을 향한 개혁의 목소리를 키우는 데에도 이 보고서는 중요한 의미를 갖는다고 하겠습니다.

(정갑윤 부의장, 이석현 부의장과 사회교대)
안녕하세요?
고생하셨습니다.

● **부의장 이석현** 진선미 의원님, 제 목소리 들었습니까?

● **진선미 의원** 예.

● **부의장 이석현** 수고가 많습니다.
내가 텔레비전으로 보다 왔습니다.

● **진선미 의원** 고맙습니다.

● **부의장 이석현** 진선미 의원님!

● **진선미 의원** 예.

● **부의장 이석현** 지금 한 네다섯 시간 하셨나요?

● **진선미 의원** 잘 모르겠습니다.

● **부의장 이석현** 아까 4시 몇 분에 시작했다 했지?
4시 반에…… 아, 그러면 4시간 반도 더 했네.
불편하신 점 뭐 없어요?

● **진선미 의원** 많습니다.

● **부의장 이석현** 잘 하시고 불편하신 점이 있을 때는 아무 때나 말씀하세요.

● **진선미 의원** 예, 그러나 버텨야겠지요. 다리도 아프고……
그렇습니다.
이 가이드라인***은 전 세계적으로 정보 및 안보 분야에서 가장 명망 있는 스위스의 제네바 소재 국제단체인 DCAF에서 만들었습니다.

이 기관은 정보기관 즉 국정원, 경찰, 군대, 안보 분야 및 정보기관의 민주적 통제를 위한 제네바센터로 불립니다. 이 기관은 각국의 정보기관, 한국이라면 국정원, 경찰, 군대, 안보 분야 등의 규범과 기준을 개발하고 맞춤형 정책연구를 수행하고 있습니다.

유럽의 헌법재판소로 불리는 베니스위원회에서 채택된 보고서와 유엔 테러리즘 특별보고관 보고서 등을 모두 망라해서 정보기관을 어떻게 감시하면 좋을지에 대한 가이드라인을 매우 구체적으로 제시하고 있습니다. 이대로만 하면 저는 이 법도 통과시킬 수 있을 것 같습니다. 그런데 그럴 수 있을까 싶습니다.

정보기관에 대한 견제 방안 가이드라인은 국회와 감사원 등 감독기구와 독립적 감독기구에 초점을 맞추고 있지만 행정부, 사법부, 언론, 시민사회 및 정보기관 자신과도 관련되는 수많은 통찰도 포함되고 있습니다.

감독기구 구성원과 보좌진 그리고 감독업무, 감시에 관련된 행위자, 예를 들면 언론이나 시민사회 조직 또 요원들 그리고 외부 감독 대상, 행정부 및 정보기관을

*** 회의록 원본에 "가인드라인"을 고침

감독할 수 있는 장치 모음에 특히 관심을 가져 주시면
고맙겠습니다.

우선 이번 테러방지법, 국민감시법 도입에 대한 가장
큰 우려는 테러의 위험이 있다라는 국가정보원의 자의적
판단에 따른 감청과 인권 침해의 위험성에 있습니다. 이에
따라서 위 보고서가 많지만 그 여섯 번째 가이드라인
관련해서 먼저 말씀을 드리고자 합니다.

6번 가이드라인은 개인정보를 사용하는 것에 대한 감독
그래서 '개인정보 사용 감독'이라는 제목이고요.

'정보기관들은 법적 위임 사항과 관련해서 개인정보를
수집·저장·처리·공개할 정당한 이유를 가지고 있다. 정보와
관련된 개인들이 가령 스파이 행위나 테러 연루 혐의로 인해
정당한 관심 대상일 수 있다. 이러한 정보를 수집할 필요성은
나라마다 또 기관의 정확한 법적 책임에 따라 기관마다 달라질
것이다.

하지만 지나치게 광범위한 개인정보 수집의 위험성이
상존한다. 가령 어떤 용의자가 테러 활동과 관련이 있는지
규명하는 과정에서는 수집된 정보가 부정적 결론으로 이어질
가능성을 고려한다. 분명 이런 상황에서는 초기의 정보 수집을
부적절하다고 할 수는 없다. 하지만 해당 개인이 무관하다는
것을 정보기관이 확인하고 나면 정보를 계속 수집해서는 안
된다.

게다가 이렇게 할 경우 기관은 점점 더 넓은 범위에서
정보를 얻으려는 유혹, 예컨대 용의자의 동료들이나—우리가
우려하는 걸 정확하게 적고 있어요—이들이 속한 시민사회
조직에 관한 정보를 수집하려는 유혹을 느낄 위험이 있다.
이는 냉각 효과를 일으켜 개인들이 노동조합, 분리주의 정당,
환경단체나 반핵단체 같은 합법적인 시민사회 조직에도
참여하는 것을 두려워하게 될 수 있다.'

정말 요즘 기록 남기는 걸 너무 싫어하세요. 그래서 고액
후원금을 내는 걸 너무 겁내세요. 기록에 남으니까, 그리고
언론에서 쓰고.

그리고 다행스럽게 이번에 우리 당이, 더불어민주당이
정치 역사상 참 의미 있는 변화를 추구해서 온라인 입당
시스템을 도입했는데 오프라인상에서는 정말 당원,
그러니까 지지는 하지만 어느 당에 이름을 올리기 싫다라는
분들을 너무나 많이 봅니다. 그래서 저는 10만이 넘는
온라인 신규 입당 당원분들…… 이것은 정치 사상 정말 의미
있는 일이라고 생각합니다. 그런데 그런 게 다 묻히지요.

또 '정보기관의 파일에 저장된 개인정보가 오용될 수
있는 더 일반적인 위험', 이 보고서에서는 꽤장히 미개한
나라를, 그러니까 그런 인권침해가 막 자행되고 만연되고
이러는, 그래서 가르쳐서 내지는 뭔가를 변화시키려고
끊임없이 이쪽에서 노력해야 하는 나라를 전환기 국가라고
표현하더라고요, 이게 정확한 번역인지 모르겠는데. 그것을
일단 기억에 넣어 주시고 이것을 읽겠습니다.

'정보기관의 파일에 저장된 개인정보가 오용될 수 있는 더
일반적인 위험, 예컨대 전환기 국가의 관리들이 정적을
협박하거나 언론인들을 압박하기 위해 이용하는 경우도

존재한다. 또 정보기관에 의한……'
어디서 다 많이 들어 본 얘기입니다.

'정보기관에 의한 정보의 단순한 저장, 분류, 분석, 보유는
해롭지 않다고 주장하는 경우도 있다. 개인정보의 수집은
이보다 확실한 위험이 되지만 개인정보는 개인의 자율성과
밀접히 연관되기 때문에 개인정보의 저장 또한 잠재적으로
해롭다. 정부 기관들이 복수의 출처에서 얻은 개인정보를 짜
맞추는 것이 허용될 경우 개인들이 자신의 삶에 대해 갖는
통제권, 특히 상세한 개인정보와 관련된 선택권 즉 누구에게나
어느 정도로, 어떤 목적으로 공개할 것인지에 관한 선택권은
무너지게 된다.

정보기관들은 개인들에 대한 정보를 축적하면서 해당
정보의 주체에 대한 통제 수단을 얻게 된다. 최악의 경우
정보기관이 보유한 개인정보가 정치인이나 언론인에게
압력을 가할 목적으로 부적절하게 사용할 수도 있다. 피해가
될 만한 공개가 전혀 이루어지지 않은 경우에도 정보기관이
개인정보를 보유하고 있다는 것을 아는 것만으로도 해당
개인은 심리적으로 불안해질 수 있다. 마찬가지로 특정 형태의
정치적·산업적·사회적 활동이 보안 파일로 보유되고 있음을
알게 되면 혹시, 혹은 그런 의심을 떨쳐 버릴 수 없는 경우
시민사회 참여가 위축될 수 있다.'

옳은 말만 하고 있습니다.

'자주 언급되는 보안 정보의 장기적 보유의 필요성을 염두에
둔다면 언제 피해를 당할지 모른다는 예상이 개인들에게 수년
또는 수십 년 동안 영향을 미칠 수 있다. 예컨대 어떤 개인의
젊은 시절 활동과 관련된 정보가 경우에 따라서는 그 개인의
노년기까지 보유될 수도 있다. 그 사람의 노년기의 삶을 보면
보안 위험으로 취급될 이유가 하등 없음에도 불구하고.

그뿐만 아니라 정보기관이 보유한 개인정보가 부분적이거나
부정확하거나 낡은 것일 수도 있다. 극단적인 경우 개인적
반감이나 질투심 때문에 해당 개인에게 피해를 주고 싶어
하는 정보원에게서 얻은 정보일 수도 있다. 마찬가지로 금전적
보상을 동기로 하는 정보원은 사람들에 관한 정보를 제공할 때
과장하거나 윤색할 유인이 있을 수 있다.

개인정보 저장과 관련된 그 밖의 위험에는 평소 같으면
별도의 법 집행기관, 의료, 조세 관련 데이터베이스에
나뉘어 있을 한 개인의 정보를—지금 그렇게 하시겠다는
거잖아요—특권적 접근을 통해 연계할 수 있는 일부
정보기관의 전례 없는 능력이 포함된다.

물론 위험은 개인정보의 저장·분류·분석으로 끝나지 않는다.
그 사용에 수반되는 위험도 있다. 일부 사용은 합법적이지만
신용하기 힘든 경우도 있다. 예를 들어 출처가 특정되지
않은 개인정보가 언론에 공개될 경우 정보와 관련된 개인이
피해를 입거나 기회를 잃을 수도 있다. 기밀정보 취급인가를
상실하거나 거부당하는 등 직업적 위상이 영향을 받을 수도
있고, 더 일반적으로는 평판이 손상될 수 있다. 마찬가지로
근거가 없거나 부정확한 정보를 외국 정부에 공개할 경우
입국이 거부되거나 그보다 더 안 좋은 상황에 처할 수 있다.

정보기관들은 합법적 대상에 관해 그들이 보유한 정보가

공정하고 정확하며 최근의 정보임을 보장하는 데 강한 이해관계를 가지고 있다. 잘못되거나 불완전하거나 오래된 정보를 공개하거나 이를 바탕으로 조언하거나 조치를 취할 경우 정보기관의 효과성과 평판에 나쁜 영향을 미칠 수 있기 때문이다.

그럼에도 불구하고 정보 업무에는 정보취급 절차의 외부 통제와 감독이 필요하다는 주장에 힘을 실어 주는 몇 가지 내재적 위험이 있다. 특히 장래의 안보 위험을 예측해야 한다는 정보기관들의 압박감은 점점 더 많은 개인들에 관해 지나치게 방대한 정보를 수집하려는 태도를 부추긴다. 데이터 마이닝(data mining) 발전 같은 기술적 변화도 이메일 트래픽, 웹 검색, 항공편 예약, 재정 거래 등 방대한 양의 개인정보 수집과 저장을 조장한다.

프라이버시권은 주요 국제조약들에 의해 확립된 인권법에 따라 보호된다. 하지만 이 도구에서는 관련성 및 실용성을 감안해서 유럽 내에서 적용되는 인권, 특히 가장 앞서 있는 유럽인권규약에 명시된 인권을 집중적으로 다룬다. 이 도구는 프라이버시권에 초점을 맞추고 있지만 정보기관에 의한 개인정보의 수집과 사용은 표현의 자유권이나 결사의 자유권 같은 다른 인권에도 간접적인 영향을 미칠 수 있다.'

동의하시지요?

'유럽 회의 47개 국에 적용되는 유럽인권규약 8조는 다음과 같이 명시하고 있다.

모든 이에게는 개인생활과 가족생활, 가정, 서신 교환을 존중받을 권리가 있다. 민주주의 사회에서 국가안보, 공공 안전 또는 국가의 경제 복지를 위해 무질서나 범죄의 방지, 보건 또는 도덕의 보호 또는 타인의 권리와 자유의 보호를 목적으로 법률에 합치하며 필요한 경우를 제외하고 공공 당국이 이 권리의 행사를 방해해서는 안 된다.

유럽연합 기본권 헌장도 중요하다, 회원국들에게 구속력을 갖는 명시적인 개인정보 보호 조항이 포함되어 있다는 점에서. 8조는 다음과 같다.

모든 이에게는 자신과 관련된 개인정보를 보호받을 권리가 있다. 이러한 정보는 명시된 목적을 위해 관련 당사자의 동의나 법률에 규정된 그 밖의 정당한 근거에 기초하여 공정하게 처리하여야 한다. 모든 이에게는 자신과 관련하여 수집된 정보에 접근할 권리와 수정을 요구할 권리가 있다. 이들 규칙의 준수는 독립적 기관에 의해 통제되어야 한다.

뿐만 아니라 기본권 헌장 52.1조에 따르면 본 헌장에서 인정하는 권리와 자유의 행사에 대한 모든 제한은 법률로 규정되되 이러한 권리와 자유의 본질을 존중해야 한다. 비례성의 원칙에 따라 제한이 필요하면서도 유럽연합이 인정하는 공공복리의 목적 또는 타인의 권리와 자유를 보호할 필요성을 진정으로 충족시킬 수 있는 경우에만 제한이 가해질 수 있다.

그러나 기본권 헌장의 이 조항들이 아직 법제화되지 않았기 때문에 이 도구에서는 주로 유럽인권규약에 초점을 맞춘다. 유럽인권재판소는 개인정보가 포함된 정부 보안파일이 유럽인권규약 8조에 명시된 사생활의 보호 범위에 분명히 속한다고 판결했다. 이 재판소는 또 몇몇 사건에서 정보기관에 의한 개인정보의 수집·저장·배포는 사생활을 존중받을 권리의 간섭에 해당하며, 이런 방해는 법에 명시된 엄격한 기준하에서만 허용된다고 판결했다.

유럽인권재판소의 판결은 다른 정부기관에 대한 정보의 공개뿐만 아니라 내부 심사 및 기밀취급 인가에도 적용된다. 그래서 루마니아 정보기관들이 보유한 보안파일과 관련된 사건에서 재판소는 다음과 같이 판결했다. 공공기관에 의한 개인 사생활 관련 정보의 저장과 사용 및 그에 대한 반박 기회의 거부는 규약에 보장된 사생활을 존중받을 권리의 간섭에 해당된다.'

불법이라는 거지요. 어떤 정보가 수집되어 있는지 모르는 채 반박 기회조차 보장받지 못하고 있는 우리의 현실에 이 문제는 시사점이 분명히 있다고 생각합니다.

'정보기관의 개인정보 저장과 사용이 유럽인권규약에 부합하려면 명시된 기준을 충족해야 하는데 이는, 즉 사용이 법률에 합치하고, 민주주의 사회에서 필요하며, 국가안보를 위한 것이어야 한다. 법률에 합치 기준은 가장 엄격한 기준을 부과한다. 이 기준이 충족되지 않으면 아무리 광범위한 이익이 걸려 있더라도 상관없이 위반이다. 따라서 합법성 요건은 의원들이 정보기관에 개인정보 사용에 대한 견고한 법적 근거를 마련할 것을 촉구한다.

유럽인권재판소는 법률에 합치를 프라이버시권의 제한은 국내법상 일정한 근거가 있어야 하며, 재판소의 정의에 따르면 관련 당사자가 이해하기 쉽고, 나아가 자신에게 닥칠 결과를 예상할 수 있어야 하며, 법의 지배와 양립하는 사법제도의 품질 기준을 충족해야 한다는 의미로 해석했다.'

이것은 뒤에 좀 자세하게 나옵니다.

'유럽인권재판소는 정보기관에 적용되는 법률이 존재하지 않거나 개인정보의 수집 및 저장을 규제하는 조항이 법률에 포함되지 않은 경우 이 기준들을 적용하여 8조 위반으로 판결했다. 또 이러한 법률은······.'

이게 중요한 것 같습니다. 그런 법률, 그러니까 법률이 존재한다 하더라도 그 존재하는 법률은 법률이 적용될 수 있는 상황, 그러니까 아까 말한 우리 국민감시법이 적용될 수 있는 상황에 관해 시민들이 적절히 알 수 있도록 그 용어에 있어 충분히 명확해야 한다.

이 조건을 충족하고 있습니까? 아니지요.

'또 실제로는 비밀통신감시수단의 집행이 관련 개인들이나 일반 대중이 조사할 수 있도록 공개되어 있지 않기 때문에 개인정보 수집에 관한 법률은 행정부나 판사에게 부여되는 법적 재량이 규제받지 않는 권한의 형식으로 표현되는 것을 허용해서는 안 되며······.'

이 규정 적용에 따르면 지금 테러방지법이 맞습니까? 완전히 정면으로 위배하고 있지요.

'이러한 법률은 법률이 적용될 수 있는 상황에 관해 시민들이 적절히 알 수 있도록 그 용어에 있어서 충분히 명확해야 한다.'

또 그 과정이 공개가 되지 않기 때문에, 우리가 모르기 때문에 개인정보 수집에 관한 법률은 행정부나, 국정원도 행정부입니다.

'행정부나 판사에게 부여되는 법적 재량이 규제받지 않는 권한의 형식으로 표현되는 것을 허용해서는 안 되며……'

안 된다잖아요.

'따라서 자의적인 간섭으로부터 개인을 적절히 보호하기 위해서는 부여되는 그러한 재량의 범위와 행사 방식을 충분히 명확하게 적시해야 한다.'

이것이 가장 중요한 견제·감시 도구입니다.

'재판소는 이러한 법률을 고려할 때',

이 법률이 법률에 합치하느냐를 이렇게 따진답니다.

'재판소는 이러한 법률을 고려할 때, 특히 획득된 정보의 조사·사용, 저장 시 따라야 할 절차, 정보를 다른 당사자에게 전달할 때 취해야 할 주의사항, 감시를 통해 획득한 기록을 파기할 수 있거나 파기해야 하는 상황이 법률에 충분히 명확하게 명시되어 있는지 확인한다.

러시아 정부와 관련된 최근의 사건은 이 원칙들을 잘 보여 준다. 재판소는 비밀 감시 데이터베이스에 인권운동가들을 등재한 것은 유럽인권규약 8조 위반이라고 판결했다, 인권 활동가들을.'

우리도 그럴 수 있습니다, 이 법이 통과되면.

'이 데이터베이스는 일반 대중이 접근할 수 없었던 비공개 부령에 따라 만들어졌기 때문에 일반 대중은 특정 개인들이 데이터베이스에 등재된 이유, 저장되는 정보의 유형, 저장 방식, 저장 기간, 사용 방법, 통제 주체를 알 수 없었다.'

그래서 위법입니다. 이것이 가지는 시사점이 있습니다.

'유럽인권규약은 사법제도의 품질, 즉 기준의 명확성, 접근 가능성, 예상 가능성 요건이 충족되고 난 후 사생활 간섭의 목적과 필요성에 대한 검토를 요구한다. 여기에는 비례성의 평가가 수반되는데, 다시 말해 국가안보 보호라는 정당한 목표를 감안하더라도 간섭이 지나치지 않은지 평가한다.

예를 들어 최근 사건에서 유럽인권재판소는 스웨덴 정부가 30년을 넘는 기간 동안 개인정보를 비밀파일로 보관한 것은 유럽인권규약의 위반이라고 판결했다. 재판소는 정보의 성격과 오래된 정도를 감안할 때 정보를 계속 저장하기로 한 결정이 국가안보라는 적절하고 충분한 이유로 뒷받침된다는 변론을 받아들이지 않았다.

재판소는 사생활 간섭이 민주주의 사회에서 필요한지 검토할 때 개인정보의 저장과 사용을 감독하는 어떤 안전장치, 특히 독립적 기구가 포함되는 안전장치가 만들어져 있는지를 고려한다. 개인이 자신의 사생활에 관한 권리를 보호할 수 있도록 해 주는 안전장치가 존재하지 않는다면 재판소는 8조 위반으로 판결할 것이다.

예컨대 슬로바키아 사건에서 청구인이 전 체코 공산당 정보기관의 협력자로 등재된 것과 그러한 취지의 기밀취급 인가가 발급된 것 그리고 등재에 항의하는 청구인의 제소가 기각된 데 대해 이의를 제기했으며, 재판소는 청구인이 사생활에 대한 권리의 보호를 구할 수 있는 절차의 부재는 8조 위반이라고 판결했다.'

이미 제 앞의 정청래 의원님께서 인권보호관이라는 것의

허울을 얘기하셨지만 이 내용과 테러방지법상의 그 엄청난 개인정보 침해 우려를 불식시킬 수 있고, 내용을 확인할 수 있고, 때로는 수정할 수 있는 그런 조항이 있었나요? 그런 것을 주장할 수 있는 절차가 보호되고 있나요? 그것을 담당하는 독립적 기구가 있나요? 그저 우리는 우리의 목숨을 맡겨야 되는 겁니다, 그것도 아무것도 우리가 통제할 수 없고, 아무것도 가르쳐 주지 않는 엄청난 권력을 행사하는 비밀정보기관의 수장에게. 앞서서 얘기한 이 모든 감독기구의 필요성을 얘기하던 그 위험함이 그대로 드러나지 않습니까?

'따라서 정보기관에 의한 개인정보의 수집과 사용에 대한 명확한 법적 제한이 존재할 필요가 있으며, 감독기구는 정보기관이 이러한 정보의 관리를 규제하는 법률을 준수하도록 보장해야 한다.'

우리는 그 감독기구가 어디 있습니까? 국정원의 감독기구는…… 대통령 직속기관인데. 감사도 안 받고요. 국회의 정보위원회 운영 실태, 이미 많은 분들이 말씀하셨어요.

그런데 거기다가 영장주의, 우리가 유일하게 합법적으로 폭력을 행사해서 사람을 감금하는 징역형을 내릴 수 있는 국가에 대해서, 유일하게 대항할 수 있는 몇 가지 안전장치 중의 하나인 영장주의, 법치주의를 포기해야 합니까, 누구를 위해서, 무엇을 위해서?

'인권과 기본적 자유의 증진 보호 및 테러 방지에 관한 유엔 특별보고관은 유엔 인권위원회에 제출한 2010년 보고서에서 이런 필요성을 거듭 제기했습니다. 공개적으로 이용 가능한 법은 정보기관이 보유할 수 있는 개인정보의 유형과 이 정보의 사용·보유·삭제·공개에 어떤 기준이 적용되는지를 개략적으로 설명한다.'

그 법에 들어 있어야 합니다. 그래야만 정보기관은 그들의 위임사항 이행이라는 목적에 필수적인 개인정보를 보유할 수 있다는 것입니다.

저는 눈 씻고 찾아봐도 찾을 수가 없었습니다. 누구를 위한 법입니까?

● **부의장 이석현** 진 의원님, 잠깐 다리 운동 좀 하세요.

● **진선미 의원** 고맙습니다.

● **부의장 이석현** 수고가 많습니다.

요새 확실히 우리 국민들이 좀 살기가 힘들어졌다고 그럽니다. 저도 지역에서, 안양에서 전철역에 나가 봐도 그렇고, 재래시장에 가 봐도 서민들이 "아휴, 경제가 어렵습니다." 호소를 많이 하십니다.

제가 볼 때는 그 고통보다 더 서러운 것은 나라에서 서민들의 고통을 함께 느끼는 것 같지 않다 하는 그런 섭섭함인 것 같습니다. 또 앞으로 얼마나 이게 좋아질 것인지, 이 고통의 기간이 지나면 더 나아질 것인지, 그런 희망을 읽지 못하고 있다는 그런 점인 것 같습니다.

그래서 우리 국회가 기회 있을 때마다 국민들의 고통을 함께 느끼는 것을 보여 주고 또 실제로 느끼고 또 이 고통의 기간이 터널이 아니고 동굴이다, 이런 걸 알게 해 줄 필요가 있습니다. 끊임없이 비전을 제시해야 합니다.

동굴과 터널이 다른 점은 동굴은 끝이 막혀 있지만 터널은 끝이 열려 있어서 이 기간이 지나면 다시 햇빛을 볼 수 있다는 그런 차이가 있습니다. 그래서 의원님들이 다 같이 국민의 고통을 함께 느끼면서 끊임없이 비전을 제시하고, 희망을 보여 주는 그런 노력을 우리가 함께해야 할 것 같습니다.

진 의원님, 말씀 계속하시지요.

일어선 김에 참 한 가지만 더 말씀드리면 발언 신청자가 날마다 또 새로운 추가 신청자들이, 신청하시는 의원님들이 늘어나고 있어요. 그래서 마르지 않는 샘처럼 필리버스터하실 의원들이 줄지를 않아요. 그동안에 벌써 여러 명, 지금 진선미 의원이 열여덟 번째 하고 있는데도 오늘 또 추가 신청자가 있어서 더 열심히 할 것입니다.

다만 오늘은 우리 의장단이 의장 한 분하고 부의장 둘 해서 3명이 교대하다 보니까 상당히 힘이 드는 점도 있지만 오늘 낮에 상임위원장들이 거들어 주셨습니다. 그런데 제가 좀 전에 들어올 때 얘기 들어 봤더니 이제 상임위원장님들이 하시지 못하게 됐다 그럽니다. 아마 여야 간에 합의가 잘 안 된 것 같아요. 그래서 우리 의장과 부의장이 조금 고통스러워도 잘 해내겠습니다.

우리 의원님들이 국민들에게 우리 속에 있는 생각들을 잘 풀어내시기 바랍니다.

진선미 의원님 말씀 계속하십시오.

● 진선미 의원 국정원의 개혁이 그 어느 것보다 중요하기 때문에 그것을 비교하는 기준을 그리고 우리가 따라가려고 하는 선진국에서 하고 있는, 권장하고 있는 기준들을 함께 공유하고 싶어서 말씀드리고 있습니다.

적절한 정보기관의 활동 범위에 관한 반성적인 정치적 논쟁을 장려하고 또 결정권을 정보기관이나 행정부의 재량에 속하지 않게 하고 인권을 침해할 수 있는 행동에 관해 명확한 위임 사항을 정보기관들에게 제공해야 한다는 겁니다, 법이.

정보기관의 개인정보 사용에 적용되는 입법은 다음 주제 중 하나 이상을 다룰 수 있다. 개인정보 처리가 허용되는 사유 및 허용되지 않는 사유, 개인정보 공개의 한계, 저장되는 데이터 유형의 공개, 정보 주체에 의한 개인정보 접근, 개인정보가 수집되었다는 통지, 개인정보의 검토·수정·삭제, 이런 구체적이고 명확한 내용들이 있어야 된다는 겁니다.

정보기관이 보유한 개인정보에 대한 접근을 어떻게 할 건지 유엔 특별보고관이 명시한 모범 관행을 소개합니다.

개인들은 정보기관이 보유한 그들의 개인정보에 대한 접근을 요청할 수 있다. 개인들은 관계 당국에 요청서를 보내거나 독립적인 정보보호기관 또는 감독기구를 통해 요청함으로써 이 권리를 행사할 수 있다. 개인들은 자신의 개인정보에서 부정확한 것을 수정할 권리가 있다. 이러한 일반적 규칙의 모든 예외는 법률로 규정되고 엄격하게 제한되며 정보기관의 위임 사항 이행에 필요함에 비례해야 한다. 개인정보를 공개하지 않기로 하는 결정의 타당성을 독립적 감독기구에 설명할 의무는 정보기관에 있다.

우리 정보기관에서 수집하고 있는 저의 개인정보에 대해서 알려 준 적이 있나요? 저는 한 번도 그런 생각 자체를 못 해 봤던 것 같습니다.

독일법상으로는 정보 주체에게 통지 의무가 있습니다, 정보 주체에게.

정보 수집과 관련해서 그 성격과 중요성이 특히 은밀한 기술적 수단을 이용한 사적 대화의 도청과 기록으로 이루어지는 서신, 우편 및 통신 프라이버시의 제한에 상당하는 경우에는 조치의 목표가 위태로워질 가능성을 배제할 수 있게 되는 즉시 조치의 종료 후 정보 주체에게 조치에 관해 알려야 한다. 의회 컨트롤 패널에게 통지해야 한다.

이런 제도는 우리에게 아직 찾아볼 수 없습니다.

그리고 여기는 이렇게도 합니다.

정보기관 보유 정보의 정기적 평가.

정보기관들은 그들이 보유한 개인정보의 관련성과 정확성에 대한 정기적 평가를 수행한다. 이들은 부정확하거나 위임 사항이나 감독기구의 업무 또는 발생할 수 있는 법적 소송과 더 이상 관련이 없다고 평가되는 모든 정보를 삭제하거나 업데이트해야 할 법적 의무가 있다라는 내용도 들어 있습니다.

그리고 독일법으로는 개인정보 검토·수정·삭제 의무도 들어 있습니다.

파일로 저장된 부정확한 개인정보는 연방헌법수호청이 수정해야 한다.

독립기구가 있는 거지요.

파일로 저장된 개인정보는 저장이 허용되지 않거나 더 이상 연방헌법수호청의 과제 수행을 위해 해당 정보를 알고 있을 필요가 없는 경우 삭제하도록 의무화하고 있습니다.

연방헌법수호청은 특정 사건을 다룸에 있어 늦어도 5년 후에 주어진 기간 내에 저장된 개인정보가 수정 또는 삭제되었는지 확인하도록 돼 있습니다.

이것과 관련해 권고 사항은 이렇게 돼 있습니다.

각 정보기관의 법적 위임 사항은 개인정보를 합법적으로 수집하고 파일을 합법적으로 공개할 수 있는 목표를 명시해야 한다.

정보기관의 준거법은 개인정보의 사용 방법과 보유 기간에 대한 효과적 통제 수단을 확립해야 한다. 이러한 통제 수단은 국제적으로 인정되는 정보보호원칙을 준수해야 한다. 이러한 법률은 또한 통제 수단이 진정으로 효과적일 수 있도록 독립적 인력 즉 정보 공동체 외부의 감독자에 의한 견제도 규정해야 한다.

정보기관 준거법은 국내 프라이버시 및 정보보호법률의

적용에서 정보기관을 면제해 주어서는 안 된다라고 돼 있습니다. 그보다는 정보기관의 위임 사항과 관련이 있는 경우 정보기관들이 제한적 국가 안보 개념에 근거해 공개 규정의 예외를 활용할 수 있도록 허용하는 형식.

이러한 예외가 올바로 적용되었는지 여부는 정보기관 파일에 있는 관련 정보에 적절히 접근할 수 있는 독립적 감독기구가 결정해야 한다.

정보기관에 의한 자신의 개인정보의 저장, 사용 또는 공개가 자신의 프라이버시를 침해했다고 민원을 제기하는 개인들은 독립적 기구 앞에서 실효적 구제를 받을 권리가 있다.

정보기관의 개인정보 저장 결정은 정보 주체의 접근 요청 및 개인정보의 보유·이전·삭제 결정과 마찬가지로 독립된 감독기구에서 심사되어야 한다.

용어가 굉장히 어렵습니다만 이 내용으로 테러방지법, 국민감시법을 검토해 보면 이게 얼마나 문제가 있는지 알 수 있을 겁니다. 또 다른 도구의 기준으로 사용될 수 있을 것이라고 생각합니다.

테러방지법, 국민감시법이 이 상태로 이 조항대로 이 규정대로 통과되면 안 된다는 또 다른 근거를 말씀을 드리고 싶습니다. 민주적 통제장치가 얼마나 허약한지 그래서 전 국민이 프라이버시권 침해라는 엄청난 인권침해 현장에 노출될 위험이 있다는 것을 말씀드리고 싶습니다.

최근 1월 27일에 국회 정보위원회에 연구보고서가 제출됐습니다. 김종욱 동국대 교수가 제출했는데요. 국정원법에서 비밀예산 규정 삭제해야 한다는 내용이 포함되었습니다.

김 교수님은 27일 정보위원회에 제출한 '국가정보기구의 민주적 통제를 위한 입법부의 역할과 과제'라는 연구보고서에서 4862억 8900만 원에 달하는 국정원의 올해 특수활동비는 영수증을 첨부하지 않고 마음대로 집행이 가능해서 예산 감시가 안 된다고 지적하고 있습니다.

김 교수는 국가정보원법에서 총괄예산과 비밀예산을 규정하는 내용을 삭제하고 국정원의 모든 예산을 실질적으로 심사할 수 있는 법률로 개정해야 한다고 의견을 냈습니다. 국정원 예산이 정치적 목적이 아니라 국가안보와 정보활동에 사용되고 있는지 확인하기 위한 것이다.

이어서 국정원장은 소관 예산에 대한 회계감사와 직무감찰을 실시하며 매 회계연도마다 세입세출결산보고서를, 매 분기마다 회계보고서와 사업진행보고서 등을 국회 정보위에 제출하는 것을 원칙으로 하는 것도 검토돼야 한다고 강조했다.

그러면 아무것도 안 하고 있는 거겠지요. 안 하고 있습니다.

국정원의 특수활동비는 2016년에는 80억이나 증액되었습니다. 국회에 제대로 된 보고도 이루어지지 않고 있고 증빙영수증도 필요하지 않아서 국정원의 예산 규모와 실제 집행을 제대로 파악하기가 어렵습니다. 대한민국 내에서 국정원 예산에 대한 견제가 사실상 어렵습니다.

기억하시겠지만 지난 대통령선거 때 댓글 작업하는

민간인에게 그 대가로 국정원 자금이 4900만 원이 입금됐음을 이미 확인했습니다. 국민의 여론을 왜곡하는 곳에 돈을 쓰고 있었다는 것이 확인된 상황인데요. 향후 제대로 된 견제와 감시 그리고 잘못됐을 때 바로잡을 수 있는 장치가 있어야 국민들은 신뢰할 수 있을 것입니다.

아까 그 보고서에도 이 재정 감독이라는 것을 굉장히 중요하게 다루고 있습니다. 우리는 마치 국가안보를 위해서 절대 감시하면 안 될 것 같이, 예산을 확인하면 안 될 것 같이 이렇게 강조하고 있지만 이미 다른 나라에서는 정보기관 재정에 대해서 외부 감독도 하고 있습니다. 다만 비밀을 제대로 엄수하면 되겠지요. 그러나 그 비밀 엄수를 하고 있는 그 누군가는 외부에서 그 모든 것들을 들여다보는 그런 기구들이 있어야 되지 않을까요?

여기서는 이렇게 강조합니다.

정보기관 재정의 외부 감독은 다음 네 가지 이유에서 중요하다.

민주적 거버넌스의 원칙은 공공자금의 할당과 사용을 면밀히 조사할 것을 요구한다. 당연하지요, 공공자금인데.

재정기록을 통해 정보기관의 행태와 성과를 잘 파악할 수 있다. 정보기관의 비밀주의는 기관 활동을 조사할 수 있는 일반 대중의 능력을 제한한다. 정보 업무의 성격으로 인해 공공자금의 오용 위험 등 다양한 재정 위험이 생겨난다.

한 사례를 보겠습니다.

카일 포고라는 사람의 사례가 언급돼 있습니다.

카일 포고는 한때 CIA 고위 정보관으로 일을 했는데 그가 맡았던 직무 중에는 비밀 해외 구금 시설 구축 등 매우 민감한 업무를 위한 재화와 용역의 조달이 포함되어 있었는데 포고는 이들 시설 일부의 자재 조달을 위해 CIA가 그의 친한 친구와 연계된 회사와 계약하도록 주선했고 나중에 검찰은 이 회사와 여러 건의 계약을 맺게끔 포고가 조종을 했고 제공된 재화와 용역에 부풀려진 가격을 지불하게 했음을 알아냈다. 그 대가로 포고는 호화판 휴가와 향후 채용 약속 등의 선물을 받았고요. 포고는 동료들에게 이 관계를 숨기기 위해서 자신이 신뢰할 수 있는 회사로부터 재화와 용역을 구매해야 했고 결국 포고는 부패 혐의를 인정했고 징역형을 선고받았습니다.

여기에는 또 이런 얘기도 되어 있습니다.

정보기관 자금의 남용은 정보기관을 담당하는 행정부 구성원에게도 미칠 수 있다. 이런 관료들은 때때로 공공자금 지출과 관련된 불법적인 정치적 목적을 위해 기관의 자원을 사용해 왔다. 따라서 감독기구는 기관 관료들의 행태뿐 아니라 이들과 행정부 관료들의 상호작용에도 초점을 맞춰야 한다.

정보 예산 공개에 관한 부분도 나와 있습니다.

정보기관들의 예산 전부를 공개하는 정부는 없다. 대부분의 나라에서 기밀 분류된 예산 세부 사항은 일반 대중뿐 아니라 이 분야의 기밀정보를 다룰 권한이 있는 위원회에 소속되어 있지 않은 의원들에게도 제공되지 않는다.

정보 예산의 비밀주의는 예산정보 공개가 적국에 이로울 수 있다는 정보기관의 우려 때문이다. 하지만 공개되는 정보에 특정 목표물, 방법 또는 정보 출처와 관련된 세부 사항이 포함되는 경우에만 그럴 가능성이 크다. 대부분의 경우 현재 공개되는 것보다 훨씬 많은 정보를 공개하더라도 국가 안보는 위태로워지지 않는 반면 투명성은 크게 높일 수 있다.

일반적으로 민주국가들이 선택하는 정보 예산 공개 방식은 세 가지 중의 하나다. 영국 같은 일부 국가는 국가의 전체 정보 공동체에 할당되는 총액만을 공개하고 독일 등 다른 나라들은 각 정보기관의 개별적 총액을 공개하고 분명 이 두 방식 모두 할당된 자원과 구체적 정책 목표 간의 관계는 공개하지 않는다.

세 번째 방식은 특정 목표에 할당되는 구체적 액수를 공개하는 것인데 이런 부분들은 프랑스에서 대외 정보기관의 공개 연간 예산은 승인된 인건비, 운영비, 투자 지출 이런 것을 따로 열거해서 승인된 특별업무활동 총액까지 공개하고 있습니다.

최대한 많은 정보기관의 예산 정보의 공개는 몇 가지 이유에서 사회에 유익하다.

첫째 자신의 돈이 어떻게 사용되는지 알 대중의 권리를 존중하고, 둘째 투명성을 높임으로써 일반 의원, 언론, 심지어 일반 대중도 정보기관의 자금·정책·우선순위에 관한 공공토론에 유의미하게 참여할 수 있게 된다. 활발한 공적 논의는 정부로 하여금 지출 우선순위를 정당화하지 않을 수 없게 만들고 궁극적으로는 공공 자금의 보다 효율적인 사용을 증진할 수 있다. 끝으로 공개 토론은 정보기관에 대한 공공의 신뢰를 강화하여 정보 지출의 목적에 관한 근거 없는 믿음을 일소하고 경우에 따라서는 정보 자금의 증가를 가져올 수도 있다.

얼마나 많은 예산 정보를 공개할 것인지에 관한 결정을 행정부에게만 맡겨 두어서는 안 된다. 의원들은 입법을 통해서 어떤 재정 정보를 비밀로 할 것이며 공개해야 할 정보는 무엇인지 규제해야 한다. 얼마나 많은 예산 정보를 공개하느냐에 상관없이 정보 예산의 조사, 수정, 승인에 관여하는 의회 위원회가 예산의 기밀 부분을 포함한 모든 관련 정보에 접근할 수 있는 것이 중요하다.

그런데 우리는 접근하고 있는 건지 여쭤 보고 싶습니다. 또 내부 재정 통제 및 감사 메커니즘에 대한 조언이 있습니다.

모든 정부 기관들처럼 정보기관들도 일련의 서면 지침을 통해 재정 관리와 회계 절차를 공식화해야 한다. 보통 기관의 장이나 행정부가 공표한 후 외부 감독 기구가 평가하는 이 지침은 기관 직원들의 행위의 평가 기준이 되는 규제 체계의 일부를 구성한다.

그래서 일반적으로 재정 관리 지침에 포함되는 사안은 다음과 같다.

수입 발생·지출은 누구에 의해, 어떤 과정을 통해 승인되는가? 지침은 이 질문에 대한 답을 통해 재정 거래의 책임과 책임성의 한계를 명확히 해야 한다.

기관 자금의 허용 가능한 사용은 무엇인가?

이 질문에 대한 답은 관련 입법과 일치해야 합니다.

재정 거래는 어떻게 이루어져야 하는가?

지침은 예컨대 정보 요원들이 현금을 사용할지 혹은 전자 지불을 해야 하는지에 관해서까지 조언해야 한다고 돼 있습니다.

어떤 재정 기록을 관리해야 하나? 적절한 기록 관리는 차후에 사용할 수 있는 감사 증적을 구축하기 때문에 중요하다. 다만 미국 등 일부 나라에서는 정보기관이 몇몇 민감한 업무와 연관해서 무증명 계정을 사용하는 것을 법률로 허용한다.

우리는 이렇게 구체적인 예산의 통제에 대한 시스템을 얼마만큼 고민하고 있는지 많이 아쉽습니다.

이 보고서는 또 이 부분을 권장합니다. 예산 정보와 관련해서 앞에서 언급한 여러 가지 이유들로 정보기관들은 업무기밀이나 국가안보를 위험에 빠뜨리지 않는 한도에서 최대한 상세한 재정 보고서의 공개용 버전을 작성해야 한다고 권고하고 있습니다. 우리도 이제는 그런 부분들, 제도적인 문제들을 고민해야 될 시기라고 생각합니다.

그리고 우리와 관련된 의회의 감독 문제인데요. 이 절에서는 정보기관의 업무에는 민감한 사안들이 관련돼 있지만 의회는 정보기관 재정을 다른 공공기관의 재정과 동일한 수준으로 검토해야 한다고 합니다. 유일하게 양보할 점이 있다면 감독 메커니즘을 더 신중하게 사용해야 한다는 것이지 그 부분을 포기해서는 안 된다는 겁니다.

정보기관에 대한 의회의 감독 대부분은 비공개로 이루어질 필요가 있다. 그러나 의원들이 공개 보고서와 공청회를 통해 감독 업무에 관해 일반 대중에게 알리는 것은 여전히 중요하다. 투명성은 의회의 감독에 대한 공공의 신뢰뿐 아니라 정보기관의 업무에 대한 신뢰도 증진하기 때문입니다.

대부분의 민주국가에서 의회는 행정부가 제안하는 기관 예산을 검토, 수정, 승인하고 있는데 이 과정에서 굳이 정보기관 예산이 제외되어야 할 타당한 이유는 없다.

의회는 기밀 정보를 보호하기 위해 예산의 기밀 부분을 검토할 특별한 메커니즘을 만들 수 있다. 하지만 어떤 메커니즘을 사용하건 항상 본회의에서는 정부 예산 승인의 일환으로 정보기관 예산 승인에 관해 표결이 이루어져야 한다.

본회의 표결은 예산 위원회나 정보 감독 위원회 또는 특별 기밀 위원회 또는 그 조합에 의한 전면적 검토에 추가되는 것이어야지 이를 대체해서는 안 된다는 것입니다.

정보기관 감독 위원회를 여기서는 주장하고 있습니다. 정보기관 감독 위원회는 보통 다른 의회 구성원들은 접근할 수 없는 기밀 정보에 접근할 수 있고 이 위원회는 일반적으로 재정을 포함한 정보기관 활동의 사후 심사에 초점을 맞추고, 일부 국가에서는 여전히 그 책임이 예산 검토와 승인까지 확대돼 있습니다.

여기서 미국 의회의 정보기관 예산 검토하고 승인하는 과정이 설명이 돼 있는데요. 미국 의회의 정보기관 예산 검토 및 승인 과정에는 8개의 위원회와 소위원회가 관여를 하고 있습니다. 이 과정은 승인과 지출 승인이라는 두 가지의 구별되는 측면을 가지고 있습니다.

승인은, 의회의 수권 법안은 대통령이 서명할 시 예산을 포함한 정부 기관들의 활동을 규율하고, 정보기관 예산의 경우에 승인 과정은 행정부가 의회에 제출하는 예산안에서부터 비롯되고요. 예산안은 하원에서 정보특별상임위원회와 군사위원회의 심사를 거치고, 상원에서 정보특별위원회와 군사위원회의 심사를 거치도록 돼 있습니다. 이들 위원회는 예산 내에서 금액을 재할당할 수 있고 특정 활동을 금지하고 새로운 사업을 포함시킬 수도 있게 돼 있습니다.

상하 각 원의 위원회들이 수권 법안을 최종 확정하면 본회의에 상정해서 표결에 부치고, 상하 양원에서 승인된 수권 법안은 다시 원내에서 조정, 승인되어서 대통령에게 보내서 서명을 받는 복잡한 절차를 거치도록 돼 있습니다.

각각의 정보 수권 법안에는 각 기관이 금액을 수령할 수 있는 활동의 범주와 자금을 사용해야 하는 목적이 열거된 기밀 분류된 부록이 포함돼 있습니다.

지출 승인 입법은 다른 나라의 예산 입법과 유사합니다. 국고 자금을 기관이나 프로그램에 할당하는 것은 법률 문서이고, 하원 세출위원회와 상원 세출위원회에는 거의 모든 미국 정보 공동체의 예산에 대한 관할권을 갖는 국방 소위원회가 있습니다. 이들 소위원회는 행정부로부터 받은 예산안을 기초로 해서 정보기관 지출 승인 법안을 작성하고.

일반적으로 지출 승인 법안은 기존의 수권법을 준수해야 하지만 특정 정보 프로그램의 자금을 증액하거나 감액할 수 있습니다. 그러한 법률이 존재하지 않는 경우에는 지출 승인 법안에 모든 정보활동에 대한 포괄적 승인 조항을 포함시킬 수 있습니다.

수권 입법과 마찬가지로 지출승인 법안도 복잡한 승인과정을 거쳐야 하는데요. 소위원회의 승인을 받고 전체 위원회의 승인을 받고 다음에는 상하 각 원의 본회의에서 가결되어서 다시 상하 각 원에서 조정·승인된 다음 최종적으로 대통령의 서명을 받도록 되어 있습니다.

올바른 상황에서는 상당한 예산 책임을 가진 정보기관 감독 위원회가 승인 권한을 이용해서 예산안에 기관의 효과성, 효율성 또 법률 준수 개선에 관한 이전의 위원회 권고사항이 반영되도록 할 수 있습니다.

독일 하원의 기밀위원회는 하원의 예산공공회계위원회가 다른 공공부서 및 기관과 관련해서 수행하는 것과 동일한 기능을 하는데 행정부의 예산안을 검토하고 수정하고 그 집행을 심사하도록 되어 있습니다.

기밀 위원회의 위원 10명은 하원의 정당 의석수에 따라 비례적으로 배정되고 후보자는 기밀취급 인가가 필요 없지만 총리의 과반수에 의해 선출되어야 하는데 이는 하원의 과반수 투표를 얻어서 의회의 신뢰를 얻었음을 보여 주어야 한다는 겁니다.

위원회의 정보기관 예산 검토 및 승인과정은, 먼저 행정부가 각 정보기관의 상세한 예산을 위원회에 제출한다. 위원회는 부처 관료 및 기관 고위층과 회의를 갖고 예산안을 논의한다. 위원회는 하원 정보기관 감독 위원회와 협의한다. 위원회는 행정부에 예산을 반환하기 전에 적절하다고 생각하는 수정을 하고 행정부는 일반적으로 이런 변경을 받아들인다. 위원회

위원장은 예산위원회에게 각 기관에 할당되는 총액을 알린다. 그러면 예산위원회는 이들 수치를 예산 권고안에 포함시킨다. 의회 본회의는 전체 정부예산에 관해 표결한다.

거의 마지막으로 최고 감사 기구라는 것에 대한 조언이 있습니다.

모든 민주 국가에는 정보기관을 포함한 공공기관 감사를 담당하는 일정 형태의 자율적 최고 감사 기구가 존재한다. 최고 감사 기구는 정보활동의 재정적 측면에 주력하지만 정부 서비스의 다른 측면에도 감사가 확대될 수 있다.

최고 감사 기구가 효과적으로 기능하기 위해서는 행정부와 모든 감사 대상으로부터 완벽히 독립적이어야 한다. 실제로 유엔총회는 최고 감사 기구의 독립성의 중요성을 인정하는 결의안을 통과시켰다.

구체적으로 최고 감사 기구는 다음을 필요로 한다.

조직적 독립성. 최고 감사 기구는 법률에 의해 자체 예산이 있는 자율적 기관으로 설립되어야 한다.

운영상 독립성. 최고 감사 기구는 감사 대상, 시기, 방법 및 그러한 감사에 근거한 결과와 권고사항을 자유롭게 결정할 수 있어야 한다.

인적 독립성. 감사관 자신들의 직위상 최고 감사 기구의 고위 관료는 적절한 전문성을 갖추고 있으면서 감사관 직위를 손상시킬 수 있는 관계나 이해관계로부터 독립적인 사람이 선정될 수 있도록 임명하여야 한다.

그럼에도 불구하고 정보기관 감독의 어려움들을 나열해 놓고 있습니다.

먼저 효과적 감독의 가장 기본적 장애물은 의원들이 행정부에 책임을 물을 수 있는 수단을 제정하고 활용하기를 꺼린다는 점이다. 행정부에 책임을 물은 전례가 없는 전환기 국가의 경우 의원들은 보통 어떤 방법이 최선인지 결정하기에 앞서 다양한 방식을 시험해 봐야 한다. 효과적인 감독을 위해 위원회 청문회에만 의존하는 것으로는 아마 부족할 것이다. 경험에 따르면 조직적 관리, 조사, 연구, 현장방문, 비공개 청문회가 필요할 것이다.

보안 및 정보활동은 거의 모든 부처에 영향을 미치고 관여한다는 점에서 정부의 대부분의 다른 기능과 다르다. 적절한 감독을 위해서는 정보기관의 기능과 관행 및 정보기관과 다른 정부기관 간의 복잡한 상호작용 방식을 속속들이 알고 있어야 해서 많은 의원들에게 쉽지 않다.

정보기관과 정보기관 감독 기구가 서로를 신뢰하지 않으면 솔직한 논의나 의미 있는 정보 교환, 효과적 감독은 불가능하다. 신뢰관계를 구축하려면 외부 감독 기관은 준수에만 초점을 맞추는 행태를 지양해야 한다.

감독이 효과적이기 위해서는 정보기관들이 감독의 장점도 경험할 필요가 있는데, 예를 들면 효능이 강조되면 행정부가 기관에 더 많은 자원을 제공하는 독려·권고사항을 통해 기관에 이익이 될 수 있다. 그리고 사람, 장소, 서류, 기록에 대한 접근을 거부하는 것 이것이 또 중요한 장애물입니다. 이것에 접근하지 못하면 감독 기구는 제 기능을 할 수 없지요.

이번의 사건에서도 보여 주는 것이라고 생각합니다.

또 의원들이 느끼는 시간적 압박이 그들이 수행하는 조사의 유형에 악영향을 미칠 수 있습니다.

미국 의회 감독 위원회에 관한 연구에 따르면 의원들은 스스로 문제점을 찾기보다는 이미 대중의 관심이 높은 쟁점을 받아들일 가능성이 더 높다라고 되어 있습니다.

입법부 자체의 성격도 정보기관을 감독하는 의원들의 능력에 걸림돌이 되고 있다고 평가되고 있습니다. 그래서 이 문제의 부분적인 해결은 감독 책임을 전문가 기구에 맡기는 것도 한 방법이라고 나와 있습니다.

그러나 선제적이고 전문가 감독 기구를 한다 하더라도 이것이 보고와 분석이 제때 전달되는 게 중요한데 또 그런 문제들이 장애물이 되기도 하고요. 또 부족한 자원, 의원들이 효과적인 감독을 수행할 수 있는 능력은 가용 자원에 크게 의존하는데 고도로 숙련된 조사 인원들 이런 부분들이 부족하고 그래서 결국은 청문회에 초점이 맞춰진 제한적 감독을 수행하게 될 가능성이 크다고 분석하고 있습니다.

아까 우리 정보위원회의 운영 실태를 보고 있는 것 같습니다.

정보기관 감독 체계를 설립하는 법률에는 특히 다른 사안들이 포함되어야 한다고 얘기하고 있습니다.

먼저 사람, 장소, 서류, 기록에 대한 접근이 보장된 입법부 위원회 설립, 굉장히 정치한 보고서라서 이게 참 쉽지 않습니다.

이런 위원회를 설립하는 법률은 소환장 발부, 선서 또는 확약하의 증언 강제, 정보기관 부지 출입 및 수색 권한 등 접근에 관한 위원회의 권한을 명시해야 한다. 또 위원회의 위원이 될 수 있는 자격과 위원회가 사용할 자원도 명시해야 한다. 법률에 규정되는 위원회의 두 가지 목표는 보안 정보기관에 의한 남용의 방지와 그 운영의 효과성·효율성·경제성 증진이어야 한다. 또한 위원회는 적당한 기간 안에 완료하고 보고해야 하는 프로젝트처럼 위원회가 추진할 역량이나 시간이 없는 감독 프로젝트를 지원기구에게 맡겨 수행하도록 지시할 수 있어야 한다.

위원회에 부과되는 의무에는 보안환경에서 감독을 수행한다는 요건이 포함되어야 한다. 위원회 위원과 보좌진은 모두 기밀 취급 인가가 있어야 하며 기밀정보를 밝히지 않겠다는 선서를 해야 한다. 또 위원회는 재량에 따라 공개 보고서를 발행할 수는 있지만 입법부에 상정되어 공개되는 보고서를 적어도 1년에 한 번 작성해야 한다. 정보기관들은 기밀정보가 부적절하게 포함되어 있는지 파악하기 위해 이러한 모든 보고서를 심사해야 하지만 어떤 주제를 포함할지에 관한 최종 결정권은 위원회에 있다.

아울러 국가안보 법률이 의도대로 운영되고 있는지 그리고 현재의 위협과 기술환경을 계속 반영하고 있는지 판단하기 위해 위원회가 법률에 대한 정기적 검토를 수행하도록 법률에서 규정해야 한다. 정보를 누설하는 위원회 위원과 보좌진에 대한 구체적 처벌도 법률에 포함되어야 한다.

끝으로 외부 전문성이 필요하거나 당파성이 높은 사안일 경우 법률에서 임시 조사 위원회를 설립할 권한을 위원회 위원들에게 부여해야 한다.

이런 정보기관에 대한 민원을 청취할 독립적 기구를 설립해야 한다. 이러한 기구는 정보기관에 대해 민원을 제기하는 사람이 제일 먼저 접촉하는 창구여야 한다. 해당 수권법은 내부 고발자에 대한 구체적인 보호를 해야 한다. 내부 고발자가 이전에 공개된 적이 없는 기밀정보를 밝히지 않았고 선의에서 폭로한 것이라면 보호받아야 한다. 또한 폭로가 이후에 공공의 이익에 기여하는 것으로 판결된다면 보호가 적용돼야 한다. 나아가 이 기구는 개별 사건들을 판결 후 검토하여 내부 고발자가 고용과 관련하여 부적절한 피해를 받지 않도록 해야 한다.

감독이 주 업무지만 감독만을 수행하지 않고 예방적 성격을 갖는 하나 이상의 감독기구를 설립해야 한다. 이들 기구는 서로 또 입법부 위원회와 자유롭게 회의와 대화를 할 수 있어야 한다.

다만 이런 회의는 보안환경에서 이루어져야겠지요.

이 기구들은 행정부의 요구에 따를 수도 있지만 주된 목적은 의회를 도와서 권한 남용을 방지하고 효용을 증대하는 것이어야 한다. 이 감독기구들은 자체 업무 계획과 일정을 개발할 수 있어야 하지만 입법부 위원회와 행정부로부터 지시도 받아야 한다. 이들의 조사는 검토 대상 사건의 발생 전, 발생 도중, 발생 후에 이루어질 수 있다.

사실 이 보고서 자료는 300페이지가 넘습니다. 그중의 일부를 읽었는데도 여전히 번역을 통한 해석이라서 이해하기 어려운 단어가 많이 있었습니다.

이 보고서에는 정보기관, 곧 국정원에 대해서 어떻게 감독해야 하는지 정말 세밀하게 잘 나와 있습니다. 특히 정보 수집 과정은 어떻게 해야 하는지, 개인정보 사용을 어떻게 감독하는지 또 확보된 정보는 공유할 때 어떤 점을 조심해야 하는지 또 정보기관을 감시하는 기구가 감독을 할 때의 원칙 그리고 정보기관에 대한 피해 등 민원 처리방식도 잘 나와 있습니다.

대한민국 정부와 국정원에서도 이미 이 자료를 보고 계시리라 믿습니다. 혹시라도 아니라면 위 자료를 개혁방안의 모범방향으로 참조해서 활용해 주셨으면 합니다. 영문본과 번역본을 제 블로그에 다 올려놓도록 하겠습니다. 정부 부처 외에도 국정원과 국정원이 가야 할 방향, 개혁의 방향에 대해 관심 있는 분들도 참조해 주시면 좋겠습니다.

2013년 번역에 함께 참여해 주신 분은 2013년 국가정보원 댓글 의혹 진상규명을 위한 특별위원회 소속 활동을 했던 더불어민주당 소속 국회의원 박영선·신기남·정청래·신경민·저·김민기·김현·서영교 의원들이 함께 모여서 국회도서관에 의뢰해서 번역자문기관인 주식회사 프로랭스 도움으로 번역을 했습니다. 이것도 광고 같긴 한데요. 그래서 참고해 주시기 바랍니다.

그래서 기억을 다시 상기시켜 드리고 싶습니다.

지난번 국정원에 관한 개혁 문제가 중요한 이슈가 됐을 때 우리 더불어민주당은 다양한 개혁 법안들을 이미 만들어서 발의를 해 놓은 상태입니다. 저도 국가정보원에 대한 전면적인 개혁을 위해서 국정원법 또 국정원직원법, 감사원법, 국가안전보장회의법, 정부조직법, 국회법, 국회에서의 증언·감정 등에 관한 법률 개정안 7개를 발의해 놓은 상태입니다.

국정원법 전부개정안의 주요 내용은 통일해외정보원으로 명칭을 변경하고 수사권을 폐지하고 국내 보안정보 수집권한도 폐지하고, 감사원이 회계검사 및 직무감찰, 비공개 조사할 수 있도록 하고 국회 예산결산위원회에서 국정원 예산결산 심사를 포함시키도록 하는 이런 내용들을 담았습니다.

국정원직원법 관련해서는 직원이 국정감사 및 조사에 관한 법률 또는 국회에서의 증언·감정 등에 관한 법에 의해서 진술·출석할 경우에 원장의 허가를 요하지 않도록 하고 직원 범죄수사 개시할 때 국정원장 통지규정을 삭제하도록 했습니다.

감사원법 일부개정안에서도 보다 더 강화시키기 위해 비공개로 감사원의 감사를 실시할 수 있도록 하는 내용을 담았었습니다.

당시는 이 법안이 국가정보기관에 대한 국회 차원의 민주적 통제와 또 민주주의의 초석을 세우기 위해서 가장 기본적인 작업의 하나라고 생각했습니다. 그러나 여전히 그 모든 법들은 전혀 심사되고 있지 않고 있습니다. 그런데 우리는 그 모든 국정원 개혁이 한 발자국도 나아가지 못하고 있는 이 상황에 오히려 국정원에게 포상을 하는 내용의 법을 직권상정에 의해서 통과시키기 위해, 그리고 그 통과를 저지하기 위해 이렇게 무제한 토론을 하고 있는 것입니다.

제가 어제 블로그에 올린 글입니다.

'국회에서 논의하고 있는 테러방지법은 크게 보면 국가안보와 사생활 보호라는 가치 간의 다툼입니다. 국가안보는 중요합니다. 힘없는 국가에선 국민의 사생활도 없지요. 국민의 행복을 지켜 주는 부강한 나라를 향한 우리 당의 열망은 그 누구보다 저를 포함해서 강합니다.

새누리당과 대통령은 이 법이 국가의 안위를 위한 것이고 국가안보를 위해선 사생활 침해도 감수해야 한다는 입장입니다.

이미 앞에서도 강조했습니다만 제가 말씀드린 내용들을 잘 인지하셨다면 국가안보를 위한 사생활 침해가 정말 정당한 것입니까? 대의를 위해 감수해야 하는 어쩔 수 없는 희생입니까?

우리 헌법 37조는 "① 국민의 자유와 권리는 헌법에 열거되지 아니한 이유로 경시되지 아니한다.

② 국민의 모든 자유와 권리는 국가안전보장·질서유지 또는 공공복리를 위하여 필요한 경우에 한하여 법률로써 제한할 수 있으며, 제한하는 경우에도 자유와 권리의 본질적인 내용을 침해할 수 없다."고 돼 있습니다.

우리가 이렇게 시간을 내서 온몸을 다해 막고 있는

국민감시법, 테러방지법은 필요한 경우에 한하는 것이 아니라 필요 이상으로 과도하게 국민의 자유와 권리를 제한하며 본질적인 내용까지 침해할 수 있는 위헌적인 법안입니다.

인류애에 반하는 반인륜적인 테러행위에 대한 철저한 방어는 꼭 필요합니다. 그러나 테러방지라는 대목적에 동의한다고 해서 이 동의가 곧장 특정 정부 부처에 초법적인 권한을 부여하는 것까지 인정하는 것으로 받아들여져서는 안 될 것입니다. IS를 비롯해 세계적인 테러위험이라는 시류에 편승해 목적의 정당성을 인정받았다고 해서 수단의 정당성까지 보장될 수는 없습니다.

테러방지와 관련된 법은 이미 충분합니다. 지금은 새로운 법을 제정할 때가 아니라 현행 조직과 법률의 보완을 통해 국민의 사생활을 최대한 보장하며 실속 있는 국가안보를 추구해야 할 때입니다.

법이 없어서 테러를 방지하지 못하는 게 아니지 않습니까? 오히려 테러를 예방해야 할 정보기관이 국내 정치에 개입하며 특정 세력의 이익을 위해 활동하느라 본연의 기능을 다 하지 못하는 게 가장 큰 문제입니다.

진짜 원인은 모른 체하고 새로운 법을 제정해서 이미 형법, 국가보안법, 국정원법까지 있는데 법이 없어 테러를 방지하지 못하는 것처럼 주장하는 박근혜 정권과 새누리당을 이해할 수가 없습니다.

충분한 국민적 합의와 동의의 과정이 보장된 법이라면 저희도 찬성했을지 모릅니다. 그러나 대선 개입 의혹과 댓글 조작, 재판증거 위조까지 일삼는 국정원에게 민간인 사찰을 가능케 하는 무소불위의 권력을 안겨 주고 이를 견제할 기구도 없는 테러방지법 날치기 통과는 아무리 이해하려 노력해도 그 정당성을 인정해 줄 수가 없습니다.

이쯤 되면 총선을 앞두고 대체 왜 이런 법안을 손쉽게 통과시키려 하는지 의심됩니다. 국가는 유일하게 합법적으로 형벌을 내릴 수 있고 이를 공권력과 형법으로 다스립니다. 그래서 국가의 잘못된 권력 행사는 개인의 삶을 송두리째 망가뜨려 놓을 수 있습니다.

턱 하고 치니 억하고 죽고, 국가보안법으로 억울하게 유죄판결을 받았다가 20년 또는 30년 만에 무죄판결을 받은 역사적인 사례들이 증명해 주고 있습니다. 때문에 국민이 선출한 지도자는 민주적 정당성을 가지고 신념과 책임의식으로 국가를 운영해야 합니다.

내가 말하는 모든 것, 행동하는 모든 것이 쉽게 감시당할 수 있는 사회에서 과연 민주주의를 수호하고 자유를 누릴 수 있을까요? 다양하고 창조적인 사고가 가능할까요? 이렇게 위축된 국민들의 운신의 폭은 창조경제는커녕 점점 대한민국의 붕괴를 불러올지도 모릅니다. 빠르게 변하는 세상에서 자기 창조 없는 조직과 개인은 퇴보할 뿐입니다.

공권력은 오직 모든 국민을 위해 존재해야 합니다. 국민 개인이 소중히 여기는 가치들과 행복을 잘 보장할 수 있도록 이를 수호하는 존재가 돼야 합니다. 국가안보를 위해 개인의 욕망을 억압하는 것이 아니라 개인이 바라는 욕망을 건강하게 해소시킬 수 있는 공간을 제공하고 그러한 개인의 욕망 해소가 공동체의 이익으로 증진되고 가치 창출로 이어질 수 있을 때 국가가 비약적으로 발전할 수 있을 것입니다.

대테러방지라는 대의에는 백번 동의합니다. 그러나 이런 방식은 천 번, 만 번이라도 동의할 수 없습니다. 누군가는 필리버스터를 '정치 쇼'로 폄훼하고 민주당이 또 '반대를 위한 반대를 한다', 이미 여러 번 학습한 새누리당의 횡포에 '이렇게 해 봤자 통과될 텐데……'라는 생각을 하시는 분들도 계실 겁니다.

그러나 포기하지 말았으면 좋겠습니다. 가장 무서운 상대는 힘이 센 상대도 아니고 돈이 많은 상대도 아니고 끈질긴 상대입니다. 거듭된 횡포로 우리가 무기력해지길 상대방이 제일 바라고 있을 것입니다. 그러나 포기하지 않겠습니다. 끈질기게 매달려 힘겹게 지킨 민주주의를 수호하는 강한 야당이 되겠습니다. 손쉽고 익숙한 승리로 의기양양한 새누리당에게는 부디 이번 기회가 국민들을 무서워할 줄 아는 그런 계기가 되길 바랍니다.'

● **부의장 이석현** 진선미 의원님, 벌써 여섯 시간 넘게 하셨네요, 괜찮아요?

● **진선미 의원** 아니요, 힘듭니다.
　　(● 이인영 의원 의석에서 ─ 진선미 힘내요.)
　　예, 고맙습니다, 이인영 의원님.

● **부의장 이석현** 불편하시면 아무 때라도 얘기하고요.

● **진선미 의원** 예.

● **부의장 이석현** 우리 진선미 의원님 이름을 잘못 알고 있는 국민들이 많더라고요.
　　젊은 분들이 저한테, 미인대회 할 때 참진(眞) 자 진 그걸로 알고 있는 분들이 많아요. 그런데 알려 드리면 베풀 진(陳) 자입니다, 진선미 의원. 그러니까 진열한다고 할 때 하는 그 '진' 자.

● **진선미 의원** 그렇군요.

● **부의장 이석현** 맞지요?

● **진선미 의원** 예, 맞습니다.

● **부의장 이석현** 예, 제가 국민들한테 하나 알려 드렸습니다. 팁입니다.

● **진선미 의원** 예.
　　너무 복잡하고 전문적인 보고서나 이런 자료들을 알려 드리다 보니 많이 지루하셔서 많은 분들이 자리를 비우신 것 같습니다. 그러나 필리버스터라는 제도의 취지에 부합되게 저는 열심히 하려고 합니다. 그래도 막간을 이용해서 다시

저만의 마리텔 시간으로 돌아왔습니다.
　　제 페이스북에 글을 보내 주신 분들의 글을 읽겠습니다.
　　장지혜 님이 이렇게 보내셨습니다. '새누리당과 정의화 의장님께 참 감사드립니다. 덕분에 필리버스터를 통해 정말 좋은 정치인들을 새로이 알게 되었습니다. 정치에 환멸을 느끼지 않게 되었습니다.' 제가 정말 바라는 말씀을 해 주셨어요. '그리고 공개적으로 국정원의 과욕과 잘못을 밑바닥까지 알게 해 주셔서 정말 감사합니다.'
　　구경모 님이 이렇게 보내셨네요. '진선미 의원님, 대한변협 회원이시기도 하니 새누리 정책위의장이 수신인 의안검토 의견서 문제에 대해서도 꼭 무제한 토론에서 다루어 주세요. 부탁드립니다. 정상적인 절차도, 검토도, 회원 의견 진술 기회도 없이 저렇게 협회장 단수 내지는 소수의 회장단 의견만으로 직역단체 전체를 대표하는 협회의 대표의견으로 국민에게 비치는 것은 아주 큰 문제라고 봅니다.'
　　그렇지 않아도 저희가 그것 관련해서 자료를 좀 찾아봤는데 이미 2003년 이때 두 번이나 대한변협에서 지금 나와 있는 법안과 거의 유사한, 흡사한 법안에 대해서 공식적으로 조목조목 반박한 반대 의견서를 냈습니다. 그런데 이번에는 왜 그러신 건지 저희도 조금 지켜봐야 될 것 같습니다.
　　박계원 님의 글입니다. '19대 국회가 최악의 국회가 아니라 며칠 씩 24시간 무제한 공짜로 정치학·법학 강의 들으며 공부하게 해 주고 정치적 무관심과 무지, 여야 양비론에서 벗어날 수 있게 해 준 점에 대해서는 우리 헌정사에서 긍정적으로 봐야 할 큰 공로가 아닐까 합니다. 정의화 의장님 감사합니다.'
　　박다빈 님의 얘기입니다. 아마 학생인 것 같아요. '저희는 사회시간에 언론과 여론의 중요성과 그 의무를 배우며 삼권분립 아래 국민이 주인인 나라에 살고 있다 배웁니다. 그러나 이러한 배움과는 달리 이 사회에서는 정부가 국민을 개, 돼지라 여기며 권력과 자본을 남용해 참 다양한 방법으로 국민들을 짓밟는 모습을 보았습니다. 민주주의는 여태껏 많은 이들의 피를 먹고 자랐습니다. 부디 이 사람들의 희생이 헛되지 않기를 바라며 이 필리버스터를 응원합니다.'
　　박성민 님 '이 법안이 통과되고 정권이 교체되면 새누리당은 그때 가서 악법이라고, 바꿔야 한다고 할 것 같아요. 필리버스터도 자기들이 만들어 놓고 비난하고 있잖아요.'
　　이동환 님 '국가비상사태라 토요일인 오늘도 일 마치고 길 막히는 서울 시내를 지나 소주 한 잔에 방송 시청 중'이라고 보내셨네요.
　　그리고 마음이 좀 그렇네요. 함은세 님의 글을 읽겠습니다.
　　'의원님, 저는 이제 15살이 되는 중학생입니다. 민주주의 공화국이라는 이름이 떡하니 남아 있는 이 나라에서 대체 왜 제가, 아직 제대로 크지도 않아 매일매일 불안정한

미래에 대해 불안해하는 제가 제 자신의 내일을 고민하기도 전에 국가의 비정상적인 회전에 대해 고민해야 하는 건가요? 청소년과 청년은 푸를 청(靑)자를 써서 청소년과 청년입니다. 그리고 어른들과 달리 아직 살아갈 날들이 한참 남은 저희들은 정말로 푸르게 살아가고 싶습니다.

꿈같은 세상을 만들어 달라는 것이 아닙니다. 다만 꿈이라도 꿀 수 있는 세상을 만들어 달라는 것입니다. 저는 푸른 나무처럼 자라나고 싶습니다. 제가 이토록 자랑스러워하는 대한민국이라는 국가에서 뿌리를 토지에 단단히 고정시키고서 강인하게 자라나고 싶습니다. 테러방지법이라는 것을 만들기 전에 무엇이 진정 청소년과 청년들에게 정신적 테러를 가하고 있는지 제발 돌아봐 주세요.'

시드니에서 왔네요. 김은총 님인데요, '현재 시드니 스트라스필드에서는 세월호를 잊지 말자는 골자의 피켓과 현수막을 게시하고 있습니다. 정작 밝혀야 할 진실은 외면하고 대한민국을 팬옵티콘으로 만들려는 세력이 누구인가요? 테러방지법이야말로 국민 사찰법이고 국가가 국민을 상대로 저지르는 테러입니다. 국가는 합법적으로 폭력을 저지를 수 있는 유일한 권력이라고 합니다.' 저랑 똑같은 얘기를 하십니다.

'민주주의 사회에서 삼권분립을 믿고 투표권을 행사하여 현 의회를 구성한 유권자들을 무시하고 직권상정으로 테러법 통과시키려는 정부 인정할 수 없습니다. 정의화 의장은 지금이라도 직권상정 취소하고 양방 토론으로 국민이 인정할 수 있는 법안 만들어 주세요.'

'미국 위스콘신 로스쿨 재학생입니다. 하버드 로스쿨 나와 변호사로 활동하는 미국인 룸메이트에게 통역해 주면서 필리버스터 시청 중입니다. 제 룸메이트는 8시간 37분 필리버스터 기록을 가지고 있으며 현재 미국 민주당 대선후보 경선 중인 버니 샌더스의 열렬한 팬입니다. 이번 필리버스터를 통해 한국에도 데모크라시(democracy)가 살아 있다는 것을 보여 주셔서 감사합니다.'

정현미 님 '우리는 국가로부터 보호를 받아야 할 권리가 있는 국민입니다. 보호라는 명목하에 보호받지 못하게 하는 테러방지법은 거부하겠습니다.'

이렇게 세상은 정말 좋아졌습니다. 디지털시대라 제가 서울의 여의도의 국회의 본회의장에서 시드니와 미국에 있는 분들과 실시간 대화를 할 수 있는 상황입니다. 그렇기 때문에 다시 돌아가 보면 제가 조금 전에 굉장히 지루하게, 길게 읽었던 그런 보고서들 속에서 나오는 것처럼 정보인권이라는 것이 갈수록 정말 중요해진다고 생각됩니다.

저는 안전행정위원회에서 상임위 활동을 계속하면서 우리나라의 다양한 CCTV나 그런 영상물 또 SNS상의 다양한 인터넷상에서의 그런 정보인권의 침해, 사생활 침해의 일상화에 대해서 많은 고민들을 해 왔고 그 문제들을 가지고 지속적으로 고민하고 또 대안들을 마련하는 다양한 시민단체의 친구들과 함께 간담회도 하고 전문가 토론회도 하고 또 관련 법안들도 만들어 왔습니다.

그 과정 속에서 이렇게 급변하는 사회 속에서 다양한 기술의 변화로 얻어지는 편익과 함께 그것으로 인해 얻어질 수 있는 부작용들에 대해서 과연 우리 사회가 얼마나 준비가 되어 있을까 항상 걱정됩니다.

그런데 이제 우리는 테러 위협이라는 이름 아래 우리 스스로가 정말 본격적인 감시 사회로 같이 손 붙잡고 걸어 들어가고 있는 것은 아닌가 이런 의문을 던져 봅니다.

요즘은 더 그렇습니다. 이런 자리에 와서도 우리가 그냥 일상 속에서 쉽게 지나쳐 버리고 언제나 우리에게 주어져 있기 때문에 그 중요성을 간과해 버리는 그런 상황들이 참 많은데, 그것과 관련해서 헌법이라는 게 있습니다. 헌법 속에서는 참으로 많은 이념들이 그 수많은 역사를 통해서 이 사회의 구성원들이 힘 모아서 만들어 낸 이 사회가 가야 될 방향, 이 사회가 지향해야 할 가치, 이런 것들이 많이 담겨 있습니다.

우리 당 의원님들을 포함해서 테러방지법, 국민감시법이 국민의 기본권을 지나치게 침해하고 헌법상 규정한 과잉제한 금지 원칙에 어긋난다고 논리적으로 지적함에도 여전히 행정부와 새누리당은 이번 그 국민감시법이 헌법의 범위에 들어간다고 주장하고 있습니다. 그래서 저는 이 내용을 중요하고 또 중요하기 때문에 다시 한 번 강조하고자 합니다.

이번 자료는 헌법학자로서 한때 좋아했던 정종섭 교수님의 헌법학개론을 읽도록 하겠습니다.

우리 헌법 17조에는 "모든 국민은 사생활의 비밀과 자유를 침해받지 아니한다."고 규정돼 있고 제18조는 "모든 국민은 통신의 비밀을 침해받지 아니한다."고 규정하고 있습니다.

또한 헌법재판소는 헌법 제10조 인간존엄성 또 17조 사생활의 자유, 제37조1항 헌법상 열거되지 않은 기본권에 따라 개인정보자기결정권을 기본권이라고 판결한 바 있습니다.

'사생활에 관한 권리는 전통적으로 개인이 외부의 간섭을 받지 않고 혼자 그대로 있을 수 있는 권리를 중심적인 내용으로 하고 있지만 현대 과학기술의 발달과 함께 도래한 정보화 사회에서는 컴퓨터, 원격사진촬영기기 등을 이용한 개인정보의 수집·처리·관리가 대량·집단화됨에 따라 개인의 사생활의 비밀과 자유가 침해될 가능성이 현저하게 증대하였고, 이에 따라 사생활의 비밀과 자유의 보장이 그 어느 때보다 중요하게 되었고 개인의 자기정보관리권이 중요한 내용으로 추가되기에 이르렀다'라고 돼 있습니다.

'헌법 제17조에서 말하는 사생활의 비밀은 외부의 자가 자신의 사적인 생활 영역을 들여다보거나 공개하는 것에 대한 방어 및 보호를 의미한다. 인간은 본질적인 자기만의 생활 영역을 가지고 살 자연적인 권리를 가진다. 헌법 제17조에서 말하는 사생활의 자유는 개개인이 자신만의 삶을 구상하고 이를 자유로이 형성해 나감에 있어 누구로부터도 간섭이나 방해를 받지 않을 자유를 의미한다.'

이러한 자유도 자연권으로서의 성질을 가지며 사생활의

비밀과 함께 헌법상 보장돼서 인간이 존엄과 가치를 가지고 인격체로 살아감에 있어 기본적인 조건이 됩니다.

사생활의 비밀과 자유의 보호 대상으로는 개인의 내밀한 내용의 비밀을 유지할 권리와 개인이 자신의 사생활의 불가침을 보장받을 수 있는 권리, 개인의 내심 영역이나 성적 영역과 같은 내밀한 영역에 대해 보호받을 수 있는 권리, 인격적인 감정 세계에 대하여 존중받을 권리와 정신적인 내면생활이 침해받지 아니할 권리······

대법원은 이미 헌법 제17조에는 소극적인 권리뿐만이 아니라 자신에 대한 정보를 자율적으로 통제할 수 있는 적극적인 권리까지도 보장하려는 데에 그 취지가 있다고 판시한 바 있습니다.

사생활의 비밀과 자유는 사생활의 내용을 공개당하지 아니할 권리, 사생활의 자유로운 형성과 전개를 방해받지 아니할 권리 등을 그 내용으로 합니다.

사생활의 비밀의 불가침이란 개인의 사생활을 공개당하지 아니할 권리를 말하는데 구체적으로는 사생활에 관련된 개인의 내밀한 사적 영역에 대한 비밀 유지, 외부에 대한 공개 거부, 성명·초상·음성 등 개인의 사생활을 형성하는 인격적 징표에 대한 공개나 상업적 이용 금지 등을 내용으로 합니다. 개인의 신체상태의 비밀도 사생활의 비밀에 포함됩니다.

그래서 본인의 동의 없이 개인의 사적인 행위나 초상 등을 비밀리에 촬영하거나 도청하는 행위도 사생활의 비밀에 대한 침해가 됩니다. 개인의 신체에 대해 강제로 조사하는 것도 사생활의 비밀 유지를 침해하는 것이지요.

사생활 자유의 불가침은 사생활의 자유로운 형성과 전개를 방해받지 아니할 권리를 말하는데 구체적으로는 개인의 양심 영역이나 성적 영역과 같은 내밀한 영역에 대한 보호, 인격적인 감정 세계에 대한 존중받을 권리, 정신적인 내면생활을 침해받지 아니할 권리, 사생활 영역에 대한 불간섭과 자유로운 사생활의 형성·영위·보장 등을 그 내용으로 합니다.

사생활의 자유는 사회공동체의 일반적인 생활규범의 범위 내에서 개인의 사적영역을 자유롭게 형성해 나가고 그 설계 및 내용에 대해서 외부로부터 간섭을 받지 아니할 권리를 말합니다. 이런 관점에서 사생활의 자유는 단순히 외부로부터의 사생활 보호에 그치지 않고 인간의 존엄, 가치의 발현을 위해서 자유롭게 행동할 수 있는 자유까지 그 범위가 확장됩니다.

(이석현 부의장, 정의화 의장과 사회교대)

사생활의 비밀과 자유는 본래 국가의 공권력에 의해서 개인의 사적영역이 간섭하거나 침해당하는 것을 금지하기 위해 등장한 대 국가적, 국가를 향한 자유권이라는 점에서 모든 국가권력을 구속합니다. 그리고 사생활의 비밀·자유는 현실적으로 사인 간의 생활관계 속에서도 쉽게 침해되거나 방해받을 수 있다는 점을 고려하면 사회공동체의 일반적인 생활규범의 범위 내에서라면 사인 상호 간에도 존중되어야 합니다. 특히 현대 정보화사회가 진전됨에 따라 사인이나

사적기관에 의하여 개인의 사생활이 무분별하게 침해되는 현상이 급속하게 증가하는 현실을 생각할 때 사생활의 비밀·자유가 사인 간에도 존중되고 국가에 의하여 이를 보호하는 장치가 마련되어야 하는 것은 큰 의미를 가진다, 이렇게 되어 있습니다.

헌법 제18조는 "모든 국민은 통신의 비밀을 침해받지 아니한다."라고 해서 통신의 비밀과 자유를 보장하고 있습니다. 헌법 제18조는 개인의 의사소통의 자유를 보장하고 있는데 개인에게 통신의 자유를 기본권으로 보호하는 것은 과학과 기술의 발달에 기초한 현대 정보사회에서는 과거 어느 때보다 중요한 의미를 갖고 있다. 전기통신기술 및 현대 정보사회의 비약적 발전은 개인 간의 의사소통을 획기적으로 변화시켜 통신의 일상화와 생활화를 가져온 반면에 다른 한편으로 전기통신설비, 도청장비 및 기술 등을 이용하여 개인 간 통신의 비밀을 침해하는 현상이 공적 영역과 사적 영역에서 공통적으로 현저하게 증가하는 현상을 초래하고 있어서 현대 사회에서 통신의 비밀과 자유에 대한 보호의 문제는 기본권 보장에서 중요한 의미를 가지고 새롭게 부각되고 있습니다.

오늘날에는 정보통신 영역에서 기술의 발달로 인해서 개인의 통신에 대한 비밀과 자유가 국가뿐만 아니라 통신회사, 광고회사, 단체, 개인에 의해서도 언제나 일상적으로 침해될 수 있는 상황에 이르렀습니다. 따라서 통신의 비밀을 보호하는 것이 국민과 국가 간의 공적 영역에만 한정되는 것이 아니라 국민과 외국인을 포함한 사인들 간의 사적 영역에도 절실하게 요구됩니다.

헌법 제18조에서 보장하는 통신의 비밀은 기본권으로 보장하는 것이기에 사인이 사인을 향해 직접 행사할 수는 없지만 이러한 통신의 비밀이라는 가치를 보호하기 위한 국가의 의무는 그 어느 때보다 강하게 요구됩니다. 이러한 국가의 의무를 이행하는 방법으로는 민법이나 형법을 통하는 방법도 있지만 이를 규율하는 통신관계법을 제정하여 통신의 비밀과 자유를 실현시키는 방법이 보다 효과적입니다. 우리나라의 경우도 통신비밀보호법을 두고 있습니다.

그런데 통신의 비밀과 자유는 개인의 사생활을 보호하는 기능도 가지지만 동시에 민주주의 실현에 있어 빼놓을 수 없는 의사소통의 기능도 가집니다. 통신기술과 인터넷과 같은 통신매체의 발달로 개인의 의사전달과 정보의 전달·교환이 주로 통신으로 이루어지는 오늘날 통신의 비밀과 자유는 공론의 장을 형성하는 데 중요한 기능을 합니다.

통신의 발달은 오늘날 글로벌 네트워크를 형성하여 일국 단위의 생활이 국가를 초월하여 초국가적으로 이루어지고 영위할 수 있게 만들고 있습니다. 통신은 이제 변화된 전 지구적 세계체제 내에서 한 개인이 자기가 살고 있는 국가의 국경을 넘어 전 지구적인 생활을 할 수 있게 되므로 통신의 자유는 과거와 달리 국내외적 모든 생활에서 빼놓을 수 없이 중요한 의미를 가지고 있습니다. 따라서 통신의 비밀은

단순히 사생활을 보호하는 수준을 넘어 국내적 또는 국제적 영역에서의 비즈니스, 정치활동, 각종 비영리활동, 각종의 커뮤니케이션 등 일상적인 생활을 보장하는 수단으로서 새로운 의미를 확장해 가고 있습니다.

통신이 모든 영역에 걸쳐 중요한 의미를 가지는 오늘날에는 통신의 비밀과 자유는 사생활의 비밀과 자유의 영역을 넘어 각종 생활영역에서 보장되는 모든 종류의 행위의 비밀과 자유를 보장하는 것으로서의 의미를 가집니다.

통신을 통한 영업행위, 학술행위, 종교행위, 정치활동 등을 침해하는 행위는 통신의 비밀과 자유를 침해할 뿐만 아니라 동시에 영업의 자유, 학문활동의 자유, 종교의 자유, 정치활동의 자유를 침해하는 것이 되는 것이지요. 이러한 통신은 인간 상호 간에 정보와 의견을 전달하고 주고받는 방법인데 언론·출판과 같은 의사표현의 자유와 밀접한 관련성을 가집니다.

의사표현의 자유가 어떠한 표현행위의 자유를 보장하는 것이라면 통신의 비밀은 특정 상대방을 전제로 하여 이들 상호 간에 이루어지는 의사소통 행위의 비밀과 자유를 보장하는 데 중점이 있습니다.

통신의 자유는 개인 간의 의사표현이나 정보의 외부적 전달을 보호하려는 것이라는 점에서 양심의 자유, 종교의 자유 등과 같은 내면적 정신활동의 자유와는 구별된다고 할 것입니다.

통신의 비밀은 우편이나 전기통신 등의 통신방법 및 사인 간의 대화를 통해서 사인 간에 주고받는 의사표현이나 정보 등으로서 외부에 대하여 공개되지 아니하는 것을 의미합니다. 통신의 비밀에 의하여 보호되는 대상은 통신의 내용에 국한되지 않고 통신행위 그 자체와 수신인과 발신인의 성명·주소, 수신지와 발신지, 수신과 발신의 연월일, 통신의 수량·횟수·형태 등 통신에 관한 정보 일체가 포함이 됩니다. 정부의 통신업무 관련 공무원이나 전기통신업자 등 통신업무에 종사하는 자가 직무상 지득한 사항일지라도 이를 타인에게 누설하여서는 아니 됩니다.

통신의 비밀을 보장하는 것은 결국 통신의 자유를 보장하기 위하여 필연적으로 요구되는 것입니다. 따라서 통신의 자유는 통신의 비밀이 침해되지 않는 것을 보장하는 것이 핵심적인 내용입니다. 통신의 비밀의 불가침은 통신의 비밀로 보호되는 일체의 것이 당사자의 의사에 반해서 제3자가 알게 되는 것을 금지하는 것인데 당사자 의사에 반해서 편지, 우편, 전화, 전보, 전신, 이메일 등 개인 간의 통신수단을 개봉하거나 그 내용들을 열람, 청취, 누설하는 행위 등을 금지하는 것을 말합니다.

헌법 제37조제2항에 의하여 인정되는 제한이 아닌 한 어떠한 방법으로도 통신의 자유를 제한할 수는 없습니다. 통신의 자유는 국가가 제공하는 우편이나 각종의 통신의 취급에서 거부하지 않는다는 것을 포함하고 있습니다.

새롭게 정보의 자유에 대해서도 얘기해 보기로 하겠습니다.

현대사회는 정보사회입니다. 과학과 기술의 발전으로 인해서 인간은 자신의 생활, 삶을 영위함에 있어 수많은 정보를 생산하고 유통하고 관리하면서 살게 돼 있습니다.

그래서 개인정보의 자유에 관한 권한은 크게 개인이 정보에 관해서 국가와 타자로부터 가지는 자유를 정보의 자유라고 하고, 이러한 정보의 자유는 알권리와 자기정보관리통제권을 그 내용으로 합니다.

그러나 우리 헌법은 정보의 자유를 명시적으로 정하고 있지는 않습니다. 그러나 이에 관한 여러 가지 헌법 규정의 해석을 통해서 인정해 왔습니다.

알권리는 앞에서도 말씀드렸지만 명문에 규정은 없으나 표현의 자유의 전제조건이라는 점에서 표현의 자유를 규정한 헌법 제21조에서 근거를 찾기도 하고요. 또 인격의 형성과 그 자유로운 전개와 행복추구권을 규정한 헌법 제10조와 제21조에서 근거를 찾는 견해도 있습니다. 알권리는 헌법재판소에서는 표현의 자유를 규정한 헌법 제21조를 알권리의 근거 규정으로 보고 있습니다. 다만 국민주권주의나 인권의 존엄과 가치, 또 인간다운 생활을 할 권리에 대하여는 간접적으로 연관이 있음을 언급하고 있습니다.

헌법재판소에서는 이렇게 얘기하고 있습니다. '헌법 제21조는 언론·출판의 자유, 즉 표현의 자유를 규정하고 있는데, 이 자유는 전통적으로 사상 또는 의견의 자유로운 표명과 그것을 전파할 자유를 의미하는 것으로서 사상 또는 의견의 자유로운 표명은 자유로운 의사의 형성을 전제로 한다. 자유로운 의사의 형성은 정보에의 접근이 충분히 보장됨으로써 비로소 가능한 것이며, 그러한 의미에서 정보에의 접근·수집·처리의 자유, 즉 알권리는 표현의 자유와 표리일체의 관계에 있고 이러한 알권리는 표현의 자유에 당연히 포함되는 것으로 보아야 하며 인권에 관한 세계선언 제19조도 알권리를 명시적으로 보장하고 있다.'라고 판시하고 있습니다.

헌법재판소는 개인정보자기결정권을 헌법상의 독자적인 기본권으로 인정하고 그 헌법적 근거로는 헌법상 명시되지 않은 기본권에 해당한다고 정하고 있습니다. 즉 헌법 제37조제1항에서 정하고 있는 헌법상 열거되지 않은 기본권이라고 보고 있습니다.

그래서 알권리는 일반적으로 접근할 수 있는 정보원으로부터 자유롭게 정보를 수령·수집할 수 있는 자유임과 동시에 국가기관 등에 대해서 정보 공개를 청구할 수 있는 청구권으로서의 성격도 가집니다.

자기정보관리통제권은 자유권으로서의 성질을 가지며 일정한 경우에는 청구권으로서의 성질도 갖습니다. 개인이 자기 정보를 관리·통제할 수 있는 권리는 국가로부터도 침해받지 않고 사인으로부터도 침해받지 않아야 합니다.

정보 자유의 주체는 자연인이고 성질이 허용되는 한에서는 기업, 언론인, 법인, 단체도 주체가 될 수 있습니다.

알권리는 국가에 의해서 방해받지 않고 일반적으로 접근할 수 있는 정보원으로부터 정보를 수령하고 수집할 수 있는 권리와 수령하거나 수집한 정보를 선별·선택할 수 있는 권리를 그 내용으로 하고 있습니다.

자기정보관리통제권의 내용은 공공기관이나 법인, 단체, 개인 등의 정보 수집·처리가 자신의 기본권을 과도하게 침해할 경우 또는 정보의 이용 목적이 불분명하거나 자의적인 정보 수집·처리인 경우 자신에 관한 정보의 수집·분석·처리 등을 배제할 수 있는 권리, 정보 보유 기관에 대하여 자신에 관한 정보에 자유롭게 접근하여 그 열람을 청구할 수 있는 권리, 정보 내용이 부정확하거나 불안전한 경우 자신에 관한 정보의 정정을 요구할 수 있는 권리, 정보 보유 기관이 법에 규정된 의무를 위반하거나 법의 취지에 반하여 개인정보를 부당하게 이용하는 경우 자기 정보의 무단 공표 및 이용의 금지 또는 사용 중지, 삭제를 요구할 수 있는 권리, 이러한 요구가 수용되지 않을 경우 불복신청하거나 손해배상을 청구할 수 있는 권리 등을 그 내용으로 합니다. 개인정보 보호법은 이러한 자기정보관리통제권에 대해서 상세히 정하고 있습니다.

대테러방지법, 테러방지법, 국민감시법에 나와 있는 조항과 이 권리들은 아주 밀접한 관련이 있기 때문에 이 문제를, 미리 개념들을 숙지하고 가야 하기 때문에 이 내용들을 상세히 설명드리고 있는 것입니다.

개인정보자기결정권의 보호 대상이 되는 개인정보는 개인의 신체, 신념, 사회적 지위, 신분 등과 같이 개인의 인격 주체성을 특징짓는 사항으로서 그 개인의 동일성을 식별할 수 있게 하는 일체의 정보입니다. 반드시 개인의 내밀한 영역이나 사사의 영역에 속하는 정보에 국한되지 않고 공적 생활에서 형성되었거나 이미 공개된 개인정보까지 포함합니다.

이러한 개인정보를 대상으로 조사·수집·보관·처리·이용 등의 행위는 원칙적으로 개인정보자기결정권에 대한 제한에 해당합니다. 그래서 전기통신설비를 이용하거나 전기통신설비와 컴퓨터 및 컴퓨터 이용 기술을 활용하여 정보를 수집·가공·저장·검색·송신 또는 수신하는 정보통신망을 이용하는 자의 개인정보를 보호하기 위해서 우리는 정보통신망 이용촉진 및 정보보호 등에 관한 법률을 정하고 있고, 그 안에서는 정보통신서비스 제공자가 이용자의 개인정보를 수집할 경우는 개인정보의 수집·이용 목적, 수집하는 개인정보의 항목, 개인정보의 보유·이용 기간 등을 이용자에게 알리고 동의를 얻도록 하고, 사상·신념·가족·학력·병력 등 개인의 권익과 사생활을 현저하게 침해할 우려가 있는 개인정보의 수집을 금지하고 이용자의 주민등록번호 수집·이용을 제한하고 있는 것입니다.

이용자는 정보통신서비스 제공자 등에 대해서 자신의 개인정보에 대한 열람 또는 개인정보를 이용하거나 제3자에게 제공한 내용을 요구할 수 있고 자기의 개인정보에 오류가 있는 경우에 그 정정을 요구할 수 있도록 규정하고 있습니다.

매우 복잡하게 규정하고 있지요? 그것은 아까 정보기관에

대한 감독장치, 도구 이런 것들에 대한 상세한 언급을 하고 있었던 그런 보고서를 비롯한 다양한 자료들을 근거로 해서 국민적 합의를 통해서 개인정보의 자유를 최소한으로, 필요하더라도 최소한으로 제한받을 수 있도록 이런 견제장치, 감시장치를 마련한 법이 바로 이러한 법들입니다.

신용정보의 이용 및 보호에 관한 법률은 또 신용정보회사 등은 개인의 정치적 사상, 종교적 신념, 기타 신용정보와 무관한 사생활에 관한 정보의 수집·조사를 금지하고, 신용정보제공·이용자는 대통령령으로 정하는 개인신용정보를 신용정보회사 등에게 제공하고자 하는 경우에는 대통령령이 정하는 바에 따라 해당 개인으로부터 서면 또는 공인전자서명이 있는 전자문서에 의한 동의를 얻도록 하고, 신용정보 주체는 신용정보회사 등에게 보유하고 있는 본인 정보의 제공 또는 열람을 청구할 수 있으며, 본인 정보가 사실과 다른 경우에는 정정을 청구할 수 있도록 규정하고 있습니다.

그리고 또 위치정보, 이렇게 중요한 법들이 정보의 자유와 관련된 중요한 법들입니다.

위치정보의 보호 및 이용 등에 관한 법률은 개인이 가지는 자기의 위치정보결정권을 보호하고 개인의 위치정보의 유출·오용 및 남용으로부터 사생활의 비밀 등을 보호하는, 이에 의하면 누구든지 개인·소유자의 동의를 얻지 않고는 당해 개인 또는 이동성이 있는 물건의 위치정보를 수집·이용 또는 제공하는 것을 금지하는 것을 원칙으로 하고, 긴급구조기관의 긴급구조 또는 경보 발송 요청이 있거나 다른 법률에 특별한 규정이 있는 경우에만 예외로 하고 있습니다.

누구든지 타인의 정보통신기기를 복제하거나 정보를 도용하는 등의 방법으로 위치정보사업자 등을 속여 타인의 개인위치정보를 제공받는 것도 금지하고 있습니다.

위치정보와 관련된 사업은 허가제로 하고 있고, 위치정보사업자가 개인위치정보를 수집하고자 하는 경우에는 미리 해당 사항을 이용약관에 명시해서 개인위치정보 주체의 동의를 얻도록 하고, 위치정보사업자 등과 그 종업원이나 종업원이었던 자는 직무상 알게 된 위치정보를 누설·변조·훼손 또는 공개하는 것을 금지하도록, 이렇게 세밀하고 명확하게, 상세하게 언급하고 있는 것입니다.

이런 기본권을 법률로써 제한하려면 당연히 제한의 한계가 있지요. 그 제한의 한계는 결국 제한하는 경우에도 자유와 권리의 본질적인 내용을 침해할 수 없도록 하고 있기 때문에, 먼저 과잉금지 원칙이 있습니다.

과잉금지 원칙 또는 비례 원칙 안에는 적합성의 원칙, 필요성의 원칙, 비례성의 원칙이라는 세 부분으로 분리되고 있는데요.

적합성의 원칙은 기본권 제한의 수단 또는 방법이 기본권 제한의 목적을 실현하는 데 있어 성질상 적합하여야 한다는 원칙을 말하고 있고요.

필요성의 원칙은 기본권 제한의 수단 또는 방법이 여러

개 있고 그것들이 기본권 제한의 목적을 똑같이 실현할 수 있으면 국회는 그 가운데서 기본권을 최소로 제한하는 수단이나 방법을 선택해야 한다는 원칙을 말합니다.

비례성의 원칙은 기본권 제한의 수단 또는 방법이 적합성과 필요성의 원칙을 충족시키는 것이라 하더라도 그 제한을 받는 기본권의 주체가 이를 수인할 수 없을 정도의 것이어서는 안 된다는 원칙을 말합니다. 이는 특정의 기본권 주체가 가지는 기본권을 제한하여 얻고자 하는 이익이 일반적인 이익이라고 하더라도 기본권의 제한을 통하여 기본권의 주체가 입는 피해와 비교해서 보다 크거나 균형을 이루어야 한다는 것을 의미합니다. 표현에 따라서는 상당성의 원칙이라고도 하고 협의의 비례 원칙이라고도 하고 수인가능성의 원칙이라고도 하고 법익 균형성의 원칙이라고도 합니다.

수인가능성이란 기본권 제한의 목적을 달성함에 있어 수단이나 방법이 적합하고 여러 수단이나 방법 가운데 최소의 피해를 가져오는 것이라고 하더라도 기본권의 제한을 받는 주체가 이를 감당할 수 없을 정도의 불합리한 것이라면 이는 허용되지 않는다는 것입니다.

기본권 제한적 법률, 오늘 다루는 테러방지법, 국민감시법이 그 내용이겠지요? 기본권 제한적 법률이 비례성의 원칙을 충족하였는가를 판단함에 있어서는 국민의 기본권 제한을 통하여 달성하고자 하는 국가안전보장, 질서유지, 공공복리라는 이익의 달성 정도와 해당 국민이 입는 피해의 정도를 형량하게 됩니다.

앞에서 개념들을 설명했던 이러한 헌법상의 사생활의 자유, 통신의 자유, 정보의 자유를 지키기 위해서 참 어렵게 어렵게 우리는 개인정보 보호법과 통신비밀보호법이라는 여야가 합의해서 국민의 총의를 만들어 낸 법을 갖고 있습니다.

물론 현행 개인정보 보호법과 통신비밀보호법 자체가 국민의 자유와 권리를 온전하게 반영하고 있지 못합니다. 그래서 시민사회에서도 개정요구를 계속하고 있고, 저를 비롯해 많은 의원들이 개정안을 이미 발의해 놓은 상태입니다.

그런데 문제는 지금 여당이 발의한 테러방지법, 국민감시법은 이러한 현행 개인정보 보호법과 통신비밀보호법을 무력화시킵니다. 지금에 있는 그 법도 부족하다고 보다 더 강화하자는 법들이, 개정법안들이 쏟아지고 있는 이 마당에 지금 여당이 발의한 국민감시법은 이러한 현행 개인정보 보호법과 통신비밀보호법 자체를 무력화시킵니다.

테러방지법, 국민감시법은 영장 없이 감청을 가능하게 하고, 또 법안 9조3항에 따르면 민감정보를 포함한 위치정보를 알 수 있고, 테러위험 인물로 의심만 되어도 추적이 가능하다고 합니다.

개인정보 보호법은 생각보다 양이 많지는 않고요. 핵심적인 정의나 또 원칙, 이런 것들만 간단하게 얘기해 보고자 합니다. 왜냐하면 왜 개인정보 보호법이 만들어져

있고, 왜 그 법이 중요하고, 왜 테러방지법에서는 국민감시법에서는 이 법들을 무력화하고자 하는 걸로 이해되나, 이 부분들을 확인하고자 합니다.

개인정보 보호법 제1조(목적)은
"이 법은 개인정보의 처리 및 보호에 관한 사항을 정함으로써 개인의 자유와 권리를 보호하고, 나아가 개인의 존엄과 가치를 구현함을 목적으로 한다."
라고 되어 있습니다.

그리고 제2조(정의) 조항에는 중요한 일곱 가지의 용어의 뜻을 담고 있습니다.

'개인정보란 살아 있는 개인에 대한 정보로서 성명, 주민등록번호 및 영상 등을 통하여 개인을 알아볼 수 있는 정보(해당 정보만으로는 특정 개인을 알아볼 수 없더라도 다른 정보와 쉽게 결합하여 알아볼 수 있는 것을 포함한다), 처리란 개인정보의 수집, 생성, 연계, 연동, 기록, 저장, 보유, 가공, 편집, 검색, 출력, 정정, 복구, 이용, 제공, 공개, 파기, 그 밖에 이와 유사한 행위, 정보주체란 처리되는 정보에 의하여 알아볼 수 있는 사람으로서 그 정보의 주체가 되는 사람'······

어느 분이 글로 힌트를 주셨는데 제가 집중하느라고 놓쳤습니다. 11시 5분에 우리 더불어민주당이 필리버스터를 한 지 100시간이 된 때라고 하네요. 이 기회에 그동안 들어온 얘기들을 또 한번 소통을 해 보도록 하겠습니다. 너무 반가운 얘기도 다시 또 들어와 있습니다.

'11시 5분이 100시간을 지나고 있는데, 저는 이렇게 무제한 토론을 이 법을 가지고 하고 있다는 현실이 너무 가슴을 칠 일이라고 생각합니다. 그러나, 그럼에도 세상일이라는 건 꼭 나쁜 면만 있는 건 아닌 것 같습니다.'

방금 들어온 글들에 이건 정말 감사한 일이라는 생각이 듭니다. 김덕희 님이 보내셨어요. '투표 안 하려고 했습니다. 필리버스터를 통해 투표할 마음이 생겼습니다. 힘내세요. 파이팅!'

제가 100시간이 흐르는 시간에 이 자리에 서 있는 게 의미가 있다는 생각을 잠깐 해 봤습니다.

이분은 공개하면 안 될까요? 이분의 얘기는 이렇게 되어 있습니다. '이것 썼다고 사찰당하면 어쩌지요? 혹시 제가 이 일로 사찰을 당한다면 의원님께서 꼭 밝혀 주세요' 이렇게 되어 있는데 사찰은 안 당할 겁니다.

(「이게 안건하고 관계있습니까?」 하는 의원 있음)

예? 연계되어 있습니다.

조안 최 '테러방지법의 실체를 잘 알려 주셔서 감사합니다. 지금은 뜨겁지만 이 순간만 피하면 된다고 아마도 웃으며 기다리는 분들이 있겠지요. 절대 그동안의 잘못도 반성 못 하고 더 욕심 부리는 사람들을 끝까지 경계해야 함을 우리 모두 잊지 말아야겠습니다. 수고 많이 하셨습니다.'

(장내 소란)

김도윤 님이 전해 왔습니다. '대만에서 필리버스터 시청하고 있습니다. 우리 애들에게 상식적인 나라를 물려주기 위해서 본 테러방지법은 반드시 폐기해야 합니다.'

(「필리버스터 억지로 하지 마세요!」 하는 의원 있음)

이은파 님 말 했습니다. '오늘 방청 가서 의원님 말씀을 듣고 조금 울었습니다. 힘없는 농민에게 휘두른 폭력을 어떻게든 덮어 버리려고 노력하고, 합법적 시위를 폭력시위로 매도하며 국민을 폭도로 워딩해 버리는 국가가 되지 않았으면 좋겠습니다.

저희 학교에 대통령님이 오셨을 때 수업을 가던 학생들마저 길을 가지 못하게 막고 대통령님 한번 뵙게 해 달라고 외치는 학생의 입을 막고 폭력을 휘두르던 경찰의 모습에 이게 한국의 민주주의인가 충격 받았습니다. 제가 여태껏 올바른 민주주의라고 배워 왔던 정치가 실현되었으면 좋겠습니다. 계속 시청하겠습니다. 응원할게요.'

전창범 님 '광주에서 천주교 신부로 살고 있어요. 내일 아이들에게 오늘 이 일이 우리 아이들의 미래 역사가 될 거라고 말할 겁니다. 우리 아이들의 아이들이 너희에게 묻거든 너희가 역사 한가운데 있었다고 말할 수 있게 오늘을 지켜보라 할 겁니다.'

정수정 님 '감사합니다. 의원님, 저는 우리나라 대한민국을 포기하고 미국 혹은 또 다른 국가로 이민을 떠나고 싶었습니다. 이러한 정부와 국회의원들 아래에서 저의 아이를 키우고 싶지 않았기 때문입니다. 하지만 이번 필리버스터를 며칠째 챙겨보며 지금까지 야당 여당 차이 없다며 오해하고 있었던 저의 생각이 잘못되었다는 것을 알게 되었습니다. 이번에 참가하셨던 그리고 앞으로 참가하실 모든 의원님들 덕분에 아직 우리 대한민국은 살 만한 나라인 것 같습니다.

부디 지금처럼 더 힘내 주시어 대한민국을 지켜 주세요. 끝까지 기억하고 함께 시청하며 응원하겠습니다. 다시 한 번 필리버스터에 참가해 주신 의원님들 감사드립니다.'

박균상 님 '모든 국민은 국가에게 안전을 맡겼습니다. 대통령은 국가가 아닙니다. 국정원장도 국가가 아니지요. 대통령도 국정원장도 모두 국민입니다. 이제 그들이 강제로 국가 하겠다는 것입니다. 다시 말하면 국가는 국민이고, 국민이 국가가 되어서는 안 됩니다. 관리하기 어려우니 줄을 세우고 코드를 팔에 박아 이탈하거나 명령하는 반대방향으로 가면 바로 응징하겠다는 이야기지요. 이것이 힘이고 권력이면 법을 바꿔 가며 계속 권력 잡는 게 독재지요. 이걸 하기 위해 테러방지법을 만들겠다니 누가 이 일에 찬성합니까? 무섭네요.

또 내 자식이 대학에서 공부에 열중할 시간에 투쟁한다고 젊음을 불사를까, 그것은 80년대 우리로 끝나야 하는데 걱정에 긴 밤 지새우며 국회방송을 보고 있어요.'

지금 제 앞에 계시는 이종배 의원님 또 의장님께서도 의제에 맞는 토론에 집중해 달라는 얘기를 하십니다. 그런데 의제에 맞는 토론이라는 게 어떤 걸 얘기하는 겁니까? 우리가 필리버스터를 몇십년 만에 처음 하는 것입니다.

제 앞에 계신 새누리당 의원님들도 잘 모르시고, 저도 처음 하는 것이고. 제 앞에 계신 새누리당 의원님들은 단 한 번도 한 적이 없으시고, 저는 하고 있습니다. 그렇기

때문에 발언권을 신청해서 같이 토론에 응해 주시면 감사하겠습니다.

제가 지금 하고 있는 것은 테러방지법에 대한……

우리 국회에서 그렇게 하지 않습니까? 법안을 만들면 수많은 사람들의 여론을 조사합니다.

(「맞습니다!」 하는 의원 있음)

저는 지금 실시간 여론을 조사해서 반영해서 여러분들께 들려 드리고 있는 것입니다. 이것이 의제와 맞지 않는 토론이라고 누가 얘기할 수 있습니까?

(「국민의 대변인 거기에 딱 맞는 얘기 하시는 겁니다」 하는 의원 있음)

(「국민의 대변인다워요」 하는 의원 있음)

(「국회는 국민을 대변하는 곳이에요」 하는 의원 있음)

(「잘하고 계십니다」 하는 의원 있음)

(「의장님, 방송진행자와 토론자와의 역할 구분에 대해서 명확하게 정리해 주십시오」 하는 의원 있음)

(「그게 정리가 안 되어 있어요」 하는 의원 있음)

그게 의원님의 역할이십니까, 지금 하시는 게? 필리버스터의 의미를 아시잖아요. 이 법안과 관련해서 본인이 알고 있는 사람들의 의견들을 모아서 그 얘기를 전달하는 게 왜 의제에 맞는 토론이 아니지요?

통신비밀보호법에 대해서 말씀드리겠습니다.

이 법은 통신 및 대화의 비밀과 자유에 대한 제한은 그 대상을 한정하고 엄격한 법적 절차를 거치도록 함으로써 통신비밀을 보호하고 통신의 자유를 신장함을 목적으로 하고 있습니다.

여기에서 통신이란 우편물 및 전기통신을 말하고, 우편물은 우편법에 의한 통상우편물과 소포우편물을 말하고, 전기통신은 전화·전자우편·회원제정보서비스·모사전송·무선호출 등과 같이 유선·무선·광선 및 기타의 전자적 방식에 의하여 모든 종류의 음향·문언·부호 또는 영상을 송신하거나 수신하는 것을 말합니다.

당사자라 함은 우편물의 발송인과 수취인, 전기통신의 송신인과 수신인을 말합니다. 검열이라 하면 우편물에 대하여 당사자의 동의 없이 이를 개봉하거나 기타의 방법으로 그 내용을 지득 또는 채록하거나 유치하는 것을 말합니다.

감청이라 하면, 감청을 언급하고 있는데 전기통신에 대하여 당사자의 동의 없이 전자장치·기계장치 등을 사용하여 통신의 음향·문언·부호·영상을 청취·공독하여 그 내용을 지득 또는 채록하거나 전기통신의 송·수신을 방해하는 것을 말합니다.

그리고 여기에서 감청설비라 하면 대화 또는 전기통신의 감청에 사용할 수 있는 전자장치·기계장치 기타 설비를 말합니다. 불법감청설비탐지라 함은 이 법의 규정에 의하지 아니하고 행하는 감청 또는 대화의 청취에 사용되는 설비를 탐지하는 것을 말합니다.

제3조에는 누구든지 이 법과 형사소송법 또는

군사법원법의 규정에 의하지 아니하고는 우편물의 검열·전기통신의 감청 또는 통신사실 확인자료의 제공을 하거나 공개되지 아니한 타인 간의 대화를 녹음 또는 청취하지 못하도록 되어 있습니다.

'우편물의 검열 또는 전기통신의 감청은 범죄수사 또는 국가안전보장을 위하여 보충적인 수단으로 이용되어야 하며, 국민의 통신비밀에 대한 침해가 최소한에 그치도록 노력하여야 한다.

누구든지 단말기기 고유번호를 제공하거나 제공받아서는 아니된다. 다만 이동전화 단말기 제조업체 또는 이동통신사업자가 단말기의 개통처리 및 수리 등 정당한 업무의 이행을 위하여 제공하거나 제공받는 경우에는 그러하지 아니하다.

불법검열에 의해 취득한 우편물이나 그 내용 및 불법감청에 의하여 지득 또는 채록된 전기통신의 내용은 재판 또는 징계절차에서 증거로 사용할 수 없다.

통신제한조치는 다음 각 호의 범죄를 계획 또는 실행하고 있거나 실행하였다고 의심할 만한 충분한 이유가 있고, 다른 방법으로는 그 범죄의 실행을 저지하거나 범인의 체포 또는 증거의 수집이 어려운 경우에 한하여 허가할 수 있다.'

그리고 이 요건 안에는 형법상 중요한 범죄들이 다 언급되어 있고 군형법, 군사보안법, 군사기밀보호법, 군사기지 및 군사시설 보호법, 마약류, 폭력행위, 특별법, 가중법, 특정범죄법, 다 들어 있습니다.

'통신제한조치는 이 제1항의 요건에 해당하는 자가 발송·수취하거나 송·수신하는 특정한 우편물이나 전기통신 또는 그 해당자가 일정한 기간에 걸쳐 발송·수취하거나 송·수신하는 우편물이나 전기통신을 대상으로 허가될 수 있다.'

범죄수사를 위한 통신제한조치의 허가 절차에 대해서 상세하게 나와 있습니다.

'검사는 제5조 1항의 요건이 구비된 경우에 법원에 대하여 각 피의자별 또는 각 피내사자별로 통신제한조치를 허가하여 줄 것을 청구할 수 있다.

7조(국가안보를 위한 통신제한조치)

대통령이 정하는 정보수사기관의 장은 국가안전보장에 대한 상당한 위험이 예상되는 경우에 한하여 그 위해를 방지하기 위하여 이에 관한 정보수집이 특히 필요한 때에는 다음 각 호의 구분에 따라 통신제한조치를 할 수 있다.

통신의 일방 또는 쌍방 당사자가 내국인인 때에는 고등법원 수석부장판사의 허가를 받아야 한다.

대한민국에 적대하는 국가, 반국가활동의 혐의가 있는 외국의 기관·단체와 외국인, 대한민국의 통치권이 사실상 미치지 아니하는 한반도 내의 집단이나 외국에 소재하는 그 산하단체의 구성원의 통신인 때 및 단서의 경우에 서면으로 대통령의 승인을 얻어야 한다.

위 규정에 의한 통신제한조치의 기간은 4월을 초과하지 못하고 그 기간 중 통신제한조치의 목적이 달성되었을 경우에는 즉시 종료하여야 하되, 제1항의 요건이 존속하는

경우에는 소명자료를 첨부하여 고등법원 수석부장판사의 허가 또는 대통령의 승인을 얻어 4월의 범위 이내에서 통신제한조치의 기간을 연장할 수 있다.'

그리고 다음으로는 긴급통신제한조치에 대해서도 언급이 있습니다.

'검사, 사법경찰관 또는 정보수사기관의 장은 국가안보를 위협하는 음모행위, 직접적인 사망이나 심각한 상해의 위험을 야기할 수 있는 범죄 또는 조직범죄 등 중대한 범죄의 계획이나 실행 등 긴박한 상황에 있고 제5조제1항 또는 제7조제1항제1호의 규정에 의한 요건을 구비한 자에 대하여 절차를 거칠 수 없는 긴급한 사유가 있는 때에는 법원의 허가 없이 통신제한조치를 할 수 있다.

검사, 사법경찰관 또는 정보수사기관의 장은 위 규정에 의한 통신제한조치의 집행착수 후 지체 없이 제6조 및 제7조 3항의 규정에 의하여 법원에 허가청구를 하여야 하며, 그 긴급통신제한조치를 한 때부터 36시간 이내에 법원의 허가를 받지 못한 때에는 즉시 이를 중지하여야 한다.'

통신제한조치의 집행에 관한 규정도 매우 상세하게 다루고 있습니다.

'통신제한조치는 이를 청구 또는 신청한 검사·사법경찰관 또는 정보수사기관의 장이 집행한다. 이 경우 체신관서, 기타 관련기관 등에 그 집행을 위탁하거나 집행에 관한 협조를 요청할 수 있다.' 그리고 복잡한 '통신제한조치허가서 또는 긴급감청서 등의 표지의 사본을 교부하여야 하고' 또 '통신제한조치를 집행하는 자나 위탁받은 자는 그 통신제한조치를 청구한 목적과 그 집행 또는 협조 일시 및 대상을 기재한 대장을 대통령이 정하는 기간 동안 비치하여야 한다.'

등 매우 복잡하게 제한되는 절차적 통제 조치들을 마련하고 있습니다. 그런 것을 하기 위해서 이 법을 만들었지요. 그런데 지금 우리가 논의하고 있는 국민감시법, 테러방지법은 그 법에서 어렵게 만들어서 규정하고 있는 그런 절차들을 회피하는 겁니다.

이 뒤에 보면 통신제한조치로 취득한 자료의 사용제한 규정도 있습니다.

'제9조의 규정에 의한 통신제한조치의 집행으로 인하여 취득된 우편물 또는 그 내용과 전기통신의 내용은 다음 각 호의 경우 외에는 사용할 수 없다.

1. 통신제한조치의 목적이 된 제5조제1항에 규정된 범죄나 이와 관련되는 범죄를 수사·소추하거나 그 범죄를 예방하기 위하여 사용하는 경우

2. 제1호의 범죄로 인한 징계절차에 사용하는 경우

3. 통신의 당사자가 제기하는 손해배상소송에서 사용하는 경우

4. 기타 다른 법률의 규정에 의하여 사용하는 경우'

그리고 또 범죄수사를 위한 통신사실 확인자료 제공의 절차에 관한 규정이 있습니다.

'검사 또는 사법경찰관은 수사 또는 형의 집행을 위하여 필요한 경우 전기통신사업법에 의한 전기통신사업자에게 통신사실

확인자료의 열람이나 제출을 요청할 수 있다.

제1항의 규정에 의한 통신사실 확인자료 제공을 요청하는 경우에는 요청사유, 해당 가입자와의 연관성 및 필요한 자료의 범위를 기록한 서면으로 관할 지방법원 또는 지원의 허가를 받아야 한다. 다만, 관할 지방법원 또는 지원의 허가를 받을 수 없는 긴급한 사유가 있는 때에는 통신사실 확인자료 제공을 요청한 후 지체 없이 그 허가를 받아 전기통신사업자에게 송부하여야 한다.

제2항 단서의 규정에 의하여 긴급한 사유로 통신사실 확인자료를 제공받았으나 지방법원 또는 지원의 허가를 받지 못한 경우에는 지체 없이 제공받은 통신사실 확인자료를 폐기하여야 한다.

검사 또는 사법경찰관은 제2항의 규정에 따라 통신사실 확인자료 제공을 받은 때에는 당해 통신사실 확인자료 제공 요청사실 등 필요한 사항을 기재한 대장과 통신사실 확인자료제공요청서 등 관련 자료를 소속기관에 비치하여야 한다.

지방법원 또는 지원은 제2항의 규정에 따라 통신사실 확인자료 제공 요청허가 청구를 받은 현황, 이를 허가한 현황 및 관련된 자료를 보존하여야 한다.'

이렇게 복잡합니다. 또

'전기통신사업자는 검사, 사법경찰관 또는 정보수사기관의 장에게 통신사실 확인자료를 제공한 때에는 자료제공현황 등을 연 2회 미래창조과학부장관에게 보고하고, 당해 통신사실 확인자료 제공 사실 등 필요한 사항을 기재한 대장과 통신사실확인자료제공요청서 등 관련 자료를 통신사실 확인자료를 제공한 날부터 7년간 비치하여야 한다.'

(2월27일 24시 경과)

국가안보를 위한 통신사실 확인자료 제공의 절차도 규정하고 있습니다.

정보수사기관의 장은 국가안전보장에 대한 위해를 방지하기 위하여 정보 수집이 필요한 경우 전기통신사업자에게 통신사실 확인자료 제공을 요청할 수 있도록 되어 있습니다.

이 법에는 누구든지 공개되지 아니한 타인 간의 대화를 녹음하거나 전자장치 또는 기계적 수단을 이용하여 청취할 수 없다라고 규정하고 있고요.

또 국회의 통제에 관한 조항을 상세히 두고 있습니다.

"국회의 상임위원회와 국정감사 및 조사를 위한 위원회는 필요한 경우 특정한 통신제한조치 등에 대하여는 법원행정처장, 통신제한조치를 청구하거나 신청한 기관의 장 또는 이를 집행한 기관의 장에 대하여, 감청설비에 대한 인가 또는 신고 내역에 관하여는 미래창조과학부장관에게 보고를 요구할 수 있다.

국회의 상임위원회와 국정감사 및 조사를 위한 위원회는 그 의결로 수사관서의 감청장비 보유 현황, 감청 집행기관 또는 감청 협조기관의 교환실 등 필요한 장소에 대하여 현장검증이나 조사를 실시할 수 있다.

이 경우 현장검증이나 조사에 참여한 자는 그로 인하여 알게 된 비밀을 정당한 사유 없이 누설하여서는 아니 된다.

제2항의 규정에 의한 현장검증이나 조사는 개인의 사생활을 침해하거나 계속 중인 재판 또는 수사 중인 사건의 소추에 관여할 목적으로 행사되어서는 아니 된다.

통신제한조치를 집행하거나 위탁받은 기관 또는 이에 협조한 기관의 중앙행정기관의 장은 국회의 상임위원회와 국정감사 및 조사를 위한 위원회의 요구가 있는 경우 대통령령이 정하는 바에 따라 제5조 내지 제10조와 관련한 통신제한조치보고서를 국회에 제출하여야 한다. 다만, 정보수사기관의 장은 국회 정보위원회에 제출하여야 한다.

전기통신사업자는 검사·사법경찰관 또는 정보수사기관의 장이 이 법에 따라 집행하는 통신제한조치 및 통신사실 확인자료 제공의 요청에 협조하여야 한다."

제1항의 규정에 따라 통신제한조치의 집행을 위하여 전기통신사업자가 협조할 사항, 통신사실 확인자료의 보관기간, 그 밖에 전기통신사업자의 협조에 관하여 필요한 사항은 대통령령으로 정하도록 돼 있고요.

그리고 나머지 벌칙을 통해서 앞에서 얘기했던 규정에 위반해서 우편물의 검열 또는 전기통신의 감청을 하거나 공개되지 아니한 타인 간의 대화를 녹음 또는 청취한 자에 대한 벌칙 규정이 있습니다. 1년 이상 10년 이하의 징역과 5년 이하의 자격정지에 처한다는 내용들이 있지요.

정보의 자유, 정보인권을 고민하는 사람들은…… 이미 그 기본권의 변화 과정을 앞에서 우리가 확인해 봤는데, 헌법재판소에서도 정보의 자유에 관한 것은 헌법에 열거되지 아니한 기본권의 유형으로 설명하고 있습니다. 그만큼 우리 사회가 빠르게 정보화 사회로 진입하면서 우리가 채 알지 못했던 정보에 관한 기본권을 확인하고 그 내용들을 채워 가고 있는 것이지요.

그래서 지금 마련돼 있는 이 복잡한 개인정보 보호법이나 통신비밀보호법조차도 우리 국민들의 기본권이라는 정보인권을 보호하는 데 있어 부족한 내용들이 많다고 해서 계속 문제 제기가 되고 새롭게 개정안들을 만들고 있습니다.

그런데 지금 직권상정된 테러방지법, 국민감시법은 그 법에서 정하는 절차조차도 귀찮은 거지요. 그 절차도 피해가고 싶은 거지요. 그래서는 안 된다고 생각합니다.

왜 그런가, 다른 관점으로 살펴보도록 하겠습니다.

국가가 단지 의심스럽다는 이유만으로 개인에게 어마어마한 폭력을 저지르고, 때로는 목숨까지 앗아갔던 국가폭력의 기억이 우리에게는 아직 너무 많습니다.

불순세력이라는 국가의 자의적 판단만으로 많은 분들이 억울하게 돌아가셔야 했고 아직도 그 상처를 지고 살아가시는 분들이 많습니다.

보도연맹 학살 사건도 그렇고 인혁당 사건도 그렇고 지금 진행 중인 형제복지원 사건도 그렇습니다. 이것들은 비합리적인 의심에 의한 사건이고, 때로는 의도를 갖고 만들어진 의심에 의한 사건입니다.

제가 4년간 안전행정위원회 위원으로 일하면서 과거사 관련 법들을 많이 다뤘습니다. 그래서 진실화해위원회를

다시 만드는 법도 발의했고, 형제복지원 사건 진상 규명을
위한 특별법안을 발의하기도 했습니다.

그런데 이런 법을 다루다 보면 실제 국가폭력의
피해자분들을 만나게 되고, 그분들이 얼마나 힘들게
살아왔는지를 듣다 보면 너무 가슴이 아픕니다. 어떻게든,
무언가든 이미 너무 늦은 것 같고 조금이라도 그분들의
어려움을 덜어 주어야만 할 것 같은 생각입니다.

그런데 과거의 국가폭력 사건에 대한 현 정권의 입장은
일관됩니다. 이미 과거사 사건은 다 해결이 완료되었고,
더 이상 제기하는 것은 사회적 혼란을 가져온다. 아직도
고통받고 있는 과거사 피해자들은 이미 1기 진실화해위원회
때 신고하지 않은 본인들의 잘못이니 감당하라는
얘기입니다. 이 사건들 사이에는 국가, 특히 국가정보원이
깊게 관여돼 있습니다.

저는 묻고 싶습니다.

비합리적인 의심과 자의적인 판단으로 국민들에게
폭력을 휘둘렀던 과거에 대해서 제대로 반성하지 않는
정부에게 다시 또 국민을 마음껏 의심할 수 있고, 그에
따라 모든 내밀한 정보까지 관리할 수 있는 권리를 주어야
합니까?

저는 현 정부, 정권에 들어와서 밀양송전탑 건설
현장 또 세월호 사건 때마다 이 정부가 국민을 대하는
태도를 보았습니다. 그런데 어떻게 그 정부를 믿을 수가
있겠습니까?

저는 정말 믿고 싶습니다. 그리고 저 또한 대한민국
국민이기 때문에 정말 현 정권이 일을 너무 잘해 주셨으면
좋겠습니다, 저도 함께 살아가는 사람이니까. 누군들 비판만
하고 싶겠습니까? 비판할 수밖에 없게 만드는 현실이 있는
거지요.

다시 한번 상기시키고 싶습니다.

보도연맹 사건에 관해서 한국전쟁 시기에
예비검속이라는 제도를 만들었고, 북한군에 협조할 의심이
있는 사람을 미리 밝혀 낸다는 것이지 그 의심이랄 게 딱히
합리적인 게 없었습니다. 그저 인민군에게 쌀을 받았다거나
누구의 가족이라거나 친한 사람이라거나 하는 식이고,
때로는 미워 보여서 신고하기도 했다는 겁니다. 그리고
처음에는 위험요소를 관리한다는 목적이었지만 결국은
그것이 대규모 학살로 이어졌지요.

지금의 법은 테러를 막는다는 이유로 국민들을
선제적으로 의심하는 법입니다. 국가의 자의적인 감시를
허용하는 법입니다. 물론 이 법 자체가 그런 끔찍한 상황을
만들어 내지는 않을 것이라고 믿습니다. 하지만 국가의
자의적인 감시가 어떤 결과로 이어질 수 있는지 역사를 한번
되짚어 봐야 합니다.

제가 가지고 있는 이 자료는 국가기구인
진실화해위원회의 종합보고서 중에 국민보도연맹 등
예비검속에 대한 부분입니다.

그 당시 전국적으로 단행된 보도연맹원 등
요시찰인─시찰이 필요한 사람을─소집하고 연행하고
구금하는 그 일련의 예비검속 과정은 대동소이했습니다.

예비검속의 법률적 근거라고 할 수 있는 계엄령은 7월
8일, 그 당시 전라남북도를 제외한 지역에 비상계엄으로
선포가 됐는데 이 실질적 근거는 1950년 7월 12일에 발표된
체포·구금 특별조치령이라는 것이었습니다.

그러나 통상 계엄법상의 특별조치에서 허용하는
체포·구금 조치의 범위는 영장제도에 대한 제한을 가할 수
있는 정도였지 전시라 하더라도 현행범이 아닌 자를 미래의
범죄 위험 가능성만으로 예비검속 하는 것은 명백하게
헌법의 비례성의 원칙에 위반된다는 지적이 있었습니다.
그런데도 이분들은 대부분 구금되었다가 사살되기도 하고
일부는 석방되기도 한 것이지요.

이 사건은 실제로 국가폭력에 의한 의심만으로 수많은
사람들의 목숨을 앗아간 대표적인 가슴 아픈 과거사의 한
단면입니다.

앞에서 다른 의원님들도 말씀하셨습니다만 미국은
2001년 9·11 테러 이후에 테러방지법의 근간으로 불리는
애국자법을 제정했습니다. 미 의회는 연방수사국 등
수사기관의 대테러 활동을 강화하고 감청 및 수색 절차를
대폭 간소화하는 법안을 통과시켰습니다. 테러 용의자를
색출한다는 명목으로 수사기관의 유·무선 통신감청 권한을
확대했습니다.

미 연방수사국이 행정명령인 국가안보레터를 발송하면
인터넷 서비스 제공자와 은행, 신용카드사 등 민간 기업은
가입자의 통신기록과 거래기록을 제공할 수 있도록
했습니다. 그리고 민간 기업은 고객의 정보를 연방수사국에
제공했다는 사실조차 당사자에게 알릴 수 없었습니다.

애국자법은 시행 후 시간이 지나면서 인권단체로부터
비판의 대상이 됐습니다. 이메일 검열 및 광범위한
통신감청으로 범죄와 상관없는 일반 시민의 통화 내용까지
감청 대상에 포함된 사실이 드러나면서 미국 정부는 곤욕을
치렀지요. 그 계기를 제공한 인물이 에드워드 스노든입니다.

그는 미국 국가안보국이 국내 테러 분자를 색출한다는
명분으로 무차별 감청 등 국민의 사생활을 침해했다고
폭로했습니다.

이에 시민단체는 정부를 상대로 위헌소송을
제기했습니다. 2013년 12월 워싱턴 지방법원은
국가안보국의 정보 수집은 시민에 대한 부당한 압수 수색을
금지한 미국 수정헌법 4조를 위배한 것이라고 판결했습니다.

결국 미 상원은 2015년 6월 2일 법원 허가 없는
국가안보국의 대량 통신기록 수집을 금지하는 내용의
미국자유법을 찬성 67표 대 반대 32표로 원안 처리했습니다.

통신기록의 대량 도·감청을 허용하는 애국법의 효력이
지난 1일 0시에 만료됐으나 대체법인 자유법안이 처리되지
못해서 정보 공백사태를 맞은 지 이틀 만이었습니다.

미국자유법에 따라 미국 시민의 통신기록은 통신회사만
보유하고 정부는 집단이 아닌 개별 통신기록에만 법원의
영장을 발부받아 접근할 수 있게 됩니다.

미국 국가안전보장국은 9·11 테러 후에 도입된 애국법

215조를 토대로 자국 시민 수백만 명의 통신기록을 한꺼번에 수집해서 5년간 보관하는 권한을 행사했습니다.

휴대전화기를 자주 바꾸면서 이동하는 테러 용의자도 건건이 법원에서 영장을 발급받지 않고 임의로 감청해 오기도 했습니다.

오바마 대통령은 트위터를 통해 자유법이 미국 시민의 자유권과 국가 안보를 동시에 지켜줄 것이라며 법안을 바로 서명할 것이라고 말했습니다.

그는 인권을 위해 도·감청 범위를 엄격히 제한하는 자유법이 애국법을 대체하더라도 안보의 허점을 용납하지 않겠다는 각오도 성명을 통해 밝혔습니다.

오바마 대통령은 안보 전문가들이 국가를 계속 보호해 나가는 데 필요한 필수적인 도구를 완비하도록 행정부가 신속히 노력해 갈 것이라고 강조했습니다.

패트릭 리히 상원의원은 역사적 순간이라며 십여 년 만에 처음으로 정부의 감시법을 크게 뜯어고쳤다고 자유법에 의미를 부여했습니다.

그런데 우리는 미국도 바꾼 그 법을 이 시점에 왜 추진해야 되는 겁니까, 그렇게 문제가 많은 법안인데? 저는, 지금은 국정원의 개혁에 집중하고 이미 가지고 있는 대테러 방지에 관한 제도와 법안들을 보완하고 마련하는 그런 작업을 할 때입니다.

불필요한 의심을 사고 불필요하게 사람들을 괴롭히지 않으셨으면 좋겠습니다. 국가정보원의 활동을 통해서 또 지금까지 보여 주는 박근혜 정권과 새누리당의 행태와 이 모든 것을 전제로 했을 때……

테러는 당연히 방지해야 하지요. 하지만 그 테러를 방지하는, 그 목적에 부합하는 방안이 뭘까라는 것에 대한 고민을 우리는 깊게 함께 공유해야 된다고 생각합니다. 다른 관점들까지 전부 포함해서.

그래서 많은 분들이 기억하실 거라고 생각합니다. 2011년 전 세계를 놀라게 한 노르웨이가 테러에 대해 대응하는 반테러리즘이라는 관점에 대해서 이 자리에서 얘기해 보고 싶습니다.

2011년 7월 22일 노르웨이에서 충격적인 테러가 발생했지요. 근본주의를 앞세운 테러범이 수도 오슬로에 있는 총리 집무실 부근에서 폭탄 테러를 하고 몇 시간 후에는 오슬로 근처 집권 노동당인 청소년 캠프 행사장에서 또다시 수많은 청소년들을 상대로 잔인한 대량 총기 학살을 저지른 테러 사건이었습니다.

이에 대해 노르웨이에 살고 있는 오한아 씨가 필리버스터가 시작된 2월 24일 블로그에 올린 글을 읽어 드리도록 하겠습니다.

"사고가 있고 그다음 날 옌스 스톨텐베르—발음이 좀 그렇지요?—노르웨이 총리가 유가족을 앞에 두고 연설했을 때 거리에 장미를 들고 나와 있던 사람들은 눈물을 흘리며 손을 맞잡았다.

우리는 여전히 충격에 빠져 있지만 우리는 우리의 가치를 포기하지 않을 것이다. 테러리즘에 대한 우리의 응답은

더 많은 민주주의, 더 많은 개방성, 더 많은 인류애입니다. 안일함은 절대 아닙니다. 현장에 있던 한 소녀가 누구보다 잘 말해 주었습니다.

만약 한 사람이 그만큼의 증오를 만들어 낼 수 있다면 우리가 함께 함으로 얼마나 큰 사랑을 만들어 낼 수 있을지 상상해 보세요.

마지막으로 사랑하는 사람을 잃은 가족들께 드리고 싶은 말이 있습니다. 저, 그리고 노르웨이 전체가 여러분의 상실을 진심으로 아파하고 있습니다. 이것이 위로가 될 수도, 여러분이 사랑하는 사람을 돌아오게 할 수도 없다는 것을 압니다. 하지만 우리의 삶이 어두운 곳을 지날 때 우리 모두 격려와 위로가 필요합니다. 지금이 그때입니다. 우리 모두 여기 당신을 위해 있습니다."

이 의미는 스톨텐베르 수상은 연설을 통해서 노르웨이는 미국이 9·11 테러 이후 감행했던 복수와 처벌의 길을 가지 않으리라는 것을 암시한 것으로 봅니다. 수상의 연설 이후 반대파인 우파까지도 이례적으로 전적으로 공감하며 지지한다고 밝혔습니다.

북유럽 사람들은 노르웨이가 9·11 테러 이후의 미국처럼 되길 원치 않는다며 서로를 의심과 불안에 찬 눈으로 바라보는 사회를 만들 수 없다고, 그런 일은 일어나지 않을 것이라 했습니다. 오히려 브레이크는 우리 안에 있다며 내부에서 자성하는 소리가 커졌습니다.

노르웨이 정부는 우토야의 비극이 일어난 지 20일 후인 2011년 8월 12일 위원회를 꾸렸습니다. 명망 있는 여성 변호사를 위원장으로 해서 전 경찰청장, 전 코펜하겐시 경찰총장 그리고 연구자들, 전 노르웨이 철도 대표, 장군, 교수, 전 노르웨이 적십자 부사장, 의료협회장, 핀란드 경감 등이 포함이 됐습니다.

안데르스 브레이빅 테러의 진행을 밝히고, 사건이 벌어졌을 때의 대처방안, 사건에 대한 정부의 대응을 폭넓게 평가하고 이후에 있을 공격을 방지·대응하기 위한 방법을 구상하라는 미션을 주었습니다. 사건이 일어난 날짜를 붙여서 '7월 22일 위원회'라고 불렀답니다. 조사 기간이 1년이었습니다.

북유럽은 무언가를 구상할 때면 다양한 생각을 가진 사람들을 모아 위원회를 꾸리는 것이 필수라고 합니다. 위원회는 경찰이 좀 더 빠르게 대응했더라면 사건을 막을 수 있을 것이라 결론을 내렸습니다.

7월 22일 위원회의 보고서를 통해 몇 가지를 제안했습니다. 그 내용은 군과 경찰과의 협조 강화, 경찰력 보강, 정부 고위층이 참석하는 위기관리 회의, 위기 시 법무부의 지휘체계와 매뉴얼 등이 포함되었습니다.

총리는 경찰의 대응이 늦어 사건이 커지는 것을 막지 못한 데 대해 사과하고 안전 증진과 테러방지에 대한 자구책을 마련하겠다고 했습니다.

정보보호국과 인권센터, 학계, 법조계에서는 반테러리즘법이 개인의 자유를 침해할 가능성이 있다는 우려를 지속해서 표명했습니다. 정치적 목적을 이루기 위한

폭력과 싸우되 개인의 자유를 제한하지 않을 것이라는 어려운 원칙을 두고 여러 그룹이 줄다리기를 했습니다.

노르웨이에는 이미 테러리즘에 관한 법률이 있었고 2001년 미국의 세계무역센터를 무너뜨린 9·11 테러 이후 테러 자금 조달의 억제를 위한 국제조약이 만들어졌습니다. 노르웨이의 테러리즘에 관한 법률은 이를 국내에서 인준한 것이고 기존의 형법에 테러리즘의 정의와 형량을 추가했을 뿐입니다.

우토야 비극이 일어난 지 2년이 지난 2013년 여름에 노르웨이는 기존 형법에 한 구절을 추가했습니다. 형법 안에 '누구든지 테러리스트 조직을 형성하거나 참여, 회원을 모집하거나 경제적 물질적 지원을 한 경우에도 테러리즘으로 간주해 처벌한다', 노르웨이에서는 테러리즘을 다루고 있는 형법 조항을 반테러리즘법이라고 부릅니다.

테러리즘방지법과 반테러리즘법은 뉘앙스가 매우 다릅니다. 방지법은 테러 가능성이 보이는 경우 발본색원을 하겠다는 것인데, 그럴 경우 개인의 자유를 침해할 소지가 큽니다. 그러나 노르웨이의 반테러리즘법은 개인의 자유를 제한하는 법의 집행에 관한 내용이 아닌 테러리즘에 어떤 활동이 포함되는지에 대한 범위 규정을 담고 있습니다.

당시 사람들의 관심사는 브레이빅이 저지른 것과 같은 반인류적 범죄에 반테러리즘법을 적용해 처벌을 강화하는 것이었습니다. 그러나 법이 도입되고 난 후에도 적용은 매우 조심스러웠습니다.

처음으로 새로 추가된 반테러법에 근거해서 법정구속 된 사람은 2014년 2월에 나왔습니다. 시리아의 극단주의자 그룹에서 활동한 죄목입니다.

노르웨이의 섬세하면서도 주의 깊은 대처가 타산지석을 삼을 만하지 않나요? 단순한 형식보다 중요한 것은 구성원들이 담아내는 본질입니다.

깊이 숙고해 보아야 합니다. 자유, 평화, 인권은 여전히 우리가 지켜야 할 소중한 가치입니다. 더 확실하게 머리를 맞대고 의논해서 평화, 자유, 인권을 존중하면서 법안을 서두르지 말고 각계 전문가들과 함께 소통하고 논의하면서 제대로 만들었으면 좋겠습니다. 만드는 것은 쉬워도 그것이 악용될 때 고치는 것은 쉽지 않고 이미 피해자들이 생기기 쉽습니다.

강자의 힘의 논리가 아닌 약자를 보호하고 존중하면서 질서 안에서 건강하고 상식적인 민주정치를 위한 노력을 다해야 할 것입니다. 모든 것은 본래의 자리에서 본연의 임무에 충실해야 합니다. 폭력과 싸우되 개인의 자유와 인권을 제한하거나 침해하지 않거나 최소화할 수 있는 바른 방향성을 고민해야 합니다.

기존의 법조차 제대로 지키지 않고 부정, 부패, 편법이 난무한다면 그것이 곧 우리 사회를 향한 테러이고 다음 세대를 향한 테러라고 할 것입니다.

다시 한 번, 우리나라의 국정원과 같은 정보기관에 대해서 누구나 다 고민하는 견제장치, 감독장치에 대해서 외국에서도 계속 지속적으로 연구를 하고 있습니다.

저희가 확인한 자료 중에 하나는, 암스테르담 대학 정보법 연구소에서 '정보기관에 대한 투명한 감독을 위한 10가지 기준'을 마련한 것을 말씀드리고자 합니다.

"첫째, 정보기관은 완벽한 감독에 따라야 한다.

이는 다음의 의미에서 완벽을 기해야 한다는 것이다.

(1) 감독기구: 행정부, 입법부, 사법부, 전문위원회(의회 바깥의 독립적 위원회)가 모두 감독 역할을 해야 한다.

(2) 감독시점은 사전 감독, 실시간 감독, 사후 감독이 모두 이루어져야 한다.

(3) 감독기구 권한은 적법성과 효과성 검사가 모두 이루어져야 한다.

기준2, 감독은 정보 순환의 모든 단계를 망라해야 한다.

감시는 정보의 수집, 보관, 선별, 분석 등 각각의 단계를 포함한다. 이 모든 단계가 프라이버시권의 간섭에 해당하기 때문에 개별 단계들은 모두 감독을 받아야 한다.

기준3, 정보기관 감독은 독립적이어야 한다.

이 맥락에서 이 원칙은 정보기관과 정부로부터의 독립을 의미합니다. 사법적 감독은 독립성에 대한 최선의 보증이고, 그래서 비밀감시와 정보수집을 감독하는 기관에 사법부를 포함하는 것이 바람직하다고 합니다.

기준4, 감독은 특정 조치의 시행보다 사전에 이루어져야 한다.

통신에 대한 비밀 감시 영역, 특히 최근의 무차별적 감시와 관련된 정교한 기술적 수단에 있어서는 그 오남용 위험이 매우 높다. 그러므로 감시와 정보 권력의 실행에 대하여 독립적 사전 감독이 핵심적이다.

감독기구는 조치의 불법을 선언하고 시정할 수 있어야 한다.

정보기관에 대한 사전적이고 실시간적인 감독기구는 정보기관이 시행하는 조치를 방지하고 중단할 수 있는 권한을 가져야 합니다. 또한 감독기구는 어떤 조치 사후에 그것이 불법적이라고 선언하고 시정할 수 있는 권한을 가져야 한다.

기준6, 감독은 당사자대립주의 원칙을 포함해야 한다.

당사자대립주의 원칙이란 법률주의의 기본인데 비밀유지가 필수적인 분야에서 이는 공익을 변호하는 (혹은 영향을 받는 개인의 이해를 대변하는) 특별 변호사를 지목함으로써 시행될 수 있다.

결과적으로 당사자적 절차의 일부 형태는 위기를 자초하는 비밀엄수 조치 없이 도입될 수 있다.

감독기구는 효과적인 감독을 수행하는 데 필요한 자원을 충분히 제공받아야 한다. 이 기준은 필수적인 장비와 인력, 정보와 기술적인 전문성의 의미에서 자원에 대한 권한을 포함한다. 또한 이는 감독기구가 정보기관과 정부로부터 독립하는 데 기여할 것이다.

기준8, 정보기관과 그 감독기구는 층층이 투명해야 한다.

관련된 사람, 감독기구, 시민사회는 정보를 제공받아야 하고 사전적, 실시간, 사후적으로 정보 활동에 대해 적절한 수준의 공개가 이루어져야 한다.

비밀로 남아 있는 영역에 대해서는 모든 경우 그에 대한 고지,

전체적인 통계, 수행 방법, 공작에 대한 기밀적이고 상세한 정보, 그 외 전반적인 정보가 제공되어야 한다.

감독기구, 시민사회 그리고 개인들은 감시에 대한 정보를 제공받고 그에 접근할 수 있어야 한다.

기준10. 기업 등 민간 법인은 자신들이 받은 감시 명령에 대한 전체적인 정보를 공표할 수 있어야 한다.

민간기관들은 정보를 제공하라는 정부의 명령에 대해 전체적인 정보를 공개적으로 공표할 수 있어야 한다."는 것입니다.

지금 이렇게 무제한 토론을 하게 된 배경에는 결국 국회의장님의 직권상정이 전제가 됩니다.

헌정사를 살펴보면 직권상정을 통한 법안 처리는 그동안 집권당이 의회 다수당을 차지한 정치환경에 집중되었고 법안 내용도 대통령이 주도한 입법의제인 경우가 대부분이었습니다. 그렇기 때문에 국회의장이 직권상정 권한을 행사하는 동기는 적체 상태에 빠져 있는 소관 위원회의 법안심사나 법사위의 체계·자구 심사를 독려하기 위해서가 아니고 야당이 반대하는 집권여당의 정책의제를 신속하게 처리하기 위한 것이었습니다.

국회입법조사처의 전진영 박사님의 논문에 따르면 역대 국회에서 소관 위원회에 계류 중에 직권상정된 법안이 67건인데 그중 62건이 집권당이 국회에서 가장 많은 의석을 차지하고 있을 때 진행되었다고 합니다. 예외 사례도 결국은 대부분 연합을 통해서 실질적으로 다수의 의석을 차지하고 있을 때 진행되었다고 합니다.

민주화 이후로 대통령선거와 국회의원 선거의 실시 결과 행정부와 의회를 서로 다른 정당이 집권하는 그런 분점정부 상황이 빈번하게 발생하였음에도 불구하고 국회의장의 직권상정을 통한 법안 처리는 단점정부 시기에, 행정부와 여당이 같은 그 시기에 집중되었다는 점은 매우 중요합니다. 결국 직권상정이라는 그 제도는, 그 예외적인 입법절차는 국회를 무시한 대통령을 위한 것이지요.

제18대 국회에서는 종합편성채널을 허용하는 방송법과 4대강 특별법인 친수구역 활용 특별법과 하천법이 직권상정과 날치기로 통과되었습니다. 그렇게 여야의 합의를 얻지 못하고 직권상정 날치기로 통과된 법들은 현재 시행되고 있지만 여전히 우리 사회에 갈등요소로 남아 있습니다. 지금 종편의 상황 또 4대강 상황 알고 있지 않습니까?

전진영 박사님의 논문을 조금 더 살펴보면 그간 직권상정으로 처리된 법들은 교육, 과거사청산, 정부조직관련법, 조세정책관련법, 정치관계법, 노동정책관계법, 언론정책관계법 등이 대표적입니다. 이러한 법들은 대체로 여야정당의 정책적 입장이 첨예하게 대립되는 법안들입니다.

법안을 둘러싸고 원내갈등이 첨예하다는 건 그만큼 사회적 갈등도 심각하다는 것을 반영하기 때문에 그런 법안일수록 국회에서 토론과 숙의 입법과정을 거쳐야 합니다. 그럼에도 불구하고 이런 쟁점법안들이 직권상정

절차라는 예외 절차를 통해서 처리되는 것은 대의정치의 발전이라는 관점에서도 매우 심각한 문제라고 생각합니다.

엄격하게 말하면 국회법상에 직권상정이라는 제도는 없습니다. 다만 국회법 85조에 따라서 의장이 상임위에 심사기간을 정하도록 하는 법률이 있는 것인데 이 조항은 애초에 위원회에 심사를 독려하기 위한 조항이지 여야 양당과 위원회의 심사권을 마음대로 국회의장이 침해할 수 있다는 조항은 아니라고 생각합니다. 그런데 이번에 상임위에 통보한 심사기한은 불과 2~3시간에 지나지 않았습니다. 이것은 여야의 합의를 독려하겠다는 것이 아니라 오히려 야당과 상임위의 입법권을 침해하는 행동이라고 할 것입니다.

우리 18대 국회까지의 직권상정을 분석한 연구에 따르면 국회의장이 심사기한을 지정한 당일이 심사기한인 경우가 전체 67개의 법안 중에서 55건이 82%였고, 심사기한 지정일 다음날이 심사기한 경우는 8건, 결국 94%의 직권상정 법안이 그 오랜 기간을 거쳤으나 정작 심사기한은 1일이 채 되지 않았습니다. 이는 국회의장이 직권상정을 결정할 때 처음부터 상임위원회의 법안심사를 독려하는 동기가 아니라 단지 법안의 신속처리를 위한 수단으로 이용되었다는 점을 보여 주는 것입니다.

국회선진화법은 국회의 대표적인 악습이라고 하는 직권상정·날치기·몸싸움을 없애는 법이라고 합니다. 이 세 가지는 서로 연결돼 있습니다. 의장이 일방적으로 직권상정 하고 여당이 날치기하면 야당이 몸으로라도 막아 보겠다는 것이지요. 이런 식으로 직권상정이 다시 시작되면 합의로 국회를 운영하기 위해서 노력해 온 모든 상황이 물거품이 될 것입니다.

앞서 많은 의원들이 이 문제를 거론하셨습니다. 당연하지요. 그것 때문에 이 자리에 있기 때문입니다. 그러나 의장님께서 정말 국가비상사태라고 판단하셨다면 그 근거를 최소한 설명은 해 주셔야 될 것 같습니다. 그러나 그 어디에도 납득되는 설명은 없는 것 같습니다.

국회는 법을 만드는 곳이고 법의 권위를 만들어 나가는 곳입니다.

여기 계신 의원님 또 밖에 계신 의원님 모두 법 한 글자 한 글자에 얼마나 노력을 기울이는지 잘 알고 계실 것입니다. 우리는 입법기관으로서 그 누구보다 법의 한 글자 한 글자를 소중하게 다루어야 하는 사람입니다.

현실적인 어려움이 따를 때도 있지만 그럴수록 더 고민해야 된다고 생각합니다. 국회에서부터 법을 자의적으로 해석한다면 어떻게 우리 사회에 법에 따른 운영을 요구할 수 있겠습니까?

다시 돌아보고 다시 들여다봐도 직권상정을 위한 전시·사변 등 비상사태라고 도저히 납득할 수가 없습니다.

우리 정의화 의장님께서 지금까지 보여주신 그 합리적인 묵묵한 태도로 적어도 동료 의원들이 오늘 밤 11시 5분, 6분을 기점으로 100시간 동안을 이렇게 꼬박 날을 새가며, 서로 이어가며 필리버스터를 하고 그 안에서 그 법에

대한 우려를, 그 법의 잘못된 점을 거론하고 논의했으니 의장님께도 명분은 있다고 생각합니다.

이제라도 직권상정은 철회하시고 다시 이 법을 의원들의 품에, 위원회의 품에 돌려주십시오. 그래서 다시 한 번 국민들의 합의를 통해서, 여야 합의를 통해서, 상임위를 통한 적법한 절차를 통해서 이 법이 통과될 수 있도록 기회를 만들어 주시기 바랍니다.

생각보다 많이 힘드네요.

(「고생이 많아요」 하는 의원 있음)

감사합니다.

제가 이른바 테러방지법, 국민감시법에 대한 굉장히 좋은 토론 글을 한번 읽어 보겠습니다.

"그러나 현재 국가정보원을 중심으로 추진되고 있는 테러방지법은 여러 가지 측면에서 문제점을 노출하고 있습니다. 과거 권위적 정권하에서 정보 부처에 의해 저질러진 각종 인권 침해 사례에 대한 고려와 법 추진 과정에서 나타난 문제점, 현행 법체계와 헌법에 배치되는 각종 조항들은 이 법안의 순수성을 의심케 하는 대목입니다. 특히 세계적 경색 정국에 편승해 목적의 정당성을 부여받았다고 해서 그것이 수단의 정당성까지 보장하는 것은 아니라는 점을 간과한 행정부의 오만한 태도 또한 지적받아야 합니다."

이거 누가 쓴 글일까요? 바로 2002년 테러방지법 논의 당시 김홍신 전 한나라당 의원님의 글입니다.

"우리 국민이 미국 테러 사태를 통해 느낀 것은 목적과 주의의 정당성 여부를 떠나 나타나는 현상들이 비인륜적이고 파괴적일 때에는 정서적으로 동의할 수 없다는 점입니다. 반대로 테러의 방지라는 대목적에 우리 국민 모두가 동의한다 하더라도 이런 목적에 대한 동의가 곧바로 특정 정보 부처에게 우월적 지위를 부여하고 우리 법체계를 초월한 초법적 권한의 행사까지 모두 인정하는 것은 아니라는 것으로 이해되어야 할 것입니다.

과거 권위적 정권시절 정보 부서는 정권의 2인자로 통했습니다. 모든 정치적 술수나 여론 조작, 반정부 인사의 제거 등 반인륜적인 인권 침해 행위를 도맡아 해 왔다고 봐도 과언이 아닙니다. 때문에 현 정부도 정보 부처가 구태를 벗고 미래지향적인 정보부의 상을 만들어 오기 위해 노력해 온 것입니다. 국가정보원으로 명칭을 변경한 것 또한 이런 흐름의 하나로 국민 모두 이해하고 있습니다.

따라서 정부가 이런 법안의 추진에는 앞서 다양한 요소와 시각에 대해서 먼저 점검하고 필요성과 국민적 동의를 통한 사회적 합의를 이끌어내려는 적극적 노력과 신중한 접근이 필요한 것입니다."

너무나 맞는 말씀 아닌가요? 저는 지금 왜 새누리당 내에서 이런 상식적인 목소리가 나오지 않는지 의문입니다. 우리 법체계를 알고 민주주의에 대한 고민이 있는, 기본을 아는 그런 사람이라면 누구나 동의할 만한 내용이라고 할 것입니다.

그래서 마저 읽어 보겠습니다.

그 당시는 지금보다 전 세계적으로 공포에 떨었던 9·11 사태 직후였습니다.

제목은 '테러방지법으로 테러 못 막는다'라고 돼 있습니다.

"9·11 사태 이후 전 세계적으로 유래 없는 공안 정국이 조성되면서 테러의 공포는 전 세계 인류를 근거 없는 공황 상태로 몰아가고 있다. 세계 유일의 분단국가인 한반도에 살고 있는 우리 국민도 이런 위협과 공포가 남의 일로만 느껴지지 않는 것은 어찌 보면 당연한 것이다.

우리 국민과 정부가 인류애에 반하는 반인류적인 테러 행위에 대해서 반대하는 것은 누구도 부정할 수 없다. 그러나 이런 정서가 곧바로 특정 정보기관에게 특권을 부여하고 용인하는 것으로 받아들여져서는 안 된다. 더군다나 국민의 정부가 추진했던 각종 개혁 정책들이 하나 둘 힘을 잃어가고 있는 시점에서 이런 법안이 추진되고 현실화 된다면 한반도 평화 무드에 역행함은 물론 시대 역행적 조치를 용인하는 우를 범할 수도 있기 때문이다.

테러방지법 필요성에 대한 국가정보원의 입장은 다음과 같이 요약될 수 있다.

첫째, 현행법을 개정하여 테러방지 대책을 마련하기 위해서는 17개 법안을 개정해야 하기 때문에 비효율적이고 행정 낭비가 올 수 있다.

둘째, 현행 제도하에서는 테러 대책을 총괄할 수 있는 국가대표 체계의 구성이 어렵다.

셋째, 매스미디어의 발달로 국소적인 테러행위도 전 세계적인 효과를 거둘 수 있기 때문에 테러의 대상과 영역이 더욱 확대되고 있다.

넷째, 테러 무기의 고성능화로 현행 경찰력으로는 효과적인 방지대책 마련이 어렵다.

다섯째, 한미안보조약의 규정으로 인해 우리나라도 상시적인 테러의 대상이 될 수 있다는 점 등으로 요약될 수 있다.

일면 타당성을 인정할 수도 있는 내용이다. 9·11 테러 사태의 여파가 그만큼 파괴적이었고 우리도 무언가의 조치가 필요하다는 점에 대한 사회적 공감대가 형성되고 있기 때문이다. 하지만 우리는 이런 필요성에 대해서 인정하면서도 한편으로는 의문점을 갖지 않을 수 없다. 그것은 '테러방지법이 반드시 필요한가?'의 문제의식으로 요약될 수 있을 것이다.

국민들이 정책 당국자에게 '테러방지법이 없으면 효과적인 테러방지 대책을 세울 수 없는 것인지?' 물어보는 것은 헌법에 보장된 당연한 권리이고 당국자는 이런 의문사항에 대해 충실히 답변해야 할 의무가 있다. 그러나 정책 당국자들은 국민들의 이런 의문에 대해 충실히 답변하고 있지 못하고 있다.

현재 우리나라의 경찰은 모든 범죄에 대해 예방, 진압 및 수사할 권한을 가지고 있다. 또한 테러 방지를 위한 우수한 특수부대가 육성되고 있고 전투경찰대를 비롯하여 중앙집권화 된 막강한 경찰력을 보유하고 있다. 굳이 새로운 제정 법안이 마련되지 않더라도 부분적인 법률의 수정·보완과 특수부대의 기량 향상 등 제반 노력이 실시된다는 전제하에 경찰로 지휘명령 계통을 통일하고 국가정보원이 대외 정보를 충실히 제공하면 합리적이고 타당한 대테러 대책이 마련될 수 있다.

(정의화 의장, 정갑윤 부의장과 사회교대)

때문에 부담스러운 입법 과정과 잡음을 무릅쓰고 테러방지법을 추진하는 국가정보원과 정부의 의도는 더욱 의심받는 것이다.

정부는 테러방지법을 제정해야 한다고 역설하면서 그 필요성에 대한 근거를 국민들에게 명확하게 전달하지 못하고 있다. 우리 국민 대다수는 9·11 테러 사건이 어떻게 발생했고 그 원인이 무엇인지에 대해 충분한 정보를 제공받고 있지 못한다. 정부는 물론이고 언론조차도 미국 정부의 엄격한 통제 아래 제한적이고 선별적으로 허용된 세계 메이저 방송사들의 보도를 그대로 따라갈 수밖에 없었고 심지어는 국내 언론사 나름의 일정한 입장이나 편집 방향 등도 배제된 채 CNN이나 BBC가 전달하는 미국 정부와 전쟁 주도국의 시각을 여과 없이 고스란히 자막만 달아 방영하는 행태도 서슴지 않았다. 테러는 지구 반대편에 있는 미국의 뉴욕이라는 도시에서 벌어졌지만 우리 국민은 그것을 곧바로 우리 문제와 동일시할 수밖에 없는 상황이 조성됐던 것이다."

지금 이 시점에서 그 9·11 테러 사건과 다른 것을 그대로 바꾸면 아무 다른 게 없는 것이지요.

"그러나 냉정하게 돌아본다면 9·11 테러 사건은 역사상 유래를 찾아볼 수 없는 전대미문의 사건이었고, 우리 입장에서는 엽기적이기까지 한 돌발적인 상황이었다고도 판단할 수 있는 문제이다. 단일 패권시대의 초강대국인 미국의 세계 지배 구도 속에서 아랍권과 이들을 포함한 제3세계가 오히려 생존권적 차원에서 위협받고 있고 이번 테러사태와 같은 이들의 돌출적 행동이 극한적 상황에서 발생한 저항권의 일부일 수 있다는 제3의 시각은 끼어들 여지조차 없다.

또한 우리나라 국민의 상당수는 '테러하면 이북'이라는 냉전적 사고에서 여전히 자유롭지 못하다. 이런 상태에서 정부가 일방적으로 무형의 테러 위협을 근거로 입법 타당성을 내세운다면 불과 얼마 전에 김대중 대통령이 김정일 국방위원장과 평양에서 포옹을 했던 역사적 사실은 아무 의미 없는 해프닝으로 폄하되는 상황까지 초래될 수도 있는 것이다.

미국이라는 나라에서 벌어진 테러 사태가 곧바로 우리 민족의 화해와 평화 무드를 일거에 무산시킬 수 있는 냉전지배적 풍토로 몰아갈 수 있는 위험성은 전혀 고려되고 있지 못한 것이다.

이런 점을 간과한 채 월드컵을 앞두고 시간이 없는데 문제가 생기면 책임질 거냐는 식으로 여론을 조성하고 국민들을 위협하는 정부의 태도는 문제일 수밖에 없다.

미국에 의해서 조성되고 있는 세계적 공안정국의 원인은 무엇이고, 이런 세계 정세의 흐름이 우리나라에 미치는 영향은 무엇인지, 나아가서는 북과 한반도의 통일에 미치는 영향은 무엇인지에 대한 정확한 진단과 대책을 마련해야 할 정부가 스스로의 의무를 방기하고 있는 것이다.

우리는 과거 권위적인 정권하에서 정보기관에 의한 불법 사찰과 인권 침해, 공안통치의 폐해를 뼈아프게 겪은 바 있다. 그리고 국가정보원은 항상 이런 행위의 중심에 있었다. 때문에 우리는 국가정보원의 움직임에 대해서 항상 주시하고 경계할

수밖에 없다. 우리 사회 개혁의 과제 중 하나는 언제나 정보 부처가 본연의 역할을 다하는 것으로 귀결된다는 사실도 이를 반증한다.

국가정보원이 주도한 이번 법안 추진 과정에서도 관련 부처의 심상치 않은 반발이 있었고, 법안이 제출된 현재까지도 아직 정리되고 있지 못한다. 민간정부가 들어서면서부터 국가정보원의 역할과 영역은 이전에 비해 상당히 줄어든 상태이고 기득권을 상실한 국가정보원이 자신의 영역을 확장하기 위해 끊임없이 준비하고 시도해 왔다는 것은 주지의 사실이다. 단지 9·11 사태를 계기로 이번 법안이 만들어진 것이 아니라 국가정보원의 일관된 자기영역 확대의 노력 속에서 치밀하게 준비되어 왔고 9·11 사태는 이런 시도에 호기를 주었다고 의심하는 것도 그다지 무리한 판단은 아니다.

이는 우리나라만이 아니고 다른 나라의 예를 봐도 확인할 수 있다. 미국과 독일 등지에서도 이미 9·11 사태 이전에 차근차근 반테러법이 준비되고 있었고, 9·11 테러는 국민들의 상당한 저항을 불러일으켰을 반테러법이 쉽게 기획되고 성립될 수 있는 계기를 준 것에 불과한 것이기 때문이다.

법안의 내용을 살펴봐도 이 법안이 상당한 무리수를 두고 있음을 알 수 있다. 테러단체를 '설립 목적의 여하를 불문하고 그 구성원이 지속적으로 테러를 행하는 국내외의 결사 또는 집단'이라 규정하면서 정당한 정치적·종교적 목적을 가진 집단도 법집행권자의 자의적인 해석에 따라 얼마든지 테러단체로 규정될 수 있도록 한 점, 국정원장이 통제권한을 가지는 대테러센터의 설립과 국정원의 역할이 필요 이상으로 강조되면서 고유의 업무 영역에서 벗어난 수사나 사찰행위가 일어날 가능성, 이미 제한적으로 사법경찰권과 군사법경찰권을 가지고 있는 국정원이 이 법이 현실화될 경우 얼마든지 민간에 대한 수사와 사찰이 가능하도록 보장한 점, 군의 경찰직무 수행, 군병력의 상시 동원, 과도한 형벌규정과 미신고죄, 허위신고의 처벌, 도·감청의 무제한적 허용 등 각종 독소 조항이 존재하고 있다. 이런 상태에서 이 법이 현실화된다면 국민생활에 미치는 폐해가 심각하리라는 것은 쉽게 예상할 수 있다.

9·11 테러 이후 각국 정부는 '눈에는 눈'식의 강경일변도로 전환하고 있다. 외국인과 정치적 소수그룹에 대한 감시와 탄압의 강도는 날이 갈수록 강화되고 있다. 그러나 감시와 억압은 결코 궁극적인 해결 방법이 될 수는 없다. 북아일랜드와 이스라엘의 경험은 좋은 예가 될 수 있다. 북아일랜드는 결국 대화와 타협을 통해서 테러를 종식시켜 가고 있는 데 반해 강경책으로 일관하는 이스라엘은 현재까지 분쟁과 테러의 소용돌이 속에서 벗어나고 있지 못한다.

이런 예들을 고려한다면 우리가 취해야 할 자세는 분명하다. 미국의 일방적인 입김에서 벗어나 남북 당사자가 주인이 되어 한반도에 평화무드를 조성하고 북을 테러지원국으로 분류하고 있는 미국의 시각 교정을 유도해 나가야 된다. 또한 미국을 추종하는 일방적인 외교정책이 아니라 우리 상황과 독자적 판단에 따른 실용적이고 독립적인 외교 방안을 마련할 필요성이 있다. 이런 노력을 통해 미국과 우방이라는

사실만으로 우리까지 테러의 대상이 되는 우스운 상황의 전개는 막아야 할 것이다.

이와 같이 합리적인 국가정책을 기본으로 하고 현실적으로 요구되는 부분은 현행법과 제도를 수정·보완해 나간다면 우리가 목표로 하는 테러 방지를 통한 안락한 국민생활의 보장은 어렵지 않게 달성할 수 있으리라 판단된다.”

이것은 2002년의 9·11 테러와 관련된 그 부분들만 지금 현재 벌어지는 상황으로 바꾸어서 읽어봐도 여전히 옳은 내용입니다.

이 주장은 다름 아닌 그 당시 한나라당의 의원님의 글입니다. 이제 갑자기 달라지는 이유는 무엇일까요? 그분이 의원이 아니어서 그런 걸까요? 깊게 고민해 주시기를 부탁드리겠습니다.

저는 다시 생각해 봐도 그 조직에 부여된 권한들을 제대로 행사하고 아까 앞에서도 얘기했지만 좀 더 그 법을 침해해서 남들도 잘 모르는데 조금 남용하고 악용하면 어때라는 그런 유혹들을 과감히 떨칠 수 있게 다양한 통제조치나 감시 조치들이 마련되어야 된다고 생각합니다. 정보기관에 대해서.

그런데 지금 현재 국정원의 현 주소는 우리가 기대하는 정말 신뢰할 만한, 우리가 그저 맡겨서 그 사람들의 제대로 된 정당한 공권력의 행사를 기대할 수 있는 기관인지 아직은 아니라는 생각입니다.

앞에서도 계속 얘기했지만 실제로 국정원의 중요한 조직이 국정원법에서 명시적으로 금지하고 있는 정치 관여 행위를 통해서 지속적으로 임기기간 내내 중요한 선거에 개입하고 그런 행위들을 우리 모두가 기억하고 있는데 그 이후에 그분들의 자숙하는 모습이나 변화되는 모습이나 개혁되는 모습이나 본 분이 계신가요?

그래도 우리 사회를 이끌어가는 어떤 기준이라는 게 있지 않습니까? 신상필벌이라는 것도 있고 권선징악이라는 것도 있고 잘못된 공권력의 남용을 목도한 지금의 현실에서 왜 우리는 그 국정원에게 우리가 그렇게 어렵게 수십년 동안 노력해서 만들어 놓은 법치주의, 영장주의라는 그 원칙들을 포기해야 하는 거지요?

아까도 말씀드렸지만 그 위치 추적 또 민간 정보사업자들이 사람들의 수가 어마어마하다는 거지 않습니까? 그렇다고 하면 지금 이 시점에서는 테러 방지를 위한 다양한 대책들과 또 이 법을 통해서 발생할 수 있는 부작용과 인권 침해의 가능성에 대해서 얼마나 진지하게 고민해 봤는지 이젠 말해야 될 때인 거지요.

지금 당장 아까 제가 읽어드린 그 김홍신 의원의 글 속에서도 보였지만 지금 당장 테러의 위험이라는 것이 가시화되지 않은 상태로, 그리고 그렇게 강조되지 않는 상태로 인권 침해의 그 엄청난 가능성을 우리가 외면해야 될 이유는 전혀 없다고 생각합니다.

수많은 언론들이 그렇지만 이번 사건도 정작 간첩이다, 간첩을 체포했다 이렇게 얘기할 때는 정말 수백 건 많게는 수천 건의 언론보도가 나옵니다. 그러나 그 피고인이 결국은

험난한 재판과정을 통해서 1심, 2심 간첩이 아니라는, 그리고 그 또한 거짓자백을 받아서 간첩으로 조작됐다는 내용이 담긴 무죄 판결의 소식은 몇 개 안 됩니다.

이 논의를 하고 있는 그 직전인 2016년 2월 19일에 또 의미 있는 무죄 판결, 항소기각 판결이 납니다. 2014년 3월에 국가정보원과 검찰이 동시에 발표한 간첩사건이 있습니다. 그런데 그 간첩사건이 결국 1심도 무죄가 났고 검찰의 항소가 있었는데 그 항소도 기각이 돼서 무죄가 나는 판결이 나왔습니다.

기사에 보면 진술거부권 고지조차 없이 격리상태에서 조사됐고, 진술거부권 고지가 부실했고 영상녹화도 안 됐고, 그 압수된 물건들은 간첩장비가 아닌 일상용품이고, 반성한다는 반성문도 가족 탈북을 도와주겠다는 국정원 직원의 약속을 믿고 허위로 사실과 다르게 작성했다는 겁니다. 이게 여전히 2013년, 2014년 현재 이루어지고 있는 거였지요. 그리고 여전히 제가 아까도 말씀드렸지만 그 공식 홈페이지에 보도자료들이 하나도 삭제되지 않고 고스란히 남아 있습니다.

저는 이 조직의 오만함에 때로는 놀라기도 합니다. 어떻게 그 수많은 자료들이, 우리는 몰라도 본인들은 아실 거잖아요. 본인들이 하신 일들을 아실 것인데 그 상황들마다 철저하게 사실과 다르게 해명하고 사실을 부인하고 그랬던 보도자료를 단 1개도 내리고 있지 않은 것 같아요. 이렇게 신뢰를 하려야 신뢰하기가 어려운 그런 행위들을 하고 있는데 어떻게 국정원에게 그 엄청난 인권침해의 소지가 너무나 분명한 그런 권한들을 그렇게 무책임하게 아무런 통제조치, 제대로 된 조치도 없이 그렇게 할 수가 없는 것입니다. 다시 한 번 정말 부탁드립니다. 제가 이 부분은 꼭 좀 재고해 주셨으면 좋겠습니다.

이제 저도 마무리를 하려고 합니다.

이동호 님이 보내 주셨습니다. ‘필리버스터를 통해서 우리 시대의 보석들을 발견합니다. 헬조선, 누가 만들었는지 필리버스터를 보면서 확실히 느끼게 됩니다. 상식이 통하는 세상이라면 테러방지법을 만들려는 그들이 과연 정당한 정치단체라고 볼 수 있을지, 특히나 TV 등에서 일부러 외면하는 모습 정말 화가 납니다. 그래도 꿋꿋이 진행하시는 의원님들을 보면서 감사드립니다.’

저도 감사드립니다.

김한열 님 ‘필리버스터 마리텔 때문에 국회와 국회의원을 다시 보게 됐다는 의견이 많습니다. 정치권을 항상 싸움질이나 일삼는 곳으로 비치도록 만든 책임자들은 이 시각에도 여전히 그 행태를 유지하고 있습니다. 언론의 통찰력 있는 제언은 바라지도 않아요. 있는 그대로만 보여 줘도 사회는 크게 바뀔 것입니다.’

박혜리 님 ‘뉴욕타임지에 필리 나왔네요. 정청래 의원의 코멘트 언급하고 현재 제가 말하는 중이라 나왔습니다. 당연히 이 필리를 왜 시작했는지 나와 있고요. 당연히 지금 박 대통령에 대해 나와 있습니다. 계속 필리가 지속되면 세계가 주목할 것이고 점점 더 어떤 이유로 이렇게 계속

세계신기록을 갱신하는지 그 이유를 알려고 할 것입니다. 그러면 당연히 국정원 댓글조작 등이 더더 널리 퍼질 것입니다.'

임정배 님 '많은 국민들이 이제 눈을 뜨고 귀를 열고 진실을 깨달아 알아야 합니다. 비이성적이고 비양심적인 사람들이 테러 방지라는 거짓 명목으로 국민을 현혹하며 전 국민을 감시·감청하려고 합니다. 이런 의도가 현실화되는 것은 이미 대한민국의 인권이 너무나 많이 과거로 후퇴했음을 보여 줍니다.'

이화자 님 '지금처럼 야당이 야당처럼 보인 적이 없습니다. 응원합니다.'

유선근 님 '아무것도 모르는 노동자입니다. 테러방지법, 일반 대다수 국민은 테러 안 나게 하는 방지법이니 야당이 왜 반대하는지도 모릅니다. 필리버스터로 인해 그나마 이 법이 얼마나 악법인지 알게 되었습니다. 감사합니다. 더욱 국민에게 다가가는 정당이 되시기를 부탁드립니다.'

나양한 님 '의원님, 내일 오전 두 아이를 데리고 국회에 방청할 예정입니다. 내일 가서 '여기가 민주주의의 현장이고 민주주의의 역사를 만들어 가는 곳이다. 저기서 혼자 토론하는 국회의원의 용기를 배워라' 이렇게 교육할 기회를 주셔서 고맙습니다.'

김용진 님 '테러방지법이라는 말이 얼마나 모순적이냐 하면요, 테러도 결국 사람이 하는 일이 아닌가요. 그렇다면 테러를 방지한다는 말은 테러를 할 만한 사람을 미리 골라내어 못 하게 해야 한다는 말과 동일합니다. 그러면 테러를 할 만한 사람을 누가 어떻게 평가하고 감시할 수 있을까요?'

신휴부 님 '감동, 1번만 지지하다가 아이들 수장시키고 국민을 괴롭히고 사과 없는 저들의 비인간성을 보고 56년 만에 당적을 가지게 되었습니다. 이렇게 훌륭한 의원들이 많은 줄 모르고 한때 싸잡아 비난한 과거가 부끄럽습니다. 인생에 잘한 일 중의 하나입니다.'

이렇게 늦은 시간까지 방청석을 지켜 주시는 분들, 그리고 TV를 통해서 이 늦은 시간까지 시청을 하시고 이렇게 글을 올려서 응원해 주시는 분들께 진심으로 감사드립니다.

그리고 이 늦은 시간에 이렇게 자리를 지켜 주시는 의원님들 또 정갑윤 부의장님께 감사드립니다.

이제 맺음 마지막 말을 하겠습니다.

제가 19대 국회에서 가장 애쓴 것 중의 하나는 형제복지원 사건의 진상규명입니다. 형제복지원 진상규명법을 발의한 때부터 그것을 고민하고 피해자들과 같이 만나서 고민한 것은 4년이 다 되어가고 발의한 지도 2년이 다 되어가도록 아직 통과시키지 못하고 있지만 제가 어떻게든 끝내 해결하고 싶은 문제입니다.

형제복지원은 박정희·전두환 권위주의 정권 시절에 부랑인을 없앤다는 명목으로 무고한 사람들을 납치해 가둔 사건입니다. 형제복지원 피해자들은 제대로 먹지도 못한 채 강제노역, 폭력, 성폭력에 시달려야 했고 공식적인 피해자들만 513명에 이릅니다.

형제복지원 피해자들은 왜 형제복지원에 끌려가게 되었을까요? 바로 의심스러워서입니다. 형제복지원 피해자들은 부랑인으로 의심되어서, 만에 하나라도 사회질서를 해칠까 의심스러워서 형제복지원에 갇힌 것입니다. 그러나 그들은 그냥 집 앞에서 놀고 있던 아이였거나 도시에 왔다 길을 잃은 지방 사람이었습니다. 일자리를 찾아 역전에서 맴돌던 실업자 빈민이었고 하루의 피로를 술로 풀고 귀가하던 노동자였습니다.

국가의 의심은 결코 평등하지 않습니다. 의심은 늘 권력을 가진 자들이 소외된 사람들을 향해서 하는 것입니다. 국가는 가난한 사람을 의심하고 약한 사람을 의심합니다. 우리의 근현대사 속에서 권력 있는 사람들은 의심받지 않았습니다. 해방 후에 극심한 가난과 혼란 속에서 그저 쌀을 얻고자 했던 사람들은 북한군에 합류할 의심이 든다고 학살당했습니다. 국민보도연맹 이야기입니다.

박정희 정권의 편이 아니라 조국의 민주주의와 통일의 편에 섰던 사람들은 북한의 사주를 받았다고 의심되어 사법살인을 당합니다. 인민혁명당 사건 이야기입니다.

권위주의 정권의 수탈로 농사를 포기하고 일자리를 얻으러 온 사람들은 잠재적인 불안요소라며 아무런 잘못 없이 시설에 감금되었습니다. 형제복지원 사건입니다.

자유를 위해 목숨을 걸고 탈북한 유우성 씨는 간첩으로 의심받아야만 했습니다. 최근의 국정원 간첩조작 사건입니다.

의심받는 사람은 늘 빈민이고 여성이고 탈북자이고 가난한 나라 출신의 외국인입니다. 의심은 늘 정권의 반대편에 선 사람과 지금과는 다른 세상을 만들고자 하는 사람들입니다. 그렇기 때문에 의심은 철저히 합리적이어야만 하고 정보관리는 반드시 통제되어야만 합니다. 비합리적인 의심과 통제되지 않는 정보는 권력자가 약자에게 휘두르는 칼이 됩니다. 의심은 합리적이고 평등해야 합니다. 정보를 관리하는 행정부는 국민에게 통제되어야 합니다. 이것이 결코 물러날 수 없는 법치주의의 기본원칙입니다.

테러는 정보를 독점하는 비밀스런 조직에 의해 예방되지 않습니다. 테러는 소중하게 지키고 싶은 삶이 있고 사랑하는 사람이 있는 국민들의 힘으로 예방됩니다. 세계평화를 위해 대한민국이 어떤 역할을 해야 하는지 국민들이 함께 이야기하고 함께 움직일 때 막을 수 있습니다. 그 동력은 국민들이 자신들의 삶을 사랑하게 하고 나라를 자랑스럽게 여기도록 하는 것에서 시작됩니다. 박근혜정부는 테러예방이라는 미명 하에 오히려 국제관계에서의 적을 늘리고 있고 국민들에게 더욱 살기 싫은 사회, 떠나고 싶은 나라를 만들고 있습니다. 박근혜정부가 정말 국민을 테러로부터 보호하고 싶다면 국정방향부터 다시 세워야 합니다.

이미 여러 번 학습한 새누리당의 횡포에 '이렇게 해 봤자 통과될 텐데 뭐'라는 생각을 가진 분도 계실 겁니다. 그러나 포기하지 말기를 바랍니다. 가장 무서운 상대는 힘이 센

상대가 아니라 끈질긴 상대입니다. 거듭된 횡포로 우리가 무기력해지기를 바라고 있을 겁니다만 포기하지 않겠습니다. 끈질기게 매달려서 민주주의를 수호하는 강한 야당이 되겠습니다. 끝까지 지켜봐주시고 응원 부탁드립니다. 국민들의 뜨거운 응원과 지지가 우리들의 유일한 힘이자 희망입니다. 국민이 더 행복한 대한민국을 만들기 위해 더불어민주당 끝까지 함께 하겠습니다.

　　감사합니다.

● **부의장 정갑윤** 진선미 의원 수고하셨습니다.

　　다음 토론자가 나오시기 전에 제가 한 말씀 드리겠습니다.

　　사회를 보고 있는 의장으로서 테러방지법에 대한 무제한 토론을 관심 있게 지켜보고 계시는 국민 여러분들께 정확한 사실관계를 전달해 드리기 위해 한 말씀 드리겠습니다.

　　지난 23일부터 시작된 무제한 토론은 오늘 이 시간까지 열여덟 분의 의원님들께서 테러방지법 제정의 필요성 및 주요내용과 조문별 타당성에 대하여 장시간 동안 설명을 하시고 계십니다. 다양한 발언이 있었지만 가장 쟁점이 되는 부분은 국가정보원의 감청과 금융정보 열람에 관한 부분입니다.

　　먼저 국가정보원이 임의로 일반 국민들의 휴대폰을 감청할 수 있다는 취지의 발언이 있었으나 통신 감청은 대테러활동에 필요한 경우에 한해서 통신비밀보호법 제7조에 따른 엄격한 절차를 거쳐 실시됩니다. 내국인은 고등법원 부장판사의 허가를 받아야 하고 외국인은 서면으로 대통령의 승인을 얻어야 합니다.

　　또 다른 쟁점은 국가정보원이 직접 국민들의 금융정보를 제한 없이 열람할 수 있다는 부분입니다. 그러나 금융정보 열람은 테러인물에 대한 조사업무를 위해 필요하다고 인정되는 경우에 한해서 국가정보원장이 금융정보분석원장에게 요청하는 것으로서 그 목적 및 절차상 제한이 있습니다.

　　이미 특정 금융거래정보의 보고 및 이용 등에 관한 법률에 따라서 검찰, 경찰, 국세청 등 7개 기관이 형사사건·조세사건 수사 등의 경우에 금융정보분석원장을 통하여 금융정보를 열람하는 상황에서……

　　(「부의장님!」 하는 의원 있음)

　　(「그러려면 밑에 내려와서 하세요!」하는 의원 있음)

　　국가정보원을 금융정보 열람 요청 기관으로 추가한 것입니다.

　　(「그건 의장석에서 할 발언이 아니면 내려와서 하시라고요!」하는 의원 있음)

　　따라서 테러방지법이 통과되더라도 금융정보원이 임의로 국민 여러분의 휴대폰을 감청하거나 제한 없이 금융정보를 열람하는 것이 아니라는 점을 말씀드립니다.

　　(「그게 사회석이니까 의장은 내려와서 하시라고요, 그 발언은」하는 의원 있음)

　　실제……

　　(「진행을 하셔야지 왜 토론을 하세요?」하는 의원 있음)

　　(「뭐 하시는 거예요?」하는 의원 있음)

　　그러면 계속해서 토론을 실시하겠습니다.

　　(「아니, 의장님, 정식으로 토론 신청해서 하셔야지요」하는 의원 있음)

　　(「아니, 의장님! 발언 신청해서 하셔야지요」하는 의원 있음)

　　더불어민주당 최규성 의원 나오셔서 토론해 주시기 바랍니다.

(2016년 2월 28일 오전 1시 37분)

19

최규성 의원

제19대 국회의원 (전북 김제 완주군)
더불어민주당

2016년 2월 28일 오전 1시 42분 시작
2016년 2월 28일 오전 4시 35분 종료
발언 시간 2시간 53분

"역사라는 것은 미래를 향한 우리들의
귀감입니다!"

(2016년 2월 28일 오전 1시 42분)

● **최규성 의원** 존경하는 국민 여러분!

정의화 국회의장님을 비롯한 선배·동료 의원 여러분!
더불어민주당 소속 국회의원 최규성입니다.

현재 국회에서는 국회의장이 직권상정한 테러방지법에
대한 국회 필리버스터가 5일째 접어들고 있습니다. 많은
국민 여러분들의 관심과 성원 덕분에 이어 가고 있습니다.

아낌없는 격려를 보내 주고 계신 국민 여러분께 진심으로
감사의 말씀을 드립니다. 그리고 국회 밖에서 장시간 저희와
함께 시민 필리버스터 릴레이를 이어 가고 계시는 많은
분들께도 깊은 감사를 드립니다. 아울러 제대로 쉬지도
못하는 상황에서도 맡은 바 위치에서 최선을 다하고 계시는
우리 국회속기사 여러분 그리고 경위 여러분들을 비롯한
국회사무처 직원 여러분들과 언론인 여러분들의 노고에
진심 어린 경의를 표합니다.

정부와 여당이 밀어붙이고 있는 일명 테러방지법에 대한
문제, 지금까지 많은 의원님들께서 말씀하셨습니다. 이를
통해 많은 국민들께서도 이 법의 독소 조항이 무엇인지
그리고 무엇 때문에 야당이 필리버스터를 통해 반대하고
있는지 잘 알고 계실 것이라고 생각하지만 다시 한 번
말씀드리겠습니다.

정부와 여당 그리고 국회의장까지 나서서 통과시키려고
하는 일명 테러방지법은 국정원에 대테러센터를 설치해
대테러업무를 총지휘하는 컨트롤타워로서의 역할을 주고
통신비밀보호법, 금융거래정보법 등 일부 개정의 휴대전화
감청, 금융거래 내역 사찰 등을 허용하는 내용을 담고
있습니다.

또 사이버테러 방지법도 인터넷 포털사이트와 SNS를
합법적으로 실시간 감시할 수 있는 권한을 주고 국정원이
요구하면 개인정보 등도 사찰할 수 있도록 하고 있습니다.

간첩 조작을 스스럼없이 자행하는, 대선에도 스스럼없이
개입하는, 그렇지 않아도 무소불위의 권력을 가지고 있는
국정원에 날개를 넘어 로켓 엔진을 달아 주는 내용을 담고
있습니다.

저는 국회의 정보위 소속 의원도 아니고 그렇다고
국가정보기관에 대한 전문가도 아닙니다. 그러나 국민들을
무차별적으로 감시하고 공안탄압을 강화시킬 내용이 담긴
이 법안을 보면서 저는 과거의 기억이 떠오르면서 온몸에
소름이 돋는 것을 느꼈습니다.

유신 독재정권 유지에 온갖 악행을 저질러 왔던
중앙정보부를 시작으로 저 역시 세 번이나 끌려갔었던
그리고 그곳에서 발가벗겨져서 고문당하고 폭행당한
중앙정보부 남산 6국의 건물이 또 최근까지도 스스럼없이
간첩 조작을 하고 대선에 개입하고 민간인을 사찰해 온
이름만 바꾼 국정원이 떠올랐습니다.

벌써 45년 전 일입니다. 제가 대학교 4학년 시절 71년
그리고 72년, 76년, 저는 세 번 중앙정보부에 끌려갔습니다.
현재 19대 국회의원들 중에서도 당시의 중앙정보부에
끌려가서 발가벗고 두들겨 맞은 그런 국회의원들이 많이
있습니다.

새누리당 6선의 최고위원 이인제 의원, 저하고
죽마고우 친구, 대학 동기·동창입니다. 대학교 3학년 때
중앙정보부에—그때 영장이 뭐가 있겠습니까?—끌려가서
두들겨 맞고 그리고 저한테 와서 하소연을 했습니다. '야,
규성아. 나 이제 그만 해야 되겠다. 나 사법시험 봐야 되겠다'
'그래, 그렇게 해라' 당시의 그런 무소불위의 권력을 자랑했던
것입니다.

여기 계시지 않지만 심재권 동지·선배, 당시에
중앙정보부에 끌려가서 맞았고…… 당시 중앙정보부
6국, 바로 남산입니다. 거기의 '오치억' 저도 잊어버리지
않습니다. 고등계 형사 출신 오치억 계장이—수염이 나 있는
계장입니다—저한테 나올 때도 그랬고 많은 사람들한테
'나도 자네 같은 손자가 있네' 그렇게 하면서 발가벗겨서
두들겨 맞던 그게 45년 전 일입니다.

또 저기 앉은 제 친한 친구 유인태, 중앙정보부에서
발가벗고 같이 두들겨 맞고 화장실에서 만났습니다. 정말
눈물이 날 일입니다. 그렇게 만나고 그렇게 45년이 지난 이
시점에서 다시 또 그 사악한 중앙정보부가 자신의 권한을,
이름만 바꾼 국정원이 자신의 권력 독재를 다시 자행하려는
그 음모 앞에 서 있는 것입니다.

한 번, 두 번이 아닙니다.

또 제가 알기로는 문희상 선배님, 또 많습니다. 또 김태년
의원도 그렇고요. 또 새누리당에도 많은 의원들이 있습니다.
이 법 개정을 낸 의원은 중앙정보부의 직원으로 근무한 저희
의원님들로 알고 있습니다.

2001년도에 중앙정보부가 또 비슷한 법안을 냈습니다, 그 당시에도. 바로 이름만 바꾼 국정원을 중앙정보부의 원래의 권한, 무소불위한 권한, 일반 국민을 마음대로 잡아가고 일반 국민을 영장 없이 잡아가고 일반 국민의 휴대폰을 영장 없이 도청하고 그리고 일반 국민들의 통장을 영장 없이 들여다보고 일반 국민들을 추적할 수 있는 그런 대테러법 만들자고 2001년도에 했고 많은 새누리당 의원들이 그거 해선 안 된다, 많은 변호사들이 그걸 해서는 안 된다 했습니다. 바로 이 중앙정보부, 이름만 바꾼 국정원은 바로 대통령 직속하에 있기 때문에, 대통령께 잘 속닥거릴 수 있는 자리에 있기 때문에 그것의 권한이 강화될 기회를 찾아서 끊임없이 추진해 왔던 것입니다.

노무현 정부 시절에는 중앙정보부 부장이 독대하는 것을 없앴습니다. 노무현 정부 시절 중앙정보부 사람들이…… 저는 그 당시 벌써 여당 의원이었습니다만 많은 얘기가 제발 대통령께 속닥거릴 수 있는, 독대할 수 있는 기회를 달라는 거였습니다. 저기 계신 유인태 의원님은 잘 아실 것입니다. 참여정부에서는 절대로 중앙정보부한테 그런 권한을 줄 수가 없다……

중앙정보부는 권력 쥐고 대통령 밑에 있는 기관입니다. 예산도 국회에서 터치할 수 없습니다. 인원도 터치할 수 없는 것이고. 그렇기 때문에 중앙정보부가 할 수 있는, 법으로 다 정해져 있는 것인데 그것을 넘어서 도청도 하고 감청도 하고 또 사람도 잡아서 조사하고…… 목적은 국가의 안위를 보호하고, 이제는 테러의 위험이 있는 자…… 대한민국 세상에 테러의 위험이 있다고 가정하면 대한민국 국민 중에 안 걸릴 사람이 누가 있습니까? '외국 테러단체하고 접촉할 위험이 있고 관계될 위험이 있다' 다 생각하면 다 있는 것입니다. 그런 이름에, 그런 빙자하에 대한민국 전 국민의 통장을 뒤져 보고 영장 없이 전 국민의 전화를 도청하고 핸드폰을 도청하고 이렇게 하자는 법이 대테러방지법입니다.

정청래 의원은 여러 차례 얘기했습니다. 대테러방지법 이거 말고 대테러지침이 있습니다. 제가 이따 설명하겠지만 아주 잘 되어 있어요. 그거 그냥 법제화하면 됩니다.

새누리당 의원님들, 국회의원의 임무가 뭡니까? 민주주의를 수호하는 것입니다. 민주주의, 바로 나라의 주인이 국민이라는 그 민주주의를 수호하는 것이 국회의원들의 임무인 것입니다. 우리 유신시대로 돌아가자는 얘기입니까?

중앙정보부, 여당 의원들이 먼저 당합니다. 나도 이따 다시 설명드리겠지만 여당 의원들 수염 뽑힌 사건 잘 알고 있지 않습니까? 오치성 그거 하나 했다고 수염 뽑고 콧수염 뽑고, 그게 중앙정보부입니다. 그런 세상으로 돌아가자는 이 법이 대테러방지법이니까 통과시키자…… 테러 방지하자는데 반대 대한민국 국민이 누가 있습니까? 테러 방지하자는 데는 다 찬성하는 것 아닙니까?

그리고 다 법이 있어요, 지침이지만. 그거 법으로 만들면 됩니다. 그런데 거기에 국정원의 권한을 강화해서 중앙정보부로 돌아가자, 제한 없이 조사할 수 있는 권한을 가지고 옛날 70년대 그 남산의 시대로 돌아가려는 이 법을 제출해 놓고 그것을 또 직권상정이라고 하는 국회의장님, 정말 한심하기 짝이 없습니다.

의장님…… 부의장님은 나는 안 그랬을 거라고 보는데 이게 무슨 비상사태니 뭐니 하는 것, 정말 한심하기 짝이 없는 것입니다.

저는 오늘 이 악몽 같은 중앙정보부의 45년 전 기억, 이제 제가 45년이 지난 이 시점에 국회, 국민들 앞에서 45년 전의 이 아픈 추억을 떠올리면서 이 자리에서 우리 국회의원들의 임무, 민주주의를 수호하고 국민을 보호해야 될 임무, 그것을 말해야 될 기회를 가졌다는 것은 정말 가슴이 떨립니다.

저와 함께 대한민국의 민주화를 위해 지난 30여 년간 군부독재와 싸우며 청춘을 바쳐 왔던 고 김근태 선배가 또 떠올랐습니다. 폭력으로 정권을 장악한 전두환 정권이, 장기 집권에 걸림돌이 되는 민주화운동권에 대한 대대적인 탄압을 계획하고 있던 전두환 정권에서 약 한 달 동안 전기고문과 물고문 등 온갖 고문과 폭행의 후유증으로 반평생을 고통 속에 살다가 우리의 길을 떠난 고 김근태 선배처럼 선량한 우리 국민들은 국가정보권력으로부터 탄압과 감시를 받아서는 안 된다는 생각에 이 자리에 서게 됐던 것입니다.

우리 국민들 모두가 피땀 흘려 이룩한 민주주의가 날이 갈수록 후퇴하고 있는 이때 과거 악행으로부터 자유로울 수 없고 최근까지도 간첩 조작을 하고 민간인을 사찰해 온 국가정보기관이 다시 그 과거로 회귀하려는 내용이 다분히 이 법안을 보면서 헌법 제1조 1항 내용인 '대한민국은 민주공화국이다'라는 점을 박근혜정부와 새누리당에 상기시켜 주기 위해 이 자리에 섰습니다.

많은 국민들께서 이 법을 국민 도·감청법, 국민감시법, 국정원강화법, 계좌조회자유화법 등으로 지칭하고 계시지만 저는 이 법을 유신회귀법, 제2의 유신부활법이라고 말씀드리고 싶습니다. 중앙정보부에 날개를 달아서 이 중앙정보부가 바로 유신 그 세상을 만드는 데 역할을 하려고 하는 법이 아닌가 생각하는 것입니다.

무소불위의 권력을 가지고 있는 국가정보기관의 공안탄압이 얼마나 무서운 일인지 국민들께 알려 드리기 위해 고 김근태 선배가 민청련 재판 당시 증언했던 일부를 낭독한 후 본격적인 토론으로 들어가겠습니다.

고 김근태 선배의 증언 내용입니다.

"본인은 9월 한 달 동안 9월 4일부터 9월 20일까지 전기고문과 물고문을 각 다섯 시간씩 당했습니다. 전기고문을 주로 하고 물고문은 전기고문으로 발생하는 쇼크를 완화하기 위해 가했습니다. 고문을 하는 동안 비명이 바깥으로 새어 나가지 않게 하기 위해 라디오를 크게 틀었습니다. 그리고 비명 때문에 목이 부어서 말을 하지 못하게 되면 즉각 약을 투여하여 목을 트이게 하였습니다.

이러한 과정에서 9월 4일 각 여덟 시간씩 두 차례 물고문을 당했고 9월 5일, 9월 6일 각 한 차례씩 전기고문과 물고문을 골고루 당했습니다. 8일에는 두 차례 전기고문과 물고문을 당했고 10일 한 차례, 13일…… 13일 금요일입니다. 9월 13일 고문자들은 본인에게 '최후의 만찬이다' '예수가 죽었던 최후의 만찬이다' '너 장례 날이다' 이러한 협박을 가하면서 두 차례의 전기고문을 가했습니다.

그 다음에 20일 날 전기고문과 물고문을 한 차례 받았습니다. 그리고 25일 날 집단적인 폭행을 당했으며 그 후 여러 차례 구타를 당했습니다. 물론 잠을 못 잔 것은 말할 필요도 없고 밥을 굶긴 것도 대략 절반쯤 됩니다. 고문 때문에 13일 이후에는 밥을 먹지 못했고 그 후유증으로 지금까지 밥을 먹지 못합니다.

가방을 갖고 다니면서 그 가방에 고문도구를 들고 다니는 건장한 사내는 본인에게 '장의사 사업이 이제야 제철을 만났다. 이재문이 어떻게 죽었는지 아느냐? 속으로 부서져서 병사를 했다. 너도 각오해라. 지금은 네가 당하고 민주화가 되면 내가 그 고문대 위에 서 줄 테니까 그때 네가 복수를 해라.'

정의화 국회의장의 직권상정, 명백한 월권입니다. 직권상정 철회해야 됩니다.

저는 제2의 유신부활법인 이 악법을 왜 국회의장이 직권상정을 하셨는지 도저히 이해할 수 없습니다.

직권상정하실 때 국회의장께서는 부의장님과 상의를 하셨는지 정갑윤 부의장님께 한번 묻겠습니다.

상의했습니까? 상의했습니까, 안 했습니까?

(「토론을 하세요」 하는 의원 있음)

토론해요?

대답을 안 하시는 것 보니까 아마 상의를 안 하신 것 같습니다.

먼저 정의화 국회의장의 직권상정 문제점에 대해 말씀드리겠습니다.

지난 2월 23일 그동안 박근혜 대통령의 직권상정 요구에도 꿋꿋이 버티던 정의화 국회의장이 갑자기 변심하여 테러방지법을 직권상정했습니다. 그 이유가 최근 불안정한 한반도 정세가 국회법이 정한 국가비상사태에 해당한다라고 했습니다. 국회의장님의 말씀대로 지금이 국가비상사태라면 테러방지법을 직권상정하는 것은 법에서 보장한 국회의장의 고유 권한입니다. 그러나 지금이 과연 국가비상사태인지 국회의장에게 묻지 않을 수 없습니다.

오늘 이 자리에 부의장님이 계시니까 부의장님 물어봤…… 물으면 대답하시겠습니까? 비상사태입니까?

대답을 안 하시는 것 보니까 상의가 안 됐으니까 뭐 제가…… 의장님 같으면 내가 대답이 나올 때까지 물을 겁니다. 그러나 정갑윤 부의장님은 거기에 대한 직접 책임이 아니기 때문에.

지난 23일 국가비상사태라며 직권상정 이후 지금까지 우리 국민들은 평상시와 같은 일상을 보내고 계시기 때문입니다. 국회법 제85조에 따르면 직권상정 요건은 크게 세 가지로 구분하고 있습니다. 첫째, 천재지변의 경우입니다. 천재지변의 경우. 그것은 아니니까 그거 붙일

수는 없겠고요. 세 번째는 교섭단체대표의원과 합의하는 경우입니다. 원유철 대표하고 이종걸 대표가 합의하면 하는 거예요. 합의가 안 됐으니까 못 하는 겁니다. 그러니까 둘째 전시사태입니다. 6·25와 같은 전시사변. 또는 이에 준하는 국가비상사태라는 명목을 붙여서 이것을 직권상정을 한 거예요.

도대체 저는 대한민국에 대통령 다음에 대한민국 국민을 대표하는 입법부의 수장이 대한민국 글자도 못 알아보고 지금을 비상사태로 얘기하고 직권상정했다는 것에 대해서 정말로 제가 자괴감을 금할 수 없습니다. 저는 평소에 정의화 의장님 존경해 왔습니다. 전직은 의사였는지 몰라도 경륜을 갖추고 항시 공정하게 해 오셨던 것 아닌가 또 앞으로도 그럴 것이라고 생각하고 있었습니다. 그리고 앞으로 출마도 안 하신다고 하고 뭐가 두려워서 뭐가 겁이 나서 대한민국 국민들이 들으면 소가 웃을 지금을 비상사태라고 얘기하고 직권상정을 합니까?

이 선진화법 어떻게 만든지 다 아시지 않습니까? 바로 이 뒤에 있는 단상 제가 18대 매년 12월 되면 계속 점거해서 의장석에 앉아서 올라오는 한나라당 의원 몸으로 밀어내는 역할 해 왔습니다. 그거 하지 말자고 선진화법 만든 것입니다.

국회라는 게 많은 사람들의 의견을 모아서 조정하고 조절하고, 저도 3선 의원이고 국회의 농림위원회 간사도 해 왔고 국토위원회 간사도 했고 농림위원회 상임위원장도 했습니다. 제가 농림위원회 간사 하고 있을 때, 이명박 정부 시절입니다, 농협법 개정안이 올라왔습니다. 이명박 대통령께서 일곱 가지의 농협법을 개정하라 지시가 떨어져 와 가지고 장관이 저하고 두 번이나 만나고 새누리당 의원이 난리를 쳤습니다. 저는 그것을 개악이라고 생각해 왔습니다. 끊임없이 싸우고 싸우는 과정 속에서 그것은 개혁이 아니고 개악이다. 도대체 선거가 문제가 있다니까 농협조합장선거를 다 없애자는 겁니다. 그게 무슨 어떻게 개혁입니까? 선거에 부작용이 있어서 선거를 없애면 무엇보다도 민주주의가 없어지는 것입니다. 전 지역의 조합을 다 합하자는 것입니다. 시·군 단위에 있는 조합을 합하자는 것, 회장의 임기를 단임제로 하자, 회장 선출을 뭐로 하자……

(청취 불능)

제가 얘기합니다. 선진화법 얘기하는 것이지요. 그런 과정 속에서 타협을 해서 합의를 이루어내서 법을 통과한 겁니다.

국토위에 있을 때는 합의가 이루어지지 않아서 새누리당이 문 잠그고 통과시킨 적 있습니다. 몸싸움한 겁니다. 우리가 여당 할 때 이 자리에서 무슨 사학법인가 사립학교법인가? 우리 그거 통과시켜서 새누리당 짐 싸 가지고 시청 앞 나가서 박근혜 대통령, 그 당시에 대표일 때입니다. 추운 11월 달에 고생 고생했습니다. 그런 것 하지 말자고 이 단상에서 목숨을 걸고, 여기서 밀어내면 떨어져 죽습니다. 제가 여기서 밀었으면 새누리당 의원 사고 났을 겁니다. 여기서 최루탄 터트린 적도 있습니다. 그런 것 하지 말자고 선진화법 통과시키고 거기에 선진화법에 직권상정을 이런 경우에 한한다라고 명문화한 겁니다.

(「수류탄이 아니고 최루탄」 하는 의원 있음)

아, 최루탄. 내가 뭐라고 했는데?

(「수류탄」 하는 의원 있음)

아니, 최루탄.

그래요. 그런 것을 하지 말자고 우리가 합의해서 몸싸움하지 말자, 18대 때 해 보니까 이거 정말 할 일이 아니다. 그래서 만들고 절차를 거쳐 가면 직권상정할 수 있는 절차들이 다 있습니다. 시간이 걸리고 합니다.

그런데 지금 비상사태라고 얘기하고 그것을 국회의장님이 선언을 하고 이것을 상정을 하다니 대한민국 국민 중에서 이것을 동의할 사람이 누가 있겠습니까? 정말 부끄럽기 짝이 없습니다. 대한민국의 2인자입니다. 민주주의를 수호해야 할 국회 수장입니다. 우리가 뽑은 의장입니다, 우리가 뽑은 의장. 정말 부끄럽습니다.

만약 지금 국회의장님께서 말씀하신 비상사태라면 우리 사회 곳곳에 그 모습이 보여져야 합니다. 그런데 전혀 그렇지 않습니까?

조원진 수석님, 비상사태 아니잖아요?

(「국회의장이 하신 일 중에 제일 잘하신 거라고……」 하는 의원 있음)

제일 잘하신 거라고요? 그렇습니까?

유기준 의원 그렇게 생각하십니까?

제일 잘한 거예요? 비상사태입니까?

(「질문하지 말고 토론하세요」 하는 의원 있음)

예, 알았습니다. 역시 유기준 의원님이 그래도 좀 낫네.

사람은 진실해야 되고 진정성을 가져야 됩니다, 진정성을. 왜 비상사태라고 하면서 그렇게 했는지는 모르지만 그러나 아닌 것은 아닌 것이지요. 비상사태라면 국가공무원 당직 및 비상근무 규칙에 따르면 국가비상사태 시 모든 국민의 연가나 휴가가 중지되고 공무원 중 최대 3분의 1 이상은 비상근무를 해야 됩니다. 비상근무하고 있습니까? 조원진 의원님 하고 있습니까? 안 하잖아요. 그러니까 사실을 가릴 수 없어요. 손바닥으로 하늘을 가릴 수 없는 겁니다. 진실은 다 밝혀지는 것이고요.

병무청장은 병역법에 따라 예비역을 동원·소집할 수도 있고 또한 경찰은 전국에 경계령이나 진돗개 상황 등을 발령해야 합니다. 그러나 우리 사회 어느 곳에서도 이러한 모습을 찾아볼 수가 없습니다. 지금까지 우리 군에는 어떠한 동원령도 내리지 않았고 전국에 경계령이나 진돗개 상황도 발령되지 않았습니다.

그런데도 국회의장만 지금이 국가비상사태라고 말하고 있습니다. 우리 300명 국회의원들의 수장, 300명 국회의원들을 대표하시는 분입니다. 우리 모두 부끄럽지 않습니까?

또한 지난 2010년 법제처가 편찬한 헌법주석서 3권 580페이지를 보면 비상사태에 대해 명확히 해석을 하고 있습니다. '전시·사변에 준하는 비상사태라 함은 전시 또는 사변은 아니지만 전쟁에 해당되지 아니하는 외적의 침입, 국토를 참절하거나 국헌을 문란하게 할 목적이 있는 무장

또는 비무장의 집단 또는 군중에 의한 사회질서 교란행위와 자연적 재난으로 인한 사회질서 교란상태'로 해석하고 있습니다.

국회의장께 묻겠습니다.

우리나라 어느 곳에 외적이 침입했습니까? 국토를 참절하거나 국헌을 문란하게 할 목적이 있는 무장 또는 비무장의 집단 또는 군중에 의한 사회질서 교란행위가 어느 곳에서 일어나고 있습니까? 자연적 재난으로 인한 사회질서 교란상태가 우리나라 어느 곳에서 일어나고 있습니까?

지난 2월 23일 민주사회를 위한 변호사 모임에서도 '테러방지법 직권상정 반대한다. 법을 만드는 국회가 법을 어겨서야 되겠느냐는 의장의 말은 여전히 유효하다'는 제목으로 성명서를 냅니다. 읽어 보겠습니다.

"언론보도에 의하면 정의화 국회의장은 테러방지법을 23일 오후 본회의에 직권상정해 처리한다는 방침을 정했고 그 이유로 최근 북한 등으로부터 구체적인 테러위협 정보가 있음에도 테러방지법의 국회 처리가 지연되는 것에 대해 비상사태라고 판단하고 있는 것으로 알려졌다. 우리 모임은 이러한 정의화 국회의장의 판단은 명백한 법률해석의 오류임을 지적하면서 테러방지법의 직권상정에 반대한다는 것을 결연하게 밝힌다.

주지하는 바와 같이 국회법 제85조1항은 직권상정의 요건으로 1. 천재지변, 2. 전시·사변 또는 이에 준하는 국가비상사태, 3. 의장이 각 교섭단체대표의원과 합의하는 경우를 들고 있다. 정의화 의장은 테러방지법의 직권상정이 가능한 경우를 두 번째의 전시·사변 또는 이에 준하는 국가비상사태로 보고 있다.

그러나 이러한 법률 해석은 명문의 규정에 반할 뿐만 아니라 국회선진화법이라고 불리는 위 규정의 입법 취지, 나아가 그간 정의화 의장이 했던 직권상정 관련 언급과도 정면으로 배치된다.

우선 직권상정이 가능한 전시·사변 또는 이에 준하는 국가비상사태란 그런 사태가 목전에 발생하였거나 발생이 곧 임박하여 국회 원내교섭단체의 의사 협의가 불가능 또는 이를 기다릴 여유가 없을 정도의 급박한 상황을 의미하는 것이지 법안의 내용에서 상정하고 있는 어떤 사태가 예정된다는 것을 의미하는 것이 아님은 너무나도 당연하다.

즉 정의화 의장이 이병호 국정원장으로부터 청취한 것으로 보이는 북한 등으로부터의 구체적인 테러 위협 정보가 있다는 사정은 테러방지법 제정의 필요성의 논거는 될 수 있을지언정 직권상정이 가능한 전시·사변 또는 이에 준하는 국가비상사태에 해당한다고 할 수는 없는 것이다. 더구나 정의화 의장이 들었다는 것은 국정원의 일방적인 첩보에 불과한 것으로 확인되지도 않은 사실을 전시·사변 또는 이에 준하는 국가비상사태라고 하는 것은 억지에 불과하다.

나아가 직권상정이 가능하다고 해석하는 것은 국회가 독단과 독선에 의한 몸싸움 등 극단적인 대결과 반목이 아닌 대화와 타협에 의하여 운영되도록 하기 위하여 도입한―바로 아까 제가 설명드렸던―국회선진화법의 취지에도 역행하는

것이다.

정의화 의장은 그간 청와대와 새누리당의 이른바 쟁점 법안에 관한 직권상정 요구에 대해 '입법부 수장이 불법임을 잘 알면서도 위법한 행동을 할 수는 없습니다'라면서 단호하게 거부해 왔고 이러한 모습에 국민들은 지지의 의사를 표명하였습니다. 이번 테러방지법 직권상정의 방침은 본인의 이러한 입장과도 정면으로 배치된다는 점을 지적하지 않을 수 없습니다.

우리 모임은 그간 지속적이고 일관되게 테러방지법은 테러방지에 무용하고 나아가 대의제와 국민주권을 근간으로 하는 민주공화국에 해악을 끼칠 것임을 경고해 왔습니다.

지난 2월 18일 황교안 국무총리는 국회 대정부질문에서 자신이 국가테러대책회의의 의장이라는 사실도 모른다고 하였다가 망신을 당한 바 있습니다. 이미 존재하는 테러대책기구와 제도의 존재조차 모르는 집권세력이 이 시기 오로지 테러방지법 하나만 꼭 집어 직권상정을 압박하고 국정원장이 국회에 미확인 첩보를 흘리며 겁박하는 이유는 단 하나입니다. 2012년 대선 개입 공작, 간첩 조작사건 등에서 보듯 집권세력이 총동원되어 테러방지법 통과에 혈안이 돼 있는 것은 국정원의 권능을 강화하여 국민과 반대 정치세력을 사찰, 감시하고 또다시 선거 개입 공작을 하고자 함에 있는 것입니다."

그렇습니다. 바로 이 법을 통과시키고자 하는 것은 이름만 바꾼 국정원이 70년대, 바로 유신공화국 시절의 중앙정보부, 남산으로 돌아가겠다는 그 욕심 바로 거기에서 한 거고 그것과 새누리당과 대통령 뜻이 맞아서 이것이 추진이 되는 것입니다.

중앙정보부, 어떤 시대의 어떤 조직이었습니까? 영장? 무슨 영장이 필요했습니까? 제가 세 번이나 끌려가서 발가벗고 맞을 때 영장 같은 소리…… 맞고 나와서 언론기관에 얘기해 봐야 기사 한 줄 안 나던 시대였습니다. 그런 시대로 가자, 옛 꿈을 다시 찾고자, 국정원이 무소불위한 권력을 행사하고자 바로 도청, 영장 없이 도청하고 영장 없이 통장 들여다보고 테러라는 그런 미명하에, 테러에 연관된다는 미명하에……

대한민국 국민 다 테러단체하고 연관된다고 다 할 수 있습니다. 그렇게 의심하면 의심이 다 갈 수 있는 거지요. 그런 의심이 있다는 하에서 그런 것들을 하겠다. 전 국민을 그렇게 감시하고 그리고 위치를 추적하고 그렇게 조사하겠다는 것입니다. 이래서는 안 되는 것입니다.

우리가 지금 2만 8000불 시대입니다. 선진국 앞에, 지금 문턱에 가 있습니다. 6월 항쟁을 통해서 민주화도 일어난 나라입니다. 2차 대전 후에 독립된 나라 중에서 이렇게 민주화되고 그리고 이렇게 경제소득이 올라간 나라 오직 대한민국밖에 없다라고 자랑할 수 있습니다. 우리 함께 자랑하고 이것은 우리 선배들, 우리들 모두의 노력…… 우리가 무슨 자원이 있습니까, 뭐가 있습니까? 이런 노력 속에서 교육을 통해서, 애국심을 통해서 여기까지 온 것입니다.

그런데 여기 와서 다시 후퇴시키겠다. 민주주의 그것 마음대로 하겠다. 누구 마음대로? 그렇게 안 됩니다. 그리고 설령 그것이 이루어졌다 해도 잠깐 순간입니다. 진보의 역사, 민주주의 역사 결코 막을 수 없습니다. 저는 그런 음모가, 이 테러방지법의 부칙 바로 그 몇 개 조항입니다. 다른 것 다 아무것도 아닙니다. 나머지는 테러대책지침에 다 있습니다. 나중에 설명드릴 겁니다.

'비대화된 공룡조직 국정원이 본래의 소임을 다하도록 개혁이 진행되기는커녕 그에 역행하여 국정원에 또다시 권능이 추가되려는 이 비극적 상황에 임하여 우리 모임은 개탄을 금할 수 없다.

정의화 국회의장은 테러방지법의 직권상정이라는 국민과 민주공화국에 씻을 수 없는 죄과를 남기지 말고 부디 이를 철회하여 국민과 헌법으로부터 부여받은 민주주의를 수호할 헌법적 책임을 다하기를 촉구한다.

만일 정의화 국회의장이 테러방지법의 직권상정을 강행할 경우 더민주당, 국민의당, 정의당 등 세 야당은 이 법안의 상정과 국회 통과를 결사 저지해야 할 것이다. 이 법안의 통과는 다름 아닌 야당의 존재 말살로 이어질 것이기 때문이다. 우리 모임 또한 테러방지법의 국회 통과를 저지하기 위하여 총력을 기울일 것임을 천명한다.'

이게 변호사모임 얘기입니다.

한국기독교교회협의회도 역시 같은 날 '테러방지법 제정을 반대한다'는 제목의 성명서를 발표했습니다.

'한국기독교교회협의회는 정부와 여당이 테러방지법안을 정보위에 단독 상정하는 등 직권상정 수순을 밟고 있는 것에 대해 심각한 우려를 표하며 아래와 같이 우리의 입장을 밝힌다.

정부와 여당은 9·11 테러가 발생한 2001년부터 줄기차게 테러방지법 제정 시도가 이어져 왔음에도 불구하고 아직까지 제정되지 못하고 있는 이유를 분명히 인식하여야 한다.'

그러니까 2001년에 테러방지법이 제안됐고 그때는 이따도 말씀드리겠지만 한나라당 의원들이 다 반대들 했어요, 그때는. 이유는 똑같았어요. 국정원한테 중앙정보부로 돌아갈 수 있는 그런 여지를 남겨서는 안 된다, 다 아픈 추억이거든요. 유신시대, 그 민주주의가 후퇴했던 시절에 중앙정보부에 끌려가서 고난받던 그 아픔, 영장 없이 사람 체포하고 고문하고 그리고 나와서도 아무것도 못하는 그 세상으로 돌아가는 것에 대해서 우려를 해서 다 반대했던 겁니다.

바로 이때 9·11 테러, 뉴욕에서 큰 테러가 났을 때입니다. 그것을 기화로 중앙정보부가 이 법을 제청한 겁니다. 우리 이러이런 것을 막으려면 우리한테 이러이런 권한을 달라.

'정부와 여당은 9·11 테러가 발생한 2001년부터 줄기차게 테러방지법 제정 시도가 이어져 왔음에도 불구하고 아직까지 제정되지 못하고 있음을 분명히 인식하여야 합니다.'

제가 지금 얘기 중에 우리 동료 의원이 정갑윤 의장님께 국회법 제107조를 상기시켜 달라는 얘기예요.

"107조(의장의 토론참가) 의장이 토론에 참가할 때에는 의장석에서 물러나야 하며, 그 안건에 대한 표결이 끝날 때까지 의장석에 돌아갈 수 없다."라고 규정돼 있습니다. 정갑윤 부의장님은 진선미 의원 토론 직후 연설 했으므로 의장석에서 내려와야 합니다.

(「허위사실을 얘기할 때는 의장님이 할 수 있습니다. 지금 허위사실을 얘기했기 때문에 의장님이 충분히 얘기할 수 있습니다」하는 의원 있음)

(「허위사실이 아니잖아요」하는 의원 있음)

● **부의장 정갑윤** 나는 안 올라갔으면 좋겠다. 우리도 사람인데…… 한번 올라와 있어 보라고. 하루에 몇 번씩 올라와 보라고……

● **최규성 의원** 그러니까 정갑윤 의장님이 토론을 하시고 싶으면 이 석으로 신청해서 하셔야 하지 않느냐 그런 얘기예요, 의장석에서 하는 게 아니고.

● **부의장 정갑윤** 최규성 의원이 올라오지 마라면 나 안 올라올게.

● **최규성 의원** 그런 얘기는 아니고 이제……

● **부의장 정갑윤** 오케이.

● **최규성 의원** 토론하실 내용은 여기 내려와서 하시고, 이석현 의장님 할 때 와서 하면 되잖아요. 그렇게 하시라는 얘기입니다.

이게 국회법에 있는 거니까 얘기하고…… 우리가 바로잡아야지요. 바로잡으면 되는 겁니다.

(「의장님이 하시는 것은 의사진행입니다. 토론이 아닙니다」하는 의원 있음)

그러면 내용에 대해서, 테러방지법 내용에 대해서 얘기를 안 하셔야지요.

● **부의장 정갑윤** 계속하세요.

(「의사진행은 상관하지 마시고 자기 토론이나 제대로 하십시오」하는 의원 있음)

● **최규성 의원** 내 토론?

● **부의장 정갑윤** 계속하세요, 계속.

● **최규성 의원** 그래요, 계속합니다.

(「의장님, 의장님이 앞으로도 그렇게 하셔야 되는 겁니다」하는 의원 있음)

● **부의장 정갑윤** 못 들은 척 하고 하세요. 하세요, 그냥.

(「사실과 다른 얘기를 할 때는 그렇게 얘기하셔도 되는 겁니다」하는 의원 있음)

(「사실과 다른 얘기인지 아닌지는 국민들이 판단하니까

의장석에서 하면 안 된다는 얘기예요. 의장석에서는 의사만 진행하면 되는 거예요」하는 의원 있음)

● **최규성 의원** 그러니까 어떻든 이런 문제는 이 정도 하고, 의장님들이 잘 판단해서……

● **부의장 정갑윤** 최규성 의원이 결론 내라고.

● **최규성 의원** 이 정도 합시다.

현재 정부와 여당이 추진하고 있는 테러방지법은 국가정보원장 산하에 일원화된 지휘체계로서 대테러통합대응센터를 설치하여 국정원으로 하여금 적법한 영장 없이 휴대폰 감청, 계좌추적, 용의자 감시·추적 등의 권한을 합법적으로 행사할 수 있게끔 하는 것을 골자로 하고 있습니다.

다시 말해 지금도 선거 개입 및 불법 도·감청을 통한 민간인 사찰 의혹에서 자유롭지 못한 국정원에…… 아까 정청래 의원님 토론 때 보니까 자유롭지 못한 정도가 아니고 실제로 그런 도·감청을 영장 없이 많이 하더라고요. 그뿐이 아니고 경찰도 하고…… 대한민국의 검찰은 뭐하고 있는지 모르겠어요.

(「이 나라에는 감청할 수 있는 기구가 없습니다」하는 의원 있음)

예?

● **부의장 정갑윤** 말대꾸하지 말고 그냥 하라고.

● **최규성 의원** 자, 신건 전 국정원장이 왜 구속됐는가 아세요?

(장내 소란)

● **부의장 정갑윤** 그냥 하세요. 무시하고 하세요, 그냥.

● **최규성 의원** 신건 국정원장이 바로 이 도청한 것 때문에 구속이 됐어요.

(「DJ 정부 때 잘못해서……」하는 의원 있음)

● **부의장 정갑윤** 자, 우리 조원진 의원님!

(「말려들지 마시고……」하는 의원 있음)

우리 조원진 의원님 좀 가만 계시고, 존경하는 최규성 의원께서는 개의치 마시고 계속 토론해 주시기 바랍니다.

● **최규성 의원** 다시 말해 지금도 선거 개입 및 불법 도·감청을 통한 민간인 사찰 의혹에서 자유롭지 못한 국정원에 헌법을 초월해 언제든지 개인의 자유를 억압하고 통제할 수 있는 무소불위의 권한을 부여하겠다 그런 내용입니다. 이는 국민의 안전을 위한 법이 아니라 국정원강화법 그리고 민주주의훼손법이라고 볼 수밖에 없습니다.

정부와 여당은 '기존 법과 체계로는 테러에 대응하기 힘들기 때문에 새로운 법안이 필요하다'라고 주장하고 있습니다. 과연 그러한가.

대한민국 국민 중에 테러 막자는 데 그것 반대할 국민이 누가 있습니까? 우리 더불어민주당 전원 찬성입니다.

과연 그러는가.

우리나라는 이미 33년 전인 1982년 국가대테러활동지침을 제정하였고, 그에 따라 대통령 산하에 국무총리, 외교부장관, 국방부장관, 국정원장, 국가안보실장 등 국가 안보를 담당하는 최고 수뇌들로 구성된 대테러 정책 최고 결정 기구인 국가대테러대책회의를 조직하여 운영하고 있습니다. 여기에 의장이 누구입니까? 국무총리입니다, 국무총리. 다 돼 있어요.

또한 그 산하에 실무를 논의하는 테러대책상임위원회와 테러정보를 통합 관리하는 컨트롤타워인 테러정보통합센터를 두고 있을 뿐만 아니라 군인, 경찰에 각각 대테러특공대를 두어 24시간 대기하게 하는 등 이미 물샐틈없는 테러 대비태세를 촘촘히 갖추고 있습니다.

문제는 이미 갖추어져 있는 기존의 장치들이 적절하게 활용되지도 못하고 있다는 것입니다. 파리 테러를 비롯한 IS 위협이 드세어졌던 2015년 한 해 동안 국민의 안전을 지키기 위한 국가테러대책회의는 단 한 차례도 소집되지 않았습니다. 심지어 황교안 국무총리는 자신이 국가테러대책회의의 의장이라는 기본적인 사실마저도 모르고 있었습니다.

소가 웃을 일 아닙니까? 의장이 자기가 의장인지도 모르면서 무슨 테러가 어쩌고저쩌고 합니까?

이렇듯 마땅히 다해야 할 책임을 다하지 않은 채 테러방지법 제정에만 매달리는 이율배반적인 모습을 볼 때 우리는 테러방지법의 목적이 국민 안전이 아니라 정권 유지에 있는 것 아닌가 하는 의구심을 갖지 않을 수 없습니다.

현재 야당 의원들이 테러방지법안의 직권상정을 막기 위해 진행 중인 이 필리버스터는 이러한 전 국민적인 우려와 분노를 반영한 정당한 행위인 것입니다. 바로 이 필리버스터를 통해서 테러방지법이 테러를 방지하기 위한 법이 아니고 바로 국정원을 그 이름도 무시무시한 중앙정보부로 환원시켜서 무소불위의 권력을 갖게 하고, 대통령의 직속기관으로서 대통령의 독재화의 길에 앞잡이로 세우려는 바로 그런 의도를 가진 법이 아닌가 이렇게 생각하는 것입니다.

'신앙 양심에 따라 인권과 민주주의의 실현을 위해 힘 써 온 한국기독교교회협의회는 테러방지법 제정에 반대하며 정부와 국회에 아래와 같이 요구한다.

정의화 국회의장은 국회법에 저촉되는 테러방지법에 대한 직권상정을 즉각 철회하라.

정부와 국회는 테러방지법을 통한 국민의 사생활을 감시, 통제하려는 모든 시도를 전면 중단하라.

한국기독교교회협의회는 어떠한 경우에도 국가 권력에 의해 국민의 자유가 침해되어서는 안 된다는 점을 명백히 밝히며

민주주의의 온전한 실현을 위한 기도의 행진을 계속해서 이어 나갈 것이다.'

이처럼 지난 23일 국회의장이 직권상정의 이유로 든 국가비상사태는 법적으로나 시민사회단체로부터 인정받지 못하고 있는 정의화 국회의장님의 개인적 견해일 뿐입니다. 따라서 국회의장의 이번 직권상정은 명백한 월권이며 직권상정은 당장 취소돼야 합니다.

존경하는 국민 여러분!

45년 전 1971년 12월 6일 박정희 대통령은 전국에 국가비상사태를 선언합니다. 그리고 그 1년이 지난 1972년 10월 국회를 해산하고 모든 정치활동과 정당활동을 중단시킵니다.

여기 계시는 선배·동료 의원님께서도 다들 기억하고 계실 것입니다. 박정희 대통령의 제왕적 영구집권을 위한 유신이 이때부터 시작됩니다. 그로부터 45년 후인 지금 박근혜정부 역시 당시와 똑같은 상황을 재현하고자 이러한 것들을 추진하는 것입니다. 그렇기 때문에 저는 박근혜 대통령과 새누리당, 국회의장이 밀어붙이는 일명 테러방지법을 제2의 유신부활법이라고 말하는 것입니다.

다음은 유신 선포 1년 전인 1971년 12월 6일 당시 박정희 대통령의 비상선언문입니다. 45년 전의 이 비상선언문이 어쩌면 요즘 세상에 청와대가 하는 그 부분과 너무나 닮았기 때문에 제가 한번 읽어 드리겠습니다.

비상선언문. 바로 45년 전 1971년 12월 6일입니다.

'첫째, 정부의 시책은 국가 안보를 최우선으로 하고, 조속히 만전의 안보 태세를 확립한다.'

뭐 틀린 말입니까?

'둘째, 안보상 취약점이 될 일체의 사회 불안을 용납하지 않으며, 또 불안 요소를 배제한다.

셋째, 언론은 무책임한 안보 논의를 삼가해야 한다.

넷째, 모든 국민은 안보상 책무 수행에 자진 성실하여야 한다.

다섯째, 모든 국민은 안보 위주의 새 가치관을 확립하여야 한다.

여섯째, 최악의 경우 우리가 향유하고 있는 자유의 일부도 유보할 결의를 가져야 한다.'

바로 여섯 번째 항입니다, 여섯 번째 항. 이런 안보 상태 비상을 가정하면서 여섯 번째 우리가 가지고 있는 민주주의에서의 국민으로서 가져야 될 기본권, 그걸 양보할 것을, 유보할 결의를 가져야 한다, 살짝 집어넣어서 국민들 유도하고…… 1년 전에 이렇게 하고 1년 후에 유신을 하는 것입니다.

'1971년 12월 6일 대통령 박정희'

저는 이때 대학교 4학년 때인데 이 여섯 번째 항을 보고 '아, 이게 징조가 시원치 않구나', 3선 개헌할 때 우리 당시 대학총장께서 대만에 가서 총통제를 연구하고 와서 '우리 대한민국도 3선 개헌이 끝난 이후에 총통제로 진행될 거다'라고 얘기했습니다. 그걸 얘기했다가 그 총장님 어떻게 됐는지 아십니까? 바로 쫓겨났습니다.

그 3선 개헌할 때 박정희 대통령 '나한테 딱 한 번만 더 기회를 달라. 세 번 하고 절대 안 하겠다. 믿어 달라', 그런데 우리 총장님, '그렇지 않다. 이것 한 번 더 해 주면 총통제로 전환할 거다' 이렇게 말씀했어요. 최문환 총장이십니다.

그런데 어땠습니까? 71년도에 이렇게 국민들한테 얘기하고 그 후에 바로 유신을 선포하고 국민들이 대통령을 뽑을 그런 권리를 다 빼앗고 유신체계로 가고 총통으로 취임한 것 아닙니까? 총통이 별것입니까? 선거로 뽑지 않고 자기가 대통령 계속하면 그게 총통입니다.

우리 국회의원들, 유신시대 대통령선거 제대로 있다고 생각하시는 분 아무도 없을 거예요. 그런 시대인 것입니다, 그런 시대. 바로 그런 시대를 열기 1년 전에 이 대통령의 특별담화문, 45년 전 상황과 지금이 너무나 유사하기 때문에 이 담화문 전문을 한번 읽어 드리겠습니다. 박정희 대통령의 담화문 전문입니다.

'친애하는 국민 여러분!

나는 국가를 보위하고 국민의 자유를 수호할 대통령의 책임으로서 최근의 국제 정세와 북괴의 동향을 면밀히 분석, 검토, 평가한 결과 지금 우리 대한민국의 안전 보장은 중대한 위기에 처해 있다고 판단되어 오늘 전 국민에게 이를 알리는 국가비상사태를 선언하였습니다.

최근 급변하는 국제 정세는 우리의 안전 보장에 중대한 영향을 미치고 있습니다. 국제 사회의 일반적 조류는 확실히 대결에서 협상으로, 이른바 평화 지향적인 방향으로 흐르고 있다 하겠습니다.

그러나 이것은 어디까지 핵 전쟁의 교착상태하에서 강대국들이 주도하려는 현상 유지의 양상일 뿐 우리 한반도의 정세는 결코 이러한 흐름과 병행하여 발전되고 있는 것은 아닙니다.

오히려 한반도의 국지적 사정은 핵의 교착상태로 인해 강대국들의 행동이 제약받게 되는 일반적인 경향을 역이용하여 침략적인 책동을 멈추지 않고 있는 북괴의 적화통일 야욕 때문에 긴장은 더욱 고조되고 있다는 사실을 우리는 똑똑히 인식해야 하겠습니다.

지구의 한 모퉁이에 있는 이 한반도의 국지적인 긴장은 현상유지라는 열강 위주의 차원에서 볼 때에는 대수롭지 않게 생각하는지도 모릅니다.

그러나 국지적인 긴장 속에서 살고 있는 것이 바로 우리 민족일진대 이 국지적인 긴장은 곧 우리들의 사활을 가름하는 초중대사라 아니할 수 없습니다.

우리 민족에게는 영원히 잊을 수 없는 비극의 6·25 동란 때 북괴를 도와서 남침 가담하였던 중공, 그 중공이 이제는 유엔에 들어가서 안보 이사국이 되었습니다.' 45년 전 얘기입니다.

'그들이 앞으로 유엔에서 과연 무엇을 할 것인지는 두고 보아야 할 일이지만 지난번 중공 대표가 유엔에서 한 첫 연설에는 우리가 그냥 듣고만 넘길 수 없는 여러 가지 대목들이 들어 있었던 것을 알고 있습니다.

대한민국 정부가 한반도에서 유일한 합법정부라는 유엔 결의나 북괴와 중공을 침략자로 규정한 유엔 결의 등을 처음부터 부정하고 드는 부정적인 태도라든가, 대한민국을 공산 침략으로부터 수호하기 위하여 유엔 결의로서 창설된 유엔군이나 국제연합 한국통일부흥위원단도 당장 해체하라는 등, 북괴가 늘 주장하던 것을 그대로 대변하고 있는 것을 보더라도 앞으로 우리의 안보상에는 중대한 시련을 예측해야 할 것입니다.

또 우리 우방, 미국의 사정을 살펴볼 때 미국도 우리가 언제까지나 우리의 안보를 종전과 같이 의지하거나 부탁하기에는 어려운 실정에 있는 것입니다. 미국 의회에서 외교 법안을 둘러싸고 거듭된 논란은 외교 국가들의 자주 안보를 추구하는 신호라 아니할 수 없으며 주한미군의 추가 감축 문제도 이미 논의 중에 있는 것으로 보입니다.

인접 우방, 일본도 중공 및 북괴와의 접촉을 더욱 잦게 하기 시작했으며 아시아에서의 공산주의 위협이 얼마나 심각한 것인가 하는 것은 직접 경험해 본 우리들이 아니고서는 역시 실감 있게 느끼지 못하는 것 같습니다.

이러한 국제 정세의 변동에 더하여 북괴의 움직임을 면밀히 살펴볼 때 우리의 국가 안보는 실로 중대한 차원에 이르고 있는 것입니다.

북괴는 김일성 유일사상의 광신적인 독재체제를 구축하여 북한 전역을 요새 병영화하고 전쟁무기 양산에 광분하고 있습니다. 또 50만의 현역군 외에도 즉각 전쟁에 동원할 수 있는 140만의 노농적위대와 70만의 붉은청년근위대를 만들어 현역군 못지않은 장비와 훈련으로서 남침 준비를 끝내고 있으며 이들의 노농적위대는 연간 500시간 이상의 군사훈련을 의무적으로 받고 있습니다. 또한 그들은 나이 어린 중학생과 심지어는 연약한 부녀자 및 노인들에게까지도 사격훈련을 강요하고 있습니다.

또한 북괴는 우리 대한적십자사가 제의한 남북가족찾기운동에 응해 오면서 한쪽에서는 회담이 진행 중인데도 한쪽으로는 무장간첩의 남파를 더욱 격화하고 있으며, 그 방법 또한 전에 없이 더 악독해지고 있습니다.

국민 여러분!

이렇듯 외부로부터의 위협이 절박한 이때 과연 우리의 내부사정은 어떠한지 냉엄하게 살펴봅시다.

향토예비군이나 대학 군사 교련마저도 그 시비가 분분할 뿐 아니라 진정으로 국가를 위하는 안보론보다는 당리당략이나 선거 전략을 위한 무원칙한 안보론으로 국민을 현혹시키고 있으며, 또한 혹세무민의 일부 지식인들은 언론의 자유를 빙자하여 무책임한 안보론을 분별없이 들고 나와 민심을 더욱 혼란케 하고 있는 것이 오늘의 실정입니다.

이와 같은 무절제한 안보 논의는 국민의 사기를 저하시킬 뿐 아니라 국민의 단결과 국론의 통일을 저해하고 나아가서는 국가 안보에도 크게 유해로운 결과를 가져오는 것입니다.

지금 이 시각에도 백리 북쪽에 공산 마수가 도사리고 있다는 사실을 잊어버리고 태평 무드에 젖어 있는 오늘의 우리 사회의 단면을 눈여겨 볼 때 나는 6·25 사변의 전야를 회상하지 않을 수 없습니다.

6·25의 쓰라린 경험을 벌써 잊어버린 국민들이 많은 것 같습니다. 설마설마 하다가 당한 6·25의 그날을 되새겨 볼 때 오늘의 해빙이니 평화 무드니 하는 이들 유행어는 다시 우리들에게 설마설마 하는 소리에 고개를 쳐들게 하지 않을까 나는 심히 걱정하는 바입니다

국민 여러분!

나는 우리의 자유민주체제가 공산독재체제보다는 훨씬 우월하고 더 능률적인 제도라는 신념을 갖고 있습니다. 또 공산체제에 대응할 최선의 체제가 바로 민주체제임을 나는 굳게 믿고 있습니다. 그러나 오늘의 이 비상사태에 비추어 볼 때 우리의 현 평화체제에는 적지 않은 취약점을 내포하고 있습니다.

민주주의가 우리에게 가장 소중한 것이라면 이 소중한 것을 강탈하거나 말살하려는 자가 우리 앞에 나타났을 때 우리는 과연 어떻게 해야 하는 것입니까? 침략자의 총칼을 자유와 평화의 구호만으로는 막아 낼 수 없는 것입니다. 이것을 수호하기 위해서는 응분의 희생과 대가를 지불해야 합니다. 필요할 때는 우리가 향유하고 있는 자유의 일부마저도 스스로 유보하고 이에 대처해 나가야 한다는 굳은 결의가 있어야 합니다.

국민 여러분!

이러한 급박한 국내외 정세를 예의 검토하고 심사숙고를 거듭한 끝에 우리의 국가 안보와 우리의 생명인 민주주의의 영구 보전을 위하여 나는 오늘 국가비상사태를 선언하여 이 비상사태를 국민에게 알리고, 국민과 정부가 함께 걱정하고 함께 노력하여 혼연일체의 태세로써 이 비상사태를 극복해 나아가야 하겠다는 결심을 하였습니다.

대통령의 직책 중에 무엇보다 우선해야 할 일이 곧 국가의 안전 보장인 것입니다. 이 책임은 누구에게도 위임할 수 없으며 전가할 수도 없습니다. 따라서 국가 안보상 위험도의 측정은 전적으로 나에게 주어진 의무인 것입니다. 또한 위험도 측정에 따라 적절한 조처를 적시에 강구하여야 할 책임도 또한 바로 나의 안보상의 일차적인 책임인 것입니다.

우리가 사태를 정확히 직시할 줄 알고 또 이를 인식할 줄 안다면 우리는 능히 뭉쳐서 어떠한 난국도 타개해 나갈 수 있는 역량을 가진 국민임을 나는 자부합니다.

국민 여러분의 이해와 협조로써 우리의 안보태세 확립 촉진에 다 같이 이바지해 주시기를 간곡히 당부하며, 우리 다 같이 이율곡 선생의 경고를 받아들이지 않았던 그때 우리 조상들의 과오와 우를 다시 범하지 않기를 다짐합시다. 그리하여 우리 다 함께 뭉쳐 이 비상사태를 슬기롭게 극복해 나갑시다.

1971년 12월 6일 대통령 박정희'

45년 전에 바로 유사한 그런 얘기를 이렇게 했습니다. 유사한 얘기입니다. 바로 이렇게 유사하게. 그리고 1년 후에 뭐했습니까?

이 사태를 극복하기 위해서는 나 아니면 안 된다, 대통령선거 할 필요 없다, 내가 이 나라의 총통으로서, 이 나라의 대통령으로서 영구집권 해야 되겠다, 유신체제

아닙니까?

바로 이렇게 미사여구로써 비상사태를 죽 설명해 놓고 1년 후에 이랬으니까 이제 내가 이걸 해결하겠다 이런 것입니다.

존경하는 국민 여러분, 어떻습니까?

지금부터 44년 전 1972년 유신을 선포해서 자신의 영구집권의 의무를 이룬 유신헌법을 만들었던 상황과 너무나 비슷하지 않습니까? 지금 박근혜정부가 바로 이 유신의 부활*, 그 부활의 노래를 부르려 하고 있지 않습니까, 여러분?

무소불위의 권한의 중앙정보부가—지금은 국가정보원입니다—그 수장들이 어떠한 말로를 겪었는지는 제가 얘기하지 않아도 잘 알 것입니다. 제가 처음 중앙정보부에 끌려갔을 때 중앙정보부장 김형욱입니다, 김형욱. 들리는 말로는 불란서에서 납치해 갖고 청와대 지하실에서 죽었다는 그런 말이 있는 김형욱, 64년도부터 70년까지 중앙정보부장 했던 사람입니다.

그다음에 이후락, 내가 72년도에 끌려가서 조사받을 때는 이후락이었어요, 그다음에 신직수, 그다음에 김재규. 중앙정보부장입니다, 중앙정보부장. 대통령 직속하에 무소불위의 권력을 행사하고 대통령의 충신으로서 해 왔던 김재규가 무슨 짓거리를 하고 말로가 어떻습니까? 그 뒤에도 중앙정보부장, YS 때 중앙정보부장 어떻게 됐는가 잘 아실 것입니다.

법대로 하지 않고…… 우리가 중앙정보부법을 잘 만들어 놨습니다. 이렇게 하라, 저렇게 하라, 정치에 개입하지 말고 해외 정보라든가 대공 정보 이런 것 하라고 다 돼 있습니다. 법대로 하지 않았기 때문에, 영장 없이 도청했기 때문에 안타깝게도 제 대학, 고등학교 선배인 신건 선배님도 구속이 돼서 감옥을 살았습니다. DJ 정부 때 국정원장입니다. 차후에 감옥을 살았습니다.

우리 역사에 그런 역사를 남기지 않고자 했던 것입니다. 그런데 그 뒤에 들어섰던 이명박 정부 시절 국정원장들, 어떻게 됐습니까? 정말 가슴이 아픈 일입니다. 우리의 역사는 전진했다가 후퇴하고 다시 전진할 것입니다. 그리고 그렇게 법을 위반해서 함부로 자기의 권력을 남용했던 국정원장들, 결코 처단되는 것입니다. 대한민국 국민이 용서하지 않는 것입니다.

원세훈 국정원장, 그 말로가 어떻습니까? 선거 개입해서 박근혜 대통령 당선시키면 좋을 줄 알고? 천만에요. 그렇게 안 됐잖아요.

무소불위의 권한을 가진 국가정보, 그 역사를 한번 살펴보겠습니다.

이 국정원의 역사를 살펴보면, 바로 중앙정보부입니다. 1961년 5월 16일 박정희 장군과 김종필 중령이 쿠데타를 일으키고 나서 맨 먼저 처리하라고 만들어 낸 게 중앙정보부 설립입니다. 당시 김종필 중령은 쿠데타를 한 바로 그다음

---

* 회의록 원본에 "부활"을 고침

날 오전 10시에 최우선적으로 중앙정보기구에 관한 복안을 제시하고 곧바로 설치작업에 착수합니다. 그로부터 한 달 후인 6월 10일 중앙정보부법이 공포되면서 악명 높은 중앙정보부가 출범하게 됩니다.

국가재건최고회의, 군인들이 나와서 국가를 재건하자 해 가지고 그 이름 국가재건최고회의 아닙니까? 1호 안건이 중앙정보부 설치안이었습니다. 이렇게 탄생한 중앙정보부가 시종일관 자행해 왔던 것이 반정부세력을 적발해서 무자비하게 탄압하는 것이었습니다. 또 선거를 조작하고, 그것에 개입하는 등 부정선거를 총괄한 기관이 당시의 중앙정보부였습니다.

항간에 들리는 얘기로는 민주공화당을 만든 그 장본인들이, 바로 다 중앙정보부 요원들이 초기 민주공화당 결성에 개입했던 것입니다. 이러한 힘을 바탕으로 박정희 대통령은 3선 개헌과 72년 유신체제를 만들 수 있었던 것입니다.

그다음 정권을 차지한 전두환 대통령 역시 1980년 중앙정보부를 안기부로 명칭을 변경합니다. 정권의 정당성도 국민의 지지도 받을 수 없는 상황에서 새롭게 정권을 찾을 수 있었던 것 역시 안기부의 힘이 있었기에 가능했습니다. 군사독재정권의 정권 유지의 중심에는 언제나 국가정보기구, 권력기관이 존재하고 있었습니다.

당시 중앙정보부와 안기부 시절 선량한 우리 국민들을 간첩으로 몰았던 간첩조작사건에 대해서 말씀을 드리겠습니다.

첫 번째, 다 아시겠지만 1963년 인혁당사건입니다.

1964년 8월 김형욱 중앙정보부장은 북한 노동당의 지령을 받고 국가 변란을 기획한 인민혁명단사건을 적발해 일당 57명 중 41명을 구속하고, 16명을 수배 중이라다는 발표문을 낭독합니다. 박정희 정권의 대표적인 공안조작사건인 1차 인민혁명당사건의 시작이었습니다.

당시 서울지검 공안부 검사들은 수사를 했지만 증거 불충분으로 도저히 기소할 수 없다고 얘기합니다. 그러나 검찰 상부에서 구속 만기가 된 날 당직 검사 명의로 중앙정보부의 사건 송치의견서를 그대로 베껴 도예종 씨 등 26명을 기소합니다. 도 씨 등 13명이 반공법 위반 등으로 재판에 넘겨졌고, 1심에서 고 도예종 씨 등 2명에 징역형을 선고하고, 나머지는 무죄라는 결론을 내렸지만 항소심에서는 전원 유죄로 판결을 뒤집어 버리고, 대법원 역시 1965년 9월 항소심 판결을 그대로 확정합니다.

그 후 1974년 유신반대운동이 급속히 확산하자 중앙정보부는 인민혁명당 재건위사건, 이른바 제2차 인혁당사건을 발표하게 됩니다. 인혁당 재건위가 북한의 조종을 받아 유신체제에 반대하는 민청학련을 조종하고 국가를 전복하려 했다는 것이 이유입니다.

1차 인혁당사건으로 징역 3년을 선고받았던 고 도예종 씨는 2차 인혁당사건에도 연루된 것으로 지목됩니다. 20여 명이 재판에 넘겨졌고, 고 도예종 씨 등 8명은 사형을 선고받았고, 판결이 내려진 지 불과 18시간 만에 형이 집행되었습니다.

지난 2015년 5월 29일 대법원이 고 도예종 씨 등 9명의 재심에서 무죄를 선고한 원심을 확정하면서 사법 역사의 치욕으로 남아 있었던 인혁당사건 재판은 마무리가 됩니다. 그러니까 64년도 그리고 74년도 그리고 40년이 지나고 나서 재판이 마무리가 된 거예요, 무죄로. 이렇게 사람들을 조작해서 해 놓고 인혁당 간첩으로 몰고 사형시키고 그리고 40년 지난 뒤에 재판에서 중앙정보부의 수사 발표 51년, 대법원 첫 판결 이후 50년 만에 무죄가 선고된 것입니다.

두 번째는 동백림사건입니다.

동백림사건이 일어난 1967년은 6·8 총선 부정으로 인해 학생으로 비롯한 규탄시위가 확산되었던 때였습니다. 박정희 정권은 주로 유럽에 있던 예술가와 학자, 유학생들을 소위 동베를린공작단사건으로 공안정국을 조성해 사태를 수습하였습니다.

세 번째, 10월 2일 10·2 항명사건입니다.

여당 의원님들, 이 내용 잘 좀 들어 주세요.

1971년 10월 2일입니다. 당시 오치성 내무장관 해임결의안을 국회에서 통과시켰습니다. 10월 2일 날 오치성 내무장관 해임결의안이 국회에 제출되어서 당시 공화당 총재인 박정희 대통령은 부결시킬 것을 명령했지만 당시 공화당 의장이 백남억입니다. 사무총장 길재호 그리고 쌍용양회의 회장이었던 김성곤, 당 재정위원장입니다.

(장내 소란)

그리고 김진만,

잘 들어 두세요. 중앙정보부가 했던 부분들을 잘 들어 두시라고요.

역사라는 것은 미래를 향한 우리들의 귀감입니다.

자, 공화당의 의장 백남억, 김진만, 길재호, 김성곤은 반기를 들어 국회에서 바로 오치성 해임결의안이 통과되었습니다. 그게 10월 2일의 항명파동입니다. 독립적인 국회가 집권 여당이 낸 내무장관 해임안 할 수 있습니다. 이 해임안에 대해 격노한 박정희 대통령은 김형욱 중앙정보부장을 시켜 그들을 가혹하게 폭행했습니다. 골프장에서 짐짝처럼 지프차에 처박혀 남산에 끌려온 그들은 무참히 고문을 받았습니다. 카이저수염으로 유명한 김성곤 회장 수염이 하나씩하나씩 뽑혔습니다.

제가 이 사건 이후에 중앙정보부에 잡혀 갔습니다. 그 당시에 저를 수사했던 그 수사관이 자랑스럽게 저한테 얘기했습니다. 내가 바로, 내가 바로 이 수염을 뽑은 사람이라고. 집권 여당의 초선도 아니고 다선, 당 재정위원장을 붙잡아다가 중앙정보부 직원이 어떻게 수염을 뽑습니까? 그게 중앙정보부입니다.

우리의 역사를 되돌아보는 것은 미래에 이런 역사를 우리가 만들어서는 안 되기 때문에 이것을 되돌아보는 것입니다. 오래전도 아닙니다. 바로 내가 대학교 4학년 시절에 중앙정보부에 끌려가서 끽소리 못 하고 빨가벗고 맞을 때 그때 상황입니다. 우리의 역사예요. 그러한 시대가 돌아오지 않도록 중앙정보부한테 우리 법이 정한 대로의 그런 권한을 행사하고, 이런 무소불위의 권력을 행사할 수 있도록 하는 길을 차단하는 게 국회의 책무인 것입니다. 그게 국민을 보호하는 것이지요.

이것은 말을 듣지 않으면 부하의 손을 칼로 자르는 조폭과 다름없는 행동이었습니다. 국회의원 체면이고, 인권이고 아예 없었습니다. 집권당은 물론 야당도 공포에 새파랗게 다 질린 것입니다. 10월 유신의 전조였습니다. 유신 전에 헌정과 법치는 이미 파괴되고, 능욕된 것입니다.

다음은 1971년 민주수호전국청년학생연맹 내란음모 조작사건입니다.

당시 대학가에서는 4·27 대통령선거의 부정과 불법에 항거하여 대규모적인 규탄시위가 벌어졌던 시기였습니다. 71년 5월 27일 서울대 공대·문리대·상대·약대·의대·치대 등 약 900여 명과 서강대생 200여 명은 구속 학생 석방, 학원 자율 수업, 교련 반대 등을 외치며 교내 시위에 이어 가두에 진출했습니다.

박정희 정권은 이날 서울대 문리대·법대·상대·사대에 휴업령을 내리고 교문을 폐쇄했으며, 1970년 11월 12일 중앙정보부는 서울대생 4명과 사법연수원생 1명이 모의해 대한민국을 전복하려 했다면서 저를 비롯해서 민주수호전국청년학생연맹 위원장—지금 우리 국회의원입니다—심재권, 이신범—전 한나라당 국회의원입니다—그다음에 장기표—전에 민중당으로 국회의원 출마했던 분이지요—그리고 조영래—돌아가신 저의 선배님이십니다—등을 중앙정보부 남산 6국의 건물로 끌고 가 고문과 수차례 무차별 폭행을 합니다.

이들은 10월 15일 위수령이 발동되면서 대학에서 제적되었으며, 이들에게 주어진 혐의는 민주수호전국청년학생연맹을 중심으로 반정부 시위, 폭력을 이용한 주요 관공서 파괴·점령과 박정희 대통령 강제 하야, 혁명위원회 구성 그리고 헌법 기능 정지, 그 외에 정부 전복 기도를 계획했다는 것이었습니다.

검찰은 다음 해 9월 5일 항소심 결심 공판에서 이들에게 징역 10년씩을 구형하고, 재판부는 다음 해 72년 9월 11일 징역 10년, 6월과 2년, 집행유예 3년 등을 각각 선고합니다.

● **부의장 정갑윤** 최규성 의원, 물 한잔 하시고, 잠깐만 제가…… 교대 시간이 다 됐는데…… 최규성 의원 토론 중에 제가 또 개입해서 미안합니다마는 이 야밤에 자리를 함께하고 최규성 의원 토론을 진지하게 듣고 계시는 우리 의원님들 제가 고마워서……

박홍근 의원, 유은혜 의원, 양승조 의원, 정호준 의원, 우상호 의원, 조금 전까지 계속 계셨던 김성찬 의원, 문정림 의원, 김희정 의원, 유기준 의원, 이주영 의원 또 늦게 온 김장실 의원 함께하고 계십니다.

사실 참 이 시간에 해 보면, 저도 하루 8시간 근무합니다. 4시간 쉬고 2시간 하고 하면, 이 위에 올라와 있어 보면요, 정말 힘듭니다. 정말 힘듭니다. 여러분 좀 그거 하더라도 이해하시고, 특히 방청석, 언론, 속기사 또 직원, 정말

힘듭니다. 그렇기 때문에 가능하면 의제에 관한 일련된 토론을 계속해서 국민들이 이해할 수 있도록 해 주는 게 참 좋을 것 같습니다.

그래서 최규성 의원 잘해 주시고, 제가 교대 시간이 다 됐기 때문에 합니다. 오해 없으시길 바라고요.

이상입니다.

● **최규성 의원** 다음은 김대중 납치사건에 대해서 말씀드리겠습니다.

김대중 납치사건은 일본으로 망명 중이던 김대중 전 대통령이 1973년 8월 8일 오후 1시경 일본 도쿄 도의 호텔 그랜드팰리스 2210호실 부근에서 대한민국 중앙정보부 요원으로 추정되는 사람들에게 납치되어 8월 13일에 서울의 자택 앞에서 발견된 사건입니다.

김대중 전 대통령은 71년 대통령선거에서 신민당 후보로 출마 민주공화당 후보였던 박정희 대통령에게 94만 표의 큰 표 차이로 석패했습니다. 이 대선 전후 기간 동안 김대중 전 대통령에게는 크고 작은 사고가 잇따라 일어났습니다.

(정갑윤 부의장, 이석현 부의장과 사회교대)

71년 1월 동교동 자택 마당에서 담뱃갑 은박지로 싼 장난감 권총용 화약에 배터리가 연결된 사제 폭발물이 폭발하는 사건이 발생했는데 이 사건은 처음에 당시 15세인 김대중 전 대통령의 조카인 김홍준 씨가 장난으로 한 것으로 자백함으로써 해프닝으로 일단락되는 듯 싶었으나 김홍준 씨가 경찰의 위협과 가혹행위로 인한 허위 자백한 것으로 이내 진술을 번복하자 경찰 수사는……

● **부의장 이석현** 최규성 의원님, 수고하십니다.
제가 사회 교대했습니다.

● **최규성 의원** 아, 그랬어요?

● **부의장 이석현** 우리 의원님들도 심야에 고생들 하십니다. 특히 이 시간에도 안 주무시고 방송 듣고 계신 우리 국민 여러분들한테 정말 감사합니다.

실은 애초에는 필리버스터 시작할 때 테러방지법에 대한 지연 전술로만 생각하고 시작했던 건데 또 해 보니까 뜻밖에 이것이 계기가 돼 가지고 국회와 국민 사이에 소통과 공감의 계기가 되고 있는 것 같습니다. 저희들이 그동안에는 그렇게 소통 노력을 별로 못 하고, 저희들 하고 싶은 얘기만 하고 빠지고, 뉴스 시간만 얘기하는 그런 일이 된 데 대해서 국민들한테 죄송하게 또 생각을 합니다. 앞으로 소통에 더 힘쓰겠습니다.

그리고 국민들이 국회를 나무라시면서도 한편으로는 '퍽 소통에 목말라 있었구나.' 하는 그런 생각을 하고 깨닫게 됐습니다. 더 열심히 하겠습니다.

최 의원님, 말씀하시지요.

● **최규성 의원** 대통령선거가 끝나고 총선 유세가 한창이던

그해 5월에 지원 유세 차 나선 김대중이 탄 차량과 14t 대형 트럭이 충돌한 사고가 발생합니다. 김대중 전 대통령은 이 사고로 인해 골반 관절 부위에 부상을 당했으며, 서거하시기 전까지도 이때의 사고를 당시 정권의 암살 음모로 지목하였습니다.

일련의 사건·사고로 인하여 신변에 위협을 느낀 김대중 전 대통령은 교통사고 후유증과 지병의 치료 차 일본을 왕래하기 시작하는데 1972년 10월 11일 일본 정계 순방을 이유로 일본에 건너가 며칠 뒤, 17일 비상계엄령과 동시에 10월 유신이 선포되자 미국으로 망명을 택합니다.

유신 직후부터 김대중 전 대통령은 일본과 미국을 오가며 유신을 통해 유신체제를 비판·규탄하였고, 1973년 7월 6일 미국 워싱턴에서 한국민주회복통일촉진국민회의라는 단체를 조직하여 초대 의장으로 취임해 교포 사회를 중심으로 반정부 투쟁을 벌이기 시작합니다. 이후에 당시 이후락 중앙정보부장은 박정희 대통령의 지시로 김대중을 납치, 동해에 수장하려는 계획을 세우게 된 것입니다.

다음은 김대중 내란음모사건 말씀드립니다.

김대중 내란음모사건은 1980년 신군부세력이 김대중을 비롯한 민주화운동가 20여 명이 북한의 사주를 받아 내란 음모를 계획하고 광주민주화운동을 일으켰다고 혐의를 조작해 군사재판에 회부한 사건입니다.

1980년 5월 17일 신군부는 5·17 비상계엄 전국 확대 조치를 내리면서 동시에 김대중 대통령, 김종필 총재를 비롯한 정치인과 재야인사들을 체포했습니다. 이날 김대중 대통령도 학생·노조 소요 관련 배후 조종혐의로 동교동 자택에서 수경사 헌병단에 체포됐습니다.

5월 18일부터 비상계엄 전국 확대 조치로 인한 정치 탄압에 항의하는 광주시민들은 광주민주화운동을 벌였습니다. 광주민주화운동을 진압한 신군부세력은 민주화 인사를 탄압하기 위해 광주민주화운동의 주동자로 김대중을 지목하여 내란혐의로 기소했습니다. 신군부는 두 달여의 고문을 통해 관련자의 진술을 조작해냈습니다.

1981년 1월 대법원은 군사재판에서 김대중에 대해 사형을 선고했으나 당시 김대중 대통령이 '이 땅의 민주주의가 회복되면 먼저 죽어간 나를 위해서 정치보복이 다시는 행해지지 않도록 해 달라'고 한 법정 최후진술이 국제사회에 알려지면서 큰 반향을 불러일으키고 지미 카터 전 미국 대통령, 레이건 행정부, 미국 의회와 심지어는 당시 교황인 요한 바오로 2세를 비롯한 세계 각국의 지도자와 종교인, 인권단체들로부터 김대중 사형 중단 압력이 거세어짐에 따라 이듬해인 1982년 1월 23일 김대중의 형량은 무기징역으로 감형되었습니다. 얼마 후에는 20년형으로 다시 감형됐습니다.

1995년에는 광주민주화운동에 관한 특별법이—5·18 특별법이지요—제정되어 김대중 전 대통령을 비롯한 관련자들의 재심청구와 명예회복이 이어졌고 김대중 대통령 임기를 마친 2003년 재심을 청구해 2004년 1월 이 사건에 대해 무죄를 선고받았습니다.

재판부는 판결문에서 '79년 12·12사태와 80년 5·18을 전후해 발생한 신군부의 헌정파괴범행을 저지하거나 반대함으로써 헌법의 존립과 헌정질서를 수호하기 위해 행한 정당한 행위이므로 형법 제20조의 정당행위에 해당, 범죄가 되지 않는다'고 밝혔습니다. 2004년 김대중 대통령은 재심을 통해 무죄를 선고받습니다.

다음은 오송회 사건에 대해서 말씀드리겠습니다. 오송회 사건의 문제의 발단은 단 한 권의 책입니다. 충청북도 보은 출생인 월북작가 오장환 씨의 시집 '병든 서울', 1945년 해방을 맞은 감격과 새로운 시대 건설에의 열망 그리고 이어 찾아온 절망감과 좌절을 격정적으로 노래한 이 시집이 1982년 7월 20일 전라북도 군산시 시외버스터미널에서 발견됩니다.

책을 습득한 터미널 직원은 이를 군산경찰서에 신고했고 공안 수사관들은 책의 주인을 찾는 수사를 시작했습니다. 오장환 씨는 1946년 좌파 문인단체인 조선문학가동맹에서 활동했고 월북 작가인 탓에 그의 책은 5공 시절 읽어서는 안 될 그런 금서였습니다.

군산경찰서 정보과 정보3계의 내사 끝에 같은 해 11월 당시 군산제일고등학교 교사였던 고 이광웅 시인을 비롯한 교사와 방송국 직원 등 9명이 체포됩니다. 경찰은 국가보안법 제7조1항 위반 등의 혐의를 조사했고 이듬해 전주지검이 이들을 기소합니다.

불온서적 '병든 서울' 소지와 탐독만이 아니라 이들의 모임인 '오송회'가 학생들에게 좌경의식화 교육을 마쳤다는 혐의를 추가했고 동료교사들끼리 나눈 대화까지 문제 삼았습니다.

1983년 12월 27일 대법원은 피고인들의 상소를 기각해 이들은 징역 7년과 자격정지 7년, 그리고 징역 5년과 자격정지 5년(박정석) 등을 확정판결받았습니다.

그리고는 23년이 지난 2006년 5월 고 이광웅의 아들 이진명과 박정석 등 오송회 사건 당시의 9명은 진실·화해를 위한 과거사 정리위원회에서 이 사건은 조작되었다며 진실규명을 요청합니다.

이와 관련해서 진실화해위원회는 6월 12일 열린 제45차 전원위 회의에서 진실규명이 필요하다는 결정을 내리고 '국가는 위법한 확정판결에 대해 피해자들과 그 유가족의 피해와 명예를 회복시키기 위해 형사소송법이 정한 바에 따라 재심 등 상응한 조치를 취하라'고 권고합니다.

진실화해위는 이른바 오송회 사건을 5공 시절 현실비판적인 문제의식을 갖고 있던 교사들을 강제연행·장기구금·고문해 처벌한 전형적인 사건으로 규정합니다.

오송회 사건을 기소하고 재판한 전주지검과 전주지법·광주고법·대법원도 진실화해위로부터 공익기관으로서의 직무를 저버렸고 국민 기본권 보장이라는 사법부의 책무를 방기했다는 비판을 받았습니다.

전주지검은 피해자들이 '고문 때문에 허위자백을 했다'고 주장했음에도 고문 수사관들이 배석한 상태에서 피의자신문조서를 작성해 전주지법에 기소했고 전주지법은 임의성 없는 자백을 근거로 유죄판결을 했다는 것이 진실화해위의 설명, 또 당시 광주고법은 지법 선고 형량보다 더 높은 형량을 선고했고 대법원은 '부당하다'는 교사들의 상고를 기각했습니다.

마지막으로 진실화해위는 진실·화해 기본법 제4장에 따라 경찰·검찰·법원은 수사과정에서의 불법감금 및 가혹행위, 자백에 의존한 무리한 기소, 증거재판주의를 위반한 유죄판결 등에 대해 피해자와 유가족들에게 사과하고 화해를 이루는 적절한 조치를 취하는 것이 필요하다고 했습니다.

이 밖에도 5공 시절 교사를 연행하고 구금·구속한 사건 등으로 방기중 사건이 있습니다.

1987년 11월 강의 중 '찢겨진 산하' 관련 리포트를 냈다는 이유로 건국대 시간강사 방기중 씨를 국가보안법 위반으로 입건한 것입니다.

또 아람회 사건입니다. 81년 7월 교사 6명을 포함한 군인·경찰·검찰청직원·고등학생 등 11명이 아람회라는 좌경용공 조직을 결성한 혐의로 구속됩니다.

또 상록회 사건이 있습니다. 83년 12월 YMCA 중등교육자협의회 소속 교사 9명과 대학교수 3명이 초중고교 교과서에서 통일 문제를 어떻게 가르치고 있는지 연구·분석하다가 연행된 사건입니다. 이 사건으로 조승혁 목사, 이영희 교수, 강만길 교수 등 3명이 국가보안법 위반 혐의로 구속됩니다.

또 민중교육 사건이 있습니다. 1985년 교육무크지 '민중교육'의 내용이 국가보안법에 저촉된다 하여 필자인 양정고 김진경 교사, 성동고 윤재철 교사 등이 출판사 주간 송기원 소설가와 함께 구속된 사건입니다. 이 책에 기고한 교사 10명은 파면되고 7명은 강제 사직당합니다.

다음, 유명한 부림 사건이 있습니다. 81년 9월 부산 대동고 고호석, 혜화여중 김희옥, 감적초교 설경혜, 모라여중 윤연희 등 교사 4명을 포함해 부산지역 학생운동 관련자 19명이 북한찬양 등의 혐의로 구속 기소됩니다.

또 이병설 간첩 사건이 있습니다. 86년 7월 '민중교육' 사건으로 해임된 전 성동고 교사 유상덕이 안기부로 연행돼 북한 공작원에 포섭된 이병설과 접촉한 혐의로 구속된 사건입니다.

그렇다면 현재 국정원은 그 전신인 중앙정보부와 안기부보다 얼마나 깨끗해졌는지 알아보겠습니다. 과연 이름을 바꾸면 깨끗해지는 것인지 한번 알아봅시다.

지난 2013년 2월 민주사회를 위한 변호사모임, 진보네트워크센터, 참여연대, 천주교인권위원회, 포럼 '진실과 정의' 등 시민단체와 함께 연구한 자료를 보면 최근 가장 큰 파장을 일으켰던 사건인 2012년 대선개입 사건을 제외하더라도 많은 논란을 불러올 일들을 해 왔습니다. 그 죄들을 하나씩 하나씩 읽어 드리겠습니다.

첫 번째, 불법사찰 논란입니다.

국가정보원의 민간사찰 사건이 계속되어 왔습니다.

국가안보와 정권안보를 동일시했던 박정희 정권과 5공화국 시대의 중앙정보부와 국가안전기획부 시절에 매우 자연스러운 일이었으며 노태우 대통령과 김영삼 대통령 시절에도 불법 도·감청을 비롯한 민간사찰 사건이 반복되었습니다.

김대중 정부 이후 국가정보원으로 명칭이 바뀌었으나 그 이후에도 민간인 사찰과 불법 도·감청으로부터 자유롭지 않습니다. 특히 이명박 정부 출범 이후 국가정보원의 민간사찰 사건은 반복되고 있습니다. 국가정보원은 정치인에 대한 사찰, 법원 또는 검찰수사에 개입 그리고 KBS 사장 선임 등에 개입했다는 의혹이 있을 뿐만 아니라 시민사회단체의 활동과 활동가, 문화행사에 이르기까지 정부 비판세력에 대한 무차별한 사찰활동을 벌여왔다는 의혹이 제기되어 왔습니다.

이명박 정부 출범 이후 제기된 의혹을 유형별로 정리하면 다음과 같습니다.

첫 번째는 정치인 사찰입니다.

이명박 정부 이후 국가정보원이 정치인의 사찰에 나섰다는 주장은 수차례 반복되었습니다. 특히 야당 의원에 대한 사찰보다는 여당 의원에 대한 사찰이 대상이 되었다는 주장이 많은 것도 흥미롭습니다. 실제로 어느 정도의 사찰이 이뤄졌는지 알 수는 없으나 권력의 투쟁 과정에서 여당 내 반대파들에 대한 감시가 있었기 때문인 것으로 보입니다. 그러나 한편으로는 야당 의원보다 여당 의원에 대한 사찰이 더 많아서가 아니라 여당 의원이 권력기관에 대한 정보접근이 쉽기 때문일 수도 있습니다.

2010년 8월 16일 정태근 당시 한나라당 의원은 평화방송 라디오 '열린 세상 오늘 이석우입니다'와의 인터뷰에서 국제회의 위탁운영 업체의 부사장으로 재직 중인 자신의 부인이 국가정보원으로부터 사찰을 받았다고 주장합니다.

정 의원은 국가정보원이 사찰의 주체라는 사실을 청와대 민정수석실로부터 확인했고 국가정보원은 부인의 회사와 거래처 등을 탐문하고 국회의원의 지위를 이용해 부인 회사의 사업수주에 압력을 행사하였는지 캐고 다닌다는 것을 확인했다고 합니다.

정 의원이 사찰 사실을 알고 청와대 민정수석실에 항의하자 민정수석실 관계자가 '자신들은 전혀 관계가 없고 국가정보원에 알아보니 국가정보원 직원의 사찰이 있어서 바로 그 사찰을 중단시켰다, 자신들은 보고서고 뭐고 아무것도 관여한 바 없다고 변명을 한 게 있었다'고 말했습니다.

정 의원에 대한 이러한 사찰은 2008년 총선 전 이명박 대통령의 형인 이상득 의원에게 총선 불출마 및 2선 후퇴를 요구한 것과 관련된 것으로 보입니다. 이 전 의원의 정치적 반대자로 판단하고 소위 '영포라인'이 2009년 정 의원을 사찰한 것으로 추정됩니다.

지금 대통령 박근혜 새누리당 비상대책위원장에 대한 사찰의혹도 있습니다. 2010년 12월, 지금 제 뒤에 계시는 이석현 당시 민주당 의원은 박근혜 전 대표가

방문한 일식집의 종업원들과 여주인을 국가정보원에서
당시 청와대 기획조정비서실의 행정관으로 파견된 이창화
씨가 내사했다고 밝혔습니다. 이창화 행정관은 박근혜
위원장의 주변 외에도 정두언, 당시 한나라당 의원입니다. 정
의원의 부인이 운영하는 갤러리를 박영준 비서관의 지시로
사찰했으며 정태근 의원, 친박계 이성헌 의원 등이 사찰을
당했다고 합니다.

국가정보원 직원에 의해 국가정보원장이 사찰을
당했다는 의혹도 있습니다. 그러니까 정보원장도 예외가
아닌 거지요. 국가정보원을 비롯한 권력의 사유화를 확인할
수 있는 대목입니다.

우리 민주당 지금 부의장님 이석현 의원은
국가정보원으로부터 청와대로 파견된 이창화 행정관이
국가정보원장과 국가정보원 고위간부 부인 등에 대해
사찰이 있었다고 폭로를 한 바 있습니다.

2010년 11월 19일 자 조선일보에 실려 있는 내용입니다.
정두언 의원이 2008년 6월 박영준 당시
기획조정비서관을 권력사유화 장본인으로 지목한 이후 이
행정관에 대한 인사조치를 요구했고 청와대에서 총리실로
전출되었는데 국가정보원이 아닌 총리실로 옮겨간 이유가
바로 당시 김성호 원장이 자신을 사찰한 사람을 받아들일
수 없다며 반대했기 때문이라는 것입니다. 그러니까 김성호
국가정보원장을 이창화 국가정보원이 사찰했다는 그런
내용입니다.

이후에 김성호 국가정보원장에서 원세훈
국가정보원장으로 조직의 수장이 바뀌자 그는 2009년
3월 다시 국가정보원으로 복귀하는 것입니다. 바로 이런
사실, 이창화가—당시에 김성호 원장은 참여정부의
법무부장관을 하다가 이명박 정부 시절에 국정원장으로 간
사람입니다—그러니까 또 이 사찰을 한 것이지요. 그러니까
정보원장까지도 사찰을 하는 그게 바로 중앙정보부입니다.

2010년 7월 22일 오마이뉴스 기사에 따르면 당시 민주당
최재성 의원은 이해찬 국무총리 시절 이강진 전 총리실
공보수석과 그 부인에 대한 광범위한 감청이 이루어졌다고
폭로했습니다.

국가정보원은 북한의 흑금성 간첩 사건을 조사하던
중 2007년 이해찬 전 총리가 방북, 북경에서 접촉한
북한인사가 흑금성의 북측파트너인 리호남이었다는
이유로 이강진 전 공보수석에 대해 광범위하게 조사했으며
휴대전화 위치 및 착발신 이력 추적, 음성과 문자메시지
확인, 부인 명의의 집전화 감청, 모든 우편물 열람, 이메일
내역 및 내용 전부 열람, IP 추적을 통한 로그인 내역 열람,
타인과 나눈 대화 감청 및 녹음 확인 등이 이뤄졌습니다.

최재성 의원은 국가정보원이 대북 관련 조사를 핑계로
참여정부 인사에 대한 표적수사를 위해 광범위한
감시와 사찰에 나선 것은 아닌지 의심된다고 밝혔습니다.
국가정보원 측이 내사가 끝난 후 본인에게 압수수색영장을
보여 줘 이 사실이 알려졌으며 수사기간은 2009년 2월부터
6월까지로 알려졌습니다.

다음은 국가정보원이 법원이나 검찰에 압력을 행사한
그런 케이스들을 설명을 드리겠습니다.

잘 아시는 이명박 정부 시절의 BBK 사건 개입입니다.
BBK 사건이 어떤 사건인지 잘 알 것입니다.

한겨레 2008년 7월 3일 자 기사에 따르면 국가정보원
요원이 이명박 대통령이 한겨레신문사를 상대로 낸
손해배상 청구소송을 맡은 판사에게 전화해 재판사항을
확인하고 재판을 참관하다 판사에게 적발되었습니다.

2008년 7월 3일 서울중앙지법 민사72단독 김균태
판사의 심리로 열린 이날 재판에서 국가정보원 직원 김 모
씨를 법대 앞으로 불러 '국정원 연락관이라고 했는데 대통령
개인 사건에 국정원이 전화를 하는 것은 적절하지 않다'고
경고했습니다. 김 씨는 지난 5월 말 첫 변론기일 이후 김
판사에게 전화를 해서 진행사항을 물었고 김 판사가 난색을
표하며 전화번호를 묻자 전화를 끊었다고 합니다.

7월 3일 재판에서도 재판시작 10여 분 후 법정에
들어왔다가 '어떻게 오셨냐?'고 묻자 머뭇거렸고
'기자냐?'는 질문에도 '그렇다'고 답했으나 김 판사가 신분증
제시를 요구해 국가정보원 직원임이 드러났습니다.

이후 2009년 2월 6일 김균태 판사는 이명박 대통령이
'BBK 의혹' 보도로 명예를 훼손당했다며 한겨레신문을
상대로 낸 손해배상 청구소송에서 '한겨레는 이 대통령에게
3000만 원을 배상하라'고 판결을 한 바 있습니다.

다음은 전직 대통령에 대한 수사에도 개입했습니다.
조선일보와 오마이뉴스 기사에 따르면—2008년 10월
24일 자입니다, 언론대책회의에 참석했던 내용입니다—당시
국가정보원 제2차장 김회선은 8월 11일 오전 KBS 후임
사장 논의를 비롯한 언론대책 회의를 위한 조찬모임에
참여했습니다.

이에 대해 민주당 의원들은 8월 11일이 정연주
KBS사장을 해임하고 이를 결재한 시점임을 감안,
방송통신위원회 국정감사에서 이를 비판했고 10월 28일
민주당의 전병헌, 이춘석 의원은 서울중앙지검에 김 차장을
국가정보원법 3조, 11조, 19조 위반으로 고발했으며 검찰은
증거불충분을 이유로 무혐의 결정을 내렸습니다.

바로 이렇게 국가정보원의 김회선 사장이 방송사장을
선임하는 그런 대책회의에 참여해서 영향력을 행사하고
발언하는 그런 시대가 2008년인 것입니다.

이후 김성호 국가정보원장은 10월 28일 국회
정보위원회에 출석해서 김 차장의 언론대책회의에 의하여
불거진 정치사찰 논란에 대해 재발을 방지하겠다라고
하면서 사과를 했습니다. 다시는 그렇게 하지 않겠다, 그런
일 하지 않도록 하겠다.

또 탈북자 출신 기자를 사찰한 내용입니다.
신동아와 오마이뉴스 기사에 따르면, 김정은 후계 논의,
화폐개혁 등 다수의 북한 발 특종기사를 써 연례 기자상을
줄줄이 수상한 최선영 연합뉴스 기자를 국가정보원이
사찰했다는 것입니다.

최 기자는 96년 아프리카 잠비아 주재 북한대사관

3등서기관으로 근무하던 남편 현성일 씨와 함께 한국으로 망명했으며, 그녀는 망명 뒤 평양에서 기자로 일했던 경험을 인정받아 연합뉴스에 채용되었습니다.

남편 현 씨는 국가정보원 산하 사단법인 국가안보전략연구소에서 일을 했습니다.

최 기자는 '북한현지소식통' 등을 인용해 김정은 후계 논의 그리고 화폐개혁 등 다수의 북한 발 특종기사를 써서 연례적으로 기자상을 줄줄이 수상하기도 했습니다. 그러니까 이 기자가 국가정보원보다도 대북의 여러 가지 소식들을 많이 알게 된 것이지요.

그러나 2010년 5월 초 북한 관련 데이터베이스 부서로 발령 받습니다. 형식은 승진이었지만 비취재부서였기에 사실상 최 기자는 취재부서로의 배치를 요구했습니다. 받아들여지지 않아 결국 2010년 5월 휴직계를 내고 휴직하고 만 것입니다.

그러니까 북한 관련 기사를 줄줄이 잘 내서 잘 했는데 바로 이 기자를 비취재부서로 발령을 해서 좌천을 시킨 것입니다. 그러니까 본인은 자기가 기사를 써야 되겠다고 해서 기자를 하자니까 안 된다고 해서 결국은 휴직을 하게 된 것입니다.

이후 2010년 7월 남편 현 씨가 국가정보원에 부부동반 여행을 위해 출국보고를 하자 국가안보전략연구소장 남성욱 씨가 '어차피 최 기자가 국정원 내사를 받고 있어서 출국이 어려울 것'이라고 말했으며 비슷한 시기 최 기자가 취재부서로의 복직을 요구했으나 연합뉴스의 간부가 '조만간 국정원 최고위 측의 인사변동이 있을 듯한데 이것만 마무리되면 복직이 가능할 것이므로 잠시만 기다리면 된다'라고 얘기한 것입니다. 그러니까 최 기자가 능력 있게 여러 가지 기사를 쓰니까 국정원이 개입해 가지고 좌천을 시킨 것입니다. 이게 그러한 내용들인 것입니다.

정보기관의 보고보다도 언론기관의 보도를 통해 먼저 북한의 주요 정보가 보도되자 청와대와 국가정보원의 질타를 꺼려하는 국가정보원이 압력을 행사했다는 것입니다.

최 기자는 2011년 1월 31일 북한자료부장으로 다시 복귀했으며, 2011년 2월 14일 한국기자대상 수상 후 2011년 12월 19일 김정일 사망사건 직후 취재부서로 다시 복귀했습니다.

다음은 노동조합을 사찰한 내용들입니다.

첫 번째는 통합공무원노조 출범 방해 외압입니다.

2009년 10월 28일 자 경향신문 기사에 따르면 국가정보원은 양천구청에 양성윤 당시 통합공무원노동조합 위원장 후보에 대해 징계하라고 압력을 행사했습니다.

양 후보는 2009년 7월 서울에서 열린 시국대회에 참가해 공무원법상의 집단행위 금지 규정과 성실·복종·품위 유지 의무를 위반했다는 이유로 징계위에 회부됐고, 양천구청은 양성윤 위원장 후보에 대해 서울시에 중징계를 요청한 바 있습니다.

양 후보에 따르면 노조 차원에서 담당부서에 중징계 요구한 이유에 대해 묻자 국정원 등 각종 기관에서 압력이

들어와 버틸 수 없었다고 답했다고 합니다.

양 후보는 국정원, 감사원, 행정안전부, 서울시, 검찰 등에서 직무감찰을 하겠다, 행정적·재정적 불이익을 주겠다며 나에 대한 중징계를 요청하라고 했다고 들었다며 중징계 요구는 통합공무원노조의 지도부 선출과 설립신고를 차단하려는 의도라고 주장했습니다.

국가정보원이 통합공무원노동조합의 설립과 위원장 선출에 관련한 정보를 수집하거나 관여하려 했다면 직무범위 위반에 해당된다고 할 수 있겠습니다.

다음은 기륭전자 노동조합 탄압입니다. 참세상과 레디앙 기사에 따르면, 국가정보원은 기륭전자와 노조의 갈등이 상급단체로 번질 우려가 있으니 사측은 결코 노조 측의 요구를 들어 주지 말라는 압력을 행사한 것으로 알려져 있습니다.

머니투데이는 기륭전자 협상 결렬 관련 기사에서 기륭전자 노사갈등이 상급단체 힘겨루기로 확산되고 있다며 협상 결렬 후 사 측은 경영자총연맹과 국가정보원 등으로부터 요구사항을 들어 줘서는 안 된다는 압력을 받고 있다고 보도했습니다.

다음은 경북지역 노동조합 사찰의 문제입니다.

참세상 2011년 10월 7일 자 기사에 따르면, 금속노조 KEC지회, 경주 발레오만도지회, 상신브레이크지회는 고용노동부 국정감사가 열리는 2011년 10월 7일 아침 국회 정론관에서 기자회견을 열고 이명박 대통령의 텃밭인 대구·경북 지역 사업장 세 곳에서 공격적 직장폐쇄, 용역깡패 동원, 조합원에 대한 감시와 협박, 어용노조 설립 등 철저히 준비된 노조파괴 공작이 똑같이 벌어졌다고 주장했습니다.

KEC지회는 지난해 국가정보원까지 나서 노조를 사찰해 왔음을 드러내는 회사 측 문건을 폭로했습니다. 문건의 제목은 '직장폐쇄 후 상황일지'로 지난해 7월 3일부터 12월 13일까지 날짜별로 노조 측 동향을 상세히 기록했습니다.

이 문건에는 2010년 11월 10일과 11일 일지에 '관리자 비상대기(4공장 점거 정보-국정원)'라고 적혀 있습니다. 즉 사 측이 국가정보원으로부터 노조 측 동향을 파악한 것입니다.

다음은 국정원이 시민사회단체를 탄압한 사례입니다. 시민단체 후원 기업에 압박을 가한 사실입니다.

오마이뉴스 2008년 10월 9일 자입니다. 오마이뉴스 기사에 따르면 국가정보원은 2008년 9월 A공기업에 최근 3년간 집행된 시민단체 후원 내역 일체를 제출을 요청하여 제공받았습니다. 그동안 얼마의 후원금을 어떤 방식으로 입금했는지 등을 묻고 관련 내용을 문의하고, 부담을 느낀 A공기업의 담당자는 꼭 제출해야 할 의무가 있는 것이 아님에도 불구하고 제출을 요구한 곳이 국가정보원이어서 자료를 제출한 것으로 알려졌습니다.

심지어 국가정보원은 B공기업에 대해서도 환경운동연합과 환경재단에 그동안 얼마의 후원금을 어떤 방식으로 입금했는지 등을 묻고 관련 내용을 서류로 만들어

제출해 달라고 요구했습니다.

그다음에 시민단체활동가 사찰 및 후원 기업 압박입니다.

경향신문 기사입니다. 2009년 6월 18일 자입니다. 의하면 현재 시장입니다. '박원순 서울시장의, 희망제작소 이사의 발언에 따르면 희망제작소는 하나은행과의 소기업 창업을 지원하는 마이크로크레디트 사업을 합의했으나 2009년 1월 하나은행 측의 일방적 결정으로 무산되었다. 박원순 희망제작소 상임이사의 말에 따르면 국가정보원 직원들이 하나은행 측에 연락하고 위 사업에 개입함으로써 하나은행으로 하여금 희망제작소와의 협력관계를 중단하도록 하였다는 것이다.'

박원순 상임이사의 2009년 9월 17일 기자회견문을 보면 친환경 자선단체인 아름다운가게도 2009년 4월 모 대학 카페 오픈식이 끝난 이틀 뒤 국가정보원 직원이 그 대학 총무과를 찾아가 아름다운가게에 좌파단체들의 자금줄이며 운동권 출신 직원들이 대다수인 아름다운가게를 후원한 사유가 무엇인지에 대해 문의하였고 2009년 6월 국가정보원 직원이라고 밝힌 사람이 특정 프로젝트를 몇 년째 공동 추진하던 모 은행 담당자에게 전화를 걸어 '아름다운가게와 무슨 관계가 있기에 오랜 시간 많은 돈을 지원했느냐'고 문의하였고, 2009년 5월 경기지역 모 시 평생학습관 공동행사와 미팅할 때 관련자가 '국정원에서 전화를 받았다. 아름다운가게의 행사를 하지 말라고 하더라'고 하는 등 곳곳에서 국가정보원의 활동 개입이 드러났습니다.

국가정보원은 바로 보도자료를 내고 해당 사실의 일체를 부인하였고 법적 검토를 추진, 국가를 상대로 한 명예훼손 혐의 손해배상금 2억 원을 청구하는 소송을 진행하였고 조선일보 기사에 따르면 재판에서 서울고법 민사13부 재판장 문용선에 의하면 2011년 12월 2일 국가정보원 및 정부의 명예를 훼손했다며 국가가 국정원의 민간사찰 의혹을 폭로한 박원순 서울시장을 상대로 낸 소송에서 1심과 같이 박 시장의 폭로는 의도적 명예 훼손에 해당하지 않는다고 판결했습니다. 대법원은 2012년 4월 6일 원심을 확정했습니다.

다음은 문화 행사를 탄압한 것입니다.

불교계 행사를 방해한 내용입니다.

한겨레 기사입니다. 2010년 1월 30일 자입니다. 따르면 국가정보원 직원이 조계사에다가 압력을 행사해 2010년 1월 31일부터 2월 7일까지 조계사 경내에서 열릴 예정이었던 '바보들, 사랑을 쌓다' 행사를 방해했습니다.

조계사를 담당하는 국가정보원 직원 권열 씨가 28일 오전 전화를 걸어 '반정부적인 정치집회가 조계사에서 열린다. 총무원장 스님이 방북도 하는데 이런 정치집회는 종단에 누가 되지 않겠느냐'는 취지의 말을 했고 그 전화가 있은 뒤 결국 주지 스님의 지시로 행사가 불허됐습니다.

또 총무과장에 따르면 같은 날 2시경 주지스님이 불러 가보니 권 씨가 함께 있었다고 합니다. 불허된 행사는 누리꾼 그룹 등이 지난 2009년 12월 6일 조계사에서

진행한 소외된 이웃을 위한 김장하기 및 배달행사 '사랑을 담그다'에 이은 행사로 '바보들, 사랑을 쌓다'라는 이름으로 1월 31일부터 2월 7일까지 라면상자 1000개를 이용해 10m 높이의 첨성대 조형물을 쌓고 이 라면을 불우이웃에게 나눠주는 행사입니다.

행사 기간에는 의료 민영화 반대, 공기업 민영화 반대, 4대강 사업 추진 중단, 한국방송(KBS) 수신료 거부 등을 주제로 한 퍼포먼스도 준비돼 있었기에 주최 측은 KBS 수신료 거부 퍼포먼스에 대한 압력으로 인식하고 있습니다.

이후 참여연대와 불교환경연대, 참여불가재가연대, 실천불교전국승가회 등등, 대한불교조계종종무원연합회, 대한불교청년회, 청정승가를 위한 대중결사, 사단법인 보리, 경제정의실천불교연합 등 국가정보원 직원 권 모 씨와 원세훈 국가정보원장을 직권남용 등의 혐의로 고발했으며 검찰은 증거불충분으로 무혐의 결정을 내렸습니다.

다음은 국가정보원이 미술작품전시회를 방해한 사건입니다.

세상에 국가정보원이 그렇게 할 일이 없어서 미술작품전시회를 방해하고 그럽니까?

한겨레 기사에 따르면 12월 3일 국가정보원 광주지부 한 직원이 광주시 문화예술부서와 5·18기념 문화관 대관부서에 전화를 걸어 5·18기념문화관에서 열리는 전시회에 대통령을 풍자한 '삽질공화국' 작품에 대한 시의 입장을 묻자 광주시는 전화통화 후 운영 조례를 검토, 작품의 전시가 전시장 설치 목적에 어긋나고 공공질서를 해칠 우려가 있다고 판단돼 주최 단체에 철거를 요구했습니다.

또한 광주민족미술인협의회도 전시 개막 직전인 3일 오후 5시께 시의 5·18기념문화관 담당 공무원이 찾아와 이 대통령을 비판한 작품을 철거하지 않으면 전시를 계속할 수 없다고 통보했다고 밝혔습니다. 광주민미협이 작품 철거를 하지 않자 시는 전시장 문을 열지 못하게 하였으나 비판 여론이 일자 이명박 대통령이 호남고속철도 기공식 참석차 광주를 방문했던 4일 하루만 중단된 뒤 5일부터 다시 열렸습니다.

이는 명백히 헌법에서 보장하고 있는 표현의 자유를 침해한 것이며 국가정보원법 11조1항 국가정보원 직원이 다른 기관·단체·사람으로 하여금 의무 없는 일을 하게 하거나 사람의 권리 행사를 방해해서는 안 된다는 직권남용 금지를 위반한 것입니다.

다음은 환경영화제 개최를 방해한 사건입니다.

한겨레 기사입니다. 2009년 6월 24일 자에 따르면 2004년부터 환경부와 서울시가 매년 환경영화제에 2억 원씩을 지원해 왔는데 2009년은 뚜렷한 이유 없이 지원금이 갑자기 보류되었습니다. 환경재단 최열 대표와 이미경 사무총장이 말한 바로는 2009년 5월 19일 국가정보원 조정관이 서울시의 담당 본부장에게 전화를 해서 지원금을 보류했다는 것입니다.

이미경 사무총장은 최 대표가 이만의 환경부장관에게 전화했더니 '쉽게 지원할 만한 상황이 아니다. 유인촌 장관과

만나서 얘기를 들어 보라'고 했습니다. 그래서 유 장관을 만났더니 '상황이 좋지 않다. 좀 기다려 달라'고만 말했다고 합니다.

이 총장은 5월 25일 직접 당시 오세훈 서울시장을 만났습니다. 환경재단이 주최하는 기후변화리더십과정에서 연사로 나온 오세훈 시장을 붙잡고 환경영화제 지원에 선처를 바란다고 부탁했습니다. 그랬더니 오 시장이 '면목 없습니다. 잡아 놓은 돈이 어디 가겠습니까?'라고 대답했습니다. 국가정보원 압력설을 묻자 오 시장은 '그런 얘기는 하지 마시고, 돈이 어디로 가겠습니까'라는 말만 되풀이했다고 이 총장은 밝혔습니다.

바로 압력을 받은 것이지요.

기타 민간 개입 및 사찰 사항입니다.

첫 번째는 4대강 사업 비판 교수모임을 사찰했습니다.

오마이뉴스 기사와 2008년 3월 30일 대운하 반대 전국 교수모임 성명서를 보면 경찰과 국가정보원이 대운하 건설을 반대하는 모임에 대해 모임의 성격이나 정치 성향을 파악했습니다.

서울대, 충남대, 가톨릭대, 한남대, 목원대, 안동대, 한국해양대 등 많은 대학에서 모임에 참여하는 교수들에 대한 경찰과 국가정보원의 성향조사가 이루어졌고 목원대를 담당하는 국가정보원 직원은 한반도 대운하 건설을 반대하는 전국 교수모임에서 역할을 하고 있는 목원대의 B 교수에게 전화를 해서 직접 찾아가겠다면서 운하 반대모임에 대해 물어보는 등 국가정보원이 직무범위를 위반한 성향조사가 이루어졌습니다.

다음 4대강 지역 주민 대책위를 회유한 상황입니다.

위클리경향 보도에 따르면 국가정보원이 4대강 정비 사업에 개입했던 사실이 드러났습니다. 4대강 정비사업과 관련하여 부여군 세도면 대책위가 정부 과천청사 항의 방문을 결정한 직후 국가정보원 직원이 위 대책위 관계자에게 연락해서 '청와대 비서와 다시 방문할 예정인데 굳이 경비를 들여 올라올 필요가 있느냐?'라며 '그렇게 하면 밉보일 수 있다'고 말했습니다.

국가정보원 대변인실 관계자도 '특별한 것이 아니라 집단 민원이 발생해서 통상 정보 수집 차원에서 가서 이러저러한 부탁을 들은 모양'이라고 시인했습니다.

국무총리실 역시 민주당 이성남 의원의 4대강 관련 국가정보원에 대한 질문에 대하여 '국정원의 4대강 사업 참여는 국정원의 직무범위 내에서 이루어지는 것으로 알고 있다'고 답변함으로써 국가정보원이 4대강 사업에 관여하고 있는 것을 확인했습니다.

다음은 민간 기업의 압박에 대한 것입니다.

광양제철소 동호안 제방 붕괴를 둘러싸고 포스코 측과 책임 공방을 벌이고 있던 오종택 인선이엔티㈜ 회장은 2009년 10월 19일 국회 환경노동위원회 국정감사에 증인으로 출석하여서 "국정원 직원으로부터 '뒷감당을 어떻게 하려고 포스코와 싸우느냐?'는 전화를 받았다"라고 밝혔습니다.

또한 민주당 김상희 의원이 공개한 '장관님 보고자료'라는 제목의 문건은 '매일 일일 상황을 환경부 폐자원관리과, 국정원 광주지부에 보고'라고 기록되어 있습니다. 국가정보원의 직무범위를 위반해서 정보를 수집하고 특정 기업을 위하여 영향력을 행사한 내용들인 것입니다.

다음은 세종시 대책위를 회유한 내용입니다.

오마이뉴스와 경향신문 기사에 따르면 국가정보원 직원은 임장철 연기군 의원을 비롯한 면장·농협조합장 등을 만나 '아무리 지역 주민들이 세종시 원안을 주장해도 이명박 대통령이 사과까지 표명했기 때문에 원안이 수정될 것'이라고 '원하는 게 뭐냐? 필요한 게 있으면 다 주겠다'면서 원안 수정에 찬성해 줄 것을 요청했습니다.

또 국가정보원 직원들은 세종시 원안이 수정되면 주민들이 소송을 제기할 것이라는 말에 '돈을 주면 될 것 아니냐?'는 발언도 했다고 합니다. 그러니까 국가정보원 직원이 세종시를 할 것이냐, 안 할 것이냐에 대해서 개입하는 그런 내용들인 것입니다.

이후 국가정보원 관계자는 '접촉이 있는 것은 맞으나 사실관계와 다른 부분이 많다'며 군 의원 등의 지역인사를 세종시 관련하여 접촉한 것을 시인했던 것입니다. 이게 다 국가정보원이 해서는 안 될 자기 업무 밖의 일들을 했던 그런 내용들입니다.

다음은 유엔 의사표현의 자유 특별보고관을 사찰한 내용입니다.

오마이뉴스 기사 2010년 1월 2일 자에 따르면 5월 4일 서울 명동의 한 호텔 앞에서 프랑크 라 뤼 유엔 의사표현의 자유 특별보고관을 몰래 촬영하던 사람들이 탄 승용차가 목격됐습니다. 이후 한국일보에 의하면 이 차량이 국가정보원 소유부지의 공터에 주소를 둔 유령회사의 것으로 밝혀지면서 국가정보원 사찰의혹으로 번졌습니다. 만약 사실로 밝혀지면 유엔 사무총장을 배출한 국가에서 유엔 특별보고관을 국가기관이 사찰하는 상황이 벌어진 것입니다.

뤼 보고관은 5월 17일 기자회견에서 국가정보원 사찰에 대해 '그것은 사실'이라며 미행, 사찰 받았음을 폭로했습니다. 그는 5월 15일 연세대학교 강연에서도 '과테말라에서도 이런 일이 있었지만 조사활동을 위축시킬 수 없었다'며 '이번에도 전혀 두려워하지 않는다.'고 밝히기도 했습니다.

기타 여러 가지 불법행위에 대해서도 추가로 더 말씀을 드리겠습니다.

국정원이 국회의 국정감사에도 개입한 그런 사실들입니다.

오마이뉴스, 한겨레, 프레시안 기사에 따르면 국가정보원과 경찰이 피감기관을 사찰해 왔습니다. 기가 막힐 일입니다. 피감기관 상황팀으로 하여금 수감이 끝난 뒤 두 시간 이내에 국가정보원 조정관과 경찰청 담당자에게 이메일로 수감결과를 보고하도록 한 것으로서 주요 사안, 특이사항과 질의답변 내용, 감사장 주변의 집회·시위 내용까지 보고하도록 했습니다. 이후 SBS 보도에—2008년

10월 20일 자입니다—따르면 민주노동당은 김성호 국가정보원장을 직권남용 혐의로 서울중앙지검에 고발했습니다.

다음은 종교대책회의에 개입한 내용입니다.

오마이뉴스에 따르면 당시 신재민 문화체육관광부 2차관이, 2008년 8월 26일에 주최한 '종교차별 시정대책' 관계기관 대책회의에 국가정보원 국장급 관계자가 동석했습니다. 신재민 차관은 국감에서 '국가정보원 참여가 적법하다'고 주장하였으나 국가정보원의 직무범위를 볼 때 종교 차별 시정의 관계기관으로 볼 수 없고 직무범위를 위반한 것입니다.

인사청문회 정보 제공자 색출입니다.

프레시안, 경향신문 기사와 MBC라디오 '손석희의 시선집중'에 2009년 7월 20일 출연한 박지원 의원의 발언에 따르면 박 의원이 천성관 검찰총장 후보자 인사청문회에서 천 후보자의 부부 동반 해외 골프여행 출입국 기록입니다. 후보자 부인의 명품 구매목록 등을 폭로한 것과 관련해 서울중앙지검과 국가정보원이 관세청 직원들을 상대로 제보자 색출 작업을 벌였습니다.

다음, 불교계 인사에 대한 압력입니다.

조선일보, 오마이뉴스 기사에 따르면 서울 강남구 삼성동 봉은사 주지였던 명진 스님은 2011년 3월 6일 마지막 법문에서 자신의 봉은사 퇴출에 원세훈 국가정보원장이 개입했다고 주장합니다. 명진 스님은 이날 법문을 통해 '원세훈 국정원장이 2월 2일 봉은사를 방문해 1월 22일 리영희 선생님 49재 때 제가 했던 법회 내용에 대해 항의한 것으로 알고 있다'며 '주지인 진화 스님이 압박을 받았겠나, 안 받았겠나?'라고 발언했습니다. 이에 신도들이 '받았어요'라고 답하자 명진 스님은 '봉은사 문제는 권력과 밀접하게 결합된 문제. 자승 총무원장, 이명박 장로, 이상득 의원의 총체적인 합의 속에서 이루어진 치욕스러운 사건이라고 생각한다'고 발언했습니다.

2010년 3월 봉은사 주지였던 명진 스님은 "한나라당 안상수 대표가 조계종 자승 총무원장을 찾은 자리에서 '강남에 좌파 스님을 그냥 두면 되겠느냐'고 했다."며 '봉은사를 직영으로 전환하려는 것은 봉은사를 정권의 뜻대로 하겠다는 것'이라며 논란의 중심에 선 바 있습니다.

명진 스님은 주지 임기 만료를 5일 앞둔 2010년 11월 9일 주지직에서 내려와 문경 봉암사로 떠나 수도 중이었으며 2011년 3월 1일 봉은사 주지인 진화 스님으로부터 '봉은사를 떠나 달라'는 요구를 받았습니다. 국가정보원은 이에 대해 전면 부인했습니다.

이렇듯 여러 사건에서 보듯이 이명박 정부 출범 이후 국가정보원의 불법 사찰은 광범위하게 이뤄지고 있으며 정권의 반대자에 대한 정보수집과 탄압의 성격이 강합니다. 국가정보원의 민간인 불법사찰과 직권남용 의혹은 이명박 정부 출범 이후 매우 빈번하게 제기되어 왔습니다. 그와 같은 활동이 가능한 데는 국가정보원에 국내 보안정보 수집권한이 부여되어 있으며 이를 빌미로 정치인·민간인에

대한 정보수집을 하고 있기 때문입니다.

또한 국회·법원·검찰과 같은 국가 기관에 대한 개입도 빈번하게 일어나고 있습니다. 이는 보안업무의 기획조정권한 부여에 기인한다고 할 수 있습니다. 국가정보원은 기획조정권한을 핑계로 정부 부처를 비롯한 각종 공공기관에 출입하고 있습니다. 또 국정감사를 비롯한 국가기관의 업무에 관여하고 상급 기관으로 군림하고 있습니다.

국가정보원의 민간 사찰과 국가기관의 사찰을 차단하기 위해서는 국가정보원법이 현재 허용하고 있는 국내 보안 정보수집과 정보 및 보안 업무의 기획조정기능이 더 엄격하게 행사되거나 권한을 제한해야 합니다.

또한 정보수집에 실패한 케이스들도 있습니다.

이명박 정부 들어 국가정보원이 주요 정보수집에 실패하거나 정보수집 과정에서 물의를 빚는 일이 이어져 왔습니다. 특히 국가정보원의 정보수집 실패 사건이 사회적으로 널리 알려지게 된 계기로는 인도네시아 특사단 상대 정보수집이 실패한 사건과 김정일 사망시기에 대한 정보 획득을 실패한 사건을 들 수 있습니다.

인도네시아 특사단 상대 정보수집에 실패한 사건입니다.

국가정보원 소속 직원이 2011년 3월 16일 서울 소공동 롯데호텔의 인도네시아 대통령 특사단 숙소에 잠입해 노트북을 뒤지다 발각되어 절도 등의 혐의로 경찰에 신고되었습니다. 조선일보 보도에 따르면 정부의 고위 관계자는 '국정원 직원들이 국익 차원에서 인도네시아 특사단의 협상전략 등을 파악하려 했던 것'이라며 '직원들이 발각된 것은 뜻하지 않은 실수'라고 했습니다.

남자 2명, 여자 1명의 국가정보원 팀은 16일 오전 9시 27분쯤 롯데호텔 19층 인도네시아 특사단 방에 들어가 노트북을 만지다 인도네시아 직원과 맞닥뜨리자 노트북을 돌려주고 자취를 감췄습니다. 당시 하따 라자사 경제조정장관 등 장관급 6명을 포함한 인도네시아 특사단 50여 명은 이명박 대통령을 만나기 위해 청와대로 떠난 직후였습니다.

창피한 노릇입니다. 외국의 장관들이 한국을 방문한 호텔을 뒤져서 노트북을 훔쳐 가다가 들키는 그런 절도행각을 하는 국가정보원 직원들입니다. 얼마나 창피한 노릇입니까?

다음은 김정일 사망시기 정보 획득 실패입니다.

원세훈 국가정보원장은 2011년 12월 20일 긴급 소집된 국회 정보위원회 전체회의에 출석해 '북한의 발표 전에 김 위원장 사망사실을 몰랐느냐?'는 위원들의 질문에 '몰랐다'고 답변을 했습니다. 원세훈 원장은 '김 위원장의 사망을 북한 내부에서도 몰랐다. 어제 19일 훈련에 나간 각군 부대가 오전에 미사일을 발사했는데 낮 12시 보도 이후 예정된 미사일 발사를 취소하고 부대 복귀 명령을 내린 점 등을 볼 때 북한 내부에서도 극소수 측근세력만 알았을 것'이라고 설명했습니다.

원세훈 원장의 설명에 따르면 국가정보원은 12월 19일

북한 조선중앙TV의 방송을 통한 발표 전까지 모르고 있었다는 것으로 김정일 국방위원장 사망 후 51시간가량이 지날 때까지 파악하지 못한 것입니다.

여야 국회의원들은 대북 정보력의 부재를 비판했으며 외통·국방·정보위에서 책임론이 제기됐습니다. 한나라당의 구상찬 위원은 이날 외교통상위원회 전체회의에서 '정보 당국의 대북 정보 수집력이 해도 해도 너무한다. 당장 책임을 물을 수는 없겠지만 사태가 마무리되면 정보 당국에 반드시 책임을 물어야 한다'라고 주장했습니다.

한나라당의 정몽준 전 대표는 '우리의 정보수준이 이 정도라면 정말 걱정이다. 무력 도발이 발생해도 모르고 있으면 어떻게 할 것인지 국민이 걱정하고 있다.'고 비판했고, 윤상현 의원도 '정보수집 능력이 인터넷 검색 수준이다. 삼성은 발표 전날 알았다고 한다.'며 개탄했습니다. 정부의 대북 정보수집능력이 신호정보와 영상정보는 상당 수준에 올랐다는 평가지만 인적 정보망을 이용한 정보수집은 부재하다는 그런 평가입니다.

이상에서 보듯이 국가정보원의 정보수집 실패의 이유로는 김대중·노무현 정부에서 대북 휴민트를 책임지는 대북파트의 소외로 붕괴했다는 주장도 있습니다. 현 정부 출범 전후 소위 대북 휴민트가 와해되었고 그 이유로 이명박 음해세력으로 규정되었기 때문이라는 것입니다. 또는 이명박 정부 들어 국정원이 국내 정보 기능을 강화하면서 대북 정보 기능을 대폭 축소한 탓이 크다는 지적도 있습니다.

바로 이명박 정부 들어와 가지고 본래 자기들이 해야 될 대북정보는 하지 않고 대내 국내정보에만 이렇게 심혈을 기울이고 있으니 대북정보가 가능했겠느냐 그런 내용들입니다.

어느 쪽이 사실이든 간에 현재 북한을 상대로 한 북한의 휴민트 수집체계는 붕괴되었고 그 이유는 인사농단에 있는 것 같습니다. 더불어 이명박 정부 들어 국가정보원의 인사가 정보에 전문성이 없는 측근 인사로 점철되어 왔다는 비판이 제기되어 왔습니다. 정보기관에 대한 정치적 이유의 인사 관여가 정보능력을 저하시킨 측면이 있는 것입니다.

다음은 인권침해적인 수사에 대해서 말씀드리겠습니다.

국가정보원과 그 전신인 중앙정보부, 국가안전기획부의 수사과정에서도 인권침해 논란이 끊이지 않아 왔습니다. 국가정보원 과거사건 진실규명을 통한 발전위원회는 정보기관의 수사권의 남용이 국민과 국가정보기관의 사이를 멀어지게 만든 가장 중요한 요인으로 작용했다고 지적한 바 있습니다. 이명박 정부 들어서 국가정보원은 특히 수사과정에서 과도한 압수수색과 감청, 대대적인 수사에 의한 인권 유린이 그 문제로 지적되어 왔습니다.

통일운동 단체들에 대해 수사한 부분들을 말씀드리겠습니다.

한국진보연대 사건입니다.

2010년 6월 29일 국가정보원은 한국진보연대 공동대표 등 3인과 사무실에 대한 압수수색을 진행하고 3인을 체포하였습니다. 이명박 정부 집권 이후 이미 범민련,

실천연대 등 김대중·노무현 정부 시기 남북교류협력사업을 진행했던 통일운동단체를 이적 단체화하여 그 성원들을 수사, 구속한 바 있으며 국가정보원은 이들 단체에 이어 한국진보연대에 대해 이적단체 혐의를 두고 수사를 진행하였습니다.

한국진보연대 사건은 천안함 사건 직후 발생한 사건으로 한국진보연대 성원 10여 명에 대해 사전 영장이 청구되었으나 법원이 7인에 대해 기각한 바 있고 체포된 3인에 대한 영장실질 심사에서도 2인이 석방되어 한 모 공동대표만 구속된 채 재판이 시작되었습니다. 검찰은 특수잠입·탈출, 찬양·회합·통신, 찬양·고무 등 국가보안법 위반 혐의로 기소하였습니다. 국가정보원의 최초 수사 시 이적단체 구성 혐의는 사라졌으며 심지어 한 모 대표 포함 3인에 대한 1심 재판에서 특수잠입·탈출 무죄, 회합·통신 무죄로 3인 모두 집행유예가 선고되었고 2심에서도 1심 판결이 확정되었습니다.

이명박 정부 시기의 국가정보원의 수사사건의 특징은 대대적인 수사, 광범위한 압수수색 그리고 떠들썩한 언론보도로 종북논란이 확대생산되는 데 일조하였다는 것이고, 더불어 대부분의 사건에 대한 혐의가 수사 과정에서 축소되었거나 무죄가 되는 경우가 많았던 것입니다.

2011년부터 2012년까지 대표적인 공안사건으로 회자된 왕재산 조직사건은 재판 결과 왕재산이라는 반국가단체 혐의 자체가 무죄가 선고됐습니다.

한국진보연대 사건의 경우도 최초 수사 단계에서 이적단체 혐의를 두고 십여 명에게 체포영장이 청구되었으나 법원에 의해 기각되었고, 결국 재판에서 주요 혐의에 대해 무죄가 선고되었습니다.

다음은 선거개입, 정치개입에 대해서 정보원이 개입한 부분입니다. 종북 논란 지피기, 색깔론들을 악용한 것입니다.

국가정보원 사건들의 대부분은 선거 시기—2011년과 2012년입니다—정권에 대한 불만이 높아지는 시기(2008년 광우병 촛불시위)에서 발생하였다는 특징을 보입니다. 대부분의 사건의 혐의가 재판 과정에서 축소되거나 주요 혐의에 대해 무죄가 선고되었고 여론재판에 의해 피해자들은 간첩으로, 종북세력으로 매도되었습니다. 수사기관의 횡포로 피의자들의 인권과 변론권은 침해당했습니다.

왕재산 조작사건은 2012년 11월 현재 2심 재판이 진행 중이지만 간첩조직이 북한이 사주한 야권연대를 이루기 위해 암약했다는 근거도 없는 검찰 발 기사가 걸핏하면 언론에 오르내리고 있습니다. 야권연대가 북한이 사주한 거라고 하는 그런 얼토당토않은 얘기인 것입니다.

이는 선거시점 야권의 전략과 전술에 대해 북한의 사주라는 색깔론으로 매도하는 전형적인 공안기관의 선거 개입입니다.

정권 비판적, 체제 비판적 시민사회단체 운동에 대한 정치적 탄압, 이명박 정부 시기 시민사회단체에 대해 정치적 탄압이 계속되어 온 가운데 국가정보원은 한국진보연대,

남북공동선언실천연대, 범민련 등 김대중·노무현 정부시기 합법적인 남북교류 사업을 진행한 단체들에 대해 이적 혐의를 씌우고 간첩 혐의 등으로 탄압하였습니다.

존경하는 국민 여러분! 어떻습니까?

여러분들이 판단하시기에 지금의 국정원이 전신인 중앙정보부와 안기부 시절보다 나아졌다고 판단되십니까? 그렇지 않습니다. 여전히 국민을 감시하는 행위는 계속되고 있습니다.

무소불위의 권력을 가지고 있는 국정원에 날개를 넘어 로켓엔진을 달아 준 제2의 유신부활법인 이 악법이 국회에서 통과되어서는 안 되는 이유가 또 하나 있습니다. 국정원의 국회 통제가 어렵다는 것입니다. 이 때문에 권한 남용과 인권침해가 발생해도 이를 견제할 수단이 없는 실정입니다.

우리가 이미 지난 대선 댓글사건에서 봤듯이 검찰마저도 압수수색이나 범죄를 저지른 직원을 체포하는 것이 어렵습니다. 원장에게 사실과 결과를 보고해야 한다는 규정 때문에 수사나 재판과정에서 진술을 받는 것도 거의 불가능합니다.

감청에서도 국정원은 다른 외국 정보기관과 달리 사후 견제가 전무합니다. 국회 정보위에서 감청 관련 내용을 요구할 수 있지만 제대로 된 자료 제출은 없습니다.

인권 침해 등 문제점을 검증하려 해도 숫자가 적은 통계만 내놓기 때문에 누구를 대상으로 얼마나 했는지를 전혀 알 수가 없습니다.

국정원이 자료 제출을 거부하더라도 이를 제재할 규정조차 없기 때문에 국정원에 무소불위의 권한이 주어졌을 경우 이를 상시감독 할 수가 없습니다. 이 점이 제2유신 부활법인 이 악법이 통과돼서는 안 되는 또 다른 이유입니다.

존경하는 국민 여러분!

대한민국의 어떤 누구도 대한민국의 안보와 그리고 테러를 막겠다는 것에 대해서 반대할 국민은 아무도 없을 것입니다. 저 역시 마찬가지입니다. 그러나 국민 여러분께서도 아시겠지만 박근혜정부와 새누리당이 밀어붙이는 이 법은 악법적 요소가 많습니다.

새누리당 의원이 발의한 법안과 여당 지도부가 제시한 최종안을 비교해 보면 여당이 발의한 법안에는 대테러센터에게 테러업무를 총괄할 수 있는 임무 즉 국내외 대테러 관련 정보의 수집, 분석, 작성 및 배포, 테러위험인물에 대한 추적 및 대테러 조사권한이 부여됐는데 여당 최종 수정안에는 이러한 권한이 삭제되어 대테러센터는 형식적인 기구로 전락되어 있습니다.

또 테러방지법 부칙 제2조에서 특정 금융거래정보의 보고 및 이용 등에 관한 법률을 개정하도록 하고 있습니다. 일명 FIU법을 개정하라 이런 내용입니다.

즉 국정원은 테러위험인물에 대한 조사업무 시 테러위험인물—테러의 위험을 가질 수 있다는 인물은 대한민국 전체를 다 그렇게 봤을 수 있는 그런

것입니다—그런 인물에 대한 조사업무 시 금융회사들이 보고하는 정보, 금융정보분석원장이 금융회사들로부터 보고받은 정보를 정리·분석한 자료 등을 요구할 수 있도록 하고 있습니다.

국가정보원이 금융정보분석원이 취합하고 있는 금융정보를 포괄적으로 추적할 수 있고 또한 이 정보를 활용하여 국민 감시 등 사생활 침해 및 인권침해 행위를 할 수 있다는 것입니다.

그리고 또 하나가 부칙에서 타 법 개정을 통한 감청정보 요청권을 부여하는 것입니다.

부의장님, 물 좀……

● **부의장 이석현** 예, 물 좀 한 병 가져오세요.

고생이 많으십니다.

우리 의원들이 고통을 참고 이렇게 긴 필리버스터 발언을 하고 있는 데 대해서 진정성 있게 받아들여 주리라고 생각을 합니다. 우리가 그동안에 15분 이내의 발언만 제도화했기 때문에 긴 상세한 말씀을 국민들에게 드릴 수가 없었는데 이번에 이 필리버스터를 통해서 상세한 얘기를 하고 호소할 수 있는 충분한 시간이 주어졌는데 그러한 노력에 대해서 국민들이 국회의 진정성을 이해해 주시기를 바랍니다.

감사합니다.

최규성 의원님, 발언하시지요.

● **최규성 의원** 테러방지법 부칙 제2조에서 통신비밀보호법을 개정해 테러 업무도 국가 안전보장에 상당한 위험이 예상되는 경우와 같게 취급하여 통신 제한조치를 요구하도록 하고 있습니다. 국가 안보를 위협하는 테러의 경우에는 현행법에서도 통신 제한조치 등을 할 수 있기 때문에 테러 관련 업무를 국가 안전보장에 대한 상당한 위험이 예상되는 경우와 동일하게 취급할 필요가 없습니다.

또한 테러는 그 중요도가 사안마다 다를 수 있다는데 이를 일반적인 국가 안위에 상당한 위험이 예상되는 경우와 동일시하게 된다면 위험이 예상되는 경우를 자의적으로 판단할 수 있고, 그런 경우 인권을 침해하거나 남용할 소지가 많다는 것입니다. 그래서 저희 더불어민주당을 비롯한 야당에서는 국정원이 권한을 남용할 수 없도록 견제장치를 마련하고자 하는 것입니다.

그 첫 번째가 국정원이 금융위원회에 테러위험인물에 대한 조사업무에 필요한 일반 금융정보를 요청하도록 한 부칙 조항을 삭제하는 것이고 테러위험인물에 대한 조사업무를 대테러센터가 담당하면 국정원이 요구할 법적 근거가 없어집니다.

또한 테러업무도 국가 안전보장에 상당한 위험이 예상되는 경우와 같게 취급하여 감청 등을 하도록 하는 것은 광범위한 감청권 부여로 인권침해 요소가 많아 그 부칙 조항은 삭제하자고 요구하는 것입니다.

그리고 대테러센터에 실질적 권한을 부여하고 국회가 선출하여 신분이 보장되는 복수의 상설감독관이 테러

업무를 감시하도록 하고 테러 관련 업무 내용을 국회에 보고하도록 하는 등 국회에 견제장치를 마련하고자 하는 것입니다. 박근혜정부와 새누리당은 이러한 내용을 삭제하는 게 뭐가 그렇게 어려워서 주저하십니까?

현재 야당이 제기하고 있는 국정원이 국민들을 무차별적으로 감시하고 공안탄압을 강화하겠다는 내용이 아니라면 야당이 요구하는 수용안을 받아들이십시오. 받아들이시더라도 테러 방지에는 전혀 문제가 없습니다.

그리고 박근혜정부와 새누리당은 국가정보원이 중심 역할을 하는 테러방지법이 통과되어야 한다고 주장하고 있습니다. 그 이유가 국정원이 하지 않으면 테러 관련 국제적인 정보 교류 등 공조가 되지 않고 국정원은 테러 총괄업무를 정보기관에서 담당하고 있지 않는 외국 사례가 없다는 것입니다.

대테러업무를 정보기관이 아닌 기관이 총괄하는 나라가 없다는 국가정보원의 주장은 참으로 어처구니없습니다. 영국도 있고 미국도 있고 독일에도 있습니다. 영국은 정부기관인 내무장관 산하에서 국가안전 및 테러업무를 총괄하고 있고 대외업무를 담당하는 MI6 비밀정보요원…… MI5 등이 주축입니다.

● **부의장 이석현** 최규성 의원님, 지금까지도 두 시간 반이나 발언을 하셨고 하시고자 하는 말씀의 취지는 많이 반영이 된 것 같습니다.

실은 오제세 의원님이 다음 발언 순서이고 그 이후에도 굉장히 많은 의원들이 발언 순서를 기다리고 있습니다. 오제세 의원께서 너무 오래 기다리시는데, 너무 무리하지 마시고 짐을 다른 의원과 나눠서 지는 것도 좋은 방법이라고 생각합니다.

● **최규성 의원** 예, 알았습니다.

존경하는 국민 여러분!

테러에 대한 위험이 존재한다면 그에 걸맞은 법률을 국회가 만들어야 하는 것은 당연합니다. 그러나 위협을 사실 이상으로 과대포장하고 공포심을 조장하고 이를 통해 국민의 헌법적 권리를 과도하게 침해할 소지가 있는 법은 만들어서는 안 됩니다. 국민의 생명과 재산을 지키는 동시에 국민의 사생활의 자유에 대한 국가의 침해는 최소화되어야 합니다.

현재 박근혜정부와 새누리당이 밀어붙이는 유신 회귀법이자 제2의 유신 부활법인 일명 테러방지법은 지금까지 국민들의 사생활을 무차별적으로 감시하고 간첩 조작을 아무렇지 않게 시도하고 지난 대선에 불법적으로 개입하기도 했던 국정원의 권한을 대폭 확대하는 법안입니다. 언제든지 국가정보원이 그들의 필요에 따라 국민의 사생활을 들여다볼 수 있도록 하는 악법 중의 악법입니다.

국민 여러분, 다시 한 번 설명드리겠습니다.

테러방지법 2조에 따라 국정원이 대테러활동에 필요한 경우 법원의 영장 없이 감청을 실시할 수 있습니다. 국정원에 따라 대테러위험인물로 생각하면 그 누구의 휴대폰도 감청할 수 있다는 것입니다. 감청 대상의 판단을 국정원이 하기 때문에 국정원의 주관적 판단이 개입될 수밖에 없습니다. 그렇기 때문에 국민 모두가 잠재적 대테러위험인물이 될 수 있는 것입니다. 국민 여러분들께서는 지난 2013년 선량한 국민의 한 사람인 서울시 공무원 유우성 씨를 중국의 공문서까지 조작해 간첩으로 만들었던 것을 기억하실 것입니다.

그리고 테러방지법 9조에 따르면 국가정보원장은 테러위험인물이라고 판단될 때 출입국기록, 금융거래기록, 통신이용기록, 위치정보기록 등을 수집할 수 있습니다. 필요한 정보나 자료를 수집하기 전이나 사후에 대책위원회 위원장에게 보고하도록 돼 있습니다.

그런데 여기에 맹점이 있습니다. 얼핏 보면 국정원장의 정보수집권한을 견제할 수 있는 장치가 마련된 것처럼 보입니다. 그러나 현실은 전혀 그렇지 않습니다. 대테러센터장이 국무총리이기 때문입니다.

초록은 동색이라고 하지요. 이들의 공통점이 바로 그렇습니다. 둘 다 모두 대통령의 측근이라는 점입니다.

물론 동법 7조에 국정원의 무차별적인 정보수집, 국민 기본권 침해를 감시할 인권보호관을 둔다는 조항이 있지만 그간 국가안보를 이유로 국회 자료제출을 거부했던 국정원이 단 한 명의 인권보호관에 의해 통제될 것이라고 생각하는 국민들은 많지 않을 것입니다.

존경하는 국민 여러분!

국정원과 그 전신인 중앙정보부, 안기부가 그동안 수도 없이 자행해 왔던 악행들에 대해 앞서 말씀드린 바와 같습니다. 군사정권 시절 장기 집권을 위한 간첩 조작, 공안정국 형성은 물론 서울시 공무원 간첩조작사건, 대선 선거 개입 등 최근에도 그 악행이 이루어지고 있습니다. 그런데 이러한 조직에 우리 국민들의 무차별적인 도청·감청 그리고 위치정보 수집 권한을 부여해야 하겠습니까? 저는 절대 그래서는 안 된다고 생각합니다.

국정원이 정말 국민들로부터 절대적인 신뢰를 얻기 전까지는 이들로부터 나의 인권이 심각하게 훼손되는 일이 없도록 해야 합니다. '나는 아니겠지'라는 생각을 해서는 절대 안 됩니다. 앞서 말씀대로 제가 그와 같은 일을 세 차례나 경험한 바 있고 이미 그러한 것을 목격했으며 여러분들도 그 피해자들의 목소리를 들어 왔기 때문일 것입니다.

박근혜 대통령님, 대통령님이 생각하시기에 테러방지법이 없어서 그동안 사고에 대응하지 못했습니까? 세월호 참사는 법이 없어서 사고에 즉각 대응하지 못했습니까? 전혀 그렇지 않습니다.

청와대 국가안보실은 자신들은 컨트롤타워가 아니라고 발뺌했고 국정원은 상황보고를 받지 못했다고 거짓말을 합니다.

천안함 침몰, 연평도 포격사건 그리고 DMZ 지뢰사건과 포격사건까지 국민의 생명과 안전에 직결되는 사고 당시 정보기관과 군이 과연 관련법이 없어서 초동대응에 실패했는지 묻고 싶습니다.

최근 황교안 총리가 자신이 국가테러대책회의의 의장이라는 사실도 모를 정도로 현 정부가 무능하기 때문인 것입니다. 이미 존재하는 기구와 제도조차 모르면서 무슨 테러방지법입니까?

국정원은 현행법으로도 테러정보의 수집·작성 및 배포 가능과 테러방지법안의 테러 개념에 해당하는 항공기 납치, 폭탄테러행위 등에 대한 수사권을 보유하고 있습니다.

통합방위사태 시 국무총리 총괄하에 각 지역 행정조직과 경찰조직, 군과 예비군, 국정원 등 정부기구를 통합하여 운영할 수 있습니다. 육·해·공군, 해병대, 경찰, 해경은 각각 대테러특공대를 구성해 운영 중에 있으며 한미연합사의 정보작전도 존재합니다.

바로 국가대테러활동지침에 따라서, 이 국가대테러활동지침은 대통령 훈령으로 돼 있고 2009년에 개정되었던 이런 내용입니다. 그러니까 테러활동지침이 현재 잘 돼 있어서…… 다만 이것이 대통령의 훈령으로만 돼 있기 때문에 문제가 있다고 지적할지 모르지만 그러나 이 훈령 전체를 다시 법으로 바꿔도 아무 문제가 없습니다.

바로 이 훈령의 내용들은 다른 의원들이 했기 때문에 제가 일일이 거명하지는 않겠습니다. 그러나 이 대테러활동지침에 따르면 여기에 국가정보원도 다 자기들 할 일이 있고 바로 총리에 의해서 이런 부분들을 다 할 수 있도록 돼 있습니다.

그래서 테러방지법을 특별히 만들 필요가 없이 꼭 필요하다면 대테러활동지침, 이것을 영으로 돼 있는 것을 법제화하면 그것으로 될 거라고 생각이 됩니다. 여기에 국가정보원의 임무라든가 이런 부분들이 다 잘 정리돼 있기 때문에, 다른 의원들이 얘기했기 때문에 제가 특별히 다시 말씀드리지는 않겠습니다. 아무튼 저는 바로 지금 현재 이 대테러방지법은 국가정보원이 무소불위의 국정원으로 가려는 그런 욕망 속에서, 그런 의도 속에서 이러한 법을 제출한 것이지 현재 모든 법으로도 당시의 이런 부분들이 다 되어 있다 이렇게 말씀드리겠습니다.

지금처럼 국정원 권한 강화를 위해서 과연 그러면 계속해서 새누리당 의원들이 이렇게 해 왔어요? 그렇지 않습니다. 옛날에 새누리당의 전신인 한나라당이 바로 참여정부 시절에 국정원 폐지도 주장했고 해외정보처 신설을 당론으로 채택한 바도 있습니다.

당시 한나라당은 노무현 대통령의 고영구 국정원장과 서동만 기조실장 임명에 반대하면서 이같이 추진했습니다. 당시 의원총회에서 국정원 폐지 및 해외정보처 설립을 제안해 의결을 이끌었던 홍준표 경남지사는 '국정원이 존립할 이유가 있느냐는 논의는 지난 대선 이전부터 나왔다. 국정원이 정치사찰, 도·감청, 대북 뒷거래를 일삼아 온 만큼 이번 기회에 아예 국정원을 폐지해야 한다'고 주장한 바도 있습니다. 같은 해 5월 정형근—전에 국정원에서 근무했던

우리 선배 의원입니다—전 한나라당 의원을 단장으로 하는 국정원 폐지 및 해외정보처 추진기획단을 구성하고 국정원의 해외 정보수집 기능 강화, 국내 부문은 검찰로 이관하고 대북 관련 부분은 통일부 및 국군기무사로 이관 등을 뼈대로 하는 안을 마련한 바 있습니다. 당시 기획단 소속이었던 이주영 새누리당 의원은 '국내 정치에 대한 국정원의 개입을 원천적으로 차단하고 핵심 역량을 해외 정보수집에 두는 방안이 논의될 것'이라 하고 '정부조직법의 국정원 설치조항과 국정원법을 없애고 대신 해외정보처 설치 법안을 제출하는 방안 등을 논의할 예정'이라고 말했습니다.

하지만 이후 한나라당 내부기류는 국정원 폐지에서 국정원 개혁으로 대세가 바뀌었습니다. 그래서 2005년 국정원 도청사건이 발생하자 이규택 당시 한나라당 최고위원은 '많은 분들이 개편이나 쇄신 얘기를 하지만 국정원은 이미 존재의 의미를 상실했다'며 '권력자 입장에서는 일종의 마약, 아편과 같은 국정원을 폐지하고 미국의 CIA 같은 새로운 기구를 만들어야 한다'고 주장하기도 했습니다. 또한 당시 한나라당 사무총장이던 김무성 새누리당 대표는 '야당 정치인을 상대로 한 불법 도·감청 자행 내용을 밝혀야 한다. 모든 것을 다 담아 특검 조사대상에 포함해야 한다'고 주장하기도 했습니다. 당시 한나라당 의원이던 김기춘 청와대 비서실장도 '역대 국정감사 때 정보위에서 국정원의 도청·감청시설 감사를 요구했지만 정부와 열린우리당이 반대해 왔다'며 국정원 관련 특검을 주장한 바도 있습니다. 국정원 관련 특검을 주장했던 분들입니다.

이후 한나라당은 박근혜 대통령이 당대표를 맡고 있던 지난 2006년 3월 국정원법 개정안을 발의합니다. 당시 발의한 19명의 한나라당 의원 중에는 국정원 폐지 및 해외정보처 추진단 단장을 맡은 정형근 전 의원 외에도 김기춘 비서실장, 김무성 대표, 홍준표 경남지사 등이 포함돼 있습니다.

2006년 3월 정형근 의원 등 19명이 발의한 국가정보원법 전부개정법률안 등입니다. 이 법률안 내용은 제가 일일이 말씀드리지 않겠습니다. 요지는 결국은 국정원을 이런 개정을 해서 해외 정보를 담당하는 부분으로 바꾸자 그런 내용들이 핵심적인 내용들입니다. 이 법안의 주요 내용들은 특정 정당·정치인 등의 동향파악·감시 등 정치적 사찰행위를 금지하자, 정치적 중립성 등 네 가지 직무수행 원칙을 신설하고 국회에 국정원장 탄핵소추권도 신설하자, 국정원의 예산안 첨부 서류 제출과 분기별 회계보고를 의무화하자, 독립적인 정보감찰관을 신설하자, 검찰 수사지휘권을 강화하자는 그런 것들을 명문화한 것들입니다. 국정원 폐지가 아니고 개혁의 그런 내용으로 당시 낼 수 있는 최대의 안이라고 볼 수 있습니다. 그러나 최근 몇 년 동안 국정원은 대선개입 파문을 비롯, 간첩조작사건 등 수많은 물의를 빚어 온 만큼 스스로의 신뢰를 땅바닥에 떨어뜨렸음에도 국가안보를 손상시킬 수

있다며 국정원을 보호해야 한다고 강변하고 있는 것입니다.

박근혜 대통령님, 권불십년이라고 했습니다. 어떠한 꼼수를 부려도 독재는 오래 가지 않습니다. 이 시점에서 박근혜 대통령님 그리고 김무성 대표님, 새누리당 의원님들께 제안합니다. 많은 독소 조항이 내포되어 있는 일명 테러방지법 통과에 더 이상 국론을 분열시키지 마시고 헌법에 보장되어 있는 국민의 기본권인 국민 사생활 보호와 인권 보호를 위해 2006년 제출한 국가정보원법 전부개정안 그리고 국가대테러활동지침을 법제화할 것을 이번 회기에 통과시킬 것을 제안합니다. 이럴 경우에 이 법 통과에 저도 적극 동참하겠습니다.

존경하는 국민 여러분!

박근혜정부와 새누리당이 추진하고 있는 테러방지법은 국가정보원장 산하에 일원화된 지휘체계로서의 대테러통합대응센터를 설치하여 국정원으로 하여금 적법하게 영장 없이 휴대폰을 감청하고 계좌를 추적하고 용의자를 감시·추적 등의 권한을 합법적으로 행사하게 하는 독소 조항을 담고 있는 것입니다. 다시 말해 지금도 선거개입 및 불법 도·감청을 통해 민간인 사찰의혹에서 자유롭지 못한 국정원에게 헌법을 초월하여 언제든지 개인의 자유를 억압하고 통제할 수 있는 무소불위의 권한을 부여하겠다는 그런 것입니다. 이는 국민의 안전을 위한 법이 아니라 국정원 강화법이며 민주주의 훼손법이자 제2의 유신부활법이라고밖에 볼 수 없습니다.

정부와 여당은 기존 법과 체계로는 테러에 대응하기 힘들기 때문에 새로운 법안이 필요하다고 강변하고 있습니다. 그러나 우리나라는 이미 34년 전인 1982년에 국가대테러활동지침을 제정하였고 그에 따라 대통령 산하에 국무총리, 외교부장관, 국방부장관, 국정원장, 국가안보실장 등 국가의 안보를 담당하는 최고 수뇌들로 구성된 대테러정책 최고 의사결정기구로서 국가테러대책회의를 조직하고 운영하고 있습니다. 또한 그 산하에 실무를 논의하는 테러대책상임위원회나 테러정보를 통합 관리하는 컨트롤타워인 테러정보통합센터를 두고 있을 뿐만 아니라 군과 경찰에 각각 대테러 특공대를 두어 24시간 대기하게 하는 등 이미 물샐틈없는 테러대비 태세를 갖추고 있습니다.

문제는 이미 갖춰져 있는 기존의 장치들이 적절하게 활용되지 못하고 있다는 것입니다. 정부의 무능을 단적으로 보여 주는 것입니다. 심지어 황교안 국무총리는 자신이 국가테러대책회의 의장이라는 기본적인 사실조차도 모르고 있습니다. 이렇듯 마땅히 다해야 할 책임을 다하지 않은 채 테러방지법 제정에만 매달리는 이율배반적인 모습을 볼 때 우리는 테러방지법의 목적이 국민의 안전이 아니라 정권 유지에 있는 것 아닌가 하는 의심을 갖지 않을 수 없습니다. 현재 야당 의원들이 테러방지법안의 직권상정을 막기 위해 진행 중인 필리버스터는 이러한 전 국민들의 우려와 분노를 반영한 정당한 행위인 것입니다.

저는 이 자리에서 다시 한 번 박근혜정부와 새누리당에게 요구합니다. 국회법에 저촉되는 테러방지법에 대한 직권상정을 즉각 철회하십시오. 박근혜정부와 새누리당은 테러방지법을 통해 국민의 사생활을 감시·통제하려는 모든 시도를 전면 중단하십시오. 그 대신 국가 기본권을 지키기 위해 현 김무성 대표와 김기춘 전 비서실장도 동참한 국가정보원법 전부개정안을 통과시키는 데 주력하시기 바랍니다.

존경하는 국민 여러분!

앞서 말씀대로 박근혜정부와 새누리당에서 강력히 추진하고 있는 일명 테러방지법은 국민사찰법입니다. 유신회귀법입니다. 제2의 유신부활법입니다. 우리 모두의 인권 보호를 국민 모두, 여러분께서 함께해 주시기를 간곡히 부탁을 드립니다.

장시간 경청해 주셔서 감사합니다.

● **부의장 이석현** 최규성 의원님 정말 수고 많이 하셨습니다.

3시간 동안 대단히 알차고 축약된 그런 발언을 해 주신 데 대해서 감사드립니다.

그러면 다음 순서는 더불어민주당 오제세 의원 나오셔서 토론해 주시기 바랍니다.

(2016년 2월 28일 오전 4시 35분)

20

오제세 의원

제19대 국회의원 (충북 청주 흥덕구갑)
더불어민주당

2016년 2월 28일 오전 4시 36분 시작
2016년 2월 28일 오전 6시 42분 종료
발언 시간 2시간 6분

"대한민국이 어디로 가고 있는지 저는
의문입니다.…젊은이들은 '헬조선이다,
못 살겠다, 일자리를 달라, 결혼을 하게
해 달라, 집을 얻을 수 있게 해 달라'고
아우성을 치고 OECD국가 중에서 노인
자살률이 가장 높고 노인 빈곤율이
50%에 육박하는 나라임에도 경제기적을
이룬 나라, 산업화·민주화를 이룬 나라,
성공한 대한민국이라고 찬양만 하는
분들이 더 많습니다."

(2016년 2월 28일 오전 4시 36분)

● **오제세 의원** 존경하는 국민 여러분!
안녕하십니까?
한밤중 잠도 못 주무시고 국회방송을 시청하시느라고
애쓰신 국민 여러분께 진심으로 감사의 말씀을 드립니다.
아울러 이석현 국회부의장님, 그리고 선배·동료 의원
여러분!
그리고 밤늦은 시간임에도 불구하고 이 자리에 와 주신
방청하시는 국민 여러분!
그리고 국회사무처 속기사와 직원, 그리고 언론인 여러분!
감사의 말씀을 드립니다.
저는 더불어민주당 소속 19대 전반기 보건복지위원장을
지낸 오제세 의원입니다.
벌써 닷새째 밤을 지새우면서 국회에서 선거를 불과
한 달 반 남겨 놓은 이 시점에 여야 의원들이 지역구에서
지역구민들을 찾아뵙고 열심히 인사를 드려야 할 시점에도
불구하고 국회에서 테러방지법 반대를 위한 필리버스터를
드리게 된 것을 양해를 해 주시기 바랍니다.

저희 야당은 테러방지법 제정을 반대하기 위해서 제가
스무 번째 발언자로서 무려 100시간 이상을 필리버스터
발언을 하고 있습니다. 지금까지 열아홉 분의 야당
의원들께서 한 사람, 한 사람이 정말 성실하고 내용도
충실하고 세세하고 치밀하게 문제점을 지적해 주셔서
감동적이고 열정적인 토론을 해 주셨습니다. 모든
의원님들께 진심으로 감사를 드립니다.

특히 정청래 의원은 11시간 40분이나, 그리고 은수미
의원은 10시간 18분이나 발언을 하셔서, 총 100시간입니다.
100명의 의원이 1시간씩 평균 발언을 한 셈입니다.

이렇게 100시간 동안 발언하는 동안에 국민
여러분께서는 테러방지법의 문제점이 무엇인지 그 세세한
내용에 대해서 이미 잘 아시리라고 생각합니다. 이렇게
야당이 문제점을 100시간이 넘게 지적을 하고 있는데
여당께서 이 내용을 경청해서 타협점을 찾아내야 하는 것이
아니겠습니까?

그럼에도 불구하고 여당은 본회의장 앞에 '국회 마비
100시간', '테러방지법도 못 만드는 국회'라는 피켓을
내걸고 있습니다. 합법적인 국회 운영 방식이고 이러한
필리버스터를 국정 마비라고 하는 것은 야당을, 국회를
무시하는 일이 아닌가, 전혀 야당의 발언을 듣지 않으려고
하는 자세가 아닌가 생각하면서 이것은 온당치 못한 일이
아닌가 이렇게 생각합니다.

테러방지법을 반대하는 것이 아닙니다. 이제까지 야당
의원이 말씀하셨듯이 테러방지법은 찬성하되 테러방지법을
이유로 해서 국정원에게 무소불위의 권력을 주는 일이
있어서는 안 되겠다, 그리고 국민의 기본권이 침해되는
일이 있어서는 안 되겠다, 침해하더라도 필요한 최소한의
범위에서 제한을 해야 되겠다 하는 내용입니다.

이러한 국정원의 무소불위의 권력과 국민의 기본권을
최소한으로 제한하는 그런 범위의 테러방지법이라면
저희들은 얼마든지 통과시키겠다고 하는 것입니다.
우리 야당이, 수정안을 내면 통과에 찬성하겠다 이렇게
얘기하고 있음에도 불구하고 여당은 수정하지 않고 원안을
고수하겠다 이렇게 주장하고 있습니다.

국민 여러분께서 야당의 그동안의 주장에 대해서 어떻게
생각하십니까? 여야는 경쟁자이고 협력자이어야지 적이
돼서는 안 된다고 생각합니다. 여당이 100% 옳고 야당이
100% 틀린 것은 아니지 않습니까? 여당이 국민 과반수의
지지를 받았다면 야당은 소수이지만 적어도 국민 40%
이상의 지지를 받고 있는 게 아니겠습니까? 야당의 의견을
지지하는 국민이 적어도 40%는 넘는 게 아닙니까? 여당의
의견이 존중되어야 하는 것처럼 야당의 의견도 존중받아야
하는 것이라고 생각합니다. 우리 정치가 상대방을 인정하지
않고 일방통행을 고수한다면 국민의 뜻과 지지를 배반하는
것이 될 것입니다. 그것은 패권주의일 수밖에 없는 것입니다.
여든 야든 패권주의를 버리고 서로 협력하고 경쟁하는
관계가 되어야 한다고 생각합니다.

지금과 같이 국회에서 100시간 넘게 필리버스터가 진행

중인데 여야 간에 이런 상황을 놓고 타협점을 찾지 않는 것은 정치가 아니지 않습니까? 전 세계 어디에 이렇게 필리버스터를 오래하는 사례가 있는지 모르겠습니다. 과연 세계인들이 대한민국의 정치를 어떻게 생각할 것인지 우려가 됩니다. 여당과 야당이 모두 존중받고 국민들이 여야 의견을 경청해서 잘 판단해 주셨으면 합니다.

다시 한 번, 여와 야는 수레의 두 바퀴와 같다고 생각합니다. 한쪽 날개, 한쪽 바퀴로는 수레가 움직일 수 없습니다. 여야가 서로 협력하고 존중해야 합니다. 여야가 서로 존중받는 풍토가 만들어지려면 저는 정권 교체가 이루어지는 풍토가 만들어져야 된다고 생각합니다. 한 세력이 영구 집권을 한다면 여야, 여와 야 서로 존중하는 분위기가 만들어질 수 없을 것이라고 저는 생각합니다. 이러한 점도 국민 여러분께서는 잘 알아 주셨으면 합니다.

또 한 가지, 대한민국헌법 제1조는 잘 아시는 것처럼 '대한민국의 주권은 국민에게 있고, 모든 권력은 국민으로부터 나온다.'라고 하고 있습니다. 그렇습니다. 이 나라의 주인은 바로 국민입니다. 대통령이, 국회가, 국가정보원이 주인이 아닙니다. 나라의 주인인 국민을 위해 헌신하고 봉사하는 것이 대통령과 국회, 국가정보원의 의무가 아니겠습니까? 국민이 주인이 되어야 하는데 권력이 주인이 되고 국민이 종이 되면 안 되는 것 아닙니까? 국가정보원이 국민을 안전하게 보호하기 위해 존재해야 하는 것이지 국민의 권리를 침해해서는 안 되는 것이 아닙니까? 그럼에도 불구하고 과거를 보면 국가정보원이 국민을 억압하고 국민의 권리를 침해했던 역사가 있습니다. 우리는 이런 역사를 결코 잊어서는 안 될 것입니다.

테러방지법이 국민의 입장에서 득이 되는 일인지 손실이 되는 일인지, 권력자에게 득이 되는 일인지, 특정 기관에게 득이 되는 일인지, 권력과 소수 집단에게 득이 되는 일인지 하는 것을 잘 살피고 논의해야 되는 이유가 바로 여기에 있다고 생각합니다.

어떠한 권력도 견제받지 않으면 반드시 부패하게 된다고 합니다. 절대 권력은 절대 부패한다고 했습니다. 이것은 만고의 진리입니다. 대통령이든 국회든 국가정보원이든 모든 권력은 견제를 받아야 합니다. 견제받지 않는 무소불위의 권력은 부패해 왔습니다. 우리는 이 점도 결코 잊어서는 안 될 것입니다.

지금 논의되고 있는 테러방지법은 이미 15년 전 2001년 미국에 9·11 테러가 발생했을 때, 그때 제안됐던 법입니다. 지난 15년간 이 법이 통과되지 못한 것은 이 법이 안고 있는 문제점 때문입니다.

그런데 갑자기 이 법이 통과되지 않으면 안 되는 것처럼 현 상황을 비상사태라고 하고 이 법을 직권상정하는 것은, 그럼 지난 15년 동안은 비상사태가 아니었다는 말입니까? 그리고 지금 이 법이 문제점이 없다는 말입니까? 저는 그것은 아니라고 생각합니다. 지난 15년도 지금과 같은 비상사태였습니다. 지금이나 그때나 남북은 대치돼 있고 세계 테러 상황은 여전하게 똑같이 일어나고 있습니다.

다시 말씀드리지만 지금 테러방지법의 문제점은 국가정보원에게 무소불위의 권력을 주는 법이다. 그리고 무작위적인 휴대폰의 감청과 금융정보를 볼 수 있도록 하는 것은 국민의 기본권을 침해할 소지가 너무나 많다 하는 데 있는 것입니다. 테러를 방지한다고 하면서 국민을 사찰하고 국민을 감시하는 법이 될 우려가 있다는 것입니다. 그렇기 때문에 이 법이 15년 동안 통과되지 못하고 있는 것입니다.

지금 이 법을 논의하면서 많은 의원들이 국회의장께서 비상사태를 이유로 직권상정한 거에 대해서 말씀이 많이 있었습니다. 이 비상사태를 이유로 국회의장이 직권상정한 거에 대해서 45년 전에 박정희 대통령께서 비상사태를 선포하고 그리고 유신을 했던 것을 의원님들께서 지적을 하셨습니다. 그때는 대통령께서, 박정희 대통령께서 국가적으로 비상사태를 선포해서 유신을 하고, 유신을 한 결과 비상사태를 선포한 이유는 국가안보가 위태롭다는 이유였습니다. 그리고 유신을 해서 국회를 해산하고 국회의원의 3분의 1은 대통령이 지명을 하고 나머지 3분의 2는 중선거구제로 해서 여야가 한 명씩 뽑는 그런 국회를 만들었습니다. 그리고 그런 체제하에서 국정원이 무소불위의 권력을 가지고 유신정권을 유지하는 선봉대 역할을 했었던 것입니다.

지금 우리가 45년이나 전에 일어났던 이러한 유신시대를 생각하는 것은 상황이 그때와 지금과 너무나 흡사하다는 데서 의원들이 그런 지적을 하고 있는 것입니다.

남북 관계가 지금 다시 대치국면으로 회귀했습니다. 남북 관계가 그동안 많은 우여곡절 끝에 대화와 개방, 개성공단까지 발전을 했었는데 아시는 것처럼 도로 과거로 지금 완전히 회귀해 버리고 말고 남북 관계는 완전히 지금 분단 고착, 과거 냉전시대로 다시 되돌아갔습니다.

또 지역에 돌아다니면서 듣는 얘기로는 국회가, 19대 국회가 최악의 국회다, 국회를 차라리 없애라, 국회의원을 줄여라, 그런 얘기를 들으면서 모골이 송연함을 느낍니다. 과연 19대 국회가 이렇게 최악의 국회라는 말을 왜 들어야 하는지, 왜 국회가, 대통령께서 왜 국회에 대해서 그렇게 자주 국회를 비난하고 국회에서 발목을 잡아서, 법을 통과시켜 주지 않아서 경제가 안 된다고 말씀하시는지 저는 도저히 이해가 되지 않습니다.

그 법이 누구를 위한 법인지, 과연 국민을 위한 법인지, 그 법이 과연 국회에서 통과시켜야 될 법인지 통과시키지 말아야 될 법인지 하는 것을 국회에서 따져서 국회에서 해야 될 일을 가지고 어떻게 삼권분립이 된 국가에서 대통령이 국회를 비난하고 법을 통과시켜라 이렇게 얘기합니까? 지금 국회가 최악의 국회가 된 이유가 저는 국회의 운영을 여야가 하지 않고 외부에서 지금 국회를 좌지우지하고 있기 때문이라고 생각합니다.

(「오제세 위원장님, 위원장님 존경합니다. 그런데 드릴 말씀이 있습니다」하는 의원 있음)

저는 이것이 유신 때의 국회 모습과 너무나 흡사하게 지금 닮아가고 있는 거 아니냐 하는 측면입니다.

45년 전에 유신을 하면서 안보를 이유로 했고 또 국회를 해산하고 국회를 대통령이 마음대로 운영했습니다. 그리고 나아가서 안기부가 통치의 수단으로 전락했었습니다.

지금 이 테러방지법에서 국정원에게 또다시 국민을 사찰할 수 있는 그런 권한을 주려고 하는 것이 아니냐…… 지금 남북 관계는 45년 전과 똑같이 분단 상황으로 내몰리고 국회는 지금 국민으로부터 지탄의 대상이 되고 있고, 이것이 과연 정상적인 상황이냐 하는 측면에서 저는 많은 야당 의원들이 비상사태, 45년 전으로 회귀하고 있는 것이 아니냐고 지적하는 거에 대해서 저도 그런 우려를 할 수밖에 없다 하는 말씀을 드립니다.

저는 국회의장께서 비상사태라고 하는 이유로, 구실로 직권상정을 했습니다마는 실제로는 비상사태가 아니지만 지금 일어나고 있는 상황은 45년 전과 같이 정말로 국민에게 비상사태가 되고 있다, 저는 국회와 국정원과 남북관계가 국민을 위험에 빠뜨릴 그런 소지를 안고 있다 하는 점에서는 지금 위기라고 생각합니다.

지금 현 상황이 이러한 위기가 아니라 다른 면에서도 대한민국이 지금 총체적인 위기에 빠지고 있다. 남북 관계를 비롯해서 외교, 경제, 사회, 부의 불평등, 빈부 차, 저출산, 경제 침체, 수출 부진, 이런 진정한 위기를 해결하기 위해서 대통령과 여당이 노력해야 함에도 불구하고 해야 할 일은 하지 않고 저는 정말로 위기를 만들고 있는 것 아닌가 하는 생각이 듭니다.

국정원이 과거에 불법과 국민을 사찰한 그러한 여러 가지 잘못을 한 일에 대해서 노무현 정부 때 국정원의 개혁안을, 국정원에 대한 진상과 과거사 규명을 한 적이 있습니다. 노무현 정부에서 국정원을 어떻게 발전시켜야 되는지, 그 보고서에 대해서 제가 잠시 더 말씀을 드리려고 합니다.

국가정보원발전위 보고서를 통해서 본 국가정보원 문제점과 권고안을 보겠습니다.

"제한된 정보로 인해서 국가정보원과 그 전신인 중앙정보부, 국가안전기획부의 활동에 대한 정리는 쉽지 않다. 여기에서는 지난 2004년부터 2007년까지 국정원 내부에 설치되었던 국가정보원 과거사건 진실규명을 통한 발전위원회 보고서 '과거와 대화, 미래의 성찰'을 토대로 간략하게 중정, 안기부, 국정원이 저지른 과거 사건에 대해 살펴보고자 한다.

이를 바탕으로 국정원발전위 조사결과에 대한 간략한 평가를 하고 국정원발전위가 제시한 권고안을 살펴보고자 한다. 그 권고안이 현재까지 얼마나 적용되었고 또 이행되고 있는지 살펴보는 것만으로도 국정원 개혁을 위한 논의에 있어 충분한 의미가 있다고 생각한다.

아울러 2012년 대선을 앞두고 언론의 주목을 받고 있는 인혁당 사건과 부일장학회 사건에 대한 국정원발전위 보고서를 살펴보는 것 또한 의미가 있을 것이다.

"국정원발전위 개요.

국정원발전위는 2004년 11월 2일 출범하여 2007년 8월 30일 마지막 회의를 개최하였다. 민간 위원 10명, 국정원 기조실장을 비롯한 과거 사건 관계 부서장 5명과 2개의 조사팀 및 조사지원팀으로 실무인력을 구성하여 활동하였으며, 7대 의혹 사건과 6개 분야를 중심으로 조사를 하였고 그에 대한 조사결과를 발표하였다. 그리고 그 모든 활동을 담아 국정원발전위 보고서 '과거와 대화, 미래의 성찰'을 발간하였다. 국정원발전위 7대 의혹 사건의 주요 의혹과 조사 결과.

국정원발전위는 다음과 같은 조사 대상 사건 선정기준을 통해서 7대 주요 의혹 사건을 선정했다.

첫째, 국민과 사회적으로 관심이 집중된 사건, 둘째 시민단체 및 유가족 등이 지속적으로 의혹을 제기한 사건, 셋째 위원회가 조사를 통해 진실규명이 가능하다고 판단된 사건 등을 기준으로 하였다.

7대 의혹 사건과 그 의혹 내용 등을 간략히 살펴보면 다음과 같다.

부일장학회 헌납 및 경향신문 매각 사건, 5·16 이후 군사정권이 사유재산과 언론기관을 강제로 탈취, 중정의 주도적 개입 의혹

둘째, 인민혁명당 및 민청학련 사건, 유신체제에 대한 저항을 잠재우기 위해 피의자들에 대한 고문과 사실 왜곡·조작 의혹

동백림 사건, 67년 선거 당시 중정이 공안정국을 조성하고자 사건의 실체를 조작하였다는 의혹

김대중 납치 사건, 73년 유신체제에 반대하며 일본에 체류 중이던 야당 지도자 김대중을 납치한 사건으로 이후락 전 중정부장이 주도적으로 개입했다는 의혹

김형욱 실종 사건, 김형욱 전 중정부장이 해외에서 박정희 전 대통령에 반대하는 활동을 벌이다 파리에서 실종된 사건으로 중정이 살해했다는 의혹

KAL 858기 폭파 사건, 87년 대통령선거 국면을 유리하게 이끌기 위해 안기부가 KAL 858기 폭파를 자작했다는 설

남한조선노동당 사건, 안기부가 92년 대선을 앞두고 고문을 통해 사건의 실체를 조작·과장했다는 의혹

이에 대해 국정원 발전위는 KAL 858기 폭파 사건과 남한조선노동당 사건을 제외한 나머지 다섯 개 사건에 대해서 중정과 안기부가 다양한 불법행위를 저질렀음을 밝혀 내었다.

그러나 사건 발생 시점이 오래될수록 부족한 증거자료와 관련자들의 협조 거부 및 진술 상충 등의 어려움을 겪지 않을 수 없었다. 국정원발전위 활동의 한계에 대해서는 아래에서 다루기로 한다.

국정원발전위 유형별 6개 분야 실태와 문제점.

국정원발전위는 그간의 부당한 개입의 역사를 반성적으로 조명해 보자는 취지로 6개 분야를 선정하였다.

첫째, 정치 분야

정치인 사찰, 선거 개입, 정당 및 국회 활동 개입, 정치자금 통제 등

야당 의원 정치사찰 및 탄압, 총선 판세 분석, 후보자 사퇴 압력 및 낙선 공작, 통치권자의 통치자금 조달 및 관리 등

사법 분야

재판 개입, 법관 인사조치, 변호권 침해 등.

연세대생 내란음모사건, 대법원장 비서관 뇌물사건과 검사

파면, 피의자 변호인 접견권 제한, 변호사 비리조사 등
　언론 분야
　필화 사건, 언론자유 실천 및 노조 결성 탄압, 보도지침 및
여론 조작, 언론인 연행 및 사찰
　사례, 사상계 필화 사건, 동아일보 광고 탄압, 동아·조선투위
탄압, 박정희 정권하 보도지침, 전두환 정권하 보도지침 등
　노동 분야
　87년 전후 민주노조 탄압, 블랙리스트를 통한 노동 통제 등
　한국노총 설립과 운영, 도시산업선교회 탄압,
크리스찬아카데미 사건 확대, 전교조 및 전노협 조직 와해
활동 등
　학원 분야
　학교와 교수에 대한 통제, 학생운동에 대한 통제
　학사 개입을 통한 통제, 비판 성향 교수 인사권 개입, 학원
건전화 세력 육성, 운동권 총학생회장 당선 저지, 프락치를
통한 학생운동 조직 와해, 관계기관 대책회의에 의한 통제 등
　간첩 분야
　월북자 가족, 납북 귀환 어부, 일본취업자, 행방불명자 가족
간첩 사건 등
　사례, 송씨 일가 간첩 사건, 정영 간첩 사건, 차풍길 간첩
사건, 박동운 간첩 사건 등.
　국정원발전위 보고서에서는 시간과 조사인력의 부족 등을
이유로 문화, 종교 등 다른 분야에 대한 조사가 이루어지지
못한 한계가 지적되고 있다. 하지만 부족한 권한과 인력,
시간 속에서도 다양한 분야에 걸친 각종 의혹들을 확인하고
정보기관의 광범위한 개입이 실제로 이루어졌음을 확인했다는
데서 그 의의를 찾을 수 있다.
국정원 발전위의 국정원에 대한 권고와 제언
　7대 의혹 사건과 6개 분야별 사건 조사를 토대로
국정원발전위는 국정원에 대해 다음과 같은 권고와 제언을
하였다.
　국정원발전위 운영규정에 따르면, 위원회는 조사결과를
국정원장에게 보고하고 대외 공표를 위한 보고서에는 의혹
사건의 진상 등과 함께 유사 사건의 처리와 재발방지를 위한
제도적 보완에 대한 권고를 하도록 규정하고 있다. 국정원에
대한 권고와 국민에 봉사하는 국정원으로 거듭남을 위한 제언
부분은 원문 그대로 옮기도록 한다.
국가정보원에 대한 권고
　첫째, 중앙정보부와 국가안전기획부를 승계한 국가정보원은
과거 권위주의 정권 시절 중앙정보부와 국가안전기획부가
국민과 사회 제 분야 그리고 행정부·입법부·사법부에 대하여
행한 일부 월권적 행위에 대하여 진심에서 우러나온 유감을
표시하여야 한다.
　중앙정보부와 국가안전기획부는 국민들에게 신뢰와 사랑이
아닌 공포의 대상이 되었고 국가 위의 국가로 군림했다. 이는
중정과 안기부가 국가 최고정보기관으로서 국익과 국가안보를
수호함으로써 국민과 국가에 봉사하기보다는 권위주의 정권의
정권 안보를 위해 일한 결과였다.
　권위주의 정권하에서 정보기관은 일부 정치인의 개인

사생활에 대한 사항을 수집하기도 하고, 이러한 과정에서
인력과 예산을 불필요하게 낭비하기도 하였다. 또한 정권
유지를 위하여 사회 각 분야에 위력을 행사하였을 뿐 아니라
행정부·입법부·사법부의 고유업무에 월권적으로 개입하여
부당한 영향력을 행사함으로써 개인의 인권과 민주주의에
제한을 가한 측면이 있다.
　국정발전위는 조사활동을 통해 그 대표적인 사례들을
밝힌 것이다. 국가정보원은 이 같은 조사결과를 바탕으로
지난 중정과 안기부 시절 야기했던 잘못을 국민들께 진심으로
고백함으로써 새로운 미래도약의 발판으로 삼아야 한다.
　둘째, 국가정보원은 정치적 중립성의 유지만이
국가최고정보기관으로서 국민의 사랑과 신뢰를 받을 수
있다는 것을 명심하고 기관 운영에서는 물론 직원 한 사람 한
사람이 오해를 사는 일이 없도록 정치 불개입의 원칙을 지켜
나가야 한다. 국가와 국민은 국가정보원의 중립을 보장하기
위한 감시·감독을 지속적으로 전개하여야 한다.
　지난 시기 중정·안기부가 최고 권력자의 손발이 되어
정치에 개입함으로써 국민들도 불행해졌을 뿐만 아니라
국가최고정보기관도 본연의 정보활동보다는 정치인의 약점을
캐기 위해 신상정보를 수집하거나 정권 유지를 위한 첨병
역할을 수행함으로써 그 권위와 국민들의 신뢰를 스스로
저버렸다.
　민주화가 진행됨에 따라 문민정부 출범 이후 안기부를
개혁하는 일이 중대한 국정과제로 제기되었다. 참여정부에
들어와서는 노무현 대통령이 국가정보원의 탈정치화를
천명하고 국가정보원으로부터 국내 정치 관련 정보보고를
받지 않는 등 고강도 개혁을 실천했다.
　하지만 아직도 한편으로 과거의 업보로 인하여, 다른
한편으로는 안팎의 크고 작은 이해관계의 상충 속에서
국가정보원은 종종 정치적 시비에 휘말리곤 했다.
국가최고정보기관이 국내 정치 문제로 시비의 대상이
되는 것은 불행한 일이다. 이를 미연에 방지하기 위해서는
국가정보원의 역할과 직무범위에 관한 법 규정을 분명히 하는
한편 국가정보원의 예산, 인사와 활동에 대한 국회의 통제를
강화하여야 한다.
　국가정보원의 독립성과 전문성을 강화하고 이를 제도적으로
뒷받침하기 위해서는 국가정보원장의 임기제 도입을 비롯한
다양한 방안을 적극적으로 검토해야 한다.
　셋째, 국가정보원은 보유하고 있는 역사 관련 자료들을
정리하여 이를 정부 유관부처와 학계, 국민들이 활용할 수
있도록 공개하는 방안을 강구하여야 한다.
　1961년 중정 창설 이래 중정·안기부·국정원은
국가최고정보기관으로서 다양한 정보를 수집하여 왔으며,
현재 방대한 양의 자료를 보존하고 있다.
　이 자료의 대부분이 사장되고 있다고 해도 과언이 아니다. 이
자료들은 본 위원회 활동의 연장선상에서 이루어지는 과거사
진실규명에 소중한 자료로 활용되어야 할 뿐 아니라 우리
현대사의 중요한 기록 유산으로 관리되고 이용되어야 한다.
　긍정적인 의미이든 부정적인 의미에서든 중정·안기부는

지난 시기 국가 위의 국가, 정부 안의 정부로 치부되었다. 또한 중정·안기부가 특권적으로 행사했던 조정권한은 각 부처의 다양한 이해관계를 조정하여 강력한 추진력을 부여하는 역할을 수행했다.

따라서 국정원 존안자료는 대한민국의 발전 과정과 정부 운영의 메커니즘을 이해하는 데에서 매우 중요한 자료가 된다. 본 위원회의 과거사 진실규명 활동은 그 작업의 성격상 중정·안기부의 부정적 측면을 중점적으로 부각시킬 수밖에 없었지만 국정원 존안자료를 통해 지난 시기 중정·안기부의 활동상을 총체적으로 고찰한다면 이들 기관과 그 구성원들이 음지에서 일해 온 긍정적인 면들도 충분히 부각될 수 있을 것이다.

국가정보원은 본 위원회의 활동 과정에서 축적된 자료뿐만 아니라 국정원 존안자료의 공개 절차와 관리 및 활용방안을 적극적으로 검토해야 한다.

2007년 4월 개정된 공공기관의 기록물 관리에 관한 법률은 국정원 소관 비공개 기록물에 대하여는 일반 공공기관의 30년에 비해 50년 또는 그 이상 공개를 하지 않아도 될 수 있도록 하고 있으나 과거사 진실규명을 통해 과거의 잘못을 이미 스스로 고백한 마당에 국가정보원 관련 기록물의 보존기간을 굳이 50년 또는 그 이상으로 늘려 잡을 필요는 없을 것이다.

국가와 국민 여러분께 드리는 제언

국가는 과거의 국가공권력 남용에 대한 진상규명 노력을 계속해야 한다.

국가는 과거사의 밝혀진 진실에 기초하여 국가공권력 남용의 피해자에 대한 실질적인 명예 회복과 구체적인 구제절차를 마련하여야 한다. 국가의 주인인 국민들도 이 과정에 적극적으로 참여할 필요가 있다.

위원회는 국민 여러분께 잘못된 과거와의 단절을 통해 국민의 신뢰와 사랑을 받는 선진 정보기관으로 거듭나기 위한 국가정보원의 노력에 대하여 애정 어린 평가를 해 주시기를 제안한다.

국민에 봉사하는 국가정보원으로 거듭남을 위한 제언

국가정보원은 대국민 정보서비스 기능을 확대·강화하여야 한다.

민주주의 시대의 국가정보원은 국민을 위해 봉사하는 정보기관이 되어야 한다. 갈수록 고급정보들이 생산되고 공개·활용되는 새로운 정보환경 속에서 국가정보원은 정보의 수집과 생산기관인 동시에 주요 정보의 집결지이자 매개기관으로서의 역할을 강화하여야 한다.

특히 국가정보원이 수집·분석·생산한 정보는 일부 특수 자료를 제외하고는 기본적으로 정부 각 부처는 물론이고 민간기업과 연구소, 대학, 유관 시민단체에 더 많이 제공되어야 한다.

민과 관의 원활하고 긴밀한 정보협력 네트워크의 구축은 국가정보원의 대국민 정보 서비스 향상에 그치지 않고 국가정보원의 정보수집과 분석 능력 또한 크게 향상시킬 것이다.

국가정보원은 교류와 협력의 시대에 부응하는 정보수집 체계를 구축하여 21세기 세계화 시대에 걸맞은 선진 정보기관으로 거듭나야 한다.

과거 정보기관이 고유의 업무보다는 정권 안보를 위해 활동하던 시절 수사권의 남용은 국민과 국가최고정보기관의 사이를 멀어지게 만든 가장 중요한 요인으로 작용했으며, 오늘날 국가정보원 과거사건 진실규명을 통한 발전위원회의 설치를 불가피하게 만들었다.

국정원과 그 직원 모두는 과거의 권한 남용이 초래한 이러한 불행한 결과를 명심하면서 과거의 경직되고 권위주의적인 분위기를 일신해야 하며, 국정원이 전문적인 선진 정보기관으로 거듭나기 위해서는 새로운 정보환경에 상응하는 유연한 조직구조와 문화를 갖추어야 한다.

과거 권위주의 정권 시대에 중정·안기부는 피의자 수사와 더불어 미행과 도청, 우편 검열 등을 통해 정보를 수집하였다. 그러나 정보환경의 급격한 변화뿐만 아니라 한반도를 둘러싼 안보환경의 변화, 그리고 한국사회 민주주의적 발전은 지난날과 같은 방식의 정보수집을 용납하지 않게 된 지 이미 오래다.

21세기는 교통·통신·민주주의 발전 그리고 생활수준의 향상에 따라 여러 면에서 국경의 담장이 낮아진 시대가 되었다. 하지만 여전히 각 국가들은 치열하게 국익을 추구하고 있다. 또 민주주의의 발전에 따라 무엇이 국익인지 그리고 무엇이 국익에 봉사하는 고급정보인지에 대한 기준도 크게 변화하였다.

민주주의로의 이행 과정에서 안기부·국정원은 여러 차례 조직 개편을 겪었는데 그 상당 부분은 국내정치 개입 의혹을 야기할 수 있는 부서의 개편 또는 축소와 관련된 것이었다. 그러나 이제는 정치적인 고려보다는 국제환경, 안보 여건, 정보 개념 등의 변화에 맞추어 전문성과 독립성을 갖춘 선진 정보기관으로 자리 잡을 수 있도록 기구를 개편하고 조직을 관리하기 위한 대책이 적극적으로 마련되어야 한다.

국정원발전위 조사 성과의 한계와 의의

2004년 노무현 대통령의 8·15 광복절 경축사 이후로 남한사회에서는 소위 과거 청산 붐이 일었다고 해도 과언이 아니다. 진실·화해를 위한 과거사정리위원회를 비롯하여 여러 과거청산기구가 설립되었고, 국방부·경찰청·국정원 내부에도 독자적인 과거청산기구가 만들어져서 활동을 하였다.

최고 정보기관이라 할 수 있는 국정원에 설치된 국정원발전위는 그 존재 자체만으로도 큰 의미를 부여할 수 있다. 그리고 위에서 살펴보았듯이 다양한 부분에 걸쳐 의혹을 확인하고 또 해소했다고도 볼 수 있다.

그러나 여타 과거청산기구들이 부딪혔던 문제점과 마찬가지로 짧은 기간과 부족한 권한으로 인해 명확하게 진실을 규명하지 못한 경우가 많았다. 그리고 과거에 잘못을 저지르는 데 가담했던 이들의 비협조, 더 나아가서는 훼방으로 인해서도 많은 어려움을 겪었다.

이러한 문제들은 가해자인 국가 스스로가 인력과 재원을 투자하고 과거청산 작업에 나섰음에도 그 결과물에 대한 신뢰성과 유의미성을 획득하는 데 어려움을 겪게 만들었다. 진실규명의 어려움, 후속조치 이행의 미흡함 등은 피해자들로 하여금 지속적인 과거청산 작업을 요청하도록 만들고 있는 것이다.

아울러 과거청산에 있어 중요한 요소들 중에서 재발방지를 위한 교육, 구조변경 등이 있음을 고려한다면 국정원발전위의 조사결과와 그에 이은 권고와 제언이 얼마나 제대로 이행되고 있는가를 따져 묻지 않을 수 없다.

국정원 개혁을 위한 의견

중정, 안기부, 국정원이 과거에 저질렀던 잘못을 시인하고 반성하는 것과 더불어서 그와 같은 불행한 사건이 다시는 일어나지 않게 하기 위해서 무엇이 필요할까. 그 한계가 명확했던 국정원 발전위 조사 결과에서도 드러났듯이 국정원이 과거에 저질렀던 불법한 행위들은 그 종류가 수가 너무 다양해서 일일이 열거하기 불가능할 정도이다.

6대 유형별 조사에서 밝혔듯이 정치인 사찰, 선거 개입, 정당 및 국회 활동 개입, 법관 인사조치, 변호권 침해, 학교와 교수에 대한 통제 등 거의 모든 부문과 영역에서 국민의 기본권을 침해하였다. 이러한 일들이 재발되지 않기 위해서는 우선 국정원에 대한 감시와 통제 기능을 강화하는 것이 무엇보다 필요하다. 국정원이 가진 수사권 기능을 분리시키고 정보수집 본연의 임무 영역으로 한정시킬 필요도 있다. 국정원 예산 집행 등 운영에 대한 투명성을 확보하고 과거 잘못된 사건에 관련된 이들에 대한 처벌을 통해 잘못이 재발되지 않도록 하는 방안도 고려할 수 있을 것이다.

위에 옮긴 국정원에 대한 권고와 국민에 봉사하는 국정원으로 거듭남을 위한 제언을 다시 한 번 확인하는 것도 큰 의미가 있으리라 생각한다."

이와 같이 국정원이 잘못을 반성하고 새로 태어나는 것은 이것은 어떤 정권을 막론하고 국가와 국민을 위해서 필요한 일이라고 생각합니다. 그리고 이렇게 국정원이 신뢰를 받을 때 국정원이 일도 더 잘할 수 있을 것이고 또 업무 중의 하나인 테러방지 업무에 대한 여러 가지 업무 영역도 더 확보할 수 있을 것이라고 생각합니다. 그런 의미에서 국정원에 대한 발전 방안에 대해서 말씀을 드렸습니다.

다음에는 이번 법이 국민의 기본권을 최소한으로 제한하는 데 한계가 있어야 된다 하는 측면에서 말씀을 드리겠습니다.

테러방지법 도입과 기본권 제한의 한계에 대해서 말씀드리겠는데, 이 자료는 경기대학교 경호보안학과 박사과정의 논문입니다. 그래서 논문 제출자가 신소영, 전용태, 이주락 세 분인데 이 논문을 제가 읽어 드리겠습니다.

'우리나라 역시 테러범죄 위협에 노출되어 있기 때문에 테러방지법률안 도입이 필요하나 기본권 제한에 대한 거부감 및 권한 남용에 대한 우려로 인해서 입법 처리가 지연되고 있습니다. 즉, 국민의 기본권을 보호하는 동시에 효율적인 대테러 활동을 위해서는 국민의 의견을 반영한 적정한 선에서 권한을 위임하여 두 가지 요소가 균형을 이루어야 하는 것을 의미한다.

따라서 테러방지법률안 제정 논의를 하기 전에 기본권 제한에 대한 국민의 인식을 확인하는 것이 선행되어야 적절한 균형점을 찾을 수 있을 것이다. 또한 이를 통해 국민의 자유와 기본권의 침해소지 우려가 있는 규정에 대하여 감내할 수 있는 수준을 예측할 수 있고 그러한 결정에 영향을 미친 예상요인을 규명하여 향후 정책적 방향성을 제시할 수 있을 것이다.

이러한 연구 목적을 위해 본 연구는 진행되었는데 내용을 보면, 최근 발생하고 있는 테러의 경향을 보면 과거와 달리 뚜렷한 대상이 없으며 목적 및 이유 없이 무차별적인 공격을 자행하는 얼굴 없는 테러가 발생하고 있다. 그 예로 2013년 4월 미국 보스턴 마라톤 폭발사건, 2013년 9월 파키스탄 폭탄테러가 있으며, 특히 2013년 9월 케냐 나이로비 쇼핑몰 무장테러 사건의 경우에는 소말리아 이슬람 반군단체가 규모가 큰 쇼핑몰에서 마구잡이로 총을 난사하여 한국인 여성 1명을 포함하여 72명이 사망하는 등 참담한 사건으로 기억되고 있다.

이러한 테러사건을 바탕으로 각국에서는 국민의 안전을 확보하고 테러에 대응하기 위한 대책과 관련 법안을 제정하고 있으며 우리나라 역시 2001년 11월 국가정보원이 주축이 되어 테러방지법률안이 논의되었고, 이후 2005년 테러대응체계의 확립과 대테러활동 등에 관한 법률안, 2006년 테러예방 및 대응에 관한 법률안, 2007년 테러방지 및 피해보전 등에 관한 법률안, 2008년 국가대테러 활동에 관한 기본법안, 2009년 테러예방 및 대응에 관한 법률안 등 여러 테러에 대응하기 위한 법률안이 논의되었다.

또한 최근 2013년 12월 여야는 4자회담을 통해서 대테러 대응 능력과 해외·대북정보능력에 대하여 계속 논의하기로 합의한 바 있고, 2014년 1월 국가기관의 정치적 중립성 강화를 위한 제도개선 특별위원회에서 국정원 등의 대테러 대응 능력, 해외 및 대북정보능력 제고에 관한 공청회를 진행하였으나 의견 대립으로 인해 아직까지 테러방지법으로 명확히 대표할 법안은 없다.

이와 같이 테러방지법이 제정되지 못한 배경에는 테러범죄에 대한 효과적인 대응과 국민의 인권보장 사이에서 균형을 어떻게 조절할 것인가의 쟁점이 첨예하게 대립하고 있다. 이는 범죄 테러가 범죄의 특성과 그 수사 및 대응 방법이 기존 일반범죄와는 다르기 때문에 일반범죄에서 인권을 보호하기 위하여 적용되고 있는 원칙이나 요건을 보다 완화하여야 하나 지나친 권한의 위임과 집중은 헌법상의 기본권 침해로 나아갈 우려 역시 동시에 존재하고 있기 때문이다.

즉, 국민의 인권을 보호하고 효율적인 대테러 활동을 위해서는 국민의 의견을 최대한 수렴하여 적정한 기준과 명확한 조건하에 권한을 위임하고 다각적인 감시와 통제가 전제되어야 한다.

따라서 이 연구에서는 테러방지법 도입에 따른 기본권 제한에 대한 인식 결과를 통해 국민이 생각하는 적정한 제한 기준을 예측 및 그러한 인식의 영향을 미친 요인을 규명하여 테러방지법의 입법 방향과 권한의 한계에 대하여 정책적인 방향성을 제시하고자 하는 것이다.

테러리즘이란 정치·사상적 목적을 위해 불특정 일반 시민을 대상으로 폭력적인 행동을 나타내는 것으로 정의할 수 있으며 어떠한 고려사항과 상황이 있다 할지라도 정당화될 수 없는 행위이다. 이런 테러범죄에 대한 대응 방향은 9·11 테러 이후 국제적인 흐름에 따라 한국 역시 테러범죄를 예방하기 위해 테러방지법 제정을 통해 효과적인 대테러 활동을 하고자 시도해 오고 있으나 아직도 불투명한 상태이다.

테러범죄 예방을 위한 테러방지법 제정을 반대하는 가장 중요한 이유는 대테러 활동을 기획 및 조정하는 대테러센터를 국정원 산하에 둔다는 것이다. 이는 대테러 활동에 있어서 있어 예외를 가지게 되는 행정기관 위에 있는 초법기관으로 작용하게 되어 나아가 국민에 대한 권력 남용과 인권 침해의 위험을 초래한다는 우려가 있기 때문이다. 하지만 테러범죄는 국가의 안보뿐만 아니라 국민의 기본권 보장 역시 영향을 받게 하는 위협요인이며 이러한 반인류적 범죄인 테러로부터 국민의 생명과 안전을 보장하기 위한 목적으로 테러방지법을 제정하고자 하는 것이다.

따라서 인권 침해를 이유로 반대하는 것은 오히려 더 큰 인권의 침해 결과를 야기할 수도 있을 것이다. 즉, 이 시점에서 고려할 것은 무조건적인 반대가 아닌 최소한의 기본권 제한으로 대테러 활동의 목적을 효율적으로 달성하는 방안을 찾는 것이다.

먼저 최소한의 기본권 제한이라는 기준을 정하기 위해서는 국민들의 인식조사가 선행되어야 한다. 예를 들면 테러 발생 위협이 존재한다는 가정하에 국민들이 용인하고 허용할 수 있는 기본권 제한이 무엇인지를 조사하여 국민들의 인식을 바탕으로 허용할 수 있는 기본권의 경우 대테러 활동에 한해서 요건을 완화하거나 예외를 두는 방안을 모색하여야 한다. 기존 테러방지법 제정과 관련하여 논의되고 있는 기본권 제한 우려가 있는 절차상 제도로는 불심검문, 통신제한조치, 체포·구속 등이 대표적이다.

실제로 논의되고 있는 입법 방향에 대한 연구를 보면 불심신문의 경우 신원확인을 거부하는 대상자에 대한 임의동행이 6시간으로 규정되어 있어 실질적인 수사가 불가능하고 전화통화 감청 역시 규정된 시간 안에 목적을 달성하기 어려우며 체포·구속 절차 역시 그 요건과 절차가 실질적인 테러방지활동을 하기에는 한계가 있음을 알 수 있다.

이러한 이유로 테러방지법 입법안에는 비교적 완화된 규정이 논의되고 있으나 불심검문 제도 보완, 통신제한조치 절차 보완, 체포·구속 절차 보완의 경우 국민의 자유와 기본권의 침해 소지 우려가 있기 때문에 적절한 균형점을 제시할 필요가 있다.

즉 효과적인 테러범죄 예방과 최소한의 기본권 제한을 위해서는 국민이 각 권한의 위임에 대하여 감내할 수 있는 수준과 그러한 결정을 하게 된 영향 요인에는 어떠한 것이 있는지 알 수 있다면 앞으로의 테러방지를 위한 제도 수립의 방향성을 제시할 수 있을 것으로 보인다.

대테러를 위한 활동과 국민의 기본권 제한은 상호교환적으로 균형을 유지하고 있으며 만약 불법적인

폭력과 범죄의 두려움이 존재할 경우 안전을 위하여 국민의 기본권이 더욱 제한되게 된다. 이는 범죄에 대한 적극적인 대응과 처벌로 하여금 범죄를 억제할 수 있기 때문이다.

하지만 국민들은 무자비한 범죄의 발생만을 우려하는 것이 아니라 국가가 가지는 권한이 그들의 권리를 침해할지 여부도 걱정하고 있다.

현재 미국 영국 독일 등 여러 국가에서 테러범죄에 대응하고자 반테러법을 제정 및 시행하고 있으며 해당 법에는 일정한 조건에 따라 국민의 기본권을 제한하는 규정을 포함하고 있다.

하지만 지속적으로 국민의 기본권 제한과 효과적인 대테러활동에 대한 균형 여부에 대한 논란이 계속되고 있어 이와 관련한 국민인식 조사가 중요하게 작용하고 있다.

이와 관련하여 우리나라 역시 테러방지법 도입 필요성을 느끼고 있기 때문에 국민의식 조사를 통해서 국민이 인식하는 기본권 제한 정도를 확인하고 나아가 국제적으로 어떠한 차이가 있는지 확인해 볼 필요가 있다.

다음, 국제비교는 인터네셔널 소셜 서베이 프로그램(International Social Survey Programme)에서 발표한 2006년도에 조사한 인식조사 결과이다.

국민기본권 제한에 따른 국제비교를 살펴보면, 먼저 구류의 경우 대만이 18.3%, 러시아 26%로 구류에 대하여 부정적인 인식을 보였으나 영국과 체코는 60% 이상이 테러에 대응하기 위한 예방적 조치로 국민의 신체 구속에 대하여 합당하다고 인식하는 편이었다.

이러한 결과는 대만의 경우 정치체제 불안정으로 구류 및 기본권 제한에 대하여 부정적 인식을 갖는 것으로 해석할 수 있을 것이다. 반면 영국의 경우 2005년 런던 폭탄 테러 등으로 피해 정도가 크기 때문에 테러 방지를 위한 기본권 제한에 대하여 긍정적으로 것으로 보인다.

테러의 경우 정보 확보가 매우 중요한 범죄이기 때문에 정보 수집을 위한 방법으로 전화 도·감청 권한은 대테러 활동에 있어서 많이 활용되고 있다. 하지만 개인 사생활 침해 우려가 있어 법익 균형에 대하여 많은 논란이 제기되고 있다.

테러 위협 시 전화 도·감청에 대한 국민인식의 국제비교 결과를 보면 한국이 27.8%로 가장 낮은 데 비하여 덴마크 노르웨이 네덜란드 스웨덴과 같은 북유럽국가의 경우 80% 이상 국민들이 권한 제한에 대하여 긍정적으로 응답하였다.

이 같은 결과는 한국의 경우 과거 군사정권 시절 도청 및 우편 검열이 암암리에 이루어지면서 그에 따른 기본권 제한에 대해 국민정서가 좋지 않은 결과로 볼 수 있다. 반면 북유럽국가의 경우 대체로 투명성, 낮은 부패, 발달된 형사사법제도를 공통점으로 들 수 있어서 그에 따라 기본권 제한에 따른 절차에 대하여 국민정서가 긍정적인 것으로 해석할 수 있다.

불심 검문검색의 경우 프랑스가 19.3%로 부정적으로 인식하는 반면, 헝가리는 81.8%로 국민들의 대다수가 불심 검문검색에 대하여 긍정적으로 인식하였다. 특히 한국의 경우에도 65.3%로 구류 및 전화 도·감청에 비해 긍정적으로

인식하는 것으로 확인되었다.

이 같은 결과는 우리나라의 경우 불심검문 규정상 검문을 받는 사람의 의사에 반하여 강제로 동행하거나 답변을 강요하지 못하나 프랑스의 경우 신원을 증명하지 못하는 자에 대하여 경찰관서로 강제 유치할 수 있기 때문에 비교적 부정적으로 인식하였다고 볼 수 있다. 반면 헝가리의 경우 비교적 최근에 법률 개정을 했기 때문에 규정은 엄격하나 집행기관이 부패 등의 이유로 공정한 절차에 따른 적용을 하지 않아 비교적 불심검문 규정에 대하여 부정적으로 받아들이지 않는 것으로 해석할 수 있을 것이다.

대테러를 위한 국민의 기본권 제한에 관하여 국민인식을 조사한 결과는 다음과 같다.

테러발생 위험에 따른 기본권 제한 대상으로는 구류, 전화의 도·감청, 불심 검문검색이며, 해당 권한에 대하여 정부가 가져야 하는지에 대하여 인식 정도를 조사하였다.

먼저 구류의 경우 '권한을 가져야 한다'가 40.5%에 비해 '권한을 가져서는 안 된다'가 59%로 상대적으로 높게 응답하였다. 전화 도·감청의 경우 '권한을 가져야 한다'가 27.8%에 비해 '권한을 가져서는 안 된다'가 72.2%로 매우 높게 응답하였으며, 불심검문의 경우 '권한을 가져야 한다'가 65%, '권한을 가져서는 안 된다'가 34%로 응답하였다.

테러범죄에 대응하기 위한 테러방지법은 특성상 형법에 비하여 국민의 기본권을 제한하는 정도가 높은 편이기 때문에 인권침해 우려가 있어서 지속적인 제정 논의에도 불구하고 입법처리가 무산되고 있다.

하지만 효율적인 대테러 활동을 위해서는 테러방지법률안이 도입되어야 하며, 국민의 기본권 보호와 대테러 활동이 균형을 이룰 수 있어야 한다. 즉 국민의 기본권 제한에 대한 인식 조사를 통해 허용 정도를 예측하고 그러한 인식에 영향을 미친 요인을 규명함으로써 효과적인 법률 도입을 기대할 수 있을 것이다. 이러한 목적을 위해 기본권 제한을 구류, 전화 도·감청, 불심 검문검색으로 구분하여 인식 및 영향 요인을 확인하였다.

먼저 대테러를 위한 국민의 기본권 제한에 대한 인식을 확인한 결과 구류에 대해서는 40.5%가 '가져야 한다'라고 응답하여서 '가져서는 안 된다'는 데 비하여 낮았다. 이는 정식재판 없는 비교적 짧은 구금이라도 자유를 제한하는 형벌이기 때문에 국민 인식이 부정적일 것으로 예상 가능한 결과이다. 또한 구금의 경우 기본권의 심각한 침해를 야기할 수 있으며 권한 남용 및 민주주의에 역효과를 가져올 우려가 있기 때문에 적용에 있어 신중이 필요하다.

불법 도·감청의 경우 '권한을 가져야 한다'가 27.8%에 비해 '권한을 가져서는 안 된다'가 72.2%로 매우 높게 응답하였다. 이는 앞서 국제비교에서도 언급하였듯이 우리나라의 경우 과거 군사정권 국정원의 불법 감청 등 정치에 악용되어 기본권 제한의 도구로 사용되었기 때문에 국민 정서가 매우 부정적인 것으로 해석할 수 있을 것이다.

이러한 기본권 제한에 대한 국민 인식에 영향을 미치는 요인을 규명하기 위해 분석한 결과 신뢰요인, 정치적 성향, 국민 자유권에 대한 태도, 안보의식이 통계적으로 유의한 수준에서

영향을 미쳤다.

신뢰요인 중 사회에 대한 신뢰는 전화 도·감청과 불심 검문검색에 유의한 영향력을 보였으나 구류에는 영향을 미치지 않았다. 이는 사회에 대한 신뢰 정도가 높을수록 전화 도·감청 및 불심 검문검색을 허용한다는 것으로써 사회가 안정적일수록 적용하는 규정에 대하여도 긍정적으로 인식한다는 것이다. 즉 사회적 신뢰가 정치·사회적 갈등을 해소하고 안정 구축을 가져오므로 사회 친화적 행위를 고취시키고 배타적 이익 추구를 제한할 수 있기 때문으로 볼 수 있다.

또한 기본권 제한을 집행하는 정부 신뢰의 경우 구류와 전화 도·감청에 유의한 영향력을 보여 정부에 대한 신뢰가 높을수록 기본권 제한에 대하여 긍정적으로 인식함을 의미한다. 이러한 결과는 정부 신뢰가 국민의 정책 지지에 있어 중요한 예측변수로 작용하여 해당 기관에 권한을 어느 정도 부여하는가에 지대한 영향을 미치기 때문이다.

또한 정치적 효능감은 구류, 전화 도·감청, 불심 검문검색 모두에 통계적으로 유의한 영향력을 가져 효능감이 높을수록 기본권 제한에 긍정적임을 나타냈다. 이는 정치효능감이 높은 사람일수록 정치 참여에 적극적이며, 스스로 환경을 통제하려는 주체성을 가지고 있어 기본권 제한에 대하여 부정적으로 인식할 수 있다.

정치적 성향 역시 구류, 전화 도·감청, 불심 검문검색 모두에 유의한 영향력을 미쳐 정치적 성향이 보수적일수록 기본권 제한에 대하여 허용하는 태도를 가졌다. 이와 같은 결과는 선행연구를 참고하면 보수적 정치성향을 가지고 있는 국민의 경우 정부가 집행하는 일련의 행위들에 대하여 지지하는 태도를 나타내기 때문에 기본권 제한에 있어서도 긍정적으로 인식한다고 볼 수 있다.

반면 국민자유권에 대한 태도는 전화 도·감청의 경우에만 유의한 영향력을 미쳐 실질적인 법치주의 태도를 가질수록 전화 도·감청을 허용하지 않는 태도를 보였다. 이는 실질적 법치주의의 경우 국민의 기본권 보장에 중점을 두며, 특히 전화 도·감청의 경우 과거 악용된 사례도 많아 실질적 법치주의 태도를 가진 국민의 경우 더욱 부정적인 태도를 취하는 것으로 볼 수 있다.

많은 선진국들이 이미 테러에 효과적으로 대응하기 위하여 대안으로 테러방지법을 제정해 시행하고 있으며 우리나라도 테러방지법은 테러범죄의 변화 양상과 한국의 테러위협 가능성을 종합적으로 판단했을 때 필요성에 대한 논란은 계속될 전망이다.

이에 있어 본 연구는 한국을 대표할 수 있는 표본 선정방법에 따라 국민인식 결과를 일반화할 수 있다는 장점을 가지고 테러방지법 입법 과정에 있어 문제가 되고 있는 기본권 제한에 대한 예측 요인을 규명함으로써 정책적 방향성을 제시하였다는 점에서 연구의 의의가 있다.

하지만 인권침해 가능성이 높은 테러방지법을 일률적으로 적용할 수 없기 때문에 다각적인 검토가 더욱 필요하다. 따라서 본 연구를 바탕으로 효과적인 대테러와 기본권 제한의 균형을

위해서 지속적인 연구가 진행될 것을 강조한다.'

지금 박사학위 논문에서 말씀드린 것처럼 테러방지법 도입과 기본권 제한의 한계에 대해서는 아주 치밀한 그런 연구가 필요하다 하는 점을 잘 설명하고 있습니다.

따라서 이번에 우리도 테러방지법 제정에 있어서 이러한 논의가 충분히 이루어져야 바람직하다 하는 점에서 지금과 같이 일방통행식으로 제정하려고 하는 것은 맞지 않다고 생각합니다.

언론에서 테러방지법에 대한 논란을 잠깐 보겠습니다.

모 신문 사설을 보면

'테러방지법을 둘러싼 여야 대치가 계속 이어지고 있는데 민주당을 비롯한 야권은 이 법안 내용이 지나치게 포괄적이어서 국가정보원이 마음먹기에 따라서 얼마든지 악용할 수 있다고 주장하고 있다.

물론 그동안 국정원에서 일어난 일들을 감안해 볼 때 야당의 걱정을 완전히 무시할 수만은 없다. 국정원 숙원인 휴대폰 감청과 금융정보분석원 거래자료 열람이 가능토록 하는 내용을 떳떳하게 해당 법률을 개정하지 않고 테러방지법 부칙을 통해서 해결하려는 것도 아쉬운 일이라고 할 수밖에 없다.

국정원은 이 법이 국정원의 조직과 권한만 키워 줄 것이라는 우려가 불식되도록 강도 높은 혁신안을 국회에 설명할 필요가 있다.

테러방지법처럼 국가안보의 근간에 해당하는 법은 가급적 여야 합의와 국민적 동의 속에 만드는 것이 원칙이다. 여당도 야당이 반대한다고 다 들어줄 수는 없는 일이겠지만 최대한의 성의를 갖고 야당 얘기를 들을 필요가 있다. 처음 만드는 대테러 기본법이 극한적인 정치적 격돌 속에서 통과되는 것은 바람직하지 않다. 그렇게 되지 않도록 상황을 이끌어 나가는 것이 정치력이다. 지금이야말로 여야 지도부, 특히 여당 지도부가 그 정치력을 발휘할 때다' 이런 주요 일간지의 사설이 있었습니다.

또 다른 기사를 보면 '총선이 얼마 남지 않은 현재 야당이 법안 처리를 막기 위해서 필리버스터를 하면서 테러방지법이 주목을 받고 있다.

테러방지법 제정안은 2001년 미국 9·11 테러 발생 이후에 정부안으로 국회에 최초로 발의됐으나 국정원에 지나친 권한을 부여해 인권침해를 초래할 수 있다는 사회 각계의 우려로 임기만료 폐기됐다. 이후 15년 가까이 논의가 미진하다가 지난해 말 파리 테러와 올해 북한의 핵실험 이후 정부 여당이 테러방지법을 쟁점 법안으로 상정하며 급물살을 탔다.

지난 23일 정의화 국회의장의 직권상정으로 본회의에 상정된 국민보호와 공공안전을 위한 테러방지법안은 국가 대테러활동 수행의 법적 근거를 마련한다는 목적을 띠고 있으나 야당은 국정원 강화법으로 규정하고 반대하고 있다.

현재 여야 간 가장 큰 쟁점은 테러위험인물에 대한 정보수집권과 추적권, 조사권, 통신비밀보호법 개정을 통한 감청, 국정원에 대한 통제장치 등이다.

테러방지법안 제9조제1항은 국정원장이 테러위험인물에 대한 출입국·금융거래 및 통신이용 등 관련 정보를 수집할 수 있게 하되, 이는 출입국관리법, 특정 금융거래정보의 보고 및 이용 등에 관한 법률, 통신비밀보호법 등의 절차에 따르도록 했다.

그러나 부칙으로 특정 금융거래정보의 보고 및 이용 등에 관한 법률과 통신비밀보호법을 개정토록 해서 테러위험인물에 대한 조사에 대해 금융정보분석원장이 금융거래정보를 국정원장에 제공토록 했다. 또한 대테러활동에 필요 시 영장 없이 감청을 할 수 있게 했다.

법안 제9조제3항은 국정원장이 테러위험인물에 대한 민감정보를 포함해 개인정보와 위치정보를 업체에 요구할 수 있도록 허용했고, 4항은 테러위험인물에 대한 추적을 할 수 있게 했다.

이와 관련해서 더불어민주당 원내수석부대표는 지난 23일 국정원에 정보수집권을 주는 것도 모자라 추적권, 조사권까지 주는 것은 대테러센터를 형해화하고 국정원장에 권한을 몰아주는 것이라 심각한 문제라고 비판했다.

더욱 큰 문제는 테러위험인물의 기준이 모호하다는 데 있다. 법안은 테러위험인물에 대해 테러단체 조직원이거나 테러단체 선전, 테러자금 모금·기부, 기타 테러 예비·음모·선전·선동을 하였거나 하였다고 의심할 상당한 이유가 있는 자로 규정했다. 의심할 상당한 이유의 판단 주체와 기준이 미비해 국정원이 자의로 민간인을 사찰할 수 있다는 우려가 나온다.

정보인권연구소의 이은우 변호사는 보통 '테러위험인물'이라고 하면 IS대원이나 북한 공작원을 생각하는데 법안에서는 테러 예비 음모까지 광범위하게 포함해서 국가의 권한행사를 반대하는 집회 등을 모두 테러로 규정할 수 있다며 국정원은 현행법에서 국외정보와 간첩 정보, 북한 관련 정보만 수집할 수 있도록 돼 있는데 테러 방지라는 명목으로 법원의 허락 없이 민간의 정보를 마구잡이로 수집하고 개인에 통지할 의무도 없게 된다고 설명했다.

이 변호사는 한마디로 테러방지를 위해 국정원에 모든 권한을 열어 주고 개인정보 보호법이나 정보통신망법, 통비법 영장주의 등 적법절차에서 배제하는 것이라면서 미국에서 9·11 이후 제정한 법도 이처럼 영장주의를 무시하지는 않았다고 지적했다.

장유식 민주사회를 위한 변호사 모임 변호사는 정부·여당에서 야당이 테러방지법을 지지하고 있는 것처럼 얘기하지만 국정원이 모든 권한을 행사한다는 부분만 빼면 바로 통과될 수 있다며 그동안 테러라는 막연한 공포는 늘 존재해 왔고 현행법에 테러에 대응할 수 있는 조항이 망라되어 있는데 현재의 국가시스템을 무시하고 굳이 국정원이 모든 것을 좌우할 수 있도록 법을 새로 만들려는 것은 앞뒤가 맞지 않는다고 강조했다.

새누리당은 국정원의 권한 남용에 대한 우려에 보완장치를 했다고 맞서고 있다. 법안은 범정부 차원의 대테러센터를 국정원이 아닌 국무총리 산하로 했으며, 테러대책위원회에 인권보호관 1명을 두고 관련 공무원이 권한을 오남용할 경우 형사처벌 하는 규정도 달았다.

그러나 국정원이 정보수집권과 조사권·추적권을 모두 갖는 상황에서 대테러센터는 유명무실할 뿐만 아니라 인권보호관 1명 가지고, 그 권한과 지위가 불명확해 인권보호관이 국정원을 견제한다는 것은 어불성설이라는 지적이 많다.

이만종 한국테러학회 회장은 대테러활동은 사전에 예방하기 위해 정보를 수집하고 분석해서 선제적으로 활동하는 것인데 기존 법은 사건 발생 후 후속적 대응에 치중한 측면이 있다며, 다만 미국은 9·11 이후에 만든 법에서 중앙정보국이 주체가 되지 않고 별도 기관인 국토안보부를 신설해 국가정보국 산하에 대테러센터를 뒀다. 국정원이 권한을 쥐고 있는 우리 여당 안과는 다르다고 지적했다.'

여기 잘 지적했듯이 결국에는 테러위험인물이라는 것이 특정될 수 없기 때문에 그리고 그 테러위험인물을 선정하는 주체가 국정원이기 때문에 국정원이 자의로 광범위하게 불특정다수를 테러위험인물로 지정해서 정보를 수집하는 것에 대해서 그것을 막을 방법이 없다 하는 것이고 또 이제까지 국정원이 많은 불법행위를 저지르고 또 많은 정치나 다른 부분에 개입한 경험이 있기 때문에 이러한 우려가 사실로 드러날 것이다 하는 데에서 반대하고 있는 국민과 야당의 의견은 정당하다 이렇게 생각합니다.

따라서 여당과 정부는 이 정당한 국민과 야당의 주장에 대해서 적절한 대책을 마련하고 법적인 규제와 또는 상당한 테러의 위험이 있고 현저한 안보상의 필요가 있는 데 대해서만 정보를 수집할 수 있는 그러한 제한적인 안을 내서 이번에 테러방지법이 통과될 수 있도록 함께 협력해야 된다 이렇게 생각합니다.

참고로 필리버스터를 참관한 중고생들이 있어서 그 참관한 학생들의 의견을 잠깐 보겠습니다.

"테러방지법을 저지하기 위한 더불어민주당과 정의당 등 야당 의원들의 필사적인 필리버스터가 70시간을 넘긴 가운데 첫날에 한산했던 국회 본회의장 방청석에 시간이 갈수록 방청객들이 늘고 있다. 필리버스터 3일째 진행 중인 26일 오후 국회 방청석은 3분의 2가량의 방청객이 들어찼다.

다소 의아한 것은 방청석에 앉아 있는 이날 방청객 가운데 적지 않은 숫자가 중고생들이라는 것으로 성인과 대학생도 간간이 눈에 띄었다. 평택에서 같이 왔다는 K 모, Y는 친구 사이로 올해 고등학교에 진학하는 예비 고등학생이다.

이들은 '친구와 둘이 같이 왔다. 오늘 국회에 와서 보기를 잘했다. 김현 의원의 필리버스터 발언 모습을 봤다. 뉴스에서 보던 것보다 훨씬 심각하다'며 '이런 내용들을 우리 친구들이 잘 모른다'고 테러방지법 관련 청소년들의 관심을 대변했다.

이들은 '어떻게 국회까지 오게 됐느냐'는 기자의 질문에 '처음에는 인터넷 기사를 보고 테러방지법을 알게 됐다'면서 '테러방지법이 좋은 건 줄 알았는데 최근 필리버스터가 시작된 후 실시간 검색어를 보고 관심이 깊어져서 인터넷 검색해서 알게 됐다. 유튜브 동영상도 보게 됐다. 그리고 국회에 와서 직접 볼 생각을 하게 됐다'고 테러방지법 관련 지식 습득 과정까지 소개를 했다.

이들은 '국회 오려고 하니 막상 어떻게 해야 할지 몰라서 네이버를 검색했는데 신청하는 사이트가 있어 신청하게 됐고, 정의당에서 안내해 줬다'면서 '오늘 저녁 8시까지 듣고 평택으로 내려갈 생각'이라고 말했다.

이들은 특히 이날 방청 소감을 묻자 '김현 의원이 17세 소녀가 트위터에 올린 글을 읽어 줬는데 크게 공감했다'면서 '가끔 기침을 하면서 말을 하는데 힘들어 보였다'고 털어 놨다.

이들은 테러방지법에 대해 그간 알게 되고 느끼고 판단한 것을 묻자 '미국 애국자법과 비슷한 것 같다. 애국자법을 자세히는 모르지만 분명 미국 애국자법과 비슷하다'며 '장난으로 문자만 보내도, 범죄를 하지 않았어도 장난삼아 보낸 문자를 범죄행위로 간주하는 악법인데 테러방지법이 그런 법이라는 생각이 들었다'고 설명했다.

이들은 나아가 박근혜정부가 테러방지법 추진을 강행하는 것에 대해 '우리나라가 테러가 많이 발생하는 나라도 아니고 또 그 법을 실행한다고 해서 실제로 테러가 방지될지는 모르겠다'면서 '오히려 생사람 잡을 것 같다'고 나름대로 판단했다.

이들은 이어 '왜 그렇게 생각하느냐'는 질문에는 '관심을 갖고 보니까 테러방지법이 모든 사람의 개인정보라든지 사생활을 본인 의사를 묻지 않고 침해한다는 것은 헌법에도 위반되는 절대 해서는 안 될 법'이라면서 '예를 들어서 만일 테러방지법이 되면 시위를 주도하는 사람들을 털고 대통령이 잘못했다는 것을 SNS 같은 곳에 올리면 개인 신상을 털어 마녀사냥을 할 수도 있다고 본다'고 테러방지법의 악용 가능성에 대한 우려를 표명했다.

이들은 이에 덧붙여 '국정원을 국민들이 신뢰하지 않는다'면서 '국민들이 중요한 문제가 있는 살인사건도 단순 자살로 조작하고, 간첩조작 사건도, 댓글 조작 사건 등으로 인해 국민들이 국정원을 신뢰하지 않는다'고 전제했다.

이들은 한 걸음 더 나아가 '테러방지법이 시행되면 국정원의 권력이 더 커지기 때문에 권력 남용이 일어날 것 같다. 국민이 신뢰하지 않는다'며 '비공개가 지금도 충분히 많아서 접근이 안 되는 기관인데 더 큰 권한을 갖게 되면 누구도 접근이 불가능할 것 아닌가? 국민들이 볼 수 없는 기관이라 자체적으로 무슨 일을 계획하거나 비리와 같은 것을 저질러도 국민이 볼 수가 없게 된다'고 부연했다.

이들은 '테러방지법이 당장 본인들에게 미칠 영향'에 대해 묻는 말에는 '우리가 성인이 됐을 때 결혼생활을 들여다보거나 시위에 참가했을 때 정부가 우리를 테러범으로 몰 것 같다'면서 '박근혜 대통령이 군중 시위를 IS 같다고 했기 때문에 이런 생각이 드는 것이다'라고 설명했다.

한편 이들은 본지 기자와의 대화를 끝내고 바로 국회 본회의장으로 들어갔다. 먼 곳에서 올라온 만큼 악착같이 연단에 나온 의원들의 발언을 한마디라도 더 듣고 가겠다는 표정이었다."

또 다른 분의 글을 보겠습니다.

"나는 수정되기 전의 테러방지법 원안을 보고 화가 났다. 국정원이 테러업무를 주관하되 헌법에 보장된 영장도 무시하여 무제한 도청, 감청, 수색을 허용하고 심지어 군대 동원권까지 갖게 하려 했다. 그 원색적이고 노골적인 조항들은 테러방지를 빙자해서 유신헌법과 긴급조치를 부활시키려는 것과 다름이 없었다.

그다음에 나는 두려워졌다. 백주 대낮에 경찰국가를 갖겠다는 야심을 당당히 드러내고 당당한 그 자세가 무서워졌다. 우리가 잘 느끼지 못하는 새 얼마나 야당이 약해졌고 여당은 어떤 법안을 내놓든지 뜻대로 이루어질 것을 장담했으면 이를 대담하게 본회의에 올렸을까를 생각하니 떨렸다.

아니나 다를까 야당은 군부대 출동 등 몇몇 명백한 독소 조항을 제거할 수 있었을 뿐 여전히 임의 도·감청, 계좌수색이 가능하여 경찰국가로 가는 것이 뻔한 테러방지법 상정을 막지 못했다. 다수당인 여당은 국회의장을 회유해서 고등경찰 부활법을 직권상정으로 밀어붙였다. 소수인 야당은 고작해야 필리버스터로 지연시킬 수 있을 뿐이다.

위헌요소가 많을 뿐 아니라 법으로도 제대로 정비되지 않은, 국정원의 야심이 분명한 이 법에 대해 야당의원들은 정연한 논리와 감동으로 국민에게 호소하고 있지만 이번 필리버스터, 토론을 통해 일부 국민들은 제대로 된 판단을 할 수 있었을 것이다. 모처럼 좋은 기회임에는 틀림없다. 그럼에도 냉철히 말하자면 필리버스터는 법안 통과 전에 다수당의 횡포에 저항하여 울부짖는 소수당의 울음일 뿐이다.

국민의 여론이 재협상을 강제하게 할 수는 있다. 그러나 새누리당 입장에서는 더 이상 수정을 하지 않아도 그만이다. 아쉬울 것이 하나도 없는 새누리당이 자발적으로 양보할 것을 기대하기는 어렵다. 따라서 불행히도 결국 직권상정 된 법안은 통과될 것 같다.

어떤 이들은 필리버스터를 통해 국민들이 깨어나고 총선에서 유리하게 작용할 것이라고 기대한다. 그러나 여전히 종편에 사로잡힌 대다수의 국민들의 시선이 바뀌지는 않을 것 같다. '나라를 팔아먹어도 지지하겠다'는 표현으로 대표되는 고정적인 지지층이 있는 이상, 특별한 기적이 일어나지 않는 이상, 오는 4월 총선에서도 야당은 여전히 소수당에 머물 것이다. 더군다나 북한의 수소폭탄 실험과 사드 배치 등 국제정세도 야당에 도움이 되지 않는다.

아직까지 이 정부를 순진하게 바라보면 안 된다. 이처럼 탐욕적인 국정원 민간인 사찰 합법화 법을 내놓는 정권이다. 댓글부대와 국정원의 공작으로 대통령이 되면서도 뻔뻔하게 3년 내내 무섭게 으름장을 놓는 대통령이다. 2년 전 무려 300명의 목숨이 물에 빠져도 눈 하나 깜빡하지 않은 정권이다.

이런 정부에 국민은 지난 총선과 보궐선거 모두 새누리당을 지지하여 원내 과반수를 만들어 주었다. 세상에 무서울 것이 없는 정부가 되었다. 이 무서운 사람들은 이제 정녕 경찰국가로 이행하기 원하는 것일까? 막을 길이 별로 없다.

수도권에서는 사상 처음으로 60대 이상의 유권자가 젊은 유권자의 수보다 많아졌다고 한다. 설사 야당 의석이 조금 늘어도 여전히 쉽지 않을 것이다. 어렵사리 19대 국회에서 통과를 막더라도 20대 국회가 되면 다수당이 밀어붙이는

그대로 통과시켜야 할 미래가 쉽게 점쳐진다.

그러니 국정원이 테러방지법의 옷을 입고 비밀경찰로 탈바꿈하는 이 시대에 우리는 어떻게 할 것인가? 우리 헌법은 이런 상황에서 어떻게 우리를 보호해 줄 것인가? 소수당인 야당들은 우리를 지켜 줄 수 있을까?

무기력하기만 했던 광화문 집회만이 우리가 할 수 있는 유일한 몸부림일까? 카톡부터 탈퇴하고, 아이폰으로 바꾸며, 구글메일로 이메일 주소를 바꾸는 등 각자도생하며 혹시라도 테러리스트로 오인받지 않기를 기원해야 할까, 아니면 지금이라도 진짜 이민을 알아봐야 할까?

밤새워 필리버스터를 보면서 응원하는 것은 좋다. 그러나 정신 차리고 다시 들으면 필리버스터, 무제한발언에 나온 의원들의 주옥같은 연설은 백조의 마지막 노래처럼 구슬프다. 대통령선거나 세월호나 정치문제에는 별 관심이 없는 사람도 있을 수 있다. 그러나 국정원이 주인이 되는 테러방지법은 우리 모든 사람의 삶에 변화를 가져올 것이다.

남의 일이 아니다. 경찰국가에서 비밀경찰의 관심에서 벗어날 곳이란 없으니까 말이다. 비밀경찰시대를 피하지 못할 가능성이 많아지는 지금 더 늦기 전에 4월 이후를 대비하여야 한다.

개인이 선택할 선택지는 그리 많지 않다. 힘을 모아 대항할지, 숨어서 도망 다닐지, 꼼짝 못 하고 죽어지내며 좋은 날이 오기를 기다릴지, 아니면 확대 개편될 국정원 대테러대책팀 직원 모집에 응시할지를 결정할 시점이 가까워 오는 것 같다.

안전한 사람들끼리 함께 모여 다가올 비밀경찰시대를 어떻게 살 것인지 준비해야 할 때다. 머리를 맞대고 고민하면 무슨 수가 나올 것이다. 뾰족한 수가 없더라도 함께 폭풍우를 헤쳐 나갈 친구는 찾을 수 있을 것이다. 물론 나의 이러한 어두운 전망이 못난 자의 기우와 설레발로 그쳤으면 차라리 좋겠다. 정말로 그러하길 바란다."

많은 분들이 테러방지법 그 자체가 아니라 테러방지법 그 안에 안고 있는 많은 우려 또 국정원이 안고 있는 여러 가지 위험성, 권한남용 가능성 또 인권침해 가능성이 높은 데 대해서 우려를 하고 있는데, 이러한 우려는 그대로 우려로 그치는 것은 아니고 현실화할 가능성이 상당히 농후하다 이렇게 말씀드릴 수밖에 없을 것 같습니다.

아까 처음에도 말씀드렸지만 지금 국회의장께서 비상사태하에서의 직권상정을 하셨는데 지금이 비상사태가 아님에도 불구하고 비상사태를 선포하신 것을 보고 45년 전에, 그때도 박정희 대통령께서 국가안보를 이유로 비상사태를 선포하고 국민들에게 자유를 유보하고 안보를 최우선의 가치로 놓라 이렇게 선언하시면서 국회를 급기야 해산시키고 국회의원의 3분의 1을 대통령이 임명하는 유신국회를 만들고 그리고 국정원에게 무소불위의 권력을 줬던 기억을 떠올리고 있는 것입니다.

지금 45년이 지난 이 시점에서 45년 전으로 다시 되돌아가서 역사를 후퇴시킬 수는 없는 것이 아니겠습니까?

그럼에도 불구하고 남북관계의 단절, 개성공단의 폐쇄, 북한의 핵개발·미사일, 이렇게 날로 더 남북관계는 악화되고

또 테러방지법 통과를 통해서 국정원에는 또 무소불위의 권력이 갈 수밖에 없게 이렇게 법을 또 개정하려고 하고 있고, 지금 대통령께서는 국회가 마치 모든 책임을 지고 있고 법을 통과시켜 주지 않기 때문에 경제가 되지 않고 일자리가 늘어나지 않는 것으로 국회를 압박하고 있습니다.

또 지금 당장 시급한 것은 정말로 국민의 대표를 뽑는, 국정을 운영해야 될 국가의 입법기관이고 예산을 심의하고 국정감사를 해야 될 국회의원을 뽑는 선거가 45일 정도밖에 남지 않았는데 아직 선거구 획정법도 통과를 시키지 못하고 있는데 이 선거법 통과가 되지 않는 이유가, 정부가 요구하는 다른 법을 통과시키지 않으면 선거법 통과는 없다 이런 태도를 가지고 지금 선거법을 그동안 발목 잡아 온 것이 바로 여당입니다.

이러한 정치 자체를 폄하하고 국회를 폄하하고, 이런 태도야말로 우리가 우려하는 45년 전에 일어났던 유신시대의 국정 운영과 너무나 비슷한 모습이 아닌가 하는 우려를 할 수 밖에 없는 것입니다. 대통령과 여당은 국민들이 그러한 우려를 갖지 않도록 하셔야 되는 것 아닙니까?

국회가 국민의 대표기관으로서 삼권분립의 원칙에 따라서 입법기관으로서 정정당당하게 법의 좋고 나쁨을 가리고 그 법이 누구의 이익을 위한 것인지, 노동법의 기간제연장법, 파견법이 근로자를 위한 것인지 비정규직을 양산하는 것인지 기업가를 위한 것인지, 또 서비스발전법이 의료를 영리화하고 의료에 자본을 도입하는 것인지, 그것으로 인해서 국민들의 의료비 부담이 더 늘어나고 결국 미국식의 의료제도, 우리의 의료보험제도가 훼손당하는 것이 아닌지 하는 것에 대한 충분한 논의를 통해서 국회에서 입법을 해야 될 것이고 그러한 우려로 인해서 야당이 반대하고 있는 것에 대해서 무작정 통과시키도록 하는 것은 저는 온당한 자세는 아니다라고 생각합니다.

그와 마찬가지로 테러방지법도 마찬가지입니다. 수많은 100시간에 걸친 논의를 통해서 테러방지법 그 자체가 아니라 테러방지법이 안고 있는 국정원의 권한 확대 또 무작위의 기본권 침해 가능성 이러한 것들을 잘 걸러서 그러한 우려를 불식한 상태에서 테러방지법을 통과하는 것이 맞다고 생각합니다. 테러 방지만을 위한 법이라면 얼마든지 그런 법을 만들 수 있다고 생각하는데 그것에 대해서 정부, 여당은 전혀 그럴 생각이 없는 것 같습니다. 정말로 국민을 위한 정부, 국민을 위한 여당이라면 국민의 뜻을 따라야 된다고 생각합니다.

이 테러방지법과 관련해서 미국의 9·11 테러 이후에 제정됐던 소위 '애국법' 그 내용에 대해서 잠깐 살펴보도록 하겠습니다.

"미국에서는 국가안보를 위해서 행정부의 전화감청권의 존부에 관한 명령규정이 없었던 관계로 국가비상시의 전화감청이 자주 문제가 되어 왔다. 게다가 연방법원은 1928년 전화선에 감청의 도구를 설치하는 행위는 주거에 침입하는 것은 아니므로 수정헌법 제4조가 금지하는 수색이나 압수에 해당되지

않는다는 이유로 전화감청에 대한 헌법적 통제를 포기하는 취지의 판결을 낸 바 있다.

이러한 입법과 판결의 영향으로 전화감청의 남용 여지는 상존하였는데 연방대법원은 1967년에 이르러서야 비로소 전화박스의 외부에 감청도구를 설치한 행위가 위헌이라고 판단하여 전화감청에 관한 헌법적 통제를 시작하였고 이에 따라 전화감청을 하기 위해서는 원칙적으로 판사의 영장을 받도록 하는 내용의 입법이 도입되었다. 그러나 이는 주로 국내통화를 규율하는 것이었으므로 대외관계에서 국가와 국익을 보호하기 위한 대통령의 헌법적 권한행사의 차원에서 행하는 전화통화 감청에 관한 법적 규율은 여전히 논란의 소지가 존재하였다.

이 점에 관한 행정부의 전통적 입장은 국가안보의 유지를 위한 전화감청 등의 조치가 대통령에게 헌법상 보장된 내재적 고유권한이라는 것이다. 그러나 닉슨대통령이 지시한 광범위한 전화감청 계획이 드러난 후 연방대법원은 행정부의 이러한 주장을 배척하고 전화감청에 있어서 대통령이 아닌 중립적이고 독립한 사법관에 의한 영장이 필요함을 확인하였다.

이러한 연방대법원 판결의 영향하에 의회는 1978년 행정부의 대외정보수집을 위한 감청행위 절차적 요구를 확정하는 입법을 실현하였다. 1978년의 대외정보감시법이 그것인데 이 법의 의미는 무엇보다도 대외정보수집을 위한 목적으로 미국 내에서 행하는 전화감청행위는 대외정보감시법원이라는 특별법원의 승인을 받도록 하여 그 감독하에 두었으며 행정부가 이 법원의 결정에 불복할 경우 이를 심리할 항고법원을 설치하도록 하였다.

이제 대외정보수집을 위한 전화감청행위의 절차적 통제는 대외정보감시법원에 의한 감독절차에 따라야 하는 것으로 입법적으로 정리되어 있다.

대외정보감시법과 대외정보감시법원은 대외정보수집 목적의 감청행위에 대한 효과적 법적 규율을 창출하였지만 일반적인 감청행위에 대한 사법적 통제와 비교하면 다소 완화된 절차라고 할 수 있다.

일반적으로 감청영장에는 감청기간, 감청대상, 전화번호, 감청대상이 된 대화의 형태에 대한 사항이 구체적으로 기재되어야 하며 감청기관은 법원에 감청 내용과 사실을 정기적으로 보고하여야 한다. 그러나 이러한 엄격한 감청조건은 대외정보감시법에서는 감경되었다. 이에 의하면 외국 정부 및 외국 테러조직에 관한 정보를 수집하기 위한 외국인 대상의 감청은 대외정보감시법원의 승인에 의하여 허용될 수 있으며 행정부는 범죄행위에 대한 소명 없이도 감청허가를 받을 수 있게 되었다.

2001년 9월 11일 테러가 발생한 직후 테러정보 감시를 위한 행정부와 입법부의 산발적 조치들이 있고 난 이후 같은 해 10월 24일에는 보다 포괄적이고 체계적인 반테러법제로서 이른바 패트리어트법안이 의회에 상정되어 찬성 357표, 반대 66표로서 하원을 통과하였고 이어서 그다음 날 상원에서는 98명의 의원이 찬성하고 단 1명의 의원이 반대한 가운데

법안이 가결되었다.

같은 달 26일에는 부시대통령이 패트리어트법안에 서명하였다. 당시 테러의 여운이 식지 아니한 미국에서 이처럼 신속히 통과된 패트리어트법은 일단 여론의 지지를 받았으나 이후 내용의 문제점이 계속 드러남에 따라 제대로 검토와 토론이 이루어지지 아니한 채 만들어진 졸속 입법이라는 비판의 대상이 되었다.

9·11 사건 이후 미국 행정부의 입장은 대정보감시법 제정 이전인 행정부의 헌법내재적 권한론으로 회귀하는 양상을 보였다. 국가안보를 위한 대외정보수집은 미국 헌법 제2조에 의하여 부여된 대통령의 독자적인 고유권한임을 강조하는 입장으로 돌아선 것이다. 이러한 변화는 전대미문의 미국 본토에 대한 대규모의 공격을 당한 데 대한 사회적 충격을 배경으로 하지만 특히 실정법적 측면에서는 9·11 사건 직후 발령된 의회의 대통령에 대한 군사력 사용 승인에 근거한 것이다."

(이석현 부의장, 정의화 의장과 사회교대)

"대통령의 군사력 사용 승인은 대통령이 국외 테러조직에 대하여 필요하고 적절한 강제력을 행사할 모든 권한을 위임받는 것을 요지로 하였는데 이것이 테러와의 전쟁에 관한 대외정보의 수집을 위한 전화감청에도 적용되는 특별법으로서의 의미를 가진다. 따라서 이전의 대외정보감시법의 규율 체제는 테러와의 전쟁에 관련하여서는 더 이상 그대로 적용되지 않는다는 주장이 된다.

대외정보감시법의 적용을 거부하는 행정부의 이러한 입장은 9·11 테러 직후 부시 대통령이 국가안보국에 지시한 미국인에 대한 이메일과 전화통화의 감청 계획 즉, 테러리스트 감시계획에 의하여 실행되었으며 2007년 1월까지 유지되었다.

나아가 이러한 기본적 입장 변화에 따라 새로 제정된 패트리어트법은 외국인에 한정되지 않는 포괄적 감청 제도를 도입하였는데 이는 감청 대상인 수화기나 통화 상대방을 지정하지 않는 방법으로 법원의 허가를 받아 통화감청을 실시할 수 있게 하는 제도이다. 휴대전화의 발달로 테러리스트들이 전화기를 교환하여 가면서 교신하는 데 대처하기 위하여 이러한 방법이 불가결하다고 보는 연방정부의 관점이 반영된 것이다.

이처럼 패트리어트법에 따라서 연방수사 당국은 정보수집의 명목으로 용이하게 일반전화를 감청할 뿐만 아니라 포괄적 감시를 할 수 있게 되었다.

감청과 검열의 요건이 종전의 입법 체계로부터 크게 완화되었으므로 FBI 등 수사 당국은 이러한 감청·검열 행위에 대하여 거의 백지위임을 받은 것과 같은 입장이 되었고 그 결과 테러 방지와 관련이 없는 평범한 일반 시민의 전화·컴퓨터 등의 모든 통신 내용이 수사당국의 감청·감시에 노출되었다.

이러한 상황은 국외의 외국인들에게까지 피해를 미칠 우려를 낳았는데 특히 미국의 회사에 금융 등에 관한 개인신상정보의 관리를 아웃소싱하고 있던 노바스코샤 등 캐나다의 여러 주들은 그 주민의 정보가 미국의 정보 당국에게 노출되는 것을 방지하기 위하여 자체적 입법을 실현하는 등의 방어 조치를 취하기도 하였다.

한시법인 패트리어트법은 세 번에 걸쳐서 재시행되었다. 이는 2005년 7월의 재시행법과 2006년 3월의 추가적 재시행법 및 2011년 5월 오바마 대통령이 전자펜으로 서명한 시한연장법이 그것이다.

재시행법에 의하여 원래 한시적 효력이 부여되었던 다수의 조항들이 한시성을 벗어났으나 포괄적 감청에 관한 제206조와 영업기록 제출명령에 관한 제215조는 개정되어 다시 2009년 12월 31일부로 효력을 상실하도록 규정되었다. 그러나 이 조항들은 2011년 5월의 시한연장법에 의해서 다시 4년간의 효력이 연장되었다.

2013년 6월 에드워드 스노든 전 미국 중앙정보국 직원이 국가안보국의 무차별 감청 등으로 인해 국민의 사생활이 광범위하게 침해됐다고 폭로하였고, 미 연방 1심 법원은 시민에 대한 부당한 압수수색을 금지한 미 수정헌법 제4조를 위배한 것이라고 애국법의 위헌성을 인정했다.

또한 수사기관이 국제 테러리즘과 비밀정보활동을 수사하기 위하여 필요하다고 판단하는 경우 관련된 모든 기록과 유형물을 보관한 기관에 대하여 이를 제출하도록 법원의 명령에 통하여 강제할 수 있도록 하는 규정이 제215조다. 주로 해외정보감시법 501조에서 503조를 개정하는 내용인 미국 애국법 215조는 FBI가 국제테러 대응을 위해 수사를 개시할 때 모든 종류의 기록물을 뜻하는 유형물의 제출 요구서를 법원에 낼 수 있다는 내용 등이 들어 있다.

미국인의 통신기록을 지속적으로 무차별 수집한 뒤 국가안보국의 활동이 애국법에서 정한 활동 범위를 넘어선다는 미 2심 법원의 판결이 나왔다. 미국 제2 순회 연방항소법원은 7일 NSA의 대량 통신정보 수집을 적법하다고 판단했던 뉴욕 남부지구 연방지방법원의 1심 결과를 무효로 한다고 판결했다.

미국 자유법의 탄생

미국 항소법원의 애국법 제215조 위헌 판결에 따라 미국 의회에서는 2015년 6월 1일 만료되는 애국법의 처리 즉, 개정 혹은 자동폐기를 둘러싼 갈등이 표출되었다.

개정된 미국 자유법의 가장 주목할 만한 특징은 기존 애국법에서 가장 논란이 되었던 제215조에 근거해 국가안보국이 자국민을 대상으로 메타데이터(metadata) 즉, 광범위한 통신기록을 수집해 5년간 보관할 수 있었던 권한을 대폭 축소시켰다. 자유법하에서 국가정보국은 이전과는 달리 통화기록을 자체적으로 보관할 수 없게 되었다. 단지 민간 통신회사만이 그 기록을 보유할 수 있게 되고 정부는 필요한 경우에만 집단이 아닌 개별 통신기록에 한해서 법원의 영장을 발부받아 해당 통신회사에 요청할 수 있게 되었다.

다만 기존의 애국법 내용 중 자생적 테러조직 즉, 외로운 늑대를 추적·감시할 수 있는 조항과 통신기기를 자주 바꿔 가며 이동하는 테러 용의자에 대해 법원 영장 없이도 감청을 허용한 이동식 도청에 관한 조항 등은 자유법에도 그대로 유지되고 있다."

미국에서도 감청에 대해서 위헌 판결과 이런 것들이 해서 상당히 개인의 통신비밀을 보장하고 있습니다마는 이러한 기본권에 대한 제한은 단순히 제한 그 자체도 중요하지만 그 기관이 과거에 불법행위를 했느냐 하지 않았느냐 또 그 나라가 얼마큼 민주주의가 성숙됐느냐 안 됐느냐에 따라서, 아까 박사학위 논문에서도 나왔지만 민주주의가 성숙되고 또 그 기관이 신뢰를 갖는 기관일 경우에는 국민들이 상당한 수준까지 자신의 기본권 제한을 용인한다 하는 그런 조사 결과도 나와 있습니다.

그렇기 때문에 단순히 각 나라의 제도 자체만을 비교하는 것보다는 그 나라의 정치의 수준 또 기관의 신뢰도 이런 것과 함께 비교해야 되는데 그런 면에서 우리나라는 국정원이 과거에 너무나 많은 신뢰를 얻지 못하고 일탈, 불법적인 행위를 해 왔기 때문에 이러한 것을 허용할 때 국민들이 그것을 받아들일 수 없다 하는 점을 말씀드릴 수 있겠습니다.

국정원의 문제점에 대해서 다시 결론적으로 말씀을 드린다면 국가정보원의 전면적인 개혁이 있어야 되고 그런 개혁이 없는 현재 상황에서 국정원의 권한 강화는 밑 빠진 독에 물을 붓는 격이다. 따라서 개혁이 전제되지 않는 테러방지법은 국정원을 강화하는 법이 되고 그리고 국민의 기본권을 침해하는 법이 될 것이다 하는 점을 다시 한 번 말씀드립니다.

지금까지 테러방지법이 제정이 안 되면 마치 테러방지법이 없는 것처럼 말씀했지만 이미 많은 의원님들이 말씀하셨듯이 우리나라는 대통령 훈령으로 대테러활동지침을 가지고 국무총리를 위원장으로 하는 국가테러대책위원회가 1982년부터 설치돼서 운영되고 있습니다. 그리고 여기에는 외교부, 통일부, 법무부 등 11개 부처 장관과 국정원장, 경찰청장 등 대테러 관련 정부기관이 모두 참여하고 있습니다.

이렇게 비록 훈령이기는 하지만 정부기관에서 기존의 법에 따라서 대테러 활동과 이미 각 법에서 테러가 범죄로 다 규정돼 있기 때문에, 모든 관련된 법에 다 범죄로 규정되어 있고 처벌되어 있고 그리고 테러를 막기 위한 활동을 하고 있고 또 그런 기구가 있고 훈령이 만들어져 있다 하는 점에서 테러방지법이 현재 없는 것은 아니다, 충분히 있다 하는 말씀을 드리고.

결국 논점은 지금 테러방지법에서 하고 있는 주된 쟁점이 국정원으로 하여금 테러 방지의 총괄 기능을 하게 해서 모든 기관을 다 총괄해서 총괄 상위기관을 한다는 것과 국정원이 전화 감청을 할 수 있도록 하는 것과 또 통신비밀법 규정에 따르지 않고 할 수 있다는 것과 또 금융정보를 금융정보원장에게 요청할 수 있어서 다 볼 수 있다는 이것이 가장 중요한 것인데 결국 헌법 제8조가 보장하고 있는 통신비밀 그리고 또 국민의 재산을 다 들여다볼 수 있는 그 두 가지, 통신정보와 재산을 다 본다고 할 때에 우리들에게 가장 중요한 자기의 경제적인 상황과 또 통신비밀 두 가지를 다 볼 때 모든 국민들은 국정원의 감시 감독을 두려워할 수밖에 없다. 그렇기 때문에 이것은 아까도 말씀드렸듯이

테러위험인물이 누구냐 하는 것에 대해서 테러 위험에, 그 테러의 개념에 반정부활동이라든지 여러 가지, 정부가 이것은 사회를 불안하게 하고 또 사회의 위험요소가 된다고 판단하면 그것은 일종의 테러라고 볼 수 있기 때문에 모든 그런 민간의 어떤 활동들이 테러로 간주될 수 있는 상황이고 그렇게 된다면 거기에 활동하고 있는 분들이 테러위험인물로 될 수 있다.

지난날 학생운동하던 많은 학생들이 국정원에 잡혀가고 많은 정치인들 또 많은 언론인들 이런 분들이 국정원에 잡혀가서 많은 곤욕을 치른 그런 경험이 있기 때문에 이런 것이 재현되는 것이 아니냐 하는 우려를 할 수 밖에 없다 하는 것입니다. 그렇기 때문에 그런 우려를 불식시키지 않고 이 법을 통과시켜서는 안 된다 하는 것인데 지금 상황으로 봐서는 여당에서 그대로 강행 처리해서 통과시키려고 하고 있고 이것을 막을 수 있는 방법이 과연 있느냐, 정말 국민들이 압도적으로 이것을 통과시켜서는 안 된다는 그런 어떤 표시가 있다면 모르겠는데 그런 게 없다면 이 법을 과연 여당에서 그대로 통과시키지 않고 철회하겠느냐 하는 점에서 상당히 지금 우려가 커질 수밖에 없다 이런 말씀을 드립니다.

모든 국민의 기본권은 국민 스스로 지켜야 되는 것이고 또 국민이 자기를 지키기 위해서는 좋은 정부를 선택해야 하는 것이고, 좋은 정부를 선택하기 위해서는 반드시 투표를 통해서 좋은 정부를 만드는 것이기 때문에 결국은 국민이 투표를 통해서 좋은 정부를 만들어 내는 것이, 그것이 자신의 권익을 지키고 자신을 보호하는 가장 확실한 길임에도 불구하고 아직도 우리 국민들이 거기에 대한 확실한 인식을 가지고 좋은 정부, 좋은 나라를 만드는 그 정치에 더 많은 관심과 더 많은 열정을 쏟아야 되지 않겠느냐 이런 말씀을 드리고 싶습니다.

결국 정치가 모든 국민의 운명을 좌우하고 또 정치가 모든 것을 결정하는데 이 정치를 폄하하고 또 정치를 기피한다면 결국은 자기 운명을 스스로 남에게 무작정 맡기는 결과밖에 되지 않는데 우리 국민들이 정치에 대해서 좀 더 관심을 가지고……

국민들께서 말씀하시기를 '국회는 왜 싸움만 하느냐, 국회가 뭐하는 곳이냐?' 그렇게 말씀하시는데 국회는 바로 국민을 위해서, 국민의 기본권과 국민의 이익과 국민의 재산을 보호하기 위해서 있는 곳이고 또 국회는 국민에게 누구에게 얼마의 세금을 걷을 것이며 또 그 세금을 어디에 쓸 것인가 하는 것을 결정하는 곳이 국회입니다. 이러한 국회를 근본적으로 폄하하고 국회를 '뭐하는 곳이냐?' 이렇게 말씀하시는 것은 '국회가 세금을 얼마를 걷든 또 국회가 그 예산을 어디에 쓰든 나는 상관하지 않겠다' 어떻게 보면 이런 것과 같은 게 아닌가, 절대로 그렇게 하셔서는 안 되리라고 생각합니다. 국회의원들이, 어떤 국회의원이 무엇을 하는지 또 국회가……

국회는 다수당인 여당이 있고 소수당인 야당이 있습니다. 다수당은 무엇을 결정하고 무엇을 할 수 있지만 소수당은

무엇을 할 수는, 자력 가지고는 할 수가 없고 다수당이 도와줘야만 할 수 있는 것입니다. 그러나 다수당은 소수당이 반대를 하더라도 다수결에 의해서 할 수가 있는데 결국에 야당은 다수당이 내놓는 법을 검토해서 반대하고 비판할 권리만 있지 야당이 어떤 법을 냈을 때……

예를 들어서 법인세를 올리겠다, 대기업에게 세금을 더 내겠다 하는 법을 야당은 지금 계속 주장하고 있지만 여당에서는 '경제가 어려운데 무슨 법인세냐, 법인세는 절대 올릴 수 없다' 그렇게 얘기해서 야당의 법인세를 올리겠다고 하는 주장은 지금 되고 있지 않습니다. 그러면 과연 법인세를 올리는 것이 맞는지 여당 주장처럼 올리지 않는 것이 맞는지 하는 것에 대한 검토도 필요하다고 생각합니다. 거기에 대해서 국민들께서 충분히 어렵지만 더 검토하셔서……

지금 아시는 것처럼 대기업은 500조라고도 하고 600조라고도 하는데 돈을 쌓아 놓고 있습니다. 그리고 그 500조, 600조는 지난 5년, 지난 10년 동안 엄청나게 늘어난 돈입니다. 1년에 거의 100조씩 늘어나고 있는데 정부는 지난 3년간 부채가 150조가 늘어나고 가계는 작년에만도 부채가 120조가 늘어났습니다. 지난 10년 동안 정부는 부채가 300조가 늘어나고 가계는 부채가 600조가 늘어났습니다. 정부와 가계가 900조의 빚이 늘어나는 동안에 기업은 자산이 2배로 늘어났습니다.

돈은 전부 기업으로 가고 정부와 가계는 부채만 늘어나고 있는데 기업에서 세금을 내야 정부가 부채가 아닌 적정 건전예산을 가지고 쓸 수 있는데 돈이 있는 기업에게는 세금을 걷지 않고 부채만 늘리는 그런 행태가 지금 계속 지속되고 있는데 이것은 정말로 저는 부당한 일이라고 생각합니다.

돈이 있는 사람이 세금을 내고 세금에 맞게 정부가 운영을 해야지 경제위기 때에나 적자 예산을 편성하는 것인데 지금은 매년 적자 예산을 편성해서 3년차에 지금 적자를 150조를 정부가 늘리고 있는데 이러한 일은 저는 있어서는 안 되는 일이라고 생각합니다.

다시 말씀드리면 국민들께서 국회는 왜 싸움만 하느냐 그렇게 말씀하시고 여당과 대통령은 일하려고 하는데 야당은 발목만 잡는다, 또 여당이든 야당이든 국민에게 해 주는 게 뭐냐, 똑같다, 자기들 밥그릇 싸움만 한다 이렇게 말씀하시는데 절대 그렇지 않다 하는 말씀을 드립니다.

여당은 누구를 위한 정책을 하고 있고 야당은 누구를 위한 정책을 하고 있는지 좀 더 국민 여러분께서 들여다보시고, 또 여당이든 야당이든 어떤 공약을 내걸고 그 공약을 과연 지키는지 지키지 않는지, 저는 여당이 또 대통령이 되시고 공약을 내고 되셨으면 반드시 그 공약을 지켰는지 안 지켰는지를 국민들이 확인하고 공약을 지켰을 때는 지지를 하고 지키지 않았을 때는 반드시 그것에 대해서 심판을 해야 된다고 생각하는데 우리 국민들은 공약은 그냥 하는 얘기이고 지키지 않아도 된다 이렇게 생각하신다면 그렇다면 정치는 완전히 거짓말 정치가 될 수밖에 없다, 절대

공약을 지키지 않는 그런 정치가 되지 않도록 하는 것도 국민 여러분들의 몫이다 하는 말씀을 드립니다.

국회가 밥그릇 싸움만 하는 것이 아니고 지금 테러방지법과 같이 이 법이 국민을 위한 법인지 또는 정권을 위한 법인지 하는 것을 놓고 지금 5일째 밤잠을 자지 않고 스무 명의 의원이 나와서 지금 100시간, 한 사람이 평균 5시간씩 열심히 국민들에게 말씀을 드리고 있는 것입니다.

절대 국회가 밥그릇 싸움만 하는 것이 아니라 국민을 위해서 일하는 것이다 하는 것을 생각해 주시고 국회에 더 많은 관심과 희망을 보내 주시기를 바랍니다.

'대통령과 여당이 하고 싶은 대로, 그대로 다 당신 하고 싶은 대로 하시오' 만일 그렇게 한다면 저는…… 이명박 대통령께서 4대강 사업, 해외자원개발을 하고 싶은 대로 했습니다.

그리고 박근혜 대통령께서는 지금 교과서 국정화 그리고 아까 말씀드린 대로 엄청난 부채가 늘어나는 경제 운용 또 노동개혁의 이름으로 비정규직과 파견직을 양산하는 노동법 개정, 의료 영리화를 위한 서비스발전법도 다 통과될 수밖에 없습니다. 이런 법들을 모두 통과시켜 줘야만 선거법을 통과시켜 주겠다 이렇게 주장하고 지금 선거법도 통과되지 않고 있습니다. 그렇게 하고도 선거에서 또다시 여당이 승리한다면 여당은 아무 걱정할 일이 없을 것 같습니다.

대한민국이 어디로 가고 있는지 저는 의문입니다. 정부와 여당이 끌고 가는 대로 따라가는 수밖에 없습니다마는 젊은이들은 '헬조선이다, 못 살겠다, 일자리를 달라, 결혼을 하게 해 달라, 집을 얻을 수 있게 해 달라'고 아우성을 치고 OECD국가 중에서 노인 자살률이 가장 높고 노인 빈곤율이 50%에 육박하는 나라임에도 경제기적을 이룬 나라, 산업화·민주화를 이룬 나라, 성공한 대한민국이라고 찬양만 하는 분들이 더 많습니다.

저는 정부와 여당은 아무런 걱정이 없다고 생각합니다. 야당을 심판해야 하는 분들이 더 많으니까요. 현재 국가를 운영하는 권한과 책임은 대통령과 여당에게 있는데 왜 야당에게 모든 책임을 물으려고 하는 것인지 저는 이해가 안 됩니다.

정말 저는 문제라고 생각합니다. 정치를 폄하하고 국회를 폄하하는 나라가 어디에서 희망을 찾고 어디에서 문제를 풀어야 하는 것일까요? 빈부격차 불평등이 심화되고 있는 것이 문제의 핵심인데 이것을 해결하겠다는 야당은 믿지 않고 계속 이대로 가자고만 하니까 빈부격차는 더 벌어져서 중산층은 줄어들고 빈곤층은 늘어나는 등 저는 문제가 더 커지고 있다고 생각합니다.

부자에게는 감세하고 서민에게는 증세하는 현 정부의 잘못된 점을 정녕 국민 여러분은 모르십니까? 우리나라 10%의 부자와 대기업은 전체 소득의 3분의 2를 차지하고도 세금은 전체 세금의 3분의 1만 내고 있습니다. 나머지 90%의 중소기업과 서민들은 전체 소득의 3분의 1만 차지하고도 세금은 전체 세금의 3분의 2를 내고 있습니다. 거꾸로 되어 있는 것 아닙니까? 이런 나라, 이런 시스템이

옳다고 생각하십니까?

　서민을 살기 어렵게 만드는 정치, 국민을 위하는 정치가 아니라고 하는 점을 국민 여러분께서는 꼭 판단해 주시기를 바랍니다.

　소수만이 잘사는 나라가 아니라 5000만 모두가 함께 잘사는 나라가 좋은 나라이고 그런 좋은 나라는 좋은 정치에서 많이 나올 수 있다고 생각합니다.

　국민 여러분의 올바른 판단과 선택만이 좋은 정치, 좋은 나라를 만들 수 있다는 것을 말씀드리면서 저의 질의를 여기서 마치겠습니다.

　긴 시간 경청해 주셔서 대단히 감사합니다.

● **의장 정의화** 오제세 의원님 수고 많았습니다.

　다음은 더불어민주당의 박혜자 의원님 나오셔서 토론해 주시기 바랍니다.

(2016년 2월 28일 오전 6시 42분)

21

박혜자 의원

제19대 국회의원 (광주 서구갑)
더불어민주당

2016년 2월 28일 오전 6시 44분 시작
2016년 2월 28일 오전 9시 21분 종료
발언 시간 2시간 37분

"2500년 전에 공자는 제자 자공이 정치가
무엇이냐고 묻자 식량을 풍족하게 하고
군대를 충분히 하고 백성의 믿음을 얻는
일이라고 말했습니다. 식량과 군대와
믿음 이 세 가지 중에서도 백성들의
믿음이 없이는 나라가 서지 못한다고 한
바 있습니다. 논어의 안연편에 수록된
무신불립(無信不立)의 내용입니다."

(2016년 2월 28일 오전 6시 44분)

● **박혜자 의원** 존경하는 국민 여러분!
그리고 국회의장과 동료 의원 여러분!
광주 서구갑 출신 더불어민주당 박혜자 의원입니다.
대한민국헌법을 보면,
제1조제1항에 "대한민국은 민주공화국이다." 제2항
"대한민국의 주권은 국민에게 있고 모든 권력은 국민으로부터
나온다."
제10조 "모든 국민은 인간으로서의 존엄과 가치를 가지며
행복을 추구할 권리를 가진다. 국가는 개인이 가지는 불가침의
기본적인 인권을 확인하고 이를 보장할 의무를 진다."
제37조제1항 "국민의 자유와 권리는 헌법에 열거되지 아니한
이유로 경시되지 아니한다." 제2항 "국민의 모든 자유와 권리는
국가안전보장·질서유지 또는 공공복리를 위하여 필요한
경우에 한하여 법률로써 제한할 수 있으며 제한하는 경우에도
자유와 권리의 본질적인 내용을 침해할 수 없다."
이렇게 명시하고 있습니다.
민주주의국가에서 국민이 권력을 감시하고 견제한다는
말은 있어도 국가가 국민을 감시한다는 말은 없습니다.
대한민국은 민주공화국입니다. 국가가 국민을 감시하고

국민의 기본권을 침해한다면 이는 결코 민주공화국이라 할
수 없을 것입니다.
국가의 안전과 국민의 생명을 지키기 위해 테러방지법이
필요하다는 점에 대해 우리 국민 누구나 다 동의하실
것입니다. 문제는 현재 제출된 테러방지법이 독소 조항을
없애지 않는다면 국민감시법이자 국민기본권의 침해 법안일
수밖에 없다는 점입니다. 그래서 졸속으로 처리되어서는
더더욱 안 되는 것입니다.
그러나 유감스럽게도 국회의장께서는 테러방지법에 대해
천재지변, 전시나 사변, 국가비상사태의 경우에만 가능한
심사기일을 지정하고 직권상정까지 했습니다. 현재의
대한민국을 국가비상사태로 간주했다는 것입니다.
국가비상사태를 국어사전을 찾아보면 천재지변, 사변,
폭동 등으로 국가 전체의 안전이 위험한 상태라고 정의하고
있습니다. 지금 대한민국에서 천재지변이나 사변, 폭동이
일어났습니까? 군과 경찰, 공무원이 정상근무를 하고
있는데 어떻게 국가비상사태라고 할 수 있습니까? 국민들이
징검다리 휴일을 맞아 428만 대의 차량을 이용해서
나들이 장소로 이동했다는데 어떻게 국가비상사태라 할
수 있습니까? 지금의 대한민국이 국가비상사태라면 도대체
국가비상사태가 아닌 때는 언제입니까?
대한민국에서 국가비상사태가 선포된 사례를 보면 10월
유신의 서막과 종말을 알렸던 1971년 12월과 1979년
10월 그리고 1980년 5월 광주민주화운동 때의 비상계엄
확대 세 차례였습니다. 지금의 대한민국이 이때와 비슷한
상황입니까?
헌정사상 처음으로 국회의장이 심사기일 지정과
직권상정을 위해 현재의 대한민국을 국가비상사태로
간주했습니다. 대통령은 국민의 본질적 기본권 침해를
막기 위해 필리버스터를 하고 있는 야당에게 호통을 치고
있습니다. 과연 대한민국이 민주공화국인지 삼권분립이
철저히 지켜지고 있는 국가인지 묻지 않을 수 없습니다.
존경하는 국민 여러분!
테러방지법은 국정원의 테러 용의자 감청, 계좌추적
권한을 부여하는 국정원 강화법입니다. 그런데 중앙정보부,
안기부, 국정원으로 이어져 내려온 이 조직이 어떤
조직이었습니까? 바로 최근까지도 간첩을 만들어 내었고
정치와 선거에 개입한 조직이 아니었습니까?
1961년 조용수의 민족일보 사건, 조용수 등 2명에 대한
사형, 무죄판결 났습니다.
1964년 1차 인혁당 사건, 중앙정보부의 간첩 날조,
28억의 배상판결이 났습니다.
1967년 이수근 씨 및 처조카 배모 씨의 간첩조작 사건,
68억의 배상판결이 내려졌습니다.
1969년 동백림 사건, 정치적으로 조작되었습니다. 43년
만에 무죄판결이 내려졌습니다.
1973년 최종길 서울대 교수 간첩조작·고문치사 사건,
18억 배상판결 내려졌습니다.
1974년 민청학련 사건, 이철 등 12명에 대해서 재심에서

무죄선고가 내려졌습니다.

1975년 2차 인혁당 사건, 8명의 사형사건에 대해서도 무죄판결이 내려졌습니다.

1977년 재일교포 유학생 간첩단 조작사건, 무죄가 내려졌습니다.

1980년 김대중 내란음모 사건, 무죄가 내려졌습니다.

1980년 일가족 4명의 간첩사건 조작, 1980년 간첩 누명 김기삼 씨, 29년 만에 무죄가 내려졌습니다. 김기삼 씨 하는 말 '그동안 사람으로 살 수 없었다'라고 말씀합니다.

1982년 오송회 사건, 26년 만에 무죄판결이 내려졌습니다.

1983년 간첩 누명 최양준 씨, 28년 만에 무죄 확정됐습니다.

1985년 이장형 간첩사건, 무죄가 내려졌습니다.

1986년 간첩 누명 김양기 씨, 23년 만에 무죄가 내려졌습니다.

1987년 수지 김 사건, 무죄가 내려졌습니다.

1993년 서울시 공무원 남매간첩사건, 무죄가 내려졌습니다.

그리고 2012년 대선 때 청와대와 정부, 국정원은 검찰의 수사를 조직적으로 방해하는 국정원 대선 개입 공작을 유야무야시켰습니다. 수사 총책임자 검찰총장은 축출되었고 수사팀 책임자는 좌천되었고 수사팀 검사들은 공중분해되었습니다. 지금까지 말씀드린 것이 중앙정보부, 안기부, 그리고 국정원으로 이어져 온 조직이 했던 일입니다.

이제 국정원의 대선 개입 의혹이 가시기도 전에 선거법과 국정원 강화법을 함께 묶어서 처리하자는 의도를 국민 여러분은 이해하실 수 있으십니까? 선거법 통과의 전제조건으로 국정원을 강화하자는 뜻이 아니겠습니까?

오늘 저는 테러방지법에 대해서 조목조목 살펴보고자 합니다.

먼저 테러방지법의 절차상의 문제, 지금이 과연 비상사태가 필요한 상황인가, 테러방지법 국회의장의 직권상정이 적절한 것인가, 절차상의 문제를 살펴보겠습니다.

그리고 두 번째, 테러방지법의 필요성도 살펴볼 것입니다.

대통령은 테러방지법이 없어서 국민의 안전이 위협받고 있다고 호통을 치면서 테러가 나면 책임지겠느냐고 묻고 있습니다. 과연 그렇습니까?

세 번째로 테러방지법의 법안 조문들을 살펴보겠습니다.

네 번째로 테러방지법에 대한 여론, 각 신문들의 사설을 통해서 여론을 살펴보겠습니다.

다섯 번째로 테러방지법이 통과되었을 때 이것이 우리 사회에 미치는 영향, 우리 국민들을 얼마나 변화시킬 것인지 한번 살펴보도록 하겠습니다.

먼저 절차상의 문제 살펴보겠습니다.

지금이 과연 국가비상사태인지, 테러방지법의 국회의장의 직권상정이 적절한 것인지 보겠습니다.

18대 국회 임기만료를 얼마 앞두지 않은 2012년 5월

2일 당시에 소위 국회선진화법이 통과될 때 여야의 합의정신은 대화와 타협의 정치 복원 그리고 의회정치의 회복이었습니다.

다들 알고 계시겠지만 18대 국회는 직권상정이 역대 최다라는 불명예를 얻었지요. 계속되는 직권상정 그리고 물리적인 충돌로 인해서 난장판 국회라는 오명을 뒤집어썼습니다. 그래서 국회가 국민 앞에 스스로 의회정치를 복원시키겠다는 약속으로 내놓은 결과물입니다.

국회선진화법은 안건의 자동상정과 신속처리제도 그리고 예산안의 기일 내 상정이라는 제도와 함께 지금 진행되고 있는 필리버스터, 안건조정위원회 제도 등을 마련함으로써 다수당과 소수당의 권익을 함께 보호하고 있습니다. 국회가 협상하느라 시간은 좀 걸리지만 그래도 싸우지 않고 대화와 타협으로 문제를 해결하라는 것입니다. 그런 취지에서 국회의장의 직권상정은 매우 제한적으로 규정하고 있습니다. 국회법 제85조는 천재지변의 경우, 전시·사변 또는 이에 준하는 국가비상사태의 경우 의장이 각 교섭단체대표의원과 합의하는 경우로 규정하고 있습니다. 이 법의 입법취지에 비추어 볼 때 국회법 85조의 취지 또한 너무나 자명합니다.

현행 국회법의 입법취지는 대화와 타협에 의한 문제해결이 기본원칙이고 명백하고 현존하는 위험이 임박했을 때만 예외적으로 국회의장이 직권상정을 할 수 있도록 허용하겠다는 것입니다. 국회의장의 직권상정은 임박하거나 또는 현실화된 국가적 위기로부터 국회가 제 역할을 수행할 수 있도록 하기 위한 예외규정인 것입니다.

민주사회를 위한 변호사 모임에서도 이러한 취지의 논평을 낸 바 있습니다. 논평에 따르면 '직권상정이 가능한 전시·사변 또는 이에 준하는 국가비상사태란 그런 사태가 목전에 발생하였거나 발생이 곧 임박하여 국회 원내교섭단체 의사협의가 불가능하거나 이를 기다릴 여유가 없을 정도의 급박한 상황을 의미하는 것이지 법안의 내용에서 상정하고 있는 어떤 사태가 예정된다는 것을 의미하는 것이 아님은 너무나도 당연하다. 즉 정의화 의장이 들었다는 것은 국정원의 일방적인 첩보에 불과한 것으로 확인되지도 않은 사실을 전시·사변 또는 이에 준하는 국가비상사태라고 하는 것은 억지에 불과하다'라고 밝히고 있습니다.

또한 국회가 독단과 독선에 의한 몸싸움 등 극단적인 대결과 반목이 아닌 대화와 타협에 의해서 운영되도록 하기 위하여 도입한 국회선진화법의 취지에도 역행하는 것이다. 정의화 의장은 그간 청와대와 새누리당의 이른바 쟁점법안에 대한 직권상정 요구에 대해서 '입법부 수장이 불법임을 잘 알면서도 위법한 행동을 할 수는 없습니다'라면서 단호하게 거부해 왔고 이러한 모습에 대해서 국민들은 지지의사를 표명해 왔습니다. 저 역시 이러한 의장님의 모습을 존중합니다.

그러나 이번 테러방지법 직권상정 방침은 본인의 이러한 입장과도 정면으로 배치된다라는 점을 지적하지 않을

수 없습니다. 정말 국가가 비상사태라면 어떤 상황이 벌어질까요? 윤찬영 전주대학교 교수가 '평화의 댐에 속고 테러방지법에 또 속을까? 테러방지법보다 독재방지법이 필요하다'라는 글에서 이렇게 말하고 있습니다.

'국가비상사태라고 한다. 그런데 군인, 경찰, 공무원들 중에 휴가를 나오는 사람들이 있다. 군은 진돗개니 뭐니 하는 비상상황을 선포하지도 않았다. 전국의 모든 마트에서 소비자들이 라면이나 비상식량, 생활필수품을 사재기한다는 소식은 없다. 학교는 여전히 개학준비로 바쁘다. TV에서 오락 프로그램과 드라마는 여전한 시청률을 고수하고 있다. 인천공항은 해외여행을 하려는 인파들로 붐비고 직장인들은 퇴근 후 술자리 약속에 바쁘다.

(정의화 의장, 정갑윤 부의장과 사회교대)

그럼에도 불구하고 사드 배치니 테러방지법 제정이니 하며 국가가 위험에 처했다는 경고가 연일 끊이지 않는다. 사드는 중국과 미국이 긴급히 만나더니 미국 측에서 배치계획이 없다면서 한발 물러나는 형국이다. 야당 국회의원들이 테러방지법에 반대하는 무제한 연설을 행하는 소위 필리버스터가 진행되고 있다. 이에 대해서 대통령이 회의 중에 책상을 치며 분노했다는 뉴스도 들려온다.

국가가 위험한 비상상황에 빠진 것이 사실이라면 우리나라 국민들은 제정신이 아닌 게 분명하다. 지금 이렇게 한가하게 찬반논란을 하고 개인적인 일거리에 몰두할 때가 아니기 때문이다. 그러나 국가비상사태가 아니라면 오히려 비상상황이라고 주장하는 쪽이 제정신이 아닌 것으로 볼 수밖에 없다. 설마 나라를 대표하고 이끄는 분들이 그런 터무니없는 주장을 하겠는가? 가장 많은 고급정보를 가지고 있는 분들의 판단이니 일단 믿을 수밖에 없지 않은가? 그런데 왜 야당은 반대를 하며 사람들은 평온하게 일상생활을 하고 있는가? 이해할 수 없다'라고 말하고 있습니다.

저도 이해할 수 없습니다. 테러방지법의 직권상정은 절차적으로 국회법이 규정하고 있는 요건에도 부합하지 않을 뿐 아니라 국회법의 입법취지에도 맞지 않습니다. 반드시 철회되거나 수정되어야 합니다.

두 번째로 테러방지법이 필요한 것인가 살펴보겠습니다. 테러방지법이 없다는 대통령의 말 사실일까? 제가 2015년 12월 16일 자 모 신문의 칼럼을 읽어드리겠습니다.

"대통령이 황당한 말로 테러방지법 제정을 압박하고 있다. 박 대통령은 지난 8일 국무회의에서 '우리나라가 테러를 방지하기 위해서 기본적인 법체계조차 갖추지 못하고 있다는 것을 IS도 알아 버렸다. 이런데도 천하태평으로 테러방지법을 통과시키지 않을 수 있겠나?'라고 발언했다. 또한 테러방지법이 통과되지 못하면 테러에 대비한 국제 공조도 제대로 할 수 없고 다른 나라와 정보 교환할 수 없다며 겁을 주고는 긴급명령을 발동해서라도 법을 제정하겠다고 덧붙였다.

원유철 새누리당 원내대표도 지난 8일 테러가 일어나면 새정치민주연합 책임이라고 윽박질렀다. 그는 G20 국가 중에 테러방지법이 제정되지 않은 곳은 우리나라를 포함해서 단

세 곳뿐이라고 주장하기도 했다. 해당 법안의 제정에 대해서 의문을 제기하는 것은 무책임하고 불손한 발상이라고 간주하는 듯하다.

'테러 발생하면 책임질래?'라고 주장하는 사람들이 말하지 않는 사실이 있다. 테러 방지에 관해서 우리나라는 G20에 속한 어느 나라에도 뒤지지 않을 만큼 강력한 기구와 제도를 운영한다는 점이다.

G20 국가 중 우리나라처럼 온·오프라인에서 광범위하게 시민들의 사생활과 일거수일투족을 정부가 훤히 들여다볼 수 있는 나라가 몇이나 되겠는가? G20개국 중 어느 나라 검찰이 기소권, 수사권을 독점한 채 강력한 권한을 행사하고 있는가? 우리나라 검찰은 세계 최고 수준의 막강한 권한을 가지고 있다.

과연 G20개국 중 출입국 제도, 주민등록 제도가 우리나라처럼 촘촘한 나라가 또 있는가? G20개국 중 우리나라 국정원처럼 국내외 정보 수집 기능, 비밀경찰 기능, 정책기획 기능, 나아가 작전 및 집행 기능에 이르기까지 무소불위의 권한을 지닌 정보기구를 두는 나라가 또 있는가?

과연 G20개국 중 우리나라만큼 많은 수의 군대와 경찰을 가진 나라가 몇이나 되는가? 심지어 '치안한류'라는 이름으로 이를 해외에 자랑하며 파견하고 있다. 이런 나라에서 정부와 정치권이 나서서 테러 나면 책임지겠느냐고 공포 분위기를 조성하는 것이야말로 무책임한 것 아닌가?

테러방지법이 없다는 주장도 사실이 아니다. '테러방지법'이라는 이름의 법이 없을 뿐이다. 한국에는 무차별 공격과 유사한 인질사태 또는 무장공격행위를 예방하고 대응하기 위한 법과 제도가 무수히 많다. 식민지시대와 분단을 거치면서 테러라는 용어가 정치적으로 악용되어 왔으므로 해당 용어를 쓰지 않고 있을 뿐이다.

사실 많은 나라에서 테러방지법은 하나의 법안이 아니라 여러 가지 개별법들의 묶음을 말한다. 같은 맥락에서 우리나라도 이미 수많은 테러방지법이 있다고 볼 수 있다.

한국에는 테러에 직접 대응하는 대비태세를 갖추기 위해 각종 법령과 기구가 이미 마련되어 있다. 적의 침투·도발이나 그 위협에 대응하기 위해서 각종 국가방위요소를 통합하여 동원하는 통합방위법, 그리고 이를 뒷받침할 비상대비자원 관리법을 제정하여 시행하고 있다.

통합방위사태가 선포되면 국무총리가 총괄하는 중앙통합방위협의회가 각 지역 행정조직과 경찰조직, 군과 예비군 그리고 국정원 등 정보기구를 통합적으로 운영할 수 있다. 통합방위사태는 대통령이 국무회의의 심의를 거쳐 선포하고 통제구역을 설정한다.

기타 시민들의 대피, 구조·구난 활동을 체계적으로 수행하기 위해서 국민안전처도 2014년 세월호 참사 이후 신설됐다. 육·해·공군과 해병대 그리고 경찰과 해경은 각각 대테러특공대를 구성해서 운영하고 있다."

쌍용차 노조 파업 진압에 경찰 대테러특공대가 동원된 바가 있지 않았던가요?

"게다가 한국이 지닌 대테러 진압 능력에는 한미연합사가 지닌 정보·작전 능력도 포함해야 한다. 한국과 미국 간에는

군사정보를 공유하는 군사비밀보호협정이 체결되어 있다. 한국 국방부는 주한미군을 비롯한 미군의 정보자산으로부터 도움을 받고 있으며 매년 정기적으로 한미 대테러훈련도 시행하고 있다. 그 밖에 국가대테러활동지침에 따라서 국무총리가 주관하는 국가테러대책회의도 오래전부터 운영해 오고 있다.

다음으로 사이버 안전을 위해서는 이미 정보통신기반 보호법, 전기통신사업법, 통신비밀보호법상 비밀보호 예외조항 등 다양한 법 제도가 시행되고 있다. 그런데 시민들의 통신기록을 무단으로 대량 수집하고 도·감청까지 한다는 의혹도 있다. 공안당국은 카카오톡을 비롯한 SNS를 임의로 감청하고 테러단체도 아닌 평범한 시위대를 추적할 목적으로 통신사업자의 기지국 통신자료를 통째로 가져가는 것을 비롯해서 영장 없이 가입자정보, 통신사실 확인자료, 위치정보 등을 광범위하게 수집하고 있다.

국경없는기자회는 2009년 이래 우리나라를 인터넷 감시국으로 분류하고 있다. 영국 경제지 이코노미스트는 지난해 2월 게재한 '한국이 인터넷 공룡인 진짜 이유'라는 제목의 기사에서 한국인들이 광속 인터넷 환경을 누리고 있지만 자유로운 인터넷 사용은 허용되지 않고 있다고 분석하면서 한국은 암흑시대에 머물러 있다고 지적했다.

다음으로 테러 관련한 자금 추적장치 역시 촘촘하다. 범죄에 사용되는 자금을 추적할 자금세탁 방지 제도인 범죄수익은닉 규제법과 금융거래정보 보고법은 참여연대를 비롯한 시민단체들의 노력으로 제정되었는데 G20개국 중 최고 수준이라는 평가를 받았다.

그 밖에 공중 등 협박목적 자금조달 금지법, 일명 테러자금조달 금지법도 2008년 제정하여 유엔뿐 아니라 미국, EU 등에서 요청한 개인과 단체의 자금을 세밀하게 추적하고 있다. 이 법에 따르면 테러 관련 자금이라고 의심되면 영장 없이 금융거래를 동결하고 수사에 필요한 정보는 검찰총장·경찰청장과 국민안전처장에게 제공된다.

외국환관리법도 해외 금융거래와 관련해서 유사한 통제장치가 있다.

더불어 테러위험인물들의 출입과 동선을 추적하기 위한 출입국 관리 제도 역시 다른 나라보다 통제가 강해서 인권 침해가 심하다는 지적이 있다. 예를 들어서 지난 2010년 G20개국 정상회담을 앞두고 경찰청은 중동·아프리카·동남아시아·이슬람권 57개국에서 입국한 5만여 명의 국내 체류상황을 조사해서 그중 행적이 의심스러운 외국인 99명을 특별히 관리했다. 또한 경찰청은 법무부와 국가정보원 등 테러 용의자 명단을 확보해서 입국금지 대상에 포함하고 있으며 현재 입국이 금지된 테러 혐의 외국인은 5000여 명에 달한다고 발표했다.

그런데 이 명단 때문에 시민사회단체의 G20개국 관련 학술회의에 참가할 예정이었던 파키스탄 여성단체 대표 칼리크 부슈라, 네팔 노총 사무총장 우메쉬 우파댜에, 국제농민단체 비아 캄페시나 대표인 헨리 사라기 등 여섯 명의 비자가 거부되었고 필리핀에 있는 개발원조단체인 이본

인터내셔널의 폴 퀸토스 부장을 비롯한 여덟 명의 필리핀 활동가는 비자를 받고도 공항에서 무더기로 입국불허 통지를 받아야 했다. 이들은 대부분 미국을 비롯한 전 세계의 국제행사에 자유롭게 참여해 온 인사들이었다.

2010년 2월에는 경찰이 대구 이슬람사원 주변에서 근무하는 이맘과 이주노동자 등 두 명의 파키스탄인이 탈레반 구성원이라고 발표했으나 재판 과정에서 검찰과 경찰은 관련 혐의를 입증하지 못했다."

다음으로 대통령이 말하는 국제 공조, 정보 교환이 어렵다라는 것에 대해서 살펴보겠습니다.

"박근혜 대통령은 테러방지법이 제정되지 않으면 국제 공조도 정보 교환도 제대로 할 수 없다고 주장하지만 이는 사실이 아니다. 국제 정보 공조는 테러방지법 제정과는 거의 상관관계가 없고 지금도 국제 공조와 정보 교환은 활발히 이루어지고 있다.

우선 앞서 언급했던 한미 간 군사비밀보호협정이 체결되어 있고 연례적인 대테러 군사훈련과 대량살상무기의 확산 방지 훈련을 실시하고 있다.

에드워드 스노든은 미국 국가안보국이 전 세계와 자국민을 무차별 사찰하고 감청해 온 사실을 폭로한 바 있다. 이후 스노든이 한국 언론과의 화상대화에서 밝힌 바에 따르면 한미 정보당국 간에는 최소한 국방 측면의 정보 공유가 일어나고 있다고 한다.

테러 관련 자금 추적을 위한 국제 정보 교환과 공조 역시 활발하다."

한국은 지난 7월부터 1년간 국제자금세탁방지기구(FATF)의 의장국을 맡고 있습니다.

"의장은 신제윤 전 금융위원장이다. 유엔 협약 및 유엔 안보리 결의 관련 금융조치를 이행하는 태스크포스인 FATF는 금융시스템을 이용한 자금세탁과 테러·대량살상무기 확산 관련한 자금조달을 막는 역할을 한다. 이미 시행 중인 공중 등 협박목적 자금조달 금지법으로 유엔의 요청뿐만 아니라 미국 등 우방국의 요청만 있으면 위험 인물로 지목된 개인과 단체의 금융거래를 동결하고 해당 자금의 조성과 은닉에 관련된 이들을 처벌할 수 있다.

외국환관리법 역시 유엔과 우방국과의 긴밀한 정보 교류의 공조 속에 시행되고 있다. 외국환관리법의 하위지침인 '국제평화 및 안전유지 등의 의무이행을 위한 지급 및 영수 허가지침'에 따르면 유엔 결의로 제재를 결정한 개인이나 단체 외에도 미국 대통령령, 유럽연합이사회가 지명한 개인 및 단체에 대해서 기획재정부가 금융제재를 할 수 있게 되어 있다. 지난 3월 기획재정부는 IS 대원 27명을 포함해 669명을 금융제재 대상자에 포함하고 수시로 업데이트하고 있다."

이상의 자료를 보시면서 국민 여러분은 어떻게 생각하셨습니까? 테러방지법이 없다는 대통령의 말, 사실입니까? 또 테러방지법이 없어서 국제 공조도 제대로 할 수가 없다는 말, 사실입니까? 법체계가 없어서 테러당할까 걱정돼서 긴급명령을 발동해서라도 법을 제정해야 할 때입니까? 우리 국민 여러분께서 판단해 주시기 바랍니다.

다음으로 국민보호와 공공안전을 위한 테러방지법안, 올라와 있는 법안의 내용들을 좀 살펴보도록 하겠습니다.

법안의 제2조(정의) 부분에서 '이 법에서 사용하는 용어의 정의는 다음과 같다.

1. '테러'란 국가·지방자치단체 또는 외국정부의 권한행사를 방해하거나 의무 없는 일을 하게 할 목적 또는 공중을 협박할 목적으로 행하는 다음 각 목의 행위를 말한다.'라고 말하고 있습니다.

가목에서 '사람을 살해하거나 사람의 신체를 상해하여 생명에 대한 위험을 발생하게 하는 행위 또는 사람을 체포·감금·약취·유인하거나 인질로 삼는 행위', 과연 이러한 행위를 규제할 법이 없습니까? 그간의 형법은 어디에 쓰이는 법입니까?

나목에 '항공기와 관련된 다음 각각의 어느 하나에 해당하는 행위

1) 운항 중인 항공기를 추락시키거나 전복·파괴하는 행위, 그 밖에 운항 중인 항공기의 안전을 해칠 만한 손괴를 가하는 행위

2) 폭행이나 협박, 그 밖의 방법으로 운항 중인 항공기를 강탈하거나 항공기의 운항을 강제하는 행위

3) 항공기의 운항과 관련된 항공시설을 손괴하거나 조작을 방해하여 항공기의 안전운행에 위해를 가하는 행위'

국민 여러분!

항공기에 대한 위해행위를 막을 수 있는 법이 없습니까? 그래서 우리가 항공기를 탈 때면 테러 위협을 걱정해야 합니까? 항공보안법은 어디에 쓰이는 법입니까?

다음으로 법안의 '다. 선박 또는 해상구조물과 관련된 다음 각각의 어느 하나에 해당하는 행위

1) 운항 중인 선박 또는 해상구조물을 파괴하거나 그 안전을 위태롭게 할 만한 정도의 손상을 가하는 행위

2) 폭행이나 협박, 그 밖의 방법으로 운항 중인 선박 또는 해상구조물을 강탈하거나 선박의 운항을 강제하는 행위

3) 운항 중인 선박의 안전을 위태롭게 하기 위하여 그 선박 운항과 관련된 기기·시설을 파괴 또는 중대한 손상을 가하거나 기능장애 상태를 야기하는 행위'

국민 여러분, 우리가 선박을 이용하거나 해상구조물을 이용할 때 우리의 안전을 지켜 주는 장치가 없어서, 법이 없어서 우리가 위험한 것입니까? 선박 및 해상구조물에 대한 위해행위의 처벌 등에 관한 법률은 필요 없는 것이지요?

다음으로 '라. 사망·중상해 또는 중대한 물적 손상을 유발하도록 제작되거나 그러한 위력을 가진 생화학·폭발성·소이성(燒夷性) 무기나 장치를 다음 각각의 어느 하나에 해당하는 차량 또는 시설에 배치 또는 폭발시키거나 그 밖의 방법으로 이를 사용하는 행위

1) 기차·전차·자동차 등 사람 또는 물건의 운송에 이용되는 차량으로서 공중이 이용하는 차량

2) 1)에 해당하는 차량의 운행을 위하여 이용되는 시설 또는 도로, 공원, 역, 그 밖에 공중이 이용하는 시설

3) 전기나 가스를 공급하기 위한 시설, 공중의 음용수를 공급하는 수도, 그 밖의 시설 및 전기통신을 이용하기 위한 시설로서 공용으로 제공되거나 공중이 이용하는 시설

4) 석유, 가연성 가스, 석탄, 그 밖의 연료 등의 원료가 되는 물질을 제조 또는 정제하거나 연료로 만들기 위하여 처리·수송 또는 저장하는 시설

5) 공중이 출입할 수 있는 건조물·항공기·선박으로서 1)부터 4)까지에 해당하는 것을 제외한 시설'

저는 오늘 국회 본회의에 참석하기 위해서 광주에서 KTX를 타고 왔습니다. 저는 KTX를 타면서 어떠한 두려움도 느끼지 않았습니다. 국민 여러분은 KTX를 타면 두려우십니까? 국가가 KTX에 대한 테러를 막아주지 못할까봐 걱정되십니까?

'마. 핵물질, 방사성물질 또는 원자력시설과 관련된 다음 각각의 어느 하나에 해당하는 행위

1) 원자로를 파괴하여 사람의 생명·신체 또는 재산을 해하거나 그 밖에 공공의 안전을 위태롭게 하는 행위

2) 방사성물질 등과 원자로 및 관계시설, 핵연료주기시설 또는 방사선발생장치를 부당하게 조작하여 사람의 생명이나 신체에 위험을 가하는 행위

3) 핵물질을 수수·소지·소유·보관·사용·운반·개조·처분 또는 분산하는 행위

4) 핵물질이나 원자력시설을 파괴·손상 또는 그 원인을 제공하거나 원자력시설의 정상적인 운전을 방해하여 방사성물질을 배출하거나 방사선을 노출하는 행위'

그제 영광에 있는 한빛원자로 1호기가 정지되었습니다. 아직 이유를 알 수 없습니다. 그러나 국민 여러분 한빛원자로에 대한 걱정 때문에, 한빛원자로가 테러당했을까봐 걱정하십니까?

실제 항공기 납치, 민간항공에 대한 불법적인 행위, 국제적인 보호인물에 대한 범죄, 인질, 핵물질, 항해 및 해상플랫폼의 안전, 폭탄테러행위 등은 모두가 국내법으로 처리할 수 있는 범죄입니다. 국제조약이 요구하는 것도 이에 대해서 어떤 특별한 조치를 요구하는 것이 아니라 현행 우리 법제와 같이 국내법으로 그 행위를 처벌하는 규정을 둘 것을 요구하고 있는 것이 대부분입니다.

이미 테러방지법에 나와 있는 이러한 행위에 대해서는 국내법으로 처벌하고 있고 국제범죄조직이나 외국인에 의한 범법에 대비하여 경찰이나 검찰 등 이에 상응하는 국가기구가 가동 중에 있습니다.

다음으로 제가 이 법안의 제5조의2항을 말씀드리겠습니다.

5조2항은 '대책위원회는 국무총리 및 관계기관의 장 중 대통령령으로 정하는 자로 구성하고 위원장은 국무총리로 한다.'라고 되어 있습니다. 그런데 이 조항과 관련해서 기존에 국가대테러활동지침 제5조에는 국가테러대책회의를 설치하도록 되어 있고 국가테러대책회의의 의장으로 국무총리가 지명되어 있습니다. 그런데 총리께서는 2월 18일 대정부질문에서 자신이 국가테러대책회의 의장인줄도

모르고 계셨습니다. 또다시 대책위원회를 만들어서 위원장을 국무총리로 한다 하면 총리께서 이제 아실까요?

법안의 제7조 보면 대테러 인권보호관이 있습니다. 많은 분들이 인권보호관을 두어서 테러방지법의 인권침해 요소를 해소할 수 있다라고 말씀하십니다. 제7조1항에 보면 '관계기관의 대테러활동으로 인한 국민의 기본권 침해 방지를 위해 대책위원회 소속으로 대테러 인권보호관 1명을 둔다.' 이렇게 되어 있습니다.

여러분들 인권보호관 1명이 국민의 기본권 침해를 막아낼 수 있습니까? 국정원이 얼마나 방대한 조직입니까? 그리고 그 국정원을 이해하기는 또 얼마나 어렵게 되어 있는 비밀조직입니까? 그런데 인권보호관 1명을 두어서 국정원을 감독한다라고 하는 것 가능합니까? 그 인권보호관은 국정원을 감독해서 국민의 인권침해 등 기본권 침해를 막을 수 있다라고 생각하십니까?

다음으로 법안의 부칙 조항을 좀 살펴보겠습니다. 부칙 조항 2조에 다른 법률의 개정을 요구하고 있습니다. 1항에 '특정 금융거래정보의 보고 및 이용 등에 관한 법률 일부를 다음과 같이 개정한다.'라고 되어 있습니다.

"제7조제1항 각 호 외의 부분 중 '금융감독 업무'를 '금융감독업무, 테러위험인물에 대한 조사업무'로 하고 '금융위원회'를 '금융위원회, 국가정보원장'으로 한다.

제7조4항 중에서 '금융위원회'를 '금융위원회, 국가정보원장'으로 한다." 이렇게 돼 있습니다. 금융업무에 국정원을 포함시키고 있는 겁니다. 이 말은 국정원은 테러위험인물에 대한 조사업무 시에 금융회사들이 보고하는 정보, 그리고 금융정보분석원장이 금융회사들로부터 보고받은 정보를 정리, 분석한 자료 등을 요구할 수 있도록 하고 있는 것이지요. 이는 국가정보원이 금융정보분석원에서 취합하고 있는 금융정보를 포괄적으로 축적할 수 있고 또한 이 정보를 활용하여 국민 감시 등 사생활 침해 및 인권침해 행위를 할 수 있다는 의미입니다.

여러분들 동의하십니까?

또 부칙에 이어서 2조2항에 보게 되면 '통신비밀보호법 일부를 다음과 같이 개정한다.'라고 되어 있습니다.

"제7조제1항 중 각 호 외의 부분 중에서 '국가안전보장에 대한 상당한 위험이 예상되는 경우'를 '국가안전보장에 상당한 위험이 예상되는 경우 또는 국민보호와 공공안전을 위한 테러방지법 제2조제6호의 대테러활동에 필요한 경우'' 이렇게 통신비밀보호법을 개정할 것을 담고 있습니다.

이 통신비밀보호법 개정은 결국 테러업무도 국가안전보장에 상당한 위험이 예상되는 경우와 같게 취급하고 통신제한조치를 요구할 수 있도록 하고 있는 것입니다. 국가안보를 위협하는 테러의 경우 현행법에 의해서도 통신제한조치 등을 할 수 있기 때문에 테러 관련 업무를 국가안전보장에 대한 상당한 위험이 예상되는 경우와 과연 동일하게 취급해야 될 필요가 있을까요?

테러라고 하는 것이 그 중요도가 사안마다 다를 수 있지 않겠습니까? 그런데도 크고 작은 테러를 모두 일괄적으로

국가안위에 상당한 위험이 예상되는 경우와 동일시하게 된다면 위험이 예상되는 경우를 그야말로 자의적으로 판단할 수 있고 그런 경우 인권을 침해하거나 남용될 소지가 크지 않겠습니까?

테러방지법을 우리가 살펴봤습니다만 국정원에게 통신·금융 정보까지 모두 추적하고 파악할 수 있는 길을 열어 주고 있습니다. 그런데 국정원이 왜 이와 같은 권한을 갖는 것이 위험한 것입니까? 한국이 다른 나라 상황보다 더 나쁜 이유가 있습니다. 국가정보기관이 그야말로 비대하다는 데 있습니다.

한국의 유일한 국가정보기관인 국정원은 국내 파트, 해외 파트, 수사, 정보, 기획조정 직무를 한 몸에 다 가지고 있습니다. 때로는 영장을 가지고 감청하기도 하고 때로는 대통령 승인만으로도 감청할 수가 있지요.

국내 파트, 해외 파트, 신호 파트, 수사, 정보 등 정보기관들의 권한과 기관이 명확하게 분리되어 상호 견제와 정보 공유를 하도록 한 미국을 비롯한 다른 나라와 너무나 다르지 않습니까? 그러다 보니까 한국에서 국정원의 권한 오남용을 둘러싼 논란이 그치지 않는 것이지요.

국제사회 기준상으로 비춰 봐도 문제가 있습니다. 올해 유엔 자유권위원회는 국정원의 통신 수사를 감독할 수 있는 기제를 도입하라고 한국 정부에 권고한 바 있습니다.

테러 총괄업무를 정보기관이 담당하지 않는 외국 사례가 없다, 이렇게 국가정보원이 주장을 하고 있습니다. 그래서 테러 총괄업무는 모든 나라에서 다 정보기관에서 담당하고 있다 이렇게 말하고 있는데요. 과연 그럴까요? 제가 파악해 본 바는 오히려 주요 선진국의 경우에는 정보기관과 분리된 다른 기관에서 테러 총괄업무를 담당하고 있는 것으로 보입니다.

먼저 영국의 경우를 보겠습니다. 영국의 경우도 정보기관이 아닌 내무장관, 홈 세크러테리(Home Secretary)이기 때문에 내무장관이 되겠지요. 내무장관 산하에 국가안전 및 대테러부를 두고 있습니다. 그래서 내무부장관 산하에서 테러업무를 총괄하고 있습니다.

다음으로 미국의 경우도 국가대테러센터는 CIA 등 총 16개의 정보기관을 총괄하는 기관이지만 CIA 소속이 아니라 국가정보국장 직속의 대테러기관입니다.

제가 이 미국의 경우에 대해서 조금 더 말씀을 드리도록 하겠습니다. 자꾸 정부에서는 국정원이 추구하는 테러방지법이 미국의 사례를 따르는 것처럼 말씀들을 하고 계세요. 그런데 사실은 미국 체계와는 사뭇 다릅니다. 9·11을 전후해서 미국은 3년간의 논의 끝에 2004년에 정보기구를 개편했지요. 그런데 그 핵심은 정보 분석·취합 기능을 CIA로부터 떼어 내는 것이었습니다. 왜 CIA로부터 떼어 냈을까요? 그동안에 정보 분석 기능이 모두 다 CIA에 집중되어 있었기 때문에 정보 실패를 가져왔다라는 그런 판단을 내렸기 때문입니다.

그래서 정보 취합·분석을 전담할 국가정보국장실을 새로이 신설했습니다. 그래서 해외 정보 수집은 CIA하고

DIA, 즉 국방정보국이지요. 여기에서 담당을 하고, 국내 정보 수집과 수사는 주로 FBI 혹은 전자신호정보 수집은 NSA, 국가안보국입니다. 그리고 영상정보 수집·분석은 NRO라고 하는 국가정찰국 그리고 NGA라고 하는 국가공간정보국으로 정보기구의 역할을 전부 다 분할해서 각 기구별로 전문화시켰습니다.

그리고 국가정보국장실은 이들 정보기구들을 포함한 총 17개 부서에서 올라오는 각종 정보를 취합해서 분석하고 데이터베이스를 축적하는 국가 독립기구로서 대통령과 국가안전보장회의라고 하는 NSC, 국토안보부를 보좌하게 되어 있습니다.

정보 수집과 분석 기능과 또 조사·수사 기능도 각각 분리되어 있습니다. 해외에서 군사작전 중에 체포된 적 전투원에 대해서 일부 CIA와 DIA가 수사를 하기는 하지만 대부분의 조사 및 수사 기능을 FBI가 담당합니다. 특히 잠재적인 테러 위협을 조사하고 대비하기 위해서 FBI 산하에 테러리스트조사센터를 별도로 운영하고 있고, 이 센터는 FBI 산하에 있지만 법무부, 국무부, 국방부, 국토안보부 등이 협력해서 공동 운영합니다.

정리하면 9·11 테러 이후에 미국의 정보 당국이 얻은 중요한 교훈은 정보 독점은 정보 실패를 낳을 수밖에 없다라는 교훈이었습니다. 그래서 9·11 이후에 미국 정보 개혁의 핵심은 정보 수집과 분석을 분리시키는 것 그리고 정보주체와 집행주체를 분리하는 것 또 각급 기관 간 견제와 균형의 원리를 확대하는 것이었습니다. 그래서 독점체계를 깨고 정보를 서로 나누어 갖고 견제하고 균형을 이룰 수 있도록 하는 방향으로 바뀌었습니다.

그런데 우리나라에서는 그렇지 않아도 비대한, 뿐만 아니라 비대하기만 합니까? 어찌 보면 무능하기까지 한 국정원에 더 많은 사찰 기능과 독점적인 권한을 부여하는 방향으로 테러방지법을 제정하려고 하고 있는 것이지요.

미국의 경우를 제가 설명을 드렸습니다만 다음으로 독일의 경우를 보겠습니다.

독일의 경우에도 연방 총리청 소속의 해외정보기관인 연방정보부와 연방 내무부 소속의 국내정보기관인 연방헌법보호청이 있습니다. 이 연방 내무부 소속의 연방헌법보호청이 바로 국민의 안전을 위협하는 국내외 테러리스트들의 동향에 대한 정보 수집 업무를 총괄하고 있습니다. 역시 내무부에 두고 있는 것이지요.

영국도 내무부에 두고 있습니다. 독일도 내무부에 두고 있습니다. 미국의 경우에 사실상 FBI를 중심으로 해서 국가정보국장에게 테러 업무를 주고 있습니다. 이런 해외 상황을 보면서도 과연 테러 총괄 업무를 꼭 정보기관이 독점적으로 모두 다 담당해야 된다라고 주장할 수가 있겠습니까? 국가정보원의 주장은 사실과 다릅니다. 주요 선진국의 경우에 오히려 정보기관과 분리해서 테러 업무를 맡기고 있습니다. 그것이 견제와 균형의 원리인 것입니다.

제가 다음에는 네 번째로, 테러방지법에 대해서 국민들은 어떻게 보고 계실까요? 그 국민들의 여론을 가장 잘 나타내 주는 것이 역시 저는 언론이라고 생각을 합니다. 언론의 사설들을 좀 제가 살펴보도록 하겠습니다.

2016년 2월 20일 자 모 신문의 사설, 제목은 야(野), 야당이지요. '야(野), 테러방지법 외면해 제2의 이한영 나오면 책임질 텐가'라는 제목의 사설입니다.

몇 가지 점만 제가 말씀드리겠습니다.

"북이 지하철, 쇼핑몰 등 다중이용시설을 겨냥한 테러나 사이버테러를 감행할 경우 정부는 사후 수습을 할 수 있지, 이를 예방할 수 있는 기능과 권한에 관한 법적 근거가 없어 대응에 제약을 받는다. 이 때문에 테러방지법을 제정하려고 하나 국정원의 권한 남용을 우려한 야당의 완강한 반대로 입법이 안 되고 있다. 국정원에 정보수집권을 줄 것인지 또 테러대응센터를 국정원과 총리실 중 어디에 둘 것인지를 놓고 여야의 의견이 맞서고 있다. 하지만 세계 어느 나라나 테러 대응의 중추적 역할은 정보기관이 맡는다."

맞습니까?

제가 조금 전에 해외 사례 말씀드렸습니다. 독일과 영국 모두 다 연방정부 내무부에서 맡고 있는 것이지요.

"이러다가 김정일 전처의 조카였던 탈북자 이한영이 1997년 북이 보낸 공작원에 저격당해 숨진 것과 같은 사건이 발생한다면 야당이 책임질 것인가?"

야당만 책임지라고 하기에는 좀 그렇지요? 정부도 야당만 탓할 것이 아니라 테러대비태세를 다잡아야 합니다.

"황교안 국무총리가 정부 국가테러대책회의 의장이라는 사실조차 알지 못해 야당 의원에게 힐난을 받았다. 이 정부가 과연 주어진 여건에서라도 테러 방지에 최선을 다하고 있는 것인지 영 미덥지 않다."

이렇게 말을 마치고 있습니다.

국민 여러분께서는 이 사설 어떻게 느끼셨습니까?

우리나라 대표적인 언론에서도 테러방지법을 만들지 않으면 제2의 이한영이 나와서 바로 저격당해서 숨질 것처럼 얘기합니다. 저는 그럴 수 있다고 생각을 합니다. 그러나 법이 없어서 제2의 이한영을 못 막은 것이라고 말할 수는 없습니다. 그렇다면 왜 국무총리는 자신의 테러에 대한 역할도 인지를 못 하고 있는 것입니까?

법과 제도가 만능은 아니지요. 그 법과 제도를 운영하는 것은 여전히 사람입니다. 법과 제도를 운영할 사람들이 얼마만큼의 의지를 가지고 있는가가 중요하지 않겠습니까?

제가 두 번째 신문의 사설을 소개해 드리겠습니다.

우리나라 유력 일간지입니다.

제목이 섬뜩합니다, '野, 테러 한번 당해 보고서야 테러방지법 통과시킬 건가?'

야당은 또 '의장의 직권상정은 국가비상사태 등에 한해서만 할 수 있다'고 반발하고 있지만 왜 이런 상황에 이르게 된 것인지 야당이 먼저 되돌아볼 일이다. 북이 핵·미사일 도발에 이어서 대남테러역량을 결집하라는 지시까지 내렸다고 하는 상황에서 왜 끝까지 법안처리를 막는지 합당한 이유를 대야 한다.'

제가 조금 전에 법안에서 분명히 말씀을 드렸습니다. 어떤 긴급한 위험이 있을 때 현존하는 위험이 있거나 그것이 바로 있을 것으로 예견되는 상황입니다. 그런데 국정원의 말 그대로 북이 핵·미사일 도발에 이어서 대남테러역량을 결집하라는 지시를 내렸다라고 하는 상황, 이것을 전제로 법안을 통과시키지 않으면 마치 테러 당하기를 원하는 것처럼 말하는 것은 지나치지 않습니까?

야당은 테러 공격으로 국민이 피해를 본 후에야 테러방지법을 처리하자고 할 것인가? 야당과 국민에 대한 협박과 윽박지름 그 이상도 그 이하도 아닙니다.

세 번째 사설 소개하겠습니다.

역시 우리나라의 유력 일간지 2016년 2월 24일 자입니다. 제목은 '테러방지법 직권상정 불가피했다.'

'그동안 국가정보기관의 권한 확대가 인권 훼손, 시민의 사생활 침해 등 부작용을 낳을 수 있기에 야당이 반대해 온 것은 이해할 만한 일이다. 그러나 지난해 파리 테러에서 보듯 세계적으로 연결되고 기술적으로 첨단화하며 잔혹성이 더해 가는 사악한 집단의 조직적 테러를 과거와 같은 방법으로 대처할 수 없게 된 것도 사실이다. 테러방지법안은 테러용의자에 대한 정보수집권을 국가정보원에 부여하는 것과 함께 국민의 기본권 침해 방지를 위해 대테러인권보호관을 두는 등의 제동장치도 마련하고 있다.'

맞습니까? 대테러인권보호관 한 명을 두면 국민의 기본권 침해 방지를 막을 수 있습니까? 대테러인권보호관의 능력이 그야말로 참 지존의 상태에 이르러야 할 것 같다라는 생각이 듭니다.

그런데 또 이 사설의 마지막을 보면 이렇게 말하고 있습니다.

이 법이 통과되더라도 국정원에 대한 민주적 통제·감시는 더욱 강화돼야 할 것이다. 한편 더불어민주당이 이 법안이 통과되면 국가권력이 국정원을 정치적으로 이용할 것이기에 자기들이 영원히 집권할 수 없다고 주장하는 것은 지나친 과장이다.

국정원을 정치적으로 이용하기 때문에 집권할 수 없다고 주장한 바 없습니다. 그동안에 국정원의 정치인들에 대한 사찰, 정치공작, 이에 대해서는 지대한 우려를 가지고 있습니다.

그러나 대한민국 국민은 이제 더 이상 국정원의 정치공작에 속지 않습니다. 정치공작이라는 것을 정치인인 저보다도 더 잘 알고 있습니다. 그렇기 때문에 국정원이 정치공작을 한다면 오히려 역풍이 불 것입니다. 그렇기 때문에 저희 당이 집권할 수 없다고 생각하지 않습니다.

그러면서 야당은 오히려 자신들이 집권할 경우를 대비해서 국정원의 정보능력 향상이라는 관점도 중요시해야 할 것이다. 동의합니다. 국정원의 정보능력 향상 필요합니다.

그러나 테러방지법으로 인한 모든 권한을 독점할 때 정보능력이 향상됩니까? 이것은 어린아이들도 압니다. 경쟁하고 견제할 때 능력이 더 커지는 것이지요. 독점일 때, 단독입찰하면 경쟁력이 더 커집니까? 더 능력이 좋아집니까? 정보를 독점하는데 나태하고 엉뚱한 일 일삼기 마련이지요. 동의하지 않습니다.

제가 세 가지의 우리나라의 유력 일간지들의 이야기를 전해 드렸습니다.

제가 이제는 글쎄요, 좀 다른 관점의 사설들을 전달해 드리겠습니다.

2월 23일 자 모 신문의 사설 제목은 '국정원 권력 남용 가능한 테러방지법 위험하다', 테러방지법 위험하다고 되어 있습니다.

테러방지법은 테러방지 효과는 의심되면서도 국민의 인권과 자유를 훼손할 우려가 크다. 우선 테러에 대한 개념부터 모호하고 포괄적이다. 이 법은 국가의 권한 행사를 방해할 목적으로 사람을 상해하여 생명에 대한 위험을 발생하게 하는 행위도 테러행위로 규정한다. 정부가 집회에 대해서 알레르기 반응을 일으키는 점을 감안하면 정상적인 집회 과정에서 우발적 충돌로 부상당하는 일이 발생했을 때 이 법이 악용되지 않으리라는 보장이 없다.

이 법이 테러의심인물에 대해 출입국과 금융거래 및 통신이용 정보를 수집할 수 있도록 한 것은 더 큰 문제다. 국정원이 테러에 연루됐다고 의심하기만 하면 그 누구든 전방위적 감시대상이 될 수 있기 때문이다. 긴급한 경우 이 같은 정보수집 사실을 당사자에게 약식으로 설명하고 서면통보는 사후에 할 수 있도록 하는 독소 조항도 포함되어 있다. 시민들을 감시하기 위해 최소한의 서면절차조차 생략할 수 있도록 한 것이다. 테러를 선전·선동하는 인터넷상의 글 또는 그림에 대해서 긴급삭제 요청권한을 부여하도록 한 것도 표현의 자유를 침해할 우려가 있다.

이 법은 국무총리가 위원장인 국가테러대책위원회를 설치하고 그 밑에 대테러센터를 두도록 했지만 실무 권한은 국정원이 갖도록 되어 있습니다. 민간인 휴대전화 해킹 의혹과 간첩조작, 대선 댓글 사건을 일으킨 기관이 이 권한을 테러 방지에만 사용할 것이라는 믿음을 갖기 어렵다.

저도 그간의 국정원의 행적을 볼 때 국정원에게 쥐어진 권한을 테러방지에만 사용할 것이라고 하는 믿음을 갖기 어렵습니다. 그것은 국정원 스스로 풀어야 될 일입니다.

이런 국정원더러 테러방지법을 운용하라고 하는 것은 매우 위험한 일이다. 더구나 국정원은 예산이나 활동에서 민주적 통제를 받지 않는다. 제가 작년에 예결산위원을 해 보니까 국정원의 예산은 파악하기조차 어려웠습니다. 국정원 예산은 그저 총액으로 상정될 뿐이지요. 또 총액도 각 부처에 숨겨져 있습니다. 이것이 국정원의 예산입니다.

국정원은 정권의 하수인 노릇을 한 과거를 반성하고 개혁해야 할 기관이지 권능을 강화시켜 줘야 할 기관은 아니다 이렇게 말하고 있습니다. 국민 여러분께서 어떻게 생각하십니까?

제가 2월 25일 자 사설 하나를 더 보여 드리겠습니다. 테러방지법 위험성 보여준 카톡 압수수색 위법 결정의 건입니다.

'검찰과 경찰이 당사자에게 알리지도 않은 채 카카오톡 서버에서 사용자의 대화를 압수수색한 것은 위법하다는 법원의 결정이 나왔다. 그제 서울중앙지법은 2014년 5월

세월호 참사와 관련해 '가만히 있으라'는 침묵시위를 제안한 한 대학생에 대한 압수수색을 취소하는 결정을 내렸다. 당사자에게 아무런 통보 없이 포털 직원에게 달랑 팩스로 영장사본 한 장을 보내고 특정 시기의 모든 카카오톡 대화 내용을 가져간 것을 정당한 영장집행으로 보기 어렵다고 본 것이다.

형사소송법은 압수수색 시 피의자와 변호인의 참여를 보장하고 긴급을 요하는 경우가 아니면 집행일시와 장소를 통보하도록 돼 있다. 이번 법원의 결정은 기본적인 형사소송 절차도 지키지 않은 압수수색의 위법성을 확인한 것으로 지극히 당연한 결정이다.

이런 절차를 떠나 검찰 수사 자체의 문제도 지적하지 않을 수 없다. 전 국민을 충격과 분노에 휩싸이게 한 세월호 참사에 대한 국가의 무능과 무책임성을 고발하기 위한 한 대학생의 침묵시위는 긴급성을 갖고 무차별 압수수색을 해야 할 중범죄라고 볼 수 없는 일이었다. 그런데도 검찰은 재판과정에서 긴급을 요하는 경우라 당사자에 대한 통지절차를 거치지 않았다는 낯 뜨거운 변명을 했다.

하지만 정작 검찰이 압수한 88쪽 분량의 대화는 당사자의 이름만 올렸던 단체대화방 내용, 동생에게 세탁기를 돌려 달라고 부탁하는 등 사생활에 관련된 것들이었다.

당사자 몰래 확보한 압수물은 결국 증거자료로 제출되지도 못했다. 범죄수사를 빙자해서 개인 사생활만 털어낸 셈이다. **지금도 이렇습니다. 범죄수사를 빙자해서 모든, 카카오톡·페이스북·SNS 털기가 지금도 자행되고 있습니다.**

문제는 검경의 무차별 압수수색이 특정 개인이 아니라 불특정 다수를 상대로 광범위하게 행해지고 있다는 데 있다. 다음카카오는 지난 해 수사·정보기관의 압수수색이 집행된 이용자 계정 수를 50만 7124건으로 발표한 바 있다. 이 중 채팅방에 대한 압수수색으로 정보가 넘어간 계정 수만 29만 건에 달한다.'

어떻습니까? 이쯤 되면 전 국민은 자신도 모르는 사이에 검경의 위법한 통신비밀조회에 무방비로 노출되어 있는 것이지요.

'이같이 불법적 압수수색이 만연한 현실은 테러방지법의 위험을 더욱 부각시킨다. 테러방지법이 통과돼 국정원이 영장도 없이 국민의 사생활을 들여다볼 수 있는 권한이 생긴다면 어떻게 될까? 국민에 대한 일상적인 사찰과 기본권 침해는 불을 보듯 뻔하다.'

저는 이 사설의 내용에 전적으로 동의합니다.

또 하나의 다른 신문 사설을 소개하겠습니다.

사설의 제목은 헌정 위협한 국정원에 칼 넘겨준 테러방지법입니다.

'헌정을 위협한 국정원에 칼 넘겨준 테러방지법. 테러방지법 제정이 오롯이 국정원의 권한과 기능 강화로 이어질 것은 분명하다. 민주화 진전으로 존재 의의를 의심받게 된 국정원이 테러 위험을 내세워 권력의 유지를 시도한 지는 꽤 오래됐다. 이번 법 제정에도 핵실험 이후 북한의 테러 위험이 명분이 됐다. 하지만 국정원이 흘린 정보 외에 북한이 실제 테러를

준비한다는 구체적인 근거는 공개된 게 없다.

만약의 테러 가능성에 대한 대비도 지금의 시스템과 법규로 충분하다. 지금 상황이 전시·사변 또는 이에 준하는 국가비상사태에 해당한다고 보기도 어려우니 직권상정 요건도 갖추지 못했다. 그런데도 청와대와 여당은 국정원에 지금 당장 무차별적인 정보수집권과 감청권, 조사권을 주지 않으면 금방이라도 국가비상사태가 올 것처럼 기만하고 겁박하고 있다. 여야 합의의 원칙을 무시한 이런 초법적인 시도가 무엇을 위한 것인지 묻지 않을 수 없다.'

저는 이 내용에 대해서는 사실은 완전히 동의하는 것은 아닙니다. 북한의 핵실험 이후의 테러 위협은 국민들도 걱정하고 있습니다. 그러나 과연 이 테러방지법으로 북한의 핵실험 이후의 테러 위협이 막아질 수 있는 것이냐에 대해서는 의구심을 가지고 있습니다.

'테러방지법의 내용은 더욱 우려스럽다. 법안이 그동안의 여야 협상을 반영했다지만 시늉일 뿐이다. 위험은 그대로다. 애초 국정원에 두기로 한 대테러방지 기구를 국무총리 산하로 옮겨 위원회 형태로 됐다지만 위원회는 기획조정 업무만 맡을 뿐이다. 통신비밀 수집과 감청, 계좌 추적과 금융거래 정지 요청, 출입국 정보 수집 등 실질적 권한은 국정원장이 쥔다. 인터넷상 글에 대한 긴급 삭제 요청, 테러위험이 있는 내·외국인의 출국금지 등 다른 목적으로 악용될 수 있는 권한도 주어졌다.

그렇게 국정원의 권한이 넓어진 데 반해서 이를 감시하고 통제할 장치는 턱없이 빈약하다. 국정원의 탈법행위를 감시하기 위한 인권보호관을 두기로 했지만 실제 어느 정도 구실을 할 수 있을지 의문이다. 권한에 맞춤한 견제를 받지 않는 조직이 오염되고 일탈하기 쉽다는 것은 국정원의 지난 역사가 웅변한다.'

권한에 맞춤한 견제를 받지 않는 조직, 권한이 큰 만큼 견제도 커야 됩니다. 그렇지 않으면 무소불위의 권한으로 앞으로 이루어질 일을 예견하기가 어렵습니다. 국정원에게 더 큰 권한을 준다면 그와 동시에 국정원에 대한 견제와 감시기능, 더 커져야 됩니다.

제가 동일 신문의 2월 21일 자 사설을 하나 더 소개하겠습니다.

제목은 '국정원, 권한 더 가질 자격 없다.'

'간첩 혐의로 기소된 탈북자 홍강철 씨가 1심에 이어 2심에서도 무죄를 선고받았다. 서울시 공무원 유우성 씨 간첩 조작 사건에 이어서 국가정보원의 역할과 위상에 대해 다시 한 번 깊은 회의를 느끼게 하는 충격적인 사건이다.

홍 씨는 북한 보위사령부에서 직파한 공작원으로서 탈북 브로커 납치를 시도하는 등 국내외에서 간첩활동을 벌였다는 게 국정원의 주장이었다.

그 정도 혐의라면 국정원이 치밀한 수사를 통해 확실한 증거를 댈 줄 알았다. 그러나 법원은 국정원이 제시한 증거를 모두 신뢰할 수 없다고 판단했다. 탈북자들이 초기에 머무는 국정원 중앙합동신문센터에서 진술거부권 등에 대한 고지 없이 주먹구구로 조사가 이루어졌기 때문이다. 자유민주주의

국가에서 수사기관이 반드시 지켜야 할 인권보호 규정을 무시한 것이다. 증거의 내용도 재판부를 설득하기엔 턱없이 부실하고 어설펐다.

이로써 합신센터에서 탈북자들을 상대로 간첩 조작이 이루어지고 있다는 의구심이 한층 커졌다. 홍 씨는 135일 동안 합신센터 독방에 살면서 강압과 회유 속에 거짓 자백을 했다고 주장한다. 유우성 씨의 여동생 유가려 씨도 합신센터에서 가혹행위를 받고 오빠에 대해 거짓 진술을 했다고 밝힌 바 있다.'

국정원은 아직도 달라지지 않았습니다. 70년대, 80년대 중앙정보부나 안기부의 모습과 다르지 않습니다.

특히 국정원이 조직 보호를 위해 사건 조작에 나서는 게 아니냐는 의구심이 더욱 짙어질 수밖에 없는 상황이다. 국정원은 2012년 대통령선거에 불법 개입한 사실이 드러나 곤욕을 치를 당시 유우성 씨 관련 증거 조작을 벌였다. 이어 증거 조작이 들통나 다시 궁지에 몰린 순간 홍강철 씨 사건을 터뜨렸다. 과거의 비위를 반성하고 바로잡기는커녕 또 다른 비위로 이를 덮으려 한다면 정말 그야말로 정상적인 국가기관이라고 할 수 없는 것이지요.

제가 다른 신문 2월 26일 자 기고문 민주사회를 위한 변호사 모임의 이상희 변호사의 기고문을 잠깐 소개해 드리겠습니다. 제목은 '테러방지법은 2016년판 긴급조치다'라고 되어 있습니다.

'테러방지법이 무엇인가? 국정원이 광범위하게 출입국이나 금융거래, 통신이용 등의 정보와 개인정보 및 위치정보를 수집하고 감청과 계좌추적을 할 수 있도록 한 법이다. 해킹이나 컴퓨터 바이러스도 사이버테러로 규정하여 국정원이 사이버상에서 언제든 모든 영역을 들여다볼 수 있게 하는 법이다. 국정원은 언제든지 집회와 시위에 대해 테러위험이라는 딱지를 붙이고 주최자나 참여자의 위치나 계좌를 추적하고 감청할 수 있다.

정부는 2001년부터 테러방지법을 제정하려고 했다. 그러나 테러의 구체적인 위험에 직면하지도 않았고 정부는 이미 존재하는 대테러대책 기구의 존재도 알지 못했다. 그러기에 대통령과 여당이 지난해 11월에 있었던 민중총궐기를 IS에 빗대어 이야기하거나 테러로 규정한 발언들을 보면 이 법이 누구를 대상으로 하는지 명확해진다.

더 큰 문제는 이렇게 반인권적인 법률을 만드는 과정에서 정의화 국회의장이 헌법재판소의 경고도 무시하고 국가비상사태라는 말을 악용하여 법이 정한 절차도 무시했다는 점이다. 남북 대치상황은 정권의 편의에 따라 다르게 해석될 수 있다.

그러나 헌법재판소가 경고했듯이 통상적인 권력작용의 방식으로는 결코 대처할 수 없는 국가위기상황이라는 점에 사회 전반적인 공감대를 형성하고 있지 않은 한 쉽게 전시나 사변에 준하는 국가비상사태로 규정해서는 안 된다.

특히 긴급조치의 역사를 보더라도 국민 기본권을 제한하는 조치에는 더욱 냉철하고 엄격해야 한다. 그런데 정부는 대북정책의 실패로 조성된 남북관계의 갈등을 오히려 국민의

기본권을 침해하는 기회로 삼으려는 정말 후안무치한 모습을 보여 주고 있다. 지금 우리에게 절실한 것은 평화를 향한 소통이지 인권침해적 요소를 가득 안고 있는 테러방지법이 아니다. 긴급조치로 인해 억울하게 옥살이를 하고 고문에 의해서 지울 수 없는 상처를 입은 피해자들에게 테러방지법은 2016년판 긴급조치일 뿐이다. 테러방지라는 허울 뒤에서 유신독재 영구부활을 꿈꾸는 자들은 유신독재에 맞서 싸운 수많은 사람들의 희생으로 비로소 일군 이 땅의 민주주의를 더 이상 모욕하지 말라'

국민 여러분들께 전하는 격문이었습니다.

테러방지법에 대한 신문 사설과 기고문들을 몇 가지 소개해 드렸습니다.

반대의견도 있습니다. 테러방지법이 지금 통과되지 않으면 당장 테러가 일어나서, 발생해서 국민을 위험에 빠뜨릴 것이라고 하는 경고도 뼈아프게 듣습니다. 그러나 국민의 인권과 기본권 보호라고 하는 과제도 저희가 소홀히 할 수 없습니다. 어쩌면 선진국으로 가는 길은 국민의 인권과 기본권 보호하는 데 있는 것이 아닌가 하는 생각이 듭니다.

이제 우리나라도 1970년대 유신시대의 고착화된 사고로부터 이제 벗어나야 되지 않겠습니까? 우리나라도 테러의 안전지대가 아니다라는 점도 수긍할 수 있습니다. 그러나 파리에서의 테러를 보았고 그 이후에 파리 시민들이 보여 주었던 모습은 저희한테 또 하나의 감동이었습니다. 파리 시민들의 희생에도 불구하고 파리 시민들은 결코 이성을 잃지 않았습니다. 우리처럼 테러 때문에 모든 인권과 기본권은 접은 채로 국정원에게 모든 권한을 주어야 한다라는 주장도 나오지 않았습니다.

파리가 테러방지법이 없었기 때문에 테러를 당한 것도 아니었고 또 그러한 테러가 있은 연후에도 국민의 인권과 기본권을 침해해도 된다라고 생각하지 않았습니다. 그것이 파리 테러로부터 저희가 받은 감동이었습니다.

그래서 결국 테러방지법의 제정은 무수히 많은 인권침해 사건을 일으킨 국가정보원이 그야말로 권력의 중심에 서고자 하는 프로젝트입니다. 많은 사람들의 인명피해를 초래할 수 있는 범죄행위를 막고자 한다면 기존의 범죄대응 체계를 점검하는 일부터 시작해야 할 것입니다.

'그 과정에서 인권침해의 가능성을 줄이려면 무엇보다도 국가정보원의 수사권한을 제거해야 한다. 국가정보원을 순수한 정보수집기관으로 바꾸는 것을 전제로 해야 테러를 방지하고 대응하는 체계를 다시 만드는 일을 할 수 있다.

만약 현재 시스템에서 제대로 테러에 대응하지 못한다면 경찰과 검찰 등 관련 기관들에 책임을 묻는 국정조사를 진행해야 한다. 대통령은 테러 관련법 제정을 요청하기 이전에 정부의 수반으로서 현재의 대테러 체계가 부실한 까닭에 대해서 책임을 져야 한다.'

이미 1994년에 유엔은 인간안보(human security)라는 새로운 개념을 제안했고 이 개념을 통해서 세계화 그리고 공공재의 민영화로 인해서 늘어나는 사회적·개인적

삶에서의 불안정에 대응하는 방법을 제시한 바가 있습니다. 그렇기 때문에 국가안보 중심에서 이제는 인간안보의 정책으로 초점을 옮겨야 한다는 주장에도 공감이 있습니다.

오늘날 우리는 정말 조그마한 사건으로도 큰 재앙에 직면할 수 있는 고도기술사회에 살고 있습니다. 대도시들은 테러와 그에 준하는 사태가 발생하면 걷잡을 수 없는 혼란에 빠지게 됩니다. 테러방지법에 반대한다고 해서 세월호 참사와 같은 재난에 대해 무관심한 것은 절대로 아니지요. 테러방지법과 같은 방식의 대처에 문제가 있다는 뜻이지, 만약의 위험을 예방하고 대처하는 것은 참으로 중요합니다.

그런데 많은 전문가들은 어떤 테러방지법을 제정하더라도 자살테러는 막을 수 없다고 봅니다. 9·11 테러는 현대와 같은 고도의 발전된 위험사회가 얼마나 위험한가 하는 것을 분명하게 보여 준 겁니다.

어떤 사회도 위험과 폭력으로부터 100% 안전할 수는 없습니다. 절대적 안전을 내세우면서 그것을 달성하기 위한 국가의 권한 확대를 시도한다면 이는 국민을 우롱하는 일이고 국민과 인권에 대한 위험이 될 것입니다. 그러므로 다른 방식으로 접근해야 합니다.

한국 사회의 실정을 고려한다면 광범위한 재난예방 및 재난구조체계를 구축하는 것이 무엇보다도 필요합니다. 고도기술사회가 갖고 있는 그 자체 위험에 대처하기 위해서 국가의 예산을 어디에다 쓸 것인가 하는 부분도 매우 중요한 정책적인 판단입니다.

이 내용은 테러방지법에 대한 시민사회의 의견서입니다. 저는 이 의견서에서 그동안 우리가 줄창 외쳐 왔던 국가안보라는 말 대신에 사람의 생명 하나하나를 소중히 하는 인간안보의 개념에 주목할 필요가 있다라는 생각을 합니다. 국가안보라는 총체적인 틀만이 필요한 것이 아니라 우리 개개인 한 명, 한 명의 안보를 지켜 내는 것, 이것이 더 우리에게 필요한 것 아닌가라는 생각을 해 봅니다.

지금까지 제가 테러방지법의 절차상의 문제 그리고 테러방지법의 필요성 그리고 테러방지법에 대한 신문 사설, 법안 조문들, 외국의 사례까지 살펴봤습니다.

자, 이제 테러방지법이 제정이 됐을 경우 한번 상정을 해 보시지요. 우리 대한민국의 모습 한번 생각해 보겠습니다.

여러분들은 인터넷, 스마트폰 얼마나 쓰십니까? 저는 이 자리에 오면서도 스마트폰을 사실은 들고 왔습니다. 아침에 눈을 뜨면 알람도 스마트폰이 알려 줍니다. 또 스마트폰을 통해서 모든 뉴스와 정보를 검색합니다. 스마트폰의 배터리가 닳으면 초조해질 지경입니다. 우리나라의 스마트폰 보급률은 이미 83%입니다. 세계 4위의 국가입니다.

그런데 이 인터넷, 이메일이나 스마트폰 사용이 일상화되어 가고 있는 추세 속에서 여러분들, 혹여라도 감청의 우려가 있다면 여러분들은 어떻게 하십니까? 얼마 전에 카카오톡의 압수수색 논란이 일자마자 외국산 메신저로 이동했던 사이버 망명객이 200만 명에 달했었지요. 아마 지금 우리가 쓰고 있는 인터넷이나 스마트폰의 감청 우려가 있다라고 하는 점이 제기가 되는

순간 사람들은 물밀듯이 빠져나가게 될 겁니다. 우리 사생활이 그대로 노출되고 있는 상황, 특히 우리 사회가 정보화사회로 갈수록 그러한 논란은 더 커지게 됩니다. 그래서 결국 우리는 정보화사회에서 우리가 만든 우리의 덫 스스로에 걸리게 되어 있습니다. 우리가 발명한 인터넷과 스마트폰의 감옥에 갇혀 있는 것이지요. 우리의 모든 일상이 거기에 의존되어 있습니다. 그런데 우리가 의지하고 있는 이 일상의 인터넷과 스마트폰이 노출될 수 있다라고 하는 것은 참으로 두려운 일입니다.

요즘 선거철입니다. 선거에 승리하려면 빅데이터를 활용하라는 얘기를 종종 듣습니다. 유권자의 동향을 파악하고 유권자가 무엇을 선호하는지 또 어디에서 모이는지, 모든 정보를 빅데이터를 통해서 알 수 있다라고 얘기합니다.

이 빅데이터가 물론 정책을 수립하거나 선거 전략을 수립하는 데 도움이 될 수 있습니다. 그러나 어찌 보면 우리는 이 빅데이터 속에서 내 자신도 끌려가는 것은 아닌가, 빅데이터 결과를 보고 거기에 우리도 함께 휩쓸려 가는 삶은 아닌가, 그런 생각 해 봅니다.

또 이러한 테러방지법이 우리 사회에 주는 또 하나의 우려가 있습니다. 현대 정보화 사회에서 후쿠야마는 사회적인 자본이라는 얘기를 하고 있습니다. 사회적인 자본이라고 하는 것은 사람들 사이에 존재하는 신뢰 그리고 참여, 배려, 이러한 것들이지요. 현대사회가 발전하기 위해서는 이 사회적 자본을 육성하는 것이 대단히 중요하다라고 말을 합니다.

그런데 제가 통계를 찾아보니까 우리나라의 사회적 자본은 OECD 국가 중에서, 32개국 중에서 29위입니다. 거의 뭐 최하위권을 기록하고 있습니다. 특히 신뢰도가 낮은데요. 검찰이나 정부에 대한 신뢰도가 가장 낮은 것으로 나타납니다. 또 4개 기관, 감사원하고 국세청·검찰·국정원 중에서도 국정원이 가장 신뢰도가 낮은 것으로 나타납니다.

어떻습니까? 우리 신뢰가 없으면 어떻게 됩니까? 신뢰가 없으면 어떤 말을 해도 믿지 않습니다. 대통령께서 말씀하셔도 그 말을 국민들이 곧이곧대로 받지 않습니다. 대통령의 말 한마디는 천금과 같이 무거워야 되지만 우리의 신뢰도가 없는, 사회적 자본이 낮은 상황에서는 대통령의 말도 믿지 않습니다. 그 대신 많은 대중이 루머와 유언비어에 더 마음을 뺏깁니다. SNS를 돌아다니는 각종의 유언비어, 그것이 오히려 국민의 마음을 움직일 수도 있습니다. 그것이 불신사회의 특징인 것이지요.

아마 국정원, 국정원이 그간 행적으로 비추어서 어떤 진실을 얘기해도 국민들은 믿지 않습니다. 국정원에 대한 오히려 루머와 유언비어가 더 많이 떠돌게 됩니다.

그런데 이렇게 사회적 자본이 낮으면 결국은 경제성장에도 문제가 있습니다. 제가 자료를 보니까, 세계은행에서 발표한 조사에 따르면 타인을 신뢰한다는 응답자가 10% 하락하면 경제성장률은 0.8% 하락한다……

즉 신뢰도가 10% 떨어지면 경제성장률도 0.8% 떨어져요. 0.8%의 경제성장률이라고 하는 것은 참으로 우리에게 소중합니다. 지금 우리 경제성장률이 2%대에 머물고 있습니다. 그럴 때 국민들의 신뢰도가 10% 올라간다면 역으로 경제성장률이 0.8% 올라갈 수 있습니다.

안동규 한림대 경영대학장은 '불신하면 남을 의심하고 잘못을 들춰내는 데 시간과 비용을 들여야 하고 협동으로 인한 시너지가 발생하지 않는다.' 이렇게 말합니다. 신뢰는 눈에 보이지 않는 자본으로 경제적 자본과 함께 선진사회로 가기 위한 본질적인 자원이라고 말합니다.

여러분, 어떻게 생각하십니까? 지금 국정원에게 필요한 것은 권한을 더욱 강화하는 것이 아니라 국민의 신뢰를 얻어야 되는 것이 더 선결과제가 아닐까 싶습니다. 국정원에 대한 신뢰도가 높아지고 그것이 공공기관과 정부에 대한 신뢰도로 이어질 수 있다면 이제 우리 경제성장률도 높아지고 또 선진국으로 갈 수 있는 것 아닐까요?

모든 것을, 정보를 국가가 독점하고 통제할 때 미래사회의 모습, 여러분들 생각해 보셨습니까? 국민은 위축될 수밖에 없습니다.

박근혜정부가 지금 내세우고 있는 꿈과 끼를 살리는 교육, 창의력을 올리는 교육, 이거 가능합니까? 내 정보를, 또 내가 한 말을, 내가 보낸 메시지를 누군가 들여다보고 있을 수 있다라고 걱정하는 한도 내에서 창의력이 살 수 있을까요? 표현력이 나올 수 있을까요?

박근혜정부는 역사교과서에 대해서도 국정화를 통해서 다양한 해석을 배제했습니다. 국정교과서의 집필지침, 국정교과서의 집필진도 공개하지 않습니다. 어떻게 국정교과서가 집필되고 있는지 책이 나오기까지 알 수 없습니다. 역사에 대한 해석도 참으로 다양한 것이고 또 주관적인 해석이 가능한 것 아니겠습니까?

그래서 우리 교육에 있어서 토론과 창의력이 높아져야 되는데요. 저희가 하고 있는 이 필리버스터링도 어찌 보면 우리 사회의 토론문화 발전에 기여하지 않을까 싶습니다.

그런데 하나로 된 시각, 하나로 된 역사적인 해석을 강요하는 국정교과서, 결국 이것이 다양한 논쟁을 배제하게 되면 결국 국민들의 사고를 고착시키게 되고 경직하게 만듭니다. 어떻게 꿈과 끼를 살리는 교육이 가능해집니까? 앞으로 대한민국의 모습, 여러분들 어떻게 기대하십니까?

정말 테러방지법이 우리 사회에 미치는 그 영향, 우리가 심각하게 고민해야 될 거 같습니다.

제가 그동안에 국정원의 조작으로 인해서 간첩으로 29년 동안 살아야 됐던 김기삼 씨 판결에 대해서 좀 말씀을 드리도록 하겠습니다.

과거 국가안전기획부—현재 국가정보원이지요—사건 조작으로 인해 간첩 누명을 쓴 김기삼 씨, 80세입니다. 29년 만에 무죄판결을 받고 누명을 벗었습니다. 광주고법의 제1형사부는—2009년 10월 22일입니다—국가보안법 위반 등의 혐의로 기소된 김 씨에 대한 재심에서 징역 10년과 자격정지 10년을 선고한 원심을 파기하고 무죄를

선고했습니다.

재판부는 수사기관이 작성한 피의자 신문조서는 김 씨가 그 내용을 부인해서 증거능력이 없는데도 원심이 증거로 채택한 것은 잘못이라고 밝혔습니다. 재판부는 김 씨가 1960년 사촌형에게 포섭되고 나서 한전 검침원으로 임용된 후 15년간 군사기밀을 외우고 언젠가 찾아올 남파간첩에게 이를 전달하려 했다는 자백내용도 신빙성이 없다고 판시했습니다.

재판부는 국가는 6·25 전쟁에 참여한 공로를 인정해서 김 씨에게 근로기회를 주고도 월북했다가 남파된 친척을 만났다는 약점을 잡아서 불법적으로 체포·수사한 것은 국민의 생명과 재산을 보호해야 될 의무를 내버린 것이라면서 40년 전 일로 고초를 당한 기억을 털고 여생을 평화롭게 살기 바란다고 밝혔습니다.

김기삼 씨는 '간첩이 이 나라에서 어떻게 사느냐. 그동안 사람으로 살 수 없었다'라고 말합니다. '억울한 누명을 벗고 한국 사람으로 다시 살 수 있게 됐으니 소원풀이를 했다'라고 말합니다.

김기삼 간첩 조작사건은 김 씨가 1980년 12월 8일 안기부 광주분실 수사관에게 연행되어 불법 구금된 상태에서 월북한 사촌형을 만나고 나서 군사시설 등 국가시설에서 검침을 하면서 정보를 수집했다며 조작한 사건입니다.

진실·화해를위한과거사정리위원회는 불법 구금과 가혹행위에 따라 조작된 사건으로 판단하고 국가에 대해서 사과와 화해조치, 재심 등을 권고했지요. 이분이 비록 누명은 벗었지만 그동안 살아온 29년의 세월은 어떻게 보상할 수 있습니까? 그러한 잘못을 저지른 국정원은 처벌을 받았습니까?

다음으로 대한민국 민주주의에서 큰 획을 그었던 김대중 내란음모사건에 대해서도 잠깐 말씀을 드리도록 하겠습니다.

김대중 내란음모사건은 1980년 신군부 세력이 김대중을 비롯한 민주화운동가 20여 명이 북한의 사주를 받아서 내란음모를 계획하고 광주민주화운동을 일으켰다는 혐의를 조작해 군사재판에 회부한 사건입니다.

2004년 김대중은 재심을 통해서 무죄를 선고받았습니다.

김대중 내란음모사건의 재판을 보면 '1980년 5월 17일 신군부는 5·17 비상계엄 전국 확대 조치를 내리면서 동시에 김대중·김종필을 비롯한 정치인과 재야인사들을 체포했다. 이날 김대중도 학생·노조 소요 관련 배후조종 혐의로 동교동 자택에서 수경사 헌병단에 의해서 체포됐다. 5월 18일부터 비상계엄 전국 확대 조치로 인한 정치탄압에 항의하는 광주시민들이 광주민주화운동을 벌였다. 광주민주화운동을 진압한 신군부 세력은 민주화인사를 탄압하기 위해 광주민주화운동의 주동자로 김대중을 지목하여 내란 혐의로 기소했다. 신군부는 두 달여의 고문을 통해서 관련자의 진술을 조작해 냈다.'

1981년 1월 대법원은 군사재판에서 김대중에 대해 사형을 선고했으나 당시 김대중이 '이 땅의 민주주의가 회복되면 먼저 죽어간 나를 위해서 정치보복이 다시는

행해지지 않도록 해 달라'고 한 법정 최후진술이 국제사회에 알려지면서 큰 반향을 불러일으키고 지미 카터 등 전 미국 대통령, 레이건 행정부, 미국의회와 심지어는 당시 교황인 요한 바오로 2세를 비롯한 세계 각국 지도자와 종교인, 인권단체들로부터 김대중 사형 중단 압력이 거세어짐에 따라 이듬해인 1981년 1월 23일 김대중의 형량은 무기징역으로 감형되었고, 그리고 얼마 후에 20년 형으로 다시 감형되었습니다.

미국을 비롯한 해외 지식인들의 강한 항의가 제기되었고, 그 과정 속에서 로널드 레이건 미국 대통령으로부터도 우회적인 압력이 들어와서 김대중 대통령 문제가 미국과의 외교 마찰로 이어질 것을 우려하면서 당시 노신영 안기부장은 당시 전두환 대통령에게 김대중의 석방을 건의했고, 그러나 1982년 광복절특사 명단에 포함시킬 예정이었지만 군 내부의 반발로 무산되고 말았습니다.

그러나 얼마 후에 다시 전두환은 노신영 안기부장에게 김대중 석방을 추진하라고 지시했고, 노신영은 이희호 여사를 통해서 김대중에게 미국으로 출국해서 병을 치료하고 오라는 사실상의 망명 권유를 했었지요.

그래서 김대중은 처음에 이를 반대했지만 미국으로 떠나기만 하면 주변 사람들을 더 이상 압박하지 않겠다는 안기부장의 제안에 따라서 이를 수락하고 1982년 12월 형집행 정지로 출소해서 미국으로 출국했습니다.

미국으로 출국한 김대중은 일체의 정치활동을 안 하기로 전두환 정부와 약속했으나 얼마 안 가서 미국 내의 정치인들을 만나면서 한국의 정치현실에 대해서 강력한 성토를 하는 등 전두환 정부에 대해서 독재정권이라는 비난을 했고, 그리고 1985년 12대 총선을 앞두고 한국에 귀국하겠다는 발표를 했습니다.

이에 김대중 입국을 저지하도록 정부에서는 안기부에 지시를 했고 또 미국 정부와 정치인들도 베니그노 아키노가 마닐라 공항에서 입국하는 순간 마르코스 독재정권에 의해서 암살되었던 사건을 상기하면서 김대중을 적극 만류한 바가 있습니다.

그럼에도 불구하고 김대중은 조국의 엄혹한 현실을 외면할 수 없다면서 감옥에 가는 한이 있어도 귀국을 강행하겠다라고 하는 의지를 밝혔고, 결국은 1985년 2월 8일, 2년 2개월 만에 고국 땅을 밟게 되었습니다.

이미 전두환 정권이 김대중에 대해서 가택연금 외에는 어떠한 조치도 취하지 않겠다고 약속했지만 미국 인사들은 여전히 전두환 정권을 완전히 신뢰하지 않았기 때문에 민주당의 에드워드 페이언, 민주당의 토머스 폴리에타 하원을 비롯한 여러 미국의 저명인사들이 김대중과 함께 비행기에 탑승해서 입국장까지 그를 에워싸고 있었습니다. 그러나 입국장에 들어서는 순간 기다리고 있던 안기부 요원과 경찰이 김대중 부부를 강제로 끌고 지하로 이동해서 안기부 버스에 태웠고 이를 저지하던 미국 인사들과 안기부 요원들이 충돌하는 사태까지 빚어졌습니다.

미국 국무부는 이에 대해서, 김포공항에서 있었던

소동에 대해서 유감을 표시하고 이에 대한 해명을 요구했고 미국대사관도 이원경 외무부장관에게 합의 파기에 대한 사과와 해명을 요구하면서 전두환의 방미를 앞두고 한미 간에 심각한 갈등이 발생했습니다. 특히 미국 정부가 전두환 정권을 직접 비난하고 나선 것은 전두환의 대통령 취임 이래로 처음 있는 일이었습니다.

결국 1995년 광주민주화운동에 관한 특별법이 제정이 되어서 김대중을 비롯한 관련자들은 재심 청구를 해서 명예회복이 이어졌고, 김대중은 대통령 임기를 마친 2003년에 재심을 청구해서 2004년 1월 이 사건에 대해서 무죄를 선고받았습니다. 당시 재판부는 판결문에서 79년 12·12 사태와 80년 5·18을 전후해 발생한 신군부의 헌정파괴 범행을 저지하거나 반대함으로써 헌법의 존립과 헌정질서를 수호하기 위해 행한 정당한 행위이므로 형법 제20조의 정당행위에 해당해서 범죄가 되지 않는다고 밝힌 바 있습니다.

(정갑윤 부의장, 이석현 부의장과 사회교대)

김대중 내란음모 사건을 보면 결국은 중앙정보부와 안기부는 정치 공작 그리고 정치인에 대한 간첩 조작을 일삼았고 또 재판부도 이에 대해서 동조해 왔던 것을 볼 수가 있습니다. 이런 상황에서 그 후신인 국정원을 믿어라 그리고 국정원에 모든 정보를 주어라라고 하는 말이 받아들여질 수 있을 것인지 생각해 봐야 할 것 같습니다.

● **부의장 이석현** 박혜자 의원님 수고하십니다.
　　사회교대했습니다.

● **박혜자 의원** 아니요, 덜 됐는데요. 저 아직 할 게 있어요.

● **부의장 이석현** 예, 물론이지요.

● **박혜자 의원** 조금만 시간 더 주세요.

● **부의장 이석현** 예, 물론이지요.
　　잠깐만 몸 좀 푸세요.
　　제가 한 말씀 드릴게요.
　　우리 국회가 그동안 국민들하고 너무 막혀 있었습니다. 국민들이 아침저녁으로 뉴스를 보지만 국회의원들의 겉모습만 볼 뿐이지 속마음을 알 수가 없었습니다.
　　그런데 이번에 필리버스터가 마련이 돼 가지고 국회의원들이 무슨 생각을 하고 있는지 그 내면을 들여다볼 수 있는 그런 기회가 생겼습니다.
　　우리 의원들이 속마음을 다 국민 앞에 털어 놓읍시다. 아버지 무릎에 앉은 어린아이처럼 모든 것을 솔직 진술하게 다 얘기를 해 봅시다. 100점 맞은 것만 얘기하지 말고 빵점 맞은 것도 다 아버지한테 고해바치면 아버지 같은 국민이 어깨를 다독이면서 '걱정하지 말고 더 열심히 잘해라' 이렇게 위로를 해 줄 것입니다.
　　사람이 소통하고 또 공감하는 데 있어서 중요한 것은

잘잘못이 아니고 진정성이라고 믿습니다. 감사합니다.

● 박혜자 의원 제가 지금까지 했던 내용을 좀 정리하겠습니다.
존경하는 국민 여러분!

2500년 전에 공자는 제자 자공이 정치가 무엇이냐고 묻자 식량을 풍족하게 하고 군대를 충분히 하고 백성의 믿음을 얻는 일이라고 말했습니다. 식량과 군대와 믿음 이 세 가지 중에서도 백성들의 믿음이 없이는 나라가 서지 못한다고 한 바 있습니다. 논어의 안연편에 수록된 무신불립(無信不立)의 내용입니다.

그런데 2500여 년이 지난 지금 박근혜 정권은 어떻습니까? 국민 대통합을 약속했지만 국민 대분열만 난무합니다. 경제 민주화는 실종되고 복지 공약은 파기됐습니다. 급기야는 간첩을 만들어 내고 선거에 개입한 국정원을 개혁하라는 국민의 요구에 응답하지는 못할망정 테러방지라는 미명으로 더 많은 권력을 국정원에 부여하려고 하고 있습니다. 대통령과 정부가 국민이 신뢰할 수 있는 정책을 펴지 않고 오히려 국민의 불신을 자초하고 있는 것입니다.

최근 검찰과 경찰이 당사자에게 알리지도 않은 채 카카오톡 서버에서 사용자의 대화를 압수수색한 것은 위법하다는 법원의 결정이 나왔습니다. 당사자에게 아무런 통보 없이 포털 직원에게 달랑 팩스로 영장 사본을 보내고 특정 시기의 모든 카카오톡 대화 내용을 가져간 것을 정당한 영장 집행으로 보기 어렵다고 본 것입니다.

형사소송법은 압수수색 시 피의자와 변호인의 참여를 보장하고 긴급을 요하는 경우가 아니면 집행일시와 장소를 통보하도록 되어 있습니다. 이번 법원 결정은 기본적인 형사소송 절차도 지키지 않은 압수수색의 위법성을 확인한 것으로 지극히 당연한 결정입니다.

문제는 검찰이 세월호 참사에 대한 국가의 무능과 무책임을 고발하기 위한 한 대학생의 침묵시위를 긴급성을 갖고 무차별 압수수색해야 할 중범죄로 판단했다는 것이지요. 더욱이 심각한 것은 무차별 압수수색이 특정 개인이 아니라 불특정 다수를 상대로 광범위하게 진행되었다는 것입니다.

다음카카오는 지난 한 해 동안 수사·정보기관의 압수수색이 집행된 이용자 계정 수를 50만 7124건 그리고 이 중에서 채팅방에 대한 압수수색으로 정보가 넘어간 계정 수만 29만 건에 달한다고 발표했습니다. 이쯤되면 전 국민이 자신도 모르는 사이에 수사·정보기관의 통신비밀 조회에 무방비로 노출되어 있다고 해도 과언이 아닐 것입니다.

한편 지난 24일 헌법재판소는 패킷감청 헌법소원 사건에 대해서 5년 동안 시간을 끌다가 위헌 여부에 대한 판단 없이 심판 절차를 종료하고 말았습니다. 헌법소원을 제기한 당사자가 사망했다는 이유 때문이지요.

패킷감청이 무엇인지 국민 여러분들 들어 보셨습니까? 국정원이 사용한 패킷감청은 인터넷 회선을 오가는 전자신호를 중간에 빼내어서 감청 대상자가 보는 컴퓨터 화면을 수사기관이 똑같이 실시간으로 보는 방식입니다. 접속 웹페이지, 이동경로, 로그인 정보, 접속시간을 알 수 있고 인터넷전화의 경우 24시간 무차별·무제한으로 엿들을 수 있는 것입니다.

그런데 국정원은 패킷감청 사실을 사후에 통보했습니다. 증거 수집이 아니라 사찰과 감시용이라고 해도 과언이 아닌 국정원의 패킷감청 위헌 논란이 과연 5년이나 끌어야 할 그런 사안인지 묻지 않을 수 없습니다. 분명히 이 패킷감청은 증거 수집이 아니라 사찰과 감시를 위한 것이었습니다.

실시간으로 내가 보고 있는 것을 국정원이 들여다보고 있다라고 했을 때 여러분들은 등골이 오싹하지 않으십니까? 그런데 이 사건도 5년을 끌다가 절차를 종료하고 말았습니다.

이 두 가지 사례에서 국민들은 형사소송법이라는 법적 규정과 국민기본권의 최후의 보루라는 헌법재판소가 있었지만 결코 보호받지 못했습니다. 이와 같이 불법적 압수수색과 감청이 만연한 현실에서 테러방지법이 통과되어 국정원이 국민의 사생활을 들여다볼 수 있는 권한이 더욱 확대된다면 국민에 대한 일상적인 사찰과 기본권 침해는 불을 보듯 뻔한 것입니다.

존경하는 국민 여러분!

사생활 보호와 안보의 충돌은 어제오늘의 일은 아닙니다. 여기서 우리가 주목해야 할 것은 우리를 둘러싼 디지털 환경입니다. 가뜩이나 SNS와 빅 데이터 분석 기술의 발전으로 우리의 모든 것을 감시하며 명령하는 빅 브라더스 세상에 대한 우려가 깊어질 수밖에 없습니다.

스피넬로는 일찍이 국가기관의 감시가 일반화된 미래를 가리켜 '프라이버시의 종말'이라고 명명한 바 있습니다. 우리의 침실까지도 국가기관의 감시가 들어와 있다, 따라서 개인정보 침해가 극대화되는 사회를 맞아 안보라는 미명하에 개인의 기본권 침해를 확대할 것이 아니라 개인의 자기정보통제권을 강화하는 방향으로 나아가야 됩니다.

대한민국의 인터넷 보급률 83.6%, 초고속인터넷 가입자 1920만 명, 스마트폰 보급률 83%, 인터넷뱅킹 등록 고객수 1억 1595만 명, 모바일뱅킹 등록 고객수 6008만 명…… 어떻습니까? 한마디로 세계 최고 수준의 정보화 사회입니다. 그런데 국가 권력기관이 국민의 스마트폰을 감청하고 계좌내용을 들여다본다면 우리 사회는 어떻게 되겠습니까?

내밀한 사생활을 누군가 들여다본다는 불안감은 급기야 자기검열의 일상화를 불러올 것입니다. 사회적 불신 또한 팽배해질 것입니다. 따라서 저는 테러방지법은 '국민 불신 초래법'이다 이렇게 생각합니다.

우리 사회에서 신뢰가 사라진다면 경제도 안 돌아가고 안보도 결국은 위험해질 것입니다. 유언비어는 난무하고 정부 정책에 대한 불신으로 행정비용 또한 증가할 것입니다. 정부에서 아무리 좋은 정책을 내놓아도 불신사회에서는 국민은 순응하지 않습니다. 정부는 더 많은 홍보, 국민을 순응시키기 위한 더 많은 홍보와 더 많은 행정비용을 부담해야 합니다. 그래서 신뢰야말로 21세기의 가장 중요한 사회적 자본인 것입니다.

존경하는 국민 여러분!

국가 통제가 강화된 사회 모습 한번 생각해
보시겠습니까? 멀리서 힘들게 찾을 필요도 없습니다.
유신시대를 되돌아보면 됩니다. 개인의 창의력과 펜의
자유가 사라지고 국민은 극도로 위축될 것입니다. 다양성은
배제되고 획일화된 역사관만 주입될 것입니다. 2016년
대한민국이 1970년대 유신시대로 회귀해서야 되겠습니까?

사람에게는 IQ라고 하는 지능지수와 달리 AQ라고
하는 역경지수도 있다고 하지요? 역경지수가 낮은 사람은
높은 산을 만나면 주저하고 보통인 사람은 넘기 힘든
깔딱고개에서 안주하고 높은 사람은 정상까지 오른다고
합니다. 대한민국 국민들의 민주주의를 향한 역경지수는
어떻습니까? 세계 그 어느 나라 국민보다 높다고 생각하지
않습니까?

3·15 부정선거와 이승만 독재, 5·16 군사정변과 박정희의
유신독재, 12·12 내란과 전두환·노태우 군부독재라는
역경을 모두 극복하고 지금의 민주주의를 이룩해낸 것이
바로 대한민국 국민 여러분입니다. 그런데 이러한 국민들에
의해서 눈물겹게 꽃피워진 민주주의가 후퇴한다면 국민
여러분께서는 따르시겠습니까?

국민통제법의 가능성이 남아 있는 한 테러방지법은
통과되어서는 안 됩니다. 자랑스러운 우리 국민들이 결코
좌시하지 않을 것이기 때문에 저는 테러방지법의 수정 없는
통과는 성공할 수 없다라고 믿습니다.

국민 여러분께서 심판해 주십시오.

마치겠습니다.

●**부의장 이석현** 박혜자 의원님 수고 많이 하셨습니다.

다음은 국민의당 권은희 의원 나오셔서 토론해 주시기
바랍니다.

(2016년 2월 28일 오전 9시 21분)

22

權垠希 議員

(권은희 의원)*

제19대 국회의원 (광주 광산구을)
국민의당

2016년 2월 28일 오전 9시 22분 시작
2016년 2월 28일 오후 12시 21분 종료
발언 시간 2시간 59분

"국가정보기관은 민감한 정보를
독점하면서 비밀리에 활동하기 때문에
권력 남용의 유혹에 빠지기가 쉽고 그
결과 국민들의 기본권과 권리를 훼손시킬
수 있습니다. 따라서 이들 기관이 법의
테두리 안에서 활동하고 민주적 규범과
절차를 지키며 명확한 책임 구분을
가지고 활동하면서 자신들의 결정과
행동에 대한 책임을 질 수 있도록 민주적
의회의 통제와 감시를 강화할 필요가
있습니다."

(2016년 2월 28일 오전 9시 22분)

● **權垠希 議員** 국민의당 광주 광산구을 권은희 의원입니다.
존경하는 국민 여러분!
6일째 진행되고 있는 무제한 토론에 계속 관심을 갖고
지켜보고 계신 국민 여러분께 감사를 드립니다.
무제한 토론의 사회를 맡고 계신 정의화 국회의장님,
이석현 부의장님, 정갑윤 부의장님께도 감사를 드립니다.
테러방지법이 국민감시법이 되는 것을 막기 위해 앞서
필리버스터를 하신 김광진 의원님, 문병호 의원님, 은수미
의원님, 박원석 의원님, 유승희 의원님, 최민희 의원님,
김제남 의원님, 신경민 의원님, 강기정 의원님, 김경협

* 새누리당 권은희 의원(대구 북구 갑)과 혼동할 수 있어
한자로 표기한다.

의원님, 서기호 의원님, 김현 의원님, 김용익 의원님, 배재정
의원님, 전순옥 의원님, 추미애 의원님, 정청래 의원님,
진선미 의원님, 최규성 의원님, 오제세 의원님, 박혜자
의원님 고생 많이 하셨습니다.
그리고 테러방지법 반대토론을 경청하고자 자리를 지켜
주고 계신 동료 의원님들께도 감사의 말씀을 드립니다.
테러방지법이 직권상정의 요건에 해당되지 않는다는 것은
이미 여러 의원님들께서 발언을 해 주셨습니다. 직권상정
요건을 충족하지 못함에도 불구하고 직권상정된 것은
안타까운 일이지만 이로 인해 국회에서 무제한 반대토론이
시작되었습니다. 무제한 토론을 주목하고 또 경청하고
계신 국민께 테러방지법의 위험성을 알릴 수 있는 기회가
되었습니다.
영국의 엘리너 파전의 작품인 '줄넘기 요정'의 동화 속
이야기가 현실과 다르지 않습니다.
나쁜 영주는 마을 사람들의 쉼터인 캐번 산을 허물고
공장을 지으려 합니다. 이에 맞서 저항하기 위해 마을
사람들은 나쁜 영주와 하나의 약속을 정합니다. 마을
사람들이 모두 줄넘기를 마칠 때까지 공장을 짓지 않기로
한 것입니다. 어린아이들은 물론 노인들까지 줄넘기를
자원하고 줄넘기 릴레이가 이어집니다.
영주는 마을 사람들이 곧 포기하고 공장을 지을 수 있는
것이라 자신만만해 합니다. 마지막 지원자가 줄에 걸려
줄넘기가 끝나려는 순간 전설의 줄넘기 요정인 109살의
엘시 피더크가 등장합니다. 엘시 피더크가 끝내 줄넘기를
멈추지 않자 영주는 결국 공장 짓는 것을 포기하고 떠나게
됩니다.
박근혜정부와 새누리당이 강행하려고 하는 테러방지법은
국민의 권리와 기본권을 침해하는 법입니다. 자유롭고
정의로운 대한민국을 부정하는 법입니다. 전 국민을 잠재적
테러위험인물로 만드는 법입니다.
국민들께서 동화 속 줄넘기 요정인 엘시 피더크가 되어
주십시오. 무제한 토론은 언젠가 끝나겠지만 국민들께서
엘시 피더크가 되어 박근혜정부와 새누리당의 오만한
질주를 포기하게 만들어 주시리라 믿습니다.
저의 발언은 무제한 토론이 법인, 국민보호와 공공안전을
위한 테러방지법안에 대한 문제점을 지적을 하고 이
문제점과 관련해서 국정원의 권한 강화에 대한 과거의 문제
사례들을 지적을 해 보겠습니다. 그리고 그 과거의 문제
사례 중에 특히 사법적인 통제가 전부 실패하였다라는
기준을 가지고 살펴보도록 하겠습니다.
그리고 과거에 국정원의 권한 강화로 인한 사법적 통제의
실패가 현재까지도 진행되고 있는데 그게 지난 금요일 제가
참석한 국정원 댓글 사건에서도 여전히 진행 중입니다.
그래서 그 국정원 댓글 사건에 있어서 사법적 통제가 어떻게
실패하였는지도 살펴보도록 하겠습니다.
그래서 이 국가정보원에 대해서는 민주적 통제와 법률을
통한 통제가 중요하다, 그래서 어떻게 법률을 준비해야
되는지, 준비를 위한 국민적인 공감대는 어떻게 형성이

되어야 되는지를 이야기해 보도록 하겠습니다.

먼저 테러방지법안에 대한 문제점을 간단하게 다시 한 번 정리를 해 보도록 하겠습니다.

여당이 발의한 테러방지법은 최근 파리 테러와 북한의 핵실험, 장거리로켓 발사를 빌미로 한 국정원 권한 강화 법안으로 개념의 모호성과 과도한 위임입법으로 인하여 시민의 기본권을 침해할 가능성이 매우 높습니다.

개념의 모호성을 살펴보자면, '테러'와 관련된 정의 부분입니다.

테러행위의 정의와 관련해서 '권한 행사 방해, 의무 없는 일을 하게 함' 등의 개념이 명확하지 않아 자의적인 법집행이 가능하도록 되어 있습니다. 그리고 사람을 살해·상해, 신체의 위험을 발생하게 하는 등의 행위의 경우 공무집행방해, 공무집행방해치상 등과 구분이 되지 않을 수 있습니다. 그렇다면 공무원에 대한 공무집행방해 행위까지 상당 부분이 테러로 규정될 수 있는 자의적인 법해석 결과가 도출될 수 있습니다.

그리고 '테러위험인물'에 대한 정의 부분입니다.

테러위험인물의 경우 테러를 선전·선동한다고 의심할 만한 상당한 이유가 있어도 테러위험인물이 될 수 있는데 '선전·선동'의 의미 자체가 매우 불확정적이고 추상적입니다. 또한 테러위험인물을 지정하고 해제하는 절차와 주체도 없어서 결국 국정원의 판단만으로 테러위험인물로 분류될 수 있습니다.

그리고 '외국인테러전투원'의 정의의 불명확성 역시 문제입니다.

외국인테러전투원의 개념 또한 이동 또는 이동을 시도하는 내외국인으로 규정하는데 이때 '이동을 시도한다'는 것의 의미가 불명확합니다. 이동에 예비음모까지 처벌한다면 지나치게 광범위한 규율입니다.

그리고 '대테러조사'와 관련된 문제점입니다.

대테러조사에서는 현장조사·문서열람·시료채취 등의 증거수집 행위와 조사대상자에게 자료제출 및 진술을 요구하는 행위를 포함합니다. 이는 단순한 비구속적 행정조사의 수준을 넘어서는 거의 강제적·구속적인 행정조사의 수준에 들어가는 것입니다. 그리고 바로 이 때문에 이러한 대테러조사는 영장주의를 규정하고 있는 우리 헌법의 규정을 정면에서 위배하는 것이 됩니다. 그리고 막강한 권한 집중이 이루어지는 대테러계획에 대해서 정보위 보고 외에 국회의 수정요구권과 동의권 등 보다 강력한 견제장치가 전혀 없습니다.

그리고 국가테러대책회의 기구를 창설한다라고 했는데, 국가테러대책회의의 경우 위원은 대통령령으로 정하게 되어 있는데 이렇게 법률에서 직접 위원들을 정하지 않고 대통령령에 포괄위임 하는 것은 헌법상의 정부조직법률주의와 포괄위임금지의 원칙을 위반하는 것입니다.

그리고 테러위험인물에 대한 정보수집권, 가장 문제가 되고 있습니다.

특정 금융거래정보의 보고 및 이용 등에 관한 법률, 통신비밀보호법의 경우 각 법에서 정한 절차대로 정보를 수집한다는 의미가 매우 불명확합니다. 각 법에 따른다면 굳이 테러방지법에 이를 명시할 필요가 전혀 없습니다.

그리고 개인정보와 위치정보를 요구할 수 있는 권한에 대해서는 어떠한 절차적 통제를 가하고 있지 않습니다. 단순히 '요구할 수 있다'고만 규정함으로써 영장주의 혹은 그에 준하는 절차 통제로부터 완전히 자유로운 상태로 방치하고 있습니다. 또한 추적이라는 개념도 모호합니다.

그리고 테러선동·선전물 긴급 삭제의 규정입니다. 테러선동·선전물의 경우 테러를 선동·선전하였다는 것의 개념이 불명확하므로 기본권 침해를 유발할 것입니다.

그리고 외국인테러전투원에 대한 규제 부분 역시 문제가 있습니다.

외국인테러전투원에 대한 출국금지조치는 90일로 제한되어 있으나 제2항 단서에 의해서 이를 연장할 수 있게 하고는 그 연장 횟수를 전혀 제한하고 있지 않습니다. 그래서 경우에 따라서는 법원의 판결도 없이 영구히 출국금지조치가 지속될 수 있는 가능성을 열어 두고 있습니다.

테러단체 구성죄 역시 불분명한 개념을 사용하고 있습니다.

테러단체 가입의 권유 또는 선동의 개념이 불분명합니다. 권유라는 개념은 그 의미가 모호하여 무한 확장 적용될 가능성이 있으며 선동의 개념은 가입을 촉발시킨다는 것이 되어 그 의미가 불명확하게 됩니다. 촉발의 대상은 행동인 것이지 가입이라는 상태가 아니기 때문입니다.

그리고 부칙, 가장 문제가 되고 있습니다.

특정 금융거래정보의 보고 및 이용 등에 관한 법률 개정, 일부 테러방지법안은 부칙을 통해 특정 금융거래정보의 보고 및 이용 등에 관한 법률을 개정하여 금융정보분석원장으로 하여금 테러위험인물에 대한 조사업무와 관련이 있다고 생각하는 금융정보를 국정원에 제공하도록 하는데 이는 기본권 침해의 우려가 매우 높습니다.

특정 금융거래정보의 보고 및 이용 등에 관한 법률 제7조1항에 이미 금융정보분석원장이 공중협박자금조달행위와 관련된 형사사건의 수사에 필요하다고 인정되는 정보를 검찰총장에게 제공하도록 하고 있습니다.

또한 같은 법 제7조2항은 테러자금조달행위와 관련된 형사사건의 수사에 필요하다고 인정하는 경우에는 대통령령으로 정하는 특정금융거래정보를 국민안전처장과 경찰청장에게 제공하도록 하고 있습니다.

따라서 국정원이 이 정보를 별도로 받을 필요가 있는지 의문시됩니다. 게다가 국정원이 요구하는 정보는 테러위험인물에 대한 조사업무라는 것인데 이는 지나치게 모호하고 포괄적이고 국정원의 권한을 강화시켜 주는 규정입니다.

그리고 시행령 제11조의2는 금융정보분석원장이 정보를 제공하는 기관에 따라 제공하는 정보가 특정되어 있으나 국정원에 제공하는 정보는 특정이 되어 있지 않습니다. 따라서 국정원은 굉장히 광범위한, 테러와 전혀 상관없는 정보도 포함해서 정보를 제공받을 수 있을 것으로 보입니다.

그리고 부칙 2조3항 역시 모호한 규정으로 문제가 됩니다.

통신비밀보호법 제7조가 개정이 되면 국가안전보장에 상당한 위험이 예상될 정도가 아닌 테러위험의 경우에도 통신제한조치를 할 수 있게 됩니다. 현재도 통신비밀법상 국가안전보장의 위험이 지나치게 광범위하게 해석되는데 이 수준에 이르지 않는 테러위험에 대해서도 통신제한조치가 허용된다면 이는 통신제한조치의 지나친 확대가 이루어질 것입니다.

지금 현재 정리되고 있는 테러방지법안에 대한 문제점을 간단하게 살펴보았습니다. 특히 이 불명확한 개념의 사용으로 인한 국민의 기본권 침해의 우려와 이 불명확한 권한을 국정원에 주고 있다라는 문제가 있습니다.

국정원은 대표적인 불명확한 개념인 국가보안법 대공수사를 하는 조직으로서, 그리고 관련된 정보수집을 하는 조직으로서 과거에 국민의 기본권을 침해하는 여러 조작사건을 펼쳐 왔습니다. 권한을 남용하는 사건들이었는데요.

우리 국민들이 이 테러방지법을 통해서, 불명확한 개념이 가득한 기본권 침해의 우려가 높은 이 테러방지법을 통해서 국정원의 권한을 강화시켜 주는 것이 결코 옳지 않다라고 판단하는 근거는 이 과거 사례를 보더라도 알 수 있습니다.

먼저 조봉암 사건입니다.

당시 정권은 1958년 이승만 정권이었는데요.

서울 중앙지법 민사13부는 간첩으로 몰려 억울하게 죽은 조봉암 선생의 장녀 조호정 씨 등 유족 4명이 국가를 상대로 낸 국가배상청구소송에서 국가는 유족에게 24억 원을 배상하라고 원고일부승소 판결을 했습니다.

조봉암 선생의 유족들은 국가의 불법행위로 조 선생이 간첩 누명을 쓴 채 사형을 당했다면서 국가에 손해배상청구소송을 제기했는데요. 조봉암 선생은 지난 1958년 당시 이승만 정권에 의해 간첩으로 몰려 사형을 당했으며 대법원은 지난 1월 재심사건에서 조봉암 선생의 간첩혐의에 대해 전원일치 의견으로 무죄를 선고했습니다.

두 번째, 인혁당 사건입니다.

당시 정권은 64년 박정희 정권이었습니다.

지난 1964년 중앙정보부는 공산주의자들이 만든 반국가단체 인민혁명당을 적발했다며 57명을 간첩으로 몰았습니다.

인혁당을 창당한 인물로 지목된 전 동아대 교수 김상한 씨 역시 남파간첩이라는 혐의로 유죄 판결을 받았습니다. 그러나 지난 2005년 국가정보원 과거사진실규명위원회의 조사 결과 인혁당은 반국가단체가 아니었으며 김상한 씨 역시 간첩이 아니라 오히려 국가에 의해 육군첩보부대(HID) 요원으로 선발돼 북파됐던 것으로 드러났습니다.

이에 김 씨의 유족들은 40년 가까운 고통의 세월을 배상하라며 국가를 상대로 손해배상소송을 냈고 법원은 유족들의 손을 들어 주었습니다. 재판부는 국가가 간첩사건을 날조해 허위로 발표한 사실이 인정된다며 김 씨의 부인과 자녀들이 겪은 정신적 고통과 경제적 궁핍에 대해 28억 원을 배상하라고 판결했습니다. 또 국가가 김 씨를 북파한 사실을 가족들은 2008년에 와서야 알게 됐기 때문에 국가가 주장하는 손해배상 소멸시효는 인정되지 않는다고 밝힌 바 있습니다.

세 번째 문제되는 사건은 동백림 사건입니다.

당시 정권은 1967년 박정희 정권이었습니다.

1967년 작곡가 고 윤이상 씨, 이응노 화백 등 예술인과 대학교수, 공무원 등 194명이 옛 동독의 베를린의 동백림을 거점으로 대남 적화공작을 벌였다며 처벌당한 동백림 사건 발생 40년이 다 된 2006년 이 사건은 당시 정권에 의해 조작된 것으로 밝혀졌습니다.

당시 국정원 진실위원이었던 분의 진술에 의하면 '단순한 대북접촉 및 동조행위까지도 국보법의 간첩죄를 무리하게 적용했으며 그 결과 단순 대북접촉자까지도 일반 국민에게 간첩으로 오인시키게 됐다'라고 얘기합니다.

그리고 당시 중앙정보부가 대북접촉활동을 과장·왜곡했다는 게 진실위의 판단입니다. 또한 진실위는 사건이 당시 정권에 의해 정치적으로 이용됐다고 발표했습니다. 국정원 진실위원은 '6·8 부정선거 규탄시위를 무력화하기 위해 정치적으로 이용하려고 한 것으로 판단한다'고 하였습니다.

수사 과정에서의 고문 등 가혹행위와 관련해 진실위는 '결정적인 증거를 찾기는 어렵지만 허위진술 강요를 위한 심리적 위협이 광범위하게 이루어졌다'고 밝혔으며 가혹행위도 행사됐을 것으로 추정했습니다.

그리고 네 번째는 이수근 사건입니다.

당시 정권은 67년 박정희 정권입니다.

지난 1967년 판문점을 통해 귀순, 북한 조선중앙통신사 부사장 이수근 씨, 당시 김일성 연설문을 보도하지 않았다는 이유로 숙청 위기에 이르자 귀순하게 됐다고 밝혔습니다.

이수근 씨는 스스로 '김일성 찬양기사를 싣지 않았다는 죄로 나는 사상적인 면에서 의심을 받기 시작했으며 끝내는 조만간 숙청당할 수 있는 단계에까지 도달하게 되었다'라고 얘기를 합니다.

그러나 중앙정보부의 끊임없는 감시하에 있어야만 했던 이 씨의 남한 생활도 순탄치 않았습니다.

결국 가발과 콧수염으로 변장한 채 위조 여권을 들고 중립국인 캄보디아로 향하다 기내에서 중앙정보부 직원들에게 붙잡힙니다. 한국으로 압송된 이 씨는 북한의 지령을 받고 위장 귀순한 이중간첩으로 몰려 처형됩니다. 이 씨가 위장 귀순을 자백했고 김일성 앞으로 보낸 비밀편지가 있었다는 중앙정보부의 발표가 잇따랐습니다.

그리고 40여년이 흐른 오늘, 진실화해위원회는 조사 결과

이 씨가 위장 귀순을 자백하기까지 수많은 고문을 당했고 비밀편지는 실체가 없었다고 발표했습니다.

당시 이 씨의 처조카는 '제가 직접 체험해 보니까 이 권력이라는 것이 얼마나 매정하고 무서운 것인가 하는 것을 알았다'라고 진술하고 있습니다.

진실화해위원회는 당시 중앙정보부가 이 씨의 귀순을 체제우위의 상징으로 선전하다 이 씨가 해외로 탈출해 궁지에 몰리자 이중간첩으로 조작했다고 밝혔습니다.

그리고 다섯 번째는 납북어부 서창덕 간첩조작 의혹 사건입니다.

당시 정권은 67년 박정희 정권입니다.

군산 앞바다 개야도에서 태어난 서창덕 씨는 지난 67년, 스물한 살의 나이에 고깃배를 탔다가 강제 납북됐습니다. 북한의 온갖 회유를 이겨내고 124일 만에 귀환했지만 돌아온 것은 간첩이라는 굴레였습니다.

항변할 수조차 없는 간첩 누명에 동생이 스스로 목숨을 끊고 결국 아들로부터 외면당하고 말았습니다. 지난 84년에는 7년 8개월 동안 옥살이까지 해야 했습니다.

후유증으로 성한 데라고는 없는 서 씨에게 진실화해위원회가 지난해 재심을 권고했고 법원은 비로소 무죄를 선고했습니다. 재판부가 당시 수사단계에서 불법 구금과 가혹행위를 인정해 공소사실의 증거능력을 받아들이지 않은 것입니다.

2008년 11월 진실과 명예를 찾은 서 씨, 그러나 간첩이라는 누명을 쓰고 살아 온 41년의 세월은 그에게 치유할 수 없는 아픔만 남기고 있습니다.

그리고 여섯 번째는 재일동포 간첩단 사건입니다.

당시 정권은 70년대 박정희 정권입니다.

지난 1980년 신군부는 김대중 전 대통령을 내란음모 사건의 주동자로 몰아 사형을 선고했습니다. 5·18 광주민주화운동을 일으켰다는 혐의뿐만 아니라 반정부 활동을 벌인 재일한국민주회복통일촉진국민회의, 즉 한민통을 이끈 혐의도 적용됐습니다.

이미 한민통은 이른바 재일동포 유학생 간첩단 사건에서 처음으로 반국가 단체로 규정되었습니다. 또한 당시 이 사건에 연루된 혐의로 유학생 김정사 씨 등이 징역형을 선고받았습니다.

서울고등법원은 이들에 대한 재심에서 당시 영장 없는 구속과 고문 등을 통해 김 씨의 거짓자백이 이루어졌다며 무죄를 선고했습니다. 또 긴급조치 9호는 표현의 자유 등을 제한해 위헌인 만큼 이들의 긴급조치 위반 혐의도 무죄라고 밝혔습니다. 이 무죄 선고는 사건 발생 34년 만에 이루어졌습니다.

이 사건은 과거사진상규명위원회의 권고에 따라 수사 과정에서 가혹행위가 있었다는 이유가 인정되어서 재심이 결정된 것입니다.

그리고 일곱 번째는 최종길 교수 사건입니다.

당시 정권은 73년 박정희 정권이었습니다.

2006년 2월 고 최종길 서울대교수의 유족들이 국가배상청구소송에서 이겼습니다. 서울고등법원 민사5부는 국가의 불법행위를 인정하고 유족들에게 18억 4000여만 원의 배상을 하라고 판결했습니다.

재판부는 원칙적으로 시효기간이 지났지만 당시 중앙정보부가 사건을 조작하고 은폐함으로써 의문사진상규명위원회의 조사 결과가 나올 때까지 원고들로서는 사건의 진상을 알지 못했기 때문에 배상청구권을 행사할 수 없었다고 밝혔고, 이번 판결은 시효가 지나 국가에 배상책임을 물을 수 없다는 1심 판결을 뒤집고 나온 판결입니다.

고 최종길 서울대법대교수는 지난 1973년 이른바 유럽 거점 간첩단 사건과 관련해 중앙정보부의 조사를 받다가 숨졌습니다. 며칠 뒤 중앙정보부는 최 교수가 간첩임을 자백하고 조직을 보호하기 위해 투신자살했다고 허위 사실을 발표했습니다.

이에 대해 유족들은 줄곧 사인 규명을 요구했고 지난 2002년 의문사진상규명위원회는 최 교수가 민주화 운동과 관련해 위법한 공권력 행사로 숨졌다고 결론 내렸습니다.

여덟 번째는 민청학련사건입니다.

당시 정권은 74년 박정희 정권입니다.

서울중앙지법은 1974년 민청학련사건에 연루돼 국가보안법 위반 혐의 등으로 중형을 선고받은 이철 전 한국철도공사사장 등 12명이 청구한 재심에서 무죄를 선고했습니다.

재판부는 이 씨 등이 법원의 영장 없이 체포돼 전기고문과 구타 등 가혹행위를 당한 점을 고려할 때 당시 이들의 자백을 증거로 인정할 수는 없다고 밝혔습니다.

민청학련사건은 지난 1974년 유신정권을 반대하는 내용이 담긴 유인물이 배포되자 정부가 지식인 등을 주동자로 지목해 180명을 구속기소하고 8명에게 사형을 선고한 사건입니다.

아홉 번째는 문인간첩단 조작사건입니다.

당시 정권은 박정희 정권이었습니다.

1970년대에 간첩으로 몰려 처벌받은 일명 문인간첩단 조작사건의 피해자들이 37년 만에 무죄를 선고받았습니다. 서울중앙지방법원은 국가보안법 위반 혐의 등으로 유죄를 선고받았던 여든한 살 김우종 씨 등 세 명에 대한 재심에서 무죄를 선고했습니다.

재판부는 당시 일본에서 접촉한 사람들이 조총련계인 것은 인정되지만 김 씨 등은 그들이 반국가단체 구성원이라는 점 등을 몰랐던 것으로 보인다고 밝혔습니다.

문인간첩단 사건은 1974년 일본 잡지 '한양'이 반국가단체의 위장 기관지라는 점을 알면서도 원고를 건넸다는 이유 등으로 보안사가 김 씨 등에게 유죄를 선고한 사건입니다.

앞서 진실화해를위한과거사정리위원회는 '한양'이 위장 기관지라는 증거가 없고 보안사가 민간인을 불법 수사한 것으로 보인다며 국가에 재심 조처 등을 권고했습니다.

그리고 열 번째는 형제 간첩조작 사건입니다.

당시 정권은 75년 박정희 정권입니다.

서울중앙지법 민사24부는 1970년대 간첩으로 몰려 수감됐던 김우철 형제의 유족에게 국가는 20억 원을 배상하라고 판결했습니다. 재판부는 김우철 형제가 간첩활동을 했다는 근거가 없는데도 국가와 경찰은 가혹행위를 통해 허위 진술을 받아냈다고 밝혔습니다.

재판부는 고문과 장기 수감생활, 유족 또한 고통을 당한 점 등을 고려해서 위자료를 산정했으며 이미 지급된 형사보상금을 뺀 나머지 금액을 지급하라고 결정했습니다.

재일동포인 김 씨는 75년 동생과 함께 간첩활동을 한 혐의로 기소가 됐으며 각각 징역 10년과 징역 3년 6월을 복역한 뒤 출소했지만 지난해 2월 재심에서 무죄를 선고받았습니다.

열한 번째, 일가족 4명 간첩조작 사건입니다.

당시 정권은 1980년 전두환 정권입니다.

군사독재 시절 일가족 4명이 간첩 혐의를 받고 15년 동안 옥살이를 한 사건이 있었습니다. 과거사위원회가 당시 수사기관이 이 사건을 조작했을 가능성이 높다고 판정했습니다. 15년 동안의 옥살이는 신귀영 씨의 청춘을 앗아가 버렸는데 신귀영 씨는 지난 1980년 사촌, 오촌 형제와 함께한 간첩활동을 한 혐의로 중형을 선고받았습니다.

하지만 수사기록은 허점 투성이었고 신 씨가 서점에서 간첩활동을 한 걸로 되어 있지만 실제로 그 서점은 그 당시에는 존재하지도 않았습니다. 무엇보다 신 씨는 고문을 당해 억지로 거짓자백을 할 수밖에 없었다고 주장해 왔습니다. 고문의 상황을 '코 잡고 눈 가리고 주전자 물 붓고 심지어 손바닥도 때려서 연필도 못 쥐게 해서 이렇게 기어서 무릎을 대고'라고 설명하고 있습니다.

이 사건에 대해 진실화해를위한과거사정리위원회는 최근 수사기관의 허위조작 가능성이 높고, 따라서 법원의 중형 선고에도 문제가 있다고 밝혔고, 그래서 다시 진실을 규명해야 마땅하다는 결론을 내렸습니다.

열두 번째는 재일동포 및 일본 관련 간첩조작 의혹사건입니다.

당시 정권은 1986년 전두환 정권입니다.

1986년 2월 김양기 씨는 일본에서 찾아온 숙부에게 줄 선물을 사기 위해 백화점에 들렀다가 보안부대 수사관에게 체포됐습니다. 김 씨가 알지도 못하는 재일 북한공작원의 지령을 받아 국가기밀을 수집하고 북한을 찬양했다는 이유였습니다.

김 씨가 혐의를 부인하자 수사관들은 43일 동안 김 씨를 감금한 상태에서 구타와 잠 안 재우기, 물고문 등의 고문을 가해 허위자백을 받아냈습니다. 결국 이 허위자백과 주일 한국대사관에 파견된 안기부 직원의 허위 확인서만으로 김 씨는 징역 7년을 선고받았습니다.

국방부 과거사진상규명위원회가 보안사가 70~80년대에 수사했던 재일동포나 일본 관련 간첩단 사건 73건 가운데 사건을 무작위로 선정해 조사한 결과 3건이 조작됐거나

조작됐을 가능성이 높은 것으로 드러났다고 밝혔고, 이 사건이 그중의 하나입니다. 민간인에 대해 수사권이 없는 보안사가 용의자들을 불법 감금한 상태에서 고문 등으로 자백을 강요한 것으로 조사되었습니다.

그리고 열세 번째, 납북 이상철 씨 간첩조작 사건입니다.

당시 정권은 1983년 전두환 정권입니다.

진실화해를위한과거사정리위원회는 납북 귀환 어부 이상철 간첩사건을 조사한 결과, 국가가 이 씨를 간첩으로 몰아 누명을 씌운 사실이 드러나 국가가 사과하고 화해를 위한 조치를 취하라고 권고했습니다.

진실화해위원회는 납북 귀환 어부 고 이상철 씨가 지난 1983년 경찰의 지시로 간첩과 접선했다가 국가보안사령부에 의해 간첩죄 누명을 쓰고 17년 동안 억울하게 복역한 사실이 밝혀졌다며 이 같이 결정하였습니다.

그리고 열네 번째, 조개잡이 어부 간첩혐의 사건입니다.

당시 정권은 1986년 전두환 정권이었습니다.

간첩으로 몰려 16년 동안 억울한 옥살이를 했던 조개잡이 어부가 26년 만에 간첩누명을 벗었습니다. 서울고등법원은 국가보안법상 간첩혐의로 기소되어 무기징역형을 선고받고 16년 동안 징역형을 살았던 정 모 씨에게 무죄를 선고하였습니다. 재판부는 지난 1983년 안기부로부터 조사를 받던 정 씨가 간첩활동을 했다고 자백했지만 이는 불법 구금과 가혹행위 아래 이루어진 것으로 인정될 수 없다고 밝혔습니다.

지난 1965년 서해에서 납북됐다가 귀환한 정 씨는 간첩혐의로 무기징역형을 확정받고 16년 동안 징역형을 살았으며 진실화해위 등의 조사 결과 조작임이 드러나 재판이 다시 시작되었습니다.

열다섯 번째, 모자간첩사건입니다.

당시 정권은 1985년 전두환 정권입니다.

서울중앙지법 민사합의37부는 이른바 모자간첩사건으로 처벌받았다가 재심에서 무죄가 확정된 이준호 씨 등 5명이 국가를 상대로 낸 손해배상소송에서 국가는 이들에게 손해배상금을 지급하라고 판결했습니다. 재판부는 경찰이 이 씨 모자를 불법 체포해 고문이나 회유, 협박 등으로 허위진술을 받는 등 증거를 조작했다고 판결이유를 설명했습니다. 이 씨는 어머니 배병희 씨와 함께 남파 간첩인 숙부의 입국을 돕고 이후 간첩활동을 한 혐의로 1985년 기소되어 징역 7년을 선고받았습니다.

그리고 열여섯 번째, 차풍길 간첩조작 사건입니다.

1982년 전두환 정권 때의 일입니다.

간첩조작 사건으로 중형을 선고받았다가 최근 재심에서 무죄판결을 받은 차풍길 씨가 국가를 상대로 손해배상청구소송을 냈는데요. 차 씨와 가족 7명은 불법 연행과 고문 등의 가혹행위 때문에 간첩이라고 거짓자백을 했고 억울하게 옥살이를 했다라고 하였습니다. 차 씨는 지난 1982년 반국가단체 구성원과 회합한 혐의로 기소되어 징역 10년에 자격정지 10년을 선고받은 뒤 진실화해위원회의 진상조사를 거쳐 지난 7월 무죄 판결을 받았습니다.

그리고 열일곱 번째, 고정간첩단 사건입니다.

당시 정권은 1980년 전두환 정권입니다.

전남 진도군 임회면 죽림마을, 지난 80년 20여 가구가 모여 사는 조그마한 해안마을이 간첩사건으로 발칵 뒤집혔습니다. 석달윤 씨 등이 월북한 가족을 만나 간첩활동을 했다는 것으로 당시 김정인 씨가 사형당하고 석 씨 등 3명은 무기징역 등 징역형을 선고받았습니다.

그러나 이 사건은 진실화해를위한과거사정리위원회 조사 결과, 단지 남파 간첩이 북한에서 들었다는 진술을 근거로 불법 구금 상태에서 자백을 받는 등 조작된 것으로 드러났습니다. 진실화해위원회는 검찰은 물론 사법부까지 책무를 저버린 사건이라며 국가가 피해자와 유족들에게 사과하고 재심을 할 것을 권고했습니다.

그리고 열여덟 번째, 강희철 씨 간첩사건입니다.

당시 정권은 86년 전두환 정권입니다.

일본에서 부모와 함께 살다 불법체류자로 한국으로 환송되었던 강희철 씨는 27살이던 지난 86년 제주도경찰국 대공분실로 강제 연행됐습니다. 북한의 지령을 받고 관공서의 위치와 경비정의 속력 등을 파악해 넘겨줬다는 혐의로 기소된 강 씨는 무기징역을 선고받은 뒤 12년 동안 복역하다 지난 98년 가석방됐습니다.

그러나 제주지법은 재심 선고공판에서 고문과 협박 등 경찰의 가혹행위에 못 이겨 허위 진술했다는 강 씨의 주장을 받아들여 무죄를 선고했습니다. 또 수사기관의 불법 수사로 억울하게 간첩으로 기소된 피고인에게 진심으로 위로의 말을 전한다며 잘못된 판결을 바로잡았습니다.

열아홉 번째, 김복재 씨 간첩조작 사건입니다.

광주지법 민사4부는 간첩으로 몰렸다가 재심에서 무죄를 선고받은 김복재 씨의 유족이 국가를 상대로 낸 손해배상에서 손해배상금을 지급하라고 판결했습니다. 재판부는 김 씨가 영장 없이 체포되어 고문을 견디지 못해 허위로 자백한 사실이 인정된다며 가석방 후에도 수사기관의 보안관찰을 받고 가장이 장기간 투옥되면서 가족 전체가 피해를 봤다고 밝혔습니다.

그리고 스무 번째, 김양기 씨 간첩조작 사건입니다.

당시 정권은 1986년 전두환 정권입니다.

보안사에서 고문을 당한 뒤 간첩으로 몰렸던 김양기 씨에게 23년 만에 무죄가 선고되었습니다. 광주법원 형사1부는 국가보안법 위반 혐의가 확정된 김 씨에 대한 재심 선고공판에서 징역 7년을 선고한 원심을 깨고 무죄를 선고했습니다.

재판부는 김 씨가 간첩활동을 했다는 충분한 증거가 없어 무죄를 선고한다고 밝히고 신체가 구속된 상태에서 잘못된 증거에 의해 재판을 받은 김 씨의 고통이 컸다며 잘못된 재판도 사과했습니다. 귀금속 분류업을 하던 김 씨 지난 1986년 보안사에 끌려가 43일 동안 물과 전기고문을 당한 뒤 일본에서 활동하던 북한 거물급 공작원의 지도로 간첩활동을 했다고 자백해 징역 7년을 선고받았습니다.

지난 2007년 국방부 과거사위원회는 김 씨가 고문에

의해 허위자백을 했을 수도 있다고 결론을 내려서 재심청구를 했습니다.

스물한 번째 최양준 씨 조총련 간첩조작사건입니다.

조총련의 지령을 받고 간첩활동을 벌였다는 혐의로 9년 가까이 억울한 옥살이를 한 최양준 씨에게 28년 만에 무죄가 확정되었습니다.

대법원 3부는 국가보안법 위반 혐의 등으로 기소돼 징역 15년을 선고받고 8년 6개월 동안 복역한 최 씨에 대한 재심사건에서 간첩활동을 인정할 만한 증거가 없다며 무죄를 선고한 원심을 확정했다고 밝혔습니다.

재판부는 민간인 수사권이 없는 보안대 수사관이 최 씨를 영장 없이 불법 구금했고 함께 조사받은 김 씨 등이 구타를 당해 겁에 질려 시키는 대로 진술했다고 밝혔으며 과거사위원회 조사에서 보안대 수사관들도 최 씨를 각목으로 때렸음을 시인한 점 등을 종합하면 최 씨가 고문에 의해 허위로 자백했음이 인정된다고 밝혔습니다.

또 당시 피의자신문조서 등의 작성 명의인인 국가안전기획부 수사관이 최 씨의 얼굴조차 본 적이 없고 서명·날인을 민간인 수사권이 없는 군부대에서 빌려 쓴 것 같다고 진술한 점에 비추어 조서의 진정성립도 인정되지 않는다고 덧붙였습니다.

이어 최 씨가 검찰조사나 공판에서 자백한 것도 임의성이 없거나 선처받을 수 있다는 생각에서 한 것으로 믿을 수 없다고 강조했습니다.

일본을 오가며 장사를 하던 최 씨는 조총련 지시로 국내에 들어와 간첩활동을 벌였다는 혐의로 1982년 김해공항에서 체포돼 부산 보안대와 서울 보안사령부 서빙고분실 등에서 조사를 받은 뒤 징역 15년을 선고받고 91년 5월 가석방됐습니다.

스물두 번째, 신귀영 일가 간첩조작사건입니다.

1980년 간첩 혐의로 기소돼 징역형을 선고받고 복역한 신귀영 씨 일가에 대한 재심에서 법원이 29년 만에 무죄를 선고했습니다.

부산지법 형사6부는 21일 국가보안법과 반공법 위반, 간첩 혐의 등으로 기소돼 각각 징역 3년에서 15년의 중형을 선고받고 복역한 신귀영 씨와 신춘석 씨 등 재심 청구인 4명에 대해서 무죄를 선고했습니다.

재판부는 수사기관의 신문조서와 자술서, 일부 주민의 진술은 피고인들이 동의하지 않았기 때문에 증거로서 능력을 갖추지 못한다면서 특히 피고인들이 불법 구금과 고문·협박을 받아 사실과 다른 진술을 한 점이 인정된다고 판시했습니다.

또 법원은 피고인들이 조총련 간부라는 사람으로부터 돈을 받은 사실은 인정했지만 돈을 준 사람이 이미 귀화한 사람으로 국가 안전에 명백한 위험을 줄 수 있는 행위로 볼 수 없고 따라서 이들을 당국에 보고하지 않았다는 불고지죄 또한 성립할 수 없다고 밝혔습니다.

외항선원이던 신 씨를 비롯해 형 신복영 씨, 사촌 여동생의 남편 서성칠 씨, 당숙 신춘석 씨 등 4명은 1980년

2월 일본 동포에게 돈을 받고 국가기밀을 넘긴 혐의로 수사기관에 붙잡혀 2개월간 모진 고문을 당하고 나서 간첩 혐의로 기소됐습니다.

신 씨와 당숙은 각각 징역과 자격정지 15년과 10년형을 선고받고 거의 만기 복역했으며 10년 형을 선고받고 복역 중이던 서 씨는 90년 옥사했습니다. 또 징역 3년에 집행유예 5년을 선고받은 복영 씨는 고문 후유증에 시달리다 9년 전에 숨졌습니다.

스물세 번째 오송회 사건입니다.

당시 정권은 82년 전두환 정권입니다.

지난 1982년 수사기관은 반국가단체를 구성했다는 혐의로 고 이광웅 씨 등 당시 군산제일고 전·현직 교사 9명을 구속했습니다. 이들이 4·19 기념식과 5·18 광주민주화운동 위령제를 치러 북한을 이롭게 했다는 이유에서였습니다.

당시 교사들은 법정에서 자신들의 진술이 고문과 협박 때문이었다고 항변했지만 재판부는 지성인들이 몇 대 맞았다고 해서 거짓자백을 할 리 없다며 모두 실형을 선고했습니다. 그러나 광주고법은 재심에서 교사들의 자백이 고문과 협박에서 비롯됐고 군사정부에 대한 비판을 이적행위로 볼 수 없다며 이들에게 무죄를 선고했습니다.

스물네 번째, 재일교포 이헌치 씨 간첩조작사건.

당시 정권은 1981년 전두환 정권입니다.

서울고등법원은 공작지도원에게 포섭돼 간첩활동을 한 혐의로 기속돼 15년간 복역한 재일교포 이헌치 씨의 재심에서 무죄를 선고했습니다.

재판부는 이 씨가 보안사 수사관에 의해 불법 구금된 상태에서 가혹행위를 당했고 임의성 없는 자백을 했으므로 앞서 유죄의 근거가 된 조서나 진술서는 모두 증거능력이 없다며 이같이 판단했습니다.

일본에서 교육받고 한국으로 건너와 1979년 한 전자회사에 입사한 이 씨는 1981년 보안사 수사관에 의해 영장 없이 체포돼 고문 수사를 받았습니다.

스물다섯 번째 재일교포 이종수 씨 간첩조작사건입니다.

지난 1980년 대 간첩으로 지목돼 억울한 옥살이를 했던 재일교포가 재심을 통해 누명을 벗었습니다.

서울고등법원은 국가보안법 위반 혐의로 구속돼 5년 8개월 동안 교도소 생활을 했던 재일교포 이종수 씨가 낸 재심에서 무죄를 선고했습니다.

재판부는 이 씨가 했던 자백은 수사기관에 불법 구금돼 각종 가혹행위를 당한 상태에서 이루어진 것으로 혐의를 인정할 만한 증거능력이 없다고 밝혔습니다.

지난 1980년 한국으로 건너와 고려대학교에 다니던 이 씨는 고문을 견디지 못해 간첩임을 인정했고 징역 10년을 선고받고 복역하다 형 집행정지로 출소했습니다.

스물여섯 번째 어부 임 모 씨 간첩조작사건입니다.

당시 정권은 1985년 전두환 정권입니다.

간첩누명을 쓰고 고문 끝에 사망한 30대 어부의 유족에게 26년 만에 국가가 손해를 배상하라는 판결이 나왔습니다.

전주지법 군산지원 제1민사부는 지난 1985년 고문 후유증으로 숨진 임 모 씨 유족이 국가를 상대로 낸 손해배상청구소송에서 국가는 유족에게 손해배상금을 지급하라며 원고 승소판결을 내렸습니다.

당시 어부였던 임 씨는 1985년 7월 집주인이 간첩 혐의로 보안부대에 끌려가 조사를 받자 평소 집주인과 친하다는 이유로 강제연행돼 고문을 받았고 결국 2주 후 숨졌습니다.

스물일곱 번째 김기삼 씨 간첩조작사건입니다.

1980년 전두환 정권입니다.

옛 안기부에 의해 간첩으로 몰린 김기삼 씨가 29년 만에 누명을 벗게 됐습니다.

광주고법은 국가보안법 위반 등의 혐의로 기소된 김 씨에 대해 재심에서 징역 10년과 자격정지 10년을 선고한 원심을 파기하고 무죄를 선고했습니다.

재판부는 수사기관이 작성한 피의자신문조서는 김 씨가 그 내용을 부인해 증거능력이 없는데도 원심이 증거로 채택한 것은 잘못이라고 밝혔습니다.

전기검침원이었던 김 씨는 1980년 월북한 사촌형을 만났다는 이유로 간첩으로 몰려 실형을 받았습니다.

지금까지 열거한 27건 사건은 당시에 사법부가 사건이 조작됐다라는 점을 인식하지 못하고 무려 20년에서 40년 이상의 세월을 거쳐서 이제야 진실이 드러나고 이제야 피해자의 억울함이 드러난 사건입니다.

이런 사법부의 판단이 가능했던 이유는 국가보안법 자체 규정의 불명확성과 국가정보원의 막강한 권한이 그 뒤에 있습니다. 이런 사법부의 국가정보원에 대한 불명확한 법 개념에 대한 부족한 통제는 현재까지 계속되고 있습니다.

다 아시고 계시는 국정원 댓글 사건이 지금 진행 중입니다.

저는 지난 금요일 국정원 댓글 사건 수사외압과 관련해서 첫 공판기일에 참석을 하고 왔습니다. 국민 여러분께서 다 아시는 것처럼 국정원 댓글 사건 당시 검찰 측 증인이었던 저를 검찰이 다시 모해위증으로 기소한 사건입니다.

국정원의 정치개입, 대선개입이 있었던 국정원 댓글 사건이 발생한 지 벌써 3년이 지났으나 여전히 현재진행 중입니다. 당시 국정원장이었던 원세훈 전 국정원장에 대한 재판이 여전히 진행 중이고 수사외압을 폭로했던 저에 대한 재판은 이제 시작되었습니다.

국정원의 정치개입이 사실로 밝혀졌음에도 불구하고 당시 국정원 직원의 '혐의 없음'이라는 서울경찰청의 허위 중간수사결과 발표를 강행한 김용판 전 서울청장이 무죄판결을 받은 것, 이것이 국정원에 대한 사법적 통제가 여전히 과거의 실수를 반복하고 있다라는 것을 보여 줍니다.

관련된 판결문을 보도록 하겠습니다. 제1심의 판결문입니다.

이 사건의 공소사실의 요지는 다음과 같습니다.

피고인의 지위와, 피고인이 김용판 당시 서울경찰청장입니다, 김용판 서울경찰청장에 대해서 공직선거법 위반혐의, 경찰공무원법 위반혐의, 직권남용, 권리행사 방해혐의로 기소한 사건입니다.

그 공소내용을 살펴보면,

'제18대 대통령선거 직전 국가정보원 직원들의 사이버 정치 관여 및 선거개입 의혹의 확산과 서울 수서경찰서의 수사 착수, 제18대 대통령선거 직전인 2012년 12월 11일 민주통합당 당직자의 공직자 선거개입 신고로 선거관리위원회 직원, 수서서 경찰관 등이 출동하여 국가정보원 심리전단 소속 김 모 씨의 주거지인 서울 역삼동을 확인하게 되었고 그 과정에서 민주통합당 관계자들이 몰려들어 위 오피스텔에 현존하는 노트북, 휴대폰 등 증거자료의 확보를 주장하는 한편 김 모 씨는 경찰의 요청에도 출입문을 열어 주지 않으면서 대치하게 되었다.

이러한 대치상황이 진행되던 중 민주통합당은 국가정보원 3차장 산하 심리정보단 조직이 심리정보국으로 확대 개편되어 문재인 대통령선거 후보자 낙선을 위한 사이버활동을 하고 있다는 제보를 근거로 현장에 민주당이 출동했던 것이라는 취지의 성명을 발표하였고, 한편 국가정보원은 김 모 씨는 일체의 정치활동을 한 사실이 없으며 증거 없이 국가정보원 직원의 개인거주지 사적공간에 무단진입 해 정치적 댓글 운운한 것은 사실무근으로 법적대응을 검토하겠다라는 내용의 보도자료를 배포하는 등 2012년 12월 19일로 예정된 제18대 대통령선거를 앞두고 세칭 국정원 여직원 사건이 사회의 이목을 집중시킨 이슈로 떠올랐다.

그 후 약 2일간 대치상황이 이어지다가 2012년 12월 13일 14시 40분경 위 오피스텔 출입문 개방 시 김 모 씨의 변호인, 선거관리위원회 지도계장, 수서서 경찰관, 기자단 대표가 동시에 입실하였고 김 모 씨의 휴대폰은 제출을 거부하되 데스크탑 컴퓨터와 노트북을 경찰에 임의제출 하기로 하면서 대치상황이 종료되었다.

한편 민주통합당은 위와 같은 대치상황이 한창 진행 중이던 2012년 12월 12일경 수서서에 '김 모 씨와 성명불상의 심리전단장을 상대로 2012년 가을경 국가정보원 심리정보국장의 지시에 따라 김 모 씨 등 심리정보국 직원 수십 명이 강남 일대 PC방, 커피숍 등지에서 다수의 언론사, 정치단체 인터넷 홈페이지에 야당 내지 야당 후보를 반대하는 게시글을 올리고 체계적으로 결과물을 취합하는 방법으로 특정 정당이나 특정 정치인에 대하여 지지 또는 반대의견을 유포하는 등 국가정보원법 및 공직선거법을 위반하였다'라는 내용의 고발장을 제출하였고 같은 날 수서서장은 민주통합당의 강력한 수사촉구와 관련하여 '범죄혐의 입증을 위하여 압수수색영장을 신청하려 하였지만 범죄를 입증할 증거인 김 모 씨의 ID, 닉네임을 확보하지 못하여 혐의를 증명할 만한 자료가 충분치 않아 현재로서는 압수수색영장을 신청할 수가 없다'라고 기자회견을 하였으며 이어 새누리당 의원 4명이 2012년 12월 13일 오전에 수서서장을 방문하여 민주통합당의 근거 없는 억지주장을 확실하게 밝혀달라고 요구하였고 이에 수서서장은 '현재 민주통합당이 댓글 내용이나 필명 등 구체적인 자료는 제출하지 않았으나 김 모 씨의 컴퓨터가 확보되면 훼손 여부 확인과 복구작업도 진행하겠다'라고 약속했다.

당시는 제18대 대통령선거일 6일 전으로 긴박한 선거정국하에 있었고 우선 김 모 씨가 국가정보원에서 무슨 일을 하는 직원인지, 정치적인 글을 인터넷에 올린 적이 있는지 등 국가정보원의 개입 의혹에 대한 경찰의 진상 확인 결과가 제18대 대통령선거에 어떤 형태로든 적지 않은 영향을 미칠 수 있는 상황이었다.

수서서는 이 고발에 따라 본격수사에 착수하고 2012년 12월 13일 오후 김 모 씨로부터 데스크탑 컴퓨터와 노트북을 임의제출 받아 그날 서울청 사이버범죄수사대에 위 컴퓨터들을 넘겨주고 삭제파일의 복구, 인터넷 접속기록 확인, 저장정보의 검색 등 디지털증거분석을 의뢰하였다.

수서서는 2012년 12월 13일 자로 서울청 사이버범죄수사대에 김 모 씨가 제출한 개인용 데스크탑 컴퓨터 1대와 업무용 노트북 1대를 분석의뢰대상으로 송부하면서 위 고발혐의와 관련하여 디지털증거분석 결과물인 디스크 이미징, 복구된 삭제파일, 인터넷 히스토리, ID 및 닉네임 자료 등 디스크 전자정보 및 혐의 구증에 필요한 참고자료 일체를 보내 줄 것을 요청하였다.

이에 따라 서울청 사이버범죄수사대 디지털증거분석팀은 2012년 12월 13일 분석의뢰대상 컴퓨터 2대를 인수하고 경찰청으로부터 사이버요원 인력 지원을 받았으며, 2012년 12월 14일 오전 국가정보원의 협조로 노트북 컴퓨터의 보안해제조치를 실시한 다음 그날 오후부터 이미징작업에 들어가 하드디스크 복사를 마치고 분석관들을 노트북 담당, 데스크탑 담당, 인터넷 검색 및 취합 담당의 3개조로 편성하여 인케이스 프로그램을 이용한 디지털증거분석작업에 착수하였다.

디지털증거분석팀은 2012년 12월 14일 20시에서 21시경 위 노트북 하드디스크의 삭제파일을 복구하는 과정에서 메모장 파일 1개를 발견하였는데 그 메모장 파일에는 어떤 인터넷 커뮤니티의 운영방식, 베스트 게시판과 베스트 오브 베스트 게시판 게시물의 선정을 지원하거나 저지하는 방법과 함께 30개의 ID와 닉네임이 기재되어 있었고 이정복이라는 사람의 이름과 주민등록번호, 뽐뿌, 보배드림, SLR 클럽 등 인터넷 커뮤니티사이트 이름과 '이적단체 강제해산법 제정이 시급합니다' '한일 군사정보협정 체결을 서둘러 주세요'라는 글 등이 들어 있었다.

디지털증거분석팀은 즉시 위와 같이 파악된 ID와 닉네임을 검색어로 활용하여 인터넷에 직접 접속하여 그 ID와 닉네임으로 작성한 게시글을 확인하고 그 과정에서 이 ID와 닉네임에 연계된 또 다른 ID, 닉네임 10개를 추가로 발견하였고 하드디스크의 인터넷 접속기록에서 김 모 씨가 '오늘의 유머' 등 인터넷 커뮤니티 사이트와 언론사 사이트 등에 이례적으로 수만 건 접속한 사실을 확인하였으며 하드디스크 저장정보 검색을 통하여 인터넷상에서 노트북 맥주소 변경방법 등을 검색한 사실도 알아내는 한편 인터넷 검색결과 위 메모장 파일에 기재된 이적단체 강제해산법 및 한일군사정보협정 관련 글은 트위터 계정에 올린 글이라는 사실도 확인하였다.

디지털증거분석팀 소속 10명의 분석관들은 그때부터 2012년 12월 16일 밤 무렵까지 철야근무를 하면서 위 ID 및 닉네임 합계 40개를 검색어로 활용하여 인터넷 커뮤니티 사이트에 직접 접속해 들어가 위 ID·닉네임으로 작성한 글을 확인하거나 하드디스크 인터넷 접속기록 URL 중 위 ID가 부기된 URL 등을 가지고 직접 인터넷 검색을 하는 등 하드디스크 분석에서 나온 정보를 활용하여 인터넷 검색작업을 수행하거나 인터넷 검색에서 나온 정보를 가지고 다시 인터넷 검색작업을 수행하여 김 모 씨와 그 특수관계인들이 '오늘의 유머' 등 몇 개의 인터넷 커뮤니티 사이트에 집중적으로 들어가 여야 정당 및 대선후보에 관한 게시글을 비롯한 정치적 이슈에 관한 글을 작성·게시한 사실을 다수 확인하였다.

피고인은 서울청장으로서 2012년 11월 25부터 제18대 대통령선거일인 2012년 12월 19일까지 전국 경찰에 비상근무령이 발령된 가운데 관내 주요 선거 관련 경비 및 치안상황을 실시간 점검하며 비상근무를 하였고 앞서 본 바와 같이 2012년 12월 11일 국가정보원의 선거개입 의혹이 관내 수서서에서 발생하자 수서서가 위 사건의 수사를 담당하되 서울청 사이버범죄수사대 디지털증거분석팀이 증거분석을 지원하게 되었다.

당시는 긴박한 선거정국하에서 경찰의 진상확인 결과가 제18대 대통령선거에서 어떤 형태로든 영향을 미칠 수 있는 상황이었으므로 대통령선거를 공정하게 관리해야 하는 책임자가 피고인으로서는 신속하고 정확하게 증거분석이 이루어지도록 하고 그 결과를 관할 수사관서인 수서서에 즉시 넘겨주어 증거분석 결과를 토대로 인터넷 검색 및 IP 추적 등 수사가 신속하게 진행되도록 해야 하였다.

그리고 여야 정치권을 비롯한 국민 여론 모두 위 의혹에 관해 신속한 진상확인을 촉구하고 있어 최종적인 수사결과가 나오지 않은 상태에서 중간수사결과라도 발표해야 하는 상황이라면 더더욱 수서서에 증거분석 결과물을 지체 없이 넘겨주고 결과물 취득경위를 설명해 주어 수서서 수사팀이 증거분석 결과를 제대로 파악하고 정확하게 수사방향을 잡도록 해 주어야 했다.

이러한 상황에서 피고인은 2012년 12월 15일 오전 서울청 수사부장 최 모 씨와 수사과장 이 모 씨로부터 하드디스크 분석담당 2개조와 인터넷 검색 및 취합 1개조로 나누어 분석을 진행하고 있으며 복구된 메모장 파일에서 김 모 씨가 사용한 것으로 판단되는 ID와 닉네임이 수십 개 나왔고 거기에는 김 모 씨가 주로 들어간 인터넷 커뮤니티 사이트 이름, 우수게시물 만드는 방법과 밀어내는 방법 등이 적혀 있으며 '오늘의 유머' 등 정치적 이슈가 논의되는 인터넷 사이트 접속기록이 수만 건 확인되고 메모장 파일에서 나온 ID와 닉네임으로 하드디스크 검색을 하는 한편 인터넷 검색을 하여 이 ID와 닉네임으로 작성한 글을 확인하고 있다라는 취지의 증거분석 상황을 보고받았고 이 모 씨로부터는 디지털증거분석팀장 김 모 씨와 이와 같은 내용으로 작성하여 이 모 씨에게 건네준 수기보고서를 직접 건네받았다.

피고인은 이와 같이 증거분석 전날에 증거분석 결과 국가정보원의 사이버 정치 관여 내지 선거개입의 증거들이 다수 포착되었다는 취지의 보고를 받고 이러한 분석결과물을 수서서에 그대로 넘겨주면 바로 수사하여 혐의가 상당부분 드러날 것이고 이러한 수사결과가 외부에 알려질 위험도 있는 상황이었으며 외부에 알려질 경우 선거정국에서 특정 후보자에게 유리 또는 불리하게 작용할 것이라는 점을 감지하고 오히려 위 분석결과물을 수서서에 보내지 않고 서울청에서 통제하며 상황을 지켜보다가 적당한 시점을 선택하여 수서서에 국가정보원의 개입의혹을 해소시켜 주려는 내용으로 왜곡된 발표를 시키기로 마음먹었다.

피고인은 2012년 12월 15일 오전 위와 같이 마음먹은 다음 위 최 모 씨, 이 모 씨 및 서울청 수사2계장 김 모 씨에게 일단 증거분석을 좀 더 진행시키면서 수서서에 분석결과물을 일체 넘겨주지 말고 분석결과를 알려 주지도 말라고 지시하면서 국가정보원의 개입의혹을 해소시켜 주는 발표방안을 강구하라고 하였다.'

(「대테러 관련된 내용이 아닌 것 같습니다」 하는 의원 있음)

국가정보원의 권한 강화에 대한 사법적 통제 한계의 문제점을 인식하고 입법적인 통제, 우리 국회가 통제해야 한다라는 내용입니다.

(「대테러와 관련된 얘기만 해야지요」 하는 의원 있음)

대테러방지법안의 가장 큰 문제가 국정원의 권한강화이기 때문입니다. 그리고 국정원의 강화에 대해서 적절한 사법적 통제가 없었다라는 과거의 그리고 진행되고 있는 사례를 말씀드리고 있는 것입니다.

(「대테러에 관한 적절한 내용이 아닙니다」 하는 의원 있음)
(「대테러방지에 대해서만 이야기하세요」 하는 의원 있음)

● **부의장 이석현** 의원님 여러분 양해하고 좀 더 들어 보시면 좋겠습니다.
권은희 의원님 말씀 계속하세요.

● **權垠希 議員** 제가 발언권을 신청하고 발언의 내용들을 죽 정리해 드렸습니다.

다시 한 번 말씀드리지만 테러방지법안은 불명확한 법이고 국정원의 권한을 강화하는 법이다. 그런데 이 불명확한 개념의 법에 대해서 그리고 국정원의 권한에 대해서 과거에 우리 사법적인 통제가 제대로 작용되지 못했다, 그에 대한 사례들을 죽 열거해 드렸고요. 그리고 현재도 진행되고 있는 사법적 통제가 실패하고 있는 사례가 있다라고 지금 말씀을 드리고 있는 것이고요.

그리고 이 부분에 대한 얘기가 끝나고 나면 그렇기 때문에 우리 국회에서 직권상정이 아니라 여야가 합의를 통해서 국정원의 권한 강화에 대해서 적절히 감시·견제할 수 있는 입법적 장치를 마련하는 내용의 테러방지법안이 마련되어야 한다라는 내용을 말씀드리고 있는 과정 중의 하나입니다.

(「본인이 수사한 내용을 읽어 가지고 사법부가 부실하다는 이야기를 하는 것은 옳지 못해요」 하는 의원 있음)

이에 따라 최 모 씨, 이 모 씨, 김 모 씨는 수사결과 발표
내용에 위와 같은 하드디스크 분석결과와 인터넷 검색을 한
것을 모두 은폐하고 하드디스크에 김 모 씨 본인이 인터넷
사이트에서……

● **부의장 이석현** 잠깐만요. 권은희 의원님, 잠깐만 양해를
구합니다.
　지금 방청석에는 정진후 의원 소개로 73인 외에, 또 여러
의원님들 소개로 방청하고 계십니다. 잘 오셨습니다.
　또 의원님들께 참고로 하나 말씀드리면 조금 전에
선거구획정위원회가 선거구획정안을 의결했다고 그럽니다.
그래서 오늘 11시경에 국회에 제출할 예정이라고 그럽니다.
　권은희 의원님, 말씀 내용도 참고하시면서 발언 진행해
주십시오.

● **權垠希 議員**
　'작성·게재한 문재인·박근혜 대통령선거 후보자에 대한
비방·지지 게시글이나 댓글의 전자적 잔상이 남아 있지
않은 것에 착안하여 하드디스크 저장정보를 수십 개의
키워드로 검색하였으나 2012년 10월 1일 이후 문재인·박근혜
대통령선거 후보자에 대한 비방·지지 게시글이나 댓글을
게재한 사실이 발견되지 않았다라고 발표하면 일단
대통령선거가 임박한 시기에 디지털 포렌식을 잘 모르는 일반
국민들로 하여금 김 모 씨 등 국가정보원 직원들이 조직적인
사이버 여론조작을 하지 않았고 민주통합당의 의혹제기는
근거 없는 것이라고 생각하게 함으로써 국가정보원의
개입의혹을 일응 해소할 수 있다고 판단하였다.
　피고인이 디지털증거분석 상황을 계속 보고받고 있는
가운데 최 모 씨, 이 모 씨, 김 모 씨 등은 이와 같은 수사결과
발표방안을 피고인에게 보고하였고 피고인은 이를 승인하고
구체적인 발표 문항과 언론 대응자료 등을 준비하라고 하면서
분석상황과 결과를 수서서에 절대 알려 주지 말고 보안을
철저히 지킬 것을 재차 지시하였다.
　한편 이 모 씨와 김 모 씨는 서울청 사이버범죄수사대장
장 모 씨와 사이버범죄수사대 기획실장 김 모 씨 등에게
중간수사결과 발표를 위해 수서서에 보내줄 디지털증거분석
결과보고서 초안을 준비하라고 하면서 위와 같이 미리 정해
놓은 발표내용 방침에 맞춰 작성하라고 하였다.
　피고인은 2012년 12월 16일 오전 수서서장 이 모 씨에게
전화로 곧 디지털증거분석 결과가 나올 텐데 결과가 나오면
바로 중간수사결과를 발표할 수 있도록 준비하라'라고
지시하고 이에 따라 이 모 씨는 수서서 수사팀에 아직
디지털증거분석 결과를 회신 받지 않은 상태이므로
디지털증거분석 부분을 제외한 나머지 부분만을 작성하여
보도자료 초안을 준비하라고 하였다.
　이어 피고인은 2012년 12월 16일 저녁 서울 종로구 내자동
소재 서울청 내 자신의 집무실에서 최 모 씨, 이 모 씨, 김 모
씨, 장 모 씨 등과 함께 중간수사결과 발표와 관련해 회의를
하면서 같은 날 밤 11시에 중간수사결과 보도자료를 먼저

언론에 배포하고 다음 날인 2012년 12월 17일 아침 9시에
언론브리핑을 하는 것으로 결정하고 그 자리에서 이 모 씨에게
전화를 걸어 당일 밤 11시에 보도자료를 배포하고 다음 날
아침 9시에 언론브리핑을 할 것을 지시하였다.'
　(장내 소란)
　(● 이진복 의원 의석에서 — ……자기합리화를 하는 거예요.)
　'한편 그 과정에서 수서서 수사팀은 위와 같이 작성한
보도자료 초안을 서울청 수사과에 전자발송하고 수서서로부터
보도자료 초안을 받은 최 모, 이 모, 김 모 씨 등은 그 초안의
1면 상단에……

● **부의장 이석현** 이진복 의원님 말씀들 잘 들었는데요. 또
뒤에 결국은 테러방지법과 연결해서 말씀이 된다고 하니까
조금만 더 인내하고 한번 들어 주셨으면 감사하겠습니다.
　권은희 의원님, 계속하십시오.
　(「……자기합리화를 주장하는 거예요」 하는 의원 있음)
　좀 더 들어 봅시다, 연결이 돼요.

● **權垠希 議員**
　'그 초안의 1면 상단에 국정원 직원 불법선거운동 혐의사건
중간수사결과라고 제목을 달고 그 아래에 '디지털증거분석
결과 문재인·박근혜 후보에 대한 지지·비방, 댓글 발견되지
않음'이라고 발표요지를 적은 후 '수사착수 경위와 진행사항
항목 등' 다음에 '컴퓨터 하드디스크 분석결과'라는 항목을
만들어 2012년 12월 13일 피고발인으로부터 데스크톱
컴퓨터 1대와 노트북 1대를 임의 제출받아 서울청
사이버범죄수사대에 디지털증거분석을 의뢰한 후 금일
22시 30분경 분석 결과를 회신받았으며 디지털증거분석
결과 2012년 10월 1일에서 12일 13일간 '문재인·박근혜
대선후보에 대한 비방·지지 게시글이나 댓글을 게재한 사실은
발견되지 않았습니다'라는 내용을 적어 넣어 보도자료를
완성하고 피고인은 위와 같이 완성된 보도자료와 함께 수서서
송부용으로 보도자료 내용에 맞추어 작성된 디지털증거분석
결과보고서를 받아 보고 승인한 후 수서서에 이를 즉시
송부하라고 지시하였다.'
　(「의장님, 이 내용이 테러방지법하고 무슨 관련이 있습니까?」
하는 의원 있음)
　말씀드렸지만 테러방지법에 대한 문제 제기에 대해서
제가 두 가지로 했습니다. 법안에 불명확한 개념의 사용과
이에 대한 국정원 권한 강화의 문제 그리고 이에 대한 사법부
통제의 실패에 대한 문제를 지적했습니다. 그리고 과거에
사법부 통제가 실패한 부분들을 열거했고 지금 현재 이
판결 역시 비판되고 있는 내용이 있으니 그에 대해서 말씀을
드리는 겁니다.
　(장내 소란)

● **부의장 이석현** 의원님 여러분 한 말씀 드리겠습니다.
　지금 말씀의 취지는, 권은희 의원님 발언의 취지는 이번에
테러방지법을 국정원에서 주도하게 하자는, 테러방지를

하자는 그런 법안이 올라와 있지 않습니까? 그러니까 국정원에게 그 일을 주는 것이 합당하지 못하다, 왜냐하면 사법통제도 실은 지난번에 성공하지 못했었다, 국정원에 대한 사법통제도. 그것을 말씀하기 위한 거기 때문에 연관이 있는 거지요.

다만 자신에 관련된 부분을 말씀한다는 것은 저도 예민하게 생각을 해 봤는데요 실은 권은희 의원 자신이 그 사건 관련해서 중심에 있었습니다. 그러니까 자신의 얘기를 피해갈 수는 없을 것입니다. 그러니까 조금 인내하시고요.

이 필리버스터 연설이 과거에도 선례를 봤더니 1964년에 김대중 의원이 낭산 김준연 의원 구속을 막기 위해서 할 때나 그 뒤 1969년에 신민당 박한상 의원이 3선 개헌을 위해서 10시간이나 할 때 그 내용들을 제가 속기록도 확인해 봤는데 실은 이러저러한 얘기들이 많이 그 속에 있습니다. 그때도 지금 의원님들 말씀하시는 국회법 102조에 있는 의제 외 발언을 할 수 없다는 조항은 그때도 있었습니다. 왜냐하면 그 조항이 제헌국회 때 국회법에 들어간 내용이거든요. 그래서……

('죄송한데요, 지금 국회선진화법은 주제에 관한 것만 이야기할 수 있는데 너무 광범위하게 하기 때문에 저희들이 이야기를 하는 겁니다. 그때의 필리버스터제도는……' 하는 의원 있음)

아닙니다. 이 필리버스터제도는 아시는 바와 같이 2012년에 우리가 규정했거든요? 2012년에 규정을 했는데 구체적인 내용은 없습니다.

그러나 선례를 봤더니 과거에도 의제 외 발언은 못 한다고 돼 있었는데, 지금과 똑같은데 그런데 좀 폭넓게 한 선례를 제가 봤습니다.

그래서 법에 명백히 제시되지 않았을 때는 우리가 선례도 참고하는 그런 정신으로 볼 때 의원님들이 조금만 그 부분을 인내하고 들어주시면 고맙겠습니다. 내가 볼 때는 거의 그 부분이 끝나 가는 것 같습니다.

감사합니다.

● 權垠希 議員

'이 모 씨는 2012년 12월 16일 22시 30분에서 23시경 경찰청 인트라넷으로 위 디지털증거분석 결과보고서와 보도자료를 차례로 수신한 다음 2012년 12월 16일 23시경 경찰수사공보 관행에 따라 위 보도자료를 수서서 인터넷 홈페이지에 게시하면서 언론에 배포하고 다음 날인 2012년 12월 17일 09시경에 위 디지털증거분석 결과보고서 및 위 보도자료 내용과 같은 취지의 언론브리핑을 실시함으로써 국가정보원에 사이버정치관여 및 선거개입의혹 고발사건에 대한 중간수사 결과를 발표하였다.

한편 수서서가 보도자료 수신에 조금 앞서 전자수신한 하드디스크 키워드 검색과 인터넷 접속기록에서 혐의사실 관련 내용을 발견하지 못하였고 삭제된 문서파일을 복구하였으나 혐의사실 관련 내용을 발견치 못하였다라는 내용의 디지털증거분석관 10명 명의의 디지털증거분석

결과보고서는 앞서 본 바와 같이 김 모 씨와 그 특수관계인들이 수십 개의 ID와 닉네임을 사용하여 몇 개의 인터넷 커뮤니티 사이트에 집중적으로 수만 번 접속하여 정치적인 사이버활동을 하였다는 사실을 감추기 위해 메모장 파일의 존재, 40개 ID 및 닉네임의 발견 경위, 인터넷 접속기록과 인터넷 검색실시 사실 등을 은폐한 것이었다.

따라서 위 중간수사결과 발표는 디지털증거분석 결과에 관한 실체적 진실을 은폐한 것일 뿐 아니라 수서서가 증거분석 결과물을 전혀 받지 못하였고 허위내용의 디지털증거분석 결과보고서만 받아 본 상태에서 마치 서울청으로부터 분석결과를 제대로 회신 받고 디지털증거분석 결과를 발표하는 것처럼 되어 결국 그 내용과 경위 모두 실체를 은폐한 허위발표였다.

결국 피고인은 수서서장 이 모 씨와 수사과장 고 모 씨 등 수사팀으로 하여금 위와 같이 실체를 은폐한 허위의 수사결과를 발표하게 함으로써 의무 없는 일을 하게 하였다.

증거분석을 시행한 서울청은 2012년 12월 17일 수서서장의 중간수사결과 브리핑 후에도 앞서 본 바와 같이 분석상황과 결과를 수서서에 알려주지 말고 보안을 철저히 지키라는 피고인의 지시에 따라 수서서 수사팀에게 실제 분석 결과를 알려주거나 분석 결과물을 넘겨주지 아니하였다.

한편 수서서 수사팀은 전날 송부받은 위 디지털증거분석 결과보고서에 URL 분석 등으로 40개 ID와 닉네임을 발견하고 이를 키워드로 활용하여 하드디스크 전자정보를 검색한 결과 1만 586건의 자료가 확인되었지만 혐의사실 관련 내용은 발견하지 못하였다고 기재되어 있는 것을 보고 서울청 수사과에 40개의 닉네임 및 ID와 키워드 검색 결과물을 포함한 일체의 분석결과물을 보내 달라고 여러 차례 요청하였다.

그러나 서울청 수사과는 수서서의 위와 같은 요청에 대해 압수물은 임의제출물이기 때문에 임의제출자에게 직접 돌려주겠다. 분석 결과가 유출될 경우 국가안보에 중대한 위험이 발생하고 수서서에서 유출시키지 않더라도 수사지휘 과정에서 검찰에서 유출될 수 있다는 등의 변명을 하며 분석 결과 회신을 거부하였다.'

(● 김한표 의원 의석에서 ─ 권 의원……)

(장내 소란)

'수서서 수사팀은 계속적인 구두요청 끝에 정식 공문을 송부하기로 하고 2012년 12월 18일 오전 분석 의뢰 대상인 김 모 씨의 데스크탑 및 노트북 하드디스크 두 대에 대한 대상 원본 하드디스크 및 이미징 파일, 위 이미징 파일로 분석한 자료, 위 대상 이미징 파일의 파일 리스트 및 파일 내보내기 한 자료, 증거분석 결과보고서 및 증거분석 진행일지 등을 보내 달라는 전자공문을 송부하였고 유선으로도 같은 내용의 구두 독촉을 하였지만 아무런 답변을 받지 못하였다. 그리고 같은 날 16시 45분경에는 인터넷 경향신문에 하드디스크 분석 결과가 아직까지 수서서에 전달되지 않았다라는 기사가 보도되는 상황에 이르렀다.

이에 서울청 수사과는 마지못해 12월 18일 19시 30분경

서울청을 직접 방문한 수서서 수사팀에게 분석 결과물이 저장되어 있다며 김 모 씨의 컴퓨터 하드디스크에서 확인된 인터넷 접속기록, 웹문서, 최근 사용 파일, 추출된 ID·닉네임 목록, 복원된 삭제 문서, USB 저장장치 사용기록, IP 주소 등 항목으로 표시된 전자정보를 별도의 하드디스크에 담아 교부하였다.

그러나 송부한 하드디스크에 저장된 추출된 ID·닉네임 목록 항목 전자정보에는……'

(장내 소란)

'40개의 ID와 닉네임을 포함한 44개 키워드 목록 외에 실제로 이를 키워드로 활용하여 하드디스크 전자정보를 검색한 결과는……'

● **부의장 이석현** 잠깐만요, 권은희 의원님 잠시 양해 구합니다. 의원님들께서 여러 번 말씀하시는데 실은 보는 안목에 따라서 서로 견해차가 있습니다. 저는 이게 연관성이 있다고 보거든요.

그런데 실은 그래서 새누리당에서도 이런 필리버스터 토론에 좀 참여를 하시면 좋겠어요. 그래서 이런 경우에 대해서 나와서 또 발언을 하면서 이것은 이것 아니다라고 설명할 수 있으면 국민이 좀 더 판단하기 좋을 텐데 새누리당 의원님들은 한 분도 발언 신청을 안 하시고 의석에서만 말씀을 하시니까 실은 의사진행 하는 데도 좀 난감함이 있습니다.

그러나 이런 부분들이 직접적 연관성이 있고, 없고는 몰라도 의제와 간접적인 연관성은 다 있습니다. 그래서 좀 웬만하면…… 옛날에 1969년에도 그런 폭넓은 해석을 했던데 지금 우리가 벌써 몇 년 지났습니까? 한 30~40년 지났는데 지금에 와서 거꾸로 돌아가는 식으로 의제에 대한 연관성을 축소해서 해석하는 것은 상당히 신중하게 생각해 볼 일입니다.

그래서 이 부분은 좀만 더 들어 주시면 고맙겠어요.

(「부끄러운 줄 알아야지」 하는 의원 있음)

(장내 소란)

권 의원님 말씀하십시오.

● **權垠希 議員**

'또한 인터넷 접속기록이나 웹문서, 최근 사용 파일, 각 항목 전자정보의 경우도 단순히 접속기록을 나열하거나 해당 웹문서, 사용파일이 발견된 경로만을 열거한 목록에 불과할 뿐 실제 분석 과정에서 확인된 정치적 이슈에 관한 게시글 및 찬반클릭 내역, 주요 활동 사이트 및 게시글 삭제 현황 등을 포함한 접속기록 분석 결과, 해당 웹문서 및 사용파일 분석 결과 등 수사에 필요한 실제 분석 결과물은 제외되어 있었고 수사팀에서 해당 웹문서 및 사용파일에 직접 접근하여 그 내용을 확인하는 것조차 현저히 곤란하도록 하이퍼링크 설정이나 인코딩 등 기초분석 작업조차 이루어지지 않은 상태였으며, 복원된 삭제문서 항목 전자정보의 경우는 실제 분석 과정에서 확인된 그 문서의 출처, 의미 등에 대한 정보

역시 포함되어 있지 않았다.

이러한 하드디스크를 가지고 수서서로 돌아간 수사팀은 ID와 닉네임이 포함된 키워드 검색 결과물 등이 누락된 사실을 발견한 후 서울청 수사과에 강력하게 항의하여 분석 과정에서 확인된 출력물 등 자료를 요구하였고, 서울청은 대통령선거일인 2012년 12월 19일 00시 38분경 다시 서울청을 찾아온 수서서 수사팀에게 44개 키워드를 활용하여 하드디스크 저장정보를 검색한 결과물이 저장되어 있다며 별도의 CD를 넘겨주었다.

그러나 그 CD에도 실제 분석 과정에서 발견된 키워드 검색 결과물은 제외되어 있었고 해당 키워드가 발견된 경로 정보가 나열된 목록만 저장되어 있었는데 그 경로 정보만으로는 수사팀에서 직접 분석 결과를 찾아 확인하는 것이 사실상 불가능한 상태였다.

결국 서울청 수사과는 형식적으로 2회에 걸쳐 수사팀에게 분석 결과물이 저장되어 있다는 하드디스크와 CD를 교부하였지만 정작 실제 분석 과정에서 발견되었고, 수사 진행을 위해 신속히 제공했어야 할 게시글 출력물 자료 등 분석 결과물은 넘겨주지 않았고 수사팀에서 직접 그 내용을 확인·분석하는 것조차 현저히 곤란한 상태의 자료만을 넘겨주었다.

피고인은 이와 같은 방법으로 증거 분석 결과물의 회신을 거부하고 지연시킴으로써 수서서 수사팀의 수사 진행을 방해하였다.

이로써 피고인은 서울청장으로서 수서서에 대한 정당한 지도감독권의 행사인 것처럼 그 직권을 남용하여 수서서장 이 모 씨와 수사과장 권 모 씨……'

(● 김한표 의원 의석에서 — 본인에 대한 변명을 지금 하고 있어!)

(장내 소란)

'지능범죄수사팀장 김 모 씨, 사이버범죄수사팀장 유 모 씨 등 수서서 수사팀 관계자들로 하여금 디지털 증거분석 결과도 알지 못한 채 위와 같이 실체를 은폐한 허위의 중간수사 결과 보도자료를 수서서……'

● **부의장 이석현** 김한표 의원님도 하나 더 권유 말씀을 드리자면 찬성발언 신청을 좀 하세요, 이따. 그래서 발언권 얻어서 나와서 당당하게 말씀을 하세요.

(● 김한표 의원 의석에서 — 의제에서 벗어난 발언은 제지를 해 주셔야 되는 거예요!)

좌석에서 얘기하는 건 논리 전개에 한계가 있습니다. 토론하기가 조금 불편합니다, 좌석에 있으면. 나와서 나중에 찬성토론하세요.

(● 김한표 의원 의석에서 — 아니, 의제에서……)

● **權垠希 議員** 제가 의제와 관련된 목차를 말씀드렸고 이 목차에 해당하는 자료입니다. 이와 관련해 가지고는……

(● 김한표 의원 의석에서 — 본인 변명을 위한 내용인데 그게 어떻게……)

(장내 소란)

국민들이 판단을 하실 거고요. 김한표 의원님께서 달리 생각을 하신다면 정식으로 발언권을 신청하시고 토론에 참여해 주시기 바랍니다.

● 부의장 이석현 권 의원님 제가 말씀드렸으니까 발언 진행하십시오.

● 權垠希 議員

'수서 홈페이지에 게시하게 함과 아울러 언론 배포 및 브리핑을 하게 함으로써 의미 없는 일을 하게 하고 위와 같이 제18대 대통령선거일 전날까지 수서서의 디지털 증거 분석 결과물 회신 요구를 계속 거부함으로써 위 이 모 씨와 권 모 씨 등 수서서 수사팀 관계자들의 정당한 수사권 행사를 방해하였다.

그리고 피고인은 경찰공무원으로서 제18대 대통령선거에서 특정 후보자가 당선되게 하기 위하여 위 이 모 씨와 권 모 씨 등 수서서 수사팀 관계자들로 하여금 위와 같이 실체를 은폐한 허위의 보도자료를 수서서 홈페이지 등 공공시설 등에 게시하게 함으로써 경찰공무원법상의 정치운동 금지 규정을 위반함과 아울러 서울청장이라는 공무원의 지위를 이용하여 대통령선거 직전에 위와 같이 실체를 은폐한 허위의 수사 공보를 하게 함으로써 선거운동을 하였다'

라는 것이 주요 공소사실의 내용입니다.

이 공소사실의 가장 중요한 것은 첫 번째가 수서서 수사팀이 수사에서 배제됐다는 것과, 두 번째가 배제된 상태에서 최종적인 수사 결과와는 다른 허위의 중간수사 결과 발표가 있게 되었다라는 내용입니다.

그런데 공소사실의 가장 핵심이 되는 두 가지 부분에 대해서 1심 판결문은 이렇게 얘기를 합니다.

'디지털증거분석팀이 최종 증거분석 결과가 나오기 전에 증거분석 진행 상황을 수시로 수사팀에게 전달하여야 한다는 검사의 주장은 하나의 의견에 불과할 뿐 확립된 절차적 원칙이라고는 보이지 않는다. 즉, 분석이 최종적으로 종료된 후 그 결과의 의미를 명확하게 규명하여 수사관서에 통보할 것인지 아니면 의미 있다고 판단되는 분석 내용은 분석 도중에라도 수시로 통보할 것인지는 사건의 내용, 범죄혐의의 소명 및 수사의 진행 정도, 분석의 진행 상황 및 결과, 사안의 중대성 및 급박성 등 사건의 구체적인 모습에 따라 합목적적으로 결정되어야 될 사항이다.

검사는 범죄의 혐의가 불분명했던 수사 초기에 발견되어 당시에는 그 의미가 불명확했던 일부 증거에 대하여 수사가 종결되고 추가증거가 다수 확보되어 관련자들이 기소까지 된 현재의 관점에 따라 의미를 부여한 다음 규범적이고 당위적인 판단 기준을 들이댐으로써 피고인 혹은 디지털증거분석팀이 절차상의 잘못을 범했다고 주장하나 이는 당시의 구체적인 상황 및 피고인 혹은 디지털증거분석팀의 인식을 고려하지 않은 것으로서 선뜻 수긍이 가지 않고 그러한 논리 구성에 충분한 근거가 있는지 의심스럽다'라고 해서 규범적이고

당위적이고 절차적으로, 관행적으로 확립되어 있는 부분들에 대해서 수긍하기 어렵다라는 말로 배척을 해 버립니다.

그리고 허위 중간수사 결과 발표 내용과 관련해서는 이렇게 정리를 하고 넘어가 버립니다. '비록 수서서가 2012년 12월 16일 발표한 보도자료와 2012년 12월 17일 실시한 언론 브리핑이 그 시기와 내용면에 있어서 최선의 것이었는지에 관하여 다소 아쉬움이 남는 것도 사실이나 예컨대 김 모 씨가 40개의 ID와 닉네임을 사용하였음이 확인된 이상 비록 당시까지는 그것이 경찰이 설정한 분석 범위 내의 것이라고 단정하기 어려웠더라도 분석의 범위와 관련된 쟁점을 분명히 부각시켜 이를 기초로 수사가 확대될 여지가 있음을 밝히는 등으로 불필요한 오해를 피하는 방법으로 업무를 처리할 수도 있었을 것으로 판단된다.'

이렇게 허위의 중간수사 결과 발표에 대해서는 '아쉽다'라는 내용으로 넘어가 버리고 공소사실에 대해서 판단을 해 버립니다. 판단의 심각한 유탈이라고 보여지고요.

그래서 제2심 판결문은…… 검찰에서는 1심 판결문에 대해서 마찬가지의 취지로 항소를 제기합니다.

검사 항소의 취지는 원심은 '메모장 파일 등이 분석 범위 제한 또는 수사와의 관련성이 없어 제외되어야 하는 자료였는지, 피고인이 국정원 직원의 활동은 인터넷 여론조작과는 관련이 없다는 결론을 내린 근거는 무엇인지, 수사팀을 배제하고 분석 결과 확인된 국정원 직원의 활동이 적법하다는 서울지방경찰청의 일방적 판단이 가능하고 적법한지 등에 대한 판단을 유탈했다'라는 항소이유이고 이 항소이유에 대해서 항소심 역시 판단을 하지 않고 사건은 종결이 됩니다.

국정원 수사, 댓글사건과 관련해서 수사상의 어려움을 겪은 내용에 대한 판단입니다.

그러면 본류인 국정원 댓글사건에 대한 법원의 판단은 과연 어떤가요? 국정원의 정치개입 및 선거개입의 혐의로 기소된 내용입니다.

공소사실의 요지를 보면, 원세훈 국정원의 정치개입을 보면 2009년 2월 12일 원세훈 국정원장으로 취임합니다. 2009년 3월 원세훈은 국 소속부서인 심리전단을 3차장 산하의 독립부서로 편제, 심리전단 내 사이버팀을 2개 팀으로 확대, 이 부서에 국정발목잡기 등 반정부 선전선동에 대응한 국정홍보 사이버활동을 수행하도록 합니다.

2010년 10월 원세훈, 이명박 집권 후반기를 맞아 안정적 국정운영을 위한 지원이 시급하다고 판단하여 위 사이버팀을 3개로 확충합니다. 2011년 4월 5일 이명박 합참 민군심리전부장으로 재직 중이던 이종명을 국정원 3차장으로 임명합니다.

2012년 2월 원세훈은 총선 및 대선을 앞두고 선거 시기에 사이버활동을 더욱 강화하기 위하여 심리전단사이버팀을 4개 팀 70여 명으로 확대합니다.

심리전단 내의 사이버팀 편제를 보면 안보사업 1팀~5팀의 4개 팀으로 편제되어 있습니다. 1팀은 대북정책홍보 사이트인 안보포털 운영 및 북한주민 상대 대북심리전

담당, 2팀은 국내 포털사이트 등에서의 북한 선동에 대한 대응활동 담당, 3팀은 국내 포털사이트 등에서의 종북세력에 대한 대응활동 담당, 5팀은 트위터에서의 북한 및 종북세력에 대한 대응활동을 각 담당합니다.

안보3팀 및 안보5팀은 산하에 4개의 파트를 두고 파트장 밑에 4명의 파트원을 두고 있습니다. 이 중 안보3팀은 각 파트별로 담당하는 인터넷 사이트를 구분하여 업무를 수행하였는데 특히 안보3팀 5파트가 '오늘의 유머', '보배드림', '뽐뿌' 등의 인터넷 사이트를 담당하였습니다.

원세훈의 정치개입의 지시 및 전파의 경로는 두 가지 경로입니다.

첫 번째는 매월 개최되는 전 부서장 회의가 있고, 두 번째는 매일 아침 국가정보원장인 피고인의 주재로 본부 차장, 실·국장 내지 기획관이 참석하는 모닝브리핑이 있습니다.

매월 개최되는 전 부서장 회의에서 원세훈은 국가정보원장으로서 각종 지시사항을 시달하였으며 이러한 지시사항은 회의 직후 각 실·국장, 산하팀장 회의, 각 팀장 산하 회의 등의 계통을 밟아 전 직원에게 즉시 전파되고 다시 원장님 지시 강조 말씀으로 내부전산망에 게시되어 전 직원이 늘 열람할 수 있게 함으로써 전 직원에게 재차 전파, 피고인의 지시사항이 계통을 밟아 전 직원에게 시달되는 과정에서 각 부서에서 자기 관장 업무에 해당하는 이행계획을 세우고 이행 결과는 팀장, 실·국장 등의 계통을 밟아 피고인에게 최종 보고하는 방식으로 지시 및 보고가 이루어져 왔습니다.

두 번째, 매일 아침 국가정보원장인 피고인 주재로 본부 차장, 실·국장 내지 기획관이 참석하는 모닝브리핑이 있습니다. 여기서 각 부서별로 전 부서장 회의에서의 지시사항에 대한 이행 결과 보고 및 세부 추가지시 등이 이루어졌고 세부 추가지시 역시 계통을 밟아 전 직원에게 시달되고 이행 결과가 원장인 피고인에게 최종적으로 보고되어 왔습니다.

심리전단의 활동과 관련해서 위와 같은 월례 전 부서장 회의와 일일 모닝브리핑에서 원세훈이 지시한 사항이 3차장 이종명, 심리전단장 민병주를 거쳐 각 사이버팀장을 통해 사이버팀 전 직원에게 시달되면 그 과정에서 구체적인 대응 논지를 개발하여 각 팀원에게 배당이 되고 각자 담당하는 인터넷 사이트 등에 들어가 다른 사람의 게시글 등을 모니터링하면서 게시글과 댓글을 작성하거나 추천·반대를 클릭하고, 이와 같은 사이버 활동의 주요 결과는 팀장, 심리전단장, 3차장 등을 거쳐 원장인 피고인에게 보고됨으로써 결국 피고인의 지시가 지휘계통을 거쳐 시달된 것에 따라 심리전단 직원들의 사이버 활동에 의한 정치 관여의 범행이 실행되었습니다.

이러한 지시에 의하여 김 모 씨를 비롯한 하급 가담자들은 2012년 8월 22일경부터 2012년 12월 17일경까지 사이에 모두 1214회에 걸쳐 '오늘의 유머' 등 다수 인터넷 사이트에서 특정 정당과 정치인들을 지지·찬양하거나 반대·비방하는 게시글에 대한 찬반클릭 하는 정치개입 활동, 2009년 2월 14경부터 2012년 12월 13일경까지 사이에 모두 2125회에 걸쳐 '오늘의 유머' 등 다수의 유머 사이트에서 특정 정당 또는 정치인들을 지지·찬양하거나 반대·비방하는 글을 작성하여 게시하는 정치개입 활동, 2011년 1월 12일경부터 2012년 12월 19일경까지 사이에 특정 정당 또는 정치인들을 지지·찬양하거나 반대·비방하는 글을 모두 78만 6698건에 걸쳐 각각 또는 동시 트윗, 리트윗하는 방법으로 트윗 내지 리트윗하는 정치개입 활동을 하고, 한편 선거개입 행위를 살펴보면 2012년 8월 22일경부터 2012년 12월 17일경까지 사이에 모두 1057회에 걸쳐 '오늘의 유머' 등 다수의 인터넷 사이트에서 제18대 대선과 관련하여 특정 후보자를 지지하거나 반대하는 게시글에 대하여 찬반클릭을 함으로써 지위를 이용한 선거운동을 하고 2012년 1월 3일경부터 2012년 12월 13일경까지 사이에 모두 114회에 걸쳐 '오늘의 유머' 등 다수의 인터넷 사이트에서 제18대 대선과 관련하여 특정 후보자를 비판하는 글을 작성하여 게시함으로써 지위를 이용하여 선거운동을 하고, 2012년 1월 24일경부터 2012년 12월 19일경까지 사이에 제18대 대선과 관련하여 특정 정당 또는 후보자를 지지하거나 반대하는 글을 트윗 16만 8511회, 리트윗 27만 8333회 등 모두 44만 6844회에 걸쳐 각각 또는 동시 트윗 내지 리트윗함으로써 지위를 이용하여 선거운동을 하였습니다.

(이석현 부의장, 정의화 의장과 사회교대)

이러한 공소사실에 대해서 원세훈, 법원의 제1심 재판부에서는 국정원법 위반은 일부 유죄, 공직선거법 위반 부분은 무죄로 판단하였습니다.

하지만 공직선거법 위반의 무죄에 대한 판단 부분에 문제점이 있습니다.

판결문 182쪽에 되어 있는데요 '국가정보원의 국정홍보 행위가 선거기간에는 당연히 선거운동이 되는지 여부'라고 소제목을 달고 원세훈 국정원장의 정치 관여의 본질을 국정홍보 행위로 국한하고 있습니다. 그래서 국정홍보 행위가 선거운동이 되는지 여부만 판단하고 있습니다.

'정부의 정책이나 국정 성과 등을 홍보하는 글을 작성 및 게시하였을 뿐만 아니라 정부의 시책에 반대하는 야당 또는 야당 정치인들을 반대·비방하는 글을 작성 및 게시'한 것으로 이렇게 국한해서 정리를 해 주고 있고, 이에 의해서 이 국한된 자료를 기초로 무죄 판단을 하게 됩니다.

하지만 공소사실에서도 나와 있듯이 국정원 직원들의 선거개입형 게시글이나 트윗·리트윗 유형을 보면, 당시 대통령 후보였던 박근혜 지지·찬양형, 내용은 후보들의 인상착의, '박근혜의 친근한 미소, 문재인의 놀란 토끼 눈, 안철수의 느끼한 능구렁이 얼굴, 결론 - 사람은 미소 짓는 모양이 아름답다'라는 등의 글입니다.

두 번째, 박근혜 공약 선전형, 내용은 '박 후보가 지난 11월 소방기본법 개정안을 발의했네요. 소방관들의 안전은 우리가 지킨다. 박근혜 추석 연휴 경찰청·소방서 격려 방문'

등의 내용입니다.

그리고 박근혜 지지자 결집 소개형 '새누리, DJ 조카 김수용 영입. 부마항쟁 특별법 처리. 새누리당 국민대통합위원회가 고 김대중 전 대통령의 조카인 김수용 전 국회의장 비서관을 영입키로 했다' 등의 내용입니다.

그리고 야당 비난형, 내용은 '사회의 암적인 존재를 버젓이 국회의원이라고 뽑았다니 음란물 보유하거나 트위터에서 실시간으로 음란한 말 날리는 거나 다를 바 없다.'

그리고 야당후보 비난형이 있습니다. '오만한 안철수, 국민을 졸로 본다. 오만한 안철수, 안철수의 책 속에는 스스로 성인군자인 것처럼 미화한 부분이 너무도 많은데 자칭 성인군자라는 안철수의 최근 행보는……'.

박근혜 후보 또는 새누리당 업적 홍보형 '안철수, 영산강보부터 철거해 보라. 4대강 반대했던 민주당 사죄하라. 2010년 11월에 경부고속철도 천성산 터널은 개통되었다.'

새누리당 또는 박근혜 후보자에 대한 지지도 발표형 '각 지역별 추석 민심은 박근혜가 압도적이라네요. 입소문이라는 게 무섭지요. 그래서 박근혜 지지율이 반등 중이구나.' 등의 여러 가지 유형이 있음에도 불구하고 선거운동 대상이 되는지 여부의 판단 대상을 국정홍보 행위로 한정해서 판단하였다라는 잘못이 있습니다.

이러한 점을 기초로 1심에서는 공직선거법에서 무죄가 판시됐고 2심에서 공직선거법 위반에 대한 유죄의 판단이 나왔습니다. 하지만 대법원에서는 다시 이 사안에 대해서 파기환송을 하였고요 지금 현재 항소심에서 파기환송심이 진행 중입니다.

하지만 이 파기환송심에서 재판의 문제가 있는데요 언론을 통해서 확인된 내용에 보면 '4차례 공판준비기일을 거치며 재판부의 노골적인 원세훈 편들기는 도를 지나치고 있으며, 검찰 또한 1심·2심에서 유죄를 인정받은 원 전 원장의 국정원법 위반 혐의에 대해 파기환송심 재판부가 무죄의 예단을 갖고 있다며 강하게 반발하고 있습니다.

네 차례 공판준비기일에서 재판부는 검찰이 기소하지도 않은 내용에 대한 가정적인 질문을 하거나 검찰의 생각이 잘못된 것을 전제로 질문하는 등 원 전 원장의 입장을 대변하고 무죄 결론을 내리고 재판에 임하는 것과 같은 모습을 보이고 있습니다. 이미 결론이 난 듯한 진행방식에 담당 검사들이 법정을 나가버리는 상황이 벌써 두 차례 발생하였습니다.

이렇게 파기환송심 재판에 지금 문제가 발생하고 있고, 사법적 통제에 대해서 의구심을 가질 수밖에 없는 상황입니다.

이러한 사법적 통제 이전에 수사 과정에서 사법적 통제를 받도록 하는 실체적 과정을 밝히는 내용도 또한 힘들었는데요 제가 이 국정원 댓글사건을 수사하면서 두 번에 걸쳐서 수사지휘서를 작성했습니다.

첫 번째는 '공직선거법 등 사건에 대한 법률 검토'라고 해서 공직선거법에 대해서 검토를 하고 이에 대한 헌재

판결과 대법원 판결을 검토하는 내용의 수사지휘서를 작성했습니다.

이러한 수사지휘서를 작성한 배경은 당시에 국정원 댓글사건을 수사하는 과정에서 찬성·반대의 다수의 증거자료가 나왔는데, 그래서 이 찬성·반대의 증거자료를 가지고 수사를 확대할 필요성이 있었는데 서울청에서는 '찬성·반대가 무슨 선거운동에 해당되느냐'라고 하는 수사를 방해하는 분위기가 있었습니다.

그래서 찬성·반대 행위를 가지고 선거운동 여부에 해당하는지, 수사를 계속할 필요성을 법률적으로 찾아내기 위해서 공직선거법 위반 등 사건에 대한 법률 검토를 해서 '선거운동이라는 것은 조직적·계획적·목적적인 의사를 가지고 판단을 한 것이다'라는 법률 해석을 통해서 수사를 계속할 수 있었습니다.

두 번째로 수사지휘서를 작성한 것은 수서경찰서에서 송파경찰서로 전보되기 전에 작성한 사항인데요 당시에 김하영의, 김 모 씨의 ID와 닉네임을 다수 확보해서 추가적인 공모자에 대한 수사가 필요한 상황이었습니다.

하지만 사건이 확대되는 것에 대해서 서울청과 수서서장은 부담을 느꼈고 참고인을 피의자로 입건하려는 것에 대해서 반대하는 분위기였습니다.

(● 김상훈 의원 의석에서 — 의원님, 국정원 댓글사건 수사 이야기하지 마시고 테러방지법에 관한 이야기하세요. 왜 그걸 개인의 입장에서 하십니까?)

아니, 제가 여러 번 이 사건이 왜 의미가 있는지 발제에서 말씀을 드렸고, 지금 현재 진행 중인 사항이고 그 부분에 대해서 가급적이면 객관적인 사실에 기초해서 말씀을 드리는 거고요. 판단은 국민들께서 제 발제를 들어 보고 하실 거고, 거기에 대해서 의견이 있으시면 발언을 신청해서 해 주시면 될 것 같습니다.

그래서 수사 확대에 부담이 느껴진 수사팀에게 수사를 독려하기 위해서 수사지휘서를 작성했습니다. 당시에 수사팀에서 수사에 부담을 느낀 내용들은 아이디와 닉네임을 가지고 확보한 게시글이나 댓글을 정치 개입이나 선거운동으로 판단하는 것을 주저하는 상황이었고요. 그리고 피의자 국정원 직원 외에 참고인을 추가 피의자로 해서 사건을 확대하는 것에 대해서 주저함을 느꼈습니다.

이에 대해서 아이디와 닉네임 확보의 정당성을 정리하고 그리고 그 게시글과 관련성이 왜 정치 개입에 해당하는지, 왜 선거운동에 해당하는지를 정리해서 추가 참고인에 대한 수사를 확대할 필요성에 대해서 정리를 했습니다. 그리고 거기에 대한 수사를 계속할 것을 수사 지휘한 내용입니다.

이렇듯 수사 과정에 있어서도 수사를 계속 진행하거나 수사를 확대하는 데 있어서 반대하는 분위기, 방해하는 분위기로 인해서 하나하나 헤쳐 나가기가 힘든 상황이었는데요, 그런 과정을 거쳐서 검찰에 기소를 했고요, 물론 국정원법 위반으로만 기소가 됐습니다마는 기소가 됐고 이 수사 결과를 기초로 해서 검찰에서 특별수사팀이 구성이 돼서 국정원 댓글사건을 본격적으로 수사하게

됩니다.

국정원 댓글사건을 본격적으로 수사를 하면서 수사 대상이 확대가 되지요. 수사 범위도 확대가 되고요. 이런 확대에 대해서 당시에 특별수사팀은 많은 곤란을 겪습니다.

당시의 윤석열 수사팀장은 대구로 전보되어 가서 현재 계속 그곳에 근무하고 계시는 상황이고요. 당시 박형철 부부장은 부당한 전보로 인해서 현직에서 옷을 벗고 지금 변호사 활동을 하고 있는 그런 상황입니다.

이렇게 수사 과정에서도 어려웠고 그 수사 결과 드러난 사항을 가지고 기소를 했는데 그 기소에 대해서 사법부의 판단은 중요 부분에 대한 판단들이 빠져 있는 상황입니다.

이렇게 정보기관인 국정원이 권한을 강화해서 정보를 수집하고 수사를 하고 그 결과에 대해서 실체를 밝히는 것과 잘못된 부분을 그 당시에 통제하는 것이 얼마나 어려운 것인지 저희들은 과거의 사실, 그리고 현재 진행되고 있는 사실 등을 통해서 알 수가 있습니다.

그렇기 때문에 무제한 토론 등을 하면서 국회에서 입법적으로 사전적으로 그러한 위험성을 충분히 제거해야 된다라는 것이 무제한 토론의 취지이고 저의 발제 내용의 취지입니다.

그러면 우리가 입법적으로 검토할 내용을 사회적으로 어떤 식으로 공감대를 형성해 나갈 것인가를 한번 이야기해 보도록 하겠습니다.

정보기관의 정보수집기능을 감시하는 데 있어서 감독기구가 하는 역할을 살펴보는 방법으로 하겠습니다.

정보생산은 여러 단계에 걸친 과정으로써 과제선정, 계획, 정보수집, 분석, 유포가 필요합니다. 하지만 이 모든 단계 중 적어도 일반 대중이 생각하기에 여전히 정보기관의 특징을 규정하는 것은 특히 비밀스러운 수단을 통한 정보의 수집입니다. 정보의 수집은 정보업무에서 가장 논란되는 측면 중의 하나이며 민주적 이상을 옹호할 책임이 있는 감독기구에는 이례적인 어려움을 안깁니다.

정보기관들이 정보를 수집하는 몇 가지 방법을 살펴봅니다. 그런 다음 민주국가에서 비밀스러운 방법이 사용될 때에도 항상 인권이 존중되게끔 입법승인 감독을 활용할 수 있는 방법을 모색해 보도록 하겠습니다.

어떤 특정사항을 완전히 이해하기에 충분한 정보를 어느 하나의 출처에서 제공받기는 어렵기 때문에 정보기관들은 사태의 가장 정확한 진상에 이르기 위해 복수의 출처를 이용합니다.

정보수집의 방법은 공개적일 수도 있고 비밀스러울 수도 있습니다.

공개적인 방법은 언론보도 등 공개출처 정보수집에서 가장 흔히 사용되는데 이 정보는 공개되어 있어 입수 가능하기 때문입니다.

비밀스럽거나 은밀한 정보수집 방법은 비밀성을 이용해 대상 몰래 대상에 관한 정보를 수집합니다. 비밀스러운 방법에는 정보원, 전자적 감시, 통신감청, 물리적 감시, 원격수집·화상의 사용이 포함될 수 있습니다. 이런 방법을

개인의 프라이버시권을 침해하는 방식으로 사용하는 경우 침해적 조사방법이라고 합니다. 이런 기법을 특별조사기법이라고 부르도록 하겠습니다.

유럽회의에서는 특별조사기법이 중대범죄와 용의자의 탐지 및 조사를 목적으로 범죄수사의 맥락에서 관계 당국이 대상 몰래 정보를 모으기 위해 활용하는 기법을 의미한다고 정리했습니다. 이 맥락에서 관계 당국은 정보기관이나 법집행기관을 의미한다고 할 수 있습니다.

중요한 것은 많은 나라의 정보기관들이 범죄수사뿐 아니라 예방적 차원의 국가안보 조사의 맥락에서도 이러한 수단을 사용한다는 점입니다.

일반적으로 정보수집에 사용되는 방법은 필요한 정보의 유형, 정보수집의 목적과 정보기관이 운영되는 운영적·법적·정치적 맥락에 기초해야 합니다.

정보기관들은 행정부 관리들의 정책수립 및 전략적·운영적 결정을 돕기 위해 정보를 수집합니다. 정보기관의 정보수집방법은 정보기관이 봉사하는 사회 우선순위 및 가치관에 부합해야 합니다.

민주국가에서 정보기관들은 인권, 법규 및 책임성, 투명성, 참여적 의사결정 등의 민주적 거버넌스의 원칙을 존중해야 합니다. 과제 선정부터 유포에 이르기까지 이러한 한계 내에서 운영되어야 합니다.

안보 위협에 관한 정보수집은 개인의 기본권에 직접적인 영향을 줄 수 있습니다. 남아공 국가정보국의 권한 남용혐의를 조사한 남아공 장관 정보심의위원회의 2008년 보고서에 따르면 침해적 조사방법은 범죄행위와 음모를 적발하는 데 결정적 역할을 할 수 있지만 오용될 경우에는 민주적 과정을 전복시키고 합법적인 정치적·사회적 활동을 방해하며 일부 정치인과 정당에게 부당이득을 줄 수 있다고 합니다.

국가의 침해적인 방법 사용도 늘 헌법적·정치적으로 민감한 문제지만 정보기관이 사용할 경우에는 특별히 주의해 다루어야 합니다. 그 이유는 조사 대상자가 침해적 방법의 사용에 관해 전혀 모를 수 있으므로 법정에서 그 효력에 이의를 제기하거나 다툴 수 없을지 모르기 때문입니다.

또한 침해적 방법이 고도로 비밀스럽게 사용되므로 감독기구가 그 사용을 감시하고 발생 가능한 남용과 불법성을 탐지할 능력이 줄어들기 때문입니다.

침해적 방법은 필요하거나 의도한 정보보다 개인의 프라이버시권을 훨씬 더 침해할 수 있기 때문입니다. 침해적 방법은 대상자의 프라이버시를 침해하는 것을 넘어 대상자와 접촉하는 개인들의 프라이버시권을 침해할 때가 많기 때문입니다. 대상자 및 대상자와 접촉하는 사람들에 관한 민감한 정보를 조사기간이 지난 후에도 정보기관이 기록·유지하고 때로는 다른 목적에 사용하기도 하기 때문입니다.

감청기술의 경우 국내 사용과 국외 사용을 구분할 때가 있는데 국내에서는 행정부가 정적 감시 등의 당파적

목적으로 비밀감청시스템을 사용할 위험이 있기 때문입니다. 반면 외국통신의 감청은 일반적으로 국내의 민주적 질서를 위태롭게 하지는 않습니다.

민주국가에서 정보기관 감독기구는 정보기관들이 헌법질서에 부합하게 행동하도록 할 정당한 권리를 가지고 있으며 이를 법적 책임으로 못 박은 경우가 많습니다. 감독기구들의 책임 범위는 일반적으로 정보 과정 전체에 미치지만 정보수집 분야는 비밀스럽고 침해적인 방법이 민주적 가치에 가하는 위험 때문에 특별한 주의가 요구됩니다. 구체적으로 감독기구들은 정보기관이 법률의 한계 내에서 행동하도록 하기 위해 이러한 방법의 사용을 면밀히 감시해야 합니다.

정보기관에 의해서 가장 자주 제한되거나 침해되는 권리는 프라이버시권입니다. 따라서 정보기관 감독기구의 중요한 기능은 정보기관이 정보수집 시 프라이버시권에 관한 국내법을 준수하도록 하는 것입니다.

인권과 기본적 자유의 보호·증진 및 테러방지에 관한 유엔 특별보고관은 프라이버시권을 개인들이 자율적인 발전, 상호작용, 자유의 영역, 즉 타인 간의 상호작용이 있건 없건 국가의 개입으로부터 자유로우며 초대받지 않은 다른 개인들에 의한 청하지 않은 과도한 개입으로부터 자유로운 사적 영역을 가져야 한다는 추정으로 정의했습니다.

비슷한 취지로 시민적·정치적 권리에 관한 국제규약 제17조는 다음과 같이 명시하고 있습니다.

'1. 누구도 사생활, 가족, 가정 또는 서신교환에 대한 자의적이거나 불법적인 방해 또는 그 명예와 평판에 대한 불법적 공격을 받아서는 안 된다.

2. 모든 이에게는 이러한 방해나 공격으로부터 법의 보호를 받을 권리가 있다.'

167개국이 조인한 시민적·정치적 권리에 관한 국제규약은 프라이버시권의 국제법상 근거를 형성합니다. 이 규약이 프라이버시를 기본적 인권으로 옹호하고 있기 때문에 이 권리를 제한하는 정부의 행위는 구체적이고 정당한 목적을 위한 것으로서 국법에 의해 승인되어야 합니다.

유럽인권재판소가 밝힌 것처럼 국가안보 보호는 프라이버시권 등의 인권을 제한할 수 있는 정당한 목표입니다. 그러나 이 재판소에 따르면 이러한 일체의 제한은 국내법에 따라 부과되어야 하며, 그럼에도 불구하고 제한의 남용이 이루어지는 경우에 대비한 방지책과 구제책이 법에 포함되어야 합니다.

정보기관의 비밀스럽고 침해적인 정보수집 방법의 사용은 프라이버시권의 제한에 해당합니다. 따라서 이러한 모든 사용은 국내법의 승인을 받아야 하며 구체적이고 정당한 목적을 위해서만 사용되어야 합니다.

남아공의 전직 정보기관감찰관은 이 원칙을 다음과 같이 해석했습니다.

'권리의 제한은 국가안보에 대한 위험을 근거로 정당화될 수 있다. 이러한 제한은 권리의 본질과 제한 목적의 중요성이 포함된 비례의 기준을 충족해야 한다. 따라서 정보를 수집할 수 있는 자격은 시민의 헌법적 권리를 보호하며 개방적이고 민주적인 사회를 지탱하는 대등하게 강력한 안전장치와 짝을 이루어야 한다.'

현대 정보통신기술을 통해 전 세계의 개인들은 즉각 서로 통신할 수 있으며 정보는 순식간에 엄청난 거리를 이동할 수 있습니다. 그러나 동시에 각국 정부는 이 기술을 이용해 전례 없는 정도의 감시를 수행할 수 있게 됩니다. 정보기관들은 첨단기술장치를 이용하여 대규모로 정보를 수집할 수 있고 자신들이 받아들이고 분석할 수 있는 것보다 훨씬 많은 정보를 모을 수 있습니다. 이 정보수집은 그 본질상 무차별적이므로 인권을 침해할 가능성이 있으며 프라이버시권을 보호하는 법률체계 내에서만 시행되어야 합니다.

에셜론 감청시스템이 좋은 예입니다. 미국, 영국, 호주, 캐나다, 뉴질랜드가 집단안보협약의 일환으로 공동 운영하는 이 시스템은 궤도위성과 주고받는 신호를 가로챕니다.

2000년에 유럽의회는 에셜론 시스템이 유럽연합법하에 개인의 권리에 미치는 잠재적 영향을 조사하기 위한 임시위원회를 만들었습니다. 이 위원회의 최종 보고서는 에셜론과 같은 대규모 감청시스템은 침해적 방법의 사용에 관한 비례의 원칙을 준수하지 않았기 때문에 프라이버시권을 침해할 가능성이 있다고 결론 내렸습니다. 위원회는 이러한 감청시스템이 국가안보를 근거로 정당화될 수 있음을 인정하면서도 그 사용을 명확하고 이해하기 쉬운 법률로 통제할 것과 EU 회원국들이 엄격한 감독체제를 구축할 것을 권고했습니다.

대부분의 민주국가에서 정보기관의 정보수집은 책임성과 투명성을 보장하는 법률체계에 의해서 통제됩니다. 이는 주로 행정부의 독점적 권한에서 승인 및 감독 책임을 제거하여 이를 의회, 사법부 및 기타 조직과 공유함으로써 이루어집니다.

일반적으로 비밀스럽고 침해적인 정보수집 방법에 관한 국가 입법은 다음을 명시해야 합니다. 언제 그러한 방법을 사용할 수 있는가, 의심이 어느 정도 확실해야 하는가, 어떠한 제약과 제한이 적용되어야 되는가, 어떤 승인이 필요한가.

비밀스럽고 침해적인 정보수집 방법의 국내 사용을 규제하는 구체적인 국가 입법의 예는 호주의 통신감청접근법, 호주의 법집행통신지원법, 미국의 해외정보감시법, 영국의 수사권한규제법 등이 있습니다. 이러한 법은 다음 세 가지 핵심 사안을 다룹니다. 허용 가능한 목표, 비례성, 승인 및 감독, 더 일반적으로 이런 법률에는 비밀스럽고 침해적인 방법을 통해 원하는 정보를 산출할 수 있음을 관계당국이 합리적으로 확신할 수 있어야 한다는 규정이 있어야 합니다.

비밀스럽고 침해적인 정보수집 방법의 사용이 허용될 수 있는 목표는 나라마다 상당히 다릅니다. 일부 국가에서는 유럽회의의 권고대로 범죄수사의 수행이 허용 가능한 목표입니다. 국가안보와 민주적 질서의 보호도 허용 가능한 목표인 나라들도 있습니다.

독일의 서신교환이나 우편·통신 프라이버시 제한법 3장 1절은 누군가가 다음에 대한 범죄를 계획 중이거나 저지르고 있거나 저질렀다는 의심을 불러일으키는 구체적 징후가 있는 경우 개인의 프라이버시권에 대한 제한을 명할 수 있는 권한을 독일 정부, 정보기관을 포함한 보안기관에게 부여하고 있습니다.

구체적 징후라는 용어는 비밀스럽고 침해적인 방법 사용에 앞서 충족되어야 하는 높은 기준치를 설정합니다. 침해적 조사 방법을 사용해야 할 상당한 이유가 있음을 보증하려면 승인 신청에 이와 같은 정당한 사유가 포함되어야 합니다.

여기서 다시 한 번 말씀드리면, 비밀스럽고 침해적인 방법이라고 하면 지금 테러방지법에서 특별히 문제가 되고 있는 통신감청 그리고 자료수집 등을 얘기합니다.

두 번째로 비례성입니다. 비밀스럽고 침해적인 정보수집 방법 사용의 준거법은 침해의 정도가 조사의 목적과 비례관계일 것을 요구해야 합니다.

이와 관련하여 유럽회의는 다음과 같은 경우에만 특별조사기법을 사용할 것을 권고했습니다. 심각한 범죄를 저질렀거나 계획 중이라고 믿을 만한 상당한 이유가 있을 때, 특별조사기법 사용의 효과와 확인된 목표 사이에 비례성을 충분히 고려한 경우, 유럽회의는 나아가 회원국들이 그러한 방법을 통해 충분히 효과적으로 범죄를 탐지·예방·기소할 수 있는 경우에는 항상 그러한 방법을 사용할 것을 권고했습니다. 이와 같은 지침은 정당한 목표를 위해 침해적 방법을 사용하면서도 남용과 인권 침해를 최소한으로 줄일 수 있습니다.

국가안보 위협과 관련해서는 비례성의 원칙을 적용하기가 더 까다롭습니다. 비례성 원칙 적용의 중요한 목적은 침해적 방법을 통해 수집되는 정보가 덜 침해적 방법을 통해서는 얻을 수 없었을 것이고 침해적 방법의 사용을 통해 원하는 정보를 산출할 수 있음을 분명히 하여야 하는 것입니다.

예를 들어 독일에서는 프라이버시권을 제한하는 수집 방법을 사용하라는 명령은 사실을 조사하기 위한 다른 방법의 사용이 무익하거나 조사를 한층 더 어렵게 만들 경우에만 발할 수 있습니다.

비밀스럽고 침해적인 정보수집 방법의 남용을 방지하기 위해서는 법률체계에 승인절차와 감독 메커니즘이 모두 포함되어야 합니다. 적절한 승인 및 감독체계는 다음에서 자세히 논의하도록 하겠습니다. 이러한 승인과 감독의 단계는 상호 배타적이지 않으며 포괄적이고 탄탄한 책임성 및 투명성 시스템에는 하나 이상의 승인단계와 하나 이상의 감독 메커니즘이 포함될 수 있습니다.

먼저 정보수집업무 승인입니다.

서로 다른 정보수집업무 유형에 따라 필요한 승인의 정도도 다릅니다. 가령 물리적 감시는 비밀스럽기는 하지만 침해의 정도가 크지 않습니다. 따라서 보통은 정보기관 내부

승인만으로 충분합니다. 하지만 전화도청이나 우편물을 가로채는 것은 프라이버시에 대한 합리적 기대를 더 크게 침해하므로 정보기관, 주무장관 및 판사 등 더 높은 단계의 승인이 필요합니다. 수집업무의 기간을 연장할 때에는 원래의 요청 때와 동일한 단계의 승인을 요해야 합니다.

특별조사기법의 사용을 정보기관 고위층이 승인하도록 하면 기관 내부의 책임성이 확립이 되고 위법행위 억제에도 효과가 큽니다. 이 요건 자체만으로 남용을 방지하기에는 부족할 수도 있지만 개인의 프라이버시권을 제한하는 선택은 심각하고 중대한 결정이며 가볍게 받아들여서는 안 됨을 의미합니다.

기관 내에서는 프라이버시 침해가 클수록 필요한 승인단계도 높아지게끔 의사결정 권한이 구성되어야 합니다. 정보기관들은 행정부의 통제를 받으며 행정부는 정보기관의 우선순위를 정하고 활동을 지휘합니다. 이것은 주로 주무장관의 책임입니다. 주무장관은 또 특정 정보수집업무의 승인도 담당할 수 있습니다. 내부 승인요건이 기관 고위층에게 특별조사기법 사용에 대한 책임을 물을 수 있게끔 하는 것처럼 행정부 승인절차도 특정수단 승인 결정에 대해 장관에게 책임을 물을 수 있도록 합니다.

장관 수준에서 남용이 이루어지는 가장 흔한 경우는 정보기관의 정보수집장치를 이용해 정부의 정치적 반대파에 관한 기밀정보를 수집하는 것입니다. 이 때문에 비밀정보 수집방법의 국내 사용과 관련된 법률체계에는 다음과 같은 승인절차가 포함되어야 합니다.

장관들이 기관에 요청할 수 있는 사항에 대한 한계를 설정, 침해적 정보수집 방법의 사용 시 장관 승인 외에 사법부의 승인도 요구, 정보관들이 위법행위를 보고할 수 있는 메커니즘 창설, 이러한 업무의 수행을 심의할 독립적인 감독기구의 설립 또는 지정, 대부분의 민주국가에서 사법부의 전통적 책임은 개인의 인권을 보호하는 것입니다. 이 역할을 감안하면 판사들이 인권보호와 정보기관의 정보수집 필요성을 비교 형량할 책임을 갖는 것이 이치에 맞습니다. 그러므로 국법에서 개인의 프라이버시권을 침해하기 전에 사법부의 승인을 얻도록 규정하는 것이 일반적인 관행입니다.

이러한 영장은 공정한 평가의 산물이므로 잠재적 남용의 중요한 억제책으로 간주됩니다. 나아가 민주적인 보안기관 감독에 관한 베니스위원회 보고서에서 보듯이 사법부 승인요건은 보안 문제를 법률에 종속시킴으로써 법에 대한 존중을 제도화합니다. 사법부 승인을 요하는 업무의 유형과 판사가 업무의 범위, 기간, 대상을 제한하기 위해서 가질 수 있는 권한을 명시하는 것이 좋습니다. 영장신청에 최소 정보요건도 정하는 것이 좋습니다.

많은 나라에서 통신감청에 사법부 영장이 필요합니다. 가령 아르헨티나의 국가정보법은 아르헨티나 정보기관들이 유형을 불문하고 사적 통신을 감청하기 전에 사법부 승인을 얻도록 규정하고 있습니다. 경우에 따라 정보기관의 신청을

전문 판사가 심리하도록 규정하기도 합니다. 캐나다, 프랑스, 남아공, 스페인 등이 이런 관례에 따르는 나라들입니다.

또는 사법부 승인을 발급하는 특별법원을 만든 나라들도 있습니다.

미국의 해외정보감시법원이 그중 하나인데 1978년 해외정보감시법에 의해 설립되었습니다. 임기는 7년으로 재임할 수 없으며 교차 재직하는 11명의 연방 지방법원 판사로 구성된 해외정보감시법원은 국가안보 문제에 관한 영장신청을 심리합니다. 해외정보감시법에 따라 해외정보감시법원 결정에 대한 정부의 항소를 심리하는 해외정보감시재심법원도 설립되어 있습니다.

때때로 이들 전문판사와 법원들이 진행 중인 정보수집업무를 심리할 권한을 갖기도 합니다. 남아공의 경우 2002년 통신감청 규제 및 통신 관련 정보제공법에서 판사들이 영장에 기술된 목표 달성을 위해 진행상황에 대해 중간서면보고서를 요구할 수 있도록 하고 있습니다. 이렇게 함으로써 의도하지 않은 대상에 대한 부수적 침해를 제한하고 비밀스럽고 침해적인 방법을 필요 이상 오래 사용하지 않도록 할 수 있습니다.

승인과 중요한 짝을 이루는 감독에는 정보기관의 업무가 제대로 승인되었는지 확인하기 위한 심의가 포함됩니다. 승인과 감독이라는 이러한 두 가지 안전장치가 모두 존재할 때만 정보수집 활동이 효과적으로 규제된다고 볼 수 있습니다.

감독은 다양한 기구에 의해서 수행될 수 있습니다.

최고 감사기구와 국가 옴부즈만기구와 같은 일반 조직은 위임사항이 폭넓으므로 감독과 관련이 있습니다. 감찰관과 전문가 감독기구 같은 조직은 특정 위임사항을 뒷받침하는 전문성을 갖추고 있습니다. 대부분의 나라에서는 감독업무를 몇 개 조직에 분담시켜 관할이 다양할 정도로 서로 중첩되도록 하고 있습니다.

민주정부 체제 내에서는 의회는 정부기구가 운영되는 법률체계를 수립할 책임이 있습니다. 의회는 의회가 제정하는 법률의 준수를 감시할 책임도 있습니다.

이런 책임은 여느 정부기관과 마찬가지로 정보기관에도 적용이 됩니다. 그러나 정보기관은 다른 정부기관과 여러 면에서 다르기 때문에 의회는 정보기관 활동을 감시하고 정보기관이 운영되는 법률체계의 개정을 권고하는 감독위원회를 설립하는 것이 보통입니다.

정보수집업무와 관련하여 이들 위원회는 보통 다음과 같은 업무를 받습니다.

비밀스럽고 침해적인 방법의 사용 감독, 예산 및 자금사용 감시, 충분한 인권보호장치가 포함되도록 하는 법률체계 검토, 정보기관의 법률체계 준수 보장, 그뿐만 아니라 준거법으로 의회 의원의 비밀스럽고 침해적인 정보수집업무를 심사할 권한을 줄 수도 있습니다.

특히 의회감독위원회는 승인절차가 제대로 적용되었는지 확인하는 데 있어 중요한 역할을 할 수 있습니다. 예를 들어 아르헨티나 국가정보법은 정보기관 및 활동감독공동위원회에 주어진 기간 동안 수행된 감청과 도청의 목록이 실린 보고서 작성을 강제할 수 있는 권한을 부여하고 있습니다. 그다음 위원회는 이 목록을 이용해 승인받은 사항과 비교해 특별조사기법의 사용을 검토할 수 있습니다. 이렇게 함으로써 승인절차가 제대로 운영되고 있는지 확인할 수 있습니다.

전문가 정보기관 감독기구는 그 구성원과 보좌진이 특별한 정보 전문성을 갖추고 있는 독립적 조직입니다. 가장 일반적인 전문가 감독기구의 유형은 감찰관입니다. 기능과 책임은 나라마다 다르지만 감찰관은 보통 정보기관 행위의 합법성과 관련된 민원을 접수하고 그에 대한 조치를 취할 권한이 있는 독립적인 기구입니다.

감찰관의 위임사항에는 특별조사기법과 비밀정보수집의 방법의 사용을 조사할 권리가 포함됩니다.

미국과 캐나다와 같은 일부 국가는 정보기관 내에서 감찰관을 운영합니다. 남아공 같은 나라에서는 감찰관이 정보기관으로부터 독립되어 있습니다.

효과적인 정보수집 감독을 위해 전문가 감독기구는 사전 대책을 취할 수 있는 권한이 있습니다. 특히 전문가 감독기구는 자발적으로 조사를 수행할 수 있는 권한이 있어야 하며 기밀 여부를 불문하고 정보기관의 방대한 정보에 접근할 수 있어야 합니다.

결국 전문가 감독기구는 권리 침해를 주장하는 사람들에게 의지가 되어야 합니다. 또한 정기 의회보고서도 작성되어야 합니다.

이렇듯 정보기관이 보안 목표 달성을 위해서 언제든, 어떻게든 인권을 제한할 수 있는 것은 아닙니다. 개인의 권리를 제한하기 위해서 법률적으로 자세한 감독과 승인 규정을 놓고, 비밀스러운 침해적 정보수집을 위해서는 법률에 그 목표와 비례성의 충족 등 그 요건을 엄격하게 규정을 해 놓아야 하는 것입니다.

하지만 지금 테러방지법에서 논의가 되고 있는 이 비밀스럽고 침해적인 정보수집 방법과 관련해서 그것도 국정원에 권한을 주면서 이에 관련된 법률의 내용은 극히 미비하고 다른 방법에 대한 보완책이 전혀 논의되고 있지 않은 상황입니다. 이러한 논의가 계속되어야 할 것이라고 생각합니다.

또한 우리는 정보수집에 대해서만 논의를 하고 있는데 수집된 정보의 사용에 대해서도 문제가 있습니다. 정보기관들이 개인정보를 사용할 수 있도록 하기 위한 여러 가지 제안들입니다.

정보기관들이 개인정보를 어떻게 저장, 접근, 이전하는지 검토하는 데 있어서 감독기구의 역할을 살펴볼 필요가 있습니다. 정보기관에 의한 개인정보 사용으로 인한 위험, 이러한 사용을 규제하는 적절한 법률체계, 이러한 사용을 감독할 수단 등입니다.

국제적으로 널리 퍼진 법적 관행에 따라서 '개인정보'라는 용어를 확인되거나 확인 가능한 개인과 관련된 일체의 정보의 의미로 사용합니다. 정보기관들은 법적 위임사항과 관련하여 개인정보를 수집, 저장, 처리 공개할 정당한 이유를 가지고 있습니다. 정보와 관련된 개인들이 가령 스파이 행위나 테러 연루 혐의로 인해 정당한 관심 대상일 수 있습니다. 이러한 정보를 수집할 필요성은 나라마다 또 기관의 정확한 법적 책임에 따라 기관마다 달라질 것입니다.

하지만 지나치게 광범위한 개인정보 수집의 위험성이 상존합니다. 가령 어떤 용의자가 테러활동과 관련이 있는지 규명하는 과정에서는 수집된 정보가 부정적 결론으로 이어질 가능성을 고려합니다. 분명 이런 상황에서는 초기의 정보수집을 부적절하다고 할 수는 없습니다. 하지만 해당 개인이 무관하다는 것을 정보기관이 확인하고 나면 정보를 계속 수집해서는 안 됩니다.

게다가 이렇게 할 경우 기관은 점점 더 넓은 범위에서 정보를 얻으려는 유혹, 예컨대 용의자의 동료들이나 이들이 속한 시민사회 조직에 관한 정보를 수집하려는 유혹을 느낄 위험이 있습니다. 이는 냉각 효과를 일으켜 개인들이 노동조합, 정당, 환경단체나 반핵단체 같은 합법적 시민사회 조직에 참여하는 것을 두려워하게 될 수 있습니다.

또 정보기관의 파일에 저장된 개인정보가 오용될 수 있는 더 일반적인 위험도 존재합니다. 정보기관에 의한 정보의 단순한 저장, 분류, 분석, 보유는 해롭지 않다고 주장하는 경우도 있습니다. 개인정보의 수집은 보다 확실한 위험이 되지만 개인정보는 개인의 자율성과 밀접히 연관되기 때문에 개인정보의 저장 또한 잠재적으로 해롭습니다.

정보기관들이 복수의 출처에서 얻은 개인정보를 짜맞추는 것이 허용될 경우 개인들이 자신의 삶에 대해서 갖는 통제권, 특히 상세한 개인정보와 관련된 선택권은 무너지게 됩니다. 정보기관들은 개인들에 관한 정보를 축적하면서 해당 정보의 주체에 대한 통제수단을 얻게 됩니다. 최악의 경우 정보기관이 보유한 개인정보가 정치인이나 언론인에게 압력을 가할 목적으로 부적절하게 사용될 수도 있습니다.

피해가 될 만한 공개가 전혀 이루어지지 않는 경우에도 정보기관이 개인정보를 보유하고 있다는 것을 아는 것만으로도 해당 개인은 심리적으로 불안해질 수 있습니다. 마찬가지로 특정 형태의 정치적·산업적·사회적 활동이 보안 파일로 보유되고 있음을 알게 되면, 혹은 그런 의심을 떨쳐버릴 수 없는 경우 시민 참여가 위축될 수 있습니다.

자주 언급되는 보안정보의 장기적 보유의 필요성을 염두에 둔다면 언제 피해를 당할지 모른다는 예상은 개인들에게 수년 또는 수십 년 동안 영향을 미칠 수 있습니다. 예컨대 어떤 개인의 젊은 시절 활동과 관련된 정보가 경우에 따라서는 그 개인의 노년기까지 보유될 수 있습니다. 그 사람의 노년기의 삶을 보면 보안 위험으로 취급될 이유가 하등 없음에도 불구하고.

그뿐만 아니라 정보기관이 보유한 개인정보가 부분적이거나 부정확하거나 낡은 것일 수도 있습니다. 극단적인 경우 개인적 반감이나 질투심 때문에 해당 개인에게 피해를 주고 싶어 하는 정보원에게서 얻은 정보일

수도 있습니다. 마찬가지로 금전적 보상을 동기로 하는 정보원은 사람들에 관한 정보를 제공할 때 과장하거나 윤색할 유인이 있을 수 있습니다.

개인정보 저장과 관련된 그 밖의 위험에는 평소 같으면 별도의 법 집행기관, 의료, 조세 관련 데이터베이스에 나뉘어 있을 한 개인의 정보를 특권적 접근을 통해 연계할 수 있는 일부 정보기관의 전례 없는 능력이 포함됩니다.

물론 위험은 개인정보의 저장, 분류, 분석으로 끝나지 않습니다. 그 사용에 수반되는 위험도 있습니다. 일부 사용은 합법적이지만 신용하기 힘든 경우가 있습니다. 예를 들어 출처가 특정되지 않은 개인정보가 언론에 공개될 경우 정보와 관련된 개인이 피해를 입거나 기회를 잃을 수도 있습니다.

기밀정보 취급인가를 상실하거나 거부당하는 등 직업적 이상이 영향을 받을 수도 있고, 더 일반적으로는 평판이 손상될 수 있습니다. 마찬가지로 근거가 없거나 부정확한 정보를 외국 정부에 공개할 경우 입국이 거부되거나 그보다 더 안 좋은 상황에 처할 수 있습니다.

정보기관들은 합법적 대상에 관해 그들이 보유한 정보가 공정하고 정확하며 최근의 정보임을 보장하는 데 강한 이해관계를 가지고 있습니다. 잘못되거나 불완전하거나 오래된 정보를 공개하거나, 이를 바탕으로 조언하거나 조치를 취할 경우 정보기관의 효과성과 평판에 나쁜 영향을 미칠 수 있기 때문입니다.

그럼에도 불구하고 정보업무에는 정보 취급 절차의 외부 통제와 감독이 필요하다는 주장에 힘을 실어주는 몇 가지 내재적 위험이 있습니다. 특히 장래의 안보 위험을 예측해야 한다는 정보기관들의 압박감은 점점 더 많은 개인들에 관해 지나치게 방대한 정보를 수집하려는 태도를 부추깁니다. 데이터마이닝 발전 같은 기술적 변화도 이메일 트래픽, 웹 검색, 항공편 예약, 재정 거래 등 방대한 양의 개인정보 수집과 저장을 조장합니다.

프라이버시권은 주요 국제조약들에 의해 확립된 인권법에 따라 보호됩니다. 하지만 이 도구에서는 관련성 및 실용성을 감안하여 유럽 내에서 적용되는 인권, 특히 가장 앞서 있는 유럽 인권규약에 명시된 인권을 집중적으로 다룹니다. 프라이버시권에 초점을 맞추고 있지만 정보기관에 의한 개인정보의 수집과 사용은 표현의 자유권이나 결사의 자유권 같은 다른 인권에도 간접적인 영향을 미칩니다.

정보기관의 개인정보 저장과 사용이 유럽 인권규약에 부합하려면 명시된 기준을 충족해야 합니다. 즉, 사용이 법률에 합치하고 민주주의 사회에서 필요하며 국가안보를 위한 것이어야 합니다.

법률 합치의 기준은 가장 엄격한 기준을 부과합니다. 이 기준이 충족되지 않으면 아무리 광범위한 이익이 걸려 있어도 상관없이 법 위반이 됩니다. 따라서 합법성 요건은 의원들이 정보기관의 개인정보 사용에 대한 견고한 법적 근거를 마련할 것을 촉구합니다.

유럽인권재판소는 법률의 합치를 프라이버시권의
제한은 국내법상 일정한 근거가 있어야 하며, 재판소의
정의에 따르면 관련 당사자가 이해하기 쉽고 나아가
자신에게 닥칠 결과를 예상할 수 있어야 하며 법의 지배와
양립하는 사법제도의 품질기준을 충족해야 한다는 의미로
해석했습니다.

유럽재판소는 정보기관에 적용되는 법률이 존재하지
않거나 개인정보의 수집 및 저장을 규제하는 조항이 법률에
포함되지 않은 경우 이 기준들을 적용하여 법 위반으로
판결했습니다.

나아가 사법제도의 품질기준에 따라 이러한 법률은
법률이 적용될 수 있는 상황에 관해 시민들이 적절히 알 수
있도록 그 용어에 있어 충분히 명확해야 한다. 또 실제로는
비밀통신 감시 수단의 집행이 관련 개인들이나 일반 대중이
조사할 수 있도록 공개되어 있지 않기 때문에 개인정보
수집에 관한 법률은 행정부나 판사에게 부여되는 법적
재량이 규제받지 않은 권한의 형식으로 표현되는 것을
허용해서는 안 되며, 따라서 자의적인 간섭으로부터 개인을
적절히 보호하기 위해서 부여되는 그러한 재량의 범위와
행사 방식을 충분히 명확하게 적시해야 한다.

재판은 이러한 법률을 고려할 때 특히 획득된 정보의
조사·사용·저장 시 따라야 할 절차, 정보를 다른 당사자에게
전달할 때 취해야 할 주의사항, 감시를 통해 획득한 기록을
파기할 수 있거나 파기해야 하는 상황이 법률에 충분히
명확하게 명시되어 있는지 확인합니다.

러시아 정부와 관련된 최근의 사건은 이 원칙들을
잘 보여줍니다. 재판소는 비밀 감시 데이터베이스에
인권운동가들을 등재한 것은 유럽 인권규약 위반이라고
판결했습니다.

이 데이터베이스에는 일반 대중이 접근할 수 없었던
비공개 부령에 따라 만들어졌기 때문에 일반 대중은 특정
개인들이 데이터베이스에 등재된 이유, 저장되는 정보의
유형, 저장방식, 저장기간, 사용방법, 통제 주체를 알 수
없었습니다.

다만 사법제도의 품질기준은 정당한 안보 우려를
감안합니다. 예를 들면 보안심사의 맥락에서 이 기준의 예상
가능성 부분은 신청인이 과정을 완전히 예측할 수 있을
것을 요구하지 않습니다.

유럽 인권규약은 사법제도의 품질기준의 명확성, 접근
가능성, 예상 가능성 요건이 충족되고 난 후 사생활
간섭의 목적과 필요성에 대한 검토를 요구합니다. 여기에는
비례성의 평가가 수반되는데, 다시 말해 국가안보 보호라는
정당한 목표를 감안하더라도 간섭이 지나치지 않은지
평가합니다.

예를 들어 최근 사건에서 유럽인권재판소는 스웨덴
정부가 30년을 넘는 기간 동안 개인정보를 비밀파일로
보관한 것은 유럽 인권규약 위반이라고 판결했습니다.
재판소는 정보의 성격과 오래된 정도를 감안할 때 정보를
계속 저장하기로 한 결정이 국가안보라는 적절하고 충분한

이유로 뒷받침된다는 변론을 받아들이지 않았습니다.

재판소는 사생활 간섭이 민주주의 사회에서 필요한지
검토할 때 개인정보의 저장과 사용을 감독하는 어떤
안전장치가 만들어졌는지 고려합니다. 개인이 자신의
사생활에 관한 권리를 보호할 수 있도록 해 주는
안전장치가 존재하지 않는다면 재판소는 8조 위반으로
판결할 것입니다.

예컨대 한 사건에서 청구인이 전 체코 공산당 정보기관의
협력자로 등재된 것과 그러한 취지의 기밀 취급 인가가
발급된 것 그리고 등재에 항의하는 청구인의 제소가 기각된
데 대해 이의를 제기하였으며, 재판소는 청구인이 사생활에
대한 권리의 보호를 구할 수 있는 절차의 부재는 법, 규약
위반이라고 판결했습니다.

법률상 이러한 절차가 존재하더라도 일반 대중이 자신의
정보에 대한 접근신청을 했을 때 응답이 지나치게 지연되면
위반으로 간주될 수 있습니다. 예를 들면 한 사건에서
재판소는 이전에 공산 체제하에서 만들어진 청구인의
보안파일에 대한 접근신청 허가를 루마니아 정부가 6년간
지연시킨 것은 유럽 인권규약에 따른 권리를 침해했다고
판결했습니다.

따라서 정보기관에 의한 개인정보의 수집과 사용에
대한 명확한 법적 제한이 존재할 필요가 있으며 감독기구는
정보기관이 이러한 정보의 관리를 규제하는 법률을
준수하도록 보장해야 합니다.

인권과 기본적 자유의 증진 보호 및 테러방지에 관한
유엔 특별보호관은 유엔인권위원회에 제출한 2010년
보고서에서 이런 필요성을 거듭 제기합니다. '공개적으로
이용 가능한 법은 정보기관이 보유할 수 있는 개인정보의
유형과 이 정보의 사용·보유·삭제·공개에 어떤 기준이
적용됐는지를 개략적으로 설명한다. 정보기관은 그들이
위임사항 이행이라는 목적에 필수적인 개인정보를 보유할
수 있다.'

유럽회의 개인정보 자동처리 관련 개인보호협약은
데이터 보호 분야에서의 회원국들의 최소 원칙을 규정하고
있습니다. 데이터보호협약에 따라 각 조인 국은 데이터
보호의 기본원칙을 시행하는 국내법상 필요 조치를 취하고
데이터 보호의 기본원칙을 시행하는 국내법 조항의 위반에
대한 제재와 구제책을 수립하기로 약속합니다. 또한 이들
원칙의 측면들은 유럽 인권규약에서 찾을 수 있습니다.

데이터보호협약은 협약에 포함된 원칙들은 최소
기준이며 더 폭넓은 보호 수단으로 보완될 수 있다고
명시하고 있습니다. 데이터보호협약이 데이터 보호
원칙에 대한 제한을 다루는 방식은 유럽 인권규약이
프라이버시권에 대한 제한을 다루는 방식과 비슷합니다.
제한은 조인 국의 법률에 의해서 규정이 되어야 하며
국가안보나 정보주체의 권리 같은 정당한 이익의 보호를
위해 민주주의 사회에서 필요한 수단에 해당되어야 합니다.

정보기관의 개인정보 수집·취급·공개로 인한 잠재적으로
심각한 인권 침해가 발생할 수 있기 때문에 이러한 데이터의

관리 및 사용지침을 공개적으로 접근 가능한 입법을 통해 민주적으로 제정하는 것이 합당합니다.

이러한 관행은 몇 가지 장점이 있습니다. 즉 적절한 정보기관 활동범위에 관한 반성적인 정치적 논쟁을 장려하고 결정권을 정보기관이나 행정부의 재량에 속하지 않게 하며 인권을 침해할 수 있는 행동에 관해 명확한 위임사항을 정보기관들에 제공합니다.

정보기관의 개인정보 사용에 적용되는 입법은 다음 주제 중 하나 이상을 다룰 수 있습니다. '개인정보 처리가 허용되는 사유 및 허용되지 않는 사유, 개인정보 공개의 한계, 저장되는 데이터 유형의 공개, 정보주체에 의한 개인정보 접근, 개인정보가 수집되었다는 통지, 개인정보의 검토·수정·삭제'. 이런 종류의 입법에서는 개인정보가 포함된 파일을 공개할 수 있는 때와 수집 및 보유할 수 있는 개인정보의 유형을 명시할 수 있습니다.

독일의 법률은 비례성의 원칙을 명시적으로 인정하여 정보수집의 필요성을 상응하는 위협의 심각성과 연계시킵니다. 구체적으로 이 법에서는 독일의 국내 정보기관의 원하는 정보를 공개 출처에서 얻을 수 있는지 혹은 프라이버시권을 덜 침해하는 수단을 이용해 얻을 수 있는지 고려하도록 요구합니다. 이러한 입법은 또한 인종이나 종교적 특징 또는 정치적 견해를 기초로 개인을 표적으로 삼는 등의 특정행위를 금지함으로써 정보기관이 인권을 침해할 가능성도 줄일 수 있습니다.

개인정보 공개에 대한 법적 제한은 특히 당파적인, 정치적인 이유로 인한 정보누출 방지를 위해서라도 일반적으로 바람직합니다. 보안기관의 중립성에 대한 신뢰 구축이라는 쉽지 않은 노력이 당파적 행위로 인해 심각하게 훼손될 수 있기 때문입니다. 많은 나라에서 합법적 권한 없이 혹은 인가되지 않은 목적으로 개인정보 등 정보기관 파일의 정보를 공개하는 정보관에게는 형사적인 책임이 부과됩니다.

일부 국가의 데이터보호법은 정보기관 등의 국가기관이 보유하는 개인정보의 유형, 정보를 수집한 목적, 공개가 가능한 목적, 정부가 보관한 데이터베이스의 설명, 데이터베이스에 적용되는 조건 및 통제에 관한 세부사항을 공개하도록 요구합니다.

이러한 정보의 공개는 투명성과 책임성의 강화에 도움이 됩니다. 정보주체 접근권과 수정권을 행사하고자 하는 개인들은 이 정보를 통해 어떤 국가기관들이 자신의 개인정보를 가지고 있고 그러한 정보보유의 범위와 이유는 무엇인지 알 수 있습니다.

원칙적으로 개인정보 보유를 공개할 의무를 정보기관에 부과하는 것이 바람직한데 기관의 정당성을 강화하고 정보기관 업무에 관한 부정확한 추측을 줄이는 데 도움이 되기 때문입니다. 이러한 공개는 정보기관의 개인정보 보유 여부를 해당 개인에게 알려 주지 않을 만한 국가안보상의 타당한 사유가 있는 경우에도 도움이 됩니다.

많은 나라가 정보기관이 보유한 자신의 개인정보에 접근할 수 있는 정보주체의 권리를 인정하는 정보보호법 또는 프라이버시법을 제정했습니다. 일부 정보보호법에는 추가로 정보주체가 정보를 수정할 권리, 정보의 정확성에 이의를 제기하는 진술을 정보에 포함시킬 권리 또는 정보를 파괴시킬 권리도 인정합니다. 이러한 법들은 하나같이 국가안보의 이유에서 정보기관 보유정보에 관한 특별조항을 두고 있습니다.

이런 조항들의 행태는 다양합니다. 일부 국가의 정보기관들의 경우 정보보호법이 면제되어 이들이 보유하는 정보에는 정보보호법이 적용되지 않습니다. 이런 경우에는 정보주체의 권리가 존재하지 않습니다.

이 방식은 단순성이라는 장점은 있지만 특정 정보를 알려 주지 않는 것이 국가안보상의 이유로 왜 정당한지 정보기관들이 설명할 의무가 면제를 통해 없어지기 때문에 부당한 것으로 비칠 수 있습니다. 이 방식은 예컨대 프라이버시위원회의 관할을 제한하는 등 정상적인 외부감독과 통제가 작동하지 못하도록 할 수 있습니다.

이 방식의 한 가지 변형은 정보기관들의 정보 입법의 자유만 면제해 주는 것입니다. 이 경우 정보보호법은 적어도 원칙적으로는 계속 적용되지만 실제로는 사례별로 심사 대상이 됩니다.

다른 나라들은 그 대신 정보보호법에 국가안보에 근거한 예외조항을 포함시킵니다. 이 조항들은 면제보다 더 협소하고 구체적인데 정보보호법하에서 왜 개인의 권리가 적용되어서는 안 되는지 그 이유의 타당성을 사례별로 보여 줄 책임을 정보기관에 지우기 때문입니다.

이러한 입법은 단순히 행정부 감독기구에 신청함으로써 행사되되, 진행 중인 조사를 보호하고 출처와 방법을 보호하기 위해 고안된 제한 역시 적용되는 직견적 접견권리를 개인들에게 부여할 수 있습니다.

문제가 되는 인권과는 별개로 이러한 접근 방식은 잘못된 처리와 부패를 막는 안전장치 역할을 할 수 있습니다.

흔히 이런 종류의 예외조항을 통해 정보기관은 추측에 근거한 요청 및 기관이 보유하고 있는 정보의 범위를 밝혀내려는 의도로 잠재적인 위협이 되는 요청을 막기 위해 긍정도 부정도 않는 답변을 내놓을 수 있습니다.

실제로는 예외의 적용으로 대부분의 요청이 거부될 수 있습니다. 따라서 예외방식의 결과는 면제방식의 결과와 별로 달라 보이지 않을 수 있습니다. 하지만 중요한 차이점이 있습니다.

예외방식은 기관이 공개에 우호적인 법률상의 추정에 맞서 비공개를 정당화할 것을 요구하는 반면 면제방식은 그렇지 않습니다. 또한 예외주장은 면제주장과는 달리 독립적 기관의 심사가 가능합니다.

캐나다의 1982년 정보접근법과 프라이버시법의 시행에 관한 실증적 조사는 정보기관의 정보취급 과정을 독립적 기구에 의한 외부조사의 대상으로 삼는 것이 유익하다는 점, 특히 정보 및 프라이버시 문제에 관한 내부적 인식을 제고한다는 점을 확인시켜 줍니다.

또 다른 방식은 특정 데이터뱅크만을 면제로 지정함으로써 원칙적으로는 다양한 감독 메커니즘의 대상으로 삼되 실제로는 개인의 요청에 대해 상세하게 답변할 정보기관의 의무를 완화하는 것입니다. 캐나다는 이 모델을 예외방식의 보완장치로 사용하고 있습니다.

또는 준거법에서 심의 대상 장관에게 포괄적 면제증명서를 발급할 권한을 줄 수도 있습니다. 이렇게 하면 정보기관은 정보기관의 파일이 가령 협력자나 정보원에게 한 약속과 어긋나게 공개되지 않을 것이라고 확신할 수 있습니다.

반면 이런 증명서는 일반인에게 지나치게 광범위해서 외부의 감시는 물론 기관의 적합성에 대한 공공의 신뢰 등 외부의 감시에 수반되는 이익까지 없애 버립니다.

정보 보안과 관련된 정당한 우려는 포괄적 면제보다는 구체적 예외를 통해 더 잘 해결됩니다. 그뿐 아니라 정보주체의 접근 및 수정 외에도 데이터 품질 및 데이터 보안과 관련된 정보보호 원칙 역시 정보기관과 분명 관련이 있으며 따라서 기관들을 정보보호법의 관할에서 면제해 주지 않는 또 다른 사유가 됩니다.

일부 국가는 특히 감시에 의한 개인정보 수집 대상들에게 사후 통지하고 그들에 관한 정보수집에 일정한 제한을 두도록 요구합니다. 이론상 이 관행은 소극적 이의제기의 가능성을 허용하며 정보기관이 정보수집 대상에 관한 파일을 공개하려는 결정을 억제합니다.

하지만 진행 중인 업무와 정보원의 신원을 보호하기 위해 통지 받을 권리를 제한하는 것이 많은 경우 권리를 허상으로 만듭니다.

그 대신 통지 또는 수정의 권리가 없는 경우에는 정보기관에 의한 개인정보 사용의 위험이 악화될 것이 뻔하며 다른 통제의 필요성이 그만큼 커집니다.

정보보호 원칙을 시행할 수 있는 또 다른 방법은 정보기관의 개인정보 파일이 정확하고 최신이며 위임사항과 관련이 있는지를 주기적으로 심사할 의무를 정보기관에 부과하는 것입니다.

일부 국가에서 이 의무는 부정확하거나 더 이상 관련성이 없는 정보를 수정 또는 파괴할 보안적 의무와 연계됩니다.

정보기관들은 보고서가 정확한 정보에 기초할 수 있도록 개인정보가 최신이고 안전한지 검토하고 수정하는 절차를 수립해야 합니다. 낡은 정보는 오도할 소지가 있으므로 아예 모르는 것보다 더 위험할 수 있습니다.

게다가 정보주체의 관점에서 보면 개인정보가 정확하고 최신이어야 기밀취급인가 거부나 불리한 임의심사결정 같은 부당한 처우를 받을 가능성이 훨씬 낮아집니다.

정보기관에 의한 위협평가는 예방적이고 예측적인 성격을 갖기 때문에 일부 개인들은 그들이 더 이상 적절한 정보수집 대상이 아님을 입증하는 추가정보가 수집되기 전까지는 정보기관의 정당한 정보수집 대상이 될 수 있습니다.

예를 들어 정당한 정보수집 대상의 동료이지만 공모자가 아닌 것으로 밝혀지거나 단순히 정당한 조사 대상과 이름이 비슷할 수도 있는 것입니다. 정보기관으로 하여금 이러한 대상에 관한 정보수집을 종료시키도록 하면 가능한 남용을 방지할 수 있을 것입니다.

마찬가지로 업무 과정에서 수집된 별로 관계없는 개인정보는 삭제해야 합니다.

독일 법률에서는 이 문제와 관련된 몇 가지 조항이 포함돼 있습니다. 예를 들면 정보수집은 목표가 달성되는 즉시 또는 목표를 전혀 달성할 수 없거나 이 정보를 이용해서는 목표를 달성할 수 없다는 징후가 있을 경우 끝내야 한다고 규정하고 있습니다.

이 법은 또 이전에 수집된 데이터를 정기적으로 검토해서 부정확한 데이터를 수정하고 더 이상 필요하지 않은 데이터를 삭제할 의무를 부과합니다. 이 의무는 정보주체의 보호를 넘어 감독업무에도 도움이 됩니다.

효과적인 외부감독은 위임사항을 이행할 수 있는 적절한 법적 권한과 자원을 가진 독립적 기구의 존재에 좌우됩니다.

유엔 특별보고관은 정보기관들이 보유한 모든 파일에 접근할 수 있고 관련 개인들에게 정보를 공개하라는 명령을 내리고 파일 또는 개인정보의 파기를 명할 권한을 가진 독립적 기구의 필요성을 강조한 바 있습니다.

유럽인권규약은 정보보호 규정을 독립적 기구에 의한 감독 대상으로 삼고 있습니다.

국가 차원에서는 스웨덴의 법률이 스웨덴 보안 및 무결성보호위원회에 자율성과 자원을 보장하며, 헝가리 법률은 정보기관의 개인정보 사용과 관련하여 독립적 감독기구와 협력할 의무를 정보기관에 부과합니다.

새롭게 민주화된 기관들이 이전 정권에서 수집된 정보가 포함된 방대한 보안파일을 관리할 때가 많습니다. 이런 파일의 관리는 국가의 보안 및 정보 부분의 규모가 대폭 축소되었을 때 특별한 어려움이 될 수 있습니다. 이러한 상황에서 독립적 감독기구는 다양한 수단을 통해 파일관리 관행을 감사하는 데 유용한 역할을 할 수 있습니다.

일반적으로 개인정보와 관련된 독립적 감독기구의 기능은 부분적으로는 인권법에 명시된 기준에 의해서 지배가 됩니다.

예를 들어 유럽인권규약 13조는 사후구제에 관해 권리와 자유가 침해된 모든 사람은 국가기관 앞에서 실효적 구제를 받아야 한다고 규정하고 있습니다. 유럽인권재판소는 한 판결에서 13조의 기준은 일반적으로 8조의 법률에 합치 및 민주사회의 필요성 기준에 종속되지만 국가입법에서 구제조항의 구제는 결과적으로 규약을 위반하는 것이 될 수 있다고 판결했습니다. 한편 이 재판소는 국가안보와 관련된다고 할지라도 13조가 요구하는 구제절차는 법률상으로뿐만 아니라 실제에서도 효과적이야 한다고 판결합니다.

8조 및 13조 위반이 주장된 통신 감청 사건에서 동 재판소는 규약의 요건을 충족하는 독립적 구제의 몇 가지 예를 언급하며 이에 동의했습니다. 여기에는 독일의 전문가

감독기구와 헌법재판소에 이의를 제기할 권리, 룩셈부르크 공무원에 항소할 권리, 영국의 특별재판소에 상소할 권리, 노르웨이 전문가 감독기관에 이의를 제기할 권리가 포함됩니다.

정보기관의 개인정보 사용과 관련된 주요 감독 문제는 법적기준의 문제, 즉 데이터 수집, 데이터 저장, 주체·접근·통지·검토·수정·삭제 문제와 흡사합니다. 이들 문제의 범위가 방대하기 때문에 감독기구의 관할도 똑같이 방대해야 합니다.

예컨대 독일의 위원회의 권한은 정보주체에게 통지 결정을 포함하여 이 법에 따라 연방정보기관들이 획득한 개인정보의 수집·처리·사용의 전체 범위에 미칩니다. 이러한 종류의 감독은 정보기관들이 위에서 논의한 개인정보 기준을 준수하도록 하는 데 필요합니다. 정보 업무의 비밀스러운 성격을 염두에 둘 때 이러한 감독은 일반대중의 민원 제기나 남용 주장에 그때그때 대응하는 식보다는 지속적일 때 더 효과적이고 대중으로부터 존중받을 가능성이 더 높습니다.

이에 따라 많은 나라가 정보기관 감독을 담당하는 독립적기구의 위임사항에 지속적 조사를 위한 조항을 포함시켰습니다. 가령 노르웨이의 경우 의회정보감독위원회는 매년 여섯 차례 노르웨이 경찰보안국을 조사할 법적의무가 있습니다. 이 조사에는 적어도 10회의 문서 보관서 무작위 점검과 현재 이루어지고 있는 모든 감시 사건에 대한 최소 연 2회의 심사가 포함되어야 합니다. 덴마크의 군 및 경찰 정보기관통제위원회도 비슷한 역할을 합니다.

다수의 국가에서 정보기관이 자신의 개인정보를 취급하는 방식에 민원이 있는 개인은 정보기관의 파일을 조사하여 정보 오용 여부를 독자적으로 판단할 권한이 있는 독립적 기구에 민원의 심리를 청구할 수 있습니다. 예를 들면 스웨덴법에 따르면 보안 및 무결성 보호위원회는 민원에 응답할 경우 개인정보 사용과 관련된 보안기관 활동의 합법성을 심사할 권한이 있습니다.

이 위원회는 또 개인정보 공개 시 인권기준 및 비례성원칙을 비롯하여 스웨덴 법령과 헌법을 준수하도록 보장하기 위해 다양한 경찰 및 보안등록부에 개인정보 공개를 심사합니다.

지금까지는 개인정보 사용이 인권을 침해하지 않고 인권을 보호하도록 해야 할 사안들을 살펴보았습니다. 다시 정리하면 각 정보기관들은 개인정보의 사용방법과 보유기간에 대한 효과적 통제수단을 확립해야 합니다. 이러한 통제수단은 국제적으로 인정되는 정보보호원칙을 준수해야 되고, 이러한 법률은 또한 통제수단이 진정으로 효과적일 수 있도록 독립적인 인력에 의한 견제도 규정해야 됩니다.

정보기관준거법은 국내 프라이버시 및 정보보호 법률에 적용해서 정보기관을 면제해 주어서는 안 됩니다. 그보다는 정보기관의 위임사항과 관련이 있는 경우 정보기관들이

제한적 국가안보 개념에 근거해 공개 규정의 예외를 활용할 수 있도록 허용해야 합니다. 이러한 예외가 올바로 적용되었는지 여부는 정보기관 파일에 있는 관련 정보에 적절히 접근할 수 있는 독립적 감독기구가 결정해야 합니다.

정보기관에 의해 자신의 개인정보의 저장·사용 또는 공개가 자신의 프라이버시를 침해했다고 민원을 제기하는 개인들은 독립적기구 앞에서 실효적 구제를 받을 권리가 있습니다.

정보기관의 개인정보 저장 결정은 정보주체의 접근 요청 및 개인정보의 보유·이전·삭제 결정과 마찬가지로 독립적 감독기구에 의해 심사되어야 합니다. 이러한 내용들이 논의되고 입법화되고 절차적인 보장이 되어야만이 국민들이 지금 염려하고 계시는 기본권 침해가 예방될 수 있을 것입니다. 하지만 이런 논의가 전혀 없는 현재의 상황에서의 국민들의 기본권 침해에 대한 우려는 너무나 당연하고 그 우려를 받아들여서 즉시 이런 논의들이 시작되어야 된다라고 생각합니다.

모두에 줄넘기 요청 이야기를 했었습니다. 그래서 우리 국민들께서 줄넘기 요정인 엘시 피더크가 돼서 끝내 이러한 논의들이 제대로 진행이 돼서 국민의 기본권을 침해하지 않는 제대로 된 법이 제정이 될 때까지 관심과 질책을 멈추지 않아 주셨으면 합니다.

그리고 이 발제 과정에서 저는 국정원 댓글 사건 관련해서 진행된 내용을 말씀드렸습니다. 보다 자세한 사항에 대해서 말씀드리고 싶지만 워낙에 이와 관련해서 당사자라는 이유로 발언권을 오히려 제한하는 상황이 있습니다. 관련해서는 재판이 계속 진행 중이므로 관심을 가져 주시고 재판 과정에서 국민이 보내 주신 격려에 힘입어서 끝까지 진실을 밝히고 수십 년 후로 미루는 그런 일이 발생하지 않도록 하겠습니다.

박근혜정부와 새누리당은 지금까지 우리 국민에게 너무나 많은 피해를 주었던 국정원에게 더욱 막강한 권한을 주어서 우리 국민에게 공포감을 주고 있습니다.

(「국정원이 국민에게 피해 준 게 없습니다. 의제와 상관없는 얘기는 빼야지요」하는 의원 있음)

국정원 개혁에 대한 목소리가 아주 높습니다. 그렇지만 이후에도 국정원의 권력 오남용은 그치지 않았습니다.

(「오남용이 없었습니다」 하는 의원 있음)

NLL 회담 회의록 유출 사건, 채동욱 검찰총장 개인 사찰 사건, 간첩 증거 조작 사건, 해킹 프로그램 구입 및 해킹 의혹 사건 등 드러나고 밝혀진 사건만으로도 이 정도인데 밝혀지지 않고 음지에서 얼마나 많은 사건들이 있었을지 가늠할 수 없습니다.

국가정보기관은 민감한 정보를 독점하면서 비밀리에 활동하기 때문에 권력 남용의 유혹에 빠지기가 쉽고 그 결과 국민들의 기본권과 권리를 훼손시킬 수 있습니다. 따라서 이들 기관이 법의 테두리 안에서 활동하고 민주적 규범과 절차를 지키며 명확한 책임 구분을 가지고 활동하면서 자신들의 결정과 행동에 대한 책임을 질

수 있도록 민주적 의회의 통제와 감시를 강화할 필요가
있습니다.

　박근혜정부와 새누리당의 테러방지법에 대한 집착으로
미뤄 보면, 단호하게 '아니다'라는 의지를 보여 주어야
합니다. 지금의, 현재까지의 피해를 모르고 앞으로 불어
닥칠 위험을 모르고 있다면 위험하고 무능한 정부 여당이고
알면서도 이를 강행하고 있으면 국민을 참으로 우습게 알고
기만하는 정부 여당일 것입니다.

　이제라도 독소조항이 있고 입법의 불비로 가득한
테러방지법에 대한 집착과 질주를 멈추기 바랍니다.
국민들의 권리와 기본권을 침해하는 행위를 멈추기
바랍니다. 자유롭고 정의로운 대한민국을 파괴하는 행위를
멈추기 바랍니다.

　제가 테러방지법 반대토론에 신청을 하자 많은
국민들께서 국정원 댓글사건에 대해서 발언을 듣고
싶다라고 했는데요, 관련된 부분들은 아까 진행한 과정을
통해서도 느끼셨겠지만 충분히 발언할 수 있는 상황은 되지
않습니다. 하지만 관련된 재판이 계속 진행 중이니 계속
관심 가지고 이 사건의 진실이 빨리 밝혀지도록 격려해
주시기 바랍니다.

　감사합니다.

● **의장 정의화** 권은희 의원님 수고 많았습니다.
　다음은 더불어민주당의 이학영 의원님 나오셔서 토론해
주시기 바랍니다.

(2016년 2월 28일 오후 12시 21분)

23

이학영 의원

제19대 국회의원 (경기 군포시)
더불어민주당

2016년 2월 28일 오후 12시 22분 시작
2016년 2월 28일 오후 10시 55분 종료
발언 시간 10시간 33분

"비판 없는 사회는 죽음이 기다리고 있는
사회입니다. 유기체는, 유기적 사회체는
비판이 있을 때 비로소 건전하게 운영될
수 있는 것입니다."

(2016년 2월 28일 오후 12시 22분)

● **이학영 의원** 존경하는 대한민국 국민 여러분!

그리고 무너져 가는 민주주의를 지키기 위해서 오늘 휴일임에도 불구하고 대한민국 국회 본회의장에 방청을 오신 국민 여러분!

너무 고맙습니다.

여러분들이 함께하시기에 힘을 얻고 격려를 받아서 오늘 대한민국 민주주의를 말살하려는 속칭 테러방지법, 제가 스스로 생각하기에는 국민 무제한 사찰법을 여러분이 막아 주셔야 됩니다. 국회의원이 국회의원이기는 하지만 여러분의 도움이 없이는 이 법, 저는 막아지지 않는다고 생각합니다.

국민 여러분을 믿고 오늘 제 반대토론을 시작하겠습니다.

존경하는 국민 여러분!

선배·동료 의원 여러분!

경기도 군포 출신 더불어민주당 이학영 의원입니다.

참으로 감회가 깊습니다. 제가 이 자리에 서기까지 50여 년이 흘렀습니다. 대한민국이, 내가 살고 있는 조국이 국민에게 행복과 안전을 주는 대한민국이 아니고 국가의 권력이라는 이름으로 어떻게 무참하게 한 가족과 한 개인의 삶을 파괴하는지 온몸으로 겪었기에 언젠가 내가 이 사실을 국민에게 알리고 다시는 사랑하는 내 조국에서 이런 불행한 일이 다시는 일어나지 않기를 바라는 마음으로 오늘 이 자리에 왔습니다.

오늘 시작을 제가 좋아하는 시 두 편으로 시작하겠습니다.

저는 평생을, 결혼해서 지금까지 항상 아침에 집을 나설 때 가족을 바라보며 손을 흔들고 나옵니다. 가족에게 오늘 하루 안녕히 잘 있으라는 그런 마음의 기도를 하면서 나옵니다.

왜 그럴까요? 내가 살았던, 내가 청년 시절부터 철이 들어서 오늘까지 한 번도 집 밖을 나서면서 내가 제대로 저녁에 안전하게 돌아와서 내 가족을 만날 수 있을까 하는 마음이 들었기 때문입니다.

왜 그럴까요? 여러분은 그렇지 않으십니까? 저만 그렇습니까? 제가 유난히 가족 사랑이 깊어서일까요? 아닙니다.

제가 살고 있는 대한민국의 현실이 수많은 사고와 수많은 예측할 수 없는 일들로 인해서 하루하루의 삶이 나 자신도 나 스스로의 안전을 책임지고 확보할 수 없다고 느끼기 때문입니다.

정말 가슴을 칠 일입니다. 책상을 칠 일이 아니고 가슴을 치면서 살아가는 것이 오늘의 대한민국의 우리 국민의 현실 아닙니까, 여러분?

그런 마음으로 내가 좋아하는 독일의 유명한 극작가이자 시인이신 베르톨트 브레히트 시 한편 읽겠습니다.

'내가 사랑하는 사람이 나에게 말했다

"당신이 필요해요."

그래서 나는 정신을 차리고 길을 걷는다.

빗방울까지도 두려워하면서.

그것에 맞아 살해되어서는 안 되겠기에.'

브레히트는 1차 대전, 2차 대전, 나치 시대를 겪고 공산주의 치하를 겪었습니다. 그는 하루하루의 삶이 정말 사랑하는 사람을 다시 만나기 위해서 빗방울도 피하고 싶은 그런 마음으로 살았던 시인이었습니다.

오늘 우리 국민이야말로 이 시에 언급된 대로 빗방울까지도 맞을까 두려워서 살고 있는 현실 아닙니까?

똑같이 또 하나, 브레히트 시입니다.

'살아남은 자의 슬픔'

'물론 나는 알고 있다.

오직 운이 좋았던 덕택에

나는 그 많은 친구들보다 오래 살아남았다.

그러나 지난밤 꿈속에서 이 친구들이 나에 대하여 이야기하는 소리가 들려왔다.

"강한 자는 살아남는다"

그러자 나는 자신이 미워졌다.'

사랑하는 국민 여러분!

오늘 이 시대를 살아가는 사람들의 지난 몇 십 년을 한번 돌이켜 보십시오.

이 땅에서 경제성장과 민주화를 위한 과정에서 얼마나 많은 사람들이 희생당하고 자신을 헌신하며 살아 왔습니까? 그러나 수많은 사람들이 또 어떻게 희생되어 왔습니까? 먼저 갔습니까?

1876년 우리나라가 제국주의 일본과 외세의 침략을 당하기부터 130~140여 년 동안 수많은 외침과 제국주의 침략과 식민지 강탈과 독립투쟁과 독재정권과 군사정권 아래에서 또 그리고 세계 10대 경제성장을 이루기까지 공장에서, 농촌에서, 거리에서, 해외에서, 북만주 벌판에서, 저 중앙아시아까지 쫓겨 가면서, 또 감옥에서, 숨어 다니는 거리 골목골목에서 얼마나 많은 사람들이 먼저 가야 했습니까?

저는 어젯밤에 오늘 발언을 준비하면서 이 브레히트의 '살아남는 자의 슬픔'을 다시 떠올렸습니다.

우리는 살아남아서 이렇게 가족과 함께 살고 있지만 먼저 견디지 못하고 떠난 사람들, 우리의 친구들, 우리의 어머니·아버지들, 우리의 선조들, 그들의 눈물과 그들의 한숨과 그들의 애통이 이 산천 곳곳에, 또 해외에, 사막 한가운데에, 중앙아시아 폭설 한가운데에, 북만주 한가운데에 백골로 쓰러져 있을 것을 생각하면 오늘 우리가 어떻게 편안히 잠자고 편안히 밥 먹고 견딜 수가 있겠습니까?

그런데 오늘 우리는 또다시 국민을 무제한 사찰하려는 일명 테러방지법을 반대하는 자리에 와 있습니다.

(「국민 사찰법이 아닙니다」 하는 의원 있음)

조용히 하십시오. 제가 발언하고 있습니다.

자, 이제 우리 살아남은 자들이 우리 대한민국이 세계 선진국이 되고, 자랑스러운 조국이 되고, 민주주의가 활짝 피고 언젠가 남북통일이 되어서 전쟁 걱정 없고 가난 걱정 없이 미래가 불투명해서 자살하는 그런 일이 없는 우리의 조국을 만들어 봅시다.

여러분, 함께해 주십시오. 국민 여러분이 함께해 주실 때 이것은 가능합니다. 우리가 언제까지 이 발언을 계속할 수 있겠습니까?

저는 오늘 발언을 준비하면서 어제 이런 자료를 하나 봤습니다. 2016년 2월 25일자 자료입니다.

한번 읽어 보겠습니다.

'내부갈등에 무너지는 한국사회…… 충격의 국민대통합위원회 보고서', 현 정부의 국민대통합위원회에서 현재 우리 국민의 실태를 정리한 자료입니다.

제가 축약하기 어렵기 때문에 지루하시더라도 한번 들어 봐 주시면 고맙겠습니다.

"우리 사회에서 가장 심각한 갈등의 진원지는 빈부격차다. 경제력 차이로 인한 위화감과 불만이 극에 달하고 분노사회를 넘어 원한사회가 되고 있다.

한국사회의 갈등 양상이 사회기반을 무너뜨릴 수 있을 만큼 위험수위에 다다랐다는 충격적인 연구 결과가 나왔다.

김문조 고려대 명예교수 등 국내 대표적 정치·사회학자 5명으로 구성된 연구팀은 지난달 대통령 직속 국민대통합위원회 측 의뢰를 받아 지역·성별·연령·월소득 등을 기준으로 선발된 전국 성인 남녀 105명을 심층 인터뷰한 '한국형 사회갈등 실태 진단' 연구보고서를 작성했다.

연구팀은 보고서에서 불안·경쟁·피로 등 한국사회에 축적된 갈등이 포기와 단절·원한·반감 등 극단으로 치닫고 있다며

경제력에 따른 계층 간 갈등이 적절하게 통제되지 않으면 한국사회를 무너뜨릴 수 있는 수준까지 나아갈 것이라고 강력 경고했다.

사회적 격차에 대한 인식 조사를 위해 연구진이 이른바 '빽', 쉽게 말하면 배경이지요, 빽에 대해 물어본 결과 남녀 구분 없이 응답자들은 개인의 사회적 성취에 '빽'이라는 요소가 강력한 후광효과를 발하고 있다고 응답했다.

특히 남성 응답자들은 "빽이라는 존재는 입사할 때 경험했다. 우리는 공채로 입사했지만 빽 있는 친구는 개별 입사했다", "사건·사고 시 빽이 있으면 확실히 도움이 된다", "조그만 회사들은 로비를 안 하면 물건을 넣을 수 없다. 결국 빽이 돈이다" 등 일상적 경험을 소개했다.

빈부격차에 대한 질문에서 "점점 심해져 중산층이 사라지고 상하계층만 남을 것", "있는 사람은 계속 발전하고, 없는 사람은 계속 쪼그라드는 구조" 등 극히 부정적인 답변이 쏟아졌다.

연구진은 방대한 심층면접을 통해 한국사회 갈등 유형으로 불안을 넘어선 강박, 경쟁을 넘어선 고투, 피로를 넘어선 탈진, 좌절을 넘어선 포기, 격차를 넘어선 단절, 불만(분노)을 넘어선 원한, 불신을 넘어선 반감, 갈등을 넘어선 단죄 등 8개로 분류했다.

학계와 언론이 불안과 경쟁·피로·좌절·불신 등으로 완곡하게 표현하는 우리 사회 갈등이 실제로는 단절·원한·반감·단죄의 감정 등 극단적 트라우마 상태로 빠지고 있다는 설명이다.

연구진은 사회 불안심리는 세계 보편적 현상이지만 외길 경쟁이 치열한 한국사회에서 그 양상이 더욱 심각하게 전개되고 있다고 진단했다.

김 명예교수는 특히 젊은이들이 이렇다 할 성과가 기대되지 않음에도 생존에 대한 불안 때문에 소모적 노력을 멈출 수 없는 지경에 처했다며 부익부 빈익빈 구조가 깊어지고 개인 노력만으로 성공이 어려워지면서 성공에 대한 꿈을 포기하는 젊은이가 많아진 것이라고 지적했다.

이처럼 양극화한 계층구조에서 젊은 세대는 물론 기성세대까지 생존에 대한 불안감이 커지면서 발생하는 총체적 불만이 한국사회를 분노 이상의 원한사회로 이끌고 있다는 평가다.

연구팀은 위험수위에 다다른 사회적 갈등을 풀 제1의 해법으로 일자리 문제를 지적했다. 구체적인 대안으로 근로자들의 근로시간을 지금보다 절반가량 줄여 삶의 질을 높이고 줄어든 근로시간을 메울 인력을 기업과 정부가 신규 채용하는 '반정규직제' 개념이 도입되어야 한다고 호소했다."

여기, 시간타임 어떻게 되지요?

(「테러방지법하고 전연 관련 없는 이야기를 자꾸……」하는 의원 있음)

그 이야기 할 겁니다. 그 원인에 대한 분석을 지금 이야기하고 있는 겁니다. 조금만 기다리십시오.

여기 시간타이머 좀 재 주세요.

● **의장 정의화** 시간 제약이 따로 없습니다. 무제한이니까

하고 싶은 이야기 다 하시는데, 다만 의제를 벗어나지 않기 바랍니다.

● **이학영 의원** 저는 존경하는 박근혜 대통령님께서 이 국민대통합위 보고서 받으셔서 읽어 보셨는지 묻고 싶습니다.

우리 국민 현실이 이렇습니다.

국민 여러분!

대한민국 국민이 처한 현실이 이렇게 백척간두 어려움에 빠져 있습니다. 박근혜 대통령님과 우리 정부가 제일 먼저 해야 할 일은 이 국민대통합위의 보고를 받으셨다면, 오늘 국회에서 국민을 무제한으로 사찰하려 하는 테러방지법을 토론하게 하고 직권상정해서 비상으로 처리하게 하려는 이것을 당장 멈추고, 바로 민생의 문제로 정부와 국회가 머리를 맞대고 해결책을 도모해도 시간이 없습니다. 민생이 제일 우선입니다.

국민의 생명과 살림과 생활을 지키지 못하면 그것보다 더 위험한 것이 어디가 있겠습니까? 국민이 삶의 백척간두에 서 있는데 지금 저 이라크에 있는 IS가 대한민국에 쳐들어올까 싶어서, 테러할까 싶어서 우리 국회가 이렇게 마비되어도 좋겠습니까, 여러분? 대통령님, 이제라도 이 법안을 거두셔야 합니다. 이제 민생문제에 국민과 함께 해야 됩니다.

다시 한 번 자료를 제공하겠습니다. 제가 지금 대한민국의 자살자 수를 찾고 있습니다. 최근에 대한민국의 자살자 수가 해마다 1만 명 이상, 1만 3000명~4000명이 되고 있습니다. 여러분, 간간히 뉴스에서 송파 세 모녀 자살사건 이런 자살사건을 접하다 보니까 우리 대한민국은 이런 비참한 현실을 그냥 하나의 기사로 넘겨 버리고 있습니다. 그런데 한 가정으로 생각하고 한 개인으로 생각해 보십시오. 한 생명이 자기에게 주어진 천부적인 생명을 스스로 끊는다는 것이 얼마나 어려운 일이겠습니까? 얼마나 힘든 일이겠습니까? 얼마나 비참한 일이겠습니까?

그런데 해마다 우리 사회에서 1만 3000~4000명들이 자살하고 있다면 어떻게 되겠습니까? 만약 이 자살자들이 전부 서로 연락해서 어느 날 모월 모일 모시에 광화문 광장에 모여서 한날 우리가 함께 죽자 하는 사건이 일어났다고 생각해 보십시오. 이것이 테러보다 무섭지 않습니까?

(「의제에 맞는 발언을 좀 하세요!」 하는 의원 있음)

저 이라크에서 일어나는 그 전쟁보다 우리 안에서 죽어가고 있는 우리 국민들의 생명이 더 위험하지 않습니까?

(「무슨 소리예요!」 하는 의원 있음)

(「의제에 딱 맞는 발언을 했구면」 하는 의원 있음)

이제 국민 여러분, 박근혜 대통령님! 자살이 없는 사회 만들어 주십시오.

(「의장님, 경고 좀 주세요」 하는 의원 있음)

(「의제 외의 발언을 하지 마세요!」 하는 의원 있음)

테러보다 더 심각한……

● **의장 정의화** 잠깐만 발언을 중단해 주십시오.

지금 테러방지법 하는데 자살이 무슨 상관있어요?

● **이학영 의원** 우리 국민이 테러보다 더 위험하게 생명이 죽어가고 있다는 이야기를 하고 있는 겁니다.

(「논리의 비약이 너무 지나치지요!」 하는 의원 있음)

(「관계있어요」 하는 의원 있음)

● **의장 정의화** 의장으로서 한 말씀 드리려고 하는데 계속해서 그렇게 말씀하지 않았으면 좋겠고요.

● **이학영 의원** 예, 의장님께서 경고하시니까 제가 받아들이겠습니다.

● **의장 정의화** 이학영 의원님, 우리가 오늘 이 무제한 토론을 하는 깊은 뜻을 잘 헤아려서 이 자리가 국민을 선동한다거나 국론을 분열시키거나 그러한 것이 아니라 테러방지법이 왜 필요하며, 왜 필요하지 않는지에 대해서 국민들에게 잘 설득하는 자리라는 것을 유념하셔서 의제를 벗어나지 않기를 바라고요, 의석에서는 가능한 한 의장에게 모든 것을 맡겨 주시기 바라고요, 큰소리 내지 않았으면 좋겠습니다.

감사합니다. 계속하십시오.

● **이학영 의원** 의장님 경고를 받아서 다시 제 발언을 진행하겠습니다.

다만, 유감스러운 것은 우리의 합리적인 의장님께서 이런 국민이 이해할 수 없고 납득할 수 없는 법을 국회의 제대로 된 합법적인 상임위와 법사위를 통과해서 올리지 않으시고 직권상정하신 데 대해서 문제의 원인이 거기에서 출발했다는 것을 상기시켜 드리면서 다시 발언을 하겠습니다.

지난 1964년 당시 국회의원이셨던 고 김대중 대통령께서 정권의 비리를 폭로해 체포 위기에 처한 야당 국회의원 체포동의안 상정을 저지하기 위해 5시간 19분 동안 의사진행발언을 한 바 있습니다. 2016년 2월 23일 더불어민주당은 민주주의와 국민의 안전을 위협하는 정부·여당의 일방적인 테러방지법 상정을 저지하고 제대로 된 테러법 제정을 위해 또 다시 무제한 토론, 필리버스터를 시작하였습니다. 야당 의원들이 밤을 새워 특정 법안에 대해 연이어 몇 시간씩 반대토론을 벌이는 광경은 아마 세계 의회 사상 유례가 없는 모습일 것입니다.

저희 야당은 지금 국민들께 피를 토하는 심정으로 반대토론을 이어가고 있습니다. 저 역시 국민의 안전을 보장하고, 정부로부터 국회의 존엄을 지키고 여당의 비민주적인 국회 운영을 저지하고 공권력을 사유화하려는 정부에 맞서 처절하고 숨 가쁘게 이어지고 있는 민주주의를 위해 조그마한 힘을 보태고자 합니다.

청와대의 지시를 충실히 이행하는 데 급급한 새누리당이

과반석을 차지하고 있는 지금의 의회 현실입니다. 이 릴레이 반대토론은 새누리당이 자행하고 있는 의회 독재에 저항하며 야당이 기대하고 있는 마지막 버팀목과 같습니다. 야당은, 우리 당은 테러방지법을 무조건 반대하는 것이 아닙니다. 테러가 일어나면 국민이 위해를 당하고 국가가 불안해지므로 테러는 어떻게든 막아야 합니다. 그렇기에 법이 필요하다면 국민의 안전을 위해 제대로 된 법을 만들자는 것입니다.

정부와 여당에 촉구합니다. 지금이라도 전향적으로 법을 거둬들이시든가 제대로 된 법안 내용을 다시 제출하시든가 전향적으로 이에 대한 협상에 나서야 합니다. 그러나 불행히도 현재 이 반대토론이 이어지고 있는 이 시간 내내 정부·여당으로부터는 어떠한 새로운 전향적인 국민을 위한 제안은 나오고 있지 않습니다. 진보와 보수를 떠나 정치와 정당의 존재 이유는 최고의 선택을 통해 국민의 안전과 행복을 보장하는 것입니다.

현재 정부·여당이 주장하는 테러방지법에 대해 제기되고 있는 문제들을 더 잘 살펴서 법이 가진 좋은 취지가 제대로 구현될 수 있도록 하자는 야당의 요구를 수용하지 못할 이유가 무엇입니까? 부디 우리의 간곡한 호소에 귀 기울여 주시기를 부탁드리며, 반대토론을 계속하겠습니다.

아마 연이은 반대토론이 보도되면서 관심이 덜해졌거나 없었던 분들도 관심을 가지기 시작하셨을 거라고 생각됩니다. 이토록 청와대와 여당, 이제는 입법부 수장까지 협조해서 통과시키려 안간힘을 쓰는 테러방지법의 실체가 과연 무엇인지 말입니다.

먼저 다 익히 이전의 의원님들의 발언을 통해서 아셨겠지만 오늘 처음 보신 분들을 위해서 다시 이 법이 이렇게 된 이유, 이 법이 본회의에 상정된 이유, 납득하기 어려운 이유를 한번 정리해서 다시 말씀을 올리겠습니다.

문제의 발단은 의장께서 지금을 국가비상사태로 규정해서 테러방지법을 직권상정 한 데서 출발했습니다. 여러 의원님들이 이미 말씀하셨지요. 지금이 국가비상사태면 우리가 이 휴일에 한가하게 이 방청석에 앉아 있을 수 있겠습니까?

국회법의 관련 조항을 보면 이를 전시·사변 또는 이에 준하는 국가비상사태의 경우라고 규정하고 있습니다. 지금이 어떻게 그 경우에 해당되는지를 되묻고 싶습니다. 이는 국회의장과 여당이 앞장서 국민 불안을 조성하는 것으로 볼 수밖에 없습니다.

정의화 국회의장님, 우리 더불어민주당은 물론이고 테러를 막겠다고 하는 것에 대해서 반대할 국민은 아무도 없을 것입니다. 실제로 연일 들려오는 해외의 테러 사건 뉴스로 인해 우려를 하시는 국민들이 많은 것도 현실입니다. 그래서 국민의 대표 공간인 입법부에서 민의를 대표해 당선된 여야 의원들이 이 문제에 대해 오랫동안 논의해 온 것입니다.

모든 법안에는 다 쟁점이 있기 마련입니다. 이 법도 마찬가지로 손보거나 협의해야 될 부분들이 많습니다.

따라서 이견이 있으면 토론해야 되고 토론하다 보면 시간이 걸리는 것은 당연한 일입니다. 민주주의에서 토론과 시간이 걸리는 것은 기본 원칙인 것입니다. 이것을 삭제하거나 생략하려고 하면 그것은 독재로 가는 지름길인 것입니다.

민주주의의 지극히 정상적인 절차를 밟고 있는 과정인데, 5선 의원으로서 이런 과정을 지극히 잘 알고 계신 의장님도 잘 인용하실 텐데 이 부분에 대해서 여야 합의가 불가능하다고 판단하셔서 일방적으로 단정 지으시고 심사기일을 정하셨습니다.

하지만 의장께서 그렇게 선언했을 때 국회 정보위원회는 테러방지법과 관련해서 네 차례에 걸친 회의를 하고 있는 중이었습니다. 비단 테러방지법뿐만 아니고 처리가 필요한 다른 사안에 대해서도 함께 논의해 처리하자는 공감대가 형성되어 가던 중이었습니다.

어떤 법과 제도의 개정 사안에 대해 소관 상임위가 논의해서 결정케 하는 것은 의회의 가장 기본적인 절차입니다. 그럼에도 이렇게 직권상정을 하게 된 것에 대해 의장께서는 다음과 같은 입장을 내놓으셨습니다. 북한의 핵실험 이후에 북한의 테러 위험이 증가했기 때문에 국가비상사태로 간주한다.

의장께서는 최초 직권상정 요건을 갖추지 못했다고 하셨으나 입장이 바뀌신 것입니다. 이와 같은 결정을 내리기까지는 2월 19일 이병기 청와대 비서실장 면담, 2월 22일 이병호 국정원장과 면담 이후라고 전해지고 있습니다. 비서실장과 국정원장은 대통령의 의중을 전달하러 왔겠지요.

하지만 여러 사건들로 국민적 불신의 대상인 국정원이 보고 주체라고 한다면 누구나 그 내용에 대해서 의문을 품어야 하지 않을까요? 지금이 국가비상사태라는 국정원의 판단에 대해 우리 시민사회 역시 불신을 드러내고 있습니다. 시민사회에서 발표한 입장을 하나 소개해 드리겠습니다. 조금 지루하시더라도 경청해 주시면 감사하겠습니다.

'북한의 대남테러 준비 국정원 보고, 미덥지 않은 네 가지 이유'
"불명확한 첩보 공개해 테러방지법 제정 압박하려는 의도 드러낼 뿐.

대통령이 국회에서 북한의 테러에 대비해 테러방지법을 조속히 제정해야 한다고 주장한 직후 국가정보원을 비롯한 정부당국은 어제 2월 18일 긴급 안보상황 점검 당정 협의회를 개최하였다.

이 회의에서 국정원 등은 북한 김정은 제1비서가 대남테러 역량을 결집하라고 지시하여 정찰총국 등이 이를 준비하고 있는 것으로 파악되었다고 보고했다고 이철우 여당 정보위 간사가 전했다.

이어 김성우 청와대 홍보수석도 같은 날 같은 취지의 브리핑을 갖고 북한의 대남테러 가능성이 어느 때보다도 현실화될 가능성이 커지고 있으므로 테러방지법을 시급히 처리해야 한다고 재차 주장했다.

북한이 대남테러를 준비하고 있다는 국정원의 브리핑은 믿을 만한가? 결론적으로 아직은 카더라 수준의 언론플레이 이상으로 볼 만한 아무런 근거를 찾을 수 없다. 잘 봐줘야 첩보 수준이다.

정보조작의 의혹도 짙다. 우선 북한 김정은이 정찰총국에 테러역량을 준비하라고 지시했을 리 없다. 김정은이 아니라 어느 누구라도 자신들이 준비하는 무언가를 테러역량이라고 부를 리 없지 않은가? 그렇다면 북한 정찰총국이 준비하는 역량이 구체적으로 어떤 역량인지 최소한의 설명이나 분석이 있어야 하는데 전혀 없다.

둘째, 이철우 의원 등은 국정원이 구체적인 테러유형으로 반북 활동, 탈북 인사나 북한을 비판한 정부 인사 및 언론인 등에 대한 직접적 신변 위해, 다중이용시설 및 국가기간시설 테러, 정부·언론사·금융사 등 대상 사이버 공격 등을 열거했다고 하지만 국정원이 나열한 것들은 사실상 상상 가능한 일반적인 공격유형에 불과할 뿐이다. 지난 수년간 국정원이 언급해 온 유형들과 큰 차이를 발견할 수 없다.

셋째, 미국은 지난 2008년 북한을 테러지원국 명단에서 해제한 이래 지금까지 8년째 북한을 테러지원국에 재지정하지 않고 있다. 북한이 테러를 지원하고 있다는 증거가 없다는 이유에서다.

따라서 북한이 대남테러를 준비하고 있다고 결론 내리기 위해서는 미국 등의 복수의 분석에 의해 다각적으로 입증되어야 한다. 아직까지 미국이 북한이 테러와 연관이 있다는 새로운 증거를 찾아냈다는 소식은 들려오지 않고 있다.

다만 지난 2015년 미국 정부는 북한이 소니 해킹 사건을 일으킨 것으로 지목한 바가 있긴 하다. 하지만 미국 정부는 아직까지 해킹을 테러행위로 해석하지는 않고 있다. 해킹을 테러로 분류할 경우 국내에도 널리 알려진 어나니머스 국제해커조직도 국제테러조직으로 분류해야 하는데 미국 정부도 한국 정부도 이들을 테러조직이라고 부르지 않고 있는 것과 마찬가지다.

마지막으로 정부가 북한의 테러가 임박한 것처럼 언론플레이를 하면서 그 대책으로 테러방지법 제정을 촉구하는 것 자체가 부적절하고 미덥지 않다. 긴급 안보상황 점검을 하면서 테러방지법 제정 얘기를 하는 것은 지나치게 한가한 처방이 아닐 수 없다. 정말로 북한의 테러가 임박한 것이라면 설사 테러방지법이 지금 당장 국회를 통과한다 하더라도 사후약방문이 될 것이 틀림없기 때문이다.

결론적으로 북한이 테러역량을 준비한다는 국정원의 정보보고는 불명확하고 검증하기 힘든 첩보를 근거도 제시하지 않고 무분별하게 공개하여 국민들에게 혼란을 주고 있다는 점에서, 나아가 국내 정치나 입법에 영향을 미치려는 정략적인 이유로 국민을 겁주고 여론을 조작하려는 의도를 너무 노골적으로 드러내고 있다는 점에서 이미 매우 중대한 문제를 지니고 있다. 이런 일들이 반복되면 국정원에 대한 낮은 신뢰가 더욱 낮아지게 될 것이 틀림없다."

(정의화 의장, 정갑윤 부의장과 사회교대)

"만약 테러방지법 제정을 압박하기 위해 국정원과 청와대가 북한의 테러가 임박한 것처럼 여론조작을 시도한 것이라면 이것이야말로 박근혜정부와 국정원에게 테러방지법을 선물로 줘서는 안 될 가장 확실한 이유가 될 것이다. 국회는 테러방지법 제정안을 폐기하고 대신 국정원을 근본적으로 개혁하여 이런 실패와 조작의 여지를 미연에 차단해야 한다.

다시 강조하건대 테러방지법이 아니라 국정원 개혁이 국민의 안전과 인권을 지킬 최선의 처방이다."

민주주의법학연구회, 인권운동공간 '활', 인권운동사랑방, 진보네트워크센터, 참여연대 이러한 단체들이 발표한 성명입니다.

여러분, 현재 여러분은 우리 대한민국이 국가비상사태하에 있다고 생각하십니까? 현재 우리는 국가비상사태에 있다고 생각하고 이 테러방지법을 국회에서 통과시켜야만 하는 운명적인 상황에 처해 있습니다.

생각해 보십시다.

정말 국가비상사태일까요? 그동안 우리나라에서 국가비상사태가 선포된 사례는 국가가 정말로 민주주의가 위기로 넘어가는 시대에 비상사태가 일어났습니다.

예를 들어 보겠습니다.

여러분, 10월유신이라고 들어 보셨을 겁니다. 10월유신, 지금 40대 이하는 아마 실감하지 못하는 용어일 겁니다.

유신은 과거의 낡은 것을 전부 뜯어고쳐서 새롭게 만든다는 것을 뜻합니다. 세계적으로 그 용어를 쓰는 나라가 일본입니다. 일본 막후정치를 끝내고 새로운 근대국가로 만들려고 군인들이 막후정치를 쿠데타하여 무너뜨리고 그것을 소위 유신이라 부르면서 새로운 근대국가 틀을 만들려고 정변을 일으킨 사건입니다.

그런데 우리나라가 똑같이 그렇게 1972년에 10월유신을 박정희 전 대통령께서 발표하셨습니다. 10월유신이 어떤 것인가는 이후에 또 자료를 통해서 설명드리겠습니다.

유신이 시작된 1971년 12월에 한 번 비상사태가 있었고요, 유신이 끝난 1979년 10월 그때 또 한 번 비상사태가 있었습니다. 박정희 대통령께서 암살당하셔서 국가가 비상사태에 들어간 사태입니다. 그리고 1980년 5월 광주민주화운동을 총칼로 짓밟기 위해서 선포한 것이 비상사태입니다.

그래서 오늘을 바로 국가비상사태로 간주한다면 여러분은 5·18 민주항쟁 이후 36년 만에 또 국가비상사태를 맞게 되고 있는 것입니다.

국가비상사태, 1971년 12월 6일 박정희 대통령의 국가비상사태 선언에 따른 긴급조치 결과가 무엇이었습니까? 사유화된 공권력인 중앙정보부가 정치·언론·국민들을 대상으로 행한 반민주적이고 불법적인 폭력흔적이 상처로 남아 있는 사태입니다.

제가 자료 하나를 읽어 드리겠습니다.

조금 한숨 쉬시지요.

제가 지금 잘 안 찾아지는데요. 쉬어가기 위해서 시민들께서 주신 네티즌들의 글 몇 개를 읽고 또 찾겠습니다.

김정순 님입니다. '원래 거대한 공포를 의미하는 테러라는 게 프랑스 혁명과정에서의 적색테러 그리고 그에 대한 반동으로서의 백색테러처럼 국가 테러에서 비롯되었고 이 모두 국가의 시민에 대한 테러 아니었나요? 국가를 과잉보호하는 국가보안법 폐지를 논의해야 하는 시대 그리고 국가테러방지법 혹은 시민자유법을 입법해야 하는 시대에 빅브라더를, 침실은 물론 무의식까지 끌어들이는 테러방지법을 논의해야 하는 한국의 현실이란 참으로 딱하고 안타까울 뿐입니다.'

이은숙 님 '저는 유신시대로 돌아가고 싶지 않습니다', 이동걸 님 '국민이 국가로부터 합법적으로 폭력을 당하게 하는 법, 국민의 자유와 평화를 해치는 테러법이네요', 장재성 '힘내세요. 우리는 대한민주주의 공화국, 어머니가 주신 민주주의 공화국', 나종용 님 '이 나라가 경찰국가를 넘어 정보전체주의로 가고 있네요. 압제로부터 이 나라의 국민을 지켜 주시기 바랍니다.'

제가 아까 박정희 전 대통령께서 10월 유신을 선포하셨다고 했습니다. 그때의 기록을 정리한 김재홍 경기대 정치전문대학원 교수님의 글 일부를 읽어 드리겠습니다.

김재홍의 '박정희 권력의 DNA—국회 해산 조치, 사실상 내란' 2012년 10월 16일에 입력된 기사입니다.

(● 이채익 의원 의석에서 — 테러방지법하고 10월 유신하고 무슨 상관이 있습니까? 좀 의제에 관련 있는 발언 좀 해 주세요.)

10월 유신하에서 국정원이 국민을 대대적으로 사찰하고 미행하고 고문하고 폭력하고 죽였기 때문입니다. 그래서 그 전제조건인 비상사태에 대해서 지금 알려 드리려는 겁니다.

(● 이채익 의원 의석에서 — 지금 그게 테러방지법하고 무슨 상관이 있습니까?)

역사에서 연관되지 않은 것 어디 있습니까? 국정원이 국민에게 위해를 가한 것이 하루이틀이었습니까? 그래서 염려가 되어서 우리는 막으려고 하는 것입니다. 그래서 과거의 국정원의 역사를 들려 드리려고 하는 겁니다.

읽어 보겠습니다.

(● 이채익 의원 의석에서 — 논리의 비약이 너무 지나칩니다.)

이것은 공개적인 자료니까 이해해 주십시오.

"1972년 10월 17일 오후 7시, 라디오 뉴스가 흘러나왔다. 중대 뉴스가 예고되어 있어서 많은 사람들이 궁금하게 생각하면서 라디오에 귀를 기울였다. 대통령 박정희의 약간 감기 들리고 코 먹은 듯한 목소리가 흘러나온다.

'친애하는 국민 여러분! 나는 오늘 우리 조국의 평화와 통일, 그리고 번영을 희구하는 국민 모두의 절실한 염원을 받들어 우리 민족사의 진운을 영예롭게 개척해 나가기 위한 나의 중대한 결심을 국민 여러분 앞에 밝히는 바입니다.

오늘의 이 역사적 과업을 강력히 뒷받침해 주는 일대 민족주체 세력의 형성을 촉성하는 대전기를 마련하기 위해 다음과 같이 약 2개월간 헌법 일부 조항의 효력을 중지시키는 비상조치를 국민 앞에 선포하는 바입니다.'

방송에서 박정희는 전국에 비상계엄령 선포와 국회 해산, 정당 및 정치활동의 중지, 그리고 헌법 개정 등을 선언했다. 헌법 일부 조항의 효력정지라고 했지만 그보다 훨씬 더 큰

문제는 아무런 근거 조항이 없는 국회 해산 조치였다.

대통령의 국회 해산은 초헌법적 헌정 파괴로 사실상 내란이었다. 국회를 해산한 뒤 정권 측은 야당 국회의원 중 눈엣가시 같은 인물들을 잡아들였다. 박정희가 이른바 특별선언을 발표한 10월 17일은 국회가 한창 국정감사 활동을 벌이던 중이었다.

일제 경찰에게 전수받은 통닭구이 고문 수법을 야당 의원들에게, 중앙정보부 보안사 헌병대 불법연행, 구타·물고문 등에 자결 시도도 있었습니다.

박정희가 국회 해산을 발표한 1972년 10월 17일 당일 밤 서울 외곽 지역에 자리한 아무런 간판도 장식도 없는 삭막한 콘세트 건물, 군 정보기관 소속의 한 소령이 연행되어 온 남자에게 협조해 줄 것을 나름대로 정중하게 당부한다. '옷을 다 벗으시지요' 그는 겉옷을 모두 벗고 속내의만 남겼다. 그러자 옆에 서 있던 4명의 점퍼 차림들이 갑자기 달려들어 속내의까지 홀랑 다 벗겼다. 점퍼들은 알몸이 된 남자의 팔과 다리를 교차하여 묶더니 그 사이에 큰 막대기를 끼워서는 2개의 책상 사이에 걸어 놓았다. 이른바 '통닭구이' 고문이 시작되는 것이다.

일본 고등경찰이 우리 독립운동가를 붙잡으면 조직을 캐기 위해 동원했다는 비인간적인 고문 수법이었다. 박정희 정권의 하수인들이 유신 쿠데타 상황에서 야당 인사들에게 그대로 자행했다.

취조 4인조는 통닭 남자의 얼굴에 수건을 씌우고는 주전자로 물을 붓기 시작했다. 숨을 못 쉬고 거의 질식 상태인 그에게 또 사정없이 각목 구타가 가해졌다. 고문에 못 이겨 그는 풀어 주면 말하겠다고 했다. 점퍼들은 서너 차례나 다짐을 받고는 그를 풀어 땅에 꿇어 앉혔다. 그때 갑자기 그의 입에서 '우드득, 딱' 하는 소리가 났다. 자결하려고 혀를 깨물었으나 의치가 부러지는 소리였다. 취조하던 점퍼들은 놀라면서 그를 제지했다.

비슷한 시각, 남산 중앙정보부의 조사실이 있는 안가, 한 50대 민간인이 연행되어 들어왔다. 옷을 벗기고 군 작업복으로 갈아입힌다. 이어 의사가 건강상태를 점검했다. 의사는 책임자에게 '혈압이 높으니 조심해야 합니다'라고 말한다. 중앙정보부에 끌려왔으니 누구라도 호흡이 가빠지고 혈압이 오르는 것은 당연한 일이었지만 지병이 있을 경우 목숨을 잃는 사고가 터지기도 한다.

담당 수사관은 '사실대로만 이야기하면 곧 나갈 수 있어요'라며 점잖게 취조하기 시작했다. 그는 수년 전 잡혀 왔을 때도 심문하던 수사관으로 기억이 되살아났다. 조사는 그들이 원하는 대로 순조롭게 진전되지 않았다. 수사관이 바뀌더니 2인조 고문자들은 흥분하기 시작했다. 주먹질과 각목 구타가 이어졌다. 고문자들은 기가 빠진 그를 지하실로 끌고 갔다. 의자에 앉혀 손발을 묶고 고개를 뒤로 젖혀 얼굴에 물을 부었다. 그래도 묻는 말에 원하는 대답이 안 나오자 고문자들은 그를 어떤 작은 방에 집어넣었다. 진공실 고문이었다. 조금 있으니 얼굴과 가슴이 바깥으로 찢어지는 것 같고 몸뚱이 전체가 공중에 둥둥 뜨는 듯했다. 비명을 지르려

해도 목소리가 안 나오고 가슴이 미어터질 것 같았다.

역시 같은 시각, 서울의 한 군 헌병대 콘세트 막사. 체격이 건장한 40세 안팎의 남자 한 사람이 연행되어 왔다. 남자가 콘세트 막사에 들어서자마자 두 명의 조사 요원이 야전침대용 각목으로 무자비하게 마구 구타했고 그는 실신해 쓰러져 버렸다. 완력이 만만치 않아 보이는 남자에게 옷을 다 벗겨서 묶으려면 상당한 실랑이가 벌어질 터였다. 그런 귀찮은 과정을 생략하기 위해 그냥 처음부터 두들겨 패서 기절시켜서 해결해 버린 것이다.

그가 의식을 회복해 보니 알몸이 된 채 손과 발이 묶여 주리를 튼 것 같은 상태에서 두 책상 사이에 매달려 있었다. 통닭구이였다. 고문자들 사이에 널리 보급된 기술이었다. 이어 얼굴에 수건을 씌워 놓고 주전자로 물을 부으니 그는 다시 실신했다. 정신이 들어 보니 의사가 혈압을 재고 있었다. 말 그대로 죽지 않을 만큼 고문하는 것이다. 고문은 밤을 새우며 여러 차례 반복되었다.

이 야만적인 고문 장면은 어느 시대, 어느 나라의 것일까? 흔히 우리는 일제 식민통치기 고등경찰이나 헌병대가 항일 독립운동가에게 가하는 악행을 연상한다. 아니면 1970년대 중반 남미 아르헨티나 군사정권이 정치적 반대자들에게 가했다는 고문을 생각할 수도 있다.

그러나 위의 세 개의 고문 장면은 일제 치하도, 아르헨티나 군사독재 아래에서 있었던 것도 아니다. 부끄럽게도 지금부터 불과 40년 전 우리나라, 대한민국의 국가기관에서 벌어진 일이다. '박정희 판 더러운 전쟁'이라고나 해야 할 것이다. 국가 공권력에 의한 체제 폭력이었다."

(● 이채익 의원 의석에서 — 의장님, 국민보호와 공공안전을 위한 테러방지법안과, 의제와 관련 없는 발언을 제지해 주십시오!)

지금 국가테러를 이야기하고 있는 것입니다! 국가테러의 사례를 들고 있는 것입니다!

● **부의장 정갑윤** 존경하는 이학영 의원님.

● **이학영 의원** 예.

● **부의장 정갑윤** 의제와 비슷한, 가까운 토론을 해 주시고요. 제가 옆에서 보아도 의제와 거리가 너무 먼 것 같은 얘기를 너무 장시간…… 예를 드는 것은 좋습니다. 예를 드는 것은 좋은데, 아예 판결문이나 그 상황을 계속 낭독하고 있으면……

● **이학영 의원** 예, 줄여서 하겠습니다.

● **부의장 정갑윤** 본래 토론회 취지하고는 의미가 다르다 생각합니다.

● **이학영 의원** 예, 알겠습니다.

● **부의장 정갑윤** 참고해 주시고요, 다음부터 계속하시면 통제합니다.

● **이학영 의원** 국가비상사태입니다, 지금. 국가비상사태에는 이러한 일이 일어난다는 사례를 여러분께 들고 있습니다.

● **부의장 정갑윤** 예만 들지, 내용을 일일이 설명을 하시지 말라는 얘기입니다.

● **이학영 의원**

"유신 쿠데타를 선포하자 중앙정보부·보안사·헌병대가 설치기 시작했다. 국가기관이 조직폭력배나 다름없는 불법 폭력을 구사했다. 그것은 가히 히틀러나 일제 치하에서 자행되던 체제 폭력이었다. 명색이 국민의 대표로서 국정감사 중이던 국회를 해산하고는 헌법기관인 국회의원들을 붙잡아다 악행을 가했다. 갖은 고문기술을 동원해 비인간적으로 문초했다.

첫 번째 장면은 당시 신민당 유일한 군 장성 출신 국회의원인 이세규가 당하는 장면이다. 그는 5·16 쿠데타 후 군 장성 출신 중에서도 자기 집 한 채 없이 사는 청렴결백으로 소문난 사람이었다.

그런데 1971년 대통령선거 때 김대중 신민당 후보의 안보특보로 정계에 입문한 것이 죄라면 죄였다. 군 장성 출신인 그가 군 내부 사정에 밝은 것은 당연했고 그것이 야당에 매우 긴요하고 드문 역할이었다. 군 내부에서 익명의 제보도 많았다."

'군 출신 야당 의원 혀 깨물고 자결 시도, 의치 부러져 피투성이. 적군의 포로가 되어도 장군에게는 이렇게 안 한다' 이렇게 이 글에는 정리되어 있습니다.

의장님께서 세세히 다 읽지 말라고 하니까 제가 줄여서 하겠습니다.

"이세규 씨는 혀를 깨물고 의치가 부러져 피투성이가 된 후에 이렇게 소리쳤다. '적군의 포로로 잡혀도 장군에게는 이렇게 하지는 않는다. 나는 이제 장군으로서 최후의 것을 다 잃었다. 더 이상 살아 봤자……' 이세규는 양쪽 팔을 잡는 놈들에게 입 속의 핏물을 내뱉으며 울부짖었다. '너희 놈들은 군인도, 인간도 아니다' 이세규는 5일간이나 더 그렇게 고문에 시달렸다. 그들이 요구하는 것은 이세규의 군부 내 인맥과 제보자 명단이었고 10·17 유신 쿠데타에 지지성명을 내달라는 것.

이세규는 끝까지 고문과 회유에 굴하지 않았다. 그러나 그 후 그는 더 이상 정치권에 얼굴을 내밀지 않았고 평생 허리 통증에 시달리며 지팡이를 짚어야 했다."

국민 여러분!

여러분은 민주주의가 이런 과정을 겪으며 이루어졌다는 것을 절대 잊지 말아 주십시오. 이런 분들의 눈물, 이런 분들의 피해 받은 가족들의 슬픔과 고통, 그 위에서 오늘 우리가 이 국회 한가운데에서 필리버스터라도 할 수 있다는 것을 여러분 기억해 주십시오. 과거에 본회의장에서 발언하다가 끌려 나간 국회의원들도 있었습니다. 이제 우리는 그 정도는 아니지 않습니까?

두 번째 장면은 조연하 전 국회부의장, 세 번째는 최형우 전 정무장관이 역시 10·17 유신 쿠데타 직후 잡혀가 고초를 당한 증언이다.

최형우는 1980년 전두환의 신군부 내란 때도 보안사에 끌려가 똑같은 악행을 당한다. 그는 김영삼 정부가 들어선 후 집권당 사무총장과 내무장관을 지낸 실세가 되었다.

유신 쿠데타 당시 이와 똑같은 더러운 전쟁에 당한 야당 의원들은 모두 20여 명에 이른다. 이 세 의원 외에 강근호 김경인 김녹영 김상현 김한수 나석호 박종률 이종남 조윤형 홍영기 등이 모두 국가기관에 잡혀가 모진 고초를 당했다.

비상사태에서 만들어진 유신헌법은 국민 기본권을 본질적으로 침해하고 민주주의의 원리인 권력분립을 파괴했으며 개헌 절차를 밟았지만 그 절차가 위헌적이어서 법적으로 무효였다. 법적으로 무효인 헌법이 통용된 1972년부터 80년까지 무헌법의 시기이며 헌정 중단 상황이었다.

전두환은 유신헌법 중 대통령 임기만 단임제로 고쳐 87년까지 5공 정권을 유지했으니 본질적으로 유신체제 그대로였다. 따라서 박정희 유신 쿠데타로 시작된 무헌법의 시기는 72년부터 80년을 거쳐 87년까지 이어졌다.

군사정권 아래에서 자행되는 정치적 비판자와 반대자에 대한 비인간적 고문, 악행과 암살 등을 '더러운 전쟁'이라고 일컫는다. 더러운 전쟁은 아르헨티나에서 1976년부터 79년까지 군부 독재자 호르헤 비델라가 저지른 악행으로 세계 시사용어 사전에 등재되어 있다. 그러나 아르헨티나 군사정권에 앞서 박정희 정권은 1960년대부터 중앙정보와 보안사를 앞세워 더러운 전쟁을 자행해 왔다.

(● 이채익 의원 의석에서 — 조금 전에 의장께서 누누이 경고조치를 했는데도 왜 자꾸 의제 외의 발언을 계속하세요? 명색이 본회의장에서 토론을 하려면 사전에 좀 준비를 하고 나와야 될 것 아니에요? 오늘 지금 계속 왔다 갔다 하면서……
아까 정의화 의장님께도 경고조치 받고…… 좀 지나친 것 아닙니까?)

이 사태는 하도 어이가 없는 사태여서 그 사태가 갖는 역사적 의미가 무엇인가를 보여 주고 있는 것입니다, 여러분.

(● 이채익 의원 의석에서 — 지금 국민보호와 공공안전을 위한 테러방지법에 대해서……)

비상사태는 그럴 때 일어나는 것입니다. 비상사태, 국가가 비상사태가 일어났다고 여러분들이 하지 않습니까?

(● 이채익 의원 의석에서 — 지금은 입법 비상사태이고 국가 안보의 비상사태입니다!)

입법 비상사태라는 용어가 있습니까? 입법 비상사태라는 용어가, 법적 용어가 있습니까?

(● 김영주 의원 의석에서 — 부의장님, 계속 진행하게 해 주세요.)

● **부의장 정갑윤** 자, 우리 이채익 의원 좀 진정해 주시고.
이학영 의원, 다시 말씀드립니다. 예만 드세요. 일일이 다 설명하시면 지금 현재 토론의 주제하고 거리가 멉니다, 제가

들어도. 제가 일일이 간섭하려 해도 그렇고, 좀 줄여서……
아까 그 판결문 같은 것 읽는 것이나 똑같지요, 뭐. 그것을 하면 이 아까운 시간 무슨 의미가 있습니까?

(● 이강후 의원 의석에서 — 간단명료하게 하세요, 간단명료하게.)
간단명료하게 해 주세요.

● **이학영 의원** 국민에게 과거 국가 권력이 국정원……

● **부의장 정갑윤** 그래요, 그러니까 그 예를 들어야지 그것을 일일이 처음부터 끝까지 설명하면 다음은 언제 합니까?

● **이학영 의원** 수사기관을 동원해서 비상사태라는 미명하에 국민을 이렇게 고통을 주었습니다.
오늘을 비상사태라고 여러분은 믿습니까?

● **부의장 정갑윤** 진정하시고, 이학영 의원님 진정하시고 천천히 해 주세요.

(● 이채익 의원 의석에서 — 널리 양해해 주시기 바랍니다.)
시간은 얼마든지 드릴 테니 걱정하시지 말고.

● **이학영 의원** 여야 동료·선배 국회의원 상당수가 당시에 저와 같은 청년이셨습니다.

(● 이찬열 의원 의석에서 — 부의장님, 잘 좀 진행하시지요.)

● **부의장 정갑윤** 잘 하고 있어. 잘 안 하니 그렇지.

● **이학영 의원** 70년대에 살아 온 국회의원 여러분, 또 국민 여러분! 그때의 분위기를 잘 알고 계시지 않습니까? 잘못을 반성하고 상처를 치유하고 다시는 같은 잘못이 일어나지 않도록 제도를 개선하는 것이 우리의 역할이지 않겠습니까? 반세기가 흐른 지금 과거의 잘못된 역사를 다시 반복하자는 정부 여당의 주장은 도저히 납득할 수 없습니다.
71년 박정희 대통령이 선언한 국가비상사태의 내용을 들어 보겠습니다. 좀 지루하실 겁니다.

(● 이채익 의원 의석에서 — 지금은 박근혜 대통령 시대인데 왜 자꾸 박정희 대통령 시대를 얘기합니까?)

● **부의장 정갑윤** 자……

● **이학영 의원** 비상사태가 아니라는 근거를 대고 있는 겁니다. 비상사태가 아니기 때문에 직권상정 철회하라고 하는 것입니다. 그래야 이 법이 통과가 안 되지 않겠습니까?

(● 이채익 의원 의석에서 — 직권상정은 법률적으로 합당한 절차입니다.)

● **부의장 정갑윤** 자……

● **이학영 의원** 왜, 비상사태이기 때문에 직권상정을 하셨다

하는데, 저는 반대로 비상사태가 아니기 때문에 직권상정을 철회하라고 하고 있는 것입니다, 여러분!

(● 이채익 의원 의석에서 ― 정의화 국회의장께서 국가안보 비상사태로 판단했기 때문에 직권상정한 겁니다.)

이 나라 비상사태가 정의화 국회의장께서 비상사태라고 선언하면 선언되는 것입니까?

(● 이채익 의원 의석에서 ― 그러면 정의화 국회의장께 항의를 하셔야지 왜 박정희 대통령을 얘기합니까?)

지금 그래서 국회의장께 항의하고 있습니다.

● 부의장 정갑윤 자, 이채익 의원님……

● 이학영 의원 왜 의사진행을 방해하고 계십니까?

(● 이찬열 의원 의석에서 ― 손 들고 얘기하시라고.)

● 부의장 정갑윤 이학영 의원님도 흥분하시지 말고요. 이채익 의원도 좀 조용히 해 주세요.

(● 이찬열 의원 의석에서 ― 만날 정치적 비상사태라고 얘기해 놓고……)

조용히 하세요. 그러니까……

● 이학영 의원 진짜 국가비상사태는 대통령께서 하셔야 법적으로 맞는 겁니다. 그것은 통치권입니다. 국가비상사태……

입법 비상사태라는 것 들어 보셨습니까?

(● 이찬열 의원 의석에서 ― 못 들어 봤습니다.)

저는 국회의원으로서 한 번도 그런 용어 들어 보지 못했습니다. 정 비상사태가 필요하시면 당당하게 박근혜 대통령께서 국민 앞에 나와서 지금 선은 이렇고 후는 이렇고, 이렇게 위험하니 국가비상사태를 선포하신다고 말씀하시면 되는 것 아니겠습니까? 왜 국회의장께서 비상사태라고 선언하시는 것입니까? 그리고 왜 국회더러 이런 합법적이지 않은 비상 절차를 밟아서 국민이 반대하는 법을 통과하려고 하는 것입니까? 그래서 우리 야당은, 더불어민주당은 이렇게 밤잠을 안 자 가면서 국민 앞에 이 법이 정당성이 없다는 것과 이 비상사태 아니라는 것, 국회의장이 직권상정 할 수 없다는 것을 국민 앞에 말씀드리고 있는 것입니다.

(● 이찬열 의원 의석에서 ― 잘하고 계십니다. 천천히 하세요.)

똑같이 1971년 박정희 대통령께서 국가비상사태를 선언했습니다. 우리는 그것을 역사 용어로 10월유신이라고 부릅니다.

국민 여러분, 10월유신을 모르시는 젊은이들께서는 당장 지금 휴대폰을 검색하셔서 10월유신이 어떤 비상사태인가를 한번 보십시오. 헌법을 중단시키는, 그리고 국회를 해산시키는 비상사태입니다.

그 내용을 읽어 드리겠습니다. 굳이 검색 안 하셔도 제가 지금 읽어 드리겠습니다.

(● 이채익 의원 의석에서 ― 예만 드세요, 예만.)

비상사태 예를 듭니다.

(● 이찬열 의원 의석에서 ― 기다려 보세요, 좀.)

전 대통령께서 이러이러해서 비상사태라고 규정을 했기 때문에 지금이 우리가 그런 비상사태인가를 궁리해 보자고, 점검해 보자고 예를 드는 겁니다.

박정희 대통령께서 선언한 국가비상사태의 내용입니다.

"최근 중공의 유엔 가입을 비롯한 국제 정세의 급변과 이에 한반도에 미치는 영향 및 북한 괴뢰의 남침 준비에 광분하고 있는 제 양상들을 정부는 예의 주시·검토해 본 결과 현재 대한민국은 안전보장상 중대한 차원의 시점에 처해 있다고 단정하기에 이르렀다. 따라서 정부는 국가비상사태를 선언하여 온 국민에게 이 사실을 알리고 다음과 같이 정부와 국민이 혼연일체가 되어 이 비상사태를 극복할 결의를 새로이 할 필요를 절감하여 이에 선언한다.

1. 정부의 시책은 국가 안보를 최우선으로 하고 조속히 만전의 안보 태세를 확립한다.

2. 안보상 취약점이 될 일체의 사회 불안을 용납하지 않으며 또 불안 요소를 배제한다.

3. 언론은 무책임한 안보 논의를 삼가야 한다.

4. 모든 국민은 안보상 책무 수행에 자진 성실하여야 한다.

5. 모든 국민은 안보 위주의 새 가치관을 확립하여야 한다.

6. 최악의 경우 우리가 향유하고 있는 자유의 일부도 유보할 결의를 가져야 한다."

71년 박정희 대통령께서 선포하신 비상사태 시에 우리 국민이 어떠한 일을 해야 하는가를 잘 말씀해 주십니다. 현재 우리가 비상사태라면 박정희 대통령께서 말씀하신 것처럼 이러한 마음과 몸가짐을 해야 될 것입니다.

한번 보십시다.

"다섯 번째, 모든 국민은 안보 위주의 새 가치관을 확립하여야 한다."

여러분, 오늘부터 국민의 안보관을 다시 세우셔야 합니다. 우리 국민 중에 누구 하나 외국이 쳐들어오면 총 들고 외국 군대와 맞서서 싸우지 않을 사람 누구 한 분이라도 계십니까? 만약에 그럴 마음이 없으신 분은 오늘이라도 당장 다시 외국이 쳐들어오면 총 들고 싸울 마음을 우리는 가지셔야 됩니다. 저는 그럴 마음을 가지고 있습니다. 여러분도 가지고 계실 겁니다.

최악의 경우 우리가 향유하고 있는 자유의 일부도 유보할 결의를 가져야 한다, 아마 이 조항 때문에 오늘 우리가 이 자리에서 토론을 하고 있습니다. 국민이 가지고 있는 자유를 유보할 결의를 여러분은 하고 계십니까?

여러분, 우리가 갖고 있는 자유가 뭔지 한번 볼까요?

자유에 대해서 토론하면 너무 복잡하니까요. 우리 헌법에 나와 있는 자유 조항……

우리가 평소에는 헌법이 어디 있는지도 모르고 살아 옵니다. 마치 우리가 공기를 날마다 마시면서도 중요하지 않게 느껴지는 것처럼 헌법이 있었음에도 불구하고 헌법을 들여다보지 않고 살아 왔습니다. 그러나 공기가 없어서 숨이 차서 죽을 때, 죽고 싶을 때, 죽으려고 할 때, 죽을 것 같을 때 우리는 산소호흡기를 찾을 겁니다. 지금이야말로 헌법은 우리 국민의 산소호흡기 역할을 하고 있습니다. 여러분 모두 오늘이라도 우리 헌법 전문과 자유 조항들을 한번 읽어 보십시오. 제가 그중에 몇 가지만 읽어 드리겠습니다.

(● 이찬열 의원 의석에서 — 다 읽어 주세요.)

● **부의장 정갑윤** 이찬열 의원 조금만 더 하면 퇴장입니다.

(● 이찬열 의원 의석에서 — 빠짐없이……)

● **이학영 의원** 우리 국민은…… 제1조는 누구나, 암기 과목입니다. 우리 존경하는 정청래 의원님, 헌법 강의 원고도 없이 하시는 것 보면서 대한민국 국민으로서 정말 훌륭하신 국민이구나 느꼈습니다. 저는 다 암기를 못 합니다. 그러나 그 내용은 알지만 자료에 의해서 읽어 드리겠습니다.

"제1조 대한민국은 민주공화국이다.

제1조 ② 대한민국의 주권은 국민에게 있고 모든 권력은 국민으로부터 나온다. 이것은 부연설명하지 않겠습니다.

제10조 모든 국민은 인간으로서의 존엄과 가치를 가지며 행복을 추구할 권리를 가진다. 국가는 개인이 가지는 불가침의 기본적 인권을 확인하고 이를 보장할 의무를 진다.

제11조 ① 모든 국민은 법 앞에 평등하다. 누구든지 성별·종교 또는 사회적 신분에 의하여 정치적·경제적·사회적·문화적 생활의 모든 영역에 있어서 차별을 받지 아니 한다.

제12조 ① 모든 국민은 신체의 자유를 가진다. 누구든지 법률에 의하지 아니하고는 체포·구속·압수·수색 또는 심문을 받지 아니하며, 법률과 적법한 절차에 의하지 아니하고는 처벌·보안처분 또는 강제노역을 받지 아니 한다.

② 모든 국민은 고문을 받지 아니하며, 형사상 자기에게 불리한 진술을 강요당하지 아니 한다.

③ 체포·구속·압수 또는 수색을 할 때에는 적법한 절차에 따라 검사의 신청에 의하여 법관이 발부한 영장을 제시하여야 한다. 다만, 현행범인인 경우와 장기 3년 이상의 형에 해당하는 죄를 범하고 도피 또는 증거인멸의 염려가 있을 때에는 사후에 영장을 청구할 수 있다.

④ 누구든지 체포 또는 구속을 당한 때에는 즉시 변호인의 조력을 받을 권리를 가진다. 다만, 형사피고인이 스스로 변호인을 구할 수 없을 때에는 법률이 정하는 바에 의하여 국가가 변호인을 붙인다.

⑤ 누구든지 체포 또는 구속의 이유와 변호인의 조력을 받을 권리가 있음을 고지받지 아니하고는 체포 또는 구속을 당하지 아니 한다. 체포 또는 구속을 당한 자의 가족 등 법률이 정하는 자에게는 그 이유와 일시·장소가 지체 없이 통지되어야 한다.

⑥ 누구든지 체포 또는 구속을 당한 때에는 적부의 심사를 법원에 청구할 권리를 가진다.

⑦ 피고인의 자백이 고문·폭행·협박·구속의 부당한 장기화 또는 기망 기타의 방법에 의하여 자의로 진술된 것이 아니라고 인정될 때 또는 정식재판에 있어서 피고인의 자백이 그에게 불리한 유일한 증거일 때에는 이를 유죄의 증거로 삼거나 이를 이유로 처벌할 수 없다.

제16조 모든 국민은 주거의 자유를 침해받지 아니 한다.

주거에 대한 압수나 수색을 할 때에는 검사의 신청에 의하여 법관이 발부한 영장을 제시하여야 한다.

제17조 모든 국민은 사생활의 비밀과 자유를 침해받지 아니 한다.

제18조 모든 국민은 통신의 비밀을 침해받지 아니 한다.

제19조 모든 국민은 양심의 자유를 가진다.

제21조 ① 모든 국민은 언론·출판의 자유와 집회·결사의 자유를 가진다.

② 언론·출판에 대한 허가나 검열과 집회·결사에 대한 허가는 인정되지 아니 한다.

③ 통신·방송의 시설기준과 신문의 기능을 보장하기 위하여 필요한 사항은 법률로 정한다.

④ 언론·출판은 타인의 명예나 권리 또는 공중도덕이나 사회윤리를 침해하여서는 아니 된다. 언론·출판이 타인의 명예나 권리를 침해한 때에는 피해자는 이에 대한 피해의 배상을 청구할 수 있다."

국민 여러분, 오랜만에 헌법 들어 보시지요? 중학교 때, 고등학교 때 사회 시간…… 저희 다닐 때는 공민이라고 했습니다. 공공국민으로서의 역할을 배운다는 뜻이겠지요. 그때 헌법은 그냥 외우기 시험으로 배워 가지고 지루하기만 한 헌법이었습니다.

그러나 이 헌법이 만들어지기까지, 1948년 임시정부의 적통을 이어받은 대한민국 정부가 헌법을 만든 이래 오늘까지 수많은 사람들, 수많은 전문가들, 수많은 정치인들이 함께 머리를 싸매면서, 지혜를 논의하면서 만들어 낸 헌법입니다. 이 헌법정신에는 대한민국의 역사뿐이 아니고 세계 곳곳에서 권력에 억압당했던 수많은 인류의 선조들이 프랑스혁명, 영국의 명예혁명, 미국의 시민혁명 또 제3세계의 민족해방혁명 등등 수많은 과정에서 권력과 부당한 폭력과 싸우면서, 고문당하면서, 살해당하면서, 가족이 노예로 팔리면서, 핍박받으면서, 정신대로 끌려가 강간당하면서, 사상이 의심스럽다고 보도연맹으로 끌려가서 학살당하면서, '턱' 하고 치니 '억' 하고 죽은 박종철 군까지, 오늘도 먹고살 길이 답답해서 대통령과 정부에게 살려 달라고 광화문 광장에서 생존권을 울부짖고 있는 시위하는 국민들까지, 그리고 오늘 서울대학병원에 잠든 채 누워 있는 백남기 농민까지, 그들의 슬퍼하는 가족까지, 인류 역사의 자유와 민주주의를 향해서 걸어 왔던 수많은 선배들이, 그들의 눈물과 아픔이 이 헌법에 서려 있는 것입니다.

여러분, 오늘 이 자리는 단순히 테러방지법의……

우리의 휴대폰……

(휴대전화를 들어 보이며)

이 휴대폰이 문제입니다. 이 휴대폰이 안 나왔으면 아마 오늘 법도 없었을 거예요. 휴대폰이 있기 전까지는 도청하기가 너무나 쉬웠습니다. 제가 어제 동회를, 선거구민 뵈러 다니다가 어떤 분이 그래요. '내가 그때 군에 있었는데 꽂고 보면 상관들 무슨 이야기하는지 다 들려요' 휴대폰 나오기 전까지는 굳이 이런 법안 안 만들어도 국민들이 무슨 이야기 하는지 다 들었습니다.

그런데 기술 발전으로, 인류가 노력해서…… 인류의 행복하게 살고 싶은 욕망, 편리하게 살고 싶은 욕망으로 우리가 그렇게 누천 년 열심히 일해서 기술 문명을 발전시키고 일해 온 것 아닙니까? 대한민국이 그냥 농경사회에서 살다가 산업사회에 빠르게 접어들면서 열심히 밤잠 안 자고 일했던 것이, 이런 휴대폰 같은 편리한 기기를 쓰자고 일해 온 것 아닙니까? 우리가 10대 최고 무역국이 됐는데, OECD 국가 10대 무역국이 됐는데 이것 하나 제대로 사용하자고 그렇게 살아 온 것이 아니겠습니까? 그런데 이게 문제가 됐습니다.

그냥 우리가 주면 주는 대로, 보면 보는 대로, 신문에서 어떻게 됐든…… 주어진 신문, 종편만 보고 살면 얼마나 편하련만 이 문제의 휴대폰이 나와 가지고 이 속에 각종 정보가 들어가고 이쪽에서 수많은 사람들이 마음대로 토론하니까 이것을 이제는 알고 싶은 것이 권력의 욕망이 된 겁니다. 도대체 저 국민들이 뭘 생각하고 있는지 나에 대해서 욕하는지 어디서 꿍꿍이속으로 무슨 일을 꾸미는지 다 알고 싶은 것입니다. 그것 알아서 뭐하게요? 내가 오늘 저녁에 친구하고 술 마시는 것 알아서 뭐하게요? 그것 다 알면 테러방지됩니까?

우리가 현재의 통신비밀보호법, 금융정보법에 의해서 합법적으로 국정원이 다 감청할 수 있고 금융정보 볼 수 있게 해 놨습니다. 그런데 또 이런 법을 만들자고 하는 겁니까? 우리 국민들 좀 자유롭게 살게 되면 안 좋습니까? 그게 그렇게 싫으십니까? 아니, 자기들끼리 정부 좀 비판하면 어때요. 아예 안 보면 아무리 귀한 사람도 우리가 '놈' 자 붙이고 살잖아요. 저도 동네에서 '이학영이 그놈의 새끼 국회에 가더니 오늘 저러고 있네' 아마 욕하시는 분 혹시 있을지 모르겠어요. 아니, 우리가 서로 그러고 사는 것이지요. 국민들 좀 자유롭게 살게 둡시다.

정말로, 정말로 의심되는 자가 있으면 감청하세요. 그러나 통신비밀 보호법에 의해서 검사에게 영장 청구해서 하세요. 그것 못하게 하지 않잖아요. 그 법 없을 때도 다 감청했잖아요, 국정원. 우리 국민 다 알잖아요. 여러분, 그것 모르세요? 국정원이 감청하는 것, 그것 모르는 사람 거의 없을 겁니다. 그렇게 하면 되지 왜 굳이 법을, 있는 법을 없애고 이제 무제한으로 보려고 하는 겁니까? 이것 너무한 것 아닙니까? 우리가 꼭 이렇게 국회에서 며칠씩 토론을 해야 되나요?

제가 댓글 한 번 또 읽어 드릴까요?

(「예」하는 의원 있음)

목이 마릅니다. 죄송합니다.

적어도 필리버스터를 법에 보장했으면 자유롭게 화장실 가는 규정은 있어야 된다고 생각합니다. 그걸 꼭 규정을 만들어야 됩니까? 인간이 몇 시간 이야기하다 보면 화장실도 갈 수 있지요. 배고프면 김밥 한 쪽 먹을 수 있지요. 굳이 그것이 의식돼서 물도 적게 마시면 이게 사람 사는 겁니까?

웃자고 하는 이야기입니다.

김지호 님입니다. '국민이 목소리를 내든 말든 지도자는 언제든 국민을 따라오게 만들 수 있다. 그건 쉬운 일이다. 지금 국가가 외부로부터 공격을 받고 있다고 국민들에게 이야기하고 평화를 부르짖는 자들은 애국심이 없고 국가를 위험한 지경에 빠트리고 있는 자들이라고 매도하기만 하면 된다. 어느 나라에서든 이 전략은 통하게 되어 있다. 헤르만 괴링, 독일 나치스의 선전 담당을 했던 사람들의 이야기입니다.'

정병진 님 '우리나라 대한민국 국민이 의지할 곳은 좋든 싫든 대한민국의 법과 정치입니다. 법이나 정치가 의도했든 안 했든 잘못된 방향이라고 생각될 때는 얼마든지 제재를 할 수 있습니다. 대한민국 국민이 대한민국의 최고 위에 있고 대한민국 국민의 호통이 제일 중요한 것입니다. 원래 테러방지법은 2001년 미국 9·11테러사건 이후 테러에 대한 정부 차원의 대처를 위해 만들어진 법입니다. 즉 테러로부터 국민을 보호하기 위한 법입니다. 하지만 지금 이 테러방지법은 국민을 보호하려는 의도보다는 국민을 감시하는 의도가 보이는 법입니다. 아무리 테러범이라고 의심이 돼도 국민을 감시한다는 것 자체가 불법입니다. 우리는 이미 테러방지를 위한 법률이 많습니다. 하지만 이 법은 의도를 하였든 안 했든 국민 감시, 그럴 가능성이 있기 때문에 사람들에게 가능성을 알려 주는 것입니다.'

노영규 님 '테러분자 잡는 데 굳이 따로 법을 만들어야 가능한 건지, 진정 국민을 위하는 국가라면 법에 없어도 당연 막아 줘야 하는 것 아닌지, 속이 훤히 들여다보이는데 못 보는 건지 안 보는 건지.'

임진홍 님 '사람들이 이 법의 무서움을 과소평가하는 것 같다. 나에게는 만일 이 법이 통과한다면 이 나라는 더 이상 민주국가가 아닌 걸로 다가온다. 국민은 영원한 노예의 삶을 살 것이고 독재는 고착화될 것이다.'

조금 이따 또 다시 읽어 드리겠습니다.

제가 오늘 의견 있으신 분들 제 휴대폰 트윗으로 주시라고 그랬더니 막 들어오는데, 시간이 이따 다 읽어 드릴 수 있을지는 모르겠습니다.

자, 여러분들 우리 헌법 제17조에 "모든 국민은 사생활의 비밀과 자유를 침해받지 아니한다."고 쓰여 있습니다. 지금 이 휴대폰을 가지고, 현재 법률로도 영장을 청구하면 다 감청할 수 있는데 굳이 그 조항을, 그 법을 이 테러방지법 부칙에 넣어 가지고 그것을 다시 재개정해서 이렇게까지 하는 이유가 뭡니까? 이 헌법 제17조 무시하자는 겁니까? 국회가 이 헌법을 위배하는 법을 만드는 것이 온당한 것입니까? 이건 직무유기요…… 내가 법적 용어를 깜박 잊어 먹었습니다. 자기 임무 배신행위입니다. 배임입니다. 사생활의 비밀과 자유를 침해해서는 안 되는 것입니다.

그리고 더 자세히 써 놨어요. 오늘의 사태를 예견했듯이, 이 휴대폰이 나올 것을 예견했듯이 "제18조 모든 국민은 통신의 비밀을 침해받지 아니 한다." 여기서 하고 싶은 이야기 좀 하게 합시다. 이야기 좀 한다고 그게 무섭습니까?

"19조 모든 국민은 양심의 자유를 가진다." 자, 어떻습니까? 집회, 시위에 참여했던 수많은 촛불 시민들이 사진에 찍혀서 어느 날 예고도 없이 집에 수사관들이 찾아오고, 출두서가 나오고, 재판받게 되고, 또 댓글을 썼다는 이유로 그렇게 되면 앞으로 어떤 국민이 어느 공간에 가서 마음을 터놓고 다른 사람, 친구와 함께 자기 이야기를 할 수 있겠습니까? 국가가 내 생각과 내 행동과 내 말을 모두 어디선가 들여다보고 검열한다고 하면 이것이 사람이 사는 사회입니까? 이런 나라 만들자고 우리가 그렇게 열심히 일하고 민주주의를 만들어 왔던 것입니까?

제발, 이것은 아닙니다. 통신비밀법, 금융정보법 이것을 왜 부칙에 넣어 가지고 이것을 없애려 하십니까? 이것을 왜 고치려 하십니까? 이 법 그대로 두어도, 현재의 법 그대로 두어도 얼마든지 감청할 수 있습니다. 얼마든지 금융정보 다 볼 수 있습니다. 그리고 국가 테러, 현재의 형법, 국가보안법 등으로 다 막을 수 있습니다. 그리고 이제까지 그러했기 때문에 커다란 테러 일어나지 않고 우리가, 우리 정부가 잘 방어해 왔던 것입니다.

국민 여러분, 조금 전에 제가 국가비상사태에 이러이러한 일이 있었다…… 현재가 국가비상사태인가, 국가비상사태로 인정하면 이 법을 통과시켜 달라고 국회의장께서 상정을 했는데, 과연 우리가 이 법을 통과시킬 것인가 하는 판단을 하는 이 자리에서 우리는 비상사태에 대해서 다시 한 번 되돌아보고자 합니다.

지금까지의 국가비상사태 선언은 모두 대통령이 하셨습니다. 대통령이 계엄령을 선포하여 내려진 조치였습니다. 국회의장이 직권상정을 위해서 국가비상사태를 간주한 경우는 헌정사상 처음입니다. 앞선 역사적 사례에서 살펴보더라도 지금 이 공공의 안녕과 질서는 현저하게 어지럽혀진 국가비상사태로 규정할 수 있겠습니까?

(● 이채익 의원 의석에서 — 야당이 입법 발목잡기를 하고 있기 때문에 오늘 이런 사태가 나오는 거예요.)

(● 이찬열 의원 의석에서 — 의장님! 저런 분은 퇴장 좀 시켜 주세요. 토론을 방해하는 건 퇴장을 시켜야 됩니다.)

● **부의장 정갑윤** 이채익 의원, 이찬열 의원 1분간 퇴장.

● **이학영 의원** 쉬어 가라고 하신 이야기로 알겠습니다.

의장의 논리를 그대로 따르자면 이미 북한의 네 차례 핵실험과 여섯 차례의 장거리미사일 발사가 이루어진 상황에서 우리는 상시적인 국가비상사태에 해당하게 됩니다. 이런 식으로 국정원의 테러 정황이나 첩보가 있다는 이유로 바로 국가비상사태로 간주한 선례를 남기는 것은 정권의 의지에 따라 국정원이 언제라도 국내 정치에 개입할 수 있도록 해 주는 것입니다. 새누리당의 테러방지법에 따르면 국정원은 테러예방과 대응에 관한 제반 활동을 근거로 영장 없이 통신수단에 대한 감청을 할 수 있게 됩니다. 또한 무차별적인 정보수집권은 물론이거니와 대테러활동에

필요한 정보나 자료를 수집하기 위한 조사권도 가질 수 있게 됩니다.

지금은 민주주의 비상사태입니다. 지금도 충분한 무소불위의 국정원이 무차별적인 정보수집권과 조사권 그리고 감청권을 추가로 가진다면 냉전시대의 전체 국가에 못지않은 막강한 권한을 가진 괴물집단이 되어 버릴 것입니다. 더불어민주당은 국회의장의 직권상정을 강력히 규탄하며 반대토론을 계속 이어나갈 것을 국민 앞에 밝힙니다.

다음으로 현재의 법만으로도 얼마든지 테러를 막을 수 있다고 누누이 김광진 의원님부터 시작해서 모든 발언자들이 이야기를 했습니다. 오늘 처음 이 방송을 보신 분들을 위해서 제가 한번 다시 정리해서 말씀드리고자 합니다.

얼마 전에 정부에서 대통령께서 그러셨나요? 가면금지법을 만들어야 된다. 국회의원 하면서 참 어렵더라고요. '가면금지법? 그러면 앞으로 무대에서는 가면을 못 쓰는 건가?'

여러분, 어떠세요? 오늘은 다행히 방청객 중에 가면을 쓰신 분은 안 계십니다. 그런데 안경이 좀 까맣게 보여서, 저에게 가면으로 보이시는 분도 혹시 있으니까 앞으로는 안경 색깔을 조심하셔야 될 것도 같습니다. 가면금지법 이야기가 나오는 순간 우리가 이런 예측을 하게 됩니다. '앞으로 가면 쓰면 안 되는 거야? 가면의 규정은 뭐야? 얼굴 전체를 가려야 가면인가, 아니면 우리가 세수할 때 물 닿는 곳이 가면인가? 그다음에 우리 복면가왕은 앞으로 어떻게 되는 거지?'

정부·국회가 하는 일은 이렇게 국민생활에 민감한 겁니다. 시위에서 가면 쓰면 얼굴 안 보이니까 가면 벗겨라 이것을 국가가 해야 될 일은 아닙니다. 시위가 원천적으로 일어나지 않게 하는 것, 국민이 불만을 갖지 않게 하는 것, 그래서 국민이 집에서 TV 보지 않고 뉴스 보지 않고 대통령 이름이 누군지도 모르고 날마다 열심히 자기 직장에 출근해서 퇴근할 때까지 편안하게 일하고 가족들과 함께 외식도 하고 주말이면 산에도 같이 가고 정치가 필요 없는 사회를 만들어 주는 것이 진정한 국가안보이고 진정한 정치 아니겠습니까? 국민이 시원하다고 시위 때 잡아들여야 되겠는데 채증하기 어렵다고 얼굴 좀 가렸다고 가면금지법을 만든다?

제가 어젯밤에, 요즘 선거철이라 가만히 앉아 있을 수는 없으니까 낮에는 이곳저곳 행사에 다닙니다. 그래서 솔직히 자료들을 제 스스로 혼자 다 만들 수가 없습니다. 물론 보좌관들이 기본자료를 만들기는 하지만 결국은 발표해야 되는 제가 다시 봐야 됩니다. 그런데 며칠째 여기에서 당번 조대로 돌아가면서 밤새면서 방청하고, 또 낮에는 유권자를 만나고 하니까 다 볼 수가 없더라고요. 그래서 집에 들어가서 자료를 보는데 그렇게 잠이 옵니다. 제가 그랬어요. 잠을 깨려고 이 휴대폰으로 페이스북에다가 '대통령님, 잠이 너무 와요. 잠 방지법 좀 만드시면 안 될까요?'

법이라고 다 만들어야 됩니까? 필요 없는 법은 안 만들어도 되는 겁니다. 국민 사생활 건건이 법을 만들어야 되겠습니까? 싱가포르인지 말레이시아인지 어딘지 나는 모르겠습니다. 하여튼 언젠가 기사에 부부 간의 성생활을 규제하는 법이 있다고 뉴스로 보고 깜짝 놀란 적이 있습니다. 법이 없을수록 좋은 겁니다. 법이 없고도 나라가 잘 돌아가면 그것이 훌륭한 법치국가인 겁니다.

그런데 미리 테러가 의심될 만한 소지가 있다고 보여지는, 예정되는 사람까지도 감시·미행·추적할 수 있게 법을 만들면 되겠습니까? 무슨 구체적인 행위가 있어서 의심될 만한 일이 있어서 미행하면 이해가 됩니다. 그런데 그럴 소지가 예상된다고 하면, 예상은 뭡니까? 우리가 아이를 키울 때도 큰아이·작은아이 또 남자아이·딸아이 다 부모의 애정은 똑같습니다. 그런데 그중에서 똑같은 짓을 해도 조금 예쁜 아이가 하면 큰소리가 안 나오는데 늘 말썽만 일으키는 아이가 있어요. 그 애가 하면 꼭 큰소리가 나옵니다. '너는 왜 꼭 이래?', 그 애가 살짝 움직이기만 하면 신경이 쓰입니다. 그래서 어디만 가려고 하면 '너 어디가?', 그런데 예쁜 아이가 가면 '그래, 빨리 갔다 와'……

사람의 예측 그것이 과학입니까? 어떻게 법적인 법 용어에 그런 '예정'이라는 단어가 들어가서 되겠습니까? 제가 그 법 한번 다시 보겠습니다.

의원님, 제가 시간이 없어서 자료를 제대로 체계적으로 정리 못 해 와서 죄송합니다. 아마 현재 우리 국회에 제출된 그 법안에 있는 내용인데요, 이따 찾으면 이야기하겠습니다, 그 대목은.

이 법이 쓰고 있는 테러방지법이라는 가면처럼 테러를 미연에 방지한다는 취지에 반대할 사람은 아무도 없을 것입니다. 하지만 기존의 법과 체계로 충분히 할 수 있는 것입니다. 형법과 국가보안법을 통해 충분히 가능합니다. 관련 조항을 말씀드리겠습니다.

형법 "제5장 공안을 해하는 죄" 조금 지루하시더라도 좀 들어봐 주시면 고맙겠습니다.

"제114조(범죄단체 등의 조직) 사형, 무기 또는 장기 4년 이상의 징역에 해당하는 범죄를 목적으로 하는 단체 또는 집단을 조직하거나 이에 가입 또는 그 구성원으로 활동한 사람은 그 목적한 죄에 정한 형으로 처벌한다. 다만, 형을 감경할 수 있다."

테러뿐이 아니고요, 일반 범죄를 위해서 두 사람 이상이 모여서 모의하고 조직하고 거기 조직에 이름을 달고 거기에 서열을 정하고 이런 조직행위를 하면 사형, 무기 또는 4년 이상의 징역에 해당하게 되어 있어요. 테러방지법에 이보다 형량이 똑같은지 다른지는 모르지만 그런 조항이 있더라고요. 유사 법안을 또 만들고 있습니다.

"제115조(소요) 다중이 집합하여 폭행, 협박 또는 손괴의 행위를 한 자는 1년 이상 10년 이하의 징역이나 금고 또는 1500만 원 이하의 벌금에 처한다.

제116조(다중불해산) 우리가 시위하려고 모였다가 해산하지 않을 경우에 해당하는 조항입니다. "폭행, 협박 또는 손괴의 행위를 할 목적으로 다중이 집합하여 그를 단속할 권한이 있는 공무원으로부터 3회 이상의 해산명령을 받고 해산하지 아니한 자는 2년 이하의 징역이나 금고 또는 300만 원 이하의 벌금에 처한다."

아마 세종로 광화문 광장에서 시위에 나가셨던 시민 대부분 아마 이 조항 때문에 그러셨을 것입니다. 그렇습니다. 현재 형법이 다 있어서 어지간한 것은 다 형법으로 범죄를 못 하게 할 수 있습니다.

"제117조(전시공수계약불이행) ① 전쟁, 천재 기타 사변에 있어서 국가 또는 공공단체와 체결한 식량 기타 생활필수품의 공급계약을 정당한 이유 없이 이행하지 아니한 자는 3년 이하의 징역 또는 500만 원 이하의 벌금에 처한다."

비상사태가 나면요, 국가에서 국민들에게 모든 전쟁 비상사태에 자기가 가지고 있는 물품이나 식량, 차량 등을 동원하라고 했을 때 우리는 해야 될 의무가 있습니다. 그리고 아마 그런 사태가 되면 우리는 모두 그럴 생각을 하고 있을 것입니다.

"제6장 폭발물에 관한 죄
제119조(폭발물사용) ① 폭발물을 사용하여 사람의 생명, 신체 또는 재산을 해하거나 기타 공안을 문란한 자는 사형, 무기 또는 7년 이상의 징역에 처한다.
② 전쟁, 천재 기타 사변에 있어서 전항의 죄를 범한 자는 사형 또는 무기징역에 처한다.
③ 전2항의 미수범은 처벌한다."

이 조항은요, 소위 우리가 해외에서 봤던 폭발물 테러, 그것을 지적한 조항입니다. 보통 테러가 일어났을 때 무차별 민간인들에게 사용하는 폭발물 테러가 가장 위험합니다. 그런데 우리 119조(폭발물사용) 조항에 이미 그런 일을 하면 사형에서 무기 받도록 되어 있습니다.

외국에서 우리나라가 테러방지법이 없다고 '아, 대한민국은 테러방지법이 없대. 우리 대한민국에 테러하러 갈까?' 이런 이상한 사람들이 있을까요? 테러요, 뭔가 자기가 맞서서 정상적인 방법으로 안 되는 사람들이 자기의 분노, 자기의 원한 또 자기를 방해한다고 생각되는 대상에 대해서 무방비 상태인 지역에, 충분히 효과를 노릴 수 있는 지역에서 하는 것입니다.

우리 대한민국은 이런 훌륭한 형법을 가지고 있습니다.

"제120조(예비, 음모, 선동) ① 전조 제1항, 제2항의 죄를 범할 목적으로 예비 또는 음모한 자는 2년 이상의 유기징역에 처한다. 단, 그 목적한 죄의 실행에 이르기 전에 자수한 때에는 그 형을 감경 또는 면제한다."

다음에 국가보안법이라는 우리 국민이 잘 알고 있는 법이 있습니다. 국가를 안전하게 지키자는 법입니다.

국가보안법 "제3조(반국가단체의 구성 등) ① 반국가단체를 구성하거나 이에 가입한 자는 다음의 구별에 따라 처벌한다.
1. 수괴의 임무에 종사한 자는 사형 또는 무기징역에 처한다."

우리 정부에, 대한민국에 반대해서 단체를 설립하면 사형 또는 무기징역에 처하게 되어 있습니다.

"2. 간부 기타 지도적 임무에 종사한 자는 사형·무기 또는 5년 이상의 징역에 처한다.

3. 그 이외의 자는 2년 이상의 유기징역에 처한다.”
죽 이렇게 징역에 처한다가 따라 있습니다.
“제4조(목적수행) ① 반국가단체의 구성원 또는 그 지령을 받은 자가 그 목적수행을 위한 행위를 한 때에는 다음의 구별에 따라 처벌한다.
1. 형법”,
죽 조항이 있습니다.
이런 조항에 규정된 행위를 한 때에는 그 각 조에 정한 형에 처한다.
“2. 형법 제98조에 규정된 행위를 하거나 국가기밀을 탐지·수집·누설·전달하거나 중개한 때에는 다음의 구별에 따라 처벌한다.”
해서 ‘사형에 처한다’ ‘무기징역에 처한다’ ‘7년 이상의 징역에 처한다.’ 죽 많은 법조항들이 나와 있습니다.
“4. 교통·통신, 국가 또는 공공단체가 사용하는 건조물 기타 중요시설을 파괴하거나 사람을 약취·유인하거나 함선·항공기·자동차·무기 기타 물건을 이동·취거한 때에는 사형·무기 또는 5년 이상의 징역에 처한다.”
자, 이렇게 우리 국가보안법에 우리 국가를 위태롭게 하고 우리 국민의 안전을 위태롭게 하는 행위를 한 사람들에 대해서는 철저하게 법으로 규제할 수 있도록 해 놓았습니다. 그리고 지금도 우리나라의 정보기관과 사법기관은 이 조항들을 잘 활용해서 범죄를 막고 있습니다. 이제는 오히려 오늘 이 자리에서는 이런 법들이 남용되지 않을까 우려하는 상황에 처해 있습니다.
그럼에도 이처럼 우리의 기본법 체계로 충분히 할 수 있는 것들을 테러방지법이라는 별도의 법으로 굳이 하려고 고집할 때는 왜 그러는지 그 의도를 한번 의심할 수밖에 없는 일 아니겠습니까? 개인에 대한 국가의 통제력을 더욱 강화시켜 국민을 상시적으로 감시하고 반대의 목소리를 내는 사람을 탄압하겠다는 의도라고 말입니다.
현행법으로 충분히 테러방지가 가능함을 강조한 내용의 기고문을 하나 소개해 드리겠습니다.
‘테러방지법이 없다고? 천만에! 이미 지나칠 정도로 많다’ 이태호 참여연대 사무처장의 글입니다.
“대통령이 험악한 말로 테러방지법 제정을 압박하고 있다. ‘우리나라가 테러를 방지하기 위해서 기본적인 법체계조차 갖추지 못하고 있다는 것을 IS(이슬람국가)도 알아 버렸다. 이런데도 천하태평으로 테러방지법을 통과시키지 않을 수 있겠나?’ ‘테러방지법이 통과되지 못하면 테러에 대비한 국제공조 제대로 할 수가 없고 정보 교환도 할 수 없다’며 겁을 주고는 긴급명령을 발동해서라도 법을 제정하겠다고 협박한다.
원유철 새누리당 원내대표 역시 원내 대책회의에서 테러가 일어나면 야당 책임이라고 윽박질렀다. G20 국가 중에 테러방지법이 제정되지 않은 곳은 우리나라를 포함해 단 세 곳뿐이란다. 이 법의 제정에 의문을 제기하는 것은 무책임하고 불순한 것으로 간주한다. ‘테러 나면 네가 책임질래?’라고 눈을 부라리는 앞에서 누가 감히 ‘그게 과연 필요하냐’고

따져물을 수 있겠는가?
그러나 그들이 말하지 않는 것이 있다. 테러방지에 관한 한 우리나라는 G20에 속한 어느 나라보다도 강력한 기구와 제도를 운영하고 있다는 사실이다. 우리나라는 식민지와 냉전 시대를 거치면서 시민통제에 관한 한 G20 나라 중 최고의 안보국가로 정평이 나 있다. 이미 통제가 지나쳐 과도하게 시민의 인권을 침해하고 있다. 조금만 생각해 보라.
G20 중 우리나라처럼 온·오프라인 모든 면에서 광범위하게 시민들의 사생활과 일거수일투족을 정부가 환히 들여다볼 수 있는 나라가 몇이나 되겠는가? G20 중 어느 나라 검찰이 기소권, 수사권을 독점한 채 강력한 권한을 행사하고 있는가? 우리나라 검찰은 세계 최고 수준의 막강한 권한을 가지고 있다. 과연 G20 중 출입국제도, 주민등록제도가 우리나라처럼 촘촘한 나라가 또 있는가? G20 중 우리나라 국정원처럼 국내외 정보수집기능, 비밀경찰기능(수사기능), 정책기획기능, 나아가 작전 및 집행기능에 이르기까지 무소불위의 권한을 지닌 정보기구를 두고 있는 나라가 또 있는가? 과연 G20 나라 중 우리나라만큼 많은 수의 군대와 경찰을 두고 있는 나라가 몇이나 있는가? 심지어 ‘치안한류’라는 이름으로 이를 해외에 자랑하고 파견하고 있다. 이런 나라에서 정부와 정치권이 나서서 ‘테러 나면 네가 책임질래?’라고 공포 분위기를 조성하는 것이야말로 무책임한 것 아닌가?
테러방지법이 없다는 주장도 사실이 아니다. 테러방지법이라는 이름의 법이 없을 뿐이다. 식민지 시대와 분단을 거치면서 ‘테러’라는 용어가 정치적으로 악용되어 왔고 전 세계적으로 비슷한 현상이 일어나고 있어 이 용어를 쓰지 않고 있을 뿐 IS에 의해 파리에서 일어난 민간인에 대한 무차별 공격과 유사한 인질사태 또는 무장공격행위를 예방하고 대응하기 위한 법과 제도는 무수히 많다. 사실 많은 나라에서 테러방지법이라는 하나의 법이 아니라 여러 가지 개별법들의 묶음을 말한다. 같은 맥락에서 우리나라는 이미 수많은 테러방지법을 가지고 있다고 볼 수 있다.
테러방지법이 없다고? 천만에! 지나칠 정도로 많다.
우선 테러에 직접 대응하는 대비태세를 갖추기 위한 각종 법령과 기구가 이미 마련되어 있다. 적의 침투·도발이나 그 위협에 대응하기 위하여 각종 국가방위요소를 통합하여 동원하는 통합방위법 그리고 이를 뒷받침할 비상대비자원 관리법을 제정하여 시행하고 있는 것이다.
통합방위사태가 선포되면 국무총리가 총괄하는 중앙통합방위협의회가 각 지역 행정조직과 경찰조직, 군과 예비군, 그리고 국정원 등 정보기구를 통합적으로 운용할 수 있다.
통합방위사태는 대통령이 국무회의의 심의를 거쳐 선포하고 통제구역을 설정한다. 기타 시민들의 대피, 구조·구난 활동을 체계적으로 수행하기 위해서 국민안전처도 2014년 세월호 참사 이후 신설되었다. 육해공군과 해병대 그리고 경찰과 해경은 제각각 대테러특공대를 구성해 운영하고 있다. 쌍용차 노조 파업 진압에 경찰 대테러특공대가 동원되어 구설수에 오른 바 있지 않은가?

게다가 한국이 지닌 대테러 능력에는 한미연합사가
지닌 정보작전 능력도 포함해야 한다. 한국과 미국 간에는
군사정보를 공유하는 군사비밀보호협정이 체결되어 있다.
한국 국방부는 주한미군을 비롯한 미군의 정보자산으로부터
도움을 받고 있고 매년 정기적으로 한미 대테러 훈련도
실시하고 있다. 그 밖에 국가대테러활동지침에 따라
국무총리가 주관하는 국가테러대책회의도 오래전부터 운영해
오고 있다."

김광진 의원께서 총리에게 '이 테러대책회의 의장이
누구신지 아십니까?' 하니까 말씀을 안 하셨어요.
이제라도 아셨으면 따로 국정원에게 테러라고 명명해서
모든 국가기관을 조정하고 지시할 수 있는 이러한 법을
철회하시고, 현재 있는 국가테러대책회의를 열심히
운영하셔서 막아도 되게 되어 있다는 이야기입니다.

다시 계속하겠습니다. 좀 깁니다만.

"사이버 안전을 위해서는 이미 정보통신기반보호법,
전기통신사업법, 통신비밀보호법상 비밀보호 예외조항
등 다양한 법제도가 도입되어 시행되고 있는데 시민들의
통신기록을 무단으로 대량 수집하고 도·감청까지 하고 있어
갈등을 빚고 있다."

얼마나 많이 감청을 했을까 궁금하시지요? 정청래 의원도
말씀하셨지만 또 자료를 한번 찾아보겠습니다.

(단상 왼쪽을 가리키며)

이쪽에 책상 하나만 있으면 죽 제목 보이게 해 놨으면
편할 텐데 이런 친절함이 좀 국회의원에게도 필요할 것
같습니다.

쉰 김에 1초 더 쉬겠습니다.

자료 하나 읽겠습니다.

"정청래, '수사기관이 3년간 통신비밀자료 8225만 건 조회'
매일 7만 5000건 조회…… 전 국민 1.6회 조회한 셈
국회 안전행정위원회 야당 간사를 맡고 있는 정청래
새정치민주연합 의원이 26일 언론에 배포한 보도자료를
통해 지난 2012년 이후 3년간 국정원과 검경 등 수사기관이
제출받은 통신비밀자료는 8225만 건에 이른다고 밝혔다.
이는 연간 2742만 건, 월간 228만 건, 매일 7만 5000건에
달하는 방대한 양이라고 정 의원은 지적했다. 그는 3년간 총합
대비 우리나라 국민 수로 셈하면 개인당 1.6회 조회를 당한
꼴이라고 말했다.

정 의원이 언급한 통신비밀자료는 통신 제한, 통신 사실 확인,
통신 자료 세 가지다. 정 의원에 따르면 통신제한조치는 대부분
국정원의 요청으로 이루어진 것으로 전화통화, 이메일 등에
대한 감청을 말한다."

이메일 등에 대해서는 보는 건데, 감청이라고 했습니다.
아직 법률용어가 '감시' 자까지는 안 가 있는 것 같습니다.

"통신 사실 확인 자료는 통화 일시와 시간, 상대방 전화번호,
발신기지국 위치추적 자료, 인터넷 로그 기록, 접속 IP
주소 등을 포함한다. 이 두 자료의 경우는 법원의 영장을
발부받아야 조회가 가능하다. 반면 통신 자료는 수사기관이
수사 대상자의 인적사항을 영장 없이 통신사업자에게

요청하는 제도로 이용자 성명, 주민등록번호, 주소, 가입 및
해지 일자, 전화번호, ID 등 가입자 정보를 받을 수 있다.

정 의원은 작년 국감에서 민간인 사이버 사찰 관련하여
문제를 제기했지만 수사기관의 관행이 전혀 고쳐지지
않았다며, 특히 영장도 없이 수사기관이 요구만 해도 제출하는
통신 자료는 인권침해가 심각하므로 조속히 관련 법안이
통과되어 압수수색을 통해서만 제출받게끔 해야 한다고
지적했다. 이어 이번 국감을 통해 사찰공화국의 실태를
파헤치고 국민의 인권 보호를 위한 대책을 마련하도록
노력하겠다고 말했다.

정 의원은 작년 안행위 국정감사에서 무분별하게
이루어지는 다음카카오톡 네이버밴드 네비게이션 등의
광범위한 민간인 사이버 사찰을 폭로하고 개선책을
제안했다. 또 사이버 사찰 방지 관련 법안인 개인정보
보호법·통신비밀보호법·전기통신사업법·형사소송법
일부개정안을 제출했다. 이 법안들은 현재 관련 상임위에 계류
중이다."

국정감사에서 정보위원회 간사를 맡고 있는 국회의원이
국민 앞에서 문제를 지적하고 왜 법에도 없이 이렇게
무차별로 국민 통신 비밀 자료를 다 들여다봤느냐, 왜
감청을 했느냐, 왜 댓글을 다 보았느냐, 그래서 이것을
개선하자, 개선해라 그리고 법까지 제안해 놔서
상임위에까지 올려놨는데 앞으로 가라고 했더니 국회가
어떻게 대통령과 새누리당은 뒤로 가는 법을 만들려고
하십니까?

나아가고자 하니까 어떻게 퇴행하고자 법을 만들자고
하십니까? 지금까지 이렇게 무차별로 법도 안 지키고
들여다봤는데 '이제 제발 법 좀 지켜 가면서 봐라' 하고
국회의원이 지적을 했으면 그리고 법안을 냈으면 개선한
법을 놓고 정보위원회가 상임위에서 토론하고 각 당의
의견을 제시하고 서로 조정하고, 그런 과정을 통해서 법안을
개정해야지 오히려 이제는……

법에 제한받지 않고 그동안 있는 법도 안 지키면서 잘
봐 왔으면서 이제는 그나마 국정감사에서 이런 지적 받기
싫으니까, 청문회에 나오기 싫으니까 선거 때 마음대로
감청하고 댓글 보고 조작하고 또 하려고 그러는 겁니까?
그래서 민주주의 파괴하자고 이런 법 만드는 겁니까? 이거를
야당이 동의하라는 겁니까?

민생법안이라고 노동악법 제시하면서, 통과시키라고
하면서 '그 법 통과 안 시키면 선거법 통과 못 시킨다'
청와대가 당에게 명령하고, 새누리당은……

(● 이채익 의원 의석에서 — 아니, 청와대가 당에……)

선거법 통과 안 시키다가 이제 겨우 통과시키고……

(● 이채익 의원 의석에서 — 아니, 청와대가 당에 무슨 명령을
했다는 근거가 있어요? 근거 없는 얘기를 함부로 하면 안 돼요.)

그거는 제시하겠습니다.

(● 이채익 의원 의석에서 — 말로 하는 게 지금……)

앞으로 가자는 겁니다, 제발.

(「개의치 말고 하세요」 하는 의원 있음)

민주주의국가로 가자는 겁니다.

(● 이채익 의원 의석에서 ─ 아니, 방금 그것 근거 있으면 근거를 대세요.)

인권국가로 가자는 겁니다.

토론과 조정과 합의가 있는 국회 운영으로 가자는 겁니다. 뭐가 잘못됐습니까?

(● 이채익 의원 의석에서 ─ 청와대가 당에 지시한 근거가 없어요!)

나아가자는 것이 잘못입니까, 뒤로 가자는 것이 잘못입니까?

있는 법도 안 지키는 국정원에게 법 지키라고 하고 개선 법까지 내놓았는데, 오히려 이제는 있던 법도 없애고 법 없이 마음대로 국정원이 국민의 모든 개인정보를 마음대로 언제든지 의심이 된다고 생각만 하면 다 보게 하자고요?

(● 이채익 의원 의석에서 ─ 국정원이 마음대로 하는 거 없어요!)

그런 법을 만들자고요? 있는 법을 부칙이나 달아 가지고 직권상정해서 새누리당 단독으로 통과시키겠다고요? 이것이 민주주의 국회입니까?

(● 이채익 의원 의석에서 ─ 야당이 입법……)

민주주의 국회가 이렇게 운영돼도 되는 겁니까?

● **부의장 정갑윤** 자, 우리 이채익 의원님 좀 조용히 해 주세요, 조용히.

(「부의장님, 퇴장 좀 시켜 주세요」 하는 의원 있음)

● **이학영 의원** 저는 국민에게 호소합니다.

● **부의장 정갑윤** 자, 이채익 의원님!

● **이학영 의원** 선거보다 더 중요한 이 통신비밀법, 새누리당이 철회하십시오. 국회의장께서 철회해 주십시오. 그리고 선거법 통과시켜서 다시 토론과 서로 존중과 국민의 민생을 살피는 의회로 빨리 돌아갑시다.

호소합니다. 대통령께 호소합니다. 새누리당 의원님들께 호소합니다. 국민 여러분께 간곡히 호소합니다.

민생이 심각합니다. 정말 위기에 처한 국민들 살려내야 되지 않겠습니까? 사각지대에서 견디다 견디다 못해 아파트 관리비 얼마를 봉투에 싸서 놓고 '죄송합니다. 미안합니다. 먼저 가서 죄송합니다' 30대 대학까지 나온 두 딸과 몸이 아픈 어머니가 송파에서 죽어갔습니다.

오늘 이 시간에도 전국의 곳곳의 골목골목 지하방에서, 단칸방에서, 고시원, 몸도 일으키기 어려운 한 몸 뉘일 관쪽만한 그런 방에서 일자리가 없이 하루하루를 지내고 있는 수많은 청년들, 실업자들, 어르신들…… 폐지 줍다 못 해서 이제는, 폐지까지도 못 주워서 돌아가신 뒤 며칠 만에 발견되는 이런 독거 어르신들, 이런 생의 위기에 처한 노인들을 빨리 구해내야 되지 않겠습니까?

● **부의장 정갑윤** 이학영 의원!

● **이학영 의원** 이것이 국가 안보를 지키는 것입니다.

(● 이채익 의원 의석에서 ─ 의제 외의 발언을 자제하세요!)

그래서 호소합니다. 새누리당 의원님들, 박근혜 대통령님, 테러방지법이라고 불려지는 '국민 무제한 사찰법' 철회시켜 주십시오. 제발 부탁합니다.

처음 보신 국민들을 위해서 지루하지만 왜 현행법으로도, 현행 형법, 국가보안법 또 제가 조금 전에 누누이 말씀드린 수많은 법들로도 이미 테러방지법이란 이름만 없었을 뿐 우리나라는 기구와 법을 충분히 가지고 있다는 것을 설명하고 있습니다.

지루하시지만 조금만 더 또 읽어 가겠습니다.

"국경 없는 기자회는 2009년 이래 우리나라를 인터넷 감시국으로 분류하고 있다. 영국의 경제지 이코노미스트는 지난해 2월 게재된 '한국이 인터넷 공룡인 진짜 이유'라는 제목의 기사에서 한국인들의 광속 인터넷 환경을 누리고 있지만 자유로운 인터넷 사용은 허용되지 않고 있다고 분석하고, 한국은 암흑시대에 머물러 있다고 비꼬았다. 테러 관련 자금 추적의 장치 역시 촘촘하기 그지없다. 범죄에 사용되는 자금을 추적할 수 있는 자금세탁방지제도인 범죄수익은닉규제법과 금융거래정보보고법은 참여연대를 비롯한 시민단체들의 노력으로 제정되었는데 G20 최고 수준이라는 평가를 듣고 있다.

그밖에 공중등협박목적자금조달금지법(일명 테러자금조달금지법)도 2008년 제정하여 유엔뿐만 아니라 미국 EU 등에서 요청한 개인과 단체의 자금을 세밀하게 추적하고 있다. 이 법에 따르면 테러 관련 자금이라고 의심되면 영장 없이 금융거래를 동결하고 수사에 필요한 정보는 검찰총장, 경찰청장 그리고 국민안전처장에게 제공된다. 외국환관리법도 해외금융거래에 대해 유사한 통제장치를 가지고 있다."

금융정보보고법, 저는 제 개인사례를 말씀드리면요 저는 거의 평생을 YMCA라는 시민단체에서 활동가로 일했기 때문에 봉급이 거의 생계 수준이었습니다. 그런데도 희한하게요 어쩔 때 이렇게 우편이 날아옵니다. 그때 자세히 보니 금융위원회인지 뭐 하여튼 그런 주소였던 걸로 기억하는데 우편이 날아오면 '올해, 지난해 몇 년 몇 월 며칠부터 몇 년 몇 월까지 당신의 금융정보기록 몇 건을 죽죽 제공해서 인쇄물 만들어서 관계 기관에 금융정보 보고를 했습니다.' 이렇게 나옵니다.

저는 그 당시 그저 하루하루 먹고 살아가는 평범한 시민이었습니다. 청소년들을 잘 길러서 우리나라 미래를 위해서 바르게 키워서 우리나라 기둥이 되게 하자, YMCA의 선배인 월남 이상재 선생님 같은 훌륭한 지도자를 만들자 하는 것이 꿈이어서 그런 활동을 했습니다. 그런데 그런 데 가서 혹은 우리나라 역사 이야기를 하기도 하지요.

'식민지 치하에서 어떻게 우리 선조들이 일제와 항거해서 싸웠는가. 또 일제의 수탈을 피해서 일제의 여러 가지 폭압을 피해서 만주로 어떻게 망명해서 싸웠던가. 그래서 우리도 어떻게든 다시는 외세의 침략 받지 않는, 안보가 튼튼하고 국력이 강한 나라를 만들어야 되지 않겠니?' 하면서 그런 이야기도 하지요.

또 '과거 우리나라 역사에서 군사정권하에서 이렇게 이렇게 권력기관에 의해서 수많은 사람들이 민주화를 위해 싸우다 고문당하고 죽기도 했단다.' 아마 그런 것 때문에 늘 지켜봤을 수는 있을 것 같아요.

그러나 그 역사 이야기 할 수 있지요. 그리고 그렇게 해서 그런 아이들이 우리 역사에 대해서 자긍심을 가지고 우리 국민으로서 자존심을 가지고 대한민국의 후손으로서 우리나라를 지키기 위해서 훌륭하게 자라서 군대 가서 국방을 잘 지키고 예비군에 들어가서, 국가에 외세가 침략하려고 할 때 총을 들고 나가 싸우게 하고 또 거대한 힘을 가진 권력이나 또는 부당하게 시민과 국민을 억압하는 그런 세력이 있으면 그에 저항하게 하고 해서 국민 모두가 평화롭게 서로 인정하며 잘 사는 민주국가를 만드는 것이 당연한 일 아니겠습니까?

아마 그런 이유로 저는 늘 감시를 받았다고 생각합니다. 휴대전화 도청을 받았다고 생각합니다. 이따 제 개인적인 이야기는 또 따로 제가 겪은, 국가 폭력에 의한 인간의 파괴 다시 이야기를 하겠지만, 그렇습니다. 그런데 세상에 생활비 수준의 월급을 해마다 들여다본다? 이미 그때도 테러방지활동은 하고 있었던가 봐요. 그러니까 월급 200, 300짜리도 금융정보를 보는 거겠지요.

이렇게 일반 시민까지도 이미 우리 정부는 잘 감청하고 금융정보 들여다보고 필요하면 미행하고 해 왔던 것입니다, 불법으로 했든 합법으로 했든. 그런데 그마저 법도 없애 버리면 이제 우리는 피해를 당하면 법도 없는데 어디 가서 항의해야 됩니까? 이제 우리 국내법으로는 보호받지 못하면 이제 유엔으로 뉴욕으로 비행기 타고 가서 호소해야 됩니까? 우리 국민이 우리 국가법이 없어서 보호받지 못하면 어디 가서 호소해야 된다는 말입니까?

지루할까 싶어서 좀 이야기드렸습니다.

또 다시 지루한 자료 읽겠습니다.

"테러위험인물들의 출입과 동선을 추적하기 위한 출입국 관리제도 역시 다른 어느 나라보다 통제가 심해 인권침해가 빈발하는 것으로 악명을 떨치고 있다. 예를 들어 2010년 G20 정상회담을 앞두고 경찰청은 중동 아프리카 동남아시아의 이슬람권 57개국에서 입국한 5만 여명의 국내 체류 상황을 조사해 그중 행적이 의심스러운 외국인 99명을 특별히 관리했다. 또한 경찰청은 법무부와 국가정보원 등도 테러용의자 명단을 확보해 입국 금지 대상에 포함하고 있으며 현재 입국이 금지된 테러 혐의 외국인은 5000여 명에 달한다고 발표했다.

그런데 이 명단 때문에 시민사회단체의 G20 관련 학술회의에 참가할 예정이었던 파키스탄 여성단체 대표 칼리크 부슈라, 네팔노총 사무총장 우메쉬 우파댜에, 국제농민단체 비아캄페시나 대표인 헨리 사라기 등 6명의

비자가 거부되었고 필리핀 소재 개발원조단체인 이본 인터내셔널의 폴 퀸토스 부장을 비롯한 8명의 필리핀 활동가는 비자를 받고도 공항에서 무더기로 입국 불허 통지를 받아야 했다. 이들은 대부분 미국을 비롯한 전 세계의 국제행사에 자유롭게 참여해 온 인사들이었다.

2010년 2월에는 경찰이 대구 이슬람 사원 주변에서 근무하는 이맘과 이주노동자 등 2명의 파키스탄인이 탈레반 구성원이라고 발표하였으나 재판 과정에서 검찰과 경찰은 관련 혐의를 입증하지 못했다.

법이 없어 국제 공조와 정보 교환이 어렵다?"

현재 국정원이 이 테러방지법에 의해서 모든 조정권과 지휘권을 갖지 않으면 다른 나라하고 교류가 안 되니까 국가정보원에다가 모든 정부기관 조정권, 지휘권 이런 집행기구의 집행 총책임자를 국정원장에게 주려고 합니다. 현재 그런 권한이 없어도 다 해 왔고 그런데 이런 권한까지 주어 버리면 이제 어느 정부 부처가 국정원을 무서워하면서 제대로 자기 소신껏 자기 이야기를 할 수 있겠습니까? 이제 정부기관까지도 말 그대로 장악하려는 기도 아니겠습니까?

과거 국민의정부 참여정부에 국가기관에 정보원들이 출입하는 것에 대해서 그러지 못하도록 한 적이 있습니다. 그리고 한동안 국가정보원의 정보원들이 공공기관이나 시민단체, 민간기관에 수시로 들락거리는 것을 자제하거나 멈춘 적이 있었습니다. 그 시대에는 국가정보원이 국가기관, 민간단체, 시민단체 찾아가서 직접 조사, 정보수집 못 해서 국가가 운영되지 않았습니까? 그렇게 하지 않고도 국가가 운영되었습니다. 굳이 국정원에게 모든 집행의 권한과 정보수집권 모든 권한을 한꺼번에 넘겨주려 하시는 겁니까?

그동안 현재의 상태만으로도 국민들이 국가정보원의 사찰을 의식하고 두려워하고 해서 국민의 사상의 자유, 양심의 자유, 언론의 자유, 표현의 자유가 스스로 자기 검열하면서 위축되고 있다고 느끼고 외국에서도 그렇게 지적하고 있는데 이제 오히려 또 덤터기법을 만들어서 씌우려고요?

이제 비판도 싫다는 겁니까? 양심의 자유를 갖는 것도 싫다는 겁니까? 이제 통제된 국가로 가자는 겁니까? 다시 옛날로 가자는 겁니까? 숨 막히는 과거사의 '막걸리 반공법'으로 수많은 일반 시민들을 욕 한마디 잘못했다가 반공법으로 끌어가던 그런 무자비한 시대로 가자는 겁니까?

이건 아닙니다. 이건 절대 아닙니다.

다시 읽겠습니다.

"박근혜 대통령은 테러방지법이 제정되지 않으면 국제 공조도, 정보 교환도 제대로 할 수 없을 것처럼 강변하지만 사실이 아니다. 국제 정보 공조는 테러방지법 제정과는 거의 상관관계가 없고 지금 현재도 국제 공조와 정보 교환은 활발히 이루어지고 있다. 우선 앞서 언급했듯이 한미 간 군사비밀보호협정이 체결되어 있고 연례적인 대테러 군사훈련, 대량살상무기 확산방지훈련을 실시하고 있다.

미국 국가안보국(NSA)이 전 세계와 자국민을 무차별 사찰하고 감청해 온 사실을 폭로한 에드워드 스노든이 한국

언론과의 화상대화에서 밝힌 바에 따르면 한미 정보당국 간에는 최소한 국방 측면의 정보 공유가 일어나고 있다고 한다.

테러 관련 자금 추적을 위한 국제 정보 교환과 공조 역시 활발하다. 한국은 지난 2015년 7월부터 1년간 국제자금세탁방지기구(FATF)의 의장국을 맡고 있다. 의장은 신제윤 전 금융위원장이다. 유엔 협약 및 유엔 안보리 결의 관련 금융조치를 이행하는 태스크포스(TF)인 FATF는 금융시스템을 이용한 자금세탁과 테러·대량살상무기 확산 관련 자금조달을 막는 역할을 한다.

이미 시행 중인 공중 등 협박목적 자금조달 금지법, 일명 테러자금조달 금지법은 유엔의 요청뿐만 아니라 미국 등 우방국의 요청만 있으면 위험인물로 지목된 개인과 단체의 금융거래를 동결하고 해당 자금의 조성과 은닉에 관련된 이들을 처벌할 수 있게 하고 있다.

외국환관리법 역시 유엔과 우방국가의 긴밀한 정보 교류와 공조 속에 시행되고 있다. 외국환관리법의 하위지침인 국제평화 및 안전유지 등의 의무이행을 위한 지급 및 영수허가지침에 따르면 유엔 결의로 제재를 결정한 개인이나 단체 외에도 미국 대통령령, 유럽연합 이사회가 지명한 개인 및 단체에 대해서 기획재정부가 금융 제재를 할 수 있도록 되어 있다. 지난 3월 기획재정부는 IS대원 27명을 포함해 669명을 금융 제재 대상자에 포함시키고 수시로 업데이트하고 있다.

그런데 오히려 우방국과의 과도하고 근시안적인 협력이 문제가 되는 경우도 적지 않다. 이란 제재가 그 대표적인 사례이다. 2010년 9월 이명박 정부는 이란의 핵프로그램에 대한 미국의 제재 요청을 받아들여 102개 단체와 24명의 개인을 금융 제재 대상자로 지정하였다. 여기에는 이란과 교역하는 우리 기업들의 결제은행인 이란 국영 멜라트 은행도 포함되어 있다.

유엔 안보리 결의안 1929호는 이란의 40개 단체와 1명의 개인만을 제재 대상으로 지정하였고 이 결의안의 어떠한 조항도 국가들이 이 결의안 범주를 넘어선 조치나 행동을 취할 것을 강요하지 않는다는 점을 강조한다고 밝히고 있다. 한국의 이란 제재는 미국 국내법에 따른 것으로서 유엔 안보리 결의에는 위배되는 것이라는 해석이 가능하다. 한국 정부는 유엔 안보리 결의를 위배하면서까지 미국의 요청에 따름으로써 결과적으로 이란과의 교역 단절에 따른 막대한 손실을 초래한 셈이다.

우방국과의 잘못된 국제 공조 중 최악의 사례는 이라크전쟁과 파병이다. 한국 정부는 이라크 후세인이 핵을 개발하고 있고 테러 세력과 연관되어 있다는 미국의 일방적인 주장을 받아들여 유엔도 승인하지 않은 전쟁에 한국군을 파병했다. 한국은 당시 영국 다음으로 많은 세계 3위 규모, 3600여 명의 군대를 파견했다. 그러나 점령 직후 이라크에는 핵프로그램이 없었고 후세인 정권과 테러집단과는 관련이 없었다는 사실이 재확인되었고 미국 정부조차 이를 인정하지 않을 수 없었다."

여러분, 당시 기억하시지요? 이라크 미국 침공, '바바바바박' 하고 우리가 알 수 없는 불대포가 날아가고 도시가 파괴되고 어린아이 피눈물을 흘리면서 어머니 주검을 붙들고 울고 있고 그리고 후세인궁에 가서 궁을 진압했는데 가서 보니 핵무기도 없고 화학무기도 없고 후세인은 사형당하고 그리고 아무도 그 죽어간 수많은 이라크 국민의 피해는 보상하지 않고……

다시 읽겠습니다.

"9·11 사건을 예측하지 못한 데 이어 두 번째 치명적인 정보 실패였던 셈이다. 그런데 미국과 그 동맹국들의 이라크 불법 점령 이후 이라크는 이슬람 극단주의자들을 불러 모으는 지하드의 성지가 되어 버렸다." 오늘날 IS 테러라는 불씨가 여기서 출발하고 있는 겁니다.

"이라크 내부 저항세력의 끈질긴 게릴라전을 소탕하는 과정에서 무고한 민간인이 다수 희생당했다. 특히 관타나모 수용소—미국령 쿠바에 있습니다—바그람 기지 수용소—아프간에 있습니다—아부그라이브 교도소—이라크에 있습니다— 등 해외 수용시설에 미군이 적 전투원으로 의심된다는 이유로 증거도 없이 수감된 민간인들을 고문·학대했다는 사실이 전 세계에 알려지면서 미국이 주도한 테러와의 전쟁은 전 세계에 테러리즘을 확산하는 자양분이 되고 말았다. 파리 테러를 주도한 IS도 이즈음 이라크를 기반으로 형성되었다."

해외사례를 몇 가지 더 소개해 드리겠습니다.

아이폰으로 유명한 미국 애플사의 CEO 팀 쿡은 최근 고객들에게 이메일을 보냈습니다.

얼마 전에 암으로 돌아가셨지요? 항상 청바지에 까만 티셔츠 입고* 전설적인 애플사를 운영했던 팀 쿡이 했던 이야기입니다. 한번 들어 보십시오.

캘리포니아 샌 버나디노에서 발생한 총기난사 사건을 계기로 FBI가—미국 수사 당국입니다—아이폰을 전반적으로 열어 볼 수 있는 프로그램을 요구한 데 대한 입장을 표명한 것입니다. 지금 어쩌면 예전에 카톡, 네이버 등에 우리 정부가 요청했던 것과 똑같은 상황이 미국에서도 발생했습니다. 이때 쿡은 어떻게 이 문제에 대응했는지 한번 보십시다.

먼저 팀 쿡은 개인정보의 중요성에 대해 강조하고 있습니다. 팀 쿡의 말입니다.

'스마트폰은 우리 삶에 필수적인 부분이며', 그렇지요? 저도 이것 없으면 오늘 아무것도 할 수 없습니다. 전화도 할 수 없고요, 누구하고 약속도 할 수 없습니다. 우리의 사진, 음악, 메모, 연락처, 금융, 건강 등의 중요 정보가 저장되어 있다고 강조합니다. 그냥 스마트폰이 아닙니다.

FBI는 범인의 아이폰을 열기 위한 특별한 운영체제를 만들어 설치하라고 요구하고 있으며 지금은 존재하지 않는 프로그램이 만들어진다면 모든 아이폰을 풀게 될 수 있다고 우려합니다.

여기에 해독장치를 공장에서 제조단계에서부터 넣어 달라는 이야기입니다. 그래서 어디선가 뭔가 조작을 하게

---

* 이 사람은 스티브 잡스고, 이메일 작성자는 팀 쿡이 맞다.

되면 내 옆에 놓고 친구와 이야기해도 우리의 대화가 다 들릴 수 있게 할 수 있고 위치추적도 다 가능하게 할 수 있고, 해 달라고 FBI가 애플사에 요청을 한 겁니다. 정부와 FBI는 이번 한 번만 제한적으로 사용될 거라고 하지만 그런 식으로 통제할 수 있을 거라는 보장은 누구도 할 수 없다고 밝히고 있습니다.

한 번만 해 달라고 했답니다. 우리는 앞으로 영구히 하겠다는 겁니다. 한 번도 아닙니다. 현재 청와대와 새누리당이 통과시키려고 하고 있는 테러방지법의 독소 조항에 대한 우려와 일맥상통하는 부분입니다.

팀 쿡은 또 이렇게 말합니다.

정부의 이 같은 요구가 오싹했다고 강조하며 '정부가 재무·건강 정보를 가로채고 카메라, 마이크에 몰래 접속할 수 있는 소프트웨어를 우리에게 요구할 수도 있습니다.'

지금 저한테 트위터로 계속 글 보내신 분들, 만약에 이런 사태가 벌어지면 오늘 이야기에 누가 트윗으로 무슨 말을 했는지 실시간으로 보겠다는 겁니다.

그러나 국민 여러분, 안심하십시오. 그런 일은 절대 없어야 합니다. 절대 없게 해야 됩니다.

'이번 요청을 반대한 것은 가볍게 내린 결정이 아니며 국민들이 정부의 지나친 요구에 대해 직접 대면하고 맞서야 한다' 쿡이 이렇게 말했습니다.

국민들이 정부의 지나친 요구에 대해 직접 대면하고 맞서야 한다, 이건 우리나라 국회의원이 한 이야기 아닙니다. 애플사의 CEO 제임스 쿡이 한 이야기입니다.

정정합니다. 제임스 쿡이 아닙니다. 팀 쿡입니다. 하마터면 쿡 선장이 될 뻔 했습니다. 쿡 선장 시대에는 이런 게 없었습니다.

(정갑윤 부의장, 이석현 부의장과 사회교대)

어떻습니까, 여러분? 지금 야당이 무리한 이야기를 하고 있는 겁니까? 너무나 상식적인 이야기, 우리 청소년들도 이해할 수 있는 이야기 하고 있는 것 아닙니까? 이걸 내 마음대로 쓰고 싶다는 이야기입니다.

밥 달라고 우는 것도 아닙니다. 지금 노동현장에서, 과거 쌍용차 등에서 무차별로 해고당하고 길거리에 비정규로 나왔고 인천공항에 7000·8000명 되는 그 많은 직원이 있는데 1000여 명의 정규직 빼놓고 다 회사를 조각조각 쪼개 가지고 10년을 일해도 매년 비정규직으로 회사를 갈아치우게 하면서 퇴직금도 안 주게 하고, 일자리 안정을 깨는 그 비정규직 양산화 파견법, 기간제법을 노동개혁법이라고 통과시켜 주는 이런 상황하에서……

(● 이채익 의원 의석에서 — 의제 외의 발언은 좀 자제하세요.)

밥 주라는 이야기 아니라는 겁니다.

(● 이채익 의원 의석에서 — 테러방지법하고 그거하고 무슨 상관 있어요?)

그것보다 훨씬 더 후차적인 양심의 자유, 언론의 자유, 표현의 자유, 비밀통신보호의 자유를 달라는 겁니다.

(● 이채익 의원 의석에서 — 논리의 비약이 너무 심합니다.)

국가 기본권을 달라는 겁니다.

(● 이채익 의원 의석에서 — 지금 우리나라가 기본적으로 기본권이 뭐가 없어요?)

이게 기본권 문제 아닙니까?

여러분, 아까 헌법 보셨지요? 헌법에 분명하게 나와 있습니다.

(● 이채익 의원 의석에서 — 하여튼 우리나라에는 기본권이 충실합니다.)

헌법 다시 읽어 보세요, 이채익 의원님.

내가 답답해서 헌법 다시 찾겠습니다.

미안합니다, 자료실이 없어서.

● **부의장 이석현** 이학영 의원님 수고 많으십니다. 이석현 부의장입니다.

● **이학영 의원** 예, 감사합니다. 의원님, 좀 잘 양해해 주십시오.

● **부의장 이석현** 바깥에 입구에서 들으면서 깜짝 놀랐습니다, 점잖은 이학영 의원님이 막 큰소리 내시는 것 같아 가지고.

● **이학영 의원** 오죽 답답하면……

제가 이러면 표 깎일 것 알고 있습니다. 그러나 답답합니다.

우리가 21세기에 헌법 기본권을 들이대야 됩니까? 이것이 48년도에 제정된 법입니다.

3·1운동의 면면한 우리 식민지 항쟁을 거쳐서, 기미 독립운동을 거쳐서, 임시정부의 그 독립운동을 거쳐서 만든 이 헌법에 나와 있는 법을 지키자는 겁니다, 여러분.

밥도 아니고, 세상에, 그런 기본 자유 좀 달라고 하는데……

다시 읽겠습니다.

귀에 못이 박히게 말씀드리겠습니다.

대한민국헌법 제17조 "모든 국민은 사생활의 비밀과 자유를 침해받지 아니한다." 제18조 "모든 국민은 통신의 비밀을 침해받지 아니한다." 제19조 "모든 국민은 양심의 자유를 가진다."

답답하면 또 읽겠습니다.

제임스 쿡이 아니고 팀 쿡이지요. 미국 애플사 CEO 팀 쿡입니다.

이 양반이 정부가 이 휴대폰에다가 감청장치를 딱 한 번만 해 달라고 합니다. 미국 정부는 애교라도 있어요. 한 번 하고 안 하겠대요. 그런데 팀 쿡은 한 번도 오싹하다는 겁니다. 그런데 우리 정부는 아예 해 달라는 겁니다.

그래서 팀 쿡이 국민에게 호소합니다. 정부의 이 같은 요구가 오싹하다고 강조하며 '정부가 재무·건강 정보를 가로채고 카메라, 마이크에 몰래 접속할 수 있는 소프트웨어를 우리에게 요구할 수도 있습니다. 이번 요청을 반대하는 것은 가볍게 내린 결정이 아니며 국민들이 정부의 지나친 요구에 대해 직접 대면하고 맞서야 한다'고 강조하고 있는 것입니다.

어떻습니까? 이것은 미국민에게만 하는 소리로 들리십니까? 오늘 2016년 2월 대한민국에서도 새겨들어야 될 이야기입니다. 자사의 이익을 위해 움직이는 민간기업임에도 결국 시민의 권익을 보호하는 것이 기본가치라는 것을 너무나 팀 쿡 대표는 알고 있었던 것입니다.

하지만 우리나라 기업들은 어떻습니까? 스마트폰을 제조하거나 통신서비스, 메시지 어플을 제공하는 재벌 대기업 소수 총수일가에 의해 중요한 결정이 좌우되는 이 기업들이 정부의 압박을 잘 방어할 수 있을 것이라고 생각하십니까?

결국 정부에 협조하거나 해외로 이전하는 것이 최선의 방법이 될 것입니다. 정보회사들, 정보통신 생산 회사들, 삼성, 카카오톡, 네이버 또 삼성의 수많은 부품들을 생산하는 중소기업들, 이 문제를 거절하려면 해외로 나가거나 아니면 굴종하여 수용해야 될 것입니다. 그렇게 되면 이는 국가적으로도 큰 손실이고 이 정부가 그렇게 부르짖는 경제 회복에도 악영향을 줄 것이 뻔합니다.

정부의 정보제공 요구와 탄압에 맞서 해외로 이전한 기업의 사례를 한 가지 더 소개해 드리겠습니다.

여러분, 스마트폰에서 사용하는 텔레그램이라는 애플리케이션 잘 아시지요? 카카오톡에 정부가 정보 제공을 허용하라고 요구했을 때 소위 인터넷 SNS 정보 공간에 망명 사태가 벌어졌습니다. 국내의 SNS에서 해외 어플로 이동하는 소위 정보 망명 사태가 일어난 것이지요.

이 텔레그램이라는 애플리케이션을 만든 회사는, 러시아의 파벨 두로프라는 IT 기업가가 만들었습니다. 러시아에서 만들었습니다. 이들은 러시아에서 인터넷 기업을 운영하던 시절 러시아 정부가 요구한 개인정보 제공을 단호히 거절하고 독일로 망명해서 이 서비스를 만들게 되었습니다.

당시 파벨 두로프는 다음과 같은 입장을 발표했습니다. 망명 선언이지요. 언론에 축약된 내용을 읽어드리겠습니다.

'2013년 12월 13일 러시아 연방보안국은 우리에게 유로마이단—우크라이나의 유럽 통합 지지 운동입니다—시위 운동가들의 개인정보를 요구해 왔습니다.

하지만 우리는 이를 거부했으며 러시아 사법당국은 VK의 우크라이나 사용자들에게 손을 뻗치지 못한다고 자부합니다. 우크라이나 사용자들의 개인정보를 정부 측에 넘기는 일은 불법일 뿐만 아니라 VK를 신뢰해 줬던 수백만 모든 우크라이나 친구들에 대한 배신 행위입니다.

이 과정에서 개인적인 피해도 많았습니다. 하지만 저는 후회하지 않습니다. 개인정보 보호는 그 이상의 가치가 있기 때문입니다.

이번 사태 이후에도 저는 더 소중한 것을 가지고 있습니다. 그것은 내가 가진 양심과 제가 지키고자 하는 이상입니다.'

이 사례는 IT 기술의 발달로 전 세계가 연결된 국가에서 정부의 과도한 개입이 어떤 결과를 낳는지를 잘 보여 준다고 생각합니다.

다시 한 번 헌법 이야기로 돌아갑니다.

앞서 애플 CEO 팀 쿡과 텔레그램의 파벨 두로프가 한결같이 강조하고 있는 것은 개인의 권리입니다.

대한민국헌법은 개인의 권리를 명백히 보장하고 있습니다.

제17조에 "모든 국민은 사생활의 비밀과 자유를 침해받지 아니한다."

18조에 "모든 국민은 통신의 비밀을 침해받지 아니한다."

제37조제1항에 "국민의 자유와 권리는 헌법에 열거되지 아니한 이유로 경시되지 아니한다."

헌법에 시시콜콜 '댓글도 들여다봐서는 안 된다' '감청도 해서는 안 된다' 일일이 다 하지 않아도, '페이스북을 들여다봐서는 안 된다' 다 열거하지 않아도 이 정신에 어긋나면 안 된다고 쓰여 있는 것입니다.

대한민국헌법은 입법주의적 헌법으로 국민의 기본권 보장을 구성 요소로 하고 있습니다. 또한 전문에서 이미 기본권 보장의 대원칙을 확고하게 선언하고 있으며 제가 방금 언급한 헌법 2장에서는 이를 개별적으로 보장하고 있는 것입니다.

특히 제10조와 37조에서 대한민국헌법의 기본권 보장의 일반원칙을 선언하고 있는데 헌법 10조는 기본권 보장이 국가의 의무임을, 37조는 입법권이 기본권에 기속됨을 명확히 하고 있습니다.

따라서 대한민국헌법에서는 기본권 보장의 대원칙은 이를 침해하거나 바꿀 수 없는 근본적인 규범으로서의 성격으로 규정하는 것입니다. 이것은 개인의 기본권이요, 초국가적인 자연권이며 인간주의에 근거하고 있음을 명시하고 있는 것입니다.

좀 더 자세히 들여다봅시다.

헌법 10조는 "모든 국민은 인간으로서의 존엄과 가치를 가지며, 행복을 추구할 권리를 가진다. 국가는 개인이 가지는 불가침의 기본적 인권을 확인하고 이를 보장할 의무를 진다."라고 규정하고 있습니다.

이것은 국가가 국민의 기본적 인권을 보장하여야 할 의무를 지고 있음을 밝힌 것입니다. 어떠한 국가권력이든지 기본권을 침해해서는 안 된다는 것을 선언한 것과 같습니다.

설사 하위법률 제정이나 개정을 통해 그 같은 시도를 한다 하더라도 본질적인 권리를 침해해서는 안 되는 것입니다. 이에 따라 법에 기속되는 행정권이나 사법권 역시도 국민의 기본권을 최대한으로 보장하는 것이 우리의 헌법 정신입니다.

하지만 사실상의 무제한 감청을 허용하는 내용을 담고 있는 이번 테러방지법은 유구한 역사에 빛나는 대한민국의 헌법 정신을 무시하고 침해하고 없애려 하고 있는 것입니다, 국민 여러분!

지켜 주십시오. 도와주십시오.

이제부터 우리가 테러방지법을 만들어서 이라크나 중동에 있는 사람들의 금융 정보나 통신 내역도 들여다보겠지만 우리나라 국민들도 언제든지 무차별적으로,

상시적으로 아무 법률적 제한 없이 보겠다고 제출된, 그것도 제대로 정상적으로 제출하지 않고 국회의장께서 비상사태라고 스스로 규정하고 제대로 된 절차를 밟지 않고 직권상정해서 올린 오늘 이 사태에 즈음하여 이 모든 일의 근본에 있는 국가정보원, 그 이전에 공식적인 이름 안전기획부, 안기부입니다. 그 이전에 초기에 만들었던 중앙정보부가 어떠한 내력을 지닌 기관이었나, 왜 못 믿고 야당 국회의원들은 저렇게 국정원이 총괄하겠다는, 국정원이 무시로 시시때때로 제한 없이 우리 국민들의 모든 정보를 보겠다고 하는데 저렇게 강력하게 반대할까?

이 내력에 대해서 여러분들에게 말씀을 드리고자 합니다.

국가정보원이 제대로 국민의 안전을 지키기 위해서 해외에서 침투하는 테러분자들 또 휴전선을 넘나드는 북한의 군사·군대 또 언제 있을지, 혹시 있을지도 모르는 외국 군대의 침범을 미리미리 막고 또 해외 경쟁력이 딸려서 속속 돌아오는 우리 기업들을 보호하기 위해서, 해외 곳곳에 나가서 산업정보의 유출과 산업정보 보호를 위해서, 경제를 위해서 애쓰는 국가정보원이 되었으면 얼마나 좋겠느냐 하는 생각을 하면서 국가정보원이 국민의 안전을 지키는 기관으로 새롭게 태어나기를 기대하는 마음으로 국가정보원이 과거에 어떻게, 어떤 역사를 가져왔는가, 그 과정에서 어떻게 국가, 국민들의 개인 사상과 언론의 자유가 침해되었는가, 표현의 자유가 침해되었는가, 어떻게 인신의 자유가 침해되었는가를 보는 시간을 갖도록 하겠습니다.

● **부의장 이석현** 이학영 의원님 애쓰십니다.

바깥에 지금 이 시간에 큰 눈송이가 펑펑 내리는데 알고 계세요?

● **이학영 의원** 모르겠습니다.

● **부의장 이석현** 올 겨울 들어 그렇게 큰 눈송이는 처음 봅니다. 서설이, 좋은 일이 나라에 있을 모양입니다.

● **이학영 의원** 제발 이 하얀 눈을 바라보면서 청정한 우리 국민들 마음처럼 우리 국가가 청정한 나라, 국민이 평화롭게 사는 나라를 기원하기 위해서 하느님께서 우리 국민에게 흰 눈을 보내 주신 것 같습니다.

● **부의장 이석현** 그런 것 같습니다.

그런데 정의파 국회의원과 친하게 지내면 밥 굶거나 추운 겨울에 농성하게 되더군요. 재작년 겨울에 청와대 앞 분수대에서 이학영 의원님이 무기한 단식농성을 여러 날 하니까 우리 의원들이 잘못하면 큰일 당하겠다고 몇이 가서 '대신 우리가 해 줄 테니까 들어가십시오' 하고 떠밀려 가지고 밥 굶은 사람도 있고 칼바람, 추운 바람에 농성했던 기억이 납니다.

앞으로는 나라에 그런 일이 없기를 바랍니다. 좋은 일만 있기를 바라겠습니다.

● **이학영 의원** 원래 제 인생의 목표에는 정치인은 0.0001%도 없었습니다. 여러분과 똑같이 '정치인은 뭔가 중요하긴 하지만 내 타고난 성질상, 성격상 할 수 없다' '그리고 힘들고 욕먹는 자리를 뭐하려고 하느냐' 했기 때문에 추호도 없었습니다. 여러분도 그러실 겁니다.

그런데 정치인은 되어야 되겠다고 생각하지 않았지만 내가 두려움 없는 나라에서 살고 싶다. 무섭지 않은 나라에서 살고 싶다 하는 것을 느꼈던 첫 계기가 있었습니다.

그리고 그날들 이후로 한평생 오늘까지 한 순간도 자유로운 나라, 평화의 나라, 고귀한 생명을 가진 모든 생명체, 우리 인류가 고귀하게 대접받는 나라를 만들고자 하는 꿈을 버린 적이 없습니다. 그래서 그런 것을 위해서 시민운동도 했고, 환경운동도 했고, 지방자치 개혁운동도 했고, 언론자유운동에도 함께 거들었고, 많은 시민운동에 함께했습니다.

시민운동을 직업으로서 택한 게 아니고 내가 이왕 이러한 대한민국에서 좀 더 안전하고 안심하고 살 수 있게 하기 위해서는 이런 방법밖에 없겠구나 해서 했던 것입니다.

그러나 저는 원래 시민운동도 할 수 있는 그런 능력과 인품의 소유자가 못 됩니다. 해박한 지식과 빠른 판단, 지구력 또 힘이 센 권력에 저항할 수 있는 불같은 투지 이런 것들이 없으면 시민운동이나 노동운동이나 농민운동이나 또 언론운동이나 환경운동이나 할 수 없습니다. 자기 가정의 시간을 쪼개서, 자기가 받는 박봉에서 쪼개서 조금씩이라도 세상을 위해서 기여하고자 하는 마음이 없으면 이런 운동을 할 수 없습니다. 그럼에도 그것을 했던 것은 적어도 내 아이들만은 나처럼 두려움에 떨게 하지 않겠다, 설령 배를 곯을지라도 내가 살고 있는 대한민국에서는 무언가 무서운 세력에게 뒤를 밟히고 자다가 악몽에 진저리치고 이런 일은 없게 하자 하는 계기가 있었습니다.

저는 원래 시골에 태어난, 여러분과 똑같은, 여러분 아버지 세대들과 똑같은 시골 태생입니다. 지금 서울에 1000만, 경기권역에 1200만, 우리 인구의 반이 살고 있지만 근대화 초기 당시 서울 인구가 100여 만이었습니다. 현재 살고 있는 99%의 모든 시민들은 다 아버지가 농부였거나 할아버지가 농부인 사람들입니다. 여러분들처럼 나도 저 깊고 깊은, 고등학교 수학여행 갈 때까지 내가 보이는 둥그런 하늘 밖을 나가 보지 않고 살았던 순박한 시골 소년이고 청년이었습니다.

그래서 중학교 때…… 제가 어려서 우리 부모님이 6·25전쟁 과정에서 귀엽게 낳은 아들이어 가지고 공부를 시키겠다고 했던지 책을 좀 사다주셨어요. 동화책을. 처음에는 책이 없어 만화책을 많이 봤지요.

그런데 시골에서 내가 학교를 빨리 갔어요. 그 당시 시골에서 9살 때 많이 갔지요. 10살, 12살 때도 갔고요. 다 형님들과 같은 동창입니다. 축구를 하건 놀러 가건 나는 끼워주지 않아요. 그리고 성격도 내성적이어 가지고 그냥 혼자 앉아 있는 것이 제일 편했어요. 그러니까 뭔가 볼거리만 있으면 그냥 주워 읽었지요. 선생님 책도 읽고요,

모르지만. 동네에 있는 책이라는 책은 연애소설까지 아무거나 갖다 읽었어요. 그 당시 유명한 김내성이란 연애소설 작가가 있었는데 '애인'이랄지 그런 유명한 소설도 이미 10대 이전에 다 읽었습니다. 세계사, 엘리자베스 여왕의 나비 같은 이상한 옷을 입은…… 중학교 두꺼운 세계사 책도 초등학교 4학년 때인가 다 읽었어요, 재밌는 게 없으니까. 그래서 그랬던지 중학교에 갔는데 선생님께서 '너 문예반에 들어와 봐라' 하시는 거예요, 국어시간이 제일 좋았으니까, 역사시간하고. 그래서 거기서 첫 시로 읽은 게 김소월의 '못 잊어 생각이 나겠지요 그런대로 한 세상 지내시구려' 또 '산산이 부서진 이름이여 부르다가 내가 죽을 이름이여' 하는 '초혼'이랄지 아주 유명한 김소월의 서정시들을 읽게 됩니다. 그러면서 얼마나 감동했던지, 나는 정말 유명한 시인이 되어야겠다, 그래서 꿈이 시인이 되는 거였어요.

그리고 시골에 교회가 있었는데 6·25 때 어머니가 저를 업고 다니면서 교회를 다녔대요. 그런데 우리 어머니는 나중에 교회를 안 다니게 됐어요. 왜? 교회를 열심히 다녔는데 폭격에 아이들도 죽고 가난하고 불나서 두 자식이 죽고 또 귀엽게 낳은 내 자식이, 저를 말하지요, 아들이 감옥 가고 간첩소리 듣고 훗날 그런 인생을 겪으면서 '내가 우리 아들을 업고 새벽기도까지 다녔는데 하느님은 없으신 거지'…… 그런데 저는 희한하게, 어머니는 나중에 교회를 안 다녔는데 저는 교회를 열심히 다녔어요. 새벽기도도 다녔고 크리스마스 때 추운 시골에서 눈 밟으면서 동네마다 다니면서 크리스마스 캐럴송도 불렀고, 그래서 나는 내 안에 정말 평화의 하느님, 순백의 예수님이 있어 가지고 나를 지켜보시기 때문에 '나는 죄 짓고 살면 안 돼' 그렇게 진짜 살았습니다. 그래서 '데모' '감옥' '국회의원' 이런 것은 제 인생에 없어야 되는 글자입니다.

그런데 이러한 길로 들어올 수밖에 없는 하나의 계기가 있었습니다. 오늘 우리가 말하는 이 테러방지법의 주인공인 국정원과 결국은 연결되어 있기 때문에 제 개인적인 관계를 빌려서 이야기를 나누고 싶은 겁니다.

제가 시 한 편을 한번 읽어 보겠습니다.

평범한 대학생이 유신헌법, 제가 이야기했지요? 1971년 10월 유신이 반포되자 오늘하고 똑같이 평범한 대학생 하나가 '이건 안 돼' 하면서 자기의 이야기를 프린트로—그 당시만 해도 가리방이라고 했습니다. 철필로 긁어서 학내에다 뿌렸습니다. 그리고 잡혀갔습니다. 아무도 몰랐습니다. 간첩으로 소문이 났습니다. 고문을 당했습니다. 그리고 얼마 후에 풀려 나왔습니다.

그런데 저도 똑같이 데모에 참여하지도 않고 시위가 일어날 것이라는 것을 알고 있으면서도 신고하지 않았다는 하나의 이유만으로 어느 날 경찰서에 잡혀 들어가서 하루저녁 죽어라 하고 두드려맞고 유치장에 들어가서 누군가에 나에게 처음 책을 내주었는데 그 책에 쓰여진 시 한 편이었습니다. 깜짝 놀랐습니다.

유신에 반대한다고 가리방으로 긁어서 몇 장의 종이를

학교에 뿌렸다고 간첩으로 끌려가 고문당했던 그 사람이 나와서 잡지사에 투고해 게재된 시가 당당하게 세상에 나온 겁니다. 벼락같은 충격이었습니다. 창작과비평 74년 봄호인지 여름호인지, 제가 뜨거운 유치장 방에서 60일을 견디면서 그때 누군가 동료가 넣어 준 책에서 이 시를 읽고 '그래, 내가 지금 이렇게 데모에 참여도 안 하고 그냥 알고 있다는 것, 불지 않았다는 것 하나만으로 잡혀 왔다만 그래도 이런 일은 없어야지' 그러면서 읽었던 시입니다. 들려드리겠습니다.

'잿더미', 김남주
'꽃이다 피다
피다 꽃이다
꽃이 보이지 않는다
피가 보이지 않는다
꽃은 어디에 있는가
피는 어디에 있는가
꽃속에 피가 잠자는가
핏속에 꽃이 잠자는가
꽃이다 영혼이다
피다 육신이다
영혼이 보이지 않는다
육신이 보이지 않는다
꽃의 영혼은 어디에 있는가
피의 육신은 어디에 있는가
꽃속에 영혼이 깃드는가

핏속에 육신이 흐르는가
영혼이 꽃을 피우는가
육신이 피를 흘리는가
꽃이여 영혼이여
피여 육신이여

그대는 타오르는 불길에
영혼을 던져 보았는가
그대는 바다의 심연에
육신을 던져 보았는가
죽음의 불길 속에서
영혼은 어떻게 꽃을 태우는가
파도의 심연에서
육신은 어떻게 피를 흘리는가
꽃이다 피다
육신이다 영혼이다
그대는 영혼의 왕국에서
육신을 어떻게 다루었는가
그대는 피의 꽃밭에서
영혼을 어떻게 다루었는가
파도의 침묵 불의 노래
영혼과 육신은 어떻게 만나

꽃과 함께 피와 함께 합창하던가
숯덩이처럼 검게 타버리고
잿더미와 함께 사라지던가

그대는
새벽에 출발하여
폐허를 가로질러
황혼을 만나 보았는가
황혼의 언덕에서 그대는
무엇을 보았는가
난파선의 침몰을 보았는가
승천하는 불기둥을 보았는가
침몰과 불기둥은 무엇을 닮고 있던가
꽃을 닮고 있던가
피를 닮고 있던가
죽음을 닮고 있던가

그대는
황혼의 언덕을 내려오다
폐허를 가로질러 또 하나의
새벽을 기다려 보았는가 그때
동천에서 태양이 떠오르자
서천으로 사라지는 달을 보았는가
죽어 버린 별
죽으러 가는 별
죽음을 기다리는 별
그대는 달과 별의 부활을 위해
새벽의 언덕에서 기도를 드려 보았는가

그대는 겨울을
겨울답게 살아 보았는가
그대는 봄다운
봄을 맞이하여 보았는가
겨울은 어떻게 피를 흘리고
동토를 녹이던가
봄은 어떻게 폐허에서
꽃을 피우던가 겨울과
봄의 중턱에서
보리는 무엇을 위해 이마를 맞대고
눈 속에서 속삭이던가
보리는 왜 밟아줘야 더
팔팔하게 솟아나던가
잡초는 어떻게 뿌리를 박고
박토에서 군거하던가
찔레꽃은 어떻게 바위를 뚫고
가시처럼 번식하던가
곰팡이는 왜 암실에서 생명을 키우며
누룩처럼 몰래몰래 번식하던가
죽순은 땅속에서 무엇을 준비하던가

뱀과 함께 하늘을 찌르려고
죽창을 깎고 있던가

아는가 그대는
몸을 잉태한 겨울밤의
진통이 얼마나 끈질긴가를
그대는 아는가
육신이 어떻게 피를 흘리고
영혼이 어떻게 꽃을 피우고
육신과 영혼이 어떻게 만나
꽃과 함께 피와 함께 합창하는가를

꽃이여 피여
피여 꽃이여
꽃속에 피가 흐른다
핏속에 꽃이 보인다
꽃속에 육신이 보인다
핏속에 영혼이 흐른다
꽃이다 피다
피다 꽃이다
그것이다!'

추상적인 언어입니다. 도대체 이 사람은 왜 이렇게 절규를 했을까? 왜 그 수많은 소월 시처럼 아름다운 그 꽃을 이렇게 피와 대비시켜서 격정적인 토로를 하고 있는 것일까? 그 가슴 속에 무엇이 담겨 있기에, 무엇이 그렇게 터져 나오려 하기에 꽃과 피라는 용어로 저렇게 울부짖는가?

● **부의장 이석현** 이학영 의원님의 시 낭독, 가슴을 때립니다.
잠시 숨을 고르시는 동안에 방청석 소개 드리겠습니다.
방청석에는 지금 정진후 의원의 소개로 85인, 정세균 의원의 소개로 18인 이렇게 167인의 국민들이 방청을 하고 계십니다.
정말 잘 오셨습니다. 우리 정치 모습을 잘 보고 가시기 바랍니다.
환영합니다.

● **이학영 의원** 시 이야기를 다 드리고, 일단 좀 진행하면서 하겠습니다.
아마 오늘의 토론을 보신 국민 여러분들께서는 더러 '그런 국정원과의 인연은 너 개인사일 뿐이지 국민 전체를 향해서 왜 그런 이야기를 하느냐'……
우리 국민 중의 하나라도, 우리 수많은 아이들 중의 하나라도 교통사고가 나서 길거리에서 죽어 가면 그것은 우리 국민의 일이 아닙니까? 우리 자녀들, 수학여행 가려고 출발했던 자녀들, 조금만 우리 어머니 아버지들이, 우리가 만들어 낸 정부가 노력했으면, 조금만 빨리 달려갔으면, 구원했으면 죽지 않았습니다. 우리 아이들이 죽어 간 것은 그 아이들의 교통사고, 해난사고로 치부되고 말아야 되는 겁니까?

저는 대한민국에 살고 있는 모든 국민 중의 하나라도 당하는 일은 우리 국민 모두의 일이고 장관의 일이고 국회의원의 일이고 대통령의 일이라고 생각합니다. 지난 40여 년 전에 저지른 국정원의 수많은 사람들에 대한 탄압의 역사도 '시간이 흘렀으니까 역사다. 그러니까 오늘 이야기할 필요가 뭐가 있느냐'고 하시면 미래의 우리 후손들도 우리에게 이야기할 겁니다. '그날 당신들이, 할아버지 당신이 그날 지켜 주지 못해서 오늘날 우리가 역사라고 배우지 못한 그 사건 속에서 이렇게 고통을 당하고 있노라'고 우리에게 원망하지 않겠습니까?

그래서 우리는 역사는 과거가 아니고 현재 우리의 살아가는 거울이다 생각하고 거울을 다시 들여다보면서 다시는 이런 불행을 되풀이하지 않자는 이야기입니다.

저는 국정원을 개혁해서 국민을 보호하는 국정원이 되기를 원합니다. 여러분도 마찬가지십니다. 국정원이 우리를 보호해 주지 않으면 국가에 위난 사태가 있을 때 우리가 어떻게 우리 생명을 지키겠습니까?

그러나 과거에 국정원은 불행히도 그렇지 않았습니다. 수많은 사람들이 몇십 년 만에 간첩으로 몰려서 사형 당했다가 재심청구를 통해서 무고로 확정되었습니다. 진보당 조봉암 당수의 사형사건이 그랬고, 민족일보 조용수 사장의 사형사건이 그랬고요, 인혁당사건이 그랬고요, 동백림사건이 그랬고요, 수많은 어부납치 사건, 최근에 서울시의 유우성 사건 등등에 이르기까지 수많은 사건들이 있었습니다.

그런데 그 모든 사건 뒤에는 항상 국정원이 있었습니다. 대외정보 수집과 국민의 안보를 위해서 노력해야 될 국정원이 지켜 줘야 될 대상인, 자기의 주인인 국민을 무고하게 죽여서 몇십 년 후에 무죄판결을 한 겁니다.

몇십 년 후에 무죄판결 나면 뭐합니까? 배상금을 주면 뭐합니까? 역사가 바뀝니까? 사형 당한 분들이 살아납니까? 몇십 년 동안 당한 가족들의 고통이 치유됩니까?

오늘날 우리나라에 일제하에서 고문 당하고 투옥 당하고 사형 당하고 했던 수많은 독립운동 가족들이 어떻게 대우받고 있습니까? 민주화 과정에서 몸이 상하고 일찍 죽어서 제대로 교육받지 못하고 공포 속에 살아야 했던 그 가족들이 어떻게 오늘을 살아가고 있습니까?

한성훈 연세대 교수의 '국정원 스캔들의 역사'라는 글을 하나 소개해 드리고자 합니다.

'국정원 스캔들의 역사' 정치조직, 중앙정보부.

"1969년 연초부터 3선개헌이 정치 쟁점으로 떠올랐다. 그해 2월 말 임문준은 부친과 친척과 함께 중앙정보부에 끌려가 고문을 당하면서 '일본 거점 간첩단 사건'에 엮였다. 그의 아버지 임명인은 고문 후유증으로 재판 도중 옥사했고 그는 21년을 감옥에서 지냈다. 고문으로 인한 고통은 몸에 국한하지 않으며 피해자가 살아 있는 시간 동안 정신을 말살해 간다. 이것으로부터 몸과 마음을 온전히 회복하는 것은 불가능하다. 시간이 지난다고 해결할 수 있다거나 고통이 덜해지는 것이 아니다.

1961년 5·16 쿠데타를 일으킨 정치군인들은 김종필이 주동이 되어 중앙정보부를 만들었다. 5월 28일 국가재건최고회의 내무위원회 제1호 안건이 중앙정보부설치안임을 감안하면 이 조직이 어떤 정치적인 이유로 만들어졌는지 쉽게 짐작할 수 있다.

1961년 민간인을 사찰하는 '요시찰인업무조정규정'이 제정되어 중앙정보부가 요시찰인 사찰 업무를 기획조정·감독했다. 정권을 위한 보위조직이었고 평범한 시민들을 간첩으로 조작하는 기술은 고문이었다. 흔히 중정, 안기부, 국정원으로 불리는 이 조직은 정통성이 약한 정부에서 또는 민주주의가 취약한 시기에 가장 정치적인 집단으로 변질되었다. 정치과정을 좌우하는 정보기관이었던 셈이다.

광주 민주화운동이 막을 내린 1980년 7월 초순 한화자는 시어머니, 남편, 시동생과 함께 남산 중앙정보부로 끌려갔다. '진도간첩단사건'이 조작되는 순간이었다. 김정인은 1985년 10월 31일 한 10년 지나면 나갈 수 있을 거라던 '약속'을 지키지 못하고 사형이 집행된 주검으로 아내에게 돌아왔다. 53일간 모진 고문을 당하고 풀려난 한화자는 '창자가 끊어지고 애간장이 녹아날 정도로 억울'했지만 다섯 아이들에게 남편의 죽음을 도저히 설명할 방법도 능력도 없이 세월을 보냈다. 중앙정보부에서 나온 이후 그녀는 간첩으로 몰린 것이 얼마나 무서웠는지 사촌 오빠가 입고 있는 까만 경찰복이나 우체부만 와도 몸을 떨었다.

군사독재 시절 중앙정보부는 체제에 비판적인 인사들에 대한 테러·납치·고문을 직접적으로 자행했다. 1973년 김대중 전 대통령을 일본 도쿄에서 납치한 '김대중 납치사건'으로 외교 문제를 일으켰고 '인혁당 재건위·민청학련 사건'과 같은 용공 조작도 일삼았다.

이 사건들은 박정희 정권이 1974년 유신체제 출범 직후 일어난 학생들의 거센 저항운동을 북한이나 조총련 등의 배후 조종을 받는 반국가단체로 조작한 것이었다.

중앙정보부는 독재권력을 유지하기 위해 반대세력의 민주화 요구를 검찰, 사법부까지 동원해 탄압했다. 검사와 판사까지 폭력 행사에 동원된 이런 경우는 법의 미명하에 불법을 판결한 최악의 범죄이자 정치재판이었다.

군사정권은 정치권력의 유지와 안정을 계엄령이나 긴급조치 등에 의존했고 이것을 굳건히 떠받친 것이 중앙정보부였다."

아까 제가 읽었던 시도 김남주라는, 이제 막 군대를 제대한 20대 후반의 청년이 유인물을 뿌렸다는 죄로, '유신헌법에 반대하는 함성'이라는 유인물을 뿌렸다는 죄로 '함성지 간첩사건'처럼 국내에 알려졌고, 일체 접견이 허락되지 않은 채 재판까지 고문을 당하였고, 바로 몇달 후에 풀려나와서 그런 이야기를 누구에게도 할 수 없어서 피와 꽃이라는 단어를 가지고 자기가 고문당한 이야기를 은유적으로 했던 것입니다.

저는 바로 그 즈음에 그러한 일을 똑같이 겪었기 때문에 '아하, 바로 이 시가 무슨 시구나' 단박에 알아챌 수 있었습니다. 제가 겪은 얘기는 조금 이따 하겠습니다.

"2005년 7월 22일, 국정원 과거사건 진실규명을 통한

발전위원회가 국정원에서 부일장학회 헌납과 경향신문 매각
의혹 사건에 대한 조사 결과를 발표하였다.
 2007년 10월 24일, 국정원 과거사건 진실규명을 통한
발전위원회가 대표적 조작 의혹 사건인 동베를린(동백림) 사건,
민청학련 사건, 김대중 내란음모 사건, 대한항공 858기 폭파
사건 등에 대한 최종 조사 결과를 발표했다."
(자료를 들어 보이며)
 금방 이야기했던 국정원에서 국민의 정부, 참여정부 동안
국정원 스스로가 과거 자기들의 죄를 스스로 돌아보고
진실을 규명해서 다시는 이러한 죄를 범하지 않고 새로운
국정원으로 거듭나겠다고 하면서 밝혔던 자료가 이
자료입니다. 여러분들이 더 원하신다면 이따가 또 자세하게
말씀드리겠습니다.

• 부의장 이석현 실무진은 물을 한 병 새로 갖다 놓으면
좋겠습니다.

• 이학영 의원 1987년 4월, 이때는 87년 6월 항쟁이
일어나기 불과 2개월 전입니다. 아마 6월 항쟁이 안 났으면
어땠을까요? 오늘 이 국회가 있을까요?
 시민들이 거리에 나와서 최루탄을 맞으면서 백골단의
방망이에 엉덩이를 차이고 가슴을 짓밟히고, 전국 도시
곳곳에서 수많은 이름 없는 청년들, 상인들, 직장인들,
어머니들, 아버지들이 온 거리라는 거리에서 유신헌법의
구체제인 전두환 군사정권에 저항하지 않았다면 오늘
국회에서 우리는 이런 토론을 할 수 있을까요?
 제가 아까 시인이 되려고 했었다는 이야기를 했습니다.
그러나 제대로 된 시인은 못 됐지만, 우리가 살았던 젊은
날의 생애에 시를 쓴다는 것이 너무나 죄송해서.
 거리에서 싸우고 있는 사람들, 공장에서 싸우고 있는
노동자들, 농촌에서 수세싸움으로 싸우고 있는 농민들,
인권을 위해서 싸우고 있는 스님들·신부님들·목사님들 이런
분들, 감옥에서 고통받고 있는 사람들에게 미안해서 시를
쓸 수가 없어서 시를 쓰지는 못했지만 감옥에서 무료한 날을
견디기 위해서 몇 편의 시를 모아서 썼던 와중에 그 당시에
썼던 시 한 편을 통해서 6월 항쟁에 어떻게 우리가 살았던지
알려 드리겠습니다.
'그 아침을 기다리며'
'울지 마세요, 어머니
 오늘 우리가 뿌린 눈물
 오늘 이 거리에 쏟은
 눈물의 바다
 언젠가 찬란한 봄이 오는 날
 꽃으로 피어
 꽃무리 넘치는
 바다를 이룰 거예요
 오늘 어머니들 품 속에서 빼앗겨
 쫓기고 두들겨 맞고
 끌려가던 아이들이

 돌계단 위에서 짓밟혀
 쓰러져 울던 아이들이
 광화문에서, 종로에서
 아니 이 나라 거리란 모든 거리에서
 철벽 같은 쇠붙이 다 거두어내고
 고운 흙에
 새로운 꿈의 씨앗을 뿌리고 가꾸어
 시냇가에 반짝이는
 세모래보다도 더 고운
 환희의 아침
 눈물의 그 아침
 빛나는 조국을 가져올 거예요. 어머니'
 1987년 4월에 또 이런 일이 있었습니다. 군사정권이
무너지기 불과 두 달 전입니다.
 '안기부가 개입한 대표적인 정치공작사건, 일명 용팔이사건,
폭력배들이 통일민주당 창당대회를 방해했다.
 그리고 1982년 반미시위가 처음으로 대학에 등장했고
국가안전기획부는 간첩단사건을 여러 건 발표했다. 그해 12월
김장호는 임신한 아내를 일본으로 데려가기 위해 귀국했다.
김포공항에 도착하자마자 국가안전기획부 수사관들이 그를
남산으로 데려가 50여 일 동안 온갖 고문을 가했고, 그는
간첩이 되어 16년 감옥살이를 했다. 출소한 뒤 2005년까지
보안관찰로 경찰의 감시를 받았고 아내는 '차라리 살인자
같으면 용서할 수 있지만 간첩은 안 된다'며 그의 곁을 떠났다.
 1980년대 초반은 재일동포와 재일한인들에 대한
국가안전기획부의 간첩공작이 비일비재했다.
 다양한 정치공작을 이어온 안기부는 1987년 폭력배를
동원해 통일민주당의 창당을 방해한 용팔이사건을 사주했다.
또한 동거남에게도 살해당한 여성을 간첩으로 둔갑시킨 수지
킴 사건도 안기부 공작이었다.
 이뿐만 아니라 문민정부 시절인 1997년 안기부는 김대중
후보의 대통령 당선을 막으려 '김대중 후보가 김정일한테
돈을 받았다'라는 허위사실의 북풍사건을 유포시켰다. 비록
실패로 끝났지만 보수층 유권자를 자극할 목적으로 북한군에
총격을 유도한 총풍사건도 공작했다.'
 총풍사건이란 '북에서 총 한 번 쏴 주시오' 하고 요청한
사건입니다. 그래야 선거를 이길 수 있습니다.
 '선거와 정당정치에 개입한 것은 말할 나위도 없고
정보기관이 망친 사람들이 한둘이 아니었다. 개인은 물론이고
집안의 일가친척까지 그야말로 일족을 패가시킨 게 한국의
정보기관이었다.
 지난 50여 년간의 국정원 역사를 돌아보면 위정자가
정보기관을 어떻게 이용하느냐에 따라 조직의 성격이
달라졌다. 실제로 자행되었던 정치공작과 권력남용, 인권침해
사례들을 짚어 보면 최고의 정보기관이 공작과 고문을 일삼은
것이나 다름없었다.
 2007년 국정원 과거사건 진실규명을 통한 발전위원회는
중앙정보부와 국가안전기획부가 국민에게 공포의 대상이
되었고 '국가 위의 국가'로 군림한 채 최고 정보기관으로서

국민과 국가에 봉사하기보다는 독재정권 안보를 위해 일했다고 고백했다. 독재와 권위주의 정권하에서 정보기관은 정치인의 사생활을 감시하고 인력과 예산을 낭비했으며 정권 유지를 위해 사회 각 분야에 위력을 행사했다.'

아마 텔레비전 안 보시는 분이 계신가 봅니다. 저한테 전화를 걸고 있네요.

'이분만 아니라 행정부·입법부·사법부 업무에 월권으로 개입해 부당한 압력을 행사함으로써 개인의 인권을 침해하고 민주주의를 훼손했다.'

이와 관련한 쉬어가기용 제 시를 한 편 또 읽겠습니다.

● **부의장 이석현** 민주주의라고 하는 나무는 그냥 자라는 것이 아닙니다. 우리 역사의 굽이굽이마다 수많은 사람들의 희생이 있었습니다. 많은 사람들이 감옥 가고 또 학생들이 제적당하고 이름도 모를 노동자들이 직장에서 쫓겨나야 됐습니다. 또 많은 사람들이 쫓겨나 피를 흘렸습니다.

그런 소중한 민주주의를 우리가 다른 것은 다 포기해도 포기할 수는 없다고 생각합니다. 다른 걸 다, 배가 가라앉으려고 할 때 다른 것을 다 내던져도 배 밑바닥에 있는 평형수를 내던지면 배가 전복될 것입니다. 이와 같이 민주주의는 평형수처럼 소중한 것이라고 생각을 합니다.

● **이학영 의원** '죽음의 계절'
'어느 아침 해가 막 떠올랐을 때 인적 없는 남녘 바닷가 한 젊은이의 주검이 떠밀려왔다

탄탄했을 가슴과 허벅지에는 미역 건더기보다 더 진한 멍이 든 채 철삿줄에 묶여 바위틈에 걸려 있는 그의 두 눈은 감긴 지 오래

어디 사는 누구였을까 아무도 몰라라

어쩌다가 저리 되었을까 아무도 몰라라

이튿날 아침 신문 한 구석에는 '신원미상 대학생 단순 익사 추정' 은행 이파리 하나만도 못한 조그만 기사가 세상이 그에게 보내는 단 하나의 마지막 예우

해초 더미 밀려오는 그 바닷가에는 오늘도 검은 바람, 파도를 일구고 있을 뿐 누구도 되밟아 돌아보지 않았다

어찌하여 그가 그곳에 죽어야 했는가를 아무도 몰라라 아무도 몰라라'

그렇습니다.

이 시절, 제가 사례를 이야기하고 있는 70년대 이 시절에는, 80년대 이 시절에는 내 생때같은 젊은 대학생 아들이 어느 날 저 먼 바다에서 주검으로 떠오르기도 하고, 어느 날 저수지에서 주검으로 떠오르기도 하고, 어느 날 동굴에서 주검으로 발견되기도 하고, 어느 날 철도변에서 떨어져 사고사로 발견되기도 하였습니다. 아직도 밝혀지지 않은 죽음들이 있을 겁니다.

시 하나 더 읽겠습니다.

'독재정권이'
'독재정권이 여배우들을 모두 창녀로 만들어 버렸다고 누구는 이야기했다

몸뚱아리 하나밖에 가진 것이 없는 이들이 살아남기 위해 돈과 총 가진 자들의 손에 농락당하고

온 나라의 부가 흥청망청 일부 가진 자들의 전유물이 되어 녹아나는 시대에

진실을 말하는 이들은 어둠 속 지하 감방에서 흔적도 없이 스러져 가고

분노의 눈물을 잃지 않은 이들은 일자리에 내쫓겨 절망의 벼랑 끝으로 내몰리는 시대에 어찌 그것이 여배우뿐이었으랴

눈물과 양심이 오히려 독이 되고 불운이 되고 죽음이 되는 시대에

숨 붙어 살아남기 위해 채이고 짓밟히고 능욕 당하고

비루먹은 말처럼 시대의 밑바닥을 헤매는 일이 어찌 그들만의 일이랴

그들만의 운명이었으랴'

좀 더 계속해서 읽겠습니다.

'근대국가는 국민을 안전하게 보호하는 복지 차원에서 관리와 감시제도를 도입했다.'

출처를 다시 한 번 알려 드리고 읽겠습니다. 한성훈 연세대교수 '국정원 스캔들의 역사'라는 글입니다.

'통제와 복지는 불가분의 관계에 있고 국가가 일상생활을 관통하는 이면에 개인과 공동체가 존재한다. 최근 과거에 고문으로 조작된 간첩사건이 재심을 통해 무죄를 선고받았지만 국정원이 피해자에게 사과를 했다는 소식을 접해 보지 못했다. 잘못을 잘못했다고 말하지 않는다. 시민을 사찰하고 고문하고 정치적 의제에 개입하는 일들이 과거에 일어났기 때문에 지금도 일어나고 앞으로도 일어날 것이다. 불과 지난 대선에서 일어났고 다음 대선에서도 일어나지 말라는 법이 없다.'

이런 말을 하고 있는 것입니다.

'19대 대통령 선거에 온라인 댓글을 달고 남북정상회담 회의록을 무단으로 공개했다. 한국의 최고 정보기관이 아주 평범한 시민들을 대상으로 정치를 하고 있다. 앞으로 또 무슨 일이 벌어질 것인가. 아니, 지금 무슨 일이 벌어지고 있는가.'

그렇습니다.

지금 우리는 2016년 세계 무역대국 10위, 소득 2만 불 시대에 우리 오천년 역사에 처음으로 밥을 굶주리지 않아도 좋을 만큼 쌀을 생산해서 쌀이 남아돌고 옷이 차고 넘쳐서 해외에 헌 옷을 그대로 보내고 집이 가구 수보다 더 많아서 몇 채씩을 세를 놓고 사는 그런 대한민국이 되었습니다.

그러면 된 것 아닌가요? 이 정도 열심히 일했으면, 이렇게 열심히 돈 벌었으면 이제 좀 인간답게 살아도 되지 않나요? 적어도 정치인들, 정부는 국민에게 그 정도 제공해야 되지 않나요?

그런데 비극적이게도, 창피하게도 OECD 국가에서 자살률 최고랍니다.

아까 내가 그 자료 읽으니까 어떤 의원님들 고래고래 의제하고 상관없지만…… 왜 이게 의제와 상관없습니까? 국민을 지키는 것이 안 보입니다. 국민을 지켜주는 것이 정치의 목적입니다.

대통령도, 국회의원도, 장관도, 서울시장도, 경기도지사도, 시장·군수도, 저 밑의 통장·반장님도 모두 국민의 세금으로 국민을 평안하게 먹이고 따뜻하게 잠재워 주고 폭력으로부터, 사고로부터 안전하게 지켜주기 위해서 나라를 운영하고 정치를 하고 세비를 받고 투표를 하고 하는 것입니다.

국민이 무너지고 있으면, 국민이 한 해에 1만 3000명, 4000명이 죽어가는, 스스로 목숨을 끊는 대한민국에서 이것보다 중요한 업무가 어디 있습니까? 이것은 지킬 생각, 외면하면서 우리가 개개인의 시민을 결국은 억압하게 될, 심리적으로 자유를 검증하게 될, 사상과 양심의 자유를 억압하게 될, 비판의 자유를 억압하게 될, 헌법을 깡그리 무너뜨리게 될 이런 퇴행의 정치, 이런 퇴행의 국회 해서 되겠습니까?

그 한가운데 국정원이 있습니다, 비대해질 대로 비대해진 국정원이. 외국 정보기관에 없는 사람을 데려다가 수사할 수 있는 수사권까지 가지고 이제는 각 부처를 비상시에 지휘하고 통제하는 그런 행정력까지 가지겠다고 합니다. 이것이 계엄령하에 계엄정부 아니고 무엇입니까?

계엄사태를 이 법 하나로, 일상적으로 국회의원이, 국회의장께서 비상사태라고 인정하면 통용되게 하려는 이런 법을 만들고 있는 것입니다. 우리는 합법적으로 비상체제, 비상계엄하에 법률을 용인해 주고 있는 것이 대개 결과적으로 되고 있습니다.

히틀러의 나치정권이 폭력으로 만들어졌습니까? 총칼로 집권한 나치정권입니까? 아닙니다. 합법적으로 선거에 의해서 뽑힌 정부가 합법적으로 나치의 독재정치를 했고 수많은 사람들을 수용소에 가두었고 수많은 나라로 침공해서 몇백만의 인류가, 우리 어머니·아버지, 따뜻한 심장을 가진 우리 자녀들, 그런 인간이 죽어가게 했던 것입니다.

오늘 우리가 만든 이 법안이 훗날에 그런 엄청난 사건을 만든 계기의 첫 열쇠, 소위 마법의 판도라의 상자, 죽음의 상자를 여는 열쇠를 따는 이 시기에 우리가 국회의원을 하고 있고 방청을 하고 있고 시청을 하고 있다고 우리가 생각할 수 없겠습니까? 그럴 우려가 없다고 누가 말할 수 있겠습니까?

우리는 호소합니다. 절차와 합리적인 법논리에 맞지도 않고, 기존의 우리가 가진 법만으로도 얼마든지 잘 막아 왔고 앞으로도 잘 막을 수 있는 상태에서 기존의 법을 부칙으로 달아서 수정해 버리고 온 국민의 신상정보, 위치정보, 인터넷 댓글 정보, 메일 주고받는 이야기 감시·미행·추적 다 할 수 있게 만들어 놓으면 이것이 유신헌법에 의해서 18년 동안 지속돼 왔던 박정희 군사정권과 뭐가 다르겠습니까? 12·12사태를 통해서 정권을 찬탈한 전두환 정권과 무엇이 다르겠습니까?

이 법을 통과시키는 것이야말로 국가비상사태가 되는 것입니다. 이것을 막는 것이야말로 국가의 비상사태를 막는 것입니다. 계엄에 준하는 비상사태를 막는 것입니다, 여러분. 여러분, 호소합니다.

선거가 얼마 남지 않았습니다. 아마 옛날 같으면 이렇게 말 많은 국회 10월 유신처럼 선포하고 쓸어버리고 다 잡아다가 고문하고 해 버리고 싶겠지요.

그러나 우리나라는 이미 2016년에 살고 있습니다. 그렇게 할 수 없기 때문에, 국민이 모두 깨어 있기 때문에 이제 이렇게 슬그머니 법을 고쳐서, 당당하게 이제 댓글 조작하고, 댓글 들여다보고, 댓글 마음에 들지 않으면 미행하고 이렇게 하려고 법을 만드는 것 아닙니까?

(● 조원진 의원 의석에서 — 의장님, 허위사실이에요. 의장님, 제지해 주세요.)

(「발언권 얻어서 하세요」 하는 의원 있음)

(● 조원진 의원 의석에서 — 허위사실입니다, 허위사실.)

허위사실이면 따로 발언 신청해서 이야기하세요.

(● 조원진 의원 의석에서 — 아니, 면책특권 뒤에 숨어 가지고 허위사실 얘기하지 마요. 명백한 허위사실입니다. 의장님, 허위사실에 대해서는 제지를 해 주셔야 됩니다.)

(「조용히 하셔야 합니다」 하는 의원 있음)

(● 조원진 의원 의석에서 — 허위사실입니다.)

우리 존경하는 조원진 의원님께서……

● **부의장 이석현** 조원진 의원님, 이학영 의원님! 지금 말하는 줄거리가 보니까 우리가 소중한 민주주의 역사 또 인간의 존엄성 잃지 말자는 그런 취지가 테러방지법을 반대하는 맥락과 연결이 닿아 있습니다. 그래서 테러방지법과 무관한 건 아니니까 조금 이렇게 참고 들어 주시면……

(● 조원진 의원 의석에서 — 아니, 댓글을 들여다볼 수가 없습니다, 이 법으로는. 그게 허위사실이라는 겁니다.)

(「나가서 말씀하세요, 신청하셔서」 하는 의원 있음)

저기 잠깐만……

(● 조원진 의원 의석에서 — 아니, 허위사실에 대해서 의장님이 그런 식으로 하시면 안 되는 겁니다. 허위사실은 분명한 허위사실입니다.)

조원진 의원님이……

(「허위사실 아닙니다」 하는 의원 있음)

조원진 의원님이 새누리당의 또 원내수석부대표시고 하니까 그런 부분에 대해서는 새누리당 의원들을 이 필리버스터 토론자로 좀 추천하셔서 이렇게 정식으로 나와서 그런 이론을 펴시기……

(● 조원진 의원 의석에서 — 지금 발언에 대해서 말씀드리지 않습니까? 이게 허위사실이기 때문에 의장님이 이 부분에 대해서 자제를 요청해 주세요.)

이제 이게 허위사실인지 아닌지를 실은 짧은 시간에 식별하기가 쉽지 않습니다. 그래서 의원으로 하여금 발언신청을 하게 해서, 지금 이런 필리버스터를 국회가 개최하고 있는데 야 3당만 참여하고 있는 게 실은 굉장히 아쉽습니다.

(● 조원진 의원 의석에서 — 이게 부당하기 때문에 참석하지 않은 겁니다. 부당하기 때문에 참석하지 않은 거예요.)

새누리당 의원들이 발언대에 나오셔서 그러한 입장을,

그러한 입장을, 주장을 좀 해 주시면 좋겠습니다.

이 방청석에서는요, 대화에 한계가 있습니다.

죄송합니다.

(● 조원진 의원 의석에서 ― 제가 지금 허위사실이기 때문에 요청하는 겁니다. 자제 요청을 해 주세요.)

(「허위사실 아닙니다」 하는 의원 있음)

이학영 의원님 말씀 계속하세요.

● 이학영 의원 예.

우리 조원진 의원께서 제가 목이 약간 쉬니까 쉬어 가라는 이야기로 저는 즐겁게 받고 좀 쉬었습니다.

그래서 저도 또 좀 더 쉬기 위해서 아까 말했던 김남주 시인의 '진혼가'라는 시를 한 편 더 읽고 가겠습니다. 여러분도 아마 제가 글을 계속 읽는 것보다 한 편씩 이렇게 들으면 훨씬 더 생생하게 그 당시에 어떤 마음으로 우리 선배들이 살았던가 아실 수 있을 겁니다.

'진혼가'입니다.

'총구가 내 머리 숲을 헤치는 순간
나의 신념은 혀가 되었다
허공에서 허공에서 헐떡거렸다
똥개가 되라면 기꺼이 똥개가 되어
당신의 똥구멍이라도 싹싹 핥아 주겠노라
혓바닥을 내밀었다

나의 싸움은 허리가 되었다
당신의 배꼽에서 구부러졌다
노예가 되라면 기꺼이 노예가 되겠노라
당신의 발밑에서 무릎을 꿇었다

나의 신념 나의 싸움은 미궁이 되어
심연으로 떨어졌다
삽살개가 되라면 기꺼이 삽살개가 되어
당신의 발가락이라도 핥아주겠노라

더 이상 나의 육신을 학대 말라고
하찮은 것이지만
육신은 유일한 나의 확실성이라고
나는 혓바닥을 내밀었다
나는 무릎을 꿇었다
나는 손발을 비볐다
나는 지금 쓰고 있다
벽에 갇혀 쓰고 있다
여러 골이 쑥밭이 된 것도, 여러 집이 발칵 뒤집힌 것도, 서투른
　　나의 싸움 탓이라고
사랑했다는 탓으로 애인이 불려 다니는 것도, 숨겨 줬다는
　　탓으로 친구가 직장을 잃은 것도 어설픈 나의 신념 탓이라고
모두가, 모든 것이 나 때문이라고 나는 지금 쓰고 있다
주먹밥 위에, 주먹밥에 떨어지는 눈물 위에, 환기통 위에,
　　빵끼통 위에, 식구통 위에, 감시통 위에, 마룻바닥에, 벽에,

천장에 쓰고 있다
손바닥이 부르트도록 쓰고 있다
발가락이 닳아지도록 쓰고 있다
혓바닥이 쓰라리도록 쓰고 있다
공포야말로 인간의 본성을 캐는 가장 좋은 무기이다라고
참기로 했다
어설픈 나의 신념, 서투른 나의 싸움은 참기로 했다
신념이 피를 닮고, 싸움이 불을 닮고, 자유가 피 같은, 불 같은
　　꽃을 담고 있다는 것을 알 때까지는
온몸으로, 온몸으로 죽음을 포용할 수 있을 때까지는,
　　칼자루를 잡는 행복으로 자유를 잡을 수 있을 때까지는
참기로 했다
어설픈 나의 신념, 서투른 나의 싸움
신념아, 싸움아, 너는 참아라
신념이 바위의 얼굴을 닮을 때까지는, 싸움이 철의 무기로
　　달구어질 때까지는'

이렇듯 국가기관의 조작과 인권유린에 의해 인생이 망가지는 피해자에게 제대로 보상하고 사과한 적이 없습니다.

과거 전국민족민주운동연합 사회부장이었던 고 김기설 씨의 유서를 대신 써 줘 자살방조의 혐의로 기소돼 징역 3년과 자격정지 1년 6월을 선고받고 옥살이를 치르었던 강기훈 씨는 23년 만에 무죄판결을 받은 바 있습니다. 그러나 검찰은 무죄판결을 받은 이 사건을 대법원에 상고하기로 결정합니다.

강기훈 유서대필 사건에서 유죄판결의 근거가 되었던 1991년 국립과학수사연구소 필적감정은 이번 재심에서 신빙성이 없다고 재판부는 판단했고 새롭게 증거로 채택된 국과수의 추가 감정결과도 강기훈 씨 무죄를 뒷받침하고 있습니다. 그러나 검찰은 이에 승복하지 않고 대법원에 상고를 결정한 것입니다.

여러분, 잠시 보완설명을 드리겠습니다.

'강기훈 유서대필 사건'이라고 지금 당장 검색을 한번 해 보시면, 참 기가 막힌 일이 있었습니다.

사람이 죽었습니다. 그것도 투신자살을 했습니다. 군사독재정권이 국민을 탄압하는 것에 항거해서 자살을 했습니다. 그런데 나중에 동료인 강기훈 씨가 그 유서를 대신 써 줬다 이렇게 해서 동료를 잡아 가두었습니다. 그리고 오래 옥살이를 시켰습니다.

필적감정을 물론 법원에서 했지요. 국민 누구나 봐도 필적이 다른데도 똑같은 필적이라고 해서 유서를 대필했다는 겁니다. 그래서 그분은 훗날 오래 감옥살이를 하다 나와서 지금 투병 중에 있습니다. 어렵게 재심에서 무죄를 판결받았습니다.

자, 오늘의 국정원이 과거에 이런 일을 했습니다.

여러분, 그래서 과거니까 덮고 가자고요? 왜 지난 역사를 신성한 국회에서 이야기하냐고요?

이런 피 맺힌 이야기, 우리 국민들의 피땀 어린 이야기, 고통 받은 이야기, 국민의 전당인 국회 본회의, 국회의장님

앞에, 온 국민 앞에서 할 수 없으면 어디 가서 합니까? 일반 방송에서 합니까? 그래서 우리는 지루하지만 하나하나, 다시는 이런 잘못을 되풀이하지 않기 위해서 아픈 역사를 되짚어야 하는 것입니다.

그러나 검찰은 이에 승복하지 않고 대법원에 상고를 결정합니다. 1992년 첫 유죄 판결이 있은 뒤 15년 만에 2007년에 진실·화해를 위한 과거사정리위원회가 이 사건의 재심 권고 결정을 내렸고 서울고법이 2009년에 재심을 결정해서 시작합니다. 그러나 검찰은 이에 불복해서 재항고했고 2012년, 대법원에서 재심 개시 결정을 한 후에야 재심이 시작되었습니다.

진실화해위원회의 재심 권고 결정이 있은 지 7년 뒤에서야 재심 무죄 판결로 강기훈 씨는 누명을 벗게 되었지만 검찰은 다시 법적 판단을 받아야 한다며 대법원에 상고한 것입니다. 철면피의 극치이지요. 결국 대법원의 상고 기각으로 최종적인 무죄 판결을 받았지만 과오를 인정하지 않는 국가로 인해 강기훈 씨가 받아야 했던 고통은 이루 헤아리기 힘들었을 것입니다.

이 이후에도 검찰은 2013년 11월, 재심을 통해 49년 만에 무죄를 선고받은 1차 인민혁명당 사건을 대법원에 상고했습니다. 울릉도 간첩단 사건 역시 2014년 2월, 40년 만에 재심에서 무죄를 선고받았으나 검찰은 이 사건도 대법원에 상고를 했습니다. 조총련 간첩단 사건 역시 2010년 6월 재심에서 무죄를 받았으나 검찰은 이에 불복해서 상고하고 결국 대법원에서 최종 무죄 확정 판결이 났습니다.

검찰이 상고 권한을 이처럼 무차별하게 휘두르는 것은 검찰권 남용으로밖에 볼 수 없습니다.

형사소송법은 재심 사유를 법으로 정하고 있고 법에 근거하여 재심 결정이 되고 무죄 판결을 받은 사건의 피해자들은 과거 잘못된 판단을 내렸던 사법부의 진지한 반성과 검찰의 사과를 받을 자격이 있습니다.

그러나 검찰은 재심 무죄 사건들을 연이어 대법원에 상고하여 과거 국가의 폭력에 대한 진지한 반성과 사과는커녕 오히려 당사자들을 더욱 고통받게 하고 있는 것입니다.

고통받았던 그 가족의 이야기, 시를 읽어 보겠습니다. 김남주 '편지'라는 시입니다.

'편지 1'

'산길로 접어드는 양복쟁이만 보아도 혹시나 산감이 아닐까
　혹시나 면직원이 아닐까 가슴 조이시던 어머니
헛간이며 부엌엔들 청솔가지 한 가지 보이는 게 없을까
　허둥대시던 어머니
빈 항아리엔들 혹시나 술이 차지 않았을까 허리 굽혀 코 박고
　없는 냄새 술 냄새 맡으시던 어머니
늦가을 어느 해 추곡 수매 퇴짜 맞고 빈 속으로 돌아오시는
　아버지 앞에 밥상을 놓으시며 우시던 어머니
순사 하나 나고 산감 하나 나고 면서기 하나 나고 한 집안에 세
　사람만 나면 웬만한 바람엔들 문풍지가 울까부냐
아버지 푸념 앞에 고개 떨구시고 잡혀간 아들 생각에 다시

우셨다던 어머니
동구 밖 어귀에서 오토바이 소리만 나도 혹시나 또 누구 잡아
　가지나 않을까 머리끝 곤두세워 먼 산 마른 하늘밖에
　쳐다볼 줄 모르시던 어머니 어머니 어머니
다시는 동구 밖을 나서지 마세요
수수떡 웃가지 보자기에 싸들고 다시는 신작로 가에는 나서지
　마세요
끌려간 아들의 서울 꿈에라도 못 보시면 한시라도 못 살세라 먼
　길 팍팍한 길 다시는 나서지 마세요
허기진 들판 숨가쁜 골짜기 어머니
시름의 바다 건너 선창가 정거장에는 다시는 나오지 마세요
　어머니'

제가 긴급조치사건으로 감옥에 끌려가 있을 때 멀고 먼 밤 기차를 10시간씩 타고…… 아니다, 긴급조치사건이 아니고, 그때 긴급조치 때는 1974년 아예 초기에는 면회가 되지 않았습니다. 이후에 두 번째로 감옥에 갔을 때 어머니께서 먼 길 천 리 길 멀다 않고 10시간 넘어서 기차를 타고 오십니다. 그리고 전국에 이감을 가면 이감 가는 교도소마다 따라다닙니다. 그때 70세가 가까웠습니다.

대구교도소에 있을 때는 저 광주에서 초저녁 열차를 타고—지금 같으면 무궁화 완행열차겠지요—새벽에 서대전역에 내려서 거기서 한참을 앉아서 기다리다가 새벽에 서울에서 대구로 내려가는 기차가 오면 또 대구 기차를 타고 대구역에서 새벽에 내려서 아침 버스가 다닐 때까지 한참을 기다리다가 대구 저 외곽—지금은 도시가 됐지만—화원이라는 곳에 대구교도소까지 또 1시간을 걸려서 버스를 타고 와서 접수를 하면 9시가 됩니다.

9시가 되면 면접을 신청하면 빨라야 10시, 11시가 됩니다. 또 식사시간에 면접이 걸리면 식사시간을 기다려야 됩니다. 그러면 2시가 됩니다. 그리고 겨우 5분 면회를 하고 또 돌아가십니다, 대구역을 거쳐서 서대전역을 거쳐서 광주까지. 그래서 2박 3일을, 면회를 하고 갑니다.

서울에 있을 때는 아예 면회가 힘드니까 그 60세 넘으신 분이 화곡동에 어디 식모 자리가 났던지 식모살이를 하면서 한 달에 한 번씩 면회를 오셨습니다. 그때 쓴 '면회'라는 시입니다.

'면회 후'

'한 번도 내게 와서 울지 않으셨다
　해 맑은 날에도
　비오는 날에도
　찬바람 불고 흰 눈
　내리는 날에도
　언제나 어둡기는 마찬가지인
　30촉 백열전등 아래 철망을 붙들고
　애써 입가에 웃음을 웃으시며
　내 입만 바라보고 계셨다
"말씀 좀 하세요" 하면
"니 말하는 것 조금이라도 더 봐야제" 하시면서
　그저 얼굴만 바라보고 계실 때

내 눈 앞에 수천의 어머니가 보이고
내 눈 앞에 수만의 흰 옷자락이 날리고
그 속에 짓이겨지는 듯한 통곡이 들리고……
언제나처럼 나 먼저 나와야 돌되아서 가시는
어머니를 만나고 돌아오는 길은
떼는 걸음걸음마다
밟혀 부서지는 것들이 있어
벌겋게 신 뒤축에 고이는 것이 있어'

● **부의장 이석현** 이 시대를 사는 우리는 모두 집단 우울증에 걸려 있습니다. 이 우울한 겨울에서 탈출하는 약은 희망이라고 하는 약입니다.

이제 우리 국회가 국민들의 가슴속에 희망의 씨앗을 심어 드리기 위해서 노력하겠습니다.

● **이학영 의원** 이제 조금 쉬어 가되, 조금 전에 처음 보기 시작한 분들을 위해서 꼭 해야 될 이야기를 다시 한 번 요점정리를 하고 가겠습니다.

저희 야당, 특히 더불어민주당은 테러가 위험하면 '테러방지법 좋다, 만들자' 하고, 우리 당 의원들이 낸 테러방지법도 있습니다. 그래서 국회의장님께서 직권상정 안 하셨으면 정보위원회에서 법안심사소위원회에서 다 논의했고 또 지금도 하고 있을 겁니다.

그래서 국가에 테러가 났을 때 또 테러를 예방하기 위해서 어떻게 했으면 좋겠느냐, 관계법령을 정비하고 국가기관의 어느 기관이 이 일을 맡을 거냐 해서 우리 당은 '국정원은 안 되겠다' 또 여당은 '국정원에 줘야 된다. 그래야 국제 정보 교류가 원활하게 된다' 하는 다양한 이유를 들어서 서로 자기의 법안을 통과시키기 위해서 노력할 것입니다. 그것이 민주주의입니다. 그것이 절차입니다.

그래서 법안소위에서 적절하게 양당의 의견이 조율되어서 법안의 대안이 나오면 정보위원회에서, 운영위원회에서 그것을 여야가 함께 의결하고 법제사법위원회로 올려서 다시 한 번 의결해서 본회의로 올리면 그때 찬반을 과반수로 물어서 통과시키면 통과되는 것입니다.

그런데 굳이 왜 이런 과정을 겪으십니까? 그래서 우리 더불어민주당은 '테러방지법 좋다. 테러가 위험하니 만들자. 그러나 현재 새누리당과 정부가, 국정원이 주도해서 만든 이 법은 국민을 무제한 감시하는 국민 감시법이고 국정원에 무소불위의 권력을 주기 때문에 비상사태, 계엄에 준하는 비상법이기 때문에 우리는 절대 안 되겠다. 그것도 부칙에 넣어 가지고 기존의 법을 전부 무력화시키겠다는 이것은 법 상식에도, 의회 절차에도 맞지 않는다' 이래서 반대하고 있습니다.

이제라도 정부와 새누리당은 기존 낸 법안을 취소하고, 우리 국회의장께서 직권상정 다시 취소하시고 정당하게 절차를 밟자 하면 찬성입니다. 이제라도 바로 국회를 열어서 선거법 빨리 통과시키고, 선거 치르고, 선거 치르면서 또 테러방지법 대안을 통과시킵시다.

그러나 이대로는 안 됩니다. 이것은 비상사태, 계엄에 준하는 비상사태로 가는 판도라의 상자를 여는 열쇠이기 때문입니다.

대표적인 독소조항 세 가지를 다시 말씀드리겠습니다.

첫 번째, 무제한 감청을 허용한다는 것입니다.

아까 감청에는 우리 전화기를 듣는, 청음뿐이 아니고 댓글을 본다, '본다'까지 들어 있는 용어입니다. 오해하지 마시기 바랍니다.

법 부칙 제2조제2항을 보면 통신비밀보호법 조항을 수정하여 테러업무를 국가안전보장에 상당한 위험이 있는 경우와 같게 보고 통신제한 조치, 즉 감청을 요구하도록 규정하고 있습니다.

다시 말하면 테러위험인물, 국가안전보장에 상당한 위험이 예상되는 경우라고 국정원이 판단하기만 하면 무차별적인 감청이 가능한 것입니다. 국정원이 예상하면 되는 겁니다. 국정원 누군가가 예상하면 되는 겁니다.

내가 과거의 사례 하나, 이와 비슷한 사례 하나 들어드리겠습니다. 얼마나 무지막지한 일이 일어났는지.

● **부의장 이석현** 필리버스터 발언이 연일 진행이 되고 있는데도 날마다 또 추가로 새로 신청하는 의원들이 많이 생겨서 줄지를 않고 있습니다.

우리 이학영 의원님이 지금 스물세 번째로 하고 계신데, 이 뒤에도 홍종학 의원, 서영교 의원, 최원식 의원, 홍익표 의원, 이언주 의원, 전정희 의원, 임수경 의원, 김기준 의원, 안민석 의원, 오영식 의원, 한정애 의원, 김관영 의원, 유기홍 의원, 전해철 의원, 박영선 의원, 이개호 의원, 지금 이 순서가 잡혀 있는 의원님만 해도 이렇게 많습니다. 더 많은 분들이 다 하시겠다고 했는데, 그래서 한편으로는 '필리버스터 토론을 갑자기 국회에서 중단하라고 하거나 그러면 이 많은 분들한테 한마디도 말씀하실 수 있는 기회를 못 드려서 어떻게 하지' 하는 그런 걱정도 들고 있습니다.

이학영 의원님 다 찾으신 것 같습니다.

이상입니다.

● **이학영 의원** 감사합니다.

국정원 과거사건 진실규명을 통한 발전위원회에서 발행한 자료입니다. 제 이야기가 아닙니다. 납북 귀환어부 간첩사건이라고 정리되어 있습니다. 이 곁에 보듯이 굉장히 많습니다. 또 유사합니다.

어떻게 간첩이 되냐 하면 조기잡이, 게잡이, 연평도 앞바다나 서해 앞바다에서 어로활동을 합니다. 그런데 바다라는 것이 금이 없기 때문에 어부들이 늘상 소위 NLL로 말하는 그런 경계선을 넘어가는 상황이 발생합니다. 그러면 당연히 북한에서는 데려가겠지요. 그래서 소위 납북 어부사건이라는 것이 많이 일어나고 또 그 당시 뉴스에 번번이 '어디에서 오징어잡이 하다가 납북됐네' 그런 사건이 많습니다. 그래서 거기서 몇달 후에 돌아옵니다. 또 돌아오지 못한 분도 계십니다. 또 대부분 돌아온 사람들이 있습니다.

그런데 그분들은 다시 돌아와서 소위 말하는 그 당시 안기부 또는 중앙정보부에 가서 조사를 받겠지요. 받아야지요. 북한 정부가 어떤 국민에게 어떤 위해를 가했는지도 알아야 되겠고요. 또 실제로 공작원으로 변심시키고 했을 수도 있기 때문에 조사를 해야 될 겁니다. 해서 조사를 받고 나옵니다. 그런데 세월이 흘러서 몇 년 후에 갑자기 잡혀가는 일이 벌어집니다. 그러면서 어느 날 간첩사건이 터집니다. 저는 상식적으로 거기까지밖에 모릅니다. 그런데 다행스럽게도 국정원이 이런 자료를 만들어 냈습니다. 한번 보겠습니다.

'1970년대, 1980년대 발생한 간첩사건에서 하나의 유형으로 떼어낼 수 있는 것이 납북귀환 어부들이 간첩으로 적발된 경우이다. 납북어부 간첩사건은 안기부와 경찰, 보안사에 의해 고루 적발되었다. 민가협 자료에 따르면 1989년 말 현재 복역 중인 장기수 가운데 북에서 직접 남파된 공작원을 제외한 장기수는 모두 128명인데 그중 어로작업 중 북한에 납북되었다가 귀환한 납북귀환 어부사건이 16명이다. 이는 당시 복역 중인 비남파 장기수에서 여행, 유학, 취업 등으로 일본의 조총련계 가족, 친지를 접촉한 경우와 재일동포 사건에 이어서 세 번째로 많은 수를 차지하는 것이다.

지금까지 세상에 알려진 납북어부 간첩사건을 보면 다음 표와 같다.'

너무 많아서 기가 막히는데요, 한 번 볼까요? 김대옥 외 8명, 김호섭 외 백학래, 고정길, 이동근 이렇게 있습니다. 차마 이분들을 다 읽을 수가 없네요.

납북귀환어부 간첩사건을 살펴보기 위해서는 먼저 납북귀환어부에 대해 살펴보아야 한다. 철책이 세워져 경계가 뚜렷한 육상과는 달리 바다에는 가시적인 경계선이 보이지 않는다. 영세한 어민들은 생계를 위해 물고기 떼를 쫓다가 눈에 보이지 않는 어로저지선이나 북방한계선을 때로는 모르게 넘고 때로는 알고도 넘는다. 이러다가 북한 경비선이 나타나 월선을 이유로 우리 어선을 납치해 가는 일이 자주 일어났다. 1981년까지 납북된 어선과 선원을 보면 모두 454척, 3568명으로 그중 422척, 3162명이 귀환한 반면 34척, 442명이 돌아오지 못한 채 북에 억류되어 있다.

통일부의 자료를 인용한 2006년도 연합뉴스 보도에 의하면 1953년 정전협정 이후 납북자는 모두 3790명이며 이 중 3305명이 귀환했고 미귀환자는 485명이고, 미귀환자의 85%가 납북어부들이라 한다.

납북어부들은 북에서 간첩으로 몰리기도 했다. 한 예로 1974년 2월에는 백령도 서쪽 해상에서 어로 작업 중인 우리 어선 두 척에 대해 북측이 포격을 가해 한 척을 격침시키고 한 척을 끌고 갔는데 북은 이 어선을 간첩선이라고 발표했다. 이 때문에 인천에서는 2월 16일 15만 시민이 집결한 가운데 만행 규탄대회가 열렸고, 서울에서는 2월 22일 장충공원에 100만 시민이 모여 규탄대회를 가졌다.

북측은 납북어부들이 대북 간첩행위를 하기 위해 북한 영해를 침범했다는 억지를 쓰기도 했지만 실제로 납북어부를

남측에 보내는 간첩으로 육성하려고도 했다. 분단이 장기화되고 한국전쟁 당시의 월북자들이 점차 나이가 들어가고 남한사회는 경제성장 등 급격한 사회변화를 겪게 되자 북한은 남한의 변화된 사회에서 하루 아침에 북으로 끌려온 납북어부들에 주목하게 되었다.

납북어부로서 북에 억류되었다가 2000년에 탈북한 이재근의 증언에 의하면 북한은 납북어부를 대남 간첩요원으로 양성하려 하기도 했는데, 실제로 납북어부 리재룡은 1970년에 남파되어 체포된 후 비전향으로 있다가 2000년 남북 정상회담 이후 비전향 장기수들이 북송될 때 북쪽을 택하여 송환된 일도 있었다.

남북 대치상황 속에서 경위야 어떻든 공산집단의 통치지역에 직접 발을 딛고 북측 사람들을 짧게는 한 달여, 길게는 1년여 넘는 기간 동안 만나고 돌아온 귀환어부들은 표면상의 환영 분위기와는 달리 엄중한 경계의 눈초리를 받게 되었다.

아래의 인용문에 보이는 납북귀환어부에 대한 증언은 그들에 대한 공안 당국의 시각을 잘 보여 준다.

"당국이 국방상 기타 공익적 견지에서 설정하여 놓은 동서 양해의 어로 작업할 수 있는 최북단 어로저지선 내지는 군사분계선을 월선하여 조업하다가 북한의 무장선에 의하여 예인 납북, 북한지역 내에 장기간 억류되어 북한의 소위 평화통일 지도원 등으로부터 공산주의의 우월성 등의 학습과 공장 견학 등의 세뇌공작에 의하여 교육받으며, 그 기간 중 자기들이 취득하고 있는 대한민국의 제반 정보를 수차례에 걸쳐 제공하고, 소위 북한의 평화통일 방안과 대한민국 내에서 지하조직 구축, 반미·반정부 사상 유포 등의 지령과 함께 다량의 금품을 받고 일정 기간 후 대한민국 지역 내로 귀환한 자"라고 검찰, 국가보안법, 납북어부의 죄책 등을 주제로 다룬 자료에서 이런 정의를 하고 있습니다.

공안 당국 입장에서 볼 때 납북귀환어부란 북에 장기간 억류된 채 공산주의 선전에 노출되었는데 북이 남측에 비해 경제적으로 앞서 있던 1960년대에 북에 장기간 체류하면서 상당한 환대를 받은 어부들이 남으로 다시 돌아온다는 것은 공안 당국에는 큰 골칫거리가 아닐 수 없었다.

더구나 그들은 감금당한 불가항력 상태였지만 공안 당국이 보기에 해안일대의 군부대 배치나 경비 등과 관련된 정보를 북에 제공했고 또 효과는 어쨌든 간에 남조선 혁명과 조국 해방에 앞장서라는 북측의 지령을 받고 상당한 양의 선물을 받고 남으로 돌아오는 것이다. 따라서 그들은 철저한 심사와 엄중한 사후관리의 대상이 되었다.

납북 귀환 어부들에 대한 당국의 태도가 본격적으로 엄격해진 것은 남북관계가 악화되고 납북사고가 빈발하는 1968년도부터이다.

당국은 납북되었던 어부들이 돌아오면 그들을 구속하는 정책을 취했는데 그 근본목적은 휴전선 부근의 어로작업을 억제하는 효과를 보려는 것과 납북 어부를 가장한 간첩의 침투를 막는다는 것이었다.

당국은 납북 어부 45명을 무더기로 구속하였는데 이들은 대부분 어선의 선장·기관장 등 책임자들이거나 두 번 이상

납북된 사실이 있는 사람들이었다.

이들에게 적용된 법조항은 불법지역 왕래, 반국가단체로의 탈출·잠입이었으며 수산업법 위반을 적용하여 어업 제한·정지·계선 또는 어로 허가 취소조치가 취해졌고 입출항 때 관계 당국에 신고를 안 했을 경우에는 개항질서법 위반 혐의가 추가되었다.

정부는 어로저지선을 넘었다가 납북되었다는 객관적 사실만 있으면 북괴를 이롭게 하기 위해서라는 인식이 없어도 처벌을 받는다는 사실을 강조했으며 납북을 사전에 방지하기 위해 어로저지선만을 넘어도 어로허가권을 취소할 것이라고 밝혔다. 좀 생략하고 다시 읽겠습니다.

1968년 10월 31일과 11월 1일 북한은 연평도 근해에서 조기잡이를 하다가 납북된 어선 38척과 어부 288명, 동해에서 오징어잡이를 하다가 납북된 어선 4척, 어부 51명을 돌려보냈다. 그러나 10월 31일에는 동해에서 어선 7척을 또 납치했다.

이들의 처리문제로 고심하던 정부는 국무회의에서 어로저지선을 5마일 남하하기로 결정하고 앞으로는 어부들에게 간첩죄·이적행위죄 등을 물을 것이라고 밝혔다.

● 부의장 이석현 제가 엊그저께 이 사회를 보는 동안에 새누리당의 어느 의원님께서 여기 앞에까지 연단에 나와서 저한테 발언자의 발언을 주의시켜 주시라고 이렇게 이의제기를 했습니다.

그래서 저하고 '기다' '아니다' 한참 옥신각신했는데 좀 약간 언짢은 말씀을 하시길래 제가 좀 버럭 화를 냈었습니다. 대단히 미안하게 생각을 합니다.

그런데 그 방송이 그 과정이 생략된 채로 어제오늘 뉴스시간에 제가 버럭 화내는 부분만 나가서 국민들이 많이 걱정하셨을 것 같습니다.

제가 평소에 그런 사람은 아닙니다. 지난 4년, 지난 10년, 이전에 한 번도 그런 일이 없었습니다. 앞으로는 그렇게 안 하고 평화롭게 진행하도록 노력하겠습니다.

● 이학영 의원 그래서 이후에는 납북 어부들을 이제는 여러 가지 법으로 제한을 하게 됩니다. 이런 지시에 따라서 춘천지검 속초지청은 어떻게 앞으로 법적용을 하느냐 하면요,

조업을 핑계로 저지선을 월선, 반국가단체인 괴뢰지구로 불법탈출, 국가기밀을 누설, 이적행위를 했고 소위 북괴평화통일위원회로부터 간첩이 나타나면 수사 당국에 고발하지 말고 북괴에 협조하라는 지령을 받았다는 이유로 1968년 10월 31일 귀환한 납북 어부 94명에게 탈출죄를 적용하여 중형을 구형했고 1969년 5월 28일 귀환한 납북 어부 100명 전원을 북괴를 찬양·고무하고 우리나라 군사기밀과 경제동향 등을 적에게 알려 이적행위를 했다는 혐의로 구속했다.

법원도 이제 태도를 바꾸어 납북어부들에게 실형을 선고하기 시작했다. 심지어 간첩죄까지는 아니라 하더라도 납북어부들이

북한 지역에서 보고 들은 것을 주변 사람들에게 옮긴 경우, 예컨대 '북에 가 보니 기계로 농사를 짓더라'나 '농촌에도 전기가 들어와 있더라' 등의 이야기를 하면 반공법상의 고무찬양죄로 처벌하는 일은 빈발했다.

납북어부가 귀환 즉시 간첩죄로 처벌 받는 것이 아니라 일정한 잠복기를 갖다가 당국에 의해 간첩으로 처벌·적발되는 사건은 1969년 2월 울진·삼척 무장공비 침투사건의 여진 속에서 보안사가 발표한 김호섭 일당 사건 이후 한동안 뜸하다가 1970년대 후반에 들어와 주로 경찰에 의해 여러 건이 적발되었다. 그 첫 번째가 목포경찰서가 납북귀환 4년여 만에 간첩으로 구속한 김이남 사건이다.

김이남은 1971년 8월 30일 승해호에서 조업 중 납북되었다가 1972년 9월 7일 귀환하였다. 거의 1년이 넘어서 왔네요. 그는 북한에 체류하면서 사회주의의 우월성에 대한 교육을 받고 친인척 및 민주인사 포섭 등의 지령을 받고 귀환한 후, 조사받을 때 이 같은 내용을 자백하지 않고 간첩활동을 한 자로서 '이북의 농촌 가정집에 놀러갔더니 진수성찬으로 이남 농민들보다 잘 먹고 잘살고 있다'는 등의 찬양발언을 하고 군사기밀을 탐지한 혐의로 1심에서 무기징역을 선고받고 2심에서 20년으로 감형되었다.

김이남과 같은 승해호를 타고 납북되었다가 1985년 12월에 경기도경 대공분실에 연행되어…… 13년 이후입니다. 납북된 지, 귀환해서 평화롭게 살게 된 13년 이후에 일어난 일입니다. 1985년 12월 경기도경 대공분실로 연행되어 이근안에 의해 모진 고문을 당한 뒤 간첩으로 조작되었다가 무죄 판결을 받은 김성학은 경찰의 김이남 사건을 들먹이며 사건 내용을 그대로 자신에게도 적용하여 사건을 조작했다고 회고했다.

김이남 사건은 귀환한 뒤 다시 밀입북한 것도 아니고, 남파공작원과 접선한 것도 아니고, 무전을 수신한 것도 아니고, 수집한 군사기밀을 북한에 어떻게 전달할 것인가에 대한 아무런 내용도 없이 장기구금과 고문에 의해 납북귀환어부들이 간첩으로 기소되어 중형을 선고받기 시작한 것을 의미했다.

이런 면에서 지방의 경찰서에서 시작된 김이남 사건 이후 조작 의혹이 제기되는 수많은 납북어부 사건이 많이 발생했다. 이 사건의 뒤를 이어 1976년 9월 경기도경이 1965년 함박도 부근에서 납북된 오형근을 구속한 데 이어 1977년에 역시 경기도경 대공분실이 안장영, 안희천, 김홍수 등 납북귀환어부를 간첩 혐의로 구속했다. 1978년에도 포항경찰서가 강대광을 북한으로 탈출을 시도했다는 혐의로 구속했으며 고성의 귀환어부 박우룡도 경찰에 의해 간첩으로 구속되었다.

초기에 경찰이 주로 다루던 납북귀환어부 간첩사건은 1980년대에 들어와서는 경찰은 물론이고 보안사와 안기부에 의해서도 적발되었다. 보안사는 1982년 김영일 사건을 시발로 1983년 이상철 사건, 1984년 김진용 사건, 김용태 사건, 서창덕 사건, 이민호 사건 등을 적발했고, 1985년에는 이병규 사건, 정삼근 사건을, 1986년에는 여덕현 사건을 적발했다.

보안사는 1981년부터 납귀 어부……

● **부의장 이석현** 이학영 의원님, 제가 교대할 시간이 되었습니다.

● **이학영 의원** 예.

● **부의장 이석현** 좋은 시와 말씀으로 우리 메마른 가슴에 눈물이 고일 수 있는 틈새를 만들어 주셔서 감사합니다. 열심히 하십시오.
(이석현 부의장, 정의화 의장과 사회교대)

● **이학영 의원**

1981년부터 보안사는 납귀어부, 남파 예상자 연고가족, 6·25 당시의 부역자 가족, 미전향 좌익수, 조총련계 연고자 등에 대한 시찰 활동을 강화하여 납귀 어부는 A B C 등 3등급으로 분류하여 1개월에 1회 이상 시찰하여 근원 발굴에 주력하였는데, 이 활동에서 납귀 어부로서 북괴로부터 특수 지령을 받고 귀환하여 장기간 활동을 하던 간첩을 검거하는 등 커다란 성과를 거두었다고 자평했다.

경찰 역시 1980년대 들어서도 납북어부 간첩을 계속 적발했는데, 강경하·이성국 사건(서산경찰서), 김흥규 사건·김정묵 사건(서울서부경찰서), 윤질규 사건(치안본부), 김용이 사건(치안본부), 안정호 사건(치안본부), 이상국 사건, 강종배 사건, 김성학 사건 등을 연이어 적발했다. 보안사와 경찰의 경우 지방 보안부대와 각 지역의 경찰서가 납북어부들을 밀착 감시하면서 사건을 많이 적발했음을 알 수 있다.

안기부는 보안사와 경찰에 비해 사건 수가 적어 본부에서 1982년 황용윤 사건, 인천지부에서 1983년 정영 사건 등 2건만을 적발하였다.

납북귀환어부 간첩사건은 남파 간첩사건, 무장공비사건, 조총련 간첩사건, 재일동포 유학생 간첩사건, 다양한 우회 간첩사건, 월북자 가족사건 등 간첩사건의 다양한 유형 속에서 가장 문제가 많은 유형이며 거의 대부분의 사건에서 당사자들이 사건이 조작되었다고 호소하고 있다.

납북귀환어부 간첩사건에서는 몇 가지 공통점을 추출해 볼 수 있다.

첫째, 간첩으로 검거된 사람들은 한결같이 장기간의 불법 구금과 고문에 의해 사건이 조작되었다고 호소하고 있다. 모든 사건에서 장기간의 불법 구금은 의문의 여지 없는 사실로 확인된다.

법률에 의해서 범죄를 저지른 사람은, 범죄가 있다고 확인된 사람은 구속영장을 받아서 48시간 동안 있다가 죄가 있으면 법에 의해서 구속하고 그래서 교도소를 보내고, 없으면 방면을 하는 것이 원칙입니다. 그런데 이 당시에는 이렇게 어디로 잡혀간지도 모르고 장기간 구금되어 있었던 사례가 있었습니다.

둘째, 납북귀환어부들은 대부분 배움의 기회를 충분히 갖지 못했고 경제적으로 열악한 처지에 있는 사회적 약자들이다. 이들의 상당수는 섬 출신들인데 사회적 연결망에서 더 열악한 처지에 놓여 있어 사건이 일어나도 어디 가서 하소연하기가 쉽지 않다.

셋째, 이들에게는 나름대로 약점이 있다. 경위야 어쨌든 북한이라는 금단의 땅에 갔다 왔다는 사실은 반공국가 대한민국에서 원죄와도 같이 작용했다. 두 번 이상 납북되었다든지 이북에 가족이나 가까운 친척이 있어 만났다든지 북한이 내린 지령을 재북가족들에 대한 염려 때문에 귀환 직후의 심사 때 다 털어 놓지 못했다면 이는 당시 상황에서 대공수사관들의 의심을 살 만한 충분조건이 되고도 남았다.

게다가 북한에서 보고 들은 사실을 남쪽에 와서 그대로 옮기기만 해도 반공법 또는 국가보안법의 고무찬양죄를 피해 갈 수 없었다.

넷째, 납북귀환어부 간첩사건의 공통점은 공소사실을 다 인정한다 하더라도 이들이 수집했다는 군사 기밀이 기밀로서의 가치가 거의 없는 미미한 것이며, 이들의 대부분은 납북되어 귀환한 뒤 다시 밀입북하였다거나 북한 공작원과 접촉하였다거나 무선으로라도 지령을 받았다거나 함이 없으며, 탐지·수집한 군사 기밀을 북에 전달할 수단도 갖지 못한 상태에서 간첩이 되었다.

다섯째, 같이 납북되었던 납북 동기들이 각각 다른 간첩 사건으로 줄줄이 사탕처럼 엮어 들어가는 일이 빈발했다. 위의 주요 납북어부 사건 관련 표에 적시된 납북어부 간첩들 중 절반 이상이 그런 경우인데 이를 정리하면 아래와 같다.
(자료를 들어 보이며)
이렇게 표가 있습니다.

1965년 10월 29일 납북되었던 용인호의 경우 무려 5건의 간첩 사건이 줄줄이 발생했다. 그 중 4건은 강화도에 딸린 미법도라는 인구 100여 명의 작은 섬에서 일어났는데, 안장영과 안희천, 황용윤과 정영은 납북되었을 당시 같은 방에 묵은 사람들이었다. 이들 사건들은 서로 밀접한 연관이 있기에 뒤의 납북귀환어부 사례 조사에서 자세히 살펴보도록 하겠다.

전북 옥구군 개야도의 경우 서창덕, 이길부 이외에 같은 배로 납북된 것은 아니지만 정삼근이 전주보안대에 의해 구속되었고 최만춘, 박춘완, 정영철 등은 군산경찰서에 의해 간첩으로 구속되었다고 한다. 인구 1000여 명 안팎의 개야도에서도 6명의 간첩이 나온 것이다.

앞서 지적한 것처럼 김성학 사건이 김이남 사건의 틀을 사용하여 조사가 이루어진 것처럼 같은 배로 납북된 이들의 간첩 사건은 인적사항과 성장 과정만 바꾸어 놓은 것이 아닌가 하는 생각이 들 정도로 내용이 유사하거나 중복된다.

1981년 2건, 1982년 3건, 1983년 2건이던 납북어부 간첩 사건은 1984년 6건, 1985년 4건으로 크게 늘어났다. 그러나 간첩 사건이라기에는 너무나 내용이 미약하고 수사 절차도 엉성하였던 까닭에 5공화국하의 사법기관에서도 일정한 제동이 걸리기 시작했다.

1984년 초에 보안사가 송치한 김진용 사건에 대해 서울지검은 간첩 사건에서는 극히 이례적으로 기소유예 처분을 내렸다. 피의사실은 인정되나 전반적으로 범정이

미약하고 피의자가 범행에 대하여 잘못을 크게 뉘우치고 있다는 이유였다.

1986년 7월 이근안에 의해 고문으로 조작된 김성학 사건에 대해 수원지법 성남지원 장 모 판사가 무죄를 선고한 것은 자백에만 의존하는 납북어부 간첩 사건이 더 이상 용납될 수 없는 전기를 마련했다.

1987년 1월 박종철 군 고문치사 사건으로 법원 역시 고문 근절의 사회적 욕구를 무시할 수 없는 상황에서 강종배, 여덕현 사건의 항소심에서 잇따라 무죄가 선고되었다. 그리고 대한민국에서 납북어부가 장기간 불법 구금과 고문에 의해 얻어진 허위 자백에 의한 간첩으로 기소되는 일은 더 이상 일어나지 않았다.

여러분, 더 이상 일어나지 않았다…… 납북어부는 그 이후로도 일어납니다. 그런데 왜 그 이후에는 납북어부가 간첩 사건에 연루되지 않고 있을까요? 아니면 간첩이 아니었는데 무리하게 절차를 어겨 가면서 장기간 구금해서 위협하고 고문하고 했기 때문에 없는 죄를 만들어서 간첩이 되지는 않았을까요? 그런 사례를 좀 들겠습니다.

자, 기사 하나를 읽겠습니다.

'간첩이 된 어부' 30년 만에 무죄…… "간첩조작 여전한 현실의 한탄", 뉴스타파의 기사입니다.

지난해 뉴스타파가 보도했던 납북어부 간첩 조작사건 피해자 김용태 씨가 재심을 통해 지난 6월 무죄 선고를 받은 사실이 뒤늦게 확인됐다. 지난 1984년 국가보안법 위반 혐의로 징역 14년을 선고받고 실제로 12년 6개월의 옥살이를 한 김 씨가 무려 30년 만에 간첩 누명을 벗게 된 것이다. 유사한 사건에 대한 재심이 잇따르고 있어 과거 국가기관의 불법구금과 가혹행위에 의한 간첩조작 사건의 실체가 더욱 적나라하게 드러나게 될 전망이다.

'간첩이 된 어부', 그 기구한 사연.

뉴스타파 취재진이 지난해 4월 만난 50대 김용태 씨는 지난 71년 13살 나이로 오징어잡이 배에 올라 바다로 나섰다가 강제로 납북됐다. 이듬해 남북공동성명에 따른 화해 조치의 일환으로 남으로 송환된 그는 곧바로 수산업법과 반공법 위반으로 기소돼 집행유예를 선고받았다.

13살 나이에 재판을 받았군요.

그로부터 12년 뒤 경남 마산에서 네 살 아이를 둔 가장으로 평범하게 살아가던 그에게 낯선 남자 세 명이 찾아왔다.

여러분, 1970년대, 80년대 이런 시대였습니다. 밤이 되면 누가 나를 찾아올까 걱정하던 시대였습니다.

쉬어 가기 위해서, 저도 쉬고 여러분도 쉬기 위해서 제가 생각나는 일화 하나 말씀드리겠습니다.

제가 중학교 2학년 때인가요, 체구가 당당한 역사 선생님이 계셨습니다. 체격도 유도선수, 복싱선수 이상으로 좋았습니다. 그분이 선생님 하기에는 별로 선생님답지 않은, 그런 기운이 보이지 않는 그런 선생님이었어요. 그러니까 역사를 가르치시다가 가끔 오늘의 저처럼 쉬어 가시려고 그랬는지 다른 이야기를 좀 하세요. 그런데 수많은 이야기를 했는데, 다 잊어 먹었는데 그중에 딱 하나 이야기가……

지금 50년이 지났습니까, 아주 뚜렷하게 그날의 수업시간이 기억에 남아 있습니다.

선생님께서 갑자기 이러십니다. '얘들아, 너희들 말이야, 혹시 집안에서 북으로 올라간 친척 있는 사람들 있어?' 그런데 저는 중학생이었음에도 불구하고, 당시까지만 해도 6·25 전쟁을 치렀다는 것은 알았지요. 북에서 간첩이 온다는 것도 알았습니다. 그런데 '우리 가족 중에 북에 넘어간 사람이 있어?' 그런 생각은 한 번도 해 본 적이 없습니다. 6·25는 6·25로 끝났고 그 뒤로 전쟁 없이 우리는 살고 있었고, 다만 북에서 간첩이 내려오면 어떨까, 그래서 '간첩이 오면 빨리 신고해라' 반공교육, 간첩예방교육을 착실하게 받고 있었을 때입니다. 그래서 '길 가다가 이상한 사람 보이면 신고해라, 아침에 산에서 내려오는 사람 신고해라, 때에 맞지 않게 옷에 흙이 많이 묻어 있으면 신고해라' 그랬지 '내 가족이 북에 있어? 우리는 남한 국민인데?', 우리가 현실을 몰랐던 것이지요.

그런데 선생님이 갑자기 '너희 가족들 중에 혹시 북에서 온 가족 있는 사람들 있어?' 그래서 무슨 소리 하는 거야 하고 눈 동그랗게 들었지요. '그러면 너희들 공무원 되려고 하지 마. 공무원 되려고 막 공부 안 해도…… 하지 마.' 저는 무슨 소리인지 몰랐어요. 그리고 '혹시 집에 친척이라고 누가 오면 아예 만나지 말고 도망가. 만나는 순간 가족이 위험하다. 다 죽는다', 하여튼 그런 기운이 좀 없으신 선생님이신데, 그렇게 약간 농담조 비슷하게 말씀하시는데 왜 내 머릿속에 그 기억이 안 지워지는지 모르겠어요. 훗날 그 기억이 생생할 때 제2차 경험이 그 기억을 살아남게 하고 나머지는 전부 지웠던 것 아닌가.

그리고 그 선생님 말씀 이후로 또 내가 데모를 미리 알리지 않았다고 잡혀서 두들겨 맞고 그런 경험을 치른 이후에 항상 마음속에 두려움이 생겼습니다. 어두운 밤이 되면 누가 우리 집에 찾아올까, 누가 문을 두드리지 않을까. 자, 이런 일이 이렇게 80년대에 일어나고 있었던 것입니다.

다시 읽겠습니다.

그로부터 12년 뒤, 납북됐다가 귀환했다가 13살짜리가 재판받고 결혼해서 네 살 아이 둔 가장이 됐는데, 평범하게 살던 그에게 낯선 남자 세 명이 찾아왔다. 그는 강릉보안대로 끌려가……

세상에, 마산에서 잡혀서 왜 강릉까지 갑니까?

영장도 없이 구금당한 뒤 한 달 가까운 모진 고문을 이기지 못해 10여 년 동안 간첩활동을 했다고 자백한다. 결국 국가보안법 위반혐의로 징역 14년, 자격정지 14년 형을 선고받게 된다.

자백을 하지 않으면 죽을 수 있겠다 싶었습니다. 아니, 내가 죽는 건 괜찮은데 가족들까지 다 잡아넣겠다고 위협했습니다. 가족들을 살리기 위해 그렇게 할 수밖에 없었습니다. 만약 지금 다시 같은 상황에 처해도 똑같이 할 수밖에 없을 겁니다.

그는 12년 6개월의 옥살이를 하고 출소했다. 그 사이에 아버지는 세상을 떠났고 고향의 친척들과 지인들은 그를 받아주지 않았다. 몇 년 동안 수소문해 간신히 찾아 내 만난 19살 아들은 불과 3일 동안 함께 지낸 뒤 '간첩인 아버지는 제 인생에 아무 도움이 되지 않으니 이제 인연을 끊자'는 말을 남기고 떠나갔다. 아들은 얼마 뒤 한강에 투신해 스스로 목숨을 끊었고 김 씨는 그 사실조차 4년이 지나서야 알 수 있었다.

여러분, 과거니까 다 묻고 잊어야 한다고요? 현재도 진행되고 있는 진행형입니다, 고통은.

뉴스타파 취재진과 만났던 지난해 4월 당시 김 씨는 국가를 상대로 한 재심을 신청해 둔 상태였다. 자신의 인생을 처절하게 파괴한 간첩이라는 낙인을 지워내기 위해서였다. 그러나 전국의 검찰청과 기록원들을 뒤져 봐도 과거 자신이 간첩이 되는 과정이 담긴 사건기록을 도저히 찾아낼 수 없었다. 사건기록 없이 재심결정은 불가능했기에 그는 반쯤은 포기한 듯한 얼굴로 오랫동안 먼 바다만 응시하고 있었다.

기가 막히지요? 간첩이라고 해서 감옥은 살다 왔는데 수사기록이 없다니요.

뉴스타파 취재진에게 김 씨가 다시 연락을 취해 온 건 그로부터 1년 반이 지난 이달 초였다. 제보창에 남긴 짧은 글에는 '도와주신 덕에 이제 무죄가 밝혀졌고 지금은 민사소송이 진행 중입니다. 정말 고맙습니다'라는 내용이 적혀 있었다. 취재진은 김 씨가 현재 살고 있는 경남 마산으로 찾아가 그간의 자초지종을 들어 보기로 했다. 취재진을 만난 김 씨는 뉴스타파를 통해 자신의 사연이 보도된 지 한 달여 만인 지난해 6월 뜻밖의 전화를 받았다고 했다. 수년 동안 찾을 수 없던 자신의 과거 사건기록이 춘천지검 강릉지청에서 발견되었다는 것이었다.

참 기가 막히네요, 사라진 기록이 뉴스타파에 나오고 발견이 되고.

한달음에 달려갔다. 고문에 못 이겨 거짓으로 쓴 자필 진술서를 포함한 모든 기록이 정말로 그대로 남아 있었다. 그때부터는 일사천리로 일이 풀렸다. 두 달 만에 재심이 결정된 데 이어 올해 1월 서울고등법원이 영장 없는 구금과 고문 등 가혹행위에 의한 자백을 모두 인정해 무죄를 선고했다. 김 씨는 이날 너무나도 기쁘고 고마운 마음에 재판정을 향해 바닥에 엎드려 절을 했다고 말했다. 이어 6월에는 대법원으로부터 무죄확정 선고를 받았다. 천형과도 같았던 간첩 낙인이 30년 만에 완전히 지워진 순간이었다.

이어 오늘은 김 씨가 국가를 상대로 제기한 손해배상 1심 선고재판이 서울중앙지법에서 열렸다. 국가가 10억 원을 지급하라는 판결이 나왔다. 액수가 얼마가 됐든 송두리째 빼앗긴 인생의 대가가 될 수는 없었다. 다만 김 씨는 재판부가 자신이 겪은 일에 대해 진심 어린 사과의 뜻을 전해 준 것에 대해 작으나마 위안을 받았다고 말했다.

재판부는 김 씨에게 국민의 생명과 안전을 지켜야 할 국가 수사기관이 불법 구금과 가혹행위를 저지른 것은 어떤 말로도 정당화될 수 없는 범죄였으며 이 과정에서 인권의 최후 보루여야 할 사법부 역시 자신의 소명을 제대로 수행하지 못한 점을 진심으로 사과한다고 밝혔다. 민사법정에서 매우

이례적인 일이었다.

납북어부 간첩조작 진실규명은 과거 아닌 현재와 미래를 위한 것.

김용태 씨가 간첩조작사건의 재심을 신청하고 30년 만에 무죄를 선고받기까지는 민주사회를 위한 변호사모임 소속인 이명춘 변호사의 도움이 컸다. 이 변호사는 지난 2006년부터 진실 화해를 위한 과거사 정리위원회의 간첩사건 조사팀으로 일했다.

생략하고……

이 변호사는 지금까지 재심을 받은 납북어부 간첩조작사건은 예외 없이 무죄판결을 받았으며 앞으로 이 같은 성과가 계속 쌓여 갈수록 국가기관의 인권침해행위를 억누르는 효과를 발휘하게 될 것이라고 말했습니다.

여러분, 어떠셨습니까?

비록 이름 없는 먼 섬에서 제대로 배우지 못한 열세 살짜리 소년의 이야기를 우리는 30년 기다려서 진실을 들을 수 있게 되었습니다. 어디 이렇게 고통받는 가족들이 한둘이었겠습니까?

제가 일하는 YMCA에 상담을 하는데 어느 날 젊은 여성이 하나 찾아왔습니다. '제 동생 친구가 마산 교도소에 있는데 저는 면회를 시켜주지 않습니다. 제 동생도 또 다른 교도소에 있기 때문에 면회를 갈 수 없네요.' 하면서 돈 3만 원인가를 나에게 주면서 어떻게 가서 꼭 전해 달라고 하더라고요. 그 뒤로 아마 전했을 텐데 그때 너무 처참해서 제가 시로 써 보았습니다.

'그 눈물바람 끝, 어디'

'지난번 토요일 날
니 누나가 와서 돈 삼만원 주고 가더라
친구 좋다는 게 무어라냐
마산에 있다는 기성이한테 찾아가 보아라
만원은 차비 허고
이만원은 책이나 먹을 것 좀
사넣어 주라고 허드라.
지 엄니 아부지 광주로 나와서
쓰레기 치우고 남의 집 부엌일 할 때
자식 가르쳐 감옥 보내리라고
생각이나 했겄냐
세상 허고는 지랄 같은 세상이다
시골 집에 혼자 남은 기성이 할머니
날마다 마루 끝에 나앉아
눈물로 세월을 보낸다 하드라
그 눈물 바람 끝에
어디, 좋은 세상 한 끄트리라도
보아야 쓸 것인디'

여러분, 국가정보원이 스스로 발표한 사건 중에 동백림 사건이라고 여러분 아실 것입니다. 개요는 1960년대에 독일로 유학 갔던 유학생들이 대다수 반정부 활동을 했다는 이유로 잡힌 사건입니다. 그중에 여러분 아시는 유명한 국제적인 화백, 윤이상 화백을 아실 것입니다. 또 이응노

화백도 연루되었습니다. '귀천'으로 유명한 천상병 시인도 그 사건에 연루되어서 고문을 받았습니다.

과거에 소위 지식인이라는 사람들을 모두모두 엮어서, 독일의 수도인 베를린에서 북한으로 넘어가서 갔다와서 이적활동을 했다는 이유로 간첩으로 엮인 사건입니다.

너무 오래되었기 때문에 이 사건을 전부 읽고 싶지는 않습니다. 그러나 이 사건을 주도했던 것은 역시 오늘의 국정원의 전신인 국가기관이 한 것입니다.

그래서 우리 국정원 스스로 이 사건에서 어떻게 정리해 놓았는지 우리가 살펴보고 오늘 국정원이 이렇게 테러방지법이라는 이름으로 모든 국민의 통신 내용을 들여다보고자 하는, 또 미행하고자 추적하고자 하는 이런 것들을 왜 주지 않아야 되는가를 다시 반추해 보도록 하겠습니다.

(자료를 들어 보이며)

'동백림 사건 발표문' 국가정보원 과거사 진상 규명위에서 만든 것입니다.

1960년대 후반부에 발생한 동백림 사건은……

청소년들은 '동백림'이라고 해서 이상하실 텐데요, 그 당시 베를린을 한자로 '백림(伯林)'이라고 불렀고요, 우리 자유민주체제하에 둘로 갈라져 있던 베를린이 서베를린은 자유민주체제 베를린이고요, 공산주의체제하의 베를린은 동베를린입니다. 우리나라에서는 서울을 반씩 쪼개 놓은 것이지요. 그때 동베를린을 그 당시에는 '동백림'이라고 했던 것입니다.

1960년대 후반부에 발생한 동백림 사건은 규모도 규모지만 유럽에 거주하거나 유럽에서 유학하고 귀국한 당대의 명망 있는 지식인들이 관련된 대형 공안사건이라고 할 수 있습니다. 그러니까 아까 납북 어민은 저 우리 사회에 잘 보이지 않는 섬에 사는 그런 사람들이었다면 이제는 누가 이름만 대도 알 수 있는 그런 유명한 학자, 예술가들이 간첩으로 몰린 사건입니다.

흔히들 그러지요. '우리야 누가 어쩌겠어?' '나 정도 어쩌겠어?' '나 대학 나온 사람이야' '나 뭐뭐뭐야' 다 이렇게 자부심이 우리에게 있습니다. 그러나 국가기관이 저 지하방에 사는 사람만 감청하겠습니까? 오히려 영향력 있는 사람, 사회적으로 뭔가 한마디 하면 파동이 클 사람 이런 사람들에게 더 집중해서 봅니다.

누가 제일 영향력이 있을까요? 국회의원 여러분들? 특히 새누리당 여러분들? 이 법을 통과시키고 새누리당 의원님들은 안심하고 잠드실 수 있습니까? 안심하고 식당에서 누군가와 밥 먹으면서 술 마실 수 있습니까? 안심하고 누구하고 전화할 수 있습니까?

여러분, 안심하고 할 수 없기 때문에 전화기를 2개 3개 가지고 다니시기도 하시잖아요. 왜 그리 구차하게 우리가 살아야 됩니까? 과거에 국정원은 정치인도 무차별로 억압하고 수사하고 했습니다.

자, 각부 장관 여러분, 여러분은 안전하십니까? 군사분계선에서 밤잠 자지 않고 북한과 대치 상태에서 가족과 떨어져 살고 계시는 국군 지휘관 여러분, 여러분은 안심하십니까? 아니, 박근혜 대통령님, 대통령님은 안심하십니까? 대통령님은 안전하게 통화하고 계실 수 있습니까?

이 법은 지위고하를 가리지 않고 대한민국 누구나 적용되는 법입니다. 어부도 노동자도 농민도 학생도 주부도 어린 아이도 시·도의원도 시장·군수도 도지사님도 서울시장님도 각부 장관님도 국회의원 300명 여러분도 국회의원을 하셨던 선배 여러분도 대학교수 여러분도 각 기업을 운영하시는 CEO 여러분도 또 평범하게 샐러리맨으로 살아가는 여러분도, 안전하십니까?

이제 우리는 모두 이 법이 통과되면 국정원으로부터 상시 감시받을 수 있다 이렇게 생각하고 법이 없을 때도 그랬지만 이제 아예 법으로 영장청구 없이 모든 국민을 의심이 간다는 것 하나만으로 다 우리를 사찰하게 하면 이것이 우리가 꿈꾸던, 우리 자식들에게 물려주고 싶은 자유롭고 번영한 평화로운 대한민국이겠습니까?

이제 이 마법의, 국가 권력을 통제할 수 있는 마지막 마법의 판도라 상자를 이 법이 열려고 하고 있는 겁니다. 앞으로 이 법이 통과되면 이제 누가 대통령이 좀 마음에 안 든다고 내 상사가 마음에 안 든다고 댓글을 달 수 있겠습니까, 막걸리 마시다가 뒷담화를 할 수 있겠습니까, 집에 와서 아내에게 속마음을 이야기할 수 있겠습니까?

자, 이렇게 해서 만들어 가려는 국가가 어떤 국가일까요? 이렇게 해서 선거를 치러서 만든 국가가 민주국가로 갈 수 있을까요?

제가 모두에도 말씀드렸습니다. 국민이 위험하다고, 우리 국민의 삶이 민생이 위기에 처해 있다고, 민생의 비상사태에 있다고…… 선포하려면 대통령님, 민생의 비상사태를 선포하십시오. 그래서 국민을 어떻게, 실업자들을 어떻게 지켜줄 것인가, 대학을 졸업해도 직장을 구하지 못하는 젊은이들에게 어떻게 희망을 줄 것인가, 이것을 여와 야가 국회에서 함께 논의하고 함께 가슴을 쳐야 되지 않겠습니까?

동백림 사건은 이미 50여 년 전에 일어난 사건이지만 우리에게 그런 점에서 우리 누구나 국정원의 사찰의 대상이 될 수 있다는 모범을 보여준 사례입니다. 왜 이런 일이 일어났는지 한번 보겠습니다.

'1960년대 후반부에 발생한 동백림 사건은 규모도 규모이지만 유럽에 거주하거나 유럽에서 유학하고 귀국한 당대의 명망 있는 지식인들이 관련된 대형 공안 사건이라고 할 수 있다.

이 사건이 일어난 1960년대 후반은 북한이 사회주의적 산업화의 초기 효과에 의해 경제발전 정도에서 남한보다 앞서 있었다는 평가를 받았던 시기이며, 남한은 박정희 정권이 추진해 온 수출주도형 산업화가 본격적으로 그 효과가 나타나기 전이다. 한국은 경제발전에 필요한 외화 획득을 위해 서독에 광부와 간호사를 파견하였고, 이들은 유학생들과 더불어 재유럽 한인사회를 형성하게 되었다.

당시 한국 유학생들은 본국의 어려운 형편과 정부의 엄격한 송금 제한으로 인해 상당한 경제적 곤란을 겪고 있었다. 반면 북한은 이 당시 체제 우위에 대한 자신감을 바탕으로 유럽 거주 한국인 및 유학생들에게 적극적인 선전 공세를 벌였다.

1960년대 후반은 1965년 일본과의 국교 정상화, 베트남 전투병 파병 등을 통해 한국이 한국전쟁의 폐허에서 일어나 국제무대에 본격적으로 진출하던 시기였다. 이때 발생한 동백림 사건은 한국의 국제적 이미지에 대단히 부정적인 영향을 미쳤다.'

왜 그런데 이런 일을 했을까요?

국내 정치 상황을 한번 보겠습니다.

'국내 정치 상황으로는 박정희 대통령이 1967년 재선에 성공하였으나 1971년 정권을 내놓아야 하는 상황에서 장기 집권을 위해서는 헌법을 고쳐 대통령의 3선이 가능하도록 만들어야 했다. 때문에 박정희 정권은 1967년 6월 8일 국회의원 선거에서 개헌이 가능한 3분의 2 이상의 의석을 획득하는 것이 절박한 과제로 제기되었다. 이와 관련 1967년 6·8선거에서 박정희 정권은 모든 수단을 동원해 3분의 2 의석을 차지하는 데 성공했고, 야당과 대학생들이 6·8 부정선거에 대한 대규모 규탄 시위를 전개하자 정부는 6월 16일 기준으로 30개 대학과 148개 고등학교를 임시 휴업시키는 등 우리 사회가 박정희 정권의 장기 집권을 둘러싼 분기점에 놓여 있었다.

중앙정보부는 1967년 7월 8일부터 17일 사이에 일곱 차례에 걸쳐 동백림을 거점으로 한 북괴 대남 적화공작단 사건의 수사 결과를 발표하였는데 그 개요는 해외에 거주하고 있는 문화예술인 윤이상·이응노, 학계의 황성모·임석진, 6·3 학생운동의 주역인 김중태·현승일 등을 포함, 교수·예술인·의사·공무원 등 194명이 대남 적화공작을 벌이다 적발되었는데 이들은 1958년 9월부터 동백림 소재 북한 대사관을 왕래하면서 이적활동을 한 데 이어 일부는 입북하거나 노동당에 입당하고 국내에 잠입하여 간첩활동을 했다는 것이었다.'

특히 귀국 후 북한의 지령사항을 이행한 사례로서는 황성모 교수가 서울대에 민족주의비교연구회(이하 민비연으로 표기)라는 단체를 조직하여 내란음모 및 선동시위 등으로 정부 전복을 모의했다는 내용이 포함되어 있습니다. 이제 서울대학교수회가 대학생들하고 우리 대한민국 정부를 전복하기에 이른 것입니다.

'동백림 사건은 중앙정보부 직원들이 독일 프랑스 등에서 관련자들을 직접 연행하는 불법 행위를 저질러 해당국으로부터 주권 침해에 대한 항의를 받았고 심각한 외교 문제를 발생시켰는데……'

어떻습니까? 국가 간에 서로 협조해서 범죄자가 있으면 그 국가에 위촉해서 범인을 인계받는 것이 국가 간의 상례입니다. 그런데 그것을 무시하고 우리나라 국정원 직원이, 당시로서는 중앙정보부 직원이 현지에 가서 납치가 아니지만 꼬여서 데리고 온 겁니다.

'당시 6·8 부정선거로 등원 거부와 대학생들의 대규모 규탄시위가 발생, 중앙정보부에서 공안정국으로 국면을 전환하려고 사건의 실체를 조작하여 정치적으로 악용하였다는 의혹과 함께 사법부의 독립성을 침해하고 수사과정에서 고문 등의 가혹행위를 행사하였다는 의혹이 그동안 제기되어 왔다'

그래서 자료 조사를 했는데요 자료 조사, 국정 보유 자료가 무려 3만 4169매입니다. '타 기관 보유자료가 4만 3529매, 또 일반자료 김형욱 회고록 등 공개자료 30여종과 당시 신문기사를 분석하였다'

여러분께서는, 국정원장이셨던 김형욱 씨가 현재 실종된 것으로 되어 있습니다. 한 나라 국정원을 지휘했던 그리고 박정희 정권하에서 무소불위의 권력을 휘둘렀던 김형욱 정보부장이 실종되어서 오늘날까지도 어디에서 죽었는지 모른다고 합니다. 그 책을 보시면 당시에 어떤 일이 있었는지 또 보실 수가 있습니다. '김형욱 회고록'을 메모하셔서 꼭 읽어 보시기 바랍니다.

사건의 짤막한 개요만 말씀드리면요

'그 당시 임 모 교수라는 서울대 교수가 독일에서 유학할 때 평소 자기가 알고 지내던 홍 모 씨(박 대통령 처조카)를 통해 5월 17일 박 대통령을 면담하고 대북 접촉 사실을 고백했다. 그래서 임 교수를 조사한 중앙정보부는 유학생을 비롯하여 수십여 명의 한국인이 동독 주재 북한 대사관 측과 접촉하였다는 제보 내용을 바탕으로 동백림 사건 수사계획을 수립하였고 6월 7일에는 해외 혐의자를 국내에 연행하기 위한 GK-공작계획을 수립하였다.

6월 10일부터 특수공작실 39명이 해외 혐의자 체포를 위해 서독, 프랑스 등에 파견된 뒤 6월 18일에는 대부분의 혐의자를 연행하여 독일 주재 한국대사관에 집결시켜 6월 20일부터 국내로 이송하였으며, 해외 5개국에서 총 30명이 연행되었다.

그래서 동백림 사건 합동수사본부가 발족되어 피의자를 조사하였고, 그 결과 23명에게 간첩죄 적용, 66명을 국가보안법, 반공법, 형법 등의 위반 혐의로 검찰에 송치했다.'

여기까지가 중앙정보부, 국정원의 전신이 한 일입니다. 그래서 검찰에서 다시 수사를 죽 받습니다.

그리고 외교 문제가 발생합니다. 동독과 서독과 프랑스가 항의를 했습니다. 그 나라 정부의 허락 없이 자국 영토에 와서 자국에 거주하는 시민을 체포해 간 것입니다. 당시는 한국 정부가 서독에 간호원과 광부 파견해서 경제적 이익을 보던 때입니다.

'그래서 재판에서 중형이 선고되자 서독은 신속한 재판과 재판 후 특별사면 조치를 요구하였고, 한국 정부의 우호적인 답변에 기술원조 협정체결에 비공식적으로 합의했지만 1968년 11월 21일 재항소심에서 중형이 선고되자 독일은 차관 승인을 보류하였으며, 독일인 시위대 200여 명이 한국대사관에 난입하기도 하였다.

이후 1969년 1월 독일대통령특사가 방한하여 사건 관련자 6명에 대한 조속한 석방에 합의하고, 2월 10일 서독 정부가 동해 유전 차관을 승인함으로써 양국 관계는 정상화되었다.'

왜 하필 이때 동백림 사건이 났는가, 정치적으로 위기와 혼란스럽다고 생각될 때 왜 동백림 사건이 났는가, 거기에 대해서 주요 의혹 및 쟁점별 조사 결과를 한번 보겠습니다.

'가. 동백림 사건은 정치적으로 기획된 사건인가?'

1967년 6·8 총선 직후 학원과 야당을 중심으로 총선이 부정선거라는 비판 여론과 시위가 급속히 확산되고 있었던 것과 관련해 박정희 정권이 부정선거 시비를 무마하기 위해 동백림 사건을 기획·조작했다는 의혹이 그동안 제기되어 왔다.

그러나 당시 수사계획 등을 검토한 결과 기획·조작설과는 달리 중앙정보부가 임 모 씨의 자수에 따라 선거 이전에 계획을 수립, 수사에 착수한 것으로 밝혀졌다.

다만 중앙정보부가 당시의 대표적인 학생 조직이었던 민비연으로 무리하게 수사를 확대하고, 관행과 달리 이례적으로 수사 도중에 10일 동안 일곱 차례에 걸쳐 사건을 대대적으로 발표한 것은 이 사건을 6·8 부정선거 규탄시위를 무력화하기 위해 정치적으로 이용하려고 한 것으로 판단된다(당시 신문 보도에서 확인할 수 있듯이 수사 발표 이후 대학생들의 6·8 부정선거 규탄시위는 사실상 없어졌다).

'나. 동백림 사건은 조작 사건인가?'

동백림 사건이 조작 사건이라는 일부 세간의 의혹과 달리 동백림 사건 관련자들은 당시 수사 결과와 마찬가지로 동백림 50명 및 북한 방문 12명, 금품 수수 26명, 특수교육 이수 17명, 북측 요청사항 이행 12명 등 실정법을 위반한 것으로 확인되었다.

그러나 특수교육의 경우 강요된 측면이 강하고, 귀국자들에 대한 북한의 지하조직 구축 등 지령사항의 경우에도 대부분 지령사항을 이행하지 않았고 3, 4명만이 호기심과 보복에 대한 두려움 등으로 안착신호를 발송하고 A-3 방송을 1, 2회 청취하는 등 귀국 후 국내 활동은 그 위반의 정도가 약한 편이었다.

그럼에도 불구하고 이들의 행위에 대한 법리적 해석의 차이는 논외로 치더라도 중앙정보부는 관련자들의 단순한 대북 접촉 및 동조행위까지도 국가보안법 2조 및 형법 98조의 간첩죄를 무리하게 적용하였으며, 그 결과 단순 대북 접촉자까지도 일반 국민들에게 간첩으로 확대 오인시키게 되었다.

중앙정보부는 관련자 203명 중 66명을 검찰에 송치하면서 23명에 대해 간첩죄를 적용했고 검찰도 23명을 간첩죄와 간첩 미수죄로 기소했지만 최종심에서 간첩죄를 적용받은 피고인은 1명도 없었다.

이 밖에도 중앙정보부는 혐의가 미미하고 범의가 없었던 사람에 대해 범죄혐의를 확대하고 귀국 후 대북 접촉 활동을 과장하고 특정 사실 적용을 왜곡하는 등 사건 외연과 범죄의 사실을 확대 발표하였다.

그 대표적인 예가 잘 알려진 천상병 시인의 경우로 중정은 천상병의 대학 친구인 강 모 씨로부터 그가 동백림을 다녀온 사실을 들은 것을 암약 중인 간첩이라는 사실을 알았다는 식으로 확대하여, 그것도 전기고문 등을 통해 허위자백을 받아 송치했다.

민비연은 동백림 공작단의 일부인가?—학생들의 독서 연구 모임입니다—민비연을 만들고 주도했다는 황성모 교수에 대한 조사는 임 모 씨 등의 진술에 의해 시작되었지만 기타 민비연 회원에 대한 수사 착수 사유는 나타나 있지 않다—그 당시에 학생들도 잡혀갔으니까요—그럼에도 불구하고 중정은 수사를 민비연과 그 회원들로 확대했다. 나아가 중정은 협박 및 신체적 가혹행위 등을 통해 황 교수와 민비연 회원들에게 허위진술을 강요해 혐의내용을 확대·조작한 것으로 확인됐다.

또한 관련자들이 검찰에 송치된 이후 혐의내용을 전면 부인하자 중정은 이들을 기소 3일 전 다시 소환해 협박, 가혹행위 등으로 허위진술서를 작성토록 해 검찰에 추송자료로 제출했다.

이후에도 중정은 1심에서 민비연 관련자들이 무죄 선고를 받자 유죄 판결을 위해 보강 및 재수사를 추진했으나 파기환송심에서 최종적으로 간첩 황성모가 만든 반국가단체 민비연이 국가 전복을 기도했다는 공소사실은 무죄 판결되었다.

이 같은 사실은 중정이 학생시위 배후에 북한이 있다는 것을 보여줘 대학생들의 6·8 부정선거 규탄시위를 약화시키려는 의도에서 무리하게 민비연 사건을 동백림 사건을 끼워 넣었음을 추정하게 해 준다. 이 사건 수사를 총 지휘했던 김형욱 중정부장도 이후 회고록에서 동백림 사건에 민비연을 포함시킨 것은 잘못이다라고 인정하였다는 점은 이를 잘 뒷받침해 주고 있다.

해외 거주 관계자들의 연행에는 문제가 없었나?'

문제가 있었다는 이야기는 아까 했지요.

'마. 수사과정에서 고문 등 가혹행위는 없었는가?'

한번 읽어 보겠습니다. 국민들에게 가장 염려되는 부분이기 때문입니다.

'이 사건은 천상병, 윤이상 등 그 관련자들에 대한 고문 등 가혹행위에 대한 문제가 끊임없이 제기되어 왔다.'

천상병 시인께서 그 뒤로 술만 마시고 약간 본인이 정상이 아니신 것처럼 세상을 살다가 귀천하셨습니다.

'이에 대해 수사 관련자들은 동백림 사건이 자수자의 진술 등에 의해 실체가 너무 명백하고 충분해 피의자들이 순순히 실토함으로써 가혹행위를 할 필요가 없었다며 가혹행위를 부정하고 있다. 다만 당시에 위협, 잠 안 재우기, 구타 등은 있을 수 있다고 증언하고 있다.

이 같은 중정 수사관들 및 사건 관련자들의 증언을 종합할 때 허위진술 강요를 위한 심리적 위협 등은 광범위하게 적용되었다고 인정된다. 유엔 등 국제적인 인권규범에 따르면 일반적 통념과 달리 이 같은 심리적 위협 등도 고문에 해당된다.

한편 신체적 가혹행위의 경우 기록 검토 결과 기소자 41명 중 8명이 재판 과정에서 신체적 가혹행위를 당했다고 주장했고, 2명이 변호사 접견 시 가혹행위를 언급했으며, 위원회 면담에서도 면담자 중 절반인 11명이 가혹행위를 당했다고 주장했다. 구체적인 신체적 가혹행위 유형으로는 구타 이외에 전기고문, 물고문, 비행기 타기를 당했다고 주장하고 있다.

이같이 수사관들과 피의자들의 주장이 엇갈리고 있는 상태에서 40년 전의 사건에 대해 결정적인 증거를 찾기는 어렵지만 진술의 구체성, 일관성 등으로 미루어 볼 때 고문을 당했다는 주장 중 최소한 14명의 주장은 사실일 가능성이 높은 것으로 보인다.

　그 대표적인 예가 천상병 시인의 전기고문 주장으로 이에 대해서는 천 시인의 진술 이외에도 사건 관련자, 담당 변호사, 가족의 증언들이 이를 뒷받침해 주고 있다. 따라서 수사 과정에서 구타, 물고문, 전기고문 등 가혹행위도 행사되었던 것으로 추정된다.'

자, 그러면 당시에 최후로 진실을 가르쳐 줘야 될 재판은 공정했을까?

'바. 재판은 공정했는가?

　당시 중정이―중정이라고 하니까 또 혹시 착각하실지 모르는데 오늘의 국정원의 전신인 중앙정보부를 말하고 있습니다―검찰과 사법부에 영향을 행사해 공정한 재판을 저해했다는 의혹이 그동안 제기되어 왔다. 특히 대법원이 원심 파기환송 조치를 한 뒤 용공판사 물러가라는 등 대법원 판사를 비판하는 괴벽보 사건이 터져 나오면서 그 배후로 중정이 지목되기도 했다.

　조사 결과 이 사건은 그 성격상 독일·프랑스 등 관련국들이 관심을 갖고 참관한 사건으로 공판마다 이를 참관한 독일정부 관계자도 재판 절차에 이의를 제기하지 않은 점을 고려할 때 나름대로 공정성을 유지한 것으로 보인다. 사실 변호사·피의자들도 위원회 면담에서 재판 과정 자체에 대해서는 별다른 이의를 제기하지 않았다. 다만 양형에 대해서는 재판부 관계자는 적정했다고 주장한 반면 피의자들은 형량이 무겁고 부당하다고 반박하였다.

　그러나 흥미로운 것은 내부 문서에서 중정이 재판 진행 중 검찰과 재판부에 금품을 제공하려고 계획했던 것으로 확인된 것이다. 이 계획이 실제 집행됐는지는 알 수 없지만 대법원이 증거 없이 사실을 인정하였다는 취지로 원심을 파기환송한 이후 자백 이외에 물증을 제시하기 어려웠던 중정이 일정한 금품을 통해 검찰과 재판부에 영향력을 행사하려고 시도한 것으로 판단된다.

　대법원 파기환송에 대한 괴벽보 사건의 경우 당시 국회진상조사위가 구성되어 노력한 바 있으나 사건의 진상을 밝혀내지 못했는데 위원회도 관련 자료 부재 등으로 진상을 확인할 수 없었다. 그러나 이 같은 금품로비 시도, 괴벽보 사건 등은 역설적으로 재판부가 당시까지만 해도, 유신 이후에 비해 상대적으로 상당한 자율성을 가지고 있었다는 반증이기도 하다.'

윤이상 작곡가 아실 겁니다. 프랑스의 유명한 작곡가시지요. 그분은 통영이 고향이십니다. 평생 통영 앞바다의 푸른 물을 보고 싶다고 하셨다고 합니다. 그러나 이 사건 이후 연루되어 평생 고향을 못 보고 타국에서 돌아가셨습니다.

그 윤이상 선생의 사례를 보겠습니다.

'세계적인 음악가 윤이상은 동백림 사건의 피의자로서 독일에서 연행되어 반공법상의 탈출죄 등으로 복역하다가 형 집행정지로 석방 후 대통령 특별사면 조치로 잔형이 면제되어 독일로 돌아갔다. 1980년대 말부터 윤이상은 국내 음악계의 초청에 따라 자신이 당했던 가혹행위에 대한 정부의 사과를

요구하면서 귀국을 추진하였으나 우리 정부가 준법서약서 제출을 요구하자 이를 거절하고 결국 귀국하지 못한 채 1995년 베를린에서 사망하였다.

　윤이상이 북한으로부터 금품을 수수하고 방북하였으며 북한의 요청에 의해 주변 인사들의 동백림 소재 북한대사관 방문을 주선하는 등 실정법을 위반한 점은 재판 과정에서 본인도 인정하였다. 그러나 실정법을 위반했다고 하더라도 독일에 거주하는 그를 연행해 귀국시킨 것은 불법적인 행동으로 잘못된 것이다.

　연행 과정에서 중정은 국내 초청이라는 거짓말을 통해 그를 대사관이 있는 본으로 유인했으며 대사관에서는 한국에 가 간단한 조사를 받고 오면 된다는 식으로 설득해 한국행을 수락하게 만든 것으로 보인다. 수사 과정에서 철야조사, 폭언, 일부 구타 등의 개연성은 있지만 생전의 물고문 주장은 관련 증거 및 진술 미비로 현 단계에서는 확인이 불가하다. 진술의 구체성, 증언자의 세계적인 예술가로서의 위상, 수사 과정에서의 자해, 다른 피의자들에 대한 강압수사 등을 고려할 때 물고문 등이 사실일 가능성을 배제할 수 없으나 다른 피의자들과 달리 재판 과정에서 고문 주장을 한 적이 없는 등 고문을 입증해 줄 증거가 없어 판단이 불가능하다.

　거짓말에 의해 국내로 불법 연행되어 온 뒤 일부 강압수사에 의해 소극적인 대북행적에 대해 고전적인 간첩죄를 적용함으로써 "윤이상＝간첩"이라는 오명을 둘러쓰게 한 것은 부당한 측면이 있다.'

결론 및 의견

결론에서 파급효과 부분을 보겠습니다.

'박정희 정권은 동백림 사건을 이용해 3선 개헌을 통한 장기집권의 중요한 분기점이었던 1967년 6·8 선거에 대한 대학생들의 부정선거 규탄시위 등 학생들과 야당의 규탄운동을 침묵시킴으로써 궁극적으로는 3선 개헌과 장기집권의 초석을 만들 수 있었다.'

이것을 누구를 통해서 했느냐? 국정원의 전신인 중정을 통해서 했다는 것입니다.

'국가적 차원에서 볼 때 이 사건은 국민들의 반공의식을 더욱 강화시키는 한편 동백림을 거점으로 한 북한의 대남공작의 실상을 국제적으로 폭로함으로써 유럽지역에서 북한의 대남공작을 견제할 수 있는 기반을 만들 수 있었지만 독일·프랑스 등으로부터 주권침해 공세에 시달리면서 국제사회에서 국가신인도가 추락하고 윤이상·이응로 등을 위한 국제사회의 탄원운동 등으로 인권후진국이라는 오명을 자초했다.

　중앙정보부라는 조직의 차원에서는 당시 부장이었던 김형욱의 위상 강화와 맞물려 국가정보기관으로서 중정의 위상과 정보활동 기반이 크게 강화되었지만 대외활동 인프라 훼손, 해외 방첩기관으로부터 집중 견제, 해외 교민사회 내 반정부인사 양산 등 전반적 해외 정보력의 위축을 초래했고 또 유럽 거주 동백림 사건 관련자들에 대한 연행작전의 성공은 김대중 납치사건, 김형욱 실종사건 등 중앙정보부의 1970년대의 불법적인 해외공작을 부추기는 부작용을

가져왔을 것으로 추정된다.

해외 교포사회와 관련해 사건 이후 중정 주도로 공관 관계, 교민 관계, 유학생 관계, 보안 관계 등의 대책이 수립·시행됨으로써 본국으로부터의 지원과 통제가 동시에 강화됐고, 동백림 사건 이후 유럽 등 해외 교포사회가 동백림 사건과 한국정부의 대응을 둘러싸고 친정부 및 반정부 인사 등으로 갈려 분열과 반목이 첨예화되었고, 해외 거주 일부 지식인들의 반정부 활동이 증가되었다.

박정희 정권은 동백림 사건에 대한 사법부의 판결에 불만을 품고 사법부 길들이기에 들어가는바, 1971년 법관에 대한 구속영장 신청으로 야기된 판사들의 집단 사표제출이라는 사법부 파동이 하나의 단적인 예이며, 이후 유신과 함께 법관 재임용제 도입 등을 통해 사법부는 그 독립성을 상당히 상실하게 된다.

이처럼 동백림 사건의 최대 피해자 중의 하나는 역설적이게도 동백림 사건 판결에서 상당한 자율성을 보여 준 사법부라고 할 수 있다.'

시 한 편 읽겠습니다.

여러분, 하이네라는 시인을 잘 알고 계실 겁니다. 아주 서정시인이지요.

아마 하이네가 살았던 그 당시 독일에서도 삶의 고통에 억눌려 있던 사람들이 많이 있었겠지요. 그 하이네 시 한 편을 오늘의 민생현장에서 이렇게 나날이 삶을 걱정하고 있는 우리의 이웃들을 생각하면서 읽겠습니다.

'슐레지엔의 직조공'

'침침한 눈에는 눈물도 마르고
베틀에 앉아 이빨을 간다
독일이여 우리는 짠다 너의 수의를
세 겹의 저주를 거기에 짜 넣는다
우리는 짠다 우리는 짠다

첫 번째 저주는 신에게
추위와 굶주림 속에서 우리는 기도했건만
희망도 기대도 허사가 되었다
신은 우리를 조롱하고 우롱하고 바보 취급을 했다
우리는 짠다 우리는 짠다

두 번째 저주는 왕에게 부자들의 왕에게
우리들의 비참을 덜어 주기는커녕
마지막 한 푼마저 빼앗아 먹고 그는
우리들을 개처럼 쏘아 죽이라 했다
우리는 짠다 우리는 짠다

세 번째 저주는 그릇된 조국에게
오욕과 치욕만이 번창하고
꽃이란 꽃은 피기가 무섭게 꺾이고
부패와 타락 속에서 구더기가 살판을 만나는 곳
우리는 짠다 우리는 짠다

북이 날고 베틀이 덜거덩거리고
우리는 밤낮으로 부지런히 짠다
낡은 독일이여 우리는 짠다 너의 수의를
세 겹의 저주를 거기에 짜 넣는다
우리는 짠다 우리는 짠다'

민생의 고통 속에서 오늘 우리는 민생을 살펴도 시간이 없고 힘이 부족할 텐데 선거를 앞둔 이 밤에, 이 시기에 민주주의의 근본인 선거를 침해해도 불구하고 어쩌자고 국민에게 고통을 주려고 하는, 고통을 주는 것이 예상되는 이런 법을 제안해서 올리십니까? 우리 야당 국회의원들더러 어쩌란 이야기입니까? 슐레지엔의 직조공처럼 우리도 원망하는 노래를 불러야 합니까?

아마 그 당시 독일에도 선거는 있었고 의회는 있었겠지요. 오늘의 우리 정치상황을 유추해 보면서 또 우리가 알고 있는 아름다운 서정시인 하이네의 '당나귀 선거'라는 시를 읽어 보겠습니다.

'마침내 자유에도 싫증이 난
동물공화국에서는
오직 한 사람의 절대지배자가
자기들을 다스려 주기를 갈망했다

그래서 각가지 종류의 동물들이 모여
투표용지로 선거를 하기로 했다
당파심이 맹렬하게 타올랐고
음모가 횡행했다

당나귀당을 좌지우지하는 것은
긴 귀의 원로들이었다
이들은 머리를 장식하고 있었다
흑 적 황색의 휘장으로

소수당으로서 말당이 있었으나
그들은 감히 발언을 하지 못했다
왜냐하면 긴 귀의 원로들이 지르는
격노한 고함소리가 두려웠던 것이다

그러나 누가 말당의 후보를
추천하자 긴 귀의 원로가
발언을 중단시키고 소리쳤다
"이 반역자 같은 놈!"

너는 반역자다 너의 몸 속에는
당나귀의 피는 한 방울도 흐르지 않는다
너는 당나귀가 아냐 결코 확신하건대
너는 로마계통의 말일 것이다

아마 너는 얼룩말의 피를 받고 있을 것이다 가죽에는
영락없는 얼룩말의 무늬를 갖고 있으니 말이다
그리고 너의 콧소리에는

아무래도 이집트 헤브라이 사투리가 섞여 있고

설혹 네가 이방인이 아니더라도 기껏해야
차가운 이성을 가진 당나귀에 지나지 않을 것이다
너는 당나귀 특유의 깊은 본성을 모를 거야
너의 귀에 저 신비스런 시편의 음향이 들릴 리 만무하지

그러나 우리는 저 아름다운 가락에
완전히 심취되는 것이다 그것은
내가 당나귀이기 때문이야
내 꼬리는 터럭 하나하나가 모두 당나귀야

나는 로마 숭배자도 아니고 슬리브주의자도 아냐
나는 나의 선조들처럼
독일의 당나귀로서
용감하고 충직하고 슬기롭단 말이야

우리 선조들은 여자들처럼 장신구에 정신이 팔리거나
파렴치한 험담으로 세월을 보내지 않았어
선조들은 매일처럼 씩씩하게-경건하게-명랑하게-자유롭게
그들의 푸대를 물방앗간으로 운반했던 거야

선조들은 죽은 것이 아냐! 무덤에 있는 것은
다만 그들의 허물일뿐이야 그들은
하늘에서 우리를 내려다보시고
만족해하고 계시는 거야

영광에 빛나는 거룩한 당나귀들이여
우리들은 언제나 당신들을 귀감삼아
의무의 길에서 한 발도
헛딛지 않을 것입니다

오 얼마나 기쁘냐 내가 당나귀인 것이!
내가 긴 귀를 가진 종족의 자손이라는 것이!
나는 외치고 싶다 소리 높이
나는 당나귀로 태어났다고

나를 낳아준 위대한 당나귀는
독일 계통의 당나귀이다
독일의 당나귀 젖을 먹여
어머니가 나를 키웠다

나는 당나귀다 그러므로 충실하게
난 옛 조상들처럼 지키리라
옛스런 당나귀의 우둔함과
당나귀다운 혼을

나는 당나귀이기 때문에 여러분에게 권한다
당나귀를 왕으로 선택할 것을

우리들은 당나귀제국을 건설하자
당나귀만이 명령하는

우리는 모두 당나귀다! 히앵! 히앵!
우리는 결코 말들의 노예가 아니다
꺼져라 말들은! 만세만세!
당나귀족의 왕 만세!

이렇게 애국자가 말하자 회의장은
당나귀들의 박수갈채로 떠나갈 듯했다. 그들은 하나같이
　국수주의적으로
발을 구르며 마루를 쳤다.

그들은 연설자의 머리를
떡갈나무 잎으로 화환을 만들어 씌워 줬다. 긴 귀의 연설자는
　말없이 감사하고
너무 기쁜 나머지 꼬리를 흔들어댔다.'

여러분, 1980년대의 이야기를 했습니다. 그러나
1980년대 이야기가 불과 오늘에 살고 있는 우리의
이야기라는 것을 저는 면면이 여러분께 이야기하고
있습니다.

현재 박근혜 대통령 이전 이명박 대통령, 이명박 대통령
이전 노무현 대통령, 그 이전의 대통령이 누구십니까?
김대중 대통령입니다.

최근의 북한 개성공단을 남북 교류와 화해를 위한
첫 물꼬로서 만들기 시작하셨던 분입니다. 그분은 평생
빨갱이로 욕먹었습니다. 평생 용공주의자라고 국가기관,
정보기관으로부터 의심받고 살아 왔습니다.

그런데 마침내 대한민국의 대통령이 되었습니다. 그리고
남북관계의 막혀 있던 담에 구멍을 뚫어서 화해와 협력의
첫발을 내딛게 했습니다.

본인으로서는 남과 북의 화해와 교류와 협력을 통해서
냉전 상태를 해소하지 않고는 이 땅에 진정한 인권도 진정한
자유도 진정한 평화도 민주주의 정치도 불가능하다는 것을
평생 당신의 체험을 통해서 경험했기 때문이었습니다.

그런 분이 어땠습니까? 아까 말했던 10월 유신이 나고
정치인들을 모두 잡아들이고 국회를 없애고 하자 일본에
있다가 귀국을 중단합니다. 이희호 여사님께서 아무래도
들어오시면 안 되겠다고 했다고 연재된 회고록에서
봤습니다.

그때가 언제입니까? 1971년, 아까 3선개헌 이야기가
나왔습니다. 마침내 박정희 대통령께서는 3선개헌을
국민투표를 통해서 해냈습니다. 그래서 3선개헌 헌법을
만들었습니다. 그리고 선거에서 70여만 표로 김대중 후보와
맞서서 승리했습니다. 그 당시 국민들은 부정선거라고
했지만 그 이상 더 밝혀낼 수가 없었기에 그대로 권력은
지속되었습니다. 그리고 다시는 선거가 없었습니다.
민주국가에서 하나의 절차와 제도인 국민에 의한 직접
선출인 대통령 선거를 없애버렸습니다. 국회의 3분의

1을 대통령이 지명하는 사태가 벌어졌습니다. 대의원을 정부에서 1000여 명 뽑아서 장충체육관에서 99%로 선출시키는 사태가 일어났습니다.

1971년 당시 박정희 후보는 유세에서 이렇게 말했습니다. '국민 여러분! 이번에 제가 대통령에 당선되지 못하면 우리나라는 영원히 선거가 없는 총통제 국가로 갈 것입니다.' 그리고 그것이 바로 1년 후에 현실화되었습니다.

저는 김대중 대통령님 같은 분들의 혜안을 따라잡을 수가 없습니다. 그러나 부족하지만 저는 오늘 이 자리에서 국민 여러분들께 이렇게 호소합니다.

어떻게 보면 작은 법 하나인, 소위 테러방지법이라고 직권상정되어 정부와 새누리당에 의해서 올라온 이 법은 우리가 오늘 이 시점에서 선거가 없었기 때문에 또 다른 이유로 통과시키고 '다음에 보자' 하고 나가면 다시 제대로 된 투명하고 공정한 선거를 우리가 치를 수 있겠는가 하는 의심을 저버릴 수가 없습니다.

의심하는 것도 죄가 됩니까? 지금 제출된 테러방지법에 의심만 해도 추적할 수 있다고 했습니다.

저는 오늘 의심합니다. 박근혜 대통령님과 새누리당이 제출한, 박근혜 대통령께서 통과를 요청하고 새누리당이 제출하고 정의화 국회의장께서 직권상정해서 비정상적으로 결정하려고 하는 이 속칭 테러방지법, 제가 말하는 국민무제한 사찰법은 다시는 민주주의 선거가 제대로 치러지지 않게 하는 첫 판도라의 상자를 여는 행위가 된다. 앞으로 부정선거 운운하는 국민의 저항을 겪지 않고 우리나라가 민생 경제에 몰두해서 현재 어려운 이 경제 국면을 뚫고 나가고 세계 선진국의 자랑스러운 이름을 유지하기 위해서 저는 박근혜 대통령과 새누리당 의원 여러분들께 다시 한 번 호소하는 바입니다.

이 법 철회하시고 현재 정보위원회에 올라와 있는 여러 법, 야당에서 제출한 법까지 포함해서 함께 논의해서 다시 제출해서 결정할 수 있도록 해 주십시오.

그리고 빨리 민생을 살리는 일에 정치가 몰두합시다.

그리고 빨리 선거를 치러서 다시 새로운 국회에서 민생을 위해서 더 열심히 노력하게 합시다.

저는 그런 점에서 우리 세계의 역사에 유례가 없는 한 나라의 대통령이 정치 지도자를 암살하려고 했다가 미수에 그친 사건을 오늘 이 역사적인 자리에서 조금이나마 언급하지 않을 수가 없습니다.

죄송합니다. 우리 김대중 대통령님에 관한 자료가 지금 없기 때문에 다른 자료 하나 더 말씀드리고 넘어가겠습니다. 넘어가기 전에 여러분도 아시겠지만 개략적으로 그 사건이 어떻게 마무리가 되었는지 여러분께 말씀드리겠습니다.

그래서 일본에 있던, 일본 호텔에 머물고 있던 김대중 대통령 숙소에 우리나라 국정원 직원들이, 당시로서 안기부인가요 그때? 정확한 명칭은 모르지만 요원들이 그 호텔에 잠입을 해서 김대중 전 대통령을 납치를 해서 배에 태워서 현해탄을 건너옵니다.

그 과정에서 납치 사실을 느낀 주변 가까운 정치인들이 미국의 케네디 의원이랄지 이런 분들에게 급하게 요청을 해서 구명운동을 시작합니다.

그래서 한국 정부와 국정원과 일본 정부에 빨리 사태 파악을 요청하고 어떻게든 지키라는 요청이 있었기에 현해탄 한가운데서 돌덩이에 묶여서 수장될 뻔했던 김대중 대통령이 어느 날 눈을 떠보니 동교동 자택 앞에 와 있었다는 증언이 있습니다.

생각해 보면 무시무시한 일입니다. 선거를 통해서 자기와 정적이 되었다고 해서 생명을 앗아가 버리려고 하는 그런 기도까지 했던 국정원의 과거가 있습니다.

이 사건은 너무나 유명하기 때문에 국민 여러분께서 자료를 통해서 검색을 하셔서 당시의 기록을 보시기 바랍니다.

또 유명한 사건이 두 개가 있습니다.

이것은 하나의 사건인데 두 개의 이름으로 나뉘어져 있습니다.

1974년…… 1971년 긴급조치를 발동하고 의회를 해산하고 국회의 3분의 1을 새롭게 임명하는 유정회 출신 국회를 다시 만들어서 반신불수의 국회를 운영했는데도 불구하고 사회 각계각층에서 박정희 정권이 이런 이해할 수 없는 독재 행위에 대해서 저항하는 운동이 일어납니다. 특히 당시 서울의 주요 대학을 위시해서 전국의 주요 대학들이 학생시위에 들어가게 됩니다. 그래서 아까 우리가 동백림 사건에서 봤듯이 그런 정치적인 의도로 또다시 사건이 일어납니다.

한번 국정원 자료에 의해서 간단히 보겠습니다.

'국정원 과거사건진실규명을통한발전위원회는 세칭 인민혁명당 사건, 민청학련 사건, 인민혁명당재건위원회 사건 등에 대한 조사를 진행하여 왔다. 이들 사건은 학생들의 반정부 시위로 궁지에 몰린 박정희 정권이 독재권력을 유지하기 위해 중앙정보부를 동원하여 고문 등을 통해 민주 인사와 학생들을 탄압한 대표적인 사례로서 특히 민청학련의 배후로 지목된 인혁당재건위 사건의 경우 8명의 피고인들이 사형선고를 받은 지 불과 18시간 만에 처형되어 사법살인의 논란을 불러일으킨 사건이다.

진실위는 이번 조사를 통해 은폐되고 왜곡되어 온 진실을 밝혀내어 피해자들의 명예회복 등 필요한 후속조치를 관계기관과 더불어 강구함은 물론 과거 권위주의 정권 시절 중앙정보부가 범한 권력 남용과 인권 침해의 과오를 철저히 반성하여 진실을 고백함으로써 국정원이 국민들의 신뢰를 받는 정보기관으로 새롭게 탄생하도록 하고자 한다.

사건 개요 및 의혹 사항

가. 1964년 인민혁명당 사건은 박정희 정권이 1964년 6·3 사태라 불리는 한일회담 반대 데모로 인하여 큰 위기에 빠져 계엄령까지 선포한 상황에서 8월 14일 중앙정보부가 북괴의 지령을 받고 국가변란을 기도한 대규모 지하조직 인혁당을 적발하였다고 하면서 한일회담을 반대한 학생 데모는 이들 인혁당 관련자들이 북괴의 지령으로 배후 조종했다고 발표한 사건이다.

또 민청학련 사건은 1972년 10월 박정희의 탈법적 유신 선포 이후 1973년 10월 서울대 문리대생들의 데모를 기점으로 유신반대운동이 거세게 일고 있는 가운데 전국 각 대학생들이 1974년 4월 3일을 기해 유신헌법 철폐 등을 주장하며 전국적 연합시위를 준비하자 박정희 정권은 초헌법적인 긴급조치를 발동하고 민청학련이 조총련, 인혁당재건위 등의 배후 조종을 받으며 국가변란을 기도하였다고 주장하면서 1034명을 검거하여 253명을 구속하고 7명에게 사형, 7명에게 무기징역, 12명에게 징역 20년을 선고하는 등 중형을 남발한 사건이다.

세칭 인혁당재건위 사건은 1974년 4월 3일 박정희 대통령이 민청학련 관련 담화문에서 민청학련이라는 불법단체가 반국가적 불순세력의 배후 조종하에 인민혁명을 획책하고 있다고 발표한 뒤 중앙정보부는 민청학련의 배후로 과거 공산계 불법단체인 인민혁명당 조직이 있다며 도예종 등 1964년 1차 인혁당 사건 관련자들을 구속 수사하였고 도예종 등 사건 관련자들은 인혁당을 재건하려는 지하비밀조직을 만들어 학생 데모를 배후 조종하는 등 국가변란을 획책했던 혐의로 1·2심 군사법정을 거쳐 1975년 4월 8일 7명이 사형, 8명이 무기징역, 4명이 징역 20년, 3명이 징역 15년을 선고받았는데 인혁당재건위 사건으로 사형을 선고받은 7명과 민청학련 관련자 여정남 등 총 8명에 대해서는 대법원에서 형 확정 18시간 만인 다음날 새벽 4시 55분경부터 전격적으로 사형이 집행되었다.

이들 사건은 박정희 정권이 학생 데모로 위기에 몰린 상황에서 발생한 대형 공안사건으로서 학생시위 배후에 공산계 불순세력이 있다는 중앙정보부 발표의 진위, 고문 조작 논란 등을 둘러싸고 끊임없는 논란이 벌어져 왔다.'

그래서 조사내용, 자료조사 및 분석, 국정원 보유 자료 459건 6만 7223쪽입니다. 타 기관 보유자료 문서 164건 4만 5968쪽, 녹화테이프 25개입니다. 일반 자료 82건 6490쪽입니다.

시대적 배경은 70년 3선개헌, 71년 박정희 대통령 후보와 김대중 후보의 70만 표의 표차에 대통령 당선, 거기에 위기를 느낀 소위 유신헌법 제정 선포, 이 일련의 과정에서 일어난 국민적 저항을 어떻게든 막아 보기 위해서 그랬던 것 아닌가 하는 의혹을 진상조사위의 조사 보고서는 이야기하고 있습니다. 그래서 시대적 배경을 제가…… 시대적 배경, 정보부 공안기관 발표 내용 등은 생략하겠습니다.

의혹 및 쟁점

'2. 인혁당은 북한의 지령에 의해 조직되고 활동하였는가? 중앙정보부는 인혁당이 북의 지령에 의해 조직되고 활동한 근거로 창당을 주도한 남파간첩 김영춘과 창당에 참여한 뒤 월북했다가 1967년 남파된 김배영의 존재를 들고 있다.'

그래서 남파간첩 김영춘에 대한 의혹, 남파간첩 김배영 문제를 죽 이야기하고 있습니다.

김영춘에 대한 의혹

'1964년 8월 14일 중앙정보부가 인혁당 사건에 대해 발표할 당시 중앙정보부는 김상한이 대북 정보기관에 의해

북파된 사실은 몰랐지만 적어도 그가 남파간첩이 아니라는 점은 파악하고 있었다. 그럼에도 중앙정보부가 허위사실을 발표하여 학생시위의 배후에 남파간첩이 있는 듯한 인상을 주려 한 것은 중앙정보부가 스스로 권력의 시녀 노릇을 한 것이라 아니할 수 없다.

남파간첩 김배영의 문제

김배영은 1967년 10월 공작원으로 남파되었다가 검거된 후 1971년 사형에 처해졌기 때문에 중앙정보부는 1974년 인혁당 재건위 사건 당시에도 김배영 문제를 들어 과거 인혁당이 북괴와 연계를 가진 사실을 증명하는 유력한 근거라고 주장했다. 그러나 1964년 11월에 비로소 월남한 김배영이 1964년 8월에 적발된 인혁당 조직의 대북 연계성을 증명하는 근거가 될 수 없다.

다. 1964년의 학생시위는 북괴의 지령 또는 인혁당의 배후 조종에 의한 것인가?'

마지막 항을 읽겠습니다.

'64년 한일회담 반대 학생 데모가 인혁당 사건 관련자들의 조종으로 발생되고 진행되었다고 볼 수 없을 뿐만 아니라 이것이 북괴의 지령에 의한 것이라고도 볼 수 없다.

인혁당 사건의 수사 과정에서 고문 등 불법수사가 자행되었는가? 인혁당 사건은 담당 공안검사들이 자백 이외의 증거가 없다는 이유로 기소를 거부하여 파문이 일어난 데 이어 민정당 박한상 의원이 인권옹호협회 이름으로 피의자들의 고문 사실을 폭로하여 사회적 논란을 불러일으켰는데 특히 제일은행원 이종배는 현장검증을 다녀오는 과정에서 또다시 고문당할 것을 두려워하여 투신하여 척추골절상을 입고 전신마비의 중증장애인으로 지내던 중 1970년 고문장애로부터 회복될 수 없음을 비관하여 자살하였으며 허작은 수사기관에서의 고문을 견디지 못하고 안경알로 자해를 하여 중상을 입은 사실이 있는 등 인혁당 사건 관련자 다수가 고문으로 피해를 입었다.

신직수 검찰총장도 의혹이 증폭되자 고문 의혹에 대한 수사를 지시했고 서울지검 형사부 정태균 부장검사가 수사에 착수하여 피의자 전원을 개별 면접하여 피해상황을 조사하고 수사관의 명단을 작성하였고 국회에서도 심각한 문제로 토론되어 국회 법사위 국정감사반이 조사에 착수한 결과 피의자들의 고문 상처를 확인하는 등 고문의 증거를 찾아내어 국회에 보고하였으며 국회 전문위원 문상익도 조사 결과 고문의 혐의가 농후하다고 보고하였다.

이상 당시 신문보도와 취재 내용, 박한상 의원 등의 조사 결과 발표, 국회 법사위 국정감사반의 조사 내용에 대한 보도, 제45회 국회 법사위 회의록 10호와 21호 기록, 진실위 면담 내용에서 확인되는 물·전기 고문, 구타, 강압수사에 대한 진술이 구체적이면서 일관되고 수사에 참여한 장원찬 검사도 의문사위에서 도예종에게서 고문의 상처를 확실히 확인하였다고 진술하였고 검찰이 이례적으로 신속하게 고문의혹 수사에 착수하였으며 당시 고문 문제로 궁지에 몰려 있던 수사기관이 수사한다고 공언하고 수사했음에도 불구하고 고문이 없었다는 수사 결과를 발표하지 않았고 일부

인혁당 사건 관련자들의 경우에는 고문을 당하지 않았음에도 공판투쟁의 일환으로 동료들의 주장에 편승해 고문당했다고 주장하거나 자신이 당한 가혹행위의 정도를 부풀려 진술한 정황도 살필 수는 있으나 검찰이 고문 의혹이 제기된 중앙정보부 수사를 백지화하고 원점에서 다시 사건을 수사한 점 등에 비추어 볼 때 중앙정보부의 인혁당 사건 수사 과정에서 고문이 자행되었음을 부인할 수 없을 것이다.'

1974년 4월 전국의 대학에서 데모가 있을 것이라고 예측해서 박정희 대통령은 3월 4일 긴급조치 4호를 발표합니다. 이미 긴급조치 1호를 발표했습니다.

1호의 내용은 유신헌법을 반대하면서 청원운동, 개헌 청원운동을 한 사람들은 전부 처벌한다는 내용입니다.

여러분 잘 아시는 박정희 정권 시절에 북한산에 가셨다가 아무 이유 없이 절벽 아래 떨어져서 돌아가셨던 '사상계'의 주간이자 학병으로 잡혀갔다가 탈출하여 중경 임시정부 김구 선생을 찾아가서 광복군에 들어가서 미국 비밀정보국 OSS 대원으로 국내에 침투하기로 하고 훈련을 받았던 또 박정희 정권하에서는 박정희 군사 독재정권과 싸우면서 국민을 올바로 이끌기 위해서 '사상계'를 만들었고 끊임없이 군사정권에 대항해서 민주주의를 외쳤던 장준하 선생께서 당시에 백기완 선생님과 함께 유신헌법 개헌 청원운동을 벌이다가 긴급조치 1호로 구속되셨습니다. 그때 많은 종교인들이 함께 구속되었습니다. '긴급조치 1호' 이렇게 쳐 보시면 그때 상황을 아실 수 있습니다.

3월 4일 긴급조치…… 정정하겠습니다. 제가 검색을 해 봐야 알겠는데 3월 4일인지 착오가 있을 수도 있습니다. 단, 그러나 3월은 맞을 것 같습니다. 긴급조치 4호를 발표했습니다. 4호 내용을 여기서 다 읽지 않겠습니다.

4호 내용의 요지는 긴급조치에 대해서 반대하는 것은 물론이고 비방도 해서는 안 되고 그래서 반대하는 사람을 알고도 신고하지 않으면 이 모든 것들이 최고 사형까지 처할 수 있게 하겠다는 긴급 포고령입니다. 그 포고령을 통해서 전국에 일어나고 있는 학생운동을 막으려고 했던 것입니다. 그리고 4월 9일까지 신고하지 않으면, 알고도 신고하지 않은 사람 모두 검거하겠다고 했습니다.

그때 기분을 시 한 편으로 남긴 분이 있습니다. 당시 처절하게 박정희 정권에 항거했던 김지하 시인이었습니다.

'1974년 1월', 김지하
'1974년 1월 죽음이라 부르자
오후의 거리, 방송을 듣고 사라지던
네 눈 속의 빛을 죽음이라 부르자
좁고 추운 네 가슴에 얼어붙은 피가 터져
따스하게 이제 막 흐르기 시작하던
그 시간
다시 쳐온 눈보라를 죽음이라 부르자
모두들 끌려가고 서투른 너 홀로 뒤에 남긴 채
먼 바다로 나만이 몸을 숨긴 날
낯선 술집 벽 흐린 거울 조각 속에서
어두운 시대의 예리한 비수를

등에 꽂은 초라한 한 사내의
겁먹은 얼굴
그 지친 주름살을 죽음이라 부르자
그토록 어렵게
사랑을 시작했던 날
찬바람 속에 너의 손을 처음으로 잡았던 날
두려움을 넘어
너의 얼굴을 처음으로 처음으로
바라보던 그날
그날 너와의 헤어짐을 죽음이라 부르자
바람 찬 저 거리에도
언젠가는 돌아올 봄날의 하늬 꽃샘을 뚫고
나올 꽃들의 잎새들의
언젠가는 터져나올 그 함성을
못 믿는 이 마음을 죽음이라 부르자
아니면 믿어 의심치 않기에
두려워하는 두려워하는
저 모든 눈빛들을 죽음이라 부르자
아아 1974년 1월의 죽음을 두고
우리 그것을 배신이라 부르자
온몸을 흔들어
온몸을 흔들어
거절하자
네 손과
내 손에 남은 마지막
따뜻한 땀방울의 기억이
식을 때까지'
아까 이야기한 대목들은 띄고 읽겠습니다.

'박정희 대통령은 1969년 3선 개헌 이후 1971년 대통령선거를 통해 3선에 성공하였으나 정상적인 헌법절차에 의해서는 1975년에 권력을 내놓아야 했다. 이에 그는 1972년 10월 친위쿠데타를 단행하여 불법적으로 헌법을 정지하고 국회를 해산하였으며 자신에게 모든 권력을 집중시키는 이른바 유신헌법을 제정했다'

권력의 속성은 안 내놓고 싶은가 봐요. 저도 마찬가지가 될지도 모르겠지만요. 참 힘든 것이거든요. 권력을 쥐고 있다는 것을 그것을 놓았을 때 다가올 위험, 잘못했을 때 다가올 위험이 많거든요. 그런데 고래로 인류 역사를 보면 한 번 권력을 쥐면 놓지 않으려고 하다가 결국 비참하게 놓은 사례가 많습니다.

정치가 왜곡되기 시작하는 게 모두 권력을 부당하게 지속하려고 하는 욕망에서 시작됩니다. 그러면 어떤 분이 이렇게 이야기하실 수 있을 거예요. '그러면 네가 대통령해도 똑같아. 너도 사람이잖아' 그렇습니다. 저도 사람이니까 대통령…… 될 일은 없겠지만 이 국회의원 자리도 몇 선 하다 보면 놓고 싶지가 않을 수 있습니다. 그러니까 법이 있는 것이지요. 인간의 탐욕을 절제해 주고 범죄를 저지르지 않도록 예방하기 위해서 법이 있는 것이지요. 헌법은 그래서 있고요. 선거법은 그래서 있는 것입니다. 대통령을 4년 만에 중임으로 두 번씩 뽑는 제도는 그 당시에 우리 국민이 익숙한 제도였습니다. 그리고 8년 하면 물러나는 것이 익숙했습니다.

혁명공약을 하고 박정희 대통령께서는 바로 민정 이양을 한다고 선포했습니다. 군인으로 돌아간다고 했지요. 혁명공약을 보시면 압니다. 빨리 부정부패 해소하고 반공을 국시로 제대로 세우고 제대로 된 정치상황을 만들고 돌아가게 되어 있었습니다. 그런데 10·26이 났고 5·18 민주항쟁이 났고 1987년 다시 소위 유신헌법 이전의 상태로 되돌아가기 위해서 시민들이 온 거리에서 최루탄을 맞으면서 싸워서 소위 투표로 대통령을 뽑는 것을 만들었던 것입니다. 그런데 아예 그때는 이제 4년씩 8년 하면 너무 기니까, 욕심 생기니까 5년씩 하자 해서 화끈하게 5년 하고 물러가라 했습니다. 그래서 오늘 5년 단임제가 만들어졌습니다. 그리고 우리는 선거를 치릅니다. 그래서 어떤 권력도 5년 이상 할 수가 없습니다.

이제 정치가 비정상으로 가게 하는 일은 없어야겠지요. 그런데 또다시 우리 사회에 그런 기운이 돈다고 하면 어찌해야 될까요? 그걸 알아차리면 국민들은 그것이 그렇게 악화되지 않도록 다시 노력을 해야 되겠지요. 그래서 그 당시 학생들도 도저히 3선 이상은 안 되겠다 해서 저항운동을, 학생운동을 했던 것입니다.

'박정희 대통령은 1972년 10월 친위쿠데타를 단행하여 불법적으로 헌법을 정지하고 국회를 해산하였으며 자신에게 모든 권력을 집중시키는 이른바 유신헌법을 제정했다. 정치권이나 재야 민주세력은 처음에는 박정희 정권의 갑작스럽고 폭압적인 유신 쿠데타에 저항을 하지 못하고 숨죽인 채 상황을 관망했다. 그러나 1973년 10월 2일 서울 문리대생 300여 명은 그간의 침묵을 깨고 유신 이후 전국 대학가에서 최초로 유신정권 퇴진을 주장하는 학생시위를 단행했다.'

이 국회 안에도 이때 이 속에 계셨던 분들이 계셨고 계시기도 합니다. 민주주의는 현재진행형입니다.

'정부는 학생 21명을 구속하는 등 강경한 조치를 통해 시위의 확산을 막으려 했으나 학생시위는 10월 4일 서울법대, 10월 5일 서울상대 등을 거쳐 전국적으로 퍼져갔다. 유신정권은 언론의 통제 위에서 유지될 수 있었으며 1973년 10월 2일 이후 언론은 정권의 통제 때문에 학생시위 사실을 전혀 보도하지 못했다. 그러나 젊은 기자들을 중심으로 불만이 고조되어 11월 12일 CBS 기자들의 언론자유 수호 결의문 채택을 시발로 동아일보, 한국일보, 조선일보, 경향신문, 문화방송, 중앙일보 등 주요 신문과 방송의 기자들이 모두 언론자유 수호를 선언하며 유신체제를 반대하는 학생시위를 보도하기 시작했다.'

참 구석기시대 언론 상황을 보는 것 같습니다. 참 옛날이야기지요.

'학생들의 반유신운동이 번져가면서 재야의 민주인사들도 가세하기 시작했다. 1973년 12월 24일 함석헌, 장준하, 백기완 등 재야인사 30여 명은 헌법개정청원운동본부를 구성하고 100만 인 서명운동을 벌이기 시작했다.'

100만 인 서명운동은 그때도 있었습니다.

'이에 당황한 박정희 정권은 1974년 1월 8일 긴급조치 제1·2호를 발동하였다. 긴급조치 제1호는 유신헌법을 부정·반대·왜곡 또는 비방하는 일체의 행위와 유신헌법의 개정 또는 폐지를 주장·발의·제안 또는 청원하는 일체의 행위를 금하고 이를 어기는 자뿐 아니라 이 조치를 비방한 자까지 법관의 영장 없이 체포·구속·수색하며—법관의 영장도 없답니다. 15년 이하의 징역에 처하도록 되어 있다.

긴급조치 제1호의 6항은 이 조치에 위반한 자와 이 조치를 비방한 자는 비상군법회의에서 심판, 처단한다고 규정했으며 긴급조치 제2호는 군사법정 설치를 위한 비상군법회의 규정을 담고 있다.'

이제 군대·법원을 동원해서 국민을 억압하고 탄압하기 시작하는 겁니다.

"이 같은 상황에서도 학생들의 저항의지는 수그러들지 않았다. 겨울방학을 맞이한 학생들은 새학기에는 전국적인 대규모 연합시위를 전개하기 위해 전국 각 대학의 연락체계를 만들어 갔고 1974년 3월 신학기 들어 경북대학교 등에서 학생들의 시위가 시작되었다.

나. 중앙정보부 등 공안기관의 발표내용

1974년 4월 3일 오전 10시, 11시를 기해 서울대, 이화여대, 성균관대 등 서울시내 각 대학에 전국민주청년학생총연맹 명의로 민중·민족·민주선언, 민중의 소리 등의 유인물이 배포되면서 시위가 발생하였는데 이날 밤 10시 박정희 대통령은 특별담화를 통해……"

제가 3월 4일을 거꾸로 외웠던 같습니다. 4월 3일이 맞습니다. 정정합니다.

'1) 전국민주청년학생총연맹(이하 민청학련)이라는 불법단체가 불순세력의 배후조종하에 그들과 결탁하여 인민혁명을 수행하기 위한 상투적 방편으로 2) 통일전선의 초기단계적 지하조직을 우리 사회 일각에 형성하고 반국가적 불순활동을 전개하기 시작했다는 확증을 포착했다면서 이러한 불온세력을 발본색원하기 위해 긴급조치 제4호를 발동한다고 발표하였다.

긴급조치 제4호는 전국민주청년학생총연맹과 이에 관련한 제 단체를 조직하거나 이에 가입하거나 그 구성원과 회합 또는 통신, 기타 방법으로 연락하는 등 일체의 행동을 금할 뿐 아니라' 그다음이 중요합니다. '학생들이 이유 없이 출석이나 수업·시험을 거부하거나' 출석 안 하시면 이때 살았으면 잡혀갑니다. '학내·외에서 집회·시위·농성 등을 할 때' 또 중요합니다. 놀라지 마십시오. '사형·무기 또는 5년 이상의 징역형에 처하도록 하고 있었고 문교부장관은 이 조치 위반자가 소속된 학교의 폐교처분을 할 수 있도록 되어 있었다.' 이때도 이미 '보기 싫으면 없애 버려' 이런 통치가 있었던 것입니다.

학생시위가 나면 정치라는 것은 왜 시위를 했느냐, 학생대표를 가서 만나야지요. 만나서 '이러이러해서 도저히 견딜 수 없습니다' 그러면 '북한이 38선 위에서 이렇게 쳐들어오려고 하고 있고 지금 베트남에서 전쟁이 일어나고 있으니까 당신들이 좀 참아라. 조금만 기다려라' 이렇게 설득을 해야겠지요.

설득이 안 되면 타협을 해야겠지요. 그런데 무조건 학생시위가 일어날 것을 예측해서 이런 어마어마한 사형까지 때릴 수 있고 학교까지 폐교를 시킬 수 있는 긴급조치를 내린 겁니다.

그래서 1974년 4월 25일 중앙정보부장 신직수는 민청학련사건 수사상황 발표에서 뭐라고 했는가 들어봅시다.

'민청학련은 공산계 불법단체인 인민혁명당 조직과 재일조총련계의 조종을 받은 일본인 공산당원 및 국내 좌파혁신계 등이 복합적으로 작용한 것으로 민청학련을 조직, 국가변란을 획책한 학생들은 그들의 사상과 배후관계로 보아 공산주의자임이 분명하고 폭력으로 정부타도를 기도한 이들의 행동은 폭력혁명을 부르짖는 공산주의자들의 주장과 일치한다고 강조했다.'

학생들이 그때 폭력으로 뭘 들었는지 모르겠습니다. 아마 맨손으로 나갔을 겁니다.

그래서 재판이 시작됩니다. 1974년 5월 27일 지금 현재 용산 육군본부 자리에 비상군법회의가 만들어졌습니다. 서울구치소에는 전국에서 올라온 수많은 학생들, 당시 검거가 1000여 명이었다고 하니까 학생들이 방방이 빼곡하게 들어 있었습니다. 그리고 이 발표된 내용에 의해서 수사를 받고 군법에 가서 빠르게 재판을 받습니다.

(정의화 의장, 정갑윤 부의장과 사회교대)

여기 역사를 위해서 한번 읽겠습니다. 이 자리에 계신 유인태 선배님 존경하면서 읽겠습니다.

'1974년 5월 27일 비상군법회의 검찰부는 민청학련 및 인혁당 사건을 추가 발표하면서 민청학련사건은 이철, 유인태 등 평소부터 공산주의 사상을 가지고 있던 몇몇 불순학생이 핵심이 되어 작년 12월경부터 폭력으로 정부를 전복하기 위한 전국의 봉기를 획책한 것으로……'

유인태 선배님 죄송합니다. 이런 불행한 과거가 있었던 것이 오늘날 아직도 이렇게 성명을 읽어야 되는 이 비참한 현실 속에서 죄송하다는 말씀 드립니다.

'서도원, 도예종 등을 중심으로 한 인민혁명단계 지하공산세력, 재일조총련계열, 과거 불순학생운동으로 처벌받은 조영래 등 용공불순세력' 전태일 평전, 전순옥 의원님의 오빠이신 전태일 평전을 쓰신 조영래 변호사님 아실 겁니다.

유인태 의원님, 조영래 변호사님이 지하공산세력, 용공불순세력이 되어 있습니다.

불순학생운동으로 처벌받은 조영래 등 용공불순세력, 일부 종교인 등 반정부세력과 결탁하여 반정부연합전선을 형성, 유혈 폭력혁명으로 정부를 전복 공산정권을 수립코자 한 국가변란 기도사건이라고 규정하였으며 비상보통군법회의는 민청학련 관련자 32명에 대해 유인태, 이철 등 7명 사형, 무기징역 7명, 징역 20년 12명, 징역 15년 6명을 선고하였고, 1974년 9월 7일 비상고등군법회의 항소를 기각하고, 1975년 4월 8일 대법원은 피고인 측

주장에 대해 이유 없다며 상고를 기각하고, 민청학련사건 관련자들의 형량을 최종 확정하였습니다.

여러분 믿어지십니까? 불과 30여 년 전에 이런 일이 있었습니다. 불과 20살, 21·2살, 많아 봐야 25·6·7살 먹은 학생들이었습니다. 여러분의 자녀 중에 그런 어린 학생들이 많을 겁니다. 이런 학생들이 민주주의의 불타는 마음으로 유신헌법에 반대했다는 명목으로 공산불순세력이 되고 정부를 기도하려는 불순세력이 되어서 사형·무기·20년 징역을 받습니다. 그것도 불과 1년도 안 되는 칠팔 개월의 빠른 군법회의에서 말입니다. 그런데 그 안에 국가정보원 전신인 중정이 있었습니다.

민청학련이 용공이적단체였는가? 아니었지요. 많은 기록이 있지만 이미 국민 여러분들이 아니라고 알고 계실 것 같아서 생략하겠습니다.

그러면 아까 말했던 인혁당사건하고는 무슨 관계인가? '그 사람들은 공산주의자였겠지. 거기서 돈 좀 받았지 않겠어? 그러니까 이렇게 옭아맸겠지' 하는 의심들을 하는 분이 혹시 있을까 싶어서 이 부분은 읽어 드리도록 하겠습니다.

'3) 민청학련은 이른바 인혁당재건위의 배후조종을 받았는가? 당시 중앙정보부와 비상보통군법회의의 검찰부는 민청학련이 이른바 인혁당재건위의 배후조종을 받은 것으로 발표하여 민청학련의 배후에 공산주의자들이 도사리고 있는 듯이 설명했으나 당시 수사에 참여한 중앙정보부 직원이나 경북도경 소속 경찰관들은 의문사진상규명위원회에서의 진술과 진실위 면담조사에서 여정남 진술 이외에는 민청학련과 인혁당재건위의 연계성을 입증할 증거는 없으며, 민청학련은 유인태 등 서울대생들이 총괄·기획하여 인혁당재건위가 배후조종할 여지가 없었으며 일부 수사관들은 인혁당재건위가 민청학련을 배후조종했다는 수사발표에 반발하기도 했다고 진술했으며, 민청학련 관련자들은 모두 여정남과의 교류는 인정하지만 지방에서 갓 올라온 여정남이 모든 학생운동을 배후조종하는 것은 있을 수 없는 일이라고 일관되게 부인하고 있다. 인혁당재건위가 민청학련의 배후조직으로서 4·3학생시위의 준비 등 주요활동을 조직적이고 지속적으로 배후조종하였다는 증거는 어디에서도 찾아볼 수 없다.'

이런 겁니다. 전국의 1000여 명의 학생들이 검거됐어요. 학생시위는 물론 전국 도시에서 있었고요. 그런데 이걸 민청학련이라는 이름으로 하나로 묶어서 조직을 만들어 발표를 해야 되는데 학생들 시위만 가지고―아무리 긴급조치가 무섭지만, 그걸로 사형·무기를 때린다면 어느 국민이 심정적으로 이해를 하겠습니까? 학생이 맨손으로, 우리의 자녀들이 거리에 나섰는데 그렇다고 국가가 전복된다고 믿는 국민이 있겠습니까?

그러니까 어떻게든 누군가 공산세력이 배후조종해야 했다고 만들어야 되는데 어떻게 만들까 하다가 소위 서클인 인혁당재건위 피의자들 속에서 가장 젊었던, 30대였던 여정남이라는 청년을 서울에 와서 민청학련 피의자 몇 명과 만났다는 이유로 배후조종했다고 묶어 낸 것입니다.

그런데 국정원 조사인은 '배후조종하였다는 증거는

어디에서도 찾을 수 없다' 이렇게 결론을 내려 주고 있습니다.

또 당시에 민청학련이 조총련 또는 일본공산당 등 국외 공산계열의 배후조종을 받았는가? 받았다고 발표를 했으니까요.

그래서 국외로부터 폭력혁명의 선동과 자금제공을 받았다고 발표했는데 구속한 사람이 불과 그 당시 젊은 일본인 기자 1명과 다찌가와 씨라는 젊은이 1명, 2명이었습니다. 젊은 기자가 선동을 했다는 겁니다. 돈을 주었다는 겁니다. 그들도 마찬가지로 구속해서 재판을 받았습니다.

그리고 이후 1년도 안 돼서 모두 민청학련으로 구속되었던 사람들이 특별사면으로 방면됩니다. 그리고 20년·사형 받은 몇 분들만 보내주지 않았습니다. 이런 어마어마한 사건을 일으켜서 수사를 하고 고통을 받게 하고 수많은 사람들을 힘들게 했음에도 불구하고 그것이 사실이라면 어떻게 구속된 학생들 모두를, 대부분을 1975년 2월 15일 그냥 특별사면으로 방면을 했을까요?

이것은 민청학련사건 관련 기록을 보시면 또 알 수 있을 겁니다. 그 당시 카터 미국 대통령이 당선되고 인권을 중요시하던 시절에 우리 박정희 대통령과 불화설이 많이 나돌았습니다. 그래서 당시에 '대통령이 서울에 와야 되는데 이런 일들이 일어나면 못 가겠다 하니까 특별사면했다' 하는 풍문이 있었습니다. 아마 정확한 기록들이 있을 겁니다.

기록에 보면 다찌가와·하야가와 등이 당시 7500원을 유인태에게 준 것을 '취재에 대한 사례조로 7500원을 받았다고 표현하는 것은 진실에 반하는 것이니 폭력혁명을 위하여 애쓰고 있는데 자금이 없어 라면으로 연명하고 있는 실정이고, 교통비도 없다는 사정을 말했더니 나도 같은 사상이라면서 사회주의 혁명이 성공되어 사회주의 국가가 건설되기를 희망한다. 적은 돈이지만 폭력혁명을 수행하는 자금에 보태어 쓰라고 하면서 주기에 처음에는 거절하였으나 되풀이하여 하야가와와 함께 전하여 주기에 마지못하여 받았습니다라고 그렇게 강요되어 표현하였다'고 되어 있습니다.

그 뒤 인혁당사건은 풀려나오지 못했습니다. 75년 4월인가요, 5월인가요? 기록에 있을 겁니다. 이분들은 모두, 사형언도를 받은 분들은 재판이 대법원에서 확정되고 불과 24시간도 지나지 않아서 다음 날 아침 새벽에 사형을 시켜 버렸습니다.

그러면 필요한 부분 몇 가지를 더 읽어 드리겠습니다.

'인혁당재건위는 국가변란을 기도했는가?

인혁당재건위 사건 관련자들 중 경북 출신 인사들은 1969년 3선개헌 반대운동 이후 민주수호국민협의회(민수협)가 구성되자 경북 민수협을 구성하여 서도원·도예종·하재완·송상진·전재권 등은 운영위원으로, 강창덕은 총무위원장, 이재문은 대변인으로 각각 활동하는 등 박정희 출신지역의 반독재 민주화운동의 중심인물들로서 1971년 8월의 남북적십자회담, 1972년 1월의 닉슨 미국 대통령의 중국 방문 등에 이어 1972년 7월 4일

남북공동성명이 발표되는 등 남북관계와 한반도 주변정세에 큰 변화가 예상되자 서울지역의 혁신계 인사들과 함께 5·16 쿠데타 이래로 침체된 혁신세력의 활로를 모색하는 등 7·4남북공동성명의 발표와 유신체제 등장 이후 대구와 서울의 혁신계 인사들이 민주주의와 통일을 위해 반유신운동에 적극적으로 나선 것으로 인혁당재건위 사건에 연루된 혁신계 인사들의 활동이 반박정희활동 내지 반정부활동일 수는 있어도 체제전복이나 국가전복기도행위로 볼 근거를 찾을 수 없었다.'

'3) 인혁당재건위는 민청학련을 배후조종했는가?'

그것도 결론 부분만 읽겠습니다.

'여정남이 이철, 유인태 등 민청학련을 주도한 학생들과 몇 차례 교류를 한 것은 사실이지만 여정남 외에 인혁당 관련자들이 민청학련과 연결된 적은 없으며 당시의 수사 관련자들도 진실위와의 면담에서 여정남이 민청학련을 배후조종하였다고 볼 수는 없다고 진술하는 등 인혁당재건위가 민청학련의 배후세력이라는 수사 당국의 주장은 충분한 근거를 갖고 있지 못한 것이다.

4) 인혁당재건위는 북한의 지령과 공작금을 받았는가?

1972년 2월 하재완은 송상진의 도움을 받아 20여 일에 걸쳐 북한방송을 청취하면서 조선노동당 제5차 대회 보고문을 노트에 받아 적었고 서도원 등 일부 혁신계 인사들이 이를 돌려 본 것은 사실이지만 군대 시절 북한방송을 녹취하는 임무에 종사했던 특무대 중사 출신의 하재완이 전역 후에 주위의 혁신계 인사들이 이북의 통일정책에 대해 궁금해 하자 이를 받아 적은 것으로, 인혁당재건위 관련자들이 이북의 지령을 받았다는 중앙정보부의 발표 내용도 지령수의 방식이 통상적인 남파공작원들이 북한으로부터 지령을 수수할 때와 같이 A-3 단파라디오를 통해 암호문을 수령하여 난수표를 통해 해독하는 것이 아닌 당대회보고문을 청취한 것을 지령수로 본 것이고, 그 내용도 남조선혁명은 남조선인민이 주가 되어 수행해야 한다는 것으로 지령으로서의 구체성은 전혀 볼 수 없다.

그래서 북한의 공작금이 인혁당재건위에 흘러들어갔다는 일부 전직 중앙정보부원들의 주장은 김배영의 자금이 강무갑을 통해 이수병에게 전해졌다는 것인데, 이미 1974년도에 조사 결과 아무런 근거가 없는 것으로 밝혀져 당시의 공소장에서도 빠진 것이며, 하재완 등이 북한방송을 녹취하여 주변 인사들과 돌려본 행위는 당시의 법체계상 반공법을 일부 분명히 위반한 것이지만 이 노트가 빌미가 되어 인혁당재건위라는 반국가단체 결성의 유일한 물증이 되어 여덟 사람의 목숨을 앗아가게 되었다는 사실은 중앙정보부의 무리한 수사와 반공법·국가보안법을 앞세운 권력남용이 사소한 트집을 가지고도 얼마나 심각한 결과를 초래하는지를 여실히 보여주는 사례가 아닐 수 없다.

5) 인혁당재건위 사건은 고문을 통해 조작되었는가?'

당시 학생들의 상황, 당시 시민들의 민주주의에 대한 열망을 표현하는 시 한 편 읽고 또 넘어가도록 하지요.

김지하 시인의 시입니다.

'타는 목마름으로', 김지하.

'신 새벽 뒷골목에
네 이름을 쓴다 민주주의여
내 머리는 너를 잊은 지 오래
내 발길은 너를 잊은 지 너무도 오래
오직 한 가닥 있어
타는 가슴 속 목마름의 기억이
네 이름을 남 몰래 쓴다 민주주의여

아직 동 트지 않은 뒷골목의 어딘가
발자욱 소리 호르락 소리 문 두드리는 소리
외마디 길고 긴 누군가의 비명 소리
신음 소리 통곡 소리 탄식 소리 그 속에 내 가슴팍 속에
깊이깊이 새겨지는 내 이름 위에
네 이름의 외로운 눈부심 위에
살아오는 삶의 아픔
살아오는 저 푸르른 자유의 추억
되살아 오는 끌려가던 벗들의 피 묻은 얼굴

떨리는 손 떨리는 가슴
떨리는 치떨리는 노여움으로 나무판자에
백묵으로 서툰 솜씨로
쓴다.

숨죽여 흐느끼며
네 이름을 남 몰래 쓴다.
타는 목마름으로
타는 목마름으로
민주주의여 만세"'

'5) 인혁당재건위 사건은 고문을 통해 조작되었는가?
인혁당재건위 사건 피의자들이 중앙정보부에서 고문을
당했다는 주장은 피의자들을 비롯하여 피의자 가족, 변호인,
교도관, 파견경찰, 서울구치소 수감자 등에 의해 광범위하게
제기됨.
인혁당재건위 사건 피고인들은 항소 및 상고이유서를 통해
구타·물고문·전기고문 등 다양한 유형의 고문을 당하였다는
점을 주장하고 있고 도예종, 김용원, 하재완, 송상진, 여정남
등은 고문 일시, 고문 방법, 고문으로 인한 상처 및 후유증,
고문수사관 이름 등을 구체적으로 진술하였으며, 서울
성북서 파견경찰 전재팔은 인혁당재건위 사건 수사를
담당한 파견경찰이 중앙정보부에서 전기고문 하는 장면을
목격하였는데 수사관이 군용전화 손잡이를 잡고서
기대하는 이야기가 나오지 않으면 손잡이를 돌렸다고 진실위
면담조사에서 진술하였음.
당시 담당검사 송 모모를 비롯하여 중앙정보부의 이 모모,
윤 모모, 파견경찰 손 모모, 박 모모, 신 모모 등은 자신들이
고문을 하거나 고문수사에 개입한 사실을 부정하고 있지만

고문을 당했다는 피해자들의 진술이 일관성과 구체성을
갖고 있고, 고문의 가해자나 피해자가 아닌 삼자적 위치에
있는 교도관이나 성북서 파견경찰 등 목격자들이 고문에
대해 증언하고 있으며 이러한 사실들을 통해 본 진실위는
인혁당재건위 사건 조사 과정에서 고문이 행해졌다는 정황을
확인하였다.
2002년 의문사진상규명위원회도 인혁당재건위 사건
관련인 장석구의 의문사 사건 조사 결과 인혁당재건위 사건
수사과정에서 고문이 자행되었다고 결론을 내린 바 있다.
6) 공판조서는 변조되었는가?'
생략하고 중간쯤 읽겠습니다.
'중앙정보부의 1977년 조사보고서는 공판조서가 변조된 것이
아니라고 결론을 내리고 있지만, 그 내용은 실제 답변과 다르게
기재되었다는 점을 인정하는 내용을 담고 있는 것이다.
두 변호사가 공판조서가 실제 답변과 다르게
작성되었다고 지적한 부분은 '공산주의국가 건설을
목적으로 공산비밀조직을 구성하자는 회합결의를 한 사실'
등 반국가단체 결성과 관련하여 유일한 증거로 제출된
피고인들의 자백과 관련된 부분으로 대법원은 반국가단체
결성의 증거가 피고인들의 자백 이외에는 존재하지 않는
상황에서 피고인들의 검찰 신문조서 진술의 임의성을 판단할
때 검찰 신문조서에 기재된 내용을 피고인들이 공판에서도
인정하였다면서 1심 공판조서를 판결문에 인용하였다.
그러나 조승각 변호사가 예로 제시한 공판조서의 변조된
내용의 상당 부분이 대법원 판결문에 인용되고 있다는 사실은
실제 답변과 정반대로 작성된 공판조서가 대법원에서의 사형
확정판결에 실제로 결정적인 영향을 미쳤다는 점을 보여준다.'
(● 이완영 의원 의석에서 ─ 부의장님, 이게 우리 안하고
직접 관련이 있는지 설명 좀 해 주십시오! 인혁당 판례를
가지고 두 시간이나 이렇게 하는 게 직접 관련 있는지
부의장님이 좀 얘기해 주세요.)
중앙정보부가 과거에 국민에게, 자기가 안보를 지켜 줘야
될 자국민에게……
(● 이완영 의원 의석에서 ─ 누구 좀 시켜 가지고 직접 관련
있는지 얘기 좀 해 주세요.)
이런 국가의 권력을 이용해서 자국민을 무참하게
죽였다는 이야기를 하고 있는 겁니다.
(● 이완영 의원 의석에서 ─ 판례만 읽는 게 지금 직접 관련
있는지……)
그래서 이제 우리도 과거의 그런 기억을 되살리면서
국정원이 다시는 그러한 일을 하지 않도록 경계를 하고 올해
이번에 통과될 직권상정된 법의 독소 조항을 제거하고 다시
논의하자는 이야기를 하고 있는 것입니다.
(● 이완영 의원 의석에서 ─ 부의장님께서 설명 좀 해
주십시오.)
(「들어 보세요」 하는 의원 있음)
(「조용히 하세요」 하는 의원 있음)

● 부의장 정갑윤 이학영 의원님 고생합니다. 고생하는데,

** 회의록 원본에 "타는 목마름으로"라고 된 것을 고침.

이완영 의원 같은 그런 의견도 있다는 것을 말씀드리고, 전반전에도 제가 말씀드렸지만 잘 감안해서 그리 해 주시기를…… 앞으로 우리가 이제 새로운 전례를 만들어 갑니다. 그래서 잘 감안해 주시고 발언해 주시기 바랍니다.

● **이학영 의원** 예.

형 확정 후 18시간 만에, 그것도 새벽에 가족들에게 주검을 보이지도 않고 사형해서 버렸습니다. 사형 집행 날 가족들의 동의도 구하지 않고 화장을 해 버렸습니다. 이럴 수 있는 겁니까?

사형을 당했어도 인간입니다. 설령 잘못 판결해서 사형을 당했다 할지라도 그 돌아가신 분의 아내도 있고 자녀도 있고 어머니도 있고 아버지도 있습니다.

국가권력의 이름으로, 국민이 위임한 법으로 사형을 했으면 최소한 시신은 가족들에게 돌려보내 줬어야지요. 싸늘한 시신을 붙들고 어머니와 아버지가 통곡할 시간은 주었어야지요. 못 보내는 그 어머니가 그 눈은 감겨 줬어야 되지요. 이제 어린 아들들이 아버지의 마지막 손을 잡게 했어야지요.

국가의 이름으로 이럴 수가 있는 겁니까? 우리가 만든 법률이, 우리가 낸 세금이 이렇게 폭력을 자행해도 되는 겁니까? 야만을 자행해도 되는 겁니까?

다시는 이런 일이 없자고 하는 겁니다. 그래서 선거가 초미에 있음에도 불구하고 우리 야당 국회의원들이 이 자리에 이렇게 서 있는 것입니다.

국민 여러분!

다시는 이런 불행한 일이 적어도 우리가 살고 있는 대한민국에 일어나지 않게 합시다. 다시는 국가기관이 법에도 없는 일을 하지 않게 합시다. 최소한 법이 있으면 법대로는 해야지요.

현재 가지고 있는 통신비밀보호법, 금융정보법 그것을 가지고도 얼마든지 그동안 우리 통신 다 사찰할 수 있었습니다. 영장을 받아서 다 했습니다. 금융정보 다 했다고 저에게도 연락을 줍니다. 또 필요하면 미행도 할 수 있습니다. 그런데 아예 법을 없애자고요? 이제 의심되면, 예정되면 아무 때나 이것 다 들여다보자고요?

우리가 국민들이 다 재벌이 될 필요는 없습니다. 다 호화스럽게 살 필요는 없습니다. 우리는 최소한의 것을 요구하고 있습니다.

자식들 대학까지 제대로 보낼 수 있으면 좋겠다, 또 크는 동안 아이들에게 딸아이와 남자아이가 있으면 따로따로 방 하나씩은 주어서 따뜻한 방에 재우고 싶다, 또 졸업하면 서푼벌이라도 일할 수 있으면 좋겠다, 그리고 일하다가 실수해서 재해를 당하면, 그리고 일을 못 하게 되면 실업급여라도 받아서 다시 취업할 때까지 안정된 가정을 꾸리면 좋겠다, 아파서 병들면 치료를 했으면 좋겠다, 병들어서 아이들까지 교육 못 시킬 정도로 집 팔고 가계가 망하는 일은 없으면 좋겠다, 그리고 죽게 열심히 일해서 나라를 위해서 세금도 내고 국방도 지키고 아이들도 키우고

그런 나라를 위해서 세금도 많이 내고 하다가 힘이 떨어져서 노인이 되어서 이제 2선으로 물러나면 최소한 부끄럽지 않게, 내 살아온 인생 부끄럽지 않게 이웃에게 구걸하지 않고 아프다고 홀로 끙끙 앓지 않고 따뜻하게 노후를 보내고 싶다, 우리 국민들이 가진 소망이 이겁니다. 이것 하나 지켜 주는 것이 정치입니다.

다행히 우리나라는 그동안 다른 나라보다 훨씬 선진적인 발전을 해 왔습니다. 열심히 일해서 경제도 무역 10대국 되었고요, 적어도 세대수로는 주택을 하나씩 다 가져도 좋을 만큼 주택이 많습니다. 이제 전세비, 월세가 올라서 어렵지만 그것도 해결해 나가도록 합시다.

또 다행히 우리나라는 박정희 대통령께서 장기집권, 독재를 하긴 했지만 건강보험체제 만들어서, 발전시켜서 최소한 건강보험 보험료 내면 암이 걸려도 집안을 거덜 나게 하지 않을 정도는 만들어 놨습니다. 굉장히 잘한 거지요.

이제 건강보험을 조금만 더 강화해서 실손보험 안 넣어도 간병비도 다 댈 수 있고 하게 만들어 갑시다. 좋은 정치 합시다.

지금 주택은 많지만 고시원, 쪽방에서 살아가는 젊은 청년 여러분, 힘들지만 우리가 정치 잘해서 최소한 책상도 있고 TV도 볼 수 있는 방에서는 살아갈 수 있게 해 갑시다.

그리고 노후에도 현재 일부만 20만 원씩 주지만…… 박근혜 대통령께서 처음에 20만 원씩 준다고 하다가 아파트 한 채만 있어도 자식이 좀 번다고 돈을 주는지, 안 주는지도 확인한 적이 없는데 국민연금이 좀 나온다고 줄인 것 다 20만 원씩 다시 채워 드립시다.

동네 다니면 그런 이야기 많이 듣습니다. '내가 평생에 세금 많이 내고, 아파트 한 채 있다는 이유로 아파트에서 현금 나오는 것도 아닌데 겨우 10만 원 정도 주면 나더러 어떻게 살라는 거냐? 내가 인격이 모독 당하는 것 같아서 견디기 힘들다.'

그래서 제가 그랬습니다. '조금만 기다리세요. 다들 20만 원씩이라도 드려야지요. 조금 재산이 있다고 해서 안 드리면 되겠습니까? 그분은 그분대로 사정이 있고 평생에 그만큼 세금을 많이 내셨잖아요. 세금을 많이 내셨기 때문에 당연히 20만 원씩 받으셔도 됩니다. 조금만 기다리세요' 합니다.

'어르신들 조금만 기다립시다. 그래서 또 다음 대통령이 누가 되시든지 이런 불만을 다 알고 계실 테니까 공약으로 걸고 노후, 최소한 인간답게 살 수 있게 해 드릴 수 있을 겁니다.'

그런데 왜 하필, 빨리 선거 치르고 우리가 좋은 공약 내서 서로 경쟁해서 다시 국회 구성하고 다음에 대통령선거 치러서 좋은 사회 만들어 가야 되는데, 조금만 잘해도 우리나라 잘할 수 있는데 이 휴대폰이 뭐라고 여기에 법을 만들어서 규제하겠다는 겁니까? 왜 이것을 마음대로 들여다보겠다는 겁니까? 이게 권력의 욕심이 아니고 뭐겠습니까?

5년마다 금방금방 물러날 권력입니다. 툴툴 털고

물러나려고 하면 뭐가 그리 무섭다고 이것을 들여다보려고 합니까? 계속 권력을 쥐고 싶으십니까? 국정원은 계속 권력을 유지하고 싶습니까?

야당이 집권해도 국정원은 존재합니다. 국정원 여러분 월급 못 받을 일 없습니다. 그런데 왜 굳이 이런 법을 통과시키려고 합니까? 무소불위의 권력이 좋습니까? 삼천갑자동방삭이처럼 영구히 국정원장 할 수 있고 국정원 직원 할 수 있다고 생각하십니까?

인간은 유한합니다. 유한한 존재일 뿐입니다. 국정원장도, 대통령도, 이학영인 나도 불과 몇십 년 안에 이 지구상에 없을 것입니다. 그런데 왜 우리 자손들에게 이런 법을 만들어서 남겨 주려고 합니까? 한 번 만들면 다시는 폐지하기 어렵다는 것 너무나 잘 아시지 않습니까?

우리가 그동안 국민의 정부, 참여정부 때 국가보안법이 너무나 피해를 양산하기 때문에, 너무 과도하게 양심과 사상의 자유를 억압하기 때문에 그러한 부분을 고치려 했지만 못 고치지 않았습니까?

법이 한 번 만들어지면 폐기하기가 정말 어렵습니다. 그런데 만들자고요? 어쩌려고요? 다음에 여러분들의, 국회의원 여러분들의 자녀들은 실업 안 당하라는 보장 있습니까? 해고 안 당하라는 보장 있습니까? 시청광장에 가서 시위하지 말라는 보장 있습니까? 직장이 없어서 댓글 달고 불만을 이야기 안 하란 법 있습니까? 어떻게 그렇게 당당하게 미래를 예단하고 이런 법을 만들자고 하십니까?

제가 앞에서도 이야기했듯이 이 법은 만드는 순간 대통령부터 저 섬에 있는 어부에게까지, 100세 노인부터 이제 막 태어난 0세 아이까지 다 적용을 받는 법입니다.

인혁당 사건과 민청학련 사건은 박정희 정권이 비법률적인 방법으로 권력을 유지하기 위해서 무참하게 비판세력을 탄압하다가 발생한 사건입니다. 그 가운데 중앙정보부, 오늘의 국정원의 전신이 기획하고 만들어 냈던 것입니다. 이런 사건을 대통령이 시시콜콜 지휘했겠습니까? 장관들이 제안했겠습니까? 국회의원들이 만들자고 했겠습니까? 결국은 국정원이 하청 받아서 한 것 아니겠습니까?

그래서 그럴 요소를 예방하기 위해서 우리는, 우리 야당은, 더불어민주당은 국정원에서 수사권을 분리해야 된다, 그래서 검찰이나 또 다른 국가기관이 수사를 하게 해야 된다, 나아가서는 검경 수사 분리해서 서로 균형 있는 수사를 하게 하자 하는 제안을 하고 있는 것입니다.

국정원에게 의심된다고 추적하게 하고 감청하게 하고 미행하게 하고, 해서 잡아들여서 이제 수사까지 하게 하고, 그래서 재판부로 넘기면 얼마나 무소불위한 권력이 되겠습니까?

또 대테러대책 기구에, 그 핵심 집행기구에 국정원장을 앞세워서 모두 지휘·감독하게 하면 이것이야말로 모든 부처와 국회까지도 무력하게 만드는 비상계엄하의 비상계엄 정부가 아니고 무엇이겠습니까?

필히 이번에 제출된, 직권상정된 이 법안은 독소 조항을 빼고 다시 재상정되어야 하므로 국회의장께 간곡히 이제라도 직권상정을 철회하시기를 부탁드립니다.

여러분, 힘드시지요? 지루하게 바라보시는 것 얼마나 힘들겠습니까? 그러나 좀 더 참아 주십시오. 우리 국회의원들만의 반대토론만으로 이 테러방지법 철회하기가 너무 힘이 듭니다. 국민 여러분들이 자리를 지키고 끝까지 보고 계셔 주고 여론을 만들어 주셔서 이 법을 막아 내도록 해야 되기 때문입니다.

이제까지 중앙정보부라는 이름으로 행해진 국정원 전신의 과거 기록을 여러분들에게 보고드렸습니다. 그러나 이제는 생생한, 불과 얼마 전에 국정원의 이름으로 일어난 사건 하나를, 가까운 사건이기 때문에 여러분도 알고 있는 사건 하나를 보고드리겠습니다.

유우성 씨 탈북사건, 간첩사건 기억하시는 분 계시겠지요? 국적은 중국인데 북한에서 나고 자란 유우성 씨가 탈북을 해서 한국에 와서 여동생과 함께 살다가 간첩으로 몰려서 고통 받다가 간첩이 아니라고 해명되기까지의 이야기입니다.

유우성 씨의 국적은 중국입니다. 하지만 북한에서 나고 자랐지요.

"경성의학전문학교를 졸업하고 북한에서 의사로 일하던 그는 2004년 탈북했다. 유우성 씨는 비교적 빠르게 남한 사회에 자리 잡았다. 서울의 한 사립대 중문과를 졸업한 뒤 2011년 서울시 복지정책과 계약직 공무원으로 취직했다. 언론에도 여러 번 소개될 정도로 주목받았던 유우성 씨는 새터민들에게 희망과도 같은 존재였다."

그런데 이 유우성 씨가 어머니 장례식 때문에 북한을 방문합니다.

"남한에 정착한 유우성 씨지만 어머니 장례식을 그냥 지나칠 수 없었다. 유 씨는 5월, 밀입북 해 닷새간 머무른 뒤 중국을 거쳐 서울로 돌아왔다."

생각보다 허술하지요? 나도 이런 일이 일어난다는 게 믿기지가 않습니다. 북한하고 일부 휴대폰으로 통화할 수 있다는 이야기는 소문처럼 들어 본 적 있지만 어떻게 이렇게 왔다 갔다 할 수 있는지, 국정원은 과연 뭘 하는지……

"이때 유 씨는 여동생에게도 남한행을 권했다. 여동생 또한 가족과 함께 살고 싶다는 마음에 탈북을 결심했다."

여동생에게 남한행을 권한 것 보면 확실히 북조선이 싫어서 나온 사람임에 틀림없습니다.

유우성 씨의 말입니다. "북한에서 남한영화 보면서 '한국 그런 곳이구나. 가서 살고 싶다' 그런 생각 계속 들었고 크면서 꿈이 되었거든요."

"북한에서 나고 자랐지만 화교 신분인 유 씨는 중국 여권을 가지고 있었다. 탈북자로 신고하기 위해서는 이를 숨겨야 했다. 오빠는 알고 지내던 국정원 직원에게 동생을 잘 부탁한다는 문자메시지를 보냈다. 유가려 씨는 그날 밤 탈북자를 조사하는 국정원 중앙합동신문센터에 도착했다."

합신센터—합동신문센터지요. 수용 7일째, 동생 이야기입니다.

"국정원 수사관의 폭행과 협박에 놀란 유가려 씨는 수용 일주일 만에 첫 번째 자백을 했다. '너 화교지?' 해서 '아닙니다', 마지막까지 '아닙니다' 하다가 아줌마 수사관이 '너 아직도 아니야?', 갑자기 자기 앞에 책상에 있는 서류를 들고 와서 내 머리를 때리는 거예요. 머리를 너무 맞아서 아팠거든요. 윙윙 소리가 나고 다리 맞은 게 퍼렇게 되면서 서지도 못하고. 나보고 '일어나라' 하니까 안 일어나면 또 발로 차고 때리고 하니까 할 수 없이 벽을 기면서 일어났어요."

이것이 2000년대에 일어난 일입니다. 우리 아버지 때 이야기가 아니고요.

"그러나 국정원 수사관은 가혹행위를 당했다는 유가려 씨의 말이 거짓이라고 주장했다. 화교라는 사실을 자백한 지 보름 뒤 유가려 씨는 오빠가 밀입국했다는 확인서를 썼다."

합신센터(합동신문센터) 수용 22일째 유가려 씨의 말입니다.

"'오빠가 몇 번 들어갔냐?' 물어봐서 '한 번 밖에 없습니다. 어머니 돌아가시고 나서 마지막으로 장례식 참가하겠다고, 어머니 보겠다고 그 때 한 번 밖에 없습니다'라고 명백하게 얘기를 했습니다. 그런데 자꾸 아니라면서…… (오빠가 밀입북했다 자백했다는) 국정원 수사관 말이—오빠가 밀입북했다고 자백했다는 거지요. 그러니까 너도 자백해라 그 말인데—믿어지지 않았어요. 한쪽으로는 너무 때리고 맞고 하니 공포스럽고, 마지막에 버티다가 할 수 없이 허위진술을 하게 되었어요."

"합신센터에 들어간 지 23일 유가려 씨는 자신이 탈북자가 아닌 공작원이라고 자백했다. 국정원은 유가려 씨의 진술을 세밀하게 가다듬은 뒤 유우성 씨를 체포했다." 체포지도 않고 자백을 받았다고 했군요.

"유우성 씨 체포
국정원은 세부적인 행위나 방법까지 정밀하게 맞췄다. 유가려 씨는 몇 차례 증언을 번복했으나 '진술번복죄가 간첩죄보다 높다'며 압박했다.

결국 국정원은 유우성 씨를 간첩혐의로 구속했다. 탈북자로서 처음으로 서울시 공무원이 된 유 씨의 체포소식에 탈북자 사회가 긴장했다.

하지만 유 씨에 대한 수사는 그가 혐의를 송두리째 부인하면서 난관에 부딪혔다. 유우성 씨는 일관되게 여동생의 허위진술이라며 여동생과의 대질신문을 요구하며 버텼다.

그사이 동아일보가 단독으로 탈북자 1만 명 정보를 북한에 통째로 넘긴 탈북공무원 구속이라는 요지의 기사를 1면에 게재했다.

유우성 씨의 변론을 맡은 민변은 유가려 씨 접견을 요청했지만 국정원은 허용하지 않았다.

증거보전재판
국정원으로부터 사건을 넘겨받은 검찰은 유가려 씨의 진술을 확고한 증거로 만들기 위해 증거보전재판을 신청했다. 검찰은 유가려 씨가 법정이 아닌 영상증언실에서 진술하도록 했다. 오빠를 만나면 진술을 제대로 할 수 없다고 주장했다. 유우성 씨를 볼 수 없도록 피고인석을 비추는 모니터도 가렸다.

'오빠 좀 보게 해 달라고 합판 치워 달라고 했거든요? 그러니까 합판 치울 수 없다고, 그냥 하라고'" 유가려 씨 말입니다.

"유가려 인신구제심판, 합신센터 나옴
유가려 씨는 한 달 내에 출국하라는 강제출국명령을 받았다." 오빠를 만나지도 못하고 출국을 합니다.

"변호인단은 유가려 씨를 합신센터에서 나오게 하기 위해 인신구제재판을 신청했다. 국정원은 유 씨의 이탈을 방해했다. '가지 마, 가지 마. 일단 들어와. 네가 가게 되면 일이 복잡해져. 그렇게 하는 거 아니야. 일단 들어와' 계속 그 말을 반복했어요.' 유가려 씨는 4월 23일 긴급기자회견 자리에서 자백을 강요받았다고 밝혔다. 유 씨는 결국 합신센터를 나왔지만 큰 고통을 호소했다.

세 번의 중국행
유우성 씨의 변론을 맡은 민주사회를 위한 변호사모임(민변) 소속 변호사 3명은 현장 조사를 위해 세 차례 중국을 방문했다. 이들은 유우성 씨의 행적을 추적해 검찰의 기소 내용에 반박할 수 있는 자료를 확보했다. 새로운 증거들 앞에서 검찰은 공소장을 수차례 변경할 수밖에 없었다.

서울중앙지법은 검찰의 공소내용 국가보안법 위반사실에 대해 무죄를 선고했다",

없는 증거를 만들어서 입증하려 하니 자꾸 거짓이 드러나서 마침내 무죄가 된 거지요.

유우성 간첩 혐의 무죄
서울중앙지방법원 제21형사부 이범균 부장판사 말씀입니다.

"수사관들의 법정진술에 의하면 유가려가 폭행, 협박 및 가혹행위를 당했거나 세뇌 또는 회유를 받지 않은 상태에서 자유롭게 진술한 사실이 넉넉히 인정됩니다. 그러나 객관적인 증거의 명백히 모순되는 부분이 존재하고 진술의 일관성, 함의성의 측면에서도 의문이 듭니다. 따라서 공소사실을 합리적 의심의 여지가 없이 인정하기 부족하여 유우성 피고인의 국가보안법 위반 관련 공소사실에 대해 무죄를 선고합니다.

북한 이탈주민 보호법 위반 부분, 여권법 위반 부분에 대해서는 징역 1년, 집행유예 1년을 선고해 유우성 피고인을 석방합니다."

그리고 항소심이 시작됩니다.
검찰은 국정원으로부터 영사증명서에 첨부된 출입경기록을 받았습니다. 이를 토대로 간첩혐의를 입증할 수 있다고 자신한 검찰과 여전히 무고함을 호소한 유우성 씨 측의 항소심이 시작되었습니다.

"검찰은 국정원과 공조해 출입경기록과 사실조회서 등을 증거로 제출했다.

검찰, 위조공문서 제출 의혹
검찰은 출입경기록을 증거로 제출하면서 이 기록이 중국 공안당국에 발급을 요청해 중국 화룡시 공안국을 통해 받은 것이라고 밝혔다. 하지만 뉴스타파의 현지 취재 과정에서 검찰이 제출한 문서가 위조된 것이라는 의혹이 증폭되었다.

화룡시 공안 관계자들은 '출입경기록을 발행할 권한은 연변주 공안국에 있기 때문에 자신들은 발행할 수도 없다'고 답변했다. 검찰은 화룡시 공안국 명의의 사실조회서를 제시하며 공식기록이 맞다고 반박했다."

누가 맞을까요?

"중국정부, 공문서 위조 확인
　　검찰은 유우성 씨의 밀입북혐의를 입증하기 위해 중국 화룡시 공안국이 발행했다는 출입경기록과 사실확인서 등을 서울고등법원 재판부에 제출한 바 있다. 그러나 이 문서들은 유우성 씨 가족이 정식으로 발급받은 출입경기록과 다르게 변조된 의혹이 있어 유 씨와 변호인단은 조작의혹을 제기해 왔다.
　　그러자 주한중국대사관 영사부는 2월 13일 '중국의 관련 기관을 통해 조사한 바에 따르면 서울시 공무원 간첩사건을 입증하기 위해 검사 측에서 제출한 3건의 문서는 모두 위조된 것'이라고 밝혔다."

우리가 세금 내서 월급 드린 검찰 검사님들께서 이제는 외국의 공문서까지 위조했다는 참 부끄러운, 그리고 어이없는 일을 당한 겁니다.

부끄러워하세요.

"조작과 싸운 1024일, 유우성 씨 간첩혐의 무죄확정
　　대법원 법정에 들어선 유우성 씨 주변으로 사람들이 모여들었다. 그의 무죄를 입증하기 위해 함께 싸워 온 변호인들, 사건의 진실을 추적해 온 기자들, 그리고 얼마 전 백년가약을 맺은 그의 아내가 곁에 섰다. 유 씨는 연이은 법정 싸움으로 고통받는 와중에도 덕분에 좋은 사람들을 많이 알게 됐다는 말을 하기도 했다.
　　상고를 기각한다
　　2013년 1월 10일 국정원 수사관들에게 체포된 이후 2년 9개월, 날짜로 따지면 1024일 만에 간첩의 누명을 완전히 벗어내는 순간이었다. 법정을 벗어나 수많은 기자들 앞에선 유 씨는 담담히 지난 소회를 밝혔다. 자신을 믿고 입국했던 동생 유가려 씨가 합신센터에서 겪었던 고통에 대해 얘기할 때면 그의 목소리는 늘 가늘게 떨린다. 이 날도 마찬가지였다.
　　고통스러운 세월 속에 눈물을 훔치던 때가 많았지만 그는 분명 많이 성장했다. 그는 기자들 앞에 서서 이번 판결의 의미가 단지 자신 한 명의 누명이 벗겨지는 것에 국한되지 않는다고 말했다. 과거에도 간첩 조작 사건이 있었고, 자신의 고초는 과거 간첩 조작 역사의 연장선에 있는 것이라고 말했다. 그는 이번 무죄 판결로 더 이상 간첩조작의 피해자가 발생해서는 안 된다고 강조했다.
　　'간첩조작 가해자 처벌은 최초, 봐주기 수사와 판결은 과제'
　　같은 날 유 씨를 간첩으로 만들기 위해 증거를 조작했던 국정원 직원들의 유죄는 확정됐다. 여전히 국정원의 조직적인 범죄를 일개 과장의 범행으로 축소한 것이 아니냐는 지적이 나오지만, 헌정 사상 최초로 간첩 조작의 가해자들이 처벌을 받은 사례가 됐다는 점에서 의미가 크다.
　　대법원이 이전 재판부와 마찬가지로 현행 북한이탈주민보호센터의 조사방식을 문제 삼은 것도 이번

선고에서 눈여겨볼 대목이다. 재판부는 판결문에서 유 씨의 동생 유가려 씨가 북한이탈주민보호센터 조사를 받으며 장기간의 구금, 변호인의 조력권 박탈, 수사관의 회유 등을 겪고 신뢰할 수 없는 진술을 했다고 판단한 원심의 판결에 수긍이 간다고 판시했다. 또 검찰 측이 주장한 국정원장의 재량권과 임의수사권에 대해 재판부의 오인은 없었다고 못 박았다.
　　그러나 아직 풀지 못한 과제들이 남았다는 말도 나온다. 국가기관에 의한 증거조작이라는 '국기문란'의 범죄를 저지르고도 대부분의 국정원 직원들이 벌금형 정도로 법의 심판을 피해 간 것은 사실상 면죄부를 준 것이 아니냐는 지적이다. 여기에 이번 간첩 조작 사건의 증거조작을 배후에서 지휘했다는 의혹을 받고 있는 이문성, 이시원 두 담당 검사에 대한 수사와 기소가 제대로 이뤄지지 않았다는 점도 미진한 부분이다.

뉴스타파의 기사에 나온 내용들입니다.

자료가 어디 갔나 했더니, 홈이 있어요. 홈으로 다 들어가 버렸네요. 이런 낭패라니……

여러분, 보기 지루하고 힘드시지요? 그러나 조금만 더 지켜주십시오.

국민 여러분들이 지켜주시지 않으면 아무리 국회의원들이라고 해도 이 어려운 싸움을 지속할 수도 없고 이길 수도 없습니다. 여러분, 힘들지만 좀 더 견뎌 주십시오.

여러분, 지루하시니까 이제 여러분들이 보내신, 저에게 대신 대변하라는 이야기를 또 좀 읽어 드리겠습니다.

권택상 님 '헌법의 기본가치인 인권을 지키는 법안, 시민사회의 안전을 실질적으로 보호하는 법안, 시민의 행복으로 평화를 가꾸어 가는 법안을 만들어야 합니다. 테러방지를 위하여는 국정원의 많은 역할을 경찰에 위임해야 한다고 생각합니다.'

저도 동감합니다.

'투명한 행정은 사회의 안정성을 크게 향상 시킵니다. 경찰은 시민의 친구가 될 수 있도록 많은 변화를 해야 합니다.'

저도 동감합니다.

'테러 예방은 시민의 행복을 가꾸고 평화의 가치를 존중하는 데서 시작합니다. 저는 권력은 한곳에 집중되면 안 된다고 생각합니다. 국정원의 수사권은 이제 수사기관에게 되돌려 줘야 된다고 생각합니다. 5·16 군사정변 과정에서 잠시 국정원에 주겠다고 만든 수사권을 이미 제대로 정부가 운영되고 있는데도 유지한다는 것은 안 된다고 생각합니다.

이제 국정원은 국가 안위를 위해서 휴전선에 어떤 일이 일어나고 있는지 또 주변국에 어떤 일들이 일어나고 있는지 정보를 파악해서 대통령께 빠르게 보고하는 일을 해 주십시오.

그리고 농민들이 물대포 맞고, 저 시골에서 올라와 없는 돈에 차 빌려서 와서 시위를 하고 있으면, 그래서 쓰러져 피 흘려 있으면, 쓰러져 있으면 빨리 가서 왜 그랬는지 확인하고

그 정보를 빨리 대통령에게 이야기해서 올바른 판단을 하게 하는 것이 국정원의 역할입니다. 왜 그렇게 하시지 못합니까?

국정원 원장님, 서울대병원 한번 가 보셨습니까? 그날 왜 그런 일이 일어났는지 한번 조사 보고 받아보셨습니까?

그리고 수사권을 이제는, 이렇게 실수하는 검찰과 언제까지 단독으로 기소권을 독점하게 하실 겁니까? 전국의 곳곳에서 열심히 일하고 있는 경찰들에게도 날마다 험지에서 박봉으로 뛰고 있는 경찰관들에게 이제 수사권을, 기소권을 분배해 줍시다. 나눠 줍시다. 그래야 국가 권력이 서로 균형과 견제를 통해서 국민이 애꿎게 피해를 보는 일이 없을 것 아닙니까?'

최용균 님의 글입니다. '올바른 테러방지법이 아닌 국민의 사생활, 집회의 자유 등 인권을 침해하는 이번 대테러방지법에 반대합니다. 필리버스터를 응원합니다.'

박민정 '국민 1인당 CCTV 몇 개를 설치하려는 거지요? 스마트폰, 컴퓨터 기본 1~2개 이상씩 설치하여 감시하겠다는 건가요? 대놓고 감시하겠다고 말하는 법은 대놓고 국민을 무시하는 법이네요.'

김길용 '국민의 자유를 보장하기 위해 외로운 분투를 하고 계신 야당 의원들께 조금이나마 힘이 되고자 글을 남깁니다. 저는 29살의 청년입니다. 부끄럽게도 지금까지 정치에 크게 관심을 두지 않고 살았습니다. 하지만 이번 대테러방지법과 필리버스터 보며 정치에 무관심했던 지난날들이 국민의, 아니 저의 목을 조이는 순간이 왔음을 느낍니다. 대테러방지법이 국민의 자유와 부모님 세대가 피를 흘리며 일구어 놓은 민주주의의 뿌리를 근간째 흔들어버릴 위기에 처한 지금 필리버스터가 아닌 어떠한 수단을 강구해서라도 대테러법의, 특히 독소 조항들이 완전히 폐지되길 원합니다.'

(「IS 폭탄 테러 맞아 봐야 됩니까?」 하는 의원 있음)

여보세요, 공항은 따로 있습니까? 국정원은 뭐하고…… 공항에서 검문 안 합니까?

(「토론 신청하고 발언하세요」 하는 의원 있음)

(「테러가 난 뒤에 우리가 법안을……」 하는 의원 있음)

기존 폭발물법에 그런 법이 있다는 것 모르세요?

(「그거 완벽하게 하기 위해서 만들자는 것 아닙니까?」하는 의원 있음)

있는 법으로 다 할 수 있지 않습니까? 왜 옥상옥의 법을 만들어서 기존 법을 무력화시키는 겁니까? 그 의도가 뭡니까?

(「무력화 아니지요」 하는 의원 있음)

무력화가 아니라니요. 부칙에 달려 있는…… 세상에, 부칙은 시행령 만들라고 부칙을 두는 겁니다. 법을 만들어서 이 법 원칙만 법에 넣었으니까 세세한 것은 대통령령으로 넣어서 이건 이렇고 저건 이렇고 집행하라는 겁니다. 집행하라고 부칙을 다는 겁니다. 그런데 거기다가 있는 법을 없애라고요? 수정하라고요? 꼬랑지가 몸통을 흔드는 것입니다. 생쥐가 공룡을 흔들고 있는 겁니다.

물 한잔 마시겠습니다.

(「폭탄 맞아 가지고 국민이……」 하는 의원 있음)

그럴수록 저는 쉽습니다.

IS 대원이 국내에 침투하기 위해서는 바다나 공항을 통과하지 않으면 할 수 없습니다. 바다에는 우리 해양경찰이 있고요, 공항에는 검문검색대가 있고요.

(「다른 나라도 다 그렇게 돼 있는데 테러 나잖아요?」하는 의원 있음)

다른 나라에 다 대테러법 없습니다.

자료 대볼까요?

(「그러니까 만들어 가지고……」 하는 의원 있음)

다른 나라는 그 법 없이도 다 테러 막고 있어요.

(「아니, OECD 국가에서 세 나라 빼놓고는 대테러방지법이 다 있습니다」하는 의원 있음)

관련법들이 있는 거지요.

(「공부 좀 하세요, 공부 좀」 하는 의원 있음)

하나의 법이 있는 게 아니지요. 관련법들이 여러 곳에 있는 겁니다.

(「내용을 가지고 맞는 말을 하셔야 될 것 아니에요」하는 의원 있음)

(「무시하고 하세요, 그냥」 하는 의원 있음)

(「토론 신청하고 발언하세요」 하는 의원 있음)

(「아니, 내용을 틀리게 얘기하니까 그런 거지」 하는 의원 있음)

(「사실을 왜곡하면 안 된다는 거지요, 사실을」 하는 의원 있음)

(「필리버스터 신청하세요, 그렇게 하고 싶은 말씀이 있으시면」 하는 의원 있음)

(「국민을 보호합시다, 국민을」 하는 의원 있음)

오늘 저는 국회에 와서 국회의원이지만 처음 듣는 소리를 많이 듣습니다. 입법 비상사태라는 말도 오늘 들었습니다.

비상사태면 비상사태지 입법 비상사태가 있고 행정 비상사태가 있고 자치단체 비상사태가 있습니까?

(「입법부가 제대로 못 하니 입법 비상사태지요. 다 알고 있는 얘기를……」하는 의원 있음)

법에 없는 말 하지 마세요.

(「아니, 부칙 내용을 모르는 거예요, 그거」 하는 의원 있음)

(「토론 신청하고 하세요」하는 의원 있음)

(「선거구 획정을 갖다가 야당에서 얘기했단 말이에요, 지금」하는 의원 있음)

국민 여러분, 답답하시지요?

(방청석에서 박수 치는 사람 있음)

(「아니, 법에 대해서 부칙도, 내용도 모르면서 그런 얘기를 하세요?」하는 의원 있음)

우리 방호과 직원님, 방청석에 조용히 하실 테니까 그냥 두세요. 그냥 앉아 계시게 하세요. 우리의 주인 되시는 분들이 와서 앉아 계십니다. 그분들은 세금을 낸 주인들이십니다.

방호과 직원 여러분, 여러분은 주인을 모시고 있는 겁니다. 박수 치지 않았습니다. 소리도 들리지 않았습니다.

(방청석 소란)

의원님 한 분 가서 좀 말려 주세요.

(「방청하게 하세요!」 하는 의원 있음)

방청하게 하세요.

(「정중하게 하세요」 하는 의원 있음)

신체에 해를 가하지 마세요.

(「의사진행 방해하는 새누리당 의원은 그냥 두고 왜 국민을 끌어냅니까?」하는 의원 있음)

(● 조원진 의원 의석에서 ─ 새누리당 의원은 의원석에 앉아 있잖아. 그거 알고 해요. 국회법도 모르고 얘기하는 거야, 지금?)

그냥 조용히 앉아 계시게 하세요. 소리 들리지 않았습니다. 박수 소리 들리지 않았습니다.

● **부의장 정갑윤** 자, 우리 이학영 의원……

(● 조원진 의원 의석에서 ─ 토론을요, 내용을 알고 얘기해야 될 것 아니야. 내용도 모르면서……)

● **이학영 의원** 의장님, 의장님 정리 좀 해 주십시오.

(「토론 신청하시든가요」 하는 의원 있음)

● **부의장 정갑윤** 조원진 의원님, 원활한 회의 진행을 위해서 좀 조용히 해 주시기 바랍니다. 품격을 다 지켜주시고.

이학영 의원은 저 방청석에 관여하시지 말고 발언 계속해 주세요.

● **이학영 의원** 예, 그러겠습니다.

(「부의장님, 관련 없는 내용은 좀 제지해 주십시오」 하는 의원 있음)

● **부의장 정갑윤** 국민들이 판단하겠지요, 뭐.

● **이학영 의원** 국회의원만 말하는 것 듣고 있으니까 지루하시지요? 말씀하고 싶은 여러분들의 이야기를 제가 지금 전해 드리고 있습니다.

김길용님의 글을 다시 읽겠습니다.

'국민의 자유를 보장하기 위해 외로운 분투를 하고 계신 야당 의원님들께 조금이나마 힘이 되고자 글을 남깁니다.

저는 29살의 청년입니다. 부끄럽게도 지금까지 정치에 크게 관심을 두지 않고 살았습니다. 하지만 이번 대테러방지법과 필리버스터를 보며 정치에 무관심 했던'……

(「아까 했던 내용이에요. 했던 내용……」하는 의원 있음)

'지난날들이 국민의, 아니 저의 목을 조이는 순간이 왔음을 느낍니다.'

그래요, 했던 내용 빼고 합시다.

'저는 자랑스러운 대한민국의 국민으로서 많은 해외생활을 통해 세계가 한국을 얼마나 대단한 국가로 보고 있는지 느끼고 있습니다.'

됐지요?

그들은 대한민국은 민주적인 나라이며 자유가 보장되고 누구나 열심히 일을 해 성취를 이루며 꿈을 가질 수 있는 자유와 인권이 보장된 나라라고 알고 있습니다.

지난 수십 년을 거쳐 온 민주화의 투쟁과 시민의식의 성장이 이루어낸 대한민국에서 저는 좋은 스승과 학교에서 올바른 역사와 정치 그리고 대한민국 국민으로서의 권리를 배우며 성장했습니다. 교육은 자유로웠고, 누구든 정치에 대한 자신의 생각을 말할 수 있었습니다.

(「내가 볼 때 그거 안 하면 아무 문제없어요」하는 의원 있음)

적어도 우리는 그렇게 할 수 있는 대한민국을 만들기 위해 노력해 왔습니다. 그런데 적어도 제가 이해하는 대테러방지법은 그런 자랑스러운 우리 대한민국을 1960년대, 70년대의 미숙하고 독재로 얼룩졌던 후진적 민주주의로 되돌리려 합니다. 저는 저의 후배들, 저의 자손들이 대한민국에서 표현의 자유와 권리를 가지고 자유롭게 살아가는 삶을 가지길 희망합니다.

(「테러대상국입니다」 하는 의원 있음)

정치의 때를 타지 않은 역사를 담은 진짜 교과서로 공부를 하며 스스로의, 자의로 역사와 정치를 평가하는 사람이 많아질 대한민국을 희망합니다.

최상원 님입니다. '지금 정부 여당이 추진하고 있는 테러방지법, 사이버테러 방지법은 정부를 비판하는 글을 올려도 정부기관에 대한 테러범으로 의심되어 저의 모든 정보는 털립니다.'

(「절대 그렇지 않습니다」 하는 의원 있음)

'사생활이 털립니다. 이런 나라가 대한민국이 될 수 있다는 것에 무섭습니다. 막아야 합니다.'

(「정부 비방한다고 테러로 보는 건 아닙니다. 정확하게 얘기하세요, 정확하게」하는 의원 있음)

(「토론 신청하고 발언하세요」 하는 의원 있음)

이갑인 님 '만두를 먹을까 라면 먹을까 고민하고 있을 때, 혼잣말이 하고 싶을 때 트위터를 켜고 막상 문장을 적고 나면 '아, 이거 올려도 되는 건가?' 하고 고민하게 될까 무섭습니다. 그게 과연 나라일까요, 나치일까요?'

김지남 님 '도대체 몇백 년을 역행하겠다는 겁니까? 정도전의 조선 정치체제의 핵심은 권력으로 권력을 견제하는 것이었습니다. 사대부는 왕을, 왕은 사대부를 서로 견제하는 것입니다. 14세기의 일이었습니다.

몽테스키외는 '법의 정신'에서 권력분립이론을 제시했습니다. 현대 민주주의의 근간이라고 할 수 있는 것입니다. 18세기에 출간된 책입니다.

도대체 몇백 년을 역행하겠다는 것입니까? 국정원에 무소불위의 힘을 싣는 테방법, 아니 국테법, 국민테러법이라고 해야지요. 절대 반대합니다.'

이경욱 님 '지금이 비상사태도 아닌데 테러방지법을 직권상정하여 국민의 안방과 숟가락까지 사생활을 감시하고자 하는 테러방지법을 통과하고자 하는 당신들은 누구인가? 국민을 옭아매는 테러방지법을 통과하고자 하는 당신들은, 자유 대한민국 국회에서 이 법을 만들고자 하는 것은 국민의 목숨을 틀어 쥐겠다고 하는 것인데 어찌하여 국민이 뽑아준 국회의원들이 이 법을 만들려고 하는가? 통탄할 일이 아닌가? 세계 어느 곳에도 없는 법을 만들어 독재를 하고자 하는가?'

김선미 님 '국정원의 국민들 사찰로 페이스북, 카카오스토리 메인 제목도 자유롭게 쓸 수 없게 된다면 답답하고 짜증나고 점점 민주주의가 후퇴되네요. 적극 반대합니다.'

김민영 님 '무섭습니다. 정말 무섭습니다. 테러방지법은 잘못 활용되면 민주주의를 파괴시킬 겁니다.'

이대건 님 '대구에서 태어나 살아가고 있는 20대 대학생입니다.

지난 대선개입 의혹을 받고 있는 국정원이 테러방지법으로 명분을 갖고 우리 시민들의 전화, 카톡과 은행계좌 등 모든 것을 자유롭게 조회하고 24시간 사찰한다면 자유롭게 말도 할 수 없고 그 어떤 행동도 할 수 없는 그런 세상을 상상하니 끔찍합니다. 민주주의 국가는 나와 생각이 달라도 이해하고 들어 주는 그런 국가라고 배웠습니다. 평등하고 자유롭게 살 수 있도록 정부 여당이 다시 한 번 생각해 주십시오.'

'내가 올린 글은 언제 읽어 주나요?' 하시는 분들이 있으실 텐데요. 어제까지 올리신 글들은 다 읽어 드리겠습니다. 그러나 지금 오늘 현재 이 휴대폰으로 들어오는 글들은 제가 장담을 할 수 없습니다만 이따 확인을 한번 해 보겠습니다.

(「찬성하는 얘기는 없습니까?」 하는 의원 있음)

예?

(「찬성하는 얘기는 없었습니까?」 하는 의원 있음)

저에게 오는 것은 찬성하는 이야기는 없었습니다.

우리 의원님께서 찬성하는 얘기가 오면 이 자리에 오셔서 낭독하시기 바랍니다.

자, 이 꼭지는 우리의 자랑스러워야 할 국정원이, 국민의 생명·안보·생계를 지켜 줘야 될 국정원이 또 어떤 일을 했는가 하는 것을 좀 보여 주는 일을 하겠습니다. 제발 이런 일 하지 마시고 외국에 가셔서 해외 기업들 어떻게 하는지, 기술은 어떻게 발전시키는지, 우리 기술 빼 가지 않는지, 이런 것 감시하시고 또 그쪽 공관에 이상한 사람들이 와서 비자 신청하는지 안 하는지 이런 것 보시고 하셔야지요. 국내에서 어렵다고 말하는 국민들이 있으면 그런 정보를 잘 정리해서 대통령님께 보고하셔야지요.

(「열심히 잘하고 있어요, 지금도」 하는 의원 있음)

그래서 '저 시위하고 있는 시민들의 목소리를 들어 보니 이러이러합디다. 그러니 농민들도…… 이런 이야기도 좀 들어서 정책에 반영합시다' 이렇게 해야 되겠지요.

국정원 공작 실패사례를 한번 들려 드리겠습니다.

국정원에서 나온 자료입니다.

'러시아

사건개요

러시아, 2008년 6월 외교관 신분을 가진 국가정보원 직원 4명을 불법 정보수집을 이유로 추방. 한국 외교관이 추방된 것은 1998년 7월 한·러시아 외교관 맞추방 사건 이후 두 번째.

러시아의 한국통인 발렌틴 모이세프 전 러시아 외무부 아태1국 부국장은 주러시아 한국대사관의 조성우 참사관에게 돈을 받고 무기수출 관련 문건 등 국가기밀을 넘겨준 혐의. 이 사건으로 당시 박정수 외교부장관 사임. 1996년 10월 1일 국정원에서 파견된 러시아 블라디보스톡 국가안전기획부 소속 공작관인 최덕근 영사 의문사.

2. 리비아 2010년 6월 18일

사건개요

주리비아대사관에서 근무 중인 우리나라 국정원 직원이 리비아 내 활동이 국가안보에 위해를 야기했다는 이유로 해당 직원을 구금·조사한 뒤 지난달 15일 비우호적 인물로 우리 측에 통보하고 18일 추방. 국정원 직원은 무기 목록 등 리비아의 군사정보와 현지 거주 북한 근로자 1000명의 정보를 수집하다가 적발돼 강제추방. 리비아 측에서 정부 요인 정보수집, 무아마르 알 카다피 국가원수의 국제원조기구 조사, 카다피 원수 아들이 운영하는 아랍권 내 조직에 대한 첩보활동 등 리비아에서 금기영역으로 알려진 부분에 대한 정보활동 주장.'

지루하니까 짧은 것들만 읽겠습니다.

'인도네시아 특사단 2011년 3월 16일

사건개요

2011년 3월 16일 국정원 직원들이 인도네시아 대통령 특사단이 머물고 있던 서울 소공동 롯데호텔 숙소에 침입해 노트북을 뒤지다 발각되어 절도 등의 혐의로 경찰에 신고됨.'

당시 기사 하나를 읽어 드리겠습니다. 조선일보를 토대로 재구성한 자료입니다.

'21일 인도네시아 특사단 숙소 잠입사건의 주인공이 국정원 직원으로 밝혀지면서 여기저기서 국정원과 정부를 비난하는 목소리가 높아지고 있습니다. 특히 정치권은 여야 할 것 없이 국정원의 어설픈 정보수집에 대해 일제히 비판하고 나섰습니다. 한나라당은 특사단 숙소에 침입한 사람들이 국정원 직원이라면 창피한 일이라며, 누가 들어오면 창문으로 뛰어내리기라도 해야 하는 것 아니냐며 아마추어 같은 국정원의 첩보활동에 어이없다는 반응을 보였습니다. 야당은 국정원이 흥신소가 됐다며, 국정원 직원이 절도범이 되었냐며 이것이 사실이라면 이명박 정권이 정권의 치적과 수출 신화를 만들기 위해 엄청난 나라 망신을 시킨 것이라고 맹비난했습니다. 이어 G20을 자랑하더니 글로벌 절도국가로 낙인찍힐 지경이라며 누가 지시했고 어떤 경위로 이런 일이 발생했는지 그 사태를 파악해서 책임을 철저히 물어야 한다고 말했습니다.'

죽죽 있는데요. 이 정도만 읽겠습니다.

'유엔 2010년 8월

사건개요

국가정보원이 프랭크 라뤼 유엔 의사표현의 자유 특별보고관을 미행·사찰.

라뤼 보고관은 4일 서울 명동의 한 호텔 정문 앞에 세워진 은색 승용차 안에서 자신들을 캠코더로 찍고 있는 사람을 발견, 이를 휴대폰으로 찍음. 라뤼 보고관은 6일 서울 세종로 정부중앙청사 별관에서 천영우 외교부 2차관을 만나 누군가 미행을 하는 것 같다고 항의.

한국일보 취재 결과, 라뤼 일행이 찍은 사진 속 차량의 소유주가 서울 서초구 00동 신세기공영인 것을 확인, 사진 속 차량의 종류는 은색 옵티마 리갈, 차량번호는 0000, 차량 소유주 주소지는 국가정보원 소유 땅. 신세기공영은 법인등기도 없이 차량만 10여 대가 등록된 유령회사인 것으로 파악. 국정원 관계자는 '당초 라뤼가 제시한 차량번호 2개 정도를 확인해 봤는데 국정원 소유 차량이 아니었다. 사실을 통보한 뒤로 라뤼 쪽에서 특별한 문제 제기는 없었다'고 표명.'

그다음에 이란, 북한 등 사례는 생략하겠습니다.

'저는 국정원이 정말 좋은 국정원이 되었으면 좋겠습니다. 대내 국민을 들여다보는 것이 아니라 국가의 안위를 걱정하고 그런 정보를 수집하는 기구가 될 것이라고 믿으며, 이번에 제기된 대테러방지법, 꼭 철회가 되어야 된다고 생각하면서 국정원도 그러한 마음을 가져 주시기를 바랍니다.'

또 네티즌 의견 몇 개 알려 드리고 또 시민 의견 알려 드리겠습니다.

'국가의 불법적인 통제와 인권침해, 비합리적 의심이 민간 영역에서 어떻게 적용되고 발전되고 악용되었는지 과거가 증언하고 있습니다. 막걸리보안법이 시행되면서 우리 사회가 어떻게 바뀌었는지 잘 아실 것입니다. 국가의 행정행위, 통치행위는 거기서 머물지 않고 국가 전체 사회로 확장되고 국민 삶의 질과 행동양식, 문화에 너무나 큰 영향을 미칠 것입니다. 테러방지법은 아주 나쁜 국민감시법입니다.'

다음의 자료는 1987년부터 2013년까지 20여 년을 국정원에서 근무한 김병기 전 인사처장께서 26일 오전 국회 정문 앞 테러방지법 직권상정 반대 시민 필리버스터에서 발언한 내용 중의 일부를 말씀드립니다.

'테러방지법이 필요한 상황이 아니다. 1982년 제정된 국가대테러지침만 갖고서도 테러청정국이었다. 국가대테러지침만으로도 1986년 아시안게임과 1988년 서울올림픽이라는 단군 이래 최대 행사를 어렵지 않게 치렀다. 당시 국가안전기획부에서 검찰·경찰과 완전히 조율하면서 총력전을 편 결과, 테러 예방을 위해 정부 여당이 추진하는 테러방지법이 반드시 필요한 것은 아니다.

테러방지법이 도입된다면 국민 대다수가 불안해하는 휴대폰 감청 등 정보수집 오남용 방지를 위한 강력한 처벌 조항을 만들어야 한다. 그래야 국정원 직원 입장에서도 부당한 지시를 거부하는 근거가 될 수 있다. 국회에 대테러요원들에 대한 관리 감독 권한을 주고 이들의 국회 증언 의무를 두어야 한다.'

2월 25일 자 전라남도의회 의원 일동으로 결의안을 채택해서 저한테 보내주셨습니다. 강정희 의원을 비롯한 56명의 도의원들 전체 결의안이 여기에 있습니다.

꼭 국민 앞에 읽어 달라고 해서 읽어 드리겠습니다.

전라남도 도의회 의원 일동의 '테러방지법안 직권상정 철회 촉구 결의안'

'2016년 2월 23일 정의화 국회의장에 의하면 우리나라는

비상사태에 처해 있다. 국회선진화법에 의해 국가비상사태가 아니면 상정할 수 없는 법안을 비상사태라고 주장하며 본회의에 상정하였기 때문이다. 그러나 이상한 것은 나라가 비상사태인데 군·경·행정 어디에도 경보 발령한 건 없다.

그러한 가운데 야당은 필리버스터를 발동, 이 법안 직권상정 무효화를 위해 피를 토하는 투쟁에 나섰다. 과거 김대중 전 대통령이 세운 연설시간 기록을 연달아 경신하면서까지 야당 의원들의 절절한 법안 저지 노력을 우리는 다음과 같은 이유로 적극 지지하며 법안 직권상정 철회를 촉구한다.

첫째, 이 테러방지법이 제정되면 우리 국민은 누구나 할 것 없이 휴대폰 정보를 비롯해 통장잔고 등 모든 개인정보와 신상을 국정원에게 털리게 될 것이다. 그렇지 않아도 국정원은 이 정권 탄생에 불법적인 수단과 방법을 총동원해 기여한 이력이 있다. 테러방지를 빙자한 국민 정치테러 의혹을 우리는 떨칠 수가 없다.

둘째, 이 법안의 직권상정은 위법적이기 때문이다. 민주주의 마지막 보루인 국회가 위법적인 절차를 버젓이 행사하면서 과연 행정부, 사법부 그 어느 영역의 민주주의를 말할 수 있을 것인가. 국회선진화법은 지난 시기 민주주의 위기를 지켜내기 위해 획득한 최소한의 장치이다. 이것을 만든 국회가 스스로 이를 어긴다면 대한민국의 민주주의는 회복 불가의 치명을 입을 것이다.

셋째, 청와대와 여당이 이 법안을 밀어붙이는 근본적 이유가 4·13 총선을 앞두고 안보 위기를 조장해 유리한 국면을 만들기 위한 정치적 수단으로 삼고 있기 때문이다. 박근혜 대통령은 입만 열면 민생경제를 말하면서 행동으로는 남북관계 악화, 민주주의 후퇴, 야당 및 시민사회 겁박을 일삼아 왔다.'

정말 그렇습니다.

'자신을 반대하면 이슬람국가 테러집단에 비유하는 등 극단적인 편가르기조차 서슴지 않았다. 그 외에도 우리가 테러방지법안 국회 직권상정을 반대하는 이유는 셀 수 없이 많다. 특히 민주주의의 성지 전남도민들은 작금의 정부 여당의 작태를 좌시할 수 없다는 들끓는 여론에 우리 전라남도 의원들은 귀 기울이고 있다. 나아가 그 여론의 대의기관으로서 결의를 모아 정의화 의장을 비롯한 국회에 대해 다음과 같이 경고하고 촉구한다.

불법적으로 직권상정한 문제 투성이 테러방지법안을 즉각 철회하고 민주주의를 걱정하는 국민들의 깊은 탄식에 귀 기울이라.

2016년 2월 25일 전라남도의회 의원 일동'

감사합니다, 의원님들.

감사합니다, 전남도민 여러분들.

시민들만이 아닙니다. 언론도 이 문제에 대해서 계속 테러방지법 철회를 요구하고 있습니다.

한겨레 2016년 2월 24일 자, 한번 읽어 드리겠습니다.

'새누리, 휴대폰 감청·금융정보 추적 권한 등 끼워 넣기 금융정보이용법 등 본칙 훼손에 다른 상임위 심사 무력화 국회 본회의에 직권상정된 테러방지법안의 부칙을 둘러싼 논란이 커지고 있다. 국가정보원에 휴대전화 감청과 금융정보

추적 권한을 주기 위해 단 몇 줄의 부칙으로 시민 기본권과 직결된 다른 법령의 핵심 내용을 담은 본칙을 깨 버린 것이다.

법령은 크게 본칙과 부칙으로 나뉜다.

부칙은 법령 끝에 붙는데 법령의 시행일자 등 비교적 경미한 사안을 담고 있다. 지난 23일 본회의에 상정된 대테러방지법안 부칙 제2조는 특정금융거래 정보 보고·이용법, 일명 FIU법 본칙의 핵심 내용인 '수사기관 등에 대한 정보제공' 조항을 수정한다고 선포했다. 그러면서 정보제공 조항의 '금융감독 업무'를 '금융감독 업무, 테러위험인물에 대한 조사업무'로 바꾸고 관련 정보를 제공받는 기관장에 국가정보원장을 추가했다.

또 통신비밀보호법 본칙에서 가장 중요한 통신제한조치(감청) 대상에 '테러방지법의 대테러 활동에 필요한 경우'를 추가시켰다. 새누리당은 이런 권한을 국정원에 주기 위해 금융정보분석원법(FIU법) 개정안을 발의해 국회 정무위원회에서 심사가 진행 중이었다.

대테러 감청을 허용하는 통신비밀보호법 개정안은 발의조차 하지 않았다. 이는 국회 미래창조과학방송통신위원회에 심사권이 있다. 하지만 정무위 등에서 개정안 논의가 제대로 되지 않자 직권상정된 테러방지법안 부칙에 자신들이 원하는 법령 개정 내용을 슬쩍 끼워 넣은 것이다.

이춘석 더불어민주당 원내수석부대표는 24일 '어떤 법의 부칙에 의해 다른 법의 내용이 바뀐다면 꼬리가 몸통을 흔드는 것이다. 이는 극히 예외적인 부분에만 허용돼야 한다'고 했다.

국회사무처 관계자는 '제정법률의 경우 부칙으로 다른 법을 개정하는 경우가 더러 있다. 하지만 의도적으로 이 법의 부칙을 고쳐서 저 법의 실체적 내용을 바꾸는 것은 심각한 문제'라고 지적했다.

2013년 2월 박근혜정부 출범을 앞두고 새누리당은 박 당선인의 국정운영 밑그림에 따라 정부조직법 개정안을 냈는데 A4 용지 430여 쪽에 이르는 부칙이 달렸다. 이 법안 부칙을 통해 무려 712개 법령을 고치는 내용이었다. 비록 부처명 등을 바꾸는 것이었지만 규모가 워낙 방대해 당시에도 야당으로부터 위헌 논란이 제기됐다.

국회 상임위 한 전문위원은 '안전행정부를 행정안전부로 바꾸는 것처럼 부칙을 통해 다른 법령에 규정된 부처 이름 정도를 바꾸는 것은 허용할 수 있다. 하지만 실체적 내용을 바꾸는 것은 원칙적으로 허용되지 않는다'고 했다.

국회 법제사법위원회의 체계·자구 심사는 부칙 테러를 원칙적으로 허용하지 않는다. 법사위는 어떤 법령의 부칙이 다른 법령의 본칙 내용과 충돌할 경우 해당 부칙을 삭제하거나 수정해 왔다.

18대 국회 법률안 체계·자구 심사 사례를 보면 다른 법과의 충돌 우려 해소, 다른 법과 충돌하는 조항 삭제 등이 여러 건 보인다. 하지만 주로 환경노동위원회, 여성가족위원회 소관의 덜 민감한 법안들이다. 정무위 법안이라도 은행 상품의 이자율 표기 등과 관련한 것들이다. 이번 테러방지법안처럼 부칙이 다른 법의 핵심 본칙을 단번에 뜯어고치는 경우는 전례를 찾기 힘들다.

이 전문위원은 '이런 식의 법 개정은 과거 편법 입법이 이루어지던 시절에나 예외적으로 행해지던 것이다. 법사위 체계·자구 심사 과정에서 부칙을 통한 다른 법의 개정은 없다는 원칙은 오래전부터 확립, 운영돼 왔다'고 했다.'

지금 새누리당과 국회의장님은 무리한 일을 하고 계시는 겁니다.

또 하나, 약간 전문적인 국민 필리버스터, 이 자리에 서고 싶은 국민을 대변한 한 분의 글을 또 읽어 드리겠습니다.

오랫동안 참여연대에서 민생실천 활동을 해 온 이헌욱 변호사가 보낸 글입니다.

'테러방지법의 진실

테러방지법(사이버테러 방지법 포함)의 문제를 한 문장으로 요약하면 테러방지에는 무용, 국민 사찰·야당 사찰의 해악은 명확하다는 겁니다.

테러는 테러방지법안으로 방지할 수 없습니다.

우선 테러는 테러방지법안으로 방지할 수 있는 것이 아닙니다. 해난사고방지법이 없어서 세월호 참사를 막을 수 없었던 것이 아니고, 북핵방지법이 없어 북핵 보유를 저지할 수 없었던 것이 아닌 것과 같습니다.

테러의 발생은 그에 맞는 정치적·역사적 원인을 동반하고 나아가 그 계획 및 실행은 극도의 은밀성을 띠는 것이어서 사전예방이라는 것이 불가능하다고 봅니다.

관건은 테러의 가능성을 줄여 나가는 국제정치적·외교적 노력을 경주하는 것과 아울러 테러의 계획 및 징후에 관한 정보의 수집, 전파, 관계기관의 신속한 대응이 핵심이라고 봅니다.

그런데 정부는 최근 북핵 실험과 장거리 로켓 발사를 이유로 개성공단을 전면 중단시켜 남북관계의 긴장을 고조시키고, 북핵과 무관한 사드, 즉 고고도미사일방어시스템을 도입하여 중국, 러시아와의 외교적 대립과 마찰을 심화시켜 테러의 위험성을 스스로 고조시키는 모순적인 행태를 보입니다.

대한민국은 테러 대응에 관한 법령체계와 대응태세를 이미 가지고 있습니다.

다음으로 우리는 이미 이러한 의미에서의 테러 대응에 관한 법령체계와 대응태세를 갖추고 있어 테러방지법의 제정은 테러방지라는 목적의 달성에 적합한 내용도 아닙니다.

실제로 다양한 국제행사에서 관계당국의 완벽한 공조로 대테러 대응을 빈틈없이 수행하여 타국의 찬사와 부러움을 한 몸에 받았습니다.

가령 2005년도 APEC, 즉 아시아태평양경제협력체 정상회의의 경우 조지 부시 미 대통령이 감사의 인사를 건넬 정도로 안전하고 성공적이었다는 평가를 받았으며, 관련하여 언론은 그 원인으로 안전에 관한 한 한 치의 오차도 허용할 수도 없다는 각오로 빈틈없는 준비를 해 온 관계부처 및 기관들의 완벽한 대테러 활동을 들었습니다.'

그때 수고 많으셨습니다. 그때처럼 앞으로도 수고 받는 국정원으로 거듭나기를 촉구하고 바랍니다.

'그런데 최근 황교안 총리는 있는 제도의 존재조차 몰라 국회 대정부질문에서 망신을 당했습니다.

테러방지법은 국정원 권한 강화와 야당 사찰 및 시민의 권리 침해로 귀결됩니다.

다음으로 지적할 것은, 테러방지법은 국정원의 권한 강화로 이어지고 이는 반드시 시민의 권리 침해, 야당과 반대정파 사찰로 이어질 것입니다.

일례로 지난 이명박 정부 시절 국정원은 전직 국정원장 김모 씨는 물론 박근혜 한나라당 대표까지도 사찰하였다는 의혹을 받았습니다.'

새누리당 의원님 여러분, 대통령님, 여러분도 국정원의 사찰 대상입니다.

여러분의 자녀들도, 여러분의 가족들도, 여러분의 친구들도 다 국정원의 사찰 대상입니다.

여러분이 술 마시는 곳에서, 여러분이 테니스·골프 치는 곳에서, 여러분이 어떤 회의석상에서 모두 사찰 당한다고 상상해 보십시오. 소신 있게 정치할 수 있겠습니까? 국민을 위해서 희생하면서 바른 소리, 정의로운 소리 외칠 수 있겠습니까?

다음으로 사이버테러 방지법의 문제점을 지적해 보겠습니다.

'사이버테러 방지법안에 따르면 국정원이 공공·민간의 사이버테러 예방 대응을 상설적으로 담당하며 민·관·군을 지휘하게 되는데, 이 조항으로 인하여 본래 기획·조정 기능을 가지고 있는 국정원은 미래부, 방통위 등 그간 민간 인터넷을 관리해 온 모든 관의 수장이 되며 지휘를 받게 되는 민에는 통신사, 포털, 쇼핑몰 등 주요 정보통신서비스 제공자가 포함됩니다. 즉 사이버 부분에서 국정원은 민간을 총망라하여 지휘·통제할 수 있게 되는 것입니다.

나아가서 이 법에서 사이버테러는 해킹, 바이러스를 다 포함하고 있고 또 사이버테러로부터 사이버 안전을 지키기 위하여 사실상 모든 활동을 허용하고 있어 인터넷에 바이러스가 퍼지거나 해킹 사고만 일어나도 사이버테러를 주무하는 국정원이 조사하겠다며 나설 수 있는바, 국정원의 광범위한 사찰을 가능하게 할 것입니다. 결국 이 법은 관은 물론 민에 대한 국정원에 의한 상시적인 사이버 사찰을 가능케 하는 사이버상의 국민사찰법, 사이버계엄령 단행이라고 할 것입니다.'

테러방지법에 해박한 지식을 가지고 계신 이광철 변호사님의 글을 인용·정리한 글입니다. 이와 관련해서 기사 하나 읽어 드리겠습니다.

2013년 12월 16일 자 노컷 뉴스 기사입니다.

'현직 국정원장도 사찰했던 국정원, 일탈의 끝 가늠 어려워' '박근혜 당시 여당 대표도 사찰, 국내정치 백화점식 개입 실태 보니 충격'……

본문 읽어 드리겠습니다.

'16일 열린 국회 국가정보원개혁특위 공청회에서는 국정원이 지난날 일삼아 온 충격적인 일탈행위들이 도마에 올랐다. 국회 국정원개혁특위가 마련한 이날 '국정원 등 국가기관의 정치적 중립성 강화 방안에 대한 공청회'에 참여한 이광철 변호사는 국정원의 탈정치화, 탈국내화를 주장하며 과거 국정원의 민낯을 낱낱이 공개했다.

그는 이명박 정부 이후 국정원이 국내정치 개입 목적으로 정치인, 기자, 법조인, 종교인, 시민단체 등을 사찰하거나 압력을 가해 왔다며 관련 예를 적시했다. 국정원은 박원순 제압 문건으로 알려진 것처럼 야당 정치인에 대한 사찰뿐 아니라 여당 정치인도 가리지 않고 뒤를 밟았다. 그가 제시한 사례 가운데는 국정원이 2009년 4월 당시 여당 당수였던 박근혜 새누리당 비상대책위원장을 사찰한 것이 눈에 띈다.

당시 국정원은 이 모 팀장의 지휘 아래 4개월간 20명으로 된 팀을 꾸려서 세종시 문제와 관련해 박 위원장을 사찰했다는 것이다. 이어 2010년 여름에는 국정원이 정태근 당시 여당 국회의원의 부인을 사찰했다는 주장이 제기돼 파문을 던지기도 했다. 국정원은 심지어 국정원장을 사찰하기까지 했다고 한다.

이 변호사는 청와대로 파견된 국정원 직원 이창화 행정관이 김성호 국정원장과 국정원 고위간부 부인 등을 사찰했다는 2010년 11월 민주당 이석현 의원의 폭로를 소개했다. 이명박 정권 때의 이야기는 아니지만 이해찬 국무총리 시절에도 이강진 전 총리실 공보수석과 그 부인에 대한 광범위한 감청이 이루어진 사례도 거론됐다.

국정원은 또 법원과 검찰에 압력을 행사하다가 발각되기도 했다. 2008년 8월 국정원 요원이 이명박 대통령이 한겨레신문사를 상대로 낸 손해배상 청구소송을 맡은 판사에게 전화해 재판사항을 확인하고 재판을 참관하다 판사에게 적발됐다. 그런가 하면 비슷한 시기, 당시 국정원 제2차장인 김회선 현 새누리당 의원은 KBS 후임 사장 논의를 비롯한 언론대책 논의를 위한 조찬모임에 참여한 사실이 드러나 김성호 당시 국정원장이 사과하기도 했다. 국정원은 또 탈북자 출신 기자로 다수의 특종 기사를 썼던 연합뉴스 최 모 씨를 사찰하기도 해 반발을 사기도 했다.

2010년 1월에는 국정원 직원이 조계사에 압력을 행사해 조계사 경내에서 열릴 예정이던 '바보들, 사랑을 쌓다' 행사를 방해했다는 의혹을 받았다. 2012년 3월에는 대통령을 풍자한 작품 전시회를 허가한 광주시 측에 국정원이 사실상의 압력을 가해 광주시가 행사 주최 단체에 철거를 요구하는 일이 벌어졌다.

국정원은 국제기구 외교관을 미행했다는 의혹을 받기도 했다. 2010년 5월에는 프랑크 라뤼 유엔 의사표현의 자유 특별보고관을 미행한 사실이 드러나 논란을 빚었다. 그런가 하면 국정원은 국회의원에게 정보를 제공한 공공기관에 색출작업을 벌이기도 했다.

2009년 7월 민주당 박지원 의원이 천성관 검찰 후보자 인사청문회에서 천 후보자의 부부동반 해외 골프여행 출입국 기록, 후보자 부인의 명품 구매목록 등을 폭로한 것과 관련해 서울중앙지검과 국정원이 관세청 직원들을 상대로 제보자 색출 작업을 벌였다는 것이다.

국정원은 이 밖에도 시민단체에 후원한 기업을 압박하거나 시민단체 활동가나 4대강 사업에 비판적인 교수모임을 사찰하기도 했다.

이광철 변호사는 국정원이 국정원으로서 자기 할 일을 제대로 하게 하는 정명의 첫걸음은 바로 국내 문제에서 손 떼게 하는 것이라며 국외에서 대북, 해외 정보를 수집하고 분석하면서 대한민국의 국익을 위하여 헌신하는 무명용사들을 위하여서도 국정원은 국내 문제에서 손 떼고 비권력기관, 비정치기관으로 거듭나야 한다고 주문했다.'

또 힘드시니까 시 한 편 읽고 가겠습니다.

여러분, 스노든이라는 사람을 기억하시지요? 지금 검색을 찾아보시면 다 아실 수 있을 겁니다.

제가 검색된 자료를 한번 읽어 드리겠습니다, 어떤 사람인지.

에드워드 조지프 스노든(1983년 6월 21일생)은 CIA와 NSA에서—미국의 국가안보국입니다—일했던 미국의 컴퓨터 기술자다. 평범한 직장인이었습니다.

'2013년 스노든은 가디언지를 통해 미국 내 통화감찰 기록과 PRISM 감시 프로그램 등 NSA의 다양한 기밀문서를 공개했다.

스노든은 자신의 폭로가 대중의 이름으로 자행되고 대중의 반대편에 있는 일을 대중에게 알리기 위한 노력의 일환이라고 말했다. 스노든에게서 NSA 기밀문서를 건네받아 가디언지에 보도한 글렌 그린월드 기자는 2014년 5월 13일, 더 이상 숨을 곳이 없다, '노 플레이스 투 하이드(No Place to Hide)'라는 책을 펴냈다.

전 세계 24개 국가에 동시 출간된 이 책에는 첩보영화를 방불케 하는 스노든과의 첫 만남에서부터 폭로 과정 그리고 국가 감시 및 주류 언론에 대한 비판이 담겨 있다.

스노든은 망명권을 행사하여 여러 나라에 망명을 신청했다. 위키리크스의 줄리안 어산지가 망명한 에콰도르에도 망명을 신청했다. 현재 어산지는 런던 주재 에콰도르 대사관에 거주하고 있다.

2013년 6월 22일 영국 런던 주재 에콰도르 영사 피델 나르바예스가 스노든에게 에콰도르에 입국해 여행할 수 있는 서류를 발급했다. 나르바예스는 약 1년 전 줄리안 어산지의 에콰도르 망명 문제를 담당했던 영사다.

미국은 스노든의 여권을 정지시켰고, 스노든은 여행증명서가 없어서 러시아 모스크바 셰레메티예보 국제공항 환승구역에 발이 묶였다고 보도되었으나 런던 주재 에콰도르 영사가 발급한 서류 사본이 보도되면서 사실이 아닌 것으로 밝혀졌다.

당초 난민증명서가 발급되었다고 보도되었으나 에콰도르 외무부는 난민증명서를 발급한 적은 없으며 에콰도르 정부가 법적인 여행증명서를 발급한 적도 없고 그냥 런던 주재 에콰도르 영사가 개인적으로 사실상 여행증명서를 발급한 것일 뿐이라고 말했다.

'안전통행증'이란 제목이 붙은 이 증명서에 이 서류 소지자가 정치적 망명을 위해 에콰도르로 여행할 수 있도록 하기 위해 발급한다면서 경유국 당국이 적절한 도움을 줄 것을 요청한다는 내용이 들어 있다.

2013년 6월 23일 로버트 메넨데스 미국 상원 외교위원장은 성명을 통해 에콰도르 정부가 스노든의 망명을 받아들인다면 관세 혜택 폐지 등 경제 제재를 가하겠다고 경고했다.

보통 남미국가들은 모두가 반미국가들이라고 알려져 있는데, 에콰도르는 이러한 반미적 남미국가들 중에서도 선두에 서려는 정치 외교적 정책노선을 취하고 있다.

2013년 8월 2일 블라디미르 푸틴 러시아 대통령은 스노든의 망명이 미국의 국익에 영향을 끼치지 않는다는 조건하에 임시 망명을 허용하였다.'

미국 CIA의 컴퓨터 담당자로 일하고 했던 한 평범한 직장인이었던 스노든이 미국정부가 가지고 있던 어마어마하게 수집된 정보 사례를 모두 밖으로 알렸습니다.

그 이유는 그 일이 평범한 시민들을 추적하고 잘못되면 억압하고 심각한 피해를 줄 수 있는 정보 수집임에도 불구하고 그것을 그 대상이 되는 시민들의 세금으로 운영되는 국가기관이, 정부기관이 하고 있다는 불일치에 대해서 심각하게 고뇌했기 때문이라고 밝히고 있습니다.

우리의 열심히 일한 노동의 대가로 세금을 내고 그 세금으로 외적이 쳐들어오면 외적을 막아 주고, 천재지변이 나면 천재지변을 복구시켜 주고, 공동체 내에 또 예측할 수 없는 여러 사고들이 나면 사고로부터 국민을 지켜 주고 또 직업이 없을 때, 해고당했을 때 낮은 기초생활보호기금이라도 줘서 가족을 꾸릴 수 있게 해 주고 하는 것이 국가기관일진대 어떻게 국가기관이 그 막대한 세금으로 그 방대한 인력과 기구·장비를 운영해서 최고 요인부터 국민 개개인 하나하나까지 또 심지어 외국의 외교관들까지 모든 정보를 수집하는가 하는 그 자신의 양심의 명령의 불일치를 견디지 못해서 언론에 폭로했던 것입니다.

그러자 국가기관으로서 미국정부가 받는 여러 가지 자존심의 훼손, 얼마나 컸겠습니까? 그래서 스노든은 본인 스스로 위험하다고 느꼈던지 바로 미국에서 외국으로 망명을 요청합니다. 그래서 스노든은 지금도 외국을 난민처럼 표류하며 외롭게 살아가고 있습니다. 그는 자신의 생명이 언제 어떻게 될지 모르는 상황에서 살아가고 있는 것입니다.

국민 여러분!

스노든도 하나의 국민이고 대한민국에 사는 여러분도 하나의 국민입니다. 우리 정부가 우리 국민들의 노동의 대가로 얻은 세금으로 우리 국민에게 위해를 가하는 일이 생긴다면 여러분은 어떻게 하시겠습니까? 이것을 그대로 두고 보시겠습니까?

그래서 저는 스노든 사건이 나면서 평생 저도 그런 마음속의 고통이 있었기에 스노든은 이 21세기 정보화사회의 프로메테우스 같은 사람이다라고 생각을 했습니다.

프로메테우스라는 신화 아시지요? 인류가 불이 없으니까, 비참하게 살아가니까 신들의 세상에서 불을 훔쳐 내옵니다. 그래서 어느 날 인류가 에너지 혁명을 일으켜서 오늘날 태양광으로 불까지 켜는, 먼 달나라, 화성까지 에너지를 장착한 로켓을 쏘아 올리는 그런 문명을 구가하게 해 준 사람입니다.

저는 스노든이 인류에게 불을 준 사람처럼 미래에 전개될 정보화사회에서 국가기관으로부터 인류를, 국민을 지켜 주는 판도라의 상자를 영원히 꺼낼 수 없는 저 미궁 속으로 감춰 버린, 그러려고 하는 그런 사람이라고 생각합니다.

자기 한 몸을 던져서 이렇게 누군가를 위해서 위험을 무릅쓰고 일한 청년도 있습니다. 우리 힘을 냅시다. 우리 힘을 내서 오늘의 이 어려운 상황을 함께 타개해 나갑시다.

그러면은, 저는 '스노든'이라는 이름의 시를 한 편 지어 봤던 적이 있습니다.

'스노든'

'남쪽 바다 땅끝마을 돌담 어귀에도 동백꽃 피어나고 있을 것이다

찬바람 눈보라 속에서도 푸른 동백들 붉은 가슴 열고 있을 것이다

인류에게 불을 훔쳐 주었다는 죄로

절벽에 매달려

날마다 독수리에게 심장을 내주었던 사람 프로메테우스처럼

제국의 심장 한가운데서 비밀창고의 봉인을 열고

인간의 자유를 위해 비밀정보를 빼내어 세상에 뿌린 젊은이가 있었다

아마 그도 이 겨울, 세상 끝 어디선가

뜨거운 자유의 열정을 지피고 있을 것이다

뒤를 따르는 제국병사들의 총구도 암살의 공포도

위협할 수 없는 인간의 자유를 위해 비상하는 꿈을 꾸고 있을 것이다

스노든이라고 알려진 21세기 프로메테우스가 있었다고

누군가 기억해 주기를 바라면서 붉은 동백꽃처럼 피어나고 있을 것이다'

스노든은 자신의 고통을 감수하면서 국가기관이 불법적으로 수집한 정보를 세상에 날려 보냈습니다.

거기에 어떤 내용이 있었는지 조금만 보겠습니다.

스노든은 무엇을 폭로하였는가.

스노든은 또한 6월 30일 추가로 미 NSA가 브뤼셀 유럽연합본부는 물론 한국을 비롯, 미국 주재 38개국 대사관을 표적으로 지정하고 도청과 사이버 공격으로 정보를 수집했다고 폭로했습니다.

미국국가안보국이 한국, 유럽연합본부, 미국 주재 38개국 대사관을 사이버 공격으로 정보를 수집했다고 하는 겁니다.

NSA가 우방국 대사관의 전화와 팩스를 도청하고 인터넷망에 침투해 민감한 정보들을 빼내 갔다. 이 대상에는 한국을 포함해 중국 일본 프랑스 이탈리아 그리스 인도 멕시코 터키 등 38개 나라가 포함돼 있다는 것입니다.

홍콩 사우스차이나모닝포스트는 6월 22일 스노든과의 인터뷰에서 NSA가 중국의 이동통신 기업들도 해킹했다고 보도했다. 중국의 칭화대학교와 아시아 최대 인터넷 통신서비스 제공회사인 퍼시픽인터넷도 해킹 대상이었다고 한다.

스노든이 추가로 공개한 문서에는 미국이 G20 정상회담

당시 드미트리 메드베데프 러시아 대통령에 대한 도청을 시도했다는 내용도 포함되어 있다. NSA는 영국 주재 요원들을 동원해 메드메데프 전 대통령과 러시아 대표단이 모스크바에 건 위성전화 신호를 가로채 해독을 시도했다.

이처럼 미국은 온 세계를 정탐하였다. 스노든의 폭로로 인해 자유와 인권의 전도사인양 행세해 온 미국의 위선이 적나라하게 드러났다.

오바마 대통령은 아프리카 방문 중에 현지에서 긴급 기자회견을 갖고 정보기관이 정보수집 활동을 하는 것은 당연한 일이라고 해명했지만 파문은 이미 걷잡을 수 없었다.

(정갑윤 부의장, 이석현 부의장과 사회교대)

특히 미국과 FTA 협상 중인 EU가 배신감을 드러내고 있다. 앙겔라 메르켈 독일 총리는 미국 오바마 대통령이 독일을 방문하면 NSA의 인터넷을 통한 개인정보 수집 활동 해명을 요구할 것이라고 밝혔다.

● **부의장 이석현** 이학영 의원님 여태까지 하고 계셨네요. 지금 9시간 딱 하셨습니다. 어떻게 하려고 그렇게 오래 하십니까?

● **이학영 의원** 그래도 국민에게 알릴 기회가 이번 한 번뿐인데요. 국민에게 알리겠다는 사명으로 노력하겠습니다.

● **부의장 이석현** 제가 2분만 국민들한테 인사말씀 좀 하겠습니다. 몸 운동 좀 하십시오.

국민 여러분, 반갑습니다.

오늘 목화송이처럼 소담스러운 함박눈이 내려서 온 세상을 하얗게 뒤덮었습니다. 이 순백의 도화지 위에 만일에 여러분이 새로운 세상을 그린다면 무엇을 먼저 그리시겠습니까?

저 같으면 앞에는 시냇물이 졸졸 흐르고 뒤에는 파란 뒷동산이 있는 그런 아름다운 마을을 먼저 그리겠습니다. 그리고 그 뒷동산 위로는 일곱 가지 색깔이 영롱한 무지개를 또 그려 넣겠습니다.

국회는 어떻게 하시겠습니까? 안 그리겠습니까? 저는 국회도 그려 넣겠습니다.

무지개 빛깔처럼 서로 다른 스펙트럼을 가진 사람들이 서로 다름을 이해하면서 또 존중하고 그리고 조화롭게 공존하는 그런 국회를 그리고 싶습니다. 또 국민들과 끊임없이 소통하면서 국민들의 기쁨과 아픔을 내 피부처럼 느끼는 그런 국회를 그려 넣겠습니다. 이런 필리버스터도 있고 또 그런 껍데기 권위보다는 사람이 존중되고 인간의 존엄성이 추구되는 그런 국회를 그리겠습니다.

국민 여러분!

지금 제가 말한 이 상상의 국회가 현실이 될 수 있도록 저희 국회가 여야를 초월해서 최선을 다하겠습니다.

감사합니다.

● **이학영 의원** 제가 누누하게 스노든 이야기를 하는 것은, 21세기는 정보화사회입니다. 대한민국뿐이 아니고 어느 사회나 정보화사회 문제에 부닥치지 않을 수가 없습니다. 이제 새로운 질서를 만들어 가야 되는 시대입니다.

우리가 김대중 대통령 시절, 소위 인터넷 고속망을 깔아서 새로운 산업을 부흥시키고 소위 인터넷 강국의 대한민국을 만들었습니다. 정말 자랑스러웠습니다. 일본에 가도 어디 가서 메일 체크를 할 수 없는데, 우리나라는 전국에 PC방이 있었고 해서 너무나 자랑스러웠습니다.

그런데 그 자랑스러운 결과를 오늘의 박근혜정부가 다시 원시시대로 돌리려 한다면 어떻게 되겠습니까? 뭐라고 표현해야 되겠습니까?

한국일보의 2015년 5월 14일 자 사설을 한번 읽어 보겠습니다.

'애국법에서 자유법으로

14년 전 9·11 테러 직후 미 전국과 마찬가지로 분노와 충격에 휩싸인 연방의회가 일사천리로, 거의 만장일치로 통과시킨 테러대응책이 애국법이었다.

정보기관에 대해 무제한에 가까운 수사권한을 허용하면서도 당시에는 아무도 지나치다고 생각하지 못했다. 그러나 차츰 시간이 지나고 흥분이 가라앉으면서 우려되기 시작한 과잉권한의 부작용은 2013년 에드워드 스노든의 폭로에 의해 명백한 사실로 드러났다.

그중에서도 모든 미국인에 대해 무차별적으로 누가, 언제, 누구에게, 얼마나 자주, 얼마나 오랫동안 전화했는지 방대하게 통화기록을 수집·보관해 온 국가안보국의 감시 프로그램은 지난 2년간 끊임없이 안보와 사생활 보호에 대한 뜨거운 논쟁을 불러왔다. 민간단체들은 연달아 소송을 제기했고, 연방의회는 안보와 자유를 적절하게 균형 잡는 애국법 개정안 마련에 고심해 왔다.

통화기록 무차별 수집은 공화당 부시 행정부가 시작했지만 민주당 오바마 행정부에 들어와 더욱 확대되었으니 워싱턴의 양당 이념 대립과는 크게 상관이 없다. 오히려 오바마 대통령과 존 베이너 하원의장이 자유법안을 함께 지지하는가 하면 공화당의 티파티 극우파와 민주당의 리버럴 극좌파가 손을 잡고 애국법을 아예 폐지시켜 버려야 한다고 한목소리로 주장하고 있다.

연방하원이 어제 미국자유법안을 통과시켰다. 논란 많은 NSA 대규모 감시 프로그램 중단을 포함한 초당적인 애국법 개혁안이다.

하원이 자유법을 통과시킨 것은 처음이 아니다. 지난 가을에도 통과시켰으나 상원에서 무산되었다. 이번에 상황이 다소 나아졌다. 무차별 정보 수집을 법적 근거로 삼아온 애국법 215조의 시한 만료가 6월 1일로 다가온 데 이어 지난주 연방항소법원에서 NSA의 감시 프로에 대해 위법이라는 판결이 나오는 등 애국법 개혁 필요성에 힘이 실린 것이다.

어제 오후 338 대 88이라는 압도적 지지로 하원을 통과한 자유법은 무차별 정보 수집 등 일부 사항만을 개정하면서 사실상 애국법을 2019년까지 연장시키는 법안이라 할 수 있다.

두 명의 공화 의원과 두 명의 민주 의원이 백악관과 민권단체, 보수와 진보의 의견을 신중하게 반영하여 작성한 타협안이다. 아슬아슬하게 맞춰 놓은 국가안보와 사생활 보호의 균형을 깨뜨릴까 우려되어 본회의 표결에 앞서 어떤 수정안 발의도 용납하지 않았을 정도다.

우리도 이렇게 하기를 새누리당에 요청하고 제안합니다. 현행 애국법하에서는 NSA가 수백만 미국민의 통화기록을 매일 전화회사로부터 수집하여 자체 데이터베이스에 보관하고 있지만 애국법을 개혁한 자유법하에서는 통화기록 수집과 보관은 민간 전화회사 소관이 되며, NSA는 수상한 특정 인물의 통화기록을 원할 경우 해외정보감시법원에 사전허가를 받아 전화회사에 요청하게 된다. 저희 당도 이런 법안을 요구하고 있는 것입니다.

국정원이 직접 정보를 수집해서 쌓아 놓지 말라는 것입니다. 필요하면 법원의 영장을 받아서 감청하라는 것입니다. 테러방지법 반대하는 것 아닙니다. 국민을 사찰하는 악법조항을 떼내고 정말 국가 이익과 국민의 자유를 확장하기 위한 테러방지법을 제대로 만들자는 것입니다. 새누리당 국회의원님들, 이래도 거절하시겠습니까? 미국에서 이미 시행착오를 거쳐서 다시 개혁법안을 만든 사례가 있지 않습니까? 왜 굳이 외국에서 시행착오 한 것을 그대로 전철을 밟아서 구렁텅이와 같은 그런 잘못된 길로 걸어가자고 하십니까?

우리 전화회사들, 인터넷 관련 회사들 괴롭히지 맙시다. 아예 제작부터 여기에다가 감청장치를 넣어달라는 그런 요청을 하는 법안이 있었습니다. 그러나 심의되지 않았습니다. 기업을 괴롭히지 맙시다. 국가경제가 어렵습니다. 민생을 살려야 합니다. 경제를 살려야 합니다. 기업이 자유롭게 기업 할 수 있게 놓아줘야 됩니다. 대기업부터 중소기업까지 거기에서 벌어먹고 사는 우리 국민이 얼마나 많습니까? 왜 정부가, 왜 국회가 이런 법을 만들어서 카카오톡 CEO에게 괴로움을 줍니까? 왜 휴대폰 회사에게 고통을 줍니까? 그러지 않기를 바랍니다.

사실 자유법의 하원 통과는 이미 예견되었다. 그러나 상원은 다르다. 다수당 대표인 미치 맥코넬을 선두로 애국법 약화를 용납하지 못하겠다는 안보 매파들의 의지가 강경하다. 그러나 현실적으로 매파의 입지는 허약하다. 상원이 가진 옵션들이 이들에게 그리 우호적은 아니다.

첫째, 6월 1일까지는 아무 표결도 안 한다. 시한 만료로 애국법이 폐지되고, 랜드 폴 등의 자유주의자들과 인권단체들이 환호할 것이다.

둘째, 현행 애국법을 개혁 없이 그대로 통과시킨다. 매파들이 적극 추진하는 옵션이지만 상원 통과에 필요한 지지표 수가 부족할 뿐 아니라 하원이 절대 통과시키지 않을 것이므로 현재로 실현이 불가능하다. 또한 애국법 215조는 NSA의 무차별 정보수집을 허용하고 있지 않다는 지난주 법원판결이 나왔으므로 정보 수집을 합법적으로 하려면 현행 애국법의 단순연장이 아니라 정보 수집 권한 확대를 명시하는 수정을 가해야 한다.

셋째, 하원처럼 자유법안을 통과시킨다. 국가안보에 심각한 손상을 가져와 자유법안 통과로 정보력을 약화시킬 게 아니라 최신 테크놀로지에 맞게 업데이트시켜야 한다는 것이 매파의 주장이다.

넷째, 시간을 벌기 위해 몇 달의 단기연장안을 통과시킨다. 자유법 지지자들은 찬성할 수 있을지 몰라도 랜드 폴 등 폐기론자들은 장기든 단기든 애국법 연장안에 대해서는 필리버스터를 강행하여 표결 자체를 막겠다고 이미 경고한 상태다.'

미국도 필리버스터를 하겠다고 했군요.

'이제 공은 상원으로 넘어갔다. 5월 마지막 한 주는 의회의 메모리얼 데이(Memorial Day), 휴회이므로 사실상 애국법 처리기간은 23일까지다. 다음 전에 네 가지 옵션 중 하나를 택해 처리하지 않으면 애국법은 폐기된다.

이번에도 개혁하든 연기하든 매듭을 지어야 한다. 테러위협은 날로 고조되는 상황이다. 지난주에는 미국 내 군 기지들이 경계단계를 상향 조정했고, 최근 테러의 공포를 체험한 프랑스와 캐나다도 정보기관 감시법안을 대폭 강화 중이다. 안보를 위해서는 얼마간의 자유는 포기해야 한다는 여론도 꾸준히 40~50%선을 유지하고 있다. 문제는 '얼마간'이 구체적으로 어디까지냐이다.

안보와 사생활 중 하나만 선택하는 것은 불가능하다. 두 가지를 동시에 완벽하게 보장하는 대안을 찾기도 힘들겠지만 두 가지 목표가 언제나 정면으로 상충하는 것도 아니다. 안보에 별 손상을 끼치지 않고 미국의 근본가치인 개인의 자유도 보호할 수 있는 초당적 첫걸음을 상징하는 것이 애국법에서 자유법으로의 탈바꿈이다. 상원 매파의 고집은 정부의 과잉권한을 키울 뿐이다. 과잉권한의 남용이 필연적이라는 사실은 동서고금의 역사가 말해 주고 있다.'

자, 우리 대한민국 국회도 미국처럼 이제 다시 직권상정이 철회되도록 해서 현재 상정된 법안을 철회하고 다시 정보위원회에서 논의를 시작하십시다. 그래야 국가안보와 국민의 생명과 안전을 지키면서 국민의 자유와 국민의 통신자유를 함께 유지할 수 있을 것입니다.

오늘 제가 사실은 필리버스터에 나오지 않으려고 했습니다. 그래서 처음에 신청하지도 않았습니다. 저는 26일이면 끝날 줄 알았습니다. 왜냐? 선거가 코앞에 있고 오랫동안 새누리당이 노동법 등의 법안을 붙여서 함께 합의해 주지 않으면 선거법을 통과시키지 않겠다고 해서 미뤄졌기 때문에, 그러나 그 와중에 김무성 대표께서 전격적으로 선거를 치르기 위해서 선거법만은 따로 합의하겠다고 해서 저는 필리버스터가 이렇게 길어질 줄을 전혀 예측하지 않았습니다. 못 했습니다. 그리고 국정원과의 관련된 이야기를 내가 내 입으로 하고 싶지 않았습니다. 우리 동시대를 살아간 수많은 사람들이 저와 마찬가지 느낌을 가지고 있을 겁니다.

저는 누가 내 과거를 이야기하는 것 좋아하지 않습니다.

박근혜 대통령도 저와 동시대를 사신 분입니다. 같이 대학을 다녔고, 청와대에서 대통령, 육영수 여사님과 함께 잔디밭에서 행복하게 살던 그 사진을 옛날 신화 속의 왕궁의 어떤 공주님의 모습을 보듯 착각하면서, 부럽게 하면서 살아왔습니다.

(● 박덕흠 의원 의석에서 ─ 지금 테러방지법에 대해서 얘기하세요. 의원님, 테러방지법 얘기해야지 왜 공주 얘기를 합니까?)

저는 박근혜 대통령의 좋은 이야기를 하고 있습니다.

(● 박덕흠 의원 의석에서 ─ 공주 얘기를 왜 해? 테러방지법을 얘기하셔야지.)

저는 박근혜 대통령님께서 그런 아름다웠던 시절을 저와 함께 가지고 있다고 생각합니다.

저도 비록 가난한 농부의 아들로, 비록 아버지는 전쟁 후에 가난 속에서……

(● 박덕흠 의원 의석에서 ─ 아니, 개인 얘기를 왜 그렇게 하십니까? 개인 얘기를 하시면 어떻게 해요, 여기서?)

가난으로 아침에 일하러 나가다가 물에 빠져 돌아가셨지만 저는 절대로 아버지가 없다는 그런 슬픔을 전혀 느끼지 못하고 저도 행복하게 살아왔습니다.

그리고 초등학교─당시 국민학교지요─중학교, 고등학교, 아마 박근혜 대통령과 같은 시대에 같이 예비고사를 보면서 살아왔습니다.

(● 박덕흠 의원 의석에서 ─ 의장님, 의제하고 관계없습니다. 개인 얘기를 지금 하고 계시잖아요.)

시대의 이야기를 내 개인의 경험에 비춰서 반영하고 있는, 투사하고 있는 과정입니다. 내가 왜 오늘 이 자리에서 이렇게 오랜 시간 서 있어야만 되는가, 내가 이제 언제 다시 이 자리에서 이렇게 많은 국민들 앞에서 내가 살아온 인생을 통해서 국가기관으로부터, 내가 나를 보호해 줄 국가로부터 받은 폭력과 피해와 희생을, 다시는 이런 일이 없게 하자고 호소하겠습니까? 그런 시대를 만들지 말자는 호소를 하기 위해서 이런 이야기를 시작한 겁니다.

저는 제가 아까 조금 이야기를 했습니다만 할 일이 없어서, 부모님은 나를 아껴 주려고 누나들 일 시키고 저는 일을 시키지 않았어요. 누나들은 밤중에 지게 지고─낮에 일하면, 여성들이 지게를 지면 시골에서는 부끄러운 일이라고 생각했기 때문에─일을 했지만 저는 일을 시키지 않아서……

(● 박덕흠 의원 의석에서 ─ 지금 자꾸만, 너무 심하시네요. 개인 얘기를 지금 하시면 어떻게 합니까? 의장님, 개인 얘기를 계속하시잖아요, 사생활 얘기를.)

● **부의장 이석현** 이학영 의원님, 잠시만 제가 말씀드리겠습니다.

우리 새누리당의 박덕흠 의원님께서 우리 이학영 의원님 말씀이 '너무 개인 얘기 아니냐' 이렇게 말씀을 하셔서 제가 거기에 대한 제 생각도 말씀드리겠습니다.

실은 필리버스터 제도가 옛날에도 있었는데, 1969년에 신민당의 박한상 의원께서 그때 10시간 넘게 발언하신 걸로 유명하잖아요, 그때. 그때는 어떤 내용으로 했나 제가 속기록을 찾아서 넘겨봤어요. 그랬더니 이런 말씀도 하셨더라고요. 그때는 3선 개헌을 막기 위한 것이었는데 3선 개헌 얘기만 10시간 한 게 아니고 예를 들면 이런 거예요. '지금 은행 이자가 우리나라가 세계에서 제일로 높습니다' 뭐 이런 얘기부터 공장 짓는 얘기도 하시고 또 '동료 의원들이 졸고 있어서 잠 깰까 봐 내가 큰소리를 못합니다' 하는 농담도 하시고, 여러 가지 얘기를 해서 제가 재미있게 읽었던 기억이 있습니다.

그런데 그때는 그러면 의제, 지금 국회법 102조에 '발언할 때는 의제 외의 발언을 할 수 없다' 이런 조항이 있어서 '의제 얘기만 하라' 이런 얘기를 여러 번 의석에서 의원님들이 그동안 말씀하셨거든요. 그런데 그때는 없나? 그때도 그 102조가 있었습니다.

왜냐하면 의제 외의 발언을 할 수 없다는 조항이 제헌국회 때부터 있어 왔던 조항이거든요. 그렇지만 그때 이미 40년, 50년 전인데도 그렇게 의원들이 양해를 하셨던 겁니다. 그런 선례가 있습니다.

지금 국회법 102조에 의제 외의 발언을 할 수 없다고는 되어 있지만 어떤 것이 의제이고 어떤 것이 의제 밖인지를 명시하는 그런 시행규칙이 없습니다. 그래서 해석의 문제가 생길 수 있는데, 저는 이 부분은 우리가 역사를 거스를 수 없으니까 50년 전에도 그런 간접적인 연관성을—직접적인 연관성이 아니라도—인정을 해서 그런 발언들을 하셨으니까 오늘도 우리가 역사를 거꾸로 가지 말고……

의원들은 발언이 생명입니다. 발언으로 의원은 자기 역할을 수행합니다. 그래서 의원의 발언은 최대한 좀 폭넓게 이렇게 이해해 주는 그런 쪽으로 가면 좋겠다 하는 게 제 생각입니다.

박덕흠 의원님, 제가 너무 말을 길게 했습니다.

(● 박덕흠 의원 의석에서 — 길어지시니까. 잠깐잠깐 하는 건 괜찮지만……)

(● 李憲昇 議員 의석에서 — 잠깐잠깐은 괜찮지만 너무 길게……)

(● 박덕흠 의원 의석에서 — 이야기할 것 없으면 그만두시면 되는데……)

그러면 이학영 의원님, 본인 개인 얘기만 너무 오래 하시는 것은 적절하지 않다는 말씀을 지금 박덕흠 의원님과 이헌승 의원님 두 분께서 하시고 계신데 또 그 말씀도 일리가 있는 것 같습니다.

그래서 가끔가끔은 하시지만 장시간 본인 얘기만 하는 것은 가급적이면 조금 지양하면서 말씀해 주시면, 참고해 주시면 감사하겠습니다.

그러나 제가 아까도 말씀드렸지만 간접적인 연관성도 의제 내라고 생각을 하기 때문에 근본적으로 막지는 않습니다. 그러나 또 동료 의원님들이 그런 견해를 가지고 계신 것도 존중하면서 말씀하시는 데 반영하면 고맙겠습니다.

감사합니다.

● **이학영 의원** 제가 역사 이야기를 하자고 제 이야기를 언급한 겁니다.

제가 읽을 책이 없어서, 초등학교 4학년 때 누나가 중학교 다니는데 세계사 책이 있더라고요. 거기에 보니까 엘리자베스 여왕을, 지금도 기억나는데 무슨 이상한 날개 같은 것을 공작처럼 쓰고 있는 사진이 있어서 '뭔 이런 미개한 나라가 있어' 하고, 그러면서 역사에 관심을 가졌던 것이지요.

그래서 일 안 하고 했던 결과로, 책을 봤던 덕인지 박정희 대통령 5·16장학회라고 있습니다. 5·16장학재단이라는 게 있었습니다. 제가 시골에서 유일하게 5·16장학재단의 장학금을 받았습니다. 5·16장학재단의 장학생이었습니다.

저는 박정희 대통령을 존경했습니다. 저하고 똑같이 시골에서 태어나 가난한 세월을 보냈기 때문에, 우리 농민들을 먹고살게 해 줬다……

본인은 항상 쌀이 떨어져서 썩은 밀기울을 사다가 어머니가 갈아서 아무 건더기 없는 죽을 커다란 양푼에서 하나씩 주실 때 그것을 먹고 배가 이렇게 불렀던 기억이 납니다. 올챙이배라 하지요. 그 당시 시골 아이들 다 이렇게 올챙이배를 하고 다녔습니다. 위가 늘어난 거지요.

그래서 저는 정말 박정희 대통령 존경합니다. 그리고 내가 5·16장학재단의 장학생이라는 것 자랑스러웠습니다. 그래서 제 꿈은 시인이 되고 싶기는 했지만 점점 나이가 들면서 '이제 국가공무원이 되자. 이런 자랑스러운 국가에서 공무원이 되어서 정말 제대로 된 나라를 만들어 보자' 아니면 '군인이 되자', 제가 이랬던 사람입니다.

그래서 그 시골에서 사관학교가 뭔 줄도 모르고 공군사관학교에 원서를 넣어서 1차·2차에 합격을 했습니다. 그런데 대학입학시험 본 대학, 일반대학 입학시험 며칠 얼마 앞두고 3차 시험에서 불합격 판정이 왔습니다. 저는 몰랐습니다, 그것이 어떠한 의미였는가를.

그래서 일반대학 갈 돈도 없고 해서 포기를 하려고 했으나 선생님과 동료들이 '그래도 대학시험은 한번 봐야' 해서…… 모든 친구들은 내가 살고 있는 전라북도의 가장 큰 도시인 전주로 교대를 가거나 4년제 대학을 가거나 했습니다. 그런데 저는 광주가 가까웠던 덕으로 그리고 좀 더 큰 도시로 가면 뭐가 더 좋은 것이 있을까 싶어서 다른 친구들 다 전주로 가는데 광주로 시험을 보러 갔습니다.

그런데 시험 보러 가기 전날 창문도 없는 여인숙에서 자다가 새벽에 일어나서 화장실을 갔다가 쓰러졌습니다. 출구 없는 방에서 연탄가스를 마신 것이지요. 그래서 가까스로 살아나서 다음날 시험을 봤습니다. 그리고 떨어졌습니다. 그래서 포기했습니다. 저는 이제 가난한 가족들을 지키기 위해서 신문팔이와 전주로 가서 가리방에 글씨 쓰는 필경사가 되었습니다. 그러나 제 꿈은 여전히 국가를 제대로 지키는 공무원이 되고자 했습니다. 그래서 다시 열심히 공부해서 그 이듬해에 대학을 갈 수 있었습니다.

그런데 웬걸, 71년에 대학에 갔는데 학생들이 공부를 안 하는 거예요. 교양과정부, 교양과정 듣고 나서 여러 과 학생들이 함께 큰 강당에 모여서 박정희 대통령 욕을 하고 있는 겁니다. '이게 무슨 일이야? 대통령을 학생들이 욕을 하다니', 들어 보니 교련 반대를 하는 것이었습니다. 대학을 병영화하지 말라는 것이었습니다. 그래서 저는 도망 다녔습니다. 3년 내내 도망 다녔습니다. 시위가 저쪽에서 벌어지고 최루탄 터지면 돌아서 도서관으로 갔습니다.

저는 교련 반대보다도 고향에 있는 내 어머니와 가족들을 지키는 일이 더 중요하다고 생각했습니다. 그래서 대학 졸업하고 바로 공무원 시험을 봐야 했기 때문에, 국가공무원이 되려면 흠이 없어야 되기 때문에 착실하게 공부를 했지요.

그런데 대부분 남학생들이 없어지더라고요. 3학년쯤 되니까. 다 시위했다고 군대로 끌려가고 무기정학 당하고 그러면서 학생회장 선거가 왔는데……

(「아, 지금 우리가 학생회장 선거 얘기 들으러……」하는 의원 있음)

지금 바로 이 사태를 이야기하는 겁니다.

좀 들어 보십시오. 필리버스터 아닙니까?

(「아니, 비슷한 얘기를 하셔야지」하는 의원 있음)

영화를 끝까지 보시고 평을 하세요.

내가 쓸데없는 영화 돌리고 있는 것 아닙니다.

(「아니, 지금 영화 보러 왔습니까, 이학영 의원님?」하는 의원 있음)

예를 들어서 그렇다는 것입니다.

그 당시 학도호국단이 생기기 바로 직전까지 자율적으로 학생회장을 선출한 때였습니다. 제 다음다음에서부터인가는 학도호국단 체제로 넘어갔지요.

누군가 와서 '야, 학생회장 할 사람이 없다. B 학점 이상 맞은 사람이 너밖에 없어. 그러니까 너는 싫어도 나가야 돼', 저는 정말로 싫었습니다. 누구 앞에 나서서 말하는 것도 싫고요. 그런데 억지로 나가서 억지로 되어 버렸습니다.

그러나 학생회장 할 일이 뭐가 있겠습니까? 체육대회 한 번 치르고 교지 한 번 내면 끝이지요. 그래서 학교 숙직실에서 자취하면서 아르바이트 하면서 1973년 겨울을 지나고 있었습니다. 그때 그 해에 소위 앞의 시의 주인공이었던 김남주 등 나보다 몇 년 선배들, 그 간첩단 사건이 터진 것입니다. 그래서 친구들이 법정에 한번 가 보자고 해서 진술하는 과정과 최후진술을 듣게 되었습니다.

어떻게 유인물을 뿌렸다는 학생들을 잡아가고 그것을 알고 있었다는 죄만으로 여학생들까지 잡아가서 고문하고 했던 사실을 저는 처음으로, 세상에 나와서 처음으로 그런 사실이 있다는 것을 알게 됐습니다.

그리고 시위가 한번 있었는데 학생회장이기 때문에 어쩔 수 없이 앞에 가 있어야 했는데 경찰서에 연행되어 간 적이 있었습니다. 그날 긴긴 밤을 제가 취조를 당하면서 아무것도 하지 않았는데 무엇을 했다고 해야만 하는 현실을 겪으면서 '이것은 아닌데, 이것은 아닌데' 하는 것을 체험했습니다.

저는 태어나서 처음으로 내 가족사, 내 개인의 감정을 떠나서 그런 일 아닌 것으로 울어본 적은 내 기억에 그날 밤이 처음이었습니다.

저는 새벽에 광주경찰서에 취조를 받고 나와서 광주 강기정 의원의 지역구인 말바우시장이 있는 그리고 다 쓰러져 가는 내 자취방에 돌아와서 이불을 뒤집어쓰고 몇 시간이고 펑펑 울었습니다.

내가 살고 있는 대한민국이, 내가 공무원으로 일하고자 하는 대한민국이, 나를 지켜 주리라고 믿었던 대한민국이 데모에 연루되었다고 한 학생을 하루 저녁을 꼬박 겁박하고 취조하는 것을 당하면서 순진했던 저로서는 그 복받치는 감정을 참을 수가 없었습니다. 그러면서 겨우 22살쯤 되었을 그 어린나이에 제가 그런 생각을 했던 기억이 납니다.

내가 어떤 일이 있어도, 어떤 일이 있어도 이렇게 부당하게 국가권력에 끌려가서 고통을 당하는 일은 없는 나라를 만들어야겠다, 그런 생각을 했습니다. 그러면서 1973년 겨울밤을 학교에서 아르바이트하면서 지냈습니다.

그런데 주변의 친구들이 '이대로는 안 된다. 이제 봄 개학이 시작되면 유신헌법에 반대하는 운동을 해야 된다. 시위를 해야 된다'는 이야기하는 것을 제가 알게 되었습니다. 저의 동참을 요구했습니다. 저는 동참하지 않겠다고 했습니다. 친구들도 제 집안사정을 알고 그러려니 했습니다.

그런데 74년 새 학기가 됐습니다. 저는 체육대회를 준비하고 있었습니다. 체육대회를 준비하는 학생회 동료들과 이야기를 나누었지요. '지금 일부 대학에서 이렇게 학생 시위를 하는 것 같아. 우리 대학도 하려고 한대' 그런 이야기를 했던 적이 있었습니다.

그런데 아까 기록에서 봤듯이 4월 3일 긴급조치 4호가 공포되고 저는 4월 9일 학교 숙직실에서 저녁밥을 준비하다가 갑자기 들이닥친 제 지도교수 선생님에 이끌려서 합동대책본부가 만들어진 곳으로 갔습니다.

교수님 말씀이 '야, 큰일 났다. 너 자수해라' '뭘 자수해요?' '관계기관에서 네가 연루되어 있다고 다 이야기를 해. 아직 누가 하는지 모르겠는데 너도 연루되어 있다고 보는 것 같아. 그러니까 빨리 가서 실토하고 4월 9일까지 자수하면 살려준대'…… 제가 안 것은 시위를 준비한다는 것뿐이었습니다. 그러나 저는 자수할 수가 없었습니다. 동료들이 내가 못 하는 일을 대신하고 있는데 내가 함께하지는 못할망정 그것을 자수해서 잡혀가게 할 수는 없는 일이었습니다.

그러자 전남도경, 현재는 5·18박물관이 있는 그 뒤 건물입니다. 도청 뒤 건물 4층으로 끌려갔습니다. 간부 같은 사람들이 있었고 직원들 몇 명이 기다리고 있었습니다. 그냥 평범한 사무실입니다.

수사가 으레 그렇듯이 처음에는 조용조용하게 '알고 있는 것 다 써라', 없어서 안 쓰고 있으면 '몇 번이라도 써라. 그날 있었던 일이라도 써라. 밥 먹고 공부하고 했던 일이라도 써라. 네 친구들 누가 지금 시위를 주도하고 있느냐 써라', 저는 거절했습니다. 그 친구가 한다고 이야기만 했지 주도하는지는 알 수도 없었기 때문입니다.

그러자 구타가 시작되었습니다. 사각 각목이 들어오고 사각 각목으로 내 잔등을 후려 패기 시작했습니다.

모르겠습니다. 몇 시간을 맞았는지. 제가 시멘트 바닥에 쓰러졌습니다. 초저녁에 들어갔으니까, 밤 내 맞았으니까 얼마를 맞았는지 모르겠습니다. 나중에 각목들이 부러지자 쇠 버클이 박힌 혁대를 끌러 내서 그것으로 등짝을 후려치기 시작했습니다.

지금 기억에는 전혀 그 고통이 기억나지 않습니다. 아마 젊었던가 봅니다. 제가 20대 때는 지금보다도 좀 더 체구가 있었겠지요.

새벽이 가까워 오고 있었습니다. 아마 오늘처럼 긴긴밤 계속 구타를 당하다가 어느 순간 구타가 멎었습니다. 어디로 또 나를 끌고 갔습니다. 두 사람이 내 어깨를 끼고 계단을 내려갔습니다. 당시에 전남도청 앞의 분수대 광장을 걸어갔습니다. 뿌옇게 새벽의 여명이 터 오고 있었습니다.

광주 전남도경 앞에는 무덕관이라는 소위 도경의 경찰관들이 체력 단련하는 체력단련장이 있었습니다. 그 한편에 차고지도 아니고 무슨 창고도 아니고 조그마한 함석지붕의 건물이 하나 있었습니다. 그리 끌고 들어갔습니다. 으스스했습니다. 늘 지나다니던 길인데 이런 곳이 있었나, 도시 한가운데.

아까 기록들에서 봤듯이 다짜고짜로 사람 하나 누울 수 있는 판 위에 눕혔습니다. 그리고 아까의 기록대로 손발을 다 묶었습니다. 몸통도 묶었습니다. 그리고 손발도 묶습니다. 손가락도 묶습니다. 몸이 움직일 수 없게 송판에 묶습니다. 그리고 얼굴에 수건을 씌웠습니다. 그리고 물이 들어오기 시작했습니다. 주전자로 조금씩 조금씩 숨을 쉴 수 없을 정도만큼만 졸졸졸졸졸졸 물이 흘러내렸습니다.

목까지 물이 차오릅니다. 견딜 수가 없지요. 죽고 싶지는 않아서 요동을 쳤지요. 그 사람들이 그렇게 이야기했습니다. '네가 할 말이 있으면 이렇게 묶인 손가락—두 엄지손가락만 움직일 수 있는데—이 손가락만 까딱까딱해라' 이러더라고요. 그래서 무조건 숨이 답답하면 손가락을 까딱까딱했습니다. 그러니까 이제는 손가락을 까딱까딱해도 물이 멈추지가 않습니다. 까딱까딱해 봐야 밝히지 않는다는 것을 알게 된 것이겠지요. 그러면서 저는 첫날을 그렇게 보냈습니다. 그리고 어디론가, 깨어나 보니 광주경찰서 작은 보호실이었습니다.

구타당한 기억은 없지만, 기억은 지금은 이제 다 사라졌지만 물이 들어오는 그 순간은 지금도 기억이 생생합니다. 인간이라는 게 얼마나 약한 존재인지, 이 작은 물줄기 하나로 죽을 수 있다는 것, 저는 그때 알았습니다. 그러나 제발 불 것이 많았으면 좋았을 텐데 불 것도 없었고 불지도 않았습니다. 그래서 그 사람들은 포기하고 나를 보호실에다 넣어 버린 겁니다.

그런데 알고 보니까 해가 떠서 9시쯤 학생들이 등교하면서부터 이미 수사관들이 온 학교에 대기하고 있다가 하나씩 하나씩 움직이는 그 학생들을 다 잡았습니다. 그렇기 때문에 제가 더 이상 고통을 당할 필요가 없었던 겁니다. 그래서 저는 나갈 줄 알았습니다. 그런데 내보내 주지 않더군요.

세상에 어쩌면 그럴 수가…… 스물세 살의 청년을 지은 죄도 없었는데, 시위도 하지 않았는데, 모의도 안 했는데, 예정도 없었는데, 상상도 하지 않았는데 오로지 공무원 되기 위해서 열심히 공부만 했는데 어떻게 그렇게 할 수 있었을까, 만약 그때 나를 풀어 주었더라면 내가 어떤 인생을 살았을까, 다시 학교로 복학했을 것이고 정상적인 사회로 돌아갔을 것이고 일찍 결혼해서 아이들을 낳고 부모님 일찍 편안하게 모셨겠지요. 그때가 운명의 갈림길이었다고 저는 생각합니다. 어찌 이런 일이 나만의 일이었겠습니까? 우리 역사의 고비고비마다, 위기 때마다 이런 일을 겪은 사람들이 얼마나 많았겠습니까?

그들은 나를 구속기소했습니다. 구속해 버렸습니다. 그래서 실제 시위를 하려고 했던 친구들이나 나나 똑같이 유치장에 갇혀 버린 것입니다. 그리고 60일을 유치장에서 살았습니다. 그것도 현행 우리 형사법 절차에 어긋나겠지요. 48시간 지나면 죄가 있으면 교도소로 보내고, 구치소로 보내고 없으면 풀어 줘야 됐을 것입니다.

보리밥 한 덩이로 세 끼를 먹으며 버티며 피골이 상접한 채로 20명 이상의 전남대학 학생들이 두 경찰서에 나뉘어서 60일을 버텼습니다. 아니, 기다렸습니다. 그러면서 수많은 잡혀 온 사람들로부터 '교도소는 이보다 나아. 빨리 넘겨 달라고 해. 거기 가면 밥이라도 콩밥을 먹잖아. 이 보리밥 먹고 버티겠어?'. 나중에 알고 보니 서울구치소가 너무 꽉 차서 수용할 수 없어서 저 시골 학생들은 못 올렸던 겁니다.

저는 그 안에서 나와 똑같은 사람들을 수없이 만났습니다. 학생도 만났고요 목사님도 만났고요 주교님도 만났고 또 아까 사형 확정된 지 하루도 안 지나서 사형당한 그분들까지 다 얼굴을 보았습니다.

지금도 생생합니다. 그런 기억을 내가 어떻게 여기 와서 내 스스로 다시 말할 수 있겠습니까? 저는 가능하면 이 자리에 서고 싶지 않았습니다. 그러나 이제 선 이상 다시는 이런 일이 없도록 하기 위해서 저는 시간이 좀 길어지고 있지만 이 이야기를 하고자 하는 것입니다.

바로 이런 일이 없는 나라를 만드는 것이 내 평생의 소원이었고 내가 정치에 들어온 목적이었기 때문에 다시는 이런 기회가 없을 것이라고 생각하고 국민 여러분에게 내가 겪은 국가기관, 국정원 등 우리 자국민에게 준 폭력적이고 비합법적인 이런 일들을 여러분들에게 호소하고, 다시는 이런 일이 없도록 하자는 호소를 드리고자 있는 것입니다.

힘드실 테니까……

● **부의장 이석현** 이학영 의원님이 9시간 반을 하셨네요. 대단하십니다. 장시간 그렇게 버티고 있기가, 고통이 보통 일이 아닙니다.

실은 우리 홍종학 의원님이 다음 순서인데 그다음은 또 서영교 의원님인데 홍종학 의원님이, 아까 내가 대여섯 시간 전에 여기 사회 봤지 않습니까, 그때도? 그때도 홍종학 의원님이 기다리고 있어서…… 오랜 시간 지금 기다리고 있습니다.

그래서 혹시 이학영 의원님이 다른 동료 의원에게 기다림을 좀, 그런 고통을 덜어 주려고 하는 그런 아량을 가지고 계시면 조금 줄여서 해도 좋을 것 같습니다. 제가 억지로 권하지는 않습니다.

● **이학영 의원** 예, 하여튼……
（「계속 하실 것 다 하세요」 하는 의원 있음）
（「하세요」 하는 의원 있음）
（● 홍종학 의원 의석에서 ― 저는 괜찮습니다, 파이팅.）
인생에 한 번입니다.
（● 홍종학 의원 의석에서 ― 예, 하고 싶을 때까지 하세요.）
국회부의장님, 한번 봐주십시오.

● **부의장 이석현** 예, 의원님 자유입니다. 시간제한이 없습니다.

● **이학영 의원** 홍종학 의원님, 제가 죄송합니다. 5시간 한다고 했는데, 그래서 여기서 대기하셨을 것인데 저도 이렇게 제가 오래 할 줄 몰랐습니다.
그러나 제가 운명에도 없던 정치에까지 왔던 것은 결국 국민 여러분들께 우리가 앞으로 살아 갈 세상은 불합함, 고통, 이런 것들이 없게 하자고 하는 것이었기 때문에 오늘 주어진 기회에 말씀드리는 바입니다.
널리 혜량하시고 양해해 주시면 고맙겠습니다.

● **부의장 이석현** 좋습니다.
（「홍종학 의원님께서 계속 기다리신대요」 하는 의원 있음）
（「계속 하십시오」 하는 의원 있음）

● **이학영 의원** 저도 힘드니까 시 한 편 다시 읽겠습니다.
김남주 시인의 진혼가입니다. 진혼가라는 것 아시지요? 죽어 간 사람들에 대해 위로하는 노래입니다.
우리 역사를 눈 감고 살펴보면 우리 이전 150년 역사에서 얼마나 많은 사건이 있었고 얼마나 많은 사람들이 죽어 갔습니까? 또 우리 정부가 들어선 후에도 얼마나 많은 사건과 많은 사고와 무참한 죽음들이 있었습니까? 가까이는 세월호의 꽃도 피워 보지 못한 우리 어린 자녀들, 또 절망에서 죽어 가고 있는 우리 어려움에 처한 국민들.
'진혼가' 김남주
'총구가 내 머리 숲을 헤치는 순간
나의 신념은 혀가 되었다
허공에서 허공에서 헐떡거렸다
똥개가 되라면 기꺼이 똥개가 되어
당신의 똥구멍이라도 싹싹 핥아 주겠노라
혓바닥을 내밀었다

나의 싸움은 허리가 되었다
당신의 배꼽에서 구부러졌다
노예가 되라면 기꺼이 노예가 되겠노라
당신의 발밑에서 무릎을 꿇었다

나의 신념 나의 싸움은 미궁이 되어
심연으로 떨어졌다
삽살개가 되라면 기꺼이 삽살개가 되어
당신의 발가락이라도 핥아주겠노라

더 이상 나의 육신을 학대 말라고
하찮은 것이지만
육신은 유일한 나의 확실성이라고
나는 혓바닥을 내밀었다
나는 무릎을 꿇었다
나는 손발을 비볐다
나는 지금 쓰고 있다
벽에 갇혀 쓰고 있다
여러 골이 쑥밭이 된 것도, 여러 집이 발칵 뒤집힌 것도, 서투른
　　나의 싸움 탓이라고
사랑했다는 탓으로 애인이 불려 다니는 것도, 숨겨 줬다는
　　탓으로 친구가 직장을 잃은 것도 어설픈 나의 신념 탓이라고
모두가, 모든 것이 나 때문이라고 나는 지금 쓰고 있다
주먹밥 위에, 주먹밥에 떨어지는 눈물 위에, 환끼통 위에,
　　빵끼통 위에, 식구통 위에, 감시통 위에, 마룻바닥에, 벽에,
　　천장에 쓰고 있다
손바닥이 부르트도록 쓰고 있다
발가락이 닳아지도록 쓰고 있다
혓바닥이 쓰라리도록 쓰고 있다
공포야말로 인간의 본성을 캐는 가장 좋은 무기이다라고'
어찌 이런 고통을 김남주 시인과 저만 겪었겠습니까? 중앙정보부, 치안본부, 대공분실 이런 이름으로 수많이 주택가에 숨어 있는 안가에서 고통을 받았던 사람들이 얼마였겠습니까?
감옥에 가서 10개월 만에 나왔습니다. 12년 구형을 받아서 7년형으로 감형되어서 서울구치소, 안양교도소, 전주교도소 등을 헤매다가 75년 2월 달에 나왔습니다.
그런데 이제 학교로 돌아가야지요. 받아 주지 않습니다. 뭘 할까요? 20대 초반의 청년이 감옥에 갔다 왔습니다. 기술도 없습니다. 졸업장도 없습니다. 어디를 가지요?
그래서 먹고살기 위해서, 또 어떻게든 새로운 뭔가를 해 보기 위해서 서울로 왔습니다. 그러면서 당시 일본 앰네스티가 민청학련 사건으로서 석방된 학생들을 위해서 직업훈련기금을, 재활기금을 보내 주었는데 그 도움으로 저는 공장에 취업하기 위해서 평화시장에 가서 재단을 배우고 공장에 갔다가 곧바로 따라온 수사관에 의해서 신분이 밝혀져서 오래 있지도 못하고 또 쫓겨나서 다시 선반을 배워서, 공장에 취업하고자 배웠다가 노량진 마찌꼬바에 흘러 다니다가 이 공장 가면 6개월 만에 또 형사가 쫓아오고 저 공장에 가면 또 형사가 6개월 만에 쫓아오고, 도무지 안정할 수 없는 상태에서 젊은 날을 보내게 되었습니다.
당시 70년대 후반에 이제 막 노동운동의 싹이 트고 있을 무렵 노동운동에 관심을 갖고 공장을 오간

선배들과 함께 어떻게 내 역사적인 의미를 노동운동을 통해서라도 회복할 수 있겠는가 하면서 공장을 다니다가, 선배 한 분께서 '그렇게 어느 세월에 이 군사정권, 독재정권을 없앨 수 있겠냐? 이제 뭔가 좀 몸으로 해야 되지 않겠냐?', 그러나 저는 그나마 안정이라도 지키고 싶어서 동조하지 않았습니다만 결국은 그 선배의 권유로 민주투쟁국민위원회라는 그런 조직에 들어가게 되었습니다.

이름은 거창하지만 하는 일은 별것도 없었습니다. 어디선가 유인물을 복사해 주면, 그래서 어느 장소에서 전해 주면 그것을 가지고 배당된 장소에 밤중에 가서 뿌리고 오는 일이었습니다.

두려웠습니다. 그 정도도 두려웠습니다. 아까 시에 있던 김남주 시인이 돈암동 산동네 제 작은 방에서 함께 있으면서 어느 날 물었습니다. "선배님은 무섭지 않으세요?" 그러자 "무서워도 어쩔 수 있겠니? 이렇게라도 하지 않으면 우리가 이 상황을 벗어날 수 있겠니?" 그래서 그 조직에서 활동하다가 다시 남민련이라는 이름으로 검거가 되었습니다. 소위 운동 조직에 연루해서 일하다가 검거가 되었습니다.

검거될 때 저는 죽으려고 했습니다. 두 번씩이나 신문지상에 오르내려서 내 가족에게 피해를 주고 싶지 않았기 때문입니다. 이제 학교도 제대로 못 다닌 내 동생들에게 간첩의 가족이라는 억울한 누명을 씌워 주는 것이 더 이상 계속되어서는 안 된다고 생각했기 때문입니다. 이제 결혼 적령기를 앞둔 여동생의 혼삿길을 막고 싶지 않았습니다.

그러나 결국 또 장기 형을 받아서 저는 무려 4년 6개월, 5년여 세월을 영등포구치소, 서울구치소, 성동구치소, 대구교도소, 전주교도소 등등에서 젊은 날을 보냈습니다. 그러면서 그 안에서 세상을 생각하고 책을 읽고 공부를 하면서 '아, 이게 나의 운명이구나. 세상을 위해서 일하라는 것이 나의 운명인가 보다' 생각했습니다.

그래서 다시 대통령 특사로 나와서, 어쩐 일인지 그때는 또 복학을 시켜 주었습니다. 세상에 스물세 살짜리를 복학을 시켜야 정상적으로 삶을 살지, 나이 서른셋에 복학을 시켜 주면 무슨 의미가 있겠습니까?

교사자격증도 땄습니다. 그러나 교사로 갈 수가 없었습니다. 세상을 위해서, 좀 더 뭔가 변화를 위해서 일을 하고 싶었습니다. 그래서 갔던 곳이 순천YMCA였습니다.

그런데 이것도 만만치 않았습니다. 보호관찰법이라고 있었는데요, 이게 주거지 이상을, 도시를 벗어날 때는 늘 신고를 하고 다녀야 되는 법입니다. 그리고 인근에 국가적인 행사가 벌어지면 아예 하루 종일 집안에 갇혀야 하는 상황이었습니다. 아침 일찍 내가 일어나기 전에 내 담당 형사가 와서 집 앞에 대기하고 있습니다. "오늘은 그 행사에 가지 마세요".

2년마다, 결혼하고 아이를 낳고 직장생활을 하고 해도 보안관찰은 끝이 없습니다. 2년이 되면 담당 검사가 불러서 2년 동안 개과천선했는지 소위 거의 정해진 대로 점검하고 평가를 해야 되는 것 아닙니까? 그냥 이전에 있던 기록과

내 담당 형사가 제공해 주는 기록을 포함해서 다시 연기, 연기를 하는 것입니다. '아, 이래서는 안 된다. 이래서는 안 된다'……

심지어 저희 집에 손님이 왔다 가면 다음 날 제 아내에게 마을의 이장이 묻는다고 합니다. '어젯밤에 누가 왔다 갔어요? 밤에 불이 환하게 늦게까지 켜져 있던데요'. 상시 추적, 상시 감시체계 속에서 살아 왔던 것입니다.

제가 결혼해서 처음으로 방 두 칸짜리 주공아파트를 잠시 한 4개월 살았나 했습니다. 그 전에는 전부 주택가 방 하나를 얻어서 살았지요. 그런데 잠시 그 아파트에 살았는데, 이사 간 다음 날부터 제가 잠이 안 오는 거예요. 가슴이 답답한 거예요. 잠을 잘 수가 없어요. 왜 그랬을까, 왜 그랬을까…… 결국 또 다른 이유로 그 집을 이사 나왔지만 다시 주택으로 돌아오니까 그런 증세가 사라졌습니다.

그때서야 제가 알았습니다. 제가 제 스스로 늘 누군가로부터 감시당하고 있으니까, 불시에 부당하게 불심검문을 하거나 나를 잡으러 오면 항상 어디론가 도망갈 곳을 생각하면서 살았던 것입니다. 잠을 잤던 것입니다. 항상 뒷문이 있는, 뒤창이 있는 방에서 살았던 것입니다.

제가 시골의 외딴집에서 공부 좀 하겠다고 산 적이 있었습니다. 그때 아까 말했듯이 우리 대학생들이 갑자기 거문도에서 죽기도 하고 무등산 밑 저수지에서 죽기도 하고 할 때 저는 밤에 식칼을 두 개 세 개씩 내 머리맡에 놓고 잤습니다. 그리고 문고리에다 쇠를 채우고 잤습니다.

그 시골에, 하찮은 이학영이 하나를 누가 잡으러 오겠습니까? 별일도 안 하고 YMCA에서 청소년들과 놀고, 캠프 가고, 주부들과 생협하고 그런 일 하는데 누가 나를 잡으러 오겠습니까? 그런데도 무섭습니다. 빈 공간에 혼자 있으면 곧 누군가 문을 두드릴 것 같습니다.

그래서 도망갈 곳 없는 아파트에서, 뛰어내릴 수 없는 아파트에서 제가 잠을 이룰 수 없었던 것입니다. 그랬기에 제가 머리맡에 식칼을 놓아두고 잠을 잤던 것입니다. 일종의 병이지요. 그런데 이런 병이 저만 있었던 것은 아닙니다. 그 당시에 제 대학 동료 중에 누군가 따라온다고 하면서 결국은 폐인이 되어 버린 친구가 있었습니다.

자, 개인은 이렇게 약합니다. 개인은 아무리 공부를 하고 마음을 강하게 먹어도 폭력 앞에서 약해지는 존재입니다. 그런데 그것이 사인 간의 폭력이 아니고 거대한, 법률에 의해서 행위가 정당화되고 법률에 의해서 지탱되는 국가기관이 나에게 그럴 수도 있다는 생각을 하면 얼마나 무섭겠습니까?

저는 시위에 참여했던 수많은 시민들이 채증을 당해서 집으로 출두서가 날아오면 얼마나 공포스러웠는지 하는 이야기를 많이 들었습니다. 일반 시위에 참여하고 출두서 하나 날아오는데도 그렇게 두려운 겁니다.

이것이 개인이 당했기 때문에 '너 혼자 삭이고 말아라' 이것은 너무 가혹한 것 아닌가요? 내 이웃이 그런 일을 당하고 있는데, 이런 일보다 더 못한 슬픔을 당해도 우리가 위로할진대 이렇게 심각하게 신체적·정신적 위해와 피해를

느낀다면 어떻게 우리가 그대로 볼 수가 있겠습니까?

국민 여러분!

아주 오래전 일입니다. 그러나 아까 유우성 씨 사건에서도 봤듯이 그 일은 2000년대에도 이루어지고 있습니다. 나라고, 여러분 가족 중의 누구 하나라고 어느 날 휴대폰 때문에 누군가가 추적하고 감시하고 정보를 수집하고 휴대폰을 들여다보고 하지 말란 법 있겠습니까? 이런 상태가 되면 어떤 일이 벌어질까요? 적어도 이것을 들여다보는 그 기관이 의심스럽게 살 만한 발언이나 글쓰기나 행위는 스스로 제어하고 하지 못할 것 아니겠습니까?

사상의 자유, 내가 뭔가 불만이 있으면 말할 수 있는 자유, 안 좋은 일이 있으면 그것을 누군에겐가 말해서 그것을 시정할 수 있는 자유, 내 조국의 국가기관이 잘못되면 그것을 비판할 수 있는 자유, 내가 뽑은 위정자들이 잘못되면 그것을 비판하고 교정하려고 할 수 있는 자유, 이런 자유가 사라진 사회를 생각해 보십시오, 여러분.

어떤 사회가 기다리겠습니까? 이제는 아까 하이네의 시처럼 당나귀들의 공화국이 되지 않겠습니까? 힘 가진 자, 권력 가진 자들만이 마음대로 할 소리 하고, 약한 자들은, 가난한 자들은 하고 싶은 말이 있어도 할 수 없는 사회 그것은 바로 곧 전체주의 사회로 가는 시발이 아닐까요?

감옥에서, 소위 교도소가 국가기관입니다. 그런데 부당하게 행형법을 운영해서 거기에 항의할 때가 있습니다. 또 정치적으로 항의할 때가 있습니다. 감옥에서 유일하게 항의를 할 수 있는 방법이 바로 단식입니다. 부당한 일을 감옥에서 당했을 때, 또 어떤 부당한 일을 개선하려고 요구할 때 말로 해서 들어 주지 않으니까 자기 생명을 담보 잡아서 단식을 하게 됩니다.

소위 광주민주항쟁으로 감옥에 갔던 전남대학교 학생회장 박관현 씨는 그렇게 감옥에서 단식하다가 죽었습니다.

그 기억을 여러분과 함께 나누고자 합니다.

'단식 1'

'굶주리지 않기 위해
살기 위해서 하는 싸움에
굶주림으로 죽음으로 맞서야 할 필요는 없지만
절벽처럼 막아선 것들 앞에서 양심의 호소란
바지랑대 끝에 앉아 흔드는
잠자리 날갯짓만도 못한 것이지만
자유를 얻기 위해서 자유를 뺏겨야 하는
사랑을 얻기 위해서 사랑을 뺏겨야 하는
행복을 얻기 위해서 행복을 뺏겨야 하는 땅
어느 것 하나인들 제대로 주어지지 않은 땅에서

굶주리지 않기 위해, 살기 위해 싸우다
손과 발과 목소리마저 빼앗기고
최후에 사람다운 의젓함마저 빼앗길 때
밖으로는 힘으로 짓밟으려는 자들에게

안으로는 굴복하려는 또 다른 하나의 나에게
단 하나 남은 것,
두드려봐야 먼저 부러질 회초리 같은 것
굶주리지 않기 위해 굶주림으로
죽지 않기 위해 죽음으로
최후에 내 뜻대로 처분할 수 있는
허락된 생명권의 저당으로 싸우느니.'

'단식 2'

'누구는 정의를 생각하기도 한다지만
누구는 역사를 생각하기도 한다지만
나는 밥 판에 실려 가는 보리밥 냄새
된장 푼 무국에 몸부림치고
잘 구운 설탕 버무린 도나쓰
푼더분한 시장 속 밥집 국밥의 환상에 시달리고

떡가루 같은 흰 눈이 천지에 내린 날
비틀거리고 기어가 창밖을 내다보면서
철벽같이 싸늘하게 죽어버린 저들의 양심을 생각하면서
나를 위해 바라보는 이들 너무나 멀리 떨어져 있음을
내 육신 날리는 저 눈꽃송이만도 못함을
굶주림의 호소가 결코 무기가 되지 못함을 알면서
어린아이 손에 쥔 회초리만도 더 못한
양심의 회초리 비참하게 휘두르지 않으리라 하면서도
나아갈 길이 없을 때
손발이 묶이고 목소리마저 차단당했을 때
살기 위해서, 최후의 의젓함을 지키기 위해서
불꽃으로 날아드는 풍뎅이처럼
육신을 소모시켜 영혼의 비상을 시도하지만
싸워야 할 것들과
피 튀기며 싸워야 하는 순간에
누구는 적들을 생각하고
누구는 증오로 타오른다 하는데
나는 어머니 지어 주시던
윤기 흐르는 쌀밥과 싸우고
가기를 멈춰버린 듯한 지루한 시간의 흐름과 싸우고
행여 이러다 맞아죽지 않을까
혹은 모르는 새 죽어가 버리지 않을까
도둑처럼 스며오는 두려움과 싸우고
싸워야 할 것들과 싸우기보다
주저앉아 무릎 꿇으려는 내 속의 나와 싸우고
이 얼마나 무서운 것이냐
육신의 저택을 쉬 떨쳐 오르지 못하는
땅 위에 맴도는 나의 영혼이여.

변론, 재판관 앞에서 하고 싶었던 이야기였습니다.
변론
좌경이 아니라 인간다움의 추구입니다.
돈 때문에 사람을 짐승으로 만들지 않는 세상
단지 그런 세상을 만들고자 할 따름입니다.

뛰어오른 전세 값을 구하기 위해
놀러온 이웃집 아이를 볼모로 잡아 찜통에 넣어 죽이는 그런
　　일이 없는 세상,
자식 대학 입학금을 마련키 위해
생명보험을 타자고 앓아누운 제 남편을 독살하는 일이 없는
　　세상,
병원에 가면 번연히 고칠 줄 알면서도 자식들에게 빚을
　　남기느니
차라리 죽음을 기다리겠다는 그런 부모들이 없는 세상,
공장으로 술집으로 흘러 다니다 몸 버리고
폭탄주를 마시다 죽어 가는 어린 누이들이 없는 세상,
다만 그런 세상을 원할 뿐입니다.
사람들이 누구나 떳떳하게 일하고
오순도순 누구나 등 두드리며 살아가지 못하고
버려진 깡통처럼 일그러져 나뒹굴다
쓰레기처럼 스러져야 하는 그런 세상이 아닌
열심히 일만 하면
집 걱정, 취직 걱정, 병원비 걱정 하지 않고
두들겨 맞고 끌려가고 감옥에 갈 걱정 없는
사람이 사람다움을 느끼며
사랑으로 아름다운 그런 세상을 원할 뿐입니다.
개나 돼지만도 못한 그런 삶을 거부하는
인간으로서 최소한의 요구요 몸짓일 뿐입니다.'
그렇습니다. 오늘 이 자리에서 제가 호소하면서 드리고 싶은 말입니다.

정부를 비판한다고 종북 좌파, 좌경 빨갱이라고 몰아붙이는 일 이제 그만합시다. 언제 내 아이도 직업이 없으면…… 해고당하고 또 굶주릴지 모릅니다. 언제 길거리에서 시위할지 모릅니다. 비판한다고, 우리와 함께 살지 않는 다른 나라 국민처럼 바라보지 맙시다. 대한민국에 살고 있는 모든 국민은 다 하나의 대한민국 공동체 형제입니다.

어디선가 어린아이 하나가 죽어 가면 내 아이 하나가 죽어 가는 것과 뭐가 다르겠습니까? 어디선가 독거노인 한 분이 외롭게 돌아가시면 그것이 내 어머니의 일이 아니라고 어떻게 말할 수 있겠습니까? 우리는 모두 함께 하나의 커다란 그물에 엮어서 살아가는 대한민국 공동체 일원입니다. 당신이 아프면 내가 아프고 내가 힘들면 당신이 힘듭니다.

최근에 헬조선, 흙수저·금수저 이야기들이 많이 언론에 나옵니다. 그런 이야기 나오지 않게 해야지요. 대한민국에 태어난 아이들에게 내가 열심히 성실하면 뭔가 일도 하고 또 사람답게, 떳떳하게 살 수 있다는 희망을 주어야지요. 기타 치고 싶은데, 공부하기 좀 싫은데, 그래도 나중에 기타 치다 보면 또 가수가 될 수도 있고 또 기타를 이용해서 밥을 먹을 수도 있겠지 하면서 예쁘게 봐 주고, 좀 약간 경쟁에서 뒤쳐져서 꼴찌가 되고 좀 못하게 보여도 사람 자체가 못난 것 아니지 않습니까? 그들을 따뜻하게 밥 먹을 수 있게 해 주고 희망을 주고 격려해 주고 이런 것이 우리가 꿈꾸는 세상 아니겠습니까?

또 언제까지 북한에, 핵무기를 발사하는 저런 형제들이 고통받는 그런 국가를 우리가 바라보고 있어야만 되겠습니까? 물론 방법에 있어 다 입장이 다르겠지만 머리를 맞대고 보면 북한이 핵무기를 쏘지 않고 핵이 없어도 살아가게 할 수 있는 방법이 있을 거라고 생각합니다. 그런 방법을 도출해서 북한을 설득하고 핵을 버리게 하고 휴전선의 군사 장비를 줄이고, 국방비로 쓸 돈을 줄여서 우리 아이들 누리과정 교육비로 좀 더 쓰고, 어르신들 20만 원씩 다 드리고, 집 없는 청년들에게 공동주택을 마련해서 알바를 해서라도 자립할 수 있게 해 주고, 또 언제 전쟁 날지 몰라서 마음속에 불안하고 전전긍긍하는 그런 나라에서 평화롭게 교류하고 서로 자유 경쟁해서 좀 평화롭게 살 수 있는 그런 대한민국 만들어야 되지 않겠습니까?

테러방지법은 그런 법을 위한, 그런 세상을 위한 갈림길에 서 있는 법이라고 저는 생각합니다. 국민들이 테러방지법에 의해서 위축되고 비판의 자유를 잃게 되면 막힌 대한민국의 혈관은 계속 막히게 되고 언젠가는 뇌졸중으로 떨어지게 되고 뇌사 상태에 들어갈지도 모릅니다. 미리미리 막힌 혈관을 뚫을 수 있도록 비판을 겸허하게 정치권이 받아들일 수 있어야 됩니다.

비판 없는 사회는 죽음이 기다리고 있는 사회입니다. 유기체는, 유기적 사회체는 비판이 있을 때 비로소 건전하게 운영될 수 있는 것입니다.

● **부의장 이석현** 이학영 의원님, 절절한 말씀을 감명 깊게 하고 계신데, 양해해 주신다면 속보 하나만 전달해 드리겠습니다.

방금 국회 안전행정위원회가 공직선거법을 의결했다고 그럽니다. 아시는 바와 같이 오늘 오전에, 아침인가요? 선거구획정위원회에서 선거구 획정안을 국회에 제출했습니다. 그래서 아까 10시 경에 국회 안전행정위원회를 개의해서 회의를 했는데 방금 그것을 포함한 공직선거법과 정치자금법을 의결했다고 그럽니다.

감사합니다. 말씀 계속하시지요.

● **이학영 의원** 제가 이제 마무리를 하려고 합니다. 하고 싶은 말은 많지만 그래도 다 할 수 없기에 마무리를 하려고 합니다.

그러나 많은 시민들께서 저에게 글을 보내 주셨습니다. 다 읽을 수는 없을 것 같습니다. 그분들께 양해를 구합니다. 그러나 꼭 필요한 것은 읽고 그렇지 못한 분께는, 메일을 보낸 분만 말씀드리겠습니다.

시치미님, 굉장히 긴 글을 보내 주셨습니다. 좋은 글인데요, 너무 길어서 읽어 드리지 못한 것을 죄송합니다.

이 글은 고등학생이 쓴 글입니다. 그래서 고등학생은 제가 기대를 저버릴 수가 없어서 마무리지만 좀 읽어 드리겠습니다.

'안녕하세요, 이학영 의원님? 저는 정치에 대해 아는 것도

아니고 또한 법에 대해서는 잘 모르는 그냥 경상북도 시골에 사는 평범한 고등학생입니다.

이렇게 아는 것이 없는 저도 테러방지법이라는 법이 국민을 위한 것이 아니라는 것을 조금만 들여다봐도 알겠는데 국회의장님이 되시는 분이 이런 내용을 모르셨을 리 없음에도 불구하고 이 법을 직권상정을 하셨다는 것에 대해 도저히 이해할 수 없습니다.

국민 누구나 테러방지법을 들으면 당연히 국가를 위한 것이고 국민의 안전을 위한 것이라고 생각할 것입니다. 하지만 당연히 그래야 하고 무엇보다 국민을 위한 법으로 테러방지법이 만들어져야 하는데 우리나라의 테러방지법은 국정원을 위한 법, 대통령을 위한 법이라고밖에 생각을 못 하겠습니다.'

죽 길게 더 있는데 여기까지만 이 학생의 글은 읽어 드리겠습니다.

시민 김창수 님입니다. '이번 필리버스터를 통해 이런 모든 의혹들을 까발리고 더 많은 국민들이 현재 대한민국의 문제점을 깨닫기를 진심으로 바란다. 공중파·종편 등 언론이 권력에 장악당해 있는 현 상황에서는 TV 방송에서는 필리버스터에서 발언하는 내용은 전혀 보도되지 않고 야당이 여론에 밀려 필리버스터를 끝낼 출구를 찾고 있다는 팩트가 없는 보도와 야당을 깎아 내리려는 자극적인 보도만이 난무한다. 테러방지법이 통과되면 사회와 권력의 문제점에 대해 까발리는 올바른 시대정신을 갖고 언론 보도를 하고 있는 언론사들은 모조리 좌빨로 낙인찍히고 다 처벌받고 다 없어질 뉴미디어 탄압의 가능성이 매우 높아 보인다. 뉴미디어 통제법이 될 수 있다.

아울러 페북이나 온라인 댓글 등에서 지금과 같이 국정원의 문제점에 대한 의견을 피력할 때 그 행위를 하는 개인도 처벌이 용이해진다는 것이 유신시대로의 회귀를 걱정하는 이유이다. 이 법이 이대로 통과되면 사실상 세월호 진상조사는 영원히 불가능할 수밖에 없을지 모른다.

현재의 필리버스터는 대한민국 민주주의의 희망이라는 게 내 생각이다. 이 제도 덕분에 폭력 국회가 사라졌다는 것이 그 이유이다. 이 제도가 아니었다면 우리는 또 한 번의 폭력 국회를 봐야만 했을 것이고 그런 모습이 나와 같은 국민들이 정치에 또 한 번 염증을 느끼는 데 일조하게 됐을 것이다. 그러나 다행히도 이 법을 통해 많은 사람들이 정치에 관심을 갖게 되고 우리 사회가 갖고 있는 문제점을 환기하는 계기가 되었다는 점에 감사할 따름이다.

이제 새누리당 의원님들도 테러방지법을 찬성하는 논리적인 이유를 갖고 단상에 나와서 무제한 토론에 동참해 주기를 진심으로 기원한다. 그게 나를 비롯한 많은 사람들이 기대하는 진정한 민주주의이며 구태정치를 폐기하는 방법이라 생각한다.'

해외의 정보기관 운영 사례, 자료도 있는데 이것은 다른 의원님들이 하실 수 있겠으므로 생략하겠습니다.

이제 마무리 발언 드리겠습니다.

오랫동안 지루한 시간, 좋은 휴일에 이렇게 힘들게 해서 죄송합니다.

존경하는 국민 여러분, 미국의 유명한 언론인이자 교육가인 밀턴 마이어는 1955년 '그들은 자신들이 자유롭다고 생각했다'는 제목의 저서를 발표했습니다. 우리나라에서는 '나치 시대 독일인의 삶, 선한 사람들의 침묵이 만든 오욕의 역사'라는 부제가 붙어 출간되었습니다.

밀턴 마이어는 1960년대 미국 국무부의 규정에 따라 충성 맹세에 서명을 거부했다는 이유로 여권 발급이 취소되기도 했습니다.

이 책은 저자가 1950년대 2차 대전 후 독일을 방문하여 나치에 가담했던 10명의 평범한 일반인과 심층 인터뷰를 한 내용을 담고 있습니다.

이 책의 결론은 미국의 인권운동가인 마틴 루터 킹 목사의 말과 똑같습니다. '역사는 이렇게 기록할 것이다. 사회적 전환기의 최대 비극은 선한 사람들의 소름끼치는 침묵이었다'…… 침묵하지 맙시다.

마르틴 니뮐러는 독일의 목사이자 반 나치 운동가입니다. 처음에는 히틀러를 지지했으나 나중에는 나치에 반대한다는 이유로 8년간 강제수용소에 갇히기도 했습니다.

마르틴 니뮐러 목사의 시 한 수 소개해 드리겠습니다. 유명한 시입니다.

'그들이 처음 공산주의자들에게 왔을 때
나는 침묵했다
나는 공산주의자가 아니었기에
이어서 그들이 사회민주당원에게 왔을 때
나는 침묵했다
나는 사회민주당원이 아니었기에
이어서 그들이 노동조합원에게 왔을 때
나는 침묵했다
나는 노동조합원이 아니었기에
이어서 그들이 유대인을 덮쳤을 때
나는 침묵했다
나는 유대인이 아니었기에
이어서 그들이 내게 왔을 때
그때는 더 이상 나를 위해 말해 줄 이가
아무도 남아 있지 않았다'

그렇습니다. 처음부터 반대하지 않는다면 잘못을 바로잡지 못하게 될 것입니다. 그 결과 모두가 피해자가 될 수 있습니다.

야당이 정부 여당의 일방적인 테러방지법 상정을 저지하고 제대로 된 법을 만들자고 하는 것은 저를 포함한 대한민국 국민 여러분의 안전을 지키기 위함입니다.

서울광장을 포함한 전국의 주요 광장에서는 시민들의 자발적인 집회가 열립니다. 경찰은 필요한 경우 집회에 참여한 시민들을 대상으로 사진·비디오 촬영을 통해 현장을 기록한 후 위법한 행위를 했다는 판단을 하게 되면 출석을 요구합니다. 출석 후 조사를 통해 당시의 상황에 대해 소명할 수 있는 기회를 부여합니다. 하지만 테러방지법이 통과되면 국정원은 경찰 조사는 무시하고 집회에 참여한 모든 시민들을 대상으로 감시를 할 수 있을 것입니다. 계좌 추적, 휴대폰 감청, SNS 검열은 기본이 될 것입니다. 상상만으로도 아주 끔찍합니다.

국민 여러분, 여러분은 이런 세상을 원하십니까? 막아야 하지 않겠습니까?

권력이 집중되면 남용하게 된다는 것은 역사가 주는 강력한 교훈입니다.

정의화 국회의장께 촉구합니다. 쟁점 법안은 별도로 지속 논의를 하는 것이 상식이지 않습니까? 테러방지법 직권상정을 철회하시고 상임위로 돌려보내십시오.

정부 여당에 촉구합니다. 지금이라도 늦지 않았습니다. 해당 상임위에서 논의를 진행하십다. 필요하다면 공청회를 열어 시민들의 의견을 들읍시다.

존경하는 국민 여러분!

우리 당이 주장하는 바는 간단합니다. 테러방지라는 이름에 걸맞은 내용의 법을 만들자는 것입니다.

우리나라의 가계부채는 1200조에 달하고 자영업자 절반 가까이가 폐업하고 있습니다. 청년실업률 9%는 사상 최고치를 기록하고 있습니다. OECD 국가 중 출산율은 최저 1.25명, 자살률 10만 명당 28명, 노인 빈곤율은 최고 47.2%입니다. 부끄럽고 참담합니다. '헬조선'이라는 자조적이고 패배주의적 말을 부정하기가 어렵습니다.

얼마 전 출국해 IS에 가입하고 소식이 끊긴 김 군의 사례를 기억하실 것입니다. 조사 결과 김 군은 가정과 학교에서 소외되어 외로움을 호소했던 것으로 나타났습니다. 우리 사회와 가정이 미처 품지 못해 좌절하고 절망하는 이들이 사회의 위험이 되는 길을 막는 것이야말로 테러를 방지하는 근본적인 해결책이 될 것입니다.

수십 명이 사망한 노르웨이의 끔찍한 총기난사 사건은 전 세계를 충격에 휩싸이게 했습니다. 이 비극을 수습하며 주목받았던 것은 당시 옌스 스톨텐베르그 노르웨이 총리의 대응이었습니다. 그는 이렇게 말했습니다. '범인은 폭탄과 총격으로 노르웨이를 바꾸려 했다. 그러나 노르웨이의 국민은 우리의 가치를 포용하는 것으로 응답했다. 우리의 대응은 더 많은 민주주의와 더 많은 개방성, 더 많은 인간애다.'

내외부의 위험을 감시한다는 명목으로 우리 안의 괴물을 더 크게 키우는 것은 결국 우리 스스로를 위험으로 내몰게 될 것입니다.

이제 마치려 합니다.

다시 한 번 호소합니다.

우리 역사에는 수많은 의인들, 수많은 정의로운 사람들이 있었습니다. 제가 우리 역사 속에서 존경하는 한 분에 대한 시를 읽겠습니다.

봉건적 폐습과 부정부패로 무너져가도 외세열강에 흔들려서 자주적 국가를 이룩할 수 없었던 조선왕조 말기에 정의로운 우리 민중들의, 국민들의 힘으로 새로운 정부, 새로운 정치를 꿈꾸었던 동학농민혁명의 전봉준, 우리 선조

그 분을 기리면서 김남주의 시를 읽어 드리겠습니다.
'황토현에 부치는 노래' 녹두장군을 추모하면서
'한 시대의
불행한 아들로 태어나
고독과 공포에 결코 굴하지 않았던 사람!
암울한 시대 한가운데
말뚝처럼 횃불처럼 우뚝 서서
한 시대의 아픔을
온몸으로 한몸으로 껴안고
피투성이로 싸웠던 사람!
뒤따라오는 세대를 위하여
승리없는 투쟁
어떤 불행도 어떤 고통도
결코 두려워하지 않았던 사람!
누구보다도 자기 시대를
가장 정열적으로 사랑하고
누구보다도 자기 시대를
가장 격정적으로 노래하고 싸우고
한 시대와 더불어 사라지는 데
기꺼이 동의했던 사람!
우리는 그의 이름을
키가 작다 해서
녹두꽃이라 부르기도 하고
농민의 아버지라 부르기도 하고
동학농민혁명의 수령이라 해서
동도대장, 녹두장군!
전봉준이라 부르기도 하니

보아다오, 이 사람을!
거만하게 깎아세운
그의 콧날이며 상투머리는
죽어서도 풀지 못할 원한, 원한!
압제의 하늘을 가리키고 있지 않은가
죽어서도 감을 수 없는
저 부라린 눈동자, 눈동자는
90년이 지난 오늘에도
불타는 도화선이 되어
아직도 어둠을 되쏘아보며
죽음에 항거하고 있지 않은가!
탄환처럼 틀어박힌
캄캄한 이마의 벌판, 벌판!
저 커다란 혹부리는
한 시대의 아픔을 말하고 있지 않은가!
한 시대의 상처를 말하고 있지 않은가!
한 시대의 절망을 말하고 있지 않은가!

보아다오, 보아다오
이 삶을 보아다오
이 민중의 지도자는

학정과 가렴주구에 시달린
만백성을 일으켜 세워
눈을 뜨게 하고
손과 손을 맞잡게 하여
싸움의 주먹이 되게 하고
싸움의 팔이 되게 하고
소리와 소리를 합하게 하여
대지의 힘찬 목소리가 되게 하였다
그들 만백성들은
이 위대한 혁명가의 가르침으로
미처 알지 못한 사람들과
형제가 되었을 뿐만 아니라
새 세상을 겨냥한 동지가 되었을 뿐만 아니라
외롭고 가난한 사람들이
아직까지 한 번도 맛보지 못한
자유를 알게 되었을 뿐만 아니라
적과 동지를 분간하여
민중의 해방을 위하여
전투에 가담할 줄 알게 되었으니

보아다오, 그들은
강자의 발밑에 무릎을 꿇고
자유를 위해 구걸 따위는 하지 않았다
보아다오, 그들은
부호의 담벼락을 서성거리며
밥을 위해 땅을 위해
걸식 따위는 하지 않았다
보아다오, 그들은
판관의 턱을 쳐다보며 정의를 위해
기도 따위는 하지 않았다
보아다오, 그들은
성단의 탁자 앞에 무릎을 꿇고
선을 구걸하지도 않았고
돈뭉치로 선을 사지도 않았다
보아다오, 그들은
이빨 빠진 사자가 되어
허공에 허공에 허공에 대고
허망하게 으르렁거리지 않았다
보아다오, 그들은
만인을 위해
땅과 밥과 자유의 정복자로서
승리를 위해 노래하고 싸웠다
대나무로 창을 깎아
죽창이라 불렀고 무기라 불렀고
괭이와 죽창과 돌멩이로 단결하여
탐학한 관리의 머리를 베고
양반과 부호의 다리를 꺾어
밥과 땅과 자유를 쟁취했다

보아다오, 보아다오
새로 태어난 이 민중을!
이 민중의 강인한 투지를!
굶주림과 추위와
투쟁 속에서 더욱 튼튼하게 단결된
이 용감한 조직을 보아다오
고통과 고통과의 결합!
인간의 성채
죽음으로써만이 끝장이 나는
이 끝없는 싸움, 싸움을 보아다오!
밥과 땅과 자유!
정의의 신성한 깃발을 치켜들고
유혈의 투쟁에 가담했던
저 동학농민의 횃불을 보아다오!
압제와 수탈의 가면을 쓴
양반과 부호들의 강탈에 항쟁했던
저 1894년 갑오년
농민혁명의 함성을 들어다오!
그리고 다시
우리 모두 이 사람을 보아다오!
오늘도 우리와 함께 살아 있고
영구히 살아남을 이 사람을!
녹두 전봉준 장군을 보아다오!'
감사합니다.
(박수 치는 의원 있음)

● **부의장 이석현** 이학영 의원님 정말 수고하셨습니다. 감명 깊었습니다.
　내가 이 얘기만은 세상 사람들한테 꼭 해야 되겠다는, 마음속에 뜨겁게 응어리진 것들을 무려 열 시간 반 동안 내뱉으셨습니다.
　이학영 의원님 같은 그런 사명감을 가지고 말한다면, 만일 기록에 집착하는 사람이라면 24시간이라도 말할 수 있는 분이겠다 하는 생각을 제가 해 봤습니다.
　오늘 특별히 아까 또 시대의 아픔을 승화시켜서 함축된 언어로 표현하고 있는 좋은 시들을 많이 소개해 주셔서 특별히 감사합니다.

● **이학영 의원** 국민 여러분, 감사합니다.
　의장님, 감사합니다.

● **부의장 이석현** 후련하시겠습니다.
　다음은 더불어민주당 홍종학 의원 나오셔서 토론해 주시기 바랍니다.

(2016년 2월 28일 오후 10시 55분)

24

홍종학 의원

제19대 국회의원 (비례대표)
더불어민주당

2016년 2월 28일 오후 10시 57분 시작
2016년 2월 29일 오전 6시 18분 종료
발언 시간 7시간 21분

"전체 임금근로자 1820만 명의 67%,
3명 중에 2명이 오늘 잘릴까 내일 잘릴까
걱정하면서 울고 있습니다, 대한민국
국민이. 이게 국가비상…저는 그렇게
생각합니다, 이게 국가비상사태라고."

(2016년 2월 28일 오후 10시 57분)

● **부의장 이석현** 경제민주화 전문가이신 홍종학 의원님이
나오셨습니다.

홍종학 의원님 정말 오랫동안 기다리셨는데요, 또 SNS를
통해서 국민과 소통을 무척 열심히 하는 분인데 제가 지금
트위터 팔로우하고 있는 것 알고 계신가요?

● **홍종학 의원** 예, 알고 있습니다.

● **부의장 이석현** 일곱 시간 전에 저한테 트윗 글 홍 의원님이
올린 것을 제가 보았더니 뭐라고 되어 있느냐 하면 '희망의
필리버스터 제가 다음 차례입니다 어제처럼 줄이 길지는
않지만 오늘도 방청석은 꽉 찼습니다 ^^ 이학영 의원님
저렇게 목소리를 높이시니 걱정이 됩니다 언제까지 하시려나'
이렇게 되어 있어요.

그런데 '언제까지 하시려나' 하는 뜻을 제가 알겠는데
'이학영 의원님 저렇게 목소리를 높이시니 걱정이 됩니다'
이것은 어떤 의미로 하신 말씀입니까?

● **홍종학 의원** 대단하시네요. 이학영 의원님 그러면 오래 못
하실 것 같아서 걱정했는데……

● **부의장 이석현** 아, 오래 못 하실 것 같아서요?

● **홍종학 의원** 예.

● **부의장 이석현** 저는 또 '이학영 의원님이 저렇게 목소리를
높이시니 나도 높여야 되나' 하고 걱정이 된 것으로
알았더니……

말씀하십시오.

● **홍종학 의원** 안녕하세요.
더불어민주당 비례대표 홍종학입니다.

저는 시간도 늦고 그래서 편하게 하도록 하겠습니다.

사실 제가 이 본회의 연단에 오를 때 항상 딱딱하게 할
수밖에 없어서 그것이 항상 좀 섭섭했었습니다. 그래서 오늘
시간도 충분하고 그래서 편하게 토론을 하도록 하겠습니다.

저는 경제학교수였습니다.

가천대학에서 20여 년 동안 강의를 했고요, 그래서 뭐 세
시간 정도 강의는 예전에 했는데 최근에는 안 했는데 이제
오늘 다시 그렇게 하게 될 것 같습니다. 그래서 강의하듯이
그렇게 토론을 진행을 해 볼까 합니다. 그래서 편하게 그렇게
그냥 말씀을 드리도록 하겠습니다.

전반적으로는 주제에 맞게 얘기를 해야 되기 때문에, 지금
사실상 이 필리버스터라는 것이 국내에서 이렇게 오랫동안
진행된 것이 처음이지 않습니까? 그래서 이 필리버스터의
의미에 대해서 제가 한번 따져보도록 하겠습니다.

그리고 제 생각에 지금 국가비상사태라고 하는데 두
번째로는 과연 그것이 타당한 이야기인가에 대해서 얘기를
해 보고요, 세 번째는 제가 생각할 때는 이 테러방지법이
원래 목적하는 테러를 방지하기 위한 그런 목적보다는 여론
통제를 위한 수단을 확대하는 것이 아니냐 하는 생각에서
그러한 얘기를 해 보도록 하겠습니다.

네 번째로는 지금 지식정보화 사회에서 이 테러방지법이
과연 우리나라의 지식정보화 사회의 발전에 도움이
되겠느냐 이런 얘기를 해 보도록 하겠습니다. 그다음에 다섯
번째로는 한국 민주주의 역사에서 이 테러방지법을 어떻게
봐야 되겠는가 하는 이야기를 한번 또 제 생각을 말씀을
드리고요.

여섯 번째는 지금 이 테러방지법 때문에 여야가 이렇게
대치를 하고 있는데 우리가 타협의 정치를 하지 못하고
이렇게 대립의 정치 그리고 사실상 지금 대통령께서 하고
계시는 것은 공포의 정치인데, 이 사회적 대타협을 저는
항상 얘기를 해 왔습니다. 그래서 그런 사회적 대타협을
주장하는 정치와 이 공포의 정치가 얼마나 차이가 나는가
이런 얘기를 좀 해 보도록 하겠습니다.

그다음에 이제 문제의 핵심이 지금 국정원이기 때문에
국정원의 얘기를 할 수밖에 없고요, 그리고 일곱 번째로는
국정원 얘기를 하겠습니다. 그래서 국정원의 얘기에 대해서
저희가 지금 계속 과거 얘기를 하기 때문에 많은 분들이
그것은 과거 얘기 아니냐 그러지만 지금 뭐 가장 최근에도
많은 문제들이 생겨났기 때문에 이것이 과거의 문제가
아니다, 우리 국정원 문제를 저 나름의 시각에서 다시 한 번

따져보도록 하겠습니다. 그것이 일곱 번째고요.

여덟 번째로는 지금 일련의 박근혜정부에서 진행되어 오는 과정이 있습니다. 그래서 최근에 지금 정부가 강력하게 밀어붙이는 것 중의 하나가 노동개혁법이라는 말이지요. 저희는 '노동개악'이라고 얘기하는데 '노동개혁'이라고 얘기하는 그것이 있다. 이것과 이 테러방지법 이것이 저는 상당한 연관성이 있다고 생각을 하고요, 그래서 그 문제에 대해서 얘기를 한 다음에 마지막으로 정리를 해 보도록 하겠습니다.

이런 말씀을 드리자니까 제 소개를 조금은 해야 될 것 같습니다.

저는 아까 말씀드렸다시피 경제학 공부를 했고요, 그리고 미국에 유학을 갔습니다. 서울에 있을 때는 그냥 평범한 학생이었고요, 운동권에 들지도 못했습니다. 그리고 제가 이상하게도 우리나라에 큰 일이 있을 때마다 군에 입대해 있다거나 외국에 있다거나 그래서 87년에는 저는 미국에 있었고요, 그때 공부하고 있었습니다.

제가 공부한 데가 캘리포니아대학이었는데요, UC샌디에이고입니다. 그래서 UC버클리·UCLA·UC샌디에이고, 같은 유니버시티 오브 캘리포니아(University of California), 캘리포니아대학입니다. 미국의 캘리포니아 주의 주립대학이지요. 한 7, 8개가 있는데 그중에 잘 알려진 버클리대학, UCLA대학 그다음에 샌디에이고입니다.

제가 말씀을 드리는 이유는 지금 이것과 관련되어서……

● **부의장 이석현** 홍 의원님!

● **홍종학 의원** 예.

● **부의장 이석현** 말씀 중에 죄송합니다.

제가 사회를 교대할 시간이 되어서 들어가 보겠습니다. 말씀 잘 하시고요, 이따가 새벽 1시부터 5시까지 또 제가 이 의장석에서 모시기로 했습니다.

다시 뵙겠습니다.

(이석현 부의장, 정의화 의장과 사회교대)

● **의장 정의화** 계속하십시오.

● **홍종학 의원** 그래서 이제 외로운 유학생활을 하고 있었는데요, 그때 그 대학에서 굉장히 재미있는 행사가 있었습니다. 일주일에 한 번씩 영화 상영을 하는 그런 행사였는데요, 이 영화가 그냥 영화가 아니라 이른바 우리 식으로 얘기하면 제3세계 영화를 학생회에서 보여주는 그런 행사였습니다.

거기 갔더니 재미있는 행사들이 굉장히 많았고요, 예를 들면 저는 그전까지 뭐 그렇게 음악을 많이 안 들어서 잘 몰랐는데 밥 말리라고 하는 레게음악의 원조, 나중에 보니까 거의 영웅이더군요. 자메이카의 밥 말리에 대한

영화라든가 이런 것을 보게 되었지요. 제3세계 영화를 그렇게 뭐 자주 가지는 못했습니다마는 가끔 보는 것이 너무나 저로서는 새로운 세계였고요. 거기에 놀랍게도 사회주의 얘기, 이런 얘기들이 거기 죽 있었지요. 그러니까 저는 어떻게 보면 한국에서 보지 못하던 그런 새로운 얘기를 미국에서 보게 된 그런 경험을 했습니다.

저의 입장에서는 '아, 이것이 미국의 힘이구나. 미국이 자신들의 생각하고 다르지만 그런 제3세계 얘기를 이렇게 가감 없이 대학 학생회에서 보여주는구나.' 거기에는 사회주의자들의 일생에 대한 것도 있고 거의 사회주의자를 굉장히 미화한 그런 영화도 있었습니다. 그때 그 유명한 로자 룩셈부르크 이런 사람들 얘기가 영화로 나오고 그래서 저는 그 얘기를 그때 알게 되었습니다.

놀라운 것 중의 하나가 그 당시에 1980년대 중반에 문제가 되었던 이른바 산디니스타 게릴라와 그다음에 콘트라(contra)를 해서 거기 문제가 되었던, 즉 미국의 CIA가 다른 나라의 내정에 간섭을 해서 원래 소모사 정권이라고 하는 아주 잔혹한 정권이 있었는데 거기에 대해서 산드니스타가 사실 혁명을 통해서 정권을 교체했지요. 그런데 미국이 불법적으로 반군을 지원했고 그 반군 지원한 것에 대해서 미국에서 청문회도 열리고 그랬는데, 그런 것들을, 그런 미국의 굉장히 가슴 아픈 얘기, 미국 CIA의 불법적인 얘기, 미국 백악관의 국가안보실에서 벌어졌던 아주 치밀적인 얘기들을 대학의 학생들이 가감 없이 영화로 보고 있다는 데 대해서 저는 굉장히 놀랐습니다. 저는 그게 바로 미국의 힘이라고 생각을 합니다. 저도 그런 것을 보면서 그때 제 시각이 굉장히 넓어졌다는 것을 느끼고요.

우리 대학이 지금 그런 의미에서 저는 상당한 문제가 있다고 생각을 합니다. 우리 대학에서 만약에 그런 영화를 상영한다거나 이게 지금 가능할까? 심지어는 우리 대학 학생들도 그런 것을 시도하지 않고 있고, 만약에 그런 것을 시도하게 되면 또 문제가 될 거고요. 요즘 유명, 심지어는 야당의 지지하는 이런 사람들 초청해서 강연만 해도 우리 대학이 지금 문제가 되고 있는 상황이니까요. 그래서 그런 입장에서 저는 세상을 뭐라고 그럴까요, 우리나라가 아직도 갈 길이 한참 멀구나.

제가 지금 말씀드리는 것은 바로 이와 같은 생각의 차이를 말씀드리는 겁니다. 어떤 사람들은 그런 것들을 자꾸 가둬 놓으려고 그러고 자꾸 그런 의견을 얘기하지 못하게 하고 이렇게 하는 반면에 한쪽의 사람들은 그게 뭐가 문제냐, 이렇게 돼 있고요.

우리가 얘기하는 통상적으로 미국이라고 하는 나라가 바로 그렇게 자기와 정반대, 자기한테 해가 되는 그런 얘기조차도 자유롭게 대학에서, 최소한 지식인사회에서는 그렇게 얘기할 수 있기 때문에 미국의 오늘이 있지 않는가, 이런 것들이 제가 생각하는 겁니다.

돌아와서 저는 학교에서 강의를 하다가요 그다음에 경실련 활동을 했습니다. 경실련 활동을 하면서 굉장히

많은 것을 배웠고요, 그것을 통해서 우리나라의 재벌 문제에 대해서 건드리기 시작을 했습니다. 재벌 문제에 대해서 문제가 있다고 하는 것을 제가 경제학자로서 얘기를 하기 시작했고, 그래서 경실련과 같이 경실련에서 활동하다 보니까 그런 얘기들을 많이 하게 됐고요. 그 결과 2012년도에 제가 당시 민주통합당 비례대표, 경제민주화를 그때 상징으로 해서 제가 비례대표 4번으로 비례대표가 됐습니다.

제가 지금 말씀드리는 것은 뭐냐 하면 많은 분들이 '새누리당과 지금 우리 더불어민주당 간에 무슨 차이가 있겠느냐?' 바로 이런 차이가 있는 거지요. 개인의 생각의 자유, 인권 이런 것들을 저희가 좀 더 강조한다고 한다면 새누리당의 입장에서는 그런 것보다는 성장이라든가, 인권보다는 안보 이런 것들을 더 강조해야 되겠다, 이런 얘기들을 많이 하는 거지요.

어떤 학자들은 그렇게 얘기합니다. 그래서 미국에서도 공화당은 아버지와 같은 엄격한 규율을 강조하고 그리고 사람들을 그런 것으로 통제하려고 하는 그런 아버지와 같다고 한다면 미국 민주당, 진보는 어머니와 같다. 그래서 어머니처럼 복지를 통해서 따뜻하게 국민들을 보살피려고 노력하고, 반면에 개인의 인권 이런 것들은 충분히 제공을 하려고 하고, 그런 차이가 있다는 말씀을 드리겠습니다. 그런 입장에서 제가 이 문제를 한번 살펴보겠다는 얘기입니다.

필리버스터가 시작이 되면서 저는 한국 정치가 새로운 국면을 맞고 있지 않나 이런 생각을 하게 되는데요. 우리 네티즌들이 역시 대단히 기발하셔서 이 필리버스터를 '마국텔'이라고 얘기해서 '마이 리틀 텔레비전'에 빗대서 '마이 국회 텔레비전' 해서 '마국텔'이라고 지금 얘기가 돼 있는데요, 굉장히 재밌게 봤습니다.

저는 실제로 국회가 마국텔이 돼야 되지 않겠는가 이렇게 생각을 합니다. 그렇지 않습니까? 그러니까 새누리당은 새누리당대로 계속 얘기를 하시고요. 마이 리틀 텔레비전처럼 한 방 정해 놓고 계속 얘기하고 거기에 좋은 얘기 하고 지지하면 국민들이 그 당을 더 좋아할 거고요, 우리 당은 우리 당대로 지금 이렇게 얘기하고 그다음에 국민들이 우리에게 더 호응을 하게 되면 우리 당에 대해서 지지하고. 그러니까 마이 리틀 텔레비전에서도 그냥 당일로 이렇게 성적이 나오듯이 바로 그렇게 국민들이 정당을 평가했으면 좋겠다 하는 측면에서 저는 '마국텔'이라고 하는 것이 상당한 의미가 있는 용어라고 생각을 합니다.

제가 국회에 와서 꼭 하고 싶은 게 하나 있었습니다. 그게 뭐냐 하면 지금 국회방송 때문에 많은 분들이 이것을 보는 것이 가능하게 됐는데, 우리 지방의회를 이렇게 항상 생중계를 하자. 법적으로 이게 굉장히 중요한 것이다.

제가 미국에서 공부할 때도 보면 미국의 케이블TV의 2개 방송이 정치에 열려 있는데 하나는 국회, 의회를 생중계하고 있고 다른 하나는 지방의회를 꼭 생중계를 하고 있습니다. 제가 국회에 왔을 때 이것을 꼭 하고 싶었는데 다른 일

하다가 보니까 바빠 가지고 이거를 못 했습니다.

저는 우리 국민들께서 이번에 마국텔 보시고 이게 참 의미가 있는 거다, 대한민국 정치사에 의미가 있는 거라고 생각하면 저와 함께 우리 모든 지방의회…… 지방의회에서 지금 뭐 하고 있는지 잘 모르시잖아요. 그렇지요? 그것도 역시 마찬가지로 이렇게 집에서 편안하게 볼 수 있도록 우리 지방의회의 모든 것들을 다 TV 중계를 하는 제도를 도입하자는 것을 이번 기회에 저는 말씀을 드리고 싶습니다.

제가 필리버스터에 대해서 알게 된 것은 어렸을 때 영화를 통해서 알게 됐습니다. 신경민 의원님께서 이미 말씀하셨다시피 '스미스 워싱턴에 가다'라는 아주 유명한 영화가 미국에 있고요. 그 영화에서 촌뜨기 스미스가 의원이 돼 가지고 워싱턴에 가서 여러분이 생각하는 것처럼 그냥 우리 식으로 얘기하면 의원이 누릴 수 있는 온갖 권리만 누리고 그렇게 즐겁게 살다가 어느 날 자기가 살아오던 배경을 잊고 그다음에 자기가 동의한 법이 자기 동네 자기 친구들을 배신하는 그런 법이라고 하는 것을 알게 되고 그것에 의해서 그때부터 필리버스터를 하게 되지요.

저는 정치에는 관심이 없었고요. 제가 이렇게 정치인이 돼서 이렇게 연단에 서리라고도 거의 상상해 본 적도 없었습니다, 어렸을 때는. 그랬는데 그 영화는 상당히 오랫동안 제 기억에 남아 있고, '그것이 민주주의의 굉장히 중요한 수단이구나' 이렇게 생각을 하게 됐습니다.

예를 들면 이런 겁니다. 오늘 뉴욕타임스에서 이 필리버스터에 대해서 기사를 냈습니다. 뉴욕타임스에서 기사를 냈는데, 간단하게 읽어 드리면

"야당 의원들이 정부가 지지하는 테러방지법이 통과된다면 개인의 자유와 사생활을 위협할 것이라며 이를 위한 투표를 막기 위해 토요일 국회에서 닷새째 연속 발언을 계속했다.

정청래 의원은 오후 늦게 연단을 비우기까지 거의 12시간을 발언하며 지난 수요일 10시간 18분을 발언한 동료 야당 의원인 은수미 의원의 최장 국회 연설 기록을 깼다. 정 의원의 뒤를 이어 진선미 의원이 1969년 이후 한국 최초로 야당이 필리버스터에 의존하기로 지난 화요일 결정을 내린 후 18번째 발언자로 이에 참여했다.

필리버스터가 90시간을 넘기며 이제 이는 역사상 최장의 필리버스터가 되고 있다. 2011년 캐나다의 신민주당은 58시간 동안 필리버스터를 진행했다. 이 필리버스터가 성공하려면 의원들은 3월 10일 자정 현 국회의 회기가 끝날 때까지 발언을 지속해야 할 것이다. 가능한 한 오랜 시간을 끌고자 몇몇 의원들은 운동화를 신고 연단에 올라갔고 화장실에 가는 것을 피하기 위해 물을 마시는 것도 억제했다. 이들 대부분은 법전, 학술 논문, 뉴스 보도 기사 그리고 인터넷 댓글 등을 읽으며 시간을 끌었다. 어떤 야당 의원은 조지 오웰의 '1984'를 꺼내 한참을 읽기도 했다.

박근혜 대통령과 집권 새누리당은 한국의 주요 정보기관인 국정원에 개인과 단체를 조사해 더 큰 권한을 보장하는 테러방지법을 지지해 왔다. 그들은 최근 핵실험과 장거리 로켓 발사를 했던 북한의 위협과 이슬람 국가 조직과 같은

군사조직에 의한 행위 등을 지적한다.

야당 의원들은 테러방지법에는 국정원이 시민사찰을 위해 권력을 남용하는 것을 막을 수 있는 충분한 조치가 없다고 말한다.

정청래 의원은 '미사일을 발사한 것은 북한인데 왜 국정원은 한국 국민의 휴대폰을 조사하려 하는가? 로켓을 발사한 것은 북한인데 왜 국정원은 한국 국민의 은행계좌를 추적하려고 하는가?'라고 장황한 연설을 계속하며 말했다. 정 의원은 박근혜정부를 독재에 비유하는 등의 더욱 감정적인 표현에 기분이 상한 몇몇 새누리당 의원들과 때로 설전을 교환하기도 했다.

박근혜는 1979년 중앙정보부장에 의해 암살되기까지 18년 동안 한국을 철권으로 통치했던 전 군부 독재자 박정희의 딸이다.

국정원은 정치에 간섭하고 시민들과 언론인들을 염탐한 역사를 가지고 있다.

1999년부터 2003년까지 연이어 국정원을 이끈 두 명의 국정원장들은 한국의 정치인, 기업인 및 언론인 약 1800명에 대한 휴대폰 도청을 지시한 혐의로 유죄판결을 받고 집행유예를 받았다.

또 다른 전 국정원장은 2012년 대통령 선거 전에 당시 집권여당의 박근혜 후보를 지지하고 박근혜의 주요 진보 측 경쟁 후보인 문재인을 폄하하는 불법 온라인 선거운동을 명령한 것에 대해 유죄판결을 받은 후 지난해 3년 징역형을 선고받았다. 대법원은 하급법원에서 그를 기소하기 위해 사용된 증거 중 몇 가지를 거부한 후 원세훈에 대한 재판을 다시 할 것을 하급법원에 명했다."

이게 서울의 AP통신을 받아서 뉴욕타임스가 보도를 한 거고요. 이 번역은 뉴스프로에서 번역을 한 겁니다. 지금 이렇게 AP와 뉴욕타임스에서 굉장히 자세하게 한국의 필리버스터에 대해서 이렇게 보도를 하고 있습니다.

이렇게 보도한 것에 대해서 이것을 어떻게 평가할 것인가? 이게 국내 언론에서 이렇게 보도하는 언론은 거의 보기 힘들지요. 뭐 외국 언론이니까 그동안의 사정까지 얘기를 하다 보니까 이런 얘기를 하게 됐는데요. 생각의 차이라는 것은 뭐냐 하면 저희는 이런 것이 굉장히 자랑스럽다고 생각을 합니다. 대한민국이 필리버스터의 세계 기록을 세웠다. 그러면 이것은 대한민국의 민주주의의 하나의 커다란 쾌거지요. 이게 후진국 독재국가에는 있을 수 없는 거잖아요. 그렇지요? 선진국에서 그동안 이어오던 하나의 전통이었는데 그것을 대한민국 국회에서 드디어 하게 됐다, 이것은 굉장히 저는 자랑스러운 일이라고 생각을 합니다.

왜냐하면 필리버스터라고 하는 것 자체가 약자를 위한 제도입니다. 스미스처럼 그냥 혼자 외롭게 의사진행을 반대하는 그런 거지요. 많은 분들이 지금 잘못 알고 계신 것 중의 하나가 저희가 아무리 이렇게 많이 했어도 3월 10일이 지나면 이 법은 통과되게 되어 있습니다. 그것이 현재 한국의 법입니다.

스미스도 마찬가지지요. 스미스가 쓰러지기까지 하면서

그것을 한다고 할지라도 그 법을 통과시키는 것을 막지 못합니다. 필리버스터는 법을 통과시키는 것을 지연시킬 수는 있지만 그 법을 통과시키는 것을 막지는 못합니다. 그런데 그 영화에서는 어떻게 됐냐 하면 스미스가 그렇게 쓰러지는 것을 감수하고 이어나가는 그 순간에 사람들이 열광적으로 지원하기 시작합니다. 그것이 그 법의 통과를 막은 겁니다.

지금도 마찬가지입니다. 저희는 이 법을 막을 수 없습니다. 그런데 국민 여러분께서 이 소수자의 얘기를 들어 주시고 이 소수자의 얘기가 합리적이라고 생각한다면 그러면 그것에 의해서 여당이 태도를 바꾸게 될 것입니다.

아까 말씀드린 대로 여당과 야당은 생각이 좀 다릅니다. 사실상 큰 차이도 아닙니다. 그 얘기도 나중에 하겠습니다마는 이 테러방지법 자체를 우리가 국회에서 타협하지 못한다는 것 자체가 지금 저로서는 이해하기 어려운 겁니다. 어렵지 않습니다. 지금 새누리당에서 주장하는 대로 이것은 외국 테러인 외국인들만 대상으로 하는 거다, 그러면 법조문 그렇게 만들 수 있습니다. 새누리당에서 얘기하는 대로 그런 식으로 이렇게 만들어 달라 그러면 그렇게 법조문 만들어 줄 기술자들이 많습니다.

그런데 저희가 오늘 얘기하는 것은 그렇지 않을 거라고 하는 합리적 의심이 여기 있다는 것이지요. 새누리당에서 요구하는, 박근혜정부와 새누리당이 지금 생각하는 이 법을 통해서 의도하는 것이 다른 것이 있다고 저희는 합리적 의심을 하는 겁니다.

그 합리적 의심에 대해서 국민들께 지금 호소할 기회를 가졌습니다. 저희가 이 필리버스터를 통해서 호소할 기회를 가졌다고 하는 것은 한국 언론이 얼마나 엉망인가를 보여 주는 거지요. 한국 언론이 그동안 얼마나 야당의 의견을 보도하지 않았으면 우리 국민들이 이제야 '야당이 저런 얘기를 하는구나', 일부라도 지금 이 밤늦은 시간에 이것을 보고 계시는 분들은 그걸 느끼시는 겁니다.

이 필리버스터를 하기 전에 야당의 의견에 대해서 제대로 보도한 언론이 있었는가? 없지요. 예, 없습니다. 그동안 지난 4년간 내내 그래 왔습니다. 야당이 주장해서 정년을 연장시켜 놨더니 새누리당이 먼저 플래카드를 죽 답니다. 우리가 얘기해서 '재벌의 세금을 좀 올리자', 새누리당이 반대합니다. 마지막 가서 반대해서 우리가 열심히 해 가지고 재벌들의 세금 요만큼 올려놓으면 새누리당이 지금 그것 때문에 경제 민주화했다 이렇게 얘기합니다. 그러니까 국민들의 입장에서는 여당이나 야당이나 차이가 없다. 야당이 그렇게 열심히 얘기했고 새누리당이 그렇게 반대했던 그 법안에 대해서 어느 한 언론도 보도해 주지 않았습니다. 이게 바로 대한민국의 문제인 겁니다.

오늘 저는 여러분들과 그런 얘기를 나누고 싶습니다. 그렇지만 뭐 그렇게 저는 비관적으로 보지 않습니다. 왜냐하면 모든 나라가 다 이런 과정을 거쳤다고 저는 생각을 합니다. 우리는 지금 민주주의 된 지 겨우 60년 정도 됐습니다. 우리가 87년부터 따진다고 한다면 한 40년 조금 안 된 거지요.

이 짧은 민주주의의 역사에서 이미 외국도 다 이런 경우를 거쳤고요 지금 우리는 그 과정을 거쳐 나가는 것이고 그 과정이, 저는 그래서 이 필리버스터가 대한민국 민주주의의 큰 획을 하나 그을 수도 있겠다 이 생각에 지금 이렇게 말씀을 드리는 겁니다. 대한민국의 정치 현실을 국민들이 낱낱이 볼 수 있는 그 기회가 이 필리버스터를 통해서 가능하지 않을까 저는 그렇게 생각을 합니다.

다시 말씀드립니다마는 이 필리버스터는 바로 대한민국 언론의 현실을 보여 주는 것이다. 이것을 우리 국민들께서 꼭 알아 두셔야 할 것 같습니다. 국회방송이라고 하는 그 단 하나의 방송을 제외하고는 지금 이 필리버스터를 보도하는 언론이 거의 없습니다. 얼마나 재밌습니까? 시청률이 이렇게 높은데 왜 이것을 생중계를 안 합니까, 다른 방송들은? 이해하기가 어려운 거지요. 이게 바로 대한민국 민주주의의 현실인 겁니다. 그 현실을 이 필리버스터가 지금 보여 주고 있는 겁니다. 그런 의미에서 저는 이 필리버스터가 상당한 의미가 있다 이렇게 생각을 합니다.

미국도 이와 같은 과정을 거쳐 왔습니다. 그러니까 지금 저희가 자본주의가 시작된 지, 48년부터 시작이 됐다고 그러면 상당히 오래된 거지만 실제로 경제 발전을 급속하게 시작한 지가 불과 30~40년밖에 되지 않았습니다. 그러면 미국의 경우를 따지게 되면, 우리가 이 자본주의가 시작돼서 30~40년 되고 경제가 급속하게 발전된 시기다 이 정도면 대개 어느 정도 되냐 하면 1910년 1920년쯤 됩니다. 유럽도 마찬가지고요. 그러니까 유럽이나 미국에서 1910년 1920년 이 정도 됐을 때에 민주주의의 상황이 어땠느냐, 지금 우리나라하고 거의 비슷합니다. 언론이 제대로 보도하지 않습니다.

그래서 당시 미국에서는 이른바 무크레이커(muckraker)라고 그래서 거름더미를 뒤지는 사람들, 탐사보도 기자들이 대거 등장하게 됩니다. 그 탐사보도 기자들로 인해서 미국의 민주주의는 한 단계 더 발전하게 되는 거지요.

그때서부터 미국의 주류 언론들은 시들어 가기 시작하고 바로 사람들이 알고자 하는 탐사보도 기자들이 얘기를 해 줌으로 인해서 미국 정치의 문제점, 그 당시만 하더라도 미국도 역시 마찬가지로, 우리보다도 더 낙후됐습니다. 어느 정도냐 하면 대통령후보를 그냥 몇 명이 모여서 뽑을 정도니까요.

제가 오늘 말씀드리고 싶은 것 중의 하나 지금 이 정치 현실이 재벌 문제와 결코 무관하지 않다고 하는 말씀을 드리고 싶은 겁니다. 역사적으로 자본주의와 민주주의가 이 정도 발전한 국가에서는 항상 재벌이 있었습니다.

많은 사람들이 재벌이라고 하는 것은 한국에만 있는 거다 이렇게 생각하시는 분들이 있는데 그렇지 않습니다. 미국에도 재벌이 있었고, 독일에도 재벌이 있었고, 일본에도 재벌이 있었습니다. 지금 얘기하는 스웨덴에도 재벌이 있었고요. 그 재벌이 계속…… 유일하게 재벌이 없는 나라는 영국뿐입니다. 영국은 독특하게 다른 이유에 의해서 재벌이 발생하지 않았는데요. 거기도 발생할 뻔하다가 안 됐습니다.

그러니까 정치구조가 어떻게 되냐 하면, 재벌과 재벌을 지지하는 정치집단이 있게 됩니다. 이것이 예전 귀족으로부터 내려오는 그 집단이 되고요. 다른 하나는 바로 시민혁명을 일으킨 이른바 부르주아라고 하는 사람들, 시민계급과 이걸 대표하는 그래서 일반인들을 대변하는, 즉 말씀드려서 재계와 결탁한 정치세력과 그다음에 일반인들, 당시 막 시작되는 노동계급과 결탁하는 정치세력이 이제 막 시작되게 되는 거지요.

그 상황에서 언론은 항상 이렇게 재벌과 결탁한 정치세력의 편을 들게 되고 그래서 언론은 항상 편향되고 그러면서 굉장히 오랫동안 정치는 바뀌지 않습니다. 그러면 대중들은 분노하게 되는 거지요. 어느 순간에 진실을 알게 되면서 분노하게 되고 그것이 여러 가지 절차를 통해서 혁명이 일어나기도 하고 그다음에 민주주의가 발전하기도 합니다. 오늘 그런 얘기를 저는 좀 드리고 싶습니다.

많은 분들이 얘기합니다. '아니, 민주화가 이렇게 됐는데 이게 무슨, 왜 아직까지도 그런 의심을 떨어내지 못하느냐?'

최근에 인터넷에서 굉장히 많이 돌아다니는 정보가 있습니다. 이게 뭐냐 하면 국정원과 경찰이 내 휴대전화 정보를 털었는지 확인하는 법, 아마 보신 분들은 많이 보셨을 겁니다.

이게 박병우 민주노총 대외협력실장께서 이 글을 어디다가 실은 것이고 그것이 지금 인터넷에 떠돌아다니고 있는 겁니다. 민주노총 사무총국의 몇 분이 자체 조회를 해 본 결과—법적으로 지금 조회를 할 수가 있습니다—국정원, 경찰에 제공 내역이 있다는 것이 밝혀졌습니다. 통신사는 단 한 번도 그 사실을 알려 주지 않았고요. 그러니까 사실상 지금도 통신사는 거의 무제한적으로 본인이 모르는, 민주노총의 사무총국 몇 사람, 민주노총에서 일하는 사람들은 이렇게 다 국정원과 경찰에 정보를 제공해야 옳을까요? 여기에 지금 누구나 이렇게 될 수 있다는 것이지요.

그래서 지금 방법이 여기 나와 있는데요. 누구나 다 깜짝깜짝 놀라는 건데요. 어떤 사람은 심지어는 그냥 민주노총에서 일한다는 것 자체로만 조회를 당했다고 합니다.

지금도 이런 상태인데 왜 박근혜정부와 새누리당에서는 테러방지법이라고 하는 그런 것을 만들려고 하는가, 여기에 대해서 우리는 합리적 의심을 할 수밖에 없는 거지요.

이게 재미있어서 혹시 모르시는 분들을 위해서 제가 읽어 드리겠습니다. 통신사별로 경찰이나 정보기관에 제공한 내역을 조회하는 방법입니다.

SK텔레콤의 경우에는 홈페이지에 로그인을 하신 다음에 페이지 하단에 이용내역 조회가 있습니다. 이것 지금 인터넷에 다 돌아다니고 있기 때문에 여러분들이 인터넷에서 쉽게 확인할 수 있는데요. 한번 해 보시기 바랍니다.

개인정보 이용내역 조회 클릭하는 게 있고요. 거기서 통신자료 제공사실 열람요청을 하시면 됩니다. 그래서 그때 본인인증을 하게 되는데, 여기 아주 친절하게 이동전화를 선택을 하게 되면 본인인증이 쉽다고 합니다. 그러면 개인정보 수집에 동의하고 안내사항을 확인한 다음에 통신자료 제공사실 확인서를 요청하게 되면 SK텔레콤의 경우에는 메일 주소로 7일 후에 결과가 온다고 합니다. 그리고 PDF 파일을 클릭하고 비밀번호를 입력하면 볼 수 있습니다.

이게 인터넷에 떠돈 다음부터 엄청나게 많은 분들이 지금 이것 신청하고 있습니다. 왜 그럴까요? 국정원을 믿지 못하기 때문이지요.

말씀드린 김에 KT도 말씀드리겠습니다. KT 홈페이지에 들어가서 로그인하고 홈페이지 하단에 주요안내란 클릭한 다음에 통신자료 제공내역 우측의 화살표를 클릭해서 메뉴를 우측으로 이동해야 이 메뉴가 보인다고 합니다. 클릭해서 본인인증하고 통신자료 제공내역 열람신청에 대해서 정보 수정한 다음에 하루 이틀 후에 신청한 이메일로 발송 회신이 온다고 하고요.

비슷한 내용입니다만 LG도 마찬가지로 홈페이지 접속해서 하단에 개인정보 이용내역, 그다음에 통신자료 제공사실 열람신청을 하게 되면 인증절차 기입하고 개인정보 입력하면 LG도 일주일 정도 후에 회신이 옵니다. 다 한번 해 보시기 바랍니다.

지금 현재도 이런 겁니다. 자기도 모르는 사이에 굉장히 많은 사람들이…… 나중에 이 데이터도 보여 드리도록 하겠습니다. 이런 것이 아닙니까? 지금도 이렇게 많이 할 수 있다, 국민도 할 수 있다면 지금 외국인은 어떻게 되겠어요? 외국인에 대해서는 거의 안 되니까 우리 국가보안법에 의해서 다 될 수 있는 것 아닙니까? 그런데 왜 굳이 테러방지법을 하려고 하느냐 이런 말씀을 저는 드리고 싶은 겁니다.

그 얘기를 하려면 어쩔 수 없이 직권상정에 대해서 말을 해야 되고요. 그리고 존경하는 정의화 의장님 말씀을 안 드릴 수가 없습니다. 그런데 저는 이렇게 생각을 합니다. 정의화 의장님께서 취임하실 때 굉장히 강하게 얘기를 하셨습니다. '어떤 경우에도 직권상정을 하지 않겠다. 직권상정은 국회의장 권위를 위한, 대화를 위한 도구일 뿐이다. 여야가 배려하고 양보하고 타협해서 처리해야 한다. 저의 멘토인 이만섭 전 국회의장도 직권상정을 하지 않은 최초의 국회의장이라고 자랑하셨는데 누가 하라고 해도 직권상정은 안 할 거다' 이렇게 얘기를 하셨습니다.

'의장 경선 때부터 나는 거수기 의장은 하지 않겠다고 말했다. 내가 가장 듣기 싫은 얘기가 통법부다. 대한민국은 삼권분립 국가이며 대의민주주의 국가다. 그동안 의원들이 제 몫을 못한 것이다. 대통령이 나라를 끌고 가는데 국회가 받쳐 줄 것은 잘 받쳐 주고 발목 잡지는 말아야 하나 그 목적이 당리당략이 돼서는 안 된다. 나는 친박도, 친이도, 비박도 아니고, 그저 친 대한민국이다. 이는 대통령도

마찬가지일 것이다.'

작년도에는 아예, 작년 12월 달입니다, 12월에 청와대에서 테러방지법에 대해서 직권상정 요구를 하니까 이렇게까지 얘기를 하셨습니다. '갑자기 IS 테러가 서울이나 부산에 어디 생겼다고 치자. 그렇다면 테러방지법은 직권상정할 수가 있다. 그건 상식적이다. 그렇지도 않은데 테러방지법을 국가비상사태라고 하면서 직권상정해 봐라. 여러분들이 웃지 않겠냐' 이렇게 기자들에게 얘기하십니다. 이렇게 얘기를 하시고 심지어는 강력하게 반대를 하셨는데, 어떤 기사는 자극적으로 이렇게까지 썼습니다. '직권상정하느니 차라리 성을 갈겠다' 국회 책임론에 대해서 굉장히 불쾌감을 얘기를 하셨고 이게 2015년 12월 17일 얘기입니다.

의장님 뒤에 계신데 이런 말씀 드려서 대단히 죄송합니다만 제가 생각하는 것은 이겁니다. 의장님께서 이렇게 강력하게 얘기하셨단 말이지요. 그러니까 틀림없이 취임 때 직권상정에 대해서 전혀 의지가, 안 하겠다는 의지가 굉장히 강하셨다 그리고 12월 15일만 하더라도 '아니, 테러도 안 났는데 무슨 직권상정이라는 말이냐? 내 성을 갈겠다'…… 그러면 12월 15일부터 오늘까지 도대체 무엇이 바뀐 걸까요? 이게 지금 핵심이겠지요.

정의화 의장님께서 하시고 싶어서 이것을 하셨을까요? 진짜로 대한민국이 비상사태라고 생각하셔서 이것을 하셨을까요? 그것은 대한민국 국민이 판단을 하실 겁니다. 존경하는 정의화 국회의장님께서, 항상 합리적이신 분이 갑자기 '지금 대한민국이 비상사태다' 이것을 믿으셔서 직권상정을 하셨을까요? 저는 그렇게 판단하지 않습니다. 여기에 지금 문제가 있는 겁니다.

국회가 통법부가 되면 안 된다고 그렇게 생각하신 의장님이 직권상정을 했는데 그렇다면 우리는 불가피한 이유가 있었을 것이다, 그 불가피한 이유가 과연 무엇이겠느냐? 그러면 둘 중에 하나이겠지요. 진짜로 지금 비상사태 같은 것이 어딘가, 지난번에 국정원장이 얘기했으니까 그런 위협이 있다고 생각하셨든지, 아니면 또 다른 이유가 있어서 그랬든지. 저희는 그 무슨 이유가 있었기 때문에 이렇게 됐을 거라고 생각을 하는 겁니다. 그것은 정상적인 민주주의적인 절차는 아니라고 생각하는 거지요.

그것이 아까 말씀드린 대로 지금 대한민국의 민주주의의 단계가 바로 그 단계라는 겁니다. 국회의장조차도 무언가에 의해서 영향을 받는 이것이 오늘 우리의 상황을 얘기하는 것 아닌가 저는 그렇게 생각을 합니다.

국가비상사태라고 하는데 여당 의원님이 저 국회 앞마당에서 텐트 치고 지금 무슨 행사하고 계세요. 있을 수 없는 얘기지요. 국가비상사태, 저는 너무나 안타깝습니다, 사실상.

아까 제가 제 말씀을 좀 드리다가 지금까지 왔는데요, 저는 경제학자입니다. 경제학자이고 한국경제에 대해서 걱정을 가장 많이 하는 경제학자입니다. 저의 이론에

의하면 한국경제는 이미 오래 전부터 굉장히 안 좋아졌고요. 그래서 저는 외환위기 이후부터 계속 20년 동안 '한국경제 굉장히 위험하다. 그러니까 우리가 열심히 지금부터 한국경제의 구조 개혁을 해야 된다.' 저는 한국경제 구조 개혁론자입니다. 그러니까 현재의 구조를 가지고서는, 재벌과 기재부와 정치, 그러니까 재벌과 기재부가 저렇게 결탁해서 정경유착이 되어 있는 이런 상황에서는 한국경제는 성장하기가 굉장히 어렵다 이것을 저는 20년간 주장을 해 왔고요, 국회에 와서 그것을 열심히 하려고, 경제민주화를 하려고 제가 4년간 열심히 했습니다마는 저 혼자의 힘이나 우리 더불어민주당 소수당이 할 수 있는 일이 아니지요. 완강한 저항에 부딪혔고 지금 거의 손을 대지 못하고 한국경제는 그냥 무너져가는 것을 지금 보고 있습니다. 너무나 안타까운 일이고요, 너무나 죄송한 일입니다.

저는 저 나름대로 '대한민국 경제는 지금 무너져가고 있다'를 20년 동안 얘기하고 있는데, 이게 문제가 좀 있는 거지요. 그러니까 '경제가 좋아진다. 좋아진다' 얘기해야 되는데 저처럼 '굉장히 문제가 있으니 이것을 해결하자' 이렇게 얘기를 하니까 많은 분들이 '쟤는 왜 저래?'…… 그런데 불행하게도 제가 지금 주장한 게 맞아 들어가지 않습니까? 이게 비상사태 아닙니까? 저는 그렇게 생각을 합니다. 국가비상사태가 아니라요 저는 경제비상사태가 훨씬 더 중요하다고 생각합니다.

(자료를 들어 보이며)

이 그래프는요 87년서부터 지금 2015년까지 대한민국 경제성장률입니다. 명백하게 대한민국은 무너져가고 있잖아요. 이 문제에 대해서 얘기를 해야 되는 것 아닙니까?

대통령께서, 저는 대통령을 이해합니다. 제가 경제학자이기 때문에 제가 국가 운영에 대해서, 특히 한국경제처럼 굉장히 빠르게 성장한 경제가 구조적으로 문제가 있어서 나빠지고 있다…… 저 나름대로 열심히, '그러면 한국경제가 좋아지게 하기 위해서 어떻게 해야 될까?' 저 나름대로 20년 동안 열심히 고민을 합니다.

대통령께서 청와대에 계셔서 지금 이 상황에 대해서 제대로 인식을 하고 있느냐? 저는 그것은 의심스럽지만 설사 인식을 하셨다고 할지라도 그것을 해결하기는 굉장히 어렵지요. 그러니까 대통령께서 저는 굉장히 열심히 국가를 위해서 일을 하신다고 생각을 합니다. 그런데 문제는 이 경제 문제에 대해서 지금 제대로 해결을 못 하니까 엉뚱한 것을 하고 계신다…… 이것이 바로 경제가 안 좋은데 선거는 다가오고, 그러면 어떻게 선거를 치를 것이냐? 지금 이 얘기만 하는 것 아닌가 이렇게 생각합니다.

이것이 박근혜정부뿐만 아닙니다. 역사적으로 보면 2008년도 이후에 경제위기가 왔는데 이와 같은 경제위기는 100년 만에 딱 한 번 더 있었습니다. 1929년 대공황입니다. 1929년도 대공황이 왔을 때 국민들이 못살게 되는 거지요. 우리나라도 2008년 이후에 경제가 굉장히 안 좋아져서 우리 서민들 다 지금 굉장히 안 좋은 상황이지요.

박근혜정부는 국민행복시대를 열겠다고 큰소리 떵떵 치면서 정권을 잡았습니다. 그래서 3년이 지났는데 지금 한 일이 있습니까? 아무것도 없지요.

그러면 박근혜정부의 지도부가 어떤 선택을 할 것인가? 우리가 원하는 것은 민주주의국가가 제대로 됐다면 정말 중요한 문제에 대해서 지금이라도 손을 잡고 같이 이 문제를 해결해야 되는데 불행하게도 지금 이와 같은 공포정치, 대치정치, 박근혜정부의 일방정치 이런 것들에 의해서 그것을 못 하고 있는 거지요. 저는 바로 그게 지금 대단히 큰 문제라고 생각을 합니다.

박근혜정부 재정적자 167조 낼 거라고 생각합니다. 이게 지금 국가비상사태 아닙니까?

왜 그러냐면 참여정부에서 5년간 재정적자 10조 원 마이너스 냈습니다. 이때 새누리당 의원님들이 뭐라고 그러셨는지 기억하십니까? 나라를 거덜낸다고 그랬습니다. 이러면 나라를 망친다고 그랬습니다. 나라를 거덜내는 정부라고 그랬습니다. 그런데 이명박 정부에서 그것보다 10배가 많은 100조 원의 재정적자를 냈고, 98조 8000억 원 재정적자를 냈고 그리고 박근혜정부 들어서 지금 167조 재정적자 냅니다. 10조원이 나라를 거덜내는 정도라면 167조 원을 재정적자를 내는 정부는 도대체 어떤 정부입니까?

그때 10조 원 재정적자 낸다고 그 아우성치던 언론들, 지금 167조 재정적자 낸다고 그것 보도해 주는 언론 있습니까? 그것 보도하는 방송 있습니까? 이게 바로 국가비상사태인 겁니다. 그런데 언론이 보도를 하지 않으니까 국민들은 이것을 모르고 계시는 거지요.

수출증가율이 대한민국이 이런 적이 없습니다. 작년도에 8% 마이너스 됐습니다. 금년 1월 달에 18.5% 마이너스 됐습니다.

나라가 무너지고 있습니다, 지금. 이 문제를 해야지요. 경제 비상사태입니다, 경제 비상사태. 테러방지법, 아무것도 아니에요. '여야가 그냥 합의해라' 청와대에서 한마디만 하면 1분이면 합의 볼 수 있습니다.

지금 이 얘기를 하지 않으려고, 이것이 언론에 나서 국민들이 이걸 알고 '나라가 지금 위험하구나. 지금 경제가 엉망이구나', 경제 엉망인 건 대한민국 국민이 다 아는 사실 아닙니까? 그것을 딴것으로 눈길을 돌리기 위해서 이런 엉뚱한 것을 하는 것 아니겠냐. 그러면 나라는 어떻게 되겠느냐, 도대체. 그것이 저희가 생각하는 겁니다.

가계부채 1200조가 넘어섰습니다. 가계부채는 저는 할 말이 많습니다. 제가 벌써 '가계부채가 이상하다. 가계부채 문제에 대해서 이 문제를 제대로 해야 된다' 얘기한 게 거의 한 2000년도부터니까 한 십육칠 년 됩니다.

한국경제는 성장할 수 없습니다. 빚에 다들 허덕이고 있잖아요. 오늘도 신문에 났습니다. 이 빚을 갚느라고 소비를 할 수가 없다, 소비가 안 되니까 시장이 텅텅 비지요. 시장 텅텅 비고 자영업자 망해 가지요. 빚 갚기 바쁜데 소비를 어떻게 합니까? 다 무너지는 거지요.

이 1200조 어떻게 해결할 겁니까? 그렇게 엄청난 가계부채가 있었는데 갑자기 난데없이 부동산경기 살린다고 지금 와 가지고 결국은 1200조 된 것 아니겠습니까?

왜 이게 중요하냐면, 부시 정부가 바로 똑같이 이 정책을 쓴 겁니다. 지금 이 테러방지법의 근간이 된다고 하는 '애국법', 이름 참 잘 짓지요. 원래는 애국법이 아니지요. 그걸 앞자만 따서, 영어는 앞자만 죽 따니까 그것의 앞자를 교묘하게 잘 조합을 해 가지고 애국, 패트리어트(patriot)라고 하는 단어를 만들고 그래서 애국법이라고 부르는 겁니다.

바로 부시 정부가 한 게 뭡니까? 경제가 안 좋으니까 부동산경기 띄운 거예요. '당신이 집이 있는데 왜 집을 그걸 그대로 내버려두느냐. 그거 가지고 대출받아라' 그게 이른바 그 유명한 '소유자 사회'입니다.

부시가 바로 이렇게 한쪽으로는 부동산경기 띄우고 한쪽으로는 애국법이라고 그래 가지고 이른바 언론을 통제하고 여론을 통제하려고 하는 바로 이것, 이게 지금 대한민국에서 그대로 되고 있는 겁니다. 보수정부에서 바로 이렇게 하는 거예요.

경제가 어려운 이유가 있습니다. 경제가 어려운 이유는 대한민국 국민 다 압니다. 양극화돼서 그렇지요. 서민들은 돈이 없고 그리고 부자들만 돈이 있으니까 재벌들의 금고만 넘쳐나고 수퍼부자들만 잘살고 온 국민은 못살게 되어서 경제가 살아날 수가 없습니다.

그때 어떻게 하나? 자, 그러면 부동산경기 살리자. 왜 빚을 안 늘리냐? 그래서 빚 얻어 가지고 결국은 2008년도 경제위기 온 겁니다. 이렇게 하면 안 된다고 얘기하니까 그 여론을 막기 위해서 이른바 패트리어트, 이른바 멋있게 애국법이라고 만든 거지요.

심지어 미국에서도 이랬습니다. 그런데 아까 말씀드린 대로 민주주의 역사가 일천한 한국에서는 지금 얼마 되지도 않았는데 언론은 철저하게 통제당하고 있고 바로 거기서 이 똑같은, 이 보수 정부의 바로 이것이 메뉴입니다, 메뉴.

부동산경기를 띄우자, 그렇게 해서 땅부자·집부자 잘살게 하고, 그래서 잠깐 동안 경기가 활성화되는 것처럼 보이고 그리고 애국법이나 테러방지법이나 이런 걸 해서 공포정치를 해 가지고 '자, 전쟁 일어나려고 그러는데 군비 확장하는 혹은 이런 거 하는 우리 보수정부를 지지해야 되지 않겠느냐' 이것이 바로 전형적인 보수정부이고 박근혜정부는 바로 그것을 지금 따르고 있는 거다 저는 그렇게 봅니다.

역사는, 저는 경제사를 공부하면서 반복되는 게 너무나 안타깝습니다.

롯데월드타워가 123층이 저기 지금 올라가고 있는데요, 역사적으로 저렇게 고층빌딩을 짓고 나면 경제가 무너지는 '마천루의 저주'라는 것이 있습니다.

미국에서 고층빌딩을 짓기 시작하는데요, 고층빌딩을 지으면 지금 롯데월드타워처럼 보통 한 3에서 5년 정도 걸리지요. 대개 그 고층빌딩이 완성되는 그 순간에는 대공황이 벌어지든지 불황이 아주 극심하든지 이런

상황입니다. 왜냐하면 고층빌딩을 짓는다는 것 자체가 이게 거품이 어마어마하기 때문에 그렇습니다.

많은 분들이 잘못 알고 계시는데 제가 건축가한테 들은 얘기로는 100층짜리 건물을 하나 짓는 것은 50층짜리 2개를 짓는 비용이 들어가는 게 아니라 50층짜리 4개 정도 짓는 비용이 들어간다, 비용이 엄청나게 들어간다는 겁니다. 그러니까 수지타산이 맞지 않는 거예요. 수지타산이 맞지 않는데도 불구하고 저렇게 높은 빌딩을 짓는다, 그것은 부동산거품이 엄청나게 클 때만 그런 거지요.

미국에서 대개 50층 이상의 건물을 지을 때가 1900년도 초입니다. 1900년도·7년도·8년도에 고층빌딩 지으면서 미국에 대대적인 엄청난 경제위기가 왔습니다. 지금 엠파이어 스테이트 빌딩이라고 하는 것 저것도 역시 마찬가지로 경제위기의 한복판에 지은 겁니다. 그다음에 월드타워센터가 그게 가장 높은 빌딩이었는데 대공황의 한복판에서 1932년·33년도에 저게 지어집니다. 아, 월드타워는 70년대에……

바로 그렇게 고층빌딩을 짓고 그렇게 해서 공황이 오고 이게 지금 반복됩니다. 70년도에 월드타워 짓고 아, 이제 괜찮거니 했는데 그때 바로 74년도에 경제위기가 옵니다. 스태그플레이션이라고 하는 세계적인 경제위기가 74년도에 오지요. 미국에서 더 이상 고층빌딩 짓지 않습니다. 그랬더니 이제 외국으로 그게 왔습니다.

여러분 잘 아시다시피 말레이시아에서 고층빌딩 짓고 나서 97년도에 외환위기 온 겁니다. 그리고 나서 두바이에서 지금도 현존하는 가장 높은 빌딩 짓고서 2008년도에 경제위기 왔습니다. 중국에 상하이 빌딩 짓고서 중국이 지금 휘청거리고 있는 거지요.

지금 한국도 고층빌딩이 원래 2008년도에 부산에도 그렇고 서울도 그렇고 고층빌딩 100층짜리가 일고여덟 개가 계획되고 있었는데 2008년도 경제위기로 대개 없어졌는데 유일하게 저 월드타워 남고 지금 현대차가 건물을 짓겠다고 합니다.

이게 바로 거품의 상징인 겁니다. 경제는 지금 굉장히 위험한 상황이라고 하는 것의 징후가 여러 군데 있다, 이것이 바로 국가비상사태입니다. 국회가 해야 될 일이 이거고 박근혜정부가 해야 될 일이 이거고, 이런데 그런 얘기는 하지 않는 거지요.

기업의 부채, 기업의 부채가 지금 엄청납니다. 이게 정확하게 외환위기 이전으로 그대로 돌아온 겁니다. 지금 언론이 보도를 안 해서 그러는데요, 지금 상황이 외환위기 이전의 기업부도 직전과 거의 유사합니다. 그리고 공공부문의 부채가 엄청나게 늘었습니다.

박근혜정부 들어서 이렇게 엄청나게 지금 부채가 늘어났습니다. 이렇게 빚을 얻었는데 박근혜정부 3년 동안 경제성장률은 어떻게 됐습니까? 형편없었지요.

거의 지금 경제가 흔들려서 이 얘기를 해 줘야 되는데 박근혜정부는 오히려 거꾸로 가고 있고 그런 거꾸로 가는 정책에 대해서 국민들이 지금, 그것의 눈과 귀를 막고 있다

저는 그렇게 생각합니다.

외환위기 이전과 그대로 재벌들의 총자산이 30대, 이 그래프에서 이게 바로 외환위기입니다. 외환위기 이전과 그대로, 왔습니다. 여기에 경제력 집중 심화, 4대 가문이 30대 재벌 자산 중에서 삼성이 5분의 1, 범삼성이 4분의 1, 4대 재벌이 2분의 1, 범4대 재벌 3분 2.

저는 묻고 싶습니다, 어떤 게 지금 더 심각한 국가비상사태인가.

(도표를 가리키며)

작아서 보이지는 않겠습니다마는 지금 한국 기업들이 부실화되고 있다. 지금 여기 나와 있는 이 기업들이라고 하는 것이 이자보상비율이 1도 안 되는 기업들이 여기 빨간색으로 나와 있고요. 부채비율이 200이 넘는 것들이 빨간색으로 나와 있는데, 여기 2014년 가면 이렇게 빨갛게 나와 있는데 전문가인 김상조 교수의 견해에 의하면 '1996년 이후로 이렇게 빨간 걸 본 적이 없다.'

지금 이렇게 부실된 기업들의 주거래은행이 전부 어디냐? 우리·산업·신한·하나·외환·국민입니다. 그런데 중요한 것은 뭐냐 하면 여기 길게 되어 있는, 우리은행도 그렇고 산업은행도 이게 다 정부가 소유하고 있는 은행입니다. 지금 부실기업들을 정부가 다 떠안고 있는 거예요.

우리 한국경제는 지금 국가비상사태 정도가 아니라 무너지기 일보 직전에 와 있는 겁니다. 정부가 이 얘기를 해 줘야 되고 국회가 이 얘기를 해 줘야 되는데 지금 엉뚱한 테러방지법 가지고 얘기를 하고 있다 이런 얘기를 하고 있는 겁니다.

제가 지난번에 국정감사 때 부산을 갔었습니다. 그랬더니 어떤 분이 저를 알아보시더라고요. 저는 그냥 국회의원 알아본다고 그래서 너무 좋아서 이렇게 인사드렸는데 그분이 제 손을 잡고

'노동법 꼭 막아 주십시오. 우리 아이가 이제 열 살인데 지금 잘려 나가면 저는 큰일 납니다. 잘려 나간 선배들 보니까 자리를 못 잡더라고요', 이게 지금 대한민국 노동자의 현실 아닙니까? 이게 국가비상사태 아닙니까? 저는 그렇게 생각합니다.

저는 국가비상사태가 바로 그 아빠가 그렇게…… 대한민국 국민이 지금 불안해하잖아요. 대한민국 국민이 지금 울고 있잖아요. 이게 비상사태가 아니에요? 이게 한두 명입니까?

자, 보세요.

작년도에 1년 동안 퇴사한 인원이 560만 명입니다. 이 사람들이 고용보험에 든 사람들이 560만 명입니다. 이 고용보험에 든 사람들이 가입자 1160만 명이에요. 1160만 명에서 560만 명이 회사를 그만뒀어요. 고용보험에 들었다고 하는 것은 형편이 좋은 사람입니다. 형편이 좋은 사람들의 50% 가까이가 회사를 그만뒀다, 이런 나라는 전 세계에 없습니다.

여기 고용보험에 가입하지도 못한 660만 명 합치게 되면 1220만 명이 오늘 잘릴까 내일 잘릴까 지금 이러고 있습니다. 이게 국가비상사태가 아닙니까?

전체 임금근로자 1820만 명의 67%, 3명 중에 2명이 오늘 잘릴까 내일 잘릴까 걱정하면서 울고 있습니다, 대한민국 국민이. 이게 국가비상…… 저는 그렇게 생각합니다, 이게 국가비상사태라고.

그런데 지금 이 정부가 내놓는 정책이 뭡니까? 이 해고되는, 그다음에 회사를 그만두는 퇴사 인원을 지금 줄이는 정책을 쓰고 있습니까? 그게 아니잖아요. 반대의 정책을 쓰고 있잖아요. 이것이 심각한 국가비상사태라고 저는 생각합니다.

이것이 바로, 제가 아까 말씀드렸지 않습니까? 박근혜정부와 새누리당이 생각하는 국가비상사태와 우리 더불어민주당이 생각하는 국가비상사태가 이렇게 다른 겁니다.

(「홍종학 개인 의견이지, 무슨 그게」 하는 의원 있음)

예, 제 개인 의견입니다. 제 개인 의견 얘기하면 안 됩니까?

(「더불어민주당을 팔면 안 되지, 거기서」 하는 의원 있음)

더불어민주당 우리 그렇게 생각합니다.

(「다 의견 다른 것 아는데. 내용 좋아요. 계속하세요」 하는 의원 있음)

이게 바로 국가비상사태고 저는 지금 박근혜정부가 이것을 여야정이 합의해서 지금 이 얘기를 해야 된다고 생각합니다.

(2월 28일 24시 경과)

또 말씀드립니다마는 이것 보도하는 언론 없습니다.

현장에 계신 분들은 알고 계시잖아요, 그렇지요? 현장에 계신 분들 나는 오늘 쫓겨날까 내일 쫓겨날까 모르는데 이 불안한 이것에 대해서 '나만 그런가?' 그렇게 생각하고 계시는 거지요. 아닙니다. 대한민국 임금근로자의 3명 중에 2명은 지금 이렇게 하루하루를 불안하게 살고 있습니다.

제가 국회에 있으면서, 그래서 지난번 국정감사 때 그랬습니다. 부총리한테 그랬습니다. '이 노동자들한테 미안하지 않느냐? 국가를 경영하는 사람으로서 국민들에게 미안하지 않느냐? 말이라도 좋으니 미안하다는 소리 한마디만 해 달라' 결국 안 했습니다.

저는 미안하다고 얘기했습니다. 소리치고 싶었습니다. 대한민국 국민, 제가 국회의원이라는 것 자체가 부끄럽습니다. 이것에 대해서 단 하나도 할 수 없는 저 자신이 부끄럽고 대한민국이 이렇게 망해 가는데, 우리 국민들이 이렇게 울고 있는데 이것에 대해서 제가 할 수 있는 게 아무것도 없다는 게, 소수자라서 할 수 있는 게 없다는 게 너무나 안타깝습니다.

정치가 다 같은 정치가 아닙니다.

우리 조원진 수석님 좋아하시는 대로 테러와 관계된 얘기 하겠습니다.

저희 더불어민주당의 을지로위원회가 새벽 5시에 인천공항공사에 갔습니다. 인천공항공사에서 일하시는 분들이 어떻게 일하는지를 보기 위해서 국회의원 열댓

명이 그 새벽 5시에 갔습니다. 새벽 5시에 청소하시는 분들, 거기서 관리하시는 분들 다 나와서 일하시더군요.

제가 너무 놀란 게 덩치가 이렇게 크신 분이, 권총을 차고 계신 분이, 보안요원이 눈물을 흘리시면서 '내가 이렇게 열심히 일했는데 내가 비정규직이라고 나를 자른다', 이게 대한민국의 현실입니다.

공항의 보안구역 안에 총 차고 있는 사람이 비정규직인 나라가 이게 정상적인 나라입니까? 그러고서 테러를 어떻게 막습니까? 그러니까 저희는 그때 알았지요. 이게 말이 됩니까? 아니, 저기 비행기가 왔다 갔다 하고 테러범들이 언제 올지 모르는데 거기를 비정규직…… 비정규직이라고 못 하는 건 아닙니다. 그렇지만 다른 거지요. 비정규직 언제 잘려 나갈지 모르는데 시킨 일만 하는 거지요. 그러니까 지금 뻥뻥 뚫리는 것 아닙니까? 인천공항 다 뚫렸잖아요. 저희는 기가 막힌 겁니다.

테러를 막기 위해서, 테러를 막자면 그러면 인천공항의 관리부터 제대로 해야 되는 것 아닙니까?

(「일리 있어요. 맞는 말이에요. 동의」 하는 의원 있음)

지금부터라도 하면 되는 겁니다. 그것 안 하시잖아요. 그러고서는 지금 더 비정규직 하고 더 파견하자고 지금 그것 한단 말이지요.

자, 이게 저희가 말씀드린 대로 합리적 의심이 아니냐, 저희는 그렇게 말씀을 드리는 겁니다.

그리고 또 말씀드리겠습니다. 지금 얘기하신 대로 누구나 들어서 합리적인 이런 얘기를 저희가 국회의원 열댓 명이 공항에 가서, 을지로위원회에서 가서 그러고 나왔는데 그것 보도한 언론이 단 한 군데도 없었습니다.

국민과 함께하는 국회의원이 그 새벽에 열댓 명이 달려가서 그렇게 어렵게 일하시는 분들과 얘기하고 이걸 했는데 아무도 보도를 하지 않는다 이게 지금 대한민국 민주주의의 현실입니다. 그러니까 국민들 입장에서는 다 그놈이 그놈이지 그 당이 그 당이지 이렇게 생각하는 겁니다.

끔찍한 얘기 계속 더 드리겠습니다.

대한민국의 근속연수별 퇴사인원 현황, 아까 말씀드린 대로 전체 562만 명 중에서 1년에 퇴사하는 분들 중에서 1년 미만에 퇴사하는 분이 348만 명, 62%입니다. 그리고 3년 미만은 493만 명, 87.8%가 회사를 그만둡니다. 이게 국가비상사태 아닙니까?

제가 계속 말씀드립니다마는 이러니까 대한민국 노동자들의 경쟁력이 떨어지는 겁니다. 기술을 습득할 시간이 없잖아요. 지식정보화 사회에 기술을 습득하지 못하게 만드는 정부, 바로 이것 때문에 아까 제가 말씀드린 대로 대한민국 경제는 지금 쇠락해 가고 있는 겁니다. 이게 바로 국가비상사태지요. OECD 최악의 이런 제도를 갖고 있는 겁니다.

여기 연령대별로 보시면 더 끔찍합니다. 20대 이하는 3년 미만에 95.8%가 회사를 그만둡니다. 이게 OECD 최악이거든요. 그러니까 대한민국은 지금 제가 아까 말씀드린 대로 자본주의가 시작된 지 얼마 안 된 그리고

민주주의가 시작된 지 얼마 안 된 바로 그 정글자본주의의 시기에 지금 있는 겁니다. 그것을 개혁에 의해서 상당히 많이 진전시켜 놨는데 지금 이명박 정부, 박근혜정부 들어서 그것을 거꾸로 돌려 나가고 있다는 겁니다. 저는 이 문제가 국가비상사태라고 생각합니다. 이러니까 젊은 사람들이 헬조선이라고 그러는 거 아닙니까?

이게 바로 제가 아까 말씀드렸다시피 새누리당 의원님들하고 더불어민주당 의원님들하고 생각이 다릅니다. 보수와 진보의 차이가 그거지요. 새누리당은 이렇게 유연성을 높여야 기업들이 잘되고, 기업들이 잘돼야 투자를 할 것이고, 투자를 해야 경제가 잘된다. 저희의 생각은 뭐냐 하면 그렇게 해서 재벌들 지원해 줬는데 그것이 국민들에게 돌아왔느냐? 돌아오지 않았다는 겁니다. 그 생각에 차이가 있는 거지요. 그 판단을 국민들이 하시는 겁니다.

저는 명확하게 말씀드리는 겁니다. 바로 이렇게 테러방지법이나 부동산경기 활성화하고 이런 식으로 거품을 일으키려고 하는 이게 바로 보수 정부의 정책인 겁니다.

청년 실업률이 지금 이렇게 높습니다. 청년들이 이렇게 못 살게 되는 나라, 청년들이 대한민국에서 살기 어렵다고 얘기하는 이것이 저는 국가비상사태. 국가 안보에서 가장 중요한 게 뭡니까?

(● 河泰慶 議員 의석에서 ─ 그 논리가 대통령이 경제비상사태 선포하고 노동개혁법 다 통과시키자고 한다는데 말린다니까요, 지금. 내가 볼 때 좋은 전략이 아니에요.)

그러니까 국민들이 판단하신다니까요. 지금 존경하는 하태경 의원님께서는 경제비상사태니 그렇게 해서 아까 말씀드린 것과 마찬가지로 노동개혁법 통과시킨다 이렇게 하실 거라는 겁니다. 그게 바로 독재적인 발상이지요. 거기에 대해서 제가 나중에 다시 말씀드리겠습니다.

바로 그와 같은 사고방식하에서 지금 박근혜정부에서 자영업자가 8만 9000명이 문을 닫았습니다. 그만뒀어요. 줄어들었어요. 그러니까 새로 생긴 것까지 합치면 엄청나게 줄어들었습니다. 이게 바로 국가비상사태라고 저는 생각을 합니다.

전월세 폭등했잖아요. 저희가 그래서 전월세 상한제하자 그러고 그다음에 계약갱신 청구권 하자, 애 학교 다니는데 쫓겨 나가지 않도록 하자, 이거 3년째 저희 주장하고 있고 새누리당이 3년째 막고 있습니다. 그러고서 새누리당에서는 대안으로 내놓은 게 목돈 안 드는 전세제도라고 얘기했습니다. 제가 기재위에서 그것 말도 안 된다고 얘기했습니다. 아니, 세상에 어떤 집주인이 세입자를 위해서 대출을 받겠느냐 그랬더니 여야에서 합의를 하는데 도대체 이게 대통령 공약사항인데 이런 것도 안 들어주느냐고 그러고 책상을 치고 나가서, 부작용은 좀 있을 건데 어떻게 하나 다수가 그렇게 얘기하니까 저희가 들어 드리겠다고 합의해서 그것 통과시켰습니다.

결과가 어떻게 됐는지 아십니까? 작년에도 그 제도 없어졌습니다. 제가 기가 막혀서, 그 실적이 몇 호입니까? 두 건이랍니다. 두 건. 박근혜정부에서 경제활성화법이라고

바로 목돈 안 드는 전세, 공약에 있는 거라고 반드시 통과시켜야 된다고 하는 그것 두 건입니다.

그러면 지금 전월세 대책은 뭐 있습니까? 없는 거지요. 그냥 전월세 비싸니까 대출받아서 집 사라 이게 박근혜정부의 정책입니다.

이게 정말 국가비상사태 아닙니까? 인구가 줄고 있는 것이요. 지금 저출산율이 2013년도 1.19명, 인구가 줄어드는 아주 초저출산율 1.3을 하회하기 시작한 게 2001년부터 지금 16년째입니다. 제가 그래서 '신혼부부에게 집 한 채'라고 하는 포럼을 결성하고 그들에게 싸게 임대주택 공급할 수 있다 이거 했습니다.

제가 조선일보 1면 톱에 났습니다. 허경영 씨와 같은 대통령후보급으로 저를 만들더군요. 종편에서 엄청나게 씹어대고요. 그리고 1년 후에 정확하게 박근혜정부에서 이 비슷한 정책을 내놨습니다. 그때는 종편이 아무도 반대하지 않더군요. 이게 지금 대한민국의 현실입니다. 이러니 이 문제가 해결이 되겠습니까? 이게 국가비상사태지요.

인구가 줄면, 지금 우리나라는 시간이 가면 갈수록 존재할 가능성이 줄어드는 그런 나라가 되고 있는 겁니다. 젊은이들은 다 외국 나가고 떠나겠다고 얘기하지요. 인구는 줄지요. 이것에 대해서 지금 박근혜정부에서 대책을 내놔야 되는 것이고 여야정이 머리를 맞대고 얘기를 해야 되는 게 이것인데 이런 것들은 하지 않는 겁니다. 이것이 바로 보수와 진보의 차이인 겁니다.

말씀드린 대로 이제 우리 다 연세가 들어서 고령화 사회로 아주 급속하게 진입하게 됩니다. 이거야말로 국가위기지요. 이 국가위기에 대해서 지난 3년간 박근혜정부가 무엇을 했는가? 새누리당이 무엇을 했는가? 저희가 제안한 정책들을 사사건건 반대만 했지 이런 것에 대해서 제대로 대책을 내놓지 못했다는 게 오늘의 현실입니다.

결국은 어떻게 됐습니까?

국가위기가 뭡니까, 지금? 양극화가 심화된 게 국가위기 아닙니까?

이렇게 경제는 굉장히 어려워서 온 국민은 눈물을 흘리고 있고 온 국민은 불안에 떨고 있는데, 테러라는 것이 지금 테러라고 하는 공포로부터 자유롭게 하자는 것 아닙니까?

그런데 지금 이미 대한민국 국민들은 전부 공포에 떨고 있습니다. 빈곤으로 인한 공포, 해고에 대한 공포, 내가 대한민국에서 제대로 살 수 있을까에 대한 공포, 이것에 대해서는 거의 지금 못하고 있는데 지금 박근혜정부, 새누리당이 지난 3년간 재벌의 금고 710조 만들어 준 겁니다. 그런 사이에서 대기업 편의점 2개 증가할 때 동네 슈퍼 1개 감소하고 재벌 대기업 한식뷔페 전쟁하고 골목상권 직격탄해서 5㎞ 반경 내의 음식점 45.2%가 매출이 감소하고 대형마트 24.7%가 증가하고 SSM 34% 매출 증가할 때 전통시장은 13.8% 감소했습니다.

재벌의 법인세를 1년에 5조 원이나 깎아 줍니다. 제가 경제민주화 한다고 국회에 와서 바로 이것을 밝혀냈습니다.

제가 내세우는 정책은 경제민주화 햇볕정책입니다. 그냥

사실을 국민들에게 알리면 국민들이 판단할 것이다. 그런데 이런 사실을 얘기했는데 불행하게도 보도가 안 되더군요.

재벌에게 왜, 710조나 내부유보자금을 쌓아 두고 있는 저 엄청난 재벌에게 왜 세금을 5조 원씩이나 깎아 주나? 그러면서 서민들에게 담뱃세는 몇조 원을 또 걷는, 이것이 바로 새누리당과 저희와의 차이고 국가위기를 바라보는, 국가비상사태를 바라보는 양당 간의 차이라고 하는 점을 저는 말씀드리고 싶습니다.

제가 또 하나 말씀드리려고 하는 것인데요, 제가 국회의 기획재정위 와서 대한민국 국세청에다가 강력하게 요구한 게 있습니다. '제발 과학세정을 좀 합시다' '데이터 세정을 좀 합시다' 이런 이야기를 했습니다. '무리하게 세무 조사해 가지고 서민들 때려잡지 말고 제발 데이터 분석해서 탈세하는 사람들, 못된 사람들 좀 잡아냅시다.'

그러면 도대체 우리나라에 세금 내고 있는 사람들 다 통계를 한번 내 봅시다. 이 통계가 없었습니다. 이것 제가 만든 겁니다. 대한민국에서 소득세 신고한 사람들 1967만 명의 통계를 제가 만들었습니다. 물론 국세청에서 만들었지요. 제가 요구해서 만들었습니다. 국세청이 도저히 못 한다고 그래서, 국세청이 이런 것 하나 못 하느냐 해서 이것 제가 만든 겁니다.

그러니 국세청이 과학세정이 되겠습니까? 이런 기본적인 통계, 대한민국의 사람들이 세금을 얼마 내는가, 어떤 사람이 얼마나 내는가에 대한 기본적인 통계도 안 만들고 그것을 제가 요청했을 때 빼고, 빼고, 빼다가 2012년도에 경제민주화 바람 타고 그때 이것 만든 겁니다.

그렇게 해서 찾아보니까 983만 등, 즉 정 가운데 있는 사람의 소득이 얼마인가 봤더니 한 달에 162만 원을 벌었습니다. 이게 2013년도의 얘기입니다. 지금 한 달에 162만 원을 벌면 정상적으로 생활이 됩니까? 아이 학교 보낼 수 있나요?

(「홍 의원님, 이제 경제 강의 말고 테러 이야기 좀 하세요」하는 의원 있음)

(「너무 어설프게 테러랑 연결시키니까 듣고 있는 사람이……」 하는 의원 있음)

아니, 그러니까 국가비상사태라고 하는 것이 지금 박근혜정부와 새누리당이 생각하는 국가비상사태와 저희 더불어민주당에서 생각하는 국가비상사태가 이렇게 다르다는 말씀을 드리는 겁니다. 이게 바로 지금 국가비상사태입니다.

그런데 이런 것을 하기 위해서 지난 3년간 박근혜정부와 새누리당은 무엇을 했는가?

(도표를 들어 보이며)

지금 시중에서는 이렇게 엄청난 보도들을, 대한민국이 OECD 1위인 것들을 모아 가지고 네티즌들이 이렇게 하고 다닙니다.

(● 조원진 의원 의석에서 ― 의제에 맞는 얘기를 좀 하세요!)

예, 의제로 가겠습니다.

(● 조원진 의원 의석에서 ― 의제에 맞는 얘기를 하시라고요.)

의제로 가겠습니다, 그러니까.

다 됐습니다.

이렇게 지금 여기 보시게 되면 대한민국이 지금 사법 신뢰도 떨어지고 이것이 관계가 있잖아요. 낙하산 인사해 가지고 이렇게 되어 있고, 최악의 부패국가로 되어 있고, '정부 신뢰 안 해'가 이렇게 되어 있고, 일자리 포기한 청년 3위, 노인복지 낙제점, 아이 키우기 힘든 나라, 이런 얘기들이 다 있는 겁니다. 여기 전란국가만 못한 삶의 만족도, 현재 우리 국민이 느끼는 삶의 만족도가 전쟁을 하고 있는 나라보다도 못하다는 게 지금 대한민국의 현실이라는 겁니다.

(● 조원진 의원 의석에서 — 대한민국에 대한 긍지가 없습니까?)

그러니까 바로 이렇게 문제가 되는 이런 것들을 박근혜정부가 해결을 해야 되고 여야가 합의해서 해야 되는 것인데 지금 그런 일들을 우리 대한민국 국민들이 원하는 만큼 정부가 그렇게 하고 있느냐, 그것이 바로 제가 던지는 질문입니다.

(● 조원진 의원 의석에서 — 말하는 게 지금 뭐하는 거예요, 이게? 법안 통과를 해 줘야 될 것 아니에요, 법안이라도.)

조원진 수석님 말씀도 제가 조금 이따가 할 겁니다. 그러니까 기다리시고요. 조원진 수석님도 다음번에 그러면 저 다음으로 나와서 발언하시지요. 그 자리에서 그렇게 해서⋯⋯

(● 조원진 의원 의석에서 — 정부에 대해서 소신 있게 얘기를 하세요. 우리나라에 대해서 얘기하세요. 야당이 지금 너무 심하다고. 그 자리 나가면 왜 거짓말들을 그렇게 하십니까?)

그러면 이제 원하시는 대로 국가비상사태에 대한 박근혜정부와 새누리당의 시각과 경제비상사태에 대한 우리 더불어민주당의 시각이 다르다고 하는 것을 저는 국민들에게 말씀드리고 싶었습니다. 그래서 국민들이 보시기에 과연 지금 우리 정부와 국회가 해야 될 일이 무엇이냐에 대해서 제 의견을 말씀드린 겁니다. 지금 말씀드렸다시피 새누리당과 박근혜정부에서 뭔가 의도가 있지 않느냐, 거기에 대한 합리적 의심을 저희는 하고 있다고 얘기를 했습니다.

합리적 의심에 대해서 지금부터 말씀을 드리겠습니다.

노무현 대통령께서 돌아가시게 된 데는 그 핵심이 국세청의 세무조사로부터 시작됐습니다. 그리고 국세청의 세무조사는 처음부터 절차가 잘못된 것이었습니다. 부산에 있는 기업을 서울청 조사4국이 갑자기 세무조사를 합니다. 이 조사4국이라고 하는 데가 이른바 국세청의 중수부라고 하는 데이고 국세청의 저승사자라고 불리는 데입니다. 국세청에서 가장 세게 세무조사를 하는 데지요. 결국은 그 결과로 노무현 대통령께서 돌아가셨습니다.

2012년도에 저희가 들어와서 바로 그 문제에 대해서 국세청장에게 따졌고 국세청장은 다시는 그런 일이 없을 거라고 얘기를 했습니다. 한동안 괜찮은 것 같더니 2014년도 8월 달에 들어와서 갑자기 국세청장을

바꿨습니다. 그리고 서울청 조사4국을 또 바꿨는데 8월 21일 날 국세청장이 바뀌고 8월 28일 날 조사4국장을 바꿨는데 최경환 경제부총리가 대구고 15회, 국세청장이 대구고 20회 그리고 조사4국장이 대구고 20회입니다.

(「그건 무슨 상관이 있지요? 인사청문회 합니까?」하는 의원 있음)

좀 들어 보시지요.

그러더니 조사4국이 이미 2013년에서부터 저승사자라고 하는 조사4국의 조사 건수가 늘어납니다. 조사 건수가 2013년도에, 박근혜정부가 들어서던 그해에 24%로 늘어납니다. 부과세액이 97%가 늘어납니다. 그러고서는 심지어는 다른 청에 있는 것들을 조사4국이, 교차조사라고 하는 것이 원래는 다른 청에서 조사해야 되는 것인데 이것을 조사4국이 조사를 하는 겁니다. 이게 2014년도까지는 대개 비슷하게 가다가 작년도에 상반기만 8건을 합니다.

이 상반기 8건에 도대체 어디가 들어가 있는가? 이 조사4국은 가면 압수수색, 장부를 그냥 가져옵니다. 이것도 거의 불법이라 그래서 제가 기재위에 들어가서 이것 못 하게 굉장히 막았는데 아직까지도 이렇게 많이 합니다.

다른 기타, 다른 일반적인 세무조사에 비해서 조사4국은 대개 가면 그냥 장부 다 가져오는 것을 자기네는 원칙으로 알고 이렇게 합니다.

조사4국의 조사기간도 전체 국세청 조사기간에 비해서 두 배나 깁니다.

다음카카오가 갑자기 세무조사를 받습니다. 다음카카오가 세무조사를 받습니다. 다음카카오가 아주 이상하게 세무조사를 받습니다.

비정기 세무조사고 그리고 장부를 전부 가져가고 그리고 조사4국이 교차조사를 하고 그리고 최장기 세무조사를 합니다. 다음카카오가 137일 동안 세무조사를 받습니다. 7년간 세무조사를 세 번을 받습니다, 다음카카오가.

박근혜정부의 포털 길들이기가 어느 정도냐? 새누리당 여의도연구소에서 2015년 9월 4일에 포털 보고서를 공개합니다.

(「그걸 국정원에서 했습니까? 그걸 국정원에서 했어요?」하는 의원 있음)

지금 국정원이 문제가 아니잖아요?

(「아니, 아무 관계없는 이야기를 하고 있으니까 그렇지요」하는 의원 있음)

들어 보시지요, 얼마나 관계가 있는지 없는지.

(「몇 번이나 비판을 받았는데⋯⋯」하는 의원 있음)

(「조용히 하세요」하는 의원 있음)

들어 보세요, 들어 보시면 되잖아요. 들어 보시고 얘기하세요.

(● 홍지만 의원 의석에서 — 관련도 없는 얘기를 해요?)

관련이 없는지 아닌지 얘기하세요. 관련이 있는지 없는지는 우리 존경하는 홍지만 의원님이 지금 판단하시는 게 아니잖아요? 국민들이 판단하시는 것 아닙니까?

박근혜 대통령의 '잘못된 정보 파급 위험'에 새누리는

포털을 맹비난합니다. 2015년 9월 22일입니다.

국세청 조사사무처리규정에 따르면요, 납세자가 사업을 실질적으로 관리하는 장소의 소재지와 납세자가 관할을 달리하는 경우에 교차조사를 하게 돼 있습니다. 그런데 다음카카오는 판교에 '카카오'가 있고 '다음'이 제주도에 있습니다. 그러니까 다음카카오를 세무조사하려면 제주도를 관할하는 부산청이 하든지 아니면, 그러니까 원래 관할청은 부산청입니다. 그리고 판교에 있으니까 만약에 판교를 중시 보겠다, 이번에 카카오를 중시 보겠다, 그러면 중부청에서 해야 됩니다. 판교의 관할은 중부청입니다. 그런데 난데없이 서울청 조사4국이 조사를 합니다.

'일정 지역에서 사업을 하는 납세자에 대해서 공정한 세무조사가 필요한 경우' 이것은 뭐냐 하면 토착기업하고 세무서하고 유착 관계를 막기 위해서 하는 겁니다. 다음카카오 이것 아니잖아요?

'세무조사 대상 납세자와 출자 관계에 있는 자, 특수관계인에 해당하는 자에 대한 세무조사가 필요한 경우' 지금 국세청에서 얘기하는 것은 바로 이걸 얘기합니다. 이석우 대표를 하겠다는 것이지요.

자, 그렇게 해서 그러면 과연 다음카카오를 이런 정도로 세무조사할 일이 있었겠느냐? 2015년 10월 30일 날, 제가 이것을 국정감사할 때 지적을 했습니다. 이게 아마 10월 초쯤 될 겁니다. 그러니까 제가 지적하고 나서 며칠 있다가 10월 30일 날 중단을 했는데, 끝냈는데 이게 137일을 조사한 겁니다. 법인 평균 조사기간 36.2일에 비하면 3.8배만큼 엄청난 다음카카오 세무조사를 한 것이지요.

다음카카오가 7년간 세 번 세무조사를 받았는데 2008년도 광우병 사태가 나니까 세무조사를 받았습니다. 그다음에 2013년도에는 난데없이 모범 납세자상을 받습니다. 지금 문제가 없다는 것이지요. 그런데 모범 납세자상을 받은 다음카카오를 2014년도에 세월호 사태가 터진 다음에 또 세무조사를 합니다.

정부의 여론이 나쁜 얘기가 돌 때마다 다음카카오를 세무조사했다는 합리적 의심을 하기에 충분한 것이지요. 그러더니 메르스 사태가 난 2015년에 또 세무조사를 한 겁니다.

(● 홍지만 의원 의석에서 ─ 기업들은 다 그런 식으로 붙일 수 있지요.)

이게 과연 지금 존경하는 홍지만 의원님 말씀하신 대로 기업들은 다 그렇게 갖다 붙일 수 있는 것이냐? 7년간 법인 사업자가 3회 이상 받은 기업은 0.06%밖에 안 됩니다. 2만 8000개 기업 중에서 17개 기업만이 7년간 세 번 세무조사를 받습니다.

(「주제에 맞는 얘기만 하십시오, 다른 얘기는 하지 마시고」하는 의원 있음)

들어 보세요. 얘기가 안 끝났잖아요.

지금 박근혜정부가 포털을 어떻게 다루고 지금 정보에 대해서 어떻게 취급해 왔는가를 얘기하는 겁니다.

카카오톡 사찰 논란이 아까 말씀드린 대로 2014년 9월

16일 날 '대통령 모독했다' 이렇게 얘기하니까 9월 18일 날 검찰이 전담 수사팀을 발족하고 이석우 전 대표가 그때 문제가 되니까 '카카오톡은 검열받지 않는다' 이렇게 발표를 합니다. 그리고 2014년 10월 7일 날 김인성 전 교수가 국정원의 카카오톡 감청 사실을 공개합니다.

자, 이제 국정원 나왔으니까 만족하십니까? 홍지만 의원님, 국정원 나왔는데요?

(● 홍지만 의원 의석에서 ─ 만족합니다.)

자, 만족하십니까?

국정원이 카카오톡 감청 사실을 공개하니까, 이석우 전 대표가 국회 국정감사 참고인 출석한 게 2014년 10월 16일입니다. 그랬더니 난데없이 이석우 전 대표를 2014년 12월 10일 날 소환을 합니다. 그리고 기소를 합니다, 2015년 11월 4일 날. 2014년 12월 10일부터 거의 1년간을 이러고 있다가 바로 다음카카오가, 앞에서 말씀드린 대로 다음카카오 작년도에 세무조사하던 그때 그리고 이석우 대표를 기소합니다.

다음카카오, 최근 우리나라에서 신생 벤처기업 중에 가장 잘된 기업 아닙니까? 이런 기업은 우리가 발전하도록 지원해 줘야 되는 것 아닙니까? 그런데 정권의 마음에 들지 않는다는 이유로 이렇게 7년에 세 번씩이나 세무조사를 하고 규정에 맞지 않게 부산에서 세무조사해야 될 것을 서울청 조사4국으로 가져오고 그리고 난데없이 137일이나 세무조사를 한 다음에……

(● 홍지만 의원 의석에서 ─ 그건 너무 단정적이고 편향적이고 극한 결론이고 그렇습니다.)

금년 1월 7일 날 부과한 세액이 얼마인가? 다음카카오 74억 부과했고 법인 부담세액은 57억, 탈탈 턴 거지요, 그냥. 이래 가지고 기업이, 대한민국의 벤처기업이 살아나겠어요? 이래 가지고 대한민국의 IT 기업이 살아나겠습니까?

이석우 대표 그만두셨지요? 다음카카오 그만뒀습니다. 그리고 중앙일보로 들어갔습니다. 이게 바로 박근혜정부가 지금 포털을 어떻게 생각하느냐, 카카오톡의 감청을 어떻게 생각하느냐……

이석우 대표가 카카오톡 감청을 그렇게 하면 대한민국의 IT산업이 망한다, 전부 다 텔레그램으로 간다…… 텔레그램으로 얼마나 많은 사람들이 갔습니까? 카카오톡 그 기업 하나 간신히 살려 놓은 거 키워 주지는 못할망정 이렇게 한 것 아닙니까. 이게 바로 저희가 생각하는 것과 새누리당이 생각하는 게 다른 겁니다.

애플이 지금 미국 FBI 요청을 거부했지요. 이게 미국의 힘입니다. 애플을 믿고 사람들이 애플을 사지요. 이제 삼성전자, LG전자의 휴대폰을 과연 누가 살까요? 지금 이렇게 카카오톡 감청 요구해 가지고 감청의 요구를 제대로 받아들이지 않으니까 세무조사 이렇게 들어가고 개인 뒷조사해 가지고 개인 막 해 가지고 결국 회사 쫓아내고 이것이 바로 박근혜정부와 새누리당이 생각하는 인권과 그다음에 지식정보화사회에서의 정보에 대한 태도인 것입니다. 저희는 잘못됐다고 생각합니다. 다음카카오는

지원을 해도 시원찮을 기업인데, 지금 이 시장이 얼마나 경쟁이 치열한 시장인데 애플이 바보 같아서 FBI가, 미 정부가 요구하는 것을 반대했겠습니까? 중국 소비자가 애플 사겠어요, 삼성전자 사겠어요? 지금 한국에 애플 소비자가 상당합니다. 이유가 뭡니까? 이런 것 아닙니까?

그런데 지금 다음카카오, 우리 좋은 메신저, 지금 세계가 다 메신저 전쟁을 하고 있는데 그 좋은 메신저기업 하나 나왔습니다. 천재 CEO입니다. 이석우 씨 천재예요. 네이버(NHN)에서 하다가 나와 가지고 혼자 얼마 안 돼 가지고 다음카카오 저렇게 키운 우리나라가 정말 지원해도 시원찮을 벤처기업인데 정권의 입맛에 맞지 않는다고 벤처기업의 대표를 쫓아내는 정부 이게 지금 대한민국의 민주주의라는 겁니다. 이게 바로 지금 테러방지법을 만들자고 제안하는 박근혜정부가 해 온 거랍니다.

지금 많은 분들이 잘 모르시는 통계를 하나 제공하겠습니다.

네이버 이용자를 수사기관의 요청에 의해서, 국정원이나 검찰이나 이런 데 요청에 의해서 제공한 자료입니다. 2012년도에 이렇게 되다가 2015년도에 거의 20만 건 이렇게 제공합니다. 압수영장을 8000건 신청하고요. 그다음에 처리가 7000건이 되고요. 통신제한조치도 이렇게 요청을 해서 127건이, 이건 127명이 해당을 당하는 거지요. 통신사실 확인자료, 통신을 했느냐 이 자료를 네이버가 제공한 게 9000건이나 됩니다. 통신자료는 최근에는 없어졌는데요.

다음을 보면 다음도 역시 마찬가지로 이렇게 늘고 늘고 늘다가 압수영장을 받아서 50만 건을 수사기관에게 제출을 했습니다. 통신제한조치 214건, 통신사실 확인자료 이게 1394건입니다. 이것 좀 이상하지요, 그렇지요? 지금 네이버가 다음보다 훨씬 큰 회사 아닙니까? 그런데 네이버보다도 오히려 훨씬 더 많은 압수영장을 다음에다가 요구하고 있는 거지요.

카카오 이용자 제공통계, 카카오도 바로 이렇게 이미 제공하고 있습니다. 우리가 모르는 사이에, 아까 그래서 제가 말씀드렸지요. 그 회사한테 요청해서 검찰이나 수사기관에 그런 사실을 제공한 적이 있는지 그것 좀 밝혀 달라 그 방법을 알려 드렸는데 지금 이렇게 어마어마한 숫자의 우리의 통신사실이나 통신을 확인하거나 혹은…… 개인정보지요. 통신자료라는 건 개인정보입니다. 개인정보가 지금 수사기관에게 가고 있다는 겁니다.

국내 전체 통신사업자의 제공통계도 여기 있습니다. 그러니까 2015년도 상반기만 하더라도 여기 통신자료 56만 건 그다음에 처리계정 수 500만 명, 500만 명의 개인정보가 지금 수사기관에게 갔다는 겁니다, 2015년도 상반기에만 하더라도. 그리고 통신사실 확인한 자료, 통신을 했느냐 안 했느냐가 300만 건이 넘어갔다는 거지요. 지금 이런 정도로 우리는 거의 무차별적으로 우리의 개인정보가 수사기관에게 넘어가고 있습니다.

그러면 제가 말씀드리는 게 지금 다음카카오를 이렇게

괴롭힌 이유가 도·감청을 더하기 위해서, 즉 카카오톡 감청하고 그 자료를 요청하는데 카카오톡에서 그것을 견딜 수가 없으니 좀 줄여 가지고, 카카오톡이 내부서버에 보관하는 기간을 줄였습니다. 그러니까 국정원 입장에서는 자기들이 원하는 자료를 제대로 갖기가 어렵게 된 거지요. 그러니까 정권 차원에서 나서서 다음카카오를 이렇게 괴롭혔다 저는 이렇게 봐야 된다고 생각을 합니다.

(● 河泰慶 議員 의석에서 ― 애플 같은 용기가 없네, 다음카카오는. 대차게 싸워야지. 그래야 세계적으로 뜨지.)

아니, 그러니까 이석우 대표…… 존경하는 하태경 의원님, 그것은 잘못 얘기하시는 거고요. 그렇게 해서 다 고객들이 나가고 다음카카오 못 믿겠다, 카카오톡 못 믿겠다, 텔레그램 가자 해 가지고 붐이 이니까 이석우 대표가 그때 발표하셨지요. '카카오톡 더 이상 정부의 요청에 응하지 않겠다' 그 순간부터 정부의 이와 같은 정말 비겁한 이런 세무조사 하고 개인 뒷조사 하고 그리고 그것을 언론에다 흘립니다. 아마 여러분들이 지금 인터넷 들어가서 '이석우' 때리면 안 좋은 얘기만 쭉 나올 겁니다. 이 정부가 이렇게 해 왔기 때문에, 이렇게 해 온 정부가 테러방지법을 요구하는 것……

(● 河泰慶 議員 의석에서 ― 카카오페이도 설명 좀 해 봐요, 카카오페이. 그거 잘 나가잖아. 정부가 도와준 것 아니에요?)

그런 것들을 얘기하는 게 바로 저희는 합리적 의심이라고 생각합니다.

(● 河泰慶 議員 의석에서 ― 카카오페이 한번 설명해 보세요.)

하태경 의원님께서 얘기해 주신 대로 저희가 생각하는 굉장히 중요한 것 중의 하나가 바로 이겁니다. 바로 이 법이 한국의 IT산업을 망가뜨린다는 겁니다. 지식정보화사회라고 하는 것의 근본적 기제를 박근혜정부는 잘 모르고 있는 것 아니겠는가?

지금 애플에서 그렇게 정부의 요청을 거부하는 이유는 경쟁이 굉장히 치열하기 때문에 그렇습니다. 제가 생각하는 게 뭐냐 하면 아까 국세청도 그렇고 국정원도 그런데요, 이렇게 보는 거지요. 그러니까 국정원이 우리가 필리버스터 해서 이제 온 국민이 아시게 된 것처럼 옛날에는 그냥 무소불위의 권력을 휘둘렀습니다. 그래서 여기 국회에 상주했습니다. 무슨 정보기관 요원이 그런 정보기관 요원이 있는지 '나 국정원 요원입니다' 이러고 돌아다녔어요. 국정원 요원이다 그리고 정보 달라고 그러면 사람들이 가서 주는 거지요. 그런데 지금은 굉장히 좋아져서 그것을 못 하게 된 거예요.

그러면 국정원은 지금 이와 같은 IT산업의 IT기술을 이용해서 새로운 방식의 정보를 습득해야 되는 겁니다. 국정원이 그런 노력을 했느냐? 그런 노력을 해서 어떤 성과를 얻었다는 얘기를 저는 못 들었습니다. 제가 생각할 때는 아까 말씀드린 대로 만약에 지금 빅데이터시대에 국정원이 테러리스트를 정말로 조기에 찾고자 한다면 테러방지법에 연연할 것이 아니라 빅데이터에 투자를 해야 된다고 하는 것이 저의 생각입니다.

바로 이것이 제가 안타깝게 생각하는 겁니다. 국세청이 제대로 된 기관으로 거듭나기 위해서는 제가 4년 내내 '과학세정을 하자, 데이터를 분석하자, 그래서 탈세자를 찾아내자' 이것 절대 안 합니다.

국세청이 얼마나 한심했냐고 하니 대한민국 강남에 1년에 몇억짜리, 월세가 한 달에 4000만 원, 5000만 원 되는 집이 있습니다. 거기 그 월세에 대해서 세금을 제대로 부과하고 있느냐 이것을 확인해 달라고 그랬더니 확인 못 합니다. 통계를 달라고 그랬더니 통계 없답니다. 그러면 월세 받은 것에 대해서 그것 과세 안 하느냐? 모른답니다.

그러더니 부리나케, '그러면 노동자들은·근로자들은·직장인들은 단돈 1000만 원 벌고 2000만 원을 벌어도 과세하면서 저렇게 월세로 수천만 원씩 버는 사람은 왜 과세를 안 하느냐?' 제가 얘기하니 그게 문제가 되어서, 그랬더니 그냥 법을 만들더군요. 그래서 '일정기간 동안 과세를 연기한다' 이렇게 새누리당에서 법을 내서 2000만 원 이하는 독립해서 과세 안 하는 것으로 그렇게 되어 있습니다.

국세청도 마찬가지로 지식정보사회에 굉장히 많은 정보가 밖에 있습니다. 저희가 SNS라고 하는 이것에 대해서 거의 그냥 다 공개하고 살잖아요.

미국의 CIA 국장이 청문회에 나와서 그런 얘기를 했습니다, '자기들의 입장에서는 노다지가 터진 것 같다. 사람들이 그냥 자기를 다 공개하니 자기들 입장에서는 그것만 잘 분석해도 테러리스트 다 잡아낼 수 있다'.

미국에서 9·11 테러가 나고 나서 미국의 FBI가 굉장히 많이 바뀌었습니다. 그중의 하나가 뭐냐 하면 '왜 9·11 테러를 사전에 예방하지 못했느냐?' 그것에 대해서 분석보고서가 나온 것을 보니까 결국에는 정보는 많았는데 그 많은 정보를 수집하고 소화해서 해석할 수 있는 능력이 없었다. 그래서 9·11 테러 이후에 미국이 엄청나게 많은 돈을 들여서 그 시스템을 통합한 겁니다.

박근혜정부가 이런 것을 한다는 얘기를 저는 들어 본 적이 없습니다. 너무나 안타까운 일입니다. 우리 IT산업, IT기업은 저렇게 못살게 해서 죽이고 그리고 국정원이 진짜로 해야 될 일 그것들은 하지 않으면서 엉뚱한 법을 내 가지고 지금 인권을 탄압하는 것 아니냐 이런 얘기입니다.

(● 河泰慶 議員 의석에서 ─ 테러방지법이 있는 나라는 다 IT산업이 안 된다 이것은 말이 안 되잖아요. 그것을 한번 설명해 보십시오.)

박근혜정부가 들어서서 창조경제를 얘기하면서 굉장히 각광을 받은 책 중의 하나가 '창업국가'라고 하는 책이 있습니다. 거기 보면 페이팔 얘기가 나오는데요, 지금 미국에서 핀테크의 가장 선두주자 중의 하나가 페이팔입니다. 세계적인 기업이지요. 이 페이팔을 만든 사람들이 어디에서 온 사람이냐면 이스라엘에서 온 사람들입니다. 바로 이 사람들이 이스라엘에서 테러리스트 쫓다가 온 사람들입니다. 바로 이 사람들이 빅데이터 분석해 가지고 테러리스트 찾아내는 사람들이에요. 그 기술을

미국에 가서 금융시장에 대입을 한 곳이 페이팔입니다.

(● 河泰慶 議員 의석에서 ─ 빅데이터 아이디어 굿 아이디어. 그것은 나는 충분히 수용 가능하다고 봅니다.)

세상은 이렇게 바뀌고 있는 겁니다. 그런데 박근혜정부는 아직까지도 국정원에 의존하는 70년대 사고방식으로 그것을 하겠다고 하니, 그리고 국정원 요원들은 그렇게 빅데이터 분석을 하는 것이 아니라 댓글을 달고 앉아 있으니 저희가 답답하지 않겠습니까?

(● 河泰慶 議員 의석에서 ─ 국정원도 개혁해야지. 그런데 테러방지법과 빅데이터가 대립되는 것은 아니지요, 홍 의원님. 그것은 같이 하면 돼.)

그리고서는 그 국정원에 지금 엄청난 권한만 또 주자 이렇게 얘기하는 것을 저희가 어떻게 받아들여야 하는지 저희는 갑갑하기만 합니다.

(● 河泰慶 議員 의석에서 ─ 국정원이 빅데이터까지 하라고 그러면 권한을 더 주는 것이지. 그것은 모순되지요.)

국정원이 최근에, 여러 가지 문제가 계속 진행되고 있지 않습니까? 그런 것에 대해서 얘기하지 않으면서 국정원에게 자꾸만 권한을 더 주자고 얘기하는데 어떤 숨겨진 의도가 있지 않겠느냐고 생각하는 것은 합리적 의심이라고 저희는 생각을 합니다.

다시 처음으로 돌아가서 말씀드리겠습니다. 제가 경제 얘기를 해서 이것과 테러방지법이 무슨 상관이 있느냐 자꾸 얘기를 하시는데 이게 상관이 굉장히 큽니다.

아까 말씀드린 대로 양극화가 심화되면, '양극화가 심화되니까 경제가 성장하지 않습니다' 그러면 일반 대중은 불만이 있게 되는 거지요. 따라서 그 불만을 억누르기 위한 기제가 필요한 겁니다. 계속 그런 것들을 박근혜정부에서 하고 있다 저희는 그렇게 생각을 하는 거지요.

2008년도 경제위기라고 하는 것이 1929년도 경제위기랑 비슷하다, 그러면 제가 두 가지 말씀을 드리겠습니다.

1929년도 경제위기가 왔을 때 미국 정부가 공화당 정부였습니다. 이른바 유명한 후버 대통령이 당시의 대통령이었습니다. 대공황이 와서 사람들은 굉장히 어려운 상황이고 굶어죽게 되어 있고 먹을 게 없어서 줄을 쫙 서 있습니다. 그러니까 아우성 하지요, 후버 대통령한테 저기 경제가 어려우니 저 사람들을 돕자.

1차 세계대전, 이게 1929년도 얘기니까요 1919년도에 끝난 1차 세계대전에 참전했던 퇴역군인들이 '먹을 게 없으니 우리 연금을 달라.' 미국 정부가 그 전쟁에 참여한 사람들한테 연금을 주기로 했는데 그것을 미국 정부가 재정이 부족하니 천천히 주기로 했는데 '지금 먹고살기가 어려우니 그 연금을 달라' 그랬는데 미국 정부에서 못 준다고 그랬더니 이 퇴역군인들이 전부 모여서 워싱턴으로 데모를 하러 올라갑니다. 이게 이른바 '보너스 아미(Bonus Army)'라는 이름으로, 보너스 달라고 데모하는 군인들이라 이런 속칭이 붙을 정도입니다.

그랬더니 후버 정부에서 '우리의 애국적인 군인들이 저렇게 데모를 할 리가 없다' 그래 가지고 '저것은 빨갱이

짓이다' 소문을 퍼뜨렸고 '저기 대다수들이 다 적색분자다' 그래 가지고 군이 발포를 해서 굉장히 많은 사람들이 죽습니다. 나중에 알고 보니까 그것은 정부의 공작이었고요 결국 그걸로 인해서 공화당 정부는 무너지게 됩니다.

그때 후버 정부일 때 '경제가 이렇게 어려우니 사람들을 도와야 되지 않겠느냐? 지금 먹고살기 어려워서 저 사람들이 데모를 하는데 저 사람들을 도와야 되지 않겠느냐?' 이게 바로 미국의 진보, 민주당이 주장한 겁니다. 그랬는데 공화당에서는 그게 아니라 '저기 빨갱이들이 저렇게 했으니 저것을 진압해야 한다' 해서 처절하게 진압한 겁니다.

이 후버 대통령은 독실한 크리스천입니다. 그래서 교회에 성금도 굉장히 많이 하고 우리나라 대통령도 그것 쫓아 했는데 자기 월급을 전부 교회에, 사회기구에다 헌납한 대단히 훌륭한 대통령입니다. 그런데 정부가 '우리 가난한 국민들을 도와야 된다. 지금 대공황이 와서 헐벗은 국민들을 도와야 된다'는 건 반대합니다. '그건 정부가 할 일이 아니다. 그것은 교회가 할 일이지 정부가 할 일이 아니다' 여기에서 보수와 진보의 차이가 나는 겁니다. 그리고 그 불만을 강압적으로 여론을 통제해 가면서 진압하는 것이 바로 아까 말씀드린 대로 미국에서의 경제위기가 왔을 때의 역사입니다.

작년도에 메르스 사태로, 경제도 가뜩이나 안 좋은데 메르스 사태가 나니까 자영업자들이 굉장히 어려워졌지요. 정부가 그래서 추경을 편성한다고 합니다. 그래서 며칠 전에 나오셨던 강기정 당시 정책위의장께서 '좋다, 그러면 추경을 하되 자영업자를, 직접적으로 전통시장을 돕기 위해서 온누리상품권 2000억 원을 발행하자' 이게 저희 당 안입니다. 박근혜정부와 새누리당이 거부했습니다. '그렇게 공짜로 나눠 주면 안 된다'고 거부했습니다.

이게 바로 차이인 겁니다. 아까 말씀드린 대로 '경제비상사태가 나서 온 국민이 먹고살기 어렵고 그런 것에 대해서 직접적으로 그 문제를 해결해야 된다' 이것이 진보 정부의 자세고요. '그게 아니다. 재벌을 도와서 재벌이 잘살면 그러면 당신들도 잘살게 되는데 뭔 잔말이 많으냐? 그리고서 자꾸 거기에 대해서 양극화니 뭐니 이런 얘기하면 안 된다' 해서 언론 통제하고 그런 것 하는 사람들을 불순분자로 몰아서 탄압하는 게 지금 박근혜정부가 하고 있는 일이라고 저희는 생각을 하는 겁니다.

바로 그 연장선상에서 우리가 이 문제를 봐야 되겠다. 국민들이 먹고살기 어려워서…… 온 국민이 알고 있는 것 아닙니까? 너무나 괴로운데 그 괴로운 것이 심지어는 '박근혜정부가 잘못해서 그런 게 아니라 야당이 발목 잡아서 그런다. 그리고서는 이런 테러방지법도 야당이 발목 잡아서 그런다' 이렇게 지금 얘기하는 겁니다.

(● 河泰慶 議員 의석에서 ─ 그 프레임에서 벗어나기 쉽지 않을 거예요.)

박근혜정부가 얘기한 경제를 살리는 그 정책들 중에서 우리 국민 여러분이 보셨을 때 자기한테 도움이 되는 법이 있었나요? 전부 재벌을 위한 법입니다. 관광진흥법, 재벌을 위한 거지요. 무슨 외국인투자촉진법, 그것도 재벌을 위한 거지요.

(정의화 의장, 이석현 부의장과 사회교대)

모든 게 다 재벌을 위한 법입니다. 박근혜정부에서 경제활성화법이라고 얘기하는 것 다 얘기해 보세요. 다 재벌법입니다. 저희가 얘기하는 것처럼 '온누리상품권 지급하자' 이것 반대합니다.

성남시장과 그다음에 서울시장이 '청년수당을 내자. 청년수당을 주자. 청년 구직수당, 구직급여를 주자' 아니, 중앙정부가 안 해서 너무나 못살게 됐는데, 중앙정부가 안 해서 그것을 지방정부가 한다는데 그건 또 반대해요. 이재명 시장께서 하시는 그 수당을 성남시 상품권, 지역화폐로 한다는 것은 대단히 뛰어난 아이디어입니다. 성남시민들 아마 대단히 좋아하실 거예요.

그게 바로 경제를 살리는 진보의 경제정책인 겁니다. 이게 바로 1920년대에 케인스가 얘기한 겁니다. 저희가 너무나 안타깝게 생각하는 게 1920년대에는 케인스 경제학이 없어서 그것을 이해하지 못했다고 그러지만 지금은 그것을 다 경험했음에도 불구하고, 그렇게 명확한 진리가 있음에도 불구하고 아직도 그것은 아예 무시해 버려요. 그리고 가난한 사람들을 돕는 것은 복지과잉이라고 하고 그렇게 줘서는 안 된다고 얘기합니다.

그리고는 아까 말씀드린 대로 재벌에게는 세금을 5조 원씩이나 깎아 줍니다. 그리고 재벌에게는 막대한 지원을 해 줍니다. 그리고 재벌을 위해서 지금 또 규제완화하자고 얘기합니다. 그러니까 불만이 나올 수밖에 없지요.

그런데 제가 오늘 얘기한 이런 것들을 여러분들이 언론에서 보셨습니까? 아마 보시기 힘드셨을 겁니다. 오늘 제가 얘기한 얘기는 언론에서 거의 거론되지 않는 얘기입니다. 이것이 바로 대한민국의 현실입니다.

(● 河泰慶 議員 의석에서 ─ 오마이·한겨레에도 안 나요, 그게? 오마이·한겨레는 왜 안 실어 줘?)

재벌의 힘이 그렇게 강하기 때문에 그렇습니다.

(● 河泰慶 議員 의석에서 ─ 거기도 재벌이 장악하고 있다고요?)

예, 재벌이 그런 정도로 지금 대한민국을 장악하고 있습니다.

(● 河泰慶 議員 의석에서 ─ 오마이·한겨레까지 넘어갔다고, 재벌한테?)

넘어갔다고까지 하기는 어렵고요. 그냥 뭐라 그럴까요……

(● 河泰慶 議員 의석에서 ─ 완전히 양심을 다 팔아먹었구만, 그 인간들이.)

(「조용히 하세요」 하는 의원 있음)

(● 河泰慶 議員 의석에서 ─ 그건 폭로하세요. 오마이·한겨레가 재벌에 넘어가면 큰일이지.)

(「순서 얻어 가지고 하면 되잖아」 하는 의원 있음)

(● 河泰慶 議員 의석에서 ─ 좌파언론 개혁해야 되겠네. 내가 얘기 들어 보니까 심각하네.)

언론개혁해야 됩니다.

(● 河泰慶 議員 의석에서 ― 좌파언론 개혁에 앞장서세요.)

그렇게 언론이 바로 재벌과 결탁해서 대한민국을 망쳐 놓는 것에 대해서……

(● 河泰慶 議員 의석에서 ― 홍종학 의원님이 오늘 진짜 좋은 말씀하셨는데 한겨레·오마이가 재벌과 결탁해서 민중들을 괴롭힌다 이거 아니야, 지금. 홍종학 의원님 오늘 대단한 이야기해 주셨는데 박수를 보냅니다.)

(「조용히 좀 하세요」 하는 의원 있음)

● 부의장 이석현 하태경 의원님 자리가 발언석에서 너무 가깝네요. 그냥 작게 말해도 마이크에 울려서 크게 들려 버려요. 그래서 하태경 의원님은 다른 의원님들 말 세 번 할 때 한 번만 하시면 되겠어요, 마이크가 가까워 가지고. 그래서……

(● 河泰慶 議員 의석에서 ― 부의장님, 지금 쌍방 무제한 토론 중입니다. 훨씬 재미있습니다, 혼자 하시는 것보다. 오늘 12시간 기록 깹니다, 홍종학 의원.)

홍종학 의원님 지금까지 계셔 주셔서 고맙습니다. 제가 그 좋은 얘기를 못 들을까 봐 부랴부랴 왔는데 마침 계시니까 아주 안심이 되네요. 발언 계속하시고 하태경 의원님 말도 다음에 잘 들어보겠습니다. 지금은 제가 못 들었습니다.

(● 河泰慶 議員 의석에서 ― 부의장님, 이게 훨씬 덜 지루합니다. 쌍방 무제한 토론 새롭게 시작하겠습니다.)

(「발언 좀 방해하지 마세요」 하는 의원 있음)

(● 河泰慶 議員 의석에서 ― 한겨레·오마이 개혁에 같이 동참하겠습니다. 홍 의원님 적극 추진하십시오.)

● 홍종학 의원 한겨레·오마이보다 하태경 의원님께서는 조·중·동 개혁부터 하셔야 되지 않을까요?

(● 河泰慶 議員 의석에서 ― 그건 당연히 해야지요. 당연히 할 테니까 같이 하겠습니다. 내가 삼성 까니까 좌파언론이 기사 올렸다가 내리더라고요. 결탁이 있는 것 같더라고요.)

지금 훨씬 더 문제가 심각한…… 이른바 보수언론에 대해서 그런 얘기를 해 주시기 바랍니다.

(● 河泰慶 議員 의석에서 ― 조선일보는 안 내렸어요. 내가 삼성 까니까 조선일보는 기사를 안 내렸는데 다른 좌파언론이 내리더라고. 내린 것 보고 진짜 놀랐어.)

제가 생각할 때는……

● 부의장 이석현 잠깐만요. 발언 중에는 발언권을 얻어서…… 의원이 발언하실 때는 의석하고 서로 질문 답변을 하는 것은 안 됩니다. 그러면 의장이 필요한 경우에는 의사진행을 또 하겠습니다. 그러니까 홍종학 의원님은 좌석에서 나오는 얘기에 일일이 답변 마시고 하실 발언을 해 주십시오.

(● 河泰慶 議員 의석에서 ― 부의장님, 국민들이 보고 있잖아요. 쌍방의 토론이 훨씬 재미있어요.)

● 홍종학 의원 저는 오늘 그런 말씀을 드리고 싶습니다.

아까 말씀드린 대로 지금 두 정당 간에 차이가 굉장히 크고요. 이 정당 간의 차이는 자본주의 역사가 시작되면서 이런 차이가 나온 거고요. 이것이 100년 역사를 거듭해 온 겁니다. 그리고 이것이 지금 반복되고 있습니다.

지금 박근혜정부에서 얘기하는 이른바 '줄푸세'라고 하는 정책이 있지요. 규제는 줄이고 세금은 줄이고 그다음에 규제는 풀고 그다음에 법치는 세우자, 이것의 원조가 바로 언제냐면 1920년대 미국에 있습니다. 그때 당시에 미국의 워런 하딩 대통령이, 미국 최악의 대통령이라고 하는데요. 이분이 한 것이 바로 줄푸세 정책입니다.

그러니까 재벌들의 세금을 깎아 줍니다. 그러니까 빈부격차가 굉장히 심각해지지요. 그리고 규제를 풉니다. 규제를 푸니까 재벌들이 지금 대한민국처럼 조그만 영세업자들을 다 잡아먹는 거지요. 그러니까 불만이 나니까 노동운동이 일어납니다. 그 노동운동에 대해서 강력하게 탄압하는 게, 바로 법치를 세우는 이 줄푸세 정책의 원조가 1920년 미국에 있습니다.

그 결과 대공황이 온 겁니다. 그리고 대공황이 와서 먹고살기가 어려워서 사람들이 '나 좀 먹고살게 해 달라. 정부가 우리를 도와줘야 되지 않겠느냐' 이것 했을 때 그때 정부가 그것에 응하지 않고 탄압한 것이 바로 신자유주의의 원조인 보수경제정책인 것입니다.

지금 대한민국이 그런 거란 거지요. 제가 아까 말씀드렸다시피 비상사태는 지금 테러 위협에 있는 것이 아니라 바로 여기 경제비상사태가 있는데 이 경제비상사태에 대해서 국민들의 눈과 귀를 가리느라고 이런 것을 하고 있다는 겁니다.

지금 설사, 생각을 해 보시지요. 만약에 IS 테러리스트가 들어왔다는 첩보가 있다고 할지라도 정부가 그것을 대놓고, '우리나라가 이렇게 취약하니까……' 이렇게 전 세계에 대놓고 떠들어야 되겠습니까? 진보정부라면 이렇게 하지 않을 겁니다. 제도를 딱 갖춰 놓고 '국민 여러분 안심하십시오. 전 세계가 테러의 위협을 당하더라도 우리는 만전을 기해서 안전하게 여러분을 모시겠습니다' 이렇게 할 겁니다. 그렇지요? 그래야지 되는 겁니다.

제가 전 세계를 돌아다녀 보더라도, 얘기를 들어 보더라도―제가 여행은 많이 안 다녀 봤으니까 다녀 보면 가장 안전한 데가 대한민국입니다. 외국인이 밤거리를 술에 취해서 돌아다닐 수 있는 나라 전 세계에 없습니다.

그러면 얼마나 좋습니까? 이게 우리가 자랑할 것 아닙니까? 그러니까 얼마 전에 외국 기자가 쓴 게 바로 그 얘기를 쓴 거지요. '대한민국이 그동안 남북 대치 상황이었기 때문에 테러에 대해서 가장 대비가 잘되어 있는 나라인데 이 나라에서 테러방지법이라고 또 만든다니까 이게 웃기는 얘기다' 이렇게 외국 기자가 쓴 거지요.

즉 다시 얘기해서 아까 말씀드린 대로 진짜 테러가 목적이라면 해야 될 일들이 있는데 그 해야 될 일은 하지 아니하고 테러방지법이라고 떡 내놔서 이것을 하고 있는 것이 문제라는 거고요.

제가 필리버스터가 우리나라 민주주의에 큰 획을 그을 수 있는 사건이라고 말씀을 드렸는데요. 말씀드린 대로 지금 경제 상황이 어려워서…… 죄송합니다. 저는 경제학자이기 때문에 모든 것을 경제로 보는 습관이 있습니다. 그러니까 역사를…… 그런데 대부분의 역사가들은 대개 역사를 경제로 많이 봅니다. 경제사가 역사의 근간에 흐른다고 보는 시각이 많지요.

제가 또 하나 말씀드리고 싶은 게, 죄송한 얘기입니다만 오해는 없으시기 바랍니다. 저는 아까 말씀드렸다시피 박근혜 대통령이 저야말로 국가를 위해서 열심히 일하고 계신다고 생각을 하고요, 박근혜 대통령께서 정말로 충정에 의해서 이렇게 하신다고 생각을 합니다.

다만 말씀드린 대로 지금 보수의 정책으로는 한국 경제를 살릴 수 없다 보니 대통령께서 얼마나 답답하시겠습니까? 그러니까 저희 같은 사람하고 얘기해서 '대통령님 그게 아닙니다. 지금 서민들이 돈이 없어서 경제가 안 살아나는 거니 온누리상품권 같은 것을 2000억 정도 풀면 경제 살아납니다. 그리고 누리과정 국가가 예산 주면 엄마들이 그것 가지고 애 유치원 보내고 소비할 것 아닙니까? 그러면 경제가 살아납니다' 이런 얘기를 대통령께서 들으시면 경제가 살아날 수 있는데 이런 얘기는 안 들으시니까 저희는 경제는 살아날 수 없다고 생각합니다.

왜냐하면 재벌은 이미 710조나 있는데 거기 돈 모아 줘 봐야 그게 투자가 되겠습니까, 소비가 되겠습니까? 하지만 서민들은 돈이 없기 때문에 거기는 돈을 한 푼 주면 그냥 한 푼 소비가 되는 겁니다. 그러니까 돈이 도는 거지요. 경제의 기본은 순환이거든요. 그런데 이 순환이 안 된 한국경제 딱 막혀 있는 것을 풀 생각이 없으니……

없는 이유는 한국의 재벌이 단견이기 때문에 그렇지요. 미국 재벌들은 저렇게 바보같이 저런 주장 하지 않습니다. 미국의 재벌들이, 미국의 대기업들은 얘기하잖아요, '왜 증여세를 없애느냐, 왜 유산세를 없애느냐, 내가 내겠다.' 한국 재벌들은 안 그러잖아요. 그저 그냥…… 그런데 이게 경제를 망치는 건지 미국 사람들은 알기 때문에 그런 겁니다. 그런데 이렇게 된 거지요.

　(● 河泰慶 議員 의석에서 — 테러방지법이 있는 나라는 왜 경제가, IT가 잘되고, 그 답변은 안 했잖아요. 그것 해 봐요.)

　(● 홍영표 의원 의석에서 — 발언 신청해서 하라고요. 왜 남이 이야기하는 것을……)

　(● 河泰慶 議員 의석에서 — 아니, 지금 이야기 잘하고 있잖아요. 홍 의원이 지금 싫어하지 않잖아요?)

　(● 홍영표 의원 의석에서 — 아니, 왜 홍 의원을……)

1933년도에 미국에서 루스벨트 대통령이 취임합니다. 닷새 뒤에 독일에서 히틀러가 취임합니다. 이게 굉장히 재밌는데요, 제가 고3 때 하도 공부를 안 하니까 역사 선생님이 '너 왜 이렇게 공부를 안 하냐. 너 가서 히틀러 발표를 한번 해라' 해서 제가 고3 때 입시공부는 안 하고 가서 히틀러를 한 일주일 공부해서 발표한 적이 있습니다. 그래서 그때서부터 히틀러에 대해서 관심을 갖고 보게

됐는데요.

히틀러가 굉장히 재미있는 게 이 사람이 다 합법적으로 정권을 갖습니다. 그리고 시기는 1933년에 집권을 합니다. 경제가 굉장히 어려울 때이지요. 당시에 히틀러는 독일 국민의 우상이었습니다.

미국의 루스벨트 대통령과 아까 말씀드린 대로 공화당의 후버 대통령, 공화당이 세 번을 연달아 이겨서 그다음에 대공황이 와서 경제가 엉망이 된 상황에서 미국에 루스벨트 대통령이 등장합니다.

루스벨트 대통령은 명확합니다. 지금 우리 민주당이 주장하는 것과 똑같습니다. '지금 경제가 어려운 것은 서민들의 돈이 없는 것이니 서민들에게 일자리를 주고 서민들에게 돈을 풀면 된다' 이게 저희의 정책입니다, 지금. 공화당은 그걸 안 한 거지요. 기업이 잘돼서 기업이 투자해야 된다, 기업만 기업만, 재벌만 재벌만 이것 하다가 3년이 지나도록 경제가 성장하지 못한 겁니다.

　(● 河泰慶 議員 의석에서 — 홍종학 의원님은 이번에 재선 꼭 되셔야겠다.)

반면에 독일에서 히틀러가 경제가 어려운데 그걸 할 수가 없으니까 히틀러가 한 것은 뭡니까? 군비 확장을 한 겁니다. 무기를 만들기 시작했지요.

무기가 밥 벌어 줍니까? 무기를 처음 만들 때는 공장이 만들어지니까 사람들이 거기 가서 일하게 되고 따라서 실업자들이 거기 가서 일하니까 월급을 받으니까 빵이 생겼고, 그러니까 잠깐 동안은 경제가 돌아갔습니다. 그런데 탱크는 더 이상 밥을 만들어 주지 않습니다. 내부에서 불만이 일어나지요.

그때 괴벨스가 등장합니다. 그리고 선전 선동을 하지요, '여러분이 못사는 이유가 뭔지 아십니까? 여러분이 못사는 이유는 영국 때문에 그렇고 프랑스 때문에 그렇고 그리고 유태인 때문에 그렇습니다.' 즉 대중에게 분노를 일으키면서 바로 여론 조작에 들어갑니다. 히틀러는 합법적인 정부가 이렇게 하나의 범죄를 저지르고 나니까 그다음부터는 그 범죄를 또 막기 위해서 더 큰 범죄를 저지르고 더 큰 범죄를 저지르고 결국 그것이 히틀러를 괴물로 만들고 만 겁니다.

1933년 세계 대공황의 한복판에서 경제가 어려울 때 두 지도자가 들어섰는데 이 두 지도자가 정반대의 길을 가서 결국 독일은 전쟁을 일으키게 되는 겁니다.

저는 계속 말씀드립니다마는 한국경제 대단히 위험한 상황이고 따라서 이 문제에 대해서 얘기해야 되는데 이 문제를 얘기를 못 하니까, 이 문제를 해결을 못 하니까 자꾸 엉뚱한 일들을 하고 있다. 그러면 이게 잘못 가면 굉장히 위험한 데로 갈 수 있다……

저희가 생각하는 것은 뭐냐 하면 국정원이라고 하는 것이……

　(● 권은희 의원 의석에서 — 부의장님, 지금 무제한 토론이 아니지 않습니까? 자기자랑 하는 자리가 아니지 않습니까. 의제에 맞게 하세요!)

　(「조용히 하세요」 하는 의원 있음)

(「얘기 중에……」하는 의원 있음)

제가 말씀드리는 것은 국정원이라고 하는 집단이 엄청난 범죄를 저질렀는데 그 범죄에 대해서 제대로 처벌하지 못했기 때문에 국정원의 입장에서는 자꾸 더 큰 범죄를 저지르려고 하는 유혹에 빠지게 된다는 겁니다. 저희는 너무나 안타깝게 생각합니다.

(● 河泰慶 議員 의석에서 ― 아니, 홍 의원님, 경제 얘기만 하세요?)

저희가 명확하게 말씀드리겠습니다. 지금 대한민국의 선거법이 굉장히 잘 만들어졌습니다. 거의 무제한 선거운동 할 수 있습니다. 이 필리버스터를 보시는 분들 이제 아시게 됐다면 그냥 선거운동 하시면 됩니다. 그냥 자기 좋아하는 후보 지지하시면 됩니다. 그것이 새누리당 의원이면 새누리당 의원 지지하고, 더불어민주당 의원이면 더불어민주당 의원 지지하고 그냥 마음껏 하실 수 있습니다. 그런데 다만 돈을 받고 하면 불법입니다.

국정원이 댓글부대를 했다는 것은 거의 사실로 드러난 겁니다. 국정원 스스로 댓글을 달았다는 것은 다 밝혀진 사실입니다. 불행하게도 그것을 처벌하지 못했습니다. 저는 그것이 대한민국 민주주의의 아주 커다란 오점이 되리라고 생각하고 바로 거기서 지금 이 문제가 된 겁니다.

(● 河泰慶 議員 의석에서 ― 처벌받았잖아. 다 끝났는데……)

그 하나의 잘못, 이제 국정원 입장에서는 그것을 덮기 위해서 더 큰 잘못을 저지를 수밖에 없는 겁니다.

(● 홍지만 의원 의석에서 ― 아니, 뭘 처벌 못 받았다는 거예요?)

국정원 입장에서는 새누리당이 계속 집권해야지 국정원은 온전하게 가는 겁니다.

(● 河泰慶 議員 의석에서 ― 국정원장이 구속됐는데 뭐가 처벌이 안 됐다는 거예요, 지금?)

국정원장이 대선에 개입했다고 한다면 그 밑에 있는 사람들도 다 불법 선거운동을 한 게 되고요, 그 사람들을 처벌해야 되는 겁니다.

(● 河泰慶 議員 의석에서 ― 대선개입은 무죄 났잖아요.)

(● 홍지만 의원 의석에서 ― 선거전의 일환이야. 한쪽으로 몰아서……)

그런데 기소조차 하지 않았습니다. 돈을 받고 댓글을 단 사람들은 전부 처벌 대상입니다. 하나도 처벌하지 못했습니다.

(● 河泰慶 議員 의석에서 ― 모르는 이야기 하지 말고 경제 얘기만 해요, 그냥. 자꾸 틀린 이야기를 하잖아, 지금.)

아니, 선거법 공부 안 하시나요, 국회의원이? 돈 받고 선거운동 하는 게 합법입니까? 선거운동원을 제외하고 나서는 돈 받고 선거운동 하는 것은 다 불법입니다. 그것 신고하셔야 됩니다. 만약에 그런 사람이 있다면 신고하셔야 됩니다.

문제는 국정원이 직접 불법 선거운동을 했는데 국정원이 쓰고 있는 돈……

(● 河泰慶 議員 의석에서 ― 그건 판사가 판단할 문제이고……)

그 돈을 어디로 쓰는지를 아무도 모른다는 겁니다.

(● 홍지만 의원 의원석에서 ― 그 돈을 아무도 아는……)

(● 河泰慶 議員 의석에서 ― 법원의 판단이 끝난 문제를 자꾸……)

(「조용히 좀 해 주세요」하는 의원 있음)

(● 홍영표 의원 의석에서 ― 제재 좀 해 주세요. 명백히 방해하고 있습니다.)

● 부의장 이석현 홍종학 의원님 잠깐만 멈춰 주시고요. 의원님들 제가 안내 말씀 좀 드리겠습니다.

국회법 99조에 모든 발언은 의장의 허락을 득하게 되어 있어요. 그래서 홍종학 의원님하고 여기 의석에 계신 의원님하고 이렇게 일문일답 해 버리면 안 됩니다. 홍종학 의원님이 답변하면 안 됩니다. 여기가 대학교 강당이 아니기 때문에……

(● 河泰慶 議員 의석에서 ― 발언 한 가지만 하겠습니다.)

대학교 강당이 아니기 때문에 이것을 홍종학 의원님한테 직접 물어보고 답변하고 이런 관계가 되면 안 되게 되어 있어요. 그래서 발언을……

(● 河泰慶 議員 의석에서 ― 부의장님! 발언 신청하겠습니다.)

지금 발언권 안 줍니다. 왜냐하면 발언 중이기 때문에 그렇습니다.

그래서 홍종학 의원님 지금 발언하십시오.

(● 河泰慶 議員 의석에서 ― 아니, 이게 더 살아있는 민주주의예요. 우리 국회가 진화하고 있습니다.)

홍종학 의원님, 개의치 말고 발언하세요. 발언권 안 줬어요.

(● 河泰慶 議員 의석에서 ― 부의장님, 우리 국회가 진화하고 있고 쌍방향 무제한 토론이라는 최초의 실험을 하고 있는데 실험정신을 한번 인정해 주십시오. 재량껏 할 수 있는 거예요.)

그러니까 실험정신을 인정해 줘야 되니까 필리버스터가 성공을 해야 되는데 필리버스터가 이렇게 지금 무질서하게 진행되면 안 되기 때문에 다 듣고……

(● 河泰慶 議員 의석에서 ― 혼자 이야기하면 지루하고 재미도 없고요, 한국형 필리버스터가 만들어지고 있어요. 부의장님, 한국형 필리버스터가 만들어지고 있으니까……)

하태경 의원님, 내가 하나 말씀드릴게요.

그렇게 하실 말씀이 많은데 왜 토론 신청을 안 합니까? 토론 신청을 하면 순서에 따라서 넣어 드릴게요, 제가.

(● 河泰慶 議員 의석에서 ― 아니, 부의장님이 좀 창의적으로 생각해 보세요.)

나중에 하세요. 지금 이렇게 다른 사람이 발언권 얻어서 홍종학 의원이 말하는데 자꾸 코앞에서…… 또 멀리나 있으면 모르겠어요. 바로 그냥 코앞에서 자꾸 하니까 홍종학 의원님이 발언하는 데 신경이 쓰여 가지고……

그래서 하태경 의원님, 홍지만 의원님이 특히 앞에 계시니까, 인상도 좋으신 분들이 그러면 안 되니까 조금 의사진행에 협조해 주시고.

홍종학 의원님 발언권 얻은 분이 발언 끝날 때까지는……

(● 河泰慶 議員 의석에서 ― 홍 의원, 싫지 않지요? 솔직히 해 봐. 내가 지금 건설적으로 이야기 잘해 주고 있잖아요, 지금?)

다 지금 국회법 99조를 알고 계시는데도 저럴 겁니다. 그러니까 알고 계신 대로……

여기가 대학교입니까? 막 좌석에서 수시로 질문합니까? 안 됩니다.

(● 河泰慶 議員 의석에서 ― 아니, 부의장님 여쭤 보세요. 홍 의원님은 싫지 않다고, 지금.)

(● 홍영표 의원 의석에서 ― 아니, 저건 완전히 고의적이고 악의적인 의사진행 방해행위입니다.)

저기, 이 소중한 시간에 심야에 국민들이 보고 있는데 도로 주무실까 겁니다. 그러니까 홍종학 의원님 얼른……

(● 홍영표 의원 의석에서 ― 아니, 의도적으로 지금 하고 있어요. 그래서 조치를 좀 취해 주십시오.)

지금 여러 의원님들이 심야에 고생이 많으십니다. 그런데 방송 보고 계신 국민들은 더욱 관심이 많은데요.

더불어민주당 의원님들 고생이 많으시고요. 또 여기 하태경·홍지만 의원님은 더욱 고생이 많습니다. 왜냐하면 안 들으려고 하는 말이 귀에 쏙쏙 들어오면 그것도 큰 고통이거든요.

자, 홍종학 의원님 말씀해 주세요.

(● 河泰慶 議員 의석에서 ― 지금 집중이 너무 잘되거든요. 부의장님, 간섭하지 마세요. 냅두세요. 지금 민주주의가 살아나고 있어요.)

제가 다른 뜻은 아니었습니다, 의원님들.

홍종학 의원님 말씀하세요.

(● 권은희 의원 의석에서 ― 아니, 지금 사회가 이상한 얘기를 하는데요. 자리가 앞에 있어서 안 된다는 것…… 왜 그런 식으로 얘기를 합니까?)

(● 홍영표 의원 의석에서 ― 맞잖아요?)

(● 권은희 의원 의석에서 ― 뭐가 맞습니까?)

(● 홍영표 의원 의석에서 ― 맞지 왜 안 맞아요?)

(● 권은희 의원 의석에서 ― 그게 어떻게 맞습니까?)

홍 의원님 얼른 발언을 하시라니까요. 홍 의원님 얼른 발언하시라고요.

제가 심야가 됐더니 마이크 소리 아닌 말씀을 다 들어야 되는데 멀리서 하는 말은 안 들려요, 지금 졸려 가지고. 그러니까 마이크 있는 분만 빨리 말씀하세요.

● 홍종학 의원 그래서 다시 말씀을 드리면 저희가 생각할 때 지금 박근혜정부가 굉장히 할 일도 많고 경제는 비상상태이고 이렇게 시급한 상태에서 국민들은 굉장히 힘들게 살아가고 있고 그런 상황에서 테러방지법이라고 하는 것을 내놓은 것에 대해서 우리가 이게 문제가 있는 것 아니냐……

그리고 아까 다음카카오 괴롭힌 것을 사례를 들어 가면서 이 정부는 지금 여론 조작을 하기 위해서, 그리고 다음카카오톡 감청을 하기 위해서 이렇게 오랫동안 세무조사 하고, 심지어는 그 대표를 찍어 내서…… 이게

민주주의 국가에 있을 수가 있는 일입니까? 그래서 결국 대표가…… 그야말로 대한민국의 아주 유망한 기업 하나를 완전히 망가뜨려 놓은 정부다, 그런 정부가 지금 테러방지법을 하고 있기 때문에 이런 문제를 저희가 제기한다는 겁니다.

저는 경제학자로서 너무나 안타까운 게요 최근에 중국의 회사가 10조 원을 들여서 미국의 전기차 회사를 샀습니다, 패러데이라고. 그것을 만들었어요. 지금 미국에서 새롭게 전기차 회사 만들어 가지고 전 세계를 장악하고 있지요. 이 회사들이, 구글이나 아니면 이 기업들 다 마찬가지입니다. 지금 만들어진 지 얼마 안 됐어요. 지금 중국에서 세계적인 기업으로 나오는 기업들, 화웨이도 그렇고 유명한 기업들, 샤오미도 그렇고 다 얼마 안 됐습니다. 만들어진 지 20년밖에 안 됐어요. 그런데 대한민국에서 20년 내에 만들어진 기업 중에 저렇게 세계적인 기업으로 커 나가는 기업이 있느냐? 없습니다.

이게 대한민국이 지금 위기인 거예요. 그런데 그중에서 기업이라고 하나 나온 게 다음카카오인데 그 다음카카오 하나 못 잡아먹어 가지고, 자기 말 안 듣는다고…… 이래 가지고 경제가 살겠느냐.

그 다음카카오 그렇게 한 이유가 뭐냐……

(● 조원진 의원 의석에서 ― 발언이 지나치다니까요, 누가 누굴 잡아먹어요?)

(「조용히 좀 해 주세요」 하는 의원 있음)

다음카카오가 감청에, 정부의 요구에 응하지 않는다고 그렇게 찍어 낸 것 아니냐 그렇게 얘기한 것 아니에요?

(● 조원진 의원 의석에서 ― 아니, 주관적인 발언을…… 그런 식으로 매도하는 것 아닙니다! 매도하지 마세요!)

(● 홍영표 의원 의석에서 ― 조용히 해!)

(● 조원진 의원 의석에서 ― 매도하지 마!)

(● 홍영표 의원 의석에서 ― 조용히 좀 하시라고요.)

(● 조원진 의원 의석에서 ― 매도하지 마시라고요.)

(● 홍지만 의원 의석에서 ― 너무 일방적으로 그리 완전히 찍어 내고 이런 식으로 감정적으로 얘기하면 안 되지요.)

아니, 내가 증거를 다 드렸잖아요. 그것 못 들으셨잖아요, 조원진 수석님.

정상적인 멀쩡한 회사를 그렇게 해서 감청에 동의 안 한다고 찍어 냈잖아요. 그렇게 된 거잖아요. 그러니까 그것은 국민들이…… 필리버스터라는 게 그것 아닙니까? 국민들이 그 진실을 아시고 제가 지금 조원진……

(● 조원진 의원 의석에서 ― 허위사실을 진실이라고 호도하지 마세요.)

그러니까 사실대로 얘기한 거예요. 난 사실을 얘기……

(「조용히 좀 하세요」 하는 의원 있음)

조원진 의원님을 위해서 다시 말씀드릴까요?

(● 조원진 의원 의석에서 ― 허위사실을 왜……)

(「제대로 하고 있구먼」 하는 의원 있음)

그러면 진실을 다시 한 번 반복해 드릴까요?

● **부의장 이석현** 아니, 홍종학 의원님, 제가 거듭 말씀드리지만 국회법 99조에 발언권 얻은 의원이 발언하는데 발언권 얻지 않은 의석하고 일문일답 하면 안 되게 되어 있어요.

(● 홍영표 의원 의석에서 — 여당에서 계속 고의적으로 방해하고 있는데 주의를 좀 주세요.)

그냥 계속 하실 말씀, 홍종학 의원님 하시고 싶은 말씀만 계속하세요. 개의치 마시고 하세요.

(● 홍영표 의원 의석에서 — 뒤에 자꾸 들리는데 어떻게 해요, 주의를 좀 주세요.)

그쪽도 조용히 좀 하십시오.

말씀 얼른 하세요. 발언 안 하니까 오히려 더 소동이 나요.

● **홍종학 의원** 민주주의라고 하는 것은 정말 가꾸기 어려운 난과 같다고 어떤 분은 얘기하시더라고요, 피를 먹고 산다고 얘기하기도 하고요, 그만큼 어려운 일입니다.

그 어려운 일이 자본주의하고 합쳐졌을 때 굉장히 어려운 겁니다. 정경유착이 되고요 그 정경유착이 됨으로 인해 가지고 거기에서 핍박받는 대중들은 제대로 얘기하지 못하고, 그러면 그 대중들을 압제하는 수단을 필요로 하게 되고 언론을 통제해야 되고 바로 그것이 민주주의를 막는 겁니다.

우리는 민주화운동의 거대한 흐름 위에서 민주주의를 달성했고 저희가 주장하는 것은 그렇게 민주주의를 달성한 것이 경제 성장을 가져왔다 이것이 저희가 주장하는 겁니다.

그런데 박근혜정부, 보수정부에서는 '그게 아니다. 그렇게 쓸데없는 얘기 하지 말고, 인권은 무슨, 나발이고 뭐고 그런 거 하지 말고 그저 성장만 하자. 그 성장을 하기 위해서는 오직 재벌을 도와주면 된다' 이렇게 얘기하는 것이 보수정부다, 이 차이가 있다는 얘기를 저는 드리는 겁니다. 그것이 저희의 생각입니다.

(● 河泰慶 議員 의석에서 — 노무현 정부도 삼성한테 다 넘어갔는데, 뭘. 김종인 대표가 재벌한테 다 넘어갔다고 그랬잖아요. DJ·노무현 정부. 그것도 인정하셔야지.)

언론이 그런 것에 대해서 국민들에게 제대로 얘기를 해 주지 않으니까 지금 이런 기회를 통해서 저희가 말씀을 드리는 것이고, 그 판단은 국민들이 하시는 거라고 저희는 생각을 합니다.

조원진 수석님께서 계속 얘기를 하시니까…… 조원진 수석님과 제가 지난 5월 달에 저 밖에서 새벽 3시까지 같이 통음을 했습니다. 너무나 기분 좋게 통음을 했습니다. 대한민국 최초의 사회적 대타협을 이뤘다고 좋아서, 그야말로 공무원연금 대개혁을 조원진 수석님이 잘 열심히 하셔 가지고, 강기정 의장님하고 같이 둘이 타협을 해서 결국 사인을 했습니다.

저는 명확합니다. 저희 진보적인 사람들이 생각하는 것은 명확합니다. 대한민국이 가기 위해서는 사회적 대타협을 해야 됩니다. 서구 유럽처럼 사회적 대타협을 해야 되고, 이른바 네덜란드의 바세나르 협약이라는 것이 있는데 바세나르에 살고 있던 경영자총연합회의 회장이, 이분은 부인을 위해서 맨날 요리하는 분이었다고 합니다. 그래서 노동자 대표를 '야, 내가 오늘 요리해야 되니까 우리 집에 와서 같이 내가 한 요리 먹어라' 해서 같이 식사를 하면서 대타협을 한 것이 바세나르 협약입니다.

'노동자들은 더 이상 임금 인상 요구를 하지 않고 대신에 노동시간을 줄인다', 사용자들은 거기에 대해서 반대했고 노동자들은 임금 인상 못하니까 반대했지만 서로 욕먹어 가면서 거기에 사인했고 그것이 무너져 가던 네덜란드를 다시 살린 기적의 바세나르 협약—사회적 대타협입니다.

저는 우리나라가 이제 그 단계로 가리라고 생각을 했습니다. 그리고 공무원연금이라고 하는, 공무원들을 처음에는 그냥 연금을 완전히 반쯤 내리려고 한 것 아니겠습니까? 그것을 저희가 그것은 아니다…… 이게 바로 진보와 보수의 차이입니다.

보수정부는 연금을 시장에 맡기자고 얘기하는 것이고 저희는 국민연금이나 공무원연금이나 공적연금을 강화하자는 것이고, 이것이 진보와 보수의 차이입니다. 그 진보와 보수의 차이를 어떻게 합의할 것이냐……

그날 조원진 수석님과 저희는 합의를 했고 공무원단체들은 기꺼이 희생을 했고 그래서 거기서 사인했습니다.

그리고 새벽에 사인하고 나서 가면서 공무원단체들과 조원진 수석님과 저와 모여서 '이것이 대한민국의 새로운 역사가 되기를 바란다' 저는 될 것이라고 얘기했고, 벌써 이 사회적 대타협이라고 하는 것이 한 번 지나간 거라고 할지라도 대한민국 역사상에서는 이것이 바로 대한민국 최초의 사회적 대타협으로 반드시 기록될 것이다, 역사적인 순간이다, 그래서 그날 기쁘게 마셨습니다.

그것을 위해서 조원진 수석님이 엄청난 노력을 하셨습니다. 대구에 계신 지역구 의원들을 모시고…… 이것은 굉장히 중요한 얘기라서 제가 말씀드리는 겁니다. 대한민국 역사에 굉장히 중요한 거라서 제가 나중에 어디 기록을 하려고 그랬는데 오늘 조원진 수석님께서 여기 계시니까 제가 이 중요한 역사적 사건을 말씀드리는 겁니다.

조원진 수석님께서 대구의 주민들을 버스에 태워서 광주에 갔습니다. 그래서 광주 망월동에 가시는 중간에 '님을 위한 행진곡' 노래 연습을 해 가지고 그리고 거기 가서 광주 주민들과, 강기정 의원님 주민들과 지지자들과 조원진 의원님 주민들과 같이, 대구와 광주의 주민들이 함께 모여서 '님을 위한 행진곡'을 불렀습니다.

그 당시 보훈처장이라는 분이 '님을 위한 행진곡'을 부르면 안 된다고 난리법석을 쳐서……

(● 河泰慶 議員 의석에서 — 그것은 보훈처장이 정말 잘못한 거예요.)

5·18 때 공식행사에서 하면 안 된다고 난리법석을 쳤는데 여당의 중요하신 분이 주민들 데리고 와서 이렇게 동서화합을 이뤘습니다.

(● 홍지만 의원 의석에서 — 당 대표도 불렀잖아요, 가서.)

바로 그런 노력을 통해서 결국에는 공무원연금 개혁안을

합의하게 됐던 것입니다.

그러고서 그때 공무원단체가, 처음에 박근혜정부가 내세웠던 공무원연금 다 깎는 거기에는 조금 못 미쳤지만 그래도 상당히 많은 피해를 봤습니다. 연금이 많이 깎였습니다.

공무원들은 '우리가 이렇게 연금을 깎는데 명분을 달라'고 그랬습니다. 그 명분은 뭐냐 하면 '공적연금을 강화하겠다, 그래서 국민연금을 강화하자, 그리고 공무원연금을 삭감해서 생기는 돈의 20%를 국민연금에다 쓰자' 사회적 대타협을 이뤘습니다.

결과는 어떻게 됐습니까? 대통령께서 진노하셨지요. 그래서 그 사회적 대타협은 물거품이 되고 말았습니다.

우여곡절 끝에 공무원연금법은 통과됐고 그 조건으로 달았던, 공무원들이 그렇게 희생했던 그 조건은 나중에 기구가 만들어지고 논의는 했지만 새누리당이 하나도 동의하지 않아서 그냥 무산시켜 버리고 공무원들만 희생한 게 됐습니다. 너무나 안타깝게 생각을 합니다.

제가 왜 이 말씀을 드리느냐, 이것이 바로 사회적 대타협을 중시 여기는 정치와…… 박근혜 대통령께서 워낙 본인께서 생각하시던 것하고 달랐는지 여야가 합의한 사항을 그냥 폐기시켜 버린 겁니다. 대한민국 최초의 사회적 대타협은 그렇게 무너졌습니다.

제가 왜 이런 말씀을 드리느냐, 지금 이 테러방지법이 거기의 연장선상에서 오는 겁니다. 그러니까 그 이후로 사회적 대타협, 여야가 합의해서 논의하고 이런 것들의 여지가 없어져 버린 거지요. 그리고 얼마 후에 여당의 원내대표가 물러나게 된 거지요. 이게 지금 거대한 흐름입니다.

바로 이렇게 저희가 사회적 대타협을 추구하고 그다음에 서민과 국민들에게 직접적인 지원을 하고 이런 것들, 지금 경제가 굉장히 어려우니까 이렇게 해서 경제를 살리자고 하는 이 하나의 흐름과 그게 아니고 '내가 시키는 대로 해' 하는 이른바 일방정치, 독선의 정치, 공포의 정치. 이 2개의 거대한 흐름이 그때 저는 갈렸다고 생각을 합니다.

저는 너무나 안타깝습니다. 조원진 수석님이 그때 공무원연금을 타협할 때의 그 타협, 하여튼 저는 그때 조원진 수석님을 보고서 '아, 타협의 귀재구나, 역시 협상을 많이 해 보신 분은 저렇게 협상을 하시는 거구나' 생각을 했고, 협상의 귀재이신 조원진 수석님께서 마음만 먹는다면 이 테러방지법은 10분 후에 타결될 수 있는 겁니다. 그런데 그것을 안 하시고 계시는 거지요.

(● 河泰慶 議員 의석에서 — 정의화 의장님이 열 받은 것은 야당이 잘못한 거예요. 그 좋은 정의화 의장님까지도 이해를 못 시키니까.)

여기에 지금 대한민국에 문제가 있고 저는 그것을 말씀드리고자 하는 겁니다. 우리나라에서도 이렇고 지금 이런 추세가 죽 이어져 온 것 아니겠습니까?

그런데 불행하게도 제가 말씀드린 대로 이명박 정부, 박근혜정부 들어서 이런 인권 문제에 대해서는 거의 신경을

안 쓰다 보니까 심각하게 인권이 훼손되고 있다 하는 얘기들이 국제기구에서 많이 오고 있습니다. 그래서 그 얘기를 드리겠습니다.

저희는 지금 테러방지법이 인권을 침해할 상당한 정도의 합리적 의심이 있다고 생각을 하고 그렇게 되는 데는 지금 한국의 인권 상황이 굉장히 나빠지고 있고, 아까 말씀드린 대로 국정원의 잘못된 인권 침해 사례가 계속적으로 나타나고 있기 때문에 그렇습니다.

유엔의 평화적 집회 및 결사의 자유 특별보고관이 방한해서 결과보고서를 낸 게 있는데요, 그걸 읽어 드리도록 하겠습니다. 2016년 1월 29일 날 프레스센터에서 발표한 겁니다.

"서울 공식방한을 초청해 주신 대한민국 정부에 감사드립니다. 이번 한국 방문이 특별보고관으로서 저의 첫 번째 공식 아시아 방문이기도 합니다.

또한 한국 정부가 현재 구금 상태인 한상균 민주노총 위원장과의 면담을 포함하여 이번 방한 조사를 위해 큰 협조를 해 주신 데 대해서도 감사드립니다.

저는 행정, 입법, 사법부 인사들을 만나 뵙고 정보를 얻을 수 있었습니다. 일일이 열거하기가 힘들 정도로 많은 공무원들을 만났습니다. 비록 제가 수차례 요청했던 정치 지도자들과의 면담은 실현되지 못했지만 만나 뵈었던 공무원들께서 많은 정보를 주시고 지원을 해 주신 데 대하여 깊이 감사드립니다.

또한 다양한 시각을 가진 활동가들도 만났고 다수의 시위현장을 방문했으며 세월호 침몰로 아이를 잃은 가족들도 만나고 안산, 경주, 포항을 방문했습니다.

이를 통해 한국의 시민사회와 민주주의의 역동성을 직접 체험할 수 있었습니다. 저는 서로 단결하여 거리 또는 권력의 중심지로 나아가 자신의 생각을 피력하고 변화를 이끌어 내고자 하는 적극적이고 활기 넘치는 한국민들의 전통에 깊은 인상을 받았습니다. 일각에서는 이러한 전통을 다소 난폭하다고 보는 시각도 있지만 대한민국 시민사회의 심장이 역동적으로 뛰고 있다는 것은 모든 민주사회가 열망하는 것입니다.

대한민국은 지난 30년 동안 인상적인 성과를 거두었고 권위주의 통치에서 성공적으로 민주화를 이루어 냈으며 가장 눈부신 경제적 성장을 이룬 국가 중 하나입니다.

대한민국은 또한 국제적으로도 인권의 증진과 보호에 선도적인 역할을 수행하고 있습니다. 현재 유엔인권이사회 의장국이고 중요한 인권위원회 결의안들을 공동 발의한 나라이며, 가장 중요한 점은 평화로운 시위와 시민사회라는 맥락에서 인권을 증진하고 보호하는 평화로운 집회 및 결사의 자유 특별보고관을 설치하는 데 기여했다는 것입니다.

비록 험난한 여정이었지만 한국은 민주국가로 거듭났습니다. 한국 정부와 국민들에게 한 가지 메시지를 강조하자면 바로 이것입니다. 한국에 민주주의를 구축하고 인권을 보장하는 일이 아직 끝난 것이 아니라는 점입니다. 그 어느 나라에서도 끝이 날 수가 없는 것이 바로 이것입니다. 우리가 갖고 있는 것은 체계일 뿐이요, 정부와 시민으로서의 엄숙한 사명은

그러한 체계를 더욱 공고히 하고 그 토대를 다져서 체질을 강화하는 것입니다.

시간이 흘러 어느 시점에서 이 체계에 균열이 발생하는 것은 피할 수 없는 부분입니다. 이는 민주주의의 특성입니다.

오늘 방한일정을 마무리하면서 우려되는 부분은 정부가 이러한 결함을 해결해 나가는 방식입니다. 저는 평화로운 집회 및 결사의 자유가 점진적으로 뒷걸음치고 있다는 느낌을 받았습니다."

유엔의 보고관이 '지금 한국에서 평화로운 집회 및 결사의 자유가 점진적으로 뒷걸음치고 있다' 이렇게 느낌을 받았다는 겁니다.

"이러한 권리가 극적으로 사라진다는 것이 아니라 천천히 조금씩 조금씩 후퇴하는 경향을 보인다는 것입니다. 법조문의 해석 시 항상 인권을 우선시해야 할 법원도 최근 들어 인권을 확대하기보다는 제약하는 판결을 내리고 있습니다.

공무원들은 시위를 제한하는 이유로 시민의 편의를 거듭 언급했습니다. 또한 북한을 염두에 둔 안보의 위협을 집회 및 결사의 자유를 제한하는 이유로 들고 있습니다. 저도 그러한 우려와 위협들을 잘 알고 있습니다만 그것이 이 권리를 부당하게 제한하는 구실이 되어서는 안 된다고 생각합니다.

최근에 한국에서 있었던 시위들은 시민의 편의를 저해하지 않았습니다. 평화적 집회 및 결사의 자유는 실제 그러한 권리를 행사하지 않는 사람들에게 그리 인기가 높은 권리는 아닐 수도 있습니다. 그러나 국제사회가 이 권리를 기본적인 인권으로 규정한 데는 그만한 이유가 있습니다. 바로 사회적 충돌을 해결하는 가장 좋은 도구 중 하나이기 때문입니다.

이러한 권리는 소수 그룹이 자신의 목소리를 낼 수 있도록 하고, 소외된 사람들이 사회에 참여하여 자신의 몫을 요구할 수 있는 채널을 제공하며, 무엇보다 평화로운 혹은 때로는 다소 혼란스러운 방식이라 할지라도 우리의 이견을 표출할 수 있도록 합니다.

그리고 그 대안을 생각해 봅시다. 북한이 우리가 피해야 할 대표적인 사례입니다. 그리고 전 세계적으로 정부가 평화로운 이견 제기를 억눌러 결과적으로 폭력적인 저항을 유발한 사례가 수없이 많습니다.

한국의 역사는 그와는 다릅니다. 시위는 한국이 위대한 국가로 변모하는 데 기여했고 솔직함이 오랜 전통인 국가입니다. 저는 한국 정부와 국민들께 이러한 위대한 유산을 소중히 지켜 낼 것을 촉구하고 싶습니다.

이러한 예비 관찰 결과를 바탕으로 우려사항 몇 가지를 구체적으로 말씀드리고자 합니다. 오늘 말씀드리는 사항을 비롯한 이슈들은 6월에 인권이사회에 제출될 보고서에서 더욱 자세하게 다루어질 예정입니다.

평화적 집회의 자유.

한국이 다양한 시위의 역사를 가진 나라이기는 하지만 평화로운 집회의 권리를 행사할 수 있는 공간이 지난 몇 년 동안 축소되어 온 것을 발견했습니다. 또한 정부와 국민 간의 다른 대화 및 소통 채널들도 제대로 작동하지 않아서 시위가 우선시되는 옵션이 되었다는 것을 분명히 알 수 있었습니다.

저의 임무는 시위를 조직하는 단체의 의도에 기반해 평화로운 집회를 보호하고 증진하는 것입니다. 저는 모든 한국민에게 평화로운 목적으로 집회에 참여할 것을 촉구합니다. 그것이 메시지를 더욱 잘 전달하고 긴장을 줄이는 것이기 때문입니다.

그러나 평화로운 집회의 자유는 개인의 권리이기 때문에 국제법상으로 집회 참가자 중 일부가 폭력을 행사한다고 하여 시위 자체를 폭력적이라고 규정하지는 않습니다.",

이건 유엔이 우리나라 우리 정부의 해석과는 완전히 다르다는 것을 여기서 얘기하는 거지요.

"일부 시위자가 폭력을 행사할 경우 경찰은 시위 방해를 최소화하면서 폭력 시위자를 체포하여 책임을 물을 책임이 있습니다. 따라서 시위대를 해산하는 일은 거의 없어야 합니다.

더욱이 폭력적 시위자는 평화로운 집회의 자유로부터는 보호를 받지 못하겠지만 신체의 자유, 고문이나 과도한 무력의 대상이 되지 않을 권리 등을 포함한 다른 인권들은 변함이 없습니다.

한국에서는 집회와 관련한 모든 단계(집회 전, 도중, 집회 후)에 부당한 제약이 가해지고 있습니다. 이러한 제약들은 공식적인 법적 제약에서부터 보다 더 실제적인 장애물에 이르기까지 광범위하여 평화로운 집회의 자유를 점진적으로 약화시켜 일종의 특권으로 전락시키고 있습니다.

근본적인 문제는 집회가 이를 준비하는 쪽에서 관계당국에 사전에 알리지 않았을 경우 불법적이라고 간주된다는 것과 사전에 통보한 집회 중 상당수가 불허된다는 사실입니다. 대한민국헌법, 집회 및 시위에 관한 법률, 그리고 국제기준에 따르면 관계 당국은 집회에 대한 사전 통보를 요구할 수가 있습니다.

그러나 동시에 사전에 알리지 않았다고 하여 불법 시위가 되는 것도 아닙니다. 또한 사전 통보제도는 아주 제한적인 경우를 제외하고 시위를 사전에 차단할 목적으로 이용되어서도 안 됩니다. 사전 통보를 하였더니 당국에서 교통방해를 방지한다는 이유로 불허하거나 특정 장소나 시간에는 시위를 전면 금지하는 경우가 많다고 들었습니다. 이러한 이유는 국제인권법상 정당한 시위불허 사유로 인정되지 않습니다.

경찰이 시위대에 물대포를 쏘거나 버스로 바리케이드를 치는 등의 행위도 우려되는 부분입니다. 1999년에 정부가 시위대를 향한 최루탄 사용을 금지한 것을 알고 있습니다. 그 이후 집회 중 폭력의 사용도 줄었습니다. 저는 관계 당국에 물대포 사용 및 차벽 설치에 대해서도 이와 비슷한 단계적인 완화 조치를 취할 것을 촉구합니다.

백남기 씨의 사례가 보여 주듯이 물대포는 심각한 신체 부상을 야기할 수 있습니다. 평화적으로 시위에 참여했던 다른 많은 사람들이 경찰이 분명한 이유없이 시위대에 물대포를 발사했으며 많은 사람들이 다쳤다고 말했습니다.

차벽 설치는 목표로 하는 대상으로부터 시위대의 모습과 목소리를 차단하여 효과적으로 메시지를 전달할 수 없게 만듭니다. 또한 물대포와 차벽을 사용하는 것은, 특히 과도한 무력과 함께 사용하게 될 경우는 경찰과 시위대 간 긴장을 고조시킬 수밖에 없습니다. 왜냐하면 시위대는 이를 이유 없는 공격이라 받아들일 것이기 때문입니다. 이는 폭력을 사용하는 것이 정당하다는 의미가 아니라, 인간의 본성을 말하는 것입니다. 공격은 공격을 불러올 수밖에 없습니다.

적절한 집회 관리에 있어 시위자들의 인권보호와 질서 유지를 위해서는 단계적인 완화와 소통이 더 실용적인 방법입니다. 제 경험에 비추어 볼 때, 국가가 열린 자세로 자유로운 집회권 행사를 허용할 때 시위대의 폭력성이 줄어듭니다.

또한 시위대 진압 시, 훈련과 경험이 상대적으로 부족한 전경들을 전면으로 배치하는 행위는 잘못된 정책입니다. 대규모의 과열된 시위대로 이루어진 집회를 관리하는 것은 신참이 해야 할 역할이 아닙니다. 많은 경험과 훈련, 전문성을 요하는 일입니다.

한편 집회 후 경찰은 종종 '일반교통방해'나 다른 혐의로 주최 측 및 참가자들에게 소환 통보를 하는 것으로 알고 있습니다. 2015년 11월 '민중총궐기' 이후에 1500명의 참가자들이 경찰 조사를 받았습니다. 이들 중 일부는 집회에 참가하지 않은 행인들이나 폭력행위에 가담하지 않은 집회 주최 측이었습니다.

이러한 행위는 적극적 또는 앞으로의 집회 주최 측과 참석자들을 위축시킵니다. 저는 당국이 평화적 집회의 권리를 약화시킬 수 있는 경찰 조사에 의지하지 않으면서도 범죄행위에 관련된 자들을 적발하고 분리할 수 있는 역량을 보유하고 있다고 믿습니다. 한상균 민주노총 위원장과 박래군 용산참사 진상규명위원회 집행위원장의 사례처럼, 그 어떤 경우에도 다른 참가자의 범죄행위로 인한 책임을 평화로운 집회의 주최 측에 물어서는 안 된다는 점을 강조하고 싶습니다.

마지막으로 집회 중 경찰의 과도한 공권력에 의한 피해자들은, 경찰이 일반적으로는 명찰을 패용하나 이들의 진압장비나 외투에는 비슷한 식별표가 없기 때문에 책임을 물어야 하는 경찰을 파악하는 것이 불가능하다는 말씀을 해 주셨습니다. 관계 당국에서 이러한 비정상적 관행을 조속히 시정하겠다는 약속을 해 주셨고, 이를 환영하는 바입니다.

또한 장애인들의 경우, 경찰이 집회 관리 시 자신들의 특수한 상황을 고려하지 않았다는 주장에 대해 이를 조사해 보겠다고 한 경찰 측에 감사의 말씀 드립니다. 관계 당국은 장애를 가진 시위대에 대응할 시 이들의 생명과 직결된 보조기구를 다루는 데 최대한 신중을 기해 줄 것을 촉구합니다.

세월호 참사

세월호 참사는 최근 한국에서 발생한 비극적인 참사 중 하나입니다. 저는 안산에 마련된 합동분향소를 방문하였고, 특히 어린 희생자분들에 대한 추모에 깊은 감명을 받았습니다. 희생자 유가족들은 여전히 큰 고통을 감내하고 계시지만, 또다시 이러한 비극이 일어나지 않도록 하겠다는 이분들의 의지에 감명 받았습니다.

세월호 참사에 대한 집회는 당국이 유가족의 우려에 대해 적절히 대응하지 못했다는 느낌에 대한 당연한 반응입니다.

정부가 사고를 조사하고 관련자에 책임을 묻고 유가족에 보상을 하는 등의 노력을 기울이고 있지만 참사의 직접적인 피해자들은 이러한 노력이 충분하지 않다고 생각하거나 일부 조치의 독립성에 대해 의구심을 품고 있습니다.

저는 어느 편이 옳다고 판단하지 않습니다. 그러나 집회의 자유권은 사람들로 하여금 평화로운 방식으로 자신들이 갖고 있는 반대의견을 표출할 공간을 제공함으로써 이를 통해 분쟁이 해소된다는 점을 강조하고 싶습니다. 이러한 권리의 일부로, 정부는 세월호 유가족 및 그들의 대표자들과 열린 대화의 채널을 유지할 의무를 지고 있습니다. 이러한 비극이 정쟁에 이용되지 않고, 관련된 평화적 집회의 대응에 영향을 미치지 않게 하는 것은 한국 정부나 유가족, 그리고 국민 모두에게 도움이 되는 것입니다.

결사의 자유

노동

저의 방한 기간 중 정부는 많은 노동자들이 동의하지 않는 노동개혁을 시행하기 위한 다양한 노력을 펼치고 있었습니다. 노조는 작년부터 집회를 조직하거나 이에 참석하였으며, 평화적 집회할 자유에 대한 권리에 대해 제가 제기한 우려는 노조가 주최하는 집회에도 동일하게 적용됩니다.

대한민국헌법과 법률은 근로자들이 노조를 설립하고 가담할 권리와 단체교섭권, 단체행동권을 보장합니다. 전반적인 노동자의 권리를 인정하는 법률에도 불구하고, 일부 노동자들의 이러한 권리 행사는 여전히 좌절되고 있습니다. 하청 노동자와 같은 비정규직, 화물트럭 기사와 같은 '특수한' 고용관계, 해직자를 포함한 교사와 공무원들은 단체를 조직하고 이에 가입하거나 자신들의 근로조건을 개선하기 위해 효과적으로 단체행동을 함에 있어 큰 제약을 받고 있습니다.

저는 9명의 해직교사를 포함하고 있다는 이유로 전교조에 내려진 법외노조 판결에 대해 우려하고 있습니다. 국제인권법은 노조의 해산은 최후의 수단으로 극단적으로 심각한 경우에 한해서만 이루어짐을 분명히 정하고 있습니다. 전교조 해산의 경우 이러한 엄격한 기준을 충족했다고 보지 않습니다.

또한 노조는 노조원들의 권리를 보호함에 있어 여러 가지 장벽에 부딪히고 있습니다. 저는 사용자의 이익에 부합하는 단체에 가입하라는 압력을 받은 노동자들의 이야기를 들었습니다. 발레오 사례는 충격적이었습니다. 사법 당국에서는 향후 노사관계에 미칠 영향을 고려하여 국제기준에 부합하여 이 문제를 판결하기를 희망합니다.

기본적으로 사용자를 포함한 어느 누구든 단체를 결성할 수 있습니다. 그러나 이러한 단체가 독립적인 노조를 대체하기 위한 목적으로 설립된다면, 특히 한국의 경우와 같이 다수 노조를 통한 단체교섭의 교섭창구 단일화는 결사의 자유권에 대한 침해입니다.

파업권 또한 제한되고 있습니다. 노조는 근로계약으로 인해 발생하는 직접적 분쟁 이외의 문제에 대해서는 파업을 할 수 없습니다. 노동자들은 연대파업에도 참가할 수 없으며, 정부에 의해 '불법 파업'으로 간주되는 파업에 참가한 노동자들은 업무방해로 고소를 당하거나 민사 소송에 휘말리게 됩니다.

정부와의 면담에서 저는 노동자들의 결사 능력에 대한 정부의 무관심한 태도를 느꼈습니다.

(「천천히 하세요. 잘 못 알아듣겠어요」 하는 의원 있음)

고용노동부는 노조에 대해 '중립적이다'라는 입장을 밝혔습니다. 그러나 국제법상 중립성만으로는 충분하지 않습니다. 시민적, 정치적 권리에 관한 국제규약은 국가가 기본권의 향유를 보호하고 증진하기 위해 긍정적인 조치를 취해야 한다는 점을 명확히 하고 있습니다.

대한민국 정부가 이 문제를 우선적으로 다루어 줄 것을 촉구합니다. 특히 국제인권 메커니즘을 통해 반복적으로 권고된 바대로, 국제노동기구(ILO)의 87호, 98호 협약을 조속히 비준하고, ICCPR 22조에 대한 유보를 철회해야 합니다.

단체

대한민국의 여러 단체는 다양한 형식으로 상대적으로 쉽게 설립, 운영되고 있으며 이는 바람직한 현상입니다. 회원가입과 기부를 통해 시민들이 시민사회 조직의 활동을 적극적으로 지원하는 것에도 깊은 인상을 받았습니다. 그러나 시민단체가 자유롭게 활동할 수 있는 공간을 향상시키기 위해 개선할 부분이 여전히 존재합니다.

법인 인가제도는 정부에 광범위한 재량권을 줌으로써 불확실성을 야기합니다. 일부 단체는 당국이 설립허가 신청을 반려하여 법인 설립에 어려움을 겪고 있습니다.

성소수자 단체인 비온뒤무지개재단은 법무부로부터 성적 소수자만을 위한 단체라는 이유로 '불허' 통보를 받았으며, 법무부는 이에 대해 '일반적인 인권활동'을 하는 단체만 등록할 수 있다는 입장을 보였습니다. 그렇다면 이 단체는 어디에 등록신청을 해야 하는 것일까요? 법무부는 이 질문에 대해 명확한 답변을 내놓지 못했습니다. 정부는 모든 시민들의 결사의 자유를 촉진할 수 있는 적극적 조치를 취해야 합니다.

세월호 4·16가족협의회 또한 사단법인 설립에 있어 해양수산부와 비슷한 문제에 처해 있습니다.

국제 인권 메커니즘을 통해 누차 우려가 표명된 바와 같이, 광범위하고 모호한 언어로 집회결사의 자유를 부당하게 제한하는 데 사용될 수 있는 국가보안법 7조는 폐지되어야 합니다.

마지막으로 방한 기간 동안 저를 만나 주신 모든 분들의 적극적인 협조에 대해 다시 한 번 감사의 말씀 드립니다. 건설적인 대화의 정신으로 이와 같은 조사 및 권고사항을 말씀드렸습니다. 한국 정부와 지속적인 대화를 기대하며, 한국에서 평화적 집회 및 결사의 자유에 대한 권리를 강화함에 있어 적절한 선에서 기술적 지원도 제공해 드릴 준비가 되어 있습니다."

좀 길게 말씀드렸는데요. 저는 한국의 인권 상황에 대해서 지금, 2016년 1월 29일 자입니다. 그러니까 바로 얼마 전 상황이고요.

자랑스러운 우리 대한민국의 민주주의가, 인권이 유엔에 의해서 이렇게 지금 퇴보하고 있다는 판정을 받고 있고,

그리고 그 판정의 이유들이 지금 우리 정부가 주장하는 바가 사실이 아니라는 것을 낱낱이 밝히고 있다는 것을 저는 말씀드리고 싶습니다.

자, 이제 국정원 얘기를 본격적으로 해 보도록 하겠습니다. 저는 국정원 문제에 대해서, 제가 정보위원회 위원이 아니기 때문에 그 내부적인 상황은 잘 알 수가 없습니다마는 지금 피해 상황에 대해서 말씀을 드리고자 합니다.

그리고 이것은 지금 진행사항이라는 겁니다. 중요한 것은 바로 이렇게 무차별적으로 누구든지 타깃이 되면 그 타깃에서 벗어나기 굉장히 어려운 이런 상황, 이것이 지금 대한민국의 문제다 하는 겁니다.

최근에는 지금 국정원이 판사 신상조사를 2013년 경력판사 채용 때부터 본격화하고 있다 하는 사찰 논란이 작년도에 불거졌습니다. 그래서 판사를 채용할 때 국정원이 지원자들의 정치적 성향이나 가치관들을 파악해 온 것이고요.

이게 이제 지난 대선에 국정원이 정치에 개입한 것이 아직 가시지 않았는데, 그 충격이 가시지 않았는데 이제는 판사의 그 성향까지 분석을 해서 채용 과정에 개입한다 이런 국정원의 민낯이 드러나는 문제가 드러난 겁니다.

이게 작년도에 SBS에서 이제 이것을 보도를 했지요. 그래서 경력판사 채용과정에서 신원조사 명목으로 지원자들을 국정원이 직접 면접을 한 겁니다.

이게 납득하실 수 있나요? 이런 것들이 이제 한 언론에서 보도되고 그리고 그냥 유야무야 이러고 넘어가는 겁니다.

그러니까 지금 국정원이 대선 개입 이후에 이렇게 경력판사를 채용하는 데까지 영향을 미친다고 한다면 우리 판사님들께서 과연 국정원에 대한 판결을 내릴 때 올바른 판결을 내릴 수 있겠는가 하는 의심을 우리가 지우기 어려운 거지요.

국정원에서는 '사상검증은 아니었다' 뭐 이렇게 얘기는 하고 있지만 실제로는 세월호나 노사관계 이런 것들에 대해서 질문한다는 얘기까지 나오고 있는 실정입니다.

국가관을 평가한다는 것이 과연 국정원이 해야 될 일이냐, 판사를 채용하는 데 국정원이 이렇게 개입을 해야 되느냐 이런 것들이 이제 우리가 생각할 때 국정원이 지금 무소불위의 권한을 행사하고 있다.

그렇기 때문에 제가 아까 다음카카오의 얘기를 했을 때, 바로 국정원이 감청을 요구했는데 그것을 듣지 않으니까 온 데 사방에 영향력을 행사해서 다음카카오가 굴복하도록 그렇게 만드는 게 아닌가 하는 그런 의심을 하게 되는 거지요.

김형근 씨라고 있습니다. 앞에서도 이제 많은 분들이 얘기했는데, 이게 이른바 국정원의 패킷감청에 의해서 무차별적으로 불법으로 수집하고 그 증거를 통해서 국가보안법 위반자로 속수무책 몰리고 그로 인해서 김형근 씨는 그냥 힘겨운 싸움을 하게 됩니다.

그래서 국정원의 핍박을 거의 그냥, 이분은 몇십 년

동안 국정원과 소송하다가 인생을 거의 다 보내셨고 결국 작년도에 암이 걸려서 돌아가셨습니다. 그때 이분의 증거를 한 게 패킷감청이라는 겁니다.

그리고 나서 2007년도 4월 달에 전북지방경찰청 보안수사대가 휴대전화, 컴퓨터 디스크 이런 것 몽땅 가져가서 2008년도에 국가보안법 위반혐의로 구속됐고, 그게 이제 조선일보가 '전교조 교사가 친북·반미 구호 했다' 이렇게 보도하고 나니까 그는 이제 이렇게 된 거지요.

그런데 이제 사실상 밝혀진 바에 의하면 2005년도 5월 28일 날 순창군 회문산의 청소년수련원에서 남녘통일 애국열사 추모제가 열렸고 당시 임실군 관촌중 교사였던 김형근은 그냥 180여 명과 전야제에 참석했고 그냥 6·15 공동선언을 외우거나 노래를 부른 게 전부였는데, 뭐 친북이나 반미 구호는 듣지도 외치지도 않았으나 국가보안법으로 이제 처벌을 받게 됐고, 1심과 2심에서는 무죄가 선고됐는데 예외적으로 이 사람은 대법원에서 원심을 파기하고 전주지법으로 돌려보내서 징역 2년에 집행유예 3년, 자격정지 2년을 선고를 받지요.

그런데 판결이 나기 전에 또 구속이 됩니다. 그러니까 문제가 되는 사람은 완전히 이렇게 찍혀서 공안 당국이 감시를 하고 있고, 문제가 되는 것은 그때 구속하기 위해서, 혐의를 입증하기 위해서 사용한 감청 방식이 이른바 2010년 12월 28일에서 11년 2월 27일까지 중앙지법에서 통신제한조치 허가서(감청영장)를 받고…… 그러니까 수사와 재판을 받던 시기인데 그때 SK브로드밴드 인터넷 전용회선과 인터넷 전화 등에 대한 감청, 인터넷 주소 로그기록 추적, 국내외 통화내역 이런 것들을 그냥 완전히 패킷감청을 해서 현재 재판받고 있는 사람을 끝나기 전에 다시 이제 구속을 하게 되는 것이지요. 이렇게 돼서 이른바 한 사람을 거의 첩보영화 수준으로 24시간 감시를 하게 된 거고요.

작년에도 해킹팀이 RCS 이것을 구입한다고 그러는데 바로 이런 것들이 패킷감청의 연장선으로 이렇게 되는 것이다.

제가 말씀드리고 싶은 게 이런 겁니다. 박근혜정부 들어서 인권에 대해서 존중했는가?

지금 인권위원회도 계속 쇠락해 가고 있고, 인권위원회도 인권에 대해서 예전과 다르다. 그리고 지금 이와 같은 사례들, 그래서 유엔에서도 지금 '한국의 인권이 후퇴하고 있다' 그리고 이렇게 국정원은 패킷감청이라든가 이런 것들을 계속하고 있다.

그러니까 이런 거지요. 우리가 어떤 단체에 권한을 주기 위해서는 그 단체를 믿을 수 있어야 되는 것 아니겠습니까? 그런데 믿을 수 있게 하기 위해서는 그 잘못된 것에서 처벌을 해야 되는데 처벌하지 아니하고 그리고 처벌한 것을 감추기 위해서 자꾸 새로운 그와 같은, 뭐라 그럴까요 수단을 지금 찾고 있는 것 아니냐 이런 합리적 의심을 우리가 할 수 있는 것 아닌가 이런 생각을 하는 겁니다.

지금 이와 같은 국정원의 평가는 저희만 그렇게 평가를 하는 것이 아니라 이미 전 세계적으로, 외국 언론에서 그렇게 평가를 하고 있고, 한국이 국정원 때문에 계속 문제가 되고 있다 이런 것들을 지금 보도를 하고 있는 거지요.

최근에 이제 한국 국정원에 대해서 2014년도 이코노미스트지에 나온 기사가 이렇게 있습니다.

그러니까 제가 지금 외국 기사를 이렇게 계속 말씀드리는 것은 뭐냐 하면 이런 것들이 이제…… 한국 국정원은 우리가 믿을 만한 기관인가에 대해서 우리가 지금 얘기를 하고 있는 거고요.

(● 河泰慶 議員 의석에서 — 홍 의원님, 아까 RCS는 한 사람도 신고한 사람이 없어요, 국정원에서 해킹당했다고. 사실관계를 명확히 아셔야 돼요.)

어떻게, 이 이코노미스트지 이것도 읽어 드릴까요?

(● 河泰慶 議員 의석에서 — 아니, RCS는 심지어 민간인이나 정치인도 해킹당했다고 신고한 사람이 한 사람도 없어요.)

정말 창피해요. 국정원, 정보기관이 이렇게 국제기구로부터 계속적으로 이런 평가를 받고 국정원의 불법성이 이렇게 되니 이게 얼마나 창피한 겁니까?

그러니까 이제 이런 것들이 새누리당과 저희하고 좀 다른 거지요.

(● 河泰慶 議員 의석에서 — 패킷감청은 불법적인 게 아니고 판사가 합법적으로 감청영장을 내준 거예요.)

그러니까 저희는 '필리버스터 이런 것은 대한민국의 민주주의를 전 세계만방에, 세계만방에 과시하는 굉장히 좋은 거다' 이렇게 생각하는 반면에……

(● 河泰慶 議員 의석에서 — 그러니까 팩트를 정확히 확인해야지. 결론을 정해 놓고……)

지금 새누리당 입장에서는 '이게 지금 국회가 마비된 거고, 이게 굉장히 세계에 창피한 거다' 이렇게 생각하는 거지요.

반면에 지금 국정원 문제에 대해서는 저희는 '굉장히 세계적으로 내놓기 창피하다' 이렇게 생각하는데 새누리당은 '지금 국정원은 굉장히 자랑스러워서 그 국정원에게 자꾸 권한을 더 줘야 된다', 지금 보수와 진보 간에 이런 큰 차이가 있습니다.

아까 말씀드린 것대로 지금 유엔 국제기구에서 '한국의 인권이 굉장히 위험하다' 이런 얘기를 하고 있는데 박근혜정부에서는 이것에 대해서 전혀 귀담아 듣고 있지 않는 거지요. 그러니까 국제적인 기준에서 우리나라는 자꾸자꾸 멀어져 가고 있는 겁니다. 그럼에도 불구하고 지금 인권침해 소지가 있는 테러방지법을 또 내놓고 있는 것이지요.

(● 河泰慶 議員 의석에서 — 그러니까 국정원이 인권 침해했다는 근거를 들어야 되는데 방금 든 근거는 다 틀린 근거예요.)

그러니까 만약에 박근혜정부가 그동안 인권에 대해서 굉장히 신중한 정부였다고 한다면, 국정원이 인권에 대해서 제대로 잘해 왔다고 한다면……

(● 河泰慶 議員 의석에서 ― 내가 동의해 주고 싶은데……)

국정원에 대해서 권한을 달라고 하는, 국정원에 권한을 주자고 하는 새누리당의 의견이 상당한 합리성을 갖겠지요. 그런데 대선에 개입하고 이렇게 불법을 계속하는 이 집단에 대해서 새누리당이 권한을 더 주자고 하는 저의가 도대체 무엇일까?

여기가 저희가 지금 이 필리버스터의……

(● 河泰慶 議員 의석에서 ― 국정원이 인권 침해했다는 근거를 대면 내가 동의해 줄게요. 그걸 하셔야 돼요. 지금 근거는 다 틀린 근거라니까.)

(「하 의원님, 조용히 좀 하세요」 하는 의원 있음)

(● 河泰慶 議員 의석에서 ― 지금 토론이 생산적으로 되고 있잖아요.)

● 부의장 이석현 의원님, 협조를 구하겠습니다.

아까 말씀드린 바와 같이 국회법에 본회의장에서 모든 발언은 의장한테 허락을 받아서 하게 돼 있는데……

(● 河泰慶 議員 의석에서 ― 내가 예의가 없다는 말에 대꾸 안 할 테니까…… 내가 근거 없는 이야기를 하는 게 아니잖아, 지금. 생산적인 이야기를 하고 있잖아, 지금.)

우리 하태경 의원님께서 바로 앞에서 또 질문하고 홍 의원님한테 답변을 시키고 이러면 마치 허가받은 마켓이, 허가받은 시장이 있는데 뒤에서 암시장 하는 것하고 똑같아요. 그래서 허가받아서 하기 바랍니다. 이게 다 세금 내고 해야 됩니다.

(● 河泰慶 議員 의석에서 ― 부의장님, 이게 창의적인 민주주의 실험입니다. 지금 새로운 실험을 하고 있다고 생각하세요.)

홍 의원님, 얼른 진행하세요.

● 홍종학 의원 예.

그래서 이제 우리 이코노미스트지의 평가를 한번 보자고요.

최근 몇 년 동안 30여 년 전 억울하게 북한의 첩자라는 혐의로 기소됐던 많은 한국 사람들에 대한 판결이 뒤집혀 왔다. 이러한 무죄선고 사례들은 현재는 민주국가인 한국이 이전 군사독재가 정치 정적을 고문하고 증거를 조작해서 이들에게 누명을 씌웠던 당시로부터 얼마나 멀리 왔는가를 고무적으로 일깨워 준다. 지난달 1981년도 악명 높은 '부림' 사건, 즉 대학생들이 북한 정권을 지지하기 위해 불온서적 클럽을 만든 것으로 유죄를 선고받았던 사건의 다섯 명 피고인이 모든 혐의를 벗었다. 이번 달 법정은 1982년 북한 첩자로 형을 받은 한국계 일본인에게 무죄를 선고했다.

그때 이래로 한국 국정원은 1999년 두 번째로 이름을 바꿨고, 그 폭력적 성격을 내려놓았다. 하지만 친북 선동자들을 잡아내는 것에 대한 이들의 열정은 낮아지지 않은 듯하다. 한국 국민이 북한과 접촉하는 것이나 북한의 폭력정권을 찬양하는 것을 금하는 한국의 국가보안법으로 기소된 새로운 사건들이 보수파 전 대통령 이명박이 집권할 당시인 2008년에서 2011년 사이 두 배로, 46건에서

90건으로 늘어났다. 진보계의 고 노무현 대통령 정권하에서는 14명이었던 것과 비교해서 이명박 집권 당시 31명의 북한 간첩이 구속됐다. 한국 로비단체인 인권연대 오창익 사무국장에 의하면, 현 대통령인 박근혜가 집권한 이후 8명의 사람들이 간첩활동 혐의로 조사받았다고 한다. 법무부는 이 발표가 '주요 국가 이익'에 해를 끼칠 것이라는 이유로 이코노미스트지에 공식적인 수치를 주지 않으려 했다. 오 사무국장은 은 여덟 사람 모두가 탈북자로서 한국에 들어왔다고 말한다. 어떤 이들은 체포가 급증한 것은 남북관계가 좋지 않아짐에 따라 북한으로부터의 간첩활동이 증가했음을 보여 준다고 말한다. 2010년 북한에서 도착한 사람들의 일상적인 구류와 신문의 길이는 90일에서 최대 6개월까지 두 배로 증가했다.

하지만 한국의 이러한 노력은 정보기관이 저지른 일련의 사고들 때문에 복잡해졌다. 지난 3월 사임한 원세훈 씨는 박근혜 대통령이 승리한 지난 2012년 대선 전에 온라인상에서 주요 야당 후보들을 종북좌파라고 비난하고 박근혜 후보에 유리하도록 여론을 조작한 혐의로 그 자신이 재판을 받고 있다. 국정원은 자신들의 온라인 포스팅들은 일상적인 대북 심리전이었다고 말한다. 이제 대통령의 새로운 정보원장인 남재준은 간첩사건에서 국정원이 증거를 조작한 혐의로 수사를 받고 있는 가운데 야당과 집권당 의원들 모두로부터 사퇴하라는 가중되는 압력을 받고 있다. 지난주 검찰은 이례적으로 국정원 본부를 압수수색했으며, 이로써 국정원은 겨우 1년여 만에 두 번째로 압수수색을 당했다. 3월 15일 검찰은 증거위조와 관련해 국정원 직원 한 명을 체포했다.

탈북자 출신 전 공무원 유우성 씨는 지난해 8월 북한을 위한 첩보행위와 한국에 살고 있는 탈북자들의 신상정보를 북한에 제공한 혐의에 대해 무죄를 선고받았다. 그의 여동생은, 이건 뭐 잘 알고 있는 얘기인데 이코노미스트지에서도 이렇게 또 얘기하는 거예요. 여동생은 한국에 도착한 직후 국정원에서 절차에 따른 신문을 받았고, 그곳에서 오빠가 간첩이라고 말했지만 정작 법정에서는 그 증언이 강요된 것이라고 밝혔다. 유 씨는 무죄를 선고받았다. 검사들은 항소하면서 유 씨가 중국을 통해 두 차례 북한을 방문했음을 입증하는 세 장의 공문서를 제출했다. 하지만 지난달 서울주재 중국 대사관은 이 세 장의 문서가 모두 위조라고 밝혔다. 국정원을 도와 일했던 한 브로커는 이 달 초 자살을 시도했다. 그의 유언장에는 자신이 이 문서 입수를 위해 국정원에 고용됐다는 사실과, 어쨌든 유 씨는 확실히 간첩이라는 자신의 생각이 적혀 있다. 이번주 유 씨의 변호인들은 검찰과 국정원이 증거를 위조했을 뿐 아니라, 유 씨의 여동생을 고문했다고 밝혔다. 검찰은 현재 국정원이 문서 위조를 인지하고 있었는지에 대한 조사를 진행 중이다.

서울에 기반, 이게 작년도 거니까 이런데요 지금 유우성 씨 다 무죄로 나왔지요.

서울에 기반을 둔 활동가 그룹 '민주사회를 위한 변호사 모임' 소속 변호사 박주민 씨는 이번에는 한국의 국회의원이 연루된, 세간의 이목을 끄는 다른 간첩사건에서의 증거 역시

빈약하다고 말한다. 2013년 8월 국정원은 북한과의 전쟁 발발시 한국의 사회 기반 시설을 파괴하기 위해 내란을 음모한 혐의로 좌파 국회의원 이석기를 조사하고 있다고 발표했다. 이 의원은 이 조사를 '중세 마녀 사냥'이라 불렀다. 여론기관 갤럽에 의하면, 설문에 응한 약 3분의 2 정도의 한국인들이 그의 구속을 지지했다. 그러나 그에 주어진 처벌의 가혹함은—지난달 그는 징역 12년을 선고받았다—많은 한국인을 불안하게 만들었다. 특히 이 의원의 혐의에 대한 결정적 증거인 국정원에 의해 제출된 녹취록은 녹음파일 원본의 몇몇 부분이 누락되어 법정에서 의문을 제기했다. 박 변호사는 법원이 정보원들이 만든 녹취록의 270곳 이상을 수정하도록 했다며, 최초 보고서가 무엇보다도 대중의 분노 조성을 목표로 했음을 시사했다. 비평가들은 이 의원에 대한 증거의 상당 부분은 이 의원이 북한 혁명가를 애호한다는 사실에 기초하고 있다고 주장한다.

이 의원의 극단적인 관점에 대해 동정심을 가지고 있는 사람은 많지 않지만, 그의 갑작스런 체포는 국정원이 선거와 자신들의 불법 행위 혐의에 대해 조사를 받고 있는 사실로부터 관심을 돌리려는 시도라는 의심을 촉발시켰다. 전 경찰대 교수 표창원 씨는 보수적인 한국 정치인들은 여전히 한국전의 트라우마를 이용하고 있으며, 북한의 위협에 대한 한국인들의 불안을 정치적 범법행위를 무마시키기 위한 '비밀 무기'로 사용하고 있다고 말한다. 정부는 지난 12월 국정원 개혁을 위한 여야 특위를 설치했지만, 지난달 해산하기 전까지 거의 성과가 없었다. 그리고 국정원의 역할 강화를 정당화하기 위하여 추가 구속이 계속되고 있다. 오 사무국장은 정부가 안보위기인 양 가장하려고 노력하는데 북한은 남한에 '옛날식의 간첩'을 보낼 능력이 거의 안 된다고 말한다. 많은 사람들이 국정원에 정보 수집기능과 간첩사건 조사 두 기능을 모두 허락해서는 안 된다고 말한다. 다른 나라들에선 이 두 기능이 각기 다른 기관들에 의해 처리된다. 그러나 남한과 세계가 점점 더 예측 불가능해지는 북한에 대처하기 때문에, 국정원에 더 많은 권한을 부여하자는 주장이 보다 설득력이 있을 듯하다.

지금 이런 것 때문에 이제 정부에서는 한다 이거지요. 그렇지만 지금 세계적으로 이렇게 국정원에 문제가 됐다고 하는 것들이 지금, 이런 여론에서 부정적 이미지가 전 세계적으로 지금 이렇게 확산되고 있는 겁니다. 정보기관이 이런 정도로 신뢰를 잃고 있다는 것에 대해서 우리는 우려를 하지 않을 수 없는 거지요.

제가 말씀드리고 싶은 것은 아까 말씀드린 것처럼 이런 것들을 말씀드리고 싶은 겁니다. 국정원에 이런 문제들이 계속 있는데 이런 문제들에 대해서 과연…… 해결을 하면 되는 거지요. 그래서 저희가, 우리 더불어민주당에서 국정원개혁법 내놓고, 그리고 그것에 대해서 우리가 그야말로 지식정보사회에서 산업도 발전시키고 그리고 정보역량도 강화하는 데 있어서 국정원이 새롭게 탈바꿈해야 된다, 그런데 국정원은 계속 옛날 방식의 그런 강압적인 수사에 의한 방식 그리고 이런 도청이나 감청에

의한 방식, 이런 것들에 의존하고 있는 것이 오늘의 이 사태를 불러왔다고 저는 생각하게 되는 것입니다.

최근에 고려대학교 대학원에서 박사학위 논문이 하나 나왔는데요. 이 논문이 워낙 길어서 제가 읽어 드릴 수는 없고요. 그리고 이 논문이 학위논문이기 때문에 굉장히 어렵습니다. 이 테러방지 입법의 합헌적 기준이라고 하는, 지금 말씀하시는 테러의 위험으로부터의 자유와 그다음에 안전을 어떻게 조화시킬 거냐, 이런 얘기에 대해서 논문이 나온 겁니다.

여기에서 제가 주목하고 싶은 것은 이런 겁니다. 여기에서 이…… 학생이니까, 박사학위 논문을 막 쓴 학생이고요. 이 학생에 의해서 이 논문이 만들어졌고, 그러니까 법학을 전공하는 사람의 입장에서 지금 우리가 얘기하는 문제, 이런 테러로부터의 안전의 문제 그리고 그다음에 인권의 문제, 이런 것들을 어떻게 조화롭게 조화시킬 것이냐, 이런 것들이 이제 문제가 되는데요.

결론 부분만 간단하게 말씀을 드리겠습니다.

테러 대응수단을 테러 발생 임박시점을 중심으로 해서 시계열적 분리를 시도함으로써 실제적인 무력충돌이나 공격이 없는 평상시에 사전예방을 하기 위한 예방적 대응수단과 실제적인 공격이 임박했거나 진행되고 있는 경우 다수의 생명과 신체의 안전을 보호하기 위하여 긴급하게 사용해야 할 수단을 구분하는 것을 제안한다. 양자의 상황은 매우 다르기 때문에 주어지는 권한이나 기본권 제한의 강도가 달라야 한다. 예방 목적을 위한 대응수단의 경우 테러의 유형을 나누어 대응할 것을 제안하였는데, 개인과 국내 테러단체에 의한 테러리즘과 국제 테러단체와 국가지원에 의한 테러리즘을 구분하여 각각 정보수집과 감시를 위한 기본권 제한의 정도를 달리하고 위험을 감지하고 추적할 기관을 구분하여 권한의 집중을 막는 방안을 제안하였다.

그러니까 지금 새누리당, 박근혜정부에서 주장하는 대로 테러가 지금 우려가 된다고 한다면, 그러면 지금 저희가 우려하는 것은 국내 개인에 대한 인권이 우려가 되는 것 아니겠습니까? 그러니까 이분은 2개를 구분하자, 이런 논문이 이미 2015년 6월에 고려대학교에 제출된 겁니다.

그래서 개인과 국내 테러단체에 의한 테러공격은 경찰이 정보수집 및 감시에 관한 주도적 권한과 의무를 가지며, 국제 테러단체와 국가지원에 의한 테러공격은 국가정보원이 정보수집 및 감시에 관한 주도적 권한과 의무를 맡는 것을 생각해 볼 수 있다. 다만 정보수집이 완전히 분리해서 이루어질 수는 없는 것이므로 수집한 정보의 교환을 통해 협조할 수 있도록 제안한다. 이에 의하면 북한이나 IS, 알 카에다의 테러공격에 대한 정보수집과 감시업무는 국가정보원이, 국내에서 내국인에 의한 테러공격에 대한 정보수집과 감시업무는 경찰이 각각 주도적 권한과 의무를 갖게 될 것이다. (「정보는 보안이 생명인데 2개 기관이 이렇게 하면 그게, 정보세계를 이해 못 하는 거예요」하는 의원 있음)

바로 이렇게 이 학위논문, 아무런 편견이 없이 지금 테러로부터의 자유와 안전을 어떻게 조화할 것이냐, 그것의

합헌적 기준은 도대체 무엇인가 했을 때 자연스럽게 이런 얘기가 나오고, 저는 뭐 이게 합리적이라고 봐요. 지금 이런 인권침해의 우려가 제기되고 있기 때문에 지금 얘기하는 대로, 새누리당에서 주장하는 대로 이 법이 외국인을 위한 것이다. 그러면 이분이 얘기하는 대로 외국인에 대한 것은 국가정보원이 하고……

「경찰이 국정원보다 인권침해가 훨씬 더 많아요, 홍 의원님」하는 의원 있음)

(「조용히 좀 해요」하는 의원 있음)

그리고 국내에 문제가 되는 것은 현재 경찰이 사찰하고 있으니 경찰한테 그 권한을 해서 그것을 적극적으로 정보수집을 하도록 하자, 이런 타당한 얘기들에 대해서 새누리당에서는 답을 제대로 못 하고 있다, 제가 생각하더라도 그게 타당한 것 아니냐, 이렇게 지금 생각을 하는 겁니다.

(「그런 주장은 할 수 있는데 설득력이 없다는 게 문제지」하는 의원 있음)

사실 토론을 이렇게 하다 보니까 대단히 죄송한데요. 너무 강의식으로 가서 많은 분들이 조금 어렵지 않을까 이렇게 생각은 합니다. 그런데 제가 생각할 때는 지금 이런 것들에 대해서 우리가 충분히 논의를 해야 되겠다, 그리고 저는 지금 현상적으로 드러나는 것, 그것 내면에 우리가 합리적 의심이라고 할 수 있는 일들에 대해서 죽 설명을 해 온 것이지요.

그러니까 제가 아까 이렇게 죽 얘기하면 합리적 의심을 할 수 있는 근거들이 충분히 있다, 박근혜정부에서 그동안 인권에 대해서 중시 여기지 않았고 그리고 박근혜정부에서는 지속적으로 이런 감청을 하려고 노력해 왔으며 그리고 박근혜정부에서는 지금도 그런 문제에 대해서, 비판에 대해서 대안을 얘기하지 않으면서 이렇게 해 왔고.

(「무슨 감청을 하려고 노력을 해. 자꾸 허위사실 유포하지 마세요」하는 의원 있음)

또 하나 얘기는 뭐냐면 박근혜정부가 사회적 대타협을 넘어간 순간부터, 그때부터 여야 합의 이런 것에 의해서 국정을 이끌어가기보다는…… 뭐 사실상 여당의 원내대표를 찍어 냈다는 것 자체가 이미 합법적인 민주주의 국정운영을 상당히 벗어난 거지요. 그 이후를 이렇게 죽 보게 되면 계속적으로 야당을 겁박하고 그리고 야당 때문에 모든 것이 이렇게 문제가 된다, 뭐 이렇게 얘기하고 이런 거지요.

지금 일련의 과정, 그렇게 해서 연금개혁을 공무원연금개혁만 하고 그다음에 국민연금을 강화시키자는 저희의 노력은 무산시켰지요. 그러니까 연금을 강화하자는 그것을 무산시키는 것이 바로 박근혜정부의 굉장히 중요한 일이었다는 것이지요.

그런데 박근혜정부가 그 얘기를 한 것은 '재정을 어떻게 감당하려고 그러느냐' 이 얘기였는데, 아까 처음에 제가 보여 드린 것처럼 재정은 이미 167조나 재정적자를 내고 있고 그 167조의 재정적자를 막을 수 있는 충분한, 즉 부자감세 재벌감세에 의해서 세금이 떨어진 것에 대해서 그것을 부자감세 재벌감세를 원상복귀시키고 재벌 세금 깎아 주는 것, 그것 안 깎아 주면 충분히 재정적자 막을 수 있다고 얘기하는데 그러면 돈은 충분한데 그것은 안 하시면서 재정적자 때문에 국민연금 강화하는 것은 못 하겠다, 여야가 합의해서 사회적 대타협으로 하는 것은 못 하겠다고 완전히 놓은 상황이지요.

그러고서 지금 주장하는 것이, 그 일련의 과정에서 일방적으로 이렇게 가면서 주장하는 것이 뭐냐면 노동개혁을 지금 주장하십니다. 그러니까 지금 일련의 이 과정을 보면 노동개혁이나 그다음에 공적연금 강화에 대해서 반대하는 것, 이것을 좋아할 대한민국의 집단은 어디일까요? 그건 재벌이지요. 공적연금이 강화되면 재벌연금이 피해를 입는 거고요. 그다음에 지금 가뜩이나 노동시장이 굉장히 어려운데, 국민들은 불안에 떨고 있는데 그 불안에 떨고 있는 노동시장에 대해서 재벌들에게 더 유리하게 만들어 주겠다 하는 것이 지금 박근혜정부의 노동개혁인 것이지요. 그러니까 이 중요한 시기에, 아까 말씀드린 대로 경제가 굉장히 어려운 이 시기에 박근혜정부에서는 바로 이렇게 재벌이 좋은 것만 한다, 이 의심을 저희가 떨쳐 버릴 수가 없는 거고요.

그러면 이 노동개혁하고 도대체 테러방지법하고 무슨 관계가 있느냐? 그것은 왜 안 물어보시는지 모르겠는데, 그렇게 물어보실 것 같아서 제가 거기에 대해서 답을 드리도록 하겠습니다.

(자료를 들어 보이며)

이게 국정원의 진실위 보고서입니다. 이게 2007년도 10월 달 보고서고요. 국정원의 '과거와 대화, 미래의 성찰' 국정원 진실위 보고서, 여기에는 뭐 총론이라고 되어 있는데 제가 지금 인용하고 싶은 것은 뭐냐면요. 국정원이 노동시장에 아주 깊숙이 개입을 합니다. 이건 옛날 분들은 잘 아시지요. 옛날 분들은 잘 아시는데 요즘 젊은 분들은 '국정원이 그런 것도 해?' 이렇게 생각을 하실 건데요. 지금 그 문제에 대해서 제가 말씀을 드리겠습니다.

그러면 우리가 상식적으로 생각을 해 보자고요.

노동과 자본이 이해관계가 다릅니다. 그러면 국가는 노동 편을 들어야 될까요, 자본 편을 들어야 될까요? 재벌이 지금 노동시장 개혁을, 노동을 쉽게 해고하는 이런 정책을 요구하고 있고, 당연히 노동계에서는 '기업은 그렇지만 그것을 우리는 원하지 않는다', 그러면 국가는 어느 편을 들어야 될까요? 지금 박근혜정부는 재벌 편을 든 거지요, 명백하게. 노동계의 편을 들지 않은 건데요. 바로 이 문제가 한국의 재벌이 유럽에서 사업을 못 하는 이유입니다.

그러니까 한국기업, 한국의 재벌들이 유럽에서…… 독일 얘기를, 그런 얘기를 하더라고요. 처음에 삼성전자가 독일에 진출을 했었는데 독일에 가 보니까 회의를 하는데 노동자 대표들이 와서 앉아 있는 거지요. 거기는 공동결정제니까. 그러니까 삼성전자에서 '우리는 노동조합도 인정하지 않는데 무슨 노동자 대표가 와서 이런 걸 하느냐', 독일 사람들이 다들 외계인 쳐다보듯이 쳐다봤다는 일화가 있습니다.

이게 바로 생각이 다른 거지요. 그러니까 사회적 대타협을 이룬 서구 유럽국가에서는 국가가 노동 편을 드느냐, 자본 편을 드느냐, 국가가 그걸 편을 들면 안 되는 거지요. 그러니까 사회적 대타협을 이루는 거지요. 2개의 첨예한 이해관계의 대립이 있는데 국가는 그것에 대해서 과연 그러면 어떻게 하는 것이 결국적으로, 단기적으로는 뭐 이익이 되고 손해가 될지는 모르지만 장기적으로는 과연 누구에게 도움이 되겠느냐, 이것에 대해서 국가가 판단을 해야 되는 거고요.

제가 말씀드리는 게 바로 그겁니다. 지금 당장은, 한국 재벌들이 저는 정말 잘못됐다고 생각하는 것이 그렇게 당장은 유연성 얘기해서 비정규직 쓰는 게 돈을 적게 들이는 거겠지요. 하지만 그렇게 비정규직이 되다 보니까 노동자들의 숙련도가 떨어지게 되고, 따라서 한국 노동자들은 중국 노동자들과 비교해서 자꾸 숙련도가 떨어지는 거예요. 그러니까 한국기업의 경쟁력이 떨어지는 것이고. 그러니까 결국은 제 살 깎아 먹기 해서 한국기업의 경쟁력이 떨어지게 되고 지금 10여 년, 20년 동안 그런 과정을 거쳐 오면서 한국기업들이 지금 경쟁력이 떨어졌다, 이렇게 되는 거지요.

그런데 한국 정부는 특히 새누리당 박근혜정부에서는 이명박 정부도 마찬가지, 그러니까 보수정부에서는 일방적으로 재벌 편을 든다는 거지요. 그리고는 국정원을 바로 노동을 탄압하는 데 기제로 사용했다는 겁니다.

그게 잘 안 알려져 있었지요. 왜냐하면 국정원이 사람들 데리고 고문하고 이런 것에 대해서는 잘 알려져 있는데 이것은 내부적인 것이기 때문에 거의 알려지지 않았습니다. 그것이 2007년도에 참여정부 때 '국정원 스스로 고백을 해 봐라' 해서 진실위가 만들어지고 국정원 내부에 들어가서 얘기해서 노동탄압에 개입한 것들이 다 나오는 겁니다, 여기에 지금.

여기에 지금 심각한 문제가 있는 겁니다. 아까 말씀드렸다시피 민주노총의 거기 노조 조직원들은 지금 다 수사기관에서 자료를 요청해서 통신회사들에서 다 자료를 줬다, 모르겠습니다. 국정원이 재벌총수들이나 아니면 재벌의 이런 사람들의 자료도 요청한 적이 있는지 저는 잘 모르겠습니다. 그런데 하여튼 이런 식으로 국정원이 지금 노사관계에 아주 깊숙하게 개입을 하고 있다.

(「지금은 안 하잖아요. 10년 전 이야기 가지고 그래요」하는 의원 있음)

(「지금 근거를 들어야지. '지금도 하고 있다' 이래야 설득력이 있지요」하는 의원 있음)

그런 얘기를 그러면 볼게요.

이게 좀 긴데요. 이게 굉장히 중요한 얘기입니다.

(「그러지 말고 80년대 사례 엄청 많아. 그걸 그냥 들어요. 10년 전 얘기 하지 말고」하는 의원 있음)

그러니까 지금 그 질문 잘 하셨어요.

우리가 이렇게 생각을 해 줘야 되는 거지요.

박정희 정부 그다음에 전두환 정부, 군사정부, 노태우 정부까지 여기 지금 나오는 거지요. 그래서 노태우 정부 이후 김영삼 정부까지, 그러면 왜 국정원은 노동탄압을 했을까? 왜 노동계에 그렇게 국정원이 적극적으로 들어가서 노사관계에 개입했을까? 이게 바로 보수정부의 정체라는 겁니다.

보수정부는 기본적으로 재벌의 편이고 따라서 노동에 대해서 억압을 하는 것이고 노동에 대해서 법치를 세운다는 것이고, 이게 줄푸세의 법치를 세운다는 겁니다. 그러면 노동에 대해서 법치를 세우는 데 권력기관을 다 동원하고 그 권력기관의 정점에 국정원이 있다는 것이지요.

(「DJ·노무현 정부도 재벌에 장악되어 있다고 그랬는데 그러면 똑같이 제 얼굴에 침 뱉기지. 그걸 뭐 그렇게 얘기해요」하는 의원 있음)

이게 좀 긴데요. 저는 중요하다고 생각을 해서 조금 읽어 드리겠습니다.

뭐 시간도 충분하기 때문에……

(「그 이야기를 길게 하시면 지금은 없다는 것을 반증하는 게 되는 거예요」하는 의원 있음)

(「그만하세요」하는 의원 있음)

굉장히 지금 중요한 얘기입니다.

그러니까 지금 일련의 얘기, 왜 박근혜정부가 국정원을 강화하고 그다음에 노동을 탄압하고 이러는가, 이런 것들은 이미 옛날 개발연대 시대에, 군사독재 시대에 하던 것들이고 그런 것들을 민주정부 시기에 와서 거의 다 뭐라고 그럴까요, 발전을 했는데 그것을 퇴행을 시켰다라는 얘기를 지금 드리고 싶은 겁니다.

(「박근혜정부가 국정원을 이용해서 노동탄압을 한다, 이 사례를 이야기해요, 이 사례를」하는 의원 있음)

'그러니까 1961년 이후 30년이 넘는 기간에 진행된 중정과 안기부 등 정보기관의 노동문제 개입은 매우 세밀하면서도 강력한 것이었다. 그동안 이 문제에 관심을 가진 많은 사람들은 표면화된 단편 사례들을 기초로 그 개입의 정도와 내용을 추측할 수 있을 뿐이었다. 또 직접 수사를 받거나 통제의 대상이 되었던 사람들의 경험으로부터 유추하는 방식으로 대강을 짐작하는 수준이었다. 그것은 마치 장님이 코끼리를 만지는 것처럼 불완전한 것이었다. 앞서 자세하게 고찰한 바에서 알 수 있는 것은 이와 같은 세간의 추론과 추측이 대체로 사실과 크게 다르지 않았다는 점이다.'

이게 앞에서 죽 얘기하고 나서 지금 결론 부분을 제가 말씀드리는 겁니다.

'중정과 안기부는 중요한 노동쟁의나 사건에 관여하였고 권위주의 국가권력이 선호하는 특정한 방식으로 이를 통제하고자 하였다. 또 중요한 노동조합이나 조합의 간부들은 항상적인 감시와 사찰의 대상이었다.'

노동조합 간부들을 국정원이 왜 사찰하고 왜 감시합니까? 그리고 아까 말씀드린 대로 우리 현재 노동조합 간부들이, '지금 계속적으로 통신회사들이 그 노동조합 간부들의 정보를 수사기관에 지금 제공하고 있다.' 이게 지금 진행되고 있다는 겁니다.

'특히 1970년대 이후 발생하기 시작했던 민주노조들을 협조주의 노조 또는 국가가 통제 가능한 노조로 만들기 위해서 모든 노력을 아끼지 않았다. 이를 위해서는 구속과 수배조치, 사건조작이나 공작, 노조 와해공작, 공권력 투입 등 억압적 조치뿐만 아니라 노동자들의 근로조건 개선 요구를 수용하여 직접 처리하는 일을 마다하지 않았다.'

그러니까 해결사까지 한 거지요.

'1970년대 중후반 반도상사와 동일방직 노조쟁의에 대한 개입은 그 대표적인 사례라고 할 수 있다. 또 권위주의 시기에 중정과 안기부가 국가 노동통제 전반을 주도하고 기획한 최상위 권력기구일 것이라는 추측도 대체로 사실과 부합하였다. 정보기관이자 최고 권력자가 가장 신임하는 국가기구로서 중정과 안기부는 정보를 생산하거나 수집·종합하여 분석하였고 이에 기초해서 전략적 판단을 내리는 기능을 수행하였다. 노동부나 내무부, 법무부 등 관련 정부부처의 정보는 정보기관에 의해 종합되었다. 이는 중앙 수준에서건 지역 수준에서건 동일하였다. 심지어 필요할 경우 중정과 안기부는 기업이나 기업단체 그리고 언론기관 등의 협조를 받아서 기업 내부의 사정을 자세히 파악했던 것으로 보인다.'

지금 박근혜정부의 주요 인사들이 바로 이때 국정원에 근무하시던 분들이라고 하는 것을, 제가 이름을 얘기하지 않겠습니다마는 이미 다 잘 알려져 있는 것이지요.

제가 지금 우려하는 것은 바로 이런 겁니다. 노동을 이렇게 국정원의 사찰 대상, 개입의 대상으로 보았던 그 국정운영방식이 박근혜정부에서도 계속되고 있는 것 아닌가 하는 바로 그 연관성을 지금 말씀드리고자 하는 겁니다.

(「논리적 비약이고 본인의 추측일 뿐이지……」하는 의원 있음)

아니, 정권이 똑같은 일을 하고 있잖아요. 그러니까 정권이 노동 탄압하고 국정원을 노동 탄압에 그렇게 사용하고 불법적인 수단을 하고 있고요. 현재도 지금 노동에 대해서 탄압하려고 하고, 그리고 국정원을 지금 불법적인 수단에 사용하는데, 저는 이 문제, 그러니까 민주노총이라든가 이런 노조원들에 대해서 계속적으로 탄압적인 정책을 박근혜정부가 지금 취하고 있다는 것은 지금 똑같은 것 아니냐? 바로 그 군사독재시대의 국정운영방식을 지금 계속하고 있다, 군사독재시대에 드러난 증거들에 의해서 명확하게 드러났던 이러한 불법적인 것들이 지금은 형태를 달리해서 박근혜정부에서 다시 구현되는 것 아닌가 하는 것이 저희들이 얘기하는 겁니다.

'1980년대 초반 노동대책회의라는 공식·비공식 국가기구를 구성하고 제도화한 것은 이런 위상이 객관화된 것으로 볼 수 있다. 노동대책회의는 1988년 하반기에 공식적으로 폐지되었으나 그 기능은 관계기관대책회의라는 비공식적 기구로 이후에도 계속 유지되었다.

또 법적으로 제도화되기 이전인 1970년대에도 실질적인 수준에서 이 기구는 제도화되어 있었다고 할 수 있었다.

그러므로 노동대책회의나 공안합동수사본부라는 노동 관련 협의기구의 성격과 내용은 권위주의 시기의 노동통제를 이해하는 가장 중요한 요소라고 해도 과언이 아닐 것이다.

중정과 안기부는 형식적으로 노동대책회의를 주관하는 기관이 아니었다. 대외적으로 회의를 대표하고 주관한 기관은 노동부나 검찰이었고 실행기관은 경찰이나 노동부 및 관련 정부부처들로 되어 있었다. 정보기관의 역할은 대체로 정보 제공과 분석에 국한되어 있었다. 그러나 실제 두 기관의 역할은 공식적인 수준을 훨씬 상회하였다.

이들 기관은 회의를 소집하고 주도하였으며 자신의 의도대로 주요 결정을 내린 것으로 보인다. 그리고 회의 결과를 실행하는 과정에서는 관련 정부기관들에 각기 역할을 분배하여 지시하며 그 결과를 보고받는 위치에 있었다. 최상위 노동통제기구로 여타 정부부서를 통괄할 수 있었던 것은 청와대 등 최고권력기관의 신임이 있었기 때문이다. 즉 권위주의국가 체제에서 최고권력자의 의지를 제반 국가부처에 전달하고 실행하는 핵심적 위치에 있었기 때문에 가능한 일이었다.

이와 같이 권위주의 시기 전반에 걸쳐 중정, 안기부는 가장 중요한 노동통제기구였으나 그 내용은 시기별로 변화하는 모습을 보였다. 이것은 노동운동의 발전과 성격 변화 그리고 국가권력 및 국가 정치의 성격 변화에 따라 불가피한 일이었다. 이 변화는 크게 4개의 시기로 나누어 볼 수 있다.

1961년에서 70년까지 첫 시기에 중정의 노동 문제 개입은 상대적으로 많지 않았다. 1961년부터 63년까지 노동관련법 개정과 한국노총 조직체계 구축은 가장 중요한 활동이었다. 이후 1960년대 후반까지는 주로 한국노총이나 산하 산별노조의 선거과정에 개입하여 영향을 미치고 특정한 노조 간부나 노동운동가를 감시하는 것에 한정되었다. 1960년대 후반 한국노총 내 일부 노조 간부들이 정치세력화를 시도하였을 때 개입이 있었을 것으로 추측되지만 중정의 역할이 무엇인지는 확인되지 않았다.

두 번째 시기는 전태일 사건이 발생한 이후 다수의 민주노조가 생겨나면서부터 시작되었다. 이 시기는 유신 전후 학생과 재야 그리고 종교단체 중심의 반독재 민주화운동이 본격화되어 그 영향이 노동운동에 강하게 미쳤던 시기였다. 민주화운동이나 반정부투쟁으로부터 권위주의 정권을 방어하는 핵심적 기구였던 중정은 노동운동을 반정부운동과 분리하는 데 통제의 목표를 두었다. 이것은 노동운동이 권위주의정권에 도전할 수 있는 가장 강력하고 조직화된 잠재적 집단이었기 때문이었다.

한 치의 정치적 반대도 허용하지 않는 일사불란한 유신체제의 딜레마는 생존권 요구조차 정치적 저항으로 해석하게 된다는 점에 있었다. 그리고 반공과 경제 성장을 정치적 정당성의 기반으로 삼는 정권으로서는 노동운동을 그 두 가지 정당성의 결절점에 위치한 핵심적인 통제대상으로 인식할 수밖에 없었기 때문이었다.

그 결과 민주노조에 대한 내사나 수사는 흔히 도시산업선교회나 학생운동단체 등 외부세력과의 연계를 밝혀내는 것에 집중되었다. 국가당국의 이와 같은 노동 문제 인식으로 말미암아 자연발생적이고 소박한 생존권 요구는 흔히 체제에 도전하는 반정부운동이나 외부세력의 사주를 받은 불순분자들의 소행으로 인지되거나 조작되는 현상이 발생하였던 것이다.

동일방직과 반도상사 등의 사례에서 나타나듯이 중정의 민주노조에 대한 감시사찰 그리고 각종 대책들은 매우 조밀하고 강력하게 진행되었다. 그 결과 몇몇 예외를 제외하면 대다수의 민주노조들은 쉽게 그 성격이 바뀌거나 활동이 무력화되었다. 그 결과 국가권력은 1980년대 후반과 같이 대규모로 공권력을 투입하거나 범정부적 노동대책을 마련할 필요가 없었다. 그리고 구속 수배자도 상대적으로 많지 않았다.

그러나 중정이 시도한 민주노조운동에 대한 완벽한 통제는 원초적으로 불가능하였다. 그것은 노동자들의 투쟁이 직접적으로는 경제적 생존권에서 기인한 것이었고 저임금 장시간 노동체제에서의 불만은 보편적인 것이었기 때문이다.

국가의 노동통제는 문제가 발생한 사업장이나 노조에 대한 통제에 국한되었고 문제의 근원을 제거할 수는 없었던 것이다. 그것은 여기저기서 솟아오르는 두더지 잡기 놀이에 비유할 것이었고 장기적으로 보면 국가권력이 패배할 수밖에 없는 게임이었다. 외부세력들은 게임을 더 복잡하고 어렵게 만든 요소였지만 중정이 주장했던 바와 같은 주연배우들은 아니었던 것이다.

결국 국가 정치의 위기와 석유파동으로 인한 경제적 위기가 중첩된 국면에서 발생한 생존권 투쟁, 곧 YH무역의 쟁의는 한번에 국가권력 전체를 무너뜨리는 촉발요인이 되고 말았다.

세 번째 시기는 억압적 배제의 체제에서 국가의 노동억압이 극대화된 시기였다. 국가는 노동법을 개악하거나 새로운 통제장치들을 속속 도입하여 민주노조의 성립이나 쟁의 자체를 봉쇄하려는 전략을 취하였다. 1970년대 민주노조들을 각개격파하여 더 이상의 자주적인 노조운동을 허용하지 않았다. 중정에서 이름을 바꾼 안기부는 1980년대 전반기 동안 강화된 통제체제하에서 민주노조의 활동이나 쟁의를 완벽히 통제하는 것처럼 보였다. 표면적으로 쟁의는 다시 줄어들었고 1970년대와 같은 민주노조의 활동은 원천적으로 봉쇄되었기 때문이었다. 그러나 1984년 대구 택시 노동자들의 시위를 전환점으로 해서 1985년에는 대우자동차 파업과 구로동맹파업과 같은 보다 조직적이고 폭발적인 쟁의가 발생하였다.

같은 시기에 발생한 이 두 투쟁은 중요한 의미를 갖고 있었다. 그것은 학생 출신 활동가들이 대거 참여한 보다 조직화되고 급진적인 쟁의였으며 중화학공업 대공장에서 발생한 투쟁이라는 새로운 양상을 띠었기 때문이다.

이 시기에 안기부가 학생운동 출신 노동운동가들이나 급진적 노동운동단체의 통제에 주력했던 이유도 바로 여기에 있었다. 이 시기에 안기부는 구로동맹파업 등 주요 쟁의에 대해 더욱 신속하고 강력하게 대응하는 통제력을 보여주었다. 전국에 걸쳐 대규모로 산재했던 위장 취업자들을 색출하고 사업장에서 축출하는 데 집중하였다. 또 그 수가 적지 않았던

1970년대 민주노조세력의 영향도 블랙리스트를 통해서 철저하게 차단하였다. 민주노조와 쟁의를 엄격하게 통제하고 1000명이 넘는 위장취업자를 파악해 내는 등의 성과를 냈다.

그러나 그럼에도 불구하고 그것은 억압적 노동통제의 딜레마 자체를 완전히 해소할 수는 없었다. 억압적 국가권력에 의해 강제로 봉인되었던 노동자들의 생존권 요구, 기본권 요구는 정치적 민주화 국면에서 폭발하였다. 3저호황의 경제적 조건이 정치적 민주화와 중첩된 상황조건은 1979년의 상황과 크게 대비되었다. 그렇지만 국가권력의 억압이 노동자들의 경제적 요구를 봉쇄할 수 없었다는 본질적 조건은 마찬가지였다.

노동자대투쟁에서 시작하는 네 번째 시기부터 안기부의 노동통제는 전혀 새로운 국면을 맞이하게 된다. 안기부는 노동자대투쟁에 충분히 대응할 수 없었는데, 그 중요한 이유는 그것이 한두 사업장에 국한된 것이 아니라 3300건이 넘는 엄청난 규모의 전국적 쟁의였기 때문이다.

안기부를 중심으로 한 5공 국가권력의 대응방식은 이전과 대동소이한 것이었다. 안기부는 대규모 쟁의의 주요한 원인을 여전히 외부세력의 개입에서 찾았으며, 합동수사본부는 그 증거를 수집하고 사례를 확보하는 데 전력을 기울였다.

이런 대응은 과거의 억압전략에 연원하는 관성적인 것이었으며, 사태의 본질을 잘못 판단한 결과였다.

8월 중순 이후 대규모 공권력 투입과 수사로 사태는 급속하게 진압되었으나 결과는 이전과 달랐다. 많은 수의 민주노조들이 대외투쟁의 결과로 생겨났고 특히 대사업장이 조직화되는 중요한 변화가 나타났던 것이다.

그 결과 1987년부터 1990년대 중반까지 이전 어떤 시기보다 더 활발히 노동문제에 개입하지 않을 수 없었다. 이제 통제의 대상은 동시에 수백 개의 노조로 확대되었고 개별노조뿐만 아니라 상급단체나 상급노조도 포함되었다.

쟁의의 숫자도 급격하게 늘어났지만 더 중요한 것은 국가기간산업의 대규모 사업장에서 강력한 쟁의가 빈발한 점이었다. 또 1980년대 전반에 노동운동에 뛰어든 수천 명의 학생 출신 활동가들이 공개적인 단체를 구성하였던바 이들도 주요한 통제의 대상이 되었다.

새로운 국면을 맞이해서 1980년대 중반까지 막강한 통제효력을 발휘했던 안기부의 개입은 일정한 한계에 부딪치지 않을 수 없었다. 특히 정치적 민주화가 시작되었던 국면에서 통제의 정당성은 크게 약화되지 않을 수 없었다.

그럼에도 불구하고 전체적으로 볼 때 안기부의 노동통제 전략의 기본 틀은 상당 기간 동안 그대로 유지된 것으로 파악된다. 노태우 정권 말기까지 국가기구 내부에서 안기부는 노동통제의 기본전략을 기획하고 실행하는 핵심 역할을 수행했으며 제반 사안들에서 강력한 영향력을 행사하였다.

또 관계기관 대책회의를 매개로 반공 이데올로기와 억압적 통제장치들을 동원하는 통제방식은 확대된 규모로 재생산되었다. 또 전노협 와해대책에서 나타나듯이 민주노조 자체를 전면적으로 부인하는 전략적 목표도 바뀌지 않았다.

그 결과 1989년의 공안정국과 공안합동수사본부 운영, 1990년 전노협 와해대책 수립과 실행, 1991년 대기업

연대회의 해체 등 커다란 사안들에서 전통적인 통제전략은 되풀이되었고 일정 정도의 성과를 달성하기도 하였다.

다만 통제의 규모가 훨씬 커져 대규모 공권력 동원이 필요했으며, 통제의 결과나 효과가 완전하지 않았다는 점에서 차이가 있었다. 또 낡은 반공 이데올로기와 함께 새로이 경제위기 이데올로기나 법과 질서 이데올로기 등이 개발되기도 하였다.

이는 헤게모니적 배제전략의 요소들이 이 시기에 새로이 도입된 것을 의미한다.

이 헤게모니적 배제전략이라고 하는 것은 노동운동을 탄압하는 데 있어서 간접적인 방식을 사용한다는 것이지요.

전체적으로 평가해 보면 1987년 이후 안기부의 노동문제 개입은 대체로 실패로 귀결되었다. 우선 민주노조를 해체하거나 와해한다는 목표는 거의 이루어지지 못하였다.

예컨대 현대중공업 노조처럼 노조 지도부를 거의 구속하거나 사업장에서 격리하여 쟁의를 진압했으나 다시 새로운 민주노조가 성립하는 문제가 계속되었던 것이다.

이는 전노협 와해대책에서도 마찬가지였다. 1989년 하반기부터 1991년까지 집중된 억압적 통제로 전노협 조직 자체는 크게 약화되었다. 그러나 이는 1991년 이후 대기업 연대회의 등 대사업장 노조와 업종별 사무직 노조, 전노협 중심의 제조업 민주노조가 연대하는 중요한 계기로 작용하였다. 최소한의 자주적이고 민주적인 노조 운영마저 봉쇄하고 노사협력주의를 강요하는 억압적 통제는 전노협만의 문제는 아니기 때문이다.

결국 안기부의 개입은 1995년 말 민주노총 결성으로 이어지는 민주노조의 흐름을 막을 수 없었다.
(「좀 천천히 하세요, 천천히」 하는 의원 있음)
(「못 알아듣겠어. 천천히 하세요, 시간 많으니까」 하는 의원 있음)

더 나아가서 안기부의 억압적 노동통제는 장기적으로 국가 노동통제의 정당성을 약화시키는 중요한 한계를 갖고 있었다. 이 점은 민주화 이전 시기의 억압적 통제와 결정적으로 구별되었다.

1987년 이전의 억압은 권위주의 국가 정치의 조건에서 정상적인 것이었다. 그러나 정치적 민주화가 시작된 이후 그것은 5공 정부의 정치적 정당성을 구조적으로 잠식하는 효과를 발생시켰던 것이다.

자유화되기 시작했던 시민사회는 낡은 방식으로 억압을 지속하던 정부의 통제를 비난하고 민주노조와 연대하였다. 또 ILO, OECD 등 국제기구들의 정치적 압력도 계속되었던 것이다.

결국 끊임없이 국가권력에 패배했던 민주노조 운동이 승리할 수 있었던 배경에는 이와 같은 국가 억압의 구조적 문제점이 작용하였다. 그것은 1987년 노동체제라는 독특한 모순구조를 야기한 핵심적 요인이 되었다.

마지막으로 중정·안기부의 노동 억압은 한국사회에서 이른바 민주노조라는 독특한 성격의 독립 노동운동을 발생하게 한 중요한 요인이기도 하였다.

1980년대 후반에 이르러 한국의 민주노조 운동은 서구의 노동연구자와 노동운동가들이 주목하였던 대표적인 제3세계 노동운동 중 하나가 되었다. 1970년대 후반 이래 전 세계적으로 노동운동은 크게 약화되는 흐름 속에 있었다. 이런 상황에서 한국 민주노조 운동의 급속한 발전은 매우 예외적인 현상이었기 때문이다.

서구와 국내의 연구자들이 주목하는 민주노조 운동의 특성은 민주성, 자주성, 연대성 등이었다. 노조를 조합원 의사대로 운영하며, 사용자나 국가 등 외부의 지배개입을 강하게 반대하는 특성이었다. 또 일본 기업노조와 같이 기업단위 개별노조의 자족적 활동에 머무르지 않고 끊임없이 연대를 확대하는 성질을 주목한 것이었다. 이와 같은 민주노조의 속성들은 중정과 안기부의 노동통제 방식과 긴밀히 연관된 것이며 그 결과로 나타난 것이라 해도 무방하다.

특히 그것은 권위주의 국가 통제의 핵심적 요소였던 기업별 노조체제의 강제와 관련된다. 앞서 보았듯이 중정과 안기부는 노조가 외부와 연계되거나 연대하는 것을 집중적으로 통제하였다. 그 외부는 노동운동 지원단체이든 다른 노조나 상급노조이든 마찬가지였다.

결국 민주노조들은 국가의 강력한 지원을 받는 사용자 단체와 교섭할 때 현격한 역량 격차를 경험하게 된다. 기업단위 노조 조합원의 지지와 협력 외에는 기대할 수 있는 권력자원이 전혀 없게 된 것이다.

이런 구조적 조건으로 말미암아 노조는 사업장 내 조합원의 의사를 민주적으로 수렴하고 대표하는 데 전력을 기울이게 되었고 그것은 민주성으로 표현되었다. 그리고 자주성도 마찬가지로 국가의 억압적 통제의 산물이었다.

앞서 본 바와 같이 수출주도 경제성장이라는 경제적 목표에 순응하도록 하기 위해 국가는 기업노조의 모든 활동을 감시하고 개입하였다. 그리고 국가가 사용자의 전횡과 저임금·장시간 체제를 묵인하는 노사협조주의 이념을 강요하였던바 그 결과 어용노조만이 살아남을 수 있었다.

결국 사용자와 협조주의 노조 그리고 국가권력이 결탁해서 유지했던 이 어용노총 체제에 대한 반발이 민주노조를 발생시키고 유지한 주요한 동력으로 작용하였던 것이다.

연대성 또한 국가 억압의 직접적 산물이었다. 1970년대까지 느슨하게 나타났던 민주노조 간 연대는 1980년대 이후 기업별 노조가 강제조항으로 도입되고 국가 억압이 극도로 강화되는 조건에서 자연스럽게 나타났다.

그것의 가장 중요한 사례는 1985년의 구로동맹파업이었다. 여기서 나타난 모델은 1987년 대투쟁에서 자연스럽게 전국적인 현상으로 일반화되었고, 그 후 1989년 이후 국가 억압을 통해서 제도적으로 안착했던 것이다.

그것은 결국 개별노조로서 압도적으로 강력한 국가 억압을 막을 수 없다는 대중적 인식에 기초한 것이었다. 중정과 안기부의 억압적 통제는 역설적으로 민주노조들 간의 강한 연대정신을 확산시킨 주요한 요인이 되었다.'

저는 이게 굉장히 중요하다고 생각을 합니다. 이게 경제사회에서 굉장히 중요한 겁니다. 한국 경제 발전에

있어서 지금 굉장히 중요한 사안인 겁니다, 알고 계시는 분은 알고 계시고 지금 처음 듣는 분은 처음 들으시겠지만.

따라서 우리 개발연대 시대에 국가가 중앙정보부라고 하는 정보기관을 이용해서 노조를 결성하는 것을 방해해 왔고 노동탄압을 해 왔다,

그것을 수십 년간 아주 조직적으로 해 왔고 그때그때마다 상태가 다르게 해 왔고, 지금 이 진실위 보고서가 얘기하는 것은 바로 그와 같은 안기부의 개입에 의해서 우리 노동단체들은 연대를 굉장히 중시하고 자주성을 중시하는 그런, 지금 민주노총이 그래서 탄생이 된 거예요.

민주노총이라고 하는 지금의 저 노조—한국노총도 마찬가지입니다마는—민주노총이 생기면서 한국노총이 다시 연대하게 됐고, 바로 민주노총·한국노총이라고 하는 한국의 노동구조 자체가 바로 중정과 안기부의 산물이다라는 것을 이 진실위 보고서가 얘기를 하고 있는 겁니다.

이 진실위 보고서의 노동 분야의 결론 부분을 몇 페이지 안 되니까 그러면 이번에는 천천히 읽도록 하겠습니다.

'본 진실위의 노동 분야 조사활동 목표는 권위주의 정권 시절 노동조합운동을 불순세력으로 규정하고 노동통제를 정당화하는 과정에서 어떻게 일반 노동자의 기본권을 침해하였는지 그 실태를 확인하는 것이었다.

과거 중정과 안기부는 법적권한 여하를 막론하고 정보수집 및 조정활동의 과정에서 일상적인 노동통제와 개입을 한 측면이 있다. 중정·안기부뿐만 아니라 권위주의 정권은 청와대, 노동부, 검찰, 경찰, 보안사 등 범정부 차원에서 노동대책회의나 관계기관 대책회의 등을 통하여 노동문제를 다루어 왔다.

당시의 대책 방안에 의하면 중정·안기부가 노동운동을 국가안보 또는 정권안보를 위협하는 요소로 인식하면서 노동문제에 대응해 왔음을 자료를 통해 확인할 수 있었다.

본 보고서는 중정·안기부의 노동운동에 대한 구체적 정보수집과 조정활동 실태와 양상을 살펴봄으로써 비민주적이고 탈법적인 방법으로 행해졌던 통제의 실상에 최대한 접근하고자 하였다.

본 진실위에 주어진 제한된 활동시간과 자료 그리고 정보기관의 특수성으로 인해 불가피했던 보안 문제 등 조사활동에 어려움은 있었으나 그동안 제기되었던 중정·안기부의 노동운동에 대한 개입·통제 의혹을 국정원 보존자료를 통해 확인할 수 있는 성과를 얻었다는 점에서 큰 의미가 있다.

결론적으로 말하면 그동안 의혹만으로 제기되어 왔던 중정·안기부의 노동운동에 대한 정보수집과 조정활동 실태를 국정원이 보유한 문서를 통해 확인하였다는 점과 그러한 사례 중 노동운동에 대한 정보기관의 평가와 분석 등은 그 자체가 훌륭한 역사적 자료로서의 가치가 충분하다고 생각한다.

이번 조사활동 과정에서 나타난 한계는 보고서에서 다루어진 노동운동에 대한 정보수집과 조정활동에 대한 사례가 실제로 존재하는 많은 사건들의 단면일 뿐만 아니라 알려진 사안 중심으로 자료를 검색하여 조사를 진행하여 국정원 내부문서 중에서도 극소수에 불과하다는 점이다. 또한 제한된 시간과 접근의 한계성 등으로 인하여 몇 가지 사례를 중심으로 조사를 진행할 수밖에 없었던 한계점이 있다.

이러한 한계에도 불구하고 진실위가 조사활동을 통해 확인한 결과는 다음과 같다.

첫째, 중정·안기부의 노동운동에 대한 정보수집·조정활동을 통하여 노동문제와 관련하여 비록 체계적이라고는 할 수 없지만 지속적으로 자료를 축적하여 온 사실을 국정원에 보존된 문건을 통해 공식적으로 확인하였다는 것이다. 이는 조사활동을 통해 객관적인 자료로 확인되었다는 의미를 가진다.

둘째, 노동운동에 대한 정보수집과 조정활동을 통한 노동통제가 전방위적으로 이루어졌다는 사실을 확인하였다.

5·16 쿠데타 이후 군사정부에 의한 노동계 재편 과정에서 구체적이고 중요한 역할을 수행하였다. 특히 한국노총 상층부에 대하여 영향력을 행사하기 위해 지속적으로 노총 선거에 개입하기도 하였다.

한편 정부의 노동정책에 반하는 민주노조의 활동과 이를 지원하는 도시산업선교회 등 종교계 활동을 적극 차단하기 위해 내사 수사계획을 마련하여 실행하였다. 이 과정에서 안보·반공 이데올로기를 자극하고 확대하여 문제 해결에 활용하기도 하였다.

셋째, 크리스천 아카데미 사건과 같이 반공법이나 국가보안법이 적용된 소위 조작사건을 통해 노동운동 등 정부정책에 비판적인 세력을 통제하기도 하였다.

크리스천 아카데미 사건은 수사과정에서 형사소송법상 적법절차가 지켜지지 않는 등 인권침해 행위가 일부 있었고, 기소과정에서 무리한 법 적용과 확대해석으로 인해 사건의 실체가 과대 포장되었던 것으로 확인되었다. 중정은 크리스천 아카데미 사건을 확대·홍보함으로써 아카데미의 노동운동에 대한 영향력을 차단하기도 하였다.

넷째, 중정·안기부는 일부 개별 사업장 내 활동가에 대해서 물리력을 포함한 다양한 순화·견제·포섭 활동을 실시하거나 노조 등 노동운동 조직에 대한 와해활동을 추진하였다.

특히 산업평화 저해, 불순 노동운동에 의한 외부세력 차단 명분하에 기업, 노동부, 경찰 등의 상호 정보교류 속에서 블랙리스트를 활용, 해당 근로자에 대한 동향감시 및 재취업 제한조치 등으로 지속적으로 관리했을 뿐만 아니라 취업알선 등 회유전략을 통해 민주노조 사업장과 주요 활동가에 대한 감시·사찰 등 조직 와해활동을 한 것으로 판단된다.

다섯째, 1989년 청와대에 있었던 전교조 대책문건과 국정원 보유문서를 보면 전교조 문제를 공안대책 차원에서 다룬 사실을 알 수 있다. 당시 안기부는 전교조 가입 교사에 대한 탈퇴공작을 추진하고, 복직교사나 신규 임용교사들에 대해 대학 재학 중 시위 주도 전력이나 불순단체 관련자들을 색출하여 대상에서 제외시키는 대책을 제안하고, 전교조에 대한 색깔공세와 홍보방안 등 주요 대책을 제시하면서 조직확대 방지, 조직 탈퇴 등을 목표로 정부정책 실현에 앞장서

왔다.

여섯째, 안기부는 전노협, 대기업 연대회의 등 법외 노동단체에 대하여 수집한 정보를 기초로 여러 가지 대응방안과 지침을 마련하여 유관부서에 지속적으로 통보하면서 추진작업을 점검하고 관여하였다.

또한 국정원 보유문서에 의하면 전노협 탈퇴 홍보를 위해 한국노총을 통해서 각종 신문에 확대보도를 요청하고, 방송에 대해서는 방송사에 기자회견 촬영영분을 지정날짜에 방송하도록 하는 등 언론홍보를 통한 조직 탈퇴 및 와해 활동을 추진하였다.

일곱째, 안기부는 관계기관 대책회의 등을 통해 위장취업자 임투대책 등 노동정책을 조율하였고, 주도적으로 공안합수수사본부를 구성하여 노동문제에 깊숙이 개입하였으며, 노동문제를 국가안보 차원에서 시급히 해결해야 할 과제로 인식하여 노사화합이라는 명분을 내세워 민주노동운동 위축을 위한 다양한 활동을 전개하였던 사실도 확인되었다.

마지막으로 지난 권위주의적 정부하에서 중정 및 안기부 등 국가정보기관이 정부활동의 중추적인 역할을 수행하는 과정에서 노동자들의 생존권 요구를 정권의 위기상황 및 체제의 도전으로 인식, 노동운동을 불순세력의 지원에 의한 체제전복 활동으로 규정하고, 이에 대하여 개입·통제를 하는 과정에서 공권력 남용으로 인권을 침해한 경우가 적지 않았던 것으로 판단된다.

과거 중정·안기부 시절 국가수반이 정권 유지를 위하여 각종 정보를 수집·사용하여 온 과정에서 악용된 측면이 없지 않다. 또한 국가정보기관 내부의 조직팽창 욕구와 오랜 활동 관성에 따른 경직적 사고가 노동 개입을 관행화해 온 측면도 있다.

이에 국정원은 지난날의 과오를 되풀이하지 않도록 철저한 자기반성과 함께 재발 방지를 위한 제도적 장치를 마련하는 등 필요한 조치를 취해 나가야 한다. 이를 통해 향후 모범적인 정보기관으로서 국민의 신뢰를 받아 국민에게 충실히 봉사할 수 있는 기틀을 세워야 할 것이다.'

여기 지금 중요한 구문이 있습니다. '당시 노동문제를 국가안보 차원에서 시급히 해결해야 할 과제로 인식하여 노동운동에 개입했다' 이런 얘기지요.

저는 지금 새누리당에 묻고 싶은 겁니다. 박근혜정부와 새누리당은 지금도 노동운동이 국가안보 차원의 중요한 문제라고 생각하시느냐, 지금 국정원이 바로 이 노동운동을 안보 차원의 문제로 생각하느냐 이것이 굉장히 중요한 문제가 되는 겁니다.

지금 여기서 얘기한 대로 한국의 노동운동에 있어서 이렇게 수십 년간, 거의 5·16 쿠데타 이후에 지금 90년대 문민정부 이후까지도 노동운동에 대해서 안기부가 이렇게까지 개입을 했는데 이 사고방식이 바뀌었느냐? 박근혜정부는 이 사고방식이 바뀌었고, 새누리당은 이 사고방식을 바꿨느냐……

그러면 질문은 뭐냐면 지금 노동활동이 이 테러방지법에 의해서 악용될 소지는 없느냐, 이 질문을 저는 하고 싶은

겁니다. 이렇게 수십 년간 국정원이 뿌리 깊게 노동운동에 개입해 왔는데 지금 이 테러방지법을 악용해서 할 그런 여지가 없겠느냐, 거기에 대해서 대답이 필요하다, 저희는 이렇게 생각을 하는 겁니다.

이건 저 개인적인 생각입니다. 이명박 정부, 박근혜정부에 대해서 대단히 안타깝게 생각하는 건 이겁니다. 지금 계속 얘기가 나옵니다만 국정원이 이렇게 불법적인 일들을 엄청나게 했다는 것을, 참여정부가 들어서서 이 문제를 어떻게 해결할 것이냐, 그러면 그 모든 과거에 대해서 다 처단할 것이냐, 그렇게 하지 않았다는 겁니다. 진실위원회를 만들어서 과거에 대해서 국정원 스스로 성찰하고 다시는 이런 일을 하지 않아야 되는 기구로 재탄생하도록 했다는 겁니다. 그걸 지금 거꾸로 가고 있다는 겁니다.

(「진실위에 협조를 했잖아요」 하는 의원 있음)

그러니까 그때 진실위가 이렇게 했으면 국정원은 그야말로 국가정보기관으로서 거듭났어야 되는 건데 국정원은 그 이후에 다시 예전으로 돌아가서 온갖 불법을 자행하고 있다는 겁니다. 역사를 지금 퇴행시킨 겁니다. 그러니까 제가 지금 던지는 질문이 이거지요. 그러니까 우리 보수정부의 이분들이 옛날 생각을 그대로 유지하고 있는 것 아닌가……

(「아니, 홍 의원님 비약을 해도 너무 심하게 하잖아, 그건. 80년대처럼 지금 국정원이 온갖 만행을 저지르고 있어요? 국정원이 요즘 고문한다는 증거 하나 대 봐요」 하는 의원 있음)

그러니까 이분들은 지금도 국정원이 노동운동에 개입하는 것에 대해서 괜찮다고 생각하시는 것 아닌가, 아까 제가 말씀드린 대로 지금 이분들은 아직도 노동운동을 국가안보의 중요한 위협수단으로 생각하는 것이 아닌가, 따라서 바로 이분들은 노동운동은 정부의 탄압 대상으로 생각하는 것이고, 따라서 이분들은 아까 유엔의 조사관이 얘기했다시피……

(「홍 의원님, 국정원 가서 고문 받아 본 적 있어요?」 하는 의원 있음)

(「의장님도 제재해 주세요!」 하는 의원 있음)

계속 노동운동에 대해서 탄압을 하고 있는 거고, 바로 그러한 일련의 과정……

(「아니, 나는 국정원 가서 고문이나 구타 받아 본 사람이에요. 요즘은 고문도 그렇게 안 해요」 하는 의원 있음)

(「발언 신청해서 하세요」 하는 의원 있음)

제가 오늘 말씀드리고 싶은 것은 바로 이겁니다.

박근혜정부와 새누리당은 바로 예전에, 70년대 군사독재 시절 그때의 정부와 무엇이 다른가, 그때처럼 오직 재벌만을 위해서, 오직 재벌이 투자하면 경제가 잘산다, 그리고 안보위협에 대해서 계속 협박을 하면서 그러면서 양극화를 부추기는 이런 정책을 취했던 그때와 지금 무엇이 다른가, 저희는 그렇게 해서는 경제가 성장하지 못한다고 생각해서 민주화의 거대한 흐름을 우리 국민들과 함께 만들어 왔고, 그 거대한 흐름을 저희는 지금 믿고 있습니다. 민주화가 진전되면 진전될수록 경제가 발전하리라고 믿고 있습니다.

그런데 지금 새누리당과 박근혜정부는 그렇지 않은 것

같다는 것을 제가 말씀드리는 겁니다. 이것이 지금 제가 말씀드린 일련의 과정, 그러니까 작년에서부터 지금 죽 내려오는 사회적 대타협이라고 하는 어마어마한 성과를 여야가 합의해서 이루었는데 갑자기 대통령 한마디에 그것은 없던 일로 돼 버리고, 그래서 재벌연금이 좋아지고 공적연금은 무력화되고, 그러면서 계속적으로 공적연금을 무력화시키는 그런 작업을 지금 하고 있고 바로 공적연금을 무력화시켰던 그 장관을 지금 국민연금 이사장으로 만들고 바로 이와 같은 과정, 그리고 노동운동에 대해서 계속적으로 탄압하고 노동을 계속적으로 유연화하겠다고, 지금도 해고가 많이 돼서 온 국민이 불안에 떨고 있는데 더 많이 해고시키겠다고 하는 그 사고방식은, 이건 전적으로 해석될 수 있는 건 딱 하나다. 70년대처럼 오직 재벌만을 위한 경제를 하기 위해서 그런 것이다.

그리고 지금 말씀드린 대로 역사를 보게 되면 그렇게 해서 정경유착이 된 정부가 언론 통제를 하게 되고 그렇게 해서 정경유착을 하게 된 정부는 언론이 자유롭게 얘기한, 국민들의 자유로운 의사표현이 되게 되면 바로 그 문제가 드러나니까 국민의 인권을 억제하는 방향으로 갈 수밖에 없는 것이고, 그것이 극단적인 방향으로 가면 히틀러처럼 나타나게 되는 것이고, 그것이 미국의 보수정부 대공황을 야기했던 그런 정부의 모습으로 나타난다는 것을 제가 말씀드리고 싶습니다. 그래서 저는 박근혜정부의 이런 모습을 역사적으로 판단해 볼 때 지금 대단히 우려가 된다는 말씀을 드리는 겁니다.

자, 노동에 대해서, 노동자는 기본적으로 경제적 약자 아닙니까? 특히 한국에서는 더더군다나 그렇습니다. 한국에서는 재벌이라고 하는 거대한 권력이 있기 때문에 그 거대한 권력에 맞서서 싸울 수 있는 노동자들은 거의 없는 겁니다. 그런 상황에서……

(● 김상민 의원 의석에서 ― 의원님, 테러방지법하고 그게 무슨 상관 있어요?)

존경하는 김상민 의원님, 지금 국정원 얘기를 했지 않습니까? 국정원이 과거에 이렇게 오래 잘못된 일을 했는데, 그리고 지금……

(● 김상민 의원 의석에서 ― 테러방지법에 대한, 그 반대에 대한 문제를……)

김상민 의원님 나중에 오셨잖아요. 아까 그런 얘기를 죽 했단 말이에요. 지금 국정원 진실위 보고서 얘기하면서 이렇게 됐는데 박근혜정부가 그걸 거꾸로 가고 있고, 국정원이 지금 온갖 불법을 자행하고 있고 그걸 처벌하지 못하는 상황에서 국정원에다가 더 강력한 권한을 주자고 하는 것이, 저는 그렇게 얘기하는 거예요. 국민들이 볼 때 이것이 과연 테러를 방지하기 위한 것이냐……

(● 김상민 의원 의석에서 ― 그러니까 그게 지나친 비약적인 말씀을 하시면……)

그래서 제가 말씀드렸어요. 새누리당은 답해라, 만약에 진짜로 새누리당이 주장하는 것처럼 외국인 테러리스트만 대상으로 하는 거라면 지금 그것에 의해서 법 만들 수 있다.

그런데 그게 아니지 않냐, 그러면 노동운동을 대상으로 하지는 않는다는 답을 달라는 거지요. 그걸 못 주면서 다른 얘기를 계속하시면서 테러방지법하고 관계가 없다고 얘기를 하시면, 저는 답을 달라는 겁니다.

지금 유엔의 인권보고서에도 나와 있다시피 지금 농민들이, 박근혜 대통령이 쌀값 올려준다고 공약했는데 그 공약 지키지 않는다고 나와서 데모한 것이 그게 물대포를 맞아서 저렇게 사경을 헤매는 그럴 일이냐 이거지요. 그런데 박근혜정부는 그걸 하고서 지금 백남기 농민이 저렇게 오랫동안 사경을 헤매고 있는데 단 한마디 사과를 하지 않는다는 거지요.

이것이 바로 박근혜정부가 그동안 가져 왔던, 제가 얘기하는 것은 바로 70년대와 무엇이 다르냐, 재벌의 이익을 대변해서 모든 것을 다 그렇게 강압적으로 하는 그것과 무엇이 다른가 하는 얘기를 저는 끊임없이 드렸고, 존경하는 김상민 의원님은 아까 못 들으셨겠지만 이것이 역사적으로 바로 그렇게 독재국가들이 경제적 불만에 의해서, 경제불황 시기에 국민들의 불만을 해소하는 방법이었다고 하는 얘기를 제가 드린 겁니다.

박근혜정부가 바로 그와 같은 길로 가는 이런 모습들이 자꾸 보여서 저는 대단히 안타깝게 생각한다는 말씀을 드리는 겁니다. 제가 생각하는 정보기관의 역할을 다시 한 번 말씀드리겠습니다.

지금 이게 아까 IT산업하고도 관계가 되는데요, 정보기관은 즉각적으로 정치 개입에서 손을 떼야 됩니다. 그리고 정치 개입한 것에 대해서 철저하게 단죄가 이루어져야 합니다.

정보기관이 이렇게 정치에 개입하는 것은 정말 후진국 중의 후진국에서만 있을 수 있는 일이거든요. 그런데 지금에 와서 보니까 이 정보기관, 그러니까 우리 진실위에서 이렇게 정보기관을 개혁하겠다고 보고서를 만들어 놨는데 결국 또 옛날로 돌아갔다고 하는 것은 '이 정보기관에 대한 근본적인 개혁이 필요하구나' 하는 것들을 우리 국민들이 깨닫게 되는 거고요.

그러니까 저희가 얘기하는 것은 지금은 그 정보기관에 대해서 권한을 줄 때가 아니라 그 정보기관이 정말로 국가의 그런 위협적인 것을 제대로 정보수집을 하고 과학적으로 대처할 수 있는 기관으로 거듭나도록 우리가, 정부가, 박근혜정부에서 이런 이상한 것들은 중단을 해야 되지 않나 하는 것이 저희의 생각입니다.

지금 테러방지법에 대해서 테러를 방지하겠다는데 누가 반대하겠습니까? 저희도 반대를 하지요. 아, 저희도 테러방지법을 만드는 것에 대해서 찬성을 하는 거지요.

그런데 그것 만들면서, 지금 문제가 되는 국정원의 그런 문제들을 해소할 수 있는 모든 수단을 쉽게, 아주 쉽게 만들 수 있고요. 저희가 그 수준도 안 되면서도 지금 미미하지만 타협안을 받겠다고 얘기를 했음에도 불구하고 여당에서는 지금 도저히 타협하지 못하겠다 하고서 지금 공포의 정치, 겁박의 정치를 하고 있는 것 아니겠습니까? 이게 지금 다수당의 힘을 믿고 그렇게 하는 거지요.

그러니까 저희가 계속 말씀드렸다시피 이번 테러방지법이라고 하는 것 자체가 바로 선거를 앞둔 정치 공세였다는 얘기를 계속 드리는 겁니다.

저는 아까 말씀드린 대로 우리가 문제를 해결한다, 테러에서 지금 가장 문제가 되는 것이 무엇인가 하는 것들에 대해서 우리가 열심히 지금부터 찾아보고 대처를 하게 되면 그런 건데요. 제가 계속 말씀드렸다시피 우리 국가기관 전부가 이런 노력들이 굉장히 부족합니다.

그래서 예를 들면 아까 공항의 경우에, 공항 한번 가서 누구라도, 보안전문가가 가서 점검을 해 보면 거기 얼마나 많은 문제가 있는지 쉽게 알 수 있습니다. 그리고 지금 보안전문가들의 입장에서 봤을 때 보안전문가들이 지금 테러의 위협요인들, 그 사람들이 어디서 들어오고 그리고 어디에서 지금 활동하고 이런 것들에 대해서 정보를 지금부터 수집해 들어가야 되는 겁니다.

그런 것들에 대해서는 전혀 하지 않으면서 도·감청 권한만 더 달라 이렇게 얘기하는 것이, 그리고 실제로 지금 국정원에서 계속 얘기하면서 IS 대원들이 몇 명이 국내에 들어왔다 나갔다, 들어왔다 나갔다 이런 얘기합니다. 그러면 IS 대원이 들어와서 그렇게 됐다는 그런 수많은 정보를 어떻게 왜 한국의 국정원은 꼭 나가고 나서야 아는지 저는 납득하기 좀 어렵다는 거지요. 그러면 IS 대원이 들어와서 그것에 대해서 합당하게 조치를 취한 적이 있느냐, 그런 데 대해서 저는 의문을 갖게 된다는 겁니다.

이제 아까 말씀드린 대로 지금 한국경제를 조금 더 저는 얘기를 해야 되겠는데요. 국가경제가 지금 파탄 상황이다. 그러니까 박근혜정부에서 이걸 해야 되는데 이걸 지금 제대로 안 하고 있다. 그러면 얼마나 파탄이냐? 제 개인적인 말씀을 좀 드리자면 한국경제가 무너지는 것은 지금 시간문제다. 왜 그런가 하면 지금 이해가 안 가는 것 아닙니까? 현대자동차가 지금 전 세계적으로 전기차 시장의 경쟁이 그렇게 굉장히 치열한데, 그런데 현대자동차가 난데없이 10조 원을 들여서 강남의 땅을 딱 사요. 그러니까 전 세계에 있는 자동차 분석가들이 놀라는 것 아닙니까? '한국은 지금 어디로 가려고 그러나'. 그러니까 제가 생각할 때 한국의 자동차 산업이 앞으로 몇 년 후에 무너질 것 같다는 생각이 들지 않을 수 없는 거지요.

이미 상당수 기업들이, 아까 수출에서도 보여 드렸습니다마는 사실상 상당수 산업이 이미 중국한테 우리가 먹혔습니다. 조선산업이 그렇고요, 그다음에 중화학공업도 그렇고요.

그러니까 이런 것들에 대해서 지금 중국이 우리의 경쟁력을 다 갉아먹고 있는 상황인데 지금 한국의 재벌들이라고 하는 것은 바로 그렇게 전 세계적으로 나가서 경쟁을 하려고 하는 것이 아니라 바로 정부에게 자기네가 요구하는 것들, 지금 그런 재벌의 요구에 맞지 않는 노동이라든가 소비자운동이라든가 이런 사회적인 불만, 대중의 불만 이런 것들에 대해서 대처하는 것만 급급해 하고

있는 것이 아닌가 이런 생각이 드는 겁니다.

바로 그 결과는 정경유착에 의해서 재벌은 나가서 열심히 일할 필요가 없는 거지요. 그렇게 열심히 일해 봐야 그것보다, 그것 힘들게 해 갖고 성공할지 실패할지 알 수 없는 상황이지요. 그런데 정부하고 잘만 해서 자기네들한테 유리하게 규제를 딱 만들어 놓거나 혹은 이렇게 해서 특혜를 받게 되면 그러면 수없이 많은 돈을 아주 손쉽게 벌 수가 있습니다.

그러니까 지금 정부를 설득을 해서 노동개혁을 딱 하게 되면, 그러면 노동개혁을 해서 해고를 쉽게 한다, 그러면 임금 인상이 어려워지니까 재벌들의 입장에서는 또 엄청난 돈을 남기게 되겠지요.

이것이 바로 한국경제를 좀먹는 거라는 거지요. 그러니까 재벌들이 경쟁력을 높이는 것이 아니라 이렇게 손쉽게 돈을 벌려고 하고 그러는 사이에 하나씩 둘씩 한국 재벌들은 무너져 간다.

그러면서 바로 그렇게 재벌들이 쥐어짜기를 하다 보니 중소기업이나 노동자들이나 이런 데서는 기술 축적이 안 되는 거지요. 기술 축적이 이렇게 안 되는 상황에서 자꾸 기술력이 떨어지고, 그런데 중국하고 개방은 자꾸 되니까 그렇게 떨어져서 우리 기업들은 다 무너지고, 그러니까 점차적으로 또 소비자에 대한 구매력이 떨어지니까 모든 사람들이 경제가 어려워지고, 이게 지금 악순환이 반복된다는 것이지요.

이것은 역사의 교훈입니다. 즉 보수 정부가 들어서면 이렇게 노동을 탄압하고 재벌을 지원하고 바로 이렇게 공안통치를 하게 됩니다. 바로 이와 같은 결과는 양극화가 심화되고, 그리고 그 결과는 항상 경제침체, 경제공황으로 왔다는 것이 바로 역사의 교훈이라고 하는 것이고 저는 그 말씀을 지금 드리는 겁니다.

박근혜정부의 이런 일련의 정책들이 지금 테러가 정말로 시급해서, 테러방지법을 이렇게 지금 굉장히 쉽게 타협할 수 있음에도 불구하고 타협하지 않고 있다는 것이지요, 다른 목적이 있기 때문에. 그리고 그와 같은 사례는 박근혜정부뿐만 아니라 앞선 보수 정부들이 그런 모습들을 보였다는 겁니다.

저는 지금 경제민주화를 위해서 국회에 들어왔고요. 그리고 4년이 지났습니다. 저는 거기에 대해서 굉장히 안타깝게 생각을 하는데요. 제가 와서 국회의원을 하면서 경제민주화 하러 왔으니까 뭔가 좀 성과를 냈어야 되는데 불행하게도 성과를 내지 못했습니다. 성과를 내지 못한 이유는 지금 말씀드린 대로 소수정당으로서의 한계가 있었고, 지금 새누리당과 박근혜정부의 그런 비타협 정치, 독단적인 정치에 의해서 지금 이렇게 되었다는 말씀을 드리겠습니다.

처음에 박근혜정부가 출범 초기만 하더라도 타협의 정신을 살려서 양당이 잘 타협하려고 했습니다. 그런데 제가 지금 기획재정위 조세소위에 있는데 지금 2년째 조세소위는 양당이 타협하지 못한 상황에서 국민의 세법이 결정이

홍종학

됐습니다.

그 이유는 뭡니까? 세법이 그렇게 양당이 타협하지 않으면서 결정된 것은 심지어는 예전에도, 이명박 정부 때나 그 이전에도 없었다고 합니다. 그래도 세법은 중요한 거니까 최소한 양당이 타협해서 그렇게 해서 의결을 했다고 합니다.

그런데 2년 전부터 박근혜정부가 일방적으로 가게 되면서 지금 양당이 거의 타협하지 못하는 이런 국정운영을 하고 있습니다.

양당이 타협하지 못하는 이유는 간단합니다. 저희는 재벌들의 세금을 높이자고 하는 것이고요, 재벌들에게 세금 깎아 주는 것 깎아 주지 말자고 하는 것이고 대신에 지금 구매력이 필요한 서민들·중산층 여기에 대해서는 세금도 더 깎아 주고 그다음에 지원도 더 해 주고 이렇게 국정운영을 하자, 이 두 가지 커다란 흐름이 지금 부딪혀 있는데 그것도 그 상황에서도 양당에서 어느 정도 타협을 할 수가 있습니다.

그러니까 첫 연도 같은 경우에는 우리가 '재벌들 세율을 높이자'고 하니까 '그것은 새누리당의 근본적인 철학에 관계된 것이다. 그게 박근혜정부의 근본적인 운영기조에 관계된 것이니까 그것은 안 된다. 대신에 실질적인 효과를 내도록 하자' 해서 이른바 최저한세, 당시에 한국의 재벌들은 세율도 낮지만 그 낮은 세율도 제대로 내지 않는, 그러니까 이런저런 비과세 공제 때문에 엄청나게 세율을 낮게 내서 그것 때문에 심지어는 삼성전자 같은 그런 대기업은 중소기업보다도 더 낮은 세율을 내고 있다, 이런 비판들이 많았기 때문에 그런 것들을 올리는 것으로 양당이 타협을 했습니다.

그러니까 처음에, 2013년도까지만 하더라도 그런 식으로 타협이 됐는데 그다음부터는 박근혜정부가 경제민주화를 포기하고 그리고 일방적으로 재벌 위주의 정책을 취하면서 이제 저희 입장에서 소수당이지만 그것을 막을 수가 없었고 그러다 보니까 지금 계속 타협하지 못하고 있는 그리고 일방적으로 지금 운영하고 있는 이러한 상황이라고 하는 말씀을 드리고 싶습니다.

어떤 정도가 됐느냐 하면요, 저는 그것이 박근혜정부에게 굉장히 아쉽게 생각하는 겁니다.

아까 말씀드렸다시피 박근혜 대통령이 열심히 국가를 위해서 일한다고 하는 충정을 제가 의심하지 않습니다. 그런데 문제가 되는 것은 지금 그런 합리적인 논의에 대해서 박근혜정부에서는 귀를 열어 놓지 않았기 때문에 박근혜정부의 국정운영에 심각한 문제가 있다는 겁니다.

그러고서 지금 새누리당 의원들은 상임위에서 거의 자기 의견을 얘기하지 않습니다. 그러니까 사실상, 뭐 잘 돌아가는 위원회도 있겠지요. 뭐 있겠습니다마는 하여튼 기재위 같은 경우에는 새누리당 위원님들은 거의 자기 의견을 얘기하지 않고 이런 중요한 의견에 대해서 거의 기재부 국장쯤 될까요? 그런 국장이, 뭐 장관과 차관도 하겠습니다마는 그런 서너 명이 지금 대한민국 경제를 움직여 나가는 그런 셈이다. 여야 국회의원들이 이렇게 많고 그렇게 좋은 의견을 많이 내지만 그냥 기재부에서 합리적인

의견, 자기네들이 동의하지 않는다 그러면 그냥 잘라 버리는 이런 상황입니다.

예를 하나 들어 보겠습니다.

이것은 테러방지법하고 관계가 없는데요. 그런데 지금 박근혜정부의 국정운영에 대해서 말씀을 드리는 겁니다.

제가 맥주법을 발의를 했습니다. 그것은 제가 발의하고 싶어서 발의한 게 아니라 어떤 분이 그러시더라고요. 이코노미스트 기자가 '한국 맥주가 대동강 맥주보다 맛이 없다' 그래서 저희 비서관이 '이게 문제가 있으니까 이것 법을 하나 내자'고 그래서 제가 '내지 말라'고 그랬습니다. 제가 '경제민주화로 국회에 온 사람인데 내가 지금 술이나 다루고 있으면 되겠느냐, 그러니까 그것 하지 말자', 그런데 우리 비서관이 '그게 아닙니다. 이것 중요한 겁니다. 이것도 경제민주화하고 관련된 겁니다' 해서 그 사태를 파악을 해 보니까 정말 어처구니가 없었습니다.

그 어처구니가 없는 것은 뭐냐 하면, 중소기업이나 이른바 하우스 맥주라고 하는—요즈음 '수제 맥주'라고도 부르고요—여기에 매기는 주세가 72%인데 이 주세가 대기업의 맥주에 비해서 2배, 3배를 붙이고 있었습니다.

그러니까 원가가 비싼 중소기업이나 하우스 맥주는 똑같은 맥주를 만들더라도 대기업에 비해서 2배, 3배 맥주세를 내고 있는데 이것은 잘못된 것 아니냐, 우리가 통상적으로 중소기업을 지원하기 때문에 중소기업의 세금을 깎아 주는 것은 있어도 어떻게 세금을 더 받느냐, 제가 국정감사 때 맥주들 죽 갖다 놓고 대기업 맥주에 대해서 한 캔당 삼백 얼마인데 중소기업 맥주는 700원에 달하는 그런 세금을 내는 걸 보이면서 이게 말이 되느냐, 그 합리성에 대해서는 아무도 의심하지 않았습니다.

그러면 이것 해결하자, 안 합니다. 그러더니 그냥 거지 떡 하나 주듯이 '홍 위원이 그렇게 얘기하니까 그러면 하우스 맥주에 대해서 그냥 5%, 10% 이 정도만 줄이도록 합시다. 그것도 세율을 낮출 수가 없으니 과세표준을 조금 줄여 줄 테니 그것으로 갑시다'……

하우스 맥주는 외부에 유통도 안 돼서 이게 말이 되느냐, 하우스 맥주라는 것이 외부에 유통되는 게 지금 미국에 하우스 맥주가 완전히 블루오션 시장이 되어서 미국에 지금 3000개의 하우스 맥주 회사가 생겨 있습니다. 거의 1년에 100개씩 회사가 생겨납니다.

그런데 우리나라는 맥주가 외부에 유통이 되지 않으니까, 그게 안 되니 그걸 유통시켜 달라, 제가 2년, 3년 빌고 빌어서 했더니 그것 간신히 하나 유통이 된 겁니다. 그런데 저는 유통 다 된 줄 알았더니 그것도 또 다른 카페로만 유통하게 되어 있고 슈퍼마켓에는 유통하지 못하게끔 이렇게 해 놓았어요.

중소기업에서 맥주 만들고 그 앞에 있는 슈퍼에다가 갖다가 파는 게, 중소기업이 아니라 하우스 맥주, 그게 왜 뭐가 문제가 됩니까? 미국에서는 그렇게 하우스 맥주 가서 맥주 마시고 거기서 그냥 병에 담아서 집에 가서 먹는 겁니다.

그런데 그걸 못하게 지금 막고 앉아 있으니 이런 게

불합리한 규제지요. 이 불합리한 규제 풀자, 그러니까 박근혜정부에서 지금 규제를 풀자고 엄청나게 얘기를 하는데 그 규제 풀자고 하는 것은 전부 재벌을 위한 규제이지, 바로 이렇게 중소기업을 옥죄는 이런 규제를 풀자는 데는 박근혜정부가 끝까지 반대했습니다. 지금도 그래서 중소기업이나 하우스 맥주의 세금은 많이 낮추었습니다마는 거지 떡 하나 주듯이 그렇게 던져 주면서 지금 이런 상황이 되고 있는 겁니다.

저는 이런 게 너무나 답답합니다. 지금 맥주시장이라고 하는 것이 OB하고 하이트 맥주 2개 회사가 거의 80% 이상을 장악하고 있는데요, OB 맥주는 지금 한국 회사도 아닙니다.

제가 계속 말씀드립니다마는 우리가 외국 회사에 대해서 차별을 할 이유는 없지요. 하지만 외국 회사를 위해서, 지금 이 대기업 맥주 둘을 위해서 우리 중소기업 맥주 그다음에 하우스 맥주에 대해서 이렇게 규제를 계속하고 있다는 게 말이 안 되는데, 새누리당 위원님들도 '맞아, 맞아. 그렇게 하는 거지' 하는데 기재부 세제실장의 '안 됩니다' 한 마디에 그냥 다 이러고 있는 겁니다.

불행하게도 이게 지금 대한민국의 현실이고 이게 지금 새누리당의 현실이라고 저는 생각을 합니다. 바로 이와 같은 문제, 즉 일방적으로 재벌을 편들고 그 권한이 기재부에 들어가 있다 보니까 지금 합리성은 따지지도 않고 지금 이렇게 되어 있다. 이것을 제가 위험하게 생각하는 이유는 바로 이것이 1996년 상황하고 너무나 비슷하게 가고 있다는 겁니다.

모든 권한이 기재부에 몰려 있고 새누리당은 거수기로 전락하고 있고 대통령이 일방적으로 국정을 운영하려고 하고 이런 상황에서 재벌들만 자기의 이해를 넓혀가는 이것이 지금 한국 경제의 오늘의 현실이고 불행하게도 저는 이 얘기를 국회에 들어와서 4년 내내 했습니다마는 이런 얘기들을 언론에서 아무도 받아 주지 않고 있어서 오늘 이 필리버스터를 통해서 이런 얘기를 하게 되어서 저는 너무나 감사하게 생각을 합니다.

참 많은 분들이 국회의원이 좋은 직업이라고 얘기를 합니다. 제가 봐도 누리려고 하면 참 좋은 직업이겠지요. 국회의원 돼 가지고 여기 특권이 많다고 그러지만 저희가 그 얘기 들을 때마다 답답한 게 뭐냐 하면, 그런 특권을 누려 보지 못하고 있는 국회의원이 더 많기 때문에 저희는 굉장히 답답하게 생각합니다.

저는 국회에 들어오면서 그런 얘기를 했습니다. 국민의 얘기를 듣는 데 있어서 목소리 큰 사람 얘기를 듣는 것보다는, 보이지 않는다고 해서 그 사람이 없는 게 아니고 들리지 않는다고 해서 그 사람이 소리치고 있지 않은 게 아닌데 그것을 들어야 되지 않겠느냐……

목소리 큰 재벌이 있습니다. 재벌은 끊임없이 국회에 담당관을 두고 여기서 국회 대관업무를 한다고 이야기합니다. 그러면 그 재벌의 대관업무 담당자들이 끊임없이 국회의원들 만나면서 재벌들의 소원을 얘기합니다.

필요사항을 국회의원들한테 얘기합니다. 심지어는 자기들이 원하는 법이 있으면 그것을 로펌에다가 요청을 해서 법을 다 만들어서 국회의원한테 갖다 줍니다. 그러면 그 국회의원은 얼마나 좋습니까? 아주 멋있게 만들어진 법을 자기가 대표발의하게 되면, 그것이 통과되면…… 글쎄, 국회의원이 그 성적에 얼마나 연연하는지는 모르겠습니다마는 자기 발의 성적에도 들어가는 거지요. 이게 대한민국의 현실인 겁니다, 지금.

저는 보이지 않는 곳을 보려 했고 들리지 않는 곳을 들으려고 지난 4년간 뛰어다녔습니다. 너무나 힘들었습니다. 그렇게 힘들게 뛰어다니면서 사람들 만나고 그 작은 목소리를 듣고 보이지 않는 곳에 계시는 분들 만나서 얘기를 듣고, 그리고 제가 경제학을 했으니 그것을 통계로 잡아서 대한민국의 실상을 보고자 굉장히 노력을 했습니다만 실제로 제대로 되지 못해서 항상 아쉽게 생각을 합니다. 그게 제대로 되지 않는 이유는 뭐냐 하면 한국의 언론이 지금 제 기능을 하지 못하기 때문이지요. 저는 이게 굉장히 중요한 거라고 생각하고요.

이렇게 늦게까지 보시는 분들을 위해서 말씀을 드리자면, 제가 이 아이디어를 얻은 것은 만화영화 '호튼'이라는 게 있었습니다. 코끼리 나오는 만화영화였는데 이 코끼리가 어느 날 발견한 티끌이 하나 있었고 그 티끌 속에 아주 조그만 사람들이 살고 있었다는, 그래서 보이지 않는다고 거기에 살아 있는 생물이 없는 게 아니고 들리지 않는다고 해서 거기에 사람이 혹은 생물이 없는 게 아닌데 그것을 무시해 버리려고 하는 사람들이 있다 이런 얘기인데요. 바로 그게 제가 드리는 인권의 중요성과도 관계가 있다고 생각을 합니다.

인권침해, 필리버스터 하는 동안 우리 의원님들이 수없이 많이 얘기했고 저도 지금 여기 갖고 있는데 다 읽기가 너무 벅차서 지금 안 읽고 있습니다마는 그 인권침해를 당하는 사람들, 그 목소리 들리지 않습니다. 그 인권침해를 당하는 사람들 보이지 않습니다. 여러분들이 보지 않고 살면 그냥 안 보고 사는 겁니다, 평생. 하지만 인권침해를 당하는 그 한 사람은 그것으로 인해서 인생이 다 무너지고 거기서 헤어 나오지 못 하고 국가의 잘못된 권력에 의해서 완전히 피폐화된 그런 삶을 살게 되는 겁니다. 그렇게 살아 온 사람들이, 그렇게 피해를 입은 사람들이 우리 사회에 엄청나게 많고 그러고 왔던 것입니다. 그것 찾아 보지 않으면 보이지 않습니다.

세월호의 그 말도 안 되는 일이 벌어져서 우리 꽃 같은 아이들이 그렇게 많이 죽었는데 그걸 슬퍼할 권리조차 주지 않는 이 나라 아닙니까? 그것 보지 않고 살면 안 보이지요. 그들의 목소리를 듣지 않으면 안 들립니다. 그 보이지 않는 것을 전파해 주는 게 언론의 역할인데 한국 언론은 그 역할을 하고 있지 않습니다. 그렇다고 해서 그 사람들이 없는 게 아닙니다. 그리고 어느 날 내가 그 사람이 될 수 있는 겁니다. 그래서 우리가 이것을 중시여기는 거지요.

한 달에 160만 원도 못 받는 사람이 대한민국 국민의 절반이다. 그것이 임금근로자의 절반이다 그 얘기를 보면서 우리는 깜짝 놀라는 거지요. 지금 그 사람들은 밥 먹을 게 없어서 편의점에 가서 김밥 하나, 삼각김밥을 가지고 끼니를 때우고 이러고 있는 것 아닙니까?

지금 이렇게 국정원의 잘못된 것에 피해를 입으신 분들 얼마나 많습니까? 안 보고 살면 안 보이는 겁니다. 하지만 그런 분들이 대단히 많고……

제가 아까 이것이 굉장히 중요한 전기가 될 수 있다고 말씀드린 것처럼 바로 히틀러가 그렇게 인권유린을 하나씩 하나씩 하나씩 하다가, 처음에는 공산주의자들을 잡아 가뒀고 유태인도 잡아 가뒀고 이 사람은 노동운동 한다고 잡아 가뒀고 이렇게 해서 자기 반대세력을 다 잡아 가뒀던 그런 전례가 있습니다. 그리고 결국은 끔찍한 전쟁까지 일으켰습니다. 이것은 권력의 속성입니다. 권력이 자기가 잘못한 것을 하나씩 덮기 시작하면 점점점점 더 큰 잘못을 범하게 되는 것이고 그것이 결국에, 종국에는 어마어마한 비극으로 이어질 수 있다는 겁니다. 그런 면에서 우리는 굉장히 중요하게 생각을 해야 된다는 것이지요.

저는 경제민주화를 하러 국회에 왔지만, 경제민주화를 하면서 제가 내세운 정책은 경제민주화 햇볕정책입니다. 어떤 분들은 '이것 햇볕정책 아니야?'…… 그런데 우리 당의 김대중 정부에서 했던 그 정책은 햇볕정책, 그래서 북한의 외투를 벗기는 정책이고요. 제가 얘기하는 경제민주화 정책, 아까 말씀드린 대로 재벌의 그런 특혜, 특권 이런 것들을 낱낱이 밝힘으로 인해서, 국민들이 그것을 봄으로 인해 가지고 개혁을 하는 것을 제가 정책 우선순위로 삼아서 저는 거의 4년 동안 통계와 씨름하고, 그다음에 매일 국세청이나 각 기관으로부터 '통계 내놔라' 이것 해서 통계를 내 놨는데 그렇게 만들어진 통계들이 국민들에게 거의 전달이 안 됐습니다.

경제민주화 햇볕정책을 처음 얘기한 사람, 제가 햇볕정책이라고 말을 했는데요. 이 원조는 루이스 브랜다이스라고 하는 미국의 대법관이 얘기를 한 겁니다. 그래서 루이스 브랜다이스라고 하는 그 사람이 얘기한 것이 뭐냐 하면, 햇볕은 가장 좋은 살충제이며 전등은 최고의 경찰관이다. 그래서 도둑을 잡는 것이, 불을 밝게 켜 놓게 되면 도둑이 잘 다니지 못하게 되는 거지요. 우리가 좀 더 투명한 사회가 되면 될수록 테러리스트가 우리 사회에 발붙일 자리는 없습니다.

따라서 그런 정책을 여기서도 취해야 되는데 저는 그런 정책을 보지를 못합니다. 지금 현재 이와 같은 것이 제대로만 알려진다고 한다면 한국 경제의 문제점들이 낱낱이 보도가 될 것인데 지금 그렇지 못한 것을 다시 한 번 안타깝게 생각합니다.

그래서 제가 보는 바는, 지금 계속 강조해서 말씀드립니다마는 자본과 결탁한 정당, 정치집단이 역사적으로 항상 있었고, 그리고 거기에 대항하는 시민사회 집단 그리고 노동집단을 대변하는 정치집단이 있었고, 그것이 선진국에서 대체적으로 지난 100여 년 동안 그런

긴장관계가 유지돼 온 거고요. 한국에도 지금 그런 두 정당이 있다는 겁니다. 엄청난 차이가 두 정당 사이에 있고요. 저희가 생각하는 것은 유럽처럼 이 두 정당이 그 차이를 확인해 가고 서로 맞춰 가야 되는 것인데 지금 이런 후진적인 정치제도 때문에 제대로 된 정보가 우리 국민들에게 전달되지 않고 있다는 것이 제 생각입니다.

당연히 유권자들의 입장에서는 유권자를 위하는 정당을 지지해야 되는데 그 정보가 제대로 전달되지 않으니까 지금 강력한 스피커를 가지고 있는, 큰소리를 칠 수 있는, 재벌을 지지하는 그 정당의 목소리가 국민들에게 더 많이 전달이 된다는 겁니다. 따라서 이 문제를 해결하는 것은 각 시대에서 굉장히 어려운 과제였고요. 그래서 이런 의미에서 표현의 자유가 굉장히 중요하다, 그러면 자본과 대항하는 국민들의 목소리 그걸 어떻게 담을 것이냐 이것이 민주주의가 앞으로 발전해 나가는 데 있어서 굉장히 중요한 사항들이 아니겠는가 이렇게 생각을 합니다.

바로 그것을 억누르기 위해서, 바로 그렇게 자본에 대항하는 정치세력들을 억누르는 데 굉장히 중요한 기제가 정보통제, 그리고 이와 같은 공포정치, 그리고 이렇게 계속적으로 억압하는 정보정치라고 하는 것입니다.

그러면 어떻게 해야 되겠습니까? 자본에 대항하기 위해서 사람들이 나서야 되는 거지요. 그것이 한국정치에 있어서의 한 단계의 전환점이 마련될 하나의 전기라고 저는 생각을 합니다. 그러니까 지금 이런 거지요. 그래서 자본에 대항하는…… 대항한다기보다도 그냥 자기 권익을 지키려고 하는 사람들, 우리 유권자 한 사람 한 사람들이 목소리들을 더 많이 담으려고 하는 정치집단 간의 싸움이 돼야 되는데 그게 아니라 자본의 목소리가 그 목소리를 다 눌러 버려서 자본을 지지하는 정당의 목소리만 국민들한테 제시하는 것이 오늘의 현실이다. 그러면 이 문제를 해결하기 위해서는 우리 국민들이 자본에 대항하기 위해서 좀 더 많은 목소리를 내야 된다는 것이 제 생각입니다.

그리고 제가 국회의원이 돼 가지고 굉장히 답답했던 게 뭐냐 하면 정치를 혐오하게 만드는, 그러니까 언론에서 끊임없이 국회의원은 다 그놈이 그놈이고 다 나쁘고, 뭐 이런 표현들을 써서 정치를 혐오하게 만듭니다. 그러면 실질적으로 어떻게 되냐 하면, 국회의원들이라고 하는 것은 지역 주민들의 목소리를 대변하는 것이고 그런 목소리가 여기 모여져서 국정에 반영되는 것인데 국회의원들의 목소리가 낮아지게 되면, 그러면 자본의 목소리만 커지게 되는 것이고, 그러면 자본이 통제하는 그런 사회가 되는 것이고, 바로 그렇게 지금 자본과 박근혜정부가 결탁한, 사실상 어떻게 보면 심지어는 박근혜정부가 자본의 지배를 받는 이런 형식의 모습이 지금 보이고 있다. 그래서 일각에서는 한국의 민주정치가 발전하기 위해서는 상당한 시간이 더 필요하다 이런 말씀을 하는 분들이 굉장히 많고요. 저도 그런 면에서 그렇게, 뭐라 그럴까요, 한쪽에서는 희망을 가지면서도 한쪽에서는 저도 굉장히 불안하게 생각을 해 왔습니다.

저는 반면에 굉장히 낙관적인 생각을 갖고 있는데요. 그건 뭐냐 하면 우리 한국정치가 이렇게 지리멸렬하고 여러분이 보시는 것처럼 굉장히 재미가 없는데, 뭐 웃긴다고 그럴까요, 하여튼 거의 생산성도 없고 이런 것 같은데 제가 보니까 서구 국가들도 이런 과정들을 거쳤다는 거지요.

그리고 서구에서도 보면, 미국 민주당도 우리 더불어민주당처럼 굉장히, 뭐라 그럴까요, 취약한 시기를 굉장히 오랫동안 보냅니다. 아까 말씀드렸다시피 대공황이 오기 전에 세 번의 선거를 연거푸 지게 되는데 바로 이와 같은, 그러니까 자본의 조직력을 당해 내지 못하다 보니까, 그리고 자본의 도움을 받지 못하는 정당의 입장에서는 항상 분열하게 되고, 기반이 튼튼하지 못하니까요, 이런 것들이 과거 역사에서 보였고 그런 것들을 겪고 나서 미국은, 지금도 문제가 많습니다마는, 그렇게 한 단계 높은 단계의 정치로 갔다는 것을 저는 봤기 때문에, 그래서 현실정치에 대해서 굉장히 많은 분들이 굉장히 실망하지만 저는 실망하지 않고 다음 단계로 가기를 희망을 가지고 열심히 지켜보고 있습니다.

그런데 문제가 되는 것은 그다음 단계라고 하는 것이 일본처럼 갈 것이냐, 아니면 독일처럼 갈 것이냐, 아니면 우리가 미국처럼 갈 것이냐 이런 우리의 선택의 문제가 남게 되고요.

제가 굉장히 좋아하는 대통령이 미국의 루스벨트 대통령입니다. 그래서 제가 루스벨트 대통령, 1920년대에 대해서 연구를 많이 하게 되었는데요. 그 연구하게 된 이유는 뭐냐 하면 재벌이라고 하는 저 막강한 정치권력을 합법적으로 해체한 국가가 있는가 이것을 제가 굉장히 오랫동안 찾아다녔습니다. 왜냐하면 한국에서 재벌의 권력이 워낙 세기 때문에. 그리고 그걸 찾았는데 그 유일한 사례가 바로 미국의 루스벨트 대통령의 뉴딜입니다. 그러니까 루스벨트 대통령조차도 처음에 재벌과 아주 힘겨운 싸움을 해서 첫 4년 동안은 거의 정권이 흔들릴 정도가 됐고요. 다행히 재선이 되면서부터 자리를 잡아서 미국의 민주정치가 자리를 잡게 된 것이지요. 그러니까 루스벨트 대통령이 미국에서 4선 대통령이 됩니다. 아주 전무후무한, 대통령이 네 번이 되신 분인데요. 그렇게 되면서 이제 미국이 보수와 진보, 공화와 민주가 균형이 잡혀 가는 거지요.

한국의 경우에는 아직 그 단계가 오지 않았고요. 그러면서 자본을 지지하는 정당이 지금 계속적으로 8년간 이렇게 집권을 해 왔기 때문에 양극화가 굉장히 심화되었고 그 심화된 양극화에 의해서 국민들의 고통은 굉장히 깊어져 가는 거지요. 이런 상황에서 경제위기가 왔을 때 국민들께서 아마 자각을 하실 거라고 생각을 합니다.

그전에 저는 우리 국민들이 자각을 해서 바로 이와 같이, 우리 국민들 하나하나가 갑자기 보이지 않는 사람이 됐고 들리지 않는 그런 목소리가 된 것을 다시 목소리를 찾고 모습을 찾아서 한국정치에 모습을 드러내야 된다고 생각을 합니다.

제가 좋아하는 루스벨트 대통령의 얘기들을, 연설문 중에서 몇 군데만 그냥 조금 읽어 보도록 하겠습니다. 지금 제가 말씀드리는 것처럼 최근에 루스벨트 대통령이 대공황 한복판에서 국민들에게 이렇게 얘기합니다.

'최근의 역사와 간단한 경제학을 살펴봅시다. 여러분과 저, 평범한 남자와 평범한 여자들이 얘기하는 것이 경제학입니다.' 우리가 지금 아는 것 아닙니까? 지금 대한민국의 온 국민이 먹고살기 어려운데 박근혜정부와 새누리당은 이상한 얘기를 하고 있습니다. 여러분이 어려운 것은 지금 재벌들이 투자를 안 해서 그런 것이고, 따라서 우리가 재벌을 지원해서 재벌이 투자를 하게 되면 여러분이 잘살게 된다. 그런데 그게 말이 되느냐 여기에 대해서 루스벨트는 이렇게 답을 합니다.

'1929년 이전에 이 나라는 건축과 인플레이션의 거대한 사이클을 지났습니다. 10년 동안 우리는 전쟁의 잔해 복구라는 명목으로 이 부분의 사업을 확장하였지만 사실 그 수준을 넘어서서 우리의 자연스러운 평소 성장을 벗어나는 수준까지 확장되었습니다.

그런데 이제 기억해야 할 것이 있습니다. 그동안에 생산비가 상당히 떨어졌는데도 소비자가 지불해야 할 가격은 전혀 떨어지지 않았다는 점입니다. 이 기간에 기업은 막대한 이윤을 얻었습니다. 그러나 그 이윤은 가격 하락에 아무런 기여도 하지 않았습니다. 소비자는 망각되었습니다. 이윤의 아주 적은 부분만이 임금상승에 포함되었습니다. 근로자는 망각되었습니다. 적절한 배당금이 주어지지 않았습니다. 주주는 망각되었습니다.'

이게 지금 우리 얘기하고 거의 똑같이 되는 것 아닙니까? '거대기업의 잉여금은 쌓여 갔습니다', 지금 우리나라는 재벌들이 710조의 내부유보자금을 쌓아 놓고 있습니다. '역사상 가장 엄청나게 쌓여 갔습니다', 지금 역사상 가장 엄청나게 710조라고 하는 내부유보잉여금이 쌓였습니다.

'그런데 그 잉여 부분은 어디로 갔습니까? 우리가 이해할 수 있는 경제학으로 얘기해 봅시다. 그것은 주로 두 방향으로 흘러갔습니다. 우선 이제 황량하게 할 일 없이 서 있는 새로 지은 불필요한 공장들로 흘러갔습니다' 우리 식으로 얘기하면 그 돈은 저기 강남에 새로운 100층짜리 빌딩을 짓는 데로 흘러 들어가는 거지요.

'나머지는 기업이 직접 또는 은행을 통해 간접적으로 월스트리트의 콜머니 시장으로 들어갔습니다. 이것은 사실입니다. 왜 사실을 바라보지 않습니까?' 기업이 지금 엄청난 710조의 돈을 갖고 있는데 기업이 제대로 투자합니까? 하지 않습니다.

'그 후에 경제 붕괴가 찾아왔습니다. 여러분도 그 내용을 다 아십니다. 불필요한 공장에 들어간 잉여금은 아무 의미가 없어졌습니다.' 경제가 무너지고 나면 롯데가 지은 저 거대한 건물은 그냥 시체더미가 되고 말겠습니다.

'사람들은 일자리를 잃었습니다. 지금도 잃고 있습니다', 우리나라도 그런 거지요. '그러니까 외국에서 사람들이 일자리를 잃었습니다. 경제위기가, 대공황이 왔으니까요.

구매력은 고갈되었습니다. 은행은 겁에 질려 대출금을 회수하기 시작했습니다. 돈을 가진 자들은 나누기를 두려워했습니다. 신용이 경색되었습니다. 산업이 멈췄습니다. 상업이 쇠퇴하고 실업이 늘어났습니다. 그리고 그곳에 오늘의 우리가 있습니다'

이것이 대공황 한복판의 미국의 얘기입니다. 루스벨트가 얘기한 게 바로 이런 걸 얘기하는 겁니다. 제가 지금 얘기하는 이 똑같은 얘기를 저는 역사에서 그냥 받아서 얘기를 하는 것뿐입니다.

이렇게 됐기 때문에 루스벨트가 취임을 한 다음에 대대적으로 재벌개혁에 들어갑니다. 그때 당시에 JP모건이라고 하는 기업은 어느 정도였느냐 하면 대통령을 우습게 보는 기업입니다. JP모건은 당시에 지금 우리나라의 삼성전자와 비교할 바도 없이 모든 걸 다 갖고 있습니다. 은행도 갖고 있고, 철도회사도 갖고 있고, 전력회사도 갖고 있고, 철강회사도 갖고 있고…… 그것을 루스벨트 대통령이 해체를 시켰습니다. 그렇게 거대한 JP모건이라고 하는 회사를 해체시켰는데 미국경제는 망했나요? 그렇지 않습니다. 미국은 그 이후로 탄탄한 세계 최대 강국으로 들어섰습니다.

이것이 바로 보수정부가 얘기했던 그 논리가 허구라는 겁니다. 그렇게 기업집단을 만들어서 그 기업집단에서 엄청난 내부유보금을 쌓아서 자기들끼리 돈 돌려 가면서 거기다 그렇게 쌓아 봐야 그것이 국민경제에 도움이 되지 않는다는 겁니다.

그리고 그 국민경제에 대한 그러한 불만이 나오는 것에 대해서 끊임없이, 지금 말씀드리는 것처럼 정보기관 이런 것들을 통해서 혹은 국가기관을 통해서 그런 불만을 억제해 오는 것이 바로 줄푸세 정책이라는 것입니다. 지금 새누리당의 정책이 바로 그러한 정책이라고 하는 것을 말씀드리고요.

그래서 지금 이와 같은 역사적 단계에서 저는 '한국도 지금 그와 같은 과정을 겪는구나, 그런데 지금 재벌이 너무나 크기 때문에 우리 정치는 계속적으로 왜곡되고 이렇게 갈 수밖에 없구나' 하는 것을 굉장히 아쉽게 생각하면서, 저는 그래서 경제민주화가 중요하고 경제민주화를 통해서 재벌들이 더 이상 골목상권에 침투하지 말고 재벌들이 더 이상 중소기업을 쥐어짜게 하지 말고 노동자들 쥐어짜게 하지 말고 이렇게 새로운 경제로 가야 된다는 얘기를 하게 되는 겁니다.

그래서 국회를 혐오하는, 그래서 국회를 통법부로 만드는 이것이 민주주의 발전에 도움이 되지 않고, 이렇게 민주주의 발전에 도움이 되지 않을 때 바로 정격유착은 심해진다, 그러니까 그렇게 국회의원들을 폄하해서 이익을 볼 사람들은 강력한 권한을 갖고 있는 재계분이라고 하는 말씀을 다시 한 번 드리겠습니다.

그래서 이런 것들에 대해서 제가 굉장히 안타깝게 생각을 했는데요. 저는 최근에 굉장히 긍정적인 현상들을 몇 개 보게 되었습니다. 다른 게 아니라, 여기서 우리 당 얘기를

해서 죄송하긴 합니다마는, 더불어민주당에 작년도에 굉장히 많은 당원들이 굉장히 짧은 시간에, 거의 10만 명 이상 되는 당원들이 입당을 했습니다. 저는 새누리당에서도 이런 것을 했으면 좋겠고, 이것이 바로 제가 말씀드린…… 새누리당이든 더불어민주당이든 이것이 바로 보이지 않는 곳, 보이지 않는 잊혀진 사람들, 아까 루스벨트가 얘기했듯이 국정을 운영하는 데 있어서 잊혀진 사람들의 목소리를 다시 회복하는 중요한 수단이라고 저는 생각을 하는 거지요. 그래서 우리 국민들이 좀 더 정치에 관심을 가지시고 적극적으로 당원이 돼서 목소리를 반영하는 것이 한국정치의 발전에 도움이 된다는 얘기인데요.

그동안은 한국에서 정당에 가입하는 것이 이른바 터부시돼 왔습니다. 그리고 저희가 이런 인권에 대해서 굉장히 얘기하는 것 중의 하나가요, 야당에 가입한 당원들은 야당에 가입했다는 얘기를 지금 잘 못합니다. 이게 지금 한국 민주주의의 현실입니다. 그래서 그동안은 야당에 가입했다 그러면 계속 탄압받을까 봐, 여러분들 아시다시피 지금 탄압받은 분들이 한둘이 아니잖아요. 그러니까 그런 탄압을 받은 것에 대해서 우려가 있기 때문에 정당에 가입하는 것에 대해서 굉장히 꺼려하는데 갑자기 10만 명이나 되는 분들이 짧은 시간에 들어왔기 때문에 저는 굉장히 고무적인 현상이라고 생각을 하고 한국정치에 있어서 새로운 하나의 전기가 될 중요한 일들이 되지 않았나 이렇게 생각이 됩니다.

여기 새누리당 의원님들도 계십니다마는, 저는 그래서 꼭 말씀을 드리고 싶어요. 지금 제가 말씀드리는 것처럼 인권의 문제를 자꾸 억압하려고 하는 이런 시도를 중단하고 바로 이렇게 정치를 복원해서 국민들이 정당에 좀 더 많이 가입하고, 그래서 국민들의 목소리가 좀 더 많이 들리게 하는 게 저는 굉장히 중요하다고 생각합니다. 그래서 더 많은 분들이 정치에 들어와 주셨으면 좋겠다는 생각을 하고요.

그다음에 정치에 들어와서 그냥 가만히 계실 게 아니라 엄청난 권한을 가진 목소리 큰 사람들과 대항하기 위해서 우리 목소리 작은 사람들이 열심히 뭉쳐서 활동을 해야 된다고 생각을 합니다.

지난번에 미국을 보니까 미국은 거의 중학교 때부터 선거 때 자원봉사를 하더라고요. 그때서부터 이런 정치적인 훈련을 쌓고 그런 정치적인 훈련을 통해서 그 사람들이 커 나가는 거지요. 그러니까 유럽에서 어느 당의 당수가 되면, 젊은 40대에도 당수가 되는데 다들 깜짝깜짝 놀라지요. 그런데 그분이 정당생활을 얼마나 했나 물어보면, 거의 20년 동안 했다 그러면 거의 스무 살, 심지어는 열다섯 살 이때서부터 정당생활을 했고 그 사람들이 한 20여 년 정당생활 하다가 당수가 되고 이렇게 되는 거지요. 그래서 그런 의미에서 저는 한국정치의 발전을 위해서 우리 국민들이 더 많이 정치에 참여를 해야지 저희가 지금 얘기하는 이런 것들을 이해할 수 있지 않을까 이렇게 생각을 합니다.

제가 아까 말씀드렸다시피 마국텔이 굉장히 중요한 의미를 가지고 있다고 생각하고요. 사실은 제가 더불어민주당 디지털소통본부장을 하면서 마리텔을 하려고 그랬어요. 마리텔이 지금 어렵지 않거든요. 그래서 우리 당원들도 많이 입당하고 이래서 이런 걸 하면 정치를 활성화하는 데 굉장히 도움이 되겠다 하는 생각을 하고 있었는데 여러 가지 기술적인 문제도 있고 예산 문제도 있고, 쉽게 하려면 그냥 휴대폰 가지고도 할 수는 있습니다. 그런데 그런 고민을 하고 있었는데 이 필리버스터가 되면서 이렇게 많은 분들하고 소통을 할 수 있게 돼서 굉장히 좋고요.

지금 어떤 분이, 얘기한 김에 부동산 얘기도 자꾸 해 달라고 하시는 분이 있는데요. 사실은 제가 굉장히 안타깝게 생각하는 것 중의 하나가 그런 겁니다. 아까 말씀드린 대로 지금 경제 비상사태고 한국경제는 굉장히 위급한 사태고, 그리고 그 위급한 사태 중에 가장 위급한 것이 부동산이다.

아까 루스벨트가 얘기한 대로 우리 평범한 시민들의 이야기로 한번 해 보자고요. 우리 평범한 시민들의 입장에서 봤을 때 지금 한국의 집값이 우리 월급으로 살 수 있는 집값인가, 그것 아니라는 걸 우리 뻔히 알고 있지 않습니까? 그러면 그게 아니라는 걸 뻔히 알고 있음에도 불구하고 그 집값을 높이기 위해서 박근혜정부와 새누리당은 지난 3년간 노력을 해 온 거지요. 그러니까 그 결과 한국경제는 훨씬 더 악화되었고요. 그래서 지금 그것 때문에 가계부채는 엄청나게 커진 거고요. 저는 국민적 불만 이런 것들이 앞으로도 계속 갈등요소가 될 것이고요, 이런 갈등요소를 해결하는 데 있어서 박근혜정부의 이런 일방통치가 굉장히 위험하다는 얘기를 드리는 겁니다.

지금 한국은 사실상 디플레이션에 들어간 상황이고요. 그러니까 디플레이션이라고 하는 것이 물가수준이 떨어지는 건데요. 여태까지 물가가 계속 오르고 있던 것에 대해서 물가가 떨어지면 좋지 않느냐 이렇게 생각하는 분이 굉장히 많은데요. 이게 굉장히 위험한 게 뭐냐 하면 물가가 떨어지기 시작하면, 특히 공산품 가격이 떨어지기 시작하면 물건을 만들 때 생각했던 가격보다 나중에 물건을 팔 때 가격이 떨어지니까 회사들이 무너지기 시작합니다. 실제로 지금 한국에서 공산품 가격은 이미 작년서부터 떨어지고 있고요. 작년에 소비자물가가 0.7% 올랐는데 그렇게 된 이유는 담뱃값 때문에 그런 거고요. 그것을 제외하고 나면 지금 물가가 거의 오르지 않고…… 그런데 생필품 가격들, 우리 시장에서 이른바 장바구니 물가는 올랐지요. 그러면 다른 게 내렸다는 얘기가 되겠지요. 그때는 물건 가격이 내려진, 바로 그것을 생산하는 기업들은 어떻게 되겠어요? 그것을 생산하는 기업들은 이제 무너지게 되겠지요. 그래서 디플레이션이 인플레이션보다 훨씬 더 무시무시한 것이고, 그 무시무시한 것을 저희가 대비를 해야 된다고 제가 오래전부터 얘기를 드린 겁니다.

이것은 너무 경제학 강의가 돼서 죄송한데요. 제가

처음에 말씀드렸다시피 우리 대한민국이 지금 해야 되는 일들은 바로 이런 것들을 해야 된다는 것을 제가 말씀드리고 싶은 겁니다.

지금 너무 많이 얘기들을 하셔 가지고 제가 정리가 잘 안 되네요.

어떤 분이 이런 얘기는 하시네요. 이런 걸 보면서 의원들을 알게 돼서 굉장히 좋다 이런 얘기를 하시네요. 그래서 언론에서 필리버스터 보도를 제대로 해 주면 좀 마음 편히 잘 수 있는데 왜 이런 것 보도 안 해서 잠 못 자게 하느냐 이런 얘기도 있습니다. 저도 한국 언론들이 정말 이해가 잘 안 갑니다. 그러니까 필리버스터에서 나온 내용들이 의사진행발언이기 때문에 상당히 많이 중언부언하는 내용도 있지만 그래도 나와서 발언하시는 분들이 중요한 내용들을 몇 가지씩 얘기하고 있고 굉장히 많은 분들이 지금 시청을 하고 있는데 그것에 대해서 언론에서 거의…… 문제가 심각하다 이겁니다.

아이디 링링123 이런 분이 이런 얘기를 해 주셨어요. '이 법이 웃긴 게 테러의 사전적 정의가 극심한 공포인데 무슨 흔히 생각하는 폭탄 던지는 테러가 아니라 그냥 감정 상태를 말하면서 폭탄테러방지법도 아니고 테러방지법이라고 얘기하는 게 아주 어설픈 콩글리시 같다. 짜증방지법, 슬픔방지법, 해피방지법 이런 것처럼 아주 애매모호한 그런 얘기를 지금 하고 있다.'

필리버스터에 대해서 이렇게 얘기를 해 주시는 분이 계시네요. 국정원을 바라보는 다양한 시각, '필리버스터 때문에 있는 줄 알면서도 보지 않았던 국회방송을 며칠 내내 켜 놓고 보게 되는데 이미 정권에게 먹힌 지 오래돼 버린 요즘 TV매체를 통해서 듣기란 기대할 수 없는 이런 주제와 자세한 내용들, 국정원 관련된 수많은 진실된 역사들과 사건들을 국회의원으로부터 또다시 한 번 복습하게 되는 것에 대해 깊은 감사함을 느낀다.'

'국정원 혹은 대테러 관련 정책, 유신정권 등의 주제들을 어떤 의원님은 인문학 측면에서, 어떤 의원님은 역사적인 관점에서, 어떤 의원님은 인문 관련 시점으로, 어떤 의원님은 법에 관한 시각으로, 어떤 의원님은 정책 관련 입장에서 풀어서 강연을 해 주시니 이처럼 자세하게 정치를 실시간으로 보던 적이 있던가. 그런데 국정원 대테러 관련 정보수집 문제를 지금은 또 경제적인 관점으로 배울 줄이야. 매번 참으로 새롭고 감사하고 놀라울 따름이다. 앞으로는 또 어떤 새로운 측면으로 배울 수 있을지가 기대된다. 그동안 힘없이 보이는 야당의 모습을 보면서……'

이건 뭐 저희 얘기니까……

'이렇게 국민을 위해 많은 노력을 하면서 뜻대로 되지 않아 얼마나 억울했을까 싶다. 토론에서 하는 말의 내용과 말투, 억양들을 보면 의원분들의 깊은 생각과 진정성을 느낄 수 있다.'

몇 가지만 더 읽어 드리도록 하겠습니다.

국정원의 잘못들이 끝도 없이 나온다. 아이디 리얼마린이라는 분인데요. 필리버스터를 며칠 보고 있으면서 느끼는 건데 진짜 한국의 정보기관의 잘못이 끝도 없이 나온다. 대부분 조작이고 불법이고 많은 무고한 시민들이 희생된 내용, 아는 내용도 있고 모르는 내용도 있었지만 진짜 이 정도일 줄은 몰랐다. 누군가가 국정원이 잘못했던 일을 시간 순으로 죽 나열해 줬으면 좋겠다. 이 정도로 나쁜 기관을 우리가 가지고 있을 필요가 있는가 모르겠다.

정치 얘기는 했지만 어떤 분은 그래도, 마할로라는 분은 경제이야기가 화나고 불꽃이 일었다고 말씀을 해 주시고요. 지금 공무원이신 분한테 연금법 얘기하고 콘크리트는 몰라도 정당 지지 없는, 이건 뭐……

하여튼 지금 많은 분들이 이런 얘기를, 필리버스터를 늦은 시간까지도 이렇게 보고 계시면서, 지금 팩트TV에서도 굉장히 많은 분들이 이 늦은 시간까지, 밤을 새셨을 것 같은데 지금 이렇게 보고 계십니다. 지금 1만 7000명 넘는 분들이 이것을 보고 있답니다. 팩트가 너무 좋은 것 같아요.

그래서 지금 제가 말씀드리는 게, 저도 소통본부장을 하면서 굉장히 많이 배웠습니다. 지금 기술적으로 엄청난 발전이 이루어지고 있고요. 지금 팩트의 댓글을 보니까 실시간으로 댓글이 엄청나게 이루어지고 있는데, 세상이 이렇게 바뀌었는데 아직도 국정원은 도청이나 감청이나 하려고 그리고 그것을 제대로 타깃을 정해서 하지 못한다는 게 너무나 안타깝습니다.

그래서 오늘 이 팩트TV를 보고 이러신 분들한테 저는 다시 한 번 말씀드리고 싶은 게, 처음 말씀드렸던 것처럼 적극적으로 좋은 국회의원을 지켜서 목소리들을…… 국회의원이라고 하는 사람들은 국민의 목소리를 확대해 주는 확성기지요. 그러니까 그 확성기를 통해서 자기의 목소리를 더 많이 드러내는 그런 거고, 우리 은수미 의원님께서 '국민이 주인이다. 나의 주인은 국민이다' 이런 얘기를 한 것처럼, 그건 아주 기본적인 것 아니겠습니까? 기본적으로 국민들의 목소리를 제가 담아서 그걸 가지고 대신 얘기하는 겁니다.

제가 경제학 교수 출신인데요, 상임위장에서 막 소리를 지릅니다. 요즘 국회가 그렇게 소리 지르고 이러면 점수 깎이고 막말 국회의원 되고 이래서 소리 안 지르고 다 조용히 내는데 저는 초선 국회의원으로서 그래도 할 말은 해야 되겠다 그래서 소리를 지르는데, 그 얘기는 뭐냐 하면 지금 경제가 이렇게 어렵잖아요. 그리고 국민들이 다 불안에 떨고 있고요. 그런데 지금 정부에서는 다 자기 잘하고 있다 이러고 있고, 불안한 것에 대해서 오히려 해고를 더 쉽게 하는 법을 만들려고 그러고, 그러면 지금 그 분노한 국민들의 목소리를 담아야 되겠다. 뭐 저라고 그렇게 소리 지르고 싶겠습니까? 저도 이미지 예쁘게 가꾸고 싶습니다마는 바로 그런 국민들의 목소리가 있다고 저는 생각하기 때문에 그분들을 위해서 그런 소리도 지르고 장관한테 언성도 높이고 막 이렇게 하는 거지요.

박근혜정부의 기재부장관들하고 저하고는 생각이 좀 다릅니다. 아까 말씀드린 것처럼 보수정부와 진보정부가 정책이 다른데 지금 박근혜정부는 제가 보기에는 경제를 성장할 수 있는 어떤 동력을 잃어버린 것 같아요. 그러니까 자꾸 부동산 경기나 살려 가지고 하려고 그러는데 이것은 지금 시대에 너무나 뒤떨어진 것이고 이것이 지금 대한민국을 자꾸 후진시킨다고 생각을 하는 거지요.

박근혜정부에서 창조경제를 얘기해서 저는 그것은 참 좋은 정책이라고 처음부터 얘기했습니다. 창조경제 한번 제대로 해 보자. 저희가 그래서 창조경제활성화특위도 만들고 거기에서 제가 더 적극적으로 '이 창조경제가 박근혜정부 정책이라고 하더라도 이것 정말 성공시켜 보자', 그런데 창조경제가 어떤 건지를 이분들이 잘 모르시더라고요. 죄송한 말씀입니다마는 저는 그 문제에 대해서 공부를 굉장히 많이 했고요.

미국이 저렇게 강한 나라가 되기까지 어떤 노력이 있었나 이런 것을 좀 말씀드리고 싶습니다. 아까 말씀드린 대로 미국도 나라가 거의 망할 때쯤 됐어요. 그게 언제였느냐 하면 제가 미국에 유학 갔던 1980년대 후반에 그랬습니다. 이른바 일본이 쳐들어오고 독일이 쳐들어오고 그래서 미국에서 일본이 미국의 빌딩들을 다 사들여 가고요. 미쓰비시가 맨해튼에 있는 큰 빌딩들 사들여 가고 그다음에 미국 국민들은 전부 독일의 자동차만 타고 다니고, 벤츠 BMW 이런 것만 타고 다니고 그러니까 미국의 자동차 회사들 휘청거리고, 그러니까 미국 내에서 그때 커다란 위기감이 일었습니다. 그래 가지고 진주만 공습에서는 우리가 이겼지만 이번에는 돈 공습에서 우리가 지는 것 아니냐, 이러다가 일본이 완전히 미국을 먹어 버리는 게 아니냐, 왜냐하면 그때는 일본의 거품이 심해서 일본을 팔면 미국 3개를 산다 이런 얘기가 있을 정도로 일본의 땅값이 높았을 때입니다. 그러니까 미국의 입장에서는 굉장히 불안감을 느낄 수밖에 없었고, 독일도 독일자동차가 그렇게 오니까……

미국이 그러한 위기의 상황에서, 제가 말씀드리는 지금 이 비상상황에서 미국은 열심히 연구를 했습니다. 그래서 일본 식으로 갈 것이냐 독일 식으로 갈 것이냐, 그러다가 결국은 미국식으로 간다는 것으로 결론을 내렸고 그 미국식이라고 하는 것의 결과가 바로 실리콘밸리고 그것이 구글이고 그것이 지금 얘기하는 페이스북이고 이런 것들이 나오는 겁니다.

구글이나 페이스북이나 이런 창의적인 기업이 나오게 된 이유는 뭐냐 하면 실리콘밸리에서 7전 8기가 가능하도록, 벤처기업가 일곱 번 망해도 여덟 번 또 투자할 수 있는, 성공할 수 있는 기회를 주기 때문에 미국경제가 저렇게 탄탄한 것이다 이렇게 저는 이해를 했고요, 그것이 미국의 강점이다. 아까 말씀드린 대로 다양한 아이디어를 자유롭게 수용하고 지식정보화 사회에 맞게끔 원활하게 정보를 유통하는 것 이것이 미국의 강점이다.

그러면 실리콘밸리가 저렇게 된 것의 가장 중요한 건 뭐냐 하면 7전 8기가 돼야 되는 것이지요. 7전 8기가 되려면 회사가 한번 망해도 다시 회사를 할 수 있어야 되는, 거기에는 두 가지가 필요합니다. 한 가지는 회사가 한번 망해도 누군가가 또 돈을 빌려 주는 사람이 있어야 되고, 하나는 그렇게 회사를 하다 망해도 먹고사는 데 지장이 없어야 됩니다. 애들 학교 보내는 데 지장이 없어야 되는 거지요. 그러니까 한국의 경우에도 이것이 잘 되게 되려면 한국과 같은, 지금 이와 같은 상황에서 박근혜정부가 얘기한 창조경제를 제대로 잘 하기 위해서는 이 두 가지가 필요한 겁니다.

벤처기업인이 벤처 하다가 망해도 애들 학교 보내는 데 지장이 없어야 되는 거지요. 이게 바로 저희가 얘기하는 누리과정 그다음에 무상급식, 고교 무상교육 이런 겁니다.

그다음에 이 사람이 회사를 하다가 망했어도 다시 재기하려면 뭐가 돼야 되느냐 하면 그동안 투자받은 것에 대해서 딱 정리가 돼야 되는 거거든요. 주식회사 같은 경우에는 정리가 되지요, 유한책임제도니까. 그런데 빚을 얻은 경우에는 한국의 잘못된 제도 중의 하나가 보증제도가 있습니다. 그러니까 이 보증제도, 빚보증, 기업이 돈을 빌리게 되면 이 벤처기업가가 보증을 세우게 되는데 그것 갖다가 도저히 회복하기 어려운 단계로 접어들게 되고요. 그래서 한국에서는 한번 기업하다 망하면 다시 회생하기 어려운 거지요.

제가 국회의원 되고서 꼭 하고 싶었던 것 중의 하나가 이겁니다. 제발 이것 좀 없애자, 파격적으로 연대보증을 없애자, 파격적으로 CEO 보증을 없애자, 이것 반대하는 게 새누리당입니다. 이것 반대하는 게 기획재정부입니다. 저는 무슨 창조경제를 하자는 건지 알 수가 없고요. 그러다 보니까 벤처산업이 좋아질 수가 없기 때문에 박근혜정부의 창조경제가 지금 제대로 성과를 거두지 못한다고 생각을 합니다. 저는 박근혜정부의 이런 정책들을 되살펴 보면서 이런 것들이 박근혜정부가 지금 성과를 내지 못하는 이유라고 생각을 합니다. 성과를 내지 못하니까 지금 엉뚱한 일들을 계속하게 되고 그리고 계속 정치 쪽으로만 관심을 두고……

너무나 당연한 얘기입니다마는 새누리당이 동의는 하지 않겠습니다마는 저는 이 얘기가 맞다고 생각하는 거지요. 그래서 '해외정보 수집에는 무능하고 정권 안보에 골몰하는 국정원 개혁이 먼저다'라는 참여연대 이태호 사무처장 얘기를, 조금 내용이 긴데요, 시간도 아직 많이 남아서 천천히 읽어 보도록 하겠습니다.

"테러를 방지하는 데 현재 상당히 많은 정책이 있다. 부족한 것이 그러면 아무것도 없다는 건가? 그렇지는 않다. 취약한 구석이 있다. 지금 우리나라에서 가장 취약한 구석은 뭘까? 단언컨대 국가정보원의 해외정보 수집능력이다. 박근혜 대통령이 강조해 마지않는 국제정보 교류 및 공조의 강화를 위해서도 국정원을 개혁하여 해외정보 수집과 분석에 집중하게 해야 한다.

부족한 것은 테러방지법이 아니라 국정원의 해외정보 수집능력이다. 유감스럽게도 우리나라 국가정보원은 그 덩치나 무제한의 권한에 비해서 독자적인 해외정보 수집능력이 지극히 부족하다. 대북·해외·국내 정보 수집을 독점하고

기획조정이라는 이름으로 각급 정부부처와 기관들을 쥐락펴락하며 대내 심리전을 빙자해 민간인들을 사찰하거나 정치에 개입하는 등 불필요한 일에 시간과 인력을 낭비하고 있기 때문이다. 최근 수년간 일어난 국정원의 민간인 사찰사건, 대선 개입사건, 불법 해킹사건, 중국동포 간첩조작 사건 등은 국정원 일탈행위의 일각을 보여 주고 있다.

국정원의 일탈을 보여 주는 증거뿐만 아니라 국정원의 무능을 보여 주는 사례도 끝없이 열거할 수 있다. 특히 다음에 열거하는 것은 국정원이 IS에 대해 독자적인 정보수집능력을 갖추고 있을 가능성이 거의 없음을 보여 주는 정보 실패 사례다.

2003년 이라크 파병 당시 국정원은 석유자원 확보와 안전 등을 고려할 때 이라크 북부 파병지로 바람직하다는 의견을 내놨다. 첫 파병지로 거론된 곳은 이라크 북부의 모술이었다. 군과 국정원은 모술이 안전하다고 주장했고 군이 주도한 현지조사단의 정부 측 참가자들은 현지 군부대 등을 건성으로 시찰한 후 모술이 안전하다고 보고했다. 민간연구자로서 현지조사단에 참여했던 박건영 교수만 유일하게 조사단 일정이 실제 조사를 포함하지 않았으므로 모술이 안전한 파병지라는 결론에 찬동할 수 없다고 밝혔다. 하지만 유엔 이라크지원단이 타전하는 일일보고서에는 모술이 이라크에서 종족 간 무장갈등이 가장 심한 곳 중의 하나로 보고되고 있었다. 모술이 위험한 지역이라는 정보를 국내에 제공한 것은 국정원이 아니라 유엔을 모니터하던 시민단체 참여연대였다.

한편 우여곡절 끝에 이라크 북부의 아르빌에 자이툰부대를 파견하기로 한 한국정부는 아랍어 통역병을 모집해서 현지로 파견했는데 현지에 도착해서야 아르빌 지역에서는 아랍어가 아닌 쿠르드어를 사용한다는 사실을 확인했다. 이것이 당시 우리나라 해외정보력의 수준이었다.

지금 모술 인근 지역은 IS가 점령한 상태로 쿠르드족, 투르크족 등 삼파전의 무장갈등이 지속되고 있다. 하지만 국정원도 군도 외교부도 한국의 이라크 파병이 이라크, 특히 우리가 파병했던 이라크 북부 지역의 평화와 재건에 과연 긍정적인 영향을 미쳤는지 어떤 모니터 보고서도 내놓지 않고 있다. 참여연대가 매년 국회를 통해서 자료를 요청하지만 단 한 번도 국회에 공개된 바 없다.

이렇게 이라크 상황에 대한 평가나 정보가 부족한 상태에서 이명박정부는 자원외교라는 이름으로 이라크 만수리아와 아카스 가스전 개발에 투자했다. 이 사업은 IS와 이라크 정부군 간의 내전이 격화됨에 따라 2014년 6월부터 현장작업이 중단된 상태다. 어디 이라크뿐인가? 20조 이상의 손실을 낳은 것으로 평가되는 자원외교의 실패에는 부정부패도 있지만 고질적인 해외정보 부족이 큰 몫을 하고 있다. 이게 국정원과 정부의 해외정보력 수준이다. 이런 국정원에게 테러방지법을 던져 준다고 한들 제대로 일을 할 수 있겠는가?

박근혜정부의 국정원에서 북한 담당 기획관으로 일했던 구해우 미래전략연구원 원장은 신동아와의 인터뷰에서 '국정원은 정권안보기구로 출범했다는 태생적·체질적 한계를

극복하지 못했다. 국가 안보보다 정권 안보를 중시하는 체질 때문에 정치권력에 줄 대는 행태가 나타났다'고 혹평했다. 그는 또 정보기관 요원들이 댓글 공작이나 하고 북한과 관련해 소설 같은 이야기를 흘리는 언론플레이 공작이나 하는 것은 부끄러운 일이라며 해외 및 북한 파트와 국내 파트를 분리하는 것을 포함한 구조개혁을 단행해야 한다고 주장했다. 그는 정권안보기구로서의 성격이 강한 국정원뿐 아니라 검찰 또한 과도한 권력집중 및 정치화의 병폐를 갖고 있다면서, 국정원의 국내 분야는 경찰의 수사기능과 합쳐 미국 연방수사국과 비슷한 형태의 중앙수사국으로 통합하고, 검찰은 수사기능을 이 중앙수사국으로 넘기고 미국식 공소유지 전담기구로 재편하며, 국정원은 해외 및 북한을 담당하는 독립 정보기구로 개혁할 것을 제안한다.

이렇듯 국정원이 오남용해 온 과도한 권한과 기능, 국내정보 수집기능, 수사기능, 기획조정기능, 대내 심리전 기능 이런 것들은 없애고 해외와 북한 관련 정보수집을 전담하게 해야 한다는 것은 일부 진보인사만의 주장이 아니다. 보수·진보를 넘어 정보개혁을 위한 필수조치로 받아들여지고 있는 것이다. 해외정보국으로의 개편, 국정원이 국민의 안전에 지금보다 훨씬 더 기여할 수 있는 길은 바로 그것이다.

테러방지법은 국정원 밥그릇 지키기법이다.

그런데 지금 국정원이 밀어붙이고 있는 테러방지법, 사이버테러 방지법은 불안하게도 역방향으로 가고 있다. 이들 법안은 무늬만 테러방지법일 뿐 사실상 국정원이 그 본령인 해외정보 수집 기능을 강화하기보다 국내정보 수집, 조사와 수사, 정책조정, 작전기능, 그 밖에 시민사찰과 정치개입을 더욱 강화하도록 고안된 법이다. 국정원의 비효율과 무능을 더욱 극대화하고 인권침해만 가중시킬 우려가 크다.

무엇보다도 여당 의원들에 의해 국회에 제출된 테러방지법안들은 법률적으로 모호한 테러행위를 예방한다는 명분으로 국정원 등 국가기관에 과도하고 포괄적인 권한을 부여하고 있다. 4개의 테러방지법안은 국정원에게 테러 및 사이버테러 정보를 수집·분석할 뿐만 아니라 정부부처의 행동계획을 수립하고 나아가 대응을 지휘하면서 필요시 군을 동원하는 등 집행기능까지 수행하는 광범위한 권한을 부여하고 있다.

예를 들면 국정원 산하에 대테러센터를 두어 정보를 집중하고 국무총리가 주관하고 정부 유관부처가 참여하는 국가테러대책회의를 두되 그 산하 대테러상임위원회의 의장 역시 국정원장이 담당한다는 것이다. 지역과 부문의 테러대응협의체도 해당 지역과 부문의 국정원 담당자들이 주관한다. 국정원에 의한, 국정원을 위한, 국정원의 테러방지법인 것이다.

박근혜정부와 국정원이 추구하는 테러방지법은 미국의 사례를 따르는 것처럼 보이지만 사실은 미국의 체계와 사뭇 다르다. 9·11 전후 미국은 3년간 논의 끝에 2004년 정보기구를 개편했는데 그 핵심은 정보분석취합 기능을 CIA에서 떼어 내는 것이었다. CIA에 집중된 정보분석 기능이 정보실패를 가져왔다는 판단 때문이었다.

대신 정보 취합·분석을 전담할 국가정보국장실을 신설하고 해외정보 수집은 CIA(중앙정보국)과 DIA(국방정보국), 국내정보 수집과 수사는 FBI(연방수사국), 전자신호정보 수집은 NSA(국가안보국), 영상정보 수집 및 분석은 NRO(국가정찰국), NGA(국가공간정보국) 등으로 각 정보기구의 역할을 전문화하였다. 국가정보국장실은 이들 정보기구들을 포함한 총 17개 부서에서 올라오는 각종 정보를 취합하여 분석하고 데이터베이스를 축적하는 국가독립기구로서 대통령과 NSC, 국토안보부를 보좌한다.

정보 수집·분석 기능과 조사·수사 기능도 각각 분리되어 있다. 해외에서 군사작전 중에 체포된 적 전투원에 대해서 일부 CIA와 DIA가 수사하지만 대부분의 조사 및 수사 기능을 FBI가 담당한다.

특히 잠재적인 테러 위협을 조사하고 대비하기 위해 FBI 산하에 테러리스트조사센터를 별도로 운영하는데 이 센터는 FBI 산하 기구이지만 법무부 국무부 국방부 국토안보부 등이 협력하여 운영한다.

요약건대 9·11로부터 미국 정보 당국이 얻은 교훈은 정보 독점은 정보 실패를 낳는다는 것이다. 따라서 9·11 이후 미국 정보 개혁의 핵심은 정보 수집과 분석의 분리, 정보주체와 집행주체의 분리, 각급 기관 간 견제와 균형의 확대를 지향했다.

그런데 한국에서는 비대하고 무능하며 국내정치 개입을 일삼는 국정원에게 더욱 많은 사찰기능과 독점적 기능을 부여하는 방향으로 테러방지법을 제정하려 하고 있는 것이다.

인권침해 논란 속에 폐지된 미국판 테러방지법

한편 최근 국회에 제출된 테러방지법안, 사이버테러 방지법안들은 하나같이 국정원 등의 공안기구에 테러단체 혹은 테러위험인물을 지정할 권한을 주고 테러위험인물로 의심할 만한 상당한 이유가 있는 경우 출입국관리기록, 금융거래정보 및 통신사실 확인자료 등을 영장 없이 요구할 권한도 부여하고 있다.

평범한 해킹도 사이버테러의 범주에 포함되고 모든 통신사마다 도·감청 설비를 구비할 것을 의무화하는 독소 조항도 있다. 반면 국정원이 지닌 과도한 권력에 비해 그 인력·예산·활동 내역에 대해서는 정부 내부와 국회를 막론하고 어떤 견제와 감시도 미치지 못해 불투명한 반민주적 기구의 대명사로 국내외에 오명을 떨치고 있는 실정이다.

이 문제에 대해서도 미국의 사례는 참고할 만하다. 미국은 9·11 사건 직후 패키지 테러방지법인 애국자법을 제정했는데 이 법은 제정되자마자 그 비효율성과 부작용에 대한 비판에 직면해 2006년 대폭 개정되었고 그 후에도 독소 조항에 대한 논란이 이어져 2015년 6월 2일 결국 폐기, 미국자유법으로 대체되었다.

그중 대표적인 독소 조항의 하나가 애국자법 215조. 215조는 NSA가 외국인과 자국민에 대해 무더기로 도·감청하고 통신기록을 수집할 수 있도록 허용하여 인권침해 논란을 빚었다. 2004년 조지 부시 대통령이 구성했던 대통령 직속 사생활보호 및 시민자유 검토 위원회는 NSA의 통화기록 프로그램이 대테러 조사활동에 가시적인 성과를 냄으로써 미국에 가해지는 위협을 개선했다는 어떠한 증거도 없다고 비판했지만 2006년 이 법을 대폭 개정한 후에도 이 독소 조항은 사라지지 않았다.

2013년 전 NSA 직원 에드워드 스노든이 미국 정부가 전 세계와 자국민을 상대로 무차별 도·감청을 자행해 왔다는 사실을 폭로한 후에야 비로소 이 독소 조항의 개폐가 정부와 의회에서 진지하게 논의되기 시작했다.

2015년 6월 애국자법이 폐지된 후 이를 대체한 미국자유법은 그동안 논란이 되어 왔던 NSA의 외국인과 자국민에 대한 무차별 도·감청과 무더기 통신기록 수집을 금지하고 대신 자국민에 대해서는 영장 받은 선별적 감청만 가능토록 했다.

애국자법의 또 다른 독소 조항 중 하나는 국가안보레터다. 애국자법 505조는 FBI가 일종의 행정명령인 국가안보레터를 발송하여 인터넷 서비스 제공자, 도서관, 은행, 신용카드 업체 등에게 가입자의 통신기록 또는 거래기록을 통째로 요구할 수 있도록 했다.

국가안보레터 제도는 예전에도 있었던 제도지만 애국자법 제정과 더불어 그 발행 요건을 대폭 완화한 것이다. 심지어 국가안보레터를 받은 사업자는 고객의 정보를 FBI에 제공했다는 사실조차 고객에게 알릴 수 없도록 했다.

2014년 오바마 대통령이 구성한 대통령 직속 정보재검토 그룹은 다른 유사한 수단들이 법원의 허가를 필요로 하는 데 반해 국가안보레터만 FBI에 의해 발행되어야 할 원칙적 이유를 찾을 수 없다며 이 제도의 개선을 요구하기도 했다. 하지만 애국자법 대신 제정된 미국자유법에서도 법원의 허가 없이 레터를 발행할 수 있도록 한 조항은 폐지되지 않고 존속하게 되었다.

다만 미국자유법은 국가안보레터 발행 시 FBI를 비롯한 관계기관은 이용자 정보를 통째로 요구하지 못하고 필요한 정보를 특정하도록 제한했고 국가정보장으로 하여금 매년 국가안보레터 발행 건수와 정보수집 건수를 웹사이트에 의무적으로 공개하도록 하였다. 또한 과거의 함구령도 일부 개선하여 레터를 받은 사업자는 매년 총 몇 번의 레터를 통해 총 몇 명의 기록을 제공했는지 공개할 수 있게 하였다.

프랑스에 테러방지법이 없어서 파리 테러를 당한 게 아니다. 한마디로 지금 국회에 제출되어 있는 테러방지법안과 사이버테러 방지법안들은 미국에서는 이미 폐기되거나 제한되고 있는 것을 국정원과 검경에게 부여하는 독소 조항을 가득 담고 있다. 이 법안이 통과되어서는 안 된다.

미국 영국 스페인 러시아 프랑스 등 이슬람 극단주의 단체로부터 무장공격을 당한 나라들이 테러방지법이 없어서 당한 것은 아니다. 이들 나라의 대외정책이 정의롭지 못해 해당 지역의 주민들에게 큰 불행을 안겨주었기 때문에 극단주의 세력의 표적이 된 것이다.

IS는 우리나라가 미국을 도와 파병했던 이라크에서 사실상 시작되었다. 우리나라가 IS 테러의 표적이 되었다면 테러방지법이 없어서가 아니라 미국을 도와 세계 3위 규모의 군대를 이라크에 파견하고 그 후로도 이라크 등에 일어난 재앙에 대한 책임감을 느끼는 대신 석유자원 확보니 가스전 개발이니 하는 몰염치한 일에 아무런 현지 정보도 없이 엄벙덤벙 나섰기 때문일 수 있다. 우리나라 정부가 첫 파병지로 물색했던 모술은 지금 IS가 점령하고 있다.

변화가 절실하다. 대책도 시급하다. 가장 절실한 변화는 테러와의 전쟁에 협력해 온 지난 14년간의 우리나라 대외정책을 돌아보는 일이다. 공포를 과장하고 적개심을 고취하는 것으로는 문제를 해결할 수 없다. 지금 가장 시급한 대책은 테러방지법이 아니다. 국정원을 개혁하여 해외정보수집에 집중하게 함으로써 국민이 준 세금이 아깝지 않게 하는 일이다."

저는 여기서 제가 동의하는 부분이 국정원이 해외정보 수집에 좀 집중했으면 좋겠다, 그리고 이제 오해를 받는 국내정보 부문은 다른 기관으로 옮기는 것이 타당하지 않은가 저는 그렇게 생각을 합니다.

그래서 지금 말씀드렸다시피 세계화시대거든요. 그래서 이제 세계가 다 연결이 되어 있고 그리고 세계가 다 인터넷으로 연결이 되어 있습니다. 그러면 국정원이라고 한다면 지금 세계적으로 공개된 그런 자료들을 수집해서 그것을 빅데이터를 분석하는 그런 능력을 빨리 만들어 가야 할 것인데 불행하게도 국정원에는 지금 그런 인력들이 없고 그런 인력들을 양성하지 않는다, 그래서 아까 여기 보인 것처럼 국정원이 정권유지기구로 전락했기 때문에 국가안보보다는 오히려 정권유지수단으로 전락한 것이 문제의 중요한 원인이라고 하는 것을 다시 한 번 말씀드리고 싶습니다.

충분히 저는 가능하다고 생각을 하고요, 할 수 있는데 안 하는 것이지요. 그것은 우리가 국정원 개혁이 얼마나 어렵다고 하는 것을 또 알려주는 것이고요.

참여정부 때 대통령께서 국정원의 보고를 받지 않으셨지요. 그것을 공언을 하셨고 실제로 그것을 이행을 하셨습니다. 그런데 그렇게 참여정부 내에서 국정원을 개혁하려고 노력을 했지만 결국 참여정부가 끝나자마자 다시 원상복구가 되었다고 하는 것이 이것이 국정원 개혁이 굉장히 어렵다는 것을 보여 준 것이지요.

그러면 우리 국민들의 입장에서 보았을 때에는 지금 우리가 국정원에 엄청난 돈이 들어가는데 그 엄청난 돈을 제대로 된 분야에 사용해야 될 것 아닌가, 그리고 그 제대로 된 분야라고 하는 것은 바로 해외정보 수집 분야라는 것을 이 글을 통해서 저도 동의를 하기 때문에 말씀을 드린 것입니다.

정리를 좀 해 보면요, 저는 이제 말씀드린 것이 언론이 제 역할을 하지 못해서 지금 이런 사태가 나왔고 언론이 지금 인권침해에 대해서 제대로 방어를 해 주지 못 하기 때문에 이런 문제가 계속되고 있다, 그러니까 계속적으로 인권침해를 하려고 하는 그런 기도가 계속 이루어지고 있다……

사실 저는 그런 것이 잘 이해가 안 갔어요. 아까

말씀드린 대로, 아까 다음카카오 얘기를 했고요, 그 다음카카오를 그렇게 비민주적으로 세무조사까지, 말도 안 되는 세무조사하고 그다음에 이석우 대표 그렇게 말도 안 되게 뒷조사하고 협박해서 회사에서 쫓아내고 이러는데, 여러분들 지금 한번 보시게 되면 이 다음카카오의 세무조사에 대해서 제가 낸 보도자료 외에는 거의 보도를 하지 않습니다.

저는 이유를 잘 모르겠어요. 그러니까 이 다음카카오하고 언론사하고, 포털하고 언론사하고 정권 관계에 어떤 문제가 있어서 그런지 모르겠지만 거의 보도가 안 되었어요. 그래서 저는 그때 굉장히 이상하다고 생각을 하고 저 혼자 그냥 열심히 자료를 수집해 가지고 보도자료 내고 그랬습니다.

다음카카오 자체에서도, 제가 국회의원으로서 이런 것을 거론을 하지만 저희가 처음에 시작한 것은 그와 같은 포털을 지배하려고 하는 정권의 의도를 공개하기 위해서 이런 것을 했는데 다음카카오의 입장에서도 굉장히 껄끄러우니까 굉장히 정보를 알려주기를 꺼려하고 그래서 국세청으로부터 정보를 다 받을 수밖에 없었는데요.

그런 것에 대해서 저는 상당히 중요한 일이다, 이것이 한국 민주주의에서도 중요한 일이고 특히 지식정보화 사회에서 포털을 이런 식으로 정권이 길들이려고 하는 것이 말이 안 된다고 생각해서 이것을 굉장히 중요하게 생각을 했는데 거의 대부분의 언론이 보도를 하지 않았습니다. 그런 것들을 저는 납득하기 조금 어려운 것이고요, 그래서 이런 것들에 대해서 좀 더 우리 국민들이 다시 관심을 가졌으면 좋겠습니다.

어떤 분이 아이디가 ㄴㅇㅅㅇㄱ인데요, '필리버스터 참 신기합니다. 여태껏 정치기사나 뉴스 5분만 봐도 너무 열 받고 짜증나서 꺼 버리기 십상이었는데 필리버스터는 봐도봐도 (한국의 암울한 부정부패를 까발리고 비판하는 내용임에도) 계속 보고 싶고 늦은 이 시간에도 활력이 넘칩니다. 더민주 의원들은 진실된 목소리를 들려주는 것에 목말라 있고 저희들은 진실된 목소리를 듣는 것에 목말라했던 것 같네요.' 이렇게 얘기를 했습니다. 이것이 제가 말씀드린 대로 지금 한국 민주주의의 하나의 획기적인 새로운 장으로 그 전기가 될 수 있지 않을까 하는 생각을 저는 해 봅니다.

'한국이 이번 일을 계기로 새로운 시작을 맞이하기를' 아이디가 sizro라는 분인데요. '이번 국정원의 감시기구화를 억제하기 위한 의회의 회의는 여러 영역에서 센세이션을 불러왔고 그로 인해 수많은 악행의 고발이 동시에 이루어지고 있습니다. 저는 이 기회로 민중들의 정치적 관심과 이해가 증진되어 정의와 사랑이 넘치는 국가로 탈바꿈함을 기대합니다.

조선왕조의 멸망 이후 여러 국제정세와 내부정치 불안으로 흔들리던 시절은 여러 사람의 피를 불러왔고 우리는 그들의 희생으로 지금까지 삶을 얻었습니다. 그러나 아직도 많은 병폐들이 지워지지 않은 채 남아 우리의 삶을 어둡게 물들이고 있습니다. 이 어둡게 물든 세대를 거쳐

민중의 고통을 자아내고 이제는 그 아파 신음하는 사람에게 책임을 묻는 사태까지 왔습니다.

그들의 욕망에는 브레이크가 없었고 그들은 유신정권의 부활을 위해 국정원을 이용해 테러를 방지한다는 가면을 쓰고 민중의 자유를 빼앗으려 하였습니다. 그 결과가 지금의 필리버스터를 불러일으켰고 이들은 과한 욕심으로 망할 것입니다.' 이렇게 되어 있네요.

이런 의견들이 있습니다. 저도 이 계기가 우리 국민들의 정치에 대한 관심을 불러일으키는 아주 큰 계기가 되었으면 좋겠다 하는 생각을 합니다.

그런 것을 좀 했으면 좋겠어요. 그래서 이제 정치를 좀 긍정적으로 보고 '정치합시다 운동'을 이 필리버스터를 계기로 했으면 좋겠습니다. 보수적인 분들은 보수정당을 지지하시면 되고 진보적인 분들은 진보정당을 지지하면 되고, 그래서 지금 전혀 진실을 제공하지 않는 언론을 넘어서 그리고 목소리를, 지금 스피커를 독점하고 있는 재벌을 넘어서, 경제권력을 넘어서 우리 국민들이 목소리를 되찾고 그리고 한국 민주주의의 발전을 한 단계 높이는 계기가 되기를 저는 기대합니다.

이제 국회선진화법에 대해서 말씀을 드리겠습니다.

저는 국회선진화법을 처음부터 좋아하지는 않았고요. 그런데 2012년도에 여야가 서로 어느 당이 다수당이 될지 모르니까 불안한 입장에서 국회선진화법을 만들었습니다.

그런데 지금도 그분들이 계십니다. 국회선진화법을 주동하신 분들이 새누리당에도 있고 우리 당에도 있습니다. 그런데 새누리당에서 그때 국회선진화법을 주장했던 그분들, 대화와 타협으로 한국의 의회정치를 이끌어 가자고 주장하신 그분들이 지금 전혀 목소리를 못 내고 계십니다.

국회선진화법에 문제가 있는 것이 아니라 대화와 타협을 억제하는 강력한 권력에 문제가 있는 것이지요. 틀림없이 아까도 말씀드렸지만 국회에 맡겨 두면 국회의원들이 타협을 해서 좋은 답안을 만들어 낼 수 있습니다. 그런데 그게 아니라 옛날 제왕적 대통령인 것처럼 70년대의 그런 독재정권하에서의 대통령이 누리던 권력을 누리고 싶으신지 자꾸 국회의 의사결정에 대해서, 국회가 타협한 것에 대해서 청와대가 동의하지 않고 청와대의 의중을 강요하는 데서 지금 이 모든 문제가 나오고 있다, 이렇게 생각을 합니다.

그래서 제가 경험하기에는 최소한 2012년 4월에, 2012년 5월이지요. 5월에 19대 국회가 개원해서…… 처음에는 여야가, 특히 대통령선거 전에는 또 어느 당이 여당이 될지 모르니까 서로 양보하고 이러면서 타협을 했습니다. 사실 그때 경제민주화법이 상당히 많이 통과가 된 거고요. 박근혜 대통령도 경제민주화를 공약으로 내세웠기 때문에 그때 통과가 됐고, 심지어는 박근혜 대통령이 당선되고 나서도 한동안은 여야 간에 그와 같은 합의가 상당 부분 유지가 되었습니다. 그런데 시간이 가면 갈수록 청와대가 국회의원들에 대한 압력을 강하게 넣는지……

● 부의장 이석현 홍종학 의원님, 말씀 중에 미안합니다.

제가 사회교대 시간이 돼서 또 낮 3시에 다시 뵙겠습니다. 수고하십시오.

(이석현 부의장, 정의화 의장과 사회교대)

● **홍종학 의원** 그래서 지금 이런 상황들이 저는 한국 민주주의의 하나의 시련이라고 생각을 합니다.

사실은 야당 국회의원으로서의 자괴감이 상당히 많습니다. 여당 국회의원들한테 대한 아쉬움도 많습니다. 왜 국회의원이 돼 가지고 저렇게 정부 관리한테 꼼짝 못하고 저렇게 쩔쩔매나.

특히 제가 있는 기획재정부 같은 경우에는 예산을 담당하기 때문에 거의 뭐 권력기관 중에 국정원이 권력을 다 행사한다고 한다면 경제부처 중에서는 가장 강력한 권력기관입니다, 예산 때문에. 그러니까 정부의 각 부처에서도 기재부한테 꼼짝 못하고, 심지어는 국회의원들조차도 지역구 예산을 부탁하는 입장이기 때문에 국회의원들도 기획재정부의 눈치를 상당히 봐야 되는 이런 상황입니다. 그러다 보니까 국회의원들도 그 기관의 눈치를 보고 국정원, 제가 그쪽은 아니라서 자세히는 모릅니다마는 아마 지금 국정원 쪽도 유사한 일이 벌어지고 있지 않은가, 저는 개인적으로 그렇게 짐작을 하고 있습니다.

그러니까 외환위기 이후에 한국 경제가 문제가 있고 한국이 국가적인 위기에 있다 하면서 그것을 개선하기 위해서 굉장히 오랫동안 우리가 노력해 왔던 것들, 그런 것들이 지금 많이 무너져 내리면서 우리나라가 굉장히 어렵게 되고 있다는 생각을 저는 하지 않을 수가 없습니다.

유사한 얘기입니다마는 테러방지법보다 국가정보원의 권력 남용을 방지하는 법안이 먼저라고 하는 요지의 글을 읽어 드리겠습니다.

이 글은 작년 12월 7일에 '테러방지법과 사이버테러 방지법, 무엇이 문제인가'라고 하는 세미나가 열렸고요, 거기에서 아주대학교 법학전문대학원의 오동석 교수님이 발표한 겁니다. 그중에서 일부를 발췌해서 읽어 드리도록 하겠습니다.

"테러방지법안보다 국가정보원의 권력남용방지법안이 먼저다
테러 개념의 추상성·모호성은 곧장 대테러대책기구의 기능 범위에 대한 규정 부재에서도 나타난다. 국가대테러대책회의, 대테러센터 등을 가동하는 테러의 범주를 확정하지 않았을 뿐 아니라 그것을 결정하는 과정과 절차에 대한 규정 또한 존재하지 않는다. 테러의 강도와 밀도가 어느 정도에 이를 때 대테러기구의 권한을 발동하는지, 그 권한 발동의 절차는 무엇인지 그리고 그에 대한 국민적 감시·감독의 가능성은 어떻게 확보할 수 있는지에 대한 규정이 전혀 없다.
이런저런 테러 관련 조약들을 뭉뚱그려 그러모은 행위에 대해 테러의 이름표를 붙이고 법만 만들어 주면 알아서 잘 할 테니 권력을 모아 달라는 말밖에 되지 않는다. 그때그때 자의적 판단에 따라 대테러대책이라는 명분하에 국가권력을 한 곳에 집중시키는 위험만을 담고 있다. 그러니 테러방지법안은 헌법적 관점을 끌어들이지 않아도 국민을 허수아비로 만들어

버린 꼴이다.
테러방지법안에서 예정하고 있는 대테러기구의 전체적인 구조는
① 실질적, 포괄적인 대테러대책기관이 되는 대테러센터를 국가정보원장 소속하에 설치하며,
② 대테러센터가 주요 행정각부의 장 및 국무조정실장으로 구성되는 국가대테러대책회의를 실질적으로 관할, 행정각부의 권한·업무·기능을 조정, 통합하는 방식을 취하고 있다.
테러방지법안은 국가정보원에 구성되는 대테러센터를 중심으로 위로는 행정각부의 장에 대한 조정·통합 기능과 아래로는 대테러대책기구에 대한 조정·통합의 기능이라는 이중적인 수준에서 대테러센터가 관여할 수 있는 여지를 확보한다. 테러방지법안에는 테러방지를 빌미로 하여 국가정보원이 국가권력의 중심부에 똬리를 틀고자 하는 목적만이 존재한다는 비판이 있는 이유이다. 이런 의혹을 불식하고자 한다면 테러에 대응하기 위해서 설립하겠다는 국가대테러대책회의, 대테러센터, 대테러대책본부 등의 기구에 대해서 다음과 같은 질문에 답할 수 있어야 한다.
첫째, 과연 기존의 국가기구, 즉 행정자치부 경찰청 법무부 검찰 국가정보원 등은 테러방지법안이 예정하고 있는 테러에 대응할 능력이 없는가? 대테러 대응역량에 대한 조직진단 해 보았는가? 가끔씩 언론을 통해 공개했던 대테러훈련은 무용지물인가?
둘째, 현재의 대테러 대응기구들이 대테러 대응능력이 없다면 그 막강한 권력을 가진 기구들의 무능력은 도대체 어디에서 기인하는가? 당해 기구의 권한과 조직을 변화시킴으로써 감당할 수 없을 정도로 무능한 것인가?
셋째, 테러에 대응하기 위해 국가정보원을 중심으로 전혀 새로운 대테러 조직을 짜야 한다면 미국처럼 별도의 행정각부로서 국토안보부를 설치하여 국무총리의 통할 아래 모든 정보기관을 통합 또는 재배치하는 근본적인 정부조직 변화를 꾀해야 하는 것은 아닌가?
마지막으로 국민들이 국가정보원을 신뢰하고 있지 않음을 고려하여 국가정보원을 해외정보기관, 사이버정보기관, 대북정보기관으로 분리하고 대테러 정보 업무를 공유하도록 하는 방안을 꾀할 수는 없는 것인가? 사람들은 유신독재 회귀를 말하고 있는데 대통령에 대해서만 책임을 지며 다른 어떤 기관에 의한 통제도 불가능한 국가정보원장에게 국가대테러대책회의와 대테러센터를 실질적으로 혹은 법적으로 관할하게 하는 것이 과연 바람직한가?
국가정보원장이 대테러 기능을 매개로 하여 여타의 국가 행정 각부를 사실상 통합하는 권력분립의 예외적 현상을 야기할 수 있다는 의문에 대해 어떻게 답할 것인가? 그럼에도 불구하고 아무런 응답도 없이 테러방지법만 만들면 된다는 식의 독재 국가적 태도는 무엇 때문인가?
사실 테러방지법안은 과거 독재 정권 못지않게 제왕적 대통령의 권력을 강화하는 내용을 담고 있다. 국가정보원은 대통령 직속기관이기 때문이다. 더욱이 테러방지법안은 경우에 따라서 대책회의의 장이 대통령을 경유하여 군 병력을

동원할 수 있도록 하고 있다. 하지만 이러한 군 병력의 동원 체제는 헌법 위반의 혐의가 있을 뿐 아니라 조직법상으로도 이중적 낭비이다.

헌법은 전시·사변 또는 이에 준하는 국가비상사태에 한하여 병력으로 군사상의 필요에 응하거나 공공의 안녕질서를 유지할 수 있기 때문이다. 즉 헌법은 계엄을 선포한 경우에 한해서만 군 병력을 동원할 수 있도록 허용하고 있다. 군복을 입지 않은 민간인에 의한 군사독재의 부활 또는 평시 군사독재 아니냐는 의심을 벗기 어렵다."

저는 이분의 주장이 상당히 의미가 있다고 생각을 해요. 지금까지 기존의 국가기구 이런 것들이 제대로 못 해 왔다면 그러면 그 기구에 대해서 우리 조직분석부터 해야 되잖아요. 왜, 뭐가 안 됐는지. 그러니까 하나하나 아까 말씀드린 대로 공항이 안 됐으면 공항에 가서 왜, 뭐가 문제인지 이런 것들에 대해서 하나하나 분석하고 그리고 나서 문제점을 개선을 해 나가야 되는데 떡하니 지금 대테러방지법 하나 내놓고 도·감청을 확대하려고 하는 것 이것은 납득하기 어려운 것 아닌가.

그다음에 지금 새누리당에서는 이게 외국도 똑같이 이렇게 다 하고 있다고 그러는데 그게 아니라 미국처럼 국토안보부를 만들어서 정보기관을 통합·재배치하는 이런 방안이 훨씬 더 합리적인 것 아닌가 하는 얘기지요. 그것은 아까도 이미 말씀드린 거고요.

이분이 재밌는 얘기를, 저는 이 분야에 대해서 잘 모르기 때문에, 재밌는 얘기를 하시는데 국가안보보다 인간안보로 접근해야 한다는 얘기를 하십니다. 그래서 한번 참고로 무슨 얘기인지 한번 보도록 하겠습니다.

"각국에서 다투어 제정한 반테러법이 비밀정보기관을 비밀경찰로 바꾸는 데 일조하는 법이라는 평가가 있다. 국가정보원은 수사권을 가지고 있기 때문에 이미 비밀경찰체제라는 주장도 있다. 그렇기 때문에 테러방지법 제정이 결국은 무수히 많은 인권침해사건을 일으킨 국가정보원이 권력의 중심에 서고자 하는 프로젝트라는 의견이 지배적이다.

많은 사람들의 인명피해를 초래할 수 있는 범죄행위를 막고자 한다면 기존의 범죄 대응체계를 점검하는 일부터 시작해야 한다. 경찰과 검찰 등 관련 기관들의 책임을 묻는 국정조사를 진행해야 한다. 대통령은 테러 관련법 제정을 요청하기 이전에 정부의 수반으로서 현재의 대테러 체계가 부실한 까닭에 대해 책임을 져야 한다.

대응능력 부재의 원인을 제대로 진단해야 올바른 해법을 낼 수 있다. 기존 대응체계의 무능력이 명백하게 드러나는 경우에 한하여 테러방지법을 제정하는 일이 설득력을 가질 것이다. 그러나 그렇다고 대테러 담당의 중심 역할을 국가정보원이 맡는 것은 헌법적으로 인정하기 어렵다. 무엇보다도 국가정보원의 수사권한을 제거해야 한다. 국가정보원을 순수 정보수집기관으로 바꾸고 해외정보 수집기관과 국내정보 수집기관을 분리하는 것을 전제로 해야 한다. 그 이후에 테러를 방지하고 대응하는 체계를 다시 만드는 일을 할 수 있다.

1994년에 유엔은 인간안보라는 새로운 개념을 통해 세계화와 공공재의 민영화로 인해 점증하는 사회적, 개인적 삶에서의 불안정에 대응하는 방법을 제시했다. 테러가 왜 발생하는지에 대해 한번이라도 진지하게 생각해 본 사람이라면 따라서 이제는 국가안보에서 인간안보로 정책의 초점을 옮겨야 한다는 주장에 공감할 것이다.

오늘날 우리는 조그마한 사건으로도 큰 재앙에 직면할 수 있는 고도기술사회에서 살고 있다. 대도시들은 테러와 그에 준하는 사태가 발생하면 걷잡을 수 없는 혼란에 빠지게 될 것이다. 테러방지법에 반대한다고 해서 세월호 참사와 같은 재난에 대해 무관심한 것은 절대 아니다. 테러방지법과 같은 방식의 대처에 반대한다는 뜻이지 만약의 위험을 예방하고 대처하는 자세는 절대적으로 필요하다.

전문가들은 그 어떠한 테러방지법을 동원하더라도 자살테러는 막을 수 없을 것이라고 본다. 9·11 테러는 현대와 같은 고도의 발전된 위험사회가 얼마나 위험한가 하는 것을 분명하게 보여 주었다. 어떤 사회도 위험과 폭력으로부터 100% 안전할 수는 없다. 절대적 안전을 내세우면서 그것을 달성하기 위한 국가의 권한 확대를 시도한다면 이는 국민을 우롱하는 일이자 국민과 인권에 대한 위협이 될 것이다.

그러므로 다른 방식으로 접근해야 한다. 한국 사회의 실정을 고려한다면 광범위한 재난예방 및 재난구조체계를 구축하는 것이 무엇보다도 필요하다. 고도기술사회가 갖고 있는 그 자체의 위험에 대처하기 위해 국가의 예산을 어디에 쓸 것인가 하는 부분은 매우 중요한 정책적인 판단이다. 시간과 돈과 인력을 적절하고 필요한 부분에 균형 있게 투입할 수 있는 지혜를 모아야 한다.

4·16세월호참사 특별조사위원회가 세월호 참사의 진상과 원인을 규명하고 세월호 참사에 대처하지 못한 국가 무능력을 진단·평가하며 국회와 함께 대형재난에 대한 예방 및 대응 체계를 마련한 입법 활동을 하는 과정에서 우리는 테러에 대한 해법도 어느 정도는 찾을 수 있을 것이라고 믿는다."

이런 이야기입니다. 이런 것들이 지금 학자들이 생각하는 얘기들이고요. 대체적으로 저희가 이와 같은 방식의 국정원 개혁방안을 계속 냈는데 지금 정부와 새누리당이 그것을 막고 있고요. 그리고 지금 이제 오히려 거꾸로 국정원의 권한을 강화하는 이런 법안을 낸 거지요. 그러니까 이런 추세가 상당히 좋지 않은 추세다 하는 점들을 저희가 말씀을 드리는 겁니다.

대체적으로 저는 경제적인 측면에서 주로 많이 말씀을 드렸고요. 국가정보원의 문제는 단순한 국가정보원의 문제가 아니라 이게 지금 이렇게 양당 간에…… 저는 이 문제에 대해서는 이렇게 첨예할 정도가 될 필요는 없다고 생각하고 지금도 양당이 굉장히 빠른 시간 내에 합의될 수 있는 여지가 분명히 있음에도 불구하고 박근혜 대통령께서 그리고 새누리당에서 이것을 거부하고 있는 것은 테러방지 외에 다른 목적이 있는 것으로 의심할 수밖에 없다는 말씀을 다시 드리고요.

그것은 결국은 정치적인 목적 때문에 이런 중요한 사안을 그렇게 처리하고 있다, 이렇게 공포의 정치, 독선의 정치로 일관하고 있다는 생각을 갖지 않을 수 없습니다. 그런 독선의 정치, 공포의 정치는 잠시는 성공할지 모르지만 반드시 국민의 심판을 받는다는 것이 역사의 교훈입니다.

제가 말씀드립니다마는 역사에서는 항상 단기간 동안에는 그렇게 자본의 이익을 대변하면서, 권력으로 인권을 침해하면서 잠시는 정권을 유지할 수 있을는지는 모르지만 그렇게 오래 지속될 수는 없다, 최악의 경우에 한국이 굉장히 위험한 파시즘 국가로 갈 수도 있겠지만 1987년에 시민혁명을 이끈 우리나라의 저력으로 볼 때 저는 그것은 불가능하다고 생각을 하고 있습니다.

그러니까 그런 것들을 막는 것이 사실은, 국민들이 제대로 정보를 알지 못하는 것 때문에 그렇게 되는 건데요. 이렇게 필리버스터를 통해서 정보가 알려지게 되니까 저는 그런 희망적인 순간이 조금 더 앞당겨지지 않았나 이렇게 생각을 하고 있습니다.

과거 우리는 굉장히 어두운 시기를 살았습니다. 광주사태가 벌어졌는데, 얼마 전에 돌아가셨죠, 독일의 사진기자가 광주사태를 찍어서 일등석 비행기를 타고 일본에 가서 그것이 나중에 우리 대학가에서 전부 돌려 본 영화가 되었고 필름이 되었고 바로 그렇게 진실을 알게 된 것이 대한민국의 민주화를 가져온 겁니다.

그런 의미에서 저는 정보를 굉장히 중요하게 생각하는데 지금 한국 정치는 정보가 꽉 막혀 있다, 경제도 꽉 막혀 있고, 한국 정치도 정보가 꽉 막혀 있고, 경제도 돈이 순환이 되어야지만 경제가 발전하는데 지금 재벌이 710조 원 갖고 있으면서 거기에 파이프가 고장 났어요. 고장 났는데 지금 새누리당은 고장 안 났다고 계속 주장하면서 재벌에게 계속 돈을 갖다 주는 거지요.

정치 쪽에서도 정보가 국민들 사이에 유통이 되어야 되는데 지금 파이프가 고장이 난 거지요. 그래서 국민들이 하는 얘기는 유통이 되지 아니하고 국민들 상호 간에 서로 보지 못하고 그리고 대신에 일방적으로 이렇게 대통령 말씀만 계속 나오고 그다음에 경제권력들 여기 얘기만 일방적으로 되어서 정보도 꽉 막혔고, 그래서 지금 한국의 문제는 여기 저기 꽉 막혀 있는 게 문제다, 이것을 우리가 뚫어야 되는데 저는 쉽게 곧 뚫릴 거라고 생각합니다.

왜냐하면 이제는 1인 미디어 시대거든요. 그래서 현재 누구나 휴대폰을 들고 다니고 최근에 와서 급작스럽게 발전하고 있는데 미국에서는 이미 실시간 동영상 생중계가 페이스북으로 가능하다고 합니다. 그런데 우리나라는 지금 오마이뉴스가 처음 시도를 하고 있고요. 아직 도입 단계인데, 그런 식으로 깨어 있는 시민들이 1인 미디어로 장착해서 서로의 얘기를 확대 재생산한다면 저는 강력한 경제권력, 정치권력의 힘을 우리가 이겨 낼 수 있으리라 이렇게 생각을 하고 있습니다.

제 다음이 '사이다 국회의원'이신 서영교 의원께서 오시기 때문에 충분히 제가 시간을 드리려고 노력을 했는데 그전에 잠깐 말씀을 드리면……

아이고, 제가 아침이 되어서 정신이 혼미해서 '광주사태'라고 그랬나요? '광주사태'가 아니고 '광주민주화항쟁'인데 '광주사태'라고 했다고 어떤 분이 얘기를 해 주시네요. 죄송합니다.

아직 상당히 시간이 있습니다, 제가. 최소한 40분은 더 얘기를 해야 되고요.

제가 마지막으로 꼭 읽어 드리고 싶은 게 하나 있습니다. 이게 1971년도 4월 18일 날 당시 김대중 후보께서 장충단공원에서 대통령선거 유세를 하신 유세문인데요. 저는 이 글을 보고 굉장히 크게 감동을 해서 대한민국 연설문 중의 최고의 명문이 아닌가 이렇게 생각을 합니다.

저는 루스벨트 대통령을 좋아해서 루스벨트 연설문들을 많이 읽는데요. 하나하나가 굉장히 명문인데요. 그것에 버금가는 명문이 바로 71년도 장충단공원의 연설문이다 이렇게 생각을 하고요. 그런데 제가 이걸 읽어 보고 정말 너무나 놀랐습니다.

왜냐하면 제가 정치에 들어와서 저도 연설문을 좀 도와 드리고 이러는데요. 지난번에 이종걸 대표님 연설한 게 굉장히 큰 명문 중의 명문이었습니다. 아주 좋았고요. 지난번에 새누리당의 유승민 대표의 연설문도 아주 명문이라고 지금 되어 있지요.

그런데 제가 보기에는, 너무 놀란 게 1971년도 글인데 지금 보다라도 너무 좋다 그리고 지금하고 너무나 똑같다, 이 얘기를 들어 보시면 여러분들이 테러방지법을 얘기하는데 왜 지금 이걸 얘기를 하나 이런 의문이 들 건데 그게 해결이 될 거라고 생각합니다.

그런데 불행하게도 이게 굉장히 길어서, 인터넷에서 장충단공원 연설문을 찾아보면 전문이라고 나와 있는데 그게 사실 전문이 아니에요. 그래서 김대중평화센터에 제가 요청을 해서, 저는 이게 너무 좋아서 받아서 제 홈페이지에도 올려놓고 그랬는데요. 그때 40대 청년 김대중의 패기 그리고 그때 이렇게 좋은 글을 옆에서 조언해 줄 사람이 많지 않았을 건데 이 글을 보면서 저는 굉장히 놀랍게 생각을 합니다. 그러니까 지금 저는 많은 분들에게 이 글을 꼭 읽어 봤으면 좋겠다라고 제안을 드립니다.

제가 오늘 말씀드린 게 역사적인 얘기를 주로 했고 역사가 이렇게 반복이 되는데, 아까 계속 말씀드렸다시피 요즘 들어서 박근혜정부, 새누리당이 자꾸 옛날로 회귀하고 있다, 드디어 회귀한 게 1971년 정도하고 우리가 상당한 유사점을 찾을 정도니 한번 여러분이 들어 보시기 바랍니다.

"존경하고 사랑하는 서울 시민 여러분!
나는 먼저 내 연설을 시작함에 있어서 나의 경쟁상대인 공화당의 박정희 후보의 건투를 여러분 앞에서 비는 바입니다.
서울 시민 여러분!
나는 그동안 전국 방방곡곡을 돌아다녔습니다. 지금 전국에서는 모든 시민들이 이번에야말로 정권교체를 기어이 이룩하자고 경상도서, 전라도서, 충청도에서, 강원도에서 궐기했습니다.
나는 전국 유세의 결과 필승의 신념을 가지고

살아왔습니다만 오늘 여기 장충단공원의 100만이 넘는, 대한민국에서뿐만이 아니라 세계에 그 유례가 없을 이 대군중이 모인 것을 보고, 서울 시민 여러분의 함성을 보고 이제야말로 정권교체는, 우리의 승리는 결정이 났다는 것을 이제 여러분 앞에 말씀을 할 수 있습니다.

여러분, 이번에 정권교체를 하지 못하면 이 나라는 박정희 씨의 영구 집권의 총통 시대가 오는 것입니다.'

이게 71년도 4월 달에 연설을 한 것이니까요 이 예언은 그대로 들어맞은 거지요.

"공화당은 지난 개헌 때 이미 박정희 씨를 남북통일이 될 때까지 대통령을 시키려고 했으나 그 당시는 아직 자기 공화당 내부나 야당이나 국민이나 거기까지는 할 수 없어서 못 했던 것입니다. 나는 공화당이 그런 계획을 했다는 사실과 이번에 박정희 씨가 승리하면 앞으로는 선거도 없는 영구 집권의 총통 시대가 온다는 데 대한 확고한 증거를 가지고 있습니다. 또한 야당도 이번에 정권교체를 하지 못하면 더 이상 싸워 나갈 힘을 갖지 못할 것입니다.

박정희 씨는 지금 국민에게 봉사하고 심판받는 대통령 입후보가 아니라 국민에게 군림하고 국민을 지배하는 군주 같은 자세를 취하고 있습니다. 대통령선거에 임했음에도 불구하고 전국 유세조차 하지 않고 도 소재지 몇 군데밖에 안 가고 있습니다. 국민을 무시하기 때문에 그런 것입니다.

뿐만 아니라 박정희 씨가 며칠 전에 대전서 연설을 하면서 '나의 상대는 북괴뿐이다' 이렇게 말했습니다. 여러분, 이것이야말로 대한민국 내에서는 내가 상대할 사람이 있을 수 없다는 유아독존의 군주적인 자세를 표시한 것입니다.

여러분, 김일성이는 박정희 후보만의 상대가 아니라 삼천만 국민의 대결상대요 여러분과 나의 대결상대인 것입니다. 동시에 우리는 이 나라에서 지금 김일성에게 승리를 가져다주고 공산당에게 승리를 가져다주도록 독재와 부패와 특권경제를 하고 있는 오늘의 박 정권의 오늘의 정치야말로 공산당을 키워 주는 온상인 것입니다.

그리고 나는 여러분에게 말합니다. 우리는 다 같이 오늘의 공산당을 키워 주는, 공산당을 승자로 만든 박 정권의 독재와 썩은 정치와 특권경제가 종식하지 않으면 장차 공산당에게 승리할 수 없다는 것을 여러분에게 말씀하면서 우리가 공산당을 이기기 위해서는 박 정권을 이번에 기어이 종식해야 한다는 것을 여러분에게, 나는 여러분에게 호소하는 것입니다.

여러분, 내가 정권을 잡으면 이 나라의 독재체재를 단호히 일소할 것입니다. 다시 대통령을 두 번밖에 못 하는 조항으로 헌법을 고치겠습니다. 민주주의국가는 아무리 그 사람이 위대하다고 하더라도, 정치를 잘했다고 하더라도 대통령을 두 번밖에 안 하는 것이 민주주의야. 만약 박정희 씨가 없으면 반공도 안 되고 국방도 안 되고, 박정희 씨가 없으면 건설도 안 된다면 그러면 박정희 씨가 야당으로 돌아가고 나면 대한민국은 간판 내리고 문 내려야 하지 않소.

나는 내가 정권을 잡으면 대통령을 두 번밖에 못 하도록 헌법을 고칠 뿐만 아니라 그래도 사고가 나면, 우리나라 청와대는 여러분이 아시다시피 집터가 나빠 가지고 거기 들어간 사람마다 3선개헌을 해요. 이 박사가 그러더니 박정희 씨도 그래요.

박정희 대통령은 지금부터 4년 전에 목포에 나를 때려잡으러 왔어요. 유명한 6·8 선거 당시에 내가 박 대통령에게 질문을 했어요. '당신이 이렇게 대통령에 당선돼 가지고, 그래 가지고 이렇게 국회의원선거를 부정선거 하는 것 보니까 3선개헌을 목표하고 있는 게 아니냐?' 이랬더니 박 대통령이 목포 역전에다 2만여 명을 모아 놓고 연설을 했어요. '3선개헌은 절대로 안 한다. 나보고 3선개헌을 한다는 것은 야당 놈들의 모략이다' 이렇게 말했어요. 그랬더니 재작년에 와서 절대로 안 한다던 3선개헌을 정반대로 '절대로' 해 버렸어요. 그렇소.

우리나라 정계에는 아첨하는 사람들이 많아요. 공화당의 윤 모 씨라는 분은 과거 이 정권 때는 이 박사한테 붙어 가지고 '이승만 대통령은 건국 이래의 위인이다. 그러니까 3선개헌을 해야 한다' 하더니 어느새 박정희 씨에게 붙어 가지고 '박정희 대통령은 단군 이래의 영웅이다. 그러니까 3선개헌을 해야 한다' 이런 말을 했어요. 이런 자는 앞으로 내가 대통령이 되면 또다시 쫓아와 가지고 '김대중 대통령은 천지개벽 이래의 영도자다. 그러니까 3선개헌을 해야 한다' 이럴지도 몰라. 그렇기 때문에 이번에 헌법을 아예 3선개헌을 못 하도록 헌법 부칙에다가 대통령은 두 번밖에 못 한다는 헌법 69조3항은 누구도 고칠 수 없다고 못박아둠으로써 앞으로 이 나라에서 이 가든 박 가든 김 가든 누구도 자기 한 사람의 영구 집권을 위해서 헌법을 이리 고치고 저리 고치고 못 하도록 영원히 못 하게 하겠다는 것을 여러분 앞에 내가 공약하는 바입니다."

여기가 이제 핵심인데요,

"내가 정권을 잡으면 이 나라의 정보정치를 일소할 것입니다. 오늘날 이 나라는 말만 민주주의야. 백성 민(民)자 임금 주(主)자, 백성이 주인이란 말이야. 그런데 새빨간 거짓말이야. 백성이 선거의 자유가 없어요. 시골에 가보면 야당 유세장에 나오지도 못하고 나와도 박수도 못 쳐요. 이러한 독재정치, 이 독재정치의 총본산이 중앙정보부라…… 오늘날 중앙정보부는 언론을 완전히 장악해서 신문과 방송이 사실을 보도 못 하게 하고 부정선거를 지휘하고 야당을 탄압하고 야당을 분열시키고 심지어 여당조차도 박정희 씨 1인 독재에 반대하는 사람은 살아남지 못해.

재작년 3선개헌 때 공화당 국회의원들이 3선개헌에 반대한 사람들이 중앙정보부에 끌려가서 지하실에서 발길로 채이고 몽둥이로 맞고 온갖 고문을 다 당했어. 3선개헌 하면 나라가 망한다고 공화당 의장직을 그만두고 탈당했던 김종필이라는 사람이 오늘날 저렇게 자기 마음에 없는 소리를 하고 돌아다니는 것도 정보정치의 압력 때문에 그런 거야. 이것이 현실이야.

중앙정보부는 학생들을 때려잡고 학자와 문화인들을 탄압하고 못 하는 일이 없어. 정계에 개입해 가지고 모든 일마다 간섭하고 요새도 경제인들을 수백 명 불러다가 '김대중에게 돈 주지 마라. 만일 돈 줬다가는 너희 사업을 망쳐놓겠다' 협박을 해 가지고 돈을 절대로 안 준다는 각서를 받고 있어요. 그래 가지고 물론 각서 썼다는 말 밖에 나가서 안

하겠다고 또 각서를 쓰우고 있어요.

여러분, 중앙정보부는 공산당은 잡지 않고 독재의 총본산이요. 따라서 만일 이와 같은 정보정치를 그대로 놔두어 가지고는 이 나라의 이 암흑과 독재를 영원히 제거할 수 없을 뿐만 아니라 국민 여러분의 권리와 국민 여러분들의 자유가 소생될 길이 없는 것이기 때문에 내가 정권을 잡으면 이런 암흑 독재의 무덤을 이루고 있는 중앙정보부를 단호히 폐지함으로써 국민의 자유를 소생시키겠다는 것을 여러분에게 약속하는 것입니다.

내가 이 자리에서 여러분에게 알려 드릴 반가운 소식이 하나 있습니다. 지금까지 정보정치에 시달려오던 우리 언론계 동지들이 동아일보를 위시해서 속속 대한일보, 한국일보, 조선일보, 중앙일보, 경향신문 등 이러한 신문사에서 정보원들이 신문사에 들어오고 언론 자유에 간섭하지 말고 우리도 이제는 우리들의 권리를 찾아야겠다고 각 사에서 결의를 하고 나섰습니다. 요새 3, 4일 사이에 계속적으로 결의하고 나섰습니다.

여기에는 큰 용기가 필요하고 결심이 필요함에도 이와 같이 결의한 우리 언론계 동지들의 향도에 대해서, 용감성에 대해서 서울시민 여러분들이 격려의 박수를 보내 주심을 부탁합니다.

내가 정권을 잡으면 지방자치제를 실시해서 민주주의의 기초를 확립하고 대통령 직속하에 여성지위향상위원회를 두어 가지고 우리나라 1500만 여성들의 교육과 생활과 보건, 사회적 대우 이런 문제에 대한 특별한 배려, 우리나라 여성들의 능력을 개발해서 지금까지 파묻혔던 여성들의 실력을 우리 국가 건설에 활용함으로써 새로운 민족중흥의 위대한 힘을 발휘코자 여성 문제에 대한 적절한 조치를 취할 것을 여러분에게 약속하는 것입니다.

다음에 박 정권은 반공을 두고 마치 공산당을 자기네 혼자 반대하는 것 같이 떠들어 대요. 과연 박 정권이 반공을 하느냐? 오늘날 이 독재정치 이것은 무엇 때문에 우리가 공산당을 반대하는가 그 의미를 통쾌하게 말해 봅시다.

오늘날 이 썩은 정치 이것은 공산당을 키워 주는 온상이요. 오늘날 이 몇 사람을 잘살게 하는 특권경제, 공산주의는 이런 특권경제 속에서 자라나요. 따라서 박 정권은 말로는 반공 하지만 그 하는 정치는 오히려 공산당을 키우고 기르는 반공을 하고 있어요. 뿐만 아니라 박 정권은 공산당을 잡자, 간첩을 잡자 이렇게 말하지만 공산당도 안 잡아.

여러분!

지금 이 시간에 공산당을 잡으라는 중앙정보부나 경찰의 정보 형사들이 지금 이 시간에 공산당 잡고 있습니까? 내가 전국을 돌아다녀 보니까 지금 그 사람들이, 대공 사찰기관들이 밤잠을 안 자고 잡으려고 뛰어다니는 것은 공산당 간첩이 아니라 4월 27일 선거날을 전후해서 신민당 대통령후보 김대중이를 잡으러 뛰어다니고 있다 이 말이야.

공산당도 안 잡아. 말뿐이야. 뿐만 아니라 우리 국군을 정치적으로 악용해 가지고 국군의 사기가 떨어지고 전투력을 저하시키고 군대 내에서 사고가 증발한다 이 말입니다. 국제적으로 전쟁 애호 국가, 독재나 하고 부패한 나라로

낙인찍혀 가지고 심지어 미국 국회나 국민들 사이에서는 대한민국을 포기해 버리자는 논의가 나오기에 이르는가 하면 유엔 총회에서는 작년에 과반수의 지지조차 못 받게 되어 버렸어요.

불란서는 대한민국하고 국교를 맺지 않으려 하고 독일은 하여간 나라로 치지 않는 상태로 되어 버렸어요. 이렇게 고립돼 버렸어요. 박 정권 아래에서는 국가의 안전보장이 없는 것입니다.

여러분!

내가 정권을 잡으면 1년 이내에 서울 550만 서울시민들이 안심하고 발 뻗고 잘 수 있는 국방태세를 완비할 것입니다. 그것은 첫째로 완전히 국민의 지지를 받는 정부를 수립하여 공산당이 발붙일 데가 없도록 하고 모든 정보기관들이 공산당 잡는 데 집중해서 간첩이 얼씬도 못 해. 국군을 정치적으로 완전 중립시키니까 오직 대공전투에만 집중하게 돼요."

이게 지금 오늘 우리가 한 얘기하고 똑같은 얘기를 1971년에 하는 것 아니겠습니까?

"국제적으로는 한국에서 민주주의가 살아나게 되고 신임과 존경을 받으니까 우리의 우방국가들이 더욱 도와주고 여기에 미군의 철수가 중지돼. 한국에서 이번에 정권교체가 되어야만 민주주의가 승리하고 우리의 안보태세는 비로소 반석 위에 올라가게 되는 것입니다.

내가 여러분에게 한 가지 책임 있는 말을, 중요한 말을 하겠습니다.

여러분!

김일성은 앞으로 10년 내에는 대한민국을 침략하지 못해요. 38선을 돌파하지 못해. 김일성이는 그럴 힘이 없어. 뿐만 아니라 세계는 지금 전쟁이 아니라 평화로 가고 있어요.

여러분!

중공과 미국 관계를 보시오. 닉슨 대통령이 중공에 가고 싶다고 했어요. 자기 딸 신혼여행을 중공에 보내고 싶다고 했어요. 세계는 지금 평화로 가고 있는 거요. 박정희 씨는 국민 앞에 거짓말을 하고 있어요. 뿐만 아니라 소련과 중공이 김일성이가 쓸데없는 짓을 하면 일본이 재무장하기 때문에 절대로 못 하게 되어 있어요. 김일성이는 쳐들어오지 못해요.

다만 문제는 우리 정치가 잘못되어 가지고 우리 내부에서 사고가 나는 것이 문제입니다. 그것은 정치를 하루빨리 시정해야만 그 사고를 바로잡는 것입니다. 그것이야말로 이번에 정권 교체가 되어야 하는 것입니다.

여러분!

내가 '향토예비군을 폐지한다' 이렇게 말했더니 마치 공화당 사람들이 향토예비군을 폐지하면 내일이라도 김일성이가 서울에 들어올 것 같이 말을 해. 이것은 새빨간 거짓말이야. 우리는 향토예비군이 없어도 예비역을 유사시에 10분 내에 동원할 수 있는 그러한 법과 제도가 있는 것입니다. 향토예비군은 국방에 필요한 것이 아니라 박정희 씨의 독재체제를 강화하기 위해서 필요한 것입니다. 민주주의에서는 필요 없는 거요.

우리는 이북의 김일성이보다도 배나 많은 현역 군인을

가지고 있는 것입니다. 60만 대군을 가지고 있습니다. 미군이 주둔하고 있습니다. 경찰이 있습니다. 향토예비군은 필요가 없는 거요. 취약지구에는 전투경찰대와 예비사단 기동타격대가 있으면 됩니다.

내가 향토예비군을 폐지한다고 했더니 전국의 국민들이 호응을 했어요. 이에 공화당이 놀라 자빠져 가지고, 이래서 국방부장관이 협박을 하고 국회의 문을 닫고, 내가 무슨 김일성한테 손을 든 것처럼 떠들어 댔어.

내가 공화당 사람들에게 말했어. '당신네 향토예비군이 그렇게 좋으면 공화당은 하라 이 말이야. 내가 정권 잡아 가지고 우리 국방정책에서 향토예비군 필요 없다는데 남의 당 정책에 대하여 공화당이 시비할 게 뭐 있느냐 말이요.'

이래 가지고 내가 향토예비군은 필요 없고 예비역을 1년에 한 번 내지 두 번 소집해 훈련하자니까 공화당이 처음에는 반대하더니 결국 지금 향토예비군 그대로 두면서도 1년에 향토예비군을 두 번 소집한다고 즉각 반응을 보였어요. 여기에도 향토예비군 대상자들이 많이 모였는데 여러분들, 요 몇 달 동안 향토예비군 안 불려 가게 되어 좀 편해진 것 다 내 덕인 줄 알라 그 말이요.

향토예비군은 이중 병역의무요, 헌법 위반이요, 옷값만 하더라도 25억 원이요, 하루 200원씩 생업에 지장을 보면 183억이야. 더욱이 향토예비군은 경찰 지휘하에 있어 가지고 시골 같은 데 가 보면 지서 순경들은 숙직실에서 잠을 자고 향토예비군이 파출소 보초나 서 주고 산에 가서 나무 해다가 바치고 하는 실정입니다.

향토예비군 중대장을 작년 이래 중앙정보부에서 불러다가 훈련을 하고 있는데 그 훈련 내용이 공산당 잘 잡으라는 훈련이 아니라 이번 대통령선거에 야당 후보 김대중이 잘 때려잡으라고 훈련하고 있다 그 말이야. 또한 향토예비군 나가는 데 3000원이나 5000원을 중대장 갖다 주면 한 달에 한 번 안 나가도 전부 나갔다는 도장 찍어 줘요. 이렇게 썼어요.

그러므로 내가 정권을 잡으면 국방에는 아무 도움이 안 되면서 독재체제를 강화하는 데 악용하고 있는 이와 같은 군사조직, 군국주의로 끌고 가는 향토예비군을 전면적으로 폐지하겠다는 것을 여러분에게 약속하는 바입니다.

또한 학교 교련, 이것도 군사독재 강화를 위해서 하는 것입니다. 대학교 재학생보고 5분의 1 시간이나 군사훈련 받아라 하는 이것은 대학교인지 군대인지 구분할 수가 없어요. 지금 이 나라에는 30만 명의 병역기피자가 있고 40만 명의 제1보충역이 있어요. 군대 나가고 싶어도 영장이 안 나와서 못 나가요. 그런데 무엇 때문에 대학생을 괴롭히느냐 말이에요. 이것은 정의감과 민주주의적 신념에 넘치는 대학생들을 꽉 장악함으로써 독재체제에 반항을 못 하게 하기 위해서 그런 거야.

따라서 우리가 정권을 잡으면 당연히 향토예비군과 마찬가지로 대학교에서의 군사 교련은 철폐할 것이며 요새 대학교 교련 반대를 이 사람들이 악용해 가지고 선거에 자신이 없으니까 엉뚱한 일을 하려고 해요.

나는 대학교 학생들에 대해서 내가 이래라 저래라 할 입장에

서 있지 않지만 한 가지 분명히 타이를 말이 있어. 이 자들에게 악용당하지 않도록 유의하는 동시에 우리가 정권을 잡으면, 4월 27일 날 민주주의가 승리하면 이와 같은 독재주의의, 군사주의의 군사 교련은 당연히 자동적으로 폐지된다는 것을 여러분 앞에 다짐하는 것입니다.

공화당이 자꾸 우리에 대해서 샌트집만 잡고 있습니다. 내가 볼 때 정권이 바뀌기는 틀림없이 바뀌겠어요. 왜 그러냐 하면 과거 선거 때는 야당이 자꾸 비판을 하고 여당이 정책적이라 하더니 아까 양일동 부의장도 말했지만 이번에는 야당이 정책적이고 여당이 만날 트집만 잡고 있어. 신민당 유세장에 가도 신민당 얘기, 공화당 유세장에 가도 신민당 얘기만 하지 다른 말이 없어. 이것은 공화당이 이미 국민 앞에 내세울 밑천이 없어졌다 이 말이야. 거짓말은 이제 안 먹혀들어 가기 때문에 그런 상태가 온다 이 말이야.

아까 4대국 전쟁 억제문제는 우리 유진산 당수께서 이미 설명하셨기 때문에 내가 더 말 안 하겠어요. '이 나라에서 제2의 일·청전쟁이나 일·러전쟁을 하지 말라. 이 나라에서 다시 6·25 같은 것은 제3국을 조종해 가지고 획책하지 말아라' 그게 뭐가 잘못이야? 남북 교류 문제도 김일성이가 전쟁을 포기하고 파괴분자를 보내지 않는다면 그 전제가 선다면 우리 동포끼리 소식이라도 알아보고 체육 경기에도 나가고 기자도 왔다갔다하자, 그것이 뭐가 나쁘냐 그 말이에요.

세계에서 같은 동족끼리 자기 부모 형제가 살고 있는지 죽었는지 알아보지도 못하고 편지하지도 못하는 나라는 박정희 정권 치하의 대한민국뿐이란 말이에요. 월남도 잘하고 있어요. 내 제안이 뭐가 잘못이오? 박정희 씨는 엉뚱하게 무슨 70년대 후반에 가서 신의주까지 고속도로를 놓으니 금강산에 가서 관광개발을 한다느니 잠꼬대 같은 소리를 하고 있어요.

아까도 말했지만 국제정세는 지금 급속도로 변하고 있어요. 내가 말한 4대국의 한반도 전쟁 억제, 이 안은 내가 지난번에 미국 갔을 때 험프리 전 미국 대통령 후보 같은 사람, 내 그 설명을 듣고 당신의 그런 훌륭한 정책을 미국 지도자들이 다 알았으면 한다면서 내 손을 붙잡고 널리 좀 알려 달라고 부탁했어요. 하버드대학의 라이샤워 교수나 MIT 대학의 윌리엄 번디 같은 교수가 전폭적으로 지지를 해요. 닉슨 대통령도 금년 연두교서에서 아시아에서의 안전보장은 4대 국가에 달려 있다고 말하고 있어요.

나는 박정희 씨에 대하여 이 자리를 통해서 말하고 싶습니다, 대통령을 하려면 공부 좀 하라고. 국제정세가 어떻게 돌아가는가, 조그마한 국내 정치에만 악용하려 들지 말고 크게 앞에 나와 대결을 해 보라고. 50년과 100년 앞을 내다보고 국가의 운명을 내다보는 대통령학을 공부하라고 권고하고 싶어요.

여러분!

나는 오늘 여기서 박 정권의 부정부패에 대해서 내가 여러분에게 대해서 중대한 얘기를 좀 하고 싶습니다. 요새 지방을 다녀 보면 도처에 뭐라고 써 있느냐 하면 "중단 없는 전진" 이렇게 해 놓았습니다. 박 정권이 전진한다는 것입니다. 전진은 뭐가 전진입니까? 이 나라에서 민주주의가

후퇴하고 남북통일이 후퇴하고 농촌 경제가 후퇴하고 도시 중소기업들의 경제가 후퇴하고 대기업들이 마구 쓰러지며 후퇴하고 오직 이 나라에서 중단 없이 전진하고 있는 것이 하나 있어. 그것은 오직 부패가 중단 없이 전진하고 있어요.

오늘날 박 정권 사람들은 마치 부정부패는 박정희 씨는 아무런 책임이 없는 것처럼 얘기를 해요. 나는 나의 경쟁 상대자에 대해서 되도록 그 개인의 인격에 관련된 말은 내가 하고 싶지 않습니다. 다만 내가 참을 수 없는 것은 사실을 감추고 박정희 씨는 아무 책임이 없는 것같이 하는 것만은 용서할 수가 없어요.

오늘날 이 나라의 부정부패는 법적으로 정치적으로 박정희 씨에게 책임이 있을 뿐만 아니라 사실상 책임이 있어요.

여러분!

오늘날 지금 이 나라에서 청와대 비서진의 책임자, 경호실의 책임자, 박정희 씨의 처남, 박정희 씨 처조카, 사위, 이런 사람들이 몇십억, 몇백억의 부정 축재를 했어요. 어째서 박정희 씨에게 책임이 없느냐 그 말이에요. 한 가정에서 아버지 밑에 아들 형제가 전부 나쁜 짓을 하는데 아버지가 책임이 없습니까. 말도 안 되는 소리요.

뿐만 아니라 5·16 장학회라는 게 있어요. 방송국을 가지고 있고 신문사를 가지고 있고 대학을 가지고 있어요. 재산이 무려 500억이오. 50억이 아니라 500억이오. 이 500억의 거대한 재산을 가진 5·16 장학회, 문화방송을 가지고 영남대학을 가지고 부산일보를 가지고 있어요. 많은 신문들을 가지고 있어요. 여기는 말만 장학회라 해 가지고 갖은 축재를 다 하고 있어. 장학사업은 500억의 1할, 100분지 1, 고작 1억밖에 안 해. 금년도 장학사업이 2400만 원, 1억 원의 정비예금밖에 되지 않는다 이 말이야. 이렇게 폭리를 취하고 있는데 이 500억의 재산을 가진 5·16 장학회가 누구 것이냐? 박정희 대통령 개인 것이란 사실이 그 사정을 아는 사람들의 얘기예요.

또한 지금 이 나라에서 부정 선거한 돈, 부패하게 긁어모은 정치자금, 이런 것은 전부 박정희 씨 개인 수중으로 들어가 가지고 다시 국민들에게 돌아가 선거에 쓰여지고 있어요. 이 나라 부정부패를 그렇게 해 놓고도 손을 못 댄 이유가 어디 있는 거요?

여러분!

지난번에 박정희 대통령은 2억 이상 350억까지 부정 축재한 공무원이나 여당 계통의 정치인 명단을 뽑으니까 300명이 나왔어요. 그러나 이 300명을 손대면 공화당의 대가리부터 꼬리까지 다 없어지니까 손을 못 대고 그대로 있는 거예요. 박정희 씨 수중에 그 명단이 있어요.

이렇게 부정부패한 것이 오늘의 현실이에요. 지금 이 나라 국민은 어떻습니까? 돈이 없으면 천금 같은 부모가 병들어도 병원 앞에서 죽고, 돈이 없으면 다 큰 자식이 학교도 못 가고, 쌀이 없으면 굶고, 집이 없으면 길거리에서 떨고 있는 실정입니다.

나는 며칠 전 신문을 보고 내가 눈물을 흘린 일이 있습니다. 어떤 지게 품팔이 한 사람이 아침에 집을 나오니까 자기 부인이 오래 앓은 속병에 "봄철 미나리 좀 먹었으면 좋겠소" 이 말을 듣고 돈벌이가 되면 사 가지고 간다고 약속을 했습니다. 때마침 비가 와 가지고 단돈 10원도 돈벌이가 없었어요. 저녁 때 돌아가려니 자기 처가 신음하며 기다릴 테니까 차마 발이 안 움직여서 미나리 나물 가게에서 30원짜리 미나리 한 단을 훔치다가 붙들려 가지고 지금 이 시간 절도죄로 구속돼서 형무소에 들어가 있어요.

여러분!

10년 전 5·16 당시에 8개월 민주당 정권을 기다리지 못해서 부정부패했다고 쿠데타를 했어요. 오늘날 10년이 되었어요. 박정희 씨는 5·16 당시에 500만 원의 부정 축재한 자도 모조리 구속을 해 가지고 재산을 몰수하고 소급법까지 만들었어요.

나는 박정희 씨에 대하여 서울시민 여러분과 더불어 권하고 싶어요. "박정희 씨, 당신은 8개월의 민주당 정권도 기다리지 못하는데 10년 전 500만 원의 부정 축재자도 구속했는데 오늘날 당신의 주위에는 500만 원의 200배 5억, 1000배 50억, 10000배 500억의 부정 축재자들이 우글거려. 그럼에도 불구하고 당신은 30원짜리 미나리 도둑은 구속을 해도 50억이나 500억의 거대한 도둑놈들은 어째서 국민 앞에 드러내 가지고 이 자들을 처단하고 재산을 몰수하지 못하는 이유가 무엇이냐?"고 나는 박정희 씨에게 묻고자 하는 것입니다.

여러분!

윗물이 맑아야 아랫물이 맑습니다. 대통령이 깨끗해야 모든 공무원이 깨끗해요.

나는 내가 정권을 잡으면 내 단독으로 부정부패 일소에 대한 책임을 질 것입니다. 나의 재산을 국민 앞에 공개 등록하고, 부정부패 추방법을 만들고 부정부패적발위원회를 전국에 두어 가지고 국민 여러분의 대표가 참석해서 정치와 행정의 부정부패를 적발해야 할 것입니다.

나는 부정부패에 대한 전 책임을 누구에게도 미루지 않고 내가 지는 동시에 국민 여러분이 감시하고, 여러분이 한번 대통령인 나와 국민 여러분이 손을 잡고 일치단결해서 부정부패를 뿌리 뽑자는 것을 이 자리에서 제의하는 것입니다.

내가 정권을 잡으면 대중경제체제를 실시할 것입니다. 생산 면의 자유경제, 분배에 있어서 사회정의를 실천에 옮길 것입니다. 물가를 대폭 내려서 오늘날 독과점업자들이 결탁해 가지고 물가를 올리는 것을 법으로 금지해서 여러분의 물가를 대폭 내리고, 노동자와 사무원이 참여하는 노사노동위원회를 만들 것이며 또한 농촌경제의 발전 기초 위에 상업과 공업을 발전시킬 것입니다.

세금정책에 있어서 일대 개혁을 단행하겠습니다. 세금에 있어서 오늘날 돈 많이 벌면 세금 적게 내고, 돈벌이가 적은 중소기업이나 공무원이나 봉급자가 오히려 세금을 많이 냅니다. 노동자가 세금을 많이 부담하는 이러한 현상은 단호히 시정할 것입니다.

뿐만 아니라 돈이 많다고 해서 낭비하고 사치하는 사람들에 한해서 내가 정권을 잡으면 단단히 세금을 많이 물게 할 것입니다. 남들은 200만 원짜리 집도 없는데 5000만 원, 1억,

2억짜리 호화주택에 살고 있는 사람들, 부유세를 내야 해요. 3000만 원, 4000만 원 정원을 만들어 가지고 나무 한 그루에 100만 원, 150만 원짜리 심어 놓고 있는 사람들, 정원세를 내야 됩니다. 자동차 한 대에 200만 원, 300만 원 정도가 아니라 1000만 원, 2000만 원짜리 고급 승용차 타고 다니는 사람들, 특별세금 내야 돼요.

또한 도둑 지키자면 5000원짜리 진돗개면 되는데 독일이나 영국 같은 데서 100만 원, 200만 원 비싼 개 사다가 사람도 못 먹는 고깃덩이나 던져 먹이고 전문의 두어 매주 주사 맞고 있는 사람들, 개에 대해서 단단히 세금 물어야 해요.

농민들은 땅 한 평이 없는데 30만 평, 40만 평 골프장이 대한민국에 10개 이상 있어요. 이 골프장 출입하는 사람들, 단단히 입장세 내야 해요.

또한 부인들이 1만 원짜리 반지도 못 끼고 다니는 사람이 수두룩한데 300만 원, 500만 원짜리 보석반지 끼고 다니는 사람들, 엄청난 사치세를 내야 돼.

이렇게 해서 내가 정권을 잡으면 돈 많이 버는 사람은 세금 많이 내고 적게 버는 사람은 적게 내는 동시에 돈 많다고 해서 나라와 사회 형편도 생각하지 않고 사치와 낭비하는 사람들 엄청난 부유세와 특별세를 받는 일대 과세 개혁령을 내리겠다는 것을 여러분 앞에 공약하는 바입니다.

또한 내가 정권을 잡으면 국민 앞에 육성회비를 폐지할 것입니다.

국가는 의무교육에 대한 책임이 있습니다. 어린이만 학교에 갈 의무가 있는 게 아니라 국가가 무상으로 교육시킬 책임이 있는 것입니다. 오늘날 육성회비 때문에 얼마나 많은 비극이 생기고 있습니까?

내가 정권을 잡으면 교과서대 50원, 육성회비 98원, 이 돈에 대해서는 예산을 절감하고 원활한 자치세를 확보해 가지고 국가가 이것을 책임지는 동시에 앞으로는 다시 국민학교에서는 돈 때문에 선생이나 학부형이나 어린이나 괴로움을 받고 쫓겨 오고 돌아오고 하는 이런 일이 없도록 의무교육에 대한 국가의 책임을 완수한다는 것을 여러분들 앞에 약속하는 바입니다.

또한 최저임금제를 실시하고 서울에 있는 판자촌 50만 세대에 대하여 대책 없는 철거를 중지하고 판자촌을 그 개량한 상태에 따라서 양성화시키고 합법화시켜서 이 나라에서 지금 주택 때문에 허덕이는 서민 대중의 주택에 대해서 국가가 대안도 없이 이것을 무작정 철거시키는 그러한 일이 없도록 한다는 것을 여러분에게 약속드리는 것입니다.

왜 이러한 공약에 대해서 공화당에서 실천 가능성이 없다고 해? 나는 이중 곡가제와 도로 포장과 국민학교 육성회비 폐지, 기타 내가 한 공약에 690억의 예산이 필요합니다. 그런데 지금 우리나라 예산 5200억의 1할 5부만 절약해도 750억이 나와요.

오늘날 특정 재벌들과 결탁해서 합법적으로 면세해 준 세금만 하더라도 1200억이에요. 그렇기 때문에 정권을 잡아서 절약하고 낭비하지 않고 받아들일 것 다 받아들이면 이와 같은 일을 하면서도 오히려 돈이 800억이나 남는다는 것을 여러분에게 제가 말씀드릴 수 있습니다.

또한 이 나라에서 지금 유물 만능사상, 성공 제일주의,

성도덕의 타락, 국민 정신의 해이, 이러한 박 정권의 정신과 도덕을 무시한 정책을 종교단체와 사회단체, 문화인들과 교육자들의 국민 정신 재건과 국민 도의 재건정책에 대해서 적극적으로 정부가 지원해서 사회부패를 일소하고 부지런한 자가 성공하는 건전한 시민사회를 만들어서 이 나라의 정신을 부흥시키고 물질만능을 배격하고 국민의 도의와 정신 앙양에 정부가 적극적인 노력을 경주한다는 것을 여러분 앞에 약속하는 것입니다.

내가 정권을 잡으면 국내외에 걸친 민주 거국내각을 실시하고 군대에 대해서 내가 완전무결하게 장악 봉사할 것입니다.

여러분!

군인 출신이라야만 군대를 통솔할 수 있다, 이것은 말도 안 되는 소리입니다.

오늘날 세계에서 가장 강한 이스라엘 군대, 250만 인구 가지고 1억 5000만 아랍 연합군과 싸워서 연전 연승한 이스라엘 군대를 통솔하고 있는 사람은 73살 먹은 마이어라는 여자 할머니이고 인도는 인디라 간디 여사가 3군 총사령관이요, 민주주의의, 민주 국가의 군대는 국민이 선출한 지도자에 복종하는 것이요, 대한민국 군대는 그런 군대요, 군대와 국민을 따로 갈라 생각하려는 것이 박 정권의 독재적인 사고방식입니다.

그러나 나는 여러분에게 분명히 말해 둡니다. 내가 이번에 선거에 승리했을 때 군대가 전면적으로 3군 총사령관인 나의 명령에 복종할 것인가에 대해서 나는 국내외에 걸친 모든 보장을 받고 있다는 것을 500만 서울시민 앞에 분명히 밝혀서 박 정권의 그와 같은 협박에 여러분이 현혹되지 말기를 당부하고 여러분들에게 안심하도록 말씀드리는 것입니다.

여러분!

신민당의 집권 능력에 대하여 공화당이 말합니다. 내가 미안한 말이지만 여러분에게 한마디 하겠습니다.

5·16 당시에 박정희 소장은 국민들이 이름도 몰랐어요. 그렇게 정치 10년 해서 오늘까지 이를 줄 누가 알았겠어요? 군대에는 내가 박정희 씨보다 아래지만 정치에는 내가 박정희 씨보다 10년 선배요.

5·16 당시에 육군 소장인데 나는 국회의원이요, 그 당시 국회의원은 육군 소장쯤 경례받으려면 받고 말려면 그만두어요.

나는 20년 정치를 내가 배웠어요. 내가 정권 잡아 가지고, 아무것도 모르는 박정희 씨가 10년 하는데 20년 정치 배운 내가 못 한다니 말이 되느냐 말이요.

거기에다가 우리 신민당을 보시오. 공화당은 정권을 가지고 있는 대통령인 박정희 씨가 당내에서 아무도 경쟁을 허용하지 못해. 김종필이가 대통령 하려니까 쫓아냈다가 선거하자니까 또 불러왔어.

그러나 우리 신민당을 보시오. 일생을 조국에 바친 유진산 당수, 나 개인적으로는 친부모 같은 분이 자기가 나를 처음엔 후보로 안 밀었지만 당에서 결정하니까 국민의 선두에 서서 민주주의 원칙에 복종해서 오늘날 동으로 서로 갖은 고생을 하면서 여러분의 기대에 어긋나는 않는 투쟁을 하고 있어요.

나와 경쟁을 했던 김영삼 동지, 이철승 동지가 오늘 이
자리까지 나오지는 못했지만 지금 경상도에서 전라도에서 뛰고
있어요."
　뒤에 한 두세 장 더 남았는데요. 제가 말씀드리고 싶은
것은 여기까지 나왔기 때문에 여기까지 읽도록 하겠습니다.
　제가 오늘 왜 김대중 대통령, 당시 김대중 후보의
1971년 4월 18일 장충단공원 대통령선거 유세를 읽었느냐
그러면 오늘 제가 장시간에 걸쳐서 얘기했던 그 얘기가
지금 여기에 들어가 있지 않습니까? 오늘 제가 얘기했던
대로 지금 경제가 굉장히 어려운 것은 양극화가 된 것이고
따라서 저희가 지금 재벌에 대해서 과세를 강화하고 그리고
복지를 강화하고 누리과정하고 무상급식하고 이런 것
하자고 하는데, 교육에 대해서 더 투자하자고 얘기하는데
바로 1971년에 김대중 후보가 그런 공약을 내세웠고 그
당시에도 역시 국정원이 국가 안보를 위해서 열심히 일을
하는 게 아니라 정권 안보를 위해서 야당 정치인들이나
쫓아다니까 이런 문제가 생겼다 이런 것들이 지금
적나라하게 그대로 드러나는 거지요. 그러니까 그 정권의
속성이 여기 연설문에서 그대로 드러나고요.
　글쎄요, 제가 멋지게 읽어서 아마 여러분들이 얼마나
그 감을 느끼실지 모르겠지만 저는 역사공부에도 굉장히
좋은 자료라고 생각을 하고요. 이게 실제 육성도 인터넷에
돌아다니고 있습니다. 그런데 육성의 질이 별로 좋지
않은데요. 그래도 그때 청년 김대중의 패기 그리고 열정을
느낄 수 있는 아주 대단히 훌륭한 명문이라고 생각을 해서
제가 오늘 읽어 드렸습니다.
　저는 우리나라에서 이것과 노무현 대통령께서
대통령후보 출마한다고 해서 주머니에 손 넣고 했던 연설,
그 연설이 대단히 훌륭한 연설이고 그것이 참여정부의
기틀이 됐던 연설입니다. 명문이라고 생각하는데 그런
의미에서 저는 오늘 필리버스터를 마무리하면서 이것을
한번 읽어 드렸습니다.
　저처럼 실제로 정치인들의 연설문을 써 본 사람의
입장에서는 정말 어마어마한 연설문이라고 하는 것을
느끼게 됩니다. 물론 당시의 상황이 지금하고 달라서 굉장히
재밌는 얘기들이 많이 나오고요 그러는데 실제로 그것을 한
꺼풀 뒤집어보면 지금도 1971년과 크게 다르지 않구나 하는
것들을 우리가 알게 되는 것이지요. 제가 오늘 말씀드린 게
그겁니다.
　그러니까 1971년도 김대중 후보의 정책이 지금까지
저희 더불어민주당이 하고 있는 정책이고요, 이것이 바로
전 세계적으로 진보정권이 내세우는 정책들인 것입니다.
그리고 여기에서 저희가 계속 얘기하는 것이 권력기관의
남용을 우리가 방지하게 되면 권력기관의 제 위치를 찾을
수 있다. 그런데 지금 자꾸 다른 목적에 의해서 권력기관에
권력을 더 몰아주려고 하는데 그것이 오히려 권력기관을
무너뜨리고 있다 이런 것들이 그때나 지금이나 똑같다는
말씀을 다시 한 번 드립니다.
　그래서 저는 말씀드리고 싶은 게 이 테러방지법이라고

하는 것은 큰 차이가 없는 겁니다. 별 것 아닌 거예요. 별
것 아닌 것을 가지고 지금 새누리당에서 얘기하는 대로
진짜 테러를 방지하기 위한 법이라면 그냥 당장 타결할 수
있는 것인데 새누리당이 그렇게 동의하고 있지 않기 때문에
이렇게 문제가 되고 있고 이렇게 여야 대립으로 보여진다,
하지만 이 문제는 간단하지만 지난 2, 3년간 박근혜정부가
독선적인 정치를 하면서 보여 준 그것에 비추어 볼 때
박근혜정부와 새누리당과 더불어민주당은 분명한 차이가
있다고 하는 것을 다시 한 번 말씀드리겠습니다.
　그래서 저희는 국정원의 본연의 위치를 찾아 주기
위해서—이것은 국민 여러분께서 판단을 하셔야 되는
겁니다. 그러니까 오늘 제가 계속 말씀드린 것처럼 국정원을
개혁해서 국정원은 해외정보에 열심히 투자하고 연구해서
그쪽의 전문기관으로 나서는 그런 기관으로 거듭나도록
저희는 그렇게 추진을 하는 것이고요, 그렇게 정책제안을
하는 것이지요.
　그런데 국정원은 내부적으로 어떻게 되어 있느냐 하면
해외에 나가서 그렇게 고생하면서 열심히 정보를 수집하는
사람들은 진급하지 못하고 반면에 정치에 개입해서
불법을 자행한, 물론 그게 바로 위험수당이겠지요. 그래서
불법을 자행하는 사람들은 위험수당을 받아서 다음에
승진하고 더 좋은 자리를 찾아가는 이것이 바로 국정원을
악순환에 빠지게 해서 국정원을, 우리의 중요한 정보기관을
망가뜨리고 있다 하는 것이 저희의 기본적인 생각입니다.
　따라서 저희는 인권을 굉장히 중시하고, 한 명 한 명의
인권에 대해서 국가가 조심해야 되고 그리고 틀림없이
테러의 위협에서 우리가 벗어나기 위해서 거기에 어떤
제도가 필요하다고 한다면 그 제도에 의해서 인권이
침해되는 사항은 최소한으로 하는 것을 주장하는 겁니다.
　그런데 아까 말씀드렸다시피 지금 박근혜정부와
새누리당에서는 그런 것보다 테러방지법 자체의 중요성만
강조하고 있다. 그리고 그렇게 얘기하는 근거로 저는 그렇게
말씀을 드렸습니다.
　그런데 얼마나 설득력 있었는지는 모르겠습니다마는
지금 진짜로 중요한 경제는 비상사태라고 할 정도로 완전히
망가져 있고 국민들은 그야말로 도탄에 빠져 있고 하루하루
살기가 굉장히 어렵고, 정말 힘든 하루하루를 살아가고 있고
그 불만이 언제 폭발할지 모르는 상황인데 그런 것들을
언론을 통제하고, 그다음에 여론을 호도하기 위해서 이렇게
안보국면으로 국정을 몰고 가기 위해서 이런 것을 하고
있다는 의심을 저희는 하게 되는 것입니다.
　그리고 분명히 새누리당과 더불어민주당은 차이가 있다는
점을 그 점에서 다시 한 번 말씀드렸습니다. 새누리당은
재벌을 지원해서 경제를 살리겠다고 하는 확고한 이념을
가지고 있는 정당이고요.
　저희는—이게 경제적으로는 오래된 케이스의 얘기인데,
그렇게 해서 경제는 살아나지 않는다, 계속적으로
양극화가 더 진행이 되기 때문에 경제가 살아나기 굉장히
어려울 것이다, 그렇다면 저희 입장에서는 바로 그 어려운

홍종학 의원 | 919

구매력이 없는 중산층과 서민들에게 그대로 정부가 지원을 해 주는 것이 경제를 살리는 방법이다. 더 이상 재벌이 중소기업의 임금 쥐어짜기 이런 것들을 하지 못하게끔 해서 중산층과 서민에 돈이 돌게 하고 이 중산층과 서민에 돈이 돌게 되면 결국 구매력이 생겨서 소비가 늘어나게 되고 소비가 늘어나면 중소기업이 잘되고 중소기업이 잘되면 결국 대기업의 재벌들도 다시 돈을 벌게 되는 선순환의 경제운용을 저희가 주장하는 것이고, 그 주장이 이른바 케인스 경제학이라고 하는데…… 경제학에 그렇게 크게 두 가지 생각이 있습니다. 고전학파의 생각이 있고, 경제에는 정부가 가급적 개입하지 말라는 고전학파 생각이 있는데 지금 한국에 있어서 새누리당의 문제는, 미국이나 이런 데서 고전학파 경제학자들은 정부가 개입하지 말라는 겁니다.

그런데 한국의 문제는 한국 정부는 재벌에 대해서 특혜를 주고 있고 재벌에 대해서 세금을 깎아 주고 있고 그다음에 재벌의 세금·세율을 계속 낮추는 정책을 취했다는 겁니다. 이게 미국하고 우리나라하고 굉장히 다른 것이다 이런 말씀을 드리고 싶습니다.

그래서 새누리당과 우리와는 명백한 차이가 있다고 하는 것이 이번의 이 작은 테러방지법이라고 하는 것을 계기로 해서 더 극명하게 드러났다고 저는 생각을 하고요. 이제 그런 것들이 이번 필리버스터를 통해서 좀 더 많이 잘 알려졌으면 좋겠다 하는 생각을 합니다.

이제 정리를 하도록 하겠습니다.

정치에 관심을 가져 주시기 바랍니다. '정치에 관심을 갖지 않을 때 여러분들은 최악의 통치자를 만나게 된다, 가장 바보의 통치를 받게 된다'고 그리스 철학자 플라톤이 얘기했습니다.

사실 시민사회가 발전하지 않은 그리고 노동조합이 발전하지 않은 한국 사회에서는 굉장히 힘든 상황에서 우리는 민주화라고 하는 시민혁명을 이룬 대단히 자랑스러운 국가입니다. 실제로 2차 세계대전 이후에 이렇게 발전한 나라는 없고 기적의 국가라는 것을 저는 믿어 의심치 않습니다.

그런데 그렇게 되면서, 경제가 좋아지면서 정치에 대한 관심들이 좀 더 줄어들었고 그리고 시대가 바뀌면서 좀 더 개인주의적으로 흐르고 이렇게 되면서, 특히 정치혐오증이 날이 가면 갈수록 확대된다고 하는 것을 저는 굉장히 안타깝게 생각을 했고 그것이 어떤 전기를 통해서 바뀌기를 기대했습니다.

그런데 이 필리버스터가 그와 같은 하나의 계기가 되고 그리고 많은 분들이 시청하고, 저한테 온 걸 보니까 이걸 시청하는 분들이 전 세계에서 시청하고 있다고…… 핀란드, 밴쿠버, 도쿄, 영국, 비엔나, 함부르크, 런던 이런 데 계시는 해외 교민들도 전부 시청할 정도로 관심을 많이 갖고 있다고 하는데 저는 그런 것이 계기가 되어서 한국의 민주정치가 한번 더 크게 발전했으면 좋겠습니다.

좋은 국회의원들이 많습니다. 좋은 국회의원들을 꼭 지켜 주셔야 됩니다. 좋은 국회의원일수록 힘을 가진 사람들이,

그러니까 국민의 목소리를 많이 대변하는 국회의원이면 국회의원일수록 국회에 진입하는 것을 원하지 않는 세력들이 있게 됩니다.

지금 저희가 우려하는 게 바로 그러한 상황들 때문에 국정원의 비대화를 우려하는 거고요. 정말로 국민을 주인으로 생각하는 국회의원들이 많이 만들어질 수 있도록 국민 여러분께서 관심을 가지셔야 되고요.

그리고 이번을 계기로 해서 우리 국민들이 적극적으로 정치에 참여를 해 주시는 것이 필요하다고 저는 생각을 합니다. 이제는 옛날처럼 깃발이 아니라 그냥 길거리로 나와서 선거운동을 해 주시는 것이 이러한 테러방지법에 대한 여러분의 의견을 제시하는 하나의 방법이라고 생각합니다.

필리버스터는 국회의원 5분의 3의 동의가 있으면 중단해야 합니다. 300명이니까 180명이 동의를 하면 중단되어야 됩니다. 저희가 지금 필리버스터를 할 수 있는 것은 다수당이 180명이 되지 않기 때문에 필리버스터가 가능한 거지요. 만약에 다수당이 180석 이상이 되게 되면 필리버스터조차도 불가능한 것이 현실입니다.

필리버스터는 결국은 제가 처음에 말씀드렸다시피 소수자의 의사진행방해이기 때문에 필리버스터가 끝나면 이 법은 통과가 됩니다.

너무나 무력한 얘기입니다. 그것이 현실입니다.

필리버스터는 소수자의 마지막 목소리이고요, 그것이 바로 길거리로 뛰쳐나가지 않는 국민들에게 알리는 우리가 가지고 있는 유일한 수단입니다.

필리버스터가 효과가 있으려면 이 필리버스터를 시청하는 국민들께서 저의 얘기가 옳다고 하시면 그 의견을 전달을 해 주시기 바랍니다.

국회의장님께도 전달해 주고 새누리당 의원님들께도 전달해 주시고 대통령께도 전달해 주셔서 필리버스터의 의미 자체, 저희가 생각했던 국정원의 참다운 개혁을 위해서, 그리고 진짜 국민감시법이 아닌 참다운 테러방지법을 만드는 것을 지지한다는 여러분의 의견을 보여 주셔야 됩니다. 그것이 필리버스터의 종국적인 목표라고 하는 것을 말씀을 드립니다.

제가 학교에서 강의를 많이 했기 때문에 큰 준비 없이 왔습니다. 그냥 편안하게 얘기하려고. 그래서 중언부언한 게 좀 있었을 것 같은데요 그 중언부언한 부분이 사실은 굉장히 중요한 부분이라고 생각을 합니다.

오랜 시간 들어 주셔서 대단히 감사드리고요.

정의화 의장님, 제가 아까 신문기사 읽어 드린 것 죄송하게 생각하고요. 그냥 국민들에게 알리기 위해서 그랬다고 이해해 주시기 바랍니다.

앞에서 의원님들을 너무나 잘해 주셨기 때문에 저는 이 정도로 마치면 될 것 같고요.

다음, 사이다 국회의원이 기다리고 있기 때문에 저는 여기서 마치도록 하겠습니다.

고맙습니다.

(박수 치는 의원 있음)

● **의장 정의화** 홍종학 의원님 수고가 많았습니다.

그런데 모두에 의장에 대해서 상당한 의혹을 제기했는데 전혀 사실무근이라는 것을 제가 꼭 말씀을 드리고요, 다음 기회가 있으면 사과를 해 주시기 바랍니다.

수고 많았습니다.

다음은 더불어민주당의 서영교 의원 나오셔서 토론해 주시기 바랍니다.

(2016년 2월 29일 오전 6시 18분)

25

서영교 의원

제19대 국회의원 (서울 중랑구 갑)
더불어민주당

2016년 2월 29일 오전 6시 20분 시작
2016년 2월 29일 오후 1시 19분 종료
발언 시간 6시간 59분

"국민이 봉입니까?
국민이 호갱입니까?"

(2016년 2월 29일 오전 6시 20분)

● **서영교 의원** 존경하는 국민 여러분!
그리고 국회의원 동료 여러분, 그리고 국회의장님!
'가운데 중(中) 물결 랑(浪)' 중랑구갑 국회의원
서영교입니다.
잠을 한숨도 자지 못했습니다. 이학영 의원께서
테러빙자법—테러방지법이라고 하는, 그러나 그것은
테러빙자법이다, 그리고 인권테러법이다 이와 관련한
필리버스터를 아주 오랫동안 하셨습니다.
홍종학 의원께서도 생각보다 너무 길게 하셨습니다. 정말
멋지십니다. 이제나저제나 기다리다가 잠을 한숨도 자지
못했습니다. 우리 의원님들 정말 대단합니다.
이런 상황이 예측이나 됐던 것입니까? 그렇지 않습니다.
어쩌다가 국가비상사태라며 테러방지법, 아니 테러빙자법,
인권테러법, 국민테러법이 직권상정이 되어서 이런 상황이
발생하였습니다.
시작을 이렇게 한번 이야기해 보겠습니다.
테러방지법은 어떤 법인가?
우리 국민들께서 이름 지은 부분을 한번 불러 보도록
하겠습니다.
우리 국민들이 댓글에 올려 주셨습니다.
'박근혜 대통령이 책상을 몇 번이나 치시면서 뭐하는
거냐고 얘기했던 그 테러방지법은 대한민국 국민의
인권을 침해하는 법이며 국민을 대놓고 사찰하겠다는
법이며 문제투성이 개혁 대상인 국정원을 강화하겠다는
법이다'라고 이야기하고 있습니다.

'국민감시법'이다, '카톡감청법'이다, '나치 독일의
게슈타포법'이다, '중앙정보부의 부활법'이다,
'국정원독재법'이다, '유신회귀법'이다, '테러빙자법'이다,
'국민스토킹법'이다, '국민감시 악법'이다, '정보독재법'이다,
'유신을 부활하는 법'이며 '아빠를 따라하기 위한 법'이며
'세월호 아이들을 생각나게 하는 가만히 있으라 하는
법'이다, 그리고 '헌법을 무력화하는 법'이며 '국민을 더
괴롭히겠다라고 하는 법'이다, '국민을 바보 만들기 법'이며
'국정원에게 몰카를 주겠다는 법'이며 '국민의 신상을
털겠다고 하는 법'이다, 이것은 우리 국민들이 인터넷창에
올려 준 이름입니다.
이외에도 너무나 많습니다. 그런데 제가 이 정도만 읽고
넘어가도록 하겠습니다.
지금은 필리버스터 현장입니다. 대한민국의 경제가
어렵습니다. 경제 좀 살려 줬으면 하고 국민이 1번을 찍어
박근혜 대통령이 대통령이 되셨습니다.
그런데 우리 경제는 왜 이렇게 힘든 겁니까? 대통령께서는
왜 경제를 더 힘들게만 하고 계시는 겁니까? 대통령이
되시고 초기에는 '불통이다. 왜 대통령은 이렇게 고집이
세냐'라고 하는 이야기만 나오더니 이제는 대통령께서
테러방지법을 통과시키라고 자꾸 압력을 넣고 있습니다.
대통령이 통과시키라고 압력을 넣는 이 테러빙자법,
인권테러법은 새누리당도 원하지 않던 법이라고 합니다.
새누리당은 우리 당과 함께 '이 법만 통과시켜 달라. 무늬만
가면 된다'라고 했는데 대통령께서 이 법을 고집하시니 이
상황이 벌어진 겁니다.
'지금이 어느 때인데 필리버스터 하느냐' 이런 얘기도
하신 것 같습니다. 그런데 이 필리버스터는 새누리당의 전신
한나라당이 추진한 것이다라고 하는 말씀을 드리겠습니다.
한나라당이 추진한 필리버스터를 새누리당이 반대하는
필리버스터로 변했습니다.
이 장면을 보여 드리도록 하겠습니다.
(자료를 들어 보이며)
7년 전입니다, 바로 7년 전. 7년 전 한나라당이 추진한
필리버스터, 이것을 지금 새누리당이 반대한다고 하니까 참
어찌해야 될지 모르겠습니다.
당시 한나라당의 당 대표였지요? 홍준표 의원, "폭력
의원을 영구히 국회에서 추방하도록 하겠습니다.
필요하다면 한나라당은 합법적인 필리버스터 제도를 도입할
용의도 있습니다." 이렇게 되어 있습니다. '한나라당이
필리버스터를 도입할 용의가 있다'라고 2009년 한나라당의
홍준표 의원이 발언하는 장면입니다.
당시에 또 이분은 누구입니까? 당시 한나라당의 남경필
의원입니다. 남경필 의원도 필리버스터를 해야 한다고
주장하고 있습니다. 국회선진화법, 필리버스터 누가 하자고
했던 것입니까? 한나라당이 먼저 이야기했던 것입니다.
제가 한 장 더 들겠습니다.
당시에 홍정욱 의원도 마찬가지로 필리버스터를 해야
한다고 주장했습니다.

이제 마지막 한 장을 기대하시기 바라겠습니다.

당시 원내대표군요, 원내대표께서도 마찬가지로 필리버스터를 해야 한다고 주장하고 있습니다.

당시 원내대표는 황우여, 황우여 당시 한나라당 원내대표가 이렇게 얘기를 합니다. 2011년 11월 '혹시라도 소홀히 될 수 있는 소수자의 목소리를 보호한다는 원칙 아래 필리버스터와 같은 의사지연제도를 도입하겠다'.

국민 여러분, 그런데 며칠 전 박근혜 대통령께서 야당의 필리버스터에 대해서 이렇게 얘기하십니다. '어떤 나라도 없는 기막힌 현상'이라고.

이제 박근혜 대통령께서 2012년 4월 25일 새누리당 공약이라며 이야기하신 걸 읽어 드리겠습니다.

"18대 국회가 끝나기 전에 다시 본회의를 소집해서 국회선진화법을 꼭 처리해야 한다고 생각합니다", 당시 새누리당의 박근혜 의원께서 '18대 국회가 끝나기 전 다시 본회의를 소집해서 국회선진화법을 꼭 처리해야 한다고 생각한다'라며 새누리당 공약, 약속을 실천한다고 이야기를 하고 있습니다.

(자료를 들어 보이며)

이 장면이 바로 그 장면입니다.

우리 대통령께서는 왜 당신께서 하신 말씀을 자꾸 잊어버리는 걸까요? 당신이 하시면 괜찮고 야당이 하면 기막힌 현상이 되는 겁니까? 대한민국에는 대통령만 계시는 겁니까? 대한민국에는 야당도 있고 국민도 있습니다. 야당의 목소리에 귀를 기울여야 하는 것 아닙니까? 정치란 여당과 야당이 서로 논의하면서 합의점을 찾아가는 것 아닙니까? 그런데 항상 대통령께서 중간에 끼어서 합의를 하지 못하게 하니 저희가 안타까울 따름입니다.

자, 이 장면 기억하시지요, '18대 국회가 끝나기 전에 국회선진화법을 통과시켜야 한다고 생각합니다'라고 하셨던 박근혜 대통령의 말씀.

'아차, 그렇군. 내가 그때 그렇게 얘기했군요'라고 인정하시는 계기가 되었으면 좋겠습니다.

대통령께서 '빨리 통과시켜야 되는 것 아니냐?'라고 얘기하시니까 정의화 국회의장께서 '지금 내가 그걸 통과시키면 말이 됩니까?'라고 이야기를 하셨는데 정의화 국회의장께서 2015년 12월 11일 기자들 질문에 이렇게 얘기하십니다. 잘 들어 봐 주십시오.

'갑자기 IS 테러가 서울이나 부산의 어디에 생겼다고 치자. 그렇다면 테러방지법은 내가 직권상정할 수 있다, 그건 상식적인 거다. 그렇지도 않은데 내가 테러방지법을 국가비상사태 어쩌고 하면서 직권상정해 봐라, 여러분들이 웃지 않겠나?' 의장님, 이렇게 말씀하셨습니다. 그렇지요, 국가비상사태?

정의화 의장께서 '갑자기 IS 테러가 서울이나 부산 어디에 생겼다고 치자. 그렇다면 테러방지법은 내가 직권상정할 수 있다, 그것이 상식적인 거다. 그러나 그렇지도 않은데 내가 테러방지법을 국가비상사태 어쩌고 하면서 직권상정해 봐봐, 여러분이 웃지 않겠나?' 이게 2015년 12월 11일의

얘기입니다.

그런데 존경하는 정의화 국회의장께서 직권상정을 하셨습니다, '국가비상사태에 준한다'라고 이야기하셔서. 국가비상사태면 지금 국회는 이러고 있어야 되겠습니까?

며칠 전 새누리당의 한 의원은—어제였던 것 같습니다. 국회 동산에서 캠핑을 하더군요. 국가비상사태에 새누리당 의원이 캠프를 쳐 놓고 지역주민들과 캠핑을 하면 그게 국가비상사태 맞습니까?

(자료를 들어 보이며)

이게 바로 그 사진입니다.

참 기가 막힙니다. 이게 진짜 기가 막힌 일 아닙니까?

대통령님, 한번 봐 주십시오. 대통령께서는 국가비상사태라는데 여당의 의원이 이렇게 국회 동산에서 캠핑을 하고 있습니다.

이 의원은 새누리당 정병국 의원이군요. 새누리당 정병국 의원이 주최한 '국회와 함께하는 친환경·안전캠핑' 캠페인, 1박2일 캠핑이 열리고 있습니다.

국가비상사태라서 여기서 비상근무를 하려고 하는 것인지…… 정말 기가 막히지 않습니까?

왜 우리는 보는 눈이 이렇게 다를까요? 이것이 바로 자의적인 해석이라는 것 아닐까요? '내 눈으로 보기에는 그래. 내 눈으로 보기에는 국가비상사태야' '아니, 내가 원하는 법을 통과시키려면 국가비상사태라고 해야겠어'라고 이야기하는 것 아닙니까?

그러면 마찬가지로 지금 새누리당이 내놓은 안, 그것은 국정원이 짜 가지고 온 안이겠지요. 테러방지법이라고 하는 것은 진정 테러를 방지하는 것이냐? 그것이 아니라 '내 눈으로 보기에 저 사람 테러의 위험이 있어' '내 눈으로 보기에 저 사람 조사해야겠어' '내 눈으로 보기에 저 사람 계좌 추적해야겠어' '국정원 눈으로 보기에 저 사람 감청해야겠어' '국정원 눈으로 보기에 저 사람 금융계좌 추적해야겠어' '국정원 눈으로 보기에 저 사람 한번 데리고 와서 조사해 봐야겠어'라고 하면 대한민국의 모든 국민이 국정원의 감시의 대상, 감청의 대상 그리고 계좌추적의 대상이 되는 겁니다. 이러고서 대한민국에서 테러방지법을…… 이것이 테러방지법입니까?

지금은 국정원을 개혁해야 할 때입니다. 국정원을 개혁해서 국정원이 진정 제대로 된 해외정보를 입수해서 대한민국이 세계 속에 자기 자리를 매김할 수 있게 만들어야 합니다.

그런데 국정원에게 온갖 권한을 다 주자고요? 지금 이 시점에, 이 시기에요?

새누리당은 잘 들으셔야 합니다. 그리고 국정원도 잘 들어야 합니다. 여론조사 결과 테러방지법에 반대하는 여론이 2월 26일, 며칠 전 조사에 의하면 49%에 달한다고 했습니다.

테러방지법을 반대할 사람이 누가 있겠습니까? 진정 테러를 방지하는 것을 반대할 사람이 누가 있겠습니까? 제발, 제발 대한민국의 총리실, 대한민국의 국민안전처,

대한민국의 경찰, 대한민국의 검찰 그리고 대한민국의 국정원은 제발 자기 임무에 충실해서 대한민국에 테러가 일어나지 않도록 예방을 철저히 좀 하셨으면 좋겠습니다.

자기 임무는 하지 않고 법이 없어서 안 된다며 국민을 사찰할 법을 만들어 내니 대한민국이 거꾸로 가는 것 아닙니까?

테러방지를 해야 한다라고 하는 것은 대한민국의 많은 국민이 찬성하고 있습니다. 그런데 이것을 살짝 교묘하게 술수를 둬서 '테러방지법'이라고 하는 이름으로 갑자기 들이민 것에 대해서 대한민국의 국민은 이제 다 알게 되었습니다. 바로 이곳 국회에서 필리버스터를 통해서 대통령이 얘기하시는 테러방지법이 얼마나 잘못된 것인지.

국정원이 자기 세를 불리기 위해서 내놓은, 그리고 뒤에서 뒷조종하는 테러방지법에 허수아비처럼 조종당하는 새누리당, 그리고 엉겁결에 비상사태까지 이야기하며 직권상정하게 된 국회의장 전부 다, 전부 다 국민의 비판을 받지 않을 수 없습니다. 반성하고 사과해야 합니다.

전국적으로 국민감시법, 대통령이 내놓으신 테러방지법에 대한 반대여론이 전국적으로 확산되고 있다는 것을 꼭 말씀드리고 싶습니다.

비상사태에 대해서 다시 한 번 더 짚고 넘어갈까요? 헌법 제77조에는 이렇게 돼 있습니다. '대통령께서는 전시·사변 또는 이에 준하는 국가비상사태에 있어서 필요가 있을 때 계엄을 선포할 수도 있다'.

그러려면 국가비상사태에는 공무원의 비상근무가 좀 이뤄져야 합니다. 예비군 동원소집도 이뤄져야 합니다. 철도 이용 제한도 이뤄져야 합니다. 비상기획단을 만들든지, 북한이 핵무기를 쏘면 국회는 어떻게 대처할 건지 계획을 짜라든지…… 비상대책위원회 하나도 되어 있는 게 없는 이런 상태에서 국회의장이 비상사태라고 이야기하면 그게 비상사태가 되는 겁니까?

군대에 비상동원령이 내려진 것도 아니고 경찰에 전국 경계령이나 진돗개 상황이 발령된 것도 아니고, 하다못해 대한민국 정부 어느 귀퉁이에도 비상대책위원회가 열리고 있는 게 없습니다. 이런데 비상사태라고 하면 됩니까? 대한민국 국민이 그렇게 우습습니까?

전시나 사변에 준하는 국가비상사태라는데 우리 경찰청장은 해외순방 갔다는 것 아닙니까? 21일부터 24일까지 아랍에미리트, 지금은 중국.

국가비상사태면 경찰청장도 알아야 되는 것 아닙니까? 경찰청장은 모르고 국정원만 비상사태라고 하면 비상사태가 되는 겁니까?

대한민국 경제가 어렵습니다. 국민은 살기 힘들다고, 등골이 휜다고…… 저희가 현장에 나가면 매일 이야기하십니다. '대통령이 국민 살려 준다고 하지 않았습니까? 그런데 왜 대통령은 편한 것 같고 우리는 이렇게 힘듭니까?'라고 하는 게 대다수 국민들의 이야기입니다.

'왜 대통령은 재벌만 챙기고 우리 국민은 왜 안중에도 없고, 거위가 자기 깃털을 뽑히는지도 모르게 우리는 우리의 깃털을 뽑히고 있는 걸까요?'라고 묻습니다.

제발 국민 좀 살려 주십시오. 이런 일 벌이지 말고 제발 국민 살리는 일에 좀 제발, 제발, 제발 집중해 주십시오.

대통령님 그리고 국무총리님 그리고 새누리당 여당 여러분, 우리 정신 차려야 될 것 같습니다.

자, 경찰청장이 해외순방 가는데 나라는 국가비상사태라고 하고, 그러니 더불어민주당이 필리버스터를 제안하지 않을 수 없습니다.

국민 여러분!

필리버스터를 하고 있는 저, 그리고 야당 몇 의원 빼고는 야당 국회의원들은 모두 현장에서 뛰고 있습니다. 틈이 나는 대로 법안을 심사하고 법안을 통과시키고 있습니다. 그리고 국민이 있는 현장을 새벽부터 한밤중까지 뛰어다니고 있습니다. 저만 해도 일요일 아침 6시부터 뛰고 또 뛰고 오늘은 밤을 꼴딱 새고 이 자리에 섰습니다. 이 자리에 서서 대통령께 그리고 여당에게 그리고 호시탐탐 노리는 국정원의 확대음모에 이 이야기를 꼭 전달하고 싶었습니다. '비상사태니 테러방지법이니 절대 안 됩니다. 용납할 수 없습니다'라고 이야기하고 싶습니다. 그래서 섰습니다.

오늘 제가 이 자리에 선다고 하니까 많은 국민들이 글을 보내 주셨습니다. 어떤 분은 이렇게도 얘기했습니다. '저는 새누리당 골수인데요. 그래도 이런 법은 안 된다고 생각합니다. 꼭 알려 주십시오'라고 하면서 자기를 새누리당 골수라고 아이디를 적어 보내신 분이 계셨습니다.

그리고 한 어머니는 이렇게 얘기하셨습니다.

'제 딸에게 이런 세상이 정당하다고 이야기하고 싶지 않습니다. 서영교 의원님, 꼭 오늘 필리버스터를 통해서 테러방지법이 얼마나 잘못된 법인지, 국민을 얼마나 우롱하는 법인지, 내 핸드폰, 내 계좌, 내 사생활을 다 들여다보려고 하는 것은 아닌지', 이에 대해서 이야기해 달라고 하셨습니다.

바로 직전에 한 분이 급하게 또 보내셨습니다.

'의원님, 제가 이 글을 보내도 되는지 모르겠습니다. 이 글 보냈다고 제가 국정원으로부터 사찰받는 것은 아닐까요? 제가 갑자기 저 스스로 검열에 들어갔습니다'라고 하는 이야기를 저에게 보내 왔습니다.

대한민국이, 국민이 다 긴장하기 시작했습니다. 테러방지법은 테러를 빙자한 국민사찰법이며 국정원에게 일자리를 주겠다고 하는 법이며 국정원을 강화하는 법입니다. 국가비상사태? 자다가도 통탄할 일입니다.

한 번만 더 짚고 넘어가겠습니다.

대통령이 이렇게 얘기하셨습니다. '야당 필리버스터, 어떤 나라에도 없는 기막힌 현상입니다'라고 이야기하셨다고 합니다.

그런데 대통령님, 기억나지 않으시나요? 기억나지 않으시나요?

2012년 4월 25일입니다. 필리버스터를 법안에 넣어 놓은 국회선진화법을 향해 박근혜 당시 새누리당 대표셨는지 후보셨는지 정확하지 않은데 이렇게 말씀하십니다. '18대 국회가 끝나기 전 다시 본회의를 소집해서 국회선진화법을 꼭 처리해야 된다고 생각한다'.

(자료를 들어 보이며)

제가 그때 그 장면을 다시 한 번 이렇게 증거사진으로 보여 드리도록 하겠습니다.

국민 여러분도 다 보셨지요? 보셨습니까?

필리버스터 만들어 놓길 참 다행입니다. 그렇지 않았으면 어쩔 뻔했습니까?

어르신들은 그렇게 얘기하십니다. '테러방지법, 그것 반대하면 안 되지'라고 얘기하십니다. 왜요? 자꾸 이야기를 언론이 대통령의 말씀을 따서 이야기하니까요. 새누리당이 그 말씀을 따서 이야기하니까요.

그런데 저희가 '아버님, 테러방지법이 알고 보면요, 진짜 테러를 막자는 것이 아니라요, 국정원에게 국민의 금융계좌를 추적할 수 있고 그리고 감청, 아시지요? 도청과 비슷한 것, 그것 할 수 있게 만들어 주는 법이에요. 옛날로 돌아가자는, 중앙정보부 상황으로 가자는 것과 똑같은 것이에요'라고 말을 하면 어른들이 '아, 그랬구나. 우리가 잘 몰랐어. 아, 그때랑 똑같이 왜 그러지?'라고 이야기하십니다.

저희가 한 분 한 분 설득하는 데는 한계가 있는데 이 필리버스터가 이제 국민에게 제대로 알려 주는 장이 되고 있습니다. 새벽 4시인데요, 국회방송을 보고 있는 대한민국의 국민이 2만 4000명이나 된다는 것 아닙니까? 이 국회 필리버스터 현장이 이제 왜곡된 사실을 조금 바꿔 놓을 것입니다. 그리고 이 필리버스터 현장이 잘못된 국정원들의 테러방지법을 올바르게 고쳐 놓을 것입니다.

국회의장님, 꼭 기억해 주십시오.

대한민국에서 가장 유명한 언론이 국회방송이 되었다는 것, 국회의장님이 큰 몫을 하셨습니다. 국회방송과 연결해서 팩트TV 그리고 오마이TV 등 아프리카TV, 국민TV 등이 생중계를 하고 있습니다.

새벽에 이 필리버스터 현장을 보는 것이 재미가 쏠쏠합니다.

보고 계시는 여러분, 그렇지요? 정말 의미가 있는 현장 아닙니까? 정말 역사적인 현장 아닙니까? 보시고 듣고 알게 된 것을 주변으로 확산시켜 냅시다. 언론이 다르게 표현하고 있다면 우리가 민간 언론이 되어서, 우리 국민 한 사람 한 사람이 1인 미디어가 되어서 대한민국 전역으로 알려 나갑시다. 세계가 대한민국 여의도를 주목하고 있습니다. 세계가 국회방송을 주목하고 있습니다.

오늘 드렸던 말씀을 한 번만 더 정리하면 이 기막힌 현상이라고 대통령이 말씀하신 필리버스터는 2009년 새누리당이 추진했고, 2011년 또 황우여 새누리당 원내대표 등 새누리당이 추진했고, 박근혜 당시 국회의원께서 꼭 18대 국회가 끝나기 전에 처리해야 한다고 해서 아마 18대 국회 마지막 날 정도에 이것을 통과시켰던 것으로 기억합니다.

지금 새누리당이 반대하는 필리버스터는 한나라당이 추진했던 필리버스터입니다. 한나라당하고 새누리당이 다른 당인가요? 이름만 바뀐 것 아닌가요?

국정원을 견제하는 기관이 있습니다. 어디일까요? 검찰입니다. 법무부입니다.

여러분, 기억하십니까?

국정원이 지난 대선을 앞두고 정치공작을 했습니다. 댓글부대를 동원해서 선거에 개입했습니다. 그 조사를 검찰이 과감하게 시작했습니다.

당시 검찰총장이었던 채동욱 총장이 원세훈 전 국정원장에 출국금지를 명하면서 체포하고 그리고 조사를 했습니다.

그런데 그 조사가 이루어지는 동안 국정원이 엄청난 댓글을 쓰고 선거에 개입했다, 정치에 개입했다라고 하는 것이 만천하에 드러나고 있는 동안 어느 날 갑자기 검찰총장의 사생활 사건이 터집니다.

검찰총장의 사생활 사건을 시작한 기관은 어디일까요? 맞습니다. 국정원이 시작했습니다.

국정원이 갑자기 시작했을까요, 아니면 국정원에겐 많은 데이터가 있었을까요? 그것이 알고 싶습니다.

국정원에는 엄청난 데이터가 있는 게 아닐까요? 우리는 국정원을 개혁하기 위해서 국정원 서버를 압수수색하고 국정원 서버를 분석해야 했습니다.

당시 검찰은 국정원 서버를 압수수색하겠다고 했는데 국정원이 거부했습니다. 대한민국의 엄청난 두 기관이 대립을 한 것이지요. 충돌을 했습니다.

검찰총장이 합법적으로 국정원의 불법을 수사했더니 국정원이 불법적으로 개인정보를 흘려서 언론이 검찰총장을 생채기 내고 끝내는 여론을 형성해 검찰총장을 찍어 냈습니다. 국정원은 못할 것이 없습니다.

기억하시지요, 여러분?

저는 채동욱 검찰총장을 인사청문했던 법사위원이었습니다.

박근혜 대통령이 되자마자 추천했던 국무총리, 인사청문도 가기 전에 그만뒀습니다. 김용준 국무총리 내정자, 정말 이상한 사람을 박근혜 대통령이 첫 총리로 내정했었지요. 그런데 청문회도 하기 전에 부정한 행위들이 드러나서 그만뒀습니다.

박근혜 대통령이 처음으로 임명했던 대변인 윤창중, 미국에 가서 미국 인턴을 성추행한 혐의로 세상을 떠들썩하게 했습니다.

기억하시지요? 정말 입에 담기 지저분할 정도의 사건, 그게 대통령이 시작했던 첫 임명자 윤창중이었고, 첫 임명자 김용준 총리 내정자였습니다.

(「테러방지법 얘기하세요. 그것은 주제랑 관계가 없지 않습니까?」하는 의원 있음)

아프시지요? 아파요.

그런데 당시에, 그 이후에도 정말 많은 사람들이 후보로 내정되었다가 날아갑니다. 새누리당도 곤혹스러웠어요.

(「의장님, 이거 의제랑 관계없지 않습니까?」하는 의원 있음)

의제랑 관계없는지 이제 보세요.

보세요.

검찰총장 내정자 채동욱, 우리가 '정말 이 사람은 파도 파도 좋은 얘기만 나오네'라고 해서 '파도남'이라고 했습니다.

그런데 국정원이 이상한 걸 가지고 왔어요. 아직 무엇이 사실인지 몰라요. 그게 국정원이었습니다.

자, 국정원을 강화하겠다고 하는 인권테러법, 테러방지법, 새누리당 의원님, 관계가 있지요? 제가 오늘 이야기하는 테러방지법과 관계가 있습니다. 없습니까?

제가 이야기하는, 새누리당이 주장하는, 국정원이 내놓은 테러방지법은 국정원을 강화하자는 법입니다.

국정원이 불법으로 채동욱 검찰총장을 뒷조사했고 불법으로 자료를 유출했고 그 국정원 직원은 형을 받았습니다.

제가 이따가 다시 한 번 자료를 통해 읽어 드리도록 하겠습니다.

이런 국정원에게 일반인을 향해서 테러범일 수 있다라는 생각이 들면 당신이 테러를 가할 가능성이 있다라고 하는 생각이 들면 당신의 계좌도 추적할 수 있고, 당신의 전화, 당신의 인터넷, 당신의 이메일 모두 다 들여다보겠다라고 하는 국정원강화법, 이게 말이 됩니까? 도대체 거기에는 예산을 얼마나 쏟아야 하는 걸까요?

국정원이 요청하는 테러방지법이라고 하는 인권테러법은 14년에 걸쳐 국정원이 계속 요구한 법안입니다. 노무현 대통령 때 국정원이 요청 안 했을까요? 2001년입니다, 국정원이 이러한 내용을 담아서 테러방지법을 가져옵니다. 당시 여당이었던 열린우리당의 천정배 원내대표는 이 법을 반대합니다. 당시 당 대표였던 김근태 대표도 이 법은 안 된다라고 얘기합니다.

그렇습니다. 정권을 가지면 국정원을 이용하고 싶어질 것입니다, 역사가 이야기해 주고 있으니까요. 우리 의원들이 누누이 얘기했듯이 박정희 대통령의 중앙정보부 이용, 중앙정보부 활용 과정을 보면 정권은 국정원을 갖고 싶겠지요, 손아귀에 넣고 싶겠지요. 그러나 노무현 대통령은 그렇게 하지 않았습니다. 그래서 우리는 노무현을 바보라고 불렀는지 모르겠습니다.

노무현 대통령은 대통령이 되자마자 초대 국정원장으로 고영구 변호사를 내정합니다. 고영구 변호사가 약속받은 것은 '국정원은 해외정보 수집, 해외정보 활동에 집중한다. 그래서 진정으로 세계 속에 대한민국이 자리매김할 수 있도록 국정원의 역할을 제대로 부여한다'라는 약속을 받고 국정원장에 취임합니다.

정권을 가진 어느 사람이 자기 손아귀에 있는, 그리고 정보부를 활용해서 국민도 지배하고 싶고 정적도 제거하고 싶은데, 그렇지 않은 대통령이 누가 있었습니까? 그게 우리가 말하는 '바보 노무현'이었습니다.

(정의화 의장, 정갑윤 부의장과 사회교대)

그때도 국정원은 이 테러방지법을 가지고 왔습니다. 북한의 테러 위협에 대처하기 위해 국가보안법이 있으나 테러방지법이 필요하다라고 가지고 왔습니다. 그런데 이제 제가 말씀드리겠습니다. 노무현 대통령도 안 된다라고 이야기했고 당시 국정원장도 안 된다라고 이야기했고 당시 여당의 당대표도, 원내대표도 안 된다라고 했던 그 훌륭한 역사, 거기에 당시의 법무부도 안 된다라고 이야기를 합니다. 그리고 당시의 국방부도 안 된다, 테러방지법은 안 된다라고 이야기를 합니다.

그 내용을 제가 말씀드리겠습니다.

2003년 11월 4일, 테러방지법 법안 심사를 위한 공청회에서 법무부의 김경수 검찰과장은 이렇게 이야기합니다. 이 정부에서 검찰총장 이야기까지 있었던 사람입니다. 법무부장관 이야기까지 있었던 김경수 과장입니다. 과거에 이런 이야기를 해서 아마 못 됐는지, 그래서 옷을 벗었던 건지 저는 다시 한 번 생각해 봅니다.

법무부 검찰과장이 이렇게 얘기합니다. '북한의 테러 위협에 대처하기 위해서 대한민국에는 국가보안법이 이미 마련되어 있는데 테러방지법을 별도로 만드는 것은 과잉입법이 아닌지 신중해야 합니다. 국정원법으로 설치된 국정원 내에 독립적 행정행위라 할 수 있는 대테러센터를 테러방지법을 통해 두는 것은 법체계상 맞지 않습니다. 차라리 대테러센터를 국정원에서 떼어 내는 것이 바람직합니다. 대테러센터에 대테러활동의 기획·지도·조정 권한을 주는 것도 오해를 살 수 있으므로 삭제하는 것이 바람직합니다'라고 당시 법무부의 검찰과장 김경수 과장이 이야기를 합니다. 법무부도 당시 북한의 테러위협을 빙자한 국정원의 테러방지법을 반대한 증거입니다.

국방부도 반대했습니다. 국방부의 법무부 과장입니다. '국가안보를 책임지는 국방부의 군사작전의 효율적 수행에 반하지 않는 범위 내에서 대테러활동이 이루어져야 한다. 국정원장의 특수부대 요청 시 군통수권체계에 혼란이 와서는 안 된다'.

여러분, 우리는 북한과 대치 중입니다. 이 상황에서 북의 위험이 있으면 바로 군이 움직여야 되는 것 아닙니까? 지금과 같이 국정원이 비상사태라고, 북한의 테러 징후가 보인다라고 한다면 군이 진돗개라도 발령해야 되는 것 아닙니까? 군이 빨리 비상사태, 민방위라도 소집해야 되는 것 아닙니까? 예비군이라도 소집해야 되는 것 아닙니까? 국정원이 너무 넘나드는 것 아닙니까?

법무부의 영역을, 검찰의 영역을 호시탐탐 노리고 있으니 법무부가 반대했습니다. 군의 영역도 호시탐탐 노리고 있으니 군도 반대했습니다. 그런데 13년이 지난 지금 새누리당도 '이름만 테러방지법이면 됩니다. 내용은 필요 없어요. 껍데기만 갑시다'라고 해서 저희도 거기에 동의하려고 했어요. 그런데 대통령께서 '상황이 어떤데, 지금 이런데, IS가 우리에게 테러방지법이 없다는 걸 알고 있는데'라며 테러방지법을 통과시켜야 한다고 20분 동안 이야기를 하셨기 때문에 새누리당이 갑자기 비상사태라고 하는 것 아닙니까?

아, 큰일 났습니다. 돌파구가 보이질 않습니다.

국민 여러분!

우리는 빨리 이 상황을 종료하기를 바랍니다. 우리는 빨리 테러방지법이라고 하는 테러빙자법의 독소 조항을 제거하고 제대로 된 테러방지를 하길 원합니다. 아니, 지금도 테러방지에 대한 법안, 조치 모든 것이 다 되어 있습니다.

어제 정청래 의원이 이야기를 했지요. 우리는 벌써 약 20년 전부터 테러방지를 위한 법안, 조치를 마련해 놨고 계속 개정을 해 왔습니다. 그 내용을 90% 그대로 가지고 온 다음에 국정원의 금융계좌 추적권, 국정원의 감청권, 영장 없이 감청할 수 있는 이것을 들고 들어와서 통과시켜 달라는 겁니다. '그것 빼고, 그것 빼고 논의하자' 우리는 이렇게 얘기합니다.

야당, 정말 괜찮은 정당입니다. 더불어민주당, 정말 괜찮은 정당입니다. 저희가 열심히 하고 있습니다. 쉬지 않고……

대통령께서는 '국회는 뭐 하십니까?'라고 하는데요, 뭐 하다니요. 매일 협상하고 새누리당한테 '협상하자. 선거구 획정하자' 아무리 얘기하는데, 새누리당이 이야기합니다. '우리는 한 발자국도 못 움직여', '테러방지법 빨리 독소 조항 없애고 하자'라고 하는데 새누리당이 이야기합니다. '한 글자도 못 고쳐'…… 한 글자도 못 고친답니다. 정권도 장악했고 그리고 국회의원 수도 많고 그리고 대통령이 자꾸 얘기하시니까 한 글자도 못 고친다고 합니다.

국회가 뭡니까? 법안이 올라오면 그 법안을 상임위에서 심사하고 그리고 전문위원들의 검토 받고 다른 법과 충돌되지는 않는지, 위헌적 요소가 없는지 그리고 지금 어떤 범위에서 필요한지 논의한 다음에 그 소위를 통과시키고 그리고 그 상임위를 통과시키고 그리고 난 다음에 법사위에 와야 되는 것 아닙니까? 제가 법사위원인데요, 그 법안을 본 적이 없습니다.

법사위에 오면 법사위에서 위헌적 요소가 있는지 없는지 보고, 그리고 난 다음에 저희가 통과시켜서 본회의로 넘기면 됩니다. 그러면 이런 직권상정도 필요 없고, 그러면 이런 국가비상사태도 필요 없습니다.

그런데 왜 법사위에 오지 않았을까요? 그런데 왜 상임위를 통과하지 않았을까요? 그것은 위헌적 요소가 다분히 있기 때문입니다. 헌법에 보장된 국민의 사생활 보호의 내용, 헌법에 보장된 국민의 정보통신 자유의 내용 이것을 침해하는 내용이 이 법안에 들어 있기 때문입니다.

그다음을 하나 더 보도록 하겠습니다.

존경하는 국민 여러분!

그리고 존경하는 국회의원 여러분!

그리고 우리 방청석에 계신 국민 여러분!

미국이 9·11 테러 이후에 테러방지법을 만들었습니다. 그것은 애국자법이라고 합니다. 그런데 미국이 2015년, 작년 그 법을 폐기했습니다. 9·11 테러를 당했던 미국이 테러방지법을 만들었고 그것이 엄청난 인권침해 소지가 이야기되면서 2015년 그 법을 폐기했는데 대한민국에서 거꾸로 가는 테러방지법을 만든다고 합니다.

미국에는 그런 폭로가 있었습니다. 9·11 테러 이후에 테러방지법을 만들고 예산이 555조나 들었다는 겁니다. 그 법으로 온갖 감청과 온갖 정보사찰과 온갖 개인사찰이 이루어졌는데 테러가 방지되는 것이 아니라 엄청난 예산 낭비와 침해가 있었다는 겁니다. 오히려 과거 방식으로, 저인망식으로 테러 관계자를 찾는 것이 훨씬 더 테러를 방지하는 데 효과가 있었다라고 하는 보고서에 의해서 폐기가 된 겁니다.

자, 그러면 대한민국이 낸 세금, 대한민국 국민이 낸 세금은 과연 국가정보원으로 얼마나 들어갔는지 한번 보시도록 하겠습니다.

청와대에서 이런 얘기가 있었습니다. '거위가 제 깃털이 뽑히는지 모르게 거위의 깃털을 쏙쏙쏙 뽑아라. 대한민국의 서민들이 제 세금이 어디서 어떻게 나가는지 모르게 쏙쏙쏙 잔잔하게 세금을 뽑아 걷어라' 이것이 청와대의 세금정책이었습니다.

당시 이 발언을 했던 당사자는 청와대에서 저희 야당의 문제 제기, 제가 대변인을 하면서 수도 없이 문제 제기했습니다. 그리고 경제 실패로 당시 세금폭탄으로 그 수석은 해임됐습니다.

우리가 그렇게 뽑혀진 세금, 우리 등골 휘는 세금이 국정원에 얼마나 들어갔는지 한번 보도록 하겠습니다.

2016년도 회계를 보니까요, 본예산에, 국정원에 약 4860억 원, 약 5000억 원이 들어갑니다. 국정원은 도대체 얼마나 거대한 기관이길래 5000억 원이나 되는 예산을 쓸까요? 그리고 그 예산을 써서 도대체 어떤 성과를 거뒀을까요? 성과는커녕 여기 가서 사고치고, 저기 가서 사고치고, 간첩 조작사건이나 하고, 대망신이나 당하고 이랬던 사건은 조금 후에 제가 보여 드리도록 하겠습니다.

우선 예산만 보겠습니다.

2016회계연도 본예산에 약 4860억 원, 이것은 국정원 예산입니다. 그런데 이것 말고 6개 부처라고 해서 국방부, 경찰, 통일부 등에 기획조정권 예산이라고 그래서 약 4000억 원이 또 숨어 있습니다. 요 예산은 국방부나 경찰, 통일부가 쓰는 게 아니라 국정원이 가져다 쓰는 예산입니다. 그리고 또 매년 예비비로 우리가 모르게 깜깜이 예산이라고 그래요. 이 깜깜이 예산이 국가안전보장 활동경비라고 해서 약 3000억 정도가 쓰여지고 있습니다. 이렇게 보니까 한 1조 2000억 정도 되는군요.

대한민국 전체 예산은 370조, 1조 2000억 정도 되면 대한민국에 못 할 게 없는 예산이군요. 이 많은 예산을 줬더니 채동욱 검찰총장의 사생활이 이렇더라고 폭로했는데 그게 사실인지 아닌지도 모르고, 그 국정원 관계자는 법적 처벌을 받고, 그런 예산을 가지고 얼마 전에는 리모트 컨트롤 시스템이라고 해서 이탈리아로부터 해킹 소프트웨어를 받아 가지고 온갖 곳에 해킹작업을 하다가 딱 걸려들고 나니까 그 담당 연구원인지 과장인지가 자살하고 모든 게 덮이지 않았습니까?

김정일이 사망했는데 당시 국정원 원장인 원세훈 원장은

김정일이 사망했는지를 몰라요. TV에 김정일 사망했다고 나오니까 그때서야 알았다는 겁니다. 그 시간에 국정원은 정치댓글을 쓰고 있었던 겁니다. 그 시간에 국정원은 검찰총장 내정자가 될지 정치인지 관계자인지 기관인지 뒷 사찰하고 있었던 것 아닙니까? 제가 장담은 못 해요. 그런데 상황을 보니까 그런 것 아닙니까?

그래서 우리는 국정원 개혁 얘기가 있는데, 1조 2000억 정도 되는 돈이 이게 국정원으로 들어가는 것 같은데 이제 테러방지법을 만들어서 계좌 추적하자, 금융 추적하자, 도청하자, 감청하자라고 하면 또 돈을 얼마나 더 달라는 겁니까? 우선 다른 것 다 차치하고 돈 때문에 안 되겠습니다. 우리도 살기 힘들고요, 국민이 낸 세금은 국민에게 돌려줘야 하는 겁니다.

대한민국 국민 여러분! 정치는 저는 이런 거라고 생각합니다. 국민이 낸 세금을 다시 국민에게 어떻게 제대로 돌려 드리느냐, 그런데 우리는 국민이 세금 냈으면 그건 다시 국민에게 안 돌아와요. 국민이 낸 세금을 정부 관계자가, 정치인들이 다 다른 데다 써요. 국정원이 쓰고 다른 데다 써요. 4대강에다가 쓰고 해외자원 개발에다 쓰고 해외자원 개발에 50조, 4대강에 30조, 방산비리에 100조, 이제 감시해야 합니다. 국민이 낸 세금 다시 국민에게 돌아올 수 있도록 더불어민주당이 약속합니다. 국민이 낸 세금은 국민에게 돌려 드려야 합니다.

어른들이 얘기하십니다. '아휴, 우리에게 매달 20만 원씩 줘서 고마워요. 그런데 내가 우리 젊은이들 것 뺏어서 받는 건 아닌지 몰라. 나라 돈도 없는데 우리 이런 것 받아도 되는지 몰라', '어머님·아버님, 어머님·아버님이 젊은 시절에 내셨던 세금 지금 돌려 드리는 겁니다. 박근혜 대통령이 대통령 되면서 '모두 다 20만 원씩 드리겠어요'라고 하지 않으셨습니까?

(● 신동우 의원 의석에서 — 테러방지법 논의하러 오셨지 않습니까? 세금 논의하러 오신 것 아니잖아요.)

국정원의 예산을 얘기하는 거예요.

그런데 어르신 10명 중에 4명만 20만 원씩 받는다는 것 알고 계시지요? 저는 이렇게 다 거짓말이 된 세상, 필리버스터도 새누리당이 찬성하고 통과시킨 것 맞지요?

(● 신동우 의원 의석에서 — 그러니까 하시라니까요, 주제에 맞게.)

아니, 내 얘기에 답을 안 하시려면 묻지도 마시든지.

(● 신동우 의원 의석에서 — 답하지 않습니까? 하세요. 주제에 맞는 얘기를 하세요.)

맞지요, 신동우 의원님?

(● 신동우 의원 의석에서 — 예, 맞아요. 맞습니다.)

맞고, 그런데 국정원에게 엄청난 권한을 주자는데 권한만 갑니까? 국민 여러분! 국정원에게 그 어마어마한 권한을 주면 권한만 갑니까, 돈도 따라갑니까? 돈은 누구 돈인데요? 국민이 낸 세금인데요.

대통령이 약속한 대로 국민에게는 제대로 돌려주지 않고, 어르신께 20만 원씩 준다고 약속해 놓고 어르신

10명 중에 4명 정도만 20만 원씩 받아요. 약속 파기된 것 아닙니까?

그런데 그렇게 남는 예산으로, 그렇게 해서 주지 않은 예산으로 국정원에 주면 안 되지요. 안 됩니다. 더 들어가서도 안 되고 과잉돼서도 안 됩니다.

정말 가슴이 아픈데요. 제가 국정원 얘기를 조금만 더 해 보도록 하겠습니다.

국정원 관계자 여러분, 미안합니다. 국정원 직원 여러분, 미안합니다. 여러분이 어떻게 해서 국정원에 들어갔는데······ 내가 대학을 졸업하고 국정원에 들어가고 싶다면 정말 몇 %나 국정원에 갈 수 있을까요? 우리 대한민국의 젊은이는 왜 국정원에 가고 싶어 했을까요? 사찰하려고요? 댓글 쓰려고요? 아닙니다. 국정원 젊은이들은 이야기합니다. '국정원에 가고 싶었습니다' '국가의 정보를 다루고 싶었습니다' '해외정보를 다뤄서, 대북정보를 다뤄서 평화를 만들어 내고 그리고 남북평화를 만들어 내서 통일을 만들고 싶었습니다' '해외 스파이를 찾아내서 국가에 산업 손실이 없게 하고 싶었습니다', 그래서 국정원에 가고 싶었다고 했습니다.

그런 국정원 직원들에게 국정원은 무엇을 시키는 겁니까? "오늘 국정원에 출근 도장부 찍고요, 저는 신림동으로 갑니다. 신림동에 가서요, PC방에서 제가 댓글을 씁니다. 여러 가지 아이디로 댓글을 쓰지요. 이 댓글을 통해서 문재인이 문제가 있다, 안철수가 문제가 있다, 박원순은 안 된다고 하는 댓글을 쓰고 저는 한 2시간 후에 다시 건대 앞으로 갑니다. 건대 PC방에서 또 댓글을 씁니다. 저처럼 이런 직원이 여러 명 있습니다. 한 조에 몇 명씩 여러 명 있습니다. 제가 국정원 들어올 때만 해도 이러려고 들어온 게 아닌데요", "그러면 그런 내용이 다 아는 내용입니까?", "예, 우리 국정원의 저 정원에서 잔디를 깎는 아저씨들도 우리가 도장 찍고 나가는 걸 보면서 '잘 갔다 와'라고 이야기를 합니다. 아는 사람은 다 아는 내용입니다". 국정원 직원들이 그것 하고 있습니다. "저는 이러려고 온 게 아닌데 국정원이 개혁되었으면 좋겠습니다. 저희들에게도 제대로 일할 기회를 주십시오"라고 하는 게 국정원 직원들의 얘기입니다.

그런데 제가 오늘 국정원 직원들에게 먹칠하는 이야기를 해도 잠깐 이해하십시오. 여러분 모두 다를 이야기하는 것은 아닙니다.

국정원이 해외정보를 수집해야 하는데, 대외정보를 수집해야 되는데 엉뚱한 정보 수집한 사례 보겠습니다.

사례 1, 2008년 8월 김정일 국방위원장이 뇌졸중으로 쓰러졌어요. 그리고 셋째 아들이 후계자로 급부상했어요. 그런데 국정원은 2009년 9월 공식·비공식 문건에서 셋째 아들 '김정은'을 '김정운'으로 기록합니다. 2008년 8월에 뇌졸중으로 쓰러져서 셋째 아들이 후계자로 급부상하고 있다는데 1년이 지난 2009년 9월에 공식 문건, 비공식 문건에서 '김정은'을 '김정운'으로 기록하면 어쩌자는 겁니까?

사례 2, 2010년 3월 리비아 대사관에 나가 있던 국정원 직원 정보활동, 리비아 당국에 적발돼 추방됩니다. 리비아 군수물자 정보, 북한 근로자 동향 파악해 온 것으로 드러났습니다. 그런데 가서 이런 정보활동 하다가 추방됩니다. 추방돼요.

이런 내용이 좀 더 자세하게 구체적으로 있는데 제가 간단하게만 말씀드립니다.

사례 3, 2010년 5월 4일입니다.

방한한 프랭크 라뤼 유엔 의사표현의자유특별보고관, 대한민국에 언론의 자유가 없다고 하니까 유엔에서 특별보고관이 왔습니다, 대한민국에. 그런데 국정원이 이 보고관의 차량을 미행했던 것 같습니다. 그런데 미행하는 게 너무 뻔히 보이니까 이 차량에서 오히려 그 미행하는 차량을 촬영한 겁니다.

촬영당하는 것을 알고 나니까 놀랐지요. 놀라서 빨리 도망을 갑니다. 도망을 가서 주차해 놓은 곳에…… 당연히 차량을 촬영했으니까 그 차량을 뒷추적해서, 이 유엔 보고관은 차량을 뒷추적했지요. 뒷추적했더니 그 번호판은 '신세기공영'이라고 하는 차량 소유 회사 주소였고 그 주소지에 차량이 있는 곳은 국정원 소유 토지였다고 합니다. 국정원 소유 토지에 차량이 있었고 그 신세기공영은 국정원 소유 토지에 회사가 위치했다고 합니다. 이름이 '신세기공영'이라고 합니다.

그래서 '왜 미행했느냐, 왜 사찰했느냐?'라고 물으니까 국정원은 아직도 묵묵부답이라고 합니다.

2011년 2월에는 T-50 훈련기 도입을 위해서 인도네시아 대통령 특사단 숙소가 있는 서울 롯데호텔에 국정원 직원 3명이 잠입을 합니다. 이 T-50 훈련기 도입을 위해서 뭔가 정보를 얻으려고 잠입을 한 모양인데요. 인도네시아 노트북을 뒤지다가 인도네시아 관계자가 들어오니까 발각돼서 도망을 갑니다.

이렇게 어설퍼 가지고 어디 믿고 맡기겠습니까? 제대로 훈련을 시켜야지, 댓글 쓰게 했다가 이런 걸 하게 했다가 그러다가 이제 금융 추적하라고 그러면 무슨 재주로 금융 추적을 하고, 감청하라고 그러면 이 사람도 감청했다가 저 사람도 감청했다가 사고 터지면 어쩌려고 그러십니까?

2011년 7월에는 국정원 간부 2명이 중국에서 첩보활동을 하다가 중국 당국에서 체포됩니다. 첩보활동도 밖에 나갔으면 제대로 하면 되는 걸 텐데 이렇게 체포돼 가지고…… 그래서 우리 국정원 1차장이 중국 국가안전부에 사과했는데 중국은 필요없다며 재판에 넘겼다는 것 아닙니까?

국정원의 현주소입니다.

2011년 12월 17일, 아까 제가 드린 말씀인데요, 8시 40분 김정일 국방위원장이 사망했어요. 19일 정오까지 52시간 동안 우리 국정원은 파악을 못 해요. 원세훈 국정원장이 19일 오후 TV를 보고 알았다고 합니다.

17일 날 김정일이 사망하는데 52시간이 지났고 19일 날 TV를 보고 알았다고 하면 국정원장은 뭐 하는 사람입니까?

국정원은 뭘 하고요.

당시 이명박 대통령은 일본을 방문해서 일본에서 생일파티까지 거하게 치르고 왔다고 하는 것 아닙니까?

아니, 김정일 당시 국방위원장이 사망했으니 망정이지 우리한테 사고라도 쳤으면 국정원장은 TV 보고 알고 대통령은 밖에 나가서 들어오지도 않고 이런 상황 되는 것 아닙니까? 이런 상황에서 국정원에게 정보를 주면 테러를 방지할 수 있다라고 하면 어찌하는 겁니까?

정말 제가 여러분에게 폭로를 하지만 가슴이 아픕니다.

우리는 이런 상황인데 대한민국이 이런 곳에 국민의 감청권과 계좌추적권을 주자고, 국가비상사태라고 국회가 선포를 하고 그리고 우리는 필리버스터를 해야 하고 대한민국의 국민은 몇 날 며칠 잠을 설쳐야 하고, 대한민국의 국민은 '왜 테러 막자는데 반대하냐?' 야당에게 이야기하고, 그게 아님에도 불구하고 대통령이 말씀하시니 제가 민초라면 저라도 그렇게 믿지요. 그런데 이런 상황인데, 이런 상황인 곳에 무엇을 어떻게 맡기자는 겁니까?

다음 사례를 보도록 하겠습니다.

2015년 5월 13일 국회 정보위원회에 현영철 북한인민무력부장 처형 가능성과 함께 마원춘 국방위원회 설계국장이, 한광상 노동당 재정경리부장 등이 숙청되었다고 국회 정보위원회에 와서 국정원이 보고를 합니다. 현영철, 마원춘, 한광상이 숙청되었다고 5월 13일 날 보고를 했습니다. 그리고 7월 14일 날 현영철과 간부들이 총살당했고 그리고 대폭 교체되었다고.

그런데 10월 8일 날 마원춘이 조선중앙통신에 김정은 뒤에 나오는 거예요. 그리고 11월 20일 한광상이 또 김정은을 수행하면서 조선중앙통신에 나오는 겁니다.

마원춘, 한광상 그리고 현영철, 숙청되었고 연계 군 간부 총살하고 대폭 교체 확인했다고 보고했는데, 3개월 4개월 후에 조선중앙통신에 버젓이 수행하는 얼굴이 나오면…… 말이나 말든지.

그래서 국정원은 해외정보 수집, 대북정보 수집에 집중해야 합니다. 그래야 대북 위기 때 제대로 대처할 수 있습니다. 여기에 집중해야 되는 사람들이 국내 사찰하고 그리고 댓글 쓰고, 오늘도 댓글 쓰고. 오늘 저를 얼마나 쳐다보겠습니까? 그리고 오늘 글 올린 사람들 얼마나 뒤져 보겠습니까?

2015년 11월 24일에는요 국정원이 국회 정보위원회에 와서 8월 20일 포격 도발 시 우리 군의 응징포격에 제대로 북한이 대응하지 못해서 그 인물들이 문책을 받았다, 박정천 인민군 총참모부 부총참모장 겸 화력지휘국장이 해임되고 김상룡 2군단장이 좌천된 것으로 추정된다고 보고를 했습니다. 추정된다고. 끝내 추정뿐이었습니다.

12월 5일, 11월 24일 날 보고했는데요, 12월 5일 노동신문 포병대의 사진에 박정천 부총참모장이 김정은 위원장과 같은 열에 앉아 있는 모습이 사진에 보도가 되었어요.

아니, 그런데 국회 정보위원회에 와서 보고는 왜 하시는 것이지요? 이런 일 하고 있다고 보고를 하시는 건가요? 국정원장님, 2015년 11월 24일에 왜 국회 정보위에 와서 그런 것을 보고하셨지요? 보고 안 했으면 이런 망신은 안 당하잖아요. 왜 보고를 했을까요? 알리바이가 필요했을까? 정말 궁금하네요. 그것이 궁금합니다. 궁금한 이야기, 국정원의 궁금한 이야기, 우리 한번 확인해 봅시다.

정청래 의원이 그런 얘기를 했습니다. '북핵방지법이 없어서 북핵을 못 막았나요?' 이런 이야기를 했다고 합니다. 북핵, 있어서도 안 됩니다. 말도 안 됩니다. 위기입니다.

사실 국정원 정도 된다면 북핵이 만들어지기 전에 온갖 작업을 통해서 막는 작업들을 하는 게 진짜 국정원의 모습 아닐까요? 그런 것을 막아 낼 수 있는 능력이 있을 때 우리가 정말 고마워할 국정원이 아닐까요?

그런데 사례 9로 넘어가 보도록 하겠습니다.

2015년 10월 20일, 국정원은 국회 정보위 국정감사에서…… 이런 겁니다. 국회에는 상임위원회가 여러 개 있는데요 저처럼 법사위원회가 있고요, 16개 상임위원회가 있고, 또 겸임 상임위원회로 정보위라고 하는 게 있습니다. 국정원만 담당하는 상임위원회가 정보위입니다, 정보위. 그래서 정보위에는 인원이 많지도 않고요 그리고 국정원이 정보위에는 자기의 상황을 보고하게 되어 있습니다.

국정원은요 감사원으로부터 감사를 받지 않아요. 그래서 저희가 국정원 개혁안을 내면서 국정원도 감사원으로부터 감사를 받아야 된다라고 낸 겁니다. 나라의 기관은 말이지요 국민의 세금을 쓰는 기관이기 때문에 대한민국 감사원으로부터 감사를 받아야 합니다. 그래서 국민의 세금을 제대로 썼는지 감사원이 감사해야 합니다. 그런데 감사를 받지 않는 유일한 기관이 국정원입니다. 그래서 이 국정원은 무소불위라고 합니다.

그래서 그나마 국정원을 견제할 수 있는 장치가 국회의 정보위라고 하는 기관입니다. 정보위라고 하는 상임위원회인데요, 그래서 국정원은 수시로 국회 정보위에서 요구하면 와서 보고를 합니다. 그리고 국정감사를 1년에 한 번씩 받게 되어 있지요.

그래서 여기에서 말하는 국정원이 10월 20일, 2015년입니다. 국회 정보위 국정감사에서 '4차 핵실험 준비 중이지만 실험 시기가 임박한 징후가 없다'고 보고를 합니다. 북한이 4차 핵실험을 준비하고 있지만 실험 시기가 임박하지 않았다라고 보고를 합니다.

2015년 12월 10일, 김정은이 북한 스스로를 이야기하면서 '자주권과 민족의 존엄을 굳건히 지킬 수소폭탄의 거대한 폭음을 울릴 수 있는 강대한 핵보유국이다' 북한을 지칭하면서 그렇게 얘기합니다. 그래서 수소폭탄 실험의 의지를 밝힙니다. 그런데 국정원은 '이것은 그냥 자기네가 수사적으로 김정은이 이야기하는 겁니다'라고 정보위에 와서 보고를 합니다.

그런데 2016년 1월 6일 10시 30분, 북한은 4차 핵실험을 했습니다. 사전에 하나도 감지를 못 하고 있다가요 12시 30분 북한 조선중앙TV를 보고 파악하게 되었습니다.

북한의 움직임, 북한의 핵실험, 그리고 북한의 대남 문제 있는 조짐 이런 것들을 가장 빨리 파악해야 되는 곳이 국정원입니다. 그런데 조짐이 있는데 수사적 표현이라고 하지를 않나, 핵실험이 준비 중이지만 임박하지는 않았다고 하지를 않나…… 임박했는데 임박하지 않았다고 하고, 준비 중이라고 김정은이 발표를 했는데도 수사 표현이라고 하고, 그리고 나서 며칠 후에 핵실험이 딱 터지고 나니까 TV 보고 알고…… 조선중앙TV가 없으면 우리는 북한 상황을 어떻게 알아야 합니까, 도대체?

그런데 이병호 국정원장이 이야기를 합니다, 국회 정보위원회에 와서 '찾고 막는 싸움인데 이번에는 졌다'. 뭘 하고 있는지 찾아내고 수집해서 그것을 막는 것이 국정원의 작업인데 이번에는 졌다라고 발언을 한다는 겁니다.

이럴 때 대통령이 책상을 내리쳐야 하는 것 아닙니까? '도대체 국정원은 뭘 하는 겁니까? 북한이 4차 핵실험을 염두에 두고 말하고 있고 조짐이 보이고 징후가 보이는데 국정원은 뭘 하는 겁니까? 왜 그것을 못 찾아내는 겁니까?'라고 이야기해야 되는 것 아닙니까?

이런 내용을 할 수 있을 만큼 수습도 되지 않았는데 국정원에게 '일반 국민들 계좌 추적해라, 금융정보 찾아내라, 인터넷에서 뭐 하는지 감청해라, 전화 감청해라, 영장 없이도 감청할 수 있으면 해라'라고 합법화시키자고 하면 국정원이 어떻게 무슨 재주로 일을 하겠습니까?

자, 국정원 직원 여러분, 자부심을 가지고 있는 국정원 직원 여러분께 이 모든 비난을 드리는 것은 아닙니다. 여러분은 진정한, 나라를 위해서 일하고 싶으실 겁니다. 그런데 정부가, 새누리당이, 그리고 국정원 핵심이 엉뚱한 계획을 하고, 엉뚱한 음모를 꾸미고, 그리고 국회에 엉뚱한 보고를 하고 있습니다. 안에서 여러분이 제대로 문제 지적해 주십시오. 아닙니다. 문제 지적하지 마십시오. 문제 지적했다 무슨 일이 일어날지 모릅니다.

당장 현장에 있는 분은 이야기를 하지 못하지만 과거 정보부 직원이었던 사람이 국정원 관련해서 이래서는 안 된다라고 증언한 내용이 있어서 제가 오늘 한번 읽어 보겠습니다.

2015년 4월 전 정보부 직원 중에 가장 높은 직원, 김종필 직원의 증언을 여러분께 말씀드리도록 하겠습니다.

기자가 물어봅니다. '국정원의 수사권 문제 어떻게 보세요?', 김종필 국정원 직원, 전 중앙정보부장이 이야기합니다. '아직 반환 안 했지, 아마?' 기자가 '반환 안 했는데 그 개선책은요?', 김종필 전 총리 '나는 처음 약속한 대로 법무부에 수사권을 반환하는 게 좋겠어. 그게 원칙이야. 정보부는 순전히 그것 없으면 정치에 개입도 못 해. 그런 것 있으니까 괜히 못난 놈들이 잘난 척하고…… 정치에 개입은 왜 해, 정보 수집이나 하지. 정보 수집·조사·해석 해 가지고 1급 정보를 작성해서 배포하는 다섯 가지 일을 하는 게 정보부야. 지금 정보부 부장한테 여기 임무가 뭐냐고 해. 그것 대답하는 놈 없을 거야. 그렇게 됐어'……

수사권을 넘겨야 된다는 겁니다. 정보부에 수사권이 있으니 국정원이 엉뚱한 정치 개입을 한다라고 하는 것이 초대 정보부 부장, 정보부 직원, 김종필 직원의 증언입니다.

기자가 물었습니다. '대공 수사는 검찰에 넘기자 이런 말씀이신가요?', 김종필 전 중앙정보부장이 이야기합니다. '그럼 넘겨야지'. 기자가 이야기합니다. '수사 능력 정보부가 오랜 경험이 있는데요', 김종필 전 정보부장이 이야기합니다. '아, 검찰에서 그런 요원이 몇 명 필요하다면 그 능력 가졌던 정보부 직원 데려가면 되는 거야'. 기자 '그것 좋은 방법이네요', 김종필 전 정보부장 '그러면 정치 개입도 못 하잖아. 정보 수집만 하고 수집·해석·작성·배포 이게 정보부의 기본 임무야. 가서 물어봐, 그것을 대답하는 놈이 있나. 월급이나 받아먹고'……

이분 잘 알고 계시네요. 국가정보원을 왜 만들었는지, 중앙정보부를 왜 만들었는지…… 그런데 그때 더 험한 일이 많기는 했지요. 박정희 대통령 때 험한 일이 더 많았지요.

중앙정보부는 정권 연장을 위해서 도구로 쓰였고 국정원도 정권 연장을 위해서 도구로 쓰이고 있는 것은 아닌지 우리가 살펴봐야 합니다.

자, 국정원은 수사권도 맞지 않다, 그런데 여기다가 계좌 추적? 금융정보 수집? 그리고 테러 의심되는 자에 대한 추적권? 그리고 감청? 안 되는 것 안 된다 말씀드리겠습니다.

전 북한 담당 기획관도 이런 증언을 하네요. 구해우 전 북한 담당 기획관입니다. 신동아 인터뷰에 지난해 9월에 실린 것을 제가 뽑았습니다. '국정원은 국내정치 정보와 관련해서 활동이 세계 최고입니다. 그런데 해외·북한정보 수집 및 공작능력은 50점 넘게 주기가 어렵습니다.'

5·16 군사정변 직후 정권 안보기구로 출범했다가 2015년 들어서도 국정원은 이 같은 태생을 극복하지 못하고 있습니다. 국정원은 해외활동, 대북 공작활동조차 정권의 안보와 연계해서 수행하는 경우가 많습니다. 국정원의 국내 분야는 경찰의 수사기능과 합쳐 미국 연방수사국과 비슷한 형태의 중앙수사국으로 통합하는 게 옳다고 봅니다.

국정원에서 나와서는 이렇게 말하네요. 국정원 안에 있을 때는 말 못 하지요. 국정원 안에 있다가 말하면 그 직원, 평생 고달프고 고통스럽습니다.

그러면 국정원 개혁을 누가 해 줘야 대북 정보수집을 제대로 할까요? 북한의 테러위험으로부터 어떻게 해 줘야 제대로 국정원이 활동을 할까요? '금융정보 추적해라, 감청해라' 이런 활동을 너저분하게 더 줄 것이 아니라 '당신들은 해외활동에 집중하고 대북 공작활동에 집중하고 대북 정보수집에 집중하고 그것을 수집해서 분석하고 그리고 그것을 배포하고 알려 주는 것에 집중하라'라고 하는 게 진정한 테러에 대한 위협으로부터 방어할 수 있는 것 아닐까요? 진정한 북한의 위협으로부터 방어할 수 있는 것 아닐까요? 국정원에게 여러 가지 역할을 주려고 생각하는 것은 북의 공작, 북의 위협으로부터 우리를 더 노출하는 것이다 이렇게 말씀드리겠습니다.

작년에 세상을 좀 떠들썩하게 했던 건데요. 국정원이 간첩

조작사건을 하나 하지요. 당시에 아마 지방선거가 있었던 것 같습니다. 지방선거가 있는데 갑자기 서울시 공무원 중의 한 명이 간첩이었다고 발표를 합니다. 그래서 서울시 공무원 중의 한 명을 간첩으로 수사를 했고 간첩이었다고 국정원과 검찰이 발표를 합니다. 그리고 기소를 합니다. 그러면 모두 다 '박원순 시장이 이 사람 데리고 있었고 박원순 시장과 연계됐나 보다'라고 하는 여론이 형성되게 되어 있었습니다. 법사위인 저도 그렇게 흠칫 놀라는 상황이 있었습니다.

그런데 정말 교묘합니다. 기묘합니다. 그 유우성이라고 하는 간첩, 국정원과 검찰이 간첩이라고 기소했던 그 사람은 이명박·오세훈 시장 때 채용되었던 사람이에요. 우리 교포 중의 한 명이었던 것 같은데, 그때 오세훈 시장 때 채용되었던 사람인데 나중에 그때 수사받고 있으면서 박원순 시장 때였던 것처럼 이야기를 하는 거지요. 그래서 선거의 여론 형성에 뭔가 영향을 미치려고 했는데 안 된 거지요. 그리고 나중에는 너무나…… 국정원이 해외정보를 수집해서, 정말 간첩사건 있으면 제대로 되게 터뜨려야 되는데, 간첩사건이라고 했는데 이게 어설프기 짝이 없어서 법원으로부터 무죄가 나옵니다. 그리고 법사위에서는 검찰도, 국정원도 저희들에게 된통 지적당하는 일이 있었습니다.

유우성이라고 하는 사람을 지목해서 이 사람을 간첩으로 만듭니다. 간첩으로 만들기 위해서 증거를 조작합니다. 증거를 조작하는데, 제가 참 웃기는 상황을 한번 이야기해 드리도록 하겠습니다. 법원 조사 과정에서는 이게 다 드러났기 때문에…… 돈을 들여 가지고 국정원 협조자를 통해서 정보를 입수했고 이것을 검사에게 국정원 협조자를 통해서 또 해외에는 있는, 중국에 있는 협조자를 통해서 정보를 입수했고 이것을 검찰에 제공했다라고 하는 것을 법원에다 이야기합니다. 그리고 영사관에서 직접 입수한 것도 아니라고 하는 것을 검사들이 다 알고 있습니다. 그럼에도 불구하고 그 사람을 간첩이라고 검찰도 기소를 합니다.

(자료를 들어 보이며)

이게 잘 보이실지 모르겠는데요. 이 유우성이라고 하는 사람이 북한을 왔다 갔다, 출입국증명서라고 해 가지고, 출입국공증서라고 하는 공증서 도장이 있는 것을 자료로 제공해서 이 사람이 북한 왔다 갔다 했기 때문에 이 사람 간첩이다라고 내놓는 겁니다, 국정원이요. 그 자료를 국정원이 검찰에 제공을 했는데요.

여러분 이것 한번 찍을 수 있나 봐 주십시오. 이것 한번 봐 주십시오.

도장이 이렇게 있는데요. 이쪽 도장은 '화룡시 공증처' 이렇게 돼 있고요. 이쪽 도장은 '길림성 화룡시 공증처' 이렇게 돼 있습니다. 어떤 게 진짜일까요? '길림성 화룡시 공증처' 이게 진짜 도장인데요. 중국은 공산주의 국가라서 도장을 위조하면 거의 죽음에 이릅니다. 그래서 위조를 해 주되 가짜로 위조해 줘요. 그래서 '길림성 화룡시 공증처'라고 위조해 주지 않고 '화룡시 공증처'라고 위조를

해 준 거예요. 황당하지요.

그런데 이것에 또 속아서 국정원 관계자가 협조자한테 이 도장 받은 것을 자료라고 제공합니다. 그런데 중국에는 그런 도장이 없는 걸요. 그리고 이 도장도 도장인데요, 중국은 이렇게 도장이 찍혀 있는데 대한민국은 그 문서에 그냥 도장만 딱 찍어서 공증이 됩니다. 그래서 우리 방식으로 '공증' 이렇게 문서에 도장이 찍히는데요. 중국은 공증서가 그렇게 찍히지 않습니다. 중국은요……

여기에 나와 있는 것 보이실까요? 이것 한번 클로즈업해 봐 주세요.

중국은 모든 공증서류가 이렇게 책자로 나옵니다, 책자. 책자를 딱 펼치면 그 뒤에 이렇게 도장이 찍혀 있어요. 거기에 '길림성 화룡시 공증처'라고 하는 도장이 찍히는 거지요.

여러분, 조작을 하려면, 증거를 내놓으려면 똑같은 도장을 조작하든지 아니면 중국이 쓰는 공증 형식을 조작하든지, 그렇지 않은 걸 갖다 내놓고 북한을 왔다 갔다 하고…… 이 사람이 그 시기에 북한에 있었다 그러는데 이 사람이 내놓은 증거자료에, 그 시기에 중국에 있었던 사진을 내놓습니다.

국정원이 한 건 했습니다. 해외정보 수집해서 간첩 한 명 잡았다고, 그것도 박원순 시장 밑에 있었던 간첩 한 명 잡았다고 선거 때쯤 떠들썩하게 대문짝만하게 했는데, 알고 보니까 다 조작된 문서를 중국에 있는 협조자를 통해서 받는데, 그 협조자는 중국에서 죽음에 이를 만큼의 처벌을 받으니까 도장을 위조한 것 찍어서 보내 줬고요, 그것 좋다고 받아 가지고 또 검찰에다 낸 겁니다. 그러니 이렇게 낸 게 금방 만천하에 드러난 거지요.

이 공증처, 이 책자 제가 구했습니다. 이것 제 손으로도 쉽게 구할 있는 것을 국정원이 내놓고 간첩 조작사건을 했으니 법원에서 어떻게 되겠습니까? 전부 다 무혐의, 무죄 난 겁니다. 그러고 났는데 그 검사는 어떤 징계도 받지 않습니다. 그 국정원 관계자도 마찬가지지요. 이런 상태에서 대테러를 방지하려면 국정원이 앞장서야 된다 이렇게 아직도 말씀하시겠습니까?

저는 국가비상사태는, 진정 비상사태는 경제위기 비상사태입니다. 박근혜 대통령 3주년입니다. 박근혜 대통령은 이렇게 얘기합니다, 위기극복을 위한 도전의 3년이었다고.

대통령님만 그렇게 생각하시는 것 아닙니까? 우리는 민생파탄에 더욱 고단해진 서민들의 3년이었습니다. 기대를 많이 했습니다. 경제민주화 이야기하셨고 반값등록금도 이야기하셨고 서민들 살리겠다고 창조경제도 이야기하셔서, 창조경제 가시화로 청년일자리 창출의 토대를 만들겠다고 이야기하셔서 더불어민주당은 선거에는 패했지만 그래도 잘 되기를 바랐습니다. 잘 되기를 바랐습니다. 왜요? 그래야 국민이 잘사니까요.

그런데 청년실업은 노무현 정부, 그 경제 파탄 냈다는 이명박 정부를 넘어서 청년실업이 박근혜정부에서 사상 최고입니다, 사상 최고. 경제성장은 김대중 정부 때 5.2%,

노무현 정부 때 4.5%, 이명박 정부 때 3.2%, 박근혜정부 때 2.9%, 역대 정권 중에 최저입니다. 대통령은 4대 개혁 추진으로 한국경제 재도약의 발판을 마련했다 이렇게 얘기하시는데요. 지표가 말해 주고 있는 것을요, 지표가.

이런 시점에 테러방지법 얘기하면서, 테러방지 하지 말자는 사람이 누가 있겠습니까? 그런데 그 방법이 틀렸다는 것을 말씀드리는 겁니다.

이건 아닙니다. 제발 국정원에게 자기 본연의 임무를 하게 해 주십시오. 김정은이 언제 무슨 일을 벌일지 모르는 상황 아닙니까? 그런데 국정원이 자기 본연의 임무를 하지 않게 엉뚱한 역할 이것 주고 저것 주고 또 주고, 간첩조작 사건이나 일어나고, 해외 대통령 호텔 난입했다가 망신이나 당하고, 유엔 관계자 미행했다가 오히려 촬영 당하고. 아니, 이렇게 어설퍼서…… 그런 상황에서 무슨 일을 더 줘야 되겠다는 겁니까?

꾸준히 경제민주화를 추진했다라고 박근혜 대통령이 얘기하시는데요. 대기업 매출액은 늘었습니다, 대기업만 위하시니까. 대기업 자산도 현금 보유고가 왕창 늘었습니다. 늘었는데 그 돈이 국민에게 풀리지를 않는 걸요. 국민에게 돌아오지를 않는 걸요. 국민은 지갑을 닫았습니다. 중소기업은 매출액이 반토막이 났습니다. 중소기업의 자산은 반토막 났습니다. 99% 중소기업은 반토막 나고 자영업자는 문 열었다가 다 망하고, 세금은 오르고 연말정산은 폭탄으로 떨어지고, 대기업은 매출도 늘고 자산도 늘고 그런데 국민에게는 투자하지 않고, 나랏빚은 역대 최고로 600조에 달했고요, 가계부채는 1200조를 넘어서 1207조에 달했습니다. 대통령님 3년 차에 말입니다. 박근혜 대통령님 3년 차에 말입니다.

가계부채 1207조, 지금 막 태어난 갓난아기부터 가장 고령의 어른까지 1인당 빚이 2000만 원이 넘는다고 합니다. 세금은 세금대로 후달리고 빚은 빚대로 불어나고, 대기업은 재산이 불어나고 대통령은 잘사는 나라가 됐다라고 하는데 누가 잘사는 나라가 됐는지 묻지 않을 수가 없습니다.

국민행복시대를 열어 주겠다고 말씀하셨는데 우리의 행복지수는 급추락했습니다. 갤럽이 행복도 조사를 했는데 143개국 중 118위라고 합니다. OECD 고령자 자살률은 1위라고 합니다. 행복하게 만들어 주신다고 했는데 국민들이 많이 참아 주고 있습니다.

제가 재작년에, 2014년에 예결위원을 했습니다. 우리 국민들께서 내신 세금 370조를 들여다보았습니다. 이 370조, 어떻게 다시 국민들에게 돌려 드릴 수 있을까. 우리는 국민들에게 370조를 거둬들였습니다. 이자만 해도 엄청납니다. 국민들이 낸 세금, 이자 붙여 돌려줘야 하는 것이 정치인의 임무 아니겠습니까?

그런데 이 370조를 들여다보니 대한주택공사는 하루에 이자만 130억이 나가고 있더라고요. 제가 잘못 말한 것일까요? 여러분, 믿기십니까? 여러분, 믿기십니까? 대한주택공사의 하루의 빚이 130억이라고 합니다, 하루의 이자가 130억이라고 합니다.

이명박 대통령이 4대강 30조 들여서 파 놓고 그 중에 8조를 수자원공사한테 떠넘겼습니다. 수자원공사는 자신들이 무슨 돈이 있느냐며 빚내서 8조 들여 가지고 4대강 공사 했습니다. 그리고 그 8조에 대한 이자를 우리 국민에게 달라는 것입니다. 370조 예산 중에 3700억을, 수자원이 내야 되는 이자를 국민이 낸 세금으로 지불하고 있었습니다.

도대체 나라 살림살이는 누가 이렇게 망가뜨린 것입니까? 이명박 대통령은 무슨 짓을 하고 간 것입니까? 박근혜 대통령은 무엇을 하고 계시는 것입니까?

국민은 전셋값이 하루도 떨어지지 않고 하늘 높은 줄 모르고 치솟고 있습니다. 아니, 이제 전세를 찾을 수가 없습니다. 왜냐하면 주인이 월세로 내라고 하기 때문입니다. 전세금도 없지만 월세 낼 돈은 더 없습니다.

이렇게 국민은 등골이 휘는데 4인 가족이 핸드폰을 1인당 하나씩 들고 있으면 통신요금만 수십만 원입니다, 매달. 국정감사를 통해 통신사의 통신요금 부당이득을 까 보니 3년 동안 3개 통신사가 원가라며 국민에게 부당으로 얻은 이득이 23조나 되는 것을 제가 밝혀냈습니다.

세상에 핸드폰 없이는 못 사는 세상이 되어서 이 핸드폰을 쓰고 있지만 통신비는 왜 이렇게 비싼지, 알고 보니 통신비 원가에 자신들의 법인세, 자신들의 광고비, 자신들의 마케팅 비용까지 넣어서 국민에게 떠넘겼습니다.

그 23조를 밝혀내고 나니 통신사가 통신비를 인하하겠다고 합니다. 23조 원을 부당이득 취했는데도 통신사를 관리 감독해야 하는 미래창조부는 대안을 내놓지 않고 있습니다. 이 정부는 국민이 낸 세금, 대기업 통신사가 갖고 가서 그런지 대책을 세우지 않고 있습니다.

국민이 봉입니까?
국민이 호갱입니까?

저는 호갱방지법을 발의했습니다. 통신비 인하하게 만들고 싼 요금 나오면 빨리 국민에게 알려주고, 아니, 알려주기 전에 너희가 먼저 알아서 내려라 이런 정도는 해야 국회의원의 일 아니겠습니까? 이런 것 하는 것이 정부가 하는 일 아니겠습니까?

그런데 국민은 등골 휘는데 그 세금 빼 써서 다시 국정원을 더 비대하게 만들고 국정원이 무슨 일 하는지도 모르게 국정원에게 돈을 얼마나 더 들여야 대통령께서는, 새누리당은 속이 시원하시겠습니까?

더불어민주당이 야당과 함께 국민의 힘을 받아서 인권테러법, 테러 빙자 국민인권테러법을 저지하고자 합니다.

그리고 새누리당에게, 정부에게 요청합니다. 빨리 독소 조항 빼고 원하는 형태대로 통과시킵시다. 독소 조항을 놓고, 독소 조항만이 아니라 국민혈세까지 낭비하는 이 상태는 안 된다 이렇게 말씀드리고 다시 한 번 되돌아볼 것을 요구합니다.

그런데 새누리당은 어떻게 그렇게 말씀하실 수가 있습니까, 한 글자도 못 고친다고? 국민 여러분, 들어 주십시오. 한 글자도 못 고친답니다. 선거구 획정 하자고

했더니 한 글자도 못 고친다고, 하나도 못 한다고 했습니다.

국민은, 대통령이 국회가 발목 잡는다고, 야당이 발목 잡는다고 해서 국민은 우리가 발목 잡는 줄 아는데 야당이 숫자도 이것밖에 안 되는데, 매일 대통령이 야당한테 야단을 치는데 야당이 무슨 힘이 있어서 발목을 그렇게 잡을 수 있겠습니까?

저희는 발목 잡지 않습니다. 그렇지만 틀린 것은 틀린 것대로 고쳐 가야 되지 않겠습니까? 나쁜 것이 있는데 비난받는다고 덥석 물어서야 되겠습니까? 독소 조항이 있는데, 국민을 다 사찰하고 국민을 감찰하고 국민의 전화기를 다 도청하고 인터넷을 다 감찰하고 다 도청하는 법이 만들어진다는데 저희 야당이 그냥 덥석 동의해서 되겠습니까?

도와주십시오. 도와주십시오. 저희들이 독소 조항 없애고 테러를 막을 방편을 만들어 나가도록 하겠습니다. 아니, 테러를 막는 장치는 벌써 다 되어 있습니다. 국정원이 자기 역할만 제대로 하면 딱 좋겠습니다.

(자료를 들어 보이며)

이것이 2015년 1월 23일 날마저 개정된 국가대테러활동지침입니다.

'대테러활동지침은 만들어진 지 오래되었습니다' 그랬더니 새누리당이 그렇게 얘기를 하는 거예요. '그거 오래된 법이잖아요. 그러니까 새로 만들자'고요.

새누리당 여러분! 이거요, 오래된 법이 계속 개정되면서 보완되는 것 아닙니까? 계속 개정되어서 다 보완되어 있습니다. 여기에요, 어떤 내용이 들어있느냐 하면요 "'테러'라 함은 국가안보 또는 공공의 안전을 위태롭게 할 목적으로 행하는 다음 각목의 어느 하나에 해당하는 행위를 말한다."라고 테러를 훈령에 정해 놓고 있습니다. 그리고 이 내용이 죽 나열되어 있습니다. "공항 내에서의 인명살상 또는 시설의 파괴, 항공기의 안전에 위해를 줄 수 있는 항공시설의 파괴, 운항 중인 항공기의 납치·점거 등", 테러자금 관련, 테러활동 관련, 기본지침 죽 가다가요, 설치 및 구성에서 "테러대책회의의 의장은 국무총리가 되며, 위원은 다음 각 호의 자가 된다. 외교부장관·통일부장관·법무부장관·국방부장관·행정자치부장관·산업통상자원부장관·보건복지부장관·환경부장관·국토교통부장관·해양수산부장관 및 국민안전처장관" 그리고 "국가정보원장" 그리고 "국가안보실장·대통령경호실장 및 국무조정실장" 그리고 "관세청장·경찰청장 및 원자력안전위원회위원장, 그 밖에 의장이 지명하는 자", 테러대책회의, 테러대책기구!

국가대테러활동지침, 이렇게 두꺼워요. 내용 다 들어 있고요.

국가대테러활동지침, 2015년 1월 23일 개정됐습니다. 여기의 의장은 국무총리다……

김광진 의원이 국무총리에게 질문했습니다. '대테러대책기구가 있는 거 아니십니까?' '예?' 대답을 잘 못했어요. '테러대책회의가 있는 거는 아니십니까?' 대답을 잘 못했어요. '국가 대테러정책의 심의·결정 등을

위하여 대통령은 대통령 소속하에 테러대책회의를 둔다. 테러대책회의의 의장은 누군지 아십니까?'라고 물었더니 국무총리가 대답을 못 해요.

여러분, 자 여기에서 여러분에게 질문!

국가대테러활동지침에 의한 테러대책회의의 의장은 누구일까요? 1번 대통령, 2번 국무총리, 3번 국정원장, 4번 안보실장.

국무총리, 정답입니다.

아니, 국가비상사태 운운하고 테러방지 이야기하면서 대테러대책회의의 의장이 국무총리인데 국무총리가 자기가 의장인지도 모르고 대책회의 하나도 안 하고 대책 하나도 안 세우고 있다가 갑자기 국정원이 테러방지법 만들어 달라니까 비상사태라고 직권상정하는 대한민국이 이게 똑바로 가는 상황입니까, 여러분? 대한민국이 이게 똑바른 정상입니까? 모두 정상이 아닌 것 같다고 글 올려 주십시오.

테러대책회의가 대한민국에 있습니다. 그리고 거기의 의장은 국무총리입니다. 저는 이게 좋은 것 같습니다. 국무총리는 힘이 있고요 그리고 정보 사찰의 우려, 뭐 이런 것 자꾸 얘기 안 하잖아요. 깔끔합니다. 그런데 우리는 이명박 정부 때 국무총리 산하에서 사찰을 했던 것 기억합니다. 일반인을 사찰해서 그 일반인이 죽음까지 자살의 공포까지 우울증까지 경험했던 것 여러분 다 알고 계십니다. 우리 그것 다 알고 있습니다. 당시 이명박 대통령 산하의 총리실에서 사찰했습니다. 정말 별 걸 다 합니다, 총리실에서 총리 업무나 하지. 그런데 박근혜 대통령 총리실은 자기가 테러대책회의 의장인지도 모르고 있으니 되겠습니까?

여러분, 기억나십니까?

대한민국에 메르스가 터져서 메르스 전염병이 창궐해서 대한민국 국민이 위험에 처해서 모두 다 긴장하고 있던 작년, 대통령은 '낙타만 안 만지면 됩니다'라고 했던 것 기억하십니까? 황교안 국무총리는 '제가 알아보겠습니다' '잘 모르겠습니다' '더 알아보겠습니다'라고만 대답했던 것 기억하십니까?

대한민국의 국민이 낸 세금의 월급은 왜 받으시는 건지 모르겠습니다. 야당 국회의원 일 안 한다고 그러는데요, 야당 국회의원 중에 일 안 하다가는 무슨 봉변 당할지 모릅니다. 새벽부터 한밤중까지 현장에서 뛰고 국회에서 일하고.

토요일 밤은 국회TV의 최규성 의원, 정청래 의원 필리버스터 하는 것 보다가 재미가 쏠쏠해서 잠 못 자고, 어제는 순서 기다리다가 한숨도 못 자고 그리고 이 자리에 이렇게 서 있습니다. 저희들이 뭐 하냐고요? 새벽부터 밤늦게까지 일만 하고 있습니다.

이 국가대테러활동지침의 90%를 그대로 베낀 것이 국정원이, 새누리당이 내놓은 테러방지법입니다. 그러면 10%는 뭐냐? 10%가 바로 그겁니다. 테러를 좀 더 교묘하게 구성을 하지요. '테러 할 것같이 의심이 드는 자, 테러 할 것같이 걱정이 되는 자, 테러를 선전 선동할 것 같은 자, 이런

자들은 내가 추적도 할 수 있다. 계좌추적도 할 수 있고 금융추적도 할 수 있고 다 할 수 있다'라고 하는 내용이 들어간 겁니다.

국정원장이 요구하면 금융감독위원회는 계좌 내역을 줘야 된다. 국정원장이 요구하면 감청할 수 있다. 그런데 새누리당이 그렇게 얘기합니다. Q&A를 통해서요 '영장 없이는 감청 못 합니다' 이렇게 얘기합니다. 그러면 지금 있는 대로 하시면 되지요. 뭘 또 새로 만듭니까?

그런데 지금 있는 대로도 영장 없이 감청을 하고 있다는 게 문제입니다. 그래서 작년 내내 카카오톡 감청, 사찰공화국 해서 다음카카오 대표가 국회에 불려 나오고 난리가 났던 것 아닙니까? 미래창조부 사이트만 보면 감청을 얼마나 했는지 수천 건의, 수만 건의 감청 내역이 나옵니다.

2012년부터 2015년까지인가 3년 동안 감청이 4만 건이 이루어졌습니다. 법사위가 법무부 쪽에다가 '감청영장 가지고 온 것 내시오'라고 하니까 안 내더라고요. 왜냐하면 국정원이 감청을 요구하려면 영장을 발부받아야 합니다. 그래서 발부받은 것 갖고 오라고 했더니 안 내놓더라고요. 그런데 나중에 갖고 오는데 영장 발부받은 건이 몇 개 안 되더라고요.

100건이 안 되는 것 같아요. 그런데 미래창조부 사이트에는 감청을 하면 다 공개하게 되어 있습니다. 거기에 4만 건이 감청이 되어 있어요. 영장 하나 가지고 덩달아서 이것도 감청하고 저것도 감청하고 다 감청한 거지요. 이것 불법 소지가 많습니다. 그렇지만 감청해 놓고 있으면 그냥 우리가 당하는 거지요. '그래서 누가 내 카카오톡을 들여다보는 것 같아요'라고 하는 게 작년 대유행어 아니었습니까? '누가 내 핸드폰을 보고 있어요. 국정원이 보나 봐'

그런데 새누리당은 Q&A를 통해서 '아닙니다. 영장 없이는 감청 못 합니다'. 제가 전문가입니다. 제가 법사위의 전문가거든요. 법사위에서 작년에 내내 얘기했습니다. 영장 한 장 받아 가지고 이것도 하고 저것도 하고 이것도 보고 저것도 보고. 미래창조부 사이트에 여러분 들어가서 한번 눌러 보십시오, 감청을 얼마나 하고 있는지. 여러분의 핸드폰을 누가 다 들여다보고 있다면 여러분, 괜찮으시겠습니까? 저의 핸드폰만 들여다보겠습니까? 야당 의원님들뿐만이겠습니까? 여당 의원님들, 친박 의원님들은 괜찮을까요?

우선 반박 의원님들이 먼저 대상이 될 것 같아요. 새누리당 의원님들 중에 반박 의원님들이 먼저 대상이 되고, 두 번째 새누리 의원님들 중에 비박 의원님들이 또 대상이 되고, 세 번째 그다음에 친박 진박만 남아 있을 텐데 진박도 정확하지 않지요. 다 볼 수 있는데요. 우리야 어차피 볼 거라고 생각하지만 여러분, 이것 안 됩니다. 새누리당 의원님들도 저희 때문에 그냥 안 된다고 하세요. 저희 핑계를 대십시오.

이곳에 올라오는 게 상당히 두려웠습니다. 너무나 잘 해 주는 우리 당 의원님들이 고마웠고 쓰러져 가면서도 인권을

지키기 위해서 그리고 국민의 자유를 보장해 주기 위해서 '너희들 왜 테러 막는 거야'라고 하는 화살을 맞으면서도 눈물 흘려 가며 이야기하는 우리 의원님들이 고맙고 자랑스러웠습니다. 그리고 더 사랑하게 되었습니다.

제가 지역을 다니까 지역주민들이 얘기합니다. '서영교 의원은 안 해? 서영교 의원은 필리버스터 안 해?' 젊은 친구들이 얘기합니다. '의원님 언제 하십니까? 기다리고 있습니다. 다른 의원님들이 하니까 저는 안 해도 될 것 같아요' 솔직히 말씀드리면 선거가 코앞입니다. 아무리 얘기를 해도 오해하실 어른들이 계시기 때문에 난 안 하는 게 좋지 않을까 이런 생각도 했습니다.

그런데 양심이 가만두지 않았습니다. 저희 가족이 얘기했습니다. '막아 줘야지, 테러방지법' 저에게 그렇게 얘기했습니다. 그래서 제가 순서를 마지막에 넣었고 기다렸습니다.

홍종학 의원님이 하는 동안 의원회관에서 잠시 눈을 붙이려고 아무리 애를 써도 추웠고 잠을 잘 수가 없었습니다. 일요일 아침 7시부터 지역주민들을 만났고 하나도 못 쉬었는데 잠을 잘 수가 없었습니다. '잠을 못 자고 이 자리에 올라오면 어떻게 하지?' 가슴이 쿵쾅쿵쾅 뛰었습니다.

그런데 올라오고 나니까 달랐습니다. 올라오고 나니까 할 얘기가 너무 많았습니다. 그리고 올라오길 참 잘했습니다. 제가 국회의원 4년 하는 동안 대정부질문을 몇 차례 했지만 그것 다 합쳐도 지금 한 것보다 적습니다. 전화위복이랄까요? 국가비상사태라며 직권상정을 했기 때문에……

옛날 같으면 직권상정을 하고 날치기한다고, 국회선진화법이 없을 때는 저희가 몸으로 뛰어가서 막아야 했습니다. 몸으로 뛰어가서 막고 나면 그다음에 표적이 되어서 공천을 받지도 못할 상황이 되어 왔습니다. 강기정 의원이 그랬고, 최규성 의원도 그랬고, 열심히 했던 그 의원들이 고맙고 미안했습니다.

그런데 이제 국회선진화법으로 인해서 직권상정도 함부로 하지 못하지만 몸싸움도 해서는 안 됩니다. 그런 대신 만들어 놓은 장치가 필리버스터였습니다. 대한민국 국민의 눈과 귀가 국회로 집중되어 있습니다. 세계 언론이 대한민국을 집중하고 있습니다. 이제 세계를 향해서 그리고 대한민국의 국민을 향해서 '우리 정의롭자고, 우리 틀린 건 틀렸다고, 내가 피해를 볼지라도 아닌 건 아니라고 말하자' 이야기하겠습니다.

또 이런 측면도 있습니다. 추미애 의원님이 새벽 4시쯤 필리버스터를 하고 있는데 제가 이 자리에서 추미애 의원님을 지켜보고 있다가 대답 한 번 해 줬다가 실시간 인기검색어 1위에 올라갔습니다, 방청석에 앉아서 대답 한 번 했다고.

최규성 의원님 그날 애쓰셨습니다. 멋있으셨습니다. 정말 멋있으셨습니다.

신경민 의원님은, 스타가 또 탄생했습니다.

국민들이 저희를 지켜 주고 있습니다. 고맙습니다.

고맙습니다. 또 다시 한 번 고맙다고 인사드리겠습니다.

자, 그러면 테러방지법에 대해서 한 번 더 가도록 하겠습니다. 제가 한 번 더 말씀드렸지만 국가대테러활동지침의 90%를 그대로 가지고 온 것이 이철우 의원이 내놓은 테러방지법, 이철우 의원은 제가 이렇게 얘기하면 좀 미안한데요 국정원 출신이지요. 그래서 국정원의 의견을 그대로 반영한 테러방지법, 국정원은 14년째 이 법을 밀어붙이고 있다라고 참여연대의 장유식 변호사께서 글을 쓰신 것을 제가 보았습니다. '국정원에게 날개를 달아 주는 법이다. 국정원은 해야 할 일이 따로 있는데 이런 상태는 안 된다'라고 하는 것을 보았습니다.

여기서 이 테러방지법에 구체적으로, '인권테러법'이라고 제가 이름을 짓겠습니다. 구체적으로 들어가 보도록 하겠습니다.

테러의 정의가 모호합니다. 법안대로라면 단순 시위나 집회, 정부 비판도 테러나 테러 선동으로 간주될 수가 있습니다.

여러분, 이제 집회 나가면 안 될 상황이 될지도 몰라요. '저 단순히 그냥 집회만 했는데요' '당신 혹시 돈 든 것 아니야? 당신 어떻든 내가 한번 봐야겠어'라고 하면 테러방지법의 대상이 됩니다. 테러의 정의가 모호하다라고 하는 것을 문제 지적합니다.

두 번째, 테러위험인물이다, '당신은 테러위험인물이야' 이렇게 얘기합니다. 그러면서 테러의 가능성, 예비, 음모, 의심…… 의심 가지고 내 계좌 다 털고 의심 가지고 나 감청하면 나는 어떻게 살란 말입니까? '가능성, 예비, 음모, 의심' 이런 말이 들어 있다는 것을 말씀드리겠습니다.

금융거래정보의 보고 및 이용 등에 관한 법률이라고 있습니다. 이 법률에 문제 있는 사람의 금융정보를 전부 다 받아 볼 수가 있습니다. 그래서 이 법률에 의해서 요구해서 받으면 됩니다. 그런데 이것을 요구할 수 있는 사람을 이 인권테러법에는 국정원장으로 해 놓았다는 겁니다. 그리고 감청, 통신비밀보호법에 따라서 하면 됩니다. 그런데 이것도 영장도 없이 국정원장이 할 수 있게, 요구할 수 있게 해 놨다는 겁니다. 그래서 원래 있는 금융거래정보의 보고 및 이용 등에 관한 법률도 있고 통신비밀보호법도 있는데 그 법 위에 있는 법이 바로 이 인권테러법입니다. 테러라는 명분으로 국민 개개인의 금융정보에 대한 접근, 영장 없는 감청이 가능해지는 겁니다.

'그런 게 말이 되나요?' 자의적인 해석으로 국정원장이 얘기하면 말 되는 겁니다. '그런 게 말이 되나요?' 우리가 국회선진화법에 의해서 국가비상사태에 직권상정할 수 있다 그랬어요. 국가비상사태라고 국정원이 정의화 의장님한테 사바사바했고 정의화 의장님이 말도 안 된다고 며칠 전에 얘기하셔 놓고 국가비상사태라고 얘기를 해서 직권상정했습니다.

그런데 국가비상사태인데 왜, 아까 무슨 의원이었지요? 정병국 의원은 국회 동산에서 캠핑을 합니까? 국가비상사태인데 왜 경찰청장은 해외에 가 있습니까?

국가비방사태인데 우리 군은 뭐 합니까? 그래서 자의적 해석이 가능하다는 겁니다.

저처럼 오늘 미움 사면 어떻게 될지 몰라요. 사실 무섭습니다. 집에 들어갈 때 한 번 두 번 훑어봅니다. 집 앞에 CCTV도 달고 있습니다. 내 주변에 누가 나를 감시하고 가나 보려고 저도 감시 장치를 마련해 놨지요. 이게 뭡니까, 대한민국이? 이게 무슨 감시공화국입니까, 서로?

사랑하는 국정원 직원 여러분에게 국정원 직원 여러분이 하고 싶은 일을 하게 해 주는 게 제가 하고자 하는 것입니다. 사랑하는 국정원 직원 여러분이 대해외활동 정보를 수집하고 대북정보를 수집하고 그리고 분석해서 대안을 내세우는 일들을 하게 해 주는 것이 제가 하고 싶은 일입니다.

국정원 여러분을 비난하는 것이 아닙니다. 여러분과 일부 관계자를 분리하고 싶습니다.

그리고 이렇게 얘기합니다. '견제받을 수 있어요. 대테러인권보호관을 한 명 둡니다' 이렇게 얘기합니다. '인권보호관의 자격·임기 등 운영에 관한 사항은 대통령령으로 정한다.'

이 국정원이나 이 어마어마하게 진행되는 국민기본권 침해 방지를 위해서 대책위원회 소속으로 인권보호관 한 명 둔답니다, 한 명. 그랬더니 새누리당이 '한 명이 아니라 더 둘 수 있습니다' 이렇게 Q&A를 했더라고요.

그러시면 안 되지요, 여기 한 명이라고 돼 있는데. 그러니까 우리랑 협상을 하시든지 하세요. 협상을 해서 금융정보요구권 빼고, 감청권 빼고, 인권침해 요소 빼고, 한 명 이거 여러 명으로 늘리고 아니, 국회 견제를 받으세요.

9·11 테러가 났던 미국도 대테러법, 애국자법을 만들어서 진행하는 모든 일에 대해서 국회 상원·하원에서 보고하고 견제받게 돼 있습니다. 그런데 새누리당은 왜 국회 견제도 안 받자고, 국회가 견제도 안 하자고 하는 겁니까?

새누리당은 국정원한테 뭘 다 주려고 하는 겁니까? 다 줄 수 있으면 주면 좋은데 다 주면 자기 역할을 아무것도 못 한다니깐요. 그래서 새누리당이 말하는 Q&A의 답변은 틀렸다, 땡, 오답이다 이렇게 말씀드리겠습니다.

대통령이 이런 말씀 하셨습니다. 지난번 광화문 시위를 향해서 '이번 폭력 사태는 상습적인 불법 폭력시위 단체들이 사전에 조직적으로 치밀하게 주도했다는 정황이 곳곳에서 드러나고 있다. 이같은 불법 폭력행위는 대한민국 법치를 부정하고 정부를 무력화시키려는 의도이다'라고 국무위원 회의에서 말씀하셨습니다.

테러방지법의 테러 규정에 그렇게 되어 있습니다. '국가나 지방자치단체 등을 무력화시키려고 하는 의도' 이런 식의 얘기들이 들어 있습니다. 그러면 이대로 해석하면 그때 관계자들의 여러 명은 테러범이라고 판단하고 모든 조치를 취할 수 있다는 겁니다.

갑자기 대통령께서 이 법을 통과시켜야 된다라고 얘기하는 이유가 이런 데서 기인한 것은 아니기를 바랍니다.

자, 한 번만 더 말씀드리겠습니다.

테러가 일어나면 어떡하려고. 테러가 일어나면 다 막아야지요. 그리고 막는 장치 다 돼 있습니다. 막는 장치 다 돼 있는데요, 국정원이 농협 사이버테러 날 때 그리고 원자력발전소 사이버테러 날 때 제대로 대응 못 한 겁니다. 그런 거 할 때 그런 것 대응 안 하고 딴일 하고 있어서.

아니, 북한이 남쪽에 있는 농협 사이버테러를 하는데 우리 국정원은 뭐 하는 겁니까? 김정일이 언제 죽었는지도 모르고 김정은인지 김정운인지도 모르고, 북한은 우리 농협 사이버테러 하는데 우리 국정원은 김정운인지 김정은인지도 모르고. 그러면 그거에 집중을 해야지요.

자, 제가 테러에 대한 우리의 대처 상황을 말씀드리겠습니다.

국정원은 현행법으로도 테러정보 수집·작성 및 배포가 가능합니다. 테러방지법안의 테러 개념에 해당하는 항공기 납치, 폭탄 테러행위 등에 관한 수사권까지 국정원은 가지고 있습니다.

통합방위사태 시 국무총리 총괄하에 각 지역 행정조직과 경찰조직, 군과 예비군, 국정원 등 정보기구를 통합 운영하는 것이 가능합니다. 육군·해군·공군·해병대·경찰·해경에 각각 대테러특공대를 구성해서 운영 중입니다. 한미연합사의 정보작전도 존재하고 있습니다.

맞습니다. 북한의 테러위협이 있으면 육군·해군·공군·해병대·경찰·해경 이들이 나서야지요. 비상사태라는데 경찰청장은 외국 가 있는데 국정원이 정보수집하겠다 그러면 이게 거꾸로 아닙니까?

뭐 하냐고 그러는데 그것은 황교안 총리에게 물어봐야 되지요. 우리 한 번 더 세게 물어보자고요.

황교안 총리, 총리께서 국가테러대책회의의 의장이라는 사실 지금은 알고 계십니까? 그래서 지금 북한의 테러위협이 있다는 국정원의 제보를 우리 국회의장께서 받으셨다는데 황교안 총리는 법안이 통과되지 않은 상태에서 현재 이 대책회의를 진행을 하고 있습니까?

그리고 회의를 진행했는지 안 했는지 보고해 주십시오. 회의를 진행했다면 어떻게 진행하고 있는지도 보고해 주십시오. 북한의 테러위협이 감지되고 있다는데 총리 산하의 경찰청장은 왜 외국에 나갔는지 보고받으십시오. 그리고 국회로 보고해 주십시오. 군은 어떤 대책을 세우고 있는지 국방부장관도 보고하십시오.

비상사태가 아닌가 보지요.

우리는 남북 대치 중이기 때문에 언제나 비상사태라고 준비하고 있어야 합니다. 징후가 보이든 안 보이든 북한의 위협에 방어할 준비 그리고 역전할 준비를 다 가지고 있어야 합니다.

그래서 국가보안법도 갖고 있으면서 악용해 왔던 것 아닙니까? 기무사도 마찬가지로 그런 것 하라고 만들어 놓았는데 엉뚱한 댓글이나 쓰고, 국방부도 댓글 쓰고 앉았고, 국정원도 댓글 쓰고 앉았고, 총리는 회의도 하지 않고 앉았고.

아, 대한민국의 국민을 국민이 지켜야겠습니다. 우리는 우리가 지켜야겠습니다.

우리는 확실하게 문제 제기 해야겠습니다. 총리는 자기 임무를 방기한 것 아닙니까? 즉각 총리 자리에서 내려와야 하는 것 아닙니까? 총리의 존재감이 없어요, 총리의 존재감이.

제발 국민이 힘들지 않도록 모든 위협에 제대로 대응해 주시고 경제 좀 살려 주십시오. 국민에게 먹거리, 입을거리, 잠자고 쉴거리 그리고 행복을 가질 권리를 갖게 해 주십시오.

결국 인권테러법, 테러방지법은 국민의 기본권 행사를 방지하는 법이며 2016년 판, 박정희 대통령이 했던 긴급조치의 다른 얼굴입니다. 2016년 판 긴급조치, 2016년 판 유신, 그것이 테러방지법입니다. 정적을 사찰하는 법입니다.

'너무 심하게 말하는 것 아닙니까?' 이렇게 얘기하기도 하는데요. 그런 분도 있겠지요.

멀리 갈 것 없지 않습니까? 바로 2012년 국정원이 대선에 개입했던 것 다 확인되지 않았습니까? 심지어 이명박 정부하에서 국정원은 같은 당의 박근혜 의원까지 사찰하지 않았습니까? 그런 이야기가 얼마나 많았습니까?

선거를 앞두고 정부가 오로지 테러방지법만을 지목하면서 국회의장과 야당을 협박하고 있는 것은 아닙니까? 이렇게 무소불위의 국정원 강화법에 통제장치가 없는 상태입니다.

미국도 9·11 테러를 당하고 만들었던 테러방지법, 애국자법을 2015년 폐기했는데 2016년 대한민국에서 이게 무슨 일이란 말입니까?

2012년 국정원에서 무슨 일이 있었는지 그것이 알고 싶습니다.

2012년 원세훈 국정원장님 말씀의 내용입니다. '지방선거도 이제 있고 좌파들이 여기 자생적인 좌파도 아니고 북한 지령받고 움직이는 사람들 아니에요? 그러니까 그런 사람들에 대한 확실한 싸움을 해서' 이건 2010년 1월 22일 원세훈 국정원장님의 말씀 중 일부입니다. 지방선거가 있는데 당신이 왜 그런 말을 하는 거예요? '대다수가 반대를 하고 어떤 정책에 대해서 한나라당만 찬성하는 것처럼 이렇게 되어 있잖아' 지난 재보선에서 천안함 사건이 북한 소행이 아니라고 주장하던 인물이, 우리 대비를 해야 되겠다 생각이 듭니다.

2011년 8월 20일, 8·24 주민투표와 관련해서 '자유민주주의 국가인 우리나라에서 선거는 누구나 참여하되' 아니, 국정원장께서 왜 자꾸 선거 얘기를 하는 겁니까? 국정원에 수사권을 주니까 이런 일이 벌어진다고 아까 김종필 국정원 직원이 이야기를 하더라고요. 수사권을 주지 않으면 정치에 개입을 안 하는데 수사권을 주니까 자꾸 정치에 개입을 한다면서.

다음, '10월 26일 날 재보선이 있는데 우리가 확실한 대책을 세워야 총선이 잘못되면, 비한나라당 박원순 후보가 서울시장이 됐는데 그쪽에서 내놓은 게 문제예요. 이제 총선도 있고 대선도 있지 있고 야당이 되지 않는 소리하면 강에 처박아야지' 이 사람이 진짜! '금년에 여러 가지 대선도 있고 해서 종북 좌파들이 한 40여 명이 여의도에 진출' '종북 좌파'라고 그냥 말하는 이 사람들을 '테러 가능성 있는 사람'이라고 말하면 우리는 테러 가능성 있는 사람이 되어 버리는 겁니다.

국정원이 이런 일을 국정원장의 말씀 중에 하고 있었습니다. 그래서 원세훈 국정원장은 개인 비리로 체포되고 선거법 위반으로 기소되고 재판을 받게 된 거지요.

그런데 참 재주가 좋아요. 대한민국은 공정하지 못한 세상입니다.

지난 대선 때 우리는 국정원이 한 일을 알고 있습니다.

(자료를 들어 보이며)

이것은 새누리당의 남북정상회담 대화록, 김무성 대표가 줄줄 읽었지요? 남북정상회담 대화록이라며. 떠나가신 노무현 대통령이 NLL을 포기하는 발언을 해서 그것에 깜짝 놀랐다며 줄줄이 읽었지요. 정말 치사한 선거운동을 했습니다.

과연 노무현 대통령은 그런 말씀을 하셨을까요? 노무현은 그런 사람이 아닙니다. 그런 말을 하지 않았습니다.

그런데 국정원이 그 대화록을 내놓는 것도 위법인데 그 대화록을 고쳐서 내놨다는 겁니다. 황당한 이 상황을 제가 여러분께 보여 드리도록 하겠습니다.

새누리당이 이렇게 얘기합니다.

'노 전 대통령이 김정일 국방위원장에게 "보고드린다"라고 하는 표현을 썼다' 그러면서 하는 말이 그거지요. '우리 대통령이 어떻게 보고드린다라고 하는 표현을 쓰냐? 굴욕적이다'라는 이야기입니다.

그런데 원래 원문에는 6자회담 간에서 여러 가지 이야기를 하는데 '조금 전 그렇게 상세하게 보고하게 해 주셔서 감사합니다' 그쪽 관계자로부터 우리가 보고를 받은 거예요. 그래서 '보고하게 해 줘서 감사하다'라고 하는 얘기를 '보고드린다'라고 했다고 거짓말로 그나마 새누리당에 준 자료를 새누리당이 고쳤는지, 국정원이 고쳐서 줬는지 그렇습니다.

두 번째, NLL 관련해서 'NLL 때문에 골치가 아프다. 미국이 땅 따먹기 하려고 제멋대로 그은 선이니까 남측은 앞으로 NLL 주장하지 않을 것이다'라고 정문헌 의원이 이렇게 전했다는 거예요. 그래서 정문헌 의원 사법조치받지 않았습니까, 이것 때문에? 그러지도 않았는데 이렇게 땅 따먹기라고 하는 표현까지 써 가면서 떠나신, 돌아가신 분을 욕을 먹입니까?

'실제로는 땅 따먹기라는 표현 없음, 앞으로 NLL을 주장하지 않을 것이란 발언도 없음' 없습니다. 없는 내용을 이렇게 만들어 가지고 갖다가 넣었으니 참······

'노 전 대통령이 NLL 포기하는 취지의 발언을 한 것을 확인했다' 원래 내용은 NLL 가지고 이것을 바꾼다, 어쩐다가 아니고 그것은 옛날 기본합의의 연장선상에서 앞으로 협의해 나가기로 하고 NLL은 현실로서 강력한 힘을 가지고 있습니다.

여러분, 이 내용 제가 인터넷에 올려놓겠습니다.

실제로 노무현 대통령은 제가 남북정상회담 때 남쪽 대표로 13박14일 평양에서 머물면서 사전 선발대로 가 있다가 노무현 대통령이 김정일 위원장과 대담하는 자리에 있었습니다. 그리고 첫 만남 자리에도 김정일 위원장이 노무현 대통령이 오기까지를 그 큰 광장에서 15분가량 밖에 서서 기다렸습니다. 김정일 위원장이 나이도 더 많은데 기다리고, 노무현 대통령은 차를 타고 15분 뒤에 도착했는데도 김정일 위원장이 거기서 서서 기다렸습니다. 기다리는데 제가 당시 청와대 춘추관장이라서 노무현 대통령 의전팀에게 지시를 했습니다.

'대통령이 여기 와서 김정일 위원장하고 처음 악수를 하는 그 시간이니 우리 청와대 춘추관에 사진사와 사진기자와 촬영기자가 현장에 도착할 때까지 노무현 대통령 차 문을 열어 두지 마라' 왜냐하면 현장에 대통령이 딱 내리고 김정일 위원장하고 손을 딱 잡으면 그것을 찍어야 되는데 우리 청와대에 같이 가는, 수행하는 공무원인 사진기자와 촬영기자가 그 현장을 따라가서 그것을 찍어야 되는 것 아닙니까?

그런데 김대중 대통령 때는 김정일 위원장하고 만날 때 북에서 찍어서 제공한 사진이라는 거예요. 그러니 '이번에는 우리가 찍자, 그리고 우리 무궁화위성으로 직송으로 보내자' 이렇게 해서 합의가 되어서, 내가 갔더니 너무 당황스러운 게 김정일 위원장이 먼저 와 있는 거예요. 그런데 그 뒤에 노무현 대통령 차가 도착을 하는데 서울에서는 대통령 차가 도착하기 전에 선발대로 사진기자들이 먼저 갑니다.

그런데 북에는 높은 사람 차 앞에 기자들이 먼저 가지를 못하더라고요. 그래서 우리 촬영기자하고 사진기자가 뒤따라왔어요. 그러니 김정일 위원장은 밖에 서서 있는데, 노무현 대통령 차는 와서 기다리는데 차 문은 열지 않고, 사실 예의가 아님에도 불구하고 우리 사진기자들이 올 때까지 노무현 대통령은 내리지도 않았다고요.

그래서 내려서도 서로 딱 서서 인사하고 그리고 상대를 존중하기는 하지만 그러면서도 상대의 배려를 다 이끌어 내는 정말 멋진 정상회담을 했는데, 제가 그 자리에 있었는데 엉뚱한 국정원 자료를 갖다가 읽으면서 자료가 아니었다고 그다음에 지라시였다라고 거짓말을 한다고 되겠습니까? 현장에 있었던 사람이 많지 않지요. 제가 같이 따라갔던 장본인입니다.

제가 그래서 한 가지만 더 말씀 드리겠습니다.

여러분, 가슴이 찢어지게 아픈요. 국정원이 국회로 자료를 갖고 왔습니다, 대화록이라고. 대화록이라고 갖고 와서 우리는 국가 정상회담 유출이니까 안 보겠다라고 했고 새누리당이 날름 받아서 보고서 그게 밖으로 나왔습니다.

거기에 이렇게 돼 있습니다. 국가정보원이 발췌했다라고 하는 이 자료에, 노무현 대통령 말씀에 '저는 큰 기대를 하고 있습니다' '저도 관심이 많습니다' 그런데 우리가 기록한 우리 녹취 자료에는 '나는 큰 기대를 갖고 있습니다' '나도 관심이 많습니다' 왜냐하면 서로 지도자로서 하기 때문에 우리 국민을 대표한 대통령이라서 이렇게 합니다. 그런데 이것을 이렇게 가서 비굴한 것처럼 절하고…… 고쳐서 갖고 온 거예요. '김정일 국방위원장' 이렇게 이야기하는데 '김정일 국방위원장님' 이라고 세 곳이나 없는 '님' 자를 갖다 붙였어요. 그리고 우리가 '대통령님'이라고 우리 자체가 이야기를 하고 있는데 그 자체는 없습니다. '김대중 대통령님' 하고 전 대통령님에 대한 예우를 하는 그 자체는, 그 내용을 빼놓고 새누리당에다 갖다 줬어요. '장관급회담도 안 할란다, 이렇게 한 적도 있습니다'라고 하는 말을 '장관급회담도 안 할란다, 이렇게 억지를 부려 본 적도 있습니다' 왜 노무현 대통령이 하지도 않은 말을 이렇게 바꾸어 가지고는 장난을 국정원이 하는 겁니까?

'항상 남쪽에서도 군부가 뭘 자꾸 안 하려고 합니다, 이번에 군부가 개편이 돼서' 그런데 그것을 뒤로 빼고 하는데, 그리고 'NLL 가지고 이것을 바꾼다 어쩐다 이런 것 안 합니다'라고 했습니다. 그런데 국정원이 갖고 온 자료에 그것은 빼놓고 그 전에 김무성 의원이 선거운동한다며 흔들었을 때는 NLL 포기한다는 내용이 있다고 했다는 것이지요. 그 내용은 없었으니 여기에서는 아예 이 내용조차 빼 갖고 가지고 왔더라고요.

여러분, 이것 애들도 안 하는 일 아닙니까? 금방 드러나는 사실을 이렇게 거짓말해서 되겠습니까?

(「안 됩니다」 하는 의원 있음)

이런 잔잔한 가짜를 해서 되겠습니까?

(「안 됩니다」 하는 의원 있음)

국정원이 해외정보, 대북정보 수집하라는데 갖고 있는 자료에 '나'를 '저'로 '님'도 없는데 '님' 자 넣고…… 정말 국정원이 자기 역할 하게 해 줘야지 이런 상황에서 계좌 추적해라, 금융정보 캐라, 또 뭡니까? 감청해라. 아이고 바빠요, 바빠.

원세훈 국정원장의 대선 개입, 김하영을 비롯한 국정원 직원들의 댓글 작업, 만천하에 드러났습니다. 그걸 수사하던 검찰총장은 국정원이 사생활이라며 확인되지 않은 걸 내보내고 모든 세상이 그것으로 인해서 검찰총장을 찍어 내고 그러면서도 국정원은 처벌을 받지 않습니다.

박근혜정부 들어서 국정원장의 불법행위가 처벌되어야 되는데 원세훈 불구속, 이종명 3차장 기소유예, 민 모 심리전단장 기소유예, 다 기소유예입니다, 김하영까지.

그런데 여기 한번 봐 주십시오. 1997년도 문민정부의 국정원이 부정을 합니다. 문민정부의 국정원이 부정을 하고 불법 대선개입을 합니다. 당시 불법 대선개입을 했을 때 권영해 안기부장 구속, 이대성 해외조사실장 구속, 박일용 안기부 차장 구속, 전부 다 구속됐습니다.

그리고 김대중 대통령 때 되면서 국정원이 자기 모습을 조금씩 찾아가기 시작합니다. 그리고 노무현 대통령 때는 국정원에 대통령 보고를 하지 않게 하는 겁니다. 그래서 사람들은 깨끗한 노무현, 착한 노무현, 세상을 바꾸는 노무현을 이야기하게 되는 거지요.

제가 오늘 재밌는 정보자료를 보여 드리도록 하겠습니다.

이것은요, 2012년 12월 19일 대선이 있었습니다. 2012년 12월 19일 대선이 있었습니다. 대선이 있었는데 2012년 12월 11일 국정원 직원이 댓글을 쓰고 있는 현장을 찾았다며 경찰 관계자들이 덮치게 됩니다. 그래서 거기 있는 직원은 김하영 그리고 거기 있는 직원의 노트북은 지울 대로 지워졌지만 압수를 당하지요. 그래서 서울경찰청 사이버범죄수사대가 디지털증거분석실에서 이걸 분석을 합니다. 디지털분석실에서 분석을 하는데요. 처음에 분석했는데, 김하영이라고 하는 친구는 자기는 국정원 직원이 아니라고 하고 댓글도 안 썼다고 하지요. 그런데 분석에 들어갔는데요. 11일 날 그 현장이 발각되고 15일 날 분석에 들어갔습니다. 사이버범죄수사대가 디지털증거분석실에서 분석을 했는데요. 분석하는 장면이 CCTV에 고스란히 녹화가 됐습니다.

(자료를 가리키며)

녹화 내용에 뭐라고 써 있는지 한번 볼게요. 국정원 직원이 썼던 댓글들.

'주임님, 닉네임이 나왔어요' '박수 짝짝짝' 4시 2분입니다.

4시 5분 '피곤하지요? 1시간이면 끝나겠지요? 이것 봐요' '음, 우리가 찾았네. 일단은 이 사람이 쓴다는 부분이 나왔네.' 두 번째 그림입니다.

분석관이 얘기합니다. '고기 사 주세요' '국정원 책임' '지우지 말라고. 다 있어, 이것 다. 일단 이 자료부터' 끝난 것이나 다름없다는 대화를 하게 됩니다.

(정갑윤 부의장, 정의화 의장과 사회교대)

세 번째 그림, CCTV에 있는 내용들입니다.

4시 9분 '이것은 수사팀에다가 구두로 넘겨주자. 있는 거가 중요하니까 팩트만 넘기고 판단은 거기서 하게 합시다. 우리가 판단하지 맙시다.'

이 사람들은 분석해서 나오기는 하는데 판단은 넘기자고 얘기하는 겁니다.

'일단은 내일 요거 뽑아서 넘깁시다. 어렵게 가지 말고 쉽게 가자고요.'

'한 건 했잖아, 너 때문에.'

'그거 니께 찾아와서, 로그인 찾아와서 국내 사이트만 표시를 해 봐.'

'똥글뱅이를 칩시다.'

'노트북에서 몇 건, PC에서 몇 건, 로그인 하는 사이트에서 몇 건, 이렇게 해서 똥글뱅이 칩시다.'라고 나옵니다.

'16만 아니야. 1만 6380개, 16만 아니야. 처음부터 잘라서 해야 하는 것 아니야? 5개씩 잘라서 해. ㅎㅎㅎ 대박인데 진짜.'

'일단은……'

'숫자는 나왔고 그다음에 로그인 아까 그거…… 뭘 했는데 찬성이고 뭘 했는데 반대고…… 요 사이트 요 사이트 요 사이트 이건 주로 국정원 같고 요런 글에 대해서 같기도 하고. 노데이트나 스타트데이트 이런 데서 하고. 조선일보에 라이브러리가 있어. 라이브러리라는 사이트에 가서 댓글을

다는 거지', 국정원 직원이 언론사 사이트에 가서 댓글 단다는 것을 보여 주고 있습니다.

그 밑에는 '오늘의 유머 닉네임 찾아내기 시작했으니까 주무대가 오늘의 유머야.'

"닉네임 '나도한마디' 맞는 것 같아요. 오유에서 같은 글 썼거든요. 이명박 대통령이……"

'나도 똑같은 글 여기서도 봤는데……'

'보배드림이랑 이쪽 서버 압수해 오고 그것 분석해야 되는 거 아니야?' 오늘의 유머 사이트에서 국정원 직원이 이명박 대통령 관련 등 정치 게시글을 작성한 사실을 파악하여 서버 압수수색하여야 되는 것 아니냐며 언급하기까지 합니다.

자, 이렇게 가다가요.

이들은 대박 났다고 노다지 캤다고 난리가 납니다. 그런데 게시글 없다는 미리 정한 언론보도에 결론을 맞추기 시작합니다. '야, 대박인데, 짝짝짝' 난리가 났는데요. 분석관들은 그렇게 난리가 났어요. CCTV가 안 지워진 거지요. 그 CCTV를 저희가 증거로 보관하고 있는 거지요. 그런데 언론보도에는 이 내용을 축소하기 시작합니다. 언론보도용으로 다시 작성합니다. 짜 맞추기 결론에 대한 우려, 그 결론에 따른 보고서를 다시 작성합니다.

'비난이나 지지 관련 글은 발견하지 못하였다. 그렇게 써 갈려 그러거든요'라는 내용으로 미리 정한 결론에 따라 보고서 작성이 진행되고 있다, 이 말까지 녹음이 되어 있습니다. '비난이나 지지 관련 글은 발견하지 못하였다, 그렇게 써 갈려 그러거든요.'

여러분, 제가 지금 보여 드린 이 글이, 이 내용들이 국정원에서 있었던 댓글을 서울경찰청이 압수수색해서 다 찾았음에도 불구하고 이것은 결론으로는 별 내용 없다고 얘기를 하고 2012년 12월 11일에 발각되고 2012년 12월 15일에 분석관들에 의해서 글이 있다는 게 찾아지고 2012년 12월 16일에 '비난 글이 없다'라고 보고서를 작성하자고 짜 맞추기를 하고 2012년 12월 16일 밤 11시에 김용판 서울경찰청장이 '아무것도 없었습니다'라고 기자회견을 하게 되는 겁니다. 이 사건은 당시 민주당이 한 여성을 감금했던 사건처럼 몰고 가 버리는 거지요.

그리고 대통령선거는 2012년 12월 19일에 끝이 났습니다. 2012년 12월 19일 대통령선거는 박근혜 대통령의 2% 승리로 끝이 났습니다. 그런데 "이런 내용이 김용판 서울경찰청장이 '사실이 아닙니다'라고 하는 것을 발표하지 않았다면, 제대로 발표했다면 당신은 누구에게 투표하겠습니까?"라고 물었을 때 사람들은 문재인에게 투표하겠다라고 해서 여론조사 결과 문재인이 2% 더 높게 나옵니다.

대한민국의 국정원이 한 건 한 겁니다. 어마어마하게 큰 건을 했고 대한민국의 서울경찰청이 또 같이 한 건 한 겁니다. 다 찾아낸 사이버범죄수사대의 분석관들도 쉬쉬 덮는 데 같이 한 건 한 겁니다.

진실은 나오게 되어 있습니다.

노무현 대통령께서 NLL을 포기했다라고 마치 진짜인 양 떠들어 댔던 새누리당, 그것에 관한 진실도 다 나왔습니다. 국정원이 댓글을 쓰지 않고 정치에 개입하지 않았다라고 하는 그들의 주장도, 그들의 '눈 가리고 아웅'도 모두 다 다 드러났습니다.

CCTV에 그대로 있음에도 불구하고, 댓글이 120만 개 작성된 것이 채동욱 총장 이하 윤석열 부장 중심으로 하는 검찰 수사본부에 의해서 다 드러났음에도 불구하고 채동욱 검찰총장은 국정원의 힘에 의해 찍혀 내고, 윤석열 팀장은 국정원의 서버를 압수하려다 거절당하고 그 국정원을 조사했던 검찰 수사팀은 좌천당하고 모두 다 해체당하거나 직을 그만뒀습니다. 그런데 서영교는 무섭지도 않은지 이 이야기를 계속하고 있습니다.

2016년 판 긴급조치는 알게 모르게 그렇게 진행되고 있었고, 2016년 판 사적 사찰은 그렇게 진행되고 있었는데 2016년 2월 말 그것을 합법화하자는 테러방지법이 직권상정되게 된 것입니다. 이 불법들을 다 합법화하자는 테러방지법이 상정된 겁니다.

그동안은 이런 나쁜 짓은 했지만 숨기고 가리고 조작하고 '아니다'라고 오리발을 내밀면서 숨겨 왔는데 이제 이 법이 통과되고 나면 그렇게 숨길 이유도 없어지게 될지 모릅니다.

이제 미국의 이야기로 한번 가 보겠습니다.

'그러면 다른 나라는 어떤데요? 우리는 왜 이렇게 하지요? 다른 나라도 그렇게 있는 것 아닌가요?'라고 이야기합니다. 그래서 다른 나라로 한번 가 보도록 하겠습니다.

2001년 9월 9·11 테러가 발생합니다. '9·11 테러의 주범은 오사마 빈 라덴, 사우디 출신, 미국의 지원으로 아프가니스탄전에 참전했던 자로 파악됨', 그런데 2001년 9월 9·11 테러가 발생하고 미국은 애국자법, 일명 테러방지법을 10년 만 만들자고 해서 10년 한시법으로 제정을 합니다. 이 애국자법이 10년 한시법인데 정보기관에 테러혐의자에 대해서 집단적으로 감청을 허용하는 법입니다. 지금 우리가 만들려는 이 법과 같은 법이지요. 정보기관이 테러혐의자를 집단적으로 감청할 수 있게 애국자법을 만듭니다.

9·11 테러가 발생할 때는 미국에는 부시 대통령이었습니다. 부시 대통령이 애국자법을 만들고, 그것이 테러방지법입니다. 테러를 막자고 세계에 요청을 하고, 그리고 이라크를 지목하면서 '이라크가 화학무기, 대량살상무기를 만드니 이라크를 정리하자'라고 요구를 합니다. 거기에 우리도 이라크에 파병을 하지요.

그래서 미국은 애국자법을 10년 한시법으로 제정을 했고 테러와의 전쟁을 선포하면서 이라크전을 치르게 됩니다. 이라크전을 치르고 나니까 이라크에는 대량살상무기가 없었습니다. 핵무기도 없었습니다. 화학무기도 없었습니다.

이라크의 전쟁은, 대테러 전쟁을 선포하면서 진행된 이라크의 전쟁은 전 세계 40개국이 이라크로 파병이 됐습니다. 대량살상무기가 존재한다고 했는데 대량살상무기는 존재하지 않았습니다. 그리고 이라크는

9·11 테러와는 관계가 없었습니다. 9·11 테러는 오사마 빈 라덴이 주범이었습니다.

이라크에서 전쟁이 일어나는 동안, 10년 동안 민간인 사망자가 최소 11만 명에서 145만 명이라고 합니다.

테러를 막아야 합니다. 테러는 있어서도 안 됩니다. 그런데 이 9·11 테러로 인해서 애국자법이 만들어지고, 그 수집된 잘못된 정보로 이라크로 40개국이 가게 되고 10년간 11만 명에서 145만 명이 사망했고, 잘못된 정보가 이런 상황을 만들어 낸 겁니다. 난민이 약 174만 명에 이르고 이라크의 국내 실향민은 약 155만 명이라고 합니다. 이것은 브라운대학교 왓슨연구소에서 2013년에 발표한 자료입니다.

이라크가 도대체 어떻게 된 겁니까? 우리가 이라크에서 무슨 일을 한 거지요? 그 전쟁이 끝나고 나서 이라크는 이렇게 됐습니다. 총리는 시아파가, 국회의장은 수니파가, 대통령은 쿠르드족이, 이라크는 갈기갈기 찢겼습니다.

40여 개국이 참여한 전쟁이 일어났고, 국민은 죽어 갔고, 난민이 수백만이 발생하고, 총리는 시아파, 국회의장은 수니파, 대통령은 쿠르드족…… 어떻든 전쟁에 의해서 재편된 이라크에서는 심각한 종파 간 분열과 갈등이 일어났습니다.

이라크의 군대는 해체됐습니다. 그런데 그 전장에 무기는 남아 있었습니다. 여기에 누가 들어오기 시작했느냐 하면 IS가 들어오기 시작한 겁니다.

시리아 내전에서 시작한 IS가 이라크가 분쟁, 혼란, 분열이 일어나자 군대는 해체된 이라크에 무기는 남아 있고, 이곳으로 IS가 들어온 겁니다. 그곳에 IS가 탄생한 겁니다.

프랑스 테러는 IS에 의해서 일어난 겁니다. 9·11 테러의 대응, 이라크 전쟁 그리고 이라크의 고통 그리고 탄생한 IS, 이 IS에 의해서 저질러진 프랑스 테러……

미국의 대테러방지법을 대한민국에서 이야기하고 있는 테러방지법, 인권테러법과 제가 잠시 비교하겠습니다. 한 번 했는데 한 번 더 이야기할게요.

2001년 9월 11일 미국에서 있어서는 안 되는 테러가 발생했습니다. 그리고 2001년 11월 애국자법을 제정했습니다. 정보기관이 테러범의 집단적 감청을 허용하는 법입니다. 어떤 인간이 테러의 가능성이 있는데 걔네들을 감청하자, 정보를 사찰하자, 정보를 수집하자, 하게 만들어 놓은 것이 애국자법입니다. 그리고 그들의 금융 이동을 다 추적하자라고 만든 것이 미국의 대테러방지법, 애국자법입니다. 부시가 만들었습니다.

그래서 집단적 감청을 허용하고, 여기서는 테러의 주범으로 이라크를 지목하고 이라크 전쟁이 일어나게 된 것이지요. 이라크 전쟁에는 영국, 프랑스, 거기에 한국까지, 한국은 3위로 많은 군을 파병했습니다. 한국까지 가서 전쟁이 일어났습니다. 그 전쟁의 결과 이라크에는 살상무기가, 대량살상무기가 없었습니다. 이라크에는 화학무기가 없었습니다. 이라크에는 핵도 없었습니다.

세계 3위 규모로 우리 한국이 파병되었고 우리의 정보도

마찬가지로 그렇게 접수했겠지요. 이 전쟁의 명분은, 9·11 테러의 시작이 이라크였다라고 하는 정보수집의 명분은 잘못된 것이었습니다.

이라크 전쟁 10년간 최소 이라크의 사망자는 11만 명에서 최대 145만 명에 이르게 되었습니다. 난민은 약 174만 명에서 국내 실향민까지 약 155만 명, 전쟁이 지나간 뒤에 이라크는 총리는 시아파, 국회의장은 수니파, 대통령은 쿠르드족…… 침공전쟁이 일어났던 이라크에 종파 간의 분열과 갈등이 심각해졌습니다.

이라크의 군대는 해체되었고, 그러나 그곳에 무기는 남아 있었습니다. 군대가 해체되고 무기가 남아 있는 곳에는 IS의 먹이가 되었습니다. 그곳에서 IS(이슬람국가)가 탄생했습니다. 그곳에 IS가 탄생했습니다. 시리아 내전에서 시작한 IS는 이라크까지 들어왔습니다. 정보 실수라고 하기에는 너무나 큰, 돌이킬 수 없는 결과를 가지고 왔습니다. 그 IS가 프랑스 테러까지 일으키게 된 겁니다.

중동을 재앙으로 몰아넣게 된 이라크 전쟁, 우리는 군대를 파병하면서 원전을 수주했지요. 이명박 대통령 때 상업적 목적으로 군대를 운영한 사례가 되기도 합니다.

이런 일이 있고 2011년 5월에 '10년만 하자', 왜 미국이 10년만 하자고 했겠습니까? 인권침해 요소가 많기 때문에 이 미국의 애국자법도 10년만 하자고 했습니다. 그런데 이 애국자법을 4년 연장하게 됩니다. 2011년 5월. 그런데 많은 부분을 손을 봅니다. 인권침해 요소를 없애고 손을 봅니다.

그런데 2013년 6월 스노든이 무차별 도·감청 폭로를 하기에 이릅니다. 그리고 2015년 6월 미국은 애국자법을 폐기합니다. 그리고 2015년 6월 미국자유법을 제정합니다. 이 미국자유법에는 애국자법에 있었던 정보기관의 테러혐의자 집단감청 허용되던 부분이 법원의 영장을 통한 개별 통신기록만 접근할 수 있게 법을 개정해서 미국자유법을 제정합니다. 제정하면서 오바마 대통령은 이야기를 합니다, 미국자유법이 미국시민의 자유권과 국가안보를 동시에 지켜 줄 것이다라고.

자유와 안보는 동시에 지켜져야 합니다. 안보도 책임지지 못하는 국정원, 안보도 책임지지 못하는 총리실, 안보도 책임지지 못하는 국방이 안보를 빌미로 시민의 자유를 침해해서는 안 된다 이렇게 말씀드리겠습니다.

국정원은 정치에 개입하고 댓글 쓰고, 총리실은 당신이 대테러대책회의 의장인지도 모르고 있고, 국방부조차 정치댓글을 쓰고, 국방부의 고위직들은 방위사업 비리로, 방산 비리로 수십조에서 수백조까지 자기 주머니를 차고……

제가 법사위인데요. 법사위 산하에 군사법원이 있습니다. 군사법원이 제 법사위 산하인데요. 저희가 군사법원의 자료를 훑어보다 보니까, 천안함 사건이 있을 때입니다. 그러면 우리나라 어뢰는 괜찮은가라고 해서 어뢰 관련한 자료를 요청해서 받았습니다.

어뢰가 하나에 20억씩인가 몇억씩 하는데요. 어뢰 36발을 실험을 했더니 30발이 불발이에요. 이거 군사기밀 아닙니까, 군사기밀? 대한민국의 바다는 안전한 겁니까?

그래서 그러면 여기에서는 도대체……

북풍의 문제가 있고, 군무기를 가지고 온 누군가가 부정을 저질렀을 텐데 그들에 대한 처벌은 어떻게 됩니까? 처벌이 제대로 이루어지는 게 없어요. 군에서는 처벌이 안 이루어집니다.

지금 보니까 그 처벌을 하면 위에 있는 사람까지 다 연루가 되는 것 같아요. 방산비리도 캐다 말지 않았습니까? 다 연결되는 거지요, 다.

여러분, '수륙양용 장갑차'라고 하는 것 알고 계십니까? 물속으로도 가다가 육지로 가는 장갑차, '탱크' 말하는 겁니다. 탱크가 육지를 가는데요, 물도 들렀다 가야 돼요. '수륙', 물 수(水), 육지 육(陸), 수륙양용 장갑차를 실험을 했더니요, 물속 지나가는데 장갑차 안으로 물이 들어오더랍니다. 아니, 테러방지법이 우선이 아니라 지금 국방이 우선이에요, 국방이.

하나 더 해 볼까요? 천안함, 얼마나 많은 돈을 들여서 만든 천안함입니까? 세월호에 우리 아이들이 살려 달라고 살려 달라고…… 우리 아이들이 살려 달라고 살려 달라고 외칠 때 통영함……

'통영함은 왜 출동을 안 한 겁니까? 통영함이 가서 그 세월호를 일으켜 줘서 아이들을 구출해야 되는데 통영함은 왜 출항을 안 한 겁니까?'라고 물었더니 하자가 발생해서 출항을 할 수 없었다는 겁니다.

'하자는 또 뭡니까?'라고 했더니 통영함에…… 아니, 통영함에 음파탐지기가 있습니다. 음파탐지기가 음파를 탐지해야 되는데요. 그 음파, 통영함은 이번에 만들어졌지요, 윤후덕 의원님, 지난번에?

최근에 건조한 건데 통영함의 음파탐지기가 언제 거래요? 통영함에 부실장비가 납품됐다는 거예요.

저희가 알기로는 통영함의 음파탐지기가 1970년대 생산품이라고 하는 얘기를 들었어요. 그래서 통영함은 이제 만들어지는데 70년대 것을 납품해 가지고 만들었으니 하자고 생겼고……

도대체 대한민국은 누구를 위한 나라이며, 누가 해처먹는 나라이며, 세금은 누가 내고 등골 빠진 세금을 누가 해처먹는지…… 그런 상태에서 또 다시 사찰하자고……

제가 잠시……

국방은 국방대로……

우리 국방의 의무를 다하고 있는 우리 장병 여러분!

장병 여러분을 너무 존경합니다. 여러분에 대해서 문제 제기를 하는 것이 아닙니다. 여러분을 너무 존경하고 고맙고 미안하고…… 그런데 가진 자들이, 윗사람들이 이렇게 해쳐 먹으면서 대한민국의 안보가 뚫리고 있습니다.

대한민국의 안보가 뚫리고 있습니다. 휴전선에서 비무장지대에서 지뢰가 폭발했는데, 지뢰가 폭발해서 우리 장병이 다쳤는데 그 이후에 '스피커를 손질하는 군', 이런 이야기도 있더라고요.

그 장병이 지뢰 때문에 다쳤는데, 그래서 대한민국 국민이 북에서 내려온 목함지뢰 폭로했는데 이 지뢰에 발목을 다친

병사에게는 '일반병원에 갔으니 30일 치밖에 돈을 주지 못하겠다', 이게 대한민국입니다.

대한민국의 서민의 아들들은 군에서 다쳐도 보상도 못 받는 게 대한민국입니다. 그래서 제가 국방부장관에게 전화했습니다, '빨리빨리 그 병사에게 병원비를 주라고. 그리고 보도자료 내라고, 주겠다라고.' 그리고 대통령도 얘기했습니다, '병원비는 우리가 책임지겠습니다'라고.

그런데 법적으로 줄 수가 없어요. 그래서 제가 그 병사의 이름을 따서 하재헌, '하재헌법' 만들었고, 우리 더불어민주당이 백군기 의원님을 비롯해서 윤후덕 의원님 등 수십 명이 발의해서 하재헌법을 순식간에 발의했고 지난번에 통과시켜 버렸습니다. 이렇게 열심히 뛰고 있습니다.

그런데 국방부장관이나 대통령께서는 비용 대준다고 하고 말만 하셨지 통과를, 안 만들었습니다. 그래서 저희가 통과시켜서 대 드렸다는 것도 말씀드립니다.

대한민국의 테러를 막는 방법은 국방이 튼튼해져야 됩니다. 국방이 부정이 없어야 합니다. 국방이 제대로 지켜야 합니다.

북에서 귀순하는 병사가 노크를 할 때까지, 테러방지법이 없어서 노크할 때까지 놓쳤을까요? 그게 말이 됩니까?

테러방지법이 없어서 통영함의 음파탐지기가 70년대 것일까요? 테러방지법이 없어서 어뢰 36발을 실험했더니 30발이 불발이었을까요? 테러방지법이 없어서 국정원은 가짜 간첩을 조작해서 만들어 냈을까요? 테러방지법이 없어서 국정원은 김정은을 김정운이라고 알고 있었을까요? 테러방지법이 없어서 김정일이 사망한 것을 국정원은, TV를 보고 국정원장이 알았을까요? 테러방지법이 없어서 북이 핵실험했다는 것을 국정원은 조선중앙통신을 보고 알았을까요?

자기가 해야 할 일을 제대로 하는 것이 필요하다고 생각합니다.

오바마 대통령의 말을 한번 더 인용하겠습니다.

미국에 있었던 테러방지법, 애국자법을 2015년 6월 폐기하면서 '미국의 애국자법은 나라를 위해서 개인의 집단적 감청도 가능하다라고 했다면 이제 미국은 애국자법을 폐기하고 자유법을 통해서 미국 시민의 자유와 안보를 동시에 지키겠다' 이래서 이름이 미국자유법으로 개정되는 것이 아니라 아예 제정되는 것입니다. 그래서 법원의 영장을 통한 개별 통신기록만 볼 수 있게 법을 만들었습니다.

9·11 테러를 당했던 미국도 이렇게 얘기하는데, 그리고 미국은 8년째 북한을 테러국에서 제외하고 있습니다. 부시 때 미국이 북한을 테러국으로 지목했습니다. 그런데 이제 8년째 테러국에서 제외시켰습니다.

우리는 북의 위협에는 군사적으로 그리고 총체적으로 대응을 해야 되는 상황입니다. 국정원에게 감청권과 금융추적권을 준다고 되는 것이 아닙니다.

미국의 공화당 대선후보 출신인 론 폴은 국가 안보 관련해서 2011년에 이렇게 발언을 합니다. 공화당 출신이 얘기합니다. '나는 애국자법이 비애국적이라고 생각합니다. 국민들의 자유를 해치기 때문이지요. 물론 저는 다른 사람들과 마찬가지로 테러 공격을 우려합니다. 미국의 안에서든 밖에서든 테러는 실존하는 위험이고 우리가 맞서 싸워야 할 범죄입니다. 하지만 미국의 헌법을 만든 선조들은 안보를 자유와 맞바꾸지 말라고 분명히 경고했습니다. 그럼에도 불구하고 오늘날 정부와 의회는 안보를 핑계로 너무나 손쉽게 우리의 자유를 빼앗아 가려고 합니다.'

안보를 이유로 자유를 포기해서는 안 된다는 것이 공화당 대선후보 론 폴의 신념입니다. 국민의 권리와 자유를 희생시키지 않고도 얼마든지 안보를 지킬 수 있습니다. 이것이 맞는 말 아닐까요?

안보는 국민의 자유를 지키기 위해서 안보를 강화해야 하는 것입니다. 국민을 지키기 위해서 안보를 강화해야 하는 것입니다. 미국의 공화당 출신도, 미국의 오바마도 그렇게 이야기를 합니다.

존경하는 국민 여러분!

프리즘(PRISM)이라고 하는 프로그램을 알고 계십니까? 프리즘이라고 하는 프로그램을 한번 봐 주십시오.

(자료를 들어 보이며)

프리즘이라고 하는 프로그램은 미국 NSA(국가안보)의 정보수집 도구입니다. 애국자법이 만들어지면서 프리즘이라고 하는 프로그램을 사용하기 시작합니다. 구글·페이스북·야후·스카이프·애플 등 미국의 주요 IT 기업들이 서비스 운용을 위해서 사용하는 서버 컴퓨터에 접속해 사용자 정보를 수집하고 분석하는 시스템입니다.

여러분, 프리즘이라고 하는 프로그램이요, 구글·페이스북·야후·스카이프·유튜브·애플·ADL·MS 이 기업의 서버에 들어가서 모든 것을 다 볼 수 있는 게 프리즘이라고 하는 프로그램입니다. 다 볼 수 있는 것입니다, 다.

프리즘을 통해 미국의 국가안보…… 미국은요, CIA가 있고 CIA는 해외 정보를 주로 담당합니다. FBI가 있고요, FBI는 국내 정보를 주로 담당합니다. 그리고 NSA, 미국 국가안보국은 주로 정보를 수집하는 기관입니다. 프리즘을 통해 NSA는 개인의 이메일과 영상, 사진, 음성, 데이터, 파일 전송내역, 통화기록, 접속정보 등 온라인 활동에 관한 모든 정보를 수집합니다. 끝내주지 않습니까? 이러면 됩니까, 안 됩니까?

9·11 사건을 경험한 조지 부시가 미국 내에서 상승하고 있는 국민의 불안감을 해소하고 자신의 안정을 위해서 운용하기 시작한 프로그램으로 2007년 외국인 테러리스트의 의심자를 추적하는 해외정보감시법 프로그램의 단점을 극복하기 위해서 도입한 것입니다. 이것으로 해외 정보까지 싹 다 훑어 내는 것이지요. 실제 미국 내의 모든 사람들뿐만 아니라 전 세계의 모든 사람들의 이메일, 비밀번호, 전화 내역, 신용카드, 비밀번호, 신용카드 내역 전부를 수집할 수 있습니다, 프리즘.

자, 그러면 이렇게 어마어마한 수집을 했던 미국이 그냥 그렇게 가다가 왜 애국자법을 폐기했는지 이제 스노든의 폭로를 보여 드리도록 하겠습니다.

(자료를 들어 보이며)

미국의 NSA(국가안보국), 정보를 수집하는 NSA의 프리즘 프로그램을 통해서 감시 정보를 수집했던 내용을 NSA 직원이었던 스노든이 2013년 가디언지를 통해서 폭로하게 됩니다.

여러분 기억나시지요? 이것을 또 우리가 하자는 것입니다.

설마요……

자, 보시도록 하겠습니다.

폭로 내용을 보면 2013년 6월 6일 버라이즌과 AT&T 등 통신사 국내외 통화정보 수집. 7일 구글·페이스북·야후 등 9개 인터넷 기업 서버에서 개인정보 수집. 13일 중국 홍콩 공공·민간기업 개인 해킹. 17일 영국 G20 정상회담, G20 재무부장관회의에서 각국 대표단 인터넷 및 전화내용 감시 및 감청, 영국 GCHQ가 이런 내용이네요.

23일 중국 이동통신사와 칭화대 해킹, 30일 벨기에 브뤼셀 유럽연합본부 사무실 도청과 사이버 감시, 7월 1일 유럽연합과 한국·일본 포함 38개국 주미대사관 도청 및 사이버 감시, 우리 한국도 전부 다 도청됐네요, 도청되고 감시당하고.

브라질 공공·민간기업에 대해서도 광범위한 도청·감청, 가디언 그린월드 기자 미국 기밀 2만 건 보유 주장, 31일 미 정보기관 9·11 테러 이후 555조 원 투자해 정보 수집.

여러분 이것 중요한 겁니다. 9·11 테러 이후에 NSA에 들어간 돈만 555조 원이랍니다, NSA에 들어간 돈만. 그래서 정보를 수집했답니다. 국민이 낸 세금 지들이 정보 다 가지고 국민 사찰 다 하고 그다음에 돈까지 싹 다 써 먹고……

맨 마지막에는 프랑스 전화통화 7000만 건 도청, 그리고 9월 1일에는 호세프 브라질 대통령, 나에토 멕시코 대통령 이메일 기록 열람, 5일에는 브라질 등 동맹국에 대해서도 스파이활동 진행, 정보 수집이라고 하는 것이 이렇게 많은 겁니다. 이렇게 많은데 프랑스 감청 7000만 건……

여러분, 9월 21일에는 프랑스 전화통화 7000만 건을 도청했대요. 7000만 건을 도청하려면 사람은 몇 명 있어야 될까요? 사람은 몇 명 있어야 되고 7000만 건을 도청해서 뭘 찾아낼 수 있을까요? 그때는 또 위험한 시기니까 그렇다고 치더라도 다른 것을 하려면, 그래서 555조 원이나 투자되고……

이것은 미국이 이제 실험을 한 겁니다. 이렇게 하고 나서 보니까 이렇게 무차별적으로 그물망으로 그냥 좍 훑듯이 정보를 수집하니까 국민은 거미줄에 걸린 모기와 같은 인생인 겁니다.

그래서 미국에서 다른 나라 대사도 도청당하고 EU본부도 도청당하고 사이버 감시도 다 당하고 암호를 풀고 세계서버 마음대로 드나들고 이런 일이 있어서는 될까요, 안 될까요?

이런 일이 있고 나서 미국에서 2013년 6월 스노든의 무차별 도청·감청 폭로가 생기고 2015년 6월 애국자법을 폐기하게 되는 겁니다. 그리고 2015년 6월 미국 자유법을 제정하게 되는 겁니다.

자, 여기서 요점 정리, 애국자법은 금융 그리고 테러혐의자에 대해서 집단적 감청까지 다 허용하고 이 스노든의 무차별 도·감청처럼 온 세상을 도청·감청 다 할 수 있는 겁니다.

그런 상황 속에서 미국이 이건 안 되겠다라고 하고 애국자법을 폐기하고 2015년 6월 미국의 자유법을 제정하는데 이것은 오바마도 '자유법이 미국 시민의 자유권과 국가안보를 동시에 지켜 줘야 한다'라고 얘기를 하고, 훌륭하네요, 미국의 공화당도 대선후보가 '안보를 이유로 자유를 침해해서는 안 된다'라고 이야기를 하고요.

벤자민 프랭클린의 어록을 한번 읽어 봐 드리겠습니다. "순간의 안전을 얻기 위해 근본적인 자유를 포기하는 자는 자유도 안전도 보장받을 자격이 없다." 어록입니다, 어록. "순간의 안전을 얻기 위해 근본적인 자유를 포기하는 자는 자유도 안전도 보장받을 자격이 없다." 안전을 이야기 하면서 우리는 안전도 만들지 못하고 자유는 자유대로 탄압하고.

제가 말씀드렸습니다. 국정원은 국정원 역할 제대로 해야 하는데 국정원 역할은 제대로 하지 않고 정치 개입하고 선거 개입하고 사찰하고 감청하고 이런 역할 하다가 정말 대북 정보 수집과 대북한의 위협에 대해서 어떻게 대처해야 될지 정말 걱정이 태산입니다.

군, 군은 국가비상사태라는데 아무 움직임이 없어요. 군은 부정한 것으로, 방산비리로 해처먹기 바쁩니다. 북한의 사병이 내려와서 똑똑 노크할 때까지 뭐를 하는지도 모르겠고, 탈북자가 배를 통통 통통거리며 월북을 해도 월북했는지도 모르고, 군 모두 반성해야 합니다. 대한민국을 지켜 주십시오. 수뇌부가 반성해야 합니다.

(지도를 들어 보이며)

이 지도가 프리즘 프로그램을 통해서 미국이 합법적으로 세계의 정보를 수집했던 지도입니다. 노란색과 주황색 계열이 정보 수집을 많이 한 곳, 그쪽에 도청·감청 등이 활발하게 이루어진 곳이지요. 파란색 계열과 초록색 계열은 숫자가 좀 적은 곳입니다.

여기서 우리는 미국의 오바마 대통령을 잘 보아야 합니다. 나라의 지도자는 책임을 자기에게 돌릴 줄 알아야 합니다. '지금이 어느 때인데 국회는 뭐 하십니까?' '지금이 어느 때인데 왜 통과시키지 않는 겁니까? 왜 경제는 어려운데 국회가 발목을 잡습니까?'라고 하는 것보다는 '내가 경제를 살리기 위해서 국민의 세금을 줄여 주고, 국민이 낸 세금은 국민에게 돌려주고 그리고 우리 청년들의 일자리를 만들어 주겠다', 그리고 그 일자리를 만들어 내는 것을 성과물로 보여야 합니다.

기업활성화법이라며 원샷법 통과 안 시켜 줘서 일자리가 없다고 하셨는데 기업활성화법, 원샷법은 쓰러져 가는 중견기업이나 중소기업을 금방 합병해 내는 M&A 법에 불과할 수도 있습니다.

테러방지법이 없어서 테러의 위협으로부터 노출되어 있는 것이 아니라 있는 테러대책회의도 제대로 하지 않고 총리가 자기가 대책회의 의장인지도 모르고 모든 정보기관과 정부, 새누리당, 모든 관계자들이 집중하지 않기 때문이다 이렇게 말씀드리겠습니다. 책임을 떠넘기지 말고 나라의 지도자는 책임을 '내 책임이다'라고 하는 것이 필요하다라고 말씀드리겠습니다.

이씨 왕조 조선시대 최고의 성군이라고 하는 세종대왕은 이렇게 말씀하셨습니다. '내 책임이다. 내가 죽인 것이야. 이 조선에서 일어나는 모든 일이 내 책임이다. 꽃이 지고 홍수가 나고 벼락이 떨어져도 내 책임이다. 그게 임금이야. 모든 책임을 지고 그 어떤 변명도 필요 없는 자리, 그게 바로 조선의 임금이라는 자리다.'

오바마라고 하는 미국의 지도자는 이렇게 얘기했습니다. '미국의 자유법이 미국시민의……' 오바마 대통령은 이렇게 말했습니다. '미국의 자유법이 미국시민의 자유권과 국가안보를 동시에 지켜줄 것이다.'

조선시대 최고의 성군 세종대왕은 이렇게 말했습니다. '내 책임이다. 내가 죽인 것이야. 이 조선에서 일어나는 모든 일이 내 책임이다. 꽃이 지고 홍수가 나고 벼락이 떨어져도 내 책임이야. 그게 임금이다. 모든 책임을 지고 그 어떤 변명도 필요 없는 자리, 그게 바로 조선의 임금이라는 자리다.'

대통령님, '내 책임이다'…… 저희도 '내 책임이다' 하겠습니다. 야당도 '내 책임이다' 하겠습니다. 그래서 더 열심히 일하겠습니다. 지금 새누리당이 가지고 온 국정원이 뒤에서 밀어붙이고 있는 테러방지법 그것은 인권테러법입니다. 그래서 '내 책임이다'라고 하는 자세로 독소 조항을 없애고 서로 협의해 만들려고 합니다. 그렇게 만들게 도와주십시오. 그렇게 만들게 대화해 주십시오.

그리고 대통령께도 부탁드립니다. '왜 국회는 안 합니까? 왜 이렇습니까? 저렇습니까?'라는 것보다는 '내 책임이다. 경제가 어려운 것도 내 책임이고 국민이 불편한 것도 내 책임이고 그리고 국회가 잘 돌아가지 않는 것도 내 책임이고 그래서 내가 잘 돌아가게 하기 위해 어떻게 할 것인가? 대화를 어떻게 할 것인가? 서로 대화하게 하고 타협하게 하고 논의하게 하고 그리고 내가 윤활유가 돼 주어야 겠다. 정무수석이라도 보내고 정무특보라도 보내서 여야와 이야기하게 하겠다'라고 해 주십시오.

과거 정무장관이든 정무특보든 정무수석이든 야당을 수시로 왔습니다. 그리고 수시로 야당의 의견을 들어주었습니다. 야당은 국회선진화법이 되면서 예산안을 매년 12월 말일에 통과시켜야 합니다. 야당도 불만이 많습니다. 정부가 일방적으로 내놓는 예산을 찍소리 못하고 통과시켜야 하기 때문에 불만이 많습니다. 그렇지만 최선을 다해서 서로 대화하고 타협해서 잘못된 예산이 있으면 고치고 국민에게 조금이라도 더 돌려주게 만들어 놓고 저희가 불리하지만 예산을 통과시킵니다.

정치라고 하는 것은 모두 다 다 가질 수 없습니다.

나만 가질 수 없습니다. 나눠야 합니다. 왜요? 국민을 위해서입니다. 국민이 대통령의 권력도 만들어 줬고 국회의원의 권력도 만들어 줬습니다. 그 권력은 부리라고 있는 권력이 아니라 잠시 위임받았을 뿐입니다. 이제 우리는 국민이 원하는 대로 국민이 행복할 수 있게 국민이 편안할 수 있게 국민의 일자리, 국민의 먹거리, 국민이 잠자고 기거할 수 있는 곳을 만들어 줄 임무가 우리에게 있습니다. 국민이 위임한 권리를 부리려 해서도 안 될 것이다 이렇게 생각하고 더 열심히 해야겠다 말씀드리겠습니다.

다시 한 번 말씀드리지만 미국은 테러방지법, 9·11 테러 이후에 만들어졌던 10년 한시 애국자법을, 정보기관이 테러 혐의자에 대해서 집단적으로 감청을 허용하는 이 법을 2015년 6월 폐기하고 2015년 6월 법원의 영장을 통한 개별 통신기록만 접근할 수 있게 만들어서 미국자유법을 제정해서 통과시켰다, 미국과 우리는 거꾸로 가고 있는 건 아닌가 이렇게 말씀드리겠습니다.

국정원의 해외 정보 수집 능력을 한 가지 더 말씀드리겠습니다.

9·11 테러가 일어나고 미국의 애국자법, 테러방지법은 이라크전쟁을 일으켰습니다. 40여 개국이 참여한 이라크전쟁은 대량살상무기도 핵무기도 없었습니다. 그곳에 분열만을 가져오고 그 자리에 IS를 탄생케 했습니다.

우리 국정원은 해외 정보 능력이 얼마나 있는지 당시 이라크전쟁 관련해서 제가 지적해 보겠습니다.

2003년입니다. 세계 40개국이 이라크에 파병을 합니다. 대한민국에서는 '전쟁하는 파병 안 된다' 대규모 국민들의 반대 시위가 있었습니다.

당시 국정원은 석유자원 확보와 안전 등을 고려할 때 이라크 북부가 파병지로 바람직하다는 의견을 내놓았습니다. 파병하는 김에 석유자원도 확보하고 거기는 전쟁이 없으니까, 안전하니까 갑시다라고 정보를 내놓은 겁니다.

첫 파병지로 국정원이 추천한 곳이 이라크 북부의 모술이었습니다. 군과 국정원은 모술이 안전하다고 주장했고 군이 주도한 현지조사단의 정부 측 참가자들은 현지 군부대 등을 건성으로 시찰한 후 모술이 안전하다고 보고했습니다.

민간 연구자로 현지조사단에 참여했던 박건영 교수만 유일하게 조사단 일정이 실제 조사를 포함하지 않았으므로 모술이 안전한 파병지라고 하는 결론에 찬동할 수 없다라고 이야기를 합니다. 실제 조사단을 그쪽에 파견하지 않았기 때문에 모술이 안전하다고 찬성할 수 없다고 밝혔다는 겁니다. 그런데 유엔 이라크지원단이 타전하는 일일보고서에는 모술이 이라크에서 종족 간 무장 갈등이 가장 심한 곳 중에 하나로 보고되었습니다.

국정원하고 군은 2003년에 파병을 하자, 그런데 북부 지역이 석유자원도 확보하기 좋고 그리고 안전한 곳이니까 모술로 가자라고 이야기를 하고 갔다 왔다고 보고서를 낸 겁니다. 그런데 같이 갔던 교수가 실제로 안 갔다 왔으니까 안전하다고 말 못 합니다라고 얘기를 했다는 겁니다.

그런데 유엔을 모니터 하던 시민단체 그리고 그 모니터를 같이 하던 참여연대가 있습니다. 우리 대한민국의 훌륭한 시민단체지요, 참여연대. 유엔을 모니터 하던 시민단체, 참여연대가 모술은 이라크 종족 간의 무장 갈등이 가장 심한 곳 중에 하나로 보고했다는 겁니다. 우여곡절 끝에 이라크 북부 아르빌에 자이툰 부대를 파견하기로 했습니다. 실제로 국정원이 내놓은 자료는 엉터리였다는 거지요. 그리고 오히려 시민단체가 내놓은 자료가 정확했다는 겁니다.

그래서 우리는 아르빌에 자이툰 부대를 파견하기로 하고 아르빌은 아랍어를 쓴다며 아랍어 통역병을 모집해서 그곳으로 파견을 했습니다. 아르빌은 아랍어를 쓰지 않았습니다. 아르빌에는 아랍어를 쓴다고 아랍어 통역병을 모집해서 데리고 갔는데 아르빌은 아랍어를 쓰지 않고 쿠르드어를 썼습니다. 쿠르드어. 이것이 우리나라 해외 정보력의 수준입니다.

아이코, 큰일 났습니다. 처음에 국정원이 말했던 모술 인근 지역은 현재 IS가 점령한 상태입니다. 쿠르드족, 투르크족 등이 삼파전의 무장활동을 지속하고 있습니다. 그런데 우리 국정원은 과연, 우리 군도 그곳을 안전하다고 했던 그 사람들은, 그리고 우리가 파병했던 평가에 대해선 제대로 내놓고 있는가? 그렇지 않습니다.

이명박 정부는 자원외교라고 하는 이름으로 이라크 만수리야와 아카스 가스전 개발에 투자를 했습니다. 해외 정보 수집에 의하면 거기에 돈이 된다고 해서 가스 개발에 투자를 한 거지요, 이라크 만수리야와 아카스 가스전 개발에. 그런데 이곳은 금방 말했듯이 IS와 이라크 정부군 간의 내전이 가장 격화된 곳입니다.

2014년 6월부터 현장 작업은 중단됐습니다. 돈만 투자하고 하나도 수거하지 못한 거지요. 국민의 세금을 이렇게 마구잡이로 써도 되는 겁니까? 국정원은 해외 정보 수집을 도대체 어떻게 하는 겁니까?

이라크의 가장 안전한 곳이 어디인데 어디로 파병하자, 그것도 엉뚱한 정보를 제공하고, 이라크 북부의 모술…… 모술은 갈등이 아주 심한 곳이었고 그래서 아르빌로 가자라고 했는데 아르빌에는 아랍어를 쓴다고 해서 아랍어 통역병을 데리고 갔더니 쿠르드어를 쓰질 않나, 이라크의 만수리야와 아카스 가스전 개발에 투자하자고 해서 이명박 정부 때 투자했는데 IS와 이라크 정부군 간의 내전이 격화되어서 돈은 한 푼도 못 건지지를 않나……

해외 자원 개발한다며 이명박 정부가 투자한 돈만 얼마입니까? 감사원에서 보고한, 감사한 것만 해서 약 50조에 달한다는 것 아닙니까? 50조는 누구 돈입니까? 50조에 대한 이자가 조만간 5조나 불어난다는 것 아닙니까? 정보기관이 제대로 자기 역할을 하지 못하면 국민의 세금을 엄청나게 축낼 뿐만 아니라 국민에게 엄청난 부채를 안겨 줄 뿐입니다.

고질적인 해외 정보 부족, 이런 국정원이 해야 할 일을 국정원에게 맡기지는 않고 국정원보고 자꾸 개인 사찰이나

하라고 그리고 정치 댓글이나 쓰라고 그리고 선거 개입이나 하라고 그리고, 이제는 뭐 하라는 겁니까? 테러 가능성, 테러 느낌, 테러 선동…… '테러 할 것 같은데' 이런 느낌만 있으면 그 사람을 추적하고 그 사람의 계좌도 털고 그 사람의 금융정보도 다 들여다보고 감청도 하라고…… 아니, 한 가지도 못 하는데, 해외 정보도 제대로 입수 못 하는데, 북한 정보도 입수 못 하는데 이것까지 하라고 그러면 어쩌자는 겁니까?

테러방지법, 인권테러법은 14년째 국정원이 지속적으로 요구하고 있는 법안입니다. 다시 한 번 말씀드리지만 2001년에도 국정원은 이 법안을 내놨습니다. 노무현 대통령은 이 법안이 맞지 않고 국정원을 개혁해야 된다라고 맞받아쳤고 당시 국정원장으로 임명된 고영구 원장도 국정원을 해외정보 수집에만 몰두하게 한다라고 하는 조건하에 국정원을 맡았습니다.

사람들은 이야기했지요. 대통령이 되어서 권력을 가져서 모든 정보를 수집해 보고받을 수 있는 국정원을 자기 손에서 놓는 노무현은 바보라고. 바보 노무현이 세상을 바꾸기 위해서 작업을 했던 것입니다. 그러자 당시 법무부도 테러방지법은 옳지 않다고 법무부 입장을 밝혔고, 당시 국방부도 테러방지법은 옳지 않다고 입장을 밝혔고, 당시 여당이었던 천정배 원내대표도 김근태 당대표도 옳지 않다고 입장을 밝혔습니다.

그런데 세월이 흘러 흘러 흘러 13년이 지난 지금 대북정보도 제대로 수집 못 하고 해외정보도 제대로 수집 못 해서 국민에게 피해만 끼치는 상황에서 이제 국민의 금융정보 그리고 국민의 핸드폰, 인터넷 그리고 문서까지 다 보자고 하면 어쩌자는 겁니까? 이런 내용은 대통령께서 안 된다 해 주셔야 되는 것 아니겠습니까? 이런 내용은 새누리당이 안 된다 해 주셔야 되는 것 아니겠습니까?

원래 새누리당은 '그 내용 다 빼고 껍데기만이라도 통과시킵시다, 껍데기만' 이렇게 얘기했었는데 갑자기 180도로 바뀌었습니다. 이제 한 글자도 못 고친다는 것 아닙니까? 왜요? 왜 그렇게 바뀌었는데요?

지금 이 테러방지법안은 국정원에게 테러 및 사이버테러 정보를 수집·분석할 뿐만 아니라 정부부처의 행동계획을 수립하고 나아가 대응을 직접 지휘하면서 필요시 군을 동원하는 등 집행기능까지 수행하는 광범위한 권한을 부여하고 있습니다.

예를 들면 국정원 산하에 대테러센터를 두어 정보를 집중하고 국무총리가 주관하고 정부 유관부처가 참여하는 국가테러대책회의를 두되 그 산하 대테러상임위원회 의장 역시 국정원장이 담당하는 것입니다. 지역과 부문의 테러대응협의체도 해당 지역과 부문의 국정원 담당자들이 주관한다 이렇게 되어 있습니다. 이 법은 국정원에 의한, 국정원을 위한, 국정원의 테러방지법인 것입니다.

미국은 정보 취합·분석을 담당할 국가정보국장실을 신설하고 CIA는 해외정보 수집을 담당하고 DIA(국방정보국)는 국내정보 수집과 수사는 FBI가,

전자신호정보 수집은 NSA가, 영상정보 수집 및 분석은 NRO(국가정찰국) 그리고 NGA(국가공간정보국) 등으로 각 정보기구의 역할을 분산시키고 전문화했습니다. 이것을 국가정보국장실이 총체적으로 관리하고 대통령과 NSC(국가안전보장회의), 국토안보부를 보좌하면서 국민의 자유와 안보를 같이 만들어 나간다고 합니다.

다시 한 번 말씀드리겠습니다.

9·11 테러가 있었고 9·11 테러로부터 얻은 정보를 가지고 이라크전쟁을 일으켰지만 그 전쟁은 잘못된 정보에 의한 것이었습니다. 당시 애국자법에 의한 정보 독점이 정보실패를 낳은 것이고 그래서 9·11 이후 미국 정보개혁의 핵심은 정보 수집과 분석 분리, 정보 주체와 집행 주체의 분리, 각급 기관과 견제·균형의 확대를 지향하고 있는 것입니다. 그런데 한국은 거꾸로 무능하며 국내 정치 개입을 일삼는 국정원에게 더 많은 사찰 기능과 독점적 권한을 부여하려고 하는 것입니다.

미국의 대테러방지법이었던 애국자법도 지금은 폐기되었지만 215조에 NSA가 외국인과 자국민에 대한 무더기 도·감청, 통신 기록을 수집할 수 있도록 허용한 것에 대해서 인권침해 논란이 있었고 이것 때문에 끝내 2015년 이 법을 폐기하게 된 것입니다.

프랑스의 테러는 프랑스 테러방지법이 없어서 테러가 생겼을까요? 9·11 이후 잘못된 정보, 독점된 정보, 그 정보가 이라크 전쟁을 만들었고 이라크에 IS를 탄생시킴으로써 IS에 의해서 무장 공격당한 것 이것은 테러방지법이 없어서가 아니라 이라크 전쟁이 왜 만들어졌는지 때문입니다.

오늘 젊은 방청객 여러분들이 오셨기 때문에 아까 했던 말을 한 번 더 짚어 보고 가도록 하겠습니다.

대한민국에 테러가 나면 어떻게 해요, 테러방지법을 빨리 만들어야 하는데? 대한민국에는 국가대테러활동지침이 20년 전부터 만들어져 있었고 그것이 2015년 작년 1월까지 개정되어서 만들어져 있습니다. 대통령 훈령으로 만들어져 있습니다.

(자료를 들어 보이며)

여기에 '테러라 함은 국가안보 또는 공공의 안전을 위태롭게 할 목적으로 행하는 행위들을 말한다.', 관련해서 여기 국가대테러활동지침에 있는 내용이 고스란히 지금 만들어진 테러방지법에 들어가 있습니다.

그런데 거기에서 좀 바뀐 것이 국정원에게 테러 의심자에게 금융정보를 다 요구할 수 있고 감청을 영장 없이 요구할 수 있고 이 국가테러활동지침에서는 테러대책회의의 의장이 총리로 되어 있는데 이번에 만들어지는 법에는 그 의장을 대체할 수 있는 세력이 국정원이라고 하는 겁니다.

국정원은 해야 할 일이 많습니다. 이 일을 할 단계가 아닙니다. 국정원이 정말 테러를 막아 주려면 대북정보활동을 제대로 해야 합니다. 그런데 엉뚱하게 북한이 미사일 쏘는데 국정원은 미사일이 왜 쏘여지는지, 핵이 언제 실험을 하는지도 모르는 채로 대한민국 국민,

마음에 안 드는 국민 핸드폰만 들여다보겠다, 마음에 안 드는 국민, 말 안 듣는 국민 인터넷 들여다보겠다, 이메일 다 조사하겠다, 그리고 너 가는 곳마다 추적하겠다라고 하는 법이 지금 테러방지법입니다.

지금 이 법은 만들어지지 않아도 국가대테러활동지침이 국무총리를 의장으로 해서 충분히 대책을 세울 수 있는 상황이다. 그런데 국무총리가 자기가 의장인지도 모르는 게 문제라는 거지요.

그런데 국회의장께서 국가비상사태라는데 군이 아무 비상을 벌이지 않고 있는 게 문제라는 거지요. 국가비상사태라고 직권상정했는데 경찰청장이 외국에 나가 있다는 게 문제라는 거지요. 이것이 다 자의적인 해석에 의해서 가능한 상황이다라고 하는 말씀을 드리겠습니다.

여기에서 잠시 우리 국민들의 트위터 글을 소개해 올리도록 하겠습니다.

전우용 님께서는 '나치의 유대인 감금·학살도 일제의 관동대학살도, 6·25 전쟁 중에 보도연맹원 학살도 모두 테러방지라는 명분하에 자행됐습니다. 국가권력이 범죄를 저지를 때에는 언제나 테러방지라는 가면을 썼습니다.

이 이야기의 연장선상이 9·11 테러 이후 이라크를 응징하면서 40개국이 이라크 전쟁을 했을 때 우리는 잘못된 정보에 의해서, 테러방지라는 명분으로 잘못된 큰 범죄를 저질렀습니다.'

장하나 국회의원이 올려 주셨네요.

'알기 쉬운 테러방지법. 지금 이들이 주장하는 테러방지법은 테러리스트를 잡는 법이다. 그런데 그게 너일 수도 있다. 물론 테러리스트가 아니면 상관없다. 그런데 테러리스트인지 아닌지는 너를 좀 털어봐야 되겠다. 그러니까 일단 너를 털어 보자.'

아주 쉽게 정리해 주셨네요.

원혜영 의원님이 또 하나 올려 주셨네요.

'집안에 쥐가 있으면 고양이를 길러야 하지요. 그런데 고양이로는 안 된다며 호랑이를 풀어놓겠다고 합니다. 쥐가 죽을까요, 사람이 죽을까요? 테러방지법이 이와 같은 법입니다. 테러방지법은 사실상 국정원 권한강화법이며 현행법에 이미 테러대책은 다 들어 있습니다.'

여기에서 말하는 '이미 테러대책은 다 들어 있다'는 것이 국가대테러활동지침을 이야기하는 겁니다.

지금 정부가 이야기하는 인권테러법, 테러방지법은 위헌입니다. 헌법 제18조에 "모든 국민은 통신의 비밀을 침해받지 아니한다.", "모든 국민은 통신의 비밀을 침해받지 아니한다.", 헌법에 규정되어 있습니다. 그래서 이 테러방지법은 위헌 법이다라고 하는 것을 말씀드리겠습니다.

사랑하고 존경하는 국민 여러분!

그러면 지금까지 국정원은 우리를 감청하거나 사찰하지 않았을까요? 그렇지 않습니다. 지난 5년간 미래창조과학부 인터넷 홈페이지에 올라가면 2009년부터 2013년까지 우리 국민이 감청당한 사례는 유선전화, 인터넷 그리고 문서 등 해서 약 4만 1300건에 달합니다.

그러면 그것은 전부 다 영장을 발부받아서 감청되었을까요? 그렇지 않습니다. 영장은 몇 개 발부받지 않았습니다. 그리고 이 많은 감청이 이루어졌습니다.

그러면 이 사이에 오는 갭은 무엇일까요? 법원에 영장을 청구하고 감청을 합니다. 그런데 영장 하나를 가지고 여러 감청을 같이하는 겁니다. 법원은 영장 청구받았던 것을 몇 장 내놓지 않았는데 미래창조과학부에는 통신사가 자신들이 감청받았던 사례를 모두 보고해야 되기 때문에 올라와 있습니다. 5년간 감청 사례는 4만 건에 달합니다.

그런데 이 4만 건 중 검찰의 감청 청구는 30건, 경찰의 감청 청구는 1400건, 그리고 나머지 3만 8000건 가량은 국정원이 요청한 감청 사례입니다.

작년 대한민국을 떠들썩하게 했던 카톡 감청, 누가 내 카톡을 들여다보고 있는 것 아닌가라고 했던 것이 사실이었던 것이지요. 카카오톡 아이디에 감청 요청서를 내서 감청을 하게 되어 있습니다.

한 전교조 선생님은 국정원으로부터 패킷감청을 받았습니다. 전교조 선생님 말씀 왈, "나를 다 들여다보고 있는 것 같아요. 내 사생활 하나하나가 너무 힘들어요. 내가 무엇을 하는지, 그들이 어디까지 보는지 제가 긴장됩니다. 저 이러다 암 걸려 죽을 것 같아요."라고 전교조 선생님은 자기의 심정을 토로했습니다.

국정원은 패킷감청을 요청했고 영장을 받아 패킷감청을 했습니다. 그런데 법원에서 그 선생님은 무혐의 났습니다. 무혐의 나는 동안 그 선생님은 너무 많이 시달렸고 자신이 암에 걸릴 것 같다고 했는데, 그리고 패킷감청은 위헌이라고 헌법재판소에 소송을 걸어 놨습니다.

그래서 제가 법사위원이기 때문에 헌법재판소에 빨리 이와 관련해서 헌법재판소는 결정을 내리시오라고 촉구했음에도 불구하고 그 결정은 내려지지 않았습니다. 그런데 안타깝게도 얼마 전 그 선생님은 자신이 걱정했던 만큼 간암으로 세상을 떠나셨습니다. 헌법재판소에 개인 패킷감청이 위헌이라고 판결을 내려 달라고 했던 내용은 소송 제기자가 떠났다는 이유로 폐기되었습니다.

지금도 국정원이 큰 범죄가 아님에도 불구하고 너는 전교조니까, 너는 민주노동당이니까 이래저래 감청하고 사찰하면서 얼마나 많은 사람들이 시달리고 있는지 모릅니다. 너는 쌍용자동차 노조원이니까, 너는 용산참사 가족이니까……

그렇게 당하는 동안 그들은 쓰러져 갑니다. 그런데 그나마 그것도 합법이라고 영장을 발부받아 조금은 합법의 모양새를 취했습니다. 합법이 아닌 것들이 드러났을 때는 숨기고 두려워했습니다. 그런데 지금 이 인권테러법, 테러방지법이 통과되면 이제 그들은 합법을 빌미로 모든 사람을 사찰할 수 있다는 겁니다.

한 친구가 카톡을 보냈습니다.

"나 오늘 면접 보고 왔는데 잘 안 됐어. 정말 너무 신경질 나. 헬조선이야. 청와대에 폭탄이라도 던질까?" 이러고 글을 썼습니다. 그랬더니 다른 친구가 얘기했습니다. "너 그런 말

하면 안 돼." "뭘 내가 속상한 걸." 그리고 주고받았습니다.

그런데 어느 날 누군가 찾아왔습니다.

"당신, 폭탄 이야기한 적 있소? 당신의 카톡 대문은 수류탄입니까? 당신 내가 한번 봐야겠소.", "아니, 그거는 제가 신경질이 나서 그냥 한 말이에요.", "아, 그건 이해하겠소. 그런데 그렇지만 나는 봐야겠소."라고 하면 그 사람은 추적당할 수밖에 없고 그 사람의 금융 사용내역, 그리고 그 사람의 핸드폰, 인터넷, 모든 것, 그리고 그 사람이 친하다고, 그 사람과 관계가 있다는 이유로 주변 사람들도 집단적으로 사찰받을 수 있는 것이 이 테러방지법입니다.

"IS가 대한민국에 테러방지법이 없다는 걸 알았는데 왜 우리 국회는 테러방지법을 통과시키지 않는 겁니까?"라고 대통령께서 말씀하셨습니다. 오늘 이야기했고 우리 의원들이 필리버스터를 통해서 100시간 넘게 이야기했으니까 이제 좀 전달되지 않았을까요? 그리고 온갖 인터넷에 우리 국민들이 글을 쓰고 투표를 하고 여론조사가 안 된다고 하는 것을 확인했으니 이제 마음이 바뀌시지 않았을까요?

자, 여기서 대통령은 틈만 나면 그렇게 얘기하십니다. "국회가 뭐 하는 겁니까? 왜 일을 안 합니까?"라고 이야기를 합니다.

여러분, 저희가 일을 안 하는 것 같습니까? 새벽부터 밤늦게까지 일만 합니다. 일 안 하면 못 삽니다. 토요일 밤부터 지금까지 잠 한숨 제대로 못 잤습니다.

저는 법안을 105개나 발의했고 공동발의는 557개인지 칠백칠십몇 개인지를 발의했습니다. 그리고 통과된 것만 해도 수십 개가 됩니다. 그리고 2015년 출석률은, 시민단체 평가율은 국회의원 중에 2위입니다.

하도 일을 안 한다 그러시길래 대통령께서 국회의원으로 계실 때 얼마나 하셨는지 한번 봤습니다.

대통령께서는 15대·16대·17대·18대 국회의원을 하셨습니다. 19대 국회의원도 하시고 대통령이 되셨지요. 15대 국회의원 때 96년부터 99년까지 법안 발의가 1건도 없습니다. 16대 국회의원 때 법안 발의가 1건이십니다. 17대 국회의원 때 법안 발의가 4건입니다. 18대 국회의원 때 법안 발의가 10건입니다. 19대 국회의원 때는 법안 발의가 1건도 없습니다. 그래서 총 197개월 동안 법안 발의가 15건, 그리고 이게 몇 년입니까? 16년, 17년 동안 15건입니다.

그리고 제가 한번 봤습니다. 2012년, 대선후보이긴 하실 텐데요. 본회의 출석은 총 22회 중에 7회 출석, 결석 8회, 청가 7회입니다. 상임위 출석은 총 25회 중에 출석 1회, 결석 24회입니다.

저희가 다른 말씀을 드리는 건 아닙니다. 다른 일들도 있으실 수 있고 그리고 당 대표에 대선후보이기도 하고 그래서 또 그 역할들이 따로 있을 수 있습니다.

마찬가지로 나를 돌아보는 것이 가장 중요하고 나에게서 문제도 찾는 것이 가장 중요할 것 같습니다. 저희 야당도 우리를 돌아보도록 하겠습니다. 더 열심히 하겠습니다. 그래서 새누리당에게 계속 제안합니다. 협상해서 독소

조항 없애 가지고…… 미국도 폐기한 테러방지법 아닙니까? 그렇지 않습니까? 미국이 2015년에 폐기했는데…… 국정원에게 지금 있는 일도 잘 못하는데, 김정은인지 김정운인지도 모르고 국정원이 김정운이라고 보고서에 글을 쓰던 때가 있었는데 그런데 이런 일까지 주면서 국민을 사찰하게 해서는 안 된다 이렇게 생각합니다. 맞습니까?

（「틀립니다」 하는 의원 있음）

맞습니까?

（「반대라니까요」 하는 의원 있음）

（「아니, 틀리다는 걸 잘 아시면서 그러시네」하는 의원 있음）

자, 대한민국은 대통령이 박근혜 대통령이십니다. 우리는 대통령께 기대하는 게 많습니다. 대한민국 국민 좀 잘 살게 해 주십시오.

법안을 안 통과시킨다고 해서 제가 살펴봤습니다. 정부가 내놓았던 법안 30개, 그중에서 3개가 통과하지를 않았습니다. 3개는 뭔가 봤더니 하나는……

1. 금융위를 설치하는 법, 금융위를 설치하는 법을 정부가 내놓고 다른 부처가 그것 안 된다며 막아서 정부끼리 싸우느라고 통과를 못 시켰습니다.

2. 산재보험법, 레미콘 기사, 덤프트럭 기사 등에게 산재보험을 주자는 법이었습니다. 그런데 거기에 보험회사 아주머니들도 산재보험에 들게 해 주자는 겁니다. 이걸 정부가 가지고 왔고 우리보고 통과시켜 달라고 해서 야당이 환노위까지 다 통과해서 법사위까지 올라왔습니다. 그런데 새누리당 국회의원이 보험사 아줌마들은 빼자며, 보험회사의 로비를 받았는지 그걸 빼자며 그 법안을 통과시키지 않는 겁니다. 산재보험법을 통과시켜야 된다고 정부가 얘기하고 대통령이 맨날 이야기하는데 통과 안 시킨다며 딴지를 걸고 다른 부서로, 다른 상임위로 가 버린 사람이 새누리당 의원입니다. 그런데 왜 야당보고 자꾸 통과 안 시키냐고 얘기를 하는 겁니까?

그리고 나머지 하나, 서비스발전 기본법, 이 서비스발전 기본법에는, 알고 있지 않습니까? 의료민영화가 들어 있습니다, 의료민영화.

（「안 들어 있어요」 하는 의원 있음）

의료민영화 부분을 빼서 하자고 여당도 이야기했다가 그것 다시 대통령이 넣자고 하니까 넣어서 요구한 것 아닙니까? 이런 상태에서 자꾸 이야기하면 우리도 막다른 골목입니다. 그리고 테러방지법도 마찬가지입니다. 국정원이 14년째 요구하는 법입니다, 14년째.

자, 우리는 노무현 대통령 때 그렇게 많은 문제 제기를 새누리당으로부터 받았습니다. 그런데 정부별 부패 수준을 잠깐 비교해 보겠습니다. 노무현 대통령 때 공직부패비율이 5.8, 이명박 대통령 때 6.9, 박근혜 대통령 때 2년간 9.8입니다. 2년간.

여러분, 노무현 대통령 5년 동안 676건, 이명박 대통령 5년 동안 1067건, 박근혜정부 2년 동안 1064건, 지표가 말을 해 주고 있습니다.

2016년 국민을 사찰하는 인권테러법을 통과시키려고 하는 여당을 보면서 "테러방지법은 안 된다" 단호히 얘기했던 노무현 대통령이 새삼 생각납니다.

자, 여기서 우리 네티즌들이 저에게 요청한 것이 하나 있습니다. '의원님, 오늘 꼭 한번 지적해 주십시오'라고 이야기를 합니다.

우리가 좀 희한했던 것이 있지요. 4·16 세월호, 세월호 때 세월호에 국정원 지적사항이라고 하는 서류가 나왔습니다. 2013년 2월 27일 국정원이 이 세월호에 대해서 지적을 합니다. 시트지 작업, 오락실 바닥 데코타일……

과연 국정원과 이 세월호는 무슨 관련이 있을까? 국정원은 그러면 세월호를 어떻든 점검하고 감시했다는 이야기인데 도대체 국정원은 왜 이곳을 건드렸으며, 국정원이 건드린 이곳은 왜 그렇게 침몰했고, 아이들을 구출할 수 없었을까?

국정원은 해외정보 하나 수집 못 하고 대북정보 하나 제대로 수집 못 하고 간첩조작사건만 만들어 내고, 정치 댓글 쓰고 선거 개입하더니 세월호까지 지적사항을 하고 그랬는데 왜 하필 세월호는 침몰했으며, 왜 하필 세월호는 아이들을 구하지 못하고 아이들에게 누군가 가만있으라고 하는 방송만 진행되었을까?

'의원님, 꼭꼭 물어봐 주십시오.'라고 이야기했습니다.

（패널을 들어 보이며）

이 아기들이 모여 섰습니다, 강당에. 수학여행 간다고 좋다고 웃으면서, '하하하, 깔깔깔' 그것도 제주도로 수학여행 간다고 좋아하면서 강당에 다 모였습니다. 위험에 처했을 때 누가 왜 가만있으라고 방송을 했는지 그리고 왜 해경은 그 근처도 가지 못했는지, 왜 세월호에 대한 진상은 제대로 규명되고 있지 않는지, 왜 이 세월호에 국정원은 개입되었는지, 이렇게 있던 아이들이 이렇게 변했습니다.

세계 역사상 있을 수가 없는 일입니다. 우리 눈으로 직접 지켜봤는데, 우리가 안타깝게 놓쳤는데! 그런데 이제 2년이 지났으니 그만하라고 합니다. 그렇습니다. 가족들과 다른 사람들은 그만해도 돼요. 그런데 정부는, 관계자들은 끝까지 구해 내고, 끝까지 진상규명을 해야 되지요. 정부와 관계자들이 그만하자 덮으려고 하니까 국민이 안 된다라고 얘기하는 거 아닙니까?

거기에 국정원은 왜 갔는지, 대한민국의 국정원은 도대체 어떤 일을 하는 것인지, 우리는 국정원에 묻지 않을 수 없습니다.

한 네티즌께서 '의원님, 국정원의 부끄러운 이야기 아까 하셨는데 한 번 더 얘기해 주세요.'라고 이야기를 합니다. 그래서 한 번 더 훑어보도록 하겠습니다.

여기서 한 번 더 말씀드리지만 국정원 직원 여러분들께 미안합니다. 왜 국정원에 갔는데, 대북정보를 수집하고 대북 문제를 풀어내고 평화를 만들고 통일을 만들고 해외정보를 입수해서 세계 속에 대한민국을 우뚝 세우는 사람들이 되고 싶어서 국정원에 갔는데 국정원은 매일 질타만 받습니다. 그리고 거기 갔는데 국정원 직원들에게 오늘은 신림동 앞에서 댓글을 쓰라 그러고, 2시간 후에는 건국대 앞에서 댓글을 쓰라 그러고, '우리도 자괴감이 듭니다.'라고 하는 게 국정원 직원들의 이야기입니다. 국정원 직원들이 다 그렇다는 것이 아닙니다. 국정원에서 그렇게 만드는 것이 문제입니다.

2011년 2월 소공동 롯데호텔, 이곳에 머물고 있던 인도네시아 특사단 일행 중 1명이 숙소로 들어갔습니다. 그런데 비어 있는 줄 알았던 방 안에서 한국인 3명이 뭔가를 하고 있는 겁니다. 방에 들어온 특사단 관계자가 항의하자 한국인 3명은 가지고 온 노트북 가운데 1대를 두고 호텔 방을 빠져나갔습니다. 확인한 결과 이들은 국정원 요원으로 밝혀졌습니다.

정보수집활동을 하던 요원들이 우리 땅에서 외국 외교사절에게 적발되고, 언론에까지 보도된 이 사실 그리고 남의 호텔 방을 들어가서 침범하면서까지 했던 또 적발되어서 노트북을 놓고 오게 된 사실, 이런 사실은 세상에 알려지지 않았는데 제보에 의해서 특종으로 이 세상에 밝혀졌습니다.

국정원 직원들에게 제대로 일을 시켜야 합니다. 댓글 쓰다가 여기 가라 그러니까 이런 일 생기는 거 아닐까요?

2012년 12월 11일 강남의 한 오피스텔, 큰 소동이 일어났습니다. 이 오피스텔에서 국정원 직원이 특정 후보자에게 유리하거나 불리한 댓글을 조직적으로 다는 이른바 댓글 공작이 벌어지고 있다며 야당 정치인들과 기자들이 몰려가게 된 것입니다.

서울경찰청 사이버분석센터는 그 댓글을 분석했고, 그 댓글 속에서 정치 댓글이다, 개입했다라고 하는 것이 CCTV를 통해서 다 녹취되었습니다. 그럼에도 불구하고 2012년 12월 16일 경찰은 지나친 비방 댓글이 없다라며 중간 수사 발표를 하고, 댓글을 쓰지 않았다라고 발표를 했습니다.

그러나 댓글이…… 끝난 뒤 검찰은 국정원이 댓글 부대를 이용해서 선거에 조직적으로 개입했다, 그래서 이들을 기소할 수밖에 없다라고 발표를 하고, 국정원장은 기소되었습니다. 해외정보와 대북정보를 입수하라고, 수집하라고 하는 국정원이 정치에 개입하는 추악한 모습을 보이게 된 것입니다.

3. 염곡동에 한 승용차가 있었습니다. 유엔이 파견한 표현의자유특별보고관이라고 하는 보고관이 한국을 방문했습니다. 표현의 자유를 비롯한 한국의 인권 상황을 조사하기 위해서였습니다. 국정원 입장에서는 껄끄러운 사람입니다. 그런데 보고관 일행은 호텔 앞에 주차된 승용차 안에서 이 보고관을 캠코더로 촬영하고 있는 것을 목격했습니다. 보고관 일행이 휴대전화를 꺼내 승용차를 촬영하기 시작하자 승용차는 도망가기 시작했습니다. 번호판을 확인했더니 이 승용차는 신세기공영이라는 회사 소속이었는데 이 회사는 국가정보원 토지 속에 위치한 회사였습니다.

유엔 파견관을 촬영하다가 되레 촬영당하고 그래서 도망가고, 도망가서 있었는데 국정원 소재 회사까지 들통이

나고, 테러방지법만 얘기 안 했어도 이런 얘기는 아마 많이 묻혔을 겁니다.

2011년 12월 17일 김정일이 사망했습니다. 그런데 원세훈 국정원장은 그 사실을 몰랐습니다. 52시간 뒤 조선중앙TV가 이에 대해서 발표를 하자 그때서야 알게 되었습니다. 대북 수집은 하는 건가요? 그러면 김정일 위원장의 사망 소식도 모르고, 김정일 위원장이 쓰러지자 셋째 아들인 김정은이 후계자로 이야기되고 있다고 하는데도 불구하고 국정원은 김정은이라고 쓰지 않고 김정운이라고 씁니다.

여러분, 이런 정보수집능력으로 대테러방지를 할 수 있을까요? 북의 테러 조짐이 있다고 했는데 제대로 된 정보를 갖고 있는 것일까요?

2009년입니다. 4대강 지역 주민들이 대책위를 구성했습니다. 그래서 4대강 사업과 관련해서 과천청사를 항의…… 하자라고 했더니 국정원 직원이 관계자한테 연락해서 '그렇게 하면 밉보일 수 있다.'며 압력을 행사했다고 합니다. 국정원 직원은 여기에 왜 개입하는 건데요?

노무현 전 대통령 기소 관련해서도 마찬가지입니다. 2009년 5월 7일 자 조선일보 보도에 따르면 "원세훈 국정원장이 검찰 고위 관계자에게 극비리에 국정원 직원을 보냈고, 이 직원은 국정원장의 뜻이라며 노 전 대통령에게 '구속영장을 청구하지 말고 불구속 기소하는 선에서 신병 처리를 마무리 짓는 게 좋지 않겠느냐.'라고 발언했다."고 보도했습니다. 검찰을 지휘하고 지도하고 뒷조종하려고 하는 모습입니다.

여기서 우리는 놓치고 가지 말아야 할 게 있습니다. 당시 노무현 대통령을 욕보였던 검찰의 이인규 부장, 이인규 부장은 노무현 대통령 관련해서 국정원의 개입이 있었다라고 하는 것을 털어놓았습니다. 당시 "노무현 대통령의 시계를 논두렁에 버렸다."라고 이인규 부장이 얘기했는데 이것이 국정원에 의한 것이었다는 겁니다.

저희가 이에 대해서 문제 제기를 했고, 국정원이 자체 조사를 했고, 이와 관련한 것은 향후 국정원 개혁을 통해서 나오게 될 겁니다. 그렇지만 노무현 대통령은 시계를 갖고 있지도 않았을 뿐더러 논두렁에 버리지도 않았습니다. 그런데 국정원이 "노무현 대통령이 그 시계를 논두렁에 버렸고, 논두렁에 시계를 찾으러 가야 되겠다."라고 하는 보도를 하면서 그리고 이 시작은 국정원에서 시작되었다라는 것이지요.

그러면 노무현 대통령의 사건, 노무현 대통령의 고통스러운 우리와의 이별, 이 뒤에 국정원이 일정한 개입이 있었다라고 하는 겁니다.

천성관 검찰총장후보자 관련해서 박지원 대표가 천 후보자의 부부 동반 해외 골프여행 출입기록, 후보자 부인의 명품 구매 목록 등을 언론을 통해 폭로했습니다. 천성관 검찰총장후보자를 인사청문회 하는 법사위원인 박지원 대표가 "해외 골프여행 갔다 온 출입국 기록을 제출하시오.

명품 구매한 기록을 제출하시오."라고 요구를 했습니다, 자료를. 이 자료를 요청했다라고 하는 것은 뭔가 감이 있었기 때문이지요.

그러면 이것에 대한 제보를 받았다는 얘기인데요. 그래서 그것을 요구했더니 국정원이 관세청 직원들을 상대로 "누가 이 내용 제보했느냐?" 색출 작업을 벌였다고 합니다. 그러니까 천성관 후보자가, 당시 검찰총장후보자가 왔다 갔다 한 것과 명품을 샀던 것들은 관세청에 보고가 됐을 것 아닙니까? 보고가 됐으니까 이게 "관세청으로부터 보고가 들어왔을 것이다."라고 했더니 당시 국정원 직원이 관세청 직원들을 상대로 색출 작업을 벌였던 겁니다.

여러분, 대한민국 국민 여러분! 정말 별걸 다 하는 국정원입니다.

박원순 시장, 2009년 9월 17일 박원순 시장이 아닌 희망제작소 상임이사가 기자회견을 엽니다. 국정원이 희망제작소와 아름다운가게를 사찰하고, 후원 기업들을 압박했다고 폭로했습니다. 아름다운가게와 희망제작소는 도대체 왜 사찰을 하는 거고, 후원 기업들은 왜 압박을 하는 겁니까?

이명박 정부 시절, 2010년 8월 16일 한나라당의 정태근 의원은 평화방송에 나와서 국정원이 자신의 부인을 사찰하고 있다고 폭로를 합니다. 제가 말씀을 드렸지만 이 테러방지법이 만들어지면 야당은 기본이겠지요? 그렇지요? 그런데 여당이라고 안전할까요? 절대 아니지요. 먼저 테러방지법의 첫 1차 대상은 반박, 2차 대상은 비박, 3차 대상은 친박, 4차 대상은…… 진박이라고 그냥 놔두겠습니까?

미국의 FBI 국장이 40년 동안 안 갈리고 있다는 거 아닙니까, 대통령은 계속 바뀌는데?

(정의화 의장, 정갑윤 부의장과 사회교대)

왜요? 갖고 있는 게 많다는 거 아닙니까?

마틴 루터 킹도 FBI 국장에게 시달렸다라고 하는 이야기가 있습니다. 존 F. 케네디도 마찬가지로 그렇다는 이야기가 있습니다.

국정원은 적당하게 해외정보 수집만 해야 한다, 대북정보 수집만 해야 한다, 이렇게 말씀드리겠습니다.

2011년 6월 2일 이석현 민주당 의원이 국회 정치 분야 대정부질문에서 "세종시 문제로 파란을 겪은 후 2009년 4월 박근혜 전 한나라당 대표를 사찰하기 위한 팀이 약 20명 인원으로 국정원 안에 꾸려졌다."라고 하는 이야기를 제기합니다. 이런 것도 뭐 제보를 받은 것 같습니다.

신기한 건 이런 것도 있습니다. 장자연 사건 개입 의혹, 2012년 1월 12일 이상호 MBC 기자가 모바일 전용 방송인 손바닥TV를 통해서 "고 장자연 씨의 전 매니저 유장호 씨와 청와대, 국정원 간에 교류가 있었다."라고 주장을 합니다.

장자연 씨 건은 너무 안타까운 사건이지요. 그런데 여기에 매니저와 국정원 간의 교류가 있었다니 정말 별의별 곳에 다 개입을 하는 국정원입니다.

우리가 좋아하는 방송인 김제동, 2012년 4월 3일 김제동

씨는 "노무현 대통령 1주기 앞둔 2010년 5월게 국가정보원 직원의 요청으로 두 번 만난 일이 있다. 그 직원이 '노무현 대통령 1주기 추모콘서트 사회를 본다는 게 사실이냐? 왜 그것을 군이 당신이 해야 하느냐? 당신 아닌 다른 사람도 많지 않으냐?'며 콘서트 사회를 보지 말라고 압력을 행사했다."고 폭로했습니다.

또 우리가 좋아하는 방송인 김미화 씨 사찰 의혹입니다. 여기서 보니까 그런데 김미화 씨는 저랑 동갑의 친구예요. 그런데 대한민국에서는 정말 방송인 하는 것도 쉽지 않습니다. 정치인 하는 것도 쉽지 않습니다.

김미화 씨가 "2010년 5월 국정원 직원이 팬이라며 찾아왔다. 얼마 뒤 제 집까지 찾아온 국정원 요원은 '청와대와 국정원 윗분들이 김미화 씨가 노무현 정부를 지지하는 태도를 보여 못마땅하게 여기고 있다.'는 말을 했다."며 연예인을 대상으로 한 불법 사찰 정황을 폭로했다.

대통령의 논두렁 시계 이야기, 대통령은 논두렁에 시계를 버리지 않았습니다. 대통령에게 그 시계가 있는지 없는지도 확인되지 않은 겁니다. 우리는 마치 그것이 있었던 것처럼, 대통령이 아무리 아니라고 한들 말이 안 되기 때문에…… 이런 상황에서 대통령이 세상을 떠났습니다.

그런데 한참 후에 대통령을 담당했던 이인규 부장이 "여기는 국정원이 개입돼 있습니다."라고 이야기를 했습니다. 그럼에도 불구하고 우리가 국정원을 문제 제기하지 않은 것은 대통령이 떠나셨는데 대통령이 떠나신 뒤를 또다시 너무나 고통스럽게 할까 봐 하지 않았습니다. 그런데 이렇게 김미화 씨 사건, 김제동 씨 사건 그리고 이인규 부장의 증언 그리고 국정원 내 자체 감찰 통해서 나온 것을 보면 노무현 대통령과 국정원, 국정원이 노무현 대통령 건에 개입되어 있다라고 하는 것은 명백한 것 같습니다.

여러분, 국정원의 부끄러운 과거라며 제가 짤막짤막하게 여러분에게 보고해 드렸습니다.

한 가지 더, 아까도 말씀드렸지만 국정원의 채동욱 총장 뒷조사 이것을 한 번 더 말씀드려 보겠습니다.

서울고법 형사5부는 2016년 1월 7일 채동욱 총장의 사생활 관련해 정보유출 사건 항소심에서 국정원 직원 송 모 씨와 조오영 전 청와대 총무비서관실 행정관이 각각 벌금 700만 원을, 조이제 전 서초구청 행정지원국장에게 벌금 1000만 원을 선고했다. 앞선 1심에서 송 씨는 —국정원 직원을 말하는 겁니다— 징역 8월에 집행유예 2년을, 조 전 국장은 징역 8월의 실형을, 조 전 행정관은 무죄를 각각 선고받았다.

그런데 2심에서는 국정원 직원도 700만 원, 청와대 행정관도 700만 그다음에 서초구청 행정국장도 1000만 원 이렇게 했다는 겁니다. '국정원 직원 송 씨가 아동정보 수집 당시 국정원 댓글 사건과 관련해서 검찰로 하여금 국정원장에게 공직선거법이 아닌 국정원법 위반만으로 기소하도록 압박을 할 방편으로 하나의 첩보를 검증하려는 목적으로 있었다' 이런 이야기를 하는 겁니다.

그러니까 제가 19대 국회 법사위원인데요. 법사위원은

인사청문회를 국정원장·법무부장관·검찰총장 그리고 감사원장 그리고 법제처장·대법관·헌법재판소장 등등을 합니다.

저희가 인사청문회를 했는데 채동욱 검찰총장 인사청문회를 했습니다. 채동욱 검찰총장은 사적으로 지저분한 게 한 가지도 없었습니다. 위장취업 없고 위장전입 없고 남들이 다 하는 논문표절 없고 그리고 오히려 아픈 딸과 더불어서 좋은 일 많이 하는…… 그리고 저희가 뒷조사를 다 했지요. 그랬더니 검찰 직원들이 제일 존경하는 검찰총장감이더라고요. 그래서 '야, 정말 괜찮다'.

당시 박근혜 대통령이 대통령이 되면서 첫 임명한 사람이 누구입니까? 청와대 윤창중 대변인, 윤창중 대변인 미국에 갔다 술 먹고 인턴에게 알몸으로 험한 짓 했다가 쫓겨나지 않았습니까?

첫 타자가 그랬고, 첫 총리후보 김용준 총리후보 재산축적 뭐 뭐 뭐 해 가지고 인사청문회도 하기 전에 자기가 자진사퇴하지 않았습니까? 그런 후보들이 좍 나열되는 와중에 정말 괜찮은 검찰총장, 그것도 검찰총장의 사람으로 채동욱이 올라온 겁니다.

채동욱은 국정원의 선거 개입, 정치 개입, 댓글부대를 철저히 수사하겠다고 했습니다. 그 수사를 들어가자, 당시 저희가 제보를 받았습니다. '그 책임자였던 원세훈 원장이 출국을 하려 한다, 출국을 하려 하니 출국금지를 시켜야 되는 것 아니겠느냐'라고 했더니 정말 금방 출국금지를 시키더라고요. '야, 그렇구나'.

그런데 저희가 검찰총장 인사청문회를 하면서 하여간 미담만 나와서, 파도 파도 미담만 나온다 그래서 '파도남' 그런 식의 별명을 붙여 줄 정도였습니다. 야당이 정부가 임명한 검찰총장을 세게 쳐 줘야 야당도 존재감이 있는데 우리가 그럴 정도의 사람이었어요.

그런데 이 사람이 원세훈 원장을 출국금지시키고 체포하고 그리고 댓글수사를 제대로 공정하게 하라고 힘을 실어 줬습니다. 그 힘을 실어 주면서 검사 수사단 팀장에 그 유명한 윤석열을 앉힌 거지요.

그래서 김용판 경찰청장이 '댓글은 없었습니다'라고 2012년 12월 16일 밤 11시에 발표해서 대선 판도가 바뀌었지만 정의로운 채 총장은 제대로 수사를 하게 했습니다. 그러자 어느 날 언론에 '채 총장에게 아들이 있다'는 보도가 나왔습니다. 아직 진짜 아들인지 아닌지는 모릅니다. 저야 아니라고 믿고 싶지요.

그런데 채 총장에게 물었더니 아니라고 했습니다. 그런데 그것은 일파만파 번졌고. 우리가 생각을 했습니다. 아이의 신상명세는 개인정보라서 유출될 수가 없는데 어떻게 아이의 신상명세가 유출되었을까라고 저희가 짚었습니다. 짚었더니 아니나 다를까 국정원이 개입돼 있었던 겁니다.

국정원 직원—실명이 나와야 하는데—송 모 씨 그리고 조오영 행정관이 작업을 했고 그 작업을 하면서 서초구청 국장에게 그 내용을 받은 거지요. 그리고 이 내용을 들고 언론에 먼저 제보하고 온갖 곳에 제보한 다음에 검찰총장을

날리면서 국정원 댓글 수사를 축소시키려고 작업을 한 거지요.

그런데도 불구하고 윤석열 팀장은 댓글을 120만 개 정도 찾아냅니다. 120만 개 정도 찾아내고 댓글을 썼던 자들을 체포합니다. 체포하는데 국정원에서 '왜 우리 직원 체포했느냐'며 돌려보내라고 합니다. 국정원 직원을 체포할 때는 국정원에 통보를 해야 합니다. '당신들은 그자를 국정원 직원이라고 우리 국정원에 통보하지 않고 체포했으니 그 국정원 직원을 풀어 줘라' 이렇게 얘기를 합니다.

그런데 국정원은 자기들이 댓글 안 썼다고 했잖아요. 그런데 댓글 쓴 사람들을 추적해서 체포하면서 그들이 국정원 직원인지 어떻게 압니까, 국정원에서는 자기네는 댓글 안 썼다고 했는데?

그런데 체포를 해 옵니다. 그러면서 '체포결정권은 팀장인 윤석열 나에게 있다, 데려갈 수가 없다 그리고 국정원 직원이거든 당신들의 서버를 압수하겠다'라고 합니다. 그럴 때 서울지방검찰청의 지방검사장이, 지검장이 '그 국정원 직원들을 국정원으로 보내라 그리고 압수수색하지 마라'라고 합니다.

그래서 여러분 많이 잊어버리셨을 텐데 대난리가 나는 겁니다. 윤석열 이야기가 매일 언론에 나오고, 윤석열도 또 국정원에 의해서 어떤 사찰을 당할지 모릅니다. 그런데 윤석열은 끝내 괜찮았습니다. 그렇지만 자기가 있던 팀은 해체되었지요. 그리고 그 팀들은 좌천당하거나 채동욱을 보호하지 못했다고 검사의 옷을 벗습니다.

제가 국정원 직원들 모두 다에게 말하는 것이 아니라 훌륭한 국정원 직원들을 높이 평가한다고 말했듯이 검찰에도 이렇게 좋은 사람들이 있었습니다. 검찰과 국정원의 대대립이었지요.

검찰이 기소권을 가지고 있는데 국정원이 수사권도 가지고 있습니다. 그리고 필요할 때는 검찰에도 개입하고 법원의 판사를 임명하는데 국정원이 신원조회한다며 여러 가지 질문을 합니다. 국정원은 법원에도 개입을 합니다. 도대체 국정원 조직은 얼마나 큰지 알 수가 없습니다. 국정원이 가져가는 국민의 예산은 얼마나 되는지 그것도 오리무중입니다. 그런데 기본적으로 나와 있는 것만 아까 제가 한번 말씀드렸지만 1조 2000억 정도 쓰고 있다고 봐야 합니다.

그런데 이 테러방지법으로 금융조회를 할 수 있고 또 감청까지 하려고 한다면 도대체 얼마나 많은 사람이 필요하겠습니까? 그러면 예산을 얼마나 많이 가져가겠습니까? 아까 말씀드렸듯이 미국의 스노든이 폭로했던, 미국은 9·11 테러 이후에 기관 중의 한 기관 NSA가 감청하는 데 정보수집하는 데만 쓴 돈이 555조라는 것 아닙니까?

그러면 이 법안은 우리 국민의 예산을 같이 가져가는 법안이다 이렇게 말씀드려야 될 것 같습니다. 국정원이 검찰수사에도 개입하고 정치댓글에도 개입하고 대선을 좌우지하는 데도 개입했다라고 하는 겁니다. 우리는 그래서

지금은 국정원을 강화하고 예산을 주고 힘을 실어 줄 것이 아니라 국정원을 개혁하는 방향으로 나가야 된다.

작년 딱 이맘때입니다. 여야가 국정원을 개혁하자고 법안에 합의를 해 놓고 지금 여당이 갑자기 국정원을 강화하는 힘을 실어 주는 일을 하기 시작하는 겁니다. 항공기 납치, 폭탄테러, 인질, 핵물질, 국제 범죄조직 등 현행법으로 모두 처벌할 수 있습니다.

그런데 테러방지법은 새로운 유형의 테러의 개념은 전혀 없으면서 거기에 국정원의 힘만 실어 주는 법이다 이렇게 보면 되겠습니다. 국정원에 날개를 달아 주는 법이다 이렇게 보면 되겠습니다. 그러나 우리는 이제 국정원이 개혁이 필요하다 말씀드리겠습니다.

그러면 '의원님, 다른 나라 사례는 어때요?' 이렇게 묻기도 합니다. 그래서 저희가 다른 나라 사례를 자료를 요청했는데요. 그중의 몇 군데만 말씀드리도록 하겠습니다.

아까 말씀드렸듯이 미국 같은 경우에는 9·11 테러가 있었지만 2015년에 테러방지법은 뭐 했다? 폐기했다. 2015년에 테러방지법은 폐기했습니다. 그게 미국의 애국자법입니다. 애국자법이 너무나 많은 국민의 자유를 침해한다고 해서 애국자법은 폐기했습니다.

영국의 사례를 보도록 하겠습니다. 영국의 경우 내무부장관 산하에 국가안전 및 대테러부가 테러업무를 총괄하고 있습니다. 국정원에게 힘을 실어 주지 않고 내무부장관 산하에 있다.

미국도 대테러센터는 16개 기관을 총괄하면서 CIA가 아닌 국가정보국장을 둡니다. 미국 같은 경우에 국가정보국 밑으로 CIA·FBI·NSA 등등을 두면서 17개에서 각자 모은 것들을 국가정보국이라고 하는 기관이 전체를 관장하게 됩니다. 그러면서 NSC(국가안전보장처) 그리고 대통령 그리고 국토해양부를 보좌하는 형태로 돼 있습니다.

독일 역시 연방내무부 소속 연방헌법보호청이 국내외 테러리스트들의 동향에 관한 정보수집 업무를 총괄하고 있습니다. 연방내무부 소속 안에서 연방헌법보호청이 담당하고 있다라고 하는 말씀을 드리고자 합니다.

여러분, 미국이 애국자법을 폐기하게 된 것에는 대규모 NSA가 엄청난 정보를 그물처럼 좍 수집하면서 비용도 엄청나게 들고 사생활을 너무 많이 침해했다라고 하는 스노든의 폭로가 크게 기여했습니다. 그런 정보를 수집하는 프로그램으로 프리즘이라고 하는 프로그램을 여러분께 소개해 올렸었습니다.

프리즘 프로그램을 잘 생각해 보니까 대한민국에 그런 일이 있었던 거예요. 얼마 전에 RCS라고 해서 리모트 컨트롤 시스템(Remote Control System), 저도 잘 모르겠습니다, 리모트 컨트롤 시스템.

얼마 전에 어떤 해킹팀이 이탈리아 해킹팀을 해킹해 버렸습니다. 이탈리아에 해킹팀이 있는데 그 이탈리아 해킹팀이 또 다른 해킹자들에 의해서 해킹당했습니다. 그래서 해킹당해서 그 이탈리아 해킹팀의 해킹자료를 죽 보다가 보니까 그 이탈리아 해킹팀 그 해킹자료에 대한민국의 국정원이 의뢰한 내용들이 있더라는 것 아닙니까?

그래서 해킹당한 이탈리아 해킹팀의 내부 자료를 보니까 국정원이 그 해킹팀에 이메일을 보냈는데 뭐라고 보냈느냐 하면 '스파이웨어 감염 요청' 이것을 보냅니다. 매 요청마다 1개나 12개씩 감염개체를 요구해 도합 326개의 감염된 URL과 첨부파일 28개가 있었다는 겁니다. 이 가운데 내국인을 대상으로 사용한 건으로 추정되는 감염 URL 또는 내부 첨부파일이 43개나 된다는 겁니다.

2014년 10월 2일 감염을 요청한 '남가주 서울대 공과대학 동창회 명부' 첨부파일과 10월 4일, 10월 7일, 10월 23일 등 세 차례에 걸쳐 감염을 요청한 '천안함 문의' 첨부파일은 타깃 아이디 작업까지가 동일해 같은 목표물에게 사용된 것으로 추정된다. 제가 사실 이게 뭔지 잘 몰라서……

우리 국정원이 돈을 주고 이탈리아에 있는 해킹팀에다가 스파이웨어라고 하는 감염을 요청합니다. 그러니까 파일인데요, 파일 이름이 '서울대 공과대학 동창회 명부'라고 하는 파일이 있습니다. '이 파일을 쏴 주세요'라고 얘기를 합니다. 그래서 이 파일을 이탈리아 해킹팀이 곳곳에다 좍 쏩니다. 대한민국에 있는 어디 필요한 데 좍 쏘면 사람들이 그것을 클릭하는 그 순간 거기 그 사람 컴퓨터에, 그 사람 핸드폰에 스파이웨어가 깔리는 겁니다. 그러면 그 스파이웨어 깔린 것을 국정원 직원이 다 들여다보는 겁니다. 이런 첨부파일이 있었고요.

또 하나는, '천안함 문의'라고 하는 이것은 URL입니다. '천안함 문의'라고 하는 URL을 좍 돌려주세요. 이메일로 보내고 뭐로 보내고. 그래서 사람들이 그게 뭐지 하고 탁 클릭을 하는 순간 그 사람의 컴퓨터와 핸드폰 모든 곳에 그 스파이웨어가 깔리는 겁니다. 그러면 그 스파이웨어를 통해서 국정원이 그 사람의 인터넷, 핸드폰 모두 다를 쳐다볼 수 있는 겁니다.

이게 누가 한 일입니까? 얼마 전 떠들썩했는데 설마 나한테는 안 깔렸겠지, 저도 그냥 대강 넘어갔습니다. 그런데 이 내용이 이탈리아 해킹팀을 해킹한 것에 의해서 드러났고 의뢰를 한 곳은 우리 국정원이었습니다. 그러면 국정원이 지금 대테러방지법을 요구하고 있고, 연결되지 않습니까?

이것도 볼 수 있고 저것도 볼 수 있고 이것도 볼 수 있습니다. 미리 깔아 놓는 거지요, 다 보려면. 이것은 불법 아닙니까, 영장 없이 했으니까?

제가 아까 말씀드렸던 스노든, 스노든의 이야기가 바로 그것 아닙니까? 또 새로 온 분들이 계시니까……

(자료를 들어 보이며)

이 스노든이 NSA 직원입니다. 직원이 무차별로 감청한 내용입니다. 다 드러나는 겁니다. 어느 하루는 프랑스 파리에는 7000만 건을 감청합니다. EU 사무국도 다 감청되고 대한민국 대사도 다 감청되고 브라질도 감청되고 다, 엄청난 감청을 이루었다라고 하는 것을 폭로하게 되는 겁니다. 필요 없는 걸 다 감청한 거지요. 그런데 정말……

이 감청이 프리즘이라고 하는 프로그램에 의한 거랍니다. 감청이 있고 말고를 떠나서 이제 다 보일 수밖에 없습니다. 여러분, 스스로 조심하십시오.

우리 국정원이 프리즘 프로그램처럼 스파이웨어를 산 겁니다. 그걸 클릭하는 그 순간 내 핸드폰과 내 인터넷은 다 털리는 거지요. 그런 게 326개, URL 298개, 첨부파일 28개, 내국인을 대상으로 한 것이 43개. 이것은 우리가 그냥 분석한 결과지 실제로는 얼마나 더 큰지 모릅니다.

그래서 우리가 국정원에 우리 전문가 데리고 들어가서 국정원 안에 깔려 있는 것 다 보겠다고 했더니 국정원이 전문가는 못 들어온다, 우리 국정원은 국회의원만 들어와라, 그것도 정보위 국회의원만 들어와라. 들어가면 뭐 압니까? 제대로 파악을 못 한 거지요.

그런데 이것을 담당했던 그 직원을 그 직원만 한 거다 이러고 잘라 버렸어요. 국정원이 얼마나 무서운 곳입니까? 탁 꼬리치듯 잘라 버리고 나니까 그 국정원 직원은 어떻게 되었습니까? 자살했습니다.

어떻게 해서 국정원에 들어갔는데 공부도 잘해야 되고 의식도 남달라야 되고 그렇지만 해외정보 제대로 입수하고 그리고 대북정보 제대로 입수해서 통일에 한 발자국 다가가고 싶은 마음으로 국정원 직원이 되었는데, 그런데 이렇게 들어간 국정원 직원은 엉뚱한 일만 하다가 조직을 보호하려는 것인지 조직에서 내쳐진 것인지 모르겠으나 생을 마감했습니다.

저희가 그 내용을 한번 보니까 국정원 해킹팀 프로그램으로 휴대폰 감청했다, 국정원 2차장 산하의 국내 파트에서 사용한 의혹이 있다, 국정원이 이탈리아 해킹팀으로부터 구입한 인터넷 감시 프로그램을 주로 통신 도청·감청에 활용했음을 뒷받침하는 자료가 확인되었다, 또 국정원은 이미 2012년부터 이 프로그램을 실제 사용했으며 동시에 모니터할 수 있는 목표물을 최초 10개에서 20개로 늘려 운용한 것으로 나타났다.

이 같은 사실은 뉴스타파가 인터넷을 통해 공개한 해킹팀 유출 자료를 분석한 결과 나타났다. 국정원이 만약 이 스파이웨어를 통해 국내 스마트폰 사용자를 대상으로 통화 도·감청했다면 통신비밀보호법 위반 논란이 불가피할 것으로 보인다.

이것은 통신비밀보호법 위반입니다. 우리의 통신비밀보호법에는 감청을 하게 되거나 이럴 때는 수석부장판사의 영장을 받아 와야 합니다. 통신비밀보호법 제7조에 국정원이 그리고 검찰이든 경찰이든 감청이 필요하다라고 할 때는 수석부장판사가 판단을 해 줘야 합니다. 감청하라고. 그리고 감청한 결과를 보고하게 되어 있습니다. 장치를 이래저래 만들어 놨는데 영장을 받아서 그것만 감청하지 않고 여러 개를 같이 감청하는 문제가 도출되기도 합니다.

그런데 통신비밀보호법 제7조에 영장을 받아서 감청하게 되어 있는데 제8조에 위급할 시에는 36시간 동안 영장 없이 감청할 수 있다 이렇게 돼 있습니다. 영장 없이

35시간 감청하고 끝내고 다시 영장 없이 35시간 감청하고 끝내고 이러면 계속 감청할 수 있는 하자가 있습니다. 이게 분단국가의 아픔이고.

또 저희가 그런 통신비밀보호법을 계속 개정하려고 했는데 제가 그 통신비밀보호법 개정안을 제출해 놓은 상태임에도 불구하고 아직 새누리당에서 그것을 받아 주지 않아서 개정을 못 하고 상태입니다.

새누리당은 우리가 발목 잡는 법이 있다고 얘기를 하지만 우리가 발목 잡힌 법은 수도 없이 많습니다.

무진장 많고, 예를 들면 통신비 인하를 위한 호갱 방지법을 제가 내놓았는데 그것은 상임위에서 통과되지 못했습니다. 그렇지만 통신비 23조 원을 부당이득한 것을 전부 다 밝혀냈기 때문에 그 효과는 보고 있는 상태이기는 한데 어떻든 그렇다는 말씀을 드립니다.

국정원의 협력업체 역할을 한 국내 보안업체 나나테크가 해킹팀과 주고받은 메일을 보면 국정원은 지난 2010년부터 감시프로그램 구입을 추진하고 있다, 감시프로그램 구입을 벌써 추진하고 있었네요. 지금 어디에 얼마큼 되고 있는지 모릅니다. 그것이 이번 대테러방지법을 진행하게 된 기반을 또 만들고 있을 수 있을 것 같습니다.

해킹팀에게 자신들의 고객이 한국의 정보기관임을 이미 밝혔던 나나테크는 2010년 9월 보낸 이메일에서 고객이 해당 제품이 휴대전화상에서의 음성대화를 모니터링하는 기능이 있는지 알고 싶어한다면서, 고객이 그런 기능을 원한다고 전하고 있다.

완전 불법입니다, 완전 불법.

휴대전화상에서 음성대화를 모니터링하는 기능이 있는지 알고 싶어한다, 이게 이메일을 보낸 것에 그런 게 들어 있습니다.

여기에 대해서 해킹팀이 이렇게 답변을 합니다. 2012년 5월 나나테크에 보낸 메일에는 원격감시프로그램인 RCS(Remote Control System)를 업데이트하면서 목표물이 아무리 많더라도 모니터링 기능을 한국 전체로 확장할 수 있는 기능과 알려지지 않은 통화자의 목소리를 서로 구분할 수 있는 기능을 옵션으로 제공한다고 설명하고 있습니다.

한 번 더 읽어 드릴게요. 나나테크가 이탈리아에 있는 해킹팀에게 이메일을 보내면서 우리 고객께서—이때 고객은 국정원이겠지요—당신들이 갖고 있는 스파이웨어가, 해당 제품이 휴대전화상에서의 음성대화의 모니터링 기능을 하는지 알고 싶어합니다.

그러니까 아까 말했던 천안함 URL 그리고 서울대 무슨 동창회 명부 첨부파일 그것을 제가 여러분에게 날렸어요. 그런데 여러분이 '이게 뭐지?'하고 탁 눌러 보는 그 순간 여러분에게 그 스파이웨어가 깔리는 겁니다. 그런데 '그 기능이 그 사람이 통화하는 것 들을 수 있어요?'라고 물어보니까 이 이탈리아 해킹팀이 '목표물이 아무리 많더라도 모니터링 기능을 전국으로 확대할 수 있고 그리고

알려지지 않은 통화자의 목소리도 전부 다 구분할 수 있는 옵션을 제공한다'라고 답변하는 겁니다.

이 답변을 들은 국정원이 한 달 뒤 2012년 6월 10개의 목표물을 추가로 관리할 수 있는 계약을 요청해서 모두 20개의 목표물을 관리할 수 있는 시스템을 갖추게 된 것으로 보인다는 겁니다.

우리가 사진도 있고 한데요. 국정원이 감시하던 그 프로그램에 문제가 생겼어요. 그러자 국정원 측 관리자가 해킹팀에다가 글을 보냅니다. 국정원 리모트 컨트롤 시스템 콘솔의 실체 캡처 화면이다. 국정원 관리자는 문제가 생겼다며 어떻게 해야 고칠 수 있는지를 질문하며 이 사진을 첨부했다.

그러니까 국정원이 관리하던 모니터가 있는데요. 이게 문제가 생기니까 그 모니터를 찍어서 이탈리아에 있는 해킹팀에다 보낸 겁니다. 그런데 찍어서 보낸 그것에 지금 계속 모니터링되고 있는 것이 보이고 있다는 거지요.

화면 중앙에 '20분의 17'이라고 하는 게 떠 있는데 그것은 우리가 아까 깔았던 20개 시스템 중에 17개가 작동하고 있음을 의미하는 것으로 이 에이전트는 해킹 목표물에 심어 놓은 스파이웨어가 20개 중에 20개가 작동하고 있다라고 하는 것을 보여 주는 거라는 겁니다.

그러면 이런 프로그램은 누가 지금 운영하고 있었는가? 2차장 산하의 국내정치 파트에서 운영하고 있었다는 겁니다.

이것은 어떻든 2010년 이후부터 도청·감청이 국정원에 의해서 이루어지고 있었다라고 하는 것을 우연히 해킹팀이 이탈리아 해킹팀을 해킹했다가 발견된 프로그램입니다.

테러방지법은 이제 그것을 합법화하기 위한 절차에 지나지 않습니다. 해킹팀 프로그램으로 우리의 휴대폰을 전부 다 감청한다는 것입니다. 그나마 법적으로 수석판사의 영장을 가지고 와라라고 했음에도 불구하고 그냥 하고 있는 것이 있었고 그럼에도 불구하고 이제 합법화해 달라고 드미는 것입니다.

저희가 국정원 분들께도 부탁드립니다.

미국도 이것이 무리하다라고 하는 것을 판단해서 법을 폐기했습니다. 그리고 그것을 담당했던 관계자가 이 세상에 양심선언을 하며 폭로한 상태입니다. 그런데 우리가 지금 이것을 하자고 하면 역사의 시계를 거꾸로 돌리는 것입니다.

(자료를 들어 보이며)

잠깐 그 사이에 우리 네티즌들이 보내 준 의견, 서영교 의원실 수집 국민의견입니다.

제가 트윗에 '의견을 보내 주십시오'라고 했더니 이렇게 의견들을 보내 주셔서요. 제가 좀 가지고 왔습니다.

마당쇠 분 '일방적 시행보다 야당과의 소통을……'

박요한 선생님 '테러방지를 가장한 국민감시법, 민주주의 국가에서 있을 수 없는 시대착오적인 악법' 이렇게 이야기해 주셨습니다.

메론궁뎅이 님은 '정의화 국회의장께서 직권상정을 철회하지 않는다면 고발 또는 탄핵해야 한다고 생각합니다.' 아이구 이런 얘기도 해 주셨네요.

나는테러범이아닙니다라고 하는 분이 보내 주셨는데요.

'나는 내가 사랑하고 자랑스럽게 여기는 대한민국 국민에서 테러분자로 바뀌고 싶지 않습니다. 너무나 열심히 살고 있습니다. 그래서 더 잘살고 싶고 내 의견을 내고 싶은데 무섭습니다. 저는 테러분자가 될 수도 있기 때문입니다. 이러다 잡혀가는 것 아니냐라는 말을 너무 많이 듣습니다. SNS도 다 삭제해야 하나 고민이 됩니다.

내가 친구와 나눈 대화를, 사적인 순간들을 국정원이 알기를 원하지 않습니다. 알고 싶다면 대통령의 7시간부터 먼저 알려 주십시오. 내 세금으로 내 스스로를 감시하는 멍청한 국민으로 만들지 말아 주십시오.

테러방지법이 통과되면 전 국민 잠재적 테러범인 상태에서 선거도 투표도 의미 없습니다.

우리들, 이 나라의 국민을 잠재적 테러범으로 규정하는 그 순간 이 나라도 자연스럽게 테러국이 되는 겁니다.

기억하십시오. 헌법 1조 "대한민국은 민주공화국이다.", 헌법 1조2항 "대한민국의 주권은 국민에게 있고, 모든 권력은 국민으로부터 나온다."

오프닝이나 클로징에서 이름만 테러방지법인 국민감시법이 빨리 철회되고 필리버스터가 끝나고 선거법이 통과되었으면 한다는 언급으로 선거법 통과 지연의 책임을 새누리에게 넘겼으면 합니다.'

똑똑한 분이십니다.

뽀로로책상 '내가 산 내 핸드폰이 내가 주인이 아니라 국정원이 주인이 되는 거잖아요? 꼭 막아 주세요. 응원합니다!'

'절대 반대합니다. 국정원이 대통령을 뽑는 말도 안 되는 세상에서 노예 취급 받으면서 살고 싶지 않습니다. 저희 딸은 이제 막 사회에 발을 내딛는데 자신의 앞날보다 나라 걱정에 분노하고 불안해하고 있습니다. 우리 딸들의 20대가 행복할 수 있도록 해 주십시오. 뉴스 보면서 분노의 눈물은 이제 흘리고 싶지 않습니다.'

예! 저희가 우리 딸들의 20대, 행복을 가져다주도록 최대한 노력하겠습니다.

제가 지역구를 다니다 보면요 정말 20대 젊은이들 이쁩니다. 이쁘고 멋집니다. '꼭 막아 주세요.' '꼭 이겨 주세요. 그리고 우리들에게 힘 좀 주세요.' '야당 지지합니다.' '어? 어! 더불어민주당이에요?'

고맙습니다. 그런데 솔직히 말씀드리면 우리도 개별적으로 열심히 할진 모르나 분열되는 모습으로 이 착하고 선한 국민들에게 실망을 안겨드렸습니다.

빨리 하나가 되어야지요. 똑똑한 척하다가 분열하는 모습 이것을 극복해야 합니다. 저희들이 그런 부분에 있어서 너무 죄송하고 여러분을 지켜 드려야 하는데, 저희도 새누리당과 대립만이 아니라 대화하도록 하겠습니다. 대화하고 이야기해서 서로 방안을 찾아내도록 하겠습니다.

제가 2014년 이맘때 대변인이었는데요, 원내대표단이었습니다. 우리당 원내대표는 우윤근 원내대표였고요. 새누리당 원내대표는 이완구

원내대표였습니다. 양쪽이 사실 서로 막 대립하지
않고 우리가 요구하면 이완구 원내대표가 당시 총리
후보감이어서 그랬는지 되게 많은 걸 들어 줬습니다.

그래서 저희는 담뱃값 인상을 적극적으로 반대했는데
담배를 피우는 사람은 서민이다, 돈 있는 사람은 건강
얘기 해서 담배도 안 피운다, 그런데 긴 한숨 쉬고 가슴
답답해서 그나마 담배로 설움을 달래는 사람들이 서민인데
그 담뱃값을 2배로 올리면 서민은 어떻게 사냐, 그래서
안 된다고 저희가 계속 요구했는데 정부가 그냥 흔들림이
없습니다.

그래서 우리가 당시 이완구 원내대표 총리 갈 것 같은데,
그러면 담뱃값 올린 것 우리가 어떻게 할 수가 없으니까 그
올린 세금 중의 반은 무조건 국민안전자금으로 돌려 달라,
그래서 국민안전처로 돌려서 소방안전요금으로 돌려 달라,
그래서 119소방대원 여러분들의 활동비도 약간 올리고요,
소방차도 새로 살 수 있게 하고요, 소방서도 리모델링 할
수 있게 하고요, 기구들도 더 좀 할 수 있게 하고 그렇게
했습니다.

그러니까 담뱃값을 내리지는 못하고 저희가 올려서 저희
지지자들로부터 일정 비난은 받았습니다. 그런데 그것을
새누리당하고 어떻든 타협을 해서 그러면 그중의 걷는 세금
중의 반은, 그래서 그게 한 1조 정도 되는 것 같은데요,
그 반은 소방안전자금으로 가자 그래서 그 예산으로
만들었습니다.

그래서 저희가 안전자금으로 만들듯이 뭔가 방법을
만들어서 협상을 해서 야당도 살려 주고 여당도 살려 주고
이런 게 정치 아니겠습니까? 그랬던 기억이 있는데 이제
지금은 뭔지…… '한 글자도 못 고칩니다' 이렇게 얘기를
하니까 좀 서운하기도 하고, 많이 서운하지요. 그래서
저희가 좀 더 힘을 잘 모아서 고치든 아니면 폐기해 버리든
이렇게 해야 될 것 같습니다.

그러면 댓글을 좀 보았고요. 이제는 또 중간에 한번
말씀드리고, 사실은 여기 발언하는 주자도 이제 서서히
교체돼야 될 시점이 다가오는 것 같습니다. 그런데 이제
필리버스터는 시간을 계속 확보하는 의미의 내용을 가지고
있기 때문에 '할 수 있는 데까지 해라'라고 하는 동료들의
요구가 또 있어서, 제가 한 3일을 못 잤더니 잘 보이지도 않고
읽는 데 약간 헛돌기도 하고, 여러분 이해해 주십시오.

한 분이 말씀하셨습니다.

'의원님, 그동안 역사 속의 슬펐던 이야기를 좀 해
주십시오. 박정희 정권하에서 정권을 연장하기 위해서
중앙정보부를 정권 연장의 도구로 썼던 험한 사례들을
소개해 주십시오. 우리는 이 필리버스터를 보면서 새로
현대사를 공부하고 있습니다.'라는 이야기를 하셨습니다.
그래서 그 부분 관련해서 많은 의원님들이 했지만 또 한 번
말씀드리도록 하겠습니다.

사실은 첫 발언 할 때 국민 여러분께서 이 말을 꼭
하라고 했는데, 고생이 너무 많으십니다. 너무 미안합니다.
저희들이야 국회의원이 돌아가면서 하는데 우리 의장석의

의장님들은 세 분이 돌아가면서 하려니까 보통 일이
아닙니다.

저희는 한 번 하고 떠나가지만, 그래서 의장석에 계신
우리 정갑윤 의장님 그리고 또 의장님들, '힐러 리'라고
표현되는 이석현 의장님 계시지요? 여기서 발언하는
사람들을 힐링시킨대요. 그래서 '힐러 리 이석현'이라고
이렇게 부르는데 의장님, 그리고 또 우리 속기사님들은
보강이 되지 않았습니다. 보강이 되지 않은 채로 이것을
계속 맡아야 하니 정말 보통 일이 아닙니다.

그래서 우리 속기사님들께 너무 미안하고 그리고 또
저 뒤의 우리 방청객들은 한마디 말씀도 못 하셔서
답답하기도 하신데 우리 방호과에서 서 계신 분들께서 밤을
꼴딱꼴딱 새셔야 합니다. 하여간 새로운 국회 풍경인데요.
그래서 방호과 관계자님들께도 너무 감사드리고 언젠가부터
수화 통역해 주시는 분이 오셨습니다.

(수화를 하며)

'수화는 언어다.'

'수화는 언어다.' 이렇게 하는데요.

제가 그걸 배웠는데 '수화는 언어다.'

'수화는 언어다.'

한 번 더, '수화는 언어다.'

'수화는 언어다.'

그래서 이번에 법안 중에 한국수화법이 통과됐습니다.
그래서 수화법 자체가 수화를 국어처럼 하는 것을 저희가
지역 현장 다니면서 청각장애인분들에게, 농아인분들의
이야기를 들어서, 정말 이 수화로 모든 게 다 되더라고요.
그래서 그것을 언어로, 법을 저희가 만들었고 통과시키는
쾌거도 있었습니다.

그래서 오늘 수화해 주시는 분들께 또 감사드리고
내내 돌아가는, 새로운 신조어 '마이국회TV' 맞나요?
'마이리틀TV?', 텔레비전? '마리텔' 우리가 가지고 있는
나의 작은 텔레비전 그리고 '마국텔', '마이국회텔레비전'
그래서 계속 방송을 해 주시고 계시는 국회방송 관계자
여러분과 그리고 또 같이 팩트TV, 아프리카 그리고 또
망치부인 그리고 국민TV, 오마이TV 등 관계자 여러분들께
너무 감사드리고 또 우리 방송 언론인 여러분들이 너무 많이
고생을 하고 계십니다. 이렇게 강행군을 한 적이 없었을
텐데요.

고맙습니다.

그래서 너무너무 고생이 많으시고 잠 못 주무시는데
촬영팀 그리고 카메라팀 그리고 또 우리 펜기자 여러분 너무
감사드립니다. 그리고 미안합니다.

이제 그동안 형장의 이슬로 사라져 간 사람들의 이야기,
정권을 유지하기 위해서 간첩사건이 하나 필요했을 때마다
터져서 형장의 이슬로 사라져 간 사람들의 이야기를
여러분께 말씀드려 보도록 하겠습니다.

1961년 조용수 민족일보 사건입니다.

민족일보는 1961년 거류민단 조직부 차장 등을 지낸
조용수에 의해 창간된 혁신계 신문입니다. 그런데 5·16

군사쿠데타로 집권한 박정희 정권의 계엄령 선포, 5·16 군사쿠데타로 집권한 박정희 정권은 군사쿠데타 이후 계엄령을 선포하고 포고 제1호로 언론의 사전검열을 강제하는 조치를 취합니다.

반공을 국시라고 5월 19일 내세웁니다. 그런데 여기에 혁신계 신문인 민족일보가 이와 관련해 반대를 합니다. 그러자 계엄령하에서 민족일보를 강제로 폐간시키고 이 신문사 사장인 조용수 씨를 사형시켰습니다. 이렇게 무서운 사람이 대한민국의 대통령을 계속했다는 것에 대해서 우리는 생각해야 합니다.

1964년 인혁당사건, 유신정권 당시 정치권력에 종속된 수사기관과 사법부의 불법이 낳은 대표적인 사법살인사건. 김형욱 당시 중앙정보부장이 기자회견을 통해 '북괴의 지령을 받고 대규모 지하조직으로 국가 변란을 획책한 인민혁명당사건을 적발했다. 일당 57명 중 41명을 구속하고 16명을 수배 중이다'라고 발표를 했습니다.

그때 많은 사람이 제대로 재판을 거치지 못하고 형장의 이슬로 사라졌습니다. 2002년 의문사진상규명위원회는 인혁당사건에 대해서 중앙정보부의 조작극이었다고 밝혔습니다. 진상규명위는 당시 중앙정보부가 도예종 씨 등 23명에 대해 북한의 지령을 받아 인민혁명당 재건위를 구성, 학생들을 배후 조종하고 국가 전복을 꾀했다고 발표했지만 조사결과 이를 입증할 내용이 하나도 없었습니다. 진술조서는 모두 조작됐음을 확인했다면서 중앙정보부에 의해 박정희 대통령에게까지 보고된 것으로 드러났다고 판결 내렸습니다.

2015년 우리는 인혁당사건 연루자 9명에 대해서 재심에서 무죄를 선고한 원심을 확정하고 모두 무죄판결을 내렸습니다. 재판도 제대로 거치지 못하고 떠나갈 수밖에 없었던 그 젊은 지식인들에게 우리는 어떻게 해야 합니까? 박정희 대통령의 지시로 되었다라고 하는 판결이 나왔으니 얼마나 많은 죄가 있었던 겁니까. 이에 대해서는 박근혜 대통령도 사과했던 것으로 기억하고 있습니다.

1967년 북한 조선중앙통신사 부사장이었던 이수근이 남측에 귀순해서 살았습니다. 1969년 1월 여권을 위조해 해외로 출국하여 체포된 후 간첩으로 몰리게 된 사건입니다.

그런데 이수근 같은 경우에는 남측에 귀순해서 사는데 하도 지나친 감시와 재북 가족에 대한 걱정 때문에 출국하자 중앙정보부가 위장 간첩으로 조작, 처형한 것이라고 진실화해정리위원회가 얘기해 줍니다.

'이수근을 위장 간첩으로 인정할 근거가 없다', 그분은 그렇게 처형되어 갔지만 21년 동안 억울한 옥살이를 한 처조카에게라도 무죄를 선고한다라고 법원이 무죄를 선고했습니다.

동백림사건입니다.

동백림은 1967년 동독의 수도인 동베를린을 거점으로 있었던 우리 유학생들의 이야기입니다. 그것을 동백림이라고 불렀습니다. 문화 예술계의, 지금 우리는 거장이라고 얘기하지요. 윤이상·이응노, 학계의 황성모·임석진

등 194명이 대남 적화공작을 벌이다 적발되었다라고 동백림 간첩단사건을 터트리게 됩니다. 그리고 여기에 서울대학교 문리대의 민족주의비교연구회, 민비회도 같이 반국가단체라고 발표를 합니다.

이 사건에도 사형 2명, 실형 15명, 집행유예 15명, 선고유예 1명, 형 면제 3명이 있습니다. 이 사건은 박정희 정권의 6·8 부정선거 비판 분위기가 거세지자 반전을 위해서 수사 중임에도 불구하고 열흘 동안 일곱 차례나 수사 발표를 합니다.

'베를린에 유학 간 학생들이 간첩생활을 했습니다. 194명이나 됩니다. 서울대 민족주의비교연구회 소속 학생들도 똑같았습니다'라고 계속 떠들면 떠들수록 6·8 부정선거에 대한 의구심은 이쪽으로 넘어가게 되는 것이지요.

'경제가 어렵습니다. 경제가 아주 어렵습니다. 노무현·이명박 정권에 이어 박근혜 정권에서는 경제가 더 어렵습니다. 최악으로 곤두박질치고 있습니다. 청년실업은 최고 수치를 달리고 있습니다. OECD에서 모든 나쁜 것은 싹 다 1위입니다'라고 하는 이 시점에 북한 테러 조짐을 이야기합니다. 그리고 테러방지법, 테러방지법, 테러방지법을 이야기하니 우리의 눈은 또 한쪽으로 가고 있지요.

그래도 이제 세상이 바뀌었습니다. 옛날과 달라졌습니다. 신문만 본 시대가 아닙니다. 이제 더 많은 내용이 SNS로, 인터넷으로 그리고 내 손 안의 핸드폰으로. 새로운 미디어가 만들어지기 시작했습니다. 이것이 국정원은 두려운 겁니다. 이 넓게 퍼진, 만연되어 있는 SNS를 다시 장악하는 것이 필요하다, 과거에는 댓글로 장악했는데 이제는 감시하고 들어가고 감청해야겠다라고 시작하는 겁니다.

야당이 분열되지 않았다면, 야당의 의석수가 좀 더 많았다면 여러분을 그냥 지켜 드릴 수 있었을 텐데 죄송하고 죄송할 뿐입니다.

1973년 최종길 서울대 교수 간첩 조작 및 고문치사사건.

1973년입니다. 서울대 문리대 학생들이 박정희 정권 10월 유신에 반대하며 데모를 했습니다. 법대생들이 체포·연행되어 구금된 것에 대해서 교수회의에서 스승으로서 모른체 해서는 안 된다며 부당한 공권력의 최고 수장인 박정희 대통령에게 총장을 보내 항의하고 사과를 받아야 한다고 발언했습니다.

중앙정보부에서 유럽간첩단 사건에 수사협조를 요청하자 10월 16일 중앙정보부에 근무하고 있던 최종선을 따라 중앙정보부에 들어간 뒤 10월 19일 변사체로 발견되었습니다.

최종길 서울대 교수는 문리대 학생들이 연행되고 10월 유신에 문제 제기를 해서 연행된 것에 대해서 문제를 제기하자 중앙정보부에 근무하고 있던 최종선을 따라 중앙정보부에 들어간 뒤 10일 만에 변사체로 발견되었습니다. 당시 중앙정보부 차장은 최종길이 간첩혐의를 자백하고 중앙정보부 건물 7층에서

투신자살했다고 발표했다고 합니다.

여러분, 이게 말이 됩니까? 중앙정보부에 따라가서 최 교수는 중정의 고문과 협박 등 각종 불법수사에도 불구하고 강요된 간첩자백을 하지 않았습니다. 죽임을 당한 것이라고 봐야지요. 그래서 의문사진상규명위원회는 민주화운동 관련성이 인정된다고 결정하고 그 유가족께 18억이라고 하는 배상을 하게 되었습니다.

1973년의 김대중 납치사건, 1973년 일본 도쿄에서 한국 야당 지도자 김대중이 납치되어 한일 간의 외교 문제로 비화되었습니다. 김대중은 통일당 당수 양일동을 만나러 그랜드팔레스 호텔에 갔다가 대기하고 있던 한국 정보기관 요원 5명에게 납치되었습니다. 정보 요원들은 김대중을 수장시키려고 했습니다. 그런데 수장시키기 직전 구출되어 129시간 만인 8월 13일 밤 10시 집으로 돌려보내졌습니다. 이후 진상규명은 밝혀지지 않았습니다.

그런데 이 사건을 추적하던 기자에 의하면 김대중을 납치하라고 했던 것은 박정희 대통령의 지시냐 아니었냐, 박정희 대통령이 알고 있었느냐 그렇지 않느냐가 가장 중요하다고 했습니다. 중앙정보부 관계자가 이제 생명을 다해 갈 때가 됐다며 이제 그때의 이야기를 해야겠다며 기자를 만나 이야기를 하기 시작했습니다.

중앙정보부 다른 관계자에 의해 박정희 대통령이 '김대중 대통령을 빨리 어떻게 하라, 김대중을.'이라고 하는 이야기가 나왔었다고 이야기를 하고 그리고 '일을 처리하고 난 후에 칭찬을 받았다'라는 이야기가 있었다. 내가 이제 숨을 거둘 때가 되었으니 말할 수 있다'라고 하면서 기자에게 이야기했다고 합니다. 그렇지만 뚜렷한 것이 나온 것은 아니고 그때 그 칭찬을 받은 자에게 들었다라든지 이런 식으로 얘기가 됐다고 합니다.

이것을 보면서 과연 과거에만 있었던 일일까라는 생각을 저는 해 봅니다. 아까 말씀드렸듯이 국정원의, 이탈리아 해킹프로그램을 샀던 국정원 관계자, 국정원 2차장하의 국내 파트 팀에서 운영되고 있었다라고 얘기하고 있음에도 불구하고 한 사람이 자기 목숨을 끊으면서 이것은 덮여지고 있습니다. 어느 누가 목숨을 끊고 싶겠습니까? 그 해킹프로그램을 산 것이 목숨을 끊을 만큼이었을까요?

뭐 여기에는 의문이 있습니다. 그래서 우리는 해킹프로그램이 국정원에서 진행되고 있는지 수사도 해야 하고 그리고 왜 그 사람이 자살했는지, 스스로 자살인 건지 아닌 건지, 기본 ABC 아닙니까? 누가 자살했대요. 그러면 자살인지, 타살인지 살펴보는 것이 기본 ABC 아닙니까? 그런데 우리는 그 ABC가 국정원으로 가면 해결이 되지 않습니다. 과거의 일도 무서운데 지금 일은 바로 옆에 있어 그렇지 더 무서운 일이 벌어지는 거지요.

여러분, 어느 날 청와대의 문건이라며 조응천 그리고 최 모 경찰인가 이렇게 해서 정윤회 문건이라고 해서 십상시 문건, 공식 라인이 아니라 비서실장도 모른다, 정윤회와 비서실 3인방이 모든 것을 이루고 있다라고 하는 문건이 세계일보에 의해서 전부 다 보도되지 않습니까? 그런데 그

사건도 마찬가지입니다. 세계일보에 제보했던 그 사람이 목숨을 끊으면서 덮는 겁니다. 무섭지 않습니까?

돌이켜보면 국정원, 청와대, 나중에 수사에서는 아무것도 아니라고 나오기는 했는데 그 사건 뒤에는 꼭 한 사람의 경찰들이, 한 사람의 국정원 직원이 자살을 합니다. 과거의 일만 무서운 것이 아니다, 이렇게 말씀드릴 수 있을 것 같습니다.

여기서 제 얘기를 한번 해 볼까 합니다.

저는 1983년도에 이화여대에 입학했습니다. 대학생활이 얼마나 그리웠겠습니까? 미팅만 하고 지냈는데 아직 학교 안에 사복경찰들이 있을 때였습니다. 우리는 짭새라고 불렀는데요, 사회에 눈을 뜨지 못했습니다. 그런데 일정한 시간이 되면 그 사복경찰들이 선배들의 머리채를 끌고 선배들을 연행해 갑니다. 선배들이 메가폰을 들고 '앵' 울리지요. '광주학살 규명하라, 폭력경찰 물러가라'라고 건물 4층에서 창문을 열고 외칩니다.

잔디에 앉아서 있던 우리는 순간 고개를 돌리고, 돌리는 그 순간 누군가 뒤에서 그 선배의 머리채를 휘어잡고 끌고 갑니다. 4층에서부터 질질 끌려 내려오던 선배의 모습, 우리가 모두 다 뛰어내려 가서 그 짭새들로부터 선배를 끄집어냅니다. 아무리 끄집어내도 끄집어내지 못하고 끝내 선배는 끌려갑니다. 또 그 주변에 있던 사람까지 마저 끌려갈까 두려워 어느 순간 손을 놓고 돌아오지요.

머리는 복잡하고 아픕니다. 그런데 '내가 이 무서운 세상에서 왜 그쪽에 껴야 돼? 나는 공부 열심히 하고 어머님 힘들게 사셨는데 최소한 기자, 외교관이 돼야 해' 이게 제 목표였습니다.

외면하고 지나가면 그다음 시기에 또 똑같은 것을 봐야 했고 그러다가 어느 날 광주의 이야기가 무엇인지를 알게 되었습니다. 알게 되고 머리는 아프고 내가 왜 공부를 하는지도 힘이 들고, 아프고 힘들게 죽어 간 사람들, 광주항쟁 속에서 처절하게 목숨을 잃은 사람들, 가슴이 잘리워진 사람들, 누구인지 얼굴이 뭉개진 사람들, 총머리창에 머리가 날아간 사람들…… 아마 저만이 아니라 모두 똑같았을 겁니다. 그래서 저희들이 이것에 대해서 알아보게 되고, 그러지 않고는 평범한 생활을 하기 어려웠기 때문에.

그러나 누가 그 무서운 정권하에서, 쿠데타로 집권한, 광주학살로 집권한 전두환 정권하에서 누가 학생운동을 꿈이나 꾸겠습니까? 그런데 누군가는 해야 했습니다. 그래서 이화여대 총학생을 할 수밖에 없었고, 이화여대 총학생회장은 곧장 잡혀가는 구속 순위 1번입니다. 끊임없이 갈등할 수밖에 없었던 것은 어렵게 키운 부모님, 5남 1녀에 할머니까지 모시고 옷가게 하면서 저희들을 키운 부모님, 시장에서 옷가게로 저희를 키워 주신 부모님…… 정말 불효지요.

그런데 더 많은 학생이 끌려가는 것보다는 총학생회장 한 명만 잡혀가면 좋겠다, 모든 알리바이는 다 나에게 맞춰라, 아무리 무서워도, 닭 모가지를 비틀어도 새벽이 온다고

말했듯이 아무리 탄압하고 잡아가고 끌어가고 고문을 해도 이 시대의 양심, 학생들은 학생운동을 계속했습니다. 저도 학생운동을 했고 이화여대 총학생회장이었으니 '오픈'이라고 합니다. '오픈'. 언더 조직이라고 하는 것도 있고, 여기서 학생들이 책을 읽는 서클이면 언더라고 하고 저희는 합법적인 기구이기 때문에 오픈이라고 합니다.

어느 날 제가 건대사건의 모든 알리바이를 저에게 맞추라고 했고 배후로 되어서 치안본부로 연행됐습니다. 서대문경찰서에서 저를 잡아야 하는데 치안본부가 나서기 시작한 겁니다. 서대문경찰서 형사가 저희 어머니께 와서 '어머니, 경찰서에서 잡아가야 걔가 안 다칩니다. 치안본부에서 잡아가면 아무것도 못 합니다. 큰일 납니다. 치안본부는 무서운 곳입니다. 빨리 자수시켜서 서대문경찰서로 보내십시오.'

부모님이 갈등이 되지 않으시겠습니까? 그런데 저희 어머님은 갈등을 하지 않으셨습니다. 단호했습니다.
(「의장, 테러방지법하고 개인 신변 문제하고 무슨 관계가 있어요?」하는 의원 있음)
치안본부, 국정원 이야기를 하는 겁니다. 국정원의 고문 이야기를 할 테니까 들어 보십시오.
(「무슨 관계가 있어요, 그게!」하는 의원 있음)
(「테러방지법 얘기를 하세요!」하는 의원 있음)
여러분, 우리가 아까 말했듯이 국정원의 간첩조작사건은 왜 일어날까요? 아니, 간첩이 아니면 아니라고 하면 되지 왜 간첩이 될까요? 간첩이 아닌데 왜 간첩조작사건으로 194명이나 되는 사람들이……

우선 그냥 묶어서 간첩으로 만들기도 하지만 고문을 합니다. 고문을 하고 그 고문에 내 친구가 당하는 게 두려워 내가 인정을 하고 그리고 '쟤가 다 불었어. 너 인정해'라고 하면 '네가 말 안 하면 쟤 죽어'라고 해서 내가 인정을 하고 그러면서, 그래도 그렇게 형장의 이슬로 금방 사라질지 모르고 이야기를 하게 되고 그들은 고문에 의해서 간첩이 됐고 그리고 오랜 세월이 지나 진실화해위원회에서, 의문사규명위원회에서 그들의 억울함을 풀어 주게 되는 겁니다.

마찬가지로, 저는 국가보안법입니다. 제가 왜 국가보안법이겠습니까? 치안본부에 갔고 저는 총학생회장이라 갖고 다니는 물건도 아무것도 없습니다. 후배 방에서 잠시 기거를 했는데 치안본부의 검은 옷 입은 사람들에 의해서 연행돼 갔습니다. 작은 남영동 대공분실 치안본부는, 전두환 정권, 박정희 정권에 이은 이 대공분실은 작은 욕조 하나, 책상 하나 있었습니다.

3일을 재우지 않고 저에게 사회주의를 지향한다고 도장을 찍으라는 겁니다. 머리채를 휘어잡혀 끌려가던 선배들을 보면서 이건 아니다 싶어, 광주 얘기를 들으면서 이건 아니다 싶어 했던 저에게 사회주의를 강요하게 되는 겁니다. 그런데 3일을 안 재우고 물에 빠뜨리고, 제가 빠진 물은 살아남을 만큼이었습니다. 오픈의 여성이기 때문에 살아남을 만큼이었습니다. 얼마나 무서웠겠습니까?

대학생이라고 스물네 살입니다.

그런데 이 정도 고문은 아무것도 아닙니다. 제가 치안본부에서 고문을 받고 잠시 유치장으로 가면 거기에 있던 남학생은 반성문을 쓰고 있습니다. 왜 반성문을 쓰냐고 물으면 욕조에 빤쓰만 입힌 채로 발목에 수갑이 채워지고 손목에 수갑이 채워져서 무릎 사이에 끼워진 채로 차가운 물은 차갑게 자기 몸통이로 올라오고 위에서 몇 명의 치안본부 직원이 자기를 누르고, 그러면 그 속에서 기절을 몇 번 하고, 이러고 나면 없는 것도 다 써야 하고 있는 것도 없는 것도 다 쓰고 그리고 반성문을 쓰지 않고는 죽을 수 있다라고 하는 생각밖에 없다는 겁니다.

그래도 유신 긴급조치 때보다는 나은 겁니다. 전두환 정권하에서 그래도 저는 오픈이라 살 만큼 고문받았습니다. 반성문도 쓰지 않아도 될 만큼 고문받았습니다. 반성문을 쓴 사람들은 죽을 만큼 고문을 받았고, 그래서 반성문을 쓸 수밖에 없었고, 그리고 나니 그다음은 고통스러운 나날이 될 수밖에 없고 자기 우울증, 자기 자괴감 그리고 세상에 나와서 당당하지 못한 경우가 많습니다.

대한민국이 분단되었다는 이유로, 정보기관이 대공분자를 잡는다는 이유로 멀쩡한 학생들에게, 멀쩡한 사람들에게, '아닙니다. 이건 아닙니다'라는 몇 마디 하는 사람들에게, 한국의 현대사를 좀 공부하고 싶어 하는 사람들에게 고문과 딱지를 붙입니다.

저는 그렇게 해서 재판을 받았고요. 재판을 받는데 '그러면 검사에게 고문받았다고 이야기하지요', 이야기한들 뭐가 달라지겠습니까? 저와 같은 사람도 똑같습니다. 어머님한테 얘기하면 어머님은 놀라기만 하지요. 없는 일로 하고 가는 겁니다.

그런데 재판정에서도 굳이 고문받았다는 얘기를 하지 않았습니다. 고문받았다는 이야기를 할 수 있는 사람은 김근태, 허인회, 그 수없이 많은 고문을 받아서 발목 복숭아뼈에 붙어 있는 그 상처 딱지, 그들이 그렇게 약을 발라도 숨길 수 없던 그 상처 딱지를 가지고 고문을 폭로할 수 있었습니다. 허인회는 당시에 온몸에 석유가 뿌려져서 온몸이 석유로 짓눌리고 진물이 나고 그러면서 그것을 이야기할 수 있었습니다.

그런데 저는 실형으로 가야 하는데 판사께서 얘기를 들어 보더니 집행유예를 때렸습니다. 그 판사님을 제가 국회의원이 되고 나서 찾았습니다. '그때 집행유예를 해 주셔서 제가 그나마 공부도 좀 더 할 수 있었습니다.'라고 그랬더니 판사님 말씀이, 지금은 한참 어른이 되셨지요. 그때 자기가 멋몰라서 집행유예 때렸다는 겁니다. 자기가 알았으면 위에서 혼났을 텐데 집행유예 때렸겠느냐 이거지요. 그런데 '아이고, 이건 뭐 실형을 때릴 수도 없고 당연히 집행유예고 공부하게 해야지. 그래서 모르는 척하고 집행유예를 때렸으니 얼마나 다행이냐.'고 말씀하십니다. 이 세상은 좋은 분이 많습니다. 제가 다시 그분에게 은혜를 갚고 많은 것을 배워서 또 제가 이제 법사위원이 됐으니 억울한 사람들을 풀어 주는 일을 하고 싶습니다.

'왜 간첩이 됩니까? 왜 국가보안법이 됩니까? 그랬으니까 그랬을 것 아니에요?' 저는 한 게 없습니다. 광주학살 규명하라는 것과 그것밖에 한 게 없습니다. 그리고 폭력경찰 물러가라는 것밖에 한 게 없습니다.

그런데 제가 국가보안법이 되려면 이적표현물을 소지해야 돼요. 저에게 이만큼의 이적표현물이 들어오더라고요. 그런데 제가 딱 보니까 제가 기거하던 후배 방에서 나온 것 같아요. 그러니 제가 제 게 아니라고 하면 후배가 또 잡혀 올 것 아닙니까? 그래서 제가 그것을 다 제 거라고 해서 이제 넘어갔습니다. 그런데 세월이 지나 그 후배를 만났더니 '제 방에 그런 이적표현물이 왜 있습니까?' 그러더라고요. 그래서 '아……' 그 아이는 그리고 이민을 갔고 이민을 갔다 와서 나중에 만났는데 그 얘기를 하더라고요. 저는 후배 지키느라고 그것을 했고 그래도 후회하지 않습니다. 그런데 후회하지 않는 이유는 살 만하니까요. 살 만큼 고문당했으니까요. 그런데 이렇게 간첩사건에 데어 가는 많은 사람들, 제가 봤던 많은 사람들은 살 수가 없었습니다. 친구 1명은 여기에 물수건을 올려놓습니다. 거기는 욕조도 아닙니다. 물수건을 올려놓고 따뜻한 물을 계속 붓습니다. 그러면 기절을 합니다. 그리고 깨면 그냥 무작정 팹니다. 그리고 또다시 물수건을 올려놓습니다. 그러기를 여섯 번, 그러고 난 다음에 그들이 부르는 대로 쓰게 되는 겁니다.

필리버스터가 있어서 이런 이야기를 할 수 있게 되었습니다. 세상을 바꾸는 데 조금이라도 기여를 할 수 있다면 24살짜리 여대생도, 23살짜리 대학생도 그리고 이제 이번에 세상을 바꾸는 사람들은 대한민국의 젊은이들이 될 것이다 이렇게 저는 장담하고 싶습니다. 대한민국의 젊은이들은 너무나 똑똑합니다. 아까 한 네티즌이 써 주셨듯이 '우리 딸들에게 행복하게 해 줬으면 좋겠어요.' 대한민국의 어머니들도 용감합니다. 그리고 대한민국의 아버님들도 용감합니다.

지역의 어르신들도 마찬가지입니다. '왜 테러방지법 반대하고 그래?' '아버님, 이게 이런 게 이런 게 들어서요.' '아, 그래? 그러면 그것 빼고 통과시켜.' '알겠습니다.' '그러면 그렇지. 서영교가 하는 게 그러면 그렇지. 그랬을 거야.' 더 만나고 더 얘기함으로써, 더 잘 모심으로써 많은 사람들과 함께할 수 있다 이렇게 말씀드릴 수 있을 것 같습니다.

어렵고 힘들었던 많은 사람들에게 따뜻한 말씀을 한 번씩 건네주십시오. 그리고 용기를 주십시오. 그러면 훨씬 더 큰일들을 할 수 있을 거라고 생각합니다.

간첩조작사건이 너무나 많은데요. 이제 여러분에게 조금 이따가 필요하면 다시 한 번 더 읽는 것으로 하고……

(자료를 들어 보이며)

대통령 취임 3주년입니다. 노인빈곤율은 OECD 중에서 1위입니다. 노동시간도 OECD 중에서 1위입니다. 자살률도 1위입니다. 최저임금 노동자 비율도 1위입니다. 합계출산율도 OECD 꼴찌입니다. 노인소득 전체 대비 OECD 꼴찌입니다. GDP 대비 복지지출 OECD 꼴찌입니다. 저출산 관련 예산지출 OECD 꼴찌입니다. 평균 근속연수

5.6년 OECD 꼴찌입니다.

(「의장님, 저출산이랑 테러랑 무슨 관계가 있습니까? 최저임금이랑 테러랑 무슨 상관이 있습니까?」하는 의원 있음)

이런 글을 제가 인터넷에 올리면……

● **부의장 정갑윤** 서 의원님, 존경하는 서 의원님, 잠깐요……

● **서영교 의원** 제가 질문을 받았습니다. '의원님, 제가 이런 글을 올리면 저 감시대상 되지 않을까요?'

● **부의장 정갑윤** 서 의원님, 물 한잔 마시고 좀 쉬세요. 물 한잔 마시고 제가……

참 제가……

● **서영교 의원** 자, 우리는 이런 게 걱정인 겁니다. 이 이야기도 해야 하고 느낀 이야기도 해야 하고……

'그런데 왜 내 핸드폰은 들여다보는 거지요?'

'세월호 가만히 있으라고 했다고 해서 가만히 있지 말고 모여서 이야기해 봅시다.'라고 했던 한 여대생이 있었습니다. 그 여대생은 감청이 되었습니다. 카카오톡이 감청이 되었습니다. 왜 세월호에서 가만히 있으라 합니까?

(「아니, 왜 세월호 얘기를 합니까? 의제 외 발언 아닙니까?」하는 의원 있음)

(「아니, 감청 얘기하잖아요, 감청 얘기. 좀 들어 보세요」하는 의원 있음)

감청이 되었다고요. 그 이야기를 했던 여대생이 감청이 되었습니다.

감청영장은 제가 영장을 청구해서 감청이 되어서, 그러면 이 여대생만 들여다볼까요, 아니면 옆에 있는 사람도 들여다볼까요? 그래서 카카오톡에서 이렇게 이야기를 합니다. '영장을 가지고 와서 보여 달라고 하면 다 보여 줬습니다.' 그런데 그 내용을 안 네티즌들이 카카오톡 버리자, 다 텔레그램으로 이사를 가자, 일대 혼란이 왔습니다. 우리 기업이 타격을 받고 일대 혼란이 왔습니다. 그러자 국정감사 현장의 이곳저곳에서 카카오톡의 대표를 불렀습니다. 카카오톡 대표가 이야기했습니다. '우리 서버에 더 이상 남기지 않을래요. 그동안 남겨 있던 것을 모아서 줬는데 이제 카카오톡 서버에 글을 남기지 않겠습니다.'라고 얘기를 했어요. '카카오톡 서버에는 3일만 남기겠습니다.' 영장 발부받아서 왔을 때는 3일 남았던 게 없어져 버립니다. 그러니까 이제 패킷감청이 들어오는 겁니다.

그러니까 아까 말했듯이 이탈리아 해킹업체에다가 스파이웨어를 사서 곳곳에 스파이웨어를 깔아 달라고 하고 거기를 지나가는 모든 사람의 핸드폰, 카톡, 블로그, 카페 다 볼 수 있게 만들고 있다는 겁니다. 그것이 우연치 않게 드러나자 한 국정원 직원이 떠난 겁니다.

저도 이것까지는 상상을 못 했습니다. 저는 솔직히 말해서 스노든이 세상에 폭로했을 때 '와, 저런 게 있구나'라고 하고 넘어갔지 이번 필리버스터를 준비하면서 스노든의

폭로는 미국에 어떤 변화를 가지고 왔는지 이제 알게 된 겁니다. 스노든의 폭로가 미국의 테러방지법을 폐기시킨 것 아닙니까? 스노든의 폭로가 오바마로 하여금 국민의 자유와 안보를 같이 지키자라는 얘기를 하게 된 것 아닙니까?

미국 사람들은 다 알고 있었습니다. 이제 그만해야 된다는 것을. 그런데 테러, 9·11 테러의 상처가 너무 커서 차마 서로 이야기를 못 하고 있었던 거지요. 9·11 테러 상처가 너무 커서 이라크 갔는데 이라크 가서 또 상처를 가지고 왔고, 이라크에 파병한 미군들이 거기 이라크 포로들을 학대하는 장면만 나오면서 미국의 이미지만 실추되고, 그리고 너무 많은 정보를 가지고 오니 보지도 못하고 돈만 들고 필요도 없고 인권침해는 일어나고. 그래서 미국이 판단을 하게 된 겁니다. 아, 이런 식으로 다 보는 것은 안 되겠구나, 오히려 몇몇 용의자를 보고 그들을 계속 추적하는 것이 필요하겠구나, 방식을 바꾸자, 서로 나누자, 이렇게 바뀌게 된 겁니다.

스노든의 이야기가 미국을 바꾸는 일대 계기가 되었듯이, 제가 말씀드렸듯이 미국 외에 다른 나라에는 특별한 테러방지법이 정보기관 산하에 없습니다. 미국도 마찬가지로 애국자법이 정보기관 산하에 없습니다. 우리만……

나라 부채가 1200, 국가 부채가 1200, 가계 부채가 1200조입니다. 국가 부채는 600조에 이릅니다. '왜 우리는 이렇게 부채에 시달려야 되지요?' 이걸 쓰고, 제가 아까 읽어 드렸잖아요. 자기가 자기 검열을 하게 됩니다. '어? 이거 써야 돼, 말아야 돼? 넣어야 돼, 말아야 돼?' 막걸리 반공법보다 더 무서운 상황이 됐습니다.

새누리당에서도 전향적으로 검토를 해야 합니다. 대테러방지법을 갑작스럽게 가지고 오기 직전에 새누리당에서는 내용 다 빼고 껍데기만, 이름만 테러방지법이라고 합시다, 그렇게 얘기했었습니다.

우리에게는 테러, 몇 번 말씀드렸지만 국가대테러활동지침이 20년 전에 만들어졌고요. 세상이 바뀌면서 계속 개정돼 와서 2015년까지 개정되어 있습니다. 여기에 테러 규정이 다 되어 있고요. 그리고 국가대테러활동지침에 의장은 국무총리가 맡는다, 이렇게 되어 있고요. 한 번 더 읽어 드릴까요? 한 번 더 읽을까요?

국가대테러활동지침, 여기에서 90%를 그대로 테러방지법으로 가지고 간 겁니다. 그리고 거기에다가 국정원에서 금융계좌추적권, 그리고 국정원에게 핸드폰 감청권, 그리고 국정원에게 테러 의심자 추적권 등을 주는 내용을 넣게 된 거지요. 그러면 안 되지 않겠습니까? 그리고 대책회의의 수장도 아마 국정원장이 맡는 형태로 되어 있을 거예요.

그런데 이 대테러대책회의가 이루어지고 이 대테러대책회의에는 의장은 국무총리가 되며 위원은 '외교부장관, 통일부장관, 법무부장관, 국방부장관, 행자부장관, 산통부장관, 보건복지부장관, 환경부장관, 국토부장관, 해양수산부장관, 국민안전처장관', 장관 그룹.

　'2. 국가정보원장

　3. 국가안보실장, 대통령경호실장 및 국무조정실장

　4. 관세청장, 경찰청장 및 원자력안전위원회 위원장

　그 밖에 의장이 지명하는 자'

이게 훨씬 안전하지 않습니까?

국가대테러활동지침, 대한민국이 만만치 않은 나라입니다. 다 안전하게 만들어 놨고, 이렇다라고 하는 말씀을 드리겠습니다.

(자료를 들어 보이며)

이 자료는 당의 필리버스터 웹페이지에 국민들이 올려 준 의견입니다. 너무 감사하게 이렇게 의견이 많습니다.

필리버스터에 대한 관심이 지대해서 필리버스터를 하는 의원들은 다 인기검색어 1위입니다. 그리고 어제 홍종학 의원이 계속 1위를 하다가 '복면가왕'한테 밀렸어요. '복면가왕'이 잠시 1위를 하고 그런 다음에 '복면가왕'이 또 사라지고 홍종학 의원이 계속 1위를 하시더라고요.

제가 이 테러방지법 관련해서 논평을 하나 썼습니다. 논평을 한번 읽어 드리도록 하겠습니다.

'더불어민주당의 진짜 테러방지법의 조속한 통과가 필요하다. 더불어민주당은 지난 1월 국정원이 테러 관련 업무 수행에 충분한 권한을 부여하는 내용의 테러방지법을 이미 제출해 놓았다. 테러 대응의 총괄을 국민안전처가 담당하고 국회에 감시장치를 마련하는 내용을 포함해 놓고 있다.

그러나 정부 여당은 더불어민주당이 제시한 주요 내용은 배제한 채 국정원이 중심 역할을 하는 테러방지법을 제시하고 이를 직권 처리, 상정을 해 요구하고 있는 것이다.

정부 여당은 국회의 감시기능을 삭제하고 기존 대테러센터의 기능을 축소해 인권침해와 무소불위의 권한 남용에 대한 견제장치를 마련하고 있지 않다. 국정원의 금융정보 요청과 감청정보 요청을 요구하고 있어 남용은 물론 사생활침해와 인권침해, 더 나아가 국민 사찰이 우려된다.

미국·영국·독일 등 외국도 테러 대응 총괄을 정보기관이 하고 있지 않다. 미국은 2001년 9·11 테러 이후 일명 테러방지법인 애국자법을 제정했지만 인권침해 등의 문제로 2006년 대폭 개정했고, 2013년 국가안보국(NSA) 직원인 스노든에 의해 전 세계적인 불법 도·감청 문제가 폭로되자 2015년 6월 테러방지법인 애국자법을 폐지했다. 이후 만들어진 미국 자유법은 NSA의 외국인과 자국민에 대한 무차별 도·감청과 무더기 개인통신정보 수집을 금지하고 자국민에 대해서는 영장을 받은 선별적 감청만 가능토록 하고 있다.

정부와 여당은 더 이상 고집부리며 새누리당안의 직권상정을 밀어붙일 것이 아니라 테러방지를 위한 더불어민주당의 법안에 적극적으로 동의할 것을 촉구한다.'

테러방지법 관련해서 새누리당이 테러방지법에 대해서 답변을 달았습니다. 이 답변이 잘못됐다는 반박 내용을 정리해 보도록 하겠습니다.

'테러방지법을 만들면 국정원이 온 국민의 통신 내역과 계좌정보를 들여다보게 되나요?' 그랬더니 새누리당 왈, '그렇지 않습니다.'라고 이야기를 합니다. '일반국민에 대해 통신을 감청하거나 금융정보를 수집할 수 없습니다. 수집 대상은 테러위험인물입니다. 유엔이 지정한 테러단체의 조직원이거나 테러를 일으키고자 의심할 상당한 이유가 있는 자만이 그 대상입니다.'

'이거나'로 돼 있습니다, '이거나'. '유엔이 지정한 테러단체의 조직원이거나', 그 사람은 그냥 무조건 추적해도 되겠지요. '이거나 테러를 일으키고자 의심할 상당한 이유가 있는 자만이 그 대상입니다.'

시민사회의 반박, 지금 제가 말씀드렸듯이 테러위험인물에 대한 정의가 모호합니다. 자극적인 언어로 정부 정책에 반대할 경우에 적용될 가능성이 높습니다. 가만히 있으라, '가만히 있으라 하는 것에 대해서 우리 이야기 좀 해 봅시다.'라고 한 여대생이 글을 올렸고 사람들이 모여서 가만히 있지 않고 이야기를 했습니다. 그랬더니 그 여대생과 그 주변 사람들 다 감청했습니다. 그런데 그렇게 이야기하다가 이 사람들의 테러 위협이 가능하다라고 이야기하면 어쩝니까? 그러면 다 테러위험인물이 되는 겁니다.

이 테러방지법안의, 이철우 의원안에는 테러위험인물이 '테러단체의 조직원이거나 테러단체 선전, 테러단체 모금·기부, 기타 테러 예비·음모·선전·선동을', 그러니까 테러단체를 선전하거나 모금하거나 이거 말고요, 기타 테러 예비·음모·선전·선동, 상당한 이유가 있는 자로 규정하고 있습니다.

그러니까 예를 들면 제가 이대 총학생회장을 하다가 저를 국가보안법으로 걸고 싶은데 걸 수는 없고 그러다 보니까 제 방에 책이 나왔다, 이게 이적표현물이다, 그래서 넌 이걸 갖고 있었으니 국가보안법이다, 이렇게 저에게 뒤집어씌운 거거든요. 그런데 제가 갖고 있지 않았지만 주변 상황 속에서 제가 제 거라고 할 수밖에 없는 상황이 있었고, 그러면 저는 국가보안법이 되는 겁니다. 그리고 감옥도 간 겁니다.

그런데 이것도 마찬가지라는 겁니다. 저는 그래도 세월이 좋은 시절을 지나서 민주화유공자, 보상을 받지는 않았지만 민주화유공자로 선정되었습니다. 그래서 지금 더 떳떳할 수가 있지요.

기타 테러 예비·음모·선전·선동 이런 것이 매우 포괄적인 것이므로 언제나 우리를 사찰할 수 있다라고 하는 말씀을 드립니다.

그런데 여긴 이런 게 있습니다. 테러위험인물이라고 지정을 하고 그 사람을 사찰을 합니다. 그런데 테러위험인물이 이제 아닙니다, 깁니다라고 하는 해제 주체가 없어요, 이 법에는. 이러이런 상태면 테러위험인물이라고 하는데 이런 상태가 아니면 위험인물이 아닙니다라고 하는 그 내용이 없습니다. 그러니까 법이 '너는 끝까지, 나한테 한번 찍히면 끝까지 대상이 될 수 있어.' 이런 거지요. 그래서 아주 위험한 내용입니다.

그리고 여기에 테러위험인물에 대해서 개인정보상 민감정보를 포함한다…… 위치정보를,

민감정보·위치정보·개인정보처리, 이런 등등을 하기 때문에 이거에 대해서는 엄청난 침해 소지가 있습니다.

두 번째 질문……

그러니까 첫 번째 질문은 그겁니다. '테러방지법을 만들면 누구나 다 대상이 될 수 있게 되나요?'라고 하니까 '아닙니다.'라고 했는데 이 내용에는 충분히 '당신도 대상입니다.'라고 들어 있다는 겁니다.

'2. 국정원이 영장 없이 임의로 감청을 하는 것이 아닌가요?', 새누리당은 '그렇지 않습니다. 통신감청은 통신비밀보호법 7조에 따라 엄격한 절차를 거쳐 시행됩니다. 내국인은 고등법원 수석부장판사의 사전 허가를 받아야 하며 외국인은 서면으로 대통령의 승인을 얻어야 합니다. 또한 그 대상은 테러위험인물이지 일반국민이 아닙니다. 통신비밀보호법 제7조는 수석부장판사의 허가를 받아야 합니다.'

그러니까 지금 이렇게 법이 있어요. 그러니까 이것대로 가면 되지 왜 테러방지법을 또 만드느냐는 거지요, 우리는. 그런데 여기에다 대고 이제 너는 테러인물이니까, 테러위험인물이니까, 누구나 다 선정해 놓으면 이제 이 통신비밀보호법만이 아니라 계좌추적까지 다 받을 수 있다는 겁니다.

그런데 현재 영장을 받아야지만 감청을 할 수 있는데 영장을 하나 받고 여러 개를 감청해 버리는 사례가 있습니다.

그리고 또 한 가지는 아까 말했듯이 7조만이 아니라 8조, 8조는 35시간 감청했다가 중단했다 다시 35시간 감청하면 되는 겁니다. 그런데 통신비밀보호법에는 국가안전에 지대한 문제가 있을 경우라고 돼 있는데 여기는 테러의 선동, 뭐 애매한 위험인물이라고 하는 것으로만 되어 있습니다. 그래서 범위가 훨씬 확대되는 겁니다.

그래서 제일 좋은 것은 이런 법에 의한 것이 아니라 원래 있는 통신비밀보호법에 의해서 국정원이 감청을 하고 싶거든 영장을 청구하고, 영장을 청구한 다음에 감청을 해라, 그리고 감청한 내용을 보고해라, 이게 통신비밀보호법의 내용입니다.

그런데 왜 국정원은 그것을 안 하려고 하느냐? 다른 것을 보고 싶은 것이기 때문입니다. 법원에 영장을 청구하면 거의 100% 영장이 받아들여집니다. 그런데 그것은 법원이 인정할 만한 내용일 때 그렇다는 거지요. 그러니까 다른 내용, 사소한 내용을 보고 싶을 때는 영장을 청구하지 않고 테러방지법으로 보고 싶다는 겁니다. 그래서 다 보는 게 아닙니다. 당연하지요. 국민 다를 보진 않지요. 그런데 어느 국민이나 대상이 될 수 있는 악법 중의 악법이라고 하는 겁니다.

그리고 그것만이 아니라 아까 말했듯이 스파이웨어를 다 꽂아 놓고 전체를 볼 수 있게 만들어지는 겁니다. 미국의 스노든이 하듯이 스파이웨어를 다 심어 놓고 누구나 볼 수 있고 그것이 합법적이다라고 갈 수 있는 근거를 만들어 가는 겁니다.

'국정원이 직접 감청 설비로 감청을 하는 것인가요?'라고

서영교

물었습니다. 그랬더니 '국정원은 그렇지 않습니다. 법원으로부터 받은 사전허가서를 통해서 통신사로부터 자료를 건네받는 것입니다. 현재도 국정원에서 간첩 검거를 위해서 이런 방식의 통신감청을 하고 있습니다.'

자, 여기서 그럽니다. 국정원이 직접 감청하지 않고 통신사로부터 자료를 받는데요, 통신사로부터 자료. 감청이라고 하는 것은요 지금 진행되고 있는 것을 엿듣는 게 감청입니다. 지금 네가 무엇을 주고받고 있는지를 보는 게 감청입니다. 그러면 통신사가 갖고 있던 자료를 전달받는 게 감청이라고 새누리당이 얘기하거든요. 제가 아까 말씀드렸잖아요. 영장을 가지고 갔을 때는 카톡은 벌써 자료가 없어진 뒤입니다. 감청이라고 하는 것은 현장을 볼 수 있는 겁니다.

그렇다면 스파이웨어, 이탈리아 해킹팀에서 구입해 온 스파이웨어, 보고 있는 것을 화면을 캡처한 것이 여러분, 이게 그건데요.

(자료를 들어 보이며)

이걸 이제 나중에 크게 한번 올려 봐 드리겠습니다. 이게 국정원에 있는 모니터예요. 이 관계자가 이 모니터를 사진을 딸칵 찍어서 캡처를 떠 가지고 이탈리아 해킹팀에다 보낸 겁니다. 보내서, 여기 보면 '이게 작동을 안 해요.' 이러고 그쪽에다가 의뢰를 한 겁니다, 고쳐 달라고. 그러니까 20개 중에 17개가 작동을 하고 있고 3개가 작동을 안 하고 있거든요. 그게 나타나는 겁니다, 이 모니터.

여기 이 모니터입니다, 이 모니터. 여기에 20분의 17이 있습니다. 이 모니터가 국정원 직원이 가지고 있던 모니터에 떠 있는 화면을 찍어서 이메일로 해킹팀에게 보낸 겁니다. 그게 해킹당해서 세상에, 만천하에 드러난 거지요.

(자료를 들어 보이며)

이것은 뭡니까? 통신사가 가지고 있는 자료를 받은 겁니까, 아니면 보고 있는 겁니까? 새누리당이 '아닙니다, 통신사가 가지고 있는 자료를 받는 겁니다'…… 그러면 받는 건 지금 다 하고 있어요. 그런데 그 받는 것도 그렇고 '테러위험인물이다'라고 하면 누구에게나 받을 수 있는 겁니다. 그런데 '네가 테러위험인물이 아니야'라고 하는 걸 정하는 사람이 없어요. '네가 테러인물이야'라고 하는 걸 결정해 줄 사람은 국정원장이에요. 마음에 안 들면 다 테러인물이 되는 겁니다.

조용수 민족일보 사장, 마음에 안 들었습니다. 간첩이 되는 겁니다. 최종길 서울대교수, '감히 10월유신에 반대하는 아이들을 옹호해?' 마음에 안 들었던 겁니다. 간첩이 되는 겁니다. 이것도 마찬가지인 겁니다.

4번 '국정원이 계좌를 직접 들여다보는 것인가요?', 그렇지 않습니다. 국정원이 직접 계좌를 추적하는 것이 아닙니다. 국정원은 서면요청에 따라 금융정보분석원이 제공하는 테러위험인물의 금융거래계좌를 열람할 뿐입니다.

이것은 좀 더 봐야 할 것 같은데요. 직접 안 볼 수 있습니다. 이것은 금융정보원에다 계좌를 요청하게 되는 건데요. '너 내가 마음에 안 들어서 너

테러위험인물이야'라고 하면 다 내줘야 되면 어떡하는 겁니까? 그래서 국정원에 주면 안 되는 거지요. 문제가 있을 때는 그쪽에서 충분히 처리할 수 있는 상황이 되는 겁니다.

국정원이 금융정보를 열람하고 계좌를 추적하게 되면요, 이것은 완전히 정치 사찰, 민간 사찰의 먹이가 되는 겁니다. 이걸 들고 모든 사람을 다 협박할 수가 있습니다. 그런데 그나마 우리 세상이 많이 깨끗해져서, 투명해져서 그런 게 없지요. 그런데 이것을 가지고…… 이걸 왜 보려고 하겠습니까? 테러자금의 흐름? 테러자금의 흐름은 국내에서 본다고 그게 보이겠습니까? 북핵 테러나 이런 것들 찾아봐야지요.

여기에서는 그렇게 얘기합니다. 테러방지법에서는 유엔이 정한 31개 기관, 유엔이 정한 31개 테러단체…… 31개 테러단체에 북한은 안 들어갑니다. 그래서 북한의 테러 징후 이야기하는 것도 어불성설이지요.

'지금 우리나라 금융거래정보를 미국 CIA는 볼 수 있고 국정원은 볼 수 없다는 게 사실인가요?', 미국과 우리가 MOU를 맺어 놨습니다. 미국인이 우리나라에서 일어나는 금융정보가 있으면 우리가 미국에 요청해서 볼 수가 있습니다. 마찬가지로 우리 정보를 미국이, 미국에게는 우리가 외국인이기 때문에요. 그래서 그것을 요청해서 볼 수 있는 겁니다.

그래서 지금 새누리당의 Q&A는 저희가 이 자료를 좀 더 인터넷에 올려놓고 여러분들이 볼 수 있게 해 놓겠습니다. 그래서 새누리당이 '아닙니다. 아닙니다. 아닙니다'라고 하는데 그렇지 않다라고 하는 것을 다시 말씀드리고, 새누리당은 그렇게 할 것이 아니라, 지금 이 테러방지법이 중요한 것이 아니라 경제 살리기가 중요합니다. 경제 살리기가.

경제 살리기가 너무나 중요해서, 지금 우리에게 중요한 것은 이겁니다. 국가채무가 600조로 늘어나는데요 역대 정부에서 늘어나던 비율보다 최고로 늘어나고 있습니다. 채무는 이명박 정부에서 가장 많이 늘어났는데요, 그랬는데 동 기간 대비 늘어나는 비율이 현 정부에서 훨씬 빠릅니다.

동 기간 국가채무 증가폭은 역대 최고 수준입니다.

참여정부 말 7.2%였던 청년실업률은 10.2%로 증가했습니다. 현재 가계부채는 1207조, 젖먹이부터 어르신부터까지 1인당 빚이 2000만 원입니다.

(「의장님, 가계부채가 테러와 관련이 있나요?」하는 의원 있음)

(장내 소란)

● **부의장 정갑윤** 한 번 한 소리 또 하지 마라. 몇 번 하노, 몇 번?

(「테러 얘기만……」하는 의원 있음)

똑같은 것 되풀이를 해서 시간 끌면……

(「의제에 관한 것만 하십시오」하는 의원 있음)

(장내 소란)

● **서영교 의원** 자, 중요한 것은 경제 살리기입니다.

(「경제 살리기가 아니지요. 주제 아니잖아요!」하는 의원 있음)

그렇지요, 경제 살리기지요? 경제가 너무 중요한 이 시점에 전부 다 이야기하십니다, '나라 어떡해? 나라 어떡해?'.

(「의장님!」하는 의원 있음)

그런데 이 시점에 왜 새누리당은 테러방지법을 그렇게 고집하는 겁니까?

(「연관이 되네」하는 의원 있음)

(웃음소리)

(「연관이 되네, 연관이 돼」하는 의원 있음)

아니, 이 얘기를 하지 않으면 안 돼요.

(「국회, 응원하는 곳 아닙니다」하는 의원 있음)

(「그런데 왜 노동법 통과 안 시키는 거예요, 경제 살리기 중요하다면서?」하는 의원 있음)

자, 노동법 얘기 물으셨으니까 이야기하지요.

(「아니에요, 그런 거 물은 거 아니에요」하는 의원 있음)

(장내 소란)

얘기하라면서요?

(「아니에요, 그 얘기 아니에요!」하는 의원 있음)

청년들이 다 이야기합니다. '의원님, 우리 해고 쉽게 하지 않게 해 주세요'.

(「의장님, 주의 주세요!」하는 의원 있음)

(「의제에 관한 것만 하세요!」하는 의원 있음)

(「하라고 했잖아!」하는 의원 있음)

● **부의장 정갑윤** 자, 서 의원님, 존경하는 서 의원님.

● **서영교 의원** 예.

● **부의장 정갑윤** 저도 아침부터, 아침 7시……

● **서영교 의원** 아휴, 얼마나 힘드세요?

● **부의장 정갑윤** 제일 힘든 게 장시간 끌면서 똑같은 거 몇 번씩 되풀이 하는 거예요. 정말 제일 힘든 거예요. 사실 듣다가도 어떨 때, 그러니까……

● **서영교 의원** 의장님, 그러니까 잘 외우세요. 몇 번 듣고 외우고 '아, 왜 저렇게 얘기하나' 해서 의장님 이것 안을 내주셔야 돼요.

● **부의장 정갑윤** 그것은 서 의원이 알아서 할 일이고.

(「주의만 주세요, 주의만!」하는 의원 있음)

그리고 원활한, 우리 필리버스터의 근본 취지를 잘 살려 가지고 그렇게 우리가 새로운 전통을 만들어 갑시다.

● **서영교 의원** 예, 알겠습니다.

(「의원님들이 새로 오셨고, 방청인분들도 새로 왔기 때문에 충분히 설명하셔도 돼요!」하는 의원 있음)

● **부의장 정갑윤** 됐어, 됐어요. 조용히 하세요!

● **서영교 의원** 아휴, 똑똑하시고……

밤새워 지켜주시는 박민수 의원님, 고맙습니다.

(「새누리당은 빨간 판 만들어 가져 와서 그런 얘기가 나옵니까?」하는 의원 있음)

그러니까 이런 겁니다. 정권을 가졌으되 국민을 설득하고 이끌어 나가고 국민으로부터 따르게 해야지, 국민을 누르고 재갈을 물리고 옥죄고 감시하고 불안에 떨게 한다고 해서 정권이 잘 되지는 않습니다.

대한민국의 지도자는 국민을 힘들지 않게 하고 국민에게 희망을 줘야 합니다. 그런데 국민들이 이야기하십니다, '왜 대기업은 그렇게 잘사는데 왜 우리만 이렇게 세금 내고 휘청거려야 돼? 내가 이런 불만 제기하면 나 잡아가는 거 아니야?'.

왜 저희가 이 얘기를 하겠습니까, 2016년에? 왜 스파이웨어를 사서 온갖 곳에 국정원은 심고 있는 걸까요, 이 시점에? 그리고 그것이 발각되는 바보 같은 짓은 또 뭡니까? 유엔 파견관을 몰래 미행하다가 오히려 그 사람한테 촬영당해서 도망가는 국정원, 국민을 감시하려고 스파이웨어를 사서 해킹팀에다 돈까지 보내 가지고 들여다보고 있다가 그것을 또 해킹당하는 국정원. 이게 뭡니까, 이게? 그렇지 않습니까, 여러분?

해킹은 사람들에게 스파이웨어 심어서 다 쳐다보고, 다 해킹하고 그러고 있다가 또 지는 해킹당하고, 그리고 국정원 직원이 자살하고…… 왜 멀쩡한 국정원 직원이, 잘 커온, 잘 살아온 국정원 직원이 자살을 해야 된단 말입니까? 국정원은 반성해야 합니다.

제가 국정원 얘기를 하나만 더 하도록 하겠습니다.

주간동아의 황일도 기자가 쓴 기사입니다. 15년차 안보 담당 기자의 해킹의혹 경험기입니다.

'이 해킹은 도대체 어떻게 당했는지 알다가도 모르겠습니다. 이것을 읽고 정리를 해도 나오지 않습니다.

민간인 사찰이 없었다고? 짧지 않은 기자생활, 크고 작은 경험을 했다. 지금 꺼내 놓으려는 이야기는 그중에서 가장 어두운 기억 속의 하나다. 그럼에도 굳이 활자로 남기는 이유는 간단하다. 2주 이상 대한민국을 휩쓸고 간 국정원의 해킹의혹과 관련해 매우 유력한 심증을 갖고 있기 때문이다.

7년 전 생긴 이후 지금까지도 상처로 남아 있는 개인적 경험이다. 사건의 시작은 2008년 10월로 거슬러 올라간다. 기자는 그해 신동아 11월호를 통해 '내우외환, 김성호 국정원'이라는 기사를 보도했다. 당시 김성호 원장을 중심으로 한 국정원 수뇌부의 조직 장악력에 대해 청와대와 여권 핵심 등이 갖고 있는 불신과 논란을 짚은 기사였다.

기사가 나간 이후 국정원 측 반응은 상상 이상으로 거셌다. 사실 관계에 오류가 있다는 반론이 아니라 기사의 취재원을 집요하게 캐내려는 시도가 전방위적으로 진행되었다. 김성호 국정원장의 내우외환 이것을 기사로 썼더니 기사가 틀렸다 뭐 했다 이런 이야기가 아니라

도대체 누가 그 기사를 제보했는지 기사제보자를 찾느라고 국정원이 혈안이 되었다는 겁니다.

취재원의 익명성을 보호해야 하는 기자로서는 당연히 거부했지만 이후 국정원은 기자와 개인적인 인연이 있는 국정원 직원들, 예컨대 대학 선·후배, 먼 친인척, 그런 사람들을 감찰실로 소환해 강도 높은 압박 조사를 벌였다'.

기사가 한 번 나갔다고 해서 이 기자하고 친한 사람들을 불러 가지고 감찰조사를 했다는 겁니다. 국정원은 말이지요, 감찰조사 한 번 당하면 못 큽니다. 못 크고 바보 됩니다.

'정부부처와의 대립을 적지 않게 겪어 왔지만 취재기자 개인의 친지를 압박하는 방식은 듣도 보도 못 한 경우였다. 그러나 기자와 접촉이 뜸했던 이들에게서 별다른 소득이 나올 리 없었다'.

취재원은 다른 사람이었다는 거지요.

'그들은 어떻게 알고 있었을까? 뜻밖의 일은 그다음에도 이어졌다. 국정원 측이 탈북자 출신의 50대 직원 한 사람을 감찰실로 소환해 조사를 벌였다는 것이다. 해당 기사 가운데 국정원 분위기에 관한 사소한 디테일, 예컨대 최근 들어 예산 절감 차원에서 엘리베이터를 격층 운행 중이라는 이야기 정도를 들려 준 사람이었다'.

그러니까 실제로 이 기자하고 만난 거예요. 그래서 엘리베이터 격층 운행 이런 정도를 들려 준 사람이라는 거지요.

'놀란 건 기자가 이 직원을 만난 사실을 국정원 측이 어떻게 알았느냐는 것이다. 당시 기자가 쓰던 휴대전화는 차명이었다. 국정원 직원의 전체 통화기록을 조회하지 않은 이상 그를 감찰대상으로 지목할 수 있는 근거가 없었다. 이전까지 국정원의 압박 속에서도 기자가 내심 자신만만했던 근거다'.

이 기자가 갖고 있었던 핸드폰 번호는 자기 명의로 안 되어 있었다는 거지요. 그래서 국정원 직원 전체를 핸드폰을 조사하지 않고서는 자기랑 통화한 것을 알 리가 없다라고 하는 이야기를 하는 겁니다.

'해당 기사의 핵심 정보를 들려 준 수많은 주요 취재원을 두고 유독 이 직원만 감찰을 받는 이유도 의문스러웠다. 다른 점은 단 한 가지였다. 그들에서 들은 이야기만 취재수첩이 아닌 노트북 컴퓨터에 파일 형태로 기록해 저장해 뒀다는 점이다. 만난 시간, 장소, 오간 이야기를 상세하게 정리해 둔 메모였다'.

그러니까 무슨 얘기냐 하면요, 이 기자는 실제로 정보는 다른 취재원한테 들은 거지요. 그 취재원들한테 들을 때는 손에 있는 수첩으로 쓴 겁니다. 그런데 탈북자였던 이 직원이 엘리베이터를 격층제로 운행하느니, 이런 것을 들은 것을 노트북에다 써 놓은 겁니다. 언제 만났고, 누구였고, 만난 시간, 장소, 오간 이야기 상세히 정리한 것을 노트북에 넣어 놨다는 거지요.

그러니까 자기는 다른 만난 사람이 있고, 다른 취재원이 있는데 국정원 직원 중에 관계가 없는, 그런데 엘리베이터 격층제 운행을 물어봤던 그 사람을 자기 노트북에 넣어

낳더니 그 사람만 집요하게 감찰을 했다는 겁니다.

'나중에 확인한 일이지만 조사과정에서 감찰실 직원들이 면담 자리의 정황을 세밀히 알고 있었다는 점은 더욱 의심스러웠다. 해당 직원은 당시 감찰실 직원들이 '황 기자가 우리에게 이미 다 얘기했다. 털어 놓아라'……

그러니까 거기 면담했던 내용을 노트북에 적어 놨으니까 '그 이야기를 다 알고 있다. 털어 놓아라', 왜냐하면 기자는 이야기를 한 적이 없는데 그렇지 않고서는 도저히 알 수 없는 정보를 세밀하게 제시하는 바람에 그대로 믿었다는 것. 그러나 기자는 그런 정보를 국정원 누구에게도 이야기한 적이 없다.

당시 감찰 측은 조사과정에서 이 기자하고 그 직원이 만난, 그리고 '옆자리에 어린 아이와 엄마가 앉아 있었다며 모든 대화 내용을 다 알고 있으니 사실대로 말하라'고 했고 이 직원은 '우리 옆 테이블이 없는 자리에 앉지 않았느냐?'고 물었을 정도였다.

그런데 이 기자가 기억하기로는 옆자리에 아이와 엄마가 앉아 있었다는 사실이 또렷이 기억이 났기 때문이다. 붐비는 대형 음식점 내부 정황을, 그것도 시간이 한참 지난 후에 확인할 수 있는 정상적인 혹은 합법적인 방법이 있는지 상상조차 불가능했다.

그래서 이제 나는 노트북을 해킹했다고 의심하는 게 지나친 의혹이 아닐 것이다. 기자와 친지를 불러다가 감찰을 벌이던 비정상 행동을 했던 국정원이 마땅한 희생양을 찾지 못하자 PC나 휴대전화를 해킹하는 극단적인 수단을 택했을 가능성이 과연 제로일까?'.

이 이야기는 바로 조금 전에 스파이웨어 이야기랑 같을 수 있는 겁니다. 이 기자의 노트북을 들여다봤다는 거지요. 그래서 자신이, 그동안 국정원에 대한 문제점을 지적했던 것을 취재원을 찾으려고 했는데 취재원은 건드리지 않고 엉뚱한 사람을 건드리는 것을 보면서 이제 자기는 노트북에 더 이상 글을 적지 않는다, 내가 믿을 것은 이 손에 들고 다니는 수첩밖에 없다라고 하는 겁니다.

좀 아날로그적이지만 해킹으로 취재원이 노출되는 것보다는 차라리 손으로 쓰는 것이 낫다, 이것이 이 사람의 결론입니다.

우리 네티즌들이 보내 주신 글 조금 읽고 이제 저는 정리를 하도록 하겠습니다.

'이제야 국민이 단합되고 SNS가 발달한 시대에 이렇게나 국회에 계신 야당 의원님들과 통화하고 야당 의원님들과 소통하고 한 마디 한 마디 너무 공감되고 감동이고 꼭 테러방지법과 같은 악법 막고 싶습니다. 이제 더 이상 새누리당에게 바보 취급당하는, 그들에게 한 치도 물러설 수 없음을 보여 주세요.'

'지금 박 대통령과 새누리당은 테러방지법이라는 이름하에 독재정권을 부활하려고 하고 있습니다. 꼭 막아 주십시오.'

'사람들은 힘이 없으면 보통 그것을 사용하고 싶어 합니다. 하물며 간첩 조작 사건, 댓글 여론조작 사건, 툭 하면

나오는 사찰 논란 등을 일으키는 국정원에 이런 막강한 힘을 주면 어떻게 될지 눈에 선합니다. 우리 의원님들 너무 고맙고 감동스럽습니다. 민주주의의 극치를 보고 있다는 것에 너무나도 감사드리고 국민사찰법 통과 꼭 저지하여 주십시오. 저도 필리버스터 계속 시청하면서 무한 지지하겠습니다. 고맙습니다.'

'새누리당은 필리버스터를 안 하는 게 아니라 못 하는 것 같다, 대통령 눈치 때문에.'

'건강한 정치를 다시 생각하게 해 주시는 필리버스터 의원님들 마음에 쏙쏙 들어요.'

'우리나라는 왜 자꾸 시간을 거슬러 올라가는지 모르겠어요, 앞으로 열심히 달려가도 모자랄 판에. 말로만 듣고 책으로만 배운 그 시대를 실제로 겪게 될 줄은 꿈에도 몰랐네요.'

방청석을 꽉 메워 주신 우리 국민 여러분!

이제 홍종학 의원님에 이어 서영교, 필리버스터를 마칠 시간이 되었습니다. 다음은 최원식 의원님이 필리버스터를 하게 됩니다.

이렇게 자발적으로 방청석이 메워지는 날이 있었는가 생각 들 정도입니다. 국민들이 지켜 주자, 들어보자라고 하시면서 이곳을 찾아오기 시작했습니다. 대한민국이 바뀌고 있습니다. 고맙습니다.

야당이 제대로 좀 하겠습니다. 그리고 너무나 미안하고 죄송합니다.

요즘 TV 드라마에서 시그널이라고 하는 드라마가 유행을 하고 있습니다. 미제 사건을 다루는 드라마이지요. 김혜수와 이제훈인가 하는 배우가 나옵니다. 살인범 공소시효가 폐지되고 각 검찰, 경찰마다 미제전담반이 만들어지고 그 미제전담반이 미제사건을 풀어 나가는 과정……

제가 이 말씀을 드리는 이유는 우리가 그렇게 할 수 있었던 것은 국회에서 태완이법, 황산테러 당해 죽어 간 아기 태완이, 태완이법을 통과시켜서 살인범 공소시효를 폐지시켰기 때문입니다.

아무리 공소시효가 폐지되었다고 한들 열심히 뛰는 경찰이 없다면 그러면 범인을 잡을 수 있겠습니까? 마찬가지입니다. 테러방지법이 없어서 테러를 못 막는 것이 아닙니다. 우리는 테러가 일어나서도 안 되지만 테러가 왜 일어나는지 분석해야 합니다. 그리고 테러를 사전에 예방할 수 있도록 철저히 대비하고 준비해야 합니다.

대테러대책위원회가 있음에도 불구하고 총리께서는 당신이 의장인지 모르면 이것이 테러가 일어났을 때 무슨 방어를 할 수 있단 말입니까? 이런 상황에서 국정원에 금융 흐름을 들여다볼 수 있는 권한을 준다고, 국정원의 대국민 사찰을 합법화해 준다고 테러가 막아질 수 있단 말입니까?

세월호의 아기들이 그렇게 떠나갈 때 아무 손도 못 써 보는 이 대한민국의 국민안전처, 대한민국의 NSC, 메르스가 전국에 창궐을 해도 하나도 제대로 방어를 못 하는 대한민국의 이 무능함, 거기에 국정원에게 권한만 주자고요? 반성하십시오.

국정원이 어떤 곳인지 알면서 정부는, 여당은 있는 조직 제대로 운영해서 모든 역할을 해내십시오. 그것도 하지 않고, 아무것도 하지 않고 대한민국의 국민을 또 희생시킨다면 국민이 심판할 것입니다.

경제도 살리겠습니다. 대한민국의 국민의 등골을 휘게 하는 세금, 줄여 나가겠습니다. 통신비도 줄여 나가겠습니다. 그리고 대한민국 국민이 낸 세금만큼만 다시 국민에게 돌려 드리겠습니다.

뛰어다니다 보니 이런 일이 있었습니다. 백화점은 카드수수료가 싼데 우리 동네 자영업자들은 카드수수료가 비싸더라고요.

(「의장님, 주제하고 상관없는 얘기는 좀 자제시켜 주세요」하는 의원 있음)

대한민국의 국민 경제 좀 살릴 수 있게 해야 합니다. 그런데 정부는 '카드수수료 낮추면 카드사는 뭐 먹고 살고요' 이렇게 이야기합니다. 그러면서 그 세금 거둬서 국정원에게 뒷돈 대주려고 하는 겁니까?

(「말이 되는 말씀을 하십시오. 어떻게 국정원이 그 돈을 대려고 카드수수료를 올립니까? 말이 되는 말씀을 하십시오. 아무리 얘기한다 하더라도……」하는 의원 있음)

● **부의장 정갑윤** 알겠습니다.

자……

● **서영교 의원** 국정원을 그렇게 강화해서 국민이 낸 세금을……

(「의장님」 하는 의원 있음)

(「국정원에 뒷돈 댄다고 하는 게 말이 되는 얘기입니까」하는 의원 있음)

● **부의장 정갑윤** 자, 자, 조용히 하세요.

● **서영교 의원** 조용히 하세요, 나와서 필리버스터를 하시든지.

(「의장이 맞는 말씀……」 하는 의원 있음)

필리버스터를 하시든지!

● **부의장 정갑윤** 자, 조용히…… 마무리하세요, 마무리.

● **서영교 의원** 제가 드리는 말씀은 그겁니다. 국정원이……

(「주제하고 관련이……」 하는 의원 있음)

아유, 말이 자꾸 많으셔. 제 말 좀 하게……

(「누가 말이 많아요. 몇 시간을 떠든 사람이 말이……」하는 의원 있음)

올라오세요, 그러면. 올라오세요.

(「내가 누가 올라오라고 하면 올라갈 사람이에요? 본인 할 얘기만 간단히 매듭지으세요」하는 의원 있음)

그러면 조용히 해 주세요.

자, 새누리당 의원님들 제대로 해 주십시오. 테러방지법이 무슨 법인지 제대로 좀 보십시오. 그리고 그동안 무슨 일이 있었는지 제대로 좀 보십시오.

국정원이 스파이웨어를 이태리 해킹업체로부터 사서 깔아 놓은 것, 그러고도 반성을 못 합니까? 그러고도 느끼는 게 없습니까? 그러면 안 되지요. 그러면 안 됩니다.

제가 어떤 분의 최후 진술을 읽고 마무리하겠습니다. 누구일지 한번 생각해 봐 주십시오.

"최후의 기회이기 때문에 나의 진실을 말하고자 합니다. 이 나라에 있어서 자유민주주의 혁명은 필연적이고 그것이 바로 10·26 민주혁명인 것입니다. 나는 정보부 책임자로서 다른 방법이 있을 수 없다고 생각했습니다. 유신체제의 억압이 계속되는 사이에 국민의 유신체제 폭압에 대한 누적된 항거의식은 국민 전체 사이에 팽배했습니다. 작년 부산과 마산 사태는 그러한 국민적 항거의 표본이었고 삽시간에 전국의 5대 도시로 확산될 것으로 확인되었습니다.

정보부를 이용해서 끝까지 권력을 유지하려고 해서는 안 됩니다.

처음부터 이 나라의 민주주의를 위해 나의 생명을 독재와 바꿔야 한다고 생각하고 또 각오하였습니다. 민주화의 과정에서 희생은 불가피한 것이었고 그 희생을 줄이는 것이 나의 대의였습니다. 많은 사람을 희생시키는 정권은 안 된다 이렇게 판단했습니다."

제가 한 분의 이야기를 듣고 그분이 꼭 간절히 전해 줄 것을 부탁받았습니다.

긴급조치 피해자 여러분들이었습니다. 긴급조치 피해자로 민청학련 사건에 연루되어서 고문을 받아 그 고문 후유증으로 시달렸던 김근태 전 의원님, 그리고 같은 사건으로 고문을 받아 고통 속에 살아왔던 최정순·이을호 두 가족님, 엄청난 고문이, 김근태 의원에게는 침대에 눕는 것을 두렵게 생각할 만큼 침대 전기고문이 가해졌고, 이을호 당시 민청학련 관계자는 엄청난 고문으로 정신적 고통을 겪을 수밖에 없었습니다.

그 가족의 삶은 서울대 대학생이었던 이을호, 이대 대학생이었던 최정순 그리고 김근태와 함께 민청학련 사건으로 고문과 고통을 받았던 사람들, 긴급조치로 정권을 연장하려고 했던 음모의 문제 지적을 하다가 고통받았던 사람들, 이제 그분들에게 우리가 위로의 손길을 내야 합니다.

의문사위원회, 진실·화해위원회에서는 '그들에게 보상해야 한다, 법원이 그들에게 보상해야 한다'라고 이야기했습니다. 그런데 대법원이 이를 기각시키고 있습니다.

국가 공권력에 의해서 피해받은 사람들은 우리가 보상해야 합니다. 아니, 그 공권력이 보상해야 합니다. 그런데 그 공권력은 우리의 세금으로 보상을 하고 있습니다.

기존의 다치고 아팠던 사람들에게는 그것을 용납하겠습니다. 그러나 향후 국정원과 같이 그리고 잘못된 공권력의 대국민 탄압에 대해서는 그 공권력이 심판받을 것이다 이렇게 경고하겠습니다.

가운데 중(中) 물결 랑(浪), 중랑구갑 국회의원 서영교, 대한민국 국민들께 감사인사 드리면서 더 열심히 뛰겠다 그리고 정의롭게 하겠다 약속드리면서 이 자리를 마치겠습니다.

고맙습니다.

(「잘했어」 하는 의원 있음)

● 부의장 정갑윤 서영교 의원 수고하셨습니다.

잘했어요.

제가 이번 토론회를 보면서 한 말씀 드리겠습니다.

우선 최원식 의원 조금…… 정리하고 계세요.

다음 토론에 들어가기 전에 한 말씀 드리겠습니다.

지난 23일부터 6박7일간 쉬지도 않고 무제한 토론이 진행되고 있습니다. 제헌 이래 이번처럼 장시간에 걸쳐 필리버스터가 실시된 사례가 없어 우리는 국회 운영에서 새로운 역사를 만들어 가고 있는 만큼 제도 운영에 신중을 기해야 할 필요가 있습니다.

지금까지 스물다섯 분의 의원님들께서 130여 시간 동안 발언을 하면서 가장 논란이 되고 있는 부분이 의제 외 발언입니다.

의원 여러분들께서도 잘 아시다시피 본회의에서 실시되는 발언은 원칙적으로 시간 제한이 있는 반면, 무제한 토론은 1인당 1회에 한하여 토론을 실시하되 시간 제한은 없습니다. 하지만 무제한 토론에도 의제 외 발언 금지 원칙은 다른 발언과 동일하게 적용됩니다.

국회법 제102조는 "모든 발언은 의제 외에 미치거나 허가받은 발언의 성질에 반하여서는 아니 된다."고 규정하고 있습니다.

사회를 보는 의장으로서 의원 여러분들의 발언시간은 얼마든지 보장되겠지만 국회법 규정에 따라 의제 외 발언에 대해서는 제재를 할 수밖에 없습니다.

국회법 제155조에 따르면 제102조를 위반하여 의제 외 또는 허가받은 발언의 성질에 반하는 발언으로 의사진행을 현저히 방해하는 것은 징계사유에 해당하는 만큼 발언하시는 의원 여러분들께서는 이 점을 감안하시고 발언해 주시기 바랍니다.

올바른 토론문화 정착을 위해 다 함께 노력해 주시기를 거듭 당부를 드립니다.

그러면 계속해서 토론을 실시하겠습니다.

국민의당 최원식 의원 나오셔서 토론해 주시기 바랍니다.

(2016년 2월 29일 오후 1시 19분)

26

최원식 의원

제19대 국회의원 (인천 계양구 을)
국민의당

2016년 2월 29일 오후 1시 23분 시작
2016년 2월 29일 오후 5시 26분 종료
발언 시간 4시간 3분

"민주주의는 타협입니다. 정치는 승리의 수단도, 패배의 장일 수도 없습니다. 정치는 인류역사가 남겨 준 타협과 합의를 위한 소중한 무기입니다. 완승이냐, 완패냐가 아니라 어떻게 하면 갈등을 해결할 것인가를 찾아내는 것, 그리고 국민의 인권을 보장하면서도 국민의 안전을 함께 보장하느냐, 이 길을 찾아내는 것이 한국정치가 가야 할 길이라고 생각합니다."

(2016년 2월 29일 오후 1시 23분)

● **최원식 의원** 약간의 단상을 먼저 말씀드리면서 이야기를 시작할까 합니다.

'인생에 있어서 줄을 잘 서라'는 얘기가 있습니다. 그런데 저는 평소에 그 얘기를 믿지 않는데, 다만 연설을 할 때면 그 얘기를 절실하게 믿습니다.

저보다 훌륭하게 무제한 토론을 8시간 이상 해 주신 또 열정적으로 국민 앞에서 토론해 주신 서영교 의원님한테 감사인사드리고, 저는 그것을 따르지 못함을 전제로 성실히 할 것을 약속드립니다.

축하드립니다.

그리고 어제 제가 지역에서 오전에 성당과 교회에 인사차 들렀습니다. 그런데 묘하게 신부님과 목사님이 똑같은 성경 어구를 말씀하셨습니다. 종교적인 얘기라고 오해하지 마시고요.

그런데 그 말씀의 정확한 말씀을 드리면 '이스라엘을 지키시는 자는 졸지도 아니하고 주무시지도 아니하시리로라', 아마 시편에 있었던 어구 같습니다.

제가 오늘 새벽 2시부터 제 순서가 될지 모른다는 통보를 받고 밤새 토론을 지켜보면서 지금에 나왔습니다.

그런데 저희 필리버스터를 지키시면서 졸지도 아니하시고 주무시지도 아니하시는 분들은 바로 국민 여러분이었습니다. 졸지도 아니하시고 주무시지도 아니하시면서 우리 필리버스터를 지켜 주시는 국민 여러분께 감사인사, 그다음에 경의를 표하면서 이야기를 시작하겠습니다.

존경하는 의장님, 선배·동료 의원 여러분!
그리고 사랑하는 국민 여러분!

저는 국민의당 소속으로 인천 계양구에 지역구를 두고 있는 최원식 의원입니다.

1973년 박정희 정권 때 폐지되었다가 43년 만에 부활한 필리버스터 토론자로 말씀드리게 되어 영광스럽기도 하고 조심스럽기도 합니다.

제가 스물여섯 번째 토론자입니다. 23일 토론이 시작되고 일주일째가 됐고, 27일 토요일 23시 5분에 100시간을 넘어서고 나서도 벌써 수십 시간이 지났습니다.

앞서 토론한 의원들께서는 짧게는 1시간 남짓, 길게는 12시간 가까이 테러방지법의 문제점에 대해 많은 말씀을 주셨습니다. 이 과정을 통해 이미 많은 문제점과 개선 대책이 제출되었습니다. 수고해 주신 의원님들께 감사드립니다.

또한 역사적인 필리버스터의 진행을 위해 고생하고 계신 속기사·방호처 직원 여러분 또 사무처 직원 여러분, 보좌진 및 정당 관계자, 그리고 체력의 한계에도 불구하고 의회민주주의의 발전을 위해 애써 주시고 계신 의장단, 특히 정갑윤 부의장님께도 심심한 감사의 말씀을 드립니다.

일부에서는 이번 필리버스터에 대해 '국회를 마비시키고 이목을 끌고, 20대 총선 유세장으로 만들려 한다', '장시간 토론 기록을 세우기 위해 기록 경신 경쟁과 포털사이트 검색어 순위 다툼을 하는 것이다' 이렇게 비판하고 있습니다.

그러나 국민 여러분의 생각은 다른 것 같습니다. 오히려 국민들께서는 '국회가 오랜만에 국회다운 모습을 보여 주고 있다', '싸움만 하는 줄 알았더니 진지하게 토론문화를 보여 주고 있다', '민주주의의 산 교육장이다' 이렇게 생각하고 말씀하고 계십니다.

주말을 맞아 본회의 방청석은 민주주의의 산교육을 직접 지켜보기 위해 전국에서 올라오신 방청객들로 가득 찼습니다. SNS와 인터넷 커뮤니티도 온종일 뜨거웠습니다. 본회의를 시청할 수 있는 국회방송은 평소 시청률 80위권에 머물렀지만 본회의 이튿날인 24일에는 37위를 기록했다는 보도도 나왔습니다.

그런데도 불구하고 정부 여당은 필리버스터를 매도하고 테러방지법 강행 처리 의지를 꺾지 않고 있습니다.

의원 여러분, 국민 여러분, 어떻게 생각하고 계십니까? 우리가 지금 기록경기를 위해 일주일 남짓 밤샘 토론을 하고 있는 것입니까? 본 의원은 이번 필리버스터야말로 사회와 국민의 안전, 기본권과 민주주의를 함께 지키는 길을 찾기 위한 진정한 몸부림이라고 생각하는데, 어떻게 생각하십니까?

지금 필리버스터는 진정한 참여민주주의가 무엇인지를 보여 주고 있고, 온 국민이 실시간으로 의사를 개진하는 양방향 민주주의의 가능성을 만들어 나가고 있습니다.

저는 이 같은 국민의 여망에 부응하여 여야 지도부가 테러방지법 대타협을 위해 여야 협상 창구를 즉시 가동하고 최단 시일 내에 타협안을 만들 것을 강력히 촉구하는 바입니다.

국민의당은 이미 이번 테러방지법 대치 국면 타개를 위한 기본 입장을 천명한 바 있습니다. 그 내용을 간추려 말씀드리겠습니다.

먼저, 직권상정의 요건을 갖추지 못한 테러방지법에 대한 국회의장의 직권상정은 즉시 철회해야 한다는 것입니다.

지금 테러방지법이 직권상정되면서 국회가 완전히 비정상적으로 운영되고 있습니다. 국가가 전시나 비상사태도 아닌데, 또 여야 대표가 합의한 사항도 아닌데, 그렇기 때문에 직권상정의 요건도 되지 않는 법인데 정의화 의장께서는 직권상정을 하셨습니다. 이것은 명백한 법 위반입니다.

현행 국회법 제85조를 보겠습니다.

"① 의장은 다음 각 호의 어느 하나에 해당하는 경우에는 위원회에 회부하는 안건 또는 회부된 안건에 대하여 심사기간을 지정할 수 있다. 이 경우 제1호 또는 제2호에 해당하는 때에는 의장이 각 교섭단체대표의원과 협의하여 해당 호와 관련된 안건에 대하여만 심사기간을 지정할 수 있다."라고 되어 있습니다.

제1호는 천재지변의 경우, 2호는 전시·사변 또는 이에 준하는 국가비상사태의 경우, 3호는 의장이 각 교섭단체대표의원과 합의하는 경우라고 규정하고 있습니다.

즉 천재지변의 경우와 전시·사변 또는 이에 준하는 국가비상사태의 경우 두 가지에 한해서만 국회의장이 직접 직권상정할 수 있습니다. 그러나 지금은 천재지변이 아닌 것은 물론, 전시·사변 또는 이에 준하는 국가비상사태라고 볼 수 없습니다.

앞서 존경하는 서영교 의원께서는 여러 가지 사실을 들면서 국가비상사태가 아님을 증명하셨습니다.

저는 한 가지 예만 들겠습니다.

지난 18일 국회 비경제분야 대정부질문에서 더불어민주당 김광진 의원이 '국가테러대책회의 의장이 누구냐?'고 묻자 황교안 국무총리는 '정확하게 모르겠다. 확인해 보겠다'고 답변했습니다.

국가테러대책회의는 1982년 국가대테러활동지침에 따라 대테러 정책 최고결정기구로 설치되었고, 의장은 국무총리가 맡고 반기에 1회 정기회의를 하도록 돼 있습니다. 그러나 국무총리는 자신이 의장인 줄도 몰랐고, 회의 역시 개최된 적이 없었던 것 같습니다.

국가대테러활동지침은 지난 1982년 대통령 훈령으로 제정되었습니다. 이 지침에 따르면 국가테러대책회의는 대테러 정책의 심의·결정 등을 위하여 대통령 소속으로 구성된 기구입니다. 국가안보와 국민안전에 관련된 11개 부처 장관과 국정원장, 경찰청장 등 대테러 관련 정부기관이 모두 참석하는 이 기구는 국무총리가 의장을 맡아 회의를 소집·주재하고, 여기서 결정된 사항을 대통령에게 보고하고 시행을 총괄 지휘하게 되어 있습니다.

그런데 총리는 이 대책회의의 존재조차 몰랐고, 개최 사실조차 몰랐고 자신이 의장인 줄도 모르고 있었습니다. 어떻게 국가비상사태가 될 수 있겠습니까? 국회의장은 어떻게 국가비상사태라고 말하며 법을 어기고 직권상정을 할 수 있겠습니까? 의장께서는 테러방지법을 즉각 철회시켜야 마땅합니다.

다음으로 국민의당은 테러방지에는 적극 공감하지만 국민의 인권과 사생활은 보호되어야 된다고 생각합니다. 국가정보기관에 의해서 역사적으로 고통스러운 경험을 한 우리 국민은 인권과 사생활 침해에 대한 우려가 큽니다.

최근에도 국정원은 대선 개입, 간첩 조작 사건 등 막강한 권한을 남용해서 민주주의의 근간을 흔든 바 있습니다. 이에 국민의당은 한 치의 양보 없는 여야의 극한 대치를 종식시키고 국회의 정상화와 국정원의 권한 남용 방지를 위하여 다음의 두 가지를 제안한 바 있습니다.

첫째, 국민의 기본권이 침해될 수 있는 무차별적인 정보수집권, 감청권, 조사권을 제어할 수 있는 실질적인 권한을 마련하여 3당이 조속히 합의해야 합니다. 헌법에 명시된 대로 국민의 통신의 비밀을 침해받지 않을 권리 등을 보호할 안전한 장치가 반드시 마련되어야 합니다.

둘째, 국회 정보위가 전임 상임위화되어야 합니다. 지난 2013년 12월 3일 여야, 당시 황우여 새누리당 대표, 김한길 제1야당 대표, 최경환 원내대표, 전병헌 원내대표가 합의해 서명한 문건이 있습니다.

여야는 국가정보원 등 국가기관의 정치적 중립성 강화를 위해 국정원개혁특위를 구성하고 특위에서 국회 정보위원회의 전임 상임위화, 그리고 국회 정보위원의 비밀유지 의무화, 기밀누설행위 처벌 강화 및 비밀열람권 보장, 국회의 국정원 예산통제권 강화를 법제화하기로 합의 서명한 바 있습니다.

국회 정보위 전임 상임위화는 국회가 국정원을 더욱더 효과적으로 견제해 국민 기본권은 기본권대로 지키고 테러에 대한 대비도 확립할 수 있을 것입니다. 이번에 제정되는 테러방지법으로 국정원이 국민의 기본권을 침해하는 부분이 분명히 있는 만큼 그만큼 국정원을 일정 부분 견제·감시할 수 있는 국회 권한이 확보되어야 합니다.

지금부터 본론에 들어가겠습니다.

제가 말씀드릴 순서는 첫째, 인권에 대해서 말씀드리겠습니다.

둘째, 테러의 역사, 테러의 개념에 대해서 말씀드리겠습니다.

셋째, 각국 테러방지법 논의의 현황을 살펴보고 우리가 참고해야 할 것이 무엇인지 말씀드리겠습니다.

넷째, 테러방지법 제정 논의의 핵심을 이루고 있는

국정원의 문제점과 개혁방향을 살펴보겠습니다.

다섯째, 현재 제출된 테러방지법안의 문제점과 제가 생각하는 개선방안에 대해 말씀드리겠습니다.

먼저 두 개의 말을 비교해서 소개해 드리겠습니다.

로마의 정치인 키케로는 '인민의 안녕이 지상의 법이다'라고 말했습니다. 미국의 정치가이자 헌법 입안에 참여했던 벤자민 프랭클린은 '안보를 자유보다 우선하는 자는 어느 것도 누릴 자격이 없다'라고 얘기했습니다.

영국의 빙험 대법관―유명한 대법관이지요―이분은 국가안보를 앞세우는 키케로의 말에 대해 그 오용과 남용을 경계하면서 프랭클린의 자유에 우선권이 있다고 천명했습니다.

테러방지법에서는 두 가지 법익이 충돌합니다. 테러에 의해서 국민의 안전이 침해될 수도 있습니다. 또한 테러방지법의 남용에 의해서 국민의 자유, 인권, 사생활의 자유가 침해될 수가 있습니다. 이 두 개의 법익이 침해될 때 얼마만큼 조화롭게 이것을 만들어 나가는지가 테러방지법의 핵심이라고 생각합니다.

그런데 빙험 대법관과 벤자민 프랭클린이 자유를 우선한 이유는 국민의 안전과 전체의 이익을 위해서 권력자들이 자기의 권한을 남용했던 역사가 많기 때문에 국민의 자유를 더 신중하게 고려해야 된다는 그런 취지라고 생각합니다. 저도 이런 관점으로부터 얘기를 시작하겠습니다.

제 얘기의 핵심은 당연히 지금 제출된 테러방지법의 문제점과 제가 생각하는 개선방향입니다.

그런데 말씀드린 것처럼 먼저 테러에 대해서 그런 현상이 왜 발생했고, 어떻게 개념 규정지어져 있고 또 어떤 역사를 가졌는지를 말씀드려야 됩니다. 그런데 테러만 말씀드리면 알고 있는 인권이 소홀해집니다. 그래서 인권도 다 아시는 얘기겠지만 비중 있게 균형을 잡아서 자세히 설명드리겠습니다.

그리고 각국 테러방지법의 논의의 현황을 살피겠습니다. 특히 미국의 애국법에 대해서, 미국 애국법에 대한 미국의 법원과 시민단체 그리고 입법부의 고민들, 그래서 어떻게 국민의 자유를 위해서 그것을 수정·개선시켜 왔는지를 살펴보겠습니다. 그런데 이 부분에 대해서는 나름대로 전문성 있는 법률용어가 많이 나오기 때문에 약간 지루할 수도 있습니다.

그리고 국정원의 문제점을 말씀드릴 수밖에 없는 게 테러방지기관에 권한을 주기 위해서는 어느 정도 국정원에 권한을 직간접적으로 줄 수밖에 없는데, 아시다시피 우리 국정원이 그간의 역사 동안 얼마만큼 권한을 남용해서 국민의 인권을 침해하고 또 국가의 법익을 침해하고 국정을 문란시켰는지, 그런 문제점이 있기 때문에 국정원의 문제점을 말씀드리지 않을 수 없습니다. 그래서 이렇게 5개 분야를 말씀드리겠습니다.

저는 이런 논의 속에서 테러방지법에 대한 제 개인이 생각하는 모든 문제점을 다 노출을 시킬까 합니다. 다만 제가 말씀드리는 대부분의 논의들은 제 개인적인 생각도

있지만 그 논거가 되는 것은 여러 학자분들의 많은 논문들과 또 연구실적들을 제가 인용하는 것입니다.

그래서 그분들의 연구결과를 인용한다는 점을 밝히고, 제가 오늘 인용하는 게 그분들의 저작권을 침해하는 게 아니라 테러방지법이라는 공익의 이익에 부합하는 그런 토론을 활성화하기 위한 취지라는 것을 밝히고 그분들에게 양해를 구하겠습니다.

인권으로부터 얘기를 시작해야 합니다. 인권의 개념적 맹아는 고대사상에도 있습니다. 그렇지만 현대 인권 또는 기본권 보장에 있어서 효시를 이루는 인권보장의 관념은 서양 역사에 있어서 중세로부터 근대로 이르는 과정, 그 시민혁명 속에서 등장했습니다.

서구에서 기본권·인권의 보장은 군주의 전제지배로부터 귀족 등의 특권을 확보하는 과정에서 시작되었지만 이것이 점차 확대되어서 모든 국민의 자유와 권리를 확보하는 것으로 발전되었습니다.

먼저 영국입니다.

전형적인 근대 인권선언은 미합중국 연방헌법에서 출발하였지만 그 이전에 영국으로부터 많은 영향을 받은 건 사실입니다. 영국에서 인권사상은 종교개혁, 사회계약설, 근대계몽사상, 명예혁명 등으로 등장·발전합니다. 그중에서 에드워드 쿡 그다음에 존 밀턴, 존 로크 등의 사상이 인권보장 확립에 큰 역할을 합니다.

인권발달사에 있어서 가장 초기적인 문서는 존 왕의 무제한적인 왕권에 제약을 가져오기 시작한 1215년 대헌장이지요. 이때 처음 신체의 자유에 대한 보장이 확인되었고, 그렇지만 이는 어디까지나 그 당시에서는 봉건귀족세력에 대한 봉건법상의 권리를 인정한 것에 불과했습니다.

그러나 그 이후에 점점 그 개념이 확대되고 1628년 찰스 1세의 무제한적인 과세에 대한 의회의 통제가 가해지면서 대헌장에서 정했던 신체의 자유를 다시 명시적으로 재확인한 권리청원이 만들어집니다.

1647년에는 종교와 양심의 자유 또 강제징집으로부터의 자유, 법 앞의 평등, 신체의 자유와 재산의 침해의 한계 등을 주장한 인민협약이 인권의 발달에 기여했고, 1679년에는 인신보호법이 제정되면서 신체적 구속에는 인신보호영장, 영장제도가 시작됩니다.

또 1689년에는 인신의 보호 청원권, 의회에서의 언론의 자유를 선언한 권리장전이 의회 법률로 제정되어 영국시민혁명을 총결산하고 인권보장에 큰 디딤돌을 놓습니다.

미국에서는 미국 독립전쟁이 시작되는 게 미국 인권사상의 시작이라고 볼 수 있습니다. 미국은 영국의 식민지배로부터 독립하는 과정에서 근대 자연법사상의 영향과 영국의 급진적 정치사상을 받아 근대적 의미의 인권사상이 형성되고 성문화되기 시작합니다.

1770년 6월 12일 버지니아인권선언이 선언되는데 여기에는 생명·자유·재산·행복추구의 가치가 선언되고,

배심재판, 종교의 자유, 형사절차의 보장, 언론·출판의 자유, 선거의 자유, 저항권이 규정됩니다.

그 이후 펜실베이니아 권리선언, 델라웨어 권리선언, 메릴랜드 권리선언, 사우스캐롤라이나 권리선언, 매사추세츠 권리선언 등 여러 주에서 권리선언들이 제정·반포됩니다.

이런 권리선언의 공통적인 면은 헌법이 보장하는 국내권리는 생래적인, 본래적인 권리라는 점입니다. 이는 계몽주의적 자연법사상이 실정법에 반영됐고 인권을 불가침의 자연권으로 선언한 것입니다.

또 1776년 7월 4일 독립선언서는 버지니아 권리선언과는 달리 영국으로부터 독립을 하겠다는 강력한 의지가 표명된 정치적인 문서이지만 이 역시 생명·자유·행복추구가 다시 확인되었습니다. 이와 같이 미국의 인권사상은 서구 자연법의 영향을 받아 형성되었으며 인권은 자연권으로 이해되었습니다.

이런 각종 선언을 거쳐 1787년 9월 17일 미합중국 연방헌법이 인권조항을 두지는 않았지만 헌법을 수정하면서 10개의 기본권 조항을 추가해서 이 기본권 조항이 미국 실정헌법에 인권이 규정되고 보장된 그런 증거로 됩니다.

프랑스는 계몽사상이 있어 더 폭발적이었지요. 프랑스는 계몽사상의 발달로 인권사상이 발달하고 또 프랑스혁명을 거치면서 프랑스 권리인권장전이 성문화됩니다. 다 아시다시피 프랑스에서는 볼테르, 몽테스키외, 루소의 사상이 인권사상 발달에 큰 기여를 하는데, 1789년 8월 26일 헌법 제정 국민회의―프랑스 혁명과정이지요―채택해서 선포된 인간과 시민의 권리선언은 미합중국의 독립선언서와 여러 주의 권리선언 등에서 많은 영향을 받았지만 하여간 전 세계적으로 가장 의미 있는 근대적인 인권선언이었습니다.

이는 두 달 넘는 기간 동안 많은 프랑스혁명 참여자들의 토론을 거치면서 여러 혁명 참여세력의 타협으로 만들어졌고 자연권과 실정권을 구별하여 정했습니다.

그 이후 1791년 헌법 그리고 1793년, 1795년 헌법 등에서 이런 내용들이 이어졌고, 1793년 헌법에서는 인간의 권리들의 선언과 인간과 시민의 권리들의 선언을 헌법 전문으로 하여 1795년 헌법은 인간과 시민의 권리들과 의무들의 선언을 헌법 전문으로 하였습니다.

프랑스에서 전개된 인권보장은 개인의 자유와 권리를 만연히 자연권으로 자리매김한 것을 넘어서 자연권과 시민의 권리를 구별하고 동시에 권리보장과 의무도 강조했습니다.

독일은 인권사상이나 헌법이 늦게 발전했습니다. 그렇지만 1919년 바이마르헌법 때부터 고전적인 기본권과 함께 사회적 기본권을 세계 최초로 명문화해서 당시로는 매우 이상적인 권리를 헌법에 명문화했습니다.

그 이후 인권은 현대에서 새로운 전개 방향을 가집니다. 오늘날 인권에 대한 인식의 제고로 인하여 인권의 보장은 국내적으로만 보장되는 수준을 넘어 국제적으로 보장하는

것으로 발전하고 있습니다.

이러한 인권의 국제적 보장이 때로는 단위국가의 고유한 공동체적 가치와 문화를 파괴하고 서구적 가치로의 일방적인 삶을 강요하는 측면도 있다고 하지만 인간으로서 누려야 할 보편적인 자유와 가치를 신장시키는 점은 부인할 수 없습니다.

국제법 규범에서 인권이라는 이름으로 보장하는 권리와 가치들은 항상 보편적인 성격을 띠는 것은 아니고 국내 헌법의 기본권과 일치하는 것도 아닐 수 있습니다. 그래서 국제법 규범에서 보장하는 국제적 인권이라는 것의 개념, 법적 의미, 효력 등에는 논란이 있지만 국제교류를 통하여 가입국들의 국민의 인권을 신장시키는 데 기여하고 있는 점은 충분히 평가할 만합니다.

인권의 국제적인 보장을 위한 노력은 1945년에 있었던 국제연합의 결성에서 출발합니다. 1948년 국제연합헌장 정신에 기초하여 세계인권선언을 채택합니다.

여기에는 30개 조항에서 인간의 존엄성, 평등권, 생명권, 신체의 자유, 안전권, 고문과 잔혹행위 금지, 재판받을 권리, 변호인의 조력을 받을 권리, 사생활의 자유와 비밀의 보호, 거주이전의 자유, 국적보유의 권리, 재산권, 표현의 자유, 집회 및 결사의 자유, 공무취임권과 근로의 권리, 직업의 자유, 교육을 받을 권리, 문화생활에의 참여권, 지적재산권, 공동체에 대한 의무 등 인간의 자유와 권리·의무들을 매우 광범위하게 규정·보장합니다.

이 선언은 강제성을 가지고 있지 않지만 인권의 국제적 보장에 있어 인식을 제고하는 큰 계기의 바탕이 됩니다.

1950년 11월 4일에는 유럽지역에서 인권과 기본적 자유의 보호를 위한 유럽규약을 채택하고 가입국에 대해 구속력을 가지는 것으로 합니다. 1953년 9월 3일부터 발의된 이 규약은 유럽지역에 한정된 것이었지만 인권의 국제적인 보장을 한 수준 높여 놓은 결과를 가져왔습니다.

1998년에 채택한 제11번 의정서는 유럽인권재판소를 독립된 상설법원으로 강화했고 개인이 유럽인권위원회를 거치지 않고 직접 유럽인권법원에 제소할 수 있게 하였습니다.

국제연합은 점차 구속력이 있는 인권보장으로 힘을 기울여 1966년 12월 16일에 경제적·사회적 및 문화적 권리에 대한 국제규약과 시민적·정치적 권리에 대한 국제규약을 제정합니다. 위 각 규약은 모두 1977년부터 서명국에 대해 효력을 발휘하기 시작하는데 1996년 7월 10일부터 우리나라에도 적용됩니다.

인권의 국제적 보장과 관련해서 우리나라에도 적용된 국제인권규범을 보면 모든 형태의 인종차별 철폐에 관한 국제협약, 인신매매금지 및 타인의 매춘행위에 의한 착취 금지에 관한 협약, 집단살해죄의 방지와 처벌에 관한 협약, 여성에 대한 모든 형태의 차별 철폐에 관한 협약, 아동의 권리에 관한 협약 등이 있습니다.

또 사회적 권리를 말씀드립니다.

전통적인 인권은 국가로부터의 자유를 지키는 자유권의

보장을 중심으로 하는 것이었지만 20세기 들어와 사회가 발전하고 시장의 약점과 실패를 경험하면서 약자의 보호와 더불어 복지국가를 추구하면서 사회적 권리에 대한 보호가 강화됩니다.

사회적 권리 강화는 헌법에서 이를 기본권으로 보장하는 것으로 나타나기도 하였고 법리를 통해서 구체화하는 것으로 나타나기도 하였습니다.

사회적 권리에 대한 맹아는 프랑스의 1793년 헌법에서도 발견할 수 있지만 헌법에서 본격적으로 명문화한 것은 1919년 바이마르헌법이 시초입니다. 그 이후에 일본, 이탈리아, 포르투갈, 스페인에서 명문화했고 우리나라에서 제헌헌법 때부터 이를 명문화하고 있습니다. 독일헌법은 사회적 권리를 지금은 규정하지 않고 있습니다. 그렇지만 하위 법규범을 통해서 규정을 하고 있습니다.

인권보장은 오늘날 새로운 전개 양태를 띱니다. 오늘날 기본권 보장은 국가로부터 개인을 방어하는 단계에서 더 나아가 국민의 삶을 실질적으로 윤택하게 하고 행복을 추구할 수 있게 하는 방향으로 나아가고 있습니다.

여기에는 사회적 권리의 보장도 중요하고 문화적 권리와 문화적 가치를 보장하는 것도 중요합니다. 자본주의 사회와 경쟁사회에서의 경제적·사회적 약자에 대한 안전한 삶의 보장이 강조되고 있고 과학과 기술의 발달에 따른 정보화 사회에서의 권리보장도 새롭게 등장하고 있습니다.

정보화 사회에서는 정보가 곧 사회적·경제적인 힘으로 작용할 뿐만 아니라 정보에서의 약자와 강자의 차별이 새로운 문제로 등장하므로 이에 대한 약자의 보호가 특히 중요한 인권보장의 과제로 대두되고 있습니다.

삶의 환경에 대한 인식의 제고로 인하여 환경에 대한 보장도 자연환경뿐 아니라 문화적 환경, 역사적 환경으로 확대되고 있습니다. 사회적 위험도가 높아짐에 따라 안전하게 살 권리에 대한 요구도 점증하고 있습니다.

뿐만 아니라 삶의 환경에 대한 현세대의 파괴가 심해 가고 그 피해가 차세대로 돌아감에 따라 인권보장에 있어서 세대 간의 이해관계도 점차 예민하게 부각되고 있습니다. 현세대의 실패에 따른 책임이나 피해를 차세대가 모두 부담하는 정당성이 있는가 하는 점이 권리 면에서 새롭게 제기되고 있는데 이는 차세대 인권이라는 관점에서 부각되고 있습니다.

이와 같이 오늘날 인권의 문제는 사회와 삶의 환경의 변화에 따라 다양한 모습으로 새롭게 제기되고 있는데 이 가운데 추구된 가치는 기본권의 문제로 포착되는 것도 있고, 아니면 법률 정책의 문제로 포착되는 것도 있으며, 국가목표규정으로 포착되는 것도 있습니다.

그러나 이와 같이 세계의 근대역사는 인권의 역사였고 기본권 확대와 심화의 역사였습니다. 그러나 우리가 잊지 말아야 할 것은 이런 인권의 확대와 심화 그리고 기본권의 확대와 심화는 스스로 이루어진 게 아니라 많은 사람들의 피와 땀 속에서 이루어졌다는 것입니다.

서구에 있어서는 프랑스 혁명, 영국 명예혁명, 미국 독립운동—독립전쟁이었지요—그다음에 나치 등 전체주의에 대한 저항 그다음에 최근에는 6·8 혁명에 이르기까지 많은 사람들의 피땀 속에서 인권이 개척되어 나왔습니다.

우리도 마찬가지입니다. 우리 헌법 전문에서 얘기하다시피 동학농민혁명, 독립운동, 3·1 만세운동, 임시정부, 4·19 혁명, 5월 민주항쟁 그리고 독재정권에 대한 민주화 제 투쟁 그리고 6월 민주화 항쟁까지 많은 국민들의 피땀 속에서 인권이 확보되어 왔다는 것을 잊어서는 안 될 것입니다.

두 번째 주제는 테러입니다.

법을 만들려면 법이 규제하는 대상에 대한 철저한 개념 정립과 그 현상을 파악해야지 제대로 규제를 할 수 있습니다. 그렇기 때문에 테러가 무엇인지, 테러의 역사는 어땠는지, 그리고 외국은 이런 테러에 대해서 어떤 법제를 가지고 대응하게 됐는지를 살펴봐야 될 것입니다.

테러라는 용어는 원래 라틴어에서 기원합니다. 공포, 공포 조성, 커다란 공포 또는 죽음의 심리적 상태를 의미하며 이는 곧 떠는, 떨게 하는 상태, 그리고 죽음을 야기하는 행위나 속성을 뜻하는 것이라고 합니다.

오늘날 테러리즘과 거의 동의어로 사용되고 있지만 테러와 테러리즘의 용어는 어의상으로도 마땅히 구분되어야 되고 또 일상용어로도 전문용어로도 혼용되지만 구분되어야 할 것입니다.

슈미트(Schmidt)와 용만(Youngman), 두 분의 학자는 테러를 '마음의 상태'로 표현합니다. 반면에 테러리즘은 '특정 목적 달성을 위해 자행되는 폭력행위'로 표현하고 있습니다.

아울러 심리학자들에 의하면 '테러란 특정한 위협이나 공포로 떠는 모든 인간들이 심리, 심적으로 느끼게 되는 극단적인 두려움의 근원이 되는 것이다'라고 규정을 하고 있습니다.

극단적인 두려움은 일상생활의 부산물로 엄청난 인명과 재산상의 피해를 입히는 홍수·폭설·지진·화산폭발 등과 같은 자연재해, 삼풍백화점 붕괴사고, 성수대교 붕괴사건 등과 같은 대형사고, 그리고 빈번하게 발생하고 있는 강력살인 사건과 대형 교통사고를 목격하거나 뉴스를 통해 알게 됨으로써 경험하기도 합니다.

즉, 테러란 발생 원인이 무엇이든 간에 극도로 불안한 심리적 상태를 말하며 자연적인 현상이라고 합니다. 반면 테러리즘은 조직적인 폭력을 사용함으로써 복종을 요구하는 것, 특히 정치적 무기나 정책으로써 폭력이 사용되는 것을 말한다고 합니다. 테러리즘은 테러와는 구별되는 폭력적 행위의 한 형태를 의미하는 것으로 항공기 납치, 요인암살, 공중시설 폭발 등을 통해 사람에게 공포를 일으키게 하는 행위를 의미하는 것입니다.

결국 테러는 자연적 현상이며, 테러리즘은 폭력의 조직적·의도적 이용으로 강압적이며 희생자 혹은 희생자와 연관된 모든 사람 그리고 대중 등의 의지를 이용하기 위한 목적지향적 행위이며, 이를 위해 강제·협박·위협을 통해 폭력을 체계적으로 활용하는 것이라고 할 수 있습니다. 이러한 차이성에 따라 테러는 테러리즘이 없어도 발생이 가능하며, 테러는 테러리즘의 중요한 구성요소가 되고 있습니다.

그동안 학자들과 전문가들의 학문적 노력에 의해 테러리즘 정의에 관한 연구가 많은 진전을 보여 왔지만 아직도 모든 학자들이 전적으로 동의하는 정의는 내려져 있지 않습니다. 이는 테러리즘 개념, 정의 자체가 난제임을 반증하는 것입니다.

테러리즘의 동기·대상·범위·주체·이념 등의 포함 여부, 그리고 학자들과 테러리즘 전문가들의 시각에 따라 테러리즘이 달리 정의됨으로써 테러리즘의 정의에 관한 연구와 논쟁이 끊임없이 계속되고 있습니다. 동일한 사건을 관점에 따라 테러리즘으로 규정하기도 하고 어떤 경우에는 단순히 일반 범죄로 취급하기도 하며, 다른 시각에서는 애국적인 행위로 평가하기도 합니다.

한 예로 영국 정부는 아일랜드공화국군—IRA라고 하지요—아일랜드공화국군의 모든 공격을 테러리즘으로, 그리고 IRA 요원들을 테러리스트로 규정하고 있습니다. 반면에 IRA를 추종하는 사람들이나 리비아 등 IRA를 직접 혹은 간접적인 방법으로 지원하고 있는 국가들은 IRA 행위를 민족주의 해방운동으로, 그리고 IRA 요원들을 자유투사로 규정하고 있는 실정입니다.

심지어는 한 국가 내의 부처마다 테러리즘에 대한 정의가 서로 다른 경우도 있습니다. 미국의 경우 CIA, FBI, 국무부, 법무부, 그리고 국방부가 각각 다른 테러리즘 정의를 채택하고 있습니다.

미국 국무부는 테러리즘을 '테러리즘은 준국가단체 혹은 국가의 비밀요원이 다수의 대중에게 영향력을 행사하기 위해 비전투원을 공격 대상으로 하는 사전에 치밀하게 준비된 정치적 폭력이다'라고 정의하고 있습니다.

미국의 CIA는 '테러리즘은 개인 혹은 단체가 기존의 정부에 대항하거나 혹은 대항하기 위해서는 직접적인 희생자들보다 더욱 광범한 대중들에게 심리적 충격 혹은 위협을 가함으로써 정치적 목적을 달성하기 위해 폭력을 사용하거나 혹은 폭력의 사용에 대한 협박을 행하는 것이다'라고 정의하고 있습니다.

심지어 동일 부처에서 시대에 따라 다른 정의를 내리기도 합니다.

미 국방부는 1983년과 86년에 각각 다른 테러리즘에 대한 정의를 내리고 있습니다. 1983년에서 보면 '테러리즘은 혁명기구가 정치적 혹은 이데올로기적 목적 달성을 위해 정부 혹은 사회를 위협하거나 협박하는 수단으로 개인과 재산에 대한 비합법적인 폭력을 사용하거나 폭력 사용에 대한 협박을 하는 것이다'라고 정의하고 있습니다. 그러나 86년에는 '테러리즘은 정치, 종교, 이데올로기 목적 달성을 위해 정부 혹은 사회에 대한 위압 혹은 협박의 수단으로 개인 혹은 재산에 대해 비합법적인 힘, 혹은 폭력을

사용하거나 비합법적인 힘, 혹은 폭력의 사용에 대한 협박을 하는 것이다'라고 정의하고 있습니다.

이처럼 한 국가 내에서도 테러리즘의 정의에 대한 합의를 기대하기 힘들고 시대에 따라서도 테러리즘의 정의를 달리하고 있는 것을 알 수 있습니다.

또한 학자들은 각자의 주장이나 이론에 따라 각기 다른 테러리즘의 정의를 내리고 있습니다. 한 연구결과에 의하면 지금까지 100개 이상의 테러리즘에 대한 정의가 학자들과 각 국가 및 국제기구 등에 의해서 제시되어 온 것으로 조사되었습니다. 모두가 동의하는 보편적인 테러리즘의 정의를 도출하는 것은 결코 쉬운 일이 아니지만 테러리즘의 정의가 없이는 테러리즘에 대한 법제를 정비할 수 없음은 물론이고 정책 수립도 할 수 없기 때문에 포기할 수 없는 영역입니다.

테러리즘 정의상의 문제점을 분석하면서 제시한 학자들의 정의를 살펴보면 공통적인 요소가 있답니다. 그것은 폭력 혹은 폭력 사용에 대한 위험, 정치적 동기, 조직적인 사전 준비, 무차별적인 공격 양상 등이랍니다. 그러나 점차 증가하고 있는 새로운 유형의 측면은 아무도 제시하지 못하고 있습니다. 이는 테러리즘의 양태가 시대에 따라 변화하기 때문에 그 변화를 개념이 따라가지 못하기도 하기 때문이지요.

지금까지 테러리즘의 정의에 있어서 가장 중요한 요소로 지적되어 왔으며 단순한 범죄와 구별 짓는 기준이 되어 왔던 것은 정치적 목적의 유무였습니다. 그러나 최근에 발생하는 테러리즘은 보다 다양한 목적하에서 자행되고 있습니다.

팔레스타인 해방기구(PLO)는 테러리즘을 민족해방운동의 수단으로 효과적으로 이용했으며, 북아일랜드의 소수파 가톨릭 교도가 주축을 이루고 있는 IRA는 표면상으로는 영토의 완전한 독립이지만 실제적으로는 다수인 기독교 세력과의 종교적 분쟁의 수단으로 테러리즘을 이용하는 측면이 매우 강합니다.

이스라엘과 아랍 국가 간에 분쟁의 씨앗도 이슬람과 기독교의 대결 양상임을 배제할 수가 없습니다.

인도의 시크교도들과 스리랑카의 타밀족은 분리독립을 위해서, 또 터키에서 강압적으로 쫓겨났던 아르메니아족들은 과거의 대량 학살에 대한 정치적 보복으로 테러리즘을 이용하고 있습니다. 뿐만 아니라 중남미에서는 민족주의와 군부독재 세력 간의 갈등과 대결로 인해 테러리즘이 발생하고 있습니다.

이처럼 테러리즘은 단순히 정치적 목적만을 달성하기 위해 이용되는 것이 아니고 정치, 사회, 종교, 민족주의적인 요소들이 복합적으로 작용하여 나타나고 있습니다. 이러한 측면들을 고려하여 학자들은 종교적 테러리즘, 이데올로기적 테러리즘, 민족주의적 테러리즘, 분리주의적 테러리즘, 국가 테러리즘 등으로 세분화하기도 하지만 이러한 시도도 테러리즘 정의 도출에 정확한 결과를 도출하지는 못하고 있다고 합니다.

일단 저는 한 연구 결과의 테리러리즘의 정의를

인용합니다. 그 연구 결과에 따르면 '테러리즘은 주권국가 혹은 특정 단체가 정치·사회·종교·민족주의적인 목표 달성을 위해 조직적이고 지속적인 폭력의 사용 혹은 폭력의 사용에 대한 협박으로 광범위한 공포 분위기를 조성함으로써 특정 개인, 단체, 공동체 사회 그리고 정부의 인식변화와 정책의 변화를 유도하는 상징적·심리적 폭력행위의 총칭이다'라는 개념을 선택하겠습니다.

'테러리즘은 1960년대 이후 혹은 2차 세계대전 이후 일시적으로 나타난 현상이 아닙니다. 인류의 역사와 그 맥을 같이하는 정치사적인 문제라는 것이 더 합당합니다.'

그러면 언제 시작됐을까요.

'테러리즘이란 용어가 최초로 사전에 등장한 것은 1798년에 프랑스에서 발간된 한 사전의 증보판으로 조직적인 폭력의 사용으로 정의되어 있습니다. 그리고 1796년에 발간된 프랑스 사전에는 자코뱅당의 지도자들이 연설할 때 긍정적인 측면에서 그들의 활동을 언급하면서 자랑스럽게 종종 언급한 것으로 기록되어 있습니다.

일반적으로 테러리즘은 1793년으로부터 1794년까지의 프랑스혁명 기간을 지칭하는 것으로 언급되었으며 곧 공포정치와 동의어로 사용되었답니다. 공포정치라는 용어는 프랑스혁명 당시 주도적인 역할을 했던 마라, 당통, 로베스피에르 등이 공화파 집권정부의 혁명 과업 수행을 위하여 왕권 복귀를 꾀하던 왕당파를 무자비하게 암살, 고문, 처형하는 등 공포정치를 자행했던 사실에서 유래했다고 합니다.

프랑스혁명 시기의 테러리즘은 국가가 정치적 억압과 사회의 통제를 위해 사용한 수단으로 합법적인 권력을 가진 지배층에 의해 자행되는 관제 테러리즘의 성격을 띠고 있었다 할 것입니다. 이후 관제 테러리즘은 위로부터의 테러리즘으로 아래로부터의 테러리즘과 함께 공존했습니다.

많은 전문가들은 테러리즘이라는 용어의 출현을 있게 한 프랑스혁명기에서 테러리즘의 기원을 찾고 있지만 사적인 테러리즘의 기원은 프랑스혁명기 이전으로 거슬러 올라갑니다. 조직적인 폭력의 사용으로 정의되는 고전적 의미의 테러리즘은 기원전부터 있어 왔습니다.'

역사를 살펴보겠습니다.

'기원전에 있었던 줄리어스 시저의 암살도 정치적 목적 달성을 위해 자행됐던 일종의 테러리즘이라고 말할 수 있습니다. 시저는 기원전 81년 당시의 권력자 슐라로부터 사형 선고를 받고 로마를 탈출하였으나 기원전 78년 슐라가 병사하자 로마로 돌아와 평민당의 일원으로 정계에 진출합니다. 기원전 60년 현재의 스페인 지역에서 눈부신 무공을 세운 시저는 폼페이우스, 크라수스와 함께 제1차 삼두정치를 했습니다. 후에 크라수스가 동방 원정에서 전사하자 폼페이우스는 원로원과 짜고 우세한 시저의 세력에 저항했습니다. 기원전 49년 시저는 갈리아에서 로마로 복귀하라는 원로원의 명령을 무시하고 휘하의 군대를 지휘하여 루비콘 강을 건너서 폼페이우스를 몰아내고 독재자가 됩니다. 시저가 로마를 출발해서 동방을

정벌한다는 계획을 세우자 귀족계급은 시저가 성공하면 자신들을 제거할 것이라는 판단 아래 공화파와 제휴하여 시저를 제거하기로 계획을 세웁니다. 그리고 기원전 44년 3월 14일 시저는 만찬 석상 입구에서 암살됩니다. 또한 로마 황제 티베리우스나 갈리굴라는 정적의 기세를 제압하고 자신들의 지배에 복종시키는 수단으로 추방, 재산몰수, 고문, 처형을 일삼았습니다.

기원후 66년부터 77년 사이에는 팔레스타인 종교집단들이 시카리라는 테러리스트 단체를 결성하여 로마의 통치에 협력하는 유태인들에 대한 공격을 자행합니다. 시카리 소속 테러리스트들은 주로 일요일 혹은 특정 기념일을 기리기 위해 예루살렘에 집결하여 종교적 행사를 벌이는 유태인들을 대검을 이용하여 살해하거나 농작물 재배지 혹은 공공건물에 대한 방화 등 원시적인 테러리즘 전술을 동원합니다.

11세기부터 13세기까지는 페르시아에 흩어져 있던 이슬람 과격 종교단체들이 암살자를 고용하여 자신들의 종교적 자유와 확산을 위해 고위 기독교 지도자들을 적으로 간주하여 이들을 살해하고 공포 분위기를 확산시키는 수단으로 이용합니다. 암살자들은 수적 우위와 상대적으로 막강한 군사력을 보유하고 있는 십자군을 상대로 정규전의 방식으로 대항하는 것은 패배를 초래한다는 인식 아래 장기적인 테러리즘 캠페인 전술을 채택한 것입니다. 암살자로 불리었던 이들 테러리스트들은 철저한 비밀을 유지하면서 군사령관, 지사, 칼리프 등을 살해했고 이들의 투쟁은 영웅적으로 미화되었고 작전에 투입되어 전사한 자들은 순교자로 추앙받습니다. 이처럼 종교적 목적 달성을 위해 시작된 투쟁의 역사적 유산은 지금도 중동의 정치적 혼란 속에서도 계속되고 있다고 할 것입니다. 또한 스페인의 종교재판소는 종교적 이단으로 간주된 사람들을 처벌하기 위해 임의적이고 무차별적인 체포, 고문, 처형을 일삼습니다.

이처럼 정치적 그리고 종교적 요인이 작용되어 테러리즘은 더욱 확산되었습니다. 이러한 역사적 유산이 16세기와 17세기에 폭군시해이론으로 이어집니다. 이 당시의 암살은 이데올로기적인 성명발표이면서 정치적 무기 구실을 합니다. 미국에서는 남북전쟁이 끝난 후 연방정부에 도전하는 일부 극우파 남부 출신 사람들이 Ku Klux Klan—일명 KKK지요—이라는 테러리스트 단체를 결성해서 남부 각 주의 재건론 주창자들을 협박했습니다.

역사적으로 테러리스트 운동을 가장 활발하게 전개한 단체 중의 하나는 19세기 말에 러시아에서 활동했던 인민주의자—Narodnik지요—의 비밀조직이었던 인민 의지파라고 할 수 있습니다. 이 단체는 사회혁명의 실현을 위해서는 정치 혁명이 선행되어야 한다고 선언하고 짜르를 중심으로 한 제정 러시아의 전제적인 정치 체제를 타도하기 위해 테러리즘을 가장 중요한 투쟁 수단으로 삼았습니다. 라브로프, 미하일로프스키의 학설을 이론적 기초로 삼고 1879년 11월 황제의 열차 폭파를 계획하였으며 1880년 2월 동궁 폭파를 시도하고, 1881년 3월 알렉산드르

2세를 암살하는 등 테러리즘으로 시종일관 하였습니다. 그러나 1884년까지 이 단체의 핵심 인물들이 거의 모두가 체포됨으로써 대중에 뿌리박지 못하고 개인적 혁명운동의 한계를 벗어나지 못했습니다. 이 조직은 뒤에 마르크스주의자, 특히 레닌에 의해서 비판되었으며 러시아 혁명운동의 수단으로서의 테러리즘은 이들에게서 볼셰비키로 옮겨집니다.

이후 테러리즘은 서유럽, 러시아, 미국 등지에서 무정부주의자들에 의해 채택됩니다. 이들은 혁명을 위한 정치·사회적 변화를 효과적으로 이루어 내기 위한 가장 좋은 방법은 권력을 장악하고 있는 요인들을 암살하고 무자비한 파괴를 하는 것이라고 믿습니다. 이 시기의 대표적인 예는 1914년 6월 28일에 발생한 오스트리아 황태자 부부의 암살사건입니다.' 1차 세계대전의 단초가 되었지요. '세르비아의 청년 가브리엘로 프린체프를 포함한 6명의 테러리스트들이 오스트리아 프란츠 페르디난트 황태자 부부를 자동소총으로 무참하게 살해합니다. 이 사건은 결국 세계의 역사를 바꾸어 놓은 제1차 세계대전으로 이어졌고 테러리즘이 전 세계를 전쟁의 소용돌이 속으로 몰아넣을 수 있으며 세계의 평화와 국제 안보를 위협할 수 있다는 것의 교훈이 됩니다.

20세기에 들어서자 테러리즘의 사용 목적과 실행 방식도 크게 변합니다. 테러리즘은 극우에서 극좌에 이르는 수많은 정치운동에 공통으로 나타나는 하나의 특징이 됩니다. 또한 테러리즘은 히틀러 독재 치하의 나치독일이나 스탈린 치하의 구 소련과 같은 전체주의 국가에서의 중요한 국가 정책 수단으로 이용됩니다. 프랑스혁명 당시 시작된 관제 테러리즘이 계승된 것입니다. 이들 국가에서는 국민들에게 공포 분위기를 조성하고 국가의 정치·경제·사회 목표 및 국가 이데올로기에 대한 충성심을 고취시키기 위해 체포·구금·고문·사형 등이 가해집니다.

또한 20세기 중반에는 제2차 세계대전 후 신생국들이 탄생함으로써 식민제국에 대항하는 민족운동의 일환으로 테러리즘이 활용되기 시작했고, 일부 지식층과 급진주의자들에 의해서 자유와 해방을 위한 수단으로 테러리즘이 합리화되고 필연적인 것으로 간주되어서 이론화되기 시작한 것도 이때부터입니다.

테러리즘은 인류의 역사와 함께 시작되었다는 것이 일반적인 견해입니다. 그러나 현대적 의미의 테러리즘의 태동기는 1960년대입니다.'

지금 우리가 테러방지법의 대상으로 하려는 부분도 이 영역이라 할 것입니다.

'1960년대는 테러리즘의 시대적 변화 추이에 있어 프랑스 혁명기의 정치적 억압과 제정 러시아 시기의 혁명분자들에 의한 테러리즘 그리고 제2차 세계대전 후의 관제 테러리즘의 시기를 거쳐 테러리즘이 그 성격과 규모 면에서 과거와는 다른 복수의 국가에 영향을 미치는 형태로 자행되기 시작합니다. 이러한 현상은 국제정치 상황과 밀접한 연관성을 가집니다.

중동에서 팔레스타인 해방기구(PLO)의 움직임은 국제사회에서 현대적 의미의 테러리즘 발생에 가장 많은 영향을 미쳤습니다. 1964년 팔레스타인 난민들은 자신들이 민족해방과 반시오니즘 민족운동을 위한 해방기구를 창설하고 그 후 4차에 걸친 이스라엘과의 전쟁 결과가 참패로 끝나자 생존권에 심한 위협을 받게 됩니다. 이에 따라 이들은 PLO를 중심으로 자신들의 처지를 유엔 및 강대국가에 수없이 호소하면서 팔레스타인 문제를 해결해 주도록 촉구하였지만 이 문제를 해결할 수 있는 국제적 메커니즘이나 이를 성의 있게 받아 주는 노력이 국제사회에서 보여지지 않았던 것이 테러리즘의 선택으로 이어집니다.

특히 1967년 6월 전쟁에서 이스라엘에 대패하자 아랍인들은 물리적인 군사력으로 팔레스타인의 정치적 목적 달성이 불가능하다고 인식하기 시작합니다. 전면적인 무력 투쟁으로는 이스라엘에 대항할 수 없으며 세계에 팔레스타인 문제를 알리고 정치적 목적을 달성하는 유일한 방법은 테러리즘이라는 결론에 도달합니다. 이에 따라 팔레스타인 사람들을 주축으로 테러리스트 단체들이 조직되기 시작했고 무차별적인 테러리즘을 통해 이스라엘에 대항하기 시작합니다. 팔레스타인 단체들의 목표는 테러리즘을 통해 중동지역 차원이 아닌 전 세계에 공포를 조성하여 팔레스타인 문제의 국제문제화를 달성하고자 하는 것이고, 이를 위해 전쟁터에서 수백 명의 민간인을 살해하는 것보다 전쟁터가 아닌 곳에서 한 명의 민간인을 살해하는 것이 공포 분위기 확산에 더 효과적이라는 논리를 내세우기 시작합니다.

팔레스타인 테러리스트 단체들은 항공기 납치를 포함한 모든 유형의 테러리즘을 자행하기 시작합니다. 1968년 7월 조지 하바시(George Habasi)가 이끄는 팔레스타인 해방인민전선 소속의 테러리스트들이 이스라엘 항공기 엘알(El Al)기를 공중 납치한 이래 1968년 한 해 동안 무려 35건의 항공기 납치를 단행합니다.

이 시기에 발생한 최악의 사건은 뮌헨 올림픽 학살사건이었습니다. 검은 구월단 소속의 테러리스트들이 자동소총으로 무장한 채 올림픽 참가 선수 복장으로 변장하고 뮌헨 올림픽선수촌에 침입하였습니다. 이들은 반항하는 2명의 이스라엘 선수를 사살하고 9명을 인질로 잡아 서독 정부와 대치합니다. 테러범들은 인질 석방의 조건으로 일본 적군파 소속 고조 오카모토를 비롯한 234명의 아랍인들을 이스라엘 감옥에서 석방할 것과 그리고 독일 감옥에 투옥 중인 적군파 대원들을 석방할 것을 요구했습니다. 올림픽 주최국인 서독은 평화적으로 사건을 해결하기 위해 협상에 적극적인 자세를 견지했지만 이스라엘의 불양보 정책 노선의 견지로 협상이 이루어지지 않았습니다. 이에 따라 목표 달성이 불가능하다고 판단한 테러리스트들은 인질들과 함께 카이로로 탈출을 시도했지만 이 과정에서 서독 정부의 미숙한 대응으로 교전이 발생하여 인질 전원이 사망합니다. 이 사건은 국제적으로 거센 비난을 받기는 하였지만 테러범들의 입장에서는 그들의 목적을 달성한 사건이라고 평가됩니다. 그 이유는 이 사건 이후 국제사회는 '팔레스타인 사람들은 누구인가?', '팔레스타인 문제가 무엇인가?', '팔레스타인이 원하는 것은 무엇인가?'라는 팔레스타인 문제에 대한 관심을 기울이는 계기가 되었기 때문이라고 합니다.

한편 서유럽, 일본, 미국 등지에서는 베트남전 반대와 이에 따른 반정부 시위가 격화되었고 이들 유형의 시위에 대한 정부의 극단적이고 성급한 대응은 불만세력응집의 계기가 됩니다. 이들 중 급진적 성향의 학생들과 일부 흑인단체들이 반전·반미 감정의 조성을 위해 테러리즘을 자행하기 시작합니다.

팔레스타인 테러리스트 단체들에 의한 테러리즘이 중동지역을 중심으로 확산되면서 이들의 투쟁에 동조하는 국제 테러리스트 단체 간에 상호 지원이 이루어지기 시작합니다. 테러리스트 단체들 간의 협력의 구체적인 움직임은 1970년대 초 중남미에서 시작되었고 이후 전 세계적으로 확산됩니다. 1970년 2월 중남미의 테러리스트 단체를 이끌고 있던 대표들이 아르헨티나의 코르도바에서 비밀 모임을 갖고 상호 지원과 합동작전 수행을 협의한 바 있고, 1974년에는 아르헨티나 인민혁명군, 볼리비아의 민족해방군, 우루과이의 투파마로스, 칠레의 혁명좌익운동 등 4개의 테러리스트단체들은 무장투쟁의 국제화를 위해 혁명조정위원회를 설치할 것을 결의하고 상호 간에 적극적인 자금 지원, 요원들의 훈련 제공, 특정 작전의 공동투입 등으로 발전시킵니다.

테러리스트 단체 간의 상호 지원은 1972년 5월 일본 적군 소속의 테러리스트에 의해 자행된 이스라엘 로드 공항 학살사건으로 구체적으로 드러납니다. 이들 테러리스트 2명은 로마에서 체코제 무기를 제공받아 프랑크푸르트에서 받은 위조여권으로 관광객으로 위장한 다음 프랑스 여객기를 이용해 이스라엘 로드 공항에 도착한 후 입국수속을 받고 있는 승객을 향해 무차별 사격을 가함으로써 수명을 살상합니다.

이 외에도 1973년 7월의 싱가포르 셀 석유 저장고 습격사건, 1975년 12월 빈에서의 OPEC 회의장 점거사건 등은 팔레스타인 해방인민전선과 일본 적군, 서독의 바데마인호프 조직 등 국제 테러리스트 단체들 간의 유기적인 합동작전에 의해 자행된 대표적인 사건입니다.

테러리즘이 점차 전 세계적으로 확산되자 공격 목표가 되었던 서독, 이스라엘, 미국 등은 1976년을 고비로 테러리즘 관련 정보교환 등 대응책을 강화하기 시작합니다. 미국의 델타포스, 서독의 GSG-9 등 대테러리스트 특공대가 창설되어 테러리즘에 대응하기 시작한 것도 이때부터입니다. 또한 미국에서는 국제 테러리즘 사건의 특징과 속성에 대한 분석을 통해 테러리즘에 체계적으로 대응하기 위해 컴퓨터를 이용한 분석 프로그램을 개발하여 활용하기 시작합니다.

1980년대에 들어서면서 나타나기 시작한 테러리즘의 가장 두드러진 특징은 테러리즘 발생 건수가 더욱 증가하고 아울러 대형화되기 시작한 것입니다. 아울러 1980년대에 이르러서는 국가지원 테러리즘이 두드러지게 나타났다는 것입니다. 1972년부터 82년 사이에 발생한 테러리즘 사건 중 주권국가에 의한 혹은 지원에 의한 것이 140건인데 이 중 1980년 이후에 90% 이상 발생합니다.

1980년대에 이르러 테러리즘이 대형화된 배경에는 주권국가에 의한 테러리즘이 증가하고 주권국가의 테러리즘 지원과 밀접하게 연관되어 있기 때문입니다. 미국과 소련을 양대 축으로 하는 국제사회는 핵 보유 국가들이 증가하면서 무기개발 경쟁과 또 전쟁은 필연코 인류를 멸망의 길로 갈 수밖에 없다는 결론에 도달합니다. 따라서 전쟁은 방지되어야 한다는 인식이 대부분 국가들에 의해서 수용되게 됩니다. 그러나 한편으로는 테러리즘의 전략과 전술을 적절히 활용한다면 큰 힘을 소모하지 아니하면서도 전쟁의 승리와 유사한 수준의 목적을 달성할 수 있을 것이라는 결론에 도달하게 됩니다. 이에 따라 이 시기는 국가에 의한 테러리즘이 확산되고 국가 지원이나 사주에 의한 테러 활동이 확산되었다고 할 수 있습니다. 테러리즘을 '대리전쟁' 혹은 '보이지 않는 전쟁' 등으로 지칭하고 있는 것은 이러한 시대적 현상을 잘 반영해 주고 있는 것입니다.

이러한 시대적 추이에 따라 미 국무부는 쿠바, 시리아, 리비아, 이라크, 이란, 수단 등을 국제사회의 테러국가 내지 테러지원국가로 분류하면서 경제 및 무력 대응으로 응징한 적도 있습니다.

이 시기에 우리에게 가장 큰 국가적 손실을 안겨 주었던 것이 미얀마 아웅산 묘소 폭파 사건, 대한항공 858기 폭파 사건, 김포공항 폭파 사건 등 북한에 의하여 저질러졌다고 추정되는 대표적인 국가 테러리즘 사건으로 분류되어 있습니다. 또 1974년 문세광이 자행한 박정희 대통령 저격 사건도 역시 국가지원 테러리즘 사건의 대표적인 사례라고 볼 수 있습니다.

제2차 세계대전 이후 미국과 구소련을 중심으로 한 국제사회의 냉전체제는 1990년대 초반기를 맞이하면서 소련의 붕괴로 큰 변화를 맞이하게 됩니다. 즉, 냉전체제의 붕괴로 인한 탈냉전체제로 국제질서가 재편됩니다. 이러한 국제정치적 변화로 인하여 테러리즘의 양상에도 큰 변화를 가져오게 됩니다.

소련과 동구권의 붕괴로 국제 테러리즘에서 대부 역할을 해 오던 최대의 지원 세력이 사라집니다. 아울러 지역적으로 조성되기 시작한 평화무드로 그동안 테러리즘에 의한 분쟁과 갈등 분위기가 차츰 해소되기 시작했다는 점도 주목해야 됩니다.

표면적으로는 민족주의적 분쟁 양상을 보이면서 신·구교라는 종교적 대립으로 교착 상태에 빠져 있던 북아일랜드 문제, 1960년대 이후 세계테러리즘의 최대 발원지였던 중동지역, 특히 아랍과 이스라엘 간의 평화회담이 진전을 보이면서 팔레스타인 문제에 대한 해결의 실마리를 조금씩 찾아가면서 테러리즘 발생 건수도 조금씩 줄어들기 시작합니다.

그러나 외형상 변화에도 불구하고 중동지역 등에서 분쟁 당사국들 간에 아직까지 평화 분위기가 완전히 정착되지 않아 간헐적이기는 하지만 지속적으로 테러리즘이 발생하고 있습니다. 아울러 여러 지역에서 종교·민족 분쟁 등 테러리즘의 원인이 완전히 제거되지 못했습니다. 뿐만 아니라 1990년대 이후에 국가지원 테러리즘이 계속되고 있고 문제의 심각성은 여전히 남아 있습니다.

미 국무부 보고서에 의하면 2000년 테러리즘 지원활동을 가장 활발하게 벌인 나라는 이란으로 중동 평화를 위협하는 과격단체인 헤즈볼라, 팔레스타인 무장단체인 하마스, 팔레스타인 회교지하드 등 수많은 테러단체를 지원했다고 밝혔습니다.

이라크는 팔레스타인 과격단체와 이란 반체제 급진인사 등에게 은신처 제공을 한 것으로도 알려지고 있고 역내 평화를 위협하는 테러리즘을 조장하였다고 알려져 있습니다.

1990년대 들면서 테러리즘의 발생 건수는 점진적으로 줄어들고 있습니다. 그러나 우려할 만한 사항은 테러리즘이 더욱 대형화되었고 무차별적인 양상을 보이기 시작한다는 것입니다.

아울러 불특정 다수를 공격 대상으로 하여 대량 살상을 초래하는 새로운 유형의 테러가 등장하기 시작했다는 것은 주목할 필요가 있습니다. 그 대표적인 사례가 동경에서 발생한 옴 진리교의 사린가스 공격, 그다음에 9·11 테러, 그리고 지금 IS의 사실상 테러라고 할 수 있겠습니다.'.

이렇게 테러의 역사에 대해서 길지만 자세히 살펴본 이유는 테러의 역사 속에서 테러리즘은 계속 변화를 거쳐 왔습니다. 그중에서는 역사적인 정당성을 갖췄다라고 주장하는 것도 있고 그렇지 않은 것도 있습니다. 지금 우리가 대응하려는 테러는 1990년대 이후에 종교적으로 또 민간을 대상으로 대규모적으로, 범위를 정하지 않고 대규모적으로 그리고 규모를 넘어서는 그런 것이라는 점을 주목해야 될 것입니다.

이와 같이 테러가 자행되자 미국, 유럽, 유엔 등지에서는 테러방지법을 제정합니다. 그래서 이제는 미국·유럽·유엔의 테러방지법 제정이 어떤지를 나름대로 살펴보고, 그다음으로는 잘 아시는 아까 서영교 의원님께서도 많이 언급하신 미국에 애국법이 제정된 경위와 그리고 그것에 대한 시민단체·법원 그리고 입법부의 나름대로의 많은 고민, 그에 따른 변화들을 한번 짚어 보는 순으로 하겠습니다.

먼저 미국입니다.

미국은 테러방지법 제정 이후 테러와의 전쟁을 통해 국가권력을 확장해 왔습니다. 국가권력은 시민권에 영향을 미칠 정도로 역동적이기 때문에 전후 맥락을 살펴봐야 합니다. 이로 인해 미국은 행정 권한, 새로운 입법, 확장된 정보기관의 운영 등 국가권력의 증거로 나타나고 있습니다.

결과적으로 미국은 테러방지법을 통해 국가권력을 확장시켰으며 시민권에 매우 큰 침해 영향을 미쳤다라고 평가됩니다. 특히 애국법이 통과된 후 세 가지 핵심작용이 뒤따르게 되었다고 합니다.

첫째, 테러리즘과 관련된 주요 정보기관의 정보 수집, 분석, 공유할 수 있는 법집행에 반하는 법적규제를 개정했습니다.

둘째, 이와 관련한 연방법을 보완했습니다.

셋째, 테러리스트범죄에 대한 형법을 개정했습니다.

분명히 애국법은 법 집행과 국가안보, 정보기관 사이의 정보 기능을 촉진하는 것을 주목적으로 하고 있습니다. 그리고 정보기관을 집적하는 것을 입법적 변화보다는 다른 의미에서 보다 더 많은 것을 강화시켜 나가고 있는 것은 사실입니다. 그런 의미에서 미국은 자국 내 테러정보를 수집하고 테러 관련 행위를 통제하기 위해 내·외국인 대상으로 강력한 정보감시체제를 구축하고 있는 내용의 법조항을 제정한 겁니다.

그 수단으로는 전화 감청의 강화, 전자메일 및 영업·통신정보에 대한 광범위한 감시, 비밀수색영장제도, 외국인의 출입국 통제의 강화를 허용, 그다음에 테러 관련 형벌의 강화 등입니다.

먼저 전화 감청 부분입니다.

애국법에 따라 연방수사당국은 외국인에 한정되지 않는 포괄적인 감청제도를 도입하며 이에 따라 정보 수집이 용이하게 되었습니다. 감청과 검열에 대한 입법체계가 완화되었고 그 결과 일반시민의 전화 등 모든 통신 내용이 노출이 가능하게 되었습니다.

그다음은 전자메일 및 영업·통신정보 등에 대한 광범위한 감시입니다. 이메일 등 다양한 통신매체에 대한 통제는 대면통화나 컴퓨터통신에 의한 경우 판사의 영장에 의하지만 당사자에 대한 통지는 타이틀Ⅲ에서 규정된 절차의 준수를 요합니다.

제3자인 통신서비스 제공자가 보유한 정보에 대해서는 판사의 영장을 요하지만 더 이상의 엄격한 절차를 요하지 않으며 통신주체, 상대방, 혹은 제3자 통신제공자의 발생장소에 대한 소재 파악에 대한 것은 법원의 절차 없이 정부의 확인에 의해 행할 수 있도록 했습니다.', 위치추적을 영장 없이 한다는 의미겠지요. '더불어 음성메일은 법원의 일반적인 압수수색영장의 대상이 되도록 절차가 완화됐습니다.

비밀수색영장제도가 도입됐습니다. 비밀수색영장제도란 수색대상자의 영장통보를 지연시켜서 주거에 대한 수색을 비밀리에 진행되도록 했습니다. 연방정부 입장에서 테러정보 수집에 있어 불가결한 방법이라고 보고 있고 더불어 지연기간에 대한 법적 한도에 대한 명백한 규정 없이 단지 합리적인 집행기간이라는 애매한 판단 기준을 넣어서 본 제도에 대해서는 연방지방법원에서는 위헌의 여지가 있다고 보고 있기도 합니다.

또 외국인의 출입국 통제를 강화했습니다. 9·11 테러 사건 이후 외국인에 대한 출입국 제한 조치가 극도로 강화되었습니다. 출입국 시 구금과 추방의 요건이 되는 사실의 범위를 대폭 확대했고 국외에서 테러활동 및 의심이 되는 행위에 대한 판단과 그 가족, 연관되는 대상자도 강제추방의 대상으로 하였습니다. 그중에서 문제가 되는 조항은 구금기간을 규율하는 조항입니다.

또 테러 관련 형벌을 강화했습니다. 정부의 수사권과 형사소추상의 권한을 확대하는 내용을 담고 있습니다. 테러 관련 범죄의 형량 강화, 출신자에 대한 종신감시, 공소시효 연장 조항 등이 있습니다.

테러범죄에 대해 신고하지 않은 자에 대해서는 불고지죄로 처벌규정이 있으며 돈세탁 관련 범죄행위의 구성요건의 다양화, 통화위조 등의 경제적 테러행위의 형량강화, 미국 내 테러 공격한 국외세력 등에 대한 자국 내 재산몰수 등이 있습니다.

유럽을 보겠습니다.

영국, 프랑스의 경우는 9·11 테러 이후 자국 내 후속공격 가능성, 정부의 압박 등을 이유로 국가의 안전을 위해 테러에 대한 신속한 대응의 필요성으로 테러방지법의 처리과정이 신속하게 이루어졌습니다. 영국에서는 하원에서 3일 동안 논의를 통해 의회를 거쳐 반테러법이 그다음 날 국왕의 재가를 받았습니다. 의회에 회부되고 상원에서 법안을 심사하는 데 9일만 주어졌기 때문에 상원에서는 내용을 수정할 기회가 없었습니다.

프랑스도 마찬가지입니다.

일상안전에 관한 법의 일부로 프랑스 헌법상 일부 권리의 침해를 허용하는 일련의 예외적인 법안의 수정을 제안하였으며 불과 2주 동안 의회 심의 후에 당해 수정법안이 2001년 10월에 승인되었습니다.

이렇게 신속한 법안처리 중에 주요 인권 관련 규정에 대한 문제점이 발생했습니다. 신체의 자유, 프라이버시와 개인정보의 자기결정권, 이전의 자유, 표현의 자유 등이 심각한 침해가 있었습니다.

프랑스는 영국과 연결되는 도버해협의 터널 철도를 이용하는 대상자들에 대해 엄격한 통제와 보안검사를 허용하고 있습니다. 테러리스트 수사에서 검찰의 지시로 경찰은 모든 차량을 세우고 수상한 물건을 수색할 수 있게 되었습니다. 그리고 다양한 조항에서 공공장소의 제한, 민간회사들의 수사활동 권한 확대 등이 다수 제정되었습니다.

영국은 신원을 숨길 가능성이 있는 어떤 의복이든 제거하도록 요구하고 있으며 아무리 사소한 범죄라도 그것을 방지하고 통제하기 위한 근거가 적당하다면 제94조의 적용이 가능하다고 합니다. 그리고 위험물질이 특정 건물에 보관된다고 추정될 때마다 수색영장을 발부할 수 있는 등 개인의 자유를 제한하는 법 조항이 다수 나타났습니다.

프랑스는 인터넷 사업자들의 고객정보를 12개월 동안 보존하고 검찰은 법관의 사전 허가 없이 디지털 정보를 해독할 수 있는 암호키를 밝힐 수 있도록 하였습니다. 이외에도 테러리스트의 은행계좌 모니터링 및 세무당국과

은행은 필요한 자료를 제공해야 합니다.

영국은 통신사업자들이 통신정보에 대한 보관의무는 없지만 통신데이터는 2주 동안 보존해야 하며 운송업자들도 화물 및 승객의 정보를 보조하고 법집행기관에 제공해야 합니다. 정보기관은 경찰이 수사에 용이하도록 정보제공을 의무화하고 있으며 금융계좌와 관련하여 경찰은 최고 90일 기간의 정보를 금융권에 요구할 수 있습니다.

영국은 재판 없이 테러리스트 용의자의 구금을 허용하며 본국으로 송환 선택권은 주어지지 않는 내용을 규정하고 있습니다. 종교 관련 비방에 대해 북아일랜드 상황에 맞추어 제정한 이전의 법을 넘어 법적 처벌을 강화하고 있습니다.

유럽공동체에 대해서 말씀드리겠습니다.

지난 10년 동안 EU는 초국가적인 경제공동체로 촉진되었으나 전체적으로 형사사법의 역할도 확대되어 가고 있습니다. 즉 EU 회원국들은 테러리즘에 대한 전략적 수단으로 입법체계와 제도적 구조를 이용하여 유럽 전역을 아우르는 실질적이고 절차적인 체계를 이용하는 것입니다. 결과적으로 9·11 테러 이후 지난 10년 동안 공동체의 실체법과 절차법의 변화를 통해 형사사법 시스템의 제도적 능력을 강화시켜 강력한 대테러리즘의 효력이 발생할 수 있도록 전환하였습니다.

EU는 목적 달성을 위해 형사사법과 관련된 문제점에 대해서 각 회원국별로 이루어졌습니다. EU는 Framework Decision of 2002 on Combating Terrorism에서 15개 회원국 중 9개 국가에서 입법수단의 본질과 테러리즘의 범죄행위를 없애 버릴 수 있는 국제법의 확약 아래 좀 더 효율적으로 형사사법 시스템을 구성하기 시작했습니다. 이런 EU 법안의 영향은 2004년 12개 회원국으로 확장되었고 테러리즘을 범죄코드 내에서 다른 범죄와 별개의 것으로 확장해서 이해할 필요성이 요구되었습니다.

이런 인식은 EU의 경제적인 권한에 인접하기를 원하는 어떤 시스템에 강제성을 요구하는 것과 같습니다. 즉 새로이 가입하는 회원국이 직면하는 문제는 각 개별 국가가 형사사법체계의 근본적인 변화를 요구하게 되고 EU에서 정의하는 실체법에 대해 동의하게 되는 것입니다.

즉 EU가 테러 관련된 실체법을 만들고 강제함에 따라서 새로 가입하는 국가는 자기 개별국의 법체계와는 다를지라도 그 법을 강제적으로 동의해야 된다는 결과가 된 것이지요.

그러나 이런 법안은 개별국 내에 오랫동안 유지되었던 법적 체계와 연계를 간과하게 되었습니다. 즉 대중의 분노를 사는 범죄의 유발에 있어 심도 있게 고려해야 될 것은 대중과 표현의 자유를 표방하는 국내 프레임워크에 대한 불만을 확실히 견인할 수 있도록 해야 한다는 것입니다.

이것은 어떤 뜻이냐 하면 아무리 형사법이나 인권이 보편성을 갖더라도 법원 나름대로의 법감정이나 법체계가 개별적인 특성을 갖고 있다는 거지요. 예를 들어서 특정 종교에 대한 태도도 각 나라마다 다를 수가 있습니다. 그래서 일반적으로 규정하는 것과 각 개별이 느끼는

법감정이 다를 때 그것을 강요하는 것은 큰 차이가 나타나는 거지요.

또 EU의 역할은 형사사법의 일반적인 논의를 통해 처리절차를 강화하여 광범위하게 인식시키는 것입니다. 회원국에서 고려해야 할 대테러리즘에 대한 절차를 광범위하게 인식시킴으로써 형사사법을 촉진시키려고 노력하고 있습니다.

9·11 이후 유럽체포영장은 회원국 간의 요청사항이 있을 때 한 국가의 내재하고 있는 법에 대해서 제한 없이 요청할 수 있습니다. 즉 공식적인 인도과정이 아니라 단순히 법률에 의한 상호 간의 승인에 의해 이루어집니다. 이런 변화는 EU 간의 기초가 되는 사법권 간의 협업으로서 성공적인 사례로 보고 있습니다. 그래서 대테러리즘에 대한 상호간의 인식이 확장된다면 증거영장, 수색영장 등에서도 사법권의 협업을 이룰 수 있는 중요한 단초를 제공하고 있습니다.

즉 EU 자체가 체포, 수색에 있어서 절차법을 일반화시킴으로써 각 국가도 따라가게 된다는 거지요.

유엔에 대해서 살펴보겠습니다.

테러와의 전쟁 속에서 유엔이 취하는 자세는 안전과 기본권 사이의 딜레마에 빠지게 됩니다. 현재 유엔은 모든 국가가 인권법을 채택하고 집행할 수 있도록 성문화된 그런 법적 제도를 제공하고 있습니다. 성문화된 법은 개인의 삶, 기본권, 안전에 대한 권리를 명문화함으로써 보장됩니다. 반면에 1960년도부터 국가를 초월하는 테러리즘에 대항하기 위해 테러를 국제적인 범죄로 정의하였으며 금지 및 처벌에 관한 수단을 기획해 왔습니다. 국제적으로 동의한 12개의 테러활동을 법률화하였습니다. 그러나 국제테러리즘 진압에 대한 유엔의 역할은 방향 역할과 인권에 대한 사항을 개별 국가에 권고하는 수준에 그치고 있습니다.

이에 조이너라는 학자는 유엔이 인권과 시민의 기본권에 영향을 미치는 대테러리즘에 대하여 세 가지 차원에서 고려할 필요가 있다고 지적하고 있습니다.

첫째, 인권과 근본적인 자유를 파괴하는 테러리즘의 활동방식, 둘째 의견을 달리하거나 혹은 정치적으로 비판적인 레짐(regime)을 가지는 집단에 대해서 정부가 테러활동으로 합리화시키는 것, 셋째 따라서 대테러리즘의 입법화를 위해 정부는 인권과 시민의 기본권을 침해하면서까지 입법화하는 것이라고 지적했습니다.

특히 국가의 안전을 증대시킨다는 목적으로 한 국가의 정부는 자국 내 비판적인 집단에 대해 테러집단으로 합리화시키고 정치적으로 탄압하는 행위와 자국 내 인권과 시민의 기본권을 무시한 채 테러방지법이라는 이름으로 입법 및 집행을 한다는 것입니다.

결과적으로 한 국가 내에서 테러방지법의 입법과 집행과정에서 간과할 수 있는 것은 강력한 국가의 안보와 시민의 안전을 위해 시민의 활동을 엄격히 제한하고 그 과정에서 실제로 입법화하는 척도로서 인권과 시민의 권리가 삭제되는 문제가 발생하게 된다는 것입니다.

테러가 전 세계로 확대되면서 미국, 유럽, 유엔 등에서 테러에 대한 각종 규제 방침이 생기는데 특히 유럽과 유엔이 이것을 보편화시키면서 각국이 테러에 대한 고유의 개념들을 갖고 있는 점들이 통합하게 되면서 오히려 각국의 법적 관념들이 와해되고 그리고 결과적으로는 국가의 안전을 증대시킨다는 그런 목적하에서 시민과 인권의 권리는 약화되는 방향을 거쳤다 이런 겁니다.

미국, 유럽, 유엔의 테러방지법 이후 현황을 통해 국가 내와 국가 간의 특징을 분석할 수 있었습니다. 국가 내에서 미국, 유럽의 각국에서 대테러활동의 핵심은 정보통제와 연관될 수 있습니다. 특히 미국의 애국법은 국가가 직접 정보를 통제할 수 있도록 법 조항을 강화했습니다. 또한 영국과 프랑스의 경우 개인의 인권과 자율성을 제한하고 국가가 직접 정보를 통제하고 강화하는 방안으로 법조항이 신설되었습니다. 가장 핵심적인 것은 정보수집 과정, 수사, 구금 등 모든 절차에 대해서 명확한 조항과 체계적인 시스템으로 구성되었나에 대해서 의문이 든다는 점입니다.

결과적으로 유엔, 유럽, 미국에 대한 시사점은 이런 대테러 조항…… 법들에 대해서 우리가 볼 것은 인권침해가 어느 정도 이루어지는가? 그 인권침해만큼의 국가와 국민의 안전 확보가 가능한 것인가? 그럴 만한 필요성이 있는가? 그리고 초국가적인 사항으로 국제사회 공조가 가능한 기준이 있어야 되고 그것은 확보될 수 있는가? 이런 점들을 지적할 수 있을 것입니다.

대개 보면 미국, 유럽, 유엔 이런 대테러방지법이 급속히 강화되는 것은 9·11 테러에 대한 국가권력의 민감한 반응입니다. 미국 역시 9·11 테러 이후에 애국법을 제정합니다. 그렇지만 그 이후에 많은 반성과 성찰 속에서 이게 실질적으로 많이 변화를 이룹니다. 그 변화과정, 이 과정을 봐야지, 그런 논의들을 봐야지 우리가 테러방지법을 미리 볼 수 있는 거지요, 우리의 미래를. 그래서 미국의 논의들이 어떤지를 자세히 살펴볼 필요가 있는 것 같습니다.

미국의 대테러법에 대해서 말씀드리겠습니다.

미국은 60년대 후반부터 테러 위협이 증대하자 이에 대처할 필요성을 인식하게 되고 국제적인 차원에서 협력과 대응을 하면서 스스로 주요한 역할을 합니다. 국외정보감시법은 냉전시대 외국 첩보기관에 대한 미국의 국외정보 수집능력을 증진시키고 미국 내에서의 정보수집활동은 제한하고자 1978년에 제정된 법입니다. 이는 국외정보 수집에서 전자감시 활동에 대한 입법적 틀을 마련한 것입니다. 이 법에 근거해서 국외정보를 수집하고자 하는 수사기관은 일부 예외적인 경우를 제외하고 특별법원인 국외정보감시법원의 승인을 받아야 합니다.

이후 1994년 개정 시에는 국외정보감시를 목적으로 하는 수색에 관한 내용이 포함됩니다. 4년 뒤에는 통신패턴을 추적하는 감시수단의 사용과 종전의 국가안보제출명령 권한으로서 수집할 수 없었던 영업기록의 제출명령을 국외정보감시법원이 내릴 수 있도록 법이 개정됩니다. 이 법은 애국법에 의해 개정된 주요 연방법률 중의 하나이고 2008년 다시 개정됩니다.

90년대 이전에 미국을 대상으로 한 테러 공격은 주로 해외에서 발생됐습니다. 또 미국 영토 내 테러는 눈앞에 닥친 위협이 아니었습니다. 그러던 중에 1993년 세계무역센터, 1995년 오클라호마 연방청사에서 발생한 폭탄테러는 1996년 연방의회로 하여금 2개의 주요 대테러법안을 통과시키는 결과를 가져옵니다. 테러방지 및 실효적 사형법, 이 법은 테러범죄를 새롭게 정의하고 이에 대한 처벌 수위를 강화하였습니다. 또한 범죄자 추방절차를 간소화할 수 있도록 이민법 절차를 개정했고 테러리즘에 대항하는 법집행기관에 제공되는 재정지원금의 증액을 승인했습니다. 대량살상무기방어법도 있는데 이것은 생화학, 핵무기에 의해 발생할 수 있는 위험에 대처하고자 제정된 법입니다.

2001년 9·11 사태가 발생합니다. 이 사태 직후 연방의회는 9·11 테러에 대한 수사와 앞으로의 테러방지를 위한 법안을 조속히 추진합니다. 9월 19일부터 법무부가 테러대책법 초안을 의회에 제출하고 약 한 달 뒤인 10월 중순경 상원과 하원이 각각의 대테러법안을 통과시켰습니다. 또 10월 23일 한 공화당 하원의원은 그 2개 법안의 내용을 결합하는 법안을 발의합니다. 이 법안은 24일 하원을 통과한 데 이어 다음날인 25일 상원을 통과하여 9·11 테러로부터 6주도 채 되지 않은 시점인 10월 26일에 애국법이 제정됩니다. 그러나 발의로부터 제정까지의 절차가 상당히 급속도로 진행됐고 법 시행에 따른 파급효과를 예측하기 어렵다는 점을 감안하여 16개 조항에 대해서는 법이 통과된 후로부터 약 4년 뒤인 2005년 12월 31일에 효력을 상실시키는 조건으로 법이 제정됩니다. 한시법인 셈이지요.

애국법은 제정 이후에 몇 번에 걸쳐서 재승인되고 개정되는 절차를 거칩니다. 이 과정을 상세하게 주목할 필요가 있습니다.

먼저 2005년 12월 31일 일몰시한이 다가오자 해당 조항들을 영구화해야 한다고 주장하는 애국법 지지자들과 개인의 자유 보호 및 증진을 위해서 이를 폐지·개정해야 한다고 주장하는 반대파들 간에 격렬한 대립이 전개되었습니다.

2005년 7월 상원과 하원은 일몰시한이 있는 16개 조항 가운데 14개 조항을 영구화하고 나머지 2개 조항 여기에 대해서는 일몰시한을 연장하는 법안을 발의합니다. 같은 해 12월에 이 2개의 법안을 절충하는 양원협의회 보고서가 제출되었으며 하원은 이에 동의합니다. 그러나 몇몇 상원의원들은 해당 보고서가 인권 및 자유침해에 대한 보호장치를 충분히 제공하지 않았다 하며 반대합니다. 결국 상원은 해당 조항의 일몰시한까지 합의에 이르지 못합니다. 상원은 양원협의회 보고서를 좀 더 검토하고자 하였으며 이를 위해 두 번의 입법으로 해당 조항의 일몰시한을 2006년 2월 그리고 3월로 한시적으로 연장합니다.

2006년 3월 1일 상원은 개인의 자유를 좀 더 보호하고 애국법의 개정내용을 명확히 하고자 한 별도의 법안,

2006년 개정법이라고 하는데 이것을 통과시켰으며 동 법안은 잇따라 하원을 통과합니다. 이후 상원은 양원협의회 보고서 내용에 동의하면서 보고서 내용을 반영한 기존의 하원 법안, 2005년 개정법이라고 하는데 이것을 의회를 통과시켰고 3월 9일 부시 대통령은 이 두 법안에 모두 서명합니다. 이로써 해당 조항의 일몰시한은 2009년 12월 31일로 연장됩니다.

일몰시한이 다시 도래되었을 때 의회는 다시 기한 내에 입법처리를 하지 못하고 2010년 2월 28일로 시한을 한시적으로 연장하였다가 이후 1년을 재연장해서 해당 조항의 일몰시한 연장 여부에 대한 판단을 차기 의회로 미룹니다. 차기 의회는 일몰시한인 2011년 2월 28일이 도래하자 우선 시한을 2011년 5월 27일로 3개월간만 연장하였습니다. 이후 상·하원은 일몰시한을 재연장하는 애국법 일몰시한 연장법을 통과시켰고 2011년 5월 26일 오바마 대통령이 서명하면서 애국법 두 개 조항의 일몰시한이 4년간 연장됩니다.

애국법이 기존 대테러법제에 가져온 변화는 크게 두 가지라고 합니다.

애국법은 먼저 종래의 정보기관과 법집행기관 간 경계를 완화했습니다. 9·11 테러 이후 대테러 관련 수사의 문제점으로 지적된 것 중 하나가 정보기관과 법집행기관의 소통 및 정보 공유가 원활하지 않다는 점이었습니다. 이와 같은 문제의식이 애국법에 반영된 거지요.

대표적으로는 종전 국외정보감시법하에서 수사를 실시할 경우 해당 수사의 목적 중 국외정보 수집이 주된 목적에 해당할 것을 요구했던 것을 '중요한 목적'으로 변경하여 그 기준을 완화한 것을 들 수 있습니다. 이는 형사 수사와 국외정보 수집활동이 중복되면 수사 진행이 어려워지는 문제를 해소하고자 한 것으로 특정 수사가 중요한 국외정보 수집 목적을 갖는 한 부수적으로 형사 사건의 수사 목적을 갖더라도 국외정보감시법하의 권한 행사가 가능해졌다는 것을 의미합니다.

즉 정보기관의 활동에는 일반적인 형사 수사에 비해 덜 엄격한 절차와 요건이 적용되는 점을 형사 수사에 활용하고 중앙정보국과 같은 정보기관은 법집행기관이 갖는 광범위한 권한 행사의 이점을 취하는 것이 가능해진 것입니다. 또한 기관 간 소통을 원활하게 하기 위해 정보 공유를 허용하는 여러 규정을 두었습니다.

다시 한 번 정리하면 기존의 정보 수집 권한과 수사 권한을 완전히 분리했는데 그것 때문에 9·11 테러에 적절히 대응하지 못했다. 그래서 부수적인 수사 권한을 인정해 준 거라고 할 수 있습니다.

애국법이 가져온 두 번째 변화는 디지털시대에 일상생활에서 생성되는 방대한 개인정보를 취득할 수 있도록 국가의 정보 수집, 수사 권한을 대폭 확대하는 것입니다.

먼저 종전에 정보 수집 대상을 외국 정보요원으로 한정했던 것을 국가 안보나 국외정보 수사와 관련된

경우에는 정보 수집을 허용하는 것으로 개정하여 정보 수집 대상의 범위를 확대했습니다.

또한 감청영장의 발부 대상 범죄에 테러 관련 범죄를 추가하고 전자통신의 도청 금지에 대한 새로운 예외규정을 신설하였으며 이동성감청의 허용과 감청기간 및 최대 허용기간을 연장하는 등 전자통신프라이버시법과 국외정보감시법하의 전자감시 권한을 확대했습니다.

한편 국외정보감시법하의 수색기간을 일부 연장하고 전통적인 전화이용 기록장치 및 발신자 추적장치의 사용을 유선전화기록뿐 아니라 정보통신정보에도 확장 적용했습니다.

여기서 우리가 살펴볼 것은 애국법이 9·11 테러 때문에 시급히 만들어진 그런 국민적인 정서랄까요 그것 때문에 만들어진 것이었습니다. 그러나 이 법이 국민 인권에 미치는 영향이 어떨지 몰랐기 때문에 한시법으로 정했고 그 한시법을 영구화시키는 데는 미국 의회도 상당히 고민했고 그렇기 때문에 계속 그런 고민 속에서 연장을 하느냐 마느냐, 조금씩 조금씩 하다가 점점 폭을 줄여 나갔다 이런 의미가 되겠습니다.

(정갑윤 부의장, 이석현 부의장과 사회교대)

국가기관의 수사, 정보 수집 권한의 확대는 애국법 제정의 주요 목적 중 하나였습니다. 그런데 215조와 505조가 가장 문제가 되는데요, 이 두 조항 모두 삼자가 보유하고 있는 정보에 대해 접근할 수 있는 권한을 강화하고 정보 제공자에 대한 비밀의무 조건을 두고 있다는 점에서 유사한 면이 있는 반면에, 명령 발부 주체, 제출되는 정보의 유형 등의 측면에서는 차이를 보이며 법적 성격을 달리합니다.

그래서 이 두 조항에 대해서는 국가기관의 사적 정보에의, 그러니까 국민이 가지고 있는 사적 정보에의 접근에 대한 위헌 논의가 주로 되면서 미국에서 주로 연방 수정헌법 4조에서 규정한 부당한 압수·수색으로부터의 보호와 또 수정헌법 1조에서 규정한 표현의 자유 위반 여부를 중심으로 논쟁이 진행되었습니다.

● 부의장 이석현 최원식 의원님 수고하십니다.
며칠 전에 부친상 때 찾아뵙고 또 여기서 다시 뵙네요. 말씀 계속하시지요.

● 최원식 의원 예.
미국은 아까도 말씀드렸지만 헌법에는 어떤 권리를 규정하고 있지 않습니다. 그런데 수정헌법에, 미국 헌법 이후에 미국 수정헌법이라는 것을 통해서 덧붙이는데 그 1조가 표현의 자유를 규정하고 있고 4조가 국가 권력의 부당한 수색·체포·압수로부터 신체·가택·서류 및 동산의 안전을 보장받을 권리를 규정하고 있습니다.

그런데 미국의 애국법이 국가정보기관이 국민으로부터 여러 가지 정보를 취득하는 과정에서 수정헌법 1조와 4조가 어떻게 충돌하냐, 어떻게 위반하느냐 이것을 중심으로 애국법에 대한 고민이 미국에서 나타났던 것입니다.

4조는 말씀드렸고.

미국 연방 수정헌법 1조는 종교의 자유, 언론·출판의 자유, 평화적으로 집회를 할 자유, 청원권 등을 보장하고 있는 겁니다. 이 수정헌법 1조는 조문의 위치상 그리고 내용상 가장 큰 중요성을 띠며 특히 언론·출판, 집회와 같은 표현의 자유는 가장 핵심적인 기본권에 해당한다고 학계에서는 인정하고 있습니다.

먼저 애국법 215조 국외정보감시법상 제출명령 권한 강화, 이 부분에 대한 말씀을 드리겠습니다.

애국법 215조는 FBI가 국외정보감시법에 근거하여 취득할 수 있는 기록 및 기타자료의 범위 등을 규정한 조항입니다. 이것은 국외정보감시법의 관련 규정을 개정한 것으로 종전 규정은 수사 대상자가 외세나 외국 정보요원이라고 믿을 만한 구체적이고 명백한 사실에 근거하여 특정 유형의 영업기록을 취득하는 것을 허용했을 뿐입니다. 그런데 애국법 215조는 두 가지 변화를 통해서 FBI의 국외정보감시법하의 정보 수집 권한을 강화했습니다.

첫 번째로 FBI가 취득할 수 있는 정보의 유형을 광범위하게 확대하였습니다. 종전에는 운송업체, 공공접객시설, 보관시설, 자동차대여사업자의 기록 등 크게 네 가지 종류의 영업기록만 취득할 수 있었지만 모든 형태의 기록과 유형물을 취득할 수 있게 규정했습니다.

둘째, 법원의 제출명령 발부 요건을 완화했습니다. 기존에는 수사 대상자가 외국의 정보요원이라는 것을 구체적으로 입증해야 되는데 이러한 요건을 삭제하고 제출명령의 신청인이 해당 자료를 통해 국제테러나 비밀첩보활동에 대한 수사와 관련된 정보가 취득될 수 있다라고 명시하는 것만 요구했습니다. 이것은 FBI가 국제테러나 비밀정보활동에 대한 수사와 관련된 거다라고 하면 가능하다는 것으로 완화된 거지요. 엄청나게 완화된 거지요.

또한 215조는 제출명령을 받은 자에 대하여 FBI가 동 조항에 근거하여 자료를 획득하고자 하였거나 획득하였다는 사실에 대해 해당 자료를 제출하는 데 필요한 이를 제외하고 누구에게도 공개할 수 없다고 규정하고 있습니다. 제출명령에 수반하는 이와 같은 비공개의무를 소위 함구령이라고도 하는데, 한편 수사 대상자가 내국인일 경우 그 대상의 연방 수정헌법 제1조가 보호하는 활동을 근거로 해서만은 국외정보감시법에 의한 수사가 실시될 수 없다. 즉 수사를 실시할 다른 추가적인 정보, 증거는 요구된다라는 겁니다.

그런데 그 215조는 이렇게 너무 광범위하게 있기 때문에 제정 이후에 시민단체나 언론의 지속적인 비판과 논란의 대상이 되었고 특히 전미도서관협회 등이 이 조항에 대해 문제를 강력하게 제기합니다.

2006년에 통과된 이 두 개의 개정법은 애국법 시행 이후 제기된 여러 비판과 관련 판결에 따라 215조를 개정하여 남용 가능성을 더욱 방지하고자 했으며 의회의 감시기능과 절차적 통제를 강화하고 제출명령 발부 요건을 좀 더 정교하게 하며 사법적 통제를 강화하는 등을 주요 내용으로 했습니다.

의회의 감시기능을 강화한 부분을 보면 먼저 법무장관이 의회에 제출한 215조에 의거한 권한 활용에 대한 연차보고서상의 내용을 더욱 구체화한 것을 들 수 있습니다. 종전에는 215조에 근거해서 제출명령을 신청한 횟수와 제출명령의 발부, 수정 후 발부, 거부 횟수에 대한 정보를 보고서에 제시하게 되어 있었던 것을 더욱 민감한 개인정보에 대해서도 별도로 그 내용을 명시하게 했습니다. 제출명령의 발부를 완화하는 대신에 건수나 거부 횟수 그리고 어떤 내용을 발부받았는지를 의회에 보고하게 해서 의회가 그것을 통제할 수 있게 하는 것도 하나의 방법이겠지요. 그런 식으로 강화시켰습니다.

한편 이와 같이 민감한 개인정보에 대한 제출명령을 신청할 경우에는 FBI 국장·부국장, 그리고 국가 안보 담당보좌관이 직접 승인하도록 하여 FBI 내부의 절차적 통제를 강화했습니다.

또한 법무장관으로 하여금 제215조 권한을 활용하여 수집된 정보의 보유를 최소화하고 정보 배포를 규제하기 위한 구체적인 기준과 절차를 규정한 내부 지침을 둘 것을 규정했습니다. 이것은 아마 FBI가 그래도 내부적으로 신뢰받는 기관이기 때문에 내부 통제를 강화한 것이지요.

제출명령 발부 요건과 관련해서는 앞서 살펴본 바와 같이 종전에는 국제테러나 비밀첩보활동에 대한 수사를 위해 해당 정보가 요청된다는 그런 말만 요구됐던 것이었는데, 요청되는 정보가 해당 수사와 관련이 있다고 합리적으로 믿을 만한 근거가 있음을 증명하는 별도의 사실 진술을 제출명령 발부 신청서에 포함할 것을 요구해서 발부 요건을 강화한 거지요. 이전에는 FBI가 그냥 국제테러와 관련 있다고 주장하면 그 정보를 취득하는 것을 승인했습니다. 그렇지만 그 요건을 강화해서 그게 아니라 그게 합리적으로 믿을 만한 증거를 하나 더 대라, 그것을 첨부해야지만 발부한다 이렇게 발부 요건을 강화한 거지요.

한편 제출명령 신청인이 요청된 정보가 외세나 외국 정보요원과 관계가 있다는 등의 사실을 증명하면 해당 수사와의 관련성이 추정된다는 규정도 추가됐습니다. 하여간 증명을 하는 이전에는 그렇게 말만 주장하면 됐지만 증명하는 그런 식으로 요건을 강화했다는 뜻입니다.

또 제출명령 및 비공개의무에 대한 사법적 통제는 다음과 같이 강화됐습니다. 종전에는 제출명령을 받은 자에게는 제출명령 또는 비공개의무에 대해 수정이나 철회를 청구할 권리가 주어지지 않았던 것을 개정을 통해서 구체적인 사법 절차를 규정했습니다.

우선 2005년 개정법에는 제출명령을 받은 자가 국외정보감시법원에 그 명령의 적법성에 대한 검토를 요구할 수 있다는 내용의 규정을 추가했습니다. 그러나 제출명령에 수반하는 비공개의무에 대해 수정이나 철회를 요구할 권리에 대해서는 명시적으로 규정하지 않았고 이에 대한 대응으로 2006년 개정법이 비공개의무에 대한 이의 절차를 명시적으로 규정했습니다.

어떤 자료를, 개인의 자료를 가지고 있습니다. 그런데 정보기관이 이거 달라고 요구를 합니다. 그러면 이전에는 무조건 줘야 됐는데 이제는 '이것은 안 줄 수 있다' 이렇게 한 번 거부할 수 있는 권한을 부여했고, 그다음에 '이것을 비공개로 했는데 이게 왜 비공개로 됐느냐? 내가 당사자한테 알릴 의무도 있지 않느냐' 그런 조항을 추가했다는 의미입니다.

제출명령이 발부된 날로부터 1년 동안은 비공개의무가 자동적으로 발생하며 제출명령을 받은 자는 이 기간 동안 법원에 문제 제기를 할 수 없습니다. 1년이 지난 뒤에는 제출명령을 받은 자가 국외정보감시법원에 제출명령상 비공개의무의 수정, 철회 등을 요청할 수 있으며 2006년도 개정법은 이러한 요청에 대한 구체적인 심사절차와 방식에 대해서도 규정합니다.

또한 비공개의무의 예외규정에 관련해서도 종전에는 제출명령에 따르기 위해 필요한 사람에게 공개하는 것만을 허용했는데 2005년 개정법이 제출명령에 대한 법률 자문을 위해 선임한 변호사 및 FBI가 승인하는 이로 예외 대상을 추가로 확대하였습니다. 그러나 FBI 요청이 있으면 제출명령을 받은 자는 정보를 공유한 사람의 신원을 밝혀야 했는데 선임된 변호사의 신원까지 밝혀야 되는 부분은 변호사 조력을 받을 권리에 대한 위축효과를 일으킬 수 있다라는 우려가 제기되어서 선임한 변호사에 대한 정보를 신원 공개 대상에서 제외했습니다.

지금 215조에 대해서 시민단체나 의회에서 위헌 여부가 있기 때문에 거기에 대한 절차를 엄격화하는 이런 개정의 경과를 말씀드렸습니다. 그런데 소송을 통해서도 이런 위헌성에 대한 여부가 논의됐습니다. 그 부분에 대해서 말씀드리겠습니다.

2003년에 미국시민자유연맹이라는 시민단체가 있습니다. 이 시민단체가 6개의 아랍·이슬람단체를 대리하여 미시간 동부지방법원에 이 제215조가 연방 수정헌법 1조 또 4조 위반이다. 그래서 이 위헌성 여부를 판단해 달라고 심판을 청구한 일이 있습니다.

법무부가 소송 상대방이 되어서 피고가 됐습니다. 그래서 법무부는 맨 처음에 원고적격 결여다 그런 게 있는데 이것은 각하가 됐고요. 그런데 법원은 그 사이에 법이 개정됐기 때문에 그런 문제로 해서 원고가 소를 취하하게 됐습니다. 그런데 문제는 그 사이에 논의된 주장들을 좀 살펴보겠습니다.

미국시민자유연맹은 법무부에 FBI가 215조를 근거해서 수집한 정보의 사용 내역을 공개할 것을 요구해서 소를 제기했습니다. 두 번의 소송을 제기했는데 첫 번째 소송에서 원고 측은 정보자유법을 근거로 애국법에 따른 FBI의 감시, 수사 수단의 활용 빈도수에 대한 통계자료를 공개하라고 요구했는데 연방지방법원은 이게 국가 안보사항에 해당된다는 이유로 맨 처음에는 그 주장을 받아들이지 않습니다. 그렇지만 이 논란이 계속되자 존

애쉬크로프트라는 법무장관은 '실제로 우리가 215조에 따른 권한 행사가 실질적으로 없었다' 그렇게 밝히게 됩니다. 그러니까 정보 공개를 안 하겠다고 버텼는데 간접적으로 실제로 그것을 활용한 적은 없다라고 밝혀서 실질적으로는 이건 거지요.

또 2004년에 미국시민자유연맹은 215조만을 대상으로 다시 소를 제기했는데 FBI가 애국법 215조에 따라 정보 제출을 요구한 횟수 및 동 조항과 관련된 모든 기록 공개를 요구했습니다. 그런데 법원에서는 이때는 좀 약간…… 앞에서는 국가 안보사항에 해당한다고 했지만 여기서는 약간 국가 측에서, 법무부 측에서 국가 안보사항에 해당하는 점을 더 입증하지 않으면 안 된다라고 선례를 남깁니다. 그런데 이제 중요한 것은 미국 법무부에서 215조에 대한 사용을 안 한다라고 밝힌 그런 사회 여건이 됐다는 게 중요한 거지요. 이런 논쟁들이 있었고요.

이와 같이 애국법 215조의 위헌성 근거로 미국 학계와 실무계에서 그리고 시민단체에서는 수정헌법 1조 표현의 자유와 4조 증거 수집의 한계 그런 걸 제시하였습니다. 연방대법원은 215조의 위헌에 대해서 아직까지 판단하지 않고 있고 또 사건화될 가능성이 크지 않습니다. 왜냐하면 수사 대상자는 비공개의무 규정으로 인해 FBI가 자신에 대한 정보를 수집하고 있다는 사실을 알기 어렵고 또 제출명령을 받은 대상이 소송을 통해 실질적인 이익이 크지 않다고 하기 때문이다. 그렇지만 미국 사회에서 215조에 대한 수정헌법 1조, 4조 위반에 대한 논의들이 지속되면서 그 법 규정이 더 엄격해졌다는 그런 흐름을 갖게 되었다는 것은 당연한 것이었습니다.

또 애국법 505조가 문제가 됩니다. 애국법 505조는 국가안보제출명령 권한 강화인데요. 국가안보제출명령이라는 것은 국가안보 수사 시에 연방당국이 법원의 영장 없이 통신사업자, 인터넷서비스사업자, 금융기관 등으로부터 특정정보를 취득할 수 있도록 하는 소위 행정상 제출명령이지요.

간단히 얘기하면 우리나라로 치면 국정원이 영장 없이 카카오톡에다가 자료 달라, 네이버에다 자료 달라 그런 조항이라고 생각하면 똑같은 겁니다.

애국법 제정 이전에 5개 연방법 조항이 아까 얘기한 것을, 국가안보제출명령(National Security Letter) 그래 가지고 NSL이라고 그러는데 이 NSL 발부를 규정하고 있었어요. 그래서 발부 권한을 부여받은 연방정부기관은 각 법률조항에서 규정하는 사업자에게 그 기록, 특정 기록의 제출을 요구할 수 있었습니다. 그러니까 카카오톡에다가 통신된 것을 달라.

이와 같은 NSL 조항은 정부기관의 정보 수집을 금지하는 해당 법률에 국가안보상의 예외를 허용하고자 제정된 규정으로 70년대 후반에 금융프라이버시권법에서 도입된 이래로 국외정보 수집 수단으로 활용됐습니다. NSL이라는 정보 수집 수단이 처음 허용되는 시점에는 강제적인 성격을 띠지 않았지만 NSL의 수신인 대부분이 제출 요구를

자발적으로 응해왔습니다. 우리나라랑 마찬가지다. 우리도 카카오톡이 상당기간 자발적으로 응했지요.

한편 각 NSL 조항은 NSL 수신인이 이에 대한 내용을 발설할 수 없도록 비공개 의무 규정을 두고 있었는데 위반 시 이를 처벌할 수 있는 처벌 규정도 두지 않았습니다.

그러니까 설명드리면 카카오톡에다가 자료 달라고 그랬는데 카카오톡에서는 자료를 주지만 당사자한테는 통보 안 하고 비공개로 하는 그런 식의 법체계였다는 것이지요.

NSL을 통해 취득할 수 있는 정보의 범위 및 유형과 해당 조항의 적용을 받는 사업자 그리고 발부 권한을 갖는 정부기관은 각 근거조항별로 상이합니다. 먼저 국가안보법상의 해당조항을 근거로 하여서는 각종 수사기관이 금융기관, 신용평가기관 등에 개인의 금융기록 및 신용정보에 관한 정보 제출을 요구할 수 있으며, 단 이는 정보공개에 동의한 연방공무원에 대해서만 적용됩니다.

공정신용평가법상 NSL 조항은 2개인데 그중 하나는 신용평가기관에 발부되고 국제테러 관련 수사나 정보활동·분석을 담당하는 정부기관이 개인의 신용평가보고서와 해당 기관이 보유하고 있는 기타 정보를 취득하는 것을 허용합니다.

또 다른 NSL 조항은 그 발부 대상은 신용평가기관으로 동일하나 발부 권한을 갖는 정부기관은 FBI로 제한되며 취득할 수 있는 정보 역시 신용평가 대상의 이름, 전·현 주소, 전·현 직장, 계좌를 보유한 적이 있거나 보유 중인 금융기관 명칭 및 주소로 제한합니다.

전자통신프라이버시법상 해당 조항을 근거로 해서는 FBI가 유선 및 전자통신서비스사업자에게 국제테러나 비밀첩보활동에 대처하기 위한 수사에 필요한 개인이나 단체가입자의 이름, 주소, 서비스이용기간, 지역 및 장거리 전화요금 청구내역 기록을 요구할 수 있습니다. 또 금융프라이버시권법상의 NSL 조항은 FBI에게 은행, 신용조합 등의 금융기관에 고객의 거래기록 제출을 요구할 수 있는 권한을 부여하고 있습니다.

그러니까 국가안보제출명령은 정보의 범위와 유형에 따라서 발부 권한을 받는 정부기관이 상이하다. 예를 들면 금융정보나 신용정보, 금융프라이버시 이런 영역에 따라서 다른 국가기관한테 권한을 주냐 FBI에 주냐 그리고 그 대상도 특정해서 주냐 아니면 좀 광범위한 이런 차이가 있다는 얘기입니다.

이 505조의 개정 대상인 NSL은 수사 대상자가 아닌 3자로부터 영업기록을 취득하고 그 활용이 국가안보 수사 목적으로 제한된다는 점에서 215조 제출명령과 유사한 면이 있습니다. 또 둘 다 비공개의무를 규정하고 있습니다.

그러나 다른 면도 있습니다. 먼저 국외정보감시법상 제출명령은 국외정보감시법 법원이 발부하지만 NSL은 각 근거조항에 따라 해당 정보·수사기관이 법원의 그런 발부 절차 없이 직접 발부 권한을 갖기 때문에 법관의 사전승인 절차 없이 정보 취득이 가능합니다. 나중에 애국법 개정을 통해서 NSL에 대한 사후적인 사법적 통제가 마련되지만 맨

처음에는 이런 통제가 없었습니다.

제출명령 대상의 제한 여부에 대해서도 차이가 있습니다. 215조의 경우에는 기존의 네 가지 유형의 영업기록만을 취득할 수 있었던 것을 모든 유형물로 확대해서 제출명령을 받을 수 있는 대상이 한정되지 않았습니다. 그렇지만 NSL은 발부될 수 있는 대상이 각 법률에 따라서 제한이 되지요. 아까 말씀드린 것처럼 전자통신프라이버시법상 NSL은 유선 또는 전자통신서비스사업자에게만 발부될 수 있고 금융프라이버시권법상 NSL은 금융기관만을 대상으로 합니다.

또 NSL은 취득될 수 있는 정보의 유형이 일반적으로 더 제한적이라는 점에서 구분이 됩니다. 아까 말씀드렸지만 NSL로는 전화통화 내용이나 이메일 메시지와 같은 내용에 관한 정보는 취득할 수 없고 발신전화번호나 이메일주소와 같은 정보만 취득할 수 있습니다.

그러다 보니까 FBI가 NSL을 발부하는 횟수는 2003년부터 2006년까지 매년 거의 4~5만 건인데 215조에 따른 제출명령은 2007년에 17건 이 정도로 현격한 차이가 나타납니다. 아무래도 법원의 발부 절차가 있다는 게 큰 차이를 나타내는 것이지요.

그런데 애국법 505조는 NSL 근거법률조항의 일부를 다음과 같이 개정하여 권한을 강화합니다.

첫째, FBI 국장 및 일정 계급 이상의 본부조직 요원뿐 아니라 지국의 지정된 요원들도 NSL을 발부할 수 있도록 발부 권한 주체를 확대했습니다.

둘째, 수사 대상자가 외세 및 외국정보요원이거나 정보요원과 교신 중에 있다는 구체적이고 명확한 사실을 제시해야 한다는 요건을 삭제하고 해당 정보가 국제테러나 비밀첩보활동으로부터 보호를 위한 수사와 관련되거나 이를 위해 요청한다는 요건으로 대체하였습니다.

이와 같은 변화는 특정 테러조직 및 외세와 수사 대상자 간의 명확한 관계 규명이 이루어지기 전 단계에서 NSL이 발부될 수 있다는 것을 의미하지요. 또 외세나 외국정보요원과 직접적인 관련이 없는 사람들이 정보가 수집되고 궁극적으로 전혀 수사에 도움이 되지 않는 개인정보까지도 수집될 가능성이 높다는 겁니다.

한편 수사 대상자와 외세 및 외국정보요원과의 관계를 입증해야 되는 요건이 삭제된 것에 대한 균형을 맞추기 위한 목적으로 미국인에 대해서는 연방 수정헌법 1조가 보호하는 활동만을 근거로 하여 그와 같은 수사가 실시될 수 없다는 단서를 두었고 215조도 마찬가지입니다.

그런데 애국법 제정 이후 미 연방법원이 NSL의 위헌성에 대한 판단을 내립니다. 그래서 2005년 개정법에는 NSL에 대한 사법 절차를 도입하는 등 헌법상 결함을 보완하고자 합니다. 그래서 개정법을 보면 NSL 수신자가 그 정당성에 대해 법원의 판단을 요구할 수 있는 권리를 부여함과 동시에 수신자로 하여금 비공개의무 규정을 수정하거나 철회해 줄 것을 법원에 요구할 수 있는 권리를 부여합니다.

505조도 앞서 215조와 마찬가지로 수정헌법 1조 표현의 자유 그다음에 수정헌법 4조 증거수집의 제한 이런 것에 대한 위헌성 논란을 계속 시민사회와 법원으로부터 받습니다.

다시 한 번 정리하면 애국법 제54조는 원래 NSL을 통한 정부의 정보수집 권한을 광범위하게 확대하는 결과를 가져옵니다. 그래서 실제로 애국법 제정 이후에 NSL 발부 횟수가 급격하게 증가하게 됩니다.

그런데 위헌 판결 사건에서 연방법원은 NSL 조항이 사법적 통제가 없다, 또 비공개 의무에 대해서 사법적 판단을 내립니다. 그런데 그럼에도 불구하고 연방법원이 위헌 문제를 검토한 사건이 그리 많지 않은 건 비공개 의무로 인해서 대상자가 그 존재를 알지 못하는 점 그리고 소송 이익이 크지 않다는 점들이 있습니다.

505조 위헌성 여부와 관련해서는 수정헌법 4조, 1조 위반이라는 위헌의 판결이 있었습니다. 또 개정 이후에도 비공개 의무 조항은 수정헌법 1조 위반이라는 판결이 있었습니다. 그래서 그런 부분에서는 수많은 논의 속에서 위헌 부분이 인정되면서 개정이 됐고요. 이런 점을 말씀드립니다.

● **부의장 이석현** 최 의원님, 잠깐만 숨 고르시는 동안에……

필리버스터 발언이 이제 그만한다, 계속한다 논란이 있는 가운데 또 하루 사이에 세 분이 더 신청을 하셨네요. 유기홍 의원, 우상호 의원, 부좌현 의원, 남인순 의원이 또 발언을 신청해 오셨어요. 지금 우리 최원식 의원님이 몇 번째 하고 계시냐 하면…… 몇 번째입니까?

● **최원식 의원** 스물여섯 번째입니다.

● **부의장 이석현** 예, 여기 있네요. 26번째 발언하고 계신데 이 뒤에 지금 남아 계신 분이 홍익표 의원, 이인주 의원, 전정희 의원, 임수경 의원, 김기준 의원, 안민석 의원, 오영식 의원, 한정애 의원, 김관영 의원, 박영선 의원, 김기식 의원, 이개호 의원, 전해철 의원, 홍영표 의원, 아마 여기까지 어제 제가 말씀드렸던 것 같아요. 그런데 그 이후에 유기홍·우상호·부좌현·남인순 의원이 또 신청을 하고 계십니다.

이렇게 정말 우리 국회가 지금 필리버스터를 시행하고 있지만 사실은 이걸 나와서 발언하시는 분들은 엄청난 고통과 스트레스 속에서 발언하고 계십니다. 그런 가운데에도 이렇게 줄지 않고 계속 참여를 희망하는 데 대해서 감사드리고요.

정신적인, 그러니까 심리적인 위축과 또 육체적인 구속 그것을 두 가지를 다 겪어야 되기 때문에 나와서 발언하는 분들은 지금 독립운동하는 것처럼 힘이 듭니다. 어렵습니다.

심리적인 위축이라는 건 여기저기서 태클이 들어오니까 발언하면서 마음이 평정을 유지하기가 어렵지요. 또 하나는 장시간, 5시간, 10시간을 서서 있어야 되고 화장실도 못 가고 그런 육체적인 구속이 있어서 두 가지에 스트레스가 많습니다.

그래서 필리버스터를 2012년에 국회법에 집어넣기는 했는데 거기에 시행에 관한 시행규칙을 국회가 안 만들었어요. 그래 가지고 이런 부분들이 논란들이 좀 있을 수 있어서 앞으로 빨리 여야 원내대표단이 운영위원회 열어서 시행규칙을 제정해 가지고 의원님들이 편안한 가운데에서 발언할 수 있게 해 줘야 할 것 같습니다. 국회의원의 발언은 안방에 있는 것처럼 편안한 가운데에서 발언을 해야 좋은 말이 나오지요. 막 쫓기듯이 불안하고 이런 가운데에서 발언하면 어렵습니다.

국민의당 최원식 의원님, 지금 잘 발표하고 계십니다. 계속해 주십시오.

● **최원식 의원** 지금 애국법에 대해서는 미국 사회에서 사법적인 논쟁이 있었고 또 약간 우리 법제랑 다른 면이 있기 때문에 이것에 대해서는 저도 솔직히 100% 소화를 하지 못했기 때문에 여러분 앞에서 좀 명확하게 설명을 못 드리는 점을 죄송하게 생각합니다.

그렇지만 애국법을 꼭 검토를 해야 되는 게 미국 사회에서 9·11 테러라는 그런 위급성 때문에 테러방지법이 급히 만들어졌지만 그 이후에 위헌 논란 그리고 실제로 국민 인권을 어떻게 침해하는 게 있지 않냐 그런 우려 속에서, 많은 고민들 속에서 위헌 판단도 내려졌고 개정도 됐다는 점을 꼭 알아야 되기 때문에 우리 테러방지법 만들기 전에 그런 논의를 미리 알아야 되지 않겠나 때문에 좀 자세히 말씀드리겠습니다.

그리고 더불어 방청해 주신, 그리고 또 이걸 주시해 주신 국민 여러분께 다시 한 번 감사드리면서 한 말씀만 덧붙이려고 합니다.

필리버스터는 다른 나라에도 있고 우리나라에서도 박정희 정권 때도 있었지만 폐지됐다가 최근에 시행된 제도입니다. 그런데 이 제도에 대해서는 여러 가지 견해가 있을 수 있지만 국회의원이 어느 사안을 가지고 모든 얘기를 국민 앞에 밝힌다라는 점에서 직접민주주의, 양방향 민주주의 그리고 민주주의 발전을 위해서 큰 계기가 되고 시금석이 될 수 있는 좋은 제도라고 생각합니다.

그런데 지금 운영을 하시는 국회의장단 일부에서는 무제한 토론이 꼭 그 의제랑 관계돼야 된다, 아니면 엄격해야 된다 이렇게 자꾸 제한을 하려는데 그런 부분에 대해서 저는 동의하지 않습니다. 물론 너무 의제와 관련 없이 시간만 끌고 방해하는 건 어떻게 보면 견제를 받아야 되겠지만 적절한 연관성이 있다면 폭넓은 논의가 필요한 게 무제한 토론의 취지에 맞지 않느냐라고 생각합니다. 그 부분을 아까 제가 시작하기 전에 정갑윤 부의장께서 말씀하셨기에 또 계신데 반박하기는 좀 멋쩍었습니다마는 이 부분에 대한 제 의견을 먼저 밝히겠습니다.

애국법이 이런 논의가 있었던 걸 다시 한 번 정리하겠습니다. 9·11 테러 사태는 미국 사회에 전례 없는 충격과 공포를 야기했고 전 세계도 마찬가지였을 겁니다.

국가가 테러리즘의 위협으로부터 국민을 충분히 보호하고 있지 않다는 우려와 정부에 대한 신뢰 회복의 필요성이 즉각 대두되었고 따라서 정부정책 및 입법 차원에서의 강력하고 신속한 조치는 불가피했을 것입니다.

애국법은 제정 이후 일부 개정을 거치기는 했지만 10여 년이 지난 오늘날에도 주요 대테러 법제로 기능하고 있으며 견해의 충돌은 계속되고 있습니다. 즉 애국법이 제2의 테러 참사를 막기 위해 필요한 법제이자 9·11 테러 이후 수 번의 테러 공격을 저지하는 등 실효성 있는 테러방지 수단이라는 견해도 있습니다. 그러나 한편으로는 개인의 자유를 심각하게 저해하며 사법부의 적절한 견제 없이 행정부, 특히 정부기관에 과도한 권한을 부여한다는 것이라는 견해 간의 대립 구도는 여전히 유지되고 있습니다.

일반적으로 애국법과 이에 대한 평가는 행정부의 정보 수집, 감시 권한 등 대테러 관련 권한을 확대하고 강화하는 결과를 가져오는 측면을 강조한 건 사실이고 그 이후 개정을 통해서 애국법이 권한 행사에 대한 통제 수단을 마련하고 절차적인 보완을 해 왔다는 점이 충분히 부각되지 않고 있습니다. 의회의 통제 강화, 행정부 내부의 절차적 규제 도입, 사법적 개입의 허용은 제215조 및 제505조의 개정 내용을 관통하는 흐름이라 이해가 됩니다.

이처럼 애국법은 여러 개정을 통해서 권한 남용에 따른 헌법상 권리의 침해 가능성을 낮추면서 효율적인 테러방지 도구를 유지하기 위한 노력을 해 왔고 거기에는 미국 내 많은 논쟁들, 시민사회·법조계·입법계의 논쟁들이 있었다는 것을 간과해서는 안 될 것입니다. 그러나 애국법 제정 이래 테러조직이나 위협과 전혀 관계없는 일반 시민들의 방대한 양의 개인정보가 수집되고 있고 수사·정보 기관의 권한 오남용이 계속되고 있다는 것은 지적되고 있습니다.

또한 의회에 제출하는 연차 보고서의 내용을 좀 더 구체화하거나 보고 대상인 위원회의 수를 늘리는 것이 과연 의회의 통제 강화로 볼 수 있을 것인지, 그냥 일시적인 것이 아닌지, 실효성 차원에서 정부의 내부 규제는 충분한지, 그리고 사법적 검토 및 이의 절차 규정 등 사법적 통제가 강화되었으나 행정부의 판단을 결정적으로 인정해야 하는 사법적 판단을 과연 수사·정보 기관의 확대된 정보 수집 권한에 대한 의미 있는 견제로 볼 수 있는 것인지 의문을 지울 수 없습니다.

애국법은 논쟁은 있었지만 여전히 위헌적이고 인권 침해적인 요소를 갖고 있다고 지적되고 논쟁 중입니다.

이 부분을 조금만 말씀드리면 의회에 연차보고서를 냅니다, 감청을 어떻게 했고 어디를 했다고. 그렇지만 그게 과연 궁극적으로 유효한 통제수단이 될 것인지, 또 아까 말씀드린 것처럼 FBI 내부의 견제들, 내부의 윗사람들 통제를 받도록 하는 게 충분한 규제인지, 또 나중에 사법적 규제가 강화됐지만 사법적 체계 역시, 법원도 테러하면 우선 테러로 인정하는 관성이 있는 거지요. 그런 관성을 넘을 수 있는 그런 사법적 통제가 될 것인지 의문이라는 이런 지적입니다.

미국의 대표적인 대테러법인 애국법을 검토해 봤는데 우리나라에서도 이에 따라서 어떤 입법이 필요한지, 어떠한 내용이 담겨 있는지를 같이 생각해 봐야겠지요.

그래서 그것으로 넘어가면서…… 그런데 제가 앞서 말한 것처럼 키케로의 말과 그다음에 벤자민 프랭클린의 얘기를 했습니다. 테러방지법은 국가와 국민의 안전을 위한 것입니다. 그러나 이를 위해서 침해될 수 있는 법익의 수혜자 역시 국민입니다. 그래서 대테러 법제에 있어서, 테러방지법을 제정함에 있어서 반드시 고려해야 할 근본적인 문제는 국가와 국민의 안전을 보장하자, 그렇지만 국민의 기본권 침해를 최소화하는 방안을 모색을 해야 된다, 이 두 가지 관점을 어떻게 이루어 나가느냐가 가장 근본적인 방법이라 할 것입니다.

지금 소개해 드릴 내용은 테러방지에 대한 국제인권원칙과 기준입니다.

아까 말씀드렸지만 인권은 유럽의 프랑스혁명 과정 속에서 그다음에 미국 독립전쟁 속에서 잉태되어 나왔습니다. 그리고 현대사회 들어서는 전 세계의 보편적인 규범으로 자리 잡고 있습니다. 유엔에서 나온 협약들이 각 나라가 가입하면서 보편화되는 거지요. 그렇지만 각 나라마다 법적 관행이나 법적 감정 그리고 그에 따른 법제들이 다를 수가 있습니다.

제가 그런 말씀을 드렸지요. 어느 특정 테러단체에 대해서 국가적인 관점이 다를 수가 있는 거지요. 팔레스타인 쪽 테러단체에 대해서는 팔레스타인 그 국가들은 다 환호를 하고 있지 않습니까, 그리고 그 피해를 받는 데서는 테러단체라 생각하고. 그런데 이것을 같은 규정으로 묶어 낸다는 게 쉽지는 않지요. 그렇지만 국제인권규칙이 필요한 것은 그나마 우리가 최소한 인명 살상, 이런 인권 문제의 기본 틀에서 시작해서 그런 기준을 만들어서 통일화시키는 노력들이 있어야 되는 게 아닌가 싶습니다.

그래서 테러방지에 관한 국제인권원칙과 기준에 대해서 설명을 드리겠습니다.

'최근 이슬람국가(IS)가 자행하고 있는 특히 민간인, 또 힘없는 여성들을 대상으로 한 잔혹행위와 무분별한 테러 사건이 연이어 터져 나오며 테러에 대한 국제적인 분노와 공포가 정점에 달하고 있습니다. 이 때문에 테러방지는 각국 정부는 물론 국제사회에 있어서도 최우선의 의제가 되고 있습니다.

그러나 유엔 인권최고대표를 비롯한 유엔의 인권 전문가들은 지속적으로 모든 유엔 회원국들이 국내 사회 구성원들을 폭력과 공포로부터 보호하기 위한 의무가 있음과 동시에 국제인권기준을 준수해야 할 의무가 있으며, 인권을 타협하며 테러방지를 위한 법률 및 조치를 채택할 경우 오히려 사회 불안정이 심화되고 결코 테러방지 조치들의 효과성이 증대되지 않는다고 지적했습니다. 테러방지를 위한 노력의 필요성에 대해서는 이견이 없습니다. 다만 그 방법에 있어서 분명히 인권적인 접근이 존재하며 국가가 이를 지키도록 촉구할 뿐입니다.'

그래서 권고안은 원칙 여덟 가지를 소개합니다. 우리의 테러방지법에서도 이 부분이 깊이 반영되고 검토되고 논의될 필요가 있기 때문입니다.

유엔인권정책센터에서 제시한 테러방지에 관한 국제인권원칙과 기준입니다.

원칙 1. 테러의 정의는 명확해야 됩니다.

아까 말씀드린 것처럼 테러와 테러리즘에 대해서는 역사적으로, 국가적으로 또 전문가마다 여러 가지 다른 개념이 있습니다. 그만큼 불명확한 거지요. 그렇지만 형사법의 규제 대상으로 규정하고 인권을 침해할 정도로 대상화시키려면 테러에 대한 정의가 명확해야 됩니다.

2010년, 유엔 테러방지와 인권의 증진 및 보호에 관한 특별보고관은—이하 테러방지 특보라고 얘기합니다—단순히 인질을 붙잡거나 1명 또는 그 이상의 사회 구성원이 사망 또는 부상을 입은 행위 또는 행위의 결과만을 기준으로 특정한 행위를 테러로 규정할 수 없으며 집단적인 공포 상황을 유발하는 등의 구체적인 목적과 고의성, 그리고 국제적 기준 및 국내법에 따른 위법성과 그 정도를 함께 고려한 매우 명확한 정의가 필요함을 권고한 바 있습니다. 이는 테러의 정의가 명확하게 규정되지 않을 시 국가에 의한 자의적이거나 차별적인 조치로 이어질 수 있음을 우려하기 때문입니다.

아쉬운 것은 이 기준도 테러의 기준을 명확하게 기준을 하지 않고 이래서는 안 된다 정도로 간접적으로 얘기하고 있습니다. 예를 들어서 단순히 한 명의 인질을 데려간 것으로서는 테러로 봐서는 안 된다. 단순히 약취라는 죄가 있습니다. 사람을 억지로 끌고 가서 납치하는 경우지요. 그런데 그런 경우를 테러로 볼 게 아니라 집단적인 어떤 목적이 있어서 집단적인 공포, 한 사람이 아니라 여러 사람한테 미칠 수 있는 그런 불특정성, 그다음에 어떤 대규모의 가능성 이런 것들이 있어야지 테러로 규정돼야 된다 이런 뜻입니다.

'원칙 2. 테러단체가 자의적으로 지정되지 않도록 안전장치가 필요하다.'

마찬가지입니다. 테러라는 상황은 상당히 극한 상황으로 규정을 하고 다른 죄보다 더 쉽게 인권을 침해하도록 하는 규정들이 생기게 되는 건 당연한데 테러와 테러단체의 규정을 너무 쉽사리 불명확하게, 엄격하게 하지 않는다면 이건 바로 인권 침해의 조항이 되는 거겠지요.

'테러단체는 명확하고 올바르게 정의된 테러를 직접 수행, 촉진했거나 그에 참여했다고 믿을 만한 합리적인 이유에 기반하여 엄격하게 심의하여 지정되어야 한다. 즉 단체에의 소속과 테러 간의 연계성이 명확하고 충분히 입증되어야 한다.

그러한 엄격한 과정을 거쳤다 하더라도 지정된 단체는 지정의 해제 또는 지정에 따른 불이익 및 제재조치의 집행을 중지하도록 요청할 수 있어야 하며, 그에 따른 결정은 다시 한 번 사법기관의 검토를 거치는 등의 이중, 삼중의 보호막이 필요하다. 인권이 침해되었을 때 그에 대한 구제를 보장받아야 하는 것과 마찬가지로 특정 집단, 특히 사회적 소수자 집단에 대한 자의적인 테러단체 지정이 이루어지지 않도록 보장하는 효과적인 안전장치는 필수적이다.'

특정 종교단체가 테러를 저지르는 일도 있습니다. 그러나 그런 의혹 때문에 다 지정한다는 것은 이유가 되지 않겠지요. 또한 테러는 정치적이고 역사성을 갖기 때문에…… 하다가 안 하는 수도 있지요. IRA도 우리 테러 포기한다…… 그 사람들이 진짜 폭력만을, 아니면 살상만을 목적으로 한 게 아니기 때문에 그렇게 하는 수도 있습니다. 그럴 경우에는 그 사람들로 하여금 해제할 수 있도록 그런 권한을 줘야 된다라는 뜻입니다. 나는 제외해 달라……

원칙 3입니다.

'범죄 퇴치와 관련된 일반적 조치가 특수한 조치보다 우선이다.

테러방지라고 해서 무조건 특수한 조치가 필요하다는 생각은 대단히 착각이다. 테러방지 특보는 테러방지를 위한 조치가 가능한 최대한도로 범죄 퇴치의 기능을 수행하는 민정 당국(civilian authority)이 일반적 권한을 행사하는 차원에서 수행해야 한다고 강조한다. 비상지휘권 역시 당장 국가의 존립에 위협이 되는 공식적인 비상사태인 경우가 아니라면 단순한 테러의 발생이 그러한 권한을 촉발시키지 않는다고 분명히 한다.'

테러도 여러 가지 단계가 있을 수 있습니다. 진짜 국가적 차원의, IS는 거의 국가에 준하는 단체가 됐지요. 단체가 아니라 단체를 넘어선 국가에 준하는 기관이 됐지요. 특정 지역을 점령하고 지배하고 군사력을 가지고 있지요. 그런 IS와 이 일반 종교집단에서 종교적인 목적을 위해서 하는 거랑 차이가 있을 수 있습니다.

그런데 이걸 동일시해서 무조건 비상 상황으로 똑같이 한다면 아마도 가혹해질 수 있다는 뜻이겠지요. 그렇기 때문에 일반적으로 대응할 수 있는 기관과 조치를 우선적으로 하고 그걸로 더 안 되는 상황을 고려한 그런 법률 체계를 좀 다양화시켜서 대응하도록 해야지 무조건 테러 하면 최대의 대응을 하는 식으로 할 경우에는 인권 침해의 소지가 넓어진다 이런 뜻이라 할 수 있습니다.

원칙 4입니다.

특수한 조치의 종료 시점 또는 조건이 명시되어야 합니다.

'2015년 유엔 인권최고대표는 테러에 따른 위기 상황 또는 극단적인 정치적 긴장 상황이 영속적이지 않는다는 점을 인지하고 반테러 조치가 구체적이고 한시적인 적용 기간을 정해 두어야 함을 강조하고 있다. 이 때문에 테러방지법은 예외적인 조치에 대해 반드시 일몰조항을 포함하고 있어야 한다고 경고한다.'

테러라는 상황이, 아까 테러의 역사를 제가 구구절절이 길게 설명을 드린 것은 역사상 관통하는 테러의 형태는 없습니다. 정치적 목적을 위해서 극대화됐다가 쇠퇴하기도 하고, 세계적인 여론에 의해서 쇠퇴하기도 합니다. 그리고 목적 달성을 하는 경우도 있고 또 그 사람들이 바뀌는 경우도 있고, 그렇기 때문에 영속적이지 않는다는 인식을

갖고 그러한 테러방지법이라는 것이 예외적인 조항이기 때문에 기본적으로 일몰조항, 그러니까 한시법으로 한 몇 년 한다 이런 규정의 형식을 띠어야 하는 게 타당하다라는 게 이 권고의 내용입니다.

원칙 5입니다.

'정보기관의 역할 및 권한에 대한 견제는 필수적이다.'

유엔 인권최고대표는 또한 테러방지법에 따라 정보기관이 체포·구금·수색 및 압수 등에 대한 권한을 부적절히 부여받거나 권한의 남용으로 인한 인권 침해가 발생하지 않도록 안전장치가 필요함을 강조합니다. 특히 광범위한 감청에 따른 사생활에 대한 권리의 불법적인 침해와 정부기관 간 개인정보의 공유 확대 등의 조치에 대해 우려를 표하고 있습니다.

어떤 형태든 간에 테러방지를 위한 권한은 대개 정보기관이, 그런데 그 정보기관이 어떤 형태를 취하는가는 세계사적으로 다릅니다. 이것은 또 이따 말씀드릴 텐데, 그렇지만 정보기관이 갖는 게 당연한 추세일 겁니다.

그런데 그 정보기관의 권한 남용을, 특히 테러라는 것 때문에 엄청난 권한을 줄 수가 있는데 그 권한 남용에 대한 적절한 조치가 없이 줘서는 안 된다. 특히 강조하는 것은 감청입니다. 미국 NSA라고 있습니다. 국가안보국이라고 하는데 국가안보국이 2차대전 이후에 만들어집니다. 그런데 원래는 통신 감청으로 시작하지만 이제는 전 세계 인터넷이나 카카오톡이니 모든 것을 감청할 수 있는 기술을 갖고 있다고 합니다. 그리고 여기는 에셜론(Echelon)인가 하는 자기네 유사 국가 망을 통해 가지고 전 세계의 모든 실시간 돌아다니는 망을 다 감청을 합니다.

그런데 그 감청을 하는데 정보통신의 양이 많아지니까 특정 단어로 이것을 줄입니다. 테러라는 단어, 그래서 테러라는 단어를 쓰는 집단을 줄여서 거기를 집중적으로 검색을 해서 전 세계의 정보를 통제하고 전 세계를 감시하는 겁니다.

물론 NSA는 전 세계를 감시하는 데 사법기관의 통제를 안 받는다고 합니다. 그런데 그만큼 막강하게…… 그리고 그 정보를 처리하기 위해서 컴퓨터가 발전합니다. 왜냐하면 이 컴퓨터의 양이 맨 처음에는 전 세계 통신하는 양이 한 1밖에 안 됐으면 지금은 거의 1억 수준으로 발전했기 때문에 이것을 다 처리하기 위해서, 사생활 감시와 정보통신의 발전은 같이 가는 거지요.

그런데 이런 광범위한 감청이 실제로 NSA로부터 있다라는 게 다 알려진 사실입니다. 그렇기 때문에 광범위한 감청에 따른 사생활의 침해와 정부기관 간 개인정보 공유 확대, 이 정보를…… 각 정보기관은 각 개인의 권한을 적법하게 취득하는 것도 봤습니다. 예를 들어서 저는 제 주민등록이나 제 가족관계는 안행부, 동사무소에 다 있지요. 그다음에 사회복지 관련도 있습니다.

그런데 이게 통합되면 저도 모르는 모든 정보, 그다음에 신용정보기관을 통하면 제가 하루에 뭘 먹었는지 신용카드 속에 다 나타나지요. 그다음에 핸드폰 사용 위치만

보면 내가 어디를 이동했고, 무슨 일을 했고, 그다음에 CCTV 보면 제 이동경로 다 나오거든요. 이것 합치면 저보다도 더 많은 정보를 알게 되는 거지요.

그래서 국가기관이 가지고 있는 개인정보를 공유한다는 것, 이것 역시 무서운 빅브라더 세계가 되는 겁니다. 그렇기 때문에 특히 강조하는 게 광범위한 감청에 따른 사생활에 대한 권리의 불법적인 침해, 감청이 광범위하게 진행되고 있다는 뜻입니다. 그리고 그만큼 그럴 가능성도 많다는 뜻이고.

'또 정부기관 간 개인정보 공유 확대 등의 조치에 대해서 우려를 표한 겁니다.' 가장 우려할 만한 거라는 거지요.

원칙 여섯 번째, '입법 이전에 국제인권법에 부합하는지 여부를 면밀히 검토해야 한다.'

우리나라도 7개 국제인권조약에 가입된 당사국입니다. 따라서 새로운 법률을 제정하거나 기존 법률을 개정할 때 예외 없이 모든 비준한 국제인권규약과 맞는지 그 부합성을 검토하고, 그에 부합하지 않는 입법활동이 이루어지지 않도록 보장할 의무가 국제법적으로 있습니다. 또 헌법상 있습니다.

정부는 서면을 통해 입법기관이 국제인권법에 부합하지 않는 것으로 보이는 조항에 대하여 반드시 인지하도록 해야 하며, 입법기관 역시 협약이행의무를 가진 주체로서 독립적으로 그에 대한 신중한 검토를 진행해야 됩니다.

이 부분은 행정부나 입법부에 공히 의무가 있는 거지요.

일곱 번째 원칙입니다.

입법 이전에 모든 이해관계자와 광범위하고 포괄적인 협의를 해야 됩니다.

유엔에서 내세우는 인권 원칙과 기준의 대부분은 이해관계자, 시민사회와의 광범위하고 포괄적인 협의 소통을 강조하고 있습니다. 당연한 거지요. 그렇지만 우리나라는 입법에 있어서 그런 점이 부족하고, 저희 국회의원들도 노력하지 않는 면도 있고 또 그러다 보니까 국민 여러분들도 자기와 관련된 중요한 입법에 대해서 알지 못하고 지나가는 그러한 좋지 않은 관행이 정착되어 있는데 제가 국제인권원칙을 볼 때마다 느끼는 것은 우리가 더 잘해야 되겠다, 이런 광범위하고 포괄적인 협의가 필요하다, 이렇게 생각합니다.

우리나라가 유엔 인권이사회 이사국이지요. 이사국으로서 주요하게 활동하고 있는 분야가 인권, 민주주의 그리고 법치주의가 보장되는 사회에서는 모든 입법과 정책 과정에서 사회 구성원들과의 광범위하고 포괄적인 협의가 진행되어야 한다는 것입니다.

테러방지법의 경우 국가안보 또는 국민안전이라는 모호하고 원론적인 가치를 내세워 사회 구성원들의 인권과 기본적 자유를 침해할 가능성이 특히 높기 때문에 다양한 이해관계자의 완전한 참여에 기반한 충분한 협의를 보장해야 됩니다.

그래서 지금 테러방지법을 그냥 며칠 만에 수정해서 통과한다는 이것은 사실 있을 수 없는 얘기지요. 지금 2월

23일 날 몇 가지 법안들이 있었지만 그리고 진척된 논의들이 있었지만 이 논의가 국민들한테 극히 공개되지 않은 상태에서 23일 날 수정안이 제안돼서 그것으로 일방적으로 통과된다, 이것은 이 국제적인 원칙에 어긋나는 겁니다.

여덟 번째 원칙, '테러방지를 위한 법과 조치는 정기적으로 검토되어야 된다.'

테러방지 특보는 정부가 테러방지법과 그 이행을 위한 조치들을 검토할 독립적인 개인 또는 기관을 임명하여 12개월마다 정기적으로 법률과 그 이행을 검토하고, 행정 및 입법 기관에게 보고할 의무를 부여할 것을 강조합니다. 또한 특정 기관에게 특수한 권한이 부여되었다면 그러한 권한은 효력이 발생한 지 12개월 이전에 입법기관이 갱신 여부를 검토해야 한다고 권고하고 있습니다.

이 일몰 부분과 함께 워낙 인권을 침해할 가능성이 높기 때문에 최소한 1년, 그것을 검토할 기관이나 개인을 정해서 12개월마다 정기적으로 그 법률이 적정한지 또 이행도 법에 맞춰서 되고 있는지 그리고 적절한지, 문제점은 없는지를 검토해서 행정과 사법 기관에 보고해야지 그 남용을 막을 수 있다, 이런 취지지요.

지난 6월 우리 정부는 유엔 인권이사회 반테러에 관한 주제의 회의에서 국제인권기준에 부합하는 반테러 조치를 취하겠노라고 공언했습니다. 또한 11월 가장 높은 수준의 국제인권기준을 지키겠노라 자발적으로 공언하며, 유엔 인권이사회 이사국 재임에 성공했습니다.

그런데 지금 논란이 되고 있는 대테러방지법 제정과 관련해서 우리 정부가 이런 원칙을 지키고 있다고 생각하십니까? 저는 제대로, 전혀 지키지 않고 있다고 생각합니다. 정부는 그리고 여당은, 우리가 인권이사국이 되면서 공약한 사항입니다. 그렇기 때문에 이런 국제기준, 국제적인 약속을 지켜야 되고, 더 늦기 전에 최소한 이러한 인권기준을 준수할 수 있는 진정성 있는 노력을 보여서 국제기준에 맞는 테러방지법을 만듦으로써 국제사회에 우리 인권위원회 이사국으로서의 면모도 보이고 또 국제기준에 맞는, 지금 경제 규모가 발달되어서 세계 11위, 12위 하고 있지만 그것 못지않게 인권 역시 국제기준에 맞고 세계에 자랑할 수 있는 그런 면모를 갖추는 것이 당연하다고 생각합니다.

● **부의장 이석현** 최 의원님이 자료를 찾는 동안에 한 말씀 드리면 이 시대의 물신주의에 상처받은 사람들의 마음이 소통에 목말라하면서 공감할 대상을 끊임없이 찾고 있습니다. 요즘 위안부 할머니들의 삶을 소재로 한 '귀향'이라는 영화가 주말에 삼시간에 100만 관람객을 돌파하는 것도 바로 이 할머니들의 서러움에 공감을 대중이 느끼기 때문입니다.

요즘 삶에 지친 서민들이 자신의 삶의 고통 자체보다도 그 고통을 지도층이 공감해 주지 않는 데 대해서 서러움이 많습니다. 우리 국회가 서민과 한 몸이 된 것처럼 고통을 느끼면서 또 공감을 통해서 또 서민들을 위로할 필요가

있습니다. 그런 일을 위해서 우리 국회가, 여야가 다 함께 노력을 하겠습니다.

지금 방청석에 계속해서 많은 분들이 들어오고 있습니다. 제 소개로도 일곱 분이 와 계시네요. 김현미 의원의 소개로 일곱 분, 최원식 의원의 소개로 열네 분, 이종걸 의원의 소개로 두 분, 진성준 의원의 소개로 열 분, 그다음에 변재일 의원의 소개로 두 분, 전병헌 의원의 소개로 두 분, 그다음에 문병호 의원의 소개로 1인, 1인이나 한 분이나 같은 얘기지요. 그리고 김영주 의원의 소개로 한 분, 우상호 의원의 소개로 네 분, 김민기 의원의 소개로 여섯 분, 이미경 의원의 소개로 아홉 분 등, 그 뒤에도 또 계신 것 같네요. 김현미 의원의 소개로 일곱 분 등이 방청을 하고 계십니다.

참고로 이렇게 의원님 소개라는 것은 어떤 때는 지역구 분도 계시고 어떤 때는 그렇지 않은 경우도 많습니다. 왜냐하면 각 의원실을 통해야만 우리 국민은 방청권을 얻을 수 있게 되기 때문에 그래서 어느 방이든 연결이 되는 방으로 부탁을 해서 오는 것입니다.

하여튼 이 필리버스터 토론을 통한 국민과의 공감에 많은 사람들이 큰 관심 가지고 이렇게 추운 날 국회까지 찾아 주신 데 대해서 너무 감사합니다. 저희들이 그런 기대에 어긋나지 않게 좋은 정치 하겠습니다.

정말 환영합니다.

● **최원식 의원** 이제 네 번째 주제입니다.

국가정보원에 대한 말씀을 드리겠습니다.

국가정보원은 맨 처음에 중앙정보부 이름으로 출범을 했다가 1980년 전두환 대통령 시절에 국가안전기획부로 이름이 바뀌었다가 1999년으로 국가정보원으로 이름이 바뀝니다.

중앙정보부는 5·16 쿠데타 이후에 김종필 그분과 박정희 대통령에 의해서 만들어졌는데 국정원을 논의할 수밖에 없는 게 아까도 말씀드렸지만 테러 부분에 대해서는 정보기관에 그 역할을 줄 수밖에 없습니다. 그런데 지금 우리 국가정보원이 여러 가지 문제를 가지고 있기 때문에 과연 그 역할을 제대로 수행할 수 있는 것인가에 대해서 의문점이 제기되기 때문에 이 문제를 짚고 넘어가야 되고 또 이 기회에 국가정보원의 개혁 문제에 대해서도 토론이 필요하다라고 느낀 것입니다.

사실 저희가 국정원 댓글 사건과 불법 대선 개입 사건 등 여러 가지 문제로 해서 문제가 됐을 때―제가 새정치민주연합 시절이지요―국가정보원 개혁안에 대한 많은 내부 논의가 있었고, 그게 또 나름대로 아까 말씀드린 것처럼 황우여 대표와 김한길 대표 시절에 합의도 있었습니다.

그런데 그때 저희가 논의했지만 국민 여러분들한테 말씀을 못 드린 점을 한번 다 드러내 놓고, 국가정보원이 뭐가 문제인지 이런 것도 고치면서 같이 또 권한을 줘야 되는 이런 것도 같이 생각해 볼 기회를 갖고자 하는 것입니다.

국정원의 무능, 불법, 권한 남용, 인권침해, 정치 개입에 대해서는 제가 더 이상 말씀을 드리지 않겠습니다. 앞서 많은 존경하는 국회의원님들께서 직접 겪으신 일, 아니면 현대사에서 지울 수 없는 국정원의 잘못된 일들을 적나라하게 말씀하셨기 때문에 지적 안 하겠습니다.

자, 지금 국가정보원법은 1961년 중앙정보부법으로 출발했다가 1981년 국가안전기획부법, 그다음에 99년 국가정보원법으로 개정됩니다. 그사이에 열네 번이 개정됐는데요. 그 이전에는 정보기관이 없었습니다. 그런데 5·16 쿠데타 이후에 만든 겁니다.

63년 12월 달에 맨 처음 전문이 개정됐는데 그때 부장, 차장 및 기획조정관의 정당 가입, 정치활동 관여 금지, 겸직 금지가 규정이 됩니다. 73년에 중앙정보부법이 다시 개정이 되는데 군사기밀 보호법에 규정된 범죄수사권을 중앙정보부에 부여합니다. 군사기밀 보호법이라는 것은 군대에 관련 있는 건데 거기까지도 일부 보유하게 되는 거지요. 그다음 80년에 국가안전기획부법이 전문 개정이 되는데, 직원들이 범죄를 일으키지 않습니까? 그런데 국가안전기획부, 국정원 직원들이 그때는…… 원래는 하여간 직원이 죄를 저지르면 모든 죄에 대해서 자체 수사권을 갖고 있었던 거야. 그러니까 무마할 수도 있는 거지요.

그런데 직무에 관련 범죄만 자체 수사권을 갖도록 바뀝니다. 이것이 큰 의미가 있는 거지요. 그 이전에는 안기부 직원 하면 어떤 죄를 저질러도 안기부 내에서 수사를 하게 돼 있으니까 그냥 대충 할 수도 있고, 넘어가서 대단한 권력기관이었는데 직무에 관한 범죄, 그런데 직무에 관한 범죄도 사실은 문제가 있지요. 그런데 하여간 그 직무에 관한 범죄만 자체 수사권을 갖도록 개정을 하지요.

그런데 94년도에는 직무 중에 국내보안정보업무에 방첩, 대테러 및 국제범죄조직을 추가합니다. 또 수사권 범위에 군형법 중 이적의 죄, 군사기밀누설죄, 국가보안법에 규정된 죄 중 제7조, 제10조를 제외합니다. 그래도 수사권을 갖고 있습니다. 또 모든 예산에 관하여 실질심사에 필요한 세부 자료를 국회 정보위원회에…… 그 이전에는 국회 정보위에 제출도 안 합니다. 또 직원의 정치활동 관여 및 직권남용죄를 신설합니다. 그다음에 96년도에는 수사권에서 국가보안법 제7조, 제10조를 추가합니다. 뺐다가 다시 넣는 거지요.

자, 그런데 뭐가 문제냐? 외국에서는 정보 파트와 수사 파트를 나눕니다. 9·11 테러 때 다시 약간 붙였지만 미국에서는 나눕니다. 그리고 대외 업무와 대내 업무를 나눕니다. 왜냐면 정보기관의 속성상 국내·국외를 같이 한달지 또 정보수집과 수사권까지 같이 주면 권한이 너무 커집니다. 그렇기 때문에 이걸 견제하기 위해서 선진 각국은 다 나눕니다. 수사권, 정보조사권 나누고, 대외·대내 다 나눕니다. 그래서 주요국 정보기관의 국내외 파트 분리사를 보면 해외 주요 선진국은 해외정보 업무와 국내보안과 방첩 업무를 담당하는 정보기관을 분리합니다.

미국은 해외정보는 CIA(중앙정보국)가 합니다. 국내보안과 방첩은 FBI(연방수사국)가 합니다. 영국은 해외정보는 MI6(비밀정보국)에서 합니다. 아마 MI6이 007일 거예요. 국내보안과 방첩은 MI5(보안부)에서 합니다. 프랑스는 해외정보 업무는 대외보안총국에서 합니다. 국내보안과 방첩, 이것은 국토감시총국에서 합니다. 독일은 해외정보 업무는 연방정보부에서 합니다. 국내보안과 방첩은 헌법수호청에서 합니다. 이스라엘은 우리나라보다 더, 우리나라 못지않게 안보가 심각한 나라지요. 그런데 해외정보 업무는 모사드에서 합니다. 국내보안과 방첩 업무는 신베트에서 합니다. 그런데 신베트에서 사실은 몰래 해외 공작을 해서 나중에 문제가 되기도 하는데, 그냥 넘어가지요.

그다음에 수사권 보유 여부입니다.

미국의 CIA, 영국의 MI6, 독일의 연방정보부, 이스라엘의 모사드, 일본의 내각수사실—일본에서는 해외정보 업무를 내각수사실에서 하는데 이게 국외를 담당하는 주요 정보기관이에요—보면 수사권을 가지고 있지 않습니다. 그런데 국내외 파트가 분리되지 않고 수사권까지 보유한 나라는 중국, 북한 그리고 과거 소련 등, 그다음에 아랍에 좀 있습니다. 독재국가에만 있습니다. 그리고 우리나라지요.

지금 새누리당이 한나라당 시절에 이러한 국정원을 개혁하려고 추진한 사례가 있습니다. 2003년에 국정원을 폐지하고 해외정보처를 설립하는 기획단을 설치하자, 이렇게 법을 했지요. 그때 국정원의 수사권을 폐지하자, 대북정보 기능과 대테러, 해외정보수집 기능만 갖는, 그러니까 정보지요, 정보. 그래서 수사권은 없고 대외랑 대북정보 기능을 갖는 해외정보처를 설치하고, 항목별 통제 방식으로 국회 예산 통제를 강화하자, 이렇게 개혁 법안을 냈는데 나중에 철회를 했지요.

저는 국정원의 불법 대선 개입 사건, 이런 사건들이 근본적으로는 국가정보원의 해외·대북 업무와 국내 업무가 분리되지 않고 정보수집권뿐만 아니라 수사권까지 가지고 있기 때문에 국정원 권한이 너무 비대해서 국정원 내부에서도 권한을 스스로 통제할 수 있는 그런 시스템을 못 갖추고 무소불위…… 행사하려는 관행과 태도에서 발생하지 않는가 이렇게 생각합니다. 즉 너무 권한이 많기 때문에 해야 할 권한과 하지 말아야 할 권한을 구분하지 못하고 있습니다.

그다음에 정보기관, 수사기관, 해외·국내가 서로 견제와 협력하는 게 아니기 때문에 그냥 다 하는 거지요. 그렇기 때문에 국정원의 권한을 분리하고 국회의 통제를 강화하는 개혁이 근본적으로는 필요하다는 게 국정원 개혁의 방향입니다.

그래서 국정원 개혁의 내용은, 지금 이것은 여기저기 많은 학자들이나 시민단체에서 논의한 것을 한번 정리해 봤습니다.

국내 대북 파트와 국내 및 방첩 파트의 분리입니다. 말씀드렸지요. 국내와 국외 파트…… 국외 대북 파트와

국내 방첩 파트의 분리 그다음에 수사권과 정보수집권의 분리, 수사권을 아예 빼는 거지요. 그다음에 예산 등 국정원에 대한 국회 통제 강화, 그중에는 정보위원회의 상설위원회화가 있습니다.

지금 국정원 예산은 아까 말씀드린 대로 한나라당의 개혁 중에서 항목별 통제를 하자는 얘기가 나왔는데 지금은 통으로 돼 있습니다, 통으로. 전체로 얼마 하면 어떤, 어떻게 쓰였는지를 보고하지 않습니다. 그리고 정보위가 상설화돼 있지 않습니다. 그러니까 지금 16개의 상임위가 상설화돼 있고 특별위원회가 있는데 그중의 하나로 돼 있기 때문에 상설화돼 있지가 않습니다. 그렇기 때문에 정보위에서 상설적으로 통제하는 그런 권한이 없습니다.

그리고 지금 특수활동비라고 혹시 들으셨을지 모르겠는데 저희 야당에서 가장 줄이고 통제하려는 권한이 정부나 우리 입법부도 마찬가지고 특수활동비인데 이것은 영수증도 첨부하지 않고 쓸 수 있는 무소불위의 돈입니다. 그런데 가장 많이 있는 액수로 쓰는 게 국정원이지요. 물론 수사상 그런 필요가 있지만 그것은 정보가 공개되지 않는 사항입니다. 정보위에서 비밀로라도 통제를 받아야 되는 것 아니겠습니까?

그리고 미국의 정보위는 모든 정보, CIA의 사업들 자체를 보고를 받되 거기에 대한 철저한 비밀준수의무를 당해 위원들이 집니다. 그래서 그렇게 정보위를 상임위화하고 그렇게 통제권한을 주는 것으로 정교하게 구성을 해야지 되지 않나 저희들은 그렇게 생각합니다.

그리고 기획조정권의 국가안전보장회의의 이관 문제도 나옵니다. 그러니까 국정원의 권한이 모든 수사기관·정보기관을 기획·조정을 할 수 있는 권한인데 이게 비대하기 때문에 권한이 막중하다, 너무 크다 이런 얘기가 나옵니다.

국정원의 대선개입 사건 이런 것을 보면 이런 사건에 아까 제가 그 원인에 대해서 말씀드린 것처럼 너무 권한이 막 다 있는 거지요. 그리고 견제와 균형이 안 잡혀 있고 그리고 자기가 해야 할 일과 말아야 될 일도 구분 못 할 정도로 그런 관행에서 발생한 거라고 생각되기 때문에 그런 재발을 안 하도록 하기 위해서는 개혁이 필요합니다, 아까 말한 대로.

그래서 기능은 유지하되 그렇다고 수사권을 없앨 수는 없지요. 정보수집권을 없앨 수는 없습니다. 해외정보수집권 없앨 수 없습니다. 국내정보수집, 방첩 없앨 수 없습니다. 기능은 있어야 됩니다. 그렇지만 기능을 분리·분산해서 정보 독점과 오용으로 인한 폐해 방지, 견제와 균형, 조직 간의 경쟁으로 양질된 정보가 수집되고 통제되도록 하는 방향으로 개혁되어야 될 거라고 생각합니다.

또 이게 아까 말씀드렸지요, 독재사회밖에 없습니다. 이제는 우리가 선진국으로 나간다면 선진화 방안으로서 국정원이 개혁되어야 되는 겁니다. 또 새누리당 역시 이 기본적인 기조에 대해서는 한나라당 시절에 추진했던 내용입니다.

그래서 지금 테러방지법과 더불어 국정원 개혁

방법도 반드시 논의돼야 되고 저는 개인적으로는……

박정희 대통령이 5·16 군사 쿠데타를 하면서 만든 게 중앙정보부거든요. 그런데 이 독재의 유지수단이 됐었던 이런 불행한 역사를 박근혜 대통령이 선진화·민주화 해서 이 불행한 역사를 새로운 역사로 만든다면 저는 진짜 아름다운 역사가 아닌가 이렇게 생각합니다.

이상 국정원 개혁의 전반적인 기조에 대해서 말씀드리고, 이 부분에 대해서는 약간 더 구체화시켜서 말씀드리는 게 필요하다고 생각합니다. 그만큼 이 테러방지법의 상당 기능을 국정원이, 현실적으로 국정원 안의 국정원 직원들이 국정원에서 근무하는 기관들과 연계돼서 기능을 맡을 수 있는 현실성이 있기 때문에 국정원 개혁과제에 대해서 논의를 제대로 안 한다면 이게 대테러방지법의 어떤 인권침해 가능성에 대해서 저희가 제대로 짚지 못하는 결과가 되는 것이기 때문에 제가 자세히 말씀드린 겁니다.

중앙정보부는 1961년 창설됐습니다. 그리고 국가안전기획부로 발족됐다가 국가정보원 지금의 이름으로 바뀌었습니다. 그렇지만 아시다시피 18대 대통령선거 때 개입으로 구설수에 오르내리고 있지요. 그리고 국정원 개혁 요구는 상당히 정권 초기마다 항상 논란이 됐던 그런 주제였습니다.

국정원은 대한민국의 국가정보기관입니다. 국가정보기관이란 첩보, 방첩, 보안 및 기타 정보활동을 담당하는 국가기관을 말합니다. 국가정보기관은 기능상으로는 첩보수집기관, 정보작성기관, 보안기관으로 구분할 수 있습니다.

첩보는 모든 돌아다니는 말들 그런 것을 일컫는 거고 정보는 그중에서 가치 있게 정돈하거나 판단해서 가공한 것입니다.

그러나 모든 정보기관이 그렇게 명백히 구분되는 것은 아니고 또 어떤 기관이라도 수집과 작성 기능을 동시에 수행하기도 합니다. 보통 일반적으로 정보기관이라고 하면 정보작성 기능을 수행하는 기관을 칭하며 이런 기관은 수준에 따라서 국가정보기관 또 부문정보기관, 군정보기관으로 나눕니다.

대한민국 정보기관 국가정보원은 대통령 직속기관으로 국가안전보장에 관련되는 정보보안 및 범죄수사에 관한 사무를 담당하도록 하고 있고 구체적으로는 국가정보원법 3조1항에 그 역할을 규정하고 있습니다. 엄청나게 큰 권한인데 한번 읽어 볼게요.

'첫째, 국외 정보 및 국내 보안정보(대공, 대정부전복, 방첩, 대테러 및 국제범죄조직)의 수집·작성 및 배포

둘째, 국가 기밀에 속하는 문서·자재·시설 및 지역에 대한 보안업무. 다만, 각급 기관에 대한 보안감사는 제외한다.

셋째, 형법 중 내란의 죄, 외환의 죄, 군형법 중 반란의 죄, 암호 부정사용의 죄, 군사기밀 보호법에 규정된 죄, 국가보안법에 규정된 죄에 대한 수사'

커다란 수사는 상당한 수사권이 있는 거지요.

그다음에 '국정원 직원의 직무와 관련된 범죄에 대한 수사'가 네 번째고요.

다섯 번째가 '정보 및 보안 업무의 기획·조정', 기획조정권도 큽니다. 모든 국가기관의 정보보안업무를 다 기획하고 조정하기 때문에 사실상 대장이 되기 때문에 그것을 다 통합하는 거지요.

위와 같은 규정에 따라서 국정원은 국가정보기관, 부문정보기관, 군정보기관 등의 역할로서 구분할 수 없을 정도로 하여간 포괄적이고 전방위적인 역할을 수행합니다.

세계의 모든 정보기관들은 100% 동일한 그런 임무와 기능을 수행하는 것은 아니지만 대체적으로 공통적으로 기본적인 임무·기능을 수행하고 있는데 대개 보면 정보 수집·분석·사용 업무, 방첩업무, 대테러·대전복 업무, 보안업무, 국가기밀보호 업무, 헌법수호, 국가기본질서 수호업무, 자료존안업무 중 일반적으로 이렇게 여섯 가지 기본적 역할이 있다고 합니다.

그런데 이런 역할을 보면 알 수 있듯이 국가의 존위를 위한 국가정보기관의 존재가 필요한 것과 전문성 있게 수행할 업무가 있는 것을 부정할 수는 없지요. 특히 대테러·대전복 기도가 세계적으로 많아지고 있는 현실 속에서 정보기관의 역할과 기능은 중요시되고 있지요. 다만 헌법수호와 국가기본질서 유지라는 명분하에 정보기관들이 여태까지 정치권력자들에 의해 많이 악용된 사례가 지적돼 있지 않습니까? 그래서 그런 것들은 그런 악용이 되지 않도록 구조적으로 설계돼야 할 거라고 생각합니다.

우리나라도 그래서 국가정보원법 9조에 정치개입금지 조항을 두고는 있습니다. 그런데 과연 그 9조에 보면 정치에 개입하지 말자라고는 있는데 과연 9조를 지키고 있는지에 대해서는 많은 사례가 있습니다.

예를 들어서 92년 대선을 앞둔 12월 11일 부산 초원복집에서 부산복집사건이라고 국가안전기획부 부산지부장까지 참여해 가지고 그다음에 김기춘 법무부장관 그런 분들이 모여서 김영삼 후보를 당선시키기 위해서 지역감정을 부추기자, 정주영·김대중 타 당 후보를 비방하자 이런 얘기를 나눈 사건도 있었고요.

등등 최근에 여러 가지, 국정원 직원이 판사에게도 전화 걸고 연예인한테 전화 걸고 그래서 압력을 넣은, 그다음에 여러 가지 얘기들 아까 나오지 않았습니까? 그다음에 뭐 있는데……

그래서 실질적으로 지금 정치관여금지는 별로 실효성 없는 조항이 돼 버렸지 않았나, 이게 문제가 되는 거지요.

아까 얘기한 것처럼 선진국의 국가정보원의 구조를 볼게요.

미국 정보기관 CIA 하면 세계적인 정보기관이지요. 그래서 모든 것을 다 할 것 같지요. 그렇지만 아까도 말씀드린 것처럼 해외정보기관은 CIA에, 대내보안정보기관은 FBI에 있는데 FBI는 법무부 산하에 있습니다. 그래서 중앙정보국 CIA는 정보공동체를 선도하면서 해외정보와 방첩·대테러 업무를 수행하고 있고 연방수사국은 법무부 산하기관으로 범죄수사, 대테러, 미국

내에서 활동하는 외국 스파이, 외국 정보기관을 위해서 일하는 미국인을 체포·수사하는 업무를 수행하고 있습니다.

영국은 대외는 외무성 산하입니다. 비밀정보국인 MI6. 그다음에 대내정보기관은 MI5 보안국인데 내무성 산하입니다. 그래서 비밀정보국 MI6은 영국의 국토 외부에 있는 인물들의 행동과 의도에 대한 정보를 수집·제공하고 국방·외교 정책에 관련된 국가안보, 경제적 이익의 증진, 범죄의 방지 및 탐지와 관련된 업무를 수행한다. 보안국은 테러방지, 방첩, 국가전복 기도 방지, 방호 보안, 보안정보 활동을 담당한다.

그래서 지금 MI6 산하에 007이 있는데 007 영화를 보실 때 유의할 점이 국내에서, 요새는 가끔 영국 국내에서 싸우는 게 나오더라고요. 그게 엄밀히 얘기하면 아마 법 위반일 겁니다, 대외정보기관인데 국내에서 활동하는 거기 때문에.

그리고 일본은 정보기관은 총리실 산하에 내각정보조사실을 두고 있고 또 법무성 외청으로서 국내보안을 담당하고 있는 공안조사청이 있습니다.

내각조사실은 총리의 외교·국방정책 결정, 경제 문제, 언론 논조, 국내 치안관계 정보에 도움이 되는 연구서와 분석서를 작성해서 총리에게 보고하고 있고 풍부한 자금력으로 외곽단체를 운영하고 있다고 합니다. 반면 공안조사청은 파괴활동방지법에 근거해서 국내의 폭력주의적 파괴활동에 대해 조사를 수행합니다.

그리고 독일은 해외정보기관인 연방정보국 그리고 국내보안기관은 헌법수호청인데 내무부 산하에 있습니다. 그래서 연방정보국은 해외정보를 수집, 국가정보정책 수립에 기초가 되는 정보판단서를 작성해서 수상에게 보고하고 또 헌법수호청은 연방헌법 수호를 위해서 국내에서의 법질서와 안전에 관한 첩보를 수집·평가·배포하는 임무 또 보안조사 및 비밀보전 임무를 수행합니다.

프랑스는 해외정보기관이 해외안보총국인데 이게 국방부 산하에 있습니다. 또 국내보안기관인 국토감시청은 내무부 산하에 있습니다. 해외안보총국은 국가가 필요로 하는 해외에서의 정보수집, 국가안전보장 및 국방에 위협을 가하는 간첩을 비롯하여 반국가사범과 테러범에 대한 수사권을 보유하고 있는 국방부 산하 해외정보·수사기관입니다. 국토감시청은 국가안전보장을 위한 국내정보 수집 및 부정 색출·단속, 프랑스 영토 내에서의 외국인에 의한 첩보활동 방지, 테러·마약 등 범죄 수사, 프랑스 국민의 보안시설 및 자료의 보안 임무를 담당합니다.

러시아가 소련으로부터 다시 태어났지요. 그런데 러시아도 해외정보기관은 해외정보부, 국내보안기관은 연방보안부로 나눠집니다. 해외정보부는 해외에서의 국가안보를 위한 첩보수집, 국가 정책결정에 필요한 정치·경제·국방·과학기술 분야의 첩보수집, 조직범죄, 마약밀매, 테러, 국제분쟁지역 관련 첩보수집 및 산업과학 첨단기술 정보 및 국익 관련 정보수집을 담당하고요.

연방보안부는 부패 등 경제사범과 무기, 마약밀매 등 조직범죄, 군 조직 내 외국정보활동 차단, 정치적 소요 발생 시 군부통제, 대테러 업무를 수행하면서 범죄, 부패, 이런 광범위한 법 집행을 합니다.

그런데 제가 이렇게 얘기한 이유는 각 나라의 국정원 통제방법을 알아 둘 필요가 있습니다. 정보수집과 수사기관을 분리하고 대외와 대내 방첩기능을 분리하지만 외국은 더 정보기관을 통제하는 데 수단을 많이 강구하고 있습니다.

미국을 보면 미국 대통령의 정보기관 통제방법을 보면 크게 세 가지입니다.

첫 번째는 대통령 직속기관을 적극적으로 활용합니다. 이에 대한 대표적인 기관은 국가안전보장회의 NSC인데 NSC가 본래 목적이 국가안보업무와 관련해서 대통령 개인을 보좌하기 위한 조직체입니다. 그래서 대통령은 NSC를 적절히 활용함으로써 정보기관을 통제합니다.

둘째는 대통령은 행정명령을 발동시킴으로써 정보기관을 통제합니다. 정보기관의 특정한 행정을 금지하거나 진행하도록 명령하고 통제하고 또 행정명령을 통해서 정부의 조직기관들을 신설하고 이를 통해 간접적으로 정보기관을 통제합니다.

셋째, 대통령의 고유권한인 공무원 임명 및 해임 등 인사권을 발동함으로써 정보기관을 통제하지요. 이것은 당연한 일이기도 하고요.

또 미국의회의 정보기관 통제는, 첫째 입법권을 행사함으로써 정보기관을 통제합니다. 정보기관에 대한 입법을, 법률을 제정하고 그 법률에 정보기관의 의회보고를 명문화시킵니다. 그래서 의회보고를 명문화시키면 그 사업을 알 수 있고 그 동향을 알 수 있기 때문에 통제할 수 있는 거지요.

그리고 둘째로 정보기관 관련 조직인 정보위원회, 상임위지요. 그래서 정보위원회를 만들어서 정보기관을 직접 감시함으로써 정보기관을 통제합니다.

미국 정보위원회가 관장하는 주요업무들로는 정보기관의 예산지출들을 심의하고 의결하고 정보기관의 활동을 통제하는 법안을 작성하고 필요하다고 판단하는 한에서는 청문회 개최를 주도합니다.

예산지출을 항목별로 심의하고 의결한다는 것은 그 활동이 뭔지를 알 수 있고 통제할 수 있다, 그다음에 위법적인 게 있는지 없는지를 다 들여다볼 수 있는 중요한 권한이지요.

그런데 우리 같이 통째로 와서, 특히 그 지출의 내역을 알 수 없는 특별활동비로만 올 경우에는 그 활동을 알 수가 없고 그 사업이 위법인지 아닌지를 도저히 볼 수가 없는 거지요. 이게 지금 대한민국 국회의 현실입니다.

마지막으로 정보기관에 관련된 특별보고서를 작성해서 경우에 따라서는 공개하기도 합니다.

영국은 영국의 수상이 국가정보활동 전체를 책임집니다. 1989년 수립된 보안법에 의거 내무상이 정보활동을 감독하고 의회에 보고하고 내무성은 수상과 협의해서 정보기관 책임자를 임명합니다.

또 영국의회는 MI6 포함하여 영국 정보기구의 활동을 주기적으로 검토하고 또 의회보안정보위원회는 보안국과 SIS, GCHQ의 예산과 정책을 감독하면서 정보기능을 통제합니다.

또 영국 사법부는 사법부 차원에서 정보기관을 통제할 수 있는 제도가 있습니다. 2000년 사법조사규정에 의해서 임명된 특별조사관과 특별조사법정 두 조사위원회가 매년 영국 정보활동에 대한 객관적인 보고서를 내각에 제출하고 있습니다.

이와 같이 국가정보원의 전 세계적인 동향과 우리 국정원의 문제점, 개혁방향 이런 것을 말씀드림으로써 국가정보원이 테러방지법의 권한을 행사하려면 상당 부분 개혁되어야 된다 이런 논지로써 말씀을 드렸습니다.

이제부터는 원래 주요 주제지요, 지금 주호영 의원님께서 대표로 수정발의하신 국민보호와 국민안전을 위한 테러방지법안에 대한 수정안, 테러방지법안에 대해서 구체적인 검토와 저의 견해를 말씀드리고자 합니다.

먼저 지금 테러방지법이 위헌적인 요소가 있는지를 약간의 검토를 해 보고 그다음에 문제되는 조항에 대해서 제가 구체적으로 말씀드리는 순서로 말씀드리겠습니다.

헌법상에는 과잉금지의 원칙이 있습니다.

예를 들어서 어떠한 기본권이나 헌법적 가치를 규제하더라도 과잉되게 해서는 안 된다. 인권을 헌법원칙에 따라 규제할 수가 있습니다. 그렇지만 그 정도가 과잉된다면, 필요한 정도를 넘어서 과잉된다면 그것은 안 된다는 게 과잉금지의 원칙입니다.

헌법재판소가 결정한 바에 따르면 과잉금지의 원칙은 헌법적 가치인 기본권과 법률적 가치인 입법목적 및 이를 위한 수단이 서로 저촉되는 경우 헌법적 가치인 기본권을 우위에 놓는 판단 형식입니다.

즉 법률에 의한 기본권의 제한이 정당화되기 위해서는 먼저 그 입법목적의 정당성이 입증되어야 하고, 이를 달성하기 위한 수단인 입법적 조치의 적정성이 인정되어야 하며, 그로 인한 기본권 침해는 최소한에 그쳐야 할 뿐 아니라 실현되는 공익이 침해되는 사익보다 커야 한다는 등 기본권의 최대한 보장을 위하여 이를 제한하는 입법 또는 공익이 희생될 수 있음을 전제로 하는 억제적인 소극적 심사기준이라는 것입니다. 제가 앞서 설명한 게 더 간단하지요.

국민의 기본권은 국가안전보장·질서유지 또는 공공복리를 위하여 제한할 수 있지만 권리의 본질적 내용을 침해할 수 없도록 헌법 제37조제2항에 규정되어 있고 그 제한의 한계로 과잉금지의 원칙을 적용할 수 있습니다.

즉 국민의 기본권을 제한하는 입법의 목적이 헌법 및 법률의 체제상 그 정당성이 인정되어야 되고—목적의 정당성이지요. 그 목적의 달성을 위하여 그 방법이 효과적이고 적절하여야 하며—방법의 적절성입니다.

입법권자가 선택한 방법이 설사 적절하다고 하더라도 보다 완화된 형태나 방법을 모색함으로써 기본권의 제한은 필요한 최소한도에 그치도록 하여야 하며—피해의 최소성입니다. 그 입법에 의하여 보호하려는 공익과 침해되는 사익을 비교형량할 때 보호되는 공익이 커야 된다—법익의 균형성입니다.

다시 한 번 설명하면 테러를 위해서 국민의 기본권은 제한할 수 있다고 칩시다. 그렇지만 먼저 제한하려면 테러방지법의 목적이 정당성이 인정되어야 되고 그리고 구체적인 방법들이 효과적이고 적절해야 된다고 봐야 되지요. 과잉되거나 실효성도 없는데 크다거나, 그러니까 이만큼 제한했는데 그것을 넘어섰다든지. 그다음에 그게 적절하다 하더라도 필요최소한, 인권침해가 최소화할 때까지로 낮춰야 된다. 그리고 테러를 방지하려는 것을 공익이라고 합니다. 그리고 그걸로 인해 침해되는 사익, 우리의 사생활이 공개되는 것, 내 이메일이 공개되거나 이런 두 가지 헌법상 권리가 충돌하는데 이것이 충돌할 때 이 공익이 더 커야 될 정도, 두 개를 할 때 공익이 커야 되는 정도가 되어야 된다, 법의 균형성, 이런 네 가지 원칙이 있어야지 제한할 수 있다는 게 헌법상의 원칙이고 헌법재판소가 헌법재판소의 결정으로 누누이 확인해 오는 원칙입니다.

대한민국은 휴전상태에 있는 전시국가가 맞습니다. 우리는 북한의 핵 미사일 그리고 수많은 살상무기와 마주하여 살고 있습니다. 그리고 국가안전을 위태롭게 하는 반국가활동을 규제함으로써 국가의 안전과 국민의 생존, 자유를 확보하기 위하여 특별법으로 국가보안법을 규정하고 있고 일반법으로 형법상 개별 규정을 두고 있습니다.

이와 같은 상황에서 테러방지법이 그 입법목적에 따른 정당성을 확보하였는가도 한번 생각해 봐야 됩니다. 국가보안법은 대한민국의 국가의 안전과 국민의 생존 및 자유를 확보함을 목적으로 합니다. 테러방지법은 국민의 생명과 재산을 보호하고 국가 및 공공의 안전을 확보함을 목적으로 합니다. 두 법이 입법목적이 매우 유사하다고 보이지요? 그렇지만 국가보안법은 국가의 안전, 국민의 생존 및 자유라는 생명과 재산보다 더 근본적이고 분명한 입법목적을 가지고 있습니다.

대한민국은 IS 등의 테러에 비하여 더 큰 위험, 더 현실적인 위험 그리고 모든 국민이 목격하는 실존의 위험이 존재하고 그 위험으로부터 국가의 안전과 국민의 생존 및 자유를 확보하기 위하여 국가보안법을 주장하였습니다. 그런데 테러단체보다 북한의 위협이 더 위험하고 더 실존적이라는 점에서 부정할 분은 없다고 생각합니다.

그렇다면 테러방지법의 기본법 침해의 수단이 국가보안법의 그것보다 높아야 되는 건 아니지 않을까라는 생각도 해 봅니다. 이는 헌법재판소가 법률에 의한 기본권의 제한이 정당화되기 위해서는 먼저 입법목적의 정당성이 입증되어야 하고 이를 달성하기 위한 수단인 입법적 조치의 적정성이 인정되어야 한다고 명시하고 있기 때문입니다.

이 말씀을 드리는 것은 혹시 오해가 있을지 모르겠습니다. 그러나 북한이라는 아주 위협적인 존재와 테러단체라는 위협적인 존재가 있는데 국가보안법이 더 못지않지 않겠느냐, 그렇다면 우리는…… 국가보안법은 그럼에도 수많은 논쟁과 적용도 많이 바꾸어 와서 지금은 경험적으로 어느 정도 선이 그어져 있지요. 그런데 테러는 우리가 크게 당해 본 게 없기 때문에 관념적으로 생각하는데 한번 관념적으로 생각해 봅시다. 북한과 테러를 보면 테러를 더 위에 놓을 정도로 중대하냐? 그런 생각을 한번 해 보는 겁니다.

국가보안법은 헌법 제12조에 따른 영장주의를 해태하지 않고 바로 인정하고 있습니다. 국가보안법 위반을 수사하는 경우에도 제12조의 영장주의를 따라야 되고 있지요. 그리고 국민의 기본권 보호를 위해서 국가보안법 제1조2항에는 "이 법을 해석적용함에 있어서는 제1항의 목적달성을 위하여 필요한 최소한도로 그쳐야 하며, 이를 확대해석하거나 헌법상 보장된 국민의 기본적 인권을 부당하게 제한되는 일이 있어서는 아니된다."라고 명시하고 있습니다.

그런데 국가보안법이 보호하고자 하는 입법 목적보다 더 큰 위험이라고 단정하기도 쉽지 않고 또 북한보다 현실적이고 실존하는 아주 더 큰 위험이라고 단정하기도 어려운 테러를, 가능성이 있기 때문에 우리가 규정은 해야 됩니다. 그렇지만 이렇게 비교를 해 봤을 때 테러방지법이 헌법 12조에 따른 영장주의를 배제하고 국가보안법보다 더 크게 인권을 제한한다……? 의문이라고 생각합니다.

결과적으로 우리 헌법재판소의 견해에 비춰 보면 테러방지법도 헌법상 신체의 자유 그다음에 영장주의, 형사상 절차적 기본법, 통신 비밀의 자유, 거주 이전의 자유, 사생활의 비밀과 자유 등을 직접적으로 침해하고 이에 대한 과잉금지의 원칙에 위반되지 않게 설계되어야 맞지 않느냐 이런 생각을 도출해 봤습니다.

구체적으로 테러방지법이 헌법 12조의 영장주의를 회피하고 있지 않나 생각합니다. 헌법 12조는 국민은 신체의 자유를 가진다고 규정하고 있고 법관이 발부한 영장에 의하지 아니하고는 압수·수색당하지 않는다고 규정하고 있습니다. 이를 영장주의라고……

헌법재판소에 의하면 형사절차에 의해서의 영장주의란 체포·구속·압수 등의 강제처분을 함에 있어서는 사법권 독립에 의하여 그 신분이 보장되는 법관이 발부한 영장에 의하지 않으면 아니된다는 원칙이고, 따라서 영장주의의 본질은 신체의 자유를 침해하는 강제처분을 함에 있어서는 중립적인 법관이 구체적인 판단을 거쳐 발부한 영장에 의하여야 한다는 데 있습니다.

원래 법관에 의한 영장제도는 수사기관의 강제수사권 남용으로부터 시민의 자유와 권리를 지키기 위하여 독립한 제3의 기관인 법관으로 하여금 수사상 강제처분의 허용 여부를 판단하도록 하는 제도로서 근대 형사소송법의 기본원리 가운데 중요한 하나입니다.

헌법재판소의 결정 하나 보겠습니다. 2002헌가17 결정인데 지문 채취에 대한 경범죄 처벌법인 것 같아요.

'이 사건 법률조항(경범죄처벌법 제1조 42호)에 의하면 수사기관이 피의자로 입건된 자에 대하여 신원을 확인하기 위한 방법으로 지문을 채취하려고 할 때, 피의자가 이를 거부하는 경우에 지문 채취에 응하지 않는 자는 형사처벌을 받게 되어 있었어요. 그런데 이것이 지문 채취를 간접 강제하고 피의자의 신체의 자유를 침해하는 강제처분의 성격을 가지므로 영장주의의 규제를 받아야 되는 영역이다.'

특히 수사기관으로서는 주변의 탐문수사에 의해서 신원을 밝히거나 형사소송법 215조의 검증영장 또는 같은 법 216조의 체포나 구속 등의 부수한 절차에 의하여 지문을 채취할 수 있음에도 불구하고 지문 채취에 불응하는 것을 또 하나의 피의사실로 만들어 벌금, 구류, 과료의 불이익을 가하는 형벌법규를 설정하는 것은 수사의 편의성만을 생각한 것으로 헌법이 예정한 영장주의를 회피해서 형해화시킬 위험이 있다라는 겁니다.

그러니까 이게 좀 수상하다고 와서 지문 찍어라, 이것 안 된다는 거지요. 그러려면 지문을 찍는 행위도 억지로 하는 강제적인 행위이기 때문에 법관의 영장을 받아야 된다, 아니면 다른 부수절차로서 가는 것도 있다라는 이런 엄격한 우리 헌법재판소의 해석입니다.

또 하나 들어 볼까요.

'헌법 12조3항이 영장의 발부에 관하여 검사의 신청에 의할 것을 규정하는 취지, 검사의 신청에 의해서 법관이 발부하게 되어 있습니다. 모든 영장의 발부에 검사의 신청이 필요하다는 데에 있는 게 아니라 수사단계에서 영장의 발부를 신청할 수 있는 자를 검사로 한정함으로써 검사 아닌 다른 수사기관의 영장 신청에서 오는 인권유린의 폐해를 방지하고자 함에 있다.

그래서 검사로 하여금 영장 신청을 하게 한 이유는 검사가 그냥 발부권자가 아니라 인권폐해를 한번 감독해 봐라 이런 취지라는 거지요.

그러면 테러방지법은 3조3항에 헌법상 기본권을 존중하여야 한다고 규정하고 있으면서 4조를 통해 다른 법률보다 테러방지법이 우선 적용한다고 규정하고 있습니다. 그리고 9조에 테러위험인물에 대한 정보 수집을 규정하고 있지요.

테러방지법은 4조와 9조의 규정을 통해서 법관이 발부한 영장이 없어도 출입국 기록, 관세 기록, 금융거래정보 기록, 통신에 관련된 감청 등 기록, 개인정보·민감정보 기록, 개인 위치 정보를 확인할 수 있게 되어 있습니다.

이를 살펴보면 한 개인이, 여기에 계신 저를 포함한 모든 분들이 언제, 어디에, 어느 나라에 다녀왔는지, 통장에 얼마가 있으며 누구와 거래하는지, 누구와 전화를 했는지, 감청도 있으니까 통화내용도 있겠네요. 또 누구와 카카오톡을 이용하여 문자를 주고받는지 그 내용은 무엇인지, 가족관계는 어떻게 되는지, 어느 사이트에 가입했는지 또 거기서 무슨 활동을 했는지 또 지금 어디에 있으며 어디로 이동하고 무엇을 먹었고 누구랑 커피 한잔 마셨고, 누구랑은 안 나올 수도 있겠네요. 그런데 교차하면 나오겠지요. 무엇을 하는지를 모두 영장 없이 수시로 확인할 수 있습니다.

영화 얘기 하나 할까요?

좀 상상을 덧붙이는 얘기일 수가 있지만 1998년 미국에서 제작된 유명한 영화배우인 윌 스미스와 진 해크먼이 출연한 에너미 오브 더 스테이트(Enemy Of The State)라는 영화 잘 아실 겁니다.

윌 스미스가 분장한 로버트 딘은 강직한 변호사입니다. 자신이 맡은 노조사건의 의뢰인을 위해 마피아 보스와 맞닥뜨려야 하는 위험한 협상도 거리낌 없이 밀고 나가는 스타일입니다. 딘이 마피아 보스 핀테로와 협상을 벌이고 있을 무렵 공화당 소속의 국회의원 필—제이슨 로바즈가 분장했습니다—을 국가안보국에서 제거하려는 음모가 진행되고 있었습니다. 국가안보국의 감청 및 도청행위를 법적으로 승인하자는 법안에 강력하게 반대하는 입장을 표명했기 때문입니다.

한편 조류사진 작가이자 로버트 딘과 대학 동창인 다니엘—제이슨 리가 분장했습니다—은 우연히 필의 피살 현장을 카메라에 담게 되고 그로 인하여 국가안보국으로부터 제거당할 위험에 놓이게 됩니다.

아내의 크리스마스 선물을 사러 간 란제리숍에 들렀던 딘은 마침 쫓기고 있던 다니엘과 맞닥뜨립니다. 다급한 나머지 다니엘은 딘의 쇼핑백에 디스켓을 집어넣고 도망치다가 차에 깔려 즉사합니다.

딘은 다니엘이 자신의 쇼핑백에 뭔가를 집어넣었는지 그 사실조차 모릅니다. 딘과 다니엘이 마주쳤던 순간을 란제리숍의 감시카메라를 통해 분석한 국가안보국은 이제 딘이 소지하고 있는 녹화테이프를 강탈하기 위해 딘을 추격하기 시작합니다. 국가안보국의 획책으로 변호사 사무실에서 해고당하고 모든 금융거래마저 차단 당한 딘은 아내에게도 의심받게 됩니다. 딘은 한마디로 벼랑 끝에 몰린 처지가 됩니다.

이제 딘이 의지할 수 있는 사람은 단 한 명뿐입니다. 그동안 변호사 일과 관련하여 그에게 비밀리에 정보를 제공해 주고 뒷돈을 챙기던 정보브로커 브릴—진 해크먼이지요—이 바로 딘의 구세주로 등장합니다.

브릴은 전직 국가안보국 출신입니다. 냉전이 종식된 이후로 자신이 맡았던 국제적 도청행위를 청산하고 신비의 인물로 살아가는 정보 베테랑입니다.

처음에는 자신의 정체가 노출될 것을 꺼리던 브릴마저 딘과 함께 국가안보국으로부터 목숨을 위협당하는 위기에 처하게 되자 둘은 역습을 위한 준비작업에 착수합니다.

그러나 국회의원 필을 죽인 장본인이자 국가안보국의 도청업무를 지휘하는 레이놀즈는 도청·감청 등 통신정보, 위성정보, 핸드폰 등을 이용한 위치정보, 개인정보를 활용하여 주인공을 추적하는 것을 현실적으로 그린 영화입니다.

테러방지법에 규정된 내용은 위 영화에서, 정보기관이 그럴 것이라고는 단정할 수 없지만 최소한 정보기관이 주인공인 윌 스미스를 추적하기 위해 사용되는, 모든 정보를 추적할 수 있게 하고 있는 것은 명백한 사실입니다.

개별 법령과의 문제를 말씀드리겠습니다.

테러방지법은 국가정보원장이 출입국관리법, 관세법, 특정 금융거래정보의 보고 및 이용 등에 관한 법률, 통신비밀보호법, 개인정보 보호법, 위치정보의 보호 및 이용 등에 관한 법률상 정보를 요구할 수 있도록 규정하고 있습니다. 그리고 정부와 여당은 위 법률이 정하고 있는 절차에 의하는 것이므로 문제될 것이 없다고 주장하고 있습니다. 하지만 정말 그런 걸까요?

정부와 여당의 말대로 통신비밀보호법은 정보수사기관의 장에게 정보를 요구할 수 있는 권한을 부여하고 있고 그 적법절차를 규정하고 있습니다. 그러나 특정 금융거래정보의 보고 및 이용 등에 관한 법률, 개인정보 보호법, 위치정보의 보호 및 이용 등에 관한 법률에는 국가정보원장이 정보를 요청할 권한이 없을 뿐만 아니라 법원이 발부한 영장에 의하지 아니하고는 위 정보를 열람할 수 없습니다.

심지어 위치정보의 보호 및 이용 등에 관한 법률은 당사자의 동의가 없는 경우에는 정보 제공을 하지 못하도록 규정하고 있고 엄격히 영장에 의하여만 가능하도록 돼 있습니다.

테러방지법은 위 각 법률의 헌법상 기본권을 보장하기 위해서 만든 많은 안전장치를 모두 해체할 수 있습니다. 지금 우리의 위치정보는 우리 동의가 없으면 추적 못 하게 돼 있는데, 영장 없이도 만들 수 있게 돼 있는 게 테러방지법에 돼 있습니다. 당사자의 동의도, 법원의 영장 없이도 국민의 기본권을 마음대로 침해할 수 있는 것입니다.

과연 테러방지라는 목적을 위해서라면 국가정보원이 국민의 모든 정보를 실시간으로 볼 수 있는 만능열쇠를 주는 게 정당한 것일까요?

저는 오늘 테러방지법에 대한 모든 의문을 제기하겠습니다. 국민 여러분들이 판단하시고 여론을 형성해 주십시오.

따분하겠지만 구체적인 법률 조항을 다시 한 번 또 검토합니다.

제2조3호에는 "테러위험인물"이란 테러단체의 조직원이거나 테러단체 선전, 테러자금 모금·기부 기타 테러예비·음모·선전·선동을 하였거나 하였다고 의심할 상당한 이유가 있는 자를 말합니다.

원래 죄형법정주의가 근대법의 대원칙이기 때문에 명확성을 가져야 됩니다. "기타"라는 표현 또 "예비·음모·선전·선동" 이렇게 광범위한 표현은 사실 위험하지요. 또 '의심할 만한 상당한 이유'에 대해서, 이렇게 개연성 있는 모호한 조항이 죄형법정주의에 부합할까요?

● 부의장 이석현 최원식 의원님 말씀 중에 죄송합니다.

제가 임무 교대시간이 됐습니다. 또 9시에 다시 뵙겠습니다, 밤 9시에.

● **최원식 의원** 지금 우리 의장단들께서도 체력의 한계를 저보다도 더 느낄 것 같습니다. 그래서 다시 한 번 감사드리고, 그러나 이 필리버스터가 민주적 제도로 정착하는 데 의장단께서 많은 기여를 하신 것에 대해서는 경의의 말씀을 드리겠습니다.

이렇게 '의심할 만한 상당한 이유가 있는' 표현은 죄형법정주의에 위배가 될 것 같습니다.

다음, 법률에서는 법률만으로 모든 걸 정할 수 없기 때문에 대통령령에 위임을 합니다. 그렇지만 그 위임에도 한계가 있습니다. 그 위임이 법에 규정하기에 적당치 않을 정도로…… 법에 명백히 선이 다 그어져 있는, 법에 한계를 다 정해 놓고 그 한도에서 한다 할지 아니면 법의 집행을 위해서만 위임할 수 있게 하는 게 헌법상 대원칙입니다. 그래서 대통령령이 그 위임의 한계를 넘어가면 법률에 위반돼서 무효입니다.

제5조에 국가대테러대책위원회를 두도록 규정이 돼 있습니다. 그래서 2항에 "대책위원회는 국무총리 및 관계기관의 장 중 대통령령으로 정하는 자로 구성하고 위원장은 국무총리로 한다."

대책위원회는 이런저런 3항에 있는 사항을 심의·의결하게 되어 있는데 보통 어떤 위원회를 구성할 때는 그 운영에 대해서는 개략적인 조건을 넣습니다. 그래서 간사는 누구로 한다, 다 넣는데 대통령령으로 정한다라고 그냥 구성·운영을 통째로 넘겼습니다. 그래서 국정원장이 참여하는 건지, 안 하는 건지, 숨기는 건지, 밝히는 건지, 여기서 역할이 무엇인지 너무 모호합니다. 명확히 해야 됩니다.

제6조 대테러센터도 마찬가지입니다. 대테러센터는 국무총리 소속으로 두게 돼 있지요. 그런데 조직·정원 및 운영에 관한 사항을 대통령령으로 정하게 돼 있습니다. 역시 마찬가지입니다. 이렇게 포괄적으로 위임할 아무런 이유가 없지요. 관련되는 기관과 그 부서의 장을 명확히 해서 어느 선까지 협조를 해야 되는 게 필요하지요.

그다음에 인권보호관제도가 7조에 규정이 돼 있습니다.

7조를 보면 1항에 "관계기관의 대테러활동으로 인한 국민의 기본권 침해 방지를 위해 대책위원회 소속으로 대테러 인권보호관 1명을 둔다.

② 인권보호관의 자격, 임기 등 운영에 관한 사항은 대통령령으로 정한다."

아까 제가 유엔의 원칙을 얘기할 때 말한 그런 감독기관 형태가 있었지요. 그런데 그런 기관은 아닌 것 같아요. 그 기관은 독립적으로 법령을 10개월마다 검토하고 운영을 검토해서 보고서를 입법부랑 행정부한테……

이건 아닌 것 같아요. 그런데 감시기관을 대테러대책위원회 내에 넣어 가지고 보호관의 역할을 할 수 있을까?

지금 이런 조항을 보면 없는 것보다는 나을 것 같지만 그래도 인권보호관으로 역할을 하려면 독립적으로 하고 자격·임기·운영에 관한 사항을 대통령령으로 정하는 게 아니라 독립적으로 권한과 자격을 줘야 되지 않을까요?

그 조직 내에 있는 인권보호관이 또 대통령령에 모든 게—자격·운영·임기가— 다 위임돼 있는 인권보호관이 제대로 인권보호관 역할을 할까요? 그래서 제대로 국제기준에 맞춰서 얘기하려면 이것도 바뀌어야 될 것입니다.

제8조(전담조직의 설치)입니다.

이것은 일상적으로 나오는 얘기이기도 한데 "① 관계기관의 장은 테러예방 및 대응을 위하여 필요한 전담조직을 둘 수 있다.

② 관계기관의 전담조직의 구성 및 운영과 효율적 테러대응을 위해 필요한 사항은 대통령령으로 정한다."

그런데 지금 대테러활동지침, 대통령훈령에도 이게 있는데 실제로 안 됐어요. 그게 실제로 왜 안 됐는지, 대통령훈령인 대테러활동지침이 있고 그 기구의 장인 총리가 있고 그 회의를 6개월마다 하게 돼 있었는데 안 했거든요? 총리가 국회에서 '잘 모르겠다'고 하셨어요. 그렇다면 그 원인이 뭔지, 그게 왜 그렇게 된 건지부터 검토를 한 다음에 그게 제대로 실질적으로 돌아가게 전담조직을 구체화하고 해야 되지, 또 이것 그냥 대통령령으로 해 놓으면 휴지조각이 되지 않겠어요? 그래서 그 부분을 지적하고 싶습니다.

9조, 이건 아까도 참 많은 문제를 가지고 있지요.

9조를 보면 테러위험인물에 대한 정보 수집 조항이 있지요.

제1항 "국가정보원장은 테러위험인물에 대하여", 이건 상당한 의심이 가는 사람도 포함하는 것이겠지요? "출입국·금융거래 및 통신이용 등 관련 정보를 수집할 수 있다." 이게 또 "등"이 들어가네요? "관련 정보"도 아주 포괄적이고요.

"이 경우 출입국·금융거래 및 통신이용 등 관련 정보의 수집에 있어서는 「출입국관리법」, 「관세법」, 「특정 금융거래정보의 보고 및 이용 등에 관한 법률」, 「통신비밀보호법」의 절차에 따른다."

이 조항만 보더라도, 미국만 해도 정보를 딱 규정한 것은 맞지 않습니까? 그런데 여기서는 "등 관련 정보"예요. 이 관련 정보가 어디까지인지 모르겠어요.

또 2항 "국가정보원장은 제1항의 규정에 따른 정보 수집 및 분석의 결과 테러에 이용되었거나 이용될 가능성이 있는 금융거래에 대해 지급정지 등의 조치를 취하도록 금융위원회 위원장에게 요청할 수 있다."라고 되어 있지요.

글쎄요, 아까 법체계를 보면 대테러위원회랑 대테러센터는 국무총리 산하에 있는데 정보원장이 거기에…… 그렇다면 정보원장이 정보 수집을 해서 그런 게 드러나면, 발음이 죄송합니다. 드러나면 거기서 보고해서 조치를 하면 되잖아요. 그런데 영장에 의하지 않고 직접 지급정지를 하게 돼 있습니다. 나도 모르는 사이에 지급정지가 될 수 있는 것이지요. 대통령이나 아니면 대테러위원회 거기에다가 보고하고 거기서 조치하면 되는 건데 왜 국정원장이 직접 하게 했는지 이게 의문입니다.

그다음에 아까도 얘기했지만 국가정보원장이 테러위험인물에 대해서 개인정보랑 위치정보를 위치정보사업자에게 요구할 수 있도록 되어 있는데 지금 이것도 역시 전체적으로 영장주의가 관철이 되지 않는 것이지요.

다음으로 제12조(테러선동·선전물 긴급 삭제 등 요청)입니다.

제1항 "관계기관의 장은 테러를 선동·선전하는 글 또는 그림, 상징적 표현물, 테러에 이용될 수 있는 폭발물 등 위험물 제조법 등이 인터넷이나 방송·신문, 게시판 등을 통해 유포될 경우 해당기관의 장에게 긴급 삭제 또는 중단, 감독 등의 협조를 요청할 수 있다." 이게 있는데 이것은 헌법상 표현의 자유, 창작의 자유, 예술의 자유를 침해하는지를 면밀히 검토할 필요가 있습니다.

우리가 많이 상징적인 우화나 아니면 풍자 이런 것들이 예술의 영역인데 국가보안법 이적표현물 소지와 함께 너무 주관적인 판단이 개입될 요소가 있기 때문에 이 부분은 표현의 자유를 침해할 수 있는 위험성을 면밀히 검토해서 정리하지 않으면 사실상 표현의 자유를 침해할 가능성이 높다라고 저는 생각합니다.

그리고 부칙이 있습니다.

부칙을 보면 2조에 다른 법률의 개정이 있습니다.

원래 어떤 법을 만들 때 다른 법을 개정하라고까지 요구하는 것은 제가 보기에는 처음입니다. 저도 법률가 생활이 거의 25년이 넘었지만 다른 법률에 우선한다 아니면 다른 법률로 어떻게 어떻게 관련을 맺는다라는 정도인데 그런데 지금 다른 법률을 개정하도록 부칙에 두고 있어요. 입법형식이 이상한 것이지요.

그리고 그 개정을 보면 첫째가 FIU법 정무위 소관, 그다음에 미방위가 소관하는 통비법이 있습니다. 그런데 다 아시다시피 각 상임위에서 개정해야 될 부분이 있는데, 왜냐하면 그 상임위가, 예를 들어 저는 미방위 소속인데 미방위의 통신비밀보호법 하면 미방위의 통신에 대한 여러 가지 제 조항들이 전체적으로 엮여 있습니다.

그러면 규제나 이런 것을 법익에 맞춰서 정도를 따지고 그게 무리 없이, 그러니까 법익에 침해받지 않게 규제가 적정하게 균형을 이뤄야지 사람 하나 때렸다고 사형시킬 수는 없지 않습니까? 그래서 그런 균형에 맞게 상임위원회에서 토론하고 논의가 올라오는 게 정상인데 이 법에서는 그냥 개정해 달라 이렇게 요구하는 것이지요.

지금 대개 보면 이것도 영장주의와 관련돼 있는데 상임위원회에서 지금 계속 논의하는 게 통신비밀보호법이나…… 통신비밀보호법도 지금 저희가 이제, 사실 통비법도 여러 가지 문제가 있습니다. 저희가 이번에 보니까 대통령 승인에 의해서 정보를 받을 수 있게 됐는데 그걸 위배해도 처벌 조항이 없어요. 그러니까 국정원장이 그걸 승인 안 받고 하더라도 처벌 조항이 없더라고요.

이런 식으로 문제가 많은데, 그래서 저희가 개정안도 내고 했습니다마는 그런데 그럼에도 불구하고 지금 영장주의를 제대로 지키지 않으면서 개정하는 듯한 이런 방향성이기 때문에 이것도 저희는 잘못됐다고 보고 또 특정 금융거래정보의 보고 및 이용 등에 관한 법률, FIU지요. 이것도 영장주의의 예외를 인정하는 방향인데 아까도 말씀드렸지만 이것도 헌법 대원칙인 영장주의를 그렇게 일률적으로 할 수는 없다라고 저희는 생각합니다. 그래서 이렇게 조항을 검토하고요.

다시 한 번 정리해 보면 입법적으로는 원론적으로 필요성은 저는 개인적으로 인정합니다. 그리고 테러문제가 심각하기 때문에 우리가 면밀히 검토하면서 해야 되는데, 예를 들어서 미국의 애국법처럼 9·11테러라는 충격 때문에 6주 만에 만들어서 나중에 많은 수정을 거쳐야 되고 그 사이에 또 인권침해가 일어나는 이런 역사가 반복되지 않으려면 미국의 경험들도 충분히 봐야 되고, 그다음에 우리 헌법상의 문제들, 아까도 얘기했지만 가장 큰 게 어쨌든 95% 정도가 감청입니다.

부칙 2조2항의 통비법 개정을 통해 테러업무도 국가안전보장에 상당한 위험이 있는 경우와 같게 봐서 통신제한조치를 요구할 수 있는 것으로 규정하고 있는데 지금이라면 국가안전보장에 상당한 위험이 예상되는 경우는 대통령 승인만으로 감청이 가능하다는데 대통령 승인 없이 하는 것도 처벌 조항이 없어서 강제가 되는 것도 아닙니다.

그리고 테러라는 것도 정도가 다양할 수 있습니다. 그런데 그런 다양성을 무시하고 전부 다, 영장주의를 인정하지 않고 통신제한조치를 국정원에게 열어 준다는 것은 테러의 경중 자체를 국정원이 판단하고 무기는 가장 강력한 무기를 주는, 법원의 통제 없이, 그래서는 안 됩니다.

그리고 또 통비법에 있어서는 법사위에 이제 올라와 있는데 여기 보면 핸드폰도 감청할 수 있는 규정이 있습니다. 그런데 실질적으로 그 감청이 안 되는 이유가 감청장비가 예전에 국정원장이 구속되면서 다 폐기돼서 지금 감청장비가 없습니다. 그런데 지금 통비법 개정을 해서 감청설비를 각 통신회사에다가 설치하도록 의무화시키는 방향으로 할 공산이 큽니다.

그래서 그것 역시 쉽게 우리가 판단할 문제가 아니라 보다 테러의 다양성 그리고 그 침해 여부의 정도를 균형을 잘 맞춰서 영장주의가 되고 남용되지 않도록 꼭 해야 될 것입니다.

마무리하겠습니다.

저는 이제까지 첫째, 인권이란 무엇인가, 인권의 역사에 대해서 그리고 인권을 확보하기 위한 피와 땀의 역사에 대해서 말씀을 드렸습니다.

두 번째는 테러와 테러주의에 대해서 역사상 어떠한 역사를 거쳤는지, 그 개념이 어땠는지, 그렇지만 테러나 테러주의에 대해서 개념이 너무 다양하고 일시적이었던 것도 있고 많은 변동이 있었다라고 말씀드렸는데 그 이유는 우리가 규정하려는 테러에 대해서 제대로 된 명확한 정의가 없으면 남용되기 때문에, 법적 대상인 테러에 대해서 면밀하게 살펴봐야 되기 때문에 너무나 시간이 많이 걸릴 정도로 말씀드렸습니다.

그다음에는 각국의 테러법제, 그 법제가 특히 애국법을 중심으로 해서 그 법제에 대해서 만들어졌지만 그 이후에 그 나라에서 어떠한 논의가 있었고 또 변천이 있었는지를, 왜냐하면 우리가 테러방지법을 만들 때는 그러한 논의와 경험들을 성찰하지 않으면 제대로 만들지 못할 것이라고 생각했기 때문입니다. 그래서 거기에 덧붙여서 유엔 인권센터에서 내세운 원칙들도 심도 있게 말씀드렸습니다.

그다음에는 국정원, 어차피 정보기관이 대테러업무의 전부든 일부든 가지고 있을 수밖에 없는데 우리가 왜 국정원을 불신하고 또 국정원에 이러한 막강한 권한을 주는 것에 대해서 국정원은 어떤 그냥 관념적인 조직이 아니라 우리나라에 실재하는 조직이기 때문에 권한을 주면 그 실재성 속에서 오용·남용이 될지, 안 될지가 가능성이 나오는 것 아닙니까? 그냥 관념적으로야 권한 줄 수 있겠지만요.

그런데 여태까지의 경험과 역사를 봤을 때 국정원이 함께 개혁되지 않으면 지금 테러방지법의 권한들을 주는 것이 문제가 있을 수 있다라는 점에서 국정원 부분도 한번 검토해 봤고 마지막에는 헌법상 원칙과 더불어 나온 테러방지법의 문제점들을, 제가 모든 문제점들을 한번 다 드러내는 그런 식으로 말씀드렸습니다.

마무리 말씀을 드리겠습니다.

존경하는 의원 여러분!

그리고 사랑하는 국민 여러분!

이제 마무리할 시간인 것 같습니다.

지금까지 저는 테러방지법을 제정함에 있어 반드시 고려해야 할 인권의 개념과 역사, 테러와 테러리즘의 역사, 각국의 테러방지법안, 현 국정원의 문제점과 개혁방안, 현재 제출된 테러방지법의 문제점과 개선방안에 대해서 말씀드렸습니다.

마지막으로 저는 현재의 대치국면을 타개할 몇 가지 말씀을 드리면서 부족한 발언을 마치겠습니다.

현재 필리버스터는 야당 의원들만이 참여한 가운데 진행되고 있습니다. 반면 새누리당 의원은 한 분도 참여하시지 않고 있습니다. 대신 국민들을 향해 Q&A 15개의 문항을 배포하고 있습니다. 15개 문항에 대해서는 상세하게 말씀드리지 않겠습니다. 그러나 그 내용을 보면 테러방지법에 따른 통신감청과 계좌추적 대상은 50여 명에 불과하고 인권침해나 권력남용 방지 장치도 완벽하게 마련됐다는 식으로 돼 있을 뿐 국민과 야당이 우려하는 악용 가능성에 대한 대안은 제시되지 못하고 있습니다.

이런 자세로는 문제를 궁극적으로 해결할 수 없다라고 생각합니다. 새누리당은 보다 열린 자세로 국민들의 우려를 씻을 수 있도록 노력해야 할 것입니다. 정 그렇게

현재 직권상정된 테러방지법이 완벽하고 문제가 없다고 자신한다면 필리버스터에 당당히 참여하십시오. 국민 앞에 당당하게 말씀해 주시고 여론의 심판을 받읍시다. 그렇지 않다면 지금 당장 국민과 야당의 목소리를 반영할 수 있도록 통 큰 협상의 자리로 나오시는 것이 마땅합니다.

현재 표면적으로는 테러방지법 제정을 둘러싸고 정치권이 극한 대치 상태에 있습니다만 내용적으로는 이렇게까지 만사를 제쳐 두고 대립해야 할 사안인가 하는 점에 대해서 본 의원은 문제의식을 갖고 있습니다.

테러방지법이 필요하다는 데 대해 새누리당이나 더민주, 국민의당 등 여야 큰 차이가 없이 인정하고 있는 것 같습니다. 그러나 필리버스터 일주일이 다 되도록 대화와 협상의 문을 좀처럼 열지 않고 있습니다. 정부여당의 고집스러운 태도가 큰 문제라고 생각합니다. 아울러 새누리당은 국정원을 옹호하는 데만 골몰하고 더불어민주당은 반대하는 데 익숙한 거의 자존심 싸움 수준에 달한 거대 양당체계의 관행도 크게 작용하고 있다는 것이 사실입니다.

민주주의는 타협입니다. 정치는 승리의 수단도, 패배의 장일 수도 없습니다. 정치는 인류역사가 남겨 준 타협과 합의를 위한 소중한 무기입니다. 완승이냐, 완패냐가 아니라 어떻게 하면 갈등을 해결할 것인가를 찾아내는 것, 그리고 국민의 인권을 보장하면서도 국민의 안전을 함께 보장하느냐, 이 길을 찾아내는 것이 한국정치가 가야 할 길이라고 생각합니다.

사회적 갈등을 정치가 끌어안는 것, 완승과 제압을 고집하는 분열의 정치가 아니라 대화와 타협을 통해 더 많은 국민의 합의를, 더 많은 국민의 지지를 받을 수 있는 새로운 대안을 찾아내는 것, 여기에 한국정치가 가야 할 통합의 정치, 중용의 정치, 중도의 정치가 있다고 생각합니다.

조사에 차이가 있습니다만 테러방지법에 대한 국민들의 생각을 보면 적어도 절반의 국민이 현행 직권상정된 테러방지법으로는 안 된다는 것입니다.

지난 25일 리얼미터의 여론조사 결과를 보면 테러방지법에 대해 '국민 안전을 위해 현재의 원안을 통과시켜야 한다'는 의견이 42%, '인권침해 가능성이 크기 때문에 테러방지법 반대' 의견이 25.3%, '국정원의 권한을 줄이는 내용을 담은 수정안 통과' 의견이 23.6%로 집계되어 정부여당의 원안통과 42%에 비해 야당의 입장인 수정통과 또는 입법 반대가 48.9%로 오차범위 내인 6.9% 더 높은 것으로 나타났습니다.

테러가 일어날 경우 최대의 피해자도 국민이며 테러를 막을 수 있는 주체도 국민입니다. 국민 절반밖에 동의하지 않는 테러방지법으로 어떻게 국민의 안전을 지킬 수 있겠다는 것입니까. 국민의 광범위한 동의야말로 진정한 테러방지의 지름길이고 사회적 갈등을 치유하는 길입니다.

보다 합리적인 토론과 타협을 통해 민주주의 후퇴에 대한 국민의 우려를 씻고 사회적 안전도 확보하는 지혜로운 결론을 만들어 내기 위해 여야 지도부의 통 큰 결단과

협상의 자세가 필요합니다. 그것이 필리버스터에 갈채를
보내 주고 계신 국민들의 성원을 참다운 민주주의 발전의
에너지로 승화시킬 수 있는 길이라고 생각합니다.

　필리버스터가 끝나면, 저희가 필리버스터를 3월 11일까지
하면 표결을 못 할지 모릅니다. 그러나 그 전에 필리버스터가
끝나면 표결을 할 것이고 그러면 아마 여당의 승리로
되겠지요.

　그러나 저는 이 문제에 있어 필리버스터가 좋은
민주주의의 장이기도 했지만 여야 공히 함께 참여하는
무제한 토론이 필요했다, 특히 여야 수뇌부가 막장 토론을
하는 그런 토론 속에서 국민의 여론의 심판을 받는 게
필요했다라고 생각합니다.

　오스트레일리아는 그렇게 하고 있습니다. 사회적
갈등이 있는 문제에 여야의 대표가 나와서 무제한
토론을 실시간으로 시작하고 중계방송이 됩니다. 그것을
본 국민들이 의견에 참여하고 거기서 여론이 기울어서
대다수의 의견이 되면 그 결론 속에서 국가정책의 방향이
설정이 됩니다.

　오늘 필리버스터와 더불어 이런 토론과 여론의 심판
그리고 타협의 장이 우리 정치에서 마련되기를 간절히
소망합니다.

　이상입니다.

　부족한 저의 발언을 끝까지 경청해 주셔서 다시 한 번
깊이 감사드립니다.

　감사합니다.

● **의장 정의화** 최원식 의원님, 아주 균형감각 있고 합리적인
연설 잘 들었습니다.

　지금 여기 공기가 굉장히 안 좋습니다. 지난 일주일 동안
전혀 청소를 할 수 없는 그런 상태이기 때문에 그렇습니다.

　물 많이 드시고 가서 좀 푹 쉬시기 바랍니다.

　다음은 더불어민주당의 홍익표 의원님 나오셔서 토론해
주시기 바랍니다.

(2016년 2월 29일 오후 5시 26분)

27

홍익표 의원

제19대 국회의원 (서울 성동구을)
더불어민주당

2016년 2월 29일 오후 5시 28분 시작
2016년 3월 1일 오전 12시 44분 종료
발언 시간 7시간 6분

"민주주의는 비효율적입니다. 때로는
일년이고 이년이고 논쟁하는 것이
민주주의 입니다. 도리어 민주주의 사회는
그러한 논쟁이 없는 것이 위기입니다."

(2016년 2월 29일 오후 5시 28분)

● **홍익표 의원** 안녕하세요?

존경하는 정의화 국회의장님, 그리고 선배·동료 의원 여러분!

그리고 지금 이 국회의사당에 계신, 방청석에 계신 시민 여러분!

또 아울러서 국회TV를 통해서 지난 오랜 기간 동안 필리버스터를 계속 시청하고 계신 우리 국민 여러분!

존경하고 사랑합니다.

여러분들이 계시기에 대한민국은 올바른 길로 갈 것으로 저는 믿어 의심치 않습니다. 또 여러분들이 계시기에 우리 정치인들은 보다 사명의식을 갖고 책임감을 갖고 일을 추진해 나갈 것입니다.

제가 이번…… 사실은 필리버스터라는 것은 영어 표시이고요 우리는 무제한 토론입니다. 필리버스터라고 했을 때에는 정확하게 얘기하면 의사진행 방해입니다, 발언을 통해서든 아니면 어떤 형태를 통해서든. 그래서 미국 같은 경우에는 나와서 노래를 하기도 하고 때로는 그냥 신변잡기, 잡담을 하기도 하고 그래서 미국의 필리버스터하고 우리는 조금 성격은 다릅니다. 그래서 정확하게 얘기하면 무제한 토론이라고 해서 기본적으로 의제와 연관된 속에서 토론을 진행하면서 국민들에게 관련 법안의 내용을 정확하게 소개해 드리고 사실관계를 전달하는 내용으로 구성되어 있습니다.

그래서 미국에서 이루어지고 있는, 여타 국가에서 이루어지고 있는 필리버스터와 오늘 우리 국회에서 지금 진행되고 있는 무제한 토론은 약간 다르다고 할 수 있습니다. 그런 의미에서, 어떤 의미에서는 우리의 무제한 토론이 좀 더 무겁고 또 어쩌면 여러분들에게 굉장히 소중한, 그다음에 우리 현실을 그대로 적나라하게 드러내고 있는 것은 아닐까 이런 생각도 갖고 있습니다.

다만 제가 그동안 이 무제한 토론을 보는 중에서 느꼈던 부분은 대한민국 사회에서 가장 중요한 것 중의 하나가 정치교육의 문제 아닐까 생각을 합니다. 어쩌면 정치교육의 부재 또 정치사회화의 부족이 한국 사회에서의 민주주의의 후퇴 또는 정치의 퇴행을 가져온 것이 아닌가 이런 생각도 하고 있습니다.

사실 민주주의 국가일수록 가장 중요한 것은 시민들, 일반 국민들을 대상으로 하는 민주사회에 대한 정치교육 그다음에 정치사회화가 있습니다. 물론 정치교육과 정치사회화는 다양한 곳에서 진행되고 있습니다. 학교에서도 이루어지고 있고 기타 여러 사회단체, 그다음에 지방자치단체 또 심지어 이런 국회까지도 하나의 정치교육, 정치사회화의 현장이라고 할 수 있겠습니다만 어떤 의미에서는 한국 사회에서 그러한 정치교육과 정치사회화가 제대로 이루어지지 못했던 부분이 있지 않았을까 생각합니다. 그것이 오늘날 정치의 무관심 또는 정치의 왜소화 그리고 정치가 우리 시민사회의 관점, 이해관계와 동떨어진 그들만의 리그로 전락한 그런 비판을 받고 있는 현실에 직면한 중요한 요인 중의 하나가 아닐까 이런 생각도 하고 있습니다.

제가 학교에서 정치학을 전공했고 정치학으로 계속 공부를 했던 사람으로서는 정치교육과 정치사회화가 민주사회에 있어서 굉장히 중요한데 그 하나의 기능으로서 무제한 토론이 이런 국회방송을 통해서 중계되는 것이 정치교육의 하나로서 지금 활용되고 있는 게 아닌가 이런 생각을 갖고 있습니다.

그런데 국회방송이 너무 인기가 좋아서 좀 걱정도 됩니다. 잘 아시다시피 종편의 아주 인기 있는 프로를 제외하고는 대개 1% 안팎, 몇 개 인기 있는 프로는 한 3% 좀 넘게 시청률이 나온다고 하는데요. 모 방송의 '썰전'인가요? 그런 것 같은 경우는 한 3% 좀 넘게 나오면 굉장히 시청률이 높게 나온다고 하는데 최근에 이 무제한 토론을 놓고 국회방송의 시청률이 상당히 올랐다고 합니다.

그래서 걱정이 되는 것은 자칫 이러한 국민들을 향한 정치교육을 우려하는 한쪽에서 또 특정…… 지난 며칠 동안 우리 야당의 입장만 나갔다고 해서 국회방송을 막는 게 아닐까, 국회방송을 없애는 게 아닐까 하는 걱정도 되고, 또 다른 관점은 국회방송이 잘하면 돈이 될 것 같다 해서 국회방송을 상업화해서 상업방송화 하지 않을까 이런 걱정도 들고 있습니다. 그래서 아마 종편들이 걱정하는 것 같아요, 또 다른 라이벌이 생길까 봐.

그래서 이번에야말로 국회방송이 상당히 자신들의

존재감을 분명히 드러낸 게 아닌가 생각해서 이번에 특히 국회방송 관계자분들에게 감사인사를 드리고 싶습니다. 아마 그분들이 이 방송을 계속 생중계로 하는 과정에서 굉장히 힘드실 거예요. 힘드심에도 불구하고 이 방송이 차질 없이 국민들에게 전달되게 하기 위해서 애쓰고 있는 부분에 대해서 정말 국회의원의 한 사람으로서 감사인사를 드리고 싶습니다.

많은 분들이 과연 이게 왜 이럴까 걱정들을 많이 하십니다. 왜 국회에서 당신들이 합의를 제대로 못 하고 이러한 문제가 이런 어려운 상황까지 직면했을까 하는 것에 대해서 많은 국민들이 안타까워하고 있습니다. 저도 안타깝습니다. 실제로 저도 이 무제한 토론을 신청할 때 제 순서가 스물일곱 번째여서 제 순서까지 가지 않겠지라고 생각을 했습니다. 하고 싶지 않았습니다, 솔직한 얘기로. 그 전에 독소 조항이 배제되면서 여야가 합의가 되기를 기대했음에도 불구하고 그러한 합의에 전혀 진척을 이루지 못했고 심지어 정의화 의장께서 중재안을 냈음에도 불구하고 중재안까지 수용이 안 되는 것에 대해서 답답합니다.

많은 분들이 정치는 협상이라고 얘기하고 타협이라고 얘기하고 또 양 극단에서 가운데의 중도나 중간을 얘기하는 분들이 많이 계십니다. 그런데 실제로 정치에서 중용, 중간이라고 얘기할 때는 그냥 기계적으로 중간을 가는 것이 아니라 중용에서도 나오는 것처럼 시중(時中), 때 시자에다 가운데 중자, 그때그때 가운데는 다르다는 것입니다. 그 사회의 균형을 맞추기 위해서는 어떤 때는 훨씬 더 왼쪽에 가서 서고 어떤 때는 훨씬 더 오른쪽에 가서 서서 그 사회의 균형을 맞춰 주는 것이 중용의 역할이고 그것이 우리 사회에서의 균형자 역할이라고 생각을 합니다. 그냥 양쪽이 대립하면 무조건 가운데에서 절충하는 것이 중용이라고 생각하지는 않습니다.

물론 대화와 타협을 무시해서는 안 됩니다. 미국에서는 가장 중요한 게 로그롤링(logrolling)이라고 그러는데요. 로그롤링이라는 건 여러분이 아실지 모르겠지만 혹시 TV에서 보시면 통나무 돌리기라고 아세요? 통나무를 놓고 두 사람이 돌립니다. 통나무에서 먼저 떨어지는 사람이 지는 거지요. 그런데 둘 다 안 떨어지기 위해서는 호흡을 맞추고 같이 발을, 속도를 맞추면서 계속 같이 통나무를 돌려야 됩니다. 그래야 빠지지 않습니다. 그러나 한쪽이 속도가 느리거나 한쪽이 너무 빠르거나 하면 한쪽이 빠지고 그러면 한쪽도 또 빠지게 됩니다. 물론 먼저 빠진 쪽이 지게 되는 거지요. 그래서 정치에서 협상을 바게닝(bargaining)이라고 표현하기도 하고 로그롤링이라고도 합니다. 그것은 그 돌아가는 속도를 서로 맞춰 줄 때 계속 순조롭게 돌아간다는 것이지요. 즉 우리 한국 사회에서도 그러한 문제들을 서로 속도를 맞추고 때로는 내가 빠르다고 해서 내가 혼자 빨리 가는 게 아니고 느린 사람을 배려해 주고 어려운 사람에게 손 내밀 수 있는 그런 사회가 유지할 수 있는 사회가 아닌가 생각합니다.

제가 사실 이번 테러방지법을 놓고 상당히 답답했습니다. 가장 답답한 이유는 우선 법치주의를 어떻게 볼 것인가, 법만능주의 또는 법치주의 이것에 대한 관점인데, 최근에 박근혜 대통령께서 계속적으로 입법을 강조합니다. 국회가 입법을 해야 된다고 얘기하는데요. 많은 분들이 '국회가 발목을 잡는다.' 이런 얘기를 많이 하십니다. 그러나 대한민국의 헌법은 불행히도 대통령 중심제고 그 대통령 중심제가 대단히 과도하게 이루어져 있습니다. 아마 여기 계신 방청석에 있는 분 누구라도, 또 이 국회에 있는 저를 포함한 300명의 어느 국회의원이라도 지금 현재 헌법에서 대통령이 된다면 비슷하게 독단과 독선으로 치우칠 가능성이 상당히 높습니다. 헌법의 구조상 그렇습니다.

우리나라 헌법이 미국의 대통령 중심제와 다른 것은 미국의 대통령 중심제는 정부가 입법기능이 없습니다. 정부는 정부령만, 법에 기초해서 정부령만 만들게 돼 있습니다. 그런데 현재 우리나라 헌법은 정부가 입법권을 갖고 있습니다, 국회와 동등하게. 이것은 삼권분립에 위배되지요. 삼권분립은 뭐겠습니까? 국회는 입법권, 행정부는 행정권, 사법부는 사법권을 가지고 있기 때문에 삼권분립 체계인데 우리 같은 경우에는 삼권분립 체계가 깨져 있는 것입니다. 즉 정부가 필요하면 자기가 입법을 할 수 있습니다, 국회의 힘을 빌리지 않아도.

심지어, 그것은 꼭 제가 지금 새누리당 의원님들만 뭐라고 하는 게 아닙니다. 우리 국회의 아주 잘못된 관행 중의 하나가 소위 청부입법이라는 게 있습니다. 즉 이것은 사실상 정부의 법입니다. 정부가 하고 싶은 법입니다. 정부가 내놓은 법을 예를 들면 홍길동 의원이 대신 자기의 법인 것처럼 내놓는 겁니다. 그것을 우리 이쪽 업계에서는 소위 청부입법이라고 표현하고 있습니다.

좋지요. 왜? 제정법이든 개정법이든 국회의원은 실적을 쌓습니다. 그러니까 우리 국회의원 활동에 대해서 많은 시민단체나 국민들이 평가할 때 입법 실적이 좋으면 높은 평가를 받는 것처럼 청부입법 하면 좋지요. 그리고 정부의 청부입법이기 때문에 웬만하면 통과가 됩니다, 정부가 지원을 해 주기 때문에. 그리고 특별한 노력도 없이 정부가 가져온 법이니까 그냥 자기 이름으로, 우리가 흔히 글 쓰는 사람들의 표현대로 하면 말 타기라고 얘기하는데 남이 다 쓴 것 그냥 자기 이름만 얹어 놓는 그런 형태로 해서 청부입법을 합니다. 아주 잘못된 관행이지요.

그런데 그런 것들이 부끄러움 없이 국회의 관행처럼 이루어져 왔습니다. 제가 꼭 지금 현재의 정부·새누리당만을 얘기하는 게 아닙니다. 그것은 과거 열린우리당 그 이전부터 계속 그런 행태가 있었습니다, 소위 청부입법이라고. 정부가 입법기능이 있고 아니면 좀 더 편하게, 왜 청부입법을 하느냐 하면 훨씬 더 정부가 내는 것보다 편하게 가기 위해서, 속도감 내고 진행하기 위해서 정부입법보다는 청부입법이라는 형태로 의원입법으로 우회해서 법안을 제출합니다. 결국은 정부가 답답할 게 없어요. 어떤 법안이 자기가 통과시키고 싶은 게 있으면 국회의원들과 또는 여당이든 야당이든 대통령과 입법부가 협의하는 게 아니라 법을 그냥 내놓으면 됩니다. 그리고 밀어붙이면 됩니다.

두 번째, 우리 헌법의 어떤 기능이 문제냐? 미국 같은 경우에는 예산편성권을 의회가 가지고 있습니다. 그런데 우리는 예산편성권을 정부가 갖고 있습니다. 그렇기 때문에 예산을 정부가 다 짜 옵니다. 정부가 짜 온 것을 갖고 우리는 좀 줄이거나 늘리거나 또는 새로운 항목을 조그맣게 만들거나, 아마 정부가 가져온 원안의 10%도 손을 못 댑니다. 정부가 하는 예산이 그대로 다 들어가는 것이지요. 미국은 그렇기 때문에 예산위원회가 굉장히 중요한 역할을 합니다. 상시 활동을 합니다, 의회가 예산을 짜기 때문에.

지난 12월에 마무리했던 예산결산 통과하는 과정에서 제가 몇 차례 기획재정부의 부총리와 관계자들에게 질문하거나 제안했던 내용이 예산기능과 집행기능 즉 예산과 재정기능이 통합되어 있는 현재 상태에서 우리나라는 전혀 견제와 균형이 안 되고 있습니다. 그래서 사실은 예산기능을 의회에 갖다 놓는 것이 삼권분립에 맞습니다. 그게 정확하게 행정부를 견제할 수 있는 힘을 의회가 갖고 있는 것이지요.

부끄러운 얘기지만 저희가 법안 통과할 때마다 뭐라고 얘기하느냐 하면 '이 법 기재부의 반대가 있습니까, 없습니까?' 기획재정위와 관계없더라도, 제가 산업위에 있습니다. 또 외통위에 있다 하더라도 어떤 예산과 관련된 법안이라면 '이것 기재부가 반대합니까, 안 합니까?'를 물어봅니다. 기재부가 반대하면 그 법안은 절대로 통과가 안 됩니다. 또 '행자부가 찬성합니까, 반대합니까?' 꼭 물어봅니다, 전문위원에게. 왜? 인력과 관련된 문제가 있으면 행자부가 반대하면 절대로 그 법은 통과가 안 됩니다. 아마 여당의 실력자라 하더라도 어려울 겁니다, 기재부가 반대하면. 그것이 현실입니다. 그런데 많은 분들은 마치 국회가 대단한 힘을 갖고 있어서 정부의 발목을 잡고 있는 것처럼 생각하시는데 사실은 그렇지 않습니다. 도리어 지금 우리나라 현실은 대통령 책임제하에 삼권분립이 헌법에서 제대로 이루어지지 않고 있기 때문에, 삼권분립이 제대로 이루어지지 않고 있기 때문에 항상 대통령의 독단과 독선이 문제가 되는 것이지요. 특히 지금과 같이 여당에서 브레이크를 잡아 주지 못한다면 더 문제가 되는 겁니다.

이명박 정부 시기에 그나마 이명박 정부의 잘못된 길을 막은 것은 당시 거꾸로 아이러니하게도 박근혜 대표라는, 당시 한나라당 의원을 지냈지요. 친박계가 그것을 막으면서 이명박 대통령의 독주를 막을 수 있었어요. 그런데 지금은 불행하게도 그것을 막을 수 있는 여당 내의 목소리가 없습니다. 그것이 저는 개인적으로 대단히 안타깝습니다. 미국의 오바마 대통령이 틈만 나면 자기 여당인 민주당 의원이나 공화당 의원을 불러서 백악관에서 식사하고 골프 치고 대화하고 하는 것을 왜 하겠습니까? 야당은 물론이고 민주당 의원들의 도움이 없으면 대통령이 아무것도 할 수 없기 때문에 그렇습니다, 법안도 예산도. 그러나 지금 우리는 그렇지 않지요. 삼권이 분립돼 있지 않습니다, 사실상.

이것이 87년 헌법의 한계입니다.

저는 정말 대통령께 유감스럽습니다. 지난 계속된 상황 속에서 이것은 입법을 국회에게 요청하거나 국회의 협조를 요구한 것이 아니라 국회를 압박하고 겁박한 것입니다. 정상적인 토론이 이루어지지 못했습니다. 그것은 야당만의 문제가 아니라 여당도 문제가 되는 것이겠지요.

과거 지난 시절, 권위주의 시절이었지요. 국회는 통법부라는 오명을 쓴 적이 있었습니다, 정부가 보내면 무조건 그 법을 통과시키는 통법부. 다시 지금 2016년 오늘날의 국회를 70년대의 통법부로 만들고 싶으십니까?

공론회장에서 토론이 필요합니다, 법안은. 민주주의는 그다지 효율적인 체제는 아닙니다. 그러나 오랜 역사를 거치면서 많은 사람들이 그보다 훌륭한 대안, 즉 그다지 효율적이지 않지만 최소한의 시민사회의 안전, 국가의 균형, 그다음에 사회의 어떤 유지, 사회의 안정을 도모할 수 있는 가장 안정적인 체제로 민주주의를 선택한 것입니다. 때로는 효율성만 갖고 한다면 권위주의, 독재체제가 나을 수도 있겠지요. 과거 그런 적도 있었습니다. 결코 민주주의는 효율성만 갖고 평가되는 체제가 아닙니다.

많은 분들이 그런 얘기를 하시지요. 효율적이지 않다, 효율성이 떨어진다, 국회가…… 당연한 겁니다. 국회는, 민주주의는 효율성이라는 잣대로 평가해서는 안 됩니다. 그렇게 평가한다면 그건 기업과 똑같습니다. 기업은 제일 중요한 게 효율성이지요. 돈을 얼마큼 벌 수 있느냐…… 그러나 국회는 그렇게 평가해서는 안 됩니다. 우리는 효율적이라고 해서 단 한 명의 국민을 포기해서는 안 됩니다. 기업은 돈이, 수익이 안 되는 부서를 버릴 수 있습니다. 포기할 수 있습니다. 더 돈이 되는 쪽으로 투자할 수 있습니다. 그러나 우리는, 우리는 어떻습니까? 어떤 지역이, 우리 국가의 어떤 지역이 수익도 안 나고 매번 재정 투입만 해야 되는 지역이라고 해서 그 지역을 정부가 버려야 되겠습니까? 그러한 계층을 포기하고 저버리겠습니까? 국가는 그렇게 하면 안 됩니다. 민주주의 국가는 더더욱 그렇습니다. 어렵고 힘든 사람에게 손을 내미는 국가, 어렵고 힘든 사람에게 버팀목이 되고 그 사람들을 보다 안전한 사회로 이끌어가는 것이 국가의 책무입니다.

저는 이번 테러방지법을 보는 과정에서 민주주의가 실종되었다는 얘기는 그런 점에서 말씀드리고 싶습니다. 이 법이 민주적 요소가 있느냐 없느냐 그건 부차적인 겁니다.

이미 많은 분들이 이 법의 문제점을 지적했습니다. 저도 이후에 다시 설명을 드리겠지만, 저는 과정의 문제를 지적드리고 싶습니다.

정말 제가 이런 말씀 드리고 싶지 않았던 것 중에 하나는 제 뒤에 계신 정의화 의장님은 제가 당적을 떠나서 지난 4년간의 의정생활하면서 가장 존경하고 개인적으로 좋아하는 선배 의원이십니다, 국회의장님 이전에.

그러나 이번에 유감스럽게도 의장님께서 이 사안을 처리하는 직권상정을 하시면서 저는 대단히 이 문제가 어렵게 되었다고 생각을 하는 것입니다. 도대체 국가정보원으로부터 어떤 보고를 받으셨길래 지금 상황이 비상상황이라는 겁니까? 저는 이해할 수가 없습니다.

여러분 여기 군대 갔다 오신 분도 있고 안 갔다 오신 분도 있을 텐데요. 저는 군대를 39개월 갔다 왔습니다. 대학원을 마치고 정훈장교로 해서, 그 당시에 석사학위를 받고 나면 육군 중위로 임관을 하는 제도가 있었습니다. 그래서 39개월간 전방에서 정훈장교로서 있었는데, 여타 비상상황이 생기면 여러 가지 작동하는 메커니즘이 있습니다.

여러분 혹시 진돗개라는 걸 아십니까? 진돗개 1·2·3 이럽니다. 대테러 상황이나 후방에 적 교란 상황이 벌어졌을 때 진돗개 1·2·3이 발령됩니다. 진돗개 한 마리, 두 마리, 세 마리 푸는 게 아닙니다. 진돗개 3이, 평상시 일반적인 상황을 진돗개 3이라고 합니다. 많은 분들은 오해해서 진돗개 3이 제일 높은 줄 알고 진돗개 세 마리 풀었으니까 제일 세지 않을까 이렇게 오해하실 수 있는데 진돗개 3은 일상적인, 어떤 여러 가지 비상상황에 대비한 평상시 상태를 유지하는 것이고요. 무장탈영이 있거나 또는 인접지역에 어떤 대테러 상황 또는 적의 기습도발, 그러니까 정규 작전군이 아니라 테러부대에 의한, 예를 들면 공수부대나 특수부대에 의한 후방 교란이 벌어졌을 때에는 일단 경계 사항이 올라오면 진돗개 2가 발생합니다, 진돗개 둘이. 그다음에 진돗개 1, 이거는 아주 긴급한 상황, 예를 들면 기억하실지 모르시겠지만 96년도 강원도에서 북한 잠수정이 좌초된 상황이 있었지요. 많은 분들이 아실 것입니다. 그때 많은 장병들이 희생, 우리 장병들도 희생되기도 하고 국민들께서 불안하셨는데, 그러한 상황이 벌어지면 강원도 일대나 인접한 경기도 일대 정도는 진돗개 하나가 발생합니다. 그리고 그거에서 조금 떨어진 지역은 진돗개 2 정도가 발생하는 것이지요.

자, 그러면 지금 국가 비상사태라고 해서, 지금 국회법에 의장께서 직권상정을 하실 상황은 천재지변이나 전시에 준하는 또는 그에 준하는 어떤 국가 비상상황을 전제로 하고 있는데, 어느 전방부대 또는 어느 지역에 향토예비군을 동원하거나 이렇게 해서 진돗개 1 이상 발령된 지역이 있냐는 것입니다. 진돗개 둘이나 하나가 발령된 지역이 있냐고 묻고 싶습니다.

그다음에 그 외에도 워치콘이라는 게 있습니다. 그러니까 지금 보면 워치콘·데프콘·인포콘·진돗개, 아주 많습니다, 이 군만 갖고 보면. 진돗개 같은 경우 발령되면 군경 합동으로 이루어집니다. 그다음에 워치콘은 감시 태세를 얘기합니다, 대북 감시 태세.

그러니까 우리가 북한에 대한 정보를 여러 가지를 습득합니다. 어떻게 습득할까요, 북한에 대한 정보를? 대개 북한에 대한 정보를 우리가 습득하는 방법은 국가정보원에서 또는, 국가정보원도 있고 우리 군의 정보사령부도 있고 여러 가지 기관에서 북한에 대한 정보를 수집합니다. 외교부도 수집하고, 모든 국가기관이 정보를 수집하고는 있습니다. 그 방법과 수준의 차이는 있지만.

이러한 북한에 대한 정보를 수집하는 과정에 있어서 워치콘이라는 건 주로 테킨트, 테킨트라는 건 뭐냐면 테크니컬이라고 해서 기술정보를 얘기합니다. 즉 인공위성 그다음에 정찰기 또 상대에 대한 통신 감청, 이런 것들을 통해서 과학기술력을 기초로 해서 적의 정보를 채취하는 것이 주로 테킨트라고 하는데, 워치콘이 발령될 때에는 이런 것들이……

워치콘이 보통 우리가, 워치콘 4가 일반적인…… 워치콘이 다섯 단계로 이루어지는데 워치콘 5는, 아주 일상적인 상태로 우리나라는 보통 상태가 워치콘 4, 네 번째 단계입니다. 주의·감시 태세를 이루어 주기 때문에. 그러니까 이거보다 좀 높아지면 워치콘 3, 워치콘 2 이렇게 올라가는 겁니다. 워치콘 1이라면 거의 전쟁 임박한 상황이라고 보시면 될 거 같아요, 전시 상황이나.

그런데 이 워치콘이 변동이 있느냐? 변동이 없습니다. 워치콘 4로 그대로 있습니다, 워치콘 4로요.

인포콘이라고 있습니다. 인포콘은……

아, 참고로 얘기하면 워치콘은 그때 잠시 한 단계 올랐다가 다시 떨어졌어요. 언제 올랐느냐? 북한이 핵실험하고 미사일 발사했을 때 잠시 3으로 올랐다가 지금 4로 다시 내려왔습니다. 아마 다시 올라가겠지요. 지금 한미 연합훈련이 시작되면 워치콘은 상승합니다. 키 리졸브 훈련이라고 한미 연합 합동군사훈련이 시작됩니다, 3월부터. 그러면 모든 대북 감시 태세가 높아집니다. 북한도 그에 상응해서 그 군사적 대응을 하기 때문에 워치콘이 3 정도로 격상됩니다.

그다음에 인포콘은 이게 주로 사이버테러와 관련된 겁니다. 그래서 정보보호와 관련돼서 통상적으로 이것도 우리가 인포콘 4 상태를 유지합니다. 그리고 고도로 북이 사이버테러나 우리에 대한 사이버공격을 감행할 조짐을 높인다면 이것이 전체적으로 사이버 경계 태세를 높이면서 인포콘 3, 인포콘 2로 막 올립니다. 인포콘 2로 올라간 적은 지금까지 단 한 번도 없습니다.

자, 비상상태라고 얘기합니다. 비상상황이라고 얘기하는데 군은 너무도 평온합니다. 대개 이쯤 되면요 군 장교들 외출·외박 금지되고, 장병들을 포함해서, 다들 초긴장하고 대기하고 있어야 되는데 그런 게 아무것도 없는 거지요.

그다음에 대테러 상황이라면, 그러니까 테러와 관련돼서 아주 위급한 국가 비상상황이라고 하면 경찰 대단히 중요하지요, 상식적으로. 그런데 어떻게 돼 있습니까? 우리 경찰이 지금 비상근무하고 계신가요? 제가 지역에 다니거나 또 이렇게 보면 경찰분들 그냥 업무 마치고 평상적으로 사람들 만나서 술도 한 잔 하시고 그냥 일상적으로 업무를 하고 있습니다. 경찰이 어떤 갑호비상령이나 이런 비상령을 내렸다는 것을 저는 본 적이 없습니다. 보통 도심 대규모 집회만 있어도 갑호비상령이, 경계령이 내립니다. 지금 우리 경찰, 서울시경이 그다음에 전국의 경찰청에서 갑호비상령이나 을호비상령 내린 게 있나요? 없습니다.

지금 경찰총수가 우리 강신명 경찰청장이신데, 대통령께선 국가 비상상태라고 하시는데 21일, 지난 2월 21일부터 24일까지 중동을 다녀왔습니다. UAE를, 아랍에미리트를. 이거 어떻게 봐야 될까요? 우리의 다가오는 테러 위협이 중동으로부터, UAE로부터 오니까 강신명 경찰청장이 혼자 가서 뭘 해결하고 온 걸까요? 그냥 일상적인 해외 출장입니다.

자, 분명히 하나겠지요. 국회의장계 가져왔던 국정원의 국가 비상상황이라는 게 거짓이거나 만약 그게 사실이라면 강신명 경찰청장 그다음에 현재 군 수뇌부는 직무유기를 하는 겁니다. 아무것도 하지 않고 있기 때문에. 무엇이 사실일까요?

대통령께 제가 묻고 싶습니다. 진짜 비상상황이라면 이렇게 한가한 군 수뇌부와 경찰총수 경질해야 합니다. 파면시켜야 됩니다. 그렇지 않습니까? 대통령은 비상상황이라고 그렇게 위기의식을 높이고 계시고 국가정보원은 국회의장을 찾아와서 이 대테러방지법이 통과되지 않으면 마치 우리 사회가 결딴날 것처럼 말씀하고 계시는데, 경찰총수는 중동 출장을 가시고 군 수뇌부는 어떠한 경계령도 내리지 않고 있습니다. 무엇이 진실일까요?

비상상황이 국민을 호도하기 위한, 국가 비상상황이라는 것이 국민을 호도하고 법을 통과하고 국회를 겁박하기 위한 국정원의 허위인지, 그게 사실인지, 아니면 우리 국가기관이 총체적으로 직무유기를 하고 있다는 것이 사실인지, 둘 중에 하나일 걸로 생각합니다. 어느 게 사실이겠습니까?

대통령께 건의드리겠습니다. 정말 비상상황이라면 이렇게 안이한 군 수뇌부, 경찰 수뇌부 경질하셔야 됩니다. 그게 시작입니다.

국가 비상사태가 발생하면, 이미 많은 분들이 얘기하셨지만 다시 한 번 말씀드리겠습니다. 이러한 국가 비상상황이 되면 모든 국가공무원과 당직은 비상근무를 해야 됩니다. 국회가 지금 비상근무를 하고 있습니다. 우리 국회사무처 직원들 정말 고생합니다. 비상상황 때문일까요? 아닙니다. 무제한 토론 때문에 그렇습니다. 어쩌면 비상상황은 무제한 토론 때문에 발생한 것 같습니다.

저는 이 비상상황이라는 것을 구체적으로 밝혀야 한다고 생각합니다. 국회의장께서 보고받은 내용이, 국정원으로 보고받은 내용이 의장께서 그렇게 판단하실 만큼 비상사태에 관한 정보가 맞다면 응당 국민과, 국회와 국민에게 밝혀야 됩니다. 왜 못 할까요? 국가기밀사항이라서요? 아니면 그거의 근거가 너무 허약해서일까요? 어느 게 진실일까요?

응당 비상상황이라면 국민들에게 알려야 됩니다. 밀집된 장소에 가지 마라, 가급적 사람, 다중이용시설에 가지 마라 해야 됩니다. 여러분 아시겠지만 뉴욕이나 워싱턴 같은 데에서 테러가 임박했다고 할 때 미국 정부가 제일 먼저 발동한 게 뭡니까? 다중시설에 가는 것을 경고합니다, 테러의 위험이 있으니까.

그리고 주요 요인에 대한 경계·경호를 강화합니다. 우리

외교부장관, 예를 들면 외교부장관이 출퇴근하는데 무장차량이 지금 경계 서나요? 우리 국회의장님께서, 모르겠습니다. 요즘은 출퇴근을 못 하시는지 모르겠지만, 국회의장님이 어디 가실 때 평상시 차량 말고 중무장한 차량이 뒤에 따르고 있는가요? 서울 시내 곳곳에 중장갑차, 대테러부대 요원들이 있나요? 안 보입니다. 그들은 투명인간일까요? 우리 눈엔 보이지 않습니다. 그런데 비상상황이라고 합니다.

저는 걱정됩니다. 국가 비상상황이라고 하면 헌법 77조에 따르면 대통령은 계엄을 선포할 수도 있습니다, 물론 이후에 국회의 동의를 받아야 되지만, 국가 비상상황이라고 하면. 이런 문제에 대해서 공론의 장도 없고 정보를 공개하지도 않고, 그러면서 어떻게 국가 위기상황이라고 단정 지을 수 있을까요?

아까도 제가 말씀드렸지만 민주주의는 효율적이지 않습니다. 그러나 지금까지 우리의 역사가 찾은 가장 좋은 최적의 제도가 민주주의라는 것에 우리 모든 사람이 합의하고 있는 것입니다. 그렇다면 국가는 이 위험한 비상상황에 대한 정보를 공유해야 되고 전파해야 됩니다.

그리고 법에도 그렇게 하게 돼 있습니다. 지난 80년대 초에 만들어졌던 국가대테러활동지침, 이거를 보시면 정부가 이 지침대로 하고 있지 않다는 것이지요. 직무유기를 하고 있다는 것입니다.

자, 비상상황이라고 간주합시다. 지난번 우리 김광진 의원께서 질의했을 때 어떤 일이 벌어졌습니까? 우리 국무총리께서는 대테러대책회의의 의장이 본인인지를 모르셨지요.

자, 이 대테러대책회의는 국가 대테러정책의 심의·결정 등을 위하여 대통령 소속하에 대테러대책회의를 둔다, 대테러대책회의 의장은 국무총리가 되며 위원은 뭐 이러이러한 장관으로 된다 돼 있습니다. 여기의 임무가 뭐냐? 국가 대테러정책 및 그 밖에 대테러회의의 의장이 부의하는 사항, 이렇게 돼 있습니다.

그렇다면 지금까지 초유의 국가 비상상황이라고 해서 국회법에 지금까지도, 지금까지 한 번도 그렇게 해 보지 않은 국회의장님의 직권상정을 국가 비상상황이라고 해서 이 법안 상정을 했으면 이 대테러대책회의는 한 번 열려야 되는 거 아니겠습니까? 그렇지 않나요? 제가 우리 박근혜정부를 너무 높이 평가한 건가요? 당연히 이 회의 정도는 한 번 열었어야 되는 거 아닙니까? 이 회의를 열고 어떤 테러의 위협이 오는지에 대해서 회의하고 심의하고 대책을 세워야 되는 것입니다.

저는 더 두려운 게 법안의 부재가 아니라 회의도 열지 않고 아무런 대책을 세우지 않고 있는 이 정부의 무능과 안이함이 더 두렵습니다. 만약 비상상황이라면, 그들 말대로, 국정원의 주장대로 지금 비상상황이라면 그들의 무능과 안이함, 무대책이 더 두렵습니다. 마치 지난 2014년의 세월호를 보는 듯합니다. 법이 없었습니까? 제도가 없었습니까? 아닙니다. 현장에서 제대로 시행하지

않고 제대로 감독하지 않았기 때문에 그랬습니다.

똑같습니다. 법 이전에 이 지침을 갖고 여러 가지 활동을 할 수 있습니다. 법이 없으면 못 합니까? 이 지침으로 할 수 있는 게 많습니다. 이 할 수 있는 것조차 하고 있지 않다는 저들의 무능과 안이함, 저는 그것이 더 두렵습니다. 그런 분들에게 더 큰 권한을 드리고 싶으십니까?

제가 외교안보를 전공했기 때문에 때로는 국가정보원에 대한 순기능에 대해서도 잘 알고 있고요, 권한을 집중해야 되거나 권한을 좀 강화해야 될 필요가 있다는 것까지 동의할 때도 있습니다, 때로는.

그러나 제일 무서운 것은 무능한 집단에게 많은 권한을 줬을 때에는 큰 해악으로 돌아옵니다. 제대로 된 문민통제 제도나 그런 메커니즘을 갖추지 않은 집단에게 과도한 권한을 부여한다면 그것은 큰 사회적 화근이 될 것입니다.

우리는 그 화근을 여러 차례 봤습니다. 절대권력자가 자신이 가장 총애했던 중앙정보기관의 수장에 의해서 피습을 당한 적도 우리 역사에 있었습니다. 근현대사의 비극이지요. 무능한 집단, 통제가 어려운 집단에게 얼마나 권한을 더 줘야 되겠습니까?

그렇기 때문에 제가 말씀드리고 싶은 것은 국가정보원의 개혁이 우선이라는 것이지요. 국가정보원을 어떻게 개혁할 것인가? 국가정보원에 대한 문민통제, 국가정보원에 대한 정치적 통제, 투명하고 어느 정도는. 물론 정보기관을 100% 투명하게 할 수는 없습니다만 최대한의 안전장치를 만들어 내는 것이 우선입니다. 최소한 그런 고민이 같이 이루어져야 되고요.

제가 다시 말씀드리겠지만 우리 국가정보원의 지금까지 했던 과거 안기부, 중정 시절에 있었던 수많은 어이없는 일들, 조작은 말할 것도 없고. 제가 진짜 묻고 싶은 것은 조작하고 왜곡하는 것을 들키지나 않았으면 좋겠습니다. 차라리. 모르는 게 약이라고, 때로는.

제가 지금까지 계속 스마트폰을 우리 국내—특정 업체를 얘기하면 안 되니까—업체 것을 쓰고 있다가 작년에 해킹프로그램, 이태리의 해킹프로그램 때문에 하는 수 없이 애플 아이폰으로 바꿨습니다. 저만 그런 게 아니라 상당히 많은 분들이 이렇게 많이 바꿨어요.

과연 그러면 국정원은 우리 경제에, 우리 기업에 도움이 되는 집단입니까, 그렇지 않은 집단입니까? 알 수가 없습니다.

자, 이 지침을 한번 더 보겠습니다.

이것만 있는 것이 아닙니다. 여기 보면 운영의 원칙에 있어서 이 대테러대책회의는 의장이 필요하다고 인정하거나 회의 소집이 필요하다면 의장이 소집해야 되는데 한 번도 회의를 소집하지 않았지요. 그리고 대테러대책회의를 소집하고 회의를 주재하고 결정사항에 대해서 대통령에게 보고하고 결정사항의 시행을 총괄지휘해야 되는데 과연 뭘 했습니까? 지금 정부 활동지침에 있는 대테러대책회의가 뭘 했습니까? 한 게 있으면 좀 밝혀 줬으면 좋겠습니다. 회의도 안 열었고 아무것도 대통령께 보고한 것도 없습니다.

여기에는 또 대테러대책상임위원회가 있습니다. 제8조에 대테러대책상임위원회의 설치 및 구성에 대한 규정이 있습니다. 뭐라고 되어 있느냐 하면 8조1항에 '관계기관 간 대테러업무의 유기적인 협조·조정 및 테러사건에 대한 대응대책의 결정 등을 위하여 테러대책회의 밑에 테러대책상임위원회(이하 상임위원회라고 한다)를 둔다' 이렇게 되어 있습니다.

자, 이 상임위원회가 활동을 해야 되는 것이지요. 여기의 위원장은 대통령이 임명합니다. 그래서 이 상임위원은 외교부장관, 통일부장관, 국방부장관, 국가정보원장, 그다음에 국무총리실장, 그다음에 청와대 외교안보수석 등 이렇게 이루어져 있습니다. 그리고 행안부장관까지, 경찰청장도 들어옵니다.

경찰청장은 해외에 출장 가셨고요. 출장을 가신 건지 어떤지 모르겠지만, 나중에 그 출장보고서 한번 꼭 보고 싶습니다, 뭘 하셨는지.

이 상임위원회 임무가 뭡니까? 자, 9조에 '상임위원회의 임무는 다음과 같다' 이렇게 되어 있습니다.

'1. 테러사건의 사전예방·대응대책 및 사후처리 방안의 결정
2. 국가 대테러업무의 수행실태 평가 및 관계기관의 협조·조정
3. 대테러 관련 법령 및 지침의 제정 및 개정 관련 협의
4. 그 밖에 대테러대책회의에서 위임한 사안 및 심의·의결한 사안의 처리'

이렇게 되어 있습니다.

자, 그러면 몇 가지를 제가 정말 묻고 싶습니다, 이 상임위원회에게. 상임위원회가 구성이 됐나요? 상임위원회가 활동을 했을까요? 총리는, 그 상급기관인 대테러대책위원회는 회의를 한 번도 안 했겠지요, 안 했으니까 자기가 의장인지도 모르고. 상임위원회도 아마 안 했을 것으로 저는 추정합니다.

이렇게 비상상황이라면 이 상임위원회가 응당 사전예방 및 대응대책을 위해서 조치를 취했어야 됩니다. 그리고 여기서 필요하다면 이러한 테러방지법과 관련된 법률을 여기서부터 논의를 시작해서 만들어왔어야 되는 거지요. 무엇을 했습니까? 어떤 조치를 취했습니까? 대답해야 될 의무가 있습니다.

이 상임위원회는 원칙적으로 반기 1회, 즉 1년에 2회 회의를 열게 되어 있습니다. 그리고 필요하다면 언제든지 임시소집을 할 수 있고요. 비상사태인데 제가 보기에는 정기총회 했을까요? 정기회의 1년에 두 번 하게 되어 있는데 정기회의 했을까요? 회의록이 있으면 보고 싶습니다. 아마도 국가 기밀사항이라, 안보와 관련된 사항이라 공개할 수 없다고 답변이 올 겁니다. 저는 안 봐도 압니다.

제가 국회 상임위 하면서 외교·안보 부서의 답변이 천편일률, 항상 똑같습니다. '의원님이 질문하신 내용은 국가안보와 관련된 사항이기 때문에 답변이나 자료를 드릴 수 없습니다'. 국회법에 '국가안보와 관련된 사항은 자료를 안 줄 수 있습니다' 그렇게 표기되어 있습니다.

그러나 아까도 말씀드렸지요, 국회가 권한이 없다. 자료

안 내놓습니다. 버티면 국회 회기 끝나고, 국정감사 끝나고, 임기 4년 국회의원 또 상임위는 2년마다 많이 바뀝니다. 예를 들면 '홍길동 의원 저분 귀찮은데 2년 후면 다른 상임위 가겠지', 정 안 되면 '4년 후에 저거 떨어지겠지'. 그렇게 갑니다. 우리는 국정원에서 무얼 하고 있는지 모릅니다. 그러나 국정원은 우리가 하는 것을 다 알고 있겠지요.

또 궁금한 게 있습니다, 이 지침에 따라서. 이 지침에는 테러정보통합센터가 있습니다. 이것의 책임은 국가정보원장이 갖고 있습니다. 11조(설치 및 구성) '테러 관련 정보를 통합관리하기 위하여 국가정보원에 관계기관 합동으로 구성되는 테러정보통합센터를 둔다' 이렇게 되어 있습니다. '테러정보통합센터의 장을 포함한 구성과 참여기관의 범위·인원과 운영 등에 관한 세부사항은 국정원장이 정하되, 센터장은 국가정보 직원 중 테러 업무에 관한 전문적 지식과 경험이 있는 자로 한다'.

제가 보기에 아마 센터장은 있을 것 같습니다. 왜? 센터장을 하면 판공비라도 조금 더 나오지 않을까요? 아마 그것 때문에라도 센터장은 뒀을 것 같아요. 그런데 뭘 했을까요? 무엇을 했는지 묻고 싶습니다.

이런 대테러정보통합센터에서 정보를 취합해서 상임위원회에 올리고, 상임위원회가 총리가 의장으로 있는 테러대책회의에 안건으로 올려서 예방책을 만들고 관련 대책을 수립하는 것이 정상적인 국가의 작동하는 원리입니다. 그런데 이 작동하는 원리가 지금 정상적으로 이루어지고 있다고 생각하십니까? 그런 흐름이 보이십니까? 제 눈에는 안 보입니다. 모르겠습니다, 국정원이 음지에서만 일하기 때문에 안 보이는지. 그러나 국정원은 몰라도 상임위원회와 총리가 의장으로 있는 대책위원회의 활동은 보일 수 있는데 보이지 않습니다. 아무것도 안 했다는 의미겠지요. 아니면 아까 제가 말씀드렸지만 비상상황이라는 것이 조작됐거나 아니면 비상상황인데 국가정보원을 비롯한 우리 국가 관련기관 전체가 직무유기를 하거나, 둘 중의 하나겠습니다. 국민들은 어떻게 보십니까?

저는 차라리 조작이기를 바랍니다, 조작이면 우리 국민의 위협에 실질적인 위협이 오지 않기 때문에. 그런데 실제로 비상상황이 다가오는데 이렇게 안일하고 아무런 대책을 세우지 않는다면 과연 이 사람들을 어떻게 믿습니까? 세월호가 침몰하는 것처럼 '가만히 있어라', 죽은 자들만 억울하고 국가는 나 몰라라 그렇게 되나요? 그게 맞나요? 그게 국가입니까? 그게 정부입니까? 어떻게 생각하세요?

정부는 그러한 일이 있기 전에 예방은 해야지요. 예방하고 방지해야 되지요. 적극 협조하겠습니다. 그러나 이 상황이 진실인지 허위인지는 우리가 알아야겠습니다. 그것도 모르고 국정원에게 무소불위의 칼을 줄 수는 없습니다. 우리 국민의 사생활 침해와 통신비밀의 권리, 금융거래의 비밀권리, 이 모든 사생활과 그 모든 것을 국정원에게 통째로 내줄 수 없습니다. 국정원이 개혁되기 전에는,

국정원에 대한 통제장치가 마련되기 전에는 줄 수 없습니다.

제가 추가로 조금 말씀드리면, 테러정보통합센터가 작동하고 있는지 묻고 싶습니다. 여기에 보면 임무에 이런 게 있어요. 테러 관련 정보를 통합관리 하고 24시간 상황을 유지하게 되어 있습니다. 그리고 국내외 테러 관련 정보를 수집·분석·작성해서 배포합니다. 아마 이 센터는 작동을 한 것 같습니다. 그래서 뭔가 있다고 해서 그 정보를 우리 존경하는 정의화 의장님께 가지고 가서 지금 비상상황이라고, 우리 국회의장님을 어떻게 했는지 모르겠지만 설득을 한 것 같습니다.

그런데 유감스럽게도 국가정보원은 이 내용을 상임위원회하고 대테러대책회의에는 올리지 않은 것 같습니다. 정부는 아무런 대응을 하고 있지 않기 때문에, 총리는 자기가 의장으로 있는 대테러 관련 회의체가 자기가 의장인지도 모르고 회의를 소집한 적도 없는 걸 보면 제가 보건대는 의장님한테만 보고한 것 같습니다.

왜 그랬을까요? 의장님이 무서워서, 국회를 존중해서일까요? 저는 그렇게 생각하지 않습니다. 자기가 필요한 내용만을 필요한 조치를 위해서 상황을 확대해서 보고했지 않을까 생각됩니다.

상식적으로 생각해 보십시오. 지금 우리가 국가비상상황이라면 어떻게 되겠습니까? 해외 관광객이 한국에 들어오겠습니까? 우리 국가정보원이 엄청난 일을 벌인 겁니다. '경제는 나 몰라. 대통령이 관심 있는 이 법은 무조건 통과시켜야 되겠어' 이것 이상 이하도 아닌 것 같습니다.

경제상황이 너무 어렵습니다. 국민들은 허리가 휩니다. 서민경제 파탄 지경입니다. 가계부채가 박근혜정부 들어서고 나서 천정부지로 뛰고 있습니다. 매우 빠른 속도로 뛰고 있어서 가계부채가 1200조를 넘어섰습니다.

비정규직, 글쎄요 제가 보기에는 비정규직이 그냥 일반적인 정규직 같습니다. 한국 사회에서는 절반 이상이 비정규직입니다. 제 눈에 보이는 분들은 대부분 비정규직입니다. 그런데 노동법을 개악해서 비정규직을 더 늘리겠다고 합니다.

제가 그렇게 얘기했습니다. 동네에 다니는데 어르신들께서 '왜 노동법 통과 안 시켜 주냐'고. 제가 그랬습니다. '그것 통과되면 아드님이나 사위는 정리해고 되고요, 손녀는 계속 비정규직으로 다닐 겁니다, 월급 140~150만 원 받고.' 동네 아주머니들한테는 '남편은 해고, 아들은 비정규직' 그렇게 말씀드립니다. 한국 사회가 그렇게 되기를 원하십니까?

제가 다른 데를 인용하지 않겠습니다. OECD에서 한국 경제의 가장 큰 위기를 두 가지로 얘기합니다. 하나는 가계부채, 두 번째는 비정규직의 높은 비중입니다.

(「홍 의원님, 테러방지법, 테러방지 관련해서……」하는 의원 있음)

문대성 의원님, 제가 이 정도가 의제에서 벗어났다고 얘기하면 아니지요.

(「아니, 왜 그러냐 하면 제가 말씀을 드려야 피곤하지
않으시니까」하는 의원 있음)

(「노동법이 아니잖아요」하는 의원 있음)

(「피곤하시지 않게……」하는 의원 있음)

제가 의제를 벗어나지 않고, 저는 의제 제한 없이 폭넓게
얘기합니다. 의장님께 말씀드리면 됩니다.

저는 국민들께 말씀드리고 싶습니다. 천정부지로 솟는
가계부채, 국가채무도 지속적으로 증가하고 있습니다.
여러분 잘 모르시겠지만요 우리 기획재정부, 경제부처에서는
5년 단위로, 매년 5년 앞을 내다보는 중기재정 전망을 하고
있습니다.

2011년에 2016년에 소요되는 정부 들어오는 돈과
나가는 돈, 정부 예산지출이지요. 정부 예산규모를,
재정규모를 얼마를 추산했는지 아십니까? 2011년이 이명박
정부 시절입니다. 5년 전이지요. 그때 2016년의 재정규모,
우리가 지출해야 될 재정규모를 430조를 추정했습니다.

그 얘기는 그만큼 돈이, 재정수입이 들어오고 그만큼
돈을 지출할 데가 있다는 평가지요. 그런데 금년도
재정규모가 얼마인지 아세요? 380조 입니다. 50조가
사라진 겁니다. 50조가 어디 갔을까요? 당초 얘기한 바와
같이 감세를 하면 이명박 정부 당시에……

(「홍 의원님, 테러방지법 얘기해 주세요」하는 의원 있음)

곧 돌아갈게요. 조금만 기다리세요, 문대성 의원님.
우리끼리 왜 이러세요?

(「의장님, 지적해 주세요!」하는 의원 있음)

이 정도면 안 벗어난 거예요. 제가 더 세게 할 수 있는데
충분히 여당 의원님들 존중해서 말씀드리는 거고, 저는 이
정도는……

(「테러방지법은 세게 하셔도 돼요. 주제에서 벗어나서……」
하는 의원 있음)

조금만 기다리세요, 다시 왜 가야 되는지를 제가 설명을
드리니까.

430조가 나가야 될 5년 전에 했던 예상과 달리 380조가
됐습니다. 그렇기 때문에 복지대란, 누리과정을 둘러싼
예산문제 이런 게 다 터지는 겁니다.

어떻게 해야 될까요? 그런데 아무런 대책이 없습니다.
아베 총리처럼 일본식 양적 완화를 통해서 뭔가 해
보자 하는 그런 어떤 변화도 안 보이고, 그렇다고 독하게
구조조정을 해 보겠다는 의지도 없습니다. 그저 그렇게,
어쩌면 저는 그럭저럭 굴러가지만 이것이 2~3년 후에
어떻게 될지 정말 장담할 수 없습니다.

많은 기관에서 인구절벽 얘기를 합니다. 인구절벽 문제가
어제오늘의 문제가 아니라 여러 군데에서 지적됐습니다.
한국 사회는 이미 2014년부터 인구절벽의 예고가 시작됐고,
2018년에 인구절벽의 인구가 드디어 가장 최대치로
나왔던……

왜 이 얘기가 나왔느냐 하면, 미국에서 해리 덴트
보고서라는 게 있습니다. 해리 덴트라는 사람이 운영하는
연구기관인데 해리 덴트 보고서에 이런 내용이 있어요.

베이비부머, 가장 출생자 수가 많았던 해로부터 46년
후에 경제위기가, 디플레가 온다는 겁니다. 그것이 일본도
정확하게 지적이 맞았고 미국의 2008년도 경제위기가 그
시점이었고 한국은 2018년이라는 거지요.

정부가 지금 비상상황이라고 얘기하면 이러한
비상상황에 대해서 진짜 비상상황은 우리 출산율이
낮아지는 겁니다. 세계 최저입니다. 우리나라처럼 낮은 나라,
우리는 200위권 밖입니다, 세계 기준으로 해서. OECD
국가 중에서도 최하위권입니다. 어쩌면 점증하는 위기와
비상상황은 저출산에서부터 시작된다고 할 수도 있습니다.
가계부채에서 시작된다고 할 수 있습니다.

(「의장님, 정중히……」하는 의원 있음)

● 의장 정의화 정중히 앉아서 조금 들어 보십시오.

● 홍익표 의원 그런데 그런 비상상황에 대한 대책이 없이 지금
현재 시점은 그냥 비상상황이라고 얘기합니다. 비상상황이
맞을까요? 지금 테러로부터 오는 것이 비상상황이일까요,
저출산과 가계부채, 여러 가지 금융과 관련된 불안정성 이런
것이 우리 국민들에게 다가오는 예고되는 비상상황일까요?
우리 국민들은 제대로 보셔야 됩니다. 또 IMF 맞을 수
없잖아요.

자, 다시 원하시는 대로 테러 문제로 돌아가지요, 그러면.
우리가 테러라는 것을 어떻게 봐야 될까요? 제가
문화인류학적으로 또 국제정치적으로 이 테러 문제를 좀
보고 싶었습니다.

제가 책을 하나 가지고 왔는데 그냥 책만 한번 조금
보여드리는 것으로……

이게 꼭 테러를 연관해 둔 것은 아닙니다. 그렇지만
96년도 초반에 새뮤얼 헌팅턴 교수라고 국제정치학의
아주 유명한 미국의 한 사람이 '문명의 출동'이라는 것을
썼습니다. 이 책에서 많은 부분을 시사합니다.

헌팅턴 교수가 이 책을 쓸 당시가 이미 냉전이 붕괴된
시점입니다. 구 소련이 붕괴됐고 중국은 상당히 사회주의
개혁을 하고 있고 동유럽 사회주의 국가들이 대체로
체제 전환을 해서 자본주의 시장경제로 이행하고 있는 그
시점이었습니다.

냉전이 사라진 이후에 지구상에는 무엇이 남을까……
이념이 사라지고, 물론 불행히도 우리나라는 아직 냉전의
서슬이 시퍼렇게 살아 있습니다. 많은 분들이 우스갯소리로
'기승종북'이라고 그러지요. 나머지 끝으로 모든 결론은
북한 문제로 돌아가고…… 우리는 아직 어떤 의미에서는
전 세계적으로 변화했던 90년대의 냉전의 흐름에서도
벗어나지 못하고 있다 이렇게 볼 수도 있습니다.

그러나 어쨌든 세계는 변했고 동아시아 질서도 따라서
변했습니다. 이 문명의 충돌이라는 것은 결국은 거대 문명권,
기독교 문명권, 이슬람 문명권, 불교 문명권, 힌두 문명권
그리고 유교 문화권—흔히 중화문화라고 하지요—유교
문화권, 그다음에 일본 문화를, 희한하게도 이 헌팅턴
교수는 일본을 좋아해서 그런지 일본 문화권을 별도로

분류했는데 이런 등등의 문화권들의 단층선에서, 즉 만나는 부분에서 상당한 충돌이 벌어질 거라는 것을 예측을 합니다. 실제로 그 당시에 많이 목도했지요. 우리가 눈앞에서 봤습니다.

종족 분쟁, 아프리카 곳곳에서 일어났고요. 유럽에서 유고내전, 보스니아와 헤르체고비나의 유고내전 같은 경우는 우리가 목격한 바로 기독교와 이슬람 쪽의 단층선, 접경 지역이었습니다. 중앙아시아 체첸 문제도 마찬가지고 중동 국가에서 중동 내에서의 분쟁은 소위 같은 이슬람 내에서의 또 다른 종파 간의 문제가 벌어지기도 했었지요.

혹시 여러분, 베나지르 부토 여사 아시지요? 과거 파키스탄에서 두 차례나 총리를 역임했던 분입니다. 불행히도 2007년 12월 달에 피살당하셨는데 이분이 2007년도 7월에 파키스탄 민주주의 미래에 관해서 이러한 연설을 합니다. '무자헤딘은 탈레반으로 변했고, 탈레반은 알카에다로 변했습니다. 그다음은 추악하고 가슴 아픈 역사입니다. 그러나 그 변화를 결코 예측할 수 없던 것은 아니었습니다. 우리의 장기적인 목표에 손상을 입히는 단기적인 전략의 위험은 그때도 명백했습니다. 1989년 6월 나는 백악관에서 조지 부시 대통령—이건 아버지 부시입니다—을 만나 우리는 프랑켄슈타인을 만들어 내고 말았습니다.'라고 말했습니다.

그 지역의 역사적 배경, 문화적 이해, 종족 간의 갈등의 상황에 대한 충분한 배려, 경제적 상황들에 대한 고려 없이 서구사회의 섣부른 진단이, 정권 교체를 하거나 이러한 것들이 테러집단을 역으로 키워 온⋯⋯ 폭력은 결코 폭력을 막을 수 없습니다. 그것이, 역사가 증명하고 있습니다.

부토 총리가, 부토 여사가 말한 바와 같이 계속 이슬람의 테러의 집단은 변화되었습니다. 지금은 IS라고 하지요. IS가 사라지면 테러가 없어질까요? 저는 그렇게 생각하지 않습니다. 테러는 또 다른 형태로 다시 나타나지 않을까 생각됩니다.

법으로 테러를 막을 수 있을까요, 그렇다면 또? 우리 대통령은 테러방지법 만들면 막을 수 있다고 생각하시는 것 같은데. 암질환 예방법 만들면 암 안 걸릴까요, 우리 국민들이? 그러면 제가 그 법 대표발의해서 만들고 싶은데. 그리고 가족 출산, 다둥이 출산 장려법 만들면 우리 어머니들, 결혼하신 신혼부부가 아이들을 둘, 셋 막 낳을까요? 다섯, 여섯 낳아 줄까요, 그 법 만들면? 테러방지법 만들면 테러를 막을 수 있을까요? 아까도 제가 말씀드렸지요.

그러한 역량이 있는지 우리 봐야 됩니다, 국가정보원이. 과연 그런 역량이 있을까요? 또 그러한 우리의 생명과 우리의 모든 사생활을 살펴볼 수 있는, 침해할 수 있는 권한을 국가정보원한테 여러분은 서슴없이 내줄 수 있습니까?

제가 영화 한편 얘기를 하지요. 저는 영화 굉장히 좋아하는데 한때 호러영화 시리즈가 있습니다. 그중에 하나가, 여기 계신 분들 제 세대나 저보다 조금 밑의 세대가

많이 봤을 거 같은데 97년에 나왔던 이런 영화가 있지요. '나는 네가 지난 여름에 한 일을 알고 있다', 아마 이 법이 통과되면, 물론 지금도 다 알 수 있습니다, 국정원이 마음만 먹으면. 다만 그것이 위법이지요. 불법입니다. 그것을 활용할 수 없습니다, 재판에. 그것을 법적으로 활용하기 위해서는 판사나 검찰을 통해서 사법부의 협조를 받아서 영장을 받아야 되지요, 검찰의 수사 협조를 받거나. 그러나 이 법이, 테러방지법이 통과되면 그것 필요 없이 자기 마음대로 할 수 있게 될 겁니다.

그러면 아마 이럴 겁니다. '나는 네가 지금까지 한 모든 일을 알고 있어'가 될 겁니다. 우리 한국사람들은, 우리 대한민국 국민들은, 우리 대한민국 시민들은 새로운 2016년 판 호러영화에 직면하게 될 겁니다. 바로 여러분들이 호러영화의 주인공이 될 겁니다.

한때 그런 일도 있었다고 하더라고요—지금은 없어졌지만—국정원 개혁으로. 국정원에서 모든 기관에 사람들이 상주했습니다. 한 명씩 파견되어 가지고, 보통 출입요원이라고 합니다.

출입하는 담당자가 있는데, 한때 권위주의 시절에 있었던 일을 제가 들었던 건데요. 시쳇말로 검사가, 그 당시에 우리 많았지요. 지금은 많이 근절되기는 했지만, 지금도 좀 있는 것으로 알고 있지만, 부적절한 여러 가지 향응이나 접대를 받지 않았습니까?

그러고 나면 그랬다는 것 아니겠어요, 국정원 요원이, '아, 어제 참 즐거우셨다면서요?', 그러면 그 해당 검사가 느끼는 심리적 압박감은 어떻겠습니까?

아마 우리 국민 모두는, 물론 이렇게 이야기하시는 분도 계실 거예요. '야, 네가 잘못 안 하고 살면 되잖아. 네가 나쁜 짓 안 하면 되잖아', 그게 정답일까요? 우리나라 국민 모두가 무슨 부처님도 아니고 공자님도 아닌데.

모르겠습니다. 제가 그렇게 깨끗한 사람이거나 그러지 못해서 그런지 제가 한 일을 다 알고 있다면 굉장히 섬뜩할 거 같아요. 물론 대충 알 거라고 느낌은 있지만 속속들이⋯⋯

자, 금융계좌 추적하고 위치 추적하고 통신 감청하고, 어떻게 될까요? 아까도 우리 최원식 의원께서 앞서 말했지만 '에너미 오브 더 스테이트'라는 영화에서 카드를 쓰든 그다음에 교통카드를 쓰든 통신을 하든 음식점에 가서 식사를 해서 결제를 하든 여러분이 다닌 길, 동선, 무엇을 했는지, 누구를 만났는지, 심지어 감청까지 하며 무슨 대화를 했는지 속속들이 다 알게 되는 거지요.

여러분 그게 좋으세요? 그걸 원하시면 이 법을 통과시켜 드리겠습니다. 그 법이 필요하다고 생각하시면 통과시켜 드리겠습니다.

기왕 영화 얘기 나온 김에 한 편 더 얘기해 드리겠습니다. 지난 2006년도에 만들어졌던 영화인데 '타인의 삶'이라는 영화가 있어요. 이거야말로 도·감청, 한 개인의 사생활을 속속들이 지켜보는 내용이지요.

자, 제가 간략하게 이 영화 내용 한번 말씀 좀 드려 보겠습니다, 시간이 많으니까, 무제한 토론의 장점은 시간이

많다는 거니까. 글쎄요, 하는 김에 내일이 3·1절이니까 3·1절까지 한번 가 볼까 싶기도 합니다.

이 내용을 보면 해설을 아주 재미있게 썼어요. '최근 국정원이 자국민을 상대로 감청을 해 왔다는 강력한 의혹이 제기되고 있다', 이게 작년 감청 프로그램, 이탈리아 해킹 프로그램 그 이후에 있었던 건데 '과연 그 수준이나 강도가 어느 정도였는지 더 밝혀져야겠지만 감청 의혹 자체에 대해서는 대체로 사실로 받아들이는 분위기다', 그 평론가가 쓴 얘기입니다.

'난 이 사태를 보면서 몇 년 전 보았던 타인의 삶을 떠올렸다', 영화가, '이제 와서 다시 보니 영화가 새롭게 다가왔다. 우선 영화의 배경이 되는 곳은 정부에 의한 대국민 도청과 감시·미행이 난무하는 동독으로', 과거 서독과 대치하고 있는 동독이었습니다. 비밀경찰이 활동을 아주, 암약하던 그 시절이니까요.

주인공은 그러한 일을 전담하는 비밀경찰의 일원입니다. '그는 동독 사회주의를 신봉하며 그런 점에서 자기가 하는 일이 가치 있다고 여기고 거기에 장인적인 노력을 기울이는 인물이다' 이렇게 돼 있습니다.

저는 우리 국정원이 장인적인 그런 자부심이나 있었으면 좋겠습니다, 차라리. 아니, 어쩌면 많은 분들은 국정원에서 일하는 자부심과 헌신을 갖고 계실 거라고 저는 믿습니다.

상층부에 있는 몇몇 사람의 잘못, 그 사람들의 정치적 중립을 지키지 않는 행위, 정치적 중립성을 훼손하는 정권의 잘못으로 인해서 정보 현장에서 생사를 걸고 일하는 우리 요원들이 도매급으로 매도당하는 것일 수도 있습니다.

자, 내용을 좀 더 보지요.

'그는 한 예술가 부부를 도청·감시하면서 점차 다른 사람이 되어 간다. 그러더니 오히려 예술가 부부를 권력의 감시로부터 보호하는 데 힘쓰기 시작한다', 도리어 감시하는 사람으로부터 그 사람들이 그렇게 나쁜 사람이 아니고, 자기가 보기에는 그 비밀경찰요원이 인간적으로 동화되어 가는 과정을, 인간적 고뇌를 그린 굉장히 휴먼 영화예요.

왜 그랬을까요? 인간에 대한 연민? 그들 삶에 대한 공감? 아니면 자기가 하던 일에 대한 고뇌? 때로는 지루함? 모르겠습니다. 그래서 심지어 이들이 어떤 반정부적인 행위를 하는 것도 눈 감아 주기 시작합니다.

자, 이 영화에 나오는 도·감청 수준은 굉장히 낮은 수준입니다. 지금의 도·감청 수준하고 비교가 안 되지요, 지금은 스마트폰을 도·감청하는 수준이기 때문에. 이 영화에서의 도·감청은 그야말로 집에다 감청시설 이렇게 해 놓고 몰래 엿듣고 이런, 아주 구시대, 우리가 흔히 80년대 영화 보면 할 수 있는 첩보활동 그런 수준의 도·감청을 하고 있는 것입니다.

이런 도청과 미행과 개인 사생활에 대한 침해가 빈번하게 이루어지는 사회가 과연 행복할까요? 여러분, 행복하십니까? 상상해 보십시오. 그런 사회가 행복할까요?

정보기관의 폐해에 대해서, 정보기관이 잘못하면, 독점적인 권력을 가지면 어떠한 일이 벌어지는지를 제가 한 사례를 읽어 드리겠습니다.

여러분, 혹시 미국 FBI 알고 계신가요? FBI를 이렇게 만든 가장 대표적인 사람이 에드거 후버입니다. 흔히 후버 국장, 이 사람은 40여 년 이상을 FBI 국장을 했습니다. 국장으로 있다가 사망했습니다.

자, 이 사람의 역정을 한번 읽어 보지요.

김영삼 대통령 시절에 불법 도청이 문제가 됐던 X파일 사건 아시지요? 그 당시에 불법 도청으로 취득한 녹취록인데요. 이 X파일이 그 당시에 엄청난 파문을 일으킵니다.

잘 아시다시피 정보기관의 생리가 그렇습니다. 정보기관은 끊임없이 정보를 수집하고 싶고 정보를 더 확보하고 싶어 하는 욕망을 참을 수가 없습니다. 합법은 물론이고 들키지만 않는다면 불법을 해서라도 하고 싶은 게 정보기관의 생리입니다.

우리 국정원만의 잘못이 아닙니다. 미국 FBI도, 미국 CIA도, 영국의 MI6도 아마 그럴 것입니다, 소련의 KGB조차도 그랬으니까요. 모든 정보기관들은 합법은 물론이고 합법과 불법의 경계선, 나아가서 불법적인 경로를 통해서라도 정보를 수집하려고 합니다.

후버는 24년부터 72년 사망할 때까지 무려 48년간을 FBI 국장직을 수행합니다. 이렇게 그가 오랜 수사기관 최고 책임자로 군림하면서 도청 등 불법적인 방법을 통해서 유력인사의 사생활에 대한 정보를 수집했으며 자신의 지위를 유지하는 데 이를 악용했다는 사실이 이후에 드러납니다.

심지어 그는 자신의 상관이었던 미국의 대통령들을 상대로도 이러한 사생활 정보 또 불법적으로 취득한 정보를 갖고 협박을 서슴지 않았던 것입니다. 그야말로 불법 정보를 통한 협박의 달인인 것이지요.

이 후버 국장이 FBI를 이용해서 시민을 상대로 정보수집 활동을 벌이기 시작한 것은 2차 세계대전부터입니다. 그리고 FBI의 도청 등을 통한 정보수집 활동을 허용한 사람은 바로 루스벨트 대통령이었습니다.

독일에서 나치가 위세를 발휘하고 그다음에 30년대 들어와서 공산주의, 그러니까 소련을 위시한 사회주의 활동이 확산되면서 이런 나치를 추종하는 극우파가 정부에 위해가 되지 않을까, 그래서 그 이유 때문에 백악관에서 후버에게 정보수집을 지시합니다. 그리고 곧 이어서 좌파집단에 대한 정보수집도 동시에 내리게 되지요.

1934년 겨울에 미국 시민자유연맹이라는 인권단체가 대통령 면담을 요구하자 루스벨트는 FBI에 이 단체의 성격을 조사해 보라고 지시합니다. 그런데 평소 이 단체를 별로 좋지 않게 여겼던 후버가 루스벨트에게 면담을 거부하라고 조언합니다.

루스벨트는 어떻게 했을까요? 당연히 면담을 거부했습니다. 루스벨트는 점점 FBI 보고서에 의존하게 됩니다. FBI의 당초 목적이었던 범죄수사라는 그 고유영역을 벗어나서 이제 후버는 대통령의 정보총책으로 자리 잡게 된 것이지요.

36년에 유럽에서 나치하고 스탈린, 소련이 전쟁을 벌이기 시작하니까 루스벨트는 후버를 불러서 미국 내에서 활동하는 공산주의자와 파시스트에 대한 믿을 만한 정보를 비밀리에 얻을 수 있느냐고 묻습니다.

수사기관인 FBI가 일반인을 상대로 정보수집을 할 수 없습니다, 그 당시의 미국 법에. 그러자 후버가 아이디어를 내지요. 정보수집 활동이 범죄수사라는 FBI 고유영역에서 벗어나는 것이라고 하더라도 국무부의 요청이 온 것이라면 법적으로 문제가 없다라는 것입니다. 참 재미있습니다. 지금 우리나라의 논리하고 상당히 흡사합니다.

자, 루스벨트는 후버가 있는 자리에 당시 국무장관인 코델 헐을 부릅니다. 그래서 외부의 공산주의자들과 파시스트들이 미국을 상대로 첩보활동을 벌여서 미국의 안보를 위협하고 있다고 말하지요. 그러니까 헐 국무장관이 그 자리에서 그 나쁜 놈들에 대해서 조사하라고 후버국장에게 즉각 지시합니다. 우리가 흔히 얘기하는 짜고 치는 고스톱이지요.

이것을 계기로 해서 FBI는 전쟁기간 동안 미국 내의 모든 정보활동을 총괄하게 됩니다. 후버는 안보를 이유로 대규모 감시활동을 할 수 있게 된 것입니다. 바로 루스벨트의 정치적 라이벌에 대한, 정적들에 대한 파일을 만들기 시작했었음은 당연한 것이지요.

루스벨트는 자신에 반대하는 언론사에 대해서도 후버를 통해 압력을 행사합니다. FBI는 정보를 제공하는 협조자들을 모으고 정보수집 활동의 대상이 된 일반인에 대한 기록을 관리하게 됩니다. 이러한 협조자들은 2차 대전이 끝날 때 무려 4000명을 넘었습니다.

당시에 FBI는 이러한 내밀한 정보수집 활동을 바탕으로 나치의 간첩을 적발하는 개가를 올리기도 했지만 더 뭐에 주력했느냐? 노조 지도자들과 소위 진보주의자들을 감시하고 탄압하는 데 주력했습니다.

어쨌든 후버를 전적으로 신임한 루스벨트가 1940년 FBI에 전화도청을 할 수 있도록 합니다. 이로 인해 후버의 FBI는 사실상 미국의 비밀경찰이 된 거나 마찬가지가 됩니다.

당초까지만 해도 FBI에서는 유괴사건 수사의 경우를 제외하고는 전화도청이 금지되어 있었습니다. 즉 유괴사건에 한해서만 전화도청이 허용된 것이었지요.

그런데 이제는 바뀌었지요. 루스벨트뿐만 아니라 모든 대통령마다 후버는 정적에 대한 정보수집 활동을 지시하고 보고를 받습니다. 민주당 소속이었던 루스벨트 대통령은 1944년 선거를 앞두고 공화당에 대해 도청하고 그 결과를 보고하라고 후버에게 지시합니다.

그 뒤를 이은 트루먼, 아이젠하워, 케네디, 존슨, 닉슨 등이 모두 후버에게 정적에 대한 도청 및 정보수집 활동을 지시했다는 사실이, 이것이 75년 미 상원 정보위원회 조사에서 밝혀지게 된 것입니다.

우리는 이러한 과거에 대한 범죄사실을 증명하는 것도

어렵습니다, 국가정보원에 대해서. 이런 것도 제대로 못 했습니다.

대통령이 FBI에 정적에 대한 도청 및 정보수집 활동을 지시한 것은 안보나 범죄수사와는 아무런 관련이 없는 정치적 목적에서 비롯된 비윤리적이고 불법적인 것이었습니다.

그러나 그러한 대통령들은 후버 덕분에 정적에 대한 정보를 얻고 대비할 수도 있었지만 거꾸로 그들 대통령 스스로가 후버에게 약점을 잡히게 된 것이지요.

사실 FBI의 권한을 결정적으로 강화시킨 건 루스벨트 대통령이지만 후버는 거꾸로 루스벨트를 의심했습니다. 특히 그의 부인 엘리너 여사를 아주 의심을 했어요. 그래서 후버는 엘리너 여사가 공산주의자들과 연관이 있다고 의심하고 조사를 벌입니다.

무려 FBI에 보관된 엘리너 여사에 대한 파일이 449쪽이나 된다고 합니다. 주로 엘리너 여사의 비서와 관련자들에 대해서 집중적으로 감시했지요. 나중에 이거를 알게 된 엘리너 여사가 화를 냈고 이거에 대해서 후버가 급히 사과했지만 그렇다고 엘리너 여사에 대한 감시활동을 중단하지 않았습니다.

그런데 결국은 루스벨트가 이를 알고 격노하지요. 그러나 불행하게도 2차 대전이 끝나고 FBI의 권한을 약화시키려고 했던 루스벨트가 갑자기 사망하게 됩니다.

자, 트루먼 대통령도 전임자 루스벨트처럼 지탄을 받는 FBI의 권한을 줄이고 후버를 내쫓으려고 했습니다, 처음에는. 그러나 후버가 스스로 쓸모가 있다는 것을 권력자에게 입증했지요.

정보기관이 권력자에게 쓰임새가 있다고 입증하려는 건 뭐겠습니까? 정적에 대한, 정치적 라이벌에 대한 감시, 비밀정보를 파악해서 보고하는 것이겠지요.

결국 트루먼은 후버가 올리는 보고서를 받게 됩니다. 그 보고서에는 정적에 대한 도청 자료, 야당 지지자들이 앞으로 어떤…… 야당과 관련된 기관지들, 신문이지요, 언론들이 어떤 보도로 트루먼을 비판을 했는지에 대한 내용을 자세하게 기술합니다.

이러한 FBI의 불법 도청을 통해 얻은 정보를 손에 쥔 순간 어떻게 되겠습니까? 트루먼은 후버와 같이 공범이 되는 겁니다. 즉 같은 배를 타게 된 거지요. 어쩌면 국가정보원으로부터 불법 정보를 보고받는 순간, 그 보고를 받는 순간 공범이 되는 것입니다. 이것이 바로 후버가 진정 바라던 것이었던 것입니다. 한 배를 타는 거지요.

2차 대전 직후에도 미국에서는 공산주의에 대한 공포가 상당했습니다. 후버는 미국 내에 반공정서가 강화되는 것을 이용해서 FBI의 국장 자리에 머물면서 영향력을 유지하려고 했습니다. 뿐만 아니라 후버는 저명인사들을 상대로 마구잡이로 불법정보를 수집했습니다. 우리가 아는 유명한 할리우드 영화 스타들, 캐서린 헵번, 로렌 바콜, 험프리 보가트 같은 유명한 스타들이 이에 해당됐고요, 심지어 펄벅, 헤밍웨이, 아인슈타인 같은 저명인사까지 다 좌파 누명을 쓰고 감시를 받았습니다.

그 당시 유명했던 좌파에 대한 매카시 리스트에 걸려서 모든 사람들이 희생됐지요. 여러분들이 잘 아는 희극배우, 미국을 떠나고 영국으로 망명하게 됩니다. 찰리 채플린이지요. 여러분 잘 아시는 찰리 채플린은 그렇게 미국을 떠났다가 노인이 되어서 구십 연세에 미국으로 귀환하게 됩니다.

트루먼은 사실 후버를 좋아하지는 않았다고 합니다. 그러나 소련이 핵폭탄 실험에 성공하고 점점 세력이 강화되니까 반공에 대한 집착이 점점점 높아지게 되지요. 그래서 후버의 보고서를 무시할 수 없게 된 것입니다.

52년 대선에서는 소위 2차 대전의 영웅인 아이젠하워가 진보적인 주지사인 애들레이 스티븐슨과 경쟁을 하게 됩니다. 후버는 당연히 아이젠하워의 편에 서게 되지요. 물론 불법입니다. 정보기관의 수장이 특정후보를 지지한다는 것은 말이 안 되지요. 모르겠습니다, 미국에서는 말이 안 되는 게 우리나라에서는 너무나 당연한 것같이 일어나서. 댓글을 달아도, 분명히 정치개입 불관여, 정치개입 금지가 국정원법에 명시되어 있는데 아무 관련 없이 댓글공작을 합니다. 그 문제는 다시 또 따져 보겠습니다.

후버는 아이젠하워에게 스티븐슨의 이혼에 대한 정보를 넘겨줍니다. 사생활 정보를 넘겨주지요. 특히 FBI는 스티븐슨이 동성애자이고 공산주의자였다는 허위보고서를 작성해서 배포합니다.

너무나 유사하지요. 우리 대선 때 NLL 포기하고, 노무현 대통령이 NLL을 포기했고 종북·친북세력이라는 이러한 음해를 퍼뜨리던 것과 너무 유사합니다.

이 허위보고서는 아이젠하워 승리에 결정적으로 작용합니다. 아이젠하워는 후버에게 국가훈장을 수여합니다.

그런 거에 비하면 원세훈 원장도 훈장을 받았어야 되는데 안타깝습니다.

후버는 아이젠하워가 집권하는 8년간 자리 걱정하지 않고 살게 됐다고 자신하게 된 것이지요. 그러나 후버는 끊임없이 불안해합니다, 자신의 지위를. 그래서 자신이 지지했던 아이젠하워까지 이제는 사생활을 캐기 시작합니다.

그래서 1955년 9월에 아이젠하워가 유럽주둔군사령관 시절에 내연관계에 있던 한 운전병—여군이었겠지요—이 여군이 워싱턴의 한 호텔에서 가명으로 투숙합니다. 후버는 이것을 비밀리에 조사를 합니다. 대통령이 옛 연인과 관계가 있는지를 조사한 것이지요. 그리고 당당하게 이를 대통령한테 보고합니다. 마치 평범한 정보보고인 척 가장하면서 자신이 너의 불륜과 내연관계를 알고 있다라는 것을 암시하는 것이지요. 과시하는 겁니다. 이것이 바로 후버가 썼던 전통적인 협박수단입니다. 아이젠하워는 이 보고서 받고 다음 날 심장마비로 쓰러졌습니다, 다행히 일어났지만.

더 나아가서 케네디 집안과도 관련이 있습니다. 잘 아시다시피 존 F. 케네디는 재임기간 중에 훌륭한 치적도 있었지만 개인적 사생활 문제로 구설수에 많이 올랐지요. 이러한 케네디의 여비서와 관련된 문제 또는 직업여성들과 관련된 사생활 문제 등등 여러 가지 부적절한 사생활에 대해서 후버가 모든 정보를 확보합니다, 도청하고. 심지어 일부 범죄조직과의 연관성까지도 조사해 봅니다. 대단한 사람이지요. 즉 케네디의 약점이 될 만한 것을 몽땅, 그것을 쥐고 린든 존슨에게 넘겨줍니다. 존슨이 이를 가지고 케네디를 협박합니다. 그래서 부통령 자리를 얻어내지요.

너무 많은데 제가 좀 줄이겠습니다, 이것을 다 하기도 그렇고.

후버는 그 이외에도 많은 사람들에 대한 조사를 합니다. 베트남 전쟁을 반대하는 사람을 조사하고, 흑인 민권운동을 하는 킹 목사를 비롯한 흑인 민권운동가들 대부분을 그들의 사생활이 문제가 없는지 뒷조사하고 또 심지어 사생활에 문제가 있는 것처럼 정보를 흘리기도 합니다. 일종의 정보공작이지요.

(정의화 의장, 정갑윤 부의장과 사회교대)

심지어 닉슨이 대통령이 됐을 때도 마찬가지 행동을 합니다. 닉슨이 과거 해외에 갔을 때의 부적절한 사생활 문제 또 키신저 안보보좌관을 비롯한 주요 측근들에 대한 무차별 도청과 그 사람들에 대한 미행자료, 사생활 자료를 취득합니다.

결국은 닉슨도 후버를 어떻게 하지 못합니다. 불행인지 다행인지 후버가 72년 5월 국장실에서 77세로 사망합니다. 그래서 75년에 정보위에서 후버 국장에 대한 뒷조사를 해서 이 모든 것들이 진상이 드러나게 된 겁니다.

이와 같은 후버의 불법적 정보수집과 권력 유지에 질려 왔기 때문에 미국 국민들이 그리고 미국 정치인들은 FBI 국장의 임기를 10년으로 제한한 것입니다.

제가 이 얘기를 왜 길게 읽었을까요?

미국은 무려 40년간 후버 재임시절에 FBI의 독주와 독단, 불법행위를 대통령들이 묵인·방조했습니다. 함께했던 것이지요.

우리 국가정보원은 어떨까요? 무소불위의 권한이 주어졌을 때 그들이 할 수 있는 것들은 무엇일까요? 아마도 대통령에게 정적에 대한, 정치적 라이벌에 대한 음해성 자료, 대통령을 반대하는 단체나 언론에 대한 동향, 언론인들에 대한 동향 자료 그리고 이를 상대하기 위한 역공작—소위 정보공작이지요, 요즘 나오는 댓글공작, 흔히 댓글부대라고 얘기하는—그러한 것들이 이미 미국에서 문제가 되었던 겁니다. 지금 우리나라에서 그게 재현될 뿐이지요. 이것을 바로잡지 않으면 저는 국가적으로 대단히 중대한 위기가 올 수 있다고 생각합니다.

아까도 제가 말씀드렸지 않습니까, 개혁이 우선이라는 것을? 부도덕한 집단, 무능한 집단에게 너무 큰 권력과 너무 과도한 권한을 부여했을 때에는 그 폐해가 훨씬 크다는 겁니다.

자, 우리 국정원이 그동안 무슨 짓을 했는지 한번 살펴볼까요?

많은 분들은 국정원이 한 일에 대해서 잘 모르실 겁니다, 생소하시고. 저는 남북관계를 그동안 계속해 왔기 때문에 이 문제를 거론하지 않을 수 없습니다.

여러분 잘 아시겠지만 지난 90년대 초반에 남북관계가 약간 해빙기를 맞았습니다. 저는 지금도 노태우 대통령 당시 노태우 대통령의 7·7 선언과 북방정책에 대해서 상당히 높이 평가하고 있습니다. 어쩌면 해방 이후 우리 한국정부가 가장 능동적이고 자주적으로 국제사회의 흐름에 적극적으로 외교정책을 펼쳤던 시기가 그때가 아니었을까 생각합니다.

진정 돌아보면 노태우 정부의 7·7 선언과 북방정책이 없었다면 지금의 한중관계도, 지금의 우리가 중견국가로서 유럽 곳곳의, 이제는 사회주의국가에서 시장경제로 전환한 동유럽 국가들과의 관계, 불가능했을 겁니다. 아울러서 그때 북방정책에 대한 경험이 저는 김대중 대통령의 6·15 선언이 가능한 밑거름이 됐다고 지금도 생각하고 있습니다. 그런데 노태우 정권 말기에, 당시 안기부지요, 이 안기부에서 남북관계가 파탄 납니다.

93년 2월에 출범한 김영삼 정부는 노태우 정부의 대북정책의 성과를 고스란히 떠안지 못하고 파탄 난 것을 떠안게 됩니다. 누구의 책임일까요?

제가 그 당시 얘기를 좀 들려 드리겠습니다.

잘 아시아시피 남북 간에 기본합의서가 92년 초에 타결됩니다. 그래서 평양과 서울 간에는 지속적으로 협의가 이루어지는데요. 92년 8월에 고위전략회의에서 고위급회담을 위한 협상전략을 채택합니다. 그리고 3개의 부속합의서를 일괄 타결하되 만약 정치 분야 합의가 어려울 경우 다른 두 분야부터 먼저 타결하도록 하고 공동위원회를 즉각 가동·실천을 개시하도록 한다, 이렇게 얘기를 합니다. 청와대 회의입니다, 이게 당시의. 그러니까 8월 27일 고위전략회의가 제8차 고위급회담을 위한 협상전략을 이렇게 채택한 것이지요.

즉 이번 8차 고위급회담을 통해서 축차적 합의원칙을 적용해서 3개의 부속합의서를 일괄 타결하되 만약 정치 분야의 합의가 어려울 경우 다른 두 분야부터 먼저 타결하고 공동위원회를 즉각 가동·실천을 개시한다, 노부모 이산가족방문단 교환사업을 다시 추진하여 방문일자를 새로 정하도록 하고 북측이 요구하는 이인모 송환 문제는 노부모 방문단 교환사업과 판문점 이산가족 면회소 설치·운영 문제와 연계해서 타결하도록 한다, 이게 전략회의에서 결정된 겁니다.

그리고 이러한 방침을 놓고 노태우 대통령이, 통일부가 아니라 당시 통일원입니다, 통일원에게 이런 협상전략을 승인합니다. 그러면서 이번에는 부속합의서들이 모두 채택되어야 한다고 거듭 강조하지만 또한 이산가족 노부모 방문단 교환과 판문점 면회소 설치 문제도 이번 회담에서 반드시 실현되도록 하고, 특별 지시를 합니다.

그러니까 노태우 대통령은 자신의 임기 중에 남북합의서

채택뿐만 아니라 합의사항 중 이산가족 상봉이라는 문제 하나라도 반드시 실현되기를 강력히 원한 것입니다.

그래서 8차 회담을 위해서 협상단이 평양으로 떠나기 전날 아침 궁정동 안가에서 고위전략회의가 소집되는데 당시 안기부장 특보의 요청으로 정원식 총리가 소집한 이날 회의에서 안기부장 특보는 이인모 송환의 조건에 관한 문제를 제기합니다.

이인모의 경우, 여러분, 이인모를 잘 모르실 겁니다. 김영삼 대통령 시절에 송환했는데, 비전향 장기수라고 그래서 북한에서 남쪽으로 보내진 공작원인데 전향하지 않은, 전향한 경우에는 중간에 석방되기도 했지만 비전향 장기수 같은 경우는 계속 감옥에서 있었습니다. 그런데 이것이 국제사회에서 인도적 문제도 제기되고, 왜냐하면 너무 오랫동안 장기간 고령의 노인이 감옥에 있다는 것이 국제사회에서 인권문제로서 제기됐기 때문에 이인모 송환 문제가, 나중에 93년 김영삼 대통령 취임한 이후에 이인모 씨는 송환됐습니다, 그 후에 사망했지만.

이인모 씨 송환 문제는 김영삼 대통령 시절에 다루어진 게 아니라 이미 노태우 정부 시절에 이게 다뤄졌던 것입니다. 그리고 노태우 대통령이 재가했던 내용이었고요.

그래서 노부모 방문단 교환사업 실시와 판문점 면회소 설치·운영 등 두 가지 조건하에 송환할 수 있다는 협상전략이 대통령 재가로 확정되어 있었는데, 그런데 이동복 씨가 뭐라고 주장하느냐 하면, 이 협상전략을 추진하되 협상기법상 먼저 세 가지 조건을 제시해서 협상의 진전 상황에 따라 융통성 있게 대처하는 것이 어떠냐 하는 겁니다.

그가 제시한 세 가지 조건은 뭐냐? 이산가족 고향방문사업 실시 정례화, 판문점 이산가족 면회소 설치·운영 그리고 87년 1월 어로 중 납북된 동진 27호 선원 12명에 대한 송환 등, 이 3개 항이었습니다.

자, 여기서 주목되는 게 뭐냐 하면 바로 동진 27호 선원 12명에 대한 송환 문제가 추가로 된 것이지요. 이건 대통령의 재가와 무관하게 국정원의 이동복 특보가 이 조건을 추가한 겁니다.

그런데 현실적인 판단을 하고 있었습니다, 당시 통일부에서는. 고향방문 문제는 교류협력분과에서 이미 논의되어서 실현 가능성이 불가능하고 북한이 평양 이외의 다른 낙후된 지방을 개방할 의사가 전혀 없기 때문에 판문점에서의 이산가족 상봉 정도가 가능했습니다. 또는 평양, 서울 정도 이산가족 상봉 외에는 불가능하다는 것을 정부도 알고 있었습니다.

고향 방문이라는 게 불가능한 것이지요. 그러니까 고향 방문이라는 것은 예를 들면 제가 이산가족인데 제 고향이 함경남도 원산이면 제가 원산 고향집을 직접 갈 수 있는데, 그것을 하자고 제안을 했지만 그것이 실현될 것이라고 기대하지는 않았습니다. 다만 그것을 논의해 보자는 것이었지요. 다만 이산가족 상봉을 정례화하는, 예를 들면 판문점이든 또는 서울, 평양 정도이든…… 이것이 그 당시 협상의 전략이었던 것입니다.

그런데 이 납북선원의 송환 문제는 사실 합의가 굉장히 어려웠어요. 북측이 기존에 계속 자진월북이라고 우기고 있는 상황이었기 때문에 수용이 어려웠지요.

그러나 어쨌든 이러한 세 가지 조건을 갖고 이인모 송환 문제와 함께 빅딜을 하기 위해서 협상단이 올라가는데 이 과정에서 당시 안기부에 의한 대통령, 청와대 훈령을 조작하는 사건이 벌어집니다. 기가 막힐 일이지요.

9월 10일 대표단이 판문점을 통해 평양으로 갑니다. 이 당시에 승용차로 올라갔습니다. 평양에 도착하자마자 협상이 진행되는데 이때 교류협력분과와 군사분과는 부속합의서 협상을 타결하는 데 성공했지만 정치분과는 실패합니다. 그 이튿날 오전에 관례대로 고위급회담 첫날 회의가 열리고요, 그다음 날 오전 10시부터 둘째 날 회의가 예정되어 있는데 정치분과 협상이 실패한 탓에 우리는 대표단이 이 문제를 어떻게 처리할지를 논의했습니다.

그래서 당시 대표단장이 누구였냐 하면 고위급회담 대표단은 정원식 당시 총리였지요. 정원식 총리가 정치 분야 타결은 도저히 불가능하다, 그래서 정치분과 위원장인 이동복 대표의 보고를 받고, 그러니까 이동복 대표가 이렇게 보고한 것이지요, 정원식 대표한테. 정치 분야 타결이 도저히 불가능하기 때문에 이 문제에 대해서 대화 내용을 공개합니다. 그래서 정 총리가 판문점에서 평양으로 오는 승용차에 동승한 안병수로부터—북측 관계자입니다—안병수에게 이번에 3개의 부속합의서를 모두 채택하도록 최선의 노력을 하되 정치 분야 합의가 여의치 않으면 2개의 부속합의서만이라도 채택할 수 있다는 북측 입장을 확인합니다.

이제 정치 분야를 제외한 교류협력분과하고 군사 분야 합의만 갖고 할 거냐 아니면 3개를 다 할 거냐, 이게 남은 것이지요. 정치 분야 협의가 아까 얘기한 이산가족 상봉하고 동진 27호 선원의 송환 문제, 이산가족 면회소 판문점에 설치하는 문제, 이 세 가지인데 이 세 가지 합의가 원만하지 않았던 것이지요.

그래서 결국은 이 회담에서 화해와 불가침 및 교류·협력에 관한 3개의 부속합의서가 채택됩니다. 그리고 이행기구인 4개 공동위원회 제1차 회의를 12월 5일부터 1주일 간격으로 판문점에서 여는 것으로 합니다. 그리고 북측 제의에 따라서 9차 남북고위급회담도 12월 21일부터 서울에서 다시 개최하는 것으로 합의합니다.

그런데 대통령이 아까 얘기했던 특명 사항, 이산가족 상봉 문제와 관련해서 훈령 조작과 묵살 사건이 일어난 것이지요.

어떤 것이냐? 이 내용을 자세하게 보면, 정원식 총리가 대통령에게 훈령을 요청합니다, '협의가 여의치 않는데 어떻게 하면 좋겠느냐'.

저도 통일부에서 근무해 본 경험이 있기 때문에, 장관 보좌관으로…… 통상적으로 남북 간에 당국간 회담을 하면 협상의 재량권을 가지고 가지만 재량권을 넘는 범위에 대해서는 청와대에 이것을 어떻게 해야 할지, 합의할지,

결렬시키고 올지 묻습니다, 통신선을 통해서.

여러분들 잘 아실지 모르겠지만 이런 남북회담을 하게 되면 미리 국정원 관계자들이 가서 이런 통신선에 대해서 도·감청을 할 수가 있는 통신선, 직통선을 확보합니다. 그리고 각종 도·감청 문제에 대해서 해서 우리 대표단이 머물 수 있는 숙소에 본부를 설치하지요, 헤드쿼터를. 본부를 설치해서 거기에는 각종 도·감청 설비나 이런 것을 다 해서 서울과 연결할 수 있는 팩스, 전화선 이런 것을 다 설치합니다, 우리가. 우리가 가서 설치를 하는 거지요. 그리고 나면 그다음에 대표단이 이후에 들어가는데……

자, 특히 동진 27호 납북어부에 대해서 북한이 완강하게 거부하고 있는 상황에서 '이것 이런 경우 어떻게 해야 되느냐' 하고 청와대에 답신…… 왜냐하면 대통령께서는 어떻게든 이산가족 상봉을 하라고 지시를 한 거예요.

그러니까 2개가 충돌하니까, '자칫하면 이산가족 상봉은 안 될 것 같은데 어떻게 하면 좋으냐' 그러니까 정원식 총리가 '그러면 청와대에 이것을 의사를 타진해 보자' 해서 훈령을 요청합니다. 그런데 밤에 온 답신 전문이, 청와대에서 온 답신 전문이 '이 문건에 관하여 3개 조건이 동시에 충족되지 않을 경우 협의하지 말 것'……

이렇게 오면 협상을 깨라는 얘기지요. 협상을 깰 수밖에 없습니다. 왜? 최종 책임자는 대통령이시기 때문에. 대통령이 3개 조건이 안 되면 더 이상 협상하지 말라고 그러면 협상을 당연히 깨고 오는 거지요. 즉, 납북 선원 송환이라는 조건을 북측이 수행하지 않으면……

예를 들면 이산가족 상봉의 정례화나 판문점에서의 이산가족 면회소 설치에 대해서는 북측이 긍정적 반응을 보여 줬던 겁니다, 두 가지는. 나머지 하나가 '동진 27호 납북된 어부들의 송환을 어떻게 할 건지 문제가 하나 남았는데 그게 합의가 안 됐는데 어떻게 할 거냐' 했더니 '그것까지 합의가 안 되면 협상을 깨고 오라'는 것이었던 거지요.

자, 이게 사실은 거기 평양에 있는 대표단들이 황당했다는 거예요, 대통령의 기존 입장에서 확 바뀌었기 때문에. 대통령은 별도로 어떠한, 하여간 협상을 잘해서 어떻게든 이산가족 상봉을 실현하라는 게 노태우 대통령의 지시였는데……

그러나 어쨌든 이런 훈령은 당연히 대통령의 재가를 받고 왔을 것으로 믿고 현장의 대표단은 그렇게 생각을 합니다. 그래서 북측이 계속 협상을 하자고 했음에도 불구하고 납북어부 문제에 대해서 진전이 없기 때문에 협상을 깹니다.

(● 문대성 의원 의석에서 — 홍 의원님, 다시 좀 돌아가셨으면 좋겠는데, 테러방지법으로.)

미안합니다. 이것은 국정원에 관련된 문제입니다. 그렇게 얘기하지 마세요, 문대성 의원님.

(● 문대성 의원 의석에서 — 국정원에 관련된 건데……)

아, 이것 국정원에 관련된 거예요. 남북관계에서 국정원이 어떤 일을 했는지 보는 겁니다. 이게 시작도 안 했어요, 이 내용이요.

자, 애초에 노태우 대통령은 8·15 노부모 이산가족 방문단의 교환방문이 무산된 것을 대단히 안타깝게 생각했습니다.

뭐라고 그랬냐 하면 노태우 대통령은 그 전에 8·15 이산가족 상봉이 안 된 것이 너무 안타까웠기 때문에 '반드시 이번에는 연내에 이산가족 상봉을 해야 된다'고 지시를 내렸던 거지요. 그래서 당초에는 노부모 이산가족 방문단 교환방문─서울·평양 교환방문이지요─그리고 판문점에 면회소 설치 등 이 두 가지 조건만 수용되면 이인모 씨를 송환하는 이런 것을 협상에 임했던 것입니다. 그러나 갑자기 국정원, 당시에 안기부 특보였던 이동복 씨에 의해서 납북어부 송환 문제가 추가된 것이었던 것입니다. 그러나 어떻게 합니까? 대통령이 훈령으로서 이것을 계속 했기 때문에……

결국은 그것 다 깨고 돌아오는데…… 그래서 이게 계속 문제가 돼서……

제가 결론 부분만 읽어 드리겠어요. 우리 문대성 의원이 길게 하면 자꾸 의제에서 벗어난다고 하니까……

(● 문대성 의원 의석에서 ─ 감사합니다.)

(「그냥 하세요」 하는 의원 있음)

그래서 이것에 대해 대대적으로 감사원 감사를 합니다. 이게 무슨 언론에 난 보도가 아니라 당시 노태우 정부에서 감사원 감사를 한 결과가 나옵니다.

아, 노태우 정부가 아니라 김영삼 정부에서 감사원 감사를 합니다. 1년이 지난 93년 11월 국회에서 이 사건이 크게 확산이 됐기 때문입니다. 이미 이 문제가 훈령조작이라는 것을 당시에 이미 확인했는데 어영부영 넘어간 거지요. 왜? 정권 교체기였기 때문에, 노태우 정부에서 김영삼 정부로 대통령 선거가 92년 12월에 있었기 때문에 이 사건이 덮인 거였지요. 덮이고 넘어갑니다. 그러나 다시 93년 정권이 바뀐 이후에 국회에서 이 문제가 지적되면서……

문제가 뭐냐 하면 이게 왜 문제가 되느냐? 당시 김영삼 정부가 안기부장 특보인 이동복을 다시 남북고위급회담 대표로 발령을 냅니다. 그러니까 국회에서 이 문제가 제기된 거지요, 이동복 씨에 대한 문제가. 그래서 드러난 것은 1년 전에는 훈령 묵살만이 노출됐는데 이번에는 청훈 차단하고 훈령조작, 이 3개가 다 드러난 겁니다.

즉 대통령, 총리가 낸 청훈…… 즉 훈령을 요구한 청훈을 자기가 차단하고, 대통령이 보낸 훈령을 묵살하고, 그 훈령을 조작까지 하는 겁니다. 이게 정상적인 국가일까요? 이것 서슴없이 국정원이 합니다.

왜, 왜 이게 통신 감청하고 관련이 있나? 당시 남북회담을 하면 이 통신 라인을 국정원, 당시 안기부가 독점하고 있기 때문에 그렇습니다. 안기부를 거치지 않으면 불가능하기 때문에 그런 것입니다. 그러니까 안기부에 의해서 충분히 훈령조작이 가능했던 것이지요. 누가 확인하지 않으면 그냥 넘어갈 사안이었습니다.

물론 당시 이동복 씨는 훈령조작, 묵살사건이 왜곡된 것이라고 자신의 행위가 정당하다는 내용으로 해명서를

배포합니다. 그래서 이 내용이 더 증폭되지요. 그래서 감사원이 특별감사를 나갑니다. 이로 인해 일단 이동복은 안기부에서 해임됩니다. 그래서 통일부, 안기부 관련자들이 감사원의 소환조사를 받지요.

이 특별감사가 시작된 지 1개월이 지난 93년 12월 21일, 감사원이 14쪽으로 된 '제8차 남북고위급회담 시 훈령조작 의혹 감사 결과'를 발표합니다. 언론에 의해서 폭로된 것도 아니고요, 제가 조작한 내용도 아니고, 제가 만든 내용도 아니고, 김영삼 정부의 감사원이 발표한 내용입니다.

이 발표에서 청훈 전문은, 그러니까 훈령을 요청한 전문은 이동복의 지시로 안기부장 이외의 수신자들에게 전달하지 않고 묵살되었고, 이게 청훈 차단입니다. 이동복이 평양에서 가짜 훈령을 조작했으며, 이게 훈령조작이지요. 그리고 신속한 회신이 요구되는 청훈을 보고받고도 안기부장은 이유 없이 지연 처리했으며, 이것은 처리 지연입니다. 진짜 훈령을 접수한 이동복은 고의로 회담이 모두 종료된 시각에 평양의 총리에게 지연 보고합니다. 훈령을 묵살한 거지요.

즉, 뭐냐 하면 이게 남북 간에 회담이 다 끝나고 나서, 결렬되고 나서 돌아오려고 할 시점에 그 훈령을 보여 준 겁니다, 대통령훈령을 그제서야. 어떻게 합니까, 판이 깨졌는데……

그리고 이 3급 비밀 전문이 유출돼서 사회적 물의가…… 당시 이동복 씨가 이 전문을 유출합니다, 자기를 해명하기 위해서 조작된 전문을 사실인 양.

그래서 이 물의를 야기하게 된 점에 대해서 뭐라고 하냐 하면 '이동복이 3급 비밀 내용이 그대로 인용된 해명서를 국회의원 등에 제공, 불법 유출되어 공개한 데 대해 기인한다.', 이것은 비밀 유출이라고 합니다. 국정원법에 의해서, 당시 안기부 관련법이지요. 이것은 비밀 유출이지요.

이 사람들은 애국심도 없고 자기가 소속한 기관에 대한 그것도 없습니다. 자기가 살기 위해서는 원래 법으로 금지된 비밀까지 다 공개하고 간 거지요. 마치 지난 대선 때 NLL 남북정상회담록 공개한 모습과 너무 오버랩되지 않습니까?

그런데 감사원 조사라는 건 늘 한계가 있지요. 감사원은 이렇게 합니다. 결국은 왜 이동복이 이렇게 했는지 이유를 밝히지, 거기까지는 접근하지 않습니다. 그냥 '이동복이 이러한 행위를 했다. 그리고 안기부가 조직적으로 개입한 게 아니라 이동복 한 개인이 저지른 사건이다', 이것으로 축소합니다.

왜 그랬을까요? 이동복 씨가 아무 이유 없이 이 사건을 이렇게 조작했을까요? 무슨 이득이 있었을까요, 이동복 씨한테. 대담하게.

그것은 남북관계 화해협력을 원치 않았던 것입니다. 왜 원치 않았느냐, 당시 안기부가 원치 않았다가 아닙니다. 안기부의 정치적으로 오염된 이러한 자들이 안기부의 권한과 안기부의 여러 가지 수단들을 활용해서 남북관계를 파탄 낸 것입니다. 왜 파탄 냈느냐, 당시 남북관계를 파탄 내는 것이 92년 연말에 있던, 12월에 있었던 대선에서 여당에게 유리할 것이라는 판단하에서 남북관계를 파탄 낸

것입니다.

즉, 92년 대선에서 누가 만났습니까? 92년 대선 당시에 당시 민자당의 후보는 김영삼 후보였습니다. 저는 김영삼 대통령이 조직적으로 이것을 개입했다고 말씀드리는 것이 아닙니다. 김영삼 대통령은 이것에 개입하지 않았을 개연성이 높습니다. 김영삼 대통령은 제가 알기에 민주주의자이고 그분은 집권 이후에 안기부 개혁에 상당 부분 심혈을 기울인 부분도 있습니다.

그러나 당시 집권세력 내에, 민자당의 핵심은 어떻게 됐습니까? YS계도 있었지만 구 민정계가 훨씬 중심을 이루었지요. 초원복집 사건 대담하게 이루어지지 않습니까? '우리가 남이가' 도청록이 정주영 씨 측에서 이루어지니까 어떻게 했습니까? 불법 도청이라고 해서, 검찰총장하고 법무부장관 등 유관기관 관계자들이, 사실 정치적 중립을 지켜야 될 공무원들이 '우리가 남이가' 하면서 불법으로 대선에 개입하는 것은 독수독과론, 불법으로 취득한 정보는 처벌할 수 없다 해서 아무런 문제 안 삼고 그것을 불법적으로 녹음한 사람들에 대해서—당시 국민당인가요—정주영 씨 측 사람들만 사법 처리합니다. 그것이 사법적 정의입니까?

바로 이 사람들이 남북관계를 파탄 내서 집권 여당이 선거에 유리하게, 왜냐하면 남북 간 화해협력을 강조했던 김대중 후보보다 김영삼 후보에게 불리할 것으로, 남북 간 화해협력이, 남북관계가 개선되는 것이 나쁘다고 생각해서 불리할 것이라는 판단에서 김대중 후보를 떨어뜨리고 김영삼 후보를 당선시키기 위해서 이런 공작을 한 것입니다.

국정원의 공작은, 국가정보기관의 공작은 어제 오늘의 일이 아니라는 것이지요. 지난 2012년의 댓글 사건 그것은 시대에 따라서 형태와 수단과 방법을 달리할 뿐이라는 것입니다. 그래서 그들을 개혁하지 않으면, 그리고 그들을 바꾸지 않으면 정치권에 개입하려고 하는 자들을 색출해 내지 않으면 즉, 국정원을 개혁하지 않은 상태에서 그들에게 무소불위의 권력과 권한을 쥐어 줘서는 안 된다는 것입니다. 그래서 제가 이 테러방지법을 반대하는 이유입니다.

남북 간 화해협력, 이산가족 상봉, 그들에게는 나이든 이산가족 상봉들의 절규와 눈물이 보이지 않았을 것입니다. 오직 대선만 보였겠지요, 정치적 목적만. 저는 지금도 그렇지 않을까 우려됩니다. 그들에게 이산가족들의 한이, 공감을 하고 계십니까? 하루하루 개성공단에서 자기 가족들을 먹여 살려야 되는 그분들의 절박한 심정, 기업가, 거기에서 일하는 노동자들 그 심정을 이해하십니까? 2·3차 협력사들 이제 협력선이 끊어져서 자기 사업이 어떻게 될지 모르는 불안감 이해하십니까?

자, 우리 국정원의 기막힌 일은 또 있습니다.

90년대에 우리 국정원이 북한 요원을 서울로 납치해 옵니다. 그리고 고문을 합니다. 그리고 더 황당한 일은, 중국 심양에서 활동하고 있는 북한 요원을 서울로 납치해 와서, 유인해 온 것입니다. 납치라기보다는 유인에 가깝지요, 유혹해서 끌고 온 것. 유인해서 내곡동 국정원으로 끌고

가서 거기서 폭행하고 고문하다가 더 황당한 것은 이 사람을 놓칩니다. 이 사람이 국정원에서 도망을 칩니다. 그리고 한 일간지로, 우리 신문사로 뛰어듭니다. 희대의 사건이 벌어졌어요.

여러분 알고 계셨어요, 이런 사건이 있었는지? 아마 알고 계신 국민 거의 없으실 것입니다. 제 얘기가 아닙니다.

(자료를 들어 보이며)

그 사건이 있은 지 꽤 오랜 뒤에, 당시 언론사는 이 사건을 보도하지 않았고 저는 이 '신동아'에 나온 내용을 좀 발췌해서 말씀드리겠습니다. '신동아'에 전문이 실렸습니다. '신동아'를 보지 않은 분들은 잘 모르실 것이고, 저는 남북관계를 계속 연구해 왔던 사람이었기 때문에 남북관계 연구자들 사이에서는 다 알고 있는 내용이었습니다. 그런데 쉬쉬 했지요, 워낙 황당한 사건이었기 때문에. 정말 '간첩 리철진' 같은 영화 같은 내용입니다. 이게 어떻게 되느냐 하면요……

여러분, 공작원의 세계는 복잡합니다. 제가 우리 국정원이 왜 허망한 기관인지 사례를 죽 하나씩 드리겠습니다. 자세하게 알려드리겠습니다. 왜, 국민들은 잘 모르시기 때문에.

정보기관에서는요, 흔히 백색과 흑색이라는 것이 있습니다. 휴민트, 그러니까 우리가 흔히 얘기하는 스파이지요. 백색이라고 얘기할 때 이 백색은 공적 신분을 가지고 활동하는 것입니다. 즉, 우리 대사관이나 총영사관이나 이런 곳에 국가기관에 등록돼서, 국가기관의 사무실에 등록해서 일을 하는 경우에는 백색이라고 합니다. 이것은 우리나라만 그런 것이 아니라 전 세계가 하고 있습니다. 그 백색 요원은 다 압니다. 정보기관끼리 통보합니다. 이 사람은 우리 국정원 요원인데 심양의 총영사관에서 영사로 근무할 예정입니다라고 다 통보합니다. 그것은 백색이기 때문에 서로 신분을 공개해 줍니다. 그러니까 중국의 공안도 다 알고 있는 것이지요, 이 사람은 외교부 직원이 아니라 국정원 직원이라는 것을. 그게 백색입니다.

반면에 흑색이라고 얘기하는 것은 우리가 흔히 얘기하는 비밀요원이지요. 이분들은 대개 어떤 신분이냐 하면 사업가 아니면 상사 주재원……

(메모 전달)

제가 말이 빠르다고 좀 천천히 해 달라는 요청이 왔습니다.

시간이 많으니까 좀 천천히 해야겠네요. 아마 시청하시는 분들께서, 현장에 있는 분들은 못 느끼시지만 시청하시는 분들은 조금 빠르다고 느낄 수 있을 것 같습니다. 제가 원래 말이 좀 빠른 편이라 제가 여기 처음 올라올 때 우리 보좌진들이 '말 천천히 하라고, 그래야 시간을 끌 수 있다'고 그랬는데 이게 할 말이 많아서 그런지 성격상 말이 천천히 안 돼서 정말 죄송합니다. 가급적 천천히 하겠습니다.

● **부의장 정갑윤** 편한 대로 하세요. 정상적으로 하세요.

● **홍익표 의원** 그 사이에 의장님이 정갑윤 부의장님으로 바뀌셨네요.

고맙습니다.

● **부의장 정갑윤** 뒤에서 호위하고 있습니다.

● **홍익표 의원** 자, 이 황당한 사건이요……

그래서 흑색이라고 하는 분들은 상사 주재원, 심지어 선교사 이런 형태로도 활동을 하고 있습니다. 이것은 우리나라만 그런 것이 아니라 모든 전 세계가 다 그렇게 합니다. 그래서 특히 정보 세계에 가면 흑색들은 어떤 때는 이중간첩의 위험에 직면합니다. 서로 정보를 주고받는 것이지요. 예를 들면 흑색끼리 만나서 자기는 우리 측 정보를 좀 주고 저쪽은 자기가 알고 있는 자기들의 정보를 주면서 서로 정보를 교환합니다. 그게 흑색들의 세계입니다. 물론 그 정보를 얼마큼, 누가 정보를 주고받은 것에 이득을 봤느냐 그게 평가사항이겠지요. 그러나 중요한 것은 항상 그런 정보의 세계에서는 정보를 주고받는 일이 빈번합니다. 그래서 심양 같은 경우에 중국 동북 지역에서는, 지금은 어떨지 모르겠지만 한때 남북관계가 그다지 나쁘지 않을 때나 또는 조금 나쁘다 하더라도 이런 요원들 간의 접촉은 있었을 것입니다, 아마도.

잘 아시다시피 우리나라는 정보기관에 특히 외국인, 어쨌든 국제사회에서 북한도 유엔에 등록돼 있으니까…… 우리 입장에서는 남북통일을 지향하는 특수 관계, 국가적 관계는 아니라고 설정이 국내법은 그렇지만 국제사회에서는 국가관계로 볼 거예요, 유엔에 동시 가입돼 있기 때문에.

어쨌든 정보기관이 내국인도 아니고 외국인을 불법 납치하고 고문하는 것은 우리 국정원법에 금지돼 있습니다. 그런데 우리 내국인도 아니고 북한 사람을 그것도 중국에서 납치해서, 유인해서, 유인·납치해서 고문까지 했다 이것입니다.

이게 큰 문제가 됩니다. 당시 국정원이 불법으로 납치·유인해 온 사람이 누구냐 하면 심양에서 있던 40대의 최 모라는 사람입니다. 소속은 북한 대외경제위원회 소속 요원이었지요. 그런데 이 사람을 어떻게 납치해 오느냐, 원래 이 사람이 주로 하는 일이 뭐였느냐 하면 북한의 골동품이나 고미술품 또는 미술품을 해외에 팔고 그 수입을 갖고 본국에 송금하고 그런 게 주 임무였어요. 그런데 우리 한국 사람하고, 남쪽 사람하고 거래를 한 것이지요. 그런데 거래를 하고 그 외상값을 못 받았습니다. 미술품을 팔았는데 돈을 채 못 받은 것이지요. 그러니까 위에서는 문책받고, 돈을 왜 못 가져오느냐 계속 독촉하고 하니까 우리 측 요원이, 평소에 이 사람하고 자주 접촉하던 우리 측 요원이 이 사람하고 접촉을 해서 '네가 외상으로 깔아 놓은 골동품값을 받게 해 줄 테니 잠깐 서울에 같이 들어가자……'

여러분, 희한한 일이지요. JSA 같은, 여러분이 상상할 수 없는……

최모 씨가 여기에 동의합니다, 따라가겠다고 합니다. 잠깐 서울 가면 관광도 시켜 주고 외상값도 받아 주겠다고 하니 마다할 이유가 없겠지요.

이 사람을 어떻게 들여왔을까요? 그러면 공작선 타고 데려왔을까요? 어떻게 들여왔을 것 같습니까? 심양과 서울을 오가는 대한항공을 이용해서 들어옵니다.

자, 그런데 대한항공을 이용하려면 출입국 허가를 받아야 되잖아요, 중국으로부터? 북한 사람이 서울로 가는 출입국 허가를 비자도 없고 그다음에 중국이 그것을 허락한다는 게, 중국 정부가 승인을 하겠습니까? 안 하겠지요.

제가 재미있는 얘기 하나, 빗나가는 얘기지만 하나 얘기해 주면……

김대중 대통령과 박근혜 대통령의 공통점이 뭔지 아세요, 하나? 여러 가지가 있을 텐데 제가 하나 말씀드리고 싶은 것은 두 분이 출국 기록만 있지 입국 기록이 없어요, 두 분 다 한 번씩.

김대중 대통령은 70년대에 잘 아시다시피 일본에서 김대중 납치 사건 아시지요, 그것도 정보기관에 의해서 이루어졌던? 그래서 대한해협 한가운데에서, 공해상에서 수장시키려고 했었습니다. 그런데 그게 미국 CIA의 개입에 의해서, 그게 그 당시 동아시아 담당이 누구였느냐 하면 이후에 한국대사를 했던 그레그 대사입니다. 그레그 대사가, 당시 동아시아 담당 국장이 적극적으로 개입해서—당시 김대중 씨였지요—김대중 씨가 공해상에서 수장되는 것을 막습니다. 그래 가지고 김대중 대통령이 일본에서 납치됐기 때문에 일본으로 출국한 기록은 있는데, 눈 가리고 있다가 눈 떠보니까 동교동 집 앞이신 거예요. 그러니까 입국 기록이 없어요, 불법이지요. 김대중 대통령도 법을 위반하신 것입니다. 출입국관리법을, 본의 아니게.

그리고 박근혜 대통령께서도 2002년 평양을 갔다 오셨습니다. 잘 아시는 것과 같이 당시 김정일 위원장하고 면담을 하지요. 그때 북경에 가서, 북경으로 출국합니다. 그리고 북경에서는 평양에서 온 전세기를 통해서 평양으로 들어갑니다. 그런데 돌아올 때는 김정일 위원장이 '아, 뭐 복잡하게 그럽니까? 그냥 판문점으로 거쳐 가시오' 해 가지고 판문점으로 그냥 내려옵니다. 그래서 출국 기록은 있는데 입국 기록이 없는, 두 분의 공통점입니다. 이것은 그냥 제가 재미삼아 드리는 말씀이고.

이 최 모라는 40대 북한 요원을 서울로 데려와야 되는데 방법이 없는 것이지요. 어떻게 하겠습니까? 항공사 직원들이 이용하는 전용 트랩이 있습니다. 그 당시에는, 이런 일이 벌어질 때에는 심양에 우리 총영사관이 없을 때였어요. 그러니까 우리가 블랙 요원을 어디다 심었느냐 하면 항공사에 심어 놨던 것입니다. 항공사 담당 직원이 우리 정보기관의 블랙 요원이었던 것이지요. 그래서 이 사람이 몰래 항공사 기장이나 승무원들이 이용하는 트랩으로 딱 손잡고 데리고 가서 비행기에 탑승시킨 것입니다.

그리고 서울에 와서야 문제없지요. 서울에 도착하면 그것은 당연히 국정원에서 싹 몰래 빼돌리면 되니까 전혀 문제없이, 그러니까 입국 기록 없이 내곡동으로 간 것입니다. 그래서 내곡동에 가서 자기들이 알고 싶어 하는 정보를 캐내기 위해서 이 사람을 구타하고 때리고 막 한 것이지요, 방에 가둬 놓고.

그런데 여기까지는 좀, 이게 뭐 잘했다고 하는 것은 아니지만 남북 간에 대치 상황이고 하니까 그럴 수도 있겠다 이런 생각이 들어요, 거기까지는. 그런데 더 아이러니한 것은 이게 더 이상, 한 며칠을 때리고 나니까 구타해도 나올 정보, 자기들이 확인할 정보가 없으니까 잘못 데리고 온 것 같다 하고 약간 감시가 소홀해지니까 이 사람이 도망을 친 것입니다, 내곡동에서. 담을 넘어 가지고 도로로 뛰어나간 거예요. 그래서 택시를 잡아탑니다. 택시를 잡아타서 어디로 가느냐, 한 언론사로 갑니다. 그래서 택시기사가 이상한 것이지요. 거의 속옷 차림으로 다리도 부러져 있고 만신창이의 사람이 모 언론사를 가자고 그러니까 그 언론사로 갑니다.

그 언론사에서 숙직하던 사람들이 택시비도 좀 주고 이 사람을 데리고 들어가요. 이 사람이 일관되게 자기가 북한 사람이라고 주장하니 처음에는 미친놈 아닌가, 북한 요원이라고 하는 사람이 속옷 바람으로 서울 한복판에서 택시 타고 나타났으니 이것을 기자들이 믿겠습니까? 그래서 불러다 놓고 당직하던 기자들 그다음에 정 안 되니까 북한 전문 기자들 불러 가지고 인터뷰를 한 거예요, 진짜 북한 사람이 맞는지. 그래서 판정이, 진짜 맞는 것 같다.

재미있는 게 이 사람이 그 신문사에 왜 갔느냐 그랬더니 이유가 너무 재밌어요. 그 이유가 자기네도 조선중앙방송이 제일 크고 그다음에 중국도 중국말로 중앙전시대라고 그러지요, CCTV라고 하는데 중앙전시대라 그래서 중앙이라는 자가 들어가면 제일 큰 언론사인줄 알고 거기로 갔다는 것입니다. 그래서 시내 한복판에 있는 중앙일보를 간 거예요. 중앙일보를 왜 갔느냐, 그냥 중앙일보가 한국에서 가장 큰 언론사이려니 하고 갔다는 것입니다. 왜냐하면 심양에 있는 사람이니까 중앙일보의 존재는 알고 다른 여러 언론사도 있지만 자기 사회주의국가에서는 '중앙' 자가 들어간 게 제일 큰 언론사이니까 중앙이 제일 클 것 같다 해서 거기로 뛰어듭니다.

그래서 재미는 게 중앙일보 관계자가 전화를 겁니다, 국정원에. '혹시 잃어버린 사람 없습니까?' 그랬더니 '있습니다' 하고 찾으러 오더라는 거예요.

그래서 당시 이 보도를 적극적으로 막습니다. 그래서 보도는 여러 가지 남북관계나 또는 우리 국제적 문제를 고려해서 당시 언론사에서도 비보도 처리합니다, 그 당시에는.

신문사에서 이 사람을 국정원에 넘기는 과정에서 몇 가지를 조건을 답니다. 왜? 인도주의적 입장에서.

어쨌든 이 최모 씨가 살아남기 위해서 중앙일보로 뛰든 사람인데 그래서 이 사람을 데려가도 그의 신변 안전을 보장해 달라, 고문하지 말라는 것이지요. 뭐 이렇게, 어떻게 어찌어찌 없애지 말고. 그다음에 두 번째 최인수의 신병을

어떻게 처리했는지 나중에 알려 달라, 이 두 가지 조건을 답니다. 그런데 불행히도 이 약속은 지켜지지 않았습니다. 최인수 씨를, 그 최모 씨를, 그 공작원이 최인수 씨입니다, 이름이. 최인수 씨를 국정원은 6개월이 지나서 그대로 역순으로 제 위치에 갖다 놓습니다. 심양에 갖다 놓는 거지요. 이번에도 똑같은 방법입니다.

서울에서 비행기를 태워서 또 항공사 직원들이 이용하는 전용 트랩을 이용해서 중국의 출입국 당국을 무력화시켜서 심양에다 갖다 내팽개치는 거지요. 그 후로 이 사람 어떻게 됐느냐, 이 최인수 씨는 그 후로 어떻게 됐는지 알고 있는 사람이 아무도 없습니다.

그 이후에 남북관계가 좀 활성화되어서 북측을 많은 분들이 오고가면서 이것을 암암리에 알아봤지만 그 후로 아무도 이 최인수 씨에 대해서 어떻게 되었다는 것을 알려 주는 사람도, 또 우리가 알 수도 없었습니다.

단지 간첩 혐의로 끌려가서, 그렇지요, 상부의 승인도 없이 서울 가서 6개월 후에 다시 나타났으니 뭐라고 되겠어요? 그래서 하여간 간첩 혐의로 처형됐다는 얘기만 분분하게 떠돈다는 거예요.

자, 그런데 이게 더 큰 문제가 생겨요. 어떤 문제가 생기느냐, 이 사건이 1년여가 훨씬 지나서 이제 사건이 터집니다, 한 1년쯤 지나서.

대한항공 심양 지점장이었던 원 모 씨가, 중국에서 간첩죄로 체포해 버립니다. 이 사람은 블랙이었거든요. 그러니까 중국의 우리 국정원하고 비슷한 국가안전부에서 전격 연행합니다, 간첩죄로. 왜? 어쨌든 북한 사람은 중국의 입장에서는 제3국인, 외국인이지요. 외국인을 불법으로 납치·유인해서 출입국을 무력화시켜서 납치·유인했다가 다시 갖다 놓았던 거니까 중국 법을 위반한 거지요. 중국의 주권을 침해한 것입니다.

중국이 가만있지 않았겠지요. 그래서 당시 원 모 지점장을 비롯해서 전격적으로 다 수색을 합니다. 만약에 이게 당시에 법정에 섰으면 우리나라의 정보공작체계가 다 드러나고 우리나라는 국제적으로 망신당하는 거였지요.

그래서 어떻게 하냐? 이런 경우에는 대개 사실을 인정하고 그것에 대한 책임을 집니다. 어떻게 지느냐? 우리가 지금까지 중국 각지에 침투했던 블랙요원 명단을 공개하고 그 블랙요원을 전부 철수시키겠다고 얘기합니다. 또 심지어 중국이 '이 사람, 이 사람 철수하라' 그러면 그 사람들을 다 수용하게 되는 겁니다. 그러니까 정보기관의 세계에서는 그게 제재입니다.

그러니까 예를 들면 우리 스스로 블랙을 공개해서 철수시키거나 또는 중국 정부가 블랙이라고 해서 전혀 파악 못 한 것은 아니니까 파악하고 있는 우리 측의 블랙요원을 딱딱딱 지명해서 이 사람들을 본국으로 철수시키라고 그럽니다. 그래서 다 철수시켜서 이 문제를 간신히 덮습니다.

자, 이게 뭐냐 하면 정권을 위해서 뭔가 한 건 해 보자고 하는, 그러니까 정상적이지 않고 불법적으로 정권을 위해서 뭔가 충성하고 한 건 해 보자고 하는 국가정보원이 도리어

국익에 커다란 손실을 입힌 사례라고 제가 말씀드린 겁니다.

제가 아까 모두에 말씀드렸지요. 차라리 부도덕해도 좋은데 좀 유능하기라도 했으면 좋겠다고. 이런 일들이 벌어지면서 도리어 국익에 큰 손상을 끼칩니다.

제가 또다시 설명하는 서울시공무원 간첩 조작 사건은 바로 이러한 맥락의 연속선상에 있다고 보시면 될 겁니다. 그것은 또 다시 설명을 드리겠습니다.

자, 더 참혹한 사건도 있었습니다.

저는 사실 이 사건을 방송을 통해서 보고, 그리고 이 내용을 확인하고 나서 정말 눈물을 흘렸습니다.

여러분, '그것이 알고 싶다'에서 보도되었던 수지 김 사건 알고 계십니까? 많은 분들은 벌써 잊으셨을 겁니다. 한 여인이 같이 살던 동거 남자에게 무도하게 목 졸려 숨졌는데 그 여인은 간첩으로 매도되고 그 가족들은 풍비박산 났습니다. 그리고 그 자는, 살인자는 국정원의 비호 아래 성공한 IT벤처 사업가로 승승장구했습니다. 이것은 공작을 넘어서 범죄행위입니다. 어떻게 그런 짓을 서슴없이 저질렀을까요? 저는 지금도 수지 김 사건을 생각하면 먹먹해집니다.

70~80년대 대한민국의 여성들은 고단한 삶을 살았습니다. 구로공단으로, 청계천으로, 각종 산업현장으로 중학교를 졸업한 어린 아이, 초등학교만 졸업하고 몇 년 있다가 아주 어린 10대 중반 10대 후반의 그 어린 나이에 산업현장에 뛰어들었습니다. 그 한 사람에게 온 가계의 생존이 걸려 있었습니다.

우리는 70~80년대에 그러한 영화를 많이 봤지요. 나중에는 어떤 유흥업소의 나락으로 빠져드는 그런 영화도 한참 많이 나왔지요. '순이'에서 무슨 '영자의 전성시대', '별들의 고향' 이런 것들이 다 그러한 배경을 했고 어찌됐든 이 한 여성은 농촌에서 서울로 또는 외국으로 간 이 한 여성에게 모든 가족의 생계가 달려 있었습니다. 그 한 여성이 무도하게 살해됐는데 그것을 뻔히 알고도 간첩 사건으로 조작합니다.

여러분, 지금도 '종북' 이런 낙인이 얼마나 무섭습니까? 그래서 최근에 종북이라고 얘기하는 것은 명예훼손으로 사법처리가 나고 있지요. 그런 종북도 아니고 간첩입니다. 그것도 서슬 퍼런 전두환 군부독재시절인 87년 초에 이런 사건이 벌어집니다. 참 답답한 일입니다.

80년대 그 시기에 '간첩의 가족'이라는 주홍글씨는 그것은 사망선고나 마찬가지입니다. 죽으란 얘기지요. 어디 취업을 할 수 없습니다. 사람들에게 왕따입니다. 왕따 정도가 아니라 옆집에 오는 것도 싫어합니다. 간첩의 가족이라면.

당시 책임자가 누구였는지 아세요? 당시 전두환 시절의 안기부장이 나는 새도 떨어뜨린다는 장세동 씨입니다. 이 사건이 잘못됐고 조작된 것이라는 것을 일찌감치 국정원도 알았고, 당시 안기부도 알았고 우리 외교부도 알았습니다. 다 침묵했습니다. 한패가 된 거지요.

외교부가 어떻게 알았느냐? 87년 1월 9일 날 윤태식은

귀국을 합니다. 서울에 들어와서 귀국 기자회견을 합니다. 자기가 간첩 공작에 걸려서 싱가포르에서 북한대사관에 끌려갈 뻔하다가 탈출했다고.

그런데 이게 거짓이었던 게요. 실제로 본인은 살인사건을 하고 싱가포르에 있는 북한대사관을 통해서 북한으로 월북을 하려고 그랬던 것입니다. 사건의 진실은, 살인을 저지르고. 그런데 북한 측에서 거부한 겁니다. 신분이 불확실하고 별다른 정보적 가치도 없으니까 북한 측에서 받을 이유가 없었겠지요. 그래서 이자가 싱가포르에 있는 한국대사관으로 가서 자기가 북한대사관에 끌려갈 뻔하다가 탈출했다고 보고를 합니다. 당시 싱가포르 주재 대사는 이 모 씨였는데 비교적 성품이 강직한 분이에요. 이분이 MB사건도 폭로하신 이 모 대사입니다. 당시 이분이 이명박 씨의 명함으로 아주 유명하신 분입니다. 이분이 그때 싱가포르 대사로 있었는데 이것이 허위라고 생각해서 기자회견을, 국정원이 요구하는, 안기부가 요구하는 기자회견을 거부합니다. 싱가포르에서는 하지 않겠다. 왜? 이것이 조작된 것이라는 것을 알고 있었기 때문에. 그러나 이분도 아쉽게도 침묵했습니다. 왜? 무소불위의 안기부에 대항할 힘은 외교부 공무원이 없었겠지요. 그저 이분이 할 수 있는 것은 자기 양심을 지키는 선에서 침묵하는 것이었습니다. 그래서 결국은 태국으로 가서 기자회견을 합니다. 갑자기 열렬한 반공투사가 됩니다, 윤태식 씨는.

이 사건은 어떻게 됐을까요? 수지 김의 가족들은, 한국명 김옥분 씨입니다. 이름도 너무너무 정말 그 시대에 맞는, 우리가 지금 생각하면 약간 촌스러울 정도로, 김옥분, 수지 김. 본인의 실제 이름은 사라지고 여간첩 수지 김만 남았지요. 그 수지 김 씨는 그 후로 오랜 시간이 흐른 뒤에 87년 11월 달에 옆집 사람들의 신고로 변사체로 발견됩니다. 그래서 홍콩에서는, 홍콩 경찰청이 윤태식의 인도를 요구합니다, 유력 범인으로 보고. 그러나 우리 정부는 이를 거부합니다. 이미 알고 있던 내용이고, 도리어 윤태식에게 헛소리하지 말기를 종용합니다, 다른 소리 하지 말고 있기를.

여러분, 아시겠지만 우리 국가정보원이, 안기부가 정말 그렇게 간단한 조직은 아닙니다. 제가 여러 차례 허술함을 얘기하지만 신문을 하면 이 사람의 얘기가 진실인지 아닌지를 파악하는 데 그리 오래 걸리지 않습니다. 이게 진짜 그 당시의 정황증거로 봐서 납치당했던 것인지 아니면 자기 혼자 장난치는 것인지는 금방 드러나는데 국정원은 이미 알고 있으면서도, 당시 87년도 1월·2월이 어떤 상황이었습니까? 기억나십니까? 민주화의 흐름이 86년부터 도도하게 시작됐고요, 거센 흐름이, 특히 87년 초에는 박종철 고문사건으로 세상이 요동칠 당시였습니다. 국정원으로서는 이런 간첩사건만큼은 포기하고 싶지 않았을 겁니다. 당시 안기부가. 한번 잡혀진 흐름은 되돌릴 수 없었지요.

자, 이 윤태식의 기자회견 이후 김옥분 씨, 수지 김 씨의 가족은 어떻게 됐을까요? 기자회견한 뒤부터 충주의 집

근처에는 헌병대가 쫙 깔렸답니다. 그 당일 날 어머니하고 아들—이것을 증언한 것은 제일 막내 동생입니다. 여동생—자기 어머니와 오빠는 안기부로 끌려가고 이틀 뒤에는 둘째 동생인 김옥경 씨가 안가로 끌려갑니다. 수많은 구타와 욕설, 고문이 이어집니다. 심지어 수지 김의 어머니는, 나이 드신 어머니는 홍콩에서 수지 김 씨가 사다 줬다는 코트가 간첩의 증거품이라고 뺏겨서 그것을 뺏긴 채 쫓겨났습니다. 그 후에 제일 큰 언니는 거리에서 돌아가시고, 사망하시고 어머니는 끝내 화병으로 숨지고 가족들은 다 이혼당하고, 이게 간첩으로 낙인찍힌 가족의 말로입니다. 풍비박산 났지요.

그런데 장세동 씨가 뭐라고 그랬습니까? '책임을 통감한다' 이 한마디 했습니다. 그리고 그들은 아무도 법적 처벌을 받지 않았습니다. 왜? 공소시효가 지났다는 이유로요.

저는 한 가지 제안드리고 싶습니다. 국가 권력기관 즉 국가정보원, 검찰, 경찰, 기타 군 이런 주요 권력기관에서 실제로 그 정보를 외부인이 쉽게 접근하기 어려운 곳에서의 범죄 그리고 인권유린과 관련된 범죄, 반인륜적 범죄에 대해서는, 이런 해당 기관의 범죄에 대해서는 공소시효를 두지 말아야 됩니다. 정권이 바뀌면서 시간이 흐르고 나중에 인지하고 난 이후에는 공소시효가 끝나는 것이지요. 아까 제가 말씀드렸듯이 무소불위의 권한을 주기 위해서는 사전에 개혁해야 될 것 이런 부분들입니다.

국정원 댓글사건, 반드시 재수사해야 됩니다. 정권이 흘렀다고 그냥 넘어갈 문제 아닙니다. 그러나 시간이 흐르면 공소시효가 끝났다고 하겠지요. 그렇게 반복돼서는 안 됩니다. 국정원의 행위, 사법기관이나 감찰기관 등 경찰, 군 이런 주요 권력기관이나 일반정보 갖고 쉽게 접근하기 어려운 기관에서 이루어지는 중대범죄들에 대해서는 공소시효를 없애야 됩니다. 아니면 최소한 공소시효가 사건을 인지한 시점부터 시작되어야 됩니다.

국민 여러분, 그렇게 생각 안 하십니까?

수지 김 사건의 억울하게 죽은 여성은 간첩이 되고 살해자는 십수 년 동안 성공한 사업가로 승승장구하고 수지 김 씨의 가족들은 간첩의 가족으로 풍비박산 나는 속에서 나중에 사건의 진상이 간신히 한 홍콩 담당 경찰과 우리 한 언론사의 노력으로 밝혀진 이후에 그리고 나서 할 수 있는 일이 당시 책임자가 책임을 통감한다 이것으로 끝날 일입니까? 그것이 정의입니까? 그렇게 넘어갈 수 있는 사안일까요?

저는 그렇게 해서는 안 된다고 생각합니다. 우리 사회가 어떠한 상황이 되더라도 마지막 양심의 등불만은 꺼뜨려서는 안 됩니다. 정의로운 사회를, 이 사회가 지금 당장은 정의롭지 못하다 하더라도 정의로운 사회를 지향하고자 하는 노력과 움직임이 중단되어서도 안 되지요.

다시 말씀드립니다.

국가정보원 개혁하기 이전에, 국가정보원이 가지고 있는 어두운 그림자를 거두어 내기 전에 그들에게 무소불위의 권력, 더 많은 권한을 절대로 줄 수 없습니다.

국정원에 대한 개혁, 국정원에 대한 문민통제의 장치를 먼저 제시해야 됩니다. 정치적 중립을 어떻게 유지할 것인지에 대한 뚜렷한 방안을 제시해야 됩니다. 그런 것이 없이 그들에게 무소불위의 권력과 더 많은 권한을 줄 수는 없습니다.

바로 수지 김 사건과 같은 것은 언제든지 여기 계신 분들이 똑같은 희생양이 될 수 있습니다. 남의 일이 아닙니다. 세월호 사건 나고 그 많은 아이들을 가슴에 품은 어머니들이 했던 말이 옛날에 과거에 있었던 여러 가지 사건이 있었을 때 그게 나의 일이 될 줄 몰랐다고 했습니다. 그 일이 내 일이 됐을 때 그 아픔을 절절히 느꼈을 때 자기들이 후회했다는 겁니다. 왜 그 전에 잘못된 사회를 바로 잡는 데 함께하지 않았을까? 왜 먼저 나서지 않았을까? 그때 왜 침묵했을까? 그 침묵이 우리 아이를 바다 속에 수장시켰다고 얘기하는 겁니다. 그 아픔이 그 어머니들에게 한으로 남고 있는 것입니다.

세월호 사건 이후에 우리 사회가 변하자고 했는데 뭐가 바뀌었습니까? 그때 언론사들 거창했습니다. 대한민국이 침몰했다. 세월호 이전과 이후에 우리 한국 사회가 달라졌다. 뭐가 달라졌습니까? 뭐가 바뀌었습니까? 도리어 이제는 세월호 일가족을 무슨 떼쓰는 집단으로 매도합니다.

맹자가 그런 얘기를 하지요. 사람의 마음은 우물가에 기어가는 아이를 붙잡는 것이 사람의 마음, 그게 측은지심이라고 합니다. 그것은 기독교의 정신하고도 똑같겠지요. 내 이웃을 내 자신과 같이 사랑하라는, 내 몸과 같이 사랑하라는 게 기독교의 정신이라면…… 정말 우리 사회가 이렇게 가서는 안 될 것 같습니다.

여러분들의 침묵, 정치 외면 이것이, 정치적 무관심과 침묵이 또는 정치에 대한 외면이 도리어 거대한 프랑켄슈타인 같은 괴물을 만들어낼 수 있습니다. 그때는 후회해도 늦습니다. 그때 내가 희생양이 된다고 했을 때 도와줄 사람은 없습니다. 지금 여러분들이 그럴 겁니다. '내가 거기에 걸릴 리가 뭐가 있었어? 나하고는 상관없는 일이야. 저 사람들 왜 저래? 조용히 좀 살았으면 좋겠어.' 그러나 그것은 언젠가 자기 일로 돌아올 것입니다. 그때 누구에게 호소할 겁니까? 그때 자기의 손을 잡아 줄 사람이 누구일까요?

우리는 우리 모두가 우리 서로서로가 버팀목이 되어야 됩니다. 거대한 권력, 거대한 집단에 맞서기 위해서는 우리 스스로가 서로의 버팀목이 되지 않으면 결코 맞설 수 없습니다. 나 하나 살겠다고 '나는 괜찮겠지?' 안 그렇습니다. 큰 물결은 누구누구를 가리지 않습니다.

이러한 사례가 너무 많습니다. 이런 공작을 넘어서 이제는…… 과거의 이러한 사례를 넘어서 우리 국정원의 무능한 사례를 또 하나 얘기드릴게요. 이거는 이명박 정부 때 있었던 일입니다. 제가 보도기사를 그대로 읽어드리겠습니다. 이게 2011년 2월 21일자 보도인데요.

2011년 2월 16일 오전 서울 소공동 롯데호텔 인도네시아 대통령특사단 숙소에 침입했던 3명이 국가정보원 소속 직원인 것으로 20일 드러났다. 인도네시아 측도 이 사실을 알고 있는 것으로 알려졌다. 정부의 고위관계자는 이날 국정원 직원들이 국익 차원에서 인도네시아 특사단의 협상전략 등을 파악하려 했던 것이라며 직원들이 발각된 것은 뜻하지 않은 실수라고 말했다. 국정권팀은 남자 2명, 여자 1명으로 이들은 16일 오전 9시 27분경 롯데호텔 19층 인도네시아특사단 방에 들어가 노트북을 만지다 인도네시아 직원과 맞닥뜨리자 노트북을 돌려주고 사라졌다. 국정권 직원들이 노트북의 정보를 USB에 옮겨갔는지는 확인되지 않고 있다.

국정원 직원들이 수집하려던 정보는 국산 고등훈련기인 T-50, 흑표전차, 휴대용 대공미사일 신궁 등을 수입하려는 인도네시아의 가격조건 등 내부 협상전략이었던 것으로 전해졌다. 특히 T-50은 인도네시아의 우선협상대상자로 선정되기에 앞서 러시아의 야크-130과 막판 치열한 경쟁을 벌이고 있다. 정부는 T-50의 수출길을 열기 위해 노력했으나 아랍에미리트, 싱가포르와의 협상이 잇따라 무산된 후 인도네시아에 공을 들였다. T-50은 한 대당 2500만 달러이며 2030년까지 T-50 1000대 수출계획을 세웠다.

정부 당국 관계자는 각국의 정보기관들이 다른 나라 대표단이 방문했을 때 고도의 첩보전을 벌이는 것은 공공연한 비밀 아니냐며 국정원이 이번 사건을 무마하기 위해 여러 경로를 통해 노력한 것으로 안다고 말했습니다. 이에 대해 야권의 한 관계자는 이런 얘기를 했다네요. 당시 야권의 누가 했나 보지요. '첩보전을 벌이더라도 걸리지 말아야지. 걸렸다면 국제적 망신이다'라고 했답니다.

이게 아까도 제가 얘기했지요. 나쁜 짓을 하면 들키지라도 않았으면 좋겠는데 당시 대통령의 관심사항인 T-50 훈련기 수출을 당시 이명박 대통령의 주 핵심 국책사업, 국가 주요 시책사업 중의 하나라고 밀어붙일 때였어요. 대대적으로 홍보도 하고. 그러니까 이런 무리한 짓을 하는 겁니다.

도대체 국가정보원이 호텔에 들어가서 상대국 정상의 대표단이 온 호텔객실을 털려고 하는 발상부터 이해가 안 되고요. 털려고 했으면 이렇게 직원 3명이 가 가지고 허술하게 턴다는 게…… 여러분 이게 무슨 웬만한 흥신소도, 그러니까 이런 일을 대행해 주는 업체 있잖아요? 웬만한 괜찮은 흥신소도 이렇게 안 했을 것 같아요. 스파이영화 많이 보시잖아요. 거기는 엘리베이터도 통제하고 그 사람들 올라가는 것 미리 체크해서 못 올라오게 엘리베이터를 멈춘다든지 이런 거를 할 것 아니겠어요? 그렇게 보는 거는 우리나라 영화에서만 보는 건가요? 저는 충분히 할 수 있는 일이라고 생각하는데 이런 게 국제적 망신을 당하는 겁니다. 이런 국제적 망신을 당해 놓고도 책임지는 사람이 없어요.

저는 국정원이 국가정보기관으로 자리 잡지 못하게 된 가장 큰 요인 중의 하나가 바로 어떤 사안이 벌어졌을 때 책임지는 사람이 없다는 겁니다. 책임을 누가 집니까? 제일 말단 직원이 책임집니다. 꼬리 자르기. 모르겠습니다. 그 사람들에 대해서 국정원이 네가 책임지면 어떻게든 생계를

보장하겠다는 약속을 하는지 모르겠지만 잘못에 대해서 책임을 묻지 않고 그것을 혁신하지 않는 조직은 발전할 수 없지요. 아니 어떻게 웬만한 규모의 흥신소만도 못한 이러한 일을 해프닝을 벌여서 국제망신을 당하는 겁니까?

그래 놓고 더 많은 권한을 달라고요? 국민의 모든 자료를 도·감청하고 금융정보를 수집하고 위치정보를 수집해서 그것을 홀라당 다른 데…… 그 정보를 다 해킹당해서 뺏기면 어떻게 될 겁니까, 국정원이? 나중에 그 책임은 뭐라 그러겠어요? 북한이 했다 그러면 면책이 됩니까?

희한한 일이 우리나라는 금융기관에 해킹 사건이 벌어지면 북한의 소행으로…… 확인도 않고 그것을 확정도 짓지 않습니다. 대개 북한의 소행으로 추정합니다. 왜? 그것을 확인하기에는 IT, 인터넷 환경이나 이런 것들이 대단히 복잡해서 추적하기 어렵습니다. 그런데 뭐든지 금융기관에 해킹 사건이 나면 북한 소행으로 추정된다 하면서 아무도 책임지는 사람이 없어요. 그것에 대해서 손해배상도 안 합니다, 금융기관이. 금융기관은 손해배상 안 하고 북한에게 뚫렸다고 하면서도 책임지는 사이버 관련 당국의 책임자도 아무런 책임도 안 지고.

북한이 하면 다 면책이 되나요, 북한이 했다고 하면? 그런 걸 하지 말라고 우리가 여러 가지 권한과 예산과 조직을 만들어 준 것 아닙니까? 그렇지 않습니까? 그런데 매번 사건만 터지면 북한의 소행으로 추정된다 그리고 아무도 책임지는 사람이 없고. 그래서 한때 우리가 우스갯소리로 한 게 뭐였습니까? 이명박 대통령은 안 해 본 게 없고 박근혜 대표는 해 본 게 없고 북한은 못 하는 게 없다, 이게 그때 시중에서 떠돈 농담 아니었습니까? 이명박 대통령 시절의 농담입니다.

다시 한 번 말씀드리지만 국정원이 이러한 업무를 안전하고 성공적으로 할 수 있는 신뢰를 주기 전까지 그들에게 더 많은 권한과 무소불위의 권력을 줄 수 없습니다. 그래서 그들을 개혁하는 것이 먼저입니다.

이런 국정원의 사건이 너무 많아서 정말 차마 말씀드리기가, 입에 담기도 어려운 것들이 너무 많습니다.

그래서 사실은 이러한 국가정보원의 과거 사건 진실 규명을 위한 위원회를 구성한 적도 있었습니다. 주로 3공화국—3공화국이면 박정희 정권 시절이지요—박정희 정권 시절 이후 중앙정보부, 안기부, 국가정보원 차원에서 행해졌던 인권 침해, 각종 범죄행위를 진실 규명하기 위해서 이것을 책임을 맡아서 2004년 11월부터 2007년 11월까지 위원회를 구성해서 조사해 봤습니다.

그런데 정말 너무 많은 사건이 정치 분야…… 정치 분야에 뭐가 있겠습니까? 대표적인 게 정치인 사찰이지요. 심지어 이들은 삼선개헌 당시에는, 박정희 정권 시절에 삼선개헌을 하기 위해서 야당은 물론이고 집권당 의원들까지 다 조사를 했습니다. 아까 제가, 후버 사례 있지요? 정보당국에게 권한이 주어지면 피아를 가리지 않습니다. 적과 아군을 가리지 않습니다. 당시 정치인들의 비위사실을 조사합니다. 비위사실을 조사했으면 확인되면 검찰에 고발해야지 왜

그것을 정치적으로 활용합니까? 국정원이, 정보기관이 정치인들, 정부의 유력 고위 당국자들의 비리나 범죄사실을 인지했으면 관련 기관에 수사를 의뢰하면 되는 거지 왜 그것을 갖고 장난을 칩니까?

선거에도 지속적으로 개입했습니다. 총선, 대선 선거 판세 늘 분석해서 여당 후보를 지원하는 데 아낌없이 씁니다. 여러분, 국정원의 돈이 어떻게 쓰이는지 우리는 모릅니다. 그나마 정말 이번 19대 국회 들어와서 국정원 개혁과 관련돼서 여러 가지 노력을 해서 조금 실체에 접근을 하고 있지만 국정원에서는 하나의 바스켓으로 자기들이 총액만 제시하고 있습니다. 세부적으로 뭘 썼는지 우리는 알 수 없습니다. 그 돈이 정말 국가 안보와 안전을 위해서 쓰였는지 정권을 위해서 쓰였는지 자기들끼리 그냥 이럭저럭 알아서 술 먹고 밥 먹고 하는 데 썼는지 우리는 알 길이 없습니다.

내부의 통제 시스템이 얼마나 잘 되어 있는지 우리는 확인할 바가 없습니다. 국정원에서 그런 비위 혐의로 처벌된 직원 사례가 거의 없습니다. 아주 일부가 있지요. 그것도 대개는 한 차장급은 되어야 됩니다. 거의 대부분은 내부에서 적당히 처리하고 맙니다.

이런 기관에게 여러분들의 모든 개인정보를 주고 싶습니까? 여러분들의 개인정보 다 주고 싶습니까? 통신감청 다 허용해 주고 싶습니까? 금융거래 다 허용하고 싶습니까? 여러분들이 어디어디 다녔는지 위치추적 다 허용하고 싶습니까? 안 그래도 지금 추적이 가능합니다. 그런데 그것을 날개를 달아 주는 게 여러분들 좋습니까?

이런 정보기관은 권위주의정부 시절에 사법부에도 개입을 많이 했습니다. 인권변호사들에 대한 뒷조사 비일비재했습니다. 그리고 대법관, 판사, 검사, 이분들에 대한 여러 가지 비위 혐의 일상적으로 수집합니다. 아까 제가 얘기했지요, 어제 당신이 했던 일을 다 알고 있다고, 주요 인사들의. 그래서 그런 걸 갖고 검찰의 수사나 재판 과정에 개입하려고 하겠지요.

언론사, 말할 것도 없습니다. 지금은 사라졌지만 한때는 '안기부 장학생' '중정 장학생' 이런 말까지 나왔지요, 언론사에서도. 한때는 지금은 보수 논객으로 유명한 조갑제 씨도 끌려가서 혹독한 일을 치렀던 것으로 알려져 있습니다, 미군과 관련 된 글을 썼다고.

노동자, 말할 것도 없습니다. 노조야말로 주요 감시·사찰의 대상입니다. 여러분이 노조에 가입하는 순간 바로 감시 대상이 될 겁니다. 여러분이 노동운동을 하는 순간 바로 도·감청의 대상이 될 것입니다. 여러분이 노동조합의 간부가 된다면 모든 신상이 낱낱이 털리게 될 겁니다. 노동조합의 가입과 활동력을 떨어뜨리기 위해서겠지요. 그것은 아까 제가 후버 사례 했듯이 미국에서도 그랬습니다. 노동조합을 무력화시키고 노동조합을 파괴시키는 속에서 그러한 작업들은 일상적으로 이루어졌던 것이지요.

요즘은 많이 없었지만 옛날에는 학생운동도 참 많이 조사받았습니다. 여러분은 지금은 '국정원' 하면 내곡동 시대로 알겠지만 저는 대학 다닐 때까지만 해도 '국정원' 하면 상징이 남산이었습니다. '너희들 남산에 한번 끌려가 보고 싶어?'라는 것처럼 무서운 협박이 없었습니다. 그것은 자칫 잘못하면 쥐도 새도 모르게 죽을 수도 있다는 의미였습니다. 무슨 경찰, 대공, 치안 쪽 이런 것에 끌려가는 것하고 비교가 안 되지요, 남산에 끌려간다는 건. 한국 현대사의 모든 굴곡과 왜곡은 남산에서 이루어졌던 것입니다.

당시 70년대, 80년대 민주화운동을 했던 분들 중에 상당수 인물분들이 남산에 끌려갔던 적이 있었습니다. 어쩌면 이제는 그분들이 한때의 추억처럼 얘기하기도 하지만 그 몸서리치는 기억을 그분들은 잠시도 잊을 수가 없었습니다. 남산으로 상징되는 국가정보기관의 그 고문과 탄압…… 이미 두 번째로 무제한 토론을 했던 은수미 의원께서 직접 그 사례를, 본인의 그것을 절절하게 말씀드려서 너무도 잘 아실 겁니다.

국민 여러분!

그러한 일이 남의 일이 아닐 수 있습니다. 침묵하고 외면하고 자기와 상관없다고 생각하는 순간 어느새 성큼 자기 앞에 다가올 것입니다.

김대중 대통령 납치 사건은 제가 아까 잠깐 언급했지만 참 기가 막힌 일입니다. 그것이 김대중 대통령이라서가 아니라요 정권에 반대하는 사람을 해외에서 정보기관이 납치해서 공해상에서 수장시키려고 하는 그런 공작을 서슴없이 할 수 있는 그러한 상상력을 가지고 있다는 것만큼 무서운 집단은 없습니다.

그것에 대해서 처벌받은 사람 없습니다. 그때 연결고리로 있었던, 당시 일본 오사카 지역의 총영사관에 영사로 있었던 국정원 직원 한 분만 망명했습니다, 미국으로. 나중에 그분의 자제분은 미 국무부 관계자로 해서 6자회담 대표단의 일원이 됐고 대표도 되셨고 나중에 우리 한국 주한미국대사도 하셨습니다. 김대중 대통령께서 그러셨다고 그러더라고요. 그때 관련됐던 분의 자제분이라고 했더니 그 사람이 무슨 죄가 있느냐고, 그 선친 때 이루어진 일인데. 김대중 대통령은 다 용서하고 안고 가셨던 것입니다. 또 그것이 후대로 이어지는 것도 원치 않았고요. 당연히 후대의 잘못도 아닐 뿐더러 화해와 통합·용서는 가해자가 그것을 수용하고 받아들일 때 이루어지는 겁니다.

정말 많은 사건들이 있어서 일일이 열거하기가 어려운데요 참 떠들썩하게 했던 사건이 있었지요, 2014년도? 서울시 공무원 간첩 사건입니다. 이게 국정원이 조작했던 사건인데요, 이 사건이 기가 막힌 것은 사실상 간첩조작의 타깃은 지방선거를 앞둔 박원순 시장을 타깃으로 했다는 것이지요. 그런데요 재미있는 건 유우성 씨를 취업시킨 사람은 제가 알기에는 오세훈 시장 때인 것으로 알고 있습니다. 그런데도 언론은 교묘하게 오세훈 시장에 대한 얘기는 전혀 없고 박원순 시장으로만 갔지요. 또 우리 통일부의 정책이 뭡니까? 북한이탈주민—흔히 탈북자이지요—탈북자라고 하는 북한이탈주민의 사회적 정책을 굉장히 중요한 정책의제로 제시하고 있습니다, 통일부가.

또 저 외통위에 있는데 우리 외통위에서도…… 제가 한때 처음에 국회에 들어와서 상임위 활동을 외통위에서 2년을 했었는데 특히 여당에서도 의원님께서 많은 탈북자들, 북한이탈주민의 사회적 취업에 대해서 공공기관이 특혜를 주라고 많이 얘기하셨어요. 굉장히 열심히 하신 분이 제가 존경하는 조명철 의원님입니다.

조명철 의원님께서는 잘 아시는 바와 같이 본인이 김일성대학에 있다가 90년대 중반에 서울로 오신 탈북자 출신의 비례대표 의원이신데 저하고 굉장히 친분이 가깝습니다. 저하고 연구소에 같이 계셨고 여러 가지로 저하고는 관계가 깊은 분이고 굉장히 좋은 분인데, 이분이 다른 뜻은 아니고 본인이 탈북자들의 이해관계를 대표하기 위해서 그분들이 적극적으로 정부나 공공기관, 지자체에 취업을 해야 된다는 얘기를 강조했습니다. 저도 그 취지에 동의합니다. 왜? 그분들에게 무슨 돈을 쥐어 주는 것보다 더 중요한 것은 일할 수 있는 여건을 만들어 주는 것 아니겠습니까?

우리도 마찬가지이지요. 우리 청년 분들에게…… 최근에 청년수당을 갖고 이런저런 말이 있는데 오죽하면 그랬겠습니까? 제일 중요한 것은 일자리를 만들어 주는 건데 당장 일자리 만들어 주는 게 여의치 않기 때문에 그들의 고통, 지금 당장의 그들에게 뭔가 용기를 북돋워 주기 위해서라도 청년들에게 수당을 주자는 게 이재명 성남시장이나 박원순 서울시장이 갖는 계획인데 굳이 그걸 막을 이유는 뭡니까, 중앙정부가? 저는 그것에 대해서 좀 전향적으로 검토할 필요가 있는데……

어찌 됐든 탈북자들에 대해서 취업을 장려했을 때 그 사람들을 취업시킨 게 잘못입니까, 아니면 그 사람들을 취업 대상자로 서류 심사를 다 국정원에서 해 가지고…… 왜냐하면 그런 분들 다 국정원에 신분조회를 요청합니다. 신분조회를 잘 못 한…… 예를 들면 유우성 씨가 간첩이라고 칩시다, 나중에 조작된 것으로 드러났지만. 간첩인 사람의 신분 확인을 요청해서 확인을 잘못한 국정원의 책임입니까, 국정원의 확인을 받고 취업시킨 서울시의 책임입니까? 누구의 책임입니까? 서울시 책임입니까? 아니지요. 그래도 우리 최고의 정보기관이라고 하는 국정원이 그 사람의 신분을 확인해 줬는데 그러면 그걸 믿고 취업을 승인해야지 국정원의 그것도 안 믿고 간첩 소지가 있다고 해서 취업을 안 시키면 그게 차별이지요. 그렇지요?

우리 헌법에 차별하지 않게 되어 있지 않습니까? 성별, 지역별, 종교, 신념 등 이런 여러 가지 이유로 차별하지 않게 되어 있습니다. 당연히 탈북자에 대해서도 차별하면 안 됩니다. 도리어 장애인이나 탈북자나 이런 분들에 대해서는 소수자에 대한 우대를 해 줘야지요. 그렇지요? 그렇지 않겠습니까?

우리 소수자에 대한 우대 정책을 합니다, 헌법 정신에 따라서, 약자 배려. 그렇다면 그 사람들의 취업을 받아들인

서울시의 책임이 아니라 그 사람들의 신분을 깔끔하게 조사하지 않고 허술하게 한 국정원의 책임이 일차적인 겁니다. 마치 그 이후에 기다렸다는 듯이…… 저는, 국정원이 다 알고 있었다는 겁니다. 유우성 씨가 중국 화교, 이 사람이 신분상으로 북한 인민이냐 아니면 중국 공민이냐 이것에 대한 경계선에 걸쳐 있는 중국 조선 화교, 북한에 있는 중국인이라는 것을 알고 있었다는 겁니다. 알고 그때 처음에는 아무 문제없이 서울시에 취업을 시켜 놓고 나중에 이 사건을 엮기 위해서 유우성 씨를 간첩으로 몰고 간 겁니다, 이 사건의 기원은. 왜 몰았을까요? 무슨 이유로? 국정원이 왜 그랬을까요? 유력한 서울시장후보였던 당시의 박원순 시장을 종북몰이에 끌어들이고 싶었겠지요. 그것은 단순하게 실패한 간첩조작에 끝나는 게 아니라 중대한 정치 개입이었던 것입니다, 본질에 있어서는. 선거에 개입하고자 하는 의도가 있었던 것이지요.

(자료를 들어 보이며)

이때 보면 당시 우리나라하고 중국하고는 형사사법공조조약이라는 게 있습니다. 그래서 이것은 사법공조를 요청하면 중앙기관을 통해서 외교경로를 통해서 연락하고요. 이것은 양국의, 우리의 법무부장관 또 중국의 중화인민공화국도 사법부인데 사법부장이, 중국의 법무부장관에 해당하는 사람이 서로 협력하게 되어 있습니다. 물론 거절이나 연기할 수도 있는데, 당시 유우성 씨에 대한 출입국 기록이나 이 사람들이 북한과 연계됐던 기록 이런 것들을 중국에 요청할 수 있었는데, 그러니까 서울당국이 대검, 외교부와 선양 총영사관에 출입경 기록 입수를 요청했는데 중국당국이 거절했어요, 이때. 중국당국이 거절하니까 이것을 만들기 시작하는 겁니다.

뭐냐 하면 원래 정식으로 하면 외교부를 통해서 중국 사법부에 요청을 해야 되는데 우리 법무부가 선양 총영사관을 통해서 그냥 다이렉트로 중국 지방정부에 요청을 한 거예요. 중국 지방정부에 자료 요청한 것은 이 협정 위반입니다, 양국 간의. 그리고 내정간섭 여지가 있기 때문에 중국이 항의를 해 옵니다, 이것을 갖고요. 그래서 이 유우성 씨 간첩 사건은 조작으로 드러나지요, 너무도 어설픈 조작. 이것 때문에 제가 심양까지 갔다 왔습니다.

당시 이 사건을 주도했던 국정원 출신 영사는 당당하였습니다, 그 자리에서. 나는 국가를 위해서 했지, 거의 뭐 협박조였습니다, 국회의원을 앞에 두고도. 당신들이 더 큰일을 치를 것이다라는 식으로. 저는 그 사람에게 일말의 양심의 가책을 보지 못했습니다.

아까도 제가 말씀드렸지만 한 사람이 간첩으로 낙인찍힌다는 것, 그 가족들이 간첩의 가족으로 낙인찍힌다는 것이 얼마나 한국사회에서 고통스러운 주홍글씨라는 것은 우리 모두가 압니다.

아무런 양심의 가책을 못 느낍니다. 자기는 오직 국가와 민족을 위해서 일했다고 얘기합니다. 저는 차라리 그 사람이 우리들 앞에서 자기의 죄를 숨기기 위해서 일부러 그랬으면 좋겠다는 생각을 했습니다, 그 순간. 왜? 진짜 그 사람이

신념상으로 이런 간첩을 조작하는 것조차도 국가와 민족을 위한 것이라고 내면화되어 있는 사람이라면 또 국정원에 있는 상당수 요원들이 그런 식으로 내면화되어 있다면 잘못된 행동, 불법행동조차도 조직이 원한다면 국가와 민족이라는 이름하에 행해진다면 그 기관은 대단히 무서운 기관인 겁니다. 차라리 잘못된 것을 알지만 사법 처리가 두려워서 잘못이 아니라고 억지로 우기거나 자기의 내면을 속이는 것이었다면 저는 인간적으로 이해를 할 것 같아요. 사람이 그렇기 때문에. 그러나 진짜 그 행동이 국가와 민족을 위한 것이라고 내면화되어 있다면, 조직의 잘못된 명령과 한 사람의 인권을 짓밟는 행위에 대해서도 조직을 위해서라면, 그것이 국가와 민족이라는 이름 아래 조직을 위해서라면 당당하게 행해지고 아무런 죄책감이 없다면 저는 정말 무서운 집단이라고 생각합니다.

그러한 조직문화를 가진 국가정보원에게 여러분들은 보다 더 큰 권한을 주고 싶으십니까? 무소불위의 권력을 줘야 된다고 생각하십니까? 저는 아니라고 생각합니다. 내부에서 양심의 소리, 내부에서 잘못된 것을 바로잡으려는 자정의 움직임이 없다면 줄 수가 없습니다. 조직을 위해서, 국가와 민족을 위해서라는 그러한 미명 아래 불법과 인권유린을 자행한다는 것은 저는 그게 더 무섭습니다. 그러한 행동이 이루어지는 과정에서 어느 누구도 그것을 바로잡으려고 하지 않았다. 이것이 가능합니까? 그것이 맞는 조직일까요?

그것이 중국의 항의와 국회의 조사, 언론의 탐사보도를 통해서 드러날 때까지 스스로 밝혀내지 않았습니다. 계속 은폐하려고만 했습니다. 그 이후에도 그들은 꼬리 자르기만 했습니다. 그로 인해서 누가 책임진 사람 없습니다. 물론 이후에 상징적으로 당시 국가정보원장이 사임했지만, 글쎄요 꼭 그것 때문에 그런지 저는 잘 모르겠습니다. 직접적으로 그 책임을 지고 물러난 것도 아닙니다. 사후에 그런 해석을 했을 뿐이지요. 그러한 것도 있고 간첩조작 사건도 있고 해서 물러난 것 아니냐 이렇게 이해가 될 뿐입니다.

아까 제가 측은지심을 얘기했지 않습니까? 사람은 기본적으로 최소한 자기 내면의 양심의 소리에 귀 기울여야 된다고 생각합니다. 제가 뮤지컬 공연을 작년에 한번 본 기억이 있는데, 물론 영화도 봤지만 레미제라블을 본 적이 있습니다. 많은 분들이 보셨을 거예요. 2012년 대선 직후 영화 레미제라블 보면서 눈물 흘리거나 가슴 아파했던 분들이 상당히 많으셨을 것으로 생각합니다.

범죄를 저지른 사람을 바로잡는 과정은, 글쎄요 거기서도 한 번 범죄를 저지른 사람에게 낙인을 찍지요. 이름보다는 번호로 불려집니다. 그리고 그에게는 항상 사법당국에게 자기의 위치를 보고해야 될 의무를 해야 되는 증서를 발급합니다. 일종의 족쇄지요. 어디 가서도 범죄자로 따돌림을 받습니다. 또다시 이 사람은 범죄를 저지르는데 그 범죄자를 구원한 것은 주교의 따뜻한 손길이었습니다. 장발장과 함께 중요한 역할을 맡고 있는 자베르는 법의 상징이겠지요. 법도 중요합니다. 그러나 고통받고 힘든

사람들에게 우리 사회가 어떻게 얼마만큼 손을 내밀고 있는지 우리 스스로 자문해야 될 때입니다.

우리는 힘들고 어려운 사람들을 외면하는 것에 익숙하지요. 간첩으로 몰리면 외면합니다. 방어해 주기 어렵지요. 힘듭니다. 그 사람하고 같이 있다가 괜히 나까지 걸려들까 봐.

유우성 씨 간첩 사건 정말 황당한 일이었습니다. 지방 공안당국의 도장을 조작하고 팩스도 조작하고 총영사관의 지시도, 어떤 보고나 이런 것도 전혀 따르지 않고.

실제로 우리나라 곳곳에, 중요한 곳에, 대사관이나 총영사관에 우리 정보기관의 요원들이 나가 있습니다. 아까 제가 얘기한 백색요원들이지요, 소위 얘기하는. 이 백색요원들은 공관장, 대사관이나 총영사관의 지휘에 벗어나 있습니다, 통상적으로. 왜 그럴까요? 왜 그런지 아십니까? 공관장이 그 사람들 눈치를 봐야 됩니다. 왜? 해외에 있는 공무원들, 주요 공직자나 공무원들의 일상을 그 사람들이 보고합니다, 중앙에다. 예를 들면 자기가 함께 있는 대사나 총영사관이 마음에 안 들면 뭔가 하나 꼬투리 잡아서 위에 상부에 보고하면 됩니다.

그것이 그 사람들의 힘이지요, 정보의 힘. 그 보고를, 국정원에 의해서 들어가면 그 보고는 그대로 외교부장관한테까지 갑니다. 심지어 더 고위 공직자는 대통령한테까지도 가고. 그러니까 어떤 경우 자기가 이유도 모르고 그냥 경질되는 수가 생깁니다. 그렇기 때문에 통상적으로 그런 정보기관의 요원들하고는 그냥 그저 불가근불가원, 마음 상하지 않고 서로 잘 지내자 이게 그 사람들의 현재의 생각입니다.

이번에 테러방지법, 우리가 이 테러방지법에 대해서 상당히 문제 제기를 많이 했습니다. 독소 조항을 들어내자. 그런데 참 답답합니다. 제가 참 최근 들어, 아까 모두에 국회에서의 입법 과정에 대해서 답답함을 호소했던 것은 우리 국민들께서는 그런 과정을 잘 모르셔서 그럴 것 같습니다. 테러방지법도 일점일획 청와대의 지시에 의해서 못 고칩니다. 이게 무슨 국회에서의 자율성입니까? 대통령의 뜻이 다입니까? 우리는 대통령이 통과해 달라고 하면 다 통과시켜야 됩니까?

민주주의는 늘 반대와 저항이 있습니다. 그 반대와 저항을 때로는 받아들이고 때로는 설득하고 때로는 서로 양보하면서 절충해 나가는 것이 민주주의지요. 그래서 제가 민주주의는 비효율적이라고 얘기한 겁니다. 일을 일점처리로 하려면 군부독재, 독재자의 힘이 훨씬 좋을 수 있겠지요. 그러나 일이 그렇게 쉽게 되지 않습니다. 하는 일들이 서로 간의 조정을 통해서 이루어지는데 이 테러방지법 같은 경우 전혀 손을 못 대고 있습니다.

저희가 무제한 토론을 시작할 때 여러 가지 이유가 있었습니다. 이 무제한 토론을 통해서는 앞서 다른 의원님들도 말씀하셨겠지만 정부가 밀어붙이는 입법을 결국은 막아 낼 수 없습니다. 왜? 3월 10일까지 우리가 이걸 끌고 가면 회기가 종료됩니다. 그러면 여당이 다시 회기를

소집하면 바로 표결 처리해야 됩니다. 즉, 이 법안은 정부가, 여당이 양보하지 않는다면 이 원안대로 이번 3월 10일 이전에 통과되느냐, 아니면 3월 10일 이후에 통과되느냐 이 두 가지밖에 남아 있지 않습니다, 선택의 폭이. 무제한 토론의 법적 한계입니다.

즉, 무제한 토론은 테러방지법의 통과를 끝까지 막아 낼 수 있는 방어는 아닙니다. 단지 지연시키고 협상의 시간을 버는 것이지요. 그래서 협상해 줄 것을 줄기차게 요구해 왔습니다.

우리 국회의장께서도 사실 이렇게 일을 벌이지 않으셨으면 더 좋았을 텐데 우리 정의화 의장이 이렇게 일을 벌이시고 난 다음에 의장이 수정안을 제출했음에도 불구하고 그것도 받아들여지지 않고 있습니다.

이러한 입법 사례가 한두 번이 아닙니다. 제가 있는 산업위에서도 이러한 입법 사례는 반복됐습니다. 얼마 전에 통과된 소위 원샷법, 경제활성화법이라고 그러지요. 그것도 마찬가지였습니다. 입법 과정에서 아무런 자율권이 없었습니다. 그냥 밀어붙이기만 있었지요.

경제활성화법이라고 하면 경제가 활성화됩니까? 아까도 얘기했지요. '테러방지법 만들면 테러가 방지됩니까?'라고 제가 여쭤 본 것처럼 경제활성화법 만들면 경제가 활성화됩니까?

특히 기업활력법, 흔히 얘기해서 원샷법이라고 하지요. 결국은 그것은 일부 대기업들의 구조조정과 사업 재편에 이익을 줍니다. 지금도 기업구조조정법에 따라서 기업이 위기상황에 닥치면 구조조정 할 수 있는데 위기상황에 닥치기 전이라도 스스로 그러한 위기상황이라고 해서 촉구하면 구조조정을 할 수 있게, 그래서 이게 노동법하고 맞물려 있는 거지요, 해고를 자유롭게 해야 되니까.

그 과정에서도, 법의 내용을 떠나서 협상 과정에서도 그대로 밀어붙이기, 일방적인 밀어붙이기였습니다. 저는 지금도 그 법이, 기업활력법이 시장경제의 원리에 맞지 않는다고 생각합니다.

시장경제에는, 미국에서 소위 진보와 보수라고 할 때 시장경제를 보는 관점의 차이는 그 정도 차이입니다. 어떤 관점의 차이냐? 좀 더 보수적인 경제학자나 경제를 지지하는 사람은 좀 더 자유로운 경쟁, 시장에서의 좀 더 자유로운 경쟁을 지지하고 있습니다. 반면에 민주당이나 흔히 얘기해서 약간 미국 사회에서의 진보적인 경제학자라면 좀 더 공정한 경쟁을, 시장에서의 경쟁을 강조합니다. 거기에서의 그 사람들의 공통점은 시장에서의 경쟁입니다. 보다 자유로운 거냐, 공정한 거냐. 그러나 절충된 것이 자유롭고 공정한 경쟁이겠지요. 그러니까 어느 지점에서 사회는 타협을 합니다, 자유와 공정성에 대해서.

이 법은 공정하지 않았습니다. 결코 공정하지 않은 법입니다. 미국과 같은 시장경제 국가에서는 결코 있을 수 없는 법입니다. 그 법의 핵심이 시장에서의 공급 과잉을 법으로 해결하겠다는 건데 제가 경제연구소에 좀 있어 봤지만 시장에서의 공급 과잉을 법으로 해소한다는 건 듣도

보도 못했습니다. 특히나 우리나라 같은 경우는 시장에서의 공급 과잉, 흔히 얘기해서 공급 과잉은 우리 국내적 사안이 아닙니다.

현대자동차의 공급 과잉이, 현대자동차가 우리 국내에 다른 기업이 많아서입니까? 그런 것도 있겠지만 글로벌 공급 과잉입니다. 중국이, 또 소위 브릭스라고 그러지요. 중국, 브라질, 인도 그다음에 러시아 이런 나라들이 이제는 산업화가 빠르게 진전되면서 생산이 크게 증가하고 있는 것입니다. 즉, 글로벌 공급 과잉이 확산되기 때문에 공급 과잉 문제는 필연적으로 제기됩니다, 전 세계적으로. 우리나라만의 문제가 아닙니다.

그런데 이런 글로벌 공급 과잉을, 시장에서의 공급 과잉을 국내법으로 처리할 수 있을까요? 처리할 수 있었으면 좋겠습니다. 만약 처리할 수 있다면 저는 정말 그분을 존경하겠습니다.

법으로 어떻게 처리합니까? 법으로 어떻게 해결합니까? 더군다나 중국 기업을, 러시아 기업을, 인도 기업을, 독일 기업을 자동차의 경우. 해소가 안 되지요.

바로 그렇기 때문에 그러한 법들을 만들 때 현실을 꼼꼼하게 따져 보고 우리 현실에 맞는지 안 맞는지를 봐야 되는데 그것이 일본에 있다고 해서 무리하게 일본 법을 차용해서 청부 입법을 해서 그 법을 발의했던 것입니다.

테러방지법 마찬가지입니다. 아까도 얘기했지만 왜 이 테러방지법이 갑자기 제기됐을까요? 프랑스 파리에서의 테러 때문에 그랬을까요? 아닙니다. 그때도 이렇게 강조하지 않았어요, 대통령이.

많은 분들이 북한이 도발할 수 있다, 북한의 핵미사일……핵미사일은 테러가 아닙니다. 핵미사일은 전략무기고, 물론 핵무기나 전술무기도 있지만 이것은 전면전이나 정규전입니다, 테러가 아니라.

흔히 테러라고 할 때에 우리가 가지고 있어야 될 생각은 주요 시설, 예를 들면 사회 인프라, 기간망이지요, 발전소라든지 또는 주요 수자원, 댐 같은 데, 이런 곳에 대한 어떤 시설에 대한 테러 내지는 항공기·선박에 대한 어떤 위해, 그리고 요인에 대한 어떤 암살이나 위해, 또 나아가서 다중이 모이는 시설에 대해서 일어나는 어떤 대규모 살상행위, 흔히 우리가 바그다드나 이라크나 이런 데서 이루어지는 자폭테러라든지 또는 과거 90년대 중반 일본에서 특정 종교집단에서 있었던 사린가스 살포하는 행위 이런 것들이지요. 그런 것들에 대해서 우리가 어떻게 대처할 건가 하는 겁니다. 그러나 더 나아가서 이러한 테러를 보는 우리의 관점이 문제지, 우리가 이 테러를 어떻게 해소할 건가.

이게 자료가 많다 보니까 한번 섞이면 찾기가 어렵네.

무하마드 유누스라고 2006년 12월 노벨평화상 수락할 때 무하마드 유누스가 이런 얘기를 하십니다. "빈곤이 평화를 위협하는 요인이다." 제목이 그렇습니다. 그러면서 테러행위를 뭐라고 하느냐 하면 "테러행위를 군사행동으로 극복할 수 없습니다. 테러행위는 비난받아 마땅하고 우리는

테러행위에 대해서 확실히 반대하고 이를 종식시킬 수 있는 방법을 찾아야 합니다. 그런데 테러행위를 영원히 뿌리 뽑기 위해서는 근본적인 원인을 논의해야 한다는 것입니다. 저는 가난한 사람들의 생활을 개선시키는 데 자원을 투입하는 것이 무기에 돈을 쓰는 것보다 더 나은 전략이라고 믿습니다." 이 얘기입니다.

많은 국가가 좌절하고 있습니다. 많은 국가의 젊은이들이 좌절하고 있습니다. 특히 중동 지역의 이슬람국가, 그다음에 동아시아 지역의 저개발국가, 더 좁혀서 국내적으로도 묻지마 살해행위 같은 게 일어나지요. 일본도 있고 우리도 있고 미국에서도 있습니다, 물론 일부에서는 게임산업, 인터넷에 의한 영향을 받았다 이렇게 하는 분도 있지만.

문대성 의원, 끝났어요? 고맙습니다.

역할 충실히 하고 가시네.

박창식 의원님, 잘 돌아가십시오.

우리가 빈곤 문제에 대해서 근원적인 해법을 갖지 못한다면 우리는 테러로부터 자유로워질 수 없습니다. 마찬가지입니다. 우리에게 오는 테러는 좀 다르겠지요. 미국이나 프랑스, 유럽 같은 나라에서는 주로 종교적인 이유 또는 민족적인 이유 또 국제정치와 관련된 역사적 맥락이 있습니다.

중동은 사실은 이슬람국가들…… 중동이란 말도 사실 좀 말이 안 맞는데 이슬람국가 지역에 있는 국가들은 원래 저렇게 국경선으로써 국가가 잘려서는 안 됐지요. 2차 세계대전이 종결하는 과정에서 영국 프랑스 미국 등이 자의적으로 국가를 구분한 겁니다. 영토 분쟁과 종족 분쟁, 부족 분쟁이 2차 세계대전 종결 과정에서 근원을 만들어 놓은 것이지요. 그것에 대한 이해가…… 우리는 이슬람 세계를 잘 모릅니다. 이슬람의 많은 젊은 사람들은, 사우디 같은 경우도 그렇고 일부 특권 계층에 의해서 부의 독점, 그 사람들에게는 일자리도 별로 없고 다른 삶의 희망이 별로 없습니다. 그나마 사우디라든지 쿠웨이트 이런 나라는 경제적으로 좀, 산유국 같은 경우는 좀 낫지요, 상황이. 그러나 이집트나 또는 시리아라든지 이런 나라는 훨씬 더 상황이 심각한 거지요, 이라크는 더 그렇고요.

그 사회의 부도덕한 정권을 제거했습니다. 이라크 정권 제거하고 뭐 여러 가지 했지만, 아프간에서도 미국에게 반대되는 정권을 제거했습니다만 안전해지지 않았습니다. 새로운 위협, 새로운 도전을 만들어 냈지요. 아까 말씀드린 것처럼 탈레반이 사라지니까 이제는 IS가 등장한 것입니다. 끊임없이 도전과 새로운 도전에 직면하는 거지요, 테러에 있어서는.

대한민국은 어떻습니까? 제가 보기에 대한민국은, 우리 한국 사회는 비교적 테러나 치안 문제에 대해서 안전한 나라로 평가받고 있습니다. 아까 어느 분이 얘기하신 것처럼 밤거리를 다닐 때 이렇게 술 한잔 먹고 밤거리를 걸어 다닐 수 있는 나라가 그리 많지 않습니다. 가깝게는 제가 좀 다녀 보면 싱가포르 정도, 그다음에 일본 도쿄 정도, 일본 정도. 그다음에 유럽 국가들은 밤늦게 돌아다닐 이유가 별로

없고 하니까. 물론 유럽 국가들 일부가…… 그런데 최근에 유럽에서도 대도시를 둘러싸고서는 외국인에 대한 혐오 테러가 빈번히 발생하고 있는데……

사실 한국 사회에서, 여기 많은 여성분들 계시지만 최근에 물론 우리 사회에 불안함이 있어서 안심 귀가 서비스 같은 것을 지자체 차원에서도 하고 여전히 여성분들의 불안이 높은 건 사실입니다. 제가 국회 여성가족위원회에 있으면서 여성들에 대한 성폭력이라든지 이러한 위해요소들이 여전히 많이 나온 것에 대해서 잘 알고 있습니다만 그렇다고 해서 한국 사회가 여타 국가에 비해서 여성들에 대한 치안이 훨씬 더 불안하냐, 그렇지는 않다고 저는 생각합니다. 그것은 여성들에 대한 어떤 위험, 그다음에 성폭력 이런 여러 가지 여성들에 대한 위해요소는 현재 어느 사회에서나 지금 존재하고 있기 때문에 그것을 줄여 나가는 노력이 굉장히 중요한 사회적 과제로 있는 건 맞지만 현재 한국 사회에서 특별하게 테러를 당할 위험이 있어서 우리가 밤거리를 조심하고 자동차를 타지 않으면 걸어 다니지도 못한다 이런 것도 거의 없습니다. 결국은 한국 사회가 직면하고 있는 테러의 위협은 고스란히 북한으로부터 오고 있는 거겠지요.

자, 여기에서부터 대북정책에 대한 문제가 나오겠지요. 북한을 어떻게 다뤄야 될 건가. 북한은 우리에게 어떻게 되겠습니까? 국가보안법상에서는 이적단체가 돼 있지요. 국가보안법에는 그렇고, 남북관계발전법…… 남북관계발전법이라는 게 있습니다. 남북관계발전법에 따르면 남과 북은 서로 통일을 지향하는 관계입니다. 국가와 국가 관계는 아닙니다.

그래서 제가 말씀드리는 얘기는 그러면 북한으로부터 오는 위협을 어떻게 할 건가, 저는 이 박근혜정부의 외교·안보 정책의 무능과 무대책에 대해서 경악을 금치 못하겠습니다.

유능한 정부는 그러한 일이 오기 전에 예방하고 사전에 방지하는 것이 유능한 정부지요. 어떻게 하면 우리 응징하겠다, 이렇게 하면 우리 거기에 대해서 대응해서 어떻게 하겠다, 그것은 사후약방문입니다. 그것은 별다른 능력이 없는 사람도 할 수 있습니다. 북한이 핵실험하면, 북한이 서해 5개 섬이나, 서해 5도나 휴전선 인근에서 도발을 하면 이러 이렇게 응징하겠다, 그것은 하책입니다. 그것은 그냥 할 수 있는 일입니다. 그게 잘못됐다고 얘기하지 않겠습니다. 그러나 그것이 상책은 아니라는 것이지요. 유능한 정부라면 그런 일이 발생하기 전에 예방하고 사전에 관리하는 것이 유능한 정부입니다.

언제까지 남 탓만 할 겁니까, 이전 정부 탓만 하고요? 소위 우리 사회에서 보수 정권이라고 하는 이명박·박근혜 정부가 지금 집권한 지가 8년 됐습니다. 8년이 넘었지요. 그런데도 계속, 지난번에 대통령께서 말씀하신 건 '퍼 줘서 그랬다. 퍼 준 것 때문에 북한이 핵을 개발하고 미사일을 했다'고 얘기하는데 저는 도통 이해가 안 됩니다. 그때 그리 퍼 준 것도 없고요, 또 그 퍼 준 게 아직까지도……

실제로 생각해 보십시오. 북한이 4차 핵실험을 했는데 지난 2006년에 핵실험한 것 이외에는, 1차 핵실험 이외에 나머지는 전부 다 보수 정권하에서 이루어진 겁니다. 미사일 개발 점점 더 발달되고 이제 수소 핵폭탄까지 만들었습니다. 이게 아직도 과거 정부 탓입니까?

아예 그러면 저는 근원적으로 묻겠어요. 북한이 핵정책을 선택한 것은 김영삼 정부 때니까 보수 정부 때문에 핵개발을 시작한 거지요, 그러면요. 그러니까 북한의 핵 문제가 김대중·노무현 정부에서 시작된 게 아니라 북한의 핵 문제는 이미 90년대 김영삼 정부 그 이전부터 시작된 겁니다. 결국은 보수 정권에서 시작된 거예요. 언제까지 이렇게 남 탓만 할 겁니까? 우리가 잘못되면 조상 탓, 잘되면 자기 덕이라고 끝까지 모든 문제가 과거 정부 탓입니까?

(정갑윤 부의장, 이석현 부의장과 사회교대)

그러면 문제 해결이 안 나오지요. 언제까지 그렇게 할 겁니까?

북한으로부터 오는 테러의 위협, 그게 심각한 것이라면 어떻게 막을 건지 해법을 제시해야지요, 자신 없으면 관두든가. 안 그렇습니까? 우리가 맡긴 거는 잘해 줄 줄 알고 맡긴 거 아닙니까? 본인이 외교·안보는 잘하겠다고 늘 얘기하셨고. 그러면 해법을 만들어야지 그것을 계속 아무런 해법은 제시 못 하고……

북한인권법 만들면 북한 인권이 개선됩니까? 다 알고 있습니다. 북한인권법하고 실질적 북한 인권 개선하고 아무 관련이 없는 거요. 단언컨대 북한인권법이…… 북한인권법의 핵심은 기록보존소 만드는 거하고 그것에 대한 재단 설립하는 겁니다. 그러니까 대북, 소위 얘기해서 인권 문제 관련 재단을 만들어서 정부가 지원하겠다는 건데 기존에 반공단체나 반북활동했던 그런 단체들이 거기 다 들어가겠지요.

좋습니다. 저, 그것도 할 수 있다고 생각해요, 일자리 창출 차원에서. 정부가 일자리 창출 못 하는데 그렇게 해서라도 일자리 늘리겠다는데 제가 뭐라 하겠습니까?

그렇지만 언제까지 이렇게 할 겁니까? 그 법은 북한에게 실효적 지배를 미치지 않습니다. 이미 그 법이 안고 있는 기록 보존, 우리 통일부가 지금까지 해 오고 있고 자료를 다 갖고 있습니다. 국가인권위원회에서 북한 인권 문제에 대한 기록을 가져오고 있고 관련 담당 부서도 있습니다.

북한인권대사요? 외교부에 두면 됩니다. 지금도 사실상 인권대사가 그 역할을 하고 있고요. 그다음에 북한에서 인권 유린을 했던 북한 당국자 또는 책임 있는 자리에 있는 사람 처벌 문제요? 지금 국제 유엔협약에 의해서 다 할 수 있습니다. 고문이나 인권 유린을 한 그런 사람들에 대해서는 국제협약에 의해서, 그 관련 법도 우리가 다 만들었어요. 북한인권법이 없다 하더라도 만약에 우리가 통일 이후에 북한에서 인권 유린 행위가 있었다는 것을 입증하고 그것에 책임 있는 사람이 있다면 처벌할 수 있는 근거가 있습니다.

(● 한선교 의원 의석에서 ─ 질문 있는데 북한인권법을 왜 지금 해요?)

테러 얘기하는 겁니다.

아, 3선의 한선교 의원님께서 왜 이렇게 초선 의원한테 야지를 놓으세요.

(● 한선교 의원 의석에서 ─ 아니, 야지가 아니고 왜 북한인권법 얘기를 지금 하시냐고요.)

연관돼서…… 아니, 지금 막 들어오셨잖아요. 연관을 못 하시니까……

그러니까 뭔가 하실 때 처음부터 끝까지 다 들으셔야지.

(● 한선교 의원 의석에서 ─ 하세요, 하세요.)

예.

그 앞에 죽 들으시는 이종훈 의원님은 아무 말씀 안 하시는데. 그러니까 맥락을 죽 들으시면 이해가 되실 거예요.

그러니까 그 법은 제가 보기에는 통과되고 나면 도리어 관심에서 멀어질 겁니다. 저는 그게 아쉽습니다. 어찌됐든 여야가 합의해서 상당 부분 진척이 돼서 지금 통과 문턱에 있으니 저는 정말 진심으로 잘됐으면 좋겠어요.

제가 이런 얘기 하기는 좀 그렇지만 심한 얘기하면 여당의 모 주요 인사 한 분의 가족은 다시 북한으로 가셨어요, 재산 분쟁하다가. 아마 야당 정치인 중에 이쪽으로 왔다가 다시 월북했다 그러면 난리 났을 겁니다.

참 저는 답답한 게요, 북한 인권 문제에 대해서 정말 심각하게 생각하신다면 그 인도적 상황에 대해서 우리가 주목해야 됩니다. 제가 왜 이 얘기를 드리냐, 북한의 인도적 상황의 개선이 없으면 남북관계 개선이나 북한으로부터 오는 여러 가지 위험요소를 근원적으로 해결할 수 없다는 그 고민에서 나온 얘기입니다. 그래서 관련이 있다는 것입니다, 한선교 의원님.

아까 제가 말씀드렸던 빈곤 격차가 평화를 위협한다, 즉 북한의 빈곤과 북한의 고립이 저는 한반도의 평화를 위협하고 이러한 테러의 위험성을 증대시키고 있다고 생각합니다. 잠시나마, 10년도 안 되는 시기입니다.

제가 3월 1일을 맞이해서 꼭 하고 싶은 말씀이 있어서 3월 1일까지 시간을 버텨야 되기 때문에 좀 천천히 하겠습니다.

여러분은 기억하실지 모르겠지만 2000년 6·15 정상회담부터 2007년, 2008년 한 초반까지였지요. 그 정도 시기까지 일정 기간, 아마 지난 남북 분단, 45년에 남북이 사실상 갈라져서 양쪽의 정권이 48년에 등장하고 그 이후에 분단이 죽 지속되는 지난 70여 년의 기간 동안 가장 어쨌든 대화도 해 보고 교류·협력도 해 보고 뭔가 했던 시기가 그 2000년부터 2008년간의 한 7, 8년 정도, 한 8년 정도에 해당하는 기간이었습니다. 그때 많은 분들이 금강산도 가시고 또 기회가 되면 개성도 좀 가 보시고 또 기회가 된 분들은 아주 소수의 분이기는 하지만 평양을 가 보신 분들도 계실 겁니다.

제가 북한 사람을 처음 본 게 90년이었습니다. 북한 사람을 90년에 왜 처음 봤냐? 그때 제가 대학원에서 공부할 때였는데요. 아까 제가 말씀드렸지만 노태우 정부가 북방 선언하면서, 7·7 선언 하고 북방정책 수행하면서 학생들이나 대학원생 등등 해서 이 사람들을 사회주의국가 체험을 보내 주는 기회가 있었어요. 그래 가지고 제가 우연히 90년 1월 달에 북경을 갔습니다.

어디, 어디를 갔느냐 하면 북경 심양 상해 그리고 지금은…… 직항이 없으니까 그때 어떻게 들어갔느냐 하면 중국하고 우리가 수교가 안 됐을 시기예요. 중국하고 수교가 안 되어 가지고 들어가려면 어디로 가야 되느냐 하면 홍콩으로 가야 됩니다. 대한항공을 타고 홍콩으로 가서 홍콩에서 중국 당국의 비자를 받아서 중국 항공기를 타고 베이징을 들어간 겁니다. 그래서 베이징에서 며칠 있다가 심양 갔다가 상해로 왔다가 서울로 못 들어와요. 상해에서 오는 비행기가 없어요. 그래서 어디로 가야 되느냐 하면 일본 오사카로 가는 겁니다. 그래서 일본 오사카에서 서울로 들어오는 일정을 제가 했습니다.

그 시기가 참 묘한 시기였습니다. 1990년 1월 달이면 여러분 기억하실지 모르겠지만 1989년 6월 4일 날 중국 베이징에서 뭐가 있었습니까? 천안문사건이 있었지요. 1989년 6월 4일 천안문사건이 있어서 많은 학생들이 잡혀가고 심지어 죽었다고 하고, 우리가 확인할 수는 없지만 일설에 의해서는 죽은 사람도 있다고 그러고 그랬습니다. 망명도 많이 하고, 많은 사람들이 잡혀갔지요.

제가 베이징을 갔더니 정말 탱크 바퀴 자국이 남아 있더라고요. 천안문광장에 그 당시에는. 지금의 베이징하고는 진짜 상전벽해라고 생각하시면 됩니다. 1990년의 베이징과 지금 2016년, 제가 그 후로 한 95년부터 어떻게어떻게 하다가 군대를 갔다 오고 연구소에 들어가면서 매년 한두 번씩 중국을 가게 됐습니다. 연구 분야가 그쪽이었기 때문에. 중국도 하고, 동북아 협력, 북한, 이런 것을 좀 포괄적으로, 동북아 협력 쪽 경제협력이나 이런 것을 다루다 보니까 베이징을 들어갔는데 진짜 베이징의 변화가 나날이 보였지요, 90년하고 비교하면.

그래서 90년에 베이징에 갔다가 심양을 갔어요. 심양을 가니까 저 멀찍이서 배지라고 그러지요. 북한에서는 휘장이라고 그러는데 김일성 초상 휘장, 초상을 딱 단 사람들이 저기서 보이는 거예요. 제가 그 당시만 해도 북한 문제나 사회주의 문제를 주로 다루는 분야에서 공부도 했고, 대학원 때였지만 저희 학교에서 연구소도 있고 해서 거기서도 있고 해서 나름 그 분야에 대해서 경험이 있다 이렇게 생각하는데도 그때 보는 순간 뭔가 덜컥 하는 느낌이 들어요.

무슨 느낌이신지 아시겠지요? 그러니까 북한 사람을 보는 순간 저 사람들하고 괜히 같이 옆에 있는 게 들키면 뭐가 잘못되지 않을까 하는 두려움 그리고 그 사람들한테 혹시 걸리면 한국 사람이라는 것을 알면 혹시 나한테 뭔가 그 사람들이 위해를 가하지 않을까 하는 그런 막연한 공포라는 게 있었어요. 그래서 딱 보는 순간 진짜 저만 그런 게 아니라 서너 명이 같이 있었는데 말도 안 하고 싹 옆으로 돌아서 피해 갔어요. 그때 20대 중반쯤이었던 것 같은데 제 나이가.

지금 생각해 봐도 뭐라고 할 수 없는 두려움이 있었어요, 막연한 두려움. 설명할 수 없는 두려움입니다. 지금도

설명이 안 돼요, 왜 그랬을지에 대해서. 그러나 어떤 두려움이 있었습니다. 아마 우리 국민들이 그런 생각들을 다 가지셨을 거예요. 그 두려움은 북한 사람에 대한 어떤 선입견, 그 사람들을 만났을 때 혹시 어떻게 위해를 받을까 하는 두려움 그게 하나, 두 번째는 자칫 잘못해서 한국에 돌아갔을 때 법적으로 무슨 처벌받지 않을까 하는 두려움, 이 두 가지가 아마 맞물렸지 않을까 생각됩니다.

그래서 도망치듯이 내빼고 그리고 서울에 와서는 무용담처럼 얘기하지요. '내가 북한 사람을 봤다. 김일성 배지를 달고 있는 사람을 봤다.' 그러니까 사람들이 '그래서?', '아니, 봤어.'……

어떤 의미에서는 지난 6·15 정상회담 이전 수십 년간 북한은 두려움, 공포, 그다음에 가까이 해서는 안 될 그러한 존재로 우리 속에 자리 잡았지요. 물론 그럼에도 불구하고 뭔가 북한하고 새로운 관계를 만들어야 된다는 그런 머릿속의 생각은 있었지만 가슴 한 편에 갖는 그런 두려움이 있었던 겁니다. 아마 그것이 반공교육의 힘이 아니었을까 생각합니다. 반공교육의 힘이 부지불식간에, 나도 모르는 사이에 자기 방어가 그렇게 생기는 게 아니었나 생각됩니다.

그런데 그것을 깨는 과정들이 몇 번 있었지요. 개인적으로 상당히 큰 변화의 그것은, 저는 지금도 잊을 수 없는 게 정주영 회장의 소 떼 방북을 잊을 수가 없습니다. 두 차례에 걸쳐서 1001마리가 들어갔지요, 500마리, 501마리. 그래서 소 떼 방북을 해서 그것은 사실 국내보다 해외에서 훨씬 더 빅 이벤트였습니다. 굉장히 이채로운 장면이었지요.

소라는 게 뭡니까? 서양 사람들은 소에 대해서 관념이 그렇게 크지 않습니다, 우리하고…… 우리는 소는 어떤 의미에서는 농경사회에서 가족 전체의 생명과 관련되어 있습니다. 서구 사람들, 서양 세계에서 소는 그냥 자기들의 어떤 일종의 먹거리지요. 물론 가볍게 여긴다는 것은 아니지만 소가 먹거리가 아니라 소는 일소입니다, 우리 사회에서는. 농경사회에서는 소가 있어야 농사를 지었거든요. 그러니까 소에 대한 애착이 대단해요.

제가 어렸을 때 저도 시골에 가 보면 우리 할아버지, 할머니께서 소를 키우는…… 소의 여물이라 그러지요. 소여물 먹이시고, 소죽을 끓여서 주시는데 그 정성이 사람에 들이는 정성 못지않아요.

어떤 면에서 우리 한국 농경사회에 있어서는 소는 그냥 가축이 아니라 거의 가족과 같은 관계라고 할 수 있었겠지요. 그 이벤트를 한 겁니다, 정주영 회장께서. 그것도 분단된 판문점을 거쳐서 소 떼 500마리 한 번, 두 번째 501마리 또 몰고 가는 그 장면은 서구사회에서는 굉장히 이채로웠어요.

아마 각각의 느끼는 감정이 달랐을 겁니다. 우리는 소 한 마리 판 돈 가지고 집에서 도망치듯 서울에 와서 성공한 정주영 회장이 자기 고향에 어떤 기여하기 위해서 소 떼 1001마리를 바친 그 개념이었다면 서양 사람들에게는 사람보다 소가 먼저 지나가네, 그렇지요? 물론 사람이 다니기는 하지만 사람이 다니는 것보다 소가 다니는 것이 훨씬 이벤트가 되는 게 희한한 거지요. 왜 소가 다니는

게 저렇게 저 사람들한테 큰 의미인가? 사람이 다니는 게 굉장히 어려웠던 시기였기 때문에 그랬을 겁니다.

그리고 소라는 것이 갖는 상징성, 그런 여러 가지 정주영 회장의 기여 또 많은 분들의, 종교 쪽에 계신 분들의 헌신 또 우리 사회에서의 어떤 변화 또 국제사회에서의 한반도를 둘러싼 이런 변화들이 맞물려서 6·15 정상회담이 이루어졌다고 생각합니다. 6·15 정상회담 이후에 여러 가지 변화가 있었고, 남북관계 개선도 있었고, 물론 그것에 대해서 이견을 가지고 계신 분들도 있습니다. 저는 그런 의견도 존중합니다. 그럴 수 있다고 생각합니다.

그러나 최소한, 소위 그 남북 간의 화해·협력 정책, 대북포용정책이 진행되는 초기 단계에서의 충돌이 좀 있었어요. 그래서 연평도 서해 NLL을 둘러싼 두 차례의 충돌이 있었습니다, 그렇지요? 99년도에 충돌이 한 번 있었고, 그건 햇볕정책이 본격화되기 전이니까…… 그다음에 정상회담 이후에도 한일 월드컵이 있었던 6월 달에 제2차 서해상의 충돌, 연평해전이 발생합니다. 상당히 많은 상처를 남겼습니다. 많은 장병들이 희생됐고, 국민들에게 상처로 남아 있는 사건입니다.

그러나 그 이후에 남북이 서해상에서의 군 통신선을 복원하고, 남북군사회담을 진전시키면서 실제로 2002년 6월 달의 서해상의 충돌 이후에는 단 한 차례도 군사적 충돌이 없었어요. 기억나시는 것 있습니까, 충돌이? 없었습니다.

최소한 그 시기에 많은 분들이 한쪽에서는 그런 우려를 하셨을 겁니다. 안보의식이 해이해졌다라고 생각하고, 한쪽에서는 남북관계 개선에 따른 당연한 사람들의 태도 변화라고 볼 수도 있었지요. 그런데 보수적인 입장에서는 안보의식이 해이해졌다, 이렇게 비판이 있었지만 어쨌든 그 시기에 전쟁의 위협에 대해서 어떤 공포감을 갖지 않았습니다.

금강산 관광을 갈 때 내가 저기 가면 어떤 일이 벌어질, 뭐가 잘못될 거라고 심각하게 걱정하신 분들이 별로 없었어요. 그냥 설악산 가듯이 갔습니다. 많은 분들이 그렇게 오고 갔습니다, 사람이 가고, 물자가 가고.

그 당시에 북한이 우리를 공격한다, 또는 북한이 우리에게 어떤 테러행위를 할 거다, 대규모 시설이나 사람을 대상으로 테러행위를 할 거라는 그런 비상 상황을, 물론 정부는 늘 가정하고 대비하지만 그러한 상황들이 일어나지도 않았고, 그러한 상황의 우려도 국민들이 갖고 있지 않았습니다.

저는 정부의 정책은 사전에 일어나지 않도록 하는 것이, 예방하고 관리하는 것이 유능한 정부의 정책이라고 생각합니다.

어떻게 생각하세요? 그렇게 생각 안 하십니까? 여러분들은 많은 것을……

● **부의장 이석현** 홍익표 의원님, 열심히 하십니다.

● **홍익표 의원** 또 의장님께서 이석현 부의장님으로

바뀌셨네요.

● **부의장 이석현** 제가 아까 9시경에 교대해서 들어왔는데 하도 열심히 말씀하시길래 참견 안 하고 있었습니다.

그리고 좀 독특하네요, 자료를 읽는 게 아니고 소화해서 말씀으로 다 하니까. 나는 자료를 찾으면 뒤적일 때 이렇게 말씀드릴까 했었어요. 그런데 아주 열심히 소화시켜서 하고 있는 모습이 정말 좋아 보입니다.

뒤에 지금 방청석에 우리 국민들이 많이 와 계셔서 소개를 먼저 드리는 게 예의일 것 같습니다.

김영주 의원의 소개로 두 분, 이미경 의원의 소개로 세 분 그리고 홍익표 의원의 소개로 열 분, 추미애 의원의 소개로 일곱 분, 이찬열 의원의 소개로 다섯 분, 이상민 의원의 소개로 두 분이 방청하고 계십니다.

이렇게 오늘 밤같이 춥고 바람이 많은 날 우리 국회의원들이 토론하는 걸 보기 위해서 여기까지 찾아오신 여러분들 정말 감사하고, 환영합니다.

필리버스터 토론이 시작된 이래로 그렇게 매일같이 많은 국민들이 여기를 찾아와서 방청석을 가득히 메워 주셨어요. 대단히 감사하고요. 정치에 대해서 냉소적인 그런 분위기도 있는데 또 직접 관심 가지고 참석해 주시는 만큼 그 기대에 어긋나지 않게 저희 국회의원들이 여야 간에 다 노력을 하겠습니다.

그리고 한 가지 또 일어난 김에 더 소개해 드려야 할 게……

그새, 아까 제가 몇 시에 들어갔었나? 오후 5시에 교대하고 들어갔었는데 그때 발언 신청하신 의원님들 소개했는데 그 이후에 또 여덟 분이 더 신청을 하셨어요. 우선 저쪽에서부터 설명하면 지금 홍익표 의원이 하고 계신 게 지금까지 김광진 의원에서부터 시작해서 스물일곱 분이 발언을 하셨고 하시고 계십니다.

이제 앞으로 하셔야 할 분들이 이언주 의원, 전정희 의원, 임수경 의원, 김기준 의원, 안민석 의원, 오영식 의원, 한정애 의원, 김관영 의원, 박영선 의원, 김기식 의원, 이개호 의원, 전해철 의원, 홍영표 의원, 유기홍 의원, 우상호 의원, 부좌현 의원, 남인순 의원, 여기까지가 제가 아까 5시에 들어가기 전에 발언 신청하신 분들이라고 소개를 드린 분들입니다.

그런데 그사이 저녁에 또 김상희 의원, 김태년 의원, 박홍근 의원, 정진후 의원, 김민기 의원, 백군기 의원, 박남춘 의원, 이미경 의원, 이렇게 여덟 분이 추가로 신청해서 많은 분들이 발언을 기다리고 있습니다. 그리고 지금 순서를 잡아 놓은 게 이렇게 되고, 그 외에도 야당 의원님들이 너 나 없이 하겠다고 말씀들을 하셨습니다.

과거에 우리가 밤새워서 24시간 국민 앞에 자기 생각을 토로하는 그런 기회가 없었던 것 같습니다. 그래서 그런지 뜻밖의 반향을 불러일으키고 있고, 단순히 지연 전술의 의미를 넘어서서 또 이렇게 소통과 공감의 그런 계기가 되고 있는 것을 다행스럽게 생각을 합니다.

여러 가지 어려운 조건에서도 그리고 나와서 발언하시는

분들은 무척 힘이 듭니다. 5시간, 10시간 발언하는데 앉지도 못 하고, 화장실도 안 가시고, 고통 속에서 이겨 내면서, 인내하면서 발언하십니다.

그래서 의원님들의 생각을 잘 듣고 정치에 대해서 더 관심 갖는 계기가 되기를 바랍니다.

감사합니다.

홍 의원님, 제 말씀이 너무 길었습니다.

● **홍익표 의원** 아닙니다.

이석현 부의장님께서는 정말 오랫동안 야당, 김대중 대통령과 함께 정치를 하셨고요. 평소에도 굉장히 저희 후배 의원들에게 귀감이 되시고, 많은 조언과 도움을 주십니다. 어떤 때는 자상한 형님 같기도 하고 해서 저한테 큰 도움을 주셔서 개인적으로 제가 정말 많은 도움을 받고 있습니다. 너무……

(● 한선교 의원 의석에서 — 다 짜고 하네요.)

예?

(웃음소리)

● **부의장 이석현** 한선교 의원님이 '짜고 하는 것 같아요.' 그러는데 실은 저희가 짰습니다. 어떻게 짰냐면 우리 모든 의원들이 서로 칭찬하자 하는 분위기가 요새 일어나고 있어요. 왜냐하면 하도 의원들이 공격적이고 막…… 어떻게 생각하면, 어떤 때 보면 너무 날카롭거든요.

그래서 국민들이 옆으로 다가오려고 안 하니 우리 의원끼리 이제 야당은 물론이고 여야 간에도 이렇게 웃고 화목하면서, 다만 합리적인 토론을 하자, 국민의 입장에서, 그렇게 우리 분위기가 좀 상당히 번지고 있는 중입니다. 그것은 당직을 맡고 있는 높은 그런 직위에 있는 여야 의원님들보다도 당직을 안 맡고 있는 초·재선 의원님들 사이에서 또 그런 분위기가 있는 것을 다행스럽게 생각합니다.

홍 의원님, 제가 말씀을 자꾸 길게 해서 미안한데……

● **홍익표 의원** 아닙니다.

● **부의장 이석현** 앞에서 홍익표 의원님을 보면 어떤 느낌이냐 하면 굉장히 똑똑하고, 그야말로 참 논리적인 변호사라는 선입견이 있어서 그런지 몰라도 똑똑해서 감히 뭐라고 말을 함부로 못 붙일 것 같은 그런 느낌이 드는데, 뒤에서 지금 한 30분간 이렇게 뒷모습을 바라보니까 또 다른 느낌이 들어요.

사람은 앞모습을 보면 다소 경계심도 생기는데, 뒷모습을 보면 어떤 면에서는 측은하기도 하고…… '저분은 옛날 과거에는 어떻게 살아서 인생을 헤쳐 왔을까?' 이런 생각이 들기도 하고, 내가 언젠가 수필을 한번 읽었더니 사람의 과거를 보려면 뒷모습을 보고 또 과거에서 현재로 이어지는 과정을 보려면 옆모습을 보라, 그랬더라고요.

그래서 오늘 홍익표 의원의 뒷모습을, 앞으로 몇 시간이나 하시려고 하는 건지 내가 속으로 걱정되는데, 만끽을

하겠습니다.

지금 4시간 넘게 하셨지요?

● **홍익표 의원** 예.

● **부의장 이석현** 4시간 넘게 하셨어요, 지금.

● **홍익표 의원** 제가 아까도 말씀드렸지만 최소한 3·1절을 맞이해서 꼭 하고 싶은 말이 있기 때문에 가능한 자정은 넘길 겁니다. 혹시 불가피한 일이 있어서 자정을 못 넘기면 모르겠지만.

갑자기 자정 얘기하니까 정말 제가 걱정스러운 건 여기 방청석에 우리 여성분들 많이 계신데 돌아가실 때 좀 안전한 귀가 하실 수 있게…… 글쎄요, 언제까지 계실지는 모르겠는데 편안하게…… 아직, 한국 사회가 다른 데보다는 좀 낫다 그러지만 여성분들 밤거리 다니는데 좀 여전히 어려움이 많으시지요? 저도 딸 가진 부모기 때문에 딸만 둘이 있어서, 둘째는 아직 어리고 첫째는 이제 고 3 올라가는데 항상 밤늦게 오고 할 때마다 여전히 불안하고 걱정이 됩니다.

그래서 많은 지자체에서 여성 귀가안심 서비스도 제공하고 있고, 뭐 이런 걸 하고 있지만 아마 그런 서비스가 우리 여성분들의 기대에는 여전히 못 미칠 것 같아요. 선진국에 비해서 치안의 부족도 있고, 그런 부분들을 해소하기 위해서 아마 그런 것이 공공서비스가 확대되어야 될 겁니다. 경찰 인력 좀 확충하고, 가급적 도시환경을 개선해서 범죄 위해요소를 좀 줄여 나가는 것이 우리 여성분들이 좀 더 마음 놓고 편하게…… 그러니까 우리 여성은 물론이고 아이…… 제가 늘 해 온 모토가 아이와 여성들이 행복한 사회가 제일 행복하다고 얘기하는데 우리 아이들이나 여성분들이 마음 놓고 편하게 다닐 수 있는 사회, 그런 거리를 만드는 게, 아마 그것은 우리 여야 가리지 않고 같은 생각일 것이라고 생각합니다.

(「그래」 하는 의원 있음)

그렇지요? 우리 존경하는 한선교 선배님도 그 부분에 대해서는 같은 생각이실 거라 그런……

(「나도 딸 둘이에요」 하는 의원 있음)

그러세요? 우리 한선교 선배 의원님도 따님이 두 분이라고 그러셔서 같은 생각이실 것 같습니다. 그래서 여성분들의 안전한 귀가를 위해서, 사실 여기서 방청을 계속 하시는 것은 감사하기는 한데 돌아가실 때 여기 여의도 의사당이 나갈 때 깜깜하고 그래서 조금 걱정도 되곤 합니다. 그래서 혹시 가실 때라도 조심해서 안전하게 귀가해 주셨으면……

아직까지 그것을 공공서비스로 완벽히 해결하는 게 아니라 개인의 어떤 책임으로 할 수밖에 없는 그러한 한계가 있다는 것이 너무 송구스럽고 저로서도, 정치하는 사람으로서도 안타깝게 생각합니다.

자, 이어가도록 하겠습니다.

아까 주제로 다시 돌아가서 결국은 테러나 위험요소를

근원적으로 해결하는 것은, 그러니까 우리가 물론 여러 가지 테러방지책, 예를 들면 치안을 강화하거나 군 병력을 늘리거나 또는 여러 가지 안전조치를 취하거나 해서 테러가 발생하는 요소를 줄여 나가는 것도 필요합니다. 그것을 할 필요가 없다는 것은 아닙니다.

아까 그래서 제가 우리 당이 기본적으로 테러방지법 자체가 잘못됐다는 게 아니라 이것이 국정원에 무소불위의 권한을 주는 법, 그러니까 테러를 빙자해서 국정원 강화법이 되거나 또는 테러를 빙자해서 국민을 감시하는 그런 법이 돼서는 안 되겠다고 해서 그런 독소 조항을 좀 들어내자, 이런 차원에서 저희가 지금 이렇게 무제한 토론을 하고 있는 것입니다.

그러나 그런 즉각적인 대응과 함께 더 중요한 것은 테러의 근원적인 요소를 없애는 겁니다. 상대적으로 우리가 어쨌든 중동과 관련된 정책이나 이런 것들에 대해서 비교적 외교정책을 잘한 면이 있기 때문에 아직까지는 우리가 중동의 테러단체로부터 즉각적인 공격대상이 되고 있지는 않습니다, 지리적으로도 멀리 떨어져 있고.

두 번째는 아까도 얘기했지만 우리가 역사적으로 그 중동지역의 분쟁에 영국, 프랑스, 미국과 같이 그런 어떤 국경선이 새롭게 그어진, 2차 세계대전 이후에 국경선이 그어지는 그러한 문제점에 개입하거나 또는 중동의 석유이권을 놓고 우리가 직접적으로 개입한 적이 없기 때문에 상대적으로 테러의 직접적인 대상은 안 되지요.

다만 이제 테러가 만연되다 보니까 그 2차·3차 피해로써 우리도 노출돼 있다는 것이지요, 국제사회에서. 그런 부분에서 국제적으로 테러에 대한 공조, 국제적으로 테러를 막는 노력을 함께 해야 되는 것은 부인하지 않습니다. 아니, 너무나 당연한 일입니다. 그것은 당연히 조치를 취하고 해야 될 일이지요.

다만 이게 그런데 비상상황이냐는 거지요. 아까도 제가 모두에 말씀드렸던 것처럼 이것이 우리가 정말 테러의 비상상황이냐? 그렇다면 테러의 비상상황에 누가 어느 지역이 어떻게 노출돼 있는지를 알려 줘야 되는 것도 정부의 책임입니다. 우리는 아무도 모르고 있어요.

그런데 국회의장께서는 이 테러방지법을, 국회법에 천재지변, 전시 또는 그에 준하는 비상사태에 직권상정을 할 수 있는데 비상사태라고 해서, 비상상황이라고 해서 국정원의 보고를 받으시고 이 법안을 직권상정하셨단 말입니다.

이것을 우리는 어떻게 납득해야 되는 거지요? 제가 테러불감증일까요? 우리 국민 모두가 테러불감증인가요? 물론 가끔 일부 종편을 보면 무슨 큰 위험이 있는 것 같기는 합니다, 그분들한테만. 그러나 공중파는 아무런 변화가 없습니다. 일부 종편에서는 마치 한국 사회가 뒤집어질 것 같이 얘기하시는 분들이 계신데 공중파에서 그런 게 뭐가 보도된 게 있나요? KBS나 MBC·SBS를 보면 평온합니다. 도리어 저녁뉴스의 메인뉴스는 2월 말에 꽃샘추위를 해서 첫눈이 내린 게 됩니다. 테러로 비상상황인데 눈 내린 게 메인뉴스, 첫 번째 타이틀 뉴스가 된다는 게 이게 어디가 정상이고 어디가 비정상인지 모르겠습니다. 방송국이 비정상일까요, 아니면 비상상황이라는 정부가 비정상일까요, 아니면 둘 다 비정상일까요? 저도 잘 모르겠습니다.

그러나 다시 본론으로 돌아가면 노벨평화상을 수상하신 분이 말씀하신 것처럼 '빈곤이 테러의 근본적 위협'이라고 아까 제가 했지 않습니까? 저는 북한의 고립과 빈곤으로부터 오는 위협, 그것이 테러로부터 오는 위협이든지 아니면 정규전쟁으로부터 오는 위협이든지 둘 다든지 그 위협의 근원이 거기서 오는 게 아닐까 생각을 합니다.

그렇기 때문에 저는 대화가 필요하다는 것이지요. 마치 아주 나쁜 프레임을 거는 게 하나 있어요. 대화를 유화책이라고 설명하는 사람이 있습니다. 이게 유화책이라는 것은 아주 나쁜 프레임인 게요, 대화는 용기가 있어야 됩니다, 대화하는 사람은요.

유화책의 그 근원이 어디로 올라가느냐면, 과거 2차 세계대전 전에 체임벌린하고 히틀러 간의 그 회담에서 이루어집니다. 즉 영국이 전쟁이 일어날까 봐 두려워서 양보했다 해서 거기서부터 이제 체임벌린의 유화책 때문에 결국은 히틀러가 나중에 전면전을, 2차 세계대전을 일으키는 그런 쪽으로 갔다, 그 원인이 됐다 그래서 국제정치학에서 유화책에 대해서 아주 부정적 사례로 체임벌린·히틀러 그 회담을 얘기합니다.

재미있는 것은 지난번 대선토론회에서 보니까 박근혜 대통령도 그 사례를 언급하시더라고요. 유화책 그러면서 자기는 다른 정책을 하면서 억지력, 대북억지력으로 가겠다 이 얘기를 그래서 하시는데 제가 보기에는 그것은 박근혜 대통령의 국제정치에 대한 인식이 1940년대에 머물러 있는 것 아니냐는 생각을 합니다. 국제정치의 상황은 많이 바뀌었어요, 그 이후에. 유럽의 현실도 많이 바뀌었고요.

자꾸 얘기가 대학교에서 강의할 때처럼 되는데요, 대학교에서 강의할 때는 뭐 하다가 뭐 하나 빠지면 본질에서 벗어나서 자꾸 옆으로 빠져나갑니다. 그러니까 또 자꾸 의제에서 벗어났다고 그러는데 정치적인 얘기 아니면 의제에서 벗어나도 되겠지요.

유럽의 역사를 살펴보면 유럽이 정말 인류 역사상 차마 가장 비이성적인 전쟁을, 1차 세계대전을 1914년부터 1919년까지 전쟁을 합니다. 그 전쟁이 어떻게 일어났는지 아시지요? 오스트리아 황태자를 세르비아의 한 청년이 저격하면서, 오스트리아 황태자 부부를 저격하면서 그 전쟁이 시작됩니다.

그러니까 어떻게 되나요? 오스트리아의 편인 당시 독일이 오스트리아를 지원해서 세르비아를 치려고 하니까 세르비아하고 한편인 러시아가 개입하고 또 거기에 터키가 러시아하고 관계가 나쁘니까 합류해서 러시아를 치고 또 그 와중에 동맹관계였던 그때 어떤 여러 가지, 독일을 견제하기 위해서 영국과 프랑스가 그 전쟁에 딸려 들어가는, 그러면서 굉장히 비이성적인 전쟁을 치릅니다. 그것이 1차 세계대전입니다. 인류 역사상 가장 많은 인구가 사망하고 피해를 입었습니다.

유럽사회에서 큰 반향이 일어났지요. 나중에 미국도 거기에 개입했고요. 유럽의 헤게모니가 그전까지, 소위 18세기 이후에 헤게모니를 쥐고 있던 유럽 헤게모니가 미국으로 이전하게 된 시점을 그 시점으로 보고 있습니다, 1차 세계대전을.

직접적인 계기는 1차 세계대전이고 좀 더 멀리 보면 1899년 그 시기에 일어났던 영국과 남아공에서 했던 보어전쟁, 그 시기를 계기로 영국 파운드화가 하락하면서 달러체제로, 그러니까 미국의 달러체제로 세계경제가 전환됐다 그래서 미국 중심의 서막이 열린 것을, 길게 보면 1899년, 1900년 그 당시의 보어전쟁에서 보는 사람이 있고 짧게 보면 1914년부터 19년의 제1차 세계대전부터 미국 중심의 세계질서가 잡혔다 이렇게 보는 게 일반적으로 국제정치경제학자들이 보는 관점인데.

어쨌든 그 전쟁을 통해서 유럽은 큰 타격을 입습니다. 그래서 다시는 전쟁하지 말자고 하면서 미국의 월슨 대통령이 국제연맹을 창설합니다. 그리고 민족자결주의를 얘기했고 그 민족자결주의가 제가 이따 자정을 넘기면 꼭 하고 싶은 3·1운동 메시지하고, 3·1운동과 중국 5·4운동의 도화선이 된 민족자결주의가 바로 그 월슨의 민족자결주의부터 해서 식민지의 근대화를 추구했던 젊은이들에게 민족적 자극을 주는 것이지요. 그게 3·1운동과 중국의 5·4운동을 하는 도화선이 됩니다.

자, 이렇게 돌이켜보면 이제 거기서 심각한 반성을 합니다. 우리 서구열강들의 식민지주의가 뭘 잘못했을까, 우리가 너무 제국주의 경쟁을 하면서 전쟁의 불씨를 키워 온 것이 아닌가, 우리가 기독교라는 종교를 거의 같이 공유하고, 가톨릭과 개신교의 차이는 있지만 종교를 공유하고 문화적으로 공유하고 있는데 이런 비이성적인 전쟁을 유럽의 문명국가가 한다니, 미개국가도 아니고 이렇게 문명화된 사회에서 문명국가들이 이런 비이성적 전쟁을 했던 것을 우리가 다시는 하지 말자 하면서 유럽사회에서 굉장한 논쟁과 변화가 있습니다.

그런데 그 결과는 어떻게 됐습니까? 1919년 전쟁이 끝난 시점부터 1939년 제2차 세계대전이 다시 발발하기까지의 그 20년, 영국의 유명한 역사철학자, 역사사회과학자라고 할 수 있는 E. H. Carr의 'Twenty Years Crisis'라는 '20년의 위기'라는 책이 있습니다, 1919년부터 1939년까지.

왜? 그 20년간의 유럽과 미국 사회, 이 서구사회에서 1차 세계대전의 그 참혹함을 알고 전쟁을 하지 말자고 하면서 전쟁으로 가는 과정을 설명합니다. 어떤 거냐? 전쟁에 진 독일에게 승전국들이 막대한 배상책임을 물립니다. 어마어마한, 도저히 이것을 갚을 수 없는. 그것은 독일의 좌절이지요. 그것을 갚느니 전쟁을 준비하자, 그리고 평화를 만들기 위한 그러한 노력들을 전혀 안 합니다.

그러니까 흔히 국제정치학에 자유주의적 입장과 현실주의적 입장이 있습니다. 이상주의적 입장과

현실주의적 입장. 현실주의적 입장은 결국은 세력균형론, 그게 아까 얘기한 우리 박근혜 당시 후보께서도 했던 억지력 얘기가 거기서 나오는 건데 세력균형 즉 힘을 갖지 않으면 전쟁이 일어날 수밖에, 우리가 그래서 전쟁을 억제하려면 억지력의 근저는 상대보다 힘이 더 있어야 된다는 겁니다.

그러니까 세력균형론인데요. 세력균형론을 뒤집어 보면 상대방보다 내가 힘이 더 있어야 세력균형이라고 생각합니다. 그래서 끝없는 무한 군비경쟁을 하게 됩니다. 저쪽이 뭘를 가지면 그것을 능가하는 뭘 가져야 되고 서로 간의 무기경쟁을 촉발합니다. 그것이 현실주의적인, 억지력에 기초한 현실주의 정책이었지요.

그러나 이상주의자들은 뭘 제대로 했느냐? 그렇지 못했습니다. 이상주의자들도 전쟁을 하지 말아야 된다는, 평화적으로 교류해야 된다는 생각은 있지만 실제로 그것을 하기에는 턱없이 역량이 부족했고 국제적 관점보다는 자국의 이해관점, 결국은 전쟁 나면 자국의 이익을 위해서, 현실적으로 자국의 이익을 위해서 옹호하거나 발언할 수밖에 없는 상황으로 이상주의자들은 계속 공허한 얘기만 하면서 유럽은 또다시 혼란 속으로 가면서 1939년에 2차 세계대전으로 가는 겁니다. 그 과정을 참 상세하게 역사철학자 E. H. Carr가 '20년의 위기'라고 하면서 1919년부터 1939년을 얘기하는데 그 책은 너무나 잘 묘사가 돼 있어요.

저는 왜 이 얘기를 하느냐면 전쟁이나 또는 역사적 비극으로부터 교훈을 얻지 못하면 반드시 되풀이된다는 겁니다. 우리는 한국전쟁을 겪었던, 남과 북이 같은 민족끼리 전쟁을 겪었는데요. 그 같은 전쟁을 겪은 사람들끼리 한국전쟁으로부터 교훈을 얻지 못한다면, 한반도에서 남과 북이 전쟁을 하지 않기 위해서 우리가 어떻게 고민해야 되느냐, 어떤 노력을 해야 되는지에 대해서 그 전쟁으로부터 교훈을 얻지 못한다면 역사는 잔인하게도 그러한 과정을 또다시 되풀이합니다.

유럽이 45년도 전쟁이 끝나고 나서 제일 먼저 했던 게, 그래서 더 이상 전쟁을 하지 말자 해서 그 논의를 심각하게 합니다. 그래서 장 모네라고 유럽의 굉장히 이상주의적 정치학자, 프랑스 사람인데요. 이 사람이 결국은 유럽의 공동체라는 구상을 만듭니다. 그래서 실현한 게 석탄철강공동체를 만든 겁니다. ECSC라고 해 가지고 거기에는 독일과 프랑스가 들어가고 베네룩스 삼국이 같이 합니다, 벨기에·네덜란드·룩셈부르크 이런 나라들이.

왜 이렇게 같이 하느냐면 석탄과 철강이 그 당시 군비의 핵심적인 요체였기 때문에 어떤 특정 국가가 석탄을 많이 가지고 쓰거나 철강을 많이 쓰면 감시하는 겁니다. 왜 쓰는지, 이게 진짜 경제적 목적인지, 전쟁을 하려고 하는 건지를 서로 통제하기 위해서 석탄철강공동체를 만든 겁니다.

말로는 경제협력이었지만 그 본질에 있어서는 경제협력 위에 정치적, 더 이상 전쟁을 막기 위한 노력이 내포돼 있었던 것이지요. 즉 평화적 구상을 경제협력으로 풀고 가자,

이게 우리가 흔히 얘기하는 기능주의적 접근이었는데요. 이 기능주의적 접근의 시작이 거기서부터 시작된 겁니다.

그것이 이후에 죽 발전돼서 유럽공동체, 지금의 EU까지 발전해 오면서, 물론 최근에 EU는 유로화체제를 유지할 거냐 말 거냐 갖고 고민이 많습니다만 이제는 유럽이 전쟁할 거라고 생각하는 사람은 거의 없지요. 더 이상 유럽에서 과거 1차 대전과 2차 대전과 같은 전쟁이 일어날 거라고 상정하는 사람들은 거의 없을 것 같습니다.

그것은 45년 2차 세계대전을 종결한 유럽인들의 지혜와 노력이 지금의 유럽의 현실을 만들어 낸 것이지요. 공짜로 오는 게 아닙니다, 평화가. 남북 간의 평화가 그냥 오겠습니까? 미국이 갖다 줄까요? 중국이 갖다 줄까요? 물론 미국·중국·일본·러시아의 협력 필요합니다, 국제사회에.

그러나 우리가 평화를 만들어 내지 않는다면, 우리가 과거로부터 교훈을 얻고 그 교훈과 경험을 바탕으로 평화로 나아가지 않는다면 한반도의 평화는 절대로 오지 않습니다. 고스란히 그것은 우리의 몫입니다.

그런데 많은 분들이 평화의 가치를, 우리가 공기와 물이 흔할 때는 귀한 줄 모르지 않습니까? 평화로울 때는 평화의 가치를 잘 못 느낍니다. 우리가 지난 2000년부터 2008년까지 개성도 가고 금강산도 가고 평양도 가고 이런 시점에서 우리는 남북관계의 화해 협력이 가져다주는 여러 가지 이점을 잊어버렸어요. 왜? 너무나 당연한 것처럼.

우리가 미국에 갈 때 북한 쪽으로 좀 더 붙어서 항공기가 이동할 때 한 이삼십 분 절약이 된다고 그래요, 미국 가는 비행시간이. 지금은 이렇게 돌아가요, 위험하니까. 그에 따른 비행시간이 늘어난 항공기 그 비용, 연료비, 이것 어마어마합니다. 우리나라가 미국으로 얼마나 많은 비행기가 갑니까, 연간? 우리가 북한에게 어떤 대북제재하는 비용보다 훨씬 많은 비용이 들 겁니다.

그다음에 제가 통일부에서 잠깐 일했을 때 경험인데 외국 신용평가기관이 있습니다. 한국의 신용 평가하는 기관, 무디스나 피치사나 이런 데가 있는데 S&P사 이런 데가 정기적으로 한국에 들어옵니다. 기재부 공무원을 만나지요. 그런데 기재부 공무원만 만나는 게 아니라…… 한국의 리스크의 가장 큰 핵심은 북한입니다. 군사정변, 군사충돌, 무력충돌 문제가 제1의 리스크기 때문에 꼭 외교부나 통일부 관계자를 만나서 인터뷰를 하고 갑니다.

그 인터뷰 과정에서 한반도의 상황에 대해서 그들이 충분히 납득하고 가면 상당히 긍정적으로 한반도 신용평가에 영향을 주지요. 남북관계가 나쁘면 소위 코리아 리스크에 의해서 우리가 부담해야 될 외평채 금리라는 게 있어요. 그다음에 우리가 부담해야 되는 여러 가지 비용들이 많습니다. 신용도나 금리 수준이나 이런 것들이 있기 때문에 실제로 경제적으로 신용평가에 따라서 우리 경제에 미치는 영향이 상당 부분 있습니다.

물론 과거에 비해서 북한발 코리아 리스크가 많이 줄어들었다고 하지만 여전히 상존하고 있고 특히 제가 듣기에는 그 영향이 최근 들어와서 가장 높아졌다고 해요.

이것이 누구에게 도움이 되겠습니까? 저는 단언컨대 북한에게도 도움이 안 됩니다. 우리에게도 도움이 안 되고 또 우리를 둘러싼 주변국가에게도 도움이 안 됩니다.

그러면 많은 분들이 그런 얘기를 해요. '그러면 북한에 책임을 묻지 왜 자꾸 우리한테만 얘기를 하냐?' 맞습니다. 북한에게 책임을 안 묻는 게 아닙니다. 북한도 잘못하고 있지요.

그렇기 때문에 실력이 중요한 겁니다. 유능한 정부, 실력 있는 정부라면 이러한 때 북한을 어떻게 대해야 될지 북한 문제를 어떻게 다뤄야 될지를 해법을 내놓아야 되는 겁니다. 북한 탓만 할 게 아니지요. 과거정부 탓, 북한 탓, 중국 탓, 야당 탓, 일부 국민 탓. 그러고 남는 게 뭡니까?

우리나라는 대통령 책임제입니다. 정부 정책의 결과에 대해서 그리고 그러한 위기상황이 초래된 것에 대해서 모든 책임은 고스란히 대통령으로 귀속되는 겁니다. 그래서 대통령이라는 자리가 어렵고 외로운 자리입니다.

저는 한 면에서 박근혜 대통령에 대해서 어떤 이해와 그런 마음이 있습니다. 굉장히 어렵고 고독한 자리, 힘드실 거예요. 늘어나는 국민적 요구는 많고 국제사회에서 여러 가지 다양한 변수도 많고 힘드실 겁니다. 그러나 그렇다고 화내서 자기 마음대로 책상치고 그래서 될 일은 아니지요. 안 그렇습니까? 아니, 책상을 쳐서 법을 만들어서 그런 문제가 해소될 수 있다면 그렇게 됐으면 정말 좋겠습니다마는 현실은 그렇지 않습니다.

최근에 대통령께서 중국에 대해서 섭섭함이 많으신 것 같아요. 북한이 저렇게 우리에게 위협을 주는데 왜 우리를 안 도와주고 우리 손을 안 들어 주느냐? 제가 보기에는 사교와 외교를 구분을 잘 못 하신 것 아닌가 이런 생각도 듭니다. 개인적 친교와 국가적 관계는 다르지요. 그래서 사교와 외교는 다르다고 우리가 얘기하지요. 또 과거 70년대, 80년대의 독재정권 또는 권위주의 정권 시절의 외교와 민주화된 이후의 외교가 달라진 것을 이해 못 하신 것 아닌가 이런 생각도 듭니다.

제가 하나의 사례를 예로 들게요. 우리가 이집트하고 외교관계를 언제 수립한지 아세요? 많은 분들이 우리가 이집트하고 가까운 줄 아는데요, 이집트하고 외교관계는 제가 알기로는 96년인가 95년인가 그때 외교관계를 수립합니다. 아마 95년쯤일 겁니다.

왜 그렇게 된 줄 아세요? 과거 이집트의 대통령이었던 나세르가 이스라엘과 전쟁을 할 때 당시 국가주석이었던 김일성이 전폭적인 지원을 합니다. 그러면서 약속을 해요, 김일성이 살아 있을 때까지는 절대로 남한과 국교를 수립하지 않겠다고. 그래서 94년 7월에 김일성 국가주석이 사망하니까 외교관계를 수립한 겁니다, 나세르 대통령이. 나세르가 아니고 그때는 대통령이 바뀌었지요. 사다트인지 무바라크인지 약간 제가 헷갈리는데 하여간 이집트가 그때 돼서야, 김일성 사망 이후에야 겨우 한국하고 외교 관계를 수립하는 겁니다. 이것은 바로 70, 80년대 권위주의 지도자,

독재형 지도자 시대에 이루어진 일들입니다.

저는 고등학교를 공항 근처에 다녀서, 지금은 88도로가 생겼지만 그때는 88도로가 없을 때 80년대 초에 툭하면 외국의 지도자들 오면 손 흔들러 나가라고 고등학생을 동원했습니다. 지금 강서구 쪽에 있는 도로에, 지금은 이름을 어떻게 부르는지 모르겠지만 그때 김포가도라고 그랬는데 거기에 고등학생들을 학교별로 할당해서 동원해서—그 당시 전두환 대통령이었지요— 대통령이 외국 나가고 들어올 때, 외국의 주요 대통령이 들어오고 나갈 때 학생들을 동원해서 나가서 손 흔들라는 거예요.

그때는 좋았습니다. 왜 좋았느냐? 수업을 안 해서. 학생시절에 '오늘 오전에 수업 없다, 너무 기분 좋다'. 이게 그때는 아무 생각 없는 고등학생들의…… 아마 요즘 대통령이 어디 나가고 해외의 누구 손님 온다고 학생들 동원해서 손 흔들라고 그러면 학부모들이 가만있으시겠어요? 난리 나지요. 그게 시대가 바뀐 거지요.

어쨌든 그때는 외국의 독재자를 많이 초청했어요. 체제경쟁을 하던 시기였으니까 우리와 북한이 경쟁적으로 아프리카 또는 제3세계의 어떤 지도자들, 독재자든 뭐든 관계없습니다. 이 사람이 좋은 사람이든 나쁜 사람이든 그 나라의 지도자라면 무조건 우리하고 국교 수립하자고 초대하고 모시고 그랬던 시기입니다. 그러니까 외교 분야에서도 체제 경쟁을 했던 거지요.

그러니까 그 시기에는 그런 독재자들 간의 합의가 준수가 돼요, 아까 제가 이집트하고 북한 사례를 얘기한 것처럼. 그러나 지금의 시기는 아무리 박근혜 대통령이 시진핑하고 관계가 좋고 개인적 관계가 좋은 듯하고 지난번 전승절 행사 때 가서 단상에 올라가서 손 들어줬다고 해서 '그러니까 나를 배려해 주겠지'라고 생각하는 것은 정말 외교의 A, B, C를 모르는 거지요.

저는 대통령이 문제가 아니라 그러한 대통령의 사고를 갖게 한 사람이 있거나 또는 대통령이 그러한 사고를 갖고 있는 것을 깨치지 못한 주무 장관하고 관련 수석비서관들이 책임 있다고 생각합니다.

이 얘기를 왜 하느냐 하면 요순시대에 간언과 비방이라는 게 있습니다. 갑자기 왜 요순시대로 가냐 이러실 것 같은데, 요순시대 하면 흔히 중국 전설시대의 태평성대를 요순시대라고 얘기하는데 요순시대에 뭐가 설치되었느냐 하면 궁궐 앞에는 큰 북을 걸어 놨습니다. 나중에 우리나라 조선시대의 신문고라는 형태가 그런 형태인데요, 큰 북을 걸어서 '감간의 북'이라고 합니다. '감히 황제에게 간언한다' 해서 '감간의 북', 북을 치면 황제에게 간언을 하는 겁니다. 그러니까 황제에게 이러이러한 말을 하게 하는 거지요. 이것은 이렇게 하셔야 됩니다. 그래서 '감히 간언한다' 해서 '감간의 북'이라는 것을 놨습니다.

또 궁궐 뒤편에는 나무 네 개를 묶어 가지고 큰 기둥을 하나 만들어 가지고, 기둥을 묶어서 뭘 하느냐 하면 그것을 비방의 나무라고 합니다. 요즘 비방, 중상모략 이것 굉장히 나쁜 뜻으로 쓰이는데 그야말로 비방은 비방하는

거예요, 그냥 욕하고 싶은 대로. 그러니까 즉 비방의 나무를 해서 거기 나무에다가 자기가 욕하고 싶은 내용을 붙여 놓는 겁니다. 황제에 대해서 욕할 수 있게 해 준 거지요.

궁궐 앞에는 간언할 수 있는 감간의 북, 뒤에는 황제에게 기분 나쁜, 예를 들면 간언할 수 있는 사람은 그래도 글줄깨나 배운 사람이 간언을 할 것 아니겠어요? 그러나 글도 잘 모르고 말 주변도 없는 사람은 감히 그 북 칠 생각은 못 하고 매번 뒤에서 이런저런 욕만 하고 꿍시렁꿍시렁 대는데 그런 것도 해 보라고 비방의 나무를 만들어 준 겁니다.

그 얘기는 뭐냐? 최고지도자는—그 당시에는 황제지요, 지금은 대통령이라고 해야겠지만—어느 누구나 자기에게 자기가 듣기 싫은 소리를 할 수 있도록 해야 되고 자기가 욕먹는 것도 당연하다고 생각해야 됩니다. 그게 요순, 중국 고사에서 나오는 감간의 북과 비방의 나무라는 것이지요.

글쎄요, 지금 얼마나 제대로 간언하는 분이 계신지 모르겠습니다. 또 대통령에 대해서 비방하는 글을 의사소통이라고 생각하고 너그럽게 받아 줄 수 있는 도량이 있는지 모르겠습니다.

시대를 떠나서, 동서고금을 떠나서 결국은 민주주의라는 것은 소통이지요. 소통의 핵심은 듣고 싶은 것만, 자기가 듣고 싶고 자기에게 좋은 얘기만 듣는 게 아니라 자기가 듣기 싫은 얘기, 자기에게 불편한 얘기를 듣는 것이 소통입니다.

그래서 아까 제가 제일 먼저 모두에서 얘기했지만 민주주의는 굉장히 비효율적이지만 지금까지 사람들이 발견한, 선택이 가능한 가장 좋은 제도라는 것이 민주주의일 수밖에 없다, 현재로서는. 그래서 제가 그렇게 말씀을 드린 겁니다.

이제 남북관계, 아까도 얘기했지만 중국이 섭섭하다고 그렇게 할 수는 없는 거지요. 사드 배치 마찬가지입니다. 지금 갑자기 미국과 중국이, 중국의 왕이 외교부장이 왕이 프로세스 얘기하고 나서 또 안보리 결의가 합의되고 하면서 갑자기 사드 배치 문제는 공중으로 사라졌어요. 우리가 사드를 배치할 것처럼 막 밀어붙이다가 중국하고는 불편하게 되고 미국한테는 뭐라 그럴까, 조금 뻘쭘하게 됐다 이렇게 얘기하지요.

우리가 어려운 상황이고 위기상황일수록 보다 침착하고 좀 더 주변 사람들과 소통하면서 대응책을, 꼭 빨리 한다고 좋은 게 아닙니다. 대테러방지법, 테러방지법 좋습니다. 그런데 이게 최선인지 검토하셔야지요.

법안이 지금 발의된 지 몇 개월 됐다? 아닙니다. 민주주의는 비효율적이라고 제가 분명히 말씀드렸습니다. 때로는 논쟁을 위해서 1년이고 2년이고 논쟁하는 게 민주주의입니다.

도리어 민주주의사회는 그런 논쟁이 없는 것이 위기입니다. 논쟁을 회피하는 것이 그 사회의 근원적인 불신과 불안을 만드는 요소가 됩니다.

국회가 입법권을 가지고 있기 때문에 테러방지법은 물론이고 각종 경제 관련 법 또 주요 현안 법들 논의할 수

있게 놔두면 됩니다.

대통령께서 시급하다면 그렇게 몰아붙이는 게 아니라 사실은 야당 대표나 야당 원내대표를 초청해서 얘기를 들어보셔야 되지요. 자기의 얘기를 하고 자기도 사정을 하고 얘기도 들어보고, 한 번만 하는 게 아니라 수시로. 심지어 야당에서 제일 반대하는 사람이 홍길동 의원이 있다 그러면 그 의원을 불러서라도 얘기합니다.

오바마 대통령을 보세요. 여야를 가리지 않습니다. 공화당, 민주당을 가리지 않고 만납니다. 그 법을 통과시키기 위해서 자기의 진심을 설명하고 설득합니다.

자기가 꼭 갖고 싶은 게 있으면 상대를 설득해야 됩니다. 그게 민주주의입니다. 자기가 꼭 하고 싶은 게 있으면 상대방에게 과감하게 그 사람이 원하는 것을 내줘야 합니다. 그것이 민주주의에서의 협상입니다. 흔히 기브 앤 테이크(give and take)라 그러기도 하고 바게닝(bargaining)이라고도 하고 주고받기라고 하지요, 우리가.

내가 줄 것은 없고 말할 것도 없고 그렇다면 뭐가 되겠습니까? 그리고 밀어붙이기만 하면, 감히 간언하는 사람도 없고 비방하는 사람도 없고 그러면……

많은 최고지도자들이 착각하는 게 있습니다. 자기가 다 잘하는 줄 압니다.

아닙니다.

아마 진짜 그런 사람은 있을 수 있겠지요, 오직 신만이. 거의 대부분은 아무도 간언하지 않고 아무도 비방하지 않는 사람이라는 것은 정권의 위기입니다, 소통하지 않고 있기 때문에.

국무위원이 뭡니까? 국무회의를 왜 하는지 아세요? 국무회의라고 할 때에는, 그 자리에 참석할 때는 외교부장관·통일부장관·국방부장관 자격으로 가는 게 아니라 국무위원 자격으로 가는 겁니다. 그야말로 국무, 국가의 업무지요.

그러니까 국무위원은 국가 업무에 대해서 포괄적으로 다 발언을 하는 겁니다. 만약 그런 얘기하지 않는다, 예를 들면 이것은 외교 사안이니까 외교부장관만 발언하고 다른 사람들은 발언하지 않는다면 국무회의 할 필요 없습니다, 그런 국무회의는. 그냥 대통령과 외교부장관이 독대하면 됩니다. 그게 제일 효율적입니다.

국무회의를 두는 것은요, 모든 현안이 복잡하고 다층적 구조를 이루고 있기 때문에 그러한 현안을 논의할 때 특정 부처의 입장 또 특정인의 이해관계만 반영되지 않도록 하기 위해서 국무회의를 두고 있는 겁니다. 대통령이 폭넓게 그나마 가장 주변에서, 예를 들면 어떤 사안을 놓고 환경부와 국토교통부는 충돌할 수밖에 없습니다. 우리가 비일비재하지요, 개발을 해야 되느냐 환경을 보전해야 되느냐.

어떤 남북문제를 놓고 외교부장관과 국방부장관이 의견 충돌이 있을 수 있습니다. 너무나 당연하지요. 국방부장관은 좀 더 단호하게 군사적 업무로 다루려고 할

거고 외교부장관 입장에서는 이것을 조금 더 외교적 업무로 처리하고 싶어하시겠지요. 그것은 너무나 당연한 겁니다. 그러한 상반된 입장을 조율하는 게 국무회의입니다.

그런데 그런 국무회의를 받아쓰기 현장으로 바꾸거나 일방적 지시로 바꾼다면 그런 국무회의를 뭣하러 합니까?

개성공단 폐쇄와 관련돼서도 도리어 저는 이 정부에서 아무도 그것에 대한 의견이나 토론이 안 보이는 게 더 답답합니다, 개성공단을 폐쇄한 사실보다도.

개성공단을 폐쇄할 수도 있습니다, 백번 양보해서. 물론 저는 반대합니다만 백번 양보해서 폐쇄할 수도 있지만 폐쇄하는 과정에서 정부 내에서 찬반양론이 있었어야 되는 겁니다.

그것은 혼란이 아닙니다. 통일부장관이라면 좀 더 책임을 갖고 개성공단을 지켜야 된다는 입장을 견지했어야 되는 겁니다. 외교부장관이라면 좀 더 폭넓은 시각에서 이것은 한국의 외교나 중국, 여러 가지를 고려해서 좀 더 신중히 해야 한다고 얘기할 수도 있었습니다. 심지어 국방부장관, 자칫 개성공단이 폐쇄돼서 개성공단 입구에 다시 포진지가 건설된다면 우리 군사 방위에 더 심각한 위협이 초래될 수 있기 때문에 개성공단을 유지하는 게 좋다고 견해를 낼 수 있었어야 되는 게 국방부장관입니다.

모르겠습니다, 그 안에서는 어떤 토론이 있었는지. 그러나 청와대 내부의 사정에 밝은 사람의 얘기를 들어 봐도 또 청와대 관련 출입기자 얘기를 들어 봐도 내부에 토론이나 이견을 조율하는 과정은 거의 없습니다. 대통령의 지시와 그것에 따른, 그냥 따라가는……

불행하게도 과거의 그러한 '무조건 따르라' 리더십, 대통령이 최고지도자가 그렇게 리더십을 발휘할 수 있는 시대는 제가 보기에는 한 70년대 초반 정도로 끝난 것 같습니다. 그러기에는 대통령 혼자, 최고지도자 혼자 세상 모든 현안을 이해하고 파악하고 이끌어 가기에는 세상은 너무 복잡하고 이해관계가 충돌합니다. 그런 것들을 조율해 가는 과정이 바로 정치행위지요.

이제는 정치를 해야 되는데 자꾸 통치를 하려고 하니까 문제인데, 우리 대통령께서 개성공단 문제, 사드 배치 문제 등등 여러 가지 문제에 대해서 고민 많이 하셨겠지요. 저는 고민 안 했다고 얘기 안 합니다. 누구보다 고민했겠지요. 그러나 좀 더 다양한 사람들의 의견을 들어 봤었으면, 그리고 급하기보다는 한번 쉬어서 한번 더 신중하게 생각했었으면 어땠을까 하는 게 제가 드리고 싶은 말씀입니다.

사드 배치는, 사드 문제는요 단순하게 군사의 문제가 아닙니다. 그건 철저하게 외교의 문제입니다. 군사·안보를 넘어서는 외교 그 이상의 문제지요. 그런데 그것을 군사·안보의 문제로만 접근하면 반드시 실패할 수밖에 없는 것이었습니다.

개성공단 폐쇄와 관련돼서 제가 아까 말씀드렸지만, 개성공단 폐쇄 자체에 저는 동의할 수 없지만 백번 양보해서 개성공단 폐쇄 과정에서 제가 이해할 수 없는 것 세 가지를

지적드리고 싶습니다.

우리 헌법에는 대통령이 천재지변이나 전시상황 이럴 때는 개인의 재산권을 제한할 수 있습니다. 그러나 그렇지 않은 경우에는 개인의 재산권을 제한할 때에는 법에 의해서 해야 됩니다.

여러분들, 제가 이게 PPT가 안 돼서 못 해 왔는데 미국이 북한에 대한 대북 제재 행정명령 같은 걸 하잖아요? 그러면 제일 먼저 행정명령이 딱 나오고 그 밑에는 이 행정명령이 어떤 법에 근거했는지를 법안이 죽 나열됩니다. 무슨 법 몇 조, 무슨 법 몇 조, 무슨 법 몇 조, 심지어 유엔 안보리 결의안 몇 호까지 다 열거가 돼 있습니다, 바로 그 행정명령 밑에. 많은 경우는 한 열댓 개 이상 붙어 있고요. 적어도 한 서너 개 이상은 그 행정명령의 근거가 되는 모법이 적혀 있습니다.

그런데 이번에 개성공단 폐쇄 과정에서 어떤 법적 근거가 있었습니까, 통일부장관이 발표했는데? 법적 근거가 없습니다. 저는 개성공단 폐쇄의 잘잘못, 그것이 옳으냐 그르냐의 문제에 관한 게 아니라 법치주의라면, 법치국가라면 마땅히 해야 될 부분을 지적하는 겁니다.

제가 이 얘기를 왜 말씀드리느냐 하면 제가 정치 시작하기 이전에 5·24 조치에 대해서 문제 제기를 그렇게 했었어요. 5·24 조치를 그때 이미 단행하고 나서, 제가 그 당시에는 연구자 신분이었기 때문에 통일부에 어떻게 조언을 했느냐 하면 '법적 근거가 없다, 5·24 조치에. 북한을 제재할 수 있는 법적 근거가 없기 때문에, 왜냐하면 현재 남북 관련 법들의 주요 법인 게 교류협력법하고 남북관계 발전법 등이 있는데 또는 국가보안법 등이 있는데 이것은 주로…… 남북 간의 교류협력을 제한할 수 있는 법적 근거가 어디에도 없다. 그렇기 때문에……' 제가 뭐라고까지 얘기했느냐 하면 당시 한나라당이, 이명박 대통령 시절이었으니까 2010년 그때니까 절대다수였지 않습니까?

제가 뭐라고까지 조언을 했냐 하면 차라리 대북제재법을 만들라고 그랬어요. 대북제재법을 제정하고 그 대북제재법에 기초해서 5·24 조치를 이행한다고 했어야 법적으로 문제가 없을 것이라고 했습니다.

마찬가지입니다. 개성공단 폐쇄도 법적 근거를 얘기해야 됩니다. 이것은 시장경제 국가, 자유민주주의 국가에서는 있을 수 없는 행정권 남용입니다, 법적 근거가 없기 때문에.

두 번째, 이러한 과도한 행정명령이나 이런 걸 할 때에는 어느 국가든 한시적입니다. 6개월 이후에 국회의 동의를 받아서 한다든지 6개월 이후에 재심한다든지, 그러니까 자동 탈출구를 만들어 놓는 것이지요. 아니면 3년 한시로 한다든지, 그게 통상 짧으면 6개월, 길게는 3년 정도가 대개 한시법으로, 한시적 조치로 합니다, 이런 제재와 관련된 건.

그런데 이것은 없습니다. 5·24 조치도 그렇지만 이번에 개성공단 폐쇄도 없어요. 그러니까 전적으로 행정부에, 담당 주무부처의 자의적 판단에 맡겨져 있는 것이지요. 그건 잘못된 겁니다. 아까도 얘기했지만 이것도 두 번째 행정권의 남용입니다.

세 번째, 구체적인 이 제재조치가 해제되는 조건이 명기돼야 됩니다. 해제조건이 구체적으로 명기돼 있지 않습니다. 그렇게 되면 결국은 어떻게 되느냐? 이 조치를 해제하느냐 마느냐가 정치적 논란과 정쟁으로 빠져들게 됩니다. 진보정권·진보세력, 보수정권·보수세력 이렇게 나눠져 가지고 서로 개성공단을 다시 재개해야 된다, 말아야 된다, 폐쇄조치를 취해야 된다, 계속 유지해야 된다 이 싸움이 아무런 근거 없이 뚜렷한 어떤 연결점, 연결고리 없이 논란만 하고 사회통합을 해칠 겁니다. 왜? 해결에 대한 분명한 기준을 제시하지 않았기 때문에 그렇습니다. 이러이러한 것만 충족되면 해제하겠다라는 걸 밝히지 않았기 때문에. 이것 역시 뭐냐? 행정명령이 적절치 않다는 것이지요.

제가 박근혜정부와 통일부에게 묻는 게 그 부분입니다. 개성공단 폐쇄의 잘잘못을 떠나서, 찬반을 떠나서 폐쇄조치 자체가 법적 근거도 없고 지나치게 자의적 판단을 갖고 있고 앞으로 사후 해결의 과정도 지나치게 정치적 대상으로 만들어 버렸다는 것이지요.

정치는 또 우리 사회 문제에서 가장 중요한 것은, 우리 경제학자들이 가장 좋아하는 말들이 뭔지 아세요? 불확실성을 제거하는 것이라고 합니다. 흔히 얘기하면, 경제학자들의 말이 꼭 좋은 말은 아닌데 참 재미있는 건데 증권이나 경제학자들이, 이코노미스트들이 가장 많이 쓰는 말이 어떤 사건이 터지고 나면 '증시의 불확실성이 해소됐다' 이런 얘기를 많이 해요.

그러나 그 말이 뭐, 그걸 떠나서 문제…… 가장 중요한 건 맞습니다. 우리가 정치를 하거나 국가를 운영하거나 또는 여러 가지 사안을 해결하는 과정에서 중요한 것은 가급적 예측 가능하고 투명하고 참여성을 높여 가는 쪽으로 가는 것이 맞습니다.

그런 측면에서 이번 개성공단 조치에 대해서 저는 상당히 유감스러운 게 그 부분입니다. 법적 근거도 없이, 그다음에 너무 과도한 행정권이 남용됐고, 지난 5·24 조치와 관련돼서 어떤 한 기업이 이것이 부당하다고 법원 소송을 낸 적이 있었어요. 그런데 1심에서 기업이 졌습니다. 어떻게 졌어요? 그 판결문이 좀 가관이에요, 제가 보기에는. 아무리 분단상황이라도 저는 재판부가 그런 판단을 한다는 것은 좀 이해할 수가 없었어요. 물론 재판부의 1심 판단이니까 또 기업이 더 이상 진행을 하지 않아서 1심으로 끝났지만 1심 재판부의 판단은 뭐냐 하면 5·24 조치가 법적 근거는 없지만 남북관계의 특수성을 감안해서 정부의 통치행위로 그것을 인정한다라는 겁니다.

통치행위라는 것은 정말 권위주의적 표현입니다. 물론 국가 외교·안보 사안이나 우리같이 남북관계 대치상황에서 통치행위 자체를 제가 부정하고 싶지는 않지만 가급적 통치행위의 영역을 제한하거나 좁혀 가는 것이 법치국가가 할 일이지요.

법치국가 얘기가 나와서 그런데 법치국가가 서구의 법치국가 개념과 동양의 법치국가 개념이 다릅니다.

그런데 아쉬운 것은 우리 대통령과 정부 여당의 법치주의·법치국가의 개념은 지나치게 동양적 관점, 우리의 법은 근대 서구 법으로부터 가져왔는데도 불구하고 동양적 관념에 갇혀 있지 않나 생각돼요.

왜 그러냐? 동양에서의 법은 그렇게 좋은 평가를 받지 못하고 있습니다. 그래서 우리가 흔히 얘기하기를 '법 이전에 도덕'이라고 그러지요. 법가사상, 유가사상 할 때 법가사상이 유가사상보다 좋은 평가를 못 받습니다, 동양에서는. 한비자와 상앙이 진나라를 건립하는 과정에서 법가사상을 갖고 있는데 법이란 뭐냐? 황제 또는 통치자들이 백성을 다스리는 데 필요한 수단이 법이었어요.

그래서 우리 뭐라고 그랬습니까? 저 사람 좋은 사람이라고 할 때 뭐라고 표현하지요? '법 없이도 살 사람'이라고 그래요. 그리고 우리는 법을 지키면 손해라고 생각합니다. 왜? 그것은 절대 권력자, 즉 왕이나 황제였지요. 그다음에 기존의 집권세력들이 여러 가지를 통제하거나 빼앗아 가거나 국가를 경영한다는 이유에서 그런 것의 수단으로 법을 만들고 활용했던 것이 동양적 법의 관념이에요. 물론 꼭 부정적인 것만은 아닙니다.

거기의 법가사상에는 여러 중간의 관리자들, 위정자들에 대해서도 엄격하게 법으로 다스린 것도 있지만 주 대상은 사실은 황제가 나라를 다스리는 데 법으로 다스릴 것이냐, 덕으로 다스릴 것이냐, 그래서 법치·덕치가 나오는 겁니다, 동양에서는.

반면에 서구 근대화 과정에서 유럽에서의 법은 소위 절대왕권으로부터 시민사회가 성장하면서 자기의 권리를 법으로부터 빼앗아 온 겁니다. 그러니까 왕권을 제한하고 자기의 권리를 확보하는 과정에서 법이 활용된 것이지요. 법으로써 시민의 권리, 부르주아 계층이었지요, 당시. 시민의 권리를 확보하고 왕의 권한을 제한하는 것이 영국의 대헌장에서부터 프랑스 대혁명에 이르기까지 일관되게 이뤄 온, 서구 영국·프랑스·독일 등에서 이루어졌던 소위 법치주의 그다음에 법의 역할이었습니다.

즉 법은 기존의 왕, 절대왕이었지요. 그때 루이 14세인가요? '짐이 곧 국가'라고 그랬지요. 그러니까 왕이 그 자체로 해서 모든 걸 할 수 있는 것에서부터 왕의 권리를 법으로써 제한하기 시작하는 겁니다. 그게 제일 먼저 시작된 게 이탈리아에서부터 시작됐지만, 이탈리아 도시국가에서부터요.

이런 나라들이 법을 만들면서 왕의 권한 또 기존의 기득권층이었던 봉건 영주나 귀족의 권한을 제한하면서 새롭게 성장한 부르주아 계층, 시민사회의 권리를 법으로써 보장한 겁니다.

그러니까 서구에서의 법은, 법치주의의 대상은 누구냐? 권력을 가진 사람들이 법을 잘 지키게 하는 것이 법치주의의 목적입니다. 예컨대 지금 현재 우리 한국 상황이라면 대통령·국가정보원 또 국회, 하여간 정부기구 이러한 기관들이 권력을 남용하거나 부당하게 시민의 권한을 제한하거나 하지 못하도록 막아 주는 것이 법이어야 되는

겁니다. 그게 법치주의라는 것이지요.

그런데 뭐라고 합니까? 법치주의를 얘기하면 왜 도시에서 시위를 하고 공권력에 저항하고 이것만 늘 얘기하세요, 대통령은? 도리어 법치주의라고 하면요 그러한 시민들의 권리를, 시위할 수 있는 권리, 반대할 수 있는 권리를 법으로 어떻게 보호해 줄 건가를 고민하는 게 진짜 법치주의입니다. 공권력이 함부로 자의적 해석을 해서, 행정부나 공권력이 자의적 해석을 해서 그런 시위를 마음대로 못 막게 법으로써 보장해 주는 게 법치주의인 것이지요.

물론 서구사회에서 미국이나 유럽에서도 그러한 보장된 수준을 넘어서는 것에 대해서는 제한합니다. 그런데 과연 한국 사회에서 평화로운 집회가 제대로 보장되고 있는지. 평화로운 주장이, 권리가 제대로 보장되고 있는지 자문해 보고 싶습니다. 왜 폭력시위로 가는지, 물론 폭력시위 안 해야지요. 막아야 되지요. 그러나 그것은 법치주의의 문제라는 것이지요. 그 법치주의의 대상은 시민과 국민이 아니라 경찰·국정원·청와대·국회·행정부여야 된다는 겁니다. 그들이 법을 잘 지키느냐가 그 법치주의의 핵심입니다. 그러나 아쉽게도 여전히 법치주의의 주 대상은 평범하고 힘없는 시민과 약자지요.

저는 정말 가슴 아팠던 일 중의 하나가 많은 분들에게 잊혀졌는지 모르겠지만 용산사태였습니다.

철거를 반대하는 속에서, 불 속에서 돌아가신, 화상을 입으면서 돌아가신 분들에 대해서 그것을 우리는 도심테러라고 했습니다, 그분들을 대상으로. 그분들이 큰 희생을 했지요.

진작에 법이 제대로 정비됐다면 상가임대차라든지 그러한 임대차 문제에 대한, 상가 문제에 대한, 임대 문제에 대한 그 권한들을 보호할 수 있는 법안들이 진작 만들어졌고 정말 비참하고 그렇게 가혹할 정도의 철거작업에 대해서 우리 사회가 한 번 정도 따스한 눈길로 돌아볼 수 있었다면 그런 용산참사를 사전에 방지할 수 있었을 겁니다. 우리 사회가 그때만 잠깐 뜨거웠어요. 그러나 또 언제 어디 갔는지 그 논의가 사라지고 있습니다. 방지책? 그때만 조금 하고 말았어요. 여전히 상가임대차 보호에 관련된 문제, 잘 안 됩니다.

제가 말씀드리고 싶은 건 지금 테러방지법에 따르면 그런 철거민들의 일부 행위도 도심테러로 해석될 수 있다는 여지가 있어요. 지자체나 행정부가 의사에 반하는 행위를 하게 하는 여러 가지 행위에는…… 결국은 공권력에 대해서 도전하거나 부당한 공권력에 항의하는 것도 테러라고 규정할 수 있는 것이지요.

자기의 생존권을 위해서 싸우려고 하는 노동자, 농민, 임대 세입자, 철거에 반대하는 임대 세입자 모두 도심 테러리스트가 될 수 있는 잠재적 가능성을 갖고 있게 되는 겁니다.

아마 정부는 그렇지 않을 것이라고 그러겠지요. 그런 일 없을 것이라고 하겠지요. 그러나 그런 가능성은 열려 있습니다. 만약 이 법이 그대로 통과되면 제가 단언컨대 그리

될 겁니다. 물론 지금 당장은 아닐 것처럼 보이시겠지만. '야, 너무 과한 해석 아니야?' 예, 과한 해석이라고 생각합니다. 그러나 사회적 약자와 서민, 노동자, 농민 이런 분들을 보호하는 민주적 기본권을 보호하는 데 있어서 조금의 허술함도 있어서는 안 된다고 생각합니다.

그 전에, 제가 누누이 아까 오늘 시작에서부터 강조드렸던 말씀이 국가정보원에 대한 통제시스템 그리고 그 국가정보원에 대한 개혁이 선행되지 않으면 안 된다는 것이지요. 그게 먼저 된 이후에 논의해 볼 수 있는 문제입니다. 그렇지 않다면 여러분들 누구라도 테러리스트가 될 수 있습니다.

그리고 도심테러를 하는 그런 시위집단과 전화 통화를 하면 저는 테러리스트와 통화한 정치인이 되겠지요. 도·감청과 계좌 추적, 금융정보 추적, 위치추적의 대상자 리스트로 올라가는 겁니다, 아주 가볍게. 결국은 도심 테러리스트라고 규정되면 정치인들도 접근하기 어렵습니다. 그분들이 도와달라고 해도 부담스럽게, 그 상황이 되면.

● 부의장 이석현 홍익표 의원님, 잠깐 목을 좀 쉬실 수 있도록 제가 관심사항을 하나 말씀드립니다.

의원님들이 저한테 많이 물어봅니다, 회의 때 아니고. 뭐냐면 '발언 중에 화장실을 갈 수가 있는 겁니까, 없는 겁니까?' 그래서 그 문제 가지고 고민들을 많이 했습니다. 실은 우리 의장단도 의견들이 거기에 대해서는 서로 갈려요. '가면 안 됩니다' 하는 입장과 '갈 수 있다'는 입장이 갈립니다.

그게 왜 그러냐 하면요 우리가 2012년에 이른바 선진화법으로 불리는 내용들을 국회법에 담으면서 법 개정을 했어요. 그때 이 필리버스터 조항을 106조에다 넣었습니다. 그런데 106조에 이 필리버스터 무제한, 시간적으로 무제한 하는 발언을 할 수 있다는 것을 담으면서 그런 구체적인, 세부적인 106조에 따르는 시행규칙은 안 만들었습니다.

그래서 다만 발언할 사람이 더 이상 없거나 또는 재적의원 5분의 3 이상의 동의로 이걸 종료시키거나 아니면 회기가 끝나 버리거나 할 때만 이게 종료되게 했고, 의원 개인이 아까 얘기한 대로 화장실을 갈 수 있냐, 없냐 하는 그런 세세한 얘기를 아무 규정을 안 했어요.

그런데 미국은 어땠느냐 하면 세계에서 지금 우리 역사상 가장 오랜 동안의 필리버스터 연설을 한 것이 1957년에 미국의 제임스 스트롬 서먼드(James Strom Thurmond)라고 하는 상원의원, 이름이 참 어렵습니다. 이 서먼드 상원의원이 24시간 18분을 한 기록이 있어요. 그게 가장 오래 된 기록이라고 그럽니다.

그런데 그분은 뭐 했느냐 하면 1957년에 미국이 흑인에게 투표권을 주려고─그때까지는 투표권이 없었어요─하는 법을 추진하는데 이분은 반대하는 입장이에요. 왜냐? 흑인이 글을 모르는 문맹이 너무 많다, 그러니 투표권을 주면 안 된다는 보수적 입장에서 이걸 저지하기 위한

필리버스터 연설을 그렇게 24시간 18분이나 했던 것입니다.

그런데 미국 하원에는 필리버스터에 대한 그런 것이 제도가 없고 상원에만 있는데 미국 상원에는 거기에 대한 세칙이 있어요. 어떻게 되느냐 하면 그 세칙에 의하면 의원이 발언대에서 자기 스스로 내려오면 그 의원의 발언은 그걸로 끝난 걸로 본다. 그리고 의원은 한 번씩만 발언하게 돼 있거든요. 그건 우리나라하고 같아요. 그래서 어떻게 되느냐 하면 화장실을 못 갑니다, 미국 상원은. 왜냐하면 발언대를 떠나면 그 의원은 발언이 이제 끝났다고 본다, 다음 의원 해야 돼요.

그래서 그 서먼드 상원의원은 어떻게 했느냐 하면 자기 보좌관한테 이 발언대 옆으로 양동이를 들고 나오게 해 가지고 소변 봐 가면서 발언대에서 그렇게 발언했어요. 그런데 우리나라는 어떻게 돼 있냐, 아까 얘기한 대로 세부적인 조항이 없어서 화장실을 간다, 못 간다는 그런 근거가 전혀 없어요.

그런데 왜 의장단의 의견이 조금씩 엇갈리느냐 하면 2012년에 이 법을 만들고 국회사무처가 국회법 해설을 이렇게 냈는데 그때 거기에다가 나름대로 그런 해석을 했어요. 우리 전문위원이 했겠지요. 그것은 그렇게 봐야 할 것이다, 발언대에서 내려오면 못 가는 걸로, 종결된 걸로 봐야 할 것이다, 이런 대목이 있어서 말하자면 그게 옳다, 그런 주장이 또 있는 것입니다.

제가 말씀 마저 할게요.

그러나 그것이 법적인 구속력을 가진 그런 법률이나 규칙은 아니고 그렇게 봐야 할 것이다, 이런 정도 얘기인 것입니다.

그래서 앞으로는 국회가 여야 간에 운영위원회를 열든지 해서 여기에 대한 시행규칙을 좀 만들었으면 좋겠다는 얘기를 낮에 한번 했어요. 그래서 이것을, 이 부분을 명쾌하게 해야 할 것이다, 내 개인적인 생각으로는 국회가 너무 그런 체면, 그런 일에 너무 얽매이지 않고 사람의 자연스러운 욕구이기 때문에 '자기 자신이 스스로 발언대에서 내려오면 종료된다, 다만 의장의 허락을 얻어서 같은 건물 내의 5분 이내에 화장실을 이용하는 것은 예외로 한다' 이런 무슨 조항이라도 만들어 가지고 그렇게 하도록 해야지 완전히 이게 고문받는 거나 마찬가지입니다. 한 10시간 해 보세요. 아주 고통스러운 조건에서, 육체적으로 힘든 조건에서 발언을 하게 되거든요.

그래서 이것은 참으로 잘못된 것이다, 저는 미국이 선진국이지만 아까 얘기한 그런 상원의 규칙은 참으로 잘못된 것이고 비인도적이고, 그런 것을 우리가 미국 따라가기를 할 필요는 없다, 우리는 홍익인간의 그런 기본적인 이념을 가지고 있는 민족인데 우리는 앞으로 규칙을 만든다면 사람을 자유롭게 하고 속박을 풀어 주는 의미에서 그렇게 예외조항을 두는 것이 맞다, 이런 생각을 하고 있다는 것을 참고로 말씀드립니다.

좀 더 구체적으로 말씀드리고 싶어도 발언을 너무 오래 단절하는 것 같아서 나중에 또 기회가 있으면 하겠습니다.

홍익표 의원님 발언 계속해 주십시오.

발언 계속해 주세요.

(● 나경원 의원 의석에서 — 의장님, 무제한 토론 중의 사회권의 범위에 대해서……)

예.

(● 나경원 의원 의석에서 — 무제한 토론 중에도 발언권을 행사하실 수 있는 기회를 준다, 사회권 행사의 범위 내에는 의장님이 필리버스터에 있어서의 의견을 표명하시는 것은 적절하지 않은 것 같습니다. 그래서 사회권의 범위에 필요한 범위 내에서만 사회권을 행사해 주실 것을 건의드립니다.)

예, 잘 알았습니다.

● **홍익표 의원** 알겠습니다.

● **부의장 이석현** 좌석에서, 의석에서 나경원 의원님 견해로는 제가 그런 내용의 의견을 피력한 것 자체가 사회자로서 적절한 것 같지가 않다는 취지로 말씀을 하셨습니다. 사회권의 범위를 벗어났다고 보는 그러한 견해도 있다는 것을 여러분이 참고해 주시기 바랍니다.

홍익표 의원님 발언해 주십시오.

● **홍익표 의원** 존경하는 나경원 의원님, 우리 외교통일위원장이 계시니까 제가 더 긴장하고 잘해야 될 것 같습니다. 또 외교 분야의 전문가시라서요.

좀 더 말을 이어 가도록 하겠습니다.

제가 좀 너무 지루해 하실 것 같아서 조금 쉽게 얘기를 전환해 가면서 얘기…… 그런데 쉬운 얘기 아니에요. 영화 얘기를 한번…… 제가 영화를 참 좋아하는 편이라서 과거에 영화를 많이 봤는데 그때 이게 개봉됐을 때는 못 봤고 나중에 케이블TV를 통해서 우연하게 집에서 하도 심심해서 시간이 없다가 영화 중간쯤에서 봐서 '아, 너무 재미있다' 싶어서 막 케이블TV를 찾으니까 영화 목록에 있어서 봤는데요, 이 영화가 뭐냐면 '브이 포 벤데타'라는 영화입니다.

최근에 시위현장에 나가면 이렇게 약간 뾰족한 가면을 쓴 분들이 많이 계시지요. 가면을 쓰면, 복면을 하면 또 IS 테러리스트라고 이렇게 오해를 받을까 봐 상당히 그런데 서구 미국 사회나 이런 서구에서 보면 재미있는 것은 그게 가이 포크스 얼굴인데, 영국에서는 가이 포크스 데이(Guy Fawkes Day)도 있어요. '가이 포크스 데이' 해서 불꽃놀이를 합니다, 11월 달에.

왜 그러냐 하면 가이 포크스라는 사람이 실제로 테러리스트예요. 영국 의회 의사당을 폭파시키려고 했었습니다. 영국 의회 의사당을 폭파시키려고 그랬는데 미수에 그쳤지요. 그래서 결국은 사형을 당합니다. 사형을 당하는데도 끝까지 굴하지 않고, 신념을 굴하지 않고 자기는……

그래서 거꾸로 그 사람이 인기가 올라가 가지고 영국에서 지금도 가이 포크스 데이가 있어요. 그런데 그 가이

포크스라는 인물에서 하는 것은 일종의 권위주의에 대한 반대라고 할까 또는 신념의 상징, 뭐 이런 것 같아요. 아마 영화 '브이 포 벤데타'라는 영화에서도 그런 의미를 내포하고 있었던 것 같습니다.

주인공이 브이라는 사람인데 가이 포크스 가면을 쓰고 계속 대사 내용이 뭐냐 하면 햄릿하고 맥베스, 셰익스피어에 있는 대사를 또는 몬테크리스토 백작에 있는 내용을 계속 반복적으로, 완전히 이렇게 보면 뭐라 그럴까요? 약간 좀 우스꽝스러운 느낌도 들어요. 영화 내용은 굉장히 심각한데 브이라는 사람이 발언할 때 보면 뭔가 대사를 할 때 오버해서 이렇게 하는 그런 것 있잖아요.

그러니까 막 이렇게 무게 잡고 뭔가 이렇게 우리가 연극할 때 그런 것처럼 영화 안에서 이 주인공이, 브이라는 사람이 그 영화를 얘기를 하는데 이 영화의 내용을 보면 이게 미래 세계입니다. 3차 세계대전이 일어나고 2040년의 영국을 상정한 영화인데 여기는 완전히 통제된 사회입니다. 완전히 통제된 사회에서 모든 사람이 어떤 행동을 하고 뭘 하고 이런 것이 다 통제됩니다. 하나하나 허락을 받아야 되고 반대하는 사람은 어느 순간 사라집니다. 어디로 끌려갔는지 몰라요.

그래서 여기 나오는 여주인공은 자기는 모르는데, 자기 부모가 그냥 좋은 데 간 줄 알고 있지만 자기 부모가 어디에 갔는지 몰라요. 그러나 그 부모가 정부에 반대했다는 이유로 끌려가서 어딘가에 납치돼 가서 나중에 죽임을 당한 그런 케이스지요. 그래서 여기의 모든 사람은 다 통제받습니다. 그 사람의 어떤 취미생활, 심지어 개인 성적 취향까지 다 통제를 받는 사회입니다, 정보사회가 고도로 발전되면서.

그리고 모든 사람은 한 명, 한 명이 흩어져 있습니다. 아무도 연대가 안 돼 있어요. 서로와 서로가 연대가 안 돼요. 왜? 한 사람, 한 사람을 고립시켜 놔야 저항하지 않기 때문에. 이 와중에서 홀연히 나타나는 게 브이라는 사람인데 아주 우스꽝스러운, 약간 오버하는 듯한 대사와 행동, 액션, 이런 행위를 취하면서 이 사람들이 통제하는 그 집단에 저항하는 겁니다. 건물을 폭파시키고……

그러니까 이 사람의 목표가 가이 포크스 데이에 의사당 건물을 폭파시키는 게 목표인 거예요. 그것을 공개적으로 선언합니다. 그러면서 여기저기 건물을 폭파시켜요. 그런데 통제된 사회니까 그것이 가이 포크스가 한 게 아니라 정부가 일부러 건물이 낡아서 폭파했다고 허위로—모든 언론이 통제되는 사회니까—바꿔 갑니다.

상당히 재미있는 그리고 의미심장한 대사들이 많이 있습니다. 제가 사실 이것을 한때 SNS에 많이 썼어요, 이 대사를. 어떤 대사가 있냐 하면

'한 사람의 가면 뒤에는 살덩이만 있는 것이 아니라 한 사람의 신념이 있다',

왜 그 사람이 가면을 썼는지, 그저 얼굴을 가리기 위해서가 아니라는 거지요.

또 이런 내용이 나와요. 제가 제일 좋아하는 대사 중의 하나인데 '국민이 정부를 두려워하는 것이 아니라 정부가

국민을 두려워해야 한다', 너무나 당연한 말인데 너무나 새삼스럽게 다가오는 말입니다.

한때 저희가 그런 말을 많이 썼습니다. '국민을 이기는 정부가 없다'라고 했지만 정말 정부가 국민을 두려워하고 있을까요?

또 역으로 위정자는, 대통령을 비롯한 지도자들은 '국민이 정부를 두려워하고 있는 것은 아닌가'라고 반문해 볼 필요도 있지 않을까요?

그리고 굉장히 가슴에 와 닿는 얘기인데 '정치인은 진실을 덮기 위해 거짓말을 사용하고 예술가는 진실을 말하기 위해 거짓말을 사용한다', 부끄럽지만 사실인 것 같습니다.

테러방지법이 테러를 막을 수 있다고 생각하세요, 아까 처음부터 드렸던 질문이지만?

여러분, 혹시 마지노선이라는 말을 잘 아시지요? 우리 대화할 때 마지노선, 마지노선, 참 많이 씁니다. 지금은 마지노선은 일종의 '더 이상 물러설 수 없는 최후의 선' 이런 개념으로 용어를 쓰는데요, 우리 사회에서 쓰는 게, 이게 잘 알다시피 사람 이름에서 따온 겁니다.

앙드레 마지노라고 프랑스 육군국방장관입니다. 육군장관일 거예요, 국방이 아니라 육군장관. 1927년인가부터 32년인가 뭐 이때까지, 35년인가 이때까지 프랑스 국방장관을 했던 사람인데 꽤 오랜 기간 프랑스 육군장관을 하면서 이 사람이 1차 세계대전에 독일로부터의 패배로부터 교훈을 얻어서 마지노선을 쌓습니다, 자기의 이름을 따서. 그래서 마지노선이 돼요.

그러니까 독일과 프랑스의 접경지역에 세계 최대의, 그 당시 세계에서 존재하지 않았던 사상 최강의 막강 진지를 구축합니다. 독일 보병은 물론이고 독일군의 기갑부대나 전차부대가 절대로 이 선을 넘어올 수 없다 해서 마지노선을 만듭니다. 심지어 어떤 곳에는 에어컨까지 설치했다고 해요, 거기서 쾌적한 환경에 오랫동안 버틸 수 있게. 그리고 콘크리트 두께가 지금까지 쌓았던 어떤 진지나 성벽보다도 두껍게 해서 어떠한 포나 총포에도 뚫리지 않을 정도로 단단하게 진지를 구축했습니다, 독일과 프랑스의 경계선에 쫙 선으로.

그래서 뭐라 그랬냐? '마지노선을 만들었으니 이제 절대로 독일이 우리를 침공할 수 없다'라고 했습니다. 그런데 독일이 어떻게 했습니까? 독일이 너무도 간단하게 벨기에를 침공해서 벨기에를 통해서 프랑스를 넘어와 버린 겁니다. 벨기에 국경에는 마지노선이 없었던 거지요. 그러니까 결국 얘기하면 마지노선은 무용지물이 된 겁니다. 도리어 고립됐지요. 그러니까 프랑스가 생각보다 2차 세계대전 때 손쉽게 독일군에 무너졌던 가장 큰 이유는 주력군이 마지노선에 고립되고 후방으로 뚫려 가지고 그냥 들어온 겁니다.

그 얘기는 뭐냐 하면 미국이 9·11 이후에 상당히 많이 테러 관련법, 애국자법도 만들고 정말 많은 정비를 했습니다. 그러나 미국에 테러 멈추지를 않습니다. 저는 그래서 늘 얘기하는 게 '마지노선은 없다'입니다.

우리 정부가 테러방지법 만들었는데 글쎄요, 이 테러방지법 많은 분들이 지금 문제 제기를 하고 계시고 고민을 하고 있는데 이 테러방지법을 해서 과연 우리가 막을 수 있느냐는 것에 대해서 정말 저희도 의구심을 갖고 있는 이유 중의 하나가 지금 지침, 아까 얘기했지만 테러 관련 지침에 대해서 지침조차 아무것도 이행하고 있지 않지 않습니까? 법이 없어서 안 된 게 아니지요. 뭘 하려고 하는 의지가 없었기 때문에, 그것을 챙기는, 책임지는 사람이 없기 때문에 그런 거지요.

아니, 국무총리가 테러대책회의의 의장임에도 불구하고 자기가 의장인지도 모르고 있어요. 회의 한 번도 안 했어요. 그럼에도 불구하고 정부는 지금이 국가비상사태라고 얘기합니다. 그러면 이게 이해가 될까요?

아까 제가 조금 설명하다 말았는데 좀 더 보완설명을 하면, 최근에 국제사회에서 테러의 양상은 상당히 복잡해지고 다양해지고 있습니다. 여러 가지 이유가 있겠지요. 제가 잠깐 설명했지만 소위 얘기하는 냉전 이후에 문명권의 충돌, 가장 대표적인 게 이슬람과 기독교 문명권의 충돌로 야기되는 측면, 그게 단순히 그 문제만 있지 않습니다. 상징은 마치 이슬람과 기독교, 이 두 가지가 충돌하는 것같이 보이지만 그 이면에는 경제적 격차, 신자유주의에 따른 폐해 이런 것이 또 내포돼 깔려 있지요. 그리고 그 사회 내부에서는, 사회 외적으로는 높은 청년실업률 그다음에 사회가 기존의 일종의 왕정 내지는 권위주의 정권에 의한 지연된 민주주의 이러한 것들이 복합적으로 작용하면서 상당히 여러 지역에서 테러가 복잡하게 발생하고 있고 그 테러의 양상은 그 지역에서만 국한된 게 아니라 국제적으로 확산되고 있지요. 그래서 아마 과학기술의 발달이 그런 것을 자초한 것 같습니다. 통신수단의 발달, 교통수단의 발달로 과거에는 한 지역에 고립돼 있었던 테러의 문제가 이제는 전 세계적으로 확산된 거지요. 즉 소위 세계화는 모든 분야의 세계화도 따라온 거지요. 테러의 세계화도 같이 만들어 왔다고 생각합니다.

그 양상도 많이 바뀌고 있습니다. 초기 유럽에서의 또는 일본에서의 테러는 이념적 성향이 뚜렷했지요. 일본에서 적군파라든지 독일에서 좌파 젊은이들을 대상으로 테러집단이 만들어졌다면 이후에는 제3세계권의 이민자들을 중심으로 해서, 최근에 나타난 양상은 이슬람권의 이민자들 또는 난민들 중심으로 해서 새롭게 그러한 것들이 확산되고 있고 그것은 현재 중동지역의 분쟁이 그대로 고스란히 서구세계로 확산돼 가는 과정이라고 볼 수 있겠습니다.

또 과거하고 다르게 테러의 대상이 옛날에는 주로 정치적 인물 암살이 많았습니다, 테러라고 할 때에는. 그러니까 예를 들면 대통령을 암살한다든지 또는 주요 지도자를 암살한다든지, 우리가 흔히 알고 있는 것처럼 미국에서도 많이 있었지요. 링컨 대통령을 포함해서 가깝게는 마틴 루터 킹 목사나 케네디 대통령 그리고 최근에는 레이건 대통령도 한때 저격을 받았지만 목숨을 잃지는 않았고요. 그것은 약간의 정신적 이상이 있는 사람에 의해서 했다 그렇게 보도가 됐지만 하여간 다양한 형태로, 과거의 테러는 주로 요인들에 대한……

한국 사회도 해방과 함께 테러가 참 많았습니다. 많은 분들이 테러로 희생당했고 그게 백색테러나 좌익에 의한 적색테러간에 양쪽에 의해서 테러로 희생된 분이 너무 많이 있었습니다. 특히 우리가 잘 아는 바와 같이 백범 김구 선생도 안두희 씨에 의해서, 현역 군인이었지요. 안두희 씨에 의해서…… 그 배후에 이승만 대통령이 있는지 없는지 모르겠습니다만 여전히 그것에 대한 논란이 있습니다.

테러가 전 세계적으로 주로 최고 지도자 또는 주요 정치적 인물을 상대로 발생했다면 그다음의 양상은 주요 시설물들에 대한 테러가 있었어요. 그러니까 주요 공공시설, 예를 들면 발전소라든지 뭐 이런 것들을 대상으로……

● **부의장 이석현** 홍 의원님이 말씀 중입니다만, 제가 사회를 교대할 시간입니다. 2시간 뒤 밤 1시에 다시 뵙겠습니다.

(이석현 부의장, 정의화 의장과 사회교대)

● **홍익표 의원** 이석현 부의장님께서 밤 1시에 다시 보자고 했으니 1시까지 해야 되겠네요.

최근의 충돌 양상을 보면 경제적 이유도 상당히 많아졌고요.

또 하나는 사이버상에서의 사이버테러도 상당히 심각한 문제로 발생을 하고 있습니다. 특히나 최근의 모든 우리들의 사업이나 업무 환경이 IT 환경과 직접적으로 연관되어 있기 때문에 예를 들면 교통, 통신 그건 말할 것도 없고 발전소 운영, 모든 사회 시스템의 운영 자체가 IT 환경에 노출돼 있기 때문에 사이버테러에 의한 혼란이나 위험성은 상당히 높아졌습니다. 그렇기 때문에 보안이나 사이버테러에 대한 대응체계 이런 것들이 우리가 굉장히 심각하게 논의해야 될 문제이기도 하지요.

이런 문제들에 대해서 이제는 우리가 효율적으로 이것을 대응할 수 있는 시스템을 만드는 게 중요합니다. 제가 보기에는 그런 것을 하기에 이번의 법은 터무니없이도 뚜렷한 대응책을 갖고 있지는 않다고 생각해요. 거꾸로, 모르겠습니다. 나중에 관련 대통령령을 통해서 어떻게 보완할지 모르겠지만 현재 가지고 온 테러방지법이나 사이버테러 방지법을 보면 기존의 테러를 위한 가이드라인보다, 기존에 있었던 지침보다도 더 못한 것 같아요.

그러니까 문제는 뭐냐 하면 우리가 어떤 대응을 할 때에는 몇 가지 단계가 있지요. 첫째, 지금 상황이 어떤가에 대한 상황에 대한 공유, 상황인식에 대한 공유가 있어야 됩니다. 안보 상황이라고 해서 모든 정보를 제한해 놓고 '너희들은 알려 줄 수 없지만 그냥 나를 따라와' 이런 시대는 아니지요, 이제. 뒤에 의장님이 계시지만 의장님한테 비상상황이라고 할 거면 그 정도의 상황이라면 야당 지도자나 국회에 와서 보고를 해야 되는 게 맞습니다.

상황인식을 공유해야 되는 게 첫 번째지요.

두 번째, 기존의 체제가 뭐가 문제고 어떤 한계점이 있는지에 대한 평가·분석이 있어야 돼요. 기존의 테러 관련 지침으로서 우리는 아주 성공적으로 86 아시안게임…… 우리가 안보상황이, 남북관계가 지금보다도 훨씬 위중했다고 할 수 있는 86년 아시안게임, 88년 서울 올림픽, 2002년 한일 월드컵 아무런 사고 없이 성공적으로 개최했습니다. 그렇다면 이것이 직면해 오는 위기가 어떤 상황이고 이것으로만 대응하기에 적절치 않다라는 평가와 진단이 나와야 되는 거지요. 그것을 바탕으로 테러방지법이 만들어지고 사이버테러 방지법도 우리가 고민을 하고 아니면 추가적으로 더 필요한 게 있으면 뭘 더 만들든지, 그리고 아예 지금 현재 정보 시스템을 전면적으로 개편한다든지 이러한 것들에 대한 고민을 우리가 해야 되는 시점인 겁니다. 그런데 그러한 것들에 대해서 상황도 인식 공유가 안 됐고 평가와 진단도 안 이루어지고 그러면서 그냥 '이게 필요하다. 이것 해 달라. 이것 안 되면 큰일 난다. 테러를 당해서 국민의 생명이 다쳐 봐야 아느냐?' 이것은 같이 뭐를 논의하자는 게 아니지요.

제 막내딸은 초등학생인데 초등학교 3학년입니다. 큰애하고 좀 터울이 있어서. 요즘은 초등학교 3학년을 다룰 때도 그렇게 안 다룹니다. 그렇게 한다고 듣지도 않습니다. 어떻게 깜깜이 입법을 하라는 건지요? 그런데 우리가 보기에 그 입법은 너무 많은 문제점을 갖고 있어요.

지금도 통신 도·감청 못 하는 게 아닙니다. 다 할 수 있어요. 절차가 복잡하지요, 영장을 받고 해야 되니까. 또 지금도 긴급으로 해서 하고 사후에 그것을 확인받을 수도 있어요. 못 하는 게 아닙니다. 안 하는 거지요. 아니면 현재 이루어지고 있는 광범위한 불법적 도·감청을 다 그냥 퉁쳐서 정당화시키려고 하는 것일 수도 있겠지요. 여러분의 핸드폰이, 스마트폰이 그대로 노출된다는 것입니다. 금융정보 역시 마찬가지입니다.

물론 어떤 분들은 그럴 거예요. '아니, 문제가 되는 돈 안 받으면 되잖아' 또 '뭐한 것 안 하면 되잖아' 이렇게 얘기할 수 있겠습니다. 그런데 문제가 되는 돈 안 받으면 되지요. 그리고 실제로 요즘 누가, 정치인들이 뇌물 받을 때 계좌로 받습니까? 어느 바보가 불법적인 돈을 계좌로 받습니까? 어느 범죄집단이 자기들의 불법 범죄자금을 계좌로 주고받습니까? 그렇게 안 받지요. 뻔히 다 아시잖아요.

저희 야당 의원들이, '너희들 불법 정치자금 받으려고 계좌추적 싫어하는 것 아니야?', 안 그렇습니다. 저희가 어떻게든, 요즘 세상에 비밀이 없어서 뭘 받으면…… 심지어 지난번에 보세요. 몇몇 의원들 선의로 생각하고 상품권 받았다가도 다 드러나지 않습니까? 세상에 비밀은 없고 숨길 수도 없습니다.

저는 그냥 편안하게 정치활동을 해요. 돈이 많아서가 아니라 돈이 있으면 있는 대로 쓰고 없으면 안 쓰고, 그렇게 살면 됩니다. 그렇게 돈에, 제가 해 보면 꼭 큰돈이 정치를 할 때, 물론 무슨 당대표선거를 하거나 이렇게 하려면 큰돈이 필요할지도 모르겠어요. 그러나 자기가 겸손하게 할 만큼만 하면 그렇게 불법자금에 연연할 이유는 없습니다.

그런데 왜 자금거래의 그거를 집요하게 보려고 할까요? 지금도 FIU법에 의해서 2000만 원 이상의 뭉텅이 돈이 움직이면 다 자금추적이 됩니다. 그리고 필요에 의하면 언제든지 금융위원장이 통해서 그 계좌내역을 볼 수 있습니다. 다 할 수 있습니다.

아니, 무슨 국가안보와 관련된 긴급사항을 계좌로 주고받습니까? 테러리스트들이 계좌로 돈을 주고받을까요? 그리고 그런 정도의 불법자금이라면 대규모 자금이나 이런 거는 이미 국제 인터폴에서 추적이 들어옵니다. 인터폴 요청이 들어오면 자동적으로 우리 FIU법에 의해서 그걸 살펴볼 수 있습니다.

지금 못 하는 게 아니라 안 하는 거고요, 뭐든지 법의 문제를…… 그러니까 제가 전에도 한번 말씀드린 내용이지만 어떤 정책의 무능과 비전의 부재를 법률의 부재로 등치시켜 버리는 거예요. 우리가 어떤 문제를 해결 못 했는데, 경제를 못 살렸는데, 일자리를 못 만들었는데, 서비스산업을 발전 못 시켰는데 그게 다 법이 없어서야, 이 얘기입니다. 세상에 그런 법이 어디 있습니까? 그러면 이 세상에 경제난, 경제적으로 어려움 겪는 국가 없겠지요. 경제활성화법 만들면 경제가 다 살아납니까?

터무니없는, 말도 안 되는 가정과 근거를 갖고 국회를, 입법권을 그렇게 위협하는 것은 저는 민주주의적 리더십이 아니라고 생각해요.

지금 모든 나라가 정보시스템에 대해서 많은 고민들을 하고 있습니다. 어떻게 바꿀 건가, 참 고민들을 하고 있는데요. 외국의 사례도 들어가면서 설명을 좀 드리는 게 좋지 않을까 생각돼서 자료들을 제가 준비했는데…… 아이고, 자료 찾기가 힘드네요.

잘 아시는 바와 같이 미국 같은 경우는 상당히 9·11 테러 이후에 정보관리시스템에 대해서 많은 개혁을 했습니다. 크게 보면 미국의 주요 정보기구는 기존의 우리가 흔히 중앙정보국이라고 하는 CIA 그다음에 연방, 중앙연방경찰국이지요. FBI, 그리고 국방부 산하의 여러 정보 관련 기구들이 많이 있습니다. 그 외에도 부처별로 좀 여러 가지가 있는데.

미국 같은 경우는 9·11 이후에 정보시스템, 정보 체계에 상당한 문제점을 드러냈지요. 어떤 문제점이냐? 이것이, 미국은 오랫동안 CIA나 FBI가 약간 권한을 좀 분산해서 견제를 했어요, 군 당국의 정보시스템 체계하고. 그런데 그러다 보니까 어떤 문제가 생기느냐면……

아, 그것이 기존에 왜 그렇게 분할했냐면 정보의 독점, 그러니까 반드시 어떤 기관, 특정기관이 권력을 독점하거나, 특히 정보 권력을 독점한다는 것은 문제가 될 소지가 크기 때문에 이것을 분산하고 서로 견제하고 균형을 맞춰 주는 것이 사실 민주주의 운영 원리의 핵심입니다.

그런 측면에서 CIA나 FBI나 또는 국방부 산하의, 군 당국하의 정보기구 간에 서로 적절한 견제와 균형이 있었는데 그러다 보니까, 이 격이 너무 커지다 보니까 서로가 서로의 영역에 대해서만 벽을 치면서 소위 연계해서 문제를 처리할 이런 능력이 부족했던 거지요. 그래서 새로 신설된 게 국가정보국이라고 그래서 DNI를 설립을 하게 됩니다. 그래서 형식적으로는 DNI 국가정보국장이 모든 미국의 정보 생태계, 정보시스템을 총괄하는 그러한 모양새를 갖추고요. 그 아래 각자 CIA나 FBI들이 기존의 업무를 하면서 그거를, 서로 업무를 효율적으로 융·복합하는 시스템을 만들었습니다.

그런데 이런 것들이 만들어지는 과정에서 여러 가지 상황 변화가 있었어요. 그러니까 아까도 제가 말씀드렸지만 정치·군사 분야에서의 전통적 안보 위협뿐만 아니라 경제 분야 그다음에 사이버 분야에 새로운 위협들이 끊임없이 증가하고 있었고, 이런 다양화에 따라서 새로운 대응 방안도 기존의 대응 방식으로 해선 안 된다……

그리고 또 하나는 사실 이 테러의 대상이 과거에는 정치 지도자 또는 주요 시설이 주 타깃이었다면 최근 테러의 양상이 확산되면서 일반 국민, 그러니까 불특정 다수의 국민을 대상으로 하는 테러로 확산되는 그런 양상을 보이기 때문에 이것에 대한 대응책이 필요한 시기가 됐다, 그래서 이러한 대응을 하기 위해서 굉장히 다양한 형태로 정보시스템 조직을 재편을 했습니다. 그래서 지금 DNI가, 아까 제가 말씀드렸던 국가정보국장이 정보공동체 전반에 대한 예산권을 갖고 있기 때문에 그러한 예산권을 갖고 이것을 통제하고 있지요.

이에 비하면 우리 같은 경우는 사실상 국가정보원에 모든 권한이 집중돼 있습니다. 그래서 끊임없이 자꾸 나오는 게 국가정보원을 해외나 대북 정보 업무에 좀 분할하고 국내 업무는 분리하자는 그 대안을 자꾸 많이, 여러 군데에서 그동안 국정원 개혁할 때 제시됐음에도 불구하고 그게 잘 안 됐지요. 그러니까 국정원이 독점을 하고 있는 상황이고.

또 하나 문제점을 지적하면 우리 같은 경우에는 주요 정보를 취급하는 정보 관련 기관을 크게 보면 국가정보원 그다음에 국군기무사령부 그다음에 국군정보사령부가 있습니다. 그 외에도 경찰청에서 정보를 좀 취합하는 게 있고, 그건 주로 국내 여러 가지 정보를 수집하는 거고, 또 외교부나 정부 부처별로 독자적으로 외교부 공관에서 이렇게 정보를 수집하는 게 있는데, 이 모든 정보 활동에 있어서의 예산권을, 활동과 관련된 예산권을 거의 사실상 국가정보원이 독점하고 있다는 거지요.

그러니까 역으로 얘기하면 국가정보원 옛날 전신인 중앙정보부가 안기부가 됐을 때, 전두환 대통령 초기 시절이지요. 80년대 5공화국 그 당시에, 그때는 정권의 태생상, 속성상 보안사령부가 굉장히 힘이 셌습니다. 지금 기무사령부의 전신이었지요, 보안대라고 그래서. 그때, 아까도 공포의 상징이 남산이었다면 전두환 정권 시절의 공포의 상징은 서빙고였습니다, 보안대가, 보안사령부가 있었던. 서빙고 분실로 끌려간다 이거는 또 남산보다 더한 공포로 자리 잡았던 시기가 있었는데.

이러한, 그 시점만 해도 보안대의 힘이 어떤 때 조금 더 세서 당시에 중앙정보부가, 안기부가 10·26 사건으로 인해 국내에서 위축돼 있는 시기였기 때문에 상당히 제한됐지만 이후에 장세동 씨가 안기부장으로 가면서 점점 힘이 세지기 시작한 거지요. 왜냐면 정권의 속성상, 그리고 기구의 성격상 시간이 갈수록 보안사령부가 안기부하고 경쟁이 될 수가 없는 거지요. 즉 국내 정치 사찰이라든지 정치 개입이라든지 또 여러 가지 해외 관련 정보라든지 대통령에 대한 관심 정보를 가져다주는 거에 대해서 비교할 수 없는 기관이었기 때문에 갈수록 안기부의 권한이 세졌고 이것은 계속, 국가정보원으로 개칭된 이후에도 계속 권한이 커진 것입니다.

그러니까 지금 현재 우리 가장 큰 문제는 미국하고 비교해 봤을 때에는, 대개 영국도 MI6하고 MI5라고 그래 가지고 정보기관이 국내 업무하고 해외 업무를 일정 정도 분할하고 있어요. 대부분의 국가들이 그렇습니다. 중국조차도. 그럼에도 불구하고 우리는 국가정보원이 모든 문제를 총괄하고 있는 것은 저는 잘못됐다고 생각합니다.

그러니까 이 시점에서 저는 계속, 아까도 제가 얘기했지만 국가정보원에 대한 개혁과 문민통제에 대한 시스템이 정비되기 전까지는 이렇게 과도한 권력과 무소불위의 권한을 줘선 안 된다는 것이지요. 특히 해외정보원이라든지 신설해서 국내 파트와 해외 파트를 엄격하게 구분해서 해외 파트 쪽에…… 국내 파트 업무에는 정치적 중립을 지킬 수 있도록 강제하는 그런 여러 가지 안전장치를 만들어서 했을 때에 저는 이런 견제와 균형이 가능하고.

사실 우리 당에서 국민안전처에 보내자고 했을 때 국민안전처로 보내는 게 맞느냐에 대한 비판이 있었던 건 사실이지만, 이렇게 보시면 될 거 같아요. 미국에도 국토안보부라는 게 있고, 우리 당에서 국민안전처에 이것을 두어야 된다고 얘기할 때에는 지금 현재의 국민안전처 개념이 아닙니다. 지금 국민안전처를 부로 승격해야 되는 것이고 국민안전처가 지금보다 훨씬 더 많은 예산과 조직 그다음에 권한을 확보하게 된다는 것을 의미하지요. 도리어 지금의 국가정보원이 국민안전처장관에게, 뭐 그게 국민안전부가 됐든 그때 가서 조정을 하겠지만, 국민안전처장관의 지휘·감독을 받는 시스템으로 우리 국내 정보생태계를 전면적으로 개편하는 문제가 논의돼야 되는 것입니다.

마치, 많은 분들이 '아니, 지금 어떻게 국민안전처에다가 테러 업무를 전담하느냐' 이런 비판적 시각이 있으신데, 그 얘기는 지금 현재의 국민안전처를 전제로 한 얘기기 때문에 맞지 않고요. 우리 당에서 그 법을 만들 때, 국민안전처로 가야 된다고 할 때에는 국민안전처는 지금의 국민안전처랑 질적으로 다른 것입니다. 미국의 국토안보부에 준하는 상당한 예산과 권한 그다음에 인력을 확보한 상당히 큰 규모의 부처를 새로 만들어서 거기서 모든 정보와 생태계를 총괄 관리하는, 국민의 안전과 관련된 문제를 총괄해서……

현재 사실은 테러라는 게 여러 가지, 그 층위가 다양하지요. 국가적 수준의 테러도 있고 또 거의 일종의 전투부대, 그러니까 꽤 높은 수준의 무장력을 확보한 테러단체도 있고요. 또 아주 낮은 수준의, 그러니까 범죄단체 수준의 테러단체도 있고, 또 개인 수준의 테러단체도 있기 때문에, 그 층위가 여러 개 있기 때문에 대응 수준도 우리가 조절을 할 수 있다고 생각을 합니다.

그 내용을 어떻게 할 건가 하는 문제인데, 그런 차원에서 봤을 때에는 제가 보기에는 국민 안전과 관련된 분야에서 우리가 전반적인 문제, 그러니까 해양에서의, 심지어 자연재해 문제까지 포괄해서…… 실제로 미국이나 여러 가지 위기관리시스템을 보면 위기관리시스템이 단순히 테러 문제에 국한돼 있지 않습니다. 거기에는 자연재해, 천재지변 그다음에 테러 또는 국내적 여러 가지 다양한 사건·사고 등을 다 포괄하고 있기 때문에 그러한 것을 효율적으로 대처할 수 있는 그러한 종합적 부처를 하나 만드는 것이 어떠냐……

지난번에도 컨트롤타워 기능에 대해서 계속 문제 제기했음에도 불구하고 결국은 컨트롤타워 기능에 대한 부재는 아직까지 숙제로 남아 있는 거 같습니다. 국민안전처는 과거 해양경찰청을 대체하면서 조금, 해양경찰청과 소방청을 합친 그 기구에 불과하기 때문에 컨트롤타워라고 얘기할 수조차 없어요, 지금 현재 수준에서. 그러니까 또다시 지난 세월호와 같은 사건이 벌어졌을 때 누가 군부대를 동원하고 필요하면 누가 이 경찰 병력을 투입하고 하는 그런 종합적인 결정을 할 수 있는 단위는 제가 보기에는 여전히 미흡합니다. 물론 국가안보실장이 권한이 있다고 하지만 국가안보실장은 여전히, 그때 김장수 실장도 얘기한 것처럼, 마치 외교·안보 분야에만 국한돼 있는 결정을 하는 것처럼 자기들이 스스로의 업무를 제한하고 있기 때문에 이런 국지적 테러라든지, 그 테러가 특히 북한과의 테러가 아닌 어떤 개별 단체, 범죄단체 수준의 테러에 대해서는 그럼 과연 어떻게 할 거냐 하는 문제, 이런 문제도 남아 있을 거 같아요.

그래서 저는 다양한, 테러의 양태도 다양해지고 테러를 주도하는 주체의 성격도 다양해지고 있기 때문에 그런 문제에 대해서 포괄적으로 검토하면서 문제를 접근해야 되지 않을까 이런 생각을 갖고 있습니다.

국가안보 문제와 국가정보는 굉장히 중요한 연관선상에 있습니다. 갈수록 정보전쟁 그다음에 정보의 가치가 높아지고 있기 때문에 안보를 위해서는 정보의 체계적인 수집이나 그다음에 분석, 그리고 이것을 활용한 정책 대안 수립은 매우 중요한 과제로 대두되고 있는데.

실제로 우리 중앙정보부는 여러분도 잘 아시겠지만 우리 중앙정보부를, 우리가 만들어진 것은 5·16 군사 쿠데타 직후에 김종필 씨를 그 중심으로 해서 중앙정보부가 만들어졌던 것입니다. 그 이전까지는 체계적, 이런 다른 나라와 같은 체계적인 정보국이나 이러한 정보기관이 존재하지 않았지요. 그래서 한국전쟁 당시나 이를테면 육군본부 산하의 정보국 정도가 존재했을 뿐이고 이런 독립적인 정보기관이 존재하진 않았습니다.

그래서 5·16 군사 쿠데타 이후에 중앙정보부가 만들어졌는데, 사실상 이거는 미국 CIA를 그대로 모태로 해서, 모체로 해서 교본부터 그대로 가져오고 운영시스템 이런 것들 그대로 가져오려고 했기 때문에 CIA와, 당시 CIA 교본으로써 우리의 요원을 교육시키기까지 했습니다. 그래서 한때 우리가 중앙정보부를 KCI라고 약칭, 이렇게 얘기도 했었는데.

그런데 문제는 출생의 비극이었다고 할까요, 중앙정보부가 태어날 때부터 태생적 한계, 태생적 비극을 안고 있었다는 것입니다. 무슨 말이냐? 저는 누가 뭐래도 이런 국가의 정보기관은 대단히 필요하고 중요한 기관입니다. 아까 여러 차례 제가 말씀드린 바와 같이 국제정보를 체계적으로 수집하고 분석하고 관리할 수 있는 그런 시스템을 갖춘 고도의 전문화된 정보기관이 있어야 된다는 것에 대해서, 그 필요성에 대해서 부인하시는 분 아무도 없으실 거예요.

그러나 이 중앙정보부가 태어날 때부터 어떤 성격을 가졌느냐? 하나는 이런 현대적 정보기구를, 정보기관을 지향하는 그런 하나, 우리가 생각하는 긍정적인 측면이 하나 있었다면 또 다른 측면에는 쿠데타 세력의 보위기구로서의 중앙정보부, 즉 그 의미는 뭐냐? 쿠데타 이후 굉장히 불안했지요, 왜? 쿠데타를 하고 나면 또 다른 쿠데타 세력…… 왜? 자기가 쿠데타를 일으켰기 때문에 어느 누구도 믿지 않게 됩니다. 정적에 대한 두려움, 군부 동향에 대한 두려움 또 여러 가지 사회단체의 저항 이런 것들에 대해서, 또 야권의 자기 정적들에 대한 저항들이 복잡하게 얽혀 있기 때문에 결국은 당시 김종필 씨를 필두로 해서 만들어진 이 중앙정보부의 기능은 형식적으로의 지향점은 현대적 정보 수집·분석기관을 지향했다면 사실상의 필요는 국내 정치용이었다는 것입니다. 그게 태생적 한계였던 것이지요. 이른바 쿠데타 세력 보위기구라고 할 수 있었습니다.

그것은 이후에 중앙정보부 부장을 했던 사람들의 면면을, 그다음에 그 사람들의 역할을 보면 잘 이해하실 수 있을 겁니다. 이 중앙정보부의 기능은 참 비극적이었지요. 중앙정보부장을 한 사람치고 뒤끝이 좋은 사람이 별로 없었어요. 여러분 아실지 모르겠지만 김형욱 중앙정보부장은 실종됐습니다. 어디로 갔는지도 모릅니다. 해외로 망명했다가 일설에는 한국으로 끌려와서 죽임을 당했다는 설도 있고, 해외에서 죽어서 어디에 뿌려졌다는 설도 있고, 흔적도 없이 사라졌습니다.

왜? 김형욱 중앙정보부장이 정권의 내막과 비리를 너무 많이 알고 있었던 거지요. 그래서 김형욱 회고록이 발간되면서 동시에 결국 김형욱 씨의 안위에까지 문제가 터진 거지요. 이런 김형욱 씨 같은 사건은 지금도 미제입니다. 어떻게 됐는지 몰라요. 알 수도 없습니다. 사람이 그냥 사라진 겁니다.

더 큰 비극은 10·26 사건이었지요. 정권의 보위기구가 결국은 정권의 심장부를 겨눈 것이지요. 왜 그런 일이 벌어졌을까요? 일종의, 우리가 정치학 용어에서 하면 군정쿠데타라고 얘기합니다. 군정쿠데타라는 것은 로마에서 황제를 보위하는 친위 근위대가 황제를 암살하고 황제의 직위를 찬탈하는 그러한 행태지요.

우리가 잘 아는 카이사르(시저)도 그런 형태로 자기의 측근에 의해서 암살을 당하는 형태인데, 이런 군정쿠데타 형식이 발생했던, 물론 실패했지요. 실패했지만 이런 일이 발생할 수 있었던 근저에는 중앙정보부가 국민의 안전, 국가의 안보보다는 정권의 유지, 최고지도자의 안위를 우선했다는 것이지요. 그것이 우리 중앙정보부의 태생적 비극을 저는 의미하고 있다고 생각합니다.

불행하게도 이 태생적 비극이 DNA처럼 남은 것 같아요. 떨어지려야 떨어지지를 않습니다. 아무리 맞춰 봐도, 심지어 김대중 대통령 시절, 노무현 정부 시절을 거쳤음에도 불구하고 그게 잘 안 된 거 같아요. 정권이 바뀌니까 금세 다시 돌아가지요.

지난 2012년의 국정원에 의한 댓글사건이 심각한 문제라고 하는 것은 그 댓글로 대통령선거의 결과가 바뀌었다는 것을 의미하는 말이 아닙니다. 국가정보원이 댓글이라는 형태로 선거에 개입을 하고 정치에 영향을 미치려고 했다는 것 자체가 상당히 심각한 것이지요.

지금 3심이 남아 있는데, 이게 국정원법 위반이냐, 선거법 위반이냐가 쟁점입니다. 둘 다냐. 1심에서는 선거법 위반까지 안 갔지요. 그러나 2심에서는 둘 다 인정이 된 건데, 우리가 고민해야 될 게 선거 시기에 정치개입을 했으면 그건 선거법 위반이 너무나 당연한 것 아니겠습니까? 선거 시기에 국정원이 정치개입을 했는데 선거법 위반 아니다…… 우리가 흔히 얘기하는 술 먹고 운전했는데 음주운전 아니라는 얘기밖에 더 되겠습니까?

선거 시기에 정치개입을 왜 합니까? 선거에 영향을 미치기 위해서 하는 것 아니겠어요? 미국에서 FBI나 CIA가 선거에 그러한 개입을 했다고 했을 때 어떤 일이 벌어졌을까요?

더 상상할 수 없는 것은 그때 NLL 정상 대화록이 공개된 과정입니다. 심지어 외국에서는 정보를 방어해야 될 정보기관이 정보를 누설해 버렸다고 그랬어요, 정보기구의 최고 수장이.

아까 어느 분이 이미 지적한 바와 같이 당시 선거 시기에는 정상회담 대화록을 왜곡해서 발췌해서 그것을 선거 시기에 활용하고, 그러고 나서 코너에 몰리니까 아예 전문을 갖다 놓고 그걸 공개합니다.

생각해 보십시오. 정상회담 대화록을, 그것도 남북 간의 정상회담 대화록을 공개하는 정보기관이 어디 있습니까? 정상 간의 회담의 대화 녹취록을 공개하는 나라가 정상입니까, 그것도 아무런 현안이 없는 나라가 아니라 첨예하게 아직까지도 여전히 한쪽에서는 적대적 관계, 군사적으로 대치하고 있는 관계의 두 정상이 만나서 대화한 내용을 그렇게 공개하는 게?

기왕에 NLL 문제가 나왔으니까 이 문제는 조금 설명을 해 드리고 갈게요, 오해가 있을 것 같아서.

실제로 이 정상회담 대화록 공개는 그 당시에, 이후에는 그냥 이게 문제가 되니까 나중에 남재준 국정원장이 공개할 당시에는요, 대선이 끝난 직후에는 아예 그냥 문서 보안등급을 낮춰 버렸어요, 그냥 일반 문서로. 황당한 일이지요.

그런데 그 당시 대선 당시에 이 문제가 공개되었을 때 문제는 이게 형법 127조에 공무상 비밀의 누설과 대통령기록물법 19조 지정기록물 누설 금지, 보안업무규정 24조의 비밀의 공개 등 이러한 것이 절차를 밟지 않은 비열람자가 이것을 열람하고 공개한 것은 명백하게 불법행위입니다. 법적으로 문제가 있는 거였어요.

자, 이 법적 문제는 또 국내적으로 있다고 칩시다. 더 큰 문제는요 정치·외교적 문제가 있었어요. 일반적으로 정상회담의 합의는 발표된 합의문으로 갈음하는 겁니다. 내밀한 합의가 있을 수 있지만 그것은 문서화되지 않는 이상 신의성실에 의해서 지켜갈 뿐이지, 이후에 그걸 만들어가는 과정이 있을 뿐이지 그렇게 되는 것은 아니에요.

그래서 각국이 합의된 정상회담 합의문만 공개하는 것이 원칙입니다. 이게 국제사회 관례예요. 그런데 왜, 우리는 이런 국제사회의 관례에 어긋나게 이것 공개해 버렸습니다. 그러면 앞으로 어느 나라 정상이든 우리나라 대통령과의 대화록은 언제든지 정치적 필요에 의해서 공개할 수 있다, 그것도 왜곡해서 공개할 수 있다, 이런 아주 나쁜 선례를 만든 겁니다. 누가 어느 나라 최고지도자가 우리나라하고 정상회담 하면서 자기 속내를 얘기할 수 있겠어요?

이게 사실 굉장히 반국가적 행위를 한 겁니다. 국가의 이익에 심대한 침해를 한 거지요. 실제 회담에서 결과도, 제가 바로 뒤에 설명하지만 실제 회담에서 NLL을 양보하지도 않았음에도 불구하고 양보했다고 얘기함으로 인해서 이 부분을 북한이 그러면 '야, 너희 나중에, 이미 돌아가신 분이지만 너희 노무현 대통령이 양보한 거다'라고 얘기하면 뭐라고 그럴 겁니까? 우리도 현재 정부 여당이 양보했다고 얘기했으니까 이것 사실 북측의 주장에 힘을 실어 주는 것 아니겠어요, 거꾸로? '그 당시에 당신네 대통령이 와서 양보했다고 너희들이 얘기했지 않느냐?' 이렇게 얘기를 하면 어떡할 겁니까?

자, 왜 제가 이 문제를 얘기하느냐 하면, 이 당시에 남북정상회담을 실무적으로 준비하면서 NLL과 관련된 회의가 있었어요. 그게 언제 있었느냐 하면 2007년 8월 18일 날 청와대에서 회의가 있었습니다. 이때 통일부장관, 외교부장관 등등, 그다음에 당시 국방부장관이 김장수 장관인데 김장수 장관이 그때 눈병이었던 것 같아요. 개인적 질병 눈병 때문에 당시 합참의장이었던 김관진 합참의장을 대리참석 시킵니다.

이날 회의의 의제는 크게 꼭지가 세 가지였어요. 남북 NLL 문제, 국가보안법 문제, 그다음에 납북자 및 국군포로 문제, 이 세 가지가 주요 의제로 다뤄졌습니다. 즉 우리가 하고 싶은 의제, 북한이 제기할 의제를 다 놓고 대응방안을 마련하는 거였지요.

그때 얘기했던 게 NLL 문제하고 포괄적 서해 해상경계선 획정 방안을 함께 했습니다. 그래서 우리는 기본적으로 하나는 교류협력으로서의 서해안에서의 문제를 접근하는 거고, 사실상 서해 NLL을 여기서 인정하는 것처럼 NLL 문제를 거론하지 않고 묵시적으로 인정받도록 하자, 이게 첫째 전략이었어요, 1단계에서.

그다음에 2단계에서도 서해평화협력지대를 포괄적으로 추진하면서 NLL을 묵시적으로 인정하고 마지막에 가서 NLL을 남북 해상경계선으로 공식적으로 인정하자, 이 세 가지 3단계를 거치면서 NLL을 인정받자고 한 게 그 당시 대책회의에서의 결론이었습니다.

김관진 당시 합참의장이 이 내용을 보고, 그 회의에 참석한 이후에 김장수 국방부장관한테 가서 뭐라고 얘기했느냐 하면 '우려했던 것과 달리 청와대와 우리 국방부 간에 NLL에 대한 이견이 없습니다'라고 보고를 했습니다, '안심하셔도 됩니다'. 실제로 그렇게 했고요.

서해평화협력지대는 말입니다, NLL을 포기하는 게 아니었어요. NLL을 사실상 경계선으로 인정받기 위해서 평화협력사업을 같이 진행하는 거였습니다. 서해평화협력지대 사업이 크게 몇 가지 사업, 한 다섯 가지 사업 정도 구분됩니다. 하나는 해주공단 개발사업, 그다음에 해주항 개발사업, 그리고 세 번째는 해상평화공원 문제, 그다음에 네 번째는 공동어로구역 문제, 그다음에 다섯 번째가 서해직항로 문제였습니다.

사실상 북한이 원하는 것은 해주로 가는 서해직항로를 원하는 거였는데 자, 생각해 보십시오. 이게 다 맞물려 있는 게 해주항은 북한의 대표적인 군사기지입니다. 그런데 이 군사기지를 경제항으로, 경제기지의 항구로 바꾸자는 것이 서해평화협력지대의 구상이었고, 만약에 이 구상대로 됐다면 2010년 3월에 있었던 천안함 사건과 같은 잠수함에 의한 그런 사건이 원천적으로 일어날 가능성이 없었겠지요, 순조롭게 진행되었다면.

또 하나, 해주직항로 문제는 군함이 아니고 경제항으로 개발돼서 상선이 드나드는 문제라면 직항로라는 게 우리도 이익이고 서로가 다 이익이기 때문에 반대할 이유가 없지요, 이미 해주항이 경제적으로 개방되기 시작하는 건데.

그리고 공동어로구역 문제도 등거리·등면적을 처음에 국방부가 주장하다가 실질적으로 북쪽지역의 등거리가 안 나와서 NLL을 중심으로 해서 등면적, 원칙적으로 남북이 면적을 올리고 내리고 하는 것에 있어서 등면적 원칙을 유지하자는 것에 국방부가 양해를 합니다. 그 정도면 사실상 NLL을 기점으로 한 것이기 때문에 우리도 이견이 없다.

자, 이게 제가 거짓말을 한 게 아니라 제가 2014년 운영위에 있을 때 당시 김관진 안보실장을 모셔다 놓고 질의를 했습니다. 지금은 주중대사로 가 계신데 김장수 안보실장이 나와서 답변을 뭐라고 그랬느냐 하면 '노무현 대통령과는 NLL에 이견이 없었다' 이렇게 얘기합니다, 답변을 했습니다.

뭐라고 하느냐 하면, '2007년 남북정상회담 당시

국방부장관이었던 김장수 국가안보실장은 NLL 문제와 관련해 노무현 전 대통령과 이견이 없었다고 밝혔다. 김 실장은 4일 국회운영위원회 전체회의에 출석해 민주당 홍익표 의원이 '대통령과 이견이 없었지 않았느냐?'라는 물음에 이같이 말했다. 김 실장은 국가안보정책회의 이후 정상회담 이전이라며 당시 NLL 관련 노무현 전 대통령을 만나서 보고했고 그 과정에서 이견 등을 말해 본 적이 없다고 설명했다.'

즉 당시 국방부장관 김장수 장관 그리고 합참의장이었던 김관진 합참의장이 NLL 문제에 대해서 노무현 대통령과 이견이 없었다는 겁니다.

자, 이것 무슨 의미일까요? 공교롭게도 김장수 장관과 김관진 장관은 행정부에서도 다 외교·안보 라인의 중심적 역할을 하고 있습니다. 김장수 장관은 국가안보실장을 했다가 지금 주중대사로 가 계시고, 김관진 안보실장은 국방부장관을 하고 지금 외교안보실장을 하고 있는데 이견이 없었다고 그랬어요, 노무현 대통령과.

그렇다면 박근혜 대통령님께서 정리를 해 주셔야 됩니다. 김장수 장관과 노무현 대통령이 NLL을 북한에게 넘겨주거나 포기하지 않았다는 것이 확실하다면 그 입장을 한번 정리해 주셔야지요. 이미 돌아가신, 고인이 된 대통령의 명예를 회복하는 차원에서라도.

지금 박근혜 대통령께서 중용하는 김장수 대사, 김관진 실장, 모두 이견이 없다고 얘기하는데, 그 얘기는 NLL을 포기하거나 북한에 양보할 생각이 없었고, 사실상의 해상경계선으로 인정받으려고 했다는 것에 이견이 없었다는 얘기지요.

만약 반대로 지금 해석하는 것처럼 여전히 새누리당 일각이나 정부 내 일각에서 노무현 대통령이 NLL을 포기했다라고 주장하면 그 포기에 이견이 없었던 노무현 정권 당시의 외교·안보 분야의 핵심이었던, 이견이 전혀 없다고 하는 김관진 안보실장, 김장수 주중대사는 경질되어야 하는 게 맞지요, 자르는 게 맞지요? 안 그렇습니까?

뭐가 뭔지 모르겠어요. 노무현 대통령이 NLL을 포기했고 북한에 바쳤다라는 주장이 새누리당 일각에 여전히 있어요. 그러나 김장수, 김관진 두 분은 노무현 대통령과 이견이 없어요. 그러면 같이 양보하고 팔아먹었다는 건가요, 두 분도?

아니지요. 노무현 대통령은 몇 번 말씀하셨어요. '이게 내 맘대로 되는 것도 아니고', 북한에 가서도 그렇게 얘기하신 거예요. 정상회담 대화록에 나오지 않습니까? '이게 내 뜻대로 해서 되는 것도 아니고, 그어지는 과정에 북측과의 협의가 충분히 이루어지지 않고 우리가 일방적으로 그은 건 있지만 어쨌든 이게 해상경계선으로 작용하고 있기 때문에 일방적으로 우리가 이것을 포기하거나 양보할 수 없다'라는 거였어요.

'다만 이 문제를 전면에 놓고 얘기하면 남북 간의 여러 가지 문제가 걸림돌이 되니 이 문제는 현재 NLL을 준용하되

다른 관련된 경제협력사업은 포괄적으로 진행하자' 이게 서해평화협력지대였던 사업의 구상입니다. 그 내용의, 그를 통해서 NLL을 묵시적으로 인정받자는 것이 접근방법이었던 것이고요. 대단히 현실적인 접근이었습니다. 그렇기 때문에 김장수 당시 국방부장관이나 김관진 합참의장이 이견이 없다고 한 겁니다.

자, 그러면 한 가지 제가 설명해 드릴 게 있어요. 나중에 김장수 장관이 평양에서 회담을 한 이후에 청와대하고 갈등이 생겼다 그게 불거진 게 있어요. 그게 마치 NLL을 둘러싼 이견인 것처럼 일부에서는 보도되고, 오해되고, 그렇게 말하는 사람이 있는데 그건 틀린 얘기입니다. 정확하게 얘기하면 회담 결과에서 다른 문제였어요.

잘 아시는 바와 같이 김장수 장관한테 전권을 위임합니다. 평양으로 가는 김장수 국방장관회담 수석대표에게 대통령이 전권을 양보하고 '이것 잘 안 될 거니 그렇다고 양보하고 오면 안 됩니다. 꼭 지키십시오.' 하고 보냅니다. 김장수 장관, 그러니까 이견이 없지요. 자기도 지키고 오겠다고 하고 갑니다.

그런데 NLL 관련되어서 정상회담의 성과는 뭐였냐 하면 당시 장성급 회담에서 논의됐던 문제를 국방장관회담으로 끌어올린 겁니다. 의제 논의의 장을. 그게 합의된 거예요. 그러니까 10·4 정상회담에서 합의된 것은 국방장관회담에서 NLL 문제를 포함한 여러 가지 제반 군사와 관련된, 안보와 관련된 문제를 계속 협의해 나가는 것이 합의가 됐기 때문에 그래서 국방장관회담이 개최됐고 국방장관회담에서 NLL 문제가 주요 의제로 거론됐던 겁니다.

그런데 이것을 국방장관 김장수 장관이 가서 다시 장성급회담으로 내리고 온 거예요. 그러니까 이게 좀 쉽게 설명하면 이거지요. 어떤 문제가 있어서 선생님이 보니까 '아, 이게 중학생이 풀기에는 좀 어려워서 이거 중학생끼리 풀지 말고 고등학생끼리 풀어 봐' 하고 넘겨놓고 왔는데 다시 갔더니 고등학생들이 이거 귀찮고 힘드니까 다시 중학생한테 떠넘겨 버린 겁니다, 일종의 그 과정이.

그래서 사실 그 문제에 대해서 당시 청와대와 김장수 장관하고 갈등이 있었던 것이지, 그 문제 때문에. 왜 그것을 국방장관에서 계속 다뤄야지 그것을 다시 장성급회담으로 내려 보냈느냐 하는 문제에 대한 이의와 문제 제기와 약간의 마찰이 있었던 거지 NLL 자체에 대해서 대통령은 포기하라고 그랬는데 김장수 장관이 고집 세우고 포기 안 하고 와서 청와대하고 갈등이 생겼다는 것은 새빨간 거짓말입니다.

그렇기 때문에 김장수 장관이, 제가 두 번이나 확인했어요, 운영위에서. 두 번이나 똑같은 답변을 합니다. 자기는 노무현 대통령과 NLL 문제에 대해서 이견이 없었다 얘기합니다. 그것이 제 말이 의심스러우면 운영위원회 2014년도 4월인가 6월 달 이때쯤, 5월 달쯤의 속기록을 한번 보십시오. 운영위 회의 속기록에, 청와대 관련 속기록을 보면 김장수 당시 실장이 나와서 그 문제에 대해서 정확하게 얘기합니다, 이견이 없었다고.

자, 이게 돌아가신 대통령의 정상회담록을 관리해야 될 책임이 있는 국가정보기관이 그것을 외부에 유출한다는 게 말이 됩니까? 정상회담 대화록을 정치적 필요에 의해서 유출하는 정보기관인데 여러분들의 금융정보, 여러분들의 도·감청 정보, 여러분들의 위치정보, 필요하면 다 활용하고 공개하지 않을까요, 정치적 목적이 있다면? 여러분, 믿음이 가세요?

국가안보와 국익에 심대한 영향을 줄 수 있는 NLL 정상회담 대화록을 무차별적으로 정치적 목적에 의해서 필요성이…… 자기들의 정파적 이해 때문에 외부로 유출하는 그런 국가정보기관에게 여러분들의 개인정보를 흘러 들어가게 하는 것을 여러분 동의하시겠습니까? 저는 동의 못 하겠습니다.

그래서 제가 시종일관 강조하는 것이 국정원의 개혁이, 국정원의 문민 통제에 대한 확실한 방안이 마련되기 전까지는 그들에게 이렇게 과도한 권한과 무소불위의 권력이 주어져서는 안 된다고 생각합니다. 그 칼날은 가깝게는 야당 그리고 노동조합, 시민단체 그리고 평범한 시민, 나아가서 정부 여당, 심지어 대통령한테까지도 위협이 될 겁니다. 정보 권력을 독점한 특수집단은 대단한 권력을 가지고 있습니다.

아까 제가 미국의 FBI 후버 국장 사례 충분히 설명을 해 드렸을 겁니다. 정보력을 독점한 정보기관은 대통령까지 겁박하거나 대통령까지 위협하는 것으로 발전할 수 있습니다. 자신들의 조직 이기주의나 특정인의 이해관계 때문에 언제든지 정보를 가지고 정치권력과 때로는 결탁하고 때로는 대립하고 때로는 주고받기하고 능히 할 수 있는 얘기입니다. 아니, 심지어 지금까지 수없이 그래 왔고요.

그동안 여러 차례 국가정보원에 대한 개혁 때문에 간신히 도입된 게 국가정보원장에 대한 인사청문회입니다. 여러분, 인사청문회 보신 적 있으십니까? 국가정보원장 인사청문회…… 아니, 그것뿐만 아니라 지금 인사청문회 자체가 하나 마나인 제도예요. 심각한 도덕적 결함이 생기면 낙마해야 되는데 그냥 밀어붙입니다.

옛날에는 주민등록법 위반만 갖고도 낙마했었는데 이제는 3종 세트, 4종 세트, 5종 세트 이럽니다. 주민등록법 위반, 병역비리—본인이든 자식이든—, 부동산투기, 전관예우 이런 것들이 아예 세트로 묶여 다닙니다. 그런 게 없으면 국무위원 자격이 없는 것 같습니다. 최소한 국무위원이 되려면 그 정도는 해야 될 것 같습니다.

그것을 야당이 인신공격 한다고 얘기합니다, 일부 언론이, 정부 여당은 물론이고. 그게 말이 됩니까? 국정원장 같은 자리는 고도의 도덕성과 정치적 중립성 그리고 전문성이 요구됩니다.

제가 그때 국정원장 인사청문회 관련된 내용을 이렇게 듣고 나서 생각, 판단한…… 그때 내용을 다, 전체가 공개되지 않으니까 일부를 보면서 느끼는 것은 이분이 이미 퇴역한, 연세가 많으신 군 출신 인사세요. 물론 나이는 숫자에 불과합니다. 제가 고령의 나이를 문제 삼으려고 하는

건 아닙니다.

요즘 제가 늘 농담 삼아 하는 게 실제 의학적 나이는 자기 나이에 곱하기 0.8을 해야 된다니까 80살 먹어도 8×8=64밖에 안 됩니다, 실제 나이는. 충분히 일할 수 있는 나이입니다. 나이의 많고 적음이나 그런 것이 큰 문제가 된다고 생각하지는 않습니다.

다만 변화된 환경에 맞는 업무를 수행할 수 있는 전문성과 업무 역량이 있느냐는 거지요. 아까도 얘기했지만 과거 국가정보원이 상대했던 안보의 위협, 테러의 위협은 군사적 외교·안보적 또는 정치적, 이런 것들이 집중되어 있다면 이제는 과거에 비해서 그런 업무보다는 경제와 관련된 경제 전쟁, 경제와 관련된 정보수집 업무, 산업정보 그다음에 사이버 관련 정보, 이러한 정보들이 훨씬 더 방대한 영역을 차지하고 있습니다. 업무의 중요성이 나날이 높아지고요. 즉 그 분야에 대한 최소한의 이해나 전문성을 가지고 있어야 된다는 거지요.

이런 스마트기기가 보편화된 이런 환경에서 그런 스마트기기에 대한 이해 또 스마트 환경에 대한 충분한 이해를 하고 있는 분이 국정원장이 되셔야 되는 거지요. 실제로 정통 국정원맨이 국정원장 된 게 몇 명 없습니다. 아마 전임 이병기 실장이 원래 안기부 국정원맨이셨을 거로 제가 알고 있어요, 지금 청와대 비서실장 하는. 잠시 외교관 나갔다가 다시 컴백하고 그랬는데, 물론 이분도 그때 비자금 문제와 관련, 연루되어 가지고 돈 심부름 하다가 문제가 되어서 그때 곤욕을 치렀고 그것에 대해서 사죄하고 그랬었는데, 청문회 과정에서, 이회창 씨와 관련되어 가지고요, 당시 후보, 차떼기였지요, 아마? 맞습니까?

김민기 의원님, 차떼기 맞지요?

지금도 생생한 그 차떼기, 그 관련돼 가지고 잠시 옷을 벗었고, 지금은 다시 했고, 자기가 그거는 개인적으로 착복한 거는 없고 잘못된 행태라고, 행동이라고 청문회 과정에서도 인정하고 그랬던 것으로 제가 알고 있는데요.

그러니까 전문적인 국정원맨, 정보맨이 국정원장이 된 경우가 별로 많지가 않아요. 그거보다는 대통령이 마음에 들어 하는 사람, 최고 지도자가 자기를 위해서 충성할 사람을 선택하다 보니까 갈수록 국가정보원의 정치적 중립성이 훼손되는 겁니다. 대표적인 게 남재준 전 원장이었지요. 상상할 수도 없는 일을 벌이고 간 겁니다, 남재준 원장은.

도리어 국정원장의 존재는 국민들이 잘 몰라야 됩니다, 누가 국정원장인지. 그런데 그때는 남재준 원장이 국정 운영의 중심이었어요. 대통령 다음에 2인자처럼 행세를 했지요. 미국에서 FBI 국장이나 CIA 국장이 만약 그러고 다녔다면 어땠을까요?

중앙정보부의 창설에서부터 지금 안기부, 국정원까지 이어지는 과정에서 우리 현대사의 가장 비극은 국가정보원이 현대적 정보수집·분석 기관에만 멈춘 게 아니라 사실상 정권의 수호기관, 보위기관으로서 역할을 수행함으로 인해 가지고 많은 문제점을 야기시켰다는

거지요.

그것이 바뀐 게 없습니다. 그 수법이 더 고도화됐지요, 새로운 환경에 맞게 댓글까지 하고. 아니, 백번 양보해서 우리가 알겠지만 북한이 댓글로 사이버전쟁을 해 오면 그거에 대해서 대응 차원에서 했다고 하는데 그거하고 당시 문재인 후보나 안철수 후보를 종북좌파로 모는 거하고 도대체 북한에 대한 사이버대전하고 무슨 관련이 있습니까?

국민들께서는 납득이 가십니까, 그 말이? 차라리 김정일·김정은에 대한 비판을 했다면 제가 이해를 하겠어요. '그래, 그거는 그럴 수 있다' 이렇게 하는데 왜 우리 야당 정치인들을 비판하면서 그게 대북 사이버전이라고 설명을 합니까?

그러고도 그런 도·감청 권한이나 금융정보를 마음껏 볼 수 있는 권한이나 위치 추적할 수 있는 권한을 달라고 할 자격이 있다고 생각하십니까? 염치가 있습니까? 지금 상황이라면 주겠다고 해도 받지 말아야지요, 도리라면.

국정원에 대한 개혁이 그때 잠시 국정원개혁특위, 국회에서 만들어서 운영했지만 결국은 미완의 실패로 끝났습니다. 지금 대테러방지법에 인권관 1명 둬 가지고 국정원에 의한 권한 남용을 막겠다, 그게 가능한 일이라고 생각하십니까, 인권관 1명 갖고요? 인권보호관 1명이 국정원의 권한 남용, 도·감청, 금융정보, 위치정보에 대한 권한 남용을 막아 낼 수 있다고 생각하세요? 그게 가능하다고 생각하십니까?

저는 그게 가능하다고…… 차라리 형식적으로 했다고 그러면 이해를 하겠어요. 그러나 그걸 막을 수 있다고 얘기하는 건 정말 손으로 하늘을 가리는 거지요. 가릴 수가 없습니다. 막을 수가 없습니다. 모든 국가안보와 관련된 사안이라고 해서 할 수 있는 자의적 판단을 국정원장이 다 독단적으로 하는데, 무차별적으로 뚫리는 거지요.

(2월29일 24시 경과)

아까 제가 모두에 말씀드렸던 호러 영화 '네가 지난 여름에 한 일을 알고 있다', 당신이 어제 한 일을 국정원은 알고 있는 거지요. 그 호러 영화의 주인공이 우리 국민이 되는 것입니다. 막을 재간이 없네요. 어떻게 하겠습니까?

제가 설명드렸지만 이 필리버스터, 정확하게 얘기하면 무제한 토론이지요, 우리는 미국식 필리버스터하고 좀 제도가 다르기 때문에. 우리는 무제한 토론 갖고는 최대한 막을 수 있는 게 3월 10일입니다. 그리고 바로 이 회기 끝나면 새로운 임시국회 소집해서 그냥…… 모르겠습니다. 그때 우리 국회의장님께서 직권상정을 안 해 주시면 상황이 어떻게 될지 모르겠지만 또 직권상정하시면 그냥 통과가 되는 거지요. 답답합니다, 개인적으로.

그리고 어떻게 일점일획 고치지 않습니까? 우리가 독소 조항에 대해서 이 정도 비판이 있고, 국민 여론이 지금 현재 이 문제에 대해서 팽팽하게 찬반 여론이 맞서고 있는 상황이에요.

이것도 사실은 제가 질문지를 보면 말이 안 되는 내용인데, 이거 관련돼서 여론조사 한 것 보면, 이게 한 언론기관에서 한 조사인데 질문……

보세요. 야당이 테러방지법 필리버스터에 대한 국민 여론조사를 했더니 반대가 45.4, 찬성이 44.7로 필리버스터 반대 여론이 조금 높습니다. 그러니까 한 0.7% 차이네요.

그런데 질문이 어떠냐 하면 이렇게 되어 있어요. '야당은 정의화 의장이 직권상정한 테러방지법의 통과를 막기 위해 이른바 필리버스터라고 불리는 무제한 토론을 진행하고 있습니다. 선생님께서는 테러방지법의 통과를 막기 위한 야당의 무제한 토론에 대해서 어떻게 생각하십니까?'

실제로 이러한 여론조사의 결함은 테러방지법에 대한 내용을 소상히 설명하지 않고 있다는 거예요. 테러방지법의 문제가 뭔지를 알려 드려야 되는데 실제로 국민 여러분, 이런 필리버스터, 무제한 토론이 있기 전에 테러방지법의 문제가 뭐가 있는지 알고 계셨어요? 모르셨지요? 대부분 모르셨을 겁니다.

그냥 '테러방지법, 왜 야당이 반대해, 테러를 막자는데?', 그렇잖아요? 이게 똑같은 내용입니다. 뭐냐 하면 '전쟁방지법, 왜 전쟁을 막자는데 그 법을 반대해?' 이거하고 똑같은 거지요. 그 네이밍이 좋으니까, 이름이 좋으니까. 테러를 막자는데 왜 반대하냐, 할 말이 없지요, 우리로서도.

테러방지법에 대한 국민 여론을 조사해 보면, 설문조항이 더 황당해요. '정부와 여당은 지난해 IS 테러에 이어 최근 북한의 핵개발과 위협 발언이 잇따르자 테러방지법의 필요성을 강조하고 있습니다. 반면 야당은 테러 조사권을 국정원이 아닌 총리실 산하 대테러센터에 부여해야 한다고 요구하고 있습니다. 선생님께서는 테러방지법에 대해 어떻게 생각하십니까?'

저는 이거는 질문이 대단히 부적절한데요, 다행히도 우리 국민들께서는 참 현명하신 게 이런 질문에도 불구하고 원안 통과가 42%, 원안 반대 및 수정 통과가 48.9%로 나왔습니다.

보시면, 정부의 대테러방지법의 필요성에 대한 이유는 자세히 기술돼 있어요. IS 테러, 북한의 핵개발과 위협, 이러니까 테러방지법이 필요하다는 것을 전제하고 있지요.

저희의 핵심은 '국정원이나 총리실 산하에 부여해야 한다' 이 문제가 아니라, 사실은 더 본질적인 것은 '여러분의 개인 사생활과 여러분에 대한 휴대폰 도·감청, 금융정보 열람 그다음에 위치정보·추적 등을 국정원이 마음대로 할 수 있다는 것에 대해 야당은 반대하고 있는데, 여러분은 어떻게 생각하십니까?' 이렇게 물어야 되는 것 아니겠어요, 질문이, 최소한, 균형 있게 묻는다면?

쟁점의 선은 지금 소관이 국정원에 있느냐, 총리실 산하에 있느냐 이게 문제가 아니지요, 내용의 본질에 들어가서는. 테러방지법을 하는데……

그리고 북한의 핵개발하고 미사일하고 테러방지법하고 진짜 무슨 관련이 있습니까? 이건 정규전 문제지요, 아까도 말씀드렸지만.

아까도 얘기했지만 국가비상사태라고 한다면, 예를 들면 북한의 특수부대가 실제로 포항제철을 급습하려고 한다는 정보가 있다든지 이러한 정보쯤은 나와야 이게 대테러와 관련된 문제가 나오는 겁니다. 우리의 국가기간시설 아니면 사람이 모이는 다중시설에서 위해를 가하려고 하는 구체적인 정보를 가지고 있을 때 하는 거지요.

그러한 정보가 취득됐다면 정부는 대테러 경보를 발동해야 됩니다. 주의경보를 발동해야 됩니다. 주의경보를 발동하지 않고 만약에 사고가 난다면 현재 테러 관련 지침을 명백하게 위반하는 것입니다.

지금 위기상황이라고 얘기하고 비상시국이라고 얘기하는데, 그렇다면 어느 지역에서 위기상황이 있는지 그 지역, 아니면 국가 전역을 한 것이라면 국가 전역에 테러위기경보를—네 단계 경보가 있습니다. 관리 지침에 따른, 이 법 통과 이전이라도 할 수 있는—그 위기경보를 발동해야 됩니다. 그 발동 검토한 적 있습니까, 정부가? 없는 것 같습니다.

위기경보 발동하지 않고 어떻게 하겠다는 겁니까? 그냥 가만히 있으라는 겁니다, 세월호 때처럼. 그냥 우리가 얘기하니까, 비상상황이니까 가만히 있고 우리가 하는 대로 따라 달라 이 얘기입니까? 그래서 우리들의 무고한 아이들이, 250명이 넘는 아이들이 숨졌습니다, 세월호 때. 또 가만히 있으라고 해서 얼마나 국민의 희생을 원하십니까?

두 가지입니다. 제가 늘, 아까 계속 강조한 것처럼 진짜 위기상황이라면 그 위기상황에 맞게 정부는 행동해야 됩니다. 그렇지 않다면 정부는 국민을 기만하는 겁니다.

정말 법이 필요하신 겁니까? 아니면 4월 총선에 국가 위기설로 선거를 치르기 위해서 이렇게 하는 것인지 저는 모르겠습니다. 자신들의 경제 실정, 경제 성적, 거의 F학점 받았지요. 경제성장률 계속 낮아지고 있습니다.

작년에 최경환 전 부총리 추경 할 때 뭐라고 그랬습니까? 이번 추경만 하면 잘될 거라고 그랬습니다, 제가 '무슨 근거로 그러냐?' 그랬습니다, 그때. 저는 안 될 거로 봤는데 본인은 잘될 거라고 했는데 역시 안 되지요.

또 무슨 탓을 하겠습니까? 글로벌 경제상황이 나빠서 그렇다고 탓하겠습니까? 글로벌 경제상황이 나쁜 건 다 알고 있습니다. 그것은 변명의 여지가 안 됩니다. 경제 관련 입법이 안 돼서 그렇습니까? 천만의 말씀입니다. 경제 관련 입법과 경제성장은 아무런 관련이 없습니다.

굳이 경제문제와 관련돼서 한마디 한다면 이미 국제사회에서 세계의 많은 경제학자들…… 다보스포럼에서도 논의가 됐고 OECD에서 논의된 얘기는 뭐냐 하면 더 이상 경제성장이 행복을 가져다주지 않는다는 것입니다. 특히 지금의 경제성장 방식의 추정이.

지금 GDP 추정하고 있는데요, 이 GDP 추정 방식은 경제성장을 한다고 해서 과거와 같이 성장의 과실이 국민들에게 돌아가는 시대가 아니라는 것이지요. 그것이 비극입니다. 그럼에도 불구하고 성장담론에서 벗어나지 못하고 있습니다.

성장담론에서 우리가 언제 벗어날까요? 이미

다보스포럼에서도 그렇고 많은 곳에서 새로운 경제지수, 실제로 국민들이, 시민들이 체감할 수 있는 경제와 관련된 지표를 새롭게 만들어 내려고 하고 있습니다. 거기에는 사회복지라든지 이런 여러 가지, 지금까지 GDP에서 놓쳤던 다른 부분들을 포함해서 새로운 지표를 만들자는 논의가 활발하게 이루어지고 있습니다.

자, 이제 경제성장률이 고용을 담보하지 않습니다. 경제성장이 국민 일반, 특히 중산층 이하 서민들의 소득증대를 담보하지도 않습니다.

제가 말씀드리고 싶은 거는 이러한 상황에서 정부가 어떤 해법을 가지고 있느냐 하는 겁니다. 즉 이러한 경제지표가…… 나쁜 경제지표, 나쁜 경제평가, 이런 악화된 경제상황에 대한 아무런 대책이 없는 속에서 4월 총선에서 그거에 대한 두려움이 거꾸로 안보위기를 부추겨서 그걸로 선거를 치르겠다 하는 것입니까? 그래서 이렇게 테러방지법을 놓고 국가를 비상시국이라고 얘기하는 겁니까?

저는 대단히 위험하다고 생각합니다. 대통령이 비상시국이라고 하고 실제로 국회가, 국회의장께서 아주 예외적으로 허용된 비상시국, 비상상황이라는 것을 전제로 해서 법률을 직권상정하신 것은 외국에서 볼 때는 어떤 평가를 하겠습니까?

우리가 외국으로부터 신용평가가 떨어지고 우리 상황에 대한 평가가 나빠지는 것에도 개의치 않고 선거에만 이기면 됩니까? 공포와 불안으로 무조건 선거를 치르겠다는 겁니까? 언제까지 이런 내용들을 다람쥐 챗바퀴 돌듯이 반복해야 될까요?

오늘은 3월 1일입니다. 3·1절이지요. 1919년 3·1 운동이 우리 근현대사에서 상당히 중요한 분수령을 이루었다고 생각합니다.

아까 제가 설명을 좀 드렸지만 유럽에서 1차 세계대전이 끝나고 나서 식민지에 대한 무분별한 쟁탈과 자기들의 탐욕이 1차 세계대전이라는 굉장히 비이성적인 전쟁을 치렀기 때문에 그때 국제연맹을 중심으로 민족자결주의와 식민지에 대한 어떤 새로운 입장을 잠시 표명하려고 했지만, 결국은 실패했지만 그것이 식민지 젊은 지성인들한테, 지식인들한테 자극이 돼서 한국에서 3·1 운동, 당시 식민지 조선에서는 3·1 운동, 일본에서는 5·4 운동 등으로 확대 발전돼 나갔습니다.

국가적으로 굉장히 위기입니다. 이제 3년 후 2019년이면 3·1 운동이 있은 지, 그다음에 국제사회에서의 민족자결주의 운동이 시작된 지 딱 100년이 되는 해입니다. 국제사회는 그때보다 더 안전해졌을까요? 한반도의 평화는 어떻습니까? 분단된 조국을 통일시키려고 하는 흐름은 어떻습니까? 대통령이 통일대박론을 얘기했지만 통일대박론은커녕 전쟁 위기론이 곳곳에서 넘나들고 있습니다.

어느 분은 그러시더군요. '전쟁 위기를 빌미로 해서 또다시 제2의 유신독재를 하려고 하는 것 아니냐' 이런 얘기를 하는 분도 있었습니다. 저는 '설마 그러겠습니까, 이제 시대가 2016년인데?' 저는 그러지 않으리라고 믿습니다, 박근혜 대통령은. 그럴 상황도 아니고요.

그러나 그런 의구심을 갖게 만드는, 그런 우려를 일부 국민들이 갖게 한다는 것은 고스란히 대통령과 우리 정치권의 책임이라고 생각합니다. 저희 야당도 책임이 있다고 생각합니다.

2016년 지금 시점에서도 과거 70년대 권위주의 정권과 같은 불확실성, 그런 것들이 여전히 남아 있다는 것이지요.

이 얘기하니까 갑자기, 40년 전의 3·1 민주구국선언문이 있습니다. 제가 이것을 읽어 보고 싶습니다.

꼭 40년 전인 76년 3월 1일 날 몇 분의 정치지도자들께서 모여서 3·1 민주구국선언문을 채택하고 전문을 읽으셨습니다.

한번 읽어 봐 주십시오. 지금 오늘날 시기에 이게 어떤…… 제가 보기에는 약간의, 몇 개의 수치나 단어 외에는 그대로 일치하는 것 같습니다.

'3·1 민주구국선언문'

"오늘로 3·1 쉰일곱 돌을 맞으면서 우리는 1919년 3월 1일 전 세계에 울려 퍼지던 이 민족의 함성, 자주독립을 부르짖던 아우성이 쟁쟁히 울려 와서 이대로 앉아 있는 것은 구국선열들의 피를 이 땅에 묻어 버리는 죄가 되는 것 같아 우리의 뜻을 모아 민주구국선언을 국내외에 선포하고자 한다.

8·15 해방의 부푼 희망을 부수어 버린 국토분단의 비극은 이 민족에게 거듭되는 시련을 안겨 주었지만 이 민족은 끝내 희망을 버리지 않았다. 6·25 동란의 폐허를 딛고 일어섰고, 4·19 학생의거로 이승만 독재를 무너뜨려 자유민주주의에 대한 신념을 가슴 가슴에 회생시켰다.

그러나 그것도 잠깐, 이 민족은 또다시 독재정권의 쇠사슬에 매이게 되었다. 삼권분립은 허울만 남고 말았다. 국가안보라는 구실 아래 신앙과 양심의 자유는 날로 위축되어 가고 언론의 자유, 학원의 자주성은 압살당하고 말았다. 현 정권 아래서 체결된 한일협정은 이 나라의 경제를 일본에 완전히 예속시켜 모든 산업과 노동력을 일본 경제침략의 희생물로 만들어 버렸다.

눈을 국외로 돌려 보면 대한민국은 국제사회에서 보기도 초라한 고아가 되고 말았다. 한반도에서 유엔의 승인을 받은 유일한 합법정부라는 말도 이제는 지난날의 신화가 되고 말았다. 동·서 양 진영 사이에 결정적인 쐐기를 박고 세계사에 새 힘으로 대두한 제3세계를 거들떠보지도 않고 서방세계만 의존하다가 서방세계에마저 버림을 받고 말았다.

현 정권은 이 나라를 여기까지 끌고 온 책임을 져야 할 것이다. 국내의 비판적인 세력을 탄압하다가 민주국가들의 신임을 잃게 된 것을 통탄히 여겨야 하며, 제3세계의 대두와 함께 유엔이 변질되었다는 것을 탓하기 전에 긴 안목으로 세계사의 흐름을 쳐다보지 못한 것을 스스로 탓해야 할 것이다.

우리의 비원인 민족통일을 향해서 국내외로 키우고 규합하여 한 걸음 한 걸음씩 착실히 전진해야 할 이 마당에 이 나라는 1인 독재 아래 인권은 유린되고 자유는 박탈당하고 있다. 이리하여 이 민족은 목적의식과 방향감각, 민주주의에 대한 신념을 잃고 총 파국을 향해 한 걸음씩 다가서고 있다.

우리는 이를 보고만 있을 수 없어 여·야의 정치적 전략이나 이해를 넘어 이 나라의 먼 앞날을 내다보면서 민주구국선언을 선포하는 바이다.

1. 이 나라는 민주주의 기반 위에 서야 한다.

민주주의는 대한민국의 국시다. 따라서 대한민국의 정통성은 공산주의 정권과 치열한 경쟁에 뛰어든 이 마당에 우리가 길러야 할 힘은 민주역량이다. 국방력도, 경제력도 길러야 하지만 민주역량의 뒷받침이 없을 때 그것은 모래 위에 세운 집과 같다.

그러면 민주주의란 무엇인가? 그것은 남의 나라에서 실천되고 있는 어떤 특정한 제도를 말하는 것이 아니라 한 사회를 형성한 성원들의 뜻에 따라 최선의 제도를 장만하고 부단히 개선해 가면서 성원 전체의 권익과 행복을 도모하는 자세요, 신념을 말한다.

그러므로 민주주의는 '국민을 위해서'보다는 '국민에게서'가 앞서야 한다. 무엇이 나라와 겨레를 위해서 좋으냐는 판단이 국민에게서 나와야 한다는 말이다. 그 판단에 귀를 기울이지 않고 국민을 위한다는 생각만으로 민주주의는 결코 이루어지지 않는다.

그것으로 민주주의가 이루어진다고 생각하는 것은 명령과 복종을 민주주의라고 착각하는 일이다. 국민은 복종을 원하지 않고 주체적인 참여를 주장한다. 국민은 정부를 감시하고 비판할 기본권을 포기할 수 없다. 그것은 민주주의를 포기하는 길이기 때문이다.

그러므로 우리는 국민의 자유를 억압하는 긴급조치를 철폐하고 민주주의를 요구하다가 투옥된 민주인사들과 학생들을 석방하라고 요구한다. 국민의 의사가 자유로이 표명될 수 있도록 집회·출판의 자유를 국민에게 돌리라고 요구한다.

다음으로 우리는 유신헌법으로 허울만 남은 의회정치가 회복되어야 한다고 주장한다. 자유로이 표현되는 민의를 국회는 법 제정에 반영시켜야 하고 정부는 이를 행정에 반영해야 한다. 이것을 꺼리고 막는 정권은 국민을 위한다면서 실은 국민을 위하려는 뜻이 없는 정권이다.

셋째, 우리는 사법부의 독립을 촉구한다. 사법권의 독립 없이 국민은 강자의 횡포에서 보호받을 길이 없기 때문이다. 그러므로 사법부를 시녀로 거느리는 정권은 처음부터 국민을 위하려는 뜻이 없다고 보아야 한다.

2. 경제입국의 구상과 자세가 근본적으로 검토되어야 한다.

경제발전이 국력배양에 중요하다는 것을 우리는 잘 안다. 그렇다고 경제력이 곧 국력인 것은 아니다. 그런데 현 정권은 경제력이 곧 국력이라는 좁은 생각을 가지고 모든 것을 희생시켜 가면서 경제발전에 전력을 쏟아 왔다.

그런데 그 결과는 어떠한가? 국민경제의 수탈을 바탕으로 한 수출산업은 74년, 75년, 두 해에 40억 불이라는 엄청난 무역적자를 냈고, 그 적자폭은 앞으로 줄어들 가망이 없다. 1975년 말 현재 우리나라의 외채 총액은 57억 8000만 불에 이르렀다. 차관기업들이 부실기업으로 도산하고 난 다음 이 엄청난 빚은 누구의 어깨 위에 메어질 것인가?

노동자들에게 노조 조직권과 파업권을 박탈하고 노동자, 농민을 차관기업과 외국자본에의 착취에 내어 맡기고 구상된 경제입국의 경륜은 처음부터 국민을 위하는 것이 아니었다. 국민의 경제력을 키우면서 그 기반 위에 수출산업을 육성하지 않는 것이 잘못이었다. 농촌경제의 잿더미 위에 거대한 현대산업을 세우려고 한 것이 망상이었다.

차관에만 의존한 경제체제는 처음부터 부패의 요인을 안고 있었다. 이대로 나간다면 이 나라의 경제파국은 시간문제다. 현 정권은 이 나라를 경제파탄에서 건질 능력을 잃은 지 오래다. 경제 부조리와 부패는 권력구조의 심장부에서 발달되었기 때문이다. 사태가 이에 이르고 보면 박정희 정권은 책임을 지고 물러날밖에 다른 길이 없다. 경제파국을 미연에 방지하여 국제사회에서 아주 신임을 잃지 않도록, 차관상환의 유예를 차관국가들과 은행들에 요청하기 위해서라도 정권교체는 불가피하다는 판단이다.

만약 그럴 겸허와 용기가 없다면 심장이라도 도려내는 심정으로 경제입국의 구상을 전적으로 재검토하라고 우리는 촉구한다. 실정을 정당화하지 말고 솔직히 승인하라. 국민의 국세 부담력을 무시하고 짜여진 팽창예산을 지양하라. 부의 재분배를 철저하고 과감하게 실천하여 국민의 구매력을 키우라. 그래야 공산주의의 온상이 되는 부익부 빈익빈의 부조리 현상이 시정되고 자유민주주의에 대한 국민의 신뢰가 회복될 것이며, 북녘 공산정권에 대해서 민족통일의 주도권을 잡게 될 것이다.

3. 민족통일은 오늘 이 겨레가 짊어진 최대의 과업이다.

국토분단의 비극은 해방 후 30년 동안 남과 북에 독재의 구실을 마련해 주었고, 국가의 번영과 민족의 행복과 창조적 발전을 위해서 동원되어야 할 정신적, 물질적 자원을 고갈시키고 있다. 외국의 군사원조 없이 백만을 넘는 남북한의 상비군을 현대무기로 무장하고 이를 유지한다는 일은 한반도의 생산력과 경제력만으로는 도저히 감당할 수 없는 일이다. 더욱 참을 수 없는 일은 우리의 문화 창조에 동원되어야 할 이 겨레의 슬기와 창의가 파괴적으로 낭비되고 있다는 사실이다.

그러므로 민족통일은 지금 이 겨레가 짊어진 지상과업이다. 5천만 겨레의 슬기와 힘으로 무너뜨려야 할 절벽이다. 어떤 개인이나 집단이 민족통일을 저희의 전략적 목적을 위해서 이용한다거나 저지한다면 이는 역사의 준엄한 심판을 면치 못할 것이다. 민족통일의 기회는 남과 북의 정치가들의 자세 여하로 다가가질 수도 있고 멀어질 수도 있다. 진정 나라와 겨레를 위한다면 변해 가는 국제정세를 유지해 가면서 때가 왔을 때 이를 놓치지 않고 과감하게 잡을 수 있는 용기를 가져야 한다.

이때 우리에게는 지켜야 할 마지막 선이 있다. 그것은 통일된 이 나라, 이 겨레를 위한 최선의 제도와 정책이 국민에게서 나와야 한다는 민주주의의 대헌장이다. 다가오고 있는 그날을 내다보면서 우리는 민주역량을 키우고 있는가, 위축하고

있는가?

승공의 길, 민족통일의 첩경은 민주역량을 기르는 일이다. 이것이야말로 우리 5천만 온 겨레가 새 역사 창조에 발 벗고 나서는 일이다. 이것이야말로 민주주의와 공산주의의 틈바구니에서 당한 고생을 살려 민주주의의 진면목을 세계만방에 드날리는 일이다. 이것이야말로 통일된 민족으로, 정의가 실현되고 인권이 보장되는 평화스런 나라 국민으로 국제사회에서 어깨를 펴고 떳떳이 살게 하는 일이다.

민주주의 만세!

1976년 3월 1일

함석헌, 윤보선, 정일형, 김대중, 윤반웅, 안병무, 이문영, 서남동, 이우정, 문동환, 함세웅, 정태영, 김승훈, 장덕필, 김택암, 안충석"

여러분, 어떻게 느끼십니까?

40년 전의 문제의식과 지금의 현실, 그리 다르지 않다고 느끼지 않습니까? 국가안보를 정권안보에 자꾸 쓰면 진짜 국가안보 위기가 옵니다. 양치기 소년과 같은 일이지요. 국가안보를 자꾸 정권안보를 위해서 반복해서 활용하면 그 정권은 양치기 소년이 되는 것입니다. 그야말로 진짜 국민이 힘을 모아서 안보위기를 극복해야 될 때 그 힘이 모이지 않습니다. 왜? 그 정부의 말을 신뢰하지 않기 때문에, 그 정부의 의도를 믿을 수 없기 때문에 진정한 안보위기에 힘이 모이지 않는 것입니다.

여전히 이번 테러방지법을 보면 안보위기, 북한의 위협을 빌미로 해서 정치적 이해를, 자신의 정치적 목적을 관철시키려는 의도를 갖고 있다는 생각을 떨칠 수가 없습니다.

외교도 마찬가지입니다. 40년 전에 나왔지만 '국제사회에서 보기도 초라한 고아'라는 표현……

우리 외교가 방향을 잃고 있습니다. 사드 문제에서 우리의 입장은 뭐였습니까? 지금은 우리 어떻게 됐지요? 미국과 중국의 합의에 의해서, 애초부터 많은 분들이 사드 문제는 미중 간의 전략적 협의의 대상이기 때문에 신중하게 대응하라고 했습니다.

(조원진 의원, 의장석으로 이동)

조원진 의원님, 굳이 안 나오셔도 됩니다, 의제 때문에 그러신 것 같은데.

이러다가 어떻게 하겠다는 겁니까? 중국과의 관계, 만약에 사드가 배치됐을 때 어떻게 했을까요? 물론 저는 우리 한국과 중국의 무역관계나 경제협력 수준을 감안할 때 전면적인 무역보복의 가능성은 그리 높지 않다고 생각합니다. 그러나 아주 작은 조치라도 그 타격은 상당히 컸을 겁니다.

생각해 봅시다.

무역 통관절차를 좀 복잡하게 하고 지연시키면, 협력사업의 승인을 지연시킨다면 대기업들은 그렇게 타격이 없을 거예요. 왜? 그 시점이 오래가지 않기 때문에 대기업들은 버팁니다, 한국의 대기업들은. 그러나 중소기업, 영세기업들은 오래 못 버팁니다.

만약에 중국의 정부가 한국에 대한 여행객을 통제했다면 남대문, 동대문, 명동 일대는, 아니 그뿐만 아니라 서울과 제주도 일대의 숙박업소와 호텔·관광업은 큰 혼란을 겪었을 것입니다.

대통령께서 '그러한 혼란을 감안하더라도 나를 따라 달라' 할 용기가 있으십니까? 우리 국민들은 그러한 어려움을 대통령의 말 한마디에 따라 가실 준비가 되어 있으십니까? 우리 스스로에게 물어봐야 됩니다.

이제 허울뿐인 국민을 위해서가 아니라 진정으로 국민에게서 나오는 목소리를 우리가 들어야 됩니다. 대한민국의 권력은 국민에게서, 국민으로부터 나옵니다. 그게 민주공화국이지요.

명령과 복종을 민주주의로 생각하면 안 됩니다. 국민은 정부를 감시하고 비판할 기본권을 포기해서는 안 됩니다. 우리는 포기할 생각도 없습니다. 왜? 지금 정부가 비상사태라고 얘기하는 것은 진실이 아니기 때문이지요. 비상사태가 아닌데 여러분의 기본권, 여러분의 개인 사생활을 보호할 수 있는 모든 권리들을 아무런 준비도 되지 않고, 아무런 통제장치도 없고, 어떠한 개혁 조치도 이루어지지 않은 국가정보원에게 넘겨줄 수는 없습니다.

그리고 경제가 너무 어렵습니다. 어렵고, 서민경제 파탄 정말 힘듭니다. 이미 알려진 바와 같이 가계부채 그다음에 비정규직, 실업률, 특히 청년실업 문제 상당히 심각합니다. 이런 문제들에 대해서 이제는 근원적인 대책을 강구해야 될 때입니다.

인구정책 마찬가지입니다. 여러 차례 설명한 바와 같이 인구·저출산 문제가 향후에 국가의 존립을 좌우할 정도로 중대한 위기가 될 때가 있을 것입니다. 또 통일과 관련된 문제 이제 우리가 더 이상 정권·정파적으로 이 문제 활용해서는 안 된다고 생각합니다. 어떻게 이 문제를 다룰 건지 대통령께서 한번 의견을 좀 들어 주셨으면 좋겠습니다.

개성공단 문제 어떻게 하실 겁니까? 북한의 핵 문제 처음에 대통령이 뭐라고 그러셨습니까? '북한의 핵을 이고 살 수 없다'고 그랬지요? 이제 북한의 핵을 이고 사는 것이 아니라 북한의 핵과 미사일을 온몸에 두르고 살게 됐습니다. 6자회담이 중단된 상태에서 북한의 핵무장, 핵개발 능력을 제어할 수 있는 어떠한 장치도 없이 그렇게 갔습니다.

제가 마무리를 하면서 몇 가지 말씀을 좀 드리고 싶습니다.

1950년 6월 달에 미국 상원에서, 공화당 여성의원이었습니다. 상원에서 상원의원인 체이스 스미스라는 여성이 이런 말씀을 하셔요.

그 당시 미국의 상황은 소위 얘기하는 매카시즘으로 온 나라가 광풍에 뒤덮여 있을 때였습니다. 좌익빨갱이를 색출하는 데 혈안이었던 시기였지요. 단순히 아무런 근거도 없는 매카시의 '내가 이 리스트를 가지고 있다'는 그 한마디에 미국 사회는 광풍으로 빠져 들었습니다. 많은 사람들이 조사위원회에 끌려가서 고통받고 일방적으로 매도당하고 자기의 일자리를 잃었습니다. 심지어 어떤

사람은 스스로 목숨을 끊기도 했습니다. 그리고 나라를 떠나서 해외로 떠나기도 했고 가족과 친지들이 뿔뿔이 흩어지기도 했습니다. 이러한 마녀사냥과 같은 비이성적인 사회에 민주당은 물론이고 공화당원조차도 환멸을 느꼈던 것이지요. 그때 미국 상원에서 양심의 선언 연설을 합니다.

이분이 했던 얘기가, 메시지는 "나는 우리 공화당이 공포와 무지, 편협과 명예훼손, 이 네 가지 중상모략을 이용해 정치적 승리를 거두는 모습을 보고 싶지 않습니다."라고 했습니다.

존경하는 우리 새누리당 의원님들!

저는 평소에 굉장히…… 개인적으로 좋은 분들이 많이 계십니다. 계속 또 당선돼서 의정활동을 하시면 좋겠지만, 마찬가지입니다. 저는 이렇게 당당하게 공포와 무지, 어떤 중상모략을 이용해서 부당한 정치적 승리보다는 당당한 정치적 승리를 하는 그러한 우리 정치환경을 만드는 데 여야가 함께했으면 좋겠습니다.

프란치스코 교황께서 얘기하신 것처럼, 오늘도 벌써 12시 반이 넘어서 40분쯤 되어 가는데, '어둠을 두려워하지 말라'고 했었지요. 어둠 속에 빛이 있다고 했습니다.

국민 여러분!

경제적으로 힘들고 민주주의에 위기가 닥쳐오고 한반도에 전쟁과 공포가 뒤덮이고 있습니다만 비관하지 마시고 용기를 잃지 마십시오. 이 어둡고 고통스러운 순간을 우리는 반드시 이겨 낼 수 있습니다. 또 누군가는 이 위기를 반드시 뚫고 나갈 것입니다. 그때 함께 손잡고 나아가십시오.

혼자는 힘들고 외로울지 몰라도 우리 모두 함께 손잡고 함께 나간다면 이 어둡고 고통스러운 순간을 우리는 반드시 극복할 수 있다고 생각합니다. 그리고 그 위기를 극복하는 길로 나가는 과정에서 우리는 반드시 더 위대한 사회, 더 나은 미래를 건설할 수 있을 것입니다.

국민 여러분!

결코 좌절하거나 용기를 잃지 마십시오. 그리고 끝까지 똑똑하고 엄중하게 정치권을 살펴봐 주십시오.

저는 이번 무제한 토론을 하면서 느낀 회상은, 지금까지 막혀 있던 언론에 의해서 한 번도 우리가 제대로 말을 할 수 있는 기회를 갖지 못했습니다. 아니, 어떤 의미에서는 우리가 말을 안 하는 게 아니라 소통의 기회가 없었다고 했겠지요. 그것은 저의 잘못도 있습니다. 국민과 소통할 수 있는, 우리 시민들과 대화할 수 있는 그런 기회와 장소를 만들지 못한 저희의 잘못이 더 크다고 생각합니다.

아까 얘기했지만 괜히 언론 탓하고 남 탓만 할 필요도 없는데 저희들도 남 탓하고 언론 탓만 하는 게 아닌가 이런 생각도 듭니다. 그렇지만 언론의 문제는 대단히 중요하지요. 민주주의의 요체는 언론과 자유, 공정한 선거인데 그 문제가 심각한 건 사실입니다. 그럼에도 불구하고 이제 우리는 이번 무제한 토론을 통해서 많은 힘과 용기를 얻었습니다. 소통할 수 있는 시민이 있고, 함께할 수 있는 국민들이 있기 때문에 우리는 보다 더 위대한 사회, 그리고 더 나은 미래를 함께 손잡고 나아갈 수 있는 용기가 생겼습니다.

좌절하지 않고 뚜벅뚜벅 나아가겠습니다. 정부의 잘못에 국회에서, 필요하면 국회에서 싸우고 아니면 길거리에서도 싸우고, 필요로 하면 SNS에서도 싸우면서 반드시 우리 국민들의 기본권을 지키면서 함께하도록 하겠습니다.
　　장시간 경청해 주셔서 대단히 감사합니다.
　　고맙습니다.

● **의장 정의화** 홍익표 의원님, 긴 시간 수고가 많았습니다.
　　오늘 0시가 지났으니까 3월 1일이 되었습니다. 97년 전을 생각하면 여러 가지 많은 소회가 있을 것 같습니다. 우리나라의 미래가 있을 것으로 생각을 하고……
　　저는 이번 국회가 끝나면 이제 밖에서 또 우리 홍익표 의원님은 안에서 우리나라의 미래를 위해서 많은 노력을 해 주시기 바랍니다.
　　다음은 더불어민주당의 이언주 의원 나오셔서 토론해 주시기 바랍니다.

(2016년 3월 1일 오전 12시 44분)

28

이언주 의원

제19대 국회의원 (경기 광명시을)
더불어민주당

2016년 3월 1일 오전 12시 45분 시작
2016년 3월 1일 오전 5시 57분 종료
발언 시간 5시간 12분

"그러면 과연 우리 대한민국에 입법부라는 것이 존재하는 것인가? 대한민국에는 입법부가 아니라 정부가 만든 법을 통과시키는 그런 회의체가 있을 뿐입니다. 그래서 법을 만든다기보다는 그나마 국회선진화법에 의해서 정말 안 되는 법을 통과를 안 시키고 잠시 붙잡고 있을 그런 권한만 있습니다."

(2016년 3월 1일 오전 12시 45분)

● **이언주 의원** 존경하는 국민 여러분!

경기 광명을 출신의 이언주 의원입니다.

어느새 필리버스터를 진행한 지도 7일째입니다. 여야는 물론 정부까지 지금을 비상 상황이라고 합니다. 제가 보기에도 비상 상황인 것은 분명한 것 같습니다.

많은 국민 여러분께서 잠을 이루지 못하시고 밤을 새워 필리버스터 중계를 시청하고 계신 것은 일상이 아니기 때문에 비상이고 테러방지법안이 우리 국민의 인권을 침해할 소지가 있으니 일부 수정하자는 야당과 국민의 요구를 묵살하는 새누리당의 오만한 행태가 바로 비정상적인 상황입니다.

국민의 기본권을 침해할 소지를 없애라는 국민의 요구에 책상을 치며 호통으로 답하는 박근혜 대통령과 정부의 태도가 바로 매우 중대한 비상 상황입니다. 대통령께서는 호통을 멈추고 소통을 더 해 주시기를 부탁드립니다.

20대 국회의원 총선거가 불과 40여 일 앞으로 다가와 있는데 선거구획정안이 아직도 국회를 통과하지 못하고 있는 것 또한 엄중한 비상 상황입니다. 이런 비상 상황을 초래한 정치권 모두의 각성과 조속한 정상화를 촉구합니다.

우리 모두는 이 책임에서 자유로울 수 없습니다. 저도 그중의 한 사람으로서 국민 여러분께 죄송한 마음을 금할 길이 없습니다.

국민 여러분, 죄송합니다.

다만 테러방지법이 자칫 국민의 기본권을 심각하게 침해할 것이라는 많은 지적들을 그대로 두고 또 국가정보원이 입법·사법·행정, 국민의 권력 그 위에 서게 될 수도 있는 이러한 독소 조항이 있음을 뻔히 알면서도 이 법을 통과시킬 수는 없기에 이렇게 합법적 방법으로 저항하고 있고 국민 여러분들께 그 사실들을 알려 드리고 있다는 것을 이해해 주시기 바랍니다.

필리버스터가 시작된 이래로 필리버스터를 왜 할 수밖에 없는지, 도대체 뭐가 문제인지에 대한 논의는 일부 인터넷상에서만 있고 보통사람들 사이에서는 많이 없는 것 같습니다. 오히려 많은 공중파와 일반적인 언론들 사이에서는 이 필리버스터를 하는 게 좋은지 나쁜지, 몇 분 동안 하는지, 이런 얘기들만 오가고 있는 것 같아서 너무나 안타깝습니다.

방금 제가 여기 이렇게 올라오는데 선거구 획정과 관련해서 이 필리버스터를 중단할지 여부를 논의한다고 합니다. 어쩌면 우리 야당이 가지고 있는 의석수로는 필리버스터를 끝까지 한다고 했을 때, 끝까지 한다고 해도 그다음 날 결국은 통과될 수밖에 없고 선거구 획정이 필리버스터로 인해서 늦어진다는 그런 공격을 여당으로부터 받고 또 오늘 아침부터 언론에, 조·중·동에, 종편에 야당의 필리버스터로 인해서 선거구 획정도 안 되고 선거도 늦어질 수밖에 없다 이런 기사로 덮이게 되면 우리는 또 이번 총선에서 질지도 모릅니다.

이런 엄중한 상황에서 당이 필리버스터를 중단할지 여부를 논의하는 것은 불가피한 것이 아닌가 하는 생각도 해 봅니다.

그러나 중단할 때 중단하더라도 저는 오늘의 얘기를 여러분들께 계속하고자 합니다.

대한민국의 어떤 누구도 대한민국의 안보와 그리고 테러를 막겠다고 하는 것에 대해서 반대할 국민은 없을 것입니다. 국민뿐만 아니라 정치권 그 누구도 그것을 반대하지는 않을 것입니다. 그러나 대한민국은 민주주의 국가입니다. 국회라고 하는 공간 속에서 국민들이 선거에 의해서 선출한 국민들을 대변하는 대표들에 의해서 민의가 반영되는 그런 공간입니다. 그리고 그 국회는 상임위원회에서 관련한 구체적인 논의들을 죽 해 오고 있습니다.

국회의장이 심사기일을 지정했을 때는 국회 정보위원회는 테러방지법과 관련해서 네 차례에 걸친 회의를 하고 있는 중이었습니다. 그 과정에 있어서 잠깐 멈추기도 하고 또 이후에 다른 법률의 문제를 제기하기도 했고, 사실 19대 국회 기간 정보위원회의 법안소위는 단 한 차례도 열리지 않고 있었기 때문에 다른 법률과의 연계도, 그동안 쌓여 있었던 정보위원회의 법안들도 같이 논의하는 것이 좋겠다라고 하는 생각들도 많이 있었습니다. 그래서 그런 것들과 함께 논의하자라고 하는 것들에 대한 얘기도 있었고 또 하나는 국정원과 관련한 여러 불신에 대한 문제, 지금 이 테러방지법의 논의가 가장 큰 것이 그것이겠습니다만 국정원 불신에 대한 문제를 해소하는 것이 여야를 떠나서 국민 모두에게 좋은 일이기 때문에 관련한 것들에 대한 법안도 같이 논의하는 것이 좋겠다라고 하는 논의를 하고 있던 중이었습니다. 그게 정상적인 국회의 운영 방식이라고 저는 생각합니다.

이 자리에 계신 재선, 3선, 4선, 그보다 더 많은 선수를 하고 계신 선배·동료 의원 여러분도 계신 것으로 압니다. 국회 상임위에서 정상적인 절차를 거쳐서 제대로 논의하는 것 그것이 민주주의의 기본입니다. 그것이 바로 우리에게 권력을 위임한 국민들의 뜻일 것입니다. 그것은 누구나 알 수 있는 것입니다.

언제나 합리적으로 평가받아 오셨던 정의화 의장님이셨습니다. 그런데 그러던 의장님께서 테러방지법의 심사기일을 지정하셨고 직권상정으로 본회의에 부의하셨습니다. 박근혜 대통령이 그동안 해 오셨던 일방통행의 불통이 급기야 입법부의 수장인 국회의장에게까지 전달된 것 같습니다.

국회법에 따르면 천재지변이나 전시나 사변 그리고 국가비상사태 혹은 각 교섭단체의 대표가 합의하는 경우만 심사기간을 지정한다고 되어 있습니다. 정 의장께서는 북한의 핵실험 이후에 북한의 테러 위험이 증가하였기 때문에 국가비상사태로 간주한다고 하셨습니다. 이에 대한 근거는 국정원으로부터 보고받은 테러 정황과 첩보라고 하셨습니다.

우리나라에서 국가비상사태가 선포된 사례를 보면 10월 유신의 서막과 종말을 알렸던 1971년 12월과 1979년 10월 그리고 1980년 5월 광주 민주화운동 때에 비상계엄 확대 등으로 세 차례 발생한 적이 있습니다. 오늘……

죄송합니다.

국가비상사태로 간주해서 직권상정을 해서 드디어 우리는 36년 만에 국가비상사태를 맞이하게 된 것입니다. 헌법 제77조에 따르면 국가비상사태의 경우에 대통령은 계엄을 선포할 수 있게 되어 있습니다. 지금까지 국가비상사태 선언은 모두 대통령이 계엄령을 선포하기 위해 내려진 조치입니다. 국회의장이 직권상정을 위해서 국가비상사태로 간주한 경우는 헌정사상 처음입니다. 지금이 통상적인 방법으로 공공의 안녕과 입법 활동이 불가능한 국가비상사태라고 볼 수 있겠습니까? 국민 여러분께서는 그것을 동의하십니까?

국민의 기본권과 자유가 철저히 유린당했던 국가비상사태와 계엄의 시대로 역사의 시계추는 36년 전으로 되돌아가고 있습니다.

의장님의 논리를 그대로 따르자면 이미 북한의 네 차례의 핵실험과 여섯 차례의 장거리 미사일 발사가 이루어진 상황에서 우리는 상시적인 국가비상사태에 해당하게

됩니다. 다시 말해서 북한의 핵실험이나 미사일 발사의 전후 그리고 국정원의 테러 정황이나 첩보가 있으면 바로 국가비상사태로 간주할 수 있다라고 하는 말입니다. 이는 국정원이 언제라도 정치에 개입할 수 있는 극악한 헌법 유린의 선례를 남기게 되는 것입니다. 또한 북한의 핵실험과 미사일 발사 그리고 국정원의 테러 위험 첩보나 정황을 근거로 언제든지 국회 날치기를 강행할 수 있는 최악의 민주주의 유린 사태로 이어지게 될 것입니다.

새누리당의 테러방지법에 따르면 국정원은 테러의 예방과 대응에 관한 제반활동을 근거로 영장 없이 통신수단에 대한 감청을 할 수 있게 됩니다. 또한 무차별적인 정보수집권은 물론이거니와 대테러 활동에 필요한 정보나 자료를 수집하기 위한 조사권도 가질 수 있게 됩니다. 이 부분과 관련해서는 마지막 최종적인 협상에 있어서도 의장께서 과도한 부분이다라고 하는 지적을 직접 하셨고 이에 새누리당에 수정안을 마련해 올 것을 요구하신 것으로 알려져 있습니다. 그럼에도 하나도 변경되지 않고 있는 상태입니다.

지금은 민주주의의 비상사태입니다. 무소불위의 국정원에 국가비상사태라는 무리수까지 두면서 무차별적인 정보수집권과 조사권 그리고 감청권을 추가로 부여해서 괴물 국정원을 국가 3개 권력 우위에 두고자 하는 의도가 무엇입니까?

더불어민주당은 국회의장의 이와 같은 직권상정, 오늘날 이 사태를 초래한 직권상정을 강력히 규탄합니다. 그리고 본회의 날치기 통과와 같은 이런 행위들에 대해서도 온당한 처사가 아니라고 하는 것을 다시 한 번 지적 드립니다. 헌법과 법률을 유린하고 36년 전으로 민주주의를 파괴한 정의화 의장께서는 역사의 준엄한 심판을 면치 못할 것입니다.

많은 분들께서 국가정보기관을 믿지 못하면 어떻게 되느냐라고 하는 고민과 말씀들을 많이 하십니다. 저희도 믿고 싶습니다. 믿는 것이 당연한 일이고 상식에 준하는 일입니다. 그러나 그동안 대한민국의 국가정보원이 그러한 믿음을 주지 못했습니다. 먼 과거의 문제만도 아닙니다. 독재시절의 문제만도 아니고 20년, 30년 전의 이야기도 아닙니다. 지난 정부에서부터 있었던 사건만이 문제가 되지도 않습니다. 지금 정부에서도 다양한 고민거리들이 함께 상존하고 있습니다. 그러한 것들을 하나하나 해결해 가면서 그렇게 이 법이 국민들에게 필요하고 테러를 막기 위한 방식으로 온당하게 사용될 수 있도록 하는 것 그것이 바로 국회가 해야 할 역할인 것입니다. 그런데 우리는 그 역할을 지금 제대로 하지 못하고 있습니다.

국회 정보위 법안소위원회에서 4차에 걸쳐서 법안 심의가 있었고, 물론 그 법안 심의는 이 법 자체에 대한 하나하나의 자구에 대한 문제는 아니었습니다. 큰 틀에 있어서의 고민들이 있었고 이 자리에 함께 계신 새누리당 의원님들께서도 참여하시면서 앞서 말씀드린 것처럼 19대 국회에는 정보위원회 법안소위가 전반기든 하반기든 열리지

않고 있었습니다. 그래서 관련한 내용들에 대한 기본적인 공부가 필요하고 또한 이 법과 관련해 테러방지법도 여러 명의 의원들께서 발의를 해 주셨고 연관된 법으로 새누리당이 연계해서 날치기 처리를 상임위원회에서 했습니다만 사이버테러 방지법과 관련한 부분들도 여러 의원들께서 법을 내 주셨습니다.

그래서 다양한 법안들을 병합할 것은 병합하고 또 제거해야 될 부분은 제거하고 독소 조항에 대해서는 논의하고 하는 그런 과정들이 있었고 정보위원회 행정실과 입법조사처 등을 통해서도 해외의 여러 사례들을 확인하고 있는 과정에 있었습니다. 국민들의 안전과 생명을 담보로 하고 있는 법입니다. 그렇기 때문에 이 법과 관련해서는 사실관계를 확인하고 다양한 사례들, 실제 어떤 문제들이 어떻게 발생할 것인가 그리고 그것을 막을 수 있는 적절한 방법은 무엇인가에 대해서 심도 있는 논의가 필요했습니다.

그러한 과정에 있어서 대통령께서 끊임없이 테러방지법과 관련한 말씀을 주셨고 또 그러한 논의들이, 그런 말씀이 이 법의 진행을 실제로 가로막는 가장 큰 이유가 되고 있었습니다.

(정의화 의장, 이석현 부의장과 사회교대)

● **부의장 이석현** 이언주 의원님 오셨네요.

● **이언주 의원** 예.

● **부의장 이석현** 방금 교대했습니다.

새벽에 만나고, 그런데 이렇게 이른 시간에 만나는 게 처음입니다. 잘 하세요, 천천히. 너무 서두르지 말고 조곤조곤 천천히 하세요.

● **이언주 의원** 제가 의장님 직권상정에 대해서 비판하고 있었는데 이게 딱 끝나고 부의장님께서 교대를 하셔서 다행입니다.

어떻든 말씀드린 대로 정말 유례없는 국가비상사태가 언급이 되면서 지금이 과거의 계엄령을 선포할 때와 마찬가지의 상황으로 간주가 되면서까지 직권상정이 되었습니다. 극단적인 방법으로 상정이 되었고 또 극단적인 내용이 들어가 있었기 때문에 여러 가지 국민적 우려가, 또 비판이 있었음에도 불구하고 우리 더불어민주당은 이 필리버스터를 할 수 밖에 없었다라는 점을 말씀드립니다.

다시 말씀드리지만 우리가 필리버스터를 3월 10일까지 한다고 해도 그다음 날 다시 이 직권상정된 테러방지법이 날치기 처리될 수도 있습니다. 결국 어쩌면 결과에 있어서 아무런 차이가 없을 수도 있습니다.

국회가 의회주의의 원리가 무너진 상태이기 때문에 저희는 이런 방식을 통해서 국민 여러분께 이 법의 심각성을 알리고 이러한 상황이 다시는 닥치지 않도록 여러분께서 힘을 모아 주실 것을 간곡히 호소드립니다.

제가 국회의원이 되고 나서 대한민국헌법을 자주 보게 되었습니다. 너무나 당연한 것이기 때문에 아마도 많은 국민들께서 대한민국헌법을 제대로 찬찬히 볼 기회가 없으셨을 것이라고 생각합니다.

저는 사실 운동권도 아니고 91학번이니까 사실상 제가 한 대학 2학년이 되었을 때 갑자기 환경이 많이 달라지면서 어떤 집회나 그런 부분들이 많이 사라졌습니다. 그래서 제가 학교를 다닐 때는 소위 말해서 X세대라고 해서 배낭여행이 막 유행하기 시작하고 그럴 때였습니다. 또 굉장히 자유분방한 시대에서, 그래도 이 자유가, 이렇게 그 전에 참 많이 억압되어 있던 자유들이 분출되는 그런 시대에 대학을 다녔습니다. 굉장히 좋은 때였던 것 같습니다.

그런데 요즘에 생각해 보면 그때보다도 더 뭔가 여러 가지로 억압되어 있는 사회분위기가 많이 있다라고 생각이 들어서 정말 유감스럽습니다.

그렇게 대학시절을 보내고 대학을 졸업하고 나서 사법시험을 준비할 때 IMF 때문에 사업을 하시던 저희 부친께서 부도가 나시고 그래서 그 이후에 겪었던 여러 가지 경제적인 문제들, 또 집안이 아버지가 부도가 나면 몰락한 집안에서 자식들과 여러 가지 사회안전망이 없는 이 국가에서 이 사회에서 얼마나 비극적인 일이 많이 일어나는지 제가 많이 겪고 그렇게 했기 때문에, 나중에 저는 개인적으로는 물론 잘 극복을 해서 사회적으로 나름 성공을 했습니다만 그 이후에 그때 많이 고생하셨던 저의 사랑하는 어머니께서 그때 얻었던 병으로 나중에 돌아가시는 것을 보면서 그런 사회구조적인 문제를 해결하기 위해서 정치를 해야겠다 이렇게 생각하고 정치에 입문을 하게 되었습니다.

그런데 사실은 저는 이 사회경제적인 문제에 대해서 생산적으로 여당과 야당 혹은 보수와 진보 또는 중도 여러 가지 사회경제적인 다른 노선을 가지고 다른 철학을 가진 그런 정치인들이 서로 모여서 논쟁을 생산적으로 벌이고 또 그 논쟁의 끝에서 타협을 하고 정치가, 국회가 운영이 될 거라고 그렇게 생각을 했습니다.

다만, 대한민국은 특권이 판치고 그것 때문에 불공정한 여러 가지 시스템 그리고 기득권 위주로 굴러가고 있는 그런 경제시스템 때문에 우리 국민들이 너무나 가슴 속에 맺힌 한이 많기 때문에, 저도 역시 그런 사람 중의 하나였기 때문에 그것을 해결하기 위해서 그냥 국회에서 여야 간에 논쟁을 벌이고 의회 안에서 싸우면 될 것이라고 그렇게 생각을 했습니다.

그런데 제가 국회의원이 되고 나서 이렇게 보니까 그것은 어떻게 보면 굉장히 참 이상적이고 사치스러운 생각이었구나, 정말 순진한 생각이었구나 하는 생각을 하게 되었습니다.

대한민국헌법 규정의 기본적인 정신이 제대로 지켜지지 않고 법조인으로서 당연하게 생각했던 법률에 위반되는 시행령, 법률의 취지에 반하는 시행령을 국회가 고치도록 요구하자라고 합의했다고 해서 여당의 원내대표가 쫓겨나는 그러한 상황을 보면서 이런 국가에서 국회의원을 하면서 내가 과연 무엇을 할 수 있을까라는 회의를 많이 가졌습니다.

사실 아직도 많이 회의를 갖고 있고 갈등을 가끔씩 합니다.

어쩌면 정치를 시작하기 전에 대한민국의 국회의 권한 그리고 삼권분립, 헌법의 이행 수준 이런 것들이 우리가 꿈꾸는 그런 독일이라든지 하다못해 미국 정도라도, 그런 선진국에, 뭐 스웨덴까지 갈 필요도 없고요, 그런 데에 가기까지는 너무나 먼 길이 남았다라고 생각했으면 솔직히 말씀드려서 그냥 정치 시작하지 않고 하던 일 열심히 하면서 또 기회가 되면 이 민주주의 국가로서는 우리 경제 수준에 비해서 너무나 낮은 수준의 민주적인 민주주의의 그런 원리가 이행이 되고 있기 때문에 그냥 포기하고 차라리 그 전에 살던 것처럼 외국계 회사에서 또 잘 되면 그냥 아예 이민이나 가자 뭐 이런 식으로 생각했을지도 모릅니다.

그런데 이미 저는 정치를 시작하기로 했고 그래서 국회의원이 되었고 또 국민들께서 위임해 준 그 임무와 책무가 있습니다. 그래서 비록 너무나 절망스럽고 화병이 날 지경이지만 꿋꿋이 참고 싸워 나가고 또 우리 지지자들이나 저희와 공감하는 많은 분들께서 '왜 저것밖에 못 하냐'라고 분노를 표출을 하더라도 그것도 역시 참고 꾸준히 최대한 갈 길을 가보겠습니다.

대한민국헌법 제1조에서는 "대한민국은 민주공화국이다" 이렇게 되어 있습니다. 헌법 제1조제2항은 "대한민국의 주권은 국민에게 있고, 모든 권력은 국민으로부터 나온다" 이렇게 되어 있습니다. 이것은 너무나 당연한 우리 헌법 1조의 내용이라서 법조인인 저로서는 너무나 익숙한 것입니다. 공기와도 같은 것입니다. 아마 저뿐만이 아니라 일반 국민들도 당연하다고 생각을 하셨을 겁니다. 그런데 그 당연한 것이 당연하지 않은 것이 바로 우리 대한민국의 현실입니다.

대한민국의 주권이 국민에게 있고 모든 권력이 국민으로부터 나오기 때문에 그 국민들에 의해서 선출된 권력, 특히 우리 입법부인 국회는 국민들의 뜻을 대변해서 대의기관으로서 충실하게 토론을 하고 또 때로는 논쟁을 하고 그렇게 함으로써, 국회가 치열하게 논쟁함으로써 우리 국민들이 생업에 몰두하고 자신들의 갈등과 자신들의 이견과 자신들의 논쟁거리를 국회에 맡기고 생업에 집중할 수 있는 것입니다.

그런데 불행히도 국회가 그러한 역할이 제대로 되지 않고 있기 때문에 우리 국민들은 생업에 집중하지 못하고 때로는 국회를 쳐다보면서 때로는 화를 내시면서 또 심지어는 거리에 나서면서 진보나 보수 할 것 없이 길에서 외치면서 또는 인터넷에서 호소를 하면서 그렇게 자신들의 의사를 표출할 수밖에 없습니다. 그것은 모두 국민들의 대의기관인 국회가 국민들의 의사를 제대로 분출하고 논쟁하고 싸우고 그래서 결론을 내리고 그것을 녹여 내고 하는 역할을 잘 못하고 있기 때문입니다.

그런데 왜 이게 잘 안 되느냐?

저는 기업에 오래 있었는데 상거래를 할 때는 협상을 하다 보면 항상 양쪽의 이해를 잘 보면서 서로 원원할 수 있는 지점들을 찾아내서 담판을 짓고 잘 끝납니다. 그런데 왜 정치는 그게 잘 안 될까 제가 생각을 해 봤습니다. 그것은 아마도 내가 내 이해를 관철하는 것뿐만이 아니고 상대를 죽여야 되기 때문에 그래야 내가 이기는 거니까, 나만 이기면 안 되고 상대를 죽여야 되기 때문에 그렇기 때문에 협상이 끝이 안 나는 것 같습니다.

그런데 우리 같은 시스템에서는 당연히 다수당이 되지 않으면 이길 수가 없습니다. 그러면 항상 다수당은 소수당을 죽이고자 하는 이기고자 하는 짓누르고자 하는 그런 유혹에 당연히 빠질 수밖에 없고 그렇게 될 수밖에 없습니다. 그것을 어떻게 극복할 것인가, 저는 아직도 그 물음에 대한 답을 찾지 못했습니다.

하여튼 간에 그럼에도 불구하고 이 게임으로만 끝날 수 있는 게 아니고 결국은 뭐냐 하면 다시 한 번 돌아가서 보면 국민들의 의사를 대변하는 대의기관이기 때문에, 그냥 그 게임에서 이기는 게 다가 아니기 때문에 결국은 열심히 서로 이기기 위해서 노력은 하겠지만 그러나 끝에 가서는, 끝에 가서는 국민들 전체가 행복할 수 있는 길을 찾기 위해서 노력을 해야 되는 것입니다.

어떻든 이런 우리와 같은 입법기관이 국민들을 대신해서 국민들의 의사가 표출된 것을 국회에서 논쟁하고 또 그것을 가지고 타협해서 또 결론을 도출해서 국민들이 다 100% 만족하지는 못하더라도 적당히 서로가 만족할 수 있는 그런 결론을 내는 것이 저희의 책무입니다.

그리고 또 한편으로는 우리 국민들이 바로 이 대한민국의 주인이기 때문에, 그런데 이 국민들로부터 권력을 위임받은 또 다른 권력인 대통령과 행정기관이 그 공권력을 국민들을 보호하기 위한 목적이든 아니면 어떠한 목적이든 또 다른 국민들의 권리를 침해해서 국민들로부터 권력을 위임받은 공권력이 다시 국민들을 침해해서, 국민들의 권리를 침해해서, 그렇게 되면 이것은 헌법의 정신에 위반되고 사실 위임받은 권력이, 그러니까 주인이 위임을 해 줬는데 그 머슴이 주인 노릇을 하는 꼴이 됩니다.

이것을 막을 수 있는 유일한 또 다른 권력이 바로 의회 권력입니다. 의회 권력이야말로 국민들로부터 권한을 위임받아서 강력한 공권력이 국민들을 보호한다는 미명하에 국민들의 권리를 침해하고 국민들 위에 군림할 때 그것을 견제할 수 있는 유일한 기관이 바로 의회 권력이고 입법부 그것이 바로 지금 국민들로부터 지탄받고 있는 국회입니다.

이런 상황을 본다면 이 헌법의 우리 삼권분립의 정신을 본다면 지금 왜 뭐 때문에 이 공권력이, 행정 권력이, 대통령 권력이 국회를 끊임없이 비판하고 국회 권력을 약화시키고 국회를 혐오하게 하고 정치를 혐오하게 하는지 알 수 있습니다.

오늘 제가 지역구에서 또 이렇게 인사를 다니다가 어떤 한 50대 후반 정도 되시는 어르신께서 국회를 막 이렇게 비판하고 욕하는 얘기를 들었습니다. 특별한 어떤 것보다도 그냥 '하는 게 뭐 있느냐. 맨날 싸우기만 한다' 그렇게 말씀을 하시길래 제가 이렇게 말씀드렸습니다. '국회는 바깥에서 많은 국민들이 자기 의사를 권력을 향해서 표시를 하고 잘못된 것을 비판하고 이의를 제기하고 바깥에서 아무리 아무리 해도 되지 않을 때 그것을 고치기 위해서 자기들을 대변하는 사람들로 하여금 거기서 싸워서 결론을 내려 주기를 바라는 겁니다. 그리고 그것이 바로 국회이기 때문에 국회는 당연히 열심히 싸워야 되는 곳입니다. 단 몸으로 싸우는 게 아니라 말로 싸우는 겁니다, 말로.' 그리고 그 싸움의 끝에 논쟁을 계속하다가 서로 얘기를 계속 듣고 이 얘기 저 얘기 다 듣고는 그것이 어떤 용광로처럼 섞여서 나중에 어떤 조화된 결론을 내리게 하는 것은 그렇게 해서 거기서 국회에서 조화된 결론이 나면 그러면 어쨌든 국민들은 그래도 좀 속이 시원하기도 하고 아쉽기도 하지만 내 힘으로 되지 않는 것이 저기서는 어느 정도 해결이 되는구나라고 생각하고 그렇게 해서 또다시 자기 일에 집중하고 이렇게 하는 것인데요, 그런데 우리나라는 그게 안 됩니다. 아까도 말씀드렸다시피 국민들이 할 얘기가 정말 많은데 국회를 통해서 대변이 잘 되지가 않고 그리고 자기가 소수당의 입장에서 소수당이 대변하는 그런 층에 있으면 아무리 얘기해도 그 소수당은 항상 지기 때문에 화병이 나서 가슴이 답답해서 정말 이민가고 싶다 이런 얘기가 나올 정도가 되어 가고 있습니다.

그래서 정말 이 자리에서 새누리당 의원님들께 정말 간곡하게 부탁을 드립니다. 이런 식의 국회가…… 이것이야말로 국회가 마비되어 있는 상태입니다. 지금 이 테러방지법도 비슷합니다. 우리가 필리버스터까지 해 가면서 이 법의…… 이 법이 상정된 것을 필리버스터까지 해 가면서 이것을 방해하고 있는, 의사진행을 합법적으로 방해하고 있는 것이 무엇이겠습니까?

대한민국의 권력은 국민으로부터 나오는 것이고 대한민국의 주권은 국민에게 있기 때문에 대한민국의 국민들이 선출한 대통령의 하부기관인 국가정보원이 국민들의 안전을 지키기 위해서라는 미명하에 지나치게 국민들의 여러 가지 기본권을 무작위로 침해하고자 하는 그런 상황에 대해서 우리가 국민들을 대의해서 국민들을 대변해서 그것을 못 하게 하고 있는 것입니다.

물론 이 테러방지법은 또 다른 어떤 다수 국민들의 안전을 위해서 필요하다, 그렇기 때문에 국가공권력이 국민들의 안전을 위해서 어떻게 보면 그 안전도 역시 국민들의 기본권이기 때문에 다수 국민들의 기본권, 다수 국민들의 권리를 위해서 혹시 침해될 수도 있는 또 다른 그것에 비하면 소수일 수도 있는 국민들의 기본권은 좀 침해될 수도 있는 것 아니냐 이렇게 생각할 수도 있습니다. 쉽게 얘기해서 내가 위험할 수도 있는데 내가 안전하기 위해서 어떤 누군가가 약간 불편한 상황이 되고 권리가 좀 침해되면 어쩔 수 없는 것 아닌가 실제로 이렇게 생각하시는 분들이 많을지도 모릅니다.

옛날에 '정의란 무엇인가?'라는 강의 또 그 책이 굉장히 유행한 적이 있었습니다. 거기에 보면 배를 타고 표류된 몇 명의 사람들 얘기가 나옵니다. 그래서 바다에서 표류를

하다가 누군가를…… 표류를 하다가 결국 먹을 게 다 떨어지고 그래서 그 중의 한 명을 죽여서 먹으면 나머지 사람들이 살아날 수 있을 때 그러면 어떻게 해야 되느냐? 다수의 생명을 구하기 위해서 한 사람이 죽을 수도 있는 것 아니냐, 숫자로 보면 다수를 위해서 한 사람 죽어도 크게 보면, 안타까운 일이지만 그럴 수도 있는 것 아니냐? 그런 사례가 있었던 것 같습니다. 아마 기억하시는 분들이 계시겠지만 어떻게 생각하십니까? 그렇게 해도 되는 걸까요?

테러를 막기 위해서면 감청 같은 것이야 좀 할 수도 있는 것 아니냐고 많은 사람들이 생각할지도 모릅니다. 어떻게 생각하십니까? 할 수도 있을까요? 그런데 언뜻 보면 테러는 굉장히 심각해 보이고 감청은 좀 작아 보입니다. 또 어떻게 보면 내가 무슨 정치인도 아니고 내가 무슨 대단한 인물도 아니고 내 전화 이런 것 감청 좀 해 봤자 별로 문제될 것도 없다. 오히려 어떠한 일어날 수 있는 테러로부터 나를 안전하게 보호해 준다라고 한다면 그게 오히려 나을 수도 있다 혹시 이렇게 생각하고 있지는 않나요? 만약에 그렇게 생각하신다면 그러면 이렇게 테러방지법의 인권침해적 요소에 대해서 계속 열변을 토하고 있는 우리 더불어민주당 의원들이 이해가 안 가실 수도 있겠습니다.

그런데 문제는 뭐냐 하면 예를 들어서 테러라는 게 정말 일어날 수 있는, 정말 일어나기 바로 직전에 확실하게 뭔가 상당하게 그런 위험이 현존하고 명확하게 있는 것인지? 그렇지요, 그런 전제가 있는 겁니다. 그리고 그다음에 감청은 최소한의 약간 사소한 짧은 기간 동안의 이런 것일 때 그런 전제가 있을 것입니다. 왠지 감청 하면 작아 보이고 개인에 대한 것 같아 보이고 테러라고 하면 다수에 대한 엄청난 위험인 것처럼 들리니까요. 그런데 만약에 그렇지 않고 뭐가 사소한 소요나 이런 것도 테러라고 부를 수 있고 또는 테러가 상당하게 거의 일어나기 직전이나 뭐가 상당한 정보가 있어서가 아니라 그냥 막연한 위험일 경우에 그런데 만약에 거꾸로 감청은, 감청뿐만 아니라 다른 문제들도 있습니다만 감청은 굉장히 광범위하고 막연하고 포괄적이고 그렇게 항시적으로 몇 년 동안 일어난다고 생각한다면, 그러면 어떻습니까? 그러면 그것은 또 그렇게 비교를 해 보면 당연히 감청을 그렇게 해서는 안 되는 것 아니겠습니까?

바로 그래서 우리가 계속 수정을 하라라고 요구하는 것이 이 법에서 얘기하는 테러 그리고 그 위험, 테러 위험인물, 대테러활동 이런 것에 대한 정의와 규정을 아주 명확하게 상당하게 그리고 굉장히 현실성 있게 구체적으로 하고 또 한편 그로 인해서 침해되는 감청뿐만 아니라 위치추적이라든지 여러 가지들에 대해서는 그로 인해서 침해되는 권리가 최소화되고 또 그것이 불가피한 정도로 인정될 수 있게끔 최소한으로 규정을 하자라고 하는 것입니다.

또 어떤 분은 아까 말씀드린 것처럼 국민들 중에서는 나는 잘못한 것도 별로 없고 별로 중요한 인물도 아니기 때문에 그까짓 감청 같은 것 좀 당해도 상관없고 위치추적

좀 당해도 문제될 것 없다, 그것보다는 안전이 훨씬 더 중요하다, 그리고 그것은 사실은 국민들의 권리, 기본권 이런 것은 배부른 사람들이나 찾는 것이다 이렇게 생각하시는 분들이 있을지도 모릅니다. 그리고 저는 그런 생각을 한편으로는 이해가 되기도 합니다. 얼마나 먹고살기 힘들었으면 얼마나 불안했으면 내가 감청 같은 거를 당해도 상관없어 이렇게까지 됐을까라는 생각을 해 봅니다. 얼마나 불안했으면 얼마나 먹고살기 힘들었으면.

그런데 거꾸로 다시 생각해 봅니다. 얼마나 먹고살기 힘들었으면, 왜 먹고살기 힘들어졌는가? 왜 이렇게 서민들이 어려워졌는가? 물론 전 세계적인 경기불황도 있겠지만 왜 이렇게 우리 서민들은 그렇게 죽도록 일해도 살기 힘들고 누구는 별로 열심히 일하지 않는데도 계속 재산이 불어나고 그리고 심지어는 그것조차도 안 뺏기려고 난리 법석을 떨면서 또 정치권력하고 결탁해서 그것을 지키기 위해서 그렇게 하는 게 버젓이 벌어지고 있는 것을 보면서 왜 국회를 비롯해서 정부도 그렇고 다 그냥 가만히 있을까? 왜 정말 그렇게 먹고살기 힘든 서민들을 위해서 강하게 정치적 의지와 결단을 가지고 강하게 경제개혁을 하지 못하는 걸까?

여러 가지 고리가 있을 겁니다. 정치권력, 경제권력, 여러 가지 고리가 서로 엮여 있습니다. 그런데 저는 그것이 지금의 이런 테러방지법이나 이 테러방지법에서 의도하고 있는 거대한 정보 공룡, 거대한 권력을 향한 욕망 이런 것들하고 그렇게 완전히 무관한 것은 아니라고 생각합니다.

다시 한 번 생각을 해 보십시다.

지금 테러방지법은, 여기서 얘기하고 있는 많은 테러방지를 위한 활동들은 현재 국정원법, 국가대테러활동지침 또 형법 이런 것들로 규제할 수 있습니다. 그런데 왜 군이 추적권, 그다음에 금융거래정보와 통신비밀법에 의한 감청을 영장 없이 할 수 있도록 이렇게까지 하면서 그다음에 테러가 의심되는 선전·선동 이런 것까지도 규제하고자 하는 걸까? 도대체 이것을 위해서, 정말 테러를 방지하기 위해서만 이게 필요한 걸까?

나중에 말씀드리겠지만 또 아까 보니까 홍익표 의원님께서 잠깐 말씀하시는 것 같던데 미국의 에드거 후버의 사례가 있습니다. 뭐냐 하면 이런 모든 정보를, 대한민국 내에 있는 모든 정보를 어떠한 권력의 견제도 없이 다 장악하게 되었을 때 그때 국가정보원은 정말 공룡이 됩니다, 공룡. 그렇게 되면 국가정보원은 검찰과 법원의 견제도 받지 않고 그냥 사법부의 통제를 받지 않는 기관이 되고 또 어떻게 보면 모든 정보를 감청을 통해서 수집할 수 있게 될 때 사실은 대통령도 거기에서 예외가 될 수 없습니다. 대통령은 임기가 5년에 불과한 선출직 공직자입니다. 임기 중에는 절대적인 권력을 누리지만 임기가 끝나면 그냥 평범한 사람으로 돌아가게 됩니다. 그래서 아마도 국정원이 모든 정보를 장악하게 되었을 때 그 국정원은 대통령까지도 두려워하는 그런 권력기관이 될 거라고 생각합니다.

그래서 결국은 어떻게 보면 이 테러방지법은 단순하게 누구의 인권을 침해하고 누구의 전화를 잠깐 엿듣고…… 국민들 개개인이 봤을 때는 내 전화를 엿듣고 나를 위치추적하고, 혹시 그런 식으로 생각하시고 그냥 그것 정도야 별것 아니다 이렇게 생각하실지 모르겠어요. 그렇게 한다 하더라도 아마 다수는 그것도 참을 수 없는 일이겠지만 또 어떤 분들은 너무나 먹고살기 힘들기 때문에 그런 것은 나는 별로 중요하지 않아라고 생각하는 분이 있을지도 모르겠습니다. 그런데 그걸로 끝나는 것이 아닙니다. 말씀드린 것처럼 모든 권력을, 모든 대한민국에 있는 정보를 다 수집해서 알게 될 때 국가정보원은 대통령조차도 두려워하는, 대통령의 비밀까지도 알게 되는 그런 정말 절대적인 권력을 갖게 되고, 그렇게 되면 우리가 생각하는 경제정책에 대한 여러 가지 문제들, 이런 것조차도 나중에는 어떻게 보면 그런 정보를 장악하고 있는 기관의 의도에 따라서 왔다 갔다 하게 되는 날이 오게 될지도 모르겠습니다. 그래서 먹고사는 문제랑 이 문제는 결코 다른 게 아닙니다.

과연 국민 여러분께서는 대통령도 건드리지 못하는 절대자와 같은, 우리 일상에서 벌어지는 모든 정보들을 다 한 손에 쥐고 있는, 어떠한 입법부나 사법부의 통제도 받지 않는 그런 거대한 공룡이 대한민국에 탄생하기를 바라고 있는지, 과연 그러한지 다시 묻고 싶습니다.

테러방지법의 구체적인 조항에 대해서 몇 가지를 다시 한 번 말씀을 드리겠습니다. 많은 분들이 말씀하셨지만 또다시 강조해서 세 가지만 말씀을 드리겠습니다.

그전에 먼저 저희가 말씀드릴 것은 계속 반복해서 말씀드리지만 우리 더불어민주당은 테러 문제가 세계적으로 심각하기 때문에 이를 해결하기 위해서 테러를 방지할 수 있는 뭔가 유효적절한 법안이 있다면 그것은 원론적으로는 필요하다라고 찬성을 합니다. 다만 저희가 생각하는 것은 테러를 방지하기 위해서 필요한 유효적절한 수단 그 정도까지만 해야 되는 것이지 그것을 위해서 그것보다 거기에 필요한 정도를 넘어서는, 과도한 국민들의 인권을 침해한다든가 혹은 더 나아가서 무소불위의 정보권력을 장악한, 대통령도 두려워하는 그런 거대한 공룡이 이 나라에 탄생해서 우리의 역사가 거꾸로 가고 민주주의뿐만이 아니라 모든 정책이 국민들의 의사와 관계없이 그 정보권력과 가까운 기득권자들에 의해서 놀아나는 상황이 오지 않기 위해서는 이 법을 아주 면밀하게 보고 잘 개정해서 가야 한다라는 말씀입니다. 만약에 우리가 그것을 수적 열세 때문에 해내지 못한다면 반드시 20대에서라도 해야 된다라고 생각합니다.

여기서 95%의 비중을 차지하는 게 감청입니다. 이 감청을 테러방지법 본문에서 규정하고 있는 게 아니라 부칙에서 규정하고 있습니다. 꼼수와 비슷한 것인데 부칙 2조2항에서 통신비밀보호법 개정을 통해 테러 업무도 국가안전보장에 상당한 위험이 있는 경우와 같게 보고 통신제한조치를 요구하도록 규정하고 있습니다. 실제적으로 테러를 빙자한 무제한 감청을 허용할 가능성을 이 법은 내포하고 있습니다.

원래 통신비밀보호법은 통신제한조치를 할 때 여러 가지 제한을 두고 있습니다. 왜냐하면 말씀드린 대로 어떤 다수의, 혹은 소수든 어쨌든 기본적으로 국가의 안전보장 또는 질서유지 이런 목적을 위해서 한다고 하더라도 최소한의 범위에서 국민들의 인권을 침해해야 되는 것이고 또 그것이 필요한 정도까지만 해야 되는 것이고 적법한 절차를 거쳐야 하는 것이고 그것은 명확해야 합니다. 그렇기 때문에 그 정신에 의해서 통신비밀보호법에서 통신제한조치의 허가 요건을 두고 있습니다.

제가 방금 말씀드린 그런 원칙들은 사실은 우리 헌법이 이미 규정하고 있는 것입니다. 우리 헌법 37조2항에서 "국민의 모든 자유와 권리는 국가안전보장·질서유지 또는 공공복리를 위하여 필요한 경우에 한하여 법률로써 제한할 수 있으며, 제한하는 경우에도 자유와 권리의 본질적인 내용을 침해할 수 없다." 이렇게 되어 있습니다. '법률로써 제한한다'라는 것은 국민들이 선출한 입법권력에 의해서만 제한이 가능하다 이런 얘기고요, '필요한 경우에 한하여'라는 것이 바로 필요한 최소한도의 범위에서 해야 한다 이런 얘기입니다.

그래서 통신비밀보호법에서는 감청을 필요한 경우에 한하여 허용하고 있는데 그것을 굉장히 구체적으로 기술하고 있습니다. 통비법 5조에 의하면 "통신제한조치는 다음 각호의 범죄를 계획 또는 실행하고 있거나 실행하였다고 의심할 만한 충분한 이유가 있고 다른 방법으로는 그 범죄의 실행을 저지하거나 범인의 체포 또는 증거 수집이 어려운 경우에 한하여 허가할 수 있다." 이렇게 되어 있습니다. 그러니까 예를 들어서 그냥 뭔가 수사에 필요하니까 한다 이게 아니라 어떤 범죄가 구체화되어야 하고요, 그러면 어떠한 범죄에 대해서 구체적으로 계획 또는 실행 이런 것들이 있어야 되는 거고 또 그 범죄의 실행을 감청을 통해서 저지하지 않으면 안 된다라는 정도가 되지 않으면 그러면 감청을 할 수가 없다라는 것입니다.

그리고 그 통신제한조치는 서면으로 해야 하는데 통신제한조치의 종류, 목적, 대상, 범위, 기간, 집행 장소, 방법 그리고 아까 말씀드린 그 허가 요건을 충족하는 사유 등의 청구이유 이런 것들을 다 기재를 해서 그 서면에 또 청구이유에 대한 소명자료까지 붙여서 청구를 해야 됩니다. 그리고 그 청구는 법률가인 검사가 법적인 요건에 맞춰서 하도록 되어 있습니다.

예외적으로 국가정보원이 방금 말씀드린 그런 감청에 필요한 적법절차 또 영장주의 이런 것들을 통하지 않고 할 수 있는 게 있는데 그게 뭐냐 하면 '국가안전보장에 대한 상당한 위험이 예상되는 경우에 한하여 그 위해를 방지하기 위하여' 이렇게 되어 있습니다. 이 경우에는 어떤 범죄에 대하여 그 범죄의 증거를 수집하거나 그 범죄를 막기 위한 정도가 아니라 그냥 그 위해를 방지하기 위해서 그에 관한 정보 수집을 광범위하게 할 수 있도록 허용을 해 놓고요. 또 그때는 아까 말씀드린 그 장황한 요건들을 다 쓰지 않고 그냥 간단하게 내국인일 때는 고등법원

수석부장판사의 허가를 받으면 되고 외국인일 경우에는 대통령 승인을 받으면 됩니다. 말하자면 간단하게 이렇게 그냥 필요하다라고만 얘기를 하고 리스트를 죽 해서 허가만 받으면 감청을 할 수 있다는 겁니다.

지금까지 국가안전보장에 대한 상당한 위험이 예상되는 경우라고 해서 국가정보원이 감청의 허가를 이렇게 신청을 했을 때 그 허가 신청 자체가 아까 말씀드린 것처럼 그런 자세한 요건들이 갖추어져 있는 소명자료나 이런 게 다 있어 가지고 구체적으로 심사를 하는 게 아니기 때문에 이 허가에서 기각된 경우가 거의 없습니다. 그냥 리스트 업 해서 내면, 허가 신청하면 그냥 거의 다 허가를 내 줍니다. 사실은 이 조항 자체도 저는 상당히 문제가 있다고 생각을 합니다.

그럼에도 불구하고 국가안전보장에 상당한 위험이 예상된다라고 하니까 뭔가 이것은 전쟁의 위험이 급박하게 돌아가고 있는 그런 경우를 말하는 것 아니겠습니까? 그러니까 그렇다면 어쩔 수 없을 수도 있다고 해서 아마 많은 분들이 그냥 양해를 하고 넘어간 것 같습니다.

그런데 문제는 이 테러방지법은 대테러활동에 필요한 경우이기만 하면 금방 말씀드린 '국가안전보장에 상당한 위험이 예상되는 경우에 한하여'하고 똑같은 동격이 되어서 별다른 어떤 복잡한 소명이나 이런 것 없이 그냥 간단하게 리스트 업 해서 허가만 받으면 감청이 무작위로 되는 겁니다. 그리고 이 감청은 특별한 어떤 범죄의 증거 수집이라든지 그런 것보다는 그냥 광범위하게 위해를 방지하기 위해서 정보 수집이 필요하다라고 하면 그냥 계속 듣고 있을 수 있는 겁니다.

그리고 이 통신제한조치의 기간은 4개월인데요 계속 연장할 수 있습니다. 그냥 또 허가받으면 되니까요. 아직 그게 끝나지 않았다라고 하면 계속 연장이 됩니다. 대부분이 지금 계속 연장되고 있는 것으로 알고 있습니다.

● **부의장 이석현** 이언주 의원님, 물 마시고 힘 좀 내시라고 잠깐 기회드립니다.

국회는 권위가 있어야 합니다만 알맹이 권위와 껍데기 권위는 구별을 해야 할 것 같습니다. 의원이 장시간 발언할 때 화장실도 못 가게 하는 비인도적인 꾸밈에서 권위가 나오는 것이 아니고 사람을 소중히 여기는 진정성에서 권위가 나온다고 생각을 합니다. 그래서 세상의 가치를 재는 척도는 바로 사람이 되어야 한다, 저는 그런 생각이 있어서 아까 사회 볼 때 화장실 얘기를 꺼냈었습니다. 오해 없기 바랍니다.

● **이언주 의원** 예, 그래서 방금 제가 테러방지법에서 감청에 대한 말씀을 좀 드렸습니다. 조금 더 이렇게…… 특히 이게 영장주의다, 아니다 얘기들이 있는데 일반적인 감청의 경우, 그러니까 검사가 청구하는 범죄 수사를 위해서 필요한 감청의 경우하고 이것이 어떻게 다른지 또 어떻게 다르게 작동할 것인지에 대해서 간단하게 말씀을 드렸습니다.

영장주의라고 하면 말씀드린 대로 범죄가 특정되고 그 관련된 연관관계가 소명이 되고 또 상대방과 기관과 여러 가지 장소와 이런 것들이 아주 구체적으로 특정이 되어서 그것이 법관에 의해서 심사가 되어서 그렇게 해서 허용이 되는 게 영장주의의 정신입니다. 단순하게 판사가 허가를 내준다고 해서 그것을 영장주의다 이렇게 얘기하는 것은 형사소송법상 영장주의의 정신에 대해서 잘 모르고 말씀하시는 것 같습니다.

결론적으로 이 테러방지법에 나와 있는 고등법원 수석부장판사의 허가라는 또는 대통령의 승인 이런 문제는 그냥 사법기관의, 그것도 당사자가 한국인일 경우에 사법기관의 허가를 거치기는 하지만 굉장히 형식적이고 실질적으로 그것을 영장주의라고 얘기하는 것은 무리가 있습니다. 그래서 사실상 그냥 형식적인 절차를 통해서 거의 무방비로 허용이 되는 것인데 그래도 국가안보를 위협하는 상당한 그런 경우에 한해서 허용되고 있기 때문에 그나마 우리가 분단되어 있다는 특수성 때문에 이것이 용납이 되고 있는 것이고 이것을 광범위하게 '대테러활동에 필요한 경우' 이렇게 하는 것은 그것은, 그것을 마치 전쟁이 임박한 국가안보에 상당한 위험이 있는 경우하고 동일시하는 것은 굉장히 큰 문제가 있습니다.

말씀드린 대로 이 테러라는 것은, 우리 당이 요구하는 것은 바로 그래서 적어도 그 테러가 국가안보에 상당한 위험이 따르는 이런 정도 급의 테러, 다수에게 상당한 위험이 예상되는 경우 그리고 또 그것이 어느 정도 구체적으로 특정될 수 있어야 되고 그 연관성이 소명될 수 있을 때 그 정도 될 때 무차별 감청을 그나마라도 허용을 하자라는 것이고, 예를 들어서 지금 테러방지법에서 규정하고 있는 테러위험인물에 보면 선전·선동을 하였다고 의심할 만한 사람조차도 테러위험인물로 분류를 하고 있습니다. 그러면 그냥 단순하게 뭔가 온라인상에서 혹시 테러 유사한 이런 것에 대해서 뭔가 선전·선동을 한 것도 아니고 했다고 의심할 만한 얘기를 누군가가 했을 때 그것을 단서로 가지고 테러위험인물이라고 지목할 수가 있고 또 그것을 가지고 그 사람 주변을 테러위험인물이니까 대테러활동에 필요한 경우라고 해서 단순하게 허가만 받아서 감청을 할 수 있게 되는 그런 굉장히 위험한 문제가 있습니다.

그리고 '내국인은 고등법원 수석부장판사의 사전허가를 받아야 한다'라고 되어 있지만 외국인 같은 경우에는 대통령 승인만 있으면 되는데요. 이것도 사실은 문제가 예를 들어서 테러위험인물이다라고 딱 지목한 사람이 외국인이면 대통령 승인만 가지고 되는데 그런데 그 외국인이 우리나라 사람하고 막 통신을 하게 되면 그러면 일방이 한국사람이니까 내국인이니까 갑자기 감청하다가 잠깐만요 이러면서 수석부장판사의 허가를 받을까요? 저는 그럴 것 같지 않습니다. 그냥 진행할 겁니다, 아마. 왜냐하면 어차피 사후통제도 안 되니까 굳이 신경쓸 필요 없습니다.

또 가장 큰 문제 중의 하나가 뭐냐 하면 사실은 감청을 당하고 나서 내가 감청 당했다는 것을 전혀 모른다는 데 있습니다. 국회에 보고가 되는 것도 아니기 때문에 얘기해 주지 않으면 아무도 모르는 것이지요. 그러면 그 당사자들이 그것을 통보받을 가능성이 별로 없고 또 통보까지는 아니더라도 알려고 막 해도 알 수가 없는 상황에서 사후통제가 전혀 안 되는데 그 요건이 또 아무리 까다롭다한들 그것을 꼭 지킬 필요가 있겠느냐 저는 그렇게 생각합니다. 그래서 이게 사후통제가 되지 않는다 이것은 굉장히 심각한 문제다.

지금 보면 '국정원이 국가안전보장에 대한 상당한 위험이 예상되는 경우' 이것도 굉장히 추상적인, 구체적인 범죄혐의 없어도 감청이 가능한 그런 조항인데 이때 한 사람이 내국인이면 허가만 받아서 할 수 있도록 되어 있는데 아까 말씀드린 대로 허가조차도 심의를 얼마나 안 하는지 알 수가 있는 게요 사법연감 통계에서 나온 것을 보면 2003년부터 2015년까지 기각률이 총 3.7%입니다. 죽 봤을 때 2003년부터 2015년까지 매년 기각률을 봤을 때 2011년 딱 한 번 그때만 기각이 된 적이 있고 그 외에는 기각된 적이 한 번도 없는 것으로 나와 있습니다.

그도 그럴 것이 아까 말씀드린 대로 검사가 청구하는 것처럼 범죄혐의도 좀 구체화하고 아주 여러 가지 소명을 해 가지고 허가신청을 해야 그래야 보고 이게 감청을 할 만하다, 할 필요가 없다고 판단을 할 수가 있는 것이지 그냥 달랑 지금 상황이 이러니까, 지금 상황이 이렇게 위험이 있으니까 이 사람들 감청을 해야겠다라고 했을 때 그런 부실한 정보를 가지고 어떻게 허가 여부를 제대로 심사할 수 있겠느냐, 그러니까 당연히 이 심사는 이렇게 부실하게 될 수밖에 없다. 그래서 결국은 어떤 허가요건이 명확하지 않은 것을 두고 그 허가 절차가 있기 때문에 심의가 제대로 될 것이라고 생각하는 것은 앞뒤가 맞지 않는 것입니다.

거기다가 아까 또 테러에 대해서도 말씀드렸는데 그 테러가 경미한 사안일 수도 있고 여러 가지 너무나 자의적인 판단 가능성이 넓게 열려 있기 때문에 남용 가능성이 굉장히 크다고 하겠습니다.

지금 법사위에 통신비밀보호법이 올라와 있습니다. 18대에도 올라와 있었고 19대에도 올라와 있습니다. 그 통신비밀보호법을 보면 지금 국민 여러분께서 갖고 계신 핸드폰을 감청할 수 있는 그런 규정이 있습니다. 지금 실질적으로 대한민국에서는 핸드폰 감청은 되지 않습니다. 왜냐하면 그 감청을 실시할 수 있는 장비가 예전에 국정원장이 구속되면서 다 폐기가 되면서 핸드폰 감청을 하고 있지 않기 때문입니다.

그런데 지금 테러방지법에는 뭐 핸드폰이다, 유선이다 이런 식으로 감청에 대한 대상은 구분해 있지 않기 때문에 만일에 지금 법사위에 올라와 있는 그 통신비밀보호법, 일정한 반경 안의 핸드폰 신호를 다 잡아서 영화에서 볼 수 있는 그런 감청장비를 사용할 수 있게 되면 그러면 이 테러방지법이 이미 통과가 되어 있기 때문에 그 통비법만 통과가 되면 자동적으로 이제는 무차별적으로 핸드폰 감청이 가능하게 됩니다.

　그런데 아마도 테러방지법이 통과되고 나면 저희가 예상하건대는 국정원은 또 여당을 통해서, 새누리당을 통해서 '테러방지를 하려고 보니까 핸드폰을 감청하는 데 한계가 있다. 그러니까 이걸 감청을 할 수 있게 하기 위해서 통신비밀보호법을 개정해야겠다.' 이렇게 해서 결국은 핸드폰 감청까지 무차별적으로 하려고 하지 않을까. 그래서 핸드폰에 대한 감청을 허용하는 통로로 오히려 이 테러방지법이 활용될 수 있다. 이게 통과됐으니까, 이 법이 통과가 됐는데 이게 절름발이 법이 되면 안 되지 않냐라고 하면서 통신비밀보호법을 통과시키려고 할 걸로 예상을 하고 있습니다.

　또 잘 아시겠지만 FIU, 금융정보 남용도 문제가 있습니다. 부칙 제2조1항에서 또 FIU법까지도 개정하도록 하고 있습니다. 사실은 어떤 법을 개정하려면 그 법을 개정해야 되는 건데 테러방지법에 통신비밀보호법 또 FIU법을 개정하도록 한다 이런 식으로 규정을 해서 이 법을 개정함으로써 지금 개정되지 않고 있는 다른 법들을 다 모조리 이 테러방지라는 프레임이 넣어서 개정하고자 하는 것입니다.

　그래서 사실은 원래는 금융기관에서 수집한 정보, 금융사가 보고하는 정보와 금융정보원장이 보고받은 정보를 국정원이 이제는 직접 보고받을 수 있게 해서 금융정보를 포괄적으로 국정원이 축적할 수 있게 됩니다. 그리고 이 정보를 활용해서 대테러분자나 국민을 감시하는 등 이런 게 가능하게 되는데 이때 문제가 또 뭐냐 하면 말씀드린 대로 모든 국민들의 금융정보를 국정원에 다 축적하게 됩니다. 그러면 나중에 필요할 때 적재적소에서 이것을 어떤 용도로 활용하지 않는다라는 보장이 없는 것이고 그래서 아까도 말씀드린 것처럼 국정원이 그야말로 국회는 물론이고 대통령조차도 두려워하는 그런 거대한 공룡이 되게 될 거라고 생각합니다.

　현재 제출된 법안의 제9조4항을 보면 국정원이 대테러조사 및 테러위험인물에 대한 추적을 또 할 수 있게 되어 있습니다. 국회의장께서도 이 부분의 개정이 필요하다고 해서 정보위원장, 간사에게 수정안을 제출토록 요청을 했는데 국정원이 반대한다는 이유로 수정안을 제출하지 않아서 추적하거나 조사된 자료를 대테러위원장에게 보고하는 형식의 절충안으로 수정안이 제출된 것으로 그렇게 알고 있습니다.

　그런데 새누리당은 국정원에 주는 권한은 정보수집권에 한한다 이렇게 얘기를 하지만 그 조항을 보면 '대테러활동에 필요한 정보나 자료를 수집하기 위하여 대테러조사 및 테러위험인물에 대한 추적을 할 수 있다.' 그리고 또 조사권도 문제가 되고 있는데 이것도 역시 남용이 될 가능성이 굉장히 높다.

　지금 이 조사 같은 경우에는 사실은 간첩사건 외에는 국정원에서 직접 할 수는 없습니다. 그런데 지금 이 부분을 테러방지법을 통해서 대테러활동에 필요한 정보나 자료를 수집하기 위해, 그러니까 당장 일어나는, 임박해 있는 테러를 막기 위한 목적이 아니고요 그냥 대테러활동에 필요한 정보라든지 자료를 광범위하게 일상적으로 수집하기 위해서 추적도 하고 조사도 하고 다 할 수 있도록 되어 있습니다. 이것은 굉장히 광범위해서 이렇게 되면 사실상 국정원이 수사기관의 우위에 서게 될 것이다 이렇게 생각합니다.

　국민안전처가 또, 저희는 국민안전처에 줘야 한다 이렇게 얘기를 하고 있는데 이런 부분에 대해서는 물론…… 정보수집권을 국가정보원에 둬서 효율성을 기해야 하지 않느냐 이런 얘기를 여당에서는 하고 있지만 그동안 국정원이 간첩 조작 사건이라든지 댓글 사건 또 대선 개입 사건, 불법 해킹 사건, 불법 감청 이런 것을 많이 자행을 해 왔기 때문에 이를 통제할 방법이 없이 막대한 권한을 행사하는 대테러업무의 주무부서로 국정원이 된다, 이것은 정말 통제 불능의 상태로 간다라고 생각을 합니다.

　정보위조차도 사실은 상시적인 게 아니고 또 비밀주의가 채택되어 있어서 공개가 되어 있지 않습니다. 그래서 예컨대 어떠한 인권침해 행위가 일어난다 하더라도 사실 그것을 사후에 통제할 수 있는 방법이 없습니다.

　국민안전처에 그것을 둘 때는 그래도 그 소관이 안행위이기 때문에 국회 차원에서 여러 가지 통제가 그나마 가능하지 않을까라고 해서 두자고 주장을 하는 것이고 물론 국정원에서 필요한 정보요원들의 파견이 가능합니다. 그래서 실제적으로는 활동을 하는 데는 큰 지장은 없을 것이다 이렇게 생각합니다.

　세계적인 입법례를 보더라도 정보기관의 어떤 정보권력 이것이 한 기관에 집중되었을 때에 그 권력이 무소불위의 권력이 되었을 때 이것을 통제할 수 있는 어떤 권력도 나중에 있을 수가 없기 때문에 이게 굉장히 심각한 문제가 될 수 있습니다. 그래서 많은 나라들이 정보기관의 권력을 분산시키고 있습니다.

　영국은 내무부장관에게 대테러업무를 주고 미국은 CIA가 아닌 국가정보국장이 업무를 총괄합니다. 또 일본은 법무부 형사국에서 담당하고 독일은 내무부 산하 연방업무보호청이 합니다. 그래서 새누리당은 정보기관이 대테러업무를 담당하는 게 세계적인 추세다 이렇게 얘기하는데 그것은 사실과 다릅니다. 그 부분에 대해서…… 좀 자료가 많아서 그것을 조금 이따가 나중에 말씀을 드리겠습니다.

　에드거 후버에 대해서 아까 말씀을 드렸는데요 사실 이 에드거 후버 건을 보면 이게 그냥 단순하게 감청이나 이런 것 때문에 내 인권이 침해될 수 있구나, 단순히 그런 문제가 아니고 우리의 민주주의의 근간인 삼권분립 그리고 우리 헌법이 규정하고 있는 '모든 권력은 국민으로부터 나온다', 그래서 그나마 국민들이 선출한 권력, 대통령과 또 의회 이런 권력들이 그나마 위임을 받아서 권력을 행사하는 것이 아니라 전혀 선출되지 않은 국가정보기관에 권력이 집중이 되어서, 정보가 집중이 되어서 무시무시한 그 큰 공룡이 국민들을 지배하는 있을 수 없는 일이 발생할 수 있다 이런 말씀을 꼭 드리고 싶습니다.

예전에 미국에서는, 60년대, 70년대 그때인 것 같은데요, 미국에서는 한 정보국에 권한이 집중되어서 정보국 자체가 왕국처럼 운영되어 모든 사회 전반을 관여했던 바가 있습니다. 바로 존 F. 케네디 암살하고도 관련이 있다는 루머가 있는 존 에드거 후버라는 인물인데요. 특히 그는 우리가 현재 존경하고 있는 인물인 마틴 루터 킹 목사 또 알버트 아인슈타인, 찰리 채플린 등의 사생활을 낱낱이 파헤쳐서 사생활 문제로 협박을 했다고도 알려져 있습니다.

만약 테러방지법이 통과될 때 과연 한국에 제2의 에드거 후버가 등장하지 않으리라는 그런 법은 없습니다. 지금 테러방지법이 통과되면 현재의 국정원은 에드거 후버 시절의 FBI에 걸맞은 권한을 갖게 될 것이라는 우려가 많이 있습니다.

그러면 그 에드거 후버가 누구인지 좀 보겠습니다.

에드거 후버는 현재의 FBI를 창설한 인물입니다. 연방수사국, FBI를 상징하는 인물로서 미국 내의 모든 정보 수집과 법 집행의 대명사로 이렇게 일컫고 있는데 1924년 FBI의 전신인 수사국 국장으로 임명이 되어서 1935년 FBI 창설에 중요한 역할을 했습니다. 죽을 때까지 FBI에서 재직을 했는데요, 이 후버 덕분에 FBI는 대규모의 효율적인 범죄 전담 부서로 성장을 했고 어떻게 보면 현대적 발전은 꽤 이루었습니다.

그런데 그가 죽은 뒤에 논쟁의 대상이 점차 되었습니다. 광범위한 정보 수집과 검문, 수색, 추적 등을 통해서 방대한 양의 정보를 수집하고 또 여러 가지, 물론 좋은 점도 많이 있었습니다. 스파이를 적발을 한다든가 또 위법행위 이런 정보들을 통해서 비리나 이런 것들을 적발하거나 이렇게도 하기는 했습니다.

거기다 더 나아가서 48년간 FBI 국장으로 또 근무를 하면서 여러 다른 나라의 내전 또 우리 한국전쟁 또 베트남전쟁 등에도 관여를 했는데요. 미국의 33번째 대통령 해리 트루먼은 '후버가 우리가 알고 싶지 않은 정보들을 알고 있다'면서 그의 권한을 대폭 축소시키려고 했습니다만 결국 실패를 했습니다.

역대 대통령 가운데 미국에서 후버를 가장 껄끄러운 사람은 바로 존 F. 케네디였습니다. 당선 이전부터 스캔들 메이커였던 존 F. 케네디에 대한 FBI의 파일은 이미 두툼한 상태였습니다. 존 F. 케네디의 동생인 로버트 케네디 법무장관이 조직범죄와의 전면전을 선언하고 나섬으로써 후버는 정부와 마피아 양편에서 압력을 받는 곤혹스러운 처지가 됩니다. 이후에 존 F. 케네디와 로버트 케네디의 연이은 암살을 후버와 연관시키는 시각이 있는 것도 이 때문입니다. 케네디의 후임자인 존슨 역시 후버에게 단단히 약점을 잡힌 까닭에 70세로 정년을 맞이하는 후버를 '종신 FBI 국장'으로 임명하는 파격적인 조치를 단행합니다.

닉슨 정부에서도 후버는 여전히 자리를 지켰지만 고집불통에 과대망상까지 더해 가면서 이미 노쇠의 징후를

보이고 있었습니다. 여론도 후버의 장기집권을 그렇게 곱게 보지 않았는데 FBI는 여전히 정부의 주구 노릇을 했지만 닉슨과 후버 사이에는 점차 대립이 심화되었습니다.

후버도 세월을 이길 수는 없는데 죽을 때 보면 국회의사당에서 성대하게 민간인 출신으로서는 처음으로 장례식이 거행이 되었고, 2만 5000명의 인파가 모여서 고인의 명복을 빌었다고 합니다.

그런데 죽은 다음부터 또 다른 전설이 시작이 되었습니다. FBI의 '비밀 파일'이라는 게 있었는데요. 후버가 미국 명사들을 상대로 만들어 온 그런 파일입니다. 영화 '더 록'을 보면 FBI의 화학무기 전문가 스탠리 굿스피드가 알카트라즈 형무소를 탈출한 유일무이한 인물인 전직 SAS 요원 존 메이슨과 함께 테러리스트에 맞섭니다. 재판도 없이 오랜 세월 독방 신세를 지던 메이슨의 죄목은 다름 아닌 '존 에드거 후버의 비밀 파일을 훔친 죄'였습니다.

FBI의 비밀 파일에 자국 및 각국 정치인들의 추문이 담겨 있음을 알게 된 영국 정부에서는 메이슨에게 파일 입수 지령을 내립니다. 문제의 파일을 입수한 메이슨은 결국 미국 정부에 의해 체포되지만 조국의 외면 속에 오랜 세월 감옥에 갇혀서도 그 마이크로필름을 은닉한 장소를 밝히지 않습니다.

후버의 비밀 파일은 이처럼 영화에서도 종종 소재로 이용될 만큼 유명합니다. 실제로 닉슨 행정부와 FBI는 그 파일의 선점을 놓고 신경전을 벌이기도 했습니다. FBI에서는 후버의 사후에 측근들이 파일을 다 소각했다 이렇게 주장은 하지만 일각에서는 아직도 은닉돼 있다 이렇게 보고 있고요. 그 내용은 정치·사회·경제·언론·문화 분야 주요 인사의 갖가지 추문이며 후버는 이를 자신의 입지를 강화하는 데 사용했다고 전합니다.

결국 FBI 국장은 공공의 적을 수사하는 것보다 오히려 공직자나 이런 여러 민간인들을 뒷조사해서 그 뒷조사한 정보를 활용해서 딜을 하고 또 그것을 통해서 자기의 권력을 확장하고 또 그것을 통해서 여러 가지 의도를 관철시킨 것으로 보입니다.

그래서 어떻게 보면 혹자들이 얘기하는 것처럼 진짜 감청당해도 별로 문제가 될 게 없는 사람들은 '좀 감청당하면 어때'라고 얘기를 할지 모르겠지만, 그것이 어떤 도덕성 그다음에 권한의 남용 가능성이 없는, 뭐 하느님이 내려다보고 있다라고 하면 모를까 또 다른 권력과 욕망을 가진, 권력에 대한 욕망을 갖고 인간이 운영하고 있는 그런 정보기관이 그런 절대적인 정보들을 이 세상에, 우리 사회의 모든 정보를 장악하게 되었을 때는 그것을 자신의 욕망에 또 활용하게 된다.

그렇기 때문에 어느 누구도 우리 사회에서는 절대적인 권력을 가져서는 안 되는 것이고, 그래서 민주주의는 권력을 분산시키고 견제와 균형을 두고 있는 것이고 또 국민들이 선출한 권력만 그나마 그런 권력을 행사할 수 있도록 허용하고 있는 것입니다.

그렇게 본다면 국민들이 선출하지 않은 권력이 막대한

권력을 집중해서 갖게 되고 또 그 권력이 분산되지 않고 독점이 되었을 때, 정보가 독점되었을 때 그러면 이제 어느 누구도 통제하지 못하는 공룡이 태어나게 되는 것입니다. 그리고 그러한 공룡이 태어나지 않도록 하는 것이 바로 국민들로부터 권력을 위임받은 국회가 해야 될 책무인 것입니다.

후버가 눈엣가시로 여긴 저명인사들이 있었습니다. 루스벨트 또 아인슈타인, 찰리 채플린, 마틴 루터 킹 등이 있었습니다. 후버는 킹을 특히 증오해서 공공연히 비난을 퍼부었는데, 왜냐하면 원래 흑인을 싫어하기도 했지만 역설적이게도 자신이 노리던 노벨평화상을 가로챈 놈이라고 괘씸해했기 때문이었습니다.

사태가 악화되자 킹은 노벨평화상 시상식에 참석하러 가기 직전에 FBI를 방문해서 후버와 독대를 합니다. 이날 오간 이야기의 내용은 전해지지 않지만 이후 킹이 눈에 띄게 의기소침해졌다는 것을 근거로 들어서 아마도 사람들은 사생활 문제로 협박을 받았을 것이다, 이렇게 추정을 합니다.

드라마를 통해서 유명해진 'X파일'이라는 것은 FBI에 실존하지 않지만 이와 가장 비슷한 뭔가가 있었다면 아마도 후버 파일일 것입니다. 물론 FBI의 정치인 및 민간인 사찰은 불법인 동시에 크나큰 인권침해행위였습니다. 앤터니 서머스는 그러한 보고서가 쌓여 갈수록 FBI에는 힘을 보태 줬겠지만 민주주의는 악몽을 맞게 되었다고 지적합니다. 아울러 이는 FBI라는 국가조직의 낭비를 자초한 셈이었습니다.

후버의 사후에 실시된 의회 조사에 따르면 FBI의 공식 수사문건 가운데 국가안보와 직결된 것은 전체의 20%도 안 되었고, 무려 2만여 건에 달하는 수사내역 가운데 진짜 범죄는 단 4건, 그것도 국가안보와는 전혀 무관한 범죄였기 때문입니다.

몇 가지 후버의 FBI가 어떤 식으로 주요 인사들하고 갈등을 또 그런 정보를 수집해서 협박하거나 활용하였는지 이야기를 좀 전달해 드리겠습니다.

대통령인 해리 트루먼도 견제를 많이 했는데요. 제2차 세계대전의 나치스 스파이 적발과 1945년 이후의 소련·중국·쿠바의 스파이 적발, 갱과 마피아, 마약 밀매 적발 등의 성과를 올린 그는 스파이를 색출한다, 마약을 적발한다, 조직폭력배를 적발한다 등의 목적으로 광범위한 도청과 수색, 감시 등을 통해 많은 고급 정보들을 구축하였습니다. 이어서 후버는 세계적 정보를 구축할 계획을 세우고, 정예요원을 양성해 나갑니다.

대통령의 권한보다도 더 막강해진 후버에 대해서 당시 해리 트루먼 대통령은 그 권력이 강화되는 것을 견제하게 되었습니다. 해리 트루먼 대통령은 FBI가 너무 커졌다라고 판단을 해서 국외 첩보 부문을 따로 담당하는 CIA를 1947년에 창설하게 됩니다. 그래서 CIA에는 국외정보 수집을, FBI에는 수사권을 부여하였습니다. 결국 국외 첩보들도 장악해서 명실상부하게 모든 정보를 장악하려 했던 그의 계획은 트루먼의 CIA 창설로 수포로 돌아가게

되었습니다.

1950년 6월 6·25 한국전쟁 발발 직후 후버는 해리 트루먼 대통령에게 인신보호영장의 중단을 건의하고, 불순분자로 의심되는 1만 2000명의 미국인을 구금할 계획을 세웁니다. 그러나 해리 트루먼 대통령의 거부로 이는 무산되었습니다. 사실 인신보호영장의 중단을 건의한다, 그리고 불순분자로 의심되는 1만 2000명에 달하는 미국인들을 구금할 계획을 세운다, 굉장히 상식 밖의 사람임에도 불구하고 여러 가지 당시 스파이를 색출한다 등등 이런 미명을 내세워서 이런 시도를 했던 것 같습니다. 당시에 이러한 시도에 대해서 해리 트루먼 대통령이 소신을 가지고 선을 지켰기 때문에 그런 일은 발생하지 않아서 다행이었습니다.

여러 가지 말씀드린 대로 좀 있습니다만 정치권과의 갈등만 몇 가지 또 말씀을 드리면, 그래서 아까 말씀드린 대로 해리 트루먼 대통령과 존 F. 케네디는 후버를 연방수사국장직에서 해고하려고 하였지만 그가 가진 각종 정보와 공세, 그 밖의 후버의 해고로 정치적 비용이 너무 클 것이라고 결론짓고 해고 기도를 중단하게 됩니다. 특히 케네디 형제에게는 여배우들과의 염문설 등에 대한 정보를 들이댔다고도 합니다.

그의 명성과 그가 가진 정보량이 워낙 방대해서 어떤 대통령도 그를 함부로 퇴임시키지 못했습니다. 트루먼, 케네디뿐만 아니라 린든 존슨, 리처드 닉슨도 그에게 함부로 대하지 못했다고 합니다.

많은 비판자들은 그가 연방수사국의 사법권을 남용했다고 주장했습니다. 그는 정적과 정치활동가를 위협하는 데 연방수사국을 이용하여 정치 지도자들의 비밀을 모았으며, 불법적인 방법으로 증거를 수집했습니다. 그가 거의 종신까지 연방수사국 국장으로 재직할 수 있었던 것도 그 때문이었습니다.

반공주의자였던 후버는 사회주의운동을 했거나 에드거 자신이 공산주의자로 의심한 헬렌 켈러, 마틴 루터 킹 목사, 존 스타인벡, 알버트 아인슈타인 등을 미국을 위협할 수 있는 위험인물로 감시하였습니다. 그래서 스타인벡은 법무장관에게 에드거의 똘마니들이 감시하지 않게 해 달라, 이런 요구까지 한 적이 있습니다.

린든 존슨의 집권 이후에 에드거는 종신 FBI 국장에 임명되었는데 그는 강경한 반공주의자로서 공산주의자들, 사회주의자들 외에도 자유주의자, 진보적 지식인, 시민운동가, 흑인운동가 등에게는 두려움의 대상이었습니다. 그는 마약 단속과 적발에도 탁월한 능력이 있기는 했습니다만 FBI를 자신의 왕국처럼 운영한다는 문제가 여러 번 제기되기도 했습니다.

1972년부터는 후버가 FBI를 독재적으로 운영한다는 대중의 비난을 자주 받게 되었고 그의 사후 독단적 운영이 만천하에 드러나게 되었습니다.

후버의 행동을 권력남용으로 본 미국 의회는 그 사후에 FBI 국장의 임기를 제한을 했고 그것을 연장할 시에는

상원의 동의가 있어야 되도록 정했습니다.

그는 각종 인권운동, 시민운동, 흑인운동 등이 소련과 중국의 계략이라고 확신하였습니다. 특히 마틴 루터 킹의 흑인인권운동은 소련이 깊이 개입했다고 확신했습니다. 그러나 후버의 끈질긴 수색에도 아무런 증거를 찾지 못했고 1990년대 이후 소련의 비밀문서 공개 결과 소련과는 관계가 사실은 없었던 것으로 밝혀졌습니다.

아마도 이 후버 사례를 보면 아실 수 있는 것처럼 많은 정보가 국정원에 이렇게 집중되게 되면 사실은 원하는 대로 모든 것을 다 하게 될 것이다 이렇게 생각을 합니다. 국회의 어떠한 의사결정에 대해서도 만약에 뭔가가 있다 이러면, 어떤 법안에 대해서도 반대한다 혹은 전혀 국가정보원하고 관계가 없는 어떤 일반적인 정책에 대해서도 반대한다 그러면, 누군가가 그것을 통과되지 않도록 해라 그러면 갖고 있는 정보들을 다 수집해서 수집했던 그 정보들을 다 취합을 해서 그 안에서 그와 관련된 어떤 인물들의 면면을 다 봐서 조금이라도 약점이 있는 사람이 끼어 있으면 그 사람을 또 그것을 가지고 활용을 해서 얼마든지 자기들이 원하는 대로 정책의 방향을 끌고 갈 수도 있을 것이다 이렇게 생각을 합니다.

뿐만이 아니고 민간의 어떤 경제계에서도 마찬가지라고 생각합니다. 단순히 정치권의 문제뿐만이 아니라 어떤 재계라든지 또 경제계라든지 또는 시민단체라든지 또는 언론이라든지 여러 분야의 많은 사람들에 대해서도 개개에 대한 모든 정보를 다 장악하고 있게 되면 필요할 때마다 그때그때 그런 정보들을 빼서 그 사람들을 움직이는 정보로 활용을 하게 될 수도 있다, 우리가 후버의 사례에서 본 것처럼 그런 일이 발생할 수 있다.

그렇게 되면 이제 모든 각계의 각 분야의 주요한 의사결정들은 무소불위의 권력을 가진 국가정보원이 마치 마리오네트처럼 이렇게 움직이면서 리드해 나갈 가능성이 충분히 있고 당장 모두가 다 그렇게 되지는 않겠지만 결국은 그런 시대로 가게 될 가능성이 굉장히 높다. 그래서 빅브라더가 탄생하게 되는 상황이 될 수 있다.

그러면 그런 상황의 시초가 바로 이 테러방지법이라고 저희는 생각하고, 물론 그전에도 미진한 부분들이 많이 있습니다만 이 법안이 이렇게 그대로 통과가 되게 되면 굉장히 우려할 만한 상황이 발생하게 된다 이렇게 생각을 합니다.

유감스럽게도 사실 이 테러방지법이 그렇게 통과해야 한다고 주장하는 대통령조차도 어떻게 보면 퇴임 후에 본인에 대한 정보를 다 장악하고 갖고 있는 국가정보원을 두려워해야 되는 상황이 오지 않을까라는 생각이 들고 또 한편으로는 여당 의원들조차도 또 공무원들도 국가정보원이 갖고 있는 그 모든 정보에 대해서 두려움에 떨면서 또 거기에 반하는 어떠한 의사결정도 하기 어려워지지 않을까 이런 생각을 하게 됩니다.

혹은 지금 이렇게 테러방지법이 꼭 통과해야 된다라고 그렇게 강하게 주장하는 그 이면에 국가정보원이 갖고 있는

여러 가지 정보가 혹시 활용되지 않았으리라는 법이 있을까 이런 의심까지도 하게 됩니다.

어떻든 간에 국민의 주권을 제한하는 정보기관의 업무와 권한은 민주적으로 통제가 되어야 합니다. 그래서 국민이 선출한 의회에 의해서 통제가 되어야 하고 또 그 의회가 제정한 법률에 의해서 통제되어야 하고 또 그게 실행되는 과정에서 사법부에 의해서 통제되어야 합니다. 국회 정보위원회나 국방위원회는 그래서 그 정보기관의 활동을 정기적으로 감시하고 우리 국민들에게 알려야 할 의무가 있습니다.

국가의 미래와 전망을 세우는 것은 정부가 그 전유물로서 혼자 세우는 게 아닙니다. 우리 대한민국의 미래와 전망은 우리 국민들이 자발적인 결사를 통해서 그리고 우리 국민들이 민주주의에 대해서 갖고 있는 믿음, 즉 말하면 우리 주권자인 국민들의 의지를 모으는 그런 과정이 되어야 합니다.

우리 시대의 어떤 사상이라든가 우리의 시대정신 이런 것들을 정립하는 것도 다양한 국민들의 개개의 가치가 모여서 구성되는 것이지 무슨 정보기관이 사이버심리전을 벌인다든가 그렇게 정보를 수집하고 이렇게 한다고 해서 달라지거나 하는 게 아닙니다.

국가의, 누누이 말씀드리지만 국가권력의 올바른 역할 그리고 거기에서 임명한 정보기관은 그 역시도 국민들을 위해서, 국민들의 안전을 위해서 창설된 것이기 때문에 그 국민들의 권리의 범위 안에서 역할을 해야 되는 것이고 주권자인 국민들이 위임한 방향과 그 범위에 맞게 그 쓰임새가 당연히 정해져야 하는 것입니다.

국가정보기구 그러니까 국가정보원의 업무는 주권자인 국민의 위임에 알맞게 그 쓰임새가 정해져야 합니다. 그게 바로 국정원에 대한 민주적 통제의 본질입니다.

시민들이 투표를 통해서 국가를 수립했고 투표에 의해서 대의된 권력은 주권자인 국민들의 의지와 뜻에 따라 작동해야 합니다. 그렇지 않고 도리어 거꾸로 주권자를 감시하고 인권을 유린하는 것은 머슴이 주인이 된 격이기 때문에 그것은 민주주의가 전복된 것이다 또 헌정이 파괴된 것이다 이렇게 얘기할 수 있겠습니다.

따라서 이 민주적 통제를 실현하는 것 이게 민주주의를 지키는 것이고 동시에 우리 헌정을 수호하는 것입니다. 이런 관점 속에서 국정원에 대한 민주적 통제의 실천이 이루어져야 합니다.

그런데 제가 지금 말씀드린 이런 것들은 사실은 선진국에서나 일어나는 일이고 또 우리의 이상이지만 현실에서 돌아보면 다른 세상과 시야를 접하게 됩니다. 왜 국정원에 대한 민주적 통제가 절실한지 확인을 할 수 있기 때문입니다.

앞서서도 계속 말씀드렸지만 국정원의 대선개입 사건 그리고 불법 해킹사건 또 국정원 간첩조작 사건 이런 것들을 보면, 특히 서울시 공무원 유우성 씨 간첩조작 사건에서 국정원 직원이 대법원에서 징역 4년의 판결을

확정받았습니다마는 사실은 해당자가 받은 고통을 생각을 한다면 4년이라는 것이 굉장히 짧다라는 생각이 들고 또 이런 일들이 벌어지는 것은 사실은 국정원에 대해서 민주적 통제가 잘되지 않고 있는 것을 단적으로 보여 주는 것입니다.

최근 들어서 국정원의 감청은 많이 늘어나고 있고요, 이번에 테러방지법이 통과되기 전이라도 이미 늘어나고 있습니다. 그리고 일반 범죄 수사를 담당하지 않는 국정원이 전체 감청에서 상당한 비중, 대부분의 비중을 이미 차지하고 있는 것으로 알려져 있습니다.

그래서 어떻게 보면 이미 지금 이 순간에도 국정원의 감청은 계속 행해지고 있고 또 그 감청의 결과도 사실은 보고할 의무가 제대로 규정되어 있지 않기 때문에 보고를 안 하면 알 수가 없습니다, 감청을 했는지 안 했는지. 그래서 상당 부분을 차지하는 것으로 알려져 있을 뿐이지 정확하게 누구를 어디서 얼마만큼 감청을 했는지조차도 알지 못하고 있습니다.

감청의 이유와 감청 결과를 또 어디다가 활용했는지 이런 것도 비공개고, 감청에 대한 사전적 검증 절차도 제대로 되어 있지 않습니다.

그리고 검찰, 경찰, 국정원 중에서 감청·통신사실 확인자료, 통신자료 요청 건수가 모두 늘어난 곳은 국정원이었다고 합니다.

미국 CIA의 민간인 사찰 등 불법 활동에 대한 폭로가 이어진 게 있습니다. 잘 아실 텐데요. 그때도 1975년 의회는 특별조사위원회를 구성해서 결론을 도출했는데 그 원인으로 정보기관에 대한 통제장치 미흡이 구조적 결함이다 이렇게 밝힌 바가 있습니다. 정보기관에 대한 민주적 통제의 부재는 민간인 사찰 등 불법 활동으로 전환될 가능성이 높다 이런 말씀이고 또 그에 따라서 국민의 기본권이 심각한 위협에 놓이게 된다는 것을 함축하고 있습니다.

반복해서 말씀드리지만 국정원의 민주적 통제를 위해서는 국가 차원의 다각적 실천이 요청되는데 입법부, 대통령과 행정부, 사법부의 삼권분립에 근거한 견제와 균형의 방식, 특히 중요한 것은 국민을 대의하는 입법부의 역할입니다. 입법부만이 대통령과 행정부, 사법부를 주권자의 이름으로 견제할 수 있는 가장 상위의 권한이기 때문입니다.

그래서 어떻게 보면 지금 광범위하게 퍼지고 있는 정치 혐오 그리고 국회에 대한 불신 또 국회의원을 웃음거리로 만들면서 우롱하고 있는 여러 가지 행태들, 물론 국회의원들 저희들 자신이 여러 가지 부족한 점이 많지만 그것이 극히 일부임에도 불구하고 이것을 일반화시켜서 국회를 웃음거리로 만드는 지금의 이러한 행태들이나 그런 얘기들 또 그런 언론의 여러 보도 행태나 이런 것들이 사실은 국민들을 대의하는 입법부의 권한을 약화시키고 민주적 통제나 이런 것들을 약화시키고 그래서 민주주의가 후퇴하는 상황이 진행되고 있다 이렇게 보고 있습니다.

그래서 입법부의 권력이 약화되었을 때 그렇게 했을 때

좋은 게 누구일까, 국민들을 대신해서 무소불위의 권력이 장악되고 퍼지고 또 강화되는 것을 국회가 막을 만한 힘이 없어지기를 바라는 게 과연 누구일까, 이런 생각을 해 보셨으면 좋겠습니다.

간곡히 말씀드리지만 아무리 의회가 부족하고 아무리 정치인들이 부족하고 아무리 그렇다 하더라도 국회를 매섭게 보고 비판하고 나무라고 하실지언정 무작정 그냥 뭉뚱그려서 욕하고 뭉뚱그려서 외면하고 뭉뚱그려서 조롱하는 것은 사실은 주권자인 국민들께서 국민들의 권한을 위임한 대상을 조롱하는 것이기 때문에 결국은 엎드려서, 죄송합니다. 누워서 침 뱉기다 이런 말씀을 드립니다.

국회가 제대로 하지 못할 때 추상같이 비판하고 추상같이 채찍질을 하되 관심을 끊고 정치 혐오에 빠지고 반정치적인 태도로 가서는 절대로 안 됩니다. 그것은 국민들 여러분께서 스스로 그 권한을 포기하는 것에 다름 아닙니다. 그리고 권력을 독재화하고 권력을 독점하고 또 정보를 장악하고 권한을 남용하고자 하는 사람들이, 바로 그것이야말로 그런 사람들이 원하는 것입니다.

국민에 의해 선출된 대통령과 또 대통령이 구성한 행정부 자체도 국가정보원에 일상적인, 제도적인 개선책을 지속적으로 추구를 또 해야 됩니다. 동시에 국가정보원의 불법적 행위에 대해서 사법부의 추상적인 권한 행사도 필요합니다. 그래야만 국가 정보기구가 법의 사각지대에 놓이는 무소불위의 권력이 되지 않고 민주적 통제가 가능한 그런 방향으로 가게 될 것이기 때문입니다.

특히 대의민주주의를 우리 헌법은 채택하고 있고 또 대의민주주의뿐만이 아니라 우리 헌법에서 얘기하고 있는 정책, 그러니까 아까 말씀드린 헌법 제1조1항 "모든 권력은 국민으로부터 나온다.", 1조2항입니다. "국민으로부터 나온다" 이것을 구현하기 위해서는 입법부가, 바로 국회가 제대로 된 임무와 역할을 담당해야 합니다.

그래서 국정원에 대한 의회의, 국회의 민주적 통제는 대의민주주의라는 원리적 측면만이 아니라 실질적인 통제에 있어서도 효율적이며 합리적입니다. 말씀드린 것처럼 그 감시의 정당성은 국민으로부터 대의기구로서의 위임을 받았기 때문에 그 정당성을, 감시의 정당성을 확보하고 있습니다.

국회는 정보기구 및 정보활동을 효과적으로 통제하면서 동시에 대통령과 사법부와는 달리 국민의 정보활동에 대한 우려를 해소할 수 있는 그런 위치에 있습니다. 그리고 국회의 정보위원회나 이런 상임위원회를 통해서 또 지속적이고 안정적인, 장기적인 감시활동이 가능합니다.

미국 의회의 정보공동체에 대한 통제와 감독은 입법적으로는 거의 완벽하게 감시장치를 갖추고 있다고 할 수 있습니다. 미국 의회는 통제와 감독을 통해서 국가 정보기구의 필요성과 중요성을 절감하고 그 역량의 우수성과 탁월한 성과를 높이 평가하면서 정보공동체의 활동에 대해 전폭적인 지원을 다 해 주기도 하면서 또 한편으로는 그 국가 정보기관에 대한 가장 매서운 비평가입니다. 가장 강력한 방어자이자 후원자이다 이렇게 말씀드리겠습니다.

아까 헌법 제37조2항을 말씀드렸습니다만 입법부는 헌법 규정에 의해서 행정부를 견제하도록 되어 있습니다. 그래서 우선 입법권이라는 그 수단을 통해서 할 수가 있습니다. 정보기관의 활동을 규제하거나 제약하는 구체적인 법률은 의회가 행정부의 불법이나 잠재적인 권한 남용을 방지하는 데 활용이 됩니다.

국정원 불법 해킹 사건에 대한 사회적 의혹이 발생했을 때 우리 당은 당시 새정치민주연합이었습니다만 통신비밀보호법을 개정해서 사찰 및 정보수집을 통한 인권침해 방지, 정보위에 정보감독관 설치……

● **부의장 이석현** 이언주 의원님, 좋은 말씀하시는 중인데 제가 교대할 시간이 됐습니다. 이따 아침 7시에서 9시까지 다시 또 뵙겠습니다.

(이석현 부의장, 정갑윤 부의장과 사회교대)

● **이언주 의원** 다시 계속하겠습니다.

당시에 불법 해킹 사건에 대한 의혹이 발생했을 때 우리 당에서 통신비밀보호법을 개정해서 사찰 및 정보수집을 통한 인권침해 방지, 정보위에 정보감독관 설치, 사이버안전대책본부의 구성, 정보위원회의 전임위원제를 추진하겠다고 밝힌 바가 있습니다. 그것이 바로 입법부의 입법권한을 통해서 민주적 통제제도를 마련하려는 것입니다.

지금 테러방지법을 제정하는 과정에서 수정과 협상을 통해서 민주적 통제를 하자고 바로 우리 당에서 주장을 하고 있는 것입니다.

사실 국회가 어떤 정보기관에 권한을 부여하는, 정보기관에 정보수집권을 비롯해서 막강한 권한을 부여하는 데 대해서 민주적 통제, 그러니까 그 과정에서 어떤 권한 남용으로 인한 국민들의 기본권이 침해될 수 있는 부분들에 대해서 수정을 하지 않고 원안 그대로 그냥 통과를 시키자고 주장을 하는 것은 이 정보기관에 대한 입법부의 민주적 통제의 책무를 포기하는 것과 같습니다.

사실은 결국 다른 말로 하면 일을 안 하겠다라는 것입니다. 국회는 정부가 발의하거나 혹은 정부가 청탁한 법을 그대로 통과시키는 게 국회가 하는 일이 아니고 정부가 낸 법안들에 대해서 혹은 정부가 청탁한 법안들에 대해서 국민의 위임을 받은 대의기관으로서 국민의 입장에서 그 법의 잘못된 부분들을 찾아내서 수정하고 그것을 토의해 나가는 것이 바로, 그렇게 해서 민주적 통제를 제대로 해 나가는 것이 바로 국회가 해야 할 책무입니다.

그런데 유감스럽게도 지금 대한민국 국회는 정부가 제출한 혹은 정부가 청탁한 테러방지법, 그중에서 특히 국민들의 기본권을 심각하게 침해할 우려가 있는 부분들 그리고 더 나아가서 우리 헌법의 정신, 우리 헌법의 정체에 대한 부분, "대한민국의 주권은 국민에게 있고, 모든 권력은

국민으로부터 나온다"라고 하는 이 조항에 입각한 정신이 침해될 수 있는 그런 조항들이 산재되어 있는데도 불구하고 그것에 대한 민주적 통제를 방치한 채, 방기한 채 그대로 통과시키고자 하고 있고 또 그것이 그대로 통과되는 것을 반대하고 수정해서 통과해야 된다라고 주장하는 우리 야당들이 오히려 국민들을 위협하는 어떤 그런 집단으로 매도되고 있는 이런 상황이야말로 사실은 국가 비상사태에 해당한다라고 생각합니다.

국가정보원을, 국가정보기구를 통제하는 또 다른 수단은 예산 의결권입니다. 그 지갑의 끈을 조이는 방법으로 정보기구 업무를 통제하는 것인데 예산권을 통해서 입법부의 정보기구에 대한 민주적 감시와 통제를 좀 더 능동적으로 할 수 있다는 것입니다. 즉 국가기밀과 관련된 활동에 필요한 예산의 승인권을 국회가 갖고 있기 때문에 그것을 가지고 통제력을 확보할 수 있다는 것입니다.

미국의 경우에는 때때로 예산권은 정보기구에게 정보를 제공받도록 강제하기 위해서 적용되기도 합니다. 즉 사실상 특별프로그램의 자금에 관한 인가 철회의 압력을 가하고 그 압력이 믿을 만하다고 생각되면 정보공동체의 협력을 확보할 수 있는 중요한 지렛대가 될 때도 있습니다.

국가정보기관의 권한남용을 막을 수 있는, 민주적 통제가 될 수 있는 또 다른 하나의 수단이 행정부의 감독권한입니다. 국정원에 대한 감독권한은 국회 정보위원회가 갖고 있습니다. 따라서 국가정보기구의 정책 실패는 국회의 감독·감시기능의 실패를 동시에 의미합니다.

결국 지금의 국가정보원이 제대로 신뢰를 받지 못하고 있는 것은 다시 말하면 그 국가정보기구, 그러니까 국가정보원을 민주적 통제를 통해서 감독과 감시를 해야 하는 국회가 실패를 했다라고도 말할 수가 있습니다. 그러면 그 국회의 실패를 바로잡기 위해서는 어떻게 해야 할 것인가, 그것은 국회는 주권자인 국민이 선출한 기관이기 때문에 국민들의 현명함이 요구된다고 하겠습니다.

국회에 부여된 이러한 국가정보기관에 대한 감시감독 기능은 어떤 사후적 비판이나 정치적으로 이용하기 위해서라기보다는 국익이라는 관점에서 사전에 정보활동의 효용성과 적법성, 당위성을 판단하는 그런 감독기능을 더욱 확대하고 강화할 필요가 있다, 이러한 의미입니다.

입법부는 국가정보기구에 대한 감시와 함께 물론 지원과 협력도 해야 할 것입니다. 입법부의 국정원에 대한 민주적 통제의 문제 외에 또 입법부 스스로가 갖고 있는 그런 문제점이 결국에는 감시감독 기능의 왜곡으로 연결이 됩니다. 어쩌면 이렇게 국회가 민주적 통제를 제대로 못 하고 있는 것은 아까도 말씀드린 것처럼 국회 실패로 다시 결론내릴 수 있을 텐데 그러면 이 의회의, 국회의 입법부로서의 민주적 통제 자체가 되지 않는 이런 국회 실패는 어디서 오는 것일까라는 것을 한번 살펴볼 필요가 있습니다.

말씀드린 대로 국회는 각계각층의 다양한 국민들의 요구와 국민들의 우려와 이런 것들을 대변해서 국회라는

공간에서 분출하고 또 논쟁하고 그렇게 해서 결국은 효율적인 의회라면 결론을 내릴 수 있어야 할 것입니다. 타협을 볼 수 있어야 합니다.

그런데 우리 국회는 타협이 되지 않습니다. 다수당의 독주만이 있을 뿐입니다. 다만 그 독주가 일사천리로 독주하느냐 아니면 잠깐 제동이 걸렸다가 다시 독주하느냐 그 차이일 뿐이지 제가 보아 온 대한민국의 국회는 한 번도 제대로 중요한 문제에서, 특히 국민들의 이견이 있고 국민들의 이슈가 되고 있는 중요한 부분에 있어서 타협으로 제대로 그것이 용광로 속에서 용해되어서 결론이 난 적이 없는 것 같습니다.

이것은 우선은 정당정치에 의한 심각한 갈등, 정당 간의 이념 성향의 차이로 인한 심각한 갈등이 유발됐을 때 결과적으로는 결론이 나지 않기 때문에 의회의 통제 권한이 위축되는 그런 상황이 빚어지게 됩니다. 특히 지금 같은 상황은 우리가 분단된 국가라는 상황에서 국가 안보나 여러 가지 안전이 중요한 것은 틀림없지만 과도하게 그것을 내세우고 그것을 빌미로 해서 이념적으로 몰아붙이고 또 국민들을 어떻게 보면 선동하는 상황으로 가서 결국에는 일방적으로 결론을 내리게 되는 그런 상황이 계속 반복되게 되고, 그렇게 하다 보면 정당하고 합리적인 그런 반대의 주장이나 이견들이 묵살됨으로써 그 반대 측의 이견이나 주장을 하고 있는 그런 반대 측에 있는 국민들은 점차 국회 내의 다수파, 그러니까 다수당에 대해서 절대적인 반감을 갖게 되고 또 그렇게 되면 다시 또 그러한 국민들을 주로 대변하고 있는 반대의 야당의 입장에서는 그것을 절대적으로, 결사적으로 반대하게 되는 이런 악순환이 계속 반복되게 되는 것 같습니다.

그런데 그 근본적인 원인은 그러면 어디서 이렇게 발생하는 것일까, 결국에는 대통령의 절대적인 권한이 근본적인 원인이다라는 생각을 하게 됩니다. 여당이 일정하게 자신들의 주장 중에서 야당의 의견 중 합리적인 부분을 채택해서 수정을 하고자 할 때 대개 그것이, 그 법안의 내용이 대통령이 적극적으로 추진하는 법안일 경우에는 그 법안에 여당이 손을 대는 것이 용납되지 않는 그런 상황인 것 같습니다. 그래서 그 절대권력에 감히 저항하는 그런 여당의 지도부가 존재하기가 어렵고 특히나 지금과 같이 선거를 앞두고 공천 국면에 있는 상황에서는 더더욱 그런 것 같습니다. 한편으로는 그런 것을 지켜보면서 아마도 말씀들은 안 하시겠지만 여당의 의원님들께서도 우리와 같이 정치인으로서 또 국회의원으로서의 자괴감 같은 것을 느끼지 않을까 하는 생각을 순진한지 모르겠지만 해 봅니다.

과연 어디에서부터 잘못된 것일까? 이렇게 대통령의 권력이 절대적이고 국회가 갖고 있는 고유한 권한인 입법권에조차도 한 획도 고칠 수 없도록 하는 이런 상황에서 그러한 대통령의 요구에 대해서 한마디도 하지 못하는 여당과 그 다수당의 일방적인 끌려다님에 대해서 또 한마디도 못 하는 야당, 그래서 국회가 무력화되고

있는 이런 상황에 대해서 결국은 이 국회 무력화의 가장 큰 원인은 그 정점에 있는 대통령의 절대권력에 있다라는 결론을 내리게 됩니다. 대통령의 개인의 문제일 수도 있겠지만 근본적으로 절대적인 권력을 인정하고 있는 우리의 대통령제의 문제가 아닌가 하는 생각을 해 봅니다.

다행히 그 대통령께서 의회의 독립성을 어느 정도 인정하고 여당의 주장을 의회 권력으로서, 의회 권력의 일원으로서 여당의 자율성을 어느 정도 용인하는 분이라면 그나마 그럭저럭 굴러갈지 모르겠지만 그렇지 않다고 한다면 결국 의회는 식물의회가 될 수밖에 없는 이러한 현상에 대해서 향후에 우리 국회는 과연 국회가 국민들을 대변해서, 우리 주권자인 국민들의 의사를 제대로 대변해서 행정부를 제대로 견제하고 있는지, 국가정보기구를 제대로 견제하고 있는지 고민하고 노력하는 게 아니라 거꾸로 그 권력을, 행정권력과 국가정보기구의 권력을 대변해서 국민들의 기본권이 오히려 침해되는 부분들에 대해서 그것을 그냥 묵살하는 역할을 결과적으로 한다라고 할 때 그때 우리 국민들이 갖게 될 배신감과 상실감은 어떻게 될 것인지 참으로 마음이 무겁습니다.

결국은 이 테러방지법과 관련해서 여당은 대통령과의 관계 속에서 의도적으로 국정원에 대한 감시권한을 행사하지 않게 될 것이라고 생각합니다. 그것은 여당뿐만이 아닐 것입니다. 국회의원들도 결국은 선거에 의해서 계속 선출이 되는데 선거에 의해서 선출될 때 국민들이 그 선출하는 기준을 국민들의 이익을, 국민들의 인권을, 국민들의 기본권을 얼마나 잘 보호하고 대변하느냐에 두지 않고 그러한 부분들에 대한 정보가 제대로 국민들한테 또 전달되지 않고, 여러 가지 언론의 환경으로 인해서 제대로 전달되지 않을 때, 그러면 결국은 막대한 권력을 갖고 있는 국가정보원과 같은 그런 기관에 대해서 철저하게 감시·감독을 해 봤자 선거에 도움이 되지 않을 거라고 생각을 하게 되는 것이 자연스러울 것입니다. 그러면 점차 국민들을 대변해야 하는 의회 권력이 국가정보기구의 권력과 결탁하는 그런 상황이 벌어질 수 있다고 생각합니다.

국회의원들이 그 활동이 유권자들 사이에서 자신의 정치적 입지를 강화하는 데 크게 도움이 안 되면서 안보와 밀접하게 관련된 정보활동을 적극적으로 통제하려고 할 때 그 정보 실패에 대한 책임이 오롯이 국회에 떨어지게 될 수 있기 때문에 누가 적극적으로 그런 정보활동을 통제하려고 하겠는가 하는 그런 두려운 생각을 하게 됩니다.

그래서 그 속성상 여러 가지 관계와 그런 권력 관계, 또 여러 가지 활동의 성격상 사실은 국가정보원에 대한 여러 가지 감시와 감독을 국회에서 제대로 하게 되기 위해서는 여러 가지 조건이 필요하다고 생각합니다.

우선은 대통령의 절대적인 권력, 대통령의 절대적인 여당에 대한 영향력, 이런 것들이 개선되지 않고서는 혹은 여당이 소수당이 되지 않고서는 이 문제는 해결되지 않습니다.

그리고 또 우리나라와 같이 분단국가에서는 국가안보에

대한 어떤 국민적으로 민감한 그런 특성을 갖고 있기 때문에 안보와 밀접한 이 정보활동에 대해서 적극적으로 통제하려고 하는 행위들은 사실상 선거와 관련해서는 득보다 실이 더 크게 될 가능성이 많은데, 그럼에도 불구하고 선거로 선출되는 국회의원들에 대해서 이것을 적극적으로 통제해야 된다라고 할 때 그것이 끝까지 갈 수 있을 것이냐 하는 부분은 전 회의적인 생각이 많이 듭니다.

그럼 어떻게 해야 되느냐? 결국은 소신에 따라서 국민들을 대변해서 국민들의 기본권을 지키고자 하고 또 그렇게 해서 민주적으로 국가정보원의 무소불위의 권력을 적절하게 효율적으로 또 통제를 하고자 하는 그런 강력한 의지를 가졌을 때 그것이 국민에 의해서, 유권자인 국민들, 주권자인 국민에 의해서 그것이 인정되고 그것이 결국 다시 권력을 획득하는 데 도움이 되는 결과를 갖고 올 때만이 이 민주적 통제가 실질적으로 가능해진다라는 결론이 나오게 됩니다.

어려운 문제입니다. 왜냐하면 또 정보의 전달이 열악한 언론 환경으로 인해서 제한되어 있기 때문입니다. 그럼에도 불구하고 국민들께서는, 많은 국민들께서는 그래도 깨어 있을 것이다 이렇게 믿고 그렇게 가는 수밖에 없지 않나라고 지금은 생각합니다.

중요한 것은 부족하지만, 아무리 부족하지만 그래도 이 민주적 통제를, 정보기관에 대한 민주적 통제를 하고자 몸부림치는 정치, 정치인들 또 국회의원들에 대해서 국민들께서 제대로 그 내용을 이렇게 관심 있게 보시고 그 부분에 대해서 또 함께 공감을 해 주실 부분들은 해 주시고 또 응원해 주실 부분들은 응원해 주시고 또 우리가 가지고 있는 그런 한계에 대해서도, 현실적 한계에 대해서도 인정하기 어렵지만 그럼에도 불구하고, 인정하고 싶지 않지만 그럼에도 불구하고 또 현실 속에서의 한계를 이해하시면서, 그러나 다음에 향후에는 결코 그렇게 되지 않도록 함께 힘을 모아 주는 것만이 이 문제를 현실 속에서 우리가 해결할 수 있는 길이라고 생각합니다.

말씀드린 것처럼 의회의 감독기능의 한계, 그리고 또 어떤 선거에서의 기회비용, 활용 가능한 기술, 제한된 인간의 인지능력, 이런 제약들이 선거를 통해 유권자들의 지지를 얻어 선출되어야 하는 정치제도적 특성과 의원 개개인들의 전문성과 역량 부족과 같은 개인적 속성 등이 정보기관과 같은 행정부 부처의 활동 감독을 더욱 어렵게 만든다, 따라서 이런 한계와 문제점을 극복하는 것은 우리의 국가정보기관에 대한 민주적 통제를 위해서 매우 절실한 문제이고 반드시 이것이 실천될 수 있도록 국민들과 함께 마음을 모으고 이렇게 할 필요가 있다 이런 생각이 듭니다.

한국의 국회와 대통령, 행정부의 관계는 국회가 정부에 관여하는 기능이 강화된 것보다는 오히려 대통령이 국회 활동에 관여할 수 있게 함으로써 정부의 권한이 강화된 측면이 있습니다. 반면에 국회가 정부의 활동에 관여 내지 통제할 수 있도록 하는 제도적 장치는 미약합니다.

정부의 법안 제출권…… 국회가 입법부라고 합니다. 가장 큰, 우리가 교과서를 통해서 학교 다닐 때부터 배운 게 국회는 입법부다, 행정·사법부와 함께 삼권분립의 축을 이루고 있다, 그리고 그 입법부의 주요 기능은 법을 만드는 것과 법안의, 법률의 제·개정권과 예산 심의·의결권이다, 이렇게 배우셨을 겁니다.

저도 국회에 아이들이, 학생들이 오면, 방문을 하면 국회의 기능에 대해서 설명을 하면서 그런 얘기들을 해 줍니다. 그런데 막상 국회가 입법권을 가지고 있느냐? 지금은 국회는 정부가 입법을 하는데 하나의 그냥 거치는 과정에 불과해진 것 같습니다.

국회의원이 처음 되어서 여러 가지 생각하고 있던 새로운 정책이나 나름대로 좋은 법이다라고 생각하고 열심히 해서 법안들을 제출했습니다. 법안들을 대표발의를 많이 했습니다만 아주 사소한 내용들을 수정하는 것을 제외하고는 뭔가 좀 새롭고 제도를 갖다 크게 개혁하는 그런 법안들은 국회의원들 개인들이 제출해 봤자 거의 통과되지 않습니다. 아마 한 1년에 한두 건 그런 게 통과되면 굉장히 잘 되는 것일 겁니다.

예를 들어서 최근에 아동학대와 관련해서 많은 여러 가지 우려사항들이 있고 사건들도 있었고, 그래서 또 아이들이 학교에 출석하지 않을 때 그것에 대해서 조사할 수 있게 하자라고 하는 그런 법안들도 저도 냈고 또 다른 분들도 냈을 겁니다. 그런데 관련부서에서, 그렇게 당연히 별문제가 없어 보이는 법안인데도 관련부서에서 아주 사소한 이유를 가지고 반대를 하면 그 법들이 통과되지 않습니다. 굉장히 힘듭니다. 아주 난리를 쳐서 한 1년 내내 싸우면 겨우 통과됩니다, 그렇게 당연한 내용의 법안들도요. 하물며 서로 민감한 내용은 좀 철학적 차이가 있거나 또 방대한 내용의 제정법이나 이런 것들은 거의 통과되지 않습니다.

그나마 당에서 주력법안으로 선정해서 막 민다든지 이렇게 되면 어쩌다가 하나 통과될 수도 있을 겁니다. 예를 들어서 대리점보호법이라든지 이런 것들은 당에서 아주 주력법안으로서 미니까 그런 것들은 어쩌다 통과가 됩니다. 어떻게 보면 국회의원들한테 '문구나 고치는 그런 개정안만 낸다' 이렇게 많이 나무라시기도 합니다만 제가 이렇게 봤을 때는, 물론 그런 법안들만 내는 것은 문제가 있습니다만 실제적으로 머리 싸매고 고민해서 연구를 거치고 해 가지고 법안 내봤자 거의 통과되지 않기 때문에, 우리가 국회에서 여야가 싸워서 통과가 안 되는 것보다도 정부가 한마디만 반대하면 거의 통과되지 않습니다.

그런데 반면에 정부가 제출한 법안은 어떻게 되느냐? 여러분도 아시다시피 지금 테러방지법, 국회의원이 대표발의를 했지만 다들 아시다시피 정부가 청탁한 법안입니다. 그래서 매번 대통령께서 말씀하십니다, '테러방지법, 테러방지법'.

경제활성화법안, 그게 경제활성화법안이다라는 네이밍은, 이름은 저는 동의하지 않습니다. 경제활성화법안이라기보다는 오히려 서민경제를 죽이는 법들이 더 많이 있었지만 어쨌거나 그런 법안들 대부분의원 명의로 발의가 되어 있지만 사실은 정부가 청탁한 법안입니다, 대통령이 원하시는 법입니다.

그나마 그 법들도 대부분 다 통과가 되었지만 그 법을 조금이라도 통과시키지 않으면 '왜 통과시키지 않느냐?' 막 그럽니다. 그런 걸 보면서 국회는 입법부고 법을 제정하고 개정하는 게 국회의 가장 큰 역할이고 또 권한이고 또 책무인데 국회의원들이 열심히 노력해서 내는 법들은 정부가 한마디만 하면 통과되지 않는데, 정부에서 청탁해서 내는 법들은 우리가 정당한 이견이 있어서 논쟁한다고 통과시키지 않아도 굉장히 소리를 듣고 국민들로부터 지탄을 받아 마땅한 그런 상황이 됩니다.

그러면 과연 우리 대한민국에 입법부라는 것이 존재하는 것인가? 대한민국에는 입법부가 아니라 정부가 만든 법을 통과시키는 그런 회의체가 있을 뿐입니다. 그래서 법을 만든다기보다는 그나마 국회선진화법에 의해서 정말 안 되는 법을 통과를 안 시키고 잠시 붙잡고 있을 그런 권한만 있습니다.

그러니까 어떻게 보면 국민들이 봤을 때 '국회에서 법을 만드는 게 뭐가 있느냐? 맨날 발의한다고 막 이렇게 보도자료 내고 하는데 그 법들은 왜 통과가 안 되는 거냐? 일을 안 하는 거냐?' 이렇게들 얘기 많이 하십니다.

정말 열심히 논쟁하고 하지만 정부에서 그 담당 과장이 와서 딱 일어나서 '좀 어렵습니다. 반대합니다' 하면 그 길로 여당에서는 협조하지 않습니다.

그러면 예산 심의·의결권은 어떤가? 이번에 누리과정 관련해서 작년에 예산심의를 하는 과정에서 막판에 굉장한 진통이 있었습니다. 누리과정 예산을 편성하지 않았기 때문인데요. 그때 누리과정 예산이 편성되지 않아서 예산을 통과시켜 줄 수 없다고 우리 당에서 끝까지 주장을 했는데, 그때 12월 2일 날 예산이 자동부의 됩니다, 자동부의. 그러면 그때까지 합의를 해서 수정하지 않으면 결국은 원안으로 통과가 되게 됩니다, 정부가 처음에 냈던 원안으로.

그러면 '누리과정을 수정하자. 예산을 증액을 해 달라'라고 아무리 얘기했지만 역시 다수당인 새누리당에서 그것에 동의해 주지 않으면 그걸 계속 붙잡고 있다가는 다른 예산도 수정 못 하고 정부가 낸 대로 그냥 넘어가게 됩니다, 12월 2일이 딱 넘어가는 순간.

그런 상태에서 국회가 예산안 심의·의결권이 과연 있느냐? 그것은 없다고 봐야 되겠지요. 찬성하는 버튼을 누를 권한은 있지만, 물론 사소한 부분들에 대해서 예산을 심의하고 의결할 수 있는, 심의할 수 있는 권한은 있습니다. 그런데 정말로 중요한 큰 부분들에 대해서는 그 권한을 제대로 쓰지를 못합니다.

법안을 통과시키는 것에 대해서, 문제가 있는 법안을 통과시키는 것에 대해서 잠시나마 그것을 붙잡을 수 있는, 반대할 수 있는 실제적인 권력만 갖고 있는 상태에서 마치 매번 발목을 잡고 있는 것처럼 보이고 그래서 굉장히 큰 권한을 갖고 있는 것처럼 보이지만 네거티브한 약간의 권력이 있을 뿐이지 포지티브한 권력은 거의 없습니다. 이런

상태에서 국회가 입법부라고 할 수 있느냐……

아주 심각한 문제라고 생각하고 사실은 정말로 처음에 국회의원이 되었을 때 '아, 이런 제도도 만들어 보고 싶고 이런 법도 한번 내보고 싶고 이런 법도 한번 논쟁을 해 보고 싶고 또 정말 이런 게 있으면 이건 한번 타협을 해서 바꿔 보고 싶고……' 그런 생각을 한 많은 분들이 계실 텐데 그것이 제대로 작동되지 않고 있는 것을 보면서 이 대한민국에서 국회라는 것이 정말로 입법부로서의 역할을 하는 데 한계를 갖고 있구나, 그러면 그 원인은 또 뭐냐……

계속 말씀드리지만 결국은 법안의 제출권이 정부에도 있는 것 그리고 정부가 법안을 의원들에게 청탁하는 것 그리고 여당이 그 정부에 예속되어 있는 것, 이러한 여러 가지 또 절대 권력의 문제가 있는 구조적 한계를 갖고 있는 이런 상황에서 이것을 개선하지 않고, 이것을 개혁하지 않고 입법부로서의 어떤 우리가 민주주의를 실현하겠다. 이것은 굉장히 사실 순진한 생각이다 저는 그렇게 생각합니다.

긴 시간이 걸릴 수밖에 없다라는 생각도 하고, 어떻게 보면 지금의 이 테러방지법 하나를 가지고 우리는 이렇게 필리버스터까지 해 가면서 많은 논란을 일으키고 있지만 사실은 그게 다가 아니고 이 테러방지법뿐만이 아니고 이와 유사하게 많은 국민들의 이해가 걸려 있는 여러 가지 경제 관련 법안부터 시작해서 이런 여러 가지 예산과 이런 부분들까지도 궁극적으로 이러한 구조를 개혁하지 못하면 어쩌면 국회라는 것이 과연 존재할 필요가 있나, 차라리 그러면 행정부 마음대로 그냥 독재하고 이렇게 하는 거하고 뭐가 다른가 이런 생각을 합니다.

그러면 그 안에서, 이 의회 안에서 아주 고군분투 많이들 하고 계시고 또 저도 마찬가지지만 매번 그 한계를 절감하면서 그 안에서, 구조를 바꾸지 못하는 그 속에서, 그 구조 속에서 그냥 몸부림만 치는 이런 상황이 지속될 때 언제까지 이렇게 할 것인가……

그래서 제 개인적인 생각입니다마는 이제는 정말 우리가 87년의 민주화운동을 통해서 직선제를 관철하고 했지만 그것은 굉장히 기초적인 수준에서의 민주주의였다. 이제는 정말 우리가 헌법의 정신을 제대로 구현할 수 있는 구조를 만들어 내고 국민들의 주권을 실질적으로 지킬 수 있고 실질적으로 구현할 수 있는 그러한 섬세한 구조적 개혁을 하지 않으면, 그것을 고민하지 않으면 그냥 그때그때의 이슈에 따라서 국민들로부터 그 구조와 상관없이 계속 손가락질만 받는 그런 상황에 놓여질 것이고, 그렇게 되면 결국은 개인적인 좌절과 이런 것들만 계속돼서 아무런, 정말 비생산적인 상황이 벌어질 수 있다라는 생각이 듭니다.

그래서 사실 미국 같은 경우에는 정부의 법안 제출권이 없는 것으로 알고 있습니다. 그리고 미국의 대통령은 굉장히 막강한 권한을 갖고 있는 것처럼 보이지만 연방의 대통령으로서 국방과 외교 이런 분야에 있어서만 막강한 권한을 갖고 있을 뿐이지 사실은 사회·경제적 내치의 문제에 있어서는 의회의 굉장히 많은 통제를 받고 있습니다.

그래서 어떻게 보면 한국의 대통령제는 엄격한

삼권분립에 기초한 미국식 대통령제와는 다른, 대통령이 상대적으로 우월적 지위에 있는 변형된 대통령제로서 지금과 같은 이런 권력에 대한 민주적 통제가 제대로 되지 않는 그런 한계를 내포하고 있다, 그래서 한국적 상황에서 대통령은 의원들에 대한 사전적인 선발 방법—공천입니다—그리고 사후적인 통제 방법을 통해서 의원들의 충성을 유도할 수 있습니다.

그래서 사전적인 방법으로서 대통령은 자신에게 충성스러운 의원들로 여당을 구성할 수 있습니다. 또 사후적으로도 여러 가지 처벌과 보상 또 내각에의 입각이라든지 또 혹은 어떤 주요 당직에서의 사퇴라든지 이런 것들을 통해서 통제할 수 있는 다양한 제도적인 무기를 갖고 있습니다.

그 수단으로 구체적인 걸 살펴보면 첫째는 검찰 수뇌부, 별정직 고위공무원 및 정부 산하단체 임원에 대한 인사권 그리고 공기업 및 준공기업 기관장 임명에 대한 실질적인 영향력 행사 이런 것들이 국회 동의 없는 다양한 임명권인데 이런 인사를 통해서 또 간접적으로 의원들의 충성을 유도할 수 있고, 아까 말씀드린 것처럼 정부가 예산편성권을 갖고 있습니다. 지역구 예산이 또 정부에게 많이 달려 있습니다. 그래서 대통령은 정부 예산의 지역구 배분을 통해서 국회의원들을 통제할 수 있습니다.

그리고 순수한 대통령제와는 달리 국회의원이 국무위원을 겸직할 수 있어서, 그래서 입각을 하는 것은 개인적으로도 상당한 여러 가지 이점을 갖게 되기 때문에 의원들도 많이 선호를 하게 되고 또 그 의원이 입각을 하게 되면 그런 입각한 의원들을 통해서 다시 또 자신의 의제를 여당에 관철을 하게 되는 그런 루트로 활용이 되게 됩니다.

더더군다나, 아까 정부의 예산편성권을 말씀드렸지만 예산심의권조차도 지금 12월 2일 날 자동 부의되도록 되어 있기 때문에 정부 예산의 배분을 통해서 당연히 국회의원을 통제하는 그 권한은 막강하게 되는 것입니다.

사실 그전에, 국회선진화법에서 예산안의 심의권, 예산안이 12월 2일 날 자동 부의되도록 하는 그 조항이 들어오기 전까지만 해도 그래도 예산안을…… 혹시 기억하실지 모르겠지만 연말까지 예산안을 붙잡고 늘어지면서 그걸 통해서 그래도 중요한 예산안에 대해서는 협상을 할 수가 있었습니다.

그런데 예산안의 자동 부의권이 생기면서 12월 2일이 되면 바로 자동 부의됨으로 인해서 어떤 지렛대가, 협상의 지렛대가 상당히 많이 상실되었고 예산 자체가 정부가 원하는 대로 많이 이렇게, 그냥 강행될 수 있는 여건이 마련되었던 것입니다.

이런 대통령의 권한에 대해 강력하게 견제하고 균형을 맞출 수 있는 수단이 부족하다는 측면에서 '제왕적 대통령제' 이렇게 이야기가 제기되고 있습니다.

그래서……

(尹明熙 議員 의석에서 — 토론하고 상관없는 발언 아닌가요?)

아니요, 상관있어요. 계속 들어 보세요.

(尹明熙 議員 의석에서 — 계속 듣고 있는데 안 나와서……)

아니, 지금 나와요, 지금.

들어 보세요.

그래서 뭐냐 하면 지금 이런 제왕적 대통령제에서는 기왕이 대통령제의 구조 자체를 지금 당장 바꿀 수 없다면 결국 국가정보기구의 이런 권한을, 막강한 무소불위의 권력을 민주적으로 행정권력이 통제할 수 있는 유일한 그것은 대통령께서 강력한 의지를 가지고 국가정보기구의 권한 남용을 통제하는 것입니다.

(尹明熙 議員 의석에서 — 그걸 만드는 건 국민이잖아요. 그걸 왜 대통령한테 전가를 합니까?)

무슨 얘기하시는 거예요?

(尹明熙 議員 의석에서 — 이언주 의원은 국민 아니에요?)

저하고 지금 토론하시는 거예요? 그러면 발언 신청하셔서 하세요. 발언 신청하셔서 하세요.

누구십니까, 지금?

(尹明熙 議員 의석에서 — 누군지는…… 저도 여기 의원이니까 앉아 있는 것이고……)

자, 발언 신청하셔서 하세요.

의장님!

(尹明熙 議員 의석에서 — 의장님은 본 법안하고는 관련이 없는 발언은 자제 좀 시켜 주세요.)

발언 신청하셔서 하십시오.

● 부의장 정갑윤 자, 좀 조용히 해 주시고……

● 이언주 의원 발언 신청해서 토론해 주세요.

● 부의장 정갑윤 이언주 의원님, 아주 열심히 하시는데 결론을 내기 위해서 과정이 길다 그런 얘기 같습니다.

● 이언주 의원 예, 그렇지요? 맞습니다.

● 부의장 정갑윤 그러니까 과정을 조금 줄여 주시면 이런 일이 없을 것 같습니다.

아시겠지요?

토론 잘해 주시기 바랍니다.

● 이언주 의원 과정은 좀 길 수도 있는데요, 제 얘기를 처음부터 끝까지 들으셨으면, 그 얘기에 대해서 토론하시려면 발언 신청하시고 토론하시면 됩니다. 거기서, 자리에서 말씀하지 마시고요.

● 부의장 정갑윤 그만하시고요.

● 이언주 의원 예, 조금 예의가 없으시네요.

(尹明熙 議員 의석에서 — 예의 받게 하세요.)

예의가 없으시지요. 발언 신청하시고 토론하십시오.

(● 尹明熙 議員 의석에서 ― 주제도 없는 토론을 나가서
합니까?)
발언 신청하시고 토론하시라니까요.
(● 尹明熙 議員 의석에서 ― 여기…… 예의가 아닙니다.)
그만하십시오. 예의가 없으시잖아요.
국회법 절차를 지켜 주십시오.
(● 尹明熙 議員 의석에서 ― 맞는 토론을 하시라고요.)
국회법 절차를 지켜 주십시오, 그만 방해하시고요. 저는
적법하게 지금 필리버스터를 하고 있는 겁니다.
제 얘기에 대해서 이견이 있으시면……

● **부의장 정갑윤** 그만하세요.

● **이언주 의원** 손들고 발언 신청하셔서, 오셔서 토론해
주십시오.
그리고 현행 대통령제……
아까 제가 얘기가 좀 끊겼는데요. 그래서 대통령의 강력한
의지가 작동한다면 국가정보기구에 대한 직접적인 통제가
가능하다고 판단을 합니다. 그런데 이것은 역으로 대통령이
국가정보기구를 통해서 자신의 권력을 부당하게 행사할 수
있는 환경이라는 것도 동시에 의미합니다.
현행 대통령제하에서는 행정부 또는 국정원이 국민의
요구에 민감하게 반응하지 않습니다. 또한 국무총리가
행정 각부를 통할하지만 국정원은 다른 행정기관과 달리
대통령의 직속하에 두고 대통령의 지시·감독을 받도록 하고
있어서 사기관화 및 정치화할 가능성이 높습니다.
이런 점은 국정원에 대한 개혁에 있어 여야의 이념적
차이가 비교적 적어서 의회 내 합의가 가능한 영역에서는
대통령이라는 존재가 걸림돌이 될 수도 있다는 점에서
확인이 됩니다.
따라서 정보활동에 대한 통제는 정보활동의 중심에
있고 주된 수요자인 대통령이나 대통령의 통제하에 있는
정부기구가 아닌 다른 기구에 의해 이루어지도록 할 필요가
있습니다.
대통령과 국정원의 직접적 관계 속에서는 비밀주의와
권력에 대한 욕망으로 인해서 국민의 요구와 다른 방식의
정보활동이 벌어질 그런 가능성이 커지기 때문입니다.
또한 대통령은 취임 직후에 국가정보기구의 운영방침을
국민에게 확실하게 공개하고 공개한 내용을 실천하기
위해서 노력해야 합니다. 즉 대통령이 국가정보기구를
민주적으로 운영할 것이며, 정부정책의 우선순위를
국회를 통해 검증받는 절차를 거침으로써 정부행정의
민주적 정당성을 확보하겠다고 선언하는 것입니다. 이를
통해서 정부행정에 있어 국민적 동의와 감시를 받겠다는
것을 다짐하는 것입니다. 동시에 행정부도 헌법적 가치를
구현하는 대한민국의 국민이라는 것을 잊지 말아야 할
것입니다.
헌법은 국민만 지켜야 하는 것이 아닙니다. 오히려 국민의
선택에 의해 대통령이 구성한 정부가 더 확고하게 지켜야 할

원칙입니다. 대통령이 헌법적 가치와 어긋나는 길을 간다면
행정부는 헌법적 가치를 지키기 위해서 행동해야 합니다.
대통령의 지휘와 명령을 지킨다는 것은 헌법적 규정
안에서 유지되는 것이 당연한 것입니다. 왜냐하면 헌법이
대통령의 권력의 우위에 있기 때문이고 그 헌법은 우리
주권자인 국민의 것이기 때문입니다. 그것을 벗어날 경우
대통령은 대통령으로서의 존재 가치를 상실한다고 봐야
합니다.
예를 들면 미국의 부시행정부 시절 영장 없는 국내
감청활동을 연장시키려는 시도에 대해 검찰총장인
애시크로프트 그리고 연방수사국의 국장인 뮬러를 비롯한
관련 정부부처 및 정보기구 책임자들이 사임하겠다는
자세로 강력하게 반발했습니다.
국가정보기구가 의회 등 다양한 제도와 법률에 의해서
통제받지만 원천적으로 가장 중요한 존재는 정보기구
당사자들이라는 것을 말해 주는 좋은 예라 하겠습니다.
사실 대한민국의 상황을 보면 지금 방금 제가 예로 든
미국의 애시크로프트 총장이나 FBI의 뮬러 국장과 같은
그런 태도를 우리 국가정보원에 기대하는 것은 사실 거의
불가능한 것이라고 생각을 합니다.
그렇다고 해서 꼭 좌절할 필요는 없다 이렇게 생각합니다.
언젠가는 뮬러 국장과 같은 그런 분들이 국가정보원의
원장이 되는 그런 날이 오지 않을까 그리고 그런 날이
온다고 믿어야 그래야 세상이 또 좀 살 만해지지 않을까
이렇게 생각합니다. 그런 날이 올 것이라고 믿고 꿋꿋하게
같이 함께 걸어가야 한다 이렇게 생각합니다.
그 과정에서 많은 어려움이 있지만 그럼에도 불구하고
상당히 강한 인내심이 필요하다, 그렇지 않으면, 그 인내심이
없으면 그런 과정을 극복할 수 있는 힘이 생기지 않고
그 과정에서의 갈등만 심화되어서 결국은 어떤 강력한
국민들의 의지가 분열로 인해서 약화될 수 있기 때문입니다.
의회 차원의 민주적 통제뿐만 아니라, 그래서 행정부
자체 내에서도 적극적인 제도적 장치를 마련해야 합니다.
내부감찰을 강화하면서 외부 시민사회 참여로 더욱 강화된
감찰시스템을 구축한다거나, 내부 고발자를 확실하게
보호할 수 있도록 함으로써 스스로 자정할 수 있도록
한다거나, 부당한 정치관여 지시에 대해서는 이의를
제기하고 직무집행을 거부할 수 있도록 직무집행 거부권을
보장하는 등의 다양한 제도적 장치를 만들어 가는 것이
좋은 방향일 것입니다.
어쨌든 감사원의 역할이 그런 의미에서도 좀 중요하다
이렇게 생각을 하는데요. 감사원이 대통령 소속으로 여러
가지 한계가 있습니다만 궁극적으로는 감사원이 국회로
그 역할이 이관되어야 하겠지만 어쨌든 현재적 의미에서는
감사원의 국가정보기구에 대한 일정한 감시와 통제 이것도
굉장히 중요하다, 그래서 감사원이 자기 역할을 충실히
하기만 한다면 국회와 대통령에게 보고하는 권한을 통해
국가정보기구의 민주적 통제를 부분적으로 충족시킬 수
있다고 생각합니다.

또 사법권이라는 측면에서 사후적 판단에 의한 어떤 통제, 이런 게 좀 민주적 통제의 일환으로서 유효하다 이렇게 생각을 합니다. 예를 들어서 국정원이 어떤 불법적인 권한 남용이 있을 경우에, 또 예를 들어서 테러방지법에서 얘기하고 있는, 규정하고 있는 이런 도·감청이라든가 또는 위치추적이라든지 이런 것들에 대해서 국정원이 불법을 저질렀을 경우에 그때 감청에 대한 사법적 통제 수준과 내용이 과연 어떻게 될 것인가, 이런 관심이 집중될 수밖에 없을 것입니다.

그런데 사법부가 강력한 의지를 갖고 재판에 임한다고 하더라도 증거능력의 부족으로 인해서 강력한 인프라를 갖추고 있는 행정부나 특히 국정원을 상대로 원고가 승소할 가능성이 그렇게 높지 않은 것이 현실입니다.

무슨 얘기냐 하면 이 테러방지법에 규정되어 있는 여러 가지 감청이라든지 위치추적이라든지 조사라든지 이런 부분들에 대해서 헌법의 어떤 취지에 반하는 감청이 이루어지거나 혹은 법률에서 규정한 취지에도 역시 반하는 불법적인 감청이 이루어질 때 그것에 대해서 피해를 입은 당사자는 어떤 사법적 구제를 청구를 하게 될 텐데 그때 과연 국가정보원의 어떤 행위에 대해서 사후적 통제, 보고나 이런 것들 그리고 정보의 제공이 전혀 사후적으로도 이루어지지 않고 있을 때 그러면 과연 침해를 받은 당사자가 무슨 수로 증거를 제출해서 법원에 구제를 신청할 것인가 하는 문제가 있습니다.

예를 들어 불가피하게 어떤 다중의 안전을 위해서 일정하게 감청이 이루어졌다, 그게 허용이 돼서 했다 하더라도 만약에 그것이 불법으로 행해졌거나 혹은 헌법의 취지에 반해서 무작위로 이루어졌을 때는 그 사후에라도 사법적 통제가 가능해야 실제적으로 그러한 어떤 감청이나 이런 정보수집을 하는 국정원의 담당자들이 그 과정에서 그것을 조심해서 하지 않겠습니까? 그런데 만약에 감청이든 위치추적이든 조사든 끝나고 나서 아무런 사후적 통제를 받지 않는다라고 했을 때 바보가 아니고서야 어느 누가 법의 취지나 헌법의 취지를 제대로 지키면서 정보수집 활동을 하겠냐 하는 것입니다.

우리 당은 테러방지법에서 감청이나 또 위치 추적이라든지 금융거래 정보에 대한 조사 이런 것들에 대해서 우리가 수정을 요구를 하고 있지만 설사 그런 부분들에 대해서 우리가 원하는 만큼, 우리가 요구하는 만큼 수정이 되지 않는다 하더라도, 그러면 지금 현재 그나마 막연하게 포괄적으로 규정돼 있는 그 규정이라도 과연 지키는가라고, 통제를 과연 할 수 있을까 이런 문제가 또 있는 것입니다.

아주 완화된 상태에서 그냥 허가만 받아서 감청이 이루어졌다라고 하더라도 그 감청이 실제적으로 이루어졌다라는 것에 대해서 당사자가 나중에라도 알아야 그 감청이 잘못된 절차에 의해서 이루어지거나 불법적인 목적으로 이루어졌을 때 그 사람이, 그 피해자가, 피해자인 국민이 그것에 대해서 문제 제기라도 하고 소송이라도 할

수 있을 것 아닙니까? 그런데 사법적 구제를 하기 위해서는 증거가 있어야 하는데 아무 증거도 없이 그냥 의혹만 가지고 재판을 청구할 수는 없는 것 아니겠습니까? 그러면 그 증거를 어떻게 수집할 것이냐, 아무런 보고도 이루어지지 않고 자료도 남지 않는데……

국정원을 개인이, 침해당했다고 생각하는 개인이 국정원의 위법한 사항이 있으니까 압수 수색해 달라고 청구합니까? 불가능한 얘기입니다. 결국은 사법적 통제도 어렵다. 또 '시도는 하겠지만 결국은 고통당한 당사자가 승소할 가능성은 지극히 낮다. 그것이 현실이다, 이 법대로 간다면'이라고 판단을 하고 있습니다.

우리나라보다 불법적인 국내 정보활동에 대한 통제체제가 잘 갖추어진 미국의 경우도 부시 행정부가 9·11 테러 이후 관행으로 수행해 온 영장 없는 국내 감청행위와 관련된 소송에서 원고 패소 판결이 내려진 경우가 있다는 점을 통해서 알 수 있습니다.

그 내용은 부시 대통령 스스로도 영장 없는 감찰 활동을 인정했음에도 당시 미국민권연합을 비롯한 원고들이 패소한 이유는 원고들 스스로가 그러한 불법감청 활동의 대상이 되었음을 증명하지 못했고 따라서 그들은 소송의 당사자가 될 자격 자체가 없다는 것이었습니다.

사실 소송에서 제조물 책임법이라든지 이렇게 한쪽에 입증책임을 전환시키는 그런 책임에 관련된 제도들을 보면 대개 뭐냐 하면 양쪽에 당사자가 있을 때 한쪽의 정보가 지극히 불균형할 때 그럴 때에는 그 정보의 불균형, 정보의 비대칭성에 대해서 그것을 감안해서 소송에서 어떤 입증 책임을 전환시켜 주거나 혹은 무과실 책임을 인정하거나 이렇게 하고 있습니다.

그런데 사실은 국가정보원하고의 관계에서 본다면 일반 민간인이, 우리 국민 개인이 방대한 정보를 가지고 있는 국가정보원하고의 관계에서 이 정보의 비대칭성이라는 것은 어마어마한 상황입니다. 그럼에도 불구하고 아무런 사후적인 보고조차, 그 사람 자체한테 통지해 주는 것은 고사하고 국회에조차 보고하지 않는다라고 했을 때 그러면 이 문제를 어떻게, 이 정보의 비대칭성과 그 사법적 통제가 불가능해지는 상황을 어떻게 해결할 것인가? 결국은 해결할 생각이 없다라고밖에 생각할 수 없습니다.

그래서 누누이 말씀드리지만 테러방지법을 통해서 테러를 방지하고 예방하고 어느 정도 불가피하게 어떠한 정보수집 활동을 할 수 있다는 부분에 대해서는 공감을 하지만 우리 헌법이 규정하고 있는 정신에 따라서 국민들의 안전, 우리한테 권한을 위임한, 권력을 위임한 우리 주권자인 국민들의 안전을 위해서 이 테러방지법을 하려고 하는 것인 만큼 그것이 거꾸로 국민들의 권리를 심각하게 침해해서, 그것이 과도하게 침해하는 과정까지 가서는 안 되기 때문에 상호 비례가 맞아야 된다. 그렇다면 그 침해되는 국민의 권리는 최소화 되어야 하고 그 필요성에 대해서는 엄격하게 통제해야 된다고 다시 한 번 말씀을 드리면서 이것을 위해서 반드시 사후 통제 장치를, 최소한 사후 보고나

이런 것들을 통해서 이런 정보수집 활동이 정보 당국인 국가정보원이 아닌 독립된 국회를 포함해서 다른 기관에서 이것을 갖고 있어야 된다. 그래서 굉장히 중요하고, 만약에 그런 것을 확보하지 못할 경우에는 우리 국회 스스로가 국가정보원에 예속되는 혹은 대통령께서도 국가정보원에 좌우지되는, 퇴임 이후가 걱정될 수밖에 없는 그런 상황이 만들어질 것이다라고 사실은 강력하게 경고를 하는 바입니다.

사실 이런 상황을 감안할 때 지금 발의되어 있는, 새누리당이 발의한 통신비밀보호법 일부개정법률안은 시대적 흐름과 매우 역행하는 그런 방향인데 이 내용은 전기통신사업자가 정보 수사 시 통신제한 조치에 필요한 도·감청 장비를 의무적으로 구비토록 하고 불응할 경우에는 이행강제금을 부과하는 내용입니다. 그래서 국정원 등이 휴대전화 감청을 요청할 경우 이에 따르도록 하고 불응할 경우에 이행강제금을 부과하는 내용입니다.

앞서서 말씀드린 것처럼 지금은 휴대전화 도·감청 장비가 없기 때문에 이 테러방지법이 통과될 경우에 아직 무선 휴대전화를 감청하기는 기술적으로 한계가 있습니다.

그런데 사실 이 도·감청 장비를 전기통신사업자가 구비할 이유가 없습니다. 왜냐하면 그런 것들을 구비해 놓으면 당연히 국민들이 그 전기통신사업자는, 그 제품이나 그런 서비스는 활용하지 않지 않겠습니까? 그래서 과거에 그런 사고가 났을 때 그런 장비를 다 없애고 나서는 아무도 그 장비를 다시 들이지 않았던 것입니다. 그런데 이것을 법적으로 전기통신사업자에게 그 도·감청 장비를, 휴대전화를 감청할 수 있게 하는 그 장비를 의무적으로 비치하게 하면 이제 그때부터는 그 장비들이 있기 때문에 국정원에서는 이 테러방지법을 근거로 해서 그냥 무작위로 휴대전화 감청까지 가능하게 되는 그런 상황이 되는 것입니다.

그래서 현재 휴대전화를 포함한 모든 전기통신에 대해서 법원의 영장에 따라 감청을 허용하고 있는데도 불구하고 휴대전화 감청에 필요한 설비 자체를 강제로 이행하겠다는 것입니다.

그러면 이제 어떻게 되느냐 하면 영장을 받지 않고 그냥 대테러활동에 필요한 경우에는 그 장비, 아까 통신비밀보호법만 통과가 되면 휴대전화에 대한 도·감청 장비가 구비가 되기 때문에 그 2개를 활용해서, 그 두 가지 조항을 활용해서 법원의 영장이 없이 휴대전화 감청이 가능해지는 것입니다.

오히려 지금의 세계적인 추세는 도·감청에 대한 법원의 영장 발부마저도 제한적으로 허용하는 방향으로 가고 있습니다. 사실 국가안보와 범죄 예방은 도·감청에 의해서 지켜지는 것이 아니라 시민사회의 더 많은 자유 그것을 통한 우리 시민들의 국가에 대한 자부심과 애국심 그리고 튼튼한 안보의식 이런 것들 속에서 가능해지는 것입니다.

말씀드린 이런 한계에도 불구하고 삼권분립의 민주주의에서 사법부의 역할은 견제와 균형이 필수다라는

점을 인정한다면 국가정보기구의 민주적 통제를 위한 사법부의 역할이 더 중요하게 부각될 수밖에 없습니다.

그래서 사법부가 정보기구의 정보활동에 대한 통제를 법과 원칙에 입각해서 정당하게 행사하고 이에 대한 국민들의 신뢰도가 높아진다면 더욱 큰 역할을 할 수 있을 것입니다.

사법부의 보수화 경향과 정권 차원의 판결에 대한 우려가 강력하게 제기되고는 있습니다만 민주주의와 삼권분립이 제대로 지켜지는 한 대통령이나 의회와 달리 정치적 동기에 의해 정보활동에 대한 통제 행위가 영향을 받게 될 가능성은 높지 않기 때문이라고 생각합니다.

다시 말씀드리면 사법부 자체가 그렇게 대통령이나 의회만큼 정치적인 이해관계나 정치적 동기가 그렇게 절대적인 성격을 갖고 있지는 않습니다. 사법부는 상당히 독립된 기관이고, 그래서 원래 속성상 사실은 정치적 동기가 그렇게 큰 영향을 미치기는 어려운 것이 사실 맞습니다.

그런데 그 사법부의 정치적 동기가 강화되는 것은 어떤 경우이냐, 결국은 민주주의나 삼권분립이 침해가 되어서, 훼손되어서 대통령이나 의회 권력에 의해서 사법부가 정치적으로 좌우되는 상황이 올 때 그때 비로소 사법부는 정치적 동기를 갖게 되는 것이지 그 자체로 정치적 동기가 강하지는 않습니다.

그래서 사법부의 어떤 제대로 된 민주적 통제는 민주주의와 삼권분립이 제대로 지켜지기만 하면 그 자체가 크게 문제가 되지는 않는다 이렇게 말씀드리는 겁니다. 결국에는 대통령과 의회 간의 관계 그리고 대통령의 권력 이런 것들에 사법부는 그것에 그냥 좌우되는 것이다 이렇게 말씀을 드리겠습니다.

사법부는 입법권이 없기 때문에 국가정보기구의 민주적 통제에 대해 입법부와의 논의가 필요합니다. 그래서 어떻게 사법부가 국가정보기구의 비밀활동에 대해서 민주적으로 통제할 것인가 하는 것은 우리 국회가 입법을 통해서 해결을 해야 되는 것입니다. 국민의 기본권과 인권이라는 가치를 우선에 놓고 국가안보와 범죄 수사활동에 대해 판결할 수 있는 전문적이며 특별한 사법적 기구를 만들자는 것입니다.

예를 들어서 국정원을 전담하는 특별재판부 같은 것을 만드는 것도 하나의 아이디어가 될 수 있을 겁니다. 또한 국정원 공무원의 정치 관여행위에 대해서 처벌을 강화하고 공소시효를 연장함으로써 사전적으로 강력한 경고시스템을 만들어야 하고 만약 위법이 드러나게 되면 엄정하게 판결을 내려야 할 것입니다.

다만 말씀드린 대로 이것의 모든 전제는 사법부에 대해서 대통령이나 의회가 삼권분립을 제대로 지켜 주는 것이 전제가 됩니다. 그래서 이런 국정원과 관련된 수사나 판결에 대해서 대통령이나 의회 권력이 개입해서 정치적인 판결, 정치적 수사를 하게 될 때는 그때는 사실은 사법부에 대한 어떤 비판보다는 대통령이나 의회의 문제라고 봐야 할 것입니다.

사실은 그렇게 본다면 굉장히 아이러니한 것이 말씀드린

대로 이미 테러에 대한 여러 가지 방지 예방행위가, 활동이 현행 대테러지침이나 법에 의해서 웬만큼 다 할 수 있는데도 불구하고 여러 가지 영장주의에 대한 예외라든지 이렇게까지 테러방지법에 많은 조사 권한을 두고 또 위치추적권까지 두고 자의적 판단이 가능하게끔 하면서 이렇게 하려고 하는 의도가 과연 무엇인가?

지금까지는 국가안보가 상당한 위험에 처하는 경우를 제외하고는 감청을 할 때, 국정원이 만약에 감청을 하고자 한다면 검찰로 하여금 법원에 영장을 청구하게 해서 그래서 상당한 내용들을 소명을 해서 할 수 있었을 겁니다. 그런데 아마도 그것이 국정원은 이제 굉장히 귀찮다, 법원이나 검찰의 통제를 받고 싶지 않다 이런 것 아닐까? 결국에는 사법부보다 우위에 서겠다라는 강력한 권력에 대한 욕망이 자리 잡고 있다 이렇게 봅니다.

지금 현재 이미 입법부에 의한 민주적 통제를 무력화시킨 상태이기 때문에 이제 이 법안이 통과돼서 실행되게 되면 사법부보다도 이제 상당수, 상당 부분 우위에 서는 그런 결과가 오게 됩니다. 사실 그런 의미에서 본다면 검찰이나 법원, 그러니까 사법부에서는 정상적인 상황이라면 이 사법부는 지금과 같은 테러방지법에 대해서 사법부의 영장주의나 여러 가지 권한의 고유한 통제 부분을 상당히 침해하고 있기 때문에 사법부에서 이 부분에 대한 어떤 문제 제기나 이견이 있어야 마땅합니다.

그런데 지금 현재 대한민국의 사법부나 검찰이 앞서서 있었던 여러 가지 사건들에 대한 조사과정, 수사과정 그리고 재판과정에서 이미 그 독립성이 상당히 훼손되고 정치적 동기가 이미 부여된 상황이기 때문에 이제 이 법안이 통과되는 과정에서 사법부의 어떤 문제 제기가 있기를 기대하기는 굉장히 어려운, 굉장히 낮은 수준으로 내려갔다 이렇게 보고 있습니다. 아마 이런 상황을 접하는 국민들께는 굉장히 송구스러운 일이지만 현재 그런 상황에 있다라는 것은 부인할 수 없을 것 같습니다.

"민심이 천심이다" 이런 말이 있습니다. 백성의 마음이 하늘의 마음이기 때문에 민심을 이길 권력은 없다라는 뜻으로 정치인은 항상 민심의 바다 위에서 백성이 바라는 길로 가야 한다는 뜻입니다. 따라서 민심의 풍향계인 언론과 시민사회의 역할은 다양한 분야와 상황에서 중요하게 제기되어 왔습니다. 특히 국가정보기구는 비밀스러운 활동을 전개하는 만큼 일상적 삶의 영역과 개방된 사회영역에 모습을 드러내지 않고 활동을 하게 됩니다. 따라서 언론과 시민사회의 민주적 감시의 영역 밖에 존재하는 경우가 대부분입니다.

그럼에도 불구하고 국가정보기구의 활동이 시민사회 영역에 불법적인 방식으로 개입되어 시민들의 일상적 삶을 억압하거나 사찰하거나 왜곡시키는 일이 발생합니다. 따라서 언론과 시민사회의 국가정보기구에 대한 민주적 감시의 일상적인 편제가 가장 강력한 대항시선이 될 수 있습니다. 언론과 시민사회가 만들어 내는 비판과 대안의 이야기들은 국민에게 흘러들어 가기도 하고 국민들의 일상적

이야기들은 언론과 시민단체를 통해 세상사로 드러나기도 합니다.

이런 피드백 과정이 대의기구인 의회를 통해 입법화, 제도화되기도 하고 사회적 논쟁과 정치적 당론을 형성하기도 하고 정부와 여당의 지지율을 급등시키거나 혹은 폭락시키기도 합니다. 그만큼 선거기간 이외의 시간동안 언론과 시민사회의 역할이 중요하다는 것을 보여 줍니다.

9·11테러 이후 미국에서 통신기록의 도·감청을 허용하는 애국법이 시행되면서 테러리즘과 무관한 시민을 상대로 한 무차별적인 도·감청이 문제로 등장했습니다. 미국의 국가안전보장국 NSA는 9·11테러 이후에 도입된 애국법 215조를 토대로 자국시민 수백 만 명의 통신기록을 한꺼번에 수집해서 5년간 보관하는 권한을 행사했습니다. 이에 대한 미국 언론과 시민사회의 공론장에서 오랜 토론을 통해서 2015년 6월 법원의 허가 없는 NSA의 대량 통·신기록 수집을 금지하는 USA Freedom Act가 상원에서 통과되었습니다.

언론과 시민사회가 직접적인 입법과 제도 설립을 할 수는 없지만 주권자의 입장과 날카로운 비판자 입장에서 감시와 대안의 시선과 창고로서의 역할을 할 수 있습니다. 사실 우리나라도 1987년 박종철 열사 고문치사 사건을 천주교 정의구현사제단이 세상에 공개함으로써 독재정권의 민낯을 폭로하고 민주화의 새로운 시대를 열 수 있었습니다. 이런 비판의 대상 속에 국정원도 예외가 아니었습니다. 2013년에 공안기구감시네트워크가 국정원의 전면적인 개혁방안을 제시했었습니다. 그러나 그 제안은 사실 아직까지 거의 수용되지 못했습니다.

이렇듯이 언론과 시민사회는 민심을 반영하여 세상사를 바로잡는 그런 역할을 했습니다. 그런데 지금 우리 대한민국의 상황은 시민사회도 많이 약화가 되었지만 특히 언론이 그러한 민주적 통제 역할을 사실상 포기한 상태다 이렇게 보입니다. 굉장히 이런 테러방지법을 비롯해서 국가 정보기구의 민주적 통제가 점점 요원해지고 힘들어지고 있는 상황인데 소위 말하는 깨어 있는 시민들의 힘만을 기다리면서 할 수밖에 없는 것인가 하는 그런 고민들을 하게 됩니다.

국정원의 민주적 통제의 필요성이 최근 벌어진 많은 사건들을 통해서 더욱 중대한 과제로 다가오고 있습니다. 민간인 불법사찰, 선거 및 정치개입, 불법 도·감청, 간첩조작 등 무수한 법 위반과 인권유린이 사라지지 않고 계속 발생하고 있습니다.

유우성 간첩조작 사건에 관한 기사를 잠깐 읽어 드리면 '1심과 2심 시간이 너무 힘들었어요. 제 동생을 6개월 동안 불법으로 독방에 가두고 폭행과 고문을 한 부분도 대법원이 다 인정했어요. 앞으로는 이런 일이 반복되지 않았으면 좋겠다는 생각도 들어요.

국정원에 조사받으러 들어갔을 때는 제가 변호사님도 못 만났어요. 변호사를 불러 달라고 해도 국선 변호사들은

국정원이 무서워서 안 왔어요. 열흘 동안 저 혼자 조사를 받았어요, 밤에 울며 잠도 못 자고. 그때 너무 아팠던 심정을 말과 글로 표현할 수는 없지만 제 몸무게가 15일 만에 10kg 정도 빠졌어요.

밥은 물론 물도 안 마셨어요. 입은 트고 눈은 충혈됐죠. 왜냐하면 아무것도 모른 채 들어갔잖아요. 간첩이라는 건 드라마나 영화로밖에 못 봤는데 하루아침에 간첩이라고 몰아가면 간첩이 아니라는 사실을 밝힐 방법이 없잖아요.

그래서 그냥 그 순간에는 너무 힘들어서 이대로 목숨을 끊을 생각도 수십 번 했어요. 목숨을 끊으면 편해질 수 있잖아요. 하지만 그 순간 내가 죽으면 몸은 편할 수 있는데 결국 진실은 밝혀지지 않고 억울하게 간첩죄를 쓰고 죽은 사람으로만 기억될 것이다라는 생각이 들었어요. 그래서 악착같이 이 악물고 수사기관에서 버텼어요. 제가 검찰과 국정원 합쳐서 50일 동안 수사를 받았거든요. 동생과 대질시켜 달라는 제 요청은 하나도 안 들어 주고 일방적인 이야기만 듣고 간첩으로 몰아가는 것이 너무 힘들었어요.'

탈북자 출신 간첩으로 기소됐다가 대법원에서 무죄 판결을 받은 유우성 씨의 인터뷰 내용 중의 일부입니다. 사법부의 최종 판결은 무죄로 결론이 났지만 그 기간 동안 벌어진 국정원의 간첩조작에 의한 인권유린으로 한 인간이 자살을 수도 없이 생각하고 고통의 시간을 보낸 것은 무엇으로도 치유되거나 보상될 수 없습니다. 그만큼 정보기관의 활동은 엄정하고 객관적이어야 하며 국민의 대의기관인 국회에서 사전·사후 엄격한 통제와 감시·감독이 필요합니다. 이런 사례들이 바로 국정원에 대한 민주적 통제의 필요성을 입증하고 있는 것입니다.

KGB 출신의 CIA 보안연구소 교수인 올렉 칼루진은 국가정보에 사용하는 수백만 달러는 전쟁으로 인한 수백억 달러를 막아 준다고 했습니다. 그만큼 국가정보활동이 중요하다는 것입니다. 국가정보기구의 활동의 민주적 통제를 주장하는 것은 정보기구의 막강한 능력과 힘이 다른 데 쓰이는 게 아니라 정보활동에 올바르게 투자될 수 있도록 하기 위해서입니다. 국가정보에 사용한 돈이 더 막대한 비용과 희생을 초래하는 전쟁을 막아 주기도 하지만 정보기구의 정치화된 행위는 국민의 기본권과 인권유린으로 되돌아오기 때문입니다.

또한 비밀을 관행으로 하는 정보기구의 활동이 과연 효율적인가에 대해서도 근본적인 의문을 던져 볼 필요가 있습니다. 미국의 9·11위원회는 비밀 유지는 감시·책임·정보 공유를 억압한다고 보고했습니다. 비밀 유지의 극단적인 폐쇄성으로 인해서 감시는 불가능했고 책임은 사라졌고 정보는 유통되지 않는다는 것입니다.

국정원에 대한 국민적 비판의 목소리는 줄어들지 않고 있습니다. 유일한 국가정보기구로서 국정원에 대한 국민적 신뢰가 계속 하락하도록 내버려두는 것은 국민과 우리 국익을 위해서도 옳지 않습니다. 또한 이것은 국회가 국정원에 대한 감시·감독 책임을 다하지 못했다는 것을 반증하는 것이기도 합니다. 그래서 지금까지와 다른

국정원으로의 변화를 위해서 오히려 국정원의 전면적인 개혁을 추진해야 할 때입니다.

이미 작년 여름에 당시 새정치민주연합은 국정원 불법 해킹 사건과 관련해서 국정원의 개혁 방안을 공개적으로 제시한 바 있습니다. 그 내용은 정보감독지원관실 설치, 국회 정보위의 기밀접근권 보장과 기밀누설 처벌 강화, 국정원장 임명 시 국회 동의권 신설, 국정원의 감사 특례 폐지, 국정원의 기획·조정권 이관과 정보예산의 상임위 심사 신설 등입니다. 이런 조치가 국정원에 대한 강력한 통제를 제도화함으로써 정치 개입과 정보 독점 등의 문제점을 해소하고 국정원의 민주적 통제를 실현하기 위함입니다.

특히 국정원 개혁에 있어 정보위원회 활동은 매우 중대합니다. 현행 제도상 국정원을 통제할 수 있는 유일한 곳이기 때문입니다. 정부와 새누리당 그리고 국정원은 이 테러방지법에 대해서 강행할 것이 아니라 이 문제점에 대해서 심도 깊은 논의를 통해서 반드시 수정해서 이것이 돌아오지 못하는 길이 되지 않도록 해야 합니다.

국정원 개혁의 사회적 토론을 위해서 몇 가지 방향이 논의가 됐었습니다.

첫째로 현 국정원의 지위와 권한에 대한 조정이었습니다. 현재 정부조직법에 국정원은 행정 각부에 소속된 것이 아니라 대통령 직속으로 되어 있기 때문에 국무총리의 지휘와 감독을 받지 않습니다. 그런데 헌법 86조에 국무총리는 대통령을 보좌하며 행정에 관하여 대통령의 명을 받아 행정 각부를 통할하는 것으로, 제94조에 행정 각부의 장은 국무위원 중에서 국무총리의 제청으로 대통령이 임명하는 것으로 되어 있으나 정부조직법에 의해서 국정원이 행정 각부에 소속된 게 아니라 대통령 직속으로 되면서 헌법 86조하고 불합치되는 상황이 유지되고 있는 것입니다.

따라서 현재 대통령과 국정원장의 직접적인 관계에 의해 발생한 문제를 최소화하기 위해 국정원의 지위와 권한을 조정하는 것이 필요합니다. 즉 대통령의 국정원과의 관계를 간접적인 방식으로 전환을 해야 합니다. 사실 헌법불합치 상태이기 때문에 이 문제는 이미 헌법불합치 상태를 합헌적인 상태로 벌써 바꿔야 함에도 불구하고 사실 헌법불합치 상태를 계속 지속하고 있는 것입니다. 그래서 헌법 제86조와 그리고 94조에 따라서 국가정보원이 헌법에 규정된 대로 국무총리의 통할을 받는 상황으로 정상화해야 합니다. 그리고 대통령이 정부감독위원회를 신설한다든지 해서 국정원에 대한 감시와 통제가 가능하도록 해야 합니다. 또 국가안전보장회의에서 감시와 통제를 하도록 함과 동시에 국정원의 기획 조정 권한도 이관하는 방법이 있습니다.

그리고 두 번째는 과도하게 확대된 현재 국정원의 권한을 조정하거나 축소해야 합니다. 그 이유는 여야가 함께 하는 정보위원회의 경우에 반쪽짜리 통제로 전환될 개연성이 있고 대통령의 올바른 의지가 아니라면 국정원의 권한을 제어하는 것이 불가능하다고 판단되기 때문입니다.

그래서 우선은 수사권과 작전권 등 실질적인 집행권의 분리가 필요합니다. 필요한 수사권과 작전권은 대통령이나 국무총리에게 보고하고 동시에 국회 정보위원회에도 보고해서 사전승인하에 행사하도록 하며 궁극적으로 수사권은 경찰에 이관하는 것이 바람직합니다.

그다음으로 국내보안정보 수집을 완전히 폐기하고 해외대북정보 수집으로 한정하도록 강제해야 합니다. 국정원의 국내 정치 개입 문제로 인해 2014년 신임 이병기 국정원장은 인사청문회에서 국내 정치에 두 번 다시 개입하지 않겠다고 약속을 했으며 8월에는 정보관의 국회 정당 언론사 상시 출입금지, 관련 조직 폐지 또는 축소, 3차장 산하 심리전단업무 중 국내심리 부문 폐지, 대북심리 부문을 신설되는 3차장 산하 대북전략국으로 이전 등을 국회 정보위원회에 보고한 것으로 알려졌습니다. 그런데 또 그 이후에 바로 불법해킹 사건이 일어나서 국정원이 국회 정보위원회에 보고한 내용도 사실은 준수하지 않고 있었다 이렇게 보입니다.

그리고 감사관제도의 도입이 있습니다. 그래서 정보공동체의 감사관을 국가정보국 내에 설립하도록 하는, 미국에서 발전한 건데요. 그래서 감사관실은 미국에서는 상원의 확인과 함께 대통령이 임명하고 그리고 국가정보국······ 죄송합니다. 그리고 DNI가 아닌 대통령에 의해서만 해임될 수 있도록 그렇게 하고 있습니다. 그래서 보면 감사관은 상원이 확인하고 또 보고도 그 기관의 장에게 보고를 하고 의회에 또 감사관 보고서를 제출하게 해서 상당히 의회의 민주적 통제를 가능하게끔 그렇게 하고 있습니다.

이외에도 국정원 개혁에 대해서 사실은 다양한 논의가 있었습니다. 내부고발자 보호를 위한 치밀한 프로그램, 국정원에 대한 정치 개입 원천방지를 위한 대책, 비밀정보에 대한 열람권의 확대 이런 것들이 있었습니다. 그러나 핵심은 국정원의 지위와 역할을 조정하고 과도한 권한을 조정·축소하고 내부 의회의 감시·통제와 그 내부의 개혁이 결합이 될 때 본질적인 개혁이 된다 이렇게 판단이 됩니다.

물론 국정원 개혁이 국가정보기구의 전문적인 능력을 약화시키는 방향이 되어서는 안 됩니다. 지금까지 문제가 되었던 부분은 철저하게 도려내고 반대로 더욱 요구되는 경제전쟁시대의 정보능력, 탈냉전시대의 새로운 안보적 위협에 적극적으로 대처할 수 있는 정보능력에 대해서는 국회와 국민들의 전폭적인 지원이 필요할 것입니다.

국회의 정보위원회가 민주적 통제의 중심이 될 수밖에 없다고 봅니다. 그러면 그만큼 막중한 임무와 헌신적 노력이 요구되고 초당적인 협력과 국민적 관점을 지켜야 할 것입니다. 여기서 말하는 초당적인 협력과 국민적 관점이라 함은 최소한의 국민들의 인권을 보호하기 위한 방향에서 국가정보원이 스스로 원하는 그런 내용에 대해서 상당 부분 수정을 또 하고 논쟁을 하고 토론을 하는 그런 것을 의미할 것입니다.

그런데 지금까지 보면 국민적 신뢰도가 정보위원회에 대해서 그렇게 높지는 않은 것 같습니다. 사실 어떻게 보면 야당이었던 한나라당이 예전에 17대 국회에서 도청 및 불법행동 관련 법률안을 제출했었는데요 그 당시에는 야당이었기 때문에 도청이라든지 국정원의 불법행동에 대한 상당히 방어적인 그런 법안들이 제출이 되었다가 여당으로 바뀐 이후에는 오히려 국정원 편에서 도감청을 자유롭게 할 수 있는 법안들을 제출하고 있습니다.

그런데 이런 부분들은 이게 다는 아니겠습니다만 어쨌든 여야가 바뀌는 바에 따라서 또 편의대로 입법권을 행사한다 이런 인상을 줄 수도 있고 또 사실 일정하게 모든 정당이 공히 그런 부분들이 있습니다. 그래서 이런 것은 국민적 신뢰를 확보하기 위해서, 또 어떤 정치적인 철학을 분명하게 갖고 가기 위해서는 향후에는 우리 정당들이 이러한 행태는 좀 지양해야 한다 이렇게 생각합니다.

국가정보기구의 비밀주의적 활동으로 인한 감시·감독의 어려움, 또 숨겨진 예산 운용으로 인한 예산 감시의 어려움, 여야로 나뉜 정당정치의 정치 갈등과 이념적 차이에 의한 초당적 감시·감독의 어려움, 국정원은 그런 민주적 통제를 위한 국회 정보위원회의 기능과 역할에 그래서 상당한 한계가 내재되어 있습니다. 그럼에도 불구하고 이런 한계를 극복하는 것이 제대로 된 국가안보를 위한 것이며 국민의 기본권과 인권을 지킨다는 차원에서 정보위원회의 기능과 역할은 반드시 혁신되어야 할 것입니다.

'위원회의 구성원이 같은 당일 때 행정부를 방어하는 것보다는 그들의 감시 기능을 책임감 있게 실행하는 것에 좀 더 많은 관심이 있다. 역으로 소수당의 구성원일 때 행정부를 약화시키기 위해 정치적으로 감시해서 얻은 정보를 활용하지 않는다. 유사하게 정보위원회의 전문 직원들은 훨씬 더 전문적으로 되는 것에 대한 광범위한 합의가 있다. 전문 직원들은 당의 가입에도 불구하고 그들 구성원들의 기술과 전문성을 제공하는 것이다.'

이 글은 지성에 대한 여러 가지 의회의 통찰이 무너졌다는 것을 통탄하는 그런 글인데요. 의회가 어떤 자세와 철학을 갖고 국가정보기구를 감시·통제해야 하는지를 보여 주는 그런 글입니다.

여당은 같은 당 대통령이 구성한 행정부의 방어보다는 정보기구의 감시라는 본연의 임무에 최선을 다하기 위해 책임 있게 행동하고, 야당은 행정부를 공격하는 데 너무 집중한 나머지 의회 권한에 의해서 얻은 그런 비밀 정보를 정치적으로 활용하지 않고, 정보위원회에 채용된 직원들은 정당에 소속되어 있다고 하더라도 그 전문성을 책임감 있게 실현하는 데 집중하는 것, 굉장히 좋은 얘기인 것 같습니다.

미국에서 얘기되었던 것 같은데, 사실은 결국 어느 쪽이든 간에 균형 잡힌 그리고 책임감 있는, 국민적 신뢰를 받기 위한 그런 겸허한 태도들이 요구된다 이렇게 생각하는데 사실 우리 대한민국의 현실에서는 어떻게 보면 상대적인 측면이 있기 때문에 이것이 굉장히 실현이 되지 않는 그런 상황에서 또 이런 얘기들을 보면 좀 너무 이상적인 그런 얘기 같기도 하고 그렇게 들립니다.

어쨌든 이런 국회의 민주적 통제 역할, 이것의 첩경은 민주적 토론과 상호 신뢰의 축적이라고 생각합니다. 굉장히 비생산적인 것으로 보일 수 있지만 지속적인 민주적 토론을 통해서 인내심을 가지고 대안과 상대방을 이해하는 반복적 과정이 필요합니다. 그 속에서 국회의 위상과 국가정보기구의 역할이 더욱 분명해질 것입니다.

사실 이러한 민주적 토론과 상호 신뢰의 축적은 그러나 어떤 오래된 훈련에 의해서만 가능하다고 생각합니다. 지금의 대한민국 국회가, 우리가 이런 민주적 토론을 통해서 어떤 결론을 도출하지 못하고 또 상호 신뢰가 축적되지 못하고 또 어떠한 권력 관계에 의해서 너무나 쉽게 굴복하는 이런 상황이 지속되고 있는 이런 것들을 보면서 민주시민으로서의 또는 정치교육을 과연 우리가 어떻게 받아 왔는가를 또 한 번 생각하게 됩니다.

예전에 제가 프랑스 회사에서 일한 적이 있는데 그때 상거래 협상을 많이 했습니다만 그때 토론을 하면서 굉장히 새로운, 뭐랄까 좀 신선한 것들이 굉장히 오랜 시간 동안, 수개월 동안 어떤 한 가지 이슈를 가지고, 어떤 한 가지 계약 협상을 가지고 계속 토론을 하고 논쟁을 하고 이렇게 하는 과정을 거쳐서 합의를 하는 그런 경험들을 몇 번 했습니다.

(정갑윤 부의장, 정의화 의장과 사회교대)

그런데 그때 처음 그런 걸 할 때 제가 느꼈던 것은, 저는 한국적인 그런 과정에 굉장히 익숙했고 또 그런 어떤 민주적 토론에 대한 훈련이 잘 안 되어 있었기 때문에 굉장히 비생산적으로 보였습니다. 그런 과정들이. 우리가 봤을 때는 그냥 한 하루 이틀 이렇게 하고 대충 합의가 되지 않으면 거래상에서 좀 우위에 있는 쪽에서 그냥 누르고 가고, 아니면 뭔가 윗선에서 그냥 담판을 지어서 가고 이렇게 될 거라고 생각하고, 또 그냥 그렇게 빨리빨리 하지 이렇게 생각을 했는데 그렇게 하지 않고 아주 오랫동안 그것을 토론을 하면서 합의를 해 나가는 것들을 보면서 효율성과 그다음에 민주성이라는 혹은 또 효율성과 그다음에 협의를 통한 공감대 형성이라는 이 두 가지 문제, 이 두 가지 덕목을 어떻게 조화시킬 것인가라는 것에 대해서 좀 생각을 해 본 적이 있습니다.

그런데 어떻든 간에 우리는 어렸을 때부터 굉장히 입시 제도에, 입시 위주의 교육에 굉장히 익숙해져 있고 토론을 진지하게, 이렇게 자유롭게 한 경험들이 많지 않다 보니까 이런 토론들을 통해서 결론을 도출하는 것에 익숙하지 않은 것 같습니다. 우리 아이들은 민주시민 교육을 제대로 좀 받아서 우리 아이들이 성인이 되었을 때는 그 아이들이 또 국회에 나오고 또 대통령도 되고 그렇게 했을 때는, 그때는 좀 성숙한 민주적 토론들을 통해서 그리고 다소 비생산적으로 보이더라도 참을성 있게 그것을 진행해 나가면서 공감대와 협의를 이루어 나가는, 그런 협치의 정치를 하는 그런 시기가 그때는 좀 와야 된다라고 생각하고, 그렇게 우리 아이들이 그런 사회에서 자라날 수 있도록 어떻든 간에 우리 어른들이, 지금은 우리가 그렇게 못 하지만 그런 분위기를 기초라도 좀 깔아야 되지 않을까 그런

생각을 해 봅니다.

어쨌든 지속적인 민주적 토론을 통해서 대안과 상대방을 이해하는 반복적 과정이 필요하고, 그런 것들을 통해서 상호 신뢰가 축적되고, 또 국회가 그런 것들을 보여 줌으로써 우리 국민들이 상호 신뢰를 축적하고, 그래서 그렇게 통합된 국민의 힘으로 여러 가지 어려운, 전 세계적으로 어려움을 겪고 있는 이런 어려운 경제적 상황과 난국을, 또 남북 간의 문제를 그런 통합된 힘으로 잘 극복해 나가야 한다 이렇게 생각합니다.

그래서 지금 비단 테러방지법 하나를 가지고 이렇게 하고 있지만 그렇게 하지 못하고 있는, 그래서 국민적 역량을 통합시키지 못하고 있는 우리 국회의 상황에 대해서, 그리고 또 그런 상황을 어떻게 보면 일부 야기하고, 유도까지는 모르겠습니다만 어쨌든 야기하고 선거를 앞두고 또 역활용하는 것 같기도 하는 이런 상황에 대해서 참 역사 속에서 굉장히 큰 아쉬움을 많이 느끼면서 과연 우리가 대한민국에서 지금 이런 상황들을 계속해 나가면서 이렇게 국민들의 통합을 오히려 저해하는 그리고 그것을 정치적으로 자꾸 활용하는 이것은 좀 지양해야 되지 않나, 그렇게 해서 과연 선거에서 이겨서 뭐할 것인가 하는 생각이 듭니다.

어쨌든 지금은 많은 사람들이 얘기하지만 국가안보가 중요한 시기임에는 틀림없고 또 그 안보와 관련된 여러 가지 정보기구나 또 여러 가지 정부부처나 안보와 관련된 국회의 상임위원회나 초당적인 협력이 필요하고 또 그것을 위한 어떤 상호적 신뢰가 굉장히 필요하고, 그것을 위해서 국민들의 신뢰는 더더욱 필요한 것인데, 그런데 그 신뢰를 축적하기 위해서 서로 간에 민주적 토론을 전개하기는커녕 그 토론을 반대하고 무시하고 밀어붙이는 이런 것들을 보면서 국가안보를 위한 어떤 국민통합을 저해하는 그런 세력이 과연 누구인가 한번 생각을 꼭 해 주시기 바랍니다.

말씀드린 대로 정보위원회는 매우 중요하기 때문에 정보위원회의 위상도 제고를 하면서 동시에 국민에 대한 공개성의 원칙을 더욱 확대를 해야 합니다. 그래서 테러방지법의 어떤 사후 통제를 위해서는 국회에다 보고하는 것도 중요하지만 지금 현재 비밀주의와 그다음에 비상설화되어 있는 이런 정보위원회를 전문성을 좀 극대화하면서 전임 상임위로의 전환이 반드시 필요합니다.

테러방지법의 제정, 이미 현행법에 의하더라도 사실상 여러 가지 예방활동을 하는 데 큰 어려움이 없지만 또 필요하다고 하고 또 테러를 방지한다고 그렇게 하니까 백번 양보해서 테러방지법을 통과시킨다고 하더라도 이것을 사후적으로 통제하는 장치는 반드시 마련해야 되고, 그중에 하나가 정보위원회를 전임 상임위원회로 두는 것입니다.

미국 같은 경우에는 정당 지도부가 정보위원회 위원을 선발하지만 국방위원회·외교위원회·예산위원회 소속 위원들이 반드시 2명씩 참여하도록 법률로 규정함으로써 정보위원회 업무와 중첩되는 다른 상임위가 밀접하게 협조할 수 있도록 구성하고 있습니다.

그래서 우리 국회도 전임 상임위로의 전환을 준비하되 현재 12명으로 구성된 정보위원회를 국방위원회·외통위·예결특위 위원들이 겸임하도록 하고, 양당 원내대표를 참여시키되 투표권을 부여하지 않는 것도 한 방법일 수 있을 것입니다.

그리고 그 정보위원회를 공개하기가 어렵다면 정기적인 청문회와 공청회를 통해서 국민에 대한 공개성의 원칙을 확대해야 합니다. 정보에 대한 비밀을 지키는 것이 매우 중요합니다. 그러나 국민들의 알권리도 최소한의 범위에서는 존중이 되어야 되기 때문에 공청회와 청문회가 개최될 수 있어야 합니다.

미국의 경우에는 청문회에서 거짓말을 하면 그 사람은 공적 세계에서 완전히 아웃이 됩니다. 그런데 우리나라는 청문회에서 거짓말을 해도 고발도 잘 안 되는 그런 상황인데요. 이런 부분에 대한 관련된 어떤 책임성을…… 문책을 강력하게 할 수 있는 이런 방안을 마련해야 한다라고 계속 주장은 해 왔지만 아직 관철되지 못하고 있습니다.

현재는 정보위원회 차원의 공청회와 청문회는 국정원의 비공개 고수로 인해서 진행되지 못하고 있고, 일부 하더라도 전문가들 의견을 청취하는 수준에 머물러 있습니다. 미국 CIA는 예를 들어서 1999년 1년 동안 미국 의회에, 1년 동안입니다. 1200건의 브리핑을 했고, 2500여 건의 문서를 제출하였습니다. 1200건의 브리핑과 2500여 건의 문서를 제출하였습니다. 이게 1년 동안 한 겁니다.

만약에 우리나라에서 몇천 건은 고사하고, 몇백 건이라도 브리핑을…… 몇백 건, 그냥 한 100건도 아마 어렵지 않겠나. 그래서 이렇게 브리핑하라고 했으면 국가정보원이 국가정보활동을 하기에 바쁜데 왜 자꾸 국회에서 오라 가라 하면서 불러서 일을 못 하겠다, 아마 이렇게 얘기를 할 겁니다.

그런데 말씀드린 것처럼 우리 국가의 권력은 우리 헌법에서 국민들이 위임한 것이고, 국민들이 또 다른 의미에서 그들을 대변해서 국민들의 권리를, 기본권을 지키도록 위임한 우리 대의기관은, 국회는 국가 공권력의 행위에 대해서 당연히 그것을 감시할 책무가 있습니다.

그래서 그 국민들의 대의기관인 국회가 국가정보기관의 활동을 감시하는 것에 대해서 그것 때문에 일을 못 하겠다라고 하는 것은 마치 머슴이 주인한테 주인이 일을 얼마큼 했는지 보고를 좀 하라고 하니까, 자꾸 보고하라고 하니까 일을 못 하겠다, 이렇게 얘기하는 거하고 똑같습니다. 그래서 굉장히 오만하기 짝이 없는 그런 태도.

사실 국정원뿐이 아니고 정부가, 물론 의회도 불필요한 부분들에 대해서는 자제를 해야겠지만 필요한 부분들에 대해서 충분하게 요구를 하는데도 불구하고 사사건건 정부가 일을 못 하겠다, 이렇게 나오는 것은 국민에 대한 굉장히 오만한 태도. 그리고 이런 부분들에 대해서는 사실은 언론에서 자꾸 국회가 과도하게 불러댄다고 자꾸 보도를 하다 보니까 마치 국회가 국민 위에 군림하는 것처럼 잘못 보여지고 있는데 실질은 거꾸로 국민들의 대의기관이 정부의 여러 가지 공권력 남용에 대해서 묻고자 부르는데 그것에 대해서 일을 못 하겠다 이런 것은 오히려 국민들 위에 행정부가 군림하는 것이다 이렇게 보아야 합니다.

또 국정원 예산이 매우 불투명한데요. 그래서 사실은 더더욱 사후통제가 되지 않는다라고 하는 것이 바로 그러한 부분입니다. 예를 들어서 어떠한 다른 기관들 같으면 뭔가 이렇게 대외활동이나 여러 가지 정보활동을 하였을 때 그와 관련된 예산의 사용내역을 가지고 가늠해 볼 수가 있을 것입니다. 그런데 국정원은 예산 중에서 특수활동비가 정부 전체 특수활동비 예산의 거의 55%에 육박합니다. 그 특수활동비는 영수증 첨부가 필요치 않은 마음대로 집행할 수 있는 예산입니다.

물론 국정원의 활동의 특수성으로 인해서 특수활동비가 필요한 부분이 분명히 있긴 할 겁니다. 그럼에도 불구하고 최소한 국회 정보위원회는 국정원의 예산 항목을 정확히 확인을 할 수 있어야 하지 않나. 그래서 국정원의 예산을 실질적으로 심사를 하면서 일정하게 사후통제를 할 수 있는 그런 장치가 필요한데 지금 현재로서는 지나치게 총괄예산화되어 있기 때문에 또 비밀예산화되어 있고 그래서 이 예산을 통한 사후통제도 거의 불가능하다.

사실 안보와 기밀이라는 중대한 이유에도 불구하고 지금까지 국정원이 전개한 활동에 대해 국민들의 신뢰가 높지 않은 상황에서 그 예산이 정치적 목적이 아니라 국가안보와 정보활동에 사용되고 있는지 확인하는 것이 국회의 당연한 의무일 것입니다.

국정원이 만약에 보안 얘기를 하면서 어떤 국회에 대한 보고나 이런 것들을 문제로 삼는다면 그러면 정보위원회 차원에서 국정원에 대한 어떤 보고를 받는 위원들의 보안 기준이라든지 책임을 높이는 차원에서 제도화하면 될 겁니다.

뭐든지 하려고 마음먹으면 이 대안을 반드시 찾아낼 수가 있습니다. 그런데 문제는 어떻게 통제할 것인가라는 것을 논의하기 이전에 통제를 할 필요가 있다라는 것에 대한 합의가 근본적으로 되지 않기 때문에 어떻게 통제할 것인가 하는 방법론으로 들어가지를 못하고 있는 것입니다.

정보위원회가 국정원을 감시·통제하기 위해서는 정보를 공유하는 문제가 매우 중요합니다. 국가정보원법 제13조1항에 의하면 국정원장은 국가 안전보장에 중대한 영향을 미치는 국가기밀사항에 대하여는 그 사유를 밝히고 자료 제출 또는 답변을 거부할 수 있도록 되어 있습니다.

그래서 이 조항에 의해서 국정원장은 정보를 밝히지 않아도 무방합니다. 정보위원들의 비밀·보안 유지의 강도를 확실하게 높이되 그에 상응해서 국정원장의 답변거부권을 폐지하거나 또는 국정원장의 거부권을 유지하되 정보위원회 위원 일정 수의 요청이 있을 경우에는 대통령에게 통보되어 국정원장의 답변 거부를 수정할 수 있도록 하는 것을 생각해 봐야 됩니다.

미국에는 '대통령은 의회의 정보위원회가 미국의 정보활동에 대해 최신의 모든 정보를 제공받도록 해야 한다'고 법률로 규정하고 있습니다. 그리고 '정보위원회는 대중의 이익에 부합한다고 판단되는 경우 정보위의 결정으로 보유하고 있는 정보를 공개할 수 있다' 이렇게 되어 있고, 다만 이 규정을 적용해서 공개한 적은 그렇게 많지는 않은 것으로 알고 있습니다.

정보는 권력과 소수를 위해서 필요한 것이 아니라 국가와 국민을 위해서 필요한 것입니다. 그래서 그 국가와 국민을 위한 방식으로도 수집되어야 하고 국가와 국민을 위한 최소한의 범위에서도 수집되어야 하고 또 수집된 정보는 국가와 국민을 위해서 쓰여져야 하고 그렇게 해서 보관된 정보는 국가와 국민을 위해서 또 필요한 범위 내에서 최소한의 공개나 공유가 있어야 됩니다. 그렇기 때문에 국가안보를 위해서 개인의 자유가 무차별적으로 침해되어서는 안 된다는 그런 정치사상적 가치가 공유되어야 합니다.

미국에 공익기밀해제위원회라는 것이 있습니다. 우선은 그 위원회 목적으로 '의회의 감독기능을 지원하고 행정부의 정책결정 역할을 지원하고 국가안보 문제에서 국민의 이익을 대변하고 국가안보 문제에 관해 신뢰할 만한 역사적 분석과 역사적 연구의 새로운 방안을 마련하기 위해서 중대한 미국의 국가안보정책과 국가안보활동에 관해 철저하고 정확하며 신뢰할 만한 문서들을 일반시민의 완전한 접근이 가능하도록 하는 데 있다'라고 명시하였습니다.

그리고 국회 차원의 별도의 기밀정보공간 마련이 필요합니다. 미국의 경우에는 국가문서기록행정국 산하 의회문서보관센터로 입법부의 마무리된 문서들이 이관됩니다. 우리 정부도 일정한 공간, 그러니까 국회도서관이라든지 이런 공간을 활용해서 별도의 기밀자료를 보관할 수 있도록 하고 정보위원들과 전문직원들이 열람이 가능하도록 해야 합니다. 그래서 국정원에 대한 민주적 통제를 위해서 정보위원회의 기능과 역할이 이런 방향으로 더 진화가 되어야 한다는 것입니다.

지금까지 국가정보기구의 어떤 무소불위의 권력에 의해서 국민들이 많은 피해를 입었습니다. 불법사찰에서부터 간첩조작까지 한 인간의 인생을 파괴했고 아무런 동의도 없이 정보해킹을 당했습니다.

간첩조작으로 사법살인을 당했던 인혁당 사건이 50년 만에 무죄로 입증되었던 아픈 역사로부터 2012년 대통령선거 개입 의혹으로 당시의 국정원장이 재판을 받는 그런 치욕적인 역사를 청산하는 것이 바로 국민적인 요구이고 동시에 국회의 역사적 소명이기도 합니다.

대한민국 국가정보기관의 현대적 기원이 과연 어느 때부터인지 잘 모르겠습니다마는 죽 살펴보면 1902년 일종의 비밀정보기관인 제국익문사라는 게 설립이 되었습니다. 지금으로부터 110여 년 전에 최초의 정보기구가 수립된 것인데요. 이 정보기구의 임무는 일본으로부터의 조선의 독립과 강력한 군사력과 정보력을 가진 국가로의 전환을 위한 것이었습니다. 일본의 조선강점

앞에서 해체되었지만 조선의 독립과 새로운 제국의 발전을 위해서 활동했던 제국익문사의 역할을 다시 한 번 상기할 필요가 있습니다.

대한민국 정보기구의 연원인 제국익문사는 풍전등화와 같은 나라를 지키기 위한 비밀조직으로서 대한제국을 위해서 사활을 걸고 활동을 했습니다. 그것이 바로 대한민국 정보기구의 전신입니다.

따라서 국가정보원도 독재와 반민주시대의 오욕의 역사를 벗어나서 권력자를 위한 정보기구가 아니라, 권력 위에 군림하는 권력의 욕망의 화신이 아니라, 국민을 위한 정보기구로 새롭게 거듭나야 합니다. 그게 바로 새로운 시대에 걸맞은 국가정보기구 위상을 바로 세우는 것입니다.

조선시대 구한말에 급변하는 국제정세에 능통한 전문가가 없었고 부강한 국가를 위한 경제적 비전을 만들 전문가가 없었고 강력한 군사력과 정보력을 만들 전문가가 없었습니다. 그래서 탁상공론과 부패한 관료들이 국정을 농단했습니다. 그렇게 해서 조선은 일본에 강점되고 말았습니다. 결국 일본에 맞서 싸운 것은 농민군이었고 고종이 양성한 육군무관학교 출신 장교들과 군인들이었고 백성들이었습니다.

지금 세계가 굉장히 격동하고 있습니다. 북한의 미사일 발사 또 유엔 차원에서의 제재 여러 가지 있지만 그런 제재를 둘러싸고 미국과 중국 간의 신경전 또 일본과 미국 간의 관계, 다시 구한말과 비슷한 상황으로 가고 있는 것 같아서 걱정이 많이 됩니다.

그런 격동 속에서 대한민국의 생존과 이익을 위해서, 우리 국민들의 행복과 미래를 위해서 대한민국이 어디로 가야 할 것인지 이런 것들을 결정하기 위한 기본적인 정보의 기지로서 국가정보원이 복무를 해야 할 것입니다. 그런 것들을 결정하기 위한 정보를 수집하고 제공하는 데, 그것을 결정하는 데, 그런 의사결정을 하는 대통령과 정부 그리고 국회 이런 기관들에 필요한 정보를 적절하게 충분하게 제공하는 데 국정원이 집중해야 할 때입니다. 5년이면 끝나는 임기의 대통령과 정부를 위해서, 이익의 분점을 위해 권력자를 위해서 혹은 그 스스로가 권력의 욕망의 화신이 되어서 사법부의 검찰이나 법원의 그 위에까지 무시하고 어떤 법적 절차를 무시하고 가고자 하는, 그렇게 해서 온갖 위법도 저지르는 것을……

(휴대전화 벨소리)

잠깐, 누가 핸드폰을……

중요한 얘기를 하고 있었는데 끊겨 버렸네요.

말씀드린 대로 이런 세계 속에서 우리 대한민국의 생존과 국익을 위해서 우리나라가 또 특히 우리가 사랑하는 우리 아이들이 앞으로 살아가야 할 이 나라가 어디로 가야 할 것인지에 대해서 우리는 특히 국회에서 그리고 대통령도 마찬가지겠지만 정확한 정보와 시기적절한 정보와 이런 것들을 충분하게 보고받아야 합니다. 그리고 그러한 정보를 바로 국가정보원이 제공해야 합니다.

그런데 과연 국정원은 그런 정보를 제때 제공하고 있는지,

충분하게 제공하고 있는지 반문해야 할 것입니다. 5년이면 끝나는 임기의 대통령과 정부를 위해서, 이익 분점을 위해 권력자를 위해서 또 더 나아가서는 자신들의 어떤 절대 권력을 향해서 온갖 위법도 저지르고 마는 정보기구가 되어서는 안 됩니다.

대한민국의 미래와 국민의 행복에 어떻게 보면 많은 권력기관이 역할을 해야 하겠지만 국정원의 정보 제공으로서의 역할이 굉장히 중요합니다.

이런 역사적 맥락과 함께 정치철학적 질문을 우리는 던져야 합니다.

다시 한 번 우리 헌법 1조1항 "대한민국은 민주공화국이다.", 1조2항 "대한민국의 주권은 국민에게 있고, 모든 권력은 국민으로부터 나온다."

그러면 민주공화국으로서의 대한민국에서 국가정보기구는 무엇인지 그리고 국회는 무엇인지에 대한 질문이 필요합니다.

민주주의는 무엇인지, 대한민국은 민주공화국인데 그 민주공화국에서 살고 있는 우리들에게 진정한 민주주의가 과연 실현되고 있는 것인지 그리고 우리는 무엇을 위해 정보를 만들고 또 획득하고 유통하고 폐기하는지, 국익이 진정으로 국민을 위한 것이라면 왜 국익을 위한 활동이 국민에게 피해로 돌아오는지 이런 것들에 대해서 근본적인 질문과 토론이 절실합니다.

먹고사는 것이랑 관계가 없습니까? 그렇지 않습니다. 먹고사는 것도, 우리의 경제정책에 대한 것도 국회에서 결정되고 대통령이 결정하기도 하고 국회가 제정하는 또는 개정하는 법에 의해서 근간이 이루어지기도 하고 많은 권력기관이 경제에 관련한 우리 경제정책과 경제 구성원들의 활동에 관여를 하고 있습니다.

그런 것들도 역시 정보가 어떻게 유통되고 또 어떻게 활용되는가 그리고 그 각각의 경제 구성원들의 활동이 어떻게 민주적으로 상호 협의에 의해서 결정되고 논의되는가에 따라서 그 경제구조는 굉장히 활발한 경제가 될 수도 있고 그 경제는 더 이상 성장하지 않는 기득권과 특권에 가득 찬 침체된 경제가 될 수도 있는 겁니다.

우리 더불어민주당이 계속 주장해 오던, 사실 지난번 대선 이전부터 우리가 주장해 왔던 것이지만 경제민주화도 결국은 그러한 정보들이 어떻게 유통되고 활용되고 또 민주주의가 어떻게 실현되고 우리의 실질적인 생활 속에서 발현되고 관여되느냐 그리고 그러한 민주주의의 공기가 어떻게 우리 정신에 영향을 미치느냐, 자유분방한 자유로운 분위기에서 경제 주체들이 일을 하느냐 아니면 억압된 분위기에서 경제 주체들이 일을 하느냐에 따라서 그 나라 경제는 굉장히 많은 영향을 받습니다. 결코 먹고사는 문제하고 무관한 문제가 아닙니다.

민주적 토론을 통해서 국가 정보기구를 국민의 품으로 돌아오게 하고 국민의 이익을 위해서 또 국익을 위해서 그 정보를 제대로 수집해서 제대로 제공하도록 하고, 그렇게 해야만 우리 대한민국이 제대로 지속 가능할 것입니다. 또

그것을 위해서 민주적 통제와 국민적 통제가 바로 세워져야 합니다. 최고 주권자인 국민을 대의해서 감시와 통제, 협력과 지원을 해야 하고 민심과 국민 여론에 입각해서 국민이 공감할 수 있는 국가 정보기구가 될 수 있도록 해야 합니다. 그래서 국정원이 국민에게 신뢰받는 국가 정보기구가 되어야 합니다.

지금의 이런 테러방지법 사태는 어떻게 보면 국가정보원이 우리 국민들로부터 전혀 신뢰받지 못하고 있기 때문에 발생한 것이기도 합니다. 우선 보수적으로 볼 수밖에 없습니다. 또 어차피 법이라는 것은 국민들의 기본권이 침해될 수 있는 가능성에 대해서 고민을 하는 것이 마땅한 것입니다. 그런데 국가정보원의 신뢰를 회복하는 것은 소홀히 하면서, 그 신뢰를 막무가내로 강요하면서, 신뢰할 수 있는 기관이라고 전제하면서 여러 가지 무소불위의 권력을 주겠다라고 하는 것은 사실은 그 법률에…… 왜 우리가 법률에 의해서 기본권을 제한하게끔 하느냐 하는 그런 정신을 제대로 이해하지 못하고 있는 것입니다.

사회에서 법률이 존재하는 것은 그 사회가, 그 사회 구성원이 어떤 기준이나 도덕이나 막연한 어떤 불문법만 가지고 제대로 신뢰할 수 있는 행위를 하지 않기 때문에 우리가 법을 통해서 명확하게 규정하고 그 제한을 두고 그렇게 하는 것입니다. 그래서 지금의 국가정보원과 같이 국민적 신뢰가 전무한 상황에서는 더더욱 국가정보원의 행위에 대해서는 법으로써 명확하게 아주 구체적으로 그 제한과 한계를 분명하게 규정을 해야 되고 절차적으로 통제를 반드시 해야 합니다.

제가 오늘 28번째 토론자인데요. 아까 모두에 제가 말씀드린 것처럼 이 무제한 토론이, 필리버스터가 끝날 때 끝까지, 우리가 3월 10일까지 이 회기 끝까지 하더라도 어쩌면 그다음에 결국은 아무런 수정 없이 통과될 수도 있고 혹은 여러 가지 고려에 의해서 그 전에 통과될 수도 있을 겁니다. 그래도 끝까지 얘기를 하면서 필리버스터를 진행을 하겠다. 당장 이게 중단되는 한이 있어도 정해진 무제한 토론을 하겠다 이렇게 말씀을 드렸는데 꼭 드리고 싶은 말씀이 있습니다.

이 필리버스터에 대해서 몇 시간 했다, 필리버스터를 하는 게 좋다 나쁘다, 굉장히 피상적인 것에만 많은 사람들이 신경을 쓰고 정말 이 테러방지법과 국가정보원의 역할과 또 국회의 역할과 이런 것들에 대한 토론은 일부 공간에서만 행해지고 있는 것 같아서 굉장히 참 유감이다 이런 말씀을 드렸습니다.

사실 이렇게 서서 몇 시간 동안 얘기하는 게 다리도 아프고 또 밤을 샜으니까 사실 좀 졸리기도 하고 그렇기도 한데 그것보다 사실 더 아픈 것은 마음입니다.

많은 의원님들께서 어떤 분은 10시간이 넘게 아주 피나는 노력을 해서 테러방지법의 상정을 막기 위해서 노력을 했습니다. 그런데 우리 당이 계속 얘기하는 것처럼 절대로 통과시킬 수 없다라기보다는 필요하다면 테러방지법 제정해야겠지만 그러나 독소 조항을 수정하자라는

거였습니다. 그리고 그것들을 국민들에게 설명하겠다라는 거였는데 이렇게 우리가 노력을 해 왔음에도 불구하고 이 테러방지법의 한 점, 한 획도 못 고치겠다 하는 새누리당의 오만함이 우리 마음을 아프게 합니다.

민주적 토론에 대해서 계속 얘기를 해 왔지만 벽에다가 얘기하는 느낌입니다.

한 여론조사에 따르면 국민의 50% 가까운 여론이 적어도 테러방지법의 독소 조항의 수정을 요구하는 것으로 나타나고 있는데 이러한 국민의 요구조차 묵살하는 새누리당의 오만하고 독선적인 태도가 이런 견해를 함께하고 있는 국민들을 매우 아프게 합니다. 그리고 우리의 이런 노력에도 불구하고 테러방지법의 독소 조항을 제거하지 못할 수도 있다라는 그런 현실적인 우려가 또 우리의 마음을 아프게 합니다.

오만한 새누리당과 불통의 대통령께 국민의 소리에 온전히 귀 기울이시라는 간곡한 부탁을 거듭 드립니다. 국민 여러분의 요구와 성원에도 불구하고 의회 내의 역할을 다하지 못하고 있는 우리 야당의 현실이 가슴 아픕니다.

새누리당이 또 대통령이 이렇게까지 하는 것에는 저는 작은 차이를 극복하지 못하고 분열되어 있는 야당의 상황이 한 몫을 하고 있다고 생각합니다.

당 내에서 차이가 있기는 합니다. 많은 사람들이 서로 다른 생각도 하고 다양한 생각도 하고 또 서운할 때도 있고 또 어떨 때는 정말 여러 가지 서로 간에 해서는 안 될 그런 행위들을 당 내부에서도 하는 경우들도 있습니다, 분명히. 그래서 상처받고 그것을 극복하지 못하고, 때로는 그것이 이해가 될 때도 있습니다.

그런데 그것이 아무리 심각하고 열받고 분노하고 슬픈 일이라고 하더라도 국민들의 기본권을 제대로 지키지 못하고 당연한 얘기, 이 독소 조항을 좀 수정하자고 하는 것에 대해서 한 점, 한 획도 고치지 못하겠다라고 하면서 거들떠보지도 않는 그런 정부와 여당 또 대통령의 오만한 이런 행태에 이것을 결국 유발한 것은 우리 야권 내부의 분열이 아닌가라는 생각 때문에 정말로 이 자리에 서 있는 지금 현재 상황에서조차도 국민들 앞에 얼굴을 들 수가 없고 앞으로 어떻게 될 것인지 막막합니다.

작은 차이를 극복하지 못하고 분열되어서 야당의 역할을 온전히 다하지 못하고 있는 우리에게 김대중 전 대통령의 말씀과 노무현 전 대통령의 말씀을 전하면서 제 말씀을 마치겠습니다.

'인류 역사 이래 사람이 있는 곳에 인권이 있었습니다. 그러나 권력이 있는 곳에 반드시 인권의 침해가 있었습니다. 그리고 인권의 침해가 있는 곳에는 인권을 지키고자 하는 투사들이 있었습니다. 그들은 우리의 영웅입니다.'

1998년 4월 16일 세계인권선언 50주년 메시지로 김대중 전 대통령께서 하셨던 말씀입니다. 또

'타협은 원칙을 훼손하는 것이 아니라 원칙의 틀 안에서 공존의 접점을 만들어 가는 지혜입니다. 그래서 원칙과 타협은 결코 배치되는 것이 아닙니다.'

2003년 6월 16일 노무현 대통령께서 하셨던 말씀입니다.

원칙을 지켜 나가는 것 그리고 변화를 이끌어 내는 것은 굉장히 당연한 것처럼 보이지만 그러나 우리의 현실에서는 아주 지난한 일이고 굉장히, 어떻게 보면 아주 힘든 일이라고 생각합니다. 그렇기 때문에 정말 지혜롭고 또 아주 끈기 있는 인내심이 필요하다고 생각합니다. 그래서 정말로 변화를 이룰 때까지 때로는 삼키면서 참을 수도 있어야 하지 않나 하는 생각을 해 봅니다.

우리 야권이 분열되어서 제 목소리를 제대로 내지 못하고 국민 여러분을 잘 대변하지 못하고 있는 이런 상황에 대해서 정말 통탄할 일이기도 하지만 이 자리를 빌려서 국민 여러분께 꼭 말씀드리고 싶은 것은 그럼에도 불구하고 우리가 그렇다고 해서 국민 여러분들까지도 두 쪽, 세 쪽으로 나뉘어서 서로 비난하고 서로 '네 탓', '네 탓' 하면서 힘 빼는 그런 일은 없었으면 좋겠습니다.

간곡히 부탁드립니다. 같이 함께 힘을 모아서 참으면서 변화가 오는 날을 기다릴 수 있었으면 좋겠습니다. 그리고 꼭 그렇게 해야 한다고 생각합니다. 그게 바로 저희들의 책무고 또 사명이라고 생각합니다.

국민 여러분!

함께해 주셔서 감사합니다.

● **의장 정의화** 이언주 의원님 수고 많았습니다.

다음은 전정희 의원님 나오셔서 토론해 주세요.

(2016년 3월 1일 오전 5시 57분)

29

전정희 의원

제19대 국회의원 (전북 익산시을)
무소속*

2016년 3월 1일 오전 5시 58분 시작
2016년 3월 1일 오전 9시 35분 종료
발언 시간 3시간 37분

"이 세상에 많은 강한 사람들이 있습니다.
그 많은 강한 사람들이 그 강함을 더 오래
향유하기 위해서는 약한 사람을 함께
강한 사람으로 이끌어 주는 방법, 그것이
강함을 오래 누리기 위한 방법입니다."

(2016년 3월 1일 오전 5시 58분)

● **전정희 의원** 존경하는 국민 여러분!
전북 익산시을 전정희 의원입니다.
오늘은 3·1절입니다. 1919년 3월 1일 한반도 전역에서 일본 제국주의로부터 국민의 주권을 되찾기 위한 만세운동이 벌어진 지 97년째 되는 날입니다.
어제 캐나다 연방의회 연설에서 알리 에사시 의원이 제97주년 3·1절을 소개하면서 '대한민국 만세'를 불렀다고 합니다. 에사시 의원은 자신의 지역구인 윌로데일의 많은 주민들, 특히 한국 교민사회가 가진 위대한 자부심을 소개하고 싶다면서 3·1절에 대해 소개를 했습니다. 우리나라의 3월 1일의 독립정신 그리고 한국 교민의 우수성을 높이 평가해 준 캐나다의 에사시 의원에게 감사와 경의를 표합니다.
조국의 광복을 되찾기 위해서 선열들이 피를 흘린 오늘 3·1절에 국가에 대해서 잠깐 생각을 좀 해 보고 싶습니다.
국가라고 하는 것은 국민들의 외피라고 생각을 합니다. 국가는 국민들의 안전과 재산과 생명과 그리고 기본권을 보호해 주는 존재입니다. 그리고 외국에서는 또 외국에 나가 있는 우리의 교민들 또 유학생들 또 상사 주재원들, 이 모든

---

* 신청 당시 더불어민주당 소속이었으나 컷오프 탈락에 대한 반발로 탈당. 필리버스터에 참가한 유일한 무소속 의원.

사람들에 대해서 자국민과 마찬가지로 여러 가지 서비스를 베풀기도 합니다. 그러면서 끊임없이 자국의 국민들에 대한 여러 가지 보호장치를 마련하기도 합니다. 그리고 특히 해외에서 사고를 당하거나 유고가 있을 때 자국민들을 위한 유해 반환 서비스 같은 것도 국가는 합니다. 특히 선진국에서 단 한 구의 유해라도 반환하기 위해서 애쓰는 그런 모습들을 보면서 국민들에게 국가가 지니고 있는 의미를 다시 한번 생각해 보게 됩니다.
그럴 때 국가와 국민 간의 관계라고 하는 것은 믿음입니다. 신뢰가 뒷받침되지 않고서는 그러한 일들을 이룰 수가 없습니다. 국민들은 국가로부터의 그러한 보호를 받으면서 세금을 내기도 해도 국방의 의무를 지기도 하고 국민으로서의 도리를 또 다하고자 노력을 하는 것입니다.
논어에 이런 얘기가 있습니다. 공자의 제자인 자공이 공자에게 '정치란 무엇입니까?'라고 묻습니다. 그럴 때 공자는 족식(足食), 족병(足兵), 민신지의(民信之矣)라고 이야기를 합니다. '그중에 한 가지를 뺀다면 어떤 것을 빼겠습니까?', '족병이다', 병력을 뺀다 그랬습니다. '그다음에 또 한 가지를 빼면 어떤 것을 빼겠습니까?', '족식이다', 양식을 풍부하게 하는 것을 뺀다, 그리고 '맨 마지막까지 가지고 있어야 되는 것은 민심이다', 국민들로부터의 신뢰라고 이야기를 합니다.
오늘날 이렇게 테러방지법이라고 하는 것이 심각한 문제가 되고 또 국민들로부터의 주목을 받고 이렇게 오랫동안 장시간의 필리버스터를 하게 된 것도 국가와 국민 간의 신뢰, 정부와 국민 간의 신뢰가 바탕이 되지 못하기 때문이 아닌가 그런 생각을 합니다.
정부에서는 테러방지법을 통해서 국민들을 위해서 테러를 막겠다라고 이야기를 하는데, 국민들은 테러방지법을 통해서 국민들에게 여러 가지 유형무형의 테러를 가하게 되는 것이 아닌가 그런 걱정을 하고 있는 것입니다.
지금의 박근혜정부는 입법 만능주의에 빠진 것은 아닌가 그런 생각을 가끔 합니다. 경제를 살리기 위해서는 경제활성화법이 있어야 되고 테러를 막기 위해서는 테러방지법이 꼭 있어야 됩니다. 재작년에 외국인투자 촉진법이 문제가 됐던 적이 있습니다. 그래서 국회에서 오랜 시간 동안 이 외투법에 대해서 많은 논의가 있었는데, 외투법이 통과되면 금방 경제가 일어날 것처럼 이야기를 했습니다. 그러나 외투법이 통과되고 난 지 2년이 다 됐습니다만 그것 때문에 경제가 크게 일어난 것 같지는 않습니다.
법이나 제도라고 하는 것은 단지 그것의 존재 유무도 중요하지만 그것을 어떻게 활용하고 이용하는가, 그것을 통제하고 조절하는 사람들의 역량이 또한 대단히 중요하다고 생각을 합니다.
그리고 특히 테러라고 하는 것은 테러가 만들어진 토양이 어떤가 하는 것도 중요하다고 생각을 합니다. 테러가 만들어지는 토양이 무엇인가를 알아야 테러가 일어나지

않도록 방지도 할 수 있다고 생각을 합니다. 테러방지법만을 무턱대고 만든다고 해서 테러가 막아질 것이다라고 생각하는 오류를 범하지 않아야 될 것 같습니다.

테러는 심각한 빈부격차에서 일어날 수 있습니다. 후진사회의 빈곤 이런 것들이 테러를 일으키는 중요한 동인이 되기도 하고, 사회 내부의 갈등 또 국제사회에서의 여러 가지 갈등 이런 것들이 또 테러를 일으키기도 합니다. 요즘 우리 사회에서 만연하고 있는 양극화 현상 같은 것들도 테러를 일으킬 수 있는 심각한 동인이 될 수가 것입니다.

테러방지법을 만들기 이전에 우리 사회에 만연되고 있는 이와 같이 테러를 일으킬 만한 여러 가지 동인들은 무엇인지, 그 점에 대해서 먼저 심각한 고민이 필요하리라고 생각이 됩니다.

작금의 상황은 전쟁과 테러 위협으로 인한 국가비상사태가 아니라 경제 침체로 인한 일자리 그리고 소득의 감소, 그로 인한 사상 최대의 가계부채 증가, 그리고 국가재정 파탄으로 인한 각종 복지의 축소로 인해서 국민들의 삶이 피폐해지고 고단해진 국민경제의 비상사태입니다. 그럼에도 불구하고 국민의 고단한 삶을 어루만져 주는 민생입법 또 민생정책, 민생예산에 대한 토론이 아니라 국민을 잠재적인 테러자로 간주하고 국민을 감시·통제하겠다고 하는 박근혜정부의 테러방지법안에 대한 토론을 하기 위해 이 자리에 섰다고 하는 것이 상당히 곤혹스럽습니다.

국민과 소통하지 않는 정권, 국민 위에 군림하려고 하는 정권은 항상 권력을 손아귀에 쥐려고 하지요. 그래서 국민을 사찰하고 감시하려고 합니다. 지금 박근혜정부는 국정원에게 무소불위의 권력을 쥐어 주며 모든 국민을 잠재적인 테러집단으로 몰아가려는 듯한 행동을 하고 있습니다. 물론 정권에 충성하는 사람, 가진 것이 많아서 정권에 아부하는 사람들은 잠재적 테러집단에서 제외될 것입니다. 우리 사회의 단 몇 %에 해당하는 기득권집단은 테러방지법이 제정되어도 아무런 걱정이 없습니다. 그러나 가진 것이 없고 하루에도 몇 번씩 하늘을 쳐다보며 안타깝게 가슴을 쳐야 하는, 그렇게 고달픈 삶을 살고 있는 가난한 국민들은 이 테러방지법이 만들어지면 잠재적 테러집단이 될 가능성이 대단히 높습니다.

역사적으로 또 정치적으로 볼 때 독재정권이 권력을 잡을 때마다 안보위기론은 단골 메뉴였습니다. 특히 전 세계 유일한 분단국가인 우리나라는 선거 때마다 전쟁위기론을 고조시켜서 국민들을 불안에 빠뜨렸고 보수세력을 결집시켰습니다.

지금 우리 한국 사회는 모든 분야에서 위기를 맞고 있습니다. 국민이 불안한 사회, 또 국민이 위태로운 사회, 국민이 불행한 사회, 이것이 지금 한국 사회가 처한 상황입니다.

왜 이런 위기가 왔을까요? 적어도 대통령은 이런 부분에 대해서 진단을 명확하게 하고 국민들에게 비전을 제시해 주는 일이 필요합니다. 그러나 지금 대통령의 모든 관심은

외부의 테러 집단, 특히 북한으로부터의 테러 활동을 막아 내기 위한 도구로 테러방지법을 통과시켜서 국민 불안을 없애는 데 기여하겠다고 하고 있습니다. 이것은 전 세계에 한국은 전시상황이라고 하는 것을 알리는 것이고 또 치안과 안보가 불안한 나라라고 하는 것을 선포하는 것이기도 합니다.

북한의 미사일 위협에 대해서 국가안보가 위태롭다고 중국의 반발을 무릅쓰고 사드 배치를 추진했습니다. 그러나 이것은 미국과 중국 간의 대북제재안 논의 이후에 원점으로 되돌아왔습니다. 불안감 조성으로 시작한 공포심 심어 주기에 박근혜정부는 올인을 했습니다만 국제사회와 특히 중국과 미국은 여기에 동조하지 않았습니다.

박근혜정부는 지난 2월 7일에 북한의 장거리 로켓 발사를 계기로 해서 개성공단을 폐쇄하는 극단적 조치를 감행했습니다.

한국전쟁 이후에 수십 년 만에 가까스로 만들어 놓은 개성공단을 북한과의 평화지대로 만들어왔습니다만 일시에 폐쇄를 시켜 버렸습니다. 이것은 전 세계에 한국이 준전시상황이다라고 하는 것을 공표하는 것에 다름이 아닙니다.

개성공단에 입주해 있는 124개 입주기업 그리고 5000여 개 협력업체들이 줄줄이 도산할 지경에 이르렀습니다. 이들 업체들이 무너지면 12만 명에 달하는 이 근로자들은 또다시 거리로 내몰리게 됩니다. 늘 민생과 경제를 외치는 대통령께서 어떻게 이런 일을 하셨는지 모르겠습니다.

지난 2013년에 잠정적으로 개성공단이 중단된 적이 있습니다. 그때 개성공단 입주업체들의 고통은 말할 수 없이 컸고, 국회에 여러 번 찾아와서 그분들의 어려움을 호소했습니다. 그래서 저희 국회의원들이 그 당시 국회 앞에 천막을 치고 3000배를 했습니다.

릴레이로 돌아가면서 3000배를 하면서 개성공단이 문이 열리기를, 그래서 이 개성공단 입주업체들의 눈물을 닦아 줄 수 있기를 기원했고, 겨우겨우 개성공단이 원상회복이 됐습니다.

그때는 북한의 통고로 그런 일이 있었습니다. 그러나 이번에는 우리가 자발적으로 폐쇄를 시켜 버렸습니다. 그때는 중단이었고 이번에는 폐쇄고, 그때는 북한에 의한 통고였고 이번에는 우리 쪽의 자발적인 폐쇄입니다. 이것이 언제까지 가게 될지 모르겠습니다. 수많은 개성공단 입주업체들의 눈물이 아직도 살아 있습니다.

박근혜 대통령은 독일 드레스덴에 가서 '통일 대박'이라고 하는 선물을 던졌습니다. 한반도 신뢰프로세스를 이야기했습니다. 그러나 개성공단 폐쇄조치로 말미암아서 이것은 국제사회에 던진 이미지 풍선이었다라고 하는 것이 만천하에 드러났습니다.

오직 한 사람 통일부장관만이 박근혜 대통령을 변호하고 나섰습니다. 한반도 평화지대를 무너뜨리는 개성공단 폐쇄 발표 이후에 통일부장관은 '개성공단 자금이 핵 개발에 쓰이고 있다'라고 대통령의 극단적 조치가 불가피했다고

역설하고 나섰습니다.

그러나 이마저도 얼마 후에 잘못된 것이었다고 토로를 했습니다. 'IS 같은 테러조직이 한반도에 언제 침투할지 모른다. 북한의 핵 개발 테러가 언제 발생할지 모른다. 그래서 국정원이 이런 테러방지를 위해서 상시적으로 국민을 감시하고 테러방지법이 꼭 필요하다' 이것이 테러방지법의 핵심입니다.

'브라질'이라고 하는 영화가 있습니다. 정보기록 공무원인 주인공 샘은 어떤 사건에 휘말리게 됩니다. 샘은 원래대로 이 사건을 처리하려고 했는데 사건에 근접할수록 거대 정부의 감시 그리고 괴물같이 비대해진 관료제 문제를 인식하게 됩니다.

샘은 일상에서는 아무런 문제가 없는 범죄를 저질러서 해방감을 맛보지만 그러나 영화 속 정부는 이런 샘을 가만두지 않습니다. 국민총생산의 총 7%를 차지하는 정보부는 샘이 어디에서 무엇을 하고 누구를 만나는지 일거수일투족을 감시하고 있습니다. 감시를 통해서 샘에게 형벌을 내립니다.

샘이 받은 형벌은 징역이 아니고 엄청난 벌금을 부과받았습니다. 그래서 샘은 한평생 빚을 갚으면서 국가의 정책에 따라서 살게 되는 것이 샘의 형벌이었습니다.

샘이 경험한 것은 관료제 그리고 감시사회의 폐해였습니다. 이것을 깨닫는 순간 샘은 저항을 합니다. 그러나 샘보다 악랄하고 잔인한 국가는 샘에게 고문을 가하고 사회생활을 할 수 없도록 만들면서 영화는 끝이 납니다.

영화는 처음부터 끝까지 현대인들에게 경고메시지를 던집니다. 법 집행은 폭력적으로 하면서 꼬박꼬박 동의 사인을 챙기는 공무원, 그리고 호흡 소리까지 감시하는 국가, 게임하는 것처럼 통신만으로도 무력충돌 현장에 개입하는 고위공무원, 그리고 체포놀이를 태연하게 하는 아이들, 마치 기계 부품처럼 자신에게 지워진 법적 의무만 따지고 사는 사람들의 모습, 영화는 감시사회의 폭력적인 모습들을 보여 줍니다.

관객들은 영화 속에 보여지는 정보검색국 사람들의 과장된 몸짓이나 또 시각적 장치들 탓에 영화 '브라질'의 사회를 판타지의 세계로 치부를 합니다. 그러다가 어느 순간 깨닫게 됩니다. 바로 그 영화 속 이야기가 단지 영화가 아니라 현실에 나타나는 이야기라고 하는 것을 깨닫게 됩니다.

그 순간 관객들은 영화보다 정부가 더 폭력적이다라고 하는 것을 깨닫게 됩니다. 경직된 말투, 유니폼을 입은 공무원들이 영화 속에서는 말도 안 되는 일처리를 하기 때문에 '이거 진짜 말도 안 돼' 이렇게 느끼지만 현실에서의 공무원들 역시 영화와 크게 다르지 않다는 것을 느낍니다. 현실 속에서 공무원들은 매일 같은 옷을 입고 일상적인 말투를 사용하고 그리고 무자비하게 공권력을 행사하고 또 감시를 하고 있습니다.

우리 스스로 정부가 시민을 감시하는 방향으로 가는

것을 방치한다면 언젠가 평범한 상상을 하는 것조차 제재 당할지도 모를 일입니다. 이것이 영화 '브라질'이 개개인에게 던진 메시지이자 경고입니다.

박근혜정부의 테러방지법안은 대한민국헌법의 가치를 파괴하고 부정하고 있습니다. 1987년 민주화 항쟁이라는 깃발 아래 국민들은 사람답게 살 수 있는 진정한 자유민주의 대한민국을 원했습니다. 그래서 그 염원을 담아서 87년 헌법이 개정됐습니다. 87년 6월 항쟁으로 개정된 대한민국헌법의 전문입니다.

"유구한 역사와 전통에 빛나는 우리 대한국민은 3·1운동으로 건립된 대한민국임시정부의 법통과 불의에 항거한 4·19민주이념을 계승하고, 조국의 민주개혁과 평화적 통일의 사명에 입각해서 정의·인도와 동포애로써 민족의 단결을 공고히 하고, 모든 사회적 폐습과 불의를 타파하며, 자율과 조화를 바탕으로 자유민주적 기본질서를 더욱 확고히 해서 정치·경제·사회·문화의 모든 영역에 있어서 각인의 기회를 균등히 하고, 능력을 최고도로 발휘하게 하며, 자유와 권리에 따르는 책임과 의무를 완수하게 하여, 안으로는 국민생활의 균등한 향상을 기하고 밖으로는 항구적인 세계평화와 인류공영에 이바지함으로써 우리들과 우리들의 자손의 안전과 자유와 행복을 영원히 확보할 것을 다짐한다."

또 저와 선배·동료 의원들께서 이곳 국회 본회의장에서 선서하는 국회의원 선서문이 있습니다.

"나는 헌법을 준수하고 국민의 자유와 복리의 증진 및 조국의 평화적 통일을 위하여 노력하며, 국가이익을 우선으로 해서 국회의원의 직무를 양심에 따라 성실히 수행할 것을 국민 앞에 엄숙히 선서합니다."

지금 박근혜정부가 통과할 것을 압박하고 있는 테러방지법안은 대한민국이라는 국가의 존재 이유와 이의 근간이 되는 우리 헌법 전문을 부정하는 행위입니다. 또 테러방지법의 원안을 그대로 통과시킨다면 헌법을 준수하고 국회의원의 직무를 양심에 따라 수행하겠다고 선서한 우리 스스로를 부정하는 것입니다.

제가 왜 이런 말씀을 드리는지 여기 계신 분들이 아실 거라 믿습니다.

헌법 제1조의 내용은 이렇게 되어 있습니다. "대한민국은 민주공화국이다. 대한민국의 주권은 국민에게 있고 모든 권력은 국민으로부터 나온다." 그러나 테러방지법안이 통과되면 대한민국헌법 제1조는 바뀌어야 할 것입니다. 왜냐하면 대한민국은 민주공화국이 아닌 청와대와 국정원에게 권력이 집중되고 국민의 주권은 청와대와 국정원에 의해서 통제될 수 있기 때문입니다.

"모든 국민은 인간으로서의 존엄과 가치를 가지며, 행복을 추구할 권리를 가진다. 국가는 개인이 가지는 불가침의 기본적 인권을 확인하고 이를 보장할 의무를 진다." 이것은 헌법 제10조의 내용입니다. 그런데 만일 테러방지법안이 통과되면 이 내용은 "모든 국민은 인간으로서의 존엄과 가치를 가지며 행복을 추구할 권리를 가진다. 그러나 국가는 테러방지법에 의거해서 개인이 가지는 기본적 인권을 제한하고 보장하지는 않는다."로 바뀌어야 할 것 같습니다.

지금 야당이 이렇게 필리버스터를 통해서 테러방지법의 철회 또는 수정을 요구하는 것은 대한민국헌법에 명시된 기본적인 사항을 테러방지법이 건드리지 못하도록 하는 견제장치를 마련하자는 것입니다. 그런데 박근혜 대통령은 테러방지법을 빨리 하라고 압박하고 있습니다. '우리나라가 테러를 방지하기 위한 기본적인 법체계조차 갖추지 못하고 있다는 것을 IS도 알아 버렸습니다. 이런데도 천하태평으로 테러방지법을 통과시키지 않을 수 있겠습니까?' 이렇게 말씀을 하셨습니다. 또 '테러방지법이 통과되지 못하면 테러에 대비한 국제 공조도 제대로 할 수가 없고 다른 나라와 정보 교환도 할 수 없습니다.'라고 하면서 긴급명령을 발동해서라도 법을 제정하겠다고 국회를 압박하고 나섰습니다.

원유철 새누리당 원내대표 역시 테러가 일어나면 야당 책임이라고 하고 있습니다. 또 G20 국가 중에 테러방지법이 제정되지 않은 곳은 우리나라를 포함해서 단 세 곳뿐이라는 사실이 아닌 이야기를 하고 있습니다.

그러나 테러방지에 관한 한 우리나라는 G20에 속한 어느 나라보다도 강력한 기구와 제도를 운영하고 있습니다. 오히려 테러방지에 관한 기구와 제도가 너무 강력해서 국민의 인권을 침해하고 있는 실정입니다.

G20 국가 중에서 우리나라처럼 국민의 일거수일투족을 온·오프라인을 통해서 광범위하게 들여다볼 수 있는 나라가 과연 몇이나 있을까요? G20 국가 중에서 어느 나라 검찰이 기소권과 수사권을 독점한 채 강력한 권한을 행사하고 있습니까?

또 G20 국가 중에서 출입국제도, 주민등록제도가 우리나라처럼 촘촘한 나라가 어디에 또 있습니까? 또 G20 국가 중에서 우리나라 국정원처럼 국내외 정보수집 기능, 비밀경찰 기능, 정책기획 기능, 나아가 작전 그리고 집행 기능에 이르기까지 무소불위의 권한을 가진 정보기구를 두고 있는 나라가 또 어디에 있습니까?

G20 국가 중에서 우리나라만큼 많은 수의 군대와 경찰을 두고 있는 나라가 몇이나 있습니까? 심지어 치안한류라는 이름으로 이러한 것들을 해외에 파견하고 있는 실정입니다.

우리나라에 테러방지법이 없다는 주장도 사실은 아닙니다. 테러방지법이라고 하는 이름의 법이 없을 뿐입니다. 매년 정기적으로 한미 대테러훈련도 실시하고 있습니다. 그리고 국가대테러활동지침에 따라서 국무총리가 주관하는 국가대테러대책회의도 존재하고 있습니다.

그럼에도 불구하고 테러방지법을 제정하고 국회를 통과시키겠다고 하는 의도, 그것이 진정 어디에 있는지 묻고 싶습니다.

박근혜정부의 테러방지법안은 입안 과정에 문제가 있습니다. 테러방지법안은 2001년 11월 12일 국가정보원에 의해서 처음 입법예고되었습니다. 당시 미국 9·11 테러 직후에 테러에 대한 정부 차원의 대처를 위해서 추진됐고, 대테러 활동을 위한 국가정보원의 기능을 강화하자 하는

것이 주된 내용이었습니다.

9·11 테러 이후에 전 세계 어디에도 테러 공포로부터 안전한 곳이 없다는 분위기가 확산이 됐고, 우리도 2002년 월드컵 공동 개최를 대비하는 명분을 내세웠기 때문에 테러방지법이 곧 통과될 것처럼 보였습니다.

그러나 테러방지법 제정에 대해서 일반 국민들은 물론 경찰청과 같은 정부 내부에서도 강력한 반대가 있었습니다. 그래서 국회에서 논의가 중단이 됐습니다. 그로부터 1년이 지난 후에, 2003년 8월 14일 국가정보원이 입안한 정부안에 대한 수정안이 만들어졌습니다. 그래서 이 수정안이 의원입법 발의 형태로 제출이 됐습니다. 그리고 2016년 2월 23일 정의화 국회의장 직권상정으로 올라온 테러방지법 역시 의원입법을 병합 심사해서 새누리당 수정안으로 제출된 것입니다.

테러방지법 내용에 대해서 왈가왈부하기 전에 먼저 법안 입안 과정부터 심각한 문제가 있습니다.

우선 국가정보원 같은 대통령 직속의 정보기관이 과연 법률을 입안할 권한을 갖는 것이 타당한 것인가 하는 문제입니다. 2001년 당시 국가정보원이 테러방지법안을 입안해서 입법예고한 것을 두고 시민사회단체는 '고양이에게 생선을 맡긴 꼴이다'라고 비판을 했습니다.

그러니까 국가정보원은 자신들이 테러방지법의 입안자가 된 것은 '국무총리실이 대테러 업무를 오래 담당해 온 자신들에게 법안 마련을 맡겼기 때문이다'라고 어설프게 변명을 했습니다.

모두가 아시다시피 현행 헌법에 따르면 정부에도 법률안 제출권이 있습니다. 그러나 정부의 법률 입안권은 원칙적으로 정부조직법상에 명시된 부처의 장관에게만 권한이 주어져 있습니다.

각부 장관은 법률을 집행하는 이른바 행정관청입니다. 반면에 국가정보원은 대통령 직속 기관으로서 정보수집 업무를 담당하는 일종의 보좌기관이지 행정관청이 아닙니다. 따라서 국가정보원장이 독자적인 부령 제정권을 행사할 수 없습니다. 부령 제정권이 없다면 법률안 입안권도 없다고 해석하는 것이 마땅하지요. 부령을 만들거나 법률안을 만드는 것은 모두 집행 기능과 관련이 돼 있기 때문입니다.

그렇게 본다면 대통령 보좌기관이고 또 순수한 정보수집기관이어야 할 국가정보원이 테러방지법을 입안한 것 자체가 위헌적이라고 할 수 있겠습니다.

두 번째로는 2003년 16대 국회와 또 19대 국회에서 발의된 테러방지법은 모두 의원입법 수정안입니다.

16대 국회에서는 당시 테러방지법안의 국정원의 권한이 강화되는 문제에 대해서 정부 내에서도 반대가 만만치 않았습니다. 이때 국가정보원은 정부 내의 반대를 비켜 가는 방법으로 의원입법을 통해서 테러방지법을 제정하려고 했던 것으로 보입니다.

의원입법을 하게 되면 국무회의의 심의를 거쳐야 하는 정부입법과는 달리 정부 내에서 협의 절차 없이 곧바로 국회의장에게 법률안을 제출할 수 있기 때문에 정부

안에서의 불필요한 마찰을 피할 수가 있는 것입니다.

당시 법무부는 2003년 11월 3일 국회 공청회 때부터 테러방지법안에 대해서 반대 의견을 표명을 했습니다. 법무부장관은 당시 열린우리당과의 당정회의에서 '대테러센터를 국가정보원 산하에 두는 것은 법치주의 정신에 어긋난다', '국가정보원 산하에 두는 것을 골자로 테러방지법을 만든다고 하는 것은 법치주의에 어긋난다' 이렇게 이야기를 했습니다.

그러면서 테러 문제는 법무부에서 다루는 것이 맞다고 반박을 했고, 법무부 관계자는 '국가정보원은 최초 발의 때 법무부 의견을 거쳤다는 이유로 이후 수정과 재수정을 거치면서 한 번도 법무부에 공식 의견을 묻지 않았다. 법무부는 테러방지법안의 예순일곱 가지 문제 제기에도 불구하고 법안의 핵심 내용이 그대로 유지된 이 안이 법사위에 계류 중'이라고 불쾌감을 강하게 드러냈습니다.

2003년 16대 국회에서는 정부부처 내에서 대테러 업무를 둘러싸고 국정원의 역할이 강화되는 것에 대해서 많은 비판이 있었습니다. 그래서 이것을 피하기 위해서 의원입법이라고 하는 편법을 사용했던 것입니다.

그런데 지금 19대 국회에서도 똑같이 의원입법으로 제출이 돼서 새누리당 당론으로 상정이 됐습니다. 정부부처 어디서도 아무런 문제 제기가 없습니다. 지금의 테러방지법안은 16대 의원입법 수정안으로 제출된 테러방지법안과 다를 것이 없습니다.

그러나 16대 국회에서 법무부가 강하게 비판하고 반발했던 것에 대해서 지금의 법무부, 지금의 정부는 아무런 말이 없습니다. 왜 침묵을 하고 있을까요?

대통령께서 강력한 의지로 이 테러방지법을 통과시키고자 하고 있고 국회에 빨리 통과시키라고 재촉을 하고 있는 이런 상황에서 정부 내에서 이 문제에 대해서 다른 의견을 제출하기는 대단히 어려울 것이라고 봅니다.

지금의 정부부처는 국민을 위한 행정기관이 아닌 것 같습니다. 대통령 말씀에, 대통령 지시에 100% 복종하는 정부라고밖에 해석할 수가 없습니다.

테러방지법은 또한 테러방지를 위한 것보다는 국정원의 권한을 강화하기 위한 법 그리고 제왕적 대통령을 만들기 위한 법으로 보여집니다.

국정원은 지난 2011년 대선 개입 의혹의 중심에 서 있었습니다. 국가기관의 정치 개입을 근절하자는 취지로 국정원법 개정안이 2014년 1월 1일 국회 본회의를 통과했습니다.

주요 내용은 '국정원 직원의 정보통신망을 이용한 정치적 활동 관여 금지', '국정원 예산의 기획재정부장관 제출과 국회 정보위원회 심사 의무화', '국정원 직원의 다른 국가기관과 정당, 언론사 등 파견, 상시출입 금지', '국정원 직원과 공무원, 경찰 등의 정치 관여 금지 위반에 대한 처벌 형량 강화와 공소시효 연장'이라고 하는 내용이 담겨 있습니다.

국정원 직원이 정보통신망을 이용한 정치활동에 관여하는 것을 처벌한다는 것을 법으로 명문화하고 있는 것입니다. 국정원 댓글 사건으로 인해서 대선 개입 의혹이 제기됐던 것만큼 국정원의 정치활동 개입을 법적으로 차단하기 위한 조치였습니다.

또한 국정원 직원이 다른 국가기관 또 정당, 언론사 같은 민간인을 대상으로 정보활동을 하는 경우에 법률과 내부규정에 위반되는 파견이나 상시출입을 할 수 없도록 했습니다. 이것 또한 이명박 정부 당시에 국정원의 민간인 사찰에 대한 인권침해 부분을 차단하기 위해서 마련된 조치였습니다.

국정원 직원의 직무거부권도 보장했습니다. 직원이 정치활동에 관여하는 행위의 집행을 지시받은 경우에 국정원장이 정하는 절차에 따라서 이의를 제기할 수 있도록 하고 시정되지 않을 경우에는 직무집행을 거부할 수 있도록 한 것입니다. 이와 관련해서 해당 직원이 오로지 공익을 목적으로 수사기관에 신고하는 경우에는 국가정보원직원법에 규정된 비밀엄수의 의무를 적용받지 않도록 하고 해당 직원에 대해서는 공익신고자 보호법으로 보호를 받을 수 있도록 한 것입니다.

그러나 이 조항은 그간 국정원이 정권의 비밀정보조직이자 정권 유지의 핵심 수단으로 작동하고 있다는 것에 비춰 볼 때 공익에 반하는 업무지시에 대해서 직무거부권을 행사할 수 있다는 것은 현실적으로 불가능해 보입니다. 그럼에도 불구하고 법률의 공익목적 수행을 위해서 내부고발을 하는 경우에 불이익을 받지 않도록 하고 공익신고자 보호법에 의해서 보호받을 수 있는 장치를 마련했다는 점에서 큰 의미가 있다고 할 것입니다.

국정원에 대한 예산통제권도 강화했습니다. 국정원이 세입·세출 예산을 요구할 때 국가재정법에 따라서 총액으로 기획재정부장관에게 요구하도록 했습니다. 또 다른 기관에 계상할 수 있도록 한 예산도 국회 정보위원회에서 심사하고 이 예산의 실질심사에 필요한 세부 자료를 정보위원회에 제출하도록 했습니다.

이밖에도 국정원장은 국회에서의 예산결산 심사 그리고 안건 심사, 감사원의 감사가 있을 때 성실하게 자료를 제출하고 답변하도록 했습니다. 지금까지 국정원이 정보활동을 이유로 해서 민간인 사찰을 하면서 국민의 혈세를 마음대로 사용했던 관례를 차단하기 위한 시도였습니다.

국정원의 정치 개입이라든가 정보활동 제약 등을 다룬 개혁안이었기 때문에 정부 여당에게, 특히 대통령에게는 못마땅했을 것입니다. 대통령의 아바타를 자처했던 여당 의원들은 이러한 국정원의 개혁안에 대해서 '국정원의 무력화 시도다', '개악이다'라고 반발을 했습니다. 개혁안에 국정원의 대테러업무가 빠져 있었기 때문입니다. 대테러업무에 대한 역할 강화가 빠져 있었습니다.

그래서 새누리당은 박근혜정부의 정권 유지 그리고 정권 재창출을 위해서 테러방지법안을 추진합니다. 표면적인 이유는 국제테러정보 공조, 국가안보, 국내 테러방지와 국민안전입니다. 그러나 속내는 국정원의 권한 강화를 통한 정권의 유지와 안녕일 것입니다.

테러방지법은 국정원에 테러 용의자의 감청 그리고 계좌추적을 할 수 있는 권한을 부여합니다. 여기서 문제는 테러의 개념 자체가 모호해서 정권과 국정원의 악용 가능성이 대단히 크다는 것입니다. 예를 들어 민중총궐기 같은 정부정책에 반대하는 집회에 참여한 사람을 테러위험인물로 간주를 해서 추적과 사찰, 감시하는 것을 법에 의해서 공식화할 수 있게 되는 것입니다.

테러방지법안의 테러 개념은 기존 국내법상의 범죄와 대비되는 개념으로서의 테러를 특정하지 못한 채 단순히 국제법상에서 특별히 규제되고 있다는 이유만으로 이들을 하나의 개념으로 통합하고자 하는 문제가 있습니다.

실제로 항공기 납치, 민간항공에 대한 불법적인 행위 또 국제적 보호인물에 대한 범죄, 인질, 핵물질, 항해 및 해상플랫폼의 안전, 폭탄테러행위 등은 모두가 현행법으로 처벌할 수 있는 범죄입니다. 테러방지법안의 핵심개념인 국제조약이 요구하는 것도 이러한 행위에 대한 특별한 조치가 아니라 현행 우리 법제와 같이 국내법으로 그 행위를 처벌하는 규정을 둘 것을 요구하는 것이 대부분입니다. 이 범죄들은 별도의 취급을 하지 않는다고 하더라도 이미 국내법으로 처벌이 되고 있습니다. 또 국제범죄조직, 외국인에 대해서 경찰이나 검찰 등의 이러한 범법에 대응하는 국가기구가 작동이 되고 있습니다.

그렇다면 법안에서 새로운 대테러대책을 확립하기 위해서는 필연적으로 기존의 국내법과 구별되는 별도의 테러 유형, 그 행위태양의 특수성이라든가 범죄 결과의 중대성 또 대응방식의 전문성과 같은 것들이 최소한 일반적 수준에서라도 명시가 되어 있어야 합니다. 그러나 이제까지 그러한 테러방지법안이나 그러한 수정의견 제시는 정부와 여당 측에서 없었습니다. 그래서 국민과 시민사회 또 야당이 의심하고 반대하고 있는 것입니다.

테러개념의 추상성·모호성은 법안에 있는 대테러대책기구의 기능 범위에 대한 규정 부재에서도 나타납니다. 국가대테러대책회의, 대테러센터 등을 가동시키게 되는 테러의 범주가 확정되어 있지 않고 또 그것을 결정하는 과정, 절차에 대한 규정 이러한 것들이 존재하지 않는다는 전문가들의 지적이 많습니다. 게다가 대테러대책기구의 적용 대상도 특정되지 않은 문제가 있습니다.

민변을 비롯한 시민사회의 전문가 의견은 법안에 예정된 범죄들이 개인적인가 집단적인가, 우발적인가 계획적인가, 내국인인가 외국인인가, 정치적인가 비정치적인가, 소규모인가 대규모인가, 일시적인가 반복적인가, 이러한 다양한 층위에서 각각 나름의 스펙트럼을 구성하고 있고 또 그 각각의 경우에 따른 각각의 대응이 필요하다고 보고 있습니다.

즉, 어느 경우에 테러의 강도와 밀도가 어느 정도에 이를 때 대테러기구의 권한이 발동되고 또 이 권한

발동의 절차와 그에 대한 국민적인 감시·감독의 가능성이 어떻게 확보되는지에 대한 언급이 전혀 돼 있지 않다고 하는 것입니다. 오히려 이 모든 것들을 '테러'라는 이름으로 통칭을 하고 그때그때 자의적 판단에 따라서 대테러대책이라는 명분하에 국가권력을 한 곳에 집중시키는 위험스러운 일을 하고 있다 하는 것입니다. 이는 전문가들뿐만 아니라 일반 국민들조차도 우려하고 있는 대목입니다.

여기에서 국민들이 매우 큰 의문점을 갖게 됩니다. 과연 기존의 국가기구, 예컨대 행정안전부, 경찰청, 검찰청, 법무부, 이러한 국가정보원 그 자체가 이 법안이 예정하고 있는 테러에 대응할 능력이 없는가 하는 것입니다. 대한민국의 국민안전 시스템은 그동안 누가 담당을 해 왔는가, 그렇게 허술한가 하는 의문을 제기하게 됩니다.

또한 테러방지법안에서 그리고 있는 대테러기구의 전체적인 구조는 실질적·포괄적인 대테러대책기관이 되는 대테러센터를 국가정보원장 소속하에 설치를 하고, 그리고 대테러센터가 주요 행정각부의 장 또 국무조정실장으로 구성되는 국가대테러대책회의를 실질적으로 관할하고 행정각부의 권한·업무·기능을 조정하고 통합하는 방식을 취하고 있습니다.

그런데 현행법과 제도에 의해서 이미 존재하고 있는 대테러대응기구 그리고 역할조차 정부가 모르면서 또 테러방지법을 새로 제정해 달라고 요청하고 있는 것이 의아합니다. 지난 2월 18일 국회 대정부질문에서 황교안 국무총리는 자신이 국가테러대책회의의 의장이라는 사실도 모르는 채 답변을 했습니다. 이미 존재하는 테러 관련 기구, 제도도 모르고 또 그것도 활용하지 않으면서 무슨 의도로 새로운 테러방지법이 필요하다고 하는 것인지 국민들은 궁금해합니다.

결국 국가정보원에 구성되는 대테러센터를 중심으로 위로는 행정각부의 장에 대한 조정·통합기능, 그리고 아래로는 대테러대책기구에 대한 조정·통합 기능이라고 하는 이중적인 수준에서 대테러센터가 관여할 수 있는 여지를 확보하고 있습니다.

결론적으로 테러방지법안은 테러방지를 빌미로 해서 국가정보원이 국가권력의 중심부에서 공식적으로 활동하는 법적 근거를 마련하는 데 목적을 두고 있는 것입니다. 과거에 '우리는 음지에서 일하고 양지를 지향한다' 또 최근에는 '정보가 국력이다'라고 하는 원훈이 '양지에서 공식적으로 정보 독점을 통한 권력의 중심부에서 활동한다'라고 바뀌어야 할 것 같습니다.

진정으로 대한민국 내에서 발생할 수 있는 테러를 방지하기를 원한다면 지금 우리나라에서 가장 취약한 구석인 국가정보원의 해외정보수집 능력을 향상시키는 방안을 마련해야 합니다. 박근혜 대통령이 강조해 마지않는 국제 정보 교류 그리고 공조의 강화를 위해서도 국정원을 개혁해서 해외정보 수집과 분석에 집중하게 해야 합니다. 이것이 테러방지법이라는 이름의 새로운 법을 만드는 것보다

더욱 중요한 일이라고 생각을 합니다.

지금 박근혜 정권이 테러방지법 또 사이버테러 방지법을 만들려고 하고 있는데 불행하게도 이것은 해외정보 수집과 무관한 역방향으로 가고 있습니다. 이들 법안은 무늬만 테러방지법일 뿐 사실상 국정원의 본령인 해외정보 수집 기능을 강화하기보다는 오히려 국내정보 수집 또 조사와 수사, 정책 조정, 작전 기능, 그밖에 시민 사찰과 정치 개입을 더욱 강화하도록 고안된 법안입니다. 그래서 인권 침해만 가중시킬 우려가 대단히 높습니다.

아울러서 박근혜 정권이 추진하는 테러방지법안은 제왕적 대통령의 권력을 더욱 강화하게 될 것입니다. 통제와 공포정치를, 대통령이 할 수 있는 권한을 법적으로 부여하는 것입니다. 이는 국가정보원이 대통령 직속기관이기 때문에 그렇습니다. 그래서 국회를 통한 견제 장치가 필요하다는 것이 야당의 입장입니다. 견제와 통제가 없는 권력은 위험합니다.

더욱이 테러방지법안은 경우에 따라서 대책회의의 장이 대통령을 경유해서 군 병력을 동원할 수 있도록 하고 있습니다. 하지만 이러한 군 병력의 동원 체제는 헌법 위반의 문제가 있을 뿐이 아니라 정부조직법상으로 이중적 낭비에 해당한다고 하는 것이 전문가들의 공통적인 의견입니다.

헌법에 의하면 전시·사변 또는 이에 준하는 국가비상사태에 한해서 병력으로 군사상의 필요에 응하거나 공공의 안녕질서를 유지할 수 있습니다. 즉, 계엄이 선포된 경우에 한해서만 군 병력을 동원할 수 있는 것입니다. 물론 재해라든가 또 비상사태의 경우에 있어서 위수령처럼 일정한 지역의 경비를 위해서 지방자치단체의 장이 요청을 해 가지고 병력이 출동하는 경우도 있습니다. 그러나 이 경우에는 소극적인 경비 목적의 군 병력 출동이라는 점에서 테러 진압을 위한 특수부대를 설치하고 이것을 대테러센터의 장의 관여 아래 처리하는 법안의 내용과는 현저하게 차이가 있다고 보는 것입니다.

그래서 이러한 대테러방지법안이 테러방지를 목적으로 하기보다는 국정원 기능을 강화하고 국정원의 역할을 확대하고 제왕적 대통령을 만들기 위한 법이다 이렇게 보고 있는 것입니다.

또한 테러방지법은 기본권 행사를 방지하는 법 그리고 정권에 의한 정적 사찰법 이렇게도 이야기할 수 있을 것 같습니다.

과거에 중정이라 일컫던 국정원의 전신인 중앙정보부, 안전기획부 하면 떠오르는 이미지가 권력자 또 정권에 의해서 반대파와 정적을 사찰하고 제거하는 것입니다. 박정희 정권에 의한 김대중 전 대통령의 납치 사건이 있었습니다. 그리고 이명박 정권에 의해서 박근혜 대통령의 사찰도 있었습니다. 수많은 간첩사건 조작이 있었고, 정적에 대한 테러가 있었고 그리고 검찰 수사를 통해 확인된 지난 대선의 국정원 댓글, 대선 개입, 일일이 열거하기 어려울 정도로 국가의 안전을 빙자해서 각종 불법행위를 저질러

왔습니다.

2014년 1월 1일 통과된 국정원 개혁안이 있습니다. 여기에서 여전히 국정원은 무소불위의 권력기관이고 마음만 먹으면 국민들의 사생활을 감시하고 눈과 귀를 차단시키는 규제와 폭력을 휘두를 수 있습니다. 그래서 아직도 국정원에는 더 개혁이 필요하다고 보는 것입니다. 만약에 국정원 개혁이 없이 이 테러방지법이 통과가 되면 과거의 3공화국, 5공화국 시절로 돌아가서 조금만 정부 비판을 하는 국민들에게 재갈을 물리는 시대로 돌아가게 된다는 것이 지금 우리가 이 테러방지법을 반대하는 이유입니다. 그것은 국민의 기본권을 심각하게 제약하는 것이기도 하고 정권의 입맛에 맞지 않는 정적들에 대해서 사찰하고 해악을 끼칠 수 있는 그런 법으로서의 기능을 하게 된다고 하는 것입니다.

이명박 정부 시절을 중심으로 해서 국가정보원의 과거 회귀 성향 그리고 국가정보원의 행보를 한번 잠깐 살펴보겠습니다.

먼저 정치인 사찰이 있었습니다. 이명박 정부 이후에 국가정보원이 정치인의 사찰에 나섰다는 주장은 수차례 반복이 됐습니다. 특히 야당 의원에 대한 사찰보다 오히려 여당 의원에 대한 사찰이 이루어졌다고 하는 것이 흥미롭습니다. 실제로 어느 정도의 사찰이 이루어졌는지 그 전체적인 규모를 알 수는 없지만 권력의 투쟁 과정에서 여당 내 반대파들에 대한 감시가 있었고 또 여당 의원이 권력기관에 대한 정보 접근이 쉽기 때문인 것으로 보입니다.

2010년 8월 16일에 정태근 당시 한나라당 의원은 평화방송 라디오 '열린세상 오늘! 이석우입니다'와 인터뷰를 했습니다. 여기에서 국제회의 위탁운영업체 부사장으로 재직 중인 자신의 부인이 국가정보원으로부터 사찰을 받았다고 주장을 했습니다. 정 의원은 '국가정보원이 사찰의 주체라는 사실을 청와대 민정수석실로부터 확인을 했고 국가정보원은 부인의 회사와 거래처 등을 탐문하고 국회의원의 지위를 이용해서 부인 회사의 사업 수주에 압력을 행사했는지 캐묻고 또 다른 것을 확인했다'라고 주장을 했습니다.

정 의원이 사찰 사실을 알고 청와대 민정수석실에 항의를 하자 민정수석실 관계자가 '자신들은 전혀 관계가 없고 국가정보원에 알아보니 국가정보원 직원의 사찰이 있어서 바로 그 사찰을 중단시켰다'라고 이야기를 합니다. 또 자신들은 '보고서고 뭐고 아무것도 관여된 것이 없다, 변명을 할 것이 없다'라고 이야기를 했습니다.

정 의원에 대한 이러한 사찰은 지난 2008년 총선 전 이명박 대통령의 형인 이상득 의원에게 총선 불출마 그리고 2선 후퇴를 요구한 것과 연관이 있다는 주장이 나왔습니다. 이 정 의원을 정치적 반대자로 판단하고 소위 영포라인이 2009년 정 의원을 사찰한 것으로 추정이 됩니다.

심지어는 국가정보원 직원에 의해서 국가정보원장이 사찰을 당했다는 의혹도 제기가 됐습니다. 정두언 의원은 2008년 6월에 박영준 당시 기획조정비서관을 권력 사유화

장본인으로 지목을 했습니다. 그래서 모 행정관에 대한 인사 조치를 요구했고 총리실로 전출이 됐습니다. 그런데 국가정보원이 아닌 총리실로 옮긴 이유가 당시 김성호 원장이 자신을 사찰한 사람을 국가정보원에 받아들일 수 없다고 반대했기 때문이라는 주장이 제기가 된 것입니다. 이후에 그는 김성호 국가정보원장에서 원세훈 국가정보원장으로 조직의 수장이 바뀌면서 2009년 3월에서야 국가정보원으로 복귀한 것으로 알려졌습니다.

2010년 7월 당시에 민주당 최재성 의원은 이해찬 국무총리 시절에 이강진 전 총리실 공보수석과 그 부인에 대한 광범위한 감청이 이루어졌다고 폭로를 했습니다. 당시 오마이뉴스 보도에 따르면 국가정보원은 북한의 흑금성 간첩 사건을 조사하던 중에 2007년 이해찬 전 총리가 북경에서 접촉한 북한 인사가 흑금성의 북측 파트너인 리호남이었다는 이유로 이강진 전 공보수석에 대해서 광범위하게 조사를 했습니다. 휴대전화 위치 그리고 착발신 이력을 추적을 했고요. 음성과 문자메시지를 확인을 했습니다. 부인 명의의 집전화를 감청을 했고 모든 우편물을 열람을 했고 이메일 내역 그리고 내용까지도 전부 열람을 했습니다. IP 추적을 통해서 로그인 내역을 열람을 했고 타인과 나눈 대화를 감청을 했고 또 녹음 확인까지 했습니다.

국가정보원 측이 내사가 끝난 후에 본인에게 압수수색영장을 보여 주어서 이 사실이 알려졌습니다. 국가정보원이 대북 관련 조사를 핑계로 해서 참여정부 인사에 대한 표적수사를 위해 광범위한 사찰과 감시에 나선 것이 아닌가 의구심이 드는 대목입니다.

또한 언론사에도 관여를 했습니다. 2008년 10월 조선일보와 오마이뉴스에 따르면 당시 국가정보원 제2차장인 김회선은 8월 11일 오후 KBS 후임사장 논의를 비롯한 언론 대책을 위해서 조찬 모임에 참석을 했습니다. 이에 대해서 야당은 8월 11일이 정연주 KBS 사장을 해임하고 이를 결재한 시점임을 감안해서 방송통신위원회 국정감사에서 이를 비판했고 10월 28일 서울중앙지검에 김 차장을 국가정보원법 3조와 11조, 19조를 위반한 것으로 고발한 바가 있습니다.

이후 김성호 국가정보원장은 국회 정보위원회에 출석을 해서 김 차장의 언론대책회의에 의하여 불거진 정치 사찰 논란에 대해서 재발을 방지하겠다며 사과를 했습니다.

또한 2010년 10월에 신동아와 오마이뉴스에 따르면 김정은 후계 논의, 화폐 개혁, 다수의 북한 발 특종기사를 써서 연례 기자상을 줄줄이 수상한 최선영 연합뉴스 기자를 국가정보원이 사찰했다는 의혹을 제기를 했습니다.

최 기자는 1996년에 아프리카 잠비아 주재 북한대사관 3등서기관으로 근무하던 남편 현성일 씨와 함께 한국으로 망명을 했는데요. 그녀는 망명 뒤에 평양에서 기자로 일했던 경험을 인정받아서 연합뉴스에 채용이 됐습니다. 이후에 북한현지소식통을 인용해서 특종기사를 썼고 기자상을 줄줄이 수상을 했습니다.

그러나 2010년 5월 초에 그녀는 북한 관련 데이타베이스부서로 발령을 받았습니다. 형식은 승진이었지만 비취재부서였기 때문에 최 기자는 취재부서로 배치를 요구했습니다. 그렇지만 받아들여지지 않았고 결국은 2010년 5월에 휴직을 했습니다.

이후에 2010년 7월에 남편 현 씨가 국가정보원에 부부동반 여행을 위해서 출국 보고를 했는데 그 당시의 국가안보전략연구소장이 '어차피 최 기자가 국정원의 내사를 받고 있어서 출국이 어려울 것'이라고 말했고 비슷한 시기에 최 기자가 취재부서로의 복직을 요구했지만 연합뉴스의 간부가 '조만간 국정원 최고위 측의 인사 변동이 있을 듯한데 이것만 마무리되면 복직이 가능할 것이므로 잠시만 기다리면 된다'고 이야기했다는 것입니다.

정보기관의 보고보다 언론기관의 보도를 통해서 먼저 북한의 주요정보가 보도가 되니까 청와대와 국회 정보위의 질타를 꺼려하는 국가정보원이 압력을 행사한 것입니다.

또한 노동조합에 대한 사찰도 있습니다. 2009년 10월 28일자 경향신문 보도에 따르면 국가정보원은 양천구청의 양성윤 당시 통합공무원노동조합 위원장 후보에 대해서 징계를 하라고 압력을 행사했습니다.

양 후보는 2009년 7월에 서울에서 열린 시국대회에 참가해서 공무원법상의 집단행위 금지규정과 성실·복종·품위유지 의무를 위반한 이유로 징계위에 회부가 됐습니다. 양천구청은 이 양성윤 위원장 후보에 대해서 서울시에 중징계를 요청을 했습니다. 양 후보에 따르면 노조 차원에서 담당부서에 중징계를 요구한 이유를 물으니까 '국정원 등 각종 기관에서 압력이 들어와서 어쩔 수가 없었다' 이렇게 답을 했다고 합니다. 국정원과 감사원, 행정안전부, 서울시, 검찰 등에서 '직무감찰을 하겠다', 행정적·재정적 불이익을 주겠다' 중징계 요구를 했기 때문입니다. 이에 대해서 그는 통합공무원노조의 지도부 선출과 그리고 설립신고를 차단하려는 의도라고 주장을 했습니다. 국가정보원이 통합공무원노동조합의 설립과 위원장 선출에 관한 정보를 수집하거나 관여하려 했다면 직무범위 위반에 해당되는 것입니다.

또한 2008년 9월 참세상과 레디앙의 보도에 따르면 국가정보원은 기륭전자와 노조의 갈등이 상급단체로 번질 우려가 있으니까 사측은 노조 측의 요구를 들어주지 말라는 압력을 행사한 것으로 알려졌습니다. 머니투데이는 기륭전자 협상 결렬 관련 기사에서 '기륭전자 노사갈등이 상급단체 힘겨루기로 확산되고 있다. 협상 결렬 후 사측은 경영자총연맹과 국가정보원으로부터 요구사항을 들어줘서는 안 된다는 압력을 받고 있다'고 보도를 했습니다.

금속노조 KEC지회, 경주 발레오만도지회, 상신브레이크지회는 고용노동부 국정감사가 열리는 2011년 10월 7일 국회 정론관에서 기자회견을 열었습니다. '이명박 대통령의 텃밭인 대구·경북지역 사업장 세 곳에서 공격적 직장폐쇄, 용역깡패 동원, 조합원에 대한 감시와 협박 그리고 어용노조 설립, 철저히 준비된 노조파괴 공작이 이루어졌다'고 주장을 했습니다.

KEC지회는 지난해 국가정보원까지 나서서 노조를 사찰해 왔음을 드러내는 회사 측 문건을 또 폭로를 했습니다. 문건의 제목은 '직장폐쇄 후 상황일지'로 2010년 7월 3일부터 12월 13일까지 날짜별로 노조 측 동향이 상세하게 기록이 되어 있습니다. 실제로 2010년 11월 10일과 11일 일지에는 '관리자 비상대기(4공장 점거 정보-국정원)'이라고 적혀 있었습니다. 즉 사측이 국가정보원으로부터 노조 측 동향을 파악한 것입니다.

그런가 하면 시민사회단체 탄압도 빼놓을 수가 없습니다. 2008년 10월의 오마이뉴스 보도에 따르면 국가정보원은 2008년 9월 한 공기업에 최근 3년간 집행된 시민단체 후원 내역 일체를 제출하도록 요청을 했습니다. 그래서 이것을 국정원에게 제공을 했습니다. 그동안 얼마의 후원금을 어떤 방식으로 입금했는지 이러한 것을 묻고 또 관련 내용을 문의를 했는데 여기에 대해서 부담을 느낀 공기업의 담당자는 꼭 제출해야 할 의무가 있는 것이 아닌데도 불구하고 제출을 요구한 곳이 국가정보원이어서 자료를 제출한 것으로 알려졌습니다. 심지어 국가정보원은 환경운동연합과 환경재단에 그동안 얼마의 후원금을 어떤 방식으로 입금했는가 이러한 것을 묻고 또 관련 내용을 서류로 만들어서 제출하라는 요구를 했습니다.

2009년 6월에 경향신문 보도에 따르면 당시 박원순 희망제작소는 하나은행과의 소기업 창업을 지원하는 마이크로크레딧 사업을 합의를 했는데 2009년 1월에 하나은행 측의 일방적인 결정으로 이것이 무산이 됐습니다. 국가정보원 직원들이 하나은행 측에 연락을 하고 이 사업에 개입을 했습니다. 그래서 하나은행으로 하여금 희망제작소와의 협력관계를 중단하도록 했다는 것입니다. 이는 2009년 9월 17일의 당시 박원순 상임이사의 기자회견문에 잘 나타나 있습니다.

2009년 4월 모 대학 카페 오픈식이 끝난 이틀 뒤에 국가정보원 직원이 그 대학 총무과를 찾아가서 좌파단체들의 자금줄이며 운동권 출신 직원들이 대다수인 아름다운가게를 후원한 사유가 무엇인가에 대해서 물었습니다.

(정의화 의장, 이석현 부의장과 사회교대)

또 2009년 6월에 국가정보원 직원이라고 밝힌 사람이 특정 프로젝트를 몇 년 동안 공동으로 추진하던 모 은행 담당자에게 전화를 해서 아름다운가게하고 무슨 관계가 있기에 오랜 시간 많은 돈을 지원했느냐고 또 물었습니다. 2009년 5월에 경기지역 평생학습관 공동행사와 미팅을 할 때는 아름다운가게와 행사를 하지 말라고 압력을 넣었습니다. 이렇게 곳곳에서 국가정보원의 활동이 드러났습니다.

문화행사에 대한 탄압 자료도 있습니다.

2010년 1월 30일 한겨레신문 보도에 따르면 국가정보원 직원이 조계사에 압력을 행사해서 2010년 1월 31일부터 2월 7일까지 조계사 경내에서 열릴 예정이던 '바보들, 사랑을 쌓다' 행사를 방해했습니다. 조계사를 담당하는 국가정보원 직원 권 씨가 28일 오전에 전화를 걸어서 '반정부적인 정치집회가 조계사에서 열린다. 총무원장 스님이 방북도 하는데 이런 정치집회는 종단에 누가 되지 않겠느냐' 이런 취지의 말을 했고 그 전화가 있은 뒤에 결국 주지스님의 지시로 행사가 불허됐습니다. 또 총무과장에 따르면 같은 날 오후에 주지스님이 불러서 가보니까 권 씨가 함께 있었다고 합니다. 이 불허된 행사는 누리꾼 그룹 등이 지난 2009년 12월 6일에 조계사에서 진행한 소외된 이웃을 위한 김장하기 그리고 배달행사 '사랑을 담그다'에 이은 것이었습니다. '바보들, 사랑을 쌓다'라는 이름으로 1월 31일부터 2월 7일까지 라면상자 1000개를 이용을 해서 10m 높이의 첨성대 조형물을 쌓고 이 라면을 불우이웃에게 나눠주는 행사였습니다.

또한 2009년 12월 한겨레신문 보도에 따르면 12월 3일 국가정보원 광주지부의 한 직원은 광주시 문화예술부서와 5·18기념문화관 대관부서에 전화를 걸어서 5·18기념문화관에서 열리는 전시회에 대통령을 풍자한 '삽질공화국' 작품에 대한 시의 입장이 무엇인가를 물었다고 합니다. 이에 광주시는 운영조례를 검토해서 이 작품의 전시가 전시장 설치목적에 어긋나고 공공질서를 해칠 우려가 있다고 해서 주최단체에 이것에 대한 철거를 요구했습니다. 전시 개막 직전인 3일 광주시의 5·18기념문화재단 담당 공무원이 찾아와서 이 대통령을 비판한 작품을 철거하지 않으면 전시를 계속할 수 없다고 통보를 했다는 것입니다.

이것은 명백하게 헌법에서 보장하고 있는 표현의 자유를 침해한 것이고 또 국가정보원법 11조 1항 '국가정보원 직원이 다른 기관·단체·사람으로 하여금 의무 없는 일을 하게 하거나 사람의 권리 행사를 방해해서는 안 된다'라고 하는 직권남용 금지를 위반한 것으로 볼 수 있습니다.

2009년 6월의 한겨레신문 보도에 따르면 2004년부터 환경부와 서울시가 매년 환경영화제에 2억 원씩을 지원해 왔습니다. 2009년에는 뚜렷한 이유도 없이 지원금이 갑자기 보류된 적이 있습니다. 환경재단의 최열 대표 등은 2009년 5월 19일에 국가정보원 조정관이 서울시의 담당 본부장에게 전화를 해서 지원금이 보류되도록 압력을 행사했다고 폭로를 했습니다. 환경부장관에게 전화를 하니까 쉽게 지원할 만한 상황이 아니다, 유 모 장관을 만나서 이야기를 들어 보라고 했다는 것입니다. 그래서 유 장관을 만났더니 상황이 좋지 않다, 기다려 달라고 같은 답변을 되풀이했습니다.

5월 25일에는 환경재단이 주최하는 기후변화 리더십 과정에 연사로 나온 오세훈 전 시장을 붙잡고 국정원 압력 의혹을 제기하니까 '그런 얘기는 하지 마시고, 돈이 어디로 가겠습니까'라는 말만 되풀이했다고 합니다.

다음으로 민간 개입 그리고 민간에 대한 사찰도 역시 진행이 됐습니다.

2009년 3월의 오마이뉴스 보도 또

대운하반대전국교수모임 성명서를 보면 경찰과 국가정보원은 대운하 반대를 하는 교수들의 모임에 대해서 모임의 성격이나 정치 성향을 파악했습니다. 서울대, 충남대, 가톨릭대, 한남대, 목원대, 안동대, 한국해양대, 많은 대학에서 이 모임에 참여하는 교수들에 대한 경찰과 국가정보원의 성향 조사가 이루어졌고요, 목원대를 담당하는 국가정보원 직원은 한반도 대운하 건설을 반대하는 전국교수모임에서 역할을 하고 있는 목원대학의 한 교수에게 전화를 걸어서 직접 찾아가겠다 그러면서 운하 반대 모임에 대해서 묻고, 이러한 것들이 국가정보원이 직무범위를 위반한 대규모의 성향 조사를 한 것이라고 보여지는 것입니다.

2009년 5월 위클리경향 보도에 따르면 4대강 정비사업에도 개입하고 있다 하는 사실이 드러나 있습니다. 4대강 정비사업과 관련해서 부여군 세도면 대책위가 정부 과천청사 항의 방문을 결정한 직후에 국가정보원 직원이 대책위 관계자에게 연락을 해서 청와대 비서와 다시 방문할 예정인데 굳이 경비를 들여서 올라올 필요가 있느냐, 그렇게 하면 밉보일 수 있다고 말을 했다는 것입니다. 국가정보원 대변인실 관계자도 특별한 것이 아니라 집단민원이 발생해서 통상 정보 수집 차원에서 가서 이러저러한 부탁을 들은 모양이라고 시인한 바가 있습니다.

2009년 10월 당시에는 광양제철소 동호안 제방 붕괴를 둘러싸고 포스코 측과 책임 공방을 벌이고 있던 오종택 인선ENT 회장은 국회 환경노동위원회에 증인으로 출석을 했습니다. 국정원 직원으로부터 뒷감당을 어떻게 하려고 포스코와 싸우느냐 하는 전화를 받았다고 폭로했습니다. 실제로 당시 김상희 의원이 공개한 '장관님 보고자료'라고 하는 제목의 문건에는 '매일매일 상황을 환경부 폐자원관리과, 국정원 광주지부에 보고'라고 되어 있었습니다. 이것은 명백하게 국가정보원이 직무범위를 위반해서 정보를 수집하고 특정 기업을 위해서 영향력을 행사한 것입니다.

2010년 5월 또 오마이뉴스 보도에 따르면 서울 명동의 한 호텔 앞에서 프랑크 라 뤼 유엔 의사표현의 자유 특별보고관을 몰래 촬영하던 사람들이 탄 승용차가 목격이 됐습니다. 이후에 한국일보에 의해서 이 차량이 국가정보원 소유 부지의 공터에 주소를 둔 유령회사의 것으로 밝혀지면서 국가정보원 사찰 의혹으로 번진 바가 있습니다.

2012년 1월 프레시안과 또 미디어오늘 보도에 따르면 MBC 이상호 기자가 MBC의 모바일 전용 손바닥TV에서 장자연 자살 사건을 수사한 경기도 성남시 분당경찰서의 조서를 공개했습니다. 조서에는 국가정보원 직원이 장자연 씨가 자살한 날부터 이를 폭로한 매니저 유장호 씨가 연락을 취했으며, 경찰은 유 씨를 수사하면서 국가정보원 직원의 개입 의혹을 알았음에도 수사하지 않은 정황이 드러났습니다.

지금까지 이야기한 것처럼 국가정보원은 과거로부터 현재까지 국민들이 두려워하는 사찰, 정치공작 등을 거침없이 해 온 전적들이 있습니다. 더욱이 4월 총선을 앞두고 박근혜 정권은 이런 국가정보원에게 무소불위의 권한을 주는 테러방지법안을 북한의 테러와 또 IS에 의한 국제적 테러를 방지하기 위해서 필요하다고 국회의장과 국회 그리고 야당을 겁박하면서 통과시키려고 하고 있습니다.

정말로 테러방지법이 필요한 상황이고 꼭 제정해야 한다면 왜 국민들의 동의를 제대로 받지 못할까요? 왜 국민들이 반대하는 것일까요? 이러한 것을 전혀 생각하지 않고 있는 것입니다. 이것은 결국 테러방지법이 테러를 방지하기 위한 목적보다는 정권 차원에서 필요한 법이라는 점을 자인하고 있는 것입니다.

테러방지법안의 가장 큰 문제는 95% 비중을 차지하고 있는 감청 문제입니다. 테러방지법안 부칙 제2조제2항에서 통신비밀보호법 개정을 통해 테러업무도 국가안전보장에 상당한 위험이 있는 경우와 같게 보고 통신제한조치를 요구하도록 규정하고 있기 때문입니다. 이는 사실상 국정원에게 무제한 감청을 허용하는 법적 근거를 만들어 주는 것입니다. 실제로 테러를 빙자한 무제한 감청을 허용할 가능성을 이 법이 내포하고 있기 때문입니다.

원래 통신비밀보호법은 감청 등 국가기관에 의한 통신제한조치를 하는 법이 아닙니다. 통신비밀을 보호하고 통신의 자유를 지키기 위한 법입니다. 그래서 통신비밀보호법상 고등법원 부장판사의 영장을 받아서 검열이나 감청과 같은 통신제한조치를 하도록 되어 있는 것입니다.

그런데 테러방지법안에 따르면 국가안전보장에 상당한 위험이 예상되는 경우에는 대통령 승인만으로도 감청이 가능하다고 되어 있습니다. 즉 테러 대상을 특정하지 않아도 테러 위험인물이라고 간주해 버리면 무제한 감청을 할 수 있다는 것입니다. 법에 의해 테러의 경중을 판단하는 국정원이 어떻게 판단하느냐에 따라서 무제한 감청을 할 수 있게 되니까 권한 남용의 가능성이 너무나 크다고 하는 것입니다. 그래서 정권과 또 국정원의 입맛에 맞게 자의적 판단을 할 수 있는 길을 너무나 많이 열어 놓은 것이 문제입니다. 이것은 곧 누가 봐도 명백하게 인권을 침해하고 전 국민을 대상으로 해서 언제나 쉽게 사찰을 하겠다는 내용이 담겨 있는 것입니다.

법률상으로 그리고 실질적으로 대한민국에서 휴대전화 감청은 허용이 안 되고 있습니다. 감청을 할 수 있는 장비가 예전에 국정원장이 구속되면서 폐기가 되었는데요 그러나 테러방지법안이 통과될 경우에 대테러 업무에 필요하다고 휴대전화 감청을 위한 통신비밀보호법 개정을 또다시 요구할 것이 자명해 보입니다.

또 테러방지법안 부칙 제2조1항에서 금융정보분석원 소관인 특정 금융거래정보의 보고 및 이용 등에 관한 법률을 개정하도록 되어 있습니다. 특정금융정보법은 그 취지가 외국환거래와 같은 금융거래를 이용한 자금세탁행위와 공중협박 자금조달행위를 규제하는 데 필요한 특정 금융거래정보의 보고 및 이용 등에 관한 사항을 규정하고 있습니다. 그렇게 함으로써 범죄행위를 예방하고 나아가서 건전하고 투명한 금융거래 질서를 확립하는 데 이바지함을 목적으로 한다라고 되어 있습니다.

그런데 테러방지법안에 따르면 금융기관에서 수집한 정보 또 금융사가 보고하는 정보, 금융정보원장이 보고받은 정보를 국정원장이 직접 보고받을 수 있게 하는 것입니다. 이것을 통해서 국정원은 금융정보를 포괄적으로 축적할 수 있게 되고 이것을 활용한다면 감청과 함께 포괄적인 국민 감시와 사찰을 할 수 있어서 말할 것도 없이 사생활 침해와 인권 침해를 불러올 여지가 많은 것입니다.

결과적으로 테러방지법안 부칙에서 타 법 개정을 통한 금융정보 및 감청정보 요청권 부여는 대표적인 독소 조항입니다. 따라서 테러방지법안의 독소 조항인 부칙 제2조, 무제한 감청권을 부여하도록 하는 통신비밀보호법 개정, 그리고 특정금융정보법 개정을 대테러방지법을 통해서 하는 건 옳지 않다고 봅니다. 그래서 그 부분은 삭제되어야 한다고 생각을 하고요.

테러방지법 입법을 전후해서 국민의 기본권 침해 정도를 보면 법안의 문제점이 더욱 명확히 드러나고 있습니다. 시민사회와 국민이 우려하는 테러방지법의 입법 전후 국정원의 권한 확대 그리고 국민의 기본권 침해가 어떻게 예상되는지 한번 살펴보도록 하겠습니다.

먼저 개인정보 취득의 문제입니다. 현재 국정원은 수사나 국가안전보장 등을 위해서만 개인정보처리자에게 사상, 신념, 노동조합 가입 여부, 정당의 가입 및 탈퇴, 정치적 견해, 건강, DNA정보 등에 관한 정보를 포함한 민감정보의 제공을 요청할 수 있습니다. 그러나 이 테러방지법이 제정되면 국정원은 수사나 국가안전보장을 위한 경우뿐만 아니라 테러위험인물로 지정되기만 하면 그 사람의 개인정보처리자에게 사상, 신념, 노동조합 가입 여부, 정당의 가입 및 탈퇴, 정치적 견해, 건강, DNA정보 이러한 정보 등을 민감정보를 포함해서 정보 제공을 요청할 수 있게 되는 것입니다.

다시 말해서 수사나 국가안전보장 외에 테러위험인물로 국정원에서 지정하기만 하면 민감정보를 포함한 그 사람의 모든 정보 제공을 국정원이 요청할 수 있다고 하는 것입니다. 이렇게 말도 안 되는 인권침해, 국민의 기본권 제한 요소가 있는 법안을 어떻게 국회에서 처리할 수가 있겠습니까?

다음은 위치정보의 취득에 관한 테러방지법안의 문제점입니다. 현재는 긴급구조기관 및 경찰서가 아닌 국정원은 개인의 위치정보에 대해서 정보 제공을 요청할 수가 없습니다. 그런데 테러방지법이 제정되면 국정원은 개인의 위치정보에 대해서 스마트폰의 GPS, 와이파이 접속장소 이러한 것들을 포함해서 정보 제공을 요청할 수 있게 됩니다. 정보기관이 국민을 사찰하고 통제할 수 있는 근거를 마련해 주는 것입니다.

다음은 금융정보 취득에 관한 문제입니다. 현재는 금융정보분석원장으로부터 금융정보를 국가정보원이 제공받을 수 없습니다. 그러나 테러방지법이 제정되면 국정원은 금융정보분석원장으로부터 테러위험인물에 대한 조사업무를 위해서 금융정보를 제공받을 수 있게 됩니다. 국정원이 국민의 사생활을 더욱 더 자세하게 들여다볼 수 있는 법적인 근거가 마련이 되는 것입니다. 이것이 인권침해, 기본권 침해가 아니면 무엇이겠습니까?

다음은 감청에 관한 문제입니다. 현재 국정원은 법원과 대통령의 승인을 받아서 제한적으로 감청을 할 수 있습니다. 즉 국가안전보장에 대한 상당한 위험이 예상되는 경우에 통신의 일방 또는 쌍방 당사자가 내국인인 때에는 고등법원 수석부장판사의 허가를 받아야 합니다. 또한 대한민국에 적대하는 국가, 반국가활동의 혐의가 있는 외국의 기관 및 단체와 외국인 또 대한민국의 통치권이 사실상 미치지 않는 한반도 내의 집단이나 외국에 소재하는 그 산하단체의 구성원의 통신인 때에는 대통령의 승인을 얻어서 국정원이 감청을 할 수 있습니다.

● **부의장 이석현** 전정희 의원님 말씀 중에 미안합니다. 제가 와 있었습니다.

앞에 판때기를 지금 놓고 있나 보지요? 제가 여기서는 안 보입니다마는.

● **전정희 의원** 예.

● **부의장 이석현** 표현의 자유이기도 하지만 지난번에 김용익 의원님이 발표하실 때 판때기를 갖고 왔는데 요청에 의해서 그 판때기는 치워졌던 선례가 있어서 우리 전정희 의원님도 동의하신다면 그것을 우리 실무자들이 치워도 좋은지? 어떻게 생각하십니까, 전정희 의원님은?

아니, 그것을 직접 안 하셔도 되고요.

어떻게 생각하십니까, 전 의원님 의견이?

● **전정희 의원** 좋습니다.

● **부의장 이석현** 치울까요?

● **전정희 의원** 예.

● **부의장 이석현** 감사합니다.

그리고 말씀 내용을 지금 세 시간 뒤에서 7시에 교대해 가지고 듣고 있습니다만 내용이 충실하고 또 연구를 많이, 자료도 많이 가지고 오셨네요. 충분하게 다 말씀하시기……

잠깐 치우는 동안에 제가 말을 조금만 보태겠습니다. 호흡 좀 가다듬으세요.

여러 의원님들이, 그동안에 필리버스터에 참여했던 의원님들의 말씀 다 공감이 갔고 또 이학영 의원님을 비롯해서 몇 분들이 국가권력 앞에서 개인이 얼마나 작아질 수 있는가, 약한 것인가 그런 걸 말씀할 때 아주 가슴 속에 저도 절절하게 그게 들어왔습니다. 실은 나도 그런 체험을 했었기 때문에 그렇습니다.

80년 서울의 봄 상황에서 그때는 전두환 보안사령관이 계엄사령관이었어요. 그 상황인데 나도 민주연합청년동지회라고, 연청이라고 나이가 그때 서른이 됐나, 안 됐나 하고 있을 때인데 어디서 붙잡혀 가지고 눈을 가리고…… 그때 보안사는 지프차가 아니고 큰 세단차를 타고 유리가 검정으로 착색된 그런 건데, 거기에 끌려갔었는데 아마도 남한산성이었을 거예요, 눈은 가렸지만 위치 감각상.

흠씬 맞고 당하고 그러고 나니까 나한테 '너 알지, 주모자 아무개 선배?' 나보다 10년 선배 이름을 대면서 어디 숨었는가 대라고 며칠을 두들겨 맞았습니다. 그때 나와서는 얘기 안 했지만 지금 나를 돌아보면 그 당시에 내가 그 선배가 어디 숨었는가를 몰라서 다행이었지 만일에 알고 있었더라면 과연 내가 대지 않고 견딜 수 있었을까 하는 그런 생각이 들 정도로 고통을 당했습니다.

그런데 그때 느낀 것이 국민이라고 하는 건 국가의 주인이고 위대한 힘을 가지고 있지만 국민 중에 한 사람인 개인이라는 것은 어마어마한 국가권력 앞에서 얼마나 나약한가 그 생각을 하게 됐습니다. 그래서 국가권력의 횡포에 대해서 이걸 제한하고 경계하는 노력이 필요하다는 생각도 했었고 그래서 요전에 은수미 의원, 이학영 의원님 등 여러 의원들이 그런 말씀들을 하실 때 마음에 전기 오듯이 오는 게 있었어요.

지금도 생각하는 건 나는 투사는 아니고 훌륭한 혁명가도 아니고 용기 낸 사람도 아니었구나. 만일에 알았더라면, 숨은 곳을 댈 수 있었더라면 아마 댔을 것입니다. 다행히 몰랐습니다. 그러한 체험도 떠올라서 말씀드립니다.

전정희 의원님 말씀 계속하십시오.

● **전정희 의원** 테러위험인물이라고 지정만 하면 이 감청을 하게 되게 돼 있습니다. 그래서 이 테러위험인물에 대한 조사와 관리 이러한 것도 대테러활동에 포함이 되는데요. 그런데 이 테러위험인물이라고 하는 정의가 대단히 추상적일 뿐만 아니라 관리라고 하는 것 자체도 매우 추상적이어서 결과적으로는 감청의 신청사유가 매우 넓어질 것이다.

또 특히 이 경우에는 현재처럼 법원에 의한 감청 통제가 더욱 어려워질 것으로 예상이 됩니다. 그래서 테러방지법에 인권침해 요소가 너무 많다고 하는 것이지요. 지금은 고등법원의 수석부장판사의 허가를 얻어야만 감청을 하게 되는데 이 경우에는 그러한 통제가 되지를 않기 때문에 상당히 더 어려운 측면이 있게 될 것 같습니다.

그리고 다음으로는 테러위험인물에 대한 추적 그리고 조사권에 대한 문제입니다. 테러방지법안 제9조4항에 테러위험인물에 대한 조사 그리고 추적 권한이 명시가 돼 있습니다.

법안에서 말하는 이 대테러조사는 대테러활동에 필요한 정보나 자료를 수집하기 위해서 현장조사, 문서 열람, 시료 채취 등을 하거나 조사 대상자에게 자료 제출이나 진술을 요구하는 활동을 말하고 있습니다. 여기에서 문제는 테러위험인물이 누군지도 국민들은 모르는 상황에서 혹시 자신도 모르는 사이에 접촉이 있는 경우에 모든 국민들이 국정원의 방문을 받거나 또 자료 제출을 요구받거나 진술을 요구받을 수 있도록 법적 근거를 마련하겠다라고 하는 것인데 이것은 매우 중차대한 인권 침해라고 얘기할 수 있습니다. 더욱이 문제는 추적권한의 추적이라는 의미가 매우 모호해서 광의로 해석이 될 경우에 미행이라든가 사찰과 같은 것들이 정당화될 수 있다고 하는 점입니다.

새누리당은 테러방지법이 제정이 되더라도 일반 국민에 대해서 통신을 감청하거나 금융정보를 수집할 수 없다고 합니다. 즉 테러방지법에 따른 통신정보와 금융정보 수집대상은 '테러위험인물로 유엔이 지정한 테러단체의 조직원이거나 테러를 일으키고자 의심할 상당한 이유가 있는 사람만이 대상이다' 이렇게 말합니다. 과연 그럴까요? 새누리당의 주장에 저는 동의할 수가 없을 것 같습니다. 참여연대와 민변과 같은 수많은 시민사회단체와 전문가들도 동의하지 않습니다.

다시 말씀드리지만 테러방지법이 제정이 되면 국정원에 의해서 일반 국민에 대해 광범위하고 무차별적인 통신 감청 그리고 금융정보 수집이 가능하게 됩니다. 그래서 국정원이 특정인을 테러위험인물로 간주를 할 경우에 그 사람의 통신내역과 계좌정보를 추적, 감시할 수 있습니다. 그런데 이 테러위험인물에 대한 정의가 모호해서 자극적인 언어로 정부 정책에 반대했을 경우에도 적용될 가능성이 높다라고 하는 것입니다.

그래서 눈에 걸면, 코에 걸면…… 이러한 것들이 마음대로, 작위적으로 이루어지는 것입니다. 그래서 모든 국민들이 이 테러위험인물로 간주될 가능성이 바로 여기에 있고, 테러위험인물로 간주되기만 하면 인권 침해가 이루어질 소지가 대단히 다분하기 때문에 이 테러방지법이라고 하는 것을 이대로 통과시킬 수는 없다고 저희들이 계속 되풀이해서, 반복해서 이야기를 하고 있는 것입니다.

또한 테러위험인물을 지정하고 해제하는 절차 그리고 주체도 없습니다. 그래서 결국 국정원의 판단만으로 테러위험인물로 지정이 되고 해제가 되는 것이지요.

테러를 선전하고 선동하는 사람도 포함이 되고 또 애매한 상황에서 이 선전과 선동이라고 하는 내용이 여기에 결합이 되면 그 범위가 아주 광범위하게 확대가 될 수 있습니다. 만약에 정부 정책에 반대하는 어떤 소규모의 시위나 집회를 했다고 하더라도 또는 예비, 음모, 선전, 선동 이러한 걸로 낙인이 찍혀서 그 의심이 드는 사람 모두를 테러위험인물로 간주를 하게 되는 것입니다. 이것이 바로 국민 감시, 낙인찍기 법입니다.

아울러서 테러방지법안 제9조를 보면 테러위험인물에 대해서 출입국·금융거래 그리고 통신이용과 관련한 정보를 수집할 수 있고, 테러위험인물에 대한 개인정보와 위치정보를 개인정보처리자와 위치정보사업자에게 이러한 것들을 요구할 수 있다고 돼 있습니다. 그리고 또한 테러위험인물에 대한 추적을 할 수 있도록 돼 있습니다.

특히 박근혜정부는 테러방지법안 외에도 사이버테러 방지법안의 처리도 함께 요구를 하고 있습니다. 현재 국회 정보위에 상정돼 있는 사이버테러 방지법안은 민간 인터넷 전체를 국정원이 상시 관리·감독하고 카카오톡 등으로부터 의무적으로 보고받도록 돼 있습니다. 이는 사이버 국민감시법입니다. 테러방지법안과 함께 사이버테러 방지법안 역시 인권 침해 그리고 국민의 기본권을 제한하는 악법입니다. 그래서 국민들이 원하고 지적하는 내용에 대해서 수정이 되지 않는다면 이것도 역시 결코 통과돼서는 안 되는 법입니다.

사이버테러 방지법안의 문제점에 대해서 조금 더 말씀을 드리겠습니다.

사이버테러 방지법안에 따르면 국정원이 공공 그리고 민간의 사이버테러 예방·대응을 상설적으로 담당하면서 민관군을 지휘하게 됩니다. 이것을 위해서 국가사이버안전센터를 설치합니다. 지금까지 사이버 안전 분야의 기획 조정 기능을 담당했던 국정원이 미래부와 방통위 그리고 그동안 민간 인터넷을 관리해 온 모든 국가기관의 수장이 된다라고 하는 것입니다. 특히 이 법안에 따라서 지휘를 받게 되는 민간 영역은 통신사, 포털, 쇼핑몰과 같은 주요 정보통신서비스 제공자가 포함이 됩니다. 결국 국정원이 사이버테러 방지법안을 근거로 해서 민간의 인터넷망까지 감시하겠다, 관리하겠다라고 하는 것이고, 사이버 안전을 위한다는 이유로 모든 민간 IP주소에 대한 실시간 추적 시스템도 갖출 수 있는 여지를 갖게 되는 것입니다.

특히 사이버테러 방지법안에서 규정하는 사이버테러는 해킹과 바이러스를 다 포함을 하고 있습니다. 또한 사이버테러로부터 사이버 안전을 지키기 위해서 사실상 모든 활동을 허용을 하고 있습니다. 즉 인터넷상에 바이러스가 퍼지거나 해킹 사고만 일어나도 사이버테러를 관장하는 국정원이 조사하겠다고 나설 수 있다고 하는 것입니다. 더욱 큰 문제는 사이버테러를 방지하고 예방하기 위해서 위험을 탐지하겠다고 인터넷 상시 감시활동을 펼칠 수 있는 법적인 근거까지 마련해 준다라고 하는 것입니다.

결국 인터넷상에 광범위한 바이러스 유포 또 해킹 사고가 일어날 때마다 국정원은 자신들의 직무범위를 강화하고 권한을 확대하려는 그러한 시도를 하고 있습니다. 물론 사이버테러 방지법에 근거해서 하게 되는 것입니다. 궁극적인 목표는 이렇게 테러방지법, 사이버테러 방지법을 통해서 국정원의 권한 확대 또 강화를 통해서 말하자면 온·오프라인을 모두 장악하려고 하는 것이라고밖에 생각할 수가 없는 것입니다.

사실 우리나라의 민간 분야 사이버 안전은 이미 다른 나라보다도 강한 법제도 그리고 규제가 있어서 부족함이 없습니다. 그간 계속 발생해 온 디도스 공격 그리고 개인정보 유출 사고에 대해서 미래부, 방통위, 정보화진흥원 이러한 부서들의 대응 경험 그리고 노하우도 이미 축적이 돼

있습니다. 그리고 국내 인터넷 보안업체 수준도 세계적으로 상위권에 속한다고 할 수 있습니다. 그래서 인터넷 이용자인 국민에 대해서 일상적인 감시와 사찰 이러한 것들을 불러오고 또 인터넷 기술 발달의 위축을 가져올 것으로도 예상되는 이 사이버테러 방지법안에 대해서 역시 입법의 필요성이 크지 않고 또 시급하지도 않다 이렇게 이야기를 할 수 있을 것 같습니다.

여러 가지 테러방지법안의 문제들 중에서도 가장 큰 문제는 역시 무제한 감청의 허용입니다. 테러방지법안은 국정원이 영장 없이 임의로 감청하는 것을 허용하는 것, 이러한 부분에 대해서 새누리당은 그렇지 않다라고 이야기를 합니다. 통신 감청은 통신비밀보호법 제7조에 따라서 엄격한 절차를 거쳐 시행된다고 호도하고 있습니다. 과연 그럴까요?

참여연대나 민변과 같은 시민사회 의견에 의하면 이렇습니다. 테러방지법이 제정이 되면 국정원이 사실상 영장 없이 감청할 수 있는 길을 열어 준다고 볼 수 있다는 것입니다. 영장을 받아야 하는 현행 통신비밀보호법조차도 이미 국민의 통신 비밀을 보호하는 데 제 기능을 못하고 무력하다라는 평가를 듣고 있습니다. 이런 상황에서 테러방지법이 제정이 된다면 법안이 갖고 있는 수많은 독소 조항으로 인해서 형식적인 영장주의조차도 무력화시킬 수 있다는 것입니다.

현행 통신비밀보호법 제5조에 따르면 사실상 내란, 외환, 공안을 해하는 죄, 폭발물에 관한 죄, 방화와 실화의 죄, 살인의 죄, 협박의 죄, 약취(略取), 유인(誘引) 및 인신매매의 죄, 사기와 공갈의 죄, 국가보안법에 규정된 범죄 또 군사기지 및 군사시설 보호법에 규정된 범죄, 폭력행위 등 처벌에 관한 법률에 규정된 범죄, 총포·도검·화약류 등의 안전관리에 관한 법률에 규정된 범죄 등 테러와 연관될 수 있는 사실상의 모든 범죄에 대해서 수사를 목적으로 수사기관이 통신제한조치, 예컨대 감청과 검열과 같은 것입니다. 이 통신제한조치를 법원에 요구할 수 있게 하고 있습니다. 그래서 지금도 국정원은 역시 국가보안법 사건 수사를 위해서 통신제한조치를 법원에 요구할 수 있는 것입니다.

또한 국정원은 통신비밀보호법만으로도 수사가 아니라 단순한 정보수집을 위해서 통신제한조치를 법원에 요구할 수 있습니다. 통신비밀보호법 제7조는 수사가 아니라 단순한 정보수집 목적을 위해서도 국정원이 통신제한조치를 취할 수 있게 하고 있습니다. 그런데 정보수집의 요건이 '국가안전보장에 대한 상당한 위험이 예상되는 경우'라고 매우 모호하고 추상적으로 되어 있어서 구체적인 범죄혐의 없어도 감청이 가능한 상태입니다.

물론 영장이 필요하기는 합니다. 통화하는 사람 중 적어도 한 명 이상이 내국인일 경우에 고등법원 수석부장판사의 허가를 받도록 되어 있고 또 현실에서는 고등법원 수석부장판사의 통신제한조치 허가가 국정원이 청구하는 대로 발부되고 있다고 해도 과언이 아닌 것입니다. 이것은

매년 기각률이 0%에 머물러 있습니다.

(패널을 들어 보이며)

이 표를 보시면 2003~2015년 국정원 감청 신청과 고등법원 기각률이 나와 있는데요, 모두 다 0%로 되어 있습니다. 게다가 현행법에도 긴급통신제한조치라는 예외 조항이 있어서 국정원이 영장 없이 먼저 감청을 시행하고 나중에 법원의 허가를 받도록 하고 있습니다. 한마디로 지금도 영장주의는 제대로 작동하지 못하고 있다는 것입니다. 지금도 이런 상황인데 테러방지법이 제정되면 상황이 더욱 심각해질 것이 자명합니다.

그런데 테러방지법안에 따르면 대테러활동은 테러 관련 정보의 수집, 테러위험인물의 관리, 위험물질의 안전관리, 국제행사의 안전 확보 등 무수히 많을 뿐만 아니라 또 관리, 안전 확보라고 하는 보통 법률에서 사용하지 않는 모호하고 포괄적인 용어를 사용하고 있다고 하는 것입니다. 이 모든 경우에 국정원이 감청영장을 신청할 수 있게 되어 있습니다.

자, 이렇게 된다면 아무리 꼼꼼한 판사라고 하더라도 법 규정 자체가 대단히 모호해서 국정원이 요구하는 대로 영장을 내주지 않을 도리가 없을 것 같습니다. 여기에 더해서 국정원은 영장이 없더라도 긴급통신제한조치를 취할 수가 있는데 테러방지법이 워낙 모호하기 때문에 국정원이 미리 감청을 다 하고 나서 그것이 법에 의한 것이었다라고 주장을 할 경우에 어떤 판사가 국정원의 감청이 법에 저촉이 되었다라고 주장을 할 수 있겠습니까?

그렇기 때문에 테러방지법이 제정되면 결과적으로 영장제도는 있으나마나 한 것이 될 것이고, 따라서 인권침해, 기본권 제한이 발생할 수밖에 없다고 지적을 하는 것입니다.

지난 25일 헌법재판소는 통신비밀보호법 중에서 패킷감청을 대상으로 한 심판절차를 진행하던 중에 위헌 여부 판단을 내리지 않고 심판 종료를 선언해 버렸습니다. 지난 2011년 3월 국가정보원으로부터 패킷감청을 당한 것에 대해서 전직 교사가 헌법소원을 냈는데요. 이 전직 교사가 지병으로 사망했다는 것이 그 이유입니다.

패킷감청이라고 하는 것은 인터넷 회선에 접근해서 그 내용을 가로채는 방법을 말합니다. 패킷감청은 인터넷을 통해서 오고 가는 모든 정보를 송두리째 가져가서 이 패킷감청을 허용하게 되면 사실상 백지영장을 내어 주는 것이나 다름이 없습니다. 이런 이유로 국정원의 패킷감청에 대한 위헌 논란이 있었던 것입니다.

현행 통신비밀보호법에서는 국가보안법 위반이나 형법상 내란 및 외환죄 등이 의심되는 사람에 한해서 법원 허가를 거쳐서 패킷감청을 할 수 있도록 규정을 하고 있습니다. 그런데 물론 국정원이 통신비밀보호법의 규정대로만 패킷감청을 사용하고 있지 않다는 데 문제는 있는 것이지요.

자, 소위 감청영장이라고 통칭되는 이 한 장의 영장이 전 세계가 인터넷망으로 연결되어 있는 지금에 얼마나 위험천만한 강제처분으로 둔갑하고 있는지를 간과하고 있는 것입니다.

이 DPI 기술이라고 하는 것은 원래 감청을 위해서 개발된 것이 아닙니다. 섈로우 패킷 인스펙션(Shallow Packet Inspection)이라고 그래서 SPI를 통해 구축하던 보안 시스템의 한계를 극복하기 위해서 탄생한 기술이 DPI인데요. 국정원은 이 보안 시스템을 아전인수 격으로 해석을 해서 감청통신수단으로 사용을 하고 있는 것입니다.

헌법재판소는 이 패킷감청에 대한 헌법소원이 제기가 됐는데 5년 동안 아무것도 하지 않았습니다. 그사이에 카톡 감청과 같은 사이버 감시에 대한 사회적 논란이 증폭이 됐는데 헌법재판소는 판단을 회피하고 있었어요. 그런데 기다렸다는 듯이 청구인이 사망을 했습니다. 그러니까 서둘러서 이 절차를 끝내 버렸습니다.

자, 헌법재판소가 이렇게 하면서 국민의 기본권을 보장하는 헌법기관이라고 할 수가 있겠냐, 이런 의문을 또 제기할 수도 있을 것 같습니다.

지금 박근혜정부가 무리하게 통과시키려고 하고 있는 테러방지법은 시행이 된다고 해도 곧바로 헌법재판소에 헌법소원이 제기될 것이 분명합니다. 헌법재판소가 패킷감청에 대해서 이렇게 터무니없는 종료 선언을 한 것으로 보면 테러방지법 헌법소원은 헌법재판관들에게 다시 유린당할 가능성이 대단히 높습니다.

최근에 미국에서는 FBI가 미국 연방법원에 테러 수사를 위해서 아이폰의 잠금장치를 해제할 것을 신청했어요. 명령신청을 했습니다. 당시 법원은 지난해 캘리포니아주의 샌버너디노에서 발생한 총기테러범인 중 한 명인 사예드 파룩이라고 하는 사람이 있었는데, 이 사람의 아이폰에 담긴 정보를 수사 당국이 열람할 수 있도록 합리적인 기술 지원을 해야 된다 하고 애플사에 명령을 했습니다.

그러나 애플사 측은 이 FBI의 신청에 따른 법원의 명령이 "수정헌법 제1조와 제5조의 취지에 위배된다. 그리고 미국 정부는 민간 기업이 FBI에 협조하도록 강제할 권리가 없다."라고 주장하면서 미국 연방수사국의 요구를 거부했습니다.

팀 쿡 애플 최고경영자는 2월 24일 ABC 뉴스에 출연해서 "공공의 안전은 매우 중요하다고 생각하지만 개인정보를 보호하는 것 역시 소중하다."라고 단호하게 말을 했습니다. 또한 쿡 애플 CEO는 22일 직원들에게 이메일을 보내서 잠금해제기술 제공에 대한 거부 의지를 밝혔습니다.

팀 쿡 CEO는 이번 논쟁은 테러범의 휴대전화 암호를 푸는 단순한 수사 이상의 문제라고 이야기를 했습니다. 그러면서 법을 준수하는 수억 명의 보안과 시민의 자유를 침해하는 선례를 만드는 것이라고 고객의 인권 보호에 손을 들어 줬습니다.

그런데 새누리당은 국정원이 직접 감청설비로 감청하지 않는다고 주장을 합니다. 국정원이 직접 하지 않는다고 과연 단적으로 말할 수 있을까요? 테러방지법이 제정이 되면 국정원은 직접 감청설비를 마련을 해서 감청할 수도 있고 또 통신사에 집행위탁을 의뢰할 수도 있습니다.

대표적으로 2005년 안기부 X파일 사건 당시 안기부는 X25라는 통신사 중계기 부착형 감청장비를 운영을 했습니다. CAS라는 직접 감청 장비를 개발해서 사용하기도 했습니다.

2015년 이탈리아 해킹팀 사건 당시에도 해킹 프로그램은 국정원이 직접 구입해서 운용한 것이었습니다. 이처럼 국정원은 법적 근거가 없을 때도 직접 감청을 했습니다. 그런데 법적인 근거가 마련이 된다면 이 직접 감청은 더욱 확대될 것이라고 하는 것은 누구나 예측 가능한 일이지 않겠습니까?

테러방지법의 또 큰 문제 중의 하나는 국정원이 개인의 금융계좌를 쉽게 들여다본다는 것입니다. 개인의 금융거래를 국정원이 원할 때마다 볼 수가 있습니다.

그런데 새누리당은 국정원이 계좌를 직접 들여다보지 않는다고 주장을 하고 있습니다. 단지 국정원의 서면요청에 따라서 FIU라고 하는 금융정보분석원이 제공하는 테러위험인물의 금융거래 자료를 열람할 뿐이다라고 이야기를 합니다. 정말 그럴까요? 손바닥으로 해를 가리고자 하는 것 같습니다.

국정원이 직접 계좌를 추적하지 않더라도 이 금융정보분석원에 금융거래 자료를 요청을 해서 열람하는 것 자체가 문제라는 것입니다. '테러'의 개념도 모호하고 '테러위험인물'의 개념은 더더욱 모호하기 때문에 금융정보분석원은 전적으로 국정원의 판단에 따라서 정보를 제공할 수밖에 없습니다. 게다가 국정원의 직무 특성상 '국가안보 사안', '기밀'이란 이유로 금융정보를 요구할 것이기 때문에 이러할 경우에 금융정보분석원은 국정원의 판단을 따르지 않을 도리가 없는 것입니다.

현행 특정 금융거래정보의 보고 및 이용 등에 관한 법률의 시행령 제11조2항을 보면 기관에 따라 금융정보분석원장이 제공하는 정보가 특정돼 있습니다. 그러나 테러방지법안은 국정원에 제공하는 정보를 특정하고 있지 않습니다.

따라서 금융정보분석원장은 정보제공 사유에 해당하는지에 대한 명확한 판단이 없이 광범위한 금융정보를 국정원에 제공할 가능성이 대단히 높습니다. 이 경우에 국정원은 국내 정치개입을 더욱더 많이 할 수가 있게 되는 것입니다.

현행법상 금융정보분석원이 국정원에 금융정보를 제공하지 않도록 한 것에는 이유가 있습니다. 그것은 국정원의 국내 정치개입 또 국민사찰을 막기 위한 장치인 것입니다. 그런데 국정원은 지금 테러방지법을 통해서 그 안전장치를 제거하려고 하는 것입니다.

미국도 CIA가 내국인의 금융거래정보를 수집할 수 없도록 하고 있습니다. 미국과 마찬가지로 한국도 조사나 수사가 필요한 정보를 경찰이나 검찰 그리고 과세당국 또 관세당국에 제공하고 있는 것입니다. 그래서 테러방지법안이 국정원의 과도한 권한 강화 그리고 국민의 사찰 위험성이 있다고 많은 시민사회단체와 전문가가 지적하고 있는 것입니다.

지금도 테러 관련 자금조달을 금지하는 현행법은 분명히 있고 또 제 기능을 다하고 있습니다.

특정 금융거래정보의 보고 및 이용 등에 관한 법률에 의하면 테러범죄 관련 금융정보는 금융정보분석원이 담당을 하고 있습니다. 그리고 수사에 필요한 정보는 법에 의거해서 국민안전처장관이나 경찰청장에게 제공하도록 하고 있는 것입니다.

또한 공중 등 협박목적 및 대량살상무기확산을 위한 자금조달행위의 금지에 관한 법률에 따르면 금융위원회는 테러자금과 관련해서 테러자금 조달행위가 의심되는 개인과 단체에 대해서 금융거래제한대상자로 임의로 지정고시해서 금융거래를 동결할 수도 있고 심지어 금융거래제한대상자에게 자금 또 재산을 모집·제공하는 행위도 강력하게 처벌하고 있습니다.

아울러서 범죄수익은닉의 규제 그리고 처벌 등에 관한 법률은 테러자금의 은닉과 관련해서 예비자, 미수범 등도 모두 처벌하도록 강력하게 규제하고 있습니다.

외국환관리법은 정부가 체결한 조약이나 일반적으로 승인된 국제법규의 성실한 이행을 위해서 불가피한 경우뿐만 아니라 국제평화와 안전유지를 위한 국제적 노력에 특히 필요한 경우에 테러 관련자로 의심되는 특정 개인과 단체에 대해서 금융제재를 취할 수 있도록 하고 있습니다. 이것은 유엔뿐만이 아니라 우방국 등의 요청에 따라서 테러 관련자로 의심되는 개인과 단체에 대해서 제재를 가할 수 있도록 한 것입니다.

우려하고 있는 IS에 대해서도 지난 3월에 기획재정부는 국제평화 및 안전유지 등의 의무이행을 위한 지급 및 영수 허가지침에 따라서 IS 대원 27명을 포함해서 669명을 금융제재 대상자에 포함을 시켰고 이것은 수시로 업데이트가 되고 있습니다.

자, 위와 같이 살펴본 것처럼 현행법을 바탕으로 해서 테러로 의심되는 행위에 대한 자금조달이나 금융거래를 충분히 통제할 수 있습니다. 국정원은 이들 테러자금 규제 관련 기관들의 활동내용에 대해서 관계기관 회의를 통해 정보수집과 같은 소통을 할 수가 있습니다.

따라서 국정원이 직접 금융거래 정보에 접근하기 위해서 테러방지법을 제정한다든가 특정 금융거래정보의 보고 및 이용 등에 관한 법률을 개정하는 것이 필요하지는 않습니다.

다음으로 테러방지법은 정권을 위해서 각종 공작과 조작을 서슴지 않는 국정원에게 더 많은 권력을 주겠다는 것입니다. 박근혜정부의 테러방지법안은 아무리 포장해도 국정원 강화법입니다.

과거 우리는 정보가 집중되는 기관이 권력을 탐할 경우에 어떤 결과와 모습이 나타났는지 지금까지 충분히 봐 왔습니다. 중앙정보부부터 국정원, 보안사, 기무사까지 우리는 권한남용, 공작활동, 조작활동뿐만 아니라 쿠데타, 시해 사건까지 많은 일을 겪어 왔습니다. 이런 정보와 권력이 집중된 국정원에게 지금보다 더 많은 다양한 권력을 주는 것이 지금의 시대 흐름과 맞는 것인가? 이것은 시대에 역행적인 발상이다라고 볼 수 있습니다.

검찰과 법원에 의해서 국정원의 대선개입 공작이 확인이 됐습니다. 그렇지만 청와대와 정부, 국정원은 검찰의 수사를 조직적으로 방해해서 국정원의 대선개입 공작을 유야무야시키고 있습니다. 수사의 총책임자인 검찰총장을 축출했고 수사팀 책임자는 좌천을 시켰고 수사팀 검사들을 공중분해시켰습니다.

또 중국 지방정부의 공문서를 위조하면서까지 서울시 공무원 간첩 사건을 조작을 했습니다. 북한 보위부 직파간첩 사건도 법원에서 연이어서 무죄가 선고가 되고 있습니다.

아직도 국정원은 정권의 입맛에 맞춘 그리고 국내 정세상황의 반전용으로 사용해 오고 있는 국내 정치개입을 위한 공작과 조작을 인정하지 않고 있습니다. 이런 국정원에 새롭게 광범위한 사찰 그리고 감시가 가능한 권능을 온·오프라인에 걸쳐서 부여한다고 하는 것은 이 나라를 국정원 공화국으로 만들 가능성을 대단히 높게 합니다. 또한 선거와 정권 재창출에 국가 정보기관을 동원하고 사용하겠다는 노골적인 선언으로 보입니다.

중앙정보국은 미국 정보공동체를 총괄하는 기관이면서 정보를 독점한 기관이었습니다. 그러나 현재는 그 권한을 더 이상 가지고 있지 않습니다. 대테러대응 활동의 경우에 현재 미국에서는 하나의 정보기관이 담당하고 있지 않습니다. CIA 뿐만이 아니라 여러 미국 정보기관들이 담당하고 있고요, 한 곳의 정보기관에 대해서 정보를 독점하거나 권한을 강화하고 있지 않은 것이 세계적인 추세입니다.

테러방지법안의 핵심 중의 하나인 테러방지를 위한 정보수집을 꼭 국정원이 해야 하는가에 대한 질문에 새누리당은 그렇다고 이야기를 하고 있습니다.

테러방지는 국제테러단체와 테러범의 테러 모의에 대한 사전 정보수집이 핵심입니다. 국내외 테러위험인물에 대한 추적도 필요하고 해외 정보기관과의 공조도 필수적입니다. 이것은 국가정보기관만이 할 수 있습니다. 소방이나 해경으로 이루어진 국민안전처는 할 수 없는 일이지요.

또한 국가정보원법 제3조는 국가정보원의 직무로서 대공과 대정부전복, 방첩, 대테러, 국제범죄조직들에 대한 정보수집을 명령하고 있습니다. 따라서 대테러 정보수집 업무는 국정원의 고유 직무입니다. 그래서 국정원이 정보수집을 해야 한다는 것입니다.

그런데 문제는 국정원이 미국 CIA처럼 해외정보수집만 하는 것이 아니라 국내외 및 사이버 정보수집, 대공수사, 보안업무 기획 조정 또 정부부처 검열, 사이버심리전에 이르기까지 수많은 일을 한다는 데 있습니다. 미국에서는 CIA, NSA, FBI가 각각 하는 일을 한마디로 우리나라 국정원은 거의 다 관여하고 수행하고 있다고 해도 과언이 아닙니다.

굳이 테러방지법을 제정하지 않는다고 하더라도 국정원은 이미 정보수집을 하고 있고요. 만약에 국정원이 국내정보수집 기능, 수사기능, 보안업무 기획 조정, 국가비밀 관리기능, 심리전 기능, 이와 같이 다른 나라 정보기구들이 보유하지 않은 과도한 권한과 기능을 모두 포기한다면

제대로 된 대북 대테러 정보수집 전문기관으로 거듭나게 되리라고 봅니다.

그런데 국정원은 이 불필요한 과도한 권한과 기능을 그대로 유지한 채로 테러방지법을 제정해서 수많은 반인권적인 사찰수단을 독차지하려고 하고 있습니다. 테러방지법의 여러 조항에 문제가 있지만 특히 제9조제3항, 제4항은 상당히 심각합니다.

테러방지법안 제9조제3항을 보면 테러위험인물에 대한 개인정보 그리고 위치정보를 개인정보처리자와 위치정보사업자에게 요구할 수 있다고 돼 있습니다.

개인정보처리자는 업무를 목적으로 이런 개인정보를 처리하는 공공기관, 법인, 단체, 개인을 말하는데 개인정보보호위원회와 행정자치부가 펴낸 보고서를 보면 개인정보처리자에 해당하는 민간업체가 총 356만 8600여 개에 이른다는 보도도 있습니다.

결국에 이 테러방지법안은 학교·병원기록부터 홈쇼핑 구매내역과 같이 모든 개인정보를 아무런 목적이나 법원의 허가 같은 요건의 제한도 없이 국정원에 제공하도록 하는 것입니다. 사실상 사생활이 사라진다 이렇게 볼 수 있을 것 같습니다.

위치정보는 오늘날과 같은 유비쿼터스 사회에서 개인이 어디에서 누구를 만나 무엇을 하는지를 알 수 있는 중요한 개인정보입니다. 그런데 이와 같은 중요한 위치정보에 대하여 테러방지법은 아무런 목적이나 법원의 허가가 없이 또 요건의 제한 없이 국정원에 제공하도록 한 것입니다.

또 테러방지법안 9조4항을 보면 국가정보원장은 대테러활동에 필요한 정보나 자료를 수집하기 위해서 테러위험인물에 대한 추적을 할 수 있다고 명시를 하고 있습니다. 현장조사·문서열람·시료채취 등을 하거나 조사대상자에게 자료제출 및 진술을 요구하는 활동을 위해서 국정원은 필요한 정보나 자료는 그 대상의 제한이 없이, 아무런 목적이나 법원의 허가 등 요건에 있어서도 제한 없이 두루 수집할 수 있도록 되어 있습니다.

개념이 불분명한 추적도 무제한 할 수 있도록 되어 있습니다. 이것 역시 대단히 심각한 인권침해로 작용할 가능성이 높은 것입니다.

박근혜 정권의 테러방지법안이 없어도 우리나라는 이미 테러대응에 충분한 법과 제도 그리고 조직이 갖춰져 있습니다. 국정원은 현행법으로도 테러정보의 수집·작성 및 배포가 가능합니다. 테러방지법안의 테러 개념에 해당하는 항공기납치라든가 폭탄테러행위 등에 관해서 수사권을 또한 보유하고 있습니다.

통합방위사태 시에 국무총리 총괄하에 각 지역 행정조직과 경찰조직 또 군, 예비군, 국정원 등과 같은 이러한 정보기구의 통합 운용이 가능합니다. 현재도 지금 육군, 해군, 공군, 해병대, 경찰, 해경에 각각 대테러특공대를 구성해서 운영 중에 있습니다. 물론 한미연합사에도 테러대응에 대한 정보와 작전도 또 체계도 존재합니다.

이처럼 현행법과 제도, 조직과 기구는 이미 대테러대응을

위한 모든 준비가 되고 있고 실제 현장에서의 활동도 가능하고 있습니다.

다시 말하면 지금 우리나라에도 테러방지법이라고 명명되지는 않았지만 테러방지를 위한 다양한 법령과 기구가 마련이 되어 있고 이를 바탕으로 해서 테러대응활동 또 예방활동이 충분히 이루어지고 있다는 것입니다.

이와 같이 테러예방을 위한 법령과 기구가 존재하고 있음에도 불구하고 단지 테러방지법이 없어서 인천공항의 보안시스템이 뚫리고 화장실에 폭발물로 의심되는 물체가 발견되고 불법입국자가 생기는 것인가 하는 의문을 제기해 볼 수가 있습니다.

2010년에 G20 정상회담을 앞두고 경찰청은 중동, 아프리카, 동남아시아의 이슬람권 57개국에서 입국한 5만여 명의 국내 체류 상황을 조사해서 그중 행적이 의심스러운 외국인 99명을 특별히 관리를 했습니다. 또한 경찰청은 '법무부와 국가정보원 등도 테러용의자 명단을 확보해서 입국금지 대상에 포함을 하고 있고 현재 입국이 금지된 테러혐의 외국인은 5000여 명에 달한다' 이렇게 발표를 했습니다. 이 명단 때문에 시민사회단체의 G20 관련 학술회의에 참가할 예정이었던 다수의 활동가의 비자가 거부됐고요. 심지어 일부는 비자를 받고도 공항에서 무더기로 입국불허 통지를 받았습니다.

당시에는 테러방지법이 없었음에도 불구하고 정부는 인권침해의 소지가 있을 정도로 테러예방 조치들을 과도하게 행사했다고 하는 것이지요. 그럼에도 불구하고 테러예방을 위한 제도가 없다고 할 수 있는지 의문입니다.

중국인 부부와 베트남인이 각각 지난 1월 21일과 29일에 인천공항의 허술한 보안을 틈타서 입국한 예가 있습니다. 밤늦은 시각, 아침 이른 시각이라는 것이 보안이 뚫린 이유라고 합니다.

그런데 인천공항의 보안과 테러방지 업무를 주도하는 곳은 국가정보원입니다. 국정원은 중국인 부부가 밀입국한 1월 21일 날 인천공항 테러·보안대책 실무협의회를 열기도 했지만 43시간이 지나고 나서야 이 밀입국을 확인을 했습니다. 지난 1월 29일에 또다시 회의를 열었지만 상호 협조를 강화하자라고 하는 원론적인 결론만 낸 것으로 알려지고 있습니다.

문제는 여기서부터입니다.

황교안 국무총리가 지난 1월 30일에 인천공항을 찾아서 관계자들을 질타한 후에 당초 국무조정실장 주재로 열릴 차관회의를 당일 아침에 총리 주재 장관회의로 격상을 시켰습니다. 이날 황 총리는 '인천공항이 잇따라 뚫린 사건을 정부와 여당이 추진 중인 국민보호와 공공안전을 위한 테러방지법과 연관을 시키면서 밀입국한 사람들이 테러범이었다면 큰 불행이 생길 수도 있었다'고 언급했습니다. 즉, 밀입국을 막기 위한 대안으로 테러방지법을 내세웠던 것입니다.

이 관련 언론보도를 보고 많은 사람들이 어이없어 했는데요. 출입국과 같은 보안 시스템의 문제를 개선하는

것이 아니라 테러방지법을 우선적으로 언급을 했다라고 하는 것입니다. 인천공항이 구멍이 난 것이 법의 미비 때문입니까? 그것은 보안과 출입국을 담당하는 각 기관들의 협업이 원활하지 않았기 때문이라고 할 수가 있습니다.

그런데 왜 박근혜정부는 법으로 테러를 방지하겠다고 법만 국회에서 통과시키라고 압박을 하는 걸까요? 민주사회를 위한 변호사모임의 의견서에 있는 내용을 잠깐 인용을 해 보겠습니다.

박근혜 대통령은 작년 11월 24일 예정에 없었던 국무회의를 긴급하게 소집해서 주재하면서 '각국은 테러를 방지하기 위한 선제적인 대책들을 세우고 있는 반면에 현재 우리나라는 테러 관련 입법이 14년이나 지연이 되고 있다'고 발언을 했습니다. 그런데 왜 국민들은 시민사회에서는 14년 동안 테러방지법을 반대했는지 성찰도 없고, 그래서 어떻게 보완하고 개선해서 법을 내야 하는지 의견 제시도 없었습니다. 물론 현행법상 정부의 대응 문제나 기구 문제에 대해서도 설명이 없었습니다. 오로지 '테러 관련 법안들을 국회에서 처리하지 않고 잠재우고 있는데 정작 사고가 터지면 정부에 대한 비난과 성토가 극심하다'라는 변명만 한 것입니다.

여기서 한 가지 의문이 듭니다. 왜 세월호 참사에 대해서는 진상 조사와 관련 입법 대응과 같은 대응조치가 필요하다고 긴급 국무회의를 소집하면서 국회를 지금처럼 압박하고 있지 않는가 그런 의문이 듭니다.

작년에 다시 등장한 테러방지법은 두 개의 법안인데요. 하나는 한 고등학생의 IS 가입 추정 사건과 연관이 돼 있었고 또 주한미국 대사의 피습 사건이 빌미가 됐습니다. 이것이 직접적인 사건이 아님에도 불구하고 박근혜정부에서는 테러방지법으로 결론을 냈습니다.

테러방지법을 제정한다고 해서 테러를 예방할 수 있는 것도 아니고, 테러방지법 없이 또 테러에 신속하게 대응할 수 없는 것도 아닙니다. 현행 법과 제도를 통해서 또 각종 기구를 통해서 테러에 충분히 대응이 가능한데도 불구하고 오히려 인권을 침해할 가능성이 대단히 높은 테러방지법만을 제정하고자 이렇게 무리수를 두는 것이 그 의도가 어디에 있나에 대해서 합리적인 의심을 하게 합니다.

결국 테러방지법이 일부 현행 테러 대응에 대한 기능 강화를 하고자 하는 차원도 있지만 국정원의 권한 강화를 통해서, 말하자면 정권 재창출을 위한 목적을 가지고 있는 것이 아닌가라는 생각을 하게 되는 것입니다.

여기에서 테러방지법의 국민적인 동의를 원한다면 반드시 통제장치가 마련이 돼야 된다는 것입니다. 역사적으로 국정원에 대한 국민적인 시각 또 국정원 권한 강화에 대한 국민적인 우려를 고려한다면 실효성 있는 통제장치가 반드시 법에 담겨야 합니다.

그런데 테러방지법안에 있는 통제장치가 인권보호관 제도라고 하고 있습니다. 그런데 인권보호관 한 사람이 국정원이라고 하는 거대 조직의 탈법 그리고 권한남용을 견제하고 감시할 수 있을까요? 그리고 견제하고 감시한다고

하더라도 또 막아 낼 수가 있습니까?

더욱 문제는 이 인권보호관의 자격이나 임기나 운영에 관한 사항을 대통령이 정하기 나름이라고 하는 것입니다. 그렇다면 이게 무슨 통제장치입니까? 따라서 반드시 국회의 견제장치가 마련이 돼야 됩니다. 신분이 보장된 국회가 추천한 상설감독관이 복수로 대테러센터에 나가서 감독업무를 담당해야 합니다.

국정원이 수집한 정보와 각 사안에 대해서는 일정 기간마다 해당 상임위에 보고해서 국회의 통제가 가능하게 하는 규정이 반드시 신설돼야 됩니다. 국민도 모르고 국민의 대표기관인 국회가 견제와 통제도 못 하는 대테러활동이라는 명목으로 국정원 활동이 있어서는 안 된다는 것입니다.

대테러활동에 필요한 정보나 자료를 수집하고 정보수집이 완료된 뒤에 이것을 근거로 하여서 조사권과 수집권이 행해져야 합니다. 그래서 국정원에는 계좌추적, 감청권을 부득이한 경우에 허용을 해야지 이것을 근거로 해서 추적권과 조사권까지 부여하는 것은 권한을 남용할 수 있는 여지와 길을 너무나 많이 열어 준다고 하는 것입니다. 물론 또 여기에는 국회와 같은 다른 견제장치나 통제장치도 있지 않습니다.

테러방지법안의 독소 조항인 테러위험인물에 대한 추적권·조사권을 국정원의 권한에서 삭제를 하고 그 기능을 대테러센터에 이관해야 합니다. 그래야 국정원에 대한 권한 집중과 강화, 인권침해 문제를 사전에 차단할 수 있는 것입니다. 다시 말하면 총리실 소속으로 대테러센터를 설치하고 대테러센터가 테러업무를 총괄할 수 있는 권한을 부여해서 국정원의 권한 강화를 방지해야 한다는 것입니다.

미국도 테러방지법의 인권침해 소지 때문에 이 관련법을 지속적으로 개선을 하고 있습니다. 지난 9·11 사건 이후에 패키지 테러방지법인 애국자법을 미국에서도 제정을 했습니다. 이 애국자법은 수사기관이 테러리스트로 추정·의심되는 감찰 대상을 정하면 전화라든가 휴대전화·전자우편 등과 같은 모든 통신수단을 포괄적으로 감청할 수 있게 합니다. 이런 장면들을 우리는 미국의 드라마 또는 할리우드 영화에서 많이 봤는데요. 그러나 이 법은 제정이 되자마자 비효율성과 부작용에 대한 비판 때문에 2006년에 대폭 개정이 됐습니다. 그 후에도 독소 조항에 대한 논란이 이어져서 2015년 6월 2일에 결국 폐기가 되고 미국자유법으로 대체가 됐습니다.

애국자법의 대표적인 독소 조항은 NSA가 외국인과 자국민에 대해서 무더기로 도청·감청을 하고 통신기록을 수집할 수 있도록 허용을 해서 인권침해 논란을 빚은 215조입니다. 2004년에 조지 W. 부시 대통령이 구성했던 대통령 직속 사생활보호 및 시민자유 검토 위원회는 'NSA의 통화기록 프로그램이 대테러 조사활동에 가시적인 성과를 냄으로써 미국에 가해지는 위협을 개선했다는 어떤 증거도 없다'라고 비판을 했지만 2006년에 이 법을 대폭 개정한 후에도 이 독소 조항은 사라지지가 않았습니다.

2013년에 전직 NSA 직원이었던 에드워드 스노든이 미국 정부가 전 세계와 자국민을 상대로 해서 무차별 감청과 도청을 자행해 왔다는 사실을 폭로한 후에야 비로소 이 독소 조항의 개폐가 정부와 의회에서 진지하게 논의되기 시작했습니다.

그 결과로 2015년 6월에 애국자법이 폐지된 후에 이를 대체한 미국자유법이 만들어졌는데요, 여기에서는 그동안 논란이 되어 왔던 NSA의 외국인과 자국민에 대한 무차별 도·감청 그리고 무더기 통신기록 수집을 금지했고, 대신 자국민에 대해서는 영장받은 선별적 감청만 가능하도록 운영을 하고 있습니다.

애국자법의 또 다른 독소 조항 중 하나는 국가안보레터였습니다. 이 애국자법의 505조는 FBI가 일종의 행정명령인 국가안보레터를 발송을 해서 인터넷서비스 제공자, 도서관, 은행, 신용카드업체 등에게 가입자의 통신기록과 거래기록을 통째로 요구할 수 있도록 했습니다. 현재 직권상정된 테러방지법안 그리고 사이버테러 방지법안이 이 독소 조항을 참고한 것으로 추정이 되고 있습니다.

당시 애국자법에 의한 국가안보레터 제도는 이 국가안보레터를 받은 사업자는 고객의 정보를 FBI에 제공했다는 사실조차 고객에게 알릴 수 없도록 그렇게 돼 있습니다.

2014년에 오바마 대통령이 구성한 대통령 직속 정보재검토 그룹은 다른 유사한 수단들이 법원의 허가를 필요로 하는 데 반해서 국가안보레터만 FBI에 의해 발행되어야 할 원칙적 이유를 찾을 수 없다면서 이 제도의 개선을 요구하기도 했습니다.

애국자법 대신 제정된 미국자유법에서도 법원의 허가 없이 레터를 발행할 수 있도록 한 조항은 폐지되지 않았고 존속이 됐지만 미국자유법은 국가안보레터를 발행할 경우에 FBI를 비롯한 관계기관이 이용자 정보를 통째로 요구하지 못하고 필요한 정보를 특정하도록 제한을 했습니다. 그리고 국가정보국장으로 하여금 매년 이 국가안보레터 발행 건수 그리고 정보수집 건수를 웹사이트에 의무적으로 공개를 하도록 했습니다.

또한 과거에는 이것을 전혀 발설을 하지 못하게 했던 함구령도 일부를 개선을 해서 레터를 받은 사업자가 매년 총 몇 번의 레터를 총 몇 명의 사람에게 제공을 했는지 공개할 수 있도록 그렇게 만들었습니다.

오바마 정부에서는 이러한 NSA의 활동이 미 의회 정보감독을 받고 있다고 주장을 했는데 미 의회 의원들은 이러한 NSA의 정보수집 프로그램들에 대해서 전혀 알지 못했던 것으로 밝혀져서 미국 사회에 큰 충격을 줬습니다.

이 NSA는 미국 국내에서 버라이즌 통신사 가입자 1억 2000만 명의 통화 내역을 수집을 해 왔고요, 이들의 인터넷 통신 내역도 수집을 했습니다. 그래서 구글이라든가 페이스북이라든가 야후 등을 사용하는 사용자들의 활동내역 또한 접근을 해서 정보를 수집을 했습니다.

오바마 정부는 이러한 활동들에 대해서 NSA의 활동이 부적절한 데이터를 견제하는 합법적인 활동이라고 주장을 해 왔습니다. 그러나 이러한 정보수집 활동이 NSA 내부규정에 위배되는 활동이었던 것으로 밝혀져서 NSA의 정보기관들에 대한 감독이 강화되어야 한다는 의견이 나오기 시작을 했습니다.

미국 대통령자문위원회는 이 오마바 대통령의 NSA에 대한 개선안을 마련하는 과정에서 몇 가지 원칙을 제안한 바가 있습니다. 그중에서 우리가 고려해야 할 가장 중요한 원칙은 미국 정부는 국가안보와 개인 사생활이라고 하는 두 가지의 다른 형태의 안보를 동시에 보호해야 한다고 하는 것입니다.

개인의 사생활이라고 하는 것을 또 다른 안보라고 바라보고 있는 점이 대단히 중요한 것 같습니다. 그래서 국가안보하고 개인 사생활이 부딪칠 때 우리 같은 경우에는 말할 것도 없이 국가안보가 우선하고 개인 사생활은 무시되기 마련인데 여기에서는 개인 사생활을 역시 안보의 하나로 다루어야 한다, 보호해야 한다라고 이야기를 하고 있습니다.

미국에 국가대테러센터가 있습니다. NCTC라고 불리우는 기관인데요, 이것도 역시 CIA 소속으로 출발을 했습니다. 그런데 현재는 국가정보국장 직속기관으로서 테러와 관련된 정보 수집 그리고 유사시 대테러 관련기관들의 지휘권을 가지는 대테러기관으로 운영 중에 있습니다.

이러한 미국의 테러 관련 기관들의 모습은 국가 안보와 개인 사생활 보장 그리고 테러방지법안을 통과시키려고 하는 박근혜 정권으로서는 도저히 이해할 수가 없는 대목들이 많을 것으로 보입니다. 그런데 이것이 세계적인 추세인 것을 기억했으면 좋겠습니다. 국가의 안보와 개인의 사생활 보장이라고 하는 것이 국가의 안보가 우선이고 개인의 사생활은 언제든지 무시될 수 있는 것이 아니라 국민의 인권을 보장하고 또 보호하는 것 역시 국가의 임무라고 하는 것을 알아야 한다라고 하는 것이지요.

미국의 이러한 테러 관리 기관의 예를 통해서 반면교사로 삼아서 시대 역행적인 테러방지법안을 어떻게 할 것인가, 이것을 어떻게 수정해야 될 것인가를 조금 더 연구해 볼 필요가 있어 보입니다.

박근혜 정권이 예를 드는 다른 국가들의 테러방지법, 그런데 테러방지법이라고 다 같은 것은 아닌 것 같습니다. 우리나라에서 여당이 통과시키려고 하는 테러방지법은 외국의 그것과는 확연하게 다릅니다. 우리나라 테러방지법의 문제는 첫째로 대외정보 수사기관인 국정원에 대테러 수사권한을 준다고 하는 것이고요. 둘째, 대테러 수사에 대한 인권보호 규제들을 위험한 수준으로 완화한다는 것입니다.

국정원에 대테러 수사권한을 준다고 하는 것은 국정원 산하에다가 대테러 종합대응센터를 신설하고 이 센터가 국내정보 수집활동을 할 수 있게 한다는 것입니다. 테러라고 하는 것은 정의상 외국인이 아니라 국내인도 항상 저지를 수

있기 때문인데요.

국정원이 국내 활동을 하지 못하도록 하는 가장 큰 이유는 국정원이 원활하게 국가 안보를 지키는 대외활동을 할 수 있도록 비밀성 그리고 예산을 보장해 줬는데 그 비밀성과 예산이 국민을 상대로 남용되어서는 안 되기 때문입니다. 미국의 CIA도 대외정보 수집만을 하도록 돼 있고 애국자법이라고 해서 이 측면이 달라진 것은 없습니다. 샌버나디노 수사도 예산과 통제가 불투명한 CIA가 아니라 국내 수사기관인 FBI가 진행을 하고 있습니다.

또 애국자법이 프리즘 프로그램 등을 만들어 내기는 했지만 이 역시 영장주의 절차를 거친 것으로서 인권을 보호하는 절차들이 쉽사리 무효화되지는 않는 것입니다. 그리고 위헌 판정을 받은 무작위 통신사실확인자료 취득이라고 하는 것도 형식적으로는 외국첩보법원의 승인을 받은 것입니다.

우리나라 테러방지법은 테러통합센터의 장은 긴급을 요할 때에는 전화 또는 전산망을 통해서 약식으로 설명하고 서면으로 통보함으로써 통신비밀보호법상의 절차를 밟아서 정보 수집 및 조사를 하도록 하고 있습니다. 그 뜻은 불분명하지만 현행 통비법 절차가 엄연히 있는데 테러방지법에서 다시 긴급하면 전화로 설명을 해서 처리할 수 있다고 정한 이유에 대해서 의구심을 가지지 않을 수가 없습니다.

특히 테러방지법에 끼워서 여당이 통과시키려고 하는 감청설비의무화법은 모든 전기통신사업자에게 감청설비를 의무화하는 내용을 담고 있습니다. 말하자면 카카오톡이나 네이버와 같은 인터넷 업체들에게도 모두 적용한다고 하는 것인데요. 아마도 세계에서 유일한 법이 될 것 같습니다. 외국에서 감청설비 의무는 도로 위아래의 전봇대, 터널에 나와 있는 국가기간시설을 직접 이용하고 있는 망사업자들에게 반대급부로 부과될 뿐입니다. 다양한 통신 소프트웨어를 개발해서 그 망을 이용하는 인터넷 업체들에는 그런 의무를 부과할 헌법적 정당성이 없기 때문입니다.

또 인터넷 업체들에 감청설비 의무는 이용자가 안심할 수 있는 암호화 통신을 무력화한다는 것과 동일한 의미로 보여집니다. 결국 수사기관에 복호화 키를 주거나 사업자들이 복호화해서 내용을 넘겨주는 수밖에 없는데 사업자들이 이용자들의 통신 내용을 들여다봐야 하는 후자의 선택을 하지는 않을 것이기 때문이지요. 앞서 말씀드렸던 애플 사와 미국 정부가 지금 벌이고 있는 공방 자체가 이러한 경우에는 나올 수 없게 돼 있다고 보여집니다.

다른 국가의 경우에도 보면 세계적인 추세가 테러총괄업무를 정보기관에게 독점시키지 않고 있습니다. 정부에서는 테러총괄업무를 정보기관에서 담당하고 있지 않는 외국 사례가 없다고 주장을 하면서 국정원이 중심 역할을 하는 테러방지법안이 통과되어야 한다고 주장을 합니다. 그러나 주요 선진국의 경우에 테러총괄업무를 정보기관과 분리된 다른 기관에서 담당을 하고 있습니다.

지금의 박근혜정부는 국정원이 중심 역할을 하지 않으면 테러 관련 국제 공조와 정보 교류가 되지 않는다 하는 근거를 들고 있는데요. 영국의 경우에 정보기관인 비밀정보부가 아닌 내무장관 산하의 국가안전 및 대테러부가 테러업무를 총괄하고 있습니다. 미국 역시도 국가대테러센터가 테러업무에 관해서 CIA 등 총 16개의 정보기관을 총괄하고 있고요. 이 기관은 CIA 소속이 아니라 국가정보국장 직속입니다. 독일의 경우에도 정보기관이 아닌 연방내무부 소속 연방헌법보호청이 국민의 안전을 위협하는 국내외 테러리스트들의 동향에 관한 정보 수집을 하고 있고요. 이와 같이 대테러업무를 정보기관이 아닌 기관에서 총괄하는 국가가 없다고 하는 국정원의 주장은 사실과 다르다라고 하는 것입니다.

미국은 국가정보국장이 CIA, FBI 등 정보공동체에 소속된 정보기관들의 예산과 인력을 총괄하고 있습니다. 이 국가대테러센터는 CIA 등 총 16개의 정보기관을 총괄하는 기관이고요. 테러와 관련된 정보 수집 그리고 유사시 대테러 관련 기관들을 지휘하는 권한을 가지고 있습니다. 미국 하면 떠오르는 CIA와 NSA는 현재 미국 내에서 정보공동체를 총괄하거나 정보를 독점하고 있지 않습니다. CIA는 자국민의 금융거래정보를 들여다보는 권한이나 근거를 가지고 있지 않다고 하는 것입니다.

독일의 해외정보기관인 연방정보부는 외국으로부터의 정보 입수·수집을 통해서 독일연방정부의 안보·외교정책상의 결정에 필요한 정보 제공, 또 외국에 파견된 독일연방군에게 정보를 제공하는 역할을 담당하고 있습니다. 연방헌법보호청은 국민의 안전을 위협하는 국내의 내·외국인 테러리스트들의 동향에 관한 정보를 수집하는 역할을 합니다. 그래서 연방정보기관, 연방주정보기관의 업무와 책임 영역뿐만 아니라 경찰기관과 국가정보기관의 업무와 책임 영역이 역시 철저하게 분리가 돼 있다는 것입니다.

결론적으로 대테러에 관한 업무 총괄은 세계적으로 정보기관과 분리해서 운영하는 최근 추세입니다. 이러한 선진국의 사례가 왜 우리의 정책이 결정되는 과정에서 참고가 되고 있지 않는지 대단히 궁금합니다. 국정원에 대한 과도한 권한이 집중되어 있는 테러방지법안에서 반드시 이러한 부분들은 수정이 되고 또 독소 조항들은 삭제가 되어야 할 것입니다.

테러방지법이 테러 위협을 해소하는 근본대책이 아니라고 하는 것은 세계적으로도 입증이 되고 있습니다. 89개 시민사회단체가 작년 11월 30일에 기자회견을 했는데 국제적으로 테러방지법이 테러 위협을 해소할 수 있는 근본적 대책이 될 수 없다는 사실이 입증되고 있다는 이야기를 했습니다.

잠깐 그 내용을 소개해 드리겠습니다.

'2001년 9·11 사건 전후에 미국이 주도해서 테러와의 전쟁을 시작했다. 그런데 테러와의 전쟁은 9·11 사건 피해자 수와 비교할 수 없는 무수히 많은 무고한 생명을 앗아간 채 완전히 실패했다. 그리고 전 세계에 과거와는 비교할 수 없이 많은 극단주의 무장집단이 등장했다. IS라는 극단주의는 잘못된 테러와의 전쟁이 낳은 사생아이다. 테러 근절을 주장하기 전에 왜 평범한 사람들이 극단주의자가 되고 있는지 살펴야 한다.

테러와의 전쟁과 더불어서 전 세계 여러 나라에 유행처럼 도입된 테러방지제도는 민간인에 대한 무장공격을 예방하고 통제하는 데 이용되기보다는 주로 시민의 기본권을 제약하고 이주민과 사회적 약자에 대한 차별을 정당화하며 국가권력의 남용과 민주적 통제로부터의 예외를 구조화하는 방편으로 악용되어 왔다. 아시아, 아프리카의 개발도상국은 물론이고 미국과 유럽 등 이른바 민주주의 선진국에서도 예외는 아니었다. 그 결과 대다수의 나라에서 차별과 불평등이 심화되었고 극단주의에 협력하는 내부 세력들이 성장하는 악순환을 낳았다.

파리 테러의 충격은 결코 가볍지 않다. 하지만 파리 테러를 계기로 해서 파리뿐만 아니라 중동, 아프리카, 아시아 등 세계 곳곳에서 일어나는 민간인에 대한 무장공격의 악순환 원인에 대해서 보다 넓은 시야로 분석하고 그 대책을 모색해야 한다.'

이러한 내용들을 보면서 우리 스스로가 먼저 성찰하고 반성해야 된다고 생각을 합니다.

이 신자유주의 경제정책 또 동시다발적인 FTA가 추진이 되면서 우리 사회 양극화 현상이 심해지고 있습니다. 그래서 이 테러 위협이라고 하는 것이 국제적인 테러도 물론 있고 전문적인 테러집단의 테러도 있지만 이 내부의 양극화 해소, 이러한 테러를 발생하게 하는 테러의 토양을 다잡는 것이 더욱더 시급한 정책과제 중에 하나라고 생각을 합니다.

과거 2001년에 테러방지법안이 나왔을 때도 국가인권위원회에서는 여전히 각종 문제점을 지적을 한 바가 있습니다. 2001년 11월 28일 날 정부에 의해서 국회에 제출된 국가정보원의 테러방지법안에 대해서 국가인권위원회가 여러 가지 사유를 들어서 국민의 인권을 심각하게 침해할 가능성을 내포하고 있다고 밝힌 바가 있습니다. 당시에 국가정보원에 의해서 제출된 테러방지법안은 현재 강행 처리를 하려고 하는 테러방지법안의 근간이자 모체이기도 합니다.

따라서 당시에 국가인권위원회가 제시했던 검토의견을 한번 살펴보면 현재 야당과 시민사회가 반대하는 이유를 보다 명확하게 알 수 있을 것이라고 생각을 합니다. 주요 내용을 요약해서 말씀을 드리겠습니다.

국가인권위원회는 당시 테러방지법안은 법안의 본질적인 내용들, 즉 테러행위에 대한 개념 규정, 형벌 규정, 절차 규정 그리고 국가기능의 재편에 관한 규정들이 국제인권법의 기준에 위반해서 인권을 침해하거나 침해할 소지를 내포하고 있지만 인권침해 대상자들에게 국제인권규약이 정한 바에 따른 적절한 구제조치가 제공되고 있지 않다는 의견을 제시를 했습니다.

또한 국가인권위원회는 당시 테러방지법안이 스스로 내세우고 있는 입법의 전제조건들을 충족시키지 못한다고 밝혔습니다. 즉 법안은 기존의 대응체계로는 테러에 효율적·체계적으로 대처하기가 어렵다고 주장을 하고 있는데, 기존의 대테러 대응체계는 테러행위를 처벌하는 실체법적 규정은 물론 테러조직의 자금을 차단하고 테러행위자를 인도하는 등의 절차적 규정과 각 분야에 걸쳐서 일어날 수 있는 다양한 테러에 대응하기 위한 국가기관 사이의 기능 분배, 협력을 담보하는 데 부족함이 있다고 볼 만한 사정이 없다 이렇게 이야기를 하고 있습니다.

한편 국가정보원은 당시 테러행위가 전쟁 수준의 양상을 보이고 있다 이렇게 평가를 했는데, 국가인권위원회는 국가정보원이 주장하는 테러행위가 한국에서 자행될 위험이 있는지, 있다면 어느 정도 수준인지 알 수가 없다고 이야기를 했습니다. 특히 테러에 대해서 기존의 법과 제도에 의한 관계 국가기관들의 대처 능력이 어떠한가, 또 어떤 취약점을 가지고 있고 어떤 내용이 있는지에 대해서도 자료를 찾을 수가 없어서 설령 테러가 발생을 했다고 하더라도 국가정보원이 군대를 지휘하거나 테러방지법과 같은 특별 형법을 만들지 않으면 대처할 수 없다고 하는 주장이 논리적인 근거가 매우 부족하다고 밝힌 바 있습니다.

국가인권위원회는 당시에 테러방지법안이 제정된다고 하더라도 실제로 테러행위를 예방하거나 진압하는 데 어떤 효과가 있을지 예측하기 어렵다는 의견을 제시를 하면서 오히려 테러방지법안이 관련 조직의 중복과 인력 그리고 예산 낭비의 가능성이 대단히 크다고 이야기하고 있습니다.

결론적으로 당시 국가인권위원회는 국가정보원의 테러방지법안에 대해서, 첫째 이 법안은 그 제정을 위한 전제조건이 성립하지 않고, 둘째 이 법안의 목표를 효율적으로 달성할 수 있을 것으로 예상하기 어렵고, 셋째 기존의 법과 제도, 국가기관의 체계가 대테러 정책을 수립하고 집행하는 데 별다른 문제점을 가지고 있지 않고, 넷째 이 법안의 각 조항들이 국제인권법 그리고 헌법이 보장한 인권을 침해할 가능성이 대단히 높기 때문에 그러한 법 조항을 제거하지 않는 이상 이 법안을 제정해서는 안 된다라고 하는 의견을 국회에 보낸 바가 있습니다.

● **부의장 이석현** 전정희 의원님, 잠깐 물 좀 마시고 하십시오.

필리버스터는 대한민국의 응어리진 서러움을 토해 내는 힐링의 공간이 되었다는 점에서 힐리버스터가 됐습니다. 소통은 공감이 되고, 공감이 공명으로 울려 퍼졌습니다. 이번 필리버스터를 통해서 국민들이 정치에 대한 미움과 또 무관심의 빗장을 푸는 조그마한 계기가 되었으면 참 좋겠습니다.

● **전정희 의원** 테러방지법안을 국민들이 반대하는 이유는 뭐냐? 지금까지 쭉 이야기를 해 왔습니다만 국민을 테러로부터 보호하기 위함이다, 여기에 대해서 동조하는 국민들보다 국정원을 정보괴물, 권력괴물로 키우고자 한다, 여기에 동조하는 국민들이 더 많은 것 같습니다.

국가의 안전과 국민의 보호를 위해서 테러를 방지해야 하지요. 그런데 테러방지법안이 통과된다고 해서

테러 위협이 모두 사라지는 것은 아닙니다. 그리고 테러방지법안에 내재되어 있는 인권침해, 기본권침해의 요소가 너무나 커서 그러한 조항들을 남겨 놓고 이 테러방지법안을 통과시킬 수 없는 아주 엄혹한 그런 현실이 있습니다.

테러방지법의 핵심 내용은 국정원의 권한 강화에 맞춰져 있을 뿐 테러방지를 위해서 기존 제도를 합리적으로 이용하고 정비할 방안은 전혀 포함되고 있지 않다고 하는 것입니다.

미국에서 이 테러방지를 위한 제도개혁의 핵심은 CIA에 집중된 정보 독점을 분산시키는 데 있었습니다. 국정원에게 강력한 권한을 집중하는 것이 정보 실패의 확률을 높인다라고 하는 사실은 이미 미국의 CIA 사례에서 확인이 됐습니다.

다시 말해서 앞으로 테러방지법안을 통해서 해야 될 일은 국정원에 정보수집기능을 집중하고, 대테러기능을 분산·이관하는 것이 오히려 대테러 정책을 수행하는 데 있어서는 보다 효율적이다라고 하는 것입니다.

새누리당에서는 '테러에 대한 정보를 수집해서 테러를 예방하고 테러범을 처벌하고 피해자를 지원하고 정보수집 과정에서 인권침해 그리고 권한 남용이 없도록 감시를 하겠다' 이렇게 설명을 합니다. 그러나 이 법이 기본적으로 내재하고 있는, 이 법에 기본적으로 내재되어 있는 인권침해의 독소 조항에 대해서는 그 부분을 어떻게 하겠다라고 설명하지 않고 있습니다.

국내에서 일어나는 여러 가지 집회와 시위에 대해서 그것이 불법이다 또는 테러라고 규정할 여지는 얼마든지 있는 것입니다. 그래서 여기에 가담했다는 이유로 테러위험인물이라고 낙인을 찍히게 되면 국정원의 총체적인 감시, 사찰로부터 벗어날 길이 없게 되는 것입니다.

또 정부정책에 반대하는 인터넷 게시물도 긴급 삭제·중단될 수가 있습니다. 그래서 새누리당은 마치 인권침해 요소가 없는 것처럼 주장하지만 이는 사실과 다릅니다. 그리고 이 테러방지법이 통과가 되면 새누리당에서도 인권침해의 대상이 되지 않으리라고 약속할 수가 없다는 것입니다.

많은 전문가들이 테러를 '그 배경과 맥락을 이해하고 예방을 위한 국제정치와 외교적 노력을 경주하는 것이 최선이자 최상의 방법이다' 그렇게 얘기를 합니다. 이 외의 대응과 방지는 우리나라 현행법과 관련된 기구로도 충분하다는 것입니다.

국정원법을 셀프 개혁할 당시에도 이와 같이 권력의 집중과 정보괴물 탄생을 우려하고 국민의 기본권을 침해하는 위험 때문에 이 테러방지 분야를 제외했던 것입니다. 필요가 없어서 제외한 것이 아니라 지금 있는 법과 제도, 각종 기구, 조직에 의해서도 충분히 대테러 업무와 테러방지 업무를 수행할 수 있었기 때문에 테러방지법을 그 당시에는 논의하지 않았던 것입니다.

1994년에 유엔은 인간안보라고 하는 새로운 개념을

통해서 세계화와 공공재의 민영화로 인해서 점증하는 사회적·개인적 삶에서의 불안정한 것에 대응하는 방법을 제시한 바가 있습니다.

국제적으로 테러가 왜 발생하는지에 대해서 한 번이라도 진지하게 생각해 봤다면 지금 세계적인 추세가 국가안보에서 인간안보로 정책의 초점을 옮겨가는 일련의 과정을 추진했어야 됩니다.

야당이 또 시민사회단체가, 국민들이 이 테러방지법에 반대한다고 해서 세월호 참사와 같은 국가적인 재난에 대해서 무관심한 것이 절대 아니지요. 오히려 현재 직권상정된 테러방지법안의 인권침해·정보독점·무분별한 사찰에 반대한다는 뜻이지 만약의 위험을 예방하고 대처하고 하는 것을 반대하는 것은 아닙니다.

오늘날 우리는 조그만 사건으로도 큰 재앙에 직면할 수 있는 고도기술 사회에서 살고 있습니다. 예컨대 싱크홀 또 원전 안전, 산업단지의 유해 화학물질 유출, 인구밀집지역과 각 도시들은 테러라든가 그에 준하는 사태가 발생하면 걷잡을 수 없는 혼란에 빠지게 됩니다. 세월호 참사라든가 대구지하철 참사가 테러로 발생을 했습니까? 그것은 인재였습니다. 재난 대응에 대한 시스템의 문제였다고 보여지는 것입니다.

박근혜 대통령은 테러방지법안 국회 통과를 요청하기 전에 정부의 수반으로서 현재의 국민 안전, 국민 보호에 대한 대응체계가 부실한 이유를 먼저 점검을 해야 합니다. 세월호 사건을 예방하지 못한 데 대한 책임을 먼저 져야 합니다. 경주 마리나리조트 붕괴 사고를 미리 예방하지 못한 데 대한 책임, 또 구미 불산 누출사고를 방지하지 못한 것에 대한 책임, 이러한 책임들을 먼저 생각해야 합니다.

우리나라의 실정을 고려하면 이처럼 인권침해라든가 국정원 권한 강화라든가 제왕적 대통령 탄생을 만들어 내는 테러방지법안이 아니라 광범위한 재난예방 또 재난구조 체계를 구축하고 관련 시스템을 정비하고 예산을 투입하는 것이 무엇보다 우선적으로 필요하다고 생각을 합니다.

미국이나 영국이나 스페인이나 러시아나 프랑스와 같이 무장공격을 당하거나 테러 위험이 높은 나라들이 테러방지법이 없어서 당하는 것이 아닙니다. 거듭거듭 현재 국회에 제출되어 있는 테러방지법안과 사이버테러 방지법안에서 미국에서 이미 폐기되거나 제한되고 있는 것을 부여하지 않도록 그러한 독소 조항을 폐기하도록 요청하고 싶습니다.

작년 12월 23일에 발행된 주간동아 커버스토리를 보면 테러 위험보다는 국회 압박용으로 박근혜 정권이 테러라는 위험성을 강조하는 것이 아닌가, 이런 생각을 하게 되는데요. '테러방지법 강조, 과연 테러 위험 때문이었나? 이전에는 거의 없다가 11월 들어 폭증, 결국은 국회 압박용'이라는 기사가 나와 있습니다.

그 내용을 잠깐 한번 보겠습니다.

"이 안보 사안에 대한 박근혜 대통령의 언급 역시 눈길이 가는 부분이다. 2014년 이후에 이른바 통일대박론이 큰 화제를 모았지만 기이하게도 2015년 들어서 국무회의와 수석비서관회의 발언에서 등장 비율은 사실상 의미가 없어 보일 정도로 적다. '통일' 11회, '평화통일' 6회, '통일 준비' 1회가 전부다. 통일부에 대한 언급 역시 1회에 그쳤다. 2015년 한 해 국무회의 석상에서조차 통일부의 존재감은 바닥이었다는 뜻이다.

이러한 경향은 8월 북한의 지뢰도발 사건과 상관관계가 있는 것으로 보인다. 북한과 함께 쓰인 낱말의 뉘앙스가 그 이전과 이후로 크게 갈리기 때문이다. 상반기에는 '대화' '교류' '협력' 등이 함께 쓰였지만 사건 이후로는 '도발' '위협' '적대적' 등이 주로 등장했다.

이 시점을 계기로 해서 남북관계에 대한 대통령의 인식 틀이 일부나마 남아 있던 대화와 협력 추진에서 군사적 위협 대비로 크게 달라졌음을 방증하는 것이다.

안보 관련 사안 가운데 눈에 띄는 또 다른 대목은 하반기 최대 현안이던 한국형전투기사업에 대한 언급이 전혀 없었다는 것이다. 문제의 도화선 노릇을 한 차기전투기사업에 대해서도 말한 적이 없다.

가장 흥미로운 부분은 '테러'다. 1월에서 10월까지는 금융권에 대한 사이버테러 위험 정도로만 드물게 등장하던 언급이 11월 이후 폭증한 것이다. 테러방지법으로 한정해 보면 이는 더욱 명확해진다. 11월 24일 국무회의 발언이 처음일 뿐 이전에는 등장한 적이 없기 때문이다.

물론 이는 일차적으로 11·13 프랑스 파리 동시다발 테러의 영향으로 풀이할 수 있지만 1월 샤를리 에브도 테러 등 다른 주요 사건 직후에는 언급이 없었던 것과 비교해 보면 충분한 설명은 못 되는 듯하다. '14년간 국회 계류 중'이라는 박 대통령의 말과 달리 11월 24일 이전에는 이 문제에 대해 대통령 역시 별다른 관심을 표명하지 않았다는 뜻이다.

오히려 눈에 띄는 것은 '국회'의 등장 비율과 '테러'의 등장 비율이 시계열적으로 놀라울 정도로 일치한다는 사실이다. 2015년 9월과 12월 두 차례 정점을 찍으며 다른 단어들에 비해서 압도적인 비중을 보이게 된 패턴이 완전히 똑같다. 이러한 특징은 박 대통령이 '테러'를 대부분 국회의 임무방기를 비난하는 차원에서만 언급했음을 의미한다.

'노동개혁' 등 패턴이 유사한 다른 단어들도 같은 맥락으로 풀이할 수 있다. 'IS도 우리가 테러방지법이 없다는 걸 알게 됐다'는 박 대통령의 언급이 실은 국회의 법안 통과를 압박하기 위한 대국민 홍보용일 공산이 커 보이는 이유다."

좀 놀랍습니다. 직접적인 테러 위협이 있고 북한의 미사일 발사 등 남북 간의 위기감 고조 등으로 테러방지법안이 신속히 처리되어야 한다고 했던 박근혜 대통령은 실상 국정원 강화, 그리고 이를 통한 정권 재창출을 위해서 테러방지법안이 필요했던 것은 아닌가 생각이 됩니다.

1995년에 유럽연합은 개인정보처리를 규정하는 유럽 개인정보보호 규정 및 지침을 채택하면서 '인터넷상에서 잊힐 권리'를 처음으로 언급했습니다. 그리고 현재는 많은 국가들이 이와 같이 인터넷상에서 잊힐 권리에 대한 법제화 논의를 하고 있습니다.

그런데 박근혜 정권의 테러방지법안은 인터넷상에서 국민들이 잊힐 권리를 원천적으로 봉쇄할 수 있습니다. 즉 테러위험인물로 국정원장이 지정하면 해당 인물의 모든 사생활에 대한 정보가 수집되고 보관되고 또 실시간으로 감시가 되기 때문입니다.

잊힐 권리는 인터넷에서 생성·저장·유통되는 개인의 사진, 거래정보 또는 개인의 성향과 관련된 정보에 대해서 소유권을 강화하고 이에 대해서 유통기한을 정하거나 이를 삭제·수정·영구적인 파기를 요청할 수 있는 권리 개념을 의미합니다.

사실 인터넷에 떠도는 여러 가지 정보 또 댓글 이런 것들을 통해 보면 인권을 침해하거나 인격에 대해서 해악을 끼치는 대단히 많은 부분들이 있습니다. 그래서 우리 사회에서도 많은 경우 인터넷 기사에 달린 댓글을 보고 자살을 하기도 하고 또 그것을 어쩔 수가 없어서 굉장히 가슴앓이 하는 경우들이 많습니다.

그래서 유엔에서는 인터넷상에서 잊힐 권리에 대해서 관심을 가지고 그러한 측면에서의 개인의 권리 또 인권을 논의하는 데 반해서 만약에 이 테러방지법이 만들어지면 우리나라에서는 오히려 유엔의 추세하고는 거꾸로 그러한 것을 지우기가 대단히 어려워지는, 지울 수가 없는 상황에 가게 된다고 하는 것입니다.

스페인의 변호사인 마리오 코스테자 곤잘레스가 '프라이버시를 침해할 우려가 있는 구글 검색결과를 삭제하라'라고 요청을 해서 작년 5월 13일 날 EU의 최고법원인 유럽사법재판소가 '검색엔진 구글의 검색결과에서 특정인이 개인정보와 관련된 링크의 삭제를 요구할 권리가 있다'는 판결을 내렸습니다. 그래서 이것이 국제적 이슈가 됐고요.

구글은 유럽최고재판소의 판결 직후에 신청자에 대한 삭제 요구를 수용하는 적극적인 태도를 보였지만 실제적으로 영국과 프랑스와 같은 유럽 각국 지역에서 도메인에서만 권리를 인정하고 링크를 삭제했습니다. 이외 국가에서는 삭제할 수 있는 법률 규정이 없다면서 링크 삭제를 거부해 오다가 최근에 구글이 유럽지역의 반발과 규제에 못 이겨서 유럽 지역 이용자에 대한 검색결과 링크를 삭제 요청할 권리를 보장하고 조만간 적용하기로 했습니다.

이와 같이 해외 입법동향을 보면 EU는 2012년 1월 잊힐 권리 도입을 포함해서 기존 보호지침과 같은 상향 입법한 규정안을 발표했습니다. 미국은 활발한 논의는 없었지만 최근에 캘리포니아법에서는 미성년자에 한해서 정보의 삭제 요청권을 인정하는 입법을 완료해서 시행하고 있고요, 일본은 본인식별이 가능한 개인데이터가 본래의 합법적인 이용목적이 아니라 위반을 해서 취급되고 있는 경우에 개인정보 이용정지 요구권을 인정하고 있습니다.

우리나라의 경우에도 방통위에서 2014년 제3기 방통위 비전 발표, 그리고 2015년 업무보고서를 통해서 잊힐 권리의 법제화를 선언한 이후에 지금까지 두 번의 공청회를 열었고 잊힐 권리 연구반을 구성·운영했습니다. 그래서

방통위에서는 잊힐 권리에 대한 가이드라인을 빠르면 금년 상반기 중에 발표할 예정입니다.

그러나 가이드라인이나 지침과 같은 것으로는 법적인 강제력이나 실효성이 담보되지 않기 때문에 논란과 분쟁만 야기될 것이어서 정부가 정책으로 포털사업자에게 요청하는 식이 아닌 명확한 법적 근거 그리고 기준을 가지고 입법적으로 해결하는 것이 바람직합니다.

그런데 만약에 테러방지법이 제정된다면 이렇게 지금 준비하고 있는 잊힐 권리를 우리나라에서 실제로 적용하지 못할 경우가 생길 것이 자명합니다. 테러방지법안에 따르면 국정원은 수사나 국가안전보장을 위한 경우뿐만 아니라 테러위험인물로 지정되기만 하면 그 사람의 사상, 신념, 건강, 정치적 견해, DNA 정보와 같은 민감한 정보를 포함해서 정보제공을 요청할 수 있게 됩니다. 또한 위치정보·금융정보와 같은 수많은 개인의 사생활과 정보가 수집되고 데이터가 처리돼서 보관될 것이 분명합니다.

그래서 지금 세계 각국은 사생활 보호를 위해서 잊힐 권리를 보장하는 법제화를 추진하는 반면에 우리나라는 테러방지라는 명목으로 개인의 모든 정보를 수집하고 보관하게 만들려고 하고 있는 것입니다.

그래서 국정원의 정보수집과 처리 그리고 보관 등에 관해서 명확한 기준 또 기본권침해 요소를 없애야 합니다. 그러한 독소 조항, 기본권침해·인권침해 요소를 제외시켜야 이 테러방지법의 통과가 가능하다고 생각을 하고요. 국민이, 시민사회가, 전문가들이 이 테러방지법안을 왜 이토록 반대하고 있는가에 대해서 좀 더 명확한 고려가 필요하다고 생각을 합니다.

테러방지에 관한 국제인권 원칙과 기준은 명확하게 나와 있습니다. 그런데 우리나라의 테러방지법안은 이러한 원칙과 기준에 부합하지 않다라고 하는 것이지요.

최근에 이슬람국가(IS)가 자행하고 있는, 특히 민간인을 대상으로 한 잔혹행위 또 무분별한 테러사건이 연이어 나오면서 테러에 관한 국제적인 분노·공포가 정점에 달하고 있습니다.

그래서 테러방지라고 하는 것이 각국의 정부뿐만이 아니라 국제사회에 있어서도 최우선 순위 의제가 되고 있는데요, 유엔 인권최고대표를 비롯해서 유엔의 인권 전문가들은 지속적으로 유엔 회원국들이 국내 사회구성원들을 폭력과 공포로부터 보호하기 위해서 국제인권기준을 준수해야 할 의무가 있다라고 권고하고 있습니다.

또한 인권을 타협해서 테러방지를 위한 법률 및 조치를 채택할 경우에 오히려 사회불안정이 심화되고 결코 테러방지 조치들의 효과성이 입증되지 못한다라고 지적을 하고 있습니다. 테러방지를 위한 노력에 대해서 또 필요성에 대해서는 이견이 없지요. 다만 분명히 인권적인 접근이 존재하도록 전 세계가, 유엔이 촉구를 하고 있는 것입니다.

테러방지에 관한 국제인권 원칙과 기준에 대해서 말씀을 드리겠습니다.

원칙 1은 테러의 정의가 명확해야 한다고 하는 것입니다. 2010년에 유엔 테러방지와 인권의 증진 및 보호에 관한 특별보고관은 단순히 인질을 붙잡거나 한 명 또는 그 이상의 사회구성원이 사망 또는 부상을 입은 행위 또는 행위의 결과만을 기준으로 특정한 행위를 테러로 규정할 수 없고, 집단적인 공포상황을 유발하는 등의 구체적인 목적, 고의성 그리고 국제적인 기준, 국내법에 따른 위법성과 그 정도를 함께 고려한 매우 명확한 정의가 필요하다고 권고하고 있습니다. 테러의 정의가 명확하게 규정되지 않게 되면 국가에 의한 자의적이거나 차별적인 조치로 이어질 수 있기 때문입니다.

원칙 두 번째는 테러단체가 자의적으로 지정되지 않도록 안전장치가 필요하다고 하는 것입니다. 테러단체라고 하는 것은 명확하고 올바르게 정의된 테러를 직접 수행했거나 촉진했거나 그에 참여했다고 믿을 만한 합리적인 이유에 기반해서 엄격하게 심의하고 지정되어야 한다는 것입니다. 그리고 단체의 소속과 테러 간의 연계성이 명확하고 충분하게 입증이 되어야 한다는 것입니다. 인권이 침해되었을 때 그에 대한 구제를 보장받아야 하는 것과 마찬가지로 특정 집단이나 또는 사회적 소수자 집단에 대해서 자의적으로 테러단체 지정이 이루어지지 않도록 보장하는 효과적인 안전장치가 또한 필요합니다.

세 번째 원칙으로는 범죄 퇴치와 관련된 일반적인 조치가 특수한 조치보다 우선이라고 하는 것입니다. 테러방지라고 해서 무조건 특수한 조치가 필요하다는 생각은 대단한 착각이라고 하는 것이지요. 테러방지특보는 테러방지를 위한 조치가 가능한 최대한도로 범죄 퇴치의 기능을 수행하는 민정당국이 일반적 권한을 행사하는 차원에서 수행해야 한다고 강조합니다. 비상지휘권 역시 국가의 존립에 위협이 되는 공식적인 비상사태가 아니라면 단순한 테러의 발생이 그러한 권한을 촉발시키지 않는다고 분명하게 얘기하고 있습니다.

네 번째 원칙으로는 특수한 조치의 종료 시점 또는 조건이 명시되어야 한다고 하는 것인데요, 2015년에 유엔 인권최고대표는 테러에 따른 위기상황 또는 극단적인 정치적 긴장상황이 영속적이지 않다는 점을 인지하고 반테러 조치가 구체적이고 한시적인 적용기한을 두어야 한다는 것을 강조하고 있습니다. 이것 때문에 테러방지법은 예외적인 조치에 대해서 반드시 일몰조항을 두어야 한다고 권고하고 있습니다.

다섯 번째 원칙은 정보기관의 역할 및 권한에 대한 견제가 필수적이라고 하는 것입니다. 유엔 인권최고대표는 또한 테러방지법에 따라서 정보기관이 체포·구금·수색 및 압수에 대한 권한을 부적절하게 부여하거나 권한의 남용으로 인한 인권침해가 발생하지 않도록 안전장치가 필요하다고 하는 것을 강조했습니다. 특히 광범위한 감청에 따른 사생활에 대한 권리의 불법적인 침해, 정부기관 간 개인정보의 공유·확대 조치에 대해서 우려를 나타내고 있습니다.

여섯 번째 원칙은 입법 이전에 이러한 것들이 국제인권법에 부합하는지 여부를 면밀히 검토해야 한다고 이야기를 하고 있습니다. 우리나라는 7개 국제인권조약의 당사국입니다. 따라서 새로운 법률을 제정하거나 기존의 법률을 개정할 때는 예외 없이 모든 비준한 국제인권조약과의 부합성을 검토하고 거기에 부합하지 않는 입법활동이 이루어지지 않도록 보장할 의무가 있는 것입니다. 정부는 서면을 통해서 입법기관이 국제인권법에 부합하지 않는 것으로 보이는 조항에 대해서 반드시 인지하도록 해야 하고 입법기관 역시 협약 이행의무를 가진 주체로서 독립적으로 그에 대한 신중한 검토를 진행해야 합니다.

일곱 번째 원칙은 입법 이전에 모든 이해관계자와 광범위하고 포괄적인 협의를 해야 한다는 것입니다. 우리나라가 유엔인권이사회 이사국으로서 주요하게 활동하고 있는 분야인 인권, 민주주의 그리고 법치주의가 보장되는 사회에서는 모든 입법 및 정책과정에서 사회구성원들과의 광범위하고 포괄적인 협의가 진행돼야 합니다. 테러방지법의 경우에 국가안보 또는 국민안전이라는 모호하고 원론적인 가치를 앞세워서 사회구성원들의 인권과 기본적 자유를 침해할 가능성이 높기 때문에 다양한 이해관계자의 완전한 참여에 기반한 충분한 협의를 보장해야 합니다.

작년 6월에 우리 정부는 유엔인권이사회 반테러에 관한 주제 회의에서 국제인권기준에 부합하는 반테러 조치를 취하겠노라고 공언을 했습니다. 또한 작년 11월에는 가장 높은 수준의 국제인권기준을 지키겠다라고 자발적으로 공언을 해서 유엔인권이사회 이사국 재임에 성공한 바가 있습니다.

최근 논란이 되고 있는 테러방지법 제정안과 관련해서 우리 정부는 국제적 약속을 지켜야 할 것입니다. 그리고 더 늦기 전에 최소한의 국제인권기준을 준수하기 위한 진정성 있는 노력을 보여 주어야 할 것입니다. 바로 이러한 국제적 약속의 준수가 테러방지법안의 철회 또는 독소 조항의 수정으로부터 시작된다고 생각을 합니다.

박근혜정부의 테러방지법안에 대해서 시민사회는 인권침해·민주주의 훼손 우려가 있다는 점을 거듭거듭 강조하고 있고요. 국정원이 사이버상에서 국민을 감시하고 있다는 것은 이제 모두가 동의할 것입니다. 조지 오웰의 '1984'가 떠오르는 대목이지요.

이런 문제에 대해서 진보네트워크 정책활동가님 글의 일부를 소개해 드리겠습니다.

"카카오톡 공론장의 등장, 최근 몇 년 새 디지털 공론장에 큰 변화가 찾아왔다. 디지털과 떼어놓을 수 없는 우리의 삶과 인권에도 변화의 시기이다. 유엔 인권최고대표의 표현대로라면 이 변화는 스마트폰 때문이다. 돌이켜보면 표현의 자유는 일반에 공개된 공간에서의 인권이었다. 특히 국가에 대하여 정치적인 반대 의견을 공공연하게 밝힐 수 있는 권리에 대한 보호를 요구하였다.

반면 프라이버시권은 사생활, 즉 은밀한 비밀이나 남부끄러운 이야기를 보호받을 수 있는 권리로 이야기되어 왔다. 두 권리 사이는 통상 가깝지 않았고 명예훼손과 표현의 자유를 둘러싼 갈등관계에서는 오히려 적대적으로 보이기도 했다.

그러나 이런 경계가 스마트폰 속에서 모호해지기 시작했다. 우리에게 수십 개의 카카오톡 단톡방은 매우 사적인 통신 공간이기도 하지만 때로 10명·20명·100명·200명을 향해 발언하는 공론장이기도 하다.

선거운동 공간에서 카카오톡은 가장 막강한 공론장으로 등장하기 시작했으며 세월호 유가족을 비난하거나 성소수자를 비난하는 흑색선전도 카톡을 타고 흘렀다. 이제 국가권력은 카카오톡 검열을 꿈꾼다.

세월호 참사 당일 7시간 동안 묘연한 대통령의 행적을 둘러싼 논란이 일자 2014년 9월 18일 검찰은 카카오톡 대표를 참석시킨 채 관계 기관 대책회의를 갖고 허위사실 엄단 대책을 발표했다. 사이버 공간을 실시간 모니터링하고 공인에 대한 명예훼손에 선제적으로 대응하겠다는 발표가 있자 조용한 사이버 망명이 시작되었다."

그래서 이때부터 텔레그램에 대한 망명이 굉장히 많이 시작됐던 것으로 기억을 합니다.

"그때 3000명의 단톡방이 압수수색된 사건이 알려졌다. 정진우 전 노동당 부대표는 세월호 집회에서 연행·구속되면서 카카오톡이 압수수색됐는데 47개의 단톡방에서 2368명의 개인정보 그리고 대화 내용이 수사 당국에 공개되었다. 정진우 씨는 기자회견을 열고 강력 항의를 했고 사이버 망명에 불이 당겨졌다.

그 규모가 200만 명에 달했다는 망명객들은 한국 공권력이 실시간으로 모니터링할 수 있다는 카카오톡에서 외국산 텔레그램으로 갈아탔다. 이 소동은 카카오톡이 메시지 보관 기간을 대폭 축소하고 실시간 감청 협조 중단이라는 강수를 두고 나서야 진정이 되었다.

스마트폰은 모든 이들에게 그렇게 소중한 나만의 방이자 표현 수단이 되었다. 2014년 우연찮게도 유엔 인권최고대표와 미국의 연방대법원에서 스마트폰에 대한 주요한 입장들이 발표되었다. 유엔 인권대표는 스마트폰과 같은 실시간 커뮤니케이션의 급속한 향상이 표현의 자유를 신장시키고 지구적 토론을 촉진시키며 민주주의 참여를 조성했다고 평가했다. 그러나 동시에 이 기술이 정부와 기업, 개인의 감시 능력 또한 그 어느 때보다 향상시켰다는 사실이 큰 문제라고 지적했다. 그래서 미국의 연방대법원은 휴대전화에 있는 디지털 정보의 수색은 담뱃갑, 지갑, 핸드백 등의 물품 수색보다 더 프라이버시 침해가 크다고 보았다.

이제 휴대전화는 지니고 다니지 않는 사람이 드물고 휴대전화를 가지고 있는 90% 이상의 시민들은 그들의 삶의 거의 모든 것에 관한 디지털 기록을 자신들의 몸에 지니고 있다. 스마트폰 속의 정보에 대한 난도질은 인생 그 자체에 대한 난도질이나 다름이 없는 것이다.

더 이상 프라이버시권은 부끄러운 사생활에 대한 권리로

머물러 있지 않고 개인정보에 대한 자기결정권의 문제로 변화해 왔다. 2005년 헌법재판소는 개인정보자기결정권을 헌법상의 권리로 인정하면서 개인정보자기결정권은 자기 자신에 대한 정보가 언제 누구에게 어느 범위까지 알려지고 또 이용되도록 할 것인지를 그 정보주체가 스스로 결정할 수 있는 권리, 즉 정보주체가 개인정보의 공개와 이용에 관하여 스스로 결정할 권리라고 선언했다."

자, 이와 같이 스마트폰이 우리에게 굉장히 소중하고 우리의 거의 모든 기록들이 이 안에 담겨져 있다고 할 수가 있습니다. 그래서 권력자들은, 또 권력을 감시하고 싶은 사람들은 이것을 감시하고 싶은 욕망이 자꾸자꾸 커져 가고 있는 것이지요.

지난 2015년 4월 18일 세월호 집회에서 100명의 시민들이 연행됐었는데 40여 명의 휴대전화가 압수됐습니다. 그래서 경찰은 연행자들에게 휴대전화의 잠금을 해제하고, 사진첩을 까고, 카카오톡 대화방을 공개하고, 페이스북을 열어 보라고 요구를 했습니다. 단지 세월호 참사의 진상규명을 요구하는 집회에 참여했고 연행된 후에 묵비권을 행사했다는 이유 때문이었습니다. 그리고 그 무렵 국정원에서는 누군가의 스마트폰을 해킹하고 있었던 것이지요.

자, 그런데 상황이 더 나쁜 것은 이러한 상황이 우리나라 현상뿐만 아니라 지구적 상황이라고 하는 것입니다. 이탈리아 해킹팀 고객은 30여 개국 90여 곳의 정보·수사기관을 아우르고 있고요, 에드워드 스노든이 미국 NSA의 인터넷망 감시를 폭로한 후에 여러 나라 여러 정보기관도 감시한 것으로 또 알려지기도 했습니다.

그래서 오늘날 정보기관들은 경쟁적으로 인터넷망과 스마트폰을 해킹합니다. 난도질당하는 것은 그 인터넷망에서 벗어날 수 없기 때문에 감시로부터 탈출할 수 없는 세계 시민들의 프라이버시라고 하는 것이지요.

2014년 유엔 반테러보고관은 이런 지구적 감시로 '사생활이 사라졌다'고 개탄을 했습니다. '프라이버시의 파국을 향해 가는 지구적 감시 경쟁이 무기 경쟁과 꼭 같은 모습이다'라고 이야기를 하고 있습니다.

자, 그래서 언제까지 이렇게 사생활 침해를 위한 경쟁, 사생활을 들여다보기 위한 경쟁을 하게 될 것인가 하는 것인데요.

국정원 해킹 사건 이후에도 국회 상황이 더욱 답답하기 짝이 없습니다. 국내 정치개입 관행이 있는 국가정보기관으로서는 유력한 감시 대상일 수 있는 제1야당이 국민 앞에 이렇다 할 개선책을 아직 내놓지 못하였습니다. 야당은 국정원에 대한 국회 통제를 강화하자고 하면서 국정원 전횡의 근본적인 대책이라 할 수 있는 조직개편 논의를 배제했습니다.

대통령 산하 NSC에 사이버위기대응센터를 설치하자는 제안은 누구를 위한 어떤 사이버 안전 강화인지를 규정해 놓지 않고 있습니다. 새누리당은 한술 더 떠서 이참에 휴대전화 감청을 무분별하게 또 적법하게 의무화하자고 공세를 펼칩니다.

지난 2013년 인터넷 댓글사건 당시에도 양당이 주도해서 꾸린 국정원개혁특위가 무력하게 끝마쳐졌습니다. 국정원법을 개정해서 '국정원장은 국회 안건 심사에 성실하게 자료를 제출하고 답변해야 된다'라고 규정했지만 그 순간에도 스마트폰을 해킹하고 있었고 지금까지도 해킹사건에 대한 자료를 국회에 제출하지 않고 있는 것입니다.

자, 그래서 이렇게 사생활을 먹어 치우는 이 시대 국가 감시를 멈출 수 있는 힘, 이것은 결국 당사자들의 싸움에서 나올 수밖에 없는 것인데요.

내 스마트폰을 누군가가 보고 있는 것처럼 찝찝한가? 어떠한 권력이 해킹을 하고 있는 것 같은가? 그럴 때 그냥 조용히 있어서는 안 된다고 하는 것입니다. 위축되지 말고 분개하고, 내 메신저의 프라이버시가 이 시대 공론의 장의 문제이기도 하기 때문에 '카카오톡이 난도질당한 상태에서 민주주의가 실현될 수 있을까'라는 의문을 가질 필요가 있습니다.

스마트폰의 정보인권을 포기하지 말아야 될 것이고 끊임없이 이러한 부분에 대해서 문제 제기를 해서 개인의 프라이버시가 스마트폰상에서도 보존될 수 있도록 특히나 모든 시민 또 모든 노동자들이 이 목소리에 화답을 해야 될 것이라고 생각합니다.

이명박 정권의 민간인 사찰의 망령이 박근혜 정권에서 테러방지법으로 다시 시도가 되고 있습니다. 외부 테러 세력을 방지하고 국내 테러 위협에서 국민을 안전하게 지키겠다고 합니다. 그러나 미국이 테러방지법이 없어서 9·11 사태가 일어났습니까? 어떤 국가, 어떤 도시, 또 어떤 사회도 위험과 폭력으로부터 100% 안전할 수는 없습니다.

절대적인 안전을 내세우면서 그것을 달성하기 위한 국민통제 권한의 확대를 시도한다고 하면 이것은 국민을 우롱하고 또 국민과 인권에 대한 위협이 될 것이라고 생각을 합니다. 그리고 이러한 모든 것들이 법률만능주의로써 법안을 만든다고 해결된다고 생각하면 오산이지요.

그러나 테러방지법에 무조건 반대하는 것은 아닙니다. 테러방지의 가면을 쓴 국민사찰법, 인권침해법, 기본권제한법을 반대하는 것입니다. 국회에서 이렇게 야당이 며칠 동안 필리버스터를 통해서 테러방지법안을 반대하는 것은 국민의 인권과 자유를 지키기 위한 마지막 간절한 호소라고 생각을 합니다.

● **부의장 이석현** 전정희 의원님 말씀하고 계신 가운데 제가 또 사회교대할 시간이 됐습니다. 예정대로 한다면 오후 2시에 또 다시 사회를 볼 것입니다.

우리 필리버스터가 세계 역사상 유례없이 긴 필리버스터가 이미 됐고, 또 민주주의의 독립운동으로 평가할 만한 자리매김을 한 데 대해서 뜻 깊게 생각을 합니다.

또 다시 뵙겠습니다.

말씀 계속하십시오.

● **전정희 의원** 끝으로 박근혜 정권의 테러방지법 제정에 반대하는 이유를 간략히 말씀드리겠습니다.

첫째, '테러방지법'이라는 이름만 없을 뿐 이미 우리나라에는 테러를 방지하기 위한 대비 태세를 갖추기 위해 각종 법령과 기구가 존재한다고 하는 것입니다. 테러를 방지하기 위한 통합방위법, 비상대비자원관리법, 대테러특공대, 국가테러대책회의 등 많은 제도적인 장치들이 마련되어 있고요, 사이버안전을 위해서도 국가사이버안전규정, 그리고 미래부 사이버안전센터 등이 존재합니다.

(이석현 부의장, 정갑윤 부의장과 사회교대)

두 번째는 법 제정을 남발한다고 해서 테러를 방지할 수 있는 것이 아닙니다. 지난해 프랑스 파리 무장공격에도 국가테러대책회의는 단 한 번도 개최되지 않았고, 황교안 국무총리는 자신이 국가테러대책회의 의장인 것도 몰랐습니다. 문제는 테러방지법이 아니라 기존 제도를 얼마나 잘 활용하는가에 달려 있다고 하는 것입니다.

세 번째는 테러방지법의 실질적인 내용은 국정원이 개인의 금융정보라든가 통신기록을 마음대로 볼 수 있도록 과도하고 포괄적인 권한을 부여하는 것입니다. 오히려 해외정보 수집에는 무능하고 정치개입과 여론조작을 일삼는 국정원을 해체하고 북한·해외정보를 전담하는 기구를 만드는 것이 국민안전을 지키는 안전한 방법입니다.

넷째, 미국에서는 9·11 사건 이후에 테러방지법이 '애국자법'으로 제정됐지만 법의 비효율성, 또 인권침해 부작용으로 말미암아서 2006년에 대폭 개정이 됐다가 2015년 6월에 결국 폐기가 됐습니다. 그리고 일부 조항만 남아서 '미국자유법(The USA Freedom Act)'이라는 것으로 대체가 됐습니다. 어느 나라도 사이버테러 방지를 이유로 정보기관이 민간 인터넷을 통제하는 경우는 없습니다.

박근혜 대통령과 새누리당에 요청을 합니다.

테러방지법으로 모든 국민을 감시하고 그들의 하소연조차 테러행위로 의심받는 이런 상황을 만들지 않기 바랍니다. 가진 것은 없어도 마음 편히 살 수 있는 국민들로 남겨 주십시오. 국민들을 잠재적 범죄자로 만드는 국가는 민주국가가 아닙니다.

다시 한 번 부탁드립니다.

즉각 국민의 삶과 인권을 옥죄는 테러방지법의 독소 조항을 거둬 내고 진정으로 국민의 삶의 안전을 보장할 수 있는 삶의 안전망을 구축하는 데 힘을 써 주시기 바랍니다.

도입 부분에서 공자가 생각하는 정치를 말씀드렸습니다. 그래서 마지막 부분에서도 논어에 나오는 공자의 말씀을 할까 합니다.

공자는 덕치를 이야기했습니다. 그래서 '법이라든가 형벌로써 질서를 잡으려고 한다면 백성은 다만 그 형벌을 면하기만 하면 된다고 생각한다. 그러나 덕이나 예로써

백성을 다스리려고 한다면 백성은 부끄러움을 알고 선에
이른다' 해서 공자는 덕치를 이야기했고 이 덕치가 과거
동양에 있어서의 중요한 통치양식으로 일컬어져 왔었습니다.

　　정치라고 하는 것은 국민들의 눈물을 닦아 주고 소외되고
가난한 사람들의 손을 잡아 주는 것이라고 생각을 합니다.
그래서 그러한 따뜻함, 보살핌, 배려 이러한 것들이 여러
가지 복지정책을 통해서 나오게 되는 것이고, 권력이
국민들을 사찰하고 감시하고 인권을 침해하고 이런 과정을
거치면 결국에 그것은 공멸하는 방법이라고 생각을 합니다.

　　이 세상에 많은 강한 사람들이 있습니다. 그 많은 강한
사람들이 그 강함을 더 오래 향유하기 위해서는 약한
사람을 함께 강한 사람으로 이끌어 주는 방법, 그것이
강함을 오래 누리기 위한 방법입니다.

　　우리 사회에 이미 진행되고 있는 심각한 양극화 현상이
테러의 온상이 될 수도 있습니다. 빈곤이 또 테러의 온상이
될 수도 있습니다. 그 사람들의 손을 잡고 정치가 진정으로
그 사람들의 눈물을 닦아 주고 손을 잡아서 함께 갈 수
있는 그러한 정치로 꾸려 주기를, 그래서 테러방지법이
진정으로 테러를 막을 수 있는 법이 되기를 바라면서 오늘
제 필리버스터를 마치도록 하겠습니다.

　　고맙습니다.

● **부의장 정갑윤** 전정희 의원 정말 고생 많았습니다.
수고했습니다.
　　다음은 더불어민주당 임수경 의원 나오셔서 토론해
주시기 바랍니다.

(2016년 3월 1일 오전 9시 35분)

30

임수경 의원

제19대 국회의원 (비례대표)
더불어민주당

2016년 3월 1일 오전 9시 37분 시작
2016년 3월 1일 오후 1시 43분 종료
발언 시간 4시간 6분

"앞으로 나아가야 되지 않을까요?
가중되는 국제 경쟁, 엄혹합니다, 국제
정세도요. 모든 나라들이 미래 전략에
골몰하고 있는데 이 분단된 비극의
대한민국에서는 뒤로 가고 있는 나라,
가까스로 붙잡고 있습니다."

(2016년 3월 1일 오전 9시 37분)

● **임수경 의원** 존경하는 국회의장님, 선배·동료 의원 여러분!
더불어민주당 비례대표 국회의원 임수경입니다.
　자료를 들고 오다 보니까 좀 미끄러졌어요. 그래서 조금
시간을 주시면 정리를 하도록 하겠습니다. 이렇게 불편한
환경에서 여러 동료 의원님들께서 그동안 필리버스터를
진행해 오셨군요.
　국민을 대변해서 제가 뭐…… 국민을 대표하는
기관이라고도 이야기를 하고 또 헌법기관, 법을 만드는
입법기관 이렇게 얘기를 하는데 어쩌면 이렇게 국회라는
곳이 취약할까……
　대표적으로 정치인이라고 대분류가 되는데 우리나라에
언젠가부터 정치가 사라졌습니다. 정치라는 게 타협이지요,
협상도 하고. 그리고 저는 비록 초선의원이고 이제 불과
4년밖에 안 했지만 많은 여러 가지 어려움들과 극적인
순간에서도 국민 여러분들께서 또 언론에 나오지 않는 크고
작은 아주 세밀한 부분들까지 극적으로 협상이 되고 타협이
되고, 그것은 뒤에서 혹은 물밑거래 그런 협상이 아닙니다.
　저는 새누리당 의원님들이나 또 우리 당, 또 정의당, 기타
정당, 국회의원이 아니더라도 무수히 많은 당원들이 계시고
국민들이 계시고 모두가 국가, 나라, 우리 국민들을 위해서
일하고 계십니다. 그래서 저는 국민을 위해서 못 할 것이

없다라고 생각을 하거든요?
　그리고 또 야당 국회의원으로서 자괴감이 많이 들었지요.
할 수 있는 일이 없다, 그럼에도 불구하고 할 수 있는 일은
있었습니다. 저는 그런 것들을 많이 배우고……
　저도 나름대로 여러 가지 사회 경험과 이렇게 안다고
생각했는데요, 지난 4년간 정말 국회에서 배우고 느꼈던
게 많았습니다. 그런데 정말 왜 이 법에 대해서는, 이렇게
오랫동안 이렇게 많은 의원님들이 정말 결사적으로 반대를
하는데 이 지점에 대해서는 협상이 어떠한 타협도, 어떠한
수정안은 왜 받아들일 수 없다고 하는 것인지 저는 정말
초선 의원으로서도, 혹은 국민을 대변하는 입장에서도,
혹은 국민의 입장에서도 정말 이해가 되지 않습니다.
정치가 필요한 자리에 정치가 없고 통치만 계속됐다고 지금
생각합니다.
　3년 전, 4년 전인가요? 햇수로는 4년 전이고 2012년
대통령선거 때를 생각해 봅니다, 박근혜 대통령의 그
아름다운 약속들이요.
　제가 새벽에 토론을 준비하면서 새누리당 홈페이지를
한번 가 봤습니다. 대통령선거 때의 공약을 한번
살펴보려고요. 왜냐하면 그때 저는 물론 상대 당의
당원이었고 국회의원이었고 물론 박근혜 대통령님에 대해서
투표를 할 수는 없었겠지요, 그것은. 그런데 그 당시 박근혜
후보의 공약이 저는 너무나 좋았다고 생각했어요. 그래서
그게 생각이 나서 가 봤더니 아직도 있더라고요.
　혹시 지금 국민 여러분들 보고 계시면 새누리당 홈페이지
한번 가서 '18대 공약 자료집'이라고 있더라고요. 거기에
'18대 대통령선거' 다운로드 받아서 한 번 보세요.
　조목조목 하나하나…… 반값등록금 하겠다고 했고요,
노인들께 20만 원씩 주겠다고 했고, 남북 관계 한반도 신뢰
프로세스, 남북정상회담 하겠다고 하셨고, 쌍용자동차
국정조사 하겠다고 하셨더라고요. 그다음에 기타 우리가
소위 사회적 약자라고 하는 장애인, 여성, 노인 어느
하나……
　（● **김종훈 의원** 의석에서 ─ 의장님, 지금 발언은
테러방지법하고 관계없습니다!)
　하는 것 없이 너무나 아름다운 공약이었더라고요.
　（● **김종훈 의원** 의석에서 ─ 쌍용자동차, 반값등록금!
테러방지법하고 관계없는 발언을 하고 있습니다! 중지해
주십시오.)
　그런데 지금 대통령께서 오만과 독선, 불통만 남았습니다.
이런 세월이 벌써 3년입니다.
　그래서 저는 그 아름다운 약속을 다시 한 번 상기하면서,
물론 3년이 지나갔습니다만 앞으로 2년이 더 남았습니다.
그래서 그때의 그 아름다운 약속을 지켜 주셨으면 하는
마음에서 말씀을 드렸는데 제가 너무 간절함이 많아서
모두를 조금 길게 말씀드리니까 김종훈 의원님께서 듣기에
불편하셨나 봅니다.
　（● **김종훈 의원** 의석에서 ─ 의제와 관련된 이야기를 하세요,
의제!)

이제 발언 시작한 지 1분도 안 됐습니다, 의원님.

(● 김종훈 의원 의석에서 ― 1분이 뭐예요? 10분이 넘었어요!)

아, 그랬어요? 제가 또 시간 가는 줄을 몰랐는데요, 의원님께서 계속 그렇게 방해를 하시면 필리버스터가 굉장히 오래 될 것 같고요, 아니면 저희가 정리를 하겠습니다.

(● 김종훈 의원 의석에서 ― 지금 며칠째예요?)

그런데 아침부터 그렇게 화를 내시면 건강에 안 좋으실 것 같아요.

국민들이 지금 너무 힘들고 지쳐가고 있습니다. 대통령이 지금 통치를 하고 있다라는 말씀을 드리는 거예요, 정치를 하지 않고. 힘들고 지친 국민들을 수월하게 통치하기 위해서 국민 안전, 또 국가 안보 이런 말로 포장된 테러방지법을 국회로 내려보냈습니다. 뭐가 해당이 안 된다는 건가요?

저는 박근혜 대통령에게 투표를 했든 안 했든 대한민국의 많은 사람들이 박근혜 대통령의 아름다운 약속들을 믿고 그것을 지킬 것이라고 생각하고 대통령으로 지지했다고 생각합니다, 지지를 했건 안 했건. 그 말씀을 드리는데 왜 아침부터 그렇게 열을 내십니까. 그 법안이 지금 국가비상사태를 이유로 국회 본회의장에 직권상정 됐잖아요.

초기에 박근혜 대통령 후보의 이미지 어땠습니까? 약속, 신뢰 그런 것 아니었나요? 가족이 없으니 뒤에……

(● 김종훈 의원 의석에서 ― 테러 이야기하세요, 테러!)

그런데 지금 남아 있는 박근혜 대통령의 이미지는 오만, 독선, 불통, 통치 이 얘기를 하는 겁니다. 테러 이야기를 하는……

(● 김종훈 의원 의석에서 ― 지금 민주당 뭐 하고 있는 거예요? 의제 얘기하세요, 의제!)

김종훈 의원님, 진정하시고요. 좀 있으면……

(● 김종훈 의원 의석에서 ― 아니, 지금 이 텅 빈 회의장에서 누구보고 이야기를 하는 거예요?)

국민들이 지켜보고 있습니다.

(● 김종훈 의원 의석에서 ― 의제 이야기를 하세요, 들어 드릴게요!)

저는 새누리당 의원님들께서 조금 발언을……

(● 김종훈 의원 의석에서 ― 의제에 맞는 이야기를 하세요, 얼마든지 들어 드릴게!)

발언을 할 수 있게 해 주시면 저는 간략하게 하고 내려가려고 했는데요.

(● 김종훈 의원 의석에서 ― 하세요! 의제 이야기하십시오, 의제!)

제가 안 내려가면 필리버스터는 계속됩니다. 그런 거지요?

(● 김종훈 의원 의석에서 ― 하세요! 의제에 맞게 필리버스터 하세요!)

의제에 맞게 하고 있습니다.

(● 김종훈 의원 의석에서 ― 반값등록금이 테러하고 무슨 관계 있어요?)

● 부의장 정갑윤 자, 김종훈 의원님 잠깐 조용히 해 주시고.

일단 지금은 임수경 의원이 토론하고 계십니다. 물론 토론을 방해해서도 안 되고 합니다마는 첫째는 여하튼 토론을 방해하는 행위는 올바르지 못합니다. 또한 토론자가 의제에 벗어난 발언을 하는 것도 올바르지 못합니다.

그러니까 서로 이해하시고, 임수경 토론자께서는 최대한 의제에 맞는 그런 토론을 해 주시면 모두가 다, 방청석에 계시는 분이나 국민들이나 아마 관심을 가지고 임수경 의원의 토론을 지켜보고 계실 거라 생각합니다.

앞으로 토론문화의 올바른 정착을 위해서 우리 모두 함께 노력하는 의회가 되도록 노력해 주시기를 거듭 당부드립니다.

● 임수경 의원 예, 알겠습니다.

그런데 저는 김종훈 의원님 평소에 굉장히 친절하시고 그런 분이신데 아침부터 이렇게 막 고성을 지르시니까 제가 굉장히 당황스럽네요.

뭐가 그렇게 불편하신가요? 반값등록금이 그렇게 불편하신가요? 저는 이 자리에, 지금 본회의장 의석에 의원님들이 안 계시지만 '텅 빈 회의장에서 뭐 하는 겁니까?' 이런 얘기를 들어야 될 정도로 그런 얘기를 하고 있다고 생각하지 않습니다. 국민을 대표해서 있고요, 국민들이 지켜보고 있고요, 이 시간에도 실시간으로 생방송을 시청하고 계십니다. 그래서 그 점 감안해서 말씀드리고 있는 것이니까 너무 역정 내지는 않으셨으면 합니다.

제가 어려서부터 놀라는 일을 많이 겪어서요, 큰소리를 들으면 많이 놀랍니다. 그래서 그 점 조금만 양해해 주시면 저도 의제에 맞게 하도록 하겠습니다.

국민 여러분께 묻겠습니다.

지금 우리나라가 국가비상사태라고 생각하십니까? 이렇게 자유롭게 돌아다니고 생업에 종사하고 일상생활을 보내고 있는 이 풍경……

여전히 박근혜 대통령을 지지하는 국민 여러분들께도 다시 여쭙겠습니다.

지금 이 상황, 국가비상사태이세요? 생필품 준비해서 어디로 대피하고 계십니까? 밤새 발생할지 모르는 테러로 인해서 지금 현재, 혹시 간밤에 밤잠을 설치셨나요? 공포에 떨고 계세요? 저는 그런 분들 없을 거라고 생각합니다.

지금이 정말 국가비상사태라고 느끼는 국민들은요, 대통령께 묻지마 지지를 보내는 국민들이 아니고 정말 대통령의 독선과 불통에 지친 사람들이 국가비상사태라고 느끼고 있습니다.

많은 의원님들이 김종훈 의원님 지적해 주신 대로 토론해 주셨습니다, 오랜 시간, 장시간, 7일 동안. 어떠한 수정안도 받아들이지 않고 있지 않습니까? 그래서 계속되고 있는 것입니다. 어떻게 정치에 바늘만큼의 협상과 타협의 틈이 없습니까?

이 자리에 직권상정되어 있는 테러방지법, 정의화 국회의장님께 진심으로 감사드립니다. 테러방지법에 대해서 심층적으로 공부하고 학습하고 토론하고 공유할 수 있게 해 주셔서 정말 감사드립니다.

테러라는 명분을 내세워서 국민을 감시하고 정적을 탄압하려는 국민감시법, 정적탄압법입니다. 60년대, 70년대까지 가지도 않겠습니다. 현 정부에서만 해도 정치 개입, 간첩조작 사건, 국기 문란을 서슴지 않는 국정원이라는 조직에 대해서 국민 감시하고 정적을 탄압하고 무소불위의 권한을 부여하려는 국정원먼저법입니다.

저는 먼지떨이법이라는 별명을 지어 봤어요. 털어서 먼지 안 나는 사람 없다라는 말을 증명하듯이 현 정권의 입맛에 맞지 않는 사람 일단 탈탈 털어 놓고 보자.

연어가 거꾸로 강물을 거슬러 올라가잖아요? 그것은 매우 자연스러운 행동입니다. 그런데 지금의 테러방지법은 연어도 아니면서 시간을 거꾸로 거슬러 올라가서 1972년으로 회귀하려는 대통령을 위시한 일부 세력의 부자연스러운 역행입니다. 그래서 이번 테러방지법은 '어게인 1972' '어게인 유신법'의 다름이 아닌 것입니다.

악법도 법이라고 무조건 따르던 시절도 있었습니다. 하지만 지금은 그런 시대가 아니지요, 명확하게. 잘못된 법을 억지로 밀어붙여서 국민의 기본권을 제한하고 침해할 권리는 그 누구에게도 없습니다.

더구나 불특정 다수에 대해서 국가정보원이 자의적으로 테러행위자로 규정할 수 있는 이 법이 국회를 통과할 경우 대한민국 국민들은 테러로 인해서 불안과 공포에 떠는 것이 아니라 국가기관의 감시와 폭력으로 인해서 불안과 공포에 떨게 될 것이 자명합니다. 벌써부터 그렇습니다, 여러 의원님 지적해 주셨지만. 메신저 망명하고 사이버 망명, 이메일, 국내 포털 쓰지 않고, 전화 감청·도청, 이 부분 이따가 자세하게 말씀을 드리겠습니다.

오늘 3·1절입니다. 좀 있으면 10시에 정부 공식 기념식을 시작합니다. 제가 행정자치부를 소관하는 안전행정위원으로 딱 1년 전에 3·1절 기념식에서 박근혜 대통령님 뒷자리에 앉아 있었는데 오늘은 또 다른 자리에서 이렇게 3·1절 기념식을 맞게 되는 것 같습니다.

일본제국주의에 찬탈당한 국가를 되찾기 위해서 우리 민족이 자주독립을 외치면서 총궐기했던 1919년 3월 1일을 기념하는 국경일입니다. 전 세계적으로 유례없는 비폭력 평화인권운동이었던 3·1 운동을 기리고 또 우리나라를 위해서 피 흘리며 싸워 갔던 순국선열을 추모하기 위해서 1949년에 대한민국 정부가 제정 공포한 국경일, 이 역사적인 날에 어떤 일이 벌어지고 있습니까?

국민을 위하고 국민을 보호해야 할 의무가 있는 정부가 국가기관을 동원해서 국가의 주인인 국민을 감시하고 통제하기 위한 법을 국가안보와 테러방지라는 그런 미명하에 추진하고 있습니다.

1919년 3월 1일 우리 국민을 위해서 결연히 일어섰던 순국선열들이 지금 일제도 아니고 외세도 아닌 현재 이 땅에서 우리 정부와 국가기관에 의해 감시당하고 통제받는 이 참담한 현실을 목도한다면 과연 어떻게 생각하실까요?

테러방지법이 과연 국민을 테러로부터 보호하기 위한 법인지, 정권에 비판적인 세력으로 정권을 보호하고 권력을 영위하기 위한 것인지 이제는 상식을 가진 국민들이라면 판단하실 수 있을 것이라고 생각합니다.

국민, 영토, 주권, 초등학교에서도 배우는 국가의 세 가지 요소입니다.

대한민국헌법 제1조는, 고등학교에서 배우던가요, '대한민국은 민주공화국이고 모든 권력은 국민으로부터 나온다'는 조항 잘 알고 계시지요? 핵심은 국민입니다, 국민, 대부분의 국민들이 알고 있는 국가의 핵심 구성요소. 그리고 국가의 주인 국민, 우리, 접니다. 여러분이고요. 이 국민을 통제하려는 불순한 의도를 가진 법안이 지금 정부와 집권 여당이 합심해서 추진하고 있습니다.

앞서 말씀드린 바와 같이 오늘은 3·1절입니다. 그런데 오늘로부터 정확히 40년 전인 1976년 3월 1일 명동성당에서 3·1 민주구국선언이 있었습니다. 토론을 준비하다 들어 보니 지난 간밤에 홍익표 의원님께서 그 민주구국선언문을 읽어드린 것으로 들었습니다.

유신을 선포한 76년이라는 상황을 봐야 되는데요, 이때 유신을 선포한 박정희 정권의, 세 가지입니다. 민주주의 역행, 경제 파탄, 남북관계의 위기. 이걸 보다 못해서 여러분들 이름만 들으시면 다 아시는 함석헌 선생, 윤보선 전 대통령, 정일형 박사, 김대중 전 대통령, 그리고 국회에도 계셨던 이우정 박사, 문동환 박사, 안병무·서남동·이문영 선생님. 신학자, 신부님들도 계셨어요. 김승훈 신부님, 김택암 신부님, 장덕필 신부님, 안충석 신부님. 많이들 돌아가셨네요, 함세웅 신부님하고 안충석 신부님…… 신부님들 계시네요.

이때 3·1절 기념미사에서, 오늘도 오후 4시에 명동성당에서 기념미사가 있다고 들었는데요, 3·1 민주구국선언은 홍익표 의원의 낭독으로 대신하고요.

세 가지였습니다. '이 나라는 민주주의 기반 위에 서야 한다.' 그리고 '경제입국의 구상과 자세가 근본적으로 재검토되어야 한다.', '오늘날 경제민주화와 경제를 위한 선거를 해야 된다', '경제'를 자꾸 외치는 우리와 비슷하지요. 그다음에 세 번째는 '민족통일은 오늘 이 겨레가 짊어진 최대의 과업이다.', 이런 내용으로 정부가 정부전복 및 선동혐의로 대량 구속한 사건입니다.

당시 박정희 정부가 구속하고 탄압하면서 내세운 명분은 긴급조치 9호 위반이었습니다. 유신체제의 박정희 정권은 국민의 기본권을 억압할 수 있는 권리를 헌법에 둬서 사실상 헌법 차원에서 인권 탄압을 보장한 것입니다.

놀랍게도 무려 40년이나 시간이 지났음에도 불구하고 당시의 상황이 현재에 재현되려고 합니다. 역사는 반복된다는 말이 정말로 실감이 납니다.

1976년 발표된 3·1 민주구국선언 전문을 보면 당시의 상황과 지금의 상황이 너무나 닮았습니다. 선언문의 전체 맥락이 현재의 상황과 매우 같고요, 몇 가지 사례만 바꾸면 지금 발표해도 전혀 손색이 없을 명문장입니다.

전문을 요약해서 말씀을 드려볼게요. 왜냐? 오늘 3월 1일

뜻 깊고 역사 깊은 날이니까요.

"1919년 3월 1일 전 세계에 울려 퍼지던 이 민족의 함성,
자주독립을 부르짖던 아우성이 쟁쟁히 울려와서 이대로
앉아 있는 것은 구국선열들의 피를 이 땅에 묻어 버리는 죄가
되는 것 같아 우리의 뜻을 모아 민주구국선언을 국내외에
선포하고자 한다."

이렇게 죽 되어 있고요.

"8·15 해방의 부푼 희망을 부수어 버린 국토분단의 비극은
이 민족에게 거듭되는 시련을 안겨 주었지만 이 민족은 끝내
희망을 버리지 않았다. 6·25 동란의 폐허를 딛고 일어섰고,
4·19 학생의거로 이승만 독재를 무너뜨려 자유민주주의에
대한 신념을 가슴 가슴에 회생시켰다.

그러나 그것도 잠깐, 이 민족은 또다시 독재정권의 쇠사슬에
매이게 되었다. 삼권분립은 허울만 남고 말았다. 국가안보라는
구실 아래 신앙과 양심의 자유는 날로 위축되어 가고 언론의
자유, 학원의 자주성은 압살당하고 말았다.

현 정권 아래서 체결된 한일협정은 이 나라의 경제를 일본에
완전히 예속시켜 모든 산업과 노동력을 일본 경제침략의
희생물로 만들어 버렸다.

눈을 국외로 돌려 보면 대한민국은 국제사회에서 보기도
초라한 고아가 되고 말았다. 한반도에서 유엔의 승인을 받은
유일한 합법정부라는 말도 이제는 지난날의 신화가 되고
말았다. 동·서 양진영 사이에 결정적인 쐐기를 박고 세계사에
새 힘으로 대두한 제3세계를 거들떠보지도 않고 서방세계만
의존하다가 서방세계에마저 버림을 받고 말았다.

현 정권은 이 나라를 여기까지 끌고 온 책임을 져야 할 것이다.
국내의 비판적인 세력을 탄압하다가 민주국가들의 신임을
잃게 된 것을 통탄히 여겨야 하며, 제3세계의 대두와 함께
유엔이 변질되었다는 것을 탓하기 전에 긴 안목으로 세계사의
흐름을 쳐다보지 못한 것을 스스로 탓해야 할 것이다."

한 문장만 더 읽겠습니다.

"우리의 비원인 민족통일을 향해서 국내외로 키우고 규합하여
한 걸음 한 걸음 착실히 전진해야 할 이 마당에 이 나라는 1인
독재 아래 인권은 유린되고 자유는 박탈당하고 있다. 이리하여
이 민족은 목적의식과 방향감각, 민주주의에 대한 신념을 잃고
총 파국을 향해 한 걸음씩 다가서고 있다."

이게 3·1 구국선언의 전문이고요. 본문은 좀 길어서
별도로 혹시 기회가 되시면 좀 찾아 보시면 좋겠고.

지금 딱 정각 10시가 됐습니다. 순국선열들을 기리면서
이 무제한 토론을 좀 이어가도록 하겠습니다.

이른 아침인데 방청석으로 계속 국민 여러분들께서
방청객을 채워 주고 계시네요. 진심으로 감사드립니다.

3·1 구국선언 전문에 대해서 좀 말씀을 드리고 있었어요.
그런데 본문에서 이런 문장이 있어요, 민주주의에 대해서.

"민주주의는 대한민국의 국시다. 그런데 이 민주주의란
무엇인가? 그것은 남의 나라에서 실천되고 있는 어떤 특정한
제도를 말하는 것이 아니라 한 사회를 형성한 성원들의 뜻에
따라 최선의 제도를 장만하고 부단히 개선해 가면서 성원
전체의 권익과 행복을 도모하는 자세요, 신념을 말한다."

여기서부터가 중요한데요.

"그러므로 민주주의는 '국민을 위해서'보다는
'국민에게서'가 앞서야 한다. 무엇이 나라와 겨레를
'위해서'……' '위해서'에 따옴표가 있습니다. '좋으냐는
판단이 '국민에게서'……" 여기도 따옴표가 있어요.
국민에게서 나와야 한다는 말이거든요. "판단에 귀를
기울이지 않고 국민을 위한다는 생각만으로 민주주의는
결코 이루어지지 않는다."

저는 이 대목에 많은 공감을 했습니다. 지금 '국민을
위해서'라는 명분으로 많은 분들이 정치를 하고 있고 또
오늘의 이 자리도 마련된 것이 아닌가 생각합니다. 그러나
'국민에게서'가 앞서야 한다, 무엇이 나라와 겨레를 위해서
좋으냐 이 판단은 국민에게서 나와야 한다라는 거예요.
위정자들에게서도 혹은 직권상정을 하신 국회의장께도
또 책상을 치셨다는 대통령에게서도 아니라 국민에게서
나와야 하는, 그런 것이 아니라면 민주주의는 이루어지지
않는다라는 3·1 구국선언의 본문 속의 문장에 저는 좀
공감을 해서 여러분들과 공유를 했습니다.

"그것으로 민주주의가 이루어진다고 생각하는 것은
명령과 복종을 민주주의라고 착각을 하는 일이다." 이
구절도 있습니다. "국민은 복종을 원하지 않고 주체적인
참여를 주장한다. 국민은 정부를 감시하고 비판할 기본권을
포기할 수 없다. 그것은 민주주의를 포기하는 길이기
때문이다." 그렇게 해서 의회정치의 회복과 또 사법부의
독립을 촉구하는 내용으로 이 나라는 민주주의 기반 위에
서야 한다는 내용이 들어 있고요.

그다음에 "경제입국의 구상과 자세가 근본적으로
검토되어야 한다." 2항인데요, 여기에는 내용 중에
"차관기업이 부실기업으로 도산하고 난 다음 이 엄청난 빚은
누구의 어깨 위에 메어질 것인가." 이런 대목이 있어요.

그러니까 수출산업이 74년, 75년, 이 2년 동안 40억
불이라는 무역적자를 냈고 또 이 당시에 75년에 외채 총액이
57억 8000만 불에 이르렀기 때문에, 그리고 노동자들에게
노조 조직권·파업권 박탈하고 노동자, 농민을 차관기업과
외국자본에의 착취에 내어 맡기고 구상된 경제입국의
경륜은 처음부터 국민을 위하는 것이 아니었다……
여기에도 국민이 또 나옵니다.

"국민의 경제력을 키우면서 그 기반 위에 수출산업을
육성하지 않는 것이 잘못이었다. 농촌경제의 잿더미 위에
거대한 현대산업을 세우려고 한 것이 잘못이었다." 이런
지적들이 있었고요.

3항에 이제 "민족통일은 오늘 이 겨레가 짊어진
최대의 과업이다"라는 점들이 나옵니다. 이 점은 뭐
40년 전이나 50년 전이나 60년 전이나 또 그 이전이나
여전히 유효하네요. "민족통일은 지금 이 겨레가 짊어진
지상과업이다."

그런데 이 앞부분을 조금 여러분들과 공유를 해야 될 것
같습니다. 이게 지금 오늘의 현실과 너무 비슷해서요.

"국토분단의 비극은 해방 후 30년 동안 남과 북에 독재의

구실을 마련해 주었고, 국가의 번영과 민족의 행복과 창조적 발전을 위해서 동원되어야 할 정신적·물질적 자원을 고갈시키고 있다. 외국의 군사원조 없이 100만을 넘는 남북한의 상비군을 현대무기로 무장하고 이를 유지한다는 일은 한반도의 생산력과 경제력만으로는 도저히 감당할 수 없는 일이다. 더욱 참을 수 없는 일은 우리의 문화창조에 동원되어야 할 이 겨레의 슬기가 파괴적으로 낭비되고 있다는 사실이다."

정말 그런 것 같습니다. 지금까지도 이 40년 전의 현실이 바뀌지 않고 있다라는 것이 참 마음 아프네요.

"그러므로 민족통일은 지금 이 겨레가 짊어진 과업이다. 5000만 겨레의 슬기와 힘으로 무너뜨려야 할 절벽이다. 어느 개인이나 집단이 민족통일을 저희의 전략적인 목적을 위해서 이용한다거나 저지한다면 이는 역사의 준엄한 심판을 면치 못할 것이다. 민족통일의 기회는 남과 북의 정치가들의 자세 여하로 다가갈 수도 있고 멀어질 수도 있다. 진정 나라와 겨레를 위한다면 변해 가는 국제 정세를 유지해 가면서 때가 왔을 때 이를 놓치지 않고 과감하게 잡을 수 있는 용기를 가져야 한다.

이때에 우리에게는 지켜야 할 마지막 선이 있다. 그것은 통일된 이 나라, 이 겨레를 위한 최선의 제도와 정책이 '국민에게서' 나와야 한다는 민주주의의 대헌장이다. 다가오고 있는 그날을 내다보면서 우리는 민주역량을 키우고 있는가, 위축하고 있는가?"

그렇게 해서 본문이 죽 되고 마무리를 '민주주의 만세!'로 하고 있습니다. "함석헌, 윤보선, 정일형, 김대중, 윤반웅, 안병무, 이문영, 서남동, 이우정, 문동환, 함세웅, 정태영, 김승훈, 장덕필, 김택암, 안충석", 이 여러 선생님들의 명의로.

무섭도록 현재의 상황과 유사합니다. 유신정권하에서 민주주의와 경제와 남북관계가 모두 위기였듯이 지금 현 정부하에서도 민주주의, 경제, 남북관계가 모두 흔들리고 있습니다.

그래서 오늘 1919년 3월 1일 3·1절을 맞는 역사적인 이 날에……

(● 김종훈 의원 의석에서 — 부의장님, 부의장님, 잠깐만요. 지금 지난 20분 동안 테러방지 이야기는 한마디도 안 나왔어요. 지난 20분 동안에 테러 이야기, 테러방지 이야기가 한마디도 안 나왔습니다. 이게 무슨 토론입니까?)

● **부의장 정갑윤** 조금 이따 하겠지요.

● **임수경 의원** 혹시 속기록을 살펴보시면 테러에 대해서 나왔습니다, 김종훈 의원님.

지금 방청석에 청소년 여러분들이 많이 들어오셨어요. 그러니까……

(● 김종훈 의원 의석에서 — 무슨 수출 이야기하고 경제 이야기하고 통일 이야기하고. 테러 이야기 좀 해 주세요.)

알겠습니다.

의원님, 조금만 기다려 주시기 바랍니다. 시간이 길거든요.

(● 김종훈 의원 의석에서 — 조금 언제요? 지금 벌써 30분 지났어요.)

무제한 토론입니다. 법적으로 인정된 무제한 토론입니다.

의장님, 지금 일어서서 토론을 방해하고 계신 김종훈 의원님을 경고해 주시기 바랍니다.

(● 김종훈 의원 의석에서 — 부의장님! 지난 20분, 30분 동안에 테러 이야기가 한 번도 안 나왔습니다. 이게 무슨 의제토론입니까? 테러의 '테' 자도 안 나왔어요.)

제가 읽고 드릴까요? 아마 테러방지법이라는 내용이 20번 이상 들어간 걸로 알고 있습니다, 의원님. 앉아 주시든가……

저는 뭐 감사합니다. 물 한 잔 먹겠습니다.

● **부의장 정갑윤** 조금 더 기다려 보십시다.

● **임수경 의원** 해도 될까요, 김종훈 의원님?

제가 왜 김종훈 의원님의 허가를 받고 해야 되는가는 모르겠으나, 큰소리 들으면 제가 놀란다니까요.

평소 모습대로 좀 대해 주세요. 저한테 항상 친절하셨잖아요.

(● 김종훈 의원 의석에서 — 의제에 관련된 이야기하면 제가 친절하게 들어 드리지요. 엉뚱한 이야기를 하시잖아요, 지금.)

3·1절에 3·1절의 역사성을 이야기하는 것이 엉뚱한 이야기라고 생각하지 않습니다. 그리고……

(● 김종훈 의원 의석에서 — 오늘 3·1절 맞아요. 3·1절 맞는데 5분, 10분이면 되잖아요.)

저는 김종훈 의원님과 토론하고 싶지 않습니다. 국민 여러분들을 대상으로 무제한 토론을 하고 있습니다.

(● 김종훈 의원 의석에서 — 무제한 토론은 의제에 대해서 하세요.)

(「임수경 의원님, 그냥 진행하세요」 하는 의원 있음)

(「그만하세요」 하는 의원 있음)

(● 김종훈 의원 의석에서 — 의제에 대해서 하세요!)

제가 그냥 진행을 하고 싶은데 귀는 너무 밝고요, 아주 큰소리 들으면 놀라는데……

(● 김종훈 의원 의석에서 — 테러 이야기 좀 해 주세요.)

3·1절을 맞아서 3·1 구국선언문에 대해서 전달해 드렸습니다. 그 이유는 무섭도록 현재의 상황과 유사했기 때문입니다.

저는 국민 여러분께 묻고 싶습니다.

국가기관의 선거개입, 국정교과서 추진으로 대표되는 민주주의의 후퇴, 누가 불러왔습니까? 경제민주화와 복지확대를 약속했던 현 정부의 공약, 또 위안부 졸속협상과 개성공단 파기로 대표되는 외교 및 남북관계 파탄……

지금부터 정확히 40년 전 민주주의 및 경제, 남북관계 위기를 비판한 이 인사들, 3·1 구국선언을 발표하신 분들에게 긴급조치 위반이라는 죄목을 씌워서 구속시켰습니다. 40년이 지난 지금 그 딸인 박근혜 대통령은 이미 위헌판결을 받은 유신헌법이 현재에 가능하지 않자 테러방지법이라는 허울을 내세워서 다시 국민을 감시하고 탄압하려 하고 있습니다. 제가 발언한 내용이 어떻게 의제와 관련이 없습니까?

테러방지법이 무엇입니까? 국가정보원이 테러위험인물로 지정한 사람에 대해서 출입국 기록, 금융거래 내용, 통신 이용 등의 정보를 광범위하게 수집할 수 있는 법입니다.

어제오늘 새누리당 의원님들께서 문자 메시지를 돌리셨다고요. '그런 법 아닙니다'라는 문자 메시지를 돌리셨다고 들었습니다. 저도. 제가 뭐 새누리당 의원님 문자를 어떻게 봤겠어요?

저는 국민 여러분께 말씀드리겠습니다. 그런 법 맞습니다. 해킹이나 컴퓨터 바이러스도 사이버테러로 규정해서 국가정보원이 사이버상의 모든 영역을 들여다볼 수 있게 만든 법입니다.

국민의, 또 억울한 사람들의 최소한의 의사표현 방법인 집회·시위, 헌법이 보장하고 있는 집회·시위에서도 테러위험이라는 딱지를 붙여서 주최 및 참여자의 정보를 마음대로 수집할 수 있는 법입니다. 실제로 그런 사례들이 있고요.

테러방지법이 통과되게 되면 이런 무소불위의 권한을 국가정보원과 정권이 쥐게 됩니다. 이 무소불위의 권한을 바탕으로 무엇을 하고 싶은지 저는 묻고 싶습니다.

국민을 지키려는 건가요? 국민을 테러로부터 보호하시려는 건가요? 진정 국민들이 원하고 있나요? 국민 위에 군림하려는 것인가요? 혹시라도 원하는 것이 유신독재의 부활인가요? 저는 앞으로 이어질 토론을 통해서 테러방지법이 통과돼서는 안 되는 이유에 대해서 여러 가지의 시각, 여러 가지의 의견들을 전달하고 또 그동안 정보기관이 해 왔던 잘못된 행태들에 대해서도 역사적 사실들에 반추해 설명드릴 겁니다.

특히 분단된 대한민국에서 정부와 국가기관이 국가안보를 내세워서 얼마나 잘못된 행위들을 벌여 왔는지, 그래서 국민이, 그 국민은 우리이고 저입니다. 그 국민이, 한 사람 한 사람이 얼마나 처절한 삶을 살았고 또 얼마나 무참하게 가정이, 사회가 짓밟혔는지를 말씀드리려고 합니다. 잘못된 법 하나로 우리의 삶이 얼마나 피폐하게 될지 우리는 아직 가늠도 하지 못합니다. 그러나 이 국가가 괴물이 되어서는 안 되지 않습니까? 저는 그 점에 대해서도 국가에 소속된 국민의 한 사람으로서 말씀드리겠습니다.

존경하는 국민 여러분, 이번 테러방지법의 핵심, 국가권력이 국민의 일상생활에 개입해서 국민의 삶을 파괴할 수 있다라는 데에 있는 것입니다. 테러방지법 이전에도 60년대, 70년대 중앙정보부 그리고 국가안전기획부 또 안기부에서 국가정보원으로 명칭을 바꾼 현재의 국정원은 국가의 안위를 내세워서 국민을 사찰하고 여론을 호도하고 정보를 조작해 왔습니다.

이런 국가정보원의 행위로 인해서 많은 국민들이 명예와 재산, 심지어 목숨까지 잃었습니다. 목숨을 부지한 이들도 평생을 고통 속에 살아갔습니다. 이들의 고통 속에 홀로

웃음 지을 수 있었던 것은 언제나 정보기관을 손에 쥐고 있었던 권력이었습니다.

방금도 또 청소년분들이신 것 같은데 방청객이 좀 채워지고 있는데요. 휴일 오전에 진심으로 감사드립니다. 3·1절 아침을 여러분들과 함께할 수 있어서 오랫동안 기억할 것 같습니다.

1974년으로 가 보겠습니다.

1974년 3월 15일 중앙정보부장 신직수는 지난 10여 년 동안 적발된 간첩단 사건 중 가장 큰 사건을 적발했다면서 기자들을 불러서 기자회견을 합니다.

당시는 유신정권이…… 유신헌법이 1972년부터 시작이니까요, 73년부터는 개헌 청원운동이 국민들 사이에서 거세게 일어납니다. 73년 1년 동안. 그래서 74년 1월에 긴급조치 1호와 2호를 선포한 직후입니다. 74년 3월 15일, 이 당시 개헌 청원운동의 중심이었던 장준하 선생과 백기완 선생이 구속되셨는데 이 정도로 마무리되기에는 유신에 대한 반대 움직임이 너무 넓게 퍼져 있었고 또 3월 대학가 개강을 앞두고 대학가에서 유신 철폐를 요구하는 시위가 거세게 일어날 것이 명약관화해지자 늘 그래 왔던 정치적 위기 때처럼 대형 간첩단 사건이 나왔습니다.

이것이 중앙정보부, 지금의 국가정보원의 전신입니다. 때가 때이니만큼 평소 규모의 간첩단이 아니라 해방 이후 최대 규모라던 통혁당을 능가하는, 이렇게 발표했어요. '지난 68년 적발된 통혁당 사건보다 그 성격이나 규모에 있어서 크다', 이렇게 우길 만한 간첩단 사건이 필요했습니다. 그 이름은 울릉도 간첩단 사건입니다. 혹시 들어 보셨습니까?

저는 아직까지 울릉도에 가 보지 못했습니다. 많이 가고 싶었는데 어떻게 인연이 닿지 않더라고요. 울릉도 동남쪽 뱃길 따라 500리에는 독도가 또 있지요. 울릉도를 가기 위해서는 요즘은 길이 좋아져서 서울에서도 한 서너 시간 차를 타고 가야 되고 또 거기서 배로 한 5시간 가야 되나요?

울릉도, 숲이 많고 울창해서 울릉도라는 이름이 지어진 아름다운 섬입니다.

너무 가 보고 싶었는데 잘 안 됐어요. 이 국회의원 임기가 마치고 나면 한 번 좀 가 보고 싶습니다.

이 울릉도 간첩단 사건은요, 이 당시에 74년, 인혁당 사건은 많이 들어 보셨지요? 민청학련 사건도 많이 들어 보셨을 거고, 같은 시기임에도 불구하고 완전히 묻혀진 진실입니다.

그래서 이분들, 울릉도라는 섬에서 과연 어떤 어마어마한 간첩단 사건이 조작되었을까, 그러면 그 이후, 74년 이후 이분들의 삶은 어떻게 지탱하고 지속되고 버텨 왔을까, 이 국민들은 어디에서 어떤 힘으로 살아가야 될 것인가를 함께 공유하는 그런 3·1절이 됐으면 합니다.

울릉도 간첩단 사건, 무려 47명을 간첩으로 엮었는데요, 울릉도에는 단 한 번도 가 본 적이 없는 전라북도 출신 인사 몇 명이 있었습니다. 보도간첩이라고 합니다. 보도에 의해서, 보도용으로 날조한 그런 간첩사건을 말하거든요.

국면 돌파를 위해서 보도용으로, 전형적인, 보도간첩의 전형이었던 울릉도 간첩단 사건입니다.

70년대나 80년대 간첩사건 보면 신문·방송에 어마어마하게 혐의사실이 줄줄이 들어 있습니다.

중앙정보부, 국가안전기획부, 보안사, 기무사 발표 내용에 있지만 1차 수사기관에서 이제 검찰에 넘어가면, 그다음에 또 법원의 재판 단계로 넘어가면 검찰에 송치한 수사기록 또 검찰이 법원에 제출하는 공소장에는 내용이 완전히 빠져 있는 경우가 많습니다.

저는 제 개인의 얘기를 하는 게 아니라, 1989년의 임수경 사건도 그랬습니다. 안기부의 발표와 다른 검찰의 공소장, 법원의 판결문이 있었다는 점들을 말씀드리고 울릉도 간첩단 사건으로 돌아가겠습니다.

군장성의 포섭이나 정부 전복을 목표로 현역과 예비역 장교들 모임을 만들었다. 이런 내용들이 다 터무니없는 것이었습니다. 또 어느 나라를 보더라도 정치적으로 조작된 억울한 사건이 없는 나라는 사실 없어요. 그렇지만 우리나라는 또 분단이 돼 있습니다, 한국 현대사. 국가에 위기가 처해 있으면 북한의 남침 위협 때문에 민주주의도 말하지 못하고 또 어떤, 모든 것들이 북한 탓이잖아요. 다 북한 탓으로 돌려도 무방한 그런 나라에 살고 있습니다. 그래서 조작 사건이 다른 나라들에 비해서…… 뭐 프랑스에서도 드레퓌스 사건이라고 있었지요. 그런데 이 분단된 불행한 대한민국에서는 조작 사건이 너무나 빈번하게 발생했다라는 것이지요.

이 중앙정보부 입장에서 울릉도 간첩단 사건이 나오고 또 학생시위를 잠재울 수 없어서 인혁당 사건이 직후에 나옵니다. 조작 사건이지요. 모두 재심에서 무죄를 받았지만 여덟 분, 사형당하신 분들은 다시는 이 세상에 돌아오지 않습니다.

박정희 대통령이 직접 나서서 민청학련 사건 관련해서 긴급조치 4호를 발동한 것이 4월 3일입니다. 제가 아까 울릉도 간첩단 사건 3월 15일이라고 했지요, 74년. 4월 3일에 긴급조치 4호 발동, 그리고 민청학련·인혁당 관련 수사 발표는 4월 25일입니다.

그때부터 이 인혁당 관련자 가족들은요, 면회를 한 번도 못 했다고 해요. 그리고 그 이듬해 1975년 4월 8일, 우리가 소위 '사법살인의 날'이라고 하는 4월 8일에 사형 판결이 확정되는데, 가족들 입장에서는 그동안 면회를 계속 못 하고 있다가 대법원 판결 확정 후 서대문교도소로 면회, 현저동 지금 독립공원으로 돼 있지요. 면회를 할 수 있을 줄 알고 당시 서대문형무소로 일찍 갔는데 이미 새벽부터 사형이 집행되고 있었다라는 겁니다. 형 확정 18시간 만에 사형 집행, 그 만행을 우리는 사법살인이라고 부르고.

그런데 울릉도 간첩단 사건에서도 3명의 사형수가 있었습니다. 이 사건은 우리 국민들 속에, 역사 속에…… 이 4월 8일 같은 날, 인혁당 관련자와 같은 날 울릉도 간첩단 사건 사형수들도 확정 판결을 받았습니다. 철저하게 묻혀졌습니다.

똑같이 억울하게 혐의가 조작되고 크게 부풀려져서 사형 판결을 받은 울릉도 간첩단 사건 관련자 3명은요, 이 판결 직후에 사형이 집행되지는 않았어요. 이분들의 집행은 1977년 12월이었습니다. 그래서 약간의 시간이 있었거든요. 나중에 박정희 대통령 측근들의 인터뷰나 이런 것들을 통해서 보면 인혁당 그 사형 집행에 그 신속한 사형 집행을 후회하며 눈물을 흘렸다 이런 인터뷰 내용을 보도를 통해서 봤습니다마는 저희는 알 길이 없으니까요. 그런데 만약에 그것이 사실이었다면 2년이 지나서, 2년 하고도 12월이니까 2년 6개월 지나서 있었던 이 울릉도 간첩단 사건 3명의 사형 집행은 이루어지지 않았어야 하는데 이게 이루어졌습니다.

지금은 '인혁당 관련자들이 억울하게 사형당했다' 이 점은 어느 정도 폭넓은 공감대가 또 일부 국민들을 제외하고는 이루어져 있지요. 그런데 이 외딴 섬 울릉도, 지금도 가기에 참 먼 곳인데 외딴 섬 울릉도에 기반을 두고 그곳에서 태어나고 자라고 생업에 종사해 오던 분들이 간첩으로 몰리게 된 사연들에 대해서 아무도 관심을 두지 않았다라는 거지요. 인혁당 사건이 박정희 정권 최대의 국가폭력 사건처럼 부각이 됐지만, 지금 울릉도 간첩단 사건이 있다는 사실을 기억하는 분들도 많지 않습니다.

이 점은 사실은 정권 차원에서는 초기에 소기의 성과를 거두지 못한 거예요. 왜냐하면 울릉도 간첩단 사건이라는 역대 최대의 간첩단 사건을 만들었는데 학생시위가 잠재워지지 않았거든요. 그래서 이제 인혁당 사건이 나온 거고요.

공안기관이나 개별 수사관 차원에서는 엄청난 기회를 많이 제공했겠지요. 그런데 특히 이 울릉도 간첩단 사건 주무 공작요원, 중앙정보부 요원, 이 차철권 요원은요, 1973년 최종길 교수, 서울대학교 최종길 교수가 중앙정보부에 체포돼서 조사를 받다가 자살을 했다고 발표한 사건이 있습니다. 고문 살인 의혹 사건인데요. 조사이 부분, 중앙정보부 안에서 이 최종길 교수 사건으로 징계를 받았던 사람인데 울릉도 간첩단 사건을 그야말로 터트린 거지요. 그리고 특진이 됩니다.

이 당시가 어쩌냐면 1972년 이후에는 여러 가지 사정 이유로, 사실은 그 전에는 북에서 직접 남으로 남파공작원들이 많았어요. 직파 공작원이라고 하는데 직접 공작원을 파견하는 일이, 72년에 7·4공동성명도 있었고 여러 가지 사정 변화로 파견하는 일이 줄어들게 되거든요. 그런데 중앙정보부는 이미 비대할 대로 비대해진 거지요, 요원들도 많아지고 기구가 커지고. 그러면 사건이 줄어들면 당연히 기구는 축소하게 됩니다. 예산 삭감하게 되고요. 또 개별 어떤 공무원들의 입장에서는, 개별 수사관들, 중앙정보부 요원들의 입장에서는 승진의 기회가 없어지는 거지요.

70년대 중반 이후의 간첩단 사건들을 쭉 보시면 그렇습니다. 직접 남파공작원의 사건은 현저하게 줄어들고요, 납북어부·재일동포·유학생·월북자 가족들 잡아서 공안당국이 만들어 낸 조작 사건들 많습니다. 그

분기점에 서 있는 사건이 울릉도 간첩단 사건이라고 할 수 있습니다.

그런데 이게 좀 문제가 이분들 나중에, 74년 3월의 사건이었는데요. 나중에 93년도, 94년에 조작 간첩사건에 다시 이분들의 이름이 등장하거든요. 이게 과거에 한번 만들어 놓고 다른 조작 간첩사건 만들고 그것을 또 우려먹고 또 우려먹고…… 그렇게 됩니다.

국가 폭력이 처절하게 짓밟고 파괴하는 이 국민들, 이 한 사람 한 사람이요, 내 일이 아니라고 내 일이 아닙니까? '사람이 온다는 것은 실로 어마어마한 일이다'라는 시도 있잖아요. '그 사람의 일생이 오기 때문이다. 그 사람의 과거와 현재와 미래가 오기 때문이다.' 우주와도 바꿀 수 없는 그 사람들의 일생, 한 사람 한 사람, 국민 한 사람 한 사람, 우리들이고요, 우리 이웃이고 저일 수도 있습니다. 그분들의……

이 중앙정보부에서 발표가 74년 3월 15일에 울릉도 간첩단 사건이 있었다고 했습니다. 2월 한 달 내내 울릉도에서 사람들이 연행됐습니다. 20여 명 이상 체포됐고 전주 전라북도, 울릉도에는 단 한 번도 가 본 적이 없는 사람도 포함이 됐습니다. 뭐 명칭을 '울릉도 간첩단 사건'으로 불렀을 수 있겠습니다마는, 전주·부안·익산·서울·대구·부산 여러 곳에서 47명이 구속된 사건입니다. 짧게는 2~3일에서 길게는 30일 동안 불법구금 상태에서 협박, 구타, 고문을 당했습니다.

그런데 이게 법적 절차라는 것이 있지요. 국가기관이 국민에게 어떤 체포 혹은 수사권 이런 권한을 부여할 때는 거기에 대한 통제와 책임과 의무가 있는 것이지요. 그런데 이 구속이 집행된 것은 수사관들이 원하는 것을, 어떤 것들을 얻어낸 후에 이것이 잘못돼서 구속이 집행된 것이 아니라 수사관들이 원하는 것을 다 얻은 후에 구속 집행이 이루어졌습니다. 끝없는 협박, 사람이라면 도저히 견딜 수 없는 고문들, 왜 붙들려 가는지 아무런 내용도 모른 채 체포돼서 온 분들, '두려움 속에서도 사실을 밝히고 진실을 말하려고 했는데 애초에 그들이 말을 들을 생각이 없었다'라고 생존자들이 증언하고 있습니다.

수사관들의 목적은 오직 하나였지요. 국가를 위해서건 정권 유지를 위해서건 혹은 개인의 출세를 위해서건 간첩을 만들어 냈어야 하는 거예요. 그러니까 이 사람들의 입에서 사실과 진실은 해당 사항이 아니었던 것입니다. 처음부터 목적은 일관되게 단 한 가지였습니다. 진실을 드러내고자 하는 사람들의 열망과 의욕을 꺾는 겁니다. 사실을 무너뜨리고 진실을 사라지게 하는 것. '사람이라면 견딜 수 없는 고통을 혹시 내 아이가 겪지 않을까, 내 가족이 겪지 않을까?' 하는 공포심에 사로잡히게 하는 겁니다. 사실 여부와는 상관없이 내가 어떻게든 '지장을 찍어도 좋으니 여기에서 나갈 수만 있으면 좋겠다, 하라는 대로 하겠다' 스스로 말하게 만드는 것입니다. 협박과 구타, 고문 가하면서 몸과 마음이 꺾일 때까지 기다리는 것입니다.

수사관들이 그들이 말해 주고 적어 놓은 조서에 고문으로

온몸이 늘어진 자의 손가락을 붙들고 그냥 지장을 찍으면 그만이었습니다. 아주 간단한 거였지요. 사실과 진실은 물을 필요도 알 필요도 없었던.

제가 아주 잘 압니다, 이런 경험. 만난 적이 없는데 만났다고 하는 겁니다, 어떤 사람을. 얼굴도 모르는 사람인데 만났다고 합니다. 그게 며칠이 지나가면 정말 그 사람의 눈·코·입·귀, 어딘가에 있을 점까지도 또렷하게 몽타주가 나와요. 간 곳이 없는데 갔다고 합니다. 배를 탄 적이 없는데 배를 탔다고 해요. 나는 그 실내가 어떻게 생겼는지도 모르는데 설계도를 그릴 정도로 그 실내가 그려지는 그런 곳이 남산 중앙정보부, 국가안전기획부라는 곳이더군요.

이것은 뭐 제가 알고 있는 내용들을 말씀드린 것이지 개인적인 이야기들을 하고자 함은 아닙니다.

다시 울릉도 간첩단 사건으로 돌아가겠습니다.

당시에 중앙정보부 발표의 대강은 이럽니다. '학생·지식인·종교인·노동자·농민·군간부— 굉장히 광범위하지요—포섭해서 사회불안과 혼란을 조성해서 현 정부를 전복하고 적화통일을 기하라는 북괴의 지령을 받고 10여 년간 지하에서 간첩활동을 한 울릉도를 거점으로—울릉도가 거점인데 울릉도에 안 가 본 사람들이 있습니다—대규모 간첩망 일당 47명을 검거했다. 이들 간첩들은 대학교수·강사·고교교사·교회목사·의사·정당인·은행원·주부 등 각계각층의 직업을 갖고 있으며, 일당은 북괴로부터 직접 남파된 공작원이나 일본을 통해 우회 침투해 혈연·지연 관계를 중심으로 동조자를 규합해서 지하망을 구축했다. 이들은 신망이 두터운 군의 중견간부나 정계·재계·지식층·학원·농어촌 등에 광범위하게 침투해서 평소 신망을 얻어둔 다음 이른바 결정적 시기에 봉기하라는 지령을 받고 울릉도를 거점으로 서울·대구·부산 등 도시와 전북 일대의 농어촌을 무대로 암약해 왔다.'

정말 광범위하네요. 정치계·경제계·학계, 심지어 농어촌·도서지방까지. 익산-포항 고속도로가 이때 뚫렸나요, 이래서? 굉장히 먼데요, 전북에서 울릉도는 끝에서 끝인데요.

중앙정보부의 발표대로 하면 굉장히 대규모의 간첩단 사건인데 육지에서 217㎞나 떨어진, 이 수사기관의 눈을 피하기 좋은 울릉도에 거점을 둔 거예요. 간첩들이 수사기관의 눈을 피하려고, 그리고 보안을 유지하기 좋게 학연·지연·혈연관계 중심으로, 심지어 군장성까지 연루된 엄청난 사건, 그런데 수사 착수부터 발표에 이르기까지 불법구금·협박·구타·고문이라는 불법적인 방법에 의해서 조작된 사건이라는 것입니다.

재심에서 무죄 받으신 분들이 계시고, 상당 부분 돌아가셨고 또 울릉도에 계신 분도 계시지만 대부분은 울릉도를 떠나서 여기저기 부초처럼 흩어져서 아직도 트라우마 치료를 받으면서, 가족도 뿔뿔이 흩어진 채 그렇게 40여 년을 보내 오신 분들입니다.

12·12 쿠데타와 광주학살을 통해서 집권한 제5공화국

헌법조차도 고문에 의한 자백은 유죄의 증거로 삼을 수 없거든요. 제5공화국 헌법을 제가 또 찾아봤어요, 11조6항. 제 생일이 11월 6일이라서요, 금방 기억을 하겠더라고요. 11조6항에 이런 대목이 있습니다, '피고인의 자백이 고문·폭행·협박·구속 등 부당한 장기화 또는 기망 기타의 방법에 의해서 자의로 진술된 것이 아니라고 인정될 때, 정식재판에 있어서 피고인의 자백이 그에게 불리한 유일한 증거일 때는 이를 유죄의 증거로 삼거나 이를 이유로 처벌할 수 없다.'

심지어 전두환의 제5공화국 헌법에도 있는 이 조항보다도 유신헌법은 훨씬 열악했다라는 거지요. 협박·폭행·고문에 의한 자백도 결과적으로 증거로 인정을 했습니다. 그렇게 고문을 견딜 수 있는 사람은 없거든요. 세상 어디에도 없습니다.

그렇게 간첩이 돼 버린 사람들의 범죄 내용이 매우 어설픕니다. 일본 유학, 학비나 생활비 모두가 어려웠던 시절 아닙니까? 재일교포 후원자의 도움을 받은 것은 공작금이었고, 그 가족들이나 친구들은 불고지죄에 해당이 됐고, 밥을 같이 먹었으면 포섭 대상이었고, 이미 포섭된 간첩이었고, 군인인 동생을 만났으면 군인을 포섭해서 군사기밀을 빼내려고 공작한 것이고, 또 교수와 학생들의 신망과 존경을 받아서 총장 후보에 오르신 선생님도 계셨습니다. 이것도 '사회에 영향을 미치기 위한 간첩활동의 일환으로 총장 후보에 올랐다' 이렇게 발표를 했습니다.

손가락질 받지요, 간첩인데요. 저도 국회의원 신분 4년 내내 손가락질 많이 받았습니다. 심지어 민초, 아무것도 없는 간첩인데요, 간첩단 사건. 이 땅에서는 살 수가 없게 된 겁니다. 욕먹고, 멸시 당하고, 억울한 일 당해도 어디 가서 하소연할 처지가 안 됐어요. 가족들도, 이웃들도, 곁을 나누면서 살아온 사람들도 멀리하고 꺼려하고.

북에서 오지 않은 간첩을 중앙정보부가 만들어 낸 대표적인 사건입니다, 울릉도 간첩단 사건.

북한의 간첩 파견이 70년대 들어서 사실은 줄어들고, 거의 사실상은 중단이 됐어요. 왜냐하면 이 직파, 간첩 직파를 사실상 포기하는 것은 공작원의 남파에는 비용이 많이 들거든요. 그런데 고비용 저효율, 지극히 비효율적이었다…… 그러니까 아까도 말씀드린 대로 67년 이후에 대대적으로 공작원을 남파했던 북한에 맞서서 확대하고 인원을 증가하고 기구를 늘렸던 방첩 기구들이 그대로 남아 있었기 때문에 정권의 통치논리, 안보논리를 위해서 또 조직의 존재를 위해서 간첩이 필요한 세상이었다라는 거지요.

간첩이 무섭지요. 이 무시무시한 간첩보다 더 무시무시한 간첩 잡는 사람들의 시대가 됐습니다.

이 70년대 초반의 위기상황, 국제적으로는 이렇습니다. 72년에 미국과 중국이 수교를 합니다. 우리가 지금 중국이라고 얘기를 하지만 사실은 중화민주주의인민공화국, 중공으로 불렸습니다. 러시아가 아니고 소련이요, 소비에트연방공화국, 소련, '미국 놈들 믿지 말고 소련 놈들에게 속지 말자' 했던 그 소련, 우리가 철의 장막, 죽의 장막이라고 했던 시절입니다.

한·소 수교가 90년, 한중 수교가 92년이던가요? 불과 얼마 안 됐거든요. 그러니까 비행기 노선이 이 소련 영공을 지나가지 못하니까 유럽을 가기 위해서는 밑에 홍콩을 거쳐서 가거나, 아니면 심지어 미국 앵커리지를 거쳐서 반대로…… 지금은 굉장히 짧아진 거예요, 단축되고.

냉전이 가지고 온 그런 어떤 경제적 절약, 어제 홍익표 의원님께서도 이야기를, 토론을 해 주셨는데요.

그런데 미국과 이 중공이 수교를 72년에 합니다. 그리고 미국과 소련, 적대국가지요. 84년 LA올림픽, 80년 모스크바올림픽 다 반쪽 올림픽으로 해서, 그래서 88년 올림픽이 화합의 올림픽으로 높이 평가받았던 것 아니겠습니까?

그 미국과 소련은 전략무기 제한협정을 72년에 체결합니다. 전 세계적으로 냉전이 해체된 거지요.

그러니까 7·4 남북공동성명, 남과 북의 정권 모두가 냉전의 해체에서 자유로울 수 없었다, 그런데 필연적으로 국내외적 도전을 받을 수밖에 없는 거지요, 위기를 심화하고. 그래서 7·4 남북 공동성명에 이어서 10월 유신을 단행하는 겁니다. 그 이듬해에 긴급조치가 발동이 되고, 지금 말씀드린 울릉도 간첩단 사건, 인혁당 사건, 민청학련 사건 그리고 그 이듬해 75년에 장준하 선생님 사망사건으로 이어집니다.

73년 한 해 동안은 이 유신체제에 반대해서 개헌 청원운동이 광범위하게 일어났다고 말씀을 아까 드렸지요. 중요한 사건이 하나 있습니다, 73년 8월에. 유신체제에 저항하고 반대했던 김대중 전 대통령님, 일본에서 납치해서 죽이려고 했지요.

73년 10월, 아까 말씀드렸던 서울대학교 최종길 교수, 중앙정보부에서 조사받았던, 자살로 발표된 사망사건. 중앙정보부가 자살을 허가할 정도의 그런 밀실과, 그런 기관이 아닙니다. 그런 기관이라면 진짜 이 기관 해체해야 되는 것이지요, 조사받고 있던 피의자가 거기에서 자살을 했다면요. 고문 의혹 사망사건으로 명명하겠습니다.

그리고 개헌 청원 100만인 서명운동을 장준하 선생 중심으로 해서, 반유신투쟁 더불어 타오르기 시작합니다.

74년 1월에 긴급조치 1호·2호 발동해서 장준하 선생을 비롯해서 많은 민주인사들을 구속합니다. 그리고 이 안보심리를 자극해서 이런 위기상황, 민주주의 탄압의 위기상황을 극복하기 위해서 대규모 간첩단 사건을 발표하거든요. 대표적인 사건들 말씀드렸고요.

울릉도 간첩단 사건으로는 47명 체포, 3명이 사형선고를 받았습니다. 민청학련 사건으로 250명 체포, 인혁당 사건 8명 사형 확정, 사형 확정 18시간 만에 사형을 집행했습니다.

이분들은 비상군법회의에 회부되었어요, 당시에. 민청학련 배후에는 10년 전 사건인 인민혁명당 재건위가 있다고 발표를 했고요.

이 무서운 세상을 지나오는 동안 많은 국민들은 외면하고 혹은 애써 눈을 감고 귀를 닫고 그렇게 살아오셨을 겁니다.

정말 아름다운 울릉도 섬에서, 한 분을 소개해 드리려고 합니다.

어선, 섬이니까 이제 어민이지요, 어민. 어민이면 배를 갖고 있었을 것 아니겠습니까? 북한으로 가는 처남을 북한까지 태워 줬다라는 혐의를 받았습니다. 이것은 얼토당토않은 혐의였습니다. 이분은 '내가 하지 않은 일을 했다고 할 수 없다' 끝까지 부인했지만 자술서를 쓰고 지장을 찍을 수밖에 없었습니다. 왜? 내가 받은 이 고문을 내 가족이 또 받을까 봐.

그리고 형식적인 재판을 거쳐서 만 10년 2개월을 복역하고 출소했습니다. 출소하고 울릉도로 들어왔는데 이웃들이 이미 예전의 이웃들이 아니게 된 상황이 된 거지요.

그런데 이분이 그러면 왜 이런 혐의를 받았을까요? 울릉도 나물, 유명한 명이나물 있잖아요. 명이나물을 팔아서 생계를 연명하기도 하셨답니다. 출소 후에 뭐 이렇게 어민활동을 하실 수가 없어서 오징어 건조하는 일도 하고 도로 포장하는 일도 했지만 임금이 너무 낮고 단가가 너무 싸게 책정돼 있어서 뭔가 임금협상이라도 하려고 하면 간첩의 굴레 그런 것들 속에서 손가락질 받고 충동질한다, 선동한다 하고 쫓겨나기 일쑤였다고 합니다.

갈 데가 없었다라는 게 참 아련하더라고요. 내가 태어나고 자라 온 땅인데, 가족들도 여기 있고 가진 것은 다 뺐기고 아무것도 가진 게 없어서 떠날 수도 없는데, 심지어 보안관찰, 주거제한이 걸려 있어서 그 울릉도 안에서도 이전을 하지 못했다고 합니다. 그런데 갈 곳이 없고 받아 주는 곳도 없고.

또 자녀들이 아무래도 집단 따돌림과 멸시받고, 3남 2녀를 두셨는데 어렵게 학교 졸업하고 공무원시험 붙었어도 임용이 되지 않으셨다고 합니다.

중앙정보부 남산분실에 도착을 한 것이, 이제 이 사람이 울릉도경찰서에서 취조를 받고 뭍에 와서, 중앙정보부에 와서 무지막지한 고문을 받으셨습니다.

이 점은 제가 일일이 말씀드리지 않겠습니다마는, 이분의 경우 그러면 왜 중앙정보부에 의해서 간첩으로 조작이 됐는가? 강원도 거진항에 명태잡이를 갔다가 납북이 되신 겁니다. 64년에. 10년 전에 납북되셔서 돌아왔는데, 납북된 것인데, 북한에 의해서 납북된 건데 돌아와서 여기서 재판을 받고 징역 3년, 집행유예 5년을 받았다고 합니다. 그로부터 10년 후에는 그 납북돼 재판을 받았던 전력을 근거로 울릉도간첩단 사건으로 만들어진 것입니다.

그리고 뭐 목재상으로부터 목재를 울릉도까지 실어 준 후 수고비를 받았는데 나중에 공작금으로 둔갑돼 있고, 자녀가, 초등학교 6학년이던 딸이 학교에서 공부를 잘해서 상을 받았는데 신원조회에 걸려서, 상 받으러 갔더니 선생님이 '아버지 때문에 줄 수 없게 됐다' 이런 기억을 가진 인터뷰도 있더라고요.

이 아름다운 섬에서 태어난 이분들, 간첩을 실어

날랐다는 터무니없는 죄목으로 긴 세월을 옥살이를 해야 했던, 어머니는 충격으로 옥중에서 돌아가셨고, 아이들은 학교조차 제대로 다닐 수도 없었고……

그렇겠지요. 이런 각 개인, 개인들이, 국민들의 삶이 이렇습니다. 여러, 47명의 사례들이 있고 또 각각의 삶들이 있지만 지금도, 제가 이분들의 인터뷰 내용을 좀 알게 된 것은요 아직까지 트라우마 치료를 받고 계십니다. 조작 간첩 사건들에 대해 정신적, 물질적인 것은 물론이고요, 피폐함에 대해서 40여 년이 지나도 벗어날 수 없고 헤어날 수 없는 그런 정신적 피폐함으로 지금껏 트라우마 치료를 받으면서 인터뷰를 한 내용들을 제가 알게 된 건데요, 좀 더 자세한 내용들은 제가 나중에라도 혹시 기회가 되면 소셜미디어나 혹은 다른 강연들을 통해서 이분들의 삶을 여러분들께 좀 전달해 드리고 공유할 수 있었으면 합니다.

대표적으로 왜 테러방지법, 국가정보원의 권한을 막강하게 해 주는 이 법을 왜 반대하는가에 대해서 지금은 묻혀진 진실이 된 울릉도간첩단 사건의 예를 좀 들어드린 것인데요. 잊힌 진실, 낯선 진실들이 참 많지요, 국가폭력에 의해서. 우리 곁에서 바로 일어났고 어쩌면 지금도 일어나고 있을지 모르는 그런 모습들입니다. 테러방지법이 지금 현재 없을 때도 이런 식의 정보기관이, 이런 행위가 비일비재했던 것입니다.

7일 동안 오랫동안 필리버스터 반대한다고 새누리당 의원님들께서 계속 말씀하시는데, 그만큼 역사가 깁니다. 해당되는 사람, 사건 그게 많았는데 이 국가정보원으로 대표되는 정보기관의 어떤 그런 권한 남용과 달라진 게 없잖아요. 불과 작년에도 올해에도 간첩 조작 사건이 있었던 거고요. 그리고 대통령선거 때 선거개입이 분명히 국가기관에서, 공무원은 정치적 중립 의무가 있음에도 불구하고 선거개입을 지금 하고 있지요.

그런데 이제는 합법적으로 감시와 사찰을 저지를 수 있는 날개를 달아 주려고 하는 거예요. 많은 의원님들이 지금까지 계속 토론해 주셨어요. 처음부터 끝까지 들으셨다면 잘 아실 겁니다.

지금 이 법이 아니더라도 도청·감청을 할 수 있는 많은 부분들이 법률로 규정돼 있어요. 오히려 제한을 해야 되는 판에 지금 날개를 달아 주고 있는 겁니다. 저도 남산의 국가안전기획부에 가 봤는데요, 이것을 봤어요, 부훈 쓰여 있는 걸 봤어요. '우리는 음지에서 일하고 양지를 지향한다', 저는 들은 게 아니라 봤어요, 눈으로.

테러방지법이 통과되잖아요, 음지에서 일하는 게 필요 없어요. 그냥 감시하고 사찰할 수 있게 되는 거예요, 합법적으로. 그리고 양지에서 일하고 또 정권을 위해서, 어제 간밤에 홍의표 의원님께서 굉장히 흥미 있는 토론을 해 주시더라고요, 미국 대통령에 관한 사찰. 결국은 대통령 자신의 사생활까지도 사찰하더라라는 것들…… 그렇게 해서 어떤 개인의 정보, 은밀한 뭔가 비밀스러운, 나만이 알고, 그것이 가장 그 사람의 약점이 되는 거잖아요. 그렇게 되면 돈도 권력도 혹은 정권의 의지도 이룰 수 있게 되는 이런 법입니다.

정상적인 삶을 영위하려면 이제는 앞으로 대포폰, 대포차, 대포통장 마련해야 될지도 모르겠습니다. 이런 지하경제를 활성화해서 경제를 살리려는 것인지 되묻고 싶습니다.

정보기관인 국정원이 정치의 가장 중심적인 주체로 떠오른 것에 대해서 여러분은 어떻게 생각하십니까? 정치의 주체가 집권여당 혹은 야당 혹은 대통령, 국회의원, 이런 정치 현장에 있는 분들이 아니고 정보기관인 국가정보원이 정치의 중심적인 주체로 떠오른 것이요.

2012년 대통령선거 당시에 대북심리전이라는 이름으로 선거에 개입을 했기 때문이에요. 국가정보원, 국방부, 국가보훈처 여기서 인터넷 댓글, 트위터, 최신정보매체가 적극적으로 활용된 사실들이 확인이 됐습니다. 경찰은 수사를 축소했고 청와대 개입하에 국정원이 담당 검사를 자리에서 물러나게 하는 일에도 가담을 했고. 이렇게 수사정보기관이 조직적으로 선거에 개입한 일이 드러나자 국가정보원이 국가기밀을 공개하잖아요, 노무현 전 대통령의 김정일 전 국방위원장과의 NLL 관련 대화 중 발언.

자유민주주의의 가장 중요한 보루라고 할 수 있는 것이 선거정치입니다, 선거. 그리고 의회정치입니다. 이것이 자유민주주의의 근간입니다. 선거에 정보기관이, 국가기관이 불법으로 개입을 하면 되겠습니까? 안 됩니다. 명확하게 공직선거법에 규정돼, 공직선거법뿐만 아니라 공무원은 정치적 중립의 의무를 지닌다. 그런데 이런 자기방어적 정치행동을 한 거지요. 여기에 대해서 자유민주주의가 지금 무너지고 있어요. 선거와 의회정치가 무력화되고 있다……

그리고 여기에서 이득을 보신 분들, 혹은 직접 개입하신 분들, 이분들에 대해서 선거개입을 비판하는 사람들을 종북, 좌익, 우리 분단된 대한민국에서 종북이나 좌익은 뭡니까? 대한민국의 적이라는 뜻이에요. 적대적, 얼마나 적대적으로 갈라져 있습니까? 국가의 적으로 규정했어요. 적을 향해서 심리전을 펴는 것과 같다, 대북심리전하겠다면서 선거개입을 했습니다. 그래서 선거가, 자유민주주의의 보루이며 민주주의의 가장 기본이어야 될, 기초여야 될 선거가 전쟁이 돼 버린 겁니다.

야당 후보는, 상대방 후보는 적이 됐고요, 그러면 그 후보를 지지하는 잠재적 국민들도 적이 되는 겁니다. 선거정치, 정당정치, 사법부의 독립이 헌법상 보장되고 있습니다. 그런데 실제로 민주주의 원칙이 심각하게 훼손이 되고 대통령과 그 직속 정보기관, 국가정보원은 대통령 직속 정보기관입니다.

이렇게 국가안보의 이름으로 정치에 개입하려는 현상을 어떻게 설명해야 될까요, 분단 때문일까요, 테러 때문일까요? 우리는 정말 민주화가 된 것이 맞을까요?

저는 국회에 들어오기 전에 유럽 오스트리아에서 평화학을 공부했는데요, 저의 교수님이었던 요한 갈퉁 교수님이라고…… 평화학, 지금도 아주 뭐 90이 넘은 나이에 정말 활동적으로 전 세계를 다니면서 강연을 하시고

작년에도 한국을 왔다 가셨을 때 만나 뵈었는데, 이분이 구조적 파시즘이라는 말씀을, 저는 배운 적이 있어요.

대의제 민주주의, 우리나라 예가 아니라 서구 자본주의 국가, 특히 미국의 국내정치나 국제정치 행사를 구조적 파시즘으로 규정을 했거든요. 뭐냐 하면 정치적 목적을 달성하기 위한 광범위한 폭력을 사용하는 것이 파시즘이면, 설사 자유롭고 공정한 선거를 통해서 당선된 정권이라고 하더라도 비폭력적인 방법으로 절대적인 권력을 가진 집단이 안보라는 이름하에 국민들을 무한대로 무차별적으로 사찰하고, 모든 국민이 말과 행동으로 꼬투리가 잡혀 탄압받지 않을까 전전긍긍해야 하는 체제, 이것을 구조적 파시즘으로 배웠습니다.

그러니까 자유롭고 공정한 선거를 통해서 당선된 정권이라고 하더라도 안보라는 이름하에 국민을 사찰하고, 말과 행동으로 꼬투리가 잡혀 탄압받지 않을까 전전긍긍해야 하는 체제, 구조적 파시즘에 해당이 된다라는 건데요. 이것은 자유민주주의 제도와 양립한다 이렇게 말씀하시더라고요.

우리가 지금 파시즘의 시대를 살고 있나요? 그런데 너무나 갈퉁 선생님이 말씀해 주신 구조적 파시즘과 유사한 대한민국입니다.

테러방지법이 없어도, 국가정보원이 아니어도 국민의 사찰과 인권침해는 있어 왔습니다. 이 점들에 대해서 말씀을 드리고자 합니다.

범죄예방을 위한 통신자료 제공하고…… 충분히 가능하고요, 지금도 이루어지고 있어요. 이미 현 정부 들어서 국민의 기본권과 민주적 권리 인권이 다양한 방식으로 침해되고 있습니다. 지금도요, 지금 이 순간에도.

저는 경찰을 소관 기관으로 하는 안전행정위원회 위원으로 활동하면서 지난 4년 동안 국가기관의 공권력이 혹시 남용된 것은 없는지, 국민을 위해서 집행돼야 할 공권력이 남용되지는 않는지 또 국민의 인권이 침해되지는 않는지—국가기관에 의해서 혹은 공권력의 이름으로—이 점들에 대해서 문제들을 많이 제기합니다.

오늘 토론 시작한 지 1시간 됐는데 방청석을 많이 메워 주셨습니다. 3·1절 역사 깊은 날에 함께해 주신 분들 감사드립니다. 지금도 어린이 한 분이, 가족분들 같은데 들어오셔서요, 반갑다는 인사말씀을 좀 드리고 싶었습니다.

국민과 함께하는 토론이잖아요. 새누리당 의원님들 너무 날카롭게 대응하지 않으셨으면 좋겠습니다.

테러방지법처럼, 제가 안전행정위원회 활동을 했던 말씀 드렸습니다.

무서운 의원님들 두 분 다 들어오셔서 제가 그러는 거예요, 조원진 의원님·김용남 의원님 들어오셔서요.

지금 테러방지법처럼 국가정보원 같은 국가기관에게 더욱 막강한 권력을 부여하고 자유롭게 국민 생활을 들여다볼 수 있는 법이 정말 필요한 상황일까요? 이 점에 대해서 말씀드리겠습니다.

오히려 국민의 권리를 최대한 보호하고 또 지금 현재

남용되는 국가 공권력을 적절하게 제한할 수 있는 방향으로 법률을 개정하고 제도를 개선하는 것이 절실한 상황이라는 점들을 제가 상임위 활동을 하면서 알게 된 것들을 말씀드리고자 합니다.

이미 국가권력이 과도하게 권한을 사용하고 있습니다. 영장 한 장만 있으면 할 수 있어요. 이 테러방지법, 영장조차도 불필요하십니까?

자, 경찰 등 국가기관은 수사 등의 이유로 개인의 정보를 다양하게 제공받고 있다고 말씀드렸지요. 그런데 그게 수사에 합당한 이유와 필요에 의하여야 되는데 그게 좀 모호해요, 정말 필요에 의한 것인지.

그렇게 해서 제공되는 것인지는 확실하지는 않지만 지금 이번 테러방지법, 국민감시법의 주요 쟁점이 바로 국민의 스마트폰 등 통신장비 그리고 개인정보를 영장 없이 혹시라도 국가정보원이 들여다보지 않을까 하는 우려 때문이잖아요.

현행 법률에 국가기관에 통신정보를 제공하도록 강제하고 있습니다. 이것을 통신제한조치라고 합니다. 통신비밀보호법에서는 이것을 우편물의 검열 또는 전기통신의 감청이라고 이야기를 합니다. 그래서 통신제한조치를 할 수 있어요. '특정 범죄를 계획·실행하거나 혹은 실행하였다고 의심할 만한 충분한 이유가 있고' 또 '다른 방법으로는 그 범죄의 실행을 저지하거나 범인의 체포·증거수집이 어려운 경우에 한해서 허가한다'……

통신비밀보호법 규정을 국민 여러분들은 꼭 찾아보세요. 필리버스터니까 다 읽어 드릴 수도 있지만 그러면 또 여러분들이 스스로 검색해서 공부하실 수 있는 기회를 박탈하는 거니까요. 국민을 위한 토론이기 때문에 국민 여러분들이 스스로 법에 의해서 학습하실 수 있는 기회도 좀 드리려고 해요. 대략의 경우는 제가 좀 말씀을 드릴게요.

그런데 거의 모든 형태의 범죄수사를 위해서 포괄적으로 통신자료와 정보를 제공하고 있습니다. 따라서 현재 테러방지법이 없어서 범죄와 테러를 막지 못하고 그 때문에 국정원에 더 많은 권한이 필요하다고 하는 것은 억지라고 주장합니다.

통신비밀보호법 5조의 범죄수사를 위한 통신제한조치의 허가요건은 여러분들 꼭 참고해 주시기 바랍니다.

내란죄, 외환죄 다 있어요, 여기. 국교, 공안을 해하는 죄, 폭발물에 관한 죄—이것은 테러에 해당되겠네요—공무원의 직무, 범인은닉, 방화·실화 등 각종 범죄들이 다 들어 있거든요. 그리고 군사기밀보호법에 규정된 범죄……

그래서 현재에도 얼마나 다양하고 광범위한 사유로 감청이 이루어지고 통신정보가 제공되는지 알 수 있기 때문에, 통신비밀보호법 몇 조라고요? 5조에 통신제한조치를 취할 수 있는 해당 범죄사실이 있습니다.

여기서 끝이 아니에요. 7조에는요, 국가안보를 위한 통신제한조치를 추가하고 있습니다. 다양한, 광범위한 사유로 감청과 통신제한을 할 수 있다라는 것을

통신비밀보호법 5조에 다루고 있다고 말씀드렸어요.

그런데 7조에 추가규정이 있어요. 국가안보를 위한 통신제한조치, 이것은 읽어 드려야 되겠네요. '대통령령이 정하는 정보수사기관의 장은—뭐 국가정보원이 될 수도 있고 경찰이 될 수도 있겠습니다—국가안전보장에 대한 상당한 위험이 예상되는 경우에 한하여 그 위해를 방지하기 위해 이에 관한 정보수집이 특히 필요한 때에는 통신제한조치, 즉 감청을 할 수 있는 거다'…… 있어요. 현행법에도 있다라는 말씀을 드립니다.

여기 다 읽어 드린 건 아니니까 7조도 꼭 공부하시고요.

여기도 모자라서 8조에 긴급통신제한조치까지 마련해 놨어요. 쉽게 말해서 5조의 통신제한조치, 7조의 국가안보를 위한 통신제한조치, 8조에는 긴급통신제한조치, 앞에 죽 있지만 여차하면 그냥 긴급하게, 긴급한 사유가 있으면 앞서 말한 절차를 뛰어넘어서 법원 허가 없이도 통신제한조치를 할 수 있다라는 겁니다.

그런데 왜 테러방지법에 국가정보원에 영장 없이 감청을 허가하는 법을 하고, 부칙에는 또 통신비밀보호법을 개정해야 된다라는 부칙을 달아 놓는 이런 경우는 처음 봤습니다.

저도 법에 대해서 하도 학식이 얕고 과문해서, 제가 법대를 편입해서 졸업을 했거든요. 그러니까 나름 법전은 또 열심히 들여다봤어요. 그리고 4년 동안 또 국민 여러분들께 어떤 입법을 통해서 복무를 했고요.

부칙에서, 정보위원회 소관인 테러방지법에 미래창조과학방송통신위원회—미방위라고 합니다—미방위 소관인 통신비밀보호법을 개정한다라는 부칙을 둔 법을 어떻게 국회에서 통과할 수가 있습니까? 이것은 있을 수가 없는 일입니다.

지금 여야 원내대표님 간에 협상이 어떻게 진행 중인지는 모르겠습니다마는 저는 새누리당에 법조인 의원님들도 많으시고 꼭 법조인이 아니더라도 법에 대해서 학식과 식견이 깊으신 분들이 참 많더라고요.

저는 안전행정위원회에서도 법안소위를 했고 여성가족위원회에서도 법안소위를 했는데 새누리당 의원님들의 어떤 그런 식견에 참 놀랄 때가 많았어요. 그분들이 더 없이 잘 알 거라고 생각합니다, 이런 부칙을 왜 달았는지.

저는 공개토론의 장에 나와서 설명을 해 주시면 좋겠다, 이렇게 아침부터 고생하는 후배 초선 의원들 너무 윽박지르지 마시고요. 그 점을 좀 말씀드리고 싶습니다.

8조 긴급통신제한조치에 대해서 말씀드렸지요. 이것은 중요한 거예요. '검사, 사법경찰관 또는 정보수사기관의 장은 국가안보를 위협하는 음모행위, 직접적인 사망이나 심각한 상해의 위험을 야기할 수 있는 범죄……' 이게 테러지요, 그렇지요? 다 규정되어 있다라는 거예요, 통신비밀보호법에.

'또는 조직범죄 등 중대한 범죄의 계획이나 실행 등 긴박한 상황에 있고…… 여러 조항의 절차를 거칠 수 없는 긴급한 사유가 있는 때에는 법원의 허가 없이 통신제한조치……' 즉,

영장 없이 감청을 할 수 있다라는 규정이 있습니다.

테러방지법 부칙 제2조2항에—정보위 소관도 아닌 남의 상임위, 저도 잠깐 미방위에서 국정감사를 한번 해 봐서 미방위에 애착이 많이 가는데, 남의 상임위 소관 법률—통신비밀보호법 개정을 통해 테러업무도 국가안전보장에 상당한 위험이 있는 경우와 같게 보고 통신제한조치를 요구하도록 규정하고 있습니다.

실질적으로 테러를 빙자해서 이제는 이런, 이미 법에도 있지만 이 절차라도 필요 없이 모든 것을 긴급통신제한조치, 긴급 감청으로 영장 없이 무제한 하겠다, 야당은 결사적으로 막을 수밖에 없는 것이지요.

고등법원 부장판사의 영장을 받게 되어 있습니다, 통신비밀보호법의 통신제한조치, 즉 감청을요. 그런데 현행 법률상으로도 지금 말씀드린 대로 국가안전보장에 상당한 위험이 예상되는 경우 대통령 승인만으로 감청이 가능하다, 대상을 특정하지도 않아도 됩니다. 일정 기간 감청을 무제한 허용하는데.

또 한 가지 테러방지법의 문제점, 여기에서 규정하는 테러가 무엇인지, 그 중요도가 사안마다 다를 수 있거든요. 경미한 사안의 테러일 수도 있고, 국가안보에 중대한 영향을 미칠……

그런데 일괄적으로 모든 테러, 어떤 것까지가 테러인지 이것들을 정확하게 규정하지 않은 채 국가안위에 상당한 위험이 예상되는 경우와 동일시 여겨서 국가정보원이 국민을 대상으로 통신제한조치를 요청할 수 있다면 이 판단, 테러의 경중을 판단하는 것도 국가정보원이기 때문에 자의적 판단 가능성의 길을 너무나 넓혀 놓았다, 남용 가능성이 너무 심각하지 않습니까?

지금도 범죄수사와 예방에 아무런 어려움이 없도록 통신정보를 충분히 제공받을 수 있고 또 합리적으로 이루어지도록 법률이 규정하고 있고, 긴급한 경우 영장 없이, 법원의 허가 없이 긴급통신제한조치를 할 수 있는데 왜, 왜일까요?

물론 통신제한조치, 즉 감청이 사실 정당하게 집행되지 않는 사례들이 많이 있어요, 지금도, 이 법이 있지만. 그것들을 자꾸 찾아내고 또 정부기관을 견제하고 비판하는 그것이 야당의 역할 아니겠습니까?

이 법이 있기 때문에 그런 것들에 대해서, 국가기관의 어떤 공권력의 오남용에 대해서 문제 제기를 할 수 있었어요. '통신비밀보호법에 의하면 이렇게 되어 있는데 왜 이렇게 감청을 했습니까', '어떤 근거로 했습니까'를 따져 물을 수가 있는 것인데 이제는 없어진다라는 거지요.

제9조 통신제한조치의 집행도 있고요. 통신비밀보호법이라는 법은요, 그나마 공권력의 남용을 막기 위한 최소한의 제한과 절차를 마련하고 있는 것이다.

물론 잘 지켜지지는 않습니다. 허점도 많고요. 그래서 다양한 입법 개정 노력을 하고 있는데요. 미국의 9·11테러, 테러의 직접 대상국이었음에도 불구하고 애국법의 기본권 침해에 대해서 문제의식을 가지고 고쳤던 사례들이 있습니다.

애플, 애플사가 FBI의 기술개발 요청을 거부해서 전 세계인의 지지와 공감을 얻고 있잖아요.

IT시대의 사생활과 개인정보 문제는 정말 심각한 문제입니다. '헌법의 풍경'이라는 책에 나오는 것처럼 국가를 괴물로 만들 수도 있어요, 지금. 그래서 IT시대의 사생활과 개인정보는요, '내가 잘못 안 하면 그만이지'라고 생각하십니까, 여러분? 나와 내 친구가 전화통화를 하는 것, 나와 우리 부모님이 됐건 가족이 됐건 혹은 애인이 됐건 혹은 직장상사·동료, 일대일의 전화통화를 누군가가 듣는다면, 그것도 기관의 이름으로, 국민 세금으로 운영되는 국가기관의 이름으로 공무원들이 듣는다면 여러분 좋으십니까? '나는 잘못한 게 없으니까 들어도 괜찮아'……

사실 저는 그래요. 저는 만 20살 때부터 사찰대상으로 살아와 가지고, 전화 도청·감청 이런 것 사실 이렇게 좀, 그것 신경 쓰다 보면 제가 제정신으로는 못살 것 같더라고요. 그래서 이런 것들을 그냥 풀어 놓고 뭐…… 저는 휴대폰에 락(rock)도 걸어 본 적이 없고 비밀번호도 그냥 늘 로그인 상태로 유지해 놓고 이러는 사람인데, 사실 이게 정상은 아니지요. 직장생활을 하거나 조직생활을 하거나 비밀번호를 걸어야 되기도 하고 또 가족 간에도 사적인, 개인적인 비밀은 있는 것이니까요, 꼭 그게 부정적인 의미는 아니라고 하더라도.

그런데 IT시대가 그렇습니다. 어디서 누가 내 사진을 찍는지, 어디서 누가 녹음을 하는지…… 저희는 아직까지도 사실은—저는 40대 후반입니다마는—전화를 하면서 전화통화를 녹음을 한다, 이것이 익숙하지 않아요. 그래서 그냥 뭐 이러고 있다가 '어떤 이야기를 했더라' 그러면 '녹음을 해 놓고 그랬느냐' 그러면 후회하기도 하고 그런 세대인데, 지금은 요즘 국회 출입하는 젊은 기자들이나 연령대가 좀 젊어졌어요, 20~30대 초반. 이분들은 100% 녹음을 하시더라고요, 그것도 전화기로. 그게 이제 익숙해진 세대지요.

그러면 이렇게 국회속기록이나 남을 때 좀 정제돼서 이야기를 하지만 편한 자리 혹은 사적인 자리에서 받는 피해들, 이것들은 정말 온 국민의 정신을 망가뜨릴 것 같아요.

IT시대가 그렇습니다. 무서운 시대거든요. 어디에서 지켜보고 있는지 계속 돌아가고, 인공위성으로 골목까지 찍잖아요.

가끔씩 제가 예전에 외국여행 다니거나 공부했던 곳 이렇게 구글 어스(Google Earth)로 들여다보곤 하거든요, 그때 마을이나 이런 것들. 물론 실시간은 아니겠지만, 국가기관은 실시간으로 들여다보는 것이 가능하잖아요.

보다 철저하게 보호받고 보장받아야 되는 것이 시대의 정신일진대 이 시대정신을 망각하고 더 열어 놓겠다, 영장 없이. 대상을 테러혐의자에 특정하지 않고 테러혐의에 대한 명확한 규정 없이, 그것도 감청을 하게 되는 국가정보원이 그 테러혐의자에 대해서 규정을 하게 되고……

선수와 심판과 같게 되면 그 경기는 공정하지 않지요. 피해는 고스란히 국민에게 온다. 세계적인 흐름에도 역행하는 겁니다. 역사를 거꾸로 되돌리는 퇴행적인 모습을 우리 자랑스러운 대한민국 집권 여당이 보여 주시면 되겠습니까?

실제로 이런 절차에 따라서 통신사실 확인자료들을 각 부처에서 제공을 하는데, 어떻게 제공되고 있는지 제가 좀 알려 드릴게요.

미래창조과학부라는 부처가 있습니다. 박근혜 대통령님의 공약으로 탄생한 부처인데요. 이 공약만 지키셨다라는 설도 있습니다, 미래창조과학부를 만드셨던 공약. 다른 공약들도 좀 지켜 주세요, 약속.

미래창조과학부는 전기통신사업자가 수사기관에 협조한 통신제한조치들을 보고 받아서 집계하거든요. 그래서 제가 이 자료를 좀 받아 봤는데, 아주 깜짝 놀랐습니다. 검찰과 경찰과 국정원과 군 수사기관 이렇게 통신정보를 제공해요. 유선전화, 여러분 들고 다니는 이동전화, 인터넷 등 이렇게 세 가지 분류로 제공을 합니다.

일단 통신제한조치, 즉 도청·감청 이것을 협조 요청을 한 것이 매년 늘어나고, 이건 뭐 범죄 현황에 따라 다르기 때문에 매년 늘어나는 이런 수치는 중요하지 않겠습니다마는 꾸준히 2011년에는 7167건이 있었고, 2012년에 6087건, 2013년에 6032건, 검찰은 한 자릿수고 경찰은 두 자릿수고 국정원은 많네요, 세 자릿수. 그러니까 백 단위 혹은 네 자릿수, 천 단위 이렇게 되네요. 유선전화에 대한 도·감청 협조를 국가정보원에서 2011년에 전화번호 5261건, 2012년 4393건, 2013년 4129건, 2014년에 4038건, 2015년 것은 아직 집계가 안 됐나 봅니다. 그런데 경찰, 검찰, 군 수사기관 등에서는 한 자릿수, 두 자릿수의 협조 요청을 받고 있어서 실제로 이 5000건, 6000건에 달하는 대부분은 국가정보원에서 요청을 하는 것이다, 지금도 하고 있다는 점들이고요.

통신사실 확인자료 제공현황, 통신자료 제공현황도 구별을 하고 있어요. 검찰에서 경찰, 군 수사기관, 국정원, 엄청 많네요. 이 수사기관·정보기관에 통신사실 확인자료를 제공한 것은 일일이 말씀드리기가 어려워서 나중에 자료를 요청하시면 드리도록 하고요.

일단 이렇습니다. 합계만 좀 말씀드릴게요. 1000만 건이 넘는데 2014년에 유선전화·이동전화·인터넷 등의 통신사실 확인자료를 검찰과 경찰과 국정원과 군 수사기관 등에 제공한 건수는 전체 1028만 8492건입니다. 2013년에 1611만 4668건입니다. 2012년, 공교롭게도 대통령 선거가 있었을 때네요. 2500만, 죄송합니다, 제가 숫자에 좀 약해서. 2540만 2617건.

이렇습니다. 통신자료 제공현황을 보겠습니다. 이것도 2011년에 무려 580만 건 또 2012년에 600만 건 이상, 2013년에 950만 건, 2014년에는 1200만 건 이상의 통신자료를 제공하고 있어요. 우리나라 인구 대비해서 생각을 해 보세요. 뭐가 부족해서, 이것 지금 굉장히

과합니다. 국가기관에 지금의 이 힘도 과하다는 거지요. 뭐가 부족해서, 뭐가 어려워서, 도대체 이분들은 무엇을 얻고 싶은 것일까요? 국가정보원에 엄청난 권한을 주고 얼마나 더 많은 자료를 제공 받아야 테러를 막을 수 있을까요? 지금도 이렇게 진행 중인데, 이미 과도합니다. 국민의 통신정보는 광범위하게 제공되고 있습니다.

카카오톡 얘기를 한 번 해 볼까요? 카카오톡으로 이런 저런 여러 가지 유언비어나 또 많은 이야기들이 돌아다니지요. 대통령 행적에 대한 논란이 있어서 검찰이 여기에 대해서 유관기관 대책회의를 갖게 됩니다. 2014년 9월이에요. 검찰이 카카오톡 대표를 참석시킨 채 허위사실 엄단 대책을 발표했어요. 세월호 참사 당일 대통령의 7시간 행적에 대한 SNS에 돌아다니는 이야기들에 대해서 카카오톡 대표—개인 기업이잖아요—이분과 유관기관 대책회의를 갖고 사이버 공간을 실시간 모니터링하고 공인에 대한 명예훼손, 대통령을 의미하겠지요, 선제적으로 대응하겠다고 발표한 겁니다.

어떠세요? 여러분이 지금도 하고 있을지 모를 카카오톡 간부가 검찰의 사이버 검열강화 유관회의에 참석했다는 사실만으로도 많은 국민들이 카톡 대화 내용이 감시될 수 있다. 이때부터 사실 텔레그램으로의 망명이 시작된 건데 그래도 한국 사람은 카톡이 좀 한국적이지요. 메뉴나 여러 가지, 그래서 저도 카톡을 버리지 못하고 있는데 그 이후에 실제로 3000명의 단톡방, 단체카톡방이 압수수색된 사건이 알려졌습니다. 이것은 제가 작년 국정감사 때도, 저는 국가정보원을 소관기관으로 하고 있지는 않아서 경찰에만 좀 물어봤던 건데요, 그래서 제가 작년 국정감사 때 지적사항이라 잘 알고 있습니다.

세월호 집회에서 연행 구속되면서 카카오톡이 이제 압수수색이 됐는데 이때 카톡 압수만으로 모두 47개의 단톡방에서, 이분은 47개면 굉장히 많이 갖고 계시네요. 그런데 카카오톡 같은 경우는 막 끌려 들어가잖아요. 저의 의지와 무관하게 이렇게 끌려 들어가서…… 이게 국회의원이라는 신분이 나가기를 누르기가 참 어렵더라고요. 그러니까 앞으로는 저 국회의원 얼마 안 남았으니까 단체카톡방에 막 끌고 들어가지는 말아 주세요.

그런데 이 47개의 단톡방, 그래도 한 10개는 있는 것 같아요. 끌려 들어간 것 한 10개 있고 스스로 만든 게 한 10개 있으니까 저도 한 20개는 있네요. 그런데 이때 47개의 단톡방에서, 그러면 이 단체카톡방에 담겨져 있는 명단들이 있잖아요. 닉네임도 있고, 이분들의 전화번호가 있고, 이분들이 남긴 메시지들이 있고, 주고받은 사진이 있고, 동영상 링크가 있고, 파일이 있을 거겠지요. 2368명의 개인정보와 대화 내용이 수사당국에 제공이 됐습니다. 이분이 연행 구속이 된 것은 세월호 집회 참가였고요. 그 혐의사실과 관련이 돼야 되잖아요. 그런데 그것과 무관한 내용이 많았습니다. 그래서 이분이 기자회견을 열고 강력 항의했던 것들, 혹시 또 몇 달 지났다고 그새 잊어 버리신 건 아니시지요, 여전히 카톡을 사랑하시는 국민 여러분?

200만 명에 달하는 망명객들, 텔레그램으로 사이버 망명했습니다. 한국의 공권력이 실시간으로 모니터링할 수 있다는 카카오톡에서 외국산 텔레그램으로, 그래서 이게 진정이 된 것이 카톡이 메시지 보관기간을 좀 축소하고 실시간 감청 협조 중단이라는 강수를 두고 나서야 진정이 됐지만 여전히 카카오톡을 사용할 때는 어딘지 뭔가 노출될 수 있다는 것들을 감수하며 그런 용기가 있는 분들이 하고 계십니다.

그 당시에 이분이―구속되신 분이―작성하신 심경 글들을 제가 읽어 보니까 굉장히 길어요. 길게, 그만큼 하실 말씀이 참 많다는 거겠지요. 일주일 동안 진행된 필리버스터도 의원님들의 그냥 단순한 시간 때우기가 아닙니다. 정말 할 말이 많으셨던 것 같아요, 그동안 지난 4년 동안. 뭐 의정 활동뿐만 아니라 박근혜 대통령, 또 저희 임기 안에 대통령이 바뀌기도 했으니까 지난 3년 동안…… 그래서 오늘의 이 토론의 장, 공유할 수 있었던 것이 아닌가 싶습니다.

오늘 마침 휴일이어서 그런지 방청석을 꽉 메워 주셨네요. 우리 교복 입은 여학생 분들도 보이시고요. 정말 고맙습니다. 어떠한 경우에서건 우리가 함께 나누고 공유했던 오늘의 기억들은 오랫동안 간직할 수 있을 것 같습니다.

'말과 글을 포기하지 않겠습니다', 이 기자회견 내용 글인데요. 여기서 그냥 몇 줄만 읽어 드릴게요. 긴장하지 마세요.

'다시 감옥에 가게 되더라도 말과 글을 포기하지 않겠습니다 - 카카오톡 압수수색 규탄 기자회견에 당사자로 참여하며'라는 글입니다.

종로경찰서에서 '송수신이 완료된 전기통신에 대한 압수·수색·검증 집행사실 통지' 이런 우편물을 받으셨대요. 아마 여러분들도 감청을 당하시게 되면 이런 우편물들을 받으시게 될 겁니다. 그런데 테러방지법이 통과가 되면 감청이 됐는지 안 됐는지, 이런 절차마저도 지나가게 된다는 점들을 말씀드립니다.

2014년 5월 1일부터 6월 10일까지 집행사실을 통지하면서 이렇게 내용을 고지하네요. 카카오톡 메시지 내용, 대화 상대방 아이디 및 전화번호, 대화 일시, 수발신 내역 일체, 그림 및 사진 파일, 아까 제가 말씀드렸지요. 이것을 다 고지하고 있어요. 압수·수색·검증 집행을 했다. 우려했던 사이버 사찰이 현실로 나타났다. 지금도 사이버 사찰은 진행 중이라는 말씀을 드리고 있는 겁니다.

그래서 이분이 세월호 참사 진상규명을 외치다가 구속영장 실질심사를 받으셨대요. 그 구속의 이유라면서 자료를 검찰이 보여 주는데 대부분 게시판과 SNS에서 돌아다니는 글이어서…… 페이스북, 이분의 페이스북을 찾아 보기는 너무 쉬운 거예요. 검찰이 너무 쉽게 수사했네요. 앉아서 구글링으로 페이스북 담벼락 가져오고 트위터나 블로그는 다른 분들 것 갖고 와서……

이게 문제입니다. 한동안 게시판과 SNS에 글을 남기지 않았습니다. 자기 검열이거든요. 국가기관이 특정 어떤

혐의로 감청을 하게 되면, 한번 그 피해를 겪게 되면 그 이후에 자기 검열에 시달립니다. 표현의 자유가 극도로 위축되는 거예요. 입이 있어도 말을 하지 않고 손이 있어도, 엄지손가락이 있어도 SNS를 하지 못하는 이런 상황이, 국가가 국민을 대상으로 해서는 안 되지요. 국가는 국민을 행복하게 만들어 줘야지요. 국민의 생명과 재산을 지켜 줘야지요. 이 멘탈도 국가가 책임을 져 줘야지요, 행복하게. 우리가 사는 이유가 행복하기 위해서잖아요. 그런데 글을 올릴 수가 없다, 무서운 공포감입니다. IT 시대에 찾아온 새로운 시대의 공포감이지요.

차라리 신체적, 두들겨 맞는 게 낫다고 생각할 수도 있어요, 어디서 누가 하는지도 모르는 채 받는 것보다. 남산 지하밀실에서 예를 들어 두들겨 맞는다, 고문을 받는다 하면 그 수사관과 일대일로 접하잖아요. 눈을 보잖아요. 이건 그것도 아니고 너무나 무서운 시대가 찾아올 것입니다.

나의 생각을 표현하는 것이 범죄가 되는 것을 상상해 본 적이 없고…… 여러분은 있으십니까? 내 생각을 내가 표현하는 게 왜 범죄가 됩니까? 그렇지요? 다른 이들과 소통할 자유 정도는 누리고 있다고 믿어 왔습니다. 막상 제가 한 말과 글이 저를 가두는 재판의 주요 증거자료로 등장하는 걸 경험하면서 이런 환상은 처참하게 깨졌습니다. 저의 또 무언가가 파헤쳐지고 조사당하고 있다는 의심을, 너무나 싫은 이 느낌을 온몸이 기억하게 만들며…… 이미 이분이 병이 드셨습니다. 누가 치유할 겁니까? 이 병을 누가 치유할 거고요? 앞으로 너무나 많은 대한민국의 환자들이 속출하게 될 겁니다.

게시판과 페이스북은 누구나 볼 수 있는 것이고 남들이 말하는 것을 더 적극적으로 말할 필요도 있지만…… 그렇지요. 게시판이나 페이스북은 어떻게 보면 또 공적인 공간이 될 수도 있을 것 같아요, 전체 공개니까. 그런데 카카오톡은 그렇지 않잖아요. 친구와 친구 일대일, 단체카톡방이라고 하더라도 아는 사람에 의해서 초대받고 나가고 하는 것 아니겠습니까? 지정된 사람들끼리 소통하는 수단이고 공간인데…… 저들은 압수와 검증이라고 이름을 붙이지만 저들이 실제로 행한 것은 남의 말과 글을 몰래 녹취하고 도청한 것이나 다름없습니다.

아직 재판 중이지만 피고인 저의 것으로 제한하지 않고―이 재판받는 한 사람들 것만이 아니라―지인들끼리 나누는 내밀한 이야기들, 심지어 만난 적도 없고 서로 이름도 모르는, 닉네임만 알고 단체카톡방에 들어가기도 하지요. 수많은 이들의 지극히 사적이면서 때로는 정치적으로 악용할 수 있는 정보를 팩스 한 장 보내서, 이 팩스라는 것은 통신제한조치(감청) 통지를 말하는 겁니다. 팩스 한 장 보내서 무차별로 가로챌 수 있다는 건 너무나 끔찍한 상상이고 잔혹한 폭력행위입니다.

이번 압수수색에서 가장 불편하고 화가 치미는 목록은 30여 년 만에 만나서 밀린 우정을 나누고 있는 초등학교 동창들에 대한 것입니다. 세상에……

초등학교 동창들 단톡방 있으시지요? 저는 네이버 밴드를

하다가요, 저는 초등학교를 또 조금 규모가 작은 학교를 나와서 다 알아요. 네이버 밴드를 하다가 하도 알람이 많이 울리고 그래서 네이버 밴드를 그만뒀거든요. 초등학교 동창들 모임이라는 건 그런 겁니다. 어떤 목적이 없잖아요. 그리고 초등학교 동창들은 왜 이렇게 세계 각지에 흩어져서 사는 거예요? 그러니까 시차가 안 맞아 가지고 여기저기서 시도 때도 없이, 어떤 nine to five 혹은 nine to nine으로 이렇게 시간을 두고 하는 게 아니라 시도 때도 없이 울려 대더라고요. 그래서 여러 가지 이유로 그만둬서 초등학교 동창들하고는 개별적으로 카톡만 하는데……

초등학교 동창들끼리 '뭐해?' '뭐했어?', 연휴 전날 이럴 때 어디 약속할 사람 없을 때 급하게 번개하고 제일 편안한 친구들 아닙니까? 아무 조건 없이, 어린 시절에, 유년 시절에, 그때 그 혜화동 골목길, 쌍문동 골목길을 돌아다니던 그런 유년 시절의 추억을 공감하는, 아무 생각 없이, 어떠한 목적 없이 만날 수 있는 친구들이잖아요. 지극히 사적인 공간이지요. 때로는 남편 욕도 하고 때로는 아내 욕도 하면서, 부부싸움 얘기도 하면서, 자식 자랑도 하면서 누구 눈치 보지 않고, 부모님 안부도 물을 수 있는 그런 초등학교 동창들의 단체카톡방입니다.

대부분 어떤 청소년들의 부모인데, 아무래도 청소년 자녀가 있으면 세월호 참사에 매우 깊이 공감하고 통감하고 모두가 죄인인 심정으로 살았습니다. 세월호 참사의 교훈과 진상규명에 대해서 토론도 하셨답니다. 초등학교 동창들. 또 청와대와 참사 책임자들을 과격하게 규탄하는 말도 주고받은 것 같습니다. 그 시절에 대부분의 국민들이 그러했지요. 아이들을 왜 구하지 못했는지는 지금까지도, 지금까지도 가슴속 깊이 남아 있는 상처이지요. 모두가 죄인입니다.

그런데 난데없이 압수수색 공동대상자가 되어 버린 친구들에게 상황을 알리며 미안한 마음을 전했습니다. 친구 하나 잘못 둔 탓으로 여기지 않고 어떻게 함께 대응해야 되는지 묻고 있는 벗들이 가슴 벅차게 자랑스럽습니다. 기가 막힌 소식이라며 분노하고 무서운 세상이라며 믿기지 않는다는 댓글도 보입니다. 앞으로 더 무서워집니다. 저 이것 위협하는 것 아닙니다. 현실입니다.

압수수색 내역에는 이분들 초등학교 동창 외에 정치적으로 민감한 정보도 있고 활동가이니까 여러 가지 활동내역들도 있고 공권력이 지속적으로 주시하는 우리 사회 주요 현안에 대한 대화내용들도 있었을 것입니다.

그런데 별반, 세상에 의미 없는 게 있습니까? '오늘 아침에 뭐 먹었어?' '응, 나 호박죽 먹었어' 이것조차도 다른 기관에 들키고 싶지 않지요. 왜 그래야 됩니까, 내가 오늘 아침 몇 시에 누구를 만나서 무엇을 먹었는지를?

그런데 우리가 살아가는 실체인데요. 최고 권력자의 오만한 발상으로 촉발된 사이버 망명운동이 나날이 커지고 있다가……

지금 이 직접행동이요, 압수와 사찰의 피해현황을 분석하고, 이렇게 말하기 위해서 이분이 얼마나 큰 용기가

필요했을지, '또다시 사찰받는 것 아니야?' 이게 지금 현대 IT 시대의 또 다른 형태의 고문입니다, 정신 폭력이고요. 그래서 이분은 '직접행동 하겠습니다' 이런 결의로 기자회견을 하셨더라고요.

당시의 새정치민주연합, 지금 더불어민주당 우리 전병헌 대표님께서 미방위 소속이셨는데요. 미방위 국정감사에서도, 저는 안전행정위원회 국정감사에서 경찰을 대상으로, 수사기관을 대상으로 한 통신제한조치를 국정감사를 했고요. 우리 전병헌 대표님께서 미래창조과학부의 카카오톡·네이버 등 패킷 감청 현황자료를 공개하셨어요.

95%가 국가정보원에서 패킷 감청을 하고 있었어요. 국가정보원은 지금도 하고 있어요. 더 이상 뭘 원하시는 겁니까? 전체 인터넷 감청 총 1887개 회선, 감청허가서 401건, 그중에 1798건, 95.3%가 국가정보원이 수행한 것입니다.

카카오톡만 무서운 게 아니에요. 네이버 밴드도 사찰 대상으로 지목이 됐습니다. 동창 찾아 주는 SNS 30~40대, 50대도 많은 것 같아요, 네이버 밴드. 경찰청 국정감사에서 공개된 자료, 제가 국감에서 공개한 자료입니다.

철도노조 파업에 참가했던 노조원, 동대문경찰서로부터 통신사실확인자료 제공요청 집행사실 통지를 받습니다. 요청범위는 2013년 12월 8일부터 19일까지 12일간이고요, 내용은 통화내역 그리고 피의자 명의로 가입된 네이버 밴드상─네이버 밴드는 상대방이 있지요, 같이하는─대화 상대방의 가입자 정보 그리고 송수신 내역까지입니다. 무섭지 않으세요?

경찰이 특정 피의자를 조사하면서 해당 피의자가 가입한 SNS─네이버 밴드를 말합니다─그리고 그곳에 가입해 있는 다른 사람의 정보, 대화내용까지 요구한 것입니다.

그러면 피의자 한 명을 조사하기 위해서 영장을 받아서 조사에 착수하면 어떻게 되겠어요? 수십 명, 수백 명, 아까처럼 47개 단톡방, 몇 명 단위로 운영하시는 분인지는 모르겠으나 수천 명의 지인들까지 손쉽게 사찰이 가능해지는 거지요.

나는 모르고 있는 사이에 내 주변, 내 친구의 친구, 내 친구의 엄마, 내 친구의 친구의 아빠, 사돈의 8촌 엮여서서 나는 이 자리에 서 있는데 저 위에서, 어딘가에서 네트워크를 다 그리고 있다라는 거예요, 여기 전화번호는 A를 통해서 알고 A는 B의 친구, B는 C의 과거, C는 D의 현재.

자, 네이버 밴드는 지금 3500만 건 다운로드가 됐어요. 3500만 명이라고는 안 하지만 3500, 뭐 여러 번 다운받기도 하니까요. 그런데 개설된 모임 수가 1200만 개…… 네이버 통계에 따르면 밴드에서 가장 넓은 인맥을 보유한 사용자는 가입 밴드 97개, 여러분은 몇 개 하고 계신가요? 연결된 친구 수가 1만 6000명, 지금 2016년 현재는 더 늘어났을 거예요. 한 명을 조사를 할 때 1만 6000명까지 가능하다라는 거거든요, 사찰이. 어떻게 생각하세요?

지금 이렇게 통신정보 제공할 때 더 제한해야 하지 않나요? 목적과 대상, 종류를 더 제한을 해야 그래야, 이 제도개선이 절실한데 지금은 오히려 거꾸로 영장 없이 감청을 하겠다고 합니다.

왜 이 정부는 연어도 아닌데 거꾸로 거슬러 올라가고 있을까요? 왜, 왜 반대로 나아가고 있는 것입니까? 지금도 이 모든 것이 영장 단 한 장으로 이루어질 수 있는데 왜 그조차도 없이, 영장조차도 없이 하려고 하십니까? 정말 묻고 싶습니다.

3·1절입니다. 이제 정오, 점심시간 다 되어 오는데 방청석이 거의 꽉 찼습니다. 방금 누가 아빠 손잡고 들어온 어린이가 있었습니다. 정말 자랑스러운 대한민국 꿈나무가 되어 주시기를 아줌마가 부탁할게.

통신제한조치에서 분위기가 너무 딱딱한 것 같아서요, 너무 무서워하지 마세요. 그래도 우리가 꿈이 있고 희망이 있습니다.

이 테러방지법의 독소 조항, 저는 지난 4년간 어떤 새누리당 의원님들과의 신뢰를 바탕으로 의원님들이 고쳐 주실 것으로, 아직 제가 순진한지는 모르겠습니다마는 믿습니다.

만약에 끝까지 고쳐지지 않는다면, 끝까지 타협과 협상이 되지 않는다면 그것은 이 국회 본회장에 명패가 있는 이 의원님들의 의지와는 무관한 보이지 않는 손에 의해서 그렇게 되고 있다고 믿을 수밖에 없습니다.

국가기관과 공권력이 민주적 권리와 인권을 침해하는 여러 가지 사례들은 지금도 많습니다. 그래서 제가 지금까지는 통신제한 부분에 대해서 말씀을 드렸는데요. 국가기관의 공권력은 과연, 국민이 중심인데……

자, 집회결사의 자유는 헌법에 보장이 되어 있는 국민의 권리라고 모두에 말씀드린 바 있습니다.

최근에 집회를 방해하는 교통소통의 이유로 제일 많이 들고 있어요, 경찰이요. 저는 경찰을 소관으로 하는 안전행정위원회 위원입니다.

범죄예방·치안확립·테러방지 이유로 개인의 사생활과 인권이 침해당하고 있는데 지금 통신제한조치에서 더 나가서 민주적 기본권이 침해되고 있어요.

집회는 어떨 때 집회를 주최하시고 집회를 나가시나요? 억울할 때, 하고 싶은 얘기 있을 때, 약자의 신분으로 나가는 겁니다, 집회요. 뭔가 다른 이유도 있겠지요.

그런데 국민들이 잘못된 정부 정책에 비판할 때, 합법적이고 민주적으로 알리기 위해서 나가기도 합니다. 부당한 국가권력에 저항할 수 있는 것, 그것은 왜냐하면 국가는 국민을 위해서 존재하는 것이니까, 국가권력은 마찬가지로 국민을 위해서 존재해야 되니까 국민은 국가권력의 부당한 것에 저항할 수 있어야 합니다. 가장 올바른 방법은, 합법적인 방법은 집회입니다. 대한민국의 집회는 허가제가 아니고 신고제입니다. 국민이라면 누구나 자신의 입장을 외칠 수 있도록 보장해야 합니다.

그런데 이 경찰이 교통소통을 이유로, 최근에 가장 많이

들었던 집회금지·시위금지 통고의 사유입니다, 교통소통. 이 밖에 여러 가지 이유들이 있는데요. 국민의 민주적 권리를 공권력이 침해하면 안 되겠다, 물론 열심히 애써 주시는 많은 경찰공무원들이 계십니다.

경찰청으로부터 제출받은 자료에 의하면요, 제가 이것도 작년 국정감사 때 밝힌 것인데요, 집회·시위 금지 통고를 내린 건수가 281건이었어요. 교통소통이 128건, 생활평온 침해로 헌법이 보장한 국민의 기본권인 집회를 금지합니다, 90건. 장소경합이 36건, 장소경합은 겹치기로 집회를 신청할 때 경찰이…… 시민의 교통소통도 사실 중요하지요. 그런데 민주주의 사회에서 시민이 자신들의 의견을 표출하는 것, 국가로부터 철저하게 보장받아야 되는 권리 아니겠습니까?

우리가 온라인·오프라인이라고 얘기를 하지요. 예전에는 오프, 집회 아니면 만날 수가 없었지요, 집 전화 아니면 연락할 수 없었고. 지금은 온라인, 카카오톡, 밴드 통해서 번개도 하고 모임도 하고 자기 주장도 표현을 하지만, SNS 트위터 페이스북 이게 지금 다 사찰당하고 있으면 도대체 국민의 기본권은 어디 가서 찾아야 됩니까? '어디 있니, 국민 기본권?' 하고 묻고 싶습니다.

이토록 많은 집회와 시위, 작년 한 해 동안 128건이요, 교통상황 때문에 제한된다 그러면 교통소통 문제를 해소할 수 있는 방안도 제시해야 됩니다, 국가는요. 경찰이 민주적 권리를 보장해 주기 위한 최소한의 배려와 노력을 좀 기울이셨으면 좋겠다라는 점에서 말씀드립니다.

그래서 현행 법률, 특히 이런 집회 및 시위에 관한 법률이라든지 통신비밀보호법이라든지, 법이 개정될 필요가 있다면 시민의 권리를 보장하는 방향으로 개선되어야 하는 것이지 이번에 직권상정된 테러방지법의 경우처럼 시민의 자유를 옥죄면 안 되겠다, 그것도 예측도 못 하는 상황에 시민의 자유가 어디에서 누가 어느 범위만큼 옥죄는지도 모를 수 있다라는 우려를 다시 한 번 제기합니다.

애초부터 원천봉쇄해서 집회하지 못하게 하는 데 실패하면, 이게 시민의 표현의 자유, 국민의 기본권에 대해서 말씀드리고 있는 겁니다.

작년 한 해 동안 뭐 캡사이신·물대포 엄청 쏘아댔어요. 그래서 제가 분명히 국정감사 때부터 경고했습니다. 이렇게 경찰이 경찰장구, 위해성 경찰장비, 최루탄·살수차 이렇게 많이 사용하다 분명히 사고 난다 경고했는데 결국은 가슴 아픈, 아직도 중환자실에 계시는 우리 농민 백남기 선생님, 직격 살수탄에 맞아서 쓰러져서 아직까지 중환자실에 계시는 이…… 작년 11월부터 지금까지니까 얼마나 오랜 시간 또 한 사람을, 또 한 가족을, 또 한 국민을 이렇게 피폐하게 만들면 안 되는 것 아니겠습니까?

그런데 피폐한 미래가 예측되고 예정되어 있는 법안은 절대 안 되는 것이지요. 예측되지 않은, 어떤 예정되지 않았던 갑자기 찾아오는 사고라면 그것은 어떻게 하겠어요, 받아들여야 하는 것이지요. 그런데 너무나 뻔하게 예측이 가능합니다. 국민 여러분들께서 스스로 저항하고 스스로

아예 SNS 일체 끊고 휴대폰 끊고 두문동으로 들어가지 않는 이상 이것은 도저히 피할 길이 없습니다.

잘못하지 않으면 될 것 아니냐고요? 무차별적으로, 아까 말씀드렸잖아요. 밴드 지인 한 명당 1만 6000명까지 사찰이 가능합니다. 이것이 사이버 시대입니다. 이제 시대가 바뀌었어요. 고문과 폭력과 사찰이 달라졌다라는 거예요.

저도 젊어서부터 정보과 형사들하고 같이 친밀하게 지내 가지고요, 그때는 일대일로 따라다녔어요. 심지어 지리산 노고단을 올라갔는데 거기까지도 따라오시더라고요. 지금은 따라다닐 필요가 없지요.

얼마 전에 인사청문회 하면서 청문회 후보자 딸이 인스타그램에 사진 올려서, 뭔가 인사청문회에서 자격 배제 대상이 되는 것들이 걸리잖아요. 어디서 어떤 곳에서 무엇으로, 신용카드 교통카드 하이패스, 실시간으로 다 노출되고 있어요. 이렇게 예측 가능한 불행한 미래를 물려줄 수는 없지 않겠습니까? 갑자기 찾아온 재난이나 참사나 사고가 아니라는 말씀을 드리는 겁니다.

아무튼 작년 한 해 동안 살수차·분사기 사용기록서 제가 다 받아 봤는데, 2015년이지요, 2014년 한 해 전체 동안 쏟아부은 것보다 단 하루 동안 쏟아부은 게 더 많았던 날도 있었습니다. 그러다 보니까 결국은 이렇게 국민의 기본권을 침해하다 못해 국민의 생명을 위협하고 있잖아요. 이래서 국가의 공권력이 중요한 겁니다.

그러다 보면 또 잠시 주춤했다가…… 국가권력은 또 뭔가 국민 위에 군림하려고 하면 안 됩니다. '공무원은 국민 전체에 대한 봉사자다' 이런 조항도 있어요. 그 점 좀 각별히 유념해 주시기 바랍니다. 가장 민생치안, 국민 가까이에서 민생치안을 담당하는 경찰공무원 여러분께 좀 당부를 드리고 싶습니다.

너무나 비극적인 일들이 반복되지 않도록, 2014년 한 해 동안 쏟아부었던 캡사이신보다 하루에 쏟아부었던 양이 더 많았다, 그날이 언제냐 하면 세월호 참사 추모일이었어요. 너무 잔인하지 않습니까?

비극적인 일이 반복되지 않도록 세월호 참사 기억하고 그렇게 자발적으로 모인 시민들, 같이 울어 주고, 같이 분노하고, 자식 잃은 슬픔에 대해서 공감하고, 아직도 수습되지 못한 실종자들에 대해서 힘이 되어 주고 그러기 위해서 만난 그 집회에, 법에도 눈물이 있다고 했습니다. 그 눈물을 최루탄, 캡사이신 맞고 쏟아부어야 되겠습니까?

어떻게 2014년 한 해 동안, 그러면 2014년에는 집회가 없었습니까? 있었습니다. 그 한 해 동안 사용했던 캡사이신 양보다 세월호 추모일 단 하루에 쏟아부었던 양이 그렇게 많을 수가 있습니까?

물론 이런저런 이유들은 있겠지요. 집회의 내용이 달라졌다거나 격해졌다거나. 그러나 그것도 어느 정도가 있다고 저는 생각합니다. 이날 경찰력도 어마어마하게 되었고요, 이렇게 정부가 공권력을 통해서 국민의 입을 막고 눈과 귀를 가리고 기본권을 제한하고, 또 집회의 자유는 물론 인권을 탄압하는 일에 열중하고 있으면 안 되겠습니다,

작년처럼요.

● **부의장 정갑윤** 존경하는 임수경 의원님!

● **임수경 의원** 예.

● **부의장 정갑윤** 잠깐만 내가 시간 좀…… 물 한 잔 마시세요. 그 사이에 제가 한 말씀 드리고 내려가겠습니다.

임수경 의원님께서 토론 중입니다마는 잠시 한 말씀 드리겠습니다.

지난달 23일 테러방지법에 대한 무제한 토론이 시작된 이후 현재까지 서른 분의 의원님들이 7박 8일 동안 다양한 의견을 개진하셨습니다.

원칙적으로 발언시간 제한이 있는 본회의 발언 제도와는 달리 사실상 제헌 이래 처음으로 실시되는 무제한 토론 제도는 의원 여러분들께 테러방지법에 대한 의견을 시간에 구애받지 않고 충분히 개진하실 수 있는 기회를 부여하고 있습니다.

하지만 토론 과정에서 반복적으로 발생하여 여야 간 논란이 가장 큰 부분은 의제 외 발언에 관한 문제입니다. 성숙한 토론문화 정착을 위해 제도의 장점은 최대한 활용하되 논란이 되는 부분에 대해서는 보완해 나갈 필요가 있다고 생각합니다.

지금 토론을 하고 계신 임수경 의원님을 포함하여 토론을 준비하고 계신 의원 여러분들께서는 우리가 국회 역사에 남을 새로운 선례를 만들어 가고 있다는 점을 유념하시고 의제에 부합하는 발언을 해 주시기 바랍니다.

참고로 저희 의장단은 매 4시간마다 등단해서 2시간 내지 2시간 반 거의 말 한마디 하지 않고 회의 진행하는 고충도 감안해 주셨으면 합니다. 올바른 토론문화 정착을 위해서 어쩌다 한마디 하면 SNS상에 감내할 수 없는 폭언이 난무합니다. 국민 여러분께서 걱정해 주신 데 대해 깊이 감사드립니다마는 정제된 언어를 사용해 주시면 더욱 고맙겠습니다.

그러면 임수경 의원님 계속하여 토론해 주시기 바랍니다.

● **임수경 의원** 감사합니다, 정갑윤 국회부의장님.

저와 정갑윤 국회부의장님은 좀 각별한 인연이 있는데, 혹시 의제 외로 잠깐만 좀 말씀드려도 될까요, 의장님?

● **부의장 정갑윤** 예.

● **임수경 의원** 제가 불교와 좀 인연을 맺게 되어서 국회 정각회 간사를 맡고 있는데, 국회 정각회 회장님으로 계시면서 굉장히 신행활동을 열심히 하시는 좋은 의원님이십니다. 저도 지금 의장님 말씀 들으면서, 어쩌다 한마디 하면 SNS에 각종 나쁜 말들이 올라온다고 말씀을 해 주셨는데 제가 가슴이 아픕니다. 우리 정갑윤 부의장님은 아주 훌륭한 분이고요.

제가 며칠 전 20대 총선에서 컷오프 되었을 때 유일하게 저에게 위로전화 해 주신 새누리당 의원님이십니다. 그러니까 좀 각별하게 마음이 따뜻한 분이다 그런 말씀을 좀 드리고 싶었습니다. 감사합니다.

오랫동안, 7일 동안 정말 고생이 많으신데요 저희가 이게 누구를 고생시키려고 하는 것이겠습니까, 일부러? 누구 때문에 지금 이 고생을 하고 있는 겁니까, 우리가? 왜 이 욕을 먹어야 됩니까?

다시 의제로 돌아가겠습니다.

준비한 것은 많은데요 오늘 좀 압축해서 해 달라고 하셔서요…… 하겠습니다.

최근에 새누리당에서 카카오톡이나 기타 SNS를 통해서, 굉장히 활용을 잘하세요. 저도 놀랍습니다, 정말. 대선 때나 세월호 때나 각종 유언비어나 이런 것들이 이렇게 돌아다닐 때 보면 정말 놀라웠습니다. 그런데 테러방지법의 오해와 진실에 대한 것도 좀 돌아다니고 있는 것 같습니다.

'테러방지법을 만들면 국정원이 온 국민의 통신 내역과 계좌 정보를 들여다보게 되나요?' 여기에 대한 질문, 새누리당의 답변입니다. '그렇지 않습니다. 일반 국민에 대해서 할 수 없습니다' 이렇게 돌아다니고 있는데요. 이 답, 새누리당 답변이 잘못되었습니다.

국정원이 특정인을 테러위험인물로 간주할 경우에 그 사람의 통신 내역과 계좌 정보를 추적·감시할 수 있습니다, 테러위험인물로 간주할 경우. 누가 테러위험인물이냐? '나만 아니면 되지'라고 생각하시면 안 되고요, 그 정의가 모호하다는 점, 독소 조항입니다.

지금이라도 그 독소 조항을 빼고 타협과 협상을 위한 정치를 해 주시기 바랍니다. '자극적인 언어로 정부 정책 반대할 때도 적용될 가능성이 높습니다'라고 대답해 드리고 싶습니다.

그다음에 새누리당에서 답변을 이렇게 하셨네요. '테러를 일으키고자 의심할 상당한 이유가 있는 자는 얼마 전 IS에 가담한 김 군과 같이 테러 조직에 가담하거나 가담하려는 내국인, 국제테러조직과 연계한 불법체류자 등 외국인이 대상입니다. 이에 해당하는 내국인은 현재 약 50여 명 될 것으로 예상되고 있습니다', 정해 놓았네요, 대상을.

자, IS에 가담한 김 군, 김 군이 시리아로 갈 줄 누가 알았을까요? 어떻게 알아요, 그것을 알려면? 트위터를 통해서 IS하고 교류를 했다고 하지요? 그러면 결국 트위터를 탈탈 털어 봐야 아는 것이잖아요. 이 19살 김 군을, 방에만 있었다고 하는 19살 김 군을 어떻게 테러위험인물로 간주할 수 있겠습니까? 너무 포괄적이에요.

그리고 기타가 있습니다. '기타 테러예비·음모·선전·선동' 마찬가지로 포괄적으로 해석될 수 있는 조항이다.

'국정원이 판단한다', 여러 차례 말씀드렸지요? 이 법안 제9조, 국민보호와 공공안전을 위한 테러방지법안 제9조에 보면요 출입국·금융거래 및 통신이용 등 관련 정보를 수집할 수 있고, 또 개인정보처리자와 위치정보사업자—이것은 각각 개인정보 보호법과 위치정보의 보호 및 이용 등에 관한 법률—에 요구할 수 있습니다. 그래서 테러위험인물을 추적을 할 수 있기 때문에 테러위험인물에 해당이 된다라고 답변한 새누리당의 답변은 이 법의 취지와 맞지 않는 것이다라고 제가 정정해서 말씀드립니다.

'국정원이 영장 없이 임의로 감청하는 것이 아닌가요?'라는 질문에 새누리당 답변에서 '그렇지 않습니다. 통신 감청은 통신비밀보호법 제7조에 따라 엄격한 절차를 거쳐서 시행이 됩니다. 내국인은 고등법원 부장판사의 사전 허가를 받아야 되고 외국인은 서면으로 대통령의 승인을 얻어야 합니다'.

새누리당에서 우리가 아까 통신비밀보호법에 대해서 공부한 것을 또 모르고 이리 말씀을 하셨습니다. 아까 통신비밀보호법 제5조는 꼭 찾아보라고 말씀드렸지요? 여러 가지 죄를 포괄하고 있다, 이 죄에 해당하면 통신 감청을 할 수 있다라고 지금도 분명히 있다고 했어요. 그런데 제7조, 그다음에 제8조 긴급조치, '법원의 허가 없이도 할 수 있다', 제5조 제7조 제8조 우리가 아까 다 공부했는데, 이게 잘못되었어요.

새누리당 답변을 정정해 드리려면 다시 통신비밀보호법 제5조로 가야 되겠는데요. 내란, 외환, 공안을 해하는 죄, 폭발물에 관한 죄, 방화와 실화의 죄 이런 것들 다 테러에 해당될 수 있는 것이지요. 살인의 죄, 협박, 약취, 유인, 인신매매, 사기, 공갈, 국가보안법, 군사기지 및 군사시설 보호법, 폭력, 총포·도검·화약류 등의 안전관리법 등 다 들어 있습니다. 포괄적으로 광범위하게.

테러와 연관될 수 있는 사실상의 모든 범죄에 대해서 수사를 목적으로 수사기관이 통신제한조치를—감청, 검열을 말합니다—법원에 요구할 수 있게 하고 있습니다. '통신제한조치' 그러니까 느낌이 참 모범적이네요. '감청' 하면 굉장히 국민들을 두렵게 만들 텐데, 통신제한조치.

지금도 국가정보원은, 여기 국가보안법도 들어 있잖아요. 국가보안법 수사를 통해서 통신제한조치를 법원에 요구할 수 있고, 또 단순한 정보 수집을 위해서 법원에 요구할 수도 있습니다. 수사가 아닌 정보 수집을 위해서 요구할 수 있고요, 국가정보원은. 그것이 통비법 제7조입니다, 통신비밀보호법.

정보 수집의 요건이 이것도 구체적이지 않아요, 그런데. 통비법부터 개정해야 돼요, 더 제한을 강화하는 것으로. 그런데 반대로 지금 거꾸로 거슬러 올라가는 연어처럼 가고 있는 박근혜정부와 새누리당이다.

왜? 무엇이 모호하느냐? 국가안전보장에 대한 상당한 위험이 예상되는 경우 이럴 때 정보 수집을 위해서 감청을 할 수 있게 되어 있어요. 법상으로는 고등법원 수석부장판사의 영장을 받도록 되어 있으나 법원이 국정원의 요청에 의해서 제대로 심의를 못 하고 있다는 이 불행한 현실을 국민 여러분께 말씀을 드립니다.

사법연감 통계에 국정원 감청 신청과 고등법원 기각률 2003년 0%, 2004년 0%, 죽 0%, 2012년 0%, 2013년

2014년 2015년 모두 0%.

즉 고등법원 수석부장판사의 감청 허가, 통신제한조치 허가는 국가정보원이 청구하는 대로 발부해 주고 있습니다…… 2011년에 2건의 기각이 있었던 것을 제외하고 국정원이 청구하는 대로 발부해 주고 있네요.

그리고 아까 통신비밀보호법 5조·7조 공부했고, 8조는 뭐라고요? 긴급한 경우, 긴급통신제한조치. 이 예외의 조항은 영장 없이 국정원이 감청을 시행하고 나중에 법원의 허가를 받도록 되어 있다. 한마디로 영장주의 제대로 작동하고 있지 못하고 어떻게 민주주의를 얘기하겠습니까? 오히려 통신비밀보호법을, 지금 현행법을 강화해야 되는데 현행법마저도 무력화하는 테러방지법이다라고 인지하여 주시기 바랍니다.

독소 조항, 국가안전보장에 상당한 위험이 예상되는 경우 또 대테러활동에 필요한 경우로 확대가 됩니다.

자, 테러방지법안에 대테러활동을 규정하고 있는데요, 여기에서 테러가 마찬가지로 매우 포괄적이에요. 그러니까 모든 경우에 국가정보원이 감청 영장을 신청을 할 수 있을 것이고, 현실적으로 지금까지 과거의 사례로 봤을 때 고등법원의 부장판사는 국가정보원이 신청한 영장을 기각하지 않을 것이고, 그나마 영장도 없이 할 것이다……

자, 왜 영장제도가 있으나마나 한 것이 될 것인지를 말씀드리겠습니다.

테러 관련해서 정보 수집, 테러 위험 인물의 관리, 위험 물질의 안전 관리, 국제행사의 안전 확보, 이렇게 많아요. 그런데 관리, 안전 확보, 이 개념은 보통 일반법에서 사용하지 않습니다. 이런 경우 보통은, 저희도 법안 심사를 해 보면 모호한 단어를 사용했을 때 어떤, 국회에서도 법제처라든지 또 전문위원, 입법고시를 거친 입법 전문위원, 그다음에 또 심지어 법안 심사를 할 때 들어오는 각 해당 기관, 정부가 용어를 이렇게 모호할 때는 절대 허가할 수 없다, 안 된다, 혹은 다른 대체 용어를 사용하거든요. 그런데 이렇게 법 자체가 모호하면 판사가 기각을 하고 싶어도 기각을 할 수 없게 된다라는 겁니다. '국정원이 법대로 하는 것이다' 이렇게 우길 테니까요.

테러방지법이 너무 모호해서 지금 현재 있는 긴급통신제한조치—영장 없이 할 수 있는—해 봤더니 이 사람이 테러 위험 인물이더라, 그래서 나중에 법에 따른 것이라고 우긴다면 국정원의 감청이 법에 저촉됐다라고 영장을 기각할 판사는 아무도 없을 것입니다. 영장제도는 있으나마나 한 것이 될 것이다.

국정원이 직접 감청 설비로 감청하는 것일까요? 이것도 궁금해 하실 것 같습니다. '국정원이 직접 감청하는 것이 아닙니다' 이게 새누리당 답이네요. '통신사로부터 자료를 건네받고 현재도 국정원에서는 간첩 검거를 위해서 이런 방식의 통신 감청을 실시하고 있습니다'…… 이것은 사실이 아니에요. 새누리당에서 이렇게 국정원이 직접 감청하지 않는다고 단정해서 말하시면 좀 곤란할 것 같습니다.

국가정보원이 1999년에요, 국가정보원 얘기를 하다가 보니까 20세기도 갔다가 21세기 첨단 시대도 왔다가 다시 60년대·70년대 폭력과 야만의 고문의 시대로 갔다가, 왔다 갔다 하네요. 그만큼 이 국가정보원이 정보기관으로서의 역할로 국민에게 복무하기보다는 국민을 탄압하고 사찰하는 데, 뭔가 다른 용도로 쓰여졌다면 그것을 바로잡는 것이 또 국민의 역할이고 정치인의 의무 아니겠습니까?

99년에요, 국정원 휴대전화 불법 감청 의혹이 불거졌습니다. 이때 '국민 여러분, 안심하시고 통화하십시오'라는 신문광고가 게재됐습니다. 법무부, 행정자치부, 당시의 정보통신부, 국가정보원, 4개 부처 명의로요. 감청이 불가능하다라는 내용이었거든요.

그런데 2005년, 국가안전기획부입니다, 당시. 안기부 X파일 사건 당시에 안기부는 통신사 중계기 부착형 감청 장비를 운영했습니다. 어떻게 이렇게 거짓말을 합니까, 국가가 국민을 대상으로? 이러면 안 돼요, 거짓말하면. 카스라는 직접감청 장비를 개발·사용했음이 드러났습니다.

이때 당시의 김승규 국정원장, 대국민 사과 성명 발표합니다. 그동안 부인해 왔던 휴대폰에 대한 감청 기술과 관련해서 기지국을 중심으로 반경 200m 이내, 도청 대상을 정점으로 120도 범위 내에서는 도·감청이 가능하다…… 아마 드라마에서 보는, 뭔가 봉고차 같은 곳에서 200m 반경 안에 감청하는 그런 장비일 수도 있겠네요. 저는 이 부분에 대해서는 잘 모르겠습니다만.

정보 당국의 휴대폰 도·감청을 사실상 시인했어요. 자체적으로 장비 개발해서 휴대전화 도·감청 해 왔다. 그런데 지금 새누리당에서 '국정원이 직접 감청하는 것이 아닙니다. 법원으로부터 받은 사전 허가서를 통해서 통신사로부터 자료를 건네받습니다'라는 부분을 확신하실 수 있다면 좋겠네요.

2014년 1월에 국회 국가정보원 등 국가기관의 정치적 중립성 강화를 위한 제도개선특별위원회—하도 이름이 길어요—여기에서 국가정보원의 대테러 능력 또 해외·대북 정보 능력 공청회를 열었습니다. 당시에 통신회사 감청 장비, 자료를 제출 받지 않더라도 감청이 가능하다라는 전문가들의 진술이 있었기 때문에……

모르겠습니다. 국가정보원의 내용, 감청을 하고 있다 없다, 혹은 감청을 할 수 있다 없다까지 국가 기밀에 해당된다고 하면 정말 치외법권의 지역에 있는 무소불위의 기관이기 때문에 너 이상의 권한을 또 주면 안 되는 거지요. 더더욱 오늘 직권상정된 테러방지법은 통과되면 안 되겠다라는 점들이고요.

불과 작년에 여러 의원님들 지적해 주셨지요. 이탈리아 해킹팀 회사 통해서 RCS 해킹 프로그램을 직접 구입해서 운용을 했는데, 이것은 여전히 국가정보원이 독자적으로 휴대전화 감청 가능성을 완벽하게 차단했다거나 배제하는 것이 좀 어렵겠다…… 그간에 국가정보원, 중앙정보부에서부터 국가안전기획부와 국가정보원으로 죽 오는 동안 국민을 위해서 뭔가, 아니면 좀 잘못된 것들을 개선하거나 시인하거나 뭔가 사과하거나……

지난 대통령선거 때 국정원 직원이 저에 대한 댓글도 달았어요. 저 그것 사과 안 받아도 됩니다. 제가 차마 입에 담지 못할 댓글이에요. 40대 젊은 초선 여성 국회의원을 대상으로 국가정보원 공무원이 대통령선거 때 그런 댓글, 그런 입에 담지도 못할 댓글 달아서 공개되고…… 그러시면 안 되는 거지요. 사과 안 받아도 좋은데요, 제발 국민을 위해서 복무해 주시기 바랍니다. 그리고 다시는 그렇게 나쁜 짓 하지 마시고요.

자, 휴대전화 감청 관련해서 단 한 번도 실체적 진실을 해소할 수 없는데 새누리당에서 단호하게 말씀을 해 주셨거든요. '통신 감청 직접 하지 않는다', 이것 좀 단정하기 어렵다는 점들……

그런데 저는 정말 새누리당의…… 집권 여당이니까 믿어야지요. 믿고 싶고요.

그런데 제가 모두에 대통령께서 공약을 좀 지켜 주셨으면 좋겠다, 국민과 함께, 유권자와 함께 말씀해 주셨던 그 아름다운 약속들, 이 얘기를 했더니 의제와 상관이 없다고 막 뭐라고 해서서 일일이 다 구체적으로는 못 했습니다.

새누리당 홈페이지의 공약자료집, 더불어민주당 소속으로 새누리당을 자꾸 홍보해 드려서 죄송한데요. 거기 공약자료집에, 18대 대통령선거 자료집 다운받아서 한번 보세요. 너무 아름다운 약속들이 많이 있어요. 꼭 지켜 주셨으면 좋겠어요.

그래서 그런 약속들이 지금도 현재, 대통령선거 공약도 잘 안 지켜지고 있는 단계이기 때문에 새누리당 의원님들께서 국정원이 직접 감청설비로 하지 않는다라는 점들을 믿기가 어려운데요.

그리고 이에 더해서 지금 감청장비 설치를 의무화하는 법안을 새누리당에서 발의를 하셨잖아요, 국정원 감청에 새로운 날개를 달아 주려고. 이러면 더더욱 믿을 수 없는 거지요. 이게 언제냐? 2014년 1월 서상기 의원 대표발의로, 이때는 대선 여론조작 사건으로 국정원 개혁 논의가 한창이었습니다. 그다음에 작년 6월 1일 박민식 의원 대표발의로 합법적 감청이 가능하도록 이동통신사의 감청장비 설치를 의무화하는 통신비밀보호법 개정안을 잇달아 발의한 바가 있습니다. 이것을 어기면 해마다 20억 이하의 이행강제금까지 통신사에 부과하는 내용입니다.

17대·18대 국회에서도 한나라당이 비슷한 법안 발의한 적이 있는데요. 정형근 의원이 발의한 통신비밀보호법 개정안, 많이 들어 본 이름이네요, 정형근 의원. 아, 제가 국가안전기획부에서 조사받을 때 대공수사국장이셨네요, 이분이. 이분이 안기부 대공수사국장인데 국회의원이 돼서 발의한 법안이 통신비밀보호법 개정안이군요. 법사위까지 통과를 했는데 본회의 상정이 유보돼서 임기만료·폐기됐고 18대 국회에서 이한성 의원이 발의한 개정안도 법사위 법안소위에 계류된 채 임기만료·폐기가 됐습니다. 그래서 계속 새누리당, 한나라당에서는 국정원 감청에 대해서 좀 더 법적인 날개를 달아 주기 위해서 17대 때부터 노력해 오셨습니다.

전문위원 검토보고서는 이렇습니다, 관련 법안에 대해서.

감청 주체의 불법감청 의지가 없는 것, 이것이 핵심이겠습니다. 이 법을 통과시키기 위해서는 불법감청의 의지가 없어야 되겠다, 그다음에 휴대전화 감청의 오·남용 방지를 위한 제도적·기술적 안전장치가 얼마나 충실하게 구비돼 있는지, 그리고 그 안전정치가 실제로 작동할 수 있는지에 대한 국민적 의구심을 해소하고 대외적 신뢰가 확보되는지 여부가 이 개정안의 타당성 여부를 판단하는 기준이 될 것으로 보인다고 지적한 바 있습니다. 이런 의구심과 신뢰를 회복하지 못한 상황에서 국정원의 감청은 절대 허용할 수 없습니다. 이게 국회의 미래창조과학방송통신위원회, 미방위 수석전문위원의 검토보고서입니다.

수석전문위원님 노고에 정말 감사드립니다. 국회에는 국회의원들뿐만 아니라 일반직 직원들도 있고 이렇게 국회의원의 입법을 도와주는 전문위원님들이 계시거든요. 그리고 예산 문제에 대해서 검토해 주시는 예산정책처가 있고 또 입법조사처가 있는데, 이분들은 어느 특정 당에 속해 있지 않은 그냥 직원이에요. 그래서 매우 객관적인 지표만을 알려 주시고 객관적인 근거만을 제시하시고 객관적 검토보고서를 만들어 주시는데요. 요즘처럼 이렇게 정치가 실종이 되고 통치로 막 이어지고 어떤 대화와 타협과 협상이 없는 정치, 여기서 맨날 삿대질하고 싸우고 격한 대립이 있으면 이분들도 중립을 지키기가 참 어려워져요, 검토보고서 내용도 소극적이 되고. 그러면 결국 그 피해는 국민에게 돌아온다라는 점들.

수석전문위원께서 지적해 주신 부분들이 어쩌면 이렇게 조목조목 맞을 수가 있나요. 불법감청 의지 없어야 합니다. 그러나 국정원은 지금까지 불법감청, 국정원을 포함한 수사기관에서 여러 피해 사례들이 있습니다.

휴대전화 감청의 오·남용 방지를 위한 제도적·기술적 안전장치 가져오십시오. 그러면 테러방지법에 들어 있는 이 법안에 대해서 다시금 심도 있게 토론하겠습니다. 또 이러한 장치가 얼마나 실제적으로 작동할 수 있을지 정부·여당은, 국가정보원은 고민해서 다시 논의해야 합니다. 국민적 의구심을 해소하고 대외적 신뢰 확보돼야 합니다.

그래서 새누리당에서 어제, 오늘 광범위하게 당원과 지지자들, 국민들을 대상으로 하고 있는, SNS를 통해서 홍보하고 계시는 Q&A, 질문과 대답이 좀 정정이 필요하겠다라는 의견을 전달합니다.

그리고 금융정보에 대해서도 너무 궁금하시지요? '국정원이 직접 계좌를 들여다보나요?', 새누리당 답 '그렇지 않습니다. 국정원이 직접 계좌를 추적하는 것이 아닙니다. 국정원은 서면 요청에 따라 금융정보분석원이 제공하는 테러위험인물의 금융거래 자료를 열람할 뿐입니다.'

이것도 문제네요, 이게 사실이라고 하더라도요. 테러 개념도 모호하고 위험인물에 대한 것도 모호한데 계좌를 열람한다, 국가정보원이? 이것은 금융정보분석원이 전적으로 국가정보원의 판단에 의해서 자료를 제공할 것이다라는 문제점 드립니다.

직권상정된 국민보호와 공공안전을 위한 테러방지법안

부칙에는 특정 금융거래정보의 보고 및 이용 등에 관한 법률 제7조1항을 개정해서…… 아까 미방위 상임위 미래창조과학부, 남의 부서 법을 개정하냐 말씀을 드렸잖아요. 지금은 금융위원회까지 관련해서 손대고 있는 것입니다. 금융정보분석원장으로 하여금 금융정보를 국정원에 제공하도록 하고 있습니다. 해당 금융정보를 제공을 해야 하는지 하지 말아야 하는지를 금융정보분석원장이 알겠습니까? 어떻게 알겠습니까? 국가정보원이 요청하는 대로 아는 겁니다. 국가정보원은 구체적으로 알려 줄까요? '직무의 특성상 국가의 기밀입니다. 국가 안보에 관한 사안입니다' 이런 이유로 금융정보를 요구할 확률이 크지요.

자, 계좌라는 게 뭡니까, 계좌? 돈이 없는 분들은 해당이 안 되실 수도 있지만, 돈이 없다라는 기준도 또 각자가 다르기 때문에요. 우리 새누리당 국회의원님들은 그래도 저희 당 의원님들에 비해서는 조금 계좌가 많으실 것 같은데, 이것도 저의 예단일 수 있겠습니다마는, 계좌를 들여다본다라는 것은 정치개입 가능성이 높아진다라는 겁니다. 국정원이 과거에 개입됐던 스캔들의 건수, 충분히 우려되는 상황이고요. 국가정보원은 해외정보 수집 외에 국내정보 수집활동에는 제발 관여하지 마시기 바랍니다. 수사 필요가 있으면 경찰이나 검찰이 하면 되고요. 국내 정치, 이걸 어떻게 하면 막을 수 있을까요?

'국정원만 금융정보를 열람할 수 있나요?' 새누리당이 이렇게 질문해서 답변 이렇게 돌리고 있어요. '그렇지 않습니다. 이미 특정 금융거래정보의 보고 및 이용 등에 관한 법률 제7조에 따라서 검찰·국민안전처·경찰·국세청·관세청·중앙선거관리위원회·금융위원회 등 7개 기관이 범죄 수사를 위해 금융정보분석원으로부터 자료를 요청·열람하고 있습니다. 테러방지법은 이 7개 기관에 국가정보원을 추가하는 것이고, 대상은 테러위험인물로 한정됩니다. 요청과 열람 절차도 다른 기관과 동일합니다'.

그러니까 '그렇지 않습니다'라고 답변은 해 주셨는데 국민들이 안심하기에는 참 부족한 대답이네요. 일단 테러위험인물이 모호하다라는 점들 계속 말씀드리고 있기 때문에 이 부분들에 대한 국민의 의구심을 누그러뜨리기 위한 독소 조항을 빨리 빼 주시기 바랍니다. 타협에 응해 주시고요.

금융정보분석원이 국정원에 금융거래정보를 제공하지 않는 데에는 이유가 있어요. 국내 정치개입 못 하게 하려고 하는 겁니다. 정치사찰 못 하게 하고요. 그러니까 자꾸 의원님들 통해서 뭔가를 발의를 하려고 시도를 하고, 그래서 지금 이 테러방지법이 나온 거예요, 안전장치를 제거하려고.

저는 잘 모르지만 미국에서도 CIA는 내국인의 금융거래정보는 수집할 수 없도록 되어 있다고 하네요. 조사나 수사가 필요한 정보를 경찰이나 검찰, 그리고 과세당국이나 관세당국에 제공하고 있지 국가정보원이 왜 필요한가? 테러 때문에? 테러에 대해서, 그러면 테러위험인물에 대해서 특정해 달라고 하는 겁니다.

모호하게 하지 마시고요. 그것을 국정원의 판단에 의해서 하지 마시고요.

새누리당의 질문 답변을 말씀드려야 될 것 같은데 굉장히 길어지네요. 참고로 저는 한 1시 이후까지는 좀 해야 될 것 같아요. 너무 길게는 못 할 것 같고요. 제가 어려서 고생을 많이 해 갖고 조금 몸이 부실합니다. 안민석 의원님께서 다음 토론을 해 주실 거예요.

'우리나라 거래정보를 미국 CIA는 볼 수 있고 국정원은 볼 수 없다는 것이 사실인가요?' 새누리당 답 '사실입니다. 외국 정보기관은 양국 MOU에 따라서 우리나라 테러위험인물에 대한 금융거래정보를 확인할 수 있습니다. 미국 정보기관 CIA는 우리나라 금융정보를 확인할 수 있는데 정작 우리나라 정보기관인 국정원은 우리 금융정보를 받을 수 없는 모순된 상황에 처해 있습니다'.

어떻게 이런 대답을 하셨을까요? 말장난에 불과합니다. 미국 CIA가 어떻게 대한민국 거래정보를 보겠습니까? 좀 전에 말씀드린 것처럼 CIA가 국내 자국민의 계좌는 들여다볼 수 없다고 했잖아요. 미국은 내국인의 금융거래를 철저히 보호합니다. CIA는 해외정보 수집기관이기 때문에 그 자료를 CIA에…… 한국 내의 테러용의자의 경우 미국의 입장에서는 외국인이기 때문에, 미국 법으로 보호하지 않아도 되기 때문에 미국 FIU에서 해당 자료를 CIA에 제공을 하는 것인데, 여기에도 한국 내의 테러용의자 규정이 있습니다. 이렇게 말장난하시면 곤란하고요. CIA가 마치 우리나라 금융거래를 수시로 요구해서 수시로 들여다본다 이렇게 지금 표현하고 계세요. 이것은 사실이 아닙니다. 미국의 금융정보분석원, 한국의 금융분석원, 약정된 테러 관련 금융거래정보가 있습니다. 그것을 상호 교환하는 것입니다. 이렇게 말을 막 만들어 내시고 이러시면 곤란해요. 그래서 국정원은 금융정보를 별도로 받을 필요가 없겠다라는 점들을 제가 말씀드립니다.

'테러방지법의 목적은 무엇인가요?' 새누리당이 답을 이렇게 했습니다. '테러 예방입니다. 테러방지법은 테러를 준비 단계에서 인지해서 테러를 막는 예방법입니다. 이미 발생한 테러를 수습하기 위한 법이 아닙니다.'

예방 기구가 너무 많아요, 지금도. 그런데 안 되고 있어요. 통합방위법, 비상대비자원 관리법, 대테러 특공대, 국가테러대책회의, 사이버안전은 국가사이버안전규정, 미래창조과학부 사이버안전센터. 그나저나 국무총리께서는 국가테러대책회의 언제하시나 모르겠습니다. 궁금합니다.

'정보수집을 꼭 국정원이 해야 하나요?' 새누리당 답 '예, 그렇습니다. 테러방지는 정보수집이 핵심입니다. 이것은 국가정보기관만이 할 수 있습니다. 소방·해경으로 이루어진 국민안전처가 할 수 없는 일입니다. 대테러 정보수집 업무는 국정원의 고유 직무입니다. 국가정보원법 제3조는 국가정보원의 직무로 대공, 대정부 전복, 방첩, 대테러·국제범죄조직에 대한 정보수집을 명령하고 있습니다' 이렇게 새누리당 친절한 답변, 잘못된 답변 되시겠습니다.

미국의 경우 국내정보 수집은 FBI, 즉 경찰조직이

합니다. 전자정보는 CIA가 아니라 NSA에서 합니다. 수사는 FBI가 전담합니다. 미드 많이 보셔서 아시지요, 미드? 문제는 국가정보원이 CIA처럼 해외정보 수집만 하는 게 아니라 국내외 사이버 정보 수집, 대공수사, 보안업무 기획·조정 기능 및 비밀관리 기능, 사이버 심리전·작전 기능까지 무수히 많은 일을 한다는 거예요. 오히려 그래서 정보수집 기능이 약해요. 국내정치 개입, 관여하고 공작하고 사찰하느라 정작 필요한 정보수집에는 그 기능이 약화돼 있다.

새누리당의 친절한 답변대로 국가정보원법 제3조는 국가정보원의 직무를 명시하고 있습니다. 대테러가 들어가 있네요, 여기. 테러방지법 제정하지 않더라도 정보수집 가능하네요. 만약 국정원이 국내정보 수집 기능 포기하시고 수사 기능 포기하시고 보안업무 기획·조정 기능, 국가기밀 관리 기능, 심리전 기능…… 이 심리전이 아주 지루하고 지리하고 시간이 오래 걸리는 작업이거든요. 이것 포기하면 제대로 된 대북·대테러 정보수집 전문기관으로 거듭나게 될 것이라는 점들을 말씀드립니다.

지금의 과도하고 불필요한 권한과 기능을 유지한 채 테러방지법 제정해 가지고 너무나 반인권적인, 미래가 예견되는 이 사찰 수단을 독차지하려고 하고 있고, 정말 문제입니다. 여러 조항에 다 문제가 있는데요. 특히 개인정보 보호법상 민감정보를 포함한다 이렇게 되어 있어요. 개인정보 보호법상 개인정보는, 여러분들 다 디지털 시대의 인터넷 세대이기 때문에 개인정보 보호법 너무나 잘 알고 계셔야 돼요. 제가 박사과정 공부하면서 법대에 편입했던 이유는 법을 정말 모르니까 법에 대해서 어떤 상식적인 수준에서의 법이라도 좀 알아야 내가 나 자신을 지키겠다라는 생각이 들어서예요. 그렇다고 누구나 다 법대를 가야 되는 건 아니지만 자신의 관심 영역, 전문 분야에 대한 법들에 대해서는 좀 인지하고 계셔야, 국가가 국민을 지켜 주지 않으면 우리 스스로 지켜야 되니까 얼마나 우리가 불행합니까? 그래도 같은 마음으로 공유하시는 분들이 있다면 또 그 불행을 극복할 수도 있겠지요. 희망도 찾아야 하고요.

여기 이 개인정보요, 개인정보는 디지털화된 사실상 모든 종류의 개인정보입니다. 그중에서 특별히 보호하도록 돼 있는 민감정보는 뭔지 아세요? 사상·신념, 노동조합·정당 가입·탈퇴, 정치적 견해도 민감정보에 해당합니다. 건강·성생활 등에 대한 정보, 유전정보, 범죄경력자료……

그리고 개인정보처리자는 이런 개인정보 업무를 보는 기관을 말합니다, 의료기관·공공기관·법인단체. 그런데 2014년의 개인정보보호 실태조사 결과보고서를 보면 개인정보처리자에 해당하는 이 민간업체들이, 우와 저 깜짝 놀랐어요. 356만 8600개예요. 개인정보보호위원회와 행정자치부가 펴낸 결과보고서니까 이건 믿어야 되겠지요.

이 민간업체는 어떻게 개인정보를 수집하느냐 하면요, 홈쇼핑·학교·병원기록 이런 것들, 이 민간업체에서 수집된 정보들이 아무런 요건 없이 제한 없이 국가정보원에

제공되는 그 내용이 지금 이 테러방지법 9조3항과 4항에 들어 있어요. 이걸 어떻게 하겠어요?

또 있습니다. 위치정보 GPS, 와이파이 잘 아시지요? 아까 제가 왜 도·감청은 별로 신경 안 쓴다고 그랬잖아요, 정신건강을 원만하게 건강하게 하기 위해서. 그런데 위치정보는 항상 꺼 놓고 안 켜요. 위치는 조금 불안하더라고요. 저도 이제 약간 그런 건 있는데, 지금 이 위치정보가 더없이 중요한 개인정보로 부상하고 있잖아요. 어디에서 누구를 만나 무엇을 하는지 알 수 있는 개인정보인데 이 위치정보에 대해서도 아무런 목적이나 법원의 허가 등 요건의 제한 없이 국가정보원에 제공하도록 하였다라는 이 비극적인 법안에 대해서 국민 여러분들께 다시 한 번 강조해서 말씀드립니다.

이번에 직권상정된 법안입니다. '국가정보원장은 대테러활동에 필요한 정보나 자료를 수집하기 위하여 대테러조사 및 테러위험인물에 대한 추적을 할 수 있다', '대테러조사란 대테러활동에 필요한 정보나 자료를 수집하기 위하여 현장조사·문서열람·시료채취 등을 하거나 조사대상자에게 자료제출 및 진술을 요구하는 활동을 말한다', 이것도 큰 문제입니다.

개념이 불분명한 추적, 이 추적 어떻게 할 거예요? 테러위험인물도 모호하다고 했는데 '테러위험인물에 대한 추적을 할 수 있다', 추적 어떻게 하실 건데요? 이런 모호한 규정은 법에 절대 쓰지 않습니다. 개념이 불분명해서요. 국가정보원만이 아는 테러위험인물, 그리고 자기도 모르는 채 접촉했던 국민이 국정원의 방문을 받거나 자료제출을 요구받거나 진술을 요구받을 수 있도록 보장한 것입니다. 중대한 국민 인권 침해다.

'테러방지법이 없어도 현재의 제도로 테러를 막을 수 있지 않나요?'라고 새누리당이 묻고 새누리당이 대답하십니다. '그렇지 않습니다. 현재 우리나라는 테러 관련 법률이 없고 1982년 대통령훈령인 국가대테러활동지침만이 존재합니다. 이 훈령은 공무원에게만 적용되는 행정명령으로 법적 구속력이 없습니다. 테러방지법이 없으면 테러 예방에 필수적인 테러위험인물 자료를 수집할 수 없어 테러 징후 사전포착이 지극히 어렵습니다' 하고 불법체류 인도네시아인 사례를 들어서 친절하게 답변해 주셨으나, 분기별로 국회의원들한테 이렇게 두꺼운 법전을 나눠 주거든요. 왜냐하면 법안이 많이 발의가 됐다가 국회가 지나가고 나면 또 개정이 되고 그러면 법안이 다 고쳐져야 되잖아요, 법전이. 그런데 이제 법전 두꺼운 것을 일일이 구입할 수는 없는데 하나씩 의원실로는 오더라고요. 그런데 새누리당에는 법전이 안 갔나 봐요. 우리나라에 테러 관련 법률이 없다라는 이 새누리당의 주장이요, 테러방지법이라는 명칭의 법은 없을지 몰라도 테러 관련 법률이 왜 없습니까? 새누리당 의원실에 법전이 배달되어야 하겠다라는 점들을, 그게 어디에서 오는지는 모르겠는데 국회사무처에서 나눠 주는 건지 저는 잘 모르겠습니다마는 그것 제공해 주시는 분들은 좀 제공해 주시기 바랍니다.

테러에 직접 대응하는 대비태세를 갖추기 위한 각종 법령과 기구가 이미 마련돼 있어요. 국제정보 공조도 이미 되어 있고요, 형법에 내란·외환, 각종 조직폭력 범죄 처벌하는 죄도 유지하고 있고요, 특정범죄가중처벌법, 기타 형사범죄 특별법 또 국가보안법도 있잖아요. 주민등록제도도 어느 나라보다 강력합니다. 어떤 나라에서 지문을 날인하고 국가번호를 부여하고 번호를 부여해서 그 주민등록번호를 통한 인증제도를 실시하는 나라는 없습니다. 아주 강력한 시스템이에요.

국내적인 필요나 유엔의 요구에 따라서 항공보안법이 있고요, 총검단속법이 있습니다. 범죄인 인도법이 있고 출입국관리법이 있고요, 공중안전을 위한 다양한 법이 있는데, 그리고 적의 침투·도발에 대응하기 위한 통합방위법이 있고 여기를 뒷받침할 비상대비자원 관리법이 있습니다. 통합방위사태가 선포되면 국무총리가 총괄하는 중앙통합방위협의회가 각 지역 행정조직·경찰조직·군·예비군·국가정보원·정보기구를 통합적으로 운영하게 돼 있는데, 그리고 제가 군은 잘 모르겠습니다마는 군은 당연히 있을 테고, 저희 안전행정위원회 소관 기관인 경찰과 해경에서 대테러특공대 구성해서 운영하고 있어요.

한국이 지닌 대테러 능력에는 한국에 주둔하고 있는 주한미군, 한미연합사가 지닌 정보작전능력도 포함이 됩니다. 한국과 미국 간에는 군사비밀보호협정 체결돼 있고요. 한국 국방부는 주한미군을 포함한 미국으로부터 도움을 받고 있고 매년 한미 대테러훈련 실시하고 있는데 테러방지법이 없으면 테러를 방지할 수 없다니 이 무슨 말인가요?

'인도네시아인이 테러단체에 자금을 송금했는데 처벌하지 못하고 추방조치에 그쳤다'라고 친절한 답변 사례 들어 주셨는데요. 이것도 금융거래가 이미 추적되고 있다라는 걸 보여 주는 사례잖아요. 송금을 했는데 그것을 알고 추방했다 그러면 거래정보를 다 이미 파악하고 계시니까 추방하셨겠지요. 그러면 테러방지법 필요 없는 겁니다.

그래서 국민 여러분께서 오늘 휴일 국경일, 3·1절 순국선열들을 기리는 이 역사적인 날에 혹시라도 새누리당의 질의 답변, 친절한 답변이 담긴 문자메시지나 카카오톡 SNS를 받으시면요, 제가 말씀드린 이 점들에 대해서 그것이 아니라고 인지하셨으면 하고 간절히 바랍니다.

새누리당 친절한 답변 사례에서 예시된 이 인도네시아분이요, 이주노동자 지난 11월 18일에 체포한 것, 알누스라 전선 깃발 들고 찍은 사진 그리고 집에서 발견된 BB탄 모형 소총이었습니다.

이날 이병호 국정원장님께서 우리 국민에게 공포심을 불러일으키는 말씀을 하셨어요. 시리아난민 200명이 왔고 65명은 공항 대기 중인데 철저히 감시하고 있고 국내에서도 이슬람 노동자 중에 IS에 호감이 있는 사람이 발견되고 있고 이렇게 시리아 국적자와 무슬림을 잠재적 테러리스트로

취급하는 발언을 하셨는데요, 테러와 직접적 연관이 있는 구체적 근거들이나 이런 것들을 밝히지 않고 이주민을 범죄자 취급하고 당장 국민이 위험에 빠진 것처럼 하면 참 곤란하겠다, 우리가 국민 세금으로 운영되는 정부기관과…… 우리 국회의원들도 그래서 욕먹는 것 아니겠습니까, 일 열심히 안 하면 열심히 하라고?

그런데 국가기관이 투명해야 됩니다. 그리고 국민을 탄압하고 뭔가 처벌에 목적을 둘 것이 아니라 국민을 보호하고 행복하게 만들어 주고 생명과 재산을 지키는 의무가 있는 봉사자예요. 헌법에도 공무원은 국민 전체의 봉사자라고 나와 있어요.

그런데 대한민국에는 이렇게 투명하지 않은 국가기관이 있고 수많은 인권탄압 사례들이 있고 그럼에도 불구하고 개혁하지 않고, 저는 사과 안 받겠다고는 했습니다만 국가정보원이 저에 대해서 아주 인신공격을 하는 댓글들을 공무원의 이름으로, 대북심리전의 이름으로 달고…… 저를 제외한 다른 국민들께는 좀 꼭 사과를 해 주셨으면 좋겠다라는 점들을 말씀드립니다.

그래서 테러방지법에 대해서는 추가로 뒤에 대기하시는 의원님들께서 필리버스터를 이용을 해 주실 것이고요, 저는 지난 주말부터 어제오늘 집중적으로 SNS에 유포되고 있는 새누리당의 오해와 진실에 대한 반론을 펼쳐 드렸습니다. 그리고 또 문제가 많은 법들에 대해서는 다른 의원님들께 기회를 드리도록 하겠습니다.

충분히 했다고 생각하고요, 오늘 통신비밀보호법이라는 법이 있다. 5조 7조 8조 꼭 기억해 주시고, 그렇게 해서 또 개인정보, 민감한 개인정보란 무엇인가에 대해서, 개인정보보호법에 대해서 알게 되셨다면 그렇게 해서 지금 직권상정된 테러방지법의 문제점과 모순을 조금이라도 알게 되셨다면 제가…… 저 사실 어젯밤부터 대기하고 있었거든요. 그래서 어젯밤부터 대기한 것이 조금 보람이 있을 수 있겠다 생각합니다.

대한민국이 법치국가입니다.

법에 의해 지배되는 나라 그래서 법에 의한 지배, 법은 만인 앞에 평등해야 된다라는 것은 뭐 당연하고요, 임의에 의한 지배, 공포, 불의, 핍박의 어려움을 이겨냈던 용기 있는 국민들의 저항의 힘으로 만들어졌어요. 임의에 의한 지배라는 것은 이런 것입니다. '당장 저놈의 목을 쳐라' 사극에 많이 나오지요. 그러면 칩니다, 어떤 근거도 없이, 이유도 모른 채, 마음에 안 들면.

일본 호텔에서 납치해서 바닷물에 수장시키려고 합니다. 이 일이 김대중 납치 사건, 중앙정보부에 의해서 행해졌던…… 이런 임의에 의한 지배는 역사적·법적 정당성과 정통성이 없는 것이지요.

제가 오늘 3월 1일, 3·1절이고 해서 역사적인, 역사 속에 또 중앙정보부에 의해서 공작으로 희생되셨던 분, 여러분들이 좀 아실 수 있는 장준하 선생이라고 75년에 약사봉 등반길에서 실족사했다, 그런데 나중에 의문사진상규명위원회에서 '조사 불능'이 나왔지만 사체를

검안한 의사들의 기록이나 나중에 그 두개골…… 저희가
19대 국회의 임기 중에 있었던 일들이기 때문에 말씀드리는
거예요. 이것을 제가 2012년 국정감사 때, 왜냐하면 과거사
문제 관련해서 행정자치부가 소관을 하기 때문에 그때
제기를 한 문제인데요.

혹시 의장석에 정의화 국회의장님이 계신가요? 신경외과
의사 출신이시고 이때 당시에 장준하 선생의 두개골에
대해서 또 언급해 주신 것도 있고 해서 오늘, 그냥
중앙정보부…… 저는 뭐 길게는 안 할 것이고요.

중앙정보부는 60년대 후반부터 장준하 선생의 동향을
매일 면밀히 파악하고 자료화해서 관리했거든요. 장준하
선생의 죽음에는 의문이 많고 실제로 계획적인 살인으로
보는 것이 합당하다라는 보고서도 있거든요, 의문사
특별법에 의해서 만들어졌던 기관의요.

그런데 중앙정보부가 매일 면밀히 파악해서 자료를
관리했어요. 사망 일주일 전에도 장준하 선생이 광주
무등산을 등반할 계획이라는 정보를 입수해서 중앙정보부
광주지부에 동태 파악해서 보고하라는 지시를 하명한 날이
있고 그런데 사망 당일 행적만 전무하다 이것이 의문이지요.
정말 없거나, 있었는데 없어졌거나, 누군가 은폐하고
있거나……

1960년대 후반부터 박정희의 정적이었던 장준하 선생의
동향을 매일 면밀히 파악해서 자료화했는데 왜 하필 사망
당일의 정보보고 하명 관련 자료가 없을까요? 그리고
그 당시 사망 관련 자료 한 장 정도의 보고서가 전부다,
이것이 당시의 정보수집 행태나 이런 것을 봤을 때 좀 믿기
어려워요. 그런데 뭐 현재도 추가 자료가 있을 것으로
보이지만 정보기관의 특성상 거부했다고 합니다. 자료검색
등 조사에 응할 수 없고 자료 제출을 거부할 수 있어서 진실
접근에 어려움이 있는데……

저는 이렇습니다. 장준하 선생도 여러 가지 '사상계'라는
잡지를 또 언론인으로, 정치인으로 뭔가 선각자로서
군사독재, 질주하는 독재에 저항했던 정의로웠던 역사적
인물로서 이분의 사인 진상규명이 이루어져야 되지
않겠습니까? 그러면 당장에는 이루어지지 않더라도
국가정보원에서 자료를 갖고 있으면 갖고 있다 없으면 없다,
또 있으면 당연히 제출을 해야 하는 것이고요. 관련 법령에
의거해서……

뭔가 감추는 것이 있으면 안 되지 않겠습니까? 이런
일들이 있으니까 우리가 국가정보원이라는 기관에 전폭적인
신뢰를 보내거나 전폭적인 권한을 주기에 매우 어려움이
있다라는 점들을 몇날며칠에 걸쳐서 계속 말씀드리고 있는
것입니다.

그리고 간첩, 테러 이런 이야기가 모든 비합법적인 것을
합법화할 수 있는, 정당화시킬 수는 없는 것이잖아요. 조작
간첩사건, 역대 간첩사건 많았다고 오늘 울릉도 간첩단 사건
좀 전해 드렸는데, 이것이 분단시대 통치논리지요. 간첩에게
무슨 인권이 있느냐, 간첩 석방하라니 당치도 않다……

그런데 우리 안보를 심각하게 위협했던 진짜 간첩들이요,

대한항공 폭파범 김현희, 단 하루도 수감된 적이 없어요.
이것은 어떻게 된 것일까요? 스스로 북한에서 남파한
간첩이라고 인정하고 우리 군과 총격전까지 벌였던 부여
간첩 김동식이라고 있습니다. 잠수함 타고 침투했던
무장간첩 이광수라고 있습니다. 이 사람들 투옥 안 되었고
재판 안 받았습니다.

분단논리와 반공 이데올로기가 아직도 살아 꿈틀대고
있는 2016년의 3·1절, 40년 전의 3·1 구국선언의 전문이
아직까지 통용되고 있다라는 사실이 정말…… 돌아가신
선생님들에게는 후대들이지만 앞에 또 자라나는 청년
아이들에게 어떤 세상을 물려주어야 할지 막막하기도
합니다.

그런데 멀쩡한 사람, 그저 살아가던 생활인을 간첩으로
만들고 불순분자로 만들고 요시찰인으로 만들고 종북으로
만들고, 잡아가고 때리고 심지어 죽이고 파괴하고 그 사람,
해당 당사자뿐만 아니라 가족까지 평생 감시하고 동네에서
살지 못하게 하고, 이런 정상적인 삶을 망가뜨려 놓는 데에
테러방지법이요, 아이러니하게 법이라는 이름으로 그것을
어쩌면 합법화시키고 정당화시킵니다. 대통령 마음대로
권력자 마음대로 국민을 핍박하고 옭아매려는 시도입니다.

다시 그 고통스러운…… 과거도 청산이 안 되었고
지금까지 무수히 많은 조작사건, 장준하 선생의 사망
진상규명도 안 되었는데, 자료 제출조차 거부하는데 이
기관에게 그 고통스러운 시대로 다시 돌아가자고 할 수
있을까요? 40대 여성 국회의원에게 그 입에 담지도 못할
저질 댓글을 국정원 공무원이 대통령선거에 이용하기
위해서 써 젖히는데 국민을 보호하겠습니까? 보호할
수 없습니다. 이런 것들의 제반 안전장치가 있을 때에
테러방지법 다시 논의되어야 한다고 생각합니다.

제가 모두에 '헌법의 풍경'이라는 책에 대해 말씀을
드렸잖아요? 국가는 언제든 괴물이 될 수 있다. 국가권력이
법에 의해서 제어되지 않을 때 국가는 오히려 국민을
억압하고 평화를 파괴하는 괴물이 될 수 있다라는
것이거든요. 법은 최소한의 안전장치라는 거예요, 국민에게
봉사하고 국민을 보호하는 역할에 충실하도록 통제하는
수단일 뿐. 이 테러방지법은 국가가 스스로 괴물이 되겠다고
하는 법이라는 점을 말씀드립니다.

'헌법의 풍경'이라는 책을 꼭 권해 드립니다. 괴물이
되어가고 있는, 이미 되었을지도 모르는, 되려고 하는 이
국가에 맞선…… '맞선'은 좀 이상하지요, 사실? 국가가
보호해야 할 국민인데요. 국민이 국가와 맞서서는 안 되는
것이지요. 그러나 국민 스스로를 지켜주지 못할 때의
지킴이의 도구로써 책을 한번 읽어 보시기 바랍니다.

제가 잠깐 소개해 드릴게요.

하나의 이념으로 몸을 던진 사람들은 국가에 대해서
얘기할 때 자기 이념과 배치되는 국가들의 범죄만 주로 예를
든다는 것입니다. 그러니까 좌파는 극우 독재자들의 범죄,
나치 독일만 예를 들고 우파는 북한이나 소련 캄보디아
등 이런 얘기를 하는데 한쪽의 진실만 얘기하면 국가 폭력

문제가 단순한 이데올로기의 문제로 오해받을 수 있지만 좌우 어느 쪽에 주도되든지 국가는 늘 괴물이 될 위험을 지니고 있다 하면서 히틀러의 예를 드는데요.

총통직, 43살의 나이로 총통직을 쟁취한 아돌프 히틀러는 취임하고 일주일이 되기 전에 국회에서 긴급명령을 통과시킵니다. 그래서 공산당이 소유한 모든 빌딩과 출판사 몰수하고 평화주의 표방하는 단체 해산시킵니다. 취임 후 한 달도 안 되어서 국회의사당에서 조작이 된 것으로 추측되는 방화가 발생해요. 바로 그날 또 다른 긴급명령을 들고 대통령을 방문합니다. 그다음날부터 제2차대전 종전 시까지 나치의 근간을 이루었던 긴급명령입니다. 여기에 언론·출판·집회·결사의 자유를 비롯한 모든 기본권을 폐지합니다. 박정희 시대의 긴급조치와 비슷합니다. 항구적 비상사태에 대처하기 위해 법치주의 포기한다는 내용 있고요, 보호구금제도 있고요.

그런데 처음에 주된 목표는 이것이었지요. 독일에서, 유럽 전역에서 공산주의자와 사회주의자와 평화주의자와 유태인을 박멸하는 데에 있었습니다. 보호구금 필요한 사람들은 언제든지 재판 없이 투옥되어서 강제수용소로 보내졌는데……

엊그저께인가요, 이학영 의원님이 읽어 주셨던 시에도 나와 있는데 처음에 공산주의자들이 잡혀서 어디론가 사라졌을 때 사람들은 박수쳤어요. 강력하게 잘 처단한다고. 그중에는 사회주의자, 평화주의자도 있었던 것이지요. 그리고 나서 사회주의자, 평화주의자들이 들어가기 시작했을 때에 위기감 느꼈지만 이미 그때는 히틀러의 권력이 굳건하게 자리 잡은 뒤.

히틀러가 공산당, 노동조합, 사회민주당 이런 반대세력 격퇴하는 데 소요된 시간 불과 3개월밖에 되지 않습니다. 그런데 이것이 과연 1명의 정신이상자 혹은 그를 추종하는 몇 명의 동조자들로 비롯된 것일까요? 그렇지 않습니다라는 것이지요. 시스템이었습니다, 시스템.

이미 독일에는 50개의 수용소가 건설되어 있었어요. 제2차대전으로 점령지가 확대되면서 수용소는 독일을 넘어 유럽 전역으로 확대됩니다. 이 수용소와 동유럽의 숲속에서 학살된 유태인만 600만 명으로 추산됩니다. 소련군 포로들, 집시, 지적장애인, 정신질환자, 동성애자, 사회주의자, 기타 다른 이유로 학살된, 모두 합치면 1100만 명이 넘습니다. 이 끔찍한 학살극, 미친 사람 한 사람, 그의 추종자가 벌인 것이 아니에요. 소수에 의한 광란의 잔치라기보다는 근본적으로 완벽한 시스템의 승리였습니다.

유태인을 끄집어낸다? 이거 어떻게 끄집어냅니까? 유태인이라는 것은 어떤 혈통의, 그다음에 신앙, 유대교를 믿고 그다음에 이스라엘…… 혈통 문제잖아요. 그런데 뭐 유럽에서는—뭐 우리도 단일민족이라고 막 얘기를 했지만— 꼭 그렇지만은 않은 것도 같지만—동양사람 비슷하게 생겼고 서양사람 비슷하게 생겼고 이렇게저렇게, 종교도 유태교, 뭐 오래전에 개종할 수도 있는 것이지요. 그러면 외모도 구별이 안 되는데 유태인들을 족집게 뽑아내듯이 뽑아내서

무려 600만 명, 전부 다 합쳐서 1100만 명을 학살했다, 이것은 시스템이 없이는, 아무나 닥치는 대로 잡아간 것이 아니거든요.

이것이 새로운 지역 점령에 들어갈 때마다 그 지역에 있는 유태인들을 귀신같이 뽑아냈다라는 거예요. 그러면 예를 들어 유태인들을 잡아낼 때 유대교 교회에, 회당에 나가거나 아니면 뭔가 오래전에 기독교로 개종을 했다거나 이런 사람들을, 어떻게 가능했을까요? 1933년인데요.

'IBM과 홀로코스트'라는 책이 있습니다. 여기에는 IBM의 최신 기술이 있었다. 나치가 유태인을 색출하고 분류하고 강제추방하고 수용소에서 학살하는 데 히틀러라는 미친 한 사람과 그의 추종자 때문이 아니고요, 데마호그 홀레리스라고 불린 펀치 카드와 카드 분류 시스템이 바로 그 기술이었습니다. 독일에서만 약 2000대가 팔렸고요, 유럽 전역에서 수천 대가 활용이 됐고 유태인을 수용한 주요 강제수용소마다 빠짐없이 설치돼서 이 유태인 학살의 최고 공신이었다. 즉, IBM이 단순히 기계를 만들어서 판매한 것이 아니라 특별히 나치의 요구에 의해서 제작해 주고 유지 보수해 주고 기계를 사용할 나치 장교를 훈련시켰다라고 폭로했어요.

이 IBM은 주로 인구센서스 기계 만들면서 성장한 기업인데 미국 인구조사청과 특허청에서 능력을 인정받았던 공학도였습니다. MIT에서 기계공학을 가르치기도 했던 미국인 발명가 허먼 홀러리스에 의해서 설립된 회사인데, 이때 이스라엘 비밀 첩보부 모사드라고 있지요, 모사드. 모사드에 의해서 예루살렘에서, 아르헨티나에서 잡혀서 예루살렘에서 재판받은 아돌프 아이히만이라는 사람이 있습니다. '이미 오스트리아에 도착했을 때 엄청난 분량의 카드 분류 작업이 돼 있더라. 너무나 많은 사람들이 카드 분류 작업을 하고 있더라. 목격했다' 이렇게 진술했어요. 이미 주요 정보가 그 당시에 카드화가 돼 있었다. 그러니까 미국 인구조사청이 인구센서스에 활용할 기계를, 사용했던 펀치 카드 시스템이 유태인을 분류하는 데 쓰여졌다라는 거지요.

'쉰들러 리스트'라는 영화에 보면 우리가 뭔가 흔히 관심 갖는 거는 짐짝 같은 열차, 그 안에서 눈빛이 반짝반짝거리는 유태인 소녀, 뭔가 그런 것들이지요. 굶주림과 열기에 죽어간 이야기. 그런데 그게 아니고요, 홀로코스트를 공부하는 학자들은 이동 시스템에 대해서 연구를 한다고 합니다. 그 열차의 이동 시스템이요.

독일 점령지역의 당시의 열차 운행 기록을 보면 분 단위, 초 단위로 정말 치밀하게 면밀하게 기차들이 운행되고 있었다. 이 수용소, 저 수용소로 수백만 명이 움직일 수 있었던 시스템에 주목합니다. 그래서 독일이라는 국가 전체가 컴퓨터처럼 착착 움직였기 때문에, 누구는 카드를 분류해서 누구는 유태인을 색출하고 누구는 운송 수단을 통해서 수용소로 보내고, 시스템, 컴퓨터처럼 움직였기 때문에 이루어진 일이었습니다.

독일 사람들은 법률과 행정 시스템을 철저하게

신뢰하잖아요. 그러니까 의사는 의사 할 일을 했던 거예요. 법률가는 법률가가 할 수 있는 일 했던 거고, 각자의 위치에서. 그러나 저 위에서 어디인지 모르는 곳에서 포괄적으로 시스템에 의해서 지휘했던 곳이 있었다.

지적장애인들 안락사 시킬 때 법원에서 반드시 허가받아서 안락사를 시켰어요. 그런데 여기에 서명한 판사도, '저는 그것을 안락사에 사용할지 몰랐습니다'라고 진술했지만 묵시적으로 동참한 것이지요. 이게 중요한 거예요. 컴퓨터처럼 조직됐던 나치 독일의 이야기, 국가가 우리에게 얼마나 위험한 존재일 수 있는가를 보여주지요. 어떤 개인의 범죄 혹은 조직의 범죄도 국가가 괴물로 돌변하면 전 국민을 펀치 카드에 입력을 해 놓고 누구 아침에 버스를 탈 때 교통카드, 오후에 점심, 요즘은 소액 결제도 다 신용카드로 하잖아요. 정보 관리가 다 되는 거예요, 나는 개인이지만. 여기에 법에 의한 통제로 제한하지 않으면 안 됩니다.

외형상 법으로 보이는 지배가 아니고요 정말 정의에 합치되는, 국민의 이익에 부합되는 법에 의한 지배가 되는 나라가 돼야 합니다. 법이라고 다 법이 아니지요. 나치 독일의 법률가들의 법은 법의 탈을 쓴 불법이었던 거지요. 그래서 이것은 악의 도구이지 국가를 지켜내지 않습니다. 괴물이 된 국가권력의 폐해, 우리나라도 만만치 않은 경험 갖고 있어요.

제주 4·3사건 진상규명 및 희생자 명예회복에 대한 특별법, 이것도 저희 안전행정위원회 소관 법안이라서 제가 잘 알고 있어요. 제주 4·3사건 때, 직접 접하지 않으시면…… 뭐 '순이 삼촌'이라든지 제주4·3사건을 다룬 소설들 많이 있고 진상보고서들이 있는데요. 피해자가 대충 2만 5000명에서 3만 명, 피해자를 추산할 수 없는데 조사 결과가 충격적이에요.

이 민간인 학살극을 주도했던 사람들은요 국가권력이나 무장공비가 아니라 국가권력의 후원을 등에 업은 토벌대였어요. 월남한 서북청년단 대동청년단 민보단, 일반인이었어요. 이 사람들이 제주도를 공포의 섬으로 만들었던 거지요. 살인 고문 강간 방화……

그래서 나중에 무장공비들의 소행으로 책임이 전가됩니다. 그런데 이때 4·3사건 군법회의가 열렸거든요, 1948년 12월과 1949년 6월. 여기에 대한 소송기록은 전혀 남아 있지 않아요. 장준하 선생 사망 기록이 국가정보원에서 매일 동향 체크를 했는데 남아 있질 않아요.

재판은 거쳤죠. 울릉도간첩 사건, 정상적인 재판 과정 거쳤습니다. 그런데 애초부터 고문과 협박에 의한 자백을 그냥 그대로 인정했습니다. 그래서 이것은 법의 탈을 쓴 불법행위이지요.

'지상에 숟가락 하나' '순이 삼촌' 이런 현기영 선생님—제주도 출신—소설책 많이 있는데요, 공식적으로 확인된 내용들은…… 소설 보시고 혹시 '아, 이게 소설이라 과한 거 아니야' 하시는 분들, 제가 조사보고서를 봤는데 전혀 과장이 아니었음을 증명하고 있습니다. 고문과

학살을 주도했던 9연대장은 일본군 출신이고 정보참모 대위는 마약중독자였고 이래서 엄청난, 제가 이 자리에서 말씀드리기 어려운 이것도 여러분들께 숙제로…… 이것은 20년 전 같았으면 북한에서 나온 선전자료라고 믿었을 만한 내용들이 4·3 피해 공식보고서에 나와 있습니다.

그러면 과연 지구상에 존재하는 모든 국가가 괴물로 변할 수 있을까요? 그거는 아니지요. 제가 말씀드린 거는 괴물이 될 수 있다. 괴물화의 위험성입니다. 그래서 이 테러방지법에 반대토론을 하고 있는 것이고요. 어떤 나라가 괴물이냐? 우리나라가 괴물이냐, 이게 아니고요 괴물화될 수 있다는 점들이에요.

국가의 범죄가 사실 대부분의 선한 사람들 속에 소수 독재자들의 권력욕 또 그들에게 복종하는 봉사자들의 협력, 이런 것들로 현실화돼 가는 거지요. 정신 나간 사람들 몇 명으로는 절대 이런 거대 범죄가 이루어질 수가 없어요. 그래서 국가의 소수의 독재자들의 야욕, 이들은 또 절대 권력을 지녔거든요.

민주주의국가, 자유민주국가의 핵심 권력을 특정인에게 과대하게, 특정 기구에 권력을 과대하게 주면 그것은 민주주의국가가 아닙니다. 그리고 분명히 법에 의해서 제한받고 국익, 여기에서의 국익은 특정인의 국익이 아니고요 국민을 위한 커다란 보호 법익입니다.

최근 30년간, 20년간 점진적인 민주화의 길을 걸어왔습니다, 우리나라는요. 우여곡절 많았지만 시민의 자유와 권리가 점차 증진돼 왔음은 틀림없어요. 그래서 이런 믿음이 등장했지요. '옛날처럼 무자비한 군사독재정권, 쿠데타, 중앙정보부, 밀실, 고문, 폭력 없을 거야' 이런 믿음이 자리하게 됐습니다. 물론 그런 거는 없을 수 있습니다. 그런데 새로운 독재의 위험 앞에 우리는 노출돼 있는 거예요. 발가벗겨집니다.

아까 말씀드렸지요. 아침에 교통카드 체크하고 점심 먹으면서 짜장면 값 신용카드로 계산합니다. 고속도로 운전하고 서울에서 어딘가의 행선지, 고속도로 톨게이트를 지납니다. 몇 시간 걸렸는지 이동거리 계산해서 과속까지도 체크할 수가 있습니다. 비행기를 탄든 열차를 탄든 시각이 다 점검이 됩니다. 그리고 휴대전화 사용합니다. 일상에서, 국민의 일상에서 잡히지 않을, 누군가의 감시망에 잡히지 않을 것이 없어요. 단 하나도 없어요.

지금 그런 새로운 국가가 괴물화될 수 있는, 독재의 위험성이 생길 수 있는 그런 시대에 이 테러방지법은 어쩌면 가장 이 시대에 가까운 법이고요, 새누리당의 입장에서는 반드시 해야 되는 법인가 하면 저희 더불어민주당 입장에서는 국민의 편에서 절대로 해서는 안 되는 그런 법입니다.

내가 기억하지도 못하는 정확한 시간과 더불어서 내가 얼마를 냈는지도 모르는 정확한 액수가 그들의 펀치카드에 하나씩 하나씩 기록되어 가고 있습니다. 현금을 쓰면 노출 안 된다고요? 은행계좌 다 볼 수 있어요. 현금은 계좌에서 나올 거잖아요.

전 세계에서 공통적인데 특히 우리나라가 IT가 발달되어 있고 정보화 손에 꼽힙니다. 어느 국민관리시스템보다도 정교한 주민등록제도가 있습니다. 강제돼요. 이게 거주지 등록을 강제하지 않아요. 외국에서 많이 살아보셨나요? 저는 재외국민으로 미국과 오스트리아에서 조금, 캄보디아에서도 좀 있어 봤는데 거주지 등록 안 해도 살더라고요. 물론 외국인이기 때문에…… 외국인도 우리나라에 오래 거주를 하려면 등록을 해야 되지요. 모든 국민에게 고유한 번호를 매깁니다. 강제로 모든 성인에게 발급합니다, 주민등록증 국가신분증제도. 거주지등록, 고유번호, 주민등록번호는 못 바꾸잖아요, 이름은 바꿔도. 불변의 고유번호 강제발급.

이 강력한 주민등록제도를 가지고 일상 깊숙이 들어와서 신용카드 발급할 때 주민등록 제출합니다. 은행계좌 만들 때 주민등록 제출하고 휴대폰 개통할 때 심지어 비행기를 탈 때 주민등록증이 없으면…… 투표도 할 수 없지요. 인터넷 중요한 사이트에 회원가입 할 때 주민등록번호 기재해야 합니다. 인터넷에 주민등록번호 내 거 집어넣을 때 거부감 느끼세요? 자연스럽게 집어넣습니다. 그것을 누군가는 수집합니다.

심지어 옛날에는 만화방 많이 있었는데, DVD를 빌리더라도 주민등록번호를 요구받습니다. 수표에 이서할 때도 주민등록번호를 씁니다, 부담 없이, 제한 없이. 이런 정보가 누군가에게 악용될 수 있다라는 것이지요. 이런 경험은 없으세요? 인터넷 사이트에 회원가입 했는데 이미 다른 사람 명의로 가입되어 있더라, 혹은 언니 이름이나 엄마 이름, 아빠 이름, 오빠 이름으로, 형 이름으로, 그 주민등록번호로 다른 사이트 가입해 본 경험 있으시지요? 전 있습니다.

그런데 어딘가에서 무차별 휴대전화 메시지가 날아오고 카톡이 날아오고 우편물이 날아오면 이런 것들 정보가 새고 있다라는 거예요. 그런데 지금 날로 발전하는 컴퓨터 성능이 이 다양한 정보, 이 수많은 사람들의 다양한 정보를 무제한적으로 집적을 가능하게 만드는 겁니다.

그래서 범위를 아주 좁히면 내가 듣는 음악은 뭔지, 휴대폰을 통해서 또 음악도 들으시잖아요. 그러면 거기에 내가 저장해 놓은 음악까지, 내 동영상 다 파일로 공유돼서 국가기관이 악용을 한다? 그런 일은 없어야 되겠지만 국가가 그렇게 괴물화될 가능성이 너무나 많은 시대를 우리는 살고 있습니다.

과거에는 총과 칼, 고문으로 이런 철권통치가 독재를 상징했다면 이제는 정보에 의한 독재가 가능해진 시대입니다. 얼마든지 그들이 원하지 않아서 그렇지 원한다면 여러분의 소비 패턴, 취미생활, 생활 리듬, 정보, 좋아하는 것, 싫어하는 것, 다 알 수 있습니다. 어느 동네를 많이 다니는지. 그래서 만인에 의한 만인의 감시의 시대가 지금 됐어요.

'비밀 없이 깨끗하게 살면 되잖아? 뭐가 무서워?' 이러는 분들도 혹시 계시겠지요. '죄 안 짓고 살면 되지 통제받는

사회가 뭐가 달라지냐?' 그런데요 과거의 독재는요 누구 특정인을 대상으로 한 독재, 고문 할 수 있었다면요 이 독재는요, 테크놀로지 독재는 대상을 가리지 않습니다. 죄 안 지어도 대상이 될 수가 있어요. 주체도 뚜렷하지 않습니다. 통제사회가 지금 오고 있는데 이 테러방지법을 통해서 너무나 많은 국민의 개인정보가 유출되고 집적되고 악용될 소지를 제거하지 않고……

지금 이 기술문명이 아주 편리하지요. 휴대폰으로 버스도 타고 또 결제도 하고 그러면 얼마나 편합니까? 위치 추적도 해서 올리기도 하고 사진도 올리고 이걸로 SNS도 하고 전화도 걸고 휴대폰 하나로 모든 게 다 해결되는 세상에서 휴대폰만 감청하면 다 알 수 있는데 얼마나 편안한 시대예요? 내가 편한 만큼 내가 효율성이 있는 만큼 어떨 때…… 지금 휴대폰 없이 살 수 있으세요? 이 편리함, 이 효율성 거부할 수 있습니까? 정말 두문동 들어가서 사실 수 있으세요?

그래서 히틀러나 스탈린이나 60년대 70년대의 박정희나 이렇게 뭔가 형상화되어 있지도 않은 독재입니다. 주체가 불분명한 것은 국가 권력이 괴물로 갈 수 있는 요인이 됩니다. 어디서 어디까지 알아야 되는지 어떻게 막아야 하는지 알 수 없기 때문이지요. 이 전에 상상도 하지 못했던 독재 권력이 출현할 수 있는 최적기일 수 있습니다. 그렇기 때문에 이 법안이 나왔을 가능성이 있다고 생각합니다. 절대 반대합니다.

테러 자체 방지를 반대하는 게 아니고요 독소 조항, 국민의 기본권을 제한할 수 있는 독소 조항에 대해서 충분히, 지금까지 그래 오셨듯이…… 새누리당 의원님들, 원내대표님들께 간곡히 호소드립니다. 독소 조항에 대한 타협과 협상 지금부터 해 주시기 바랍니다. 그리고 단 한 명의 무고한 시민이 억울하게 감시받고 통제받으면 안 되지 않을까요?

대단한 전문성이 없다고 하더라도 민주공화국인 대한민국의 국민, 상식 있는 시민으로서 우리는 분명히 알 수 있습니다. 이 법이 테러를 방지하는 법이 아니라 국민을 감시하고 억압하는 법이 될 수 있습니다. 그렇게 가고 있습니다. 국가를 괴물화하려는 시도입니다. 법의 탈을 쓴 불법입니다. 괴물로 변하는 국가가 악의 도구인 것 우리는 알고 있고 알 수 있습니다.

아무리 국회에서 타협이 사라지고 힘센 통치자가 윽박지른다고 해도 저항하고 이야기하고 말해야 합니다. 잘못된 권위에 순응할 것이 아니라 '이것은 아니다. 이것은 멈춰야 한다'라고 말할 수 있어야 합니다.

새누리당 의원님들 지난 4년 의정활동 속에서, 정말 저는 빈말은 못 하는 사람입니다. 진심 존경하고 또 대화와 협상을 통해서 국민을 위해서 노력해 주신 점 잘 알고 있습니다. 새누리당 의원님들께 말씀, 호소드립니다. 이 나라를, 이 국가를 괴물로 만들 수 있는 가해자, 방관자 되지 말아 주시고 권력의 도구 되지 말아 주십시오. 의원님들이 피해자가 될 수도 있습니다.

대통령의 말이라고, 대통령의 명령이라고 무조건 따르는 거수기 국회의원…… 자존심이 있잖아요, 저희가. 국민의 대표, 입법기관이고 한 분 한 분 헌법기관이고 이것이 과연 옳은 것인지, 세상에 대화와 협상이 없는 국회가…… 국회 권위를 더 이상 떨어뜨리지 말아 주십시오.

삼권분립의 대한민국입니다. 견제와 균형의 한 축을 이루어 내야 됩니다. 법안을 만들고 예산을 심사하는 국회의 품위와 품격 더 이상 떨어뜨리지 말아주시고 헌법기관으로서 본분과 역할 그리고 곧 국회의원 총선거가 다가오는데 선거운동도 하셔야 하지 않으십니까?

테러방지법, 우리나라, 나의 삶을 파괴하는 거대한 실험장 만들 수 있습니다. 우리가 속한 공동체를 망가뜨리는 트로이의 목마가 될 것입니다. 우리의 삶이 괴물이 되지 않도록 해야 합니다. 정말 참담하고 안타깝습니다. 절차적 민주주의 지켜지지 않고 과거의 민주정부 이어지면서 예전처럼 이 나라가 독재시대로 가지 않겠지, 괴물로 가지 않겠지, 다시는 그런 불의한 권력이 득세하는 세상이 없겠지 했던 저의 순진함에 정말 반성합니다.

신성한 민의의 전당인 이곳 대한민국 국회에서 우리의 미래와 비전과 발전 가치와 성장을 논의해도 부족합니다. 그런데 박근혜 정권과 다수당 새누리당 집권 여당이 과거로 국가를 돌리려는 이런 만행을 저지해야 되는 상황이 정말 슬프고 참담합니다.

앞으로 나아가야 되지 않을까요? 가중되는 국제 경쟁, 엄혹합니다, 국제 정세도요. 모든 나라들이 미래 전략에 골몰하고 있는데 이 분단된 비극의 대한민국에서는 뒤로 가고 있는 나라, 가까스로 붙잡고 있습니다.

우리 아이들과 젊은이들의 미래, 어르신들의 노후 고민해야 됩니다. 백세 시대, 저 올해 만으로 마흔일곱인데요 백세 시대니까 아직까지 산 것 이상 더 살아야 된다고 합니다.

지금까지의 삶이 아무리 힘들었어도 앞으로 우리가 서로 통합의 시대, 화합의 시대, 결국은 뭔가…… 국회에 등원하면서 저는 대한민국이 나가야 될 길, 분단된 비극의 대한민국에서 통일 조국, 어떤 그려야 될 미래에 대해서 치열하게 토론하고 또 경쟁하고 싶은 그런 바람들을 가졌습니다. 그런데 그 바람들을 얼마 가지 않아서, 며칠 지나지 않아서 접어야 했어요. 저 농담으로 귀머거리 3년, 벙어리 3년 살았다고 이야기합니다. 오늘 좀 길게 하고 있어요. 처음입니다. 실체 없는 마녀사냥의 희생양이 됐습니다.

마녀사냥 아세요, 유럽중세의 마녀사냥? 일단 마녀의 손발을 묶는 것부터 시작해요. 그리고 물에 빠뜨립니다. 물에 빠지면 무죄고요. 물에 빠지지 않고 살아 나오면 유죄입니다. 결국 이렇게 해도 저렇게 해도 죽습니다. 그게 마녀사냥이에요.

미래지향적인 일 팽개치고 국민을 겁주고 통제하고 종북으로 몰고, 여성 국회의원한테 국가정보원 공무원이 험악한 댓글 달아 대고……

지난 대통령선거가 수요일에 있었거든요. 일요일 아침 주말에, 저는 지방 다니면서 시골에, 경북에서 민주당 후보를 얼마나 찍겠냐마는 경북 이완영 의원님의 지역구, 그날 이완영 의원님도 만났어요. 경북 칠곡의 왜관시장에서 아줌마들하고 춤추면서 선거운동 하고 있었거든요, 노란색 잠바 입으면서. 일요일 오전이었어요.

갑자기 실시간 검색어로 임수경이 1위에 올라가더라고요. 그날부터 일, 월, 화, 수 선거운동 접고 있었습니다. 아무것도 안 했는데 실시간 검색어 1위로 임수경이 왜 올라갔을까요, 오늘처럼 필리버스터를 하고 있는 것도 아닌데? 칠곡 왜관시장에서 이완영 의원님하고 사진 찍은 것도 있습니다. 개입한 겁니다. 국가정보원이든 국가정보원에서 운영했던 십알단이든 어떤 모종의 개입을 했던 것이지요.

무수히 많은 마타도어 앞에서 20년 넘게 싸워 왔는데 국회의원이 되는 순간…… 저는 오랫동안 사회인으로 있으면서 뭔가 개인의 삶을 살 때는 다가오지 않았던 것들이 국회의원 4년 동안 참 여러 가지 일들이 스쳐 지나갑니다. 이것이 국민을 겁주고 통제하고 뒤집어씌우는 어쩌면 괴물이 될 수 있는 최적기를 맞이한 권력이 자신의 권력을 연장하기 위해 조작하고 과거로 회귀하는, 이렇기 때문이거든요.

마지막으로 로버트 케네디—케네디 대통령의 동생이지요—법무부장관 지내셨던 분, 이분이 대통령 경선에 참여할 걸 선언하면서 한 연설을 여러분들과 함께 논의하도록 하겠습니다. 왜 우리는 이런 연설을 이 소중한 기회에 대한민국 국회 민의의 전당에서 할 수는 없는가 하는 아쉬움에서, 어쩌면 제가 19대 국회에서의 국회 본회의장에서의 발언이 마지막 발언이 될 수도 있기 때문에, 저는 로버트 케네디의 연설과 같은 내용을 국회에서 한번 해 보고 싶었습니다. 그래서 마지막으로 해 보겠습니다.

'너무도 오랫동안 우리는 물질적 풍요를 쌓는 데 몰두했고, 그 앞에서 개인의 존엄성과 공동체의 가치를 포기해 왔습니다. 우리 국민총생산량은 한 해 8000억 달러가 넘습니다—이건 48년 전에 로버트 케네디가 한 연설이에요—여기에는 대기오염, 담배 광고, 시체가 즐비한 고속도로를 치우는 구급차도 포함됩니다. 우리 문을 잠그는 특수자물쇠, 그것을 부수는 사람들을 가둘 교도소도 포함됩니다. 미국 삼나무숲이 파괴되고 무섭게 뻗은 울창한 자연의 경이로움이 사라지는 것도 포함됩니다. 네이팜탄도 포함되고 핵탄두와 도시폭동 제압용 무장경찰차량도 포함됩니다. 우리 아이들에게 장난감을 팔기 위해 폭력을 미화하는 텔레비전 프로그램도 포함됩니다.

그러나 우리 국민총생산은 우리 아이들의 건강, 교육의 질, 놀이의 즐거움을 생각하지 않습니다. 공개토론에서 나타나는 지성, 우리 시의 아름다움, 결혼의 장점, 공무원의 청렴성이 포함되지 않습니다. 우리의 해학이나 용기도, 지혜나 배움도, 국가에 대한 우리의 헌신이나 열정도 포함되지 않습니다.

간단히 말해 그것은, 삶을 가치 있게 만드는 것을 제외한 모든 것을 국민총생산은 측정합니다.'

이 연설 어떠세요? 여전히 빈부 격차, 비정규직, 자살률 높아 가고 환경 파괴되고 억압받는 소수자 문제 외면한 채 수치로 나타나는 경제성장률로 우리가 발전하고 있다, 우리 사회는 아무 문제가 없다, 이렇게 알리바이를 만들어 내고 있는 것입니다.

우리 정말 문제없나요? 우리 괜찮으신가요? 여러분의 아이들은 괜찮으세요? 부모님은 괜찮으세요? 경제발전 수치로 나타나는 아이들의 건강, 공동체의 장점 같은 일들 아무렇지도 않게 방치하고 내팽개쳐져 있지는 않으세요? 누리과정에 대한 대통령의 적반하장이 이걸 잘 보여 주고 있습니다.

저 마무리할 거예요. 테러방지법도 마찬가지입니다. 행복하고 아름다워야 마땅한 우리의 삶의 공동체를 파괴하는 악법이 되고, 오로지 권력자를 위한 권력자에 의한 권력자의 법을 테러를 방지한다는 명목으로 분단을 이용해서 국민에게 강요하고 있습니다. 어떻게 우리가 처한 분단의 아픔을 치유하고 평화를 뿌리내리고 통일을 만들어 나갈 것인가에 대한 비전은 없습니다. 국내 정치에 악용하는 못된 습관만이 이 법에 녹아들어가 있습니다. 이 못된 습관 끊어야 하지 않을까요?

저는 반성합니다. '선한 세력이 무능할 때 한 사회는 그 사회에 어울리지 않는 리더를 가진다'라고 했습니다. 한겨레의 고나무 기자가 쓴 '아직 살아있는 자 전두환'이라는 책에 나오는 구절입니다.

선한 세력이면 뭐 합니까, 유능하지 못하면? 그러면 그 사회에 합당한 또 가져야 하는 지도자가 아니라 그 사회를 망가뜨리는 지도자가 등장한다는 구절을 읽으면서 반성했습니다. 선한 세력이라고 자부하면서 청춘도 바치고 또 이 사회에 대한 더 깊은 고민, 치열한 공부를 한다고 했지만 국회에까지 들어와서 국민을 위해서 복무하겠다고 노력했지만 이 나라를 괴물로 만들고자 하는 정권, 그 정권의 하수인으로 전락한 집권 여당, 그 여당과 타협도 대화도 하지 못하는 야당 국회의원으로서 반성하지 않을 수가 없습니다.

진실과 정의의 선한 개념들을 믿습니다. 그런데 그 과정에서 국민들이 실제로 고통 받고 있는 현실을 지난 4년 의정활동하면서 너무나 생생하게 목도했어요. 그리고 기관의 자료로 확인을 했고. 국민을 괴롭히고 나라를 망가뜨리는 세력이, 왜 이분들이 승리하는지 저는 늘 의아스럽습니다. 왜, 왜…… 괴롭고 억울합니다. 그런데 우리의 선함이 더 큰 실력과 능력으로 국민들에게 다가갔어야 한다, 지금까지 다가가지 못했다는 반성과 함께 다가갔어야 한다 이렇게 생각합니다. 기대에 부응하지 못해서 정말 죄송한 마음이고요.

그러나 저희 더불어민주당 변하고 있습니다. 혁신하고 있고 몸부림치고 있습니다. 다소 눈앞에 못마땅하게 보이실 수도 있겠습니다마는 채찍질과 일방적인 비난은 조금 분리해 주시고 며칠, 오랫동안, 7일 넘게 고생해 주신 의원님들 말 한마디…… 이 법을 국민의 편에서,

저를 위해서가 아닙니다. 저도 국민이기 때문입니다. 막아내겠다는 이 노력들 귀하게 여겨 주시고 귀하게 써 주시기 바랍니다. 그래서 앞으로 과거로 연어처럼 거꾸로 올라가지 말고 과거로 회귀하지 말고 우리 아이들, 어르신들의 노후, 밝은 미래를 위해서 좀 응원해 주시기 바랍니다.

우리가 사랑하는 대한민국과 민주주의와 시장경제의 발전 동시에 이루는 우리 자랑스러운 국민들이 우리에게 합당한 지도자를 가질 수 있는 정치 우리 손으로, 국민의 손으로 실현시켜야 되지 않을까요? 애정 어린 눈빛으로 저희가 가는 길에 동참해 주시기 바랍니다.

저는 오랜 시간 진지하게 지켜주신 방청객 여러분들께 감사드립니다. 아니, 꽉 찼어요. 늘 이랬나요? 너무 감사합니다.

그리고 국회의원으로서라기보다 같은 국민의 한 사람으로 또 옆에 있는 친구처럼 이웃처럼 누나처럼 동생처럼 여러분들께 다가가는 그런 날들이 다가오고 있어서 저는 기쁩니다. 20대 총선거가 한 달여밖에 남지 않았는데요 저는 비록 20대 국회에는 나오지 못하지만 다음에 혹시라도 국회 본회의장에, 이 발언대에 서게 된다면 저는 야당 초선 국회의원이 아니라 여당의 재선 국회의원이 돼서 돌아오고 싶습니다.

오랫동안 들어 주셔서 감사합니다.

(박수 치는 의원 있음)

● **의장 정의화** 임수경 의원님 수고 많았습니다.

다음은 더불어민주당의 안민석 의원님 나오셔서 토론해 주십시오.

(2016년 3월 1일 오후 1시 43분)

31

안민석 의원

제19대 국회의원 (경기 오산시)
더불어민주당

2016년 3월 1일 오후 1시 44분 시작
2016년 3월 1일 오후 4시 52분 종료
발언 시간 3시간 8분

"국정원 직원들은 스마트폰을 사용하지
않는다고 합니다. 대한민국 정보를
장악하고 통제하는 직원들이 2G만
쓴다는 사실은 무엇을 얘기하는 것인지
이해가 가지 않습니다."

(2016년 3월 1일 오후 1시 44분)

● **안민석 의원** 존경하는 국민 여러분!
　경기 오산 출신 안민석 의원입니다.
　국민들께서 '오산' 하면 오산비행장을 떠올리실 텐데요,
오산비행장이 오산에 있다고 생각하면 오산이십니다.
　3·1절에 31번째 필리버스터 주자가 되었습니다. 주역의
31째 괘가 택산함(澤山咸)입니다. 함께해서 형통하고 행운이
따른다는 뜻입니다. 따라서 오늘 필리버스터를 시청하시는
시청자 여러분 그리고 오늘 이 자리에 점심식사도 거르고
진지한 표정으로 앉아 계시는 청년들 그리고 시민들 그리고
어린 꼬마들, 행운이 함께하기를 바라고 모두 신의 은총이
함께하기를 바라겠습니다.
　특히 방청객에 와 계신 분들을 제가 유심히 보고 있는데
아주 놀라운 것은 20대 젊은 청년 친구들이 많이 있다는
것입니다. 저기 또 손을 흔들고 계시네요. 누가 우리 20대
청년들이 정치에 무관심하다고 그랬습니까? 저는 오늘
이 자리를 통해서 20대 청년들이 한국 정치에 희망의
길을 열고 있다는 믿음을 확신하고 있습니다. 특히 오늘
휴일인데 친구들과 영화도 보러 가고 집에서 낮잠도 잘
시간인데 이렇게 대한민국의 미래와 민주주의를 위해서
뜨거운 마음으로 함께하고 있는 여러분들의 그 마음을 잊지
않겠습니다.
　저는 테러방지를 빙자한 국민감시법 그리고 테러방지를

빙자한 국민감시법 날치기 저지를 위해 이 자리에 섰습니다.
97주년 3·1절을 맞아 나라를 위해 희생하고 헌신하신
애국선열께 한없는 감사와 경의를 표하며 저도 나라를
구하는 심정으로 오늘 토론을 진행하도록 하겠습니다.
　2월 23일 시작된 필리버스터는 8일째 150시간을
돌파했습니다. 민주주의와 인권에 악영향을 미칠
국민감시법 독소 조항을 제거하기 위한 토론이 국민들의
뜨거운 관심과 성원 속에 진행되고 있습니다. 그 뜨거운
관심과 성원은 오늘 이 방청석에서 여실히 느껴지고
있습니다.
　연일 필리버스터가 인터넷 실시간 검색 1위를 달리고
있습니다. 국회방송 시청률은 예전보다 무려 20배나 껑충
뛰어 국회방송 역사상 최고점을 찍었고 앞으로도 이 기록을
경신할 일이 없을 것 같습니다. 국회 인터넷방송도 하루
평균 6000건에서 지난 24일은 13만 건이 넘었습니다. 한
인터넷 생중계 방송은 3일간 접속자수가 누적 180만 명을
넘었다고 합니다. 오늘처럼 국회 방청석은 휴일을 반납하고
필리버스터 현장을 직접 보려는 시민들로 가득차고
있습니다. 국회 밖 시민 필리버스터의 열기도 뜨겁습니다.
　이제 박근혜정부의 폭거에 맞서 민주주의를 지키고자
시작된 필리버스터는 민주주의의 광장이 되었고 이 땅에
메아리쳤던 민주주의의 함성이 다시 국회에서 전국으로
울려 퍼지고 있습니다. '민주주의의 최후의 보루는 깨어
있는 시민들의 조직된 힘이다'라고 말씀하셨던 고 노무현
대통령의 말씀을 여러분들이 실천하고 계십니다.
　하지만 박근혜 대통령과 새누리당은 국민들의 관심과
열기에도 불구하고 이상하게도 꿈쩍도 하지 않고 있습니다.
역사교과서 국정화처럼 정권은 위기 때마다 국민 분열로
위기를 모면했습니다. 이번 국민감시법도 선거를 앞두고
정권 심판론을 감추기 위해 꺼낸 카드라는 일각의 의심도
있습니다.
　박근혜정부는 국민들이 아무리 반대하고 몸부림쳐도
지금의 지지기반만으로도 총선 승리와 장기집권도
무난하다고 보는 것 같습니다. 그러나 우리는 잡초처럼
짓밟힐수록 더 끈질기게 싸웠던 민주주의의 역사를 가지고
있습니다.
　오늘 저도 그 저항에 동참하고자 국민감시법에 대한
토론에 나서게 되었습니다.
　앞서 저희 야당 의원들이 본인의 다양한 그리고 힘들었던
체험을 이 자리에서 말씀드린 바가 있습니다. 저 또한
젊은 시절 국가정보기관의 탄압에 의한 수배생활과 학교
학생운동 이력 때문에 저의 젊은 시절 꿈이었던 교사임용을
포기했던 때가 있습니다.
　저는 전두환 독재정권 시절에 대학을 다녔습니다. 저의
꿈은 교사였고 그러나 대학을 졸업하고 붉은 줄이 그어져서
교사임용이 되지 못하였습니다. 25살 젊은 청년의 꿈이
짓밟혔을 때는 참으로 허망했습니다.
　하루는 제 아버님이 서울교육청에 저를 데리고 찾아가서
담당자에게 거의 사정하다시피 '우리 아들 교사시켜 주면 안

되겠냐'고 애원을 하고 사정을 합니다. 그러나 그 담당자는 '이것은 교육청이 한 일이 아니다. 나로서는 권한이 없다. 위에서 한 일이라서 우리는 아무런 권한이 없다', 저는 그 젊은 시절에 그 윗선이 어디일까 잘 몰랐습니다. 사실은 지금도 저의 젊은 꿈을 짓밟았던 그 윗선이 어디인지가 참 궁금합니다.

저는 그래서 결국 다른 진로를 택해서 외국 가서 공부를 하고 대학교수가 되고 그래서 국회의원까지 되었습니다. 저의 젊은 꿈을 짓밟았던 전두환 씨가 한때 저의 미움과 증오의 대상이었지만 또 어찌 보면 전두환 씨가 저에게 세상을 바꾸는 이런 정치의 길을 가게 만들었다는 그런 또 묘한 느낌도 듭니다.

이 자리를 빌려서 87년 저의 꿈을 짓밟았던 그 실체, 그 보이지 않는 손이 무엇이었을까 다시 한 번 생각하면서 그것이 이번 토론을 통해서 줄기차게 이야기하는 정보기관, 당시에 안기부의 보이지 않는 손이 아니었을까 그런 생각을 하면서 이야기를 이어나가겠습니다.

물론 저만 피해자였겠습니까? 당시에 80년대를 살았던 또 70년대를 살았던 우리 선배들, 모든 사람들이 군부독재의 국가정보기관이 활개치던 그 시절에 무차별 사찰의 피해자였고 어쩌면 국민 모두가 피해자였습니다.

국민감시법이 통과되면 바로 그 시절로 돌아갑니다. 또한 무엇보다 미래세대까지 불행해집니다. 그렇지 않아도 연애·결혼 그리고 출산을 포기한 3포 세대, 주택 포기를 더해 5포 세대, 인간관계와 희망까지도 포기한 7포 세대입니다.

젊은 세대에게 물려줄 불행한 유산은 더 있습니다. 집회와 시위마저도 제한하는 복면금지법과 국민감시법입니다. 국민의 입과 귀를 막고 국민을 쉽게 감시하겠다는 것입니다. 바로 유신독재 국가의 발상입니다. 그래서 국민감시법 제지를 위해 오늘도 국민과 함께 싸우고 내일도 싸우겠습니다.

제가 본격적인 토론에 앞서 오랫동안 국회에서 나돌고 있는 핸드폰 괴담을 들려드리겠습니다. 국회의원들은 보통 2~3개의 핸드폰을 가지고 다니고 있습니다.

(휴대전화를 들어 보이며)

이것이 스마트폰이지 않습니까? 이 스마트폰만 가지고 다니는 국회의원은 거의 없습니다. 그런데 저는 가지고 다니고 있습니다.

초선 때 선배 국회의원님들이 저에게 걱정하면서 들려 주셨던 말씀이 '안 의원, 핸드폰 하나 더 가지고 다녀야 돼. 이것 감청당하고 있어' 하시면서 선배님들은 2개 3개 핸드폰을 보여 주시면서 '분명히 국정원이 감청을 하고 있어'······

그게 바로 우리가, 제가 17대부터 국회의원을 해서 지금 3선인데요, 17대 열린우리당 여당 시절에 저희 선배님들이 했던 이야기입니다. 여당 시절의 국회의원들도 당시에 저희들이 핸드폰 감청을 당하고 있다는 불안과 걱정 때문에 보통 한두 개의 핸드폰을 더 가지고 다녔습니다.

이것은 2G폰입니다. 이 2G폰은 감청이 되지 않는다고 합니다. 지금 저희들이 알고 있기에 국회의원들 사이에서 이야기하는 것은 국정원 직원들은 이 스마트폰을 사용하지 않는다고 합니다. 국정원 직원들은 2G폰만 사용한다고 합니다.

국정원 직원들은 왜 스마트폰을 사용하지 않고 2G폰만 사용할까요? 대한민국의 정보를 장악하고 정보를 통제하고 있는 국정원 직원들이 스마트폰 대신에 2G폰만 사용하고 있다는 이 사실, 이것은 무엇을 이야기하고 있습니까?

국회의원들이 스마트폰과 2G폰을 동시에 들고 다닌다는 이 사실 국민 여러분, 어떻게 이해하시겠습니까?

그런데 재미있는 것은요 저 같은 순진한 사람은 아직도 '국정원이 어떻게 불법감청을 할까, 국회의원을 어떻게 불법으로 감청을 할까'라는 순진한 생각에서 저는 하나만 가지고 다니고 있습니다. 그런데 우리 동료 의원님들은, 선배 의원님들은 저에게 항상 이야기하십니다. '안 의원, 분명히 도청당하고 있어. 감청당하고 있어' 그렇게 이야기를 하십니다. 저도 불안하지만 딱히 뭐 제가 비밀스러운 이야기를 할 게 없기 때문에 저는 이 핸드폰을 아직도 하나만 지금 가지고 다니고 있습니다.

재미있는 것은요 제가 12년 동안 국회의원 하면서 여야 의원들하고 만날 때 또 우리 야당 의원님들하고 만날 때 가끔씩 이 핸드폰이, 이 스마트폰이 감청을 당하냐 안 당하냐에 대해서 이야기를 합니다.

'야, 어떤 때 나 핸드폰 감이 뚝뚝 떨어지더라. 도청당하고 있는 것 같아' 또 어떤 일부 의원님들은 '아직 이론적으로는 도청이 가능한데 현실적으로 그거 불가능해' 의원들 사이에서 결론은 도청당할 가능성이 많으니까 조심해야 된다 그런 결론입니다.

모르겠습니다. 저는 아직도 저의 핸드폰이 감시를 당하고 있는지 모르겠습니다. 그러나 그래도 정보력이 뛰어난 의원님들의 주장은, 가령 국회에서 정보 분야 상임위를 다뤘던 의원님들일수록 100% 이 핸드폰이 감시당하고 도청당하고 있다고 믿고 있습니다.

그러면 대한민국에서 가장 고도의 정보력을 가지고 계시는 정보 계통의 국회의원들이 이 핸드폰이 도청당하고 있다고 주장하시면 사실은 그것은 사실일 가능성이 많겠지요. 그러면 국회의원들의 이 핸드폰이 감청당하고 있다고 하면, 그럴 가능성이 있다고 그러면 국민들에게는 누구든지라도 그럴 가능성이 노출되어 있다고 봐야 되지 않겠습니까?

저는 이 자리에서 국회의원들의 핸드폰이 감청당하고 있다고 주장하는 것이 아닙니다. 국회의원들이 여야 할 것 없이 모이기만 하면 이것이 감청이 되는 것인가 마는 것인가 의심을 하면서 그런 이야기를 아주 오랫동안, 저는 10년 넘게 들어 온 저의 핸드폰 괴담을 말씀을 드리는 것입니다.

이 괴담을 말씀드리는 것으로 핸드폰에 관련된 이야기는 이만 하도록 하겠습니다.

자, 그런데 지금 이야기되는 이 토론의 주제가 지금의

원안대로 통과된다고 하면 아마도 이 핸드폰 도청의 가능성은 현실화될 공산이 저는 높다고 봅니다. 아마 삼성핸드폰 공장이 문을 닫아야 될지도 모르겠습니다.

이 법이 통과되면 국민들께서는, 특히 연애하시는 우리 젊은 분들 스마트폰과 2G폰을 동시에 넣고 다녀야 될지도 모르겠습니다, 이 법이 통과되면요. 국민들은 그런 불안감과 그런 우려를 하고 있지 않습니까?

제가 의원님들이 미리 많은 말씀 하셨기 때문에 좀 더 쉽게, 어떻게 국민 여러분들께 저희들의 주장을, 저희들의 우려를 쉽게 이해시켜 드릴까 해서 좀 생각한 아이디어가 이 스마트폰과 2G폰 이야기를 제가 들려 드린 것으로 이해를 해 주시면 감사하겠습니다.

이 국민감시법은 많은 의원님들께서 지적하셨듯이 헌법정신을 부정하고 훼손하는 데 악용될 우려가 큽니다. 헌법에 대한민국의 정통성은 '3·1운동으로 건립된 대한민국임시정부의 법통과 불의에 항거한 4·19 민주이념을 계승하고, 조국의 민주개혁과 평화적 통일의 사명에 입각한다'고 분명히 되어 있습니다.

오늘 3·1절은 우리 대한민국의 자랑스러운 역사이고 인간의 자유와 평등, 나라의 자유와 독립의 권리를 천명한 3·1 정신은 지금도 인류사회와 국제질서의 보편적인 원리로 존중되고 있습니다.

일제식민지 치하에서 수많은 독립운동가들은 숭고한 3·1 정신을 계승하고 일제의 억압과 폭력에 맞서 조국 광복을 위해 싸워 왔습니다. 광복 이후에도 우리 국민은 독재와 불의에 맞서 민주주의를 쟁취하기 위해 땀과 피를 흘리고 쓰러지고 또 쓰러져도 오뚝이처럼 다시 일어나 죽음을 무릅쓰고 싸웠습니다.

군부독재는 국민감시법의 최대 수혜자인 국정원처럼 국가정보기관을 앞세워 민주주의 역사의 고비고비마다 시대의 양심을 대변하고 행동하는 민주인사들을 탄압했습니다. 무차별 불법사찰과 미행, 불법감금과 조작사건을 만들었고 심지어 차마 입에 담지도 못할 성고문 등의 반인륜적인 인권침해를 서슴없이 자행하며 민주주의 인권의 가치를 훼손했습니다.

하지만 우리 국민들은 끝내 군부독재를 무너뜨리고 민주주의와 정의가 승리하는 위대한 역사를 만들었습니다.

이승만 정권의 장기집권을 위한 조직적 불법·부정 선거에 항거하며 민주적 정권교체를 요구한 민주주의 혁명인 4·19 혁명이 있었고, 전두환 군사독재 정권에 맞서 비상계엄 철폐, 유신세력 척결 등을 외치며 민주주의 쟁취를 위해 항거한 한국 민주주의의 분수령이 되었던 5·18 민주화운동이 있었습니다. 그리고 호헌철폐, 독재타도, 직선제 개헌 쟁취를 외치던 한국 현대사의 민주주의 뿌리가 된 6·10 항쟁이 있었습니다. 이 숭고한 역사와 정신들은 상해임시정부부터 오늘의 정부에 이르기까지 대한민국 정통성의 뿌리가 되었습니다.

참여정부 시절에는 대통령 탄핵이라는 초유의 사태가 벌어지면서 한때 민주주의에 위기가 닥쳤지만 우리

국민들은 촛불을 들고 광장에 모여 오늘처럼 민주주의를 지켰습니다. 하지만 친일과 군부독재를 옹호하는 세력들은 아직도 건재하며 국가정보기관을 앞세워 끊임없이 헌법정신을 부정하고 국민과 민주인사를 탄압하며 역사의 수레바퀴를 거꾸로 되돌리려고 안간힘을 쓰고 있습니다. 바로 테러방지법을 빙자한 국민감시법도 마찬가지입니다. 군사독재정권은 유신헌법과 국가정보기관을 앞세워 장기집권 했습니다.

(정의화 의장, 이석현 부의장과 사회교대)

제가 여기 오기 전에 이종걸 대표님을 우연히 만나서 '대표님, 핸드폰 몇 개 가지고 다니세요?' 3개 가지고 다니신다고 합니다. 아마 존경하는 박영선 의원님 같은 분도 국정원을 향해서 하도 독하게 말씀하시니까 4개는 가지고 다니실 거예요. 김종인 저희 비상대책위원장님, 너덧 개 가지고 다닐 것 같은데요.

여당 대표님 어떨까요? 여당 대표님 절대로 1개 가지고 다니지 않을 겁니다. 두세 개 가지고 다닐 겁니다.

존경하는 정의화 국회의장님, 제가 내기를 걸겠습니다. 절대로 1개 안 가지고 다니실 겁니다. 그렇지요?

자, 박근혜정부도 국가비상사태를 선포하고 국민감시법을 통과시켜 국가정보원을 앞세워 장기집권 토대를 만들겠다고 꼼수를 부리고 있습니다. 결코 지금은 국가의 치안질서가 중대한 위협을 받아 공공의 안녕질서 유지가 불가능한 국가비상사태가 아닙니다.

국민 여러분!

여기 계신 방청객 여러분!

지금 대한민국이 국가비상사태 맞습니까? 지금 우리가 비상사태 그 위에 서 있습니까? 그저 국민감시법을 통과시키기 위해 억지춘향식 국가비상사태를 선포하고 직권상정 하면서 국민과 국회를 겁박하고 민주주의 체제의 근간을 위협하고 있습니다.

저희 더불어민주당은 어떠한 테러행위도 단호히 반대합니다. 테러를 막고 인류평화를 지키겠다는 마음은 변함없습니다. 그래서 직권상정 된 법안의 독소 조항을 수정하기 위해 중재와 타협을 요구하고 있지만 정부와 새누리당은 응답하지 않고 있습니다. 오히려 의회민주주의의 새로운 상징이 된 역사적인 필리버스터를 삿대질과 고성, 막말로 의사진행을 방해하고 폄훼하고 있습니다.

오늘은 다행히 이 자리에 계신 여당 의원님들께서는 품격 있고 점잖은 자세로 필리버스터를 경청해 주셔서 대단히 감사하다는 말씀을 드리겠습니다.

● **부의장 이석현** 안민석 의원님, 여당 의원님들이 방해 안 하시니까 제가 좀 방해하겠습니다.

뒤로는 누가 있나 못 봤지요?

● **안민석 의원** 우리 이석현 의원님은 핸드폰 몇 개 가지고 계시나요?

● **부의장 이석현** 저도 2개 있습니다.

● **안민석 의원** 그렇지요?

● **부의장 이석현** 누구한테 그런 말 안 했는데 물어보니까 할 수 없이 그런 얘기를 하게 되네요, 안 물어도 되는 일을.

● **안민석 의원** 저는 국정원을 믿기 때문에 하나만 가지고 있습니다. 믿는 게 아니라 순진한 것이지요.

● **부의장 이석현** 다음에 하나 줄게요, 2G폰.

● **안민석 의원** 예, 감사히……

● **부의장 이석현** 저 오기 전에 편안하게 발언하고 계셨습니까, 그냥 시달리셨습니까?

● **안민석 의원** 아닙니다, 아주 편했고. 우리 박윤옥 의원님, 전하진 의원님께서 아주 품격 있는 자세로 저의 토론을……

● **부의장 이석현** 여기 홍철호 의원님도 계신 것 같은데 뒤쪽에……

● **안민석 의원** 예, 홍철호 의원님도.

● **부의장 이석현** 모두 다 품격 있게……

● **안민석 의원** 아직까지는 아주 품격 있는 자세로……

● **부의장 이석현** 아니, 안민석 의원님, 요새도 금년에도 택시 운전했습니까?

● **안민석 의원** 주제에 벗어나는 질문이기 때문에 답변하지 않겠습니다.

● **부의장 이석현** 그러면 안 물어볼게요. 입장 곤란하면 대답…… 주제에 벗어났다고 하더라고, 다들.

● **안민석 의원** 아니, 2G폰은 이 법이 만약에 불행하게 통과된다고 그러면 부의장님이 주시는 2G폰 선물을 반드시 받도록 하겠습니다.

● **부의장 이석현** 예.
지금 저기 방청석에 오늘도 이렇게 가득 채우고 있어 가지고 소개를 먼저 하는 게 예의일 것 같습니다. 대단하십니다, 날도 추운데.
지금 김용태 의원 소개로 네 분, 정진후 의원 소개로 아홉 분, 정호준 의원 소개로 15인, 심재철 의원 소개로 4인, 설훈 의원 소개로 3인, 김태년 의원 소개로 3인 등이 방청하고

계십니다.
제가 대학교 다닐 때 제 지도교수 하셨던 양승규 교수님도 아까 오셨었는데 지금은, 그사이에 가신 것 같아요. 안 보입니다.
제가 그때 재판받으러 다닐 때 징역 살지만 않게 해 달라고 판사·검사 만나고 다녔던 참 제가 은혜 입은 교수님, 신세 진 교수님인데 은퇴해서 지금 쉬고 계신데 관심 가지고 이 방송을 우리 필리버스터를 그동안 보셨더라고요.

● **안민석 의원** 됐습니까?

● **부의장 이석현** 이게 좀 지속이 잘 되면 좋겠는데, 실은 어떻게 결정 날지 걱정도 됩니다. 이게 원래는 테러방지법 비켜 가려고 지연전술로 필리버스터를 한 건데
테러방지법 비켜서 오솔길로 왔더니 거기서 국민을 만났습니다.
그리고 국민이 우리를, 정치를 미워하는 줄만 알았는데 뜻밖에도 정치와의 소통에 목말라 있었습니다.
우리가 그 해답을 알았습니다. 진작 이런 소통을 했어야 되는구나 하는 반성도 합니다. 그래서 앞으로 총선 이후에도 우리가, 뭐 총선 이후에 우리가 여기 서 있을지 아니면 집에서 필리버스터 방송을 듣는 입장이 될지 모르겠습니다마는 어떤 입장에서든 국민과 정치가 만나는 광장이 지속될 수 있도록 복원되기를 여러분과 함께 기도하겠습니다.
안민석 의원님!

● **안민석 의원** 한창 탄력 받아가는 저의 필리버스터를 방해하신 부의장님께 유감의 표시를 합니다.

● **부의장 이석현** 그래서 그 보답으로 제가 핸드폰 하나 드리겠습니다.

● **안민석 의원** 제 지역구에서 '카우보이'도 오셨다고 이야기를 들었는데요.
자, 계속하겠습니다.
더불어민주당은 어떠한 테러행위도 단호히 반대한다는 말씀을 드리고 있지만 정부와 새누리당은 응답하지 않고 있습니다. 필리버스터에 대한 국민적 호응과 지지에 당황한 새누리당은 아군, 적군을 구분하지 못하고 무차별 난사하고 있으니 딱해 보일 지경입니다.
새누리당 의원님, 정말 하실 말씀 있으면 무제한 토론에 참가해 주시고 그러나 아직까지도 새누리당 의원님들께서는 단 한 분의 토론자도 없음이 참으로 딱합니다.
박근혜정부와 새누리당은 먼저 반성부터 하고 국민들께 사과해야 합니다.
국민 여러분!
지난 3년 동안 행복하셨습니까?
박근혜정부의 5대 무능은 바로 경제 실패, 외교·안보

무능, 민주주의 후퇴, 부정부패, 경제민주화의 실종입니다. 바로 경제 실패, 외교·안보 무능, 민주주의 후퇴, 부정부패, 경제민주화의 실종을 박근혜정부는 겸허하게 인정하고 성찰하고 대안을 야당과 함께 국민과 함께 모색해야 할 것입니다.

국가와 국민 모두 빚더미에 앉았습니다. 국가 부채는 600조를 훌쩍 넘었고 가계 부채는 1200조가 넘었습니다.

그런데 3주년을 맞이한 박근혜 대통령께서는 애꿎은 책상을 열 번이나 치면서 연일 국회와 야당 탓만 하고 있고 정부기관들은 형편없는 성적표를 놓고 자화자찬하고 있습니다.

2015년 정부업무평가 결과 기획재정부·산업통상자원부·미래창조과학부 이러한 부처의 예산과 주요 경제정책 결정권을 틀어쥔 힘 있는 부처들이 최고 등급인 '우수'를 받고 소속 공무원들은 포상금과 상훈을 받는다고 합니다. 정말 웃깁니다.

모두가 100% 행복한 대한민국이라던 박근혜정부에서 유엔 세계행복지수 어떤지 아십니까? 2012년 41위에서 2014년 47위로 6단계 하락했습니다.

아이들의 밝은 웃음이 우리의 미래라던 박근혜정부의 출산율은 4년째 OECD 꼴찌를 기록하고 있습니다.

꿈과 열정을 지닌 청년들이 마음껏 활약하게 하겠다고 했지만 1997년 외환 위기 이후 최악의 청년실업 사태로 꿈과 희망마저 포기하도록 벼랑 끝으로 내몰고 있습니다.

어르신들의 건강한 웃음이 더욱 커지도록 하겠다고 했지만 노인 빈곤율은 OECD 평균 4배나 됩니다.

골목상권은 살아난다고 했지만 박근혜정부에서 자영업자는 장사는 안 되고 빚만 늘어 15만 5000명 감소했습니다.

제가 이번 구정 때 저희 지역 상가를 돌아다니면서 들었던 여러 이야기 중에서 가장 안타깝고 충격적인 이야기가 IMF 때보다 더 힘들다는 장사하시는 상인들의 말씀, 이 말씀을 정부 여당이, 박근혜 대통령께서 깊이 들어야 할 것입니다.

또한 대한민국의 인권도 추락하고 있습니다.

제가 감기 때문에 목이 말라서 물을 자주 마신다는 점을 이해해 주시기 바라겠습니다.

대한민국의 인권, 추락하고 있습니다. 지난해 한 설문조사에서 10명 중 7명이 우리 사회 인권침해가 심각하다고 했고 세계인권의 날을 맞아 개최한 세계인권보고대회에서는 한국의 인권 상황에 대한 성토가 이어졌습니다. 국제 인권전문가들도 한국의 인권 상황이 악화되고 있다고 우려를 표명하고 있습니다.

지난해 세 차례나 국가인권기구 국제조정위원회로부터 등급 보류 판정을 받는 수모를 겪으며 국제적 위상이 추락했습니다.

국가의 인권 상황을 보여 주는 지표 중의 하나인 언론자유지수도 2009년 이후 최악입니다. 국제 언론 감시단체인 '국경없는 기자회'가 지난해 발표한 한국의 언론자유지수는 세계 180개국 중 60위를 차지했습니다.

그런데도 박근혜정부는 3년의 실정을 감추기 위해서, 잘못을 덮기 위해서 초헌법적인 국민감시법을 추진하고 있는 것입니다. 국가정보원을 괴물로 만들어 국민 아무나 테러의심자로 지목해서 개인정보와 금융정보를 훤히 들여다보도록 했습니다.

(● 전하진 의원 의석에서 — 어디 여기에 '국민 아무나'라고 되어 있습니까? 법조항이 그렇게 안 되어 있지 않습니까?) 지역구 주민들 생각하시면서……

(● 전하진 의원 의석에서 — 어디 '국민 아무나'라고 되어 있습니까?) 그럼 나오셔서 제 다음에 토론을 하셔요. 전하진 의원님, 토론을 신청하셔서 말씀합시다.

● 부의장 이석현 발언자인 안민석 의원님께 제가 말씀드립니다.

● 안민석 의원 전하진 의원님 초선이지 않습니까? 제가 3선 하면서 가장 못된 국회의원의 버릇이 동료 국회의원이 이야기하는데 끼어들기 하는 거예요.

● 부의장 이석현 안 의원님, 너무 자극하는 말씀 하지 마시고 제 말씀 들어 보세요.

● 안민석 의원 거기 계시는 의원님들, 하실 말씀이 있으시면 토론을 신청하세요. 삿대질하지 마시고요.

● 부의장 이석현 좌석에서도 좀 조용히 해 주시고 발언자도 좀 조용히 해 주시기 바랍니다.

(「아무리 찾아 봐도 없어요, 법조항에」하는 의원 있음)

● 안민석 의원 아니, 토론 신청하시면 되실 것 같다니까 왜 이렇게 끼어들기를 하세요?

송 의원님, 그러니까 자꾸 인터넷에서 송 의원님이 굉장히 악성 댓글을 받고 있지 않습니까?

(● 송영근 의원 의석에서 — 비아냥거리듯이 얘기하지 마세요!) 말씀 좀 들어 보세요. 이제 제가 할 이야기 중에 10분의 1 시작된 것이고 시합하려면 몸을 풀어야 되지 않습니까? 몸을 풀고 있는 선수한테 빨리 볼을 치라 그러면 그건 관중의 자세가 아니지요. 불량 관중이지요, 그것은. 들어 보세요.

● 부의장 이석현 발언자가 의장 말을 이렇게 안 듣는 건 또 처음이네요.

국회법 99조에 어떻게 되어 있느냐 하면 본회의에서는 반드시 의장의 허락을 얻어서 발언하게 되어 있어서요, 아쉽지만 지금 의석에 계신 의원님들과 발언자와 직접 일문일답하는 것이 금지되어 있습니다. 그래서 국회법을 준수한다는 뜻으로 그렇게 함으로써 발언자의 발언권이 보장된다는 뜻으로 안민석 의원은 개의치 말고 질문을 해 주시기 바랍니다.

● **안민석 의원** 예, 개의치 않겠습니다.

● **부의장 이석현** 물론 의석에서 하시는 말씀도 제가 귀담아 듣고 때로는……

● **안민석 의원** 개의치 않을 테니까 제 토론 중에 끼어드는 발언을 하시는 의원, 특히 고성을 지르면서 끼어드시는 의원님은 의장님께서 과감하게 필리버스터 최초의 퇴장 명령을 해 주시기 바라겠습니다.

● **부의장 이석현** 명심하겠습니다.
발언하십시오.

● **안민석 의원** 의장님만 믿고 계속하겠습니다.
국정원에 대한 불신이 해소되지 않는 한, 국정원이 국가가 아닌 정권을 위해 복무했던 역사적 잘못을 자기 고백과 반성을 하지 않는 한, 각종 독소 조항을 없애고 국민의 의혹과 불안이 해소되지 않는 한 국민감시법은 어떤 이유를 막론하고 통과되어서는 안 됩니다. 지금도 테러방지를 위한 각종 법령이 넘쳐나고 있습니다.
제가 국가에 의해 조작된 역사적 사건을 간략히 소개하겠습니다.
지금까지 다른 의원님들이 말씀드린 부분은 최대한 중복을 피하면서 정리를 했는데도 제가 말씀드릴 조작된 역사적 사건이 무려 스물일곱 가지가 됩니다.
그러나 이 사건 하나하나에 연루되어서 사형당했거나 패가망신당했거나 인생이 짓밟힌 가족과 당사자들은 한이 맺혀 있기 때문에 이 스물일곱 사건에 해당된 내용을 간략하게 역사에 고하도록 하겠습니다.
첫 번째, 조봉암사건입니다.
58년, 대한민국 검찰이 아무런 증거도 없이 공소사실도 특정하지 못한 채 조봉암을 비롯한 진보당 간부들을 국가변란 혐의로 기소하고 양이섭의 자백을 근거로 조봉암을 간첩죄로 사형시킨 사건입니다.
그러나 2011년 재심 판결에서 국가보안법 위반 혐의 등에 대해서 무죄 선고를 내렸습니다. 그러나 조봉암의 이 죽음, 누가 보상을 하고 있습니까?
두 번째, 인혁당사건입니다.
중앙정보부의 조작에 의해서 유신 반대 성향이 있는 도예종을 포함한 인물들이 대부분 사형선고 18시간 만에, 몇 시간 만에요? 18시간 만에 사형이 집행되었습니다.
역시 2007년 서울중앙지법은 피고인 8명의 대통령긴급조치 위반, 국가보안법 위반, 내란예비·음모, 반공법 위반 혐의에 대해서 무죄를 선고했습니다.
세 번째, 동백림사건입니다.
이 사건은 67년 7월 8일 중앙정보부에서 발표한 간첩단사건입니다.

국가정보원 과거사건진실규명을통한발전위원회는 2006년 1월 26일 당시 정부가 단순 대북 접촉과 동조행위를 국가보안법과 형법 간의 간첩죄를 무리하게 적용하여 사건의 외형과 범죄사실을 확대 과장했다고 밝히고 사건조사 과정에서의 불법 연행과 가혹행위 등에 대해서 사과할 것을 정부에 권고했습니다.
사과하면 뭐 합니까? 이 희생자들, 이분들의 가족들, 이 절규를 어떻게 보상할 것입니까?
네 번째, 이수근사건.
북한 조선중앙통신사 부사장이었던 이수근이 남쪽에 귀순하여 살다가 69년 1월 여권을 위조하여 해외로 출국하여 체포된 후에 간첩으로 몰리게 된 사건입니다.
69년 5월 10일 국가보안법 및 반공법위반죄로 사형을 선고받았고 판결 직후 항소 의사가 있음을 밝혔지만 결국 공식적으로 항소가 이루어지지 않아서 형이 확정되었습니다. 형 확정 2개월 만에야 사형이 서둘러 집행되었습니다.
다섯 번째, 납북 어부 서창덕 간첩조작 의혹 사건.
67년 황해도 앞바다에서 조업 중이던 북한에 피랍되었다가 귀환한 군산 출신의 서창덕이 간첩으로 누명을 썼다가 무죄선고를 받은 사건입니다.
여섯 번째, 재일동포 유학생 간첩단사건.
재일동포 강 씨는 76년 서울대학교 의대 유학시절 중에 북한 공작지도원의 지령을 받고 임무수행을 위해 국내에 잠입한 뒤 국내 기밀을 탐지해 공작지도원에게 보고했다는 혐의 등으로 기소되어서 이듬해 대법원으로부터 사형 확정판결을 받은 사건입니다.
서울고법은 2013년 1월 강 씨에 대한 재심에서 무죄를 선고했습니다.
일곱 번째, 최종길 교수 사건.
중앙정보부에서 유럽 간첩단사건으로 조사받던 중에 고문으로 인해 사망하였습니다. 당시 중앙정보부차장 김치열이 10월 25일에 최종길 교수가 간첩혐의를 자백하고 중앙정보부 건물 7층에서 투신자살했다고 발표했던 사건입니다.
법원은 국가권력이 나서서 서류를 조작하는 등의 방법으로 조직적인 사실을 은폐하고 고문 피해자를 오히려 국가에 대한 범죄자로 만든 사건에서 국가가 소멸시효 완성을 주장하는 것을 인정할 수 없다는 이유를 제시했으며, 법무부는 상고를 포기해 항소심 판결이 확정된 바가 있습니다.
제가 스물일곱 사건을 다 하기에는 시간이 너무 걸리고 저도 지금 감기 관계로 목이 안 좋아서 최대한 좀 시간을 효율적으로 써야 되기 때문에 알려지지 않았던 것만 중심으로 몇 가지를 더 이야기를 해 보겠습니다.
문인간첩단 조작사건.
피해자 김우종, 전 경희대 교수입니다.
일본에서 발행되는 잡지 '한양'이 반국가단체의 위장 기관지라는 점을 알면서도 원고를 게재하고 원고료를 받는 등 회합했다는 혐의로 이호철, 임헌영, 장병희,

정을병 등 다른 문인들과 함께 1974년 국군보안사령부에 구속됐고 법원은 징역 1년에 집행유예 2년, 자격정지 1년을 선고했습니다.

물론 재심 항소심에서 무죄가 선고되었습니다.

송 씨 일가 간첩단사건.

82년 3월 국가안전기획부는 송 씨 일가족 8명을 포함해 75일~116일 동안 불법 구금하면서 수사를 진행했고 같은 해 9월 '남파된 송창섭에게 포섭되어 서울, 충북에서 25년간 간첩활동을 한 그의 처와 아들 등 28명이 적발됐다'라고 사건을 조작 발표했습니다.

물론 이분들도 한참 지난 후에 일가족 8명 모두에게 무죄를 선고했습니다.

이 사건은 별로 알려지지 않았지만 이 가족들은 얼마나 오랜 세월을 피눈물을 흘렸겠습니까?

모자 간첩사건도 있습니다.

배 씨 모자는 숙부 이 모 씨를 도와 간첩활동을 했다는 혐의로 85년 체포되어서 배 씨는 징역 3년 6월, 이 씨는 징역 7년을 선고받고 만기 출소했습니다. 이들은 대공분실에 영장 없이 끌려가 고문을 당했습니다. 수사관들은 이들이 모자 사이임을 이용해서 아들이 자백하면 어머니를 내보내 준다 회유하면서 거짓진술을 받았습니다.

2006년 진실화해를위한과거사정리위원회는 이 사건에 대해 재심 권고 결정을 내렸고, 서울고법은 지난해 2015년 재심에서 무죄를 선고했습니다.

다 기가 막힌 사건들이지요.

강희철 씨 간첩사건 들어보셨습니까? 저도 이번에 공부하면서 처음 강희철 씨라는 이름을 들었습니다.

강 씨는 86년 4월 28일 경찰에 연행되어 85일 동안 불법 감금된 상태에서 수사를 받은 뒤 관공서와 기관, 학교 등의 위치를 북한에 알렸다는 혐의로 기소되어서 무기징역을 선고받았습니다.

그러나 이후에 제주지법 형사합의2부는 강 씨 사건의 재심청구 소송에서 공소시효는 지났지만 강 씨를 불법 구금한 사실을 당시 수사관들도 인정하고 있어 재심 개시결정을 내린다고 밝혔습니다.

또 한 두 가지만 제가 더 말씀드려 보겠습니다.

이번에 김기삼이라는 이분의 이름도 제가 처음 들었습니다.

김기삼 씨 간첩조작사건, 1980년 12월 8일 한국전력 검침원으로 재직하던 중 안기부 광주분실 수사관 두 명에 의해서 체포된 뒤 52일간 불법 구금된 채 간첩행위에 대한 자백을 강요받으며 잠 안 재우기, 구타 등의 가혹행위를 받아 특수지령수수와 국가기밀탐지 등으로 허위사실이 조작된 사건입니다.

광주고법은 이후에 국가보안법과 반공법 위반, 간첩 등의 혐의로 기소돼 유죄가 확정된 사건 당사자 김기삼 씨가—이미 80세가 되어 버렸습니다—재판 결과를 바로잡아 달라며 낸 재심청구에 대해서 이유 있다며 재심 결정을 내렸습니다.

마지막으로 재일동포 이종수 씨, 역시 처음 들어 보는 이름이었습니다. 재일동포 이종수 씨 간첩조작사건입니다.

보안사는 이종수 씨의 하숙방을 수색해 '마르크스 엥겔스 소전' 책자를 발견한 뒤 그를 강제 연행해 고문을 했습니다. 그래서 간첩이 되었습니다. 서울고법 형사10부 심리로 열린 재심에서 역시 무죄를 선고받았습니다.

이러한 사건이 지금 제가 말씀드린 이것보다 수백 배는 더 되는 것 같습니다. 참으로 기막힌 노릇 아니겠습니까?

이 사건의 공통점들은 장기 집권을 노리는 군부 독재정권이 정권의 위기 때마다 국가정보기관을 내세워서 멀쩡한 국민들을 빨갱이 간첩으로 조작한 정권 유지용 조작사건들입니다.

평범한 삶을 살던 사람들이 국가 권력에 의해 조작된 사건으로 삶이 어떻게 망가지고 어떻게 죽어갔는지를 보여 준 역사적인 사건들로 남의 이야기가 아니라 앞으로 이 법이 통과되면 언제든지 누구에게나, 우리에게 일어날 수 있는 사건이 될 것입니다.

이어서 국가정보기관에 의해 자행된 피해자이면서 민주주의를 사랑하는 모든 국민들의 가슴 속에 기억될 세 분을 소개해 드리겠습니다.

세 분 중에 첫 번째 분은 고 김대중 대통령입니다.

납치와 감금, 숱한 투옥 등 갖은 정치적 탄압에도 불구하고 한국의 민주화를 위해 헌신하셨고 죽음의 위협에도 굴하지 않으며 자신의 신념을 지킨 분입니다.

1980년에는 김대중 내란음모사건으로 신 군부세력에 의해서 민주화운동가 20여 명이 북한의 사주를 받아서 내란음모를 계획하고 광주민주화운동을 일으켰다는 조작된 혐의로 군사재판에서 사형 확정판결을 받았습니다.

사형 확정 후에 미국·독일 등 세계 각국 현지 교포들과 양심적 지식인, 정치인 등의 구명운동으로 무기징역으로 감형돼 석방받았습니다. 그분은 마침내 제15대 대통령선거에서 당선되어서 건국 이후 최초로 평화적 정권교체를 이룩했습니다.

취임하자 자신을 그토록 핍박했던 독재자와 군사 지도자들을 용서했습니다. 이미 박정희 전 대통령을 용서했으며 전두환·노태우 두 전직 대통령을 사면했습니다.

용서에 대한 그분의 생각은 1980년 군사재판에서 사형을 선고받은 후 아들에게 보낸 편지 중 '진정으로 관대하고 강한 사람들만이 용서와 사랑을 보여 줄 수 있다. 항상 인내하고 우리가 우리의 적을 용서하고 사랑할 수 있는 힘을 가질 수 있도록 항상 기도하자. 그래서 사랑하는 승자가 될 수 있도록 하자'라는 대목에서도 잘 드러났습니다. 그분은 한국인 최초로 노벨평화상을 받았습니다.

이것이 1980년 김대중 내란음모사건 제1심 최후진술입니다. 오늘 이 필리버스터 토론을 통해서 김대중 내란음모사건의 최후진술문을 낭독해 드리겠습니다.

'김대중 최후진술',

'이 순간 저의 머리에 떠오르는 것은 11월 5일 박정희 대통령의 국장 광경입니다. 저는 이를 청와대 출발부터 하관까지 지켜보면서 여러 가지 감회가 깊었습니다. 한 사람의 죽음, 동정 등과 함께 머리에 떠오른 것은 김수환 추기경이 "우리 모두에게 박정희 대통령의 죽음의 의미를 깨닫게 하소서"라고 한 말입니다.

박정희 대통령의 서거로 한 유신세대가 가고 역사적 시기가 시작되었다는 것을 부인하지 못할 것입니다. 이로써 민주주의가 봇물 터지듯 거대한 희망으로 솟아올랐습니다. 그러나 5월 17일을 기해 우리 민주주의는 누구도 생각하지 못했던 가혹한 시련 앞에 서게 되었습니다.

80년대는 긴 눈으로 보면 자유민주주의가 꽃이 되어 자유와 정의가 실현되고 안보의 힘으로 통일된 민주사회가 틀림없이 올 것 같았습니다.

부마사태는 우리 국민들이 자유를 위해 궐기한 획기적인 사태였으며 10·26 사태가 없었다면 아마 전국적으로 확산되었으리라고 생각합니다. 유신체제의 지도자 박정희가 돌아갔지만 패자도 승자도 없는 유신체제는 그대로입니다.

우리나라 민주세력은 지난 7년 동안 감옥을 내 집 드나들듯이 드나들면서 싸운 사람들이라고 생각합니다. 나는 승자도 패자도 없는 10·26 사태를 보고 모든 것을 하느님의 섭리로 생각하게 되었습니다. 민주주의는 타협·토론·대화로 이룩되는 것입니다.

나는 김홍일을 통해 시국 수습방안으로 첫째 안보, 두 번째 화해·단결, 세 번째 조속한 민주주의를 내놓았습니다. 이렇게 하기 위해 협의체가 필요하여 최규하를 적극적으로 지지하겠다고 했습니다.

3월 1일자 복권 성명에서도 일관해서 국민적 화해, 정치보복 반대, 정부와의 대화를 요청했습니다.

기자회견 때나 강연이 있을 때마다 최규하 대통령에 의한 정치 발전을 적극적으로 지지해 주겠다는 태도를 취했습니다. 그래서 11월 24일 YWCA 회의 결과에 찬동을 받지 않아 동지들로부터 별로 지지를 받지 못했습니다.

정부에 대화를 요청하고 정치 보복을 공개적으로 반대했습니다. 이 점에는 지금도 소신이 바뀌지 않았습니다. 차관급 이하는 그대로 자리를 유지해야 한다고 했으며 이 내용은 신문에도 났습니다.

저는 유신 잔당의 처리에 대해 생각해 본 적이 없습니다. 나는 김종필 씨도 국민들이 지지하면 대통령이 될 수 있다고 했으며 계속해서 정치보복 반대와 정국 안정을 요청했습니다.'

내용이 길기 때문에 중간은 생략하고 마지막 부분의 **김대중 전 대통령의 최후 진술을, 마지막 부분을 말씀드리도록 하겠습니다.**

'저는 내란 문제는 가슴이 아픕니다. 전연 본의 아니게 어이없는 혐의에 말려들었습니다. 데모하라고 자금 주었다는데 전혀 근거 없는 일입니다. 그리고 김대중이 아니었으면 지금 제 옆의 피고인들이 안 받았을 것이고 나왔다 하더라도 중형의 구형은 안 나왔을 것입니다. 다른 피고인들에게 죄책감을 갖고 있습니다.

하지만 도대체 내란을 하려면 조직적인 움직임이 있어야 하는데 5월 1일 우리 집에서 민주제도연구소 취임 승낙서도

다 받지 못하고 단 두 번 만난 것뿐입니다. 내란 음모하는 자가 이렇게밖에 할 수 없다고 보는가요? 상상도 할 수 없습니다.

5월 12일 북악파크호텔에서 장기표가 화염병을 가지고 뭐라고 했다는데 우리들이 일개 학생 말 한마디에 토론도 없이 만장일치로 좋다고 했겠습니까? 설사 그렇더라도 구체적인 준비와 계획이 있었을 텐데 그것도 없고 여기 우리들 중 한 사람도 승인한 사람이 없습니다.

한국정치문화연구소를 저의 사조직이라고 하는데 학생 데모가 났을 때 누구 하나 데모에 참가하거나 끼어든 적이 없습니다. 나서서 선동을 해야 하는데 그런 사람이 전혀 없으니 거짓이라는 것이 입증될 것입니다.

내란 음모의 장본인이 5월 11일 5자회동을 요청, 시국 수습을 주장하고 5월 12일 모임에서 신민당 입당 문제 상의 시 공산당에게 경고하고 학생 데모와 국민의 자제를 요청했고 5월 14일 동아일보 신문기자에게 학생은 데모를 중지하고 모든 것을 정치인에게 맡기고 자제해 달라고 요청했겠습니까? 5월 15일은 검은 리본을 가슴에 달고 서울은 장충단공원에서, 지방에서는 시청 앞 광장에서 민주화 촉진 국민대회를 개최한다는 말에 이런 일은 안 된다고 했습니다. 최규하 대통령이 귀국하면 수습대책을 발표할 것이고 20일 국회에서 밝혀질 것이니 그때까지 기다리자고 했습니다.

저는 관용은 바라지 않으나 이분들에게 최대의 관용을 바랍니다. 제가 책임을 지니 저들에게 억울함이 없도록 해 주시길 바랍니다.

80년대는 우리 국민에게 자유와 정의가 실현되는 민주주의가 세워져 우리 국민의 능력으로 통일이 되어 민주주의가 꽃 필 것이라고 확신합니다. 내가 죽더라도 국민의 손으로 민주주의가 실현될 것입니다. 그것이 하루빨리 오기를 바랍니다. 혼란과 격돌 없이 토론과 관용과 이해로 민주주의가 올 것입니다.

전두환이 대통령이 되는 데 대해 기뻐하거나 그렇지 않은 사람이 있을 것입니다. 재야 민주세력도 억울함이 없도록 국민총화로 민주주의를 이룩할 책임이 있다고 생각합니다.

기독교 신자의 한 사람으로서 모든 일이 하느님의 뜻이고 하느님의 원에 의해 제가 이 자리에 선 것입니다. 나는 모든 것을 하느님의 뜻에 맡기겠습니다. 사형을 구형받을 때 마음이 평안했습니다. 잠도 잘 잤습니다. 하느님의 뜻에 순종합니다.

나는 내 개인을 구원하고 옆에 있는 하느님의 자식도 구원을 받아야 한다고 생각합니다. 하느님의 정의를 위해 헌신하는 자유는 민주주의뿐입니다. 공산주의를 막고 원하는 통일을 이룩할 수 있다고 생각합니다.

나는 누구에게도 원한이 없습니다. 10·26 사태 후 나에게 해를 끼친 모든 사람을 용서하고 이 사건으로 이렇게 만든 모든 이들을 용서하고 기도하고 있습니다. 모든 것을 하느님께 맡기고 죽고 사는 것도 하느님께 맡기겠습니다.

국민이 바라는 민주주의가 평화적으로 실현되고 국민이 공산 위협으로부터 해방되어 조국 통일이 이룩되기를 바랍니다. 내가 죽더라도 우리 힘만으로 민주주의가 성취되고

정치 보복은 두 번 다시 없기를 바랍니다.

재판부에 감사드립니다. 변호인단께 진심으로 감사드리고 군 교도소, 법무부 교도소 관계자의 노고에 감사드립니다.'

이 글이 그 이후 25년이 지나서 대통령이 되신 고 김대중 대통령의 최후진술, 1980년 진술을 지금 이 자리에서 읽어 드렸습니다. 그리고 이 글을 2016년 3·1절, 3월 1일에 낭독해 드린다는 것이 참으로 서글프기만 합니다.

다음으로 소개시켜 드릴 국가정보기관에 의해 자행된 피해자, 바로 민주주의자 고 김근태입니다. 항상 평화로운 사람, 정의로운 사람, 지혜로운 사람이고자 했고 죽음 앞에서 마지막 순간까지도 꿈을 포기하지 않고 자기를 희생하면서 어떻게 살아가야 하는지 모범을 보여 주신 민주화의 큰 별이었습니다. 민주주의자 고 김근태의 1986년, 지금으로부터 30년 전 민청학련 사건 1심 최후진술을 소개해 드리겠습니다.

1986년 민청학련 사건 1심 최후진술문.

'먼저 본인과 본인의 사건에 대해 깊은 관심을 보여 주신 분들께 감사드립니다. 그리고 정치군부에게 당한 고문과 범죄행위에 대한 규탄, 항의한 국내외의 민주인사 여러분들께도 감사드립니다. 많은 분들의 격려와 항의로 정치군부의 음모의 그물을 저지할 수 있었습니다.

본인에 대한 이 사건은 2개의 잘못된 가정과 정치군부의 보복에 기초하고 있음을 지적합니다.

첫째, 오늘날의 민주화 열기가 김근태와 민청련에 의해 초래되었으며, 둘째 광범위하게 발생하고 있는 정치군부에 반대하는 학생운동의 배후는 명백히 존재하며 그것은 분명히 김근태일 것이라는 단정적인 가정하에서 이를 입증하기 위해 그리고 만들어 내기 위해 가능한 모든 방법을 사용하여 정치군부의 범죄행위와 은폐행위가 형성되었습니다.

따라서 본인은 이 사건에 대해 재판부는 마땅히 그리고 반드시 공소기각 판결을 내려야 된다고 주장을 합니다.

만약 본인의 사건과 고문 및 은폐행위를 2개의 사건으로 분리해서 접근한다면, 또한 실체적 진실과 이러한 범죄행위를 분리해서 생각한다면 이는 돌이킬 수 없는 과오를 범하는 것입니다.'

이 글도 길기 때문에 중간은 생략하고 읽겠습니다.

'남영동에서 당한 고문과 그 후 마음에서 지울 수 없는 상처를 되돌아보면 우리가 지배자들의 조직적 폭력과 박해를 뚫고 나가는 것이 얼마나 어렵고 인간으로서 감당하기 힘든 부담이 되며 용기 있는 일인가를 깨닫게 되었습니다. 나아가 본인은 이러한 70년대에 한 번 투옥되면 원 스타, 세 번 투옥되면 쓰리 스타가 되는, 그래서 주변으로부터 존경받고 어떤 의미에서는 어깨에 힘을 주는 이러한 민주인사에 대해 이해를 하면서도 속으로는 꼭 마땅하게 생각하지는 않았습니다.

그러나 이런 조직적 박해와 폭력적 탄압에서 용기를 잃지 않고 이 시대의 운명과 더불어 나가는 것이야말로 이 사회로부터 마땅히 존경을 받아야 하고 쓰리 스타, 포 스타로 나아가서 원수로 칭송받아야 된다고 생각합니다.

한 개인, 인간은 정치군부의 폭력적 탄압에 굴복하고 좌절할 수도 있습니다.

본인은 체포된 이래 수많은 굴종을 강요당했습니다. 두 무릎을 꿇고 살려 달라고, 아니 고통 없이 죽여 달라고 빌기도 했습니다. 그러나 김근태 개인은 좌절할 수도 있습니다. 김근태가 민주화 대열에서 당한 고난이 우리 사회에서 10명 그리고 100명의 민주화에 참여하는 사람들을 창출해 가고 있다는 사실을 직시해야 합니다.

우리 민주화운동은 이미 폭력적 탄압 아래서 굴복하고 좌절해 가는 사람 숫자를 10배, 20배로 보충하고도 남을 충분한 사람들이 민주화운동에 참여하고 동조하는 배후세력을 형성하고 있습니다. 이것은 지난 80년 5·17과 광주사태 이후 우리 사회에 새로운 민주화 열기를 고조시키고 물러설 수 없는 민주화 실현의 몇 단계를 진행해 온 것만 봐도 우리는 확신할 수 있습니다.

뿐만 아니라 20세기 후반은 인류의 위대한 각성의 시대입니다. 20세기의 수치라던 스페인·포르투갈·그리스에서 군사정권이 물러나고 다양성과 합의와 토의를 통해 민주적 사회로 진행해 가고 있습니다.

이것은 의심할 여지가 없습니다. 70년대에 신흥공업국으로서 국제무대에서 뻐기고 많은 경제발전 국가들에 의해서 칭송을 받던 브라질·아르헨티나·페루에서도 적과 동지, 폭력적 대응 이외에는 아무런 방법이 없던 군사정권으로서는 이른바 국가안보는 물론 경제발전과 민생문제를 해결할 수 없다는 것이 너무나 분명해졌고 이제 라틴아메리카의 거의 모든 국가에서 군사정권은 퇴진하고 민주적인 정권이 들어서서 이른바 통치는 물러가고 정치의 사회화가 시작되고 있습니다. 저 필리핀에서는 지금 위대한 민주의 승리의 나팔이 울리고 있습니다.

정치군부는 이른바 국가안보를 운위할 자격이 없습니다. 자신들의 특권 유지와 정치적 야심을 충족시키기 위해 서부전선을 비운 채 서울로 진격했으며 국민의 군대, 보안을 유지해야 할 보안사령부가 국민을 탄압하고 민주적 기본질서를 기본적으로 훼손시키는 장치로 기여하고 역할을 한 정치군부가 오늘날 국가안보를 위해 일한다는 것은 있을 수 없습니다.

또한 정치군부는 헌정질서를 말할 자격이 없습니다.

참모총장공관과 국방부에 총질을 하여 민주적 기본질서를 유린한 자들이 얘기하는 헌정질서라는 것은 근본적으로 정치군부의 특권에 대한 보호를, 정치군부에 대한 이의제기를 짓밟고 오직 굴종과 폭력적 탄압을 합법화시키고자 하는 하나의 정치적 언어에 불과한 것입니다.'

이 진술문도 이후 내용이 길어서 이 정도로 소개하도록 하겠습니다.

마지막으로 국가정보기관에 의해서 자행된 피해자는 아니지만 국가기관의 무차별적 월권을 막고자 했던 한 분의 대통령, 바로 고 노무현 대통령 이분께서 2003년 국가정보원 업무보고 및 직원 오찬간담회에서 하신 말씀을 소개해 보겠습니다.

2003년 6월 20일 국가정보원 업무보고 및 직원 오찬간담회에서 고 노무현 대통령이 하신 말씀입니다. 이것 어린학생들 잘 들으면 앞으로 본인의 민주주의적 가치를 함양하는 데 도움이 될 것 같습니다. 읽어 보겠습니다.

'가지고 있는 역량이 폐기되지 않도록 하는 범위 안에서……' 제가 이것은 경상도 톤으로 한번 읽어볼게요, 노무현 대통령님처럼.

"가지고 있는 역량이 폐기되지 않도록 하는 범위 안에서 효율적이며 전문적인 국민의 신뢰를 얻는 국정원으로 다시 태어나길 기대합니다.

반갑습니다. 대단히 감사합니다. 박수도 많이 쳐 주시고 밝은 표정을 보니 안심이 됩니다.

국가정보원은 국가 존립과 안전을 위해 대단히 중요한 국가기관입니다. 이 자리에 계신 여러분들 선발과 훈련 과정을 보면 한국에서 가장 우수한 인재집단이라 하겠습니다.

그런데 지난 몇 년 동안 시련이 있었습니다. 대통령이 되고 보니 기대와 불안이 여러분들 사이에 엇갈렸을 것입니다. 그러나 여러분들의 밝은 표정을 보니 불안이 가시고 있다는 것을 알겠습니다. 새로운 기대와 각오가 자리 잡는 것 같습니다. 맞습니까?

맨 처음 국정원을 쳐다보면서 골치가 아팠습니다. 저 같은 사람 잡다 혼도 냈던 곳이고 과거 정부에서는 정권에 봉사하다가 신뢰를 잃어버리고, 이 조직 어떻게 할지 처음에는 막막했습니다. 지금 와 보니 잘되고 있는 것 같습니다.

국정원, 검찰, 경찰, 국세청 이것을 4대 권력기구라고 하지 않습니까? 국회에서 이 기관장들을 꼭 따져 보도록 했습니다. 이 기관들이 과거에 권력을 위해 본의든 아니든 이용된 측면이 있습니다. 국정원으로서는 갈등과 시련을 보낸 시기였습니다. 여러분들도 엉뚱하게 정권의 몇몇 사례로 신뢰를 잃어버린 적이 있습니다. 그러나 이제 바뀌고 있음을 느끼고 있습니다. 잘하겠습니다.

개혁은 밖에서 타율적으로 요구하면 일회성에 그치고 맙니다. 여러분 스스로가 개혁을 주도해야 1차 개혁에 이어 2차·3차 개혁이 지속될 수 있습니다. 개혁의 보람을 느끼기 때문입니다. 개혁은 자기 살을 도려내는 어려운 일이자 불편한 것입니다. 그러나 잘하시리라 확실히 믿고 여러분에게 다 맡기겠습니다.

국정원 개혁의 첫 번째는 국가를 위해, 국민을 위해 일하는 것입니다. 정권을 위해서는 그만하십시오. 정권이 국정원에 대해 지금 묻지도 않고 요구하지도 않아서 여러분들이 불안해할지 모릅니다. 그렇지만 정권을 위한 국정원 시대는 이제 끝내 달라는 것이 나의 뜻입니다. 정권을 위한 국정원 시대는 끝내 달라는 것이 나의 뜻입니다.

개혁의 두 번째 목표는 국정원이 국가안전을 위한 전문적 정보기관으로 거듭나는 것입니다. 세계 최고의 국가정보기관이 되는 것입니다. 정치사찰 같은 것은 당연히 폐기됩니다. 갈등 조정과 국정 일반을 위한 정보 이것도 여러분들이 오랫동안 할 일은 아닙니다.

국가안전정보에 전념해 주십시오. 그러나 과도기적으로 해

주십시오. 그 역량이 폐기되기에는 너무 아깝습니다. 갑자기 다 바꾸다 보면 사람에 대해서도 구조조정을 하게 되는데 여러분 한 분 한 분에게 얼마나 많은 국민의 세금이 투자되었는지도 생각해야 합니다. 그만큼 여러분은 소중한 사람들입니다. 이 취지를 잘 살려 말 그대로 정보전문가, 프로페셔널이 되어 주시길 바랍니다.

자세를 바꾸는 것도 중요합니다. 제가 국회의원 시절 지역에 내려가 보니 국정원 간부들이 대접을 잘 받고 있었습니다. 즐거운 일일 수 있겠지만 여러분 조직에 가장 부담이 되는 일이라 할 수 있습니다.

이제 국정원은 세계 최고의 정보기관으로 거듭난다는 자세로 일을 해 주십시오. 과거처럼 이른바 끗발이 아니라 자부심과 보람으로 여러분이 제 위치를 찾아 주십시오.

제 임기 안에 자랑스러운 국정원이 될 수 있도록, 국민과 국민을 위한 국정원이 될 수 있도록 확실히 밀어 드리겠습니다."

이상으로 2003년 6월 20일 고 노무현 대통령께서 국가정보원 직원들에게 하셨던 말씀이었습니다.

박근혜 대통령님, 이 말씀 듣고 계십니까?

자, 지금까지 저에게 예정된 시간의 절반이 지났습니다. 이후에 신청한 의원님들에게 발언 기회를 형평성 있게 나누기 위해서 제가 준비된 발표보다 대폭 줄이려 합니다.

저는 이후에 그동안 이 자리에서 다른 의원님들이 말씀하셨던 내용은 가능한 한 중복하지 않으려고 합니다. 저만이 할 수 있는 토론 내용, 저만의 이야기로 나머지 절반 시간을 메워 가도록 하겠습니다.

두 가지 이야기를 드리려고 하는데요.

첫째는 국정원의 특수활동비 문제를 꺼내려 합니다.

저는 지난해 국회 예산결산특별위원회 야당 간사를 하면서 우리나라 400조 예산이 어떻게 쓰여지는가를 꼼꼼히 들여다볼 기회가 있었습니다.

400조는 대한민국 모든 부처에 나름대로 합리적인 이유와 근거를 통해서 편성이 되었습니다. 그런데 예산을 책임지고 있던 간사가 아무리 몇 달 동안 국정원 예산을 들여다보려고 했지만 들여다볼 수가 없었습니다. 기막힌 일 아니겠습니까?

예결위 간사가, 대한민국 예산을 책임지고 있는 국회 예결위 간사가 국가정보원의 예산이 1조가 되는지, 2조가 되는지를 모르는 채 내년 예산심사를 마쳤다는 것을 국민 여러분들께서는 믿을 수가 있겠습니까?

아무리 뒤지려 해도 아무리 만지려 해도 보이지 않고 만져지지 않았던 국정원의 예산, 오늘 저는 이 자리를 통해서 최대한 국민 여러분들께 밝혀 보려 합니다.

두 번째로 제가 말씀드릴 내용은 조선시대에도 감찰제도가 있었다고 해서 조선시대에는 백성을 어떻게 감찰을 했을까, 그리고 그 감찰에 대해서 백성들은 어떻게 대응하고 어떻게 저항했을까, 중국에서도 감찰제도가 있었다고 하는데 중국에서는 그 감찰제도가 어땠을까? 조선시대와 중국 감찰제도에 대해서 말씀드려 보도록 하겠습니다.

●**부의장 이석현** 안민석 의원님 자료 찾으시는 동안에 방청석에 또 계속해서 국민들이 밀려 들어오고 계십니다.

중간보고를 한번 드리겠습니다.

지금 방청석에는 정진후 의원 소개로 2인, 유은혜 의원 소개로 6인, 신계륜 의원 소개로 7인, 유대운 의원 소개로 6인, 최재천 의원 소개로 5인, 우상호 의원 소개로 23인, 서영교 의원 소개로 11인, 문재인 의원 소개로 5인, 최민희 의원 소개로 5인, 이언주 의원 소개로 5인, 윤후덕 의원 소개로 48인 등 방청하고 계십니다.

'의원님 소개'라고 하는 뜻은 지역구민인 경우도 있지만 의원실을 통해야만 방청권을 받게 되어 있어요, 규정이. 그래서 여기저기 연락이 닿는 대로 하신 그런 분들입니다.

정말 이 추운 날에도 우리 국회에 관심을 가지고 여기까지 왕림해 주신 데 대해서 너무 감사드리고 그러한 호응에, 기대에 어긋나지 않도록 저희가 더 열심히 노력을 하겠습니다.

고맙습니다.

●**안민석 의원** 의장님께 한 가지 부탁 말씀 드리겠습니다.

제가 감기가 들어서 목이 말라서 다른 의원님들에 비해서 물을 많이 마시고 있는데 지금 생리 현상이 급합니다. 그래서 3분을 좀 부탁을 드리고 화장실을 허락해 주시면 감사하겠습니다.

●**부의장 이석현** 예, 여기 본회의장에 부속된 화장실이 30초면 가니까 잠깐 이용하고 바로 오시지요.

●**안민석 의원** 1분 주십시오.

●**부의장 이석현** 예, 감사합니다.

제가 그 시간에 한 말씀 드리고자 합니다.

사람이 제일 소중하다고 생각을 합니다. 사람을 괴롭게 하는 관행은 깨뜨려야 됩니다. 깨뜨리면 그것으로 또 새로운 관행이 시작됩니다. 어려워도 새 길을 내면 그 새 길로 다니게 되는 것과 같은 이치입니다.

국회의 권위라고 하는 것은 비인도적으로 억제하는 그런 꾸밈에서 나오는 것이 아니고 사람을 존중하는 진정성에서 참 권위가 나온다고 생각을 합니다.

그래서 실은 화장실 가냐, 못 가냐 가지고 아직 통일된 의견은 없고 국회법 102조에 그 부분에 대해서 명시가 안 되어 있습니다. 그렇지만 나름대로 해석을 할 때 인간의 자유를 속박하는 그런 결정을 할 때에는 아주 신중하게 해야 된다고 생각을 하고 가급적이면 사람을 육체적으로도 편안하게 해 주는 쪽으로 법을 해석하는 게 맞다고 생각을 합니다.

그래서 저는 상당히 돌출적인 제안을 받았는데요, 화장실에 빨리 갔다 오시라고 그랬습니다. 우리 국민들이 잘 이해해 주시리라고 생각을 합니다.

국민 여러분, 혹시 그런 진행이 좀 못마땅하신 분이

있으면 그런 점도 인간주의라는 입장에서 폭넓게 양해해 주시면 고맙겠습니다.

(「잘했어요」 하는 의원 있음)

아, 오셨네요.

●**안민석 의원** 제가 지난 한 해 동안 예결위 간사로 활동했다는 말씀을 드렸습니다.

'특수활동비'라고 들어 보셨지요? 특수한 곳에 사용하는 예산 그것이 특수활동비입니다. 주로 굉장히 공개할 수 없고 투명하게 밝힐 수 없는 그런 예산들입니다.

그런데 지난해에는 몇몇 정치인들이 특수활동비를 받아서 개인 용도로 쓴 것이 밝혀졌고, 그래서 여야 대표들께서 특수활동비를 투명하게 공개하겠다고 지난해 봄에 언론을 통해서 국민들에게 약속을 한 바가 있습니다. 김무성 대표님도 약속을 하셨고 문재인 대표님도 약속을 하신 바가 있습니다.

아마도 그 규모가 제가 추정할 때는 2조 이상은 되는 것 같습니다. 어떤 분들은 8000억이라고 하고 어떤 분들은 9000억이라고 하고 어떤 분들은 1조라고 하는데요, 제가 볼 때는 한 2조 정도 되는 것 같습니다. 그러나 어느 누구도 정확하게 모릅니다. 이해가 안 되지요?

그래서 제가 미국은 어떻게 할지 미국 국회에 한번 알아봤습니다. 미국은 특수활동비를 국회의원들이 제한된 장소에서 요구하면 공개를 합니다. 물론 확인한 특수활동비 예산에 대해서는 기밀 유지를 서명하고서 특수활동비 내용을 들여다봅니다. 그리고 문 밖에는 해병대가 지키고 외부의 출입, 언론의 출입을 통제한 상태에서 제한된 공간에서 국회의원들이 특수활동비를 볼 수 있도록 법으로 정해져 있다고 합니다.

그 돈이 예민한 부분이면, 언론에게 밝힐 수 없는 예산이면 우리도 선진국처럼 그렇게 하면 된다고 생각했습니다.

그리고 제가 야당 간사로서 몇 달 동안 줄기차게 국회가 국민들에게 특수활동비 공개를 투명하게 하겠다고 약속을 했는데 이제 한번 이것을 제대로 해 보자 하면서 미국의 예를 들기도 하면서 밖에서 지키고 안에서 각서 쓰고, 그래도 적어도 여야 대표 한 사람씩, 예산을 책임지고 있는 여당 대표 김성태 간사, 야당 안민석 간사, 김성태·안민석 두 사람이라도 한번 보자, 그리고 내가 이것 발설하면 국회의원직 그만두겠다고 사인이라도 할 테니까 한번 좀 보자…… 끝내 보지를 못했습니다. 그 핵심이 바로 국정원 예산 때문에 그랬던 것 같습니다.

그 이야기를 한번 이 자리를 빌려서 국민 여러분들께 왜 지난해 특수활동비가 공개되지 못했는지, 도대체 국정원 예산은 왜 절대로 공개할 수가 없는 건지 지난 1년 동안 예결위 간사를 하면서 조금은 들여다봤고 또 추정하는, 추측하는 그런 얘기까지 함께해서 말씀드려 보겠습니다. 왜냐하면 이 테러방지법의 중심에 국가정보원이 있기 때문입니다.

그런데 이 국정원의 투명성이 지금 제가 말씀드린 것처럼 제로라는 겁니다. 투명성 제로의 국가정보원에게 무소불위의 힘이 주어지는 이 법이 바로 테러방지법이라고 저는 생각을 합니다.

국정원은 국민의 세금으로 특수활동비를 쓰고 있지 않습니까? 직원들의 급여도 마찬가지예요. 국정원에서 쓰는 모든 예산들은 다 특수활동비로 씁니다. 활동비, 국정원 직원들의 급여 이게 다 우리 국민들의 세금인데요, 그러면 당연히 이 특수활동비가 어떻게 쓰여지는지 저는 국민들이 알 권리가 있다고 생각을 합니다. 우리가 낸 돈인데, 우리가 낸 돈으로 국정원 직원들 급여를 주는데 세세하게는 못 밝히더라도 국정원 전체 직원들의 급여가 5000억이다, 6000억이다 그런 정도는 왜 못 밝힙니까? 이게 성역으로 되어 있어요. 하여튼 여당에서는 국정원의 '국' 자도 꺼내지 마라, 이러고 있습니다.

'왜 못 밝히느냐, 조금이라도 보자', '급여 액수를 조금이라도 노출하게 되면 국정원 직원 숫자가 적게 노출되게 된다' 되게 웃기는 거지요, 그렇지요?

아니, 그러면 적이 국정원 급여 전체 토털이 5000억인지 6000억인지 알면 직원이 몇 명인지 그걸 어떻게 압니까? 거기에 무수한 직위체계가 있을 텐데요. 그런 말도 안 되는 논리로 절대로 이것을 들여다보지 못하게 하고 있어요. 그렇게 성역으로 지금 되어 있기 때문에 이걸 공개하지 못하는 것입니다.

이 특수활동비가 국민을 감시하는 데 쓰는 건지, 국민을 보호하는 데 쓰는 건지 알고 싶지 않습니까? 국민들은 나를 보호해 달라고, 국민을 보호해 달라고 세금을 내서 국정원이 특수활동비를 가지고 쓰고 있는데 행여라도 이 특수활동비가 나를 감시하는 데, 국민을 감시하는 데, 국회의원의 스마트폰을 감시하는 데 쓰여지고 있다고 하면 안 될 일이지요.

혹시 국민을 도청하고 감청하는 데 쓰이지 않았을까 항상 두려워해야 합니까? 아니면 댓글 쓰는 데 사용했다는 그런 의혹을 받지 않습니까? 아까 제가 죽 열거해 드린 그런 간첩사건 조작하는 데 특수활동비가 쓰여진 것 아니겠습니까.

앞서서도 많은 의원님들이 이미 국가가 어떻게 간첩사건을 조작했는지 말씀해 주셨습니다. 그 간첩사건을 누가 조작했습니까, 경찰이 했습니까? 우리의 세금이 그렇게 쓰여 온 겁니다.

국정원은 억울하다고 할 수 있겠지요. 그러나 그 돈 중에서 간첩조작하는 데 쓰였다는 것을 국정원이 인정을 해야 되는 거지요.

아까 노무현 대통령이 하신 말씀 그런 것 아닙니까, '과거의 그런 국정원의 잘못을 자성하고 반성하고 성찰하는 것으로부터 국정원의 개혁이 시작되어야 된다' 그 말씀하시지 않으셨습니까?

국정원이 '억울하다' '아니다' 하면 예산내역을 밝히십시오. 왜 못 밝힙니까? 국정원이 그저 '국가안보를

위해서 썼다' 그렇게 주장하면 국민은 '아, 그렇습니까? 알겠습니다' 그래야 됩니까? 그것이 민주사회의 국민입니까? 그것이 민주국가입니까?

내 돈을, 국민의 돈을 가져가서 써놓고서도 어디에 썼는지 못 알려 주겠다는 겁니다. 이래서 특수활동비가 공개되지 못하는 거예요. 국민 여러분께서는 내역 없는 예산지출을 이해할 수 있습니까? 내역은 없는데 예산이 지출됐습니다.

그렇게 하시지요, 이후부터 국정원의 특수활동비가 1조라고 합시다, 저는 1조 넘는다고 보는데 대체적으로 1조 정도에서 컨센서스가 이루어지는 것 같으니까 국정원의 예산이 1조라고.

국정원의 예산 = 특수활동비입니다. 1조 가까운 국정원의 이 예산이 바로 국민 혈세입니다. 이것을 누가 어디에 어떻게 쓰는지조차 모른다는 것을 국민 여러분들께서 용납하시겠습니까?

국정원의 특수활동비와 테러방지법이 무엇이 틀립니까?

국민 여러분, 무엇이 틀린지 말씀할 수 있겠습니까? 그 차이를 알 수 있겠습니까?

테러방지법이 생기면 테러위험인물로 의심받는 사람이 증가할 수밖에 없겠지요. 그리고 개인정보, 금융정보, 감청, 조사·추적, 미행, 많아질 수밖에 없겠지요. 그러면 당연히 국정원의 특수활동비가 증가하겠습니까, 줄어들겠습니까?

국민 여러분, 다시 여쭙겠습니다. 너무나 간단한 질문입니다.

앞으로 만약에 테러방지법이 생겨서 국정원이 개인정보도 더 많이 추적하게 되고 금융정보 추적하고 감청, 미행, 이런 활동을 많이 하게 되면 국정원의 특수활동비가 더 많이 필요할까요, 더 줄어들까요?

당연히 더 많이 늘어날 수밖에 없는 것 아니겠습니까? 국민의 세금이 더 많이 늘어나는 것입니다, 국정원의 특수활동비로. 지금도 민간인 사찰과 정치 사찰, 신공안통치에 쓰인다는 의혹을 저희 야당은 하고 있습니다.

앞으로 저는 그런 걱정이 듭니다. 최근 몇 년 사이에 어쨌거나 국정원의 특수활동비가 국민적 감시도 많고 언론의 견제도 많고 야당에서도 지속적으로 특수활동비 줄여라, 줄여라 해서 줄지는 않았지만 그 증가하는 폭이 아주 소폭이었습니다. 그런데 이 테러방지법이 생기게 되면 국정원의 활동이 더 늘어나고 그러다 보면 더 많은 국정원의 특수활동비가 필요하고, 그러면 국민들의 더 많은 세금이 국정원으로 갈 수밖에 없는 거지요. 저는 이게 우려가 되는 것입니다.

얼마의 예산이 더 필요할까요? 저는 지금보다 2~3배는 더 많이 필요할 거라고 봅니다. 지금이 만약에 1조라고 하면 2조, 3조 정도를 국정원이 더 달라고 할 겁니다.

국정원이 더 달라고 하면, 제가 이렇게 이번에 예산 하면서 보니까요 기재부, 예산을 꽉 쥐고 있는 기재부에서 끽소리 못 합니다. 예산 심의하다가요 뭐 기재부 공무원이 어리버리하면서 말을 막 돌려 가면서 '아, 뭐 해 줘야 된다', 뭐 그래요. 그러면 그 돈은 바로 국정원에서 요구하는

안민석

돈이에요. '그것 왜 그러냐?' 그러면 눈짓하면서, '뭐 다 아시면서 이것 좀 봐주세요', 기재부도 꼼짝 못 합니다. 기재부가 꼼짝 못 하는 예산은 정부 어느 부처에서도 꼼짝 못 할 수밖에 없지 않습니까?

청와대에서도 국정원이 요구하는 것은, 청와대 예산 따로 있거든요. 청와대에서도 국정원이 요청하면 지금보다 2배, 3배…… 국정원이 요청한다는 것은 마치 국가를 위해서 반드시 필요한 예산으로 인식이 되어 있기 때문에 이게 우려가 되는 겁니다.

국정원의 예산이 많은 나라, 국민들 감찰하기 위해서, 국민들 사찰하기 위해서 국정원의 특수활동비가 더 많이 필요한 나라, 참 불행한 나라 아니겠습니까?

특수활동비는 공개되지 않은 음지의 권력입니다. 이런 권력이 계속 유지되는 게 온당합니까? 이런 권력의 권한이 지금보다 더 커지는 게 맞습니까? 이런 권력이 계속 유지되어서는 결코 안 되는 것이지요.

우리는 지금 국민을 감시하겠다는 정부를 막기 위해서 제가 지금 서른한 번째로 필리버스터를 하고 이 자리에 계신 우리 방청객들 또 시청자 여러분들께서도 이 심각한 토론을 무겁게 지금 보고 있는 것 아니겠습니까?

3·1절에 서른한 번째 필리버스터를 제가 하게 되면서…… 아마 97년 전에 지금 서울에서는, 지금 종로에서는 대한민국 만세 운동으로 태극기가 물결쳤을 것입니다. 독립을 향하는 우리 선조들의 외침이 이 한양거리를 다 덮었을 것입니다.

그래서 제가 그런 정도는 못 되더라도 이 민주주의를 수호하겠다는 3·1절 서른한 번째 필리버스터를 하는 의원으로서 그런 심정으로 이 자리에 섰고, 그래서 국정원 이야기를 제 보좌관들은 많이 말렸습니다. 왜? '의원님 찍힙니다', 그러나 97년 전에 우리 선조들은 목숨을 내놓고 태극기를 흔들었던 것 아닙니까? 뭐 저를 죽이기까지 하겠습니까? 그런 심정으로 국정원의 예산, 특수활동비를 말씀드리고 있습니다.

물론 이 국정원의 특수활동비, 국정원의 예산을 투명하게 하고 국정원의 예산을 어떻게든 견제를 하고자 하는 노력이 전혀 없었던 것은 아닙니다.

저 같은 경우에는, 뭐 저를 비롯한 의원님들이…… 뭐 여당 의원님들은 국정원 예산 이건, 국정원 예산 기억 자만 꺼내면 무슨 큰일이라도 나는 줄 알아요. 그래도 저희 야당 의원들은 어떻게 해서든 힘이 없고, 뭐 최근에는 조금 좀 살아나지만 작년까지 얼마나 어리버렸습니까? 그래도 뭔가 한번 투명하게 해 보려고 노력은 꽤 했던 많은 노력들이 있습니다.

저 같은 경우에도 예결위 야당 간사로 지난 7월 1일 날 선임이 되었는데 선임되자마자 제가 했던 이야기가 '특수활동비 투명하게 공개하겠다', 국회의원들이 잘 쓰는 말 있지요? '직을 걸고 공개하겠다', 물론 하지를 못했습니다.

그런데 저는 예결위 간사 정도 하면, 예결위 간사가 의지를 가지면 국정원의 특수활동비, 이것 제가 볼 수 있을 줄 알았어요. 저 혼자 지하실 들어가서라도 플래시 켜 놓고 볼 수 있을 줄 알았어요. 저 보지 못했습니다.

물론 공개적인, 이것도 힘들었어요. 특수활동비 제도개선 공청회 정도는 했습니다. 이것을 하는데요, 여당하고 두 달을 싸웠습니다. 여당은 공청회도 안 하겠답니다. 그래서 그 공청회를 열어서, 지난 10월 달에 공청회를 열어서 이 특수활동비에 대한 지적을 했습니다.

제도개선을 해야 된다, 이것은 뭐 여당 대표님도 약속을 하셨던 거고요. 제도개선 해야 된다, 결산심사 기능 강화해야 한다, 내역을 공개하라…… 아무것도 변한 게 없지요. 정말 죄송하고 무능함을 느끼고 자괴감을 느끼는 그것이 바로 특수활동비 예산입니다.

국회가 무엇입니까? 국회 기능이 뭡니까? 두 가지 아닙니까?

우리 이 자리에 초등학교 학생, 5학년 사회책에 나오는데요, 두 가지 아닙니까?

첫째, 법을 만들지요. 입법 기능. 두 번째 뭡니까? 행정부를 견제·감시하는 것 아닙니까? 따라서 국정원을 포함한 정부의 예산은 국회가 견제하고 심의하는 기능을 국민들에게 법적으로 부여받은 것 아니겠습니까? 그럼에도 불구하고 예결위 간사인 저조차 국정원 예산을 일체 들여다보지를 못했습니다.

제가 비교적 야당 의원들 중에서요, 여당 의원들한테는 좀 독하다는 이야기를 듣는 야당 의원 중의 한 사람입니다. '안민석' 하면 '아 참, 머리 아프다' 그럴 정도의, 그래도 여당 의원님들한테는 굉장히 아주 독하다는 평가를 받는…… 왜냐하면 제가 고지식해 가지고 타협 같은 걸 안 하거든요. 그리고 한번 마음먹으면 워낙 성격이 좀 집요해 가지고, 그러니까 지구 끝까지라도 쫓아가 가지고 뭐를 해결하는 그런 성격인데요. 그런 제 성격조차에서도, 그리고 제가 예결위 간사를 맡자마자 '이것만큼은 내가 밝혀내겠다' 하면서 공개적으로, '국정원, 꼼짝 마라. 특수활동비 내가 파헤치겠다, 공개하겠다' 그렇게 제가 마음먹었는데도 들여다보지를 못했습니다. 제가 못 했으면 이후에 어느 간사도 아마 저는 힘들 것 같습니다.

아무튼 국민 여러분들께 이 사실을, 죄송하다는 말씀드리고 또 그런 보고를 드리겠습니다.

국정원은 보자고 할 때마다 국가안보를 위해서, 우리는 국가안보 하면 딱 꼬리가 내려지지 않습니까? '국가안보를 위해서 안 된다', '아, 그러면 무슨 대북활동이라도 하나 보다'…… 그러면 우리가 말 못 하는 것 아니겠습니까?

그런데 가령 핸드폰을 감청하고 국민들 사찰하는 이런 일이 무슨 국가안보하고 관련이 있겠습니까? 그런데 '국가안보를 위해서 이것을 깔 수 없다' 그렇게 하면 참 미치고 환장하는 것이지요.

'특수한 활동 때문이다, 특수한 활동', 이것도 참, 특수한 활동이라는 것도 참 애매하면서도 좀 무서운 거예요, 그렇지요? 특수활동이다.

'기밀 때문에 공개를 못 한다', 그런데 1조 전체가

국가안보이고 보안이고 특수활동이고 기밀이겠습니까? '그래도 공개할 수 있는 것 반의반이라도 좀 한번 해 봐라' '반의반이 안 되면 10분의 1이라도 한번 보자' '나, 어디 지하실 끌고 가서라도, 그냥 내가 플래시 켜고라도 내가 좀 보고 싶으니까 그렇게라도 좀 해 달라' 그래도 거부를 당했습니다.

이런 국정원을 위해서 또 다른 권력인 테러방지법을 만들겠다는 것 아닙니까?

그 활동내역을 우리 국민들이 어떻게 알겠습니까? 다 국가안보에 관련된 건데요, 다 특수활동인데, 다 기밀인데 알려주지 않지요. 우리 국민들의 세금으로 국정원은 도대체 무슨 일을 지금 하고 있는 겁니까?

제가 지금 말씀드렸지요. 국민 여러분들께서 생각하시는 것처럼 국회가 별 힘이 없습니다. 국민 여러분들이 생각하시는 만큼 국회가 그렇게 강한 조직이 아닙니다. 수없이 질의하고 지적해도 씨알도 안 먹히는 곳이 바로 국정원입니다.

지금도 국정원의 특수활동은 국민의 두려움을 양산하고 있습니다. 지금 이 발언을 하는 저 역시 솔직히 두렵습니다. '혹시 또 제 신상을 털지는 않을까?' '우리 형님이 최근에 뭐, 뭐, 뭐 했는데 그쪽을 건드리지는 않을까?' 두려운 마음으로, 그러나 국민 여러분들과 함께하는 마음으로 이 말씀을 드리고 있는 것입니다.

국민도 두렵고, 국회의원인 저도 두렵고, 부의장님도 두렵고…… 부의장님도 몇 년 전에 아주 이상한 그런 일을 당했습니다. 두려워요. 그게 국정원입니다. 국정원의 특수활동, 두려워 아주 어쩔 줄을 모르겠습니다. 혹시나 내가 이런 이야기를 했다고 해서 국가 무슨 안보를 위협했다고 하고, 또 과거처럼 영장 없이 끌려가 가지고 이런저런 고초를 당하면 어쩔까 그런 걱정이 됩니다.

그런데 지금은 그래도 덜 하지요. 그냥 걱정일 뿐이지요. 왜? 테러방지법이 아직 제정이 안 됐기 때문에…… 테러방지법이 제정돼 있으면 저는 솔직히 고백하건대 이 이야기를, 국정원 특수활동비 이야기를 이 자리에서 저는 할 수 없을 겁니다. 테러방지법이 제정되면 이 이야기를 한 안민석부터 잡아갈지도 모르지요.

정말 의심이 광범위하게 듣고, 누구나 잠재적 테러 대상으로 보겠다는 것이 바로 테러방지법 아니겠습니까? 도대체 테러위험인물의 기준은 무엇입니까? 그 기준을, 그 기준이 있다면 명백히 법에 명시해야 되지 않겠습니까? 그렇지 않으면 개나 소나 전부 다 잠재적인 위험인물이 되는 것이지요.

테러방지법이 도대체 국정원에게 어떤 힘을 실어 주기 위해서 만들어지는 것입니까?

국정원의 특수활동 이것과 테러방지법은 저는 쌍둥이라고 봅니다. 같은 맥락에서 이루어진다고 저는 이해합니다. 바로 그겁니다. 국민을 아무도 모르게, 정권의 거추장스러운 인물들을 감시하고 통제하겠다는 것입니다.

국민 여러분, 국가를 견제하는 데 가장 강한 견제 수단이 무엇이라고 생각하십니까? 투명성 아니겠습니까? 그런데 예산이 투명하지 않은 집단은 우리가 견제를 할 수가 없는 것이지요. 반대로 국정원의 특수활동비가 투명해지면, 특수활동비가 어떻게 쓰여지게 되는지 알게 되면 예산을 제대로 쓸 수밖에 없겠지요. 이게 굉장히 중요한 겁니다.

지금도 국정원은 예산이나 활동에서 제가 말씀드린 것처럼 견제가 굉장히, 견제 수단이 굉장히 제한돼 있고 투명하지 못하지 않습니까? 저는 국정원에게 권한을 더 줘서는 안 되고 국정원은 권한을 더 가질 자격도 없고 능력도 없고, 국정원은 개혁의 대상이라고 생각을 합니다. 2003년 노무현 대통령이 말씀하셨던 국정원, 그 국정원은 개혁하지 않고 지난 10년 운영되어 왔습니다.

개혁의 대상인 국정원에게 무소불위의 권력을 주겠다는 것, 이것이 바로 테러방지법입니다. 이런 국민 감시를 통해서 국정원의 권한을 더 키우겠다고 하는 것은 있을 수가 없는 일입니다.

자, 다음은 제가 국회의원 300명 중에서 좀 특별한 활동을 지난 4년 동안 해 왔습니다. 우리나라의 약탈 문화재를 찾는 일을 해 왔습니다.

오바마 대통령이 2014년 4월 14일 날 한국에 왔을 때 박근혜 대통령에게 주었던 국새와 어보, 그거 박근혜 대통령이 찾았던 게 아니고요, 저와 저희 팀들이 찾았던 겁니다. 그런데도 저와 저희 팀들이 찾았다는 이야기는 한마디도 안 해 주더라고요. 그게 핵심은 아니고요.

제가 약탈 문화재 찾는 일을 하면서 역사에 대한 관심을 좀 가지게 되었고, 약탈 문화재라는 것이 전 세계에 15만 점이 있습니다. 15만 점. 일본에만 7만 점이 있어요.

약탈 문화재 말씀을 드리려는 게 아니라 약탈 문화재 찾는 일을 하면서 역사에 대해서 좀 관심을 갖기도 했고 역사학자들을 많이 알게 되었어요.

그래서 그 역사학자 중에 한 분이 제가 오늘, 저도 제가 31번째인 줄은 몰랐어요. 워낙에 32번째였는데, 요다음에 하실 김기준 의원님이 31번째였거든요. 그분이 지금 서울시 공천심사를 2시부터 하게 되어서 저한테 좀 바꿔 달라고 사정을 하더라고요. 그래서 바꿨는데 제가 31번째가 되어서 3·1절에 31번째 필리버스터 출격을 하는 그런 역사적인 행운을 얻었습니다.

그래서 그것도 이제 그 역사학자가 저에게 '아, 안 의원님이 31번째입니다' 그렇게 이제 저한테 알려 줘서 제가 31번째인 것을 알게 됐는데, 그 역사학자, 이름은 제가 실명을 거론해도 되겠습니다. 저와 함께 약탈 문화재를 찾으러 다니는 한신대학교 김준혁 교수라는 분이 있습니다.

이 교수님이 어제저녁에 그러시는 거예요. 조선시대에 감찰제도가 있었는데 이것을 우리 국민들에게 안 의원님의 필리버스터 시간에 소개해 주면 국민들이 굉장히 유익하게 설명을 들으실 것 같다고 그래 가지고, 제가 찾은 게 아니라, 제 보좌관이 써 준 게 아니라 한신대학교 김준혁 교수가 저에게 어젯밤에 공부해서 준 '조선시대 감찰제도' 이거 제가 한번 설명해 드리겠습니다.

이것은 아마 다른 의원님들 아무도 말씀하지 못한 거라서, 자랑을 좀 들어 보세요. 재미도 있어요, 좀 보면은요.

자, 조선시대 감찰제도 어땠을까요?

조선시대는 감찰제도를 백성들을 위한 효율적인 제도로 사용하였습니다. 오늘 정부 여당이 제정하려고 하는 '테러리스트법'과는 질적으로 다른 것입니다. 한신대 김준혁 교수도 나중에 국정원 갈지 모르겠어요.

현재 대한민국의 국가정보원과 매우 유사한 기능을 가진 조선시대 국가기관은 사헌부일 것입니다. 조선시대 경국대전에 법제화된 사헌부의 직무를 살펴보면 사헌부는 정치의 시비에 대한 언론활동, 백관에 대한 규찰, 풍속을 바로잡는 일, 원통하고 억울한 일을 펴 주는 일, 외람되고 거짓된 행위를 금하는 일로 되어 있습니다.

아, 우리 국정원이 이런 일 하면 얼마나 국민들에게 사랑받겠어요, 그렇지요?

국정원이 백성들의 원통하고 억울한 일을 보살펴 주고, 외람되고 거짓된 행위를 못 하게 하고 이런 일을 국정원이 하면 얼마나 좋겠습니까? 그런 국정원이 테러방지법 만든다고 그러면 국민들이 환영하겠지요.

자, 백성들을 위하여 노력하는 기관이었음을 잘 알 수가 있습니다.

그래서 사헌부의 관원들은 국왕의 잘못한 일을 간쟁하는 사간원의 관원들과 함께 간원이라는 자부심을 가지고 있습니다.

숨어서 백성들을 몰래 감찰하여 권력의 이익을 얻게 하려는 것이 아니라 한낮, 대낮에 잘못된 일을 하려는 사람들을 찾아내어서 벌을 주고, 권력을 이용하여 백성들에게 해악을 끼치는 권력층들을 잡아내는 일을 하기 때문입니다. 더불어 풍속을 어지럽히고 교묘한 말로, 거짓된 행동으로 백성들을 괴롭히거나 망하게 하는 자들을 감시하고 체포하는 일들을 하기 때문입니다. 국정원이 이런 일 하면 정말 멋지겠어요.

위의 직무 가운데 정치적 언론과 백관을 규찰해 탄핵하는 언론은 대사헌·집의·장령·지평 등만이 참여할 수 있으며 감찰은 관여할 수 없었습니다. 다만 감찰은 중앙의 각 관서나 각 지방에 파견되어 일의 진행과 처리에 잘못이 있는지의 여부를 감찰하는, 이름 그대로 감찰관 임무만 수행하였습니다.

아까 제가 똑바로 이야기, 말씀드려야 되겠는데, 시간이 뭐 그렇게 쫓기지 않으니까…… 아까 박근혜 대통령께서 오바마 대통령으로부터 받았다는 2014년 4월 13일에 국새와 어보, 9점이거든요. 기억하시는 분은 알 건데, 그런데 그 당시에 세월호가 터지면서 그게 묻혔는데 저희 팀들이 LA 라크마박물관에 있는 문정왕후 어보를 찾아내서 환수 결정을 세 차례 협상을 통해 가지고 받아낸 게 미국의 언론에 대서특필되면서 그날 밤에 미국의 어느 한 시민이 미국 검찰에 신고를 합니다. '내 친구 집에 가 보니까 저렇게 생긴 물건이 몇 개가 있더라', 그렇게 해 가지고 그 집을 검찰이 압수수색을 해 가지고 찾아낸 것이 지난

14년 오바마가 가지고 왔던 우리나라 국새와 어보 9개 종류입니다. 그래서 저희 팀들이 찾은 거나 거의 진배없다고 제가 말씀을 드린 겁니다. 제가 정정을 하기 위해서 말씀드렸습니다.

관원들의 비리 부분에 대해서만 한정해서였지 백성들에 대한 감찰은 존재하지 않았다. 이게 중요한 겁니다. 관원들에 대한, 그러니까 공무원들에 대한 비리만 사헌부가 감찰을 했지 일반 백성들에 대한 감찰은 하지 않았다는 겁니다.

전근대 왕조국가에서 사헌부의 기능은 오늘날 국가정보원과 비교도 안 되게 대단한 힘을 가진 기구였지만 감찰을 잘못된 관리에 대해 한정하였지 백성들을 상대하지 않았다는 것입니다. 그러니까 지금도 테러방지법 만들면서 '일반 국민들은 하지 않겠다'라고 선언하면 우리 국민들이 이렇게 휴일날 힘들게 방청하시고 TV 보면서 관심 가질 이유가 없는 것이지요. 국민을 대상으로 하지 않겠다고 선언하라 이겁니다.

그리고 감찰을 국왕과 고위관료들의 권력 유지 차원으로 사용하지 않았다. 이런 것 선언하라 이겁니다. '정권 유지를 위해서 사용하지 않겠다, 테러방지법을', 그런 것 선언하라 이겁니다. 그런 요소를 넣으라는 것이 저희들의 요구 아닙니까?

실제로 조선시대 정치에서 사헌부의 구체적인 기능을 찾아보면 다음과 같다.

첫째로 꼽을 수 있는 것이 언론활동. 오늘날 언론기관의 활동과는 조금 차이가 있지만 조선시대 언론활동은 국왕의 정책과 언행에 대한 비판입니다. 언론활동의 궁극적인 목적은 이상정치의 구현에 있었기 때문입니다.

둘째로 사헌부의 가장 큰 기능의 하나는 중추적인 정치참여기관으로서의 위치입니다. 이 관부에 소속된 관원들은 의정부·육조의 대신들과 함께 왕이 중신을 접견해 정치적 보고와 자문을 받는 자리인 죄인을 논죄할 일에 대하여 왕에게 묻는 조계와 국왕의 업무보고인 상참에 참여하였습니다. 좀 어려운 표현인데, 저도 잘 모르겠어요.

또한 의정부·육조와 함께 정치와 입법에 관한 논의에도 참여하였다. 오로지 국가에 대한 일만 했다. 이 이야기를 지금 하는 것 같습니다.

셋째로 사헌부 관원은, 말하자면 국정원 직원은 시신으로서의 기능도 가지고 있었습니다. 즉, 왕을 모시고 경서와 사서를 강론하는 자리인 경연과 세자를 교육하는 자리인 서연에 입시했고 왕의 행행(行幸)에도 반드시 호종하였습니다.

그러니까 좀 인텔리였던 것 같아요, 조선시대 사헌부의 관원은요. 아까 노무현 대통령도 말씀하셨지요. '국정원 직원 여러분들은 상당히 엘리트 집단이다. 다른 일 하지 말고 국가를 위한 일만 하라. 사찰하지 마라' 그런 말씀을 하시지 않았습니까?

넷째로 사헌부의 중요한 기능 중의 하나가 서경입니다. 관직에 임명된 관리들이 올바른 처신을 하는 자인지—이게

중요한 것 같아요—그 자리에 합당한 관리인지를 판단하여 서명해 주는 것이 서경입니다. 그러니까 공무원들이 제대로 똑바로 하고 있는지 이것을 감시를 하는 것이지요.

이러한 대간의 서경은 인사 행정과 법령의 제정 및 개정에 신중을 기할 수 있도록 한 중요한 제도였습니다. 그러니까 조선시대 공무원들이 엿장수 마음대로 못 하게 감시하는 것이 사헌부 관원들의 일이었다는 것입니다. 청렴성과 투명성을 최고로 여기는 조선시대에 사헌부는 투명성을 위한 기구이기도 했습니다.

다섯 번째, 법사로서의 기능을 가지고 있었습니다. 법령의 집행, 백관에 대한 규찰, 죄인에 대한 국문, 결송 등의 일을 행사하였습니다. 법령의 집행은 왕명을 받들어 법령을 집행하는 일로서 주로 금령의 집행이었습니다. 잘못된 일을 찾아내어서 처결하는 것입니다. 오늘의 검찰 기능이었습니다. 옛날의 사헌부는 오늘의 검찰의 기능을 또 가지고 있었던 것 같습니다.

이처럼 막강한 권한을 가진 사헌부는 오늘날 국가정보원처럼 왕권이나 신권 또는 당파에 이용되면 큰 폐단을 낳을 수도 있는 기관이었습니다.

그러나 조선시대는 사헌부의 기능이 원만히 수행되면 왕권이나 신권의 독주를 막고, 균형 있는 정치를 하는 데 기여할 수 있는 기관이라는 것을 확신하였습니다. 그래서 이 기관을 백성들을 위한 기관으로 만들기 위해 노력했고, 조선이 세계 어떤 나라와는 달리 500여 년의 역사를 지속할 수 있었던 이유 중의 하나가 바로 이 사헌부 때문이라고 평가를 하고 있습니다.

한편으로 사헌부의 기능을 균형 있게 하면서 국왕과 고위 관료들에 대한 탄핵도 서슴지 않게 했던 것을 파괴하고 자신들의 권력만을 위하여 사헌부의 관료들을 임명하고 그들을 자신의 눈과 귀로 삼아 감찰을 하고 이러한 정보를 가지고 협박과 비리를 일삼았기 때문에 조선은 망하기 시작했던 것입니다.

백성들은 비리세력에 의해서 온갖 명목으로 수탈을 당하고 마침내 자신들의 재산까지 빼앗겨 유리걸식하는 일이 생기게 된 게 조선 후반부 아니겠습니까? 그리고 힘이 없어진 조선은 끝내 나라를 일본 제국주의에 뺏기게 되는 것입니다.

겉으로는 국가의 안위를 위한다면서 실제 자신들의 권력을 위한 감찰은 나라를 파멸로 이끌고 마는 것입니다. 그렇기 때문에 국가정보원에 테러방지를 위한 전권을 주어서는 안 된다는 역사적인 이유가 여기에 있다고, 이것은 김준혁 교수가 저한테 꼭 좀 읽어 달라고 하면서 이야기를 해 준 것입니다.

중국의 사례도 김준혁 한신대 역사학과 교수가 제게 주셨습니다. 아마 참고가 될 만한 내용이기 때문에, 이것은 2페이지밖에 안 되네요. 한번 소개해 드리겠습니다.

명나라 건국자인 홍무제 주원장의 아들이었지만 자신의 조카를 죽이는 쿠데타를 통해 명나라의 황제가 된 영락제가 된 주체는 자신의 권력에 어느 누구도 대항하지 못하게

정보를 독점하는 권력기관을 만들었습니다. 그것이 바로 동창이라는 기관입니다.

영락제 주체는 오만했고 자신의 권력을 잃지 않으려고 늘 경계를 게을리하지 않았으며, 권력을 적극적으로 강화하는 경향이 있었습니다. 그는 자신을 추종하는 이들을 중용했습니다.

또한 환관에게 전례 없이 의존하여—환관, 십상시, 어디서 많이 듣던 이야기인데요—그들이 예로부터 맡고 있던 궁중 내부의 일에서 벗어난 일을 맡겼는데, 예를 들면 외교사절, 건축 자재를 징발하는 일 같은 특별한 사업의 감독관, 수비대가 주둔하는 군사 요새의 지역 감찰관 이러한 일을 부여를 했습니다.

이를 위해서 영락제는 즉위 18년째인 1420년에 특수 정보기관인 동창을 설치하였습니다. 지금 우리로 치면 안기부, 국가정보원 그런 특수 정보기관을 영락제가 즉위 18년째인 1420년, 동창이라는 이름으로 설치를 했습니다.

동창이 설립된 이유는 명나라 특유의 황제독재체제와 영락제의 쿠데타 집권이 합쳐진 결과였습니다. 원래 명나라 시조인 주원장부터 학문하는 지식인 신하를 신임하지 않은데다가 영락제가 쿠데타를 일으킨 후 장기간의 내전을 거쳐 즉위하자 양심 있는 학자들은 거의 협조를 하지 않았습니다. 영락제는 자신에게 협조하는 사람도 일단 의심하였습니다. 지식인 관료들을 신뢰하지 않은 영락제는 자신이 신임할 수 있는 환관들로 동창을 구성하였습니다.

동창에서 모으는 정보는 각종 음모, 반란의 조짐은 당연하고 낙뢰 등 날씨에 관한 정보부터 시정의 물가까지 다양했습니다. 하지만 주요 목적인 관료와 황족, 군인들을 감시하면서 꼬투리만 잡히면 잡아서 고문하고 이들을 죽이는 것이었습니다.

이처럼 동창은 다양한 정보를 수집하여 황제의 권한을 강화하고 황제가 세상의 움직임을 아는 데 도움이 되었으나 이러한 초헌법적인 정보기관인 동창은 환관들이 권력을 장악하는 데 크게 기여하였고 이는 명나라가 쇠망하는 가장 중요한 것이었습니다. 명나라가 망하는 결정적인 동기는 이 초헌법적인 정보기관 동창 때문이었다는 것입니다.

이 제도는 영락제 시대에는 그다지 악명이 높지 않았지만 그 후 수백 년 동안 황실 근위대와 협력하여 온갖 악행을 일삼은 비밀경찰로서 증오와 공포의 대상이 되었습니다.

결국 동창은 국가의 안위를 지키기 위하여 정보를 수집한다는 명분은 있었지만 실제 황제만을 위한 정보기관으로 활동하면서 역으로 백성들을 고통스럽게 만들고, 자신들의 이익을 위하여 아무 잘못도 없는 이들을 죄인으로 만들어 감옥에 보내고 죽이는 일을 서슴지 않았습니다.

이 대목이요, 이게 거의 600~700년 전의 이야기이지만 여기에 우리 기관하고 뭐 이렇게 대입해 가지고 이야기하면 이게 한 90%가 맞을 것 같아요.

그러니 백성들은 공포 속에서 살아야 했고, 결국 공포 속에 살던 백성들은 자신들의 나라가 망하는 것을 막지

않고, 자신들의 나라가 망하는 것을 막지 않고 외세에 굴복하여 청나라의 건국을 지켜보았습니다.

그러니 공포정치를 통한 정보의 독점이 얼마나 무서운 것인지를 알 수 있게 하는 것입니다. 공포정치를 위한 정보의 독점이 얼마나 무서운지를 알 수 있게 하는 것입니다. 따라서 이러한 역사적 사례를 통해 볼 때 국가정보원에 모든 권한을 주는 테러방지법 막아야 한다고 한신대학교 김준혁 교수가 저에게 이 글을 주었습니다.

아마 테러방지법 통과되면 김준혁 교수님 이민 가셔야 될 것 같아요. 이름은 밝히지 말라고 했는데 우리가 이왕 이 마당에 지식인도 용기내고, 국회의원도 용기내고 국민들도 시간 바쳐서 여기 오고, 막아야 되지 않겠습니까? 두려워 맙시다. 두려워 맙시다.

● **부의장 이석현** 안민석 의원님 말씀 중이신데 제가 사회교대 시간이 되었습니다. 좋은 토론 기대합니다.

(이석현 부의장, 정갑윤 부의장과 사회교대)

● **안민석 의원** 더 계셔도 됩니다.

● **부의장 정갑윤** 뒤에 사람 생각해야 돼요. 뒤에 사람 기다리고 있어요.

● **안민석 의원** 자, 이제 남은 시간 동안에 국민의 목소리가 어떤지를 박근혜 대통령 그다음에 여당 국회의원님들께 들려 드리겠습니다.

그리고 국민 여러분들께서도, 이 자리에 계신 방청객 여러분들께서도 이 목소리가 내가 생각하고 있는 의견과, 지금 나의 불안감과 나의 주장과 얼마나 같은지를 잘 들어보시기를 바라겠습니다.

제 지역구 오산 근처에 있는 아주대, 그냥 본인들의 허락을 안 받고 실명을 제가 한 번 이야기하겠습니다. 아주대 오동석 교수님께서, 이건 언론 기고가 된 거기 때문에 실명을 말씀드려도 될 것 같아요. 그런데 이 언론 기고가 굉장히 명문인데, 이 상황을 잘 정리하는 명문인데 이걸 접하지 않은 국민 여러분들이 많을 거라고 보기 때문에 제가 이걸 한 번 읽어 드리겠습니다.

아주대 오동석 교수님께서 언론 기고한 원고입니다.

"프랑스에서 테러라고 부르는 인명살상 범죄가 있었다. 이를 계기로 박근혜 대통령은 국회에 테러 관련 입법을 강하게 요구했다. 그러나 대통령은 14년 동안 테러방지법을 반대한 시민사회를 설득할 수 있는 근거를 내놓지는 못했다. 과연 테러는 왜 발생하며, 한국에서의 가능성은 어느 정도인지, 현재 테러방지 및 대응체계는 어떠한지, 어떤 문제 때문에 대한민국이 테러에 대해 속수무책이라는 것인지 아무런 설명이 없었다. 하다못해 그동안 테러방지법이 없어 어떤 테러가 일어났는지 증거를 제출하지도 않았다.

그동안 명멸했던 그리고 지금 국회에 계류 중인 테러방지법안의 핵심은 테러에 대응하는 조직을 개편하자는 것이다. 국가정보원이 출입국, 금융거래 및 통신이용 등 광범위하게 관련 정보를 수집하고, 국가정보원이 중심이 되어 각 부처가 일사불란하게 움직일 수 있어야 한다는 것이다. 그런데 막상 테러의 개념은 명확하지 않다. 거의 모든 범죄행위를 망라한다. 국가정보원을 무소불위의 권력자로 만드는 법이라고 비판하는 이유다.

테러방지법안은 제왕적 대통령의 권력을 더욱 강화하는 법이다. 국가정보원은 대통령 직속기관이기 때문이다. 더욱이 테러방지법안은 평시에도 군 병력을 동원할 수 있는 길을 열어 놓고 있다. 헌법은 비상사태 시 계엄을 선포한 경우에 한해서만 군 병력 사용을 허용한다. 평시 군사독재를 가능케 하는 위헌 법안 아니냐는 의심을 하는 까닭이다.

외국의 경우를 보더라도 테러방지를 빌미삼아 정보기관이 권력을 강화했다는 비판이 있다. 광범위한 예방조처의 결과, 자국민과 외국인의 인권을 침해하는 일이 적지 않게 일어났다는 평가다. 그런데 테러방지법안은 국회조차 통제하지 못하는 비밀정보기관을 무작정 믿어 달라고 강요한다. 헌법에 대한 무지다. 주권자는 통제받지 않는 권력을 믿지 않는다. 주권자는 통제받지 않는 권력을 믿지 않는다.

테러에 대한 대응이 급한 것이 아니다. 오늘날 우리는 작은 사건으로도 큰 재앙에 직면할 수 있는 사회에 살고 있다. 특히 인구가 밀집한 대도시는 재난 대처에 취약하기 때문에 대형 사고의 위험이 높다. 세월호 참사에서 볼 수 있듯이 정부는 재난 대처에서 무능력을 드러냈다.

박근혜 대통령은 대규모 인명 피해를 초래하는 재난을 방지하기 위한 대응체계를 어떻게 수립할지 먼저 고민해야 한다. 재난방지법이 있었지만 참사를 막지 못했고, 국가의 대응체계는 무력했다. 전문가들은 그 어떤 법을 동원하더라도 테러를 완전히 막을 수는 없다고 지적한다.

모든 일에는 순서가 있기 마련이다. 어떤 사건이든 왜 그 사건이 일어났는지 진상을 규명하고 다각도로 원인을 분석해야 한다. 기존의 대응체계와 능력을 진단·평가하고, 어떤 문제점이 있는지를 국민에게 고백해야 한다. 입법이 필요하다면 정부는 국회에 법률안을 제출하고, 국회는 국민의 입장에서 정부의 대책을 면밀히 검토하여 최종적으로 정부에 권한을 부여함과 아울러 민주적 통제장치가 있는 법률을 제정해야 한다. 민주공화국에서는 상식에 속하는 해법이다.

정부가 진정 국민의 안위를 걱정한다면 잠재적인 테러 가능성에 대처하는 것에 앞서 죽어가고 있는 국민들을 살리기 위한 방안을 찾아야 한다. 9년 동안 이라크 전쟁에서 사망한 이라크 군인, 경찰, 반군의 수가 3만 9000명인데 같은 기간 한국의 자살자 수는 자살예방법이 있음에도 11만 명이 넘는다."

한국의 자살자 숫자가 이라크 전쟁 기간 동안 사망한 숫자의 4배가 넘는다고 하네요.

"대통령은 전쟁보다 참혹한 현실에 직면한 국민의 삶을 안전하게 할 수 있는 길을 제시해야 된다. 과연 박근혜정부가 그런지 국민이 판단할 수 있는 잣대는 세월호 참사를 대하는 정부 태도의 변화다."

이상입니다.

오동석 교수님은 제가 개인적으로는 모르는 분이고, 아마 흔히 보수 진영에서 이야기하는 뭐 좌파 교수 그런 분입니까? 그런 분 아닌 것 같은데요. 굉장히 좀 드라이하게, 차분하게 이 상황을 잘 정리를 하신 것 같습니다.

다음으로 이재화 변호사, 개인적으로는 제 친구인데요. 지금 여러 좋은 글들 중에서 제 친구의 글이라서 읽어 드리는 게 아니라 지금 이재화 변호사 이 글이 많은 네티즌들의 호응을 받고 있고 많은 댓글이 달려 있습니다.

그래서 이 이재화 변호사의 인터뷰 내용을 제가 정리를 해서 소개시켜 드리는데, 굉장히 좀 전문적이고 예측 가능한 그런 정리들을 잘 해 주신 그런 인터뷰 내용입니다.

이런 게 제 이야기 하는 것보다 재미있지요.

이재화 변호사의 인터뷰 내용입니다.

'청와대가 국회의장의 직권상정을 요청한 것에 대해서는 국회의 자율적 입법권을 침해하고 삼권분립의 원칙을 무시한 반헌법적인 행위이고, 청와대는 대한민국을 민주공화국이 아니라 입헌군주제 국가로 착각하고 있다.

이재화 변호사도 테러방지법 제정되면 아마 이민 가야 될 거예요.

비공개로도 그렇게 하면 안 되는데 공개적으로 직권상정을 요청한 것은 국회의장을 대통령의 수하로 인식하는 걸 드러낸 거다. 이건 헌법을 무시하는 위헌적 행위이다.

박근혜 정권의 아버지인 유신정권 때도 이렇게 막무가내는 아니었다. 이것은 사회를 1980년대 수준으로 되돌리는 것이 아니라 유신보다 더 무식하게 하는 거다.'

점점 더 세게 갑니다.

'박근혜 대통령도 우리나라가 테러를 방지하기 위해서 이런 기본적인 법체계조차 갖추지 못하고 있다는 것, 전 세계가 안다. IS도 알아 버렸다면서 테러방지법의 조속한 통과를 요청한 것은, 박 대통령께서 IS도 우리나라가 테러방지법이 없다는 걸 알았다고 말하는데 이것은 마치 살인죄 처벌규정이 있으면 살인이 일어나지 않는다는 발상과 똑같다.'

이것은 멋있는 비유인 것 같아요.

'대한민국에 살인죄 처벌규정이 있는데도 모든 살인을 막을 수는 없다. 그리고 테러단체가 테러방지법이 없는 나라를 골라서 테러하는 것도 아니다. 실제로 프랑스와 미국에는 테러방지법이 있다. 법만으로는 막을 수가 없다. 법으로 테러를 방지할 수 있다고 생각하는 것은 착각이다.

지난 14년 동안 국정원에서 테러방지법을 제정하려고 시도했으나 국민이 반대해서 못 했다. 그렇다고 14년 동안 법이 없어서 테러가 발생한 게 아니다.

미국 9·11테러가 일어난 때부터 국정원이 테러방지법 제정을 주장했다가 못 하고 이번 프랑스 테러사태를 계기로 다시 테러방지법을 제정하려고 한다. 이것은 국정원이 테러를 빙자해서 자신의 역할을 강화하려는 것이다.

또한 테러방지법을 만들면 모든 국가 권력이 국정원 산하로 다 들어오고, 국정원이 테러방지를 이유로 국민이나 시민단체, 각 정당의 모든 증거나 비밀을 접할 수 있다. 대통령은 그걸 통해 손쉽게 국민을 통제할 수 있다. 한마디로 국정원에 대테러센터를 두고 국정원이 정부부처나 행정관청을 총괄하도록 하는 것이다.'

아까 복습해 보겠습니다. 아까 중국의 그거랑 좀 비슷할 것 같은데 뭐였지요? 아까 중국 명나라의 동창(東廠)을 연상하게 합니다.

'국정원이 누군가를 테러단체의 조직원이라고 판단하면 그 사람에 대한 출입국 관리기록이나 금융정보를 손쉽게 수집할 수 있도록 하는 거다. 즉 테러방지법은 해외의 테러정보수집보다는 대국민용……

박 대통령이 1차 민중총궐기 집회 당시 마스크를 쓴 시민을 IS에 비유했다. 이처럼 테러방지법이 제정되고 국정원이 시민을 테러단체의 조직원이라고 의심하기만 하면 법원으로부터 영장을 발부받을 필요 없이 개인이나 단체의 금융정보, 이메일, 각종 온라인 정보를 다 수집할 수 있다. 이렇게 되면 헌법상 영장주의는 완전히 파괴되는 거다.

새누리당 의원이 낸 테러방지법을 보면 국정원장이 테러를 방지하는 데 필요하다고 생각하면 대통령에게 군병력 동원을 건의할 수 있고 대통령은 그 건의에 따라 군병력을 동원할 수 있게 돼 있다.

그러나 우리 헌법에 보면 계엄선포가 아니면 대통령이 군병력을 동원하지 못하게 되어 있다.

계엄선포 요건이 충족되지 않았음에도 불구하고 군을 동원할 길이 열리게 된다. 예를 들면 1차 민중총궐기 대회를 대통령이 테러로 규정하면 군을 동원해서 시민의 집회 및 시위를 강제로 진압할 수 있게 되는 것이다. 그러면 헌법은 휴지조각이 돼 버리는 무시무시한 거다.

새누리당이 제출한 사이버테러 방지법안에는 왜곡된 정보를 유포하는 것도 '사이버테러'라고 규정하고 있다.

국정원이 정부에 비판적인 표현을 마음대로 사이버테러로 규정하고 그것을 핑계로 개인의 통신비밀 등을 영장 없이도 언제든지 수집하게 되는 것이다. 국정원이 국민의 사생활을 고스란히 들여다보는 것이다. 국정원이 국민의 사생활을 고스란히 들여다보는 것이다.

그것뿐만 아니라 국정원이 허위사실 유포라고 생각하면 SNS상의 글을 임의로 삭제할 수도 있다. 또한 국정원은 사이버 해킹 사건을 조사할 수 있게 되는데 국정원이 그 해킹 사건 조사 시에 알게 된 정보를 갖고 민간인이나 민간기업에 대해 뒷조사나 압박 수단으로 활용할 수 있게 된다.

테러방지법이 통과되면 정권 교체는 없다. 야당 지도부가 테러방지법의 숨은 의도에 주목해서 투쟁을 해 주면 좋겠다. 설마가 사람 잡는다. 만약 테러방지법이 통과되면 제가 우려했던 것이 현실될 것이다. 그때 후회하면 이미 늦는다.

이 글을 쉽게 그리고 구체적으로, 인터뷰를 이재화 변호사께서 하셨는데, 저는 우리 중·고등학교 학생들에게 테러방지법을 잘 이해할 수 있는 글로 이재화 변호사의 인터뷰를 강추드리고자 합니다.

다음 글이요, 여기 우리 대한민국의 미래, 대한민국의 희망, 그러나 좌절하는 우리의 사랑하는 대학생들 많이 오셨는데요. 고려대 교내 게시판에 부착된 실명 대자보 내용이니까 실명을 제가 말씀드리겠습니다.

박한수 학생입니다. 고려대학교 박한수 학생이 쓴 대자보가 간단한데, 간단하게 핵심만 실렸습니다. 소개하겠습니다. 테러방지법을 걱정하면서 박한수 학생이 대자보를 쓴 겁니다. 지금도 아마 고려대학교에 붙어 있는 것 같아요.

'박근혜 대통령님, 더불어민주당의 필리버스터가 기가 막히십니까? 대통령님이 의원이실 때 통과된 선진화법에 규정된 합법적 수단입니다. 경제활성화안을 통과시키려 서명까지 친히 하시더니 이제 자극적인 언어로 국회를 압박하려 하십니까? 깊이 있는 논의는 생략한 채 속전속결로 법안을 처리하는 것이 국민의 뜻입니까? 민심과 유리된 대통령님의 행보만큼 기막힌 건 없습니다.'

테러방지법이 제정되면 박한수 학생 이민 가지 않도록 이것은 저희 야당이 박한수 학생을 잘 지켜 내겠습니다.

그리고요 제가 이제 무제한…… 이제 거의 끝나 갑니다.

제가 이제 무제한 토론을 준비한다니까 제 지역구 오산, 아까 말씀드렸지요 오산비행장이 오산에 있다고 생각하시면 오산입니다. 오산비행장은 새누리당 원내대표, 원유철 원내대표의 지역구입니다. 제 지역구 아닙니다.

제 지역구 오산지역에 계신 여러 지인분들이 페북이나 트위터, 제 메일로 의견을 주셨는데요, 이게 생생한 국민의 목소리이기 때문에 국민의 목소리 전해 드리면서 제 발언을 이제 마무리하려고 합니다. 짧은 것도 있고 긴 것도 있는데요 국민들의 목소리, 우리의 목소리, 전해 드리겠습니다.

'힘을 내십시오. 용기를 내십시오.'

이것은 실명을 안 하는 게 좋을 것 같아요, 허락을 안 받았으니까요. 여성분인 것 같아요, 여성 이름인데요.

'우리는 어떠한 사람을 싫어하거나 반대할 때 어떠한 이유도 없이 그 사람을 반대하지 않습니다—아, 멋있습니다—그것은 여야를 떠나 모두가 그럴 것입니다. 보통은 그 사람의 과거 행적을 보고 판단하지요. 제가 테러방지법을 반대하는 것도 국정원의 과거 행적을 보고 반대하는 것입니다.

저는 기본적으로 국정원 같은 것은 필요하다고 생각합니다. 국가의 안보를 책임지고 정보전을 펼칠 수 있는 것 말이지요. 영국의 MI5나 미국의 CIA 같은 기관 말입니다. 하지만 대한민국 국정원은 이미 그 본질을 잊고 일부 기득권 세력만을 위해 존재하는 권력 유지 기관이 되어 있어서 이 기관에게 엄청난 권한을 주며 국민 사찰을 정당화해 주는 이 법에 반대하는 것입니다.

얼마 전 국정원이 국민 메신저인 카톡, 아시아의 메신저인 라인, 그리고 밴드마저 사찰했다는 것을 알았습니다. 제 카톡에는 제 애인과 나눈 낯간지러운 말들도 있고—좋으시겠어요—대한민국을 불평한 말도 있으며 친구들과 한 야한 얘기도 있습니다—친구들과 야한 얘기를 하나 보지요?—제 어머니 밴드에는 꽃 나들이 다녀오셔서 찍으신 예쁜 사진들과 동호인 사진들이 있습니다. 저는

이것들이 대한민국 국민으로서 보호받아야 한다고 생각합니다.

만약 제가 대한민국을 불평하며 한 말들이 국정원의 심기에 거슬려 제가 테러리스트라고 판단되면 제 대화들이 사찰 대상이 되겠지요. 대한민국헌법 제18조에는 "모든 국민은 통신의 비밀을 침해받지 아니한다."라며 표현의 자유를 인정하고 있습니다. 아무리 국가안전을 위해 이를 억제할 수 있다 하여도 모든 대한민국 국민이 대상이 되어서는 아니 되며 정당한 절차를 거쳐야 한다고 저는 생각합니다.

국정원은 그동안 수많은 일들에 연루되어 과거의 행적을 스스로 더럽혔습니다. 저는 이 과거 행적들에 근거해 국정원의 권한 강화에 반대하는 것입니다. 과거가 더러운 사람에게 당신의 모든 것을 공개하실 수 있으시겠습니까?'

애인이 있고 친구들과 야한 얘기를 했다는 것 보니까 젊은 친구 같아요. 정말 이 친구 이름은 제가 공개할 수 없지만 신의 은총이 함께하기를 바라겠습니다.

다음은 제가 존경하는 목사님인데 이분은 실명을 공개하라고 그러셨어요. 제 지역구 오산에 계시는 김자 영자 준자 목사님이십니다. 목사님의 짧은……

잠깐만, 그리고 제가 이것을 지금 해야 되겠다고 생각한 게 정말 유감스럽게도 저희 더불어민주당 지도부에서 이런저런 이유로—저는 절대로 공감하지 못하겠습니다—이 필리버스터를 중단하자라는 결정을 했습니다. 그래서 지도부가 꼭 해야 되겠냐고 저한테 전화했을 때 꼭 해야 되겠다고 하고 이 자리에 섰습니다.

이 필리버스터가 언제까지 진행될지는 모르겠지만 수명이 얼마 남지 않은 것 같습니다. 그래서 막바지에 접어든 이 역사적인 필리버스터의 후반부에 국민 여러분들의 생각과 의견을 전달해 주는 것 또한 의미 있는 필리버스터를 채우는 시간이라고 생각했기 때문에 국민들의 목소리를 전해 드리겠습니다.

오산의 김영준 목사님의 필리버스터 소감인 것 같습니다.
'테러방지법의 가면을 쓰고서 현 정부가 장기 집권의 음모를 꿈꾼다.' 이분은 평소에 굉장히 점잖은 목사님이신데 아주 강하게 시작을 하시네요. '민주국가의 법은 국가의 안녕과 질서 그리고 국민들의 자유와 복지를 실현시키는 데 의의와 가치가 담겨져 있다.

그러나 2016년 임시국회에서 직권상정 된 일명 테러방지법의 내용을 보게 되면 제목과는 다르게 테러로부터 국민과 재산을 보호하기 위한 목적보다는 정부 권력이 국민들의 가장 소중한 자유권을 침해하는 대국민 감시·도청·감청·수색, 개인정보 감시 등으로 악용될 우려가 클 정도로 독소 조항들이 나열되어 있음을 보게 된다. 또한 국가비상사태 시에 있을 법한 헌법을 넘어서는 권한을 국가 기관에게 줌으로써 심각한 권력 남용과 인권 침해의 상황을 불러오게 되는 것이다. 우리는 군사독재정부 시대를 살면서 뼈저리게 겪은 불행한 역사들을 되풀이해서는 안 된다.'
이 목사님의 연배는 군사독재정권 시대를 체험했던

70년대 학번의 목사님이십니다.

'일명 테러방지법은 정부 권력이 개인의 자유와 인권을 감시·통제·억압해서 국민들의 눈과 귀를 어둡게 하여 장기 집권을 만들어 가는 과정에 불과하다. 박근혜정부가 국회에서 직권상정과 여당 의원들을 동원해서 테러방지법을 강행 통과시키려 하는 이 중요한 시기에 야당 의원들이 필리버스터를 실행하는 모습을 방송을 통해 보면서 야당 의원들에게 감동의 박수를 보낸다.'

12년 만에 처음으로 이 목사님이 저한테 칭찬을 지금 해 주시네요. 만날 저를 혼내기만 하시더니.

'필리버스터는 다수당의 일방적 진행을 저지하려는 소수당의 과학적이고 합리적인 의사 진행 방식이라고 생각한다. 사필귀정, 역사는 반드시 바르게 진행되어 가고 있음을 신뢰한다. 의원들의 무제한 토론을 보면서 국민들의 신뢰가 점점 확대되어서 우리 사회가 민주·평화·복지가 훨 자라나기를 바란다.

진정한 테러예방법은 테러방지법 강행 통과에 있는 것이 아니다. 우리 사회는 군인·경찰·예비군·민방위 그리고 성실한 시민들이 살며 지켜 내는 사회다.'

참 아름다운 말씀입니다.

또 하나의 메일입니다. 이 메일 읽어 드리고, 그다음에 페북에 올라 온 짧은 글들을 제가 소개해 드리겠습니다.

제가 짧게 마치면 필리버스터가 또 짧게, 이게 또 끝날지 모르니까, 아무튼 지루하지 않는 범위 내에서 최대한 저는 좀 시간을 끌려고 합니다. 그런데 짧게 좀 해 달라고 그러는데요.

이분은 나이상으로는 저보다 3년 후배고요. 보통, 지금 직장 생활을 하고 있는 저하고 가까운 후배입니다. 그냥 보통 대한민국 평범한 샐러리맨이라고 보시면 됩니다.

'테러방지법…… 나중에 자기 이름 이야기 안 해 줬다고 또 아쉬워 할 수도, 저한테 뭐라고 그럴 수도 있는데, 또 어찌 압니까? 테러방지법이 제정되면 혹시나 또 모르지요. 그래서 이름은 제가 안 밝히겠습니다.

테러방지법, 테러가 발생하기 전에 미리 정보를 알아 막는다는 취지로 알고 있다. 그 법이 반드시 필요한 것은 바로 국민의 생명, 재산과 직결되기 때문이다. 전 세계가 테러를 미연에 차단하기 위해 다양한 대책을 내놓고 있는 그런 중요한 법안이다. 또한 우리나라는 북한이라는 돌발적인 테러를 자행할 수 있는 나라와 인접해 있다. 그래서 더욱더 국민한테 테러방지법이 필요한 법이라고 역설한다.

그러나 우리는 이런 법의 맹점 한가운데에 있다. 그것은 테러방지법 이름을 빌려 국민 테러리스트 양산 법으로 변질될 가능성이 크기 때문이다.

이명박 정부 시절 국정원을 동원하여 댓글 조작 사건을 일으키고 국민의 뒤를 캐는 그런 법으로 변질될 수 있다는 것을 우리는 보아 왔다.

역사적 사건에서 우리는 교훈을 얻는다. 역사적 교훈에서 알 수 있듯이 테러방지법은 얼마든지 선량한 국민을 테러리스트로 만들어 낼 수 있고 또한 정권 입맛에 맞지

않으면 채동욱 전 검찰총장처럼 교묘하게 국정원을 이용하여 내치고 자신들이 정말 잘한 것처럼 호도할 수 있는 매우 무서운 법안이 될 수 있다.

이것을 방지하고자 야당에서는 필리버스터 역사를 써 내려가고 있다. 왜 반대하는지 여당은 당연히 알면서도 그 법안을 통과시키려 한다. 야당이 주장하는 문구 하나 바꾸어서 국민이 피해를 받지 않도록 해야 하는데, 그걸 반대한다는 것은 또 과거의 행태를 그대로 자행하여 정권 유지를 위해 이 법을 이용하겠다고 하는 그런 생각을 가지고 있기 때문이다. 필리버스터를 진행하는 야당은 테러를 찬성하지도 테러방지법을 반대하지도 않는다. 단지 국민들의 인권을 지키기 위해 오늘도 밤새워 절규하는 것이다.

헌법에 일자리, 노동, 복지 또 그 이상의 언론의 자유, 집회의 자유, 불가침의 인권, 행복할 권리가 있고 어떤 사람도 탄압받아서는 안 된다. 합법적인 양의 탈을 쓰고 불법적인 이중 잣대를 들이대고 늑대가 되려 하는 정부의 테러방지법은 우리 국민이 반드시 막아야 된다.'

참 국민들이 똑똑하신 것 같아요. 우리 국회의원들보다 더 똑똑한 것 같아요. 정말 국민 여러분들 존경스러울 따름입니다. 이번에 국민 여러분들께서도 '야, 야당 의원들 중에서도 참 쓸 만한 의원들이 꽤 많이 있네' 그렇게 아마 많이 느끼셨을 것입니다. 반대로 우리 국회의원들도 '우리 대한민국 국민들이 현명하고 똑똑하고 민주주의에 대한 열정이 이렇게 충만해 있구나' 그걸 저희들도 느끼고 있습니다.

자, 거의 끝나 갑니다. 다음은 페이스북에 올라온 글들입니다. 이 중에 계신 분들이 올릴 수도 있는 글들이지요. 이름은 제가 생략하겠습니다. 이런 말씀을 주셨어요.

'안 의원님, 말씀하실 때 테러방지법이라고 하지 마시고 속칭 중앙정보부 부활법이라고 강조해 주세요.'

다음 분이요, 이분은 제가 알기로 보수 교회의 장로님이십니다.

'우리나라의 테러는 어느 불법 테러리스트나 범죄자들의 테러보다는 정권을 가진 자들이 반대파를 제거하기 위한 수단으로 저질러졌습니다. 그동안 테러를 막고 저지해야 될 안기부를 통한 테러로 얼마나 많은 민주인사들이 테러를 당했는지 일일이 나열할 수 없을 만큼 부지기수입니다. 그런 안기부에게 특권을 준다는 것은 테러를 더 저지르라고 흉기를 쥐어 주시는 꼴입니다.' 어느 보수 교회 장로님의 페북입니다.

그다음에 이 친구는 몸이 불편한, 언어가 거의 되지 않는 아주 굉장히 심한 장애를 가지고 있는, 휠체어를 타고 다니고, 그런 장애 청년입니다.

'테러는 국민을 지키는 것에 초점이 맞추어져야 하는데 과거에는 국민을 고문하는 행태가 있었습니다. 과거의 안기부와 같은 행태입니다. 민주화를 외쳤던 1980년대 국민이 테러리스트였을까요? 광화문에서 자신들의 인권을 외치는 장애인들이 테러리스트일까요? 무엇이

먼저이겠습니까?'

자, 다음은 트위터로 보내 주신 글입니다.

라첼님 '북한보다 테러보다 손님이 없는 게 더 무섭다고 제발 꼭 말 좀 해 주세요.' 아마 자영업 하시는 분 같아요. 북한보다 테러보다 손님이 없는 게 더 무섭답니다.

YCH님 '제발 여당 의원님들 국민들 말 좀 들어 줬으면 좋겠어요. 국민의 요구로 테러방지법을 만들었다는데 도대체 누가 요구하던가요? 여당에게 국민은 누구인가요?'

참 기막힌 표현이에요. 참 기막힙니다. 어느 수필가가 이런 표현을 쓰겠습니까? 대한민국 국민들 정말 똑똑하고 영리하고 지혜롭습니다.

필립박 '국민들이 대테러방지법이 안보를 빌미로 개인의 인권을 침해하는 악법인 것을 아는데 어찌 대통령 각하와 새누리당 의원들께서는 이를 깨닫지 못하시는지 모르겠습니다. 독소 조항 수정 전까지는 통과되면 안 되고, 의원님께서도 힘내시기 바라겠습니다.'

그다음에 JIY님 '저는 아직 학생이지만 테러방지법 절대 통과되어서는 안 된다고 생각해요. 테러를 방지하는 데 개인정보는 왜 필요한 것이지요? 이 법을 자신의 독재수단으로 삼으려 하는 것 아닌지 모르겠네요. 고딩 드림.'

고등학생도 참 대단해요.

자, 이제 편지 하나를 제가 읽어 드리겠는데요.

이 선생님은 아마 교단에서 거의 한 30년 동안 학생을 가르쳐 오신 선생님이신데, 어느 교원단체에 속하지 않으신, 그냥 학생들만 열심히 가르치고 학생들 사랑하는 그런 선생님이고, 제가 국회에서 12년 동안에 주로 교육위 활동을 하면서 현장의 교육의 목소리를 들려 주는 저의 교육 멘토이기도 하신 분인데요, 제가 여기 나간다고 하니까 그분께서 국민에게 읽어 주라고 하면서 편지를 저한테 어젯밤에 보내 오셨습니다. 선생님 존함은 그분을 위해서, 테러방지법이 제정될지도 모르니까 제정될 때를 감안해서 이분의 이름은 제가 절대로 공개하면 안 된다고 생각합니다. 중학교 선생님이십니다.

'민주주의의 안전한 귀향을 요구합니다. 3·1절입니다. 3월의 하늘에는 그날의 함성과 낭자한 선혈이 가득한 듯합니다. 영화 귀향에서 '언니야, 이제 고마 집에 가자'라는 소리가 가슴을 헤집습니다. 이들의 아픔을 아는지 모르는지 지난해 12월 28일 한일 외무장관은 회담을 열어 일본군 위안부 문제에 합의했습니다. 한일 양국 정부는 이 합의가 최종적이고 불가역적인 해결이라 선언하여 오히려 피해자들을 절망에 빠트리고 있습니다. 일본 정부는 일본군 위안부 범죄에 대해 국가적·법적 책임을 인정하지 않았고 한국 정부가 설립하는 재단에 돈을 출연하겠다지만 이것이 잘못에 대한 법적 배상이 아니라고 말합니다. 오히려 평화의 소녀상을 철거하라고 요구하는 어이없는 모습을 보였습니다. 더욱이 한일 양국은 앞으로 국제사회에서 이 문제를 거론조차 하지 않겠다는 약속까지 했습니다. 합의 후에도 일본 정부는 '더 이상 사과도 하지 않겠다, 일본군 위안부는

성노예가 아니다, 강제성은 없었다'라고 공식적으로 주장하고 있습니다. 피해자들은 이 합의를 결코 받아들일 수 없다고, 그리고 이 투쟁을 멈출 수 없다고 외칩니다.

일본군 위안부 피해자의 실화를 담은 영화 귀향이 지난 24일 개봉했습니다. 숱한 우여곡절이 있었던 귀향은 개봉 자체가 기적적인 영화입니다. 정치적으로 민감한 내용 탓에 투자처가 나타나지 않았고 배우들은 출연을 고사했습니다. 만약 소식을 접한 시민들이 크라우드 펀딩에 참여하지 않았다면 영화 제작 자체가 무산되었을 것입니다. 또한 시민들이 귀향의 상영관 확대를 요구하는 온라인 청원에 나선 것입니다. 그 결과 귀향은 전국 511개 상영관을 확보할 수 있었습니다. 예매율 또한 4일 동안 1위를 기록했다고 하니 귀향에 쏟아지는 시민들의 반응이 가히 폭발적입니다.'

자, 이제 본론이네요. 이게 전체적으로, 오늘 필리버스터 의원들 전체 내용을 이 선생님이 잘 정리해 주고 계신 것 같습니다.

'이 폭발적인 반응은 박근혜정부의 위안부 졸속 협상과 역사 왜곡, 시대 착오적인 테러방지법 제정과 맞물려 있습니다. 박근혜정부를 향한 분노와 저항의 메시지이면서 시민들의 위대한 힘을 드러내 주는 살아 있는 증거입니다. 이런 시민들의 위대한 힘을 보여 주는, 우리 관람석에 있는 이 위대한 시민들의 힘, 이 위대한 힘을 보여 주는 또 다른 현장이 바로 야당의 필리버스터가 진행 되는 국회의사당입니다.'

죄송합니다. 제가 감기 때문에 자꾸 물을 마시네요.

'영화 귀향에서처럼 민주주의의 귀향을 바라는 국민들이 의사당 자리를 메우고 야당 의원들을 지지하고 격려하고 있습니다. 실종된 민주주의의 귀향을 부르짖고 있습니다. 국민들이 보기에도 야당은 테러방지법 자체를 반대하고 있는 것이 아닙니다. 독소 조항을 수정하자고 하는데 왜 여당은 반대합니까?'

열 가지를 쓰셨어요.

1. 테러방지법 9조4항에 국정원의 정보수집 대상에 테러위험인물이 있는데 이 테러위험인물을 국정원이 정하는 것은 위험합니다.

지금 잘 정리를 하셨어요.

2. 테러방지법 2조3호에서 테러위험인물의 범위에 테러예비·음모·선전·선동을 하였거나 하였다고 의심할 상당한 이유가 있는 자라고 규정하고 있으므로 그 범위가 너무 광범위해 누구나 테러인물이 될 수 있습니다.

3. 2조6호에서는 대테러활동에 무력진압을 포함시키고 있는데, 집회나 시위도 테러가 될 수 있다고 규정할 경우 집회·시위를 무력진압하는 것이 얼마든지 허용될 수 있습니다.

4. 2조8호에 나타난 조사대상자의 범위도 모호해 국정원의 무분별한 민간인 사찰·조사를 허용할 수 있습니다.

5. 6조3항은 직무를 수행한 공무원의 성명과 직위를 공개할 수 있도록 한 정보공개법을 무력화시킬 수 있습니다. 무차별 사찰을 하거나 무력행사를 해도 그 공무원이

누구인지 알 수 없게 되는 것입니다.

6. 9조는 테러방지법안의 대표적인 독소 조항입니다. 출입국·금융거래·통신이용 정보를 국정원이 마음대로 수집할 수 있게 하겠다는 것이고 심지어 테러에 이용될 가능성이 있다는 이유로 금융거래 정지가 가능해집니다. 만약 9조3항이 통과되면 사상·신념, 노동조합·정당의 가입·탈퇴, 정치적 견해, 건강·성생활 등에 관한 정보 등 건강정보보호법상 민감정보까지 국정원이 수집할 수 있습니다.

7. 12조는 표현의 자유를 심각하게 훼손할 수 있습니다. 정부를 비판하는 내용 역시 테러행위로 규정될 수 있기 때문에 익명으로 표현된 글이나 그림이라도 삭제될 수 있습니다.

8. 14조는 국민들끼리 서로 감시할 수 있도록 포상금까지 주겠다고 하니 여기가 북한입니까?

이것 다시 읽어 드리겠습니다.

8. 14조는 국민들끼리 서로 감시할 수 있도록 포상금까지 주겠다고 하니 여기가 북한입니까?

한 번 더 삼세번, 14조는 국민들끼리 서로 감시할 수 있도록 포상금까지 주겠다고 하니 여기가 북한입니까?

9. 17조에서는 수괴는 사형, 기획하면 무기징역까지 가능하다고 규정되어 있습니다. 만일 민중총궐기 같은 집회를 테러로 규정할 경우 집회를 주도한 사람은 목숨을 내놓아야 할 것이고 예비·음모한 자도 처벌받을 수 있습니다.

10. 부칙 2조2항에는 통신비밀보호법도 개정하라고 하고 있습니다. 통신비밀보호법 7조는 국민의 기본권을 지킬 수 있도록 통신제한조치를 최소화하도록 한 규정인데 이것을 기본권 침해할 수 있게 바꾸라는 것입니다.

국민들은 결코 바보가 아닙니다. 민주주의 후퇴는 더 이상 좌시할 수 없습니다. 정부는 국가비상사태라고 국민들을 겁박하면서 테러방지법 국회 통과를 재촉하고 있지만 경찰청장은 외국으로 나가고 여당은 친박과 비박의 집안싸움에 열중하고 있습니다. 테러방지법이 제정되지 않아 국가비상사태가 초래되는 것이 아니고 대통령과 여당 때문에 국가비상사태를 선포해야 할 것입니다.

이것 멋있네요. 이것 한번 다시 읽겠습니다.

'테러방지법이 제정되지 않아 국가비상사태가 초래되는 것이 아니고 대통령과 여당 때문에 국가비상사태를 선포해야 할 것 같습니다.' 아, 이거 좋네요. 삼세번, 한 번 더 할게요. '테러방지법이 제정되지 않아서 국가비상사태가 초래되는 것이 아니고 대통령과 여당 때문에 국가비상사태를 선포해야 할 것입니다.'

아, 이거 '사이다'입니다. '사이다'. 그렇지요?

'테러방지법으로부터 안전하게 국민을 지켜 주십시오. 국민들은 실종되어 가는 민주주의의 안전한 귀항을 열망하고 있습니다.'

이 편지가 중학교에서 국어를 가르치는 어느 평범한 선생님의 글입니다. 우리의 마음을, 우리의 심정을, 국민 여러분들의 답답한 가슴을 속 시원하게 잘 정리해 준 이

국어 선생님, 신의 은총이 함께 하기를 바라겠습니다.

하나 더요. 마지막으로 제 트위터에 올려 주신 어느 분, 블라썸 님인데요. 블라썸 님의 짤막한 이 글, 이것을 꼭 소개시켜 드리고 싶은 글입니다. 아주 짤막하고 아주 임팩트 있게 정리했습니다. '안전을 보장받아야 할 내 나라 대한민국 안에서 나는 안전하지 않습니다. 테러방지라는 보기 좋은 포장지를 둘러싼 국민감시법, 내 인권은 안전하지 않습니다. 과연 내 나라는 언제쯤 나를 지켜줄 수 있을까요.'

비단 야당뿐만 아니라 국민들까지 이토록 호소하는데 정부와 여당만 모릅니다. 지금 국민들을 공포에 몰아넣는 것은 테러가 아닌 테러방지법입니다.

이것도 다시 한 번 읽을게요. '지금 국민들을 공포에 몰아넣는 것은 테러가 아닌 테러방지법입니다.' 정말 우리 국민들 똑똑하고 어떻게 이런 표현이 나오는지 정말 놀랍습니다. 삼세번, 이것 다시 또 하겠습니다. '지금 국민들을 공포에 몰아넣고 있는 것은 테러가 아닌 테러방지법입니다.' 자유로운 나라에서 살고 싶습니다. 누구에게도 감시받고 싶지 않습니다.

자, 이로써 저의 세 시간 반, 가능한 한 다른 의원님들이 하신 말씀을 중복하지 않으려고, 또 저의 이야기를 하려고 했습니다.

잘 들어 주신 우리 국민 여러분!

또 오늘 방청해 주신 우리 위대한 청년·시민 여러분들!

또 우리 사랑하는 학생 여러분들, 감사드리겠습니다.

저는 오늘 이 자리를 통해서 테러방지법안의 문제점, 그리고 우리 국민들이 내고 있는 절절한 목소리를 들려 드렸습니다.

국민들은 누구에게도 감시받고 싶지 않다는 것입니다. 그런데 왜 감시를 하려고 합니까? 북한보다 테러보다 손님이 없는 것이 더 무섭다는 국민의 소리에 귀를 기울이십시오.

오늘 저는 3·1절 서른한 번째 필리버스터 주자로 나섰습니다. 마지막으로 생존해 계시는 우리 위안부 피해자 할머니 마흔네 분 건강을 기원하면서 저의 모든 마음, 우리 국민의 모든 마음, 이 자리에 계신 여야 의원 모든 마음 또 방청객 여러분들의 모든 마음을 담아낼 수 있는 시 한 편 낭송을 끝으로 3·1절 서른한 번째 필리버스터 마치도록 하겠습니다.

제가 낭송할 시는 신석정 시인의 1946년 '꽃덤불'이라는 시이고, 이 시는 일제시대 우리 민족의 힘든 삶뿐만 아니라 광복 후에 우리 민족의 완전한 자주독립을 간절히 담은 시입니다.

'꽃덤불' 신석정
'태양을 의논하는 거룩한 이야기는
항상 태양을 등진 곳에서만 비롯하였다.

달빛이 흡사 비오듯 쏟아지는 밤에도
우리는 헐어진 성을 헤매이면서
언제 참으로 그 언제 우리 하늘에
오롯한 태양을 모시겠느냐고

가슴을 쥐어뜯으며 이야기하며 이야기하며
가슴을 쥐어뜯지 않았느냐?

그러는 동안에 영영 잃어버린 벗도 있다.
그러는 동안에 멀리 떠나버린 벗도 있다.
그러는 동안에 몸을 팔아버린 벗도 있다.
그러는 동안에 맘을 팔아버린 벗도 있다.
그러는 동안에 드디어 서른여섯 해가 지나갔다.

다시 우러러보는 이 하늘에
겨울밤 달이 아직도 차거니
오는 봄엔 분수처럼 쏟아지는 태양을 안고
그 어느 언덕 꽃덤불에 아늑히 안겨보리라.'
감사합니다.
(박수 치는 의원 있음)

● **부의장 정갑윤** 안민석 의원 수고하셨습니다.
　다음은……
　(조원진 의원, 부의장과 대화 후 하단)
　지금 새누리당 조원진 수석께서 하시는 말씀이 토론
중에 토론자가 토론을 중단하고 화장실을 간다든가 바깥에
다녀오는 일은 안 맞지 않느냐는 말씀입니다.
　맞습니다. 지금까지 그렇게 해 왔고, 아마 제가 사회를
보지 않을 때 있었는가 봅니다. 혹시 앞으로는 우리
토론자께서, 지금 현재 신청된 토론자들은 시간이 좀 짧기
때문에 그런 일이야 물론 없겠습니다마는 우리가 제헌 이래
처음 도입한 제도인 만큼 새로운 역사와 전통을 만들어
가야 합니다. 그러기 때문에 토론자께서는 유념하시고
토론에 임해 주시기를 바랍니다.
　자, 그러면 다음은 더불어민주당 김기준 의원 나오셔서
토론해 주시기 바랍니다.

(2016년 3월 1일 오후 4시 52분)

32

김기준 의원

제19대 국회의원 (비례대표)
더불어민주당

2016년 3월 1일 오후 4시 54분 시작
2016년 3월 1일 오후 6시 41분 종료
발언 시간 1시간 47분

"인간은 동물입니다. 동물세계에서
먹잇감이 없으면 아수라장이 되는 것처럼
인간세계도 배고픔과 빈곤, 차별은
폭력으로 이어지게 되는 것입니다.
박근혜정부가 정말로 테러가 없는 세상,
국민 모두가 안전한 세상을 만들고자
한다면 본인이 국민들께 약속한 공약부터
지키셔야 합니다."

(2016년 3월 1일 오후 4시 54분)

● **김기준 의원** 존경하는 국민 여러분!
더불어민주당 비례대표 김기준입니다.

오늘 방청객 여러분께서 방문해 주셔서 감사합니다.

평소 같으면 방청객이 텅 비었을 텐데 이 필리버스터가
진행되는 이 시간에는 방청객이 계속 차고 있습니다. 방청객
여러분이 그 자리를 채워줌으로써 이 국회가 더욱 더 민의의
전당으로 와 닿습니다.

우리 민주주의는 참여할 때 발전할 수 있습니다.
여러분께서 참여하신 데에 대해서 다시 한 번 감사드리고,
이러한 필리버스터의 또 하나의 성과가 아닌가 생각을 합니다.

오늘은 역사적인 3·1절입니다.

우리 헌법 전문에 이렇게 나와 있지요. "유구한 역사와
전통에 빛나는 우리 대한국민은 3·1운동으로 건립된
대한민국임시정부의 법통과 불의에 항거한 4·19민주이념을
계승하고, 조국의 민주개혁과 평화적 통일의 사명에
입각하여 정의·인도와 동포애로써 민족의 단결을 공고히
하고……"

그런데 오늘로서 국가 비상사태 8일째입니다. 지금이
비상사태이면 앞으로 우리는 영원히 비상사태하에서 사는

것일지도 모릅니다. 그리고 테러방지법이 통과되면 그것은
곧 계엄령이 될 수도 있습니다. 참으로 답답합니다.

국민 여러분!

요즘 살림살이 어떻습니까? 나아지셨습니까?
나아지기는커녕 갈수록 어려워지고 있지요.

학교 다니는 아이 걱정, 학교를 졸업하면 취직 걱정, 온통
걱정입니다. 이럴 때 대통령은 그런 어려움들을, 그런 국민의
어려움들을 제대로 알고 그것을 보듬고 고민하고 어떻게 풀
것인지를 고민해야 할 것입니다. 그런데 이렇게 어려움에
빠져 있는 국민을 대통령이 더 어렵게 하고 있습니다. 이
정부가 더 어렵게 하고 있습니다.

서민 경제는 더욱 나빠지고 있습니다. 그럼에도 불구하고
박근혜 대통령은 서민들로부터 세금을 쥐어짜고 있습니다.
재벌들에게는 세금을 깎아준 것을 원상회복하라 그래도
듣지 않는 박근혜 대통령이 서민들을 쥐어짜는 데는 혈안이
돼 있습니다. 그리고 국민의 기본권을 지켜줘야 될 대통령이
국정원이 기본권을 침해해 가면서까지 법을 고쳐 나가는 데
힘을 실어주고 있습니다. 이러면 안 됩니다.

지금 정부는 거꾸로 가고 있습니다. 지금 새누리당이 과거
노무현 정부, 김대중 정부 10년을 '잃어버린 10년'이라고
그랬습니다. 그러나 저는 이명박 정부, 박근혜정부 8년을
'역주행하는 8년'이라고 규정하고 싶습니다. 거꾸로 가고
있습니다.

지금 우리 서민 경제가 활성화되려면 우리 가계의 소득이
늘어나야 됩니다. 그런데 비정규직을 양산하는 법을 내놓고
그 법을 통과시켜 달라고 하고 있습니다. 소위 파견법입니다.
어떻게 야당이 그런 법을 통과시켜 줄 수 있겠습니까?
상황이 그런데 박근혜 대통령은 그러한 야당을 보고 발목
잡는다고 그러고, 그러한 국회를 보고 일을 안 한다고
그럽니다. 그러면서 책상까지 내려칩니다.

국민 여러분!

국민 위에 군림하는 정권은 오만한 정권입니다. 오래갈 수
없습니다. 영원하지 않습니다. 국민의 행복이 아니라 정권을
유지하고 정권을 강화하는 데 모든 힘을 쏟는 그러한 대통령,
이러한 대통령은 우리의 대통령이 아닙니다. 대통령의
한마디가 무게가 있다고 해서 그대로 믿어서는 안 되는
이유들입니다.

오늘은 이제 다시 또 테러방지법에 관해서 얘기를 좀
하겠습니다. 오늘이 국가비상사태 8일째라고 했는데요
이 어처구니없는 사태를 초래한 정의화 의장은 2월 23일
본회의장에서 직권상정을 선언하면서 다음과 같이 그
근거를 들었습니다.

"심사기간 지정의 요건인 국가비상사태에 해당하는지
여부에 대한 법률 자문과 검토를 한 결과 IS 등 국제적 테러
발생과 최근 북한의 도발적 행태를 볼 때에 국민 안위와
공공의 안녕질서가 심각한 위험에 직면한 것으로 볼 수
있다는 판단을 내렸습니다."

이게 지금 이 국가비상사태의 근거입니다. 우리는 지금
비상사태에서 하루하루를 지내고 있습니다. 여러분, 이게

말이 됩니까?

그런데 이 정 의장은 지난해 12월 11일 국회에서 기자들과 만나 이렇게 말했습니다. '갑자기 IS테러가 서울이나 부산에 어디 생겼다고 치자. 그렇다면 테러방지법은 직권상정할 수가 있다'고 말하면서 '그것은 상식적이다. 그렇지도 않은데 테러방지법을 국가비상사태라고 하면서 직권상정해 봐라. 여러분들이 웃지 않겠나?' 이렇게 얘기했습니다.

12월 11일과 2월 23일 이 두 달 사이에 무슨 일이 발생했나? 북한이 핵실험을 하고 미사일을 발사했습니다. 그런데 지금까지 북한은 핵실험을 네 차례나 하고 장거리미사일은 여섯 차례나 발사했습니다. 미국과 북한의 관계 개선이 없으면 북한은 또 핵실험을 하고 미사일을 쏠 것입니다. 북한의 핵실험이나 미사일 발사보다 더 중요한 어떤 일이 발생한 것입니다. 그게 뭐냐? 바로 국정원의 첩보입니다.

자, 그러면 북한의 핵실험이나 미사일 발사에 대한 국정원의 첩보나 정황이 있으면 국정원이 그렇게 정황만 보고해도 국가비상사태가 됩니다. 국가비상사태의 근거는 국정원의 첩보입니다. 이러한 나라가 어떻게 국민이 주인 되는 나라입니까? 국정원이 첩보만 제시하면 그게 비상사태가 되는데 말입니다. 말이 안 됩니다.

이러한 상황에서 국회의장이 바로 직권상정을 한 것입니다. 이렇게 되면 삼권분립은 무너집니다. 입법부 위에 국정원이 되고 대공정보를 독점하고 있는 국정원은 국회를 자기 마음대로 주무르게 됩니다. 국정원장 누가 임명합니까? 대통령이 임명합니다. 행정부가 입법부를 마음대로 주무르는 70년대 중앙정보부와 80년대 안기부와 뭐가 다릅니까?

그러면 이 과정을 좀 더 꼼꼼히 들여다보겠습니다.

직권상정은 없다던 정 의장의 마음이 돌변한 것이 2월 16일부터입니다. 다들 잘 알다시피 2월 16일 박근혜 대통령이 국회를 방문해 연설을 했습니다. "북한이 언제 어떻게 무모한 도발을 감행할지 모르고 테러 등 다양한 형태의 위험에 국민들의 안전이 노출되어 있습니다. 우리 국민들의 생명과 안전을 위해 그동안 제가 여러 차례 간절하게 부탁드린 테러방지법과 북한주민들에 대한 인권 유린을 막기 위한 북한인권법을 하루속히 통과시켜 주시길 부탁드립니다." 이렇게 박근혜 대통령이 이 장소에 와서 연설을 했습니다.

그리고 이틀 후 2월 18일 국회에서 새누리당과 정부가 긴급안보상황점검 당정협의회를 열었습니다. 이날 회의에서 국정원은 김정은 위원장이 대남 테러, 사이버테러의 역량을 결집하라고 지시했으며, 북한 정찰총국이 이를 준비하고 있다는 첩보를 밝혔습니다. 국정원은 또한 북한이 장관 등 정부인사나 탈북자를 상대로 독극물 공격이나 납치를 감행할 가능성, 북한을 비판하는 언론인에게 소포·편지를 발송하거나 신변 위해를 기도할 가능성, 지하철·쇼핑몰 등 다중이용시설과 전력·교통 등 국가기간시설을 대상으로

테러를 벌일 가능성이 있다고 한껏 테러 위협으로 인한 공포 분위기를 조성했습니다.

그리고 19일 오전 이병기 청와대 실장이 정 의장을 찾아가 대통령이 보내서 왔다면서 김정은 대남 테러 준비 지시를 하달했다는 국정원의 첩보를 또 전달했습니다. 테러방지법을 조속히 통과시켜 달라고 청와대가 정 의장을 전방위적으로 압박하고 있었습니다.

그리고 22일 오후 3시 이병호 국정원장이 정 의장을 만나 또다시 국정원의 첩보를 전달하면서 테러방지법을 조속히 처리해 달라고 압박했습니다.

그리고 23일 오전 출근길에 기자들과 만난 정 의장은 직권상정 여부에 대해 '가능성은 반반이다. 계속 고민하고 있다' 이렇게 답했습니다.

아니, 한나절 고민하다 국가비상사태를 선언하는 나라 이게 민주주의국가 맞습니까? 대통령, 비서실장, 국정원장이 군사작전처럼 국회의장을 압박한 근거는 딱 하나입니다, 김정은이 대남 테러를 지시했다는 국정원의 첩보. 아니, 정보기관의 첩보만으로 국가비상사태를 선언하는 나라 이게 민주주의 나라 맞습니까? 전 세계의 웃음거리 아닙니까?

더군다나 국정원의 첩보 이것 제대로 맞은 적 있었습니까? 국정원이 김정일의 사망을 알았습니까? 김정은이 출현하기 전에 국정원이 김정은의 이름을 제대로 알았습니까? 국정원이 북한의 핵실험을 사전에 파악한 적이 있습니까? 국정원이 북한이 미사일 발사했다는 사실을 미리 안 적이 있습니까?

이 무능한 국정원의 첩보에 어떻게 대한민국 국회를 맡겨야 합니까, 여러분?

말도 안 됩니다. 절대 동의할 수 없습니다. '주연 대통령, 조연 청와대 비서실장과 국정원장, 행동대장 국회의장' 이게 2016년 2월 국가비상사태의 전말입니다, 여러분!

이게 삼권분립의 나라, 민주주의국가 맞습니까? 이번 직권상정 사례가 정당화된다면 우리 민주주의에 심각한 장애가 됩니다.

예를 한번 들어 보겠습니다.

지금 박근혜 대통령이 파견법 통과시키려고 몇 달째 야당을 압박하고 있지 않습니까? 이 법은 우리 당의 당론에 어긋나는 것입니다. 좀 더 구체적으로 살펴보겠습니다.

우리나라는 비정규직 가운데 11.1%만이 1년 뒤 정규직으로 전환됩니다. OECD 평균은 35.7%입니다. 비정규직의 35.7%가 1년 뒤에 정규직으로 전환된다는 말씀이지요. OECD 평균의 3분의 1도 안 됩니다. 3년 뒤 상황은 별로 나아지지 않습니다. 비정규직 중 22.2%만이 정규직으로 전환되고 OECD 평균은 53.8%에 해당합니다. 절반도 안 됩니다.

정상적인 나라라면, 정상적인 노동시장이라면 비정규직은 정규직으로 가는 디딤돌이 되어야 됩니다. 아니, 비정규직은 그야말로 정규직이 아니라, 상시적인 근무가 아니라 일시적인, 임시적인 근무에만 채용하는 게 맞습니다. 그런데 우리나라 비정규직은 디딤돌도 아니고 임시직도

아니고 그냥 노동자의 무덤이거나 덫이 되고 있습니다. 그래서 OECD는 우리나라에서 비정규직은 정규직으로 가는 디딤돌이 아니라 한 번 빠지면 헤어나올 수 없는 덫처럼 작용하고 있다고 지적했습니다.

정부의 기간제법, 파견법의 본질이 무엇입니까? 비정규직을 연장하고 비정규직을 늘려서 영영 비정규직에서 헤어나오지 못하게 비정규직의 무덤으로 만들겠다는 것입니다. 이것을 야당이 통과시켜 줘야 됩니까, 여러분?

19대 국회가 개원하면서 우리 당은 이미 당론으로 기간제법과 파견제법 개정안을 냈습니다. 박지원 의원이 대표발의한 기간제법 개정안은 한 번 비정규직이 되면 영원히 비정규직이 되는 문제점을 방지하기 위해 사용 사유 및 채용기한을 더 제한하고 2년을 초과할 경우 무기계약직으로 간주하여 고용불안을 해소하도록 한 법안입니다. 은수미 의원이 대표발의한 파견 개정안은 파견대상업무 및 사용 사유를 더 제한하고 파견의 상용화와 장기화를 방지하도록 한 법안입니다.

정부가 제출한 파견법이나 비정규직법은 전경련의 오랜 숙원사업입니다. 국정원의 숙원사업이 박근혜 대통령의 테러방지법이라면 전경련의 숙원사업은 박근혜 대통령의 노동악법입니다. 전경련은 이 법을 통과시키기 위해 별짓을 다 했지요. 전경련이 서명운동을 시작하고 대통령이 여기에 서명하면서 국회를 압박했습니다.

그 근거가 무엇이었습니까? '경제가 위기다. 고용이 위기다. 이 법을 통과시켜야 고용이 늘어나는데 야당은 왜 반대만 하느냐?' 이게 박근혜 대통령의 논법입니다.

테러방지법 통과시키기 위해 어떻게 하고 있습니까? '안보가 위기다. 테러가 위기다. 이 법을 통과시켜야 테러가 방지되는데 야당은 왜 반대하느냐? 국민안전을 방치한 야당은 무책임하다' 이렇게 얘기하고 있습니다.

여러분, 맞습니까?

자, 그러면 박근혜 대통령의 노동악법을 통과시키기 위해 어떻게 하면 되겠습니까? 국회에서 야당이 아무리 반대해도 국정원의 첩보 하나만 있으면 됩니다. 여러분은 다 이해하셨으리라고 생각됩니다, 국정원의 첩보 하나면 된다는 것을.

국정원이 국회에 와서 국회의장에게 '김정은이 대남테러를 지시했다. 그러한 정황이 있다' 이런 첩보 하나면 끝입니다. '대남테러 첩보가 있다. 국가비상사태다. 직권상정 요건이 된다' 이 삼단 논법이면 야당은 사실상 할 수 있는 일이 없게 됩니다.

이게 정상적인 나라입니까? 절대 이러한 비정상적인 국회의 선례를 남기면 안 된다고 생각합니다. 이것이 우리 야당 의원들이 피를 토하는 심정으로 무제한 토론을 계속해야 하는 그러한 이유입니다. 이것이 이 싸움에서 우리가 반드시 이겨야 하는 이유인 것입니다.

제가 준비는 무제한 토론으로 준비했습니다마는 아쉽게도 상황이 제한토론인 것 같습니다. 저는 개인적으로 3월 10일까지 이 토론은 계속되어야 된다 이렇게 주장을

했습니다. 그래도 결과는 마찬가지겠지요. 하지만 야당이 할 수 있는 모든 것을 다 한다는 그것을 우리 국민들은 원하는 것 같습니다.

국회법을 한번 들여다보겠습니다.

국회법 제85조제1항을 보면 직권상정 요건을 엄격히 제한하고 있습니다.

85조제1항은 다음과 같습니다.

"의장은 다음 각 호의 어느 하나에 해당하는 경우에는 위원회에 회부하는 안건 또는 회부된 안건에 대하여 심사기간을 지정할 수 있다."

"1. 천재지변의 경우 2. 전시·사변 또는 이에 준하는 국가비상사태의 경우 3. 의장이 각 교섭단체대표의원과 합의하는 경우" 이 세 가지 이외에는 직권상정을 못 하게 돼 있다는 말입니다.

2012년 국회법을 개정하기 전에는 이렇게 되어 있었습니다. "의장은 위원회에 회부하는 안건 또는 회부된 안건에 대하여 심사기간을 지정할 수 있다."

쉽게 말하면 국회선진화법 이전에는 의장의 직권상정에 아무런 제한이 없었습니다. 그래서 몸싸움도, 날치기도 막았습니다. 하지만 국회선진화법에 따라 원내대표 간 합의가 없을 경우 국회의장이 직권상정을 못 하도록 못을 박은 겁니다.

정의화 의장의 국가비상사태 선언은 국회선진화법의 입법취지를 정면으로 위배하는 것입니다. 법에서 명시한 '전시·사변 또는 이에 준하는 국가비상사태'란 그러한 사태가 목전에 발생하였거나 발생이 곧 임박하여 국회 원내교섭단체의 의사 협의가 불가능하거나 이를 기다릴 여유가 없을 정도의 급박한 상황을 의미하는 것입니다.

법안의 내용에서 상정하고 있는 어떤 사태가 예정된다는 것을 의미하는 것이 아님은 법을 조금이라도 아는 초보자라면 누구나 알 수 있는 것입니다. 다시 말해 정의화 의장이 이병기 국정원장으로부터 청취한 것으로 보이는 북한 등으로부터의 구체적인 테러위협 정보가 있다는 사정은 테러방지법 제정이 필요하다는 논거는 될 수 있을지언정 직권상정이 가능한 전시·사변 또는 이에 준하는 국가비상사태에 해당할 수는 없는 것입니다.

더구나 앞서 말했듯이 첩보에 불과한 것으로 확인되지도 않은 사실을 국가비상사태라고 하는 것은 억지에 불과한 것이고, 이것이 만약 유효하다면 앞으로 대한민국 국회는 국정원의 첩보에 의해 움직이는 국정원 2중대로 전락하고 말 것입니다.

법을 만드는 국회가 어떻게 법을 어기면서까지 독소 조항으로 가득한 법을 통과시켜야 합니까? 저는 그래서 새누리당의 테러방지법에 단호히 반대합니다. 이는 민주주의에 대한 저의 양심이고 '국회의원은 양심에 따라 직무를 행해야 한다'는 헌법이 국회의원에게 명령한 의무이기 때문입니다.

여기서 우리 민주주의 역사를 잠깐 되돌아보는 시간을 갖도록 하겠습니다.

1971년 12월 6일 박정희 대통령은 국가비상사태를 선언합니다.

(자료를 들어 보이며)

이것이 72년 박정희의 10월 유신 종신 독재체제인 겨울왕국의 서막이 되었던 71년 12월 6일의 국가비상사태 선언문입니다.

'최근 중공의 유우엔 가입을 비롯한 제국제 정세의 급변과, 이의 한반도에 미치는 영향 및 북한 괴뢰의 남침 준비에 광분하고 있는 제양상들을 정부는 예의 주시 검토해 본 결과, 현재 대한민국은 안전보장상 중대한 차원의 시점에 처해 있다고 단정하기에 이르렀다. 따라서 정부는 국가비상사태를 선언하여 온 국민에게 이 사실을 알리고 다음과 같이 정부와 국민이 혼연일체가 되어 이 비상사태를 극복할 결의를 새로이 할 필요를 절감하여 이에 선언한다.'

12월 23일 박정희는 백두진 국회의장에게 공한을 보내 비상사태하에서 대통령에게 광범위한 비상대권을 부여하는 전문 12조 국가보위에 관한 특별조치법안의 조속한 국회 통과를 촉구했습니다. 그것은 촉구가 아니라 협박이었습니다. '만일 이번 회기 중에 통과되지 않으면 비상사태를 극복하기 위해 비장한 각오로 임하지 않을 수 없다'……

이때 야당인 신민당 의원들은 법안의 본회의 보고와 발의부터 저지하고자 본회의장 및 국회 제2·3·4별관에서 철야농성하고 있었습니다. 그리고 나흘 뒤 12월 27일 새벽 3시 '땅! 땅! 땅!' 공화당과 무소속만으로 국회 제4별관 외무위원회에서 법사위와 본회의를 열고 3분 만에 전격작전으로 법안을 날치기로 통과시켰습니다.

이 법은 집회 및 시위와 언론출판 규제, 근로자의 단체교섭권·단체행동권을 규제할 수 있는 비상대권을 대통령에게 부여하고 특별조치를 위반한 자에게 1년 이상 7년 이하의 징역에 처할 수 있는 막강한 권한을 주었습니다.

그리고 72년 박정희는 북한의 김일성과 비밀리에 합의한 7·4 남북공동성명을 깜짝 발표합니다.

국민들이 남북교류와 통일에 대한 기대에 부풀어 있던 사이 10월 17일 비상계엄 선포와 함께 국회를 해산하고 현행 헌법 일부 조항의 효력을 정지시키며 '조국의 평화통일을 지향하는 새로운 헌법개정안을 공고하겠다' 이런 특별 선언을 발표하게 됩니다. 자신의 영구 집권을 위해 친위 쿠데타를 일으킨 것입니다. 이것이 바로 유신헌법의 탄생이고 그 서막이 바로 1971년 국가비상사태 선언인 것입니다.

유신헌법은 대통령의 영구 집권만을 꾀한 것이 아닙니다. 박정희가 직접 지휘하고 중앙정보부장 이후락, 청와대비서실장 김정렴이 비밀작업을 통해 추진한 유신헌법안은 당시 법무부에 파견되어 있던 검사 김기춘이 실무를 맡은 것입니다.

김기춘이 누구인지는 여러분도 잘 알 것입니다. 제 이름이 김기준입니다. 김기춘 전 청와대비서실장 때문에 가끔 오해도 많이 받습니다. 제가 소속해 있는 상임위원회가

정무위원회인데 그 정무위원회 간사가 김기식 위원님입니다. 참여연대에서 오랫동안 활동한 경제민주화의 전문가 중의 전문가십니다. 언론에 또 가끔씩 이름 때문에 오보가 나는 경우가 종종 있습니다. 그래서 제 이름이 기준인데 제 이름을 기준으로 좋은 쪽 기사는 김기식이고 나쁜 쪽 기사는 김기춘이라고 생각하시면 거의 맞습니다.

아무튼 1971년 그때로부터 무려 45년이 지나 암울한 역사는 또다시 되풀이되고 있습니다.

10월 유신의 서막이 된 1971년 국가비상사태가 선언되고 그다음 1979년 10월 유신의 종말이 된 국가비상사태 선언이 있었습니다. 그리고 1980년 5월 광주민주화운동 때에 비상계엄확대조치인 계엄포고령 10호가 현대 사회의 마지막 국가비상사태 선언입니다.

1980년 5월 17일 자정을 기해 내려진 비상계엄확대조치, 계엄포고령 10호를 한번 읽어 보겠습니다.

'1. 1979년 10월 27일에 선포한 비상계엄이 계엄법 제8조 규정에 의하여 1980년 5월 17일 24시를 기하여 그 시행지역을 대한민국 전 지역으로 변경함에 따라 현재 발효 중인 포고를 다음과 같이 변경한다.

2. 국가의 안전보장과 공공의 안녕 질서를 유지하기 위하여

가. 모든 정치활동을 중지하며 정치 목적의 옥내외 집회 및 시위를 일체 금한다. 정치활동 목적이 아닌 옥내외 집회는 신고를 하여야 한다. 단, 관혼상제와 의례적인 비정치적 순수 종교 행사의 경우는 예외로 하되 정치적 발언을 일체 불허한다.'

이게 1980년 5월 17일 전국으로 비상계엄확대조치를 취하면서 내린 계엄포고령 10호입니다.

지금 국가비상사태 8일째인데요. 우리는 36년 만에 국가비상사태를 맞이하게 되었습니다. 그런데 국가비상사태 5일째인 지난 27일부터 이틀간 새누리당 정병국 의원 주최로 국회 의원동산에서 대형 텐트를 치고 캠핑을 했습니다. 행사 내용은 대한캠핑협회 초대 회장인 정병국 의원의 취임식과 캠핑요리 만찬회 등의 행사를 했답니다.

저는 결코 정병국 의원이 국가비상사태에 캠핑을 한 것을 문제 삼고자 하는 것은 아닙니다. 국가비상사태임에도 우리 국민들은 방청권을 끊어 줄지어서 본회의장에 앉아서 무제한 토론을 보고 있습니다. 도대체 너무나도 정상적인 이 국가비상사태의 아이러니는 언제 끝나는 것입니까?

역사는 기록할 것입니다.

'2016년 2월 23일 헌정사상 처음으로 19대 국회에서 "북한 김정은이 테러를 지시했다"는 국정원의 첩보를 근거로 정의화 국회의장은 국가비상사태를 선언하고 테러방지법 직권상정을 단행했다'

틀림없는 사실이고 이렇게 역사는 기록할 것입니다.

그리고 국가비상사태 5일째에 국회의장단의 피로 누적이 심각하다는 이유로 본회의장 사회권을 국회 상임위원장들에게 개방하기도 했습니다. 이 또한 헌정사상 처음 있는 일입니다.

국회법에 '전시·사변 또는 이에 준하는 국가비상사태'는 국회선진화법 만들 때 헌법에서 따온 개념입니다.

법조항을 그대로 해석하면 전시·사변 또는 이에 준하는 국가비상사태의 경우 적과 교전상태에 있거나 사회질서가 극도로 교란되어 행정 및 사법 기능의 수행이 현저히 곤란한 경우에 군사상 필요하면 비상계엄을 선포하게 되어 있습니다. 또한 전시·사변 또는 이에 준하는 국가비상사태의 경우 사회질서가 교란되어 일반 행정기관만으로는 치안을 확보할 수 없는 경우 경비계엄을 선포하게 되어 있습니다.

쉽게 말해서 국가비상사태는 적과 교전에 있거나 사회질서가 극도로 교란되어 국가의 행정 기능의 수행이 현저히 곤란하거나 치안을 확보할 수 없는 경우를 말합니다. 지금 사회질서가 극도로 교란되어 치안을 확보할 수 없어 군대가 필요한 상태입니까?

제가 이렇게 장황하게 국가비상사태의 역사를 설명한 이유는 역사는 반복된다는 귀가 따갑도록 지겹게 듣던 그 이야기가 지금 상황과 너무 딱 맞아떨어지기 때문입니다. 역사는 반복되고 있습니다.

지금까지 세 차례 국가비상사태가 모두 '계엄령' 세 글자로 끝났다면 이번 네 번째 국가비상사태는 '계엄령'으로 끝나게 할 수는 없습니다. 반드시 이번 네 번째는 '민주주의' 이 네 글자가 승리해야 합니다.

다 이룬 것만 같은 민주주의를 위해 또다시 우리 야당 의원들이 밤을 새며 국민들께 호소해 왔습니다. 지금도 비통한 심정입니다.

'결자해지'라고 했습니다. 정의화 국회의장은 지금이라도 당장 헌법과 법률을 무시한 직권상정을 당장 철회해서 헌법과 법률을 준수하실 것을 다시 한 번 호소합니다.

테러방지법의 문제에 대해서 지금까지 많은 의원님들이 충분히 설명을 했다고 생각합니다. 우리 국민들은 새누리당이 테러방지법 독소 조항에 왜 그토록 집착하는지 납득할 수 없다고 합니다. 그 독소 조항을 크게 보면 두 가지이지요. 우리가 수정 요구를 한 두 가지입니다.

부칙 2조의 통신비밀보호법을 고치라고 하는 것과 9조 위치 추적, 개인정보 또 조사권·추적권을 국정원에게 주려고 하는 것, 그것을 우리 당은 국정원이 아닌 대테러센터에 줘야 된다고, 그렇게 수정하라고 했습니다. 주지 말라고 한 것도 아니고 국정원이 아니면 된다, 대테러센터에 줘서 대테러센터가 그 역할을 하면 된다, 그런데도 끝까지 수정 요구에 응하지를 않고 있습니다.

우리 국민들은 국민의 기본권이나 인권보다 국정원의 권력 강화가 더 중요하다는 새누리당의 태도를 똑똑히 알게 되었다고 생각합니다.

지금부터는 국정원에게 무소불위의 권력을 주면 왜 안 되는가? 왜 정보와 권력을 분산하고 정보기관을 국회와 국민이 감시하고 견제해야 하는가? 여기에 대한 과거 국정원의 전신인 70년대 중앙정보부의 만행을 한번 소개하도록 하겠습니다.

지난 2월 25일 경향신문에 남재일 경북대 신문방송학과 교수가 쓴 칼럼입니다. 이것 한번 읽어 보고 소개를 하도록 하겠습니다.

'"왜 이리 허무하기만 할까요? 내 청춘은 다 지나서 그럴까요?" 유럽간첩단 사건으로 1972년 사형된 케임브리지대학 박노수 교수의 딸이 지난해 대법원에서 무죄가 확정된 직후 언론과의 인터뷰에서 한 말이다. 네 살 때 아버지를 여의고 간첩의 딸로 40년을 살아야 했던 고단함을 어찌 말로 다 할 수 있겠는가? 그런데 그는 그 멍에를 벗는 날의 소회를 '허무'라고 한다. 그는 왜 치유와 회복의 감정을 느낄 수 없었을까?

국가 폭력은 대의명분을 앞세워 자행되기에 어떻게 인간이 저럴 수 있나 싶을 만큼 잔혹하다. 그럼에도 책임지는 주체가 없다. 국가는 잘못을 인정하는 데 미온적이다. 기껏해야 뒤늦은 피해자의 법적 명예회복 정도다. 가해자 처벌은 늘 지지부진하다. 국가 폭력의 가해자는 폭력을 휘두를 땐 애국을, 책임져야 할 땐 명령대로 했을 뿐을 내세우며 국가주의 이념의 등 뒤로 숨는다. 그래서 국가 폭력은 피해자는 선명한데 가해자는 모호한 윤리적 진공상태로 방치돼 있다. 사정이 이러니 40여 년 만에 간첩의 딸이란 멍에를 벗는 순간에도 허무할 수밖에.'

유럽간첩단 사건은 지금으로부터 50년 전인 1967년에 발생한 동백림 사건에 이어 터진 대표적인 공안사건입니다. 당시 박노수 교수는 영국 케임브리지대학에 재직 중이었고 김규남 의원은 박 교수의 도쿄대 동창으로 1967년 7대 국회의원선거에서 민주공화당 전국구로 입후보하여 당선되어 사건 당시 현역 국회의원이었습니다.

이들은 당시 공산주의 진영이었던 동베를린과 자유주의 진영이었던 서베를린의 교통이 자유로워 다른 유학생들처럼 동베를린을 방문했고 이런 분위기에서 한 차례 북한을 방문하기도 했습니다. 당시 중앙정보부는 이들이 입북한 사실을 들어 이들을 북한 공작원에서 지령을 받고 회합·통신을 하는 등 간첩행위를 했다고 간첩혐의로 기소했습니다.

1970년에 열린 재판에서 재판부는 자백을 제외하고는 증거가 없고 이들의 조선노동당 입당 사실도 입증되지 않았음에도 박노수와 김규남에게 사형을 선고했습니다. 이들이 재심을 청구한 상태에서 재심을 받아 보지도 못하고 1972년 7월 4일 남북공동성명이 발표된 직후인 7월 28일 돌연 사형이 집행되었습니다. 여러분들도 아시겠지만 그로부터 세 달도 안 된 10월 17일 10월 유신이 선포됩니다. 10월 유신을 위한 공포정치의 희생양이 된 것이지요.

이 사건은 40여 년이 흘러 2006년 11월 22일에 유가족들이 진실화해위에 진실규명을 신청하면서 진실이 드러나기 시작합니다.

진실화해위는 2008년 6월 3일 조사를 시작해 2009년 10월 13일에 유럽 간첩단 사건의 조사 결과를 발표해 그 진실이 드러나게 됩니다. 2009년 진실·화해를위한과거사정리위원회는 '당시 중앙정보부가 이들을 불법 연행하고 구타 등 강압적으로 수사해 자백을 받아냈다고 발표하고 국가는 유가족에게 사과하고 재심 등의 조치를 취하라' 이렇게 권고했습니다.

이어 2013년 서울고법 형사2부 김동우 부장판사는

유족이 청구한 재심에서 수사기관에 영장 없이 체포돼 조사를 받으면서 고문과 협박에 의해 임의성 없는 진술을 했다며 무죄를 선고했습니다. 이어 재판부는 과거 권위주의 시절 법원의 형식적인 법적용으로 피고인과 유족에게 크나큰 고통과 슬픔을 드렸다면서 사과와 위로의 말씀과 함께 이미 고인이 된 피고인의 명복을 빈다고 말했습니다. 이어 지난해 12월 29일 대법원 3부 권순일 대법관은 재심에서 무죄를 선고한 원심을 확정했습니다. 억울하게 죽은 지 43년 만에 무죄가 확정된 것입니다.

지금 제가 들고 있는 이 문건이 당시 진실화해위가 발표한 결정문입니다. 진실화해위 홈페이지에 들어가면 인권침해사건에 대해 269건을 조사해 달라고 신청했고 사건들을 병합하여 162건에 대한 조사 결과를 발표한 것입니다. 이 중 137건의 진실이 규명되었습니다. 우리의 암울한 현대사가 고스란히 담겨 있는 역사에 대한 생생한 기록입니다. 홈페이지에 134개 사건 전부에 대한 조사결정문이 있으니 찾아서 읽어 보시면 많은 도움이 될 것입니다.

당시 1심에서 징역 7년을 선고받고 2심에서 무죄판결을 받은 김판수는 진실화해위 조사에서 당시 중정의 가혹행위에 대해 다음과 같이 진술했습니다.

'중정에 연행되어서 수사관들이 아무 설명 없이 매질부터 시작하였다. 몽둥이로 때리는 건 기본이고 동베를린 두 번 갔다 온 증거가 필요하다며 여권이 어디 있느냐고 해서 모르겠다고 하니까 물고문을 하였다. 침대봉을 무릎 사이로 끼워 마치 통닭처럼 매달아서 주전자에 찬물을 담아 입 아래쪽에 부으면 그냥 입이 벌어져서 입 속으로 물이 들어가는데 숨도 제대로 쉴 수 없을 정도였다. 전기고문도 받았다. 야전 전화기 그러니까 돌리는 전화기의 전선을 양손에 감고 전화기를 돌려서 전기를 통하게 하는 고문이었다'고 진술했습니다.

"김판수는 고문과 폭행보다 정신적인 공포감을 견디기가 더 어려웠다. 고문하다 죽으면 휴전선 철책 아래 던져 놓으면 그만이다라는 이야기를 하면서 협박을 당하였다. 진술서 작성할 때는 잠을 제대로 못 자서 멍한 상태라 무슨 내용을 썼는지도 모르고 썼다. 사실 고문과 협박에 의한 충격으로 거의 공황상태였다.

동백림에서 북한 구성원으로부터 공작금을 받았다는 것도 수사기관에서의 강요에 의해서 자백한 것이다라면서 중정에서 조사받는 동안 구타·잠 안 재우기·물고문·전기고문을 받았다고 진술하였고, 검찰 조사를 받을 때에도 검사가 아주 무식하고 지저분하게 욕설과 위협을 가하며 반공법을 위반한 너희들은 어떤 처분을 받아도 싸다면서 계속 공포분위기를 조성하고 사람취급을 안 했다. 우리나라 검사가 왜 이 모양인가 걱정을 다 했을 정도였다며 강압상태에서 검찰 조사를 받았다"고 진술하였습니다.

공동피고인 중의 한 명인 김 모 씨는 진실화해위 조사에서 다음과 같이 진술했습니다. 한번 그대로 읽어

보겠습니다.

"연행되어 조사실로 가려고 복도를 걸어가는데 수사관들이 주먹을 날리기 시작했다. 다른 사람들보다 늦게 잡혔는데 그동안 어디에 숨어 있었느냐며 마구 때렸다. 조사실에서는 모 수사관이 내 구두를 벗겨 그 구두로 분풀이 하듯이 때렸다. 다른 수사관이 들어와서는 물에 젖은 수건으로 손과 발을 묶고 전깃줄에 엮어서 전기고문을 했다. 전기고문을 하면서 모 수사관이 '평양 갔다 왔냐?'고 딱 한 질문만 했다. 계속 고문을 하는데 살점이 모두 떨어지는 고통이었다. 여러 번 까무러쳤다.

옷을 벗기고 손과 발을 묶어서 다리 사이에 막대기를 끼워 대롱대롱 매달리게 하고는 물을 붓는 고문을 당하였다. 그 고문, 견디기 힘들었지만 옷 입은 사람 앞에 옷을 다 벗고 있는 것이 수치스럽고 모멸스러워 내가 짐승보다 못하다는 생각이 들었다.

조서가 마음에 들지 않으면 발로 차는데 그때 맞은 후유증으로 지금도 왼쪽 허리 쪽이 시큰거린다. 그렇게 맞고 보니 나중에는 그냥 중정 수사관이 원하는 대로 진술서를 작성하게 되었다.

중정 수사관들이 나를 고문하면서 '김규남도 내가 고문을 했다. 김규남의 형도 지금 고문당한다'라는 이야기를 해서 내가 당한 걸 생각해 보면 김규남은 정말 심하게 당했겠구나 하는 생각을 하였다.

모 수사관한테 구두로 많이 맞아서 까맣게 피멍이 들어 구치소에 갔을 때 그곳 직원이 내 몸에 피멍든 것 보고 놀랐다. 중정에서 서 있는 동안 잠을 못 자게 해서 나중에는 비몽사몽한 상태가 되었는데 그 상태에서 고문당하면 그 고통 때문에 정신이 다시 들기를 반복했다"

고 진술했습니다.

참고인들의 진술도 있는데요, 김규남의 조카인 정 모 씨가 중정에 연행되어 중정 수사관 운전 심부름을 하면서 한 달 정도 중정에 있는 동안 김규남이 고문을 당하는 것을 목격하였다며 다음과 같이 진술했습니다.

"외삼촌이 흰색 사각팬티만 입은 채로 중정 수사관 3명에게 고문을 당하고 있었다." 여기 외삼촌은 김규남입니다.

"외삼촌이 흰색 사각팬티만 입은 채로 중정 수사관 3명에게 고문을 당하고 있었다. 수사관들이 서류를 보여 주면서 윽박지르는 것 같더니 주먹으로 삼촌 가슴을 마구 때리기 시작했다. 그러다 야구방망이 정도 크기의 몽둥이로 삼촌 허벅지와 엉덩이를 때리거나 밀고 발로 찼다. 그리고 양동이에 채워진 물을 바가지로 떠서 얼굴과 몸에 계속 부었다.

너무나 가혹한 고문을 해서 나는 얼어붙어서 움직이기도 힘들고 나중에 정신을 차리고는 더 이상 그 모습을 볼 수가 없어서 콘센트막사로 돌아와 밤새 울기만 했다.

그다음 날 저녁에도 몰래 가서 보았는데 전날과 마찬가지로 삼촌이 팬티만 입은 채 중정 수사관 3명에게서 몸통과 하체를 중심으로 무차별 구타와 고문을 당하고 있었다. 대략 5분 정도 보았는데도 너무 무섭고 가슴이 아파 막사로 돌아와 울기만 했다."

당시 이 모 수사관의 진술도 있는데요, 영화에서나 볼 수 있는 장면도 있습니다.

"박노수를 밤새 조사하는 중에 김형욱 부장이 조사실로 찾아왔는데 김형욱 부장이 박노수에게 총을 겨누면서 '바른대로 말하지 않으면 죽여 버리겠다. 너 하나 죽여도 아무도 모른다'고 공갈협박을 하였다."

2009년 진실화해위의 결론은 다음과 같습니다.

"이 사건은 1960년대 유럽 유학생들의 동베를린 및 북한 방문 사실을 이유로 간첩죄 등을 적용하여 사형 및 유죄 판결을 받게 한 사건이다. 중정은 합법적인 절차를 따르지 않고 진실규명 대상자들을 비롯한 피의자들을 영장 없이 불법 연행한 후 일주일 정도 불법 구금한 상태에서 고문 및 가혹행위를 통하여 피의자들의 자백을 받아내어 기소하였고, 검찰 수사과정에서도 중정 수사관이 배석하는 등 심리적 강압을 가하여 재판을 통해 사형 등에 이르게 한 것은 위법한 공권력 행사에 의한 인권침해이다."

당시 박노수 교수는 영국 케임브리지대학 국제법 교수로 서른일곱의 나이에 중정에 끌려가 나이 마흔에 형장의 이슬로 사라졌습니다. 당시 박노수 교수의 딸이 태어난 지 6개월 된 갓난이였는데 아빠는 사형당하고 엄마는 7년형을 선고받고 1년 6개월 복역 중 사면으로 풀려났는데 고문후유증에 시달렸다고 합니다.

6개월 된 딸은 지난 40여년동안 간첩의 딸이라는 멍에를 쓰고 살았는데요, 할아버지가 키워 주었는데 할아버지가 화병으로 돌아가신 12살부터는 돌봐주는 사람이 아무도 없었다고 합니다. '빨갱이 핏줄이 그러면 그렇지' 이런 말이 제일 듣기 싫었고 모범생으로 보이려고 무진 애를 썼다고 합니다. 일부러 애국가도 보다 큰소리로 부르고 국민의례 때 자세를 꼿꼿이 세웠으며 친구들에게는 아버지가 교통 사고로 돌아가셨다고 거짓말을 할 수밖에 없었다고 합니다.

집안 어른들이 '이념과 전혀 관계없는 공부를 하라'고 해서 대학에서는 관심도 없던 화학을 전공했고, 좋은 남자를 만나 가정도 꾸리고 싶었지만 선보는 자리에서 내 배경을 알게 된 이들은 황망히 자리를 뜨곤 했다고 합니다. 역사의 비극입니다. 이들이 제대로 살지 못한 인생, 간첩의 딸·빨갱이의 딸로 40년을 살아온 남은 가족들 인생은 누가 보상할 수 있겠습니까!

우리가 왜 테러방지법의 기본권이나 인권침해를 우려합니까? 국정원의 전신인 중앙정보부·국가안전기획부가 인권을 유린하고 폭력을 행사한 생생한 역사의 기록이 있기 때문입니다.

지금 국정원은 개혁을 했습니까? 새롭게 태어났습니까? 지난 대선 때 불법으로 댓글을 달고 불법행위를 하고, 그 이후에 전혀 변화된 게 없습니다.

국정원은 공룡입니다. 국정원은 모든 정부 위에 있는지도 모릅니다. 2012년 국정원 댓글조작 대선개입사건이나 유우성 간첩단 증거조작사건, RSC 해킹프로그램에 의한 휴대폰 해킹사건……

지금은 공룡 국정원에게 막강한 권한을 추가로 부여해

괴물 국정원을 만드는 것이 국민이 우리에게 명령한 시대적 과제가 결코 아닙니다. 지금 국정원은 국민들로부터 견제받고 감독받고 강력한 개혁으로 새롭게 다시 태어나야 합니다. 그것이 국정원이 사는 길이고 국민의 기본권과 인권, 그리고 가장 중요한 국민의 안전을 지키는 길입니다.

우리 사회는 지금을 국가비상사태라고 할 정도로 그야말로 비정상적인 나라입니다. 비정상의 정상화를 그토록 부르짖던 박근혜 대통령은 끊임없이 비정상을 생산하고 조장하고 만들고 있습니다. 정말 국민을 불행하게 하는 대통령입니다. 국회를 무시하는 대통령입니다. 국회의장을 협박하고, 그래서 모두는 아무렇지도 않은데 국회만 지금 비상사태에 빠져 있습니다.

이대로는 안 됩니다. 설사 필리버스터가 멈추더라도 국민 여러분이 현장의 필리버스터로서 더욱더 거세게 움직여 주셔야 합니다. 국민을 갈수록 불행하게 하는 대통령, 경제를 활성화한다고 하면서 노동자의 권익을 뺏는 대통령……

(정갑윤 부의장, 정의화 의장과 사회교대)

서비스발전기본법에 의료공공성을 유지하기 위한 조항을 넣자 그래서 문재인 대표랑 합의까지 했습니다. 그런데 그것을 없던 걸로 하고 원안대로 통과시켜 달라고 야당한테 요구를 합니다. 야당이 어떻게 그걸 통과시켜 줍니까? 그걸 통과시켜 주지 못하는 야당을 발목을 잡는다고, 일을 안 한다고 그러면서 책상을 치면서 얘기를 하고 있습니다.

지금 경제가 굉장히 어렵지요. 자영업하시는 분들 정말 어렵습니다. 매출액은 갈수록 줄어드는데 세금은 늘어나고, 신용카드 수수료는 늘어나고, 힘들고 빽 없고 살기 힘든 서민만 죽어라 죽어라 하는 게 지금 박근혜정부입니다.

경제를 활성화시키려면 돈이 돌아야 됩니다. 지금 서민경제는 돈이 바짝바짝 말라서 타들어 가고 있습니다. 저수지가 있는데 농사짓는 곳은 지금 말라서 타들어 가는데 거꾸로 지하수를 퍼서 저수지 위로 올리는 꼴입니다. 지금 우리 경제 시스템이 바로 그렇게 돼 있습니다.

그러면 정부는 무엇을 해야 됩니까? 저수지의 수문을 열도록 해야지요. 그래서 그 물이 밑으로 가서 농사를 지을 수 있도록 해야 됩니다. 그런데 그렇게 안 하고 있습니다. 야당이 그토록 이명박 정부 때 깎아 줬던, 투자를 많이 하라고 깎아 줬던 재벌 대기업의 법인세 3% 원상회복하라고 그렇게 그렇게 요구를 해도 들은 척도 안 합니다. 그것만 하면 1년에 5조가 생기는데, 그러면 그것 가지고 누리과정 지원하고도 남고 우리 어르신들 기초노령연금 선별해서 안 주고 다 줘도 됩니다.

(「의장님, 발언 제지해 주세요. 주제 이외의 발언이 계속 이어지잖아요」하는 의원 있음)

그런데 그런 걸 안 하고 뭘 하느냐 하면 '돈이 없으니까 어떻게 하냐. 복지에 문제 있는 것 아니냐?' 이렇게 얘기를 하고 있습니다. 그러면 그 얘기는 뭡니까? 해야 될 일을 안 하는 정부가 결국 국민들끼리 서로 싸우라고 조장하는 것밖에는 아무것도 아니지요.

대통령이 이렇게 해서 어떻게 국민행복시대를 만들겠습니까?

우리나라는 그렇지 않아도 연대의식이 약한 사회입니다. 아니, 그렇기 때문에 그 약점을 대통령이 교묘하게 활용하는지 모르겠습니다.

노동조합을 사용자가 쉽게 컨트롤하기 위해서 어떻게 합니까? 분열을 시키거든, 조합원들을 분열시켜요. 노동조합 내에 여러 그룹이 있으면 그 그룹 간의 작은 차이를 가지고 장난질 칩니다. 그러면 노동자들끼리 싸워요. 교섭력은 제로. 우리나라가 지금 그렇게 흘러가고 있습니다.

대통령과 여당은 국민의 행복 따위는 안중에도 없고 오로지 권력 이것만 유지하고 이것만 강화하면 '그게 무슨 대수냐' 이게 아니고 무엇입니까?

이게 의제와 관련이 없지는 않지요. 다 관련 있습니다.

(● 이현재 의원 의석에서 ― 그렇게 하면 다 관련 있지. 의장! 테러하고 관련 안 되는 것은 제지해 주세요!)

(● 설훈 의원 의석에서 ― 관련 있어요.)

그렇지요. 인간사회는 인권, 지금 인권에 관한 얘기를 하는 겁니다. 지금 테러방지법의 가장 문제가 되는 것이 인권침해 조항 아니에요.

인권은 이런 조사하고 고문하는 것만 인권이 아니라 서민을 빈궁하게 하고 살기 어렵게 하는 그것도 인권에 어긋나는 겁니다. 헌법정신에 어긋나는 것이지요. 행복하게 추구할 권리가 있습니다. 일할 권리도 있습니다. 그런데 그런 것에 대해서 방해를 한다면 그것은 인권침해이고, 아니 테러가 아닐까요?

국정원의 문제는 여러 차원에서 문제 제기가 될 수 있는데, 국정원은 노동조합을 파괴하는 과정에서도 정보를 수집하기도 할 겁니다. 아니, 노동조합뿐 아닐 겁니다. 우리 실생활과 직접적인 연관성 있는 모든 사안에 국정원이 개입할 수 있습니다. 그래서 이 테러방지법이 가볍게 볼 수 없는 사안인 것입니다.

지금 박근혜 대통령께 당부를 드리고 싶습니다.

국민을 자꾸 분열해서 통치하려 하시지 마시고 국민들의 어려움을 보듬어 안고 더불어서 잘살 수 있도록 그런 관점에서 정책을 펴 주실 것을 부탁을 드립니다. 그 과정에 테러방지법 같은 것도 해당이 됩니다.

정치의 목적을 저는 '안거낙업(安居樂業)'이라는 사자성어로 표현을 합니다. 중국의 사자성어인데요 백성들이, 국민들이 마음 편히 살면서 생업을 즐기도록 한다, 그게 정치의 목적이라고 생각합니다. 그건 예나 지금이나 달라지지 않습니다.

이 말은 제가 '강희대제'라고 하는―제왕 3부작 중의 하나이지요. 강희대제라는 소설에서 본 내용입니다. 그 강희대제라는 황제가 청나라의 4대 황제인데 그 황제가 6살에 즉위해서 육십몇 살까지 60여 년을 통치하면서 평생 가지고 간 자기의 통치목적이라고 합니다. 한번 박근혜 대통령께서 '안거낙업'이라는 사자성어를 늘 간직하고 생각해 보시기를 부탁을 드립니다.

그리고 강희대제는 안거낙업을 목표로 '국궁진력(鞠躬盡力)'의 자세로 통치를 했다고 합니다. '국궁진력'이라는 것은 '존경하는 마음으로 몸을 구부려 온 힘을 다한다는 뜻'입니다.

대통령께서 그렇게 해 주신다면 이 나라가 좀 더 편안하고, 우리 국민들이 편안하고 사회가 활기차고 소득이 3만 불이 안 돼도, 2만 5000불이 돼도, 아니 더 떨어져도 대통령이 그렇게 해 주시면 얼마나 좋겠습니까?

그런데 거꾸로 하고 있습니다. 대통령은……

(쪽지를 건네받으며)

이거 점차 제한이 무제한으로 되어 가는 상황이네요.

좋습니다. 저도 더 할 얘기가 남아 있고요.

부탄이라는 나라가 있습니다. 아주 작은 나라이지요. 그 나라가 지금 행복지수가 굉장히 높습니다. 그 나라는 지금 민주정부가 들어섰는데, 아무튼 정부의 국무회의를 할 때 국무회의의 평가지수라든가 이런 것을 행복지수로 합니다. 행복지수가 그 달에, 그 주에 얼마나 변동이 있는지 그것을 주요 주제로 한답니다. 그래서 유엔에서도 관심을 갖고 이 사안에 대해서 언급을 한 적이 있습니다. 참 부러운 얘기입니다.

그냥 돼도 않는 걸 가지고 경제활성화다, 뭐다 이러면서 재벌들만 도와줄 게 아니고요. 정말 어렵고 힘들고 하루하루 살기가 힘든 서민들, 자영업자, 비정규직 이런 사람들이 어떻게 행복해질 수 있을까, 청와대 안에서 그런 것 좀 고민해 주십사 하고 부탁드립니다. 그러면 달라질 수 있다고 생각합니다.

그리고 대통령이 모든 걸 구체적으로 지시하고 그러는 것은 바람직하지 않다고 생각합니다. 대통령은 크게 우리 사회가 어떤 방향으로 갈 것인지에 대한 비전을 가지고 그 비전에 맞게 일할 사람이 누군지를 전국적으로 찾아서, 아무만 하는 놈 말고 좀 그런 것에 맞춰서 열심히 일할 사람을 찾으면 그 사람한테 믿고 맡기고 책임지게 하고 그래야 이 나라가 잘되지 않겠습니까?

대통령이 국무회의에서 파견법이 어떻고 서비스발전기본법이 어떻고 하면서 열을 내시면요 장관이나 총리, 부총리 할 것 없이 그럼 뭘 해야 됩니까? 받아 적는 일이 일이겠지요.

아무쪼록 대통령께서 남은 기간을 국민들로부터 존경받고 그런 대통령으로 남도록 됐으면 좋겠습니다.

공기업이나 은행이나 이런 데에 무리하게 낙하산 내려 꽂지 말고…… 일할 사람을 시키는 것은 있을 수 있다고 생각합니다. 그런데 그런 것 저런 것 안 보고 낙하산 아니라고 그러면서 뒤로는 다 그렇게 하는 관례들을, 이런 것들에 대해서도 대통령께서 파악을 해서 가지고 그렇게 안 되도록 하는 일이라든가……

현장에서 문제 제기하는 여러 가지 일들 이것을 그냥 집단 이기적인 의사표현이나 행동이라고 보면 안 됩니다. 그 현장에 답이 있다는 말이 있습니다. 현장에서 벌어지는 모든 문제의 사안, 해답, 현장에 있는 사람이 가장 잘 알 수밖에 없습니다.

한 가지만 더 내친 김에 당부 말씀을 드릴까 합니다.

지금 박근혜정부의 경제정책 기조는 낙수정책에 근거하고 있습니다. 낙수효과에 근거하고 있습니다. 옛날처럼 계속 재벌들을 지원해 주고 세제 지원해 주고 뭐 지원해 주고 하면 재벌들이 돈을 벌어서 일자리를 만든다는 환상에 빠져 있는 것이지요.

절대 그렇지 않습니다. 재벌들은 버는 돈을 다 은행에다 예금으로 쌓아 놓고 있지요. 낙수효과는 이제 작동하지 않는다, IMF가 확인한 것입니다.

이제는 낙수효과가 아니라 분수효과가 있어야 경제가 성장할 수 있다 이것이 일반적입니다. 분수효과란 최저임금 올리고 중소기업한테 지원해 줘서 서민과 서민층에 돈이 가도록, 소득이 늘도록 하자는 것입니다. 그러면 그게 구매력, 소비가 늘어서 내수가 활성화되고 그러면서 경제가 성장할 수 있다는 그런 얘기입니다.

옛것만 고집하지 마시고 상황이 변함에 따라서 새로운 것들을 받아들이고 그러면서 통치에 임해 주실 것을 당부를 드립니다.

제가 이 당부 드리는 것이 맞는지 모르겠습니다. 사실은 오만하고 부당한 권력을 심판해 달라고 하는 게 맞을지도 모르지요.

뭐, 얘기하면 또 의제와 관련 없다고 할까 봐 그렇기는 한데 그래도 간단히 한번 얘기하고 싶습니다.

경제 문제가 워낙 중요한 문제니까요.

돈이 돌게 해야 된다는 것은 아까 잠시 말씀을 드렸는데, 돈이 돌게 하려면 간단합니다. 돈이 있는 곳의 것을 퍼서 없는 곳에 갖다가 넣으면 됩니다. 다시 말씀드리면 재벌들한테서 세금 더 걷어서 최저임금 올릴 수 있도록 하고, 최저임금 올리면서 자영업자들이 실질적인 부담을 지게 되면 그 자영업자에게 세금 혜택을 주든 보험 혜택을 주든 거기에 버금가는 혜택을 줌으로써 부담이 덜 되도록 할 필요가 있습니다.

최저임금 적어도 1만 원은 돼야 되지요. 물론 당장 하기에는 어렵다면 3개년으로 해도 좋습니다. 미국은 지금 15달러에 해당하고 있지요, 최저임금이.

그렇게 하면서 중소기업을 살리기 위해서 여러 가지 조치를 취해야 합니다. 대·중소기업 동반성장을 위해서는 중소기업 적합업종을 보다 강화한다든가, 또 예전에 이명박 정부 때 동반성장위원회에서 주장했던 초과이익공유제라든가 여러 가지 것들을 이젠 진짜 고민을 해야 될 때입니다.

답이 없습니다, 답이. 우리 경제 시스템 이대로, 그대로 놔두면 어떤 일이 발생하냐면 계속 부자 쪽으로 돈이 흘러갈 수밖에 없습니다. 돈이 있는 곳으로 돈이 빨려들어가는 수밖에 없습니다.

돈을 돌게 하려면 정부의 의지가 필요합니다. 증세 없는 복지라고 하면서 서민증세만 할 게 아니고 그동안 서민증세 했으니 이제는 부자들한테도 증세를 해서 균형을 맞추자,

그게 공평과세 아니겠습니까?

그러다 보면 이제 보편적으로 세금을 더 걷어서 어떻게 우리 사회가 더 낫게 할 거냐, 유럽처럼요. 그러면 그다음 단계로 논의가 될 수 있겠지요. 그러나 그 논의 전에 그동안 불공평했던 부분들은 조금 공평하게 하고 가는 게 맞습니다.

누구나 어떤 나라를 꿈꿉니다. 박근혜 대통령은 '내 꿈이 이루어지는 나라'를 약속했습니다. 그런데 지난 2월 24일 취임한 지 3년째가 되던 날 청와대에서 박근혜 대통령은 국회를 향해서 '자다 깨 통탄할 일', '이게 말이 된다고 생각하냐', '기가 막힌 현상' 등 격정 어린 말들을 쏟아 내셨다고 합니다. 책상을 십여 차례 내리쳤다고 합니다. 책상이 무슨 죄입니까? 지난 3년 대통령께서 무슨 일을 했는지 곰곰이 되돌아보는 시간을 가졌으면 좋겠습니다.

지난 3년 우리 국민들의 꿈이 얼마나 이루어졌는지 한번 되돌아보겠습니다.

박근혜 대통령 공약집을 보면 '세 살부터 여든까지 행복으로 가득한 대한민국의 5년'이 그려져 있습니다. '아이가 태어나 어른이 되고 생을 마감하는 날까지 새누리당의 생애주기별 맞춤형 복지가 함께한다'고도 약속했습니다.

아이들에게는 이렇게 약속했습니다, '0세부터 5세까지 영유아의 보육과 육아는 국가가 책임지겠습니다.' 약속 지켰습니까?

아이들의 밝은 웃음이 우리의 미래라던 박근혜정부에서 초저출산율의 기록이 갱신되고 있습니다. 출산율은 12년 1.30에서 지난해 1.24로 떨어졌습니다. OECD 꼴찌의 불명예는 14년째 이어오고 있습니다.

청소년과 대학생들에게는 이렇게 약속했습니다. '대부분의 OECD 국가들은 오래 전부터 고등학교 무상교육을 실시하고 있다. 고교 무상교육을 2014부터 매년 25%씩 단계적으로 확대해서 2017년에 전면 무상교육을 실시하겠다.'

또 이렇게 약속했습니다. '2014년까지 대학생 반값등록금 실천하겠다.' 올해 2016년입니다.

꿈과 열정을 지닌 청년들이 마음껏 활약하던 박근혜정부에서 청년층 실업률은 7.5%에서 9.2%로 상승했습니다. 1997년 외환위기 이후 최악의 청년실업 사태가 날로 악화되고 있는 것입니다.

여성에게는 이렇게 약속했습니다. '미래 여성인재 10만 명을 양성하겠다. 경력단절 여성에게 맞춤형 일자리를 제공하겠다. 돌봄서비스 종사자 처우를 개선하겠다.' 약속 지켰습니까?

여성이 행복한 대한민국이라던 박근혜정부에서 세계경제포럼의 세계 남녀격차 지수는 2012년 108위에서 2015년 115위로 일곱 계단 하락했습니다. 아시아 24개 국가 중에서 20위로 라오스, 몽골, 방글라데시, 베트남, 캄보디아보다도 못한 상황입니다. 히잡을 써야만 하는 이슬람 국가들을 제외하면 사실상 아시아 최악의 남녀차별 국가입니다. 여성 대통령에 대한 기대가 사라진 지는 이미

오래되었습니다.

어르신들에게는 이렇게 약속했습니다. '기초연금을 도입하는 즉시 65세 이상 모든 어르신과 중증장애인에게 2배를 지급하겠다'고 약속했습니다. 약속이 지켜졌습니까?

어르신들의 건강한 웃음이 더욱 커진다던 박근혜정부에서 노인빈곤율은 개선될 기미조차 보이지 않고 있습니다. 노인빈곤율은 47.2%로 OECD 평균 12.6%의 4배나 되며 노인층 소득은 평균소득의 60.1%로 OECD 평균 87%의 69% 수준에 불과합니다.

우리나라 남성 노인의 은퇴 연령은 72.9세로 OECD 평균 64.6세보다 8년 넘게 일을 하고 있습니다. 가장 오래 일하면서도 가장 빈곤하고 불평등한 우리 어르신들의 현실입니다.

비정규직 노동자들에게는 이렇게 약속했지요. '공공부문부터 상시·지속적인 업무에 대해서는 2015년까지 정규직으로 전환하겠다. 사내하도급 근로자보호법을 제정해서 사내하도급 근로자가 원청업체 정규직 근로자와 동종·유사한 업무를 할 경우 차별적 처우를 금지하겠다.' 이런 약속 지켜졌습니까? 거꾸로 가고 있습니다. 기간제법과 파견법을 개악하여 평생 비정규직을 만들고자 합니다.

비정규직 근로자의 내일이 밝아진다던 박근혜정부에서 비정규직 노동자의 임금은 7만 4000원 올랐습니다. 연평균 2만 5000원 오른 셈입니다. 물가상승률을 감안하면 실질임금은 지난 3년 동안 2만 2000원, 연평균 0.6% 상승한 것입니다. 지난 3년 실질 경제성장률이 연평균 2.9%인 것을 감안하면 처참한 수준입니다.

공약은 너무 많은데 지켜진 것은 거의 없으니까 지난 3년 일어난 일만 계속 말하도록 하겠습니다.

소상공인이 활짝 웃을 수 있도록 골목상권이 살아난다던 박근혜정부에서 자영업자는 15만 5000명 감소했습니다. 장사는 안 되고 빚은 늘고 신용은 떨어지고, 지금 자영업자는 죽지 못해 살고 있다고 합니다. 골목상권은 웃음이 아니라 한숨만 쌓여가고 있습니다.

(「김 의원님, 의제에 맞는 발언을 하세요」하는 의원 있음)

집주인도, 세입자도 집 걱정 없는 세상이 온다던 박근혜정부에서 전국 아파트 전세가격은 43.7%, 평균 6800만 원 상승했습니다. 반면 도시 가구 월평균 소득은 지난 3년간 21만 원 늘어나는 데 그쳤습니다.

서울의 경우 소득 대비 전세가격 배수는 6.7년에서 9.2년으로 늘었습니다. 9년치 소득을 몽땅 저축해야만 겨우 전세자금을 마련할 수 있는 나라가 '세입자가 집 걱정 없는 세상'입니까?

저는요 왜 이것을 얘기할 수밖에 없느냐 하면 대통령께서 지금 테러방지법을 강조하실 게 아니라 이런 서민의 삶을 하루하루 체크하시고 그것을 어떻게 풀어갈 것인지를 고민하시라 이 말씀을 드리려고 합니다.

(「테러방지법하고 관련 없는 얘기입니다. 의제와 관련해서 말씀해 주시면 고맙겠습니다」하는 의원 있음)

모두가 100% 행복한 대한민국이라던 박근혜정부에서

유엔 세계행복지수는 2010년~2012년 41위에서 2012년~14년 47위로 여섯 계단이나 하락했습니다.

(「의장님, 의제에 맞는 발언을 하게 해 주십시오」하는 의원 있음)

내 꿈이 이루어진다던 박근혜정부에서 우리 국민은 지난 3년 악몽의 연속이었습니다.

거의 끝나갑니다.

지난 3년 동안 대한민국 경제는 초토화되었습니다. 대한민국 경제가 테러를 당한 수준입니다. 여기 '테러' 나옵니다.

경제적 고통보다 더 심각한 테러가 있습니까?

경제 위기는 수천, 수만 개의 기업이 도산하고 수천, 수십만 명의 실업자가 거리를 헤매게 됩니다.

인간은 동물입니다. 동물세계에서 먹잇감이 없으면 아수라장이 되는 것처럼 인간세계도 배고픔과 빈곤, 차별은 폭력으로 이어지게 되는 것입니다. 박근혜정부가 정말로 테러가 없는 세상, 국민 모두가 안전한 세상을 만들고자 한다면 본인이 국민께 약속한 공약부터 지켜야 합니다.

이렇게 공약을 지키지 않은 정부 또 있습니까? 그러면서 새로운 것을 계속 만들고 야당이 받아들이기 어려운 법을 계속 만들어서 '이것 통과시켜 줘라', '그것 못 하겠다' 그러면 '야당 때문에 일 못 한다', '국민 여러분! 야당을 심판해 주십시오' 이러고 계세요.

통상 테러라고 하면 정치적·종교적·이념적 또는 민족적 목적을 가진 개인이나 집단이 그 목적을 추구하거나 주장을 알리기 위하여 계획적으로 사회적 불안을 야기하는 행위를 말합니다.

그러나 정치적·종교적·이념적·민족적 테러보다 불특정 다수에 대한 무차별 공격, 이른바 사회적 차별에 의한 사회적 테러가 앞으로 우리 사회의 가장 심각한 테러가 될 가능성이 높습니다.

세 살부터 여든까지 불평등한 사회, 태어나면서부터 죽을 때까지 차별받는 사회, 돈 없고 빽 없고 힘없으면 아무리 노력해도 잘살 수 없는 사회, 이런 사회적 차별과 무관심이 바로 테러의 씨앗이고 환경이라고 생각합니다.

우리 국민들이 꿈꾸는 나라는 그렇게 거창한 것이 아닐 것입니다. 아빠의 지갑이 두툼해지고 엄마의 가계부에서 저축할 돈이 늘어나고 직장을 찾아 나선 자식의 어깨가 가벼워지는 나라, 가진 자와 없는 자를 차별하지 않고 힘없는 다수도 국민으로 대접받고 정치가 국민의 말을 좀 알아듣는 나라, 우리 국민들이 꿈꾸는 이런 소박한 나라를 만드는 것이 100개, 1000개의 테러방지법을 만드는 것보다 테러방지에 훨씬 효과적이라고 생각합니다.

1930년대 대공황을 구한 영국의 케인즈는 '이성이 죽으면 괴물이 태어난다'고 했습니다. '세상을 파멸로 이끄는 것은 사악함이 아니라 어리석음'이라고 경고하기도 했습니다.

다시 말해 무지야말로 현대의 주된 정치적·사회적 해악의 뿌리라고 선언하면서 학문의 힘으로써 자신의 철학적 지향인 선한 삶을 추구하여 인류에게 이익을 안겨다 주기 위해 고군분투한 지식인이었습니다.

대한민국 경제가 테러를 당한 근본 원인이 무엇이겠습니까? 바로 경제정책에 대한 무지입니다.

박근혜정부의 경제정책은 실패할 수밖에 없습니다.

최근 논란이 되고 있는 대통령 관심 법안들—관광진흥법, 기업활력제고특별법, 파견법, 서비스발전기본법 등 대통령 관심 법안은 모두 낙수효과에 기댄 법안들입니다. 서민을 더 불안하게, 노동자를 더 쥐어짜는 법안들입니다.

재벌들에게 돈을 더 많이 벌게 해 주면 그 돈이 물처럼 흘러 서민들도 잘살게 되는 것이 아니라 재벌만 더 잘살고 서민들은 갈수록 어려워질 수밖에 없습니다.

낙수효과는 경제정책이 아니라 재벌에 대한 맹신입니다. 이 무지가 대한민국 경제를 테러 수준으로 망가뜨리고 있습니다. 경제정책의 패러다임을 재벌과 부자 중심에서 서민과 중산층 중심으로 근본적으로 바꿀 것을 촉구합니다. 그것이 테러방지법 100개보다 더 효과적인 국민안전정책입니다.

마지막으로 테러방지법 복습을 한 후 제 발언을 모두 마치고자 합니다.

우리 더불어민주당은 세 가지 독소 조항을 수정해서 테러방지법을 통과시키고자 간곡히 호소해 오고 지금도 호소하고 있습니다.

첫째, 새누리당 테러방지법 부칙 제2조를 삭제해야 합니다.

특히 부칙 제2조제2항은 국정원의 오랜 숙원사업인 무차별적 감청 확대 방안으로 반드시 삭제되어야 합니다. 테러가 의심된다는 이유만으로 이른바 강제수사인 영장 없는 감청을 무제한으로 허용하는 희대의 독소 조항입니다. 국민의 기본권 및 인권에 대한 심각한 우려가 있는 독소 조항을 야당이 어떻게 찬성할 수 있겠습니까?

둘째, 새누리당 테러방지법 제9조제4항을 수정해야 합니다.

테러조사 및 추적권을 국정원이 아니라 대테러센터가 가지게 해야 합니다. 국정원이 정보수집 및 분석에서 조사 및 추적권까지 쥐게 될 경우 사실상 독재정권의 안기부가 부활하게 됩니다. 조사·추적권을 국정원에 둘 경우 대테러센터 자체를 무력화시키며 괴물 국정원의 탄생을 막기 위한 모든 통제장치를 무용지물로 만드는 독소 조항입니다.

셋째, 국민의 기본권 및 인권침해 방지를 위해 국정원에 대한 감독과 견제의 기능을 강화해야 합니다.

새누리당은 인권보호관 1명이 국민의 기본권 침해를 막을 수 있다고 합니다. 300명의 국회의원도 감독하지 못하는 국정원을 어떻게 대통령과 여당이 임명하는 인권보호관 1명이 감독할 수 있다는 말입니까?

우리 당은 2013년에 국정원개혁특위에서 여야 잠정 합의에 이르렀던 국회 정보위원회 상설화 방안이 국정원에 대한 감독 강화를 통해서 국정원을 효과적으로 통제할 수 있는 방안이라고 생각합니다.

새누리당 의원님들께 호소합니다.

새누리당 의원님들이 정말로 국민의 기본권과 인권을 위한다면 이 독소 조항들을 삭제하거나 수정하는 데 반대할 하등의 이유가 없다고 생각합니다.

우리 국민들은 묻고 있습니다.

'새누리당이 테러방지법을 강행하는 이유가 무엇입니까? 국민의 안전이 목적입니까, 아니면 국정원의 숙원사업 해결이 목적입니까?'

국민들의 말씀에 반드시 답해야 합니다.

국민의 반대에도 불구하고 새누리당이 독소 조항을 계속 고집한다면 우리 국민들은 국정원 강화가 목적이라는 의심을 확신할 수밖에 없을 것입니다.

새누리당이 오직 국정원만을 위해 독소 조항으로 가득 찬 테러방지법을 단 한 자도 고칠 수가 없다면 우리 국민들은 새누리당을 국정원 2중대로 인식하게 될 것입니다.

인간은 자유 그 자체라고 했습니다. 그래서 국가기관이 우리의 자유를 구속하려는 역사적 퇴행은 반드시 막아야 합니다.

역사는 반복됩니다. 한 번은 비극 한 번은 희극이라던데 벌써 세 번째 비극의 연속이었습니다. 역사상 네 번째 맞이하는 이번 국가비상사태는 반드시 민주주의가 승리할 수 있도록 국민 여러분들의 격려와 지지를 간곡히 호소합니다.

주머니의 지갑은 얇아지고, 가계부에 쓸 것도 별로 없고, 통장의 빚은 늘어만 가고, 구직원서를 수십 군데 써 보지만 나를 찾아 주는 곳은 없고, 장사는 안 되고 손님은 없고.

국민 여러분, 얼마나 힘드십니까!

국민을 대표하는 국회의원으로서 한 없이 죄송하고 부끄럽기만 합니다.

국민 여러분!

용기를 잃지 마십시오. 힘을 내십시오. 저 김기준도, 더불어민주당도 힘을 내겠습니다.

그리고 반드시 이기겠습니다.

경청해 주셔서 감사합니다.

● **의장 정의화** 김기준 의원님 수고하셨습니다.

제가 의장으로서 한 말씀 드려야 될 것 같습니다.

오늘 이 본회의장은 정치선전장도 아니고 선거유세장도 아닙니다.

면책특권을 악용해서 선동이나 허위사실 유포 같은 것도 있어서는 안 되는 것이 중요하다고 생각합니다.

우리 헌정사에서 이런 식의 무제한 토론은 첫 사례이기 때문에 우리 모두가 다 아주 아름다운 전통을 수립하기 위해서는 기본과 원칙에 충실해 주시고 의제에 집중해 주실 필요가 있다고 생각합니다.

그러면 다음은 국민의당의 김관영 의원님 나오셔서 토론해 주시기 바랍니다.

(2016년 3월 1일 오후 6시 41분)

33

김관영 의원

제19대 국회의원 (전북 군산시)
국민의당

2016년 3월 1일 오후 6시 42분 시작
2016년 3월 1일 오후 7시 41분 종료
발언 시간 59분

"국민 여러분, 오늘이 마지막이 아닙니다.
우리는 함께 노력해야 합니다. 자유롭고
정의로운 대한민국을 바란다면
테러방지법으로 야기된 이 사태가 제대로
우리 국민들께 희망을 주는 새로운
계기가 되어야 할 것입니다."

(2016년 3월 1일 오후 6시 42분)

● **김관영 의원** 사랑하는 국민 여러분!

그리고 존경하는 정의화 국회의장님, 선배·동료 의원
여러분!

안녕하십니까, 전북 군산을 지역구로 두고 있는 국민의당
국회의원 김관영입니다.

역사적인 필리버스터의 진행을 위해서 그동안 수고를
아끼지 않으시고 계시는 속기사, 방호직원 여러분, 사무처
직원 여러분들과 보좌진 및 정당 관계자 및 언론인
여러분들의 노고에도 깊은 감사를 드립니다.

당초 필리버스터가 계속될 것을 전제로 해서 본 의원도 긴
시간의 발언을 준비했습니다마는 그동안 많은 의원들께서
좋은 의견과 반대토론을 해 주셨고, 이제 필리버스터를
종료하기로 이미 결정이 된 상황이기 때문에 저는 매우
간단하게 가장 짧은 의견을 국민 여러분 앞에 소개해 드릴까
합니다. 국민 여러분께서 저에게 30분 정도만 허락해
주신다면 제가 그동안의 많은 쟁점들을 보다 효과적으로
요약해서 설명드리고 국민들의 이해를 구하도록 하겠습니다.

오늘은 삼일절입니다. 1919년 3월 1일, 우리의 선열들은
일본의 압제와 폭정에 대해서 독립을 향한 뜨거운 의지로
맞서 싸웠습니다. 무력으로 탄압하는 일본군에 굴하지 않고
그토록 간절히 원하던 조국의 독립을 위해 목숨 바쳐 싸웠던

우리의 자랑스러운 역사적인 날입니다.

거리에 나와서 태극기를 흔들던 지극히 평범한 시민들,
왜 우리 선조들은 죽음의 공포 앞에서도 조국의 독립을
그토록 소리 높여 외쳤는지 그날의 의미를 우리는 다시 한
번 되새겨 보아야 한다고 생각합니다.

총칼로 무장한 일본군에게 밟혀 죽을 수도 있었음에도
죽음의 길을 걸어간 의미, 고문이 기다리고 있음에도
태극기 하나만 들고 거리로 나섰던 그 의미, 손톱이
빠져나가고 귀와 코가 잘리고 손과 다리가 부러져도 나라에
바칠 목숨이 오직 하나밖에 없다는 점을 통탄하면서 그
독립운동의 대열에 참여했던 우리 선조들의 조국에 대한
절실함과 용기를 다시 한 번 깊이 새겨 봅니다.

존경하는 국회의장님!

우리에게 국민의 삶과 안전보다 더 중요한 과제는
없습니다.

김대중 대통령은 생전에 '진정한 정체성이란 국민이
원하는 바를 하는 것이다. 국민의 뜻에 따라 모든 문제를
해결해 나가는 정권, 국민을 하늘과 같이 생각하고 받드는
자세, 이것이 바로 국민에 대한 제대로 가져야 될 정체성이다'
이렇게 말씀하셨습니다.

누가 저에게 '당신의 정체성이 무엇이냐?' 물어본다면
저는 당연히 민생이라고 말씀드리고 싶습니다. 민생을
돌보고 격차를 해소해서 모두가 잘사는 사회를 만들고
평화통일로 나가는 것, 이것이 바로 우리가 가야 할
길이라고 생각합니다.

저는 이번 테러방지법 대치국면 타개를 위해서
직권상정의 요건을 갖추지 못한 테러방지법에 대한
국회의장의 직권상정은 철회되어야 한다는 점을 먼저
말씀드리고 싶습니다.

그동안 많은 의원들, 저를 비롯한 많은 의원들께서 정의화
국회의장님의 의사진행에 대해서 많은 존경심을 표해
왔습니다마는 이번 사태에 대해서는 유감을 표하지 않을
수가 없습니다. 테러방지법의 직권상정으로 인해서 국회가
제대로 운영되지 못하고 있는 작금의 상황이 안타깝기만
합니다.

우리 국회법 85조에는 국회의장이 안건을 지정하는
요건 세 가지를 정하고 있습니다. 첫째는 천재지변, 둘째는
전시·사변 또는 이에 준하는 국가비상사태, 세 번째는 각
원내교섭단체가 합의하는 경우입니다.

국가가 전시 아닙니다. 여야 원내대표가 합의한 것도
아닙니다. 비상사태라고 해서 직권상정을 하셨다는데 지금
상황이 비상사태라는 점을 동의하는 국민은 그리 많지 않은
것 같습니다.

저와 국민의당은 테러방지를 위한 포괄적인 법이
필요하다는 점에 대해서는 공감합니다. 또 테러에 대해서도
단호하게 대처해야 된다는 점에도 공감합니다. 그러나
테러방지법을 제정함에 있어서 국민의 사생활과 인권이
무엇보다도 보호되어야 한다는 신념을 가지고 있습니다.

박근혜 대통령은 지난 8일 국무회의에서 '우리나라가

테러를 방지하기 위해서 기본적인 법체계조차 갖추지 못하고 있다는 것을 IS에서도 알아 버렸다. 이런데도 천하태평으로 테러방지법을 통과시키지 않을 수 있겠나'라고 발언을 하셨습니다. 한 나라의 대통령으로서, 또 보좌하는 청와대와 새누리당은 부끄러운 줄 알아야 할 것 같습니다. 정부와 정치권이 나서서 '테러 나면 책임질 거냐?'라면서 공포 분위기를 조성하는 것이야말로 매우 무책임한 일입니다. 그러면 그동안 테러방지에 대해서 전혀 대책을 세우지 않고 무방비로 있었습니까? 지난 박근혜 대통령 취임 이후 3년간 테러방지법안이 통과되기만 바라면서 뒷짐 지고 있었습니까? 만약에 그렇다면 이것은 대통령의 직무유기지요.

그러나 우리에게는 테러방지법이 없지만, 그러한 이름의 법은 없었지만 테러와 유사 인질사태 또 무장공격행위를 예방하고 대응하기 위한 많은 법과 제도가 있습니다. 통합방위법, 비상대비자원관리법, 대테러특공대 또 국가테러대책회의 등이 바로 그것입니다.

지난 2월 18일 국회의 비경제분야 대정부질문에서 더불어민주당의 김광진 의원께서 국가테러대책회의 의장이 누구냐고 황교안 국무총리에게 질의를 했습니다마는 황 총리께서 '정확하게 모르겠다. 확인해 보겠다' 이렇게 대답을 했습니다.

바로 국가테러대책회의의 의장이 총리인 줄을 본인 스스로가 몰랐던 것이지요. 국가테러대책회의가 아마 한 번도 소집되지 않았던 것 같습니다. 이런 상황에서 '테러방지법이 통과가 안 됐으니 테러 대책을 세울 수가 없습니다'라고 하는 것은 지나친 남 탓이라고 생각합니다.

우리나라 검찰은 특히 기소권과 수사권을 독점한 강력한 권한을 행사하고 있습니다. 출입국제도, 주민등록제도 등등은 세계에서 유례를 찾아보기 힘든 대단히 촘촘한 보안을 생산해 내고 있습니다. G20 국가 중 우리나라 국정원처럼 국내외 정보수집 기능, 비밀경찰 기능, 정책기획 기능, 나아가 작전 및 집행 기능에 이르기까지 무소불위의 권한을 가진 정보기관을 두는 나라가 사실 거의 없습니다. 전 세계적인 정보기관의 추세를 보면 정보를 나눠 가지고 있습니다. 왜냐하면 한 기관에 정보가 집중되면 권한이 남용될 가능성이 있기 때문입니다.

이제 테러방지법이 머지않아 통과될 것 같습니다. 그러나 그 과정에서 짚고 넘어가야 될 몇 가지를 말씀드리고 싶습니다.

이 테러방지법이 원래 미국에서 9·11 테러가 난 이후에 그동안 산재해 있던 테러방지에 관한 여러 법제를 하나로 모아서 테러방지를 보다 효과적으로 해야 되겠다 해서 미국에서 애국법이라는 법으로 처음 탄생이 되었습니다. 당시 테러방지에 대한 전 국민적인 관심이 높았고 테러방지를 위한 모든 역량을 집중해서 정보를 집중해야 될 필요성이 전 국민적 공감을 얻고 있었던 시기였기 때문에 애국법은 쉽게 통과가 되었고 시행이 되었습니다.

그러나 테러는 사후, 테러가 일어난 다음에 대처하고 여러 가지 대책을 세우는 것은 늦는 것이지요. 테러는 예방이 중요합니다. 그렇기 때문에 대규모 정보를 수집해야 될 필요성도 인정이 되는 것이지요. 대규모 정보를 수집하는 과정에서는 당연히 국민의 기본권 침해 문제가 따르게 되는 겁니다.

사회적인 분위기에 의거해서 미국에서 애국법이 통과가 되었지만 그 이후 미국 정보기관으로부터 무차별적인 정보수집이 문제가 되었고, 그것으로 인한 미국 국민들의 기본권 침해 문제가 사회적으로 문제가 되었습니다. 그렇기 때문에 테러방지법에서는, 미국의 애국법에서도 많은 기본권 제한요소들을 제대로 보완하고 수정하는 노력이 끊임없이 이어져 왔습니다.

테러대응기구와 관련법 제정에 있어서 권한이 남용되거나 인권침해가 되지 않도록 절차적·사법적 통제를 유지할 필요가 있다는 것이고요. 기존의 테러대응법안이 정보기관인 국가정보원에 수사권을 부여함으로써 권한의 집중을 초래하고 그로 인해서 인권침해 가능성이 커진다는 지적이 많았기 때문에 견제와 균형을 유지할 필요가 있다라는 점을 계속 강조해 왔던 것입니다.

당연히 이제는 균형이 필요합니다. 테러를 막기 위한, 국가의 안전을 보장하면서도 국민의 기본권 침해를 최소화하는 방안을 저희가 같이 모색해 보는 노력이 필요한 것입니다.

많은 의원님들께서 이번 직권상정된 테러방지법이 어떠한 인권침해적 요소를 가지고 있는지에 대해서 많은 의견을 주셨습니다. 저도 테러방지를 위한 포괄적인 법제가, 종합적인 법이 필요하고 만약에 종합적인 법이 생긴다면 좀 더 효과적으로 테러를 방지할 수도 있겠다라고 하는 점에 동의합니다. 그러나 어떤 법을 만들고 그 법이 국민의 기본권을 제한하려면 반드시 지켜야 될 원칙이 있습니다.

저희 대한민국헌법 37조2항에 보면 '국민의 기본권은 국가안전보장, 질서유지 또는 공공복리를 위하여 제한할 수 있지만 권리의 본질적인 내용은 침해할 수 없다'라고 규정하고 있습니다.

이 규정에 근거해서 헌법재판소는 많은 위헌법률을 심사하면서 명확한 원칙을 제시하고 있습니다. 소위 이 제한의 한계가 과잉금지의 원칙이라는 겁니다. 국민의 대표기관인 국회가 국민의 위임을 받아서 일을 하면서 법률로써 국민의 기본권을 제한하지만 그 제한되는 정도가 본질적인 점을 넘어서는 안 된다라고 하는 과잉금지의 원칙이지요.

구체적으로 네 가지로 간단히 요약해 볼 수 있습니다.

국민의 기본권을 제한하는 입법의 목적이 헌법 및 법률의 체계상 그 정당성이 인정되어야 한다는 목적의 정당성입니다. 목적이 정당하다 하더라도 그 목적을 달성하기 위한 방법이 보다 효과적이고 적절해야 된다는 방법의 적절성 또 방법이 적절하다 하더라도 보다 완화된 형태의 방법이 있다면 국민의 기본권을 보다 적게 제한되는 방법을 더 깊이 찾아봐야 한다는, 국민의 기본권을 필요한 최소한에 그쳐야 한다라는 피해의 최소성 원칙 또 그 입법에 의해서 보호하려는 공익과 침해되는 사익을 비교해서 사익보다는 공익이 더 많아야 된다는 법익의 균형성 원칙, 이 네 가지를 삼고 있습니다.

바로 과잉금지의 원칙을 우리 테러방지법을 만드는 과정에서도 당연히 고려해야 되고 만약에 이 원칙을 준수하지 않는다면 이 법은 위헌적인 요소로서 나중에 위헌법률심판의 대상이 될 가능성이 높게 되는 것입니다.

우리 테러방지법이 현재 가지고 있는 몇 가지 문제들을 제가 간단히 말씀드리기 전에 테러방지에 대해서는 적어도 이러이러한 원칙을 가져야 된다, 지금 국민의 기본권이 침해될 소지가 높고 국정원의 권한이 남용될 가능성이 높다라는 것이 핵심입니다. 이것이 세계 어느 나라 법제에서도 테러방지에 관해서는 공통적으로 문제가 되어 왔고 공통적으로 많은 논란이 되어 왔기 때문에 테러방지에 관한 국제 인권원칙이라는 것이 세워졌고, 그 인권원칙이라고 하는 것에서는 이렇게 정의하고 있습니다.

테러방지법 만들 때 꼭 지켜야 될 몇 가지 원칙을 정하고 있는데요.

테러는 먼저 그 정의가 명확해야 된다는 겁니다. 테러가 애매하게 되면 테러라는 이름으로 그분이 불이익을 입을 가능성이 대단히 높게 되는 것을 방지하기 위한 것이지요. 또 두 번째는 테러단체가 자의적으로 지정되지 않도록 안전장치가 필요하다는 겁니다.

테러단체의 지정도 중요하지만 적절한 절차를 통해서 테러단체로 지정이 되어야 되고, 또 어떠한 절차가 만약에 해제가 되면 테러단체에서 해제되는 절차도 명확하게 해야 된다는 것입니다.

또 범죄의 퇴치와 관련된 일반적 조치가 특수한 조치보다 우선이다라고 하는 얘기입니다. 무슨 말이냐 하면 테러방지를 하기 위해서 무조건 특수한 조치를 취해야 한다라고 하는 것이 테러방지법을 만들고자 하는 사람들의 보통의 목적인데, 그러지 말고 다른 방법에 의해서 테러를 방지할 수 있다면 굳이 별도의 특별법인 테러방지법을 만들 필요는 없다라는 얘기입니다.

또 테러방지를 하기 위해서 특수한 조치가 불가피하더라도 그 조치의 종료 시점 또 특수한 조치가 발효되기 위한 조건을 명확하게 해야 된다라고 또 요구하고 있습니다.

가장 중요한 요건이 있는데요. 다섯 번째로 얘기하고 있는 것이 정보기관의 역할과 권한에 대한 견제는 필수적이다라고 하는 점입니다.

테러를 방지하고 테러위험 단체나 개인에 대해서 조사하고 정보를 수집하고 또 테러 발생 가능성이 있다는 이유로 많은 국민들로부터 정보를 수집하는 과정에서 당연히 기본권의 침해를 가져올 우려가 매우 크고 그렇기 때문에 이것을 방지하기 위한 견제장치는 반드시 필요하다는 것입니다. 그리고 입법하기 이전에 국제인권법에 부합하는지 여부를 면밀히 검토해야 된다라고 얘기하고

있습니다.

또 일곱 번째 원칙으로는 입법 이전에 모든 이해관계자와 광범위하고 포괄적인 협의를 거쳐야 된다, 일방적인 입법자의 의도에 따라서 할 것이 아니라 많은 국민들의 의견을 수렴해야 된다는 얘기입니다. 또 테러방지를 위한 법과 조치는 한 번 세워지는 것으로 그쳐서는 안 되고 한 번 세워진 이후에 지속적으로, 정기적으로 검토되어야 한다, 이러한 원칙들을 제시하고 있습니다.

적어도 유엔에서 권고하고 있는 테러방지에 관한 법을 만들 때 꼭 지켜야만 된다라고 권고하고 있는 이 기준을 우리 법이 제대로 지키고 있는지 몇 가지만 살펴보도록 하겠습니다.

지금 테러방지법에 있어서 가장 크게 문제가 되고 있는 것이 명확성의 원칙입니다. 테러를 했다, 테러에 관련된 무슨 행위에 가담했다, 그러면 그 사람을 조사하고 가뒀다가 그 사람을 처벌하게 되는 것이지요. 처벌하면 당연히 구금하고 구치소에 가두게 됩니다. 이것은 대단히 신체를 강하게 구속하는 것이기 때문에, 또 그 사람에게 최종적으로는 징역 몇 년, 이렇게 선고되기 때문에 이것이 바로 죄형법정주의입니다.

죄형법정주의는 어떤 사람에게 죄를 부과하기 위해서는 반드시 근거규정이 있어야 되고, 그 근거규정은 국회에서 정한 법률로써만 정할 수 있다, 죄형법정주의의 가장 큰 원칙 하나는 명확성의 원칙입니다. 죄형법정주의가 생기게 된 의의는 국민 개개인의 자유와 권리를 보장하기 위해서 있는 것이지요. 국가권력을 일정하게 제한시키고자 하는 원칙입니다.

따라서 범죄, 형벌, 행위, 이것이 법률로서 미리 명확하게 규정되어야지만 국민들은 예측 가능하지 않겠습니까? '아, 이런 행위를 하면 내가 징역 갈 수도 있겠구나. 이런 행위를 하면 내가 죄가 되는구나' 명확해지는 거지요. 만약에 법률의 규정이 명확하지 않아서 이렇게도 볼 수 있는지, 저렇게도 볼 수 있는지 사람이 헷갈린다면 이것은 명확성의 원칙에 반하는 것입니다.

우리 헌법재판소도 명확성의 원칙에 반하는 형벌에 대해서 많은 위헌 판결을 했습니다.

바로 범죄의 구성요건과 그 법적 효과인 형벌을 정하는 실정법의 내용과 표현이 사람들로 하여금 예측 가능하게 해야 된다는 것이지요. 자의적인 표현이 많다면 그 법은 문제가 있는 것입니다.

제가 지금 테러방지법에 몇 가지 명확성의 원칙에 반할 수 있는 규정에 대해서 말씀드리고자 합니다.

먼저 '테러위험인물'이라는 정의입니다. 지금 법에서는 테러단체의 조직원이거나 테러단체 선전, 테러자금 모금·기부 기타 테러예비·음모·선전·선동을 하였거나 하였다고 의심할 상당한 이유가 있는 자를 테러위험인물로 정하고 있습니다.

이것을 그러면 우리 국민들에게, 보편적인 상식을 가진 국민들에게, 저는 사실 변호사 생활을 오래 했습니다마는

제가 읽어 봐도 참 애매합니다. 그런데 보편적인 국민들이 이거 읽어 보고 '아, 이런 행동을 하면 이 사람이 테러위험인물이구나' 이거 예측 가능합니까? 저는 대단히 부족하다고 생각합니다.

더더욱 국정원이 어떤 사람이 테러위험인물인지 아닌지를 자의적으로 판단할 수 있도록 되어 있습니다. 판단하는 주체가 국정원입니다. 그러면 국정원이 '어떤 사람이 테러위험인물이다'라고 정했을 때 그 판단이 옳은지 그른지에 대해서 통제할 수 있는 절차가 있어야 되는데 그것도 지금 부족합니다.

그렇기 때문에 이 법에서 요구하는 명확성의 원칙에 저는 문제가 있다고 생각합니다.

테러대책위원회를 만들어서 '국무총리 및 관계기관의 장 중 대통령령으로 정하는 자로 구성하고 위원장은 국무총리로 한다' 등, 테러대책위원회에 대해서도 정하고 있는데요.

우리 법률의 중요한 원칙 중의 하나가 포괄위임금지를 하고 있습니다. 이 말은 무슨 말이냐 하면요, 국민의 대표기관인 국회에서 법률로 정할 때 적어도 국민의 기본권을 제한하거나 국민의 기본권과 직접 관계되는 것에 대해서는 어느 정도, 상당 부분을 정해 놓아야 된다는 겁니다. 그러나 모든 것을 다 정할 수는 없지요. 그렇기 때문에 대통령령으로 일부 위임하는 것을 허용하고 있습니다. 그러나 그 위임의 정도가 지나치게 포괄적이어서는 안 된다. 지나치게 포괄적이라면 국민의 대표기관인 국회에서 정하지 않고 대통령이 자기 임의대로 정하기 때문에 기본권의 침해 요소가 크다는 것입니다.

국가테러대책위원회도 대테러센터를 두고 있는데요. 이러한 내용, '조직·정원·운영에 관한 사항은 대통령령으로 정한다' 이렇게 정하고 있어서 이 부분은 포괄위임금지의 원칙에 반할 소지가 상당히 높다고 생각합니다.

그 외에도 많은 기본권 침해 요소들이 있습니다. 몇 가지만 더 말씀을 드리겠습니다.

보안, 정보기관인 국정원이 조사대상자에게 자료제출 및 진술을 요구하고 있습니다. 이것은 국정원이 만약에 어떤 국민에게 '당신, 이런이런 자료가 필요하다. 테러 위험에 관한 방지 활동을 하기 위해서 자료를 내시오', 그리고 찾아와서 진술을 요구한다면 이것은 실질적인 인신에 대한 구속과 별반 차이가 없다고 생각합니다.

우리 헌법 17조를 보면 '모든 국민은 사생활의 비밀과 자유를 침해받지 않는다'라고 규정하고 있습니다. 사생활에 대해서 외부적인 간섭을 받는다고 한다면 인간의 존엄성이 침해되기 때문이지요. 사생활의 비밀과 자유를 지키는 것이 곧 인간의 존엄을 지키는 것과 같다는 논리가 여기서 나오는 것이지요.

이번 테러방지법에서 '인신보호를 위한 형사절차에 대한 헌법상의 원칙을 제대로 지키고 있느냐?'라고 하면 이 부분에 대해서 상당한 의문이 있습니다. 먼저 우리 금융거래정보 보고법을 보면 '테러 관련 자금,

조세회피 자금 등의 경우를 제외하고는 10일 이내에 제공한 거래정보의 주요 내용을 통보하여야 한다'라고 규정하고 있습니다. 또 통신비밀보호법에 보면 만약에 통신제한조치를 하게 되면 30일 이내에 국민에게 통지하도록 되어 있습니다. 그러나 지금 테러방지법에는 피조사자, 소위 자료 수집을 요구받은 사람에게 어떠한 정보를 수집하고 추적을 당한 것인지 그런 통지받을 권리에 대해서도 일체 언급이 되지 않고 있습니다.

몇 가지 기본권 침해로 인한 우려되는 문제들을 말씀드렸습니다마는, 가장 근본적인 이번 논쟁의 핵심은 과연 국정원이 테러방지를 위한 정보 수집에 관한 센터, 중앙센터 역할을 맡을 수 있겠는가라고 하는 국민적 공감대가 형성되었느냐 하는 점입니다.

국정원이 지금 가지고 있는 권한에서도 그 권한이 남용되고 잘못 사용되어서 국정원이 국민들로부터 많은 비판을 받고 개혁의 요구를 받고 있는 것이 현실입니다. 여러분도 잘 아시다시피 국정원 댓글 사건, 대선 개입 사건 또 간첩 조작 사건으로 인해서 국정원 직원들이 직접 형사처벌까지 받았습니다. 이런 상황에서 다시 테러방지를 위한 정보 수집 권한, 광범위한 정보 수집 권한을 국정원이 가졌을 때 국정원이 과연 이것을 제대로 행사해 낼 수 있을까라고 하는 점에 대한 국민들의 의심이 많이 있습니다.

사실 저는 국회의원을 하면서 국정원의 무소불위, 국정원의 통제되지 않는 점에 대해서 많은 우려를 하게 되었습니다. 국정원이 어떻게 움직입니까? 국정원은 인력과 돈으로 움직이고 있지요. 인력, 밝히지 못하고 있습니다. 밝히지 않도록 되어 있습니다, 국정원법에 의해서. 그리고 국정원에 소요되는 많은 돈, 소위 특수활동비라고 해서 전혀, 거의 통제되지 않습니다. 물론 국회 정보위원회에 보고는 하도록 돼 있습니다마는 국회 정보위원회가 국정원을 견제하는 역할을 제대로 하고 있다라고 평가하는 국민과 국회의원은 없을 것입니다.

저는 이런 점들에 대한, 국정원에 대한 개혁 논의, 특히나 2013년도 국정원 댓글 사건이 대한민국을 강타하고 있을 때 위기에 빠진 국정원 또 여야가 오랜 논의를 거쳐 합의한 국정원 개혁에 관한 많은 합의사항이 합의 이후에도 다시 원위치되고 제대로 시행되지 못하고 있는 점에 대해서 우리 국민들께 꼭 알려 드려야 될 것 같습니다.

이번 테러방지법의 의도가 테러를 방지하기보다는 오히려 국정원의 권한 확대를 하고, 국정원의 무소불위의 권한 확대법을 가져올 가능성이 높다라고 하는 것이 많은 의원들이 지적한 내용입니다.

우리 수사절차가 헌법의 영장주의를 명백하게 요구하고 있습니다마는 우리 테러방지법, 물론 기본적으로는 영장 받아서 테러 관련되는 사람 조사하는 것이 원칙입니다마는 우리 테러방지법 2조8호에 보면 정보나 자료 수집 이것은 영장 없이도 할 수 있도록 되어 있습니다.

국정원은 이렇게 얘기합니다. 또 여당 국회의원들은 '정보나 자료 수집 정도가 어떻게 영장을 꼭 받아야만

되느냐' 그리고 또 '그 시급성이 요구되고 있기 때문에 이것은 영장 없이도 할 수 있지 않겠느냐라고 하는, 최소한의 조치. 기본권 침해될 가능성이 별로 없다' 이렇게 말씀들을 하시는데요.

실제로 국정원에서 현장조사·문서열람·시료채취·자료제출·진술요구 이러한 것들은 신체구속에 이르지는 않는다 하더라도, 거기까지 이르는 정도는 아니라 하더라도 보통 사람들이 느끼기에는 '아, 이것은 거의 강제수사에 준하는 것이다'라고 느끼기가 쉽습니다. 따라서 이 부분에 관해서 남용 가능성이 제기된다면 적어도 적법한 절차와 통제장치가 꼭 있어야 된다고 생각합니다.

만약에 자료제출·진술요구 등은 현실적으로 형사소송법에 보면 '사실상의 수사다'라는 표현이 많이 나와 있습니다. 이 수사는 인권과 직접적으로 관련이 되는 것이지요. 따라서 수사를 하기 위해서는 그 사람에 대해서 수사의 필요성과 상당성이 요구가 되고 있고요. 영장주의의 예외로 하기 위해서는 대단히 예외적으로 까다롭게 아주 제한적으로 해야 된다고 생각합니다.

경찰관 직무집행법, 여기서도 경찰관이 단순하게 우리 국민들을 동행 요구하는 것 있지 않습니까? '잠시 어디 좀 갑시다'라고 동행 요구하게 되면 동행 요구할 때에도 자기의 신분을 제시하고 소속·성명 밝히고 목적과 이유를 설명하도록 되어 있습니다.

국정원이 이런 행위를 하는 과정에서 저는 내부적인 절차와 규정을 만들어서 시행할 것이라고 물론 생각합니다. 그러나 많은 국민들이 생각하고 있는 이 우려의 점을 충분히 고려해야 한다고 저는 생각하기 때문에 이 자리를 빌려서 다시 한 번 강조를 드립니다.

우리 국정원에, 이번 테러방지법 9조4항을 보면 "국가정보원장은 대테러활동에 필요한 정보나 자료를 수집하기 위하여 대테러조사 및 테러위험인물에 대한 추적을 할 수 있다." 이렇게 되어 있습니다.

이 추적이라는 개념이요, 추적이 과연 어떤 말입니까? 사실은 이 법률상으로 쉽게 쓰지 않는 용어인데요, 제가 국어사전을 찾아보니까 '도망가는 사람의 뒤를 밟아서 쫓는다' '사물의 자취를 더듬어 간다' 이런 얘기입니다.

만약에 사람을 추적한다면 이것은 당연히 사생활 비밀 침해할 가능성이 높은 것이지요. 당연히 영장주의가 요구되어야 한다고 생각합니다.

특히 추적이 필요하다면 사전·사후 통제장치가 반드시 필요하다고 생각합니다. 예를 들면요, 추적의 결과 혐의가 없거나 공소를 제기하지 않을 만큼 별문제가 없다라고 한다면 이것은 피추적자에게 통지를 해 줘야지 맞다고 생각합니다. 또 그 추적으로 인해서 피해를 입었다면 피해 입은 자에 대한 구제절차도 반드시 규정되어야 한다고 생각합니다.

우리 테러방지법에 인권보호관을 설치해서, 테러방지법을 시행하는 과정에서 있을지도 모를 많은 인권침해 사례에

대해서 제대로 감독할 수 있는 감독관을 두겠다라고 했습니다. 이것은 나름대로의 진전이라고 저는 생각합니다. 그러나 인권보호관의 자격과 인원 이런 것들이 전혀 규정되어 있지 않고…… 인권보호관은 대단히 중립적이고 독립적인 자리일 것을 요구하는 것이 당연하지요. 그러나 자격, 인원, 임기 이런 것들이 모두 대통령령에 위임되어 있어서, 대통령령은 기본적으로 대통령이 정하는 것이지요. 이것은 말 그대로 공무원 집단에서 그냥 정하는 겁니다. 국회의 통제를 받지 않는 것이지요.

따라서 인권보호관의 자격과 요건을 정할 때 반드시 중립성과 독립성이 제대로 지켜지고, 그 사람이 당초 취지대로 인권보호 역할을 제대로 할 수 있도록 지위를 부여하고 직제를 만들어 주는 것이 반드시 필요하다고 생각합니다.

국가정보원에 대한 의회의 적절한 견제와 균형이 왜 필요한지에 대해서는 제가 굳이 설명 안 드려도 여러분께서 이해를 하실 겁니다. 그런데 현재 대한민국 국정원이 국회의 통제를 제대로 받고 있습니까? 제가 잠시 전에 언급하였다시피 인력·예산, 특히 예산에 관련해서 그리고 국정원의 여러 활동에 관해서 제대로 통제가 이루어지지 못하고 있습니다.

국정원도 국민의 세금으로 운영되고 있습니다. 또 공직자입니다. 그렇다면 마땅히 국민의 대표기관인 국회에서 제대로 된 통제를 받아야 된다고 생각을 하고 그 통제의 가장 중심에 저는 국회에 있는 현재 특별위원으로 되어 있는, 정보위원회의 전임 상임위원회화가 반드시 필요하다는 점을 다시 한 번 말씀드리고자 합니다.

지난 2013년 12월 3일에, 여러분 2013년 12월경에 국정원, 그해 국정원 댓글 사건에 관한 검찰의 수사, 공소제기, 법원의 재판이 진행되고 있었습니다. 당시 새누리당 대표는 황우여 국회의원, 제1야당의 대표는 김한길 의원이었습니다. 새누리당 원내대표는 최경환 의원, 전병헌 원내대표가 제1야당의 원내대표. 이 네 분이 합의를 해서 서명을 했습니다.

당시에 국정원 개혁이 가장 중요한 문제였고, 국정원 개혁을 외치면서 야당은 거의 100여 일 장외투쟁을 병행하고 있었습니다. 국회가 제대로 돌아가지 않고 있었기 때문에 국회를 정상화시키기 위해서 가장 핵심적인 요건인 국정원 개혁에 대해서 여야 간에 나름의 합의를 시도하고 국정원 개혁에 관해서 합의문을 작성했던 것입니다. 제가 당시에 당대표 비서실장의 지위에 있었기 때문에 당시 합의과정 등등에 대해서 보다 소상하게 알고 있습니다.

당시에 국정원개혁특위를 구성하고 그 특위에서는 국회 정보위원회가, 현재는 특별위원회…… 특별위원회라는 얘기는 1년에 특별한 일이 있을 때 몇 번만 소집해서 몇 번만 회의를 하는 것입니다. 그러나 전임 상임위원회는 상설 상임위원회이고 국회의원이 다른 상임위에 있지 않고 오직 정보위원회의 일만 하도록 요구하고 있기 때문에 이렇게 되면 국회의원이 국정원 일만 신경 쓰지 않겠습니까? 그렇기

때문에 정보위원회를 상임위원회로 꼭 해야 된다라고 하는 것을 여야가 합의를 했습니다.

그 외에도 정보위원, 그러면 국정원은 이렇게 얘기를 합니다. '국회의원이 국정원의 많은 비밀활동들을 알게 될 텐데 그 알게 되는 것을 만약에 누설하면 어떻게 됩니까?' 이런 우려가 있었어요. 그래서 상설 정보위원회의 정보위원은 비밀유지를 의무화하고, 만약에 기밀을 누설할 경우에는 처벌까지 하는 것으로 이렇게 여야가 법제화하기로 합의를 했습니다.

그리고 국정원의 예산을 통제하기 위해서 보다 효과적이고, 보다 구체적으로 예산을 통제하는 방법에 대해서도 법제화하기로 서로 합의해서 서명을 했는데요. 그러면 이 합의한 것에 대해서 국정원은 어떤 반응을 보였을까요? 국민 여러분, 예상하시다시피 국정원은 강하게 반대를 했지요. 그동안 편하게, 그렇게 심하게 견제받지 않고 잘 지내고 있는데 국회에서 정보위원회를 상임위화하고 자기들이 쓰는 예산을 들여다보겠다고 하면 좋아할 사람은 없겠지요. 그러나 국민을 위해서, 국가를 위해서 꼭 필요한 일이었기 때문에 여야가 합의를 한 겁니다.

그러나 국정원은 그 합의사항이 이행되지 않기를 간절히 바랐고, 또 여당과 청와대에 자기들의 뜻을 관철시키기 위해서 무한한 노력을 했습니다. 결국 어떻게 됐습니까? 여야 합의사항은 하나도 지켜지지 않았습니다. 지금까지도 국정원의 여러 가지 개혁 과제는 변하지 않고 그대로 남아 있는 것입니다. 이것이 대한민국 국정원의 현실입니다.

국정원이 자기를 적절한 방법을 통해서 견제하고자 하는 국회의 권한을 무력화시키고자 하는 끊임없는 노력을 하기 때문에 저희들은 테러방지법에 의해서 국정원에 정보 수집 권한을 집중시켰을 때 국정원이 남용하고 그 권한을 제대로 쓰지 않았을 때 통제할 수 있는 장치가 없다는 겁니다.

지금 가장 큰 문제 중의 하나가 감청 문제입니다.

지금 휴대폰 안 들고 있는 사람 하나도 없지요? 또 SNS를 통해서 문자메시지 주고받지 않는 국민 거의 없을 겁니다.

그런데 이것이 만약에 무방비 사태로 감청된다면 어떤 국민이 좋아하겠습니까? 물론 국정원도 적법한 절차, 적절한 절차에 의해서 감청하도록 되어 있습니다.

그러나 테러위험인물이라고 하는 모호한 개념, 또 국정원이 혹여라도 잘못된 의도를 가지고 이 권한을 사용한다는 것이 결합됐을 때, 법 조항의 애매모호함을 국정원이 악용한다고 했을 때 최근에 인터넷에 떠도는 얘기가 그대로 실현될 가능성이 있는 겁니다.

인터넷에서, 저도 문자를 받았습니다. 이런 문자를 받았어요.

'테러방지법을 한마디로 요약하면 이런 겁니다' '테러방지법은 테러리스트를 잡는 법이다. 근데 그게 너일 수도 있다. 물론 테러리스트가 아니면 상관없다. 그런데 테러리스트인지 아닌지는 너를 조사해 봐야 안다. 그러니까 일단 너를 조사하겠다' 이런 말들이 인터넷 속에 돌아다니고 있습니다. 물론 저는 이 인터넷상의 말이 제대로 실현되지

않기를 간절히 바랍니다.

또 국정원이 적절한 내부 통제를 거쳐서, 통제절차를 스스로 만들어서 또 적절한 법 규정을 제대로 준수해서 국민의 기본권이 침해되지 않는 상황이 되기를 바라고 있습니다.

그러나 이런 감청에 관해서 국정원에 대한 굉장히 폭넓은 권한을 허용하는 점에 대해서 많은 국민들이 걱정하고 우려하고 있는 겁니다.

실제로 국정원이 감청을 할 때는 고등법원의 판사에게 감청에 관한 영장을 발부받아서 하도록 되어 있습니다. 그 외의 특수한 상황에는 통신사업자에게 국정원장이 이런 자료를 내달라고 요구를 할 수가 있습니다.

그런데 미래창조부가 제출한 자료를 보면요 2011년부터 지난해 상반기까지 약 5년 동안 국내 전기통신사업자가 국정원의 통신제한조치에 협조한 전화번호가 무려 2만 7000여 개에 이르고 있습니다. 2만 7017개로 국회에 자료를 냈습니다.

같은 기간에 국정원을 제외한 전체 다른 수사기관들이 감청을 위해서 협조를 요구한 전화번호, 검찰·경찰·기무사령부 이런 데가 통신사에다 감청 요구한 전화번호는 947개에 그치고 있습니다. 대단히 많은 전화번호에 대한 감청이 실제로 이루어지고 있다는 얘기지요.

그렇다면 과거의 관행과 국정원의 실제 업무행태를 본다면 국정원에 의한 광범위한 감청이 이루어질 가능성이 대단히 크다라는 국민들의 염려가 결코 기우가 아니라는 것을 알 수 있을 겁니다.

테러방지법에 관한 저의 발언을 간단히 요약하겠습니다.

입법은 기본적으로 여야 합의가 존중되어야 합니다. 국가비상사태가 아닌 한 직권상정안은 철회되어야 하고 여야가 한발씩 양보해서 이 사태를 반드시 합의로 풀어내야 합니다.

양당이 다시 한 번 논의해서 수정안을 내고 그 수정안이 본회의에서 의결될 수 있도록 협조하여 주시기를 다시 한 번 간곡히 부탁드립니다.

국민의당은 테러에 단호히 반대합니다.

테러를 방지해서 국민의 안전과 생명, 국가의 안위를 지키는 것은 반드시 필요합니다.

그러나 테러를 왜 방지합니까? 국민의 생명과 안위를 보호해서 국민의 행복을 추구하고 국민이 보다 행복한 삶을 살기 위해서 테러를 방지하는 겁니다.

그러나 테러를 방지하는 과정에서 또 다른 사람들의 행복추구권이 침해되고 많은 국민들의 기본권이 침해된다면, 그럴 가능성이 있다면 그 가능성을 가장 최소화하는 것이 입법단계에서 반드시 필요하고 국회의원들이 고려해야 되는 의무사항인 겁니다.

국민의당은 테러방지법의 취지에 공감하면서도 최소한 두 가지의 수정사항을 요구해 왔습니다.

새누리당과 더불어민주당이 국가의 백년대계를 위해서

꼭 받아 들여 주기를 희망합니다.

테러방지법을 둘러싼 모든 논란의 근저에는 국정원의 권한 확대, 권한 남용 가능성에 대한 걱정이 자리 잡고 있습니다.

국정원에 대한 국회의 보다 효과적인 견제 대책을 세우기 위해서 정보위원회가 상설화되어야 하고, 이것은 테러방지법에 규정할 사항은 아닙니다. 이번 테러방지법을 의논하면서 여야가 다시 한 번 과거에 합의하였던 그 합의문을 존중해서, 다시 한 번 의논해서 반드시 정보위를 상설화시키는 노력이 필요하다고 생각합니다.

국정원이 정보위의 상설화를 반대한다면 국정원은 국민으로부터 결코 사랑을 회복할 수 없을 것입니다. 정보위를 상임화해서 국정원에 대한 견제 기능을 제대로 강화하는 것은 국정원의 활동을 오히려 강화시켜 줄 수가 있습니다.

국민으로부터 신뢰받는, 국민으로부터 사랑받는 국정원이 된다면 국정원 직원들의 사기가 얼마나 올라가겠습니까? 국정원과 나라 발전을 위해서 이 점을 꼭 고려하여 주시기를 바랍니다.

둘째는 국정원의 테러활동 혐의자에 대한 광범위한 자료수집, 감청권한 등은 국민의 기본권이 침해받을 가능성이 있기 때문에 이 부분에 관해서, 특히 국민이 우려하고 있는 통신의 비밀을 침해받지 않을 자유, 지금 현재 살고 있는 대한민국 국민들이 가장 우려하고 있는 점이라고 저는 생각합니다. 이 부분에 관한 독소 조항을 제한하고 국민의 기본권을 보다 수준 높게 보호할 수 있는 안전장치를 마련해야 됩니다.

테러방지법 부칙에 보면 통신제한조치를 할 수 있는 요건이 규정되어 있습니다. 그 요건에 '국가안보장에 상당한 위험이 예상되는 경우' 그리고 '대테러활동에 필요한 경우' 이렇게 현재 규정되어 있는데요. '대테러활동에 필요한 경우'라고 하는 점은 너무 불명확하고 모호한 개념이어서, '대테러활동에 필요한 경우에 통신제한조치를 할 수 있다'라고 하는 이 점 때문에 많은 국민들이 걱정하는 겁니다.

그래서 '대테러활동에 필요한 경우' 이 부분을 '테러방지를 위해서 필요한 경우'라고 보다 축소 해석될 수 있도록 규정을 좀 바꾸자는 수정안을 내놨는데요. 이 수정안이 새누리당에서 거부되는 이유를 저는 도대체 이해할 수가 없습니다. 이것은 국민의 기본권을 제대로 보호하기 위한 최소한의 안전장치라고 저는 생각합니다.

박근혜 대통령께도 한말씀 드리고 싶습니다.

그동안 법이 없어서 나라 경영에 큰 애로를 겪는 것처럼 여러 번 말씀을 하시는데 저는 대한민국의 많은 문제는 법이 없어서라기보다는 법을 제대로 집행하지 않고, 법대로 이루어지지 않고 또는 잘못된 정부정책으로 인해서 문제가 발생된 것이 훨씬 더 많은 경우라고 생각합니다.

세월호 사건도 그렇습니다. 대형 사고들 뒤에 보면 제대로 지켜지지 않는 법 집행의 현실이, 현장이 도사리고 있는

겁니다.

일선 현장에서 공직자들에 의한 철저한 법 집행, 이런 점들에 대한 반성이 필요하다고 생각합니다.

물론 국회가 다 잘 했다고 얘기하지 않겠습니다. 국회도 보다 생산적인 노력이 필요하다는 국민의 질타에 귀 기울여야 한다고 생각합니다.

양극단의 정치를 지양하고 한발씩 양보하는 상생과 타협의 정신이 필요한 것이 바로 지금 이 순간이라고 생각합니다.

테러방지법안이 이제 필리버스터가 종료되면 통과가 될 것입니다. 표결 절차를 밟게 되어 있습니다.

만약에 여당이 지금 야당과 국민의당이 요구하고 있는 수정안을 합의한다면 수정안이 올라가서 수정안대로 통과가 될 것입니다. 아니면, 여당이 끝까지 반대한다면 상정되어 있는 법안 그대로 여당 단독으로 아마 통과될 가능성이 높을 것 같습니다.

그러나 어떻든지 테러방지법이 통과가 된 이후에 이 법이 제대로 시행이 돼서 이 땅에 절대로 테러가 발생이 되지 않도록 하는 노력을 대통령께서 꼭 기울여 주시기를 부탁드립니다.

국정원장에게도 한 말씀 드리고 싶습니다.

테러방지법을 통과시키는 과정에서 야당 의원들이 제기한 많은 걱정들에 대해서 쓸데없는 소리를 한다고 혹시 생각할지 모르겠습니다. 그러나 꼭 경청해 주기를 바랍니다.

법 집행 과정에서는 항상 권한 남용과 절차 위법의 문제가 등장하도록 되어 있습니다. 선진국인 미국이나 영국에서조차도 법 시행 이후에 끊임없이 제기되어 와서 법이 수정되고 집행 과정에서도 수정되어 왔습니다. 견제받지 않은 권력은 부패하고 남용된다는 것이 역사의 준엄한 교훈입니다.

국정원 내부적으로는 테러방지법을 집행하는 과정에서 철저하고 보다 밀도 있는 절차 규정을 만들어서 철저하게 시행해 나가야 되고 국정원 직원들을 더욱 교육시키고 잘 인도해야 할 것입니다. 또 국회의 통제를 간섭이라고 생각하지 말고 국민에 대한 국정원 공직자들의 당연한 도리라고 생각해 주기를 바랍니다.

국민의 대표기관인 국회에 의한 적정한 통제는 반드시 국정원의 건강함을 지켜 줄 수 있는 보루가 될 것입니다.

존경하는 국민 여러분!

대한민국은 지난 70년간 많은 고비를 넘었습니다. 가난이라는 시대적 과제를 산업화로 해결했고 자유라는 시대적 과제를 민주화로 해결해 냈습니다. 그러나 가계부채는 증가하고 사회적 양극화는 더욱 심화되고 있습니다. 세상의 벽에 부딪힌 고단한 서민들은 희망을 포기해 버리기 일쑤입니다.

2016년 지금 저희에게, 우리에게 주어진 시대적 과제는 분명합니다. 격차 해소와 평화 통일입니다. 정치가 국민의 희망이어야 되고 갈등을 해소해 내야 합니다.

우리 선열들이 맨손에 쥐고 흔들었던 태극기 앞에서

자유롭고 정의로운 대한민국을 위해 오늘 저는 무거운 마음을 안고 이 자리에 섰습니다. 그리고 저와 마찬가지로 지난 7일 동안 야당의 선배·동료 의원들이 이곳에 올라와 테러방지법이 담고 있는 많은 문제점들에 대해서 이야기했습니다.

자유롭고 정의로운 대한민국을 위해 국민으로서 해야 할, 국회의원으로서 해야 할 마땅한 도리를 했고 이에 많은 국민들이 함께해 주셨습니다. 그리고 이제 역사적인 필리버스터는 중단되고 곧 표결에 들어가게 됩니다. 표결에 들어가면 테러방지법은 지난 며칠간의 수많은 노력과 국민들의 우려에도 불구하고 의회 다수의 논리에 따라서 통과될 가능성이 매우 높아 보입니다.

그러나 국민 여러분, 우리는 지는 것이 아닙니다. 지난 7일간 우리는 그동안 잊혀져 왔던 민주주의의 가치를 살려냈다고 생각합니다. 국회는 주권자를 대표하는 입법기관이고, 국회의원은 입법자이면서 입법 과정에 우리 국민이 주권자로서 참여해야 한다는 상식적인 명제를 국민들과 국회의원이 같이 깨달았습니다.

우리의 노력은 새로운 역사를 시작할 것입니다. 지난 우리 선조 한 명 한 명의 용기와 의지가 모여 결국은 조국의 독립을 이루어냈듯이 끝까지 포기하지 않는다면 우리가 간절히 소망했던 그 세상은 꼭 올 것이라고 저는 생각합니다.

많은 국민들께 안중근 의사의 마지막 유언을 읽어 드리고 싶습니다.

'내가 한국 독립을 회복하고 동양 평화를 유지하기 위하여 3년 동안을 해외에서 풍찬노숙하다가 마침내 그 목적을 달성하지 못하고 이곳에서 죽노니 우리들 이천만 형제자매는 각각 스스로 분발하여 학문을 힘쓰고 실업을 진흥하며 나의 끼친 뜻을 이어 자유 독립을 회복하면 죽는 여한이 없겠노라.'

안중근 의사는 조국의 독립을 보지 못하고 순국하셨지만 결국 그 뜻을 헤아린 많은 순국 선열들의 외침과 희생으로 이 땅에 광복이 찾아 왔습니다.

국민 여러분, 오늘이 마지막이 아닙니다. 우리는 함께 노력해야 합니다. 자유롭고 정의로운 대한민국을 바란다면 테러방지법으로 야기된 이 사태가 제대로 우리 국민들께 희망을 주는 새로운 계기가 되어야 할 것입니다. 자유롭고 정의로운 대한민국을 바란다면 오늘을 계기로 더욱더 정치에 관심 가져 주시고 마주하여 주시기를 간곡히 부탁드립니다.

세상을 바꾸는 것은 혁명일 수 없습니다. 이제는 선거를 통한 진보 개혁입니다. 국민의 생명과 안전을 위한다면서도 국민의 의사를 생각하지 않고 일방적으로 밀어붙이는 일이 다시금 발생되지 않도록, 국민의 인권을 침해하는 제2·제3의 테러법이 나오지 않도록 하기 위해서는 국민들께서 더 깊은 관심을 가져 주시고 여러분께서 함께해 주시기를 간절히 호소드립니다.

경청해 주셔서 감사합니다.

● **의장 정의화** 김관영 의원님 대단히 수고가 많았습니다.

제가 처음부터 끝까지 경청 잘 했는데 가장 모범적인 무제한 토론을 해 주신 분으로 기억을 하겠습니다. 우리 국민들도 그렇게 느끼리라고 생각을 합니다.

우리 18대 국회 이전이 동물국회였다면 19대 국회가 식물국회라고 그랬는데, 20대 국회가 생동하는 생물국회가 될 수 있겠다 하는 희망을 가집니다.

다음은 더불어민주당의 박영선 의원님 나오셔서 토론해 주시기 바랍니다.

(2016년 3월 1일 오후 7시 41분)

34

박영선 의원

제19대 국회의원 (서울 구로구을)
더불어민주당

2016년 3월 1일 오후 7시 43분 시작
2016년 3월 1일 오후 8시 51분 종료
발언 시간 58분

"제 발언이 끝나면 트위터, 인터넷
댓글창에 제 비난이 넘쳐날 겁니다.
국정원의 댓글 팀은 아직 사라지지
않았으니까요."

(2016년 3월 1일 오후 7시 43분)

● **박영선 의원** '안보를 자유보다 우선하는 자는 그 어느
것도 누릴 자격이 없다', 미국 건국의 일등공신 벤자민
프랭클린의 말입니다. 안보가 필요 없다는 것이 아니라
자유로운 국민들의 단합된 힘이 국가 안보를 지킬 수 있다는
것입니다.

그런데 2016년, 대한민국의 지금 현실은 어떻습니까?
안보가 국민을 분열시키고 안보가 국민을 불안하게 합니다.
암흑 그 자체입니다.

존경하는 국회의장님 그리고 선배·동료 의원 여러분
그리고 사랑하는 국민 여러분!

구로을 지역의 국회의원 박영선입니다.

저는 국회의원이 되어서 국가기관에 의한 불법사찰의
피해자였습니다. 불법사찰을 한 번이 아닌 여러 번 당한
사람입니다. 그래서 저는 이 테러방지법이 얼마나 무서운
법인지를 경험으로 잘 알고 있습니다. 불법 도·감청, 무제한
사찰은 상상할 수 없는 심적 고통을 안겨 주는 국가기관의
폭력입니다. 저는 그 고통을 뼛속 깊이 느낀 사람입니다.

제가 법사위원장 시절이었던 2012년, 저는 대검찰청
범죄정보기획관실이 법사위원회 동선을 추적하고 있다는
제보를 받았습니다. 그래서 알아봤더니 실제로 저의 출입국
기록이 무단으로 조회됐습니다.

저는 이 사실을 확인하기 위해서 2012년 8월 31일
양천구에 있는 서울출입국관리사무소에 혼자서 아무 예고

없이 이곳을 방문했습니다. 처음에는 담당자가 당사자가
왔다면서 저의 기록을 곧 확인해 주겠다고 했습니다.
개인정보 처리 담당자가 열람을 허락해서 그 기록을 컴퓨터
모니터를 통해서 확인하는 과정에서 누군가가 저의 출입국
기록을 일곱 차례 열람했다는 그 기록을 제 눈으로 볼 수
있었습니다.

그런데 그 순간 출입국관리사무소장이 뛰어 내려와서
열람을 중단시켰습니다. 위에서 지시가 있었다는 것입니다.
'절대 보여 주지 마라. 절대 열람해서는 안 된다', 그
출입국관리소장의 논리는 출입국 조회 로그기록은 행정부
내부문서이기 때문에 보여 줄 수 없다는 것이었습니다.
그러나 저는 이미 제 눈으로 봤습니다.

그러나 이것은 부당한 지시였습니다. 개인정보 보호법
제35조 개인정보 열람 금지 또는 제한 사유에 해당되지 않기
때문에 열람을 거부한 것 그 자체가 법을 어긴 것입니다.

당시 저의 출입국 기록을 불법적으로 조회한 것은
청주외국인보호소라는 곳이었습니다. 청주외국인보호소,
여러분 이런 것 들어 봤습니까? 나중에 알아보니까 있기는
있더군요. 그런데 그곳에 있는 사람이 제 출입국 기록을
일곱 차례나 열람했습니다. 왜 그랬을까요?

더군다나 제가 한국 사람이고 국회의원이고
법제사법위원장이라는 신원이 확실한 사람인데 저를
조회할 하등의 이유가 없었습니다. 그래서 저는 그해
국정감사장에서 법무부에 이 사실을 질의했습니다. 그러나
그 당시에 법무부장관은 아무런 해명도 하지 못했습니다.

국민 여러분, 이 당시에 법무부 뒤에 누가 있었겠습니까?
바로 국정원이었습니다. 그러면 왜 이들이 저의 출입국
기록을 뒤졌을까요?

그해가 바로 2012년 대선이 있었던 해입니다. 2012년
8월에 저는 저희 가족들의 일로 잠시 해외에 다녀온 적이
있습니다. 그랬더니 증권사 찌라시에 제가 박근혜 당시
대통령후보의 사생활 관련 내용을 확인하러 해외에 간
것이라는 소문이 돌았다는 찌라시를 저도 봤습니다.
저는 그 찌라시를 보고 참 황당했지만 호사가들이 지어낸
얘기려니 생각하고 그냥 넘어가려고 했습니다.

그런데 이 찌라시를 근거로 삼아서 실제로 국정원과
검찰이 제가 왜 해외에 갔는지, 누구랑 갔는지, 언제 갔는지,
어디어디를 들렀는지에 대해서 뒷조사를 하기 시작했습니다.
심지어는 저와 함께 간 일행 중에 제 비행기 앞자리, 옆자리,
뒷자리에 앉은 사람 모두를 뒤져서 걸고 넘어질 만한
사람은 없는지까지를 조사했다고 합니다. 그래서 제가
이것을 도저히 묵과할 수가 없어서 출입국 기록 열람사실을
확인하고 이 사실을 문제 삼았습니다.

국정원이라는 곳이 바로 이런 곳입니다. 자신들의 목적을
위해서 그 어느 것도 가리지 않습니다. 현재 테러방지법이
없는데도 국정원과 검찰은 이러한 짓을 그저 윗사람의
지시에 의해서 행하곤 합니다.

평범한 일반 시민들에게는 테러방지법이 당장 자신의
생활과 직접적인 관련이 없다고 생각하실 수도 있을 겁니다.

그러나 이것은 제2의 국가보안법보다도 더 무서운 법일 수 있습니다. 왜냐하면 테러로 의심되는 사람은 무조건, 이 법이 통과되면 다 감청할 수 있고 다 뒤질 수 있으니까요. 내 가족이, 내 아들딸이 언제 어떤 방법으로 감시를 받고 억울한 누명을 쓰게 될지는 아무도 모르는 일입니다.

국민 여러분!

내 사랑하는 아들딸이 누군가로부터 감시를 받고, 누군가로부터 미행을 당한다고 생각해 보십시오. 그리고 억울한 누명을 쓰고 내 사랑하는 아들딸이 그 이유도 모르고 그런 행위를 당한다고 한번 생각해 보십시오.

이 법이 통과되면 아마도 정부를 비판하거나 국정원을 비판하거나 검찰을 비판하는 사람들에게 모든 이러한 굴레를 씌울 것은 너무나 명약관화한 일입니다.

저는 법사위원장 시절에 누군가가 찾아와서 혹시 도청할지 모르니까 제 방에 있는 화분을 모두 밖으로 내놓는 것이 좋을 것 같다는 충고를 들은 적이 있습니다. 그래서 제 방에 있는 화분을 모두 복도로 내놓은 적이 있습니다. 그 충고를 해 준 사람은 전직 국정원 직원이었습니다.

도청을 그런 식으로 한다는 것입니다, 축하한다고 화분을 보내면서 그 안에다 뭔가를 집어넣어 가지고 그것을 바깥에서 작동할 수 있도록. 법이 없어도 지금 대한민국은 그렇게 돌아가고 있습니다.

BBK 사건 다 기억하시지요? 2007년 대선을 앞두고 제가 BBK를 취재한 기자로서 이 사건을 쟁점화한 것 때문에 저는 참 수많은 고초를 겪어야 했습니다. 저 자신은 물론이고요, 제 가족, 제 보좌관, 심지어 제 보좌관의 가족까지도 은행계좌를 모두 추적당했습니다.

제 남편은 다니고 있던 직장에서 어느 날 갑자기 '안 나왔으면 좋겠다'라는 통보를 받고 지금 사무실에 있는 컴퓨터와 서류 일체를 건드리지 말고 가면 한 달 후에 짐을 싸서 보내 주겠노라고 그렇게 해서 직장을 그만뒀습니다. 한 달 후에 제 남편 사무실에서 짐이 왔습니다. 제가 그때 참 많이 울었습니다.

지금 저희 야당 의원들은 그렇게 삽니다. 현행법하에서도 이런 일이 벌어지는데 만약에 이 테러방지법이 통과되면 더 많은 사람들이 이런 억울함을 당할 것입니다.

이 테러방지법에는 금융거래 정보를 아무런 제한 없이 계좌 추적할 수 있도록 되어 있습니다, 테러가 의심되는 자에 대해서. 지금 기업하시는 분들, 대한상공회의소에서 주관하는 뭐 '이 법만 통과시켜 주세요'라는 것에 사인하라고 그래서 열심히 사인하시지요? 이 법 통과되면 특히 기업하시는 분들, 권력기관 말을 안 듣거나 정부를 비판하거나 정부가 사인하라고 그러는데 안 하거나 버티거나, 아마 바로 테러의심자로 분류돼 가지고 계좌 추적당할 것입니다.

기업하시는 분들이 제일 무서워하는 것이 바로 이 은행계좌 추적 아닙니까? 비자금, 회계 분식…… 그때 계좌 추적당하시고 나서 야당 의원들 찾아오셔서 '나 이렇게 억울하다'고 호소하시지 말고요, 지금 냉정하게 다시 한 번 생각해 보십시오.

우리가 과연 이러한 대한민국에서 살아야 하는지, 21세기 대한민국이 지구상에서 이러한 모습으로 존재해야 하는지 한번 생각해 보십시오. 그렇기 때문에 이 테러방지법은 결국 독재 지원법, 과거로 대한민국을 회귀시키는 법, 그러한 법이 될 것입니다.

또 있습니다.

국정원 댓글사건 기억하시지요? 2012년 대선 기간 중에 국정원 심리정보국 소속 요원들이 국정원장의 지시에 따라서 인터넷에 게시글을 남김으로써 대선에 개입한 사건입니다.

저는 이 사건을 보면서 제가 정보위 간사로서 있었던 2010년~2011년 그 당시를 떠올렸습니다. 그 당시 어땠습니까? 4대강 사업 한다고 예산이 모두 날치기되던 이명박 정권 시절이었습니다.

그때 국정원 예산도 단 1원도 고치지 못하고 날치기 통과됐습니다. 그 눈먼 돈, 국정원 예산은 모두가 특수활동비입니다. 영수증도 필요 없고 아무것도 필요 없습니다. 어디에 돈이 쓰이는지도 모릅니다. 그 돈을 그냥 날치기했습니다, 이명박 정권 시절에. 그 날치기해서 결국은 국정원 댓글팀 만든 것입니다.

국정원이라는 곳은 국회에서도 예산을 통제할 수 없습니다. 예산을 들여다볼 수도 없습니다. 국회 정보위가 열려도 국정원 예산이 어떻게 돌아가는지 그 어느 누구도, 아무도 모릅니다. 이런 무소불위의 국정원, 이 국정원에다가 더 힘을 몰아 주자는 것이 바로 박근혜 정권입니다, 여러분.

2012년 국정원의 댓글사건은 대한민국 대선 판도를 바꿨습니다. 국민들은 아직도 이 부분에 대해서 정부의 선명한 설명이 없다고 생각들을 많이 합니다.

당시 원세훈 국정원장이 국정원 내부 인트라넷을 통해서 직원들에게 정치에 개입하는 인터넷 활동을 지시한 내용이 확인이 됐고, 15개 이상의 사이트에서 국정원 직원들이 게시글을 남긴 사실이 확인이 돼서 사건이 확대되었습니다.

국정원은 2012년 4월 달에 있었던 총선에서 댓글 연습을 했습니다. 그래서 일부 지역구에 국정원 댓글팀이 가동됐다는 흔적이 있습니다. 저도 그 피해자 중의 한 명입니다.

서울지검 특별수사팀 수사 결과, 원세훈 전 국정원장은 정치적 여론 조작활동과 박근혜 후보에 우호적인 여론을 조성하고 야권 후보를 비방한 사실, 김용판 서울청장이 대통령 선거 직전에 수사에 외압을 넣고 허위 중간수사 결과를 발표한 사실을 확인하면서 이 두 사람을 기소했습니다.

그런데 지금 이 기소한 검사들 다 어떻게 됐습니까? 옷을 벗었거나 좌천됐습니다. 왜 그랬을까요? 그것이 지금 대한민국 현실입니다. 정의를 말하는 자의 입에 재갈을 물리고 정의롭게 수사하는 자의 옷을 벗기는 곳이 바로 대한민국입니다.

이것뿐만이 아닙니다.

이어서 국군사이버사령부 직원들이 대선에 개입하는 글을 올렸습니다. 군인들도 대선에 개입한 것입니다. 국정원 심리전단에서 트위터에 수십만 건 이상의 정치개입, 대선개입 활동을 한 사실이 확인되어 사건이 더 확대됐습니다.

이 돈 다 어디서 났습니까? 이것이 바로 그 눈먼 돈, 국정원 특수활동비요, 우리들이 낸 세금입니다.

결국 국회에 국정원댓글의혹사건특위가 구성이 됐습니다. 그래서 국정조사에 착수했습니다. 저는 국조특위 위원이었습니다. 그래서 당시 2013년 8월 5일 오후 2시에 국정원 기관 보고에서 저는 아래와 같은 기조발언을 했습니다.

시계를 2013년 8월 5일로 돌리겠습니다. 그 당시의 국정원장은 남재준 원장이었고, 청와대 비서실장은 김기춘 비서실장이었습니다.

제가 그 당시의 기조발언을 다시 한 번 국민 여러분께 들려 드리겠습니다.

사랑하는 국민 여러분!

민주당 국회의원 박영선입니다.

5·16 군사쿠데타 직후에 설립된 국정원의 전신 중앙정보부는 태생부터 군사독재의 돌격대라는 한계를 안고 있습니다. 이후 인권 탄압, 민주주의 유린의 첨병 역할을 하면서 유신정권 연장을 위해서 국민을 괴롭혔습니다.

오늘 아침 임명된 김기춘 신임 대통령 비서실장은 유신헌법의 초안을 만들고 감수하고 유신이 극에 달했던 1974년부터 1979년까지 중앙정보부 대공수사국 부장으로서, 또 1992년 12월 초원복집 사건의 당사자로서 정치검사의 상징적 인물로 박근혜 정권의 성격을 그대로 드러내고 있습니다.

지금 군인 출신 남재준 국정원장은 취임 이후에 박 모 총무국장을 비롯해서 전직 군 장교 7~8명을 국정원 요직에 임명함으로써 군 출신이 지배하는 국정원을 만들어 가고 있는 것 또한 대한민국 국민의 아픔입니다.

남재준 원장님, 제 얼굴 좀 봐 주시지요.

지금의 국정원은 한마디로 무소불위·치외법권 왕국입니다. 예산도 밀실에서, 인적 구성·임명도 밀실에서, 어떠한 잘못을 해도 그 누구도 처벌할 수 없습니다.

대한민국이 검찰공화국이라고 하지만 국정원만은 예외입니다. 국정원은 직원의 비리가 있어도, 국기문란을 해도 국정원장의 허락이 있어야만 검찰 수사를 할 수 있는 그야말로 무소불위, 철옹성, 국민은 거들떠보지도 않는 우물 안 개구리 왕국입니다.

지난번 검찰 수사 압수수색 때 남재준 원장님, 동의하셨습니까?

대답하시지요.

압수수색 동의하셨습니까?

이때 남재준 국정원장은 비공개 때 대답을 하겠다고 해 놓고 끝내 하지 못했습니다.

그래서 제가 이렇게 얘기했습니다. '지금 대답을 못 하시는 것으로 봐서는 아마 동의를 하시지 않은 것으로 보입니다'……

국정원의 정치개입, 2012년 총선·대선 개입 사건은 정상적인 국가에서는 있을 수 없는 일입니다. 무소불위 권력으로 국민 위에 군림하고 마음먹으면 뭐든지 할 수 있다는 국정원의 오만은 한마디로 대한민국이 민주주의 공화국임을 부정하는 것입니다.

더욱 우려할 일은 국정원의 댓글 사건이 과거완료형이 아니라 현재진행형이라는 것입니다.

원세훈의 국정원이 하라는 방첩, 대테러방지 행위는 안 하고 자국민을 상대로, 대한민국 국민을 상대로 사이버상에서 댓글을 달면서 창과 칼을 휘둘러 댔다면 남재준의 국정원은 한술 더 떠서 지금 국민을 기만했습니다.

2013년 6월 24일 남재준 원장은 천연덕스럽게 남북정상회담록을 겁 없이 공개합니다. 남재준의 국정원은 이날부터 용서받을 수 없는 반헌법적·반민주적·초법적인 그들만의 개구리 왕국으로 전 세계에 대한민국의 자부심을, 대한민국의 자부심에 상처를 냈습니다.

국가의 명예는 땅에 떨어졌고, 외신에서는 월스트리트, 워싱턴포스트 등이 국정원을 정치적 선동꾼, 국가기밀을 팔아먹는 누설자라고 비난했습니다. 과거에는 국민의 인권이 군홧발에 짓밟혔다면 지금 박근혜 정권의 남재준의 국정원은 국민에게 테러행위를, 백색테러를 자행하고 있는 것입니다. 제대로 된 나라 가운데서 세계에서 유례가 없는 국가적 수치입니다. 그런데도 지금 또 테러방지법을 만들겠다고 하고 있습니다.

이 남북정상회담록 무단 공개는 국정원장이 독단적으로는 할 수 없는 일입니다. 독단으로 했다면 남재준 당시 국정원장은 이 자리에 앉아 있어서는 안 됩니다. 대통령의 묵인, 방조가 있었다면 대통령도 책임져야 하고 국민에게 사과해야 합니다. '보고하셨습니까, 대통령에게?' 이렇게 제가 그 당시에 수없이 질문을 했지만 여기에 대해서 남재준 국정원장은 끝내 답변하지 않았습니다. 비서실장 교체만으로 국민이 받은 상처는 아물 수가 없었습니다. 그런데 그 당시에 김기춘 비서실장의 청와대 인사는 국민의 상처에 소금을 뿌린 것이나 다름이 없었습니다.

또 원세훈의 국정원에서는 이런 일이 있었습니다. '야당이 되지 않는 소리 하면 강에 처박아라' 이 말은 다시 말하면 박근혜 후보를 찍지 않는, 혹은 야당을 선택한 국민들을 강에 처박으라는 말과 같은 선상의 이야기입니다. 이는 절반의 국민을 향해서 적으로 생각하고 칼과 창을 휘두른 것과 똑같습니다. 원세훈의 국정원은 이념과 정치성향이 다른 국민을 적으로 규정하고 갈라치는 대국민심리전을 일삼았습니다. 그래 놓고 대북심리전을 했다고 주장합니다.

이것은 지금도 마찬가지입니다. 국정원은 호남 비하 게시물을 버젓이 올리고 있었습니다. 국정원은 '저는 이번에 박근혜를 찍습니다'라는 선거개입 게시물을 가지고, 이걸 가지고 대북심리전이라고 주장을 해 왔습니다. 그리고

국정원과 무관하지 않은 것으로 보이는 일베는 광고가
끊겼음에도 불구하고 국정원의 지원을 받고 있다는
의혹을 받고 있었습니다. 왜냐하면 그 당시에 일베의
광고 중단 사태가 있었는데도 수천만 원으로 추정되는
서버 비용을 어디서 감당하느냐, 또 이 사이트를 무슨
돈으로 유지하느냐라는 보도가 나오고 있었으니까요.
또 서울역 앞에서 국정원 안보교육 참가자들이 국정원
버스에 탑승하는 현장사진이 찍힌 적이 있습니다. 일베
회원들이 타는 버스였습니다. 그런데 이것 역시 국정원은
'안보강연장으로 초청되는 것이다'라고 국민들에게 이야기를
했습니다.

만일에 테러방지법이 통과되면 그 예산으로 이런 일을
버젓이 할 수 있는 겁니다. 국민 눈치 보지 않고 버젓이 할
수 있는 겁니다. 또 국가 고용부는 일베에다가 직접 광고를
합니다. 국민들은 똑같이 세금을 냅니다. 그런데 국정원은
그 국민의 세금으로 어느 특정 정당, 특정 지역, 특정 계층을
위해서 지원을 하고 있습니다. 그것이 국정원입니다. 그리고
나머지 절반의 국민을 향해서 국론을 분열시키고, 총부리를
겨누고, 민주주의를 향한 백색테러를 저지르고 있는
것입니다.

2012년 12월 11일 저녁 8시 강남 오피스텔 국정원
요원 댓글 사건이 있었던 바로 그날입니다. 바로 그 똑같은
시간에 박근혜 대선캠프의 권영세 상황실장은 대선캠프에서
대책회의를 합니다. 이것은 바로 박근혜 캠프의 권영세
상황실장과 국정원이 연결되어 있었다는 것을 의미하는
것입니다.

(정의화 의장, 이석현 부의장과 사회교대)

이 당시에 국정원의 창구는 국회에 파견돼 있었던
박원동 국장이었습니다. 이 국회에 국정원 파견 직원들이
나와 있습니다. 제가 6층으로 기억하는데요, 그 6층에
버젓이 사무실을 내고 사무실을 차지하고 거기서 일을
봅니다. 그분들이 무슨 일을 할까요? 바로 야당 국회의원들
뒷조사하고, 자료 모으고, 그것을 국정원에 보고하고,
청와대에 보고하는 일을 합니다. 아직도 대한민국 국회에
그런 일들이 버젓이 벌어지고 있습니다. 그래서 제가 '국정원
파견 직원들 안 된다. 돌려보내야 된다' 열심히 외쳤지만,
10년 동안 외쳤지만 아직도 국정원 직원은 당당하게 국회를
출입합니다.

2012년 대선을 앞둔 12월 11일 바로 이 강남
오피스텔 국정원 요원 댓글사건이 났던 그날 밤 9시,
원세훈 국정원장은 민주당 의원들과 통화합니다. 저도
통화했습니다. '국정원 직원이 아니다. 그러니까 너무
그러지 마라' 한마디로 교란작전이지요. 이때 바로 그 시간,
교란작전을 펴던 그 시간에 그 문제의 국정원 여직원은
경찰에 전화를 해서 경찰이 밖으로 나올 거면 통로를
열어주겠다고 합니다. 그런데도 이것을 인권침해니 감금이니
하는 못된 시나리오로 만들어 갑니다. 결국 국민들의 절반
이상이 이러한 국정원의 못된 시나리오에 속았고, 지금도
속고 있지요.

2012년 12월 10일 대선을 앞둔 시점에 이른바 권영세
파일이라는 것이 나옵니다. 이 권영세 파일은 NLL 컨틴전시
플랜이고, 집권하면 까겠다고 하고, 언론을 통해서는
안 하고 이러한 이야기를 여의도의 모 식당에서 친한
기자들에게 합니다. 그리고 동시에 박근혜 후보와 문재인
후보의 갤럽 여론조사가 불과 오차범위 안에 들어온 것에
대해서도 권영세 상황실장은 걱정을 합니다. 이 시나리오는
집권 후에 시나리오가 아닌 실제로 존재하는 플랜이
됐습니다. 입증이 됐습니다.

또 2012년 12월 14일 기억하십니까? 비 내리는 부산,
김무성 선대본부장이 바로 그 비 내리는 부산에서 NLL
왜곡 대화록을 줄줄이 읽습니다. 이날은 바로 두 후보 간
골든크로스, 문재인 후보의 역전이 여론조사로 알려진
날입니다. 어떻게 이렇게 김무성 선대본부장, 권영세
상황실장은 이런 것들을 다 알고 있을까요? 바로 뒤에
국정원이 있기 때문에 그렇습니다.

그리고 2012년 12월 16일 새벽에 경찰청에서는 댓글
증거들이 무더기로 발견됩니다. '댓글이 지워지고 있는데
잠이 와?' 이 CCTV 영상 녹화물은 대한민국의 자존심이
무너지는 현장입니다. 그리고 2012년 12월 16일 아침 9시,
김용판 서울청장은 국정원과 통화합니다. 이 역시 박원동
국장이었습니다. 그리고 2012년 12월 16일 정오에 김무성
선대본부장은 '경찰로부터 댓글 증거가 없다는 정보가
입수됐다. 경찰 수사 발표 빨리 하라'는 기자간담회를
합니다. 검찰과 박근혜 캠프, 경찰, 서로 연결되어 있다는
것을 암시하는 대목입니다.

그리고 2012년 12월 16일 저녁 6시 반 경찰은 한 차례 더
회의를 갖습니다.

이날 마지막 토론은 저녁 8시에 시작이 됩니다. 박근혜
후보는 TV 토론에서 담담하게 얘기합니다. 이때 박근혜
후보가 이야기한 내용은 요즘도 유튜브 영상으로 국민
여러분께서 확인하실 수 있습니다.

그래서 저희 민주당은 2012년 19대 국회가 시작된
날로부터 지금까지 줄곧 이러한 불법과 싸웠습니다. 힘들게
싸웠습니다. 물론 국민 여러분 눈에는, 그리고 국민 여러분
마음에는 흡족하지 않으시겠지요. 그러나 과반 의석을
갖지 못한 소수 야당으로서는 정말 이 거대 여당, 공룡
새누리당의 횡포, 박근혜 정권의 폭주, 이것을 막아 내는
데는 역부족이었다는 생각이 듭니다.

이러한 국정원 댓글사건이 크게 불거지자 박근혜
대통령은 뭐라고 얘기했습니까? 국정원을 개혁하겠다고
했습니다. 국정원을 개혁할 테니 지켜봐 달라고 했습니다.

그런데 지금 개혁했습니까? 개혁은커녕 국정원을 괴물
국정원으로 괴물 국정원 공화국으로 만들려고 이제는
테러방지법까지 통과시켜 달라고 이렇게 난리를 치고 있는
것 아닙니까?

왜 그럴까요? 왜 그래야만 할까요? 장기 집권하고
싶은 것이지요. 테러의심자라는 카테고리 안에 정부를
비판하는 모든 사람을 집어넣어서 꼼짝 못 하게 만들고,

그리고 대한민국의 미래를 암울하게 만들면서 기득권층만 즐기는 대한민국으로 만들겠다는 그러한 생각의 발로라고 생각합니다.

국민 여러분, 그렇게 생각하시지 않습니까?

이 테러방지법은 아예 대놓고 전 국민에 대한 사찰 권한을 주는 것이나 마찬가지입니다. 이 스마트폰, 다 들여다볼 수 있습니다. 이것이 독재로 회귀하는 것이 아니고 무엇입니까?

그런데 이렇게 위험한 법인 줄 알면서 우리 더불어민주당이 이 필리버스터를 일주일만 하고 그만두고 싶겠습니까, 국민 여러분? 지금 그만두고 싶겠습니까? 지금 저희가 그만두면 존경하는 국회의장님이 직권상정 하셔서 법이 통과된다는 것 뻔히 알면서 저희가 왜 그만두려 하겠습니까?

저는 2004년도 국회에 들어온 이후에 세 번의 총선과 두 번의 대선 그리고 세 번의 지방선거를 치렀습니다. 선거 때만 되면 꼭 한두 달 앞두고 무슨 사건이 발생합니다. 그 사건이 늘 이념 프레임입니다.

저도 초선·재선 의원 때는 정의 앞에서 굴하지 않는 것, 진실을 밝히는 것, 끝까지 버티는 것, 그것이 승리하는 길이라고 생각했습니다. 그런데 늘 민주진보 진영은 이러한 거대공룡 정보기관이 파 놓은 함정에 빠져서 노무현 대통령 시절의 2004년도 총선 이후에 단 한 번도 선거를 이긴 적이 없습니다. 늘 그 함정에 빠져서 진보 진영은 스스로 분열했고 안에서 싸웠습니다.

2012년 총선 때도 그랬습니다. 잠잠하던 제주해군기지 사건을 갑자기 꺼내더니 바위를 폭파시킵니다. 저는 그때 알았습니다. '또 함정을 파는구나. 진보 진영을 분열시키기 위해서 또 함정을 파는구나. 여기 걸려들면 안 된다'라고 주장했지만 결국 그때부터 시작된 국정원을 비롯한 정보기관의 그 함정 프레임에 빠져서 2012년 총선에서 결국 새누리당이 또 과반 의석을 가지고 갔습니다.

저는 이번에도 똑같다고 생각합니다. 북한은 미사일을 하늘로 향해서 쏘는데 그 미사일과 테러방지법을 연계시켜서, 결국 이념 싸움을 이어 가서 4월 13일 날 진보 진영을 또 분열하게 만들겠다는 이들의 검은 마음, 이 검은 마음이 지금 국민을, 국민 여론을 다시 분열시키고 있지 않습니까, 여러분?

그래서 지금 우리 국민이 분열할 때가 아닙니다. 야권도 분열할 때가 아닙니다.

안철수 대표님, 심상정 대표님께도 호소합니다. 우리 함께 가야 합니다.

어제 더불어민주당 비상대책위원회가 필리버스터의 중단을 결정하고 그것을 오늘 의총에서 논의하기로 했습니다. 그 소식을 듣고 많은 국민들이 분노하고 계시다는 것, 제가 너무나 잘 알고 있습니다. 많은 국민들이 비판하고 계시다는 것, 잘 알고 있습니다. 그동안에 쌓인 분노가 얼마나 컸으면 지금 야당이 이 필리버스터를 한없이 해 주기를 그 많은 국민들이 원하시겠습니까?

제가 그 화난 국민들, 분노하신 국민들의 마음속의 그 노여움을 제가 다 안고 가겠습니다. 저에게 분노의 화살을 쏘십시오. 그리고 제가 다 맞겠습니다. 대신 국민 여러분께서 분노하신 만큼 4월 13일 총선에서 야당을 찍어 주십시오. 야당에게 과반 의석을 주셔야 여러분들이 원하던 그런 평화롭고 행복한 대한민국을 만들 수 있습니다, 국민 여러분.

대한민국이 온통 새누리당의 그 시뻘건 물결로 덮이는 것을 원치 않으신다면, 그리고 독재로 회귀하는 것을 원치 않으신다면, 누가 될지 모르는 내 아들딸이 감시당하는 것을 원치 않으신다면 국민 여러분께서 야당을 4월 13일 날 찍어 주십시오. 그리고 더불어민주당에게 힘을 주시고 이 야당을 키워 주셔야 됩니다.

그렇지 않으면 대한민국 영원히 내 아들딸이 기를 못 펴고 사는 그런 나라가 됩니다. 기득권·권력에 복종하는 자의 나라가 됩니다. 그런 대한민국에 무슨 미래가 있겠습니까, 여러분?

더불어민주당의 비상대책위원회가 이걸 다 알면서 저희가 이 필리버스터 중단을 결정한 것은 이번에 독이 든 술독에 빠져서는 안 된다고 생각했기 때문입니다.

과반 의석을 갖지 않으면 국민 여러분, 국회에서는 아무것도 할 수가 없습니다.

저희가 필리버스터를 끝내면 정의화 국회의장이 직권상정을 해서 그 법을 통과시키겠지요. 그때 저희가 할 수 있는 일이 뭡니까? 아무것도 할 수 없습니다, 여러분. 저희가 그것을 다 압니다. 그런데도, 그런데도 저희가 이 필리버스터를 중단해야 된다고 하는 것은 총선에서 이기려고 그러는 겁니다.

총선에서 승리해서 국민 여러분께서 과반 의석을 주시면 국민 여러분이 원하는 젊은이들에게 미래가 있고 희망을 품을 수 있는 그러한 대한민국 만들겠습니다, 저희들이. 저희들을 믿어 주세요. 저희들 할 수 있습니다.

국민 여러분!

생각해 보십시오.

박근혜 대통령이 국회 연설을 할 때마다 '이 법만 통과시키면 대한민국 잘살 수 있다. 이 법만 통과시키면 경제가 살아난다' 몇 번을 했습니까? 그런데 그렇게 됐습니까? 이 정권은 양치기 소년 정권입니다, 여러분.

외국인투자 촉진법, 제가 법사위원장으로 있었던 2013년 12월 31일 국회를 멈췄지요. 그때 대통령이 '이 법만 통과시켜 주면 외국인들의 투자가 들어오고 일자리가 늘어나고 경제가 살아난다'고 했습니다.

그런데 지금 어떻습니까? 경제 살아났습니까? 일자리 늘어났습니까? 그러면 대통령은 왜 그 법을 그렇게 통과시켜야 된다고 집착했을까요? 신종 정경유착입니다.

그 법 통과시키기 위해서 해당 기업의 직원이 자신들이 만든 법을 국회에 들고 돌아다니면서 의원들을 설득했습니다. '이 법만 통과시켜 주면 당신 지역구에 뭐 해 주겠다. 뭐 해 주겠다. 뭐 해 주겠다'.

저한테도 물론 찾아왔지요. 저는 이렇게 답변했습니다.

'물론 감사합니다. 그런데 그 해 주시겠다는 그것까지 제가 그대로 이야기하겠습니다'……

그 법 통과시키기 위해서요, 또 어떤 행동을 하셨는지 아십니까? 호남지역에 위치한 기업에게도 이 법이 통과되면 외국인 투자가 들어오고 일자리가 늘어나고 호남이 잘살게 된다면서 호남 의원들에게 먼저 접근했습니다.

국민들이 너무 살기 힘들지 않습니까? 특히 호남지역은 너무 차별을 많이 받아서 더 민심이 흉흉해 왔지 않습니까? 그러니까 저희 당 호남 의원들이 저를 찾아왔습니다. '이 법, 외국인투자 촉진법 통과시켜 주면 우리 호남지방이 잘살게 된다는데 웬만하면 박영선 위원장이 양보 좀 해 주소' 그래서 제가 그랬습니다. '그것 아마 통과시켜 주면요, 호남에 있는 그 기업은요, 투자 못 하겠다고 바로 그럴 거고요, 저 경남 쪽에 있는 기업 거기만 투자할 겁니다. 저를 믿으세요', 지금 결과적으로 어떻게 됐는지 아십니까? 제 예측대로 됐습니다.

호남에 있는 그 기업은요, 투자 단돈 1원도 하지 않았습니다. 정유회사가 너무 어렵다면서 투자 안 했고요. 경남 쪽에 있는 그 기업만 혜택을 본 것입니다. 그러고는 무슨 창조경제센터를 짓느니 마느니 하면서 그 기업에서 투자를 시작했지요. 결국 신종 정경유착이지요.

얼마 전에 또 똑같은 방법으로 원샷법 통과됐지요. 원샷법이 통과 안 돼서 대한민국 경제가 안 살아나고 살기 힘들다고 대통령이 또 국회에 와서 연설했습니다. 외국인투자법은 어떻게 됐냐고 아무리 질문해도 거기에 대해서는 답이 없습니다.

그 원샷법은 재벌 3세, 4세들을 위한 법입니다. 기업 합병·인수한다는 핑계로 재벌 3세, 4세들이 세금 안 내고 기업을 인수하겠다는 것이지요. 지금 현행법상으로는 기업 3세, 4세들이 세금 안 내고 기업을 인수할 방법이 없거든요. 그러니까 자꾸 법을 고치고 자꾸 법을 만드는 겁니다.

지금 우리나라 재벌기업 3세, 4세들 그렇게 해서 기업을 인수받아 가지고 무슨 경쟁력이 있겠습니까? 아버지로부터 몇십억 받은 것이 몇 년 만에 15조 원이 됐습니다. 그게 우리나라의 최고 잘나가는 재벌 3세 재산의 현주소입니다.

우리 국민들은 세금 다 냅니다. 탈탈 털어서 다 냅니다. 월급쟁이들 세금 다 냅니다. 그런데 재벌 2세, 3세들 세금 냅니까? 안 냅니다. 엉뚱한 기업 만들어 가지고요, 거기에 일감 다 몰아주고 그 기업 키워서 주식시장에 상장해 가지고 펑튀기해서 그렇게 재산을 불려가고 있습니다. 그게 대한민국의 현실입니다. 그 고통 누가 당합니까? 결국 서민이 당하는 겁니다.

그러니까 세금 안 걷히니까 어떻게 했습니까, 이 정권이? 담뱃세 올렸습니다. 담뱃세 올려서 그 세수부족분을 서민들로부터 서민 주머니 다 털어 가지고 세수부족분을 메우는 그러한 현상이 지속되고 있는 겁니다. 그렇게 법을 양치기 소년처럼 통과시키고 이제 또 테러방지법 통과시켜야 한다고 합니다. 그래서 국회를 심판해야 된다고 합니다. 누가 누구를 심판해야 됩니까?

국민 여러분!

우리의 아들딸들도 희망을 가지고 개천에서 용 나는 사회, 그런 사회가 되어야 되지 않겠습니까? 그런데 대통령이 국회에 와서 반드시 통과시켜 주어야 된다는 그 법들은 대부분 우리의 아들딸들의 희망을 뺏어 가는 법들입니다. 기득권을 고착화시키는 법들입니다.

테러방지법은, 이 법을 강제로 직권상정하고 이 법을 통과시키는 것은 민주주의를 버리는 것입니다. 수많은 국민의 피와 땀으로 만들어 놓은 민주주의를 버리는 것입니다. 더불어민주당이 이 긴 시간 동안, 7일간의 긴 시간 동안 필리버스터를 통해서 지켜 내려고 했던 것은 바로 자유와 국민의 기본권 그리고 민주주의였습니다.

진정한 안보는 이러한 가치 위에서 국민들의 단합된 힘으로 만들어지는 것이라고 생각합니다. 무소불위의 국정원을 만들어 준다고, 국정원에 무제한의 권한을 준다고 안보가 지켜지는 것은 결코 아닙니다.

이념으로 국론을 분열시키고, 대북정책으로 남남 갈등을 조장하고, 국회의원선거 연기 운운하면서 야당을 협박하는 새누리당과 박근혜 정권에 맞서 싸우기 위해서 야당이 선택한 것이 바로 필리버스터(무제한 토론)이었습니다. 테러방지법의 실상을 알리기 위해서, 독소 조항이 무엇인지를 알리기 위해서 저희들이 선택한 것이 바로 필리버스터였습니다.

왜, 왜냐고 물으신다면 그것은 야당의 역할이라고 생각합니다. 국민의 자유를 지키는 것이 야당의 소임이며 소망이기 때문입니다. 국민의 자유와 권리를 지키는 것보다 대통령의 분노를 가라앉히는 것이 더 중요한 새누리당을 보면서 정말 참담함을 금할 수 없습니다.

테러방지법, 절대로 이대로 통과되어서는 안 되는 법이지요. 저희가 테러방지법을 반대하는 것이 아닙니다. 국민의 자유를 침해하는 독소 조항을 빼야 된다는 것입니다. 그래야 진정으로 테러를 방지할 수 있는 법이 된다는 것입니다.

헌법은 모든 국민이 인간으로서의 존엄과 가치, 그리고 행복을 추구할 권리를 가지며, 이에 따라서 국가는 개인이 가지는 불가침의 기본적 인권을 확인하고 이를 보장할 의무를 다해야 한다고 제10조에 명시하고 있습니다. 이와 함께 사생활의 비밀과 자유를 침해받지 않을 권리, 제17조에 명시되어 있습니다. 또한 제18조에는 통신의 비밀을 침해받지 않을 권리를 규정하고 있습니다.

더불어민주당이 지난 일주일 동안 필리버스터를 한 것은 이러한 헌법을 지키고, 국민의 자유와 권리를 지키기 위한 것이었습니다. 40년 만에 부활된 이번 필리버스터는 대한민국이 왜 존재하며 누구를 위한 국가인지를 다시 한 번 돌아보게 했습니다.

지금 국민들은 하루하루 벌어서 먹고살기도 참 어려운 참담한 상황입니다. 한 치 앞도 내다볼 수 없는 불안한 삶을 살고 있습니다. 그런데 대통령과 여당은, 새누리당은 이처럼 절박한 국민의 목소리에는 귀를 막으면서 오직 집권 연장과 권력 강화에만 혈안이 되어 있습니다. 어쩌면 의도적으로 국민을 한계 상황에 내몰아서 무조건 복종하도록 길들이려고 하는 것인지도 모릅니다. 국민을 주인이 아닌 지배 대상으로 생각하고 있는 것처럼 보입니다.

사랑하는 국민 여러분!

민주주의가 무엇입니까? 국익이 진정 국민을 위한 것이라면 어째서 국민의 기본권 침해를 동반해야 합니까? 그 국익은 과연 누구를 위한 국익입니까? 혹자는 '국가의 이익과 개인의 이익이 양립할 수 없다'라고 생각할 수도 있고 말할 수도 있습니다. 그러나 국민의 이익, 개인의 행복, 개인의 자유, 개인의 사생활을 침해했을 때 그것은 곧 국론 분열이요 국가의 분열로 이어진다고 생각합니다.

모든 권력이 국민으로부터 나온다는 헌법 제1조제2항의 규정, 우리는 이러한 근본을 다시 생각해야 되는 시점이라고 생각합니다.

오늘은 삼일절입니다. 우리 헌법 전문은 대한민국이 3·1 독립운동으로 건립된 대한민국임시정부의 법통을 계승한다고 명백히 밝히고 있습니다. 따라서 오늘은 대한민국의 헌법이 태어난 날이라고 말할 수도 있습니다. 대한민국은 제헌헌법에서 자유와 기회 균등, 그리고 모든 국민이 생활의 기본적 수요를 충족할 수 있는 사회정의를 핵심 가치로 삼았습니다. 대한민국의 모태가 된 임시정부는 정치·경제·교육의 완전한 균등을 지향하는 삼균주의를 이념적 기초로 삼았습니다.

삼일절을 맞이해서 지금 우리 대한민국이 이러한 건국 강령에 얼마만큼 부합되고 있는지 생각하게 됩니다. 특히 가장 초보적인 국민의 기본 인권마저 무력화시킬 수 있는 법안에 대한 반대토론을 해야 하는 이 현실을 마주하면서 대한민국 건국의 아버지들에게 참담함과 부끄러움을 금할 길이 없습니다.

박근혜 정권은 경제민주화 공약 파기로 민생을 침몰시키고, 세월호 참사로 국민 안전을 침몰시키고, 개성공단 폐쇄로 남북 화해·협력을 침몰시키더니 이제는 테러방지법으로 나라의 근본 틀마저 침몰시키려 하고 있습니다.

존경하는 국민 여러분!

지난 일주일 동안 밤늦게까지, 또 새벽까지 텔레비전 앞에서 이 필리버스터를, 무제한 토론을 시청하신 그 마음 저희 너무 잘 압니다. 야당석은 이렇게 텅 비어 있고 더더욱 여당 국회의원들의 의석이 텅 비어 있지만 지금 이렇게 방청석에는 국민 여러분들께서 저희들의 발언을 경청해 주시고 있다는 것, 너무나 뜨거운 마음으로 감사드리고 있습니다.

저는 이러한 국민 여러분의 모습에서 대한민국의 참모습을 발견했습니다. 그리고 대한민국에 아직도 희망이 있다는 것을 느꼈습니다. 그 희망의 근거는 바로 국민 여러분입니다.

나이 어린 초등학생부터 연세가 지긋하신 어르신까지 남녀노소, 직업과 지역을 불문하고 수많은 국민들이 이번에 40년 만에 다시 시작된 무제한 토론, 필리버스터를 놀라운 관심과 뜨거운 마음으로 지켜봐 주셨습니다. 저는 그것이 잘못 가고 있는 대한민국을 바로 세우라는 국민의 준엄한 명령이라고 생각합니다.

이렇게 수많은 국민들이 필리버스터에 열광하시는 줄 알면서, 그것을 다 알면서 이것을 접어야 하는 저희들의 심정도 조금은 헤아려 주셨으면 합니다.

박근혜 정권은 국회의 지붕 위에 올라타서 아주 저렴한 국회 무능론을 퍼뜨리고 그것으로 자신들의 무능을 덮을 생각만 하고 있습니다. 과반 의석을 가진 거대 공룡 새누리당은 그저 대통령의 눈치만 보고 있습니다. 법의 이름으로 자행되는 헌법 파괴 행위에 눈 깜짝도 하지 않습니다.

악법은 결코 법이 될 수 없다고 생각합니다. 악법은 결코 진정한 국민의 법이 될 수 없다고 생각합니다. 그래서 이번 4·13 총선에서 승리하는 야당이 되어 국민 여러분의 울분을, 분노를 우리 더불어민주당이 희망으로 승화시킬 수 있도록 국민 여러분 도와주십시오.

(● 이종배 의원 의석에서 — 부의장님, 이것은 사전 선거운동 아닙니까? 주의 좀 주십시오.)

과반 의석을 가져야 국민 여러분의 그 마음을 행동으로, 실천으로 옮길 수 있습니다.

박근혜 정권 들어서 국민은 너무 먹고살기 힘듭니다. 그리고 국민은 늘 불안합니다. 저도 불안합니다. 저는 용기가 세상을 바꾼다고 늘 다짐하고 신은 진실을 알지만 때를 기다린다고 늘 되뇌이고 있지만 그러나 때때로 잠들기 전에 저도 불안합니다.

제가 이런 발언을 하고 나면 아마도 트위터, 인터넷 댓글, 아마 온갖 비난이 저에게 쏟아질 것입니다. 국정원의 댓글팀은 아직 사라지지 않았으니까요. 요즘은 카톡으로 아주 교묘하게 홍보를 하더군요. 저도 압니다. 제가 힘들어질 것이라는 것 저도 잘 압니다. 그러나 야당 국회의원으로서 할 말은 해야 되겠기에 제가 오늘 나왔습니다.

제가 처음에 시작했던 벤자민 프랭클린의 말을 다시 한 번 강조드립니다. '안보를 자유보다 우선하는 자는 그 어느 것도 누릴 자격이 없다' 여기에서의 안보는 안보가 중요하지 않다라는 뜻이 아니라 자유로운 국민들의 단합된 힘, 국민들의 힘이 가장 큰 국가 안보라는 것을 강조하는 것입니다.

이런 시구도 있습니다. '4월의 감미로운 소나기가 3월의 가뭄을 뿌리까지 뚫고 들어가 꽃을 피우는 그 습기로 잎맥을 적시는 것처럼' 이 시구를 잠시 변용을 하면 4월의 야당의 총선 승리가, 더불어민주당의 총선 승리가 3월의 이 불안과 갈등을 뿌리까지 뚫고 들어가 꽃을 피울 것이다, 저는 이렇게 국민 여러분에게 호소하고 싶습니다.

(● 이종배 의원 의석에서 — 부의장님, 여기 선거운동 자리 아니잖아요? 의제에 집중하도록 주의를 주십시오.)

국민 여러분!

한 나라가 제대로 발전하고 선진국이 되기 위해서는 견제와 균형의 힘이 필요합니다. 그런데 지금 대한민국은 이미 견제의 힘이 무너졌고 균형의 힘이 무너졌습니다. 이 견제와 균형의 힘을 갖는 나라만이 선진국이 될 수 있습니다.

고인 물은 썩습니다, 국민 여러분. 바꿔 줘야 합니다. 그래서 견제와 균형의 힘으로 깨끗한 대한민국, 부패하지 않는 대한민국, 미래가 있는 대한민국, 젊은이들이 희망을 가질 수 있는 대한민국, 그러한 대한민국을 국민 여러분께서 만들어 주십시오.

오늘 여기까지 말씀드리겠습니다.

감사합니다.

● **부의장 이석현** 박영선 의원님 수고하셨습니다.

다음은 국민의당 주승용 의원 나오셔서 토론해 주시기 바랍니다.

(● 이종배 의원 의석에서 — 부의장님, 의제에 집중하도록 주의를 다시 한 번 주세요.)

주승용 의원님 말씀 시작하기 전에, 방청석에 또 새로 오신 국민 여러분들을 소개해 드리겠습니다.

이미경 의원 소개로 두 분, 진성준 의원 소개로 일곱 분, 김성주 의원 소개로 세 분, 은수미 의원 소개로 여섯 분, 문희상 의원 소개로 두 분, 안규백 의원 소개로 다섯 분, 또 우상호 의원 소개로 두 분, 임수경 의원 소개로 세 분, 정진후 의원 소개로 세 분, 유승희 의원 소개로 한 분, 도종환 의원 소개로 두 분 등이 또 새로이 방청에 참가하셨습니다.

날씨도 안 좋은데 또 우리 국회에서 하는 일에 관심 가지고 이렇게 참여해 주셔서 정말 감사합니다. 여러분의 기대에 어긋나지 않도록 저희들이 노력해서 정치를 국민의 신뢰를 받는 정치로 바꿔 나가겠습니다.

감사합니다.

(2016년 3월 1일 오후 8시 51분)

35

주승용 의원

제19대 국회의원 (전남 여수시을)
국민의당

2016년 3월 1일 오후 8시 53분 시작
2016년 3월 1일 오후 9시 57분 종료
발언 시간 1시간 4분

"많은 사람들의 인명피해를 초래할
수 있는 범죄행위를 막고자 한다면
기존의 범죄 대응체계를 점검하는
일부터 시작해야 합니다. 검찰과 경찰 등
관련기관들의 책임을 묻는 국정조사도
진행해야 합니다. 대통령은 테러
관련법 제정을 요청하기 이전에 정부의
수반으로서 현재의 대테러 체계가 부실한
까닭에 대해서 책임을 져야 합니다. 대응
능력의 부재의 원인을 제대로 진단해야
올바른 해법을 낼 수 있습니다."

(2016년 3월 1일 오후 8시 53분)

● **주승용 의원** 존경하는 국민 여러분!
그리고 이석현 국회부의장님과 선배·동료 의원 여러분!
전남 여수시을 출신 국민의당 원내대표 주승용
의원입니다.
우리 정의화 국회의장님과 정갑윤 부의장님, 이석현
부의장님, 연일 사회 보시느라고 8일째 수고가 많으십니다.
그리고 국회사무처 직원 여러분, 정당 관계자 여러분,
언론인 여러분께도 감사의 말씀을 드립니다.
지난 2월 23일 정의화 국회의장께서 테러방지법을
직권상정하신 이후 야당은 8일째 필리버스터로 맞서고
있습니다.
필리버스터에 대한 국민 여러분의 관심이 뜨겁습니다.
여러분의 관심과 성원 때문에 힘을 잃지 않고 있는 것
같습니다. 국회방송 시청률도 사상 최고를 기록하고
있고, 인터넷 접속자도 하루 평균 10만 건을 넘어서고
있습니다. 본회의장을 찾고 계시는 방청객 수도 계속

증가하고 있습니다. 지금 이 시간, 이렇게 밤늦은
시간임에도 불구하고 방청석을 채워 주시는 국민 여러분께
감사드립니다.
이번 필리버스터로 인해서 국민 여러분께서 정치에 더욱
관심을 가져 주시고, 국회 본회의장과 온라인 공간에서
실시간으로 소통하고 토론하는 큰 진전이 있었다고
생각합니다. 이게 바로 민주주의의 가치라고 생각합니다.
심지어 외국 언론에서도 지대한 관심을 표명하고 있습니다.
하지만 저는 지금 47년 만에 실시되고 있는 필리버스터,
국내에서 이렇게 집단적으로 필리버스터를 하고 있는
경우는 처음입니다. 아니, 세계 최장기록을 세계에서도
기록하고 있는 이 필리버스터가 저는 19대 국회의 현주소,
민낯이라고 생각합니다. 대화와 타협이 배제된 채 버티기와
밀어붙이기만 남은 정치 현실이 안타깝고, 부끄럽고,
자괴감마저 듭니다.
새누리당은 이 필리버스터가 끝나면, 이 밤이 새고 나면,
야당에서 많은 문제점을 지적하고 토론하고 했습니다마는
이 토론만 끝나고 나면…… 테러방지법에 대해서 한 점,
한 획도 못 고친다고 합니다. 이게 바로 여당의 오만과
독선이라고 생각합니다. 국회의장님께서 제안하신
수정안만이라도 받아 달라고 야당은 호소를 하지만
무시당하고 있습니다. 국민 여러분이 도와주십시오. 정치는
민심을 이길 수가 없습니다. 국민들께서 도와주셔야 합니다.
저는 테러방지법에 대한 해법은 대한민국헌법에 나와
있다고 생각합니다.
헌법 제1조 대한민국은 민주공화국이다.
대한민국의 주권은 국민에게 있고, 모든 권력은 국민으로부터
나온다.
헌법 제10조 모든 국민은 인간으로서의 존엄과 가치를 가지며,
행복을 추구할 권리를 가진다. 국가는 개인이 가지는 불가침의
기본적 인권을 확인하고 이를 보장할 의무를 진다.
헌법 제17조 모든 국민은 사생활의 비밀과 자유를 침해받지
아니한다.
헌법 제18조 모든 국민은 통신의 비밀을 침해받지 아니한다.
헌법 제37조 ① 국민의 자유와 권리는 헌법에 열거되지 아니한
이유로 경시되지 아니한다.
② 국민의 모든 자유와 권리는 국가안전보장·질서유지 또는
공공복리를 위하여 필요한 경우에 한하여 법률로써 제한할 수
있으며, 제한하는 경우에도 자유와 권리의 본질적인 내용을
침해할 수 없다.
헌법 제77조 ① 대통령은 전시·사변 또는 이에 준하는
국가비상사태에 있어서 병력으로써 군사상의 필요에 응하거나
공공의 안녕질서를 유지할 필요가 있을 때에는 법률이 정하는
바에 의하여 계엄을 선포할 수 있다.
② 계엄은 비상계엄과 경비계엄으로 한다.
③ 비상계엄이 선포된 때에는 법률이 정하는 바에 의하여
영장제도, 언론·출판·집회·결사의 자유, 정부나 법원의 권한에
관하여 특별한 조치를 할 수 있다.
④ 계엄을 선포한 때에는 대통령은 지체 없이 국회에

통고하여야 한다.

⑤ 국회가 재적의원 과반수의 찬성으로 계엄의 해제를 요구한 때에는 대통령은 이를 해제하여야 한다.

대한민국헌법 정신에 의하면 정부와 새누리당이 제출한 테러방지법은 국민의 기본권을 침해할 소지가 큽니다. 대한민국의 안보를 수호하고 테러를 막겠다고 하는 것에 대해서 반대할 국민은 없습니다. 국민뿐만 아니라 정치권 누구도 그것을 반대하지 않습니다.

정의화 국회의장님의 직권상정 절차, 문제가 많습니다. 직권상정과 관련된 국회법 조항을 살펴보면,

제85조(심사기간) ① 의장은 다음 각 호의 어느 하나에 해당하는 경우에는 위원회에 회부하는 안건 또는 회부된 안건에 대하여 심사기간을 지정할 수 있다. 이 경우 제1호 또는 제2호에 해당하는 때에는 의장이 각 교섭단체대표의원과 협의하여 해당 호와 관련된 안건에 대하여만 심사기간을 지정할 수 있다. 2012년 5월 25일 날 개정된 겁니다.

첫째는 천재지변의 경우, 둘째는 전시·사변 또는 이에 준하는 국가비상사태의 경우 직권상정을 할 수 있습니다. 지금은 천재지변도 아니고 전시·사변 또는 이에 준하는 국가비상사태의 경우도 아닙니다.

3호 의장이 각 교섭단체대표의원과 합의하는 경우, 각 교섭단체대표의원과 합의하는 경우에만 직권상정을 할 수 있습니다.

정의화 의장께서는 북한의 핵실험 이후에 북한의 테러 위험이 증가했기 때문에 국가비상사태로 간주한다고 하셨습니다. 이에 대한 근거는 국정원으로부터 보고받은 테러 정황과 첩보라고 하셨습니다.

우리나라에서 국가비상사태가 선포된 사례를 보면 10월유신의 서막과 종막을 알렸던 1971년 12월과 1979년 10월 그리고 1980년 5월 광주민주화운동 때의 비상계엄 확대 등 세 차례 국가비상사태라고 선포된 적이 있습니다. 우리는 테러방지법으로 인해서 36년 만에 국가비상사태를 맞이하고 있는 셈입니다.

앞서 말씀드린 헌법 제77조에 따르면 국가비상사태의 경우에 대통령은 계엄을 선포할 수 있도록 되어 있습니다. 지금까지 국가비상사태 선언은 모두 대통령이 계엄령을 선포하기 위해서 내려진 조치였습니다. 국회의장이 직권상정을 위해서 국가비상사태를 간주한 경우는 헌정사상 처음입니다.

이번 직권상정의 논리를 그대로 따르자면 이미 북한의 네 차례 핵실험과 여섯 차례의 장거리미사일 발사가 이루어진 상황에서 우리는 상시적인 국가비상사태에 해당하게 됩니다.

수차례 말씀드린 바 있습니다만 국민의당은 테러방지를 위한 테러방지법 제정에 적극 동의합니다. 그러나 국가정보기관에 의해서 역사적으로 고통스러운 경험을 수없이 많이 한 우리 국민의 인권과 기본권 침해에 대한 우려가 큽니다. 무엇보다도 현재 본회의에 상정된 테러방지법은 국민의 인권과 기본권이 무수히 침해될 수

있는 무차별적인 정보 수집권, 감청권, 조사권을 제어할 수 있는 실질적인 방안이 부족합니다. 그렇기 때문에 국민과 야당은 헌법에 명시된 대로 국민의 통신의 비밀을 침해받지 아니할 권리 등을 보호할 안전장치를 마련하자는 것입니다. 최소한의 안전장치를 마련하자는 것입니다.

과거 많은 테러 관련 법안이 제출되었지만 국회를 통과한 적이 없습니다. 과연 법률 제정으로 테러의 예방과 테러에 대한 신속한 대응이 가능할까 하는 의구심 때문이었습니다. 이와 함께 오히려 정보기관의 권한만 확대하여 국민의 인권이 위험에 빠질 수 있을 것이라는 국민적인 우려가 있었기 때문이었습니다.

테러방지법에 반대하는 이유는 테러를 용인하거나 테러방지 자체의 의미를 부정해서가 아닙니다. 테러방지라는 미명 아래 정보 권력을 강화하고 국민의 인권을 침해하거나 제한하는 일이 일어날 수 있다고 우려했기 때문입니다.

현재 국회에 직권상정된 테러방지법은 다음과 같은 문제점이 있습니다.

첫째, 무제한 감청 허용을 할 수 있다는 문제입니다. 부칙 제2조2항에서 통신비밀보호법 개정을 통해서 테러업무도 국가안전보장에 상당한 위험이 있는 경우와 같게 보고 통신제한조치를 요구하도록 규정하고 있습니다. 실질적으로 테러를 빙자한 무제한 감청을 허용할 가능성이 높다는 것입니다.

원래 통비법은 고등법원 부장판사의 영장을 받아 통신제한조치를 하도록 되어 있습니다. 그런데 국가안전보장에 상당한 위험이 예상되는 경우에는 대통령의 승인만으로 감청이 가능합니다. 대상을 특정하지도 않고 일정 기간 감청을 무제한 허용한다는 뜻입니다. 그런데 이 법에서 규정한 테러는 그 중요도가 사안마다 다를 수가 있습니다. 경미한 사안의 테러일 수도, 국가안보에 중대한 영향을 미칠 정도로 심대한 테러가 될 수가 있다는 것입니다. 그런데 테러의 경중을 구분하지 아니하고 일괄적으로 모든 테러를 국가 안위에 상당한 위험이 예상되는 경우와 동일하게 여겨서 국정원이 통신제한조치를 요청할 수 있다면 테러의 경중을 판단하는 국정원이 완전히, 어느 것을 테러로 볼 것이냐의 자의적 판단 가능성의 길을 너무나 넓게 열어 놓았습니다. 그런 경우를 인정한다면 남용 가능성이 클 수밖에 없다는 것입니다.

둘째, 금융정보 남용의 문제입니다. 부칙 제2조1항에서 특정 금융거래정보의 보고 및 이용 등에 관한 법률을 개정하도록 하고 있습니다. 원래는 금융기관에서 수집한 정보, 금융사가 보고하는 정보와 금융정보원장이 보고받은 정보를 국정원이 직접 보고받을 수 있게 해서 금융정보를 포괄적으로 국정원이 축적할 수 있게 되고 이 정보를 활용해서 대테러분자나 국민을 감시하는 등 사생활 침해 및 인권침해를 불러올 여지가 높습니다.

셋째, 테러인물에 대한 추적 및 조사권 문제입니다. 현재 직권상정된 법률안 제9조4항을 보면 국정원이 대테러 조사 및 테러위험인물에 대한 추적을 할 수 있습니다.

국회의장께서도 이 부분은 개정이 필요하다고 말씀하셨고 수정안을 제출토록 요청했는데 국정원이 반대한다는 이유로 수정안을 제출하지 않아서, 추적하거나 조사된 자료를 대테러위원장에게 보고하는 형식의 절충안으로 수정안이 제출된 것으로 알고 있습니다.

새누리당은 국정원에 주는 권한은 정보수집권에 한한다고 얘기하고 있습니다. 그러나 제9조4항을 보면 대테러활동에 필요한 정보나 자료를 수집하기 위하여 대테러 조사 및 테러위험인물에 대해 추적할 수 있다고 하고 있는데 이 또한 남용 가능성 배제할 수가 없습니다. 정보 수집이 완료된 뒤에 이를 근거로 조사권, 수집권이 행해져야 하기에 국정원에는 계좌 추적과 감청권만 허용해야지 이를 근거로 추적권, 조사권을 부여하는 것은 국정원 권한 남용 가능성을 배제할 수 없다는 것입니다.

원래 새누리당이 제출한 법안, 이병석 의원안, 이노근 의원안, 송영근 의원안이 있는데 이 법안에서는 대테러에 대한 추적 및 조사권은 대테러센터에 권한을 주고 있습니다. 그런데 최종 수정안은 그 권한을 국정원 편의를 위해서 대테러센터에 주기로 한 것을 빼서 다시 국정원장에게 부여해 버렸습니다. 이로 인해서 대테러센터는 유명무실해지고 국정원장은 정보의 수집권뿐만 아니라 조사권, 추적권 모두를 갖게 된 것입니다. 모든 권한을 몰아줘 버리는 형태이기에 심대한 문제가 될 수밖에 없습니다.

국정원은 정보기관이 아닌 곳에 대테러기관을 두는 건 바람직하지 않다고 주장을 하지만 세계적 입법례를 비춰 봐도 대부분의 나라에서 정보기관이 아닌 별도 기관에서 대테러업무를 하고 있습니다. 특정 기관에 정보권한을 집중하게 되면 남용 가능성 때문에 그것을 분산시키는 게 세계적 추세입니다.

영국은 정보기관이 아닌 내무부장관 산하에 국가안전 및 대테러부가 테러업무를 총괄하고 있습니다. 미국은, 국가대테러센터는 CIA 등 총 16개의 정보기관을 총괄하는 기관인데 CIA 소속이 아니라 국가정보국장 직속 대테러 기관입니다. 독일은 연방총리청 소속 해외정보기관인 연방정보부와 연방내무부 소속 국내정보기관인 연방헌법보호청이 있는데, 연방내무부 소속 연방헌법보호청이 국민의 안전을 위협하는 국내의 내·외국인 테러리스트들의 동향에 관한 정보 수집업무를 총괄하고 있습니다.

국정원이 권한을 남용할 수 없도록 독소 조항을 삭제하여 확실한 안전장치를 마련해야 합니다. 국정원이 금융위원회에 테러위험인물에 대한 조사업무에 필요한 일반 금융정보를 요청하도록 한 부칙조항 삭제해야 합니다. 또한 테러업무도 국가안전보장에 상당한 위험이 예상되는 경우와 같게 취급하여 감청 등을 하도록 하는 것은 광범위한 감청권한 부여로 인권침해 소지가 많아서 이 부칙조항도 삭제해야 합니다.

문제는 대테러센터·인권보호관 운영 등 민감한 사항을 대통령령으로 위임하고 있다는 사실입니다. 정부와 여당은 테러방지법에 국민의 기본권과 인권 침해를 막을 안전장치가 마련되어 있다고 주장하지만 법에는 부작용을 감시하고 통제하는 구체적인 방안 등을 대통령령으로 정하도록 하고 있어서 무용지물이 될 가능성이 높다는 지적도 나오고 있습니다. 대통령령은 법률과 다르게 국회의 동의 없이 국무회의만 통과하면 효력을 가지게 되는 것입니다. 테러방지법안은 인권보호관, 테러대응기구 운영, 각 관계기관의 전담조직 운영 등의 구체적인 내용을 대통령령으로 정하도록 하고 있습니다. 특히 여당은 국가테러대책위원회에 인권보호관을 두는 것을 인권침해 방지의 안전장치로 강조하고 있지만 인권보호관 고작 1명을 두는 것을 가지고 인권침해 방지의 안전장치로 강조한다는 것은 말이 되지를 않습니다.

또 법에는 인권보호관의 자격, 임기 등 운영에 관한 사항은 대통령령으로 정한다고 되어 있어 대통령령에 따라 제도 자체가 유명무실해질 수 있다는 우려가 나오고 있습니다. 대통령령에서 인권보호관의 정보접근권 등을 제한하기만 하면 대테러활동에 대한 감시는 제대로 이루어질 수 없다는 것입니다.

여당은 또 테러대책위원회의 위원장이 국무총리이며 대테러센터 역시 국정원이 아닌 국무총리 산하에 두기 때문에 각종 활동의 투명한 통제가 가능하다고 주장하고 있습니다. 하지만 법에는 테러대책위원회와 대테러센터의 구성과 인원, 운영 등 구체적인 사안 역시 모두 대통령령으로 정하고 있습니다. 대통령령에서 대테러센터장을 국정원장으로 임명하고 사실상 운영을 국정원이 주도하도록 하면 테러 대응활동에 대한 국무총리실의 통제는 형식적으로 이루어질 수밖에 없습니다.

또 법에는 관계기관의 전담조직의 구성 및 운영과 효율적 테러 대응을 위해서 필요한 사항은 대통령령으로 정한다고 8조2항에 되어 있습니다. 테러 대응을 명목으로 국정원의 국내정보 수집 부서의 규모를 크게 키우고 막강한 권한을 주는 대통령령이 제정될 가능성이 대단히 높습니다. 이 같은 우려가 나오는 것은 박근혜정부 들어서 정부가 상위 법률에 위배되는 대통령령 등 시행령을 강행·고수하는 경우가 너무나 많았기 때문입니다.

세월호특별법 시행령이 그 대표적인 사례입니다. 야당은 지난해 세월호특별조사위원회 진상규명국 조사1과장에 검찰을 파견한다는 내용을 담은 세월호특별법 시행령이 공정한 수사를 보장하기로 한 모법에 위반된다며 수정을 요구했습니다. 공무원이 세월호 참사 조사의 핵심 권한을 가지면 독립성이 침해된다는 이유였는데 여야는 긴 공방 끝에 국회법을 수정하는 것으로 타협을 했습니다. 현행 국회법에는 시행령이 법률의 취지에 어긋나도 국회가 행정부에 이 사실을 알릴 수만 있도록 되어 있어 강력력을 다소 강화하는 방향으로 법을 개정하자는 것이었습니다. 국회법 개정안은 지난 5월 여야 합의로 국회를 통과했지만 박 대통령은 거부권을 행사하는 초강경 대응으로 법 개정을 무산시켰습니다.

구체적인 내용을 시행령에 위임한 인권보호관은 대통령이 원하는 사람으로 앉힐 가능성도 대단히 높습니다. 그래서 실제 인권침해를 막을 수 있을 것인지 우려가 높습니다. 테러대응기구도 국무총리실 산하라는 사실이 아니라 어떤 역할과 기능을 하는지가 중요합니다. 시행령에서 인권침해 요소를 더 강화하는 형태가 될 수 있기 때문에 반드시 대책을 마련해야 합니다.

2006년의 한나라당 국정원 개혁안을 좀 살펴보겠습니다. 국정원에 대한 정치적 영향력을 차단하고 불법활동, 정치관여 방지를 위한 강력한 통제방안을 강구하자는 국정원 개혁은 10년 전에 한나라당에도 있었습니다. 2006년 3월 당시 한나라당 정형근 의원 대표발의로 김기춘 전 청와대비서실장, 새누리당 김무성 대표, 새누리당 황진하 사무총장 등 19명은 국가정보원법 개정안을 그 당시 발의했습니다. 국정원 도청사건이 불거진 후에 국정원이 다시는 정치에 개입을 못 하도록 하겠다는 취지에서였습니다. 당시 한나라당은 개정안을 내면서 국정원이 정권교체 시마다 개혁을 추진하고 있지만 조직, 인사 등 외형적 변화만 반복하면서 자정능력을 상실했다고 밝혔습니다. 당시 야당인 한나라당은 당내에 국정원 폐지 및 해외정보처 추진기획단을 만들고 여러 의견을 모아서 국정원 개혁방안을 완성했습니다. 여기서 낸 국정원법 개정안은 7년이 지난 지금 민주당 개혁안 못지않게 강도 높은 국정원 전면 개혁을 그리고 있었습니다. 두 안 모두 국정원의 정치적 개입을 차단하고 의회 통제를 강화하는 데 초점이 맞춰졌던 것입니다. 10년 전의 한나라당 안과 3년 전의 민주당 안은 모두 의회를 통한, 국회를 통한 국정원 통제를 강조하고 있습니다.

국정원 정치개입이 많은 폐해를 초래함에도 조직 속성상 자발적 개혁은 기대하기 어렵다는 인식도 같습니다. 우선 매년 1조 원이 넘는 국정원 예산에 대한 민주적 통제를 1차 목표로 했습니다. 예산안에 첨부서류 제출을 의무화하고 예산의 목적 외 사용금지 및 분기별로 회계보고를 의무화하는 등 법에 상세히 규정했습니다. 국회 국정감사 및 현안보고의 실효성 확보를 위해서 증언 및 자료제출 제한 사유를 엄격히 하고 국정원 직원들의 위증·증언거부죄를 신설하는 내용도 담겨 있었습니다. 또한 국정원장 임명 시 전문 경력을 중시해서 낙하산 인사를 방지하고 헌법·법률 위반 시에는 국회에서 탄핵소추권까지 발동할 수 있도록 했습니다.

당시 한나라당 안은 국정원의 모든 수사권은 폐지해야 한다는 민주당 안과 달리 대공수사권을 존치시키는 대신 검찰 통제를 강화하고 직무 범위를 세분화했다는 점에서 차이가 있습니다. 한나라당 안은 국정원 직원들의 사법경찰권을 통제하기 위해서 검찰에 수사착수를 보고토록 하는 등 수사지휘권을 강화했습니다. 아울러 1개 조항, 5개 유형이었던 국정원 직원들의 직무 범위를 7개 조항, 17개 유형으로 세분화하는 방식으로 활동 유형을 명확히 법제화해서 국정원 직원들의 정치개입을 미연에 방지토록 했습니다.

한나라당 안은 특정 정당 및 정치인에 대한 감시·동향파악 금지를 추가했습니다. 이는 국회와 정부기관을 상대로 감시자 역할을 하던 연락관 제도를 폐지하겠다고 밝힌 민주당 안과 궤를 같이하는 것입니다.

지난 2013년 9월 25일 새누리당 최경환 원내대표는 민주당의 개혁안에 대해서 국정원 개혁이 아닌 해체를 통해서 종북세력과 간첩들의 활동에 날개를 달아 주자는 것이라고 비판했습니다. 최 원내대표는 시·도당위원장 회의에서 대한민국의 정통성을 지키고 자유민주주의 수호 의무가 있는 제1야당이 북한 활동을 이롭게 하는 안을 개혁안이라고 들고 나왔으니 통탄을 금할 수 없다고도 했습니다. 기존 한나라당 안과 큰 틀에서 방향이 똑같은 쌍둥이 안을 놓고 정반대 평가를 내린 것입니다.

정권 때마다 국정원 개혁이 좌초하는 것은 국정원이 국회의 통제를 받지 않고 대통령 마음대로 할 수 있어서 권력자 입장에서 그 유혹을 떨치기 어렵기 때문입니다. 여당은 국민 시각에서 과도하게 권한이 집중된 국정원을 민주주의 원리에 따라 견제할 수 있도록 새로운 제도를 설계해야 합니다.

국회 정보위원회의 전임 상임위화에 대해서 제안을 드리겠습니다.

최근에도 국정원은 대선 개입, 간첩 조작사건 등 막강한 권한을 남용하여 민주주의의 근간을 흔든 바 있습니다. 이에 국민의당은 한 치의 양보 없는 여야의 극한 대치를 종식시키고 국회 정상화와 국정원의 권한남용 방지를 위해서 정의화 국회의장님과 새누리당·더불어민주당 원내대표께 국회 정보위원회의 전임 상임위화를 제안한 바 있습니다. 저는 오늘 필리버스터를 통해서 국회 정보위원회의 전임 상임위화를 다시 한 번 제안하고자 합니다.

지난 2013년 12월 3일 여야는 국가정보원 등 국가기관의 정치적 중립성 강화를 위해서 국회 정보위원회의 전임 상임위화, 정보위원의 비밀유지의무, 기밀누설행위 때의 처벌 강화, 비밀열람권 보장, 국회의 국정원 예산 통제권 강화를 위한 법제화를 하기로 합의한 바 있습니다. 3년 전에 여야 당 대표, 원내대표가 합의한 만큼 여야가 수용 가능한 제안이라고 생각했지만 결국 지금까지 받아들여지지 않았습니다.

견제받지 못하는 권력은 부패하고 남용된다는 것이 역사의 준엄한 교훈입니다. 테러방지법으로 인해서 국정원이 국민의 기본권을 침해할 수 있는 부분이 분명히 있는 만큼, 더욱 권한이 강화된 국정원을 견제하고 감시할 수 있도록 국회가 그 권한을 가져야 됩니다. 국회 정보위원회 전임 상임위화는 국회가 국정원을 더욱 효과적으로 견제하여 국민의 기본권은 기본권대로 지키고 테러에 대한 대비도 확립할 수 있을 것입니다.

국회 정보위원회의 설립 배경과 그 한계점에 대해서 말씀을 드리겠습니다.

국회 정보위원회는 제14대 국회에서 국회법 개정을 통해서 상임위원회로 신설이 되었습니다. 정보위원회 소관 사항은 국가정보원, 당시에는 국가안전기획부였습니다. 국가정보원의 소관에 관한 사항과 국가정보원법 제3조제1항제5호에 규정된 정보 및 보안 업무의 기획·조정, 대상 부처 소관의 정보 예산안과 결산심사에 관한 사항입니다.

상임위원회로 신설되기 이전에는, 그러니까 1988년부터 1994년까지는 국가정보 업무의 소관위원회는 국방위원회 소관이었습니다. 그 이전 1960년도부터 1988년까지는 내무위원회 소관으로 국회법에 규정되어 있었습니다.

국회 정보위원회는 상임위원회로 구성되어 있지만 실상은 여러 가지 측면에서 일반 상임위원회와는 좀 다릅니다.

우선 위원 구성과 관련된 측면을 살펴보겠습니다.

첫째, 일반 상임위원회 위원정수는 국회규칙으로 정하도록 돼 있지만 정보위원회의 위원정수는 국회법에서 12인으로 규정하고 있습니다. 국회법 제38조입니다. 위원의 임기는 2008년 8월 국회법 개정 이전까지는 의원 임기와 같은 4년이었지만 이후로는 다른 상임위원회 임기하고 같은 2년으로 바뀌었습니다.

둘째, 위원 선임과 관련하여 일반 상임위원회 위원은 의장이 각 교섭단체대표의원의 요청에 따라서 선임하거나 개선합니다. 그러나 정보위원회 위원은 국회의장이 각 교섭단체대표의원으로부터 소속 위원 중에서 후보를 추천받아 부의장 및 각 교섭단체대표의원과 협의하여 선임하거나 개선하도록 하고 있습니다. 따라서 위원 선임절차가 일반 상임위원회보다 더 엄격하다고 할 수 있습니다.

셋째, 각 교섭단체대표의원은 정보위원회의 당연직 위원이 됩니다. 정보위원회의 회의는 공개하지 않는 것이 원칙입니다. 일반 상임위원회 회의는 공개가 원칙이고 위원회 의결을 통해서 비공개로 운영될 수 있는 반면에, 정보위원회는 비공개가 원칙이며 공청회와 인사청문회의 경우에는 위원회 의결을 통해서 공개할 수 있다는 점에서 차이가 있습니다. 또한 정보위원회는 폐회 중에 정례회의를 최소한 월 1회 개최하도록 함으로써 월 2회 개최해야 하는 일반 상임위원회보다 완화하였습니다.

또한 정보위원회는 그 소관 사항을 분담하거나 심사하기 위한 상설소위원회를 두지 않도록 국회법 제57조제2항에 규정되어 있다는 점도 특징적입니다.

정보위원회 위원 및 소속 공무원은 직무상 알게 된 국가기밀에 속하는 사항을 공개하거나 타인에게 누설해서는 안 되며 정보위원회의 활동을 보좌하는 소속 공무원에 대해서는 국가정보원장에게 신원조사를 의뢰하도록 되어 있습니다.

이처럼 국회 정보위는 국회 상임위원회 중에서도 가장 은밀한 곳입니다. 국가정보원 등 정보기관을 감독하며

기밀을 다룬다는 이유로 회의의 대부분은 비공개로 진행되고 소속 위원의 보좌관조차도 접근이 제한됩니다. 국회 정보위는 국내 기관 중에서 유일하게 국정원을 통제하지만 기능은 대단히 제한적입니다. 국정원에서 여러 불법적인 문제가 불거졌을 때마다 진상조사에 애를 먹었던 것 역시 정보위원회가 가진 권한의 한계 때문이라는 지적이 많았습니다.

정보위의 탄생은 민주화와 궤를 같이하고 있습니다. 1990년 집권여당인 민주정의당과 제2야당인 통일민주당, 제3야당인 신민주공화당과의 3당 합당 논의 때 김영삼 당시 통일민주당 최고위원이 정보위 설치를 주장했습니다. 이후에 안기부 수사권의 범위와 보안 업무에 대한 조정, 감독권 등을 두고 진통을 거듭했고 결국 13대 국회에서는 정보위 설치가 무산되었습니다. 그러다가 문민정부가 탄생하면서 1993년 정보기관에 대한 내부통제를 추진하기 시작했습니다. 안기부 주도로 열렸던 관계기관 대책회의가 먼저 폐지되었고, 안기부법에 직원의 정치 관여행위를 금지했으며, 1994년 6월 25일 국회법을 개정해서 정보위가 드디어 탄생했습니다.

정보기관의 가장 큰 목적은 국가안보지만 정권의 수월한 통치를 위한 기능도 많았다는 점에서 정보위 설치는 민주화의 산물과도 같았다는 평가를 받아 왔습니다. 가까스로 정보위가 만들어지기는 했어도 여전히 제대로 된 통제는 이루어지지 못했습니다. 그 결과 윤흥준 기자회견 조작사건, 미림팀 불법도청, 최근에 있었던 국정원 대선개입, 서울시청 공무원 간첩 조작사건까지 논란은 지금도 끊이지 않고 있습니다.

다른 상임위에서 정보기관들을 관리 감독하는 만큼은 아니더라도 국정원에 대한 감시기능을 강화해야 한다는 목소리가 아직도 여전히 많습니다. 국정원장은 위원들의 자료요청을 보안상의 이유로 여전히 거부하는 경우가 비일비재합니다. 예산도 전체 규모를 알 수가 없습니다. 그나마 세부적으로 들여다볼 수도 없어서 투명한 감시가 안 되고 있습니다. 국정원 자체가 대통령 직속기관이다 보니 여당은 국정원에서 문제가 터져 나와도 막는 데 급급했고 야당이 공세를 펴는 모양새가 이어지고 있습니다. 입법부의 기능보다는 여야가 편 가르기로 싸움만 하고 있는 겁니다.

정보위의 권한을 강화하지 못하는 건 이런 구조적인 문제에 기인하는 것이라고 생각합니다. 정보위 회의 자체가 비공개로 진행되고 그중 언론에 공개할 내용을 여야가 조율하다 보니 국정원의 실태가 제대로 알려지지 않기도 합니다. 국정원은 이런 제도를 적극 활용하고 있습니다. 국정원이 각종 의혹에 휩싸이게 되면 유리한 정보만 공개하는 식입니다. 하지만 민감하다는 이유로 국가안보와 관계없는 사항까지 비공개로 한다면 국정원은 정권을 위한 비밀조직이 될 수밖에 없습니다.

미국의 정보위원회를 한번 살펴보겠습니다.

설립 배경과 그 시사점을 알아보도록 하겠습니다.

속성적으로 비밀조직인 정보기관에 대한 감독에 있어서

민주성과 개방성을 확보하여 정보의 본질을 직시하고 가장 모범적인 모습으로 평가받는 미국의 예를 들어 보겠습니다.

미국이 의회의 정보기관 통제제도를 본격적으로 도입하게 된 것은 국내외에서 펼쳐진 정보기관의 불법활동이 직접적인 계기가 된 것과 마찬가지입니다. 1960년대까지는 CIA의 정보 실패 및 비윤리적인 해외활동 등이 문제를 야기했으나 냉전시기에 국가안보가 중요하다는 인식 때문에 의회에 대한 적극적인 정보기관 통제가 이루어지지 않았습니다. 그러나 1972년 워터게이트 사건을 계기로 CIA의 국내외에서의 불법활동이 문제가 되기 시작한데다가 1974년 12월 뉴욕타임스가 CIA의 국내외에서의 불법적인 국내활동, 특히 반전인사 및 단체들에 대한 광범위한 사찰을 했다는 사실을 폭로한 것을 계기로 해서 1975년 이후 정보기관의 통제 문제는 미국에서 중요한 정치적 쟁점으로 부각되었습니다.

이에 따라서 1975년 상·하원이 각각 특별조사위원회를 구성하여 정보기관의 활동에 대한 광범위한 조사를 행했으며 그 결과 정보기관에 대한 의회의 통제가 미흡했다는 것이 밝혀졌습니다. 이에 1976년 5월 및 1977년 7월 상원과 하원이 각각 정보기관 감독을 위한 상설위원회를 설치함으로써 의회에 대한 정보기관 통제제도가 본격적으로 도입되었습니다.

이후에 의회의 정보기관 통제제도는 정보기관의 불법 및 월권행위 감시라는 초기의 정보위원회 설치목적 외에도 점차 행정부에 대한 의회의 견제, 정보기관의 효율성과 책임성 문제 및 국민의 알권리 보장이라는 측면도 중시되는 방향으로 운영되고 있습니다.

1976년, 미국에서 의회의 정보기관 통제제도가 도입되기 이전까지는 각국 의회의 정보기관 통제는 대부분 군사위원회에서 정보기관 예산을 형식적으로 심의하는 데 그쳤습니다. 이는 정보기관의 활동이 은밀성과 비합법성을 특징으로 하고 있는 데다 냉전체제하에서 정보기관의 자율적·적극적 활동이 필요하다는 관행이었다고 볼 수 있습니다.

의회의 정보기관 통제제도 도입 배경을 보면 미국과 우리나라의 경우는 정보기관의 국내정치 개입 및 월권행위가 직접적인 배경이 되었습니다. 냉전 종식 이후에는 각국이 정보기관의 불법 활동뿐만 아니라 정보활동의 효율성 문제와 국민의 알권리 보장이라는 측면도 점차 중시하는 추세를 보여주고 있습니다.

미국의 경우는 정보기관 관련 업무의 탈정치화가 이루어진 데다 의회의 정보기관 통제가 실질적으로 이루어지고 있고 의회와 정보기관 간의 갈등도 높지 않은 편입니다. 그러나 우리나라의 경우는 정보위원회가 당파적 이익에 따라서 정략적으로 운영되는 경우가 많고 정보기관이 정보위원회에 제공하는 정보자료도 매우 제한적이어서 국회의 정보기관 통제가 효율적으로 이루어지지 못하고 있을 뿐만 아니라 정보위원회와 정보기관 간의 갈등도 상대적으로 높게 나타나고 있습니다.

이러한 점들은 다음과 같은 시사점이 있습니다.

첫째, 국회의 정보기관 통제를 보다 활성화할 필요가 있다는 점입니다.

우리나라의 경우 정보기관이 아직도 국내정치 개입 의혹에서 벗어나지 못하고 있는 데다가 미국과는 달리 행정부 내부에서의 정보기관 통제도 미흡한 편입니다. 더욱이 정보기관의 업무는 은밀성을 특징으로 하고 있고 보안 유지의 필요성도 높기 때문에 시민단체나 언론 등에 의한 대중통제도 이루어지기 어렵습니다.

따라서 국회의 정보기관 통제를 보다 강화하는 것이 보다 높은 수준의 행정책임을 확보하고 정보기관이 국민들로부터 신뢰를 받도록 하는 데 기여할 것이라고 생각합니다.

둘째, 국회의 정보기관 통제가 효율적으로 이루어지기 위해서는 무엇보다도 먼저 정보위원회 운영의 탈정치화가 필요하다는 점입니다.

현재 국회 정보위원회 운영이 국내정치의 영향을 강하게 받고 있는 것은 국가정보원의 국내정치 개입 의혹에서 비롯된 것이므로 정보위원회 운영의 탈정치화 및 초당적 운영을 위해서는 국가정보원의 국내정치 개입 의혹을 해소하는 일이 선결되어야 할 것입니다. 그리고 아울러 정치권으로서도 정보기관의 업무 관련 사항을 국내정치에 이용하려는 태도에서 벗어나야 합니다.

셋째, 국회의 정보기관 통제제도가 실효성 있게 운영되기 위해서는 국회와 정보기관 간의 신뢰관계가 조성될 수 있도록 하기 위해서 상호 꾸준히 노력할 필요가 있다는 점입니다.

이를 위해서는 먼저 정보기관은 국내정치 개입 의혹에서 벗어나야 하며 아울러 국회 통제에 필요한 정보나 자료의 제공 등을 활성화할 필요가 있습니다. 또한 국회의 측면에서는 정보기관으로 하여금 국회가 정보기관의 고유 업무와 관련된 사항을 정략적으로 이용하지 않을 것이라고 확신할 수 있도록 초당적 견지에서 정보위원회를 운영하는 한편 정보기관의 전문적인 업무에 대해서 불필요한 간섭을 하거나 정보기관 관련 정보를 누설하지 않도록 유의해야 합니다.'

작년 2015년 12월 7일 날 '테러방지법과 사이버테러 방지법 무엇이 문제인가'에 대한 토론이, 긴급 세미나가 있었습니다. 거기에서 나온 내용 중에 한 가지를 지적하고자 합니다.

'테러방지법안, 법안 자체보다도 국가정보원의 권력 남용 방지 법안을 만드는 것이 우선이다라는 것입니다.

지금 이번 테러방지법안은 테러 개념의 모호성이 문제입니다. 국가대테러대책회의, 대테러센터 등을 가동하는 테러의 범주를 확정하지 않았을 뿐만 아니라 그것을 결정하는 과정과 절차에 대한 규정 또한 존재하지 않습니다. 테러의 강도와 밀도가 어느 정도에 이를 때 대테러기구가 권한을 발동하는지, 그 권한 발동의 절차는 무엇인지 그리고 그에 대한 국민적 감시·감독의 가능성은 어떻게 확보할 수 있는지에 대한 규정이 전연 없습니다.

이런저런 테러 관련 조각들을 뭉뚱그려서 모은 행위에 대해서 테러의 이름표를 붙이고 법만 만들어 주면 알아서 잘 할 테니 권력을 모아 달라는 말밖에 되지 않습니다. 그때그때 자의적 판단에 따라서 대테러대책이라는 명분하에 국가권력을 한곳에 집중시키는 위험만을 담고 있습니다. 그러니 테러방지법안은 헌법적 관념을 끌어들이지 않아도 국민을 허수아비로 만들고 있는 꼴입니다.

테러방지법안에서 예정하고 있는 대테러기구의 전체적인 구조는, 첫째 실질적·포괄적인 대테러 대책기관이 되는 대테러센터를 국가정보원장 소속하에 설치하며, 둘째 대테러센터가 주요 행정 각부의 장 및 국무조정실장으로 구성되는 국가대테러대책회의를 실질적으로 관할, 행정각부의 권한·업무·기능을 조정·통합하는 방식을 취하고 있습니다.

이 테러방지법안을 보게 되면 테러방지법안은 국가정보원에 구성되는 대테러센터를 중심으로 해서 위로는 행정각부의 장에 대한 조정·통합 기능과 아래로는 대테러대책기구에 대한 조정·통합의 기능이라는 이중적인 수준에서 대테러센터가 관여할 수 있는 여지를 확보하고 있습니다. 테러방지법안에는 테러방지를 빌미로 하여 국가정보원이 국가권력의 중심부에 똬리를 틀고자 하는 목적만이 존재한다는 비판이 있는 이유입니다.

이러한 의혹을 불식시키고자 한다면 테러에 대응하기 위해서 설립하겠다고 하는 국가대테러대책회의, 대테러센터, 대테러대책본부 등의 기구에 대해서 다음과 같은 질문에 답할 수 있어야 합니다.

첫째, 과연 기존의 국가기구, 즉 행정자치부 경찰청 법무부 검찰 국가정보원 등은 테러방지법안이 예정하고 있는 테러에 대해서 대응할 능력이 없었던 것인가? 대테러 대응 역량에 대한 조직 진단을 해 보았는가? 가끔씩 언론을 통해 공개했던 대테러 훈련은 무용지물인가?

둘째, 현재의 대테러 대응기구들이 대테러 대응 능력이 없다면 그 막강한 권력을 가진 기구들의 무능력은 도대체 어디에 기인하는가? 당해 기구의 권한과 조직을 변화시킴으로써 감당할 수 없을 정도로 무능한 것인가?

셋째, 테러에 대응하기 위해서 국가정보원을 중심으로 전연 새로운 대테러조직을 짜야 한다면 미국처럼 별도의 행정각부로서 국토안보부를 설치하여 국무총리의 통할 아래 모든 정보기관을 통합 또는 재배치하는 근본적인 정부조직 변화를 꾀해야 하는 것이 아닌가?

마지막으로 국민들이 국가정보원을 신뢰하고 있지 않음을 고려하여 국가정보원을 해외정보기관, 사이버정보기관, 대북정보기관으로 분리하고 대테러 정보 업무를 공유하도록 하는 방안을 꾀할 수는 없는 것인가?

사람들은 유신독재 회귀를 말하고 있는데 대통령에 대해서만 책임을 지며 다른 어떤 기관에 의한 통제도 불가능한 국가정보원장에게 국가대테러대책회의와 대테러센터를 실질적으로 혹은 법적으로 관할하게 하는 것이 과연 바람직한가?

국가정보원장이 대테러 기능을 매개로 하여 여타의 국가 행정각부를 사실상 통합하는 권력분립의 예외적 현상을 야기할 수 있다는 의문에 대해서 어떻게 답할 것인가? 그럼에도 불구하고 아무런 응답도 없이 테러방지법만 만들면 된다는 식의 독재국가적 태도는 무엇 때문인가?

사실 이번에 마련된 테러방지법안은 과거 독재정권 못지않게 제왕적 대통령의 권력을 강화하는 내용을 담고 있습니다. 국가정보원은 대통령 직속기관이기 때문입니다.

더욱이 테러방지법안은 경우에 따라서 대책회의의 장이 대통령을 경유하여 군 병력을 동원할 수 있도록 하고 있습니다. 하지만 이러한 군 병력의 동원 체제는 현행 헌법 위반의 혐의가 있을 뿐만 아니라 조직법상으로도 이중적 낭비입니다.

헌법은 대통령은 전시·사변 또는 이에 준하는 국가비상사태에 있어서 병력으로써 군사상의 필요에 응하거나 공공의 안녕질서를 유지할 수 있기 때문입니다. 헌법 제77조입니다. 즉, 헌법은 계엄을 선포한 경우에 한해서만 군 병력을 동원할 수 있도록 허용하고 있습니다. 군복을 입지 않은 민간인에 의한 군사독재의 부활, 또는 평시의 군사독재가 아니냐는 의심을 벗기가 어렵습니다.

그렇기 때문에 국가안보보다도 인간안보로 접근해야 합니다. 각국에서 다투어 제정한 반테러법이 비밀정보기관을 비밀경찰로 바꾸는 데 일조하는 법이라는 평가도 있습니다. 국가정보원은 수사권을 가지고 있기 때문에 이미 비밀경찰 체제라는 주장도 있습니다. 그렇기 때문에 테러방지법 제정이 결국은 무수히 많은 인권침해 사건을 일으킨 국가정보원이 권력의 중심에 서고자 하는 프로젝트라는 의견이 지배적입니다.

많은 사람들의 인명피해를 초래할 수 있는 범죄행위를 막고자 한다면 기존의 범죄 대응체계를 점검하는 일부터 시작해야 합니다. 검찰과 경찰 등 관련기관들의 책임을 묻는 국정조사도 진행해야 합니다. 대통령은 테러 관련법 제정을 요청하기 이전에 정부의 수반으로서 현재의 대테러 체계가 부실한 까닭에 대해서 책임을 져야 합니다. 대응 능력의 부재의 원인을 제대로 진단해야 올바른 해법을 낼 수 있습니다.

기존 대응체계의 무능력이 명백하게 드러나는 경우에 한해서 테러방지법을 제정하는 일이 설득력을 가질 것입니다.

그러나 그렇다고 대테러 담당의 중심 역할을 국가정보원이 맡는 것은 헌법적으로 인정하기 어렵습니다. 무엇보다도 국가정보원의 수사 권한을 제거해야 합니다. 국가정보원을 순수 정보수집기관으로 바꾸고 해외정보 수집기관과 국내정보 수집기관을 분리하는 것을 전제로 해야 합니다. 그 이후에 테러를 방지하고 대응하는 체계를 다시 만드는 일을 할 수가 있습니다.

1994년에 유엔은 인간안보라는 새로운 개념을 통해서 세계화와 공공재의 민영화로 인해서 점증하는 사회적·개인적 삶에서의 불안정에 대해 대응하는 방법을 제시했습니다. 테러가 왜 발생하는지에 대해서 한 번이라도 진지하게 생각해 본 사람이라면 따라서 이제는 국가안보에서 인간안보로 정책의 초점을 옮겨야 한다는 주장에 공감을 할 것입니다.

오늘날 우리는 조그마한 사건으로도 큰 재앙에 직면할 수 있는 고도기술사회에서 살고 있습니다. 대도시들은 테러와 그에 준하는 사태가 발생하면 걷잡을 수 없는 혼란에 빠지게 될 것입니다.

테러방지법에 반대한다고 해서 세월호 참사와 같은 재난에 대해서 무관심한 것은 절대 아닙니다. 테러방지법과 같은 방식의 대처에 반대한다는 뜻이지 만약의 위험을 예방하고 대처하는 자세는 절대적으로 필요합니다.

전문가들은 그 어떠한 테러방지법을 동원해서라도 자살테러는 막을 수 없는 것으로 보고 있습니다. 9·11 테러는 현대와 같은 고도의 발전된 위험사회가 얼마나 위험한가 하는 것을 분명하게 보여 주었습니다. 어떤 사회도 위험과 폭력으로부터 100% 안전할 수는 없습니다. 절대적 안전을 내세우면서 그것을 달성하기 위한 국가의 권한 확대를 시도한다면 이는 국민을 우롱하는 일이자 국민의 인권에 대한 위협이 될 것입니다.

그러므로 다른 방식으로 접근해야 합니다. 한국사회의 실정을 고려한다면 광범위한 재난예방 및 재난구조 체계를 구축하는 것이 무엇보다도 필요합니다. 고도기술사회가 갖고 있는 그 자체의 위험에 대처하기 위해서 국가 예산을 어디에 쓸 것인가 하는 부분은 매우 중요한 정책적 판단입니다. 시간과 돈과 인력을 적절하고 필요한 부분에 균형 있게 투입할 수 있는 지혜를 모아야 합니다.

4·16 세월호참사 특별조사위원회가 세월호 참사의 진상과 원인을 규명하고 세월호 참사에 대처하지 못한 국가의 무능력을 진단·평가하며 국회와 함께 대형 재난에 대한 예방 및 대응체계를 마련할 입법 활동을 하는 과정에서 우리는 테러에 대한 해법도 어느 정도는 찾을 수 있을 것이라고 믿습니다.'

어차피 법은 필리버스터가 끝나면 투표를 해서 결정하게 되어 있습니다. 정보기관은 법을 통해서 국민의 기본권을 제한할 수 있는 권한을 부여받기 때문에 이를 남용하지 않도록 견제할 필요가 있습니다.

국정원이 2007년에 작성한 '과거와 대화 미래의 성찰'이라는 보고서에서는 김대중 납치사건과 KAL 858기 폭파 사건, 인혁당과 민청학련 사건, 동백림 사건 등 진실위가 파헤친 7대 사건에 대한 조사 결과와 함께 정치·사법·언론·노동·학원·간첩 등 6개 분야에서 국정원의 전신인 중앙정보부와 국가안전기획부가 어떤 역할을 했는지 여실히 담겨 있습니다. 즉 국정원이 과거 자신들의 잘못을 스스로 털어놓고 있는 일종의 자기고백서인 셈입니다.

정보기관 운영의 기본원칙인 비밀성으로 인하여 민주주의 체제에서 모든 공공기관이 져야 하는 공공책임성으로부터 정보기관이 상대적으로 자유롭다는 점에서 민주적 통제가 요구되고 있습니다. 특히 여당의 버티기와 밀어붙이기로 테러방지법이 원안대로 통과될 수밖에 없는 현실에서 국민의 기본권과 인권침해에 대한 우려가 더욱 높아지고 있습니다.

이러한 우려를 불식시킬 수 있는 특단의 대책이 있어야 합니다. 정보기관의 활동범위는 특정 국가 및 단체를 대상으로 하는 전통적인 방첩활동에서 정보통신망을 사용한 광범위한 정보수집과 같은 새로운 영역으로 확대되고 있기 때문입니다.

정보기관의 권한과 역할이 증대될수록 의회의 정보기관에 대한 감독과 통제의 중요성도 커질 수밖에 없습니다. 주요 국가 국회에서도 의회의 정보기관에 대한 통제를 점차 강화하는 추세입니다. 미국 의회의 경우 의사규칙에서 정보위원회가 관여할 수 있는 소관 정보기관 정보활동의 범위를 상세하게 정하고 있으며, 독일은 기본법에서 국회 내에 정보기관에 대한 통제기구를 둘 것을 명시하여 국회에 정보기관 통제에 대한 헌법적 근거를 부여하고 있습니다.

국민의 대표기관인 우리 국회가 정보기관에 대한 감독을 철저히 수행할 때 국민의 기본권 보장과 국가안보라는 가치는 함께 구현될 수 있을 것입니다.

박근혜정부와 여당에게 한말씀 드리지 않을 수 없습니다.

국민의 인권과 기본권 수호라는 국민과 야당의 지극히 상식적인 요구에도 불구하고 이번 테러방지법 정국에서 보여준 박근혜 대통령의 모습은 불통이고 새누리당은 먹통이었습니다. 대화와 협상이 배제된 대립과 대결로는 우리 정치는 한 발짝도 앞으로 나갈 수 없습니다.

국가안보와 국민의 기본권은 서로 상충되거나 무엇이 더 시급하고 무엇이 더 중요하다고 꼽을 수 없습니다. 국민의 기본권이 철저히 보호되고 국민의 인권이 확립된 사회에서 국가안보와 국민안전도 보장될 수 있다는 말씀을 드립니다.

국민의당은 오는 4월 총선에서 반드시 승리하여 20대 국회 개원과 함께 국회의 정보위원회의 전임 상임위화와 국민의 인권과 기본권을 수호할 수 있는 테러방지법 수정을 즉각 추진하도록 하겠습니다.

국민의 기본권과 인권을 지키기 위한 야당의 필리버스터로 인해서 외면받고 신뢰받지 못했던 정치권에 대한 국민들의 관심과 참여가 높아진 것은 필리버스터 정국의 가장 큰 성과라고 생각합니다.

손가락질받던 국회가 민의의 전당으로, 욕먹던 국회의원들이 국민과 소통하고 있습니다. 이번에 테러방지법이 결국에는 통과되더라도 야당이, 국민의당이 순간적으로는 지는 것 같지만 영원히 패배하는 것은 아닙니다. 국민과 함께 최후에는 승리할 것입니다.

국민을 이길 권력은 없습니다. 국민의 눈높이와 국민의 요구에 응답하는 정치를 펼치겠습니다. 국민 여러분의 성원과 관심에 보답할 수 있도록 더욱 노력하겠습니다.

경청해 주셔서 감사합니다.

● **부의장 이석현** 주승용 의원님 수고하셨습니다.

주승용 의원 | 1197

지금 밤 10시 깊었는데 방청석에서 아직도 집에 안 가시고 이렇게 열심히 들으시는 국민들께 정말 감사를 드립니다.

원래는 필리버스터는 지연 전술로 시작된 게 맞습니다. 그런데 이 테러방지법을 비켜서 오솔길로 갔더니 거기에서 우리가 국민을 만났습니다. 그리고 우리 국민이 정치권을 미워하는 줄만 알고 있었는데 한편으로는 미워하면서도 한편으로는 우리와의 소통을 간절히 목말라하고 있었습니다. 그래서 뜻밖에도 이 필리버스터를 통해서 소통이 이루어지고 또 공감이 이루어졌습니다.

이 공감이 골짜기에서 메아리가 치듯이 또 공명으로 울려 퍼지게 됐습니다. 그러면서 우리는 서로 느끼게 됐습니다. 이제 이러한 필리버스터를 통해서 국민들이 정치에 대해서 미움도 풀고 무관심의 빗장을 다 풀어서 정치에 대해서 더 관심을 갖는 그런 계기가 됐으면 참 좋겠습니다. 저희도 열심히 노력을 하겠습니다.

참으로 총선 이후를 예측하기 어렵습니다만 총선 이후에 우리가 여기에 있을지 아니면 집에서 텔레비전을 보고 있을지 모르겠습니다마는 그 이후에도 이러한 필리버스터 또는 이와 유사한 소통의 공간을 만들어서 국민과 국회가 만났으면 좋겠습니다. 마치 까치가 오작교를 만들어서 그 오작교에서 견우직녀가 만나듯이 총선 때 국민이 새롭게 만들어 주는 그런 소통의 공간에 필리버스터를 통해서 국회와 국민이 만나는 일이 이루어지기를 또 바랍니다.

다음에는 정의당 정진후 의원 나오셔서 토론해 주시기 바랍니다.

또 하나 미리 양해 구합니다. 지금 제가 사회를 교대할 시간이 돼서 곧 나가게 되겠습니다. 아마 새벽 2시에 또 제가 다시 와서 여러분을 모시겠습니다.

(2016년 3월 1일 오후 9시 57분)

36

정진후 의원

제19대 국회의원 (비례대표)
정의당

2016년 3월 1일 오후 9시 58분 시작
2016년 3월 2일 오전 5시 26분 종료
발언 시간 7시간 28분

"'테러'라고 하는 악마에게 '방지'라고 하는 아무도 부인할 수 없는 이름표를 달아 주고 누구도 그 앞에서는 이의를 제기할 수 없게 만드는 그런 명분을 붙여서 우리 앞에 들이밀고 있는 것, 그것이 테러방지법입니다."

(2016년 3월 1일 오후 9시 58분)

● **정진후 의원** 안녕하십니까? 정의당 정진후 의원입니다.

오늘이 3·1운동 97돌 되는 날인데, 지금 한 2시간 있으면 이제 98돌을 향해서 나아가게 됩니다. 1919년 3월 1일 우리의 독립선언문은 이렇게 시작합니다.

"오등(吾等)은 자(玆)에 아(我) 조선(朝鮮)의 독립국(獨立國)임과 조선인(朝鮮人)의 자주민(自主民)임을 선언(宣言)하노라. 차(此)로써 세계만방(世界萬邦)에 고(告)하야 인류 평등(人類平等)의 대의(大義)를 극명(克明)하며, 차(此)로써 자손만대(子孫萬代)에 고(誥)하야 민족자존(民族自存)의 정권(正權)을 영유(永有)케 하노라.

반만년(半萬年) 역사(歷史)의 권위(權威)를 장(仗)하야 차(此)를 선언(宣言)함이며, 이천만(二千萬) 민중(民衆)의 성충(誠忠)을 합(合)하야 차(此)를 포명(佈明)하며, 민족(民族)의 항구여일(恒久如一)한 자유발전(自由發展)을 위(爲)하야 차(此)를 주장(主張)함이며, 인류적(人類的) 양심(良心)의 발로(發露)에 기인(基因)한 세계개조(世界改造)의 대기운(大機運)에 순응병진(順應幷進)하기 위(爲)하야 차(此)를 제기(提起)함이니, 시(是)가 천(天)의 명명(明命)이며, 시대(時代)의 대세(大勢)이며, 전 인류(全人類) 공존동생권(共存同生權)의 정당(正當)한 발동(發動)이라, 천하하물(天下何物)이던지 차(此)를 저지억제(沮止抑制)치

못할지니라."

97년 전 하늘의 명령으로 시대의 대세로 독립을 선언했고 일본 제국주의 총칼에도 굴하지 않고 대한 독립 만세를 외쳤던 선열들의 그 정신을 기리고 생각하면서 무제한 토론을 시작하겠습니다.

먼저 23일부터 시작된 테러방지법 무제한 토론에 참여해 주신 모든 의원님들과 특히 의장단 여러분께 감사의 말씀을 드립니다.

170시간이 넘는 기간 동안 많은 분들이 밤을 새워 가면서 필리버스터를 진행하는 데 도움을 주셨습니다. 국회 속기사 여러분들, 국회 방호과 직원을 비롯한 사무처 직원 여러분들께도 진심으로 감사의 말씀을 드립니다. 특히 의장단의 피로는 최악의 상황인 것으로 알고 있습니다.

우리가 장거리 운전을 해서 지방을 다녀오다가도 '이제 목적지에 다다랐구나' 하는 그런 생각을 하는 순간부터 피로도 오히려 가중되고 힘들어져서 빈번한 사고가 발생한다는 사실을 생각하면 지금 이 시기에 관계자 여러분이 겪고 계실 마음의 고통이 얼마나 클지 짐작이 갑니다.

(이석현 부의장, 정갑윤 부의장과 사회교대)

그리고 오늘도 늦은 시간까지 방청석에 앉아 이 방청석을 지키시는 국민 여러분께도 감사의 말씀을 드립니다. 여러분이 있어서 우리 정치의 희망은 시들지 않고 이 차가운 겨울의 땅 밑에서도 희망의 뿌리가 살아 있듯이 그렇게 반드시 희망을 좇아 발전할 것으로 생각합니다. 그리고 전국에서 TV와 인터넷을 통해 시청해 주시고 계신 수많은 분들께도 감사드립니다.

그러나 죄송합니다. 제 발언이 끝나고 얼마 지나지 않으면 이 무제한발언은 마무리가 될 것입니다. 필리버스터는 종결될 것입니다. 필리버스터를 진행했던 더불어민주당이 사실상 중단을 결정했기 때문입니다.

그동안 우리 정의당은 더불어민주당과 함께 테러방지법 저지를 위한 필리버스터를 진행해 왔습니다. 하지만 이제는 새누리당의 단독 처리를 허용하는 더불어민주당의 방침에 대한 필리버스터의 의미까지를 더해서 하게 되었다는 점을 말씀드립니다. 이것이 지금까지의 필리버스터와 제가 진행하는 필리버스터의 다른 점이기도 합니다.

국회법 제106조의2제5항에 의하면 토론의 종결 선포 후 해당 안건을 지체 없이 표결하여야 한다고 되어 있습니다. 안타깝습니다. 3월 4일이 지나면 제20대 국회의원 선거 실시가 사실상 불가능하다고, 그 불가능하다는 것을 기정사실로 언론이 연일 써대고 있고 그 책임이 필리버스터 때문이라고 억지로 떠넘기고 있는 이런 상황에서 더 이상 필리버스터를 이어간다는 것은 견디기 버거운 커다란 짐이라는 것을 모르는 바 아닙니다.

그러나 저와 정의당은 이런 더불어민주당의 결정에 결코 동의할 수 없습니다. 이제 선거가 40여일 정도밖에 남지 않은 상황에서 선거법 개정안을 통과시켜서 20대 총선을 준비하는 것이 정당으로서의 당연한 의무이겠지만 그리고

임무이겠지만 지금은 국민의 인권과 민주주의를 지키는 것이 더 우선이라고 생각하기 때문입니다.

국민이 있어서, 국민을 위해서 그리고 더 좋은 미래를 만들기 위해서 우리는 선거라는 것을 합니다. 그러나 우리가 치르려고 하는 이 선거가 오히려 국민을 불안하게 하고 국민을 불행하게 하고 우리 사회 전체를 불안과 공포의 울타리에 가두기 위한 그런 과정이라고 한다면, 그런 시도라고 한다면 그런 시도 앞에서 무기력한 모습으로 등을 보이면서 돌아설 수는 없습니다.

밤을 새워 가면서 의원들의 이야기를 경청하고 국회에 찾아와 응원해 준 국민들의 목소리를 이대로는 외면할 수 없습니다. 국회의장에 의해 직권상정된 테러방지법은 일점일획도 고칠 수 없다는 새누리당의 오만을 이대로 방치할 수는 없습니다.

필리버스터가 시작되자마자 많은 국민께서 스스로 국회 앞에 달려와 시민 필리버스터를 진행했습니다. 페이스북 트위터 등 각종 SNS에 댓글을 달아서 국회 안의 의원들과 소통하면서 댓글 필리버스터를 진행했고 여전히 진행하고 있습니다. 그것도 모자라서 많은 국민께서 본회의장을 찾아와 직접 관람하면서 필리버스터를 진행하는 의원들을 격려하고 응원해 주셨습니다.

필리버스터가 진행된 후 지난달 24일부터 우리 정의당 원내행정실 당직자들은 다른 업무를 볼 수 없었습니다. 필리버스터를 진행하는 의원들에게 힘을 실어 주겠다면서 어떻게 하면 연설을 방청할 수 있는지 문의하는 전화가 폭주했기 때문입니다. 지난 6일 동안 1500명에 가까운 국민들이 직접 찾아 주셨고 방청을 문의하는 전화가 끊이지 않았습니다.

그뿐만이 아닙니다. 국회 필리버스터를 생중계하는 채널을 지상파 예능프로그램을 본따서 '마이 국회 텔레비전'이라고 부르고 있기도 합니다. 25일 개설된 '필리버스터 투데이'에서는 필리버스터 기록부터 테러방지법 반대서명 사이트까지 관련 이슈를 총망라한 정보를 제공하면서 방문자 수가 33만 명을 넘었습니다. '필리버스터 릴레이'는 필리버스터에 나선 의원들에게 네티즌들의 의견을 남기는 사이트인데 3만 7000건 가까운 의견을 남겨 주셨습니다.

한 신문에 따르면 지난 2월 22일 국회방송의 1일 시청률은 0.014%였습니다. 그러나 필리버스터가 진행되는 27일의 1일 시청률은 0.283%로 무려 20배나 상승했습니다. 국회 웹사이트나 앱에서 제공되는 인터넷 의사중계시스템의 접속자 수도 1일 평균 6000건에서 24일은 13만 건까지 늘어났습니다.

필리버스터를 계속 생중계하고 있는 팩트TV의 23일에서 25일 누적 접속자 수도 180만 명을 넘어섰습니다. 앞서 말씀드렸듯이 23일부터 국회 앞에는 시민들의 자발적 필리버스터가 아직까지도 이어지고 있습니다. 많은 학생들과 가족들이 국회를 방문하고 생중계를 보면서 살아 있는 민주주의의 현장이 되었습니다.

교과서나 책에서 볼 수 없었던 생생한 민주주의의 경험을 많은 국민들께서 하고 계십니다. 특히 우리 젊은 학생들, 어린 학생들의 참여 열기도 매우 높습니다. 그런 우리 학생들 앞에서 저는 우리가 부끄러운 어른이 되어서는 안 된다고 생각합니다. 국민들에게 희망을 가져다주지는 못할망정 국민들에게 불안과 공포를 안겨 주는 그런 정치, 가만히 앉아 손가락 까딱 움직여서 반대 버튼이나 누르고 있을 수는 없지 않겠습니까? 그래서 좀 긴 시간 동안 테러방지법의 문제점에 대해서 말씀드리게 됨을 널리 양해해 주시기 바랍니다.

저는 테러방지법을 맨 처음 접하고 국가보안법을 떠올렸습니다. 그동안 국가보안법이라는 이름으로 얼마나 많은 국민들의 가슴에 피멍을 들게 했습니까? 얼마나 많은 조작으로 간첩을 만들어 냈고 당사자를 그리고 가족을 누명 씌워서 죽이고 감시하고 견디다 못해 이 땅을 떠나게 했습니까? 심지어는 연좌제라는 이름으로 대대손손 주눅 들고 사회의 그늘로, 나락으로 그렇게 몰아넣었습니까? 국가보안법이라는 이름으로요. 국가를 내세워서 말이지요.

제가 존경하는 한 선배가 계십니다. 우리 나이로 올해 83살의 흰 머리칼과 가녀린 몸피를 지닌 선배입니다. 그분은 초등학교 교사였습니다. 초등학교 학생들의 그 해맑은 웃음이, 그 표정이 그 선배의 얼굴에 그대로 옮겨온 것처럼 여든셋의 선배분은 아직도 그런 맑은 눈빛과 얼굴을 하고 계십니다. 그 83살의 선배분께서 필리버스터가 진행되는 국회방송을 계속해서 보고 계십니다. 그분과 관련된 말씀을 먼저 드리고자 합니다.

혹시 아이의 이름이, '아람'이라는 아이의 이름을 들어 보셨습니까? 5공화국 시절의 이야기입니다. 현역 육군 대위의 딸 이름이 '아람'이었습니다. 그 딸 이름이 반국가단체, 이적단체로 몰려서 커다란 아픔을 겪었던 사건의 이야기입니다. 그리고 제가 말씀드렸던 여든셋의 그 선배님은 당시 이 사건에 연루되어 실형을 선고받고 옥살이를 해야 했던 분입니다.

먼저 이 사건에 대한 1983년 6월 23일 자 조선일보 2단 기사를 소개해 드리겠습니다.

'아람회 사건 피고인 4명 최고 10년형 확정

대법원 형사부는 22일 세칭 아람회 사건 재상고 선고 공판에서 국가보안법, 계엄법, 집회 및 시위에 관한 법률 위반죄 등으로 기소된 관련 피고인 4명에 대해 최고 징역 10년에서 징역 1년 6개월까지를 각각 확정했다.

박해전(당시 28세, 숭전대 철학과 4학년) 피고인 등은 81년 김 모 씨의 딸 아람 양 백일잔치에 모여 민중봉기를 통한 정권 타도를 목적으로 북괴를 찬양하고 미군 철수 등을 주장해 온 혐의로 구속 기소돼 1심에서 모두 실형을 선고받았다.

그러나 2심인 서울고등법원에서 아람회가 정부를 전복하겠다는 목적을 갖고 있는 반국가단체라고 볼 수 없다는 이유로 국가보안법상의 반국가단체 구성 부분에 대해선 무죄를 인정, 형량을 징역 6년에서 집행유예까지로 각각 낮추어 선고했었다.

이에 대해 대법원은 작년 10월 국가보안법상의 반국가단체의 구성은 명칭, 회칙, 대표자 선임 등 형식적 요건을 갖추지 않았더라도 두 사람 이상이 공동 목적을 갖고 계속 모임을 가졌다면 단체가 구성된 것으로 보아야 한다며 원심을 깨고 사건을 서울고등법원으로 되돌려 보냈다.

따라서 피고인별 확정 형량은 박해전 징역 10년·자격정지 10년, 황보윤식(34살, 대전공업기술학교 교사) 징역 7년·자격정지 7년, 정해숙(49세, 서울봉천국민학교 교사) 징역 5년·자격정지 5년, 김창근(28세, 무직) 징역 1년 6월·자격정지 1년 6월'

이 사건에 대해서 2007년 7월 5일 진실·화해를위한과거사정리위원회는 다음과 같은 보도자료와 함께 결정문을 발표했습니다.

다음은 진실·화해를위한과거사정리위원회 보도자료 전문입니다.

'진실·화해를위한과거사정리위원회는 3일 제48차 전원위원회 회의에서 제5공화국 시절 인권침해 사건인 아람회 사건에 대해 진실규명 결정을 내렸다.

아람회 사건은 동창생 등으로 서로 잘 아는 사이에 있던 교사와 학생, 직장인, 군인, 주부 등이 1980년 5월에서 1981년 7월 사이에 금산, 대전 등지에서 모임을 갖거나 대화를 한 내용을 문제 삼아 이들을 반국가단체 구성 및 찬양고무 등으로 처벌한 사건이라며 진실규명을 신청한 사건으로 사건명 '아람'은 피해자 중 한 명인 김난수의 딸 이름이다.

이 사건은 1981년 7월경 대전경찰서가 대전고등학교 학생의 제보를 받고 같은 학교 교련 교사가 전화 신고를 한 것을 계기로 박해전 등 6명을 반국가단체 찬양고무, 이적단체 구성, 허위사실 날조·유포, 이적표현물 소지 및 배포, 계엄법 위반, 집회 및 시위에 관한 법률 위반 등 혐의로, 신용 등 3명을 불고지 혐의로 각각 강제 연행하여 조사하고, 김이준 등 2명은 반국가단체 찬양고무 혐의로 구속영장을 발부받아 조사한 다음 대전지방검찰청에 송치한 사건이다.

대전지검은 1981년 9월 7일 이들의 혐의 중 이적단체 구성 혐의를 반국가단체 구성 혐의로 변경해서 경찰의 의견대로 기소했으며, 1982년 2월 11일 대전지방법원의 1심 재판을 시작으로 1983년 6월 14일 대법원의 재상고심 재판에 이르기까지의 재판 결과, 박해전 등 11명은 반국가단체 구성 등의 범죄 사실로 각각 벌금 50만 원의 선고유예 내지 징역 10년, 자격정지 10년의 형이 선고, 확정되었다.

또한 현역 육군 대위였던 김난수는 1981년 8월 대전경찰서에서 국군 제507보안부대로 이첩되어 조사를 받은 후 군검찰에 송치되어 반국가단체 찬양고무, 이적단체 구성 등의 혐의로 기소되었고, 1982년 1월 16일 제3관구 보통군법회의는 징역 4년, 자격정지 4년을 선고하였다. 김난수와 검찰은 이 판결에 대해 고등군법회의와 대법원에

차례로 항소, 상고했으나 모두 기각되었다.

이후 사건의 피해자인 박해전, 황보윤식, 정해숙, 김난수는 1983년 12월 23일 형집행정지로 출소했다.

진실·화해위원회는 당시 수사 및 재판기록 등을 입수·검토하고, 피해자·참고인 및 수사관에 대한 진술 청취를 통해 수사 과정과 불법감금 및 고문·가혹행위 여부, 범죄 사실 허위조작 여부 등에 대한 조사를 해 왔다.

진실·화해위원회는 조사 결과 이 사건은 제5공화국 시절 현실비판적인 문제의식을 갖고 있던 학생, 청년, 교사들을 강제연행하고 장기구금을 하였으며 고문 등의 방법으로 자백을 받아 처벌한 사건이라고 밝혔다.

진실·화해위원회는 당시 대전경찰서가 전화신고를 받은 것을 계기로 피해자들이 주거지, 식당 등에서 전두환 당시 대통령에 대해 비난하거나 미국에 대해 비판적인 발언을 한 것을 빌미로 수사에 착수해서 이들을 불법 연행한 후 구속영장이 발부될 때까지 약 10일에서 35일 동안 가족 및 변호인의 접근을 차단한 채 충남도경 대공분실과 여관 등에 불법 감금한 상태에서 고문 등 가혹행위를 가하여 자백을 받았고 이 자백을 근거로 하여 반국가단체의 구성, 찬양고무발언 등으로 처벌하였음을 확인했다고 밝혔다.

진실·화해위원회는 이와 같은 불법 구금은 형법 제124조의 불법체포감금죄에, 가혹행위는 형법 제125조의 폭행가혹행위죄에 해당하고 형사소송법 제420조제7호, 제422조 소정의 재심사유에 해당한다고 결정했다.

진실·화해위원회는 당시 사건을 송치받은 대전지검이 충남도경 대공분실에서 극심한 고문을 이기지 못하여 허위로 자백했다는 피해자들의 주장에 대해 객관적 사실관계를 철저하게 수사하지 않고 오히려 피해자들을 장기간 구금·고문한 수사관들이 입회·배석한 강압적 상황에서 경찰의 의견서대로 피의자 신문조서를 작성한 뒤 대전지법에 기소한 것은 국민의 인권을 보호할 권익의 대표기관으로서 책무를 저버린 처사라고 설명했다.

진실·화해위원회는 피해자들이 공판에서 장기간의 불법구금과 가혹행위로 인해 허위 자백한 것이며 결코 반국가단체를 구성하거나 북한을 찬양고무한 사실이 없다고 주장했음에도 불구하고 대전지법이 임의성 없는 자백에 의존, 증거재판주의에 위반하여 유죄판결을 한 위법이 있다고 결정했다.

아울러 서울고등법원은 반국가단체 구성에 대해서는 무죄를 선고하였으나 대법원이 다시 무죄를 선고한 서울고법의 판결을 파기하고 환송받은 서울고법이 피해자들에게 최고 징역 10년에 자격정지 10년 등의 중형을 선고하도록 한 것은 국민의 기본권 보장이라는 사법부의 책무를 져버린 처사라고 밝혔다.

진실·화해위원회는 국가에 대해 수사과정에서의 불법감금 및 가혹행위, 임의성 없는 자백에 의존한 기소 및 유죄판결 등에 대하여 피해자들과 그 유가족에게 총체적으로 사과하고 화해를 이루는 적절한 조치를 취하는 것이 필요하다고 권고했다.'

죄송합니다.

'진실·화해위원회는 위법한 확정판결에 대하여 피해자들과 그 유가족의 피해와 명예를 회복하기 위해 우리의 형사소송법 등이 정한 바에 따라 국가는 재심 등 상응한 조치를 취하는 것이 필요하다고 덧붙였다.'

뒤늦은 2007년이 되어서야 이러한 결정문을 접한 그 선배 교사의 심리는 어떠했을까요? 테러방지법이 또 다른 이런 불행을 부르는 법은 아닌지, 또 다른 이런 불행을 부를 수 있는 여건은 안 되는지 충실하고 섬세하게 검토해야 하는 것이 우리 국회에 부여된 임무라고 생각합니다. 그런데 국회의장에 의해서 직권상정된 이 테러방지법은 그동안 수많은 논의과정에서의 걱정과 우려와 염려들을 일시에 불가역적인 것으로 만들어 버렸습니다.

이 사건에 대해서 저는 좀 더 국민 여러분에게 소상히 알려야 될 그런 책임의식을 느끼면서 살아 왔습니다. 또 다른 사건에 대해서도, 유사한 사건에 대해서도 국민 여러분에게 알려 드리겠습니다. 그래서 저는 이 아람회 사건의 진실·화해위원회 보도자료에 이어서 본안의 결정요지를 여러분에게 소상히 알려드리겠습니다. 이 결정요지를 들으시면서 다시 한 번 테러방지법의 문제점에 대해서 생각해 주실 것을 요청드립니다.

'아람회 사건 결정요지

1. 사건의 개요

이 사건은 동창생으로 서로 잘 아는 사이에 있던 교사 또는 학생, 직장인, 군인, 주부 등이 1980년 5월에서 1981년 7월 사이에 금산, 대전 등지에서 모임을 갖거나 대화한 것을 이유로 반국가단체 구성 및 찬양고무 등으로 처벌한 사건이다.

1981년 7월경 대전경찰서는 박해전, 정해숙, 황보윤식, 김창근, 이재권, 김현칠 등 6명을 반국가단체 찬양고무, 이적단체 구성, 허위사실 날조유포, 이적표현물소지 및 배포, 계엄법 위반, 집회 및 시위에 관한 법률 위반 등 혐의로 신용, 박경옥, 최재열 등 3명은 불고지 혐의로 각각 강제연행하여 조사하였고 김이준·박진아 등 2명은 반국가단체 찬양고무 혐의로 구속영장을 발부받아 조사한 다음 대전지방검찰청에 송치하였다.

1981년 9월 7일 대전지검은 이들의 혐의 중 이적단체 구성 혐의를 반국가단체 구성 혐의로 변경해서 경찰의 의견대로 기소하였다. 1982년 2월 11일 대전지방법원의 제1심 재판을 시작으로 1983년 6월 14일 대법원의 재상고심 재판에 이르기까지의 재판 결과 박해전 등 11명에게 반국가단체 구성 등의 범죄사실로 각각 벌금 50만 원의 선고유예 내지 징역 10년, 자격정지 10년의 형이 선고 확정되었다.

한편 현역 육군대위였던 김난수는 1981년 8월 대전경찰서에서 국군 제507보안부대로 이첩되어 조사를 받은 후 군검찰에 송치되어 반국가단체 찬양고무, 이적단체 구성 등의 혐의로 기소되었다. 1982년 1월 16일 제3관구 보통군법회의는 징역 4년 자격정지 4년을 선고하였고, 김난수와 검찰은 위 판결에 대해 고등군법회의와 대법원에 차례로 항소, 상고하였으나 모두 기각되었다.

1983년 12월 23일 박해전·황보윤식·정해숙·김난수는 형집행정지로 출소하였다. 이 사건의 피해자 12명 가운데 박해전·정해숙·김창근·김난수는 2006년 1월 10일에, 황보윤식·김현칠 등 6명 및 피해자 이재권, 사망한 이재권의 처 박천희는 2006년 11월 30일에 각각 진실·화해를위한과거사정리위원회에 이 사건에 대한 진실규명을 신청하였다.

의혹 사항

1. 불법감금 여부

피해자들이 대전경찰서 및 충남경찰국 대공분실 수사관 및 국군 제507보안부대 수사관들에 의해 불법연행되어 구속영장이 발부되기 전까지 20여 일에서 30여 일 동안 불법감금 상태에서 조사를 받았는지의 여부

2. 고문, 가혹행위 등의 여부

수사관들이 장기간 불법감금 상태에서 혐의 내용을 부인하는 피해자들에게 잠 안재우기, 구타, 통닭구이, 물고문 등의 가혹행위를 자행하였는지의 여부

3. 범죄사실 허위조작 여부

피해자 박해전 등 7명이 '아람회'라는 이적단체 또는 반국가단체를 구성하였는지에 대한 여부, 피해자 박해전 등 8명이 북한 또는 국외공산계열을 찬양고무하였는지에 대한 여부, 피해자 신용 등 3명이 위와 같은 활동을 알고도 수사기관에 신고하지 않았는지에 대한 여부

진실·화해를위한과거사정리기본법 제2조제1항제4호는 진실규명 대상으로 1945년 8월 15일부터 권위주의 통치 시기까지 헌정질서 파괴행위 등 위법 또는 현저히 부당한 공권력의 행사로 인하여 발생한 사망·상해·실종 사건, 그 밖의 중대한 인권침해 사건과 조작의혹 사건에 대하여 조사를 하도록 규정하고 있는바, 이는 공권력에 의하여 저질러진 반민주적 또는 반인권적인 생명권의 침해, 불법체포·감금, 고문·가혹행위 및 허위조작 등을 말하며 제2조제2항은 확정판결 사건의 경우 기본법상 민사소송법 및 형사소송법이 정한 재심사유가 있어야 조사할 수 있다고 규정하고 있다.

이 사건은 피해자들이 수사관들에 의해 장기간 불법감금된 채 가혹행위를 당하였고 사건의 실체가 조작되었다는 것이므로 기본법이 정한 진실규명 범위에 해당하고 이와 함께 수사관들의 불법감금 및 가혹행위는 형사소송법 제420조제7호, 제422조가 정하고 있는 재심사유에 해당한다.

따라서 이 사건은 진실규명의 범위에 속하므로 진실화해위원회는 공권력에 의해 저질러진 불법감금 및 가혹행위와 허위 조작된 사건의 진실을 규명하고, 기본법 제4장에 따라 국가가 취할 수 있는 적절한 조치 등을 권고할 필요성을 인정하여 2006년 11월 28일 조사를 개시할 것을 의결하였고, 2007년 2월 20일 추후신청 건을 병합, 조사 개시 의결하여 조사를 진행하였다.'

그 외에 진실규명 조사 방법과 경과가 나옵니다만 자료조사에 관련된 내용과 진술청취에 대한 내용들은 생략하기로 하겠습니다. 그리고 조사 결과에 대해서만 보고의 말씀을 드립니다.

'조사 결과

1. 수사 및 재판과정

가. 수사착수의 경위

1981년 7월 12일 대전고등학교 3학년 학생이 중학교 친구인 대전공업고등기술학교 3학년 학생의 소개로 대전공업고등기술학교 역사교사 황보윤식의 집을 방문하였을 때 황보윤식·박해전·김창근 등이 광주민주화운동 당시 다수의 시민들이 사망한 사실을 들어 전두환 전 대통령을 비난하고 미국에 대해 비판적인 발언을 하는 것을 듣고 이를 수상하게 여겨 대전고등학교 교련교사에게 알렸고 그 교사가 대전경찰서에 신고하였다.

나. 대전경찰서의 수사

대전경찰서 수사관들은 1981년 7월 중순경 황보윤식 등을 차례로 연행하여 충남도경 대공분실과 대전경찰서 인근 혜선여관에서 충남도경 대공분실 수사관들의 지원을 받아 조사를 진행한 후 1981년 8월 18일 대전지검에 정보사범 발생 및 검거 보고를 하였고, 8월 20일 대전지법으로부터 황보윤식·정해숙·박해전·김창근·이재권·김현칠·김이준·박진아 등 8명의 구속영장을 발부받아 대전경찰서 유치장에 각각 수감하고 9월 7일 대전지검에 기소의견으로 송치하였다.

다. 대전지방검찰청의 수사

대전지검은 사건 송치 당일에 대전경찰서의 의견서를 토대로 박해전·정해숙·황보윤식·김창근·이재권·김현칠 등의 피의자신문조서를 작성하고 추가로 정해숙에 대해 9월 9일, 김현칠에 대해 9월 23일, 김창근·이재권에 대해 9월 24일, 황보윤식에 대해 9월 29일에 각각 피의자신문조서를 작성한 다음 10월 6일 대전지법에 기소하였다.

라. 재판과정

1. 대전지방법원

위 기소에 대하여 대전지법은 1981년 10월 26일 제1차 공판을 시작으로 11월 2일 제2차, 11월 9일 제3차, 11월 16일 제4차, 11월 30일 제5차, 12월 7일 제6차, 12월 14일 제7차, 12월 21일 제8차, 12월 28일 제9차, 1982년 1월 7일 제10차, 1월 18일 제11차 공판을 거쳐 2월 11일 판결을 선고하였다.

2. 서울고등법원

위 판결에 대하여 실형을 선고받은 박해전 등 6명과 검사가 각각 서울고법에 항소하였다. 서울고법은 4차례의 공판을 거쳐 1982년 6월 19일 1심 판결 내용 가운데 박해전 등의 반국가단체 구성에 대해서는 '정부참칭 또는 국가변란의 개념은 적어도 정부를 전복하기 위해 집단을 구성하여야 할 것이고, 그리고 정부전복의 목적은 확실하고 객관적인 증거에 의한 엄격한 증명을 필요하다고 할 것인바, 피고인들의 검찰에서의 진술에 의하더라도 그것이 공소장 기재와 같은 목적으로 정부를 전복하기 위한 것이었다고 판단할 자료로 하기 어렵다'는 이유를 들어 무죄를 선고하였고 다른 혐의에 대해서만 유죄를 선고하였다.

그 결과 대전고법은 박해전에게 징역 6년·자격정지 6년, 황보윤식에게 징역 4년·자격정지 4년, 정해숙에게 징역 3년·자격정지 3년, 김창근에게 징역 1년 6월·자격정지 1년 6월,

이재권·김현칠에게 징역 1년 6월·자격정지 1년 6월에 집행유예 3년형을 선고하였다.

대법원

위 판결에 대하여 박해전 등 6명과 검사가 각각 대법원에 상고하였다. 대법원은 1982년 9월 28일 박해전 등이 민중봉기를 유도하여 군사파쇼정권을 타도할 준비를 하면서 북괴 주장과 같은 노선에 따라 행동할 단체를 만들기로 합의하였다는 이유로 원심을 파기하고 서울고법에 환송하였다.

4. 환송심

서울고법은 1983년 2월 16일 반국가단체 구성을 유죄로 인정하여 박해전에게 징역 10년·자격정지 10년, 황보윤식에게 징역 7년·자격정지 7년, 정해숙에게 징역 5년·자격정지 5년, 김창근에게 징역 1년 6월·자격정지 1년 6월, 이재권·김현칠에게 징역 1년·자격정지 1년 6월에 집행유예 3년형을 선고하였다.

재상고심

위 판결에 대해 실형을 선고받은 박해전·황보윤식·정해숙·김창근 4명은 다시 대법원에 상고하였으나 1984년 6월 14일 대법원이 상고를 모두 기각함으로써 형이 확정되었다.

마. 김난수에 대한 수사 및 재판과정

당시 현역 군인 신분이었던 김난수의 경우 군법회의에 회부되어 수사 및 재판과정이 별도로 진행되었다.

1. 국군 제507보안부대의 수사과정

국군 제507보안부대는 1981년 8월 2일 김난수를 검거, 신병을 확보하여 8월 10일 제1회 자술서 작성을 시작으로 8월 24일 제1회 피의자신문조서 작성, 8월 26일 육군 제3관구 보통군법회의의 구속영장 발부, 8월 28일 제2회 피의자신문조서 작성을 거쳐 8월 31일 찬양고무 등의 혐의로 군법회의 검찰부에 송치하였다.

2. 육군 제3관구 보통군법회의 검찰부의 수사과정

1981년 9월 9일 제1회 피의자신문조서, 9월 25일 제2회 피의자신문조서를 작성한 후 9월 30일 육군 제3관구 보통군법회의에 기소하였고 11월 17부터 24까지 이재권·김현칠·정해숙·박해전을 대상으로 각각 참고인 진술조서를 작성했다.

3. 재판과정

군법회의는 1981년 12월 1일 제1차 공판, 12월 10일 제2차 공판을 거쳐 1982년 1월 16일 판결심에서 징역 4년 자격정지 4년형을 선고하였다. 이에 김난수는 차례로 항소 및 상고하였다. 고등군법회의는 1982년 6월 11일 항소를, 대법원은 1982년 10월 12일 상고를 각각 기각하였다.

바. 재심청구

위 판결에 대하여 2000년 6월 박해전·황보윤식·정해숙·이재권—이재권 씨는 당시 사망해서 부인인 박천희 씨에 의해서 대리신청 됐습니다—그리고 김현칠·김창근·김난수 등 7명은 5·18 민주화운동 등에 관한 특별법에 의거 재심개시 청구를 하였다. 2006년 7월 박해전·황보윤식·정해숙·이재권·김현칠의 경우 계엄법

위반이 포함되어 동법에 의거 재심개시 결정되었으나 김난수·김창근은 동법이 적용되지 않아 기각되었다. 한편 김난수는 위 재심개시 청구와는 별도로 2004년 4월 대전지법에 재심개시 청구를 하여 계류 중에 있다.

2. 수사과정의 위법성

가. 불법감금 여부

불법감금에 대해서는 1심 법정에서부터 진실화해위원회 조사에 이르기까지 피해자들 및 참고인들의 일관된 진술, 상당기간 영장 없이 구금 상태에서 조사를 하였다는 수사관들의 진술, 제507보안부대 수사결과 보고서의 김난수에 대한 연행일자 기재사실, 수사기록상의 압수일자 및 조서작성일자 이전부터 조사했을 것이라는 수사관들의 진술 등에 비추어 황보윤식은 1981년 7월 16일경에, 이재권은 1981년 7월 17일에, 김창근은 1981년 7월 18일에, 박해전은 1981년 7월 19일에, 정해숙·김현칠은 7월 23일에 각각 연행되어 8월 20일 구속영장이 발부될 때까지 각각 34여 일, 33여 일, 32여 일, 31여 일, 27여 일, 27여 일 동안, 그리고 김난수는 8월 2일에 연행되어 8월 26일 구속영장이 발부될 때까지 24여 일 동안 불법감금 상태에서 조사받았음을 인정할 수 있다.

위 불법구금은 형법 제124조 불법체포감금죄에 해당하고 형사소송법 제420조제7호, 제422조 소정의 재심사유에 해당한다.

나. 고문, 가혹행위 등의 여부

피해자들은 충남경찰국 대공분실에서 구타, 물고문 등 온갖 고문을 당하면서 허위 자백하였다고 대전지법 공판기일부터 진실화해위원회 조사에 이르기까지 일관되게 주장하고 있고 참고인들까지도 연행되어 가혹행위를 당했다고 진술하고 있는바, 그 고문 상황이 비교적 유사하고 상세하여 일부 수사관들도 가혹행위를 한 일이 있다고 인정하였고 또 일부 수사관들은 가혹행위로 인해 피해자들이 자백한 것으로 보인다거나 피해자들의 비명소리를 들었다고 진술하고 있음에 비추어, 피해자들이 충남경찰국 대공분실에 장기간 불법감금되어 조사받는 과정에서 수사관들로부터 가혹행위를 당하여 자백을 하였고, 대전지검에서도 수사관들이 협박하거나 입회하여 강압적 상황에서 조사를 하여 자백한 것으로 인정된다.

위 가혹행위는 형법 제125조 폭행·가혹행위죄에 해당되고 형사소송법 제420조제7호, 제422조 소정의 재심사유에 해당한다.

3. 범죄사실의 허위조작 여부

가. 증거관계

이 사건의 범죄사실은 '아람회'라는 반국가단체를 구성하였다는 점, 반국가단체를 찬양고무 하였다는 점, 불고지하였다는 점 등이다. 아래 각각 범죄사실에 대한 증거로는 경찰 및 검찰에서의 자백, 법정에서의 일부 자백이 있고 일부 범죄사실에 대해서는 참고인들이 수사기관과 법정에서 한 진술이 있다. 그러나 위에서 본 바와 같이 피고인들의 경찰 및 검찰에서의 자백은 임의성이 없다.

진실화해위원회 조사에서 경찰관들은 대체로 당시에 '이런 정도를 갖고 이적단체죄를 적용하나' 하고 아람회 사건 수사가 무리하고 확대되었다는 생각을 한 적이 있다라고 진술하였다.

이상과 같은 점을 고려하여 공판기록상의 피해자 및 참고인의 진술, 진실화해위원회의 진술 등을 종합하여 각각의 범죄사실에 대하여 검토한 조사 결과는 아래와 같다.

나. 범죄사실에 대한 조사 결과

1. 반국가단체 구성 여부

판결은 박해전·황보윤식·정해숙·김창근·이재권·김현칠· 김난수 등이 회합을 거듭하여 오던 중 상호 감화되어 황보윤식·정해숙 등의 지도 아래 박해전의 통솔로 결속한바, 1981년 5월 17일 김난수의 집에서 김난수의 딸 아람 양의 백일잔치 끝에 직장 사정으로 먼저 돌아가는 김창근, 김현칠로 하여금 단체결성에 관한 일체를 위임받고, 박해전, 황보윤식, 정해숙, 이재권, 김난수가 따로 회합하여 민중의식화 운동을 통한 민중봉기 유도로 현 정권과 미국 등 외세를 타도 축출함으로써 북한 괴뢰집단의 고려연방제 통일노선에 따라 민중이 역사의 주체가 되는 통일민족국가를 수립하는 데 기여할 것을 모임의 목적으로 하고, 모임의 통솔체제는 지금까지 해온 대로 황보윤식, 정해숙의 지도를 받아 박해전이 통솔키로 묵시적으로 합의하고, 회원은 우선 위 김창근, 김현칠을 포함한 7명으로 하되 하계방학을 이용, 그간의 각자 활동 내용과 앞으로의 활동 방향을 발표하는 한편 조직의 결속강화를 위한 수련회를 개최하고 모임의 경비조달을 위해 1인당 쌀 1말 값을 매월 회비로 징수하여 동 김난수가 그 경비를 담당키로 합의 결정하는 한편, 모임의 명칭을 '아람회'로 결정하여 위 목적과 통솔 등에 따라 활동 지도함으로써 국가를 변란할 것을 목적으로 하는 결사를 구성하여 그 지도적 임무에 종사하였다는 점에 대하여 대전지법 판결은 박해전, 황보윤식, 정해숙, 김창근, 이재권, 김현칠 등 6명에게 국가보안법 제3조 반국가단체구성죄를 적용하였으나, 군법회의 판결은 김난수에게 동법 제7조 이적단체구성죄를 적용하였다.

조사 결과 김난수의 딸 아람의 백일잔치에서 평소 친목모임을 하자고 하던 박해전이 당시 김창근 등 몇몇이 있는 자리에서 친목계를 하자고 말하였으나 주변이 어수선하여 듣지 못한 사람도 있었고 친목계의 명칭에 대해서는 '아람'이라는 이름이 좋다면서 '아람회' 등이 거론되었으며, 김난수의 대학원 수료와 황보윤식의 대만 유학으로 자주 보지 못할 것이므로 여름방학에 쌀 1말 값을 거둬 무주 구천동이나 소백산맥 등으로 캠핑을 가자고 하면서 회비를 김난수에게 주라고 말한 점은 인정되지만 조직 구성 등 나머지 사실은 인정되지 않는다.

위에서 본 인정 사실만으로는 조직의 실체나 강령이나 규약도 없으며 모임의 성격도 단순한 친목에 있을 뿐 국가보안법상 반국가단체 또는 이적단체를 구성하였다고 볼 수 없다. 그럼에도 불구하고 피해자들이 반국가단체 또는 이적단체를 구성하였다고 인정한 대전지법 또는 군법회의의 판결은 증거재판주의에 위배하여 사실을 인정한 위법이 있다.

2. 찬양고무

판결은 22개 행위에 대하여 찬양고무죄를 적용하고 있는바 1980년 12월까지 행위에 대하여는 구(舊)반공법을 적용하고 그 이후 행위에 대해서는 국가보안법 제7조 규정을 적용하고 있다.

위에서 본 바와 같이 발언들 가운데는 일부 행했던 것도 있으나 그 대부분은 경찰에서 가혹행위로 인해 허위 조작된 것이거나 확대 왜곡된 것이다.

조사 결과를 종합하면 위 인정된 사실을 보면 그 발언들이 국가의 존립·안전을 위태롭게 하거나 자유민주적 기본질서에 위해를 주는 내용이라고 볼 수 없다. 따라서 찬양고무죄를 적용한 판결은 증거 없이 사실을 인정하여 증거재판주의에 위배되는데다가 위헌의 요소가 있는 찬양고무 조항을 자의적으로 확대 적용한 위법이 있다.

3. 목적수행, 회합통신 또는 편의제공, 불고지

판결은 13개 행위에 대하여 불고지죄를, 10개 행위에 대하여 회합통신죄를, 7개 행위에 대하여 목적수행죄를, 1개 행위에 대하여 편의제공죄를 적용하였다. 먼저 그 전제사실인 피해자들이 반국가단체를 구성하였거나 찬양고무 자체가 인정되지 않는 것이기 때문에 이를 기초로 한 목적수행, 회합통신 또는 편의제공죄, 불고지죄는 성립되지 않는다. 이 사건의 범죄사실은 찬양고무 발언을 듣고 수사기관에 신고하지 않았다는 것이나 불명확하고 추상적인 내용 사항에 대해 수사기관에 신고할 것을 요구하는 것 자체가 기대 가능성이 없는 일이다.

4. 불법 집회

판결은 2개 행위에 대하여 집회 및 시위에 관한 법률 위반죄를 적용하였다. 위에서 살펴보았듯이 수통리 야유회는 도심지도 아닌 수통리 강변에서 고등학교 교사인 황보윤식이 대만 유학을 가기 전에 송별모임을 할 겸, 평소 학업에 지친 제자들의 머리를 식힐 겸 마련된 친목모임이며 사회 불안을 야기할 요인이 있는 집회라 볼 수 없다.

5. 계엄법 위반

판결은 5개 행위에 대하여 계엄법 위반죄를 적용하였다. 이 계엄법 위반 부분은 5·18민주화운동 등에 관한 특별법에 의해 재심을 청구할 수 있도록 되어 있는바 여기서는 판단하지 아니한다.

결론

1. 진실규명

이 사건은 제5공화국 시절 현실비판적인 문제의식을 갖고 있던 학생, 청년, 교사들에 대하여 강제연행·장기구금·고문 등에 의해 자백을 받아 처벌한 사건으로, 대전경찰서는 대전고등학교 학생의 제보를 받고 같은 학교 교련교사가 전화신고를 한 것을 계기로 피해자들이 주거지·식당 등에서 전두환 당시 대통령에 대해 비난하거나 미국에 대해 비판적인 발언을 한 것을 빌미로 수사에 착수해서 이들을 불법 연행한 후, 구속영장이 발부될 때까지 약 10일~35일 동안 가족 내지 변호인의 접견을 차단한 채 충남도경 대공분실과 여관 등에 불법 감금한 상태에서 고문 등 가혹행위를 가하여 자백을

받았고, 그 자백을 근거로 하여 반국가단체 구성, 찬양고무 등으로 처벌하였음이 확인되었다.

위 불법구금은 형법 제124조의 불법체포감금죄에, 위 가혹행위는 형법 제125조의 폭행가혹행위죄에 각 해당하고, 형사소송법 제420조제7호, 제422조 소정의 재심사유에 해당한다.

이 사건을 송치받은 대전지검은 충남도경 대공분실에서 장기간 구금되어 조사를 받았다는 피해자들의 주장에 대하여 사실관계를 철저히 수사하지 않고 일부 수사관들이 입회한 상태에서 피의자 신문조서를 작성한 뒤 대전지법에 기소하였다.

대전지법은 피해자들이 공판에서 장기간의 불법 구금과 가혹행위로 인해 허위 자백한 것이며 결코 반국가단체를 구성하거나 북한을 찬양고무한 사실이 없다고 주장하였음에도 자백에 의존하여 증거재판주의에 위반하여 유죄판결을 한 위법이 있다. 서울고법은 반국가단체 구성에 대해서는 무죄를 선고하였으나 대법원이 무죄를 선고한 서울고법의 판결을 파기하고 환송받은 서울고법이 피해자들에게 최고 징역 10년, 자격정지 10년 등의 중형을 선고하도록 한 것은 국민의 기본권 보장이라는 사법부의 책무를 저버린 처사이다.

권고

위 사건에 대해 진실이 규명되었으므로 기본법 제4장에 따라 국가가 행할 조치에 대하여 다음과 같이 권고한다.

국가는 수사과정에서의 불법 감금 및 가혹행위, 임의성 없는 자백에 의존한 기소 및 유죄판결 등에 대하여 피해자들과 그 유가족에게 총체적으로 사과하고 화해를 이루는 적절한 조치를 취하는 것이 필요하다.

국가는 위법한 확정판결에 대하여 피해자들과 그 유가족의 피해와 명예를 회복시키기 위해 형사소송법 등이 정한 바에 따라 재심 등 상응한 조치를 취하는 것이 필요하다.'

제가 이 결정문을 장시간 동안 여러분에게 낭독해 드렸습니다. 제가, 현역 육군 대위의 딸 아람 양의 돌잔치에 참가하여 당시 광주에서의 학살과 관련해 전두환 군사정권을 비판하고 미국에 대해 비판적 이야기를 했다는 이유로 그해 잔치 당사자의 이름이었던 '아람'의 이름을 따서 '아람회 사건'으로 조작하여 최고 10년까지의 실형을 선고했던 당시의 내용을 여러분에게 소상하게 알려드렸습니다.

40대 후반의 당시 초등학교 중년 교사였던 그분은 올해 여든세 살의 노인이 되었습니다. 이미 재심결정 과정 이전에 돌아가신 분도 계십니다. 그분들이 겪었을 단순한 고문 등의 가혹행위가 문제가 아니라 국가라는 이름을 빌려서 국가의 안전, 국민의 생명을 보호한다는 미명하에 조작되고 날조되어서 개인에게 가해졌던 이 불행에 대해서 뒤늦게 진실·화해를위한과거사정리위원회, 국가기관은 이렇게 결정했지만 그러나 그분들의 가슴에, 그분 가족들의 가슴에 쌓여 있을 분노와 한과 국가에 대한 원망과 이런 것들은 과연 씻어졌을까요?

지금도 그분은 유사한 사건들에 대해 판결이 날 때마다 후배들을 보면서 그저 씁쓸한 웃음을 지을 뿐 다른 말씀을

하시지 않습니다. 그리고 테러방지법에 대한 국회에서의 필리버스터가 진행되고 있는 동안 그분은 방 안에 혼자 멍하니 앉아 화면 속에 이 필리버스터를 바라보고 계십니다. 우리 국민 중의 한 사람이었고 지금도 국민 중의 한 사람인 그분은 테러방지법에 대한 이 필리버스터를 진행하는 모습을 지켜보시면서 대체 무슨 생각을 하실까요?

국가 없이 국민이 없다? 맞습니다.

우리는 남북 분단이라는 특수한 상황에 놓여 있다? 맞습니다.

그러나 이러한 명제 앞에서 조금이라도 그와 관련된 부당성을 주장하는 사람은 종북이고 빨갱이로 낙인찍혀서 여론에 내팽개쳐졌던 것이 수백 년 전, 수천 년 전의 우리 역사가 아니라 아직 살아있는 과거입니다.

우리 헌법 제1조는 '대한민국은 민주공화국이고 대한민국의 주권은 국민에게 있고 모든 권력은 국민으로부터 나온다'고 그렇게 못 박고 있음에도 반대는 고사하고 그 문제점을 지적하는 사람은 대한민국 사회에 제대로 발붙이고 살 수 없을 만큼 심하게 매도당해야 했고 또 매도되고 있습니다.

그런데 이제는 국민 보호와 공공 안전을 위해서 테러방지법이 필요하다고 합니다. 국민 보호와 공공 안전을 위해서 수많은 간첩을 조작해내고 국민을 감시하고 고문했던, 그래서 말만 들어도 저 같은 보통 사람의 가슴은 찌그러들게 하는 그런 공포의 대상인 국가정보원에게 더 많은 권한을 주어서 지금보다 더 이상한 괴물로 만들어야 한다고 합니다. 테러방지법을 만들어서요.

여러분!

존경하고 사랑하는 국민 여러분!

'악마는 프라다를 입는다'는 그런 영화 제목 기억하십니까? 영화 제목 그대로 악마는 아무도 부인할 수 있는 이름, 선망의 대상이 되는 그런 이름, 유혹적인 이름, 그럴듯한 이름표를 달고 다가옵니다. 그래서 그것이 악마임을 우리는 쉽게 알아차리지 못합니다.

'테러'라고 하는 악마에게 '방지'라고 하는 아무도 부인할 수 있는 이름표를 달아 주고 누구도 그 앞에서는 이의를 제기할 수 없게 만드는 그런 명분을 붙여서 우리 앞에 들이밀고 있는 것, 그것이 테러방지법입니다.

악마란 무엇입니까? 사전에 의하면 사람에게 재앙을 내리거나 나쁜 길로 유혹하는 것이 악마입니다. 그리고 악마는 어둠 속에서는 무엇이든지 다할 수 있는 힘을 가진 그런 존재를 말합니다. 따라서 테러는 누구도 칭송하지 않는 그런 악마일 것입니다.

그런데 문제는 단순한 테러방지가 아니라 국가정보원의 권한 강화를 통해서 모든 테러를 대비하고 방지하겠다 하는 것입니다. 이것은 말씀드렸듯이 테러라는 악마에게 방지라는 그럴듯한 이름표를 달아서 백주 대낮에 풀어놓겠다 이것 아니겠습니까? 그러나 갖가지 어려움 속에서도, 여러 어려움 속에서도 그나마 평온을 갈구하고 평화를 희망하는 대한민국에 이런 악마를 풀어놓는다?

생각해 보십시오.

다시 말씀드리지만 악마는 늘 그럴듯한 이름을 붙이고 나타납니다. 속지 말아야 하고, 속을 수도 없으며, 속아서도 안 될 것입니다. 이것이 국정원의 권한 강화를 전제로 한 테러방지법에 대한 국민 여러분께 드리는 저의 호소입니다.

힘 있는 자들에게는 더없이 관대하고 힘없는 국민들에게는 더없이 혹독한 그런 권력기관의 모습을 상기하신다면 저의 이런 지적이 의미하는 바가 무엇인지 존경하고 사랑하는 국민 여러분들께서는 잘 아실 것이라 생각합니다.

국정원 강화를 전제로 한 테러방지법은 온 국민 감시법입니다. 어떻게 온 국민이, 불특정 다수의 국민들이 무더기로 감시당하고 사찰당할 수 있겠습니까? 어떻게 그것이 민주주의라고 말할 수 있겠습니까?

인류가 수천 년의 역사를 통해서 지켜 온 민주주의의 모습은 그것이 아닙니다. 우리 국민들의 피와 땀과 눈물로, 때로는 목숨을 바쳐 이룩해 온 우리의 민주주의의 모습도 아닙니다. 우리가 염원하는 민주주의의 모습을 담았던 헌법에 녹아든 국민의 사생활 보호를 이제 완전히 해제하겠다는 것, 공공연하게 들여다보겠다는 것, 이것이 테러방지법입니다.

그런 점에서 저는 먼저 테러방지 없이 국정원의 권한만 강화시켜 주는 테러방지법을 추진한 정부와 새누리당을 강력하게 규탄하지 않을 수 없습니다.

도대체 테러방지법을 이대로 제정해서는 안 된다는 국민들의 목소리를 들으십니까, 듣지 않으십니까? 귀가 있어도 듣지 않고 눈이 있어도 보지 않고 가슴이 있어도 느끼지 않는다면 그것은 이미 인간이 아닙니다. 인간의 모습을 한 악마를 닮아 가고 싶으십니까? 여러분의 가슴 속에 있는 인간에게 물어 주십시오.

야당의 합법적인 의회활동을 무시하면서 정치 공세를 할 시간이 있다면 그 시간에 국민들의 의견이 무엇인지, 수용할 여지는 없는지 진지하게 고민해야 되지 않겠습니까?

필리버스터를 앞장서 이끌어 온 더불어민주당의 진심을 국민들이 의심할 지경에 이르고 있습니다. 더불어민주당의 입장과 여건을 모르는 바 아니지만 저는 이렇게 끝낼 수는 없습니다. 야당은 찬성보다는 반대가 많은 어떤 면에서 보면 반대당이기도 합니다. 권력을 잘 견제해 주고 권력의 폭주를 막아 내는 것이 야당의 역할이자 책무이기 때문입니다.

야당, 곧 반대당에게 중요한 것은 반대한다는 사실 그 자체가 아니라 저는 반대의 결과라고 생각합니다. 반대의 결과가 시민과 민주주의에 실질적인 도움이 될 수 있을 때 야당은 비로소 국민의 입장을 대변하는 민의의 대변자인 것이며 야당의 반대는 국민의 지지를 받을 수 있을 것입니다.

우리가 김대중 전 대통령의 필리버스터를 기억하는 이유가 무엇입니까? 그분이 했던 긴 연설시간 때문은 아닙니다. 그 반대의 결과가 시민들과 공감을 불러일으켰고 시민들의 마음을 대변했고 시민들의 바람을 이루어 냈기 때문입니다.

장장 다섯 시간이 넘는 시간동안 이어진 국회의원 김대중의 필리버스터는 한일 수교를 반대했다는 이유로 박정희 정권에 의해 구속될 위기에 처해 있던 동료 의원을 구해 내는 실질적 성과를 만들어 냈습니다. 진짜로 반대한다는 것, 참으로 반대한다는 것, 그것은 이런 것이 아니겠습니까?

더불어민주당 원내 지도부는 선거의 역풍 때문에 일주일간 동료 의원들의 투혼과 눈물, 절규로 하나가 되었던 국민들의 지지와 바람이 한데 모아졌던 필리버스터의 종결을 선언하고야 말았습니다.

그런데 저는 이렇게 생각합니다. 선거의 역풍이 두려웠다면 필리버스터는 애시당초 하지 말았어야 되는 것 아니겠습니까? 법적으로 보장된 가장 강력한 의사진행 방해인 필리버스터는 당연히 많은 역풍을 부를 수 있는 위험한 반대수단이기도 합니다. 그걸 저희 같은 정의당도 아는데 더불어민주당이 몰랐을 까닭이 있습니까?

그러나 그럼에도 불구하고 야당이 필리버스터를 선택한 것은 테러방지법이 불러올 시민의 권리 침해가 말씀드렸듯이 민주주의의 중대한 후퇴를 낳을 수 있다는 공동의 바람, 공동의 결의를 실천한 것에 다름 아니었습니다.

그때그때 부유하는 여론 때문에 이렇게 중대한 야당의 책무를 후퇴시킨다면 야당은 국민을 위해 일하는 그런 정당이 아니라 그저 반대만 하는 척하는 당으로 기억될 수 있음을 알아야 합니다. 저는 이것이 선거의 역풍보다 더 큰 신뢰의 역풍을 부를 수도 있다는 것을 지금이라도 다시 한 번 새겨 주셨으면 합니다. 왜냐하면 우리 국민은 이제 반대하는 척하는 정치와 진정으로 반대하는 정치의 차이를 분명하게 알아차리실 것이기 때문입니다.

반대하는 척하는 정치는 아무런 결과도 만들어 내지 못하는 불모의 정치입니다. 목소리는 높되 앞으로 나아가지 못하는 그런 정치입니다. 반대하는 척하는 정치는 동료 의원들의 호소와 눈물, 억장이 미어지는 분노조차도 악선전의 먹잇감으로 던져질 수 있는 때로는 무책임한 정치일 수 있습니다.

더불어민주당 은수미 의원님의 눈물, 우리 정의당 박원석 의원의 투혼과 절규 그리고 지난 일주일 국회 본회의장을 채운 수많은 의원들의 혼신을 선거 역풍을 불러오는 현명치 못한 그런 행동으로 만드는 일만큼은 저는 우리가 해서는 안 된다고 생각합니다.

국민을 감시와 통제하에 내던지고 민주주의를 후퇴시키는 이 같은 악법을 토씨 하나 고치지 못하고 여기서 그대로 주저앉는 것은 그것이 야당의 선택이 되어서는 안 된다는 생각을 아무리 생각해도 떨쳐 버릴 수가 없어서 이 자리에서 몇 말씀 드리고 내려갈 수가 없었습니다.

선거에서 승리하는 것도 중요하지만 국민들의 인권과 민주주의를 지키는 일은 앞서 말씀드렸듯이 다른 무엇보다도 중요하고 또 중요한 일입니다. 테러방지법을 꼭 막아야 한다, 막아 달라는 국민들의 목소리가 저에게는 아직도 생생하게 제 귓전을 때리고 있기 때문입니다. 그래서

야당을 믿고 야당을 응원해 주신 국민들에게 이렇게라도 응답해 드리고 싶었습니다.

그런 점에서 저는 이제 테러방지법의 문제들에 대해서 하나씩 여러분들과 함께 살펴보겠습니다.

그동안 우리는 테러에 대처하는 세계의 사례와 논쟁 이것을 훌쩍 뛰어넘어 버렸습니다. 그리고 국회의장의 직권상정으로 단숨에 해치우려고 합니다.

옛말이 있습니다. '급하게 먹는 밥이 체한다'고 했습니다. 체하지 않기 위해, 우리 국민들이 지금보다는 행복하고 가치 있게 살 수 있도록 하기 위해서 우리는 테러방지법 논의를 했던 다른 나라의 사례들과 우리나라에서 제기되었던 수많은 문제들을 살펴봐야 합니다. 이렇게 세계의 다른 나라들의 내용을 들여다보면 우리 국민들과 함께 논의해야 할 내용들이 수없이 많습니다. 끔찍한 것들도 있습니다. 가령 민간 항공기가 테러리스트에 의해서 납치되었을 경우 그 민간 항공기 안에 타고 있는 무고한 민간인이 희생되어도 좋은가, 따라서 그 테러리스트에게 납치당하는 민간 항공기를 격추하라는 것은, 아니 격추할 수 있도록 하는 것을 테러방지라는 이름의 법률로 정할 수 있는 것인가……

테러로부터의 공격을 막기 위해서라면 민간에게 행해지는 가혹한 고문도 허용될 수 있는 것인가, 아니 허용해야 되는 것인가 아니면 허용해서는 안 되는 것인가 이런 논쟁들로부터 우리가 만들고자 하는, 아니 국회의장에 의해 직권상정된 테러방지법 논의에서 우리는 찬찬히 살펴보고 또 뜯어봐야 합니다.

그런데 이런 논쟁의 과정과 내용, 여러분들은 보셨습니까? 들으셨습니까? 테러와 관련이 있는 것으로 보이는 자에게 그 어떠한 절차적 권리도 인정하지 않고 무기한 구금도 정당화해서 문제가 된 세계의 여러 사례들이 있습니다. 수사나 재판과정에서의 정상적인 형사·수사 절차를 보장받지 못한 경우도 수두룩합니다. 왜 그런 문제점들은 살펴보지 않습니까? 더구나 이름이 국민을 보호하고 공공의 이익을 위한다는, 공공의 안정을 위한다는 테러방지법 아닙니까? 이름만 이렇게 거창하면 뭐합니까?

외국에는 이런 테러방지법안들에 의해서 소수민족이 탄압되고 허용되지 않은 영역에서의 군사력 확장의 수단으로 이용되었던 많은 사례들도 있습니다. 또한 우리가 지적하고 있는 것처럼, 우리의 테러방지법에서 야당 의원들이 하나 같이 지적하고 있는 것처럼 책임지지 않는 무한 권한으로 무장하면서도 전혀 감독받지 않는 거대한 기구를 탄생시킨 사례도 있습니다.

우리가, 세계 속의 대한민국을 자처하는 우리가 그것을 무비판적으로 따라가야 할 아무런 이유를 저는 발견하지 못합니다. 아니, 아무리 눈을 뜨고 찾아봐도 발견할 수가 없습니다.

존경하는 국민 여러분께서는 어떻게 보셨습니까?

대체 테러라는 것이 왜 발생합니까? 왜 테러라는 악마는 탄생하는 겁니까? 테러리스트들 생김새가 원래 우리가 그 옛날 국민학교 시절 승공 책에서 배웠던 것처럼 도깨비 뿔을

달았거나 혹은 얼굴이 새빨간, 원래가 그런 악마들이기 때문입니까? 그래서 그런 사람들에 의해서 저질러지는 것이 테러입니까?

과거로부터 현재까지 테러의 유형은 대충 다섯 가지 정도로 분류할 수 있다고 합니다. 고려대학교 김희정 선생님이 '테러방지법의 합법적 기준'이라는 논문에 게시한 이 다섯 가지 유형에 대해서 저는 먼저 간단하게 말씀을 드리겠습니다.

제일 먼저 프랑스혁명 무렵이던 1789년 바스티유감옥 사건은 각종 봉기와 시위의 출발점이 됐습니다. 프랑스의 정치학자인 로베스피에르는 이런 상태를 수습하고 질서를 확립하기 위해서 공포정치체제를 세웠습니다. 그는 민주주의를 달성하고 이에 반대하는 반혁명세력에게 위력을 보이고 새 정부의 힘을 공고하게 하기 위해서 테러, 즉 공포를 주는 전략을 사용했습니다. 그가 하고자 했던 사회의 수습, 그가 이루고자 했던 민주주의, 아무도, 오늘날의 우리들까지도 그 이름만으로는 그가 내세운 명분만은 뭐라고 할 수 없습니다. 그래서 공포정권이 끝나 갈 무렵 그는 단두대에서 4000명이 넘는 사람들의 목을 잘랐고, 그 결과 로베스피에르 자신조차 단두대에서 처형을 당한 이후 테러리즘, 즉 테러는 부정적인 의미를 담게 되었습니다. 그리고 이후에는 권한의 남용이나 권력의 남용까지를 의미하게 되었다는 것이 김희정 선생님의 지적입니다.

두 번째 테러에 대한 유형은 반국가세력에 의한 저항운동적 성격을 지니는 테러들입니다. 1800년대부터 테러리즘은 국가의 권력이 아닌 민간세력에 의해서 수행되기 시작합니다. 특히 1800년대 초반에는 테러리즘이 민족주의나 무정부주의와 같은 주장까지를 담았고 수단도 더욱 가혹해져서 폭발물을 사용하기까지 합니다.

이 시기의 대개의 테러조직은 공격의 목표물, 다시 말해서 희생물을 대단히 신중하게 선택했고 공격을 수행하는 과정에서 의외의 희생자가 생기는 것을 극도로 피해 온 특성도 지니고 있다는 것이 김희정 선생님의 지적입니다.

상징적인 목표물을 공격하는 도중에 무고한 피해가 생기는 경우에는 테러단체가 주장하는 정치적인 주장이 힘을 잃고 비난받을 가능성이 컸기 때문이 아니겠는가라고 하는 것 역시 김 선생님의 분석이었습니다.

세 번째 유형은 독재국가 전술로서의 국가테러리즘입니다. 1800년대에 기승을 부렸던 곳곳의 테러리즘은 1900년대에 들어서 급기야 세계 제1차 대전의 불씨를 던지고 말았습니다. 1914년 6월 28일 보스니아 젊은이들이 만든 조직의 한 일원이 합스부르크의 대공을 살해했고 이 사건이 연쇄반응을 일으켜서 결국 전쟁의 발발로 이어지게 됩니다.

전쟁의 여파로 피폐해지고 사회혼란이 지속되면서 1930년대 유럽에서는 각각 나치 독일, 파시스트 이탈리아, 스탈린 러시아가 권력을 잡고 공포와 강압으로 국민을 통제하고 감시하고 살인을 일삼았습니다.

그리고 네 번째, 제2차 세계대전이 끝나면서

1940년·1950년대의 테러리즘 이것은 아시아·아프리카·중앙아시아에서 일어난 민족주의·반식민주의 투쟁과도 연계되었습니다. 제국주의에 의해서 억압받고 약탈당하던 피식민국가들이 해방을 위해서 서로 연대하고 요인암살과 같은 공격으로 그 투쟁을 강화했던 시기의 테러의 모습입니다.

이들 소위 말하는 자유의 투사들은 테러리즘을 자신들의 정치적 목적을 알리고 정당화하면서 한편으로는 국제사회의 지지와 피식민국 국민의 동요와 후원을 이끌어 내는 수단으로 사용하였던 특징을 가지고 있습니다.

마지막 다섯 번째, 국가지원 테러리즘과 종교극단주의 테러리즘의 모습입니다. 1980년대 중반에 몇 차례의 자살테러공격이 중동에 있는 미국 외교시설과 군사시설에 집중되었습니다. 그러면서 이란, 이라크, 리비아, 시리아 같은 국가가 지원하는 테러리즘, 즉 국가지원 테러리즘의 개념이 추가되었습니다.

1990년대에는 종교가 테러리즘의 주요 동기로 작동되기도 했습니다. 이슬람 원리주의 테러단체에 의한 테러공격이 빈번해지면서 종교가 테러단체를 설명하는 한 특징이 되기도 했다는 것이지요.

따라서 지금까지 살펴본 바에 의하면 테러는 어떤 목적을 달성하기 위해서 폭력을 사용하거나 조직적·집단적으로 위협을 가함으로써 공포상태를 조성하는 것이 그 본질입니다. 이것은 국가 내의 정치적 문제이기도 하고 민족 간 갈등의 문제이기도 합니다. 인종차별의 문제에서 발생하기도 했고 종교적 차이의 문제에서 발생하기도 했습니다. 결국 테러는 정치와 민족과 인종과 종교적 갈등과 외교상의 실책과 모험의 결과 때문에 발생하는 것 아닙니까?

테러방지법을 만들지 않으면 안 된다, 테러방지법을 만들어야 할 만큼, 지금 당장 그것을 만들어야 할 만큼 대한민국은 비상사태에 직면해 있다 이것이 테러방지법을 직권상정한 국회의장의 명분이었습니다.

그러면 의장께서 그렇게 직권상정을 하신다면 이제 그런 요청을 했던 정부는 답해야 합니다. 국민에게 소상히 설명해야 합니다. 그동안 정부는 이러한 테러방지를 위해서 외교적으로 어떤 노력을 했는지, 외교적으로 어떤 노력을 했는데 문제가 발생하여 테러의 위협이 이렇게 높아졌는지, 그래서 비상사태가 되었는지 이것을 설명할 수 있는 정부여야 하지 않겠습니까? 어떻게든 국민의 표를 받아서 당선만 된다면 그 정부 마음대로 무엇이든 해야 된다면 우리 사회에 법이 왜 필요하고 민주주의라는 이름이 왜 필요합니까?

그러나 정부는 그 어떤 설명도 하지 못하고 있습니다. 단지 IS 테러가 빈발하고 있고, 핵실험과 장거리 로켓포를 발사한 김정은 정권이 대한민국에 테러의 위협을 가하고 있기 때문에 우리는 하루바삐 테러방지법을 만들어야 한다, 우리에게 테러방지법이 없는 것을 안다면 IS와 같은 테러집단이 어떻게 생각하겠느냐? 이것이 과연 대통령이 테러방지법이 만들어져야 된다고 하면서 국민 앞에서 하는 설명으로 타당한 설명입니까?

테러는 종식돼야 합니다. 그러나 지금 우리가 만들고자 하는 테러방지법으로는 법안 제목 자체가 요구하고 있는 국민보호, 할 수 없습니다. 법안의 이름이 내세우고 있는 공공의 안정, 꾀해질 수 없습니다. 진정한 테러방지 또한 저는 이루어질 수 없다고 생각합니다.

누구나 다 잘 빈번히 인정하는 미국의 사례입니다. 사실상 테러에 대한 대응은 9·11 테러 이후로 매우 강한 형태로 나타나게 됩니다. 9·11 테러 공격 이후에 미국의 부시 대통령은 이 테러공격을 수행한 테러단체를 '새로운 악'이라고 명명했습니다. 그렇게 불리워질 수 있는 충분한 비극이었습니다.

그래서 부시는 테러와의 전쟁을 선포했습니다. 누구도 이 테러와의 전쟁에 이의를 달지 않았습니다. 악을 막아야 되는 것 아니겠습니까? 그래서 미국 의회는 대통령에게 국제테러를 막기 위한 필요하고도 적절한 모든 군사력 사용을 허가하는 군사력사용승인결의안을 채택했습니다.

그리고 그로부터 약 두 달이 지난 뒤 부시 대통령은 테러와의 전쟁 과정에서 '미국 국민의 보호를 위해 미국의 군대가 개입할 것이고 이 과정에서 생포한 자들의 억류·처우·재판은 특별한 관리와 절차를 밟을 것이다' 이렇게 발표했습니다.

9·11 테러의 그 잔혹한 참상을 살펴본 미국 국민이라면 아니, 수없이 반복되는 텔레비전 화면의 그 참상을 지켜본 세계의 시민이라면 누구도 쉽게 부시의 이러한 발표에 토를 달 사람은 많지 않았을 것입니다.

실제로 미국과 영국 연합군은 아프가니스탄 주변을 공습해서 아프가니스탄 전역을 점령하고 반탈레반 과도정부를 수립했고 테러를 위한 대량학살무기를 보유하고 있다는 이유로 2003년 3월 이라크전쟁을 일으켰습니다.

그리고 부시 대통령의 그러한 발표 이후 9·11 테러 직후 체포되거나 구금된 사람은 약 1200명, 이 1200명에 대해서는 전쟁포로가 가지는 지위나 권리조차도 인정하지 않았습니다.

9·11 테러 이후에 벌어진 전쟁에 대해서 2011년 스티글리츠 교수는 '9·11의 대가'라는 글을 발표했습니다. 여러분에게 들려드리고 싶은 내용을 발췌해서 읽어 드리겠습니다. 다음은 그 내용입니다.

"9·11 테러는 알카에다가 미국에 타격을 가하려고 저지른 공격이고 실제로 타격을 주었다. 하지만 오사마 빈 라덴도 이 공격이 여러 측면에서 이렇게 큰 타격을 초래하게 될 줄은 상상도 못 했을 것이다. 이 공격에 대한 조지 부시 당시 대통령의 대응은 미국의 기본적 원칙을 훼손하고 경제를 파탄내고 안보를 약화시켰다.

9·11 공격 직후 아프가니스탄에 대한 공격은 이해할 만하다. 하지만 이라크에 대한 침공은 알카에다와 전혀 관계가 없다. 이런 전쟁들로 미국은 엄청난 전쟁비용을 부담하게 되었다. 3년 전 린다 빌름즈와 같이 미국이 벌이는

전쟁비용을 계산해 보니 보수적으로 잡아도 3~4조 달러에 달한다.

이후 비용은 더욱 증가하였다. 전쟁에서 복귀한 군인 중 거의 절반은 상이용사로서 일정 수준의 연금을 받아야 하고 지금까지 60만 명 이상이 퇴역군인으로서 국군병원에서 치료를 받고 있다. 이 비용만 앞으로 6000~9000억 달러에 달할 것으로 추정된다. 전쟁에서 돌아온 군인들이 최근 몇 년 동안 매일 18명이 자살할 정도로 그 자살률이 또한 높아지고 있고 가정이 해체되는 등 사회적 비용은 계산도 할 수 없다.

부시가 미국 그리고 세계를 거짓 명분으로 자행된 전쟁으로 끌어들이고 이런 무모한 행위의 비용이 별 것 아닌 것처럼 축소한 죄를 용서할 수 있다고 해도 그가 전쟁비용을 조달한 방식만큼은 변명할 여지가 없다.

부시가 벌인 전쟁은 역사상 처음으로 완전히 빚으로 치러진 전쟁이었다. 2001년 감세정책으로 이미 재정적자를 급증시킨 부시는 미국을 전쟁으로 끌어들인 와중에도 부자들에 대한 추가 감세까지 결정했다.

요즘 미국은 실업과 재정적자 문제가 큰 현안이 되고 있다. 미국의 미래를 위협하는 두 현안 모두 부시가 벌인 아프간과 이라크 전쟁에서부터 시작되었다고 볼 수 있다. 부시가 취임할 때만 해도 GDP의 2%에 달하는 재정흑자였던 미국이 오늘날 GDP와 맞먹는 부채더미에 오른 가장 큰 원인은 국방비 지출 증가와 부시의 감세정책이다. 두 전쟁에 정부의 직접적인 지출만 2조 달러 정도인데 미국의 한 가구당 1만 7000달러의 부담을 준 것이고 앞으로 50% 이상 부담이 더 커질 것이다.

게다가 두 전쟁은 미국의 경제를 취약하게 만들어서 부채에 대한 부담이 더욱 커지게 만들었다. 중동지역의 불안을 초래해서 미국인은 석유수입에 더 많은 돈을 쓰게 되었다. 이런 문제가 아니라면 미국인들은 다른 곳에 더 많은 소비를 할 수 있었을 것이다.

미국의 중앙은행은 소비 부족을 주택가격 거품을 일으켜 메우려 했다. 주택가격 거품에 기반을 둔 과도한 부채문제가 해소되려면 또 몇 년이 걸릴 것이다. 아이러니컬하게도 테러로 인한 두 전쟁은 미국 그리고 세계의 안보를 여러 가지 측면에서 취약하게 만들었다. 빈 라덴도 이런 정도로 될지는 몰랐을 것이다.

아프간과 이라크에서 미국과 동맹국들은 궁극적인 승리를 위해서는 주민들의 마음을 얻어야 한다는 것을 알고 있었다. 하지만 두 전쟁에서 무고한 주민들의 희생은 엄청났다. 테러로 인한 이 전쟁에서 관련 조사들에 의하면 이라크에서는 100만 명이 넘는 주민들이 전쟁 때문에 직·간접적으로 죽었다. 지난 10년간 두 전쟁에서 폭력사태로 죽은 주민만 최소 13만 7000명에 달한다. 테러로 인한 전쟁으로 이라크에서만 180만 명의 난민과 이라크 내에서 삶의 터전을 잃은 170만 명의 주민들이 발생했다.

테러로 인한 전쟁으로 미국의 국방비는 냉전이 끝난 지 20년이 넘었는데도 여전히 전 세계 다른 나라들의

국방비를 합친 것과 맞먹을 정도이다. 늘어난 국방비 중 일부는 이라크와 아프간 전쟁 그리고 테러와의 전쟁 비용에 들어갔다. 하지만 상당 부분은 존재하지 않는 적에게, 사용하지도 않을 무기 구입에 낭비되었다.

알카에다는 이제 더 이상 9·11 테러 때처럼 위협적이지는 않다. 하지만 이런 단계에 오르기까지 치른 대가는 엄청나고 대부분이 피할 수 있었던 것이다.

9·11의 유산은 오랫동안 우리 곁에 남아 있을 것이다. 행동하기 전에 생각하는 것이 좋을 것이다. 테러에 대하여.”

우리는 국민보호와 공공안전을 위한다는 명분의 테러방지법을 만들려고 하면서 과연 이런 점까지를 생각해 본 적이 있습니까? 제가 말씀드렸던 외교·정치적 노력에 대한 구체적이고 타당하며 납득할 만한 설명을 국민 여러분께 해 드린 적이 있습니까?

한국은 9·11 테러 공격 이후인 2001년 11월 12일에 국가정보원이 테러방지법안을 만들어서 10일간의 입법예고 기간을 두고 발표했습니다. 이후 2005년, 2013년 등 몇 차례에 걸쳐서 국회에 테러방지법안이 제출되었다는 것, 이것은 다른 많은 의원님들의 무제한 토론 과정 속에서 국민 여러분들이 소상하게 파악하고 계실 것이라고 생각합니다.

하지만 다른 많은 앞선 의원님들이 지적했던 것처럼 이전에 제출된 테러방지법안들은 과연 어떤 내용이었기에, 지금과는 무엇이 어떻게 달랐기에 지금까지 제정되지 못했습니까? 그리고 지금 직권상정된 테러방지법은 그때의 법과 무엇이 어떻게 달라서 지금 당장 통과되지 않으면 안 되는 것입니까?

2001년, 2005년, 2013년 이 테러방지법률안들은 국가정보원의 개입이 유지되는 기관을 구성해서 대테러 정보활동의 권한을 부여합니다.

테러의 징후를 파악·탐지하기 위하여 국내외 정보를 수집하고 작성하고 배포하고 수사하고 외국 정보기관과의 정보 및 수사 협력을 규정하고 있습니다. 테러 자금의 흐름을 감지하기 위해서 그 당시의 법률들도 금융기관에 각종의 정보를 요청할 수 있고 요청 사항을 이행한 금융기관의 책임을 면해 주도록 하고 있습니다.

외국인의 동향을 관리하기 위해서 불심검문을 하거나 체류 동향을 확인할 수 있습니다. 테러를 범할 우려가 있을 때 출국명령을 법무부장관에게 요청할 수도 있었습니다. 실제 테러 공격을 감행하지 않았더라도 테러단체의 수괴라면 사형을 받을 수도 있었고, 테러단체에 가입을 권유하거나 선동하면 실형을 받도록 했습니다.

테러단체를 구성하거나 가입하려다가 실패한 미수행위뿐만 아니라 테러단체 구성을 예비했거나 예비 음모까지도 처벌할 수 있도록 했습니다. 또 그러한 사실을 알고도 이를 신고하지 않는 죄—불고지죄를 처벌하는 규정을 두기도 했습니다.

(정갑윤 부의장, 정의화 의장과 사회교대)

또 테러 진압을 위해서 특수부대를 설치한다든지 군 병력을 동원하는 규정도 있었습니다. 무기를 사용할 수 있는 권한도 부여했습니다.

테러사건이 발생한 경우 합동수사본부를 만들고 외국 정보기관 제공의 정보에 대해서 증거 능력을 인정하는 규정도 두었습니다.

(3월1일 24시 경과)

2015년 초에 주한 미국대사 피습사건을 계기로 다시 테러방지법을 만들어야 한다는 목소리가 커졌던 사실을 국민 여러분께서는 기억하실 것입니다.

2015년 2월 '국민보호와 공공안전을 위한 테러방지법안'이 발의됐습니다. 이 법률안 역시 국가정보원의 개입이 유지되는 테러대응센터를 만들어서 테러정보에 대한 광범위한 권한을 부여하고 위험인물을 추적하게 하는 등의 권한을 부여하고 있습니다.

테러 발생 시 혹은 발생할 우려가 현저한 경우 합동수사반과 외국인테러전투원의 출입국을 제한하고 테러 선전물을 삭제하고 테러단체를 구성하거나 조직에 가입했다면 처벌하는 규정을 두었습니다.

이 규정들은 말씀드렸던 이전의 법률안들과 크게 다르지 않습니다.

2011년 테러방지법안이 처음 발의된 이후 14년이 넘는 기간 동안 제정되지 못한 가장 큰 이유는 정보기관 권한 강화에 따른 국민의 기본권 제한 가능성에 대한 우려 때문이었습니다. 이전에 발의된 법안에서도 가장 본질적인 문제 역시 국정원의 기능과 권한을 강화하는 것이 가장 큰 문제였고 중대한 문제였습니다.

국정원 대테러센터에 정보수집, 출입국 규제, 감청, 특수부대의 출동 요청, 군 병력의 지원 등 권한을 부여해서 국정원이 정보수집을 넘어서는 권한을 가지고 있는 것, 이것이 문제입니다.

또 현행 법률과 다른 법률과의 제도의 중복 또한 문제로 지적되고 있습니다. 이전에도 현행법과 제도만으로도 테러방지대책이 가능하기 때문에 별도의 입법 추진 근거가 부족하고 상당수의 조항에 헌법 및 국제인권법의 위반 소지가 잔존한다는 이유 또한 커다란 이유였습니다.

테러방지 활동에 대해서는 이미 국가대테러활동지침, 통합방위법, 국가안전보장회의법, 형법, 군사법, 항공법, 국정원법 등 테러행위에 대한 정보수집과 분석, 예방과 수사, 처벌 등의 법이 이미 마련되어 있고 정비되어 있으며, 테러에 대비해서 군대, 지방자치단체, 경찰 등을 포함한 통합적 체제가 구축되어 있는 등 현행법과 제도로도 테러방지 활동이 가능하다는 것이 그동안의 중요한 이유였습니다.

또 인권침해에 대한 우려 역시 끊임없이 제기되어 왔습니다. 테러를 빌미로 정보기관의 권한 강화가 사회 감시의 강화로 이어질 가능성이 크기 때문에 민주주의와 인권의 침해는 심각한 상황이 될 것이라는 경고 때문이었습니다. 그것이 지금껏 테러방지법을 제정하지 못했던 중요한 이유들이었습니다.

그것뿐만이 아닙니다. 테러란 어떤 경우까지를 지칭하는 것인지, 테러단체의 개념은 정확히 무엇인지 그 개념 자체가 매우 모호하다는 지적도 계속해서 줄기차게 그리고 분명하게 지적되어 온 사항입니다. 이런 개념의 모호성은 곧 인권에 대한 침해로 나타날 것이기 때문입니다.

이렇듯이 예전에도 문제로 제기되어서 지난 14년 동안 제정되지 못했는데 국민 여러분이 보시기에 지금 제출된 테러방지법안이 이런 문제에 대한 우려점을 충분히 해소한 것으로 보시고 계십니까?

그런 문제점이 해소됐다면 지금과 같은 필리버스터는 진행되지 않았을 것입니다. 국민의 우려와 야당의 지적을 받아서 그러한 우려를 해소했다면 지금과 같은 현상이 어떻게 발생할 수 있었겠습니까?

최근에 테러방지법에 대한 민주사회를 위한 변호사모임의 우려를 몇 가지만 지적해 드리고자 합니다.

계속해서 반복·강조하는 것은, 다른 여러 의원님들의 지적에도 불구하고 계속해서 반복·지적하지 않을 수 없는 것은 이러한 문제들이 가장 중대한 문제이고 이러한 문제들을 가장 중대한 문제로 인식하지 않는 정부와 새누리당에 대해서, 아닐 것이지만 그 인식의 기회를 다시 한 번 제공하자는 의미도 있습니다.

혹시 압니까? 열 번, 스무 번, 아니 백번, 천 번 반복해서 그중 한마디라도 제대로 새겨들을 수 있다면, 그 한마디라도 제대로 새겨들어서 반영할 수 있다면 그 결과는 조금 더 나은 형태로 우리 국민에게 다가갈 수 있을지 혹시 알겠습니까?

그런 마음으로 다시 반복해서 민변의 의견을 말씀드리겠습니다.

첫째, 테러방지법은 국정원 강화 법안으로 개념의 모호성과 과도한 입법 위임으로 인하여 시민의 기본권을 침해할 가능성이 매우 높습니다.

애초에 여당 법안, 이병석 의원안은 국정원에 테러대응종합센터를 두는 안으로 입안되었습니다. 그 이후 정보위원회 협의 과정에서도 국정원에 대테러센터를 두는 안이 제안된 바 있지만 이는 결국 테러를 빌미로 국정원을 강화하고자 하는 안임을 보여주는 것에 지나지 않습니다.

최종안에 의하더라도 국정원은 국가대테러업무 수행실태를 점검·평가한 보고서를 국회에 제출하고 테러인물에 대한 정보수집 권한 등을 갖게 되어 악용의 여지가 매우 큽니다.

지금까지 역사적으로 국정원의 권한 강화는 권력에 의한 비판자 사찰과 탄압 및 선거개입 등 국기문란 행위로 연결되어 왔습니다. 국민과 야당이 이 법에 대하여 가지고 있는 의구심을 진지하게 해소하기는커녕 일어나지도 않은 테러를 야당 책임론으로 연결하여 국민의 테러에 대한 공포심을 불러일으키는 것은 이 법이 가진 불순한 의도를 반증하는 것입니다.

둘째, 테러는 테러방지법안으로 방지할 수 있는 것이 아닙니다. 해난사고방지법이 없어서 세월호 참사를 막을 수 없었던 것이 아니고, 북핵방지법이 없어서 북핵 보유를 저지할 수 없었던 것이 아닌 것과 같습니다.

테러의 발생은 그에 걸맞은 정치적·역사적 원인을 동반하고 나아가 그 계획 및 실행은 극도의 은밀성을 띠는 것이어서 사전 예방이라는 것이 사실상 불가능합니다.

관건은 테러의 가능성을 줄여 나가는 국제정치적·외교적 노력을 경주하는 것과 아울러서 테러의 계획과 징후에 관한 정보의 수집, 정보의 전파, 관계기관의 신속한 대응이 그 핵심입니다.

그런데 정부는 최근 북핵실험과 장거리 로켓 발사를 이유로 개성공단을 전면 중단시켜 남북관계의 긴장을 고조시켰습니다. 또 북한과 무관한 사드, 즉 고고도미사일방어시스템을 도입하여 중국, 러시아와의 외교적 대립과 마찰을 심화시켜 테러의 위험성을 스스로 고조시키는 모순적인 행태를 보였습니다.

셋째, 우리는 이미 이러한 의미에서의 테러대응에 관한 법령체계와 대응태세를 갖추고 있어서 테러방지법의 제정은 테러방지라는 목적의 달성에 적합한 내용도 아닙니다.

테러정보의 수집·작성 및 배포는 국가정보원법 제3조에 이미 규정되어 있습니다. 테러방지법안의 테러 개념에 대한 항공기납치, 민간항공에 대한 불법적 행위, 국제적 보호인물에 대한 범죄, 인질, 핵물질, 항해 및 해상 플랫폼의 안전, 폭탄테러행위 등은 모두가 이미 존재하는 형법이나 국가보안법과 같은 국내법으로 처벌할 수 있는 범죄입니다. 국제조약이 요구하는 것도 이러한 행위에 대한 특별한 조치가 아니라 현행 우리 법의 법제와 같이 국내법으로 그 행위를 처벌하는 규정을 둘 것을 요구하는 것이 대부분입니다.

또한 적의 침투·도발이나 그 위협에 대응하기 위하여 각종 국가방위요소를 통합하여 동원하는 통합방위법, 그리고 이를 뒷받침할 비상대비자원관리법을 제정해서 시행하고 있습니다.

통합방위사태가 선포되면 국무총리가 총괄하는 중앙통합방위협의회가 각 지역 행정조직과 경찰조직, 군과 예비군, 그리고 국정원 등 정보기구를 통합적으로 운영할 수 있습니다. 통합방위사태는 대통령이 국무회의의 심의를 거쳐서 선포하고 통제구역을 설정합니다.

기타 시민들의 대피, 구조·구난 활동을 체계적으로 수행하기 위해서 2014년 세월호 참사 이후 국민안전처도 신설했습니다. 육해공군과 해병대, 그리고 경찰과 해경은 제각각 대테러 특공대를 구성해 운영하고 있기도 합니다.

한국이 지닌 대테러 능력에는 한미연합사가 지닌 정보·작전 능력도 포함해야 합니다. 한국과 미국 간에는 군사정보를 공유하는 군사비밀보호협정이 체결되어 있습니다.

한국 국방부는 주한미군을 비롯한 미군의 정보자산으로부터 도움을 받고 있고 매년 정기적으로 한미 대테러 훈련도 실시하고 있습니다.

테러에 관한 관계기관의 신속한 대응에 관하여는 제도적으로 국가대테러활동지침 대통령훈령 제292호, 이것이 이미 시행 중이면서 실제 다양한 국제행사에서 관계

당국의 완벽한 공조로 대테러 대응을 빈틈없이 수행해서 타국의 찬사와 부러움을 한 몸에 받아온 그런 사례도 있습니다.

2005년 APEC, 즉 아시아태평양경제협력체 정상회의의 경우 조지 부시 미 대통령이 감사의 인사를 전할 정도로 안전하고 성공적인 평가를 받았습니다.

관련하여 언론은 그 원인으로 안전에 관한 한 치의 오차도 허용할 수 없다는 각오로 빈틈없는 준비를 해 온 관계 부처 및 기관들의 완벽한 대테러활동을 들었습니다.

넷째, 기존의 여당 안에 대하여 국회 정보위원회 차원에서 검토하는 과정에서 상당수 법안의 내용이 변동되었습니다.

따라서 정보위 차원의 최종 검토안은 이미 존재하는 국가정보원법과 중복되거나 기존의 국가대테러활동지침보다 내용이 축소되어 테러에 대응하는 관계기관의 효율적인 대응을 저해하고 있습니다.

이러한 의미에서 기존 법제 외에 별도 입법은 불필요하거나 오히려 테러 대응의 미비점을 초래할 가능성이 있습니다.

다섯째, 비교법적으로 테러방지법이 초래할 인권침해와 권력남용은 미국의 경우에서도 엿볼 수 있습니다.

미 의회는 9·11 테러 발생 45일 만인 2000년 10월 25일 연방수사국(FBI) 등 수사기관의 대테러활동을 강화하고 감청 및 수색 절차를 대폭 간소화하는 법안을 통과시켰는바 이것이 이른바 '애국법'입니다.

이 법은 테러리스트로 추정·의심되는 외국인을 기본적으로 7일, 불가피한 사정이 있으면 최대 60일까지 구금할 수 있도록 하고 통신 감청도 대폭 확대했습니다.

외국인은 120일까지 허용되고 필요하면 최장 1년까지 연장할 수 있도록 했고, 감청 대상도 특정 전화기가 아니라 특정 인물로 바꿨습니다. 다시 말해 감청 대상을 정하면 일반 전화는 물론 휴대전화, 전자우편 등 모든 통신수단을 포괄적으로 감청할 수 있는 것이 그것이었습니다.

그런데 2013년 6월 에드워드 스노든 전 미국 중앙정보국(CIA) 직원이 국가안보국(NSA)의 무차별 감청 등으로 인해 국민의 사생활이 광범위하게 침해됐다고 폭로했습니다.

미 연방 1심 법원은 '시민에 대한 부당한 압수·수색을 금지한 미 수정헌법 제4조를 위배한 것'이라고 애국법의 위헌성을 인정했고, 결국 버락 오바마 미국 대통령은 개선안, 즉 미국자유법안을 마련했습니다.

14년 동안 지적되어 온 문제들이 하나도 개선되지 않았는데 국가비상사태라는 이유만으로 이 법이 통과된다면 우리는 지적했던 그런 잘못된 전철과 위험한 과정을 스스로 자초해서 초래하게 될 것입니다. 지금이라도 의장님께서 직권상정을 철회해 주신다면 우리 모든 국민이 떨쳐 일어나 박수갈채를 보낼 것이라고 저는 확신합니다.

또한 수없이 그 부당성을 지적해 온 이 필리버스터의 내용을 듣고 또 듣고 또 들어서 그중에 몇 가지만이라도

새누리당이 수정할 수만 있다면 지금까지 누려온 제1당으로서의 때로는 독선과 때로는 빗나가는 오만까지도 나는 우리 국민들께서 웃으며 용인해 줄 수 있을 것이라고 확신합니다.

국민의 안전과 국민의 보호, 공공의 안정을 위한다는 이 테러방지법의 핵심은 모든 권한을 독점하는 국가정보원에 있습니다. 그리고 내세우는 것이 국민의 보호이고 국가의 안전이기 때문에 저희는 지금까지 해 온 국가정보원의 역할과 결부시켜서 우려하지 않을 수 없는 것입니다.

국가안보를 내세운 법률이 어떻게 멀지 않은 역사 속에서 우리 국민의 삶과 생명을 유린해 왔는지 많은 의원님들께서 그 수많은 사례들을 여러분에게 설명드렸습니다.

저는 두 번째로 또 하나의 조작된 조작사건 사례를 말씀드리고자 합니다.

이 땅의 교사였고 사랑받는 시인이었던, 그러나 지금은 우리 곁에 없는, 그 가족들만이 남아 그날의 그 무서움을 기억하면서 테러방지법을 제정하겠다는 정부와 새누리당의 행태를 지켜보고 있을 그분들의 모습을 생각하면서 조작된 사건 하나를 소개해 드리겠습니다.

'오송회'라고 들어 보셨습니까? 다섯 '오(五)'자에 소나무 '송(松)'자를 쓴 다섯 소나무라는 이름을 가진 회(會) 사건입니다.

아까 소개해 드렸던 현역 육군 대위의 딸 돌잔치 때 반국가단체를 결성했다고 고문하고 가혹행위를 해서 사건을 조작했던 아람회 사건에 이어서 지금 이야기하는 오송회 사건은 또 어떤 의미를 지니고 있는가, 사건 이름부터가 궁금하지 않으십니까?

오송회 사건, 다섯 그루 소나무 밑에서 무엇인가를 했다는 것이고 그래서 그 사건의 이름을 엮어 낸 것이 오송회 사건 조작입니다.

아직까지도 그 다섯 소나무 중 2개의 소나무는 살아서 사시사철 푸른 기세로 이 땅의 하늘과 이 땅의 사람들을 지켜보고 있습니다.

제가 몇 년 전 그곳을 찾았을 때 다섯 그루의 소나무 중 세 그루의 소나무는 이미 간 곳이 없었고 단 두 그루의 소나무는 아직 청청하게 살아서 푸른빛으로 하늘을 이고 있었습니다.

들어 보십시오.

'오송회 사건

1. 간첩조작사건명

오송회사건

2. 개요

간첩조작의 과정

이 사건은 전북도경이 군산경찰서에서 입수한 시집 '병든 서울'을 계기로 군산제일고등학교 교사 이광웅 등에 대한 내사를 벌였으며, 산책 중의 시국 관련 대화, 음주 중 북한 노래를 부른 것을 빌미로 수사에 착수해서 피해자들을 불법 연행한 사건임.

구속영장이 발부될 때까지 각자 23일~10일 동안 가족 및

변호인의 접견을 차단한 채 대공분실과 여인숙 등에 불법
감금한 상태에서 피해자들에게 고문 등 가혹행위를 하여
허위 자백을 받았고, 이를 증거로 하여 이적단체를 구성하고
반국가단체 등을 찬양 고무한 것으로 허위조작하거나 확대
왜곡하였음이 확인됨.

　사건을 송치받은 전주지검은 전북도경 대공분실에서 심각한
고문을 이겨내지 못하여 허위로 자백하였고, 그 자백이 고문에
의한 허위사실이라는 피해자들의 주장에 대하여 객관적
사실관계를 철저히 수사하지 않고, 오히려 피해자들을 장기간
구금, 고문한 수사관들을 입회, 배석한 상태에서 피의자
신문조서를 작성한 뒤 전주지법에 기소함.'

아까 아람회사건과 왜 이렇게 조작의 과정이 흡사합니까?
한 사건은 서울에서, 한 사건은 전라북도에서 일어난 일인데
왜 이렇듯 판에 박은 듯이 똑같습니까?

계속 보시겠습니다.

　'전주지법은 피해자들이 공판에서 장기간의 불법 감금과
가혹행위로 인해 허위 자백한 것이며, 결코 이적단체를
구성하거나 반국가단체를 찬양, 고무한 사실이 없다고
주장하였고, 참고인들의 범죄사실 부인 진술이 있었음에도
증거재판주의에 위반하여 범죄사실을 인정한 위법을 범했음.

　또한 위헌의 소지가 있는 국가보안법 조항을
축소적용하기보다 오히려 확대적용하였음. 그리하여
피해자들에게 징역 4년과 자격정지 4년 등의 중형을 선고하고,
광주고등법원은 위의 공소사실에 대한 별다른 보강증거 없이
오히려 형량을 높여 징역 7년과 자격정지 7년 등의 중형을
선고하고 대법원 또한 상소를 기각했음.

조작내용

① 오송회라는 이적단체를 구성함

　1982년 4월 19일 주점에서 이광웅, 박정석, 전성원, 이옥렬,
황윤태 등이 군산제일고 뒷산에 올라 4·19위령제를 지낸 후
각자 자아비판을 하고 나서 4·19와 광주사태의 정신을 잊지
말자, 교사 자신들이 끊임없는 독서를 통해 현실비판의식을
높이고, 학생들에게 뼈있는 이야기를 들려주어
현실비판의식을 높이자라는 등의 토론을 하고, 모임의 이름을
오송회로 하자고 명명하고 한자리에서 오른손을 포개어 놓고
죽어도 같이 죽고 살아도 같이 살자고 맹세하여 반국가단체를
찬양, 고무, 동조하는 등 이롭게 할 목적으로 하는 오송회라는
명칭의 단체를 구성하였음.

　'수사가 진행될 당시 대공과장과 계장, 그리고 분실장이 모여
회의를 통해 이적단체 혐의를 조사하라는 지시가 내려왔으며
그러한 무리한 지시가 수사로 이어져 수사가 진행된 것으로
보인다.

　이광웅이 반국가단체를 찬양 고무한 사실을 이적단체로
확대하려는 간부급들의 공명심으로 인해 사건이 확대되면서
무리하게 이적단체 구성으로 되었던 것 같다, 그렇기 때문에
고문 등 강압 수사가 뒤따랐던 것이다'라고 진술하였음.

② 반국가단체 또는 국외공산계열을 찬양 고무했다는
사실에 대하여

　찬양 고무라고 처벌한 행위들은 시기적으로 1978년 4월부터

1982년 10월까지 4년 6개월에 걸쳐 발언한 것들로—무려
4년 6개월간 발언한 것들입니다. 다수인을 상대로 한 발언도
아니라 동료교사 2~3명이 일상적인 상황 속에서 나눈 짧은
대화에 불과했습니다.

　군산제일고 교정이나 그 부근 숲속에서 산책 중에, 음식점
또는 주점에서, 그리고 주거지에서, 잔디밭이나 가게에서,
버스정류장 등에서 행한 일상적인 대화였습니다.

　그 대화내용은 대체적으로 북한 실정, 다시 말해 인도에서
아시아지역 청소년 축구게임이 있을 때 우리나라 선수들이
스크럼을 짜자고 하니까 북한 선수들이 스크럼이 무엇이냐
방벽 구축하기다라고 말했다는 외신보도가 있었는데,
북한에서는 외래어를 사용하지 않고, 되도록 우리말로 모든
용어를 사용하고 있는 것만 보아도 언어에 있어서 얼마나 그
주체성을 가지고 있는가를 알 수 있다 하는 내용 등등.

　또는 김일성에 대한 것, 즉 김일성에 대해서는 살아 있는
김일성이 진짜지 우리가 독립투사로 알고 있는 홍길동처럼
신출귀몰한 재주를 가진 김일성은 전설 속의 인물이기 때문에
이북의 김일성이 진짜다. 1920년대나 30년대에 장백산을
무대로 활약한 김일성은 홍안장군이었다 하는 등등의
이야기를 했다는 것.

　또 사회주의 국가에 대한 이야기를 했다는 것, 박정석이
'월남정부는 불란서 식민지 정권의 연장으로서 민족사적으로
정통성이 없으며 부패하고 무능하여서 패망한 것은
당연하므로 베트남은 패망한 것이 아니고 베트남 민족주의가
승리한 것이다. 월남 전쟁은 미국에 의하여 조작된 전쟁이다.
불란서 식민지 당시 불란서에 아부한 기회주의자들이 정권을
담당하고 있는 월남정부를 미국이 지지하고 그 전쟁을 수행한
것은 월남의 입장에서 봤을 때 잘못이다'는 등의 발언을
했다는 것.

　광주사태에 대하여 이광웅은 '학생들을 군인들이 마구
칼로 찌르고 여학생의 가슴을 도려내었다. 광주만한 도시가
한 군데서만 더 일어났더라면 아마 현 정부는 어떻게
했을까? 광주 사람들은 살아 있는 사람들이다. 광주시민들의
가슴속에는 아직도 불이 꺼진 것이 아니다. 그 응어리는
언젠가 터질 날이 있을 것이다'라는 말을 했다는 것.

　이광웅이 '현 정부는 칼로써 정권을 잡은 정부이고,
광주사태를 일으켜서 무고한 양민을 살상했으며, 정치를
모르는 군사독재 정부. 이 사건은 명백히 규명돼야 한다'
등에 관한 이야기를 했다는 것이며, 박정석의 범죄사실 중
51개 사항은 이광웅의 범죄사실과 공통되며 그 대부분은
이광웅의 발언에 긍정적 태도를 보여 동조하였다는 것.
전성원은 4개 항, 이옥렬은 역시 4개 항, 황윤태는 3개 항,
조성용은 4개 항이 각각 이광웅의 범죄사실과 공통되며 그의
발언에 수긍하거나 긍정적 태도를 보여 동조하였다는 것이다.

　이적표현물을 소지한 것에 대하여, 판결은 이광웅의
범죄사실 23개 항, 김지하의 '오적' 시가 포함된 '불귀' 시집
복사본 1부, 엄택수·강용순에게 각 1부씩 교부한 '불귀'
시집 복사본, 제53항 오장환의 '내 나라 오 사랑하는 내
나라' 등 19편의 시가 수록된 시집 '병든 서울' 복사본을

박정석·김광훈·전성원·송치성·장종근에게 각 1부씩 교부한 혐의, 제54항 박정석의 '병든 서울' 복사본을 한승훈에게 교부하였다는 사실, 제60항 '불귀' 복사본을 소지하고 전성원에게 빌려주었다는 사실, 전성원의 '불귀' 복사본을 채규구에게 빌려주었다는 사실, 제9항 '병든 서울' 복사본 1권을 이광웅에게 교부받아 소지한 혐의, 강상기의 3항 '불귀' 복사본 제1권을 소지한 혐의, 채규구의 3항 '불귀' 복사본 1권을 소지한 혐의, 엄택수의 3항 '불귀' 복사본 1권을 소지한 혐의 등에 대하여 이적표현물 소지죄를 적용하였음.

국가보안법 제7조5항의 이적표현물 소지죄는 동법 제1항~제4항의 행위를 할 목적으로 문서·도화, 기타의 표현물을 제작, 수입, 복사, 소지, 운반, 반포, 판매 또는 취득한 행위에 대한 처벌규정이다. 따라서 제5항은 제1항을 요건으로 하고 있다. 제1항은 그 개념이 다의적이고 광범위한 문제점이 있어 제5항에도 같은 위헌적인 요소가 있다고 보아야 할 것이다.

위 '불귀' 시집에 실려 있다는 김지하의 '오적'은 1970년 5월 '사상계'에 발표된 사설 형태의 담시로 재벌과 국회의원, 고급공무원, 장성, 장차관을 당시의 대표적 권력층으로 꼽고 이를 을사조약 때의 오적에 비유하여 그들의 부정부패와 초호화판의 방탕한 생활을 신랄하게 풍자한 내용이고, 위 오장환의 '병든 서울'은 1945년 8월 15일부터 1946년 3월 사이 7개월여 간에 쓰여진 시 열아홉 편이 수록된 시집으로, 당시 시집은 시인은 일기처럼 썼다고 하는바 각 시편에는 급작스레 찾아온 해방의 감격과 신국가 건설의 희망과 기대 그리고 시간이 지나면서 느끼게 된 실망과 좌절과 분노의 감정이 사실적으로 표현되어 있다. 이렇듯 위 '오적' 및 '병든 서울'은 작가의 현실 참여적 경향과 작품의 새로운 형식 및 사실주의적 성격으로 인해 한국 문학사에서 주요 연구 대상이 되어 왔다. 따라서 이 두 시집은 그 자체 국가의 존립·안전을 위태롭게 하거나 자유민주적 기본질서에 위해를 주는 내용을 담고 있다고는 볼 수 없다. 판결은 국가보안법 제7조제5항을 확대 적용한 위법이 있다.

불고지 혐의에 대하여, 불고지의 전제사실인 피해자들이 반국가단체를 찬양 고무하였다는 사실 자체가 허위조작된 것이거나 찬양고무죄가 성립되지 않은 것이기 때문에 불고지죄가 성립되지 않는 것은 당연하다. 이 불고지 조항은 사상과 양심의 자유의 본질적 내용인 침묵의 자유를 침해하여 위헌의 소지가 있다.

나아가 찬양 고무하는 발언을 듣고 수사기관에 신고하지 않았다는 것이나, 이러한 발언을 수사기관에 신고할 것을 요구하는 것 자체가 무리이다. 그리하여 1991년 5월 31일 국가보안법 제10조 내용 중에서 반국가단체 찬양 고무 등 동법 제7조 관련 불고지죄는 삭제되었다.

조작과정

1982년 7월 20일 전북 군산시 장미동 소재 시외버스정류소에서 전주직행버스주식회사 소속 버스에서 이 회사 종업원 전규춘이 시집 '병든 서울' 1권을 습득하여 군산경찰서에 신고한 것으로부터 수사가 시작됨.

군산경찰서 정보과 정보계 소속 양 아무개 순경은 위 시집의 뒤표지가 군산제일고에서 발행하는 교지 '경암'의 표지임을 발견하고 그 출처를 밝혀내기 위해 위 고교를 중심으로 내사했던바, 위 고교 복사실 직원을 조사하여 서무실 직원이 이광웅에게 복사를 해 주었고, 위 이광웅이 그 복사본을 동료 교사 등에게 배포한 사실을 인지함.

상부기관인 전북도경 대공분실에 제1차 내사공작 보고서를 작성하여 상신하자, 대공분실에서는……

(「의원님, 아까 그 안전법과 관련된 얘기 듣고 싶다고요」하는 의원 있음)

위 내사결과에 따라 C급 공작으로 결정하고, 이들에 대한 조사에 착수하였음.

(「조용히 하세요!」하는 의원 있음)

(「왜 의사진행 방해를 해요?」하는 의원 있음)

(「저는 안전법과 관련된 얘기 듣고 싶다고요」하는 의원 있음)

들어 보세요.

(「이 얘기를 계속 듣고 앉아 있어야 되냐고요? 사건만……」하는 의원 있음)

듣기 싫으면 나가세요. 듣기 싫으면 안 들으시면 되시잖아요, 수많은 새누리당 의원님들이 안 듣고 계시는데.

(「안전법 들으러 왔어요. 들으러 왔는데……」하는 의원 있음)

(「들으세요」하는 의원 있음)

어떤 형태로 조작되었고 이 조작이 어떤 의미를 지니며, 그 조작된 과정에서 사람들 간의 인간성을 어떻게 파괴했는지를……

(「정 의원님, 생각해 보세요. 시간……」하는 의원 있음)

그걸 보여 드리고 싶어요.

(「거기 적힌 내용을 다 읽으실 거냐고요?」하는 의원 있음)

예, 다 읽겠습니다.

(「조금 전에 안전과 관련된 글……」하는 의원 있음)

관련된 내용이기 때문에 읽습니다. 말이나 글은……

(「공작정치 내용이에요」하는 의원 있음)

단어들이 문장을 이루고, 문장이 단락을 이루고, 여러 개의 단락이 하나의 글을 이룹니다. 그 문장과 단락들은 전혀 상관관계가 없어 보이지만 전체의 글 속 내용에서 하나의 통일적인 주제로 작용하는 것이 작문이고, 말하기의 구성입니다.

(「저는 안전과 관련된 내용……」하는 의원 있음)

들어 보세요!

(「아, 조용히 하세요! 들어요, 들어」하는 의원 있음)

(「내용은 듣지도 않더구먼」하는 의원 있음)

(「사건 내용 잘 듣고 있어요. 잘 듣고서……」하는 의원 있음)

(「들으세요, 계속 다 관련 있는 내용이니까」하는 의원 있음)

잘 듣고 계시면 제가 이따가 끝나고 질문 한번 할게요.

(「안전과 관련된 얘기를 더 많이 하세요」하는 의원 있음)

상부기관인 전북도경 대공분실에 1차 내사공작 보고서를 작성하여 상신하자, 대공분실에서는 위 내사결과에 따라 C급 공작으로 결정하고, 이들에 대한 조사에 착수하였다.

의제에 집중하고 있다는 점을 말씀드립니다.

다시 한 번 말씀드리지만……

(「새누리당이 이해를 못 하니까 그렇게 얘기하는 거예요」하는 의원 있음)

국가라는 이름으로, 국민 보호라는 이름으로, 공공의 안전이라는 이름으로 덧씌워졌던 조작이 그 조작의 과정에서 피해자들의 인격을 어떻게 파괴시켰고, 스승과 제자 사이의 인격을 어떠한 형태로 난도질했고, 어떻게 이간질시켜 왔고, 그 상처가 인간들에게 어떠한 형태로 남아 있는가를 우리는 확인해야 되기 때문에 다소 들으시기에 지루하고 길어 보이지만 선배 교사가 겪었던 이 내용을 저는 말씀드리지 않을 수 없습니다.

전북도경 대공분실 수사관들은 1982년 11월 2일 군산경찰서 대공3계의 협조를 받아 위 이광웅, 박정석, 전성원을 연행해서 조사했습니다.

강상기는 수업 중에 연행했고, 이옥렬은 어머니 생신잔치를 하던 중 연행했으며, 채규구는 군산경찰서로 자진 출두했다가 그대로 연행되었습니다. 엄택수는 역시 군산경찰서에 출석하였다가 연행됐고, 조성용은 KBS 남원방송국에서 연행됐습니다.

대공분실과 근처 무주여인숙에서 조사를 진행하였고, 11월 25일에야 전주지방법원으로부터 이광웅, 박정석, 전성원, 이옥렬, 황윤태, 강상기, 채규구, 엄택수 등 8명의 구속영장을 먼저 발부받고, 11월 30일 조성용의 구속영장을 추가로 발부 받아 전주북부경찰서 유치장에 각각 수감했습니다.

잠 안 재우기, 심하게 구타하고 지하실로 끌려가 발가벗겨진 채로 비행기고문·전기고문을 당했고, 거꾸로 매달리는 고문을 당했으며, 통닭구이, 물고문을 당했음. 주먹과 발로 폭행을 당했고, 여인숙에서 조사받을 당시 잠을 하루에 두 시간밖에 재우지 않아 몽롱한 상태에서 조사를 진행했으며, 뺨을 수차례 때리고, 의자로 구타를 하기도 했음.

1982년 12월 5일 이광웅, 박정석, 전성원, 이옥렬, 황윤태 등으로 하여금 혐의사실을 재연시켜 검증조서를 작성한 뒤 12월 13일 전주지방검찰청에 기소의견으로 송치했습니다.

재판 과정은 생략하겠습니다.

광주고등법원의 관련 내용 중에 들으실 만한 내용이 있어서 말씀드립니다.

광주고법에서의 상황입니다.

당시 청와대 법률비서관으로 있었던 박철언에 따르면 '1심 판결이 있자 안기부와 검찰은 물론이거니와 법원도 발칵 뒤집어졌다'고 합니다.

대법원장 유태흥은 '전주지법원장과 담당 이보환 부장판사를 즉각 서울로 호출했고 이 부장판사는 옷 벗을 위기에 빠졌다'는 증언을 했습니다.

이보환은 박철언과 서울법대 동기였는데 박철언은 '소신 판결을 했다고 중도에 의원면직시킬 수는 없다고 생각하고 손을 뗐다'는 증언을 했습니다.

그는 전주지법원장과 이보환 부장판사가 서울에

도착하기 전에 미리 유태흥 대법원장을 찾아가 '대통령의 노기도 상당히 수그러들었으니 이 부장 문제를 이쯤에서 조용히 마무리하는 것이 좋겠다'며 대법원장의 걱정을 가라앉혔다고 합니다.

그런데 박철언의 표현을 빌리면 일이 조금 어색하게 된 것은 청와대에서 7월 5일 대법원장과 대법원 판사들을 만찬에 초청했을 때라고 합니다. 여기서 전두환이 '사회불안, 정치불안 요소에는 과감히 대처하겠다'면서 오송회 사건을 예로 들며 '빨갱이를 무죄로 하는 것은 안 된다'고 했다는 증언을 했습니다. 박철언도 유태흥도 모두 머쓱해져서 서로 쳐다보았는데 다행히 이보환은 별다른 불이익을 받지 않고 그대로 넘어갈 수 있었습니다.

오송회 사건 항소심은 이 만찬이 있고 약 3주 후인 7월 28일에 열렸습니다.

그리고 이광웅 등 9명은 대법원에 상고했으나 1983년 12월 27일 대법원이 모두 기각해서 판결이 확정되었습니다.

재심 과정과 결과는 이렇습니다.

99년 7월 9일 시국사건으로 해직교사 사면·복권이 대대적으로 이루어졌고, 2002년 1월 19일 관련자 9명 가운데 7명이 20년 만에 민주화운동 관련자로 인정되었습니다.

그리고 2006년 5월 12일부터 2007년 6월 12일까지 진실화해위원회의 진실규명을 결정했습니다.

2008년 11월 25일 광주고등법원 형사부는 오송회 사건 재심에서 관련자 전원에게 무죄를 선고했습니다.

이한주 부장판사는 판결을 마치고 이렇게 이야기했습니다.

'법원에 가면 진실이 밝혀지겠지 하는 기대감이 무너졌을 때 여러분이 느꼈을 좌절감과 사법부에 대한 원망, 억울한 옥살이로 인한 심적 고통 등에 대해서 많은 고민을 했다'며 '그동안의 고통에 대해 법원을 대신해 머리 숙여 사죄드린다'고 이야기했습니다.

그는 또 피고인들 앞에서 '이번 사건을 계기로 재판부는 좌로도, 우로도 흐르지 않는 보편적 정의를 추구하겠다'며 '법대 위에서는 그 누구도, 그 무엇도 두려워하지 말라는 소신으로 판사직에 임하겠다'고 자신의 심경을 밝히기도 했습니다.

무죄판결에 피고인과 가족들이 만세를 불러 법정의 경위들이 이를 제지하자 재판장은 '말리지 말라'고 법정의 경위들을 단속을 했습니다.

2009년 9월 1일 오송회 사건 관계자와 가족 등 무려 33명에 대하여, 이 33명이 국가를 상대로 한 소송에서 181억 원의 손해배상 청구소송을 했습니다.

이제 간첩조작에 연루됐던 당시 몇 분들을 그리고 그들 가족들의 고통과 피해에 대해서 간단하게 말씀드리겠습니다.

먼저 연루되었던 군산 제일고등학교 교사 이광웅, 이 사건의 주모자로 7년형을 선고받고 복역하던 중에 1987년 사면조치로 4년 8개월 만에 풀려난 이광웅 교사는 이미 이 세상 사람이 아닙니다. 그는 사면 후 복직했지만 1989년 전교조 가입으로 다시 해직되었고, 1992년 위암으로 세상을 떠났습니다.

'군산 제일고등학교의 전·현직 교사들이 모여서 시국에 대해서 이야기를 하고, 4·19와 5·18 희생자 이분들을 추모하고자 했던 그런 자리가 이적단체가 된 것은 거의 만화와 같을 지경이다'라는 것이 주변 사람들과 뜻있는 분들의 평이었습니다.

경찰은 5명의 교사가 소나무 아래에 모였다고 해서 그리고 그 소나무가 다섯 그루가 있었다고 해서 '오송회'라는 이름을 붙였고 고문을 통해서 이들을 용공분자로 만들어 냈던 것입니다.

이광웅이 온몸으로 쓴 시의 제목이 '목숨을 걸고'입니다. 그 험한 시대는 '들잠'이란 별명을 가진, 사람 좋은 이광웅에게도 살기 위해, 단순히 살기 위해 목숨을 걸라고 요구했던 것입니다.

조성용은 2005년 KBS에 복직해서 동학혁명기념사업회 이사를 거쳤습니다. 암울했던 5공 시절 대표적 용공조작 사건인 이른바 '오송회 사건'으로 구속돼 직장을 잃고 고난의 세월을 보내다가 24년 만에 옛 직장에 돌아왔고, 그의 근무 기간은 고령 등을 고려해서 계약직으로서 2007년 12월 말까지 2년 4개월간으로만 결정됐습니다.

한겨레신문 2008년 12월 1일 자 기사는 이 사건에 대해서 이렇게 이야기하고 있습니다.

'오송회 사건이 재심에서 무죄판결을 받던 날, 주범 이광웅은 그 자리에 없었다. 사건으로 모진 마음고생을 해야 했던 그는 이미 1992년 암으로 세상을 떠났다. 그에게 한 주전자씩 물을 먹이며, 그의 몸을 전기로 지지며 만들어 낸 범죄사실들이 공범들을 감옥으로 보냈기 때문이다. 이 터무니없는 조작사건으로 그가 재직하던 학교의 교장과 교감이 파면당하고, 교육감 이하 전라북도교육위원회 간부들까지 줄줄이 징계를 당했다니 마음고생이 오죽했을까? 감수성 예민한 나이에 무시무시한 대공분실에 불려와 수사를 받고, 검찰 쪽 증인으로까지 법정에 서야 했던 제자들에 대한 미안함은 암이 되어 그의 몸을 갉아먹었다. 이 연재물의 데스크를 보는 김의겸 한겨레 문화부장도 오송회 선생님들의 제자로 이 사건에 대한 가슴시린 칼럼을 썼다.'

존경하는 국민 여러분!

국회에서 하나의 법을 개정하거나 제정하기 위해서는 몇 단계를 거쳐야 합니다. 우선 여러분이 잘 아시다시피 국회의원 10명 이상의 동의를 거쳐서 법안을 발의해야 하고, 발의된 법안은 해당 상임위원회의 상정 절차를 거치게 되고 법안심사소위원회에 회부되어 전문위원의 검토보고와 위원들의 심의를 통해 법안을 확정하게 됩니다. 그리고 다시 상임위원회 의결 과정을 거치게 됩니다. 제정법이라면 상임위 차원의 전문가 토론회도 거치게 됩니다. 그래서 법사위로 보내고, 법사위에서 자구 수정을 통해서 본회의에 상정해 최종적으로 가부를 결정합니다.

말씀드렸듯이 상임위에서는 공청회나 토론회, 소위 등을 통해서 심도 있는 토론을 통해 법안의 정당성과 부당성을

검증하는 과정을 거치는 것입니다. 법안 규정 하나하나가, 그 법안의 내용 단어 하나하나가 국민에게 때로는 뜻하지 아니한 영향을 미칠 수 있고, 그 영향을 미치는 국민의 생사를 좌우할 수도 있으며 그 국민의 삶을 온통 뒤바꿔 놓을 수도 있기 때문입니다. 인간을 위해 존재하는 법이 인간을 해하는 흉기가 되지 않도록 하기 위해 국회는 이와 같은 여러 단계의 과정을 거쳐서 법안 하나하나를 심의하는 것입니다. 시대의 변화에 따라, 사회적 요구에 따라 마치 말이 시대를 거치면서 변화하는 것처럼 법률도 시대의 상황을 좇아 개정되고 제정되기를 반복합니다. 인간의 삶이, 인간이 이루는 사회가 유지되기 위해서 필요한 것이 법이기 때문입니다.

물론 이런 과정을 거치지 않고 의장께서 심사기간을 지정해 본회의에 안건을 상정할 수도 있습니다. 이것을 보통 직권상정이라고 이야기합니다.

국회법 제85조가 이 직권상정을 규정하고 있습니다. 다른 법률과 의원님들이, 그리고 필리버스터를 거쳐 가는 거의 모든 의원님들이 역시 이 문제를 거론하고 지적했습니다. 저 역시 이 부분을 빼놓을 수는 없습니다.

국회법 제85조에서 직권상정은 세 가지 경우만 허용됩니다. '첫째, 천재지변이 있는 경우, 둘째 전시·사변 또는 이에 준하는 국가비상사태의 경우, 셋째 의장이 각 교섭단체대표의원과 합의하는 경우', 이 세 가지의 경우만 직권상정이 가능합니다.

18대 국회에서 국회법을 개정하기 전에는 의장의 안건 심사기간 지정요건을 지금보다도 훨씬 더 폭넓게 인정했습니다. 그러나 제18대 국회에서 지정요건을 이와 같은, 금방 말씀드린 세 가지로 엄격하게 제한했습니다. 그 이유는 너무나 잘 아실 것입니다. 현재의 국회법이 포괄하는 정신 때문입니다. 바로 여야 간 대화와 타협을 유도하기 위해서입니다.

하지만 직권상정의 경우 천재지변 또는 국가비상사태에 해당하는 상황이 발생했는지 여부, 천재지변 등과 관련된 안건의 범위에 관하여 논란이 있을 수 있으므로 이런 경우들조차도 의장은 교섭단체대표의원과 협의하고 합의하도록 한 것입니다.

테러방지법을 직권상정하면서 하셨던 국회의장의 본회의 발언을 보겠습니다. 과연 이 테러방지법이 직권상정의 근거를 갖추고 있는지 저는 단순하게 묻는 것이 아니라, '현재의 상황이 천재지변이냐, 비상사태냐, 전시냐, 합의했느냐?' 이렇게 묻는 것이 아니라 직접적 당사자인 의장님의 발언을 통해서 여러분들과 함께 그 정당성을 살펴보고자 합니다.

다음은 본회의 국회의장님의 발언 내용입니다.

'의장의 심사기간 지정은 의회민주주의의 아주 예외적인 조처로서 불가피한 경우에 제한되어야 한다는 것이 국회법의 정신이고 저의 소신이기도 합니다. 그동안 저는 여야 간 대화와 타협의 정신으로 국회를 운영해서 합의의 정치, 상생의 정치를 이끌어내기 위해서 나름대로 노력해

왔습니다.

테러방지법도 지난해 12월부터 십여 차례 여야를 중재하고 설득하면서 합의를 이끌기 위해 노력해 왔습니다. 그러나 대테러센터를 국무총리실 산하에 둘 것인가, 정보수집권을 국정원에게 줄 것인가 등 두 가지는 끝내 합의에 이르지 못했습니다.

그동안 중재 노력을 해 온 의장으로서는 여야 간 합의를 이루는 것이 불가능하다는 결론에 도달할 수밖에 없었고, 깊은 고민 끝에 테러방지법의 심사기일을 오늘 오후로 지정하게 된 것입니다.

심사기간 지정의 요건인 국가비상사태에 해당하는지 여부에 대한 법률 자문과 검토를 한 결과, IS 등 국제적 테러 발생과 최근 북한의 도발적 행태를 볼 때에 국가안위와 공공의 안녕질서가 심각한 위험에 직면한 것으로 볼 수 있다는 판단을 내렸습니다.

현재 우리는 북한의 제4차 핵실험, 장거리 미사일 발사로 국가안보와 국민안전을 심각하게 위협받고 있습니다. 북한이 국가기간시설에 대한 테러, 사이버테러 등 대남 테러역량을 결집하고 있다는 정부의 발표도 있었습니다. 국제사회의 강력한 제재에 직면한 북한이 각종 테러를 자행할 개연성이 크다는 전문가들의 지적 역시 잇따르고 있습니다.

또한 지난해 IS의 파리 테러 이후에 터키, 인도네시아 등 국경을 초월한 테러가 빈발하고 있는 상황 속에서 세계 각국과의 활발한 인적 교류가 이루어지고 있는 우리나라도 테러의 위협에서 결코 자유로울 수가 없습니다. 이미 IS는 우리나라를 십자군 동맹국, 악마의 연합국으로 지목하면서 테러 대상국임을 공언해 왔고, 실제 국내에 체류했던 다수의 외국인들이 IS에 가담한 것으로 밝혀진 바 있습니다.

지금은 국민안전 비상상황입니다.

국민의 생명과 안전보다도 우선하는 가치는 없습니다.

국회는 국민안전과 국가안위를 위협하는 테러에 선제적으로 대비할 책무가 있습니다. 국회가 테러방지법 제정 등 꼭 해야 할 일을 미루는 동안 만에 하나 테러가 발생한다면 우리 국회는 역사와 국민 앞에 더없이 큰 죄를 짓게 되는 것입니다. 북한의 위협은 물론 국제 테러리즘을 막기 위한 국제공조 차원에서도 테러방지법 제정은 더 이상 미룰 수 없습니다.

야당의 우려에 대해 잘 알고 있습니다. 하지만 대테러센터의 소속, 테러 관련 정보수집 권한 등 법의 본질적 취지와는 떨어진 부차적 문제로 법적 장치 마련을 더 이상 미뤄서는 안 됩니다.

대테러센터를 총리실 소속으로 두어서 컨트롤타워 기능을 맡기고 국민인권침해 소지가 없도록 인권보호관을 설치하며, 신고자 보호와 무고·날조에 대한 가중처벌 등 이중, 삼중의 안전장치를 마련하여 법안에 대한 우려를 최대한 해소했습니다.

특히 어제 국정원장과의 비공개면담을 통해서 국정원이 국민들로부터 스스로 신뢰를 회복하기 위한 후속조치를 완전하게 시행할 것을 요구하였고 국정원장으로부터 그에 대한 확고한 약속을 받았습니다. 만약 국정원이 테러방지법 시행 이후에 조금이라도 국민적 오해와 불신을 초래하는 경우 기관의 존립 자체가 흔들리게 될 것이고, 그것이 국가가 제대로 기능하지 못할 것임을 직시해야 할 것입니다.

따라서 테러방지법 제정을 계기로 국정원은 국민들로부터 100% 신뢰를 받는 기관으로 거듭나야 한다는 점을 분명히 말씀드립니다.

존경하는 국민 여러분!

국민적 비상사태에 직면하여 국가안보와 국민안전을 보호하기 위한 의장의 충정을 헤아려 주시길 바라며, 나머지 쟁점 법안은 19대 국회 내에 여야 합의로 처리될 수 있기를 간절히 바랍니다.'

여러분, 존경하고 사랑하는 국민 여러분, 이상과 같은 의장님의 발언 어디에서 여러분은 직권상정의 근거를 찾으셨습니까?

저는 찾지 못했습니다. 많은 국민들이 찾지 못했다고 말씀하십니다. 왜냐하면 지금은 전쟁 중이거나 사변, 또는 전쟁이나 사변에 준할 만큼 지금의 상황을 국가비상사태라고 보지 않기 때문입니다. 준한다는 것은 견준다는 것이고 그것에 견줄 만큼, 그것에 비교할 만큼의 상황을 이야기하는 것 아니겠습니까? 그래서 인정하지 못합니다.

물론 직권상정의 요건을 제시하고 있는 85조1항1호 천재지변은 당연히 해당 사항이 아닙니다. 테러는 천재지변이 아니지 않습니까?

3호, 의장이 각 교섭단체대표의원과 합의하는 경우도 물론 아닙니다. 왜냐하면 교섭단체대표의원들이 합의에 이르지 못했기 때문입니다.

그러면 이제 제가 이해할 수 없고 국민 여러분들이 이해할 수 없다고 하는 제2호, 전시·사변 또는 이에 준하는 국가비상사태로 판단한 것입니다. 의장님 스스로 그렇게 말씀하고 계시지요.

전시·사변 또는 이에 준하는 국가비상사태란 그런 사태가 지금 눈앞에서 펼쳐지고 있거나 목전에 다가왔거나, 그래서 그런 상황을 함께 공유하는 교섭단체대표들과의 의견의 합치가 이루어질 수 있을 때 비로소 우리는 그런 상황을 국가비상사태라고 부를 수 있을 것입니다.

그럴 경우는 정말 기다릴 여유가 없겠지요. 그 정도로 급박한 상황임을 여야 교섭단체대표가 함께 인정하는데 그 누가 그런 상황을 국가비상사태가 아니라고 이의를 제기할 수 있겠습니까?

그런데 지금 야당은 모두가 입을 맞추듯이 지금과 같은 상황이 국가비상사태가 아니라고 입을 모아 이야기하고 있습니다. 수많은 국민들이 동의하고 있습니다. 일부만의 국가비상사태가 어디에 있습니까? 만약 지금이 국가비상사태라면 지금 우리가 이렇게 한가하게 필리버스터를 진행할 수 있습니까? 국가비상사태에서 의사진행 방해발언을 할 수 있습니까?

누구도 그렇게 하지 않을 것입니다. 당연히 인정하고 함께 지혜를 모아 국가비상사태를 극복할 수 있는 논의를 진행할 것이고, 조금이라도 우리 국민들을 안심시키기 위해 국회와 우리 정부가 해야 할 일들에 대해서 국민들에게 제시할 것입니다. 국가비상사태를 단 하루라도 빨리 이겨 내고 말 그대로 국민 한 명에게도 국가비상사태로 인한 피해가 가지 않도록 하기 위해서 우리 수많은 공무원들과 정치인은 불철주야 뛸 것입니다.

우리가 이렇게 정상적인 입법활동을 하고 있는 것만 보더라도 국가비상사태 규정은 지극히 자의적이고 잘못된 것이라는 것을 감히 말씀드리지 않을 수 없습니다. 국가비상사태에 대한 해석은 어느 한 사람 개인에 의해 이루어지는 것이 아니라 그 상황에 동의하는 최소한 야당과 그리고 국민들에 의해서 이루어지는 것이기 때문입니다.

지난 12월에 의장님께서는 경제활성화법을 직권상정하라는 정부와 여당의 요구에 대해서 그때는 이렇게 말씀하셨습니다.

'지금 언론을 보면 의장에게 법의 심사기일을 지정하도록 압박을 가하고 있다는 보도를 제가 봤다. 아까도 말씀드렸습니다만 할 수 있는 것이 있고 없는 것이 있는데 의장은 어디까지나 법에 따라서 할 수밖에 없다. 지금 내가 여기 국회법과 헌법을 가져왔는데 국회법 85조에 심사기일을 지정할 수 있는 경우 잘 알다시피 세 가지가 있다. 그중에서 전시·사변 또는 이에 준하는 그러한 국가비상사태의 경우에 가능하다 이렇게 돼 있기 때문에 과연 지금 경제상황을 그렇게 볼 수 있느냐 하는 데 대해서는 저는 동의할 수가 없다.

저 개인도 그렇지만 여러 법률 자문하는 전문가들 의견도 그런 생각을 한다. 그래서 어제 제가 청와대에서 메신저가 왔길래 제가 그렇게 할 수 있는 법적인 근거를 좀 찾아봐 달라고 오히려 제가 좀 부탁을 했다. 그래서 우리 국민 여러분께서는 제가 안 하는 것이 아니고 법적으로 못 하기 때문에 못 하는 것이라는 것을 꼭 알아 주시기 바란다. 언론인 여러분들도 그 점이 오해되지 않도록 좀 도와주셨으면 하는 바람이 있다.'

이러한 의장님의 말씀을 국민 여러분께서도 기억하고 계실 것입니다.

지난 12월 일명 경제활성화법을 위해 청와대 정무수석까지 와서 국회의장에게 직권상정을 요구했지만 당시 의장님은 단호하게 말씀하셨습니다. '지금은 비상사태라고 볼 수 없으며 법적으로 할 수 있는 것이 없다' 이렇게 언급하셨지요?

그러면 그 당시 비상사태가 아니라고 판단하신 근거가 무엇이었습니까? 그리고 지금에 와서 국가비상사태가 된 근거는 또 무엇입니까? 국가비상사태에 준하는, 국가비상사태에 임해서 행정부가 하고 있는 일은 무엇이고 행정부의 조치계획들은 어떠한 것들이 있으며 국민들은 이 비상사태에 대해서 어느 정도 인지하고 있고, 하는 것들에 대해서 의장님이 파악하신 내용은 무엇입니까?

정부가 설명해야 하는 것처럼 직권상정을 한 당사자인 의장님께서도 이 부분을 당연히 소상하게 구체적으로 설명하셔야 될 의무가 있습니다. 그런데 말씀이 없으십니다. 그래서 다시 의장님의 발언 하나하나를 살펴보았습니다.

이렇게 말씀하셨지요?

'심사기간 지정의 요건인 국가비상사태에 해당하는지 여부에 대한 법률 자문과 검토를 한 결과, IS 등 국제적 테러 발생과 최근 북한의 도발적 행태를 볼 때에 국가안위와 공공의 안녕질서가 심각한 위험에 직면한 것으로 볼 수 있다는 판단을 내렸다. 현재 우리는 북한의 4차 핵실험, 장거리 미사일 발사로 국가안보와 국민안전을 심각하게 위협받고 있다. 북한이 국가기간시설에 대한 테러, 사이버테러 등 대남 테러역량을 결집하고 있다는 정부의 발표도 있었다. 국제사회의 강력한 제재에 직면한 북한이 각종 테러를 자행할 개연성이 크다는 전문가들의 지적 역시 잇따르고 있다.

또 지난해 IS의 파리 테러 이후에 터키, 인도네시아 등 국경을 초월한 테러가 빈발하고 있는 상황 속에서 세계 각국과의 활발한 인적 교류가 이루어지고 있는 우리나라도 테러의 위험에서 결코 자유로울 수가 없다. 이미 IS는 우리나라를 십자군 동맹국, 악마의 연합국으로 지목하면서 테러 대상국임을 공언해 왔고, 실제 국내에 체류했던 다수의 외국인들이 IS에 가담한 것으로 밝혀진 바 있다. 그래서 지금은 국민안전 비상상황이다.'

여러분도 그렇게 보십니까? 의장님의 견해에 동의하십니까? 국민안전 비상상황이라니요?

304명의 고귀한 생명들이 세월호에 갇혀서 바닷속에 생매장되는 이런 상황을 실시간 중계방송으로 쳐다보면서 국민들은 그때 당시의 상황을 국민안전 비상상황으로 보았을 것입니다. 어떻게 단 한 명의 생명도 구해 내지 못하는 이런 정부의 무능함을 보면서 우리 국민들은 그 당시의 상황을 국민안전의 비상상황으로 여겼을 것입니다.

전복되는 세월호 뱃머리에 해양경찰 123정이 뱃머리를 가까이 대고 무엇인가를 한 다음…… 국정조사에 참여해서 당시 지휘관으로서, 가장 가까이에 있고 가장 먼저 출동했던 현장 지휘관으로서 당신이 내린 지휘명령이 무엇이냐고 물었을 때 자신이 내린 명령이 무엇인지조차 몰랐던 그런 상황을 지켜보는 국민들은 당시의 상황을 국민안전 비상상황이라고 여겼을 것입니다.

목숨을 걸고 침몰하는 세월호 위에 올라갔다고 울먹이며 하소연하는 해양경찰에게 당신은 무슨 임무를 띠고 올라갔으며 올라가서 한 조치가 무엇이냐고 물었을 때 자신의 임무조차 대답하지 못하는, 국민의 생명을 지키는 해양경찰의 모습을 보면서 우리 국민들은 그 당시 상황을 국민안전 비상상황이라고 이야기했을 것입니다.

일어나지 않을 상황을 예비해서, 그러나 지금을 국민안전 비상상황이라고 이야기하는 것은 옳지 못합니다. 그리고 설사 그것을 국민안전 비상상황이라고 지금과 같은 사회 상황을 판단하셨다 할지라도, 우려해서 그렇게 판단하셨다

할지라도 그것을 전시나 사변에 견줄 수 있는 비상사태로 보았다는 것은 지나친 비약이며 있을 수 없는 해석입니다.

의장께서는 또 이렇게 말씀하셨습니다. '어제 국정원장과의 비공개 면담을 통해서 국정원이 국민들로부터 스스로 신뢰를 회복하기 위한 후속조치를 완전하게 시행할 것을 요구하였고 국정원장으로부터 그에 대한 확고한 약속을 받았습니다.'

정말 마음씨 좋으신 의장님이십니다. 간첩 사건을 조작하여 국민의 생명을 위협하고 인간의 인격을 파괴시키고 그 가족을 수많은 시간 고통의 몸부림 속에 떨게 했던 그런 국정원. 아직도 그에 대한 의문이 수없이 많은 의문부호로 남아 있으며 뼈를 깎는 개혁을 하겠다는 약속에도 불구하고 지켜지지 않는 약속을 국민들은 보고 있으며 그런 국정원에 대한 그 어떤 신뢰보다 나에게 국정원이 그렇게 하면 어떻게 할까라는 두려움과 공포의 대상인 그런 국정원장께서 구두로 한 약속을 믿으셨다는 말씀입니까?

개인과 개인, 사인 사이의 채무관계, 단돈 10만 원을 빌려도 법정에서의 근거가 되기 위해서는 그것을 차용증이라는 서류로 남길 것을 우리의 법원은 요구하고 있고 우리 사회는 그것을 상식으로 이해하고 있습니다. 그리고 사인 간의 채무관계에 있어서도 그런 차용증이 있어야만 가장 우선적으로 인정을 하는 것이 법원의 판단 준거이기도 합니다.

그런데 무소불위의 권력을 주는데, 무소불위의 권한을 주는데, '잘 하겠다는 확고한 약속을 받았으니 그것을 믿고 법안을 통과시켜 달라', 이게 과연 법을 만드는 국회에서 가당키나 한 이야기입니까?

법률을 만들면서 하는 약속은 동일한 법률의 다른 조항 속에 녹아 있거나 그게 아니라면 다른 법에 포함시키는 것이 상식입니다. 이것이 법률에서의 약속 아니겠습니까?

달랑 국정원장의 구두약속 하나 믿어라, '6000만 국민 모두에게 해당하는 감청, 추적, 압수수색 이런 권한, 법에 어긋나지 않게 시행하겠으니, 그렇게 국정원장이 약속했으니 우리 그것을 믿자.' 좋으신 어른의 모습은 될 수 있을지언정 국회를 대표하는 의장님이 저는 그런 발언을 하신 것에 대해서 제 귀를 의심했습니다.

또 국민의 사생활을 침해할 수 있고 불특정 대다수 국민을 감시·감찰의 대상으로 할 수 있는 그런 내용의 법안을, 누구의 의견을 들으셨는지, 그 의견의 근거는 타당한지, 그것을 믿으셨다면 그것 또한 커다란 실망입니다.

속된 말로 국정원이 반성문을 쓴 것이 한두 번입니까? 뼈를 깎는 반성과 개혁을 약속했으면서도 개혁은커녕 국정원의 터럭 하나도 건드리지 못했습니다. 그런 국정원, 그 국정원을 대표하는 국정원장의 약속을 믿어라. 하지만 어쩝니까? 어떻게 합니까? 믿을 수 없다는 것이 야당이고 믿을 수 없다는 것이 국민의 목소리입니다.

이것도 그렇습니다. '만약 국정원이 테러방지법 시행 이후에 조금이라도 국민적 오해와 불신을 초래하는 경우, 기관의 존립 자체가 흔들리게 될 것이고 나아가 국가가 제대로 기능하지 못할 것임을 직시해야 합니다.'

민간인 사찰, 정치개입, 대선개입, 댓글의혹 사건, 간첩조작 사건, 그 외에도 국정원의 잘못된 행태로 인한 국민들의 지적과 질시 때문에 국정원은 여러 차례 흔들렸습니다. 그 존립 자체가 흔들리고 또 흔들렸습니다. 거의 이번에는 넘어가겠지 할 정도로 흔들린 경우도 있었습니다. 흔들렸지만 국정원은 어땠습니까? 다시 일어났습니다. 굴하지 않고 다시 일어나 지금과 같은 또 다른 무소불위의 권력을 요구하고 있습니다. 권력의 비호 아래 더 큰 권력을 쥐어 줘야 한다고 주장합니다.

흔들려도, 쓰러지는 것처럼 보여도 다시 일어나서, 오뚝이처럼 다시 일어나서 국민 앞에 군림하려고 하는 이 국정원을 더 이상 비호해서는 안 됩니다. 오히려 국정원을 위한다면 국정원이 또 다른 오해의 근거가 되지 않고 또 다른 질시와 지적의 대상이 되지 않고 음지에서 일하고 양지를 지향하는 그 정신처럼 오직 국민을 위한 정보기관으로 다시 날 수 있도록 국정원의 개혁을 말해야 합니다. 그것이 저는 진정 국정원을 위하는 행위라고 생각합니다.

국정원의 과거의 잘못, 현재의 의문, 그게 저는 중요하지 않습니다. 앞으로도 계속될 수 있을 것인가, 이런 잘못이? 앞으로도 거듭될 수 있을 것인가, 이런 질시가? 이 속에서 국정원을 이야기할 수 있어야 되고 국정원을 이야기해야 한다고 생각합니다. 많은 분들이 국정원에서 정말 국가를 위해 헌신하는 그 정신을 다른 형태로 이용해서 스스로도 모르는 사이에 괴물이 되게 해서는 안 됩니다.

뿐만 아니라 맨 뒷부분에 또 이렇게 덧붙이셨습니다. '나아가 국가가 제대로 기능하지 못할 것임을 직시해야 합니다.'

국정원이 아니면 우리 국가 기능이 그 자체가 마비되거나 부실해질 수 있습니까? 물론 일정 부분은 부실해질 수도 있겠지요. 하지만 대한민국이 그렇게 허술하고 부실한 나라는 아닙니다.

국정원에 대한 정당한 비판과 지적으로 흔들릴 정도의 그런 나라라면 이 나라는 정말 정상이 아닙니다. 그런 상황이야말로 비상사태라고 저는 생각합니다.

최근 민주사회를 위한 변호사모임에서 나온 성명서를 보면 제가 말씀드린 이외에 직권상정의 부당함이 너무나도 명백하게 지적되고 있습니다. 이 역시 부분적으로는 여러분들께서 이미 마주하신 내용일 겁니다.

민변의 성명서 부분을 살펴보겠습니다.

법안의 내용에서 상정하고 있는 어떤 사태가 예정된다는 것을 의미하는 것이 아님은 너무나도 당연하다. 즉, 정의화 의장이 이병호 국정원장으로부터 청취한 것으로 보이는 '북한 등으로부터의 구체적인 테러 위협 정보'가 있다는 사정은 테러방지법 제정의 필요성의 논거는 될 수 있을지언정 직권상정이 가능한 '전시·사변 또는 이에 준하는 국가비상사태'에 해당할 수는 없는 것이다.

더구나 정의화 의장이 들었다는 것은 국정원의 일방적인

첩보에 불과한 것으로 확인되지도 않은 사실을 '전시·사변 또는 이에 준하는 국가비상사태'라고 하는 것은 억지에 불과하다.

나아가 직권상정이 가능하다고 해석하는 것은 국회가 독단과 독선에 의한 몸싸움 등 극단적 대결과 반목이 아닌 대화와 타협에 의하여 운영되도록 하기 위하여 도입한 국회선진화법의 취지에도 역행하는 것이다.

정의화 의장은 그간 청와대와 새누리당의 이른바 쟁점법안에 관한 직권상정 요구에 대하여 '입법부 수장이 불법임을 잘 알면서도 위법한 행동을 할 수는 없습니다'라면서 단호하게 거부해 왔고, 이러한 모습에 국민들은 지지의 의사를 표명하였다. 이번 테러방지법 직권상정 방침은 본인의 이러한 입장과도 정면으로 배치된다는 점을 지적하지 않을 수 없다.

민변의 성명서가 이렇게 지적하고 있습니다.

국가비상사태는 의장의 의견이나 전문가 몇몇의 의견에 의해서 규정될 수 없는 것입니다. 전시·사변 이에 준하는 명확한 근거와 이유가 있어야 하는 것입니다.

18대 국회에서 의장의 직권상정을 엄격하게 제한한 이유는 천재지변이나 명확한 위기 징후가 있는 상황이 아니라면 여야가 합의해서 처리해야 한다는 것, 그것 아니었습니까? 만약 비상사태라고 한다면 말이지요.

국정원은 정부와 국회의장에게만 보고해서는 안 됩니다. 그 정도의 중요하고 위급한 사항을 왜 국회의장에게만 보고합니까? 야당에게도 그런 상황에 대한 구체적이고 분명하고 정확한 보고가 있어야 될 것 아닙니까? 그렇지 않다면 국정원 자체도 현재의 상황을 심각하게 보고 있지 않다는 반증입니다.

만약 그런 비상사태인 그런 상황임에도, 그럼에도 국정원장이 야당과 공유하지 않았다면 이것은 국가가 곧 어떻게 될지도 모르는 상황을 감추는 아주 중대한 직무유기라고 저는 생각합니다.

우리가 정부와 여당만 있는 일당독재의 독재국가 나라입니까? 독재국가입니까? 야당이 국회 운영의 한 축을 담당하고 있고 법적으로나 내용적으로나 모든 면에서 역할을 하고 있는 상황에서 왜 국회의장과만 이런 소통을 하는 겁니까? 직무유기입니까, 아니면 이 상황은 비상사태도 뭐도 아닌 우리가 유의하고 주의해야 할 단계입니까? 그런 상황입니까?

그럴 수는 있습니다. 만에 하나 이렇게 해석하는 분들도 계시더라고요. 국정원장이 국회의장을 찾아가서 의장에게 '비상사태다' 이렇게 이야기하는 것은, 그래서 의장께서 국가비상사태라고 이야기한다면, 그렇게 생각하신다면 그것은 국가비상사태가 아니라 의장의 비상사태 아니냐, 또 그런 내용을 새누리당과만 공유했다면 그것은 새누리당만의 비상사태다, 새누리당의 비상사태 아니냐, 왜 새누리당의 비상사태에 대해서 우리 국민들이……

（「억지 좀 그만 쓰세요」 하는 의원 있음）

억지가 아니에요! 들어 보세요.

그렇지 않다면 사변 또는 전시에 준하는 비상사태라는 것에 대해서—누누이 말씀드리지만—정부와 국정원장 그리고 이 법을 직권상정하신 국회의장께서 최소한 가장 먼저 국회에 소상한 설명을 하셔야 되는 겁니다.

그 비상사태를 인정할 수 있도록 설명하지 않는다면 직권상정은 부당한 것이고 잘못된 것이라는 이야기를 계속할 수밖에 없는 것입니다. 그리고 비상사태에 대한 동의가 이루어지지 않는 가운데서 상정된 테러방지법은 상정 자체가 원인 무효입니다. 국가비상사태를 일부 특정인이 어떻게 판단하고 그에 따르는 조치를 할 수가 있겠습니까?

국회의장님께 마지막으로 요청드립니다.

원내에 있는 정당들이 충분한 대화와 타협을 통해서 우려하지 않는 그런 법을 만들 수 있도록, 국민들이 불안해하지 않는 법을 만들 수 있도록, 진정으로 헌법에 명시한 국민의 기본권을 지켜 줄 수 있는 그런 법을 만들 수 있도록 그렇게 해 주십시오.

존경하는 국민 여러분!

필리버스터는 무제한 토론이지만 이 토론은 대단히 제한적입니다. 제가 10시간을 하겠습니까, 20시간을 하겠습니까, 30시간을 하겠습니까, 아니면 100시간을 할 수 있겠습니까? 또 그렇게 한들 무슨 커다란 의미가 있겠습니까?

다만 이렇게라도 이 법의 부당성과 직권상정의 잘못된 점을 지적해서 이후 우리가 다시는 이런 미망에서, 미망에 빠져 허우적거리지 않도록 우리 자신부터가 각성하고 또 각성하기 위한 그런 이유 또한 있지 않겠습니까?

제 필리버스터 발언이 끝나면 단 두 분만이 남게 됩니다. 그분들이 얼마만큼 오래 의사진행을 방해하는 발언을 하셔서 또 그렇게 하신들 이 법안의 폐기로까지는 이어지지 않는다는 것을 너무나 잘 알고 있습니다.

하지만 모두에 말씀드렸듯이 이거라도 하지 않는다면 야당 국회의원으로서 제가 할 수 있는 일이 무엇이겠습니까? 그런 무력감의 한편에 절대로 이렇게 통과되게 해서는 안 된다는 절박감이 겹쳐지고 그런 마음이 제 가슴에 있는 마지막 한 방울의 말까지도 쏟아내야겠다는 의지로 이렇게 나타나고 있습니다.

대체 테러방지법이 무엇이길래, 누누이 말씀드리지만 그 제목을 보십시오. 법명을 보십시오. '국민보호와 공공안전을 위한 테러방지법'인데 이 테러방지법에 반대하면 국민을 보호하는 입장이 아니고 공공안전을 위하는 입장이 아닙니까? 그래서 반대하는 것입니까?

아닙니다. 누구보다도 먼저 국민을 보호하고 공공의 안전을 지켜야 된다는 생각으로 정말 단순한 이름표가 아니라 그 법의 취지와 목적, 그 내용들이 국민을 보호하고 공공의 안전을 이룰 수 있는, 꾀할 수 있는 그런 법이 되도록 하기 위해서 저는 이렇게 이미 다 알고 있는 내용을 부질없이 말씀드리는지도 모릅니다.

그러나 저는 그만큼 절박하고 해야 되겠기에 이제는

실제로 테러방지법이 제정되면 우리 생활에는 어떠한 영향을 미칠 수 있는지, 지금 제출되어 있는 법안이 통과되면 어떠한 영향을 미칠 수 있는지에 대해서 말씀드리고자 합니다.

국회에서 법을 만들 때—개정하거나 제정할 때—우리가 단어 하나까지, 쉼표 하나까지 살피는 것은 그러한 단어 하나로 인해서, 그러한 표현 하나로 인해서 실제로 영향을 미칠 수 있는 대상자가 있을 수 있기 때문입니다. 그래서 법은 허용하는 부분과 허용하지 않는 부분을 구체적으로 명시해서 나열하기도 하고 조금 더 포괄적으로 지칭하기도 합니다.

실제로 테러방지법이 만들어진다면 어떤 문제가 일어날 수 있는가 이것을 검토해 보는 일이야말로 이 테러방지법의 실상을 더 가까이 접근할 수 있는 방법이 될 것입니다.

대체 국민들의 생활에는 어떠한 일이 일어날 수 있는가, 어디까지 확대될 수 있는가, 우리의 가슴속에서 자라고 있는 불안의 싹은 그 크기를 어느 높이까지 높일 수 있을 것인가? 우리 가슴속에 자리하고 있는 안심의 그 무게는 도대체 어느 정도가 될 것인가?

현재 직권상정된 테러방지법안에는 테러위험인물, 테러위험인물에 대해서 이렇게 정의하고 있습니다.

"'테러위험인물'이란 테러단체의 조직원이거나 테러단체 선전, 테러자금 모금·기부, 기타 테러예비·음모·선전·선동을 하였거나 하였다고 의심할 상당한 이유가 있는 자를 말한다"

여기서 '기타 테러예비·음모·선전·선동' 이 개념이 얼마나 구체적이라고 생각하십니까? 이 개념을 적용해서 그 사람을 찾아내는 데 얼마나 직설적이라고 생각하십니까? 너무나 모호한 개념 규정입니다.

이런 식으로 학교에서 애들에게 개념을 정리해 주면서 그 대상자를 찾아내라고 한다면 학생들은 아마도 '대한민국 국민 전체'라고 이렇게 답을 쓸 것입니다.

'하였거나 하였다고 의심할 상당한 이유', 상당한 이유라는 것이 무엇입니까? 또 그런 인물은 누가 '그런 인물이다'라고 지정하는 것이지요? 또 누가 그런 인물이 아니라고 해제시켜 주는 것입니까? 그 대상이 누굽니까? 그 주체가 누굽니까? 누구에 의해서 '의심할 만한 상당한 이유가 있는 자'가 될 수 있는 겁니까? 누구에 의해서 '의심할 만한 상당한 이유자'가 되었다가 또 아니게 되는 것입니까?

테러를 선전하고 선동하는 사람도 포함됩니다. 여기서 '선전'의 개념은 무엇입니까? 테러를 옹호하고 테러를 잘했다고 이렇게 이야기하는 것만이 선전입니까? 현대사회에서 기업이 만든 상품을 파는데 혹은 제3자가 그 상품을 선전해 주면서 꼭 '좋은 상품이다'라고만 이야기하는 것이 선전입니까? 테러도 애매한 상황에서 선전, 선동이라는, 그러나 테러가 애매한데, 테러에 대한 개념규정이 애매한데 선전, 선동이라는 또 다른 애매한 내용까지 결합한다면 그 범위는 거의 무한히 마음먹은 대로 확대될 수 있습니다, 그 주체자에 의해서. 그것을 규정하고 지칭하는 주체자에 의해서 확대될 수도 있고 축소될 수도

있습니다. 이런 고무줄식, 늘리기도 할 수 있고 줄이기도 할 수 있다는 것은 전체 다를 마음먹은 대로 할 수 있다는 것에 다름 아닙니다.

그뿐만이 아닙니다. 이에 따라서 정부 정책에 반대하는 시위나 집회를 개최하는 것을 물론 그 예비, 음모, 선전, 선동을 하였거나 그 의심이 드는 사람 또한 모두 테러위험인물로 낙인찍힐 수 있는 여지가 다분합니다. 그럴 수 없다, 그게 아니다는 근거가 그 어디에 포함돼 있습니까? 때로는 정치적 견해를 말하거나 그 정치적 견해에 뜻을 전달하기 위해 집회에 가는 사람조차도 지칭하는 주체에 의해서 테러위험인물로 이렇게 선정될 수도 있습니다.

법에서 가장 금지하고 있는 것이 이런 지나친 포괄성 아닙니까? 또 테러위험인물에 대한 정보수집 관련 조항들, 정보수집 관련 조항이 제9조1항·2항·3항·4항에 나와 있습니다. 한 번 들어 보십시오.

제9조(테러위험인물에 대한 정보수집 등) 제1항 "국가정보원장은 테러위험인물에 대하여 출입국·금융거래 및 통신이용 등 관련 정보를 수집할 수 있다. 이 경우 출입국·금융거래 및 통신이용 등 관련 정보의 수집에 있어서는 출입국관리법, 관세법, 특정 금융거래정보의 보고 및 이용 등에 관한 법률, 통신비밀보호법의 절차에 따른다." 법률에서 엄청나게 다른 개념이 있습니다. 적용대상에 따라서 '뭐뭐 할 수 있다'와 '뭐뭐 하여야 한다'는 것입니다. 법률조항이 '뭐뭐 하여야 한다'라고 표현되면 그것은 의무사항입니다. 반드시 그렇게 해야 되는 것입니다. 그런데 '할 수 있다' 하는 것은 해도 그만 안 해도 그만입니다. 해도 되고 안 해도 되는 것입니다. '할 수 있다' 하는 여건을 만들어 놨을 뿐입니다. 여기서 마치 그렇게 할 수 있는 여건을 만들어 놓은 것처럼 보이지만 이것은 언제든지 '하여야 한다'보다도 오히려 더 자의적인 해석이 가능하도록 하는 교묘한 용어 바꿔치기를 하고 있습니다. 과연 네이밍의 선수들이고 그리고 표현의 달인들입니다. 마치 평상시에는 안 하다가 어쩌다가 한 번 그런 상당한 사유가 있을 때, 그런 때만 '할 수 있다'로 해 놓은 것처럼 이렇게 표현이 되어 있습니다.

테러위험인물에 대한 정의가 모호한 반면에 정보 수집이나 제재, 프라이버시 침해, 추적 이런 것에 대한 국가정보원의 권한은 지나치게 포괄적이어서 이것은 심각한 인권침해의 우려가 있다, 이렇게 보는 것이 테러방지법의 문제점을 지적하는 거의 모든 분들의 공통점입니다. 또 테러인물에 대하여, 테러위험인물에 대하여 특정금융거래정보의 보고 및 이용 등에 관한 법률, 통신비밀보호법 등이 정한 절차대로 정보를 수집한다 이렇게 해 놓고 있습니다.

그런데 이상하지 않습니까? 그런 법이 있어서 그런 절차대로 한다면 그 법 가지고도 얼마든지 할 수 있는 것 아니겠습니까? 왜 굳이 이걸 만들어서 우월적 지위를 부여하는 거지요? 그런 법들이 있어서 그런 법이 정한 절차대로 정보를 수집한다 하면 그런 법대로 하면 될 것

아닙니까? 법은 많아야지, 법은 많을수록 좋은 겁니까? 어떤 법률학자는 인간세상의 법률은 적을수록 좋다고 하지 않았어요? 있는 것을 또 만들고 또 만들고 이중 삼중으로 해서 우월적 지위를 부여하는 법을 만들고, 나머지 법들은 전부 다 뭡니까? 그러면 나머지 법들은 전부 다 졸이 되는 겁니까? 그 법들이 정하고 있는 고유의 목적과 취지 이런 것들은 모두가 다 테러방지를 위한 법에 예속되어서 하위법으로 전락하는 겁니까?

개인정보와 위치정보를 요구할 수 있는 권한, 이것에 대해서는 어떤 절차적 통제를 가하고 있지 않습니다. 단순히 '요구할 수 있다' 아까 말씀드렸듯이 그렇게만 규정함으로써 우리 법이 이야기하고 있는 영장주의 혹은 그에 준하는 절차와 통제로부터 완전히 자유롭습니다. 국민 여러분이 어디에 있는지, 어디서 무엇을 하고 계신지, 몇 시에 출근해서 어디를 거쳐 어디를 향하고 있는지, 점심은 어디서 누구와 먹었는지, 차는 어디에서 누구와 마셨는지 마음만 먹으면 다 들여다볼 수 있다는 것 아닙니까? 그 권한을 가진 사람이 어떤 절차를 거치고, 어떤 통제를 받는지 이것 자체가 너무나 불분명합니다.

(정의화 의장, 이석현 부의장과 사회교대)

그래서 우리는 이런 테러방지법에 대해서 심각한 우려를 표명하고 있는 것입니다. 절차와 통제로부터 완전히 자유롭다, 이것은 과도한 법집행이 이루어질 가능성이 매우 높다는 것이고, 그러한 과정과 절차를 준수하도록 하는 많은 법률이 있음에도 불구하고 지금까지 눈에 보이지 않게 그런 절차와 과정을 뛰어넘어 왔는데 이제는 공공연하게 이런 것을 법률에 못 박아서 사실상 음성적인 활동을 양성적인 활동으로 만들자는 것, 저는 그것이 테러방지법의 개인정보와 위치정보를 요구할 수 있는 권한이라고 생각합니다. 절대로 있을 수 없는 일입니다.

실제로 지난 2010년 G20 정상회의 경호안전을 위한 특별법이라는 게 있었습니다. 여기에는 극도로 단순한 9개의 직무규정만으로 정상회의 중인 주변 상인의 영업을 완전히 폐쇄했고, 회담장 주변 도로에 철제 방어벽을 설치했고, 바리케이드를 설치했고, 일반인의 출입을 원천 봉쇄했으며, 지하철은 정차 없이 지나가도록 했습니다. 회의장 안팎에는 경찰 1000여 명을 배치했고, 200여 개의 경찰부대를 동원해서 행사장 집단 진출 그리고 기습시위에 대비했습니다. 차단선을 구축했습니다. 사실상 9개 규정만으로 모든 종류와 모든 형태의 수상한 움직임을 봉쇄했습니다. 단 9개의 법률 조항만으로 말입니다.

그런데 테러방지법은 어떻습니까? 단 9개 법률 조항입니까? 단 9개의 법률 조항에도 이렇게 모든 것을 통제할 수 있었는데 이 테러방지법이 지금 현행대로 그대로 통과되어 시행된다면 어떤 모습으로, 최악의 경우 어떤 모습으로까지 나타날 수 있을까요? 이것을 염려하는 것이 지금 현재 테러방지법을 반대하고 있는 가장 중요한 이유 아니겠습니까?

법이 의도하지 않은 형태로 나타날 때 그 법을 고치는

곳이 국회이고, 그런 법이 만들어지지 않도록 사전에 조정하고 조율하는 곳 역시 국회입니다. 그래야 제대로 된 법이라고 할 수 있지 않겠습니까?

그렇게 제대로 만들었다고 하는 법도 시행하다 보면 여러 가지 문제점이 나타납니다. 그래서 또 개정을 하게 되고 또 개정을 하게 됩니다. 그런데 그런 과정과 절차 없이 그것을 단숨에 뛰어넘어서 원안대로, 수정안 제출한 대로 그대로 통과되고 만다면 도대체 법을 개정하고 만드는 국회의 의미는 어디에 있는 것입니까?

많은 국민들께서 걱정하시고 불안해하시는 감청, 이 무분별한 감청, 이것이 이루어질 가능성은 없습니까? 없다고 자신할 수 있습니까? 어떤 근거로요? 어떤 내용으로? '무분별한 감청은 절대로 일어나지 않을 것이다' 누가 이렇게 이야기할 수 있습니까? 과도하게 집행되면 지금 현행대로의 법은 사실상 영장 없이 감청하는 것과 유사한 그런 효과가 나타날 소질이 다분합니다.

감청을 할 때 당연히 우리는 영장을 발부받아야 되지요. 통신비밀보호법조차도 이미 국민의 통신비밀을 보호하는 데 제 기능을 하지 못하는 무기력에 빠져 있다, 무기력한 법이다, 이런 평가를 듣고 있는 게 현실입니다. 이런 상황에서 테러방지법이 제정된다면 형식적인, 이제는 형식적인 영장주의조차도 무력화될 수밖에 없을 것입니다.

국민들의 사생활은 낱낱이 까발려질 것이고, 모든 국민들은 감시자의 손바닥 위에 있는 것처럼 일거수일투족을 감시당하고 그리고 노출되게 될 것입니다. 테러방지법이 무슨 손오공법도 아니고, 손오공을 손바닥 위에 올려 놓고 보는 것처럼 그런 손오공법도 아니고 무슨 법이 이래서야 되겠습니까?

현행 통신비밀보호법 제5조에 따르면 사실상 내란이나 외환, 공공의 안전을 해하는 죄, 폭발물에 관한 죄, 방화와 실화에 관련된 죄, 살인의 죄, 협박죄, 약취·유인·인신매매, 사기와 공갈, 국가보안법에 규정된 범죄, 군사기지 및 군사시설 보호법에 규정된 범죄, 폭력행위등처벌에관한법률에 규정된 범죄, 총포·도검·화약류 등의 안전관리에 관한 법률에 규정된 범죄, 이런 범죄 등 테러와 연관될 수 있는 사실상의 모든 범죄에 대해서 수사를 목적으로 하는 수사기관이 통신제한조치를 법원에 요구할 수 있게 하고 있습니다.

다시 말해서 감청과 검열을, 이러한 법들에 의해서 이러한 죄들에 대해서는 통신비밀보호법의 감청과 검열을 법원을 통하여 할 수 있도록 하게 하고 있다는 것입니다. 그런데 왜 이런 조항이 필요합니까? 그것이 없어도 할 수 있는데……

지금도 국정원은 역시 국가보안법 사건 수사를 위해서는 통신제한조치를 법원에 충분히 요구할 수 있습니다. 그런데 왜 또 이런 조항을 군이 만들겠다는 것입니까?

또 국정원은 현행 통신비밀보호법만으로도 수사가 아니라 단순한 정보수집을 위해서 통신제한조치를 법원에 요구할 수 있습니다. 수사의 목적이 아니라 단순한 정보수집을 위해서도 요구할 수 있다는 말입니다.

통신비밀보호법 제7조는 수사가 아니라 단순한 정보수집 목적을 위해서도 국정원이 통신제한조치, 다시 말해서 감청 등을 취할 수 있도록 이렇게 규정하고 있습니다.

그런데 이 정보수집 요건이 '국가안전보장에 대한 상당한 위험이 예상되는 경우' 이렇게 모호하고 추상적인 것으로 표현되고 있어서 구체적인 범죄혐의가 없어도 감청이 현재 상태에도 가능한 상황입니다. 물론 영장이 필요하긴 합니다. 통화하는 사람 중 적어도 1명 이상이 내국인일 경우 고등법원 수석부장판사의 영장, 다시 말해서 허가를 받도록 되어 있습니다. 하지만 현실에서 법원이 국정원의 요청에 대하여 제대로 심의하고 있습니까? 나중에 보여 드리겠지만 고등법원의 영장기각률, 얼마나 된다고 생각하십니까? 해에 따라 몇 회 부분적으로 있기는 하지만 영장기각률 0%인 해가 더 많습니다. 단 한 번도 1년 내내 법원이 국정원의 감청 영장에 대해서 영장을 발부해 주지 않은 적이 없다고 하는 것입니다. 매번 다 해 줬다고 하는 것이지요.

그런데 테러방지법에서는 이것이 있는데도 왜 또 더 집어넣습니까? 왜 법에 옥상을 만들려고 합니까? 법에 만든 옥상이 국정원을 아무도 원하지 않는 괴물로 만들 수도 있는데 왜 그런 내용을 테러방지법에 포함시켜 통과시키겠다고 하는 것입니까?

사법연감에 의하면요, 고등법원의 수석부장판사의 통신제한조치 허가는 말씀드렸던 대로 거의 국정원이 원하는 대로 해 주고 있어서 기각률은 거의 0%에 머물고 있습니다. 제가 나중에 매년, 최근 10년간의 내용을, 그 기각률을 여러분에게 보여 드리도록 하겠습니다.

뿐만 아닙니다. 현행법에도 긴급통신제한조치, 통신비밀보호법 제8조지요, 이런 예외규정이 있어서 국정원이 영장 없이 먼저 외상으로 감청을 시행하고 나중에 외상값을 갚도록 하듯이 법원의 허가를 나중에 받도록 하는 제도까지도 허용하고 있습니다. 영장 없이도 먼저 감청하고 나중에 영장을 받는다는 것이지요. 이런 것까지도 현행 통신비밀보호법 제8조가 보장해 주고 있는 겁니다.

한마디로 지금도 영장주의 이것은 제대로 작동하고 있지 못합니다. 감청해 놓고 나중에 영장 신청하는데 그것을 기각시킬 판사가 누가 있겠습니까? 여러분이라면 그것을 기각시키실 수 있으시겠어요?

그래서 이런 것 때문에 수년 간 시민사회단체에서는 '통신비밀보호법을 개정하자, 그래서 국정원이 감청 영장을 신청하는 요건을 제한하자, 어떻게? 국가의 존립에 직접적이고 상당한 위험이 예상되는 경우에 한하여 이렇게 제한하자' 이런 요구들을 하고 있는 것입니다. 그런데 이제는 그것보다 더 손쉽게 할 수 있으면 다음에 국민들의 요구, 시민사회 요구는 무엇이 어떻게 돼야 할까요?

그런데 말씀드렸듯이 테러방지법이 제정되면 상황은 더욱 심각해집니다. 직권상정된 테러방지법안에는 통신비밀보호법의 비밀보장 이 기능을 대폭 약화시키는 독소 조항이 제가 보기에는 넘치도록 가득합니다.

다시 말해서 국정원이 정보수집을 위해 감청 영장을 요구할 수 있는 요건이 대폭 완화된다는 것입니다. 그렇게 되면 여러분의 통화는 통화상대뿐만 아니라 보이지 않는 곳에 국정원과 함께 통화하는 이런 현상이 발생할 수 있습니다.

테러방지법 부칙 제2조제2항에 따르면 국정원이 감청을 신청할 수 있는 사유가 이렇게 돼 있습니다. '국가안전보장에 상당한 위험이 예상되는 경우뿐만 아니라 대테러활동에 필요한 경우' 이렇게 확대될 것이기 때문입니다.

'대테러활동에 필요한 경우', 모든 것이 대테러활동에 필요한 경우 아니겠습니까? 작전을 수행하는 작전 수행자들은 가용한 모든 수단을 동원하여 그 작전을 성공적으로 이끌어야 하는 것입니다. 사람의 목숨을 구하러 왔으면 가용한 모든 수단과 방법을 동원하여 그 사람의 목숨을 구해야 하는 것이지요.

● 부의장 이석현 정진후 의원님, 말씀 수고가 많으십니다.
방청석 소개를 잠시 드리겠습니다.

지금 이종걸 의원 소개로 4인, 심상정 의원 소개로 2인, 문희상 의원 소개로 1인 등이 방청을 하고 계십니다. 심야에 정말 국회에 대한 관심을 가져 주셔서 너무 감사합니다.

정진후 의원님, 말씀 계속하시지요.

아, 물 마실 동안 제가 한마디……

지금 이번 필리버스터가 우리 의원님들이 대한민국의 참 뜨거운 응어리를 토해 내는 힐링의 공간이 됐다는 점에서 힐리버스터가 됐습니다.

국민들이 공감을, 우리 의원님들의 발언을 시청하면서 많은 공감을 형성했습니다. 이러한 공감이 앞으로 정치권에 대한 신뢰와 무관심을 풀어내는 그런 계기가 되기를 바랍니다. 저도 힐링이 많이 됐고 가슴이 어떤 때에는 말로 표현 못 할 그런 감동으로 가득 차기도 했습니다.

감사합니다.

● 정진후 의원 따라서 테러방지법안 부칙 제2조2항 '대테러활동에 필요한 경우' 이렇게 지칭하는 것은 그 대상을 어떤 제한도 없이 확대할 수 있는, 확대될 수 있는 그런 여지로 만들어 버리는 것입니다.

그렇지 않습니까? 작전을 수행하는데 필요하다면, 이것도 필요하고 저것도 필요하다, 모든 것이 필요하다, 실제로 작전에 그것을 사용하지 않는다 할지라도 필요성에 의해서 신청이 됐고 그 필요성은 모든 상황에 대해서 정당성으로 인정받게 되는 것입니다.

이런 법이 어디 있습니까? 차라리 '국정원은 모든 것을 다 할 수 있다' 이 조항 하나면 되지요. 뭐 하러 이렇게 나열해서 만듭니까?

그런데 이 테러방지법안에 따르면 대테러활동 제2조제6호 여기에는 테러 관련 정보의 수집, 테러위험 인물의 관리, 위험물질의 안전관리, 국제행사의 안전확보 등 무수히 많을 뿐만 아니라 관리 또는 안전확보라는 보통 법률에서 사용하지 않는 모호하고도 포괄적인 용어까지를 사용하고 있습니다. 이 모든 경우에 국정원은 감청 영장을 신청할 수 있게 되는 것입니다. 그것도 긴급한 경우에는 사후에, 외상으로…… 차라리 모든 것을 다 할 수 있다라고 하면 편하지 않습니까? 그러면 그렇게 알지요.

아무리 꼼꼼한 판사라고 하더라도 법규정 자체가 모호하다면 국정원이 요구하는 대로 영장을 내주지 않을 도리가 없을 것입니다. 지금도 기각률 거의 0%인데 이런 형태로 포괄적이고 추상적이 되면 그 어떤 판사가 영장에 대해서 제동을 걸겠습니까? 거듭 말씀드리지만 외상도 있는데.

또 뭐가 어떻다, 저게 저렇다, 이게 이렇다, 마음대로 내 주지 않으면, 이렇게 이유를 들면서 마음대로 영장을 발부해 주지 않으면 국정원은 그럴 것 아니겠어요, '그러면 법대로 하세요, 법대로. 대테러활동에 필요한 경우입니다. 대테러활동에 필요한 경우인데 무슨 다른 소리를 하십니까? 법대로 하세요. 저는 대테러활동에 필요해서 영장을 발부받으러 왔는데, 제가 대테러활동에 필요하지 않다면 무엇 때문에 영장을 신청하겠습니까? 그런데 법에는 대테러활동에 필요한 경우로 이렇게 명시되어 있습니다. 법대로 해 주세요'. 판사 아니라 그 어떤 전지전능한 능력을 가지고 있는 사람이라 할지라도 이것에 대해서 다른 어떤 이의를 제기하겠습니까?

그렇게 해서 발부받은 영장이 정당한 영장이었는지 아니었는지 이것을 심사하거나 이것을 규명할 수 있는 그 어떤 장치도 없는데, 모든 것을 마음대로 할 수 있는 법 아닙니까? 이것을 어떻게 국회가 만든 법률이라고, 국회가 만든 법이라고 이야기할 수 있습니까? 억지가 아니라면, 정상적이라면 대한민국의 국회의원이 이런 법을 만들 수 있습니까?

따라서 금방 말씀드린 그 조항은 결과적으로 우리나라에 영장제도는 있으나마나 한 것이 되고 말게 하는 그런 법입니다. 단 몇 개의 단어로, 단 하나의 조항 그 속에 있는 몇 개의 단어로 헌법이 규정한 영장주의를 무력화시켜 버립니다. 나중에 이 법이 그 문제점을 확인해서 고쳐진다 하더라도 그동안에 이런 조항 때문에 일어날 피해, 누가 보상합니까? 그것을 단돈 몇 푼 물질적 보상으로 끝내면 그만입니까? 그럴 수 있는 조항도 없습니다.

또 추적이라는 개념 이것도 너무 모호합니다. 쫓는 것 아닙니까? 쫓는 것, 추적이. 우리는 이런 잘못된 추적을 가리켜서 사찰이라고 지칭하면서 사찰은 이루어지지 않아야 되고 그 사찰로 인해서 국민들의 불안은 상상할 수 없을 정도로 증대되고, 도대체 법이 인간을 이롭게 하는 법이 아니라 인간을 불안하고 인간을 주눅 들게 하는 법이다, 인간 생활의 편의를 위한 법이 아니라 인간을 속박하는 법이다 하면서 사찰의 부당성을 제기해 왔습니다. 이것을 좀 더 나은 형태로 바꾸어야 되지 않겠습니까? 최소한 지금 우리가 살고 있는 2016년의 국제기준과 우리 사회의 보편적 요구와 이런 대등한 관계로 법을 바꾸어야 되지 않을까요?

그런데 지금까지 국정원을 비롯한 국가기관들이 정보수집을 빌미로 해서 사실상 민간인 사찰을 자행해 왔다는 사실을 감안한다면 더 나은 법으로 만들지는 못할망정 더 큰 우려를 자아낼 수 있는 독소 조항이다 이렇게 지적하지 않을 수 없습니다.

제일 무서운 게, 제일 두려운 게, 제일 불안한 것이, 제일 마음 찜찜한 것이 무엇입니까? 누군가가 자기 뒤를 따라다니면서 자기가 무엇을 하고 있는지를 캐고 있다는 사실을 알았을 때 아닙니까? '나는 지은 죄가 없기 때문에 괜찮아요', 그렇습니까?

직권상정된 테러방지법 이것은요 통신비밀보호법에 따라서 감청을 하도록 하고 있고, 그리고 통비법상 감청은 통신사로부터 감청설비를 제공받기도 합니다. 그렇지만 정보나 수사기관이 감청 장비를 직접 보유하고 감청을 집행하는 경우도 포함하고 있습니다. 이미지 카피하기 위해서 장비 들고 가서 그냥 죄다 드러내면 그것으로 끝나는 것이지요. 장비까지 보유해서 다니는데 무엇이 거칠 게 있습니까?

영장을 발부하는 사유는 대단히 포괄적이어서 관계가 있다고 이야기하면 무조건 해 주어야 되는 것이고, 그런 영장 없이도 먼저 하고 그리고 나중에 영장을 발부받아도 되도록 하고 있는데, 그리고 이런 장비까지 가지고 다니면서 할 수 있도록 하고 있는데 무엇이 거칠 것이 있겠습니까? 그야말로 큰 길이 열린 것입니다. 거칠 것 없는 대도무문이 바로 여기에 있는 것 아닙니까?

대표적으로 2005년에 안기부 X파일 사건 당시에 안기부는 X25라는 통신사 중계기 부착형 감청 장비도 운영했지만 CAS라는 직접 감청 장비를 개발 및 사용했다는 사실이 드러났습니다. 2015년 이탈리아 해킹팀 사건 당시에도 해킹 프로그램은 국정원이 직접 구입했고 운용했던 것 아닙니까?

이렇게 법을 만들었으니까 법대로 하면 별문제 없을 것이다? 지금은 안전합니까? 지금도 사실을 살펴보면 소름이 돋지요. 한번 보시겠습니까?

(자료를 들어 보이며)

이것이 통신자료 제공사실 확인서라는 것입니다.

가입자명, 이동전화번호, 생년월일, 성별, 신청일, 제공요청 기관 서울지방경찰청 등 16건, 문서 제목, 제공 사유, 전기통신사업법 제83조제3항에 따른 법원, 여기에서 인터넷 등을 이용한 범칙사건의 조사를 하기 위해서 국가안전 보장에 대한 위해를 방지하기 위한 정보수집 차원에서 그것을 목적으로 한 겁니다. 제공일자, 제공한 통신자료 내역.

자, 이렇게 개인이 요청했을 때 이와 같은 사실이 알려졌습니다. 이것을 개인에게 알려 주지도 않습니다. 내 통신자료가 감청되었는지, 수집되었는지, 누구에 의해서 누가 털어 갔는지, 언제 털어 갔는지 우리는 전연 알 수 없습니다. 통보받지 못하고 있어요. 이것은 개인이 통신사에 요청해서 혹시라도 내 통신자료가 제공된 사실에 대해서 확인해 달라는 요청을 했을 때 통신사에서 답변해 준

내용입니다. 그 이전까지, 그것을 요청하기 전까지는 이 개인은 전혀 알지 못했어요.

통신자료 제공내역, 서울지방경찰청, 국가정보원, 남대문경찰서, 서울지방경찰청, 국가정보원, 국가정보원. 한 개인에 대해서 이렇게 요청한 거예요, 이런 법이 없이도. 그런데 또 이렇게 한다고요? 더 포괄적으로 한다고요?

(● 황영철 의원 의석에서 ─ 어떻게 아셨어요?)

말씀드릴게요. 계속해서 보십시오.

개인의 통신자료에 대해서, 가져간 내역들이에요. 어떻게 알았냐고요? 각 통신사별로 통신자료 제공내역을 조회하는 방법이 다 달랐어요. 이것은 법적으로 나중에 보완해야 될 내용 같지만 현재 상황에서는 각 통신사별 통신자료 제공내역 조회 방법이 다 다릅니다.

먼저 방법부터 알려 드리겠습니다.

SK텔레콤, 홈페이지 로그인을 하면 페이지 하단에 이용내역 조회가 나옵니다. 그것을 클릭하시고 들어가셔서 개인정보 이용내역 조회 이것을 클릭하시면 됩니다. 그러면 '통신자료제공 사실 열람 요청합니다' 이렇게 하시면 본인 인증을─이동전화일 경우가 선택이 용이하겠지요?─합니다. 그래서 개인정보 수집 동의 및 안내 확인 후에 통신자료제공 사실 확인서를 요청합니다. 이렇게 신청하면 신청한 메일 주소로 7일 뒤에 결과가 오게 됩니다. 메일로 전송된 PDF 파일을 클릭하고 비밀번호, 생년월일 6자리를 입력하면 확인해 볼 수 있습니다.

KT, 홈페이지 로그인을 하면 홈페이지 하단에 주요 안내란 나오는데 주요 안내란을 클릭하시면 됩니다. 그다음 통신자료 제공내역을 클릭합니다. 화살표를 클릭해서 우측으로 이동해야 이 메뉴가 보입니다. 평상시에는 숨어 있습니다. 그래서 본인 인증을 받습니다. 그리고 마찬가지로 정보 수정 해서 통신자료 제공내역 열람신청을 합니다. 그로부터 KT는 하루나 이틀 뒤에 신청한 이메일로 내역 발생 회신이 옵니다.

그다음 LG, 홈페이지를 접속해서 로그인합니다. 하단에 개인정보 이용내역 나오면 역시 클릭합니다. 통신자료제공 사실 열람신청을 합니다. 인증 절차에 가입합니다. 개인정보를 입력합니다. 신청 완료하면 일주일 내에 회신이 옵니다. 이렇게 해서 받아 본 내역이 금방 제가 보여 드렸던 내역이었습니다.

통신 사실 확인과 달리, 그러니까 이름과 주민번호, 주소 등을 무작위로 볼 수 있는 통신사실 확인과 달리 통비법 규제를 받지 않는다. 전문가들은 법원 허가받고 수사기관 제공 공지해야 한다고 하지만 사실상 이렇게 이루어지고 있지 않다는 겁니다.

이 내용이 그대로 실린 신문기사를 제가 읽어 드리겠습니다.

민주노총 홍보실 ㅅ 아무개 씨의 SKT 통신자료제공 사실 확인서. '혹시나 싶어서 통신사에 조회해 보니 국정원과 경찰에 내 개인정보가 제공되었던 것을 직접 확인할 수 있었습니다' 이렇게 답하였습니다. 경찰과 국가정보원이 수사 등을 명분으로 이동통신사에 통신자료 제공을 요청해 들여다본 정황이 드러나자 한 누리꾼이 통신자료 제공내역 조회방법을 소개하고 나서서 관심을 끌고 있다. 제가 소개해 드린 것이 여기 사이트에 나와 있는 것이었고 그대로 시행을 해 본 결과입니다.

박병우 전국민주노동조합총연맹 대외협력실장은 지난 26일 자신의 페이스북에, 이동통신사들이 경찰, 국정원 등에 개인정보 자료를 제공하고 있음을 알리며 문제점을 지적했다. 그는 민주노총 사무총국 몇 사람의 자체 조회 결과, 국정원과 경찰에 이들의 통신자료를 통신사들이 제공한 내역이 있었다. 하지만 통신사는 단 한 번도 그런 사실을 가입자들에게 알려 주지 않았다면서 테러방지법은 이미 현재진행형이 아닌가 하고 반문했다.

박 실장은 이어 통신사에 조회해 보시면 깜짝 놀랄 만한 결과를 받아 보실 것이라면서, 심지어 자체 조사를 해 본 한 사람은 집회 참석조차 하지 않았는데 경찰 쪽에서 집회 당일 상황을 알기 위한 조회를 했다고 설명했다. 그러면서 통신사별로 경찰이나 국정원 등에 제공한 통신사 자료내역을 조회하는 방법을 기록해 두었다. 세 개의 통신사인 SK텔레콤, KT, LG유플러스 '정보제공 내용 열람신청 방법은 다음과 같다' 하면서 아까 제가 말씀드렸던 조회방법 이것을 소개하고 있습니다.

이 민주노총 홍보실 ㅅ 아무개 씨의 SKT 통신자료 제공내역을 보면 국정원, 경찰 등에서 개인정보를 요청한 사실이 낱낱이 확인되고 있습니다.

실제로 민주노총 홍보실 소속의 이 ㅅ 씨는 자신이 이용하는 통신사인 SKT 정보제공 내용 열람신청을 했고, 29일 한겨레가 입수한 ㅅ 씨의 SKT 통신자료제공 사실 확인서를 보면 국정원과 서울지방경찰청, 경기지방경찰청 등은 2015년 3월 10일부터 지난달 5일까지 ㅅ 씨의 통신자료를 요청했다. 요청 사유는 전기통신사업법 제83조제3항에 따라 법원, 수사기관 등의 재판, 수사, 형의 집행 또는 국가안전보장에 대한 위해를 방지하기 위한 정보수집이라고 밝혔다.

이 내용 자체도 어마어마하게 포괄적이고 광범위하지 않습니까? 도대체 여기에서 벗어날 수 있는 게 뭡니까? 법원이나 수사기관 등의 재판, 수사…… 수사는 이 사람에 대한 수사도 될 수 있고 다른 사람을 수사하다가 이 사람의 상황을 알아 볼 수도 있는 것 아니에요?

수사, 형의 집행 또는 국가안전보장에 대한 위해를 방지하기 위한 정보수집. 국가안전보장에 대한 위해, 국가안전보장에 위해를 끼칠 수 있는 사항을 방지하기 위해서 정보수집을 하고 있다는데 그 어떤 법원에서 그 어떤 판사가, 단순하게 이렇게만 해도 법에 충분히 영장이 발부될 수 있는 요건을 갖추었다고 하는데 발부를 거부할 판사가 어디에 있겠습니까? 실제로 지금도 그래서 이렇게 무제한 감청이 이루어지고 있습니다.

자기도 모르는 사이에, 나도 알지 못하는 사이에 내 통신내역이 전체가 빠져나가서, 원하는 만큼 빠져나가서 다른 사람에 의해, 다른 국가기관에 의해서 들여다보여지고 있는 것입니다.

통신자료제공 요청은 통신 이용자의 이름과 주민등록번호, 그리고 주소, 전화번호 가입·해약 여부를 확인할 수 있다. 통화 내역, 위치 정보까지 확인하는 통신 사실 확인과 달리 통신비밀보호보장법, 통비법의 규제를 받지 않는다. 법원의 허가 없이 수사 관서장이 이동통신사에 요청할 수도 있다. 이를 근거로 국정원과 경찰은 C 씨의 개인정보를 열여섯 번이나 들춰 봤다.

C 씨는 한겨레와의 통화에서 경찰 소환 대상자도 아닌데 1차 민중총궐기 이후 열두 차례나 무차별적으로 정보기관에 나의 개인정보가 제공됐다면서 설마설마 했지만 통신자료제공 내역을 직접 조회해 보니 개인정보가 아무런 설명도 없이 정보기관에 공개돼 당혹스럽다고 말했다.

민주노총이 펴내는 노동과 세계의 소속 사진 기자인 ㅂ 씨의 개인정보도 지난해 12월 일곱 차례나 서울지방경찰청과 남대문경찰서 등이 요청해서 가져갔다. 민중 총궐기 집회에 참여하지 않은 민주노총 홍보실 ㅇ 씨의 통신자료 여섯 건도 서울지방경찰청이 통신사에 요청해 가져간 사실이 확인됐다.

민중총궐기 집회 이후 경찰과 국정원이 수사를 이유로 통신자료 요청을 마구잡이로 이용한 것이 아니냐 하는 의혹이 제기됐다.

이지은 참여연대 공익법센터 간사는 주소, 주민등록번호, 연락처 등을 안다는 것은 가장 중요한 개인정보를 얻어 가는 것이라면서 경찰 수사에 필요하다는 명분만으로 통신사에서 개인정보를 제공받는다면 그 대상이 포괄적으로 늘어날 수 있는 문제가 있어서 법원의 허가를 받을 수 있도록 해야 한다고 말했다.

이 간사는 최근 휴대전화 서비스나 포털사이트 서비스를 이용하려고 할 때도 개인정보를 등록하는데, 범죄의 혐의가 입증되지 않은 상황에서도 정보기관이 개인정보를 가져간다고 하면 누구든지 위축되고 자기 검열을 할 수밖에 없다고 지적했다.

수사기관이 법원의 영장 없이도 가입자들의 개인정보를 가져가는데도 정작 당사자들에게 이 사실을 통지하는 절차도 마련되어 있지 않다.

정민영 변호사는 얼마 전까지 이동통신사는 이용자들의 개인정보가 수사기관으로 제공되었는지 여부조차 확인해 주지 않았다면서 이용자들의 개인정보가 수사기관에 제공되었다는 사실을 통신사가 이용자에게 고지하도록 관련 법 규정의 개정이 필요하다고 말했다.

이것이 2016년 오늘의 상황입니다. 오늘의 상황도 영장 없이도 나의 사생활을 들여다볼 수 있습니다. 나의 사적 개인정보를 나한테 아무런 고지 없이 뽑아 갈 수 있습니다. 그것으로 무엇을 하는지, 그것으로 무엇을 할 것인지, 그것으로 무엇을 했는지 나는 알지 못합니다. 아무런 통보조차 받지 못했습니다. 이것이 우리 국민들의 하소연입니다. 우리 국민들이 이야기하는 불안의

내용입니다. 이것이 우리 국민들이 이야기하는 테러방지법이 가져올 수 있는 폐해에 대한 증언입니다.

그래서 테러방지법은 더 많은 논의가 필요합니다. 이름만으로 테러를 방지하는 것이 아니라면, 그리고 그 이름으로 수많은 국민들에게 불안과 공포를 야기할 수 있다면 그것은 테러를 방지하는 것이 아니라 인격에 대한 테러를 자행하는 것이기 때문에 더 많은 논의와 더 많은 점검이 필요합니다.

국정원이 통신자료뿐만 아니라 금융정보를 마음대로 들여다볼 수 있다 하는 이것도 너무나 심각한 문제입니다.

(● 이노근 의원 의석에서 — 어떻게 마음대로 들여다봐요, 들여다보기는?)

들어 보세요! 언제, 이제 들어오셔서 가지고 그래요?

(● 이노근 의원 의석에서 — 이제 들어온 게 아니라 일찍 왔어요.)

들어 보세요!

(● 박원석 의원 의석에서 — 관련 있는 내용인데 왜 지금 방해를 해요!)

나는 지금 법안에 대해서 이야기하고 있어요. 나와서 토론을 하십시오.

(● 박원석 의원 의석에서 — 발언권 얻고 이야기하세요!)

● **부의장 이석현** 잠깐만요.

● **정진후 의원** 그것은 방해행위예요.

(● 이노근 의원 의석에서 — 어떻게 마음대로 들여다봅니까?)

● **부의장 이석현** 정진후 의원님 발언 계속하시고……

새누리당 이노근 의원님 나오셨군요. 의원님과 발언자 간에 이렇게 주고받고 하는 것은 안 되게 되어 있습니다. 우리 국회법 제99조가 모든 발언은 의장의 허락을 받아서 하라고 되어 있으니까 잠깐 들어 보시고……

정진후 의원, 계속하십시오.

● **정진후 의원** 토론을 진행하거나 국회 활동을 하면서 저는 최대한 제가 지킬 수 있는 예의를 지키기 위해서 노력해 왔다고 생각합니다. 그리고 다른 분들에 대한 존중과 존경도 여전히 가지고 있는 제 마음의 기본으로 이렇게 표현하고 대하고 있습니다.

그러나 저도 인간이기에 때로는 화를 내기도 하고 소리를 지르기도 합니다. 갑자기 그렇게 말씀하셔서 제가 소리를 지른 것에 대해서는 미안하다는 말씀을 드립니다. 그러나 제가 제 생각을 이야기할 수 있는 자유는 보장된 것이 우리 국회입니다. 그리고 이 필리버스터는 단순한 찬성이나 반대가 아니라 상정된 안건에 대한 의사 진행을 방해하기 위한 목적으로 하는 필리버스터입니다.

제가 안건 내용과 전혀 관계없는 내용을 이야기한다면 또 모르지만, 저는 그렇더라도 그것이 방해를 받거나 이의 제기의 대상이 되어서는 안 된다고 생각합니다마는, 백번을

양보해서 그런 게 아니라면, 이 법안의 내용을 가지고 이야기하고 이 법안에서 파생될 수 있는 문제를 가지고 이야기하고 하는 것이라면 제가 발언할 수 있도록 좀 지켜봐 주셨으면 좋겠습니다.

그리고 필요한 내용이 있으시다면 역시 의사 진행 방해는 아니더라도 필리버스터가 허용되고 있기 때문에 신청을 하셔서 저와 반대되는 견해, 제 의견에 대한 반박을 해 주시기를 부탁드리겠습니다.

국정원이, 금융거래정보에 대해서 말씀드리다 말았습니다. 국정원이 직접 계좌를 추적하지 않더라도 금융정보분석원에다가 금융거래 자료를 요청해서 열람할 수 있게 됩니다.

테러의 개념 이것이 모호하다는 이야기는 여러 차례에 걸쳐서 말씀드렸습니다. 어디서부터 어디까지를 테러로 규정할 것인지, 무슨 내용을 테러로 규정할 것인지, 이런 모호함에 대해서는 충분히 말씀드렸습니다.

테러인물에 대한, 테러위험인물에 대한 개념 이것 역시 모호합니다. 어떤 사람이 테러위험인물인가, 그것이 생김새로 나타나는가, 아니면 그것이 행동으로 나타나는가, 행동으로 나타났을 때 어떤 행동으로 나타나는가, 사람과 사람 사이의 연관성으로 나타나는가, 사람과 사람 사이의 연관성이라면 그 연관성은 어느 정도의 개연성을 가지고 있어야 되는 것인가……

현대 사회에서 우리가 접하는 현대소설도 일어날 수 있는 그럴 듯한 개연성을 지닌 이야기여야지만이 사람들에게 그 소설이 읽힙니다. 전혀 엉뚱한 내용, 인간 사회에서는 도저히 일어날 수 없는 그런 내용이라고 한다면, 그렇게 개연성이 없는 내용이라고 한다면 사람들은 그것을 소설이라고 부르지 않습니다. 공상이라고 부르지요.

마찬가지로 테러위험인물을, 그 개념을 추출해 내기 위해서 과연 테러방지법이 가지고 있는 개념은 얼마만큼 타당성을 지니고 있는 것인가? 지나친 포괄성 때문에, 그리고 추상성 때문에 이것 역시 통신 감청에서와 마찬가지로 또 다른 잘못을 야기할 수 있는 그런 조항은 아닌가. 그래서 테러의 개념도 모호하고 테러위험인물 개념은 더더욱 모호하기 때문에, 금융정보분석원은 전적으로 국정원의 판단에 따라서 정보를 제공할 확률이 높기 때문에 이것 역시 매우 심각하다는 그런 말씀을 드리고 있는 것입니다. 금융정보원이 판단을 할 수 있겠습니까? 아까 감청에서와 마찬가지로 국가정보원이 제시하는 근거에 대해서 어떻게 금융정보분석원이 제대로 판단해 낼 수 있겠습니까? 때문에 이 내용에 대해서는……

(● 정윤숙 의원 의석에서 ― 의장님, 의사진행발언합니다. 너무 지나친 추상으로 발언하는 것은 중지해 주실 것을 요청합니다.)

더 구체적인 법률을 내십시오. 제가 추상적으로밖에 해석할 수 없도록 법률을 내놓았기 때문입니다.

(● 이노근 의원 의석에서 ― 판단 기관이 있었다 해도……)

제가 다 이야기드리고 있어요. 들어 보시고 말씀하세요.

추상성을 제시한 것은……

● **부의장 이석현** 정진후 의원님, 다섯 시간 동안 목이 잠기셨는데요, 물 마시시고요.

우리 의원님들이 조금 더 들어 보시면 좋겠습니다. 협조해 주십시오.

● **정진후 의원** 직권상정된 이 테러방지법안의 부칙 말씀을 드리지 않을 수가 없습니다. 거기에는 특정 금융거래정보의 보고 및 이용 등에 관한 법률 제7조1항을 개정해서 금융정보분석원장으로 하여금 테러위험인물에 대한 조사업무에 필요하다고 인정되는 금융정보를 국정원에 제공하도록 하고 있습니다. 말씀드렸듯이 테러나 테러위험인물의 정의가, 그 개념이 명확하지도 않은 상황에서 조사업무에 필요하다고 인정하고 있는데 금융정보분석원장이 무슨 수로 나는 인정할 수 없다는 근거를 제시할 수 있겠습니까? 그래서 금융정보분석원장은 국정원장에게 해당 금융정보를 제공해야 하는 사안인지 아닌지에 대한 판단이 어려워질 수밖에 없는 것이고 국정원이 요구하는 대로 해 줄 수밖에 없는 것이라는 점을 제가 말씀드리고 있습니다.

금융정보분석원장이 이런 내용을 판단할 수 있는 위치에 적합한 것인지, 그리고 이런 내용을 판단할 수 있을 만큼 그 업무와 구체적인 연관성을 지니고 있는 분인지, 그렇지 않다면 국정원의 요구에 그대로 부응할 수밖에 없는 것이고 그것이 사실상 현실이 될 수밖에 없다 하는 우려를 저는 이야기하고 있습니다. 게다가 국정원의 직무 특성상 '국가안보 사안, 기밀' 이런 딱지를 붙여서 보낸다면 이럴 경우에 금융정보분석원이 이것이 아니라고 혹은 그 내용 속에서 어떻게 구체적으로 판단해서 가부를 결정할 수 있겠습니까? 당연히 국정원의 판단에 따를 것이 너무도 명백하고 확실해 보이지 않습니까?

지금까지 금융정보분석원이 국정원에 금융거래정보를 제공하지 않도록 한 것에는 이유가 있었습니다. 국정원의 국내정치 개입이나 국민 사찰을 막기 위한 장치라고 보았기 때문입니다. 그런데 국정원은 지금 테러방지법을 통해서 그 안전장치를 제거하려고 하고 있는 것입니다. 아니, 어쩌면 국정원이 아니라 테러방지법이 국정원에게 그러한 또 다른 새로운 무기를 쥐어 주려 하고 있는 것은 아닌지.

여하튼 지금까지 금융정보분석원이 국정원에다가 금융거래정보를 제공하지 않도록 했는데 이 테러방지법에서는 이제 제공하도록 함으로써 그 사유에 대한 분석과 평가와 판단을 할 수 있는 위치에 있지 못한 금융정보분석원은 국정원의 요구에 그대로 따를 수밖에 없을 것이다, 이것 또한 다른 장치가 없다면 그렇게 될 수밖에 없다고 우려할 수 있는 내용이다 이런 것입니다.

거듭 말씀드리지만, 법률은 그것이 미치는 파생적 효과까지도 고려해서 나쁜 방향의 영향을 미치지 않도록 하기 위해 법률의 조문을 수십 번, 수백 번 검토하고 그 단어

하나하나까지를 섬세하게 고려하는 것 아니겠습니까?

게다가 현행 특정 금융거래정보의 보고 및 이용 등에 관한 법률의 시행령 제11조의2는 기관에 따라서 금융정보분석원장이 제공하는 정보가 특정되어 있는 데 반해서 테러방지법안은 국정원이 제공하는 정보를 특정하고 있지 않습니다. 어떤 정보인지, 어떤 정보를 줘야 되고 어떤 정보는 주지 않아도 되는 정보인지 이것을 특정하지 않고 있다는 이야기입니다.

따라서 금융정보분석원장은 정보제공 사유에 해당하는지에 대한 명확한 판단 없이 광범위한 금융정보를 국정원에게 제공할 가능성이 있습니다. 이런 우려가 기우가 되지 않게 하려면 그런 우려를 불식시키는 내용을 포함시키거나 제도적 장치로 마련하면 되는 겁니다. 그런데 그것이 없기 때문에 이렇게 잘못될 가능성이 있다, 이런 우려가 있다는 것을 지적하지 않을 수 없는 것이지요.

이 경우 국정원의 국내정치 개입 가능성은 더 높아질 수밖에 없으며 이는 과거에 국정원이 개입된 스캔들의 건수를 살펴보더라도 충분히 우려스러운 상황입니다.

국정원은 해외정보 수집 외에 국내정보 수집활동에 관여해서는 안 된다는 지적을 받아 왔지만 바로 이런 요인으로 해서 국내정치에 개입해서 활동하고 그것을 정치적으로 활용한다는 우려와 걱정과 지적을 받은 게 한두 번이 아니지 않습니까? 수사에 필요한 경우가 아니라면 이것은 경찰이나 검찰이 해야 하고 국정원은 국내 상황에 개입해서는 안 된다는 것이 지금까지 국정원 개혁과 국정원의 방향을 제시하는 한결같은 이야기였음에도 불구하고 테러방지법에서는 오히려 이런 내용에 대해서 전혀 다른 형태로 국정원에게 그 막대한 권한을 부여하고 있는 것입니다. 그래서 나타날 수 있는 여러 가능성들은 우리가 상상할 수 없을 만큼 무수히 많다고 여기고 있습니다.

미국도 CIA는 내국인의 금융거래정보를 수집할 수 없도록 하고 있는 점만 봐도 현재의 테러방지법이 갖고 있는 문제가 다른 국제사회에 비교해서도 얼마만큼 과다한 것인지 우리는 금방 알 수 있다고 생각합니다.

미국은 내국인의 금융거래를 철저하게 보호하는 나라로 우리는 알고 있습니다. CIA, 중앙정보국은 국내정보가 아닌 해외정보만을 수집하는 해외정보 수집 전담기관입니다. 위 사례에 등장한 한국 내 테러용의자의 경우 미국의 입장에서는 외국인으로서 미국법으로는 보호할 필요가 없기 때문에 미국 금융정보분석원은 한국 금융정보분석원으로부터 받은 해당 자료를 CIA에 제공하기도 합니다. 자국인이 아니기 때문에 보호할 필요가 없어서 제공한다는 것이지요.

국정원과 새누리당의 주장의 핵심은 국정원이 미국 CIA도 가지지 못한 국내 금융거래정보에 대해서도 직접적인 접근권을 가져야 한다 하는 것 아니겠습니까?

제가 보기에 아주 복잡하고 때로는 이해가 굉장히 까다로운, 현란한 내용으로 해서 마치 미국 CIA는 국내 거래정보를 들여다보고 있는데 한국 국정원은 자국 정보도 못 본다 이렇게 말하시는 분들도 있더라고요. 저는 이건 전혀 사실이 아니라고 확인하고 있습니다. 자국민에 대한 금융거래를 미국은 철저히 보호하고 있고 CIA는 국내정보 수집은 할 수 없다는 것, 여러 군데서 확인하고 있는 사실입니다.

국정원이나 이 법을 발의하셨던 의원님들, 이런 분들이 주장하시듯이 금융정보분석원장은 이미 한국 내의 테러용의자 등 의심할 만한 거래에 대한 정보를 경찰과 검찰에게 제공하고 있습니다. 그럼에도 국정원이 국내 금융거래정보에 대한 직접적인 접근권을 가지는 것은 또 다른 문제를 야기할 수 있고 악용될 소지가, 그러한 우려가 대단히 크다는 점 이것을 지적하면서, 따라서 테러방지법의 조항에 대한, 국민의 기본권을 침해할 수 있는 그런 요소들에 대한 집중적인 논의와 연구, 해외 사례에 대한 분석 이런 것들을 통해서 거의 모든 것이 다시 간추려져야 된다, 이것이 제가 요청드리고 있는 요청의 핵심입니다.

그럼에도 불구하고 계속해서 국정원의 금융거래정보에 대한 접근권을 허용하자고 하는 것은, 그런 내용은 직권상정한 부칙에 이미 나타나 있습니다. 특정 금융거래정보의 보고 및 이용 등에 관한 법률을 개정해서 금융정보분석원장으로 하여금 테러위험인물에 대한 조사업무에 필요하다고 인정되는 금융정보를 국정원에 제공하도록 하자고 규정하고 있는 것이 그것이지요. 그렇지만 그것은 지금까지 말씀드렸던 그런 이유들로 인해서 바람직하지 않다는 것입니다.

이미 존재하는 현행법인 특정 금융거래정보의 보고 및 이용에 관한 법률 제7조1항에는 이런 내용이 있습니다. 금융정보분석원장이 공중협박자금 조달행위와 관련된 형사사건의 수사에 필요하다고 인정되는 정보를 검찰총장에게 제공하도록 하고 있습니다. 또한 같은 법 제7조2항은 테러자금 조달행위와 관련된 형사사건의 수사에 필요하다고 인정하는 경우에는 대통령령으로 정하는 특정 금융거래정보를 국민안전처장과 경찰청장에게 제공하도록 법으로 정하고 있습니다. 미국과 마찬가지로 한국도 조사나 수사가 필요한 정보를 경찰이나 검찰 그리고 관세 당국이나 이런 기관에 제공하고 있다는 것입니다. 따라서 국정원이 이러한 금융정보를 별도로 직접 받을 필요가 있을 것인가, 현행 법률로도 조치가 충분하지 않은가, 이것이 현재 테러방지법의 문제점을 지적하는 의원들과 국민들의 지적인 것입니다.

결국 앞에서 살펴봤던 것처럼 테러방지법의 실질적인 내용은 테러 예방이 아니라 국정원에게 개인 금융정보 그리고 통신기록을 마음대로 볼 수 있도록 과도하고 포괄적인 권한을 부여하는 이것이 문제의 핵심이다. 그리고 이러한……

(● 이노근 의원 의석에서 — 마음대로가 아닙니다. 생방송 나가고 있는데 그렇게 과도하게 표현하는 건 국민을 왜곡시키는 거예요, 오도시키고.)

왜곡시키지 않으려면 나와서 말씀하세요.

저는 다른 법률들의 관계와 지금 테러방지법에서 제시하고 있는 내용들이 사실상 귀에 걸면 귀걸이, 코에 걸면 코걸이 식의 일방통행의 요구로 어떻게든지 마음대로 들여다볼 수 있는 가능성이 충분하다고 보기 때문에 지금까지 그와 같은 문제점과 가능성의 근거들에 대해서 말씀을 드렸습니다.

국정원은 이미 여러 의원님들이 지적하셨다시피 정보수집기능은 대단히 약해져 있고 국내정치 개입이나 공작에는 강하다 이런 평판을 듣고 있는 것도 사실입니다. 미국의 경우에 국내정보 수집은 FBI가 합니다. 경찰조직이 하는 것이지요. 전자정보도 CIA가 아니라 NSA가 담당합니다. 정보 종합과 여러 정부기관에서 수집한 정보의 데이터베이스도 CIA가 아니라 별도의 독립 부서가 합니다. 수사는 FBI가 전담합니다.

문제는 국정원이 CIA처럼 해외정보 수집만 하는 게 아니라 국내외 및 사이버정보 수집, 대공수사, 보안업무 기획·조정 기능, 그리고 비밀관리 기능…… 이 비밀관리 기능이라는 것은 사실상 정부부처의 검열기능 아닙니까? 사이버 심리전, 작전기능이지요. 여기에 이르기까지 무수히 많은 일을 하고 있다는 데 모든 의문의 눈초리, 모든 의혹의 시선 이런 것들이 집중되고 있습니다. 과연 그렇게 해야 됩니까? 그렇게 해서 국가정보원의 기능이, 이야기하는 대로 최고도에 이르렀습니까? 그렇지 못하다는 것이 북한 정보에서도 이미 드러나고 있는 사실 아닙니까?

국가정보원법 제3조는 국가정보원의 직무로 대공, 대정부 전복, 방첩, 대테러, 국제범죄조직에 대한 정보 수집 이런 것들을 명시하고 있습니다. 다시 말해서 굳이 테러방지법을 제정하지 않더라도 국정원은 이미 정보 수집을 하고 있다는 것입니다. 만약 국정원이 국내정보 수집기능, 수사기능, 보안업무 기획·조정 및 국가비밀관리 기능, 심리전 기능 등과 같이 다른 나라 정보기구들이 보유하지 않은 과도한 권한과 기능을 부분적으로 포기한다면 오히려 제대로 된 대북·대테러 정보 수집 전문기관으로 거듭날 수 있는 것이 아닌가 하는 것이, 그동안 국정원의 역사를 오욕으로 얼룩지게 했던 사건들과 우리에게 요구되는 국가정보원의 기능과 테러방지법에서 이야기하고 있는 내용들을 종합해 봤을 때 우리가 여기서 국가정보원의 개혁의 방향을 찾을 수 있어야 하고, 비록 그 논의의 기회가 이런 형태로 주어졌지만 이런 형태야말로 국가정보원을 다시 한 번 살펴봄으로써 그 기능에 충실할 수 있는 제대로 된 정보기관으로 만들 수 있는 계기 또한 지금 이 기회가 될 수 있을 것이라는 실낱같은 그런 희망도 가지고 있습니다.

때문에 이런 형태로 때로는 여당 의원님들이 지적하듯이 일방적인 형태의 논의만이 아니라 제대로 된 그런 논의를 통해서 국가정보원의 위상을 올바로 세우고 국가정보원이 정말 국가정보원으로서의 역할에 부족함이 없다는 지적을 국민으로부터 받을 수 있는 계기가 될 수 있었으면 좋겠습니다.

단순한 희망사항이기는 하지만 언제 어느 때 우리가 또다시 국가정보원과 관련된 발전 방안, 국가정보원이 가질 수 있는 권한, 국가정보원이 가져서 여러 문제를 일으킬 수 있는 요인들 이런 것들에 대해서 이렇게 열린 토론을 할 수 있겠습니까? 정보위원회에서 대단히 제한된 인원들과 비공개로 열리는 그 회의에서 이런 방안이 논의될 까닭이 없습니다. 논의되어도 제대로 된 논의로 이어질 수 없습니다. 스스로 개혁하겠다고, 몇 차례에 걸쳐서 뼈를 깎는 개혁을 하겠다고 선언을 했지만 그런 약속이 지켜졌다고 보는 국민은 없습니다. 다시 그대로인 것이지요.

그래서 비록 이런 기회로 국정원에 대한 이야기가 구체적이고 광범위하게 되는 이런 상황을 저는 대단히 안타깝게, 토론에 참여하면서도 안타까운 마음입니다. 왜냐하면 아직 저는 한 번도 국회에서나 다른 어디에서나 이렇게 긴 시간 이렇게 많은 분들이 국가정보원에 대해서, 그 역할과 기능에 대해서 이야기하는 것을 들어 보지 못했기 때문입니다. 이런 기회를 놓친다면 우리는 또다시 무슨 문제가 터졌을 때마다 국가정보원의 문제를 이야기하고 개선해야 된다고 이렇게 이야기하고, 그리고는 다시 아무 일도 없었다는 듯이 일상으로 돌아가게 될 것입니다. 이것은 엄청난 국력의 소모이고 이런 소모를 통해서 국가의 발전은 기대하는 이상으로 이루어지지 않지 않겠습니까?

지금이라도 국가정보원에 대한 이야기를 합시다. 국가정보원이 어떠한 역할을 해서 국민을 보호하고 공공의 안전을 지킬 수 있도록 할 것인지, 아니 테러방지법이 그런 역할을 할 수 있을 것인지, 아니면 또 더 나은 법체계를 통해서 그와 같은 목적을 달성할 수 있도록 할 것인지? 이런 형식과 과정의 논의를 통해서는, 이런 거짓과 아집을 통해서는 낭비만 있을 뿐이고 말의 성찬만이 난무할 뿐, 그리고 서로에 대한 핑계와 서로에 대한 감정의 골만 깊어질 뿐 진정한 국가발전의 길에는 이르지 못한다고 생각합니다. 그런 점에서 저는 이제 두 개의 글을 여러분께 소개해 드리고자 합니다.

이 한국자치행정학보에 나와 있는 관료제 권력과 민주적 거버넌스라는 오재록·윤향미 두 분의 논문을 제가 나름대로 여러분에게 설명드리기 위해서 짧게 발췌를 했습니다. 제목은 '국가정보원과 권력'이라는 소재를 다루고 있습니다. 읽어 드리겠습니다.

국가정보원과 권력의 상관관계에 대해서 살펴보는 것이 테러방지법의 가장 중요한 문제로 대두되고 있는 국가정보원의 기능 이것을 살펴볼 수 있는 한 요인이 될 수 있다고 보기 때문입니다.

'국가정보원은 정보수집기관이자 특별수사기관이다. 1999년 1월 22일 안기부의 개편으로 출발하였다. 그 전신은 1960년 창설된 중앙정보연구위원회, 시국정화운동본부, 중앙정보부에서 찾을 수 있다. 국정원은 국내의 정보·정세 수집 및 해외 각국과 북한 등에 대한 자료를 수집·분석하고 간첩 등에 대한 특별수사·조사 등의 기능을 담당한다. 국정원의 조직·소재지·정원은 국가정보원법 제6조에 의거하여 공개되지 아니하고 원장·차장·기획조정실장 등 일부만 공개된다. 예산

규모도 국가정보원법 제12조5항에 의거하여 비공개로 처리된다.

국정원의 핵심 권력원은 정보에 있다. 그중에서도 대통령의 관심을 끄는 정보는 핵심 중 핵심이다. 아무리 많은 정보를 갖고 있다 하더라도 대통령이 관심을 보이지 않으면 무용지물이 될 소지가 있다. 그러므로 국정원의 권력은 대통령의 관심과 지지에 의해 크게 좌우되는 특성을 가질 수밖에 없다. 일례로 중정을 창설한 박정희 대통령의 경우 중정의 보고를 단순히 청취하는 데 그치지 않고 통치 전반에 중정을 적극 개입시켜 활용하기도 했는데 이로 인해 중정은 중앙정부 최고의 권력기관으로 부상할 수 있었다.

전두환·노태우 대통령도 그러한 기조를 그대로 유지했다. 김영삼 대통령은 안기부를 능동적으로 활용하지는 않았지만 주례 독대보고만큼은 챙겼는데 대통령의 관심과 지지가 줄어들자 안기부의 권력은 다소 약화된 측면이 있었다. 그러나 정도의 차이가 있었을 뿐 박정희 정부부터 김영삼 정부까지 35년 동안 대통령이 국가정보기관을 사유화했다는 점에서는 공통점을 갖는다. 즉 국가정보기관을 사적으로 이용하는 제왕적 대통령의 시대였던 것이다.

그렇다면 그것이 왜 문제인가? 이에 대한 노무현 대통령의 회고는 꽤 참고할 만하다.

대통령이 국가정보기관장의 독대보고를 받으면 대통령은 스스로 제왕이 된다. 정보기관의 보고는 안보정책과 대북정책은 물론 정치·정부·사회·문화·언론·기업 등 방대한 정보를 담고 있다. 대통령이 정보기관장과 독대하여 은밀한 정보를 보고받는다고 알려지면 정보기관의 정보 수준은 더욱 높아지고 권력은 강화된다. 장관들의 업무성과와 주요 정책 그리고 그에 대한 평가가 보고에 포함될 경우 부처의 고위공무원들은 그 보고내용을 좋게 만들기 위해 자진해서 정보기관 조정관에게 비공개 정보를 제공하게 된다. 장관들은 자신이 어떤 평가를 받았는지 몰라 불안하고 대통령이 자기보다 더 많은 것을 안다고 생각해서 불안해진다. 그에 따라 정책의 옳고 그름을 따지기보다는 대통령의 심기를 헤아리는 데 골몰하게 되고 보고를 할 때 대통령의 눈치를 살피게 된다. 이렇게 되면 정보기관은 독대보고를 지렛대 삼아 더욱 넓고 깊게 정보를 수집한다. 정보기관의 보고서는 다른 보고서를 능가하게 되고 대통령은 점점 더 정보기관의 보고에 의존하게 된다. 나중에는 정보기관이 정보의 힘으로 대통령을 움직이는 주객전도의 상황이 연출되기도 한다. 그런데 정보기관의 판단이 항상 옳을 수는 없고 왜곡된 정보가 보고될 수도 있어서 대통령의 판단이 흐려질 수도 있다. 그럴 경우 민주공화국은 엉뚱한 방향으로 끌려갈 위험이 커지는데 정보기관 독대보고의 부작용은 이때가 가장 심각하다.

이러한 이유로 김대중 대통령은 국정원을 국내정치에 활용하지 않고 국가적으로 필요한 정보와 해외정보를 수집하는 데 전념하도록 정보기관 활용법 패러다임을 전환하고자 했다.

(● 이노근 의원 의석에서 — 아니, 테러방지법은 그때 나온 것입니다.)

그 의도대로 순수하게 목적이 실현되었는지에 대해서는 논란이 있지만 안기부를 국정원으로 개칭하고 주례 독대보고를 멀리하려 했던 점 등은 평가할 만하다. 노무현 대통령도 국정원장의 독대 정보보고는 받지 않았다.

그러나 이명박 대통령은 국정원의 주례 독대보고를 꼬박꼬박 챙긴 것은 국정원을 다시 사유화한 사례로 지적될 수 있다. 대통령 최측근 인사를 4년 동안 원장으로 두고 정치인과 반정부 인사를 뒷조사하는가 하면 민주주의의 근간을 훼손하는 일에도 개입하여 박근혜정부 들어 국정원이 정치쟁점으로 부상하고 말았다.'

이런 과거의 전력과 내역을 가지고 있기 때문에……

(● 이노근 의원 의석에서 — 정 의원님, 테러방지법이 김대중 대통령 때부터 시작해서 노무현 대통령 때 받은 지시사항이 굉장히 나와요. 찾아보시면요.)

국정원과 권력의 관계가 정상적인 상태가 되었을 때 우리가 이야기하는, 테러방지법에서 이야기하는 국가정보원의 역할이 잘못될 가능성으로 바라보는 것이고 그러한 국가정보원에 대한 우려를 하지 않을 수 없는 것입니다.

● 부의장 이석현 정진후 의원님, 벌써 다섯 시간 반 동안 알찬 토론 감사드립니다.

참고로 이 뒤에도 심상정 대표, 이종걸 원내대표 등이 토론을 기다리고 있는데 만일에 가능하시면 토론 분량을 잘 합리적으로 조정하면 좋을 것 같습니다.

● 정진후 의원 그런데 이런 국정원과 권력관계에서 살펴보듯이 국정원이 권력의 핵심부에서 잘못된 역할을 할 수 있는 그런 기능을 할 수 있는 수많은 역사적 사실과 그에 근거한 판단 위에서 테러방지법에 나오는 수많은 크고 작은 그런 권한들을 사실상 국정원이 독점하는 그 체제에 대해서 걱정하고 있는데 논의는 진행이 되지 않고 일점일획도 바꿀 수 없다는 고집만이 난무하는 것이 지금 우리의 정치의 현실입니다.

불필요한 권한, 과도한 권한, 불필요한 기능, 과도한 기능들에 대해서 저는 수없이 많은 내용을 제 나름대로의 근거를 들어 제기해 왔습니다. 그런데 그런 불필요하고 과도한 권한과 기능을 그대로 둔 채, 그대로 유지한 채 테러방지법을 제정해서 나타날 수도 있는, 나타날 개연성이 충분한 반인권 상황을 초래하게 된다면 그러면 그 법은 과연 효용성이 있는 것입니까?

테러방지를 위해서는 국민의 인권도 저당 잡을 수 있다는 그런 발상이야말로 지금까지 우리가 독재를 규명하고 독재로 규정했던 정부의 그것과 무엇이 어떻게 다릅니까?

테러방지법 조항 계속해서 말씀드렸지만 지금 말씀드리고자 하는 제9조제3항과 4항 이것은 그중에서도 매우 심각합니다.

살펴보겠습니다. 제3항입니다.

"③ 국가정보원장은 테러위험인물에 대한 개인정보와

위치정보를 개인정보 보호법 제2조의 '개인정보처리자'와 위치정보의 보호 및 이용 등에 관한 법률 제5조의 '위치정보사업자'에게 요구할 수 있다.

④ 국가정보원장은 대테러활동에 필요한 정보나 자료를 수집하기 위하여 대테러조사 및 테러위험인물에 대한 추적을 할 수 있다."

위치정보 그리고 추적이지요. 언제 어디를 갔는지 소상하게 들여다볼 수 있는 근거, 가능성을 부여했습니다. 누구에게? 국가정보원장에게.

테러방지법 제9조3항을 살펴보면서 먼저 알아야 할 것이 개인정보 보호법상 개인정보는 디지털화된 사실상 모든 종류의 개인정보를 의미한다는 것, 그중에서 특별히 보호하도록 되어 있는 민감정보, 사상·신념, 노동조합·정당의 가입·탈퇴, 정치적 견해, 건강, 성생활 등에 대한 정보, 유전정보, 범죄경력 자료 이 모든 것을 총칭해서 의미합니다.

(● 이노근 의원 의석에서 ― 테러위험인물에 한정하는 것인데 왜……)

개인정보처리자는 이런 개인정보를 업무를 목적으로 개인정보를 처리하는 공공기관, 법인, 단체 그리고 개인 등을 말하는데 개인정보 보호위원회와 행정자치부가 펴낸 2014년 개인정보보호 실태조사 결과보고서를 보면 개인정보처리자에 해당하는 민간업체만 해도 모두 356만 8600개에 달합니다.

그런데 동 법안은 학교, 병원기록부터 홈쇼핑 구매내역에 이르기까지 모든 개인정보를 아무런 목적이나 법원의 허가 등 요건의 제한 없이 국정원에 제공하도록 한다는 것입니다. 그렇다면 이미 우리의 사생활은 사라지고 없다고 봐야 합니다.

또 위치정보의 보호 및 이용 등에 관한 법률상 위치정보는 GPS, 와이파이 등을 의미하는데 이러한 위치정보는 오늘날과 같은 유비쿼터스 사회에 개인이 어디에서 누구를 만나 무엇을 하는지를 알 수 있는 중요한 개인정보로 부상하고 있습니다. 그런데 이와 같은 위치정보에 대하여 테러방지법은 역시 아무런 구체적 목적이나 법원의 허가 등 요건의 제한 없이 국정원에 제공하도록 하고 있는 것입니다.

테러방지법 제9조제4항 역시 큰 문제입니다. 국정원이 필요한 정보나 자료는 그 대상의 제한 없이, 아무런 목적이나 법원의 허가 등 요건에 있어서도 제한 없이 모두 수집할 수 있도록 하였습니다. 그리고 이를 위해서 현장조사·문서열람·시료채취 등을 하거나 조사대상자에게 자료제출 및 진술을 요구하는 등 사실상 가능한 모든 활동을 할 수 있도록 했고, 개념이 불분명한 추적도 무제한 할 수 있도록 했습니다.

4항 보겠습니다.

"④ 국가정보원장은 대테러활동에 필요한 정보나 자료를 수집하기 위하여 대테러조사 및 테러위험인물에 대한 추적을 할 수 있다." 어떠한 통제장치도 없습니다.

"제2조(정의) 이 법에서 사용하는 용어의 정의는 다음과 같다.

8. '대테러조사'란 대테러활동에 필요한 정보나 자료를 수집하기 위하여 현장조사·문서열람·시료채취 등을 하거나 조사대상자에게 자료제출 및 진술을 요구하는 활동을 말한다." 사실상 모든 것을 할 수 있도록 하고 있는 것이지요.

이는 국정원만이 아는 테러위험인물과 자신도 모르는 새에 접촉한 모든 국민이 국정원의 방문을 받거나 자료제출을 요구받거나 진술을 요구받을 수 있도록 보장하는 것으로서 이것은 그야말로 중대한 인권침해입니다.

이번에는 국가테러대책위원회 관련 조항 말씀드리겠습니다.

"대책위원회는 국무총리 및 관계기관의 장 중 대통령령으로 정하는 자로 구성하고 위원장은 국무총리로 한다." 이렇게 국가테러대책위원회 조직을 명시하고 있습니다. 국가테러대책위원회의 경우 위원은 대통령령으로 정하도록 하고 있는데 이렇게 법률에서 직접 위원들을 정하지 않고 대통령령에 포괄위임하는 것은 헌법상의 정부조직법률주의와 포괄위임, 즉 백지위임 금지의 원칙을 위반하는 것입니다. 대통령 마음대로 정하도록 할 바에는 굳이 법조항 자체를 만들 필요가 없다고 하는 것이지요. 왜 만듭니까?

대테러센터 관련 조항도 마찬가지로 포괄위임 금지 원칙을 위반하고 있다고 보는 것이 일반적인 견해입니다.

2항 보겠습니다.

"② 대테러센터의 조직·정원 및 운영에 관한 사항은 대통령령으로 정한다.

③ 대테러센터 소속 직원의 인적사항은 공개하지 아니할 수 있다."

'무엇무엇 하지 않을 수 있다', '무엇무엇 할 수 있다' 이것에 대한 의미 해석은 이미 해 드렸습니다. '무엇무엇 하도록 한다, 공개한다' 이것이 아니라 '공개하지 아니할 수 있다' 이렇게 해 놓았습니다. '공개하지 아니한다' 하면 절대 공개 안 하는 것이고요, '공개한다' 하면 반드시 공개하는 것이고 '공개할 수 있다', '공개하지 아니할 수 있다' 이것은…… 왜 '공개할 수 있다' 그러더라도 유사한 개념과 내용이 되는데 왜 굳이 '공개하지 아니할 수 있다' 그럴까요? 공개하지 않는 것에 대한 정당성을 오히려 좀 더 부여하는 그런 내용입니다.

(● 이노근 의원 의석에서 ― 정보기관의 기본입니다. 아니, 미국도 CIA 조직 다 알아요.)

대테러센터의 조직·정원 및……

● **부의장 이석현** 이노근 의원님 목소리가 커서 거기서 말씀하셔도 여기 마이크가 울려요. 그래서 소란하니까 좀 참고 바랍니다.

● **정진후 의원** 대테러센터의 조직·정원 및 운영에 관한 사항도 대통령령으로 정하게 되어 있는데 이 역시 대통령령에다가

백지위임하는 것으로서 헌법상의 정부조직법률주의와 포괄위임 금지 원칙 위반입니다.

뿐만 아니라 대테러센터 소속 직원의 인적사항은 공개하지 않도록 하고 있습니다. 역시 과도한 위임입법으로 그 어떤 민주적 통제도 받지 않겠다는 발상이라는 그런 비판에서 자유롭지 못할 것입니다.

이런 식으로 대통령에게 과도한 권한이 위임된다면 당연히 그 권한이 불순한 의도로 악용될 소지가 매우 커집니다. 그래서 아까 저는 '국가정보원과 권력'이라는 제목의 논문 글을 통해서 그러한 우려를 소개해 드린 바 있습니다.

대통령이 마음만 먹으면 테러방지가 아닌 자신의 정치적 목적을 달성하기 위해 국정원과 같은 국가기관들을 은밀히 활용할 수 있게 되기 때문입니다. 국정원과 기무사 등의 국가기관들을 동원해서 여론조작에 나섰던 지난 대선이 좋은 본보기입니다. 그런 좋은, 활용가치가 높은 직속 국가기관을 놓고 그 유혹에서 벗어나기란 보통 쉬운 일이 아닐 것입니다.

이상에서 살펴봤듯이 테러방지법이 제정되면 국정원은 국민을 감시하고 통제할 수 있는 초법적 권한을 갖게 됩니다. 테러방지법을 그래서 국민감시법, 국민통제법이라고 부르는 것이고 그 근거로 의심할 만한 독소 조항들도 지금 살펴본 것만으로 열 개의 손가락으로 부족할 정도입니다.

테러방지법이 현실화되면 정권은 이를 권력 유지와 연장을 위한 도구로 악용할 가능성 또한 전혀 배제할 수 없습니다. 지난 대선 때 테러방지법이 없이도 국정원과 기무사 등은 정권 연장의 도구로 이용되어 왔습니다. 테러방지법은 이들에게 날개를 달아 주는 꼴입니다. 70년대의 유신 독재가 21세기 테러방지법 독재로 부활할 것이라는 것이 국민들의 우려이고 이 테러방지법을 바라보는 전문가들의 견해입니다.

그런데 아니라고 합니다. 좋은 법이라고 이야기합니다. 지금까지 제기되었던 그리고 제기해 왔던 여러 문제들은 타당성이 없고 근거가 없는 것이라고 이야기합니다.

실제로 찬성의 토론자가 많이 계셔서 이 자리에서 그러한 정당성이 당당하게 이야기될 수 있기를 바라지만 불행하게도 지금 여건은 그렇게 되지 못합니다. 그래서 제가 공개된 자료 하나를 살펴봤습니다. 이른바 '테러방지법의 오해와 진실'이라는 것입니다. 이른바 Q&A 형태로 만들어졌는데 이것은 지금도 새누리당 홈페이지에 들어가면 곧장 살펴볼 수 있는 내용입니다.

그래서 저는 찬성과 반대토론을 할 수 없는 이 상황에서 새누리당이 이야기하는 '테러방지법의 오해와 진실'이라는 Q&A 자료를 가지고 과연 그것이 정당한 오해인지, 아니면 그런 Q&A를 통해서 답변하고 있는 자료의 내용이 오해인지 억지인지 이것을 국민 여러분들께 말씀드리고자 합니다.

'Q1. 테러방지법을 만들면 국정원이 온 국민의 통신내역과 계좌정보를 들여다보게 되나요?' 이것이 질문 내용입니다. 사실상 그럴 수 있다고 우려하는 것이 반대 측의 입장입니다.

새누리당 답 이렇습니다. 질문 내용이 그거였지요, '테러방지법을 만들면 국정원이 온 국민의 통신내역과 계좌정보를 들여다보게 되나요?' 새누리당 답 '그렇지 않습니다. 일반 국민에 대해 통신을 감청하거나 금융정보를 수집할 수 없습니다. 테러방지법에 따른 통신정보와 금융정보 수집 대상은 테러위험인물입니다. 유엔이 지정한 테러단체의 조직원이거나 테러를 일으키고자 의심할 상당한 이유가 있는 자만이 그 대상입니다. 테러를 일으키고자 의심할 상당한 이유가 있는 자는 얼마 전 IS에 가담한 김 군과 같이 국제테러조직에 가담하거나 가담하려는 내국인, 국제테러조직과 연계한 불법체류자 등 외국인이 대상입니다. 이에 해당하는 내국인은 현재 약 50명가량 될 것으로 예상하고 있습니다.'

이것이 새누리당의 답변이었습니다.

그렇지요. 국정원이 특정인을 테러위험인물로 간주할 경우 그 사람의 통신내역과 계좌정보를 추적 감시할 수 있습니다. 맞습니다. 누가 아니라고 했습니까? 그런데 테러위험인물에 대한 정의가 모호하다는 것 이것을 지적하고 있는 것입니다. 테러위험인물에 대한 정의가 모호해서 자극적인 언어로 정부 정책을 반대할 경우에도 그렇게 적용될 가능성도 매우 높지 않겠는가, 이런 위험성은 당연히 가져 볼 수 있는 것입니다.

현재 본회의에 상정된 테러방지법안 이철우 의원안에 의하면 제2조제3항은 '테러위험인물이 테러단체의 조직원이거나 테러단체 선전, 테러자금 모금·기부, 기타 테러예비·음모·선전·선동을 하였거나 하였다고 의심할 만한 상당한 이유가 있는 자' 이렇게 규정하고 있습니다.

여기서 기타 테러예비·음모·선전·선동은 매우 포괄적으로 해석될 수 있는 조항입니다. 또한 기타 테러가 앞에서 말한 테러단체 조직원이나 테러단체의 예비·음모·선전·선동활동에 해당하는 것인지 아니면 그 외의 테러행위들에 해당하는 것인지에 대한 해석과 규정이 매우 모호하기 때문에 그런 의심을 가질 수밖에 없다는 것입니다. 그것을 명쾌하게 밝혀 주면 어떤 것인지, 찬성할 것인지 반대할 것인지 이렇게 판단할 수 있지 않겠습니까?

그래서 민주주의 법학계와 인권운동공간 '활', 인권운동사랑방, 참여연대 등에서는 새누리당의 Q&A에 대한 또 다른 해석을 제가 말씀드린 의견과 같이 제시하고 있습니다.

또 테러위험인물을 지정하고 해제하는, 앞서도 말씀드렸던 그렇게 누가 테러위험인물이다라고 지정하거나 해제하는 절차 그리고 주체자 이런 것도 없어서 결국 국정원의 판단만으로 테러위험인물로 분류될 수 있습니다. 테러를 선전하고 선동하는 사람도 포함되고 테러도 애매한 상황에서 선전·선동이라는 애매한 내용이 여기에 결합되게 된다면 그 범위는 광범위하게 확대될 수 있습니다.

이에 따라 정부 정책에 반대하는 시위나 집회를 개최하는 것은 물론 그 예비음모·선전·선동을 하였으나 그 의심이 되는 사람 또한 모두 테러위험인물로 낙인찍힐 수 있습니다.

그렇지 않다는 것을 지금 테러방지법의 어떤 규정에서 확인하고 믿을 수 있습니까?

또한 동 법안 제9조를 보면 테러인물에 대하여 출입국·금융거래 및 통신이용 등 관련 정보를 수집할 수 있고 테러위험인물에 대한 개인정보, 개인정보 보호법상 민감정보를 포함하는 이러한 개인정보와 위치정보를 개인정보 보호법 제2조의 개인정보처리자와 위치정보의 보호 및 이용 등에 관한 법률 제5조의 위치정보사업자에게 요구할 수 있으며 테러위험인물에 대한 추적을 할 수 있도록 하고 있습니다.

따라서 새누리당의 답이 답 그대로 인정되게 만들려면 좀 더 구체적이고 주체를 확실히 명시해야 하며 지정하고 해제하는 절차를 명시해야 하는 것입니다. 그것이 없다면 누누이 말씀드리지만 '내 마음대로 법'이 되고 마는 것입니다. 내 마음대로 법은 자기에게만 해당되는 법이고 다른 사람에게는 해당되지 말아야 되는데 이러한 내 마음대로 법이 내 마음대로 하되 다른 사람까지를 구속하는 수단이 되기 때문에 그런 문제에 대해서 문제점을 지적하고 있는 것입니다.

두 번째 문제, 물음 Q2. '국정원이 영장 없이 임의로 감청하는 것이 아닌가요?'

저는 그럴 수 있다고 이야기했습니다. 심지어는 외상 감청까지도 말씀드렸습니다.

새누리당의 답은 이렇습니다. '영장 없이 감청하는 것은 아닌가요?' '그렇지 않습니다. 통신감청은 통신비밀보호법 제7조에 따라 엄격한 절차를 거쳐 시행됩니다. 내국인은 고등법원 수석부장판사의 사전허가를 받아야 하며 외국인은 서면으로 대통령의 승인을 얻어야 합니다. 또한 그 대상은 테러위험인물이지 일반 국민이 아닙니다' 이렇게 답했습니다.

그러니까 요지는 무엇이겠습니까? 안심해도 된다는 것 아니겠습니까? 절대로 그런 일은 일어나지 않을 것이다.

사실상 영장 없이 감청하는 것과 유사한 효과가 충분히 나타날 수 있다는 말씀을 드렸습니다. 지금도 통신자료에 대해서 영장 없이 개인정보를 수집해 갈 수 있다는 근거도 말씀드렸고 그 개인에게는 전연 통보조차 되지 않고 자기의 개인정보가 국가정보원에 의해서, 경찰청에 의해서 수집되어 간 것을 나중에 확인했던 근거자료도 제가 제시해 드렸습니다.

그래서 사실상 영장 없이 감청하는 것과 유사한 효과가 나타날 수 있다고 저는 말씀드립니다. 왜냐하면 감청을 할 경우에는 영장을 받아야 하지 않습니까? 그런데 현행 통신비밀보호법조차 이미 국민의 통신비밀을 보호하는 데 제 기능을 하지 못하고 무기력하다는 평가를 듣고 있는 마당에, 왜 무기력한지는 제가 아까 구체적인 자료를 가지고 말씀드리면서 제시해 드렸습니다. 테러방지법은 형식적인 영장주의조차도 무력화할 수 있는 독소 조항을 가지고 있기 때문입니다.

현행 통신비밀보호법 제5조에 따르면 사실상 내란·외환,

공안을 해하는 죄, 폭발물에 의한 죄, 방화와 실화의 죄, 살인의 죄, 협박의 죄, 약취·유인 및 인신매매의 죄, 사기와 공갈의 죄, 국가보안법에 규정된 범죄, 군사기지 및 군사시설 보호법에 규정된 범죄, 폭력행위 등 처벌에 관한 법률에 규정된 범죄, 총포·도검·화약류 등의 안전관리에 관한 법률에 규정된 범죄 등 테러와 연관될 수 있는 사실상의 모든 범죄에 대해서 수사를 목적으로 수사기관이 통신제한조치, 다시 말해서 감청과 검열 등을 법원에 요구할 수 있게 하고 있습니다.

지금도 국가정보원은 역시 국가보안법 사건 수사를 위해서 통신제한조치를 법원에 요구할 수 있습니다.

또한 국정원은 현행 통신비밀보호법만으로도 수사가 아니라 단순한 정보 수집을 위해 통신제한조치를 법원에 요구할 수 있습니다. 통신비밀보호법 제7조는 수사가 아니라 단순한 정보수집 목적을 위해서도 국정원이 통신제한조치, 감청 등을 취할 수 있게 하고 있습니다.

그런데 정보 수집의 요건이 '국가안전보장에 대한 상당한 위험이 예상되는 경우'라고 매우 모호하고 추상적으로 되어 있어서 구체적인 범죄혐의 없이도 감청은 충분히 가능한 상태로 만들어 놓고 있습니다.

물론 영장이 필요하긴 합니다. 통화하는 사람 중 적어도 한 명 이상이 내국인일 경우, 고등법원 부장판사의 영장을 받도록 되어 있습니다. 하지만 현실에서는 법원이 국정원의 요청에 대하여 제대로 심의를 못하고 있습니다. 사법연감에 따르면 고등법원 수석부장판사의 통신제한조치 허가는 국정원이 청구하는 대로 발부해 주고 있습니다. 거의 매년 영장기각률이 0%에 머물러 있습니다.

2003년부터 2015년까지 사법연감에 나온 자료를 보면 2003년 영장기각률 0%, 단 한 건도 기각되지 않았습니다. 2004년 0%, 2005년 0%, 2006년 0%, 2007년 0%, 2008년 0%, 2009년 영장기각률0%, 2010년 0%, 2011년 6.67%, 2012년 0%, 2013년 0%, 2014년 0%, 2015년 0%, 2011년만이 영장기각률 6.6%를 기록하고 있을 뿐 사법연감에 나타난 영장기각률은 2003년부터 2015년까지 2011년을 제외하고는 기각률 0%입니다. 단 한 건도 기각된 사례가 없다는 것입니다. 이런 상황에서 테러방지법에 나와 있는 감청 등의 권한을 국정원에게 그런 형태로 부여한다면 그건 어떻게 되겠습니까?

게다가 현행법에도 긴급통신제한조치—통신비밀보호법 제8조입니다—라는 예외조항이 있어서 국정원이 영장 없이 먼저 감청을 시행하고 나중에 법원의 허가를 받도록 하고 있습니다. 이미 영장이 신청되어서 감청이 이루어졌는데 나중에 법원에 영장을 신청했을 때 그것을 기각한들 무슨 실효성이 있습니까?

물론 사후영장 청구제도는 긴급한 경우에 따를 것입니다. 긴급한 경우에 한한다고 할 것입니다. 영장을 발부받을 수 없는, 지체할 수 없는 그런 사유 때문이었다고 할 것입니다.

그렇지만 그렇게 해서 발부받은 영장으로 감청을 실시한 후, 그렇게 영장을 발부받지 아니하고 감청을 실시해서

이후에 영장을 신청한다면 그 어떤 판사가 영장을 기각할 수 있겠으며 영장 기각의 실효성은 또 어떻게 되겠습니까? 영장을 발부하지 아니할 그런 사유가 거의 없다는 것이지요.

그런 점에서 한마디로 지금도 영장주의는 제대로 작동하고 있다 이렇게 볼 수는 없다는 것입니다. 때문에 수년간 시민사회단체는 통신비밀보호법을 개정해서 국정원이 감청영장을 청구하는 요건을 말씀드렸던 대로 '국가의 존립에 직접적이고 상당한 위험이 예상되는 경우에 한하여' 이렇게 강화하자라고 주장하고 있습니다.

그런데 테러방지법이 제정되면 상황은 더욱 심각해집니다. 직권상정된 테러방지법안 이철우 의원안에는 통신비밀보호법의 비밀보장 기능을 대폭 약화시킬 수 있는 독소 조항이 가득합니다. 국정원이 정보 수집을 위해서 감청영장을 요구할 수 있는 요건이 대폭 완화되고 있는 것입니다.

테러방지법안 부칙 제2조제2항에 따르면 국정원이 감청을 신청할 수 있는 사유가 '국가안전보장에 상당한 위험이 예상되는 경우' 이것뿐만 아니라 '대테러활동에 필요한 경우' 이렇게 확대됩니다.

앞서 설명을 드릴 때 대테러활동에 필요한 경우가 의미하는 것이 무엇인지, 대테러활동이라는 명분을 내세웠을 때 그 명분에 해당되지 않을 수 있는 것이 거의 없다는 것, 그 모든 것이 주워섬기기만 하면 대테러활동에 필요한 경우가 될 수 있다는 것, 그런 위험성에 대해서 말씀을 드렸습니다.

그런데 테러방지법안에 따르면 대테러활동 제2조제6호는 테러 관련 정보의 수집, 테러위험인물의 관리, 위험물질의 안전관리, 국제행사의 안전확보 등 대테러활동의 내용은 무수히 많을 뿐만 아니라 관리 또는 안전확보라는 보통 법률에서 사용하지 않는 모호하고 포괄적인 용어까지 사용하고 있습니다. 따라서 이 모든 경우에 국정원은 감청영장을 신청할 수 있게 되는 것이지요.

그런 점에서 대테러활동에 필요한 경우가 아닌 경우는 사실상 찾아보기 어렵지 않겠는가, 국정원이 말하는 그 모든 것은 대테러활동에 필요한 경우가 될 수밖에 없지 않겠는가, 그런 점에서 영장은 발부될 수밖에 없는 것이고 그렇게 남발되는 영장 제어했던 내용도 기준도 없는 이런 모호한 규정이 테러방지법상 국정원의 기능과 역할을 훨씬 더 강하게 의심하게 만드는 요인이 될 수밖에 없다.

많은 사람이 의심하면 그 의심이 가능할 수 있는 의심으로 봐야 하는 것이고 그런 의심을 덜어 주기 위한 전화와 설명을 해 줘야 하는 것입니다. 그런데 그런 게 없습니다.

'대테러활동에 필요한 경우라지 않느냐, 대테러활동에 필요한 경우라고 하는데 무슨 다른 말이 필요하겠느냐, 대테러활동을 하면 이것도 할 수 있고 저것도 할 수 있는데 뭔 경우에, 그런 경우에 이런 경우 저런 경우 그것을 어떻게 명시하라는 얘기냐?' 그렇게 이야기하지요. 그래서 의심할 수밖에 없다는 것입니다. 그리고 그 의심은 타당한 의심이고

그 타당한 의심에 대해서 제대로 된 설명을 할 수 없다면 그것은 잘못된 것입니다. 바꿔지요.

아무리 꼼꼼한 판사라 하더라도 법 규정 자체가 모호하다면 국정원이 요구하는 대로 영장을 내 주지 않을 도리가 있겠습니까? 국정원이 법대로 하는 거라고 우기지 않겠습니까? '자, 법에 봐라. 대테러활동에 필요한 경우라고 법에 명시돼 있는데, 그래서 대테러활동을 하는 내가 필요한 경우라고 해서 영장을 청구했는데 왜 안 내 주시는 거냐? 당신이 무슨 조건을 들어서, 무슨 근거를 들어서, 무슨 타당한 이유를 들어서 영장 발부를 거부하는 것이냐? 당신이 대테러활동을 방해하는 것 아니냐? 법대로 해라' 이렇게 이야기하면 그것을 거부하고 따질 영장 발부 판사가 누가 있겠습니까?

그렇게 하고 싶은 그런 판사가 있다 하더라도 법대로 하라는 법률 근거조항을 디밀었을 때 다른 무슨 근거를 제시할 수 있을까요? 영장은 발부될 수밖에 없을 것이고 기각률은 여전히 0%를 유지할 수밖에 없을 것입니다.

여기에 더해서 국정원은 영장이 없더라도 긴급통신제한조치를 취할 수 있습니다. 테러방지법이 워낙에 모호하기 때문에 국정원이 미리 감청을 하고 나서 '대테러활동에 필요한 경우였고 법에 따른 것이었다'라고 이렇게 말한다면 과연 어느 판사가 국정원의 감청이 법에 저촉되었다, 이렇게 근거를 대서 주장할 수 있겠느냐는 것입니다. 결과적으로 이렇게 됐을 때 영장제도는 있으나 마나 한 그런 제도가 될 것이 뻔합니다.

세 번째, 새누리당 스스로 이렇게 질문하고 있습니다. '국정원이 직접 감청 설비로 감청하는 것인가요?' 이렇게 질문을 해 놓고 스스로 이렇게 답합니다. '그렇지 않습니다' 매우 친절한 답변입니다. '국정원이 직접 감청하는 것이 아닙니다. 법원으로부터 받은 사전 허가서를 통해서 SKT·KT·LG유플러스 등 통신사로부터 자료를 건네받는 것입니다. 현재도 국정원에서는 간첩 검거를 위해서 이러한 방식의 통신 감청을 실시하고 있습니다' 이렇게 답했습니다. 그렇지요. 그렇습니다. '국정원이 직접 감청 설비로 감청하는 것인가요?'라고 물었으면 '그렇지 않습니다'가 아니라 '예' 이렇게 답해야 옳습니다. 왜냐하면 국정원이 직접 할 수도 있고 통신사에다가 집행 위탁을 의뢰할 수도 있습니다. 그렇기 때문에 '예'라고 답해야 되는 것이지요.

그런데 새누리당은 국정원이 직접 감청하지 않는다고 단정적으로 말하고 있습니다. 이것이 사실이 아니에요. 최소한도 공당의 홈페이지에 문제가 되는 테러방지법과 관련된 Q&A를 만들었으면 사실은 정확하게 파악하고 답변서를 만들어서 올려져야 그렇지 않다면 집권 여당의 홈페이지에 올라와 있는 Q&A를 본 국민들은 사실이 아닌 것을 사실로 믿을 수밖에 없지 않겠습니까? 이러면 안 돼요.

본회의에 직권상정된 테러방지법안의 경우 이철우 의원안은 통신비밀보호법에 따라 감청하도록 하고 있고 통신비밀보호법상 감청은 통신사로부터 감청설비를 제공받기도 하지만 정보수사기관이 감청장비를 직접

보유하고 감청을 집행하는 경우도 포함하고 있다는 것을
제가 아까 법조항까지 읽어드리면서 분명하게 확인시켜
드렸습니다.

그리고 대표적인 사례로 2005년 안기부 X파일
사건 당시 안기부는 X25라는 통신사 중계기 부착형
감청장비도 운영했지만 CAS라는 직접 감청장비를
개발 및 사용했습니다. 2015년 이탈리아 해킹팀 사건
당시에도 해킹프로그램은 국정원이 직접 구입해서 운영한
것이었습니다.

새누리당은 네 번째 질문을 이렇게 던집니다. '국정원이
계좌를 직접 들여다보는 것인가요?' 국정원이 돋보기를 들고
길거리에서 어떤 계좌를 직접 들여다보겠습니까? 저는 이
질문의 형식이 타당한지에 대해서 문장 속에서의 의심을
갖지만 의역을 해서 '국정원이 직접 계좌를 뜯어볼 수
있느냐?' 이런 것으로 질문을 해석합니다. 새누리당의 답은
역시 직접 들여다보는 것이 아니라고 이야기합니다.

직접 들여다보는 것인가요? 그렇지 않습니다. 국정원이
직접 계좌를 추적하는 것이 아닙니다. 국정원은 서면요청에
따라 금융정보분석원이 제공하는 테러위험인물의
금융거래자료를 열람할 뿐입니다.

국정원이 직접 계좌를 추적한다는 의미 또한 여러 가지로
해석될 수 있습니다. 국정원이 금융업무까지를 담당해서 그
계좌를 추적하는 것은 아니지요. 다른 기관을 통해서 하든
금융자료를 열람하는 것이지요. 열람하는 것과 들여다보는
것, 이것의 차이가 뭐가 있습니까? 국정원 직원이 은행에서,
금융정보분석원에 가서 그 계좌를 직접 조회하는 것은
아니라는 말씀입니다. 그러나 금융정보분석원을 통해서
받은 자료를 들여다보는 것, 열람하는 것 이것이지 여기에
무슨 직접 들여다보는 것과 간접 들여다보는 것이 있습니까?
그 자료를 가공해서 국정원에 제출합니까?

그래서 저는 또 의역을 해서 해석을 합니다. 그렇게 받은
자료를 열람하는 것이다, 이렇게 답변하고 있는 것이다
이렇게 생각합니다. 그래서 국정원이 직접 계좌를 추적하지
않더라도 금융정보분석원에 금융거래자료를 요청해서
열람하는 것이 정확한 답변이지요. 그런데 그것 역시
문제라는 것 아닙니까?

테러의 개념도 모호하고, 테러위험인물 개념은 더더욱
모호하기 때문에 금융정보분석원은 전적으로 국정원의
판단에 따라서 달라는 대로 정보를 제공할 확률이 매우
높은 것 아니겠느냐, 금융정보분석원이 무슨 수단으로
이 사람이 테러위험인물인지 아닌지 그것을 파악할 수
있겠느냐. 그것에 대한 지정은 전적으로 국가정보원이
주체가 돼서 하는 것인데, 국가정보원이 주체가 되어서 하는
테러위험인물로 지정된 사람에 대해서 금융정보분석원에서
무엇을 들어서, 어떤 근거를 들어서 '왜 이 사람을
테러위험인물로 의심하십니까?' 이런 지적을 할 수
있겠어요? '그렇게 의심하시는 것은 부당하니 우리는 자료를
제공할 수 없습니다.' 누가 그렇게 할 수 있겠습니까?

직권상정된 테러방지법안 역시 이철우 의원안은 그

부칙에 특정 금융거래정보의 보고 및 이용 등에 관한
법률 제7조1항을 개정해서 금융정보분석원장으로 하여금
테러위험인물에 대한 조사 업무에 필요하다고 인정되는
금융정보를 국정원에 제공하도록 하고 있습니다.

다시 한 번 읽어 드릴까요? "테러위험인물에 대한
조사 업무에 필요하다고 인정되는 금융정보를 국정원에
제공하도록 한다."

제공하지 않을 수 있겠습니까? 테러방지를 위해서
테러위험인물을 쫓는 데 필요하다는데, 대테러 업무를
수행하는 데 필요하다고 하는데 안 줄 수 있겠어요?

판사가 영장 발부를 거부할 수 없는 것과 동일한 것입니다.
물론 그런 점에서 보면 이 법은 일관성이 있습니다. 강제의
일관성, 부인할 수 없도록 하는 데 대한 일관성은 있습니다.
그러나 테러 및 테러위험인물의 정의가 명확하지 않은
상황에서 말씀드렸듯이 금융정보분석원장은 국정원장에게
해당 금융정보를 제공해야 하는 사안인지 아닌지 판단의
주체가 될 수 없고 판단의 내용 또한 가질 수 없습니다.
달라는 대로 줄 수밖에 없다는 말입니다.

게다가 국정원의 직무 특성상 국가안보 사안, 기밀
이런 딱지를 붙여서 금융정보를 요구할 확률이 매우 크지
않겠습니까? 이럴 경우에 정보를 요구하는 국정원의 판단에
따르지 않을 그 누가 있겠습니까? 이런 위험성을 지금 현행
테러방지법에 대해서 제기하고 있는 것입니다. 그것을 함께
논의해서 올바른 방향으로 개정하자는 것입니다. 바꿔
보자는 것입니다.

물론 그렇게 해서 만들어지는 테러방지법이 실질적으로
테러방지를 할 수 있는 법이 될 수 있을지는 모르겠지만
지금 어떤 과정을 통해서든 직권상정돼 있고 그런 마당이기
때문에 그런 문제점들을 지적하면 그 지적에 대해서 검토해
보고, 해서 고칠 수 있으면 고쳐 보자는 것, 이것 아닙니까?

현행 특정 금융거래정보의 보고 및 이용 등에
관한 법률의 시행령 제11조제2항은 기관에 따라서
금융정보분석원장이 제공하는 정보가 특정되게
되어 있습니다. 그러나 테러방지법안은 국정원에
제공하는 정보를 특정하고 있지 않습니다. 따라서
금융정보분석원장은 정보 제공 사유에 해당하는지
해당되지 않는지에 대한 명확한 판단을 거듭 말씀드리지만
할 수도 없고 할 내용이 없기 때문에, 할 수 없어서 광범위한
금융정보를 국정원이 요구하는 대로 그저 제공할 가능성이
매우 높은 것 아니겠느냐. 그러지 않다는 명확한 근거를
제시해 주십사, 이것이 요구입니다. 근거를 제시할 수 없다면
이것 또한 잘못된 조항입니다.

이 경우 국정원의 국내 정치 개입 가능성은 더 높아질
수밖에 없으며, 그 대상은 여러분도 저도 또 다른 누구도
모두가 해당될 수 있다는 것입니다. 이것은 과거 국정원이
개입된 스캔들의 건수를 살펴보더라도 충분히 우려스러운
상황입니다.

국정원은 해외정보 수집 외에도 국내정보 수집 활동에
관여하려고 해서는 안 됩니다. 수사의 필요가 있는 경우라면

그것은 경찰이나 검찰이 해야 하는 일이고, 국정원은 국내 사안에 개입해서는 안 된다는 것이 국정원의 흑역사를 통해서 국민 모두가 알고 있는 내용이고 요구하고 있는 내용입니다.

다섯 번째, 새누리당의 질문은 이렇습니다.

'국정원만 금융정보를 열람할 수 있나요? 왜 그렇게 국정원만 뭐라고 하십니까?' 하는 의미도 또한 여기에 들어 있습니다. 그래서 다섯 번째 질문, '국정원만 금융정보를 열람할 수 있나요?' 새누리당의 답변은 역시 '아닙니다. 그렇지 않습니다. 이미 특정 금융거래정보의 보고 및 이용 등에 관한 법률 제7조에 따라서 검찰 국민안전처 경찰 국세청 관세청 중앙선거관리위원회 금융위원회 등 7개 기관이 범죄수사를 위해 금융정보분석원으로부터 자료를 요청, 열람하고 있습니다. 테러방지법은 이 7개 기관에 국가정보원을 추가하는 것이며, 대상은 테러위험인물로 한정됩니다. 요청과 열람 절차도 다른 기관과 동일합니다.' 그러면 다른 기관을 통해서 받으면 되지요.

반복되는 답변의 내용, 단어가 있습니다. '테러위험인물'로 한정한다는 것, 열람 절차도 다른 기관과 동일하다는 것, 이것은 다른 조항에서도 거듭 반복하고 있습니다. 그럽니까?

말씀드렸듯이 금융정보분석원이 국정원에다가 금융거래정보를 제공하지 않도록 법으로 규정하고 있는 것에는 그 이유가 있습니다. 국정원의 국내 정치 개입이나 국민 사찰을 막기 위한 장치인 것입니다. 국내 정치 개입이나 국민 사찰을 막기 위한 장치로서 법은 국정원에다가 금융거래정보를 제공하지 않도록 해 놓고 있는 것입니다. 국정원은 지금 테러방지법을 통해서 그 안전장치 제거를 시도하고 있습니다.

아까도 말씀드렸듯이 미국도 CIA는 내국인의 금융거래정보를 수집할 수 없도록 하고 있습니다. 미국과 마찬가지로 한국도 조사나 필요한 정보를 경찰이나 검찰 그리고 관세 당국이나 과세 당국에 제공하고 있습니다. 그러니 그런 기관을 통해서 국정원이 열람하면 되는 것이고 확인하면 되는 것입니다.

여섯 번째, 새누리당의 질문은 이렇습니다. '지금 우리나라 금융거래정보를 미국 CIA는 볼 수 있고 국정원은 볼 수 없다는 것이 사실인가요?' 우리나라의 금융거래정보를 미국 CIA는 볼 수 있고 국정원은 볼 수 없다는 것이 사실이냐? 사실이라고 대답하고 있습니다. 사실입니다. 외국 정보기관은 양국 FIU 간 MOU에 따라 우리나라와의 테러위험인물에 대한 금융거래정보를 확인할 수 있습니다. 특히 미국의 정보기관 CIA 등은 우리나라의 금융정보를 확인할 수 있는데 정작 우리나라 정보기관인 국정원은 우리 금융정보를 받을 수 없는 모순된 상황에 직면해 있습니다.

시민사회단체 그러니까 민주주의법학연구회와 인권운동공간 활, 인권운동사랑방, 진보네트워크센터, 참여연대의 답은 무엇일 것 같습니까? 이런 새누리당의

답변을 말장난에 불과하다고 일축하고 있습니다. 왜냐? 미국 CIA도 우리 국정원처럼 자국민의, 미국인의 금융거래정보는 들여다볼 수 없습니다.

미국은 내국인의 금융거래를 철저히 보호합니다. CIA는 국내 정보가 아닌 해외정보만을 수집하는 해외정보수집 전담 기관입니다. 위 사례에 등장한 한국 내 테러 용의자의 경우 미국의 입장에서는 외국인으로서 미국 법으로는 보호할 필요가 없기 때문에 미국 FIU는 한국 FIU로부터 받은 해당 자료를 CIA에 제공하는 것입니다.

다시 말해서 내국인이 아닌 외국인이기 때문에 외국인과 관련된, 그중에서도 테러 용의자와 관련된 자료는 CIA에 제공할 수 있다는 것이지요. 그것을 가지고 '외국의 정보기관은 우리나라 금융거래정보를 들여다볼 수 있는데 정작 국정원은 우리나라 국민들의 금융정보를 들여다볼 수 없다' 이렇게 답하는 것은 시민사회단체의 반박대로 말장난에 불과할 수 있습니다.

한편 미국 CIA가 마치 우리나라 금융거래정보를 수시로 요구할 수 있는 것처럼 주장하는 것도 역시 사실과 다릅니다. 미국 금융정보분석원 FIU와 한국금융정보분석원 간 약정된 테러 관련 금융거래정보를 상호 교환하는 것입니다. 금융거래정보를 수시로 요구해서 들여다보는 것이 아니라 한국금융정보분석원과 약정된 금융거래정보를 상호 교환하는 것이 사실이라는 것이지요.

또한 한국 FIU가 외국 FIU로부터 받은 외국에 거주하는 테러용의자의 거래 내역에 관한 정보를 제공받아 국내법에 따라 외환 관리 당국이나 검찰과 경찰에 제공하고 있기도 합니다. 그 후 해당 기관이 국외테러정보를 수집하는 국정원과 정보를 공유하면 된다는 것이지요. 또한 외국에 거주하는 테러용의자에 대해서라면 국정원은 FIU를 거치지 않고 정보기관 간의 국제정보공유채널을 통해서 충분히 확보할 수 있고 지금도 그렇게 하고 있다는 것입니다.

국정원과 새누리당 주장의 핵심은 '국정원이 미국 CIA도 가지지 못한 국내금융거래정보에 대해서도 직접적인 접근권을 가져야 한다' 이것이 핵심 요지입니다. 그것을 복잡하고 현란한 주장으로 마치 미국 CIA는 국내인의 한국인의 거래정보를 들여다보는데 정작 한국의 국정원은 자국민의 금융정보자료를 받아보지 못한다는, 열람할 수 없다는 식으로 하는 것이야말로 이것은 답변 그대로 말장난에 불과한 수사입니다.

이미 국정원이나 새누리당도 스스로 주장하듯이 금융정보분석원장은 이미 한국 내의 테러용의자 등 의심할 만한 거래에 대한 정보를 경찰과 검찰에게 제공하고 있습니다. 국정원이 국내 금융거래정보에 대한 직접적 접근권을 가지고 있는 것은 다른 스캔들에 이를 악용할 수 있다는 우려를 키울 뿐입니다.

국내 정치에 개입하거나 개인 사찰을 통해서 그 개인을 곤궁에 떨어뜨리게 하거나 하는 경우에 이용될 가능성, 여기서 이야기하는 스캔들이란 좀 더 정치 문제로 비화시킬 수 있고 국내 정치에 개입할 수 있는 여지가 이 과정을

통해서 충분히 형성될 그런 위험성을 가지고 있다 하는 것을 지적하는 것이지요.

● **부의장 이석현** 정 의원님 말씀하는 가운데 또 제가 사회를 교대할 시간이 되었습니다. 알찬 토론 기대합니다.

(이석현 부의장, 정갑윤 부의장과 사회교대)

● **정진후 의원** 수고하셨습니다.

국정원의 금융거래정보에 대한 접근권을 허용하자는 내용은 직권상정된 이철우 의원안 부칙에 나타나 있습니다. 특정 금융거래정보의 보고 및 이용 등에 관한 법률을 개정하여 금융정보분석원장으로 하여금 테러위험 인물에 대한 조사업무에 필요하다고 인정되는 금융정보를 국정원에 제공하도록 하자고 규정하고 있습니다.

그러나 이것은 이미 언급했던 이유들로 인해 바람직하지 않습니다. 이미 존재하는 현행법인 특정 금융거래정보의 보고 및 이용 등에 관한 법률 제7조1항은 금융정보분석원장이 공중협박자금조달행위와 관련된 형사사건의 수사에 필요하다고 인정되는 정보를 검찰총장에게 제공하도록 하고 있습니다.

또 같은 법 제7조제2항은 테러자금조달행위와 관련된 형사사건의 수사에 필요하다고 인정하는 경우에는 대통령령으로 정하는 특정금융거래정보를 국민안전처장관과 경찰청장에게 제공하도록 정하고 있습니다. 따라서 국정원이 이러한 금융정보를 별도로 받을 특정한 사유가 없다는 것입니다.

새누리당의 일곱 번째 질문, 이렇게 시작됩니다. '테러방지법의 목적은 무엇인가요?' 테러방지법의 목적은 당연히 테러를 방지하고 테러를 예방하는 것 아니겠습니까? 새누리당의 답변도 그렇습니다. 테러 예방입니다. 테러방지법은 테러를 준비 단계에서부터 인지해 테러 발생을 막는 예방법입니다. 이미 발생한 테러를 수습하기 위한 것이 아닙니다. 당연히 그렇지요. 이미 발생한 테러를 수습하는 것은 그것은 테러방지법에 포함되어야 될 내용이라기보다는 포함되지 않아도 다른 법에 충분히 확보되어 있는 내용들 아니겠습니까?

정부와 새누리당은 테러 예방을 들고는 있지만 한국에는 테러방지법이라는 이름의 법만 없을 뿐 대테러 대비태세를 갖추기 위한 각종 법령과 기구가 보기에 따라서는 지나칠 정도로 많다는 것이 민주주의법학연구회를 포함한 단체들의 의견입니다. 그래서 이미 테러 대비태세를 갖추기 위한 각종 법령과 기구가 지나칠 정도로 많이 존재하고 그래서 테러예방을 하고 있다는 것입니다. 통합방위법, 비상대비자원 관리법, 대테러특공대, 국가테러대책회의 그리고 사이버 안전은 국가사이버안전규정, 미래부의 사이버안전센터 등이 이미 존재한다는 것입니다.

일례로, 두 번째 말씀드리지만 2010년 G20 정상회담을 앞두고 경찰청은 중동·아프리카·동남아시아·이슬람국 57개국에서 입국한 5만여 명의 국내 체류 상황을 조사해 그중 행적이 의심스러운 외국인 99명을 특별관리까지 했습니다.

또한 경찰청은 '법무부와 국가정보원 등도 테러용의자 명단을 확보해 입국금지 대상에 포함하고 있으며, 현재 입국이 금지된 테러혐의 외국인은 5000여 명에 달한다'고 발표했습니다. 이 명단 가운데 시민사회의 G20 관련 학술회의에 참여할 예정이었던 다수의 활동가에게 비자가 거부되었고, 심지어 일부는 비자를 받고도 공항에서 무더기로 입국불허 통지를 받았습니다. 당시에 테러방지법이 없었음에도 정부는 인권침해 소지가 있을 정도로 테러예방 조치들을 과도하게 행사할 수 있었습니다. 그럼에도 불구하고 테러예방을 위한 제도가 없다고 한다면 그것은 과도한 테러방지법에 대한 부각 의도로 볼 수밖에 없습니다.

테러방지법안의 실질적인 내용은 테러예방이 아니라 국정원에게 개인금융 정보, 통신 기록을 마음대로 볼 수 있도록 해서 과도하고 포괄적인 권한을 부여하는 것이 핵심이라는 것입니다.

(● 이노근 의원 의석에서 — 그걸 설명하기 위해서 그렇게 궁색한 얘기를 하나, 왜?)

궁색한 이야기는, Q&A 답변이 훨씬 더 궁색한 내용입니다.

새누리당의 여덟 번째 질문 '정보수집을 꼭 국정원이 해야 하나요?' 새누리당 답변입니다. '예, 그렇습니다. 테러방지는 국제테러단체와 테러범의 테러 모의에 대한 사전 정보수집이 핵심입니다. 국내외 테러위험인물에 대한 추적이 필요하며, 해외 정보기관과의 공조도 필수적입니다. 이것은 국가정보기관만이 할 수 있습니다. 소방·해경으로 이루어진 국민안전처가 할 수 있는 일이 아닙니다.

또한 국가정보원법 제3조는 국가정보원의 직무로 대공, 대정부전복, 방첩, 대테러, 국제범죄조직에 대한 정보수집을 명령하고 있습니다. 따라서 대테러 정보수집 업무는 국정원의 고유직무입니다.'

시민사회 반박은 이렇습니다. '그렇지 않습니다' 미국의 경우 국내 정보수집은 FBI가 한다는 것, 저도 말씀드렸고 여러분도 잘 기억하실 것이라고 믿습니다. 다시 말해서 경찰조직이 한다는 것입니다. 전자정보는 CIA가 아니라 NSA가 합니다. 정보 종합과 여러 정부기관에서 수집한 정보의 데이터베이스도 CIA가 아니라 별도의 독립부서가 합니다. 수사는 FBI가 전담합니다. 문제는 국정원이 CIA처럼 해외 정보수집만 하는 게 아니라 국내 및 사이버 정보수집, 대공수사, 보안업무 기획조정 기능 및 비밀관리 기능, 사이버심리전에 이르기까지 무수히 많은 일을 하는 데 있습니다. 그러다 보니 정보수집 기능은 오히려 약해지고 그래서 국내 정치 개입이나 공작에는 강하다는 평을 듣고 있는 것이라고 시민사회단체는 반박하고 있습니다.

새누리당의 답변대로 국가정보원법 제3조는 국가정보원의 직무로 대공, 대정부전복, 방첩, 대테러, 국제범죄조직에 대한 정보수집을 명시하고 있습니다. 다시 말해 굳이 테러방지법을 제정하지 않더라도 국정원은 이미 정보수집을 하고 있다는 것입니다.

만약 국정원이 국내 정보수집 기능, 수사 기능, 보안업무 기획조정 및 국가비밀관리 기능, 심리전 기능같이 다른 나라 정보기구들이 보유하지 않는 과도한 권한과 기능을 포기한다면 제대로 된 대북 대테러 정보수집 전문기관으로 거듭나게 될 것이라는 충고를 보내고 있습니다. 그런데 국정원은 불필요한 과도한 권한과 기능을 그대로 유지한 채 테러방지법을 제정해서 수많은 반인권적 사찰 수단을 독차지하려 하고 있습니다.

테러방지법 여러 조항에 문제가 있지만 특히 테러방지법안 제9조제3항과 제4항은 그중에서도 매우 심각합니다. 3항과 4항에 대해서는 제가 앞서 법조문을 낭독해 드리면서 문제점을 지적했기 때문에 법조문에 대해서는 굳이 다시 말씀드리지 않겠습니다.

다만 시민사회 의견은 테러방지법 제9조제3항을 살펴보면서 먼저 알아야 할 점은 개인정보 보호법상 개인정보는 디지털화된 사실상 모든 종류의 개인정보를 의미하고, 그중에서 특별히 보호하도록 되어 있는 민감정보는 사상, 신념, 노동조합·정당의 가입과 탈퇴, 정치적 견해, 건강, 성생활 등에 관한 정보, 유전정보, 범죄경력 자료를 의미한다고 합니다.

개인정보 처리자는 업무를 목적으로 이런 개인정보를 처리하는 공공기관, 법인, 단체 및 개인 등을 말하는데 개인정보보호위원회와 행정자치부가 펴낸 2014년 개인정보보호 실태조사 결과보고서를 보면 개인정보 처리자에 해당하는 민간업체는 모두 356만 개가 넘습니다.

그런데 동 법안은 학교 그리고 병원 기록부터 홈쇼핑 구매내역 등 모든 개인정보를 아무런 목적이나 법원의 허가 등 요건의 제한 없이 국정원에 제공하도록 한다는 것입니다. 사실상 사생활이 사라진다고 볼 수 있습니다.

또 위치정보의 보호 및 이용 등에 관한 법률상 위치정보는 GPS, 와이파이 등을 의미하는데 이러한 위치정보는 오늘날과 같은 유비쿼터스 사회에 개인이 어디에서 누구를 만나 무슨 일을 했는지를 알 수 있게 하는 중요한 개인정보로서 부상하고 있습니다. 그런데 이와 같은 위치정보에 대하여 테러방지법은 역시 아무런 목적이나 법원의 허가 등 요건의 제한 없이 국정원에 제공하도록 한다는 것입니다.

테러방지법 제9조제4항 역시 큰 문제입니다. 국정원에 필요한 정보나 자료는 그 대상의 제한 없이 아무런 목적이나 법원의 허가 등 요건에 있어서도 제한 없이 모두 수집할 수 있도록 하였습니다. 그리고 이를 위해 현장조사, 문서열람, 시료채취 등을 하거나 조사대상자에게 자료제출 및 진술을 요구하는 등 사실상 가능한 모든 활동을 할 수 있도록 하였으며, 개념이 불분명한 추적도 무제한 할 수 있도록 하였습니다.

이는 국정원만이 아는 테러위험인물과 자신도 모르는 새 접촉한 모든 국민이 국정원의 방문을 받거나 자료 제출을 요구받거나 진술을 요구받을 수 있도록 보장한 것으로서 중대한 인권침해입니다.

새누리당의 아홉 번째 질문입니다. '테러방지법이 없어도 현재의 제도로 테러를 막을 수 있지 않나요?' 답변은 역시 '그렇지 않습니다'입니다. '그렇지 않습니다. 현재 우리나라는 테러 관련 법률이 없고 1982년에 만든 대통령 훈령인 국가대테러활동지침만이 존재합니다. 이 훈령은 공무원에게만 적용되는 행정명령으로 법적 구속력이 없습니다. 테러방지법이 없으면 테러예방에 필수적인 테러위험인물에 대한 자료를 수집할 수 없어서 테러징후 사전포착이 지극히 어렵습니다.

또한 외국인 테러 전투원이 국내에 들어와도 처벌할 근거가 없으며, 출입국관리법 위반으로 강제퇴거 조치밖에 할 수 없는 상황입니다. 얼마 전 불법체류 인도네시아인이 IS 계열의 알 누스라는 테러단체에 자금을 송금했는데도 이를 처벌하지 못하고 추방 조치에 그쳤습니다.

김 군처럼 우리 국민이 테러단체에 가입하는 것도 막을 수 없고 테러범들이 자극적이고 잔인한 영상을 인터넷에 올려 우리 아이들을 유혹해도 이를 차단할 방법이 없습니다.'

우리나라에 테러 관련 법률이 없다는 새누리당의 주장은 거짓말이라고 하는 것이 시민사회단체의 답변의 첫머리에 있습니다. 테러에 직접 대응하는 대비태세를 갖추기 위한 각종 법령과 기구가 이미 마련되어 있다고 하는 것입니다. 또한 테러 예방을 위한 국제적인 정보 공조 역시 이미 이루어지고 있다고 하는 것입니다.

국무총리가 주관하는 국가테러대책회의도 오래 전부터 운영해 오고 있습니다. 비록 황교안 국무총리가 자신이 의장인지 아닌지 몰랐을지는 몰라도 엄연히 존재하는 기구입니다. 현행 수단인 국가테러대책회의를 제대로 운영도 해 보지 않고서 다른 수단이 없다고 하는 것은 말이 안 된다는 것입니다. '요즘은 어린아이들도 이런 식으로 황당한 주장을 하지 않는다'라고 하면서 우리나라는 형법과 특정범죄 가중처벌법, 기타 형사범죄에 대한 각종 특별법을 통해서 내란이나 외환, 각종 조직폭력범죄를 수사하고 처벌하는 제도를 촘촘히 유지하고 있다고 주장합니다.

국제적으로 반인권악법으로 악명 높은 국가보안법도 별도로 시행하고 있으며 다른 어느 나라보다도 강력한 주민등록제도도 시행하고 있습니다. 그 밖에 우리나라는 국내적 필요 혹은 유엔 등 국제사회의 요구에 따라 항공보안법, 선박 위해 처벌법, 철도안전법, 원자력안전법, 방사능 방재법, 화학물질관리법, 총검단속법, 범죄인 인도법, 출입국관리법 등 공중안전을 위해 다양한 법제들을 제정, 시행하고 있다는 것이 의견입니다.

적의 침투·도발이나 그 위협에 대응하기 위하여 각종 국가방위요소를 통합하여 동원하는 통합방위법 그리고 이를 뒷받침할 비상대비자원 관리법을 제정하여 시행하고 있기도 합니다.

통합방위사태가 선포되면 국무총리가 총괄하는 중앙통합방위협의회가 각 지역 행동조직과 경찰조직, 군과 예비군 그리고 국정원 등 정보기구를 통합적으로 운용할 수 있습니다. 육해공군과 해병대 그리고 경찰과 해경은 제각각 대테러특공대를 구성해 운영하고 있기도 합니다. 또한 한국이 지닌 대테러 능력에는 역시 제가 말씀드렸던 것과 마찬가지로 한미연합사가 지닌 정보와 작전 능력도 포함된다고 하는 것이 시민사회단체의 의견입니다.

한국과 미국 간에는 군사정보를 공유하는 군사비밀보호협정이 체결되어 있고 한국 국방부는 주한미군을 비롯한 미군의 정보자산으로부터 도움을 받고 있으며 매년 정기적으로 한미 대테러훈련도 실시하고 있습니다.

한국은 테러 관련하여 촘촘한 자금 추적 장치 또한 갖추고 있습니다. 범죄에 사용되는 자금을 추적할 수 있는 자금세탁방지제도인 범죄수익은닉 규제법과 금융거래정보 보고법은 시민사회단체들의 노력으로 제정되었고 G20 최고 수준이라는 평가를 듣고 있습니다.

그 밖에 공중 등 협박목적 자금조달 금지법, 일명 테러자금조달금지법도 2008년 제정해서 유엔뿐만 아니라 미국, EU 등에서 요청한 개인과 단체의 자금을 이미 세밀하게 추적하고 있습니다. 이 법에 따르면 테러 관련 자금이라고 의심되면 영장 없이 금융거래를 동결할 수 있고 수사에 필요한 정보는 검찰총장, 경찰청장 그리고 국민안전처장에게 제공됩니다. 외국환관리법도 금융거래에 대해 유사한 통제장치를 가지고 있습니다.

인도네시아인이 테러단체에 자금을 송금했는데도 이를 처벌하지 못하고 추방 조치에 그쳤다는 알 누스라 사례라는 것은 오히려 이미 테러방지법이 없어도 금융거래가 모두 추적되고 있다는 사실을 보여주는 사례라고 할 수 있을 것입니다. 이미 국정원은 소위 테러 정보를 수집하고 있는 것 아니겠습니까? 추방 조치를 취했다는 것은 이미 이에 대한 수단도 가지고 있다는 것을 의미합니다.

알 누스라 사례를 살펴보면 또 다른 문제점도 발견할 수 있습니다. 지난 11월 18일 경찰은 알 누스라 전선을 추종했다며 인도네시아 이주노동자를 체포했습니다. 그러나 그 증거는 고작 알 누스라 전선의 깃발을 들고 찍은 사진과 집에서 발견한 BB탄 모형 소총뿐이었습니다.

같은 날 이병호 국정원장은 시리아 난민 200명이 왔고 65명은 공항에서 대기 중인데 철저히 감시하고 있다, 국내에서도 이슬람 노동자 중에서 IS에 호감이 있는 사람이 발견되고 있다면서 마치 시리아 국적자와 무슬림 모두를 잠재적 테러리스트로 취급하는 발언도 했습니다. 그러나 심지어 법무부가 오보 취지로 별도의 설명자료를 내야 할 만큼 사실관계부터 허점이 많았습니다. 정부는 테러와 어떤 연관이 있는지 제대로 밝히지 않은 채 이주민을 범죄자 취급했고 마치 우리가 당장 위험에 빠진 것처럼 공포를 강요하고 있습니다.

보다 구체적으로 한국이 국제 정보공조를 어떻게 해 오고 있는가 살펴보면 한미 간 군사비밀보호협정이 체결되어 있고 연례적인 대테러 군사훈련, 대량살상무기 확산방지훈련을 실시하고 있습니다. 미국 국가안보국(NSA)가 전 세계와 자국민을 무차별 사찰하고 감청해 온 사실을 폭로했던 에드워드 스노든이 한국 언론과의 화상대화에서 밝힌 바에 따르면 한미 정보 당국 간에는 최소한 국방 측면의 정보 공유가 일어나고 있습니다.

테러 관련 자금 추적을 위한 국제 정보교환과 공조 역시 활발합니다. 한국은 지난 2015년 7월부터 1년간 국제자금세탁방지기구의 의장국을 맡고 있습니다. 2015년 7월부터 1년간 국제자금세탁방지기구의 의장국으로서 유엔 협약 및 유엔 안보리 결의 관련 금융조치를 이행하는 태스크포스인 FATF는 금융시스템을 이용한 자금세탁과 테러·대량살상무기 확산 관련 자금조달을 막는 역할을 합니다.

이미 시행 중인 공중 등 협박목적 자금조달 금지법, 일명 테러자금조달금지법은 유엔의 요청뿐만 아니라 미국 등 우방국의 요청이 있으면 위험인물로 지목된 개인과 단체의 금융거래를 동결하고 해당 자금의 조성과 은닉에 관련된 이들을 처벌할 수 있게 하고 있습니다.

외국환관리법 역시 유엔과 우방국과의 긴밀한 정보교류와 공조 속에 시행되고 있습니다. 외국환관리법의 하위 지침인 국제평화 및 안전유지 등의 의무이행을 위한 지급 및 영수허가지침에 따르면 유엔 결의로 제재를 결정한 개인이나 단체 외에도 미국의 대통령령, 유럽연합 이사회가 지명한 개인 및 단체에 대해서는 기획재정부가 금융제재를 할 수 있도록 되어 있습니다.

지난 3월 기획재정부는 IS대원 27명을 포함해 669명을 금융제재 대상자에 포함시키고 수시로 업데이트하고 있습니다. 국제 정보공조가 이미 이렇게 이루어지고 있는 실정입니다.

열 번째 질문입니다. '테러방지법의 핵심 내용은 무엇인가요?' 새누리당 이렇게 답하고 있습니다. '테러에 대한 정보를 수집해서 테러를 예방하고 테러범을 처벌하고 피해자를 지원하며 정보수집 과정에서 인권침해와 권한 남용이 없도록 감시합니다.

테러방지를 위한 기획·조정·실행조직을 마련합니다. 국가정보원이 테러단체조직원과 테러위험인물에 대해 통신감청, 금융거래정보 열람 등을 통해 정보를 수집합니다. 테러단체와 테러범을 처벌하고 테러 피해자에게 비용을 지원하고 위로금을 지급합니다. 테러정보 수집과정에서 혹시 모를 인권침해나 권력남용을 방지하기 위한 장치도 마련했습니다.' 시민사회 반박 내용은 이렇습니다.

테러방지법의 핵심 내용은 국정원의 권한강화에 맞추어져 있을 뿐 테러방지를 위해 기존 제도를 합리적으로 정비할 방안은 전연 포함하고 있지 않습니다. 미국에서 테러방지를 위한 제도개혁의 핵심은 CIA에 집중된 정보독점을 분산시키는 것이었습니다. 국정원에게 강력한 권한을 집중하는 것이 정보실패의 확률이 높다는 점은 이미 미국 CIA의 사례에서 확인되었습니다. 다시 말해 직권상정된 테러방지법안은 국정원강화법이지 테러방지의 효율성 면에서는 오히려 개혁에 역행하는 방안입니다.

또한 새누리당은 테러에 대한 정보를 수집해 테러를 예방하고 테러범을 처벌하고 피해자를 지원하며 정보수집 과정에서 인권침해와 권한남용이 없도록 감시한다고 설명하지만 이것은 이 법의 수많은 독소 조항에 대해서는 설명하지 않고 있습니다.

국내에서 국가기관이 자의적으로 특정 집회나 시위를 불법 또는 테러행위라고 규정할 여지가 다분합니다. 따라서 이에 가담했다는 이유만으로 테러위험인물로 의심을 받게 되면 국정원의 총체적인 감시와 사찰에서 벗어날 길이 없게 되는 것입니다.

또한 정부정책에 반대하는 인터넷 게시물도 긴급 삭제 또는 중단될 수 있습니다. 새누리당은 마치 인권침해의 요소가 없는 것처럼 주장하지만 이는 사실과 다릅니다. 법안은 인권보호관을 규정하고 있으나 단 1명이라고 인원을 명시하고 있고 그 자격·임기 등 운영은 대통령령으로 정한다고 하고 있습니다.

1명으로 거대한 국정원의 테러 관련 조직의 인권침해를 감시할 수 있다고 하는 것은 어불성설입니다. 이 단 1명의 인권보호관으로 국가정보원의 테러 관련 조직의 인권침해를 감시할 수 있다고 하는 것이야말로 마치 한 마리의 개미를 내세워서 설악산 흔들바위를 밀어 떨어뜨리라는 것과 다르지 않다는 생각을 말씀드리겠습니다.

존경하는 국민 여러분!

여러분들의 열정과 응원에도 감사드립니다. 그리고 영국의 더 타임스가 한국 필리버스터에 대해 소개한 내용에 대해서 잠깐 언급해 드리겠습니다.

'옛날 필리버스터들에서 상상력 빈곤한 정치가들은 셰익스피어를 읽고 전화번호부나 굴뷔김 요리법 따위를 읽는 등 그저 시간끌기를 해 왔다' 이렇게 전하면서 '한국의 필리버스터의 모습은 마치 원로원에서 카이사르에게 맞서서 끊임없이 연설하던 로마공화국의 카토처럼 예술적인 수사학적 연설무대가 될 수도 있고 논리로 멍청한 법안을 낱낱이 까부수는 장치가 될 수 있음을 보여주었다'라고 전했습니다.

로이터통신은 '야당은 테러방지법이 통과된다면 개인의 자유를 위협할 거라고 본다'면서 눈물을 흘리거나 노래를 부르는 모습 등 국회에서 벌어지고 있는 다양한 필리버스터 풍경을 전하면서 정치권 일각에서는 원시적이라고 표현하기도 했지만 로이터 기자가 보기에 이번 필리버스터 릴레이는 그간 야권 특히 운동권 중심으로 흘러갔던 저지방식 중에서 가장 세련되고 합법적인 방법이라고 평했습니다.

이 모두가 테러방지법에 대한 국민 여러분의 관심과 성원으로 이렇게 만들어지고 있다고 생각합니다. 이 필리버스터가 시작되자마자 많은 국민들이 국회 앞으로 달려와서 시민 필리버스터를 진행했습니다. 그리고 여러분도 아시다시피 페이스북이나 트위터 등 각종 SNS에 댓글을 달아서 국회 안의 의원들과 소통하면서 댓글 필리버스터를 진행하고 있습니다. 이것도 모자라서 많은 국민들이 본회의장에 찾아와서 직접 관람하시면서 필리버스터를 진행하는 의원들을 격려하고 응원도 해 주셨습니다. 감사드립니다.

테러방지법을 제정하면 안 된다고 생각하시는 국민 여러분!

여러분들은 대한민국 정부의 말은 믿지 않고 누구의 말을 들어서 테러방지법에 반대하십니까? 혹시 야당 의원들의 선전·선동에 현혹되셔서 테러방지법에 반대하고 계십니까?

테러방지법에 반대하고 계시는 국민 여러분!

여러분들은 그러면 우리나라에서는 테러가 일어나야 된다고 생각하시면서 반대하십니까? 여러분의 가족들이 테러에 노출되는 것을 가만히 지켜만 보고 계시겠다는 것입니까? 우리 아버지, 우리 어머니, 형제자매, 아들과 딸이 테러에 노출된다면 어떻게 하시겠습니까? 생각만 해도 끔찍하지 않습니까?

국민 여러분들이 테러방지법에 반대하고 지금과 같은 테러방지법에 문제가 있다고 이야기하는 것은 테러를 옹호해서도 아니고 여러분의 친지와 가족과 이웃들이 테러의 위협에 고스란히 노출되기를 바라서도 아닐 것입니다.

제가 만난 국민들은, 저에게 목소리를 전해 오는 국민들은 그래서가 아니라 지금의 테러방지법이 말 그대로 테러를 방지할 수 있는 법이 아니라 전혀 다른 형태로 왜곡될 가능성이 높기 때문에, 그래서 제대로 된 테러방지의 기능과 역할을 하기보다는 다른 역할로 쏠릴 수 있는 가능성이 매우 높은 법안이기 때문에 국회에서 그런 걱정들을 제대로 해소해 줄 수 있는 방안을 만들어라 하는 것 아닙니까.

그런 요구와 명령을 받들어서 테러방지에 대한 올바른 법안을 마련하자고 주장하고 근거를 들어 설명하는 것은 국회의원의 당연한 의무라고 생각합니다. 다만 이런 과정이 길어지면서 체력의 한계에 봉착한, 그래서 다른 누구보다도 큰 어려움을 겪고 계시는 의장단, 그리고 관계자 여러분들께는 제가 이렇게 긴 시간 서서 발언을 하는 것이 때로 인간적으로는 죄스럽기도 하고 사람의 도리가 아닌 것 같기도 하고 별의별 회한이 머리와 가슴을 스칩니다.

그러나 제가 말씀드렸던 그 뜻이 후배 의원으로서 가져야 하는 충실한 자세라고 이렇게 생각해 주시고…… 머지않았습니다. 이미 끝은 예정되어 있는 것 아닙니까? 예정된 그 끝을 보면서도 이렇게 말씀드려야 하는 저의 마음은 더더욱 참담합니다. 몸이 아니라 마음이 참담하기에 더더욱 힘이 듭니다.

이제 시간을 좀 넘기다 보니 목소리도 잠기고 눈도 침침해지고 그렇습니다. 허리도 아프네요.

물이나 좀 더 갖다 주시겠습니까?

오늘 필리버스터가 종료되면 테러방지법안은 곧장 표결에 들어가게 되겠지요. 그리고 다수당의 수적 우위에 의해서 이 법안은 말 그대로 일점일획의 수정도 없이 통과될 것입니다.

지금까지 필리버스터를 진행해 오면서 수많은 의원님들께서 이 법안의 문제점과 개선해야 될 방향과 내용에 대해서 지적하고 때로는 호소하고 때로는 거칠게 외치기도 했습니다.

많은 국민들이 말씀드렸듯이 민주주의의 새로운 교육의 장이 열린 것처럼 국회방송의 화면에 시선을 고정하고 필리버스터가 어떤 법안이며 어떤 문제점을 가지고 있는지, 정말로 국민을 보호하고 공공의 안전을 가져다 줄 수 있는 법인지 의원들의 발언을 들으시면서 판단하셨습니다.

언론에 나타난 테러방지법의 내용들에 대해서 꼼꼼히 읽고 또 읽으면서 신문에 밑줄을 그어 의원실로 보내기도 했고, 당신의 생각을 SNS를 통해서 전달하기도 했습니다. 또 어떤 분은 직접 전화를 하셔서 30분이 넘게 법안에 대한 당신의 견해를 말씀하시기도 했습니다.

저는 이런 것들이, 이런 참여가, 이런 관심이 결국은 우리 사회를 변화시킬 수 있는 맹아가 될 것이라고 확신합니다.

비록 지금은 우리가 보기에 동토의 땅일지 모르나……

(● 이노근 의원 의석에서 — 동토의 땅이라니 어떻게 동토의 땅입니까?)

그 동토의 땅 밑에서 생명의 맹아를 키우는 그 씨앗은……

(● 이노근 의원 의석에서 — 아니, 북한한테 동토의 땅이라고 한번 해 봐요.)

(「조용히 하세요」 하는 의원 있음)

(「의사진행 방해 마세요」 하는 의원 있음)

결코 민주주의라는 이름을 배반하지 않을 것이고 그 민주주의에 값하는 싹을 틔워서 반드시 튼실한 열매를 맺게 할 것이라고 생각합니다.

국가보안법으로 국정원에 의해서 고문을 당하고 조작된 간첩으로 낙인찍혀 수년간의 감옥 생활을 해야 했고, 감옥에서 나와서도 그 자녀들과 함께 간첩이라는 사람들의 따가운 시선을 피해 그늘로 그늘로만 걸어야 했던 제가 아는 선배분 역시 지금은 팔순의 노인이 되어 필리버스터를 지켜보면서 이 법안의 문제들에 대해서 되새기고 있을 것입니다.

저는 마지막으로 그러면 과연 국가정보원과 그리고 테러방지법의 연관 속에서 어떠한 대안과 방향이 필요한가에 대해서 이제는 말씀드릴 차례라고 생각합니다.

아무래도 테러방지법의 한중간에 가장 핵심적인 요인으로써 국정원이 있기 때문에, 그리고 모든 문제의 출발의 근본이 그곳으로부터 기인하고 있기에 정보기관의 올바른 발전방안을 통해서 우리가 이야기하는 테러방지에 대한 접근으로 나아가는 것이 필요할 것이라는 생각을 갖습니다.

길지 않습니다. 국가정보원과 관련된 발전방안에 관한 연구를 독일 사례를 통한 시사점 도출로 제출된 한국공안행정학회에서 발췌한 논문입니다.

'한국 정보기관의 발전방향에 관한 연구', '독일 사례를 통한 시사점 도출' 소제목입니다. 동국대 경찰행정학과 임준태 교수의 글 중에서 결론 두 페이지 정도만 언급해 드리겠습니다.

'급변하는 정보환경과 치열한 국제경쟁 속에서 정보가 국력이다는 문구는 국가정보기관의 중요성을 상기시켜 준다. 지난 9·11 테러 사건 이후 선진 각국의 정보기관들이 직무전문성과 효율성을 향상시키기 위하여 조직통합과 재정 이런 확대를 도모하고 있다.

이런 상황은 한국의 정보기관 개혁방향에도 영향을 미치고 있다. 남북분단 상황에서 국가안보는 여전히 중요한 목표가 되고 있으며 국제화·개방화 시대에 즈음하여 대외무역의 비중이 점증하는 가운데 정보활동의 대상도 다양해지고 있다. 즉 군사·경제·과학·첨단기술·산업·환경·조직범죄·마약·총기 밀매·테러 등 어느 것 하나 소홀히 다룰 수 없는 영역들이다.

그럼에도 불구하고 한국의 최고정보기관은 과거의 잘못된 관행으로 인하여 책임자들이 처벌받는 등 정보기관의 위상이 심각하게 실추되었다. 특히 국내 정치 상황에 적극 개입함으로써 빚어진 과오로 인하여 정보기관 본연의 직무수행 자체가 위축되는 위기를 맞고 있다. 그러나 음지에서 묵묵히 정당한 직무집행을 해 온 다수의 정보요원들의 공로마저 폄하되어서는 안 된다.

정보활동을 공공의 안녕과 질서를 위협하는 일반적 또는 개별적 위험을 방지하기 위한 국가의 작용이라고 이해할 때 이는 실질적 의미의 경찰 작용이다. 따라서 형식적 명칭 여하에도 불구하고 이러한 기능을 수행하는 다양한 정보기관들은 실질적 의미의 경찰이다.

국가의 존립과 기능을 이어가는 요소와 자유민주주의적 기본질서를 위태롭게 하는 행위를 사전에 예방·제거하여 국가의 안전보장을 확보하는 것이야말로 정보경찰과 각급 정보기관의 중요한 역할이다.

이와 관련 독일 사례를 중심으로 면밀히 분석하고 시사점을 도출하게 되었다. 국가마다 서로 다른 역사적 배경을 갖고 있는 터라 동일한 잣대로 평가하기는 어렵지만 공통적인 요소들을 중심으로 한국의 정보기관 발전방향을 제시하는 데 활용하였다.

특히 독일은 과거 나치 정권하에서 정보기관이 전횡하였던 경험을 갖고 있기 때문에 한국 상황에 시사하는 바가 적지 않았다.

한국의 정보기관 개혁방향은 정치적 중립, 직무 전문성, 다양한 직무 영역의 확대, 법치주의 한계 내에서 적법한 정보활동을 보장, 그리고 과거의 전철을 밟지 않도록 효율적인 외부 통제에 중점을 두고 추진되어야 한다.

이러한 관점에서 다음과 같은 정보기관의 개혁방향을 제시하고자 한다.

정보기관의 정치적 중립성 확보를 위하여 부서 책임자 임명과정에서 청문회 등을 통하여 객관적 능력, 직무 전문성, 도덕적 검증 결과가 반영될 수 있는 절차가 반드시 마련되어야 한다. 책임자에 대한 임기제를 적극 도입하고 잦은 책임자 교체 관행을 시정해야 한다.

선진 각국의 정보·보안 기관들은 해외정보와 국내정보 담당 부서를 명확하게 분리하고 있다. 한국의 정보기관이 경험한 과오를 되풀이하지 않기 위해서 향후 직무 영역을 확실히 구분하거나 국내 부분에 대한 폐지를 검토할 필요가 있다.

또한 정보기능과 수사기능은 분리하는 것이 바람직하다. 따라서 해외 대북정보는 국가정보원이 전담 수행하고 국내 치안은 경찰이 전담토록 하는 방안도 고려할 만하다.

한편 경찰의 경우 일반 경보, 보안 경보, 보안 일반정보, 보안 정보, 외사경 정보 기능을 국내 치안·보안·정보 부서로 통합하고 산재된 수사기능은 수사부서로 이관·통합할 필요가 있다.

국가정보기관의 역할이 더욱 중요해지고 있는바 국익 보호를 위하여 직무 전문성 및 직무영역을 확대해야 한다. 우수한 인력을 확보하고 새롭고 다양한 위험요소에 대비하고 국가 이익과 관련되는 분야의 정보역량을 강화해야 한다.

양질의 신호정보, 영상정보 획득을 위한 재원 마련도 적극 추진해야 한다.

법치주의 한계 내에서 정보활동 적법성 보장 노력이 긴요히 된다. 즉 정보활동의 근거 법제를 마련해야 한다. 즉 직무수행의 근간이 되는 법령을 정비해서 직무 및 권한 규범을 명실상부하게 규정해야 한다.

필요한 구체적 수단

수집 저장된 인적정보의 처리에 대한 법률적 근거가 요구된다.

정보기관에 대한 진일보한 외부통제장치를 마련해야 한다. 의회를 중심으로 예산 및 정보활동에 대한 사후통제를 효율적으로 실시하여 정보기관에 대한 적법성 감시 및 본질 및 직무수행에 충실토록 해야 한다.

정보기관 책임자의 위상 문제도 논의되어야 한다. 한국의 경우 아주 이례적일 정도로 정보기관의 책임자가 고위직으로 충원되고 있다. 각급 정보기관 간의 대등한 협력관계를 바탕으로 상호견제가 가능토록 해야 한다.

향후 경찰 정보부서 책임자의 위상을 형평성 있게 조정해야 된다. 각급 정보기관 책임자의 직급을 차관급 정도로 하고 향후 정보기관의 소속도 정보 수요자를 중심으로 대통령, 행정자치부, 외교부, 국방부 등으로 다양화하여 부처 간 견제와 균형, 상호 협력관계로 발전시켜야 한다.

정보기관 개혁방안을 두고 논란이 많을 것으로 예상된다. '잘못 개혁하면 파괴다'라는 말이 있듯이 관계부서의 입장과 시대적 요구를 반영하여 한국의 국력과 위상에 맞는 성숙하고 전문화된 정보기관으로 환골탈태해야 한다.'

오래된 요구였고 국가정보원에 대한 이야기가 나올 때마다 반복되는 말이었지만 안타깝게도 그 진전은 크지 않습니다. 큰 발걸음은 뗄 수 없을지라도 작은 발걸음이라도 옮겨야 하지만 그런 작은 발걸음을 옮기기조차 우리의 다리는 너무 무겁습니다.

그런 가운데서 우리가 논의하는 테러방지법은 국가정보원에 대한 문제를 끊임없이 제기하게 만들었고 그로 인하여 테러방지법 본연의 목적과 취지 자체를 의심하고 불필요하다는 것으로 인식할 정도로 논의는 그렇게밖에 진행되지 못했습니다.

안타깝지만 이제 제가 진행해 온 필리버스터를 마감해야 할 것 같습니다. 제 발언이 끝나면 몇 분의 발언이 이어질 것이고, 그 발언이 끝나면 필리버스터는 종결될 것입니다.

홀가분한 분도 계실 것이고, 무엇인가 찜찜한 분도 계실 것이고, 아쉬움이 큰 분들도 계실 겁니다.

저 역시도 말로 형언할 수 없는 커다란 아쉬움이 지금 이 순간 제 눈앞을 스쳐 갑니다. 여러 많은 모습들이 스쳐 갑니다.

그동안 필리버스터 기간 동안 국민 여러분이 보여 주신 참여의 힘만이 많은 분들의 발걸음을 조금이라도 가볍게 하고 희망을 품을 수 있는 근거가 되리라고 생각합니다.

많은 관심을 가져 주신 국민 여러분께 다시 한 번 감사드립니다.

저는 이 과정을 통해서 정치가 국민을 행복하게 할 수도 있고 불행하게 할 수도 있다는 것을 다시 한 번 확실하게 깨달았습니다.

행복을 향하여 희망을 간직한 채 떨어지지 않는 발길, 무거운 걸음을 옮기겠습니다.

최근 '로봇, 소리'라는 영화가 개봉됐습니다. 이 영화는 도청을 주 임무로 하는 그런 위성이 지구로 낙하하면서 딸을 잃은 아버지가 이 위성과 함께 딸을 찾아가는 과정을 그리고 있는 영화입니다.

이 영화에 등장하는 정보원 고위 관계자의 대사로 제 발언을 마무리하겠습니다.

'위성에는 이 나라 이 땅에서 벌어진 모든 통화가 저장돼 있어. 정치인, 재벌, 검찰까지 모두의 약점이 우리 손안에 들어 있는 거라고'.

마치겠습니다.

경청해 주셔서 감사합니다.

(박수 치는 의원 있음)

● **부의장 정갑윤** 다음은 정의당 심상정 의원 나오셔서 토론해 주시기 바랍니다.

(2016년 3월 2일 오전 5시 26분)

37

심상정 의원

제19대 국회의원 (경기 고양시 덕양구갑)
정의당

2016년 3월 2일 오전 5시 27분 시작
2016년 3월 2일 오전 7시 0분 종료
발언 시간 1시간 33분

"저는 필리버스터에 모아졌던 우리
정치에 대한 관심과 열정이 고스란히
투표장으로 이어져야 한다고 생각합니다.
필리버스터, 선거운동 아니냐? 모든
정치는 선거운동입니다. 그것을 왜
부정해야 합니까? 국민들이 뽑은 정치적
대표 또 정당들의 정치적 실천을 평결하는
것이 선거입니다.…선거가 계속되는 한
민주주의는 계속된다는 사실을, 정책도
사람도 투표용지에 올라서 국민의 선택을
받을 수밖에 없습니다."

(2016년 3월 2일 오전 5시 27분)

● **심상정 의원** 존경하는 국민 여러분!
정의당 대표 심상정입니다.

테러방지법 통과 저지를 위해 시작된 필리버스터가
8박 9일째 이어지고 있습니다. 저는 서른여덟 번째
토론자입니다.

제 뒤를 이어서 이종걸 더불어민주당 원내대표의 마지막
발언이 있는 것으로 알고 있습니다. 유감스럽게도 47년
만에 부활된 필리버스터는 여기까지인 것 같습니다. 참으로
안타깝습니다.

국회방송 시청률이 8%에 육박했다고 합니다.
국민들께서는 이번 필리버스터를 지켜보면서 '아,
테러방지법이 이런 문제가 있어서 야당이 그렇게 반대를
했구나' '대한민국 국회에도 쓸 만한, 괜찮은 국회의원들이
많이 있구나' '야당이 살아 있구나' '우리 정치 희망이
있구나' 하면서 많은 격려를 보내 주셨습니다.

대한민국의 희망을 함께 꿈꾸면서 함께 성원해 주신,

그 열렬한 국민들의 성원에 저도 놀라고 정치권도 놀라고
국민들도 놀라셨을 겁니다. 그러나 많은 국회의원들의 진심
어린 노력과 시민들의 아낌없는 성원에도 테러방지법은
한 조항도 고치지 못할 것 같습니다. 몹시 아쉽고 분하실
겁니다.

제가 토론을 신청한 이후에 많은 시민들이 메시지를 보내
주셨습니다. '꼭 테러방지법 막아 달라' 호소하셨습니다.
'토론하다가 쓰러져서 119에 실려 나와라' 이런 간절한
주문도 많았습니다.

왜 안 그렇겠습니까? 8박 9일 동안 눈 비며 시청하고
국회를 직접 찾아 방청하고 댓글로 응원하고 후원금 보내고,
그렇게 오랜만에 야당에 마음을 포개 주셨던 국민들께
진심으로 감사와 송구스럽다는 말씀을 올립니다.

사랑하는 국민 여러분!

그러나 저는 테러방지법을 막으려고 이 자리에 올라온
것은 아닙니다. 왜냐하면 이미 그럴 수 없기 때문입니다.
쓰러질 때까지 토론해 주기를 바라는 마음 잘 알고 있습니다.
그런 기대에 부응하지 못해 죄송하다는 말씀을 먼저
드립니다.

우리 당의 의원님들, 또 조금 전에 말씀을 마친 우리
정진후 원내대표님의 토론이 그런 간절한 바람에 작은
위로가 되었으면 합니다.

저희 정의당은 시민들의 간절한 마음을 가슴깊이, 깊이,
깊이 새길 것입니다.

저는 이 자리에서 합법적인 의사진행 방해보다도 시민의
대표로서 헌법에 의해 보장된 대로 입법과 정치에 대한 제
견해를 밝힐 것입니다. 여러분과 함께 희망을 만들어 갈 수
있는 방법을, 그 고민을 교환하고자 합니다.

제가 테러방지법 통과를 막을 수 없다고 말씀드린 이유는
잘 아시리라고 생각합니다. 필리버스터라는 칼을 과감하게
빼어 들었던 더불어민주당이 집어넣기로 최종결정을
했습니다.

저는 정의당의 마지막 토론자입니다. 박원석, 김제남,
서기호 또 조금 전 우리 정진후 의원까지 다 하셨습니다.
오늘이 2일입니다. 10일까지 제가 이어가기에는 무리가
있습니다.

아니, 10일까지 버텨서 막을 수 있다면 버텨 볼 것입니다.
그러나 잘 아시다시피 버텨도 테러방지법 통과를 막을
수 없습니다. 정의당이 제1야당의 역할을 대신하기에는
여러모로 역부족입니다.

필리버스터가 계속되면 선거법 처리가 지연되고
선거사무가 중대하게 차질을 빚게 된다는 걱정, 이해합니다.
더불어민주당이 우려하는 역풍도 있을 것입니다.
더불어민주당의 곤혹스러움을 모르는 바 아닙니다.

중단 결정 자체를 비판하고 싶지 않습니다. 또 '이럴 거면
왜 시작했느냐?' 이런 말도 하고 싶지 않습니다. 이미 소용이
없습니다.

그러나 이것만은 분명히 하고 싶습니다. 다른
민주국가에서는 듣기조차 힘든 '야당 심판'이라는 말이

나오고 있습니다. 그 이유를 외면해서는 안 될 것입니다. 저는 그 이유를 늘 그렇게 말만 무성하고 결과를 맺지 못하는 야당의 용두사미 정치에 대한 국민들의 뿌리 깊은 불신 때문이라고 생각합니다.

지금 국민들은 필리버스터로 테러방지법을 막지 못해서 분노하는 것이 아닙니다. 선거법 처리를 외면하고 10일까지 이어가지 못해서, 그래서만 화를 내는 것이 아닙니다. 이런 일은 일점일획도 바꿀 수 없다고 밀어붙이는, 국회 탓하고 야당 탓하는 대통령의 태도에서 어쩌면 처음부터 예정된 것이었습니다. 더민주가 필리버스터를 꺼내 들었을 때 걱정이 앞섰던 것도 이 때문입니다.

그러나 필리버스터는 의사진행을 합법적으로 방해하는 가장 강력한 수단입니다. 그런 수단을 꺼내 들었을 때는 상대를 두렵게 만들 수 있어야 합니다. 상대에게 양보를 얻어 내려면 끝을 보겠다는 의지가 상대에게 전달되어야 합니다. 그리고 그 끝이 자신에게도 치명적일 수 있다는 그런 두려움이 있을 때 비로소 양보가 이루어질 수 있을 것입니다.

그러나 필리버스터가 시작된 이후 새누리당은 여유만만했습니다. 더민주가 끝까지 가지 않을 것을 확신하고 있었던 듯합니다. 유감스럽게도 새누리당의 판단은 틀리지 않았습니다. 야당 스스로 이긴다는 확신이 없는데 어떤 상대가 두려워하겠습니까?

그러나 새누리당 동료 의원 여러분!

저는 오늘 이 상황에 기시감을 느낍니다. 1년 전에도, 2년 전에도, 3년 전에도, 4년 전에도 늘 반복됐던 우리 정치의 모습이기 때문입니다.

19대 국회 지난 4년간 야당은 법안이나 정권의 일방적 정책을 저지하기 위해 모든 수단을 다 동원하고, 대통령과 여당은 야당이 뭐라고 하든 다수의 힘으로 일방통행만 벼르던 일은 우리에게, 우리 국회에게 아주 익숙한 모습이 되었습니다.

국회선진화법으로 물리적 충돌은 사라졌다지만 세월호 수습과 처리를 둘러싼 격렬한 대치, 국정 역사교과서를 둘러싼 대치, 국정원의 선거개입을 둘러싼 격렬한 대치, 19대 국회 내내 수도 없이 반복된 이 격렬한 대치를 일일이 열거하기도 쉽지 않습니다. 이 싸움들은 짧게는 4~5개월, 길게는 1년 이상 정치를 마비시켰습니다. 국회와 정치는 밥값도 못 한다는 시민의 비판과 불신을 받아야 했습니다.

돌이켜보면 지난 4년은 정치가 아니라 불모의 싸움으로 점철돼 왔습니다. 국회는 협력을 통해서 시민이 직면한 문제를 실질적으로 해결하는 공간이라기보다 서로 독한 말과 증오를 주고받는 전쟁터였습니다.

어떻게 대통령만 옳습니까? 어떻게 다수당의 뜻대로만 할 수 있습니까? 그게 어떻게 국회입니까? 그게 어떻게 민주주의입니까?

대통령도, 여당도, 야당도, 저희 같은 소수당도 다 부분적으로 옳습니다. 다 대한민국 국민을 대변하고 있습니다. 서로 갖고 있는 그 부분적인 옳음을 가지고 대화하고 타협하는 것이 정치의 책무일 것입니다.

그런데 박근혜정부에 들어서서 옳은 사람은 박근혜 대통령밖에 없습니다. 야당도 틀렸고, 여당도 진실한 사람과 거짓된 사람으로 갈렸습니다.

집권당은 모든 대치의 책임을 야당에게 전가하면서 조롱했습니다. 대통령의 뜻대로 일획일점의 법안도 고칠 수 없다는 완고한 자세가 집권당의, 집권세력의 책임감으로 둔갑하면서 야당은 설 곳을 잃었습니다.

아무리 민주정치를 다수에 의한 지배라 한다 해도 이처럼 소수파의 목소리가 억압당하고 소수의 권리가 무참히 침해된다면 이것은 정치를 파괴함으로써 힘의 논리를 정당화하는 것에 다름 아닙니다.

오늘의 여당이 앞으로 늘 여당일 수는 없습니다. 지금 여당이 비판하는 이 필리버스터도 또 어느 날에는 새누리당의 선택이 될 수도 있습니다. 그때의 절박함에 집권세력이 된 야당이 눈도 돌아보지 않는다면 또 우리 정치는 어디로 가겠습니까?

저는 물론이고 우리 야당도 테러의 위험을 잘 알고 국가안보의 중요성을 여당만큼, 그 이상 잘 이해하고 있습니다.

사실 새누리당은 안보제일주의를 주장할 자격이 없습니다. 당과 정부의 최고위급 인사들이 군대를 갔다 온 사람들이 많지 않습니다. 자기만 안 갔다 온 게 아니라 아버지 때부터 자식 때까지 가지를 않습니다. 그러면서 신성한 국방의 의무를 말할 자격이 있습니까? 또 천문학적인 방산비리는 다 누구 탓입니까? 인권의 사각지대가 돼 버린 군대는 또 누구 탓입니까? 야당 탓입니까?

서유럽의 예를 봐도 강력한 테러방지법안은 보수당이 아니라 노동당과 시민당에 의해 적극적으로 입법화되었습니다. 시민들이 동의하는 대테러방지법안을 만드는 데 가장 중요한 것이 테러방지와 인권 사이의 균형과 조화입니다. 안보와 인권 사이에서 시민들에게 최대의 이익이 되는 그 좁은 오솔길을 열기 위한 열띤 논쟁과 토론은 정치가 해야 할 당연한 역할입니다. 그것이 야당의 책무입니다.

야당의 입장에서도 생각할 줄 알아야 합니다. 졸속으로 만들어진 입법으로 피해를 입게 될 피해자의 입장에서 생각할 줄도 알아야 합니다. 단 한 번이라도 여야가 역지사지의 자세로 이 문제를 다뤘다면 이 법은 지금쯤이면 대통령 책상에 올라가 있을 것이라고 저는 생각합니다.

요즘 필리버스터 때문에 본회의장을 오가는 새누리당 의원님들의 감출 수 없는 미소를 봅니다. 새어 나오는 웃음소리도 듣습니다. 야당과 힘겨루기를 하고 버티면 변함없이 이기니 어찌 안 그렇겠습니까?

그러나 새누리당, 정말 이래서는 안 됩니다. 야당의 목소리에는 절반의 국민의 목소리가 담겨 있습니다. 테러방지법에 찬성하는 국민도, 이를 우려하고 반대하는 국민도 다 우리 국민입니다. 이 국회에서 다 껴안아야 될 우리 국민들의 소중한 목소리입니다. 여당이 다수당이라고 해서 절반의 국민의 목소리를 내쫓을 권리는 없습니다.

야당을 설득하는 일은 곧 국민을 설득하는 일입니다. 설득하고 타협해서 국민들의 우려를 불식시키는 것이 집권여당의 책무입니다. 야당을 굴복시켰다고 좋아하고 기세등등한 새누리당, 묻고 싶습니다.

지금 당신들 발밑에 있는 패배자가 도대체 누구입니까? 여러분들의 국민입니다.

그래서 국민이 패배하는 이 비극의 주연은 더불어민주당이 되어서는 안 된다고 생각합니다. 야당이 제시한 최소한의 수정안마저 완강하게 거부한 새누리당이 그 비극의 주연이 되어야 합니다.

법과 상식에 동떨어진 직권상정이 없었다면 없었을 비극입니다.

정의화 의장님은 의회민주주의에 대한 소신과 실천으로 제가 평소 크게 존경해 왔습니다. 그러나 타협했습니다. 정의화 의장께서 이 책임으로부터 자유롭지 않습니다.

그러나 이 비극의 진정한 주연은 시민의 자유와 기본권을 위협하는 발언을, 테러방지법이라 이름 붙이고 통과되지 않으면 국민들이 테러에 무방비로 노출될 것처럼 야당과 국민을 협박해 온 박근혜 대통령입니다.

제가 사전을 찾아보았습니다. 사전에는 두 가지 종류의 테러가 있습니다.

특정 목적을 가진 단체, 개인이 행사하는 폭력입니다.

또 하나는 주권국가 권력자들이 정치적 목적으로 휘두르는 폭력입니다.

잘 아시다시피 우리 사회는 오랫동안 독재시절을 겪어 왔습니다. '날아가는 새도 떨어뜨린다'는 안기부 시절에 여느 집 밥그릇 숫자까지 세 왔던 그런 공포정치의 상처가 아직도 우리 사회 곳곳에 깊이 아픔으로 남아 있습니다. 그래서 우리 국민들은 IS로부터의 테러 못지않게 권력에 의한 위협에 떨고 있습니다.

이 두 가지 테러 다 방지하는 테러방지법을 만들기 위해서 이 필리버스터가 진행이 되었습니다.

야당이 모든 여론공세와 색깔공세와 이념공세를 감내하면서도 이 테러방지법을 고쳐야 한다고 주장하는 이유가 바로 여기에 있습니다.

특정 목적을 가진 그런 테러, 권력으로부터 국민에게 가해지는 위협, 이 모든 테러를 다 방지할 수 있어야 합니다.

또 선거법 처리를 공전시켰던 장본인들이 '선거를 치르지 말자는 거냐?' 이렇게 목청을 높이고 있습니다.

지난 1년 선거법 논의 어떻게 되었습니까? 새누리당 현역 의원 밥그릇 지키기 위해서 1년이 허비됐습니다. 그러면서도 거대 양당의 부당한 특권을 챙기는 담합은 이미 12월에 다 합의되었습니다. 그럼에도 불구하고 쟁점법안 통과를 위해서 선거법 처리를 공전시켰던 장본인이 바로 새누리당입니다.

양심이 있어야 합니다, 양심이.

또 야당이 테러방지를 막는다면서 고래고래 소리를 지릅니다.

세상에 테러를 방지하자는 데 반대할 사람 누가 있습니까? 마치 야당이 테러리스트 동조 세력이라도 되는 듯 몰아세우고 있습니다. 서로 다른 이견을 폭력적으로 억압하고 반대자에 대해 부당한 낙인을 찍는 것, 색깔을 씌우는 것, 이런 정부 여당의 배냇버릇을 고쳐야 합니다. 이런 행태는 열린사회에 대한 중대한 도전이라고 저는 생각합니다.

존경하는 국민 여러분!

오늘도 지역에서 어르신 말씀을 들었습니다. 테러를 방지하자는 데 야당이 왜 그것까지 반대하느냐 하는 것입니다. 이 자리에서 많은 야당 의원님들께서 이미 누차 말씀하셨습니다. 우리는 테러를 방지하는 법을 찬성합니다. 우리가 반대하는 것은 인권을 유린하는 법을 반대하는 것입니다. 테러방지를 빙자해서 국정원에게 더 쉬운 사찰의 무소불위의 권력을 부여하는 것을 반대하는 것입니다.

우리는 국정원에게 쉬운 사찰 권한을 마음 놓고 내줄 만큼 그렇게 국정원이 투명하고 민주적인가를 따져보자는 것입니다. 그것을 여당이 인정하라는 것입니다. 인정해야 합니다. 구체적으로 열거하지 않더라도 전직 국정원장들 다 사법 처리되었습니다. 인정하셔야지요.

테러방지법 문제에 대해서는 이미 많은 의원들께서 충분히 무엇이 문제인지 설명을 해 주셨습니다. 제가 드리는 얘기도 그것을 반복하는 것에 불과할 것입니다. 그럼에도 세 가지 문제는 짚도록 하겠습니다.

지금 현재 제출돼 있는 법에서 가장 큰 문제가 '테러위험인물'이라는 게 도대체 어떤 사람을 지목하는 것이냐 하는 겁니다. 법안 2조3항을 보면 '테러 예비·음모·선전·선동을 했다고 의심할 상당한 이유가 있는 자', 이렇게 되어 있습니다. 그런데 그것을 누가 판단하느냐, 국정원이 판단하는 것입니다. 국정원이 지금까지 보여준 실례처럼 자의적인 해석이 얼마든지 가능합니다. 국정원의 의심만으로 테러위험인물로 간주할 수 있다는 얘기입니다.

국민 여러분, 진짜 괜찮겠습니까? 국정원 믿어도 되겠습니까? 불과 얼마 전에 박근혜 대통령이 말씀했습니다. 집회 시위 참가자를 테러리스트에 견주지 않았습니까? 그러고도 국정원을 믿을 수 있습니까?

앞으로 테러방지법이 통과가 되면 이 테러방지법에 근거해서 아예 집회 시위 참가자들이 테러위험인물로 낙인찍힐 우려가 커졌습니다. 이것은 기우가 아닙니다. 대통령께서 증거하셨습니다.

이렇게 모호한 규정으로 국정원이 누군가를 테러위험인물로 지목할 경우에 그 사람의 휴대폰, 계좌 추적, 감시 다 가능해집니다. 논란 많은 테러방지법 제9조 때문에 그렇습니다. 이 조항은 국정원장에게 테러위험인물에 대한 통신이용, 금융거래·출입국 정보 수집권을 부여하고 있습니다. 특히 금융거래정보는 영장 없이도 수집 가능하도록 했습니다.

존경하는 국민 여러분!

기존에 금융·정보분석원이 금융거래정보를 국정원에게

제공하지 않도록 했습니다. 제공하지 않도록 했습니다. 왜 안 했느냐? 국정원의 정치 개입과 국민 사찰을 막기 위한 장치였습니다. 그런데 이 같은 국정원의 국내 정치 개입을 차단하기 위한 안전장치, 이번 테러방지법에 의해 풀리게 될 것입니다. 뿐만 아니라 지금도 논란이 많은 개인의 통신내역, 도감청 남용의 가능성이 커지게 됩니다. 테러방지법 부칙에 국정원의 감청영장 요구 요건을 완화하는 내용이 기습적으로 담겼습니다.

9조3항의 경우에는 국정원이 개인사업자에게 요구할 수 있는 것으로 개인정보 보호법이 정한 민감정보도 명시를 해 놓았습니다. 다시 말해 개인의 사상과 신념은 물론이고 노조 가입 여부, 정당 가입 여부, 건강과 유전정보, 이런 개인의 내밀한 영역을 국정원이 들여다볼 수 있게 되는 것입니다.

이렇게 해서 과거 권위주의 시대 안기부 시절처럼 국정원에 의한 공안통치 시대가 도래하지 않는다고 누가 보장할 것입니까?

존경하는 국민 여러분!

잘 아시다시피 국정원은 국회 정보위원회에서도 또 검찰도, 그 누구도 제대로 견제하지 못하는 성역 중의 성역입니다. 그런데 테러방지법은 이런 국정원에 무한대의 권한을 쥐어 주고도 그 남용을 견제할 어떤 장치도 마련해 놓지 않았습니다.

아니, 새누리당이 말하는 한 가지 대책이 있긴 있습니다. 제7조에 대테러 인권보호관 한 명을 임명한다는 것입니다. 지나가던 소가 웃을 일입니다.

국민 여러분, 단 한 명의 인권보호관으로 개인의 기본권 침해를 막을 수 있다고 생각하십니까?

국정원의 권한 남용을 막을 수 있다고 실제 그렇게 믿고 주장하시는 겁니까, 새누리당?

'악마는 디테일에 있다'는 말이 있습니다. 슬며시 끼어들어 온 테러방지법 부칙은 참으로 위험천만한 내용이 모여 있습니다. 부칙 2조2항은 국정원의 감청신청 사유를 마구 넓혀 놨습니다.

(정갑윤 부의장, 정의화 의장과 사회교대)

구체적으로 국가안전보장에 상당한 위험이 예상되는 경우뿐만 아니라 대테러활동에 필요한 경우에도 국정원에 감청을 허용할 수 있도록 했습니다. 그런데 그 대테러활동이라는 것도 역시 모호하기 짝이 없는 용어로 규정되어 있습니다. 테러 관련 정보수집, 위험물질의 안전관리 그리고 국제행사의 안전확보 등 이 모든 경우에 국정원이 감청영장을 신청할 수 있게 될 것입니다.

국민 여러분, 이런 국정원을 우리 국민들은 믿을 수 있겠습니까?

국정원은 지금까지 많은 나쁜 짓을 했습니다. 국내 정치에 개입했습니다. 음지에서 일해야 할 국가정보기관이 양지에 활보를 하면서 정권의 보위기구로 전락했습니다. 불법행위를 동원해서 정치와 선거에 개입했고, 국민을 사찰하고 인권과 기본권을 침해했습니다. 국회나 검찰도 견제하지 못했습니다. 이미 무소불위의 권력집단이었습니다.

2013년 대선 여론조작 사건, 2014년 간첩 증거조작 사건 그리고 2015년 해킹 프로그램 사용 의혹까지, 아니라고 말하겠습니까?

그런 국정원에 어떠한 개혁도 없이, 어떠한 권력 남용을 견제할 장치도 없이 무소불위의 권한을 쥐어 주는 이 테러방지법이 통과된다면 결과적으로 우리 국민은 국정원의 총체적 감시 아래 놓이게 될 것입니다. 인권과 기본권과 사생활이 침해받고 민주주의는 크게 위축될 것입니다.

박근혜 대통령은 테러방지법이 없어서 대테러 위협에 아무런 대책을 마련하지 못하는 것처럼 말하고 있습니다. 거짓말입니다.

이미 이 자리에서 많은 의원님들이 소상하게 설명드렸듯이 이미 우리나라에는 테러에 대응하기 위한 법제도와 관련 기구는 많이 있습니다. 법안도 많이 있습니다. 통합방위법도 있고 비상대비자원관리법도 있습니다. 또 대테러특공대라는 관련 기구도 있습니다. 황교안 국무총리는 몰랐다고 하지만 국무총리가 주관하는 국가테러대책회의도 있습니다.

사이버 안전의 경우 국가사이버안전규정으로 막을 수 있고 미래창조과학부의 사이버안전센터에서도 이와 관련된 사안을 다루고 있습니다.

기존의 형법과 특정범죄가중처벌법 등으로 내란·외환 관련 범죄를 수사하고 또 처벌할 수 있습니다. 그것 말고도 항공보안법, 선박위해처벌법, 철도안전법, 원자력안전법, 방사능방재법, 화학물질관리법, 총검단속법, 범죄인 인도법, 출입국관리법 등 공중안전을 위한 법제가 시행 중에 있습니다.

심지어 테러자금조달금지법으로 불리는 공중 등 협박목적 자금조달 금지법도 2008년 제정된 상태입니다. 외국환관리법도 유엔과 우방국가의 긴밀한 공조 아래 시행 중에 있습니다.

국정원 역시 정보수집 권한을 이미 갖고 있습니다. 국가정보원법 3조를 보면 국정원의 직무로 대테러뿐만 아니라 대공, 대정부전복, 방첩, 국제범죄조직에 대한 정보수집도 명시해 놨습니다. 이렇게 많은 기존 법제와 기구를 어떻게 합리적으로, 통합적으로 운영할 것인가, 이것이 테러방지를 위한 법의 중심과제입니다.

그런데 이 법제와 기구를 어떻게 통합하고 합리적으로 운영할 것인가에 대한 관심보다 국정원에게 어떻게 무소불위의 사찰 권한을 부여할 것인가에만 혈안이 되어 있는 이유를 도무지 알 수가 없습니다.

그분이 아닙니다. 새누리당은 테러방지법과 함께 사이버테러 방지법 처리까지 요구하고 있습니다. 사이버테러 방지법은 민간 인터넷 전체를 국정원이 상시 관리 감독하도록 한다는 내용입니다.

국정원의 기존 권한에 더해서 테러방지법이 부여한 권한은 비록 사이버테러 방지법에, 테러방지법이 지금 부여할 권한에 더해서 사이버테러 방지법이 통과되면 그 권한까지 더해져서 국정원은 그야말로 말 그대로 빅브라더가 되고 말 것입니다.

우리는 국정원에게 국정원을 빅브라더로 만들어야만 하는 이유를 알아야겠습니다. 이것이 의도하는 바가 무엇인지 따져야겠습니다. 그것이 야당의 책무입니다.

저는 정부 여당이 대테러활동을 빙자해서 무소불위의 국정원을 만들고 무제한 사찰과 또 그 사찰의 합법화를 목표로 하고 있다고 합리적 의심을 할 수밖에 없습니다.

미국에서 테러방지를 위한 제도 개혁의 논의과정을 여러 의원님들이 이미 소개한 바 있습니다. 미국에서 테러방지제도 개혁의 핵심은 CIA에 집중된 정보독점을 분산시키는 데 있었습니다. 정보기구에 강력한 권한을 집중시키는 것이 오히려 정보실패의 확률을 높인다는 교훈을 반영한 것입니다.

우리는 미국의 사례가 주는 시사점을 참고할 필요가 있습니다. 테러방지법으로 국정원 권한을 무한대로 키우는 데 열을 올릴 것이 아니라 국정원에 집중된 정보관리 권한을 합리적이고 효율적으로 조정하는 게 필요한 때입니다. 테러방지법은 이 같은 개혁방향에 정면으로 역행하는 법안이라고 생각합니다.

저는 새누리당과 박근혜 대통령께 진심으로 묻고 싶습니다.

도대체 국민의 안전도 지키고 사생활도 보호하는 테러방지법은 왜 불가능한 것입니까?

전 국민의 사생활과 기본권을 국정원 수중에 고스란히 넘겨주어야 테러예방이 가능하다는 주장은 억지입니다. 대체 어느 선진국가에서 자국민을 그렇게 잠재적인 테러리스트로 취급하고 있습니까?

많은 선진국들이 안전과 기본권 이 두 가지 목표가 충돌되지 않는 방안을 오랫동안 논의와 시행착오를 거치면서 만들어 왔습니다. 또 그렇게 실천하고 있습니다.

입만 열면 글로벌 스탠더드를 거론하는 정부여당이 테러방지 문제에서 왜 글로벌 스탠더드를 적용하지 않습니까?

박근혜정부 들어서서 우리의 민주주의가 참 많이 아픕니다. 그러나 저는 우리 시민들의 피로써 쟁취한 대한민국 민주주의의 힘을 의심하지 않습니다. 우리 국민들의 저력을 믿습니다. 지금은 아프지만 이번 필리버스터에 쏟아진 국민들의 응원과 격려에서 우리 민주주의가 반드시 건강함을 회복할 것이라고 믿습니다.

사랑하는 국민 여러분!

저는 필리버스터가 비록 테러방지법 법안을 한 점, 한 획도 바꾸지 못한다 해도 무의미했다고 생각하지 않습니다. 너무나 소중한 재발견이 있었습니다. 이번 필리버스터가 우리 민주주의를 한 발짝 성장시키는 계기가 될 거라고 감히 말씀드리고 싶습니다.

가장 먼저 정치의 재발견입니다.

지역주민들 만나면 가장 많이 듣는 소리가 있습니다. '제발 국회에서 싸움 좀 하지 말라'고 합니다. 한국정치는 왜 싸우는지보다 싸운다는 사실 자체에 대한 비난으로 채워져

있습니다.

정부의 정책결정 과정도, 국회의 입법과정 어디에도 국민의 의사는 반영되지 않고 있습니다. FTA가 되었건 4대강 사업이 되었건 노동법이 되었건 우리 국민의 삶에 지대한 영향을 미치는 이슈와 법안들은 사회적 공론화 과정 없이 요식행위로 국민들 의견 무시하고, 심지어 다수 국민의 의사에 반해서 처리되기도 합니다.

그러나 이번 필리버스터를 통해서 여러 의원님들의 헌신적인 토론으로 정부여당이 이토록 일방적으로 밀어붙이는 테러방지법의 위험성에 대해서 많은 국민들이 알게 되셨습니다.

또 지금 국정원에 주어야 할 것은 무제한의 사찰능력이 아니라 민주적인 통제라는 그런 공감도 높아졌습니다. 국민의 안전과 인권 사이에서 균형점이 어디인가, 수준 높은 국민적 토론이 진행됐다고 생각합니다. 필리버스터에 힘센 세력들이 몹시 언짢아하는 이유도 다르지 않을 것입니다.

민주주의가 건강해지기 위해서는 여러 중대 이슈에 대해 시민의 계몽된 이해가 커져야 한다는 사실을 우리 국민들이 자각하게 되었다는 점은 저는 큰 소득이라고 생각합니다.

다음은 정당과 야당의 재발견입니다.

어느 순간부터 야당은 한국정치에서 들러리로 전락했습니다. 처음에는 대립하지만 끝에 가면 항상 일방적으로 양보하는 행태가 반복된 결과입니다.

왜 대립하는지 그 내용조차 제대로 국민들에게 전달되지 않기 때문에 국민들이 야당에 대해 갖는 기억은 무기력과 지리멸렬이었습니다. 이번 필리버스터를 통해 제1야당은 오랜만에 밀실에서 걸어 나왔습니다. 새누리당의 완력에서 벗어나서 국민들을 향해 테러방지법의 문제점을 설명하고 호소했습니다. 국민들과 함께 국민들을 위해서 싸우겠다는 의지를 보여주는 듯 했습니다. 이번 필리버스터에 대한 국민들의 열렬한 성원에서 저는 야당다운 야당에 대한 국민들의 갈증이 얼마나 깊었는지 깊이 느낄 수 있었습니다. 민주정치의 수준은 야당의 수준에 달려 있다는 사실을 국민들이 깨달은 점 역시 우리 정치 발전의 소중한 성과라고 생각합니다.

이번 필리버스터로 재발견한 것은 국회의원입니다. 그동안 우리 국민들에게 국회의원은 국민 위에 군림하고 갑질하고 세금만 축내는 사람들이었습니다. 없애야 될 대상이었습니다. 정치인들은 다 똑같다며 자신의 지역구 의원의 이름조차 알려고 하지 않는 국민들도 많습니다. 이를 부추기듯 기득권 세력과 보수언론들은 정치를 마구 욕했습니다. 국민들의 정치혐오를 적극적으로 조장했습니다. 김광진, 은수미, 박원석, 김제남 등등 우리 국회의원들의 소신과 능력이 유감없이 국민들에게 전달되는 계기가 되었습니다. 실력자들의 힘자랑과 반정치에 가려져 있던 국회의원들의 숨겨진 진면목이 드러났습니다. 정치는 나쁜 거라는, 정치는 백해무익한 거라는 이런 반정치의 색안경을 벗어던지자 국민들의 대표와 국민들 사이의 거리가 많이 좁혀졌습니다. 저는 이것이 필리버스터가 준 작은

선물이라고 생각합니다.

존경하는 국민 여러분!

지금까지 말씀드렸던 필리버스터의 성과에도 불구하고 테러방지법은 한 글자도 수정되지 않은 채 원안대로 통과될 것 같습니다. 이번 테러방지법의 처리과정은 우리 의회민주주의의 오점으로 기록될 것입니다. 법안이 통과되면 통제에서 벗어나 무소불위의 권력을 얻게 된 국정원은 더 과감하게 나쁜 짓을 할 것입니다. 더 많은 국민들이 피해를 입을 가능성이 커졌습니다. 국회의원으로서 작지만 엄연한 원내 야당의 대표로서 이런 나쁜 법안을 미연에 방지하지 못한 데 대해 진심으로 사과드립니다.

박근혜정부 들어서서 정치에서 힘이 약한 것은 죄라는 사실을 부쩍 깊이 생각하게 됩니다. 진보정당이 분열과 시행착오로 지체하지 않았다면, 그래서 좀 더 빨리 성장해서 교섭단체를 구성할 수 있었다면 이런 일은 막을 수 있었을 것입니다. 최소한 국민들께 이보다는 더 나은 선택지를 드릴 수 있었을 것입니다. 깊은 회한이 몰려옵니다.

이번 필리버스터를 계기로 정의당이 교섭단체가 되는 것이 대한민국 정치를 바꾸는 가장 빠른 길이라는 그런 각오를 심장에 새기겠습니다.

그러나 모처럼 정치에서 희망을 보았던 우리 국민들께서 너무 상심하지 않으셨으면 합니다. 깊은 배신감과 무력감에 정치에서 관심을 거두지 말아 주셨으면 합니다.

이번 테러방지법을 비롯해서 역사교과서 국정화, 굴욕적인 위안부 협상, 노동 악법에 대한 비판도 이어 갔으면 합니다. 실패한 정책을 더 나쁜 정책으로 돌려막는 박근혜정부의 행태를 똑똑히 기억해 주셨으면 합니다.

이어서 테러방지법이 만들어지게 된 정치적 배경에 대해서 설명을 드리겠습니다. 국민 안전과 인권 사이에서 양자택일을 강요하는 우리 정치에 대해서 말씀드릴까 합니다.

최근까지도 심각한 범죄를 저지르고도 아무런 반성도 개혁도 없는 국정원에 어떠한 견제장치도 없이 무소불위의 권력을 부여해서는 안 된다, 이것이 무리한 주장입니까? 이것이 테러리스트를 옹호하는 일입니까?

이런 정당한 야당과 시민들의 목소리를 묵살하고 정부 여당은 어떻게 이렇게 보무도 당당하게 역주행이 가능한 것일까요? 저는 우리 국회에서 이런 일이 벌어지는 것은 대결적인 담합정치의, 그런 나쁜 정치의 필연적 결과라고 생각합니다. 대결적인 담합정치는 서로 철천지 원수처럼 싸우다가도 또 일정 시간이 되면 거짓말처럼 누이가 되고 매부가 되는 한국적 양당정치를 가리키는 말입니다.

저는 이런 양당의 대결적 담합정치가 기득권 성 안팎에 높이 세워진 승자독식제도가 만들어 낸 결과라고 생각합니다. 이런 나쁜 정치는 나쁜 제도로부터 비롯된 측면도 많이 있습니다.

지금 이 19대 우리 국회의 비참한 자화상을 되짚어 보아야 합니다. 국민들과 공유해야 합니다. 그래야 진정한

정치개혁이 무엇인지 국민들이 성원해 주실 것이라고 믿습니다.

지난해 예산안 처리 과정에서 정의화 국회의장은 이런 우리 국회의 비참한 자화상을 잘 묘사해 주셨습니다. '국회는 상임위 중심으로 예산과 법안이 논의되고 적법한 절차를 거쳐 법안과 예산은 의결되어야 한다. 국회의원 한 사람 한 사람은 독립적인 헌법기관으로서 법안을 충실히 심의할 의무를 가진다', 지금 우리 국회는 헌법이 부여한 입법권을 가진 국회의원 그리고 상임위, 보이지 않습니다. 여야 지도부만 보입니다. '교섭단체 지도부에 의한 주고받기 식 거래형 정치가 일상화되었다' 이렇게 당시 국회의장께서 한탄했습니다.

그런데 그 거래형 정치의 해법이 이런 위법한 직권상정이 될 줄은 정말로 몰랐습니다. 참으로 유감입니다.

교섭단체제도 이것을 좀 말씀드려야 될 것 같습니다.

교섭단체제도는 국회 운영상의 편의를 위해 도입되었습니다. 이 양당으로 이루어진 교섭단체는 국민 세금으로 공공재인 정치를, 정당을 잘 키우기 위해서 지원하는 국고지원도 독점하고 있습니다. 국회 공간도 독점하고 있습니다. 국회의 모든 의사일정, 의제 설정, 모든 권한을 독점하고 있습니다. 이 자리에 나와서 국회의원이 발언 하나하나 하는 것도 양당의 허락을 받아야 됩니다. 국회의장도 의사진행을 양당 교섭단체의 합의 없이 함부로 진행할 수 없습니다.

국회의원의 입법권을 침해하고 상임위가 유명무실화되는 이유, 교섭단체제도 때문입니다. 비단 테러방지법만이 아니라 하더라도 19대 국회의 입법 과정은 철저히 망가졌습니다. 헌법이 국회의원에게 부여한 입법권은 수시로 박탈되었습니다. 이른바 쟁점 법안, 국민들의 삶에 민감하고 대한민국의 안전에, 지속가능성에 중요할수록 그것은, 국회의원이 더 많은 토론으로 더 많은 국민과 공유하면서 결정해야 할 이런 중대 의제들은 철저히 양당 지도부만의 관장 사항이 되었습니다.

언제부터인가 정치뉴스에 2+2 또는 4+4 회동이라는 용어가 등장하면서 입법 과정은 철저히 양당 중심의 지도부의 힘 겨루기와 밀실 담합의 산물이 되고 말았습니다.

원내 정당인 저희 정의당도, 정의당 대표인 저도 언론을 통해서야 귀동냥으로 법안의 논의가 어떻게 되고 있는지 소식을 들을 수 있습니다.

이것은 위헌입니다. 위헌. 이런 국회 운영은 위헌입니다. 헌법은 국회의원에게 입법권을 주었지 정당에게 입법권을 준 적이 없습니다. 무슨 권한으로 정당이 다 가져가서, 그것도 밀실에서 힘 겨루기와 담합을 반복하는 것입니까? 이것이 저는 가장 심각한 문제의 출발이라고 봅니다. 국회의원들도 국민이 부여한, 헌법이 부여한 헌법상의 권한에 책임을 지는 자세가 필요합니다. 국민에게 먼저 복무해야 합니다.

큰 정당들의 그동안의 공천 방법이 국민들한테 뽑힌 국회의원이 아니라 특정 실세가 만들어 준 국회의원이라는 그런 인식이 뼛속 깊이 박혀 있습니다. 그런 분들은

권력정치에 의해서 또 팽 당합니다. 국민들한테 달려가 봐야 국민들이 구제해 주지 않습니다.

도대체 이 테러방지법은 그 오랜 세월 동안 대체 무엇 때문에 여야가 다른지, 내가 뽑아 준 국회의원은 어떤 입장을 갖고 있는지, 논의는 충실하게 진행되었는지 국민들은 알지 못했습니다. 이번 필리버스터 과정에서 국민들이 놀랐던 국회의원들의 소신과 능력도 이런 국회의 현실에서 제대로 발휘될 수 없습니다.

300명의 국회의원 중에 우리 국민이 이름을 아는 국회의원이 몇 명이나 되겠습니까? 특히 19대 초선의원들 이름, 국민들이 아는 이름이 얼마나 될까요? 저는 그 국회의원들이 무능해서 그렇다고 보지 않습니다. 국민들이 뉴스로 접하는 정치인은 점점 그 수가 축소되고 있습니다. 교섭단체 양당의 대표, 원내대표, 대변인, 이런 실력자들뿐입니다. 정책 능력을 많이 갖춘 우리 의원님들도 정책을 개발하고 입법화하는 데 재미가 없습니다. 누가 잘했다고 보도해 주지도 않고 칭찬도 잘 받지 못합니다. 그것 하느니 당 대표·원내대표 수발드는 것이 더 빠르다는 그런 생각들을 하게 됩니다.

제가 17대 국회의원으로 처음 국회에 입성을 했습니다. 지금 그나마 '심상정'이라는 이름을 국민들이 알아주는 것은 정책 활동을 열심히 했기 때문에 그렇습니다. 만날 가두에서 시위나 하는 그런 사람인 줄 알았는데 저렇게 공부를 많이 하고, 저렇게 열심이고, 저렇게 좋은 법안을 내고, 그동안 이 국회에서 반세기 동안 듣지 못했던 경제민주화, 복지, 노동의 가치 이런 말들을 쏟아 내는 저의 노력을 높이 평가받았습니다. 일주일에 한두 번씩은 방송사 메인뉴스에 나올 수 있었습니다. 좋은 정책을 내면 신문에 톱으로도 자주 걸렸습니다. TV 토론도 자주 나갔습니다. 그렇게 해서 유능한 정치인들이 길러지는 것입니다.

19대 국회는 거대 양당의 핵심 실세들이 폭력적으로 점유하고 있습니다. 정작 입법권을 가진 국회의원들은 설 자리가 없습니다. 이대로 놔두면 대한민국 국회, 희망 없습니다.

선진 민주주의 국가에서는 주요 법안이 통과될 때마다 이를 주도한 의원들과 더불어서 또 관련 이익단체 대표자들의 입장이 주목을 받고 있습니다. 우리와 너무나 다른 모습입니다.

선진화법이 문제가 많은 것은 사실이지만 대결적인 담합정치는 선진화법 때문만이 아닙니다. 선진화법 때문이 아닙니다. 국회를 법안 자판기쯤으로 여기는 박근혜 대통령, 돌격명령이 하달되면 입법 대집행의 용역부대를 자임하는 새누리당, 무기력하게 끌려만 다니는 야당이 함께 만들어 낸 결과입니다.

국회에서 다수결의 원리는 가급적 지켜져야 합니다. 법안에 대해 충분한 심의를 보장하는 것만큼이나 너무 늦지 않게 통과되어 집행되는 것도 저는 중요하다고 봅니다.

그러나 선진화법을 고치자는 말을 꺼내려면 충분한 토론을 통한 의사결정이나 헌법상의 입법권을 부여받은

국회의원의 권한이 충분히 보장되고 상임위 활동 등 입법 절차가 충실하게 보장이 되어야 됩니다. 그게 전제되어야 합니다. 아무런 정당성도 없이 양당의 기득권 체제만 영구 보장해 주는 교섭단체제도부터 스스로 뜯어고쳐야 합니다.

저는 이 교섭단체제도를 없애지 않고 또는 크게 손보지 않고 소모적인 대결정치와 기득권 담합정치의 무한반복을 막을 수 없다고 생각합니다. 이런 대결적 담합정치는 국민을 위한 정치가 될 수 없습니다. 누구나, 어떤 정당이나, 어떤 정치인이나 민생을 말하지만 좋은 민생정치를 봤다는 국민은 없습니다. 늘 공염불인 이유가 바로 이 양당의 대결적인 담합정치 때문이라고 저는 생각합니다.

또 하나, 이번 양당의 선거법 야합이야말로 나쁜 정치 과정을 너무나 적나라하게 보여 주고 있습니다. 정치권이 선거 제도를 두고 1년 넘게 논의를 해 왔던 이유는 헌법재판소가 현행 제도가 투표가치의 평등에 위배된다는 판결을 내렸기 때문입니다. 그런데 양당 담합정치의 결과는 엉뚱하게도 투표가치를 보다 평등하게 만드는 비례대표 의석을 줄이는 개악으로 끝났습니다.

선거는 민주주의의 요체입니다. 우리 대한민국헌법 제1조제2항은 "대한민국의 주권은 국민에게 있고, 모든 권력은 국민으로부터 나온다." 이야기했습니다. 국민으로부터 어떻게 나옵니까? 선거를 통해서 나옵니다, 선거를. 그래서 선거 제도는 국민의 의사를 실제 권력으로 전환하는 장치입니다. 선거 제도가 공정하지 않으면 우리 민주주의 과정도 왜곡될 수밖에 없습니다. 이 선거 제도의 결함이 곧 민주주의의 결함으로 이어지는 것입니다.

민병주 의원님, 의제와 관련 없다는 말씀 하시려고 하지요? 다 관련이 있습니다. 테러방지법이 어떻게 여기까지 왔는지, 왜 테러방지와 인권은 그렇게 대결을 해야 되는 것인지, 왜 양자택일을 해야 되는 것인지, 테러방지를 위해서 왜 국정원에는 그렇게 무소불위의 권한을 주어야 하는 것인지, 그 합당한 야당의 지적이 왜 조금도, 한 점 한 획도 반영되지 않는 것인지, 그러면서도 대통령과 여당은 왜 그렇게 당당한 것인지 그 정치를 설명하고 있는 겁니다.

이 필리버스터 과정을 보면서, 그렇게 7박 8일을 열렬히 응원하면서도, 그 수많은 국회의원들이 그렇게 진정성을 갖고 날밤을 새면서 호소를 하고, 수많은 시민들이 성원을 했음에도 불구하고 왜 새누리당은 그렇게 보무도 당당하게 밀어붙이는 것인지, 그게 바로 이 국회 구조에 있다는 것을 제가 말씀을 드리고 있습니다.

선거법도 양당이 마음껏 나누어 갖고 쟁점 법안도 양당이 다 주무르는데 이런 발언도 양해가 안 됩니까?

우리 선거 제도의 가장 큰 결함은 작은 지지를 얻고도 많은 의석을 가져간다는 데 있습니다. 새누리당 19대 의석 중에 24석은 부당한 의석입니다. 그것은 민주당도 마찬가지입니다. 정당 지지율에 비해 18석을 더 가지고 갔습니다. 이렇게 유권자의 민의가 왜곡되어서 반영되는 것이 큰 문제입니다. 이 자리가 우리 국민들이 잘못한 사람은 잘라 내고, 잘한 사람은 당선시키고, 국민들의

주권이 제대로 작동하는 그런 의회가 되어야 테러방지법도 고칠 수 있는 것입니다.

제가 2009년도에 유럽 선진 복지 국가를 체험하기 위해서 스웨덴을 방문한 적이 있습니다. 그때가 마침 EU 의원을 선출하는 선거가 진행되고 있었습니다. 길거리에 가다가 조그만 부스 앞에서 열렬히 캠페인을 하는 한 여자분을 만났는데 나중에 이야기를 들으니 그분이 여성당 당수였습니다. '많은, 사민당을 포함한 큰 정당들은 주요 일간지에 통 광고로 당을 홍보하는데 여성당은 돈이 없어서 가두 캠페인에 의존할 수밖에 없다' 이렇게, 우리로 치면 아침 방송 프로에 호소를 했습니다, 이분이. 그랬더니 여러분들도 좋아하는 아바(ABBA) 그룹, 그 아바 그룹의 리더가 여성당이 다른 큰 정당처럼 모든 일간지에 홍보를 할 수 있을 만한 그런 후원금을 주었습니다. 그러면서 그분은 이렇게 말했습니다. 그 아바 그룹의 리더는 '나는 여성당을 지지하지 않습니다. 그렇지만 모든 정당은 국민들에게 홍보하고 선전할 동등한 권리가 부여돼야 합니다. 그것이 올바른 민주주의입니다. 그 올바른 민주주의가 되도록 촉구하는 의미에서 내가 후원하는 것입니다' 이렇게 말했습니다. 저는 그것이 민주주의라고 봅니다.

존경하는 국민 여러분!

저는 테러방지법 통과를 막을 수는 없습니다. 그러나 국민의 안전과 인권을 함께 지키는 길이 있다고 생각합니다. 국민의 참정권을 희생시키지 않고 개인의 자유와 인권을 높이는 답이 있다고 생각합니다. 그것은 민주주의입니다. 결국 민주주의에 길이 있습니다. 그리고 선거에 답이 있습니다. 선거가 특정 세력의 이해관계에 휘둘림이 없이 치러진다는 바로 그 사실이 민주주의와 민주주의가 아닌 체제를 구분하는 결정적인 기준입니다. 국정원과 같이 국가기관이 개입하고 동원되는 선거, 그런 관권 선거가 유지되는 사회라면 그 민주주의는 의심해 봐야 합니다.

저는 이번 선거가 오히려 늦지 않아서 다행이라고 생각합니다. 선거법 처리 때문에 이 지경이 됐는데 무슨 소리냐, 이렇게 국민들께서 힐난하실지 모르겠습니다. 민주정치에서 선거는 그 사회가 당면하고 있는 문제와 해법에 대해 국민들이 머리를 맞대고 토론하고 결정하는 시간이라고 생각합니다. 또 민주주의의 가장 큰 덕목은 권력이 한시적이라는 것입니다. 속으로 민주주의를 좋아하든 싫어하든 결국 권력을 얻고 이어 가려면 투표용지에 이름 올리고 주권자들의 처분을 받아야 합니다. 정치인이 일을 할지 말지를 결정하는 힘은 오직 국민들에게만 주어져 있습니다.

그래서 오만한 독재 권력이 자주 하는 착각과는 달리 민주정치에서는 입법과 정책, 외교 협상, 모든 정치행위는 잠정적으로만 유효합니다. 역사교과서 국정화도 또 지금 논의하는 이 테러방지법도 되돌릴 수 있다는 얘기입니다.

박근혜정부 이제 2년 남았습니다. 짧다고 느낄 수도, 길다고 느낄 수도 있을 것입니다. 총선 결과에 따라 테러방지법의 미래는 달라질 것입니다. 역사교과서 국정화와 위안부 협상도 마찬가지입니다.

저는 필리버스터에 모아졌던 우리 정치에 대한 관심과 열정이 고스란히 투표장으로 이어져야 한다고 생각합니다. 필리버스터, 선거운동 아니냐? 모든 정치는 선거운동입니다. 그것을 왜 부정해야 합니까? 국민들이 뽑은 정치적 대표 또 정당들의 정치적 실천을 평결하는 것이 선거입니다. 제가 테러방지법을 막을 수 없다는 점을 알면서도 이 자리에 선 것도 바로 그 이유 때문입니다. 선거가 계속되는 한 민주주의는 계속된다는 사실을, 정책도 사람도 투표용지에 올라서 국민의 선택을 받을 수밖에 없습니다. 어쩌면 잊고 있었던 이런 사실이 우리 시민들에게 작은 위로와 희망이 되었으면 합니다. 어쩌면 이 말을 드리기 위해서 제가 이 자리에 섰다고 해도 과언이 아닙니다.

한 장의 투표용지가 무엇을 할 수 있을까, 이렇게 수십 명의 의원들이 필리버스터를 해도 글자 하나 고칠 수 없는 테러방지법, 그런 상황에서 뭘 할 수 있을까, 이렇게 의심하는 분들이 있을 것입니다. 게다가 선거는 주관식도 아니고 객관식입니다. 한 표로 너무나 많은 말을 해야 합니다. 정부도 심판해야 되고 야당도 심판해야 되고 경제냐 안보냐도 따져야 되고 정책이냐 후보냐 번호냐 이렇게 선택해야 합니다.

저는 이런 비유를 드리고 싶습니다. 선거는 교차로에 선 차량 앞에 놓인 신호등과 같습니다. 그 신호에 따라 차량은 직진을 할지 방향을 바꿀지 또 운전자를 교체할지 결정하게 됩니다. 박근혜정부에 단호히 경고하고 대결적 담합정치라는 나쁜 정치를 근본적으로 바꾸는 신호등 불을 켜 주십시오. 그것이 무슨 색깔인지 구체적으로 말씀드리지 않겠습니다. 그것이 얼마 후에 통과될 테러방지법의 대안입니다.

존경하는 국민 여러분!

박근혜 대통령은 테러방지법이 처리되지 않으면 국민들의 생명과 안전이 노출된다고 자주 말합니다. 저는 진짜 국민의 안전과 생명을 방치하던 정부가 누군지 묻고 싶습니다. 박근혜정부만큼 국민의 생명을 지키는 데 철저히 무능하고 무관심한 정부가 어디 있었습니까? 그 비극적인 여러 사건들을 거론하지는 않겠습니다. 국가가 제구실을 했다면, 정부가 조금만이라도 주도면밀했다면 잃지 않았을 그런 소중한 생명들이 주마등처럼 스쳐 갑니다.

박근혜 대통령께서는 혹시 일어날지 모르는 테러에 대해 노심초사하고 있습니다. 그 진의를 의심하지는 않겠습니다. 그러나 오늘 바로 이 순간에 우리는 우리 국민들을 잃고 있습니다. 하루 평균 37.9명, 한 시간에 1.5명 꼴로 자살합니다. 산재로 하루에 5명, 5시간마다 한 명의 목숨을 잃고 있습니다. 우리 아이들이 가난과 학대로 다치고 죽어가고 있습니다. 대한민국을 떠받쳐 왔던 어르신들, 아무런 돌봄도 받지 못한 채 홀로 돌아가고 계십니다. 이 모든 희생이 뉴스조차 되지 못하는 대한민국입니다.

대통령께서는 테러방지법 반대토론을 벌이고 있는 야당을 향해 국민의 희생을 치르고 나서야 통과시킬 것이냐고 했습니다. 혹시 모를 미래의 희생에는 그토록 민감한 정부가 현재 벌어지는 막을 수 있는 희생에 대해 왜 그렇게 둔감한지 저는 알 수가 없습니다.

존경하는 국민 여러분!

오늘 대한민국이 위태롭습니다. 경제는 출구가 없고 안보는 일촉즉발의 상황이 이어지고 있습니다. 우리 아이들은 방치되거나 무한경쟁에 내몰리고 있습니다. 청년들은 일할 기회조차 주어지지 않습니다. 젊은 부부는 아이 낳기를 거부합니다. 노동자, 서민은 아무리 일해도 쪼들리고 중산층은 불안이 짓누릅니다. 많은 어르신들이 폐지를 찾아 밤거리를 헤매고 있습니다.

대한민국의 총체적 위기 앞에서 그 어느 때보다도 국민의 단결이 필요합니다. 국민통합이 필요합니다. 그러려면 먼저 국민들에게 솔직해야 합니다. 겸허해야 합니다. 국민의 안전과 인권의 양자택일을 강요하고 분열시키는 우리 정치의 모습에 먹고살기 힘든 국민들은 서글픔을 느낍니다. 저는 대통령이 무엇보다도 야당을 적으로 생각하는 대결적인 정치관을 바꾸기를 촉구합니다. 그렇지 않으면 남은 2년 대통령도 야당도, 무엇보다 우리 국민들이 참 힘든 2년이 될 것입니다.

저는 사실 박근혜정부의 거의 모든 정책에 이견을 갖고 있습니다. 그러나 지금 이 순간에도 박근혜정부의 정책들이 나쁜 의도에서 비롯된 것이라고 생각하지 않으려고 노력하고 있습니다. 정치적 상대가 국민을 해치기 위해 정치한다는 생각을 갖고서는 민주정치가 성립할 수 있겠습니까?

또 저는 야당이 또 우리 정의당의 정책과 의견이 모두 옳다고 생각하지 않습니다. 다른 정당이 다른 의견을 이야기하는 것은 우선순위와 강조점의 차이에서 비롯될 수도 있습니다. 토론과 설득으로 얼마든지 공통의 논의 기반을 만들 수 있다고 생각합니다.

저는 박근혜 대통령과 새누리당 동료 의원들을 존중합니다. 물론 워낙 다르기에 썩 좋아지는 않습니다. 그럼에도 존중하는 것은 대통령과 새누리당을 지지하는 국민들이 있기 때문입니다. 자신과 생각이 다르다고 국민을 존중하지 않는 것은 저는 국민의 대표가 될 자격이 없다고 생각하고 있습니다. 정치적 상대를 적으로 생각하지 않는 것, 이견과 반대의 선한 의도를 부정하지 않는 것, 오류의 가능성을 인정하는 것, 저는 제도개혁만큼 우리가 되찾아야 할 중요한 정치적 덕목이 아닐까 생각합니다.

테러방지법이야말로 너무나 명백한 근거들이 있습니다. 좋은 선례들이 선진국에 많이 있습니다. 우리가 시행착오를 줄이면서 배울 수 있는 모범도 많습니다. 상대를 적으로 생각하지 않는다면, 또 나쁜 의도를 갖고 있지 않다면, 최소한 명명백백해진 국정원의 잘못만이라도 인정한다면, 그렇다면 대화와 타협으로 만들지 못할 이유가 저는 없다고 생각합니다.

오늘 필리버스터 정국이야말로 격렬했지만 성과를 만들지 못한 19대 국회의 결정판이라고 생각합니다.

시민의 삶을 바꾸는 입법적 성과보다 칼날 같은 평행선 대치가 계속되는 불모의 정치 이제 거두어야 합니다.

힘이 부족해서, 소수라서 졌다는 말은 하지 않겠습니다. 그러나 우리는 패배의 자리에서 더욱 분명하게 느끼고 있습니다. 이제 우리 국민들은 불의와 불평등에 지쳤습니다. 기존 거대 양당의 정치와 시민의 의제에 입을 닫은 언론은 우리 국민이 원하는 것을 제대로 이해하고 있지 못하다고 생각합니다.

원래부터 불의한 것은 없습니다. 불평등과 대결은 우리의 전제조건이 아닙니다. 대한민국은 변화해야 합니다. 우리는 이 필리버스터가 끝난 이 자리에서 다시 싸울 것입니다.

세상은 바꿀 수 있습니다. 우리가, 정의당이 시민 여러분들과 함께 세상을 바꾸겠습니다.

이것으로 제 토론 모두 마치도록 하겠습니다. 감사합니다.

(박수 치는 의원 있음)

● **의장 정의화** 정의당의 심상정 대표님 수고가 많았습니다.

마지막으로 이종걸 민주당 원내대표님 나오셔서 토론해 주시기 바랍니다.

(2016년 3월 2일 오전 7시 0분)

38

이종걸 의원

제19대 국회의원 (경기 안양시 만안구)
더불어민주당

2016년 3월 2일 오전 7시 2분 시작
2016년 3월 2일 오후 7시 30분 종료
발언 시간 12시간 31분

"어렵고 힘든 조건에서, 이 어려운 국회
단상에서 기적을 만들어낸 필리버스터
전사들을 한번 불러보겠습니다.
우리 김광진 의원님! 문병호 의원님!
은수미 의원님! 박원석 의원님!
우리 유승희 의원님! 최민희 의원님!
김제남 의원님! 신경민 의원님!
강기정 의원님! 그리고 김경협 의원님!
이 과정 중에 불출마를 선언했던
우리 서기호 의원님! 김현 의원님!
김용익 의원님! 배재정 의원님!
전순옥 의원님! 추미애 의원님!
정청래 의원님! 진선미 의원님!
최규성 의원님! 박혜자 의원님!
오제세 의원님! 권은희 의원님!
이학영 의원님! 홍종학 의원님!
서영교 의원님! 우리 최원식 의원님!
홍익표 의원님! 이언주 의원님!
슬픔을 이기고 있는 우리 전정희 의원님!
임수경 의원님! 안민석 의원님!
김기준 의원님! 김관영 의원님!
박영선 의원님! 주승용 의원님!
정진후 의원님! 심상정 의원님!
여러분들이 국회에서 새로운 미래의
가능성을 보여준 필리버스터의
영웅들이십니다. 감사합니다."

(2016년 3월 2일 오전 7시 2분)

● **이종걸 의원** 정의와 인권 그리고 민주주의를 갈망하는 국민 여러분!

더불어민주당 원내대표 안양 만안구 출신의 국회의원 이종걸입니다.

국민의 사생활을 보호하고 인권과 민주주의를 지켜내기 위한 무제한 토론이 185시간에 이르렀습니다. 2월 23일 오후 7시 5분에 시작했습니다.

우리 당의 김광진 의원님을 시작으로 역사적인 장정이 시작되었습니다. 문병호 의원님, 은수미 의원님, 이름을 불러도 눈물이 납니다. 박원석 의원님, 유승희 의원님, 최민희 의원님 그리고 정의당의 김제남 의원님, 우리 당의 신경민 의원님, 마음에 상처를 많이 받은 우리 강기정 의원님, 김경협 의원님, 정의당의 서기호 의원님, 우리 당의 김현 의원님, 김용익 의원님, 배재정 의원님, 전순옥 의원님, 추미애 의원님, 정청래 의원님, 진선미 의원님, 최규성 의원님, 박혜자 의원님, 오제세 의원님, 권은희 의원님, 이학영 의원님, 홍종학 의원님, 서영교 의원님, 최원식 의원님, 홍익표 의원님, 이언주 의원님, 전정희 의원님, 임수경 의원님, 안민석 의원님, 김기준 의원님, 김관영 의원님, 박영선 의원님, 주승용 의원님 그리고 정의당의 정진후 의원님, 심상정 의원님이 열정적으로 토론에 참여하셨습니다.

이 열정으로 국민들은 국회가, 국회에서 국회의원들이 어떻게 활동하고 있는지를 일면이나마 아시게 된 것 같습니다. 저희조차 몰랐습니다. 그것이 국민과 동떨어져 있었다는 증거를 스스로 알고 스스로 인식하고 자책했습니다.

선거철입니다. 선거구민을 만나면 먼저 하는 말이 싸우지 말라고 합니다. 잘 서로 논의하고 타협해서 싸우지 말고 잘 하라고 합니다.

연일 많은 언론보도를 통해서 본회의장에서 무슨 검색하다가 걸려서 웃음거리가 되는 사건들을 국민들은 접했습니다. 또 무슨 사건 사고에 휘말리는 국회의원들을 큰 글자로 접했습니다.

저는 국민들이 평가하는 국회의원들에 대한 생각은 그래도 뭔가 있으면서, 언론에서 접하는 그런 사건들을 떠올리면서 잘 하라는 격려로 어떤 레토릭으로 얘기하는 줄 알았습니다. 아마 모든 의원님들도 그렇게 아셨습니다.

의원님들은 나라에 대한 사랑, 국민에 대한 존경심, 우리 은수미 의원님이 말씀하신 '국민만이 우리의 주인입니다', 온몸으로 말한 그런 자신의 신조를 실현하기 위해서 성실하게 국민과 함께 대화하는 분들이 많습니다. 그런 모든 분들을 '싸우지 마라' '갑질 하지 마라' 그런 언뜻언뜻 지나가는 국민들의 평가는 단순한 격려의 레토릭으로 알았던 것입니다.

이 토론에 참가한 의원님들은 신념을 가지고 움직이는 분들이셨습니다만 또 전체 의원님들의 한 분들이십니다.

자신의 일상을, 자신의 의정을, 자신의 있었던 모두를 드러내기 위해서, 국민들 앞에 보이기 위해서 노력했던 것뿐입니다. 이것이 전부입니다.

국민들께서는 '아, 우리가 그동안 잘못 알았구나' '의원들은, 다른 사람들은 잘 모르지만 저 의원들은 우리가 잘못 알았던, 우리가 그렇게 지금까지 생각했던 의원들과는 다른 의원이구나'라고 느끼시는 것 같습니다. 아닙니다. 어찌 보면 이 의원님들은 훌륭한 분들입니다만 많은 의원님들의 한 분이시기도 합니다.

정말 스스로 깨우칩니다. 우리 스스로가, 우리가 국민들과 가까이 못 했다는 것을, 그래서 최소한도 우리의 원래 모습도 보이지 못했다는 것을. 우리 모두가 우리 전체의 몸짓으로 진정으로 우리 모두 전체로 우리 온몸으로 우리 맨몸으로 우리의 모든 것으로 국민 앞에 다가가지 못했다는 것을 저희는 자책합니다. 그러나 이번 필리버스터를 통해서 그런 계기가 마련됐다고 생각합니다. 국민 앞에 보이는 일들이 이제 시작됐다고 생각합니다. 국민들이 보시기 시작했습니다.

저는 불러들인 우리 필리버스터에 참가해 눈물을 머금고 내려가지만 그러나 185시간 동안 장장 온몸으로 맨몸으로 국민들께 호소드리고자 한 것을 실현시키기 위해서 내려가는 이 순간부터 저희들은 열정을 다할 것이라는 각오를 보여 주신…… 국민들께 각오를 보입니다. 국민들께 약속을 드립니다.

앞으로 말씀드리겠습니다만 정말 잘못했습니다. 국민 여러분, 정말 죄송합니다.

저 이종걸 그리고 한두 사람의 잘못으로 185시간 동안 스물여덟 분의 의원님들이 보여 주신 열정과 민주주의에 대한 열망과 그리고 참가하시지는 않으셨지만 모두 다 참가하려고 했던 그분들을 대표해서 말씀해 주신 국민들에 대한 존경심, 국민들에 대한 사랑 그리고 국민들이 피해 볼 수 있는 것에 대해 온몸으로 막고 저항하고자 한 뜻, 그것들을 제가 한 단어 한 순간으로 날려버릴 수밖에 없었다는 것, 정말 죄송합니다. 정말 죽을죄를 졌습니다. 용서해 주십시오.

이것을 대표해서 말씀드리고 필리버스터를 어떻게 할 것인가를 말씀드리고 시간에 쫓기는 국회 일정 때문에 잘못 처신하고 잘못 판단한 것, 국민 여러분께 사죄드립니다.

어제 9시에 국민들께 저는 이 필리버스터를 중단할 예정이라고 말씀드렸습니다. 그리고 자세한 기자회견을 하겠다고 말씀드렸습니다. 11시 반까지 저희 당 많은 의원님들이 의총을 하고 진지한 국민 토론의 장에 참여하고 이제 민주주의의 보루로서 우리가 서 있다는 스스로의 자존심을 확인하고 최소한 우리가 가지고 있는 힘과 의지를 국민을 위해서 쓰고 있다는 것을 국민들이 조금 알아주고 있다는 자존심을 가지고 귀가했습니다.

아침에 일어나니까 난데없이 '필리버스터 중단'이라는 속보 소식이 떴던 것을 우리 의원들이 보고 놀랐습니다. 우리 의원님들이 놀란 것이 중요한 것이 아닙니다. 국민들이 놀랐습니다. 우리 국민들도 이 필리버스터가 3월 10일 날 회기 끝으로 끝날 수밖에 없다는 것들을 모두 알고 계십니다.

그리고 그 이전에 우리 정치권의 어찌 보면 청와대와 이어진 새누리당의 쟁점법률 연계 발목잡기로 선거법이 지연되고 선거구 획정이 지연되고, 많은 정치 신인들이 선거구 획정 없는 선거구도 정해져 있지 않은 곳에서 선거운동 하는 진풍경이, 그동안 56일 동안 불법으로 사실상 선거운동이 이루어지고 있었다는 것을 알고 있기에.

그래서 3월 10일 이전에 선거법을 처리해야 한다면 이 무제한 토론은 불가피하게 중단할 수밖에 없다는 사실들을 이제 국민들은 많이 알게 되셨습니다. 그 많이 알게 된 국민들조차도 왜 갑자기 이 필리버스터가, 나도 알지 못하는 사이에 대부분의 의원님들도 알지 못하는 사이에 중단선언이 됐는지에 대해서 이해하지 못하고, 이해하지 못한 정도가 아니라 깜짝 놀랐습니다.

오래간만에 더불어민주당이 몸과 마음을 바쳐 결기를 보이고 야당으로서 하는 일을 하는구나라고 느꼈던 국민들도 '에, 그러면 그렇지. 에잇 민주당, 역시 저렇게 잘못하는구나. 역시 그러면 그렇지'라고 하는 실망의 어머님 아버님, 실망하시는 우리 아들딸들.

더불어민주당에 기대를 걸었던 많은 국민들이 돌아서는 저 실망의 눈초리들이 앞을 가립니다. 잘못했습니다. 이것은 더불어민주당이 잘못한 것이 아닙니다. 지금까지 깊은 고려 없이 더 많은 성찰 없이 국민들과 만나고 국민들을 섬겨 왔던 몇몇의…… 그래서 제가 사과드립니다.

그래서 오늘은 저는 스물여덟 분 의원들이 그동안 해 왔던, 185시간 보였던 장장의 진정 마라톤에, 국민 섬김의 마라톤에, 국민을 보호하기 위한 마라톤에 잠시 이탈해 있었다는 국민들의 평가에 제가 겸허히 제 모든 잘못으로 이해하시고 다시 우리 깨우치고 다시 성찰하고 국민과 함께해서 진정으로 마라톤 토론회, 무제한 토론회, 국민들에게 희망을 보였던 필리에 다시 희망을 걸어 주십사 하는 국민들의 간절한 간구함을 드리기 위해서 이 자리에 섰습니다.

오늘 하루 제가 여기서 국민과 만나는 동안 어쩔 수 없이 무제한 토론을 중단할 수밖에 없는 그런 사정과 함께하는 마음과 함께하는 뜻과 함께하는 정치의 장을, 그래서 우리가 오늘 이 자리에서 200시간 확인했던 민주주의를 지키고자 하는 한마음의, 한 몸의 뜻을 다시 추스르고 국민과 함께해서 국민 뜻을 받들어서 우리가 흔들림 없이 끊임없이 나가겠다는, 지금서부터 어찌 보면 하루의 역사를 저희 한순간 잘못했던 반성의 치유의 시간으로 갖고자 합니다.

국민 여러분!

이 자리에 저보다는 이 시간 동안 이루어지는 우리 당의 참회의 목소리, 사과의 목소리, 함께하는 장의 목소리에 귀를 기울이고 국민 여러분, 참여해 주시기 바랍니다.

국회가 들어오기가 어렵습니다. 면회 신청하고 방청권 받고 그 까다로운 절차를 뚫고 방청석을 꽉꽉 메워 주신 국민 여러분!

이 방청석보다는 지금 이 시간부터 진행되는 국회 내에서의 국민과 함께하는 토론의 장, 보고의 장, 함께하는 입법 청원의 장 그리고 그동안 테러에 관해서 테러가 어떻게 이 사회 또는 전 세계 권력자들의 권력수단의 도구로 사용되고 그것을 막는 과정에서 막는다는 명분으로 어떻게 잘못 이용됐다는 점 등등을 살펴서 그래서 우리나라에서도 이 테러라는 것이 권력자들에게 어떤 이용물이 될 것이다라는, 그래서 우리는 테러를 방지하기 위한 법과 규칙을 어떻게 정하는 것이 좋겠다고 하는 진정한 테러방지를 위한 국민의 뜻 그것을 받들어 든 우리 더불어민주당의 의견들을 토론장에서 만나 주시기 바랍니다.

그것은 곧 인터넷에 공지돼서 이곳 저희들의 힘겨운, 저 근 과반수 정당의 밀어붙이는 새누리당에 밀려서, 새누리당이 일방적으로 만들어서, 아니 국정원이 만들어 준 그것을 이 국회에서 일방적으로 통과시키는 그런 잘못된 국회의 장과는 별도로 국민들이 참여하고 국민들이 이번 필리버스터를 통해서 알게 된, 필리버스터를 통해서 관심 갖게 되신 테러를 생각하고 테러를 막고 그것을 통해서 오히려 권력자들과 국민이 분리되는 것이 아니라 나라와 국민을 지키기 위한 권력이 앞장서서 테러를 어떻게 막아야 되는 것을 고민한 그런 법들을 서로 비교해서 투표하고 국민의 뜻을 알릴 장이 마련되고 있습니다. 그 장에 참여해 주시기 바랍니다.

그래서 대부분의 진정과 뜻과 민주주의를 수호하기 위해서 활동하시는 의원들 말고 권력을 좇고 국민들의 피압박, 국민들의 서러움을 멀리하는 친일·식민주의 정신을 이어받은, 많은 의원님들 중에 그렇게 많지 않은 그것을 주도하는 소수의 권력 추종의 의원들을 국민들께서 이번 기회에 똑똑히 보셔서 가려내고 그것을 온전 시키고 그것을 강화하고 그것을 확대하는 이번 테러방지법을 국민의 뜻과 다르게 전단적으로 만들어내려고 하는 그들을 평가하고 판단해 주십시오.

악화가 양화를 구축합니다. 저는 새누리당 의원 전부가 이 뜻에 동의하고 있다고 생각하지는 않습니다. 그러나 새누리당이 유지되고 있는 구조와 새누리당이 서 있는 권력적·형식적 구조를 부인하고서는 스스로 지위를 유지할 수 없기 때문에 이렇게 국민들께서 문제를 지적하고 있는, 그래서 앞으로 오늘 성안될 국민들의 진정한 투표에서 압도적인 국민들에, 국민들을 위한 테러방지법을 버리고, 짓밟고 정말 권력을 지키는, 권력만을 유지하기 위해서 최고 정점의 권력총수이고 그에 의존하는 국정원 중심으로 국민들이 우려하는 테러방지법을 만들려고 하는 그들의 실상을 똑똑히 보고 평가하리라고, 평가해 주시리라고 믿습니다.

그렇습니다. 박근혜정부의 민주주의 테러, 인권 테러, 헌법 테러로부터 국민들께서 안심하고 사랑하는 지인과 문자메시지를 교환하고 수화기 너머로 전해지는 서로의 소식을 나누며 언제 어디에서든 자신의 생각을 자유롭게

이야기할 수 있는 권리를 지키기 위해서, 그리고 국민이 이 나라의 주인이라는 대한민국의 건국이념을 지키기 위해서 우리는 185시간 동안 무제한 토론을 이어 왔습니다.

이 무제한 토론이 이어지던 지난 185시간 동안 이곳 의회 방청석에 자리하셨던 수천 명의 국민들께서, 비록 이 자리에 계시지는 않았지만 오천 만 명의 국민들께서 국민의 안방이자 사랑방인 이곳 국회에서 국민의 의사가 정치에 반영되고 그 정치가 다시금 국민의 목소리를 대변하는 정치의 새로운 모습—저희는 이것을 기적이라고 평가하고 싶습니다. 그 기적을 목격하셨습니다.

이것을 우리는 배워 왔던 양방향 민주주의가 아닌가 이렇게 생각합니다. 그리고 또 어렵게 표현하던 국민주권주의 1.0 그것의 가능성이 아닌가 이렇게 생각합니다.

독소 조항으로 가득 찬 테러방지법의 실체를 국민들께서는 꼼꼼히, 낱낱이 확인하셨습니다. 많은 소식들이 올라오고 있습니다. 저희들은 국민들께서 '정치가 이렇게 재미있는 것인지 몰랐다. 즐기고 소통하는 이 모습이야말로 정치의 본질이다라고 생각한다' 이런 방청 국민들의 반응을 보았습니다.

그래서 정치와 민주주의가 이제는 멀리 있는 것이 아니고 지난 180여 시간 동안 무제한 토론이 이런 국민들의 관심과 생각들을 분출시켰다고 생각합니다.

이제 저 이종걸 역시 불러 드린 김광진 의원님, 문병호 의원님, 은수미 의원님 등 스물여덟 분의 의원님들에 이어서 이 자리에 이렇게 서게 됐습니다.

이 시간에도 방청석에 자리하고 계신 분들이 많습니다. 아침입니다만 너무 감사드립니다. 그리고 비록 이 자리에 계시지는 않지만 눈과 귀를 이곳 국회를 향해서 열어 두고 계신 오천 만 국민 여러분께 '국정원 보호와 박근혜 정권 안전을 위한 테러방지법', 말을 제가 만들었습니다. 지금 국회에 온 법은 이름하여 국정원 보호와 박근혜 정권 안전을 위한 테러방지법입니다.

국민 안전을 지켜야 하는 테러방지법 아니겠습니까? 정권과 정권을 비호하는 국정원 보호 테러방지법, 그 실상을 명명백백히 밝혀 드리기 위해서 이 자리에 섰던 것입니다.

선거 승리와 정권 연장을 위해서라면 국민의 기본권 보장은 안중에도 없는 박근혜정부의 폭주 앞에 국민의 스마트폰 그리고 통장을, 그리고 쉴 수 있는 안방을 지키기 위해서 이 자리에 섰습니다. 국민과 정치가 하나 되는 진정한 민주공화국 대한민국의 기적을 다시금 보여 드리기 위해서입니다. 정의와 인권, 민주주의 가치는 결코, 결코 패배하지 않는다는 만고불변의 진리를 입증하기 위해서 이 자리에 섰습니다.

존경합니다. 그리고 사랑하는 국민 여러분!

박근혜 대통령과 정부 여당은 그동안 현 시국을 국민의 안전과 국가 안위가 위협받는 국가비상사태로 규정했습니다. 그래서 소위 이 테러방지법의 처리를 종용했습니다. 결국 그동안 신념과 국회의 중립성, 국회를 위해서 깊은 성찰을

하셨던 정의화 국회의장께서 22일 화요일 국가비상사태를 핑계로, 이유로 느닷없이 정부 여당의 테러방지법을 직권상정해 버렸습니다.

제가 협상을 위해서 또 국회 운영을 위해서 그동안 정의화 국회의장님을 어떤 때는 하루에도 두 번, 너무 많은 방문과 찾아뵙는 일이 있었습니다. 평소에 느끼고 평소에 제가 이해했던 정의화 국회의장님이 아니셨습니다. 정말 놀랐습니다. 전혀 상상도 하지 못했습니다. 물론 하루 전, 이틀 전부터 직권상정 얘기를 하셨습니다만 저는 그것을 그냥 해 보는 소리로 알았습니다.

정의화 국회의장께서 의장으로 취임하실 때, 그리고 국회의장 선거를 하실 때 공식적으로 저희들한테 밝히신 문언이나 말씀은 여러 얘기가 있었지만 저의 기억에 남아 있었던 '결코 직권상정은 하지 않는다', 그리고 이미 돌아가신 '이만섭 국회의장의 직권상정을 막았던 신념의, 의정의 원칙 그것을 따르고 존경한다'는 말씀까지……

사실 많은 정치인들 많은 얘기를 합니다. 그렇기 때문에 그 많은 얘기를 다 귀담아듣지 못합니다. 그리고 다른 당의 국회의장으로 출마하신 분의 생각까지, 말씀까지 사실 기억에 담을 여가가 없습니다.

그러나 정의화 국회의장께서는 그동안 보이신 신념과 국회의장으로서 이후에 활동하셨던 그것들이 저희들에게 참 중요하고 역사에 남을 수밖에 없는 좋은 국회의 모범을 보여 주신 분이니 그렇기 때문에 저희들은 관심을 가질 수밖에 없었고 과거의 취임 연설까지도 주목했던 것입니다.

특별한 자료를 제가 살펴보지 않았지만 저의 기억에 남아 있습니다. '직권상정은 이만섭 전 의장으로부터 배운 나의 신념이다. 그것을 지킨다'라는 말씀.

저는 그렇기 때문에 21일, 20일 직권상정 얘기를 할 때 저희들을 좀 압박하고 저희들 속도를 좀 내게 하고 저희들에게 촉구하는 의미로, 강조하는 그런 뜻으로 사실 받아들였습니다.

제가 불성실하고 귀담아듣지 않는 나쁜 태도를 인정합니다만 그러나 정의화 의장께서 '직권상정'이라는 말은 전혀 어울리지 않는 말이었기에, 그리고 많은 의원님들께서 자세히 말씀하셨지만 지금 이 사태가 결코 전시·사변에 준하는 국가비상사태가 아니기에 절대로, 결코, 아니 그동안 신념을 보여 주셨던 국회의장이 아니라 과거에 정말 망나니 같았던 국회의장이라 하더라도 결코 이 자리에 정권유지법, 국정원법, 테러방지법을 직권상정할 것이라고는 꿈에도 생각하지 못했기에 제가 지나쳐 버렸습니다.

이것은 결코 직권상정할 수 있는 법이 아닙니다. 법의 성질로도 그렇고, 그리고 우리가 이곳에서 육필로 쓴 국회법에 정해져 있는 직권상정의 요건에도 결코 맞지 않는, 어울리지 않는 것이기에 저는 꿈에도 생각하지 못했던 것입니다.

그런데 어떻게 국정원확대법을, 국정원을 중심으로 그간 그렇게 국민들이 우려하고 걱정하고, 정권의 권위성이 높아지면 높아질수록 국정원의 발호가 심해지는, 그래서

국정원을 두려워하는 국민들 앞에서 이 국정원확대법을, 국정원강화법을, 국정원을 통한 국민감시법을, 국정원을 통한 국민감청법을, 국정원의 전단적인 권력을 통한 계좌추적법을, 테러인물이라는 명분 아래 선전선동……

지금까지 우리가 국가보안법에 있었던 '선전선동'이라는 단어가 권위주의 시대, 독재 시대에 적용되어 무한히 확장되는 해석을 통해서 국민들을 압박했던 '선전선동'의 용어가 담겨 있는, '테러'라는 불명확한 단어를 선전선동만 하면 그리고 그와 관계가 있기만 하면 국정원이 안방으로 들어오고 핸드폰으로 들어오고 계좌로 들어오고……

최소한도 자유민주주의에 있어서 최소한의 지켜야 될 보루, 그 지키는 개인을 통해서 창의와 활동을 전제로 이룬 신자유주의, 자본주의라 하더라도 결코 무너질래야 무너질 수 없는 그 기초인 바로 개인의 사생활 기본이 점점 발호해 가는, 점점 권위화되어 가고 있는 박근혜 정권의 최고의 비호 세력, 최후의 권력의 보루가 되고 있는 국정원에 의해서 무제한 침입당할 수 있다라고 하는 그 내용이 적혀 있는, 그래서 조금 알기만 하면 국회의원들이 떨고 국민들이 무서워 할 이 법이 직권상정에 의해서 국회에 올려졌다는 그 사실을 저는 꿈에도 생각하지 못했습니다.

우리를 객관적으로, 중립적으로, 합리적으로 지켜 주셨던 정의화 국회의장께서 본인의 신념으로, '직권상정은 국회를 파괴하는 것이다'라는 신념을 가진 국회의장께서 직권상정을 하고 직권상정을 보이고 국회를 이렇게 끌고 왔다는 점에 저희는 그동안 존경하고 느꼈던 정의화 의장님에 대한 신뢰를 이렇게 무참히 무너뜨려야 하는 것인가 하는, 과연 이런 신뢰를, 이런 신념을, 이런 서로의 믿음을 무참히 깨버렸던 사람은 누구인가, 저는 감히 얘기하고 싶습니다. 이렇게까지 왔구나……

저는 어디서 이런 얘기를 하는 것을 들었습니다. '대통령이 국회 해산을 할 수 있는가요?'라는 얘기를요.

예전에 의회주의 때는 총리가 국회를 해산할 수 있었습니다. 일본의 아베가 국회를 해산했습니다. 그것은 의원내각제에서 있을 수 있는 제도, 그렇기 때문에 교과서에 나오기 때문에 국회 해산 이런 것들을 배우기도 했습니다.

그러나 여러분, 우리 지금까지 해 왔던, 우리 국민들에게 하나의 신념체로 되어 왔던 대통령제에서의 국회 해산은 일종의 대통령에 의한 거의 쿠데타라고 보여지는 시도입니다.

그런데 그런 말을 국민들이 하고 있습니다. 국민들이 '지금 우리나라 제도에서 대통령이 국회를 해산할 수 있나요?'……

（● 손인춘 의원 의석에서 ― 의장님, 지금 이종걸 의원은 테러방지법안과 전혀 관계없는 발언을 하고 있습니다.）

（● 설훈 의원 의석에서 ― 어허, 참! 들어 봐요!）

（● 이찬열 의원 의석에서 ― 의장님, 저런 분도 퇴장 좀 시켜 주세요.）

（● 손인춘 의원 의석에서 ― 법안을 말씀하십시오.）

（● 이찬열 의원 의석에서 ― 토론에 방해가 되고 있습니다.）

이게 그냥 나온 얘기겠습니까?

우리는 삼일절을 겪었습니다. 이제 3년 있으면 100년의 삼일절을 우리는 맞이하게 됩니다. 3·1 혁명을 맞게 됩니다.

어제가 삼일절이었습니다. 삼일절 대통령의 담화는 거의 대부분이 국회의 비판으로 담겨져 있었습니다.

단순히 국민들이 대통령이 국회를 비판한다고 해서 이런 생각을 하는 것은 아닙니다. 국민들이 '대통령이 과연 국회를 해산할 수 있나?'라는 그런 자연스러운 말들이 항간에 나올 때는 저희들은 똑바로 박혀 있는 정치인이 아니라 그냥 일반 정치인이라 하더라도 이것은 심각한 수준에 이르렀다고 생각해야 합니다.

저는 결단코 의심할 수밖에 없습니다. 우리 국회의장께서 그 신념을 버리고 이렇게 터무니없고, 이렇게 말도 안 되고, 이렇게 가당치 않고, 이렇게 우리들을 놀라게 한 직권상정은 거스를 수 없는 대통령의 권력에 의한 압박 아니고서는, 그래서 그렇게 대통령 앞에 중립을 지키고 대통령으로부터 국회를 보호하기 위하여 힘을 쓰셨던 국회의장께서 이번 상황에서 대통령님에 무너져 버렸다는 그런 느낌을, 그런 확신을 말씀드리지 않을 수 없습니다.

조금 자세히 보겠습니다.

전시·사변 또는 이에 준하는 국가비상사태, 지금까지 이것이 이루어진 우리 역사상의 사건들이 있었습니다. 약 한 세 번 정도 있었습니다. 매일 이루어지고 있지 않습니다.

우리 국민들이 북한과 맞닥뜨려 있는 분단의 현실에서 북한의 미사일 발사실험이나 기타 평화를 해치는 북한의 도발적 행위들이 있다는 사실도 국민들이 압니다. 그렇지만 그것을 국가비상사태의 근거가 될 수 있다고 해석하는 어떤 국민도 없습니다. 어떤 헌법학자도 없습니다.

경우에 따라서 약간 위험이 증가하고 위험이 감소해서 평화의 시대를 누린 때도 있었습니다마는 그것의 등락을 국가비상사태의 징후로 본다는 것은 난센스라는 것을 우리 국민들은 모두 알고 있습니다.

"천재지변이나 중요한 재정 경제상의 위기, 또는 전시와 사변 및 이에 준하는 사태가 벌어져서 통상적인 방법으로는 공공의 안녕질서를 유지할 수 없는 사태" 이런 것을 국가비상사태라고 합니다. 이것은 교과서에 나와 있는 얘기입니다. 이것은 모두 다 명확한 얘기입니다. 명확한 언어입니다.

이번 새누리당의 테러방지법은 불확실한 언어로 가득 차 있습니다마는 이 법을 국회에 상정시킨 요건의 하나가 된, 요건의 주요가 된 국가비상사태는 모조리 명확한 얘기입니다.

천재지변…… 지난번 후쿠시마 원전사태 그 정도가 천재지변입니까? 일본에서는 그 정도도 천재지변으로 보지 않습니다. 지난번 엄청난 쓰나미? 국지적인 지역의 천재지변이라고 할 수 있습니다. 그러나 그것은 이번 국가비상사태의 요건이 된 전면적이고 전반적인 천재지변에도 해당하지 않습니다.

국민 여러분!

2월 달에, 1월 달에 눈이 많이 내렸습니다. 가끔가다 내린 눈이 천재지변입니까?

도대체 지금 천재지변이 있었습니까? 아니, 외국에서는 천재지변이라고 보지 않는 후쿠시마 원전사태 같은 것들이 우리나라에 있었습니까?

중요한 재정·경제상의 위기입니다. 지난번 IMF 환란, 갑자기 재정고에 바닥이 나서 국가의 부도, 개인에게 있어서는 돈이 없어서 어음을 결제하지 못하고 수표를 결제하지 못하는 그런 행위, 그런 사태가 국가에 일어난, 뭐 그런 것들은 중요한 재정·경제상의 위기라고 봤습니다. 그것들이 우리 명확한 중요한 재정·경제상의 위기라고 하는, 국회법에 돼 있는 국가비상사태의 종류입니다.

지금 어렵습니다. 경제가 어렵습니다. 경제 위기라고 합니다. 수출이 급감하고, 우리 경제를 지탱할 힘이 빠져나가고 있다는 것은 공지의 사실입니다. 심지어는 이 8년 정권에, 이명박 정권·박근혜 정권 3년, 8년 정권에 정부 여당이 경제 위기라고 합니다. 스스로 얘기하고 있습니다. 그에 대한 책임론 유무는 결론으로 하고…… 그것이 지금 우리나라 중요한 재정·경제상의 위기입니까? 국가비상사태의 요건이 될 수 없습니다.

그러면 전시, 아까 말씀드렸습니다. 남북 분단 상황을 우리가 지금 전시라고 보고 있습니까? 국민들이 남북의 대립 상황을 지금 전쟁 상황이라고 보고 있습니까? 어디 전쟁이 일어났습니까?

사변, 이것은 필리핀의 한 지역에 어떤 무장 세력들이 이 지역을 점유하고 사회 전반적인 안전이 위험상태, 극도의 위험상태에 있을 때를 사변이라고 합니다. 지금 사변이 있습니까?

'및 이에 준하는 사태'입니다. '및 이에 준하는 사태'입니다. 이에 준하는 사태, 국가비상사태.

국민 여러분!

국가비상사태, 현재 없습니다. 이것은 정상적인 상식입니다. 이것은 특별히 전문가의 해석을 요하지도 않습니다. 통상적인 신문을 읽고 통상적인 정보를 취득하는 국민이라면 이것은 단 0.001%도 판단을 달리할 수 없는, 지금 현재는 국가비상사태가 아닙니다.

국민 여러분!

직권상정은 과거에도 있었습니다. 그러나 이번 개정된 국회법에는 직권상정이 이렇게 강화됐습니다. 국가비상사태가 아니면 직권상정을 할 수 없습니다.

여러분, 지금 국가비상사태가 아닙니다. 그런데 국회의장께서는 국가비상사태라고 보고 직권상정하셨습니다. 어떻게 해야 됩니까, 국민 여러분?

헌법에 저항권이라는 게 있습니다. 그 저항권은 중요한 자연법적인 권리입니다. 법과대학 1학년생이 들어와서 배우는 바로 헌법책, 가장 중요한 국민의 권리가 저항권입니다.

국회의원도 저항권을 행사할 수 있습니다. 전 국민이 할 수 있습니다. 저는 이번 이 무도한 국민감시법, 국정원에 의한 국민감시법 직권상정은 충분히, 그리고 국민들의 명령만 있다면, 국민들의 의사만 있다면 이것은 저항권을 행사해야 될 국가 반대 권력에 의한 쿠데타라고 저는 생각합니다.

권력에 의한 쿠데타는 우리 역사에 있었습니다. 대통령이 했습니다. 박정희 대통령이 5·16 쿠데타를 했습니다.

여러분, 국민감시법, 국정원에 의한 국민 침해법, 국민 인권유린법, 이 테러방지법을 직권상정으로 쿠데타한 사람이 누구입니까, 국민 여러분?

이제 우리 국민들은 과거 5·16 쿠데타를 당했던 국민도 아닙니다. 우리 국민들은 나라를 지킬, 나라를 사랑하는, 대한민국을 사랑하는 의지와 뜻으로 뭉친 국민들이 대부분인 대한민국입니다. 그렇기 때문에 이 어려운 난국, 분단의 상황, 어려운 경제현실에서 이렇게 일궈 오고 대한민국을 건설했습니다.

무제한으로 감청하고 무제한으로 계좌 추적하고, 그것도 통제받지 못하는 국정원이 대한민국 국민을 상대로 마음대로 아무 요건 없이, 사후 통제 없이…… 어떤 잘못과 어떤 위법이 있더라도 밝혀낼 수 없고, 이겨낼 수도 없는 전단의 권력, 국정원에 의한 국민감시법을 직권상정한 것은 저는, 이 자리에서 이것은 분명히 국민에 대한 쿠데타라고 저는 단언합니다.

국민 여러분, 이 쿠데타를 막을 무기는 총칼이 아닙니다. 국민의 의지입니다. 국민의 뜻입니다. 국민의 힘입니다. 국민의 민주주의를 지키겠다는 열망입니다.

국민 여러분!

아버지에 이어서 다음 대통령이 된 박근혜 대통령에게 또 쿠데타를 성공시키게 할 수는 없지 않습니까? 저는 우리 국회의장께서 이것이 대통령에 의한 쿠데타라는 것을 느끼고 하셨을 거라고 생각하지 않습니다. 자주 봤습니다.

북한 얘기를 하셨습니다. '북한에 의한 테러가 이렇게 늘어나고 있는, 직면하고 있는 현실이 국가비상사태 아이가', 이런 얘기도 하셨습니다. 그런데 그 말에는 평소에 분명하고 단호하고 간결한 어조로 얘기하시는 우리 정의화 국회의장님의 말씀이 아니었습니다.

저는 평소에 구수한 경상도 사투리 정의화 의장님의 목소리를 듣는 것을 참 행복해 했습니다. 오히려 당에서 많은 갈등이 있을 때 저를 불러서 구수한 말씀으로 얘기할 때, 그러나 항상 간결하고 단호한 어조로 얘기할 때 저는 많은 위로를 받았습니다. 오히려 거기서 많은 해법도 찾았습니다. 그래서 저는 존경하게 됐습니다. 지금도 사실 저는 그 존경의 끈을 놓고 싶지는 않습니다.

그렇기 때문에 저는 이와 같은 입법 쿠데타를, 과연 입법 쿠데타가 어떻게 대통령에 의해서 이루어질 수 있는지를 찾아내고 싶은 것입니다. 이해하고 싶은 것입니다. 조사하고 싶은 것입니다.

그래서 어떻게 보면 그동안 그 수많은 분란과 갈등과 어려움의 국회를 잘 이끌어 오신 많은 국회의원이 계셨지만, 많은 국회의장이 계셨지만 이것을 잘 처리해 오신 가장 최고의 훌륭한 국회의장으로 남을 수밖에 없는 정의화

의장님이 왜 마지막에, 19대 며칠 남겨 놓지 않은 이 마지막에 이렇게 큰 실수를 한 것인지, 이렇게 큰 국민에 대한 배반을 하셨는지, 저는 그것이 저의 상상치 않은, 바로 뒤에 있는, 늘 압박받고 늘 충격에, 압력에…… 어찌 보면 국회의장 잠시 판단이 착란 상태, 이 판단 할 때는 잠시 판단을 잃게 된 그런 우리나라의 가장 유명한 신경외과 의사로서의 의장께서 실수가 있었지 않았나, 제가 뭐 낱낱이 다 얘기하고 싶지는 않습니다.

그만큼 제가 국회의장을 찾아뵈면 속에 있는 얘기도 많이 해 주셨습니다. 저도 했습니다. 거의 2년 가까운 시간은, 제가 원내대표가 돼서 만나 뵀던 그간의 시간 동안에는 어찌된 일인지 모든 것들이, 모두가, 모든 입법이 대통령과 관련되어 있었습니다.

지난번 제가 존경하고 사랑하는 유승민 의원을 찍어낼 수밖에 없었던 그 사태, 그때도 우리 국회의장께서 계셨습니다. 그것도 대부분이 박근혜 대통령과 관련되어 있습니다.

정의화 의장의 소신과 또 대통령에 대한 예우에 대한 원칙, 그러나 박근혜 대통령이 국회에 대해서 하는 비정상적인, 비합리적인 압력, 그것을 어떻게 해소해 나가는가가 제가 당시에 정의화 의장님을 만났던 그 시간의 거의 절반 이상이 그 의제였던 것입니다.

이미 기억에서 좀 많이 사라졌기 때문에 그런 말씀을 좀 드릴까요?

지금 그 국회법은 아직 죽지 않고 국회 책상에 놓여 있습니다. 다시 부의돼서 처리되어야 될 법입니다. 그러나 이제 회기불계속에 의해서 19대가 지나면 폐기될 운명에 놓여 있습니다만, 기억하십니까? 국회의장께서 중재안을 내서 국회와 행정부 간에 절충되는 내용을 넣어서 다시 재의를 하게 했던 사실을 알고 계십니까? 그래서 와서 여기서 결국 새누리당의 입법 방해에 의해서 불성립돼 버렸습니다.

그래서 결과는 항명한 것도 아니고 오로지 국회와 행정부 간에 헌법에도 나와 있는 헌법, 법률, 대통령령 등 시행령, 규칙, 조례 또 지방자치단체 조례, 규칙, 이 성문법의 기본체계에 따라서 국회에서 제정한 법률에 명시적으로 위배되는 대통령령 등 시행령이 있다면 그것은 국회에서 개폐를 요구하고, 또 국회에서 제정한 법률의 취지에 맞게 고치게 하는 그런 취지의 법입니다. 그것을 국회가 지금까지 해 왔던 것보다 좀 더 행정부에 강제력을 갖게 하는 법이었습니다.

그것을 유승민 원내대표는 당연히, 그것은 상식이기 때문에 그것에 동의해 줬던 그 법률이었습니다.

그런데 국회의장께서는 그것을 나중에 대통령의 생각을 조금 반영해서 그 강제력을 약간 완화시키는 중재안을 냈습니다. 그 중재안을 낼 때도 많은 고민을 했고 수차례 만남을 통해서 대통령에게 예우를 지켜 주자라고 하는 저에게 그런 권고가 있었고 제가 많은 것을 받아들였습니다.

그래서 그렇게 하면, 그 정도면 유승민 당시 원내대표도

좀 편안해지고, 저는 우리 의총에서 물론 어려움이 있을 수 있겠습니다만 그것을 제가 호소하고 해서 고친 법을 성안해 청와대에 보냈던 것입니다. 정부에 보냈던……

그 과정에서 국회의장의 대통령에 대한 규범과 예우 이런 것들이 묻어난 많은 대화를 저는 아직 기억하고 있습니다.

그래서 유승민 원내대표와 저를 잘 설득해서 이 정도면 다른 큰 사건이 없겠지라고 하는 서로의 믿음도 있었던 기억을 합니다.

그런데 어떻게 됐습니까? 전혀 미동도 없이 대통령은 유승민 원내대표를 찍어내 버렸습니다. 지금도 그 압박이 계속되는 것으로 알고 있습니다.

국회의장은 당시 어땠습니까? 국회에 부의해서 상정하는 건…… 국회의장의 중재안 내용이 담긴 그것이 재의에 부쳐져서 국회에 다시 왔을 때, 지금까지 어떤 국회의장도 대통령의 그 서슬 퍼런, 시퍼런, 무서운, 국회에 대한 언사들이 난무하던 그 상황에서 국회에 상정할 수 없었을 것입니다.

상정했었습니다. 물론 새누리당의 입법 방해에 의해서 표결도 제대로 하지 못한 불성립으로 끝났습니다만 그 상정행위 하나도 어찌 보면 국회의장의 결단이었습니다.

대통령과 열 걸음 이상 멀어지는, 그때 상정 하나 하는 것만으로도 국회의장은 큰 결단이었고, 저는 대통령으로부터 무수한 압박을 받았던 그때 심정을 알고 있습니다.

그때로부터 계속입니다. 모든 입법행위에 간섭했습니다. 모든 국회의장의 입법 주재행위에 청와대는 의견을 냈습니다. 그 의견은 그냥 단순한 의견이 아니었습니다.

여러분, 트라우마라는 것 기억하십니까? 트라우마라는 말. 모든 입법 활동에 대통령의 입김과 대통령의 서리가 깔린 채 진행돼 왔던 것입니다.

저는 국회의장의 이번 난데없는 직권상정은 지금까지 압박당해 오고 뿌리째 흔들리는, 대통령의 권력을 행사한 국회에 대한 압박이 상시 존재하고 있는 그것을 지키고 이겨내야 한다는 국회의장님의 책무감이 하루 이틀, 한 달, 수개월이 지속되는 상황에서 사람이 이겨낼 수 없는 판단의 격동, 판단의 착란, 이것이 있었을 거라고 봅니다.

우리 홍종학 의원님, 몇 분 의원님들께서 이 직권상정하기 전에 국회의장을 방문한 국정원장의 방문 그 사실에 대해서 주목한다는 얘기 했습니다. 국회의장을 국정원장이 방문할 수 있습니다. 그러나 이때의 방문은 충분히 다른 방문이라고 의심케 합니다. 직권상정이 없었다면 그것은 그냥 일상의 일로 지나갔을 것입니다.

그런데 도대체 지금까지 있었던 많은 국회의장, 그중에 가장 잘못된 국회의장도 이런 직권상정을 할 수 없었을 것이라고 하는 국민의 그런 합리적 판단을 뒤엎고 지금까지 그렇게 훌륭한 판단과 훌륭한 국회의원의 보호에 모든 정력을 쏟으셨던, 국회 보호에 온몸을 던지셨던 국회의장이 과연 직권상정이라는, 이 직권상정을 할 수밖에 없었던 불가피성이 과연 어디에 있었을까, 이것은 지금 말씀드린 내용과 같습니다.

대통령의 행위로 확신합니다. 대통령의 쿠데타로 저는, 대통령의 쿠데타라는 것이 분명히 입증됐다고 말씀드리고 싶습니다. 대통령의 쿠데타에 대해서 국민이 할 수 있는 일은 뭡니까? 그것은 오로지 헌법에 명시돼 있는 저항권 행사입니다, 여러분!

국민 여러분, 저희는 국민 여러분의 뜻을 기다리면서 200여 시간을 보냈습니다. 저희는 필리버스터를 통해서 이 직권상정이 무도하고 이 직권상정이 국민을 침해하고 직권상정이 대통령의 쿠데타에 의한…… 반드시 국민의 저항권이 행사되어야 한다는 그 뜻을 국민들께 말씀드리고 주장하기 위해서 지금 이 시간 이때까지 기다려 왔습니다.

그것의 명분은 우리나라 안보 상황을 지키고 있는 많은 분들의 생각들을 고려해서 이 테러방지법의 테러 전체에 대한, 테러방지를 하는 것에 대한 취지나 근본 목적은 저희들은 반대하지 않습니다. 온 국민, 우리 모든 국민들이, 국회의원들이…… 나라가 테러를 방지하겠다는 데 반대할 국민이 어디 있습니까? 반대할 국회의원이 어디 있습니까?

그러나 진정으로 테러를 막지 못하고 국민 분열을 초래하고 국민의 감시를 통해서 오히려 테러방지를 방해하는, 테러방지를 못하게 하는 법이 될 수 있는 그 독소 조항, 법 속에 들어 있는 독소 조항을 차단해 달라는 뜻으로 말씀드렸습니다. 그것이 저희 국회법 내에 있는, 합법적 공간 내에서 할 수 있는 최소한의 주장이었습니다. 그것을 지금 현재 이렇게 감히 말씀드립니다, 국민께.

불법에, 직권상정에 대항권, 대항하는 가장 작은 저항권으로서 합법적인 무제한 토론으로 시간을 벌고 그 시간 속에 국민들의 진정한 저항권 행사가 나오기를 기대하면서, 기다리면서 오늘 지금까지 버텨 왔던 것입니다.

국민 여러분!

국민이 주인이십니다. 은수미 의원이 얘기한 것처럼 국민은 우리들의 진정한 주인이십니다. 분명히 우리의 주인 국민들께서 헌법에 보장되어 있는 국민의 권리, 저항권을 행사해 주시기 바랍니다.

국가비상사태는 헌법 76조·77조에 명시돼 있습니다. 국가비상사태에는 국가를 최종적으로 책임지는 대통령에게 긴급처분·긴급명령·계엄선포권을 부여하도록 돼 있습니다.

여러분, 이런 입법을 할 수밖에 없는 국가비상사태였다면 대통령이 이렇게 불법의 쿠데타를 행사하지 말고 긴급처분·계엄선포를 했어야 맞는 것 아니겠습니까? 거기에서도 잘못이 있습니다.

이제 곧 신학기를 맞이합니다. 모든 학교는 신입생들의 가벼운 발소리, 발걸음이 그리고 웃음소리가 학교 교정을 가득 채울 것입니다.

그러나 정부여당의 상황인식대로라면 각 교정에는 발걸음 대신 총검이 있어야 됩니다. 웃음소리 대신 군화 소리가 가득해야 합니다.

국민 여러분!

지금 대한민국이 학교에 총검과 군화 소리로 가득 채워야 될 상황입니까? 만약에 이런 입법이 국가비상사태로 인해서 처리되어야 한다면 우리 어린이들의 웃음소리도 없어지고 어린이들의 가벼운 발걸음도 군화 소리에 채워져야 할 것입니다.

안 됩니다. 그러나 그렇지 않다는 것을 국민 여러분께서도 잘 알고 계시지 않습니까? 또한 박근혜정부 역시 너무 잘 알고 있습니다. 잘 알고 있기에 여당의 한 중진 의원께서 국회 본청 앞에서 수백 명이 참석하는 캠핑, 바베큐 파티를 열었던 것 아니겠습니까?

이런 얘기를 잘 알고 있기에 친박·비박 간에 한가한 권력 투쟁도 하고 있는 것 아니겠습니까? 공천 경쟁에 날을 지새우고 있는 것 아니겠습니까? 비상사태에 공천은 무슨 의미가 있겠습니까? 비상사태에 권력투쟁 할 한가함은 없을 것입니다.

만일 현 상황이 진정 국가비상사태라면 정부여당은 임진왜란 직전 누란지세의 위기 속에서도 당파 싸움에 골몰한 동인·서인에 지나지 않는 것입니다.

우리 당이 무제한 토론을 하고 있는 테러방지법의 정식 명칭은 '국민보호와 공공안전을 위한 테러방지법'입니다. 그러나 우리 당은 그 법을 '국민감시와 공공사찰을 위한 테러방지빙자법' 또는 '국정원 무제한 감청 및 금융정보 취득법'이라고 읽겠습니다. 저는 이제부터 이 법을 줄여 가지고 '테러빙자법'이라고 하겠습니다.

여러분, 좀 비양거리는 말이 있더라도 꼭 이해해 주시기 바랍니다. 이제부터는 저는 이 법을 줄여서 '테러빙자법'이라고 하겠습니다. 이해해 주시기 바랍니다.

오늘 8시 반이 됐습니다. 지금 200시간이 넘는 무제한 토론 속에 모두들 좀 지쳐 있습니다. 마지막 토론 석상에 선 저도 지쳤습니다. 6일째 국회에서 쪽잠을 잤습니다. 저만이 아닙니다. 우리 당 의원님들, 수많은 의원님들이 저 국회 뒤에서 쪽잠을 잤습니다.

뒤에 국회의장님, 죄송합니다. 제가 본의 아닙니다. 저렇게 지쳐 계십니다. 국회의장단도 이제 체력이 바닥을 보이고 있습니다.

어제 제가 단상에 올라온 모습을 보셨을 겁니다. 국회부의장 한 분이 거의, 이제 여기에 앉아 있을 수가 없는 정도의 체력 소진을 말씀하셨습니다. 국회의장께서도 거의 하루 이틀, 더 이상 버티기 힘든…… 이제 거의 모두 지친 상황입니다. 정말 죄송합니다.

국민을 대표한 그리고 또 국회의원을 대표한 국회의장님, 국회부의장님 두 분, 세 분이 이제 저희들이 며칠만 하면 국회의장석을 지킬 수 없어서 이 무제한 토론이 불능상태에 빠지게 될 수도 있습니다.

8일이 넘는 기간 동안 이 국회의 모든 시설도 이제 한계에 다다랐습니다. 이 앞에 있는 등은 LED 등이라 좀 버틸 수 있다고 합니다만 저 주변에 있는 등들은 언제 어떻게 정전이 될지 모르는 그런 상태에 놓여 있습니다. 국회가 생긴 이래 초유의, 지속되는 장장 200시간의 무제한 토론에 우리도 지치고 또 모두 다 지쳤습니다.

국회 시설도 이제 잘못하면 폭발될지도 모르는 상황에 놓여 있다는…… 우리 주변에 이를 지키고 있는 국회 스태프들도 모두 지쳤습니다.

이 위에서 나오는, 카펫에서 나오는 열기와 먼지가 이곳에 있는 우리 의장단 모두에게 거의 이제 환경호르몬이 돼서 버티기 어려운 조건으로까지 가고 있습니다.

저는 그 말씀 듣고 정말 저희들이 '죄를 짓고 있구나'…… 아니, 더 지치신 우리 국민들에게 저희가 이렇게까지 할 수밖에 없는, 그것이 받아들여지지 않는다면 우리는 '돌이킬 수 없는 죄를 짓고 있구나'라는 생각을 했습니다.

저에게 주어져 있는 시간은 이 회기 3월 10일까지입니다. 그러나 그것은 법상의 한계라고 생각합니다. 우리 국회법의 한계입니다. 이제 국회법의 한계 이전에 우리가 가지고 있는 사실상의 한계에 직면했습니다.

앞아 계신 의원님들, 지친 우리가 조금 더 우리 뜻을 곧추세웁시다.

힘드신 우리 의장단께서도 조금만 참아 주시기 바랍니다. 저희들 모두, 한계에 부딪힌 우리들끼리 민주주의를 지키고, 나라를 지키고 그래서 민의가 만들어진 이 국회를 지키는 원대한 목적 앞에 우리는 우리 스스로의 개인적 한계와 개인적 조건과 개인적 이익들을 뒤로 해야 하는 시점에 놓여 있습니다. 저도 그렇게 하겠습니다.

저에게 주어져 있는 이 소중한 시간을 헛되이 하지 않도록 하겠습니다. 저를 위한 시간이 아니라고 생각합니다.

무제한 토론을 다룬 한 신문의 칼럼을 봤습니다. 중앙일보 권석천 논설위원이 쓴 '그렇게 민주주의가 된다'는 글입니다.

이 글을 한번 읽겠습니다.

'그렇게 민주주의가 된다.

지난 일요일 오후 4시, 국회의사당역 출구를 막 나왔을 때였다. 눈발이 내리는 국회 정문 앞에 '시민 필리버스터' 앰프가 울리고 있었다.

"대통령선거 불법 개입, 간첩사건 증거 조작, 해킹 프로그램 구매…… 일일이 나열하기도 벅찰 정도로 수많은 불법을 저지른 국가정보원에 무엇을 믿고 무슨 일을 시키려고 더 강한 권한을 주려고 하는가" 성균관대 로스쿨 학생 박용훈 씨, 그는 로스쿨 중심의 전국 인권법학회 연합 '인연'의 성명서를 읽은 것이라고 했습니다. 그 뒤에서 두 사람이 각각 '테러방지법 반대하는 더불어당은 테러리스트 양성소' '테러방지법! 국민의 입을 도끼로 찍는 것'이라고 적힌 플래카드를 들고 1인 시위를 하고 있었습니다.

의사당을 향해 걸으며 필리버스터를 한 의원들을 떠올렸다. 그중 인상적이었던 이는 문병호 국민의당 의원이었다. 가장 짧은 시간 1시간 49분 단상에 섰지만 가장 일목요연하게 테러방지법의 문제점을 지적했다고 나는 생각했다.

"테러 예비·음모 등을 하였다고 의심할 상당한 이유가 있는 자라는 규정은 너무 모호하고 광범위합니다. 부칙으로 다른 법률, 즉 통신비밀보호법 등을 개정하는 건 법 원칙을 무시한 것으로 기본권을 심각하게 침해할 수 있습니다. '죄익효수'나

선거 댓글 사건에 연루된 요원들이 모두 정상적으로 국정원에 근무하고 있고, 국정원이 잘못을 반성하지 않는 상황에서 더 많은 권한을 준다는 것은……"

본회의장이 내려다보이는 의사당 4층 방청석에 앉았다. 이학영 더불어민주당 의원이 여야 의원 10여 명 앞에서 필리버스터를 하고 있었다. 방청석에는 50여 명이 앉아 있었다. "이 휴대전화가 뭐라고 맘대로 들여다보려고 합니까." 이 의원은 동백림, 민청학련, 인혁당 사건, 그리고 자신이 당했던 구타와 물고문을 이야기하며 김지하·김남주·하이네의 시를 낭독했다. 여당석에서 고성이 터져 나왔다. "의제와 관계없는 얘기 그만하세요." "OECD에서 3개국 빼곤 대테러법이 있잖아요." 순간 방청석 왼편에서 "조용히 합시다."가 들렸다. 중년 남성은 자신을 제지하는 방호원들에게 "내가 범죄자야? 한나라당, 뭐 하는 짓거리들이야."하고 목청을 높였다. 그가 퇴장당한 뒤 한 젊은 여성이 방호원에게 물었다. "왜 의견 표시를 하면 안 되나요?"

오후 9시 5분, "하나 둘 셋" 본회의장 입구 '국회 마비 121시간째' 입간판 옆에서 여당 의원 대여섯이 기념 촬영을 하고 있었다. "독사진도 찍어 줘요." 한 사람씩 카메라 앞에 섰다. 반대편엔 '국민 기본권 지키기 무제한 토론 121시간째'가 놓여 있었다.

오후 10시 55분, 이 의원이 내려온 단상에 같은 당 홍종학 의원이 올라섰다. 그는 성장률 하락, 국가부채 증가, 고용 불안 등 그래픽과 표로 나타낸 스케치북을 펼쳤다. "진짜 국가비상사태는 테러 위협이 아니고 경제입니다. 대한민국이 망해가고 있는데, 국민들이 울고 있는데……"

날짜 변경선을 넘긴 새벽 2시 40분, 방청석을 나서다 마주친 국회의 직원은 본회의장 전구가 걱정이라고 했다. "며칠씩 24시간 불을 밝히다 보니 과열돼서……" 그때였다. 문득 어린 자녀 둘과 방청석에 앉았던 여성의 한마디가 스쳤다. "국회가 무엇을 하는 곳인지, 민주주의가 어떤 건지 아이들에게 보여주고 싶었습니다."

그래. 소수의 발언권을 보장해 주는 필리버스터는 답답하고 피곤하며 비능률적인 것인지 모른다. 하지만 그것이 민주주의다. 국회는 마비되지 않았다. 대통령이 아무리 책상을 내리쳐도, 의사당이 아무리 소란스러워도 그렇게 민주주의가 된다. 중요한 건 필리버스터 그다음이다. '나는 왜 정치를 하는가?' '정치가 왜 중요한가?' 묻는 과정들이 얼마나 진지하게 지속되고 정책으로 이어질 수 있을까……

새벽 3시, 국회 정문을 나섰다. 매서운 추위가 소매 속을 파고들던 그 시간에도 한 시민이 의자에 웅크린 채 유인물을 읽고 있었다. '저 안에서 계속하고 있는데 우리도 멈추지 말아야지요.' '저녁은 드셨어요……'

그렇습니다. 국회 바깥에 국민들이 있습니다. 우리도 멈추지 말아야 합니다. 저는 필리버스터 투쟁에 저의 정치적 운명을 걸었다고 했습니다.

필리버스터를 시도하기로 결심한 2월 23일 그 순간이 떠오릅니다. 국회의장과 여야 당대표의 3자 회동에서 국회의 선거구획정안을 타결해서 중앙선거관리위원회에

보낸다는 소식에 한시름 놓은 것도 잠시였습니다. 오후 9시 30분이었습니다. 국회의장께서 전화를 걸어 주셨습니다. 새누리당의 이른바 테러빙자법을 갑자기 직권상정하겠다고 말씀했습니다. 평소의 부드럽고 의견을 구하는 듯한 어조, 평소의 어조와는 다른 좀 떨리고 단호한 전화 목소리였습니다.

몇 차례 여야 지도부 회동에서 북한인권법의 상임위 통과와 선거구획정을 당 대표 간에 정치 타결을 한 후에 새누리당의 테러방지법과 우리 당의 위해행위금지법, 이따 말씀을 드리겠습니다만 우리 당이 제출한 테러방지법은 일명 위해행위금지법입니다. 오늘 같이 논의하기로 했는데 그 약속에 갑작스런 폭탄 같은 사건입니다.

그리고 국회의장께서 그동안 새누리당의 직권상정의 압력에 굳건하게 버텨 주셨던 데다가 갑자기 직권상정을 결정할 만한 특별한 정세 변화가 없었던 것은 아까도 말씀드린 것 같습니다.

그래서 정말 저는 이 국회의장 직권상정에 당황했습니다. 아까 말씀드린 것처럼 이것은 전혀 국회의장의 평소의 생각과 다른 것이었고요. 잠시 언뜻언뜻 지나가면서 했던 국회의장의 직권상정 얘기는 저희들에게 주의를 환기시키기 위한 그리고 좀 뭔가 농담으로, '정말 이런 식으로 하면 내가 직권상정할 거야' 뭐 이런 정도의 추임새로 들었던 것인데요, 정말 저에게는 청천벽력 같은 소리였습니다.

이 전화소리를 당직자들에게도 알리고 회의를 소집하자고 하니까 적이 놀라는 표정이었습니다. 저희 당직자들도 다 놀랐고 모든 참석자들이 당황했습니다. 그때의 표정들을 저는 낱낱이 기록해 두고 싶은 심정입니다. 그만큼 이 테러빙자법은 저희들한테 재앙과 같은 법입니다. 우리 당에 근무하고 우리 당의 방침에 힘을 모아 왔던 모든 분들은 이것은 절대로 우리의 직을 걸고, 우리의 신념을 걸고, 할 수 없다는 그런 공통의 의사, 공동선이 결정되어 있고 무장되어 있는 법입니다.

의장이 직권상정을 강행한다면 이것은 앞으로 모든 국회 운영, 파행 모두 다 불사하는 것이었고, 야당에 대한 선전포고였고, 그것은 국회의장님이 여태까지 해 왔던 것과 다른, 항상 선전포고를 해 왔던 대통령의 앵무새와 같은 말 아니었나…… 대통령의 입과 대통령의 몸짓을 국회의장이 대신 읽어 주는 것이었고 제스처 하는 것이었다고 생각하였습니다.

국민 여러분, 그런데 어떻게 하겠습니까?

저도 국회 들어온 십수 년간 국회 단상에서, 이 단상에서 몸을 싣고 자기도 했습니다. 몸싸움에서 국민들에게 눈살 찌푸림 주는 일들은 거의 매해 반복했습니다.

저도 이곳에서 국회 단상, 의장 단상으로 뛰어 올라가는 일도 했습니다. 그래서 국회의장의 의사봉을 뺏기 위해서 온몸을 던지고…… 제가 '어렸을 때 왜 어머님이 하라는 유도는 안 해 가지고 내가 이렇게 몸이 무거운가' 자책도 할 때가 많았습니다. 이를 위해서 밥을 좀 적게 먹고 몸을 더 가볍게 해서 1년에 한 번은 당을 위해서 공을 세워야 되겠다

이런 생각을 한 적도 있었습니다.

　지금은, 저는 원내대표가 된 이 시간은 참 국회 운영하기 쉽습니다. 예전에는 이곳과, 왼쪽과 오른 곳이, 온통 격전지입니다.

　지금 고백하건대 지난번 언론 악법 투쟁 때였습니다. 원혜영 원내대표가 저에게 지시를 했습니다. '문 하나가 열렸다, 그곳에서 밤을 새웠으면 좋겠다'…… 제가 지금 함께 수석대표로 같이 일하고 있는 이춘석 의원과 둘이서 이곳에서 크리스마스 날, 24일·25일 이틀을 깜깜한 밤에 여기서 둘이서 잠을 잤습니다. 이틀간 잠을 자고…… 26일부터 안에서 문을 열고 실제 우리 당이 난입해 들어 왔습니다. 그래서 국회를 점거하고 국회의원들이 이곳을 사슬로 묶었습니다. 이곳을 쇠사슬로 다 우리 몸을 묶었습니다.

　돌아가신 김재균 전 의원께서는 시를 저희들에게 읽어 줬습니다. '우리는 사슬이 되었다. 우리는 스스로 사슬을 묶었다. 우리는 민주주의를 지키기 위해서 사슬이 되었다'라는 시를 우리 눈물 속에 읽기도 했습니다. 저희들이 막지 못한 방송법 개악, 그로 인해서 종편은 탄생이 되었고 입장은, 야권 세력에게, 우리 야권에게 엄청난 큰 부담이 되고 있다는 그런 역사를 되뇌고 싶지는 않습니다.

　국회 문을 임의로 들어와서, 저 이종걸이와 이 의원이 여기서 24일, 크리스마스 날과 25일 이틀을 밥도 못 먹으면서 굶으면서 있었던 그 기억이 떠오릅니다. 그렇게 해야 되겠습니까? 그렇게 할 수는 없었습니다. 이제 몸싸움도 국회법에서 사라졌습니다. 국회법에서 몸싸움이 사라진 자리에 이 필리버스터가 남아 있었습니다. 국회 무제한 토론이 국회법으로 들어왔습니다.

　저에게는, 몸싸움으로 단련되어 있었던 저에게 필리버스터가 하나의 신념처럼 들어왔습니다. 국회법 106조의2, 이것이 왠지 저의 머릿속을 스치고 지나갔습니다. 저희는 지금까지도 김대중 대통령님으로 공천받고 그로부터 정치를 시작한 것을 하나의 자랑스러운 신념으로 생각하고 있습니다. 김대중 대통령의 5시간 13분 필리버스터를 저희들은 교과서처럼 가지고 다녔습니다. 새누리당도 하자고 주장했던 국회선진화법에 담긴 중요한 내용은 바로 이 필리버스터였습니다.

　현 정권이 점점 독재를 강화하고 입법을 무시하는 것을 보면서 박근혜 대통령의 통치 스타일이 자신의 부친을 닮아 간다는 생각에 저는 또 박정희 시대도 다시 공부했습니다.

　국회의장님 만나면서 국회의장님 뒤에는 늘 박근혜 대통령이 있었습니다. 박근혜 대통령이 닮고자 하는 것은 박정희 대통령이었습니다. 여기 앉았다가 바로 나가신 원유철 대표와 하루에도 두 번, 하루에도 세 번, 매일 또는 일주일에 한 번씩 만나면서 우리 원유철 대표님의 뒤에는 박근혜 대통령님이 앉아 계신 것처럼 보였습니다. 박근혜 대통령이 눈을 왼쪽으로 돌리면 우리 원유철 대표도 눈을 왼쪽으로 돌리는 것 같았습니다. 또 그를, 닮고자 하는 것이 박근혜, 박정희 대통령 아니겠습니까?

　그래서 저는 이전에 학교 다닐 때 학생활동 하면서 박정희 대통령의 이력, 박근혜 대통령의 통치 그것을 언뜻언뜻 봤던 그 케케묵은 책을 쳐다보고 인터넷 검색을 하고 박정희 대통령 시대를 다시 뒤적였습니다. 그러면서 김대중 대통령의 의원 시절에 바로 필리버스터, 머릿속에 마음속에 들어 있던 그 필리버스터가 자연, 같이 연이어서 나타났습니다.

　제가 필리버스터에 대한 생각을 복안으로 간직하고 마지막으로 의장 접촉을 하려고 만남을 시도했을 때 바로 TV 화면에 시뻘건 글씨의 국회의장의 직권상정 띠 뉴스가 눈에 보였습니다.

　오후 2시 의원총회를 시작했습니다. 직권상정으로 올라올 새누리당의 테러방지법에 대해서 방법은, 이 무도한 직권상정에 대항하는 유일한 방법은 오로지 우리가 온몸을 던지는 무제한 토론밖에 없다고 우리 의원님들께 호소드렸습니다.

　의원님들의 현실적인 우려가 너무 많았습니다. 모두 다 낱낱이, 사실이고 우리가 고려해야 하고 우리가 참작해야 될 사실들을 다 지적해 주셨습니다. '선거를 우리가 눈앞에 두고 있는 때 아니겠습니까?', '선거 눈앞에 우리가 원내 선택과 집중을 해야 될 때 아니겠습니까?', '이렇게 무모하게 원내대표가 24시간 국회에 중심을 두고자 하는 것은 선거를 앞둔 전술 미비다'라는 지적입니다. 바로 생각이 날 정도의, 눈에 딱 들어오는 지적이십니다.

　그리고 또 오늘 우리가 이렇게 무제한 토론을 하고 있습니다만 많은 얘기 중에, 좋은 얘기 중에 실망스러운 말, 실수 이런 말들이 하나 나오면 국민들은 그 말로 실망한다, 저희들은 날이면 날마다 각종 종편, 언론에서 우리 국회를 비난하고 비하하고, 추측성 또는 국회에서 어떤 평가될 만한 말이 나오거나 실수하면 그 말로 온통 국회의원들을 싸잡아서 비판하는 그런 정치 방송들을 저희들은 어찌할지 모르고 지켜보고 있습니다. 거기에 사냥감이 될 수밖에 없다는 지적, 모두 맞는 말씀입니다.

　그리고 또 낱낱이 제가 말씀을 드리겠습니다만 '이것은 안보 관련 이슈가 아니겠느냐, 그래서 국민들의 관심을 오래 끌고 가기가 어렵다' 하는 것이었습니다. 또 '우리에게 여러 가지 불리한 환경이 놓여 있어서 장시간 발언하다 보면 그것들이 실수에 실수를 거듭하게 되고 여러 가지 지적의 빌미가 된다'라는 그런 말씀들이셨습니다.

　저도 비슷한 걱정을 했습니다. 불과 며칠 전입니다만 의총 당시에는 필리버스터 제도와 그 폭발력에 대한 이해도 부족했습니다. 우리 스스로 자신과 동료 의원들에 대한 능력을 불신했던 측면도 있습니다.

　하지만 테러방지법이 민주주의와 인권 보호에 악영향을 미칠 독소 조항이 많은 법이 분명하고 국민들은 이 사실을 아직 숙지하고 계시지 못하기 때문에 반드시 알려야 한다는 절박한 심정으로 우리 의원님들과 이 무제한 토론에 대한 찬반양론의 토론을 계속했습니다.

　그 과정에서 국민들의 마음이 이렇고…… 우리

의원님들이 아무리 급한 선거라 하지만 우리의 삶의 문제이고 우리의 존재의 문제라는 점에 인식을 같이했습니다. 그 인식은 우리의 가장 우선이 돼야 되고 가장 우리 행동의 방향타의 우선이 돼야 된다는 결론에 이르게 됐습니다. 그때 지적해 주신 그런 장애 요인들은 지금도 그대로 남아 있습니다.

며칠째, 벌써 한 8일째입니다. 우리 의원님들은 거의 선거운동을 하지 못하고 계십니다. 하루하루 국민들에게 선거의 필요성, 국민들을 만나면서 지역…… 우선적으로 지역주민들에게 지금까지 해 왔던 감동을 전해야 하는 우리 의원님들께서 지역구에 아무래도 시간을 쏟지 못하고 이 무제한 토론, 필리버스터에 집중하게 됩니다.

오히려 이 시간 동안 우리는 이 국회 단상에서 국민께 이렇게 호소하고 있는데 그 원인 제공자이고 테러빙자법을 만들고, 테러빙자법을 국회에 직권상정하게 하고, 테러빙자법을 국정원을 통해서 국민들을 압박하려고 하는 그 바로 새누리당 의원은 선거에 몰두하면서 오히려 우리를 묶어 두고, 우리를 묶는, 스스로의 자가당착적인 정책을 우리가 하고 있는 것 아니냐라는 비판의 목소리가 많습니다. 그러나 그 비판을 다 이겨 내고 여기까지 왔습니다. 우리 의원님들이 자랑스럽습니다.

우리 의원님들은 그런 바로 옆에 닥치는, 그래서 선거에 대한 효과적인 활동을 하지 못하는 그런 악조건 속에서도 지금까지 지키시고, 지금까지 국민을 향한 진정한 마음으로, 지금까지 해 왔던 신념의 발현으로 무제한 토론을 이어가고 있습니다. 이른 아침 이렇게 나오셔서, 또 뒤에 플로어 회의실에 계신 의원님들, 모두 감사드립니다.

그리고 안보 관련 이슈인 것은 맞는 얘기입니다만 이것은, 또 테러를 방지하는 것을 빙자한 국정원확대법이라는 이 법은 사실 뒤에 숨어 있는 것은 안보 이슈라기보다는 국정원과 국민의 인권이 충돌되는 국민인권감시법이라고 하는 그 속뜻을 국민 여러분께 설명하고 이해를 구하면서 이제는 이 뜻으로 한 몸이 되었기 때문에 이것은 단순한 안보 관련 이슈가 아니라 국민의 삶과 국민의 존재와 그로 인해서 우리의 존재가 되는 우리 양식과 같은 이슈이기 때문에 지금까지 잘 이겨내 오셨습니다.

많은 의원님들께서 스스로를 인식하고 또 이곳에서 시간과 싸우고 스스로의 의지와 투쟁하면서 국민을 만나는 과정에 기쁨을 느꼈습니다. 국민들은 화답해 주셨습니다. 민주당, 국민의당 그리고 정의당, 야 3당에게, 의원들에게 갈채를 보내 주셨습니다. 저 정도의 인물이 저렇게 많이 있었다는 것을 몰랐다는 것을 스스로 자책도 했습니다. 아, 저 정도의 인물이, 저 정도면 이제 야 3당 중심으로 집권도 하고 수권도 하고 충분히 저들 정도라면 나라를 이끌어 갈 수 있는 충분한 역량이 되는 집단이구나, 당이 되어 있구나라는 말씀도 서슴없이 해 주셨습니다.

우리 당의 의원님들이 그동안 가지고 있었던 생각들을 정리해서 말씀드린 것뿐인데 그것이 국민들에게 반향을 일으키고 울림을 일으키고 능력이 확인이 되고 수권능력에 대한 확인이 되는 그런 놀라운 서로의 화답이 이루어졌습니다.

아까 말씀드린 것처럼 우리는 스스로 또 자책했습니다. 진작 국민들에게 이런 기회를 갖고 국회를 이런 방식으로 운영해서 국민들에게 더 소통하고 더 알리는 기회를 통해서 서로의 정보가 쌍방향 잘 될 수 있도록 하였다면 국민들에게 이렇게 어떤 경우에는 정보의 부족으로 비난과, 정보의 부족으로 저평가를 감당하지 않아도 됐을 것을, 이런 생각도 했습니다. 우리 스스로가 우리 스스로를 국민들에게 접근시키고 같이 함께해서 같이 정치하려고 하는 생각들이 부족했다라고 하는 그런 생각도 하게 됐습니다.

그러나 이제는 분명한 목표를 가지고 우리가 이 자리에 토론해야 될 것 같습니다. 그리고 저는 그 목적으로 이 자리에 섰습니다. 테러빙자법이 민주주의와 인권 보호에 악영향을 미칠 독소 조항으로 가득 차 있다는 그 사실을 국민들께 알리고, 국민들에게 입장의 알림을 통해서 말씀드린 것처럼 국민의 입장이 국민들 속에 퍼져서 그것이 테러빙자법의 저지로 가게 해야 된다라는 그런 목적입니다.

국회에 항상 정부 여당과 야당의 입장이 대치되고 있습니다만 선거를 앞둔 시기임에도 불구하고 이렇게 첨예한 대치 정국이 장기화되고 또 저마다 사정에 의해서 당내에서는 작은 갈등과 큰 갈등들이 계속 생기면서 동료 의원님들의 의정활동은 사실 제대로 조명받지 못했던 측면이 있습니다. 원내대표로서 이를 잘 알고, 의견을 표출해 주셨으면 좋겠다는 말씀을 더 드립니다.

어떻든 이 필리버스터가 우리 의원님들이 그동안 쌓으셨던 여러 가지 내공을 직접 펼쳐 보여 주실 수 있는 기회가 되었다는 점에서 제가 백분의일이라도 마음의 빚을 덜게 되었습니다. 우리 당과 지지자들에게도, 국민들에게 조금은 면목이 서게 되었습니다.

우리 당은 지난 몇 달 동안 분열과 갈등의 모습을 보여 주었습니다. 그래서 지지자들을 실망시켜 드렸고 국민들의 비판을 받아 오기도 했습니다. 하지만 국회 본회의장에서 이같이 혼신의 힘을 다해서 우리 당 의원님들의 무제한 토론을 지켜보면서 국민 여러분들은 우리 당을 이제 재평가하고 계십니다.

토론에 참가하신 의원님 개개인에 대한 관심과 지지도도 높아졌습니다. 무제한 토론의 착수 시점에서 여러 가지 정치적 모험을 감수하고 선도적으로 토론을 지원해 주신 우리 김광진 의원을 시작으로 결행된 무제한 토론이 이제 8일, 180시간이 지났습니다. 이렇게 시작한 필리버스터는 우리 한국 정치사의 새로운 장을 열고 있다라고 평가하기도 했습니다.

국민 여러분!

장장 180시간의 필리버스터 대장정이 이제 저의 토론으로 막을 내릴 수밖에 없는 상황에 놓여 있습니다. 필리버스터에 참여하신 의원님들의 발언도 이제는 한 번 다시 반추하고 새로운 화제를, 새로운 화두를 지켜봐야 될 때가 됐습니다.

때로는 가슴을 울리고 때로는 정곡을 찌르는 토론이 이어진 시간이었습니다. 국민을 웃고 울린 시대의 어록이 되었습니다. 권력이 지우고 왜곡시켰던 사실들을 찾아내서 상기시킨 발굴들의 기록입니다. 우리 시대의 어두운 자화상을 그렸고 그 어둠의 권력에 처절하게 짓밟히고 의연하게 저항하고 희망을 일궈 갔던 모습을 보여 주었던 거대한 벽화가 되었습니다.

이제 테러방지법에 대한 필리버스터를 결산하고 있습니다. 그동안 토론에 참여하신 의원님들의 주옥같은 어록을 결산할 겸 소개해 드려야 되겠습니다.

첫 번째, 김광진 의원님입니다.

필리버스터를 제안하고 사실 거의 준비 없는, 약 한……

사실 이 필리버스터가 의총을 통과해서 진행될지에 대한 확신도 없는 상태의 시간까지 감안하면 우리 김광진 의원님은 약 1시간 정도의 준비할 시간이 있었습니다.

그때 당시에 과연 우리가 5시간, 3월 10일까지라면 우리 전 의원들이 모두 참여해도 4시간 30분 이상을 해야만 3월 10일까지 채울 수 있는 시간의 분량이었습니다. 김광진 의원님이 서셨습니다.

5시간 32분간 인상적인 토론의 신호탄을 울렸습니다. 김광진 의원님의 필리버스터, 토론에 대해서 그동안 있었던 당 안팎의 우려를 말끔하게 해소시켜 주셨습니다.

김대중 대통령님의 최장시간 토론 기록에 근접하게 됐을 때 기록 돌파에 대한 국민적 관심도 생겼습니다. 필리버스터에 대한 화제상이 폭발적으로 늘어나게 되었습니다. 네이버나 다음과 같은 포털사이트에서는 실시간 인기검색어가 필리버스터 관련으로 채워지게 됐습니다.

사상 최초로 네이버, 다음 검색어에 '힘내라'가 붙어 있었습니다. 그래서 1위는 '김광진', 2위는 '김광진 힘내라'가 검색어에 1, 2위로 올라왔습니다. 김광진 의원님은 필리버스터가 국민 여러분께 반응을 불러일으키게 한 일등공신이었습니다.

우리 김광진 의원님은 테러방지법 조항 하나하나를 짚었습니다. 이것이 왜 문제인지 지적하고, 테러방지법에서 규정하는 내용을 국가대테러활동지침으로도 충분히 작용할 수 있다는 점을 거듭 강조하셨습니다.

'더민주는 테러방지법 자체를 막자는 것이 아니다. 그저 싫다고 주장하는 것이 아니다. 그런데 우리가 지금 이 시간에 이 토론을 하고 있는 가장 큰 이유는 직권상정이 되어 있는 테러방지법이 과연 지금 이 시기에 꼭 필요한가? 이 법이 있지 않으면 대한민국이 테러를 막을 수 없는 것인가에 대한 본질적인 고민이 있기 때문이다.

앞서 제가 국가대테러활동지침을 읽었는데 이에 따르면 각 국가기관과 부처들이 테러에 대비해서 제 역할을 하게 되어 있다. 정치권이 이들을 무시하거나 폄하해서는 안 된다' 이런 말씀을 해 주셨습니다.

'정의화 의장님이 직권상정을 한 국가비상사태는 테러경보단계로 심각단계인데 그렇다면 현재 관련

공무원들이 모두 비상근무를 하고 있거나 테러유형별 사건대책본부를 마련해야 하는데, 여당은 물론 제1당 대표에 대한 경호도 강화해야 하는데 현재 그런 움직임이 있는가? 헌법 77조에 따르면 국가비상사태의 경우에 대통령은 계엄을 선포할 수 있도록 되어 있다. 지금까지 국가비상사태 선언은 모두 대통령이 계엄령을 선포하기 위해 내려진 조치다. 국회의장이 직권상정을 위해서 국가비상사태를 간주하는 경우는 헌정사상 처음이다. 무소불위의 국정원에 국가비상사태라는 무리수를 두면서까지 무차별적인 정보수집권 그리고 조사권·감청권을 추가로 부여해서 괴물 국정원을 만들려는 의도가 무엇인가?'라고 얘기해 주셨습니다.

'며칠 전 제가 이 자리에서 국무총리를 상대로 대정부질문을 한 적이 있다. 그때 국무총리에게 이런 관련 질문을 했다. '대한민국에 이와 관련된 범정부 차원의 국가기구가 존재하는 것을 아느냐?'라고 질문을 드렸는데 황교안 국무총리께서는 그 기구에 대해서 '알지 못한다'라고 말씀하셨다. 안타까운 일이다. 그 기구의 의장은 바로 국무총리인데 말이다'라고 얘기하셨습니다.

'테러방지법이 아니어도 현재 각 부처에서 정상적으로 작동하고 있다. 국민들을 안심시켜 주시는 것이 여당의 역할일진대', '역사를 잃은 민족에게 미래는 없다'는 단재 신채호 선생님의 말을 언급하면서 '과거의 잘못된 역사를 제대로 평가하지 않으면 똑같은 과거의 반복일 것이라는 의미라고 생각한다. 국정원이 지금 그렇게 활동하고 있다'라는 발언을 했습니다.

'테러방지법은 북한의 핵실험과 미사일 개발을 막을 수 없다. 북한의 활동은 테러가 아닌 군사적 행동이기 때문이다. 테러방지법이 없어도 국정원은 국정원법에 따라 충분한 역할을 하고 있고 압수·수색과 출국금지 조치가 가능하다. 테러방지법과 함께 통과될 사이버테러 방지법 역시 국정원 직무 확대, 사이버 사찰 권한 부여의 우려가 있다. 국정원 선거 개입 사건……'

'테러방지법이 없어도 국정원은 국정원법에 따라 충분한 역할을 하고 있고 압수·수색과 출국금지 조치가 가능하다. 테러방지법과 함께 통과될 사이버테러 방지법 역시 국정원 직무 확대, 사이버 사찰 권한 부여의 우려가 있다. 국정원 선거 개입 사건, 원세훈 전 원장 선거법 위반 판결, 좌익효수 사건 등을 고려할 때 매우 걱정스럽다'라고 우리 김광진 의원님은 토론해 주셨습니다.

은수미 의원님 다음에 저희 당의 의원이기 때문에, 우리 문병호 의원님은 생략하고 말씀 올리겠습니다.

은수미 의원님은 건강상 문제, 허리도 안 좋으시고 또 여러 가지 힘든 상황에서 장장 10시간 18분의 속기록 양만 해도 90페이지가 되는 믿겨지지 않는 토론을 해 내셨습니다.

바로 두 번째, 은수미 의원님의 토론 내용들을 제가 요약해서 말씀드리겠습니다.

은수미 의원님은 국정원 권한의 과도한 확대와 통제장치 부재에 따른 국민인권 침해 등의 우려를 전했습니다. 92년

안기부에서 고문후유증까지 갖고 계신 은수미 의원은 토론을 마치면서 '저의 주인은 국민'이라면서 끝내 눈물을 보였습니다. 국민들에게 큰 호응을 불러일으켰습니다. 은수미 의원도 필리버스터가 대중적인 반응을 불러일으키게 한 일등공신이었습니다.

'박정희 대통령 치하에서 필리버스터가 진행됐고, 1973년 박정희 대통령 시대에 법이 폐지됐으며, 그 당시를 우리는 암흑시기라고 부른다. 묘하게도 2016년 박근혜 대통령 치하에서 필리버스터를 진행하게 되었고 혹여 똑같이 박근혜 대통령 시대에 폐지되는 것은 아닌가. 그래서 암흑시대로 돌아가는 게 아닌가 하는 강한 우려를 갖고 있다.

폭력과 분쟁, 테러는 가난과 좌절에서 비롯된 공포와 불신, 절망을 먹고 자란다.

테러는 빈곤, 불평등, 가난, 불만, 복지 부재 등 테러행위가 나타날 수밖에 없는 원인에 대한 조치가 이루어져야 막을 수 있다.

국민의 생명과 안전은 반드시 보호해야 한다. 문제는 그 칼끝이 테러리스트가 아니라 자국민에게도 향해 있다는 우려, 주인의 자리에 국민 대신 국정원을 앉힌다는 우려'라는 토론을 해 주셨습니다.

'집회에 참석한 시민을 테러용의자에 비유한 박근혜 대통령처럼, 사이버 댓글을 정부가 일방적으로 테러라고 규정할 수 있는 것처럼, 국민 모두를 테러용의자로 만들 수 있는 일종의 테러 생성법이다.

비정규직, 장애인, 상대적으로 약한 여성들, 어르신들, 아이들, 그런 분들 중의 어느 누구라도 자신의 자유와 인권이 훼손되지 않도록 하는 게 제가 서 있는 이유다.

사람은 밥만 먹고사는 존재가 아니다. 밥 이상의 것을 배려하는 것이 사람이다. 그래서 헌법이 있다.

헌법에는 일자리, 노동, 복지 또 그 이상의 언론의 자유, 집회의 자유, 불가침의 인권, 행복의 권리가 있다. 누가 그러더라, 테러방지법 입법이 되어도 사람들이 밥은 먹고살겠지라고. 다시 말하지만 헌법에 보장된 시민, 주인으로서의 국민은 밥만 먹고사는 존재가 아니다. 언론의 자유와 표현의 자유를 누려야 하고 어떤 억압으로부터 자유로워야 하고 자기 운명을 자기가 선택할 수 있어야 한다.'

'어떠한 사회든지 간에 약간의 안전을 위해서 약간의 자유를 버리는 사회는 어떤 것도 가질 자격이 없으며, 둘 다 잃게 될 것이다'라고 하는 벤자민 프랭클린의 말도 인용했습니다.

박근혜 대통령이 청와대에서 생각하는 국민과 제가 현장에서 직접 뵙는 국민이 다른 것 같다. 이렇게 다른데 날선 공방을 벌이지 말고 어떻게 하면 화해하고 사랑하고 함께할 수 있는지를 생각하면 좋겠다.

박근혜 대통령은 유능하고 제가 무능한 탓에 항상 발목을 잡는 것으로 소개가 된다. 그래도 저는 포기하지 못한다. 저의 주인이신 국민이 살아가야 하니까, 그분들은 포기할 수 없는 존재다라고 말씀해 주셨습니다.

유승희 의원님의 말씀을 드립니다.

다섯 번째 주자로 나서서 지금 뚜렷하게 쳐다보고 계십니다.

유승희 의원님은 박근혜 대통령에게 개인정보 보호 및 사이버보안 관련법 제도 개선이라는 대선공약을 지킬 것을 촉구했습니다. 그리고 테러방지법 반대를 강조했습니다. 오랫동안 정보통신 분야의 상임위 활동을 해 온 전문성을 가지고 계십니다. 통신비밀보호법 등의 입법 작업도 주도하신 적이 있습니다. 그를 통해서 축적한 지식으로 테러방지법의 문제점을 심층적으로 파헤쳤습니다. 더불어서 의사진행을 방해하는 새누리당 의원들을 향해서 테러방지법을 찬성하는 이유가 있다면 토론 자리에 나와서 발언하라고 질책했습니다. 지켜보고 있는 국민들에게 시원한 사이다를 선물해 주신 것입니다.

국회법은 정당한 회의가 되기 위한 요건과 절차를 정해 둔 절차법입니다. 따라서 명문화된 절차를 정면으로 위반한 이번 테러방지법의 국회의장 직권상정은 원천적으로 무효이다. 원천적으로 무효인 상태로 상정된 이 법안이 형식적으로 만약에 본회의를 통과한다 하더라도 그 효력은 원칙적으로 무효라고 볼 수밖에 없다. 대통령께서 18대 대통령선거 공약으로 '세상을 바꾸는 약속, 책임 있는 변화'에 보면 국민행복 10대 공약에 개인정보 보호 및 사이버 보안 관련 법제도를 개정하겠다라고 한 것인데 약속을 지켰으면 좋겠다, 약속을 지키셔야 합니다. 그런데 사이버테러 방지법이라든지 테러빙자법이 통과가 되면 대통령의 약속은 물거품처럼 사라지게 된다라는 토론을 해 주셨습니다.

테러빙자법을 반대하는 이유는 북한과 테러에 대한 대처를 소홀히 하자는 것이 아니다, 우리가 그들로부터 지켜내고자 하는 국민의 자유와 인권, 자랑스러운 우리의 자유민주주의를 부정하는 것을 반대한다는 것이다.

최근에 10년간 인터넷 패킷감청설비가 몇 배 늘었느냐, 무려 9배가 증가했다. 정부의 이메일·메신저 등 인터넷 감시를 위한 패킷감청설비의 인가가 최근 10년에 9배 폭증했다. 2005년에까지는 9대에 불과했던 패킷감청설비가 10년 동안에 80대로 증가했다. 이게 미래창조과학부의 감청설비 인가 자료를 분석해서 나온 자료이다. 특히 2008년 이후에 새롭게 인가된 전체 감청설비는 총 73대인데 이 중 2대를 제외한 71대, 97%가 인터넷 감시 설비로 정부가 인터넷 감시에 얼마나 주력하고 있는가를 보여 주고 있는 것이다라고 토론하셨습니다.

그런데 이 통계는 사실상 우리 사회 전반을 사찰하고 있는, 사찰이 있다고 생각되어지는 국정원이 보유하고 있는 인터넷 감시 장비가 포함되어 있지 않다는 점이다. 그래서 국정원이 보유하고 있는 장비를 감안할 경우에는 정부의 인터넷 감시라든지 사찰 인프라는 충격적인 수준에 이를 것이라고 전망된다라고 토론했습니다.

과거 개정안에서 적어도 명목상으로는 간접감청, 즉 통신사를 통한 감청을 의무화해서 투명하게 집행하겠다는 구실이라도 붙였지만 이번 개정안은 아주 노골적으로 그러한 제한조치조차 없다, 너무 뻔뻔스러운 법이다. 이미 국정원은 간접감청에서는 타 수사기관을 제치고 전체의 95% 이상을 차지하고 있다라고 토론하셨습니다.

직접감청 통계는 사실 그 실태를 제대로 파악할 수 없다. 정보위에만 국정원이 보고하고 있기 때문에 지금 미방위라든지 이런 일반 상임위에서는 국정원의 감청이 어떻게 이루어지고 있는지 직접감청 통계는 아직 파악을 하지 못하고 있다. 국정원에 또 백지수표를 발행해서는 안 된다. 표현의 자유와 언론의 자유를 계속해서 후퇴시키고 결과적으로 민주주의를 악화시키는 박근혜정부의 여러 가지 조치 중 테러방지법이 그 완결판이다라고 토론해 주셨습니다.

최민희 의원님께서 말씀하셨습니다. 여섯 번째 주자입니다.

최 의원님은 과거 시민사회에서 자유언론운동을 해 오신 분입니다. 언론의 정치적 편향성·독립성 문제를 오랫동안 제기하고 생명처럼 지켜보셨습니다. 언론비평가로서의 전문성을 이번에 살려서 과거 국정원 불법사찰, 정치공작 사례를 설명해 주었습니다. 언론사 사설 기고문을 통해서 시기별로 언론사 논조를 비교하면서 토론을 이어갔습니다.

빅브라더 아십니까? 이 빅브라더를 소재로 한 조지오웰의 소설 '1984'를 참작하면서 이 법이 통과되면 빅브라더 사회 속에서 결국 누군가 고통 받고 피 흘리고 쓰러져도 때는 이미 늦었다고 지적하셨습니다. 준비했던 영상자료들을, 국회의장단의 회의진행 방식 저는 이것이 너무 보수적인 진행이라고 판단합니다. 이 회의진행 방식 때문에 영상자료들을 시연하지 못했습니다. 그래서 준비한 패널로 대신한 것도 화제가 됐습니다.

더불어민주당은 어떤 종류의 테러에도 반대한다. 그러나 테러방지법은 테러로부터 국민을 보호하는 법이 아니다. 테러빙자법이 민주주의를 테러하는 일이 벌어져서도 안 된다. 국정원에 테러범을 지목할 수 있는 권한을 주고 그에 따라 국정원이 감청할 수 있는 권리를 갖게 되면 얼마나 위험한 상황이 연출될 것인지를 상상할 수도 없다.

빅브라더의 사회에서는 빅브라더가 생각하는 대로 생각할 수밖에 없는 법을 배우고 결국 또 모두 순치된다. 이번에 정부 여당이 추진하는 무늬만 테러방지법 이것은 빅브라더 사회를 꿈꾸는 국정원 확대법이라는 비판을 받고 있다는 점을 분명히 말씀드린다.

빅브라더 사회의 가장 큰 문제는 끊임없이 감시당하고 모든 행동을 관찰당하고 끝없이 숙청, 체포, 고문, 투옥, 증발 따위가 일어나고 있는데 이러한 것들이 실제로 행한 범죄에 대한 처벌로서 가해지는 것이 아니라 단순히 언제인가 죄를 범할지도 모르는 사람을 제거하기 위한 조치로 취하고 있다는 점이다라고 토론해 주셨습니다.

세계에서 가장 인권이 보장되었다고 자부하는 나라 미국에서도 애국법 같은 것이 생겨서 정보기관에 감청할 수 있는 권한이 주어지자 무차별 감청으로 국민의 사생활이 광범위하게 침해됐다. 하물며 정보기관이 권력의 하수인으로 온갖 정치 공작을 한 뼈아픈 경험이 있는 우리나라는 어떻겠는가.

이 정부가 잘하는 것은 단 하나, 야당에게 책임 떠넘기기이다. 그리고 야당에게 책임 떠넘기기가 가능한 조건은 95% 기울어진 언론 환경이다. 그리고 지금 이 정부는 미방위원인 제 입장에서 보면 아흔아홉 섬, 여론의 모든 수단을 가지고 있는 새누리당이 1% 남아 있는 인터넷과 포털, SNS를 장악하고자 하는 열정에서 나온 법, 그 욕망에서 나온 법이다. 그러나 거듭 경고한다, SNS를 통한 소통, 참여 민주주의는 절대로 악법으로 억누를 수 없다 이렇게 토론해 주셨습니다.

그들이 처음 공산주의자들에게 왔을 때 나는 침묵했다, 나는 공산주의가 아니었기에. 이어서 그들이 노동조합원들에게 왔을 때 나는 침묵했다, 나는 노동조합원이 아니었기에. 이어서 그들이 유대인들을 덮쳤을 때 나는 침묵했다, 나는 유대인이 아니었기에. 이어서 그들이 내게 왔을 때 그때는 더 이상 나를 위해 말해 줄 이가 아무도 남아 있지 않았다.

존경하는 국민 여러분!

잘못된 것은 완성되기 전에 바로잡아야 합니다. 법이 통과되면 그 법 때문에 누구인가 고통 받고 피 흘리고 누군가 쓰러져도 아무 소용없습니다라고 토론했습니다.

신경민 의원님에 대해서 말씀을, 여덟 번째 주자이십니다.

사이다어록이라는 평가를 받으실 정도로 시원한 토론을 해 주신 신경민 의원님, TV 뉴스프로그램 명 앵커로서 관록을 발휘하셨습니다. 시청자들의 관심을 제대로 모아 주셨습니다.

국회 정보위에서 경험과 국정원 비리 사건을 파헤친 저자답게 국정원의 구조적 문제점을 다각적으로 진단해 주셨습니다. 전문가로서 기량을 충분히 보여 주신 명품토론을 펼치셨습니다.

신경민 의원님께서는 필리버스터가 새누리당 총선 공약이었다는 사실을 밝혀 주셨고 그날 새누리당 홈페이지는 이를 확인하려는 접속자가 몰려서 일시적으로 마비되는 사건이 생기기도 했습니다.

어처구니없는 새누리당 시위가 문 밖에서 벌어지고 있다. 필리버스터는 새누리당 공약이다. 이것이 새누리당 19대 총선 공약집이다라고 하면서 공약집을 펼쳐 주셨습니다.

뒷부분에 보면 정치 선진화 부분에 2번 국회 합리적 의사절차와 관련해서 본회의 필리버스터를 도입하겠다라고 되어 있다. 내가 쓴 게 아니다. 52쪽에 분명히 쓰여 있다. 새누리당의 진심을 품은 약속이라는 프린트물이다. 여기에 보면 의장 직권상정의 요건을 강화하겠다, 의안상정 의무제를 도입하겠다, 위원회 안건조정제도를 도입하겠다, 본회의에 필리버스터를 도입하겠다 이렇게 되어 있다. 지금 자기들 약속이 잘못됐다고 주장을 하는 시위를 하고 있는 거다. 이런 어처구니없는 일은 아무리 새누리당이지만 그만하는 것이 저는 맞다고 본다라고 토론해 주셨습니다.

테러방지법이라는 법 이름을 꼬집으며 아무 사람에게나 김태희라고 이름을 붙인다고 해서 김태희가 될 수는 없다.

그런데 이 테러방지법의 내용에 대해서 언론들이 조금 더 관심을 기울여 주고 이 테러방지법 내용의 무엇을 야당이 문제 삼고 있는지, 무엇을 야당이 반대하고자 하는지, 왜 반대하는지 그리고 여야 간에 협상이 이렇게 진행되어 왔는데 그 진행은 어떻게 되어 가고 있는지, 이게 어떤 식으로 해서 문제를 풀어 가는 것이 좋은지에 대해서 언론보도가 이루어지기를 바란다라고 토론해 주셨습니다.

이런 법은 책상을 두드리며 통과시켜 달라고 하는 게 아니라 책상을 두드리며 토론해야 합니다. 자랑스러운 국정원 요원들이 '내가 국정원 요원이다'라고 자기 아들에게, 자기 딸에게 얘기할 수 있는 국정원은 우리에게 반드시 필요하고 우리 국가를, 분단된 국가를 영위하는 데 있어서 너무너무 중요한 인스티튜션이다라고 토론해 주셨습니다.

그러나 국가정보원은 우리의 자랑이 아닙니다. 사람들은 국가정보원 혹은 국가조작원이라고 얘기한다. 대한민국에 지각이 있고 생각이 있고 역사의식이 있고, 모든 사람들이 좌익효수는 인간이 아니다라고 하는 직원을 징계도 하지 못하는 조직이니 그 조직이 바로 국정원이다. 이런 조직은 대한민국에 저는 없다고 생각한다. 댓글사건 정도의 이런 국기를 흔드는 사건에 대해서 국정원이 반대하지 않는다. 그렇다면 국정원은 인스티튜션으로서의 자질검사를 다시 받아야 한다. 국민들을 발 뻗고 자게 하기 위해서는, 잠 못 이루는 밤을 만들지 않게 하기 위해서는 국정원을 개혁해야 한다. 이 국정원의 개혁이 바로 여기에서부터 시작되어야 하기 때문에 바로 국정원이 개혁의 시작이라고 본다. 이미 국정원은 세계의 웃음거리가 되었다. 미국도 알고, 일본도 알고, 박근혜 대통령이 걱정하는 IS도 알고 있다. 국정원 개혁 약속은 이루어지지 않았다. 개혁안은 공염불로 끝났다. 국정원은 백 마디 말만 하지 말고 한 가지 실천을 한 다음에 개혁을 한다고 해야 한다. 직권상정을 하지 않는다더니 테러방지법은 왜 직권상정했는가. 새누리당은 왜 이리 국정원에 휘둘리는가라고 토론해 주셨습니다.

우리 지도자들의 혈관에는 민주·민생·평화의 피가 흘러야 한다. 우리의 꿈을, 희망을, 40년대·50년대·60년대 우리들의 세대들이, 그리고 젊고 잘생긴 우리 세대들이 가졌던 꿈을 이루어 나갈 수 있도록 해 보자. 그 길만이 이 난국을 풀 수 있는 요체다. 지금 문제가 되고 있는 테러 막아야 한다. 또 막을 수 있다. 우리 대통령과 여당은 귀를 막고 있다. 약속도 자주 잊어버린다. 책상만 친다. 혼만 낸다. 북한 핵실험 이후 첫 조치가 대북 확성기 재개라는 것은 매우 실망스럽다. 개성공단 폐쇄와 사드 배치라는 것이 매우 실망스럽다. 이야기하자. 공부하자. 토론하자. 철인정치는 이미 존재하지 않는다. 민주 하자. 바꾸자라고 토론해 주셨습니다.

아홉 번째 주자로 강기정 의원님이 나섰습니다. 강 의원님은 국회에서 몸싸움 때문에 처벌을 받았던 자신의 경험을 비교했습니다. 국회선진화법에 대한 남다른 감회를 토로하시면서 감동을 더했습니다.

'19대 국회는 참으로 행복한 국회였다. 그런 것으로 보면

그런 싸움이 있지 않고 오늘도 국회선진화법이 없었다면 틀림없이 그런 일이 벌어졌을 거다 이런 생각을 하면서 이번에 제가 필리버스터를 꼭 신청을 하게 되었다. 다수당이 날치기를 하는데 동료 의원 멱살 잡는 것 외에는 할 수 있는 것이 없었다. 진작 필리버스터가 있었다면 폭력의원으로 낙인찍히지 않았을 텐데'라며 개인적인 소회도 밝히셨습니다.

'테러방지법은 대테러방지가 아니라 국정원을 강화하는 법이다. 국정원은 국민에게 댓글원, 걱정원으로 불린다. 국정원에서 정치적인 댓글을 달았던 그 직원은 지금 재판을 받고 있지 않고 이를 고발했던 야당들만 재판 받고 진행하고 있다.', 이름하여 역삼동 국정원 직원 셀프감금 사건입니다.

지난번 대통령선거 당시에 역삼동 모 오피스텔에서 국정원 여직원이 댓글작업을 하고 있다는 것이 제보됐습니다. 그곳에 저도 있었고 강기정 의원도 있었습니다. 많은 의원님들이 밤새고 지켜서 본인 스스로 문을 닫고 자기 자신의 집에 들어 있는 것을 저희들은 나와서 조사받으라고 요청했었습니다. 하루가 지나고 이틀째 나왔습니다. 그 주변에는 경찰들이 이후 사태를 예의주시하고 있고 지켰습니다. 그런데도 강기정 의원은 그 이틀간 셀프감금 국정원 여직원 집 앞을 지켰다는 이유로 감금죄로 기소되어서 재판을 받고 있습니다. 저도 공동피고인으로 같이 재판을 받고 있습니다. 강기정 의원님과 저는 셀프 국정원 여직원 감금죄의 공동피고인입니다. 함께했던 이틀 밤의 고통과 지난한 시간이 셀프감금해 있던 여직원이 빨리 나와서 조사를 받으라고 요청했던 것을 감금죄로 뒤집어서 고발하고 기소하는 이 정부의 검찰에 관한 말씀을 해 주셨습니다.

'이렇게 대테러방지법이라는 안기부강화법이 분석되고 조명되고 검토된 적이 있었던가 싶다. 그런 점에서 무제한 토론은 큰 의미를 가지고 있는 것 같다. 그런데 거기에서 멈춰서는 안 되고 토론 결과로서 국민들의 의견이 의원들의 실천과 행동으로 옮겨져야 한다고 본다. 국회의원을 테러방지법도 못 막는 쓰레기, 테못쓰라고 한다. 그것은 저의 말이 아니라 많은 네티즌들이 만들어낸 말이라고 한다. 테못쓰, 테러방지법도 못 막는 쓰레기 그게 바로 테못쓰입니다. 도대체 우리가 왜 이렇게 있어야 하나?'라고 토론해 주셨습니다.

국정원 예산 총규모는 8000억가량이고 그 8000억의 대부분이 영수증 없이 쓸 수 있는 '묻지마 예산'이라는 것을 확인했고 그것이 특수활동비라는 이름으로 비쳐져서 누구에게도 영수증을 첨부 안 해도 그냥 쓰여질 수 있다는 것이 국정원 예산이라는 것을 확인하였다. 그때 제가 확인한 돈은 8000억 정도이다.

대통령께서는 없다고 그리고 IS도 없다는 것을 알아 버렸다는데 제가 이렇게 읽어 드리는 이유는 대통령께서도 우리나라의 이런 잘 갖춰진 테러방지법이 존재하고 있다는 것이고 IS에게도 이제 이렇게 잘 갖춰진 테러방지법이 있다라고 하는 것을 알려 드리기 위한 것이다. 까딱하면

안기부와 중앙정보부가 무소불위의 권력으로 국민들을 공포에 떨게 했던 공포시대가 올 수 있다. 그것을 막는 것은 우리에게 내려진 국민의 명령이다'라고 토론하셨습니다.

김경협 의원님이 나오셨습니다. 열 번째 주자로 나오신 김경협 의원님은 국민과 정치의 새로운 소통방식을 보여 주신 주자입니다. 김 의원님은 인기 TV프로그램을 본뜬 '마국텔(마이 국회 텔레비전)'의 방식으로 SNS 의견도 받아서 실시간 반영하였다고 하시면서 토론을 시작했습니다. 시민들이 만든 홈페이지 필리버스터닷미(filibuster.me) 등에 올라오는 글을 찬찬히 소개해 주셨습니다. 김 의원님의 입을 통해 전해진 유권자들의 실시간 의견은 국회의사록을 역사로 기록했습니다.

SNS에서 국민들이 테러방지법을 이렇게 부르고 있다. 간첩대량생산법, 유신회귀법, 사생활감시법, 국민압박법, 무한사찰정당화법, 빅브라더법, 유신부활법, 창조국민사냥법, 국정원날개달기법, 스마트폰감시법, 국민도청법, 카톡사찰법, 장기집권발판법, 독재부활법, 중정부활법, 국정원대마왕법, 정권연장을위한전능하신돋보기법, 다본다법, 국정원지존법, 21세기최악법, 국민통제법, 국민입막음법, 국민사생활커닝법, 정권교체방지법, 인권강탈법, 국정원마음대로법, 아빠따라하기법, 희망정치무덤법, 신공안통치법, 가만히있으라법, 헌법무력화법, 국민들더괴롭혀법, 국정원하이패스법, 무차별도청법, 국민바보만들기법, 국정원몰카법이라고 토론해 주셨습니다.

'국가비상사태라면 헌법과 기본법에 따라서 대통령은 계엄령을 선포해야 한다. 테러방지법에 따라서 대통령은 통합방위사태 선포, 통제구역 설정 그리고 국무총리가 총괄하는 중앙통합방위협의회가 열리고 각 지역 행정·경찰조직군, 예비군, 국정원 등 정부기구를 통합적으로 운영해야 한다. 예비군법에 따라서 국방부장관은 예비군동원령을 내리고 진돗개1을 발령하고 방어준비태세인 데프콘 1단계로 하고 정부감시태세인 위치콘을 1단계로 상향 조정해야 한다.

아무리 봐도 이런 일들은 일어나지 않고 있다. 직권상정한 지 3일, 4일째가 됐습니다만 아직도 이런 일들은 전혀 발생하고 있지 않다.

조지 오웰의 '1984'은 36년 뒤인 1984년의 세상을 그리면서 썼다고 한다. 조지 오웰이 소설에서 그리는 세상이 2016년 오늘 대한민국이라고 생각하는 것은 단지 저만의 생각일까'라고 착잡하다는 말씀을 해 주셨습니다. 이렇게 토론했습니다.

열두 번째 주자로 김현 의원이 나오셨습니다.

김현 의원은 테러방지법이란 테러리스트를 잡는 법이다, 그런데 그게 당신이 될 수 있다라고 경고하면서 토론을 시작했습니다.

'국내 정치와 선거에 개입한 혐의로 전 국정원장이 재판을 받았고 비밀정보기관의 독주를 견제할 장치는 아무것도 없는 것이 현재의 우리 현실이다. 국정원을 강화하는

테러방지법이 제정되면 민주주의와 인권을 위협할 가능성이 100%가 아니라 1000% 높다.

게다가 직권상정은 현재 천재지변이나 전시·사변 또는 이에 준하는 국가비상사태 등에만 한정하고 있다. 정부가 북한의 테러위협을 강조하고 있지만 국정원은 여론몰이의 전면전에 나서면서도 정작 북한이 준비한다는 테러에 대해서 구체적 근거를 제시하지 못하고 있다. 그래서 지금 상황을 전시·사변 또는 이에 준하는 국가비상사태로 볼 수 없다.

테러방지법이라는 이름만 없을 뿐이지 우리나라에는 테러에 대한 대비태세를 갖추기 위해 각종 법령과 기구가 다수 존재한다. 테러를 방지하기 위한 통합방위법, 비상대비자원 관리법, 대테러특공대, 국가테러대책회의 등 많은 제도적인 장치들이 마련되고 있으며 사이버 안전을 위해서도 국가사이버안전규정, 미래부에서의 사이버안전센터 등이 존재한다.

박근혜정부가 진정 국민 안전을 우려한다면 지금 힘써야 할 것은 인권침해 논란을 빚고 있는 테러방지법 제정이 아니라 기존의 법과 제도가 잘 작동되고 있는지 평가하고 정비해서 본래의 책임과 역할을 다하는 것이다'라고 토론하셨습니다.

'모든 억압된 시대에는 통감부, 총독부, 통일주체국민회의, 국보위 등 국가의 권력기구를 만들어서 권력층이 자신의 기득권을 유지하기 위해 혈안이 되었던 전례가 있다. 권력의 집중은 부패를 만들고 이러한 부패는 나라를 멍들게 하고 그 멍든 것 때문에 우리의 미래는 덜 희망적이다.

박근혜정부의 성공을 누구보다도 바란다. 대테러방지법의 강행은 정부의 실패를 재촉하는 것임을 알아야 한다. 국민을 믿으셔야 한다. 미국도 믿으시면 안 되고 중국도 믿으시면 안 된다. 새누리당도 믿으면 안 되고 국민을 믿으셔야 한다'라고 토론해 주셨습니다.

열세 번째 김용익 의원님이 토론 주자로 나오셨습니다. 휠체어 투혼을 보여 주신 김용익 의원님이셨습니다.

테러방지법이 통과된다면 극소수 테러 용의자들이 아니라 보통 사람들의 삶에도 어떤 일이 실제로 벌어지고 있는지 쉽게 생생한 예를 통해서 국민께 살피고 경각심을 불러일으켜 주셨습니다.

테러빙지자법은 여러분 모두가 해당하는 금융정보, 성생활까지 포함하는 민감한 정보를 국정원이 결정하도록 하는 법입니다.

'모든 국민은 법 앞에 평등하다. 대통령으로부터 어린이, 노숙자까지 누구는 더 큰 권한을 갖고 누구는 더 작은 권한을 가질 수 없는 것이다. 연명의료법은 1997년 논의가 시작되고 2016년에 결정되고 공포됐으니 19년이 걸렸다. 국민 모두에게 해당되는 테러법방지법을 두세 달 만에 결정하는 게 말이 되는가, 테러방지법은 가열찬 논의의 기반이 없다.

여러분은 나는 해당 없으리라고 생각하지만 천만의 말씀이다. 이 법의 적용대상이 테러를 선전·선동했다고

의심할 만한 상당한 이유가 있는 자를 말한다. 무슨 말이냐 하면 국정원이 너를 테러인물이라고 하면 찍힌다. 영장도 필요 없다.

대테러조사란 대테러활동에 필요한 정보나 자료를 수집하기 위해 현장조사·문서열람·시료채취, 조사대상자에게 진술을 요하는 활동을 말한다고 돼 있다. 문서열람은 이메일·카카오톡 같은 것이고, 시료채취는 여러분의 머리카락을 뽑을 수 있고, 지문조사를 할 수도 있는 것이다.

정부 여당의 테러방지법에 의하면 국정원이 너는 위험분자야라고 하면 성생활을 포함한 민감정보와 위치정보를 다 내놔야 한다. 테러방지법 9조를 보면 국정원장은 테러위험인물에 대해서 출입국, 금융거래, 통신이용 등 자료정보를 수집할 수 있다고 돼 있다. 그렇게 억울하게 찍힌 사람이 어떻게 벗어날 수 있는지 절차가 아무것도 없다.

여러분, 겁나지 않나? 보이지 않는 국정원 직원이 찍으면 출입금, 금융거래, 통신정보를 수집당할 수 있다. 이게 헌법에 부합하는 법인가'라고 토론했습니다.

'9조3항은 더 무시무시한데 국정원은 테러인물에 대한 개인정보 보호법상의 개인정보(민감정보를 포함한다)와 위치정보를 위치정보사업자에게 요구할 수 있게 돼 있다. 여러분이 주머니 속에 가지고 있는 휴대전화 맨 위에 보면 나오는 위치를 국정원에서 KT나 이런 정보사업자들에게 달라고 할 수 있는 것이다.

국정원의 숙원사업, 그게 이루어지면 국민들은 다 사생활이 없다. 언제 누가 쳐다볼지 모른다. 지금은 도청인 것이 합법적인 감청이 되는 것이고, 또 지금은 불법적으로 이메일을 들여다보지만 이 법이 통과하게 되면 합법적으로 들여다보게 되는 것이고, 여러분은 그것에 대해서 이의를 제기할 수 없으니까. 왜? 합법적이고 법이 있으니까, 법에 근거해서 봤으니까 말이다.

통제되지 않은 정보기관은 권력의 늑대가 되는 것이다. 권력을 물어뜯는 것이다. 개처럼 기는 것이다. 개처럼 핥는 것이다. 그러나 절대로 개가 아니다. 늑대가 되는 것이다'라는 토론을 해 주셨습니다.

배재정 의원께서 열네 번째 주자로 나오셨습니다.

테러빙자법은 긴급조치 9호 부활법이라고 토론해 주셨습니다.

'국민은 계란이 아니다. 민주공화국인 대한민국에서 바위는 국민이다. 약간의 안전을 얻기 위해 필수불가결한 자유를 포기하는 사회는 어느 것도 가질 자격이 없으며 결국은 둘 다 잃게 될 것이다.

(정의화 의장, 정갑윤 부의장과 사회교대)

대통령께서 취임 3주년이라고 대전창조경제혁신센터에서 이렇게 말씀하시면서 손가락 하트를 날리시는 사진들이 언론에 보도됐다. 국가비상사태라면서요? 대통령은 이런 사진이나 찍고 있다. 강신명 경찰청장께서는 해외순방을 다녀왔다, 국가비상사태라면서.

국민들께서 이렇게 말씀하신다. 그렇게 이 법안 통과가 급하면, 그리고 중요하면 대통령이 직접 설명해 봐라. 여당 의원들도 나와서 토론해 봐라. 왜 야당 의원들만 나와서 반대토론을 하느냐? 왜 우격다짐만 하고 격정만 토로하느냐 이렇게 말씀하고 계십니다.

카카오톡에 대한 감청 문제가 불거지자 많은 분들이 사이버망명을 하셨다. 다 기억하실 것이다. 국내 메일 쓰는 것이 불안해서 지메일(Gmail) 쓰는 분이 많이 계신다. 며칠 전, 얼마 전에 메일 주소를 알려 달라는 말씀에 제가 쓰고 있는 국내 메일계정을 말씀드렸더니 어떤 분이 그러시더라, 아직도 이것 쓰세요, 지메일 쓰지 않느냐'라고 토론했습니다.

'우리는 어디까지 도망가야 하나? 왜 국가가 보호해 주지 않고 국가가 나서서 국민들을 도망가게 하나? 여당 의원들, 이런 말씀은 테러빙자법과 직결된 말씀이지요, 그렇지요? 왜 국민들이 자신의 보안 문제를 이렇게 걱정해야 합니까? 그것을 지켜 줘야 하는 게 국가이지 않습니까? 왜 우리 기업들을 못살게 굽니까? 우리 기업들이 매출 감소를 겪어야 그제야 조금 걱정을 하실까요?

이미 해외에서는 테러방지법의 부작용이 심각해지고 있다. 자국민과 전 세계의 통신 내용을 도·감청한 미국의 NSA 사례는 이를 잘 말해 주고 있다. 미국 국민들이 SNS에 올린 장난 글 때문에 무장경찰에게 검문을 받거나 수 시간 동안 구치소에 수감되는 등 기본권에 큰 제약을 받고 있다. 최근 스페인에서도 별다른 혐의 없이 예술가들이 징역형을 받을 위기에 처했다'라는 토론을 해 주셨습니다.

우리 전순옥 의원님께서 열다섯 번째로 나오셨습니다.

국가는 국민 위에 군림하고 감시할 권한이 없다면서 테러방지법 제정을 위해서는 아래 질문에 대해 고민이 선행되어야 한다고 하셨습니다.

'헌법이나 형법으로 방지할 수 없는 범죄행위로서 테러는 무엇인가?

과거와 다른 테러가 발생할 한국사회의 환경요인은 무엇인가?

국가보안법은 이러한 테러에 대응할 수 없는가?

한국사회에 어느 정도의 테러 위험이 존재하는가? 예전에 비해 위험성이 증가했는가?

테러가 국가안보에 어느 정도의 위험이 될 수 있는가?

테러가 일회적이지 않고 반복적으로 발생할 것이라고 예상하는가? 그렇다면 그 근거는 무엇인가?

기존의 국가조직 또는 치안기구만으로 이런 테러를 감당하는 것이 어느 정도로, 무엇 때문에 불가능하고 비효율적인가? 하지만 하나도 답하지 못하고 있다. 법만 있으면 세월호사건도 안 일어나고 메르스사건도 안 일어나는 것인가? 법만 있으면 모든 것이 해결되는 것인가?

동네 어린 아이들까지 너 그러다 남산 간다는 농담이 통용되는 시절이 있었습니다. 중정·안기부라는 이름으로 군사정권을 유지시키면서 음지에서 양지를 지향한다는 구호만 알려진 조직이었습니다. 때문에 음지에서 양지 사람을 끌고 간다는 농담이 지금도 회자되고 있습니다.

국가정보원으로 개칭하고 조직을 축소시켰지만 2012년 대선개입사건을 포함해서 지금까지 국정원의 행태를 볼 때 아직 국정원은 개혁이 되어야 할 대상이고, 그래서 국민의 신뢰를 얻지 못하고 있는 기관이다.

저의 큰오빠 전태일이 우리는 기계가 아니다라고 외치고 근로기준법을 준수하라는 유언을 남기고 우리 곁을 떠났다. 그리고 우리에게 남겨진 것은 오빠가 남긴 유언을 지키기 위한 그런 약속을 받고 있었다. 다만 우리는 오빠의 약속을 지키고 또 저의 어머니는 오빠의 약속을 지키기 위해서 활동하셨다.

그러나 중앙정보부 그리고 국가안전기획부의 감시와 억압은 저희들을, 사실 정신적 테러를 가해 왔다. 저희들은 정신적인 테러를 당해 온 피해자, 당사자다. 테러는 물리적인 그런 것에 의해서만 당하는 것이 아니라고 생각한다. 테러는 생각에 따라서, 당하는 사람에 따라 여러 가지 형태로 받을 수가 있다. 느낄 수도 있다. 그런데 저희는 그런 정신적인 테러를 당해 왔다, 현재 국정원의 전신인 중앙정보부 그리고 80년대 들어오면서 국가안전기획부에 의해서.

테러방지법에 앞서 국정원 개혁이 먼저다. 국민 편에 서는 국정원을 먼저 만들어서 국민들에게 선사해야 한다. 또한 통과를 간절히 바라는 국정원 직원에게 알린다. 국민을 감시하지 마라.'라고 토론해 주셨습니다.

'국민 여러분께 간곡히 부탁드리는 것은 절대 정치를 외면하시거나 포기하지 말아 주시기 바란다. 국민들이 정치에 대해서 관심을 가져 주셔야 이 정치가 바뀐다. 국민들의 삶이 바뀌는 그러한 정치가 되도록 함께 힘을 모아 주기 바란다.'라고 토론해 주셨습니다.

추미애 의원님께서 열여섯 번째 주자로 나오셨습니다.

판사로 재직한 제 경험에 비춰 봐도 이 테러방지법은 말이 안 되기 때문에 이 자리에 섰다라고 간명하게 말씀하셨습니다.

'음지에 있어야 할 국정원, 그 국정원장이 얼마 전 국회의장을 만나 법안을 빨리 통과시키라고 했다. 공포로부터의 자유가 아니라 공포 속으로 빠져드는 대한민국을 만들지 않기 위해 저희들이 고군분투하고 있는 진심을 헤아려 주기 바란다.

법을 만들려면 여러 가지 법률을 참고해서 제대로 만들어야 하지 않겠나? 이미 14년 동안 테러방지법은 인권침해 요소가 많아서 대단히 위험하다, 테러로부터 보호도 중요하지만 인권침해로부터 국민 보호도 매우 중요한데 테러방지법은 거기에 대한 고민이 당연히 있어야 되는 것이다.

그런데 문제가 많다는 미국 애국법과 비교해 보더라도 직권상정한 테러방지법은 그야말로 수준 이하의 후진국 법이다.

국가기관의 정보수집은 당사자가 침해사실을 알기도 어렵고 안다고 하더라도 무소불위의 정보기관을 상대로 소를 제기하는 데는 한계가 있을 수밖에 없다. 개인의 사법적 통제는 이와 같이 힘들기 때문에 입법부로서는 절차적 통제수단의 확보와 법 규정으로서의 제대로 된 명확한 규범성을 확보하려는 노력이 매우 중요하다는 것이다.

권력자는 항상 국가안보를 명분으로 헌법상 권리와 자유에 대한 희생을 강요하려는 유혹에 빠지기 쉽다. 결국 헌법국가로서 국민의 자유와 안전에 대한 위협에 대해서 효과적이면서도 동시에 헌법적으로 적절한 방법으로 방어해야 한다.'라고 토론해 주셨습니다.

'헌법국가로서 자기 이해와 의무를 포기함이 없이 국민의 본질적인 권리를 보호해야 할 과제는 대한민국 국회의 몫이다. 국가안보 위기 상황에서도 반드시 헌법적으로 보호되어야 할 권리가 존재한다. 국가 위기 상황에서 국가 행위의 한계를 명확히 설정하고 테러 등 국가안보 위협 상황에 적절한 대응과 헌법상 보장되는 국민의 권리 간에 조화로운 균형을 모색하는 역할은 우리 국회의 포기할 수 없는 책무인 것이다.'라고 토론해 주셨습니다.

정청래 의원님은 열일곱 번째 주자로 나오셨습니다.

우리의 당 대표를 자처하시는 분입니다. 인터넷상에서 두터운 지지층을 확보하고 있는 분답게 그 기대에 부응해서 무려 11시간 39분 토론에 장장 도전해서 승리했습니다. 기록을 갱신했습니다. 하지만 기록보다 더 화제가 된 것은 테러방지법, 테러빙자법은 우리 정 의원님의 돌직구 발언 내용입니다.

'국정원몰빵법입니다'라고 규정하면서 토론을 이어 가셨습니다.

'테러방지법은 국민사찰법, 국민감시법, 국정원강화법이다. 테러방지법보다 국정원 권력남용방지법안이 먼저다. 국정원은 필요하지만 제대로 된 국정원이 필요하다. 국정원에 의한, 국정원을 위한, 국정원의 국정원몰빵법이다. 없어도 되는 법이다.

테러방지법은 박근혜 대통령의 유신질주 본능을 보여 준다. 대통령은 테러방지법을 통해 영구 집권을 원하는 것 같다. 부전자전이다. 성공하지 못할 것이다.

박근혜 대통령께서 답답해서 책상을 몇 번 치든 국민들이 답답해서 치는 가슴보다 답답하겠는가?

국가비상사태인데 왜 이 본회의장에는 새누리당 의원이 달랑 4명만 나와 있는 건가?

국가비상사태가 되면 대한민국 공무원 3분의 1은 야근을 해야 한다. 국방부는 진돗개를 발령해야 한다. 경찰도 비상근무해야 한다. 그런데 안 한다. 국회의장이 나홀로 국가비상사태를 선포하고 본인만 못 쉬고 있다.

국가비상사태, 테러가 발생했을 때 이럴 때는 어떻게 움직여야 되고, 장관은 뭘 해야 되고, 차관은 뭘 해야 하고, 기획조정실장은 뭘 해야 되는지를 규정하고 있는 법, 이런 것이 54개가 있다. 그리고 국정원법을 통해서도 너무나 충분하게 대테러업무를 할 수 있다. 그리고 제가 지금 읽어 드리고 있는 국가대테러활동지침 이것도 너무나 완벽해서 매뉴얼까지 되어 있다'라고 토론하셨습니다.

'그래서 지금 이 난리를 치면서 직권상정을 통해서 통과시키려고 하고 있는 테러방지법안이 없다고 할지라도 여러분은 안심하셔도 된다는 그런 것입니다. 충분히 대책이 있고 매뉴얼이 있고 법안이 있다는 것입니다'라고 토론했습니다.

이렇게 완벽한 법률과 대책과 대응 매뉴얼이 있음에도 불구하고 박근혜 대통령과 여당이 왜 테러방지법을 만들어 달라고 국회의장을 협박해서 직권상정까지 했을까? 이것은 없는 세 가지, 법률과 국정원법과 대테러활동지침에 없는 이 세 가지를 달라고 하기 때문에 그렇다고 해서 세 가지를 말씀했습니다.

'첫째, 모든 범죄에 대해서는, 압수수색에 대해서는 법원의 영장을 발부받아 검찰이 집행하게 되어 있다. 그런데 지금 새누리당이 시도하고 있는 테러방지법은 법원의 영장 없이 국정원장이 국민의 핸드폰을 마음대로 들여다볼 수 있게 하자는 것이다. 국민을 감시하고 국민을 사찰하고자 하는 법이다.

두 번째, 법원의 영장 없이 국정원장이 우리 국민 여러분의 은행 계좌, 통장 계좌를 무차별적으로 쓸어다 볼 수 있는 권한을 주자는 것이다.

셋째, 국민 여러분들이 국정원장이 여러분들 중에 어느 누구라도 '아, 저 사람은 테러 의심 분자야'라고 찍으면 여러분들의 통장과 여러분들의 핸드폰을 마음대로 볼 수 있고 영장 없이, 심지어 9조4항에 의해서 여러분들을 미행·감시할 수도 있습니다. 여러분을 추적할 수 있는 추적권까지 주자는 것이다'라고 토론했습니다.

'국민행복시대를 만들겠다고 했다. 그러나 국민항복시대를 열고 있다. 박근혜 대통령은 모든 국민을 발밑에 항복시켜야 행복하시겠는가, 북한이 미사일을 쐈는데 국정원은 왜 국민의 휴대폰을 뒤지려고 하는가, 북한이 로켓을 쐈는데 국정원은 왜 국민의 계좌를 추적하려고 하는가. 국정원장과 독대해서 정보를 얻으면 박 대통령은 행복한가. 의원 정보를 다 파악해서 옴짝달싹 못 하게 하면 유익한가. 박 대통령도 퇴임 이후에 예외가 아닐 것이다'라고 토론해 주셨습니다.

열여덟 번째 주자로 나선 진선미 의원님의 발언 말씀 되겠습니다.

우리 진선미 의원님은 국정원의 불법행위를 끈질기게 추적해 오신 분입니다. 국정원과의 대결 경험 속에서 국정원의 실체를 더욱 분명하게 깨닫고 국정원에 새로운 엄청난 권력을 부여하는 테러방지법, 테러빙자법의 위험성에 대해서 자신의 가슴을 열 번 치시면서 답답한 마음을 호소했습니다.

진 의원님은 1980년대 대표적인 인권유린사건이었던 형제복지원 사례를 들면서 국민의 의심은 결코 평등하지 않다고 토론을 마무리했습니다.

국가의 의심은 결코 평등하지 않다. 의심은 늘 권력을 가진 자들이 소외된 사람들을 향해 하는 것이다. 국가는 가난하고 약한 사람들을 의심한다. 우리 근현대사 속에서 권력이 있는 사람들은 결코 의심받지 않는다.

의심받는 사람은 늘 빈민이고 여성이고 탈북자이고 가난한 사람, 가난한 나라 출신의 외국이고 그렇다. 의심은

늘 정권의 반대편에 선 사람과 지금과는 다른 세상을 만들고자 하는 사람들이다. 그렇기 때문에 의심은 철저히 합리적이어야만 하고 정보관리는 반드시 통제해야 한다. 비합리적인 의심과 통제되지 않는 정보는 권력자가 약자에게 휘두르는 칼이 된다. 의심은 합리적이고 평등해야 하며 정보를 관리하는 행정부는 국민에게 통제되어야 한다라고 토론해 주셨습니다.

정보 예산의 비밀주의는 예산정보 공개가 적국에 이로울 수 있다는 정보기관의 우려 때문이다. 하지만 공개되는 정보에 특정 목표물, 특정 방법 또는 정보 출처와 관련된 세부 사항이 포함되는 경우에만 그럴 가능성이 큰 것이다. 대부분의 경우 현재 공개되는 것보다 훨씬 많은 정보를 공개하더라도 국가 안보는 위태로워지지 않는 반면에 투명성은 크게 높일 수 있다.

지금의 법은 테러를 막는다는 이유로 국민들을 선제적으로 의심하는 법이다. 국가의 자의적인 감시를 허용하는 법이다. 물론 이 법 자체가 그런 끔찍한 상황을 만들어 내지는 않을 것이라고 저는 믿고 싶다. 하지만 국가의 자의적인 감시가 어떤 결과로 이어질 수 있는지 역사를 한번 되짚어 보고 싶다라고 하면서 토론을 이어갔습니다.

실제로 국정원의 중요한 조직이 국정원법에서 명시적으로 금지하고 있는 정치관여 행위를 통해서 지속적으로 임기 기간 내내 중요한 선거에 개입하고 그런 행위들을 우리 모두가 기억하고 있는데 그 이후에 그분들의 자숙하는 모습이나 변화하는 모습이나 개혁되는 모습을 본 분이 계십니까라고 물었습니다.

그래도 우리 사회를 이끌어가는 어떤 기준이라는 게 있지 않습니까? 신상필벌이라고 하는 것도 있고 권선징악이라는 것도 있고 잘못된 공권력의 남용을 목도한 작금의 현실에서 왜 우리는 그 국정원에게 우리가 그렇게 어렵게 수십 년 동안 노력해서 만들어 놓은 법치주의, 영장주의 그 원칙을 포기해야 하는 것인가라고 강한 반문을 하고 있습니다.

9·11 테러 이후 각국 정부는 '눈에는 눈' 식의 강경일변도로 전환하고 있다. 외국인과 정치적 소수그룹에 대한 감시와 탄압의 강도는 날이 갈수록 강화되고 그리고 감시와 억압은 결코 궁극적인 해결 방법이 될 수 없다는 것이다. 북아일랜드와 이스라엘의 경험은 좋은 예가 될 수 있다. 북아일랜드는 결국 대화와 타협을 통해서 테러를 종식시켜 가고 있는 데 반해서 강경책으로 일관하는 이스라엘은 현재까지 분쟁과 테러의 소용돌이 속에서 벗어나지 못하고 있다.

국정원의 불법적인 선거개입으로 박근혜 대통령이 유·무형의 도움을 받으셨다면 최소한 국민에게 성의 있는 사과를 하셔야 한다. 근거 있게 결별하시기 바란다.

대통령은 책상을 열 번 치셨다고 했다. 그런데 저는 제 가슴을 열 번 치고 싶다라고 토론했습니다.

최규성 의원님의 열아홉 번째 토론을 저희는 또 경청했습니다.

호통토론으로 무제한 토론을 주도한 최 의원님은 자신의

국정원 피해 경험담을—그때 당시에는 중앙정보부였을 것입니다—바탕으로 증언하듯 발언을 이어 가셨습니다.

물을 많이 드셔서 '물 먹는 하마'로까지 불리시는 애칭을 얻으셨습니다. 믿음직한 모습으로 '아재 국회의원'이라는 말씀도 얻었습니다.

아재 국회의원께서는 이렇게 말씀했습니다.

제가 세 번이나 발가벗고 두들겨 맞을 때 언론에 나오지도 않았습니다. 바로 그런 세상으로 돌아가는 것, 전 국민을 그렇게 감시하고 조사하겠다는 것 이래서 안 되는 것입니다라고 테러빙자법에 대해서 말씀하셨습니다.

지금의 국정원이 전신인 중앙정보부나 안기부보다 더 나아졌다고 보시느냐? 그렇지 않다. 국정원 권한을 확대해서는 안 되는 이유가 또 있다. 국정원의 국회 통제가 어렵다는 것이다. 권한 남용과 인권 침해가 발생해도 견제할 수단이 없는 게 현실이다. 국정원 댓글 사건에서도 보았듯이 댓글을 통해 대선에 개입할 직원은 검찰수사에서 체포하는 것이 심히 어렵다.

테러방지법은, 테러빙자법은 제2의 유신부활법이다. 테러에 대한 위험이 존재한다면 그에 걸맞은 법률을 국회가 만들어야 하는 것 그것은 당연한 것이다. 그러나 위험을 사실 그 이상으로 과대포장하고 공포심을 조장하고 이를 통해 국민의 헌법적 권리를 과도하게 침해할 소지가 있는 법은 결코 만들어서 안 된다. 국민의 생명과 재산을 지키는 동시에 국민의 사생활의 자유에 대한 국가의 침해는 최소화되어야 한다라고 말씀하셨습니다.

한국은 테러방지법을 위한 장치를 촘촘하게 설치하고 있습니다. 국무총리가 대테러기구 의장인지도 모르면서 테러에 대한 대책을 세운다는 것은 소가 웃을 일이다. 우리나라는 이미 34년 전 1982년에 국가대테러활동지침을 제정했다. 그리고 그에 따라 대통령 산하에 국무총리·외교부장관·국방부장관·국정원장·국가안보실장 등 국가의 안보를 담당하는 최고 수뇌들로 구성된 대테러정책 최고 의사결정기구로서 국가테러대책회의를 조직하고 운용하고 있다. 또한 그 산하에 실무를 논의하는 테러대책 상임위원회나 테러정보를 통합 관리하는 컨트롤타워인 테러정보통합센터를 두고 있을 뿐만 아니라 군과 경찰에 각각 대테러 특공대를 두어서 24시간 대기하게 하는 등 이미 물샐틈없는 대비태세를 갖추고 있다.

문제는 이미 갖추어져 있는 기존의 장치들이 적절하게 활용되고 있지 못하고 있다는 것이다. 정부의 무능을 단적으로 보여 주고 있는 것이다. 심지어 황교안 국무총리는 자신이 국가테러대책회의의 의장이라는 기본적인 사실조차 모르고 있었다.

이렇듯 마땅히 다해야 할 책임을 다하지 않은 채 테러빙자법 제정에만 매달리는 이런 이율배반적인 모습을 볼 때 우리는 이 테러빙자법의 목적이 국민의 안전이 아니라 정권 유지에 있는 것 아닌가라는 강한 의심을 갖지 않을 수 없게 되었다.

현재 야당의원들이 테러방지법의 직권상정을 막기 위해서

진행 중인 필리버스터는 이러한 전 국민들의 우려와 분노를 반영한 정당한 행위라고 토론하셨습니다.

오제세 의원님이 20번째 주자로 나오셨습니다.

필리버스터 발언자 중 최고의 경험과 최고의 공무원 생활을 통해서 직접 경험해 보신 분입니다. 그분이 우리의 기본권은 최대한 존중되어야 한다고 강조하셨습니다.

국민들께서 말씀하시기를 국회는 왜 싸움만 하느냐, 국회는 뭐 하는 곳이냐, 그렇게 말씀하시는데 국회는 바로 국민을 위해서 국민의 기본권과 국민의 이익과 국민의 재산을 보호하기 위해서 있는 곳이고 또 국회는 국민에게 누구에게 얼마의 세금을 거둘 것이며 또 그 세금을 어디에 쓸 것이고 어디에 쓰는 것을 감시하는 곳, 그것을 결정하는 곳이 국회입니다라고 말씀하셨습니다.

'이 나라의 주인은 국민이다. 권력이 주인이 되고 국민이 종이 되면 안 된다. 국정원은 국민을 안전하게 보호하기 위한 존재인데 국민의 권리를 더더욱이 침해할 수는 없는 것이다.

여당이 추진하는 테러방지법, 바로 그 테러빙자법은 휴대폰 등 통신내용 감청과 금융정보 열람 등 국민을 사찰하고 감시하는 법으로 통과되어서는 안 된다.

테러방지법은 미국 9·11 테러가 발생했을 때 처음 나온 것으로 지난 15년간 반대 때문에 통과되지 못하고 국정원이 줄곧 추진해 왔던 법이다. 그런데 지금 국가비상사태를 운운하면서 직권상정하는 것은 말이 안 된다.

개정된 미국 자유법의 가장 주목할 만한 특징은 미국 애국자법에서 가장 논란이 되었던 제215조이다. 215조에 근거해서 국가안보국이 자국민을 대상으로 메타데이터(metadata) 등 광범위한 통신기록을 수집해서 5년간 보관할 수 있었던 권한을 대폭 축소시켰다.

자유법하에서 국가정보국은 이전과는 달리 통화기록을 자체적으로 보관할 수 없게 되었다. 단지 민간 통신회사만이 그 기록을 보유할 수 있게 되고 정부는 필요한 경우에만 집단이 아닌 개별 통신기록에 한해서 법원의 영장을 발부받아서 해당 통신회사에 요청할 수 있게 되었다.

이 법은 특정기관에 무소불위의 권력을 주는 것으로서 국민 위에 군림하는 권력기관이 되어서는 안 된다. 그리고 국민의 기본권이 최대한 존중되어야 한다. 테러를 방지한다고 하지만 국민을 사찰하고 감시하는 법이 바로 이 테러빙자법이다'라고 토론해 주셨습니다.

스물한 번째 주자로 나온 박혜자 의원님 말씀을 요약해서 올려 드리겠습니다.

'9·11 테러 이후 미국 정보 당국이 얻은 중요한 교훈은 정보 독점은 정보 실패를 낳을 수밖에 없다는 것이었다. 그래서 9·11 이후 미국 정보 체계의 개편 핵심은 정보 수집과 분석을 분리시키고 정보 주체와 집행 주체를 분리하는 것, 각 기관 간 견제와 균형의 원리를 확대하는 것이었다. 정보 독점 체계를 깨고 견제와 균형을 이루는 방향으로 바뀌었는데 우리나라는 비대할 뿐만 아니라 어찌 보면 무능하기까지 한 국정원에 더 많은 독점적 권한을 부여하는 방향으로 테러방지법을 제정하려고 한다.

테러방지법이 통과되면 국가 신뢰가 사라진 세상이 올 것이다. 어떤 세상이 올 것인지 보려면 유신시대를 돌아보면 된다.

1994년에 유엔은 인간안보라고 하는, 휴먼 시큐리티라고 하는 새로운 개념을 제안했고 이 개념을 통해서 세계와 그리고 공공재의 민영화로 인해서 늘어나고 있는 사회적·개인적인 삶에서의 불안정에 대응하는 방법을 제시한 바가 있다. 그렇기 때문에 국가안보 중심에는 이제 인간안보의 정책으로 초점을 옮겨 가야 한다.

내밀한 사생활을 누군가 들여다보는 불안감은 급기야 자기검열의 일상화를 불러올 것이다. 사회적 불신 또한 팽배해질 것이다. 따라서 저는 테러방지법은 테러빙자법이고 국민 불신 초래법이다 이렇게 생각한다'라고 토론해 주셨습니다.

'우리 사회에서 신뢰가 사라진다면 경제도 안 돌아가고 안보도 결국은 위험해질 것이다. 유언비어는 난무하고 정부 정책에 대한 불안·불신으로 행정비용 또한 증가할 것이다. 정부에서 아무리 좋은 정책을 내놔도 불신사회에서는 국민은 순응하지 않는다. 정부는 국민을 순응시키기 위한 더 많은 홍보와 더 많은 행정비용을 부담해야 한다. 그래서 신뢰야말로 21세기의 가장 중요한 사회적 자본인 것이다'라고 토론하셨습니다.

스물세 번째로 이어 가신 무제한 토론의 주자는 바로 이학영 의원님이십니다.

이학영 의원님은 '대한민국이 너무 불안하다'며 독일 시인 베르톨트 브레히트의 시 '살아남은 자의 슬픔'을 읊으시면서 토론을 이어 가셨습니다.

아마 대표적으로 중앙정보부 대공기관으로부터 고초를 받고 죽음을 건 사수를 하신 분입니다. 그분의 토론을 우리는 경청했습니다. 그분의 개인의 소회를 통해서 본 테러빙자법의 위험성을 저희는 절실하게 느꼈습니다.

'저는 결혼한 후 지금까지 항상 가족에게 아침에 손을 흔들며 집을 나섭니다. 집에 안전하게 돌아와서 가족을 만날 수 있을까 하는 걱정이 항상 있었다. 이것이 대한민국의 현실. 그런데 박근혜 대통령은 무제한 사찰법을 만들려고 한다.'

문득 생각이 납니다. 저도 연애하던 시절에, 저는 감옥도 가지 않았습니다만 저희 아내로부터 들은, 자기가 근무하는 대학병원의 정신과 병동의 얘기를 듣고 며칠 울었다는 얘기를 듣고 지금 문득 생각이 났습니다.

자신이 인턴 시절에 정신과 병동에서 만난 이들 중에 많은 분이 바로 고문…… 학생운동으로 어디론가 끌려가서 어디서 맞고 어디서 고문당하고 고문으로부터 치유받지 못하는 마음으로, 강한 트라우마로 정신병동에서 스스로 자신의 고통을 쓸어 담고 있는 분에 대한 경험과 그에 대한 느낌이었습니다.

바로 이학영 의원님의 브레히트의 시는 그것을 담고 있습니다. 이학영 의원님이 항상 집을 나설 때 내가 집에

다시 귀가할 수 있을까라고 하는 그 중심에는, 그 중간에는 바로 국가정보원의 그 전신인 중앙정보부가 있었던 것 아니겠습니까?

박정희 전 대통령의 국가비상사태 선언문을 낭독했습니다. '최악의 경우 우리가 향유하고 있는 자유의 일부도 유보 결의를 가져야 한다라는 이 조항 때문에 지금 우리가 이 자리에서 토론하고 있다. 여러분은 자유의 일부를 유보할 결의를 갖고 계신.'

'G20 중 우리나라처럼 온·오프라인 모든 면에서 광범위하게 시민들의 사생활과 일거수일투족을 정부가 훤히 들여다볼 수 있는 나라가 몇이나 되겠는가? G20 중 어느 나라 검찰이 기소권·수사권을 독점한 채 강력한 권한을 행사하고 있는 나라, 그 나라가 몇이나 되는가?

우리나라 검찰은 세계 최고 수준의 막강한 권한을 가지고 있다. 과연 G20 중 출입국제도, 주민등록제도가 우리나라처럼 촘촘한 나라가 또 있을까? G20 중 우리나라 국정원처럼 국·내외 정보수집 기능, 비밀경찰 기능, 비밀수사 기능, 정책기획 기능, 나아가서 작전 및 집행 기능에 이르기까지 무소불위의 권한을 가진 정보기구를 두고 있는 나라가 또 있는가? 과연 G20 나라 중 우리나라처럼 많은 수의 군대와 경찰을 두고 있는 나라가 몇이나 되고 있는지. 심지어 치안 한류라는 이름으로 이를 해외에 자랑하고 파견하고 있다. 이런 나라에서 정부와 정치권이 나서서 테러 나면 네가 책임질래?라고 공포 분위기를 조성하고 있는 것 그것이 바로 무책임의 극치다'라는 말씀을 하셨습니다.

홍종학 의원님께서 24번째 주자로 나오셨습니다.

우리는 이제부터 '홍종학의 스케치북'이라고 부릅니다. 그 스케치북에는 너무 많은 내용이 담겨 있었습니다. 핵심적인 단어 몇 개가 우리 홍종학 의원님의 유려하고도 풍부한 설명과 해박한 지식으로 빛났습니다. 수 권의 책을 쓸 수 있도록 많은 설명이 국민들에게 선사됐습니다. 경제 전문가 우리 홍 의원님은 지금은 국가비상사태가 아니라 경제비상사태라고 지적하셨습니다.

'저희가 이 필리버스터를 통해서 호소할 기회를 가졌다고 하는 것은 한국 언론이 얼마나 엉망인가를 보여 주는 것이지요. 한국 언론이 그동안 얼마나 야당 의원을 보도하지 않았으면 우리 국민들이 이제야 야당이 저런 얘기를 하는구나, 일부라도 지금 이 밤늦은 시간에 이것을 보고 계신 분들은 이렇게 느끼는 것입니다.'라고 말문을 여셨습니다.

이 필리버스터를 하기 전에 야당의 의견에 대해서 제대로 보도한 언론이 있었는지요? 없지요. 예, 없습니다. 그동안 지난 4년간 내내 그래 왔습니다.

'야당이 주장해서 정년을 연장시켜 놨더니 새누리당이 먼저 플래카드를 죽 달아 버립니다. 야당이 주장해서 재벌의 세금을 좀 올리자 그랬더니 새누리당은 반대합니다. 마지막 가서 반대해서 우리가 열심히 해 가지고 재벌들의 세금을 요만큼 올려놓으니까 새누리당은 지금 그것 때문에 경제민주화가 됐다 이렇게 이야기합니다. 그러니까 국민들의

입장에서는 여당이나 야당이나 차이가 없다, 야당이 그렇게 열심히 얘기했고 새누리당이 그렇게 반대했던 법안에 대해서 어느 한 언론도 보도해 주지 않았다. 그게 바로 대한민국의 문제이다'라고 말씀하셨습니다.

'10조 원의 재정적자가 났다고 그 아우성치던 언론들, 지금 167조 재정적자가 났다고 그것을 보도해 주는 언론이 있습니까? 그것을 보도하는 방송이 있습니까? 이게 바로 국가비상사태입니다. 지난 정부 때, 참여정부 때 단 10조의 재정적자로 마구마구 걱정을, 사태를 침소봉대하던 언론이 이제 167조에도 침묵하고 있는 그 언론에 대한 상황이 바로 국가비상사태라고 하는 말입니다.

테러방지법은 새로운 여론통제 수단이자 또 억압수단이다, 여당이 지금 테러빙자법을 직권상정하려고 하는데 지금은 국가비상사태가 아니라 경제비상사태다. 일하는 사람들이 오늘 잘 될까, 그것이 아닙니다. 일하는 사람들은 오늘 바로 잘릴까, 내일 잘릴까 걱정하고 있는 것, 청년들이 헬조선이라고 이야기하는 것, 전월세가 폭등해서 아이가 학교 다니는 중에 집에서 쫓겨나는 것, 이런 게 진짜 국가 비상사태이다.

법률가 루이스 브랜다이스는, 햇볕은 가장 좋은 살충제이며 전등은 최고의 경찰관이라고 했다. 불을 밝게 켜 놓게 되면 도둑이 잘 다니지 못하게 되는 것이다. 우리가 좀 더 투명한 사회가 되면 될수록 테러리스트가 우리 사회에 발붙일 자리는 없는 것이다. 정치에 관심을 가져 주기 바란다. 정치에 관심을 갖지 않을 때 여러분들은 최악의 통치자를 만나서 가장 바보의 통치를 받게 된다고 그리스 철학자 플라톤이 이야기했다. 이런 필리버스터가 계기가 돼서 한국의 민주정치가 한번 더 크게 발전했으면 좋겠다'는 소회를 토론해 주셨습니다.

만약에 IS 테러리스트가 들어왔다는 첩보가 있다고 가정할지라도 정부가 그것을 대놓고 '우리나라가 이렇게 취약하니까' 이렇게 전 세계에 대놓고 떠들어야 되겠습니까? 진보 정부라면 이렇게 하지 않았을 겁니다. 제도를 딱 갖추어 놓고 '국민 여러분, 안심하십시오. 전 세계가 테러위험을 당할지라도 우리는 만전을 기해서 안전하게 여러분을 모시겠습니다. 지키겠습니다'라고 이렇게 할 겁니다, '가장 안전한 데가 대한민국입니다'라고.

외국인이 밤거리를 술에 취해서 돌아다닐 수 있는 나라, 전 세계에 그런 나라 없습니다. 그러니까 여러분, 얼마 전에 외국기자가 쓴 게 바로 그 얘기를 쓴 거지요. '대한민국이 그동안 남북 대치상황이었기 때문에 테러에 대해서 가장 대비가 잘 되어 있는 나라인데 이 나라에서 테러빙자법이라고 또 만든다니까 그게 웃기는 얘기다' 이렇게 외국기자가 쓴 것 아닙니까? 이번 테러방지법, 테러빙자법이라고 하는 것 자체가 바로 선거를 앞둔 정치공세였다는 얘기를 계속 드리는 겁니다.

저는 아까 말씀드린 대로 우리가 문제를 해결한다, 테러에서 지금 가장 문제가 되는 것이 무엇인가 하는 것들에 대해서 우리가 열심히 지금부터 찾아보고 대처를 하게 되면

그런 건데요, 제가 계속 말씀드렸다시피 우리 국가기관, 정부가 이런 노력들이 굉장히 부족합니다, 이런 토론을 했습니다.

그래서 예를 들면 아까 공항의 경우에 공항 한번 가서, 누구라도 보안전문가가 가서 점검을 해 보면 거기에 얼마나 많은 문제가 있는지 쉽게 알 수 있습니다. 그리고 지금 보안전문가들의 입장을 봤을 때 보안전문가들이 '지금 테러의 위험요인들, 그 사람들이 어디서 들어오고, 어디서 어떻게 해서 활동하고, 어떤 것들에 대해서 정보를 지금부터 수집해 들어가야 하는 겁니까?' 반문했습니다.

그런 것들에 대해서는 전혀 하지 않으면서 도·감청 권한만 더 달라, 이렇게 얘기하는 것이 지금 실제로 국정원에서 계속 얘기하면서 IS 대원들이 몇 명이나 국내에 들어왔다 나갔다, 들어왔다 나갔다 하는 그런 얘기만 하는 것입니다. 그러면 IS 대원이 들어와서 그렇게 됐다는 그 수많은 정보를 어떻게, 왜 한국의 국정원은 꼭 나가고 나서야 아는지 저는 납득하기가 어렵습니다라고 또 반문했습니다.

부족한 것은 테러방지법, 테러빙자법이 아니라 국정원의 해외정보 수집능력이다, 유감스럽게도 우리나라 국가정보원은 그 덩치나 무제한의 권한에 비해서 독자적인 해외정보 수집능력이 지극히 부족하다, 대북·해외·국내정보 수집을 독점하고 기획조정이라는 이름으로 각급 정부부처의 기관을 쥐락펴락하며 대내 심리전을 빙자해 민간인들을 사찰하거나 정치에 개입하는 그런 불필요한 일에 시간과 인력을 낭비하고 있기 때문입니다.

최근 수십 년 일어난 국정원의 민간인 사찰사건, 대선개입사건 그리고 불법해킹사건, 중국동포 간첩조작사건 등등등 이것들은 국정원의 일탈행위의 일각을 보여 주고 있습니다. 국정원의 일탈을 보여 주는 증거뿐만 아니라 국정원의 무능을 보여 주는 사례도 끝없이 열거하고 있습니다. 특히 다음에 열거하는 국정원의 IS에 대한 독자적인 정보수집능력이 전혀 가능성조차 없다는 것, 이것을 보고 실패 사례라고 지적했습니다.

홍 의원님은 여당인 새누리당은 새누리당대로 '마국텔'—마이 국회 텔레비전을 줄인 말입니다—을 방송하고 야당은 야당대로 마국텔을 방송해서 국민들이 보고 토론하고 평가해 순위를 매기자며 의회 생중계를 통한 의원평가 방식을 제안하기도 했습니다.

그렇습니다. 지난번 네 차례에 걸친 핵실험이 있었습니다. 그 핵실험도 국정원은 정보 수집에서 실패했습니다.

미사일 발사가 있었습니다. 300㎞ 선상에서 사라졌습니다. 그것은 이제 위성궤도를 따라서 움직이고 있습니다. 국정원은 북한의 독자 능력에 의해서 미사일 발사가 이루어졌고 성공적으로 위성을 돌고 있다는 사실조차 정보 수집에 있어 실패했습니다.

수많은 과대한 대외정보 그리고 업무에 들어 있는 국내 보안정보 모두 다 실패했습니다. 국정원이 자기 정보 수집을 하는 데 충실히 했다면, 총력을 다해서 자기 업무에 매진했다면 이런 실패는 없었을 것입니다. 만약에 이런

정보의 실패 사례가 지난 진보정권에서 있었다고 한다면, 김대중·노무현 정부 때 있었다면 지금 국민들은 이미 불안에 떨 수밖에 없는 그런 모든 환경에 시달렸을 것입니다.

국정원에게 권한 확대를 주는, 이 무능한 국정원에게, 이 실패의 국정원에게 권한 확대의 권한을 주는 테러빙자법은 결코 안 된다는 것, 우리가 문책해서 진정한 정보 수집의 능력을 갖춘, 그리고 능력도 있고 능력이 있다면 국민 기본권을 무단하게 침해하지 않을 것이다라는 국민의 신뢰까지 얻는다면 국정원에게 새로운 권한을 줄 수 있는 국민의 선택도 이루어질 수 있을 거라고 봅니다. 그러나 지금은 할 수 없는 것, 이것을 홍 의원님께서 요약해서 말씀하고 있는 것입니다.

스물다섯 번째 서영교 의원님의 시원시원한 무제한 토론을 저희는 또 말씀드리겠습니다.

서 의원님은 대테러업무를 국정원이 하지 않아도 되는 이유를 다른 나라 사례를 들어 가면서 쉽게 설명해 주셨습니다. 국정원이 대선 개입, 정치 개입하면서 정작 북한 핵실험 징후도 감지하지 못했다고 반복적으로 말씀했습니다.

'미국 같은 경우 9·11 테러가 있었지만 테러방지법은 2015년에 폐기했다. 그게 미국의 애국자법이다. 애국자법은 너무 많은 국민의 자유를 침해한다고 해서 폐기했다. 미국의 대테러방지법 애국자법에 총 555조의 예산이 쓰였고 온갖 감청, 정보사찰, 개인사찰이 이루어졌는데 테러가 방지되지 않고 예산 낭비와 침해만 있어서 작년에 폐기했다'고 토론했습니다. 미국이 애국자법을 폐기한 데에는 NSA, 미국 국가안전보장국이 엄청난 정보를 그물처럼 수집하면서 비용이 소요됐고 개인의 사생활을 침해했다는 에드워드 스노든의 폭로를 큰 기여자로 들고 있습니다. 미국의 정보수집 사건과 비슷한 사건이 대한민국에 있었습니다. 국정원이 이탈리아 해킹팀에 스파이웨어 감염 요청을 하지 않았습니까라고 지적했습니다.

'미국도 CIA, FBI 등 17개 기관을 모은 국가정보국이라는 기관이 대테러업무를 관장하게 돼 있다. 영국 사례도 마찬가지다. 영국의 경우 내무부장관 산하에 국가안전 및 대테러기구가 대테러업무를 총괄한다. 국정원에 힘을 실어 주지 않고 내무부장관 산하에 테러대책기구를 두고 있다. 독일 역시 연방내무부 소속인 연방헌법보호청이 대테러업무를 담당하고 있다.

우리 국민들은 테러방지법이 아니라 국정원독재법, 유신회귀법, 테러빙자법, 인권테러법, 국민스토킹법이라고 부르고 있다. 새누리당도 원래 원치 않던 법을 대통령이 고집해 이 상황이 벌어진 것이다'라고 토론했습니다.

'국정원이 검찰 수사에도 개입하고 대선에도 개입했다. 국정원을 강화하고 국정원 예산에 힘을 실어 줄 것이 아니라 국정원을 개혁하는 방향으로 나아가야 한다. 작년 이맘때 여야가 국정원을 개혁하는 법안에 합의해 놓고 지금 여당이 갑자기 국정원에 힘을 실어 주는 일을 하기 시작했다. 국정원 직원들은 국익을 위해서 국정원에 들어왔는데 신림동·건대 PC방에서 댓글을 쓰고 있다. 이러니 제대로 훈련이 안 되는

것이다. 이럴 때 대통령이 '국정원 뭐 하고 있는 건가?'라고 책상을 내리쳐야 하는 것이다.

국정원이 4차 북 핵실험 징후를 사전 감지도 못 했다. 북 핵실험을 조선중앙TV를 통해서 알게 됐다.

지금 새누리당이 내놓은 안, 그것은 국정원이 짜 가지고 온 안일 것이다. 테러방지법이라고 하는 것은 진정 테러를 방지하는 것이냐? 그것이 아니다. '내 눈으로 보기에 저 사람 테러의 위험이 있어.' '내 눈으로 보기에 저 사람 조사해야겠어.' '내 눈으로 보기에 저 사람 계좌 추적해야겠어.' '국정원 눈으로 보기에 저 사람 감청해야겠어.' '국정원 눈으로 보기에 저 사람 금융계좌 추적해야겠어.' '국정원 눈으로 보기에 저 사람 한번 데려와서 조사해 봐야겠어.'라고 하면 대한민국의 모든 국민이 국정원의 감시의 대상, 감청의 대상 그리고 계좌 추적의 대상이 되는 것이다.

우리는 테러를 막아야 한다. 물론 테러는 있어서도 안 된다. 그런데 이 9·11 테러로 인해서 애국자법이 만들어지고 그 수집된 잘못된 정보로 이라크로 40여 개국이 가게 되고 10여 년 동안 11만 명에서 145만 명이 사망했고 잘못된 정보가 이런 상황을 만들어 낸 것이다. 난민이 약 174만 명에 이르고 이라크의 국내 실향민은 약 150만 명에 이른다. 이것은 브라운대학교 왓슨연구소에서 2013년에 발표한 자료를 바탕으로 한 것이다'라고 토론했습니다.

'미국은 테러방지법, 9·11 테러 이후에 만들어졌던 10년 한시 애국자법을, 정보기관이 테러 혐의자에 의해서 집단적으로 감청을 허용하는 이 법을 1915년 6월 폐기했다. 그리고 2015년 6월 법원의 영장을 통한 개별 통신기록만 접근할 수 있게 만들어서 미국 자유법을 제정하고 통과시켰다. 미국과 우리는 거꾸로 가고 있는 것 아닌가 이렇게 말씀드렸다.'

오늘 우리가 수정안으로 제기한 한시법 내용을 담고 있습니다. 미국도 그 참혹했던 9·11 테러 이후에 애국자법이 한시법으로 이루어져서 그동안에 성찰과 평가 속에 소멸되고 새로운 미국 자유법이 제정됐다는 예를 들고 있습니다.

'9·11 테러가 있었고 9·11 테러로부터 얻은 정보를 가지고 이라크 전쟁을 일으켰지만 그 전쟁은 잘못된 정보에 의한 것이었다. 당시 애국자법에 의한 정보 독점이 정보 실패를 낳은 것이고, 그래서 9·11 이후에 미국 정보 개혁의 핵심은 정보 수집과 분석 분리, 정보 주체와 집행 주체의 분리, 각급 기관과 견제·균형의 확대를 지향하고 있는 것이다. 그런데 한국은 거꾸로 무능하며 국내 정치 개입을 일삼는 국정원에게 더 많은 사찰 기능과 독점적 권한을 부여하려고 하고 있는 것이다.

대한민국의 테러를 막는 방법은, 물론 국방이 튼튼해져야 한다. 국방이 부정이 없어야 한다. 국방이 제대로 지켜져야 한다.'라고 또 곁들여서 말씀합니다.

'북에서 귀순하는 병사가 노크를 할 때까지, 테러방지법이 없어서 노크할 때까지 놓쳤나요? 그게 말이 됩니까?

테러빙자법이 없어서 통영함의 음파탐지기가 70년대인 것일까요? 테러빙자법이 없어서 어뢰 36발을 실험했더니 30발이 불발이었나요? 테러빙자법이 없어서 국정원은 가짜 간첩을 조작해서 만들어 냈나요? 테러빙자법이 없어서 국정원은 김정은을 김정운이라고 알고 있었나요? 테러방지법이 없어서 김정일이 사망한 것을 국정원은, TV를 보고 국정원장이 알았나요? 테러방지법이 없어서 북이 핵실험했다는 것을 국정원은 조선중앙통신을 보고 알았나요? 자기가 해야 할 일을 제대로 하는 것이 필요하다고 생각한다.'라고 토론했습니다.

스물일곱째, 우리 홍익표 의원님이 문학과 영화 이야기로 쉽게 이야기하는 테러방지법 저지 이유를 설명하고 풀어냈습니다. '국회를 통법부로 만들고 싶으냐'고 하면서 우리 홍 의원님의 돌직구 발언은 저의 생생한 기억에 남고 있습니다.

'비상사태라고 이야기합니다. 비상상황이라고 이야기하는데 군은 너무 평온합니다. 대개 이쯤 되면요 군 장교들 외출·외박 금지되고, 장병들 포함해서, 다들 초긴장하고 대기하고 있어야 되는데 그런 게 아무것도 지금 없습니다.

그다음에 대테러 상황이라면, 그러니까 테러와 관련해서 아주 위급한 국가 비상상황이라고 하면 경찰 대단히 중요하지요, 상식적으로? 그런데 어떻게 돼 있습니까? 우리 경찰이 지금 비상근무하고 있습니까? 제가 지역에 다니거나 또 이렇게 보면 경찰분들 그냥 업무 마치고 평상적으로 사람들 만나서 술 한 잔 마시고 그냥 일상적으로 업무하고 있습니다. 경찰이 어떤 갑호 비상령이나 이런 비상령을 내렸다는 것을 저는 어제오늘, 최근에 본 적이 없습니다. 보통 도심 대규모 집회만 있어도 갑호 비상령, 경계령이 내립니다. 지금 우리 경찰, 서울시경이, 그다음에 전국의 경찰청에서 갑호 비상령이나 을호 비상령 내린 게 있나요? 없습니다.

영화 내용을 전해 드릴까 합니다. 무제한 토론의 장점은 시간입니다. 그러니까 주인공인 비밀경찰은 동독 사회주의를 신봉하는 사람입니다. 그런 점에서 자기가 하는 일이 가치가 있다고 여기고 거기에 장인의 노력을 기울이는 인물입니다. 이 영화에 나오는 감청 수준은 굉장히 낮은 수준입니다. 스마트폰을 감청하는 지금과 비교가 안 됩니다.'라고 토론하고 있습니다.

'도청, 미행, 개인 사생활에 대한 침해가 빈번하게 이루어지는 사회가 과연 행복한가? 테러빙자법이 통과되면 금융 계좌추적, 위치 파악, 교통카드를 쓰든 음식점에서 결제를 하든 여러분이 다닌 걸, 누구를 만났는지 무슨 대화를 했는지 속속들이 다 알게 된다. 여러분 그게 좋으십니까? 그걸 원하시면 이 법을 통과 드리겠다.'라고 토론하고 있습니다.

'정치적 침묵이 프랑켄슈타인과 같은 괴물을 만들 수 있다. 거대한 권력에 맞서기 위해선 우리 모두 서로가 버팀목이 되지 않고서는 결코 맞설 수 없다. 나 하나는 괜찮겠지. 안

그렇다. 큰 물결은 누구를 가리지 않는다.

흥신소보다 못한 정보 수집력을 갖고 더 많은 권한을 달라고? 나중에 그 책임은, 북한이 했다고 하면 면책이 되겠나? 금융기관 해킹 사건이 나면 북한 소행이라고 하고, 그러고 나서 아무것도 책임지지 않는다. 손해배상도 하지 않는다.'라고 우리 실상을 토론합니다.

'국회법상 전시나 그에 준하는 비상사태의 경우에 직권상정을 할 수 있는데 국회의장이 직권상정을 했다. 어떻게 납득해야 하나. 우리 국민 모두가 테러 불감증인가? 비상상황인데 꽃샘추위, 첫눈이 메인 뉴스, 타이틀 뉴스가 되나? 정부가 비상정상인가, 방송사가 비정상인가, 아니면 둘 다 비정상인가'라고 정말 심각한 의문을 제기하고 있습니다.

'빈곤이 테러의 근본적인 위협이고 북한으로부터 테러 위협도 거기서 나오는 것이다. 대화가 필요한 것입니다. 제일 무서운 것은 무능한 집단에서, 무능한 집단으로부터 많은 권한을, 집단에게 부여됐을 때 큰 해악으로 돌아온다는 것입니다. 제대로 된 문민통제 제도나 그런 메커니즘을 갖추고 있지 않은 집단에게 과도한 권한을 부여한다면 그것은 큰 사회적 화근이 될 것이다.'라고 토론하고 있습니다.

'우리는 그 화근을 여러 차례 봤다. 절대 권력자가 자신이 가장 총애하던 중앙정보부의 수장에 의해서 피습을 당한 적도 우리 역사에 있었다. 근현대사의 비극이다. 무능한 집단, 통제가 어려운 집단에게 얼마나 권한을 더 줘야 하겠는가. 그렇기 때문에 제가 말씀드리고 싶은 것은 국정원의 개혁이 우선이라는 것이다. 국정원을 어떻게 개혁할 것이냐? 국정원에 대한 문민통제, 국정원에 대한 정치적 통제, 투명하고 어느 정도는, 물론 정보기관을 100% 투명하게 할 수는 없습니다만 최대한의 안전장치를 만들어 내는 것, 그것이 국가정보원 개혁의 우선 과제라는 것이다.'라고 토론했습니다.

무능한 집단, 통제가 어려운 집단에게 얼마나 더 권한을 더 줘야 하는지도, 그래서 국정원을 어떻게 개혁하여야 할 것인지를 먼저 고려해야 하는지에 대한 방법론을 토론하고 있습니다.

'우리 국정원의 과거 수많은 어이없는 일들, 조작하고 왜곡하는 일 들키지는 않았으면 좋겠다. 국정원은 우리 경제, 우리 기업에 도움이 되는 집단이냐 아니냐, 알 수가 없다.' 반문하고 있습니다.

'법으로 테러를 막을 수 있을까? 그렇다면 또 우리 대통령은 테러빙자법을 만들면 막을 수 있다고 생각하는 거 같은데, 암질환예방법 같은 거 만들면 암 안 걸릴까요, 우리 국민들이? 그래서, 그러면 제가 그 법 대표발의해서 만들고 싶은데. 그리고 가족 출산, 출산장려법을 만들면 우리 어머니들, 결혼하신 신혼부부들, 신혼부부들이 아이들을 둘, 셋 막 낳을까요? 다섯, 여섯 낳아 주실까요, 그 법 만들면? 테러방지법 만들면 테러 막을 수 있을까요? 그야말로 테러빙자법으로 테러를 막을 수 있을까' 반문하고 있습니다.

'그런 역량이 있는지 우리 봐야 합니다. 국가정보원이

과연 그런 역량이 있을까? 또 그러한 우리 생명과 우리의 사생활을 살펴볼 수 있는, 그런 침해할 수 있는 권한을 국가정보원에게 서슴없이 내어줄 수 있을까' 반문하고 있습니다.

국정원이 국가정보원으로 자리 잡지 못하게 된 가장 큰 요인 중 하나가 바로 어떤 사안이 벌어졌을 때 책임지는 사람이 없다는 것이다. 책임을 누가 질 것인가? 제일 말단 직원이 책임을 지고 꼬리 자르기. 그 사람들에 대해 국정원이 네가 책임지면 어떻게 생계를 보장하겠다는 약속을 하는지 모르겠지만 잘못에 대해서 책임을 묻지 않고 그것을 혁신하지 않는 조직, 그 조직은 발전할 수 없다는 것을 분명히 밝히고 있습니다. 그래 놓고 더 많은 권한을 달라는 것, 그럴 수 없다는 것……

국민의 모든 자료를 도·감청하고 금융정보를 수집하고, 위치정보를 수집하고, 그 수집을 요구하고, 개인정보를 통신사업자에 요구하는 그 법, 그래서 그것을 홀라당 다른 데, 그 정보를 다 해킹당해 뺏기면 어떻게 되겠습니까?

지난번에 해킹팀 사건에서 보도이 거기에서 올린 이메일의 무수한 정보 중에 국정원 정보활동이 또 해킹팀의 내부와 시티즌랩 화이트 해커들에 의해서 해킹당해서 인터넷에 띄워진 내용에 국정원의 내부 자료들이 다수 포함되어 있던 사실들을 홍익표 의원은 지적하고 계십니다. '해킹당해서 뺏기면 어떻게 될 것입니까?'라고 반문하고 있습니다.

'나중에 그러면 어떻게 되겠습니까, 그 책임은 뭐 하겠습니까, 지금까지 했던 방식으로 북한이 그랬다고 하면 다 끝나는 것 아니겠느냐, 그래서 면책이 되겠느냐?'라고 절절히 호소하고 있습니다.

스물여덟 번째 이언주 의원님은 박근혜 대통령에게 호통 대신 소통을 해 달라며 토론을 시작했습니다.

많은 국민 여러분께서 잠을 이루지 못하시고 밤을 새워 필리버스터 중계를 시청하고 계신 것은 일상이 아니기 때문에 비상이고, 테러방지법안이 우리 국민의 인권을 침해할 소지가 있으니 일부 수정하자는 야당과 국민의 요구를 묵살하는 새누리당의 오만한 행태가 바로 이런 비정상적인 상황이라고 토론하고 있습니다.

'국민의 기본권을 침해할 소지를 없애라는 국민의 요구에 책상을 치면서 호통으로 답하는 박근혜 대통령과 정부의 태도가 바로 매우 중대한 비상상황이다'라고 토론하고 있습니다.

'국가정보원을 믿지 못하면 어떻게 되느냐라고 하는 고민의 말씀을 많이 하십니다. 저희도 그래서 믿고 싶습니다. 믿는 것이 당연한 일이고 상식에 준하는 일입니다. 그러나 대한민국의 국가정보원이 그런 믿음을 주지 못했습니다.

이것은 과거의 문제만도 아닙니다. 독재시절의 문제만도 아니고 20년, 30년 전의 이야기도 아닙니다. 지난 정부에서부터 있었던 사건만의 문제가 되지 않습니다. 지금 정부에서도 다양한 고민거리들이 함께 상존하고 있습니다. 그러한 것들을 하나하나 해결해 가면서 이렇게 이 법이

국민들에게 필요하고 테러를 막기 위한 방식으로 온당하게 사용될 수 있도록 하는 것, 그것이 바로 국회가 할 역할인 것입니다'라고 토론하고 있습니다.

'지금 테러방지법은 여기에서 얘기하고 있는 많은 테러 방지를 위한 활동들, 현재 국정원법, 국가대테러활동지침 또 형법, 이런 것들로 규제할 수 있다고 하고 있습니다. 그런데 왜 굳이 추적권, 그다음에 금융거래와 통신비밀법에 의한 감청을 영장 없이 할 수 있도록 이렇게까지 하면서, 그다음에 테러가 의심되는 선전·선동 이런 것까지 규제하고자 하는 걸까요? 도대체 정말 테러를 방지하기 위해서만 이런 것이 필요한 걸까?' 심한 의문을 제기하고 있습니다.

'미국에서도 에드거 후버의 사례를 들고 있습니다. 뭐냐 하면 이런 모든 정보를, 대한민국 내에 있는 모든 정보를 어떠한 권력의 견제도 없이 다 장악하게 되었을 때 그때 국가정보원은 정말 공룡이 된다. 공룡 그렇게 되면 국가정보원은 검찰과 법원의 견제도 받지 않고 그냥 사법부의 통제를 받지 않는 기관이 되고, 또 어떻게 보면 모든 정보를 감청을 통해서 수집할 수 있게 될 때 사실은 대통령도 그것의 예외가 될 수 없다.

가장 또 큰 문제 중의 하나가 사실은 감청을 당하고 나서 내가 감청당했다는 것을 전혀 모른다는 데 있다. 국회에 보고가 되는 것도 아니기 때문에, 여기에 얘기를 해 주지 않는 것. 그렇기 때문에 아무것도 모르는 것이다.

그런데 그 당사자들이 그것을 통보받을 가능성이 별로 없고 또 통보까지 아니더라도 알려고 막 해도 알 수가 없는 상황에서 사후통제 전혀 안 되는데 그 요건이 또 아무리 까다롭다고 한들 그것을 꼭 지킬 필요가 있겠느냐?' 이런 의문을 제기하고 있습니다. 그래서 '사후통제가 되지 않는 것, 이것이 가장 큰 심각한 문제다'라고 지적하고 있습니다.

'법안의 제출권이 정부에게도 있는 것, 그리고 정부가 법안을 의원들에게 청탁하는 것, 그리고 여당이 그 정부에 예속되어 있는 것, 이러한 여러 가지 또 절대권력의 문제가 있는 구조적 한계를 갖고 있는 이런 상황, 이런 상황이 개선되지 않고 이것을 개혁하지 않고 입법부로서 우리가 어떤 민주주의를 실현하겠다 하는 것인지, 이것은 너무 순진한 생각에 불과하다고 생각한다'고 이언주 의원께서는 토론했습니다.

'정보는 권력과 소수를 위해서 필요한 것이 아니라 국가와 국민을 위해서 필요한 것이다. 그래서 국가와 국민을 위한 방식으로도 수집되어야 하고, 국가와 국민을 위한 최소한의 범위에서도 수집되어야 하고, 또 수집된 정보는 국가와 국민을 위해서 쓰여져야 하고, 그래서 그렇게 해서 보관된 정보는 국가와 국민을 위해서 또 필요한 범위 내에서 최소한의 공개나 공유가 있어야 한다'.

그렇기 때문에 국가안보를 위해서의 개인의 자유가 무차별적으로 침해되어서는 안 된다는 것, 그런 정치사상적 가치가 공유되어야 한다는 것을 강조하고 있습니다.

서른 번째, 우리 임수경 의원님의 반대 토론이, 무제한

토론이 이어졌습니다. 임 의원님의 토론은 삼일절을 맞아 민청학련·인혁당 사건에 비해 잘 알려지지 않은 울릉도 간첩단 사건을 소개한다.

'철저하게 진실이 묻힌 사건이다. 이후 이들의 삶이 어떻게 지탱하고, 지속되고, 버텨왔는지에 대해 공유하는 오늘 그 삼일절이 되었으면 한다'라고 해서 토론을 시작했습니다.

'분단된 불행한 대한민국에는 조작사건이 너무 빈번했다. 남침 위협 때문에 민주주의도 말하지 못 하고, 모든 게 북한 탓으로 돌려도 무방한 나라. 울릉도 간첩 사건의 주무공작원이었던 차철권 요원은 바로 최종길 교수 자살사건 때 징계를 받았다. 하지만 울릉도 간첩단 사건 이후에 특진한다.

70년대 유신시절 이러한 북한이 고비용·저효율을 이유로 직파 공작원을 급격히 줄인 시대다. 하지만 남한의 대간첩 인력들은 그대로 남아 있었다. 그렇기 때문에 간첩사건들이 조작되기 시작했다. 간첩보다 무서운 간첩 잡는 사람들의 시대다. 테러방지법이 없을 때도 이런 정보기관의 행태가 비일비재했다. 7일 동안 필리버스터를 반대한다고 새누리당 의원들이 말씀하신다. 그동안 역사가 길다. 해당하는 사람, 해당되는 사람, 그런 사람과 사건이 많았습니다.

국정원으로 대표되는 정보기관의 권한 남용, 그러나 전혀 달라진 게 없다. 테러법이 통과되면 이제는 국정원에 합법적으로 감시와 사찰을 할 수 있는 날개를 달아 주는 것이다. 지금 이 법이 아니더라도 도청·감청할 수 있는 많은 부분들이 법률로 규정되어 있다. 제한해야 할 판에 날개를 달아 주는 꼴이다.'

"저도 남산 국가안전기획부에 실려 가서, 실제로 가서 '음지에서 일하고 양지를 지향한다.' 실제로 봤느냐, 실제로 봤다. 대테러방지법이 통과하면 음지에서 일하는 게 필요 없다. 그냥 감시하고 사찰할 수 있게 되는 것이다."라고 절절하게 토론하고 있습니다.

'특정 기관에 권력을 과도하게 준다면 이것은 민주주의가 아니다. 최근 30년간 점진적인 민주주의의 길을 우리는 걸었다. 우리나라는 우여곡절도 많았다. 시민자유와 권리도 증진되어 왔다. 그런데 새로운 독재 위험 앞에 우리는 노출되어 버렸다. 테러방지법 통과 시에 정보에 의한 독재가 가능해진다. 국정원 등의 감시기관이 원한다면 국민의 취미생활, 소비패턴, 생활리듬, 정보, 좋아하는 것까지 알 수 있다. 그래서 감시의 시대가 된다. 절대 반대한다. 테러방지법 내 국민 기본권 제한의 독소 조항에 대해서 새누리당에 간곡히 호소한다. 독소 조항에 대한 타협, 지금부터 시작해 달라'라고 호소합니다.

삼일절, 뜻 깊은 우리 삼일절에 필리버스터는 계속됐습니다.

서른한 번째 필리버스터 주자는 안민석 의원님입니다.

안민석 의원은 오랫동안 국회에서 나돌고 있는 핸드폰 괴담을 들었습니다. 감청에 대해 걱정이 얼마나 보편적인지를 설명해 주었습니다. 스마트폰만 가지고 다니는 국회의원은 거의 없고 보통 2, 3개의 핸드폰을 가지고 다니는데 스마트폰은 감청이 되고 있고 또 2G 폰은 감청이 되지 않는 괴담 때문이라고 했습니다. 그러면서 예결위 간사로서 국정원 예산을 파헤치려다가 좌절된 경험을 말씀했습니다. 국정원의 지나친 비밀주의 폐해도 지적했습니다.

도대체 국정원 예산은 왜 절대로 공개할 수 없는 것인지 지난 1년 동안 예결위 간사를 하면서 조금은 들여다봤고 또 추정하는, 추측하는 그런 얘기까지 함께해서 다 말씀드리겠다라고 시작했습니다.

'국정원의 투명성이 지금 제가 말씀드린 것처럼 제로라는 것이다. 투명성 제로의 국가정보원에게 무소불위의 힘이 주어지는 이 법이 바로 테러빙자법이라고 저는 생각한다. 국정원은 국민의 세금으로 특수활동비를 쓰고 있지 않은가. 직원들의 급여도 마찬가지다. 국정원에서 쓰는 모든 예산들은 다 특수활동비로 쓴다. 활동비, 국정원 직원들의 급여, 이게 다 우리 국민들의 세금이다. 그런데 당연히 이 특수활동비가 어떻게 쓰여지는지 저는 국민들의 알 권리가 있다고 생각한다. 우리가 낸 돈인데, 우리가 낼 세금인데 그 세금으로 국정원 직원들 급여를 주는데 세세하게는 못 밝히더라도 국정원 전체 직원들의 급여가 5000억이다 6000억이다 그런 정도는 왜 못 밝히는 것인지, 이게 성역이라고 되어 있는지……' 하여튼 여당에서는 국정원의 '국' 자도 꺼내지 마라, 이렇게 했다는 소회를 밝히고 있습니다.

'국정원이 더 달라고 하면, 제가 이렇게 이번에 예산 하면서 보니까 예산을 꽉 쥐고 있는 기재부에서도 정말 아무 소리 못 한다. 예산 심의하다 기재부 공무원이 잘못하면, 말을 막 돌려 가면서 해 줘야 한다라고 하는 것이 국정원이다. 그 돈이 바로 국정원이 요구하는 돈이다.

그거 왜 그러냐? 그렇게 눈짓하면, 뭐 다 아시면서, 이것 좀 봐주세요, 기재부도 꼼짝 못 하는 그 무소불위의 기재부도 국정원에 전혀 원칙을 주장하지 못하는 힘없는 조직'이라는 것을 말씀해 주고 있습니다.

'국정원은 보자고 할 때마다 국가안보를 위해서, 우리는 국가안보 하면 딱 꼬리가 내려지지 않는가? '국가안보를 위해서 안 된다', '아, 이렇게 하면 무슨 대북활동이라도 하나 보다' 이러면 우리는 그 즉시 말을 못 하게 된다.

그런데 가령 핸드폰을 감청하고 국민들을 사찰하는 이런 일이 국가안보하고 무슨 관련이 있겠는가? '국가안보를 위해서 이것을 공개할 수는 없다' 그렇게 하면 참 미칠 일인 것이다'라고 토론하고 있습니다.

32번째 토론자는 대변인 하고 계시는 김기준 의원님입니다.

"한나절 고민하다 국가비상사태를 선언하는 나라, 이게 민주주의국가 맞습니까? 대통령, 비서실장, 국정원장이 군사작전처럼 국회의장을 압박한 근거는 딱 하나입니다. 김정은이 대남 테러를 지시했다는 국정원의 첩보…… 아니, 정보기관의 첩보만으로 국가비상사태를 선언한 나라 이게 민주주의 나라 맞습니까? 전 세계의 웃음거리 아닙니까?"라면서 토론을 시작했습니다.

"더군다나 국정원의 첩보, 이거 제대로 맞은 적 있었습니까? 국정원이 김정일의 사망을 알았습니까? 김정은이 출현하기 전에 국정원이 김정은의 이름을 제대로 알았습니까? 국정원이 북한의 핵실험을 사전에 파악한 적이 있습니까? 국정원이 북한이 미사일을 발사해서 성공시킬 수 있다는 사실을 알았습니까?

이 무능한 국정원의 첩보에 대해서 대한민국 국회, 어떻게 해야 됩니까? 대한민국 국회에 이제는 맡겨 주십시오."라고 토론하고 있습니다.

'테러방지법 통과시키기 위해서 어떻게 하고 있습니까? 안보가 위기다. 테러가 위기다. 이 법을 통과시켜야 테러가 방지되는데 야당은 왜 반대하느냐? 국민안전을 방치한 야당은 무책임하다' 이렇게 얘기하고 있습니다.

정말 그렇습니까?

"박근혜 대통령의 노동악법을 통과시키기 위해서 어떻게 하면 되겠습니까? 국회에서 야당이 아무리 반대해도 국정원의 첩보 하나만 있으면 됩니다. 여러분 다 이해하셨으리라고 생각합니다, 국정원의 첩보 하나면 된다는 것을.

국정원이 국회에 와서 국회의장에게 '김정은이 대남 테러를 지시했다. 그러한 정황이 있다' 이런 첩보 하나면 끝납니다. '대남 테러 첩보가 있다, 국가비상사태다, 직권상정 요건이 된다' 이 삼단논법이면 야당은 사실상 할 수 있는 일이 없게 됩니다.

이게 정상적인 나라는 아닙니다. 절대로 이런 비정상적인 선례를 남기면 안 된다고 생각합니다. 이것이 우리 야당들이 피를 토하는 심정으로 무제한 토론을 계속해야 하는 그런 이유입니다."라고 토론하고 있습니다.

"테러 조사 그리고 추적권을 국정원이 아니라 대테러센터가 가지게 하면 안 되겠습니까? 그렇게 해야 합니다. 국정원이 정보수집 및 분석에서 조사 및 추적권까지 쥐게 될 경우 사실상 독재정권의 안기부가 부활하게 됩니다.

조사·추적권을 국정원에 둘 경우 대테러센터 자체를 무력화시키고 괴물 국정원의 탄생을 막기 위한 모든 통제장치를 무용지물로 만드는 독소 조항입니다.

국민의 기본권 그리고 인권침해 방지를 위해서 국정원에 대한 감독과 견제 기능을 강화해야 합니다. 새누리당은 인권보호관 1명이 국민의 기본권 침해를 막을 수 있다고 주장합니다.

300명의 국회의원도 감독하지 못하는 국정원을 어떻게 대통령과 여당이 임명하는 단 1명의 인권보호관이 감독할 수 있다는 말이냐?"라고 반문합니다.

우리 이 의원님들 말씀 이외에 국민의당·정의당 의원님들이 적확하고 적실한 발언을 해 주셨습니다. 국민의 기본권을 지키기 위해서, 의회민주주의 가치를 수호하기 위해서 함께해 주셨습니다. 일일이 제 발언에 반영을 못 한 점 죄송스럽다는 말씀을 깊이 드립니다.

그렇다면 박근혜 대통령은 왜 이토록 공포 분위기를

조성해 가면서까지 테러방지법, 테러빙자법 처리를 종용하며 대국민 협박에 나서고 있는 것이겠습니까?

국정원으로 하여금 국민의 사생활을 마음껏 들춰 볼 수 있게 만들기 위한 것입니다. 국민 스스로 자기통제, 국민 사생활을, 사상 검열에 나서게 하는 신종 통제국가, 만인이 만인을 감시하는 박근혜정부 판 파놉티콘 국가를 건설하기 위해서입니다.

국민의 한 표 한 표가 아닌 국정원에 의한 한 건 한 건의 도·감청과 국민 감시가 권력을 공고하게 만들어 주는 유일한 수단이라 믿고 있기 때문입니다.

백번을 양보해서 만일 대한민국에 위해를 가하려는 세력에 의한 테러 기획과 테러 공격 징후가 명백해져서 국정원에 불가피하게 국민의 기본권을 제약하는 권한을 부여해야 할지라도 민주적 통제와 감시하에 필요불가결한 부분에 대해서 최소한도로 취해져야 합니다.

뒤에 상세하게 설명드리겠습니다만 정부 여당의 테러방지법은 국정원에 어떠한 감시와 통제의 고리도 채우지 않은 채 국민의 머릿속을 마음대로 들여다볼 수 있는 절대반지를 수여하고 있습니다.

더욱이 이러한 절대권한을 부여하기에 국정원은 너무도 부족한 집단입니다. 상시적인 정치 개입, 국민 사찰, 통제 의혹에서 조금도 자유롭지 못한 기관입니다.

정부 여당과 혹자는 국정원의 불법적인 정치 개입, 선거 개입을 박근혜 대통령의 부친인 박정희 정권 시절에 자행됐던 지나간 과거의 일로 치부합니다.

그러나 과연 그렇습니까? 지난 대선 때 국정원 일부 조직과 직원들은 국민과 나라를 지켜야 할 임무, 그런 임무를 방기하고 업무 시간에 야당 대선 후보를 비방하는 댓글을 작성했습니다.

지난 2013년 세상을 떠들썩하게 만든 국정원에 의한 간첩 조작 사건의 피해자 유 씨와 그의 가족들은 여전히 정상을 잃은 후유증에 고통받고 있습니다.

지난해 폭로된 국정원에 의한 광범위한 스마트폰 해킹 시도 의혹은 국민을 불안과 공포에 몰아넣었습니다.

박근혜 대통령은 국민의 안전이 위협받고 있다면서, '만일 테러라도 발생하면 야당이 책임질 것이냐'라면서 협박, 겁박, 압박의 3박자 정치를 자행하고 있습니다.

그러나 저는 박근혜 대통령께 되묻고 싶습니다. 만일 테러방지법 통과 이후에 국정원의 불법적 국민 사찰·감시, 인권침해가 발생한다면 대통령께서는 퇴임 이후에라도 책임을 지시겠습니까?

사랑하고 존경하는 국민 여러분!

국가정보원은 지난 수년 동안 정치에 개입하고 국민을 감시하기 위해서 자신들의 권한을 과도하게 행사한 혐의를 받아 왔습니다. 이것은 야당 의원의 주장이 아닙니다. 미국의 저명한 신문인 로스앤젤레스타임스가 보도한 내용입니다.

1963년 창설한 이래 중앙정보부에서 국가안전기획부로, 다시 국가정보원으로 명패는 바뀌었지만 음지에서 국민을 사찰하고 양지에서 정권에 충성하는 국정원의 본성은 전혀 바뀌지 않았습니다. 역사가 이를 증명하고 있습니다.

이런 집단에 국민의 스마트폰을, 통장을, 머릿속을 제집 드나들듯 감시·통제할 수 있는 권한을 수여한다면 국정원은 국민정신 통제원으로 변모할 것입니다. 대한민국은 국정원 공화국으로 퇴행할 것입니다.

국정원은 그 테러방지법을 청부입법 한 후 통과시키기 위해서 그 필요성에 대한 근거를 교묘하게 왜곡시키고 있습니다. 그중에서 테러방지법의 담당기관이 국정원이 되어야 한다면서 그 근거로 외국의 경우에도 테러총괄업무는 정보기관이 담당하면서 국정원이 하지 않으면 테러 관련 국제적인 정보교류를 할 수 없다는 주장이야말로 사실을 왜곡한 대표적인 사례입니다.

결론부터 말씀드리면 주요 선진국처럼 국제테러에 대한 공조활동은 정보기관과 분리된 다른 기관에서 담당하고 있는 사례가 많습니다. 저는 이번에 직접 국회입법조사처에, 국회도서관 의회정보실에 선진국들의 테러대응 그리고 국제적 공조시스템에 대한 조사를 의뢰했습니다. 그래서 자료를 받았습니다.

그래서 그동안 이 법을 논의하면서, 여당의 주장을 들어가면서 저희 당의 위해금지법안과 새누리당의 소위 테러빙자법의 내용을 서로 협상하면서 우선 국정원과 같은 유일한 국정원 조직, 컨트롤타워 같은 조직이 있어서 그 조직을 통해야만 국제공조, 정보공조가, 글로벌 공조가 가능해지고 국내정보 수집활동이 활성화된다라는 주장, 그 주장에 대해서 누누이 반박했습니다만, 그래서 이런 자료들을 통해서 제시했습니다만 새누리당은 외면했습니다. 국민들께 어느 정도 설명을 할 필요가 있게 됐습니다.

미국은 테러대응기관으로 국토안보부—DHS (Department of Homeland Security)라고 합니다—가 테러대응조직에 대해서 총괄책임을 맡고 있습니다. 그리고 국제공조를 통한 테러대응 노력은 국무부—이거는 Department of State, 우리 외교부장관입니다—외교부장관이 국제공조를 통한 대테러대응의 주무기관이 되고 있습니다.

이외에 대테러대응센터가 있습니다. 이것이 National…… NCTC라고 하는 대테러센터가 있습니다. 그리고 저희들이 아는 CIA, FBI 등이 있습니다. 이들은 정보수집·분석의 권한을 가지면서 타 기관과 공유하고 또 테러단체 진압에도 참여하고 있습니다. 미국의 그 정부기관들은 대테러 대응에 대한 책임과 역할을 분장하고 있습니다. 기관 간에 일관적인 접근을 하고 있습니다. 백악관과 국무부의 각종 부서까지, 국무부에서 대테러에 관한 정보 수집을 하는 부서만 해도 12개 부서가 되고 있습니다. 또한 국방부, 재무부가 대테러 정보수집활동에 같이 공조하고 있습니다. 법무부 세 기관, 국토안보부 여덟 기관, 국가정보국이 있습니다.

미국은 이런 대테러기구에 대해서 전 부서가 국제공조를 강조하면서 새로운 분야별, 대테러에 각 분야의 전문성을 활용하고 있습니다.

미국의 테러방지법은 국제테러규제법, 종합테러방지법, 애국자법, 미국자유법입니다. 아까 말씀드린 것처럼 9·11 테러 이후에 한시법으로 제정했던 애국자법은 이제 한시적으로, 소멸하고 그때 당시에 있었던 감청과 여러 추적권들이 들어 있는 부분 소멸하고 이제 미국자유법이라고 하는 법으로 안보와 사생활 보호에 대한 논쟁을 바탕으로 1915년에 안보와 자유가 적절하게 균형 잡힌 개정안으로 만든 미국자유법이 시행되고 있습니다.

저희가 수정안으로 낸 몇 개 항은 일부는 미국자유법의 내용을 참고했습니다. 미국이……

우리 남북 분단의 나라입니다만, 북한도 미국을 향해서 미사일을 쏜다고 하고 있지 않습니까? 북한은 아직도 핵 개발을 하면서, 미사일 개발을 하면서 우리 대한민국을 향해서 한다고 하는 말은 하지 않습니다. 항상 미국에 초점을 두고 미국을 향해서 쏘고 있습니다. 다른 핵 국가들도 미국을 상대로 합니다.

세계 경찰국가라고 하는 미국이 전 나라에 적대화되고, 위험 영역으로 들어간 국가들이 무수히 많습니다. 그렇기 때문에 미국의 대테러법은 대한민국의 남북한 대치 상황 이상을 가는 안보 상황을 염두에 두고 만든 법이라고 합니다.

그 법의 변천사를 보면 우리가 이 시점에 난데없이 그 실패에 실패를 거듭하고 있는 실패의 전형인 국정원에게 이런 법들을 부여할 이유가 없다는 점을 알게 됐습니다.

국무부를 중심으로 하고 있는 대테러국은 그야말로 여당의 의원이 주장하고 있는 '오로지 국가중앙정보국만이 정보의 중심이 되어서 각 국가 내 테러정보를 수집할 수 있는 상대가 될 수 있다'라고 하는 말을 그대로 부인하고 있습니다.

여러분, 국무부는 우리나라의 외교통상부입니다. 그러니까 우리의 외교부장관이 미국의 정보수집에 글로벌 타워가 돼서 전 세계 테러정보의 교류에 중심이 되고 있는 것입니다.

왜 우리나라, 저희들의 당이 만든 것처럼 국가기관 중에 하나인 국민안전처, 또는 그것이 경찰국도 좋습니다. 또 외무부도 좋습니다. 그러나 가장 적절하게, 지난번 참여정부 때 테러방지법을 만들기 위한 기초로서 청와대 NSC를 중심으로 한 법체계를 참고해서 저희 당은 그 기능을 많이 이양받은 국민안전처를 대테러센터의 중심으로 놓고자 했던 것입니다.

국민안전처의 장관이 대테러센터의 장이 된다는 것은 지금 현재 우리나라 정부조직법에 의하면 좀 적절해 보이지는 않습니다. 그러나 이것을 국정원에 맡길 수 없는 국민적 요구, 국민적 말씀이 있었기에 저희들이 중심으로 만든 기관은, 찾아낸 것이 국민안전처였고 그래서 제가 대통령께도 직접 '정부에 시행 중입니다만 국민안전처가 새로운 정보기구로 될 수 있는 정부조직법적 결단을 내려 주시면 이 대테러에 관련된 법안 가지고 우리가 양당이 서로 평행선을 긋고 있는 듯한 그 논쟁은 그 자리에서 바로 종결됩니다. 그 안을 가지고 서로 논의를 합하면 바로 이상적인 테러방지법이 된다'는 말씀을 지난번 대통령께서 연설하시기 전에 만났을 때 제가 분명히 말씀을 드렸습니다.

그만큼 저희 당이 고심 끝에 생각 끝에 다른 해외안들을 참고해서 만든 테러방지법에 대한 것도 중요한 안으로 국회에서 논의되어야 할 것이 마땅한데도 그 안은 무시해 버리고 오로지 새누리당의 테러빙자법만 직권상정한 것이 바로 이렇게 오늘 이 자리에 이르게 된 경위라는 말씀을 올립니다.

대테러 전략 커뮤니티센터는 미국의 국무부장관이 관장하고 있습니다. 국가대테러센터는 국가정보국으로 DNI라고 하는 우리나라 국가정보원의 업무를 상당히 이양받고 있는, 공유하고 있는 정부기관으로서 행정부의 대테러 대응전략에 대해서 대통령에게 보고하고 이 정보 활동에 관해서 국가정보국 국장에게 보고하는 책임의 업무를 가지고 있는 기관입니다.

그래서 미국의 대테러 대응을 위한 국제 공조 노력은 대통령을 전적인 책임으로 하고 국무부에 국무부장관을 중심으로 한 회의에서 이루어지고 있습니다. 그래서 IS 등 기타 이런 대테러 위협에 대한 확산 방지, 대응을 위해서 국무부 특임대사가 IS 단체가 유발하는 위협 대응 노력을 하기 위해서 전 세계를 방문하면서 정보를 공유하고 있는 것입니다.

미국의 예만 보더라도 국정원이 유일한 정보수집 기구로서 이 국정원이 맡지 않으면 해외의 여러 정보기구센터로부터 무시받고 네트워크에 빠져서 해외 정보수집에 상당한 차질을 빚게 된다라고 하는 지금까지 줄곧 된 여당의 안이, 여당의 주장이 잘못됐다는 것을 아주 웅변적으로 들고 있는 예입니다.

영국은 더 복잡한 대테러 대응 체계를 가지고 있습니다. 영국은 MI6이라고 하는, 이거 자동화 소총이 아닙니다. MI6이라고 하는, Secret Intelligence Service라고 하는 비밀정보부와 내부 위협을 다루는 MI5 보안부 두 축으로 해서 사실 정보수집 기능을 하는 대테러기구가 시작이 됐습니다. 그러나 지금은 무려 13개의 거의 독립적인 MI5 조직기구로 분화돼 있고 그리고 MI6과 MI5 그리고 정보통신본부, 국방정보참모부, 외교부, 내무부 그리고 경찰 내의 부서들이 모두 다 독자적인 정보수집, 정보기구로 활동하고 있습니다.

그래서 영국은 세 번째로 국가안보 전략, 전략적 방위, 안보 검토 연례보고서들을 활발하게 세계에서 정보수집에 관한 업무를 주도하는 나라로 안보·정보·사법기관들이 통신데이터에 접근할 수 있도록 하는 프로그램을 도입해서 그동안 정보수집에 있어서의 새로운 업무 영역인 사이버 영역, 통신데이터에 관한 영역들로 확대되고 있습니다.

이번에 이 테러빙자법 이외에 국회의장이 이것만은 안 되겠다고 해서 거절한, 직권상정을 거절한 사이버테러 방지법이 있습니다. 이것도 국정원이 사이버테러센터를 중심으로 하는 내용을 담고 있습니다. 저희는 이 테러빙자법, 지금 직권상정된 테러빙자법이 1이라면 사이버테러법은

국민들의 침해와 국민들에 대한 안전을 위협하는 요소와 범위로 볼 때 100이 될 수 있다라고 하는 그런 위협 요소들이 있다는 전문가의 지적을 받고 있습니다. 이것도 국정원 중심으로 이미 제출이 돼서 모호한 국정……국회의장께 직권상정을 요구했던 내용입니다.

이렇게 테러기구들이 다양화되면서 미국과 영국이 더 중요해지는 사이버테러의 내용들을 함께 처리하고 있는, 역사적으로 국민적 신뢰 속에서 처리해 가고 있는 나라와 달리 이미 우리 대한민국은 국정원 중심의 테러빙자법 그리고 사이버테러법은 실패할 수밖에 없는 예정을 예고를 하고 있다라는 말씀을 올립니다.

이미 우리나라에서도 사이버테러에 관해서 미래부에 사이버테러센터를 중심으로, 미래부장관을 중심으로 해서 운영하고 있는 바가 있습니다. 그래서 우리는 그에 대한 개정안도 냈습니다만 이것을 모두 무시하고 지금까지 해 왔던 미래부장관 중심의 사이버테러센터의 기능을 모두 깡그리 무시하고, 국정원 중심으로 사이버테러를 대응하려고 하는 새누리당의 또 다른 음모와 또 다른 시대에 맞지 않는 테러빙자법에 대해서 우리 국민 여러분 살펴 주시고 대응해 주시기 바랍니다. 그런 내용들을 말씀 올리겠습니다.

그 외에 독일과 캐나다, 프랑스에 관해서도 테러 문제에 관한 우리나라 국정원 중심의 테러와 전혀 다르게 움직이고 있다는 점들이, 그동안 여당이 주장했던 것과 다른 점들을 볼 수 있다는 말씀을 올립니다.

존경하는 국민 여러분!

지금까지 야당이 진행해 온 필리버스터는 국민의 프라이버시권을 과도하게 침해하는 독소 조항을 제거해서 법안의 순수성을 강화하기 위한 디톡스 필리버스터였습니다. 독소 조항으로 가득찬 국정원 보호와 정권 안정을 위한 테러방지법이 국민 보호와 공공안전을 위한 테러방지법으로 제 기능을 할 수 있도록 법안의 목적성을 살려내는 힐링 필리버스터였습니다.

테러 행위를 미연에 방지하는 것은 주권기관의 당연한 임무입니다. 야당이 테러방지법을 반대한다는 새누리당의 주장이야말로 새빨간 거짓 선동이자 무책임한 정치 테러 행위입니다.

새누리당이 추진하는 이 테러빙자법은 여러 가지 측면에서 다양한 문제점을 노출하고 있습니다.

과거 권위주의 정권에서 자행했던 무차별한 인권 침해 방지에만 급급했던 나머지 통신·금융과 같은 새로운 유형의 기본권 침해에 대한 충분한 고려가 없습니다.

그리고 두 번째로는 무리한 법 추진과정에서 이 법의 최대 피해자가 될지 모르는 국민들의 합의와 동의 절차가 무시됐습니다.

세 번째로는 테러방지법은 테러빙자법입니다. 그 명칭과 법령이 어디도 존재하지 않을 뿐만 아니라 테러 대비에 관한 다양한 법령과 기구가 이미 존재하고 있습니다. 국제적 공조 역시 이 토대 위에서 국정원의 역할 없이도 차질 없이 진행해

왔다는 점, 법의 체계 정합성을 훼손할 우려가 있다는 점을 말씀드립니다.

그리고 네 번째로는 테러방지법 제정을 위해서 테러 마케팅을 벌여 온 박근혜 정권의 불순한 태도 역시 비판받아 마땅합니다.

어떠한 경우에도 수단이 목적을 정당화할 수는 없습니다. 북한의 테러 지시에 대한 첩보, 세계 각국의 테러 사례를 과도하게 부풀려서 인위적으로 안보정국과 테러정국을 조성하고 호시탐탐 테러방지법 제정의 기회를 엿본 박근혜 정권의 태도는 정직하지 못합니다.

정직하지 못한 정권에, 정직하지 못한 기관의 손에 정직하지 못한 법마저 쥐어진다면 정직하지 못한 국가로의 회귀를 막을 수 없는 것 아니겠습니까?

무제한 토론 필리버스터 역시 이를 막는 데는 한계가 있습니다. 이제 우리가 의존할 수 있는 유일한 곳은 바로 정의로운 우리 국민입니다. 대한민국 국민으로, 세계의 시민으로 오늘을 살고 있는 정의로운 국민들이 느끼는 테러에 대해 느끼는 법감정은 파괴적이며 반인륜적인 테러행위에 대해서는 결코 용서할 수 없다는 것입니다.

동시에 이와 같은 국민들의 법감정이 확장돼서 테러방지의 필요성에 우리 국민 모두가 동의를 하더라도 이미 국민적 신뢰를 잃은 국가정보원에 우월적 지위를 부여하고 기존 법체계의 정합성마저 흔드는 초법적 권한 형태까지 모두 허용하는 것은 아니라는 점을 박근혜 대통령과 새누리당은 직시해야 할 것입니다.

사랑하는 국민 여러분!

국민적 합의와 동의과정이 철저히 무시된 테러방지법 지금 설명하겠습니다. 말씀드리겠습니다.

이 국민감시법이라는 테러빙자법은 이제 국민에게 부메랑으로 돌아올 것입니다. 입법은 국민여론의 수렴과 사회적 합의를 전제로 한 민주적 절차를 지키는 데서 시작되어야 합니다.

그러나 박근혜 정권과 새누리당은 사안의 시급성만을 내세우고 무리하게 테러빙자법을 추진하고 있습니다. 현재의 국정원 중심의 테러빙자법에 대해서 여전히 정부부처 내부에서 또 반발과 이견이 존재합니다.

일부 정보수집 기능을 하고 있는 경찰 보안국은 결코 국정원 중심의, 국정원에 집중하는 전단적인 테러방지법을 반대하는 것을 알 수 있습니다.

시민사회 역시 우려의 목소리를 높여 가고 있습니다. 현행법 체계를 뛰어넘는 조항과 새로운 유형의 인권 침해가 발생할 수 있는 조항들이 다수 이렇게 포함되고 있음에도 불구하고 충분한 여론 수렴과정이나 전문가 토론이 보장되지 않았다는 점, 사회적 동의와 합의과정이 전혀 없었다는 점, 정말 이것은 설익은 조항으로 된 입법이 직권상정되었다는 점 이 점을 저는 지적하고자 합니다. 선무당은 사람을 잡고 설익은 입법은 이제 국민을 잡을 지경입니다. 설익은 입법, 국민 여러분 막아 주십시오.

여러분, 현재 직권상정된 테러방지법을 일부 보겠습니다.

이 법이 제정되면 국가정보원이 통신내역과 금융기록을 들여다볼 수 있다는 우려입니다.

새누리당은 통신정보와 금융수집 대상이 테러위험인물이고 이는 UN이 지정한 테러단체의 조직원 내지는 테러를 일으키고자 의심할 만한 상당한 이유가 있는 자라며 법조문을 그대로 나열하고 있습니다.

그런데 여러분, 보시기 바랍니다.

2조(정의) 항에는 이 테러 이외에, UN이 지정한 테러단체 조직과 관련된 행위의 이외에 애매하게 들어 있는 조항이 있습니다. 바로 그것이 '기타 테러'입니다. 아마도 국회의장께서 직권상정을 할 때 북한의 테러를 염두에 두고라고 했을 때 북한의 테러라고 한다면, 국민 여러분, 북한이 UN이 지정한 테러단체가 아닙니다. UN이 지정한 31개의 테러단체와 그 조직원이 북한의 주민들이 아닙니다. 그렇다면 이 법을 제정하면서 과연 북한의 테러, 북한과 관련된 테러, 북한의 관련자가, 테러를 일으키고자 의심할 만한 상당한 이유 있는 자가 과연 어디에 해당되겠느냐라고 의심을 했을 수가 있을 것입니다. 그리고 그것을 찾아냈습니다. 그러나 이게 심의되지 않은 채 직권상정됐기 때문에…… 직권상정된 이후에 보게 된 바로 '기타 테러'라는 것입니다. 무수히 위험한 내용들이 담겨 있는 법입니다.

또한 직권상정된 테러방지법 제2조제3항은 테러위험인물에 대해서 테러단체의 조직원이나 테러단체의 선전, 테러자금의 모금·기부, 기타 테러예비·음모·선전·선동을 하였거나 하였다고 의심할 만한 상당한 이유 있는 자로 규정했습니다. 테러위험인물과 테러행위에 관해 이렇게 모호하고 주소지 없는 규정을 통해서 국정원의 자의적 판단이 가능한 점들을 최대한 열어 놓은 대단히 위험한 조항으로 되어 있습니다.

이 협상 과정에서 여당은 그렇게 하였습니다. 테러방지법 입법을 얘기하면서 '어떻게 이렇게 북한의 테러 위험이 점증하는 상태에서 그 테러인물들을 제거하자고 하는데 방해할 수 있느냐?'라는 취지로 저희에게 반문하고 반대했습니다. 그러면서도 한편 여당은 또 국민들에게 '이 법은 유엔이 지정한 31개 테러단체와 그 관련 인물로 되어 있기 때문에 어느 국민 여부, 아마 약 50명 정도에 해당하는 인물 정도만이 이 법에 해당하는 것이다'라고 했습니다. 두 사실에는 큰 차이가 있는 것 아니겠습니까? 어떤 것이 진실이냐고 저는 물었습니다. 그럴 때는 얼버무려 버립니다. 얼버무리는 여당 의원의 머리 속에는 아마도 이 '기타 테러'라는 것이 들어 있는 것으로 보입니다. 기타 테러, 기타 테러는 어디에 이어지느냐? 국정법 제3조에 국정원의 업무에는 국외정보 그리고 국내 보안정보 수집이 국정원의 업무로 되어 있습니다. 국내 보안정보에는 방첩활동, 국가보안법상의 활동, 국가기밀 누설 등 거기 맨 끝에 대테러활동으로 되어 있습니다. 그 대테러활동은 이 테러빙자법에 들어 있는 유엔 31개 단체와 그 단체와 연루되어 있는 인물과는 관계없는 내용입니다.

이름하여 새누리당이 이번에 직권상정한 테러빙자법은 주소지가 없는, 법의 체계가 없는, 법으로서의 가치도 없는, 법의 체계적인 명확성이 없는 법으로 이루어졌습니다. 아까 말씀드린 것처럼 정의 조항에 있어서의 기타 테러라, 선전·선동이다, 일반국민들에게 이어질 수 있는 연결조항들이 무수히 담겨 있는 그 내용과 함께 테러대응 테러방지위원회로서 위원장이 국무총리로 되어 있습니다만 그 산하의 대테러센터, 테러방지센터는 위원장을 시행령으로 대통령령으로 위임하고 있습니다.

처음 새누리당안에는 그 위원장이 국정원장으로 되어 있었던 것을…… 위원장으로 하고 있습니다. 그리고 구두로 당일 그 위원장은 국정원장이 아니라고 하고 있습니다. 그런 논의 중에 직권상정 되어서 2조, 3조 논의과정에서 이 논의가 중단되어 버렸습니다. 직권상정으로 모든 것이 중단되어 버렸습니다. 그 시행령은 아직 여백규정으로 남아있습니다. 아마도 국정원장이 아니면 국정원 차장이 될지 모르겠습니다.

어떻든 간에 대테러위원회와 대테러센터는 주소지가 분명합니다. 국무총리 산하 위원회가 수십 개, 수백 개 있기 때문에 아까도 말씀드린 것처럼 국무총리가 대테러위원회 위원장인 사실조차 모르고 있는 유명무실의 대테러위원회의 위원장, 국무총리 산하에 있는 대테러센터는 누가 위원장이 될지도 모르는, 누가 소장이 될지도 모르는 채 이 법은 직권상정 되고 말았습니다.

그와 동시에 대테러를 담당하는 기구로 갑작스럽게 국정원과 국정원장이 나옵니다. 9조 1항, 2항, 3항, 4항입니다. 거기에는 대테러위원회 또는 대테러센터에서 국정원과 국정원장이 어떤 활동을 하는지에 대한 분명한 명확한 규정이 없습니다. 밀도 끝도 없이 국정원장은 개인정보, 위치정보에 대해서 통신사업자에게 자료를 요구할 수 있는 권한입니다. 영장도 필요 없습니다. 그리고 3항은 테러인물에 대해서 추적권과 조사권을 가지고 있습니다.

아마도 이것은 미국의…… 추적권, 조사권이 과연 무엇이냐? 아무리 얘기해도 설명해 주지 않습니다. 조사권은 수사가 동반되지 않는, 강제성에 있어서 정도가 낮은 임의수사 중심의 사실탐지활동이라고 보면 조사라고 할 수 있습니다. 그것이 조사라고 한다면 그러나 추적권은 무엇이겠는가? 정보 수집을 완전하게 하는 어떠한 행위를 다 포함한다고 한다면 미국의 애국자법에 나오는 미행권이라든지 사실 탐지를 할 수 있는 접근권이라든지라고 해석될 수 있겠습니다. 그렇다면 그것은 9조3항의 국가정보원장이 테러방지를 위해서 개인정보와 위치정보를 통신사업자에게 요구할 수 있는 그 권한과 함께 통합 해석한다면 추적권은 바로 위치정보, 개인정보 또 개인질병정보 또 본인이 지금 현재 어디에 거주하고 있다는 주거정보, 생활정보까지 모두 다 추적할 수 있는 것입니다.

그런데 여기에 새누리당은 테러위험인물, 테러와 관련된 인물, 테러와 관계된 인물이기 때문에 한 50명 정도밖에 안 된다라고 하는 정말 실소를 금할 수 없는 주장을 하고 있습니다만 아까 말씀드린 것처럼 기타 테러……

여러분, 지금 탈북자들이 많이 옵니다. 탈북자 중에서 어떤 사람의 속마음을 알 수 없습니다. 또 북한방송을 보면 탈북자 중에서 다시 북한으로 귀환하는 분들이 선전되기도 합니다. 그런 분들 중에 혹시라도 북한의 그런 중심 세력과 연결이 되어서 활동하였던 사람이라고 한다면, 그런 사람과 접촉한 사람이라면 또 그런 사람을 친구로서…… 좋게 얘기해 선전·선동이라면 여러분, 전 국민이 사업에서 만나고 길거리에서 만나고 동네에서 만날 수 있는 어떤 사람도 다 테러위험인물에 경계인물이 될 수 있는 것을 국민 여러분 이제야 아셨는지 궁금합니다. 자유를 찾아서 내려온 탈북자들을 이 법은 오히려 우리 국민들과 가르고 심리적으로 분리를 만들고 이웃을 경계하게 만드는 또 다른 이웃경계법까지 될 수 있는 테러빙자법입니다.

저는 국정원의 많은 공작적 행위들이 우리 많은 의원님들에 의해서 밝혀졌고, 그것은 주로 중심 정권에 반대하거나 불편하거나 멀리 떨어져 있는 사람 중심으로 이루어지고 또 간혹 가다는 내부의 불편한 사람마저 대상으로 되고 있었다는 사실들을 우리는 누누이 역사상 사실로 봤습니다.

불편한 우리 야당 의원들, 마음만 먹으면 국정원의 사냥감이 될 수 있다는 점, 테러와 관련된 어떤 탈북자를 의도적으로 접근시켜서 만나게 하고, 경계 없는 민주사회에서 만나는 통신과 교제와 또는 선전·선동을 부추기는 그런 활동은 얼마든지 가능한 것입니다. 그들에게, 그 모든 사람들에게 이제 국정원의 손아귀가, 국정원의 마수가 뻗쳐질 것이라고 하는 그런 걱정을 이제는 해야 될 때가 된 것입니다.

그렇기 때문에 이 9조의 테러위험인물, 국민들이 '나는 테러를 안 하는데 테러위험인물, 테러 위험도 관계없지. 나는 전혀 테러위험인물과 관계없다'…… 그러나 표적적으로 관심 갖고 집중시키고 목적을 가지고 있는 인물은 언제든지 테러위험인물이 될 수 있다는 그런 점을 생각한다면 그 테러인물에 대한 금융거래, 통신이용 등 관련된 정보수집권 또 개인정보, 위치정보를 위치정보사업자에게, 통신사업자에게 언제든지 요구할 수 있도록 하는 권한, 이것은 모든 것을 다 발가벗길 수 있는 권리를, 권한을 국정원에게 주는 것이다라고 생각되는 것입니다.

테러의 위험이라는 명목 아래 정부 정책에 반대하거나 집회 및 시위 개최 이런 데 가담하는 사람들, 사진 찍힌 사람들, 주말에 정부 정책을 비판하는 많은 시민들, 노동단체 참가자들, 수만 명, 수십만 명, 수백만 명의 국정원이 싫어할 수 있는 사람들, 국정원의 대상이 될 수 있는 사람들, 국정원이 감시를 할 필요성이 있다고 생각하는 사람들, 그 모두는 바로 이 테러빙자법의 적용을 받게 되는 것입니다.

그래서 그 반대 정책, 정부 반대 집회·시위에 해당하는 집회에만 참여를 한다 하더라도 바로 선전·선동이라는 용어 속에 본인이 갇혀지고 일상적인 감시가 합법화되고, 이런 대단히 우려스러운 상황이 전개된다는 것입니다.

둘째, 영장 없는 임의감청이 확대될 것을 또 우려합니다.

새누리당 등은 일반 국민은 통신비밀보호법에 의해서 통신감청으로 인한 피해를 입지 않을 것이라고 해명합니다. 그러나 테러방지법은 통신감청에 관한 형식적인 영장주의마저도 무력화시켰습니다. 그래서 기존 수사체계마저 뒤흔들 것이라는 우려입니다.

현재도 국정원은 국가보안법 사건의 수사를 위해서 통신제한조치를 법원에 요구해 오고 있습니다. 현행 통신비밀보호법만으로도 수사가 아닌 단순한 정보 수집을 위해서 통신제한조치, 이른바 감청 등을 법원에 요구할 수 있습니다. 다만 그것은 영장에 의한 것입니다. 영장이 없어서는 안 됩니다.

그런데 이번에 영장 없는 통신감청을 규정하고 있는 테러빙자법의 내용을 보겠습니다. 통신비밀법의 7조1항은 국가안전보장에 상당한 위험이 예상되는 경우에 일반적인 영장이 아닌…… 상당한 위험이 예상되는 경우에 내국인인 경우에는 고등법원 수석부장판사의 허가서가 있으면 허용하도록 하는 일반영장주의 예외를 적용하고 있습니다.

그리고 그 7조1항은, 8조에도 준용되고 있기 때문에 8조는 이름하여 긴급감청입니다. 36시간 이내에 이런 요건만 있으면 36시간 이내에 긴급감청을 하고 그 이후에 사후보고를 하는 것입니다. 긴급감청은 고등법원 수석부장판사의 허가서도 필요 없는 영장입니다. 말하자면 긴급감청의 필요가 있으면 36시간 안에는 조사·수사기관이 어떠한 제한 없이 감청을 할 수 있는 것입니다. 여러분 통신 핸드폰의 메시지, 카톡, 문자 이 모든 것들을 다 감청할 수 있습니다. 무제한 감청입니다. 이것이 이 테러빙자법 9조에, 부칙에 개정안으로 들어가 있습니다. 테러빙자법의 부칙으로 통신비밀법을 개정하는 것입니다. 7조와 8조까지 적용되는 내용을 개정하는 것인데 그것은 '테러방지를 위하여'라고 하는 요건만 있으면 조사를 위해서 할 수 있다는 것입니다. '테러방지를 위하여'입니다.

아까 말씀드린 것처럼 기타 테러 모든 테러 다 포함됩니다. 또 선전·선동 포함됩니다. 또 조직원뿐 아니라 모든 관련된 인물들이 다 포함됩니다. 저희들이 보면 노동단체가 정부정책에 반대해서 시위를 할 때 국정원이 이 사람들이 테러를 위해서 한 것이기 때문에 테러방지를 위하여라고 하는 판단만 하게 되면 그 모든 사람들을 감청할 수 있습니다. 영장 없이 할 수 있습니다. 고등법원 수석부장판사의 허가서 없이도 할 수 있습니다. 36시간 내에는 제한 없이 할 수 있습니다.

그래서 저는 이것은 결코 안 됩니다. 그래서 직권상정을 한 국회의장께 직권상정이 됐다 하더라도 이 조항만은 수정해야 합니다라고 했습니다. 그래서 수정을 요구했던 것이 지난번 직권상정된 그날 아까 말씀드린 9조의 조사권과 추적권 그리고 부칙에 무제한 통신감청 그것을

수정해 달라고 했습니다. 새누리당은 수정안이라고 해서 국회에 스스로 냈습니다. 거기 수정안 9조의 조사권·추적권 그것을 삭제해 달라는 저희 요청에 어이없게도 추적권·수사권 다 행사하고 그 추적권·수사권을 행사한 것을 대테러센터장에 사후보고하는 것으로 나름대로 자기들의 수정안이라고 해서 하고 이것을 우리 당이 요청한 것을 받아들였다라고 선전하고 있습니다.

거짓말을 하면 안 되지 않습니까? 바로 앞에 놓고 두 눈을 뜨고 거짓말을 합니다. 사후보고 그것은 우리의 요청사항이 아니었습니다. 그런데 냈다는 그 수정안은 새누리당이 스스로 낸 것이고 그것은 우리의 의사와 관계없는 것이고 조사권·추적권을 삭제해 달라고 하는 저희 주장과 아무 관계 없는 것입니다.

그런데 한편 국회의장께서 저에게 아까 7조1항 국가안전보장을 위한 통신제한조치, 감청이 들어 있는 내용을 '국가안전보장에 상당한 위험이 예상되는 경우로서 테러방지를 위하여' 이렇게 수정안을, 이렇게 조항을 하나 고치면 저희들 보고 수용하겠느냐…… 제가 바로 수용하겠다고 그랬습니다.

국회의장은 저희 수용안을 토대로 원유철 대표를 만난 것 같습니다. 원유철 대표는 거절했습니다. 그 수정안을 거절했다고 하면 거절했다고 얘기하면 될…… 또 그 사실대로 알려질 것입니다. 그런데 새누리당은 국회의장이 그런 수정권고안을 낸 적이 없다라고 강변하고 있습니다. 그런데 어느 방송에 같이 나와서 '국회의장이 그 수정안을 낸 적이 없습니다'라는 문자메시지를 보고, 거기의 내용 보면 법제실에 검토한 의견이라고 했습니다.

국회의장의 제2인자인 의사국장께서 저에게, 저 있는 자리에 국회의장의 수정권고안이라고 해서 저한테 가져오고 제가 보고 이것 검토하겠다고 했다가 나중에 언론을 통해서 제가 수용하겠다라고 했습니다. 그러면 그게 국회의장의 권고안 아니겠습니까? 저야 어떻게 알겠습니까? 더군다나 국회의장의 지시와 명령에만 움직이고 있는 의사국장께서 저한테 그걸 가져왔는데 그것을 어떻게 국회의장의 의사가 아니라고 제가 믿겠습니까? 어디 나와 가지고 국회의장이 수정안을 낸 적이 없다는 문자메시지를 보여 주면서 저한테 거짓말하고 있다고 하는 그런 공작행위를 하고 있습니다.

(정갑윤 부의장, 이석현 부의장과 사회교대)

아마도 이것은 원유철 대표의 본뜻은 아닐 것입니다. 국정원의 압박과 압력에 못 이긴 또 다른 수정이 될 것이다 저는 그렇게 이해하고 싶습니다.

그런데 어제 그제 또 국회의장이 그 조항을 저에게 보내 왔습니다. 지난번 국회의장석에서 국회의장님과 제가 대화하는 모습을 보셨는지 모르겠습니다만 국회의장의 호출에 제가 달려왔습니다. 그 조항을 말씀하시면서 그것이 가능할지도 모르니까 한번 논의하라고. 바로 그 조항이었습니다, 부칙 조항. '테러방지를 위한 경우로서 국가안전보장에 상당한 위험이 예상되는 경우' 그것을 추가함으로써 통신비밀법의 7조와 거의 유사하게 만든

것입니다. 그러니까 저는 수용했습니다. 그거라도 수정안이 되면 저는 테러방지법의 무단적인 직권상정에 대항해서 저희들이 하는 필리버스터를 중단하겠다고 했습니다.

또 거절당했습니다. 그런데 거기에는 새누리당에도 대표와 원내대표, 물론 한두 분이 아니겠지요. 거기에 이어져 있는 분들이 여러 분 있겠습니다만 그 두 대표의 여러 분들 또 원내대표와 여러 분들 그 사이에 강온의 대립이 있다는 점도 미루어 짐작하게 됐습니다.

어느 한쪽은 이것이라도 수용해서, 이것을 수용해서 이 필리버스터를 중단시키는 것이 옳지 않겠느냐고 입장을 한 반면에 어느 한쪽은 결코 청와대의 입장과 국정원의 입장을 그대로 명령을 지시하는, 이행하는 느낌이었습니다. 일자일획도 고칠 수 없다라고 하는 입장이었습니다.

또 무산됐습니다.

그런데 저는 국민 여러분께 이런 말까지 지금 이 자리에서 말씀드리는 것이 외람됩니다마는 저는 이렇게 무도한 불법의 직권상정을 감행한 주체가 누구냐, 형식적인 주체는 물론 국회의장입니다. 그러나 아까 말씀드린 것처럼 국회의장 아닌 어떤 보이지 않는 손, 거의 몇 달간, 거의 1년이 넘는 기간 동안 의장의 트라우마까지 초래하게 했을 법한 그 무시무시한 압력의 손, 보이지 않는 손에 의해서 그것이 자행됐다고 저는 생각합니다. 그래서 쿠데타라고 했습니다.

국회의장께서 엄청나게 부담을 가지고 있는 겁니다. 물론 이것은 나중에 헌법재판소 권한쟁의에 들어갈 운명에 처해 있습니다. 어떻게 과연 직권상정의 요건으로서 전시·사변 또이에 준하는 국가비상사태가 지금 현재 있었느냐, 있었다면 직권상정이 국회법에 맞는 직권상정 절차라고 인정될 것이고, 그것이 없었다면 우리나라 헌법재판소에서는 불법이다라고 결정을 내릴 것이라고 저희는 믿고 있습니다만 그러나 정치적으로 밀어붙이는 이 무도한 정치의 피해자인 저희들뿐만 아닌 우리 국민들에게 호소할 수밖에 없는 이 현상입니다.

그렇기 때문에 사실 저희들은 이 테러방지법의 가장 무시무시한 내용은 그리고 국민들이 제일 걱정하는 것은 국민들 모두에게 적용될 수 있는 무제한 감청이라고 생각합니다. 무제한 계좌추적은 좀 덜하다고 생각합니다. 그래서 이거라도, 이것 하나라도 수정이 되면 우리는 필리버스터를 중단하겠다고 할 정도의 강력한 의지를 말씀드렸고, 의장은 이거라도 하나 야당의 입장을 수용해 보려고 하는 노력을 하고 있는 것이라고 저는 이해했습니다.

거기에 곁들여서 3월 10일까지 예고돼 있는 저희 필리버스터입니다만, 오늘 이석현 부의장님 오셔서 좀 지친 모습이십니다. 의장단 모두가 다 건강이 훼손돼서 더 이상 이것을 진행할 수 없다라고 하는 그런 어떤 호소의 말씀까지 저희에게 곁들이면서 의장이 이렇게 힘든 상황인데 이것 하나는 한번 수용할 것을 권유했습니다.

그리고 또한 지난번 국회 개혁특위에서 오랜 산고 끝에 서로 합의하고 사인한…… 국정원을 감시하고 감독하는

국회 내 조직이 있습니다. 그것이 정보위입니다. 정보위가 지금 겸임 상임위가 돼 있어서 제대로 국정원이 통제가 되지 않기 때문에 이것을 전임 상임위로 변환시키는 여야 간의 합의가 이루어졌습니다. 그 합의를 이행하는 것까지 해서 그 두 가지만…… 그것은 이미 합의가 된 것이기 때문에 합의를 이행하지 않을 수 없는 것인데도 불구하고 이렇게 무도한 새누리당은 이행하지 않고 있기 때문에 그것을 촉구하는 것과, 그것을 이행하는 것과 무제한 통신감청을 일반 통신비밀보호법과 같은 정도의 규정으로 바꾸는, 아까 말씀드린 것처럼 통신비밀법 하나만으로도 사실 국정원이 통신 감청할 수 있는 것입니다. 그러나 통신비밀법 정도의 내용만으로 되더라도 저희는 받아들이겠다는 정도의 내용입니다.

그런데 거기에 이렇게 무제한한, '테러방지를 위하여'라고 하는 아주 그냥 완전히 열어 놓는 요건을 우리는 반대하고 있기 때문에 그것을 그래도 통신비밀보호법과 같은 요건으로 만드는 국회의장의 수정안을 저는 받아들이고 그것만 받아들여진다면 필리버스터는 중단할 수 있다라고 말씀을 드렸던 것입니다.

그러나 그것도 거절돼 버렸습니다. 그래서 또 논의 끝에 테러방지를 위한 경우로서 국가안전보장에 상당한 위험이 예상되는 경우에, '상당한'을 빼기로 했습니다. '상당한'도 뺐습니다. '그것만 충족이 되면 저는 이 필리버스터 중단합니다'라고 말씀드렸습니다.

그러나 그것도 새누리당에 거절됐습니다. 새누리당은 여전히 한쪽은, 저 뒤에 큰 힘이 있는 한쪽은 일자일획도 절대로 바꿀 수 없다라는 입장을 고수해 버렸습니다. 그 호소도 아마 저는, 국회 시설도 전등도 나가고, 국회의장·국회부의장님들도 며칠 있으면 건강이 훼손이 돼서 사회를 볼 수 없고 그런 정도의 아주 긴급하고도 어찌 보면 비상상황인데도 불구하고 저희는 그 마음이 동해서 그래도 정치라는 것이 사람을 죽이자고 하는 것이 아닌데 일단 이렇게 하고 국민들께 나중에 호소할 생각을 하게 됐습니다. 그래서 저희는 수용한다 그랬습니다. 그런데도 불구하고 새누리당은 요지부동입니다.

도대체 이 세상이 어떻게 된 것입니까? 이건 적반하장 아니겠습니까? 적반하장에 딱 어울리는 것 아니겠습니까? 이렇게 불법의 직권상정을 합법적인 필리버스터로 저항하고 있는 저희들에게 합리적인 최소한의, 국민을 위한 국민 감시를 걷어 내는 최소한의 수정안만 통과한다면, 받아들인다면 우리가 필리버스터를 중단하겠다라는 그런 마지막 호소마저도 새누리당은 거절하고야 말았던 것입니다.

국민 여러분!

명확해졌습니다. 저희가 테러방지를 방해하는 게 아니지 않습니까? 저희는 테러를 방지해야 된다고 생각합니다. 우리 당은 앞장서서 테러방지를 위해서 노력하는 저희 당의 법을 냈습니다. 그리고 백보 양보해서 새누리당의 이 무도한 직권상정 앞에서도 최소한의 국민의 무제한 감청이 이루어지는 그 규정만 통신비밀보호법 내용대로만

회귀한다면 저희들은 필리버스터를 중단하겠다고 했던 것입니다.

저희들이 아무리 이 무도한 테러방지법이지만 테러방지를 위해서 유용한 몇 개의 제도가 있기 때문에 저희는 이 테러빙자법을 전부 부정하지 않는 것입니다. 전부 반대하는 것이 아닙니다. 오로지 그곳에 담겨 있는 무시무시한 독소 조항만을 좀 수정해 달라는 것이었습니다. 그리고 또 필리버스터를 중단하는 요건으로 그중에서도 가장 중요하다고 하는 하나 정도만 받아들여 주면 저희는 이렇게 인륜적인 건강의 위험까지 오고 있는 의장단의 긴급 상황에 마음을 움직이지 않을 수 없었습니다. 그러나 오늘 여기까지 왔습니다.

새누리당의 일자일획도 고칠 수 없다고 하는 무도한 상황, 적반하장의 상황이 계속되고 있습니다. 이제 국민들은 좀 알게 되셨습니다. 처음에는 우리 당은 테러방지법을 반대함으로써 테러방지를 방해하는 사람 아닌가라는 걱정을 하신 분도 있었습니다. 그러나 우리는 테러방지를 반대하는 것이 아닙니다. 테러방지는 찬성합니다. 테러방지에 담겨 있는, 숨겨 있는 국정원의 독소적 권한을 반대하는 것입니다.

그래서 처음에는 테러방지법의 입장, 여당 야당 해서 압도적으로 테러방지법을 추진하려고 하는 여당에게 60% 이상의 폴 결과가 나오던 것이 이제는 테러방지법 반대하는 입장, 테러방지법을 수정하자고 하는 입장까지 별도로 해서 그것이 23%, 24%로 47%고, 테러방지법을 그대로 추진하라고 하는 쪽이 43%인 폴 결과를 보고, 그것이 한 일주일 전이니까 지금 다시 하면 더 많이 바뀌었을 거라고 봅니다.

저희는 테러방지법을 수정하자고 하는 것입니다. 수정안이 이제 더 많아졌을 것으로 봅니다. 국민들 다수가 우리 뜻을 알게 되셨습니다. 이 필리버스터를 통해서 왜 이렇게 우리들이 혼신을 다하는, 온몸을 던지는 저항을 하고 있는지 그리고 국민들에게 이 입법 쿠데타를 막아 달라고 하는, 저항권을 행사해 달라는 요구를 하고 있는지를 국민들은 아셨습니다.

감청에 대해서 좀 보겠습니다.

지금까지도 이루어지고 있는 감청이 있습니다. 그것이 통신비밀법에 의한 감청입니다. 지금 국정원법에 의한, 테러빙자법에 의한 무제한 감청이 아니더라도 통신비밀보호법에 의한 감청이 이루어지고 있습니다. 그 법은 하고 있는 것입니다. 그런데 국정원의 감청 신청이 법원에서 기각되는 일은 거의 없다는 사실입니다.

사법연감을 봅니다. 2003~2015년, 13년 동안 2011년도의 6.67%를 제외하고는 국정원의 감청 신청은 고등법원 수석부장판사, 이게 국가안전보장을 위한 감청 신청이 아니라면 이제 영장을 해야 됩니다. 그런 것까지 포함해서, 영장과 고등법원 수석부장판사의 허가서 미발부까지 포함해서 기각될 확률은, 기각 확률입니다. 안 된다라고 하는 확률은 제로입니다. 국정원이 요청하면

모조리 다 해 주고 있습니다. 이 정도면 국정원이 통신감청을 청구하면 영장이 자동 발부되는 영장자판기 수준이라는 것을 우리 국민들은 아시게 됐습니다.

통신감청에 의한 영장주의가 무력화된 상태입니다. 이런 상태에서 테러방지법, 테러빙자법마저 제정되면 부칙 제2조제2항에 따라서 감청 신청을 할 수 있는 사유가 아까 말씀드린 것처럼 '국가안전보장에 상당한 위험이 예상되는 경우'뿐만 아니라 그냥 대테러활동을 위해서 필요한 경우라는 넓은, 아주 무제한 입장이 되기 때문에 이것은 더 이상, 감청은 프리 패스 조건이 될 것이라고 믿어 의심치 않습니다.

그래서 저희들이 국회의장의 중재 요청에도 미약한…… 요청, '상당한 위험'인데 '상당한'도 빼고, 그거 하나만이라도 수정해 달라고 하는 수정 권고와 저희들 수정 요청이 진행되고 있는 것입니다. 무도한 새누리당은 이를 부인하고 있는 것입니다.

대테러활동은 같은 법 제2조제6호에 따라서 테러 관련 정보의 수집, 테러위험인물의 관리, 위험물질의 안전관리, 국제행사의 안전 확보 등입니다.

보십시오.

테러위험인물의 관리, 이거는 어느 정도 우리도 위험인물이면 '내가 위험인물 아니.'라고 생각했지만 제 말씀에 의해서 이제는 모두 다, 전 국민이 정부정책에 반대하는 약간의 조직적 활동을 하는 분이라면 모두 이에 포함될 수 있을 것이다 하는 말씀입니다만 거기에다가 이제 더, 위험물질의 안전관리입니다. 이거는 차에 있는 석유 하나만 딱 들면 그것은 그냥 바로 이 법에 해당하게 됩니다.

그다음에 국제행사의 안전 확보입니다. 세계적으로 미국도 그렇고, 대통령이 참여하는 행사인데 대통령이 위험한 상태라면 비상사태로 보는 것이 일반적인 헌법적 해석 예입니다. 설사 그런 대통령 행사가 아니라 하더라도 이제 국제행사 정도라면, 국제행사에 신자유적 물결에 의해서 전 세계적으로 유럽이나 미국에서도 조직적 반대 활동들이 있었던 것으로 알고 있습니다. 그때 당시 미국 테러법, 자유법, 애국법을 적용한 사례들이 있습니다. 우리나라에서 작은 국제행사 정도만 있으면 거기에 저희가 차렷 자세 하고 가지 않으면 이것은 테러위험인물로 되는 것입니다.

어찌 보면 70년대, 80년대, 90년대에 반정부 활동을 국가보안법으로 때려잡았다면 이제 2000년대 이후는 테러빙자법으로 때려잡겠다고 하는, 훨씬 더 국민적 명분을 이해시키고 더 넓고 더 편안하고 더 국민적 호응 속에서 반정부정책, 중심 정책에 대해서 반대하는 사람들에게 굴레를 씌울 수 있는 무시무시한 바로 인권침해의 법이 테러빙자법입니다. 그렇기 때문에 이런 특단의 절차에 우리가 온몸을 던지고 있는 것입니다.

제가 농담 삼아 이런 얘기를 했습니다. 지금 선거법이 발목 잡혀 있다고 했습니다. 사실 어제, 29일 새누리당의 56일간의 발목 잡기에서 풀려서 선거구획정위에서 심의해서

국회로 왔습니다. 그래서 29일 밤 10시에 안전행정위원회를 통과했습니다. 그 법은 앞으로 4월 13일 있을 총선거의 선거구를 담고 있는 내용입니다. 선거구가 없으면 선거가 될 수 없기 때문에 필수불가결한 법입니다.

그동안 새누리당, 박근혜정부는 서비스발전 기본법이라는 게 있습니다. 또 노동4법 중에 가장 저희들이 걱정하고 있는 법이 파견법입니다. 약 460만 명을 추가적으로 파견직종으로 몰 수 있는 법입니다.

이 파견법이 되면 이제 방송국의 PD들도 또 약사들도 고소득 전문직, 자영직의 경우에도 다…… 약국회사를 만들어서 파견할 수 있는 그런 내용을 담고 있는 법입니다, 파견법이.

그 법을 통과시켜 주지 않기 때문에 선거법을 잡고 있었습니다. 그래서 55일 동안 정치 신인들은 거의 불법의 선거운동을 했습니다, 선거구가 없는 선거운동을 했습니다. 이것이 이제 획정위에 와 있습니다, 획정위를 통과해서 국회에 와 있습니다.

선거관리위원회는 3월 4일까지 국회에서 통과돼야만 온전한 선거인명부, 해외동포들의 선거인명부, 국내 국민들의 선거인명부가 작성될 수 있다고 봅니다. 그렇게 주장하고 있습니다.

저희는 당초 몸을 던지는 혼신의 필리버스터는 이번 회기로 돼 있는, 법적으로 허용돼 있는 3월 10일까지라고 생각했습니다. 그러나 이제 선거법을 처리하지 않으면 저희가 선거를 망친 독박을 쓰게 됩니다. 55일 동안 그동안 발목 잡았던 새누리당은 온데간데없고 하루 이틀 선거법을 처리 못 하는 데 기여했다고 보는 우리 당이 독박을 쓰게 됩니다.

그러나 국민 여러분, 정말 그렇습니까? 아까 제가 다 말씀드리지 않았습니까? 이것은 불법으로 직권상정된 테러방지법입니다. 그리고 우리는 최소한의 합법적인 주장을 하고 있습니다. 이 합법적인 주장의 공간은 3월 10일까지입니다. 그리고 이것을 풀 수 있는 방법을 저희는 제시하고 있습니다. 최소한의 수정안입니다. 그마저도 일자일획도 고칠 수 없다고 버티고 있는 새누리당이 선거법을 지연시키고 있는 주범입니까, 아니면 이렇게 호소하고 있는, 합법의 필리버스터를 하면서 단순한 몇 개의 수정안만을 요구하고 있는 저희 당이 선거법을 지연시키고 있는 주범입니까?

지금까지 다 그래 왔습니다. 그래서 저희들은 호소합니다. 제가 마지막 필리버스터 주자입니다만 이 시간에 많은 국민들, 우리 당원들 또 이 필리버스터에 감동한 국민들 그리고 또 갑작스럽게 필리버스터를 중단한다고 해서 실망한 국민들까지 저희들을 야단치면서까지 곳곳에서 모여 계십니다. 국회 앞에도 모여 있습니다. 국회의 토론장에도 있습니다.

우리는 수정안을 만들고 있습니다. 국민의 기본권을 지키는 수정안을 만들고 있습니다. 만약 이 테러빙자법이 계속된다면, 통과돼서 국민 앞에 놓여진다면 입에 가장

효과적인 재갈을 물리는 법이 될 것입니다. 국정원의 미움을 받는 사람, 정부 정책에 반대하는 사람, 그중에서 약간의 조직을 갖추고 저항하는 사람, 그래서 터무니없이 테러방지를 위해서 필요하다고 하는 사람은 무제한 감청당하고 무제한 계좌 추적당하고 무제한 처벌당하고 수사를 통해서 이겨낼 수 없는 그 무시무시한 법을 우리는 최소한의 수정을 요구하면서 이렇게 국회 단상을 지키고 있습니다.

솔직히 말씀드립니다. 그 무도한 파견법이라도 국회의장이 직권상정했다면 저희는 이렇게 필리버스터 안 했습니다. 그 무도한 비정규직법을 국회의장이 직권상정했다 하더라도 저희는 선거 앞두고 이렇게 우리 의원들을 괴롭히는, 힘들게 하는 무제한 토론 감히 할 수 없었습니다.

오로지 국정원의 무도한 권한을 확대시키는 그래서 국정원을 국가안전기획부로 만들고 중앙정보부로 만들고 국민들을 감시해서 국민들의 온 생활을, 자유롭게 살려고 하는 비판적인 사람들을, 자유로운 생각을 가지고 있는 사람들을 옥죄는 데 가장 무시무시한 법이 되는 이 국정원법이 아니었다면 저희는 필리버스터 안 했습니다.

그런데 저희들이 쫓기고 있습니다. 당장 하루하루 선거법의 압박이 심해지고 있습니다. 또 하루 더 가면 저희들 때문에 선거법이 늦어진다고 하고 있습니다. 선거관리위원회는 3월 4일까지 선거법을 확정시키지 않는다면 선거가 연기될 수밖에 없다고 합니다.

국민 여러분, 저희들이 선거를 연기시키는 주범입니까? 백 번을 양보해도 새누리당도 함께 책임이 있는 것 아니겠습니까? 저희는 사리에도 맞지 않고 절차에도 맞지 않고 이 불법인, 불법으로 직권상정된 테러빙자법의 수정을 요구합니다. 자유롭게 살고 싶은 국민들에게 무도한 국정원의 사찰 속에서 살지 않게 하는 것이 나라를 발전시키고 나라를 더 부강시키게 할 수 있는 방법이다라고 저희는 생각하고 있습니다.

자유로운 영혼과 자유로운 비판적인 지성들에게, 비판적인 사고를 가지고 있는 그들에게 날개를 달아 주십시오. 바로 창조는 그곳에서 나옵니다.

지난번 국가보안법이 개정되면서 '태백산맥'이라는 영화가 나오면서 '실미도'라는 영화가 나오면서 한류열풍이 불면서 영화감독, 문예, 저술, 온통 국가보안법에 묶여 있던 출판의 봄이 오면서 국민들에게 보여 줬던, 국민들에게 일어났던 창작의 열풍들을 기억하십니까? 바로 그것이 한류가 되고 문예 부흥이 되고 그것이 우리 과학기술, 자연과학의 새로운 전기가 되었던 것 아닙니까?

테러방지법은 이제 새로운 국가보안법이 돼 가고 있습니다. 과거 국가보안법에 억눌려 있던 국민들의 겨울 같은 그 시절에 우리는 창조도 없었고 발전도 없었습니다. 창의력 있는 성장도 없었습니다.

우리는 일자리가 없어서 거리를 헤매는 그런 우리 국민들에게 또 파견이라는 누명까지 씌워서 460만 명

이상이나 되는 사람들을 파견할 수 있게끔 만드는 그 법이라 하더라도 저희는 이렇게 하지 않았습니다. 이렇게 안 할 것입니다. 더 무서운 법입니다.

제가 마지막입니다. 이미 필리버스터를 중단한다고까지 했습니다. 그러나 저 하나라도 토론할 기회를 달라고 국민께 호소했습니다. 실망이 너무 많으셨습니다. 갑작스럽게 제가 선거법에 몰리고 여론에 몰리고 모처럼 국회의 자유토론을 보면서 기분 좋아하던 국민의 그 환호하는 얼굴도 버리고 필리버스터를 중단을 하겠다고 하는 것을 번복하면서 이 자리에 섰습니다.

새누리당은 이번 테러빙자법이 지난 김대중 대통령 때, 노무현 대통령 때도, 당신들이 여당일 때도 입법이 제안된 내용이라고 합니다. 저는 그 내용을 자세히 보지는 못했습니다.

국정원도 시대를 달리할 수 있습니다. 시기를 달리하고 정권의 성격에 따라 국정원도 달라질 수 있습니다. 저희는 지난번 그 무시무시한 국회 무시, 의회주의 파괴, 그래서 자기 당의 원내대표를 그런 부당한 이유로, 도저히 이해할 수 이유로 찍어내는 그런 자기중심의 대통령 권력하에 있는 국정원, 그리고 죄송합니다마는 인권을 표방하고 국가위원회를 만들고 인권을 중심으로 삶의 법안만 만드셨던 김대중 대통령, 노무현 대통령 그때의 국정원과 어떻게 같다고 얘기할 수 있겠습니까. 그러나 그때도 이 테러방지법이 어떤 내용인지 모릅니다마는 성안되지 않았습니다. 무산됐습니다.

그래서 그것이 대테러지침으로 남아 있습니다. 대테러지침만으로도 저희는 이렇게 과도하게 필요성을 선전하고 선동하는 국정원의 의도는 또 다른 데 목적이 있다라고 생각합니다. 그래서 저희는 테러빙자법이라고, 테러를 빙자한 국정원법이라고 주장하는 것입니다. 그 주장을 국민은 믿어 주실 거라고 생각합니다.

필리버스터를 통해서 우리 당의 은수미 의원, 정청래 의원, 국민들의 호응을 받는 기록을 갱신했습니다. 기쁘고 그 두 분은 꼭 국회 무제한 토론의, 언제 없어질지도 모르는 필리버스터의 영웅이 되어야 될 특별한 자격이 있는 분들입니다.

저는 그렇지 않습니다.

그런데 저는 버티겠습니다. 오늘. 수정안이 될 때까지 버티겠습니다. 제가 갑작스럽게 중단 선언을 해서 상처받은 우리 국민들에게 용서를 구할 때까지 제가 서 있겠습니다.

모처럼 느꼈던 대한민국 정치에 대한 환희를 보셨다는 분들도 계셨습니다. 죽어 있는 국회가 살아 움직인다는 평가를 하는 분도 있었습니다. 모처럼 국회의원들이 제 할 일을 한다고라고 하는 분들도 있었습니다.

좋아하고 환호하는 국민들 무시하고 제가 이런 압박게임에 몰려서, 선거를 앞둔 어쩔 수 없는 상황에 몰려서 선거법을 할 수밖에 없는 조건에 못 미뤘습니다. 제가 잘못 판단해서 수용하고 받아들일 수밖에 없었고 그래서 국민들께 보고드리지 못하고 국민들에게 허락받지

못하고 제가 중단 선언한 것에 대해서 용서를 구할 때까지, 용서의 마음이 생길 때까지 저는 여기에 서 있겠습니다.

사실 할 말은 많습니다. 그러나 너무 많은 우리 의원님들이 훌륭한, 이 자리를 지켜 주신 말씀이 있기 때문에…… 제가 불러 드렸습니다만 불러 드린 말씀들은 100분의 1도 안 됩니다. 다 보셨지 않습니까?

그 의원님들의 진정과 국민들을 사랑하고 국민들을 존경하고 국민들에게 다가가려고 하고 국민을 오직 주인으로 모시고 국민들의 인권을 위해서 국민의 삶과 국민의 창의력과 그것을 구성하고 있는 국가의 발전을 위해서, 진정한 우리나라의 발전을 위해서, 특히 3월 1일 곧 100년의 3·1 혁명이 오는 삼일절에 하신 그 뜻 깊은 말씀에 제가 훼손이 될 것 같아서 저는 되도록이면 말을 줄이려고 합니다.

그러나 어쩔 수 없습니다. 이 눌변의 이종걸이가 이 자리를 이렇게 끝까지 지킬 수밖에 없습니다.

지금 국회 밖에서는 국민의 움직임이 커져 가고 있습니다. 국회 안에서도 각종의 토론들이 이루어지고 있습니다. 수정안 작업도 이루어지고 있습니다.

새누리당에 원하고 바랍니다. 최소한의 수정안은, 이것이 새누리당을 괴롭히려고 하는 것이 아니고 대통령을 괴롭히는 것이 아니고 오로지 잘못된 국가 질서 속에서, 전혀 자세가 돼 있지 않은 국가 권력구조 속에서 국민들이 불측의 손해를 당하고 불측의 피해를 입어서…… 국민들에게 피해가 가지 않도록 하는 오로지 그런 바람뿐입니다. 이건 당리당략이 아닙니다.

지금 보십시오. 제가 법안을 보지 않고도 가지고 있는 법안의 내용들을 그냥 줄줄 얘기하지 않습니까? 그 법들은 아주 완성도가 떨어져 있습니다. 법 조항 간의 연계관계도 서로 없고 내용도 불명확하고 도대체 그렇게 무서운 효과를 가지고 있는 법으로써 명확성이 없는 그 자체가 헌법 위반의 법입니다. 그리고 정상적인 헌법재판소라면, 이것은 불법의 직권상정을 통과해서 본회의로 들어온 법입니다. 어차피 무효가 될 법입니다. 어차피 국민들이 수용할 수 없는 법입니다. 백보를 양보해서 미국의 애국자법처럼, 미국의 애국자법은 5년 한시로 한 것 같습니다. 한시법 수정안을 받아들여 주시기 바랍니다.

그러면 몇 가지 독소 조항 빼고 시행해 보십시오. 정상적인 국가의 운영과정이 정착되면 미국처럼 애국자법이 폐지되고 미국 자유법으로 바뀔 수 있지 않겠습니까? 그냥 할 수는 없습니다. 정말 새누리당에 간청드립니다.

거듭 말씀드리지만 국가비상사태로 볼 수 없는 이 상태에도 불구하고 정말 자의적 판단에 의해서 테러방지법이 직권상정 됐습니다. 그래서 우리 모두가 이제는 국가비상사태만 선언하면 비상상태가 돼 버리는, 그게 뭐가 좋겠습니까? 평상시의 삶의 기분, 예측 가능성 있는 삶 속에서 안정과 행복이 나오는 것이라고 봅니다. 합니다. 비상사태는 옳지 않은 것입니다. 없는 비상사태를 만드는 비상사태만큼 나쁜 것은 없습니다. 선언만 하면

비상사태가 되어 버리는 이 비상식적인 시대를 우리는 슬퍼해야만 합니다. 우리 모두가 겪고 있는 한계라고 생각합니다.

국가안전보장에 대한 상당한 위험이 예상되는 경우이든 대테러활동에 필요한 경우이든 정권이 마음만 먹으면 자의적으로 선언할 수 있고 판단할 수 있게 되는 선례가 만들어지는 것입니다. 국정원의 효율적인 테러방지를 위해서 국민의 기본권 침해를 감수하라는 전체주의적 발상이 담긴 새누리당의 테러방지법은 결코 용납될 수 없습니다.

세 번째로는 FIU입니다.

금융정보에 대한 접근을 아주 쉽게 하게 됐습니다. 그래서 사실 금융정보에 대한 민간인 사찰이, 그런 위험이 높아질 우려입니다. 새누리당은 국정원이 직접 계좌 추적을 하는 것이 아니다 그러면서 문제가 되지 않는다고 했습니다. 그러나 직권상정된 테러빙자법 부칙 2조1항을 봅니다. 특정 금융거래정보의 보고 및 이용 등에 관한 법률 제7조1항 각 호 외의 부분을 개정하고 있습니다.

가장 문제입니다. 물론 타 법의 개정방법에 그 법의 부칙조항으로 할 수 있는 법은 있습니다. 규정은 있습니다. 그러나 이것은 필요 최소한에 그쳐야 합니다. 이 무도한 직권상정된 테러방지법이 부칙으로, 자기 법의 부칙으로 다른 법들, 그것도 굉장히 중요한 법들을 난도질을 하고 있는 것입니다. 그 내용이 어떻든 간에 난도질당하는 그 자체가 안 되는 것입니다. 그 법을 고쳐야 됩니다.

지금 또 말씀드린 특정 금융거래정보의 보고 및 이용 등에 관한 법률은 아주 중요한 법입니다. 이게 혐의거래, 기타 금융거래에 대한 일반인에 대한 통제가 가능한 법입니다. 물론 이것은 외국에서는 국제 마약거래라든지 국제 범죄에 한정해서 금융정보를 취득하려고 하는 기능에 제한돼 있습니다. 그런데 우리는 이 법을 범죄수사에 쓰고 있습니다. 경찰도 접근할 수 있고 검찰도 접근할 수 있습니다. 국세청도 접근할 수 있습니다.

다른 나라들도 접근할 수 있는 주체들은 있습니다만 이것은 불법으로 은닉된 재산이 해외로 넘어 들어왔을 때 양쪽의 국가의 시계추에 의해서 이것이 밝혀짐으로써 국제적인 공조성 불법 자금 등 대형 거래들이…… 조직범죄·마약범죄 등을 체크하는 거의 유일한 목적으로 쓰는 법이지, 이것이 범죄수사와 조사에 사용되는 것은 아주 제한적으로 하도록 돼 있는 것입니다. 이것이 자꾸 사용되기 시작하면 수사기관·조사기관에게 용이성을 줍니다. 스스로 계좌추적을 할 수 있는 여러 요건을 만들어서 수사하는 것이 옳다고 보는 것입니다.

그런데도 불구하고 국정원의 조사, 국정원의 추적, 국정원의 정보수집조차도 특정 금융거래정보의 보고 및 이용 등에 관한 법률을 개정함으로써, 입법을 통해서 개정함으로써 더러운 손을 묻히는 것입니다. 그런데 저는 이번 수정안에는 이것마저도 뺐습니다.

우리가 수정하자는 필요 최소한은 오로지 국민들이 가장 걱정하는 무제한 감청과 국회 통제 그리고 국회 통제는 정보위에 의한 통제입니다. 그리고 이것을 한시법으로 해 달라고 하는 내용입니다. 테러위험인물에 대한 조사업무에 필요하다고 인정되는 금융정보를 국정원에 제공하도록 하고 있는 것입니다.

국가정보원이 국가안보, 테러위협, 군사기밀을 앞세워서 요구하면 묻지도 따지지도 못한 채 금융정보분석원장은 이를 제공할 수밖에 없는 것입니다. 금융정보분석원이 국정원의 계좌추적, ATM기로 전락하는 것이 이제 또 시간문제입니다.

자본주의 시대에 가장 민감한 정보 중의 하나인 금융정보입니다. 이것이 잘못되면 우리 금융 신용에 있어서도 위해를 미치게 됩니다. 그렇기 때문에 해외에서 사용처를 필요 최소한으로 제한하고 있는 것입니다. 이것을 개별적인 모든 수사에 적용했다가는 이 FIU 자체가 만신창이가 되는 것이기 때문에 그렇습니다.

통신감청의 예를 보면 몇만 건, 몇천 건, 거의 수사를 통해서 이루어진 무제한 감청은 한두 건에 불과합니다. 거의 대부분이 국정원의 요청에 의해서 이루어진 것이 통계에서 밝혀집니다. 이제 이 FIU도, 금융정보분석원의 그 헐거워진 출구도 이제는 국정원에 의해서 다 모두 이루어질 날이 며칠 안 남았다고 봅니다. 이것도 반드시 저희들이 다수당이 돼서 고쳐야 되는 것입니다.

그렇다고 해서 국정원 또는 검찰, 경찰들의 수사를 방해하는 것이 아닙니다. 기본적으로 이 금융정보분석원의 자료는 수사목적으로 사용돼서는 안 된다는 것이 이를 운영하고 있는 모든 나라의 예에 비추어서 분명하기 때문에 그렇습니다.

국민 여러분! 많은 호소를 드렸습니다.

새누리당이 강행하는 테러방지법은 국정원을 위한 테러빙자법임을 거듭 말씀드립니다. 국민을 위한 테러방지가 아니라 국민의 금융정보, 통신정보 등을 무한대로 접근할 수 있도록 테러를 빙자해서 국정원에 과도하고 포괄적인 권한을 부여하려는 법입니다. 포괄성과 모호함을 걷어 내지 않으면 국민의 기본권 침해는 일상화될 것입니다.

테러라는 불명확한 정의에 기초한 테러행위 역시 정말 필연적으로 모호합니다.

범죄의 개념은 형벌규정의 체계에서 중심적 규정으로 자의적으로 해석할 수 있는 것의 여지를 제한해야 됩니다. 이런 불명확한 개념을 없애야 됩니다. 그것이 헌법에도 있는 명확성의 원칙입니다. 죄형법정주의의 가장 중요한 것이 내용 명확성의 원칙인 것입니다. 이렇게 포괄적이고 모호한 테러의 개념 위에 제정된 새누리당의 테러빙자법은 국민 전체를 잠재적 테러 용의자로 돌리는 악법이 될 것임이 분명합니다. 테러방지법의 형벌규정은 죄형법정주의 원칙에 부합하도록 수정해야 합니다.

제가 한 가지 좀 보겠습니다.

직권상정에 의해서 무시된 저희들의 테러방지법입니다.

(자료를 들어 보이며)

이것입니다. 이것은 '국제 공공위해단체 및 위해단체

행위 등의 금지에 관한 법률'입니다. 이것은 원천적으로 새누리당이 정의 규정에, 유엔 31개 단체와 그에 관련된 테러 용의자로 정의 규정에 한 것을 저희들은 명칭으로 했습니다. 이 법은 우리 당이 나름대로 새누리당의 국정원법, 테러빙자법을 처리할 수 없다는 신념을 가지고 담았습니다.

다만 국민안전처, 지금 현재의 국민안전처로서는 정보업무를 하기에는 적절치 않은 것을 인정합니다. 그러나 여기에는 그래도 지금 현재 일원주의로 되고 있는 우리의 정보체계, 그것을 우선 국정원과 기타의 국가기관으로 다양화시키면서 정보기구도 서로 경쟁하게 하면서 서로 전문성이 있는 분야에 더 철저한 정보기능으로서 우수한 정보활동을 할 수 있도록 하는 방향으로서 테러에 관한 정보기능은 국민안전처에 그 기능을 추가해 달라는 것입니다.

이 국민안전처는 기왕에 사후처리가 많은 권한으로 돼 있습니다만 여기에는 FIU 접근권도 있습니다. 지금 새누리당 법에 의해서 금융거래정보분석원을, 금융거래정보 이용 및 통제에 관한 법률을 개정하지 않아도 이 법은 됩니다. 그리고 통신 감청에 관해서는 기존의 통신비밀보호법을 저희는 그냥 준용하고 있습니다. 통신비밀보호법도 제정 당시, 개정 당시에 수많은 논쟁 끝에 말도 많고 탈도 많은 법입니다. 통신비밀보호법 그 자체도 우리의 통신 감청 제도에 비추어서 상당한 문제를 가지고 있는 법이라고 저는 보고 있습니다. 그러나 그 정도의 법이라도 테러에는 적용해 달라는 것입니다. 이 공공위해단체 및 위해단체 행위 등의 금지에 관한 법률은 그것을 준용하고 있습니다.

그리고 제가 이 법에, 지금 현재 국민안전처에 보완될 기능이 있습니다. 그것이 정보기능이고요. 안전처 장관을 장으로 하는 테러대응센터에, 위기대응센터라고 저희는 하고 있습니다만, 위기대응센터에 전문적인 정보인력의 산실이라고 하는, 지금 현재로서는 우리나라의 국정원입니다. 국정원의 많은 요원들이 이곳에 파견 와서 활동할 수 있도록 합니다. 그래서 국민안전처의 기존의 기능에다가 대테러의 정보기능을 추가하는 국가조직상의 기구의 변환, 이것이 필요한 것입니다.

그런 점에서는 무리가 있을 수 있습니다. 저희가 여당도 아니고 또 이 정부가 이미 3년이 지난, 꼭 변곡점을 돈 정부입니다. 그런 정부에게 정부의 결단이 없는 정부조직법의 개정을 요구하는 것은 사실 야당으로서는 좀 무리하다고 생각하는 분도 있습니다. 그러나 이번은 너무 특별난 상황이기 때문에 테러에 관한, IS 테러 또 기타 유엔에 등록돼 있는 31개 단체와 각종의 테러위협인물들에 대한 테러방지 행위를 하고 있는 것입니다.

저는 이 법이 통합 심의되기를 원했습니다. 저희 야당도 물론 아까 말씀드린 것처럼 정부조직에 대한 먼저의 입장을 하기에는 어려운 점이 있습니다만 그 결단을 만일 받아들여 준다면 야당도 국가의 안전에 위해를 줄 테러에 적극적으로 같이 함께해서, 테러방지에 참여해서 함께하는 것이 이

나라 국민들이 위험스럽게 생각하는 테러에 더 많은 힘을, 역량을 집중하는 방지효과가 발생하는 것 아니겠습니까? 여당으로서, 박근혜정부로서 야당의 이런 적극적인 노력을 잘 차용해서 '같이 하자'라고 하는 것이 훨씬 더 국가 운영에 필요한 일이다라고 생각합니다.

그래서 몇 가지 조항만 바꾸면, 그 인식만 바꾸면 이 법을 저희는 더 테러방지에 유효한 제도라고 생각하고 있습니다. 그리고 또한 말씀드린 감청이나 계좌추적 등의 국민 기본권을 침해할 우려나 위험도 없는 것입니다. 저희 야당이 개런티하는 것 아니겠습니까, 그런 문제에 관해서는? 국민 기본권과 안전과 그 점에 관해서는 야당의 생각을 들어 주시는 것이 여당으로서도 더 부드럽고 통합적인 국가운영을 하는 데 도움이 되는 것이다라고 해서 저희는 무시당하고 무시하고 직권상정해서 밟혀 버린 이 법이나마 국민들에게 보고드리고 싶은 심정입니다.

이렇게 돼 있습니다.

"이 법은 국제적인 공공위해단체 및 위해단체 행위의 예방 및 대응활동 등에 관하여 필요한 사항과 공공위해행위로 인한 피해보전 등을 규정함으로써 공공 위해 행위로부터 국민의 생명과 재산을 보호하고 국가 및 공공의 안전을 확보하는 것을 목적으로 한다." '테러'라는 말은 뺐습니다. 그런데 오히려 '공공위해'라는 말이 우리가 위험스럽게 생각하는 테러에 훨씬 더 적절한, 가까운 말이라는 의견을 들어서 했습니다.

적용 원칙입니다. "이 법은 이 법에서 정한 국제적 공공위해행위에 대한 예방 및 대응활동 등에 대해서만 이 법에서 정한 바에 따라 엄격히 적용되어야 하며, 대한민국 국민의 권리행사 또는 외국인의 대한민국 또는 대한민국의 국민에 대한 권리행사를 제한하는 근거로 활용될 수 없다." 이래 가지고 제한의 원칙을 두고 있습니다.

3조(정의)입니다.

1. "공공"이란 대한민국의 영토 및 부속도서에 속하거나 대한민국의 국민 또는 재외국민이 생활하는 장소적 공간을 말한다.

2. "국제 공공위해단체"란 공공을 비롯한 세계 각 국가의 국민들에 대해 살인·폭행·납치 등 직접적인 위해로써 안보 위협 등 정치적인 목적을 달성하기 위해 조직·결성된 국가단위의 수준에 이르지 않는 단체로서 유엔 안전보장이사회의 결의에 따라 위해 단체로 지정된 단체를 말한다. 이렇게 분명히 하고 있습니다.

3. "공공 등 위해목적을 위한 행위"란 국제 공공위해단체—앞으로 위해단체라고 하겠습니다—가 국가·지방자치단체 또는 외국정부(외국지방자치단체와 조약 또는 그 밖의 국제적인 협약에 따라 설립된 국제기구를 포함한다)의 정당한 권한행사를 방해하거나 의무 없는 일을 하게 할 목적으로 폭발물·총기류·화생방물질 등 공공에 위해를 가할 수 있는 수단—이하 위해이용수단이라고 말하겠습니다—을 휴대·소지하여 집단적 유형력을 행사할 수 있는 집단·단체를 조직한 후 공공에 다음 각 목에서 정한

행위를 행사함을 말합니다.

　가. 사람을 살해하거나 사람의 신체를 상해해서 생명에 대한 위험을 발생하게 하는 행위 또는 사람을 체포·감금·약취·유인하거나 인질로 삼은 행위

　항공기와 관련된 다음 각각 어느 하나의 행위에 해당하는 것이, 항공법에 돼 있습니다. 항공법 제2조 1호에 정해져 있는 항공기에 해당합니다.

　운항 중, 항공보안법 제2조 1호의 운항 중을 얘기합니다, 이것은. 운항 중인 항공기를 추락시키거나 전복·파괴하는 행위, 그 밖에 운항 중인 항공기의 안전을 해칠 만한 손괴를 가하는 행위

　2) 폭행이나 협박, 그 밖의 방법으로 운항 중인 항공기를 강탈하거나 항공기의 운항을 강제하는 행위

　3) 항공기의 운항과 관련된 항공시설을 손괴하거나 조작을 방해해서 항공기의 안전운행에 위해를 하는 행위

　다음으로 선박입니다.

　이건 선박 및 해상구조물에 대한 위해행위 처벌에 관한 법률에 규정돼 있습니다. 관련된 다음 각각의 어느 하나에 해당하는 행위를 말합니다.

　1) 운항, 운항은 선박 및 해상구조물에 대한 위해행위의 처벌 등에 관한 법률 제2조 2호의 운항을 말합니다. 아래에서는 운항 중인 선박 또는 해상구조물을 파괴하거나 그 안전을 위태롭게 할 만한 정도의 손상을 가하는 행위를 포함하는 것으로 합니다.

　2) 폭행이나 협박, 그 밖의 방법입니다. 강탈, 선박의 운항 강제하는 행위입니다.

　또 운항 중인 선박의 안전을 위태롭게 하기 위해서 선박 운항과 관련된 기기·시설 또 시설을 파괴하거나 중대한 손상을 가하거나 기능장애 상태를 야기하는 행위입니다.

　라. 사망·중상해 또는 중대한 물적 손상을 유발하도록 제작되거나 그러한 위력을 가진 생화학·폭발성·소이성 무기나 장치를 각각 다음 어느 하나에 해당하는 차량 또는 시설에 배치 또는 폭발시키거나 그 밖의 방법으로 이를 사용하는 행위

　1)서부터 5)까지 있습니다.

　기차·전차·자동차 등 사람 또는 물건의 운송에 이용하는 차량으로서 공공에 이용되는 차량을 얘기하고요.

　1)에 해당하는 차량의 운행을 위해서 이용되는 시설 또는 도로, 공원, 역, 그 밖의 공공에 이용되는 시설을 얘기하고요.

　전기나 가스를 공급하기 위한 시설, 공공의 음용수를 공급하고 수도, 그 밖의 시설, 전기통신을 이용하기 위한 시설로서 공용으로 제공되거나 공공에 이용되는 시설을 얘기합니다.

　석유, 가연성 가스, 석탄, 그 밖의 연료 등의 원료가 되는 물질들을 제조 또는 정제하거나 연료로 만들기 위해서 처리·수송 또는 저장하는 시설

　공공이 출입할 수 있는 건조물·항공기·선박으로서 1)부터 4), 앞에 1)부터 4)까지 해당하는 것을 제외한 여러

시설입니다.

　그래서 비교하시면 알겠지만 말입니다, 아까 새누리당의 안처럼 이렇게 모호하지 않습니다. 그냥 '위험물질의 안전관리' 이렇게 돼 있지 않고 위험물질에 관해서도 이렇게 정확하게, 그 각 호에 정확한 규정을 통해서 명확성의 원칙을 담보하고 있습니다.

　마. 핵물질, 이거는 원자력시설 등의 방호 및 방사능 방재 대책법 제2조 1호의 핵물질을 말합니다. 그리고 방사성물질, 원자력안전법 제2조 5호의 방사성물질을 말하고, 원자력시설은 원자력시설 등의 방호 및 방사능 방재 대책법의 원자력시설을 말합니다.

　행위에서 1)까지 4)까지, 원자로를 파괴하여 사람의 생명·신체 또는 재산을 해하거나 그 밖에 공공의 안전을 위태롭게 하는 행위

　방사성물질 등과 원자로 및 관계 시설, 핵연료주기시설 또는 방사선발생장치를 부당하게 조작하여 사람의 생명이나 신체에 위험을 가하는 행위

　3) 핵물질을 수수·소지·소유·보관·사용·운반·개조·처분 또는 분산하는 행위를……

　4) 핵물질이나 원자력시설을 파괴·손상 또는 그 원인을 제공하거나 원자력시설의 정상적인 운전을 방해하여 방사성물질을 배출하거나 방사선을 노출하는 행위

　이 각 호에 해당하는 것이 핵물질에 해당합니다.

　그리고 4. "공공위해 인물"이란 위해단체의 조직원이거나 위해단체의 행위, 공공 등 위해 목적을 위한 행위—이하 "공공위해"라고 합니다—를 위한 자금 모금·기부, 기타 공공위해 예비·음모를 하였거나 하였다고 의심할 만한 상당한 이유가 있는 자를 말합니다.

　"공공위해 전투원"이란 공공위해를 실행·계획·준비하거나 위해단체에 참가할 목적으로 국적국이 아닌 국가의 공공위해단체에 가입하거나 가입하기 위해서 이동 또는 이동을 시도하는 대외국민을 말합니다.

　6. "공공위해 조직 자금"이란 위해단체가 국가·지방자치단체 또는 외국정부—외국정부는 조약에 의한 정부를 말합니다. 그리고 설립된 국제기구, 기구도 말합니다—의 권한행사를 방해하거나 의무 없는 일을 하게 할 목적으로 제3호의 어느 하나에 해당하는 행위에 사용하기 위해서 모집·제공·운반·보관한 자금이나 재산을 말합니다. 이렇게 유형적 행위에 관여한 것만 했습니다.

　7. "대공공위해 방지 활동"이란 공공위해 관련 정보의 수집, 공공위해 인물—그래서 "위해인물"이라고 하겠습니다—공공위해 전투원—이하 "위해전투원"이라고 하겠습니다—의 관리, 위해이용수단의 안전관리, 인원·시설·장비의 보호, 국제행사의 안전 확보, 공공위해에 대응 및 무력진압 등 공공위해 예방과 대응에 관한 제반 활동을 말합니다.

　8. "관계기관"이란 대 공공위해 방지 활동, 이하 "위해방지활동"이라고 합니다. 방지 활동을 수행하는 중앙행정기관과 그 특별지방행정기관, 부속기관 및

산하단체, 지방자치단체, 국고 및 지방재정을 지원하는 공공단체를 말합니다.

9. "공공위해 방지 조사"란 위해방지활동에 필요한 정보나 자료를 수집하기 위해서 현장조사·문서열람·시료채취 등을 하거나 조사대상자에게 자료제출 및 진술을 요구하는 활동을 말합니다.

4조, 국가 및 지방자치단체의 책무를 정하고 있습니다.

① 국가 및 지방자치단체는 공공위해로부터 국민의 생명·신체 및 재산을 보호하기 위해서 공공위해의 예방과 대응에 필요한 제도와 여건을 조성하고 대책을 수립하여 이를 시행하여야 한다, 이렇게 정하고 있습니다.

② 국가 및 지방자치단체는 제1항의 대책을 강구함에 있어 국민의 기본적 인권이 침해당하지 아니하도록 최선의 노력을 하여야 한다.

③ 이 법을 집행하는 공무원은 헌법상 기본권과 인권을 준수해서 이 법을 집행하여야 하며 헌법과 법률에서 정한 적법절차를 준수할 의무가 있습니다.

제5조(다른 법률과의 관계)는 이 법은 위해방지활동에 관해서 다른 법률에 우선해서 적용하는 것으로 하였습니다. 그러니까 테러방지활동에 관해서는 다른 법률에 우선해서 적용하는 것을 적고 있습니다.

6조(점검 및 보고) 국민안전처장관은 전반적인 공공위해 예방 및 대응 등 위해방지활동 업무 수행실태를 점검·평가한 보고서를 매년 국회에 정기회 개최 2주 전에 국회 안전행정위원회에 제출하여야 한다. 사후평가보고를 하고 있습니다.

② 제1항에 따른 점검·평가보고서는 관련 대응 기관 및 각 부처별로 위해방지 활동 및 이에 필요한 개별·구체적 업무 수행, 관련 예산 지출 사용 내역을 구체적으로 명시해서 제출하여야 한다, 이렇게 돼 있습니다.

제2장 국제 공공위해 방지기구를 얘기하겠습니다.

제7조(국가 공공위해방지위원회)입니다.

위해방지활동에 관한 정책의 중요사항을 심의·의결하기 위해서 대통령 소속으로 국가 공공위해방지위원회—여기에서 위해방지위원회라고 하겠습니다—를 둡니다.

공공위해방지위원회의 위원장은 국무총리가 됩니다. 그리고 위원은 국가안보실장, 이 법에 의해서 국회에 추천되는 감독관, 관계기관의 장 중 대통령령으로 정하는 자가 됩니다.

위해방지위원회는 다음 각 호의 사항을 심의·의결합니다.

'위해방지활동에 관한 국가의 정책 수립 및 평가, 위해방지활동에 관한 기본계획 및 중요 중장기 대책 추진사항, 위해방지활동에 관한 역할 분담·조정이 필요한 사항, 4호 기타 위원장 또는 위원이 위해방지위원회에서 심의·의결할 필요가 있다고 제의하는 사항'.

4항입니다. '그 밖에 위해방지위원회 구성·운영에 대해서 필요한 사항은 대통령령으로 정한다' 이렇게 정했습니다.

8조는 공공위해 대응센터, 새누리당의 대테러방지센터에 대응하는 조직입니다.

공공위해 대응센터, '위해방지활동과 관련해서 다음 각 호의 사항을 수행하기 위하여 국민안전처장관 소속하에 공공위해 대응센터를 둔다' 이렇게 되어 있습니다.

'1. 국내외 공공위해 관련 정보의 수집·분석·작성 및 배포

2. 국내외 공공위해 관련 정보의 통합관리 및 상황 전파

3. 공공위해 위험 징후 평가입니다. 공공위해 경보 발령입니다.

4. 공공위해방지활동 관련 업무분담 및 협조사항 실무 조정

5. 장단기 위해방지활동의 지침 작성 배포

6. 위해인물에 대한 추적 및 공공위해 방지 조사'

여기에 저희는 공공위해 대응센터에 위해인물에 대한 추적·조사권을 넣고 있습니다. 이것은 새누리당의 국정원장에게 주는 추적권·조사권의 취지와 다른 내용입니다.

'7. 국가 중요행사에 대한 공공위해 방지 안전대책 수립 시행

8. 위해안전위원회 회의 및 운영에 필요한 사무의 처리

9. 그 밖에 위해안전위원회에서 심의·의결한 사항'입니다.

2항 대응센터의 장은, 이것도 국민안전처장관입니다. 새누리당은 이를 대통령령으로 정하고 블랭크(blank)를 하고 있습니다.

3항입니다. 대응센터는 관계기관의 공무원으로 구성됩니다. 그 조직 및 정원은 대통령의 승인을 얻어서 국민안전처장관이 정합니다. 다만 파견공무원의 정원에 대해서는 미리 해당 파견공무원이 소속된 중앙행정기관의 장과 협의하여야 한다.

이래서 이 대응센터를 새로운 정보기구로 거듭나게 만드는 정부조직법의 병행 개정이 있을 것을 예상합니다. 그래서 여기에는 파견공무원의 정원에 관한 내용과 관계기관의 공무원의 구성에 관한 내용들이 담겨 있습니다. 여기에 얼마든지 국정원 직원들이 파견 나올 수 있습니다.

국정원 직원의 파견에 의해서 우선 부족한 정보능력이 보완되고 또 우수한 정보기관으로서 바뀔 수 있다고 하는 확신을 많은 전문가들로부터 받았습니다.

'대응센터의 조직·정원 및 소속 직원의 인적사항은 이를 공개하지 아니할 수 있다. 다만 국회 관련 상임위원회의 요구가 있을 경우에는 공개하여야 한다'.

제9조 위해방지활동 감독관실에 대해서, 감독관 이건 새누리당이 대테러센터에 인권감독관이라고 해서 만든 것에 조응되는 것입니다. 내용이 많이 다릅니다.

위해방지활동과 관련해서 국가기관 등이 수행하는 업무를 감독하기 위해서 위해방지활동 감독관실을 둡니다.

'2항 감독관실은 감독관 4명으로 구성하되, 선임감독관은 호선하고 그 임기는 1년으로 해서 중임할 수 없다. 선임감독관은 감독관실의 업무를 대표한다'.

감독관은 다음 각 호의 어느 하나에 해당하는 사람 중에서 국회의 추천을 받아서 대통령이 임명합니다.

말하자면 이것은 국회의 정보감독관인 것입니다. 이 경우 대통령이 소속되거나 소속되었던 정당의 교섭단체가 2인을 추천하고 그 외 교섭단체가 2인을 추천해서 여야 동수로 추천하도록 되어 있습니다.

공무원으로 10년 이상 재직하고, 2급 이상 또는 이에 상당하는 직에 3년 이상 재직하고 있거나 재직하였던 사람으로 관련분야 업무 경험이 5년 이상인 사람이 그 요건에 해당합니다.

'2. 대학이나 공인된 연구기관에서 부교수 이상 또는 이에 상당하는 직에 재직하고 있거나 재직하였던 사람

3. 변호사로 재직하고 있거나 재직하였던 사람으로 시민사회단체로부터 추천받은 사람'.

4항입니다. 감독관은 개방형 직위의 고위공무원단으로 보하고, 임기는 4년으로 하되 1회에 한해서 연임할 수 있습니다.

'감독관의 업무는 다음과 같다. 위해방지위원회 위원의 역할 수행, 대응센터 업무에 대한 감사 및 업무수행 감독, 3호 대응센터 업무에 대한 진정 및 비위사항의 조사·처리 및 비위공무원의 징계요구, 4호 대응센터 업무에 대한 국회 보고'.

6항입니다. '감독관은 자격정지 이상의 형을 선고받거나 심신상의 장애로 직무를 수행할 수 없는 경우를 제외하고는 그의 의사에 반하여 면직되지 아니한다'.

'7항 감독관실 지원을 위한 실무조직은 중앙행정기관 감사관에 준하도록 하고 기타 이 법에서 정한 사항 외에 감독관 운영에 관해서는 대통령령으로 정한다'.

3장 공공위해방지활동의 방법 및 절차에 관해서 말씀드리겠습니다.

10조입니다. 위해인물에 대한 정보수집입니다.

'공공위해인물에 대해서 국민안전처장관은 출입국·금융거래 및 통신이용 등 관련 정보를 수집할 수 있다. 이 경우 출입국·금융거래 및 통신이용 등에 관한 정보의 수집에 있어서는 출입국관리법, 관세법, 특정 금융거래정보의 보고 및 이용 등에 관한 법률, 통신비밀보호법의 절차에 따른다'.

또 뒤의 내용을 보고 말씀드리겠습니다.

'국민안전처장관은 제1항의 규정에 따른 정보 수집 및 분석의 결과 공공위해에 이용되었거나 이용될 가능성이 있는 금융거래에 대해 지급정지 등의 조치를 취하도록 금융위원회 위원장에게 요청할 수 있다.

국민안전처장관은 위해인물에 대한 개인정보—이건 개인정보 보호법에 해당하는 것입니다—위치정보, 개인정보 보호법 제2조 5호의 개인정보처리자와 위치정보의 보호 및 이용 등에 관한 법률 5조제7항에 따른 위치정보사업자에게 요구할 수 있다. 이 경우 요구를 받은 자는 특별한 사유가 없는 한 이에 응하여야 한다.

국민안전처장관은 위해방지활동에 필요한 정보나 자료를 수집하기 위해서 공공위해 방지 조사를 수행하면서 위해인물을 추적할 수 있다.

국민안전처장관은 제1항부터 4항까지의 업무 수행과 관련해서 정보 수집 및 정보 요구 건수, 조치 내역, 추적 내역을 매년 국회의 정기회 개회 2주 전에 소관 상임위원회에 보고하여야 한다'. 이것이, 5항이 아주 테러빙지법과 다릅니다.

그리고 테러빙지법은 부칙 조항으로 통비법을 개정하고 있습니다마는 여기서는 부칙 조항으로 통비법이나 특정 금융거래정보 보고 및 이용에 관한 법률의 개정을 하지 않고 그대로 적용하고 있습니다. 아까 말씀드린 것처럼 국민안전처장관은 고유한 특정 금융거래정보 보고 및 이용에 관한 법률상 FIU 접근권이 있습니다. 그리고 이제 10조 1호에 의해서 통신비밀보호법의 적용을 받도록 하면 테러방지를 위하여만이 아니라 테러방지를 위한 경우라 하더라도 공공안전, 국가안전보장에 상당한 위험이 예상되는 경우를 요건으로 해서 처리되게 됩니다.

그리고 아까 말씀드린 통신사업자에게 위치정보 요구권이나 개인정보 보호에 관한 요구권은 똑같이 규정되어 있고 추적권과 조사권도 똑같이 규정되어 있습니다. 다만 이것은 국민안전처장관이 장으로 되어 있는 위해대응센터에 권한이 있는 것이고—국정원이 아닙니다—그리고 그것은 철저히 사후 통제를 받도록 되어 있습니다. 국정원이 이를 행사함으로써 사후 통제를 전혀 받지 못하는 것과는 크게 다릅니다.

●부의장 이석현 이종걸 원내대표님, 7시간 20분 동안 참 고생이 많으십니다. 잠시 몸을 푸실 동안 제가 국민 여러분께 인사말씀 한 마디 드리겠습니다.

저는 지난 9일 동안 이 필리버스터를 진행하면서 정말 행복했습니다. 몸은 다소 힘들어도 지금도 견딜 수 없을 정도는 아니고 그리고 국민과의 소통으로 형언할 수 없는 감동이 가슴 속을 꽉 메우고 있습니다.

애초에 필리버스터의 시작은 지연 전술이었습니다. 그러나 테러방지법을 비켜서 오솔길로 가다 보니까 뜻밖에 거기서 국민을 만났습니다. 그리고 국민은 정치를 미워하는 줄만 알았는데 정치에 대한, 정치와의 소통에 목말라 있었습니다.

이번 이 필리버스터가 국민들께서 국회에 대한 노여움을 씻어 내시고 그리고 정치 무관심의 빗장을 푸는 소중한 계기가 되기를 바랍니다. 저희 여야가 모두 국민의 기대에 부응하기 위해서 힘쓰겠습니다.

민주주의를 위한 행진은 이것이 끝이 아니고 새로운 시작입니다. 길이 끝난 곳에 새 길이 있기 마련입니다. 새로운 길은 내비게이션 안내도 안 나오지만 무한한 도전으로 저희가 새 길을 개척해 나가면서 민주주의 역사를 전진시키겠습니다. 우리 모두가 그 일을 해내겠다는 약속을 드립니다.

감사합니다.

이종걸 대표님.

● **이종걸 의원** 고맙습니다.

11조에는 공공위해 예방을 위한 안전관리대책을 수립, 규정을 하고 있습니다.

1항은 '관계기관의 장은 대통령령이 정하는 국가중요시설과 많은 사람이 이용하는 시설 및 장비,—이것은 위해대상시설이라고만 하겠습니다—장비와 위해이용수단, 국가 중요 행사에 대한 안전관리 대책을 수립하여야 한다.

② 제1항의 규정에 의한 안전관리대책의 수립·시행에 필요한 사항은 대통령령으로 정한다.'

제12조(공공위해 취약요인 사전제거)입니다.

'① 위해대상시설 및 위해이용수단의 소유자 또는 관리자는 보안장비를 설치하는 등 공공위해 취약요인 제거를 위해서 노력하여야 한다.

② 국가는 제1항의 사업을 수행하는 소유자 또는 관리자에게 필요한 경우 그 비용의 전부 또는 일부를 지원할 수 있다.

③ 제2항의 규정에 따라서 지원되는 비용의 대상·기준·방법, 절차 등 필요한 사항은 대통령령으로 정한다.

④ 국민안전처장관은 제2항의 업무 수행에 필요한 지원 비용을 매년 국회의 정기회 개회 2주 전까지 소관 상임위원회에 보고하여야 한다.' 이렇게 규정되어 있습니다.

제13조(공공위해 선동·선전물 긴급 삭제 등 요청)에 관한 규정입니다.

'① 관계기관의 장은 공공위해를 선전·선동하는 글 또는 그림, 상징적 표현물, 공공위해에 이용될 수 있는 폭발물 등 위험물 제조법 등이 인터넷이나 방송·신문, 게시판 등을 통해 유포될 경우 실질적 해악을 일으킬 위험성이 있다고 판단할 시 해당기관의 장에게 긴급 삭제 또는 중단, 감독 등의 협조를 요청할 수 있다.

② 제1항의 협조를 요청받은 해당기관의 장은 필요한 조치를 취하고 그 결과를 관계기관의 장에게 통보하여야 한다.

③ 국민안전처장관은 제1항의 업무 수행으로 인해 긴급 삭제하거나 중단 등 협조 요청한 내역을 매년 국회의 정기회 개회 2주 전까지 소관 상임위원회에 보고하여야 한다.

④ 긴급삭제 등 제2항에 따른 조치에 대한 이의절차는 정보통신망 이용촉진 및 정보보호 등에 관한 법률의 예에 따른다.

제14조(위해전투원에 대한 규제) ① 관계기관의 장은 위해전투원 또는 위해전투원이 되기 위해 출국한다고 의심할 만한 상당한 이유가 있는 내·외국인에 대하여 출국금지를 법무부장관에게 요청할 수 있다.

② 제1항에 따른 출국금지 기간은 90일로 합니다. 다만, 출국금지를 계속할 필요가 있다고 판단할 상당한 이유가 있는 경우에 관계기관의 장은 그 사유를 명시해서 연장을 요청할 수 있다.

③ 관계기관의 장은 위해전투원으로 가담한 자에

대해서 여권법 제13조에 따른 여권의 효력 상실 및 같은 법 제12조제3항에 따른 여권의 재발급의 제한을 외교부장관에게 요청할 수 있다.

④ 국민안전처장관은 제1항의 출국금지 요청 내역과 제3항에 따른 요청 내용을 매년 국회의 정기회 개회 2주 전까지 소관 상임위원회에 보고하여야 한다.', 소관 상임위는 안전행정위원회입니다.

제15조(관계 기관 등에 대한 협조 요청)입니다.

'① 국민안전처장관은 위해방지활동 업무수행과 관련하여 관계기관의 장에게 필요한 협조를 요청할 수 있다.

② 제1항에 따라 협조를 요청받은 기관은 특별한 사유가 없으면 이에 따라야 한다.'

지금까지는 공공위해 선동·선전물 또 물적·인적 시설에 대한 조치를 했습니다.

제4장 공공위해 신고 포상 및 피해 지원

제16조(신고자보호 및 포상금) ① 국가는 공공위해에 관한 신고자, 범인검거를 위해 제보하거나 검거활동을 한 자 또는 그 친족 등을 특정범죄신고자 등 보호법에 따라서 보호하여야 합니다.

② 관계기관의 장은 공공위해의 계획 또는 실행에 관한 사실을 관계기관에 신고하여 공공위해를 사전에 예방할 수 있게 하였거나, 공공위해에 가담 또는 지원한 자를 신고하거나 체포한 자에 대하여 대통령령이 정하는 바에 따라 포상금을 지급할 수 있습니다.

'제17조(공공위해 피해의 지원) ① 공공위해로 인하여 신체 또는 재산의 피해를 입은 국민은 관계기관에 즉시 신고하여야 한다.

다만, 인질 등 부득이한 사유로 신고할 수 없을 때에는 법률관계 또는 계약관계에 의하여 보호의무가 있는 자가 이를 알게 된 때에 즉시 신고하여야 한다.

② 국가 또는 지방자치단체는 제1항의 피해를 입은 자에 대하여 대통령령이 정하는 바에 따라서 치료 및 복구에 필요한 비용의 전부 또는 일부를 지원할 수 있다."……

● **부의장 이석현** 이종걸 대표님, 말씀하시는 중에 미안합니다. 제가 사회 교대할 시간이 됐습니다.

열심히 하십시오.

(이석현 부의장, 정의화 의장과 사회교대)

● **이종걸 의원** '다만, 여권법 제17조제1항 단서에 따른 외교부장관의 허가를 받지 아니하고 방문 및 체류가 금지된 국가 또는 지역을 방문·체류한 자에 대해서는 그러하지 아니하다.

③ 제2항의 규정에 의한 비용의 지원 기준·절차·금액 및 방법 등에 관하여 필요한 사항은 대통령령으로 정한다.'

제18조(특별위로금) ① 공공위해로 인하여 생명의 피해를 입은 자의 유족 또는 신체상의 장애 및 장기치료를 요하는 피해를 입은 자에 대해서는 그 피해의 정도에 따라서 등급을 정해서 특별위로금을 지급할 수 있습니다.

다만, 여권법 제17조제1항 단서에 따른 외교부장관의 허가를 받지 아니하고 방문 및 체류가 금지된 국가 또는 지역을 방문·체류한 자에 대해서는 그러하지 아니합니다.

② 제1항의 규정에 의한 특별위로금의 지급 기준·절차·금액 및 방법 등에 관해서 필요한 사항은 대통령령으로 정합니다.

5장 벌칙입니다.

제19조(위해단체 구성죄 등) ① 위해단체를 구성하거나 구성원으로 가입한 자는 다음 각호의 구분에 따라 처벌합니다.

수괴(首魁)는 사형·무기 또는 10년 이상의 징역입니다. 공공위해를 기획 또는 지휘하는 등 중요한 역할을 맡은 자는 무기 또는 7년 이상의 징역입니다. 타국의 위해전투원으로 가입한 자는 5년 이상의 징역입니다. 그 밖의 자는 3년 이상의 징역입니다.

② 공공위해 조직 자금임을 알면서도 자금을 조달·알선·보관하거나 그 취득 및 발생 원인에 관한 사실을 가장하는 등 위해단체를 지원한 자는 10년 이하의 징역 또는 1억 원 이하의 벌금에 처합니다.

③ 위해단체 가입을 지원하거나 타인에게 가입을 권유 또는 선동한 자는 5년 이하의 징역에 처합니다.

④ 제1항 및 제2항의 미수범은 처벌하고, 제1항 및 제2항에서 정한 죄를 범할 목적으로 예비·음모한 자도 처벌하고요.

형법 등 국내법에 죄로 규정된 행위가 제2조의 공공위해에 해당하는 경우에 해당 법률에 따라 또 처벌하는 것입니다.

제20조 무고·날조는, 이건 새누리당이 저희 당 안을 가지고 취사선택했다고 하는 겁니다. 이걸 받아들였는데 한번 들어 보시기 바랍니다, 이게 무슨 그렇게 중요한 규정인지.

① 타인으로 하여금 형사처분을 받게 할 목적으로 이 법의 죄에 대하여 무고 또는 위증을 하거나 증거를 날조·인멸·은닉한 자는 그 각 조에 정한 형에 2분의 1을 가중해서 처벌합니다.

2분의 1 가중처벌입니다. 그런데 2분의 1 가중처벌은 하한형·상한형이 다 마찬가지이기 때문에 하한형의 경우에는 2분의 1이라는 게 큰 의미가 없습니다.

'② 범죄수사 또는 정보의 직무에 종사하는 공무원이나 이를 보조하는 자 또는 이를 지휘하는 자가 직권을 남용해서 제1항의 행위를 한 때에도 제1항의 형과 같다. 다만, 그 법정형의 최저가 2년 미만일 때에는 이를 2년으로 한다.' 하고 있습니다.

세계주의, 21조에는 대한민국 영역 밖에서 범한 외국인에 대한 것도 국내법을 적용하는 것으로 했습니다.

부칙은 새누리당 안과 다르게 통비법과 특정 금융거래정보 이용에 관한 법률의 개정 내용이 없습니다.

이 법이 완전히 무시됐고, 또 저희 당이 제공하는 테러방지의 효과적인 방법, 효과적인 규범·법률이

있는지조차 국민들은 알지 못하시기 때문에 이 내용을 제가 꼼꼼히 읽어 드렸습니다.

어떠십니까? 새누리당 안을 또 읽어 드릴까요?

(「예」하는 의원 있음)

새누리당 안은 정말 읽을 수 없을 정도로 참혹합니다.

아까 제가 설명한 내용들이 독소 조항 내용이고 그리고 또 사실조사권과 추적권 그리고 개인정보와 위치정보에 대한 요구권—통신사업자에 대한 것입니다—그것은 국정원이 그것을 전단적으로 행사할 것이 문제이지 저희 당의 법에도 위기대응센터에 그 내용들을 그대로 적용하고 있습니다.

이것은 사실 이전에 노무현 정부 때 대테러지침으로 만들어서, 법률이 아니지만 사실상 테러기구들의 하나의 규범으로, 법률과 같은 정도의 수준으로 진행하고 있었던 그런 법입니다.

그것을 법으로 한 것이고요, 다만 그 구조를 새누리당은 짝퉁의 비상대책위원회와 테러대책센터로 하고 있을 뿐 사실 그 권한에 대한 주소지도 없고 불명확하고, 또 과연 얼마나 부여할지도 모르는 정도의 짝퉁 위원회와 센터인 반면에 사실상 그 뒤에 붙어 나오는 국정원에 권한을 주는, 모든 권한은 국정원으로 집중되어 있는 법이라는 것이 다를 뿐입니다.

말하자면 테러방지를 위한 효과적인 국가적 수단을 사후에 통제하거나 사전에 적정한 절차에 의해서 진행될 수 있는 조건을 부여하는 한 공공 위해 단체법도 모두 국가기관에게 제공되어 있는 것이고, 다만 새누리당은 그것이 국정원에 집중되고 있다는 것뿐입니다.

그리고 또 하나 다른 점은 감청에 대해서 저희 당 법은 기존의 통신비밀법상의 감청제도를 그냥 활용하는 것이나 새누리당의 국정원 테러빙자법은 그 통신비밀법의 감청 조항마저도 개정해서 국정원이 마음대로 거의 제한 없이 감청할 수 있도록 하는 그런 법의 내용을 가지고 있다는 것을 말씀드립니다.

그래서 세 번째로는……

결론적으로 말씀드리면 새누리당이 강행하는 테러방지법은 국정원을 위한 테러방지법이고 국민을 위한 방지법이 아니라 국민의 금융정보, 통신정보 등을 무한대로 접근할 수 있도록 하는 법이라는 점을 다시 한번 거듭 강조드리고요.

우리나라 기존의…… 국정원만을 삭제하게 된다면, 국정원의 일탈을 허용하는 테러방지법은 정부부처 간의 견제와 균형의 원리에 따라서 적극적으로 수정해야 되는데 그것만 된다면 이미 대한민국은 다른 나라들이 가지고 있는 정도의, 선진국들이 가지고 있는 정도의 상당한 반테러법제화 시스템을 보유하고 있습니다.

불심검문, 전화·통신매체에 대한 감청 그리고 광범위한 정보수집이 이미 이루어지고 있습니다. 현행 경찰관 직무집행법상의 불심검문은 모든 국민을 잠재적인 범죄자로 상정해서 언제든지 이루어질 수 있기 때문에 상당한 비판의 대상이 되고 있는 것 아니겠습니까?

이것은 테러방지에…… 정보수집을 벗어난 수사단계에 있어서 활용될 뿐만 아니라 테러에 있어서도, 심층적인 정보수집에 있어서도 활용될 수 있는 제도입니다. 외국 정부 및 수사기관과의 공조를 통해서 사실상 테러방지를 위한 사전예방 시스템이 촘촘하게 구축되어 있는 것입니다.

현재의 법제화 시스템으로도 뉴테러리즘에 대해서 능동적으로 대처할 수 있는 만큼 새누리당이 별도의 테러방지법을 제정하는 것은 헌법상 중요한 원칙 중의 하나인 비례의 원칙에 반하는 것이다라고 이렇게 감히 말씀드립니다.

테러행위를 방지하고 처벌할 법률이 필요하다면 기존의 형법과 경찰법제로 대체할 수 있는 부분을 명확히 검토하고 이에 전문가들의 충분한 토론과 논의를 거치는 것이 필요합니다.

또 테러방지라는 미명 아래 국민의 자유와 기본권이 제약받을 우려가 높은 만큼 테러방지법 제정의 필요성에 대해서 정부와 국가정보원은 막대한 입증 책임을 져야 하는 것이 분명합니다. 당연한 것입니다. 국민적 의혹 해소에 최선을 다해야 할 것입니다.

그리고 새누리당의 테러방지법은 헌법상 원리에 부합하도록 수정해야 합니다. 2008년 테러지원국에서 해제됐음에도 불구하고 한반도 분단 상황 속에서 '테러=북한, 북한=테러'라는 인식이 팽배합니다. 테러방지법이 제2의 국가보안법으로 전락할 위험성이 다분한 것은 아까 말씀드린 바와 같습니다.

그러나 북아일랜드 문제를 대화와 타협을 통해서 해결해서 테러를 종식한 영국, 강경책으로 일관하면서 테러가 끊이지 않은 이스라엘, 이 두 국가의 사례를 통해서 테러방지의 근본적인 해법을 모색해야 될 때라고 생각합니다.

그에 적극적으로 동의하고, 야당이 이 법에 대한 수정과 유예를 한다면 테러방지를 위해서 저희는 적극적으로 협조하고 더 우수하고 더 분명한 테러방지를 위한 시스템과 그 시스템에 대한 설계를 내놓을 자신이 있음을 말씀드립니다.

이러한 다양한 원칙에도 부합하고 효과적인 테러방지를 위해서 우리 당은 국제 공공위해단체 및 위해단체 행위 등의 금지에 관한 법률안을 아까 말씀드린 것처럼 대안으로, 저희 당의 테러방지법의 규범으로 제안했던 것입니다.

최근 프랑스 파리에서 일어난 이슬람 극단 무장단체 IS의 테러리즘에서 보듯 테러리즘은 시민들의 삶에 대한 무자비하고 무차별적인 테러를 통해서 서민들을 공포로 몰아넣는 것이 특징입니다.

테러리즘으로부터 국민의 생명권과 재산권을 지켜 내고 공공의 안전을 보호하는 것은 국가의 당연한 의무입니다. 그렇기 때문에 테러는 사적 문제가 아니라 공공의 문제입니다. 공공안전에 관한 문제입니다.

그래서 우리는 '공공 위해'라는 말을 씁니다. 그냥 '테러'라는 단어를 쓰는 견해도 있겠습니다만 테러가

가지고 있는 다의적 개념을 우리는 분명히 하기 위해서 공공영역에서의 피해 그리고 국민 전체가 피해를 보는 테러리즘, 국민 전체가 피해를 본다면 약자가 더 많이 보겠습니까, 강자가 더 많이 보겠습니까? 대부분의 테러리즘의 피해자도 사회적 약자인 것입니다.

감히 말씀드리건대 테러리즘에 대한 저항과 테러리즘에 대한 해결책은 사실 새누리당이 가지고 있는 것이 아닙니다. 공공의 문제, 사회적 약자의 문제, 사회적 어려운 처지에 놓여 있는 자들에 주로 해당되고 있는 이 문제는 우리 당의 문제라고 저희는 생각하고 있는 것입니다. 그렇기 때문에 테러방지법을 반대한다고, 테러방지법을 수정을 요구한다고 국민들에게 '테러방지를 방해하고 있다'고 하는 새누리당의 주장은 함께 정치하는 파트너십을 전혀 가지고 있지 못한 아주 후안무치한 주장이다라는 것을 이 자리에서 말씀드립니다.

그러면 제가 '공공위해단체 및 위해단체 행위 금지에 관한 법'을 소개시켜 드렸습니다만 저희는 백번을 양보해서 이 직권상정된 새누리당안을 토대로 또 수정안까지 마련했습니다.

수정안은 아시다시피 원안의 부수적인 안으로서 명칭이나 기타 개념에 있어서 원안의 내용을 일탈하게 되면 수정안으로서 처리되기 어렵습니다. 그러니까 말하자면 법도 바꾸고, 법도 새누리당에 맞추고…… 아, 법 이름도 맞추고, 또 아까 말씀드린 여러 체계에 관한 것들은 모두 다 새누리당에 맞추어서 수정안을 만들었습니다. 이런 수정안이 있음에도 불구하고 새누리당은 우리의 수정안을 모두 다 받아들였으니, 이것은 새누리당안에 저희 당안을 다 첨가시킨 종합안이기 때문에 직권상정해서 처리함이 마땅하다라고 하는 또 다른 후안무치한 주장을 우리는 그대로 넘겨드릴 수가 없는 것입니다.

그래서 수정안의 내용을 간단히 말씀드리면, 목적에 있어서 "이 법은 이 법에서 정한 테러 행위에 대한……—저희가 위해, 공공 위해 행위도 바꾸었습니다. 그러니까 '공공 위해 단체 및 위해 행위'도 그냥 '테러'라는 이름으로 수용해서 수정안을 만들었던 것입니다—예방 및 대응활동 등에 대해서만 이 법에서 정한 바에 따라 엄격히 적용되어야 하며, 대한민국 국민의 권리행사 또는 외국인의 대한민국 또는 대한민국의 국민에 대한 권리행사를 제한하는 근거로 활용될 수 없다."라고 하는 2항을 첨가하는 것으로 수정안을 만들게 됐습니다.

그리고 새누리당의 정의에 "'테러단체'란 유엔이 지정한 테러단체를 말한다." 이렇게 돼 있는데, 그것을 테러단체란 "공공을 비롯한 세계 각 국가의 국민들에 대한 살인·폭행·납치 등 직접적인 위해로써 안보 위협 등 정치적인 목적을 달성하기 위해서 조직·결성된 국가단위의 수준에 이르지 않는 단체로서 과거 테러 행위로 인하여 유엔안전보장이사회 산하 UN ISIL/알카에다 제재위원회가 지정한 단체 중 국가테러대책위원회에서 지정한 단체"를 말한다." 이렇게 테러단체를 좀 더 내용성 있게 명확한

내용으로 추가했습니다. 테러위험인물이란 '조직원이거나'를 '조직원인자'로서 이렇게 바꾸는 것으로 했습니다.

그리고 '대테러활동의 관련 정보의 수집, 테러위험인물의 관리, 테러에 이용될 수 있는 위험물질 등 테러수단의 안전관리, 인원·시설·장비의 보호, 국제행사의 안전 확보'를 '테러위험인물 관련 정보의 수집, 테러에 이용될 수 있는 위험물질 등 테러수단의 안전관리, 인원·시설·장비의 보호' 이렇게 좀 간략화했습니다.

그리고 8호의 '대테러조사'는 삭제했습니다.

지금 저희가 이렇게 장황하게 수정안을 말씀드리고 있습니다.

모든 법을 이렇게 하고 있습니다. 국회의 실무를 아시는 분들에게는 말씀할 필요는 없습니다. 그러나 오늘 방청객 여러분 그리고 국민들이 보고 계시기 때문에 제가 이 국회에서 하는 시스템을 불러 드리는 것입니다. 그러면 왜 불러 드릴까요? 이것을 거치지 않은 것입니다. 그러니까 지금 직권상정된 법은 이런 통상적인 국회의 심의 절차, 축조심의 절차를 거치지 않았습니다.

우선 국회 정보위원회에서 대체토론을 거쳐서 소위에서 이렇게 아주 심도 있는 각 조문별 축조심의를 하게 됩니다. 다만 새누리당의 직권상정된, 불법으로 직권상정된 새누리당의 테러빙자법은 정보위에 있습니다. 그러나 우리의 공공 위해 단체 및 위해 단체 행위 등의 금지에 관한 법률안은 안전행정위에 제출돼 있습니다. 그러니까 이것을 통합 심사하는 절차가 필요합니다. 통합 심사 절차조차 한 번도 이행되고 있지 않았다는 그 사실 하나만으로 이 법은 법으로서 제대로 자격을 갖추지 못한 법입니다.

그래서 제가 여기서 부득불 통상적인 법률들이 성안되는 과정의 절차를 제가 재현하고 있는 것입니다.

좀 장황하게 보입니다만 그렇게밖에 할 수 없는 저의 지금 조건을 이해해 주시면 고맙겠습니다. 만약에 모니터에 이것이 띄워질 수만 있다면 그냥 바로 양쪽을 비교하면서 서로 말씀드릴 수 있다는 점입니다. 그러나 그것이 이번 무제한 토론 절차에는 채택이 되지 않았습니다. 안타깝습니다. 그래서 이렇게 하고 있습니다.

이 법은 이런 최소한의 입법 절차마저도, 이 절차는 국회법에 있습니다. 국회법의 이런 절차도 없이 직권상정 된다는 것은 절차상으로도 정말 요건을 흠결한 법이라는 것을 말씀드립니다.

이런 완성도가 떨어지고 이런 부실하고 이런 흠 많은 법을 직권상정해서 바로 이 필리버스터만 중단되면 또는 회기가 지나면 이것을 다수당의 위력으로 그야말로 단순적인 득표의, 의석수의, 다수의 힘으로 통과시켜 버리려고 하는 것입니다.

어떻습니까, 국민 여러분? 이게 과연 통과돼야 될 법입니까?

4조에 단서를 신설했습니다. '법률에 우선하여 적용한다'를 '집회 및 시위에 관한 법률 제2조제1호·2호에 해당하는 행위에 대해서는 이 법을 적용하지 아니한다'로

우선 적용해 집회시위법은 제한하도록 했습니다.

'국가테러대책위원회, 대통령령으로 정하는' 내용을 '대통령령으로 정하는 자, 이 법에 의해서 국회에서 추천하는 인권보호관으로' 해서 좀 더 정확하게 했습니다.

또 테러단체의 지정 및 해제에 대해서 신설했습니다.

대테러센터에 관해서 새누리당안의 내용은 '국가 대테러활동 관련 임무 분담 및 협조사항' 해서 2호·3호·4호가 돼 있는데 그 내용을 아까 말씀드린 법의 내용으로 대체했습니다. 그러니까 '국가 대테러활동 관련 임무 분담 및 협조사항 실무 조정, 장단기 국가대테러활동지침 작성 배포, 테러경보 발령, 국가 중요행사 대테러안전대책 수립, 대책위원회 회의 및 운영에 필요한 사무의 처리 이렇게 6호까지 돼 있는 것을 1호에서부터 8호까지 개정했는데요. 이것도 왼편에 있는 새누리당안보다 훨씬 명확하고 대테러센터의 업무에 적합한 내용들로 정해져 있습니다.

1호 '국내외 테러 관련 정보의 수집·분석·작성 및 배포', 2호 '국내외 테러 관련 정보의 통합관리', 3호 '테러 위험 징후 평가 및 테러경보 발령 및 상황 전파', 4호 '관계기관의 대테러활동에 대한 기획·조정', 5호 '장단기 테러방지활동의 지침 작성·배포', 6호 '국가 중요행사에 대한 대테러안전대책 수립 시행', 7호 '대책위원회 회의 및 운영에 필요한 사무의 처리', 8호 '그밖에 대책위원회에서 심의 의결한 사항'

그리고 2항을 신설했습니다. '대테러센터의 장은 총리실 소속 정무직 공무원이 된다' 이게 국민안전처장관이 당초에 저희 안으로 있었습니다만 새누리당의 수정안으로 하기 위해서 '총리실 소속 정무직 공무원으로 한다' 이렇게 저희들이 양보하고 바꿨습니다.

4항 단서 신설입니다. 4항 단서는 '대테러센터 소속 직원의 인적사항을 공개하지 아니할 수 있다'를 '다만 국회 관련 상임위원회의 요구가 있을 경우에는 공개하여야 한다.'라고 해서 공개에 대한 예외 조항을 단서로 적었습니다.

그리고 3항 '대테러센터의 조직·정원 및 운영에 관한 사항은 대통령령으로 정한다' 그런 단서를 신설했습니다만 그 단서는 '다만 국가정보원 파견 공무원의 경우 파견 즉시 국가정보원의 직을 사임해야 한다' 이것은 검찰이 청와대에 파견 오거나, 지금도 국가정보원 직원이 다른 직에 파견 나갈 때 국가정보원의 지위를 그대로 유지하는 것이 부적절하기 때문에 사임하는 일반적 예를 따른 것에 불과한 것입니다.

이런 조항들이 새누리당안에는 없습니다. 그냥 관계 공무원의 구성으로 한다라고 되어 있지 도대체 이것을 어떻게 운영할 것인지……

그래서 보면 사실 새누리당안도 직권상정에 대비하지 못한 안입니다.

예전에 직권상정을 빈발하게 하던 때가 있었습니다. 국회법이 선진화법에 의해서 개정되면서 직권상정이 아주 어렵게 됐던 것입니다.

좀 말씀드리면……

이것을 다 하고 좀 할까요. 중간에 말씀을 좀, 이것을 다

하고 하겠습니다.

그러니까 파견 나왔을 때의 그 규정이나 이런 것들이 다 3항의 단서에 정확하게 우리 수정안으로 제시되어 있습니다.

4항, 대테러센터 소속의 직원의 인적사항을 전혀 공개하지 않는 것으로 되어 있는데……

국민 여러분, 판사의 직을 공개하지 않습니까? 경찰직을 공개하지 않습니까? 이게 국가정보원의 정보수집활동을 한다는 미명 하에 국가정보원이 대테러 업무를 전담하는 그런 폐해로 대테러기구의 인적사항을 공개하지 않게 되는 것입니다.

그러나 이 대테러센터로 업무를 이관했을 때는 가능해지는 것입니다. 그래서 국회 관련 상임위원회의 요구가 있을 경우에는 공개하여야 한다라고 해서 이 대테러기구의 권한 남용을 방지할 수 있는 기구를 만들었던 것입니다.

그러면 여기서 잠시 끊고, 지금 이 법이 직권상정으로 제기되어서 이렇게 국민들과 국회를 힘들게 하고 있다는 그 절차에 관해서 제가 좀 말씀을 올리겠습니다.

지난번 국회법에는 직권상정이 비교적 용이하게 되어 있었습니다. 그런데 국회법이 개정되면서 이름하야 선진화법이란 이름으로 일부 개정되면서 직권상정이 이렇게 요건이 어려워지고 직권상정은 천재지변, 전시·사변 또는 이에 준하는 국가비상사태로 딱 못이 박혀 있습니다. 그리고 양당의 교섭단체가 합의한 경우로 되어 있습니다.

예전에 이만섭 국회의장 시절에는 직권상정이 이것보다 훨씬 용이했습니다. 그 용이한 때에도 이만섭 국회의장은 직권상정을 하지 않음으로써 국회의 권위를 올렸던 것입니다. 대신 이 선진화법에는 직권상정을 이렇게 어렵게 하는 대신에 예산과 예산부수법률에 대해서는 자동상정하게 되어 버렸습니다.

여러분, 국회가 하는 일이 법률의 제정과 예산의 처리입니다. 물론 예산안은 법률안과 다른 1년 효과를 가지고 있는 별도의 규범입니다만 국가재정의 기준이 되는 일종의 중요한 규범입니다. 이것은 국회에 부여되어 있습니다만 국회가 가지고 있는 권한은 심의권과 감액권만 가지고 있습니다.

그러나 매년 이루어지고 있는 국회 심의 의결과정에서 여야의 대립으로 항상 예산 처리기한을 도과하는 그런 예가 반복되면서 국가재정운용계획을 원활하게 처리하는 데 어려움이 있다는 지적이 있었던 것도 사실입니다.

그래서 선진화법에서 국회 예산부수법률은 자동상정하게 했습니다. 그러나 나머지 일반법, 예산부수법률이 아닌 법은 이렇게 직권상정은 여당의 다수당의 입장에 의해서도 직권상정을 할 수 없게 되어 있고 또 무단으로 처리할 수 없게끔 되어 있는 요건들이 강화되어 있는 상태입니다.

그래서 사실 이 대테러법이 어떻게 국회에 오게 됐는가에 대한 경위를 말씀드리기 위해서, 그 말씀은 직권상정과 자동상정에 이어져 있기 때문에 좀 설명을 드리고자 합니다.

지난번 12월 10일 국회 예산을 처리하는 때가

있었습니다. 그때 다수 여당은 예산을 앞둔 시기에는 자동상정과 예산부수법률을 자동처리할 수 있는 권한을 가지고 있기 때문에 완전한 권한의 우위를 가지고 있습니다. 그래서 야당이 좀 반대하면 아무 말도 안 합니다. 그러다가 한꺼번에 그냥 자동상정시켜 버립니다, 시간만 되면.

그리고 여러분, 법인세법이라는 게 있습니다. 지금 여야가 아주 팽팽하게 맞서 있는 예산부수법률로서의 법인세법은 어떤 법보다도 중요한, 나라 정책과 국가 정책에 아주 맞물려 있는 법입니다. 아시다시피 지금 몇몇 대기업들은 600조가 넘는 사내유보를 쌓고 있습니다. 중소기업과 대부분의 대기업들은 어려움을 겪고 있습니다. 600조를 쌓은 대기업이 중소기업에 비해서 여러 가지 우위를 가지고 또 더 좋은 조건을 가지고 그리고 더 많은 시장적 지배력을 가지고 그리고 더 많은 힘을 가지고 우리나라에서 중소기업과 대기업 사이의 양극화의 주원인이 되어 있습니다. 그렇기 때문에 저희 더불어민주당은, 다른 여러 가지 대기업에 대한 요청이 있습니다만 가장 핵심적이고 중요한 것은 법인세 세제에 관한 개정입니다. 법인세의 형식적 세율을 높이고 또 각종의 조세감면제도를 완화해서 중소기업과 대기업 간의 조세형평성을 이룩하려고 하는 것입니다. 굳이 외국에서도 법인세에 대한 부자감세제도를 도입하지 않는다 하더라도 우리의 경우에는 너무 불평등한 법인세 구조를 가지고 있기 때문에 그런 형평성 정도만을 유지하도록 하는 법의 원칙을 적용한다 하더라도 이 법인세는 대폭 개정되어야 합니다.

그런데 여야 협상 과정에서 법인세의 '법' 자도 꺼내지를 못합니다. 그래서 모든 것을 양보해서, 그때 협상 과정에서 거의 대부분을 양보해서 '법인세 정상화'라는 말을 하나 협상 과정의 협상의 의제로 넣었습니다. 그것은 기타 다른 여러 가지 저희들이 주장하는 내용들을 포기하고 여당의 주장 내용들을 받아들여 준 결과입니다. 그런데 올해 예산 과정에서 법인세의 '법' 자도 꺼내지 못하고 그냥 정부 여당의 방식대로 통과되어 버렸습니다.

예산도 사실 390조의 예산을 심의하는 과정을 겪었습니다만 대부분의 경우 정부가 원하는 그 방식에 야당은 따라갈 수밖에 없습니다. 왜냐하면 국회선진화법에 예산의 경우에 자동상정되는 것이 정해져 있기 때문에 그렇습니다. 우리 주장에 한계가 있기 때문에 그렇습니다. 그 과정에서 테러방지법이 들어왔습니다. 예산 자동상정을 압박하면서 테러방지법 처리하겠다는 것입니다.

저는 물론 이 테러방지법을 법 자체의 이름 자체가 테러방지법이 아닙니다. 이거는 테러빙자법 아니겠습니까? 테러빙자법, 테러빙자법을 내놓았습니다. 국정원의 테러빙자법을 예산을 무기로 삼아서 예산 심의를 저희가 하자고 그러면 여당은 불성실하게 대응하면서 또 테러빙자법을 내 놓습니다. 다른 법을 또 내놓습니다, 필요한 법을. 그러면 우리는 테러빙자법에 대한 입장을 또 바꿀 수밖에 없습니다. 또 예산 하다가 말 안 들으면 또 테러빙자법 내놓습니다. 결국 정해진 시기에 예산을 자동상정하는 것을 할 수 없었기 때문에 가합의, 반합의,

여당 중심의 예산 합의를 했습니다만 그래도 조금은 야당의 입장을 들어 준 그런 안에다가 지난번 정기국회 내에 테러빙자법을 합의 후 처리한다 이렇게 합의를 했던 것입니다.

물론 저희는 이 법을 내면서 테러빙자법이라 하더라도 국민들이 알고 있는 테러방지법을 우리 당은 거부하고 새누리당은 찬성한다면 그거는 얼마나 불리한 내용이겠습니까? 사실은 그게 아니지 않습니까? 저희들은 테러방지법을 반대하는 것이 아니라 테러방지법 안에 있는 국정원의 독소 조항을 반대하는 것 아니겠습니까? 그래서 우리는 테러방지법은, 테러방지법은 찬성한다. 그러나 우리 방식의 테러방지법이 있다. 우리 방식의 테러방지법은 국정원의 독소 조항이 없는 테러방지법이다라고 해서 저희들 안을 냈습니다만 그러나 이 논의에 끌려 들어오는 것은 어쩔 수 없는 것이었습니다. 그래서 지난 12월 10일 예산을 통과시키면서 테러방지법을 정기국회 내에 합의 후 처리한다 이렇게 됐습니다.

테러방지법이었습니다, 그때는 이름이. 저는 그때 이것이 얼마나 큰 실수였는지를 그때야 알았습니다. 우리 의총 과정에서 의원님들께서 거의 사색이 된 얼굴로, 공포가 된 얼굴로 저에게 지적해 주셨습니다. 테러방지법을 정기국회 내에 합의 후 처리한다 그 조항이 6항에 들어 있었습니다. 이것은 우리 국회의 언어로는 합의하고 처리한다, 합의하고 처리한다입니다. 그러니까 합의가 되지 않으면 처리할 수 없다는 내용과 같습니다. 그러나 일반 국민들은 합의 후 처리한다 그러면 처리하기로 합의한 것으로 이해합니다. 그래서 일반 국민들은 더 더군다나 이 테러방지법에 대한 내용을 알고 있는, 새누리당이 가지고 있는 독소 조항이 가득한 국정원 독소 조항 테러빙자법의 내용을 알고 있는 많은 전문가, 국민들은 '민주당 저거 미쳤구나! 서명한 놈이 누구냐? 이종걸이구나', 제가 그때 죽을 고비를 넘겼습니다. 다행히 우리 당 의원님들이 지켜주셨습니다, 한 번 더 살려주자.

그때 테러빙자법이 처음 합의문에 등장했습니다. 직권상정 때문에 그렇습니다. 사실상 예산과 부수법률은 그냥 직권상정도 필요 없는 직권상정입니다, 날짜가 되면 그냥 바로 상정되어 버리는. 그거는 선진화법의 내용입니다. 선진화법은 그래도 나름대로 예산에 관해서는 그렇게 시간을 정하게 하고 이런 일반 법률에 관해서는 직권상정을 못하게 한 법입니다. 그래서 이 테러빙자법도 직권상정을 할 수가 없는 법입니다. 그리고 그때 당시 합의한 것도 합의 후 처리한다고 했으니까 합의가 되지 않으면 처리를 할 수 없는 것입니다. 합의가 되지 않으면 국회 본회의에 올라올 수가 없는 것입니다. 저희 당과 새누리당이 이 두 개의 안을 가지고 축조심의하고 서로 합의해서 같은 안을, 하나의 안을 만들지 않으면 국회에 들어올 수 없는 것입니다.

그런데 어떻게 됐습니까? 테러빙자법이 국회에 이렇게 들어왔습니다. 직권상정입니다. 다수당이, 전단적인 다수당이 예산 해먹고 예산부수법률 해먹고 또 직권상정할

수 없다라고 하는 그때 당시의 입법취지, 그것은 박근혜 대통령도 사인하셨습니다. 박근혜 대통령도 하자고 했던 법입니다, 이 국회선진화법. 그 선진화법에 의해서 직권상정할 수 없는 법도 해먹고……

여러분, 이런 국회를 심판해 주시기 바랍니다. 이런 국회가 어디 있습니까? 다 할 수 없는 게 국회입니다. 약속을 지켜야 되는 것이 국회입니다.

제가 아까 말씀드렸습니다. 서비스발전 기본법, 1년 동안 합의가 되지 않고 있는 법, 근로자의 파견을 460만 명을 더 추가로 할 수 있는 법, 그 포악한 법, 그 포악한 법이 직권상정됐다 하더라도 저는 아마도 이렇게 무제한 토론까지 신청하지는 못했을 것입니다. 그리고 우리 의원님들도 이 바쁜 시기에, 사실 그냥 '우리 다수당이 되어서, 만들어 주십시오', 우리 국민들 그렇게 얘기하는 것이 옳은 방법이지 이렇게 무제한 토론까지 해 가면서 막을 만한 생각들을 추호도 못 했을 것입니다.

그렇기 때문에 이 법은 안 되는 것입니다. 이 테러빙자법은 절대로 안 되는 것입니다. 이건 국민의 생명을…… 지금 최근에 국민의 생명보다 더 중요한 자기 개인의 안전한 생활을 할 수 있는 권리를, 그것이 바로 생명 아니겠습니까? 생명을 허위로 설명하고 몇몇 국민들, 몇몇 테러분자에게밖에 적용이 되지 않는다라고 허위로 거짓말해 가면서 국민을 호도하면서 이것을 통과시키려고 하는 그것은 결코 안 되는 것입니다.

혹간 국민 여러분들께서 직권상정이 예전에는 많이 됐다고 하는데, 전에도 한 5년 전에는 직권상정하고, 직권상정하고, 무슨 법도 직권상정하고 그랬다는데 그때도 그랬나 그런 생각을 하실 수도 있겠습니다. 그러나 이제 개정된 선진화법은 예산과 예산부수법률을 자동상정, 상시 직권상정을 하게 하는 대신 다른 법률은 직권상정할 수 없게 한 것이 그때 당시 국민적 결단이었고 국회의 약속이었습니다. 박근혜 대통령도 하신 약속이었습니다. 그런데 이렇게 흠 많게, 이렇게 축조심의도 다 생략한 국정원파견빙자법을, 테러빙자법을 한다는 것이……

여러분 기억하십니까? 지난번 김영삼 대통령 시절에, 그때도 아마 꼭 3년이 지난 때였을 겁니다. 안기부법, 노동 악법 날치기 통과, 그건 아마 기억하시는 분이 많습니다. 그 두 개의 법을, 그때 당시에는 선진화법도 없었고 어느 야밤 새벽에 몰래 제공된 회의실에서 날치기 통과했습니다. 그것이 김영삼 정권 붕괴의 단초가 됐고 결국 그 이후로부터 김영삼 정권은 급격히 쇠퇴의 길로 돌아섰다는, 그래서 패배할 수밖에 없었다는 그 역사적 사실을 저희는 다시 얘기하고 싶지 않습니다.

날치기를 통해서도 안 되는 것입니다. 이 법은 결코 안 되는 것입니다. 그때 당시의 안기부법보다 훨씬 더 국민의 생활을 위협하는 무도한 법이기 때문에 그렇습니다.

'대테러 인권보호관'이라고 해서 대테러위원회 소속으로 인권보호관 한 명을 둔다고 했습니다. 이것은 저희는 개정에서 대테러 인권보호관은 대테러활동으로 인한 국민의

기본권 침해 방지를 위해서 대테러센터 소속으로 다음 각 호의 어느 하나에 해당하는 사람 중에서 각 교섭단체 1인 외 1인씩 하는 것으로 했습니다.

그러나 이것은 일단 체계를 달리해서 대테러 인권보호관으로 했습니다만 원래 저희들이 실제 사후적 통제를 할 수 있는 이 대테러의 인권 침해 위험을 통제할 수 있는 것은 국회 정보위의 대테러 감독관이라는 것을 분명히 말씀드립니다.

그래서 그 인권보호관도 1호, 2호, 3호 또 2항의 인권보호관은 자격정지 경우를 아까 말씀드렸습니다. 그리고 인권보호관은 감찰·조사·감사 등 감독활동을 수행하도록 되어 있습니다.

새누리당의 인권보호관은 도대체 이 사람이 뭘 하는지도 모르게 되어 있습니다. 그리고 자격, 임기, 운영에 대해선 모조리 대통령령으로 정합니다.

여러분, 국회에서 제정된 법이 대통령령에 의해서 다 침해받고 위반되는 대통령령이 버젓이 살아 있어서 그것을 수정하고 개폐할 수 있는 권한을 부여하자고 했다가 대통령에 항명한다고 해서 그만두게 된 유승민 원내대표의 내용을 또 되살리고 싶지 않습니다.

이것을 대통령령으로 할 수는 없는 것입니다. 국민의 기본권에 해당하는…… 새누리당의 경우에는 대테러 인권보호관이라는 게 얼마나 인권 보호의 기능을 할지는 미지수입니다만 그러나 말이 인권인데 그것을 대통령령으로 정하는 것이 되겠습니까? 그 무도한 인권 침해 우려를 그러면 인권보호관 1인으로서 할 수 있다는 것도 사실상 불가능하지만 그러나 할 수 있다 하더라도 대통령령으로 정한 인권보호관의 자격, 임기, 운영에 관한 그 조항들은 불을 보듯 뻔한 내용입니다. 짝퉁 인권보호관을 만들려고 하는 것 아니겠습니까? 그래서 저희들은 대테러 인권보호관을 한다 하더라도 이렇게 두 장에 걸친 인권보호관의 매뉴얼을 적어서 개정안에 넣었습니다.

그리고 대테러 위험인물에 대한 정보 수집, 이것은 국가정보원장으로 되어 있는 9조의 내용을 모조리 대테러센터의 장으로 바꿨습니다, 아까 말씀드렸습니다만. 3항, 4항 모조리 다 국가정보원장으로 되어 있는 것을 한 번 다시 보겠습니다.

새누리당의 9조 내용을 보면 '테러 위험인물에 대한 정보 수집' 이렇게 해 놓고 '국가정보원장은 테러 위험인물에 대하여 출입국·금융거래 및 통신이용 등 관련 정보를 수집할 수 있다. 이 경우 출입국·금융거래 및 통신이용 등 관련 정보의 수집에 있어서는 출입국관리법, 관세법, 특정 금융거래정보의 보고 및 이용 등에 관한 법률, 통신비밀법의 절차에 따른다' 이렇게 해 놓고 이 통신비밀보호법과 금융거래·통신이용에 관련된 정보 수집에 관한 법률을 부칙에서 개정해 버린 것 아니겠습니까? 그 내용을 저는 다시 한 번 말씀드립니다.

이게 국정원장이 할 수 있습니다. 영장 없이 할 수 있는 것입니다. 또한 2항에 '국정원장은 제1항의 규정에 따른 정보 수집 및 분석의 결과 테러에 이용되었거나 이용될 가능성이 있는 금융거래에 대해 지급정지 등의 조치를 취하도록 금융위원회 위원장에게 요청할 수 있다.' 이게 FIU에 대한 접근권입니다. 이것을 이나마도 저희는 부인하지 않고 국정원장이 할 수 있는 것이 아니라 이것은 대테러센터의 장이 할 수 있는 것으로 저희는 수정안을 낸 것뿐입니다.

말하자면 저희 안에 의해서도 대테러센터의 장이 앞으로 운영 과정에 따라서 국정원장과 거의 유사한 또 정부의 밀착형 정보기관으로 됐을 때는 사실 국정원장이나 대테러센터의 장이나 마찬가지일 것입니다. 그러나 지금 현재 이런 무도한 국정원에 의한 테러빙자법을 무조건 반대한다는 것이 지금은 힘들기 때문에 이 조항을 삭제하자고 하는 것들이…… 우리 국민 여러분, 정말 우리들이 이렇게 힘이 없어졌습니다. 당연히 삭제를 요구해야 되는데도 불구하고 미리 삭제할 수 없음을 스스로 저희들의 처지를 이해하고 이것을 대테러센터의 장으로 하게 하자는 그런 것입니다.

사실 대테러센터와 대테러위원회가 테러의 정보기능을 부여받았을 때 아마도 지금보다 훨씬 더 막대한 권한을 가진 제2의 정보기구로 태어날 수도 있다는 점을 우려하는 분도 많습니다. 그렇다면 그때는 이 조항도 개정되어야 될 것입니다. 이렇게 영장 없는 개인정보와 위치정보를 통신사업자에게 요구할 수 있는 것은 이례적이기 때문에 그렇습니다. 그럴 수 없기 때문에 그렇습니다.

그리고 국가정보원장은 대테러위험인물에 대한 개인정보, 여기에는 개인정보 보호법의 민감정보입니다. 민감정보에는 건강정보도 들어가 있습니다, 이게 왜 필요한지 모르겠습니다마는. 또 모든 생활정보가 들어 있습니다. 테러를 출구로 해서 이제 국정원이 위험인물, 정부정책에 시책에 반대하는 불순인물 또 국정원의 이런 정책에 반대하는 불령인물에 대해서는 언제든지 자료를 만들어서 관리할 수 있는 무시무시한 법입니다.

국정원이 이런 자료를 가지고 과거 정부에 활용해 왔다는 점들을 우리 많이 이해하고 있습니다. 그래서 국정원이 각 부처에 출입하는 것을 제한하고 국내정보를 제한하고, 국내정보의 경우에는 오로지 국가기밀이라든지 국가보안법상의 방첩·간첩에 해당하는 행위라든지 이런 행위에만 극히 제한되어 있던 것이 이제는 테러, 테러리스트……

영화도 있지 않습니까? 말씀드리기 참 곤란합니다마는 저희 할아버지도 테러리스트였습니다. 아나키스트 이회영, 어떤 영화에는 테러리스트로 나옵니다. 은행 털고 위조화폐 만들고 일제시대 때 일본에 타격을 가하기 위한 테러리스트였습니다.

그것을 테러라는 말이 좋지 않아서 직접행동이라는 말을 요새는 씁니다. 독립운동사를 연구하는 분들이 이제는 직접행동 그래서 직접행동이지 테러는 아니라고 합니다만 그렇게 우리 국민들에게 저항감 없이 들어와 있는 테러, 그 테러방지를 위해서 국정원이 이제는 모든 국민들, 기분 나쁜 국민들에게 존안자료 만들고 개인정보 만들어서 관리할 수 있는 길이 열리게 된다면 1984년 조지 오웰의 빅브라더, 그 세상, 빅브라더의 세상이 아닙니다, 이것은. 국정원의 세상이 될 수 있는 것입니다.

아마도 대통령도 예외가 아니라고 경고하는 견해도 많습니다. 위험한 법입니다. 국정원에게 이런 권한을 줄 수는 없는 것이다. 이것은 정부 여당에게도 달리는 호랑이의 등허리에 탄 그런 형상이 될 것이다라는 것을 경고합니다. 이런 과도한 법을 왜 새누리당이 직권상정을 통해서 이렇게 무리하게 추진하는지 참 답답하고 한심합니다.

그리고 4항에 '국가정보원장은 대테러활동에 필요한 정보나 자료를 수집하기 위하여 대테러조사 및 테러위험인물에 대한 추적을 할 수 있다. 이 경우 사전 또는 사후에 대책위원회 위원장에게 보고하여야 한다.' 이게 아까 말씀드린 자료 수집과 추적권을 국정원장은 안 된다라고 했더니 '이 경우 사전 또는 사후에 대책위원회 위원장에게 보고하여야 한다' 이걸 수정안을 냈습니다. '이 경우' 이후부터 수정안을 본회의에 냈습니다. 셀프 수정입니다. 새누리당의 셀프 수정인데 그래 놓고 이것이 우리의 안을 받아들여서, 더불어민주당의 뜻을 받아들여서 수정했다는 것입니다. 거짓말입니다.

그 4항은 이렇게 고쳐야 됩니다. '대테러센터의 장은 제1항부터 제3항까지 업무 수행과 관련하여 정보 수집 및 정보 요구의 건수, 조치내역을 매년 국회의 정기회 개회 2주 전까지 소관 상임위에 보고하여야 한다' 이렇게 돼 있습니다. 이건 대테러센터가 새로운 제2정보기관으로 됐을 때 대테러센터가 가지고 있는 이 사실조사권과 추적권은 또 무시무시한, 개인의 정보에 심대한 타격을 줄 수 있는 권한이 되기 때문에 이렇게 사후통제권을 넣었던 것입니다. 여기의 상임위원회는 정보위원회인데 정보위원회는 당연히 지금 현재 거의 기능을 하지 못하고 있는 겸임 상임위원회가 아니라 전임 상임위원회가 된다는 것을 전제로 한 것입니다.

12조 대테러 선동·선전물 긴급 삭제권 요청인데 거기에 대해서 우리는 선전물 긴급 삭제권도 단서를 달아서 '다만 해당기관의 장은 그 요청을 거부할 수 있다'라고 해서 대테러 중심기구인, 새누리당의 요청에 대해서 해당기관이 거절할 수 있는 제한권을 두었습니다.

그런데 이 12조는 국정원장이 행사하는 것인지 또는 대테러센터가 해당하는 건지에 대해서도 명확하지 않습니다. 새누리당 12조는 주체가 불명확합니다. 이것도 입법 누락입니다. 저희는 대테러센터의 장으로 일원화돼 있습니다.

대테러 선전·선동물의 긴급삭제 요청의 2항에 대해서……

(「그만 내려오세요, 이제」 하는 의원 있음)

(「그만 합시다」 하는 의원 있음)

(「대표님, 하실 말씀 다 하셨잖아요」 하는 의원 있음)

(「잘 들어 보세요」 하는 의원 있음)

(「조용히 하세요」 하는 의원 있음)

'긴급 삭제의 협조 요청을 받은 해당 기관의 장은 필요한 조치를 취하고 그 결과를 관계기관의 장에게 통보하여야 한다.'는 것을 '그 요청을 거부하지 않는 경우 필요한 조치를 취한다.'고 이렇게 저희들은 개정했습니다.

또한 여기에 신설로 '관계기관의 장은 제1항의 업무 수행으로 인해 긴급 삭제하거나 중단 등 협조 요청한 내역을 매년 국회의 정기회 개회 2주 전까지 소관 상임위에 보고하여야 한다.'

그리고 4항, '긴급삭제 등 제2항에 따른 조치에 대한 이의절차는 정보통신망 이용촉진 및 정보보호 등에 관한 법률의 예에 따른다.' 해서 이 밑도 끝도 없는 테러선전·선동물의 긴급 삭제 등 요청에 관한 주체 불명의 권한에 대해서 저희는 이렇게 철저하고 정확하게 절차를 규정했습니다.

이것을 보더라도 도대체 이 새누리당 법은 법으로 제대로 돼 있는 것이 아닙니다. 이렇게 중요한 내용 하나하나, 일자일획이 국민 기본권에 심대한 영향을 미칠 수 있는 그 내용이 이렇게 추상적이고 생략된 법, 이것은 법이 아닙니다. 우리 헌법재판소에서 필요한 입법 누락도 위험이라고 했습니다. 필요한 요건이 결여된, 행사·발동 요건에서의 필요한 요건이 결여된 입법도, 법률도 위헌 법률이 될 수 있음이 다수설입니다. 이런 법을 어떻게 법률이라고 해서 가져왔습니까, 도대체?

'외국인테러전투원에 대한 규제'에 관해서도 저희는 신설합니다.

4호에 '관계기관의 장은 제1항의 출국금지 요청 내역과 제3항에 따른 요청 내용을 매년 국회의 정기회 개회 2주 전까지 소관 상임위에 보고하여야 한다.'고 사후 통제를 했습니다.

그리고 부칙도, 원칙적으로는 이 부칙은 다 삭제돼야 합니다. 설사 삭제되지 않는다 하더라도 우리 국회의장께서 중재안으로 주신 감청에 관해서는 '상당한 위험이 예상되는 경우', 백보를 양보해서 '상당한'을 빼면 '국가안전보장에 위험이 예상되는 경우'와 '테러방지를 위해서'라고 하는 두 가지 요건이 된다면 부칙 2조를 그대로 둘 수도 있겠다라고 하는 말씀을 드립니다.

이런 내용들이 생략됐습니다. 이런 절차가 생략됐습니다.

오늘 이것을 보고 계시는 국민 여러분들께서는 그냥 통상적인 일반법이, 일반법, 이렇게 심대한 국민 기본권에 영향을 미치는 법이 아니라 하더라도 일반적인 법이 이루어지는 절차에 대해서 여러분은 보시고 계신 겁니다.

이런 절차도 취하지 않은 법을 어떻게 직권상정해서, 심대한 국민 기본권의 침해 우려가 있는, 요건도 결한 이런 법을 어떻게 직권권상정해서 이 밤이 지나서 필리버스터가 중단되면 새누리당 다수당의 횡포로 저희들이 낸 수정안에 대한 일자일획의 수정도 없이 이 법 같지도 않은 법, 이 포악한 법, 절차적으로 실체적으로 도저히 법도 아닌 법, 국정원에 의한 테러빙자법을 통과시키려고 하는 것인지, 저는 10여 년 국회의원 생활하면서 도저히 이런 일을 겪어 본 적이 없습니다. 저희가 두 눈 뜨고 이것을 그대로 통과시킬 수밖에 없다고 한다면 저희는 역사에 죄를 짓는 것이라고 생각합니다.

국민 여러분!

제발 답을 주십시오. 저희가 어떻게 해야 되는지……

제가 마지막입니다. 아직까지…… 우리 시민들·전문가들 토론을 마치고 그 토론 과정에서 나온 이 수정안을 오늘 발표했습니다. 그리고 인터넷에 공지했습니다. 이 수정안과 이 새누리당의 말 같지도 않은 법, 이 두 법에 대해 각 트위터·인터넷 전자 폴을 진행하고 있습니다.

국민 여러분!

용기를 내 주십시오.

이 법을 막아 주십시오.

그리고 국민의 뜻이 압도적인 다수라면 일자일획도 고칠 수 없다는 저 새누리당의 생각을 좀 바꾸게 해 주십시오.

새누리당도 선거를 앞둔 정치 조직입니다. 이런 무도한 법을 일자일획도 없이 통과시키게 된다면 절대로 새누리당을 인정하지 않겠다라는 분명한 뜻을 밝혀 주십시오. 그러면 바뀔 것입니다.

이 정도의 수정안을 받아 주신다면 새누리당을 용서해 주십시오. 이 정도 수정안이라도 받아 주신다면 새누리당은 이 문제로 이번 총선에 불이익이 되지 않도록 해 주십시오.

국민들의 힘입니다. 국민들이 가지고 있는 힘은 과거 이 국회 의정 단상에서 뛰고, 목 감고, 메치기하고 하는 폭력의 힘은 아닙니다. 국민은 우리 민주주의에 대한 열망과 의지의 힘입니다. 그 열망과 의지를 가지고 있고 그것을 실현시키려고 하는 이들에게 칭찬하고 격려해 주는 그 힘입니다. 그 힘이 바로 저희를 살게 할 수 있습니다. 새누리당에게 가르쳐 주십시오.

지금 아마도 각종 사이트에 이 수정안과…… 이 수정안은 많은 활동인 시민들의 조언을 많이 받은 내용들입니다. 그래서 우리가 가지고 있는 공공 위해 단체 금지법, 이 법은 사실은 국민안전처, 9조의 내용을 우리가 과감히 내려 앉히고 새누리당이 제기한 이 직권상정 법, 이 법을 그대로 인정한 틀에서 수정안을 만들어서…… 그 수정안을 만들 때 활동했던 많은 국민들, 전문가적인 소양을 가지고 있는 시민들께 너무 감사드립니다. 그분들의 협조와, 같이 공동작업을 통해서 만든 수정안입니다. 오늘 만들어진 수정안입니다. 그리고 그것은 지금 국회에서 토론이 이루어지고 있습니다. 국민들이 많이 참여하고 계십니다. 시민들이 많이 활동하고 계십니다. 그리고 이것은 각종 사이트에 지금 올라와 있습니다. 폴해 주시기 바랍니다.

압도적으로 이 수정안에 찬성해 주면 바로 제가 이 자리를 내려가기 전에 저는 새누리당이 뜻을 바꿀 거라고 생각합니다. 수정안에 찬성할 거라고 생각합니다. 만들어진 수정안을 저희들이 국회에 제출할 것입니다. 그 수정안은 먼저 표결됩니다. 이에 동의한 새누리당 의원들 몇 분이라도 이쪽에 힘을 실어 주시면 이 수정안이 의결됩니다. 의결되면 수정안이 원안이 됩니다. 그리고 새누리당이 낸 원안은

처리하지 않게 됩니다.

국민의 힘으로, 국정원에 의한 테러빙자법이 그래도 상당 부분 내용이 교정된 테러방지법으로 될 수 있습니다. 제가 이 토론을 하는 동안에 우리 국민 여러분께서 전자투표에 참여해 주시고, 적극적으로 활동해 주셔서 국민을 지켜 주십시오.

유엔 역시 회원국의 테러리즘에 대한 대응도 있었습니다. 천부적 인권이나 헌법상의 기본권, 국제법과의 양립성 등을 고려한 법제가 마련되어야 한다고 결정했습니다. 오히려 인도적인 해결책을 제시해서 과도한 테러리즘으로 인한 인종과 종교에 대한 차별의식을 완화했습니다. 그리고 이들을 사회 구성원으로 받아들이는 것을 권고하는 입장에 가까운 것입니다.

우리 당이 제안한 공공 위해 방지법, 아니 공공 위해 방지법으로 하지 않겠습니다. 오늘 시민들과 함께, 시민활동가와 함께 만든 이 수정안은 이와 같은 테러에 대한 유엔의 정신을 기초로 국가기관의 과도한 권력 집중에 대한 최소한의 제한을 가한, 그래서 부작용을 막기 위한 것입니다.

공공위해 활동, 테러활동이라고 하겠습니다. 테러활동에 대한 중요사항을 심의 의결하기 위해서 대통령 소속으로 국가와 공공기관에 테러방지위원회가 설립되고, 테러방지활동 수행을 위해서 총리실 산하에 정무직 공무원이 장을 하는 공공테러방지대응센터를 설립합니다.

국가기관의 업무를 관리 감독하기 위해서 테러방지를 위한 인권감독관을 여야 동수로 추천해서 신설하고, 테러방지활동에 대한 정보수집을 총리실의 정무직 공무원, 정무직 장이 할 수 있도록 하는 등의 내용을 주요 골자로 하고 있습니다.

테러로부터 국가와 시민을 보호하기 위한 법적 조치를 규정하고, 테러의 위험으로부터 부당하게 시민의 권리와 자유가 희생되는 일이 없도록 테러에 대한 대응 권한을 발동함에 있어서 관련 법규를 명확히 준수하도록 하겠습니다. 그리고 테러를 통한 무소불위의 권한 남용을 방지하기 위한 절차를 규율하고 있습니다.

우리는 언제, 어디서 테러가 일어날지 모르는 위험사회에 살고 있는 것도 분명합니다. 위험사회에서 우리들의 안전을 지키는 것은 우리 스스로입니다. 새누리당의 테러빙자법처럼 국가정보원의 강화로는 이루어질 수 없습니다. 더불어민주당이 주장하는 안전한 사회 시스템, 공공 위해 방지를 위한 시스템, 테러방지를 위한 시스템을 구축하는 일이 먼저입니다.

앞으로 발생할 신테러리즘, 그것은 특정인, 특정 세력, 특정 집단에 대한 기존의 테러와는 달리 민주주의와 자유, 개방사회와 그 자체에 대한 테러 양상을 띠게 될 것입니다. 따라서 테러…… 하겠다는 박근혜 정권의 반동적 대응이야말로 테러방지법이라는 미명하에 민주주의와 자유 그리고 국민의 기본권에 대한 중대하고도 지속적인 해악을 끼치게 되는 변형된 테러가 될 수 있다는 것을 경계해야 합니다, 여러분!

이와 같은 문제의식하에서 더불어민주당이 지금 상정 중인 테러방지법의 수정안을 준비했습니다. 새누리당은 일자일획도 못 건진다고 고집을 부리고 있습니다. 새누리당 법안이 국가안보와 기본권 보장이라는 두 가지 충돌될 수 있는 가치에서 국가안보의 효율적 보장에 치우치지 않게 균형을 이루면서, 진정으로 테러방지를 위한 절차를 완성하면서 최소한의 법안으로 두 가지 조화를 이루기 위한 저희들의 수정안을 받아들여 주시기 바랍니다. 반드시 받아들여 주시기 바랍니다.

(「대표님, 이제 내려오세요」하는 의원 있음)

(「이제 시작이에요, 이제 시작!」하는 의원 있음)

(「국민과 함께 만든 수정안이라고 계속 반복을 해 주셔야 될 것 같습니다」하는 의원 있음)

(장내 소란)

(「대표님, 당당하게 계속 읽으십시오」하는 의원 있음)

(「힘내세요」하는 의원 있음)

(「토론 신청하세요, 하실 거면」하는 의원 있음)

(「물 한 모금 축이시고 하세요. 천천히 하십시오」하는 의원 있음)

(장내 소란)

감사합니다.

(「이종걸 대표의 어깨에 우리의 미래가 걸려 있습니다」하는 의원 있음)

(「신흥무관학교를 생각하세요」하는 의원 있음)

(「우당 선생님이 함께하십니다」하는 의원 있음)

감사합니다.

그러면 저희는 국정원에 의한 테러빙자법, 그것의 핵심인 기저에 있는 국가정보원이 과연 통신감청과 관련된 통신 상황 그리고 개인정보, 위치정보에 어떤 심대한 영향을 미치고 추적하고 잠입해 들어오고 있는지에 대해서 좀 말씀드리겠습니다. 그래서 그에 대한 우리 국회의 효율적인 통제방안이 입법의 과정에서 반영되어야 된다는 점도 함께 말씀드리겠습니다.

우리 당이 국가정보원에 테러방지법을 선뜻 못 맡기는 가장 큰 이유는 국정원의 탈법적인 정치 개입 이력 때문입니다. 국정원은 이명박·박근혜 정권을 지나면서 국민의정부, 참여정부 때의 내부 개혁 움직임을 사실상 중단했습니다. 과거의 정치적 역할을 되찾기 위해서 급격히 과거의 나쁜 전통으로 회귀했습니다. 그런 탈법적 정치 개입의 정점에 있는 활동이 바로 은밀하게 대통령 선거에 개입해서 박근혜 정권의 창출을 도왔다는 그런 증거들이 제시된 것입니다.

국가정보원의 선거 개입 공작은 과거와 다르게 인터넷과 SNS상에서 이루어졌습니다. 그리고 그 일당이 적발되었습니다. 이 같은 행태가 척결되지 않는다면 국정원은 테러방지법을 이용해서 더욱더 조직적이고 전면적으로 선거에 개입하고 반대자들을 제압하려 할 것입니다. 이제 국가 정책에 반대하는 사람들은 모두 다 테러위험분자로 정리될 것입니다. 이런 점에서 국정원의

가장 최근의 선거 개입 사례인 2012년 18대 대선 때의 국정원의 인터넷 SNS 활동을 잘 볼 필요가 있습니다.

국가정보원의 인터넷 트위터 활동을 봅니다.

검찰은 지난 6월에 국가정보원의 대선 여론 조작 그리고 정치 개입 사건에 국정원 직원 70여 명이 원세훈 전 국정원장의 지시로 지난해 대선을 앞두고 인터넷에 수백 개의 ID를 동원해 올린 특정 후보 지지·반대 글 73건을 찾아냈다고 발표했습니다. 이 글을 게시한 시기는 그때가 12년 9월 19일부터 12월 14일까지입니다.

내용별로는 민주당 후보·민주당 반대 37건, 통합진보당 반대 32건, 안철수 후보 반대 4건입니다. 73건의 내용이 그렇습니다. 여당과 보수언론은 73건의 글만으로 공직선거법 위반의 혐의를 적용하는 것은 무리라며 대선에 끼친 영향도 없다고 주장해 오고 있습니다.

빙산의 일각이 아니겠습니까, 여러분? 국정원 직원 73개 ID의 실제 사용자를 찾아냈습니다.

제가 지금 국정원 여직원을 감금했다는 이유로 기소돼서 서울지방법원에서 저도 재판을 받고 있습니다. 우리 강기정 의원 또 김현 의원, 문병호 의원, 네 사람이 재판을 받고 있는 바로 이 문제의 인물 김하영은 11개 ID를 가지고 있었습니다. 또 닉네임도 많습니다, '진짜진짜라몬, 토탈리쿨, 아이리쉬블루, 반대는비수'.

또 다른, 이정복 씨는 ID가 약 20개에 이릅니다. 그 ID에 조응하는 닉네임도 있습니다. 이정복 외에 많은 그룹들은 이00 또 기타 국정원 ID 73개를 보게 되면 이게 최근에 각종 인터넷 신문이나 인터넷 포털에 나오는 기사에 나오는 ID가 과연 어떤 ID인지라고 의심을 할 만한 것입니다. 도저히 이것은 알 수가 없는 것 아니겠습니까?

최근에 검찰이 찾아낸 국정원 직원들의 선거·정치 관련 불법 게시물 댓글은 1977건입니다. 국정원 옛 심리전단 직원들의 트위터 글은 5만 5689건입니다.

서울지검 특별수사팀이 원세훈 전 국정원장 등의 공소장 범죄 사실을 혐의로 추가했는데요. 국정원의 대선 개입을 입증할 결정적 증거로 보고 있습니다. 국정원의 정치 개입 글이 트위터에 훨씬 많은 이유는 완벽한 삭제가 어렵기 때문입니다. 삭제가 잘 안 되기 때문에 그런 것입니다. 아직 남아 있기 때문에 그렇습니다. 트위터 원래 글이 삭제돼도 제삼자가 리트윗한 글은 없어지지 않고 퍼나르기 기능으로 삽시간에 글이 확산되기 때문에 내용도 훨씬 노골적이어서 선거·정치 개입 소지가 크고 미국에 서버를 둔 탓에 추적도 어렵습니다.

인터넷 게시 댓글 가운데 문재인, 이정희 등 야당 후보 이름을 직접 거론한 것은 불과 수십 건에 불과하지만 트위터 글에서는 최소한 1만 건 이상이 될 것으로 추정됩니다.

SNS가 선거에 어떤 영향을 미치겠습니까? 최근에 선거를 앞두고 각종 후보들의 SNS를 보시면 바로 그것이 웅변적인 증거입니다.

2012년 2월 20일에서 24일까지 닐슨코리아에서 서울·대전·대구·광주·부산으로 해당 지역에 거주하는 만

18세~54세의 남녀 100명 대상으로 해서 SNS가 선거 후보 선택에 미치는 영향을 조사해 봤습니다. 85.1%가 영향을 받는다고 했습니다.

SNS에 유통되는 정보의 신뢰성은 크게 그렇게 높은 것은 아니라고 봅니다. 유권자의 14.1%가 신뢰한다고 했습니다만 그러나 정치성향적으로는 그 신뢰에 큰 차이가 많이 있습니다.

SNS 대선 영향력 예상도 결정적 영향을 미칠 것이라고 답한 응답자의 한 30%가 82%선이 영향을 미칠 거라고 이렇게 했습니다.

정당지지도로 보면 새누리당 지지자 응답자는 76%, 민주당의 지지 응답자는 91%였습니다. 각 당별로 SNS에서 영향을 받는 응답자의 영향도는 이렇게 차이가 있습니다만 높습니다.

한국갤럽의 여론조사도 같은 내용입니다. 네거티브가 한 43%로 가장 많지만 여러 TV토론이 한 54%, 신문·방송 보도가 23%, 인터넷이 한 18% 정도로 영향도를 보고 있습니다.

국정원 활동이 대선에 미친 영향을 보면 한 800명 성인 남녀를 대상으로 한 조사에서 국정원 대선 개입과 관련해서 인터넷 댓글, 국정원의 댓글이 대선에 개입됐다는 주장에 대해서도 약 55.9%가 동의하였습니다. 국정원 활동이 대선에 미친 영향도 심대하게 크다는 계수가 나왔습니다.

영향을 미쳤다고 생각하는 응답률은 20대가 67%, 40대가 60% 그리고 영향을 미치지 않았을 것이라고 하는 60대 이상은 한 51%, 나이가 적을수록, 20대~40대까지는 높은 응답 영향계수를 보여 주고 있습니다. 또한 정당지지별로도 영향을 미쳤다고 보는 민주당 지지자는 85%, 새누리당 지지자는 24% 정도…… 아닙니다. 영향을 미쳤을 것은 24%, 민주당은 영향을 미쳤을 것이 85% 정도 됩니다.

이같이 이렇게 영향을 미칠 수밖에 없는 여론조사상의 관련 계수들이 속속 나오고 있습니다. 인원을 포함하고 있는…… 사이버심리전단의 요원들, 더구나 저희는 인원을 알 수도 없는 사이버사령부의 활동들에 대해서는 더 가공할 만한 영향을 제가 느끼고 있습니다.

그만큼 이렇게 젊은 유권자층 그리고 더불어민주당 지지층의 SNS가 대선, 선거에 미칠 영향이 크다라고 나오는 계수를 참작하면 또 지난번 국정원의 대선 댓글 개입 사건들을 현실로 받아들인다면 정답은 나오는 것입니다. 답은 나오는 것입니다. 젊은이들에게 또 민주당 지지자들에게 접근해서 영향력을 행사할 목적으로 이런 불법인 정치적 개입의 분자들이 호시탐탐 노릴 수밖에 없는 유혹의 대상이 되고 있는 것입니다.

그런데 과연 그것이 통제되고 있습니까? 지난번 댓글 사건 때 어땠습니까? 조금 수사하려고 했던 검찰은 모조리 다 쫓겨났습니다. 국정원의 힘이 크다는 것이 입증이 되었습니다.

국정원의 개인정보, 위치정보, 불법 감청, 다만 그것이

테러라고 하는 수단 개념이 있습니다마는 아까 말씀드린 것처럼 테러처럼 불명확하고 테러처럼 용이하고 새누리당이 직권상정한 이 테러방지법처럼, 테러방지법에 의한 테러는 정말 간단하게 국정원이 요리할 수 있는 수단임을 감안할 때 SNS와 통신과 기타 개인정보에 대한 접근을 철저히 통제해서 그것이 접근될 수 없도록 하는 사회적 기제를 마련하지 않는다면 이제 그들의 영향은 점점 더 가중될 수밖에 없다는 것을 저희는 느끼는 것입니다.

그런데 오히려 그것을 지적하고 수사해 보려고 하는 검찰을 날려 버렸고 또 해킹팀에서 어떻습니까? 국정원이 부인하면 검찰이 전혀 접근할 수 없다는 점을 다시 확인해 줬습니다. 이전 댓글 사건에서 있었던 학습효과가 철저히 드러나는 장면이었습니다.

이탈리아 해킹팀이라고 하는 불법 해킹 소프트웨어를 다운로드 방식에 의해서 판매하고 있는 제작사가 몇 개의 상당한 양의 프로그램을 처분한 것으로 드러났습니다. 그것은 거스를 수 없는 사실이었습니다.

그런데 거기에 나와 있는 맛집, 떡볶이집 이것은 과연 우리…… 해킹팀의 이탈리아 용어, 미국 용어 속에 나오는 맛집, 떡볶기 집이 어디에 나왔겠습니까? 이것은 바로 한국과 거래해서 나온 한국 정보에서 흘러들어간 키워드 아니었겠습니까? 그것들이 무수히 나오는데도 불구하고 그것의 흔적을 찾기 위한 우리의 노력은 실패했습니다.

그런 의혹이 있음에도 불구하고 국정원이 문만 닫아걸면 국회 정보위원 차원에서는 도저히 접근이 불가능하다는 것이 밝혀졌습니다.

그때 당시에 국회에 그래도 IT 보안 최고의 전문가라고 하는 안철수 의원이 저희 당에 있었고 위원회까지 구성되어서 많은 정보 전문가들이 보안장비를 처분하고 식별하고 그것을 인가하는 업무를 하고 있는 국정원의 눈치가 보이는 가운데에서도 한 10명 정도가 해킹팀의 다운로드된 서버를 찾으려고 하는 위원회가 구성됐습니다. 그러나 그것은 결국 찾아내는 데 실패했습니다.

국정원이 문을 닫아걸고 국회의원이 아니면 국정원 서버에 접근할 수 없다라고 하는, 저 이종걸이 가봐야 그 서버에서 뭘 찾아내겠습니까? 보안 전문가들이 가서 일정한 시간, 가능한 방법들을 제시하는 그 방법에 의해서 서버에 과연 그 소프트웨어를 어떻게 다운로드해서 어떻게 운영되고 어떤 방식으로 송출되었는지를 확인해야만 하는데도 불구하고 결코 허용하지 못하는 국정원의 방침에 뒤돌아 와야 했습니다.

아무리 야당 의원이라 하더라도 그때 당시에 저희 더불어민주당이 총력을 다해서 했던 해킹팀의 접근 사건은 싱겁게 끝나 버렸습니다.

남은 길은 검찰이 고발 사건을 처리해야 되는 것이 남아 있었습니다만 지금도 중앙지검에 일자 일획도 고치지 않고 일점 일소도 움직이지 않은, 그냥 고발장 하나만 남아 있는, 그것도 저희 당이 총력을 다해서 고발장을 접수하고 고발 수사를 촉구하는 몇 번의 노력에도 불구하고 검찰은 꿈쩍도

않는 결과만 보인 사건들을 아마 국민들은 기억하실 겁니다.

국정원이 어떤 불법을 저질러도 국정원 내부에 접근할 수가 없습니다. 그러면 불법을 알기도 어렵습니다만, 지난번에는 당연히 내부 고발이 있었어야 할 자살한 요원에 의해서도 정보가 흘러나오지 않았고 해킹팀이라고 하는, 해킹 소프트웨어를 생산하는 기구의 내부자들과 화이트해커들의 활동으로 해킹팀의 활동이 인터넷에 공지되면서, 위키피디아에 나오면서 저희들 손에 입수하게 되었던 것이고 그것을 분석했으나 수많은 정보 양을 우리가 감당하지 못하고 몇 개의 추적된 키워드만 발견해내는 데 그쳤던 사건이었습니다.

그래서 결국 일부가 인정되고 매입 사실이 인정되고, 일부가 그 프로그램에 의해서 사인의 스마트폰에 접속이 되어서 몰래카메라가 되고 몰래녹음기가 되고 하는 그 기능이 분명히 있음에도 불구하고 매입 사실과 사용한 사실, 그러나 어디에 사용했는지에 대한 조사를 검찰이 하지 않음으로써 이 사실은 영구 미제로 끝날 위기에 있는 것입니다.

이같이 국정원이 이렇게 우연히 발견된 사실이라 하더라도 그것을 근거로 해서 고발해 봐야 꿈쩍도 안 할 뿐더러 내부자 아니면 알 수 없는 사실에 접근할 수 없을 뿐더러 알 수도 없기 때문에 국정원 내부의 불법 사실을 고발할 시작부터 할 수 없다는 점, 설사 고발이 됐다 하더라도 검찰이 전혀 움직이지 않는다는 점, 대통령이 허락할 의사가 없다면, 그 없는 상태에서 수사가 이루어진다면 또 다시 댓글사건처럼 조사했던 검사·검찰들은 모조리 쪽박 차 버리는 그런 학습효과가 이 사회에 만연해 있는 한 국정원은 무소불위의 기관이 될 수밖에 없는 것입니다.

그렇기 때문에 오늘 국정원에 의한 테러빙자법도 우리가 이렇게 혼신을 다해 위험의 상황들을 국민들께 알려 드리고 국민들에게 막아 달라고 호소하고 있는 그런 것입니다.

실제 겪어 보면 압니다, 도저히 할 수 없다는 것을. 그러면 국정원에 대한 국회의 효율적인 통제방안이 뭐가 있겠는가? 우리 당은 테러방지법의 처리를 위한 전제조건의 하나로 현재로서는 막대한 국민 세금이 쓰이고 방대한 정보수집 조사, 보안업무에 관한 권한이 있는 국가정보원에 대한 효율적인 통제수단의 마련을 들었습니다. 이와 관련해서 국회의 국가정보원에 대한 효율적 통제방안을 체계적으로 마련하는 것이 꼭 필요합니다.

국회가 어떻게 국정원에 대한 정보감시기능을 활성화할 것인가? 이 문제는 무지 중요한 문제입니다. 국가정보원에 대한 효율적 통제방안은 하나의 테마입니다. 영국이나 미국에서도 정보를 독점하는 체제가 아님에도 불구하고 정보기관이 가지고 있는 권력에 대한 밴드왜건효과로 인해서 정보기관이 가지고 있는 통제를 중요한 국민적 관심사로 보고 있습니다.

일반 수사보다도 훨씬 밀행적이고 일반 수사보다도 훨씬 비공개적이고 은밀하고 불투명한 상태에서 이루어질 수밖에 없는 속성이 있기 때문에 그에 대한 반공개적인, 말하자면 전부 공개하는 것은 아니다 하더라도 비공개의 필요성이 있는 집단에 대한 제한된 공개를 통해서 철저히 막고 있는 정보권력에 대한 통제방안을 마련하고 있는 것입니다.

미국의 경우에도 47년에서 75년까지 30년 동안 정보감시를 위한 입법이 200개나 넘게 발의됐습니다. 그런데 그중에서 1개만이 입법화됐습니다. 얼마나 정보통제 입법이 어려운지를 알 수 있는 것입니다.

국가정보원의 정보활동에 대한 의회의 감시활동은 그렇기 때문에 민주주의 사회에서는 절대적으로 필수 불가결한 요소입니다. 정보활동의 정당성과 효율성 강화 차원에서도 반드시 시행되어야 하는 중요한 제도입니다. 민주사회에서 의회의 정보감사가 중요한 이유는 첫째, 의원만이 정보활동의 비밀성을 다룰 수 있는 유일한 제도적 장치이기 때문에 그렇습니다. 언론의 경우 대중들에게 알 권리를 중심으로 마음대로 정보업무를 파헤치고 조사할 수 있지만 본질적으로 비밀성을 다루는 정보활동에 대해서는 이것이 효과적으로 배제되어 있기 때문입니다. 그래서 의회의 감시기능이 진정으로 중요한 것입니다.

정보공동체 자체가 대중들에게 그들의 지지와 신뢰를 공공연히 호소할 수 있는 능력이 제한돼 있기 때문에 오히려 의회가 정보공동체를 대신해서 대중들에게 정보활동의 타당성과 합법성을 설명하는 중요한 역할을 해야만 하는 것입니다. 그래서 의회의 정보감사는 정보수집이든 비밀공작이든 오히려 정보성과를 더 향상시키는 데 기여할 수 있는 것입니다.

지금 국정원이 정보위에서 과도하게 통제하면서 의회에도 정보를 공개하지 않고 언뜻 언뜻 당연히 유출될 수밖에 없는, 그리고 또 오히려 국정원이 스스로 유출하고 있는 그런 정보 유출을 이유로 의회에서도 정보를 공유할 수 없다고 하는 그런 주장은 결코 이미 이런 논의들이 성숙된 나라에서는 주장할 수 없는, 이미 형성된 이론이다라는 것입니다.

말하자면 국회에는 일정한 제도적 장치 아래서 아무리 공개해도 그것이 위험하지 않다는 것입니다. 공개해도, 하면 할수록, 정보를 공유할수록 훨씬 더 정보의 안정성이 제고된다라고 하는 그런 것입니다. 아직까지 국정원의 이런 반대되는 주장에 국회가 적절히 대응하지 못하고 있는 것 그것이 우리 국회의 문제다 이렇게 생각합니다.

의회의 정보감시는 통상 순찰적 활동, 그런 감시상태와 화재경보 형식의 형태가 있습니다. 순찰활동 방식이 중앙집중적이고 그렇다면 화재경보식의 경우는 좀 분산적인, 상호 교환적인 효과가 있는 제도입니다. 양쪽의 제도방식을 서로 조합하면서, 화재경보식 방식과 순찰식 방식을 잘 조합하는 정보위원회의 활동이 꼭 필요하다 이렇게 생각합니다.

국정원을 포함해서 행정부에 대한 의회의 감시가 한국에서는 예산안 심의와 국정조사와 같은 제도로 실현되고 있는데 국가 정보활동에 대한 적절한 감사는 거의 이루어지지 못하고 있다는 점이 문제라는 것입니다.

그러니까 말하자면 예산 심의와 국정조사에서 이루어질 수 없기 때문에, 국정조사는 당연히 이루어질 수 없고 또 예산안 심의조차도 전혀 공개가 되지 않기 때문에 원천적으로 국회의 정보기관에 대한 사후 통제가 불가능하게 되어 있다는 것입니다.

정보 조작이 비효율적이고 또 활동영역이, 수단이 무분별하게 확대돼도 전혀 통제하지 못하는 것이 바로 이런 비통제적인 상태의 결과이다라는 것이 일반 전문가들의 의견입니다. 일치된 의견입니다. 그래서 이런 정보통제 기능이 화재경보식의 수동적·교정적 기능에서 나아가서 선제적이고 예방적 기능, 순찰적 기능을 더 보완해야 하는 그런 근본적인 정보통제의 상황에 놓여 있다. 그러나 이 논의조차도 이루어지지 못하고 있는 것이 현실이고 제가 원내대표가 돼서 정보위에 잠시 들어가 봤습니다만 이것은 거의 상상도 할 수 없는 전혀 통제불능의 세대에 이런 이론만이 있다는 것조차도, 그래도 뭔가 전문가들 사이에서는 이런 필요성이 제기되고 있다는 사실에 놀라움을 갖게 됐던 것입니다.

국가정보기관의 입장에서 본다면 국회가 지나치게 정부 업무에 개입하려고 한다거나 정부 업무 관련 중요 정보를 누설하는 일을 해서 정보기관의 불신과 의혹을 사게 하는 경우들이 많았다고 주장합니다. 그러나 이것은 효율적인 정보감시체제를 강화하기 위한 방향 모색에 반대되는 어떠한 논리도 되지 못한다는 것을 말씀드립니다.

그러면 앞으로 어떻게 효율적인 정보 감시를 해야 되는가, 정말 어려운 일입니다만 정보위원회에서는 초당적인 운영을 해야 된다고 생각합니다. 아마 이 얘기를 들으신 분이 웃으실지 모르겠습니다. 정권의 아주 강력한 지지자로서, 대통령의 직속 정보기구로서 어찌 보면 대통령이 강력하게 의존하고 있는 국정원의 정보통제를 다른 상임위도 아닌데 정보위에서 초당적으로 운영한다? 정말 어려운 사실입니다. 해 보면 알지만 이미 정치화돼 있는 조직일수록 여야가 초당적으로 운영되기 어려운 그런 요소를 우리나라가 현실적으로 가지고 있다라는 것입니다.

그러나 미국은 그렇지 않다고 하는 것입니다. 미국은 특히 당의 편향성이 적은 중진의원들로 구성한 소수의 정보위 구성과 함께 감시기구의 독립성, 전문성을 제고하고 권한을 부여해서 궁극적으로 그 정보 통제기구 안에서는 서로의 당을 초월한 자율적인 활동을 보장하는 것이 각 당에 허용되고 있다는 점들을 하나 예로 들고 있습니다.

그리고 정보위원회가 정치적으로 독립돼서 활동해서 정보위원회가 이번에 우리 다음 20대에는 반드시 여야가 합의한 전임 상임위화로 지금까지 이렇게 형식화되고 형해화된 국정원의 통제에 대한 아주 철저한 약속을 이행하자고 하는 그 주장이 과연 수용되지도 않고 있는 그런 이 상황에서 그러나 정치적으로는 우선 독립시켜서 정치적으로는 독립된 정보의 기구로 여야 균형 잡힌 수로서 대칭적으로 서로의 당파적인 이익과 정략적인 이익을 배제하는 그 기구로서 운영돼야 한다라고 하는 그런

전문가의 소견이 있다는 점입니다.

이번에 국정원에 의한 테러빙자법의 제정 과정에서 더 적극적으로 느낀 이 점을 반드시 우리 당의 앞으로의 과제에도 참작해야 된다라는 그런 생각을 하게 됐습니다.

전문성을 강화하고 정보위원장이 합리적으로 균형적으로 리더십을 갖게 되어야 된다라고 하는 지적들을 하고 있습니다. 국가 정보기관을 감시하는 위원회가 초당적으로 운영되어서 중요한 점은 소수당으로 하여금 위원회 활동에 적극적으로 참여하게 한다는 것이 아주 제일 중요하다라고 하는 점이 지적되고 있습니다.

그래서 위원회 부위원장으로는 소수당에게 배정해서 1차적인 정보의 공유에 참여하게 해서 국가의 안전과 국가의 정보를 관리하는 데 있어서는 초당적으로 운영할 수 있는 연습과 활동을 할 수 있도록 하는 것을 보장하는 것, 이것이 중요하다는 지적입니다. 전문성을 강화하고 정보위원들에게 임기제가 철저히 진행되고 그리고 한계적인 연임제 제한 규정을 두어서 이게 하나의 정보기관에 유착되거나 포획되는 것을 막을 수 있는 제도도 만들어야 된다는 것을 얘기하고 있습니다.

무엇보다도 국회 정보위의 기구는 상설로 근무하고 있는 국회의원 이외의 보조 조직들이 병행적으로 이루어져야 된다는 점입니다. 지금 각 상임위에 활성화되고 있는 전문위원 조직이 의원 조직만큼이나 중요해서 그 전문 조직에게 비밀취급인가를 통해서 의원과 동등하게 국정원에 접근할 수 있도록 하는 권한을 주는 것이 무엇보다도 필요하다, 그 전문인력 보강이 되어서 국회의 전문성을 높이는 방법이 가장 중요하다라고 하는 것입니다.

이번에 테러방지법에 있어서 가장 중요한 쟁점 중 하나가 국회의 정보감독관이었습니다. 국회의 소속으로, 국회의 전문인력으로 국정원의 테러방지에 관한 정보업무를 같이 공유할 수 있는 의원이 아닌 전문인력의 상설화인 것입니다. 새누리당의 반대로 인해서 결국 무너졌습니다만, 그래서 그것은 대테러센터의 인권감독관 정도로 축소됐습니다만 이것은 중단할 수 없는 과제라는 것을 분명히 합니다.

그래서 정보위가 전임 상임위화 됐을 때 그 전문위원은 국정원의 모든 정보를 같이 공유할 수 있는 상설 감독관으로서, 독립성과 전문성을 가진 기구로서 만들어져야 된다는 것을 분명히 합니다.

그리고 우리나라에서는 상임위의 기관의 통제권을 예산안과 국정감사로 하고 있는데 우리나라에서, 예결위원회에서 정보위의 예산을 보면 정말 한심하기 짝이 없습니다. 모두 다 보안사항, 보안사항, 보안사항 해서 국정원의 어떤 흐름을 예산을 통해서 알 수밖에 없는데도 불구하고 예산은 저희 국회에도, 정보위에도 공개되지 않고 있는 상황이라 이것은 국회 정보위가 전임 상임위화되면서 가장 먼저, 가장 우선적으로 개선되어야 될 운영규칙이다라고 생각하고 국정감사권의 활성화가 진행되어야 된다라고 하는 점을 말씀드립니다.

그러나 위원회의 기밀자료 접근은 강화하되, 접근권한은

강화하되 위원회에서 지득한 기밀자료가 함부로 누출되지 않도록 하는 제도적 장치는 필요하다라는 것입니다. 그래서 완전 공개와 친하지 않은 국정원의 여러 체제에 이것을 보완하는 반공개로, 그 반공개된 그룹 체제가 고착되고 유착되지 않도록만 한다면 부당하고 불법적인 그런 국정원의 활동은 상당 부분 제어될 수 있다는 그런 것이기 때문에 정보위의 전임 상임위화의 첫 시작을 20대 때 할 수밖에 없지만 그때 그 운영규칙에 관한 아주 철저한 연구와 시행이 필요하다는 점을 꼭 말씀드립니다. 그 밖에 정보공개와 정보활동의 투명성을 강화하고 위원회의 세부 운영규칙 제정을 해서 지금까지 관행적으로 운영하던 방식을 탈피해야 한다는 것이 국가정보원의 국회의 효율적인 통제방안으로 제시되고 있습니다.

국정원의 국회의 효율적인 통제방안이 이제 20대에 서로 양당의 합의에 의해서 이루어질 전임 상임위화 제도를 통해서 시작된다고 한다면 그래도 테러방지법에 추가되고 있는 국정원의 권한 확대에 그나마 사후적 통제방안의 상당 부분은 이행이 될 것이다라고 하는 기대가 있습니다만 지금 관행적 운영방식을 그대로 시행을 고집하는 한 전임 상임위화가 된다 하더라도 이것은 이룰 수 없는 목적이다라는 것을 분명히 하고 이에 대한 국민적 입장과 관심도 중요하다고 생각합니다.

국정원의 이런 효율적인 통제방안에 이어서, 새누리당이 제기한 테러빙자법은 이제 저의 토론을 끝으로 표결 절차에 들어갈 거라고 봅니다. 그런데 제가 여기서 그 폴 결과를 볼 수는 없습니다만 아직까지 새누리당이 수정안에 동의하면서 또는 그 수정안에 일부라도 동의하면서 지금 제기한 저희들 호소에 응하겠다는 어떤 소식이 전혀 들리지 않고 있습니다. 이 법안의 처리가 국회의장의 부당한 직권상정에서 시작되었다고는 하지만 이것은 앞서 말씀드린 것처럼 원천적으로 새누리당과 청와대의 불법의 강요, 불법의 강박이라는 사실을 다시 강조합니다.

그리고 우리 당은 이 법안이 통과된다면 헌법재판소에 권한쟁의심판 등을 청구하는 것도 검토하겠습니다. 이 당시에 권한쟁의가, 헌법재판소가 정치적 사안, 국회의 권한의 사항에 관해서는 지금까지 불간섭주의를 표방하고 있었지만, 그러나 이같이 명백한, 이같이 누가 봐도 요건 불비의 국회의 입법적 조치, 국회의 여러 가지 조치에 관해서는 국민의 눈높이를 무시할 수가 없을 것이라고 믿습니다.

국회의장께서 심사기일을 지정했을 때는 국회 정보위원회는 테러방지법과 관련해서 약 네 차례의 회의만 진행하고 있었을 때였습니다. 그 과정에 있어서 잠깐 멈추고 또 이후에 다른 법률의 문제를 제기하기도 했고 여러 문제들을 심의하고 있었기 때문에, 사실 19대 국회 기간 정보위원회 법안소위는 단 한 차례도 열리지 않고 있었기 때문에 다른 법률과의 연계도, 그동안 쌓여 있었던 정보위원회 법안들과 같이 논의하는 것이 좋겠다고 하는 생각들도 많이 있었던 것입니다. 그래서 그런 것들과 함께

논의하자고 하는 것들에 대한 얘기도 있었고.

또 하나는 국정원과 관련한 여러 가지 불신에 대한 문제, 지금 테러방지법의 논의가 가장 큰 것이 그것이겠습니다만 국정원에 대한 불신에 대한 문제를 해소하는 것이 여야를 떠나서 국민 모두에게 좋은 일이기 때문에 그 관련한 것들에 대한 법안도 같이 논의하는 것이 좋겠다고 하는 생각들을 진행하고 있는 중이었습니다. 그게 사실 정상적인 국회 운영 방식이라고 저도 생각합니다.

이 자리에 계신 재선, 3선, 4선, 그보다 더 많은 선 수를 하고 계신 우리 선배 의원님들 계십니다. 모두 다 이 선배님들이 알고 계실 겁니다. 국회 상임위에서 정상적인 절차를 거쳐서 논의하는 것, 그것이 민주주의의 기본이라고 생각합니다. 그것은 누구나 알 수 있는 것입니다.

그러나 언제나 합리적으로 평가받아 오셨던 우리 정의화 의장께서 테러방지법의 심사기일을 1시 30분으로 그때, 지정한 그때를 생각합니다. 의장께서 직권상정으로 본회의에 부의하셨고 박근혜 대통령이 그동안 해 왔던 일방통행의 불통이 급기야 입법부의 수장인 국회의장께까지 전달된 것으로 보입니다.

여러 번 누누이 말씀드렸습니다만 국회법, 선진화법은 사실상 직권상정을 불가능하게 해 놓고 있습니다. 특별한 경우를 제외하고는 직권상정을 할 수 없는 것입니다.

의장께서는 북한의 핵실험 또 뭐 이렇게 말씀하셨습니다만, 그래서 북한의 테러 위험이 증가된다고, 국가비상사태를 간주하신다고 했습니다만, 어떻게 생각합니까? 그 근거가 뭐겠습니까? 국정원으로부터 보고받은 테러 정황과 첩보라고 한 말씀에 저는 사실은 놀랐습니다.

우리나라에서 국가비상사태가 선포된 사례를 보면요, 10월 유신의 서막과 종막을 알렸던 1971년 12월입니다. 그리고 1979년 10월입니다. 그리고 1980년 5월 광주민주화운동 때 비상계엄 확대로 한 때, 딱 세 차례에 불과합니다. 그때 세 차례에 발생한 이외에는 없었습니다. 그런 비상사태가 오늘 있다고 믿기 어렵습니다. 그것은 여러 번 얘기해 본들 국민들이 판단하시리라고 봅니다.

다시 말씀드립니다만, 헌법 77조에 국가비상사태가 적혀져 있습니다. 그때는 대통령은 계엄을 선포할 수 있도록 되어 있습니다. 지금까지 국가비상사태 선언은 모두 대통령이 계엄령을 선포하기 위해서 내려진 조치입니다. 국회의장이 직권상정을 내리기 위해서 국가비상사태를 간주한 경우는 참 이번이 처음입니다. 지금이 통상적인 방법으로 공공의 안녕과 입법 활동이 불가능한 국가비상사태라고 볼 수는 없는 거 아니겠습니까? 국민들도 동의할 수 없습니다. 국민의 기본권과 자유가 철저히 유린당했던 국가비상사태와 계엄의 시대로, 역사의 시계추는 이제 36년 전으로 되돌아가는 것 아닙니까?

우리 의장님의 논리를 그대로 따르자면 이미 북한의 네 차례 핵실험, 여섯 차례 장거리미사일 발사가 이루어진 지금 이 상황입니다. 이런 상황에서는 상시적인 국가비상사태에

해당되게 된다고 간주할 수밖에 없는 거 아니겠습니까?

다시 말해서 북한의 핵실험이나 미사일 발사의 전후 그리고 국정원의 테러 정황이나 첩보가 있으면 바로 국가비상사태로 간주할 수 있다고 하는 말입니다. 이것은 국정원이 언제라도 정치에 개입할 수 있는 극악한 우리 헌법 유린의 선례를 남기게 되는 것 아니겠습니까? 또한 북한의 핵실험, 미사일 발사 그리고 국정원의 테러 위험 첩보와 정황을 근거로 언제든지 국회에 직권상정을 할 수 있다면 이제는 민주주의 유린 시대로 들어가는 것 아니겠습니까?

새누리당의 테러빙자법에 따르면 국정원은 테러 예방과 대응에 관한 제반 활동을 근거로 영장 없이 통신수단에 대한 감청을 할 수 있게 되는 것, 말씀드렸습니다. 또 정보수집권 또 대테러 활동에 대한 정보자료를 수집하기 위한 조사권도 가질 수 있게 됩니다. 이 부분에 관해서 마지막 최종적인 협상에 있어서 의장께서도 과도한 부분이라고 지적을 하신 것으로 기억합니다. 이에 새누리당에 수정안을 마련해 올 것을 요구했습니다만 사후통제권에 대해서는 아까 말씀드린 것처럼 손대지 않고 조사권·추적권을 행사한 이후에 대테러센터의 장에 보고하는 정도의 있으나 마나 한 것을 수정안으로 해서 마련된 것으로 알고 있습니다.

그러면 비상사태인가요? 지금은 그렇다면 민주주의 비상사태입니다. 무소불위의 국정원에 국가비상사태라는 무리수를 두면서까지 무차별적인 정보수집권, 조사권 그리고 감청권을 추가로 부여해서 괴물 국정원을 만들려는 의도가 과연 무엇인지 살펴야 되는 이 시점에 놓이게 됐습니다.

우리 당은 직권상정은 불법이라고 분명히 단정합니다. 그리고 본회의, 이로 인해서 본회의 통과가 이루어진다면 그것은 결코 온당한 처사가 아니라고 하는 것을 다시금, 다시금 확인드립니다.

헌법과 법률을 유린하고 36년 전으로, 민주주의를 파괴한 것 아니냐, 그런…… 국회에서 이를 막지 못한다면 저희도 역사의 준엄한 심판을 면치 못할 것이다, 같이 함께 있었다는 이유만으로도 역사의 심판을 피하기 어려울 것이다, 저는 그렇게 생각합니다.

많은 분들께서 '국가정보기관을 믿지 못하면 어떻게 되느냐' 하는 그런 고민의 말씀도 하고 계십니다. 저희도 사실 믿고 싶습니다. 믿는 것이 당연한 일이고 상식에 준하는 일입니다. 그러나 지금까지 해 왔던 대한민국의 국정원이 어떻게 그런 믿음을 줄 수 있겠습니까?

국민 여러분, 국민들께서 모두 다 국정원 믿어 보라고 하면 믿겠습니다. 그러나 국민 여러분께서 이번에 국정원이 이런 과도한 요구에 의한, 불법의 직권상정에 의한 국정원 테러빙자법을 포기한다면 저는 지금부터 국민 여러분의 그 뜻에 따라서 국정원을 믿기로 하겠습니다. 믿기로 노력하겠습니다.

사실 먼 과거의 문제만이 아닙니다. 독재시절의 문제만도 아닙니다. 20년, 30년 전의 이야기도 아닙니다. 지난

정부에서부터 있었던 사건만이 문제가 되지도 않습니다. 지금 정부에서도 다양한 고민거리들이 함께 상존하고 있습니다. 그런 것들을 하나하나 해결해 나가면서 그렇게 이 법이 국민들에게 필요하고 테러를 막기 위한 방식으로 온당하게 사용될 수 있도록 하는 것, 그것이 국회가 해야 될 역할이 아닌가 이렇게 생각합니다.

그런데 우리는 그 역할을 지금 제대로 하지 못하고 있습니다. 국회 정보위원회 법안소위원회에서 네 차례에 걸쳐서 법안 심의가 있었다고 합니다만 사실 이 법안 심의는 아까 말씀드린 것처럼 어떤 심의도 없었고, 어떤 축조심의도 없었고, 어떤 사전준비도 없었습니다.

이 법 자체에 대한, 하나하나 자구에 대한 문제도 고민되지 않았습니다. 큰 틀에 있어서의 고민들이 있었다는 얘기는 들었습니다만 새누리당의 정보위원들께서 함께 참여하시면서 앞서 말씀드린 것처럼 19대 국회에는 정보위원회 법안소위가 전반기에든 하반기에든 열리지 않고 있었던 것, 그것도 인정되었습니다.

그래서 관련한 내용들에 대한 기본적인 사실 접근이 필요했습니다. 또한 이 법에 관련해서 테러방지법도 여러 명의 의원들이 발의를 해 주셨고, 연관된 법으로 오늘 새누리당이 연계해서 이를 통과시키려고 하는 이 법, 이 법들에 대한 새로운 논의가 있어야 하겠습니다.

수정안을 요구하는 저한테 새누리당에서는 사이버테러 방지법을 얘기합니다. 1 대 100 이상의, 국정원에 의한 테러빙자법의 100배가 되는 사이버테러 이것마저도 국정원장에게 사이버테러에 따른 사이버테러위기센터의 장을 주도록 하면서 국정원에 맡기자고 하는 안에 어떻게 저희가 동의할 수 있겠습니까? 그러나 논의는 하겠습니다. 심의하겠습니다.

지금 통신기반 보호법 개정안 이름으로 우리당의 변재일 의원께서 내신 사이버테러 방지법의 내용이 있습니다. 그것은 기존의 미래부장관을 사이버테러대응센터의 중심으로 놓고 지금까지 해 온 사이버테러에 대한 대응방안을 법적으로 관리하고 확장시키려고 하는 내용입니다. 국정원은 이마저도 뺏어 오려고 하고 있습니다.

옳다면 뺏어 가는 것이 뭐 문제겠습니까? 국정원이 이 사이버에 관한 진정한 전문기구로서 사이버테러를 방지할 수 있는 책임과 권한을 동시에 갖겠다면 우리가 왜 반대하겠습니까? 사이버에 관한 인권 침해적 요소들을 모조리 갖춘 채 그 어느 하나도 교정하지 않은 채 지금 현재 기존 움직이고 있는 미래부장관 중심의 사이버테러를 그냥 단순 이동시키려고 하는 국정원의 시도에 결코 동의할 수 없습니다. 또 다른 국정원의 확대, 사이버테러 빙자법이 될 것임이 분명하기 때문에 그렇습니다.

다양한 법안들을 병합할 것이고 또 제거해야 될 부분들을 제거하고 독소 조항에 대한 논의를 하는 과정들, 이런 것들은 있어야 합니다. 이것도 정보위원회에 제출된 내용과 미래방송통신위원회에 제출된 내용, 다행히 국회의장께서 이것은 결코 직권상정 할 수 없다라고 하는

분명한 뜻을 하고 계셔서 저희들은 안심을, 저희들은 마음을 놓고 있습니다만 그러나 또 어떻게 될지 모르는 작위적인 국가비상사태, 불쑥 튀어나오는 국가비상사태 또는 상시적인 국가비상사태를 들먹이면서 또 직권상정 하려고 하는 시도가 이번 국정원에 의한 테러빙자법에 의해서 성공한 사례를 기반으로 제기되고 또 추진된다면 이제는 더 이상, 더 이상 할 수 없다는 점을 분명히 합니다. 그다음은 우리 당 의원들이 다 되어 있습니다.

모두 다 국민들의 안전과 생명을 담보로 하는 법입니다. 그렇기 때문에 사실관계를 확인하고 다양한 사례들을, 실제 어떤 문제들이 어떻게 발생할 것이냐, 그리고 그것을 막을 수 있는 적절한 방법은 무엇인가에 대해서 논의해야 되겠습니다. 논의해야만 되겠습니다.

국민 여러분께서 막아 주시면 국민 여러분들이 이 법에 대한 문제점을 인식하시고 다양한 방법으로 새누리당에 압박해서 이것이 이렇게 일자일획 변화 없이 통과되지 않을 수 있도록 해 주셔서 그나마 국회의 입법에 관한 절차적 정의·실체적 정의가 설 수 있도록 국민 여러분 지켜 주시기 바랍니다.

다시 말씀드립니다마는 아까 그 장시간 동안 제가 수정안을 말씀드리고 그 수정안에 대한 저의 생각들을 토론했습니다. 그러나 국회에서는 그런 수정안을 놓고 서로 축조심의하기 때문에, 쌍방향 서로 논쟁하기 때문에 많은 시간이 걸릴 것입니다. 지금 제가 임의로 죽 과정을 설명한 것의 몇 배 시간이 걸릴 것입니다.

그런 시간을 통해서 성안된 법만이 합의에 이른 법이다라고 하고 있고, 그 개별 쟁점에 관해서 합의되지 않으면 또 미루고 또 생각하고 또 심의를 위한 시간을 가져야 그 속에서 서로 합의할 수 있는, 서로 양쪽의 입장이 공유될 수 있는 국회안이 탄생되는 것입니다.

아시다시피 이 법은 그런 과정들이 생략된, 전혀 그런 과정이 없는, 그런 과정의 절차들이 한번 제기되지도 않은, 절차적 정의를 무시한, 실체적 정의를 무시한 법입니다.

사실 테러방지법 독자 입법 반대 논의는 정부기관들도 동참했습니다, 새누리당도, 우리 더불어민주당도. 그러나 테러에 대한 대응책을 독자적인 법률로 만든 것입니다. 대응 입법으로 만든 법이기 때문에 그렇습니다마는, 예전에 저희 법은 참여정부 때 활동하셨던 대테러 전문가들과 함께 해서 법의 성안을 기초했습니다마는 그러나 저희 안도 전문 시민활동가, 시민단체들, 민간의 테러에 관한 전문단체들, 전문가들과 함께 논의해서 테러방지법의 제정을 해야 된다는 주장이 많습니다.

정부의 관계기관 반대 논리는 박근혜 정권에 들어와서 정세가 근본적으로 달라진 것이 없음에도 불구하고 일제히 사라지고 말았습니다. 과거에 참여정부 때는 정부기관도 입장을 가지고, 이 테러방지법의 작성과 심의에 서로 입장을 가지고 반대론과 찬성론을 서로 나누면서 논의했던 적이 있었던 것입니다.

국가인권위원회가 16대 국회에 제안된 테러방지법에 대해서, 이건 국가기관 아니겠습니까, 국가인권위원회는? 현행법과 제도로 테러방지 대책이 가능하기 때문에 별도의 입법 추진은 그 근거가 부족하다라고 해서 분명히 테러방지법 그 자체의 반대론을 피력했습니다.

(정의화 의장, 정갑윤 부의장과 사회교대)

특수부대 출동 요청 등의 위헌 소지와 그로 인한 국민의 기본권 침해 우려가 있다고도 지적했습니다. 정보기관의 권한 강화에 따라서 국민의 기본권이 제한될 소지가 많아졌다는 점도 또 지적했습니다. 상당수의 조항들에 헌법 및 국제인권법 위반 소지가 여전히 남아 있다는 점도 지적했습니다. 그래서 입법 그 자체에 대한 필요성에 대한 논리적 근거가 빈약하기 때문에 입법에 반대한다는 의견을 국회에 표명했습니다.

이 반대론은 그때 당시에 이렇게 국정원의 무제한 감청, 무제한 금융정보분석원의 접근권이 상당히 통제된 방식으로 인정된 내용에도 불구하고 국가기관인 국가인권위원회가 입법에 반대했다는 것입니다.

최근 회장이 졸속으로 찬성의견서를 내서 내부의 큰 반발을 사고 있는 대한변호사협회는 2002년에만 하더라도 국회에 보낸 의견서에는 다음과 같은 반대 이유를 들었습니다.

'테러범죄에 대한 예방·처벌이 현행법으로 충분합니다. 테러범죄의 개념과 범위가 극히 애매하고 추상적이어서 죄형법정주의에 위배됩니다. 테러방지법의 적용이 남용되어서 국민의 인권이 침해될 위험성이 큽니다. 국가대테러대책회의, 상임위원회, 대테러대책협의회 등은 기구만 비대하고 방만해서 그 효율성과 기민성을 기대하기 어렵습니다. 테러범죄에 대한 수사의 주도권을 국가정보원이 장악하게 되며 이는 검찰의 수사지휘권과 배치돼서 무한 갈등을 일으킬 소지가 큽니다. 분야별 테러사건대책본부와 각 행정기관에 대테러대책협의회가 설치되고 운영됨으로써 행정기구의 비대화와 예산낭비의 결과를 가져오게 됩니다. 현행법상 수사지휘체계가 무시되고 국법체계와도 배치됩니다.'

여러분, 이상하지 않으십니까? 지금보다 국정원 중심의 더 철저하지 않은 테러방지법의 내용에 대해서도 이렇게 그 당시의 변협과 국가인권위원회는 테러방지법 입법 그 자체에 대해서 반대의견을 낸 것입니다.

그런데 여러분, 지금 저희가 잘 모르는 내용은 '현행법으로 충분하다' 그 하나인 것입니다. 그 나머지는 대부분 저희들이 동의하는 내용들입니다. 국가인권위원회에서 이유로 든 사안이나 또 2002년 대한변협에서 반대론의 논거로 든 사안은 모조리 다 이해될 수 있습니다.

그러나 현행법으로 충분하다, 지금 현재 현행법으로 테러방지를 하는 데 충분하다 하는 것입니다. 물론 그때 이후에 시간이 많이 바뀌었습니다. 테러기구들의 간특한 행동들은 더 높아지고 있고 치밀한 수법들로 인해서 국민들의 안전에 대한 위해, 위험들이 더 커져가고 있는 거는 사실입니다.

그렇기 때문에 당시에 현행법으로 충분하다는 논리 그 하나를 잘 살피면 지금도 테러방지법으로 인해서 오는 인권침해적 요소, 인권을 유린할 위험성의 요소 그런 것들을 잘 경청해야 하는 그런 사안들로 가득 차 있는 것입니다.

말하자면 테러방지법의 독자 입법의 반대론의 주요 논거로는 다음과 같이 이렇게 정리할 수 있겠습니다.

'테러방지법의 제정 목적이 정권이 교체될 때마다 제기되는 국가정보원의 조직 개편 혹은 조직 개혁에 대한 대비책의 마련이라는 불순한 목적에서 비롯되고 있다는 것이다. 그리고 테러방지라는 명분 아래 국가의 경찰 권력, 정보 권력을 강화하고 국민의 인권을 침해하거나 제한하는 일이 일어날 수도 있다고 우려하고 있습니다.

테러방지법이 제2의 국가보안법이 되거나 국가정보원의 권한을 강화시키는 나쁜 전례가 될 수 있다는 염려에서입니다. 따라서 인권침해 소지를 불식한 국가정보원의 개혁이 이루어진 다음에 법 제정 여부를 논의하자고 하는 것입니다.'

저희는 물론 이 내용에 대해서 100% 찬성하지는 않습니다. 그러나 여기에서 지적되고 있는 테러법의 문제점에 대한 내용들을 잘 경청해서 입법에 반영해야 될 필요성을 갖고 있다는 것입니다.

그래서 저희가 만든 위해 단체법은 이런 내용들을 함께 고려해서 했다라고 말씀은 드립니다만 많이 부족함을 인정할 수밖에는 없습니다.

'두 번째로는 기존의 시스템과 대처 방식으로도 뉴테러리즘에 얼마든지 대처할 수 있다는 것입니다. 우리에게는 군대와 다름없는 전투경찰대가 있고, 이미 기존의 법 시스템하에서도 일상적인 불심검문, 전화·기타 통신매체에 대한 감청, 광범위한 정보수집이 이루어지고 있다는 점입니다. 또한 경찰 내부에 대테러 특수부대들이 조직되어 있다는 점입니다.

그래서 충분한 방어시스템이 구축되어 있고, 테러정보 수집 활동도 현행법하에서 국가정보원에서 이미 시행하고 있고, 또 최근 서구 각국에서 추진하고 있는 반테러법안들은 이미 한국에서는 시행되고 있는 위와 같은 대책들을 도입하려고 하는 그런 생각인 것입니다.'

이런 것들을 감안해서 뉴테러리즘에 과연 기존의 시스템, 대처 방식으로 대처할 수 있는지에 대해서 면밀한 검토를 하고 있습니다. 저희도 하고 있습니다. 그러나 그것이 국민정서상 우리가 테러에 적극적으로 대응 입법을 만들어서 테러에 대책을 세우는 것이 국민의 안전을 유지할 수 있다, 국민에게 안전감을 드릴 수 있다라고 하는 취지를 우리가 법을 만들면서 채택했던 것, 이 점을 말씀드립니다.

그리고 세 번째는 테러방지법이 테러를 방지하기 위한 적합한 수단이라는 점을 입증해야 된다는 지적입니다.

'첩보 수준의 정보와 그에 근거한 안보위협론, 유비무환론만 내세울 것이 아닙니다. 테러법을 제정해야 할 입법성의 필요성을 분명하게 제시해야 한다는 것입니다. 각 행정기관이 분업망식으로 결합되어서 테러를 방지하는 체계에 문제가 있다면 그것이 무엇인지, 그리고 개선의 여지는 없는 것인지 국회가 입증해야 합니다.'

미국에서 각 행정기관이 테러의 중심 기구로서 활동하고 있는 그런 것들이 비교적 합리적으로, 효율적으로 이용되고 있다는 점에 대해서도 저희는 살펴봐야 합니다. 그래서 이것이 과연 새로운 정보기구―저희들은 국민안전처로 했습니다만―또는 기존의 유일한 정보기구에 전단적으로, 집중적으로 정보기구로서의 권한을 설정할 것이 아니라 각국 테러를…… 테러방지를 추진하였던 오랜 역사를 가지고 있는 영국·미국·독일·프랑스 방식의 분산형, 각 정보기구의 분산·결합·경쟁형의 정보 체계도 검토해 봐야 된다고 생각합니다.

그럼으로써 인권침해의 가능성이 적어지고 헌법상 권력분립 원리에 반하는 내용의 테러방지법이 제정되려면 과연 그 필요성과 상당성이 있는지, 정당성이 있는지, 혹시 국정원에게, 국민안전처에게 정보의 기능을 독점화시키는 것이 과잉금지의 원칙에 반하는 것은 아닌지를 입법자는 구체적으로 입증해야 한다는 것입니다. 그래서 이와 함께 테러 위협이 얼마나 심각한지 국민들에게 알려야 한다는 지적인 것입니다.

네 번째로는 테러방지법의 오남용에 대한 위험입니다. 정치적 소수자들의 위법 행위, 정부 정책에 반대하는 자들에 대한 침해 행위, 혹은 그에 미치지 않은 가벼운 범법행위도 테러행위로 체포하고 수사받을 수 있다는 것을 분명히 지적하고 있습니다.

이 내용들은 외국에서 독자적인 입법으로 테러법을 추진함에 있어서 검토하는 수년간의 역사적 작업들을 모은 것입니다. 이렇게 외국에서는 테러방지법 하나를 만들면서 수년을 고민하고 검토해 왔습니다.

독자입법이냐 분산입법이냐 또는 독자입법이라도 어떤 기관에 줘야 될 것이냐, 분산형이라 하더라도 각 행정기관에 어떤 식으로 분산해 줄 것이냐……

저는 사실 새누리당의 저 전단적인 테러빙자법도 정말로 정말로 문제가 있습니다만 저희들이 제 이름으로 대표발의한 위해 단체 행위 금지법에 대해서도 사실 많은 반성을 했습니다. 이런 입법과정에 있어서의 외국에서의 사례, 경위들을 보면서 이렇게 신중하게, 이렇게 철저하게 많은 리서치를 통해서 검토하고 의견을 나누고 연구해서 하나하나 만들어 나가는 외국 예에 비추어서…… 대응입법이라고는 했습니다마는 이렇게 불철저하게 만든 저희 법에 대해서도 저는 많은 반성을 했습니다.

아직 갈 길이 멀다고 생각했습니다만, 이렇게 중요하고 이렇게 국민에게 심대한 위협과 침해의 위험이 도사리고 있는 법에 대해서도 이런 생략된 절차에 의해서, 정치논리에 휩싸여서, 청와대의 의견에 밀려서, 청와대 필요에 부응해서, 잘못된 정치세력에 호도된, 무능한 정치세력의 입장에 의해서 이렇게 국민들이 유린되고 국민의 기본권이 침해될 수밖에 없다는 우리 의회 수준에 관해서 저희들이 여당 야당 할 것 없이 스스로 인정하고 그동안에 잘못됐던 점들을 고백드리는 바입니다.

그러나 이 문제점을 알고 어떻게든지 고쳐 보려고 하는 그리고 그 무서운 침해 위험성에 대한 인식을 분명히 하고 이것을 막으려고 하는 저희들에게 국민 여러분, 지혜와 의지의 힘을 주시기 바랍니다.

역대 국회에서 테러방지법안 심사 중에 가장 논란이 되었던 부분이 테러 및 테러단체의 개념이었습니다. 이와 관련해서 국가인권위원회는 2002년도 2월 20일 국회 정보위에 보낸 의견서 내용을 통해서 당시 법안의 가장 큰 특징으로서 국제사회의 오랜 연구와 논쟁에도 불구하고 여전히 합의된 개념 규정에 실패했다, 그 실패하고 있는 테러행위에 대하여 포괄적인 정의를 내리고 있다는 점을 들었습니다.

그리고 그 법안은 이런 사회정책적인 법안이 아니라 테러행위 그리고 테러단체에 적용되는 형벌법규적인 성격을 가지고 있기 때문에 이것은 일반 사회정책적인 법, 사회복지적인 법과 다르게 죄형법정주의 원칙에 따라서 그 구성요건이 엄격하게 한정되고 명확한 원칙에 의해서 이루어져야 함에도 불구하고 그 내용이 아주 불확정적이고 본질적으로 불법적인 요소를 가지고 있지 않은 정치·사회학적 요소들을 도입함으로써 오히려 그 내용을 더욱 불명확하게 만들고 있다고 주장했습니다.

테러에 대한 정의 가운데 객관적 행위유형 그리고 결과를 제외한 요소들, 그것을 특히 보겠습니다.

정치적·종교적·이념적 또는 민족적 목적과 그 목적을 추구하거나 그 주의 또는 주장을 널리 알리기 위해서라고 하는 요소는 범죄의 지표로 삼을 만한 아무런 내용도 포함되지 않습니다. 그렇기 때문에 테러행위를 한정할 수 있는 구성요건이다라고 말하기 어렵습니다.

또한 그 행위의 결과로 제시된 국가안보 또는 외교관계에 영향을 미치거나 중대한 사회적 불안을 야기한다는 것 역시 불명확하고 모호해서 정상적인 사람이 이해하기 힘든 점에는 전혀 차이가 없다는 점을 또 지적했습니다.

그래서 그 법 내용에서 국가안보, 외교관계, 영향, 중대한 사회적 불안 등 이런 다수의 불확정한 용어들이 죄형법정주의의 요구에 따라서는 명확하게 개념화할 수 없는 규정이라는 것들을 지적했습니다.

그래서 테러방지법안 등은 목적과 동기, 행위의 실행과정 그리고 행위유형과 결과의 측면에서 테러의 개념을 규정하고는 있지만 그 개념규정들은 여전히 모호해서 집행기관에 의한 자의적인 해석과 적용의 위험을 피하기 어렵게 되어 있다는 점도 지적했습니다. 따라서 이 조항은 헌법과 국제인권법에 정면으로 위반한다는 의심이 제기되었습니다.

또한 국가정보원이 중심이 되는 대테러조직의 문제점을 말씀드리겠습니다.

국회에서 법안 심사할 때 법안 제정 반대를 하는 분들의 비판의 초점은 국가정보원에 두는 대테러센터의 설치 문제였습니다. 법안 제정을 반대하는 입장에서는 국가정보원이 대테러센터를 주도하게 되면 여러 가지

치명적인 문제점이 발생한다고 지적했습니다.

제가 아까 말씀드린 것들이 정리되어 있기 때문에 다시 자세하게 말씀 올리겠습니다.

첫 번째로 국가정보원이 정보권한과 수사권한을 동시에 갖고 있는 한 언제라도 권력 남용 그리고 인권 침해 유혹을 받게 됩니다.

지금 국가정보원이 어떻습니까? 수사권도 가지고 있고 국내정보, 국외정보, 물론 국내정보는 제한된 내용입니다만 테러를 통해서 거의 전부의 국내정보에 접근하게 될 가능성이 생겼습니다. 그리고 간첩, 군사기밀, 특히 내란, 기타 몇 개의 중요범죄에 관한 수사권한을 동시에 가지고 있습니다.

시대에 따라서, 정권에 따라서 국가정보원의 이 수사권은 변화·유전해 왔습니다만 제가 당시에, 변호사 활동을 하던 시기에 국가보안법 사건들을 항상 접할 때마다 국가정보원은 항상 상위기구였습니다. 오히려 국가 수사단계에서 검찰수사와 경찰수사의 수사권이 명백히 분리되고 있는 상황에서도, 그래서 경찰수사를 하는, 초기수사 역할을 하고 있는 관계에서도 오히려 국가정보원은 검찰을 압도했습니다. 항상 보안사건에 관해서, 여러분, '변호인'이라는 영화를 다 보셨겠습니다만—경찰 내에 치안본부가 조사하는 사건과 국가정보원이 조사하는 사건이 서로 경쟁적으로 이루어졌습니다.

검찰은 국가정보원이 수사한 사건은 아주 쉽게 처리합니다. 지금 출세가도를 걷고 있는 많은 공안검사 출신들의 국회의원들 또 장관님들, 총리님들, 그분들이 공안검사 시절, 권위정부 시절에 국정원은 가히 검찰의 상위기구였습니다. 국정원이 수사하고 조사한 내용에 대해서는 거의 일자일획도 바꾸지 않고 바로 그냥 기소하는 것이 전례였습니다. 단순히 검찰은 기소 거수기에 불과한 것이었습니다.

그에 반해서 경찰이 조사한, 치안본부 대공분실에서 조사한 수사는 상당히 통제가 되고 또 변경도 이루어졌습니다. 검찰의 재량도 조금 보였던 것 같습니다. 어떤 때는 정부가 약간 권위성이 줄어들어서 독재적인 아주 독재적인 정권 뭐 아시겠습니다만 그것 몇 하다가 조금 완화되는 정권 체제하에서는 치안본부 대공분실의 힘이 더욱 커져서 어떤 때는 치안본부와 경찰국과 국정원을 서로 경쟁시키면서 활동을 한 적도 있었습니다. 그러나 문민정부가 들어서고 김대중 국민의 정부시대, 그리고 참여정부 시대에는 현격히 국가정보원의 수사권은 약화됐습니다. 거의 국정원의 수사는 줄어들고 정보수집기능에만 집중되었던 것으로 보입니다.

그래서 그 당시에 이루어졌던, 시도되었던 테러방지법의 경우에 국정원이 가지고 있는 정보수집의 권한이라고 하더라도 지금 박근혜정부가 가지고 있는, 이 밀어붙이는 전단적인 국정원 중심의 수사권과 정보수집기능의 체제와는 전혀 다른 것입니다. 그럼에도 불구하고 그때 시절에

국정원이 가지고 있는 수사권한과 정보수집 권한에 대한 병행 입장에 대해서 이렇게 권력 남용과 인권침해의 유혹을, 제기하고 있는 것입니다.

밀행성을 속성으로 하고 있는 정보기관이 수사권까지 보유하면 권력의 비대화와 인권침해의 결과를 낳습니다. 정보기관이 수사권을 보유할 경우 인권보장을 위해서 준수해야 하는 적법절차에 대한 통제가 사실상 불가능해지기 때문입니다.

미국의 CIA나 영국의 MI6, 독일의 BND, 이스라엘의 모사드 등 주요 국가의 정보기관은 수사권을 부여하고 있지 않습니다. 특히 독일의 경우 수사권을 보유했던 과거 나치 정권 정보기관의 폐해를 경험삼아서 BND는 수사권을 두지 않습니다. 필요한 경우 경찰과 협조해서 자료를 받는 등 상호 긴밀히 협조하고 있습니다. 이는 성공적으로 운영되고 있는 평가를 받고 있기도 합니다.

우리나라는 어떻습니까? 과거에 김대중 정부에도 한때 국정원의 수사권을 문제 삼은 적이 있었습니다만 결국 이루지 못했습니다. 지금 이 국정원 중심의 테러빙자법은 사실상 권력에 따라 힘의 유전을 겪었던 국정원이었지만 지속적으로 국정원의 역사로 십수 년간 추진해 왔던 것들을 이제 와, 여기서 직권상정으로 성공시키려고 하는 그 직면한, 순간에 놓여 있는 것입니다.

정말 참담합니다. 어떻게 그 시기에 제가 이 자리에 있는지, 역사에 기록되는 이 자리에. 다 피하고 싶은, 우리 국민들 우리 당 의원님들께 이런 전단적인 국정원법을 이렇게 직권상정으로 해 가져 가려고 하는데 우리가 이렇게……

그러나 필리버스터도 중요한 저희 국회의 강력한 활동이라고 생각합니다.

시간이 많이 지났습니다만 새누리당에서 수정안을 받아들인다는 얘기가 없습니다, 아직 어떻게 된 게.

(「힘내세요」 하는 의원 있음)

정말 정치의 파트너십을 단 티끌이라도 인정한다면 이렇게 이렇게 호소하고 이렇게 우리가 노력하고 있는데, 허리까지 다쳐서 흔들흔들 거리는 여성 의원이 10시간의 혼신한, 몸을 던지는 호소를 하고 있는데 우리 은수미 의원……

저희들은 은수미 의원의 장장 10시간을 넘는 혼신의 힘을 다한 노력에 울었습니다. 우는 저희 앞에 새누리당 의원들은 공천 운운했습니다.

조금이라도, 동료 의원으로서 같이 함께 4년간 한솥밥을 먹던, 같이 활동했던 국회의원이 여가 야가 다르기는 하지만 그래도 '저 의원이 저렇게까지 하는데 그래도 뭔가 이유가 있어서 그런 것은 아닌가, 뭔가 좀 자기화를 시켜서 볼 수 있는 것은 아닌가'라는 그런 요청은 정말 과도한 바람이겠습니까?

사실 저도 반성했습니다, 그때. 만약 아와 타가 바뀌어서 새누리당의 어떤 여성 의원이 수십 시간을 자신의 주장을 해도 아마 저 이종걸이가 조금 이해하면서, 이해하려고 하면서, 이해를 노력하면서 저 얘기가 무엇인지를 좀 들어보려고 했을까…… 아마 저도 그러지는 못했을 수도 있지 않겠나라는 저의 반성을 했습니다.

국회가 서로를 인정하는 공존과 공유의 국회가 되지 못하고 있는 점은 서로 우리들의 책임입니다, 저의 책임이기도 합니다.

이 늦은 시간에 아무리 호소해도, 저녁에 저는 오늘 10시부터 예정되어 있는 새누리당 의원님들의 시간을 뺏으려고 저 자리 앉아서 지키려고 하는 것 아닌가, 미안하게 생각합니다. 오늘 10시부터 선거법, 기타 법안 처리하기 위해서 많은 의원님들에게 의총, 본회의 소집 예고를 한 사실을 들었습니다. 알고 있습니다. 그러나 오직 그것을 방해하려고만 한 것은 아닙니다.

(「마치세요」 하는 의원 있음)

(「힘내세요」 하는 의원 있음)

제 진정을 믿어 주시기 바랍니다.

(「고생하셨는데 그만하시지요」 하는 의원 있음)

(「수용안을 가져오세요. 수정안에 동의하시면 되잖아요」 하는 의원 있음)

지금 이 시간 진행되고 있는 이 테러방지법에 대한 국민적 의견들, 국민들이 참여해서 입법을 아시고 수정안을 아시고 어떤 안에 국민들이 찬성하고 동의하고 하시는지에 대한 귀 기울여 줄 수 있는 그런 자세 촉구를 하는 것이 이미 늦은 바람이지 않겠나…… 그러나 우리는 희망을 가져야 되지 않겠습니까?

제가 그냥 서 있는 것은 아닙니다. 시간을 가지면서 설득을 구하고 호소하는 것입니다. 국민들의 동참을 바라고 있는 것입니다. 국민의 동참을 통해서, 국민의 많은 의견을 통해서 새누리당 의원님들의 생각을 좀 바꿀 수 있지 않나, 좀 진정성 있게 생각해 주실 수 있지 않나, 그런 기회는 혹시 없을까라는 생각입니다. 이 시간 이후로 저희도 생각을 바꾸겠습니다. 무조건 새누리당 의원님들이 주장한다고 해서 반대한다는 그런 생각하지 않겠습니다, 이번만은.

지금 그동안에 있었던 이 많은 논쟁들, 우리나라만의 문제는 아니고 미국이 한시법으로 만든 법을 일몰시키고 자유법으로 만든 경위라든지 다른 나라에서 해 봤던 시도들, 논쟁들 그 많은 논의들과 성찰들에 대해서 우리가 한순간에 이루어질 수 없는 것이라 하더라도 지금 이 집중된 시간에 좀 성찰하고 생각하고 논의해서 혹시라도 이 수정안의 뜻의 취지가 좀 동의될 수 있는 내용은 없는지에 대해서 좀 살펴 주시기 바랍니다.

당시에 국정원의 수사권 폐지는 국정원의 탈권력화의 첫걸음이 될 것이라고 했습니다. 국정원의 수사권이 폐지된다고 하더라도 국정원이 수집한 정보를 제공한다면 전혀 문제되지 않는다는 말씀을 했습니다. 외국의 사례에서도 보듯이 정보 공유가 책임 공유로 인식됨으로써 철저한 비밀유지가 되고 있기 때문에 충분히 가능하다는 이론도 지적됐습니다.

그런데 우리는 이미 국정원의 수사권 폐지는 물

건너갔습니다. 그때 있었던 절호의 찬스였던 김대중 대통령님의 정권에서도, 노무현 대통령님의 참여정부에서도 이루어내지 못했습니다. 이런 강력한 주장에도 불구하고 국정원의 개혁은 이루어지지 못했습니다. 우리가 이루지 못한 철저한 국정원 개혁에 야당이 되어서 국정개혁을 해 달라고 하는 것이 더 어려운 과제가 될 수도 있겠습니다.

두 번째로 국가정보원에 대테러센터를 두면 국가정보원이 그 권한을 이용해서 행정기관을 장악하게 될 것입니다. 그래서 필연적으로 다른 기관의 업무 영역을 침범하게 될 것입니다.

현재 국정원은 국가정보원법 제3조1항에 따라서 국외정보, 국내보안정보 수집·작성·배포 권한을 가지고 있습니다. 국내보안정보 수집·작성·배포 권한은 정보기관이 정치에 관여할 수 있는 직접적인 근거가 되어 왔습니다.

2005년에 불거진 불법 감청 바로 그것이 국정원이 정보 수집권을 통해서 정치에 관여한 유력한 수단이었다는 것이 입증되었던 사건입니다.

국가정보원의 고질적인 병폐로 지적되어 온 국내 정치 개입을 차단하기 위한 최선책은 국가정보원법을 개정해서 국내보안정보 수집권을 폐지하고 국정원의 정보 수집 범위를 대북, 국외로 한정하는 것이 필요한 데 기인하는 것입니다.

그밖에도 테러 대책기관의 대테러센터로의 통합으로 인한 문제점도 있습니다. 테러방지법상의 조직체계에 비추어 봅니다. 이 조직체계에 따르면 국가기관과 광역 지방자치단체 그리고 공항과 항만뿐 아니라 주요 관계기관별로 테러 관련 협의회나 대책본부가 설치되어서 국가의 주요기관들이 대테러 대책의 이름으로 하나의 조직체계 속에 강력하게 통합되는 양상을 나타내게 되어 있습니다.

우선 이러한 국가체계의 재편성은 국가기관 간의 견제와 균형을 무너뜨리고 그리고 국가권력을 통합하게 해서 국가권력을 남용하게 하고 인권을 침해하는 방향으로 작용될 가능성이 높아지게 되는 점을 지적하고 있습니다.

그다음에 이렇게 강력하게 재편된 국가권력체계가 국민의 감시로부터 은폐된 비밀조직의 성격을 가지고 운영됨에 따라서 나오는 문제점을 어떻게 할 것이냐의 문제였습니다.

대테러 대책의 핵심적인 역할을 하는 대테러센터는 그 자체 조직과 정원이 공개되지 않는 국가정보원에 두는 것이고 그뿐만 아니라 대테러센터의 조직과 정원을 공개하지 않을 수 있게 하고 테러 진압을 위한 특수부대의 운영 그리고 훈련 등에 관한 사항을 공개하지 않음으로써 결국 재편성된 국가행정체계의 가장 핵심적인 부분 바로 그 부분이 국민의 감시로부터 은폐된 가운데 운영되게 되는 겁니다.

그래서 아무리 공개행정의 원칙, 국가행정의 공개 원칙을 아무리 천명해 본들 그것은 국민들의 웃음거리밖에 될 수 없는 그 원칙을 위반하는 그런 지적을 받을 수밖에 없게 되었던 것입니다.

이처럼 테러조직을 국가조직 내에 독자적인 기구로 만듦에 있어서 오는 여러 문제들이 제시되고 또 염려 속에 기술되어 왔던 것입니다.

그리고 테러방지법의 독자 입법은 군 병력과도 관계가 있습니다. 우리는 이 군 문제에 관해서 잘 알 수 없습니다. 군 병력의 지원을 받는 관련성에 대해서는 생략하기 어렵습니다.

이 테러 개념의 모호성 등과 함께 해서 많은 논란을 불러일으키고 있는 바로 그 핵심 부분이 군 병력의 지원에 관한 것입니다. 군병력의 지원을 반대하는 입장에서는 헌법의 위임이 없는 군병력의 출동은 위헌 소지가 있다고 주장합니다.

우리 헌법이 인정하고 있는 군병력의 요소·요건은 어떻습니까? 헌법 5조2항의 '국가의 안전보장과 국토방위의 수행을 위한 경우'에 한정하고 있습니다. 구체적인 사안으로 헌법 제77조는 계엄을 명시하고 있고 그 명시를 통해서 계엄이 아닌 평상시의 상황에서의 군병력 동원은 분명히 위헌이라는 것입니다.

그런데 경찰만으로 국가중요시설, 다중이용시설 등을 테러로부터 보호하기 어려운 경우에 테러대책회의 의장이 군병력의 지원을 통수권자인 대통령에게 건의할 수 있도록 하고 있는 것이 이 테러법의 또 하나의 요소입니다. 그래서 어느 정도만 되기만 하면 테러로부터 보호하기 어려운 경우, 테러방지를 위해서 필요한 경우라는 불명확한 개념 속에서, 모호한 개념 속에서 군병력은 스스로 일으켜진다는 것입니다.

또한 이 독자입법에는 외국인에 대한 감시·차별 이것이 상당히 어려운 점입니다. 전혀…… 저희들한테는, 통신비밀보호법에 의해서도 내국인의 경우에는 고등법원 수석부장판사의 허가서라고 합니다만 외국인의 경우에는 대통령의 승인입니다. 대통령의 승인, 그게 대통령이 승인하는 문서하고 무슨 관계가 있겠습니까? 아무런 요건이 없는 것이지요. 외국인에게는 완전히 개방되어 있는 겁니다. 이게 우리나라의 외국인 차별주의와는 어떤 연결이 있는가, 항상 외국인의 입·출입이 허용되고 있는 유럽과 또 마이너리티(minority)를 보호하는 헌법적 조항을 가지고 있는 미국의 경우에는 어떤 것인가, 이것도 적지 않은 문제가 있는 것입니다.

외국인의 소재지·국내체류동향 등의 확인 그리고 수사기관의 출국조치 요청, 그리고 부칙의 통신비밀보호법 개정을 통해서 법안에서 규정하고 있는 범죄를 통신제한조치허가 그리고 긴급처분, 긴급감청 이런 것들을 용이하게 범죄에 포함시키고 외국인에 대해서는 긴급처분기한도 내국인과 달리 7일이나 연장하는 데 대해서 외국인에 대한 감시·처벌의 차별 문제가 제기되고 있는 것입니다.

여러분, 긴급감청이 7일이면 모든 것 다 할 수 있는 것입니다. 요새는 외국인, 내국인 할 것 없이 다 임차폰, 모든 같은 폰을 쓰고 있습니다. 이럴 때 외국인이라서 모두 다 테러 용의자이겠습니까?

　우리나라도 이제 개방시대에 돌입해서 외국인의 유입, 외국인의 자본의 유입, 외국인의 영향력은 절대적으로 커졌습니다. 그런데 이렇게 외국인이라는 이유만으로 차별적인 처우를 한다고 한다면 이를 수용하는 외국인이 있겠습니까? 그것은 분명히 자기 나라의 상호주의를 주장할 것입니다. 또 다른 내외국인의 차별 문제를 일으킬 수밖에 없는 것입니다.

　현재 국정원에 의한 테러빙자법에도 같은 문제의 소지를 담고 있습니다. 통신비밀보호법상의 감청행위는 허용기간이 길고 또 기간연장이 가능합니다. 그런데도 그 적법한 절차조차 지키지 않아서 기본권을 침해한 사례가 있었습니다. 그러나 그에 대한 통제는 현실적으로 어려운 실정입니다. 그 허용대상과 절차를 엄격히 해야 된다는 것이 강력하게 주장되고 있습니다.

　특히 법령에 따라서 적법하게 입국·체류 중인 외국인에 대해서 차별적인 특별관리를 하거나 비례의 원칙에 위반하는 통신상의 긴급감청, 긴급처분을 허용하고 수사기관의 판단에 따라서 그냥 테러 우려, 생긴 게 비슷하다고, 사진에 나온 게 비슷하다고, 아랍 쪽에서 왔다면 무조건 IS라고 이런 불명확한 사유로 출국 조치토록 하는 것은 부당합니다. 그로 인한 엄청난 국가적 국익상의 피해를 감당해야 될지도 모르는 것입니다. 즉 범죄에 대하여는 국민과 외국인을 차별하여 규정할 이유가 없습니다. 관계법령에 따라서 규율하면 되는 것입니다. 그렇게 하면 되는 것이지 차별적인 규정을 두어서도 안 되는데 외국인을 국민과 다르게 차별대우를 하고 있어서 외국인의 인권침해 우려가 있는 것 이것도 사실은 지적되지 않은 중대한 문제인 것입니다.

　테러방지법 제정의 반대론자들은…… 저희는 반대론자가 아니에요. 저희는 테러방지법 제정의 반대론자가 아닙니다. 그래서 제가 이렇게 했습니다. 저희는 수정론자입니다. 테러방지법의 반대론자, 강력한 반대론자들은 현행 국가정보원법에 의해서도 국가정보원의 대테러업무 수행에 지장이 없다고 합니다. 국가정보원법은 제3조제1호에서 국가정보원의 직무로 대테러정보의 수집·작성 그리고 배포를 규정하고 있기 때문에 별도의 법 제정이 불필요하다는 것입니다. 또한 현재 대테러업무의 구체적인 법적 근거는 국가정보원을 소관부처로 해서 대통령훈령 제47호 그것으로 제정된 국가대테러활동지침이 있습니다. 그 외에도 각종 법령 체계가 이미 마련되어 있다는 것입니다.

　구체적인 기존 법령 체계와의 관계로는 다음과 같은 법령을 저희들은 살펴볼 수 있습니다.

　첫 번째로 대테러업무의 법적 근거로 대표적인 것으로는 97년도에 제정된 통합방위법이 있습니다. 통합방위법에는 테러행위를 포함하는 여러 개념들이 들어 있는데 통합방위사태에 대응하기 위해서 군과 경찰, 국가기관과 지방자치단체, 향토예비군, 민방위대 그리고 일정한 범위의 직장 그리고 국가의 모든 방위요소를 통합하고 지휘체계를 일원화해서 관리할 수 있도록 하기 위한 체제구축 그리고 권한 부여를 위해 마련된 법률입니다.

　그리고 현행 체제하에서는 테러에 이용될 가능성이 있는 위험물질을 관리하지 못한다고 하는데 대표적인 위험물질의 경우에 핵 아니겠습니까? 이 핵의 경우는 이미 원자력법, 원자력시설 등의 방호 그리고 방사능 방재대책법에서 핵물질을 수수하거나 소지하거나 소유하거나 보관하거나 사용, 운반, 개조, 처분 또는 분산하는 경우에 형벌규정을 두고 있습니다. 그리고 나아가서 핵물질과 원자력 시설에 대한 물리적 방호에 대해서도 자세히 규정하고 있습니다. 유해화학물질관리법, 총포·도검·화약류 이런 단속법, 고압가스안전관리법 등에서도 테러에 사용될 수 있는 위험물질에 관해서도 별도로 규정하고 있습니다. 광범위한 유해 화학물질, 석유, 등유, 자동차에 쓰는 경유는 위험물질이 되지 않겠습니까, 되겠습니까? 이것도 위험물질입니다. 잘못된 국면에서 석유 한 보따리 가지고 있다가는 위험물질 소지자가 되는 것입니다. 대표적인 테러위험분자가 될 수 있는 것입니다.

　셋째, 테러자금 추적이나 통신제한조치는 테러단체 그리고 위험 동향을 파악하기 위한 조치로서 대테러 그리고 국제범죄조직에 대한 정보의 수집·작성은 국가정보원의 고유직무로서 이미 국가정보원에서 수행하고 있습니다.

　그렇기 때문에 별도의 테러방지법은 불필요하다는 것입니다. 그리고 그 필요성이 테러자금의 추적에 필요하다면 범죄수익은닉 규제법이 있지 않습니까? 그리고 처벌도 할 수 있는 법률 그리고 특정 금융거래정보의 보고 및 이용에 관한 법률에서 이미 금융기관에 범죄수익에 대한 신고의무를 부과하고 있습니다. 금융정보분석원을 설립해서 외국 금융정보분석기구와 정보 교환을 할 수 있도록 하고 있습니다.

　이런 통신제한조치에 관해서는 통신비밀보호법에서 범죄 수사를 위한 통신제한조치를 이미 하고 있는 것 아니겠습니까? 국가안보를 위한 통신제한조치에 대해서 명백히 규정을 하고 있고요 또 긴급감청에 대해서도 법원의 허가 없이 통신제한조치를 취할 수 있도록 긴급통신제한조치 규정을 갖추고 있습니다.

　이 통신제한조치에 대한 문제도 큰데 이번 테러빙자법에는 그 법까지 개정해서 극히 완화한, 테러방지를 위한 경우에까지 할 수 있도록 한 것입니다. 이것은 절대로 되지 않습니다. 테러방지법에 나오는 그 부칙 개정안이 없더라도 이 통비법 하나만으로도 긴급감청은 무지무지 문제가 되고 지금까지 해결 안 되고 사실상 허용해서는 안 되는 내용으로 되어 있는 것입니다.

　아까 말씀드린 외국인이나 이런 사람들이 국가정보원에서 이렇게 그냥 36시간 또는 외국인의 경우 7일 동안 무제한 감청, 아무 법원의 허가도 필요 없고 영장도 필요 없고 고등법원 수석부장판사의 허가서도 필요 없는, 그냥 7일간의 무제한 감청을 허용하는 나라에 들어오겠습니까?

　네 번째, 화생방 그리고 원전 테러 등 대규모 테러

발생할 때 필수적인 군병력을 활용할 수 없다고 합니다. 그런데 경찰병력만으로 치안을 유지할 수 없을 정도의 상황이 되어서 군병력을 동원해야만 한다는 그런 상황에 직면한다면 그것은 이미 전시·사변 또는 이에 준하는 국가비상사태에 해당하게 될 것이기 때문에 헌법 77조 그리고 계엄법에 따라서 군병력을 동원하면 되는 것이다, 이렇게 보고 있는 것입니다.

한편 군이 본래의 임무인 국토방위가 아닌 재난 극복에 대한 지원 차원에서 군병력 활용이 필요하다고 하는 것이라면 이에 관하여는 이미 재난 및 안전관리 기본법에 대한 내용을 보면 됩니다. 그 법에서는 군부대 지원을 요청할 수 있도록 되어 있습니다.

다섯째로, 국민이 테러 위험지역에 체류하는 것을 제한하기 어렵다고 합니다. 그런데 재외국민등록법은 외국에 거주하거나 체류하는 대한민국 국민은 관할 대사관, 영사관에 등록하도록 해서 재외국민의 현황을 파악하도록 하고 있습니다. 체류지에서의 대피명령을 위해서는 위 법에 이에 관한 규정을 신설하는 정도로 해결할 수 있는 것으로 보입니다.

그렇다면 기존 대테러기구로 경찰청의 경비국을 들고 있습니다. 경찰법과 '경찰청과 그 소속기관 등 직제'—이것은 대통령령으로 되어 있습니다만—에 따라서 현재 경찰청 안에 경비국이 설치되어 있고 경비국장은 대테러 예방 그리고 진압대책의 수립·지도 임무를 수행하도록 되어 있습니다. 이처럼 경찰이 대테러 업무를 수행하고 있는 점을 고려하면 테러방지법의 제정 없이 이 법과 직제의 틀 안에서 대테러의 예방활동을 수행할 수 있습니다.

국민 여러분, 어떻습니까? 이런 많은 이론의 교착이, 이론의 제기가 작금에 직권상정된 테러빙자법 앞에 놓여 있습니다. 이것들을 다 걷어내고 반드시 오늘 이것을 통과시켜야 되겠습니까, 국민 여러분?

이렇게 무소불위의, 이렇게 전단적인, 이렇게 유례없는, 이렇게 불신받는 국정원 중심의 테러빙자법을 오늘 저희들의 수정 제안, 그 미력한 필요 최소한도의 수정안, 그것 없이 통과시켜야 되겠습니까, 국민 여러분?

오늘 같은 필리버스터로 새누리당의 테러방지법이 가진 위험성이 국민들께 널리 알려졌습니다. 이에 반해서 새누리당은 우리 당의 주장을 연일 비판하고 있습니다. 우리 당의 논리적인 비판에 대해서 새누리당은 인신공격성 막말과 전혀 논리가 없는 비방으로 토론의 격을 낮춰 버렸습니다. 그러면서 새누리당은 우리 당의 주장을 자의적으로 왜곡하고 비판하는 '테러방지법 오해와 진실 Q&A'라는 문건을 유포시키고 있습니다.

이에 대해서 테러빙자법에 대한 전문가그룹이 조목조목 비판하는 '새누리당의 '테러방지법 오해와 진실 Q&A'에 대한 시민사회단체 반박'이라는 자료를 내었습니다. 이 자료는 날카로운 분석과 비판으로 새누리당 테러방지법의 위험성에 대한 가장 좋은 자료입니다. 필리버스터 대장정 기간 동안 여러 토론자들께서, 우리 의원님들께서 이 자료를

인용하셨습니다. 제가 오늘 국회 필리버스터를 결산하면서 이 귀중한 자료를 한 번 더 소개하고 싶습니다.

'테러방지법을 만들면 국정원이 온 국민의 통신내역과 계좌정보를 들여다보게 되나요?' 여기에 새누리당은 이렇게 대답합니다. '그렇지 않습니다. 일반 국민에 대해 통신을 감청하거나 금융정보를 수집할 수 없습니다.'

그렇습니까?

'테러방지법에 따른 통신정보와 금융정보 수집 대상은 테러위험인물입니다. 유엔이 지정한 테러단체의 조직원이거나 테러를 일으키고자 의심할 만한 상당한 이유가 있는 자만이 그 대상입니다.'

국민 여러분, 이게 맞습니까? 유엔이 지정한 테러단체조직원 또는 테러를 일으키고자 의심할 만한 상당한 이유가 있는 자, 그 외에 북한이 테러라고 한 의심을 할 만한 상당한 이유가 있는 자, 어떻게 되겠습니까? 북한에서 온 탈북자 중에 그렇게 의심을 받는 자가 있으면 어떻게 되겠습니까? 그 의심을 받는 자와 전화통화한 사람은 어떻게 되겠습니까? 그 전화통화하면서 '어 친구야' 칭찬했던 사람은 어떻게 되겠습니까? 그리고 또 그 사람과 접촉한 사람은 어떻게 되겠습니까? 테러위험인물입니까, 아닙니까? 이 법에 의하면 테러위험인물입니다.

이렇게 새누리당 Q&A는 거짓말을 하고 있습니다. 그리고 그것은 기타 예비·음모·선전·선동 이런 포괄적인 확산 개념으로 확대되어 있습니다. 이런 모호한 테러개념으로 국민을 호도해서는 안 됩니다.

'국정원이 영장 없이 임의로 감청하는 것은 아닌가요?', '그렇지 않습니다.' 새누리당 답입니다. '국정원이 영장 없이 임의로 감청하는 것은 아닌가요?' 그렇지 않다고 얘기합니다. '통신감청은 통신비밀보호법 제7조에 따라 엄격한 절차를 거쳐 시행됩니다. 내국인은 고등법원 수석부장판사 사전허가, 외국인은 대통령 승인', 어떻습니까?

이 7조 1항은 우선 8조 1항과 연결되어 있습니다. 7조 1항이 적용되면 8조 1항도 적용되게 되어 있습니다. 8조 1항이 긴급감청입니다. 내국인의 경우에 36시간 무제한 감청입니다. 35시간 59분까지는 고등법원 수석부장판사의 허가서도 필요 없습니다. 대통령 승인도 필요 없습니다, 외국인 경우에. 지금까지 긴급감청을 한 국정원의 많은 사례에도 불구하고 한 번도 보고된 예가 없습니다.

여러분, 36시간의 긴급감청 정도면 어떤 내용을 취득할 수 있을까요? 전부를 다 할 수 있습니다. 이틀입니다, 이틀.

그리고 또한 고등법원 수석부장판사의 허가서 그것도 영장주의 예외로 통신비밀보호법에 규정되어 있습니다. 그것은 예외적인 영장입니다. 그래서 관행적으로 감청영장이라고 불리기는 합니다마는 판사의 영장주의에 입각한 영장주의의 해석이 아니고 이것은 거의 고등법원 수석부장판사의 행정작용으로 이루어지는 것입니다. 이로 인해서 국정원이 허가서를 한 번도 받지 못했다는 사실을, 기각률이 제로라는 것을 아까 말씀드리지 않았습니까? 이렇게 낱낱이 거짓말을 하고 있습니다.

새누리당의 Q&A 이거 계속 봐야 되겠습니까? 이거 모두 다 거짓말입니다라고 해야 될 텐데, 이거 어떻게 설명할 길이 있겠습니까? 제가 언뜻 봐도 이것은 거짓말들이에요. 거짓말 무더기입니다. 새누리당의 Q&A 대답, 이거 어떻게 하면 되겠습니까? 이거 허위사실 유포로, 이거 어떻게 해야 되겠습니까?

그런데 시민사회의 반박은 아주 점잖게 썼습니다. 이렇게 돼 있습니다. 시민사회에서는 '사실상 영장 없이 감청하는 것과 유사한 효과가 나타날 수 있습니다. 왜냐하면 감청을 할 경우에 영장을 받아야 하는데 현행 통신비밀보호법조차도 이미 국민의 통신비밀을 보호하는 데 제 기능을 못하고 있다는 무기력하다는 평가를 받고 있습니다. 통신비밀보호법도 문제입니다만 테러방지법은 형식적인 영장주의조차 무력화할 수 있는 독소 조항을 가지고 있기 때문입니다.'

아까 말씀드린 영장주의의 예외와 긴급감청의 경우에는 그냥 할 수 있는 것이고 또 통신비밀보호법 5조에는 내란, 외환, 공안, 폭발물, 방화, 실화, 살인, 협박, 약취, 유인의 경우에는 통신제한조치를 법원에 요구할 수 있게 돼 있고 지금도 국정원은 역시 국가보안법 사건 수사를 위해서 통신제한조치를 법원에 요구할 수 있습니다.

이런 유사한 권리를 통해서, 어떤 것을 어떻게 신청하는지 모르는 절차를 통해서 국정원은 거의 통신비밀법을 무력화시키는, 지금까지의 관행에도 불구하고, 또 테러방지법으로 더 완화된 요건으로, 더 넓어진 요건으로, 더 불명확한 '테러방지를 위하여'라고 하는 단순한 요건으로 통신 감청, 무단 감청을 할 위기에 놓여 있는 것입니다.

국정원 감청 신청과 고등법원 기각률이 여기 나와 있습니다. 2003년부터 2015년까지 무수한 국정원 감청 신청에도 불구하고 단 1건의 기각입니다. 2011년 15건 중에 1건이 기각됐습니다. 거의 형해화돼 있는 내용입니다.

'국정원이 직접 감청설비로 감청하는 것인가요?' '그렇지 않습니다. 국정원이 직접 감청하는 것이 아니고……' 이것 새누리당의 얘기입니다. '아닙니다. 법원으로부터 받은 사전허가서를 통해서 SKT·KT·LGT 통신사로부터 자료를 건네받는 것입니다. 현재도 국정원에서는 간첩 검거를 위해서 이런 방식의 통신 감청을 실시하고 있습니다.'

'국정원이 직접 할 수도 있고 통신사에 집행 위탁을 의뢰할 수도 있습니다.' 이건 진정한 답의 내용입니다. 반박입니다. '그런데 새누리당은 국정원이 직접 감청하지 않는다고 단정적으로 말하고 있습니다. 이는 거짓말입니다.' 이렇게 돼 있습니다.

왜 새누리당이 이렇게 거짓말을 할까요? 더군다나 지금 현재로서는 감청이 이메일 또 카톡, 문자메시지는 돼 있습니다만 스마트폰, 핸드폰 음성 감청의 경우에는 감청설비를 의무화하지 않고 있는 상태에서 각 통신사가 과도한 비용을 들여서 감청설비를 통신사 내에 설치하는 것을 하지 않고 있습니다. 그래서 어떤 새누리당 의원이 통신사에게 이 감청설비 의무화하는 법을 내기도 했습니다.

어떤 의원인가 제가 기억은 안 납니다만.

그런데 만약에 국정원의 감청에 관한 권한이 이 통신비밀보호법에 의해서, 예외에 의해서 이루어지게 된다면 어떻게 되겠습니까? 국정원이 그 많은 예산을 들여서 감청설비를 하고 스스로 하거나 아니면 통신사에게 감청설비를 제공하는 것입니다.

통신사는 국가 예산으로 하는 것에 대한 가능성 이런 것들을 구체적으로 검토해 봐야 되겠습니다만 국가 예산으로 해 주는 것을 거절할 이유도 없을 것입니다.

또한 국정원이 돈까지 들여서 감청설비 해 주겠다는데 각 통신사가 거절했다가 무슨 개피를 보라고 하겠습니까? 감청설비를 만드는 것이 이제 거의 현실화됐다고 봐야 되겠습니다. 그렇다면 이제는 무제한 모든 감청이 가능하게 되는 것입니다. 인터넷, 카톡, 문자메시지뿐 아니고 음성까지 감청할 수 있게 되겠지요.

'국정원이 계좌를 직접 들여다보는 것인가요?'

또 아니라고 합니다.

그러나 반박은, '국정원이 직접 계좌를 추적하지 않더라도 금융정보분석원에—FIU입니다—금융거래 자료를 요청해서 열람하는 것 역시 문제입니다. 테러의 개념도 모호하고 테러위험인물의 개념은 더더욱 모호하기 때문에 FIU는 전적으로 국정원의 판단에 따라 정보를 제공할 확률이 높기 때문입니다.'

국정원이 이제 새로운 접근권을 이유로 FIU에게 집행위탁을 하는 경우에 어떻게 되겠습니까? 아까 사적 기관인 통신사의 경우도 하고 있고 또 판사도, 그것도 고등법원 수석부장판사도 기각을 거의 하지 않고 있는데 FIU라고 무슨 똑 부러진 재주가 있길래 국정원의 요구를 거절하겠습니까.

모두 이런 내용들입니다.

이것 허위 자료를 이렇게 유포해도 되는 건지 모르겠습니다.

'국정원만 금융정보를 열람할 수 있나요?'

'그것은 아닙니다.'

여러 기관이 있다고 했을 것입니다.

시민사회 의견은, '금융정보분석원이 국정원에 금융거래정보를 제공하지 않도록 한 것에는 이유가 있습니다. 국정원의 국내 정치 개입이나 국민 사찰을 막기 위한 장치인 것입니다. 국정원은 지금 테러방지법을 통해 그 안전장치를 제거하려고 시도하고 있는 것입니다.'

사실 국정원말고도 국민안전처, 경찰청, 검찰, 국세청, 기타 이런 기관들은 현재도 FIU 접근권이 있습니다. 그러나 이 새로운 괴물 같은 국정원이 이 FIU 접근권을 취득했을 때 이를 이용하고, 이를 요구하고, 이를 거절할 수 없게 만드는 힘, 그것은 불을 보듯 뻔한 것입니다. 이제 어찌 보면 국정원의 FIU가 될 수도 있는 것입니다. 국정원이 거의 독차지한 FIU 접근권을 통해서 이 기구를 이용할 수밖에 없는, 이용하는 그런 기구가 될 것이다라는 예측이 기우가 아닌 것입니다.

'지금 우리나라 금융거래정보를 미국 CIA는 볼 수 있고 국정원은 볼 수 없다는 것이 사실인가요?'

'사실입니다.' 이렇게 돼 있습니다, 새누리당 답은.

시민 전문가들이 말씀했습니다.

'말장난에 불과합니다. 미국 CIA도 우리 국정원처럼 자국민의 금융거래정보는 들여다볼 수 없습니다. 미국은 내국인의 금융거래를 철저히 보호합니다. 마치 미국 CIA가 우리나라 금융거래정보를 수시로 요구할 수 있는 것처럼 주장하는 것도 사실과 다릅니다. 미국 금융정보분석원과 한국 금융정보분석원 간 약정된 테러 관련 금융거래정보만을 상호 교환하는 것입니다.'

이것이 CIA가 바로 요구만하면 볼 수 있는 것과 같은 것입니까, 상호 교환하는 것인데? 이런 거짓말로 국민들을 호도하는 새누리당, 정말 각성해야 된다고 생각합니다.

'테러방지법의 목적은 무엇인가요?'

새누리당은 '테러 예방입니다.'

진정한 답을 보겠습니다.

'정부와 새누리당은 테러 예방을 들고 있지만 한국에는 테러방지법이라는 이름의 법만 없을 뿐 테러 대비태세를 갖추기 위한 각종의 법령과 기구가 이미 지나칠 정도로 많이 존재하고 있습니다.'

그래서 테러 예방 활동을 하고 있습니다. 아까 말씀드린 것처럼 통합방위법, 비상대비자원 관리법, 대테러특공대, 국가테러대책회의, 사이버 안전, 기타 모든 것에 대한 것이 존재합니다.

'정보수집을 꼭 국정원이 해야 하나요?'라는 물음입니다. 지금 물음은 '국정원만이 해야 하나요?'라는 게 맞을 것 같습니다.

새누리당 답은 '네, 그렇습니다.'입니다.

그런데 전문가 의견은, '그렇지 않습니다. 미국의 경우 국내 정보수집은 FBI가 합니다. 경찰조직이 합니다. 또 전자정보는 CIA가 합니다. 그리고 정보의 중심은 아까 말씀드린 것처럼 외무성에서 하고요, Department of State에서 하고 있습니다.'

해외 사례를 보면 국정원이 꼭 정보집중기구로서 정보수집을 독점해야 될 이유는 보이지 않습니다. 우리나라만이 그러고 있는 것입니다.

이것 하나도 다, 어떤 한 물음도 다 진실이 아닌 거짓말을 하고 있는 이 새누리당의 Q&A에 대해서 우리 국민 여러분, 잘 살펴 주시기 바랍니다.

'테러방지법이 없어도 현재의 제도로 테러를 막을 수 있지 않나요?'

새누리당은, '그렇지 않습니다.'라고 합니다.

시민사회 전문가들은, '우리나라에 테러 관련 법률이 없다는 새누리당의 주장은 거짓말입니다. 테러에 직접 대응하는 테러 대비태세를 갖추기 위한 각종의 법령과 기구가 이미 마련돼 있습니다. 또한 테러 예방을 위한 국제적인 정보 공조 역시 이미 이루어지고 있습니다.'

그 이상 얘기는 할 필요 없겠습니다. 아까도 말씀드린 것처럼 통합방위법, 기타 법들이 많이 있습니다.

그러나 저희도 테러방지법을 만들겠습니다. 지금 기존에 있는 법들도 다 테러방지를 위해서 존재하고 각자 기능을 하고 있습니다만 국정원의 독소 조항을 뺀다면 이번 테러방지법에 대테러센터를 신설하고 대테러위원회, 테러방지위원회를, 국무총리를 위원장으로 하는 테러 기구를 기초로 하는 테러방지법을 저희는 만들도록 하겠습니다.

이제 더 이상 볼 것은……

'테러방지법의 핵심 내용은 무엇인가요?' 이렇게 돼 있는데요, 이것은 죽 지금까지 말씀드린 내용들입니다.

지금 보면 말입니다, 테러방지법이 입법이 돼서 그 전후에 바뀌어지는 것이 어떻게 되는가라는 내용입니다. 이것을 잘 설명하면 이 테러방지법으로,—지금 국정원에 의한 테러빙자법을 얘기하는 겁니다—이 테러빙자법이 입법이 되면 어떻게 바뀌어지느냐라고 하는 것을 정리하면 새누리당의 저 주장들을 다 거짓말로 만드는 데 충분한 내용을 만들 수 있다고 생각합니다.

이 테러방지법이 되면요, 개인정보의 취득에 관해서 말입니다. 제정 전에는 국정원은 수사나 국가안전보장 등을 위해서만 가능했습니다, 개인정보 취득이.

그런데 제정 후에는 국정원은 수사나 국가안전보장뿐만 아니라 테러위험인물로 지정되기만 하면 그 사람의 개인정보처리자에게 사상, 신념, 노동조합·정당의 가입·탈퇴, 그분의 정치적 견해, 건강, 성생활, DNA정보 등의 이런 민감 정보를 포함해서 정보제공을 요구할 수 있게 됩니다.

위치정보는 어떻습니까? 위치정보는 이 테러방지가 없는 때는 긴급구조관서 및 경찰서가 아닌 국정원은 개인의 위치정보 등에 대해서 제공 요청을 할 수가 없습니다. 그런데 이제 제정이 되면 국정원은 개인의 위치정보, 위치정보는 스마트폰의 GPS나 와이파이 접속장소라든지 이런 것들입니다. 이런 것에 대해서 제공 요청을 할 수가 있게 됩니다. 요청이 아닙니다. 요구입니다, 요구.

또한 금융정보에 대해서는 어떻습니까? 제정 전에는 국정원이 금융정보분석원장으로부터 금융정보를 제공받을 수 없었습니다. 그런데 이제는 국정원은 금융정보분석원장으로부터 테러위험인물에 대한 조사 업무를 위하여 금융정보를 제공받게 됩니다.

여러분, 그런데 누누이 설명드립니다만 테러위험인물이 새누리당이 얘기하는 것처럼 그 몇 사람에 한정하는 것입니까? 아니지요. 그것은 분명히 해야 됩니다. 어찌 보면 노동조합 활동으로, 광화문에서 조직적 활동으로 시위를 하는 경우에도 테러활동위험인물로 분류될 수 있습니다. 그렇게만 얘기하면 됩니다. 이 법에 의해서 그렇게 되어 있습니다. 아까 말씀드린 기타 테러라는 것으로부터 시작된 여러 모호한 개념들로 이어지는 테러 개념입니다. 그것 때문에 그렇습니다.

감청입니다. 이 법 제정 전에는 국정원은 국가안전보장에 대한 상당한 위험이 예상되는 경우에 통신의 일방 또는 쌍방

당사자가 내국인인 때에는 고등법원 수석부장판사의 허가를 그리고 외국인인 경우에는 대통령의 승인을 득해서 할 수 있도록 되어 있습니다.

그런데 제정 후에는 국정원은 국가안전보장에 대한 상당한 위험이 예상되는 경우 및 대테러활동에 필요한 경우, 그러니까 이것은 앤드(and)가 아니라 오어(or)입니다. 말하자면 대테러활동에 필요한 경우에도 감청이 가능한데, 이 경우에 통신의 일방 또는 쌍방 당사자가 내국인 때는 고등법원 수석부장판사의 허가를 받아서, 외국인인 경우에는 대통령의 승인을 받아서 할 수 있습니다.

다만 아까 말씀드린 것처럼 이 감청은 제7조제1항의 국가안전보장의 감청뿐 아니라 부칙 조항은 제8조제1항까지 적용되게 되어 있습니다. 그것은 긴급감청입니다. 긴급감청의 경우에는 내국인의 경우에 36시간, 외국인의 경우에 7일간 고등법원 수석부장판사의 허가서 없이도 무제한으로 긴급감청을 할 수 있습니다.

테러위험인물에 대한 추적·조사권입니다. 새로 생긴 것입니다. 이 법이 제정되는 이후의 추적·조사권입니다. 이제 난데없이 어떤 테러위험인물이라고 찍힌 사람과 한두 번의 만남이 있었다라고 의혹을 제기한 노동조합 활동가, 정부정책의 시행에 반대하는 활동가의 뒤를 국정원 직원이 추적할 수 있습니다. 집까지 들어와서 미행할 수 있습니다. 예전 80년대 국가보안법으로 국정원 직원이 미행하고, 골목에 서 있고, 담배 피고 있고, 그 위험과 그 공포는 36년 만에 다시 부활되는 테러방지법으로 이제 현실이 되고 있습니다.

필리버스터를 지금 멈추어서는 안 된다는 시민사회의 요구를 잘 알고 있습니다. 오늘 더불어민주당은 필리버스터를 끝내게 됩니다. 저를 마지막 주자로 끝내게 됩니다. 그러나 깨어 있는 시민 여러분들은 필리버스터는 지속되어야 한다고 외치고 있습니다. 많은 분들이 필리버스터를 지금 멈추어서는 안 된다고 하면서 그 이유를 들고 있습니다. 많은 이유를 들고 있습니다.

시민들은 아직 테러방지법안이 가져올 위험에 대한 충분한 토론의 기회를 갖지 못했다고 말씀하고 있습니다. 테러방지법이 민간에 대한 무장공격을 예방하는 법이 아니라 국민에 대한 감시와 통제를 강화하는 법이라는 사실이 필리버스터를 통해서 이제야 하나둘씩 알려지고 있습니다.

국정원에는 날개를 달아 줄 이 법안이 자신의 삶에는 어떤 악영향을 미칠 수 있는지에 대해 시민들은 알권리를 행사하고 있는 중입니다. 지금 이 필리버스터를 중단하는 것은 그런 시민의 알권리를 침해하는 것입니다. 우리 시민들은 강력하게 주장하고 있습니다. 필리버스터를 국회에서 시작했지만 이제 필리버스터는 국회만의 것이 아니고 시민과 공유하는 것이라고 하고 있습니다. 공유하는 필리버스터를 이제는 혼자 결정해서 중단할 수 없다는 것입니다.

저는 이미 어제 9시에 중단할 예정이라고 하는 뼈아픈 말씀을 드렸습니다. 그러나 지금까지 우리의 필리버스터는 진행되고 있습니다. 국민의 기본권을 지키기 위한 무제한 토론은 지금까지 분명히 서 있는 이 국회 단상 위에서 이루어지고 있습니다.

오늘 충분한 토론은 갖지 못했습니다만 각지에서 토론의 시도를 가지고 시민 간에, 활동가 간에, 우리 민주당과 많은 시민들 간에 이루어지고 있습니다. 그 토론을 통해서 오늘 제가 소개해 드린 수정안은 탄생됐습니다. 그 수정안이 이제 국민들 앞에 부쳐지고 있습니다. 찬반의 의견이 부쳐지고 있습니다.

저희들이 잘못했습니다. 이런 뜻을 잘 헤아리지 못하고 섣불리 중단하는 바람에 많은 혼란을 야기했습니다. 그래서 오늘 남은 시간 이렇게 연장하고 또 진행하면서 국민들과 함께하는 필리버스터를 같이하고 있습니다. 제가 서 있는 이 연단의 필리버스터는 저의 것이 아닙니다. 이제 국민의 것입니다. 국민이 지시하는 대로 하겠습니다. 국민의 요구대로 하겠습니다. 국민들이 지속하라면 할 때까지 하겠습니다.

둘째, 정부와 국정원은 테러방지법안에 쏟아지는 합리적인 문제 제기에 대해 최소한의 대답도 하지 않고 불도저처럼 밀어붙이고 있습니다. 토론이 이어질수록 정권과 국정원 그리고 이들의 하수인이 되어서 국가비상사태를 선포하고 돌격대를 자처하는 국회의장과 집권여당에게 최소한의 상식과 공정함을 기대하는 것이 어렵다는 점이 확인되고 있습니다. 현실을 인정할 수밖에 없었습니다. 그래서 필리버스터를 포기하겠다는 우리 야당도 아직 이 법안이 가져올 현실이 무엇을 의미할지, 앞으로 어떤 미래를 가져오게 될지 장담하지 못하게 하고 있습니다.

쟁점들에 대해 정부와 국정원이 진지하게 답변하기 시작할 때까지는, 아니면 적어도 야당 스스로 테러방지법 이후의 시민권에 대해 분명한 상을 얻을 때까지 필리버스터를 통한 문제 제기는 계속되어야 한다고 말씀하시고 계십니다.

옳습니다. 따르겠습니다.

세 번째로 야당은 아직 자신들의 대안조차 만들지 못한 상태라고 하고 있습니다. 더불어민주당 지도부는 필리버스터를 중단할 수밖에 없는 이유를 설명하고 수정안을 제출하겠다고 하는데 그렇게 아직 못 하고 있다고 합니다. 총선에서 심판을 호소하겠다고 했습니다. 하지만 야당은 아직까지 자신들의 Q&A조차 국민들에게 내놓은 적이 없다고 하고 있습니다. 필리버스터에 참여해 온 국회의원들이 스스로 던진 질문들, 필리버스터 과정에서 함께 토론해 온 시민사회 전문가들과 국민들의 문제 제기를 담은 수정안을 만들어서 국민들에게 제대로 소개할 시간을 갖기 위해서라도 필리버스터는 계속되어야 한다고 말씀하고 있습니다.

국민 여러분, 오늘 Q&A를 읽었습니다. 제가 Q&A에 대한 답을 보완했습니다. 이 답을 근거로 이미 우리 당에서도 Q&A에 대한 해결서를 내놨습니다. 그리고 지금 현재 필리버스터 과정에서 던진 질문들을 가지고 오늘 하루 제가 이 단상을 지키고 있는 동안 시민들은 수많은 토론을 하고 있습니다.

그래서 아까 제가 말씀드린 수정안은 바로 그 시민사회 활동가들과 우리 더불어민주당이 함께 해서 낸 수정안입니다. 이제 그 수정안은 만들어졌고 국민들에게 찬반의 선택을 할 수 있도록 던져졌습니다. 국민들께서 많은 참여를 하시면 저희들이 그 뜻을 따르도록 하겠습니다.

넷째, 시민들은 지난 일주일간의 필리버스터를 통해 비로소 의회 민주주의가 살아나고 있다고 느끼고 있다고 했습니다. 국회의 회기는 아직 3월 10일까지 남아 있고 살아 숨 쉬는 진짜 정치에 참여하고자 하는 시민들의 요구는 높은데 이를 여당의 공격이나 역풍을 우려해서 외면한다면 겨우 살아나는 정치를 다시 박제해 버리는 결과를 초래할 것이 아니겠는가라고 하면서 야당에 대한 시민들의 기대 역시 저버리게 될 것을 우려·걱정하고 있습니다.

예, 따르겠습니다. 그러나 아까 말씀드린 것처럼 서로 책임의 양론을 가지고 있습니다만 3월 4일을 기한으로 천명된 선거법이 국회에 부의돼서 통과를 기다리고 있는 상태입니다. 이것이 처리되지 않는다면 혹간, 선거가 연기될 수 없다는 경고를 하고 있는 선관위에 대한 정확한 대답을 요구하고는 있습니다만 이런 점들을 고루 살펴야 될 필요성이 느껴집니다. 이런 뜻을 고루 살피셔서 시민들께서 필리버스터에 대한 새로운 국면전환을 통해서, 우리 시민 필리버스터를 통해서 진정한 시민 필리버스터는 진행되고 있다라는 국민적 결단을 통해서 국회에서 시작한 무제한 토론을 이어서 진정한 우리 이 시대 이 땅의 필리버스터를 만들어 주시면 어떻겠나 이런 생각을 하게 됩니다.

다섯 번째로 단언컨대 야당의 필리버스터와 국민의 참여는 발목 잡기나 파행이 아닙니다. 필리버스터는 국회법에 근거한 합법적인 의사진행 방식입니다. 그래서 합리적 토론을 강제로 중단시킨 국회의장의 위헌적인 직권상정에 대응하기 위한 절박하고도 불가피하고 합리적이며 이성적인 방법이라고 생각합니다. 필리버스터에 따른 선거 일정 연기의 책임은 테러방지법 처리를 밀어붙인 대통령과 국정원, 법적 근거도 없이 전시·사변에 준하는 국가비상사태를 선포하면서 의회 토론을 강제로 중단시킨 국회의장, 독소 조항이 훤히 드러났음에도 불구하고 수정을 거부하고 있는 여당에게 있다고 생각합니다.

선거법을 우선 처리하지 말고 테러방지법 등과 연계해서 처리하는 원내 전략으로 총선 일정에 차질을 빚어 온 책임도 여당에게 있다고 생각합니다. 어차피 필리버스터는 2월 국회가 끝나는 3월 10일 이후에는 더 하려고 해도 할 수 없지 않는가? 아닙니다. 역풍을 두려워해서 잘잘못조차 따지지 않고 국민을 위한 최후의 수단을 포기하는 것은 정략적인 것 아니냐, 정부나 여당의 독주를 견제해야 할 야당의 책임을 저버리는 것은 아니냐라는 지적을 하고 계십니다.

구구절절이 공감이 가는 설명입니다. 가슴을 콕콕 찌르는

날카로운 지적을 하고 계십니다. 필리버스터가 시민사회에서 야당에 대한 실망감을 불식시키고 새로운 정치 참여를 이끌 수 있는 가능성을 보여 줬던 것도 사실입니다.

그런데 잘못된 섣부른 중단 사태로 이렇게 국민들이 실망하고 시민들을 등 돌리게 한 책임, 그 책임은 모두 제가 지겠습니다. 이번에 필리버스터의 마지막 주자로서 할 수 있는 최소한의 선택을 해 줄 수 있도록 저에게 기회를 주시기 바랍니다.

더불어민주당은 오늘 테러방지법에 대한 무제한 토론을 실시하고 있습니다. 그리고 필리버스터 참가 국회의원들과 자유를 도둑맞은 시민들과 함께 테러빙자법, 필리버스터, 시민의 자유에 관한 만민공동회 '와글부글, 우리의 입은 막을 수 없다'를 개최하고 있습니다.

그런 연대 행사를 통해서 시민운동과 제도권 정치의 새로운 결합 모델을 만들겠습니다. 이미 진행된 이 시민토론을 통해서 나온 수정안이 국민들에게 선사되고 있습니다. 국민들의 참여를 부탁드립니다.

존경하고 사랑하는 국민 여러분!

저의 이 긴 토론을 이제 어떻게 할지에 대한 국민의 대답을 주시기 바랍니다. 테러방지법의 문제점을 알리고 기본권 보호의 중요성을 일깨웠던 필리버스터의 대장정을 새로 평가해 주시기 바랍니다.

차마 끝을 낼 수 없습니다. 제가 오늘 토론에서 제기한 주장을 다시 요약하겠습니다. 제가 드리는 말씀은 저의 주장만의 요약이 아닙니다. 지난 8일 동안 필리버스터에 동참해 주셨던 우리 의원님들의 말씀이기도 합니다.

지금까지 야당이 진행해 온 필리버스터는 국민의 프라이버시권을 과도하게 침해하는 독소 조항을 제거하는 것입니다. 법안의 순수성을 강화하기 위한 디톡스 필리버스터였습니다.

독소 조항으로 가득찬 국정원 보호와 정권 안전을 위한 테러방지법이 국민보호와 공공안전을 위한 테러방지법으로 제 기능을 할 수 있도록 법안의 목적성을 살려내는 힐링 필리버스터였습니다.

테러 행위를 미연에 방지하는 것은 주권국가의 당연한 의무입니다. 야당이 테러방지법을 반대한다는 새누리당의 주장이야말로 새빨간 거짓 선동이고 무책임한 정치 테러 행위입니다, 여러분!

새누리당이 강행하는 테러방지법은 국정원을 위한 테러빙자법입니다, 국민 여러분! 국민을 위한 테러방지가 아니라 국민의 금융정보, 통신정보 이것들을 무한대로 접근할 수 있도록 테러를 빙자해서 국정원에 과도하고 포괄적인 권한을 부여하려는 법입니다. 포괄성과 모호함을 걷어내지 않으면 국민의 기본권 침해는 일상화될 것입니다.

새누리당이 추진하는 테러방지법은 그야말로 여러 가지 측면에서 다양한 문제점을 노출하고 있습니다.

첫 번째로 과거 권위주의 정권에서 자행됐던 무분별한 인권침해 방지에만 급급했던 나머지 통신, 금융과 같은 새로운 유형의 기본권 침해에 대한 충분한 고려가 전혀

없습니다.

두 번째로 무리한 법 추진 과정에서 이 법의 최대 피해자가 될지도 모르는 국민들의 합의와 동의 절차를 깡그리 무시해 버렸습니다.

셋째, 테러방지법이라는 명칭의 법령이 존재하지 않았을 뿐 테러 대비에 대한 다양한 법령과 기구가 이미 존재하고 있기 때문에 국제적 공조 역시 이 토대 위에 차질 없이 진행되고 있다는 점에서 법의 체계 정합성을 훼손할 우려가 곳곳에 노정되고 있습니다.

끝으로 테러방지법 제정을 위해서 테러마케팅을 벌여온 박근혜 정권의 불순한 태도 역시 비판받아야 합니다. 그 어떠한 경우에도 수단이 목적을 정당화할 수는 없다고 생각합니다. 북한의 핵·미사일 위협, 세계 각국의 테러 사례를 과도하게 부풀려서 인위적으로 안보 정국과 테러 정국을 조성하고 호시탐탐 테러방지법의 제정 기회를 엿본 박근혜 정권의 태도는 진정으로 정직하지 못합니다. 진정으로 거짓말을 하고 있는 정권입니다.

정직하지 못한 정권에, 정직하지 못한 법마저 허용하면 어떻게 되겠습니까? 정직하지 못한 국가로의 회귀를 우리는 결코 막을 수 없습니다. 무제한 토론, 필리버스터 역시 이를 막는 데는 한계가 있었습니다. 깊은 한계를 느끼고 있습니다.

이제 우리가 의존할 수 있는 유일한 곳은 바로 정의로운 우리 국민들입니다. 대한민국 국민으로, 세계의 시민으로 오늘을 살고 있는 정의로운 국민들이 느끼는 테러에 대한 법 감정은 진정으로 파괴적이고 반인륜적인 테러 행위에 대해서는 결코 용서할 수 없다는 것입니다, 여러분.

동시에 이와 같은 우리 국민들의 법 감정이 확장되어서 테러방지의 필요성에 우리 모두 동의하더라도 이미 국민적 신뢰를 모두 잃어버린 국정원에 유일한 지위를 부여하고 기존 법체계의 정합성마저도 흔들어 버린 초법적인 권한의 행사까지 모두 허용하는 것이 아니어야 된다는 점, 그것은 반드시 박근혜 대통령과 새누리당이 직시해야 한다고 저는 고언드립니다.

진정으로 요청드립니다.

사랑하는 국민 여러분!

국민적 합의와 동의과정이 철저히 무시된 테러방지법, 국민감시법, 국민사찰법, 국정원에 의한 테러빙자법은 반드시 저들에게 부메랑이 되어서 돌아올 것을 저는 확신합니다.

입법은 국민 여론의 수렴과 사회적 합의를 전제로 해야만 합니다. 민주적 절차를 지키는 데서 시작되어야 하는 것 아니겠습니까, 여러분!

그러나 박근혜 정권과 새누리당은 사안의 시급성만 앞세워 버렸습니다. 무리하게 테러빙자법을 추진하고 있습니다.

현재의 국정원 중심의 테러빙자법에 대해서 여전히 정부와 다른 각 부처는 많은 반발과 이견이 있습니다. 그럼에도 불구하고 가만히 있을 뿐입니다. 시민사회 역시 이것은 국민 권리를 송두리째 날려 버릴 수밖에 없다는

우려의 목소리를 높여 가고 있습니다.

현행 법체계를 뛰어넘는 조항들이 즐비합니다. 새로운 유형의 인권침해가 발생할 수 있는 조항들이 다수 섞여 있습니다. 이렇게 많은 인권침해 독소 조항이 있음에도 불구하고 충분한 여론수렴 과정은 물론 전문가 토론도 보장되지 않은 채 그리고 사회적 합의와 동의과정도 결여된 채 이런 설익은 입법을 국회에서 통과시키려고 한다는 것, 이것이 바로 국민 배반이고 국민에 대한 모독이고 국민에 대한 무시라고 저는 감히 말씀드립니다, 여러분.

선무당은 사람을 잡고 설익은 입법은 국민을 잡습니다.

새누리당의 테러방지법이 제정되면 국가정보원의 통신내역 열람은 이제 자유로워질 것입니다. 그러나 일상적인 감시가 합법화되고 국민의 사생활은 위축될 것입니다.

새누리당의 테러방지법이 제정되면 국가정보원의 영장 없는 임의 감청은 확대될 것이 뻔합니다. 그러나 법원의 영장주의가 무너지고 국민의 기본권은 침해당할 것입니다.

새누리당의 테러방지법이 제정되면 국가정보원의 계좌 추적과 금융정보에 대한 접근성이 높아질 것이 분명합니다. 그러나 국민사찰의 위험성은 높아지고 자유로운 경제활동이 위축됩니다.

자유로운 시장경제를 보장해야 될 국가가 국정원을 앞세워서 이렇게 시장마저 부인하고 통신감청을 통해서 국민의 자유로운 거래질서까지 부인하는 이 정부에게 우리 국민이 어떻게 의지하고 살아가겠습니까, 여러분.

원칙은 지키고 위험성은 낮춰야 합니다. 그러기 위해서 우리 당은 국제 공공위해단체 및 위해단체 행위 등의 금지에 관한 법률을 대안으로 제시한 바 있습니다.

대안을 제시했음에도 불구하고 저희는 일단 이를 뒷전에 놓았습니다.

오늘 시민활동가와 함께 아무리 무도한 테러빙자법이라 하더라도 이미 국회에 직권상정된 이 테러빙자법을 전제로 새로운 수정안을 만들었습니다.

이 수정안은 국민감시, 국민사찰의 우려를 제거할 뿐 아니라 완성도가 떨어지고 오로지 국정원에게 이 권한을 몰빵 주는 새누리당의 통신 감시법의 절대적인 흠결을 보완하고 요건이 없는 것들을 보완하고 절차적인 내용들을 보완한, 어찌 보면 새누리당의 이 완성도 떨어지는 법 같지도 않은 법을 법처럼 만들어 주는 법이라고 하겠습니다. 이런 진정을 믿어 주시기 바랍니다.

새누리당이 열 시간 넘는 생명을 건 혼신의 노력을 한 우리 은수미 의원을 이해를 못 했던 것처럼 저도 새누리당에게, 무도한 주장만 했지 무모한 주장만 했지 국정원 중심의 국민사찰만 주장했지 거기 어디에 아무런 진정성이 없다는 점을 무시했습니다.

그러나 저도 살피겠습니다. 새누리당에게 우리가 믿음을 줄 조그만 티끌만한 근거라도 없는지, 그래서 그것이 그 믿음의 근거가 될 순 없는 건지, 그 믿음의 근거를 통해서 국회가 국회다운 국회를 만들고 이제 새롭게 이

필리버스터를 통해서 정치의 희망을 본 국민들에게 더
나은 희망을 줄 수 있는 새로운 사닥다리를 만들 수 있는
가능성은 없는지 새누리당을 통해서 보려고 노력하겠습니다.

이번에 저희가 마련한 수정안을 진정성 있게 받아들여
주시기 바랍니다. 결코 새누리당을 방해하려고만 한 것이
아닙니다. 국정원의 권한 확대를 오로지 질타하려고만
한 것이 아닙니다. 국민감정에 맞게 국민의 기본권
시각에서 국민의 인권을 지키는 최소한도의 요건을 담은
수정안이라는 점을 이해해 주시기 바랍니다.

그래서 새누리당이 한 원안과 저희와 시민사회
활동가들이 만든 이 수정안이 불철저하지만, 부족하지만
그래도 국민의 불안을 최소화시켰다는 자신감으로 오늘
국회를 마무리할 수 없겠습니까? 그런 조그마한 일말의
가능성만 보여 주시면 저는 당장 내려가겠습니다. 이 자리를
내려가겠습니다.

(정갑윤 부의장, 정의화 의장과 사회교대)

(「힘내세요」 하는 의원 있음)

(「파이팅!」하는 의원 있음)

(박수 치는 의원 있음)

국민들의 뜻에 따르겠습니다.

이춘석 수석님으로부터 저희들이 만든 수정안이 국회에
제출됐다는 말씀은 들었습니다.

제 남은 의견은 이 수정안 전부를 저희가 원하는 것은
아닙니다. 새누리당이 그 일부라도 받아 주시기 바랍니다.
받아 줄 수 있는 마음의 문을 열어 주시기 바랍니다. 이것은
오로지 저희 더불어민주당만의 요구를 담은 것이 아닙니다.
국민의 요구를 담은 것입니다. 국민의 요구를 담았다면
그것은 장기적으로 새누리당의 요구도 담겨 있는 것입니다.

지금 진행되고 있는 폴, 여론조사 결과를 지켜봐
주십시오. 국민의 뜻이 어디에 있는지를 살펴 주시기
바랍니다. 국민의 뜻이 있다면 그것에 좀 져 줄 수도 있는 것
아니겠습니까, 우리 새누리당? 제가 협박하는 것은 아닙니다.
어떻게 된 일인지 점점 정신이 맑아집니다.

(박수 치는 의원 있음)

(「힘내라!」 하는 의원 있음)

(「이종걸 의원, 멋있다!」하는 의원 있음)

(「이종걸 파이팅!」 하는 의원 있음)

힘이 더 납니다. 쓰러지려야 쓰러질 수가 없습니다. 의원
여러분. 이제 새누리당이 이를 받아 주는 길밖에 없습니다.

지금까지 대한민국의 역사를 지켜 온 우리의 애국자들이
진정으로 원하는 바가 있습니다. 저는 그 내용을 우리
당만이 독점하고 있다고 단언하지는 않습니다. 새누리당과
저희 민주당과 국민의당, 정의당이 모두 일부씩 공존하고
있는 가치를 가지고 저희는 달려가고 있다고 생각합니다.
그건 공존하는 전체가, 우리 대한민국의 건국을 위해서
목숨을 바친 애국자들의 뜻이 담겨 있다고 생각합니다.

어제는 삼일절이었습니다. 삼일절 기간 내내 바깥 공기
한 번도 마시지 못했습니다. 우리 3·1 혁명의 정신을 가지고
거리를 뛰쳐나갔던, 그래서 대한민국의 임시정부의 기초를
만들었던, 우리 선열과 애족들이 맞았던 그 맑은 하늘의
공기를 마시지 못했습니다. 참 3·1의 날 참 처음 이렇게
보냈습니다. 어디론가 뛰어나가고 싶은 심정을 막았습니다.
제 잘못된 발언으로 고통당한 국민들에게 속죄하는
마음뿐이었습니다.

이제 조금씩 일어나고 싶어 하는 국민의 열기와 국민의
참여의 힘과 미래에 대한 의지와 국회에 대한 재평가는
갑작스러운 저의 중단발언으로 송두리째 날아가 버릴
운명에 처해 있었습니다. 국민 여러분께 용서의 마음을 빌
뿐입니다. 삼일절에 느끼는 이 답답한 마음 어떻게 풀 길이
없었습니다.

우리 선조가, 목숨을 바치며 건국했던 건국의 아버지들이,
이 민족의 아버지들이 바랐던 나라는 진정 이런 나라는
아닙니다. 바로 우리가 쉴 새 없이 국민들을 향해서 뛰고
국민과 함께 호흡하고, 그래서 국민이 야속함 없이 같이
뛰고 있는 진정한 민주주의의 장이 열리는, 어느 누구도
그렇게 독소의 조항으로 표독스럽게, 저주스럽게 권력의
유지를 위해서 어느 한 일군의 국민들을 상처를 주는 그런
나라가 아닙니다.

저희 할아버지가 목숨을 바친 이 나라는 그런 나라가
아닙니다. 우리 모두 지켜 나가야 합니다. 물론 저희들의
잘못도 있습니다. 저희들의 잘못이 없는 것을 강변하지
않습니다. 저희들의 잘못이 있다는 것들을 인정하고, 그
과정에서 여러 가지 상처를 줬다는 점 인정하고, 불가피하게
직권상정됐다는 점 인정하고, 그러나 이 시점에서 또 우리
똑바른 정신을 곧추세워서 국민을 위해서 국민의 어느
일부에게 결정적인 피해가 가지 않도록 하는 공존의 이
사회를 바라는 그 마음이 바로 이 필리버스터를 통해서 일부
이어졌다고 생각합니다.

필리버스터의 성과로, 필리버스터의 기대효과로 이것이
수성됐다는 생각 결코 안 하겠습니다. 그것도 아닙니다.
오로지 국민과 함께 공존하는, 그래서 은수미 의원이 얘기한
것처럼 새누리당이나 저희나 모두 국민을 주인처럼 섬기는
우리가 되기 위한 길을 걷자는 것입니다.

존경하는 국민 여러분!

모든 국민은 사생활의 비밀과 자유를 침해받지 않습니다.

모든 국민은 통신의 비밀을 침해받지 않습니다.

제가 법과대학에 들어가서 배운 헌법의 구절입니다.

17조, 18조 헌법은 인권의 핵심인 사생활, 통신 비밀의
보호를 국가의 책무로 규정하고 있습니다.

인권은 국민이 주인인 민주공화국을 지탱하는 유일한
기둥입니다. 그렇기 때문에 인권을 보장하는 것은
민주주의를 보호하는 것이고 이것이 나라를 지키는 유일한
길입니다.

그러나 오늘 수없이 되뇐 이 테러방지법은 이런 헌법
정신을 부인하고 있는 것입니다. 이런 헌법에 들어 있는
국가적 책무를 부인하고 있는 것입니다. 헌법 위에 군림하는
인권 침해법, 민주주의 파괴법을 만드는 것입니다.

바이마르공화국의 조종을 울리고 독일 국민을

계슈타포의 감시와 통제 아래 신음하게 만든 히틀러의 수권법이라는 것도 있지 않았습니까? 이것이 우리 사회에 되살아나는 것이다라고 하는 주장을 무조건 아니라고 걷어찰 수는 없는 것입니다.

국정원의 전단적인 권력에 의해서 국민의 자유로운 의사표현이 제약당하고 창의적인 생각들이 금지되고 상시적인 감시와 통제, 처벌이 존재하는 사회에 과연 어떤 미래를 국민들에게 보여 드릴 수 있겠습니까?

국민 여러분!

아들딸들을 이런 음습하고 폭압적인 권력 아래 굴종하게 만드실 수 있는 용기를 가진 분이 있겠습니까?

국민 여러분!

테러방지법은 우리 국민이 세우고 지켜 낸 소중한 대한민국을 종국에는 멸망으로 인도할 수도 있는 법이라는 것을 저희들은 인식하고 있습니다. 국민을 나라의 주인이 아닌 정권의 신민으로 전락시킬 것입니다. 국민 여러분의 아들딸들을 국정원의 노예로 전락시키려 할 것입니다. 잘못된 정권의 잘못된 정책에 대해서 잘못했다고 당당하게 외칠 수 있는 국민의 권리가 어쩌면 영구히 박탈될 수도 있는 것입니다.

너무도 명약관화한 이 사실을 알고 있기 때문에 우리 야당은 절박한 심정으로, 피를 토하는 심정으로 이 자리에 서고 또 이 정권의 폭주와 같은 입법을 막아 달라고 호소하는 것입니다.

국민 기본권을 지키고 싶은데 우리 야당에게는 힘이 부족한 것 같습니다. 아직까지 대답이 없습니다.

대한민국의 민주주의와 인권을 지키고 싶은데 우리에게는 힘이 없기 때문입니다.

이 무제한 토론을 지켜보고 열광하는 우리 젊은 미래의 꿈들에게 희망을 주고 싶은데 우리 야당에게는 힘이 없어 보입니다.

존경하고 사랑하는 국민 여러분!

지난해 참혹한 아프가니스탄 자살폭탄 테러사건이 왜 갑자기 떠오르는지 모르겠습니다. 그때 사상자가 1만 명이 넘었던 사건이었습니다. 그러나 같은 기간 한국인 자살자 수는 무려 1만 3000명입니다. 아프가니스탄 자살폭탄 테러사건보다 훨씬 많은 자살인원을 가지고 있는 우리나라입니다. 한국 내에서 국제 테러집단에 의한 테러는 없었지만 박근혜정부 자체가 국민에게 재앙이고 어찌 보면 고통이었던 것입니다. 자신들의 무능과 국정 실패로 인한 국민 테러를 예방할 생각을 하기는 하고 계신 것인지요?

박근혜정부는 이제 합법적으로 인권 테러, 민주주의 테러, 헌법 테러를 가하겠다는 비양심적이고 후안무치하고 파렴치한 의도를 국민 앞에 치켜세우고 있습니다. 이대로 박근혜정부의 폭주를 방치하는 경우 대한민국은 부당하고 불의한 권력의 마수에서 영원히 벗어날 수 없을 것입니다.

우리 새누리당 의원님들께 호소드립니다. 국회에서 하십시다. 국회의 힘으로, 국회의 서로를 서로를 인정하는 뜻으로, 존경하는 힘으로 이 위기를 벗어납시다. 만약에

저희가 박근혜정부에 대해 비난과 비판을, 원인과 그 무서운 기세를 지적하지 말라면 하지 않겠습니다. 국회에서, 이것 국회에서 처리하는 법 아니겠습니까? 왜 대통령께서 국회를 바라보면서 국회의 입법 하나하나까지 겁박하고 관리하고 조항 하나하나까지 지시와 명령을, 그것을 들을 이유가 뭐가 있겠습니까?

국민 여러분!

메르스에 국민들이 쓰러져 나가는 판에도 원내대표 찍어 내기에 혈안이 되었던 그 시절 그때를 생각합니다. 국민들은 지난 8년간 하루하루가 고통스럽다며 비명을 지르고 계신데 박근혜정부 주도의 정치적 흐름은 꺾을 일이 없습니다. 국민의 고통과 눈물은 안중에도 없습니다. 도박 중독자처럼 권력투쟁을 유도하고 그 투쟁에 몰입하게 하는 자 누구입니까? 청와대의 손끝이 가리키는, 숨 쉴 때만 빼고 오로지 선거, 선거에 골몰하고 있습니다. 대통령의 눈에 한번 들 수 없겠습니까?

무제한 토론으로 국민의 이목이 집중된 이 신성한 국회 본회의장에 오로지 국회 입법만을 가지고 나갑시다. 물불 안 가리고 볼썽사나운 충성경쟁을 벌인 일부의 의원들을 잘 보듬고 나갑시다.

존경하고 사랑하는 국민 여러분!

국민의 사생활과 인권 그리고 민주주의를 지키기 위해서 야당과 국민이 함께한 무제한 토론은 저 이종걸을 마지막으로 종결되는 수순을 밟고 있습니다.

대통령의 협박과 무책임, 이와 함께 어우러진 일종의 정치테러로서 헌법정신과 민주공화국의 뿌리를 지키기 위해서 끝까지 저항하려고 했습니다. 야당이 가지고 있는 제도적 힘은 박근혜, 청와대의 폭주를 막아 내기에 진정으로 부족했습니다. 국민의 참정권, 정치 신인들의 공무담임권 그것들을 도박판의 판돈처럼 여기는, 자신들의 정치게임을 위한 인질로 삼는 그리고 수치심을 모르는 권력을 막아 내기에 야당, 저희들은 부족했습니다.

존경하고 사랑하는 국민 여러분!

비록 지금 우리는 잠시 물러서는 듯합니다. 그러나 이는 더욱 큰 승리를 준비할 쉼표라고 저는 확신합니다. 패배의 마침표가 아닙니다, 여러분! 정의와 인권, 민주주의는 결코 이 정권의 역사적 퇴행 시도에 결코 굴복하지 않을 것입니다.

무제한 토론 기간 중에 확인된 국민의 야당에 대한 열화와 같은 지지와 성원을 떠올립니다. 그리고 지금 이 순간에도 진행 중인 시민 필리버스터, 단숨에 수십만 건에 이르렀던 테러방지법 반대 온라인 서명들, 무엇보다도 자라나는 학생들의 저 초롱초롱한 눈망울에 담겨 있던 정의롭고 공정한 민주주의에 대한 열망과 희망은 우리의 꺼지지 않는 거대한 횃불이 될 것입니다. 국민들의 피와 땀과 눈물로 지켜 낸 이 민주공화국 대한민국의 정신을 박근혜정부의 침탈로부터 결코 우리는 지켜낼 것입니다.

더불어민주당은 그 선봉에 설 것입니다. 반드시 노도와 같이 밀려오는 정권의 음모로부터 국민을 지켜 내겠습니다.

국민의 기본권을 근본적으로 침해하고 있는

테러방지법에 대해서 헌법소원, 이 모든 수단을 동원해서 제지하겠습니다. 정부·여당이 일자일획도 바꿀 수 없다며 국민을 겁박한 테러방지법을 꼭 일자일획 그냥 두지 않고 대거 바꿔 내겠습니다. 저희들이 꼭 하겠습니다.

국민 여러분!

소중하고 숭고한 이런 입법 쿠데타에 대한 저항권을 행사해 주십시오.

기다리고 기다렸습니다만 더는 대답이 없습니다. 공존하면서 다음의 미래로 가자고 하는 간청을 드렸습니다만 응답이 없습니다. 메아리와 같은 응답이라도 있다면 저희는 기다리겠습니다. 그러나 오늘은 안 될 것 같은 느낌입니다. 과거의, 미래를 그리고 현재에 서 있는 우리의 이 처지와 위치를 확실히 다지고 이해해 나가겠습니다.

더불어민주당은 오늘 테러방지법에 대한 무제한 토론을 마치면서 아까 말씀드린 필리버스터 참가 국회의원들과 자유를 도둑맞은 시민들과 함께 '테러방지법, 필리버스터, 시민의 자유에 관한 만민공동회'를 개최하고 있습니다. 오늘 저의 무제한 토론과 함께 마칠 예정이라고 합니다. 그 과정에서 나온 많은 성과들은 우리에게 힘을 주고 꿈을 주고 미래를 줄 것이라고 확신합니다.

우리 더불어민주당은 새누리당의 테러방지법이 통과된다면 국회의장의 직권상정 방식으로 상정된 이 법안은 결코 포기하질 않고 끝까지 붙들고 분쇄시키도록 하겠습니다. 모든 제도적 장치를 다 동원하겠습니다. 법적 효력도 다투겠습니다. 헌법재판소에 권한쟁의 청구도 하겠습니다. 시민단체와 연대해서 제대로 된 테러방지법 만들겠습니다. 시민 필리버스터단을 마련해서 영원히 꺼지지 않는 우리 정치의 희망을 만들어 가는 데 함께하겠습니다.

더불어민주당이 오늘 이 법도 통합해서, 이 필리버스터를 통해서 보여 준 야권이 함께 어우러지는 통합을 통해서, 통합의 에너지를 통해서, 폭발적으로 나오는 통합의 에너지를 통해서 우리가 반드시 승리할 수 있는 길을 찾아 나가겠습니다.

이제 필리버스터 정국을 야권의 통합의 정국으로 몰고 가는 데 저 조그만 미력이라도 뛰겠습니다. 저는 힘이 없습니다만 그 갈망과 요구를 반드시 곳곳에 총력을 다해서 하겠습니다.

반드시 이겨야 하기 때문에 그렇습니다. 이길 방법이 많이 없기 때문에 그렇습니다. 그래서 이겨서 진정으로 새누리당이 허용하지 않는 국정원의 테러빙자법을 반드시 원상회복하겠습니다. 분쇄하겠습니다. 새로운 법으로 국민들에게 침해되지 않는, 국민들이 고통 받지 않는, 그렇지만 공공의 위해를 넘고 들어오는 테러집단에 대해서는 국민의 안전을 지키는 파수꾼이 되도록 하겠습니다. 안보와 기본권과 그 조화가 이루어지는 새로운 테러방지법을 반드시 만들어 내겠습니다.

오늘 이 더불어민주당의 필리버스터를 끝내는 이 자리에서 저는 많은 빚을 졌습니다. 그러나 힘든 과정에서, 어렵고 힘든 조건에서, 이 어려운 국회 단상에서 기적을 만들어 낸 필리버스터의 전사들을 한번 불러 보겠습니다.

우리 김광진 의원님, 문병호 의원님, 은수미 의원님, 박원석 의원님, 유승희 의원님, 최민희 의원님, 김제남 의원님, 신경민 의원님, 강기정 의원님 그리고 김경협 의원님, 이 과정 중에 불출마를 선언했다는 우리 서기호 의원님, 김현 의원, 김용익 의원님, 배재정 의원님, 전순옥 의원님, 추미애 의원님, 정청래 의원님, 진선미 의원님, 최규성 의원님, 박혜자 의원님, 오제세 의원님, 권은희 의원님, 이학영 의원님, 홍종학 의원님, 서영교 의원님, 우리 최원식 의원님, 홍익표 의원님, 이언주 의원님, 슬픔을 이기고 있는 전정희 의원님, 임수경 의원님, 안민석 의원님, 김기준 의원님, 김관영 의원님, 박영선 의원님, 주승용 의원님, 정진후 의원님, 심상정 의원님!

여러분들이 국회에서 새로운 미래가능성을 보여 준 필리버스터의 영웅들이십니다.

감사합니다.

(박수 치는 의원 있음)

(2016년 3월 2일 오후 7시 30분)

● 의장 정의화 이종걸 의원님 좀 챙겨 주시지요. 다른 분이 해 드리지요, 피곤한데.

잘 좀 쉬십시오.

수고했습니다.

이종걸 원내대표님 수고 많았습니다.

더 이상 토론할 의원이 없으므로 국회법 제106조의2제7항에 따라 국민보호와 공공안전을 위한 테러방지법안에 대한 무제한 토론을 종결할 것을 선포합니다.

무제한 토론이 종결되었으므로 국민보호와 공공안전을 위한 테러방지법안을 표결할 순서입니다마는 법사위원회 회의 및 본회의장 투표시스템 점검이 필요하므로 잠시 정회하도록 하겠습니다.

그러면 정회를 선포합니다.

(19시33분 회의중지)

39

표결

(21시33분 계속개의)

● **의장 정의화** 의석을 정돈해 주시기 바랍니다.

성원이 되었으므로 회의를 속개하겠습니다.

회의에 들어가기 전에 의장으로서 국민 여러분들에게 한 말씀 드리겠습니다.

지난 2월 23일부터 오늘까지 만 8일 동안 역사에 남을, 우리 국회에 새로운 사건이 있었습니다. 필리버스터를 오늘 오후 7시경에 무사히 끝내게 되었습니다.

의장으로서 토론을 하신 여러 의원님들의 그때그때의 말씀에 대해서 하고 싶은 말 또 신상발언 등등 많이 있었습니다만 제가 8일간 참고 경청했습니다. 그에 대한 답변을 겸해서 국민 여러분들의 이해를 돕기 위해서 제가 메모를 좀 해 왔습니다. 시간은 아마 한 8, 9분 걸릴 것 같습니다만.

의원 여러분들께서도 경청해 주시기를 바랍니다.

존경하는 국민 여러분!

먼저 작금의 국회 상황으로 걱정을 끼쳐 드려서 국회의장으로서 대단히 송구하다는 말씀을 먼저 드리는 바입니다. 여야 간에 첨예한 대립으로 국회가 국정의 한 축으로서 기능을 제대로 못 했다는 국민들의 비판을 겸허하게 받아들입니다.

지난 9일간 한시도 쉬지 않고 밤샘 필리버스터가 이루어졌습니다. 역사상 처음 있는 일이었습니다. 비록 그것이 법에 따른 의사방해 행위라 하더라도 대한민국 의회민주주의의 발전에 의미 있는 사건이었다고 생각을 합니다.

과거에는 '민주주의는 피를 먹고 자란다'라고 했습니다마는 이제 민주주의는 토론을 통해서 자란다는 것을 보여 주었습니다. 과거 극단적인 대립에서 대립의 물리적 충돌로 그 끝을 보았습니다마는 이제는 연단에 서서 국민을 향해 자기의 주장을 펴는 것으로 바뀌었습니다. 비록 몸은 힘들었고 시간은 걸렸지만 의회민주주의에 대해 함께 되돌아보는 시간이었다고 생각을 합니다. 격정적 토론에 임해 주신 야당 의원님들, 꿋꿋이 자리를 지켜 주신 여당 의원님을 포함한 여러분들에게 감사를 드립니다.

저는 무제한 토론이 진행되는 동안에도 여야가 합의점을 찾도록 나름대로 노력을 했습니다마는 성사되지 않아서 무척 아쉽고 송구스럽게 생각을 합니다.

지난 9일 동안 무제한 토론을 들으면서 저는 마음이 무척 무거웠습니다. 저에 대한 비판이 쏟아져서가 아니라 우리 사회가 이토록 불신의 늪이 깊은가 하는 걱정과

회의 때문이었습니다. 이 불신의 늪을 벗어나지 않고서는 대한민국이 이 위기의 시대를 도저히 헤쳐 나갈 수 없겠구나 하는 점을 통감했습니다.

야당의 의심은 '국정원이 무제한 감청을 통해서 인권을 유린하거나 정치적으로 이용하지 않나' 하는 점으로 집약됩니다. 테러방지법이 그렇게 악용된다면 저부터 앞장서서 싸울 것입니다.

야당도 스스로 얘기했듯이 테러방지법의 제정에는 여야가 모두 의견을 같이하였습니다. 다만 국정원의 테러정보 수집과 추적의 범위를 명확히 하는 것 등 몇 가지 쟁점이 있었을 뿐입니다. 저는 그동안 이루어진 오랜 여야 협상의 결과 이에 대한 통제장치는 다각도로 마련되었다고 보았습니다.

필리버스터에서 많은 의원들이 이 법에 대해 무제한 감청을 허용하는 법안이라고 주장했지만 사실과 다른 주장입니다. 통신비밀보호법의 절차에 따라 테러혐의자는 근거를 입증해야 수석부장판사의 허가를 얻어 감청할 수 있습니다. 누구를 감청했는지는 공식기록으로 고스란히 남게 됩니다. 국정감사 등을 통해서 사후에도 얼마든지 확인이 가능합니다.

직권상정하던 당일 야당이 '추적'이라는 개념에 문제가 있다고 해서 추적의 내용을 사전·사후에 국민총리가 위원장인 대테러대책위원회에 보고하는 것을 의무화하도록 제가 조정안을 내서 반영했습니다.

(「아니, 의장님이……」 하는 의원 있음)

금융정보도 국정원이 독단으로 보는 것이 아니라 특정 금융거래정보의 보고 및 이용 등에 관한 법률에 따라 판사가 포함된 심의절차를 거쳐야 합니다. 검찰이나 국세청, 관세청 등에서 금융정보를……

(장내 소란)

좀 잘 들어 주시기 바랍니다. 제가 여러분들의 토론을 잘 들었듯이……

(「좀 들어 봐」 하는 의원 있음)

(「일방적인 주장을 하시면 안 되지요」 하는 의원 있음)

나중에 여러분들 발언시간을 드릴 테니까……

(장내 소란)

(「아니, 의장님이 의사진행만 하시지 왜 찬성하시고 그러세요?」 하는 의원 있음)

(「들어 보고 해, 들어 보고」 하는 의원 있음)

(「토론하시려면 내려오셔서 하셔야지요」 하는 의원 있음)

의장이 사회나 보는 것이 의장이 아니라고 생각을 합니다. 검찰이나 국세청, 관세청 등에서 금융정보를 보는 것과 똑같이 엄격한 절차에 따르는 것입니다.

(「조용히 하세요」 하는 의원 있음)

(「국민은 평가할 겁니다, 의장님이 평가하시는 게 아니고」 하는 의원 있음)

따라서 테러혐의자가 아닌 사람들의 금융정보를 마구잡이로 본다는 주장에 역시 사실이 아니라고 생각을 합니다. 여야가 합의해서 인권보호관을 둔 것도 국민인권

보호장치를 이중으로 더 한 것으로 평가했습니다.

(「직권상정한 것에 대해서 사과하세요」 하는 의원 있음)

자유와 인권은 우리가 소중하게 지키고 가꾸어야겠지만 그 자유와 인권을 파괴하려는 자유는 어떤 경우에도 용납되어서는 안 됩니다.

(「의장님, 그만하세요!」 하는 의원 있음)

반테러는 21세기 문명사회의 보편적 가치입니다.

(「의사진행해 주십시오!」 하는 의원 있음)

(「의장님!」 하는 의원 있음)

(「들어 보세요, 좀!」 하는 의원 있음)

테러행위에 맞서기 위한 제도와 시스템을 강화하는 것은 자유와 인권을 지키기 위한 문명국가의 의무입니다.

우리는 자유와 인권을 침해하기 위해서가 아니라 그것을 지키기 위해 테러방지법을 만드는 것이라는 점을 명심해야 합니다.

(「발언대에서 말씀하세요!」 하는 의원 있음)

(「의사진행하세요, 의사진행!」 하는 의원 있음)

이 점을 가장 심각하고 겸허하게 받아들여야 할 곳은 국정원입니다.

(「여기는 의사진행석입니다, 토론장이 아닙니다」 하는 의원 있음)

(「좀 들으세요」 하는 의원 있음)

(「왜 찬성토론을 하고 있어」 하는 의원 있음)

(●이종걸 의원 단상으로 걸어 나오며 ― 의장님, 의장님! 과도하십니다.)

의장으로서 신상발언할 시간을 주셔야지요.

곧 끝납니다. 곧 끝나니까……

(●이종걸 의원 단상에서 ― 아니, 무제한 토론 기회를 주신 것은 고맙습니다. 그렇지만……)

일방적으로 여러분들이 얘기하는 것을 내가 들었지 않습니까?

(●이종걸 의원 단상에서 ― 의장님, 기자회견을 공식으로……)

(원유철·조원진·이춘석 의원 단상으로)

(「의장님 얘기하는데 왜 자꾸 방해합니까!」 하는 의원 있음)

(「8일 동안 필리버스터 했으면 됐지!」 하는 의원 있음)

의장은 모두발언을 할 자격이 있습니다.

(「의장 얘기를 들어 봐야 할 것 아니야!」 하는 의원 있음)

(●이종걸 의원 단상에서 ― 그러나 그것은 안 됩니다. 저희도 할까요? 의장님!)

이 점을……

그냥 계세요.

(●이종걸 의원 단상에서 ― 의장님!)

그냥 계시라니까……

(●이종걸 의원 단상에서 ― 의장님, 의장님!)

내가 찬성 발언을 하는 것이 아니라 지금 내가 생각할 때 잘못된 것을 바로잡겠다는 것입니다.

(●이종걸 의원 단상에서 ― 의장님, 죄송합니다. 더 이상 하지 마십시오. 지금 오죽하면, 지금이 감정이 좋지 않습니다.)

(「뭐 하는 거야. 들어가!」 하는 의원 있음)

(「지금 의견을 말하고 계시지 않습니까, 법안에 대한 의견 말씀하고 계시는 것 아닙니까!」 하는 의원 있음)

(「의장은 사과하세요!」 하는 의원 있음)

(「정회해 주세요, 정회」 하는 의원 있음)

(●이종걸 의원 단상에서 ― 의장님, 제가 존경하는 것 알지 않습니까? 의장님, 제가 존경합니다.)

좋습니다.

그러면 제가 직권상정을 하게 된 부분만 발언을 하겠습니다.

(「정회해 주세요, 정회」 하는 의원 있음)

(「계속하세요!」 하는 의원 있음)

(「뭐하는 거예요, 들어가요!」 하는 의원 있음)

(「국가비상사태입니까!」 하는 의원 있음)

(●이종걸 의원 단상에서 ― 의장님, 그러면 발언대에 내려와서……)

여기가 의장의 발언대입니다.

아니, 의장에게 발언기회를……

(「의장은 그냥 계속 발언하세요!」 하는 의원 있음)

(●이종걸 의원 단상에서 ― 무제한 토론 기회를 주신 것은 고맙습니다. 그런데……)

그러니까 직권상정하게 된 이유를 설명해 드리겠다고요.

(●이종걸 의원 단상에서 ― 제가 참고 있습니다, 의장님! 굉장히 참고 있습니다.)

제가 직권상정에 대한 부분만 이야기할게요, 다 빼기로 하고.

(장내 소란)

잠깐만 주목해 주십시오.

(「지금 이게 국회가 비상사태입니까?」 하는 의원 있음)

(「표결을 앞둔 법안 아닙니까, 의장님? 표결을 앞둔 법안에 대해서 의견을 얘기하시면 어떻게 합니까?」 하는 의원 있음)

(「조용!」 하는 의원 있음)

아니, 여러분들이 8일간, 9일간에 걸쳐서 직권상정을 왜 했느냐, 해서는 안 되는 것을 했다고 말씀을 많이 했지 않습니까? 의장으로서 그것을 설명을 드려야 되지 않겠어요? 그러니까 제가 그 부분만 말씀을 드릴게요. 직권상정 부분만 말씀을 드릴게요.

(「아니, 우리가 7일 동안 한 게 뭡니까, 도대체」 하는 의원 있음)

(「의장 발언을 왜 못 하게 해!」 하는 의원 있음)

(「들어가요, 들어가!」 하는 의원 있음)

저는 사실……

잠깐 주목해 주십시오. 제가……

(「비상사태에 대해서 사과하세요!」 하는 의원 있음)

제가……

(장내 소란)

제가 직권상정을 하게 된 이유를 설명을 할 때 여러분이 계시지 않았어요. 그래서 오늘 내가 지금 설명을 드리려고 그럽니다.

(「법안의 내용에 대해서 말씀하시니까 문제 아닙니까?」 하는

의원 있음)

그러면 좋습니다. 제가 그러면 대표로 설훈 의원님, 직권상정을 하게 된 이유를 설명을 안 드려도 되겠습니까?

제가 설명을 드릴게요. 듣지 않겠습니까?

(「해요, 해!」 하는 의원 있음)

(「필요 없어요!」 하는 의원 있음)

그러면 속기록에 남기도록 할까요?

(「국민한테 사과하세요!」 하는 의원 있음)

(「말씀하세요!」 하는 의원 있음)

(장내 소란)

알겠습니다. 제가 마무리를 하겠습니다.

테러방지법 직권상정 부분만 여러분들이 궁금해 하시기 때문에 제가 설명드리겠습니다.

(「안 됩니다!」 하는 의원 있음)

(「계속 진행하세요!」 하는 의원 있음)

저는 사실 이 테러방지법을 과연 직권상정해야 할지에 대해서 고민에 고민을 거듭했습니다.

(「국회법 제107조 위반입니다!」 하는 의원 있음)

직권상정은 가능한 한 하지 말아야 한다는 제 소신이 있었기 때문입니다.

(「가능하면 하지 말아야 한다면서 왜 얘기를 해!」 하는 의원 있음)

하지만 국민의 생명과 안전이 모든 것의 우선입니다.

(「무슨 국민과 생명이 우선이야!」 하는 의원 있음)

(「반말하지 마세요!」 하는 의원 있음)

북한의 핵실험과 미사일 실험으로 온 세계가 북한 봉쇄에 나서고 있고 북한은 노골적인 테러위협을 가하며 이에 대한 구체적인 정보가 확인되는 마당에 손을 놓고 있을 수는 없었습니다.

(「공식적으로 기자회견을 하세요!」 하는 의원 있음)

(「비상사태 선포했습니까?」 하는 의원 있음)

(「국회법 제107조 의장이 토론에 참가할 때에는 의장석에서 물러나야 합니다」 하는 의원 있음)

(●이종걸 의원 단상에서 ─ 의장님, 안 되겠습니다. 그만하십시오.)

직권상정한 부분만 이야기한다니까……

(「의장님, 의결 끝나고 해 주십시오!」 하는 의원 있음)

(「의장님은 의사진행을 하세요!」 하는 의원 있음)

(「국회법을 위반하신 거지요!」 하는 의원 있음)

(「9일 동안 마음대로 떠들어 놓고 의장이 정리를 하는데 왜 그걸 못 하게 해!」 하는 의원 있음)

이것에 대해서 이야기한 것을 여러분이 그때 듣지를 않으셨기 때문에 다시 이야기를 하겠다고요.

(●이춘석 의원 단상에서 ─ 그것은 언론을 통해서 하시면 되는 것 아닙니까?)

(●이종걸 의원 단상에서 ─ 언론을 통해서 하십시오.)

아니, 무제한 토론 하시면서 많이 저보고 그 얘기를 했지 않습니까? 직권상정하면 안 되는 것을 왜 했느냐고, 그 한 것에 대해서 설명을 하겠다니까……

제가 조금 전에 이야기한 것을 들었습니까?

(장내 소란)

알겠습니다. 지금……

(「이게 바로 의사진행 방해야, 방해!」 하는 의원 있음)

자, 제가 나중에 그러면 언론을 통해서 말씀을 하기로 하겠습니다.

(「지금 말씀하세요」 하는 의원 있음)

(「국회의장은 말도 못 합니까? 말도 안 되는 얘기하지 마세요. 진행하세요. 의장님, 진행하세요」 하는 의원 있음)

우리 여당 의원님들도 지난 8일간 이 자리에서 있었던 말과 일들을 다 아시지 못합니다. 우리 의장단이 앉아서 다 들었습니다. 제가 지금 하고자 준비한 이야기는 거의 다 했습니다.

(「의장석 비운 적도 있었잖아요!」 하는 의원 있음)

여러분들이 그렇게 떠드시면 국민들이 제 얘기를 들을 수가 없습니다.

(「떠들다니요!」 하는 의원 있음)

여러분들은 192시간 동안 할 이야기 다 했습니다.

(「맞습니다」 하는 의원 있음)

(「누가 할 얘기 다 했다고……」 하는 의원 있음)

(「선거운동 실컷 했잖아!」 하는 의원 있음)

(「의사진행만 하세요, 의사진행만!」 하는 의원 있음)

아무쪼록 19대 국회 마지막이라도 상식과 합리가 통하는 국회가 되기를 소중히 소망합니다.

국정원은 대국민 신뢰 회복을 위한 혁신 노력을 분명히 밝혀서 이 정국이 마무리될 수 있도록 여야 모두가 협조해 주실 것을 의장으로서 간절히 부탁을 드립니다.

(「행정부는 멀쩡한데 입법부가 지금 비상사태입니까?」 하는 의원 있음)

(「조용히 해라!」 하는 의원 있음)

(「누가 조용히 해라 하고 반말하고 있어!」 하는 의원 있음)

(「그만해!」 하는 의원 있음)

그러면 제가 비상사태라는 것을 설명하려고 그랬는데 지금 강동원 의원이 그것을 듣지 않겠다고 합니다.

제가 더 이상 말씀은 드리지 않겠습니다.

그러면 의사일정 제1항을 계속해서 심의하도록 하겠습니다.

무제한 토론이 종결되었기 때문에 국회법 제96조 및 제106조의2제7항에 따라 주호영 의원 외 156인이 발의한 국민보호와 공공안전을 위한 테러방지법안에 대한 수정안을 의결할 순서입니다마는 이 안건에 대해서는 이종걸 의원 외 106인이 발의한 수정안이 추가로 발의되어 있습니다.

변재일 의원 나오셔서 이종걸 의원 외 106인이 발의한 수정안에 대해서 제안설명해 주시기 바랍니다.

●변재일 의원 정의화 국회의장님, 선배·동료 의원 여러분! 충청북도 청원 출신 변재일 의원입니다.

이종걸 의원 외 106명의 의원이 발의한 국민보호와

공공안전을 위한 테러방지법 수정안에 대해서 제안설명을 드리도록 하겠습니다.

먼저 이철우 의원이 제안한 테러방지법의 주요 내용에 대해서 말씀드리겠습니다.

이 법에서는 첫째, 테러 업무를 국가안전보장에 상당한 위험이 예상되는 경우와 동일하게 취급해서 통신제한 조치를 할 수 있도록 관련법을 부칙에서 개정하겠다고 하고 있습니다.

두 번째는 국가정보원장이 테러위험인물에 대한 출입국과 금융거래, 통신이용 관련 정보를 수집하고 민감정보를 포함한 개인정보와 위치정보를 요구할 수 있도록 하였습니다.

셋째, 국가정보원이 대테러활동에 필요한 정보나 자료를 수집하기 위해서 대테러조사를 할 수 있고 테러위험인물에 대해서 추적조사를 할 수 있도록 하고 있습니다. 이에 대해서 이종걸 의원 외 106명이 제출한 테러방지법 수정안의 제안이유를 말씀드리겠습니다.

첫째, 이철우 의원이 대표발의한 법안은 테러위험인물을 테러단체의 조직원이거나 기타 테러를 선전하였거나 하였다고 의심할 상당한 이유가 있는 자로 규정하고 있습니다.

그러나 '기타 테러'라는 규정이 명확하지 않고 모호합니다. 그리고 테러위험인물을 지정하고 해제하는 절차와 누가 하는지 주체가 없습니다. 국정원의 판단만으로 테러위험인물로 분류될 수 있을 것입니다.

테러라는 용어 자체가 애매한 상황에서 선전·선동이라는 애매한 내용이 결합되기 시작하면서 광범위하게 조사 대상과 조사의 범위가 확대될 수 있는 문제점을 가지고 있습니다.

정부 정책에 반대하거나 시위나 집회를 한 사람 또한 테러위험인물로 지정되지 않을 수 없다는 그런 보장 장치가 없습니다. 이에 대해서 본 의원은 테러행위에 대한 예방과 대응 활동 등에 대해서만 이 법을 엄격히 적용하도록 수정안을 마련하였습니다.

둘째, 이철우 의원이 대표발의한 법안은 부칙 제2조제2항에서 국가안전보장에 상당한 위험이 있는 경우뿐만 아니라 대테러활동에 필요한 경우까지 국정원이 감청을 신청할 수 있도록 하였습니다.

대테러활동에 필요한 경우를 국가안전보장에 상당한 위험이 있는, 예상되는 경우와 동일하게 취급한 것입니다. 국정원이 대테러활동에 필요하다고 하면 영장도 없이 먼저 감청을 시행하고 나중에 법원의 허가를 받을 수 있는 것입니다. 이것이 긴급감청이고 이 긴급감청권을 이용해서 국정원이 감청을 했는지, 조사를 했는지 알 수 없는 사태가 발생한다는 것을 분명히 말씀드리겠습니다.

현행법에도 국정원은 긴급감청권을 이용할 수 있도록 되어 있지만 긴급감청을 했다고 한 번도 고등법원에 사후에 영장을 신청한 사례가 없습니다. 안 했다거나 아니면 했는데도 했다는 사실을 누구도 확인할 수 없기 때문에 숨기면 아무도 모른다는 그런 현실을 분명히 말씀드리겠습니다.

결과적으로 통신비밀보호법이 보장하고 있는 개인의 비밀 보장 기능이 대폭 약화되는 결과를 초래하게 됩니다. 이에 본 의원은 대테러위험인물의 정보 수집이 필요한 경우에도 국가안전보장에 대한 상당한 위험이 예상되는 경우에만 통신 제한 조치를 할 수 있도록 범위를 축소하였습니다.

셋째, 이철우 의원이 대표발의한 법안은 제9조제4항에서 국가정보원장은 대테러활동에 필요한 정보나 자료를 수집하기 위해서 대테러조사와 테러위험인물에 대한 추적을 할 수 있도록 하였습니다.

여기서 '대테러조사'란 대테러활동에 필요한 정보나 자료를 수집하기 위한 현장조사나 문서 열람, 조사 대상자에게 자료 제출이나 진술을 요구하는 활동을 말합니다. 여기서 필요한 정보나 자료는 그 대상에 제한이 없습니다. 법원의 허가 등 요건에 있어서도 제한이 없이 모두 수집할 수 있습니다.

또 조사 대상을 사실상 가능한 모든 활동을 할 수 있도록 하였으며 개념이 불분명한 '추적'이라는 단어 자체도 무제한 할 수 있도록 하였습니다. 이는 국정원만이 알 수 있는 대테러위험인물과 자신도 모르는 사이에 접촉한 국민을 국정원이 얼마든지 언제든지 조사할 수 있도록 한 것으로써 중대한 국민 인권 침해를 초래할 수 있습니다. 나는 그 사람하고 접촉한 적이 없는데, 모르는데 국정원만이 접촉했다고 판단하고서 조사를 할 수 있다는 그런 결과를 초래한다는 것을 말씀드리겠습니다.

이에 본 의원은 이 기능을 삭제하고 대테러센터가 테러 업무를 총괄하도록 수정하였습니다.

넷째, 이철우 의원이 대표발의한 법안은 제9조제3항에서 국정원장은 테러위험인물에 대한 민감정보를 포함한 개인정보와 위치정보를 정보사업자에게 요구할 수 있도록 하고 있습니다.

개인정보 보호법상 민감정보는 사상이나 신념, 정치적 견해, 성생활, 의료기록 등에 관한 정보 등을 말하고 있습니다. 위치정보는 GPS·와이파이 정보 등을 말하는데 개인이 어디에서 누구를 만나 무엇을 했는지를 알 수 있는 아주 중요한 정보입니다. 이런 민감한 개인정보나 위치정보를 법원의 허가 등 요건에 제한 없이 사업자가 수사기관에 제공한 것은 불법이라는 판례도 있습니다.

이에 대해서 본 의원은 민감정보를 제외한 개인정보만을 수집할 수 있도록 제한하고 위치정보를 법원의 허가를 받아서 위치정보사업자 등에게 요구할 수 있도록 수정안을 제출하였습니다.

다섯째, 이철우 의원이 대표발의한 법안은 국민의 기본권 침해 방지를 위해서 테러대책위원회 소속으로 대테러인권보호관 1명을 두도록 하고 있습니다. 그러나 인권보호관의 자격, 임기 등을 대통령령으로 정하도록 하고 있어서 실질적으로 이분들이 인권보호 활동을 할 수 있을지 의문이 제기되고 있는 상황입니다. 이에 대해서 본 의원은 인권보호관을 국회가 추천하는 등 실질적으로 인권보호활동을 할 수 있도록 수정하였습니다.

여섯째, 정부가 수행하는 테러활동을 국회 소관 상임위원회에 보고토록 하고 국회가 견제와 감시기능을 제대로 할 수 있도록 수정하였습니다.

기타 자세한 내용은 유인물을 참고해 주시기 바랍니다.

결론적으로 이철우 의원이 대표발의한 법안은 인권침해 요소가 너무 많다는 점을 지적하지 않을 수가 없습니다. 이러한 문제점을 다소 완화시켜서 남용을 방지하는 제도적 장치를 마련하였습니다. 감청을 하더라도, 긴급감청을 하더라도 그 기록을 전자적으로 남겨서 언젠가는 확인될 수 있다는 그런 증거를 남기지 않는다면 남용을 할 수 있는 유혹을 떨쳐 버릴 수가 없습니다.

본 의원의 제안설명대로 수정안을 통과시켜 주실 것을 간곡하게 부탁드리겠습니다.

감사합니다.

(수정안은 부록으로 보존함)

● **의장 정의화** 변재일 의원님 수고하셨습니다.

표결에 앞서 한 가지 말씀을 드리면 이 2개의 수정안은 동일한 사항을 수정 대상으로 하고 있어서 내용이 중첩이 됩니다. 먼저 표결하는 수정안이 가결되면 나머지 수정안은 표결하지 않는다는 점을 말씀을 드립니다.

그러면 국회법 제96조에 따라 나중에 제출된 이종걸 의원 외 106인이 발의한 수정안부터 먼저 표결 순서입니다마는 이 안건에 대해서는 다섯 분 의원의 토론 신청이 있으므로 토론을 하도록 하겠습니다.

주호영 의원 나오셔서 토론해 주시기 바랍니다.

● **주호영 의원** 대구 수성을 출신의 주호영 의원입니다.

이종걸 의원의 수정안에 대해서 반대토론을 하겠습니다.

이종걸 의원 수정안은 테러위험인물을 테러단체의 조직원으로 한정하고 있습니다. 따라서 이 법안에 의하면 기이 조직원이 아닌 자가 선전·선동하거나 자금모금을 하여도 처벌을 할 수 없게 됩니다.

다음, 옥외집회 및 시위에는 이 법을 적용하지 말자고 하고 있습니다. 테러범이 노리는 장소가 다중의 옥외집회 및 시위현장 아닙니까? 옥외집회 및 시위현장에서 발생하는 대량 인명 살상 테러에 대한 대책은 무엇입니까?

세 번째, 테러단체의 지정 및 해제 사유를 구체화하자고 하고 있습니다. 테러단체는 UN이 지정을 합니다. UN은 테러단체를 대강대강 지정하고 있습니까? 테러는 예방이 최선이고 일단 발생하면 엄청난 인명 살상과 경제에도 치명적인 타격을 가져옵니다. 외국에서 은밀히 조직되는 테러단체의 조직 구성을 어떻게 미리 자세히 알 수가 있습니까? 조그마한 테러의 위험이라도 감지되면 할 수 있는 모든 예방수단은 다 동원해야 하지 않겠습니까?

마지막으로 야당 안은 국회에서 각 당이 추천한 인권보호관을 신설하자고 합니다. 정보기관은 철저한

보안과 밀행이 그 생명입니다. 전 세계 어느 나라에서 행정부 소속의 정보기관에 입법부가 파견한 감독관을 조직 내에 들여놓고 비밀을 다 들여다보게 하고 있습니까? 정보기관을 감독·견제하라고 국회에 정보위원회가 있는 것 아니겠습니까?

야당은 언필칭 테러방지법 제정 자체에는 반대하지 않는다고 말하고 있습니다. 그러나 야당 주장의 테러방지법은 테러방지법이 아니라 테러방치법일 뿐입니다. 이종걸 의원의 수정안에 대해서 반대해 주시기 바랍니다.

국민의 생명과 안전보다 더 소중한 가치는 없습니다. 지금 세계 도처에서 테러가 빈발하고 있습니다. IS가 우리나라도 테러대상국으로 지정 발표하면서 테러 위협을 가하고 있습니다. 유엔에서도 각국에 테러 관련법 제정을 시행하도록 강력히 권고하고 있습니다. 더구나 유일의 분단국가인 우리나라에서는 아웅산 폭파사건, KAL기 폭파사건, 이한영 살해사건 등 수많은 테러가 북으로부터 자행되어 왔을 뿐만 아니라 지금도 공공연히 무자비한 공격을 떠들고 있습니다.

국민의 생명을 지키기 위한 테러방지법이 절실합니다. 테러대응지침이라는 정부의 훈령은 정부 내의 명령일 뿐이어서 법률의 효력은 없으므로 반드시 법률로 제정되어야 합니다. 그런 까닭에 벌써 15년 전 김대중 정권, 노무현 정권 때부터 이미 당시의 정부가 테러방지법을 정부입법 혹은 의원입법으로 발의 추진해 오지 않았습니까? 민주화운동에 헌신해 왔고 인권의 가치를 누구보다도 존중해 왔던 두 전직 대통령께서 야당의 주장대로 국민을 함부로 감청하고 인권을 침해하는 법안을 발의했단 말입니까?

더구나 이번에 발의된 법안은 그 당시의 법안보다 훨씬 더 많은 인권보호 장치와 감독기능이 강화되었습니다. 감청은 유엔이 지정한 테러단체의 구성원에 대해서만 가능하고 예외적으로 내국인에 대해서는 테러와 관련이 있는 경우에 한하여 영장에 준하는 고등법원 수석부장판사의 허가를 받도록 하여 사법부의 철저한 통제하에 두고 있습니다. 금융계좌 확인은 이미 국세청, 관세청, 검찰 등 다른 국가기관에 제공하고 있고 미국의 정보기관이 요청하면 반드시 제공해야 합니다. 그것도 철저히 서면으로 요청하고 근거를 남겨야 합니다. 그런데 야당은 모든 국민을 무차별적으로 감청하고 금융계좌를 마음대로 뒤질 수 있는 것처럼 주장을 합니다. 과장이자 허위사실입니다.

'구더기 무서워서 장을 못 담그랴'는 속담이 있습니다. 이 법은 이처럼 오남용의 소지를 거의 완전히 제거한 것이기는 하지만 만에 하나 남용될 수 있다고 하더라도 그것이 두려워서 이 법을 포기하거나 반대 저지할 수는 없습니다. 국민의 생명보호가 최우선이기 때문입니다. 의심이 많으면 낮에도 허깨비가 보인다고 합니다. 허깨비를 보고 창을 들고 달려드는 격입니다. 도대체 야당은 있지도 않은 허깨비만 보이고 절박한 국가의 안전과 국민의 생명은 눈에 보이지 않는 것입니까?

저의 수정안에 대해서 찬성해 주시기를 간곡히
부탁드립니다. 감사합니다.

● **의장 정의화** 주호영 위원장 수고하셨습니다.
다음은 김광진 의원 나오셔서 발언해 주시기 바랍니다.

● **김광진 의원** 더불어민주당 김광진 의원입니다.
지난 8일간 대한민국의 많은 국민들께서 일명
테러방지법이라 불리는 국민사찰법, 국정원 권한강화법에
대해서 많이 알게 되셨고 정말 이 법이 악법이구나 하는
것을 알게 되셨습니다.
시간을 8일 전으로 돌려보겠습니다. 국회의장께서
국정원장을 만나시고는 국가비상사태라는 이유로 이 법을
직권상정하셨습니다. 대한민국 국군도 진돗개를 발령하거나
워치콘을 격상하지 않은 상태에서 국회만이 비상사태라는
선언을 하신 겁니다.
얼마 전까지만 해도 '법이란 것은 상식 위에 있다. 예를
들어 갑자기 IS 테러가 서울이나 부산의 어디 생겼다
치자. 그렇다면 테러방지법은 내가 직권상정할 수 있다.
그거는 상식적인 거니까요. 그런데 그렇지도 않은데 내가
테러방지법을 국가비상사태 어쩌고 하면서 직권상정해 봐라.
여러분들이 웃지 않겠나' 이렇게 언론과 국민을 상대로
말씀하셨던 국회의장이십니다.
국회의장님!
국민이 비웃고 있습니다. 헌법과 법률을 유린하고 36년
전으로 대한민국 민주주의의 시계를 돌린 정 의장은 역사의
준엄한 심판을 면치 못할 것입니다.
160시간이 넘도록 이 법의 독소 조항에 대해서
설명드렸습니다. 국민의 기본권을 제한하고 자유와 권리를
침해할 수 있는 여지가 다분한 법을 발의한 다음날 바로
상임위에서 날치기로 처리하고 단 한 차례의 법안심사나
법사위의 검토도 없이 본회의에 직권상정했습니다. 지금
올라와 있는 원안은 법의 요건을 갖췄다고 하기에도
부끄러운 내용입니다.
이 법안에 투표를 하시게 될 여야 의원님, 특히
새누리당의 의원님들께 묻고 싶습니다.
이 법을 한 번이라도 읽어 보셨습니까? 당에 소속된
일원이기 이전에 국민으로부터 선출된 헌법기관으로서
이번의 투표 이력이 평생 정치를 하시는 동안 따라다니게 될
것입니다.
이번에 더불어민주당에서 제출한 수정안은 원안에
담고 있던 독소 조항들을 많은 부분 제거하였습니다. 또한
포괄적이고 광범위하게 표현되고 선언적인 의미로 표현되어
있던 부분에 대해서도 구체적이고 명확한 법률적 언어로
기술하였습니다. 그리고 국민의 기본권을 제약하는 행위에
대해서는 법률에 근거할 수 있도록 하였습니다.
새누리당의 법안은 테러 위험인물이 아닌 자에 대해서도
조사 또는 추적을 할 우려가 있고 이 경우 인권 침해
우려가 제기되며 국가안전보장에 상당한 위험이 예상되는

경우뿐만 아니라 대테러활동에 필요한 경우까지 국정원이
핸드폰에 대한 감청을 신청할 수 있도록 하여 감청권을
남용할 가능성이 있으며 계좌추적과 관련한 부분도
국정원에 광범위하게 열어 두고 있습니다.
또한 민감정보를 포함한 개인정보와 위치정보를 아무런
목적이나 법원의 허가 등 요건의 제한 없이 국정원에
제공하도록 하고 있습니다. 이에 수정안을 발의하여
국민들의 심각한 사생활 침해 우려를 해소하고자 합니다.
또한 집회나 시위에 참여하는 선량한 시민들의 권리를
제약할 우려가 야기되므로 법 4조에 그에 대한 보완 사항을
담았습니다.
테러방지법을 만든다고 테러가 막아지는 것이 아니며
테러방지법이 없다고 테러가 생기는 것이 아니라는
것은 초등학생도 알 것입니다. 그리고 이미 대한민국은
34년 전부터 국가대테러활동지침을 통해 대통령
소속하에 테러대책회의를 두고 열아홉 곳의 장차관급
인사를 위원으로 구성하여 국무총리가 의장을 맡는
테러대책회의를 가지고 있습니다.
국정원법 2조에 따라 국정원을 소속하에 두고 65만
대한민국 군의 통수권자이며 행정부의 수반인 대통령께서
이미 법규에 의해서 정해진 본인의 역할을 해 주신다면
테러를 막기 위한 제도와 절차 그리고 기관은 이미 충분히
갖추고 있습니다.
국회의장의 직권상정으로 오늘은 수정안을 제출합니다.
그러나 이 법안은 수정보다는 폐기 후 정상적인 국회 입법
절차에 따라 재논의를 하는 것이 정상적입니다. 그럼에도
불구하고 원안이 담고 있는 국민의 기본권 침해와 그 우려를
줄이기 위해서 수정안에 찬성해 주실 것을 부탁드립니다.
국민과 야당을 힘으로 지배할 수 있다는 생각은 민주주의
국가의 상식이 아닙니다. 대한민국을 통치하려고 하지
마십시오. 대한민국은 민주공화국입니다. 왕조국가도
아니며 독재국가도 아닙니다. 국민을 이기는 정부는
없습니다.
경청해 주셔서 감사합니다.

● **의장 정의화** 김광진 의원 수고하셨습니다.
다음은 이철우 의원 나오셔서 토론해 주시기 바랍니다.

● **이철우 의원** 이철우 의원입니다.
왕조국가가 아니기 때문에 법을 만들려고 하는 겁니다.
법치국가입니다.
그런데 지금 82년 1월 1일부로 공포된
국가대테러활동지침, 그것은 훈령입니다, 훈령.
대통령령입니다. 대통령령은 공무원들끼리 하는 겁니다.
그런데 그것으로 다 할 수 있다는데 참 기가 막힙니다.
왜? 외국에서 테러를 준비하는 사람들 우리나라 많이
와서 테러…… 왔다가 가고 또 잡지도 못했고 또 잡으니까
돈도 보내고, 그런데 법이 없어서 처리를 못 했어요.
그래서 53명은 추방조치를 했습니다. 왜 테러법이 필요가

없습니까? 지금 외국의 테러분자가 들어서 활동을 많이 해도 이 사람 조치를 할 수가 없습니다. 이 사람이 테러를 일으키면 조치를 할 수가 있어요. 그래서 야당 의원님들은 테러가 일어났을 때를 자꾸 상정하는 것 같은데 정말 답답합니다.

그래서 김대중 정부 시절에 9·11 테러가 난 다음에 2001년 11월 28일 날 정부에서 법을 만들어 보냈습니다. 거기에는 지금 우리가 걱정하는 감청이라든지 계좌추적은 물론이고 테러에 대한 수사권까지 국정원에 줬습니다. 군병력까지 동원할 수 있었고요.

지금은 수사권도 없을 뿐더러 감청을 하더라도 철저히 감시하에 하고 계좌추적도 철저히 감시하에 하는 인권보호관도 두고 무고·날조죄까지 뒀습니다. 이렇게 안전장치를 하고 최소한의 법을 여야가 그래도 법안심사소위에서 합의를 한 겁니다.

그런데 오늘 수정안을 낸 것을 보면 테러 위험인물을 테러단체·조직으로 한정을 합니다. 외국의 테러분자가 들어와서 그 사람에 한정을 하는데 그 사람도 예비·음모나 선전·선동을 해야만 테러 위험인물로 하도록 해 놨습니다. 그러면 아무도 조사, 정보 수집을 못 하도록 해 놓은 겁니다.

그다음에 대테러센터를 총리실에 두는데 대테러센터가 테러정보를 수집하고 작성하고 배포하는 업무를 합니다. 이거 국정원에서 지금 하는 업무입니다. 그러면 국정원이 두 개 되는 겁니다. 현재 국정원법에 따라서 테러정보를 수집할 수 있습니다. 그러나 단지 맨손으로, 맨눈으로 하기 때문에 통신감청을 하고 계좌추적을 달라고 했더니 대테러센터에다 이 기능을 다 주는 겁니다.

그리고 거기에 또 국정원만 별도로 규정을 하는 것도 있어요. 공무원을 대테러센터에 두면 국정원 직원이 아닙니다. 사퇴를 하도록 만들었어요.

그다음에 국가안전보장에 상당한 위험이 예상되는 경우만 통비법 감청이 되도록 했습니다. 이것은 이미 조치가 되어 가지고 있는 겁니다. 수정할 필요가 없는 조항을 넣었습니다. '테러 인물에 한해서 하자' 이렇게 되어 있는데 이미 국가안전보장에 대해서는 통비법에서 감청을 가능하도록 했습니다. 그래서 오늘 더민주당에서 낸 수정안은 받아들일 수 없는 안입니다. 절대로 반대를 해야 됩니다.

그리고 국정원에서는 그동안 통비법에 의해서 감청자료를 냈는데 기각된 게 없다 이렇게 이야기하는데 그만큼 신중에 신중을 기해서 통신감청을 의뢰했기 때문에 기각된 게 없습니다. 대한민국 고등법원의 수석부장판사가 어떤 자리입니까? 자기 명예를 걸고 있습니다. 이런 사람들 안 믿고 누굴 믿습니까?

그래서 우리나라에서 지금 일어나고 있는 괴담들, 마치 이 통비법에 관련해서 무제한 감청이 가능한 것처럼 이야기하고 계좌추적을 전 국민에 할 수 있다고 이야기하는 이런 상황이 지난 9일 동안 벌어지고 일어났습니다. 우리 국민들이 얼마나 겁을 내겠습니까? 절대로 그러한 일

없습니다.

그렇기 때문에 그러한 일이 있으면 의장님도 책임을 진다고 했잖아요. 반드시 우리 의원들도 가만히 안 있을 겁니다. 그래서 물론 그런 일이 있지도 않겠지만 더 이상 국민을 공포 속에 몰아넣는 그런 행위를 자제해 주시기를 당부드리겠습니다. 이것은 선거에 악용을 하려고 하는 그런 행위라고밖에 볼 수가 없습니다.

(「국정원 대선 개입 사건 때……」 하는 의원 있음)

대선 개입하고 통비법하고 뭐가 상관있나요?

(「왜 상관이 없어요?」 하는 의원 있음)

그러면 각 기관이 전부 잘못한 것을 다 이야기해야 되나, 여기에서?

(장내 소란)

말조심해요, 말조심해.

정말로 지금 통비법이라든지 계좌추적은 제한을, 제한을 거듭했기 때문에 제가 추정컨대……

(발언시간 초과로 마이크 중단)

(마이크 중단 이후 계속 발언한 부분)

내국인 대상자는 50명 이내라는 것을 말씀드리겠습니다. 이상입니다.

● **의장 정의화** 이철우 의원님 수고하셨습니다.

다음은 정청래 의원 나오셔서 토론해 주시기 바랍니다.

(장내 소란)

● **정청래 의원** 다들 조용히 하세요. 다들 조용히 좀 해 주세요. 더불어민주당 마포을 출신 국회의원 정청래입니다.

정의화 국회의장께서는 국가비상사태를 선포하시고 직권상정을 하셨습니다. 국가비상사태 시에는 공무원의 3분의 1이 야근을 해야 됩니다. 그리고 군인들은 워커화를 벗지 못하고 총을 들고 잠을 자야 됩니다. 뜬눈으로 밤을 지새야 됩니다.

그러나 국가는 정상적이었습니다. 정의화 국회의장만 비상사태를 선포하고 혼자 비상대기 하시느라고 수고 많으셨습니다.

북한이 로켓 발사를 했는데 왜 박근혜 정권은 국민들의 핸드폰을 뒤지려 합니까? 북한이 로켓을 발포했는데 왜 박근혜 정권은 국민들의 은행계좌를 뒤지려 하십니까?

테러방지법으로 테러를 막을 수 있다면 새누리당에게 제안합니다. 북한 핵을 방지하기 위해서 북핵방지법을 만드십시오. 그러면 북한 핵이 방지가 됩니까?

이 테러방지법은 위헌 법입니다. 대한민국 헌법 제17조는 모든 국민은 사생활의 자유와 비밀을 침해받지 않는다, 제18조 모든 국민은 통신비밀의 자유를 침해받지 않는다고 되어 있습니다. 이것은 통과되더라도 헌법재판소에서 위헌판결을 받을 것이 자명합니다.

(「쓸데없는 소리 하지 마요」 하는 의원 있음)

이 법은 기존에 있는 국정원법 그리고 형법 그리고 대한민국 법률 54개에서 규정하고 있는

테러 및 국가비상사태에 대한 법률규정이 있습니다. 국가대테러활동지침에 의해서도 테러를 막을 수 있습니다.

박근혜 대통령은 IS에게 들켜 버렸다, 우리가 테러방지에 무방책이다 이렇게 말씀하셨는데 IS에게 경고합니다. 우리는 테러방지법률도 다 있고 국가활동지침도 있습니다. IS에게 경고합니다. 오판하지 마시기 바랍니다.

이 법은 국민사찰법입니다. 핸드폰도청법입니다. 이 법은 국정원몰빵법입니다. 여러분, 새누리당 여러분, 이 법이 통과되면 여러분 핸드폰부터 도청받을 가능성이 많습니다. 특히 여권 수뇌부, 청와대 수뇌부 먼저 국정원의 사찰을 받을 것입니다. 여러분부터 피해가 있을 법입니다. 여러분 명심하십시오.

이 법은 기존에 있는 법으로도 충분히 가능한 것에 대해서 네 가지를 더 달라고 합니다. 첫째, 법원의 영장 없이 핸드폰을 감청할 수 있고 법원의 영장 없이 국민들의 은행 계좌를 뒤질 수 있도록 해 달라는 것 그리고 테러위험인물이라고 국정원이 자의적 판단을 하면 그 사람에게는 미행, 추적권까지 주는 초헌법적인 그러한 악법 중의 악법입니다.

그리고 또한 국민들이 일반게시판이나 SNS에 올리는 글과 그림에 대해서 테러위험인물이 있다고 국정원이 자의적으로 판단하면 그 게시물은 내리게 되어 있습니다. 국민에 대한 정부 비판권에 재갈을 물리고자 이런 무리한 법을 추진하다가 국민들의 심판을 면치 못할 것입니다.

이 법은, 분명히 말씀드립니다. 제가 정보위 간사를 한 사람으로서 국정원은 법원의 영장 귀찮다, 법원도 무시하고 자기들 마음대로 계좌추적 핸드폰을 감청하겠다는 국정원의 욕망, 국가의 권력기관 중에서 피라미드 최정점에 서고자 하는 국정원의 욕망과 박근혜 정권의 국민을 사찰해서 영구집권 음모를 꾀하려는 두 가지가 만난 악법 중의 악법이 테러방지법입니다.

(「소설을 써라, 소설을」 하는 의원 있음)

(「말이 되는 소리를 해야지」 하는 의원 있음)

좀 들으세요.

(「가치가 있어야 듣지」 하는 의원 있음)

특히 이장우 의원, 대전 출신이지요?

(「조용히 하세요」 하는 의원 있음)

(「그것을 말이라고 하세요?」 하는 의원 있음)

총선 때 심판받을 겁니다, 이런 식으로 하면.

(「김대중 정부 때 감청했었잖아」 하는 의원 있음)

● **의장 정의화** 여러분께서 떠들면 국민이 들을 수가 없습니다. 경청해 주시기 바랍니다.

● **정청래 의원** 국민 여러분, 이 법은 마치 일자리가 감소하고 있다고 해서 일자리 창출을 위해서 일자리감소방지법을 만들자는 것과 똑같습니다. 일자리감소방지법을 만들면 일자리가 늘어납니까? 북핵방지법을 만들면 북한 핵이 없어집니까? 여러분, 솔직해집시다. 양심에 호소합니다.

여러분, 이 법은 직접적으로 여권 수뇌부와 청와대 수뇌부부터 사찰을 받을 것입니다. 이미 이 법이 없어도 사이버 민간인사찰을 통해서 네이버 밴드, 카톡까지 다 사찰하고 있습니다.

여러분, 여러분부터 피해자가 될 수 있습니다. 저희 더불어민주당이 낸 수정안에 대해서 부족하지만 찬성해 주실 것을 부탁드립니다.

감사합니다. 고맙습니다.

(「오늘 몇 시간 있더니만 헛 게 보이는 모양이네」 하는 의원 있음)

(「잘했어」 하는 의원 있음)

(「아이고 힘들다」 하는 의원 있음)

(장내 소란)

● **의장 정의화** 정청래 의원님 수고하셨습니다.

다음은 박민식 의원 나오셔서 토론해 주시기 바랍니다.

● **박민식 의원** 새누리당 소속 박민식 의원입니다.

방금 정청래 의원님 말씀을 들었습니다마는 정말 답답합니다. 아니 그렇다고 하면 지금 이종걸 수정안을 왜 냅니까? 이유가 없지요.

테러방지법에 대한 야당 논리는 딱 두 가지입니다.

첫째, 국민인권 탄압한다 이겁니다. 오천만 국민 휴대폰 무차별적으로 엿듣고 예금통장 모두 열어 볼 것이라는 황당한 주장입니다.

(「할 수 있어」 하는 의원 있음)

저는 10년 전, 저 박민식 10년 전에 국정원 불법도청 사건의 주임검사였습니다. 당시 최고위층인 국정원장 두 명 감옥에 보낸 장본인입니다. 그래서 국정원의 어두운 과거 누구보다 잘 알고 있습니다. 그런데 지금 국정원은 제가 감옥에 보냈던 그 시대의 국정원과는 전혀 다릅니다. 정말 국정원이 불법을 행하면 과잉공포 조장 대신에 구체적인 근거로 비판하십시오.

여러분, 2년 전 기억하십니까? 정보수사기관이 카톡 감청한다고 얼마나 호들갑 떨었습니까? 국정원이 '아니다', 다음카카오 사장이 직접 나서서 '기술적으로 불가능합니다, 불가능합니다' 하소연을 해도 우리 야당 의원님들 '국정원이 오천만 국민 카톡 감청합니다, 감청합니다' 끊임없이 허위사실 유포하고 선동했습니다. 혹세무민입니다.

그 난리통에 이백만 국민이 사이버 망명했습니다. 그런데 그 이후에 어떻게 됐습니까? 사이버 망명한 국민 이백만 명 전부 원대 복귀했습니다. 여러분들 지금 선거운동 한다고 카톡 쓰시지요? 그렇게 카톡 불안하면 왜 카톡 쓰십니까, 선거운동 할 때?

(「진짜 중요한 건 텔레그램 써요」 하는 의원 있음)

(장내 소란)

지난해 야당 의원님들 또 나섰습니다. 간첩 잡을 때 쓰는 해킹 프로그램 도입한 것 두고 '국정원이 오천만 국민 스마트폰 다 들여다봅니다', 국민정보지키기위원회 만들어 해킹 검사하고 퍼포먼스 얼마나 많이 했습니까? 그런데 그 이후에 도대체 국민 정보 몇 명 지켰습니까? 단 한 명의 대한민국 국민이라도 카톡 감청당했다고 신고했습니까? 스마트폰 해킹했다고 신고한 국민 한 명이라도 있습니까? 사실을 침소봉대하지 마십시오. 테러방지법은 테러 위협 대비법이지 국민 인권 침해법이 아닙니다.

(「국정원 보고도 못 받아 놓고 무슨!」 하는 의원 있음)

둘째, 야당 의원님들은 테러방지법 목적이 국정원 권한 강화하는 것이다 이렇게 합니다. 그런데 지금 대한민국 국정원 실제로 뭘 할 수 있습니까? 사이버테러 징후 있습니다. 사이버테러 방지법이 없으니 할 일 없이 그냥 구글, 네이버 뒤지고 있어요.

CIA가 테러 모의 의심 통화 들었습니다. 말해 줘도 감청을 못합니다. 이스라엘 모사드가 한국은행에서 테러단체로 돈 보냈다 알려줘도 FIU법이 없으니까 알 수가 없어요. 정말 답답해요.

(장내 소란)

이종걸 대표님, 이종걸 대표님이 낸 수정안의 내용의 골자는 이겁니다. 테러위험인물, 테러단체 조직원으로 한정하자, 인권보호관 여야 추천 두 명으로 두자, 정보수집권을 국정원이 아니라 대테러센터에 부여하자 이겁니다.

(「국정원 간첩 조작 사건 얘기해 봐요」 하는 의원 있음)

(장내 소란)

자, 조용히 해 보십시오.

그런데 이종걸 의원님, 이런 수정안대로 하면 테러방지의 주무부서인 대한민국 국정원보고 그냥 테러업무에서 손 떼고 집에서 애 보라는 겁니다.

(「국정원 간첩 조작 사건 얘기해 봐요」 하는 의원 있음)

(「조용히 해요」 하는 의원 있음)

국민 생명과 안전을 지키려면 제대로 국정원에게 권한 부여해야 됩니다.

여러분들, 김대중 대통령, 노무현 대통령 좀 본받으십시오, 제발 좀.

(「국정원 간첩 조작 사건 얘기해 봐요」 하는 의원 있음)

(「조용히 해」 하는 의원 있음)

더도 말고 덜도 말고 딱 그때만큼만 이해해 주십시오.

뉴욕·파리 테러가 서울·부산에서 일어나지 말라는 법 없습니다. 테러가 일어나면 지금보다 더한 테러방지법 나올 겁니다.

(「국정원 간첩 조작 사건 얘기해 봐요」 하는 의원 있음)

(장내 소란)

결론적으로 대한민국 안전과 국민 생명 지키기 위해서는 이종걸 의원의 수정안은 국정원을 허수아비로 만드는 내용이므로 확실하게 반대를 해 주시기 바랍니다.

이상입니다.

(「국정원 간첩 조작 사건 얘기해 봐요」 하는 의원 있음)

(「조용히 해요, 정청래 의원」 하는 의원 있음)

●의장 정의화 자, 이제 조용히 하시고요.

수고하셨습니다, 박민식 의원님.

다음은……

(장내 소란)

정청래 의원, 의사진행 방해를 하면 안 됩니다.

다음은 신경민 의원 나오셔서 토론해 주시기 바랍니다.

(「정청래가 이겼어」 하는 의원 있음)

(「그만해」 하는 의원 있음)

(「국정원 해킹 조작 사건은 한마디도 못 하시는구먼」 하는 의원 있음)

(장내 소란)

●신경민 의원 여러분, 저희들은 지난 9일 동안 별로 선거운동 하지 못했습니다. 여당 의원들은 많이 하셨는지 모르겠습니다마는. 저희들은 9일 동안 여기 붙들려 있었습니다. 저도 5시간 했습니다마는 사실 스탠바이를 4시간 했기 때문에 하루 종일 제 필리버스터에 매달려 있었습니다.

제가 박민식 의원의 텔레그램 부분에 대해서 얘기를 하면서 제 발언을 시작할까 합니다.

저도 텔레그램으로 망명했습니다. 그런데 텔레그램은 우리 카톡처럼 소프트웨어가 별로 좋지를 않더군요. 그래서 그냥 비밀이 아닌 건 카톡 씁니다. 그리고 정말로 중요한 것, 정말로 우리 보좌진이나 우리 의원들하고 정말로 중요한 건 죄송하지만 텔레그램을 씁니다. 이건 망명입니까, 망명이 아닙니까?

(「아니, 지금 뭐 하시는 거예요」 하는 의원 있음)

아니, 제 얘기입니다.

(장내 소란)

이것 가지고 왜 흥분하시지요? 왜 흥분하세요?

이상한 분들이 많네.

지난 9일 동안 우리가 문제를 삼은 현안은 많았습니다. 필리버스터, 의장의 직권상정 요건, 그리고 진짜 법안의 내용, 그런데 제일 문제로 삼았던 것은 국정원의 신뢰였습니다.

국정원을 과연 믿을 수 있느냐, 거기에서 우리의 문제가 시작이 됩니다. 그리고 또 하나는 22일 밤에 국회에서, 국회의장실에서 무슨 일이 일어났는지 저는 무척 궁금합니다. 왜 갑자기 직권상정이 됐는지 궁금했습니다. 그래서 그 얘기를 저도 했고 지난 9일 동안 많은 의원들이 했습니다.

(「의장 설명도 안 듣고 왜 그래」 하는 의원 있음)

(장내 소란)

그런데 애들은 다 알아들었습니다. 우리 국민들은 다 알아들었습니다. 조금 전에도 젊은 20대 청년들과 저희들이 오후에 대화를 했는데 애들은 다 알아들었는데 유독 몇 사람만 못 알아들었습니다. 이쪽에 있는 분들, 그리고 뒤에 계신 분들, 이렇게 말귀가 어두운지 제가 잘 몰랐습니다. 국어를 그렇게 모르는지 잘 몰랐습니다.

(장내 소란)

제가 예를 하나 들어 드릴까요?

제가 여기에서 5시간 얘기를 하고 돌아갔더니 은행 통장에 수없이 많은 돈이 찍혀 있었습니다. 그런데 액수가 얼마인지 아세요?

저는 그 액수에 감동받았습니다. 3000원, 5000원…… 1만 원짜리도 별로 없었습니다. 이건 무슨 얘기입니까?

애들도 알아들었습니다. 아이들도 알아들었습니다. 중학생도 알아들었고 고등학생도 알아들었다는 얘기입니다.

자, 이걸 알아 두십시오.

자, 본론으로 들어가겠습니다.

(장내 소란)

법안의 내용에 대해서는 여러 분들이 얘기를 했기 때문에 간단히 넘어가겠습니다.

2조에 보면, 여러분이 낸 법, 이철우 의원이 낸 법 2조에 보면 의심이 가면 테러 용의자로 볼 수 있습니다. 9조에 보면 '민감정보'라는 이름으로 볼 수 있는 정보를 다 볼 수 있습니다. 그리고 12조에 보면 '상징물'도 볼 수 있습니다.

「테러리스트에 대해서 보자고. 일반 민간이 아니잖아요」 하는 의원 있음)

이건 법이 아닙니다. 이건 법이라고 할 수 없습니다. 법의 요건에 최소한을 갖추지 못했습니다. 이건 위헌의 소지가 있습니다. 그리고 부칙이라는 이름으로 통비법과 금융 관련법을 고칠 수 있도록 규정하고 있습니다. 이건 부칙이라는 이름으로 멀쩡한 법 2개를 작살낼 수 있게 지금 돼 있다는 얘기입니다. 이건 설사 성사된다고 해도 위헌 심사를 받아야 할 것으로 봅니다.

그런데 우리가 정말로 진지하게 문제 삼는 것은 국정원의 신뢰입니다. 개인이건 집단이건 조직이건 신뢰가 시작이고 끝입니다. 그런데 국정원 믿는 사람 거의 없지요?

국정원의 원훈은 제가 보기에는 목적을 위해 아무것이나 해도 좋다는 것입니다. 댓글 달고, 비밀 까고, 조작도 하고, 발각돼도 모두 다 봐 주겠다, 호화 유배시켜 주겠다, 모두 승진시켜 주겠다, 그리고 까부는 놈은 보복하겠다라는 것이 국정원의 원훈이라는 것이 밝혀졌습니다.

「오용하지 마세요」 하는 의원 있음)

이제 국정원은 한 손에 종북 딱지 다른 한 손에 테러 딱지를 들고 바로 여러분들, 이쪽에 앉아 있는 분들, 저쪽에, 광화문에 앉아 있는 분들, 이것 다 할 수 있습니다.

「함부로 손가락질하지 마세요」 하는 의원 있음)

(장내 소란)

국정원이 갑자기 변할 리 없습니다. 지금 우리가 해야 될 것은 국정원의 개혁입니다. 그리고 우리가 내놓은 수정안만이 여러분의 잘못, 그리고 역사의 잘못을 고칠 수 있는 마지막 기회입니다.

여러분들의 현명한 그리고 말귀를 알아듣기를 앙망합니다.

고맙습니다.

(장내 소란)

● **의장 정의화** 신경민 의원님 수고하셨습니다.

이것으로 토론 종결을 선포합니다.

그러면 이종걸 의원 외 106인이 발의한 국민보호와 공공안전을 위한 테러방지법안에 대한 수정안에 투표해 주시기 바랍니다.

(전자투표)

투표를 다 하셨습니까?

투표를 마치겠습니다.

「반대하다가 왜 찬성을 하지? 반대토론해 놓고 왜 찬성을 해? 반대해야지」 하는 의원 있음)

「유치하니까 그만하세요, 진짜. 창피하지 않으십니까?」 하는 의원 있음)

「뭐가 유치해, 뭐가 창피해?」 하는 의원 있음)

「유치하지 않으세요?」 하는 의원 있음)

「절차법도 몰라요?」 하는 의원 있음)

(장내 소란)

투표 결과를 말씀드리겠습니다.

재석 263인 중 찬성 107인, 반대 156인으로서 이종걸 의원 외 106인이 발의한 국민보호와 공공안전을 위한 테러방지법안에 대한 수정안은 부결되었음을 선포합니다.

(찬반 의원 성명은 끝에 실음)

(일부 의원 퇴장)

이종걸 의원 외 106인이 발의한 수정안이 부결되었으므로 주호영 의원 외 156인이 발의한 수정안에 대해서 표결을 하도록 하겠습니다.

주호영 의원 외 156인이 발의한 국민보호와 공공안전을 위한 테러방지법안에 대한 수정안에 투표해 주시기 바랍니다.

(전자투표)

투표를 다 하셨습니까?

투표를 마치겠습니다.

투표 결과를 말씀드리겠습니다.

재석 157인 중 찬성 156인, 반대 1인으로서 주호영 의원 외 156인이 발의한 국민보호와 공공안전을 위한 테러방지법안에 대한 수정안은 가결되었음을 선포합니다.

(찬반 의원 성명은 끝에 실음)

주호영 의원 외 156인이 발의한 수정안이 가결되었으므로 원안은 표결하지 않겠습니다.

그러면 국민보호와 공공안전을 위한 테러방지법안은 수정한 부분은 주호영 의원 외 156인이 발의한 수정안대로, 기타 부분은 원안대로 가결되었음을 선포합니다.

유의동 유일호 유재중 윤명희 윤상현 윤영석 윤재옥
이강후 이군현 이노근 이만우 이명수 이병석 이상일
이에리사 이완영 이우현 이운룡 이이재 이인제 이자스민
이장우 이재영 이재오 이정현 이종배 이종진 이종훈
이주영 이진복 이채익 이철우 이학재 이한구 이한성
이헌승 이현재 장윤석 장정은 전하진 정갑윤 정두언
정문헌 정미경 정병국 정수성 정용기 정우택 정윤숙
정희수 조경태 조명철 조원진 조해진 주영순 주호영
진 영 최경환 최봉홍 하태경 한기호 한선교 함진규
홍문종 홍문표 홍일표 홍지만 홍철호 황영철 황우여
황인자 황진하

국민보호와 공공안전을 위한 테러방지법안에 대한 수정안 (이종걸 의원 외 106인 발의)

투표 의원(263인)

찬성 의원(107인)

강동원 강창일 權垠希 김경협 김관영 김광진 김기식
김기준 김민기 김상희 김성곤 김승남 김영록 김영주
김영환 김용익 김우남 김재남 김춘진 김태년 김현미
남인순 노웅래 도종환 문병호 문희상 민병두 민홍철
박광온 박남춘 박민수 박범계 박병석 박영선 박완주
박원석 박지원 박혜자 박홍근 배재정 백군기 백재현
변재일 부좌현 서기호 설 훈 신경민 신문식 심재권
안규백 안민석 안철수 양승조 오영식 오제세 우상호
우윤근 원혜영 유기홍 유대운 유성엽 유승희 유은혜
유인태 윤관석 윤호중 윤후덕 은수미 이개호 이목희
이미경 이상민 이석현 이언주 이원욱 이윤석 이인영
이종걸 이찬열 이춘석 이학영 인재근 임내현 임수경
장병완 장하나 전병헌 전순옥 전해철 정성호 정세균
정진후 정청래 정호준 조정식 주승용 진선미 진성준
천정배 최규성 최동익 최민희 최원식 추미애 한정애
홍영표 홍익표

반대 의원(156인)

강기윤 강길부 강석호 강석훈 강창희 경대수 권성동
권은희 길정우 김광림 김기선 김도읍 김동완 김명연
김무성 김상민 김상훈 김성찬 김성태 김세연 김영우
김용남 김용태 김을동 김장실 김재경 김재원 김정록
김정훈 김제식 김종태 김종훈 김진태 김태원 김태호
김태환 김태흠 김학용 김한표 김회선 김희국 김희정
나경원 나성린 노철래 류성걸 류지영 문대성 문정림
민병주 민현주 박대동 박대출 박덕흠 박맹우 박명재
박민식 박성호 박윤옥 박인숙 박창식 배덕광 서상기
서용교 서청원 손인춘 송영근 신경림 신동우 신상진
신성범 신의진 심윤조 심재철 안상수 안홍준 안효대
양창영 여상규 염동열 오신환 원유철 유기준 유승민

국민보호와 공공안전을 위한 테러방지법안에 대한 수정안 (주호영 의원 외 156인 발의)

투표 의원(157인)

찬성 의원(156인)

강기윤 강길부 강석호 강석훈 강창희 경대수 권성동
권은희 길정우 김광림 김기선 김도읍 김동완 김명연
김무성 김상민 김상훈 김성찬 김성태 김세연 김영우
김용남 김용태 김을동 김장실 김재경 김재원 김정록
김정훈 김제식 김종태 김종훈 김진태 김태원 김태호
김태환 김태흠 김학용 김한표 김회선 김희국 김희정
나경원 나성린 노철래 류성걸 류지영 문대성 문정림
민병주 민현주 박대동 박대출 박덕흠 박맹우 박명재
박민식 박성호 박윤옥 박인숙 박창식 배덕광 서상기
서용교 서청원 손인춘 송영근 신경림 신동우 신상진
신성범 신의진 심윤조 심재철 안상수 안홍준 안효대
양창영 여상규 염동열 오신환 원유철 유기준 유승민
유의동 유일호 유재중 윤명희 윤상현 윤영석 윤재옥
이강후 이군현 이노근 이만우 이명수 이병석 이상일
이에리사 이완영 이우현 이운룡 이이재 이인제 이자스민
이장우 이재영 이재오 이정현 이종배 이종진 이종훈
이주영 이진복 이채익 이철우 이학재 이한구 이한성
이헌승 이현재 장윤석 장정은 전하진 정갑윤 정두언
정문헌 정미경 정병국 정수성 정용기 정우택 정윤숙
정희수 조경태 조명철 조원진 조해진 주영순 주호영
진 영 최경환 최봉홍 하태경 한기호 한선교 함진규
홍문종 홍문표 홍일표 홍지만 홍철호 황영철 황우여
황인자 황진하

반대 의원(1인)

김영환

부록2

국민보호와 공공안전을 위한 테러방지법

[제정 2016.3.3 법률 제14071호]

제1조(목적) 이 법은 테러의 예방 및 대응 활동 등에 관하여 필요한 사항과 테러로 인한 피해보전 등을 규정함으로써 테러로부터 국민의 생명과 재산을 보호하고 국가 및 공공의 안전을 확보하는 것을 목적으로 한다.

제2조(정의) 이 법에서 사용하는 용어의 뜻은 다음과 같다.

1. "테러"란 국가·지방자치단체 또는 외국 정부(외국 지방자치단체와 조약 또는 그 밖의 국제적인 협약에 따라 설립된 국제기구를 포함한다)의 권한행사를 방해하거나 의무 없는 일을 하게 할 목적 또는 공중을 협박할 목적으로 하는 다음 각 목의 행위를 말한다.

가. 사람을 살해하거나 사람의 신체를 상해하여 생명에 대한 위험을 발생하게 하는 행위 또는 사람을 체포·감금·약취·유인하거나 인질로 삼는 행위

나. 항공기(「항공법」제2조제1호의 항공기를 말한다. 이하 이 목에서 같다)와 관련된 다음 각각의 어느 하나에 해당하는 행위

1) 운항중(「항공보안법」제2조제1호의 운항중을 말한다. 이하 이 목에서 같다)인 항공기를 추락시키거나 전복·파괴하는 행위, 그 밖에 운항중인 항공기의 안전을 해칠 만한 손괴를 가하는 행위

2) 폭행이나 협박, 그 밖의 방법으로 운항중인 항공기를 강탈하거나 항공기의 운항을 강제하는 행위

3) 항공기의 운항과 관련된 항공시설을 손괴하거나 조작을 방해하여 항공기의 안전운항에 위해를 가하는 행위

다. 선박(「선박 및 해상구조물에 대한 위해행위의 처벌 등에 관한 법률」제2조제1호 본문의 선박을 말한다. 이하 이 목에서 같다) 또는 해상구조물(같은 법제2조제5호의 해상구조물을 말한다. 이하 이 목에서 같다)과 관련된 다음 각각의 어느 하나에 해당하는 행위

1) 운항(같은 법제2조제2호의 운항을 말한다. 이하 이 목에서 같다) 중인 선박 또는 해상구조물을 파괴하거나, 그 안전을 위태롭게 할 만한 정도의 손상을 가하는 행위(운항 중인 선박이나 해상구조물에 실려 있는 화물에 손상을 가하는 행위를 포함한다)

2) 폭행이나 협박, 그 밖의 방법으로 운항 중인 선박 또는 해상구조물을 강탈하거나 선박의 운항을 강제하는 행위

3) 운항 중인 선박의 안전을 위태롭게 하기 위하여 그 선박 운항과 관련된 기기·시설을 파괴하거나 중대한 손상을 가하거나 기능장애 상태를 야기하는 행위

라. 사망·중상해 또는 중대한 물적 손상을 유발하도록제작되거나 그러한 위력을 가진 생화학·폭발성·소이성(燒夷性) 무기나 장치를 다음 각각의 어느 하나에 해당하는 차량 또는 시설에 배치하거나 폭발시키거나 그 밖의 방법으로 이를 사용하는 행위

1) 기차·전차·자동차 등 사람 또는 물건의 운송에 이용되는 차량으로서 공중이 이용하는 차량

2) 1)에 해당하는 차량의 운행을 위하여 이용되는 시설 또는 도로, 공원, 역, 그 밖에 공중이 이용하는 시설

3) 전기나 가스를 공급하기 위한 시설, 공중의 음용수를 공급하는 수도, 전기통신을 이용하기 위한 시설 및 그 밖의 시설로서 공용으로제공되거나 공중이 이용하는 시설

4) 석유, 가연성 가스, 석탄, 그 밖의 연료 등의 원료가 되는 물질을제조 또는 정제하거나 연료로 만들기 위하여 처리·수송 또는 저장하는 시설

5) 공중이 출입할 수 있는 건조물·항공기·선박으로서 1)부터 4)까지에 해당하는 것을제외한 시설

마. 핵물질(「원자력시설 등의 방호 및 방사능 방재 대책법」제2조제1호의 핵물질을 말한다. 이하 이 목에서 같다), 방사성물질(「원자력안전법」제2조제5호의 방사성물질을 말한다. 이하 이 목에서 같다) 또는 원자력시설(「원자력시설 등의 방호 및 방사능 방재 대책법」제2조제2호의 원자력시설을 말한다. 이하 이 목에서 같다)과 관련된 다음 각각의 어느 하나에 해당하는 행위

1) 원자로를 파괴하여 사람의 생명·신체 또는 재산을 해하거나 그 밖에 공공의 안전을 위태롭게 하는 행위

2) 방사성물질 등과 원자로 및 관계 시설, 핵연료주기시설 또는 방사선발생장치를 부당하게 조작하여 사람의 생명이나 신체에 위험을 가하는 행위

3) 핵물질을 수수·소지·소유·보관·사용·운반·개조· 처분 또는 분산하는 행위

4) 핵물질이나 원자력시설을 파괴·손상 또는 그 원인을제공하거나 원자력시설의 정상적인 운전을 방해하여 방사성물질을 배출하거나 방사선을 노출하는 행위

2. "테러단체"란 국제연합(UN)이 지정한 테러단체를 말한다.

3. "테러위험인물"이란 테러단체의 조직원이거나 테러단체 선전, 테러자금 모금·기부, 그 밖에 테러 예비·음모·선전·선동을 하였거나 하였다고 의심할 상당한 이유가 있는 사람을 말한다.

4. "외국인테러전투원"이란 테러를 실행·계획·준비하거나 테러에 참가할 목적으로 국적국이 아닌 국가의 테러단체에 가입하거나 가입하기 위하여 이동 또는 이동을 시도하는 내국인·외국인을 말한다.

5. "테러자금"이란 「공중 등 협박목적 및 대량살상무기확산을 위한 자금조달행위의 금지에 관한 법률」제2조제1호에 따른

공중 등 협박목적을 위한 자금을 말한다.

6. "대테러활동"이란제1호의 테러 관련 정보의 수집, 테러위험인물의 관리, 테러에 이용될 수 있는 위험물질 등 테러수단의 안전관리, 인원·시설·장비의 보호, 국제행사의 안전확보, 테러위협에의 대응 및 무력진압 등 테러 예방과 대응에 관한제반 활동을 말한다.

7. "관계기관"이란 대테러활동을 수행하는 국가기관, 지방자치단체, 그 밖에 대통령령으로 정하는 기관을 말한다.

8. "대테러조사"란 대테러활동에 필요한 정보나 자료를 수집하기 위하여 현장조사·문서열람·시료채취 등을 하거나 조사대상자에게 자료제출 및 진술을 요구하는 활동을 말한다.

제3조(국가 및 지방자치단체의 책무) ① 국가 및 지방자치단체는 테러로부터 국민의 생명·신체 및 재산을 보호하기 위하여 테러의 예방과 대응에 필요한제도와 여건을 조성하고 대책을 수립하여 이를 시행하여야 한다.

② 국가 및 지방자치단체는제1항의 대책을 강구함에 있어 국민의 기본적 인권이 침해당하지 아니하도록 최선의 노력을 하여야 한다.

③ 이 법을 집행하는 공무원은 헌법상 기본권을 존중하여 이 법을 집행하여야 하며 헌법과 법률에서 정한 적법절차를 준수할 의무가 있다.

제4조(다른 법률과의 관계) 이 법은 대테러활동에 관하여 다른 법률에 우선하여 적용한다.

제5조(국가테러대책위원회) ① 대테러활동에 관한 정책의 중요사항을 심의·의결하기 위하여 국가테러대책위원회(이하 "대책위원회"라 한다)를 둔다.

② 대책위원회는 국무총리 및 관계기관의 장 중 대통령령으로 정하는 사람으로 구성하고 위원장은 국무총리로 한다.

③ 대책위원회는 다음 각 호의 사항을 심의·의결한다.

1. 대테러활동에 관한 국가의 정책 수립 및 평가

2. 국가 대테러 기본계획 등 중요 중장기 대책 추진사항

3. 관계기관의 대테러활동 역할 분담·조정이 필요한 사항

4. 그 밖에 위원장 또는 위원이 대책위원회에서 심의·의결할 필요가 있다고제의하는 사항

④ 그 밖에 대책위원회의 구성·운영 등에 필요한 사항은 대통령령으로 정한다.

[시행일 2016.9.4]

제6조(대테러센터) ① 대테러활동과 관련하여 다음 각 호의 사항을 수행하기 위하여 국무총리 소속으로 관계기관 공무원으로 구성되는 대테러센터를 둔다.

1. 국가 대테러활동 관련 임무분담 및 협조사항 실무 조정

2. 장단기 국가대테러활동 지침 작성·배포

3. 테러경보 발령

4. 국가 중요행사 대테러안전대책 수립

5. 대책위원회의 회의 및 운영에 필요한 사무의 처리

6. 그 밖에 대책위원회에서 심의·의결한 사항

② 대테러센터의 조직·정원 및 운영에 관한 사항은 대통령령으로 정한다.

③ 대테러센터 소속 직원의 인적사항은 공개하지 아니할 수 있다.

[시행일 2016.9.4]

제7조(대테러 인권보호관) ① 관계기관의 대테러활동으로 인한 국민의 기본권 침해 방지를 위하여 대책위원회 소속으로 대테러 인권보호관(이하 "인권보호관"이라 한다) 1명을 둔다.

② 인권보호관의 자격, 임기 등 운영에 관한 사항은 대통령령으로 정한다.

[시행일 2016.9.4]

제8조(전담조직의 설치) ① 관계기관의 장은 테러 예방 및 대응을 위하여 필요한 전담조직을 둘 수 있다.

② 관계기관의 전담조직의 구성 및 운영과 효율적 테러대응을 위하여 필요한 사항은 대통령령으로 정한다.

제9조(테러위험인물에 대한 정보 수집 등) ① 국가정보원장은 테러위험인물에 대하여 출입국·금융거래 및 통신이용 등 관련 정보를 수집할 수 있다. 이 경우 출입국·금융거래 및 통신이용 등 관련 정보의 수집에 있어서는 「출입국관리법」, 「관세법」, 「특정 금융거래정보의 보고 및 이용 등에 관한 법률」, 「통신비밀보호법」의 절차에 따른다.

② 국가정보원장은제1항에 따른 정보 수집 및 분석의 결과 테러에 이용되었거나 이용될 가능성이 있는 금융거래에 대하여 지급정지 등의 조치를 취하도록 금융위원회 위원장에게 요청할 수 있다.

③ 국가정보원장은 테러위험인물에 대한 개인정보(「개인정보 보호법」상 민감정보를 포함한다)와 위치정보를 「개인정보 보호법」제2조의 개인정보처리자와 「위치정보의 보호 및 이용 등에 관한 법률」제5조의 위치정보사업자에게 요구할 수 있다.

④ 국가정보원장은 대테러활동에 필요한 정보나 자료를 수집하기 위하여 대테러조사 및 테러위험인물에 대한 추적을 할 수 있다. 이 경우 사전 또는 사후에 대책위원회 위원장에게 보고하여야 한다.

제10조(테러예방을 위한 안전관리대책의 수립) ① 관계기관의 장은 대통령령으로 정하는 국가중요시설과 많은 사람이 이용하는 시설 및 장비(이하 "테러대상시설"이라 한다)에 대한 테러예방대책과 테러의 수단으로 이용될 수 있는 폭발물·총기류·화생방물질(이하 "테러이용수단"이라 한다), 국가 중요행사에 대한 안전관리대책을 수립하여야 한다.

②제1항에 따른 안전관리대책의 수립·시행에 필요한 사항은 대통령령으로 정한다.

[시행일 2016.9.4]

제11조(테러취약요인 사전제거) ① 테러대상시설 및 테러이용수단의 소유자 또는 관리자는 보안장비를 설치하는 등 테러취약요인제거를 위하여 노력하여야 한다.

② 국가는제1항의 테러대상시설 및 테러이용수단의 소유자 또는 관리자에게 필요한 경우 그 비용의 전부 또는 일부를 지원할 수 있다.

③제2항에 따른 비용의 지원 대상·기준·방법 및 절차 등에 필요한 사항은 대통령령으로 정한다.
[시행일 2016.9.4]

제12조(테러선동·선전물 긴급 삭제 등 요청) ① 관계기관의 장은 테러를 선동·선전하는 글 또는 그림, 상징적 표현물, 테러에 이용될 수 있는 폭발물 등 위험물제조법 등이 인터넷이나 방송·신문, 게시판 등을 통해 유포될 경우 해당 기관의 장에게 긴급 삭제 또는 중단, 감독 등의 협조를 요청할 수 있다.
②제1항의 협조를 요청받은 해당 기관의 장은 필요한 조치를 취하고 그 결과를 관계기관의 장에게 통보하여야 한다.
제13조(외국인테러전투원에 대한 규제) ① 관계기관의 장은 외국인테러전투원으로 출국하려 한다고 의심할 만한 상당한 이유가 있는 내국인·외국인에 대하여 일시 출국금지를 법무부장관에게 요청할 수 있다.
②제1항에 따른 일시 출국금지 기간은 90일로 한다. 다만, 출국금지를 계속할 필요가 있다고 판단할 상당한 이유가 있는 경우에 관계기관의 장은 그 사유를 명시하여 연장을 요청할 수 있다.
③ 관계기관의 장은 외국인테러전투원으로 가담한 사람에 대하여 「여권법」제13조에 따른 여권의 효력정지 및 같은 법제12조제3항에 따른 재발급 거부를 외교부장관에게 요청할 수 있다.
제14조(신고자 보호 및 포상금) ① 국가는 「특정범죄신고자 등 보호법」에 따라 테러에 관한 신고자, 범인검거를 위하여제보하거나 검거활동을 한 사람 또는 그 친족 등을 보호하여야 한다.
② 관계기관의 장은 테러의 계획 또는 실행에 관한 사실을 관계기관에 신고하여 테러를 사전에 예방할 수 있게 하였거나, 테러에 가담 또는 지원한 사람을 신고하거나 체포한 사람에 대하여 대통령령으로 정하는 바에 따라 포상금을 지급할 수 있다.
[시행일 2016.9.4]

제15조(테러피해의 지원) ① 테러로 인하여 신체 또는 재산의 피해를 입은 국민은 관계기관에 즉시 신고하여야 한다. 다만, 인질 등 부득이한 사유로 신고할 수 없을 때에는 법률관계 또는 계약관계에 의하여 보호의무가 있는 사람이 이를 알게 된 때에 즉시 신고하여야 한다.
② 국가 또는 지방자치단체는제1항의 피해를 입은 사람에 대하여 대통령령으로 정하는 바에 따라 치료 및 복구에 필요한 비용의 전부 또는 일부를 지원할 수 있다. 다만, 「여권법」제17조제1항 단서에 따른 외교부장관의 허가를 받지 아니하고 방문 및 체류가 금지된 국가 또는 지역을 방문·체류한 사람에 대해서는 그러하지 아니하다.
③제2항에 따른 비용의 지원 기준·절차·금액 및 방법 등에 관하여 필요한 사항은 대통령령으로 정한다.
제16조(특별위로금) ① 테러로 인하여 생명의 피해를 입은

사람의 유족 또는 신체상의 장애 및 장기치료를 요하는 피해를 입은 사람에 대해서는 그 피해의 정도에 따라 등급을 정하여 특별위로금을 지급할 수 있다. 다만, 「여권법」제17조제1항 단서에 따른 외교부장관의 허가를 받지 아니하고 방문 및 체류가 금지된 국가 또는 지역을 방문·체류한 사람에 대해서는 그러하지 아니하다.
②제1항에 따른 특별위로금의 지급 기준·절차·금액 및 방법 등에 관하여 필요한 사항은 대통령령으로 정한다.
[시행일 2016.9.4]

제17조(테러단체 구성죄 등) ① 테러단체를 구성하거나 구성원으로 가입한 사람은 다음 각 호의 구분에 따라 처벌한다.
1. 수괴(首魁)는 사형·무기 또는 10년 이상의 징역
2. 테러를 기획 또는 지휘하는 등 중요한 역할을 맡은 사람은 무기 또는 7년 이상의 징역
3. 타국의 외국인테러전투원으로 가입한 사람은 5년 이상의 징역
4. 그 밖의 사람은 3년 이상의 징역
② 테러자금임을 알면서도 자금을 조달·알선·보관하거나 그 취득 및 발생원인에 관한 사실을 가장하는 등 테러단체를 지원한 사람은 10년 이하의 징역 또는 1억원 이하의 벌금에 처한다.
③ 테러단체 가입을 지원하거나 타인에게 가입을 권유 또는 선동한 사람은 5년 이하의 징역에 처한다.
④제1항 및제2항의 미수범은 처벌한다.
⑤제1항 및제2항에서 정한 죄를 범할 목적으로 예비 또는 음모한 사람은 3년 이하의 징역에 처한다.
⑥ 「형법」 등 국내법에 죄로 규정된 행위가제2조의 테러에 해당하는 경우 해당 법률에서 정한 형에 따라 처벌한다.
제18조(무고, 날조) ① 타인으로 하여금 형사처분을 받게 할 목적으로제17조의 죄에 대하여 무고 또는 위증을 하거나 증거를 날조·인멸·은닉한 사람은 「형법」제152조부터제157조까지에서 정한 형에 2분의 1을 가중하여 처벌한다.
② 범죄수사 또는 정보의 직무에 종사하는 공무원이나 이를 보조하는 사람 또는 이를 지휘하는 사람이 직권을 남용하여제1항의 행위를 한 때에도제1항의 형과 같다. 다만, 그 법정형의 최저가 2년 미만일 때에는 이를 2년으로 한다.
제19조(세계주의)제17조의 죄는 대한민국 영역 밖에서 범한 외국인에게도 국내법을 적용한다.
부칙 〈제14071호, 2016.3.2〉
제1조(시행일) 이 법은 공포한 날부터 시행한다. 다만,제5조부터제8조까지,제10조,제11조,제14조부터제16조까지는 공포 후 3개월이 경과한 날부터 시행한다.
제2조(다른 법률의 개정) ① 통신비밀보호법 일부를 다음과 같이 개정한다.
제7조제1항 각 호 외의 부분 중 "국가안전보장에 대한 상당한 위험이 예상되는 경우"를 "국가안전보장에 상당한

위험이 예상되는 경우 또는 「국민보호와 공공안전을 위한
테러방지법」제2조제6호의 대테러활동에 필요한 경우"로 한다.

② 특정 금융거래정보의 보고 및 이용 등에 관한 법률 일부를
다음과 같이 개정한다.

제7조제1항 각 호 외의 부분 중 "조사 또는 금융감독 업무"를
"조사, 금융감독업무 또는 테러위험인물에 대한 조사업무"로,
"중앙선거관리위원회 또는 금융위원회"를 "중앙선거관리위원회,
금융위원회 또는 국가정보원장"으로 한다.

제7조제4항 중 "금융위원회(이하 "검찰총장등"이라
한다)는"을 "금융위원회, 국가정보원장(이하 "검찰총장등"이라
한다)은"으로 한다.

③ 특정범죄신고자 등 보호법 일부를 다음과 같이 개정한다.

제2조제1호에 바목을 다음과 같이 신설한다.

　　바. 「국민보호와 공공안전을 위한 테러방지법」제17조의 죄